VOX

New College

SPANISH

and

ENGLISH

Dictionary

VOX
New College
SPANISH
and
ENGLISH
Dictionary

English-Spanish / Spanish-English

Preface by
Theodore V. Higgs, Ph.D.
Associate Professor of Hispanic Linguistics
San Diego State University

Dictionary Compiled by
Carlos F. MacHale and the Editors of Biblograf, S. A.

North American Edition Prepared by
the Editors of NTC Publishing Group

NTC Publishing Group

In Spanish, the best, by definition

Published by NTC Publishing Group
A division of NTC/Contemporary Publishing Group, Inc.
4255 West Touhy Avenue, Lincolnwood (Chicago), Illinois 60646-1975 U.S.A.
Copyright © 1994 by NTC/Contemporary Publishing Group, Inc.
Original copyright © Biblograf, S.A.
Printed in the United States of America
International Standard Book Number: 0-8442-7999-4 (thumb index)
                                    0-8442-7998-6 (plain edge)
Library of Congress Catalog Number: 84-61106
98 99 00 01 02 03 AG 30 29 28 27 26 25 24 23 22 21 20 19 18 17 16 15

CONTENTS

APPENDICES / APENDICES

PREFACE

A dictionary is different things to different people. For language scholars, savoring the elegantly arbitrary and abstract ways in which languages mediate between meaning and form can be a source of sheer intellectual delight. For educators and their students, a good dictionary is nothing less than a faithful friend, providing constant encouragement, reassurance, and security. Business people find the concrete expression of their technical communicative needs neatly presented and accounted for. But for all, whether their motives be aesthetic or practical, a dictionary is, or at least should be, a bridge to better understanding between peoples, providing not merely lexical equivalents, but ultimately profound insights into the character of a culture.

The *Vox New College Spanish and English Dictionary,* which has been revised and updated for this North American edition, is admirably suited to providing just these kinds of experiences. Far more than a mere lexicon, this dictionary will serve as a complete linguistic guidebook for its users. It presents broad lexical, grammatical, and cultural information in a form that leaves no doubt about which choice to make among those offered.

Thousands of examples are provided in the articles, using simple, everyday Spanish and English, and providing context enough to instill confidence. Proper names are included in the body of the dictionary in alphabetical order rather than in separate lists or appendices, thereby making them easier to locate. Other labor- and time-saving features of this dictionary include grouping together in the same article words that are spelled in different ways, or otherwise occur in different forms. In the Spanish-English section of the dictionary, one finds together both *quizá* and *quizás.* Likewise, in the English-Spanish section, British and American spellings are given at the head of a single article, e.g., **favour, favor.** But when British and American usage differs, e.g., **lift** or **elevator** = *ascensor,* this difference is clearly shown. In addition, irregular verbs are generally conjugated as part of each article, rather than being indicated with an asterisk and requiring a search for tables of irregular forms. Extensive grammatical explanations are conveniently integrated into the body of the dictionary, so that if one needs to check on, say, negation in English, he need look only for the entry NEGACIÓN in the appropriate spot in the English-Spanish part of the dictionary. Similarly, looking up NEGATION in the Spanish-English part will tell the reader how to make sentences negative in Spanish. The inclusion of such vital information in the body of the dictionary itself is enormously convenient. One can only wonder why other dictionaries have not systematically done this.

Special appendices have by no means been abandoned in this edition, however. They have merely been made much more helpful. More than 3,500 Spanish and English idioms and expressions are provided, as well as detailed maps, tables of weights and measures, temperature conversions, monetary units, and commonly used abbreviations. There is also a separate style section for written correspondence in each language, and even a bilingual list of false cognates.

The compiler of this dictionary has contributed to the preparation of other similar works, including the renowned *Diccionario General Ilustrado VOX,* the *Diccionario Manual Francés-Español Español-Francés,* the *Diccionario Ilustrado SPES Latino-Español Español-Latino,* and others. His previous experience, combined with his considerable philological expertise, helps make of this *Vox New College Spanish and English Dictionary* an extremely accurate, comprehensive, and authoritative reference work.

Theodore V. Higgs, Ph.D.
Associate Professor of Hispanic Linguistics
San Diego State University

PRÓLOGO

Los diccionarios no son una misma cosa para todos sus lectores. Para el investigador lingüístico, el saborear las maneras tan elegantemente arbitrarias y abstractas en las cuales las lenguas forjan el vínculo que liga el significado con la forma puede ser un perfecto deleite. Para el educador o su alumno, un buen diccionario no es nada menos que un fiel amigo, que le da ánimo, tranquilidad y seguridad. El comerciante encuentra nítidamente presentada y explicada la expresión concreta de sus más técnicas necesidades de comunicación. Pero para todos, ya sean sus motivos estéticos o prácticos, un diccionario tiende, o debe tender, un puente entre dos pueblos, proporcionándole al usuario no solamente equivalentes léxicos sino a fin de cuentas visiones trascendentes de la cualidad y el carácter de otra cultura.

El *Vox New College Spanish and English Dictionary,* el cual ha sido revisado y actualizado para esta edición norteamericana, se presta maravillosamente a esta clase de experiencias. Mucho más que un simple léxico, este diccionario les servirá a sus lectores de una verdadera guía lingüística. Ofrece amplios datos léxicos, gramaticales y culturales en una forma que no deja caber duda alguna de cuál de las alternativas allí presentadas sea la correcta.

Los artículos ofrecen un amplio surtido de ejemplos y a la vez proveen un contexto lo suficientemente claro para que el usuario escoja entre las posibilidades con absoluta confianza. Se incluyen los nombres propios en el cuerpo del diccionario en orden alfabético y no en listas o en apéndices separados, así que es muy fácil localizar cualquier vocablo. Hay también otras economías de trabajo. Por ejemplo, se encuentran en el mismo artículo palabras que se escriben de distintas maneras o que aparecen en distintas formas. En la sección español-inglés se encuentran **quizá** y **quizás** en un solo artículo. Asimismo, en la sección inglés-español, la ortografía inglesa y estadounidense forma parte de un solo artículo, por ejemplo, *favour, favor.* Pero si el uso de una palabra es más bien inglesa que estadounidense, como lo es en el caso de *lift* o *elevator* = **ascensor,** esto siempre está indicado. Además, las irregularidades de los verbos figuran como parte del mismo artículo del verbo, en vez de indicarse con asterisco, para que el lector no tenga que buscar en otra parte del diccionario el cuadro de verbos irregulares. Están incluidas también en el cuerpo del diccionario extensas explicaciones gramaticales para que el usuario que quiera averiguar la negación en inglés sólo busque NEGACIÓN en el lugar indicado en la sección inglés-español. De la misma manera, basta con que el lector busque *NE-GATION* en la sección español-inglés para que sepa hacer negativa una frase en español. El haber incluido estos datos dentro del diccionario mismo lo hace completamente práctico y fácil de usar. Cabe preguntar por qué los otros diccionarios no lo han hecho tan sistemáticamente.

No obstante lo sobredicho, esta edición no ha abandonado del todo los apéndices especiales. Sólo los ha hecho más prácticos. En los apéndices se encuentran más de 3500 modismos y expresiones en inglés y español, mapas detallados, tablas de pesas y medidas, temperaturas, unidades monetarias y abreviaturas comunes en los dos idiomas. Hay una sección de ejemplos de correspondencia en cada idioma, y para el neófito cauteloso, hay una lista bilingüe de cognados falsos.

El compilador de este diccionario ha contribuido a la preparación de otras obras similares, a saber, el renombrado *Diccionario General Ilustrado VOX*, el *Diccionario Manual Francés-Español Español-Francés*, el *Diccionario Ilustrado SPES Latino-Español Español-Latino*, y otros. Su previa experiencia combinada con su notable pericia filológica hace de este *Vox New College Spanish and English Dictionary* una obra de consulta de gran exactitud y autoridad.

Theodore V. Higgs, Ph.D.
Associate Professor of Hispanic Linguistics
San Diego State University

INGLÉS-ESPAÑOL
ENGLISH-SPANISH

OBSERVACIONES

Al consultar este Diccionario, el lector ha de tener en cuenta que:

- Dentro de cada artículo, la palabra o el grupo de palabras correspondiente a cada una de las acepciones del vocablo inglés constituyen una entidad separada y numerada.

- Los ejemplos, frases y modos no se dan, como es corriente en esta clase de Diccionarios, al final del artículo, sino que van agregados a la acepción a que corresponden, con lo cual ilustran mejor el sentido de ésta.

- En general, los ejemplos, frases y modos, se dan, dentro de cada acepción, en el siguiente orden: grupos de nombre y adjetivo o compuestos formados por palabras separadas; oraciones con verbo expreso, y modos adverbiales, conjuntivos, etc.

- Las frases y modos no atribuibles a ninguna acepción determinada tienen lugar independiente y numerado dentro del artículo.

- Los compuestos formados por palabras separadas se encuentran en el artículo correspondiente a su primer elemento. Los compuestos cuyos elementos van unidos por un guión o formando una sola palabra se hallarán como artículos independientes.

- Los sinónimos y aclaraciones encerradas entre claudáturs sirven para determinar el sentido en que han de tomarse las palabras que se dan como traducción.

- A este fin se usan también abreviaturas de materia, uso, etc., cuya interpretación se da en la lista correspondiente. (V. Abreviaturas usadas en este diccionario.)

Para completar las indicaciones de naturaleza gramatical que se dan en los artículos del Diccionario, acompañan al texto cierto número de cuadros referentes a temas concretos. No se trata de dar con ellos, ni siquiera en resumen, toda la doctrina gramatical del inglés, sino de ofrecer al lector (especialmente de habla española) un medio rápido de consulta sobre los casos de dificultad más frecuentes. (Un asterisco en uno de los cuadros gramaticales indica que la palabra o palabras que precede forman el título de otro cuadro gramatical.)

Un asterisco en el cuerpo de un artículo indica que la palabra española que precede sólo tiene uso en América.

El lector encontrará en este Diccionario secciones de referencia que facilitarán su aprendizaje y uso del idioma. Por ejemplo, después de la página 779 se encuentra una lista de más de tres mil idiomas y expresiones: Español-Inglés e Inglés-Español.

Además se incluyen en los apéndices:

- Abreviaturas más usadas en inglés
- Abbreviations Most Commonly Used in Spanish
- False Cognates and ''Part-Time'' Cognates
- Business Correspondence in Spanish / La carta comercial en español
- Monetary Units / Unidades monetarias
- Weights and Measures / Pesas y medidas
- Numbers / Numerales
- Temperature / La temperatura
- Abbreviations of the States of the United States of America / Abreviaturas de los estados de los Estados Unidos de América
- Geographical Names: English-Spanish / Nombres geográficos: Inglés-Español
- Nombres geográficos: Español-Inglés / Geographical Names: Spanish-English
- Maps/Mapas

ABREVIATURAS USADAS EN ESTE DICCIONARIO

adj., adj.	adjetivo	ENCUAD.	encuadernación
adv., adv.	adverbio	ENTOM.	entomología
AER.	aeronáutica	EQUIT.	equitación
AGR.	agricultura	ESC.	escultura
AJED.	ajedrez	Esc.	Escocia
ALBAÑ.	albañilería	ESGR.	esgrima
ÁLG.	álgebra	esp.	especialmente
ANAT.	anatomía		
ant.	antiguamente; antiguo; anticuado	*f.*	femenino; nombre femenino
API.	apicultura	fam.	familiar
ARIT.	aritmética	FARM.	farmacia
ARM.	armadura; armas	FERROC.	ferrocarriles
ARQ.	arquitectura	fig.	figurado
ARQUEOL.	arqueología	FIL.	filosofía
art.	artículo	FILAT.	filatelia
ARTILL.	artillería	FILOL.	filología
ASTR.	astronomía; astrología	FÍS.	física
AUTO.	automóvil; automovilismo	FISIOL.	fisiología
aux.	verbo auxiliar	FONÉT.	fonética
AVIA.	aviación	FORT.	fortificación
		FOT.	fotografía
BACT.	bacteriología	FUND.	fundición
B. ART.	bellas artes		
BIB.	Biblia	gal.	galicismo
BIOL.	biología	GEOGR.	geografía
BIOQUÍM.	bioquímica	GEOL.	geología
BLAS.	blasón	GEOM.	geometría
BOT.	botánica	ger., GER.	gerundio
BOX.	boxeo	gralte.	generalmente
		GRAB.	grabado
Can.	Canadá	GRAM.	gramática
CARN.	carnicería		
CARP.	carpintería	HIDR.	hidráulica; hidrología
CARR.	carruajes	HIL.	hilatura
CERÁM.	cerámica	HIST.	historia
CETR.	cetrería	H. NAT.	historia natural
CINEM.	cinematografía	HORT.	horticultura
CIR.	cirugía		
COC.	cocina	ICT.	ictiología
COM.	comercio	*impers.*	verbo impersonal
compar.	comparativo	IMPR.	imprenta
Cond.	Condicional	Ind.	India
conj.	conjunción	IND.	industria
CONJUG.	Conjugación	*indef.*	indefinido
CONSTR.	construcción	INDIC., indic.	indicativo
contr.	contracción	inf.	infinitivo
COST.	costura	ING.	ingeniería
CRIST.	cristalografía	Ingl.	Inglaterra
CRON.	cronología	*interj.*	interjección
		INTERN.	internacional
DANZ.	danza	*intr.*, intr.	verbo intransitivo
def.	definido; defectivo	Irl.	Irlanda
DENT.	dentista	irón.	irónico
DEP.	deportes	*irreg.*	irregular
DER.	derecho; forense		
desus.	desusado	JOY.	joyería
DIB.	dibujo		
dim.	diminutivo	lat.	latín
		LIT.	literatura
ECLES.	eclesiástico; iglesia	LITUR.	liturgia
ECON.	economía	LÓG.	lógica
EC. POL.	economía política		
EE. UU.	Estados Unidos	*m.*	masculino; nombre masculino
ELECT.	electricidad	MAGNET.	magnetismo
EMBRIOL.	embriología	MAR.	marina; marítimo

MAT.	matemáticas	Pret., *pret.*	pretérito
may.	mayúscula	*pron.*	pronombre
MEC.	mecánica	PROS.	prosodia
MED.	medicina	PSIC.	psicología
METAF.	metafísica		
METAL.	metalurgia	QUÍM.	química
METEOR.	meteorología		
MÉTR.	métrica	RADIO.	radiotelefonía; radiotelegrafía
MIL.	militar; milicia	*ref.*	verbo reflexivo
MIN.	minería	REL.	religión
min.	minúscula	RELOJ.	relojería
MINER.	mineralogía	RET.	retórica
MIT.	mitología		
MONT.	montería	S.	sur
MÚS.	música	*s.*	nombre substantivo
		simplte.	simplemente
n. pr.	nombre propio	SOCIOL.	sociología
NUMIS.	numismática	SUBJ.	Subjuntivo
		superl.	superlativo
ÓPT.	óptica		
ORNIT.	ornitología	TEAT.	teatro
ORTOG.	ortografía	TEJ.	tejeduría
		TELEF.	telefonía
PALEONT.	paleontología	TELEGR.	telegrafía
PART. PAS.	Participio pasivo	TELEV.	televisión
pers.	persona(s); personal	TEN.	tenería
PERSP.	perspectiva	TEOL.	teología
PETROGR.	petrografía	TINT.	tintorería
PINT.	pintura	TOP.	topografía
pl.	plural	*tr.,* tr.	verbo transitivo
POES.	poesía	TRIG.	trigonometría
poét.	poético		
POL.	política	us.	usado
pop.	popular		
por ext.	por extensión	V.	Véase
pos.	posesivo	vulg.	vulgarismo
p. p., p. p.	participio pasivo	VEST.	vestido
pref.	prefijo	VET.	veterinaria
PREHIST.	prehistoria	VID.	vidriería
prep.	preposición		
Pres., *pres.*	presente	ZAP.	zapatería
		ZOOL.	zoología

PRONUNCIACIÓN FIGURADA DE LA LENGUA INGLESA

Normas para su interpretación*

Signos	Sonidos
a	En sílaba tónica, sonido parecido al de la a de **mano**. En sílaba átona, sonido algo más obscuro y cerrado que la a de **seda**.
æ	Sonido intermedio entre el de la a de **mano** y el de la e de **seda**.
ai	Sonido del diptongo **ai** de **aire**.
au	Sonido del diptongo **au** de **lauro**.
e	En sílaba tónica, sonido parecido al de la e de **seda**. En sílaba átona, sonido más breve y más obscuro que la e de **dicen**.
ei	Sonido del diptongo **ei** de **veis**.
ø	En sílaba tónica, sonido parecido al de la œ francesa de *cœur*. En sílaba átona, sonido más obscuro, como el de la e francesa de *le*.
i	Sonido parecido al de la i de **ánimo**, pero más abierto.
ɪ	Sonido parecido al de la i de **pila**, pero más cerrado y más largo.
iu	Sonido del diptongo **iu** de **triunfo**.
o	En sílaba átona, sonido parecido al de la o de **volar**. En sílaba tónica, sonido mucho más abierto.
o	Sonido parecido al de la o española de **soy**, pero más largo y cerrado.
ou	Sonido parecido al del diptongo **ou** de **bou**.
u	Sonido parecido al de la u de **mulo**.
b	Sonido parecido al de la b de **barón**, pero algo más explosivo.
c	Sonido de la c de **casa**.
ch	Sonido de la ch de **mucho**.
d	Sonido de la d de **dar**.
đ	Sonido parecido al de la d de **seda**.
f	Sonido parecido al de la f de **fe**.
g	Sonido de la g de **garra**.
gue, gui	Sonido de los grupos **gue**, **gui**, en **guerra** y **guiso**.
j	Sonido aspirado, parecido a la j de **juerga**, pero más breve y suave.
ỹ	Sonido parecido al de la g y la j de las palabras francesas *général* y *jambe*.
k	Sonido de la c de **casa**.
l	Sonido parecido al de la l de **lana**.
m	Sonido de la m de **mano**.
n	Sonido de la n de **nadie**.
ng	Sonido parecido al de la n de **tan**, pero seguido de un leve sonido velar.
ñ	Sonido de la ñ de **cañón**.
p	Sonido de la p de **pan**.
r	Sonido semivocal que se articula con la punta de la lengua hacia atrás y sin hacerla vibrar.

* Hemos querido dar la mayor sencillez posible a la pronunciación figurada que ofrecemos entre paréntesis al principio de cada artículo porque estimamos que su objeto sólo puede ser orientar a los lectores que ya posean un conocimiento general de la pronunciación inglesa. Ésta debe aprenderse de viva voz. Su exposición requeriría prolijas explicaciones o el empleo del alfabeto fonético, cuya interpretación no se halla al alcance de los profanos.

Signos	Sonidos
r	Sonido semivocal que se articula con la punta de la lengua hacia atrás y sin hacerla vibrar.
r	Sonido parecido al anterior, pero mucho más débil, que en algunos casos llega a perderse. Cuando va precedido de una vocal tónica, ésta queda alargada. Después de una vocal átona, muchos no lo pronuncian.
s	Sonido parecido al de la s de sal.
š	Sonido de la s francesa de *rose* y la catalana de *casa*.
sh	Sonido parecido al de la ch francesa de *machine* y al de la x catalana de *xàfec*.
t	Sonido parecido al de la t de tan, pero pronunciado con la punta de la lengua más próxima a los alvéolos.
v	Sonido labiodental de la v de valle.
w	Sonido parecido al de la u de hueso.
y	Sonido de la y de yugo.
z	Sonido parecido al de la z de zorro, pero más suave.
(·)	El punto volado (·) indica que sobre la vocal o diptongo que lo precede recae el acento tónico de la palabra.

CUADROS GRAMATICALES

A

1) A, a (ei) *s.* A, a, letra vocal, primera del alfabeto inglés : *from A to Z,* de cabo a rabo, desde el alfa a la omega. 2 MÚS. la. — *3 adj.* de primera calidad o categoría.

2) a (æ o ø) *art. indef.* un, una [delante de consonante o de vocales y diptongos que suenen «yu» o «uø»] : *a man,* un hombre; *a use,* un uso; *a European,* un europeo; *a ewer,* un jarro; *a one-story house,* una casa de un solo piso. 2 un tal, cierto : *a Mr. Brown,* un tal (o cierto) señor Brown. 3 el, la, al, a la, por, cada (con valor distributivo) : *a dollar a yard,* a un dólar la (o cada) yarda; *two times a day,* dos veces al día; *once a week,* una vez por semana. *4* A veces no se traduce : *what a beautiful view!,* ¡qué hermosa vista! 5 Entra en ciertas locuciones, como *a few, many a, such a,* que se encontrarán en los artículos correspondientes. — *6 prep.* En lenguaje familiar o poético, se antepone o se une al substantivo verbal en *-ing* para indicar acción en su principio o continuidad : *he was a dying,* se estaba muriendo; *we went a-hunting,* fuimos de caza.

a- *pref.* a-, como en *acatholic,* acatólico. 2 Denota posición, estado o separación : *abed,* en cama; *ablaze,* ardiendo; *away,* lejos.

Aachen (a·ken) *n. pr.* GEOGR. Aquisgrán.

Aaron (e·arøn) *n. pr.* Aarón.

Aaron's beard *s.* nombre de varias plantas.

abaca (abaca) *s.* abacá, cáñamo de Manila.

aback (abæc) *adv.* atrás, hacia atrás. 2 MAR. emparchado, en facha. *3 to take* ∼, (fig.) sorprender, desconcertar, coger de improviso.

abacus (æ·bacøs) *pl.* **-ci** (-sai) o **-cuses** (-cøsis) *s* ábaco [para contar]. 2 ARQ. ábaco.

abaft (aba·ft) *prep.* MAR. detrás de, más allá de [un objeto] por el lado de popa. — *2 adv.* a popa, hacia popa.

abalone (abalou·ni) *s.* ZOOL. oreja marina [molusco].

abandon (abæ·ndøn) *s.* abandono, naturalidad, desenvoltura. 2 desenfreno.

abandon (to) *tr.* abandonar. — *2 ref.* abandonarse, entregarse.

abandoned (abæ·ndønd) *adj.* abandonado [dejado, desamparado]. 2 vicioso, depravado, perverso.

abandonment (abæ·ndønmønt) *s.* abandono, abandonamiento, dejación ; entrega de sí mismo. 2 abandono, desamparo. 3 desenfreno. 4 DER. MAR. abandono.

abase (to) (abei·s) *tr.* humillar, rebajar, degradar, envilecer.

abasement (abei·smønt) *s.* humillación, degradación, envilecimiento.

abash (to) (abæ·sh) *tr.* correr, confundir, avergonzar, desconcertar.

abashed (abæ·sht) *adj.* corrido, confuso, avergonzado.

abashment (abæ·shment) *s.* vergüenza, confusión, rubor, empacho.

abate (to) (abei·t) *tr.* rebajar, disminuir, minorar, reducir. 2 moderar, mitigar, calmar, aplacar. 3 abatir [el orgullo, etc.]. *4* rebajar, deducir. *5* rebajar [una superficie para dejar un relieve]. 6 DER. anular, suprimir. — *7 intr.* menguar, disminuir, amainar, calmarse, ceder, remitir. 8 DER. anularse.

abatement (abei·tmønt) *s.* disminución, merma, baja. 2 moderación, mitigación. 3 rebaja, deducción. *4* DER. anulación, supresión.

abatis (æ·batis), **abattis** (æba·tis) *s.* FORT. tala [obra de defensa].

abattoir (abatua·ʳ) *s.* matadero.

abb (æb) *s.* hilaza para urdimbre.

abbacy (æ·basi) *s.* abadía, abadiado [dignidad, jurisdicción] ; abadengo.

Abbasside (æ·besaid) *adj. y s.* abasida.

abbatial (æbei·shal) *adj.* abacial, abadengo.

abbess (æ·bis) *s.* abadesa.

abbey (æ·bi) *s.* abadía, monasterio.

abbot (æ·bot) *s.* abad.

abbotship (æ·botship) *s.* abadía, abadiado [dignidad].

abbreviate (abri·vieit) *adj.* corto, abreviado.

abbreviate (to) *tr.* abreviar, compendiar, reducir. 2 MAT. simplificar.

abbreviation (abriviei·shøn) *s.* abreviación. 2 abreviatura, 3 cifra, compendio.

abbreviator (abriviei·tøʳ) *s.* abreviador, compendiador. 2 ECLES. abreviator.

abbreviature (abri·viachøʳ) *s.* compendio, resumen.

ABC (ei· bi· si·) *s.* abecé. 2 guía alfabética de ferrocarriles.

abdicant (æ·bdicant) *adj. y s.* que abdica o renuncia.

abdicate (to) (æ·bdikeit) *tr.-intr.* abdicar, renunciar. — *2 tr.* DER. desheredar.

abdication (æbdikei·shøn) *s.* abdicación, renuncia. 2 DER. MAR. abandono.

abdomen (æbdou·men) *s.* abdomen.

abdominal (æbdo·minal) *adj.* abdominal.

abdominous (æbdo·minøs) *adj.* ventrudo, barrigón.

abducent (æbdiu·sønt) *adj.* FISIOL. abductor.

abduct (to) (æbdø·ct) *tr.* raptar, secuestrar. 2 FISIOL. producir la abducción de.

abduction (æbdø·cshøn) *s.* rapto, robo, secuestro. 2 ANAT., LÓG. abducción.

abductor (æbdø·ctøʳ) *s.* raptor, secuestrador. 2 ANAT. abductor.

abeam (abi·m) *adv.* MAR. de través, por el través.

abecedarian (eibiside·rian) *s.* el que enseña o aprende el abecé. 2 principiante, ignorante. — *3 adj.* alfabético. 4 elemental, rudimentario.

abecedary (eibisi·deri) *s.* abecedario.

abed (abe·d) *adv.* en cama, acostado.

abele (æb·l) *s.* BOT. álamo blanco.

abelmosk (ei·bølmosc) *s.* BOT. abelmosco.

aberrance (æbe·rans), **aberrancy** (æbe·ransi) *s.* error, descamino, extravío.

aberrant (æbø'rant) *adj.* aberrante, anormal; extraviado.
aberrate (to) (a'børeit) *intr.* aberrar.
aberration (æbørei'shøn) *s.* aberración, extravio, error. *2* deficiencia mental. *3* ÓPT., ASTR. aberración.
abet (abe't) *tr.* alentar, favorecer, consentir, ayudar [delito o delincuente]. ¶ CONJUG. pret. y p. p.: *abetted;* ger.: *abetting.*
abetment (abe'tmønt), **abettal** (abe'tal) *s.* aliento, ayuda, complicidad.
abetter, abettor (abe'tø') *s.* fautor, favorecedor, cómplice.
abeyance (abei'ans) *s.* inactividad transitoria, suspensión. *2* DER. estado de la herencia sin heredero conocido. *3 in* ~, en espera, en suspenso; sin heredero conocido.
abeyant (abei'ant) *adj.* en suspenso.
abhor (to) (æbjo·') *tr.* aborrecer, detestar, repugnar, tener horror a.
abhorrence (æbjo'røns) *s.* aborrecimiento, detestación, horror, repugnancia.
abhorrent (æbjo'rønt) *adj.* aborrecible, detestable, odioso. *2* opuesto, repugnante, incompatible. *3* que aborrece o detesta.
abhorrer (æbjo'rø') *s.* aborrecedor.
abidance (abai'dans) *s.* estancia, permanencia. *2* observancia [de leyes, reglas, etc.].
abide (to) (abai'd) *intr.* morar, habitar, vivir, parar. *2* quedarse, permanecer. *3* mantenerse, continuar [en un estado o condición]. *4 to* ~ *by,* apoyar, sostener, adherirse, estar con o por uno; mantener [lo dicho, una opinión, etc.]; cumplir, observar; asentir a, conformarse con, aceptar, atenerse a. — *5 tr.* esperar, aguardar. *6* soportar, sufrir, tolerar. *7* afrontar, arrostrar. *8* sufrir las consecuencias de. ¶ CONJUG.: pret. y p. p.: *abode* o *abided.*
abiding (abai'ding) *adj.* permanente, durable. *2* observante. *3* ~ *place,* domicilio, morada.
abidingly (abai'dingli) *adv.* permanentemente.
Abietineæ (æbieti'nii) *s. pl.* BOT. abietíneas, abietáceas.
abietineous (æbieti'niøs) *adj.* BOT. abietíneo, abietáceo.
abigail (æ'biguei1) *s.* doncella, camarera.
ability (abi'liti) *s.* habilidad, capacidad, talento, aptitud, disposición; poder, facultad; posibilidades, recursos : *to the best of my* ~, lo mejor que yo pueda o sepa. *2 pl.* talento, ingenio : *a man of abilities,* un hombre de talento.
abintestate (abinte'steit) *adj.* abintestato.
abiogenesis (abaiouÿe'nisis) *s.* abiogénesis.
abiology (æbaio'loÿi) *s.* ciencia de los seres inorgánicos.
abirritant (abi'ritønt) *adj.* MED. abirritante.
abirritate (to) (abi'riteit) *tr.* MED. abirritar.
abirritation (abirite'shøn) *s.* MED. abirritación.
abject (æ'bÿect) *adj.* abyecto. *2* servil, rastrero. *3* abatido, desalentado.
abjection (æbÿe'cshøn) *s.* abyección. *2* ruindad, servilismo. *3* abatimiento.
abjectly (abÿe'ctli) *adv.* abyectamente.
abjectness (abÿe'ctnis) *s.* ABJECTION.
abjuration (æbÿurei'shøn) *s.* abjuración.
abjure (to) (æbÿu·ø') *tr.* abjurar. *2* renunciar. *3 to* ~ *the Realm,* jurar ausencia perpetua del país.
abjurement (æbÿu·ø'mønt) *s.* abjuración : renunciación.
ablation (æblei'shøn) *s.* separación, eliminación. *2* CIR. ablación. *3* GEOL. desgaste por erosión o derretimiento.
ablative (æ'blativ) *adj. y s.* GRAM. ablativo.
ablaut (a'blaut) *s.* FILOL. apofonía.
ablaze (ablei'š) *adv. y adj.* ardiendo, en llamas. — *2 adj.* resplandeciente. *3* encendido, inflamado [de algún afecto]. *4* centelleantes, echando chispas (ojos).
able (ei'bøl) *adj.* que puede : *to be* ~, poder. *2* capaz [de hacer algo]. *3* hábil, diestro, capacitado, apto, experto, competente : ~ *seaman,* marinero de primera clase. *4* capaz, inteligente. *5* DER. capaz.
able-bodied (ei'bol'bodid) *adj.* sano, robusto, fornido, válido. *2 able-bodied seaman,* marinero de primera clase.
ablegate (æ'bleguei1) *s.* ablegado.
able-minded *adj.* inteligente [persona].
ablepsia (eible'psia) *s.* ablepsia.

abloom (ablu·m) *adj. y adv.* en flor. *2* en estado floreciente.
abluent (æ'bluent) *adj. y s.* detergente.
ablush (ablø·sh) *adj. y adv.* ruboroso, colorado, encendido.
ablution (æblu·shøn) *s.* ablución.
ably (ei'bli) *adv.* hábilmente, inteligentemente.
abnegate (æ'bnigueit) *tr.* renunciar, abjurar. *2* abnegar, negarse algo a sí mismo.
abnegation (æbniguei'shøn) *tr.* negación, renuncia. *2* abnegación.
abnormal (æbno'mal) *adj.* anormal.
abnormality (æbno'ma'liti) *s.* anormalidad.
abnormity (æbno·'miti) *s.* anormalidad, monstruosidad.
aboard (abo·'d) *adv.* a bordo: *to go* ~, subir a bordo. *2* en un tren o vehículo público : *all* ~/, ¡viajeros al tren! *3* MAR. al lado de, junto a : *to fall* ~, abordar, chocar; *to lay a ship* ~, abordar una nave [para atacarla]; *to keep the land* ~, costear. — *4 prep.* a bordo de.
abode (abou·d) *pret. y p. p.* de TO ABIDE — *2 s.* morada, residencia, domicilio : *to take up one's* ~, fijar su residencia, domiciliarse. *3* mansión, estancia [en un lugar].
abolish (to) (abo'lish) *tr.* abolir, suprimir.
abolishable (abo'lishabøl) *adj.* abolible.
abolishment (abo'lishment), **abolition** (aboli'shøn) *s.* abolición.
abolitionism (aboli'shønišm) *s.* abolicionismo.
abolitionist (aboli'shønist) *s.* abolicionista.
abomasum (æboma'søm), **abomasus** (æboma·søs) *s.* ZOOL. abomaso, cuajar.
A-bomb (ei'bam) *s.* bomba atómica.
abominable (abo'minabøl) *adj.* abominable.
abominably (abo'minabli) *adv.* abominablemente.
abominate (to) (abo'mineit) *tr.* abominar.
abomination (abomine'shøn) *s.* abominación.
aboriginal (æbori'ÿinal) *adj.-s.* aborigen.
aborigines (æbori'ÿiniš) *s. pl.* aborígenes.
abort (to) (abo·'t) *intr.* abortar.
abortifacient (abo·'tisaid) *s.* destrucción del feto. *2* lo que destruye el feto, abortivo.
abortifacient (abo'tife'shent) *adj. y s.* abortivo [que causa aborto].
abortion (abo·'shøn) *s.* aborto. *2* fracaso.
abortionist (abo·'shønist) *s.* el que se dedica criminalmente a provocar abortos.
abortive (abo·'tiv) *adj. y s.* abortivo. *2* abortado, malogrado, frustrado.
abortively (abo·'tivli) *adv.* abortivamente. *2* prematuramente, infructuosamente.
abortiveness (abo·'tivnis) *s.* calidad de abortivo, infructuoso o malogrado.
abound (abau·nd) *intr.* abundar [hallarse en abundancia]. *2 to* ~ *with,* abundar en [tener en abundancia]. *3 to* ~ *in,* tener en alto grado [una cualidad]; TO ABOUND WITH.
abounding (abau·nding) *adj.* abundante [en]. — *2 s.* abundancia.
about (abau·t) *prep.* cerca de, junto a, alrededor, en torno de: *the people* ~ *him,* la gente que le rodea; *the wall* ~ *the park,* el muro que rodea el parque; fig. *look* ~ *you,* tenga usted cuidado. *2* por, en, de un lado a otro de :, *to rove* ~ *the world,* vagar por el mundo, correr mundo; *to play* ~ *the garden,* jugar en el jardín. *3* cerca, consigo, en [una pers. o cosa] : *have you much money* ~ *you?,* ¿lleva usted mucho dinero [encima]? *4* tocante a, con respecto a, sobre, acerca de, a propósito de, de, en : *to write* ~ *something,* escribir sobre algo; *I know nothing* ~ *that,* no sé nada de eso; *what* ~ *that?,* ¿qué hay de eso?; *what are you thinking* ~?, ¿en qué está usted pensando? *5* cerca, poco más o menos, sobre, hacia, a eso de, cosa de, unos, unas : ~ *my age,* mi edad poco más o menos; ~ *that time,* hacia esa hora, por entonces; ~ *three o'clock,* a eso de las tres : ~ *a thousand men,* unos mil hombres. *6* Indica ocupación, acción : *I must be* ~ *my business,* he de ocuparme de mis asuntos; *what are you* ~?, ¿qué está usted haciendo? ¿qué se propone?; *send him* ~ *his business.* mándele a paseo. *7 to be* ~ [con un infinitivo], estar a punto de, estar para : *he was* ~ *to speak,* estaba a punto de hablar, iba a hablar.
8 adv. alrededor, en torno, por todas partes, aquí y allí, circularmente, en contorno.

a la redonda, de circunferencia : *to be* ~, levantarse, salir, hacer vida normal [el que ha estado enfermo] ; *to go* ~, rodear ; frecuentar, pasearse, ir de un lado a otro ; *to lie* ~, yacer o estar en torno, por allí, aquí y allí, por todas partes ; *to look* ~, mirar en torno, por todas partes ; *a long way* ~, un gran rodeo ; *a tree nine feet* ~, un árbol de nueve pies de circunferencia ; *about and* ~, acá y acullá ; *all* ~, por todas partes ; *round* ~, todo alrededor. *9* casi, aproximadamente : ~ *finished*, casi acabado ; *that's* ~ *right*, fam. viene a ser eso. *10* en sentido contrario, en posición opuesta a la que se tenía : *to face* ~, volverse, dar media vuelta ; ~ *face!*, ¡media vuelta ! [voz de mando]. *11 to bring* ~, efectuar, ocasionar, acarrear, provocar. *12 to come* ~, acontecer, realizarse, resultar, sobrevenir. *13 to set* ~, emprender, disponer, preparar.

about-face *s.* media vuelta. *2* cambio de opinión de actitud, de partido.

about-face (to) *intr.* dar media vuelta, cambiar de actitud, de opinión.

above (abǿ·v) *prep.* sobre, encima de, por encima de [en lugar, grado, etc., más alto que] ; superior, fuera de alcance, que sobrepuja : *to fly* ~ *the earth*, volar sobre la tierra ; *the flat* ~ *this one*, el piso de encima de éste ; *to be* ~ *suspicion*, estar por encima de toda sospecha ; *this is* ~ *my strength*, esto es superior a mis fuerzas ; *things* ~ *comprehension*, cosas que la comprensión no abarca ; *this is* ~ *his reach*, esto está fuera de su alcance : ~ *mean actions*, incapaz de acciones mezquinas ; ~ *stairs*, en el piso de arriba ; ~ *zero*, sobre cero. *2* arriba de, más de o que : ~ *a hundred*, arriba de ciento, más de ciento ; *to value honour* ~ *life*, preciar la honra más que la vida. *3 above all*, sobre todo, principalmente. — *4 adv.* arriba, en lo alto, en el cielo ; *from* ~, de arriba, de lo alto, del cielo. *5* antes, anteriormente, más arriba [en un escrito] : ~ *said*, ~ *mentioned*, antedicho, supradicho, susodicho, antes mencionado. *6* Úsase elípticamente como adjetivo omitiendo *mentioned*, *quoted*, etc. : *the* ~ *observations*, las anteriores observaciones. — *7 s.* lo antedicho, lo dicho o mencionado más arriba.

aboveboard (abǿ·vbǿø'd) *adv.* abiertamente, a las claras, sin engaño. — *adj.* franco, sincero.

abracadabra (æbracadǽ·bra) *s.* abracadabra. *2* jerga, jerigonza.

abradant (abrei·dant) *s.* abrasivo.

abrade (to) (æbrei·d) *tr.* desgastar [por fricción], producir erosión.

abrasion (æbrei·ʒøn) *s.* desgaste por fricción. *2* MED. abrasión.

abrasive (æbrei·s̆iv) *adj.* y *s.* abrasivo.

abreast (abre·st) *adv.* de frente, uno al lado de otro, a la misma altura : *to ride four* ~, cabalgar a cuatro de frente. *2* al nivel, a la altura de : *to keep* ~, no rezagarse ; *to keep* ~ *of* (o *with*) *the times*, estar al día, a la altura de la época. *3* MAR. por el través, a la altura.

abridge (to) (abri·dy̆) *tr.* abreviar, acortar, reducir. *2* resumir, compendiar, condensar. *3* privar, despojar.

abridged (abri·cht) *adj.* abreviado, en compendio.

abridgment (abri·dy̆mønt) *s.* abreviación, acortamiento, reducción. *2* compendio, resumen. *3* privación, merma.

abrim (abri·m) *adv.* lleno, hasta el borde.

abroad (abro·d) *adv.* fuera de casa, en el extranjero : *to go* ~, salir, irse al extranjero. *2* sobre un gran espacio, ampliamente, hasta lejos : *the tree spreads its branches* ~, el árbol extiende mucho sus ramas. *3* en libertad, suelto, en circulación, por todas partes : *mischief is* ~, el mal anda suelto ; *to get* ~, trascender, divulgarse ; *to set* ~, divulgar, propalar ; *there is a report* ~, corre la noticia. *4 to be all* ~, estar equivocado, desconcertado, perplejo.

abrogate (to) (æ·brogueit) *tr.* abrogar.

abrogation (æbroguei·shøn) *s.* abrogación.

abrupt (æbrǿ·pt) *adj.* abrupto, escarpado, accidentado, escabroso [terreno]. *2* cortado, deshilvanado [estilo]. *3* brusco. *4* precipitado, súbito.

abruption (æbrǿ·pshøn) *s.* rotura, ruptura, desgajamiento.

abruptly (æbrǿ·ptli) *adv.* abruptamente. *2* bruscamente. *3* súbitamente, precipitadamente.

abruptness (æbrǿ·ptnis) *s.* aspereza, escabrosidad [de un terreno]. *2* desigualdad, sequedad [del estilo]. *3* brusquedad. *4* precipitación.

abscess (æ·bses) *s.* MED. absceso.

abscind (to) (æbsi·nd) *tr.* cortar, tajar.

abscissa (æbsi·sa), *pl.* -sæ (-si) *s.* GEOM. abscisa.

abscission (æbsi·yøn) *s.* abscisión.

abscond (to) (æbsco·nd) *intr.* fugarse, ocultarse. *2* substraerse a la justicia ; huir con los fondos [un cajero, etc.].

absconder (æbsco·ndø') *s.* el que se oculta, fugitivo, prófugo. *2* DER. rebelde.

absence (æ·bsens) *s.* ausencia : *leave of* ~, permiso, licencia temporal [a un militar o funcionario]. *2* falta de asistencia [a la escuela]. *3* defecto, falta, carencia : *in the* ~ *of*, a falta de. *4* ~ *of mind*, distracción, abstracción.

absent (æ·bsent) *adj.* ausente. *2* distraído, absorto.

absent (to) (æbse·nt) *ref. to* ~ *oneself*, ausentarse ; dejar de concurrir.

absentee (æbsentĭ·) *s.* ausente. *2* el que falta al trabajo. *3* ~ *landlord*, absentista.

absenteeism (æbsentĭ·ism) *s.* absentismo. *2* costumbre de faltar al trabajo.

absent-minded *adj.* distraído, abstraído.

absent-mindedly *adv.* distraídamente.

absent-mindedness *s.* distracción, abstracción.

absinth, absinthe (æ·bsinz) *s.* BOT. ajenjo, absintio. *2* ajenjo [licor].

absinthism (æ·bsinzis̆m) *s.* MED. absintismo.

absolute (æ·bsoliut) *adj.* absoluto : ~ *ceiling*, AVIA. techo absoluto ; ~ *zero*, cero absoluto. *2* categórico, terminante. *3* autoritario, perentorio. *4* perfecto [sinvergüenza, etc.]. — *5 s.* lo absoluto.

absolutely (æ·bsoliutli) *adv.* absolutamente. *2* categóricamente, terminantemente.

absoluteness (æ·bsoliutnis) *s.* calidad de absoluto o categórico. *2* poder absoluto.

absolution (æbsoliu·shøn) *s.* absolución. | En el sentido de absolución en juicio úsase sólo en derecho civil.

absolutism (æ·bsoliutis̆m) *s.* absolutismo. *2* calidad de absoluto.

absolutist (æ·bsoliutist) *adj.* y *s.* absolutista.

absolutory (æbsoliutori) *adj.* absolutorio.

absolve (to) (æbso·lv) *tr.* absolver. *2* remitir, perdonar [culpas, pecados].

absolver (æbso·lvø') *s.* absolvedor.

absonant (æ·bsonant) *adj.* discordante, opuesto : ~ *to reason*, absurdo. *2* irrazonable, fuera de razón.

absorb (to) (æbso·'b) *tr.* absorber. — *2 ref.* abstraerse, abismarse, enfrascarse : *to* ~ *oneself in study*, enfrascarse en el estudio.

absorbable (æbso·'babøl) *adj.* absorbible.

absorbed (æbso·'bd) *adj.* absorbido. *2* absorto, abismado.

absorbency (æbso·'bønsi) *s.* absorbencia.

absorbent (æbso·'bønt) *adj.-s.* absorbente [que absorbe o chupa] : ~ *cotton*, algodón hidrófilo. — *2 s. pl.* FISIOL. vasos linfáticos.

absorber (æbso·'bø') *s.* absorbente. *2* MEC. amortiguador.

absorbing (æbso·'bing) *adj.* absorbente [que absorbe o preocupa poderosamente].

absorption (æbso·'pshøn) *adj.* absorción. *2* abstracción, embebecimiento, enfrascamiento.

absorptive (æbso·'ptiv) *adj.* absorbente, capaz de absorber.

absquatulate (to) (æbscuo·tiuleit) *intr.* joc. largarse. *2* joc. sentarse.

abstain (to) (æbstei·n) *intr.* abstenerse, privarse.

abtainer (æbstei·nø') *s.* el que se abstiene. *2* abstemio.

abstemious (æbsti·miøs) *adj.* abstemio. *2* abstinente, sobrio. *3* de abstinencia : ~ *day*, día de abstinencia.

abstemiously (æbsti·miøsli) *adv.* abstinentemente, sobriamente.

abstemiousness (æbsti·miøsnis) *s.* abstinencia, sobriedad, templanza.

abstention (æbste·nshøn) *s.* abstención.

abstentious (æbste·nshøs) *adj.* abstinente, sobrio, templado.

absterge (to) (æbstø·'y̆) *tr.* limpiar, purificar. *2* MED. absterger.

abstergent (æbstø·'y̆ent) *adj.* y *s.* abstergente, detergente.

abstersion (æbstø·'y̆øn) *s.* abstersión, detersión.

abstinence (æ·bstinøns), **abstinency** (-si) *s.* abstinencia. 2 continencia, sobriedad, templanza.
abstinent (æ·bstinønt) *adj.* abstinente, continente, sobrio.
abstract (æ·bstræct) *adj.* abstracto. 2 ideal. *3* abstruso, difícil. — *4 s.* lo abstracto; abstracción : *in the* ~, en abstracto. *5* extracto, sumario, resumen, compendio.
1) **abstract (to)** *tr.* extractar, resumir, compendiar.
2) **abstract (to)** (æbstræ·ct) *tr.* abstraer. *2* separar, hacer independiente [de otra cosa]. *3* distraer [apartar la atención de uno]. *4* sustraer, robar. — *5 intr.* hacer abstracción.
abstracted (æbstræ·ctid) *adj.* abstraído, distraído, ensimismado. *2* separado, deslizado.
abstractedly (æbstræ·ctidli) *adv.* distraídamente, de una manera abstraída. *2* separadamente, en abstracto.
abstractedness (æbstræ·ctidnis) *s.* calidad de abstracto. *2* distracción, ensimismamiento.
abstracter (æbstræ·ctø') *s.* el que abstrae. *2* extractador, compendiador. *3* sustractor, ladrón.
abstraction (æbstræ·cshøn) *s.* abstracción. *2* distracción, ensimismamiento. *3* sustracción, hurto. *4* retiro, retraimiento.
abstractive (æbstræ·ctiv) *adj.* abstractivo.
abstractively (æbstræ·ctivli) *adv.* abstractivamente, en abstracto. *2* separadamente.
abstractness (æbstræ·ctnis) *s.* calidad de abstracto.
abstruse (æbstru·s) *adj.* abstruso.
absurd (æbsø·d) *adj.* absurdo.
absurdity (æbsø·'diti) *s.* lo absurdo [de una cosa]. *2* absurdidad, absurdo.
absurdly (æbsø·rdli) *adv.* absurdamente.
absurdness (æbsø·'dnis) *s.* ABSURDITY.
abulia (æbiu·lia) *s.* abulia.
abundance (abø·ndans) *s.* abundancia, copia, profusión *2* opulencia.
abundant (abø·ndant) *adj.* abundante, copioso : ~ *in,* o *with,* abundante en, lleno de.
abuse (abiu·s) *s.* abuso. *2* corruptela. *3* maltrato, lenguaje injurioso, insultos, denuestos.
abuse (to) (abiu·s) *tr.* abusar de. | No tiene el sentido de abusar de la confianza o de la buena fe. *2* maltratar, denostar, denigrar, hablar mal de. *3* engañar.
abuser (abiu·sø') *s.* abusador, abusón. *2* injuriador, denostador, denigrador.
abusive (abiu·siv) *adj.* abusivo. *2* ofensivo, injurioso, insultante.
abusively (abiu·sivli) *adv.* abusivamente. *2* injuriosamente, denigrativamente.
abusiveness (abiu·sivnis) *s.* calidad de abusivo, uso impropio. *2* calidad de ofensivo, injurioso, insultante ; lenguaje injurioso.
abut (to) (abø·t) *tr.* apoyar, hacer tocar [el extremo de una cosa en otra]. — *2 intr.* estribar. — *3 intr.* y *tr.* terminar en, lindar, confinar. ¶ CONJUG. pret. y p. p. : *abutted; ger.* : *abutting.*
abutment (abø·tmønt) *s.* ARQ., MEC. estribo, punto donde estriba algo; pilar, contrafuerte. *2* CARP. empalme. *3* contigüidad [de terrenos] ; linde.
abuttal (abø·tal) *s.* lindero, linde [de un terreno].
abutter (abø·tø') *s.* propietario de una finca lindante.
abutting (abø·ting) *adj.* lindante, confinante.
abysm (abi·šm) *s.* ABYSS.
abysmal (abi·šmal) *adj.* ABYSSAL. *2* profundo, craso: ~ *ignorance,* ignorancia crasa.
abyss (abi·s) *s.* abismo.
abyssal (abi·sal) *adj.* abismal, abisal. *2* insondable.
Abyssinia (abisi·nia) *n. pr.* GEOGR. Abisinia.
Abyssinian (abisi·nian) *adj.* y *s.* abisinio.
acacia (akei·shia o aca·sia) *s.* BOT. acacia : *false* ~, acacia falsa. *2* goma arábiga.
Acacians (akei·sians) *s. pl.* acacianos.
academic (acade·mic) *adj.* académico. — *2 s.* académico [filósofo; miembro de una academia]. *3* universitario.
academical (acade·mical) *adj.* académico. *2* teórico. — *3 s. pl.* uniforme o distintivos usados en ciertos colegios o universidades.
academically (acade·micali) *adv.* teóricamente.
academician (academi·shan) *s.* académico [individuo de una academia].
academicism (acade·misišm) *s.* platonismo. *2* academicismo. *3* manera, carácter de una escuela.
academism (acæ·demišm) *s.* academismo.

academist (acæ·demist) *s.* academista. *2* (con may.) académico [filósofo].
academy (acæ·demi) *s.* academia. *2* universidad, colegio, escuela : *riding* ~, escuela de equitación. *3* (con may.) Academia [de Platón]. — *4 adj.* B. ART. ~ *figure,* academia [estudio].
Acadian (akei·dien) *s.* de Nueva Escocia.
Acalephae (æcali·fi) *adj.* y *s.* ZOOL. acalefos.
acalephan (acali·fan) *adj.* y *s.* ZOOL. acalefo.
acalycine (ækæ·lisin) *adj.* BOT. acalicino.
acanaceous (æcanei·shøs) *adj.* BOT. espinoso.
Acanthaceae (ækænze·sii) *s. pl.* BOT. acantáceas.
acanthaceous (ækænze·shøs) *adj.* BOT. espinoso. *2* BOT. acantáceo.
acanthine (ækæ·nzin) *adj.* BOT. acantino.
acanthocarpous (ækænzoca·'pøs) *adj.* BOT. acantocarpo.
acanthocephalous (ækænzose·faløs) *adj.* ZOOL. acantocéfalo.
acanthopterygian (ækænzoptøri·ÿian) *s.* ICT. acantopterigio.
Acanthopterygii (ækænzoptøri·ÿii) *s. pl.* ICT. acantopterigios.
acanthopterygious (ækænzoptøri·ÿiøs) *adj.* ICT. acantopterigio.
acanthus (acæ·nzøs), *pl.* **-thi** (-zai) *s.* BOT., ARQ. acanto.
Acarida (æcæ·rida) *s. pl.* ZOOL. acáridos.
acarid (æ·kørid) *s.* ZOOL. acárido.
acarpous (æcar·'pøs) *adj.* BOT. acarpo.
acarus (æca·røs), *pl.* **-ri** (-rai) *s.* ZOOL. ácaro. *2* MED. ácaro.
acatalectio (eicætale·ctic) *adj.* acataléctico.
acatalepsia (eicatale·psia) *s.* MED. acatalepsia. *2* MED. deficiencia mental.
acatalepsy (eica·talepsi) *s.* FIL. acatalepsia.
acatholic (eica·zolic) *adj.* acatólico.
acaulescent (acole·sent), **acauline** (aco·lin) *adj.* BOT. acaule.
accede (to) (acsi·d) *intr.* acceder, asentir. *2* adherirse. *3* ascender, subir [a un cargo o dignidad]. *4* DER. ser incorporado por accesión.
accelerate (to) (æcse·løreit) *tr.* acelerar. *2* apresurar. *3* activar, avivar. — *4 intr.* acelerarse, apresurarse.
acceleration (æcseløre·shøn) *s.* aceleración. aceleramiento : *negative* o *minus* ~, retardación.
accelerative (æcse·lørativ) *adj.* acelerador, aceleratriz. *2* MEC., ANAT. acelerador.
accelerator (æcse·løretø') *s.* acelerador.
accent (æ·csent) *s.* acento. *2* dejo, tonillo. *3* manera peculiar o distintiva. *4 pl.* poét. palabras, lenguaje.
accent (to) (æcse·nt) *tr.* acentuar.
accentual (æcse·nchual) *adj.* rítmico, relativo al acento.
accentuate (to) (æcse·nchueit) *tr.* acentuar. *2* intensificar.
accentuation (æcsenchue·shøn) *s.* acentuación.
accept (to) (æcse·pt) *tr.* aceptar, admitir. *2* acoger favorablemente. *3* admitir [como cierto], creer. *4* DER. adir [la herencia]. *5* entender, interpretar : *how are these words to be accepted?,* ¿cómo hay que interpretar estas palabras? *6* COM. aceptar [una letra].
acceptability (æcseptøbi·liti) *s.* aceptabilidad. *2* calidad de acepto o grato.
acceptable (æcse·ptabøl) *adj.* aceptable, admisible. *2* acepto, grato, bien recibido.
acceptableness (æcse·ptabølnis) *s.* ACCEPTABILITY.
acceptably (æcse·ptabli) *adv.* aceptablemente. *2* agradablemente.
acceptance (æcse·ptans) *s.* aceptación, admisión, recepción. *2* aceptación, buena acogida, aprobación, favor. *3* COM. aceptación [de una letra] ; letra aceptada.
acceptant (æcse·ptant) *adj.* y *s.* aceptador, aceptante.
acceptation (æcsepte·shøn) *s.* acepción, significado. *2* aceptación.
acceptor (æcse·ptø') *s.* COM. aceptador, aceptante.
access (æ·cses) *s.* acceso [entrada, aproximación ; trato ; cópula]. *2* acceso, arrebato. *3* MED. acceso. *4* aumento, acrecentamiento, añadidura.
accessibility (æcsesibi·liti) *s.* accesibilidad.
accessible (æcse·sibøl) *adj.* accesible. *2* asequible, obtenible.
accession (æcse·shøn) *s.* asentimiento. *2* entrada [en un grupo, liga, etc.]. *3* aumento, agregación ; cosa agregada : ~ *book,* registro de adquisiciones [en una biblioteca]. *4* advenimien-

to, ascenso, subida [a una dignidad o cargo]. 5 MED. accesión, acceso. 6 DER. accesión.

accession (to) *tr.* catalogar, registrar [lo que entra a formar parte de una biblioteca o museo].

accessit (acse·sit) *s.* accésit.

accessorial (æcseso·rial) *adj.* accesorio, coadyuvante : ~ *agency*, complicidad.

accessorily (æcse·sôrili) *adv.* accesoriamente; con complicidad.

accessory (æcse·sôri) *adj.* accesorio, adicional, subsidiario. 2 que contribuye o tiene complicidad. — 3 *s.* accesorio. 4 cómplice, encubridor, instigador : ~ *after the fact*, encubridor; ~ *before the fact*, cómplice, instigador.

accidence (æ·csidens) *s.* GRAM. acccidente, desinencia. 2 parte de la gramática que trata de los accidentes.

accidency (æ·csidensi) *s.* calidad de accidental o fortuito.

accident (æ·csident) *s.* accidente, casualidad, contingencia : *by* ~, por casualidad. 2 accidente, percance, siniestro : *industrial* o *work* ~, accidente de trabajo. 3 LÓG., FIL., GEOGR. accidente. 4 GRAM. accidente, inflexión.

accidental (æcside·ntal) *adj.* accidental. 2 casual, imprevisto. 3 accesorio, secundario. — 4 *s.* accidente [lo no esencial]. 5 MÚS. accidental, accidente.

accidentalism (æcside·ntališm) *s.* accidentalidad. 2 FIL. casualismo.

accidentality *s.* (æcside·ntaliti) accidentalidad.

accidentally (æcside·ntali) *adv.* accidentalmente, casualmente.

accipiter (æcsi·pitø') *s.* ORNIT. accípitre, ave de rapiña.

accipitral (æcsi·pitral), **accipitrine** (æcsi·pitrin) *adj.* Propio de un halcón; rapaz.

acclaim (aclei·m) *s.* aclamación.

acclaim (to) *tr.-intr.* aclamar; proclamar. — 2 *tr.* proclamar a voces [un afecto, etc.].

acclaimer (aclei·mø') *s.* aclamador.

acclamation (æclame·shøn) *s.* aclamación. 2 LITURG. respuesta del pueblo a una antífona.

acclamatory (æclæ·matori) *adj.* de aclamación.

acclimate (to) (aclai·mit) *tr.* aclimatar, connaturalizar : *to become acclimated*, aclimatarse. — 2 *intr.* aclimatarse.

acclimation (aclime·shøn), **acclimatization** (aclaimatiše·shøn) o (EE. UU.) **acclimatation** (aclaimate·shøn) *s.* aclimatación, connaturalización, adaptación.

acclimatize (to) (aclai·mataiš) *tr.* aclimatar, connaturalizar. — 2 *intr.* aclimatarse.

acclivity (acli·viti) *s.* declive, cuesta, pendiente.

acclivous (aclai·vøs) *adj.* pino, empinado, pendiente.

accolade (æcolei·d) *s.* acolada, espaldarazo. 2 MÚS. corchete, barra [para unir pentágramas]. 3 ARQ. línea del arco conopial.

accoladed (æcolei·did) *adj.* que ha sido armado caballero; que tiene el título de caballero.

accommodate (to) (aco·modeit) *tr.* acomodar, adaptar, adecuar, ajustar, amoldar. 2 arreglar [una disputa], reconciliar. 3 acomodar, proveer de; servir, complacer, favorecer [con algo]. 4 COM. proporcionar crédito o dinero aceptando una letra. 5 acomodar, alojar. — 6 *intr.* conformarse, adaptarse, avenirse. 7 tener cabida [para].

accommodating (aco·modeiting) *adj.* servicial, complaciente, amable. 2 acomodadizo.

accommodation (acomodei·shøn) *s.* acomodación, adaptación, adecuación. 2 acomodamiento, arreglo, avenencia, conciliación. 3 complacencia, carácter servicial. 4 servicio, ayuda [esp. pecuniaria]. 5 COM. préstamo : ~ *bill* o *simplte. accommodation*, letra de favor. 6 cabida, sitio; hospedaje, alojamiento [en un hotel] : *no accomodation*. no hay habitaciones libres. 7 FISIOL. acomodación. 8 ~ *ladder*, MAR. escala de acceso a un buque. 9 ~ *train*, (EE. UU.) tren tranvía. 10 *pl.* facilidades, comodidades.

accommodator (acomodei·tø') *s.* acomodador, adaptador. 2 conciliador, arreglador.

accompanier (acømpaniø') *s.* acompañante, acompañador.

accompaniment (acø·mpanimønt) *s.* acompañamiento.

accompanist (acø·mpanist) *s.* MÚS. acompañante, acompañador.

accompany (to) (acø·mpani) *tr.* acompañar. — 2 *intr.* MÚS. tocar un acompañamiento. ¶ CONJUG. pret. y p. p. : *accompanied*.

accomplice (aco·mplis) *s.* cómplice.

accomplish (to) (aco·mplish) *tr.* hacer, realizar, ejecutar, efectuar, llevar a cabo, cumplir. 2 lograr, alcanzar. 3 dar perfección, dotar, adornar [física o moralmente]. 4 equipar, armar. 5 hacer, recorrer [una distancia].

accomplishable (aco·mplishabøl) *adj.* realizable.

accomplished (aco·mplisht) *adj.* cumplido, perfecto, acabado, consumado. 2 docto, diestro. 3 culto, distinguido; instruido, bien educado, dotado de perfecciones o talentos.

accomplisher (aco·mplishør) *s.* realizador, ejecutor.

accomplishment (aco·mplishmønt) *s.* realización, ejecución, cumplimiento. 2 logro, éxito. 3 perfección. 4 *pl.* talentos, habilidades [esp. los propios de una educación esmerada].

accord (aco·'d) *s.* acuerdo [unión de voluntades, de opinión, de acción] : *with one* ~, unánimemente, de consuno. 2 acuerdo, convenio. 3 acuerdo, armonía [entre cosas]. 4 MÚS. concordancia; acorde. 5 *of one's own* ~, espontáneamente.

accord (to) *tr.* concordar, poner de acuerdo. 2 armonizar, conciliar, arreglar. 3 otorgar, conceder, conferir. — 4 *intr.* ponerse o estar de acuerdo, convenir. 5 concordar, armonizar.

accordance (aco·'dans) *s.* acuerdo, conformidad, armonía : *in* ~ *with*, de acuerdo con, con arreglo a. 2 concesión, otorgamiento.

accordant (aco·'dant) *adj.* acorde. 2 conforme, consonante, propio, correspondiente.

accordantly (aco·'dantli) *adv.* en conformidad, en consonancia.

according (aco·'ding) *adj.* acorde, conforme, armónico. — 2 *adv.* ACCORDINGLY : ~ *as*, como, según, según que, a medida que; ~ *to*, según, conforme a ; ~ *to him*, según él; ~ *to custom*, según costumbre.

accordingly (aco·'dingli) *adv.* de conformidad, de acuerdo con. 2 en consecuencia, por lo tanto, por ende.

accordion (aco·'diøn) *s.* acordeón.

accordionist (aco·'diønist) *s.* acordeonista.

accost (to) (aco·st) *tr.* acercarse a. 2 abordar, hablar, dirigirse o saludar [a uno].

accosted (aco·stid) *adj.* BLAS. acostado.

account (acau·nt) *s.* cuenta, cálculo, cómputo : *to cast accounts*, hacer cuentas; *money of* ~, moneda de cuenta. 2 cuenta [estado de cantidades o partidas] : ~ *book*, manual, libro de cuentas; *current* ~, *current*, cuenta corriente; *sales* ~, cuenta de ventas; *to keep an* ~, tener cuenta abierta; llevar una cuenta; *to settle, to square accounts*, ajustar cuentas; *on* o *to* ~, a cuenta, a buena cuenta; *on joint* ~, de cuenta y mitad. 3 cuenta [razón, satisfacción de alguna cosa] : *to call to* ~, pedir cuentas; *the great* ~, el día del juicio. 4 causa, razón, motivo : *on* ~ *of*, por causa de, en atención a ; *on no* ~, de ningún modo, por ningún motivo. 5 explicación [manifestación de la causa de]. 6 relación, declaración, informe, relato, descripción : *by all accounts*, a decir de todos. 7 cuenta, interés, ventaja, provecho : *for* ~, por cuenta de, en interés de ; *for one's own* ~, por cuenta propia; *to turn to* ~, sacar provecho de, hacer útil. 8 caso, estimación, aprecio. 9 importancia, monta: *people of no* ~, gente sin importancia. 10 *to buy on* ~, comprar a plazos. 11 *to take into* ~, tener en cuenta, contar con.

account (to) *tr.* tener por, reputar, estimar, considerar, juzgar : *to be well accounted of*, ser bien reputado o considerado. 2 atribuir. — 3 *intr. to* ~ *for*, dar cuenta de, responder de; explicar : *how do you* ~ *for that?*, ¿cómo explica usted esto?

accountability (acauntabi·liti) *s.* responsabilidad.

accountable (acau·ntabøl) *adj.* responsable. 2 explicable, justificable.

accountableness (acau·ntabølnis) *s.* ACCOUNTABILITY.

accountant (acau·ntant) *s.* contador, perito mercantil, tenedor de libros : ~ *general*, jefe de contabilidad. 2 DER. demandado en una acción civil.

accounting (acau·nting) *s.* contabilidad. 2 liquidación o estado de cuentas. 3 explicación, justificación.

accouter, accoutre (to) (acu·tø') *tr.* MIL. equipar. 2 vestir, ataviar, armar.

accouterment (acu·tø'mønt), **accoutrement** (acu·trømønt) *s.* vestido, arreos, atavíos. 2 *pl* equipo [del soldado].

accredit (to) (acre·dit) *tr.* acreditar. | No tiene el sentido de abonar en cuenta. 2 creer, dar crédito. 3 *to ~ something to someone, to ~ someone with something,* atribuir [algo] a uno.

accreditation (acredite·shøn) *s.* acreditación, crédito. 2 credencial.

accredited (acre·ditid) *adj.* acreditado. 2 creído, admitido, aceptado.

accrescent (æcre·sønt) *s.* creciente. 2 BOT. acrescente.

accrete (æcrı·t) *adj.* acrecido, aumentado. 2 BIOL. que crece junto o adherido.

accrete (to) *tr. e intr.* acrecer, acrecerse, aumentar, aumentarse. 2 BIOL. crecer junto a, adherido.

accretion (acrı·shøn) *s.* crecimiento, acrecimiento, aumento, agregación. 2 MINER., DER. acreción. 3 DER. accesión. 4 MED. adherencia de órganos normalmente separados.

accroach (to)' (acrou·ch) *tr.* (con *to himself, herself,* etc.) usurpar, apropiarse.

accrual (acru·øl) *s.* incremento. 2 *pl.* acumulación [de intereses].

accrue (acru·) *s.* crecido [punto aumentado].

accrue (to) *intr.* aumentar, crecer, acumularse : *accrued interest,* interés acumulado. 2 empezar a existir [un derecho]. 3 originarse, provenir, resultar.

accubation (akiube·shøn) *s.* reclinación, postura reclinada.

acculturize (to) (acø·ltiuraıš) *tr.* hacer que un pueblo adopte la cultura de otro.

accumbent (acø·mbønt) *adj.* reclinado, recostado. 2 BOT. acumbente.

accumulate (to) (akiu·miuleit) *adj.* acumulado, amontonado.

accumulate (to) *tr.* acumular, amontonar; atesorar. — 2 *intr.* aumentar, acumularse.

accumulation (akiumiule·shøn) *s.* acumulación, amontonamiento. 2 cúmulo, montón. 3 *pl.* ahorros.

accumulative (akiumiulei·tiv) *adj.* acumulativo. 2 acumulador, atesorador. 3 acumulado.

accumulatively (akiumiulei·tivli) *adv.* acumulativamente, en montón; a fuerza de ahorro.

accumulator (akiu·miuleitø') *s.* acumulador, amontonador. 2 ELECT. acumulador.

accuracy (æ·kiurøsi) *s.* exactitud, corrección, fidelidad, precisión. 2 cuidado, esmero.

accurate (æ·kiurit) *adj.* exacto, correcto, fiel. 2 preciso, de precisión. 3 certero [en el tiro]. 4 cuidadoso, esmerado.

accurately (æ·kiuritli) *adv.* con exactitud, correctamente, fielmente. 2 con cuidado, con esmero.

accurateness (æ·kiuritnis) *s.* exactitud, corrección, fidelidad, precisión.

accursed, accurst (acø·rst) *adj.* maldito, maldecido : ~ *be,* maldito sea. 2 detestable, execrable, infame. 3 afligido, perseguido [por una enfermedad, la desgracia, etc.]. 4 infausto, nefasto.

accusable (akiu·šabøl) *adj.* acusable.

accusal (akiu·šal) *s.* acusación.

accusant (akiu·šant) *adj.-s.* acusador.

accusation (akiuše·shøn) *s.* acusación, delación, denuncia. 2 imputación, cargo.

accusative (akiu·šativ) *adj. y s.* GRAM. acusativo.

accusatory (akiu·šatori) *adj.* acusatorio.

accusatrix (akiu·šatrics) *s.* acusadora.

accuse (to) (akiu·š) *tr.* acusar, delatar, denunciar. 2 culpar, tachar, tildar de.

accused (akiu·šd) *adj.* acusado.

accuser (akiu·šø') *s.* acusador, delator.

accustom (to) (acø·støm) *tr.* acostumbrar, habituar, avezar.

accustomed (acø·stømd) *adj.* acostumbrado, avezado; que acostumbra : *to be ~ to,* estar acostumbrado a; acostumbrar, soler. 2 acostumbrado, habitual, usual.

ace (eı·s) *s.* as [naipe, dado; persona sobresaliente en algo]. 2 punto, tanto [en ciertos juegos]. 3 ápice, pizca, tris : *to be within an ~ of,* estar en un tris, a dos dedos de.

acedia (æsı·dia) *s.* acidia, pereza, flojedad.

ace-high *adj.* muy estimado, de primera. — 2 *adv.* en la mayor estima o favor.

acephal (asefa·l) *s.* ZOOL. acéfalo.

Acephala (ase·fala) *s. pl.* ZOOL. acéfalos [clase].

acephalia (asefeı·lia) *s.* acefalia, acefalismo.

acephalous (ase·faløs) *adj.* ZOOL., BOT. acéfalo.

acer (eı·sø') *s.* BOT. arce. 2 BOT. plátano falso.

Aceraceae (asørei·sii) *s. pl.* BOT. aceráceas.

aceraceous (asørei·shøs) *adj.* aceráceo.

acerb (asø·'b) *adj.* acerbo.

acerbate (to) (æ·sø'beit) *tr.* agriar. 2 exasperar.

acerbity (asø·'biti) *s.* acerbidad, aspereza, acritud, rigor.

acerose (æ·sørous) *adj.* BOT. acicular.

acerous (æ·sørøs) *adj.* ACEROSE. 2 ZOOL. desprovisto de cuernos, tentáculos o antenas.

acescence (æse·sens), **acescency** (ase·sensi) *s.* acescencia.

acescent (ase·sent) *adj.* acescente. 2 repuntado [vino].

acetabulum (æsitæ·biuløm) *s.* acetábulo.

acetamid (æsetæ·maid) *s.* QUÍM. acetamida.

acetate (æ·siteit) *s.* QUÍM. acetato.

acetic (asi·tic o ase·tic) *adj.* QUÍM. acético.

acetification (asetifike·shøn) *s.* QUÍM. acetificación.

acetify (to) (ase·tifai) *tr.* QUÍM. acetificar.

acetimeter (æsiti·mitø') *s.* acetímetro.

acetimetry (æsiti·mitri) *s.* acetimetría.

acetol (æ·sitoul) *s.* QUÍM. acetol.

acetone (æ·sitoun) *s.* QUÍM. acetona.

acetose (a·sitous), **acetous** (asi·tøs) *adj.* QUÍM. acetoso. 2 agrio, ácido.

acetyl (æ·sitil) *s.* QUÍM. acetilo.

acetylene (ase·tilin) *s.* QUÍM. acetileno.

Achæa (akı·a) *n. pr.* Acaya.

Achæan (akı·an) *adj.-s.* aqueo.

Achæi (akei·) *s. pl.* aqueos.

Achaia (aca·ia) *n. pr.* Acaya.

ache (eic) *s.* dolor [continuo]; achaque. 2 pena, aflicción.

ache (to) *intr.* doler [dar dolor] : *my head aches,* me duele la cabeza. 2 fig. sentir pena, sufrir. 3 fam. desear, anhelar.

Achean (akı·an) *adj.* aqueo.

achene (ækı·n) *s.* BOT. aquenio.

achievable (achi·vabøl) *adj.* hacedero, factible, realizable.

achieve (to) (achi·v) *tr.* acabar, llevar a cabo, realizar. 2 lograr, alcanzar, conseguir. — 3 *intr.* tener buen éxito, triunfar.

achievement (achi·vmønt) *s.* realización ejecución. 2 logro. 3 hecho, hazaña, proeza, acierto. 4 BLAS. escudo con las armas de un difunto.

Achilles (akı·liš) *n. pr.* Aquiles : *Achilles' heel,* talón de Aquiles.

aching (eı·king) *adj.* dolorido, doliente; afligido. — 2 *s.* dolor, dolencia. 3 pena, aflicción. 4 deseo, añoranza.

achor (eı·co') *s.* MED. acores.

achromatic (æcromæ·tic) *adj.* ÓPT., BIOL. acromático.

achromatism (æcrou·matišm) *s.* ÓPT. acromatismo.

achromatize (to) (æcrou·mataiš) *tr.* acromatizar.

achromatopsia (æcromato·psia) *s.* MED. acromatopsia.

acicular (asi·kiular) *adj.* acicular.

aciculate (asi·kiuleit) *adj.* aciculado. 2 acicular.

acid (æ·sid) *adj.* ácido, acedo. 2 acre, mordaz. 3 ~ *test,* prueba rigurosa, decisiva. — 4 *s.* QUÍM. ácido

acid-fast *adj.* BIOL. ácidorresistente.

acidification (asidifike·shøn) *s.* acidificación.

acidify (to) (asi·difai) *tr.* acidificar, acedar. — 2 *intr.* acidificarse. ¶ CONJUG. pret. y p. p.: *acidified.*

acidimeter (asidi·mitør) *s.* QUÍM. acidímetro.

acidimetry (asidi·mitri) *s.* QUÍM. acidimetría.

acidity (asi·diti), **acidness** (æ·sidnis) *s.* acidez, acedia, acetosidad. 2 acritud.

acidulate (to) (asi·diuleit) *tr.* acidular.

acidulous (asi·diuløs) *adj.* acídulo.

acierage (æ·siøridy) *s.* aceraje [de una plancha].

acierate (to) (æ·siøreit) *tr.* acerar [convertir en acero].

aciniform (æsi·nifo'm) *adj.* BOT. aciniforme.

acinose (æ·sinous), **acinous** (æ·sinøs) *adj.* BOT. acinoso.

acinus (æ·sinøs) *s.* BOT. acino.

ack-ack (æcæ·c) *s.* fam., fuego antiaéreo; artillería antiaérea.

acknowlege (to) (æcno·lidy̆) *tr.* reconocer, confesar. 2 agradecer. *3 to ~ receipt,* acusar recibo. *4* DER. autenticar, dar validez.

acknowledgment (æcno·lidy̆mønt) *s.* reconocimiento, confesión. 2 agradecimiento, expresión de gratitud. *3* acuse de recibo. *4* DER. autenticación.

aclastic (eiclæ·stic) *adj.* ÓPT. aclasto.

acleidian (eicli·dian) *adj.* ZOOL. acleido.

aclinic (eicli·nic) *adj.* aclínico.

acme (æ·cmi) *s.* pináculo, punto culminante, apogeo, colmo. *2* MED. acmé.

acne (æ·cni) *s.* MED. acné, barros.

acology (æco·loy̆i) *s.* MED. acología.

acolyte (æ·colait) *s.* acólito. *2* monacillo, monaguillo.

acolythate (æco·lizeit) *s.* acolitado.

aconite (æ·conait) *s.* BOT. acónito.

aconitin, aconitine (æco·nitin) *s.* aconitina.

acorn (eico·'n) *s.* BOT. bellota : *~ cup,* cascabillo de la bellota. *2* MAR. perilla [de grimpola]. *3* ZOOL. *~ barnacle* o *~ shell,* bellota de mar.

acorned (ei·co'nd) *adj.* que tiene bellotas. *2* alimentado con bellotas.

acotyledon (eicotili·døn) *s.* BOT. acotiledón.

acotyledonous (eicotili·dønøs) *adj.* BOT. acotiledón, acotiledóneo.

acoustic (acu·stic) *adj.* acústico.

acoustics (acu·stics) *s.* acústica.

acquaint (to) (acuei·nt) *tr.* enterar, informar, instruir, familiarizar, hacer saber o conocer : *to ~ oneself with,* ponerse al corriente de ; *to be acquainted with,* conocer, estar enterado o impuesto de ; conocer, tener trato con ; *to get acquainted,* conocerse, relacionarse ; *to make acquainted,* enterar, informar ; poner en relación : *are you acquainted?,* ¿se conocen ustedes?

acquaintance (acuei·ntans) *s.* conocimiento [de una cosa]. *2* trato, relación [que no llega a amistad]. *3* conocido. *4 pl.* conocidos, conocimientos, relaciones.

acquaintanceship (acuei·ntanship) *s.* conocimiento, trato, relaciones.

acquest (acue·st) *s.* adquisición [cosa adquirida]. *2* DER. bienes adquiridos.

acquiesce (to) (acuie·s) *intr.* asentir, consentir, conformarse, allanarse, someterse, aceptar. | Gralte. con *in.*

acquiescence (acuie·søns) *s.* aquiescencia, aceptación, conformidad, resignación, sumisión.

acquiescent (acuie·sønt) *adj.* anuente, conforme.

acquirable (acuai·rabøl) *adj.* adquirible.

acquire (to) (acua·iø') *tr.* adquirir, aquistar. *2* contraer [hábitos, etc.].

acquired (acua·iø'd) *adj.* adquirido.

acquirement (acua·iø'mønt) *s.* adquisición [esp. de cualidades, saber, etc.]. *2 pl.* saber, conocimientos.

acquirer (acuai·rø') *s.* adquirente, adquiridor, adquisidor.

acquiring (acuai·ring) *s.* adquisición [acción].

acquisition (acuiši·shøn) *s.* adquisición.

acquisitive (acui·šitiv) *adj.* adquisitivo : *~ prescription,* DER. prescripción adquisitiva. *2* codicioso, ahorrativo.

acquisitiveness (acui·šitivns) *s.* adquisividad.

acquit (to) (acui·t) *tr.* descargar [de una deuda, obligación, etc.]. *2* absolver [declarar inocente]. *3* satisfacer, pagar. *— 4 ref.* justificarse. *5* desempeñar [un cometido], cumplir, portarse : *to ~ oneself well,* portarse bien, lucirse, salir airoso. ¶ CONJUG. pret. y p. p. : *acquitted;* ger. : *acquitting.*

acquitment (acuitmønt) *s.* ACQUITTAL.

acquittal (acui·tal) *s.* descargo [de una deuda u obligación] ; pago, quitanza ; desempeño, cumplimiento. *2* DER. absolución [libre].

acquittance (acui·tans) *s.* descargo [de una deuda]. *2* recibo, quitanza, finiquito. *3 ~ roll* (Ingl.) nómina del ejército.

acquitted (acui·tid) *pret.* y *p. p.* de TO ACQUIT. *— 2 adj.* absuelto.

acracy (æ·crasi) *s.* acracia.

acre (ei·kø') *s.* acre [40.47 a.]. *2* fig. *God's ~,* camposanto.

acreage (ei·køridy̆) *s.* extensión expresada en acres.

acred (ei·ke'd) *adj.* hacendado.

acrid (æ·crid) *adj.* acre, irritante, corrosivo. *3* acre, áspero, mordaz [pers., carácter, etc.].

acridian (æcri·dian) *adj.* y *s.* ENTOM. acridio.

acridity (acri·diti), **acridness** (æ·cridnis) *s.* acritud, acrimonia.

acrimonious (æcrimou·niøs) *adj.* acre. *2* áspero, mordaz, sarcástico.

acrimoniously (æcrimou·niøsli) *adj.* acremente, con acrimonia.

acrimoniousness (æcrimou·niøsnis) *s.* acritud, acrimonia ; aspereza, mordacidad.

acrimony (æ·crimoni) *s.* acrimonia.

acritude (æ·critiud) *s.* acritud, acrimonia.

acrobat (æ·crobat) *s.* acróbata, volatín.

acrobatic (æcrobæ·tic) *adj.* acrobático.

acrobatics (æcrobæ·tics) *s.* acrobacia [ejercicios].

acrobatism (æ·crobatiš̆m) *s.* acrobacia, acrobatismo [arte].

acromegaly (æcrome·gali) *s.* MED. acromegalia.

acromion (æcrou·miøn) *s.* ANAT. acromion, acromio.

acropolis (æcro·polis) *s.* acrópolis.

across (acro·s) *prep.* a través, por, sobre, de una parte a otra de : *to lay a bridge ~ the river,* tender un puente sobre el río ; *~ country,* a campo traviesa. *2* al otro lado de : *~ the way,* enfrente, en la acera de enfrente. *3* atravesado, cruzado. *4 to come, to run ~,* tropezar, topar con. *— 5 adv.* de través, al través, al otro lado, cruzado, en cruz : *to place ~,* atravesar, poner atravesado. *6* ELECT. en paralelo.

acrostic (acro·stic) *adj.-s.* acróstico.

acroterium (æcroti·riøm) *pl.* **-ria (-ria)** *s.* ARQ. acrotera.

act (æct) *s.* acto, hecho, acción : *~ of God,* fuerza mayor, caso fortuito ; *~ of grace,* acto de clemencia ; *by ~ and right,* de hecho y de derecho ; *in the (very) ~,* in fraganti. *2* TEAT. acto, jornada. *3* DER. acta, instrumento, documento. *4* ley, decreto, disposición. *5 pl.* actos [de los apóstoles].

act (to) *intr.* obrar, actuar, conducirse, portarse : *to ~ against,* oponerse ; *to ~ as,* hacer de ; *to ~ for someone,* representar a uno ; *to ~ on,* obrar con arreglo a ; *to ~ up,* travesear, obrar inconvenientemente ; *to ~ up to,* poner en práctica [un principio, etc.]. *2* funcionar [un órgano]. *3* obrar, actuar [producir un efecto] : *to ~ upon,* influir, obrar sobre ; FÍS. solicitar. *4* TEAT. representar. *5* fingir, simular. *— 6 tr.* interpretar, desempeñar [un papel] ; fingirse, representar el : *to ~ a part,* TEAT. interpretar un papel ; fig. fingir, hacer comedia. *7* fingir, simular : *acted fear,* miedo fingido. *8* interinar. *9* mover, actuar.

acting (æ·cting) *adj.* que actúa o está en funciones. *2* interino, suplente, accidental. *3* que finge. *— 4 s.* acción, efecto. *5* TEAT. desempeño, manera de representar. *6* fingimiento.

actinia (æcti·nia) *s.* ZOOL. actinia.

actinic (æcti·nic) *adj.* actínico.

actinism (æ·ctiniš̆m) *s.* actinismo.

actinium (æcti·niøm) *s.* QUÍM. actinio.

actinometer (æctino·mitø') *s.* actinómetro.

actinometry (æctino·mitri) *s.* actinometría.

actinomorphic (æctinomø·fic), **actinomorphus** (æctinomø·føs) *adj.* H. NAT. actinomorfo.

action (æ·cshøn) *s.* acción, acto, hecho. *2* acción, operación de un agente, movimiento ; actividad : *a man of ~,* un hombre de acción ; *to put in ~,* poner en acción, actuar. *3* acción [ademanes, gestos]. *4* REL., FÍS., MIL., PINT., ESC. acción. *5* DER. acción, demanda : *to bring an ~,* entablar una acción ; *to take ~,* proceder contra. *6* COM. gal. acción [título]. *7* MEC. mecanismo [de un piano, órgano, etc.] ; cierre [de fusil].

actionable (æ·cshønabøl) *adj.* DER. perseguible, que da motivo a una acción en justicia.

activate (to) (æ·ctiveit) *tr.* activar.

active (æ·ctiv)) *adj.* activo. *2* ligero, ágil. *3* vigoroso, enérgico. *4* en actividad : *~ volcano,* volcán en actividad. *5* vigente [ley]. *6* COM., GRAM. activo. *7* MIL. *~ list,* lista de oficiales en servicio activo. *— 8 s.* COM. gal. activo.

actively (æ·ctivli) *adv.* activamente, vivamente. *2* acuciosamente.

activity (æcti·viti) *adj., pl.* **-ties (-tiš)** *s.* actividad, agilidad, vivacidad, vigor. *2 pl.* actividades.

actor (æ·ctø') *s.* actor [en un suceso], autor, agente. *2* TEAT., DER. actor. *3* DER. abogado del demandante.

actress (æ·ctris) *s.* actriz, comedianta.

actual (æ·kchual) *adj.* real, efectivo, positivo, de

hecho; propiamente dicho. 2 flagrante. 3 actual. | Muy poco usado en este sentido.

actuality (ækchuæ·liti) s. realidad. 2 actualidad.

actualize (æ·kchualaiš) tr. realizar, hacer real.

actually (æ·kchuali) adv. realmente, efectivamente, de hecho, verdaderamente. 2 ahora, ya.

actualness (æ·kchualnis) s. ACTUALITY.

actuarial (akchue·rial) adj. relativo al ACTUARY.

actuary (æ·kchueri o æ·ctiuari) s. escribano, registrador. 2 actuario de seguros.

actuate (to) (æ·kchueiu) tr. mover, excitar, animar, impulsar, poner en acción.

actuation (ækchue·shøn) s. actuación, puesta en acción, impulsión. 2 MEC. mando.

acuity (akiu·iti) s. acuidad, agudeza.

aculeate (akiu·lieit) adj. H. NAT. provisto de aguijón.

aculeiforme (akiu·liifo'm) adj. aculeiforme.

acumen (akiu·min) s. cacumen, caletre. 2 perspicacia, penetración, sutileza.

acuminate (akiu·mineit) adj. BOT. acuminado. 2 puntiagudo.

acuminate (to) tr. aguzar, afilar. — 2 intr. rematar en punta.

acuminous (akiu·minøs) adj. ACUMINATE.

acupuncture (æ·kiupønk·chu') s. MED. acupuntura.

acute (akiu·t) adj. agudo, puntiagudo. 2 agudo [perspicaz, vivo, intenso, penetrante] 3 agudo, ingenioso, sagaz. 4 GEOM., GRAM., MED., MÚS. agudo.

acute-angled adj. GEOM. acutángulo.

acutely (akiu·tli) adv. agudamente. 2 despiertamente, vivamente.

acuteness (akiu·tnis) s. agudeza. | No tiene el sentido de dicho agudo. 2 violencia [de una enfermedad].

acyclic (eisai·clic) adj. BOT., ELECT. acíclico.

ad (æd) s. fam. anuncio [en los periódicos].

adage (æ·didỹ) s. adagio, refrán.

adagio (ada·ỹiou) adv.-s. MÚS. adagio.

Adam (æ·dam) n. pr. Adán : Adam's ale, fam. agua; Adam's aple, fam. nuez [de la garganta], *manzana de Adán ; not to know a person from ~, no conocer a una pers. en absoluto. 2 fig. la naturaleza humana.

adamant (æ·damænt) adj. diamantino. 2 firme, inquebrantable. 3 duro, inexorable. — 4 s. adamante. 5 fig. dureza.

adamantine (ædamæ·ntin) adj. diamantino, adamantino. 2 inflexible. 3 impenetrable. 4 indisoluble.

adamic (adæ·mic) adj. adámico : ~ earth, arcilla roja común.

Adamite (æ·damait) s. adamita [hereje].

adapt (to) (adæ·pt) tr. adaptar, acomodar, proporcionar, ajustar : to ~ oneself o itself to, adaptarse a. 2 TEAT. arreglar, refundir.

adaptability (adæptabi·liti) s. adaptabilidad ; elasticidad.

adaptable (adæ·ptabøl) adj. adaptable, acomodable. 2 aplicable.

adaptation (adæpte·shøn) s. adaptación, ajuste; adecuación. 2 TEAT. arreglo, refundición.

adapter (adæ·ptør) s. adaptador. 2 TEAT. refundidor. 3 QUÍM. alargadera. 4 MEC. ajustador, manguito de reducción.

add (to) (æd) tr. añadir, agregar, adicionar, sumar. 2 to ~ up, sumar, totalizar. — 3 intr. sumar [hacer sumas]. 4 to ~ to, aumentar, acrecentar.

addendum (æde·ndøm), pl. **addenda** (-da), s. adición, aditamento. 2 MEC. cabeza del diente [de una rueda dentada] ; ~ circle, o simplte. addendum, periferia [de una rueda dentada].

adder (æ·dø') s. ZOOL. víbora. 2 ZOOL. culebra. 3 ENTOM. ~ fly, libélula, caballito del diablo.

adder's-tongue s. BOT. lengua de serpiente.

adder's-wort s. BOT. bistorta.

addict (adi·ct) s. persona que tiene un hábito o vicio [esp. el del opio, la cocaína, etc.].

addict (to) (adi·ct) tr. dedicar, aplicar, consagrar : to ~ oneself, dedicarse, entregarse, darse a.

addicted (adi·ctid) adj. dado, propenso, entregado, aficionado a. 2 apasionado por, partidario de.

addictedness (adi·ctidnis), **addiction** (adi·cshøn) s. propensión, afición, inclinación, apego.

adding machine (æ·ding) s. máquina sumadora.

additament (adi·tamønt) s. aditamento.

addition (adi·shøn) s. adición, añadidura : in ~,

además, por añadidura ; in ~ to, además de. 2 aditamento, adjunto. 3 ARIT. adición, suma.

additional (adi·shønal) adj. adicional. — 2 s. aditamento.

additionally (adi·shønali) adv. adicionalmente.

additive (æ·ditiv), **additory** (æ·ditori) adj. capaz de ser añadido. 2 que implica adición.

addle (æ·døl) adj. huero, podrido, vacio, vano, estéril, infecundo : ~ egg. huevo huero.

addle (to) tr. enhuerar, corromper ; hacer estéril. 2 embrollar, confundir. — 3 intr. enhuerarse ; echarse a perder.

addle-brained, addle-headed, addle-pated adj. mentecato, atontado.

addorsed (ado·'st) adj. BLAS. adosado.

address (adre·s) s. discurso, plática, alocución, proclama : pastoral ~, carta pastoral. 2 petición, memorial. 3 contestación de una Cámara al discurso de la Corona. 4 dedicatoria. 5 acción o manera de hablar a otro; palabra : insinuating ~, palabra insinuante ; form of ~, tratamiento. 6 dirección, sobrescrito, señas. 7 destreza, maña, habilidad 8 garbo, donaire. 9 COM. consignación. 10 pl. obsequios amorosos, cortejo, galanteo : to pay one's addresses to a lady, cortejar a una dama.

address (to) (adre·s) tr. dirigir [la palabra, un ruego, etc.] 2 dirigir la palabra, hablar, arengar, hacer una petición, un ruego [a uno o unos]. 3 COM. consignar. 4 dirigir, enviar [una carta, etc.]. 5 cortejar, galantear. 6 to ~ oneself, dirigirse [a una pers.] ; dedicarse, aplicarse [a algo].

addressee (adresi·) s. destinatario.

addresser (adre·sø') s. solicitante, exponente. 2 remitente; expedidor.

addressing machine s. ADDRESSOGRAPH.

addressograph (adre·sogræf) s. máquina de imprimir direcciones.

adduce (to) (adiu·s) tr. aducir.

adducent (adiu·sønt) adj. ANAT. aductor.

adduct (to) (ædø·ct) tr. FISIOL. producir la aducción.

adduction (ædø·cshøn) s. aducción [de argumentos, pruebas, etc]. 2 ANAT. aducción.

adductor (ædø·ctø') s. ANAT. aductor [músculo].

adeem (to) (ædi·m) tr. DER. anular el testador [un legado], ya sea enajenando o destruyendo la cosa legada, ya sea entregando anticipadamente ésta o su equivalente al legatario.

Adela (æ·dela) n. pr. f. Adela.

Adelaide (æ·deleid) n. pr. f. Adelaida.

Adeline (æ·delain) n. pr. f. Adelina.

ademption (ade·mpshøn) s. DER. anulación de un legado en vida del testador. V. ADEEM.

adenitis (ædenai·tis o ni·tis) s. MED. adenitis.

adenoid (æ·denoid) adj. ANAT. adenoideo. — 2 s. pl. MED. vegetaciones adenoideas.

adenoma (ædinou·ma) s. MED. adenoma.

adenopathy (ædino·pazi) s. MED. adenopatía.

adephagia (ædøfei·ỹia) s. adefagia.

adept (ade·pt) s. adepto, iniciado [en la alquimia] ; experto, perito. — 2 adj. versado, instruido [en].

adequacy (æ·decuasi) s. adecuación [calidad de adecuado]. 2 calidad de suficiente o proporcionado.

adequate (æ·decuit) adj. adecuado. 2 proporcionado, suficiente : ~ cause, causa suficiente.

adequately (æ·decuitli) adv. adecuadamente, suficientemente.

adequateness (æ·decuitnis) s. adecuación [calidad de adecuado.

adhere (to) (ædji·ø') intr. adherirse, pegarse. 2 adherirse a, apoyar [una causa, opinión, etc.], unirse a. 3 tener afición a.

adherence (ædji·røns) s. adhesión, afección, apego.

adherency (ædji·rønsi) s. ADHERENCE. 2 adherencia.

adherent (ædji·rønt) adj. adherente. 2 adhesivo, pegajoso. — 3 s. adherido, adicto, partidario, parcial, secuaz, seguidor.

adherer (ædji·rø') s. ADHERENT.

adhesion (ædji·ỹøn) s. adhesión, adherencia. 2 adhesión [a una idea, un partido, etc.].

adhesive (ædji·siv) adj. y s. adhesivo. 2 adherente, tenaz, pegajoso : ~ tape, cinta adherente; tafetán inglés ; ELECT. cinta aislante ; ~ stamp, sello engomado.

adhesively (ædji·sivli) adv. de manera adhesiva.

adhesiveness (adji·sivnis) s. adherencia, tenacidad. 2 adhesividad. 3 sociabilidad, propensión a la amistad.
adiabatic (ædiabei·tic) adj. Fís. adiabático.
adieu (adiu·) interj. ¡adiós! — 2 s. adiós, despedida : to bide ~, despedirse.
adipocere (ædiposi·øʳ) s. adipocira.
adipose (æ·dipous) adj. adiposo.
adiposity (adipo·siti) s. adiposidad.
adit (æ·dit) s. MIN. socavón. 2 entrada, acceso.
adjacency (ædȳe·sønsi) s. adyacencia, proximidad, vecindad.
adjacent (ædȳe·sønt) adj. adyacente, próximo, vecino : ~ angles, ángulos adyacentes.
adject (to) (ædȳe·ct) tr. añadir, juntar.
adjection (ædȳe·cshøn) s. adición, añadidura.
adjectitious (ædȳecti·shøs) adj. añadido.
adjectival (ædȳe·ctival) adj. GRAM. adjetival, adjetivo.
adjective (ædȳe·ctiv) adj. adjetivo. — 2 s. GRAM. adjetivo.
adjective (to) (ædȳe·ctiv) tr. GRAM. adjetivar.
adjectively (ædȳec·tivli) adv. adjetivamente.
adjoin (to) (adȳoi·n) tr. unir, anexar. 2 asociar. 3 lindar con, estar contiguo a. — 4 intr. lindar, colindar, estar contiguo.
adjoining (adȳoi·ning) adj. contiguo, colindante, inmediato.
adjourn (to) (adȳø·ᵉn) tr. aplazar, trasladar, suspender. — 2 intr. suspender o levantar la sesión. 3 levantarse, suspenderse [la sesión] ; terminar sus sesiones [una asamblea]. 4 trasladarse, retirarse [a otro sitio].
adjournment (adȳø·ᵉnmønt) s. aplazamiento, suspensión, clausura. 2 DER. espera.
adjudge (to) (adȳø·dȳ) tr. adjudicar [judicialmente]. 2 juzgar [un asunto] ; decidir, sentenciar, condenar. 3 conceder [un premio] — 4 intr. dictar sentencia, fallar.
adjudger (adȳø·dȳøʳ) s. adjudicador.
adjudgement, adjudgment (adȳø·dȳmønt) s. adjudicación [judicial]. 2 decisión, fallo. 3 MAR. enjague.
adjudicate (to) (adȳu·dikeit) tr. declarar judicialmente. 2 juzgar [un asunto]. — 3 intr. actuar como juez. 4 decidir, fallar.
adjudication (adȳudikei·shøn) s. ADJUDGEMENT.
adjudicative (adȳu·dikeitiv) adj. DER. de juicio o decisión.
adjudicator (adȳudikei·tøʳ) s. juez.
adjunct (æ·dȳønct) adj. adjunto, accesorio. — 2 s. aditamento, cosa accesoria. 3 adjunto, ayudante. 4 GRAM. modificativo.
adjunction (ædȳø·ncshøn) s. adjunción, agregación. 2 DER. adjunción.
adjunctive (ædȳø·nctiv) adj. y s. que une. 2 adjunto, agregado.
adjunctively (ædȳø·nctivli) adv. juntamente.
adjunctly (ædȳø·nctli) adv. por modo auxiliar.
adjuration (ædȳure·shøn) s. conjuro, ruego encarecido, orden solemne.
adjure (to) (ædȳu·øʳ) tr. conjurar, implorar, rogar encarecidamente, ordenar solemnemente.
adjust (to) (ædȳø·st) tr. ajustar, arreglar [diferencias, cuentas, etc.]. 2 ordenar, regular, reducir a sistema. 3 acomodar, amoldar, adaptar. 4 reglar, graduar, enfocar, ajustar [un instrumento]. — 5 intr. ajustarse, acomodarse.
adjustable (ædȳø·stabøl) adj. arreglable. 2 adaptable. 3 regulable, graduable.
adjuster (ædȳø·støʳ) s. ajustador, concertador. 2 mediador, componedor. 3 tasador, comisario de averías. 4 MEC. mecanismo regulador.
adjustment (ædȳø·stmønt) s. arreglo, composición, transacción. 2 ajuste, liquidación [de cuentas]. 3 acomodación, adaptación. 4 regulación, corrección [de un instrumento]. 5 COM. prorrateo [de lo que hay que pagar o cobrar entre varios] 6 en seguros, evaluación o reparto de averías.
adjutancy (æ·dȳutansi) s. ayudantía.
adjutant (æ·dȳutant) s. MIL. ayudante. 2 ORNIT. marabú de la India. | Llámase también ~ bird, ~ crane o ~ stork.
adjuvant (æ·dȳuvant) adj. adyuvante. — 2 s. MED. coadyuvante.
admeasurement (ædme·ȳøʳmønt) s. repartimiento. 2 medición justa.
adminicle (ædmi·nikøl) s. adminículo, ayuda. 2 DER. prueba corroborante.

administer (ædmi·nistøʳ) tr. administrar. 2 propinar, endilgar. 3 dirigir, regir [los negocios públicos] ; ejercer [un cargo] ; aplicar [las leyes]. 4 to ~ relief, ayudar, socorrer. 5 to ~ an oath, tomar juramento. — 6 intr. administrar. 7 to ~ to, contribuir a.
administrable (ædmi·nistrabøl) adj. administrable.
administrant (ædmi·nistrant) adj.-s. director, administrador, gobernante.
administration (ædministre·shøn) s. administración [acción de administrar]. 2 dirección, gobierno, gestión. 3 gobierno, ministerio; tiempo que dura el mando de un gobierno, un ministro, etc.
administrative (ædministrei·tiv) adj. administrativo. 2 gubernativo.
administrator (administrei·tøʳ) s. administrador, gobernante, director, rector. 2 DER. curador; administrador judicial.
administratorship (ædministrei·tøʳship) s. administración, curaduría, dirección [cargos].
administratrix (ædministrei·trics) s. administradora, curadora, directora, gobernante.
admirability (ædmirabi·liti) s. excelencia, calidad de admirable.
admirable (æ·dmirabøl) adj. admirable, excelente.
admirableness (æ·dmirabølnis) s. ADMIRABILITY.
admirably (æ·dmirabli) adv. admirablemente.
admiral (æ·dmiral) s. almirante : ~ of the Fleet o the Navy, capitán general de la armada. 2 capitana [nave]. 3 jefe de una flota mercante. 4 ZOOL. ~ shell, almirante [molusco].
admiralship (æ·dmiralship) s. almirantazgo [empleo].
admiralty (æ·dmiralti) s. almirantazgo [dignidad]. 2 consejo superior de la armada, ministerio de marina : First Lord of the ~ (Ingl.) primer lord del almirantazgo, ministro de marina. 3 Court of ~, tribunal marítimo; ~ law, derecho marítimo, código marítimo. — 4 n. pr. GEOGR. Admiralty Islands, islas del Almirante.
admiration (ædmire·shøn) s. admiración : note, point of ~, signo de admiración.
admire (to) (ædmai·øʳ) tr. admirar [ver o considerar con placer, sentir admiración por]. — 2 intr. admirarse, sorprenderse.
admirer (ædmai·røʳ) s. admirador. 2 apasionado, gran aficionado.
admiring (ædmai·ring) adj. admirativo, de admiración. 2 admirado [que se admira] 3 enamorado.
admiringly (ædmai·ringli) adv. con admiración.
admissibility (ædmisibi·liti) s. admisibilidad.
admissible (ædmi·sibøl) adj. admisible, concesible. 2 lícito, permitido.
admissibly (ædmi·sibli) adv. admisiblemente.
admission (ædmi·shøn) s. admisión, entrada, acceso : ~ ticket [billete de] entrada, boleto. 2 precio de la entrada. 3 entrada, ingreso [en un cuerpo, escuela, etc.] : ~ fee, cuota de entrada [en un club, etc.]. 4 reconocimiento [de la certeza de una cosa], concesión. 5 MEC. entrada de la corriente, el vapor, una carga, etc.
admit (to) (ædmi·t) tr. admitir, recibir, dar entrada a. 2 reconocer, confesar, conceder [como cierto]. — 3 intr. to ~ of, admitir, permitir, sufrir. ¶ CONJUG. pret. y p. p. : admitted; ger. : admitting.
admittance (ædmi·tans) s. admisión, entrada, acceso. 2 derecho de entrar : no ~, se prohibe la entrada. 3 ELECT. admitancia.
admittedly (ædmi·tidli) adv. reconocidamente, concedidamente.
admix (to) (ædmi·cs) tr. mezclar [con otra cosa].
admixtion (ædmi·cshøn), **admixture** (ædmi·cshøʳ) s. mixtura, mezcla, admixtión. 2 ingrediente [cosa que se mezcla].
admonish (to) (ædmo·nish) tr. advertir, prevenir. 2 reprender, amonestar, exhortar.
admonisher (ædmo·nishøʳ) s. admonitor, amonestador.
admonishment (ædmo·nishmønt), **admonition** (ædmo·nishøn) s. advertencia, aviso, admonición. 2 amonestación, exhortación.
admonitive (ædmo·nitiv) adj. ADMONITORY.
admonitor (ædmo·nitøʳ) s. ADMONISHER.
admonitory (ædmo·nitori) adj. admonitorio, exhortativo.
adnascent (ædnæ·sønt), **adnate** (æ·dneit) adj. BOT. ZOOL. adnato.

ADJETIVO / ADJECTIVES

El adjetivo inglés es invariable. Una misma forma sirve para todos los géneros en singular y en plural: an old man, un hombre viejo; an old house, una casa vieja; these trees are old, estos árboles son viejos.

Lugar del adjetivo

Por regla general, el adjetivo (cuando no tiene función de predicado) precede al substantivo que califica o determina: a clever man, un hombre inteligente; a long journey, un largo viaje.

El adjetivo va pospuesto:

- Cuando lleva un complemento: a man worthy of esteem, un hombre digno de aprecio.
- Cuando completa el sentido del verbo: He found the plot absurd, halló absurdo el argumento.
- Cuando equivale a una oración subordinada: the garden proper is not very large, el jardín propiamente dicho no es muy grande.
- Cuando significa de alto, de ancho, de edad, etc.: the tree is twenty feet high, el árbol tiene veinte pies de alto; a boy ten years old, un niño de diez años (de edad).
- Cuando califica un pronombre terminado en -thing o -body: there is nothing strange about that, eso no tiene nada de extraño; he wanted the advice of somebody sensible, quería el consejo de alguien sensato.
- En algunas denominaciones de cargo, empleo, etc. y en ciertas expresiones procedentes del francés: accountant general, jefe de contabilidad; court martial, consejo de guerra; sum total, total, resultado total; knight errant, caballero andante; body politic, cuerpo político; poet laureate, poeta laureado.
- Los adjetivos worth, ill, left (que queda), missing y los compuestos con el prefijo a- suelen usarse sólo como predicados. Si alguno de ellos se aplica directamente al substantivo, debe ir detrás de éste: a life worth preserving, una vida que merece ser conservada; he has only three dollars left, sólo le quedan tres dólares; the proudest man alive, el más orgulloso de los hombres.
- La palabra alone va siempre detrás del nombre o el pronombre: leave him alone, déjalo solo.

Aunque delante del nombre dos adjetivos o los dos últimos de una serie pueden ir enlazados por and, lo más corriente en inglés es construir los adjetivos sin esta conjunción: a tall, lean, ungainly man, un hombre alto, flaco y desgarbado.

Cuando entre los varios adjetivos que acompañan a un nombre hay uno que lo determina más especialmente, este adjetivo debe ir inmediatamente antes del nombre: a wise, sagacious old man, un anciano sagaz y prudente.

El substantivo usado como adjetivo

En inglés puede usarse un substantivo para calificar a otro substantivo. En este caso el primero va inmediatamente delante del segundo: coal ship, barco carbonero; front seat, asiento delantero.

El comparativo y el superlativo

Al comparativo español *tan...como,* corresponde el inglés as...as para la afirmación, y so...as para la negación: my house is as beautiful as yours, mi casa es tan hermosa como la de usted; my house is not so beautiful as yours, mi casa no es tan hermosa como la de usted.

Al comparativo *más* (o *menos)...que,* corresponde el inglés more (o less)...than: my house is more (o less) beautiful than yours, mi casa es más (o menos) hermosa que la de usted.

El inglés no tiene desinencia propia para el superlativo absoluto. Este superlativo se forma anteponiendo al adjetivo los adverbios very, most, etc.: very high, altísimo; most excellent, excelentísimo.

Al superlativo relativo *el más* (o *el menos)... de,* corresponde el inglés the most (o the least)... in [delante de un nombre de lugar] u of [delante de los demás nombres]: the most populous quarter in town, el barrio más populoso de la ciudad; the least brave man of the regiment, el hombre menos valiente del regimiento.

Sin embargo, el comparativo correspondiente a *más...* y el superlativo correspondiente a *el más...* suelen formarse, cuando se trata de adjetivos monosilábicos y de algunos bisílabos, añadiendo -er y -est a la forma del positivo. Así, de short (corto) se hace shorter (más corto) y shortest (el más corto).

Al agregar -er y -est a la forma del positivo, la terminación de éste queda modificada en los casos siguientes:

- Adjetivos terminados en -e. Pierden la -e: nice, nicer, nicest; large, larger, largest.
- Adjetivos terminados en -y precedida de consonante. Cambian la -y en -i: burly, burlier, burliest.
- Adjetivos monosilábicos terminados en consonante precedida de vocal breve. Doblan la consonante: big, bigger, biggest; fat, fatter, fattest.

Observaciones:

No se pueden usar las formas en -er y -est con adjetivos compuestos con el prefijo a-, ni con los terminados en -al, -ed, -ful, -ic, -ile, -ive, -ose y -ous: alive, mortal, aged, rustic, fragile, massive, verbose, famous.

ado (adu) *s.* ruido, alboroto, ajetreo; trabajo, dificultad : *much* ~ *about nothing*, nada entre dos platos, más es el ruido que las nueces. — *2 adv.* que se hace, que está pasando : *what is* ~ *?*, ¿qué pasa?, ¿qué hay? ; *without more* ~, sin más, sin más ni más.

adobe (adou bi) *s.* (EE. UU.) adobe.

adolescence (ædole søns), **adolescency** (ædole sønsi) *s.* adolescencia.

adolescent (ædole sønt) *adj. y s.* adolescente.

Adolphus (ado lføs) *n. pr.* Adolfo.

Adonic (adø nic) *adj. y s.* adónico [verso].

Adonis (adou nis) *n. pr. y s.* Adonis.

adopt (to) (ado pt) *tr.* adoptar, prohijar. 2 adoptar [una idea, una resolución, etc.] ; aprobar [una proposición].

adoptedly (ado ptidli) *adv.* adoptivamente.

adopter (ado ptø') *s.* adoptador, adoptante, prohijador.

adoption (ado pshøn) *s.* adopción. 2 aprobación [de una proposición].

adoptionism (ado pshønišm) *s.* adopcionismo.

adoptive (ado ptiv) *adj.* adoptivo.

adorable (adou rabøl) *adj.* adorable.

adorableness (adou rabølnis) *s.* calidad de adorable.

adorably (adou rabli) *adv.* adorablemente.

adoration (adøre shøn) *s.* adoración. 2 culto, veneración.

adore (to) (ado ø') *tr.* adorar. 2 *fam.* gustarle mucho a uno [una cosa].

adorer (adou rø) *s.* adorador -ra.

adorn (to) (ado 'n) *tr.* adornar, ornar, ornamentar, engalanar.

adorner (ado 'nø') *s.* adornador.

adornment (ado 'nmønt) *s.* adorno, ornamento, atavío.

adrenal (ædri nøl) *adj.* ANAT. suprarrenal.

adrenalin (ædre nalin) *s.* QUÍM. adrenalina.

Adrian (ei drian) *n. pr.* Adrián. 2 Adriano.

Adrianople (ædriano pøl) *n. pr.* GEOGR. Adrianópolis.

Adriatic Sea (adriæ tic si) *n. pr.* GEOGR. Mar Adriático.

adrift (adri ft) *adv.* MAR. a la deriva, al garete. 2 MAR. sin amarras. 3 *fig.* a merced de las olas; de las circunstancias. 4 *fig.* abandonado, a la ventura, sin rumbo: *his mind is* ~, su mente divaga.

adrip (adri p) *adj. y adv.* que gotea, goteando.

adroit (adroi t) *adj.* diestro, hábil, mañoso.

adroitly (adroi tli) *adv.* diestramente, hábilmente.

adroitness (adroi tnis) *s.* destreza, habilidad, maña; ten con ten.

adscript (æ dscript) *adj.* adscrito [a la tierra]. 2 escrito después [de otra cosa]. — *3 s.* siervo de la gleba.

adsorb (ædsø 'b) *tr.* FÍS. adsorber.

adsorption (ædsø rpshøn) *s.* FÍS. adsorción.

adulate (to) (æ dỹuleit) *tr.* adular, lisonjear.

adulation (adỹule shøn) *s.* adulación, lisonja.

adulator (æ dỹuleitø') *adj.* adulador.

adulatory (æ dỹulatori) *adj.* adulador, adulatorio, lisonjero.

adulatress (æ dỹuleitris) *s.* aduladora.

adult (adø lt) *adj. y s.* adulto.

adulterant (adø ltørant) *adj. y s.* adulterante.

adulterate (adø ltøreit), **adulterated** (-reitid) *adj.* adulterado, sofisticado, falsificado, espurio, contrahecho. 2 manchado por el adulterio.

adulterate (to) *tr.* adulterar, sofisticar.

adulteration (adøltøre shøn) *s.* adulteración, sofisticación.

adulterator (adø ltøreitør) *s.* adulterador, sofisticador.

adulterer (adø ltørø') *s.* adúltero.

adulteress (adø ltøris) *s.* adúltera.

adulterine (adø ltørin) *adj.* adulterino, espurio.

adulterize (to) (adø ltøraiš) *intr.* adulterar [cometer adulterio].

adulterous (adø ltørøs) *adj.* adúltero. 2 ilegal.

adultery (adø ltøri) *s.* adulterio.

adultness (adø ltnis) *s.* edad adulta.

adumbrate (to) (ædø mbreit) *tr.* bosquejar, esquiciar. 2 sombrear [dar sombra]. 3 anunciar, presagiar.

adumbration (ædømbre shøn) *s.* bosquejo, esbozo, diseño. 2 adumbración. 3 anuncio, presagio.

aduncous (adø ncøs) *adj.* adunco, encorvado.

adust (adø st) *adj.* adusto, quemado, tostado, moreno. 2 cálido. 3 polvoriento.

ad valorem (æd valo røm) *adv.* COM. por avalúo.

advance (ædvæ ns) *s.* avance [acción de avanzar]. 2 adelanto, progreso, mejora, ascenso. 3 adelanto [acción de adelantarse] : *to be in* ~ *of one's time*, adelantarse a su tiempo. 4 adelanto, anticipo. 5 alza, aumento [de precio, de valor]. 6 MEC. avance [del encendido, de la admisión]. 7 *in* ~, al frente, adelante; de antemano, por adelantado. 8 *pl.* primeros pasos para entablar un asunto, una conversación, etc.; insinuaciones, proposiciones. — *9 adj.* que va delante, adelantado : ~ *guard*, MIL. avanzada; ~ *payment*, adelanto, anticipo; ~ *sheet*, IMPR. capilla; ~ *sheets*, pliegos sueltos de una obra en curso de impresión, que se envían a los críticos, revistas, etc.

advance (to) (ædvæ ns) *tr.* adelantar, avanzar. 2 ascender, promover, aventajar [a uno]. 3 fomentar, acrecentar, mejorar. 4 adelantar [un acontecimiento, una fecha, etc.] ; apresurar. 5 adelantar, anticipar [dinero]. 6 proponer, insinuar, alegar, enunciar. 7 subir, elevar [el precio, etc.]. — *8 intr.* adelantarse, avanzar. 9 adelantar, progresar. 10 ascender [en grado], elevarse [en dignidad, etc.]. 11 subir [los precios].

advanced (ædvæ nst) *adj.* avanzado, adelantado. 2 superior [no elemental] : ~ *algebra*, álgebra superior. 3 ~ *in years*, entrado en años.

advance-guard *s.* MIL. vanguardia.

advancement (ædvæ nsmønt) *s.* adelantamiento, fomento. 2 ascenso, promoción, elevación. 3 adelanto, progreso, aumento. 4 adelanto, anticipo [de dinero].

advancer (ædvæ nsø') *s.* adelantador. 2 promotor, impulsor.

advantage (ædvæ ntidỹ) *s.* ventaja, superioridad : ~ *ground*, puesto ventajoso, situación favorable : *to have the* ~ *of one*, llevar ventaja a uno. 2 ventaja, conveniencia, comodidad, prerrogativa, provecho, partido, beneficio : *to show to* ~, lucirse, brillar; lucir, hacer brillar; *to take* ~ *of*, sacar partido de, aprovecharse de, engañar, abusar de. 3 TENIS. ventaja.

advantage (to) *tr.* adelantar, favorecer, promover, mejorar, beneficiar. — *2 intr.* aprovecharse, sacar ventaja.

advantageous (ædvantei dỹøs) *adj.* ventajoso, conveniente, provechoso, útil.

advantageously (ædvantei dỹøsli) *adv.* ventajosamente, provechosamente.

advantageousness (ædvantei dỹøsnis) *s.* calidad de ventajoso. 2 ventaja, conveniencia, utilidad.

advent (æ dvent) *s.* advenimiento, venida, llegada. 2 adviento.

adventitious (ædventi shøs) *adj.* adventicio, sobrevenido, adquirido, accidental.

adventive (ædve ntiv) *adj.* BOT. exótico, pero que crece sin cultivo, advenedizo.

adventure (ædve nchø') *s.* aventura. 2 casualidad, contingencia. 3 COM. embarque de géneros para ser vendidos por cuenta del mercader; pacotilla. 4 especulación comercial.

adventure (to) (ædve nchø') *tr.* aventurar, arriesgar. — *2 intr.* aventurarse, arriesgarse; atreverse, osar.

adventurer (ædve nchurø') *s.* aventurero.

adventuresome (ædve nchursøm) *adj.* ADVENTUROUS.

adventuress (ædve nchuris) *f.* aventurera.

adventurous (ædve nchurøs) *adj.* aventurero, emprendedor, audaz, arrojado. 2 aventurado, arriesgado.

adventurously (ædve nchurøsli) *adv.* aventureramente, arriesgadamente, arrojadamente.

adventurousness (ædve nchurøsnis) *s.* arrojo, temeridad, osadía.

adverb (æ dvø'b) *s.* GRAM. adverbio.

adverbial (ædvø 'bial) *adj.* GRAM. adverbial.

adverbialize (to) (ædvø 'bialaiš) *tr.* GRAM. adverbializar.

adverbially (ædvø 'biali) *adv.* adverbialmente.

adversary (æ dvø'seri) *s.* adversario. 2 *the Adversary*, el malo, el enemigo, Satanás.

adversative (ædvø 'sativ) *adj.* adversativo. — *2 s.* palabra u oración adversativa.

adverse (æ dvø's) *adj.* adverso, opuesto, contrario, hostil. 2 funesto, aciago.

adversely (æ dvø'sli) *adv.* adversamente, desciadamente,

adverseness (æ dvø'snis) *s.* oposición, ꞈ dad, hostilidad.

ADVERBIO / ADVERBS

El inglés tiene muchos adverbios derivados de adjetivo, análogos a los españoles terminados en *-mente*. Se forman añadiendo -ly al adjetivo. Así de **bad**, se forma **badly**; de **bright, brightly**, etc.

Esta forma de derivación tiene las siguientes alteraciones:

* Los adjetivos terminados en -le pierden esta terminación: possible, **possibly**; tolerable, **tolerably**.
* Los terminados en -ue pierden la e: due, **duly**; true, **truly**.
* Los terminados en -ll sólo añaden la y: dull, **dully**; full, **fully**.
* Los terminados en -y cambian esta letra en i: guilty, **guiltily**; showy, **showily**.

Lugar del adverbio

Cuando modifica una palabra que no es el verbo:

* Por regla general, va delante de la palabra que modifica: **seriously** ill, gravemente enfermo; **very** well, muy bien; **long** before, mucho antes.

—Se exceptúan **enough**, que siempre va detrás de la palabra que modifica: good **enough** for me, suficientemente bueno para mí; y **ago**, que siempre va detrás de las palabras que expresan el período de tiempo: two years **ago**, hace dos años.

Cuando modifica al verbo:

* Si el verbo es transitivo, el adverbio no puede separar el verbo del complemento directo: va delante del verbo o después del complemento. En los tiempos compuestos, puede ir también después del verbo auxiliar: he **easily** defeated his opponent, he defeated his opponent **easily**, ha derrotado fácilmente a su adversario.

—Sin embargo, cuando el complemento directo consta de muchas palabras o está complementado por una oración, el adverbio puede ir entre el verbo y el complemento directo: he rewarded **liberally** all those who had served his father, recompensó liberalmente a todos los que habían servido a su padre.

* Si el verbo es intransitivo, el adverbio va después del verbo, tanto en los tiempos simples como en los compuestos: she has sung **wonderfully**, ha cantado maravillosamente.

—Sin embargo, algunos adverbios, como **suddenly, promptly**, etc., pueden ir después del auxiliar de los tiempos compuestos: the wind has **suddenly** risen, el viento ha soplado de pronto.

* Si el verbo es **to be**, el adverbio suele ir después del verbo o después del auxiliar de los tiempos compuestos: he is **always** silent, siempre está callado; he has **never** been wounded, nunca fue herido.

* El adverbio no debe separar **to** del infinitivo: he **immediately** set to work, he set to work **immediately**, inmediatamente se puso a trabajar.

* Como en español, el adverbio va al principio de la oración cuando modifica la oración entera o cuando se quiere dar mayor fuerza a la expresión: **meanwhile**, I was writing the letter, entretanto yo escribía la carta; **never** had I seen such a miser, nunca había visto un hombre tan avaro.

Casos particulares

No yendo con el verbo **to be**, los adverbios **also, even, first, once** y **quite**, los de tiempo indefinido y los seminegativos como **almost, nearly, hardly, only** y **scarcely**, van siempre entre el sujeto y el verbo o después del auxiliar de los tiempos compuestos: he **never** spoke about it, él nunca ha hablado de ello; I have **quite** understood you, le he entendido a usted muy bien.

En cambio, los adverbios de tiempo **early, late, today, tonight** y los polisílabos como **yesterday, presently**, etc.; los de lugar; los de cantidad, y los de modo **very well, badly** y **worse**, van al final de la oración: they arrived **late**, ellos llegaron tarde; she does her work **very well**, ella hace muy bien su trabajo.

El comparativo y el superlativo

El comparativo y el superlativo de los adverbios se forman como los del adjetivo (V. *ADJETIVO).
Algunos tienen formas propias que se encontrarán en los artículos correspondientes de este Diccionario.

---

adversity (ædvø'siti) *s.* adversidad. 2 desgracia, infortunio.

advert (to) (ædvø't) *intr. to ~ to*, hacer referencia, referirse a; hacer notar.

advertence (ædvø'tøns), **advertency** (ædvø'tønsi) *s.* advertencia, atención, cuidado.

advertent (ædvø'tent) *adj.* atento, cuidadoso.

advertise o **-tize (to)** (ædvø'taiš) *tr.* avisar, informar. 2 anunciar [poner anuncio, hacer publicidad de].

advertisement (ædvø'taišmønt) *s.* Anuncio, reclamo. 2 aviso, notificación.

advertiser o **advertizer** (ædvø'taišø') *s.* avisador, anunciador, anunciante. 2 diario de avisos.

advertising (ædvø'taišing) *s.* publicidad, propaganda.

advice (ædvais) *s.* consejo, dictamen, parecer: *piece of ~*, consejo; *to take ~*, pedir o tomar consejo. 2 admonición, advertencia. 3 aviso, noticia: *letter of ~*, com. carta de aviso.

advice-boat *s.* MAR. aviso [embarcación].

advisability (ædvaišabi·liti) *s.* conveniencia, procedencia, prudencia, lo aconsejable [de una cosa].

advisable (ædvaišabøl) *adj.* aconsejable, conveniente, prudente.

advisableness (ædvaišabølnis) *s.* ADVISABILITY.

advise (to) (ædvaiš) *tr.* aconsejar [dar consejo]

asesorar. 2 aconsejar, recomendar. 3 avisar, advertir, informar. — 4 intr. to ~ with, aconsejarse con, consultar con.

advised (ædvai·šd) adj. avisado, advertido, aconsejado. 2 deliberado, premeditado.

advisedly (ædvai·šidli) adv. deliberadamente.

advisedness (ædvai·šidnis) s. deliberación, reflexión, juicio, sensatez.

advisement (ædvai·šmønt) s. deliberación, consideración, reflexión : to take under ~, someter a consideración o estudio; under ~, en tela de juicio.

adviser (ædvai·šø') s. aconsejador, consejero, consultor, asesor. 2 avisador, informante.

advising (ædvai·šing) s. consejo, asesoramiento.

advisory (ædvai·šori) adj. asesor, consultivo : ~ board, junta consultiva.

advocacy (æ·dvocasi) s. abogacía [ejercicio de abogar], defensa. 2 intercesión.

advocate (æ·dvokeit) s. abogado, defensor, intercesor. 2 partidario [de una cosa].

advocate (to) tr. abogar por, en favor de; defender, propugnar.

advocateship (æ·dvokeitship) s. abogacía.

advowee (ædvaur) s. ECLES. patrono [el que tiene derecho de presentación].

advowson (ædvau·šøn) s. ECLES. patronato [derecho de presentación].

adynamia (ædinei·mia) s. MED. adinamia.

adynamic (ædinæ·mic) adj. adinámico.

adz, adze (adš) s. azuela : cooper's adze, doladera.

adz, adze (to) tr. azolar.

æ (i o e) diptongo de origen latino. Los ingleses lo conservan en la ortografía de las voces científicas. En los EE. UU. ha sido reemplazado por una e.

ædile (i·dail) s. edil.

ædileship (i·dailship) s. edilidad.

Ægean Sea (iȳi·an sı) n. pr. GEOGR. Mar Egeo.

ægilops (i·ȳilops) s. MED. egilopsis. 2 BOT. egilope, rompesacos.

ægis (i·ȳis) s. égida, escudo.

Æneas (i·nias) n. pr. Eneas.

Æolian (iou·lian) adj. eolio, eólico [de la Eólide]. 2 (con minúscula) æolian harp, arpa eólica.

Æolus (i·oløs) n. pr. MIT. Eolo.

æon (i·øn) s. eón. 2 evo.

aerate (to) (ei·øreit) tr. airear, orear. 2 producir aeración. 3 MED. oxigenar [la sangre]. 4 cargar de aire o ácido carbónico : aerated waters, aguas gaseosas. 5 fig. hacer etéreo.

aeration (eiøre·shøn) s. aeración. 2 oxigenación [de la sangre].

aerator (ei·øreitø') s. aparato para la aeración.

aerial (ei·rial) adj. aéreo : ~ beacon, aerofaro; ~ ladder, escalera alargable usada por los bomberos; ~ sickness, mareo en el aire, mareo en avión. 2 atmosférico. 3 etéreo. — 4 s. RADIO. antena.

aerie (e·øri) s. nido de águila o de otra ave de presa.

aeriform (ei·ørifo'm) adj. aeriforme.

aerify (to) (ei·ørifai) tr. aerificar.

aerobatics (eiørobæ·tics) s. acrobacia aérea.

aerobe (ei·øroub) s. BIOL. aerobio.

aerobic (eiørou·bic) adj. BIOL. aerobio.

aeroboat (ei·ørobout) s. hidroplano.

aerobus (ei·ørobøs) s. fam. avión de pasajeros.

aerocyst (ei·ørosist) s. BOT. aerocisto.

aerodrome (ei·ørodroum) s. aeródromo.

aerodynamic (eiørodainæ·mic) adj. aerodinámico.

aerodynamics (eiørodainæ·mics) s. aerodinámica.

aerofoil (ei·ørofoi·l) s. AVIA. superficie de sustentación.

aerogram (ei·ørogræm) s. radiograma.

aerography (eiøro·grafi) s. aerografía.

aerolite (ei·ørolait) s. aerolito.

aerology (eiøro·loȳi) s. aerología.

aeromancy (ei·øromansi) s. aeromancia.

aeromarine (eiøromari·n) adj. perteneciente a la navegación aérea sobre el mar.

aeromechanics (eiøromicæ·nics) s. aeromecánica.

aerometer (eiøro·mitø') s. aerómetro.

aerometric (eiørome·tric) adj. aerométrico.

aerometry (eiøro·mitri) s. aerometría.

aeromotor (ei·øromoutø') s. motor de aeroplano.

aeronaut (ei·øronot) s. aeronauta.

aeronautic (eiørono·tic) adj. aeronáutico.

aeronautics (eiørono·tics) s. aeronáutica.

aerophagia (eiørofei·ȳia) s. MED. aerofagia.

aerophobia (eiørofou·bia) s. aerofobia.

aeroplane (ei·øroplein) s. aeroplano.

aeroscope (ei·øroscoup) s. aeroscopio.

aeroscopy (eiøro·scopi) s. aeroscopia.

aerostat (ei·ørostæt) s. aeróstato.

aerostatic (eiørostæ·tic) adj. aerostático.

aerostatics (eiørostæ·tics) s. aerostática.

aerostation (eiøroste·shøn) s. aerostación.

aerotherapeutics (ei·ørozerapiu·tics), **aerotherapy** (eiøroze·rapi) s. MED. aeroterapia.

aeroview (ei·øroviu) s. vista tomada desde un avión, fotografía aérea.

aeruginous (iru·ȳinøs) adj. eruginoso.

aery (ei·øri) adj. aéreo, incorpóreo, fantástico.

Æschyllus (e·skiløs) n. pr. Esquilo.

Æsculapius (eskiula·piøs) n. pr. Esculapio.

Æsop (i·sop), **Æsopus** (iso·pøs) n. pr. Esopo.

æsthesia (eszi·šia) s. FISIOL. estesia.

æsthesiometer (eszisio·mitø') s. MED. estesiómetro.

æsthesie, æsthete, æsthetic, etc. V. ESTHESIE, ESTHETE, ESTHETIC, etc.

æstival (e·stival) adj. ESTIVAL.

æther (i·zør) s. ETHER.

ætherial (izi·rial) adj. etéreo.

Æthiopia (izio·pia) n. pr. GEOGR. Etiopía.

Æthiops (izio·ps) s. pl. etiopes [antiguos].

ætites (eiøtai·tiš) s. MINER. etites.

Ætna (e·tna) n. pr. GEOCR. Etna.

Ætolia (ıtou·lia)· n. pr. GEOGR. HIST. Etolia.

Ætolian (ıtou·lian) adj. y s. etolio.

afar (afa·') adv. lejos, a lo lejos : from ~, desde lejos; ~ off, muy distante, remoto; a lo lejos.

Afer (ei·fø') s. áfrico, ábrego [viento].

affability (æfabi·liti) s. afabilidad.

affable (æ·fabøl) adj. afable.

affableness (æ·fabølnis) s. AFFABILITY.

affably (æ·fabli) adv. afablemente.

affair (æfe·ø') s. asunto, negocio, cuestión, lance; amorío, aventura : ~ of honor, lance de honor, duelo. 2 MIL. acción, encuentro. 3 objeto, cosa.

affect (to) (æfe·ct) tr. tener o mostrar afición a, gustar de. 2 adoptar, seguir, admirar [un autor, una doctrina, etc.]. 3 frecuentar [la sociedad, la compañía]. 4 tomar [cierta forma, disposición, etc.]. 5 afectar, aparentar, fingir. 6 afectar, alterar, dañar, influir en, obrar sobre. 7 afectar, conmover, impresionar.

affectation (æfecte·shøn) s. afectación, fingimiento, artificio.

affected (æfe·ctid) adj. afectado, artificioso, fingido. 2 dado a la afectación; melindroso. 3 inclinado, afecto. 4 MED. afectado. 5 impresionado, conmovido.

affectedly (æfe·ctidli) adv. afectadamente.

affectedness (æfe·ctidnis) s. AFFECTATION.

affecter (æfe·ctø') s. afectador, fingidor.

affecting (æfe·cting) adj. conmovedor, patético, lastimero. 2 concerniente, relativo a.

affectingly (æfe·ctingli) adv. conmovedoramente.

affection (æfe·cshøn) s. afecto, amor, cariño. 2 inclinación, propensión. 3 afecto [del alma]. 4 MED. afección. 5 accidente, cualidad, propiedad. 6 afectación [acción de afectar o influir sobre].

affectionate (æfe·cshønit) adj. afectuoso, amoroso, cariñoso, tierno.

affectionately (æfe·cshønitli) adv. afectuosamente, cariñosamente.

affective (æfe·ctiv) adj. afectivo. 2 emocional, emotivo.

afferent (æ·førønt) adj. H. NAT. aferente.

affiance (æfa·ians) s. palabra de casamiento, esponsales. 2 confianza, fe.

affiance (to) tr. prometer o prometerse en matrimonio : to become affianced, prometerse.

affidavit (æfidei·vit) s. DER. declaración jurada; acta notarial ; afidávit.

affiliate (to) (æfi·lieit) tr. afiliar. 2 adoptar, prohijar. 3 establecer la paternidad de; referir a un origen. — 4 intr. to ~ with, afiliarse a.

affiliate (æfi·lieit), **affiliated** (æfi·lieitid) adj. y s. afiliado. 2 COM. filial.

affiliation (æfiliei·shøn) s. afiliación. 2 prohijamiento. 3 establecimiento o atribución de la paternidad o el origen.

affined (æfai·nd) adj. pariente por afinidad.

affinity (æfi·niti) s. afinidad.

affirm (to) (afø·'m) tr. afirmar, aseverar. 2 DER. confirmar, ratificar [un fallo, etc.]. 3 DER. declarar, testificar sin jurar pero con la misma fuerza legal que si se hiciese bajo juramento.

affirmable (afø'mabøl) *adj.* que se puede afirmar o aseverar.

affirmably (afø'mabli) *adv.* afirmativamente.

affirmance (afø'mans) *s.* afirmación, aseveración. 2 DER. confirmación, ratificación.

affirmant (afø'mant) *s.* afirmante.

affirmation (afø'me·shøn) *s.* afirmación, aserción, aserto. 2 DER. confirmación, ratificación. 3 DER. declaración solemne, pero no bajo juramento, hecha ante el juez.

affirmative (afø·'mativ) *adj.* afirmativo. — 2 *s.* afirmativa; sentido afirmativo.

affirmatively (afø'mativli) *adv.* afirmativamente, asertivamente.

affirmatory (afø·'matøri) *adj.* afirmativo, asertorio.

affirmer (afø·'mør) *s.* afirmante.

affix (æ·fics) *s.* cosa añadida. 2 GRAM. afijo.

affix (to) (a·fics) *tr.* fijar, pegar, añadir. 2 poner [una firma, un sello, etc.]. 3 afijar. 4 aplicar, atribuir.

afflatus (aflei·tøs) *s.* aflato. 2 inspiración divina.

afflict (to) (afli·ct) *tr.* afligir, aquejar : *to be afflicted with*, padecer. 2 afligir, apenar, acongojar, atribular, castigar.

afflicting (afli·cting) *adj.* aflictivo, penoso, doloroso.

affliction (afli·cshøn) *s.* aflicción, pena, quebranto, tribulación. 2 duelo, luto. 3 plaga, azote, desgracia, calamidad. 4 MED. achaque, afección.

afflictive (afli·ctiv) *adj.* aflictivo.

afflictively (afli·ctivli) *adv.* aflictivamente.

affluence (æ·fluens), **affluency** (æ·fluensi) *s.* afluencia, aflujo. 2 afluencia, abundancia, copia, riqueza, opulencia.

affluent (æ·fluent) *adj.* abundante, copioso, rico, opulento. — 2 *s.* GEOGR. afluente.

affluently (æ·fluentli) *adv.* abundantemente, copiosamente.

afflux (æ·fløcs), **affluxion** (æflø·cshøn) *s.* afluencia, aflujo. 2 aflujo.

afford (to) (afo·'d) *tr.* producir, dar, deparar, proporcionar, ofrecer, suministrar. 2 soportar, permitirse [un gasto, el lujo de, etc.]; poder, tener los medios o ser lo suficiente rico para. | Gralte. con un auxiliar como *can, could, might*, etc.

afforest (to) (afo·rist) *tr.* convertir en bosque [un terreno].

afforestation (aføriste·shøn) *s.* conversión [de un terreno] en bosque; repoblación forestal.

affranchise (to) (afranchai·s̆) *tr.* ENFRANCHISE.

affray (afrei·) *s.* riña, reyerta, refriega.

affreight (to) (afrei·t) *tr.* fletar.

affreightment (afrei·tmønt) *s.* COM. fletamento.

affricate (æ·frikit) *s.* FONÉT. africada.

affricative (æ·frikøtiv) *adj.* FONÉT. africado. — 2 *s.* africada.

affright (afrai·t) *s.* terror, espanto, susto.

affright (to) *tr.* atemorizar, asustar, aterrar.

affrighted (afrai·tid) *adj.* asustado, aterrorizado, despavorido.

affront (afrø·nt) *s.* afrenta, insulto, ultraje, desaire.

affront (to) *tr.* afrentar, insultar, ultrajar, desairar. 2 afrontar, arrostrar, enfrentarse con.

affronté (æfrøntei·) *adj.* BLAS. afrontado.

affronter (afrø·ntør) *s.* afrentador, provocador.

affronting (afrø·nting), **affrontive** (afrø·ntiv) *adj.* injurioso, provocativo.

affusion (afiu·ȳøn) *s.* afusión.

Afghan (æ·fgan) *adj.-s.* afgano. — 2 *s.* (con minúscula) manta o cubrecama de estambre.

afield (afi·ld) *adv.* a o en el campo; afuera, lejos : *to drive* ~, conducir al campo; *to go far* ~, ir muy lejos. 2 lejos del camino; fuera del asunto o tema.

afire (afa·iø') *adv.* ardiendo.

aflame (aflei·m) *adv.* en llamas. 2 fig. inflamado : *to be* ~ *with*, arder en, estar inflamado de [una pasión].

afloat (aflou·t) *adv.* y *adj.* flotante, a flote : *to keep* ~, mantenerse a flote. 2 fig. en circulación : *a rumour is* ~, corre el rumor. 3 a la ventura, sin orden, sin gobierno. 4 inundado.

afoot (afu·t) *adv.* a pie. 2 en marcha, en movimiento, en preparación.

afore (afo·ø') *prep.* antes de. — 2 *adv.* antes. 3 delante. 4 MAR. a proa.

aforegoing (afo·ø'gouing) *adj.* anterior, precedente.

aforehand (afo·ø'jænd) *adv.* de antemano.

aforementioned (afo·ø'menshønd), **aforenamed** (afo·ø'neimd), **aforesaid** (afo·ø'sed) *adj.* mencionado, antedicho, susodicho, sobredicho, precitado.

aforethought (afo·ø'ẕot) *adj.* premeditado. — 2 *s.* premeditación : DER. *with malice* ~, con premeditación.

aforetime (afo·ø'taim) *adv.* antiguamente, en otro tiempo.

afoul (afau·l) *adj.* y *adv.* MAR. en colisión, enredado : *to run* ~ *of*, abordar a, chocar con; enredarse con.

afraid (afrei·d) *adj.* asustado, temeroso, que teme : *to be* ~ *of*, tener miedo a o de [una pers. o cosa]; *to be* ~ *to*, tener miedo de [hacer una cosa]; *I am* ~ *I cannot help you*, temo que no podré ayudarle.

afresh (afre·sh) *adv.* de nuevo, otra vez.

Africa (æ·frica) *n. r.* GEOGR. África.

African (æ·frican) *adj.-s.* africano, negro. 2 BOT. ~ *rue*, alhárgama.

Africander (æ·frica·ndø') *s.* africano del sur descendiente de' europeos.

Afro-American (æfro-ame·rican) *adj.* y *s.* negro americano.

afront (afrø·nt) *adv.* enfrente, al frente, de cara.

aft (aft) *adv.* MAR. a popa, de popa, en popa. — 2 *adj.* de popa.

after (æ·ftø') *prep.* después de, detrás de, tras, en seguimiento de : *the day* ~ *to-morrow*, pasado mañana; *day* ~ *day*, día tras día; ~ *all*, después de todo; bien pensado todo. 2 Indica mira, objeto de la acción : *to inquire* ~ *a friend*, preguntar por un amigo. 3 en imitación de, en conformidad con, según, a la [manera de]. — 4 *adv.* después, luego, más tarde : *soon* ~, poco después. — 5 *adj.* posterior, ulterior, subsiguiente : *the day* ~, el día siguiente. 6 MAR. de popa, situado a popa. — 7 *conj.* después que, luego que. — 8 Entra en gran número de palabras compuestas : *after-account*, cuenta nueva o venidera; *afteract*, acto subsiguiente; *after-age*, posteridad, tiempo venidero; *after-born*, póstumo [nacido después de la muerte de su padre]; *afterclap*, golpe inesperado, lance o accidente que ocurre después de parecer acabada una cosa; *aftercomer*, sucesor, el que viene después; *after-course*, conducta subsiguiente; *after-days*, tiempos venideros; *after-grass*, renadío; *after-image*, imagen que queda en la retina durante algún tiempo; *after-hope*, esperanza renovada; *after-hours*, horas extraordinarias; tarde; *after-life*, vida ulterior, venidera; *after-love*, nuevos amores; *after-piece*, sainete, entremés [al final de la función]; *after-reckoning*, nueva cuenta; *after-repentance*, arrepentimiento tardío; *after-state*, estado o vida futura; *after-supper*, velada, tiempo entre el cenar y el acostarse; *after-times*, tiempos futuros, porvenir.

afterbirth (æ·ftø'bø'z) *s.* secundinas.

aftercost (æ·ftø'cost) *s.* gastos adicionales o de mantenimiento.

afterdamp (æ·ftø'daemp) *s.* MIN. gases que quedan después de una explosión.

afterdeck (æ·ftø'dec) *s.* MAR. cubierta de popa.

after-dinner *adj.* de sobremesa; *after-dinner speech*, brindis, discurso de sobremesa.

aftereffect (æ·ftørife·ct) *s.* resultado, efecto, consecuencia.

afterglow (æ·ftø'glou) *s.* resplandor crepuscular; resplandor que persiste después que una luz ha desaparecido.

after-image *s.* imagen que queda en la retina durante algún tiempo.

aftermath (æ·ftø'mæz) *s.* segunda siega, renadío. 2 consecuencias, resultados.

aftermost (æ·ftø'moust) *adj.* posterior, trasero, último. 2 MAR. popel.

afternoon (æftø'nu·n) *s.* la tarde.

afterpains (æ·ftø'peins̆) *s. pl.* dolores de sobreparto, entuertos.

afterpeak (æ·ftø'prc) *s.* MAR. racel o delgado de popa.

aftertaste (æ·ftø·teist) *s.* resabio, dejo, gustillo.

afterthought (æ·ftø'ẕot) *s.* idea, pensamiento que se ocurre a uno después de un acto, etc.; decisión subsiguiente.

afterward, afterwards (æ·ftø'uø'd, -'dš) *adv.* después, luego : *soon* ~, poco tiempo después.

afterwhile (æ·ftø'juail) *adv.* dentro de poco; al cabo de poco.

afterwise (æ·ftø'uaiš) *adj.* prudente o enterado cuando ya es tarde, pasada la ocasión.

afterworld (æ·ftø'uø'ld) *s.* el otro mundo, la vida venidera.

aftward (a·ftua'd) *adj.* MAR. popel.

aga, agha (a·ga) *s.* agá.

again (aguei·n) *adv.* nuevamente, de nuevo, otra vez, segunda vez, aún : *come* ~, vuelva usted; ~ *and* ~, muchas veces; *as much* ~, otro tanto más; *now and* ~, a veces, de vez en cuando; *once and* ~, una y otra vez; *never* ~, nunca más. 2 por otra parte, además, asimismo.

against (aguei·nst) *prep.* contra : ~ *the grain* o *the hair*, a contrapelo; ~ *time*, contra el reloj. 2 enfrente de : *over* ~ *my house*, enfrente de mi casa. 3 junto a, cerca de. 4 en contraste con; comparado con. 5 para, para cuando.

agalloch (æ·gæloc) *s.* BOT. agáloco.

agami (æ·gami) *s.* ORNIT. agami.

agamous (ægæ·møs) *adj.* BOT. ágamo.

1) **agape** (æ·gapi) *s.* ágape.

2) **agape** (aguei·p) *adj.* y *adv.* con la boca abierta, boquiabierto.

agar-agar (a·gar-a·gar) *s.* BOT. agar-agar.

agaric (æ·garic) *s.* BOT. agárico, garzo.

agasp (aga·sp) *adj.* y *adv.* jadeante. 2 anhelante, ansioso.

agate (æ·gueit) *s.* MINER. ágata. 2 canica, bola. 3 IMPR. tipo de 5 ½ puntos.

Agatha (æ·gaza) *n. pr.* Águeda.

agave (aguei·vi o aga·ve) *s.* BOT. agave, pita, *ma-guey.

agaze (aguei·š) *adj.* que mira. — 2 *adv.* mirando, en el acto de mirar.

age (eidẏ) *s.* edad : ~ *of discretion*, edad del discernimiento; *full* ~, mayoría de edad; *of* ~, mayor de edad; *under* ~, menor de edad; *golden* ~, edad de oro; *to come of* ~, llegar a la mayoría de edad. 2 vejez, senectud. 3 siglo, centuria : ~ *of Enlightenment*, siglo de las luces. 4 generación [de hombres]. 5 *pl.* mucho tiempo, una eternidad.

age (to) *intr.* u *tr.* envejecer. — 2 *tr.* añejar. 3 curar [maderas].

aged (ei·ẏid) *adj.* viejo, anciano, envejecido. 2 de [tantos años de] edad : ~ *twelve*, de doce años.

ageless (ei·ẏlis) *adj.* eternamente joven.

ageing *s.* AGING.

agency (ei·ẏønsi) *s.* acción, operación, obra : *free* ~, libre albedrío. 2 mediación, ministerio, intervención. 3 medio, órgano, fuerza. 4 COM. agencia, factoría, representación.

agenda (aẏe·nda) *s.* agenda. 2 orden del día. 3 ECLES. ritual.

agent (ei·ẏønt) *adj.* agente. — 2 *s.* agente [lo que produce un efecto] ; ser activo. 3 agente, factor, apoderado, representante, comisionado, delegado. 4 *agent provocateur* (pronunciado como en francés), agente provocador.

agglomerate (æglo·møreit) *adj.* aglomerado. — 2 *s.* aglomeración, montón, pella. 3 GEOL. aglomerado.

agglomerate (to) *tr.* aglomerar, amontonar. — 2 *intr.* aglomerarse, amontonarse.

agglomeration (æglomøre·shøn) *s.* aglomeración.

agglutinant (æglu·tinant) *adj.* aglutinante, conglutinante.

agglutinate (æglu·tinit) *adj.* aglutinado.

agglutinate (to) (æglu·tineit) *tr.* aglutinar, conglutinar.

agglutination (æglutine·shøn) *s.* aglutinación.

agglutinative (æglu·tineitiv) *adj.* conglutinativo, adhesivo. 2 FILOL. aglutinante [lengua].

aggrandize (æ·grandaiš) *tr.* agrandar. 2 engrandecer, elevar, exaltar.

aggrandizement (æ·grandaišmønt o agra·ndišmønt) *s.* agrandamiento. 2 engrandecimiento, elevación.

aggrandizer (æ·grandaišø') *s.* engrandecedor, ensalzador.

aggravate (to) (æ·graveit) *tr.* agravar. 2 irritar, exasperar, impacientar.

aggravating (æ·graveiting) *adj.* agravante. 2 irritante, exasperante.

aggravatingly (æ·graveitingli) *adv.* con agravación. 2 de un modo irritante, exasperante.

aggravation (ægrave·shøn) *s.* agravación, agravamiento. 2 circunstancia agravante. 3 provocación, molestia; irritación.

aggregate (æ·grigueit) *adj.* agregado, reunido, colectivo, que forma un conjunto. — 2 *s.* agregado, conjunto, totalidad : *in the* ~, en conjunto, en total. 3 GEOL., ZOOL. agregado. 4 ING. material duro con que se hace el hormigón, el mortero, etc.

aggregate (to) *tr.* agregar, unir, incorporar. 2 reunir en un conjunto. 3 sumar, ascender a [un total].

aggregately (æ·grigueitli) *adv.* colectivamente, en junto.

aggregation (ægrigue·shøn) *s.* agregación. 2 agregado, colección, masa, conjunto, total.

aggregative (æ·grigueitiv) *adj.* colectivo, tomado en conjunto.

aggress (to) (ægre·s) *intr.* agredir, invadir [ser el agresor o invasor].

aggression (ægre·shøn) *s.* agresión.

aggressive (ægre·siv) *adj.* agresivo. 2 ofensiva [arma].

aggressively (ægre·sivli) *adj.* agresivamente.

aggressiveness (ægre·sivnis) *s.* agresividad, acometividad, carácter agresivo.

aggressor (ægre·sør) *s.* agresor.

aggrieve (to) (ægri·v) *s.* afligir, apenar, apesadumbrar. 2 vejar, oprimir, dañar, agraviar.

aghast (aga·st) *adj.* espantado, horrorizado. 2 estupefacto.

agile (æ·ẏil) *adj.* ágil, vivo, pronto.

agility (aẏi·liti) *s.* agilidad, expedición, prontitud.

aging (ei·ẏing) *s.* envejecimiento. 2 añejamiento.

agio (æ·ẏiou) *s.* agio, agiotaje.

agiotage (æ·ẏiøtidẏ) *s.* agiotaje.

agitable (æ·ẏitabøl) *adj.* agitable.

agitate (to) (æ·ẏiteit) *tr.* agitar. 2 conmover, afectar. 3 debatir, discutir. 4 revolver en la mente, maquinar, discurrir. — 5 *intr.* agitar la opinión pública, hacer campaña.

agitation (æẏite·shøn) *s.* agitación. 2 examen, discusión, debate : *the project now in* ~, el proyecto que se discute.

agitator (æ·ẏiteitø') *s.* agitador.

agleam (agli·m) *adj.* y *adv.* brillante, centelleante.

aglet (æ·glit) *s.* herrete : ~ *hole*, ojete. 2 BOT. antera. 3 *pl.* MIL. cordones.

aglow (aglou) *adj.* y *adv.* encendido, ardiente. 2 fulgurante.

agnail (æ·gneil) *s.* panadizo, uñero.

agnate (ægnei·t) *adj.* agnaticio. — 2 *adj.* y *s.* agnado.

agnatic (ægnæ·tic) *adj.* agnaticio.

agnation (ægnei·shøn) *s.* agnación. 2 parentesco.

Agnes (æ·gnis) *n. pr.* Inés.

agnomen (ægnou·min) *s.* agnomento, sobrenombre.

agnomination (ægnomine·shøn) *s.* RET. agnominación, paronomasia. 2 RET. aliteración. 3 sobrenombre.

agnostic (ægno·stic) *adj.* y *s.* agnóstico.

agnosticism (ægno·stisišm) *s.* agnosticismo.

agnus (æ·gnøs) *s.* agnus. 2 *Agnus Dei*, agnusdéi. 3 BOT. ~ *castus*, agnocasto, sauzgatillo.

ago (agou) *adv.* pasado, atrás, hace, ha : *two years* ~, dos años atrás, hace dos años; *a long time* ~, hace mucho tiempo; *long* ~, tiempo ha, antaño; *how long* ~?, ¿cuánto ha?

agog (ago·g) *adv.* anhelosamente, ansiosamente, con viva curiosidad. — 2 *adj.* anhelante, excitado, curioso.

agoing (agou·ing) *adv.* en acción, en movimiento : *to set* ~, poner en marcha.

agometer (ago·mitø') *s.* FÍS. agómetro.

agonia (agou·nia) *s. pl.* agonales [fiestas].

agonic (ægo·nic) *adj.* ágono [que carece de ángulos].

agonist (æ·gonist) *s.* agonista, luchador.

agonistic(al (ægoni·stic(al) *adj.* agonístico, agonal.

agonize (to) (æ·gonaiš) *intr.* agonizar, sufrir angustiosamente, retorcerse de dolor. 2 hacer grandes esfuerzos. — 3 *tr.* atormentar, torturar, afligir.

agonizing (æ·gonaiśing) *adj.* agónico. 2 torturador, angustioso.

agonizingly (ægonai·šingli) *adv.* con agonía.

agony (æ·goni) *s.* agonía. 2 angustia, aflicción extrema. 3 paroxismo. 4 (Ingl.) ~ *column*, en los periódicos, sección donde se publican los anuncios referentes a pérdidas, personas desaparecidas, etc.

agora (æ·gøra) *s.* ágora.

agoraphobia (ægoræfou·bia) *s.* MED. agorafobia.

agouti, agouty (agu·ti) *s.* ZOOL. agutí.
agraffe (agræ·f) *s.* broche. *2* ARQ. grapa. *3* grapita que sujeta cada cuerda del piano.
agraphia (ægræ·fia) *s.* MED. agrafia.
agrarian (agre·rian) *adj. y s.* agrario.
agrarianism (agre·rianiŝm) *s.* POL. reparto de tierras por igual; política de los que lo defienden.
agree (to) (agri·) *intr.* asentir, consentir, acceder, avenirse [a]. *2* concordar, cuadrar, conformarse, avenirse [con] : *this doesn't ~ with that,* esto no concuerda con aquello. *3* quedar, convenir [en]; ponerse o estar de acuerdo, entenderse, concertarse : *I ~ with you,* estoy de acuerdo con usted; *to ~ to do a thing,* quedar en hacer una cosa. *4* venir bien, sentar bien, probar : *this climate doesn't ~ with me,* este clima no me sienta bien. *5* GRAM. concordar.
agreeability (agriabi·liti) *s.* afabilidad, agrado. *2* conveniencia, conformidad.
agreeable (agri·abøl) *adj.* agradable, grato, ameno. *2* conforme, conveniente, proporcionado. *3* fam. dispuesto [pronto a consentir], conforme [que consiente]. — *4 adv.* según, conforme, conformemente.
agreeableness (agri·abølnis) *s.* AGREEABILITY. *2* placibilidad, amenidad, calidad de agradable.
agreeably (agri·abli) *adv.* agradablemente. *2* según, conforme, conformemente.
agreed (agri·d) *p. p. y adj.* convenido, ajustado, acordado, establecido, aprobado. *2* de acuerdo, conforme : *I am ~,* estoy de acuerdo.
agreement (agri·mønt) *s.* acuerdo, convenio, pacto, ajuste, trato, estipulación, avenencia, acomodamiento : *to reach an ~,* llegar a un acuerdo. *2* armonía, unión, inteligencia. *3* acuerdo, conformidad, concordancia : *in ~ with,* de acuerdo con. *4* correlación [de fenómenos]. *5* GRAM. concordancia.
agrestic(al (agre·stic(al) *adj.* agreste, rural. *2* rústico, tosco.
agricultural (agricø·lchøral) *adj.* agrícola. *2* agrónomo : *~ engineer,* ingeniero agrónomo.
agriculture (æ·gricølchø·) *s.* agricultura.
agriculturist (ægricø·lchørist) *s.* agricultor.
agrimony (æ·grimoni) *s.* BOT. agrimonia.
agronomic(al (ægrono·mic(al) *adj.* agronómico, agrónomo.
agronomics (ægrono·mics) *s.* agronomía [como parte de la economía política].
agronomy (agro·nomi) *s.* agronomía [ciencia de la agricultura].
aground (agrau·nd) *adv.* MAR. encallado, varado : *to run ~,* encallar, varar.
ague (ei·guiu) *s.* MED. fiebre intermitente o palúdica. *2* escalofrío. *3* BOT. *~ tree,* sasafrás.
aguish (ei·guiuish) *adj.* MED. febricitante, escalofriado. *2* palúdico. *3* fig. intermitente.
ah! (a) *interj.* ¡ah!, ¡ay!
aha! aha! (aja·) *interj.* ¡ajá!, ¡ajajá!
ahead (aje·d) *adv.* delante, al frente, a la cabeza, más allá de, adelante : *~ of time,* adelantado, antes de tiempo; *to be ~,* ir delante, a la cabeza, llevar ventaja, llevar la delantera; *to go ~,* avanzar; *to get ~,* adelantar, ganar la delantera; *to run ~,* obrar sin reflexión; *go ~!,* adelante! *2* MAR. por la proa, avante. — *3 adj.* de delante, que va delante. | Ús. detrás del substantivo : *the man ~,* el hombre de delante.
ahem! (aje·m) *interj.* para llamar la atención.
ahoy (ajoi·) *interj.* MAR. ¡ah!, ¡hola! : *ship ~!,* ¡ah del barco!
aid (eid) *s.* ayuda, auxilio, favor, socorro, asistencia, concurso : *first ~,* primeros auxilios. *2* subsidio. *3* ayudante, auxiliar.
aid (to) *tr.* ayudar, auxiliar, socorrer. *2* apoyar, coadyuvar a. *3* subvenir.
aide-de-camp (ei·dø-cæmp) *s.* MIL. edecán.
aider (ei·dø·) *s.* ayudante, ayudador, auxiliador.
aidless (ei·dlis) *adj.* desamparado, desvalido.
aiglet (ei·glit) *s.* AGLET.
aigret, aigrette (ei·gret) *s.* ORNIT. garzota. *2* penacho, garzota, airón.
aiguillette (eiguiule·t) *s.* herrete. *2* pl. MIL. cordones.
ail (eil) *tr.* afligir, molestar, aquejar, doler : *what ails you?,* ¿qué tiene usted? — *2 intr.* sufrir, estar indispuesto.
ailanthus (eila·nzøs) *s.* BOT. ailanto.
aileron (ei·løran) *s.* AVIA. alerón.

ailing (ei·ling) *s.* doliente, enfermo, achacoso.
ailment (ei·lmønt) *s.* dolencia, indisposición, padecimiento, achaque.
aim (eim) *s.* puntería, encaro, acción de asestar, de dirigir [un arma, un instrumento, un golpe, etc.] : *to miss one's ~,* errar el tiro; *to take ~,* apuntar; *to take one's ~ well,* tomar bien sus medidas. *2* blanco [al que se tira]. *3* mira, designio, fin, objeto.
aim (to) *intr.* apuntar [con un arma]; dirigir un golpe, etc. [a]. *2* dirigir la intención, el propósito [a]; poner la mira [en]; tratar [de] : *to ~ high,* picar alto. — *3 tr.* apuntar encarar, asestar [un arma, etc]; dirigir [un golpe, una sátira, etc.].
aimless (ei·mlis) *adj.* sin objeto, sin designio, a la ventura.
ain't (eint) *contr. vulg.* de *am not,* equivalente a *am not, is not, are not, have not y has not.*
air (e·æ·) *s.* aire [fluido, atmósfera, viento] : *open ~,* aire libre; *foul ~,* aire viciado; *in the ~,* en el aire, en el ambiente; inseguro, indeciso, incierto; *in the open ~,* al aire libre, al raso; *on the ~,* RADIO transmitiendo; *up in the ~,* indeciso; perplejo; muy agitado. *2* céfiro, aura. *3* ambiente [lo que rodea]. *4* aire, semblante, actitud, continente [de una pers.]. *5* aire [modo, aspecto]. *6* afectación, tono : *to give oneself airs, to put on airs,* darse tono. *7* expresión, manifestación, divulgación : *to give it ~,* decirlo, manifestarlo; *to take ~,* ser conocido, divulgarse. *8* MÚS. aire, tonada. — *9 adj.* de aire : neumático; aéreo, aeronáutico; de aviación : *~ base,* base aérea; *~ bed,* colchón de aire; *~ beacon,* faro aéreo; *~ bladder,* ICT. vejiga natatoria; ZOOL., BOT., vesícula llena de aire; *~ blast,* chorro de aire; *~ brake,* freno neumático; *~ bridge,* puente aéreo; *~ castle,* castillo en el aire; *~ chamber,* cámara de aire; *~ cleaner,* depurador del aire; *~ cock,* llave de admisión o de escape del aire; *~ compressor,* compresor de aire, compresor neumático; *~ conditioning,* acondicionamiento de aire, aire acondicionado; *~ cushion,* cojín de viento; *~ draught,* corriente de aire; *~ drill,* taladro neumático; *~ duct,* conducto para aire o de ventilación; *~ field,* campo de aviación; *~ fleet,* flotilla militar aérea; *~ force,* servicio, aviación militar, fuerzas aéreas; *~ gun,* escopeta de aire comprimido; *~ hole,* registro, respiradero; burbuja [en un metal]; AVIA. vacío, bache; *~ hostess,* AVIA. azafata; *~ jacket,* chaleco de natación; chaleco salvavidas; *~ plant,* BOT. planta aerícola, planta epifita; *~ line,* línea aérea; línea recta; *~ liner,* avión de una línea aérea; *~ mail,* correo aéreo; *~ pilot,* piloto aviador; *~ pocket,* AVIA. bolsa de aire, bache; *~ pressure,* presión atmosférica; *~ pump,* máquina neumática, bomba de aire; *~ raid,* incursión aérea, ataque aéreo; *~ sac,* ORNIT. saco aéreo; *~ sleeve o sock,* AVIA. veleta de manga; *~ shaft,* respiradero [de mina, túnel, etc.] ; *~ squadron,* escuadrilla aérea; *~ thread,* hilo de araña que flota en el aire; *~ trap,* sifón, válvula de inodoro; *~ well,* pozo de ventilación.
air (to) *tr.* airear, orear. *2* ventilar [renovar el aire]. *3* secar [al aire o al calor]. *4* calentar [cerca del fuego]. *5* exhibir, mostrar con ostentación. *6* pregonar [opiniones, ideas propias]. — *7 intr.* tomar el aire.
air-born *adj.* nacido del aire.
air-borne *adj.* llevado o transmitido por el aire. *2* transportado por avión, aerotransportado.
airbrush (e·æ·brøsh) *s.* PINT. pistola [pulverizador de aire comprimido].
air-built *adj.* sin fundamento, quimérico.
air-condition (to) *tr.* proveer de aire acondicionado.
air-conditioned *adj.* con aire acondicionado, con acondicionamiento de aire.
air-cool (to) *tr.* enfriar por aire.
air-cooling *s.* enfriamiento por aire.
air-core *adj.* ELECT. de núcleo de aire.
aircraft (e·æ·cræft) *s.* aeronave o avión : *~ carrier,* portaaviones [buque]. *2* MIL. aviación, fuerzas aéreas.
Airedale (e·æ·deil) *s.* variedad de perro de busca, de origen inglés.
air-dried *adj.* secado al aire o por aire.
airdrome (e·æ·droum) *s.* aeródromo.

airer (eˈærør) s. el que airea. 2 enjugador [para ropa].
airfoil (eˈæˈfoil) s. AVIA. ala, superficie de sustentación.
airified (eˈærifaid) adj. hecho a la ligera, sin fundamento. 2 presumido, entonado.
airily (eˈærili) adv. ligeramente, a la ligera. 2 vivamente, alegremente. 3 pomposamente.
airiness (eˈærinis) s. viveza, vivacidad. 2 ligereza, superficialidad, petulancia.
airing (eˈæring) s. paseo, excursión [para tomar el aire, para hacer salud].
airless (eˈæˈlis) adj. falto de ventilación, ahogado [espacio].
airlift (eˈæˈlift) s. puente aéreo; transporte aéreo.
airlift (to) tr. transportar por el aire.
airlike (eˈæˈlaik) adj. tenue o ligero como el aire.
airline (eˈæˈlain) adj. aéreo, de línea aérea.
airman (eˈæˈmæn), pl. -men (-men) s. aviador.
airmanship (eˈæˈmænship) s. arte o habilidad del aviador.
airmonger (eˈæˈmongøˈ) s. visionario, que hace planes fantásticos.
airometer (eæraˈmitøˈ) s. aerómetro. 2 gasómetro.
airplane (eˈæˈplein) s. aeroplano.
airport (eˈæˈpoˈt) s. aeropuerto.
airproof (eˈæˈpruf) adj. hermético.
air-raid adj. referente a los bombardeos o ataques aéreos; antiaéreo: ~ defence, defensa antiaérea; ~ drill, ejercicio de defensa pasiva; ~ shelter, refugio antiaéreo; ~ warden, encargado de un sector de defensa pasiva; ~ warning, alarma aérea.
airscrew (eˈæˈscru) s. AVIA. hélice.
airship (eˈæˈship) s. aeronave.
airsick (eˈæˈsic) adj. mareado en el aire.
airsickness (eˈæˈsicnis) s. mareo en avión.
airstrip (eˈæˈstrip) s. AVIA. pista de despegue o de aterrizaje.
airtight (eˈæˈtaiˈt) adj. herméticamente cerrado, hermético, impermeable al aire.
airway (eˈæˈuei) s. línea aérea, vía aérea. 2 conducto para aire; pozo o galería de ventilación.
airwoman (eˈæˈwuman), pl. -women (-uimin) s. aviadora.
airworthy (eˈæˈuøˈdi) adj. AVIA. apto o seguro para el servicio [aeroplano o dirigible].
airy (eˈæri) adj. aéreo [del aire, atmosférico]. 2 airoso, oreado. 3 etéreo, sutil, vaporoso. 4 ágil, ligero, leve. 5 alegre, vivo. 6 delicado, gracioso. 7 vano, sin fundamento. 8 ligero, superficial, impertinente.
aisle (ail) s. pasillo [en una iglesia, un teatro, etc.]. 2 ARQ. nave lateral; por ext., nave. 3 calle de árboles.
ait (eit) s. mejana, isleta [en un río o lago].
aitch (eich) s. hache [letra].
ajar (aẏaˈ) adj. entreabierto, entornado. 2 en pugna, en desacuerdo.
akimbo (akiˈmbou) adj. en jarras.
akin (akiˈn) adj. consanguíneo, emparentado. 2 análogo, semejante, rayano [en].
Al (el) dim. fam. de ALBERT, ALFRED O ALEXANDER.
alabaster (ælabæˈstøˈ) s. alabastro — 2 adj. alabastrino.
alabastrine (ælabæˈstrin) adj. alabastrino.
à la carte (alacaˈt) adv. a la carta, a la minuta, escogiendo los platos [en un restaurante].
alack! (alæˈc) interj. ¡ay!, ¡ay de mí!
alacrity (alæˈcriti) s. alacridad. 2 ardor, presteza, vivacidad.
Aladdin (alæˈdin) n. pr. Aladino : Aladdin's lamp, lámpara de Aladino.
Aladdinize (alæˈdinaiš) tr. transformar como por arte de magia.
à la king (alakiˈng) adv. coc. con una salsa de harina, setas y pimientos.
à la mode (alamouˈd) adj. y adv. a la moda. 2 servido con helado encima.
alangium (alaˈnẏiøm) s. BOT. angolán.
alar (eiˈlaˈ) adj. alado. 2 BOT. axilar.
Alaric (ælaric) n. pr. Alarico.
alarm (alaˈm) s. alarma. 2 señal de alarma, rebato. 3 mecanismo despertador; timbre de alarma : ~ clock, despertador.
alarm (to) tr. alarmar. 2 dar la alarma, alertar, poner sobre aviso. — 3 intr. tocar al arma, a rebato.
alarming (alaˈming) adj. alarmante.
alarmist (alaˈmist) s. alarmista.

alarum (alaˈrøm) s. alarma, rebato.
alarum-clock s. (Ingl.) despertador [reloj].
alary (æˈlari) adj. de las alas. 2 en forma de ala.
alas! (alaˈs) interj. ¡ay!, ¡guay! : ~ that...!, ¡lástima que...!
alate (eiˈleit) adj. BOT. alado.
alaternus (alatøˈnøs) s. BOT. alaterno, aladierna.
alb (ælb) s. LITUR. alba.
albacore (aˈlbacouˈ) s. ICT. albacora.
Albanian (ælbeiˈnian) adj. y s. albanés.
albatross (æˈlbatros) s. ORNIT. albatros, carnero del Cabo.
albeit (olbiˈit) conj. aunque, si bien, bien que.
Albert (æˈlbøˈt) n. pr. Alberto.
albescent (ælbeˈsønt) adj. albicante, blanquecino, blanco.
Albigenses (ælbidẏeˈnsis) s. pl. albigenses.
Albigensian (ælbidẏeˈnsian) adj. y s. albigense.
albiness (ælbiˈnis) s. albina.
albinism (ælbiniˈsm) s. albinismo.
albino (ælbiˈnou) s. albino.
Albion (æˈlbiøn) n. pr. Albión [Inglaterra].
albite (æˈlbait) s. MINER. albita.
albugineous (ælbiuẏiˈniøs) adj. abugíneo, albuginoso.
albugo (ælbiuˈgou) s. MED. albugo.
album (æˈlbøm) s. álbum.
albumen (ælbiuˈmen) s. BOT. albumen. 2 QUÍM. albúmina.
albumenize (to) (ælbiuˈmenaiš) tr. albuminar.
albumin (ælbiuˈmin) s. QUÍM. albúmina.
albuminimeter (ælbiumini·mitøˈ) s. albuminímetro.
albuminoid (ælbiuˈminoid) adj. albuminoideo. — 2 s. albuminoide.
albuminous (ælbiuˈminøs) adj. albuminoso.
albuminuria (ælbiuminiuˈria) s. MED. albuminuria.
alburnum (albøˈnøm) s. BOT. alburno, albura.
Alcaic (ælkeiˈc) adj. alcaico. — 2 s. verso alcaico.
alchemio (ælkeˈmic), **alchemical** (ælkeˈmical) adj. alquímico.
alchemist (æˈlkemist) s. alquimista.
alchemize (to) (æˈlkemaiš) tr. transmutar, convertir.
alchemy (æˈlkemi) s. alquimia, crisopeya.
Alcibiades (ælsibaiˈædiš) n. pr. Alcibíades.
alcohol (æˈlcojol) s. QUÍM. alcohol : absolute ~, alcohol absoluto o puro; denatured ~, alcohol desnaturalizado; wood ~, alcohol metílico.
alcoholate (æˈlcojoleit) s. MED. alcoholato.
alcoholature (ælcoˈjolechøˈ) s. alcoholaturo.
alcoholic (ælcojoˈlic) adj. alcohólico. — s. pl. 2 líquidos espirituosos.
alcoholism (æˈlcojoliˈsm) s. alcoholismo.
alcoholization (ælcojoliˈsešøn) s. alcoholización.
alcoholize (to) (æˈlcojolaiš) tr. alcoholizar. 2 reducir a esencia, rectificar.
alcoholimeter (æˈlcojoliˈmitøˈ), **alcoholometer** (ælcojoloˈmitøˈ) s. alcoholímetro, alcohómetro.
alcoholometry (ælcojoloˈmitri) s. alcoholimetría.
Alcoran (ælcoraˈn) s. Alcorán.
Alcoranic (ælcoraˈnic) adj. alcoránico.
alcove (æˈlcouv) s. hueco o nicho [en una habitación]. 2 cenador, glorieta. 3 hueco o abrigo natural.
alcyon (æˈlsion) adj. y s. HALCYON.
Aldebaran (ældeˈbaran) n. pr. ASTR. Aldebarán.
aldehyde (aˈldijaid) s. QUÍM. aldehído.
alder (oˈldøˈ) s. BOT. aliso. 2 BOT. ~ buckthorn, arraclán.
alderman (oˈldøˈmæn), pl. -men (-men) s. concejal, regidor. 2 ant. magnate; gobernador de un territorio.
aldermanship (oˈldøˈmænship) s. concejalía, regiduría.
Aldine (oˈldin) adj. IMPR. aldino, agrifado.
ale (eil) s. cerveza inglesa, obscura y muy fuerte : ~ conner (Ingl.), inspector de cervecerías.
aleak (æˈli·k) adv. y adj. derramándose, saliéndose [un líquido].
aleatory (eiˈliatori) adj. DER. aleatorio.
aleberry (eiˈlberi) s. bebida hecha de cerveza hervida con pan, especias y azúcar.
Aleck (æˈlec) dim. de ALEXANDER.
alecost (eiˈlcost) s. BOT. atanasia, hierba de Santa María.
alee (alíˈ) adv. MAR. a sotavento.
alegar (eiˈligaˈ) s. cerveza agria, vinagre de cerveza.
alehoof (eiˈljuf) s. BOT. hiedra; hiedra rastrera. 2 nombre de otras plantas rastreras.
alehouse (eiˈljaus) s. cervecería, taberna.
alembic (aleˈmbic) s. alambique.

Aleppo (æle·pou) *n. pr.* GEOGR. Alepo. 2 BOT. *Aleppo pine,* pincarrasco, pino carrasco o carrasqueño.
alert (alø·t) *adj.* alerta, vigilante. 2 ágil, vivo, dispuesto. — *3 s.* MIL. sorpresa. *4* MIL. alarma : *on the ~,* alerta, sobre aviso, en guardia.
alert (to) *tr.* alertar, poner sobre aviso.
alertly (alø·tli) *adv.* con vigilancia. 2 ágilmente, vivamente.
alertness (alø·tnis) *s.* cuidado, vigilancia. 2 viveza, presteza, actividad.
Alessandria (alesa·ndria) *n. pr.* GEOGR. Alejandría [de Italia].
alette (æle·t) *s.* ARQ. aleta.
aleurone (aliu·roun) *s.* QUÍM. aleurona.
alewife (ei·lwaif) *s.* cervecera, tabernera. 2 ICT. pez norteamericano, parecido al sábalo.
Alexander (ælegsæ·ndø') *n. pr.* Alejandro.
alexanders (ælegsæ·ndø·s) *s.* BOT. apio caballar.
Alexandria (ælegsæ·ndria) *n. pr.* Alejandría [de Egipto].
Alexandrina (ælegsæ·ndri·na) *n. pr.* Alejandra, Alejandrina.
Alexandrine (ælegsæ·ndrin) *s.* verso alejandrino.
alexipharmic (alecsifa·mic) *adj.* alexifármaco.
alexia (æle·csia) *s.* MED. alexia.
alfalfa (ælfæ·lfa) *s.* BOT. (EE. UU.) alfalfa, mielga.
alga (æ·lga), *pl.* **algæ** (æ·lȳi) *s.* BOT. alga.
algal (æ·lgal) *adj.* algáceo.
algaroth (æ·lgaroz) *s.* FARM. régulo de antimonio.
algebra (æ·lȳebra) *s.* MAT. álgebra.
algebraic(al (ælȳebrei·c(al) *adj.* MAT. algebraico, algébrico.
algebraist (ælȳebrei·ist) *s.* MAT. algebrista.
Algeria (ælȳi·ria) *n. pr.* GEOGR. Argelia.
Algerian (ælȳi·rian), **Algerine** (ælȳeri·n) *adj. y s.* argelino.
algesia (ælȳi·sia) *s.* MED. algesia, extrema sensibilidad para el dolor.
algesic (ælȳi·sic) *adj.* MED. algésico.
algid (æ·lȳid) *adj.* álgido.
algidity (alȳ·iditi) *s.* algidez.
Algiers (ælȳi·s) *n. pr.* GEOGR. Argel.
algoid (æ·lgoid) *adj.* parecido a las algas.
algology (ælgo·loȳi) *s.* algología.
algor (æ·lgø') *s.* MED. algor.
algorism (æ·lgorism) *s.* algoritmia.
algorithm (æ·lgoridm) *s.* algoritmo.
algorithmio (ælgori·dmic) *adj.* algorítmico.
algous (æ·lgøs) *adj.* algoso.
alias (ei·liæs) *adv. y s.* alias.
alibi (æ·libai) *s.* DER. coartada : *to prove an ~,* probar la coartada. 2 excusa, disculpa.
alible (æ·libøl) *adj.* alible, nutritivo.
Alice (æ·lis) *n. pr.* Alicia.
alidade (æ·lideid) *s.* alidada.
alien (ei·lien) *adj.* ajeno, extraño. 2 forastero, extranjero. 3 contrario, incompatible. — *4 s.* forastero, extranjero.
alien (to) *tr.* ALIENATE.
alienable (ei·lienabøl) *adj.* alienable, enajenable.
alienage (ei·lienidȳ) *s.* extranjería.
alienate (to) (ei·lieneit) *tr.* alienar, enajenar [una cosa]. 2 alejar, apartar, extrañar [hacer cesar el afecto, la amistad, el interés].
alienation (eiliene·shøn) *s.* alienación, enajenación. 2 alejamiento, desvío, desapego. 3 MED. alienación, enajenación mental.
alienee (eilienr·) *s.* DER. aquel a quien pasa la propiedad de una cosa.
alienism (ei·lienism) *s.* ALIENAGE. 2 alienismo, frenopatía.
alienist (ei·lienist) *s.* alienista, frenópata.
alienor (ei·lienø') *s.* DER. enajenante, enajenador.
alienship (ei·lienship) *s.* ALIENAGE.
aliferous (æliførøs) *adj.* alífero, alígero.
aliform (æ·lifo·m) *adj.* aliforme.
alight (alai·t) *adj. y adv.* encendido, iluminado, ardiendo.
alight (to) (alai·t) *intr.* apearse, desmontar, bajar de un coche. 2 caer, ir a caer, posarse; aterrizar; amarar : *alighting gear,* tren de aterrizaje. 3 topar [con].
align (to) (alai·n) *tr.* alinear. — *2 intr.* alinearse.
alignment (alai·nmønt) *s.* alineación, alineamiento.
alike (alai·c) *adj.* igual, semejante : *to look ~,* parecerse. — *2 adv.* igualmente, del mismo modo, a la vez.
alike-minded *adj.* del mismo modo de pensar.
aliment (æ·limønt) *s.* alimento.
aliment (æ·limønt) *tr.* alimentar.

alimental (ælime·ntal) *adj.* nutritivo, alimenticio, alimentoso.
alimentariness (ælime·ntarinis) *s.* poder nutritivo.
alimentary (ælime·ntari) *adj.* alimentario. 2 nutritivo, alimenticio. 3 ANAT. *~ canal,* tubo digestivo.
alimentation (ælimente·shøn) *s.* alimentación.
alimony (æ·limoni) *s.* sustento, mantenimiento. 2 DER. alimentos, asistencias [a la mujer divorciada o separada legalmente].
aline (to) (alai·n) *tr.* alinear. — *2 intr.* alinearse.
alinement (alai·nmønt) *s.* alineación.
aliped (æ·liped) *adj. y s.* alípedo.
aliquant (æ·licuant) *adj.* alicuanta.
aliquot (æ·licuøt) *adj.* alicuota.
alisma (æli·sma) *s.* BOT. alisma.
alive (alai·v) *adj.* vivo, viviente : *while ~,* en vida; *the best man ~,* el mejor de los hombres. 2 vivo, en actividad, no extinguido : *to keep ~,* mantener, avivar. 3 vivo, activo, alegre : *to look ~,* menearse, darse prisa. 4 *~ with,* lleno de [cosas que abundan u hormiguean]. 5 *~ to,* sensible a; despierto para.
alizarine (ali·sarin) *s.* QUÍM. alizarina.
alkalescent (ælcæle·sent) *adj.* alcalescente.
alkalescence (ælcæle·sens) *s.* alcalescencia.
alkali (æ·lcalai) *s.* QUÍM. álcali. 2 QUÍM. *~ metal,* metal alcalino.
alkaligenous (ælcali·ȳenøs) *adj.* alcalígeno.
alkalimeter (ælcali·mitø') *s.* alcalímetro.
alkalimetry (ælcali·mitri) *s.* alcalimetría.
alkaline (æ·lcalain) *adj.* alcalino.
alkaline-earth *adj.* QUÍM. alcalino-térreo.
alkalinity (ælcali·niti) *s.* alcalinidad.
alkalization (ælcalise·shøn) *s.* alcalización.
alkalize (to) (æ·lcalaiš) *tr.* alcalizar.
alkaloid (æ·lcaloid) *s.* alcaloide.
alkaloidal (ælcaloi·dal) *adj.* alcaloideo.
alkanet (æ·lcanet) *s.* BOT. orcaneta, onoquiles. 2 BOT. ancusa, buglosa, lengua de buey.
alkermes (ælkø·miš) *s.* alquermes.
all (ol) *adj.* todo, toda, todos, todas : *~ the year,* todo el año; *~ of us,* todos nosotros; *and ~ that,* y todo lo demás, etc.; *~ but,* casi, poco menos que; por poco; *for ~ that,* con todo, no obstante, a pesar de eso; *of ~ [things, people, etc.],* frase con que se denota lo notable o sorprendente de una cosa, a veces con sentido despectivo, y equivale a : ¡habráse visto!, ¿quién lo creyera?, etc. — *2 pron.* todo, conjunto, totalidad : *after ~,* después de todo, al fin y al cabo; *~ in ~, in ~,* en todo, en conjunto; *and ~,* y demás; *at ~,* en absoluto, del todo; siquiera; *not at ~,* de ninguna manera; no hay de qué; *nothing at ~,* nada absolutamente; *before ~,* ante todo; *for ~,* a pesar de; *for ~ I know,* que yo sepa, quizás, posiblemente; *for good and ~,* para siempre, definitivamente, una vez por todas; *once for ~,* de una vez para siempre; *when ~ comes to ~,* bien mirado, considerándolo todo; *that's ~ there is to it,* eso es todo, no es o no hay más que eso; no hay más que hablar. 3 todos, todo el mundo : *~ and singular, ~ and sundry,* todos y cada uno, colectiva e individualmente; *~ aboard!,* ¡pasajeros al tren! — *4 adv.* del todo, completamente, muy : *~ in,* agotado, rendido de fatiga; *~ in the wind,* con la proa al viento; fig. agitado, perplejo, sin saber qué hacer; *~ of a sudden,* de pronto, de repente; *~ out,* agotado; apagado [fuego]; muy equivocado o confundido; resueltamente, con toda energía; *all-out effort,* esfuerzo supremo; *~ right,* sano y salvo, bien de salud; bueno, buena persona; competente; bien, correcto, satisfactorio; *~ right!,* ¡bueno!, ¡está bien!, ¡conformes!; *~ round,* por todo el lugar, por todas partes; *~ the better,* tanto mejor; *~ the same,* sin embargo, a pesar de todo; (es) lo mismo; (es) igual; *~ the worse,* tanto peor; *~ there,* pop. listo, dispuesto [para la acción]; enterado; listo, de inteligencia pronta; cuerdo, en sus cabales; *not to be ~ there,* no estar en sus cabales, estar algo chiflado.
¶ *all* entra en la composición de muchas voces con uno u otro de los significados que acabamos de indicar. Ejemplos : *all-comprising,* universal; *all-consuming,* que todo lo consume o gasta; *all-eloquent,* elocuentísimo; *all-embracing,* que lo comprende o abraza todo;

all-important, de toda importancia; *to be all-in-all*, ser uña y carne.

Allah (æ·la) *n. pr.* Alá.

allantoid, allantoidal (ælæ·ntoid, -al) *adj.* BIOL. alantoideo.

allantois (ælæ·ntois) *s.* BIOL. alantoides.

allay (to) (alei·) *tr.* aliviar, suavizar, mitigar, templar, calmar. 2 aquietar, apaciguar.

allayer (alei·ør) *s.* aliviador. 2 suavizador, mitigador, calmante. 3 aquietador, apaciguador.

allayment (alei·mønt) *s.* alivio, desahogo.

allegation (ælegue·shøn) *s.* alegación. 2 DER. alegato.

allege (to) (æle·dy) *tr.* alegar, afirmar, sostener. 2 DER. *to ∼ in pleading*, deducir.

allegeable (æle·yabøl) *adj.* alegable.

alleged (æle·yd) *adj.* pretendido, supuesto.

allegedly (æle·yidli) *adv.* según se alega o se pretende.

alleger (æle·yør) *s.* alegador, afirmante.

allegiance (æli·yans) *s.* obediencia, lealtad, fidelidad, sumisión [a un soberano, un gobierno, etc.]. 2 homenaje, pleito homenaje: *to swear ∼*, hacer pleito homenaje, jurar obediencia o fidelidad.

allegoric (ælego·ric), **allegorical** (ælego·rical) *adj.* alegórico.

allegorically (ælego·ricali) *adv.* alegóricamente.

allegoricalness (ælego·ricalnis) *s.* calidad de alegórico, carácter alegórico.

allegorist (æ·legorist) *s.* alegorizador.

allegorize (to) (æ·legorais) *tr.* alegorizar. — 2 *intr.* usar de alegorías.

allegory (æ·legori) *s.* alegoría.

allegretto (ælegre·tou) *s.* MÚS. alegreto.

allegro (ælegre·grou) *s.* MÚS. alegro.

alleluia (ælelu·ya) *s. e interj.* aleluya.

allemande (ælma·nd) *s.* alemana, alemanda [baile].

allergic (alø·ryic) *adj.* alérgico.

allergist (a·lø·ryist) *s.* MED. especialista en enfermedades alérgicas.

allergy (æ·lø·yi) *s.* MED. alergia.

alleviate (to) (ali·vieit) *tr.* aliviar, aligerar.

alleviation (alivie·shøn) *s.* alivio, aligeramiento, mitigación. 2 paliativo, lo que alivia.

alleviative (ali·viativ) *adj. y s.* paliativo.

alley (æ·li) *s.* pasadizo [de entrada]. 2 calleja, callejón; *blind ∼*, callejón sin salida. 3 pasillo [en una iglesia, etc.]. 4 bolera, boliche. 5 calle de árboles; camino bordeado de setos. 6 TENIS espacio lateral. 7 bola o canica de vidrio o alabastro.

alley-way *s.* callejón, callejuela.

All Fools' Day *s.* día primero de abril, especie de día de los inocentes.

all fours (ol fo·rs) *s. pl.* cuatro patas: *on ∼ fours*, a cuatro patas, a gatas; igual, al mismo nivel; sin discordancia, en armonía. 2 cierto juego de naipes.

all hail! *interj.* ¡salud!

Allhallowmas (oljæ·loumas) *s.* festividad de Todos los Santos.

Allhallow(s (oljæ·lou(s) *s.* día de Todos los Santos.

Allhallowtide (oljæ·loutaid) *s.* época de Todos los Santos.

alliaceous (ælie·shøs) *adj.* aliáceo.

alliance (ala·ians) *s.* alianza, liga, unión, coalición. 2 alianza [conexión, parentesco].

allied (alai·d) *adj.* aliado, coligado. 2 afín. 3 emparentado.

allies (alai·s) *s. pl.* [de ALLY] aliados.

alligation (aligue·shøn) *s.* ARIT. aligación.

alligator (æ·ligueitør) *s.* ZOOL. caimán. 2 piel de caimán o cocodrilo. 3 ZOOL. (EE. UU.) nombre de varios lagartos. 4 BOT. *∼ pear*, aguacate. 5 BOT. *∼ tree*, ocozol.

alliterate (to) (æli·tøreit) *intr.* formar aliteración. 2 disponer formando aliteración.

alliteration (ælitøre·shøn) *s.* RET. aliteración.

alliterative (æli·tørativ) *adj.* aliterado.

all-knowing *adj.* omnisciente.

allocate (to) (æ·lokeit) *tr.* señalar, asignar. 2 determinar el lugar de.

allocation (æloke·shøn) *s.* colocación, fijación. 2 asignación, distribución.

all-occasion *adj.* socorrido.

allocution (alokiu·shøn) *s.* alocución.

allodial (alou·dial) *adj.* alodial.

allodium (alou·diøm) *s.* alodio.

allogamy (ælo·gami) *s.* BOT. fecundación de una flor por el polen de otra.

allopathic (ælopæ·zic) *adj.* alopático.

allopathist (ælo·pazist) *s.* alópata.

allopathy (ælo·pazi) *s.* alopatía.

allot (to) (ælo·t) *tr.* repartir, distribuir, asignar, destinar, adjudicar. ¶ CONJUG. pret. y p. p.: *allotted;* ger.: *allotting*.

allotment (ælo·tmønt) *s.* parte, porción, lote, cupo. 2 reparto, asignación.

allotropic (ælotro·pic) *adj.* QUÍM. alotrópico.

allotropism (ælo·tropism), **allotropy** (alo·tropi) *s.* QUÍM. alotropía.

allottable (ælo·tabøl) *adj.* repartible, asignable.

allottee (ælo·ti) *s.* persona a quien se asigna un lote o parte.

allotter (ælo·tør) *s.* repartidor, distribuidor, asignador.

allover (o·louvør) *adj.* que, repitiéndose, cubre toda una superficie [dibujo, muestra, motivo]. — 2 *s.* tela, bordado, encaje, etc., con un dibujo, muestra o motivo que, repitiéndose, cubre toda su superficie; este mismo sistema de decoración.

allow (to) (alau·) *tr.* conceder, dar, asignar. 2 permitir, dejar, consentir: *to be allowed a thing*, tener permiso para algo. 3 confesar, conceder, reconocer [como cierto]. 4 COM. descontar, rebajar, deducir. 5 aprobar. — 6 *intr. to ∼ of*, permitir, admitir. 7 *to ∼ for*, tener en cuenta, hacerse cargo de; dejar [espacio, etc.] para.

allowable (ala·uabøl) *adj.* concesible. 2 aceptable, permisible, lícito 3 admisible [que se puede creer].

allowance (ala·uans) *s.* concesión, asignación [acción]. 2 permiso, autorización; indulgencia. 3 TECN. tolerancia [diferencia permitida]. 4 reconocimiento [de la verdad de una cosa]. 5 asignación, pensión, subsidio: *family ∼*, subsidio familiar. 6 ración parte que se distribuye: *to keep on ∼*, poner a ración. 7 COM. descuento, bonificación, tara. 8 *to make ∼ for*, tener en cuenta, contar con; hacerse cargo de, ser indulgente con.

alloy (aloi·) *s.* liga, aleación. 2 fig. mezcla, impureza: *there is no joy without ∼*, no hay dicha completa.

alloy (to) *tr.* ligar, alear [metales]. 2 mezclar [una cosa con otra que rebaja sus cualidades]; desvirtuar.

alloyage (aloi·idy) *s.* aleación [operación].

all-powerful *adj.* omnipotente, todopoderoso.

all-round *adj.* consumado, completo, ducho en todos los aspectos de su profesión. 2 apto o que sirve para muchas cosas. 3 que se extiende en todos sentidos; general, comprensivo.

All Saints' Day *s.* día de Todos los Santos.

All Souls' Day *s.* día de Difuntos.

allspice (o·lspais) *s.* pimienta de Jamaica.

allude (to) (æliu·d) *intr.* aludir, referirse: *the fact alluded to*, el hecho de referencia.

allure (æliu·r) *s.* ALLUREMENT. 2 porte, continente.

allure (to) *tr.* atraer, tentar, seducir, inducir [con cebo, halago o interés], engolosinar.

allurement (æliu·ørmønt) *s.* tentación, seducción, fascinación. 2 atractivo, encanto. 3 incentivo, cebo.

allurer (æliu·ørør) *s.* tentador, seductor

alluring (æliu·øring) *adj.* seductivo, seductor, tentador, halagüeño.

alluringly (æliu·øringli) *adv.* tentadoramente, seductoramente, halagüeñamente.

alluringness (æliu·øringnis) *s.* calidad de tentador o seductor; atractivo, incentivo, seducción.

allusion (æliu·yøn) *s.* alusión. 2 insinuación, indirecta.

allusive (æliu·siv) *adj.* alusivo. 2 BLAS. *∼ arms*, armas parlantes.

allusively (æliu·sivli) *adv.* alusivamente.

allusiveness (æliu·sivnis) *s.* calidad de alusivo.

alluvial (æliu·vial) *adj.* aluvial.

alluvion (æliu·vion) *s.* aluvión [avenida, inundación]. 2 GEOL., DER. aluvión.

alluvium (æliu·viøm) *s.* GEOL. aluvión.

all-wave *adj.* RADIO. de toda onda.

all-weather *adj.* para todo tiempo, para todas las estaciones.

ally (alai·), *pl.* **allies** (alai·s̄) *s.* aliado. 2 cosa semejante o afín. *3* ant. pariente, allegado.

ally (to) *tr.* aliar. 2 unir, relacionar [por el afecto, la semejanza, etc.]. — *3 intr.* aliarse, coligarse, confederarse. ¶ Conjug. pret. y p. p.: *allied.*

allyl (æ·lil) *s.* quím. alilo

allylene (æ·lilin) *s.* quím. alileno.

almagest (æ·lmøȳest) *s.* almagesto.

Alma Mater (æ·lma mei·tø') *s.* alma máter, la universidad donde uno se ha graduado.

almanac (o·lmanæc) *s.* almanaque: *ecclesiastical almanac,* añalejo.

almandine (æ·lmandain) *s.* miner. almandina.

alme, almeh (a·lmi) *s.* almea [bailarina].

almightiness (olmai·tinis) *s.* omnipotencia.

almighty (olmai·ti) *adj.* omnipotente, todopoderoso: *the Almighty,* el Todopoderoso [Dios]. 2 pop. grande, terrible.

almond (a·mønd) *s.* bot. almendra: ~ *brittle,* crocante; *almond-eyed* de ojos almendrados; ~ *tree,* almendro, allozo; *green* ~, almendruco, alloza; *sugar* ~, peladilla. 2 anat. *almonds of the throat,* amígdalas. *3* bot. almendro, allozo.

almoner (æ·lmønø') *s.* limosnero.

almonry (æ·lmønri) *s.* lugar donde se distribuyen limosnas.

almost (o·lmoust) *adv.* casi, cerca de, por poco.

alms (amz̄) *s.* limosna, caridad.

alms-box *s.* cepillo para las limosnas.

almsdeed (a·mz̄did) *s.* obra de caridad.

almsgiver (a·mz̄guivø') *s.* limosnero, el que da limosna.

almsgiving (a·mz̄guiving) *s.* acto de dar limosna, caridad.

almshouse (a·mz̄jaus) *s.* hospicio, casa de caridad.

almsman (a·mz̄mæn), *pl.* **-men** (-men) *s.* pobre, mendigo.

almswoman (a·mz̄umæn), *pl.* **-women** (-uimin) *s.* pobre, mendiga.

almucantar (æ·lmiukænta') *s.* astr. almicantarat.

almug-tree (æ·lmøg·tri) *s.* bot. sándalo.

alnage (æ·lnidȳ) *s.* aneaje.

aloe (æ·lou) *s.* bot. áloe, zabila [planta liliácea]. 2 bot. *American* ~, pita, maguey.

aloes (æ·lous) *s.* áloe, acíbar [jugo]. 2 bot. ~ *wood,* agáloco, palo áloe.

aloetic(al (æloe·tic(al) *adj.* aloético.

aloewood (æ·louwud) *s.* bot. sebestén.

aloft (alo·ft) *adv.* arriba, en alto. 2 mar. en o a lo alto de la arboladura.

aloin (æ·loin) *s.* quím. aloína.

alone (aloun·n) *adj.* solo: *all* ~, completamente solo, a solas, solito; *to let* o *leave* ~, dejar, no tocar, no inmiscuirse en, dejar en paz, no hacer caso de; *let* ~, y no digamos nada, y mucho menos. 2 solitario. 3 único, exclusivo. — *4 adv.* sólo, solamente, exclusivamente. ¶ Como adj. va después del nombre o en posición de atributo.

aloneness (aloun·nis) *s.* estado de ser solo y sin igual.

along (alo·ng) *adv.* a lo largo, por lo largo. 2 con uno o unos: *come* ~, ven o venid conmigo o con nosotros; *to carry* [*a thing*] ~, llevar [una cosa] consigo; ~ *with,* con, junto con; lo mismo que. 3 adelante [con idea de movimiento, de progreso], de unos a otros: *to get* ~, irse; adelantar, medrar; *to get* ~ *with,* entenderse, llevarse bien con. *4* a la larga, cuan largo se es: *stretched* ~, tendido a la larga. 5 pop. ~ *of,* por o a causa de. *6 all* ~, desde el principio, durante todo el tiempo: *I knew it all* ~, lo sabía desde el principio. — *7 prep.* a lo largo de: *to sail* ~ *the coast,* navegar costeando. *8* durante [la marcha, el curso de]: *all* ~, a todo lo largo, por todo.

alongshore (alo·ngshoø') *adv.* a lo largo de la costa, de la orilla. — *2 s.* ribera, orilla.

alongside (ælo·ngsaid) *adv.* y *prep.* a lo largo, al costado de, lado a lado; ~ *of,* junto a; *to bring* ~ [*a ship, a wharf*], abarloar.

aloof (alu·f) *adv.* lejos, a distancia, aparte. — *2 adj.* apartado, distante, retraído, frío, reservado: *to keep* o *to stand* ~, mantenerse apartado, no mezclarse, retraerse, aislarse.

aloofness (alu·fnis) *s.* alejamiento, aislamiento, retraimiento, reserva, frialdad.

alopecia (ælopi·sia) *s.* med. alopecia.

aloud (alau·d) *adv.* alto, en voz alta, recio.

alpaca (ælpæ·ca) *s.* zool. alpaca, paco. 2 alpaca [tela].

alpenglow (æ·lpenglou) *s.* resplandor que se ve en las montañas antes del amanecer o después de la puesta del sol.

alpenstock (æ·lpenstock) *s.* alpenstock, bastón de alpinista.

alpestrine (ælpe·strin) *adj.* alpestre.

alpha (æ·lfa) *s.* alfa: ~ *and omega,* alfa y omega.

alphabet (æ·lfabet) *s.* alfabeto, abecedario. 2 abecé, cristus.

alphabet (to) *tr.* alphabetize.

alphabetarian (ælfabete·rian) *s.* el que estudia el abecé.

alphabetic(al (ælfabe·tic(al) *adj.* alfabético.

alphabetically (ælfabe·ticali) *adv.* alfabéticamente.

alphabetize (to) (æ·lfabetaiz̄) *tr.* alfabetizar.

Alphonse (æ·lfo·ns) *n. pr.* Alphonso.

Alphonsine (ælfo·nsin) *n. pr.* Alfonsa, Alfonsina. — *2 adj.* alfonsino.

Alphonso (ælfo·nsou) *n. pr.* Alfonso, Alonso, Ildefonso.

alpine (æ·lpain) *adj.* alpino, alpestre; de las grandes alturas.

alpinism (æ·lpiniz̄øm) *s.* alpinismo.

alpinist (æ·lpinist) *s.* alpinista.

alpist (æ·lpist) *s.* bot. alpiste [semilla].

Alps (æ·lps) *n. pr.* geogr. Alpes.

alquifou (æ·lkifou) *s.* alquifol, zafre.

already (olre·di) *adv.* ya [a esta hora, antes de ahora].

Alsace (æ·lsas) *n. pr.* geogr. Alsacia.

Alsatian (ælse·shøn) *adj.* y *s.* alsaciano.

alsike (æ·lsic) *s.* bot. especie de trébol.

also (o·lsou) *adv.* también, asimismo, además. 2 der. item más, otrosí.

alt (ælt) *adj.* mús. alto, agudo.

Altaic (æltei·c) *adj.* altaico.

altar (o·lta') *s.* altar: *high* ~, altar mayor; ~ *boy,* monaguillo; ~ *cloth,* sábana, sabanilla, mantel [de altar]; ~ *piece,* retablo; ~ *rail,* comulgatorio, barandilla de altar; ~ *slab,* ara del altar. 2 astr. (con may.) Altar, Ara.

altarage (o·ltaridȳ) *s.* pie de altar.

altar-table *s.* mesa de altar.

alter (to) (o·ltø') *tr.* alterar, cambiar, modificar : *to* ~ *one's condition,* tomar estado, casarse. — *2 intr.* alterarse, modificarse.

alterability (oltørabi·liti) *adj.* alterabilidad.

alterable (o·ltørabøl) *adj.* alterable, mudable.

alterableness (o·ltørabølnis) *s.* alterabilidad.

alterably (o·ltørabli) *adv.* de una manera alterable, mudablemente.

alterant (o·ltørant) *adj.* alterante.

alteration (oltøre·shøn) *s.* alteración, cambio, modificación.

alterative (o·ltørativ) *adj.* alterativo. — *2 s.* med. alterante.

altercate (to) (æ·ltø'keit) *intr.* altercar.

altercation (æltø'ke·shøn) *s.* altercado, agarrada, disputa, controversia.

alterer (o·ltørø') *s.* alterador.

altern (æ·ltø'n) *adj.* alternativo, alterno.

alternancy (æltø·'nansi) *s.* alternating.

alternant (æltø·'nant) *adj.* alternating. — *2 s.* mat. alternante.

alternate (æ·ltø'nit) *adj.* alternado, alternativo, alterno. 2 biol. alternante. 3 bot., geom. alterno. — *4 s.* vicisitud. 5 suplente, suplente.

alternate (to) (æ·ltø'neit) *tr.* alternar. — *2 intr.* alternar, turnar. 3 variar, ofrecer una alternancia de aspectos, etc.

alternately (æ·ltø'nitli) *adv.* alternadamente.

alternateness (æltø'nitnis) *s.* alternation.

alternating (æ·ltø'neiting) *adj.* elect., mat. alterna [corriente, función].

alternation (æltø'ne·shøn) *s.* alternación, alternancia, turno.

alternative (æltø·'nativ) *adj.* alternativo. 2 gram. lóg. disyuntivo: ~ *conjunction,* conjunción disyuntiva. — *3 s.* alternativa [opción].

alternatively (æltø·'nativli) *adv.* alternativamente; por turno.

alternativeness (æltø·'nativnis) *s.* calidad de alternativo.

alternator (æltønei·tø') *s.* elect. alternador.

althea (ælzi·a) *s.* bot. rosa de Siria.

altho, although (oldou·) *conj.* aunque, aun cuando, siquiera, si bien, bien que, a pesar de que.
althorn (ǽltjo'n) *s.* MÚS. trombón alto.
altimeter (ǽlti·mitø') *s.* altímetro.
altimetrical (ǽltime·tricøl) *adj.* altimétrico.
altimetry (ǽlti·mitri) *s.* altimetría.
altisonant (ǽlti·sonant), **altisonous** (ǽlti·sonøs) *adj.* altisonante, retumbante, altísono.
altitude (ǽltitiud) *s.* altitud, altura, elevación. 2 ASTR., GEOM. altura.
alto (ǽltou) *adj.* y *s.* MÚS. contralto. — 2 *s.* MÚS. viola.
altogether (oltugue·ðø') *adv.* enteramente, del todo, por completo. 2 en conjunto. — 3 *s.* conjunto, totalidad.
alto-relievo (a·lto-rilie·vo) *s.* alto relieve.
altruism (ǽltruišm) *s.* altruismo.
altruist (ǽltruist) *s.* altruista.
altruistic (ǽltru·istic) *adj.* altruista.
aludel (ǽludel) *s.* QUÍM. aludel.
alum (ǽløm) *s.* alumbre, jebe, enjebe : ～ *feather,* alumbre de pluma ; ～ *rock,* ～ *stone,* aluminita ; ～ *works,* alumbrera.
alum (to) (ǽløm) *tr.* alumbrar, enjebar.
alumina (ǽliu·mina), **alumine** (ǽliu·min) *s.* QUÍM. alúmina.
aluminate (ǽliu·mineit) *s.* QUÍM. aluminato.
aluminite (ǽliu·minait) *s.* MINER. aluminita.
aluminium (ǽlumi·niøm) *s.* ALUMINUM.
aluminous (ǽliu·minøs) *adj.* aluminoso 2 alumbroso.
aluminum (aliu·minøm) *s.* QUÍM. aluminio.
alumna (alømna) *f.* alumna, estudiante [esp. la de una universidad].
alumnus (alø·mnøs) *s.* alumno, estudiante [esp. el de una universidad].
alunite (ǽliunait) *s.* MINER. alunita.
alveary (ǽlvieri) *s.* colmena. 2 ANAT. alveario.
alveolar (ǽlviola') *adj.* alveolar.
alveolate (ǽlvioleit) *adj.* alveolado.
alveolus (ǽlvi·oløs), *pl.* **-li** (-lai) *s.* alvéolo. 2 celdilla.
alveus (a·lveus) *s.* álveo.
alvine (ǽlvin o ǽlvain) *adj.* alvino.
always (o·lueiš) *adv.* siempre. | En el sentido de en todo caso, cuando menos, es familiar.
am (æm) 1.ᵃ pers. del pres. de ind. de TO BE.
amadou (ǽmadu) *s.* yesca.
amain (amei·n) *adv.* con fuerza, con violencia, vigorosamente. 2 a toda prisa, en el acto.
amalgam (amæ·lgæm) *s.* amalgama.
amalgamate (to) (amæ·lgameit) *tr.* amalgamar. 2 reunir, fusionar [sociedades, etc.].
amalgamation (amæ·lgame·šøn) *s.* amalgamación. 2 mezcla, unión, fusión.
amalgamator (amæ·lgameitø') *s.* amalgamador. 2 máquina de amalgamar.
amanita (ǽmana·ita) *s.* BOT. amanita.
amanuensis (amæniue·nsis), *pl.* **-es** (-iš) *s.* amanuense.
amaranth (ǽmaːrænz) *s.* BOT. amaranto ; moco de pavo. 2 color de amaranto.
Amaranthaceæ (ǽmarænza·sii) *s. pl.* BOT. amarantáceas.
amaranthine (ǽmaræ·nzin) *adj.* de amaranto. 2 purpúreo. 3 inmarcesible, imperecedero.
Amaryllidaceæ (ǽmarilidei·sii) *s. pl.* BOT. amarilidáceas.
amaryllis (ǽmari·lis) *s.* BOT. amarilis.
amass (amæ·s) *tr.* juntar, amontonar, acumular.
amassment (amæ·smønt) *s.* montón, cúmulo, agregado.
amateur (ǽmatø·') *adj.* y *s.* aficionado [no profesional]. 2 aficionado, amante, entusiasta. — 3 *adj.* de aficionado. 4 de afición.
amateurish (ǽmatø·rish) *adj.* propio de un aficionado, defectuoso, chapucero.
amateurishly (ǽmatø·rishli) *adv.* chapuceramente.
amateurism (ǽmatø·rišm) *s.* condición, carácter de aficionado o no profesional.
amative (ǽmativ) *adj.* amativo.
amatorial (ǽmato·rial), **amatory** (ǽmatori) *adj.* amatorio.
amaurosis (ǽmorou·sis) *s.* MED. amaurosis.
amaurotic (ǽmoro·tic) *adj.* amaurótico.
amaze (to) (amei·š) *tr.* asombrar, maravillar, pasmar, espantar, aturdir, dejar atónito.

amazed (amei·šd) *adj.* asombrado, pasmado, atónito, aturdido.
amazedly (amei·šidli) *adv.* con asombro.
amazedness (amæ·ʃidnis), **amazement** (amei·šmønt) *s.* asombro, pasmo, aturdimiento.
amazing (amei·šing) *adj.* asombroso, pasmoso, maravilloso.
amazingly (amei·šingli) *adv.* asombrosamente, pasmosamente.
Amazon (ǽmašon) *s.* amazona. 2 (con minúscula) marimacho. 3 ORNIT. papagayo del Amazonas.
amazonite (ǽmašonait) *s.* MINER. piedra de las Amazonas, labradorita.
Amazons River *n. pr.* GEOGR. río Amazonas o Marañón.
amazonian (ǽmašo·nian) *adj.* amazónico.
ambages (ǽmbei·dʒis) *s. pl.* ambages, rodeos, circunloquios.
ambagious (ǽmbei·dʒøs) *adj.* ambagioso.
ambassador (ǽmbæ·sadø') *s.* embajador.
ambassadorship (ǽmbæ·sadø'ship) *s.* embajada [cargo].
ambassadress (ǽmbæ·sadris) *s.* embajadora, embajatriz.
amber (ǽmbø') *s.* ámbar, cárabe, electro : *black* ～, azabache ; *yellow* ～, succino ; ～ *seed,* ambarina, semilla de algalia o abelmosco. 2 BOT. corazoncillo. — 3 *adj.* ambarino.
amber (to) (ǽmbø') *tr.* ambarar. 2 dar color de ámbar.
ambergris (ǽ·mbørgris) *s.* ámbar gris.
ambidexter (ǽmbide·cstø') *s.* ambidextro. 2 fig. el que come a dos carrillos, que hace a dos caras.
ambidexterity (ǽmbidecste·riti) *s.* calidad de ambidextro. 2 fig. doblez, falsedad.
ambidextrous (ǽmbide·cstrøs) *adj.* ambidextro. 2 fig. doble, falso, de dos caras.
ambidextrousness (ǽmbide·cstrøsnis) *s.* AMBIDEXTERITY.
ambient (ǽmbient) *adj.* y *s.* ambiente.
ambiguity (ǽmbiguiu·iti) *s.* ambigüedad.
ambiguous (ǽmbi·guiuøs) *adj.* ambiguo, equívoco, enigmático ; incierto, dudoso.
ambiguously (ǽmbi·guiuøsli) *adv.* ambiguamente, equívocamente.
ambiguousness (ǽmbi·guiuøsnis) *s.* ambigüedad.
ambit (ǽmbit) *s.* ámbito, recinto, contorno.
ambition (ǽmbi·šøn) *s.* ambición.
ambition (to) *tr.* ambicionar.
ambitious (ǽmbi·søs) *adj.* ambicioso. 2 deseoso, ávido. 3 presuntuoso [estilo, etc.].
ambitiously (ǽmbi·šøsli) *adv.* ambiciosamente.
ambitiousness (ǽmbi·šøsnis) *s.* ambición, calidad de ambicioso.
ambitus (a·mbitøs) *s.* borde, contorno. 2 LÓG. extensión.
amble (ǽmbøl) *s.* portante, paso de ambladura.
amble (to) (ǽmbøl) *intr.* amblar.
ambler (ǽmblø') *s.* caballo que ambla.
amblingly (ǽ·mblingli) *adv.* a paso de andadura.
amblyopia (ǽmbliou·pia) *s.* MED. ambliopía.
ambo (ǽmbou) *s.* ambón.
Ambrose (ǽmbrous) *n. pr.* Ambrosio.
ambrosia (ǽmbrou·šia) *s.* ambrosía [manjar, cosa deliciosa]. 2 BOT. ambrosía.
ambrosial (ǽmbrou·šial) *adj.* delicioso, celestial.
Ambrosian (ǽmbrou·šian) *adj.* ambrosiano.
ambry (ǽmbri) *s.* armario, alacena ; despensa.
ambs-ace (ǽmbs-eis) *s.* pareja de ases [en los dados]. 2 fig. mala suerte.
ambulacrum (æbiulei·crøm) *s.* ZOOL. ambulacro.
ambulance (ǽmbiulans) *s.* hospital de sangre, ambulancia : ～ *box,* botiquín.
ambulant (ǽmbiulant) *adj.* ambulante.
ambulate (to) (ǽmbiuleit) *intr.* ambular.
ambulation (ǽmbiule·šøn) *s.* ambulación, paseo.
ambulative (ǽ·mbiulativ) *adj.* ambulante, que anda. 2 cambiante, que parece que se mueve. 3 AMBULATORY 2.
ambulatory (ǽ·mbiulatori) *adj.* ambulante ; relativo al andar o al pasear. 2 MED. que puede andar, que no ha de guardar cama [dic. esp. de los enfermos que pueden seguir un tratamiento sin dejar sus ocupaciones]. — 3 *s.* ARQ. paseo, galería, deambulatorio.
ambuscade (ǽmbøskeid) *s.* emboscada, celada.
ambuscade (to) *tr.* emboscar. — 2 *intr.* estar emboscado, al acecho.

ambush (æ·mbush) s. emboscada, celada, acecho : to lie in ~, estar emboscado, al acecho.
ambush (to) tr. emboscar. 2 atacar en emboscada. — 3 intr. estar emboscado, al acecho.
ameba (æmi·ba) s. zool. amiba.
ameboid (æmi·boid) adj. amiboideo.
ameer (amīr') s. AMIR.
ameliorate (to) (æmi·lioreit) tr. mejorar, adelantar, bonificar. — 2 intr. mejorar, mejorarse.
amelioration (ạmiliore·shøn) s. mejora, mejoramiento, adelanto.
ameliorator (amiliorei·tør') s. mejorador.
amen (ame·n) interj. amén : to say ~ to, decir amén a, aprobar, avenirse a.
amenability (aminabi·liti) s. responsabilidad. 2 docilidad.
amenable (ami·nabøl) adj. responsable [a quien se pueden pedir cuentas] 2 sujeto a. 3 capaz de entrar [en razón], de seguir [un consejo]; dócil, tratable.
amenableness (ami·nabølnis) s. AMENABILITY.
amend (to) (ạme·nd) tr. enmendar, corregir, rectificar. 2 reparar, mejorar. — 3 intr. enmendarse, corregirse. 4 restablecerse.
amendable (ame·ndabøl) adj. enmendable, corregible, reparable.
amending (ạme·nding) s. enmienda, mejoramiento [acción].
amendment (ạme·ndmønt) s. enmienda, enmendadura, corrección, reforma, remedio, mejora. 2 enmienda [a una proyecto de ley]. 3 AGR. enmienda.
amends (ạme·ndŝ) s. satisfacción, reparación, compensación : to make ~, dar cumplida satisfacción, reparar, compensar, resarcir.
amenity (ame·niti), pl. -ties (-tis) s. amenidad, placibilidad. 2 afabilidad, dulzura.
amenorrhea (amenori·a) s. MED. amenorrea.
ament (æ·ment) s. BOT. amento.
amentaceous (amentei·shøs) adj. BOT. amentáceo.
amentia (ame·nshia) s. MED. imbecilidad.
amentum (ạme·ntøm) s. AMENT. 2 amiento [de una lanza o dardo].
amerce (to) (amø·rs) tr. multar, imponer pena pecuniaria.
amercement (ạmø·rsmønt) s. multa, pena pecuniaria.
América (ạme·rica) n. pr. GEOGR. América
American (ạme·rican) adj. y s. americano. 2 norteamericano : ~ deal, pino blanco de los EE. UU.; ~ aloe, pita, agave; ~ spikenard, aralia; ~ Union, Estados Unidos de América.
Americana (amerikei·na) s. pl. escritos, documentos, etc., relativos a cosas de América.
Americanism (ame·ricaniŝm) s. americanismo.
Americanist (ame·ricanist) s. americanista.
Americanization (americanize·shøn) s. americanización.
Americanize (to) (ame·ricanaiŝ) tr. americanizar.
amethyst (æ·mizist) s. MINER. amatista. 2 BLAS. color de amatista.
amethystine (æmizi·stin) adj. parecido a la amatista.
amiability (eimiabi·liti) s. amabilidad.
amiable (ei·miabøl) adj. amable, bondadoso, afable. 2 amigable, amistoso.
amiableness (ei·miabølnis) s. amabilidad, afabilidad.
amiably (ei·miabli) s. amablemente, afablemente.
amianth (æ·mianz), amianthus (æmiæ·nzøs) s. MINER. amianto.
amicability (æmicabi·liti) s. amigabilidad, afectuosidad.
amicable (æ·micabøl) adj. amigable, amistoso, amigo.
amicableness (æ·micabølnis) s. AMICABILITY.
amicably (æ·micabli) adv. amigablemente, amistosamente, afectuosamente.
amice (æ·mis s. LITURG. amito.
amid (ami·d) prep. en medio de, entre, rodeado por.
amide (æ·mid o æ·maid) s. QUÍM. amida. 2 QUÍM. amido.
amidin, amidine (æ·midin) s. QUÍM. amidina.
amidships (ami·dships) adv. MAR. en medio del buque.
amidst (ami·dst) prep. AMID.
amine (æmi·rn) s. QUÍM. amina.
aminic (æmi·nic) adj. QUÍM. amínico.
amino acid (æmi·nou æ·sid) s. QUÍM. aminoácido.

amir (ami·r') s. ant. emir. 2 príncipe del Afganistán.
amiss (ami·s) adv. erradamente, mal; de más, fuera de lugar o del caso : to drive ~, extraviar, inducir a error; to take ~, llevar a mal; it is not ~ to take advice, no está de más tomar consejo. — 2 adj. errado, malo, impropio, inoportuno, desarreglado : something is ~ with him, algo malo le ocurre.
amity (æ·miti), pl. -ties (-tis) s. amistad, armonía, bienquerencia. 2 pl. actos de amistad o benevolencia.
ammeter (æ·mitø') s. ELECT. amperímetro.
ammonia (æmou·nia) s. QUÍM. álcali volátil, amoníaco : ~ water, agua amoniacal.
ammoniac (æmou·niac) s. amoníaco [goma].
ammoniac(al (æmona·iac(al) adj. amoniacal, amónico.
ammonification (æmounifike·shøn) s. impregnación con amoníaco o compuestos amoniacales. 2 descomposición con formación de amoníaco, esp. por acción microbiana.
ammonify (æmou·nifai) tr. impregnar con amoníaco o compuestos amoniacales. 2 producir descomposición con formación de amoníaco.
ammonite (æ·monait) s. GEOL. amonita, amonites. 2 [con mayúscula] BIB. amonita.
ammonium (æmou·nium) s. QUÍM. amonio.
ammunition (æmiuni·shøn) s. MIL. munición, pertrechos. — 2 adj. de munición.
ammunition (to) tr. municionar.
amnesia (æmni·sia o ne·sia) s. MED. amnesia.
amnesty (æ·mnesti) s. amnistía.
amnesty (to) tr. amnistiar. ¶ CONJUG. pret. y p. p. : amnestied.
amnicola (æmni·cola) adj. H. NAT. amnícola.
amnion (æ·mniøn) s. BIOL. amnios.
amniotic (amnio·tic) adj. amniótico.
amock adv. AMUCK.
amœba (ạmi·ba) s. zool. amiba.
amœboid (æmi·boid) adj. amiboideo.
amomum (amou·møm) s. BOT. amomo.
among (amø·ng), amongst (amø·ngst) prep. entre, en medio de [varias pers. o cosas]; en el número de.
amoral (eimo·ral) adj. amoral.
amorality (eimoræ·liti) s. amoralidad.
amorist (æ·morist) s. amante, galán.
Amorite (æ·morait) adj. y s. amorreo.
amorous (æ·morøs) adj. amoroso, tierno. 2 enamoradizo. 3 enamorado.
amorously (æ·morøsli) adv. amorosamente.
amorousness (æ·morøsnis) s. calidad de amoroso. 2 enamoramiento.
amorphism (amo·rfiŝm) s. amorfia. 2 POL. anarquía.
amorphous (amo·rføs) adj. amorfo, informe.
amortization (amo·rtiŝe·shøn) s. amortización.
amortize (to) (amo·rtaiŝ) tr. amortizar.
amortizement (amo·rtiŝmønt) s. AMORTIZATION.
amount (ạmau·nt) s. cantidad, suma. 2 importe, montante, monto. 3 cuantía, valor. 4 COM. capital más los intereses.
amount (to) intr. to ~ to, montar, sumar, importar, ascender o subir [a cierta cantidad]. 2 valer, equivaler, venir a ser lo mismo que.
amour (amu·r') s. amores, amorío, enredo, lío.
amourette (amure·t) s. amorío. 2 amorcillo.
ampelography (æmpølo·grafi) s. ampelografía.
amperage (æmpi·ridğ) s. ELECT. amperaje.
ampere (æ·mpir) s. ELECT. amperio, amper.
amperemeter (æ·mpirmitø') s. ELECT. amperímetro.
ampersand (æ·mpø'sænd) s. el signo & (y).
Amphibia (æmfi·bia) s. pl. zool. anfibios.
amphibian (æmfi·bian) adj. y s. zool. anfibio.
amphibious (æmfi·biøs) adj. anfibio.
amphibiousness (æmfi·biøsnis) s. calidad o estado de anfibio.
amphibole (æ·mfibol) s. MINER. anfíbol.
amphibolite (æmfi·bolait) s. GEOL. anfibolita.
amphibological (æmfibolo·ỹical) adj. anfibológico.
amphibologically (æmfibolo·ỹicali) adv. anfibológicamente.
amphibologism (æmfibo·loỹiŝm) s. frase o proposición anfibológica.
amphibology (æmfibo·loỹi), pl. -ies (-iŝ) s. anfibología.
amphibolous (æmfi·boløs) adj. LÓG. de doble sentido.
amphiboly (æmfi·boli), pl. -ies (-iŝ) s. anfibología.
amphibrach (æ·mfibrac) s. anfíbraco.

amphictyon (æmfi·ction) s. anfictión.
amphictyony (æmfi·ctioni) s. anfictionía.
amphimacer (æmfi·masør) s. anfímacro.
Amphineura (æmfiniu·ra) s. zool. anfineuros.
amphineurous (æmfiniu·røs) adj. zool. anfineuro.
amphioxus (æmfio·csøs) s. ict. anfioxo.
Amphipoda (æmfi·poda) s. pl. zool. anfípodos.
amphipodal (æmfi·podal) adj. zool. anfípodo.
amphipodan (æmfi·podan) s. zool. anfípodo.
amphiprostyle (æmfi·prostail) s. arq. anfipróstilo.
amphisbena (æmfisbi·na) s. zool. anfisbena.
amphiscii (æmfi·shiai) s. pl. anfiscios.
amphitheater, -theatre (æmfizi·atø') s. anfiteatro.
Amphitryon (æmfi·triøn) s. anfitrión.
amphora (æ·mfora), pl. -ae (-i) s. ánfora.
ample (æ·mpøl) adj. amplio. 2 grande, extenso, ancho, capaz, holgado. 3 extensivo, lato. 4 cumplido, abundante, liberal.
ampleness (æ·mpølnis) s. amplitud, anchura, holgura. 2 abundancia, profusión.
amplexicaul (æmple·csicøl) adj. bot. amplexicaule.
ampliation (æmplie·shøn) s. ampliación, amplificación. 2 der. aplazamiento de fallo.
ampliative (æ·mpliativ) adj. ampliativo.
amplification (æmplifike·shøn) s. amplificación, ampliación, extensión. 2 ret., elect. amplificación. 3 ópt. aumento.
amplificative (æ·mplifikeitiv) adj. amplificativo, amplificador.
amplificator (æmplifikei·tø') s. amplifier.
amplificatory (æ·mplificatori) adj. amplificative.
amplifier (æ·mplifaiø') s. amplificador, ampliador. 2 exagerador. 3 elect. amplificador : ~ tube, lámpara o válvula amplificadora. 4 radio. altavoz.
amplify (to) (æ·mplifai) tr. amplificar, ampliar. 2 extender, aumentar, intensificar, exagerar. — 3 intr. extenderse en los detalles, explayarse. ¶ Conjug. pret. y p. p. : amplified.
amplitude (æ·mplitiud) s. amplitud, extensión, abundancia. 2 astr., fís., mat. amplitud.
amply (æ·mpli) adv. ampliamente, latamente, abundantemente, liberalmente.
ampoule (æmpu·l) s. med. ampolla [para inyecciones].
ampulla (æmpø·la) s. ampoule. 2 anat., zool., bot. vesícula. 3 vinajera.
ampullaceous (æmpølei·shøs) adj. ampollar.
amputate (to) (æ·mpiuteit) tr. amputar. 2 desmembrar.
amputation (æmpiute·shøn) s. cir. amputación. 2 desmembración.
amputator (æ·mpiuteitø') s. amputador, operador que hace una amputación.
amputee (æmpiuti·) s. persona a quien se ha hecho una amputación.
amuck (amø·k) adv. furiosamente : to run ~, atacar ciegamente, a todo aquel que uno encuentra.
amulet (æ·miulet) s. amuleto.
amuse (to) (amiu·š) tr. entretener, distraer, divertir, hacer gracia a : to ~ oneself, distraerse, divertirse, recrearse.
amusement (amiu·šmønt) s. entretenimiento, diversión, pasatiempo. 2 recreo, solaz, esparcimiento.
amuser (amiu·šø') s. el que entretiene o divierte.
amusing (amiu·šing) adj. entretenido, divertido, gracioso, humorístico : to be ~, ser divertido, tener gracia.
amusingly (amiu·šingli) adv. divertidamente, graciosamente.
Amy (ei·mi) n. pr. f. Amada.
amygdala (ami·gdala) s. anat. amígdala.
Amygdaleæ (ami·gdalei·sii) s. pl. bot. amigdaláceas.
amygdalaceous (amigdalei·søs) adj. bot. amigdaláceo.
amygdalate (ami·gdaleit) adj. parecido a la almendra, hecho de almendras. — 2 s. med. leche de almendras.
amygdalin (ami·gdalin) s. quím. amigdalina.
amygdaline (ami·gdalin), amigdaloid (ami·gdaloid) adj. amigdáleo.
amygdaloids (ami·gdaloidš) s. pl. amigdaloides [piedras].
amyl (æ·mil) s. quím. amilo. — 2 adj. amílico : ~ acetate, acetato amílico; ~ alcohol, alcohol amílico.

amylaceous (æmilei·shøs) adj. amiláceo.
amylene (æ·milin) m. quím. amileno.
amylic (æ·milic) adj. quím. amílico.
an (æn) art. indef. un, una. | Es la forma que se usa en vez de a cuando la voz que le sigue empieza por h muda o por una vocal o diptongo que no suene «yu» o «uø», como en : an honour, an article.
an- (æn) pref. an-.
ana- (æ·na) pref. ana-.
ana (ei·na) s. med. ana. 2 colección de dichos memorables o de notas curiosas.
Anabaptism (ænabæ·ptišm) s. anabaptismo.
Anabaptist (ænabæ·ptist) s. anabaptista.
anabolism (ænæ·bolišm) s. biol. metabolismo constructivo.
anacamptic (ænacæ·mptic) adj. fís. referente a la reflexión de la luz o el sonido.
anacardiaceous (ænaca·dei·shøs) adj. bot. anacardiáceo.
anacardium (ænaca·'diøm) s. bot. anacardo, *acajú.
anachronic·al (ænæcro·nic(al) adj. anacrónico.
anachronism (ænæ·cronišm) s. anacronismo.
anachronistic (ænæcrøni·stic), anacronous (ænæ·cronøs) adj. anacrónico.
anacoluthon (ænacolu·zon) s. gram. anacoluto.
anaconda (ænæco·nda) s. zool. anaconda.
Anacreon (ænæ·crion) n. pr. Anacreonte.
Anacreontic (ænæcrio·ntic) adj. anacreóntico. — 2 s. anacreóntica.
anæmia (ani·mia) s. med. anemia.
anæmic (ani·mic) adj. anémico.
anaerobe (ænei·øroub) s. biol. anaerobio.
anaerobic (ænei·øroubic) adj. anaerobio. 2 anaeróbico.
anæsthesia (æneszi·šia) s. anestesia.
anæsthetic (ænesze·tic) adj. y s. anestésico.
anæsthetist (ane·szitist) s. anestesiador.
anæsthetize (to) (æne·szitaiš) tr. anestesiar.
anaglyph (æ·naglif) s. anáglifo.
anaglyphic (æ·naglific) adj. anaglífico.
anagoge (ænagou·ÿi) s. anagoge.
anagogetical (ænagoÿe·tical), anagogical (ænago·ÿi·cal) adj. anagógico.
anagogics (ænagou·ÿics) s. anagogía.
anagram (æ·nagræm) s. anagrama.
anagrammatical (ænagræmæ·tical) adj. que forma anagrama.
anagrammatist (ænagræ·matist) s. anagramatista.
anagrammatize (to) (ænagræ·mataiš) intr. componer anagramas.
anal (ei·nal) adj. anat. anal.
analects (æ·nalects) s. pl. analectas.
analepsis (ænale·psis) s. analepsia.
analeptic (ænale·ptic) adj. med. analéptico.
analgesia (ænælÿi·šia) f. med. analgesia.
analgesic (ænælÿi·šic) adj. y s. analgésico.
analogical (ænalo·ÿical) adj. que expresa o implica analogía; fundado en ella.
analogically (ænalo·ÿicali) adv. por analogía.
analogize (to) (anæ·loÿaiš) tr. e intr. representar, explicar, razonar por analogía. — 2 intr. ser análogo [a]; estar en armonía [con].
analogous (anæ·logøs) adj. análogo, semejante, correspondiente.
analogue (æ·nalog) s. cosa análoga o correspondiente a otra.
analogy (anæ·loÿi) s. analogía, semejanza, correspondencia, correlación.
analphabet (ana·lfabet) adj. analfabeto.
analysis (anæ·lisis) s. análisis.
analyst (æ·nalist) s. analizador, analista.
analytic·al (ænali·tic(al) adj. analítico.
analytically (ænali·ticali) adv. analíticamente.
analytics (ænali·tiks) s. analítica. 2 geometría analítica.
analyze (to) (æ·nalaiš) tr. analizar.
analyzer (æ·nalaišø') s. analyst.
anamniotic (ænæmnio·tic) adj. zool. anamniótico.
anamorphosis (ænamo·'fosis) s. fís. anamórfosis.
anana(s (ana·na(s) s. bot. anana, ananás, piña de América.
anandrous (ænæ·ndrøs) adj. bot. que carece de estambres.
ananthous (ænæ·nzøs) adj. bot. que carece de flores.
anapæst, anapest (æ·napest) s. anapesto.
anapæstic, anapestic (ænape·stic) adj. y s. anapéstico.

anaphora (ænæ·fora) s. RET. anáfora.
anaphrodisia (ænæfrodɪ·šia) s. anafrodisia.
anaphrodisiac (ænæfrodɪ·šiæc) s. anafrodisíaco, antiafrodisíaco.
anaphylaxis (ænæfile·csis) MED., BIOL. anafilaxis.
anarch (æ·narc) s. anarquista. 2 caudillo anárquico.
anarchic(al (ænaˑrkic(al) adj. anárquico.
anarchism (æ·narkišm) s. anarquismo.
anarohist (æ·narkist) s. anarquista.
anarchy (æ·narki) s. anarquía.
anasarca (ænasaˑ'ca) s. MED. anasarca.
anastasis (ænæ·stasis) s. MED. convalecencia, recobramiento de la salud.
anastatic (ænæstæ·tic) adj. IMPR. en relieve.
anastigmatic (ænæstigmæ·tic) adj. ÓPT. anastigmático.
anastomose (to) (ænæ·stomouš) intr. BOT., ZOOL. anastomizarse.
anastomosis (ænæstomouˑsis) s. ANAT., BOT. anastomosis.
anastrophe (anæ·strofi) s. GRAM. anástrofe.
anathema (anæ·zema) s. anatema, anatematismo. 2 persona o cosa anematizada.
anathematic(al (anæzemæ·tic(al) adj. perteneciente al anatema.
anathematization (anæzematiše·shøn) s. anatematismo.
anathematize (anæ·zematiš) tr. anatematizar.
anathematizer (anæ·zematišø') s. anatematizador.
Anatolia (ænatouˑlia) n. pr. GEOGR. Anatolia.
Anatolian (ænatouˑlian) adj. y s. anatolio.
anatomic(al (ænatoˑmic(al) adj. anatómico.
anatomically (ænatoˑmicali) adv. anatómicamente.
anatomist (anæ·tomist) s. anatomista, disector.
anatomize (to) (anæ·tomaiš) tr. anatomizar, disecar. 2 analizar minuciosamente.
anatomy (anæ·tomi) s. anatomía. 2 disección, análisis. 3 fig. esqueleto; pers. muy delgada.
ancestor (æ·nsestør) s. progenitor, antepasado, ascendiente, antecesor, abuelo.
ancestral (æ·nseˑstral) adj. de los antepasados, hereditario : ~ mansion, solar, casa solariega.
ancestry (æ·nsestri) s. linaje, prosapia, estirpe, abolengo, alcurnia, ascendencia.
anchor (æ·ngkør) s. ancla, áncora : sheet ~, waist ~, ancla mayor ; ancla de la esperanza; bower ~, o simplte. bower, ancla de leva ; drag ~, ancla de arrastre ; foul ~, ancla enredada ; kedge ~, anclote ; spare ~, ancla de reserva ; ring of the ~, arganeo ; ~ beam, serviola ; ~ forge, ancorería ; ~ ground, fondeadero, tenedero ; ~ tripper, disparador del ancla ; to cast ~, echar anclas, dar fondo ; to drag the ~, garrar, garrear, arrastrar el ancla ; to ride at ~, estar anclado, estar fondeado; to weigh ~, levar anclas ; at ~, sobre el ancla, anclado. 2 RELOJ. áncora : ~ escapement, escape de áncora. 3 ARQ. tirante, riostra; lo que sirve para sujetar, retener o amarrar. 4 ~ bolt, tirafondo, perno para sujetar algo al suelo, a una pared, etc.
anchor (to) intr. MAR. anclar, fondear, surgir, echar anclas. — 2 tr. anclear. 3 sujetar, fijar, aferrar, asegurar, empotrar.
anchorable (æ·ngkørabøl) adj. fondable, propio para anclar [paraje].
anchorage (æ·ngkøridɏ) s. MAR. anclaje [acción : derechos]. 2 MAR. anclaje, ancla, fondeadero. 3 sitio donde puede asegurarse una cosa. 4 lugar o estado de seguridad. 5 residencia de un anacoreta.
anchorate (æ·ngkøreit) adj. sujeto como por una ancla.
anchored (æ·ngkø'd) adj. anclado, surto. 2 de forma de áncora.
anchoress (æ·ngkøris) s. mujer anacoreta.
anchoret (æ·ngkøret) s. anacoreta, ermitaño.
anchoring (æ·ngkøring) s. MAR. anclaje, fondeo. 2 amarras [de un puente].
anchorite (æ·ngkørait) s. ANCHORET.
anchorless (æ·ngkø'lis) adj. sin ancla; inseguro; errante.
anchorsmith (æ·ngkø'smiz) s. ancorero.
anchovy (ænchouˑvi) s. ICT. anchoa, boquerón, haleche, alacha.
ancient (eiˑnshønt) adj. antiguo, viejo. — 2 s. anciano. 3 pl. antepasados, mayores. 4 los antiguos, la antigüedad.
anciently (eˑnshøntli) adv. antiguamente.

ancientness (eˑnshøntnis) s. antigüedad [calidad de antiguo].
ancillary (æ·nsileri) adj. auxiliar, dependiente, subsidiario, subordinado.
ancipital (ænsiˑpital), ancipitous (ænsiˑpitøs) adj. de dos caras. 2 de doble filo.
ancon (æ·ncon) s. ANAT. olecranon ; por ext., el codo. 2 ARQ. ancón, ménsula.
and (ænd) conj. y, e : ~ so forth, ~ so on, y así sucesivamente, y así por el estilo. 2 con : bread ~ butter, pan con mantequilla ; coffee ~ milk, café con leche. 3 a, de [rigiendo ciertos infinitivos] : to go ~ see, ir a ver; to try ~ teach, tratar de enseñar.
Andalusia (ændaliuˑɏia) n. pr. GEOGR. Andalucía.
Andalusian (ændaliuˑɏan) adj. y s. andaluz, za.
andalusite (ændaliuˑsait) s. MINER. andalucita.
andante (andaˑnti) adv. y s. MÚS. andante.
andantino (andantiˑno) adv. y s. MÚS. andantino.
Andean (ændiˑan) adj. andino.
Andes (æˑndiš) n. pr. GEOGR. Andes.
andirons (æˑndaiø'nš) s. pl. morillos.
Andrew (æ·ndru) n. pr. m. Andrés.
andrœcium (ændriˑshiøm) s. BOT. androceo.
androgyne (æ·ndroɏin) s. hermafrodita. 2 BOT. planta andrógina. 3 hombre afeminado. 4 mujer hombruna.
androgynous (ændroˑɏinøs) adj. andrógino, hermafrodita. 2 BOT. andrógino, monoico.
androgyny (ændroˑɏini) s. hermafroditismo. 2 afeminación.
android (æ·ndroid) adj. de figura humana. — 2 androide, autómata.
Andromache (ændroˑmeic) n. pr. Andrómaca.
Andromeda (ændroˑmida) n. pr. MIT. ASTR. Andrómeda.
anecdotal (æˑnicdoutal) adj. anecdótico.
anecdote (æˑnicdout) s. anécdota.
anecdotic(al (æˑnicdoˑtic(al) adj. anecdótico.
anemia (æniˑmia) s. anemia.
anemic (æniˑmic) adj. anémico.
anemograph (æneˑmograf) s. anemógrafo.
anemography (ænemoˑgrafi) s. anemografía.
anemometer (ænemoˑmitø') s. anemómetro.
anemometrograph (ænemometroˑgraf) s. anemometrógrafo.
anemometry (ænemoˑmitri) s. anemometría.
anemone (aneˑmoni) s. BOT. anemone, anemona. 2 ZOOL. sea ~, anemona de mar, actinia.
anemophilous (ænemoˑfiløs) adj. BOT. anemófilo.
anemoscope (æneˑmoscoup) s. anemoscopio.
anent (aneˑnt) prep. tocante, concerniente, con referencia a, respecto de.
anepigraphic (ænepiˑgræfic) adj. anepigráfico.
aneroid (æ·nøroid) adj. Fís. aneroide, holostérico.
anesthesia, anesthetic, etc. = ANÆSTHESIA, ANÆSTHETIC, etc.
aneurism (æ·niurišm) s. MED. aneurisma.
aneurismal (æniuriˑšmal) adj. MED. aneurismático.
anew (aniuˑ) adv. nuevamente, de nuevo, otra vez. | Se traduce frecuentemente por el verbo VOLVER : to read ~, volver a leer.
anfractuose (anfræˑctiuos) adj. anfractuoso, sinuoso.
anfractuosity (ænfræctiuoˑsiti) s. anfractuosidad, sinuosidad.
anfractuous (ænfræˑctiuøs) adj. ANFRACTUOSE.
angaria (ængueˑria) s. angaria.
angel (eiˑnɏøl) s. ángel [espíritu celeste; su representación ; pers.] : guardian ~, ángel custodio o de la guarda ; angel-like, angelical. 2 genio, espíritu tutelar. 3 ant. moneda de oro. 4 pop. caballo blanco, pagano. 5 ARTILL. ~ shot, ángel, bala encadenada. 6 ICT. ~ fish, angelote, pez ángel. — 7 adj. de ángel : ~ sleeve, manga perdida.
angeldoom (eiˑnɏøldum) s. reino o esfera de los ángeles.
angelhood (eiˑnɏøljud) s. condición de ángel.
angelic (ænɏeˑlic) adj. angélico, angelical.
angelica (ænɏeˑlica) s. BOT. angélica. 2 vino dulce de California.
angelical (ænɏeˑlical) adj. ANGELIC.
angelically (ænɏeˑlicali) adv. angélicamente, angelicalmente.
Angelus (æ·nɏeløs) s. Ángelus, Avemaría.
anger (æ·ngør) s. cólera, ira, enojo, furor, coraje. 2 ceño, furia [del cielo, del mar, etc.].

anger (to) *tr.* encolerizar, enfurecer, irritar, enojar. — *2 intr.* encolerizarse, enfurecerse, enojarse.
Angevin (æ'nɏivin) *adj.* angevino.
angina (æ'nɏaina o ænɏi'na) *s.* MED. angina : ~ *pectoris*, angina de pecho.
angiology (ænɏio'loɏi) *s.* angiología.
angiosperm (æ'nɏiospø'm) *s.* BOT. angiosperma.
angiospermous (æ'nɏiospø'møs) *adj.* BOT. angiospermo.
angle (æ'ngøl) *s.* GEOM. ángulo : *right, acute, obtuse* ~, ángulo recto, agudo, obtuso; *straight* ~, ángulo de 180°; *visual* ~, ángulo óptico; *to be at an* ~ *of,* formar un ángulo de. 2 ángulo [rincón, esquina, arista], codo, recodo, esconce : ~ *bar,* ~ *iron,* hierro doblado en ángulo; ~ *block,* CARP. coda; polea de cambio de dirección; ~ *brace,* cuadral, riostra; berbiquí para trabajar en un rincón; ~ *bracket,* modillón o ménsula en el ángulo de una cornisa; ~ *rafter,* alfarda. 3 rincón [lugar apartado]. 4 punto de vista, aspecto. 5 anzuelo, caña de pescar : *brothers of the* ~, pescadores aficionados.
angle (to) (æ'ngøl) *tr.* pescar [con caña] en : *to* ~ *a stream,* pescar en un río o arroyo. — *2 intr.* pescar con caña. *3 to* ~ *for,* tratar de conseguir o conquistar.
Angles (æ'ngøls) *s. pl.* anglos.
angled (æ'ngøld) *adj.* anguloso, esquinado.
angler (æ'nglør) *s.* pescador de caña 2 ICT. rape, pejesapo.
anglesite (æ'ngløsait) *s.* MINER. anglesita.
angleworm (æ'ngøluø'm) *s.* lombriz de tierra.
Anglian (æ'nglian) *adj. y s.* anglo.
Anglican (æ'nglican) *adj. y s.* anglicano.
Anglicanism (æ'nglicanišm) *s.* anglicanismo.
Anglicism (æ'nglisišm) *s.* anglicismo, inglesismo.
Anglicize (to) (æ'nglisaiš) *tr.* inglesar.
angling (æ'ngling) *s.* pesca con caña.
Anglo-American (æ'nglo-ame'rican) *adj. y s.* angloamericano.
Anglo-Indian (æ'nglo-i'ndian) *adj. y s.* angloindio.
Anglomania (ænglomei'nia) *s.* anglomanía.
Anglomaniac (ænglomei'niac) *adj. y s.* anglómano.
Anglo-Norman (æ'nglo-no'man) *adj. y s.* anglonormando.
Anglophile (æ'nglofail) *adj. y s.* anglófilo.
Anglophobe (æ'nglofoub) *adj. y s.* anglófobo.
Anglo-Saxon (æ'nglo-sæxøn) *adj. y s.* anglosajón.
Angola (æŋgo'la) *n. pr.* GEOGR. Angola.
Angora (æŋgo'ra) *n. pr.* GEOGR. Angora : ~ *cat,* gato de Angora; ~ *goat,* cabra de Angora.
angostura (æŋgostiu'ra) *s.* angostura [corteza medicinal; tónico].
Angouleme (angule'm) *n. pr.* GEOGR. Angulema.
angrily (æ'ngrili) *adv.* coléricamente, airadamente.
angry (æ'ngri) *adj.* colérico, airado, encolerizado, enojado : *to become* ~, enfadarse, enojarse, encolerizarse. *2* furioso, embravecido. *3* MED. irritado, inflamado.
anguilliform (æŋgüi'lifo'm) *adj.* anguiliforme.
anguine (æ'nguain) *adj.* anguiforme, serpentino.
anguish (æ'ngüish) *s.* angustia, congoja, ansia, aflicción, tormento.
anguish (to) *tr.* angustiar, acongojar, atormentar.
anguished (æ'ngüisht) *adj.* angustiado, acongojado, atormentado.
angular (æ'nguiular) *adj.* angular : ~ *advance,* ~ *lead,* MEC. ángulo de avance [de la excéntrica]. *2* anguloso. *3* flaco, huesudo. *4 fig.* tieso, esquinado.
angularly (æ'nguiula'li) *adv.* angularmente.
angularity (æ'nguiulæ'riti) *s.* calidad de angular angulosidad.
angulate(d (æ'nguiulei'tid) *adj.* BOT. anguloso, angular.
angulation (æ'nguiule'shøn) *s.* forma angular. *2* acción de dar forma angular. *3* MED. formación de un pliegue angular oclusivo en el intestino.
angulosity (æ'nguiulo'siti) *s.* angulosidad.
angulous (æ'nguiuløs) *adj.* anguloso.
anhelation (ænjilei'shøn) *s.* MED. anhélito.
anhydride (ænjai'drid o -draid) *s.* QUÍM. anhídrido.
anhydrite (ænjai'drait) *s.* MINER. anhidrita.
anhydrosis (ænjai'drousis) *s.* MED. anhidrosis.
anhydrous (ænjai'drøs) *adj.* QUÍM. anhidro.
anights (æ'naïts) *adv.* de noche.
anil (æ'nil) *s.* BOT. añil, índigo.
anile (æ'nail) *adj.* como una vieja, de vieja, chocho.

aniline (æ'nilin) *s.* anilina.
anility (ani'liti) *s.* chochez, chochera.
animadversion (ænimædvø'r'shøn) *s.* animadversión [crítica, reparo], observación mortificante.
animadvert (to) (ænimædvø'rt) *intr.* censurar, criticar, poner reparo. | Con las prep. *on* o *upon.*
animadverter (ænimædvø'rtør) *s.* censurador, criticón.
animal (æ'nimal) *s.* animal. *2* bestia, bruto. — *3 adj.* animal : ~ *kingdom,* reino animal; ~ *black,* ~ *charcoal,* negro o carbón animal. *4* ~ *spirits,* vivacidad, ardor, exuberancia vital.
animalcule (ænimæ'lkiul) *s.* animálculo.
Animalia (ænimæ'lia) *s. pl.* animales, reino animal.
animalism (æ'nimališm) *s.* animalismo, animalidad. *2* sensualidad.
animality (ænimæ'liti) *s.* animalidad.
animalization (ænimališe'shøn) *s.* animalización.
animalize (to) (æ'nimalaiš) *tr.* animalizar,
animate (æ'nimit) *adj.* animado, viviente. *2* animado [que tiene animación].
animate (to) (æ'nimeit) *tr.* animar. — *2 intr.* animarse.
animated (æ'nimeitid) *adj.* animado [que tiene animación, que parece vivo, lleno de vida]; vivo, vigoroso; ~ *cartoon,* dibujo animado.
animating (æ'nimeiting) *adj.* animador; vivificante, excitante.
animation (ænime'shøn) *s.* animación, viveza, vida, calor, movimiento.
animative (æ'nimeitiv) *adj.* animador, vivificante. *2* animístico.
animé (æ'nimei) *s.* anime, resina de curbaril.
animism (æ'nimišm) *s.* animismo.
animosity (ænimo'siti) *pl.* **-ies** (-iš) *s.* animosidad.
animus (æ'nimøs) *s.* ánimo, intención, designio. *2* animosidad.
anion (æ'naiøn) *s.* ELECT. anión.
anise (æ'nis) *s.* BOT. anís, matalahuga : *Chinese* ~, badián; anís estrellado, badiana.
aniseed (æ'nisid) *s.* anís [semilla].
anisette (æ'niset) *s.* anisete.
anisic (æ'ni'sic) *adj.* QUÍM. anísico.
anisodont (ænaiso'dont) *adj.* ZOOL. anisodonte.
anisogamous (ænaiso'gamøs) *adj.* BIOL. anisogamo.
anisogynous (ænaiso'ɏinøs) *adj.* BOT. anisogino.
anisomerous (ænaiso'mørøs) *adj.* H. NAT. anisómero.
anisometric (ænaisome'tric) *adj.* anisométrico.
anisopetalous (ænaisope'taløs) *adj.* BOT. anisopétalo.
anisophyllous (ænaisofi'løs) *adj.* BOT. anisófilo.
anisotropic (ænaisotro'pic), **anisotropous** (ænaiso'tropøs) *adj.* anisótropo.
anisotropy (ænai'sotropi) *s.* FÍS. anisotropía.
ankle (æ'ngkøl) *s.* ANAT. tobillo.
ankle-bone *s.* ANAT. astrágalo, hueso del tobillo.
ankled (æ'ngkøld) *adj.* que tiene el tobillo [de tal o tal manera] : *slender-ankled,* de tobillos finos; *thick-ankled,* de tobillos gruesos.
anklet (æ'ngklit) *s.* ajorca [para la garganta del pie]. *2* grillete. *3* vendaje para el tobillo.
ankylose (to) (æ'ngkilous) *tr.* producir anquilosis. — *2 intr.* anquilosarse.
ankylosis (ængkilou'sis) *s* MED. anquilosis.
Ann, Anne (æn), **Anna** (æ'na) *n. pr. f.* Ana.
annalist (æ'nalist) *s.* analista, cronista.
annals (æ'nalš) *s. pl.* anales. *2* misas dichas regularmente durante un año.
Annamese (ænami̧š), **Annamite** (æ'namait) *adj. y s.* anamita.
annats (æ'nats) *s.* ECLES. media anata.
annatto (ænæ'tou) *s.* BOT. achiote, bija.
anneal (to) (æni'l) *tr.* templar, recocer [para hacer menos quebradizo]. *2* cocer [para fijar los colores]. *3 fig.* fortalecer.
annealing (æni'ling) *s.* temple, recocido [para hacer menos quebradizo]; cocción [para fijar los colores] : ~ *furnace,* carquesa, horno de recocido; ~ *pot,* crisol de templar.
annelid (æ'nelid) *adj. y s.* ZOOL. anélido.
Annelida (æne'lida) *s. pl.* ZOOL. anélidos.
annex (æ'necs) *s.* anexo, dependencia, aditamento, apéndice. *2* edificio anexo.
annex (to) *tr.* anexar, anexionar. *2* unir, adjuntar, añadir. *3* poner [una firma]. *4* pop. apropiarse.
annexation (ænecse'shøn) *s.* anexión, adición, unión.
annexationist (ænecsei'shønist) *s.* anexionista.
annexed (æne'cst) *adj.* anexo, anejo, adjunto, anexionado.

annexment (ane·csmønt) *s.* ANNEXATION.
annihilable (ænai·ilabøl) *adj.* aniquilable.
annihilate (to) (ænai·ileit) *tr.* aniquilar, anonadar.
annihilation (ænaiile·shøn) *s.* aniquilamiento, anonadamiento.
annihilator (ænai·ileitør) *s.* aniquilador.
anniversary (ænivø·rsari) *adj.* aniversario, anual. — 2 *s.* aniversario.
annointing (anoi·nting), **annointment** (anoi·ntmønt) *s.* unción, óleo. 2 untadura, untamiento.
annona (ano·na) *s.* anona [provisión de víveres]. 2 BOT. anona [fruto].
annonaceous (anone·shøs) *adj.* BOT. anonáceo.
annotate (to) (æ·noteit) *tr.* notar, anotar, apostillar, comentar, glosar.
annotation (ænote·shøn) *s.* anotación [acción]. 2 anotación, nota, acotación, apostilla.
annotator (ænotei·tør) *s.* anotador, comentador.
annotto (ænou·tou) *s.* ANNATTO.
announce (to) (ænau·ns) *tr.* anunciar. | No se usa en el sentido comercial de anunciar un producto, etc. 2 avisar, participar. 3 pregonar. 4 declarar [rotundamente].
announcement (ænau·nsmønt) *s.* anuncio. | No tiene el sentido de anuncio comercial. 2 aviso, participación, notificación, declaración. 3 pregón. 4 prospecto.
announcer (ænau·nsør) *s.* anunciador, nuncio, avisador. 2 locutor [de radio].
annoy (to) (ænoi) *tr.* molestar, incomodar, fastidiar, aburrir, encocorar.
annoyance (ænoi·ans) *s.* molestia, incomodidad, fastidio, aburrimiento, engorro, lata, pejiguera. 2 pers. o cosa molestas.
annoyer (ænoyø·) *s.* molestador, persona enojosa.
annoying (æno·ying) *adj.* molesto, incómodo, fastidioso, enfadoso, importuno, engorroso.
annual (æ·nyual) *adj.* anual, ánuo. — 2 *s.* LITURG. aniversario. 3 anuario.
annually (æ·nyuali) *adv.* anualmente.
annuary (æ·nyueri) *s.* anuario.
annuitant (æniu·itant) *s.* rentista, censualista, vitalicista.
annuity (æniu·iti) *s.* anualidad, pensión; renta vitalicia.
annul (to) (ænø·l) *tr.* anular, invalidar, revocar, cancelar. 2 abolir. 3 borrar, destruir.
annular, -lary (æ·nyular, -leri) *adj.* anular.
annulate(d (æ·nyuleit(id) *adj.* anuloso, anillado.
annulet (æ·nyulit) *s.* anillita, anillejo, sortijilla. 2 ARQ., ZOOL. anillo.
annulment (ænø·lmønt) *s.* anulación.
annulose (æ·nyulous) *adj.* anuloso.
annulus (æ·nyuløs) *s.* ANAT., BOT., ARQ. anillo. 2 ASTR. corona, anillo [de un eclipse anular]. 3 ZOOL. anillo [de anélido]. 4 GEOM. corona.
annum (per) (pø· æ·nøm) *m. adv.* al año, por año.
annunciate (to) (ænø·nshieit) *tr.* ANNOUNCE.
annunciation (ænønsie·shøn) *s.* anunciación, proclamación. 2 promulgación. 3 *Annunciation-day*, la Anunciación.
annunciator (ænønshiei·tør) *s.* anunciador, proclamador. 2 MEC. indicador de presión, de velocidades. 3 ELECT. indicador de llamadas de timbre [en los hoteles, etc.].
anodal (æ·noudal) *adj.* anódico.
anode (æ·noud) *s.* ELECT. ánodo. 2 ~ *rays*, rayos anódicos de un tubo de vacío.
anodic (ano·dic) *adj.* ANODAL.
anodyne (æ·nodain) *adj. y s.* anodino, calmante.
anoint (to) (anoi·nt) *tr.* untar: ~ *the palm*, untar la mano, sobornar. 2 ungir, consagrar: *the Anointed*, el Ungido, el Mesías. 3 olear, administrar la Extremaunción.
anointer (anoi·ntø·) *s.* untador. 2 el que unge.
anointing (anoi·nting), **anointment** (anoi·ntmønt) *s.* unción, óleo. 2 untadura, untamiento.
anomalism (ano·malism) *s.* anomalía.
anomalistic(al (ano·mali·stic) *adj.* anomalístico, anómalo.
anomalous (ano·maløs) *adj.* anómalo, irregular.
anomalousness (ano·maløsnis), **anomaly** (ano·mali) *s.* anomalía.
Anomura (ænomu·ra) *s. pl.* ZOOL. anomuros.
anomuran (æno·miuran) *s.* ZOOL. anomuro.
anomurous (æno·miurøs) *adj.* ZOOL. anomuro.
anon (ano·n) *adv.* pronto, luego, en seguida. a poco. 2 otra vez: *ever and* ~, a menudo, una y otra vez.

anonym (æ·nonim) *s.* pers. o autor anónimo. 2 pseudónimo.
anonymity (anoni·miti) *s.* calidad de anónimo.
anonymous (ano·nimøs) *adj.* anónimo.
anonymously (ano·nimøsli) *adv.* anónimamente.
anonymousness (ano·nimøsnis) *s.* ANONYMITY.
anopheles (æno·feliš) *s.* ENTOM. anofeles.
Anoplura (ænopliu·ra) *s. pl.* ENTOM. anopluros.
anopluran (ænopliu·ran) *s.* ENTOM. anopluro.
anoplurous (ænopliu·røs) *adj.* ENTOM. anopluro.
anorexia (ænore·csia) *s.* MED. anorexia.
anosmia (ænas·mia) *s.* anosmia.
another (ænø·ðø·) *adj.* otro: diferente, distinto. — 2 *pron.* otro, otra: *one* ~, uno a otro; *one with* ~, uno con otro, en promedio; *another's*, ajeno, de otro.
anoxemia (ænacsi·mia) *s.* MED. anoxemia.
ansated (æ·nseitid) *adj.* provisto de asas.
Anselm (æ·nselm) *n. pr. m.* Anselmo.
anserine (æ·nsørin) *adj.* ansarino. 2 fig. tonto, necio.
answer (æ·nsø·) *s.* respuesta. 2 contestación, réplica. 3 solución, explicación [de un problema, un enigma, etc.]. 4 DER. contestación a la demanda.
answer (to) (æ·nsø·) *intr. y tr.* responder, contestar, reponer: *to* ~ *back*, replicar, ser respondón: *to* ~ *the bell*, responder a la llamada del timbre. 2 responder [a la acción de otro]. 3 responder, corresponder [guardar conformidad o correspondencia]. — 4 *intr.* servir, llenar el objeto. 5 *to* ~ *for*, responder por o de, salir fiador; pagar por; ser o hacerse responsable de. 6 *to* ~ *to the name of*, tener por nombre, llamarse. — 7 *tr.* responder, refutar. 8 responder a [esperanzas, deseos, necesidades, etc.] convenir a [un designio]. 9 obedecer a [una acción, una fuerza, un instrumento]: *the ship answers the helm*, la nave obedece al timón. 10 DER. contestar [a la demanda].
answerable (æ·nsørabøl) *adj.* responsable. 2 correspondiente, conforme, adecuado. 3 discutible, refutable.
answerably (æ·nsørabli) *adv.* responsablemente. 2 correspondientemente.
answerableness (a·nsørabølnis) *s.* responsabilidad. 2 correspondencia, correlación. 3 calidad de discutible o refutable.
answerer (æ·nsørø·) *s.* respondedor.
an't *contr. vulg.* de *am not, are not, is not*.
ant (ænt) *s.* ENTOM. hormiga: ~ *hill*, hormiguero [montículo]; ~ *lion*, hormiga león; *white* ~, hormiga blanca. 2 ENTOM. ~ *cow*, pulgón. 3 ZOOL. ~ *bear*, tamanduá, oso hormiguero.
anta (æ·nta) *s.* ARQ. anta. 2 ZOOL. danta, tapir.
antacid (æntæ·sid) *adj. y s.* antiácido.
Antaeus (ænti·øs) *n. pr.* MIT. Anteo.
antagonism (æntæ·gonism) *s.* antagonismo.
antagonist (æntæ·gonist) *s.* antagonista.
antagonistio (æntægoni·stic) *adj.* antagónico.
antagonize (to) (æntæ·gonaiš) *tr.* oponerse a, neutralizar, contrarrestar [hablando de fuerzas, etc.]. 2 provocar el antagonismo, la enemistad de.
antalgic (æntæ·lɏic) *adj.* MED. anodino.
antaphrodisiac (æntæfrodi·šiæc) *adj. y s.* MED. antiafrodisíaco.
antapoplectic (æntæpople·ctic) *adj.* MED. antiapoplético.
antarctic (ænta·rctic) *adj.* antártico: *Antarctic Cercle*, círculo polar antártico: *Antarctic Ocean*, océano Antártico. — 2 *s.* tierras antárticas.
antarthritic (ænta·zri·tic) *adj.* MED. antiartrítico.
antasthmatic (æntazmæ·zic) *adj.* MED. antiasmático.
ante (æ·nti) *s.* en el juego del póker, tanto o postura que pone el jugador sobre la mesa antes de ir al descarte.
ante (to) *intr.* poner su postura [en el juego del póker]. 2 pagar su parte, pagar su cuota.
anteater (æ·ntrtø·) *s.* ZOOL. tamandúa, oso hormiguero. 2 animal que come hormigas.
ante-bellum (æntibe·løm) *adj.* de antes de la guerra, anterior a la guerra.
antecede (to) (æntisi·d) *intr.* anteceder, preceder.
antecedence (æntisi·dens, -si) *s.* antecedencia, precedencia.
antecedent (æntisi·dent) *adj.* antecedente, precedente, anterior. — 2 *s.* antecedente. 3 *pl.* antepasados.

antecedently (æntisi·dentli) *adv.* anteriormente.
antecessor (æntise·sø') *s.* antecesor, predecesor.
antechamber (æ·nticheimbø') *s.* antecámara, antesala.
antechapel (æ·ntichæpel) *s.* antecapilla.
antechoir (æ·nticuaiø') *s.* antecoro.
antechurch (æ·ntichø'ch) *s.* anteiglesia.
antedate (æ·ntideit) *s.* antedata.
antedate (to) *tr.* antedatar. 2 anticipar, adelantar, retrotraer.
antedating (æntidei·ting) *s.* DER. retrotracción.
antediluvian (æntidiliu·vian) *adj.* antediluviano.
antefix (æ·ntifics) *s.* ARQ. antefija.
antelope (æ·ntøloup) *s.* ZOOL. antilope, cervicabra.
antemeridian (æntimeri·dian) *adj.* antemeridiano.
ante meridiem (æ·nti meri·diem) *loc. lat.* ante meridiem, antes del mediodía.
antemetio (æntime·tic) *adj. y s.* MED. antiemético.
antemundane (æntimø·ndein) *adj.* que precedió a la creación del mundo.
antenatal (æntinei·tal) *adj.* prenatal.
antenna (ænte·na), *pl.* **-næ** (-ni) *s.* ZOOL. antena. 2 (*pl.* **-nas**) RADIO. antena.
antenuptial (æntinø·pshal) *adj.* antenupcial.
antepaschal (æntipæ·scal) *adj.* que precede a la Pascua.
antependium (æntipe·ndiøm), *pl.* **-pendia** *s.* LITURG. antipendio.
antepenult (æntipenø·lt), **antepenultimate** (antipenø·ltimit) *adj. y s.* GRAM. antepenúltima [sílaba].
antepileptic (æntepile·ptic) *adj.* MED. antiepiléptico.
anteprandial (æntipræ·ndial) *adj.* de antes de comer.
anterior (ænti·riør) *adj.* anterior.
anteriority (æntirio·riti) *s.* anterioridad.
anteriorly (ænti·riorli) *adv.* anteriormente.
anteroom (æ·ntirum) *s.* antesala, vestíbulo.
anteversion (æntivø·'shøn) *s.* MED. anteroversión.
antevert (to) (æ·ntivø't) *tr.* MED. desviar hacia adelante.
anthelmintio (ænzelmi·ntic) *adj. y s.* antihelmintico.
anthem (æ·nzęm) *s.* antífona : ∼ *book*, antifonal, antifonario. 2 himno : *national* ∼, himno nacional.
anther (æ·nzø') *s.* BOT. antera.
antheral (æ·nzøral) *adj.* BOT. de las anteras.
antheridium (ænziri·diøm), *pl.* **-ia** (-ia) *s.* BOT. anteridio.
antherozoid (ænziro̊o·id) *s.* BOT. anterozoide.
anthocyanin (ænzosai·ønin) *s.* QUÍM. antocianina.
anthoid (æ·nzoid) *adj.* antoideo.
anthological (ænzolo·ỹical) *adj.* antológico.
anthology (ænzo·loỹi) *s.* antologia.
Anthony (æ·nzoni) *n. pr. m.* Antonio.
anthophagus (ænzo·fagøs) *adj.* antófago.
anthophyte (æ·nzofait) *s.* BOT. antofita.
Anthozoa (ænzo̊ou·a) *s. pl.* ZOOL. antozoarios, antozoos.
anthozoan (ænzo̊ou·an) *adj. y s.* ZOOL. antozoario, antozoo.
anthracene (a·nzrasin) *s.* QUÍM. antraceno.
anthracic (ænzræ·sic) *adj.* MED. antrácico.
anthracite (æ·nzrasait) *s.* MINER. antracita.
anthracnose (ænzræ·cnous) *s.* AGR. antracnosis.
anthrax (æ·nzracs) *s.* MED. ántrax, avispero. 2 MED. carbunco.
anthropocentric (ænzropose·ntric) *adj.* antropocéntrico.
anthropogeny (ænzropo·ỹeni) *s.* antropogenia.
anthropography (ænzropo·grafi) *s.* antropografía.
anthropoid (æ·nzropoid) *adj.* antropoideo. — 2 *s.* antropoide.
anthropolatry (ænzropo·latri) *s.* antropolatría.
anthropologic(al (ænzropolo·ỹic(al) *adj.* antropológico.
anthropologist (ænzropo·loỹist) *s.* antropólogo.
anthropology (ænzropo·loỹi) *s.* antropología.
anthropometric(al (ænzropome·tric(al) *adj.* antropométrico.
anthropometrist (ænzropo·metrist) *s.* antropómetra.
anthropometry (ænzropo·metri) *s.* antropometría.
anthropomorph (æ·nropomo·'f) *s.* ZOOL. antropomorfo [mono].
Anthropomorpha (ænzropomo·'fa) *s. pl.* ZOOL. antropomorfos [subgrupo de monos].

anthropomorphism (ænzropomo·'fiŝm) *s.* antropomorfismo.
anthropomorphous (ænzropomo·'føs) *adj.* antropomorfo.
anthropophagi (ænzropo·faỹai) *s. pl.* antropófagos.
anthropophagite (ænzropo·faỹait) *s.* antropófago.
anthropophagous (ænzropo·fagøs) *adj.* antropófago.
anthropophagy (ænzropo·faỹi) *s.* antropofagia.
Anthropopithecus (ænzropopizi·cøs) *s.* PALEONT. antropopiteco.
anthropozoic (ænzropo̊ou·ic) *adj.* GEOL. antropozoico.
anti- (æ·nti) *pref.* anti-.
antiæsthetic (æntiesze·tic) *adj.* antiestético.
antiaircraft (æntie·'craft) *adj.* antiaéreo, de defensa contra las fuerzas aéreas.
antialcoholic (æntiælcojo·lic) *adj.* antialcohólico.
antiar (æ·ntiar) *s.* BOT. antiar.
antiarthritic (æntia·'zri·tic) *adj.* MED. antiartrítico.
antibacchius (æntibæ·kiøs) *s.* antibaquio.
antibilious (æntibi·liøs) *adj.* MED. antibilioso.
antibiosis (æntibaio·sis) *s.* BIOL. antibiosis.
antibiotic (æntibaio·tic) *adj. y s.* antibiótico.
antibody (æntibo·dy) *s.* BACT. anticuerpo.
antic (æ·ntic) *adj.* grotesco, raro, estrafalario. — 2 *s.* zapateta, cabriola. 3 bufón, gracioso. 4 *pl.* bufonadas, travesuras, acciones cómicas o grotescas.
anticatarrhal (æntica·taral) *adj.* MED. anticatarral.
anticathode (ænticæ·zoud) *s.* FÍS. anticátodo.
anti-Catholic (æntica·zolic) *adj. y s.* anticatólico.
antichresis (ænticri·sis) *s.* DER. anticresis.
Antichrist (æ·nticraist) antecristo, anticristo.
anti-Christian (ænticris·schan) *adj. y s.* anticristiano.
anticipate (to) (ænti·sipeit) *tr.* anticipar, adelantar [una acción, un suceso]. 2 anticiparse, adelantarse a. 3 prevenir, precaver, impedir. 4 prever, esperar. 5 prometerse [un placer, etc.]; gozar o experimentar de antemano. 6 gastar o pagar por adelantado.
anticipation (æntisipe·shøn) *s.* anticipación [acción, efecto]. 2 intuición, idea o impresión de lo que va a suceder. 3 expectación, esperanza, goce anticipado. 4 acción de gastar por adelantado.
anticipator (æntisipei·tø') *s.* anticipador.
anticipatory (ænti·sipatøri) *adj.* de anticipación, anticipante.
anticlerical (ænticle·rical) *adj.* anticlerical.
anticlericalism (ænticle·ricaliŝm) *s.* anticlericalismo.
anticlimax (ænticlai·macs) *s.* RET. gradación descendente. 2 suceso, incidente, en una serie de ellos, que es notablemente o cómicamente menos importante que el que le precede.
anticlinal (ænticlai·nal) *adj. y s.* GEOL. anticlinal.
anticonstitutional (ænticonstitiu·shønal) *adj.* anticonstitucional.
anticyclone (æntisai·cloun) *s.* METEOR. anticiclón.
antidemocratic (æntidemocræ·tic) *adj.* antidemocrático.
antidiphtheritic (æntidifzeri·tic) *adj.* MED. antidiftérico.
antidotal (æ·ntidoutal) *adj.* alexifármaco.
antidote (æ·ntidout) *s.* antídoto.
antidynastic (æntidainæ·stic) *adj.* antidinástico.
antifebrile (æntifi·bril) *adj.* MED. antifebril, febrífugo.
antiferment (æntifø·'mønt) *s.* antifermento.
antiforeignism (æntifo·riniŝm) *s.* xenofobia, aversión a los extranjeros.
antifreeze (æntifri·ŝ) *s.* anticongelante.
antifriction (æntifri·cshøn) *adj.* que disminuye el roce : ∼ *box*, caja de rodillos; ∼ *compound*, lubricante; ∼ *metal*, metal antifricción.
antigen (æ·ntiỹøn) *s.* FISIOL. antígeno.
Antigone (ænti·gon) *n. pr.* Antigona.
antigrammatical (æntigramæ·tical) *adj.* antigramatical.
antiherpetic (æntiĵø'pe·tic) *adj. y s.* MED. antiherpético.
antihydrophobio (æntijaidrofou·bic) *a.* antirrábico.
antihygienic (æntijaiỹie·nic) *adj.* antihigiénico.
antihysteric (æntijiste·ric) *adj. y s.* MED. antihistérico.
anti-imperialism (ænti-impi·rialiŝm) *s.* antiimperialismo.

anti-imperialist (ænti-impi rialist) s. antiimperialista.
anti-imperialistic (ænti-impi rialistic) adj. antiimperialista.
anti-knock (æ nti-no c) adj. antidetonante [gasolina].
Antillean (ænti lian) adj. y s. antillano.
Antilles (ænti liš) n. pr. GEOGR. Antillas.
antilogarithm (æntilo garidm) s. MAT. antilogaritmo.
antilogy (anti loyi) s. antilogía.
antimacassar (æntimacæ sa') s. antimacasar, paño que cubre o adorna el respaldo de un sillón o de un sofá.
antimalarial (æ ntimale rial) adj. MED. antipalúdico.
antimilitarism (æntimi litarišm) s. antimilitarismo.
antimilitarist (æntimi litarist) s. antimilitarista.
antimilitaristic (æntimi litaristic) adj. antimilitarista.
antimonarchic(al (æntimona kic(al) adj. antimonárquico.
antimonarchist (æntimo na'kist) s. antimonárquico.
antimonial (æntimou nial) adj. QUÍM. antimonial.
antimonic (æntimo nic) adj. QUÍM. antimónico.
antimonide (æ ntimonaid) s. QUÍM. antimoniuro.
antimonius (æntimou niǫs) adj. QUÍM. antimonioso.
antimony (æ ntimoni) s. QUÍM. antimonio, estibio.
antinational (æntinæ shonal) adj. antinacional.
antinephritic (æntinifri tic) adj. MED. antinefrítico.
antineuralgic (æntiniuræ lÿic) adj. MED. antineurálgico.
antinode (æntinou d) s. FÍS. antinodo.
antinomic (ænti nomic) adj. antinómico.
antinomy (ænti nomi) s. antinomia.
Antioch (æ ntioc), Antiochia (æntioki a) n. pr. GEOGR. Antioquía.
Antiochus (æntai okǫs) n. pr. Antíoco.
antipapist (æntipei pist) s. antipapista, anticatólico.
antipathetic(al (æntipaze tic(al) adj. antipático. 2 antagónico, naturalmente contrario u opuesto.
antipathy (ænti pazi) s. antipatía, antagonismo, aversión.
antiperistaltic (æntipæriste ltic) adj. antiperistáltico.
antipharmic (æntifa 'mic) adj. alexifármaco.
antiphlogistic (æntifloÿi stic) adj. y s. antiflogístico.
antiphlogistine (ætifloÿi stin) s. antiflogistina.
antiphon (æ ntifon) s. antífona. 2 eco.
antiphonal (ænti fonal) adj. antifonal. — 2 s. antifonario.
antiphonary (æti foneri) s. antifonario.
antiphrasis (æti frasis) s. RET. antífrasis.
antipodal (ænti podal) adj. antípoda. 2 contrario, opuesto.
antipode (æ ntipoud) s. antípoda. 2 lo contrario u opuesto. 3 pl. antípodas.
antipodean (æntipodi an) adj. ANTIPODAL.
antipoison (æntipoišǫn) s. antídoto, contraveneno.
antipole (æ ntipoul) s. polo opuesto.
antipope (æ ntipoup) s. antipapa.
antiputrefactive (æntiputrefæ ctiv), antiputrid (æntipiu trid) adj. antipútrido, antiséptico.
antipyretic (æntipaire tic) adj. y s. MED. antipirético, febrífugo.
antipyrin(e (æntipai rin) s. FARM. antipirina.
antiquarian (æntikue rian) adj. y s. ANTIQUARY.
antiquarianism (æntikue rianišm) s. afición a las antigüedades.
antiquary (æ ntikuer) s. anticuario [el que estudia las cosas antiguas; el que las colecciona]. — 2 adj. relativo a lo antiguo.
antiquate (to) (æ ntikueit) tr. anticuar.
antiquated (æ ntikueitid) adj. anticuado, desusado, pasado de moda.
antique (ænti c) adj. antiguo. — 2 s. antigüedad, antigualla.
antiqueness (ænti cnis) s. antigüedad [calidad].
antiquity (ænti kuiti) s. antigüedad. 2 ancianidad, vejez. 3 pl. antigüedades.
antireligious (æntirili ÿǫs) adj. antirreligioso.
antirevolutionary (æntirevolu shǫnæri) adj. antirrevolucionario.
antirevolutionist (æntirevolu shǫnist) s. antirrevolucionario.
antirheumatic (æntirumæ tic) adj. y s. MED. antirreumático.
anti-saloon (æ nti salu n) adj. (EE. UU.) enemigo

de las tabernas y de la venta de bebidas alcohólicas; prohibicionista.
antiscians (ænti shianš), antiscii (ænti shiai) s. pl. GEOGR. antiscios.
antiscorbutic(al (æntiskø'biu tic(al) adj. MED. antiescorbútico.
antiscrofulous (æntiscro fiuløs) adj. MED. antiescrofuloso.
anti-Semite (æntise mait) s. antisemita.
anti-Semitic (æntisemi tic) adj. antisemita, antisemítico.
anti-Semitism (æntise mitišm) s. antisemitismo.
antisepsis (æntise psis) s. antisepsia.
antiseptic(al (æntise ptic(al) adj. y s. antiséptico.
antiskid (æ ntiskid) adj. antideslizante [neumático, etc.].
antislavery (æntislei vøri) adj. antiesclavista. — 2 s. antiesclavismo.
antisocial (ænti soushal) adj. antisocial.
antispasmodic (æntispæšmo dic) adj. y s. MED. antiespasmódico.
antispast (æ ntispæst) s. MÉTR. antispasto.
antistrophe (ænti strofi) s. antistrofa.
antisubmarine (æ ntisø bmarin) adj. de defensa contra los submarinos.
antisyphilitic (æntisifili tic) adj. y s. MED. antisifilítico.
antitank (æntitæ nc) adj. MIL. antitanque.
antitetanic (æntititæ nic) adj. MED. antitetánico.
antitheist (æntizei st) s. ateo.
antithesis (ænti zesis), pl. -ses (-siš) s. antítesis.
antithetical (antize tical) adj. antitético.
antitoxic (æntito csic) a. antitóxico.
antitoxin (æntito csin) s. MED. antitoxina.
antitrade (æntitrei d) adj. y s. díc. del viento contrario a los alisios.
antitragus (ænti tragøs) s. ANAT. antitrago.
anti-Trinitarian (æntitrinite rian) s. antitrinitario.
antitrust (æntitrø st) adj. y s. opuesto a los trusts financieros o industriales.
antituberculous (æntitiubø'kiuløs) adj. antituberculoso.
antivenereal (æntivøni rial) adj. antivenéreo.
antitype (æ ntitaip) s. antitipo, prototipo.
antler (æ ntlø') s. asta, cuerna [de venado].
antlered (æ ntlø'd) adj. astado [que tiene cuernas]. 2 adornado con cuernas.
antoeci (ænti sai) s. pl. GEOGR. antecos.
Antoinette (æntuane t) n. pr. Antonieta.
Antonia (æntø nia) n. pr. f. Antonia.
Antoninus (æntønai nǫs) n. pr. m. Antonino.
antonomasia (æntonomei ÿia o -ma sia) s. RET. antonomasia.
antonomastic (æntonomæ stic) adj. antonomástico.
Antony (æ ntoni) n. pr. m. Antonio.
antonym (æ ntonim) s. antónimo.
antrum (æ ntrøm), pl. -tra s. MED. caverna, cavidad. 2 cavidad ósea.
Antwerp (æ ntuørp) n. pr. GEOGR. Amberes.
Anura (æniu ra) s. pl. ZOOL. anuros.
anuran (æniu ran) adj. y s. ZOOL. anuro.
anuria (æniu ria) s. MED. anuria.
anus (æ nǫs o a nǫs) s. ANAT. s. ano.
anvil (æ nvil) s. yunque, bigornia: fig. upon the ~, sobre el tapete, en el telar, en preparación. 2 ANAT. yunque.
anvil (to) tr. trabajar o formar [algo] en el yunque; martillar. — 2 intr. trabajar [uno] en el yunque. ¶ CONJUG. pret y p. p.: anviled o -villed; ger.: anviling o -villing.
anxiety (ængšai øti) s. ansiedad, cuidado, inquietud, desasosiego. 2 ansia, anhelo, afán, solicitud. 3 MED. ansiedad.
anxious (æ nkšøs) adj. ansioso, inquieto, preocupado, desasosegado. 2 ansioso, anheloso, impaciente, afanoso. 3 angustioso, fatigoso.
anxiously (æ nkšøsli) adv. ansiosamente, con inquietud. 2 afanosamente, impacientemente.
anxiousness (æ nkšøsnis) s. ANXIETY.
any (e ni) adj. cualquier, todo, todos los, algún, alguno; [en frases negativas] ningún, ninguno: ~ of them, cualquiera de ellos; ~ cat will scratch, todos los gatos arañan; did you meet ~ difficulty?, ¿halló usted alguna dificultad?; I have not ~ book, no tengo ningún libro; at ~ rate, de todos modos; sea como sea; in ~ case, en cualquier caso, sea como sea. 2 tiene sentido partitivo y en este caso suele no traducirse: have you ~ money?, ¿tiene usted

dinero? *3* todo [la mayor cantidad, etc., posible] : *I need ~ help I can get,* necesito toda la ayuda que pueda obtener; *at ~ cost,* a toda costa. — *4 pron.* alguno, alguna, algunos, alguien; [en frases negativas] ninguno, ninguna, nadie : *if ~,* si lo hay. — *5 adv.* en alguna extensión, en algún grado, algo. | A veces no se traduce : *~ farther,* más adelante, más lejos; *~ longer,* más allá, todavía, más tiempo. *6 ~ more,* algo o nada más; más, más tiempo; *don't think ~ more about it,* no piense más en ello. *7* En muchos casos, para traducirlo, hay que cambiar el giro de la expresión : *~ more than,* con mayor razón que, más que; como tampoco; *not to be ~ good,* no servir para nada, no valer nada; *this is not ~ too easy,* esto no tiene nada de fácil, esto no es fácil, ni mucho menos.

anybody (e·nibodi) *pron.* alguien, alguno. *2* cualquiera, todos, todo el mundo. *3* [en frases negativas]. ninguno, nadie. — *4 s.* alguien [persona de importancia] : *to be ~,* ser alguien, ser algo. *5* persona cualquiera, sin importancia.

anyhow (e·nijau) *adv.* de cualquier modo. *2* de todos modos; sin embargo. *3* en todo caso, como quiera que sea; sea lo que fuere.

anyone o **any one** (e·niuøn) *pron.* alguno, alguien, cualquiera.

anything (e·nizing) *pron.* algo, alguna cosa, cualquier cosa; [con negación] nada. *2* todo, todo lo que : *~ but,* todo menos, muy poco, nada; [con un atributo] : *the victory is ~ but secure,* la victoria no es nada segura. *3 as ~, like ~,* expresión con que se pondera una cosa : *proud as ~,* orgulloso por demás. — *4 adv.* en algo, en alguna medida o manera; *not ~ at all,* en nada, en modo alguno.

anyway (e·niuei) *adv.* de todos modos, en cualquier caso. *2* sin embargo. *3* de cualquier modo, sin orden.

anyways (e·niueiš) *adv.* pop. ANYWAY.

anywhere (e·nijueø') *adv.* doquiera, en todas partes; en cualquier parte, adondequiera : *not ~,* en ninguna parte, a ninguna parte. *2 ~ near,* casi, siquiera aproximadamente.

anywise (e·niuaiš) *adv.* de cualquier modo. *2* de todos modos.

Aonian (eiou·nian) *adj.* aonio.

aorist (ei·ørist) *s.* GRAM. aoristo.

aorta (eio·'ta) *s.* ANAT. aorta.

apace (apei·s) *adv.* aprisa, rápidamente, a pasos agigantados.

Apache (æpæ·chi) *adj.* y *s.* apache [indio]. — *2 s.* (con min.) apache [maleante].

apanage (apa·neiy) *s.* APPANAGE.

apart (æpa·'t) *adv.* aparte, a un lado, separadamente, de por sí. *2* en piezas : *to take ~,* desarmar, desmontar. — *3 adj.* apartado, separado.

apartment (apa·rtmønt) *s.* cuarto, aposento. *2* apartamiento, piso, serie de habitaciones : *~ building, ~ house,* casa de pisos, que se alquila por pisos o apartamentos [esp. cuando son lujosos] ; *~ hotel,* casa de pisos o apartamentos, gralte. amueblados, con servicio de restaurante.

apathetic (æpaze·tic) *adj.* apático. *2* indiferente, insensible.

apathy (æ·pazi) *s.* apatía, indiferencia.

apatite (æ·patait) *s.* MINER. apatita.

ape (eip) *s.* ZOOL. mono, mico, simio : *ape-like,* simiesco. *2* fig. mona, imitador, remedador.

ape (to) *tr.* imitar, remedar.

apeak (apı·c) *adv.* MAR. en posición vertical.

Apennine (æ·penain) *adj.* de los Apeninos.

Apennines (æ·penai·ns) *n. pr. pl.* GEOGR. Apeninos.

apepsy (eipe·psi), **apepsia** (-psia) *s.* MED. apepsia.

aperient (apı·rient) *adj.* y *s.* MED. laxante.

aperiodic (eipirio·dic) *adj.* aperiódico.

aperitif (æperiti·f) *s.* aperitivo.

aperitive (ape·ritiv) *adj.* y *s.* APERIENT.

aperture (æ·pø'chø') *s.* abertura [orificio, grieta, portillo, etc.]. *2* ÓPT., FOT. abertura. *3* poco us. abertura, apertura [acción].

apery (ei·peri) *s.* remedo, monada. *2* jaula de monos.

apetalous (eipe·taløs) *adj.* BOT. apétalo.

apex (ei·pecs), *pl.* **apexes** o **apices** (e·pecsøs o e·pisiš) *s.* ápice, cúspide, vértice, cumbre.

aphaeresis *s.* APHERESIS.

aphasia (afei·šia) *s.* MED. afasia.

aphasic (afei·šic) *adj.* afásico.

aphelion (afı·liøn) *s.* ASTR. afelio.

apheresis (afe·røsis) *s.* GRAM. aféresis.

aphid (ei·fid), **aphis** (ei·fis) *s.* ENTOM. áfido.

aphonia (afou·nia) *s.* afonía.

aphonic (afo·nic) *adj.* afónico, áfono. *2* muda [letra].

aphonous (æ·fonøs) *adj.* áfono.

aphorism (æ·forism) *s.* aforismo.

aphoristical (æfori·stical) *adj.* aforístico, sentencioso.

aphoristically (æfori·sticali) *adv.* aforísticamente, sentenciosamente.

aphrodisia (æfrodi·šia) *s.* afrodisia.

aphrodisiac (afrodi·šiac) *adj.* afrodisíaco.

aphtha (æ·fza) *s.* MED. afta.

aphthous (æ·fzøs) *adj.* aftoso.

aphyllous (afi·løs) *adj.* BOT. áfilo.

apiarian (eipie·rian) *adj.* apícola.

apiarist (ei·piarist) *s.* colmenero.

apiary (ei·pieri) *s.* cólmenar.

apical (æ·pical) *adj.* apical.

apiculate (æpi·kiuleit) *adj.* H. NAT. apiculado.

apiculture (eipiçø·lchø') *s.* apicultura.

apiculturist (eipiçø·lchorist) *s.* apicultor.

apiculus (api·kiøløs) *s.* H. NAT. apículo.

apiece (apı·s) *adv.* cada uno, a cada uno, por barba, por cabeza.

apiology (æpio·loyi) *s.* estudio de las abejas.

Apis (æ·pis) *n. pr.* MIT. Apis.

apish (ei·pish) *adj.* simiesco, que imita servilmente. *2* necio.

apishly (ei·pishli) *adv.* de modo servilmente imitativo. *2* afectadamente. *3* neciamente.

apishness (ei·pishnis) *s.* imitación servil; monada, monería.

aplanatic (aplanæ·tic) *adj.* FÍS. aplanético.

aplenty (æple·nty) *adv.* en abundancia, mucho; muy.

aplomb (aplo·m) *s.* aplomo, seguridad. *2* aplomo [verticalidad].

apnea, **apnoea** (æpnı·a) *s.* MED. apnea.

Apocalypse (apo·calips) *s.* apocalipsis.

apocaliptic(al (apocali·ptic(al) *adj.* apocalíptico.

apochromatic (æpocromæ·tic) *adj.* ÓPT. apocromático.

apocopate (to) (apo·copeit) *tr.* GRAM. apocopar.

apocopation (apocope·shøn) *s.* GRAM. apócope, acción de apocopar.

apocope (apo·copi) *s.* GRAM. apócope.

apocrisiari (apocri·šieri) *s.* apocrisiario.

Apocrypha (apo·crifa) *s. pl.* libros apócrifos.

apocryphal (apo·crifal) *adj.* apócrifo.

Apocynaceæ (aposinei·sii) *f. pl.* BOT. apocináceas.

apocynaceous (aposinei·shøs) *adj.* apocináceo.

apod (æ·pod) *s.* ápodo.

apodal (æ·podal) *adj.* ápodo.

apodictic(al (apodi·ctic(al) *adj.* apodíctico.

apodosis (apo·dosis) *s.* GRAM. apódosis.

apodous (æ·podøs) *adj.* APODAL.

apogee (æ·poyi) *s.* ASTR. apogeo. *2* fig. apogeo, punto culminante.

apograph (æ·pogræf) *s.* apógrafo.

Apolline (æ·polin), **Apollonian** (æpolou·nian) *adj.* apolíneo.

Apollo (apo·lou) *n. pr. m.* MIT. Apolo.

Apollonius (æpolo·niøs) *n. pr. m.* Apolonio.

apologal (apo·logal) *adj.* apológico.

apologete (apo·loyet) *s.* experto en apologética.

apologetic(al (apoloye·tic(al) *adj.* apologético. *2* de excusa.

apologetically (apoloye·ticali) *adv.* apologéticamente. *3* excusándose, en tono de excusa.

apologetics (apoloye·tics) *s.* apologética.

apologist (apo·loyist) *s.* apologista.

apologize (to) (apo·loyaiš) *tr.* excusar, disculpar. — *2 intr.* excusarse, disculparse, presentar excusas : *to ~ for,* disculparse por; *to ~ to,* disculparse con, presentar excusas a.

apologizer (apo·loyaišør) *s.* apologista, defensor. *2* el que se excusa o pide perdón.

apologue (æ·polog) *s.* apólogo, fábula.

apology (apo·loyi) *s.* excusa, disculpa, satisfacción. *3* cosa que reemplaza a otra para disimular la falta de ésta.

aponeurosis (æponiurou·sis) *s.* ANAT. aponeurosis.

aponeurotic (æponiuro·tic) *adj.* aponeurótico.

apophthegm (æ·pozem) *s.* APOTHEGM.

apophyge (æpoˑfiȳi) s. ARQ. apófige.
apophysis (æpoˑfisis) s. ANAT. apófisis.
apoplectic(al (æpopleˑctic(al) adj. y s. apoplético. — 2 adj. de apoplejía : ~ stroke, ataque de apoplejía.
apoplexy (æˑpoplecsi) s. MED. apoplejía.
aport (apoˑt) adv. MAR. a babor [el timón].
apostasy (apoˑstasi) s. apostasía.
apostate (apoˑsteit) s. apóstata, renegado. — 2 adj. falso, pérfido, de la naturaleza de la apostasía.
apostatize (to) (apoˑstataiš) intr. apostatar, renegar.
apostematous (æpøsteˑmatøs) adj. apostemoso.
aposteme (æˑpostem) s. MED. apostema.
apostle (apoˑsøl) s. apóstol.
apostleship (apoˑsølship), **apostolate** (apoˑstøleit) s. apostolado : ~ of Prayer, apostolado de la oración.
apostolic(al (æpøstoˑlic(al) adj. apostólico. 2 Apostolic Signature, Signatura [tribunal de la corte romana].
apostolically (æpøstoˑlicali) adv. apostólicamente.
apostolicalness (æpøstoˑlicalnis) s. APOSTOLICITY.
apostolicity (æpøstoliˑsiti) adj. calidad de apostólico.
apostrophe (apoˑstrøfi) s. RET. apóstrofe. 2 GRAM. apóstrofo, virgulilla.
apostrophize (to) (apoˑstrøfaiš) tr. apostrofar. 2 GRAM. elidir. 3 señalar con un apóstrofo.
apothecary (apoˑzikeri) s. boticario, farmacéutico : apothecaries' measure, sistema de medidas para líquidos usado por los farmacéuticos ; apothecaries' weight, sistema de pesos usado por los farmacéuticos.
apothecium (æpoziˑsiøm) s. BOT. apotecio.
apothegm (æˑpozem) s. apotegma.
apothegmatic(al (apozegmæˑtic(al) adj. sentencioso.
apothem (æˑpozem) s. MAT. apotema. 2 FARM. sedimento, poso.
apotheosis (æpoziˑosis o apoziouˑsis) s. apoteosis.
apotheosize (to) (æpoˑziosaiš) tr. deificar, glorificar.
apozem (æˑpošem) s. pócima.
appall(l (to) (æpoˑl) tr. espantar, aterrar. 2 desmayar, desanimar. ¶ CONJUG. pret. y p. p. : appalled; ger.: appalling.
Appalachians (æpaleˑchans) adj. GEOG. Apalaches.
appalling (æpoˑling) adj. espantoso, aterrador, horroroso, repulsivo.
appanage (æˑpanidȳ) s. infantazgo. 2 patrimonio, atributo [cosa o cualidad inherente].
apparatus (æpareiˑtøs) s. aparato [instrumento complejo, conjunto de instrumentos o de órganos]. 2 utensilios, aparejos [de un arte, etc.].
apparel (æpæˑrel) s. ropa, vestidos, atavío : wearing ~, vestuario, vestidos. 2 MAR. aparejo y accesorios [de un buque].
apparel (to) tr. vestir, trajear. 2 adornar, ataviar.
apparency (apeˑrønsi) s. evidencia, claridad. 2 calidad de heredero forzoso.
apparent (apeˑrønt) adj. visible, claro, manifiesto, evidente. 2 aparente [que se manifiesta a la vista ; que parece ser]. 3 ~ horizon, horizonte sensible. 4 heir ~, heredero forzoso, heredero que no puede dejar de serlo por el nacimiento de otra persona con mejor derecho.
apparently (apeˑrøntli) adv. evidentemente, claramente. 2 al parecer, por lo visto.
apparition (apariˑshon) s. aparición, aparecimiento. 2 aparición, visión, fantasma.
apparitor (æpæˑritoˑ) s. alguacil [de tribunal o juzgado]. 2 bedel [de universidad].
appeal (aprˑl) s. apelación. 2 llamamiento [en favor de; a la razón, a un sentimiento, etc.]; petición, súplica, clamor. 3 recurso [a un medio, a la autoridad o testimonio de]. 4 atracción, atractivo, interés, incentivo.
appeal (to) tr. llevar [la causa] en apelación a un tribunal. — 2 intr. DER. apelar : to ~ to, apelar a ; to ~ from, apelar de. 3 apelar, recurrir [a una pers. o cosa] ; suplicar ; hacer llamamiento a : to ~ to the country, POL. apelar a la opinión pública disolviendo el Parlamento y convocando elecciones. 4 remitirse [a uno], poner por testigo. 5 excitar, mover, atraer, interesar.
appealable (apiˑlabøl) adj. apelable.
appealer (apiˑløˑ) s. apelante.
appealing (apiˑling) adj. suplicante. 2 atrayente. 3 que despierta interés, simpatía.

appear (to) (apiˑøˑ) intr. aparecer, aparecerse, parecer. 2 salir, mostrarse, asomar, asomarse, brotar, surgir. 3 salir [un periódico]. 4 comparecer, personarse, presentarse. 5 parecer, semejar.
appearance (apiˑørans) s. aparición [acción] ; llegada, entrada, vista [de lo que aparece o se presenta] ; asomada. 2 DER. comparecencia, 3 apariencia. 4 aspecto, traza, porte, ver. 5 viso, vislumbre. 6 pl. apariencias : to all appearences, según todas las apariencias ; to save appearances, por el bien parecer.
appearer (apiˑørøˑ) s. compareciente.
appearing (apiˑøring) s. aparición [acción]. 2 DER. comparecencia [acto de comparecer].
appeasable (apiˑšabøl) adj. aplacable, mitigable.
appeasableness (apiˑšabølnis) s. aplacabilidad.
appease (to) (apiˑš) tr. aplacar, calmar, mitigar. 2 sosegar, aquietar. 3 apaciguar, pacificar. 4 desenojar.
appeasement (apiˑšmønt) s. alivio, aplacamiento. 2 aquietamiento, sosiego. 3 apaciguamiento, desenojo.
appeaser (apiˑšør) s. aplacador, apaciguador.
appeasing (apiˑšing), **appeasive** (apiˑšiv) adj. aplacador, apaciguador, sosegador, aliviador.
appellant (apeˑlant) adj. y s. apelante.
appellate (apeˑlit) adj. DER. de apelación, que tiene facultad para resolver sobre apelaciones.
appellation (apeleˑshøn) s. denominación, nombre, apelativo, título.
appellative (apeˑlativ) s. GRAM. apelativo. 2 fam. apelliˑco. — 3 adj. GRAM. apelativo, común.
apellee (apelrˑ) s. DER. apelado.
append (to) (apeˑnd) tr. atar, colgar [una cosa a otra]. 2 añadir [como apéndice o suplemento].
appendage (apeˑndiȳ) s. pertenencia, dependencia, accesorio, apéndice, aditamento.
appendant (apeˑndant) adj. anexo, accesorio ; pegado, unido ; pendiente, colgante. — 2 s. adjunto, subordinado. 3 cosa adjunta o dependiente.
appendectomy (apendeˑctomi), **appendicectomy** (apendiseˑctomi) s. CIR. apendicetomía, operación del apéndice, extirpación del apéndice vermiforme.
appendices (apeˑndisiš) s. pl. apéndices.
appendicitis (apendisaiˑtis o siˑtis) s. MED. apendiˑit's.
appendicular (apendiˑkiuløˑ) adj. ANAT. apendicular.
appendiculate (apendiˑkiulit) adj. apendiculado.
appendix (apeˑndics) s. apéndice [de un libro]. 2 ZOOL., ANAT. apéndice. 3 ANAT. apéndice vermiforme.
apperceive (to) (æpøˑsiˑv) tr. conocer por apercepción. 2 PSIC. reconocer las relaciones del objeto percibido con percepciones o ideas anteriores.
apperception (æpøˑsepshøn) s. FILOS. apercepción.
appertain (to) (apøˑteiˑn) intr. pertenecer, tocar, atañer, competer. 2 ser relativo [a].
appetence, -cy (æˑpetens, -si) s. apetencia, apetito, avidez. 2 FÍS., QUÍM. afinidad, atracción.
appetent (æˑpetent) adj. ávido, deseoso. 2 perteneciente al deseo.
appetible (æˑpetibøl) adj. apetecible.
appetite (æˑpetait) s. apetito. 2 apetencia.
appetitive (apeˑtitiv) adj. apetitivo.
appetize (to) (æˑpetaiš) tr. abrir el apetito.
appetizer (æˑpetaišer) s. aperitivo [que abre el apetito].
appetizing (æpetaiˑšing) adj. apetitoso, apetitivo, 2 tentador, incitante.
Appian Way (æˑpian uei) s. Vía Apia.
applaud (to) (æploˑd) tr. e intr. aplaudir. — 2 tr. alabar, encomiar.
applauder (æploˑdøˑ) s. aplaudidor, celebrador.
applause (æploˑš) s. aplauso.
applausive (æploˑsiv) adj. laudatorio.
apple (æˑpøl) s. BOT. manzana, poma : ~ butter, mermelada de manzanas ; ~ fritter, buñuelo de manzana ; ~ green, verde manzana ; ~ orchard, manzanal ; ~ pie, pastel de manzanas ; in apple-pie order, fam. en orden perfecto ; ~ tree, manzano ; ~ wife, vendedora de manzanas ; ~ yard, huerto ; ~ of discord, manzana de la discordia. 2 BOT. ~ mint, mastranto, mastranzo ; bitter ~, coloquíntida ; oak ~, agalla de roble ; thorn ~, estramonio. 3 ~ of the eye, pupila, niña del ojo ; niña de los ojos, persona o cosa muy querida. 4 Adam's ~, nuez [de la garganta].

applejack (æ·pøldỹæc) s. aguardiente de manzanas.

applesauce (æ·pølsos) s. mermelada de manzanas. 2 fig. (EE. UU.) halagos insinceros; tonterías, pamemas, música celestial.

appliance (æpla·ians) s. instrumento, utensilio, aparato, mecanismo, dispositivo. 2 aplicación, empleo.

applicability (æplicabi·liti), applicableness (æ·plicabølnis) s. calidad de aplicable.

applicable (æ·plicabøl) adj. aplicable, aplicadero.

applicant (æ·plicant) s. solicitante, demandante, peticionario. 2 pretendiente, aspirante.

application (æplike·shøn) s. aplicación [acción de aplicar; empleo, uso]. 2 aplicación, asiduidad. 3 remedio, emplasto, etc., que se aplica al cuerpo. 4 petición, demanda, solicitud : ~ blank o form, impreso, formulario para solicitar; to make ~ to, recurrir a, dirigirse a; sent upon u on ~, se envía a quien lo pida.

applicative (æ·plikeitiv), applicatory (æ·plicatori) adj. aplicable, aplicativo.

applied (æplai·d) adj. aplicado : ~ science, ciencia aplicada. | No tiene el sentido de aplicado en el estudio. 2 ~ for, pedido, encargado.

applier (æpla·iør) s. aplicador. 2 solicitante.

appliqué (æplikei·) s. aplicación [ornamentación sobrepuesta].

apply (to) (aplai·) tr. aplicar. — 2 intr. aplicarse, referirse, ser apropiado [a un caso, etc.]. 3 to ~ for, pedir, solicitar; to ~ to, recurrir a, pedir a : to ~ to a friend for information, pedir información a un amigo. — 4 ref. aplicarse, dedicarse, consagrarse, ponerse [a]. ¶ CONJUG. pret. y p. p.: applied.

appoint (to) (æpoi·nt) tr. fijar, señalar, determinar, establecer, prescribir : the appointed time, la hora señalada, el tiempo prescrito. 2 ordenar, decretar. 3 asignar, destinar. 4 nombrar, designar, comisionar [para un cargo, función, etc.]. 5 proveer, equipar, pertrechar, amueblar. ¶ En la acepción 5 sólo se usa el participio : well-appointed, bien amueblado, bien provisto.

appointee (æpointi·) s. persona nombrada o electa. 2 DER. persona a quien se asignan ciertos derechos sobre una propiedad ajena.

appointer (æpoi·ntør) s. ordenador, director. 2 nominador.

appointment (æpoi·ntmønt) s. señalamiento, fijación. 2 decreto, mandato. 3 cita, hora dada o convenida : to break an ~, faltar a una cita. 4 nombramiento, designación. 5 empleo, cargo, destino. 6 pl. equipo, adornos, mobiliario.

apportion (to) (æpo·'shøn) tr. prorratear, distribuir. 2 repartir [tributos].

apportionment (æpo·'shønmønt) s. prorrateo, prorrata. 2 distribución, repartimiento, derrama.

appose (to) (æpou·š) tr. poner, aplicar. 2 yuxtaponer.

apposite (æ·pošit) adj. apropiado, a propósito, conveniente, oportuno. 2 yuxtapuesto.

appositely (æ·pošitli) adv. convenientemente, apropiadamente, oportunamente, a propósito.

appositeness (æ·pošitnis) s. conveniencia, propiedad, oportunidad.

apposition (æpoši·shøn) s. GRAM. aposición. 2 adición, yuxtaposición.

apositive (apo·šitiv) adj. GRAM. apositivo.

appraisable (æprei·šabøl) adj. apreciable, estimable, tasable.

appraisal (æprei·šal) s. apreciación, estimación, valoración, avalúo, tasación.

appraise (to) (æprei·š) tr. apreciar, estimar, valorar, tasar, justipreciar. 2 poét. alabar.

appraisement (æprei·šmønt) s. APPRAISAL.

appraiser (æprei·šør) s. estimador, tasador, justipreciador. 2 (EE. UU.) tasador de la aduana.

appraisingly (æprei·šingli) adv. apreciando, estimando, evaluando.

appreciable (æpri·shiabøl) adj. apreciable, estimable. 2 apreciable, perceptible, sensible, notable.

appreciate (to) (æpri·shieit) tr. apreciar, estimar, valuar, tasar. 2 estimar, agradecer. 3 encarecer, aumentar el valor de. — 4 intr. aumentar de valor.

appreciation (æprishie·shøn) s. apreciación, estimación, valuación. 2 aprecio. 3 agradecimiento. 4 encarecimiento, aumento de valor. 5 estimativa.

appreciative (æpri·shiativ), appreciatory (æpri·siatori) adj. apreciativo.

appreciator (æpri·sieitør) s. apreciador, tasador. 2 el que aprecia el valor o los méritos de algo.

apprehend (to) (æprije·nd) tr. aprehender, prender, detener [a una pers]. 2 FIL. aprehender. 3 comprender, percibir, sentir. 4 oír, percibir, 5 temer, recelar [lo que puede venir].

apprehender (æprije·ndør) s. aprehensor.

apprehensible (æprije·nsibøl) adj. comprensible, concebible.

apprehension (æprije·nshøn) s. aprehensión, captura, prisión, detención. 2 FIL. aprehensión. 3 concepto, idea. 4 temor, miedo, recelo [de lo que puede venir]. 5 to be dull of ~, ser duro de mollera.

apprehensive (æprije·nsiv) adj. aprehensivo. 2 inteligente, perspicaz. 3 consciente [de algo]. 4 temeroso, receloso; que se percata [de]; que teme [por].

apprehensively (æprije·nsivli) adv. con miedo o temor.

apprehensiveness (æprije·nsivnis) s. temor, recelo.

apprentice (æpre·ntis) s. aprendiz. 2 novicio, principiante : ~ seaman, grumete.

apprentice (to) (æpre·ntis) tr. poner de aprendiz, contratar como aprendiz.

apprenticeship (æpre·ntisship) s. aprendizaje, noviciado.

apprise, apprize (to) (æprai·š) tr. informar, avisar, poner en conocimiento de. 2 ant. apreciar, valuar, tasar.

appriser, apprizer (æprai·šø') s. el que informa, avisa o pone en conocimiento. 2 ant. valuador, tasador.

approach (æprou·ch) s. proximidad, aproximación. 2 acceso, entrada : raised ~, rampa de acceso. 3 tentativas, primeros pasos [para una amistad, un negocio, etc.]; acción de abordar [a una persona, un estudio, etc.] : method of ~, manera de enfocar, de plantear [un problema, un trabajo]. 4 pl. cercanías. 5 FORT. aproches.

approach (to) (æprou·ch) intr. acercarse, aproximarse; avecinarse. 2 rayar en. — 3 tr. acercar, aproximar; acercarse, aproximarse a : to ~ the city, acercarse a la ciudad. 4 dirigirse, abordar a [uno], hablarle de un asunto, hacerle proposiciones. 5 abordar, enfocar [un asunto, un trabajo, etc.]; tocar [un tema].

approachable (æprou·chabøl) adj. accesible, abordable.

approaching (æprou·ching) adj. próximo, que se acerca, que se avecina. — 2 s. acercamiento, proximidad.

approbate (to) (æ·probeit) tr. (EE. UU.) aprobar, sancionar, autorizar.

approbation (æprobe·shøn) s. aprobación, beneplácito. 2 aceptación, aplauso.

approbative (æ·probativ), approbatory (æ·probatori) adj. aprobatorio.

appropriable (æprou·priabøl) adj. apropiable.

appropriate (æprou·prieit) adj. apropiado, a propósito, pertinente. 2 propio, peculiar.

appropriate (to) tr. apropiar, consignar, votar [una suma, una partida, un crédito]; destinar [a un uso]. 2 apropiarse, adjudicarse.

appropriately (æprou·prieitli) adv. apropiadamente, propiamente.

appropriateness (æprou·prieitnis) s. propiedad, idoneidad, aptitud.

appropriation (æproupriei·shøn) s. apropiación. 2 destinación [a un uso]. 3 crédito, asignación [votados para algún objeto].

appropriator (æprouprieitø') s. apropiador.

approvable (æpru·vabøl) adj. digno de aprobación.

approval (æpru·val) s. aprobación, beneplácito. 2 COM. on ~, a prueba.

approve (to) (æpru·v) tr. aprobar, sancionar; confirmar, ratificar. 2 probar, demostrar. 3 acreditar [de]. — 4 intr. to ~ of, aprobar, hallar de su gusto, de su agrado.

approver (æpru·vø') s. aprobador, aprobante.

approvingly (æpru·vingli) adv. con aprobación.

approximate (æpro·csimit) adj. próximo, cercano. 2 aproximado, aproximativo.

approximate (to) (æpro·csimeit) tr. aproximar. 2 aproximarse a, rayar en : to ~ perfection, aproximarse a la perfección. — 3 intr. aproximarse, acercarse.

approximately (æpro·csimitli) *adv.* aproximadamente.

approximation (æprocsime·shøn) *s.* aproximación.

approximative (æpro·csimativ) *adj.* aproximado, aproximativo.

approximatively (æpro·csimativli) *adv.* aproximadamente.

appulse (æ·pøls) *s.* choque, encuentro. 2 ASTR. apulso.

appurtenance (æpø·rtønans) *s.* pertenencia, dependencia, accesorio. 2 aparato, mecanismo.

appurtenant (æpø·tønant) *adj.* DER. perteneciente. — 2 *s.* pertenencia, dependencia.

apricot (ei·pricot o æ·pricot) *s.* BOT. albaricoque; damasco; chabacano. 2 ~ *tree*, albaricoquero.

April (ei·pril) *s.* abril. 2 *April Fools's Day*, día primero de abril, equivalente al de inocentes; *April-fool*, inocente, persona a quien hacen la broma del primero de abril.

apriorism (eipraiou·rišm) *s.* FIL. apriorismo.

aprioristic (eipraiouri·stic) *adj.* apriorístico.

apron (ei·prøn) *s.* delantal, mandil : *little ~*, excusalí; *~ strings*, cintas del delantal; *tied to his mother's ~ strings*, enmadrado, dominado por su madre. 2 cuero, en un coche, para proteger las piernas. 3 batiente [de un dique]. 4 MEC. delantera, placa de cubierta, plancha de protección. 5 obra de protección al pie de una presa, muro de contención, etc. 6 prenda, a modo de delantal, usada por los obispos anglicanos como distintivo de su dignidad. 7 MAR. ~ *of the stem*, contrarroda, albitana. 8 MEC. ~ *conveyor*, transportador de cadena sin fin. 9 TEJ. ~ *feed*, mesa de alimentación o de avance.

apropos (apropou·) *adv.* a propósito, oportunamente. 2 ~ *of*, a propósito de. — 3 *adj.* pertinente, oportuno.

apse (æps) *s.* ARQ. ábside : ~ *aisle*, girola. 2 ASTR. ápside.

apsidal (æ·psidal) *adj.* absidal. 2 ASTR. perteneciente a los ápsides.

apsis (æ·psis) *s.* APSE.

apt (æpt) *adj.* apto. 2 docto, competente, listo, hábil, pronto. 3 apropiado, adecuado. 4 propenso, inclinado, expuesto, capaz : *to be ~ to*, ser capaz de, estar expuesto a, soler.

apterous (æ·ptørøs) *adj.* ENTOM. áptero.

apteryx (æ·ptørics) *s.* ORNIT. aptérix, ave corredora de Nueva Zelandia.

aptitude (æ·ptitiud) *s.* aptitud, idoneidad, competencia. 2 propensión, disposición, tendencia, facilidad.

aptly (æ·ptli) *adv.* aptamente, idóneamente.

aptness (æ·ptnis) *s.* APTITUDE.

apyretic (æpaire·tic) *adj.* MED. apirético.

apyrexia (æpaire·csia) *s.* MED. apirexia.

aqua (æ·cua) *s.* agua [en ciertos nombres] : ~ *ammoniæ*, FARM. agua amoniacal; ~ *fortis*, agua fuerte; ~ *pura*, FARM. agua destilada; ~ *regia*, agua regia; ~ *rosæ*, agua de rosas; ~ *tofana*, tofana, agua tofana; ~ *vitæ*, alcohol, licor.

aqua-fortis (æ·cua fø·rtis) *s.* agua fuerte. 2 B. ART. aguafuerte.

aquafortist (æcuafø·rtist) *s.* aguafuertista.

aquamarine (æcuamari·n) *s.* MINER. aguamarina.

aquapuncture (æ·cuapøncchø') *s.* MED. inyección subcutánea de agua.

aquarelle (æcuare·l) *s.* acuarela.

aquarellist (æcuare·list) *s.* acuarelista.

aquarium (acue·riøm) *s.* acuario.

Aquarius (acue·riøs) *n. pr.* ASTR. Acuario.

aquatic (al (acuæ·tic(al) *adj.* acuático, acuátil.

aquatint (æ·cuatint) *s.* agua tinta; grabado al agua tinta.

aqueduct (æ·cuidøct) *s.* acueducto.

aqueous (ei·cuiøs) *adj.* ácueo, acuoso.

aqueousness (ei·cuiøsnis) *s.* acuosidad.

aquiferous (acui·førøs) *adj.* acuífero.

aquiform (ei·cuifo·m) *adj.* semejante al agua.

aquiline (æ·cuilin) *adj.* aquilino, aguileño.

Aquitaine (æ·cuitein) *n. pr.* HIST. Aquitania.

Aquitanian (æcuitei·nian) *adj. y s.* aquitano. — 2 *adj.* aquitánico.

aquositi (eicuo·siti) *s.* acuosidad.

Ara (ei·ra) *s.* ASTR. Ara, el Altar.

Arab (æ·rab) *adj. y s.* árabe, alarbe, alárabe. — 2 *s.* caballo árabe. 3 *street ~*, pillete, golfillo.

arabesque (ærabe·sc) *adj.* arabesco, arábigo. — 2 B. ART. arabesco.

Arabian (arei·bian) *adj.* arábico, arábigo. 2 *The Arabian Nights*, «Las mil y una noches». — 3 *s.* árabe.

Arabic (æ·rabic) *adj.* arábico, arábigo : ~ *figure*, cifra arábiga. — 2 *s.* árabe, arábico [lengua].

Arabism (æ·rabišm) *s.* arabismo.

Arabist (æ·rabist) *s.* arabista.

Arabize (æ·rabaiš) *tr.* arabizar.

arable (æ·rabøl) *adj.* labrantío, labradero, cultivable.

arachnid (æ·rænid) *s.* ZOOL. arácnido.

Arachnida (aræ·cnida) *s. pl* ZOOL. arácnidos.

arachnidan (aræ·cnidan) *adj. y s.* ZOOL. arácnido.

arachnoid (æræ·cnoid) *adj.* semejante a una telaraña. 2 ANAT. aracnoideo. — 3 *adj. y s.* ZOOL. arácnido. 4 ANAT. aracnoides.

arachnology (aræcno·loɣi) *s.* parte de la zoología que estudia los arácnidos.

Aragon (æ·rægon) *n. pr.* GEOGR. Aragón.

Aragonese (æragoni·s) *adj. y s.* aragonés.

aragonite (æ·rægonait) *s.* MINER. aragonito.

Araliaceæ (ærælie·sii) *s. pl.* BOT. araliáceas.

Aramaic (æramei·c), Aramean (æ·ramian) *adj.* arameo.

araneous (ærei·niøs) *adj.* semejante a una telaraña.

Araucanian (æroukei·nian) *adj. y s.* araucano.

araucaria (ærøke·ria) *s.* BOT. araucaria.

arbalest (a·rbalest), arbalist (a·rbalist) *s.* ballesta [arma]. 2 arbalestrilla.

arbalister (a·rbalistør) *s.* ballestero.

arbiter (a·rbitør) *s.* árbitro. 2 arbitrador, juez árbitro.

arbitrable (a·rbitrabøl) *adj.* arbitrable.

arbitrage (a·rbitri·ɣ) *s.* arbitraje, arbitramento. 2 COM. arbitraje [en Bolsa].

arbitral (a·rbitral) *adj.* arbitral.

arbitrament (a·rbi·tramønt) *s.* arbitraje, arbitramento. 3 arbitrio, albedrío.

arbitrarily (a·rbitrerili) *adv.* arbitrariamente.

arbitrariness (a·rbitrerinis) *s.* arbitrariedad.

arbitrary (a·rbitreri) *adj.* arbitrario. 2 discrecional. 3 despótico, autocrático.

arbitrate (to) (a·rbitreit) *tr.* e *intr.* arbitrar [decidir como árbitro]. — 2 *tr.* decidir, resolver [una contienda]. 3 someter a arbitraje.

arbitration (arbitre·shøn) *s.* arbitraje, arbitramento [acción].

arbitrator (a·rbitreitø') *s.* árbitro. 2 arbitrador, amigable componedor, tercero.

arbitratrix (a·rbitreitrics), arbitress (a·rbitris) *s.* arbitradora.

arbor (a·rbo') *s.* MEC. árbol, eje. 2 cenador, glorieta, emparrado. 3 (EE. UU.) *Arbor Day*, día del árbol, fiesta del árbol.

arboreal (a·bo·rial) *adj.* arbóreo; que vive en los árboles.

arbored (a·bo·d) *adj.* ARBOURED.

arboreous (a·bo·riøs) *adj.* arbóreo. 2 arbolado, poblado de árboles.

arborescence (a·bore·sens) *s.* aborescencia.

arborescent (a·bore·sent) *adj.* arborescente.

arboretum (a·bori·tøm) *s.* jardín botánico de árboles.

arboriculture (a·bo·cølchø') *s.* arboricultura.

arborist (a·rborist) *s.* arborista, arbolista.

arbor-vitæ (a·rbor-vai·ti) *s.* BOT., ANAT. árbol de la vida.

arbour (a·bø') *s.* emparrado, bacelar, glorieta, cenador.

arboured (a·bø·d) *adj.* arbolado, con árboles. 2 cubierto con una enramada o un emparrado.

arbuscle (a·rbøsøl) *s.* arbolillo.

arbutus (a·biu·tøs) BOT. madroño. 2 BOT. *trailing ~*, epígea.

arc (a·c) *s.* GEOM., ASTR., ELECT. arco : *voltaic ~*, arco voltaico; ~ *light*, luz de arco; ~ *lamp*, lámpara de arco [voltaico]; ~ *welding*, soldadura de arco. 2 cosa en forma de arco.

arc (to) *intr.* ELECT. formar arco.

arcade (a·kei·d) *s.* ARQ. arcada. 2 soportal, galería.

Arcadia (a·kei·dia) *n. pr.* Arcadia.

Arcadian (a·kei·dian) *adj. y s.* arcadio, árcade. — 2 *adj.* arcádico, simple, pastoral.

Arcady (a·cadi) *n. pr.* poét. Arcadia.

arcane (a·kei·n) *adj.* arcano, secreto.

arcanum (a·kei·nøm), *pl.* -na (-na) *s.* arcano.

arch (a·ch) *s.* ARQ. arco; bóveda; *round ~*, medio punto, formalete; *pointed ~*, arco apun-

tado; *horseshoe* ~, arco de herradura; *ogee* ~, arco conopial; *three-centered* o *basket-handle* ~, arco carpanel; *rampant* ~, arco por tranquil; *triumphal* ~, arco de triunfo. 2 poco us. GEOM. arco. *3* cosa en forma de arco: ~ *of the aorta,* cayado de la aorta. — *4 adj.* travieso, picaresco. *5* socarrón, astuto. *6* principal, insigne.
arch (to) (arch) *tr.* arquear, enarcar, encorvar. *2* abovedar. — *3 intr.* arquearse. *4* formar bóveda.
archæologic(al (a'kiolo'ŷic(al) *adj.* arqueológico.
archæologist (a'kio·lo'ŷist) *s.* arqueólogo.
archæology (a'kio·lo'ŷi) *s.* arqueología.
archaic (a'kei·c) *adj.* arcaico.
archaism (a'keiš̶m) *s.* arcaísmo.
archaist (a'keist) *s.* arcaísta.
archaistic (a'kei·stic) *adj.* arcaizante.
archaize (a'keiaiš̶) *intr.* arcaizar.
archangel (a'ke·nŷøl) *s.* arcángel.
archangelic (a'kenŷe·lic) *adj.* arcangélico.
archbishop (a'chbishop) *s.* arzobispo.
archbishopric (a'chbi·shopric) *s.* arzobispado.
archdeacon (a'chdi·cøn) *s.* arcediano, archidiácono.
archdeaconry (a'chdi·kønri), **archdeaconship** (a'chdi·kønship) *s.* arcedianato.
archdiocese (a'chda·iosiš̶) *s.* archidiócesis.
archducal (a'chdiu·cal *adj.* archiducal.
archduchess (a'chdø·chis) *s.* archiduquesa.
archduchy (a'chdø·chi) *s.* archiducado.
archduke (a'chdiu·c) *s.* archiduque.
archdukedom (a'chdiuk·døm) *s.* archiducado.
arched (archt) *adj.* arqueado, abovedado.
archegonium (a'kigo·niøm) *s.* BOT. arquegonio.
archenemy (a'che·nemi) *s.* el enemigo malo, el demonio.
archeologic(al, etc. ARCHÆOLOGIC(AL, etc.
archeozoic (a'kiozou·ic) *adj.* y *s.* GEOL. arqueozoico. arcaico.
archer (a'chø') *s.* arquero, flechero. *2* ASTR. sagitario.
archeress (a'chøris) *s.* arquera.
archery (a'chøri) *s.* tropa de arqueros. *2* tiro de arco.
archetypal (a'kitaipal) *adj.* arquetípico, perteneciente al arquetipo.
archetype (a'kitaip) *s.* arquetipo.
archfiend (a'chfi·nd) *s.* el demonio, el diablo.
Archibald (a'chibøld) *n. pr. m.* Archibaldo.
archidiaconal (a'kidiæ·conal) *adj.* perteneciente al arcediano.
archiepiscopacy (a'kiepi·scopasi) *s.* arzobispado.
archiepiscopal (a'kiepi·scopal) *adj.* arzobispal.
archiepiscopate (a'kiepi·scopeit) *s.* ARCHIEPISCOPACY.
archil (a'·kil) *s.* BOT. urchilla.
archimandrite (a'kimæ·ndrait) *s.* archimandrita.
Archimedean (a'kimi·dian) *adj.* de Arquímides : ~ *screw,* rosca de Arquímides.
Archimedes (a'kimi·diš̶) *n. pr.* Arquímedes.
arching (a'ching) *adj.* arqueado. — *2 s.* arqueo, curvatura.
archipelago (a'kipe·lagou) *s.* archipiélago.
architect (a'kitect) *m.* arquitecto, alarife. *2* fig. artífice, autor.
architectonic (a'kitecto·nic) *adj.* arquitectónico.
architectonics (a'kitecto·nics) *s.* arquitectura, arte arquitectónico.
architectural (a'kite·cchural) *adj.* arquitectónico.
architecture (a'kitecchu') *s.* arquitectura.
architrave (a'kitreiv) *s.* ARQ. arquitrabe.
archives (a'caivš̶) *s. pl.* archivo.
archivist (a'kivist) *s.* archivero.
archivolt (a·rkivolt) *s.* ARQ. archivolta.
archlike (a·rchlaik) *adj.* en forma de arco.
archly (a·rchli) *adv.* con travesura, con picardía.
archness (a·rchnis) *s.* travesura, picardía [cualidad]. *2* astucia, sutileza de ingenio.
archon (a·rcon) *s.* aronte.
archontate (a'conteit) *s.* arcontado.
archpriest (a·rchprist) *s.* gran sacerdote. *2* arcipreste.
archpriesthood (a·rchpristjud) *s.* arciprestazgo.
archvillain (a'chvi·len) *s.* bellaconazo, bribonazo.
archvillainy (a'chvi·leni) *s.* gran bellaquería.
archway (a'chuei) *adv.* ARQ. arco, arcada. *2* paso o entrada bajo un arco. *3* pasaje abovedado.
archwise (a·rchuaiš̶) *adv.* en figura de arco.
arciform (a·rsifø·m) *adj.* de forma de arco.
arcing (a·rking) *adj.* ELECT. que forma arco. — *2 s.* ELECT. formación de arco.

arctation (a·rcte·shøn) *s.* MED. constricción, estenosis.
arctic (a·rctic) *adj.* ártico: ~ *fox,* ZOOL. zorro azul; *Arctic Ocean,* océano Ártico. — *2 s.* región ártica. *3 pl.* chanclos impermeables.
Arcturus (a'ctu·røs) *n. pr.* ASTR. Arturo.
arcuate (a·rkiuit) *adj.* arqueado [de figura de arco].
arcuated (a·rkiueitid) *adj.* ARCUATE. *2* ARQ. que tiene arcos.
arcuation (a·rkiue·shøn) *s.* arqueo, encorvamiento, arcuación. *2* ARQ. sistema de arcos.
arcubalist (a·rkiubalist) *s.* ballesta [arma].
arcubalister (a'kiubæ·listø') *s.* ballestero.
ardency (a·dønsi) *s.* ardor, calor, vehemencia. *2* ansia, anhelo.
Ardennes (a·de·n) *n. pr.* GEOGR. Ardenas.
ardent (a·dent) *adj.* ardiente. *2* encendido, brillante. *3* ~ *spirits,* licores espirituosos.
ardently (a·dentli) *adv.* ardientemente.
ardentness (a·dentnis) *s.* ARDENCY.
ardor, ardour (a·dø') *s.* ardor [calor, brillo, resplandor]. *2* ardor, pasión, celo, entusiasmo, ardimiento.
arduous (a·diuøs) *adj.* arduo, difícil, peliagudo. *2* riguroso. *3* enérgico. *4* escarpado, escabroso.
arduously (a·diuøsli) *adv.* arduamente, enérgicamente.
arduousness (a·diuøsnis) *s.* arduidad.
1) **are** (a') *pl. del pres. de indic.* de TO BE.
2) **are** (e·ø') *s.* área [medida].
area (e·ria) *s.* área [superficie, espacio]. *2* patio bajo destinado a dar acceso, luz o ventilación a la parte delantera de los sótanos.
areca (ari·ca) *s.* BOT. areca. *2* nuez de areca.
arena (arri·na) *s.* arena, arenas, liza; redondel, ruedo. *2* MED. arenilla.
arenaceous (ærinei·shøs), **arenose** (æ·rinous) *adj.* arenáceo, arenoso, arenisco.
aren't (a·nt) *contr.* de ARE NOT.
areola (ari·ola) *s.* ANAT. MED. aréola.
areolar (ari·olar) *adj.* areolar.
areometer (ario·mitø') *s.* areómetro, pesalicores.
Areopagite (ærio·pagait) *s.* areopagita.
Areopagus (ærio·pagøs) *s.* areópago.
areostyle (ærio·stail) *s.* ARQ. areóstilo.
argala (a·gælæ) *s.* ORNIT. marabú.
argali (a·gali) *s.* ZOOL. carnero salvaje del Norte de Asia y de las Montañas Rocosas.
argan (a·gøn) *s.* BOT. argán, erguen [fruto] : ~ *tree,* argán, erguen [árbol].
Argand lamp (a·gænd le·mp) *s.* quinqué.
argent (æ·ŷent) *adj.* BLAS. argén. *2* poét. argento. — *3 adj.* argénteo.
argentation (a'ŷentei·shøn) *s.* plateado, baño de plata.
argentiferous (a'ŷenti·førøs) *adj.* argentífero.
Argentina (a'ŷenti·na) *n. pr.* GEOGR. Argentina.
argentine (a·ŷentin) *adj.* argentino. — *2 s.* metal blanco plateado. *3* pigmento plateado de las escamas de los peces.
Argentine (a·ŷentin), **Argentinean** (a'ŷenti·nian) *adj.* y *s.* argentino [de la Argentina] : *Argentine Republic,* República Argentina.
argentite (a·ŷentait) *s.* MINER. argirosa.
argil (a·ŷil) *s.* arcilla, alfar.
argillaceous (a'ŷilei·shøs), **argillous** (a·ŷi·løs) *adj.* arcilloso.
Argive (a·ŷiv) *adj.* y *s.* argivo.
argol (a·gol) *s.* tártaro, rasuras.
Argolis (a·gølis) *n. pr.* la Argólide.
argon (æ·gon) *s.* QUÍM. argo, argón.
Argonaut (a·gonot) *s.* MIT. argonauta. *2* (con min.) ZOOL. argonauta.
argosy (a·gøsi) *s.* buque con cargamento valioso.
argue (to) (a·guiu) *intr.* argüir, argumentar. *2* discutir. — *3 tr.* argüir [probar, indicar]. *4 to* ~ *of,* argüir, acusar, tachar de. *5 to* ~ *[someone] into,* persuadir [a uno], llevarle a [una opinión, decisión, etc.]'; *to* ~ *[someone] out of,* disuadir [a uno] de, hacerle abandonar [una idea, prejuicio, etc.].
arguer (a·guiuø') *s.* arguyente, argumentador. *2* discutidor.
argufier (a·guiufaiø') *s.* fam. discutidor, discursista.
arguing (a·guiuing) *s.* razonamiento, argumento.
argument (a·guiumønt) *s.* argumento, asunto, tema. *2* sumario, resumen. *3* argumento [razona-

miento, prueba]. *4* debate, discusión, disputa. *5* DER. alegato.
argumentation (a'guiumente·shøn) *s.* argumentación, razonamiento. *2* debate, discusión.
argumentative (a'guiume·ntativ) *adj.* argumentativo, polémico, dialéctico. *2* demostrativo. *3* argumentador, discutidor.
Argus (a·'gøs) *n. pr.* MIT. Argos. — *2 s.* argos [persona muy vigilante]. *3* ORNIT. faisán de Oceanía.
argus-eyed *adj.* lince, de vista penetrante.
argute (a'guiu·t) *adj.* agudo, sutil, sagaz, astuto. *2* penetrante [sonido].
argutely (a'guiu·tli) *adv.* agudamente, sutilmente, sagazmente.
arguteness (a'guiu·tnis) *s.* agudeza, sutileza, sagacidad.
argyrism (a·'ŷi·rišm) *s.* MED. argirismo.
argyrol (a·'ŷirøl) *s.* FARM. argirol.
aria (a·ria) *s.* MÚS. aria.
Ariadne (æriæ·dni) *n. pr.* MIT. Ariadna.
Arian (e·rian) *adj. y s.* arriano.
Arianism (e·rianišm) *s.* arrianismo.
arid (æ·rid) *adj.* árido.
aridity (ari·diti), **aridness** (æ·ridnis) *s.* aridez.
Aries (e·riš) *n. pr.* ASTR. Aries.
arietta (arie·ta) *s.* MÚS. arieta.
aright (arai·t) *adv.* acertadamente, rectamente, como es debido.
aril (æ·ril) *s.* BOT. arilo.
arillate(d (æ·rileit(id) *adj.* BOT. arilado.
Arimathea (ærimazi·æ) *n. pr.* Arimatea.
arise (to) (arai·š) *intr.* subir, elevarse. *2* levantarse [salir de la cama, ponerse en pie]. *3* aparecer, surgir. *4* ofrecerse, presentarse, suscitarse, sobrevenir. *5* originarse, proceder, provenir. *6* levantarse, alzarse, sublevarse. ¶ CONJUG. pret.: *arose;* p. p.: *arisen.*
arisen (ari·šen) *p. p.* de TO ARISE.
arista (ari·sta), *pl.* **-tae** (-te) *s.* BOT. arista.
Aristarch (arista·rc) *n. pr. y s.* Aristarco.
Aristides (æristai·diš) *n. pr. m.* Arístides.
aristocracy (æristo·crasi) *s.* aristocracia.
aristocrat (æri·stocræt) *s.* aristócrata.
aristocratic(al (æristocræ·tic(al) *adj.* aristocrático.
aristocratically (æristocræ·tically) *adv.* aristocráticamente.
aristolochiaceous (æristolokiei·shøs) *adj.* BOT. aristoloquiáceo.
Aristophanes (æristo·fanis) *n. pr.* Aristófanes.
Aristophanic (æristofæ·nic) *adj.* aristofánico.
Aristotelian (æristoti·lian), **Aristotelic** (æristote·lic) *adj. y s.* aristotélico.
Aristotle (æristo·tøl) *n. pr.* Aristóteles.
arithmetic (ari·zmetic) *s.* aritmética.
arithmetical (arizme·tical) *adj.* aritmético.
arithmetically (arizme·ticali) *adv.* aritméticamente.
arithmetician (arizmeti·šan) *s.* aritmético.
arithmometer (ærizmo·mitør) *s.* aritmómetro.
Arius (æ·riøs o e·riøs) *n. pr.* Arrio.
ark (a·c) *s.* arca [caja]. *2* arca [de Noé]. *3* ~ *of the Covenant,* ~ *of testimony,* Arca de la Alianza. *4* (EE. UU.) bote de fondo plano, chata, chalana.
arkose (arcou·s) *s.* GEOL. arcosa.
arm (a·m) *s.* ANAT. brazo: ~ *band,* brazal; ~ *bone,* canilla del brazo; *child in arms,* niño de teta; *to make a long* ~, fam. alcanzar, alargar; *arm in* ~, de bracete, de bracero, del brazo: *at arm's length,* a la distancia de un brazo; a distancia prudente; *with open arms,* con los brazos abiertos. *2* fig. brazo [poder, fuerza, autoridad]. *3* brazo [de un animal, de palanca, de mar, de ancla, de sillón, etc.]. *4* brazo, rama [de árbol]. *5* arma [instrumento, instituto] : *side arms,* armas que se llevan al costado o al cinto; *to arms!,* ¡a las armas!; *to be up in arms,* alzarse en armas, estar en armas; *to call to arms,* llamar a las armas; *to carry arms,* llevar armas [consigo]; *to lay down one's arms,* deponer las armas, rendirse; *to present arms,* presentar las armas; *to rise up in arms,* alzarse en armas; *to take up arms,* tomar las armas; *in arms,* en armas; *under arms.* sobre las armas; sirviendo en el ejército. *6 pl.* BLAS. armas.
arm (to) *tr.* armar [con armas; fortalecer]. *2* cubrir, reforzar. *3* proveer, equipar [de armadura, un imán, de lentes, un telescopio, etc.] — *4 intr. y ref.* armarse.

armada (a·'mei·da o a·'ma·da) *s.* armada, flota. *2 the Armada,* la Armada Invencible.
armadillo (a·'mædi·lou) *s.* ZOOL. armadillo, cachicamo; tatú.
Armageddon (a·'mægue·døn) *n. pr.* BIB. Armagedón [lugar de grande y terrible lucha]. *2* fig. lucha suprema.
armament (a·'mamønt) *s.* armamento. *2* fuerzas militares.
armature (a·'machør) *s.* armadura [defensiva]. *2* ZOOL. órganos de defensa o de ataque. *3* ARQ. barra o armazón de refuerzo. *4* ELECT., MAGNET. armadura. *5* ELECT. inducido [de dínamo].
armchair (a·'macheør) *s.* sillón, butaca; silla de brazos.
armed (a·'md) *adj.* armado [provisto de armas] : ~ *forces,* fuerzas armadas.
Armenia (a·'mi·nia) *n. pr.* GEOGR. Armenia.
Armenian (arṃi·nian) *adj. y s.* armenio.
armet (a·'met) *s.* almete.
armful (a·'mful) *s.* brazado.
armhole (a·'mjoul) *s.* ARMPIT. *2* abertura [en una prenda] para pasar el brazo; sisa.
armiger (a·'miÿø') *adj. y s.* armígero, armífero.
armillary (a·'mileri) *adj.* armilar.
arming (a·'ming) *s.* armamento, acción de armar o de armarse. *2* armadura [de imán] *3 pl.* MAR. empavesadas.
armipotent (a·'mi·potønt) *adj.* armipotente.
armisonant (a·'mi·sonant) *adj.* armisonante.
armistice (a·'mistis) *s.* armisticio.
armless (a·'mlis) *adj.* inerme, sin armas. *2* manco.
armlet (a·'mlis) *s.* pequeño brazo de mar. *2* brazalete [para el brazo]; brazal. *3* avambrazo [de armadura].
armload (a·'mloud) *s.* brazado.
armor, armored, armorer, armory, etc. = ARMOUR, ARMOURED, ARMOURER, ARMOURY, etc.
armorial (a·'mo·rial) *adj.* heráldico : ~ *bearings,* escudo de armas. — *2 s.* libro de heráldica.
armoring (a·'moring) *s.* acorazamiento, blindaje.
armour (a·'mø') *s.* armadura [defensiva], arnés. *2* coraza, blindaje : ~ *plate,* plancha de blindaje.
armour-bearer *s.* armígero. *2* escudero.
armoured *adj.* armado [cubierto con armadura]. *2* acorazado, blindado. *3* ~ *concrete,* hormigón armado.
armourer (a·rmørør) *s.* armero [persona].
armour-plate (to) *tr.* acorazar, blindar.
armoury (a·'mori) *s.* armería; arsenal. *2* (EE. UU.) fábrica de armas del ejército. *3* armería [arte del armero]. *4* blasón, heráldica.
armpit (a·'mpit) *s.* sobaco, axila.
armrack (a·'mræc) *s.* armero [para tener las armas].
armscye (a·'msai) *s.* SAST. sisa, abertura donde se fija la manga.
army (a·'mi) *pl.* **-mies** (-miš) *s.* ejército [tropas; multitud]. — *2 adj.* del ejército, de ejército, militar, castrense; ~ *chaplain,* capellán castrense; ~ *corps,* cuerpo de ejército; ~ *doctor,* médico militar; ~ *list,* escalafón del ejército. *3* ENTOM. ~ *worm,* nombre de varias orugas que viajan en grandes multitudes, devorando la hierba, las mieses. etc.
arnatto (arna·to), **arnotto** (arno·to) *s.* ANNATTO.
arnica (a·'rnica) *s.* BOT., FARM. árnica.
Arnold (a·rnold) *n. pr.* Arnaldo.
aroma (arou·ma) *s.* aroma, fragancia. *2* aroma, especia.
aromacity (æromæ·siti) *s.* aromaticidad.
aromatic (æromæ·tic) *adj.* aromático, aromoso. — *2 s.* aroma, especia.
aromatical (æromæ·tical) *adj.* AROMATIC.
aromatization (aromatiše·shøn) *s.* aromatización.
aromatize (to) (aromatai·š) *tr.* aromatizar, aromar.
aromatizer (æro·moutaišø') *s.* aromatizador.
arose (arou·š) *pret.* de TO ARISE.
around (arau·nd) *adv.* alrededor, en torno, en derredor, a la redonda, en circuito. *2* de uno a otro, de mano en mano. *3* por todas partes, de un lado a otro. *4* en la dirección opuesta : *the other way* ~, al contrario, viceversa, al revés. — *5 prep.* alrededor de, en torno de. *6* por, de un lado a otro de. *7* al volver, a la vuelta de : ~ *the corner,* a la vuelta de la esquina.
arousal (arau·šal) *s.* despertamiento.

arouse (to) (arau·š) tr. despertar [al que duer-
me]. 2 despertar, mover, excitar. — 3 intr. despertar, despertarse.
arow (arou·) adv. poét. en fila, en hilera.
arpeggio (arpe·you) s. MÚS. arpegio.
arquebús (a·'cuibøs) s. HARQUEBUS.
arquebusier (a·'cuibøsi·ø') s. HARQUEBUSIER.
arrack (æ·rac) s. aguardiente de palma.
arraign (to) (ærei·n) tr. DER. procesar. 2 acusar,
hacer cargos.
arraignment (ærei·nmønt) s. DER. proceso, procesamiento; presentación del acusado ante el tribunal. 2 acusación.
arrange (to) (ærei·nȳ) tr. arreglar, poner en orden; disponer, distribuir [convenientemente].
2 clasificar, ordenar. 3 disponer, preparar. 4
arreglar, fijar, acordar [un plan, programa, etc.].
5 MÚS. arreglar, adaptar. — 6 intr. convenirse,
acordarse; hacer planes o tomar disposiciones
[para].
arrangement (ærei·nȳmønt) s. arreglo, ordenación. 2 orden, disposición, combinación [de
partes u objetos]. 3 arreglos, planes, disposiciones. 4 arreglo, convenio. 5 MÚS. arreglo.
arranger (ærei·nȳø') s. arreglador, ordenador.
arrant (æ·rant) adj. notorio, acabado, consumado,
insigne, de marca mayor, de siete suelas.
arras (æ·ras) s. tapiz de Arrás.
array (ærei·) s. orden, formación. 2 orden [de
batalla]. 3 pompa, aparato, séquito. 4 colección,
serie [de cosas]. 5 atavío, gala. 6 DER. lista del
jurado: to challenge the ~, recusar todo el
jurado.
array (to) tr. formar las tropas. 2 poner en orden
de batalla. 3 vestir, adornar, ataviar. 4 DER. formar la lista de los jurados y llamarlos.
arrear (æri·ø') s. [esp. en pl.] atrasos, caídos:
to fall into arrears, atrasarse [de dinero].
arrearage (ari·øridȳ) s. atraso. 2 reserva [lo que
se tiene en reserva]. 3 pl. atrasos, caídos.
arrest (ære·st) s. detención, prisión, arresto. 2 paro,
interrupción. 3 MEC. tope.
arrest (to) tr. detener, prender, arrestar. 2 atraer,
fijar [la atención, la mirada]. 3 parar, detener,
retener, atajar, reprimir.
arresting (ære·sting) adj. notable, sorprendente,
impresionante.
arrhizal (ærai·šal), arrhizous (arai·šøs) adj. BOT.
arrizofita.
arrhythmia (ari·zmia) s. MED. arritmia.
arrhythmic (ari·zmic) adj. MED. arrítmico.
arris (æ·ris) s. ARQ. esquina, arista, vivo.
arrival (arai·val) s. llegada, arribo, venida. 2
arribada, arribaje. 3 llegado [pers.]: the last ~,
el último llegado.
arrive (to) (arai·v) intr. llegar, arribar, advenir.
2 lograr éxito, fama; lograr sus fines. 3 llegar
[a una conclusión, un estado, etc.].
arrogance, -cy (æ·rogans, -si) s. arrogancia, soberbia, altanería.
arrogant (æ·rogant) adj. arrogante, soberbio, altanero.
arrogantly (æ·rogantli) adv. arrogantemente, altaneramente.
arrogantness (æ·rogantnis) s. arrogancia, soberbia, altanería.
arrogate (to) (æ·rogueit) tr. arrogar. 2 atribuir indebidamente. 3 to ~ to oneself, arrogarse.
arrogation (æro·geishøn) s. arrogación.
arrow (æ·rou) s. flecha, saeta.
arrowhead (æ·roujed) s. punta de flecha. 2 BOT.
sagitaria.
arrow-headed adj. aflechado. 2 cuneiforme: ~
characters, caracteres cuneiformes.
arrowroot (æ·rourut) s. BOT. arrurruz.
arrow-shaped adj. aflechado, sagital.
arrowy (æ·roui) adj. aflechado. 2 fig. veloz, cortante, penetrante.
arse (a·s) s. vulg. culo, trasero, nalgas.
arsenal (a·'senal) s. MIL. arsenal, maestranza.
arsenate (æ·'seneit), arseniate (a·'sinieit) s. QUÍM.
arseniato.
arsenic (a·'senic) s. QUÍM. arsénico.
arsenic(al (a·se·nic(al) adj. arsenical.
arsenide (a·'senid, -naid) s. QUÍM. arseniuro.
arsenious (a·si·nius) adj. arsenioso.
arsenite (a·'senait) s. QUÍM. arsenito.
arsis (a·'sis) s. sílaba acentuada. 2 MÚS. parte débil de un compás.

arson (a·'søn) s. incendio provocado, premeditado.
1) art (a·t) 2.* pers. del sing. del pres. de ind. de TO
BE, eres, estás.
2) art s. arte: arts and crafts, artes y oficios;
black, ~, magia negra; fine arts, bellas artes.
| No tiene el sentido de arte de pesca. 2 maña;
astucia, artificio. 3 facultad, oficio, gremio.
arterial (a·ti·rial) adj. arterial.
arterialization (a·ti·rialaiše·shøn) s. arterialización.
arterialize (to) (a·ti·rialaiš) tr. arterializar.
arteriography (a·ti·rio·grafi) s. arteriografía.
arteriole (a·ti·riol) s. ANAT. arteriola.
arteriology (a·ti·rio·loȳi) s. arteriología.
arteriosclerosis (a·tiriosclerou·sis) s. MED. arteriosclerosis.
arteriotomy (a·ti·rio·tomi) s. CIR. arteriotomía.
arteritis (a·tørai·tis) s. MED. arteritis.
artery (a·tøri) s. ANAT. arteria.
artesian (a·ti·šian) adj. artesiano: ~ well, pozo
artesiano.
artful (a·tful) adj. artificial, artístico. 2 diestro,
ingenioso. 3 artero, ladino, astuto, artificioso.
artfully (a·tfuli) adv. diestramente, ingeniosamente, con arte. 2 arteramente, ladinamente.
artfulness (a·tfulnis) s. habilidad, arte. 2 artería, astucia, socarronería.
arthralgia (a·zræ·lȳia) s. MED. artralgia.
arthritic(al (a·zri·tic(al) adj. y s. MED. artrítico.
arthritis (a·zrai·tis o -zri·tis) s. MED. artritis.
arthritism (a·'zritiśm) s. MED. artritismo.
arthrology (a·zro·loȳi) s. artrología.
arthropod (a·'zropod) s. ZOOL. artrópodo.
Arthropoda (a·zro·poda) s. pl. ZOOL. artrópodos.
arthropodal (a·zro·podal), arthropodous (a·zro·po·
døs) adj. ZOOL. artrópodo.
arthrosis (a·zrou·sis) s. ANAT. articulación.
Arthur (a·zø') n. pr. Arturo.
artichoke (a·'tichouc) s. BOT. alcachofa: ~ plant,
alcachofera. 2 BOT. Jerusalem ~, tupinambo,
aguaturma, cotufa.
article (a·'tikøl) s. artículo: ~ of faith, artículo
de fe; ~ of food, artículo alimenticio; definite ~, artículo definido o determinado; indefinite ~, artículo indefinido o indeterminado;
in the ~ of death, en el artículo de la muerte.
2 cláusula, estipulación: articles of agreement, contrato; articles of apprenticeship, contrato de aprendizaje; articles of association,
escritura de sociedad; articles of marriage, capítulos matrimoniales; articles of war, código
militar; to be under articles, estar escriturado.
3 punto, detalle, particular. 4 objeto, cosa:
trifling articles, bagatelas, menudencias. 5 ZOOL.
artejo, segmento articulado.
article (to) tr. formular en artículos. 2 escriturar, contratar. 3 contratar los servicios de [un
abogado]. 4 poner [a uno] de aprendiz bajo
contrato. 4 hacer cargos [a uno].
articular (a·'ti·kiula') adj. articular.
articularly (a·'ti·kiula·li) adv. articuladamente.
Articulata (a·'tikiuleita) s. pl. ZOOL. articulados.
articulate (a·'ti·kiulit) adj. articulado. 2 claro,
distinto. — 3 s. ZOOL. articulado.
articulate (to) (a·'ti·kiuleit) tr. articular. 2 expresar
distintamente, enunciar. — 3 intr. articularse.
articulately (a·'tikiulitli) adv. articuladamente.
articulateness (a·'tikiuleitnis) s. calidad de articulado.
articulation (a·tikiule·shøn) s. articulación.
artifact (a·'tifæct) s. ARQUEOL. objeto producido
por la industria humana.
artifice (a·'tifis) s. artificio, arte. 2 artificio, recurso, treta, ardid.
artificer (a·ti·fisø') s. artífice. 2 inventor, tramador. 3 MIL. artificiero. 4 (EE. UU.) soldado destinado a trabajos de carpintero, mecánico, etc.
artificial (a·tifi·shal) adj. artificial. 2 falso, fingido, afectado, artificioso. 3 DER. ~ person, persona jurídica.
artificiality (a·tifishia·liti) s. calidad de artificial
o artificioso; afectación, falta de naturalidad.
artificially (a·tifi·shali) adv. artificialmente, artificiosamente.
artificialness (a·tifi·shalnis) s. ARTIFICIALITY.
artillerist (a·ti·lørist) s. artillero.
artillery (a·ti·løri) s. artillería: ~ park, parque
de artillería; ~ train, tren de artillería; ~
wagon, furgón de artillería; ~ practice, ejercicio de cañón; field, siege ~, artillería de

ARTÍCULO / ARTICLES

El inglés tiene dos clases de artículo: el definido y el indefinido.

⊕ Artículo definido: **the**. Es invariable y corresponde a *el, la, los, las* y (en ciertos casos) *lo*.

⊕ Artículo indefinido: **a** o **an**. Se usa para el singular en todos los géneros.
—La forma **a** se usa: a) delante de consonantes (incluyendo entre ellas la **h** aspirada, la **w** y la **y**); b) delante de **u**, **eu** y **ew** cuando suenan como en **use**, **European** y **ewe**, y delante de **o**, cuando suena como en **one**.
—El plural español *unos* y *unas* se traduce al inglés por el adjetivo **some**: he had **some** papers in his hand, tenía unos papeles en la mano.

Al contrario de lo que ocurre en español:

Se emplea el artículo definido:

⊕ En expresiones como: to give **the** lie, dar un mentís, desmentir; to put to **the** test, poner a prueba; on **the** whole, en conjunto; Paris, **the** capital of France, París, capital de Francia.

Se omite el artículo definido:

⊕ Con nombres abstractos o usados en sentido abstracto o general: time is money, *el* tiempo es oro; prices are going up, *los* precios suben; man is a rational creature, *el* hombre es un ser racional.
—Notemos, sin embargo, que los nombres en singular que designan una especie, clase, etc., de personas, animales o cosas suelen llevar el artículo: **the** Irishman is imaginative, el irlandés es imaginativo; **the** dog is intelligent, el perro es inteligente. También lo llevan los adjetivos gentilicios, como **English**, **French, Mexican, Spanish**, etc., usados como substantivos: **the** Spanish won the war, los españoles ganaron la guerra.

• Con adjetivos, o con nombres que expresan título, dignidad, etc., cuando van con un nombre propio: Queen Elizabeth, *la* reina Isabel; President Lincoln, *el* presidente Lincoln.

• Con los nombres de calle, plaza, lugar, etc.; con los de país precedidos de adjetivo; con los de río, precedidos de **river**, y con los de montañas en singular: Trafalgar Square, *la* plaza de Trafalgar; Buckingham Palace, *el* palacio de Buckingham; Lake Ontario, *el* lago Ontario.

⊕ Con ciertos nombres colectivos, como: mankind, *la* humanidad, *el* género humano; people, *la* gente.

• Con los nombres de ciencias, artes o juegos: the study of mathematics, el estudio de *las* matemáticas; to play chess, jugar *al* ajedrez.

• Con los nombres cultos o científicos de las enfermedades: asthma, *el* asma; diphtheria, *la* difteria. *Observ.*: Los nombres de enfermedad cuando son vulgares o muy conocidos llevan el artículo: **the** measles, el sarampión o rubéola; **the** plague, la peste.

⊕ Con los nombres de las comidas: before breakfast, antes *del* desayuno.

• Con los nombres de los días de la semana o de los días de fiesta: Monday, *el* lunes; Mother's Day, *el* día de la Madre.

• Después de **next, last, in, at, to, from, on, all**, en frases como: next week, *la* semana próxima; last year, *el* año pasado; in jail, en *la* cárcel; at school, en *la* escuela; to church, a *la* iglesia.
Excep.: **Next** y **last**, cuando van precedidos de **on**, llevan el artículo: on **the** last day, el último día.
NOTA: El uso que hace el español del artículo determinado en expresiones como: me lavo *las* manos, ponte *el* sombrero, él se ha roto *el* brazo, no existe en inglés. Estas expresiones se traducen por: I wash **my** hands, put on **your** hat, he has broken **his** arm.

---

campaña o de sitio; *mountain, horse* ~, artillería de montaña.
artilleryman (a'tilørimæn), *pl.* **-men** (-men) *s.* artillero.
artiodactyl (a'tiodæctil) *adj.* y *s.* ZOOL. artiodáctilo.
artisan (a'tišan) *s.* artesano, menestral, artífice.
artist (a'tist) *s.* artista.
artistic(al (a'tistic(al) *adj.* artístico.
artistically (a'tisticali) *adv.* artísticamente.
artistry (a'tistri) *s.* ejercicio del arte. 2 talento artístico, arte.
artless (a'tlis) *adj.* natural, sencillo, ingenuo. 2 simple, cándido, inocente. 3 torpe, ignorante, sin arte.

artlessly (a'tlisli) *adv.* sencillamente, ingenuamente, inocentemente. 2 sin arte.
artlessness (a'tlisnis) *s.* sencillez, ingenuidad, naturalidad.
artocarpeous (a'toca'piøs) *adj.* BOT. artocarpáceo.
artware (a'tueø⁾) *s.* chucherías artísticas.
arty (a'ti) *adj.* fam. que quiere ser artístico.
arum (eɹøm) *s.* BOT. aro, yaro.
arundinaceous (arøndine·shøs), **arundineous** (arøndiniøs) *adj.* arundíneo.
aruspex (arø·specs), **aruspice** (aræ·spis) *s.* arúspice.
Aryan (eɹian) *adj.* ario.
1) **as** (æs), *pl.* **asses** (æ·siš) *s.* as [peso y moneda romanos].
2) **as** (æš) *adv.* como, tal como, cual [de la ma-

Se emplea el artículo indefinido:

- Con los nombres que expresan profesión, nacionalidad, religión, condición, etc., en función de atributo: his father was a lawyer, su padre era abogado; he is a Spaniard, él es español.

- Después de as (como, en calidad de): he is known as a poet, se le conoce como poeta; as an American, I don't like that, como americano eso me disgusta.

- Antes de **hundred** y **thousand** en singular: a hundred men, cien hombres; a thousand cars, mil autos.

- Delante de **certain**; después y delante de **half**, y después de **such, what, with** y **without** en expresiones como: a certain person, cierta persona; half a dozen, media docena; an hour and a half, una hora y media; such a thing, tal cosa; what a beautiful view!, ¡qué hermosa vista!

- En expresiones como: to be in a hurry, tener prisa; to have an appetite, tener apetito; to set an example, dar ejemplo; he is of an age to, ya tiene edad para.

- En ciertas frases hechas: as a rule, por regla general; an eye for an eye, ojo por ojo.

- En lugar del artículo definido que usa el español en expresiones como: two times (o twice) a day, dos veces al día; three dollars a yard, a tres dólares la yarda.

La omisión del artículo indefinido inglés corresponde generalmente a la misma omisión en español. Notemos, sin embargo: they had splendid weather, tuvieron *un* tiempo magnífico.

---

nera que]: ~ *you please,* como usted guste; ~ *follows,* como sigue. 2 como [igual que; en calidad de; según, conforme]: ~ *if,* ~ *though,* como si; *he comes* ~ *a friend,* viene como amigo; ~ *I said before,* como dije antes; ~ *it were,* como si dijéramos; ~ *one man,* como un solo hombre; ~ *usual,* como de costumbre. 3 como [por ejemplo]. 4 así como. 5 tan, como [comparativos]: ~ *slippery* ~ *an eel,* tan escurridizo como una anguila; ~ *big again,* dos veces mayor; ~ *far* ~, hasta, hasta donde; ~ *good* ~, como si fuera, prácticamente; ~ *long* ~, con tal que; puesto que. — 6 *conj.* mientras, según, a medida que, cuando, como. | A veces no se traduce, pero el verbo de la oración se pone en gerundio: ~ *my father was there,* estando allí mi padre. 7 puesto que, ya que, porque, como. 8 a pesar de, aunque, con todo y, en frases como: *young* ~ *he is,* a pesar de ser joven, aunque sea joven, con todo y ser joven. — 9 *conj.* o *pron. rel.* que; los o las que; como los o las que, en frases como: *charms* ~ *to win all hearts,* encantos que cautivan todos los corazones; *all such* ~ *were there,* todos los que estaban allí; *tears such* ~ *angels weep,* lágrimas como las que lloran los ángeles. 10 Otros usos: ~ *a matter of fact,* de hecho, en realidad; ~ *for,* en cuanto a, por lo que toca a, respecto a; ~ *is,* COM. tal como está, sin dar lugar a reclamaciones; ~ *it is,* tal como está; tal como están las cosas; en este caso, en estas circunstancias; ~ *to,* en cuanto a, sobre, con referencia o referente a; conforme a, a proporción de; ~ *much,* otro tanto, eso, eso mismo, lo mismo; *I thought* ~ *much,* eso pensé yo; ~ *much* ~ *to say,* lo mismo que decir; ~ *well,* también, además: *good and cheap* ~ *well,* bueno y además barato; *the men* ~ *well* ~ *the beasts,* tanto los hombres como las bestias; *you might* ~ *well come with us,* tanto daría, casi sería mejor, que viniese usted con nosotros; ~ *yet,* aún, todavía, hasta ahora; *strange* ~ *it seems, strange* ~ *it may appear,* por extraño que parezca; aunque parezca extraño. ¶ *As* forma parte de muchas otras frases y locuciones que se encontrarán en los artículos correspondientes.

asafetida, asafœtida (æsafe·tida) *s.* BOT. asafétida.
asarabacca (æsarabæ·ca), **asarum** (æ·sarøm) *s.* BOT. ásaro, asáraca, asarabácara.
asbestic (æsbe·stic), **asbestine** (æsbe·stin) *adj.* asbestino.
asbestos (æsbe·stos) *s.* MINER. asbesto, amianto.
ascarid (æ·scarid) *s.* ZOOL. ascáride, lombriz intestinal.
ascarides (ascæ·ridiš) *s. pl.* ZOOL. ascárides.

ascend (to) (ase·nd) *intr.* ascender, subir. — 2 elevarse, encumbrarse. — 3 *tr.* subir, remontar [recorrer hacia arriba]. 4 to ~ *the throne,* subir al trono.
ascendable (ase·ndabøl) *adj.* accesible [que se puede subir].
ascendance, -cy (ase·ndans, -si) *s.* ascendiente [dominio moral, influencia].
ascendant (ase·ndant) *adj.* ascendente. 2 superior, predominante. — 3 *s.* ascendiente, padre, abuelo. 4 ascendiente [dominio moral, influencia]. 5 altura, elevación: *to be in the* ~, ir en aumento, ir ganando influencia o poder. 6 ASTR. ascensión.
ascendence, -cy (ase·ndøns, -si) *s.* ASCENDANCE, -CY.
ascendent (ase·ndønt) *adj.* y *s.* ASCENDANT.
ascending (ase·nding) *adj.* ascendente [que asciende].
ascension (ase·nshøn) *s.* ascensión, subida. 2 as censión [de N. S.]: *Ascension Day,* día de la Ascensión.
ascensional (ase·nshønal) *adj.* ascensional.
ascensionist (ase·nshønist) *s.* ascensionista.
ascent (ase·nt) *s.* ascensión, subida, elevación. 2 ascenso, promoción. 3 grado de elevación, de inclinación; cuesta, pendiente. 4 *line of* ~, antepasados, línea ascendente.
ascertain (to) (æsø·tei·n) *tr.* averiguar, indagar, descubrir, hallar, determinar, cerciorarse de.
ascertainable (æsø·tei·nabøl) *adj.* averiguable, determinable.
ascertainer (æsø·tei·nø·) *s.* averiguador, indagador.
ascertainment (æsø·tei·nmønt) *s.* averiguación, indagación, determinación.
ascetic (æse·tic) *adj.* ascético. — 2 *s.* asceta.
asceticism (æse·tisism) *s.* ascetismo.
ascians (æ·shians), **ascii** (æ·shiai) *s. pl.* GEOGR. ascios.
ascidian (asi·dian) *s.* ZOOL. ascidia.
ascidium (asi·diøm) *s.* BOT. saco, utrículo.
asclepiadaceous (æsclipiadei·shøs) *adj.* BOT. asclepiadáceo.
ascomycete (æscomaisi·t) *s.* BOT. ascomiceto.
ascon (æ·scøn) *s.* ZOOL. ascón.
ascospore (æ·scospo·) *s.* BOT. ascospora.
ascribable (æscrai·babøl) *adj.* atribuible, imputable.
ascribe (to) (æscrai·b) *tr.* adscribir, atribuir, imputar, achacar.
ascription (æscri·pshøn) *s.* atribución, imputación. 2 loor a Dios al final de un sermón.
ascus (æ·scøs) *s.* BOT. asca.
asepsis (ase·psis) *s.* asepsia.
aseptic (ase·ptic) *adj.* aséptico.
asepticism (ase·ptisism) *s.* tratamiento aséptico.
asepticize (to) (ase·ptisaiš) *tr.* MED. limpiar, esterilizar, desinfectar.
asexual (ase·cshual) *adj.* asexual.

1) **ash** (æsh), *pl.* **ashes** (æˑshiš) *s.* ceniza. El sing. sólo se usa en el lenguaje comercial y en los compuestos : ∼ *pail,* cubo para la ceniza ; ∼ *tray,* cenicero [de fumador] ; ∼ *tub,* cubo para la colada ; *Ash Wednesday,* miércoles de ceniza. 2 *pl.* ceniza, cenizas. 3 restos mortales.

2) **ash** *s.* BOT. fresno. 2 BOT. *mountain* ∼, serbal. 3 BOT. *quaking* ∼, tiemblo.

ashamed (asheiˑmd) *adj.* avergonzado, corrido : *to be* ∼, avergonzarse, sonrojarse.

ashamedly (asheiˑmidli) *adv.* vergonzosamente [con vergüenza].

ash-colo(u)red *adj.* ceniciento.

ashen (æˑshøn) *adj.* de fresno. 2 ceniciento.

ashes (æˑshiš) *s. pl.* de ASH.

ashery (æˑshøri) *s.* fábrica de potasa.

ash-gray *adj. y s.* amarillo verdoso.

ashlar (æˑshlaʼ) *s.* sillar, piedra de talla : ∼ *work,* sillería.

ashlaring (æˑshlaring) *s.* sillería, cantería. 2 ligazones de los cabrios del techo.

ashler (æˑshløʼ), **ashlering** (æˑshløring) *s.* ASHLAR, ASHLARING.

ashore (ashoʼ) *adv.* MAR. en tierra, a tierra : *to get* ∼, *to go* ∼, desembarcar [uno mismo] ; *to put* ∼, desembarcar [a otros, una cosa] ; *to run* ∼, encallar, varar, embarrancar.

ashpan (æˑshpæn), **ashpit** (æˑshpit) *s.* cenicero [de estufa, hogar, etc.].

ashy (æˑshi) *adj.* ceniciento, cenizoso, cinéreo : ∼ *pale,* pálido, lívido.

Asia (eiˑsha) *n. pr.* GEOGR. Asia.

Asian (eiˑshan), **Asiatic** (eishiæˑtic) *adj. y s.* asiático.

Asiaticism (eishiæˑtisišm) *s.* cosa peculiar o característica de Asia o de los asiáticos ; estilo asiático.

aside (asaiˑd) *adv.* al lado, a un lado, aparte : *to draw* ∼, descorrer [una cortina, etc.] ; *to look* ∼, mirar de reojo ; *to move* ∼, apartarse, hacerse a un lado ; *to lay* ∼, dejar, dejar a un lado, apartar, desechar, abandonar ; *to set* ∼, apartar, reservar, desechar, excluir, exceptuar ; DER. anular ; *to turn* ∼, divertir, desviar, desviarse ; ∼ *from this,* esto aparte, fuera de esto. —2 *s.* TEAT. aparte.

asinine (æˑsinain o æˑsinin) *adj.* asinino, asnal, borrical.

ask (to) (æsc) *tr.* preguntar [una cosa] ; preguntar [a uno]. 2 pedir, solicitar ; rogar que : *to* ∼ *in, up, down,* rogar a uno que entre, suba o baje. 3 requerir, exigir [hacer necesario]. 4 invitar, convidar. | A veces con *out.* 5 *fam.* amonestar [publicar las amonestaciones de]. — 6 *intr. to* ∼ *after, for* o *about,* preguntar por. 7 *to* ∼ *for,* pedir [una cosa] ; *to* ∼ *for it,* buscársela ; *to* ∼ *someone for something,* pedir una cosa a uno.

askance (ascæˑns) *adv.* al sesgo, al o de soslayo, de reojo, de refilón ; con desdén, con recelo : *to look* ∼, mirar de reojo, con malos ojos, con envidia o desconfianza, despreciar.

askant (ascæˑnt) *adv.* ASKANCE. — 2 *adj.* oblicuo, sesgado, ladeado.

asker (æˑskøʼ) *s.* inquiridor. 2 peticionario, que pide. 3 mendigo.

askew (askiuˑ) *adv.* al sesgo, de través, de soslayo. — 2 *adj.* sesgado, ladeado, inclinado.

asking (æˑsking) *s.* acción de pedir : *for the* ∼, con sólo pedirlo. 2 súplica, ruego. 3 *fam.* publicación [de amonestaciones] : *third time of* ∼, tercera amonestación.

aslant (aslaˑnt) *adv.* oblicuamente, en posición inclinada. — 2 *adj.* inclinado. — 3 *prep.* al través de.

asleep (aslɪˑp) *adj. y adv.* dormido, durmiendo : *to fall* ∼, quedarse dormido, dormirse. 2 adormecido, entumecido.

aslope (aslouˑp) *adv.* en declive.

asp (æsp) *s.* ZOOL. áspid, áspide. 2 BOT. tiemblo.

aspalathus (aspæˑlazøs) *s.* BOT. aspálato.

asparagus (aspæˑragøs) *s.* BOT. espárrago : ∼ *plant,* esparraguera. 2 espárragos [yemas que se comen].

aspect (æˑspect) *s.* aspecto. 2 cariz, sesgo. 3 aire, semblante. 4 parte que está de cara, cara anterior.

aspen (æˑspøn) *s.* BOT. tiemblo, álamo temblón. — 2 *adj.* perteneciente al tiemblo. 3 tembloroso.

asperate (to) (æˑspøreit) *tr.* hacer áspero.

Asperges (æspøˑȳis) *s.* LITURG. asperges. 2 (con minúscula) hisopo, asperges.

aspergillum (æspøˑȳiløm) *s.* LITURG. hisopo.

asperity (æspeˑriti) *s.* aspereza.

aspermatous (eispøˑmætøs), **aspermous** (eispøˑmøs) *adj.* BOT. sin semilla.

asperse (to) (æspøˑs) *tr.* difamar, calumniar ; manchar [la reputación]. 2 asperjar, rociar.

asperser (æspøˑsøʼ) *s.* difamador. 2 hisopo, asperges.

aspersion (æspøˑshøn) *s.* difamación, calumnia. 2 mancha [en la reputación].

aspersive (æspøˑsiv) *adj.* difamatorio, calumnioso.

aspersorium (æspøˑsouˑriøm) *s.* LITURG. acetre. 2 hisopo, asperges.

asphalt (æˑsfælt) *s.* asfalto.

asphalt (to) *tr.* asfaltar.

asphalter (æsfæˑltøʼ) *s.* asfaltador.

asphaltic (æsfæˑltic) *adj.* asfáltico.

asphaltum (asfæˑltøm) *s.* MINER. asfalto, betún de Judea.

asphodel (æˑsfodel) *s.* BOT. asfódelo, gamón.

asphyxia (æsfiˑcsia) *s.* asfixia.

asphyxial (æsfiˑcsial) *adj.* asfíctico.

asphyxiant (æsfiˑcsiant) *adj.* asfixiante.

asphyxiate (to) (æsfiˑcsieit) *tr.* asfixiar.

asphyxiating (æsfiˑcsieiˑting) *adj.* asfixiante.

asphyxiation (æsficsieiˑshøn) *s.* asfixia, sofocación.

aspic (æˑspic) *s.* BOT. espliego. 2 ZOOL. áspide. 3 COC. gelatina de carne o pescado con jugo de tomate, etc., para adornar pasteles, etc.

aspirant (æˑspirant o aspaiˑrant) *s.* aspirante, pretendiente.

aspirate (æˑspirit) *s.* GRAM., FONÉT. sonido aspirado. 2 GRAM. espíritu áspero. — 3 *adj.* GRAM., FONÉT. aspirado.

aspirate (to) (æˑspireit) *tr.* GRAM., FONÉT. aspirar. 2 aspirar, sorber.

aspiration (æspireiˑshøn) *s.* FONÉT., FISIOL., FÍS. aspiración. 2 aspiración, anhelo, ambición [esp. de algo noble, elevado].

aspirator (æˑspireiˑtøʼ) *s.* aspirador.

aspiratory (aspaiˑratori) *adj.* aspiratorio.

aspire (to) (aspaiˑøʼ) *intr.* aspirar a, anhelar, ambicionar. | Gralte. con *to* o *after.* 2 subir, elevarse [como una llama, etc.]

aspirer (aspaiˑrøʼ) *s.* el que aspira o ambiciona.

aspirin (aˑspirin) *s.* FARM. aspirina.

aspiring (aspaiˑring) *adj.* ambicioso, con aspiraciones.

asquint (ascuiˑnt) *adv.* de través, al soslayo.

ass (as) *s.* ZOOL. asno, jumento, burro, borrico : *she-ass,* asna, burra, borrica ; *young* ∼, pollino ; *wild* ∼, onagro. 2 fig. asno, burro, majadero ; *to make an* ∼ *of oneself,* hacer el tonto, ser un estúpido.

assagai (æˑsagai) *s.* azagaya ; venablo sudafricano.

assail (to) (æseiˑl) *tr.* asaltar, acometer, atacar, embestir. 2 asediar, acosar, importunar.

assailant (æseiˑlant) *adj. y s.* asaltante, atacante, agresor ; atracador.

assailer (æseiˑløʼ) *s.* asaltante, atacante, agresor. 2 salteador, atracador.

assailment (æseiˑlmønt) *s.* asalto, agresión. 2 MED. ataque.

assart (asaˑt) *s.* AGR. roza.

assart (to) (asaˑt) *tr.* AGR. rozar.

assassin (æsæˑsin) *s.* asesino. 2 ENTOM. ∼ *bug,* reduvio.

assassinate (to) (æsæˑsineit) *tr. e intr.* asesinar.

assassination (æsæsineiˑshøn) *s.* asesinato.

assault (æsøˑlt) *s.* MIL., ESGR. asalto. 2 ataque, acometida, embate. 3 agresión, salteamiento, atraco. 4 insulto, ultraje. 5 DER. ∼ *and battery,* injurias y golpes.

assault (to) *tr.* asaltar, atacar, acometer. 2 saltear, atracar.

assaulter (æsøˑltøʼ) *s.* asaltante, atacante, agresor. 2 salteador, atracador.

assay (æseiˑ) *s.* ensaye, aquilatamiento [de los metales]. 2 contraste [de pesas, monedas, etc.]. 3 muestra [de ensayo] ; substancia que se ensaya. 4 QUÍM. ensayo. 5 ensayo, prueba, tentativa.

assay (to) *tr.* ensayar, aquilatar [metales] ; contrastar [pesas, monedas, etc.]. 2 QUÍM. ensayar. 3 analizar, estudiar, experimentar, probar. 4 tratar de, intentar.

assayer (æseiˑøʼ) *s.* ensayador [de metales] ; contraste.

assaying (æseˑing) *s.* ensaye [de metales]. 2 QUÍM. ensayo.

assegai (æ˙segai) s. ASSAGAI.

assemblage (æse˙mblidẏ) s. reunión [acción]. 2 reunión, agregado, conjunto, colección; multitud, concurso; agrupación. 3 MEC., CARP. montaje, armazón.

assemble (to) (æse˙mbøl) tr. congregar, convocar. 2 reunir, juntar, allegar, agrupar. 3 montar, armar [una máquina, etc.]. — 4 intr. reunirse, congregarse, juntarse, agruparse.

assembler (æse˙mblø') s. el que junta o reúne. 2 individuo de una asamblea. 3 montador, armador [de máquinas, etc.].

assembling-place (æse˙mbling-pleis) s. lugar o punto de reunión.

assembly (æse˙mbli) s. asamblea, reunión, junta, congreso; reunión, fiesta [de sociedad] : ~ room, salón de fiestas, salón de actos, sala de conferencias. 2 concurrencia, concurso. 3 MIL. asamblea. 4 (EE. UU.) en algunos estados, cámara baja. 5 MEC., CARP. montaje, armazón : ~ line, tren de montaje, cadena, serie; assembly-line production, montaje o fabricación en cadena o serie; ~ plant o shop, taller de montaje. 6 MEC. grupo, juego, conjunto de piezas.

assemblyman (æse˙mblimæn), pl. -men (-men) s. mismbro de una asamblea y esp., en los EE. UU., de la cámara baja de un estado.

assent (æse˙nt) s. asenso, asentimiento, aquiescencia, beneplácito. 2 royal ~, sanción regia.

assent (to) intr. asentir, consentir, obtemperar.

assentaneous (æsente˙niøs) adj. dispuesto a consentir.

assentation (æsente˙shøn) s. asentimiento insincero o servil.

assenter (æse˙ntø') s. consentidor, el que asiente.

assentient (æse˙nshønt) adj. que asiente. — 2 s. ASSENTER.

assentingly (æse˙ntingli) adv. mostrando asentimiento.

assert (to) (æsø˙'t) tr. aseverar, afirmar, asegurar. 2 sostener, mantener, defender, hacer valer. 3 to ~ oneself, imponerse, hacer valer sus derechos, etc.; hacerse sentir.

asserter (æsø˙'tø') s. afirmador. 2 mantenedor, defensor [de derechos, prerrogativas, etc.].

assertion (æsø˙'shøn) s. aserción, aserto, afirmación. 2 mantenimiento, reivindicación.

assertive (æsø˙'tiv) adj. asertivo, positivo, dogmático.

assertory (æsø˙'tori) adj. afirmativo, declaratorio.

assess (to) (æse˙s) tr. amillarar, evaluar [para la aplicación de impuestos]; repartir [una contribución]. 2 apreciar, evaluar, fijar [una indemnización, etc.] : to ~ damages to, evaluar los daños y perjuicios en. 3 imponer una contribución a; gravar [con impuesto].

assessable (æse˙sabøl) adj. imponible, gravable.

assessment (æse˙smønt) s. amillaramiento, avalúo. 2 tasa de tributación. 3 imposición, repartimiento [de contribuciones]. 4 COM dividendo pasivo.

assessor (æse˙sø') s. DER. asesor. 2 tasador de la propiedad para efectos fiscales.

assessorship (æse˙sø'ship) s. DER. asesoría.

asset (æ˙set) s. COM. partida del activo. 2 fig. recurso, medio, cualidad con que se cuenta. 3 pl. COM. activo. 4 haber, capital, caudal, fondos, valores en cartera, créditos activos : personal assets, bienes muebles; real assets, bienes raíces. 5 DER. caudal o haber disponible que deja una persona al morir.

asseverate (to) (æse˙vøreit) tr. aseverar, asegurar.

asseveration (æsevøre˙shøn) s. aseveración, protesta.

assibilate (to) (æsi˙bileit) tr. asibilar.

assibilation (æsi˙bileshon) s. FONÉT. asibilación.

assiduity (æsidiu˙iti) s. asiduidad. 2 persistencia.

assiduous (æsi˙diuøs) adj. asiduo. 2 constante, laborioso. 3 continuo, persistente.

assiduosly (æsi˙diuøsli) adv. asiduamente. 2 constantemente, sin cesar.

assiduosness (æsi˙diuøsnis) s. asiduidad, constancia.

assign (to) (æsai˙n) tr. asignar, señalar, fijar. 2 destinar, designar. 3 adscribir, atribuir. 4 DER. transferir, ceder [esp. a los acreedores]. — 5 intr. hacer transferencia o cesión de bienes.

assign m. ASSIGNEE.

assignable (æsai˙nabøl) adj. cesible. 2 asignable.

assignat (æ˙signæt) s. asignado.

assignation (æsigne˙shøn) s. asignación, señalamiento. 2 designación, destinación. 3 adscripción, atribución. 4 DER. cesión. 5 cita [para encontrarse]. | Tómase gralte. en mala parte : ~ house, casa de citas.

assignee (æsai˙nï·) s. DER. cesionario. 2 poderhabiente. 3 síndico [de acreedores].

assigner (æsai˙nø'), assignor (æsino˙') s. DER. cedente, transferidor.

assignment (æsai˙nmønt) s. asignación, señalamiento. 2 destinación, atribución. 3 DER. cesión. 4 escritura de cesión.

assimilable (æsi˙milabøl) adj. asimilable. 2 semejante.

assimilate (to) (æsi˙mileit) tr. asimilar. 2 COM. absorber, acaparar [acciones, obligaciones, etc.]. — 3 intr. FISIOL. asimilarse.

assimilation (æsi˙mileshøn) s. asimilación.

assimilative (æsi˙mileitiv) adj. asimilativo.

Assisi (esi˙si) n. pr. GEOGR. Asís.

assist (to) (æsi˙st) tr. asistir, ayudar, apoyar, auxiliar, socorrer : I assisted her from the carriage, la ayudé a bajar del carruaje. — 2 intr. asistir, concurrir.

assistance (æsi˙stans) s. asistencia, ayuda, apoyo, auxilio, socorro. 2 asistencia [presencia]. 3 concurrencia [pers. presentes].

assistant (æsi˙stant) s. ayudante, auxiliar, adjutor, acólito. 2 ING. capataz. — 3 adj. auxiliar, segundo : ~ bishop, obispo auxiliar; ~ chief, subjefe; ~ director, subdirector; ~ engineer, ingeniero auxiliar; segundo maquinista.

assister (æsi˙stø') s. ayudador, socorredor, ayudante, auxiliar.

assistless (æsi˙stlis) adj. desvalido, desamparado.

assize (æsai˙s) s. tasa, tipo, etc. [establecidos]. 2 pl. sesiones de un tribunal.

associate (asou˙shiet) adj. asociado. 2 adjunto : ~ member, socio o miembro adjunto. — 3 s. asociado, adjunto, socio, consocio. 4 compañero, compinche; cómplice. 5 cosa relacionada con otra.

associate (to) tr. asociar. — 2 intr. asociarse, mancomunarse, juntarse, acompañarse.

association (asoushie˙shøn) s. asociación. 2 DEP. ~ football, fútbol, balompié.

associationism (asoushie˙shønišm) s. asociacionismo [doctrina psicológica].

associative (asou˙shiativ) adj. relativo a la asociación.

assonance (æ˙sonans) s. asonancia.

assonant (æ˙sonant) adj. y s. asonante.

assonate (æ˙soneit) intr. asonar, asonantar.

assort (to) (æsø˙'t) tr. ordenar, clasificar, hacer un surtido de. 2 surtir [de cosas varias]. — 3 intr. cuadrar, convenir. 4 juntarse, asociarse.

assorted (æsø˙'tid) adj. surtido, variado. 2 apareado.

assortment (æsø˙'tmønt) s. ordenación, clasificación. 2 surtido, variedad.

assuage (to) (æsuei˙dẏ) tr. suavizar, mitigar, aliviar, templar. 2 apaciguar, ablandar. 3 apagar [la sed, etc.].

assuagement (æsuei˙dẏmønt) s. alivio, mitigación.

assuassive (æsuei˙siv) adj. mitigativo, calmante, lenitivo.

assume (to) (æsiu˙m) tr. asumir. 2 arrogarse, usurpar. 3 tomar, adoptar [una forma, una actitud, etc.]. 4 fingir, simular. 5 suponer, dar por sentado : assuming that, supuesto o dado que. 6 ponerse [una prenda, los lentes, etc.]; ocupar [la presidencia]; encargarse de. — 7 intr. ser arrogante o presuntuoso.

assumed (æsiu˙md) adj. supuesto, dado por sentado. 2 supuesto, falso, fingido.

assuming (æsiu˙ming) adj. arrogante, altivo. 2 presumido, presuntuoso.

assumpsit (æsø˙mpsit) s. DER. promesa o pacto verbal. 2 demanda por incumplimiento de pacto o promesa.

assumption (æsø˙mpshøn) s. asunción : the Virgin's Assumption, la Asunción de la Virgen. 2 arrogación. 3 adopción [de una actitud, etc.]. 4 suposición, supuesto. 5 arrogancia, presunción. 6 ~ of office, toma de posesión.

assumptive (æsø˙mptiv) adj. supositivo; supuesto. 2 arrogante, presuntuoso.

assurance (ashiu˙rans) s. seguridad, certidumbre, certeza, convicción. 2 seguridad, ánimo, confianza en sí mismo. *3* aplomo, audacia, descaro. *4* COM. seguro; aseguramiento.

assure (to) (ashiu·ǿ') *tr.* asegurar, afirmar, certificar. *2* infundir confianza. *3* asegurar [hacer cierto o seguro]. *4* COM. asegurar.

assured (ashiu·ǿd) *adj.* seguro, cierto. *2* confiado, atrevido, audaz. — *3 adj.* y *s.* COM. asegurado.

assuredly (ashiu·ridli) *adv.* ciertamente, indudablemente. *2* con confianza, con aplomo.

assuredness (ashiu·ridnis) *s.* seguridad, certeza.

assurer (ashiu·rǿ') *s.* asegurador.

Assyria (æsi·riæ) *n. pr.* HIST. Asiria.

Assyrian (æsi·rian) *adj.* y *s.* asirio.

Assyriologist (æsirio·loỹist) *m.* asiriólogo.

Assyriology (æsirio·loỹi) *s.* asiriología.

astatic (astæ·tic) *adj.* Fís. astático.

aster (æ·stǿ') *s.* BOT., BIOL. áster. *2* BOT. *china* ⁓, reina margarita.

asteriated (æsti·rieitid) *adj.* MINER. díc. de los cuerpos que reflejan o transmiten los rayos luminosos en forma de estrella.

asterisk (æ·stǿrisc) *s.* asterisco.

asterism (æ·stǿriśm) *s.* ASTR. asterismo. *2* IMPR. grupo de asteriscos. *3* MINER. asterismo, fenómeno óptico que ofrecen algunos cuerpos por reflexión o transmisión de los rayos luminosos en forma de estrella.

astern (astǿ·n) *adv.* MAR. a popa, de popa, por la popa.

asteroid (æ·stǿroid) *s.* ASTR. asteroide. *2* ZOOL. asteroideo; estrellamar.

asteroidal (æ·stǿroidal) *adj.* asteroide.

asteroidean (æstǿroi·dian) *adj.* y *s.* ZOOL. asteroideo.

asthenia (æszi·nia) *s.* MED. astenia.

asthenic (æsze·nic) *adj.* y *s.* asténico.

asthma (a·szma) *s.* MED. asma.

asthmatic (æszmæ·tic(al) *adj.* y *s.* asmático.

astigmatic (æstigmæ·tic) *adj.* ÓPT. astigmático.

astigmatism (asti·gmatiśm) *s.* ÓPT. astigmatismo.

astigmometer (æstigmo·mitǿ') *s.* astigmómetro.

astir (astǿ·') *adv.* en movimiento, en actividad. *2* levantado [de la cama].

astonish (to) (asto·nish) *tr.* asombrar, pasmar, sorprender.

astonished (asto·nisht) *adj.* atónito, asombrado, pasmado, estupefacto.

astonishing (asto·nishing) *adj.* asombroso, pasmoso, sorprendente.

astonishingly (asto·nishingli) *adv.* asombrosamente, pasmosamente.

astonishingness (asto·nishingnis) *s.* calidad de asombroso.

astonishment (asto·nishmǿnt) *s.* asombro, pasmo, aturdimiento, sorpresa.

astound (to) (astau·nd) *tr.* pasmar, asombrar, aturdir, aterrar.

astounding (astau·nding) *adj.* asombroso, pasmoso.

astrachan (æstrakæ·n) *s.* ASTRAKHAN.

astraddle (astræ·dǿl) *adv.* a horcajadas.

astragal (æ·stragal) *s.* ARQ., ARTILL. astrágalo, joya. *2* ANAT. astrágalo, taba.

astragalus (æstræ·galǿs) *s.* ANAT. astrágalo. *2* BOT. astrágalo, tragacanto. *3* CARP. contrapilastra.

astrakhan (æstracæ·n) *s.* astracán [piel]. *2* tela astracada.

astral (æ·stral) *adj.* astral: ⁓ *lamp*, lámpara astral, que no proyecta sombras. — *2 s.* lámpara astral.

astrand (astræ·nd) *adv.* MAR. encallado, varado.

astray (astrei·) *adv.* fuera de camino, por el mal camino, en estado de error: *to go* ⁓, errar el camino, descarriarse, extraviarse; *to lead* ⁓, descaminar, descarriar, extraviar. — *2 adj.* descaminado, extraviado, errado.

astrict (to) (astrict) *tr.* astreñir, astringir.

astriction (æstri·cshǿn) *s.* astricción.

astrictive (æstri·ctiv) *adj.* astrictivo.

astride (astrai·d) *adv.* a horcajadas. — *prep.* *2* a caballo de, a horcajadas en.

astringe (to) (æstri·nỹ) *tr.* astreñir, astringir, constreñir, apretar.

astringency (æstri·nỹensi) *s.* astringencia. *2* severidad, austeridad.

astringent (æstri·nỹent) *adj.* y *s.* MED. astringente. — *2 adj.* severo, austero.

astrochemistry (æstroke·mistri) *s.* astroquímica.

astrography (æstro·grafi) *s.* astrografía.

astrolabe (æ·stroleib) *s.* astrolabio.

astrolater (æstro·lætǿ') *s.* astrólatra.

astrolatry (æstro·lætri) *s.* astrolatría.

astrologer (æstro·loỹǿ') *s.* astrólogo, judiciario.

astrologic(al (æstrolo·ỹic(al) *adj.* astrológico, judiciario.

astrologize (to) (æstro·loỹaiś) *intr.* astrologar.

astrology (æstro·loỹi) *s.* astrología.

astronaut (æ·stronot) *s.* astronauta.

astronautics (æstrono·tics) *s.* astronáutica.

astronomer (æstro·nǿmǿ') *s.* astrónomo.

astronomic(al (æstrono·mic(al) *adj.* astronómico.

astronomically (æstrono·micali) *adv.* astronómicamente.

astronomy (æstro·nǿmi) *adj.* astronomía.

astrophotography (æstrofoto·grafi) *s.* astrofotografía, fotografía de los astros.

astrophotometry (æstrofoto·metri) *s.* astrofotometría.

astrophysical (æstrofi·śical) *adj.* astrofísico.

astrophysicist (æstrofi·śisist) *s.* astrofísico.

astrophysics (æstrofi·śics) *s.* astrofísica.

astrosphere (æ·strosfiæ') *s.* BIOL. centrosoma.

astrut (a·strøt) *adj.* hinchado, orgulloso. *2* que pisa fuerte, que anda con orgullo.

Asturian (æstiu·rian) *adj.* y *s.* asturiano.

astute (æstiu·t) *adj.* astuto, sagaz.

astutely (astiu·tli) *adv.* astutamente, sagazmente.

astuteness (astiu·tnis) *s.* astucia, sagacidad.

asunder (asǿ·ndǿ') *adv.* separadamente, en dos, en pedazos: *to come* ⁓, desunirse; *to cut* ⁓, separar; partir en dos, en pedazos. — *2 adj.* apartado, distante.

aswim (asui·m) *adv.* flotante, flotando; a nado.

asyllabic (eisilæ·bic) *adj.* no silábico.

asylum (asai·løm) *s.* asilo, refugio, amparo. *2* acogida, sagrado. *3* casa de beneficencia; manicomio.

asymmetrical (eisime·trical) *adj.* asimétrico.

asymmetry (eisi·mitri) *s.* asimetría.

asymptote (æ·simtot) *s.* GEOM. asíntota.

asynchronism (eisi·ncroniśm) *s.* asincronismo.

asynchronous (eisi·ncronøs) *adj.* asincrónico.

asyndeton (asi·ndeton) *s.* RET. asíndeton.

asystole (eisi·stoli) *s.* MED. asistolia.

at (æt) *prep.* en, cuando indica: *a)* lugar o tiempo en que se determina una acción: ⁓ *the theatre*, en el teatro; ⁓ *the time*, en aquel tiempo o momento; *b)* ocupación, aquello en que se sobresale: ⁓ *mathematics*, ducho en matemáticas. *2* en, cerca, delante de [una casa o edificio]: en la casa o en casa de: ⁓ *Brown's*, en casa de Brown. *3* a, cuando indica: *a)* término del movimiento, punto al que se llega, o alcanza: *to arrive* ⁓ *a place*, ⁓ *a decision*, llegar a un lugar, a una decisión; *b)* situación en el tiempo, edad: ⁓ *five o'clock*, a las cinco; ⁓ *present*, al presente, ahora; ⁓ *fifteen*, a los quince años; *c)* situación en una serie o escala: orden, grado, velocidad, precio: ⁓ *80°*, a ochenta grados; ⁓ *first*, al principio; ⁓ *full speed*, a toda velocidad; ⁓ *ten shillings*, a diez chelines. *4* a, de, con, etc., cuando indica el objeto de una acción, una emoción, etc.: *to aim* ⁓ *a mark*, apuntar a un blanco; *to laugh* ⁓ *a person*, reírse de una persona; *to be angry* ⁓ *one*, enojarse con uno. | A veces no se traduce: *look* ⁓ *him*, miradle. *5* Otros empleos: ⁓ *ease*, con comodidad, con desahogo, tranquilo; ⁓ *a disadvantage*, en desventaja; ⁓ *peace*, en paz; ⁓ *war*, en guerra; ⁓ *work*, trabajando; ⁓ *his command*, a disposición de uno, por orden suya; *I am surprised* ⁓ *his rudeness*, me sorprende su brusquedad; ⁓ *that*, fam. sin más; por añadidura; aun así. *6* Entra en muchas otras locuciones que se encontrarán en los artículos correspondientes.

atabal (æ·tabæl) *s.* atabal, timbal moro.

ataghan (æ·tagæn) *s.* yatagán.

ataman (æ·tagæn) *m.* atamán, jefe cosaco.

ataraxia (æ·taræcsia) *s.* ataraxia.

ataunt (æto·nt) *adv.* MAR. con el aparejo completo, enteramente aparejado.

atavic (æta·vic) *adj.* atávico.

atavism (æ·tæviśm) *s.* atavismo.

atavistic (ætævi·stic) *adj.* atávico.

ataxia (æta·csiæ), **ataxy** (ætæ·csi) *s.* MED. ataxia.

ate (eit) *pret.* de TO EAT.

atelier (atelie·) *s.* taller, estudio.

athanasia (æzane·śia) *s.* inmortalidad.

atheism (ei·ziiśm) *s.* ateísmo.

atheist (ei·ziist) *s.* ateo, ateísta.

atheistic(al (eizii·stic(al) *adj.* ateo, ateísta, impío.

atheling (æ·zeling) s. príncipe o noble anglosajón.
Athena (azi·na), **Athene** (azi·ni) MIT. Atena, Atenea.
atheneum (æzeni·øm) s. ateneo.
Athenian (azi·nian) adj. y s. ateniense.
Athens (æ·zens) n. pr. GEOGR. Atenas.
atherine (æ·zørin) s. ICT. pejerrey.
athermanous (azø·'mænøs) adj. FÍS. atérmano.
athirst (azø·'st) adj. sediento.
athlete (æ·zlit) s. atleta.
athletic (æzle·tic) adj. atlético.
athletics (æzle·tics) s. atletismo, juegos o deportes atléticos.
at-home (ætjou·m) s. horas en que se reciben visitas. 2 reunión, recepción.
athwart (azuo·'t) prep. al o por el través de, atravesado en, contra : ~ ship, MAR. de babor a estribor. — 2 adv. al o de través, por el través. 3 contrariamente, a tuertas.
atilt (ati·lt) adv. en posición inclinada. 2 atacando con lanza.
Atlantean (ætlanti·an) adj. atlántico [de Atlas o Atlante].
atlantes (ætlæ·ntiš) s. pl. ARQ. atlantes.
Atlantic (ætlæ·ntic) adj. atlántico. — 2 s. GEOGR. Atlántico [mar] : ~ Charter, carta del Atlántico.
Atlantides (ætlæ·ntidiš) s. pl. ASTR., MIT. Atlántidas.
Atlantis (ætlæ·ntis) n. pr. la Atlántida.
atlas (æ·tlas) s. atlas [de mapas]. 2 ARQ. atlante. telamón. 3 ANAT. atlas. 4 (con may.) MIT. Atlante. 5 GEOGR. the Atlas Mountains, el Atlas.
atmometer (ætmo·mitø') s. atmómetro.
atmosphere (æ·tmosfiø') s. atmósfera.
atmospheric(al (ætmosfe·ric(al) adj. atmosférico.
atmospherics (ætmosfe·rics) s. pl. RADIO. perturbaciones atmosféricas.
atoll (æ·tol) s. GEOGR. atolón.
atom (æ·tom) s. FÍS., QUÍM. átomo : ~ bomb, bomba atómica ; ~ splitting, fisión del átomo. 2 fig. átomo, pizca.
atomic(al (ato·mic(al) adj. atómico : atomic bomb. bomba atómica ; atomic weight, peso atómico.
atomicity (ætomi·siti) s. atomicidad.
atomism (æ·tomišm) s. atomismo.
atomist (æ·tomist) com. atomista.
atomistic (ætomi·stic) adj. atomista.
atomization (ætomaiše·shøn) s. atomización, pulverización.
atomize (to) (æ·tomaiš) tr. atomizar, pulverizar.
atomizer (æ·tomaišø') s. pulverizador.
atomy (æ·tomi) s. átomo, motita. 2 fig. enano, pigmeo. 3 esqueleto.
atone (to) (atou·n) intr. y tr. reparar, dar satisfacción [de o por], compensar, expiar, pagar. | Gralte. con for.
atonement (atou·nmønt) s. expiación, reparación, compensación, satisfacción. 2 TEOL. redención.
atonic (ato·nic) adj. GRAM. átono. 2 MED. atónico.
atony (æ·toni) s. MED. atonia.
atop (ato·p) prep. y adv. encima.
atrabilarian (ætrabilei·rian) s. hipocondríaco. — 2 adj. ATRABILARIOUS.
atrabilarious (ætrabilei·riøs), **atrabiliary** (ætrabi·lieri), **atrabilious** (ætrabi·liøs) adj. MED. atrabiliario, atrabilioso. 2 hipocondríaco, melancólico.
atrium (e·triøm o a·trium) s. atrio.
atrocious (atro·shøs) s. atroz, cruel, horrible.
atrociously (atro·shøsli) adv. atrozmente.
atrociousness (atrou·shøsnis), **atrocity** (atro·siti) s. atrocidad, perversidad.
atrophic (ætrofic) adj. atrófico.
atrophied (æ·trofid) adj. atrofiado.
atrophy (æ·trofi) s. atrofia.
atrophy (to) tr. producir atrofia. 2 intr. atrofiarse.
atropine (æ·tropin) s. QUÍM. atropina.
attach (to) (ætæ·ch) tr. atar, ligar, vincular ; pegar, adherir, unir, sujetar, enganchar, prender. 2 granjearse el afecto de, atraer. 3 agregar, destinar, adscribir. 4 dar, atribuir [valor, importancia, etc.]. 5 DER. embargar, secuestrar. — 6 intr. acompañar, ser inherente. — 7 ref. agregarse, unirse [a otros]. 8 cobrar afecto.
attachable (ætæ·chabøl) adj. agregable, pegable, pegadizo. 2 DER. embargable, secuestrable.
attaché (atashei·) s. agregado [diplomático].
attached (ætæ·cht) adj. unido, anexo, inherente. 2 encariñado [con], apegado, adicto, que tiene afecto [a].

attachment (ætæ·chmønt) s. atadura, ligazón, unión, enlace, conexión ; acción de pegar o adherir, fijación. 2 accesorio. 3 apego, afecto, adhesión, fidelidad. 4 DER. embargo, secuestro.
attack (ætæ·c) s. ataque [acometimiento, embestida] ; agresión. 2 MED. ataque, acceso.
attack (to) tr. atacar [acometer, embestir ; combatir, impugnar] ; agredir. 2 MÚS., QUÍM., MED. atacar. 3 acometer, emprender [un trabajo] ; abordar [un asunto].
attain (to) (ætei·n) tr. lograr, conseguir, obtener. — 2 tr. e intr. alcanzar, llegar a [una edad, un punto, etc.].
attainable (ætei·nabøl) adj. asequible, obtenible, realizable.
attainability (æteinæbi·liti), **attainableness** (æteinabølnis) s. calidad de alcanzable o realizable.
attainder (ætei·ndø') s. DER. proscripción, muerte civil.
attainment (ætei·nmønt) s. logro, consecución, obtención, adquisición. 2 pl. dotes, prendas, saber.
attaint (ætei·nt) s. DER. ATTAINDER. 2 mancha, baldón. 3 VET. alcanzadura, atronadura.
attaint (to) tr. DER. declarar culpable, proscribir. 2 manchar, mancillar, deshonrar. 3 viciar, corromper.
attar (æ·ta') s. esencia [de rosa u otras flores].
attemper (to) (æte·mpø') tr. temperar, moderar, templar, suavizar. 2 atemperar, acomodar, armonizar.
attempt (æte·mpt) s. intento, ensayo, prueba, esfuerzo, tentativa. 2 atentado [contra la vida].
attempt (to) tr. intentar, procurar, tentar, emprender ; probar a, tratar de. 2 atacar, atentar contra : to ~ the life of, atentar contra la vida de. — 3 intr. probar [a] ; tratar [de].
attemptable (æte·mptabøl) adj. intentable.
attempter (æte·mptø') s. el que intenta o atenta.
attend (to) (æte·nd) tr. atender a, cuidar de, vigilar. 2 asistir a [un enfermo, un moribundo]. 3 acompañar, servir, escoltar. 4 asistir, concurrir a : to ~ a meeting, asistir a una reunión. 5 acompañar, seguir [como efecto o consecuencia] ; ser inherente. 6 esperar [a que suceda algo]. — 7 intr. to ~ to, atender a [poner atención, hacer caso, oír] ; ocuparse de. 8 to ~ on o upon, servir a.
attendance (æte·ndans) s. assistencia, servicio. 2 vigilancia, cuidado. 3 corte, obsequio : to dance ~ on, servir obsequiosamente. 4 asistencia, presencia. 5 séquito, acompañamiento, servidumbre. 6 concurrencia, concurso, auditorio. 7 espera : to dance ~, fam. hacer antesala ; estar de plantón.
attendant (ate·ndant) s. sirviente, servidor. 2 acompañante, seguidor. 3 cortejo, galán. 4 asistente, concurrente. 5 cosa concomitante, inherente. 6 pl. séquito, acompañamiento, servidumbre. — 7 adj. acompañante. 8 concomitante, inherente, consiguiente.
attent (æte·nt) adj. atento.
attention (æte·nshøn) s. atención. 2 MIL. posición de firmes : to come to ~, to stand to ~, cuadrarse ; attention!, ¡firmes! 3 pl. atenciones ; obsequios, galanteo.
attentive (æte·ntiv) adj. atento [que tiene o pone atención]. 2 atento, cortés, obsequioso. 3 atenido, cuidadoso.
attentively (æte·ntivli) adv. atentamente. 2 detenidamente, cuidadosamente.
attentiveness (æte·ntivnis) s. atención, cuidado.
attenuant (æte·niuant) adj. MED. diluente, diluyente.
attenuate (æte·niueit) adj. atenuado, disminuido, diluido. 2 delgado.
attenuate (to) tr. atenuar, disminuir, debilitar, extenuar. 2 diluir, hacer menos denso. 3 adelgazar. — 4 intr. atenuarse, disminuir, debilitarse, adelgazarse.
attenuating (æteniuei·ting) adj. extenuativo.
attenuation (æteniue·shøn) s. atenuación, disminución, debilitación, extenuación. 2 dilución. 3 adelgazamiento.
attest (to) (æte·st) tr. e intr. atestar, testificar, atestiguar, certificar, dar fe o testimonio de. 2 autenticar. 3 hacer declarar bajo juramento.
attest, attestation (æteste·shøn) s. atestación, testificación, testimonio, prueba. 2 autorización, autenticación. 3 certificado, certificación.

attestator (ætestei·tø'), **attester, attestor** (æte·stø') s. testigo, certificador.
attic (æ·tic) s. desván, sotabanco, buhardilla. 2 ARQ. ático.
Attio adj. ático, clásico : ~ salt o wit, sal ática.
Atticism (æ·tisišm) s. aticismo.
Attila (æ·tila) n. pr. Atila.
attire (ætai·ø') s. traje. vestido, ropa, atavío. 2 cornamenta [de ciervo].
attire (to) tr. vestir, ataviar. 2 componer, engalanar.
attitude (æ·titiud) s. actitud. 2 AVIA. posición.
attitudinal (ætitiu·dinal) adj. relativo a la actitud.
attitudinarian (ætitiudine·rian) s. el que toma actitudes afectadas.
attitudinize (ætitiu·dinaiš) intr. tomar actitudes afectadas; obrar, escribir, etc., con afectación.
attitudinizer (ætitiu·dinaišø') s. ATTITUDINARIAN.
attorney (ætø·'ni) s. apoderado, poderhabiente, procurador, agente, comisionado : ~ at law, procurador judicial con ciertas funciones de abogado ; ~ in fact, private ~, apoderado, procurador, representante de otro en asuntos no judiciales ; letter o power of ~, poder, procuración ; by ~, por poder. 2 ~ general, fiscal de la Corona o de la República, jefe superior de la administración de justicia. 3 (EE. UU.) district ~, fiscal de distrito, con funciones policíacas y de juez de instrucción.
attorneyship (ætø·'niship) s. procuraduría. procuración. 2 fiscalía.
attract (to) (ætræ·ct) tr. atraer. 2 llamar [la atención].
attractable (ætræ·ctabøl) adj. atraíble.
attracter (ætræ·ctø') s. el que atrae.
attraction (ætræ·cshøn) s. atracción. 2 atractivo, imán, aliciente.
attractive (ætræ·ctiv) adj. atractivo, atrayente. 2 agradable, simpático.
attractively (ætræ·ctivli) adv. atractivamente.
attractiveness (ætræ·ctivnis) s. fuerza atractiva. 2 atracción, simpatía.
attributable (ætri·biutabøl) adj. atribuible, imputable.
attribute (æ·tribiut) s. atributo.
attribute (to) (ætri·biut) tr. atribuir, imputar, achacar.
attribution (ætribiu·shøn) s. atribución. 2 cosa atribuida. 3 GRAM. relación del atributo con el sujeto.
attributive (ætri·biutiv) adj. atributivo. — 2 adj. y s. GRAM. calificativo.
attrite (atrai·t) adj. atrito.
attrited (atrai·tid) adj. rozado, gastado por fricción.
attrition (ætri·shøn) s. TEOL. atrición. 2 roce, fricción, desgaste.
attune (to) (ætiu·n) tr. armonizar, acordar. 2 MÚS. afinar.
atwain (atuei·n) adv. en dos.
atwirl (atuø·'l) adv. en rotación, girando, dando vueltas.
atwist (atui·st) adv. de manera torcida. — 2 adj. torcido.
aubade (ou·bæd) s. MÚS. alborada.
auburn (o·bø'n) adj. castaño rojizo.
auction (o·cshøn) s. subasta, almoneda, remate, *venduta : ~ room, martillo, sala de subastas ; ~ bridge, bridge subastado ; to put up at ~, poner en pública subasta.
auction (to) tr. subastar, almonedear.
auctioneer (ocshøni·') s. subastador.
auctioneer (to) tr. subastar, almonedear.
audacious (odei·shøs) adj. audaz, osado. 2 atrevido, descarado.
audaciously (odei·shøsli) adv. audazmente, osadamente. 2 con descaro.
audaciousness (odei·shøsnis), **audacity** (odæ·siti) s. audacia, osadía. 2 atrevimiento, descaro.
audibility (odibi·liti) s. calidad de audible.
audible (o·dibøl) adj. audible, oíble, perceptible.
audibleness (o·dibølnis) s. AUDIBILITY.
audibly (o·dibli) adv. audiblemente.
audience (o·diøns) s. acción de escuchar : to give ~, escuchar [a uno]. 2 auditorio, concurrencia, público ; lectores [de un libro]. 3 audiencia [recepción, entrevista].
audient (o·diønt) s. oyente.
audio-frequency (odiøfri·cuønsi) s. RADIO. audio-frecuencia, frecuencia auditiva.

audiometer (odio·mitø') s. audiómetro.
audion (o·diøn) s. RADIO. audión.
audiphone (o·difon) s. audífono.
audit (o·dit) s. intervención, revisión, ajuste [de cuentas].
audit (to) tr. intervenir, revisar [cuentas].
audition (odi·shiøn) s. audición. 2 examen o prueba a que se somete el que solicita un puesto de músico, locutor, etc.
auditive (o·ditiv) adj. auditivo.
auditor (o·ditø') s. interventor, revisor [de cuentas] ; perito en contabilidad. 2 ordenador [de pagos]. 3 oyente. 4 auditor [de un tribunal eclesiástico].
auditorium (odito·riøm) s. sala de conferencias, de conciertos, etc. ; paraninfo. 2 sala o edificio destinado a reuniones y funciones públicas.
auditorship (o·ditø'ship) s. intervención [cargo u oficio de interventor de cuentas]. 2 auditoría [de un tribunal eclesiástico].
auditory (o·ditori) s. auditorio, concurrencia, público. 2 AUDITORIUM. — 3 adj. auditivo : ~ canal, conducto auditivo.
Augean (oỹi·an) adj. relativo o perteneciente a Augías. 2 fig. muy sucio, muy corrompido. 3 the ~ stables, los establos de Augias ; fig. lugares muy sucios ; gentes o sociedades muy corrompidas.
auger (o·gø') s. taladro, barrena, berbiquí : ground-auger, sonda [para terrenos] ; shell-auger, barrena de pala : twisted ~, taladro de hélice, barrena de berbiquí.
aught (ot) pron. algo, alguna cosa. 2 [con negación] nada. — 3 adv. en absoluto ; en algún o cualquier grado o respecto.
augite (o·ỹait) s. MINER. augita.
augment (to) (ogme·nt) tr. aumentar, acrecentar. 2 abultar, engrosar. — 3 intr. aumentar, crecer.
augmentable (ogme·ntabøl) adj. aumentable.
augmentation (ogmentæ·shøn) s. aumento, acrecentamiento, añadidura.
augmentative (ogme·ntativ) adj. y s. aumentativo.
augur (o·gø') s. augur. 2 agorero, adivino.
augur (to) tr. augurar, pronosticar, predecir, presagiar. — 2 intr. to ~ well o ill, ser de buen o mal agüero.
augural (o·giuiral) adj. augural.
augurate (to) (o·gøreit) tr. e intr. TO AUGUR.
augury (o·giuiri) s. augurio, agüero, pronóstico. 2 auguración.
august (ogø·st) adj. augusto.
August (o·gøst) s. agosto.
Augustan (ogø·stan) adj. augustal, de Augusto : ~ age, siglo de Augusto, el mejor período de la literatura latina, y por ext., de cualquier otra literatura. 2 clásico.
Augustin (o·gøstin o ogø·stin) n. pr. Agustín.
Augustine (o·gøstin o ogø·stin) n. pr. Agustín. — 2 s. agustino [religioso].
Augustinian (ogøsti·nian) adj. agustino, agustiniano.
Augustinianism (ogøsti·nianišm) s. agustinianismo.
augustness (ogø·stnis) s. majestad, grandeza.
Augustus (ogø·støs) n. pr. Augusto.
auk (ok) s. ORNIT. alca.
aulic (o·lic) adj. áulico, palaciego.
aunt (ænt o ant) s. tía.
auntie, aunty (æ·nti) s. tiíta. 2 tía, comadre. 3 (EE. UU. del Sur) negra vieja.
aura (o·ra) s. aura, céfiro. 2 MED. aura. 3 efluvio, emanación. 4 magnetismo animal. 5 atmósfera [que envuelve a una pers.].
aural (o·ral) adj. del oído : ~ medicine, medicina del oído.
aurantiaceous (orænsiæ·shøs) adj. BOT. auranciáceo.
aurate (o·reit) s. QUÍM. aurato.
aurated (o·reitid) adj. con orejas. 2 dorado, áureo.
aureate (o·riit) adj. dorado, áureo.
Aurelia (ori·lia) n. pr. f. Aurelia. — 2 s. ZOOL. (con minúscula) crisálida, ninfa.
aureola (ori·ola) s. aureola, gloria [de un mártir, una virgen, etc.].
Aurelius (ori·liøs) n. pr. Aurelio, Aureliano.
aureole (o·rioul) s. aureola, auréola.
aureole (to) tr. aureolar.
aureomycin (oriomai·sin) s. FARM. aureomicina.
auric (o·ric) adj. áurico.

auricle (ɔ·rikøl) s. ANAT., BOT. aurícula. 2 pabellón de la oreja.
auricula (ɔri·kiula) s. ZOOL. apéndice en forma de oreja. 2 BOT. oreja de oso.
auricular (ɔri·kiula') adj. auricular : ~ confession, confesión auricular. 2 perteneciente a la aurícula del corazón.
auricularly (ɔri·kiula'li) adv. al oído, secretamente.
auriculate(d (ɔri·kiuleit(id) adj. H. NAT. que tiene orejas, o apéndices en forma de orejas. 2 BOT. auriculado.
auriferous (ɔri·førøs) adj. aurífero.
auriga (ɔrai·ga) s. auriga.
aurist (ɔ·rist) s. otólogo.
aurochs (ɔ·rocs) s. ZOOL. uro.
aurora (ɔrɔ·ra) s. aurora : ~ australis, borealis, polaris, aurora austral. boreal, polar.
auroral (ɔrɔ·ral) adj. matutino. 2 rosado, róseo.
auscultate (to) (ɔ·scølteit) tr. e intr. MED. auscultar.
auscultation (ɔscølte·shøn) s. MED. auscultación. 2 acción de escuchar.
auspicate (to) (ɔ·spikeit) tr. augurar. 2 comenzar o hacer comenzar bien. 3 dar buen principio a.
auspice (ɔ·spis) s. auspicio, agüero, señal, favorable. 2 pl. auspicio [protección, favor].
auspicious (ɔspi·shøs) adj. próspero, feliz, favorable, propicio.
auspiciously (ɔspi·shøsli) adv. con buenos auspicios; felizmente, prósperamente.
auspiciousness (ɔspi·shønis) s. buenos auspicios, esperanza de felicidad; prosperidad.
auster (ɔ·stø') s. austro.
austere (ɔsti·ø') adj. austero. 2 sencillo, sin adornos. 3 grave, serio; sombrío.
austerely (ɔsti·ø'li) adv. austeramente.
austereness (ɔsti·ø'nis), **austerity** (ɔste·riti) s. austeridad.
Austin (ɔ·stin) n. pr. AUGUSTIN. — 2 adj. ~ friar, fraile agustino.
austral (ɔ·stral) adj. austral.
Australasia (ɔ·strælei·sha) n. pr. GEOGR. Australasia.
Australia (ɔstre·lia) n. pr. GEOGR. Australia.
Australian (ɔstre·lian) adj. y s. australiano.
Austria (ɔ·stria) n. pr. GEOGR. Austria.
Austria-Hungary n. pr. GEOGR. Austria-Hungría.
Austrian (ɔ·strian) adj. y s. austríaco.
Austro-Hungarian (ɔstrɔjø·nguerian) adj. y s. austro-húngaro.
autarch (ɔ·ta'c) m. autócrata, déspota.
autarchic (ɔta·'kic) adj. autárquico.
autarchy (ɔ·ta'ki) s. autarquía. 2 autocracia, despotismo.
autarky s. autarquía.
authentic(al (ɔze·ntic(al) adj. auténtico. 2 fiel, fidedigno.
authentically (ɔze·nticali) adv. auténticamente.
authenticalness (ɔze·nticalnis) s. autenticidad.
authenticate (to) (ɔze·ntikeit) tr. autenticar, autorizar, legalizar. 2 declarar auténtico, certificar la autenticidad de.
authentication (ɔzentike·shøn) s. autenticación, autorización, legalización.
authenticity (ɔze·ntisiti) s. autenticidad.
author (ɔ·zɔ') s. autor; escritor.
authoress (ɔ·zøris) s. autora; escritora.
authoritarian (ɔzørite·rian) adj. y s. autoritario, absolutista.
authoritarianism (ɔzørite·rianišm) s. autoritarismo.
authoritative (czø·riteitiv) adj. autoritativo. 2 autorizado [que tiene autoridad]. 3 autoritario. 4 imperativo, terminante.
authoritatively (ɔzø·riteitivli) adj. autorizadamente. 2 autoritariamente, imperativamente.
authoritativeness (ɔzø·riteitivnis) s. calidad de autorizado. 2 imperiosidad.
authority (ɔzɔ·riti) s. autoridad : I have it on the best ~, lo sé de buena tinta. 2 autorización, aprobación, licencia : printed by ~, impreso con licencia. 3 pl. autoridades. 4 directores, jefes, consejeros, junta directiva.
authorization (ɔzørai·zei·shøn) s. autorización.
authorize (to) (ɔ·zøraiš) tr. autorizar, facultar, dar autoridad o poder. 2 justificar. 3 autorizar, aprobar, sancionar.
authorship (ɔ·zø'ship) s. profesión de escritor. 2 calidad de autor. 3 invención, paternidad literaria.

auto (ɔ·tou) s. fam. auto, automóvil : ~ laundry, taller de lavado de autos.
auto (to) intr. fam. pasear o viajar en automóvil.
autobiography (ɔtobaiɔ·grafi) s. autobiografía.
autoboat (ɔ·tobout) s. lancha o bote automóvil.
autobus (ɔ·tøbøs) s. autobús, autómnibus.
autocab (ɔ·tocæb) s. automóvil de alquiler; taxi.
autocade (ɔ·tokeid) s. desfile de automóviles.
autocar (ɔ·toca') s. autómnibus, autocar. 2 automóvil.
autochthon (ɔtɔ·czøn) s. autóctono. 2 cosa autóctona.
autochthonic (ɔtɔczɔ·nic), **autochthonous** (ɔtɔ·czønøs) adj. autóctono.
autochthonism (ɔtɔ·czønišm), **autochthony** (ɔtɔ·czoni) s. autoctonía.
autoclave (ɔ·tocleiv) s. autoclave.
autocracy (ɔtɔ·crasi) s. autocracia.
autocrat (ɔ·tocræt) s. autócrata.
autocratical (ɔtocræ·tical) adj. autocrático.
auto-da-fé (ɔtoudafei·), pl. **autos-da-fé** s. auto de fe.
autodidact (ɔ·tɔdidæct) s. autodidacta.
autodidactic(al (ɔtodidæ·ctic(al) adj. autodidáctico.
autodrome (ɔ·todroum) s. autódromo.
autodyne (ɔ·todain) adj. RADIO. autodino.
autogamous (ɔtɔ·gamøs) adj. BOT., ZOOL. autógamo.
autogenesis (ɔtoy̆e·nesis) s. BIOL. generación espontánea.
autogenous (ɔtɔ·y̆ønøs) adj. autógeno : ~ soldering, soldadura autógena.
autogiro, autogyro (ɔtɔy̆ai·rou) s. autogiro.
autograph (ɔ·tɔgræf) adj. y s. autógrafo. 2 copia autográfica.
autograph (to) tr. autografiar. 2 escribir un autor o celebridad su firma o autógrafo [en un libro, etc.].
autographic(al (ɔtogræ·fic(al) adj. autógrafo, autográfico.
autography (ɔtɔ·grafi) s. autografía.
autoinfection (ɔ·toinfe·shøn) s. autoinfección.
autointoxication (ɔ·tointɔ·csikeshøn) s. autointoxicación.
autoist (ɔ·toist) s. fam. automovilista.
automat (ɔ·tɔmæt) s. bar automático; restaurante de servicio automático. 2 FOT. obturador automático. 3 especie de máquina de bordar.
automatic(al (ɔtɔmæ·tic(al) adj. automático.
automation (ɔtɔmei·shøn) s. automación.
automatization (ɔtɔmætišei·shøn) s. automatización.
automatize (to) (ɔtɔmatais̆) tr. automatizar.
automatism (ɔtɔ·matism) s. automatismo.
automaton (ɔtɔ·matøn) s. autómata.
automobile (ɔtɔmou·bil) adj. y s. automóvil.
automobilism (ɔtomou·bilišm) s. automovilismo.
automobilist (ɔtomou·bilist) s. automovilista.
automotive (ɔtomou·tiv) adj. automotor, automotriz, automóvil. 2 relativo a vehículos automóviles o de motor.
autonomic (ɔtono·mic) adj. autonómico.
autonomist (ɔtono·mist) s. autonomista.
autonomous (ɔto·nomøs) adj. autónomo.
autonomy (ɔto·nomi) s. autonomía.
autoplasty (ɔtoplæ·sti) s. CIR. autoplastia.
autopsy (ɔ·topsi) s. autopsia, necropsia.
autosuggestion (ɔtosødy̆e·schøn) s. autosugestión.
autotoxin (ɔ·totocsin) s. MED. autotoxina.
autotruck (ɔ·totrøc) s. autocamión, camión automóvil.
autotype (ɔ·totaip) s. facsímil, copia exacta.
autotypy (ɔ·totaipi) s. autotipia.
autumn (ɔ·tøm) s. otoño. 2 BOT. ~ crocus, cólquico.
autumnal (ɔtø·mnal) adj. autumnal, otoñal.
auxiliar (ɔgši·lia'), **auxiliary** (ɔgš·liari) adj. auxiliar, subsidiario. — 2 s. auxiliar.
avail (avei·l) s. provecho, utilidad, eficacia : to no ~, en vano, inútilmente, sin resultado. 2 pl. beneficios, producto [de una venta].
avail (to) intr. servir, ser útil, llenar el objeto. — 2 tr. aprovechar, servir, ser útil, valer [a uno] : what avails me...?, ¿de qué me sirve...? — 3 ref. to ~ oneself of, servirse de, valerse de, aprovechar o aprovecharse de.
availability (aveilabi·liti) s. disponibilidad. 2 utilidad, eficacia. 3 validez.
available (avei·labøl) adj. aprovechable, utilizable, disponible. 2 obtenible. 3 (EE. UU.) que cuenta con apoyo político suficiente para ser elegido.
availableness (avei·labølnis) s. AVAILABILITY.
availably (avei·labli) adv. útilmente, eficazmente.

avalanche (æ·valansh) s. alud. 2 fig. aluvión, torrente [de cosas].

avarice (æ·varis) s. avaricia, codicia.

avaricious (ævari·shøs) s. avaro, avariento, codicioso.

avariciously (ævari·shøsli) adv. avaramente, codiciosamente.

avariciousness (ævari·shøsnis) s. avaricia, codicia.

avast (ava·st) interj. MAR. ¡forte! 2 ¡basta!

avatar (ævata·') s. avatar, encarnación de Vichnú [en la religión india]. 2 encarnación [de una idea, etc.].

avaunt (avo·nt) interj. ¡fuera!, ¡atrás!

Ave Mary (ei·vi me·ri), Ave Maria (ave mari·a) s. Ave Maria.

avenaceous (ævinei·shøs) adj. BOT. avenáceo.

avenge (to) (ave·n̄y̆) tr. vengar, vindicar.

avengement (ave·n̄y̆mønt) s. venganza [acción].

avenger (ave·n̄y̆ø') s. vengador.

avengeress (ave·n̄y̆øris) s. vengadora.

avens (æ·venš) s. BOT. hierba de flores amarillas.

aventurin(e (ave·nchurin) s. MINER. venturina.

avenue (æ·veniu) s. avenida, paseo, alameda. 2 camino, entrada, pasadizo. 3 ~ of trade, ruta comercial.

aver (to) (avø·') tr. afirmar, asegurar, declarar. ¶ CONJUG. pret. y p. p.: averred; ger.: averring.

average (æ·vøridy̆) s. promedio, término medio, precio o valor medio: on an ~, por término medio. 2 prorrata. 3 lo corriente, lo común. 4 MAR. avería: general ~, avería gruesa. 5 MAR. ciertos gastos que se pagan además del flete. — 6 adj. medio, de promedio. 7 ordinario, corriente, tipico: the ~ man, el hombre corriente, el hombre medio.

average (to) intr. hacer, ganar, correr, ascender a, sumar, etc. por término medio, hacer un promedio de. — 2 tr. determinar el promedio de. 3 prorratear.

averment (avø·'mønt) s. aseveración.

Avernus (ævø·'nøs) s. Averno, Infierno.

Averroist (avøro·ist) adj. y s. averroísta.

Averroism (ævøro·ižm) adj. averroísta.

Averroistic (ævøro·istic) adj. averroísta.

averse (avo·'s) adj. adverso, contrario, opuesto, renuente, enemigo.

aversely (avø·'sli) adv. con repugnancia.

averseness (avø·'snis) s. repugnancia, renuencia.

aversion (avø·'shøn) s. aversión, aborrecimiento. 2 repugnancia. 3 objeto de aversión o de repugnancia. 4 acción de apartar, de desviar.

avert (to) (avø·'t) tr. apartar, desviar: with averted eyes, apartando la vista. 2 impedir, evitar, conjurar.

avian (ei·vian) adj. avícola, relativo a las aves.

aviary (ei·viari) s. pajarera, avería.

aviate (to) (ei·vieit) intr. volar [en avión].

aviation (eiviei·shøn) s. aviación.

aviator (eiviei·tø') s. aviador.

aviatress (eiviei·tris), aviatrice (eiviei·tris) aviatrix (eiviei·trics) s. aviadora.

aviculture (ei·vikølchø') s. avicultura.

aviculturist (eivikø·lchørist) s. avicultor.

avid (æ·vid) adj. ávido. 2 codicioso.

avidity (avi·diti) s. avidez. 2 codicia.

Avignon (aviño·n) n. pr. GEOGR. Aviñón.

avitaminosis (eivaitæmino·sis) s. MED. avitaminosis.

avocado (ævoca·dou) s. BOT. aguacate.

avocation (ævoke·shøn) s. distracción, pasatiempo, afición. [Úsase con poca propiedad, en lugar de vocation, en el sentido de profesión, ocupación habitual. 2 DER. avocación [en Escocia y en los tribunales pontificios].

avocet, avoset (æ·voset) s. ORNIT. avoceta.

avoid (to) (avoi·d) tr. anular, invalidar. 2 evitar, esquivar, eludir, rehuir.

avoidable (avoi·dabøl) adj. evitable, eludible. 2 anulable.

avoidance (avoi·dans) s. evitación. 2 DER. anulación. 3 acto de dejar vacante [esp. una dignidad eclesiástica].

avoider (avoi·dø') s. el que evita o elude.

avoidless (avoi·dlis) adj. poét. inevitable.

avoirdupois (ævø·dupoi·š) s. sistema de pesos vigente en Ingl. y en los EE. UU., cuya unidad es la libra de 16 onzas. 2 fam. peso, gordura.

avouch (to) (avau·ch) tr. afirmar, sostener [como cierto]. 2 probar, testimoniar, garantizar. 3 reconocer, confesar.

avow (to) (avau·) tr. confesar, reconocer.

avowable (ava·uabøl) adj. confesable.

avowal (ava·ual) s. confesión, reconocimiento.

avowed (ava·ud) adj. confesado, declarado, manifiesto.

avowedly (ava·udli) adv. sin rebozo, declaradamente, reconocidamente.

avulsion (avø·lshøn) s. arrancamiento, separación violenta. 2 CIR. avulsión.

avuncular (avø·nkiula') adj. de un tío, de tío.

await (to) (auei·t) tr. e intr. aguardar, esperar.

awake (auei·c) adj. despierto: to keep ~, desvelar. 2 consciente, que se percata: to be ~ to a fact, percatarse de, no ocultársele a uno un hecho. 3 atento, vigilante.

awake (to) tr. despertar [al que duerme, un recuerdo; mover, excitar]. — 2 intr. despertar, despertarse. ¶ CONJUG. pret.: awoke; p. p.: awaked o awoke.

awaken (to) (auei·køn) tr. e intr. TO AWAKE.

awakener (auei·kønø') s. despertador [el o lo que despierta].

awkening (auei·køning) s. despertamiento, despertar.

award (auo·'d) s. sentencia, fallo, decisión. 2 laudo. 3 concesión, adjudicación; cosa concedida o adjudicada; condecoración; premio, galardón.

award (to) tr. conceder, adjudicar [por sentencia o decisión]. — 2 conceder, otorgar [un premio]; conferir [un honor, etc.]; tributar [elogios].

awarder (auo·'dø') s. sentenciador, adjudicador, otorgador.

aware (aue·ø') adj. sabedor informado, enterado, consciente de: to be ~ of, estar informado, saber, darse cuenta de.

awareness (aue·ø'nis) s. conocimiento, conciencia [que se tiene de un hecho].

awash (auo·sh) adv. y adj. MAR. a flor de agua; cubierto por el agua.

away (auei) adv. lejos, a distancia, fuera, afuera, alejándose, en dirección contraria: ~ from, lejos de, apartándose de; to be ~, estar fuera, ausente; to get ~, marcharse, evadirse; to go ~, irse, ausentarse; to make ~ with oneself, suicidarse; to take ~, quitar. 2 Empléase con muchos verbos para indicar la continuidad o el ahinco de la acción: he was singing ~, iba cantando. 3 También indica: sin empacho, cuanto uno quiera: talk ~, diga usted, diga usted lo que quiera. — 4 m. adv. right ~, ahora mismo, en seguida; there ~, por allá. — 5 interj. ¡fuera de aquí!; ~ with you!, ¡márchese!, ¡fuera de aquí! 6 fire ~!, ¡venga!, ¡no tenga reparo!, ¡empiece!, ¡siga!

awe (o) s. temor, pavor. 2 respeto, temor [religioso o reverencial]. 3 asombro, sobrecogimiento.

awe (to) tr. atemorizar, intimidar, sobrecoger. 2 infundir temor reverencial.

aweary (au·ri) adj. poét. cansado, fatigado.

aweigh (auei) adv. MAR. díc. del ancla cuando ha abandonado el fondo y está pendiente, de modo que el buque puede empezar a andar.

awesome (o·søm) adj. imponente, que infunde temor reverencial.

awestricken (o·strikøn), awestruck (o·strøc) adj. atemorizado, espantado, sobrecogido.

awful (o·ful) adj. atroz, horrible. 2 tremendo, espantoso, impresionante. 3 que inspira temor reverencial. 4 fam. enorme, terrible; muy malo, muy feo.

awfully (o·fuli) adv. atrozmente, terriblemente, horrorosamente. 2 fam. muy, enormemente: thanks ~, un millón de gracias.

awfulness (o·fulnis) s. terribilidad, enormidad. 2 respeto o temor reverencial.

awhile (ajuai·l) adv. un rato, algún tiempo: not yet ~, todavía no, por ahora no.

awhirl (ajuø·'l) adv. en rotación, en giro, en torbellino.

awkward (o·kua·d) adj. torpe, encogido, desmañado, desgarbado. 2 embarazoso, delicado, difícil, peliagudo. 3 mal hecho, de mal manejar.

awkwardly (o·kua·dli) adv. torpemente, desmañadamente. 2 embarazosamente, en una posición delicada, difícil.

awkwardness (o·kua·dnis) s. torpeza, desmaña. 2 encogimiento, cortedad. 3 lo embarazoso de [una posición, etc.].

awl (ol) *s.* lesna, lezna, punzón. 2 MEC. lengüeta.
awl-shaped *adj.* alesnado.
awn (on) *s.* BOT. arista, raspa.
awned (ond) *adj.* BOT. aristado.
awning (o·ning) *s.* toldo, vela, tendal, entalamadura. 2 marquesina. 3 MAR. toldo, tienda. 4 MAR. toldilla.
awny (o·ni) *adj.* BOT. aristado.
awoke (auou·c) *pret.* y *p. p.* de TO AWAKE.
aworking (auø·'king) *adv.* trabajando.
awry (arai·) *adv.* torcidamente, de través. 2 erradamente, descaminadamente. — 3 *adj.* torcido, ladeado, atravesado. 4 errado, descaminado
ax, axe (æcs) *s.* hacha, destral, segur : *battle-axe,* hacha de armas; *hand-axe,* destral; *pick-axe,* zapapico, piqueta; *cooper's* ~, doladera; *to have an* ~ *to grind,* tener algún fin o motivo interesado, oculto.
ax, axe (to) *tr.* hachear.
axhammer (æ·csjæmø') *s.* martillo de dos bocas para desbastar piedra.
axial (æ·csial) *adj.* axil, axial : *axial-flow turbine,* turbina axial.
axil (æ·csil) *s.* BOT., ZOOL. axila.
axile (æ·csil o æ·csail) *adj.* BOT. axil.
axilla (æcsi·la) *s.* ANAT., BOT., ZOOL. axila.
axillar (æcsila'), **axillary** (æ·csileri) *adj.* axilar.
axinite (æ·csinait) *s.* MINER. axinita.
axiology (æcsio·loÿi) *s.* axiología.
axiom (æ·csiøm) *s.* axioma.
axiomatic(al (æcsiomæ·tic(al) *adj.* axiomático.
axiometer (acsio·mitø') *s.* MAR. axiómetro.
axis (æ·csis), *pl.* **axes** (æ·csiš) *s.* GEOM., CRISTAL., ANAT., BOT., ZOOL., eje. 2 ANAT. axis [vértebra]. 3 ZOOL. *axis* o ~ *deer,* ciervo de la India. 4 (con mayúscula) *the Axis,* el Eje [alianza militar entre Alemania, Italia y el Japón].

axis cylinder *s.* AXON(E.
axle (a·csøl) *s.* eje [de rueda]; árbol [de máquina]; peón [de noria]; bolo [de escalera]. — 2 *adj.* de eje : ~ *box,* buje; *axleguard,* arandela.
axletree (a·csøltri) *s.* eje [de las ruedas de un carruaje] : ~ *arm,* manga.
axoid (æ·csoid), **axoidean** (æcsoi·dian) *adj.* ANAT. axoideo.
axolotl (æ·csolotøl) *s.* ZOOL. ajolote.
axon (æ·csøn) *s.* ANAT. eje del cuerpo de los vertebrados, representado por la columna vertebral o el notocordio. 2 ANAT. axón.
axon(e *s.* ANAT. cilindroeje.
axonometry (æcsono·metrl) *s.* **axonometría.**
axunge (æ·csønÿ) *s.* enjundia, gordura, grasa [esp. del cerdo o del ganso].
ay, aye (ai o ei) *adv.* sí [ús. esp. en las votaciones]. 2 siempre : *for aye,* para siempre. — 3 *interj.* ¡ay! : *ay me!,* ¡ay de mí!
aye-aye (a·iai) *s.* ZOOL. ayeaye.
azalea (aši·lia) *s.* BOT. azalea.
azarole (æ·šøroul) *s.* BOT. acerolo. 2 acerola.
azedarach (ase·deræc) *s.* BOT. acederaque.
azimuth (æ·šimøz) *s.* ASTR. acimut.
azimuthal (æšimø·zal) *adj.* ASTR. acimutal.
azoic (æšoui·c) *adj.* azoico.
azote (æ·šout o ašou·t) *s.* QUÍM. ázoe, nitrógeno.
azotic (æšo·tic) *adj.* QUÍM. azoico, azoado, nítrico.
Aztec (æ·štec) *adj.* y *s.* azteca.
azure (æ·ÿiu') *adj.* azulado, cérulo. — 2 *s.* azul celeste. 3 BLAS. azur.
azured (æ·ÿu'd) *adj.* AZURE 1.
azurine (æ·ÿurin) *adj.* azulado. — 2 *s.* QUÍM. azurina.
azurite (æ·ÿurait) *s.* MINER. azurita.
azygous (æ·šigøs) *adj.* ANAT. ácigos [vena].
azymous (æ·šimus) *adj.* ázimo.

B

B, b (bi) *s* B, b, segunda letra del alafbeto inglés. 2 MÚS. si.
baa (ba) *s.* be [balido].
baa (to) *intr.* balar.
baa-lamb (ba-læm) *s.* cordero [en lenguaje infantil].
Baalism (be·ialiŝm) *s.* culto de Baal. 2 idolatría.
Baalite (be·ialait) *s.* baalita.
babbitt o **Babbitt metal** (bæ·bit) *s.* metal antifricción para forros y cojinetes.
babbitt (to) *tr.* revestir con metal antifricción.
babbittism (bæ·bitiŝm), **babbittry** (bæ·bitri) *s.* (EE. UU.) concepto de la vida, de la moral y de las costumbres propio de la clase media.
babble (bæ·bøl) *s.* cháchara, charla, parloteo. 2 balbuceo. 3 murmullo, murmurio [de una corriente].
babble (to) *intr.* charlar, parlotear. 2 balbucear, bárbotar. 3 murmurar [una corriente]. — 4 *tr.* decir balbuceando o con incoherencia. 5 decir [lo que debería callarse].
babbler (bæ·blø³) *s.* charlatán, hablador, trapalón. 2 charlatán [hablador indiscreto]. 3 ORNIT. nombre que se da a algunos pájaros.
babbling (bæ·bling) *adj.* parlero. 2 balbuciente. 3 murmurante. — 4 *s.* cháchara, garrulería. 5 balbucencia.
babe (beib) *s.* criatura, rorro, bebé, nene. 2 niño [pers. inocente o inexperta].
Babel, babel (bei·bøl) *s.* babel, confusión, algarabía.
babiroussa, babirusa, babirussa (bæbiru·sa) *s.* ZOOL. babirusa.
baboon (bæbu·n) *s.* ZOOL. babuino, mandril.
baboosh, babouche (bæ·bush) *s.* babucha.
baby (bei·bi) *s.* criatura, rorro, bebé, nene. *guagua. 2 benjamín [de una familia o grupo]. 3 niño [pers. inocente, inexperta, infantil]. 4 pequeño [de un animal]. 5 muñeca [juguete]. — 6 *adj.* de niño, para niño o rorro, de muñeca, aniñado, infantil : ~ *bunting*, nana, especie de saco provisto de un capucho [para llevar los rorros] ; ~ *basket*, canastilla [para niño] ; ~ *carriage*, cochecito para niños ; ~ *face*, cara aniñada ; ~ *farm*, casa donde se crían, cobrando, niños ajenos ; ~ *pin*, imperdible ; ~ *sitter* (EE. UU.), niñera [tomada por horas] ; ~ *talk*, lenguaje infantil ; lenguaje aniñado ; ~ *tooth*, diente de leche o mamón. 7 pequeño ; ~ *beef*, ternero añal ; su carne ; ~ *bond* (EE. UU.), bono de bajo valor nominal [100 o 50 dólares] ; ~ *grand*, o ~ *grand piano*, piano de media cola ; ~ *rambler*, BOT. rosal trepador de flores pequeñas ; ~ *ribbon*, cinta angosta para ribetear. 8 pálido, claro [color] ; ~ *blue*, azul claro.
baby (to) *tr.* tratar como niño ; mimar. ¶ CONJUG. pret. y p. p.: *babied.*
babyhood (bei·bijud) *s.* niñez, primera infancia.
babyish (bei·biish) *adj.* pueril, infantil.
babyishness (bei·biishnis) *s.* puerilidad, niñada.
Babylon (bæbi·lon) *n. pr.* HIST. Babilonia.

Babylonian (bæbilou·nian) *adj.* y *s.* babilonio. — 2 *adj.* babilónico. 3 BOT. ~ *willow*, sauce de Babilonia.
baccalaureate (bæcalo·riit) *s.* bachillerato.
baccarat (bæcara·) *s.* bacará [juego].
baccate (ba·keit) *s.* BOT. baciforme, abayado.
Bacchae (bæ·ki) *s. pl.* bacantes.
bacchanal (bæ·canal) *adj.* báquico. 2 orgiástico.
bacchanal(ian (bæcanei·l(ian) *s.* discípulo de Baco ; borracho, calavera. — 2 *adj.* báquico, ebrio
Bacchanalia (bæcanei·lia), **Bacchanals** (bæ·canalŝ) *s. pl.* bacanales. 2 [ús. en *s.*] bacanal, orgía.
bacchant (bæ·cant) *s.* sacerdote o adorador de Baco ; hombre disoluto o borracho. 2 bacante.
bacchante (bæcæ·nti) *s.* bacante.
Bacchic (bæ·kic) *adj.* báquico [de Baco]. 2 (con minúscula) báquico [desenfrenado].
Bacchus (bæ·cøs) *n. pr.* MIT. Baco.
bacciferous (bæcsi·førøs) *adj.* BOT. que produce bayas.
bacciform (bæ·csifo³m) *adj.* BOT. baciforme.
baccivorous (bæcsi·vøros) *adj.* que se alimenta de bayas.
baccy (bæ·csi) *s. fam.* tabaco.
bachelor (bæ·crelø³) *m.* soltero, célibe ; *old ~,* solterón. 2 bachiller [el que ha recibido el primer grado académico].
bachelorhood (bæ·chelø³jud) *s.* soltería [del hombre].
bachelor's-button (bæ·chelø³ŝ-bø·tøn) *s.* BOT. nombre que se da al aciano o azulejo, a la centaurea y a otras plantas.
bachelorship (bæ·chelo³ship) *s.* soltería [del hombre]. 2 bachillerato [grado].
bacillary (bæ·sileri) *adj.* bacilar.
bacillus (bæsi·løs), *pl.* **-lli** (-lai) *s.* bacilo.
back (bæc) *s.* espalda, espaldas [del hombre] ; lomo, cerro [de un animal] ; espinazo : *to break the ~ of,* romper el espinazo a ; hacer lo más difícil [de un trabajo, etc.] ; *to cast behind the ~,* dar al olvido ; desechar con desdén ; *to lie on one's ~,* estar en cama, postrado, hallarse impotente ; *to put o get one's ~ up,* tomar una actitud de resistencia obstinada ; *to see the ~ of,* desembarazarse, librarse de ; *to turn the ~,* huir ; *to turn one's ~ on* o *upon,* abandonar, desertar ; volver la espalda a, despreciar ; *at one's ~,* detrás de uno [apoyándole o persiguiéndole] ; ~ *to ~,* espalda contra espalda ; dándose las espaldas ; *behind one's ~,* a espaldas de uno ; *on one's ~,* a cuestas ; boca arriba ; de espaldas ; *with one's ~ to the wall,* acorralado, entre la espada y la pared. 2 espalda, dorso, envés, revés [de una cosa] ; espalda, trasera, fondo, parte de atrás : *in the ~ of,* detrás de ; *in the ~ of one's mind,* en el fondo del pensamiento ; *in the ~ of the book,* al final, hacia el final del libro. 3 espalda [de vestido]. 4 espaldar [de coraza]. 5 respal-

do [de silla, banco, etc.]. *6* lomo [de libro].
7 canto, lomo, recazo [de cuchillo, etc.]. *8*
extradós [de un arco]. *9* parte convexa de una
cosa arqueada. *10* FÚTBOL defensa. *11* TEAT. foro.
12 adj. posterior, dorsal, trasero, interior, que
se lleva detrás : ~ *comb,* peineta ; ~ *door,* puerta trasera o excusada ; ~ *room,* ~ *yard,* cuarto,
patio interior o trasero ; ~ *seat,* asiento de
atrás ; puesto secundario ; ~ *stairs,* escalera
de atrás, de servicio ; fig. medios indirectos. *13*
atrasado : ~ *rent,* renta atrasada ; ~ *number,*
número atrasado [de un periódico] ; pers. o
cosa anticuada, atrasada. *14* apartado : ~ *country,* región alejada de los centros de población. *15*
que va hacia atrás, que vuelve, dirigido hacia
atrás: ~ *draught,* corriente de aire invertida; explosión de gases de combustión ; ~ *eccentric,*
excéntrica de inversión [en las máquinas de
vapor] ; ~ *freight,* flete de vuelta; ~ *pressure,*
contrapressión ; ~ *step,* MIL. paso atrás, paso
a retaguardia ; ~ *stream,* contracorriente, remolino ; ~ *talk,* réplica, respuesta insolente.
16 adv. atrás, hacia atrás, en situación apartada : *twenty years* ~, veinte años atrás ; ~ *in
1900,* allá por el año 1900 ; *to go* ~, retroceder ; *to go* ~ *on,* desdecirse, de faltar a [lo
prometido] ; *to move* ~, retroceder, hacer retroceder ; ~ *of the road,* apartado del camino.
17 de vuelta, de regreso ; a o en el sitio. estado, pers., etc., en que estaba, de donde o de
quien procedía ; en reciprocidad, en pago ; *to
beat* ~, rechazar [al enemigo] ; *to come* ~,
volver, regresar ; *to give* ~, devolver ; *to go* ~
to barbarism, volver a la barbarie. *18* en ocultación o retención : *to keep* ~ *the truth,* callar
la verdad ; *to keep* ~ *the money,* retener el
dinero.
19 interj. ¡atrás!
back (to) *tr.* apoyar, sostener, respaldar, secundar. *2* apostar por, a favor de. *3* empujar, tirar
hacia atrás, hacer recular. *4* formar la espalda, dorso, envés o lomo de, o estar en la espalda, el dorso, el envés, etc., de. *5* respaldar [un escrito]. *6* MAR. engalgar [un an-
cla]. *7* MAR. poner [las velas] en facha. *8*
montar [un caballo]. *9* IMPR. retirar [estam-
par por el revés]. *10* pop. llevar a cuestas. *11*
to ~ *up,* sostener, apoyar. — *12 intr.* recular,
retroceder. *13* MAR. *to* ~ *and fill,* fachear y
marear con el viento; fig. mudar constantemente de opinión, de parecer ; vacilar. *14 to*
~ *down, to* ~ *out,* desdecirse, volverse atrás,
echarse atrás. *15 to* ~ *up,* retroceder; levantarse [el agua] regolfando. *16* MAR. *to* ~ *water,*
ciar ; fig. retractarse, desdecirse.
backache (bæ·keic) *s.* dolor de espalda.
backbite (to) (bæ·cbait) *tr.* murmurar de, cortar
un sayo, criticar, calumniar a [uno]. — *2 intr.*
murmurar, criticar. ¶ CONJUG. pret. : *backbit;*
p. p. : *backbit* o *-bitten.*
backbiter (bæ·cbaitø') *s.* murmurador, maldiciente, calumniador.
backbiting (bæ·cbaiting) *s.* murmuración, maledicencia, calumnia.
backboard (bæ·cbo'd) *s.* tablero de fondo. *2* forro
[de un cuadro]. *3* MAR. escudo de popa [de un
bote].
backbone (bæ·cbou·n) *s.* espinazo, espina dorsal, columna vertebral : *to the* ~, hasta la médula,
hasta los tuétanos. *2* lo que da la firmeza o solidez ; firmeza, nervio, resistencia.
backbreaker (bæ·cbrei·kø') *s.* reventadero [trabajo
grande].
backbreaking (bæ·cbrei·king) *adj.* fatigoso, abrumador.
backdoor (bæ·cdoø') *adj.* clandestino, subrepticio,
secreto.
backdown (bæ·cdaun) *s.* fam. abandono de una
posición, retractación, palinodia.
backdrop (bæ·cdrop) *s.* TEAT. telón de fondo.
backed (bact) *adj.* apoyado, respaldado. *2* [en
comp.] que tiene o lleva la espalda, el dorso,
etc.; de cierto modo: *barebacked,* con la espalda desnuda ; *hunchbacked,* jorobado.
backer (bæ·kø') *s.* apoyador, sostenedor, respal-
dador, financiador, partidario. *2* el que apuesta por.
backfield (bæ·cfild) *s.* en el fútbol americano, terre-

no detrás de la línea delantera ; jugadores detrás
de esta línea, defensas.
backfire (bæ·cfair) *s.* quema que se hace para
evitar que se extienda un incendio. *2* AUTO. pe-
tardeo.
backfire (to) *intr.* hacer una quema para evitar
que se extienda un incendio. *2* AUTO. petardear.
3 fig. salir el tiro por la culata ; ser contraproducente.
backgammon (bæcgæ·møn) *s.* chaquete [juego].
background (bæ·cgraund) *s.* fondo, último término, lontananza. *2* fondo [de un dibujo, etc.].
3 oscuridad, retiro [en que queda o vive una
pers.]; posición subordinada. *4* experiencia, conocimientos [de uno] ; antecedentes [de uno].
backhand (bæ·cjænd) *s.* revés [golpe]. *2* escritura inclinada a la izquierda
backhand(ed (bæcjæ·nd(id) *adj.* de revés, dado
con la mano vuelta [golpe]. *2* inclinada a la
izquierda [escritura]. *3* insincero, irónico [cum-
plido, observación]. *4* desmañado.
backhouse (bæ·cjaus) *s.* dependencia trasera ; retrete, común, necesaria.
backing (bæ·king) *s.* apoyo, sostén, respaldo, garantía. *2* lo que sostiene o refuerza por detrás ;
forro. *3* azogado [de un espejo]. *4* ENCUAD. lomera. *5* retroceso.
backlash (bæ·clæsh) *s.* MEC. juego entre dientes ;
trepidación de piezas mal articuladas ; marcha
muerta. *2* contragolpe, culateo.
backlog (bæ·clog) *s.* trashoguero [leño]. *2* COM.
reserva de pedidos pendientes.
backmost (bæ·cmoust) *adj.* de más atrás.
backpiece (bæ·cpis), **backplate** (bæ·cpleit) *s.* pieza
posterior, espaldar [de armadura].
backsaw (bæ·cso) *s.* sierra de trasdós.
backset (bæ·cset) *s.* contratiempo, contrariedad,
revés. *2* remanso, contracorriente, remolino.
backshop (bæ·cshop) *s.* trastienda, rebotica.
backside (bæ·csaid) *s.* espalda, parte de atrás,
revés. *2* trasero, tafanario.
backslap (bæ·cslæp) *s.* fam. palmada en la espalda.
2 golpe causado por un retroceso.
backslap (to) *tr.* fam. dar palmadas en la espalda.
backslide (to) (bæ·cslaid) *intr.* deslizarse hacia
atrás. *2* recaer, reincidir, volver a un estado de
culpa o atraso.
backslider (bæcslai·dø') *s.* reincidente, relapso,
apóstata.
backsliding (bæcslai·ding) *s.* deslizamiento hacia
atrás. *2* recaída, reincidencia, apostasía.
backspacer (bæ·cspeisø') *s.* tecla de retroceso [en
la máquina de escribir].
backstairs (bæ·cste'š) *adj.* de intriga, secreto,
clandestino.
backstay (bæ·cstei) *s.* soporte, tirante o refuerzo
posterior. *2* MAR. burda, brandal.
backstitch (bæ·cstitch) *s.* pespunte.
backstitch (to) *tr.* pespuntar, pespuntear.
backstop (bæ·cstop) *s.* DEP. red, valla, etc., para
detener la pelota. *2* meta o zaguero [en ciertos
juegos]. *3* MEC. tope o trinquete para detener
el retroceso.
backstroke (bæ·cstrouc) *s.* revés [golpe]. *2* brazada que se emplea al nadar de espaldas.
backswept (bæ·csuept) *adj.* AVIA. en flecha [ala].
backsword (bæ·cso'd) *s.* sable, alfanje.
backtrack (to) (bæ·ctræc) *tr.* deshacer [lo anda-
do]. — *2 intr.* retroceder, volver, ir de vuelta.
backward (bæ·cuø'd) *adj.* dirigido hacia atrás,
retrógrado, retrospectivo. *2* que retrocede. *3* dicho o hecho al revés. *4* último, recóndito. *5* atrasado [en desarrollo, cultura, etc.] ; tardío. *6*
lento, tardo, pesado; renuente. *7* corto, tímido.
8 lerdo, torpe. *9* adverso, funesto.
backward(s (bæ·cuø'd(s) *adv.* hacia atrás, atrás :
~ *and forward,* atrás y adelante ; *to go* ~ *and
forward,* ir y venir, avanzar y retroceder. *2* al
revés. *3* de espaldas. *4* de reculones.
backwardation (bæcuø'dei·shøn) *s.* doble [en Bol-
sa].
backwardly (bæ·cuø'dli) *adv.* torpemente. *2* de mala gana, con repugnancia.
backwardness (bæ·cuø'dnis) *s.* atraso, retraso [en
desarrollo, cultura, etc.]. *2* lentitud, torpeza.
3 cortedad, timidez. *4* renuncia.
backwash (bæ·cuash) *s.* agua lanzada hacia atrás
por las hélices, los remos, etc. *2* fig. consecuencias.

backwater (bǽ·cuotø') s. agua que refluye, remanso, contracorriente, remolino. 2 fig. atraso, incultura.

backwoods (bæ·cwudš) s. pl. (EE. UU.) región de bosques alejada de las poblaciones o de la civilización.

backwoodsman (bæ·cwudšmæn), pl. **-men** (-men) s. hombre que habita en los grandes bosques.

bacon (bei·køn) s. tocino [esp. el curado] : flitch of ~, hoja de tocino ; to save one's ~, salvar su pelleja o sus intereses.

Baconian (beico·nian) adj. y s. baconiano.

bacteria (bæcti·ria) s. pl. bacterias.

bacterial (bæcti·rial), **bacterian** (bæcti·rian) adj. bacteriano, bactérico.

bactericidal (bæctirisai·dal) adj. bactericida.

bactericide (bæcti·risaid) s. bactericida.

bacterin (bæ·ctørin) s. MED. vacuna bacteriana.

bacteriological (bæctiriolo·ẏical) adj. bacteriológico.

bacteriologist (bæctirio·loẏist) s. bacteriólogo.

bacteriology (bæctirio·loẏi) s. bacteriología.

bacterium (bæcti·riøm) s. bacteria.

bad (bæd) adj. mal, malo : ~ form, mala educación ; in a ~ way, en mal estado o situación, gravemente enfermo ; with a ~ grace, de mala gana. 2 malo, enfermo : to feel ~, sentirse malo, indispuesto. 3 podrido [huevo]. 4 incobrable [deuda]. 5 falso, sin valor : ~ coin, moneda falsa. — 6 adv. mal : ~ looking, feo, de mal aspecto. — 7 s. mal [lo malo]. 8 mal estado o condición ; ruina, perdición : from ~ to worse, de mal en peor ; to go to the ~, ir por mal camino ; arruinarse.

bade (bæd) pret. del verbo TO BID.

badge (bæḏẏ) s. insignia, distintivo, placa, condecoración. 2 divisa, emblema, símbolo.

badge (to) (bæḏẏ) tr. señalar, distinguir con una insignia o distintivo.

badger (bæ·ḏẏø') s. ZOOL. tejón. 2 pincel de pelo de tejón.

badger (to) tr. molestar, atormentar, acosar.

badian (bæ·dian) s. BOT. anís estrellado.

badinage (bæ·dinedẏ o badina·ẏ) s. discreteo, broma, burla graciosa.

badly (bæ·dli) adv. mal, malamente. 2 muy, mucho [con voces que expresen necesidad o deseo]. 3 gravemente. 4 ~ off, en mal estado o situación [de salud, de dinero, etc.] ; maltrecho.

badminton (bæ·dmintøn) s. juego de raqueta y volante. 2 especie de refresco.

badness (bæ·dnis) s. maldad [calidad de malo] ; mala calidad.

baffle (bæ·føl) s. confusión, desconcierto [de uno]. 2 MEC. pieza que detiene, desvía o regula el vapor, gases, etc. ; pantalla, deflector. 3 RADIO pantalla acústica.

baffle (to) (bæ·føl) tr. confundir, desconcertar, chasquear. 2 burlar, frustrar, desbaratar. 3 dispersar, desviar, detener. — 4 intr. luchar en vano.

baffler (bæ·flø') s. el o lo que confunde, desconcierta, burla, etc. 2 BAFFLE 2 y 3.

baffling (bæ·fling) adj. desconcertador, desconcertante. 2 MAR. ~ wind, viento ligero y variable.

bag (bæg) s. saco, bolsa, talega : ~ of bones, montón de huesos, pers. flaca ; to be in the ~, ser cosa segura ; to give [one] the ~, despedir [a un empleado]. 2 bolso, monedero. 3 maletín, saco de noche : travelling ~, maletín, maletín ; to pack up ~ and baggage, liar el petate. 4 bolsa, taleguilla [para el pelo]. 5 cartera [para llevar papeles, cartas], valija [de correo]. 6 zurrón, morral [de cazador] ; chistera [de pescador]. 7 cacería, pesca [cantidad de animales cazados o pescados]. 8 ANAT. bolsa, saco. 9 bolsa [en la piel o la que hace una tela] : ~ at the knee, rodillera. 10 MAR. ~ net, manga de red. 11 pl. montones [gran cantidad].

bag (to) tr. embolsar, ensacar, meter en el zurrón. 2 cazar, pescar, atrapar, coger. 3 hinchar. — 4 intr. abolsarse. 5 hincharse, abotagarse. ¶ CONJUG. pret. y p. p.: bagged ; ger.: bagging.

bagasse (bæga·s) s. bagazo. 2 residuo que queda después de extraer la fibra de la pita y otras plantas textiles.

bagatelle (bægate·l) s. bagatela, fruslería.

bagful (bæ·gful) s. saco, morral o zurrón llenos ; contenido de un saco o morral ; zurronada.

baggage (bæ·guidẏ) s. (EE. UU. y Canadá) equipaje [de viaje] : ~ car, furgón de equipajes ; ~ check, talón de equipaje ; ~ master, factor ; ~ room, depósito de equipajes. 2 MIL. bagaje. 3 pelandusca, ramera. 4 fam. picaruela.

bagging (bæ·guing) s. material para hacer sacos harpillera. — 2 adj. que hace bolsa.

baggy (bæ·gui) adj. que hace bolsas o rodilleras ; holgado o que cuelga como una bolsa : ~ cheeks, mejillas colgantes ; ~ trousers, pantalones muy anchos o con rodilleras.

bagman (bæ·gmæn) s. (Ingl.) viajante de comercio. 2 empleado de correos que clasifica o expide la correspondencia.

bagnio (bæ·ñou) s. baño [prisión de esclavos en Oriente]. 2 lupanar.

bagpipe (bæ·gpaip) s. gaita, cornamusa.

bagpiper (bæ·gpaipe') s. gaitero.

bah (ba) interj. ¡bah!

bail (beil) s. DER. fianza : to be out on ~, estar en libertad bajo fianza. 2 fiador [que da fianza] : to go ~ for, salir fiador por, dar fianza por. 3 asa [de cubo o caldero]. 4 arco [que sostiene un toldo]. 5 achicador. 6 separación entre compartimientos de establo. 7 pared exterior [de un castillo]. 8 aro, cerco, zuncho.

bail (to) tr. DER. dar fianza [por uno]. 2 poner en libertad bajo fianza. 3 entregar [en depósito o para un objeto determinado]. 4 achicar o sacar [agua] ; achicar el agua de, vaciar. 5 zunchar, asegurar con aros o cercos. — 6 intr to ~ out of a plane, tirarse [con paracaídas] de un aeroplano.

bailable (bei·labøl) adj. que puede ser libertado bajo fianza.

bail-bond s. escritura de fianza.

bailee (beilr·) s. DER. el que recibe una cosa en depósito o para un objeto determinado.

bailer (bei·lø') s. DER. el que entrega una cosa en depósito o para un objeto determinado. 2 DER. fiador.

bailey (bei·li) s. muro exterior o patio de un castillo o fortaleza. 2 Old Bailey, tribunal central de lo criminal en Londres.

bailie (bei·lr) s. (en Escocia), alcalde, regidor.

bailiff (bei·lif) s. ant. baile [magistrado]. 2 mayordomo, administrador, intendente. 3 alguacil, corchete.

bailing (bei·ling) s. MAR. achique, achicadura.

bailiwick (bei·liuic) s. bailía. 2 mayordomía. 3 alguacilazgo. 4 fig. especialidad o competencia [de uno].

bailment (bei·lmønt) s. liberación bajo fianza. 2 DER. entrega en depósito o para algún objeto.

bailor (bai·lø') s. BAILER.

bailsman (bei·lsmæn) s. DER. fiador.

bairn (be·rn) s. (Esc.) niño, niña.

bait (be·it) s. cebo, carnada. 2 fig. cebo, señuelo, anzuelo : to take the ~, tragar el anzuelo. 3 alto, descanso [en un viaje] para tomar un refrigerio. 4 pienso.

bait (to) tr. cebar [poner cebo ; atraer con cebo]. 2 pensar [dar un pienso]. 3 alimentar [un horno]. 4 hostigar, [a un animal] azuzándole los perros. 5 atormentar, acosar, hostigar. — 6 intr. detenerse a descansar o a tomar un refrigerio [en un viaje].

baize (beiš) s. bayeta : green ~, tapete verde.

bake (beic) s. cocción al horno. 2 cosa cocida al horno.

bake (to) tr. cocer o asar en horno. 2 secar, endurecer [por la acción del calor], calcinar. — 3 intr. hornear. 4 cocerse [en el horno] ; secarse, endurecerse [al sol, etc.].

baked (beict) adj. asado o cocido al horno : ~ eggs, huevos al plato.

bakehouse (bei·cjaus) s. horno, panadería, tahona.

bakelite (bei·kølait) s. baquelita.

baker (bei·kø') s. hornero, panadero ; pastelero : baker's dozen, docena de fraile.

bakery (bei·køri) s. horno, panadería, tahona.

baking (bei·king) s. cocción, cocción al horno, cochura : ~ pan, tortera ; ~ powder, levadura química ; ~ soda, bicarbonato de sosa. 2 hornada.

baksheesh, bakshish (bæ·cshish) s. propina [entre los árabes y turcos].

balance (bæ·lans) s. balanza [instrumento]. 2 ASTR. Balanza, Libra. 3 contrapeso. 4 equilibrio : to lose one's ~, perder el equilibrio ; ~ of *power*, POL. equilibrio entre potencias. *5* comparación, estimación. *6* COM. balance : *to strike a* ~, hacer balance ; ~ *sheet*, balance, avanzo. *7* COM. saldo, alcance. *8* volante [de reloj]. *9* MEC., RELOJ. ~ *wheel*, volante. *10* ~ *of trade*, balanza comercial.

balance (to) *tr.* pesar [en la balanza]. *2* estimar [comparando], comparar. *3* equilibrar ; nivelar. *4* balancear, contrapesar. *5* COM. saldar, finiquitar. — *6 intr.* estar o mantenerse en equilibrio. *7* equilibrarse, compensarse. *8* balancear, vacilar. *9* COM. hacer el balance.

balancer (bæ·lansø') *s.* pesador. *2* equilibrista. *3* ELECT. estabilizador ; dínamo compensadora. *4* ENTOM. balancín [de díptero].

balancing (bæ·lansing) *s.* peso [acción de pesar en la balanza]. *2* balanceo, contrapeso. *3* estimación [por comparación]. *4* equilibrio, nivelación. — *5 adj.* compensador, equilibrador : ~ *condenser*, RADIO. condensador de compensación ; ~ *flap*, AVIA. alerón ; ~ *pole*, balancín, contrapeso [de volatinero].

balas (bæ·las) *s.* balaje [rubí].

balausta (bælo·sta) *s.* BOT. balausta.

balboa (bæl·boa) *s.* balboa [moneda de Panamá].

balcony (bæl·coni) *s.* balcón ; galería exterior. *2* TEAT. galería, anfiteatro. *3* MAR. galería de popa.

bald (bòld) *adj.* calvo. *2* desnudo, pelado, raído. *3* escueto. *4* mocho [trigo]. *5* mezquino, sin valor. *6* pobre, monótono [estilo]. *7* ORNIT. ~ *buzzard*, halieto, pigargo ; ~ *eagle*, águila americana de cabeza blanca.

baldachin (bæ·ldakin) *s.* baldaquín.

balderdash (bo·ldø'dash) *s.* vaciedades, tonterías, monserga, música celestial.

bald-faced *adj.* cariblanco, careto.

baldhead (bo·ldjed) *s.* calvo, persona calva.

baldly (bo·ldli) *adv.* desnudamente, escuetamente ; pobremente.

baldness (bo·ldnis) *s.* calvicie. *2* desnudez [falta de hojas, de plumas, de vegetación, de adornos].

baldric (bo·ldric) *s.* tahalí. *2* poét. zodíaco.

bale (beil) *s.* bala, fardo, paca. *2* poét. destrucción, daño ; dolor, pena, infelicidad.

bale (to) *tr.* embalar, enfardar, empacar. *2* MAR. achicar.

Balearic (bæliæ·ric) *adj.* balear, baleárico : *Balearic Islands*, Islas Baleares.

balefire (beil·faiø') *s.* almenara, hoguera.

baleful (beil·ful) *adj.* funesto, pernicioso, maligno.

balefully (beil·fuli) *adv.* funestamente, perniciosamente, malignamente.

balk, baulk (boc) *s.* AGR. caballón. *2* yerro, desliz. *3* fracaso, contrariedad. *4* estorbo, impedimento. *5* viga, madero. *6* BILLAR. cabaña, casa : ~ *line*, línea que marca la casa o que divide la mesa en cuadros.

balk, baulk (to) *tr.* evitar, burlar. *2* frustrar, desbaratar, contrariar. — *3 intr.* plantarse, resistirse. *4* rebelarse, *empacarse [el caballo]. *5 to* ~ *at*, rehuir, rehusar.

Balkan (bo·lkan) *adj.* balcánico, de los Balcanes : ~ *Peninsula*, península de los Balcanes. — *2 s. pl. the Balkans*, los Balcanes.

balky (bo·ki) *adj.* rebelón. *2* harón.

ball (bol) *s.* bola, globo, esfera : *ball-and-socket joint*, MEC. articulación esférica, rótula ; ~ *bearing*, MEC. cojinete de bolas ; ~ *cock*, llave o válvula de bola o flotador ; ~ *governor*, MEC. regulador de bolas o de fuerza centrífuga ; *terrestrial* ~, globo terrestre. *2* ovillo, burujo. *3* pelota [para jugar ; juego] : *to keep the* ~ *rolling*, mantener la conversación, una acción. *4* bola [de billar]. *5* pella [de jabón]. *6* bala, pelota [proyectil redondo]. *7* protuberancia redondeada ; yema [del pulgar]. *8* bala [de impresor]. *9* fam. trago, copa [de licor] con hielo y agua [llámase también *high* ~]. *10* AGR. cepellón. *11* baile [fiesta] : *dress* ~, sarao, baile de etiqueta ; *fancy* ~, baile de disfraces ; ~ *gown*, traje de baile ; ~ *room*, sala de baile.

ball (to) *tr.* ovillar. *2* apelotonar ; dar forma de bola, convertir en bola. *3* apelotonarse las abejas alrededor de [la reina]. — *4 intr. to* ~ *up*, apelotonarse, formar bola.

ballad (bæ·lad) *s.* balada. *2* canción, copla : ~ *monger*, coplero ; vendedor de coplas ; ~ *singer*, cantor de coplas o romances ; ~ *writer*, escritor de coplas o romances.

ball-and-socket joint *s.* MEC. articulación esférica, rótula.

ballast (bæ·last) *s.* lastre. *2* grava, balasto : ~ *bed*, firme [de carretera].

ballast (to) *tr.* lastrar. *2* ajuiciar. *3* balastar, afirmar con grava.

ballasting (bæ·lasting) *s.* acción de lastrar o de balastar. *2* balasto ; afirmado [de un suelo].

ballerina (bæløri·na) *s.* bailarina.

ballet (bæ·lei) *s.* baile de espectáculo : ~ *girl*, bailarina del conjunto.

ballista (bæli·sta) *s.* balista.

ballistic (bæli·stic) *adj.* balístico.

ballistics (bæli·stics) *s.* balística.

balloon (bælu·n) *s.* globo aerostático : *sounding* ~, globo sonda. *2* balón [juguete, recipiente]. *3* QUÍM. redoma. *4* AUTO. ~ *tire*, neumático balón. — *5 adj.* de globos, para globos : ~ *barrage*, MIL. barrera de globos cautivos ; ~ *bed*, amarradero para dirigibles.

balloon (to) *tr.* llevar en globo. *2* inflar, hinchar. — *3 intr.* ir en globo. *4* hincharse [como un globo].

balloonist (bælu·nist) *s.* aeronauta.

ballot (bæ·løt) *s.* balota ; papeleta de voto, candidatura. *2* votación, sufragio : ~ *box*, urna [para votar]. *3* total de votos emitidos.

ballot (to) *intr.* y *tr.* votar [a uno, por uno ; decidir por voto] ; insacular.

ballplayer (bolplei·ø) *m.* jugador de béisbol. *2* jugador de pelota, pelotari.

ball-point pen *s.* bolígrafo.

ballroom (bo·lrum) *s.* salón de baile.

bally (bæ·li) *adj.* fam. grande, enorme, maldito, condenado. — *2 adv.* fam. muy, mucho, enormemente, condenadamente.

ballyhoo (bæ·liju) *s.* alharaca, bombo, propaganda sensacional.

ballyhoo (to) *tr.* bombear, dar bombo, hacer la propaganda de.

balm (bam) *s.* bálsamo. *2* aroma, perfume. *3* BOT. melisa, cidronela, toronjil. *4* BOT. ~ *of Gilead*, opobálsamo. *5* BOT. ~ *apple*, BALSAM APPLE ; ~ *fir*, ~ *pine*, BALSAM FIR.

balmoral (bælmo·ral) *s.* especie de refajo. *2* borcegui. *3* boina escocesa.

balmy (ba·mi) *adj.* balsámico, suave, calmante, reparador. *2* pop. chiflado, idiota.

balneary (bæ·lniiri) *s.* balneario.

balneotherapy (bælnioze·rapi) *s.* MED. balneoterapia.

balsa (bo·lsa o bæ·lsa) *s.* MAR. balsa. *2* BOT. árbol americano de madera muy ligera.

balsam (bo·lsam) *s.* bálsamo [substancia, ungüento] : ~ *of Mecca*, bálsamo de la Meca ; ~ *of Peru*, bálsamo del Perú ; ~ *of Tolu*, bálsamo de Tolú ; *Canada* ~, bálsamo del Canadá. *2* BOT. árbol que da bálsamo : ~ *fir*, árbol que da el bálsamo del Canadá. *3* BOT. balsamina [de jardín]. *4* BOT. ~ *apple*, balsamina [cucurbitácea]. *5* bálsamo, consuelo.

balsamic(al (bolsæ·mic(al) *adj.* balsámico.

balsamine (bo·lsamin) *s.* BOT. balsamina.

Balthasar (balza·sa') *n. pr.* Baltasar.

Baltic (bo·ltic) *adj.* báltico.

Baluchistan (bæluchistæ·n) *n. pr.* GEOGR. Beluchistán.

baluster (bæ·løstø') *s.* balaustre.

balustered (ba·løstø'd) *adj.* que tiene balaustres.

balustrade (baløstrei·d) *s.* balaustrada.

bamboo (bambu·) *s.* BOT. bambú.

bamboozle (bambu·zl) *s.* engaño, embeleco.

bamboozle (to) *tr.* engañar, embaucar, embelecar. *2* confundir, desconcertar.

bamboozler (bambu·šlø') *s.* engañador, embaucador, embelecador.

ban (bæn) *s.* proclama, edicto : *bans of marriage*, amonestaciones, proclamas. *2* sentencia de proscripción. *3* excomunión, anatema, entredicho. *4* prohibición, proscripción. *5* tejido de abacá.

ban (to) *tr.* excomulgar, anatematizar. *2* proscribir, desterrar. *3* prohibir.

banal (bæ·nal) *adj.* trivial, común, trillado.

banality (banæ·liti) *s.* trivialidad, vulgaridad.

banana (banæ·na) *s.* BOT. plátano, banana, cambur : ~ *tree*, banano.

banc (bænc) *s.* DER. banco de los jueces : *in* ~, con todo el tribunal ; con plena autoridad judicial.

banco (ba·ngcou) s. *to go* ~, copar la banca [en el juego].
band (bænd) s. faja, venda, fleje, cuerda, cinta, tira [para atar], vencejo, vilorta; sortija [de cigarro]. 2 abrazadera, zuncho. 3 fig. lazo, vínculo. 4 faja, cinta, cenefa, lista, zona: *band-saw*, sierra sin fin. 5 ARQ. filete, listón. 6 RADIO banda [de ondas] : *band-pass filter*, filtro de bandas. 7 MEC. correa : ~ *pulley*, tambor de transmisión. 8 MÚS. banda, música : *brass* ~, charanga; ~ *wagon* (EE. UU.), carro de la música; fig. partido que gana; *to climb on the* ~ *wagon*, seguir la corriente, hacerse del partido que gana. 9 banda, cuadrilla, partida. 10 manada, bandada.
band (to) *tr.* atar, fajar, vendar, precintar. 2 acuadrillar, juntar. — 3 *intr. to* ~ *together*, acuadrillarse, juntarse. 4 ir en manada o bandada.
bandage (bæ·ndidy̆) s. venda, vendaje.
bandanna (bændæ·na) s. pañuelo de hierbas.
bandbox (bæ·ndbocs) s. caja redonda u ovalada para vestidos, cuellos, etc.; sombrerera.
bandeau, *pl.* -**deaux** (bændo·) s. cinta para ceñir la cabeza.
banderole (bæ·ndøroul) s. banderola, banderita.
bandit (bæ·ndit), *pl.* **banditti** (bændi·ti) s. bandido, bandolero; atracador.
banditry (bæ·nditri) s. bandolerismo, bandidaje.
bandmaster (bæ·ndmastø') s. director de banda, músico mayor.
bandog (bæ·ndog) s. mastín, perro de presa atado.
bandoleer, bandolier (bændoli·ø') s. MIL. bandolera. 2 cartuchera colgada de una bandolera. 3 especie de bandolera que lleva un vendedor callejero para sostener su bandeja.
bandoline (bæ·ndolin) s. bandolina.
bandore (bændo·ø') s. bandurria.
band-pass filter s. RADIO. filtro de bandas.
band-saw s. sierra sin fin.
bandsman (bæ·ndsͫæn), *pl.* -**men** (-men) *m.* músico de banda.
bandstand (bæ·ndstænd) s. quiosco de música.
bandy (bæ·ndi) s. juego parecido al hockey; palo corvo para este juego. — 2 *adj.* listado, rayado. 3 arqueado, torcido [hacia afuera].
bandy (to) *tr.* lanzar, tirar, etc. de un lado a otro; pasar de uno a otro. 2 cambiar [palabras, golpes, etc.]. — 3 *intr.* discutir, contender.
bandy-legged *adj.* estevado.
bane (be·in) s. muerte, ruina, daño, perdición. 2 veneno [en palabras compuestas] : *ratsbane*, veneno para las ratas, arsénico.
baneberry (be·inberi) s. BOT. actea, hierba de San Cristóbal.
baneful (be·inful) *adj.* letal, dañino, pernicioso, funesto, venenoso.
banefulness (be·infulnis) s. perniciosidad.
banewort (be·inuø't) s. planta venenosa, esp. la belladona y el ranúnculo.
bang (bæng) s. golpe, porrazo [que resuena], portazo, detonación. 2 salto, movimiento súbito. 3 energía, empuje. 4 flequillo [de cabello]. — 5 *adv.* con estrépito, con golpe. 6 de repente, impetuosamente. — 7 *interj.* ¡pan!, ¡pum!
bang (to) *tr.* golpear [haciendo ruido] : *to* ~ *the door*, dar un portazo; *to* ~ *out*, marcar, indicar con un golpe o golpes. 2 aporrear, apalear, maltratar : *to* ~ *the piano*, aporrear el piano. 3 vencer, sobrepujar. 4 cortar el cabello en flequillo. 5 desrabar. — 6 *intr.* hacer estrépito, golpear [sobre].
bangle (bæ·ngøl) s. ajorca [de las mujeres indias y africanas].
bang-up (bæ·ngøp) *adj.* pop. estupendo, de primera.
banian (bæ·nian) s. baniano. 2 levita o túnica hindú. 3 BOT. higuera de Bengala.
banish (to) (bæ·nish) *tr.* desterrar, proscribir, deportar. 2 expulsar, echar de. 3 ahuyentar, desechar.
banishment (bæ·nishmønt) s. destierro, proscripción, extrañamiento, expulsión.
banister (bæ·nistø') s. balaustre. 2 *pl.* balaustrada, barandilla, pasamano.
banjo (bæ·nyo) s. MÚS. banjo.
bank (bænc) s. ribazo, talud; lomo [de tierra]. 2 peralte [de carretera]. 3 margen, orilla [de río o lago]. 4 bajo, bajío; banco [de arena]. 5 montón largo [de nubes]. 6 hilera [de remos,

de teclas del órgano] ; serie, batería [de lámparas, transformadores, etc.]. 7 AVIA. inclinación del aeroplano al virar. 8 banda [del billar]. 9 bancada [de una galera]. 10 mesa, banco [en algunos oficios]. 11 COM. banco, casa de banca ; mesa de cambio : ~ *of circulation*, ~ *of issue*, banco de emisión ; ~ *acceptance*, giro contra un banco, aceptado por éste ; ~ *account*, cuenta en un banco, cuenta corriente ; ~ *book*, libreta de depósitos [del depositante] ; ~ *discount*, descuento bancario ; ~ *guaranty*, seguro contra la quiebra de un banco ; ~ *holiday*, día de fiesta o periodo de vacaciones para los bancos ; ~ *note* o (EE. UU.) ~ *bill*, billete de banco ; ~ *rate*, tipo de descuento [de los bancos] ; ~ *roll*, fajo de billetes ; dinero en el banco, dinero disponible ; ~ *vault*, cámara acorazada. 12 alcancía, hucha. 13 banca [en el juego] : *to break the* ~, hacer saltar la banca.
bank (to) *tr.* amontonar [formando lomo o talud] ; aporcar ; cubrir [un fuego] con combustible o ceniza. | Gralte. con *up*. 2 proteger, represar [con dique o reparo]. 3 inclinar [un aeroplano] al virar. 4 juntar en serie o batería. 5 BILLAR jugar por tabla, doblar. 6 depositar [dinero] en un banco. — *intr.* 7 inclinarse [el aeroplano o las aves] al virar. 8 hacer negocios de banca. 9 tener o depositar dinero en un banco. 10 *to* ~ *up*, elevarse formando lomo o talud ; AVIA. inclinarse al virar. 11 *to* ~ *on*, contar con, tener confianza en.
bankable (bæ·ncabøl) s. admisible en banca.
banker (bæ·ncø') s. banquero.
banking (bæ·nking) s. COM. Banca [negocio]. — 2 *adj.* bancario, de banca : ~ *house*, casa de banca. 3 AVIA. ~ *indicator*, inclinómetro.
bankrupt (bæ·nkrøpt) *adj.* y s. insolvente, quebrado, fallido, arruinado : *to go* ~, hacer bancarrota, quebrar.
bankrupt (to) *tr.* hacer quebrar ; arruinar.
bankruptcy (bæ·nkrøptsi) s. quiebra, bancarrota, *falencia. 2 ruina ; falta absoluta de.
banner (bæ·nø') s. bandera, estandarte, pendón, gonfalón. 2 bandera [tropa]. — 3 *adj.* primero, principal, sobresaliente.
banner (to) *tr.* proveer de bandera. — 2 *intr.* alzar bandera.
banneret (bæ·nøret) s. bandereta, pendoncillo. 2 caballero con bandera.
bannerol (bæ·nøroul) s. banderola.
banns (bæns) s. *pl.* amonestaciones, proclamas.
banquet (bæ·ncuet) s. banquete, festín.
banquet (to) *tr.* e *intr.* banquetear.
banquette (banke·t) s. FORT. banqueta. 2 (EE. UU. del S.) acera, andén.
banshee (bæ·nshi) s. (Irl., Esc.) fantasma cuyos lamentos bajo la ventana, según la superstición popular, anuncian una muerte.
bantam (bæ·ntam) *adj.* pequeño, ligero, ~ *weight*, DEP. peso gallo. — 2 s. gallina enana de Bantam. 3 fig. persona pequeña y batalladora.
bantamweight (bæ·ntamweit) s. boxeador de peso gallo.
banter (bæ·ntø')s. chunga, burla festiva, chanza, broma, vaya.
banter (to) *tr.* chunguearse de, embromar, dar vaya. — 2 *intr.* bromear, chancearse.
banterer (bæ·ntørø') s. chancero, chuzón, burlón.
bantling (bæ·ntling) s. pequeñuelo, pequeñuela.
banyan (bæ·nian) s. baniano. 2 BOT. higuera de Bengala.
baobab (be·iobæb) s. BOT. baobab.
baptism (bæ·ptiͫm) s. bautismo. 2 bautizo.
baptismal (bæpti·ͫmal) *adj.* bautismal : ~ *name*, nombre de pila.
Baptist (bæ·ptist) *n. pr. m.* Bautista. — 2 s. baptista. 3 (con minúscula) bautista. 4 *Saint John the Baptist*, San Juan Bautista.
baptistery (bæ·ptistøri) s. baptisterio.
baptistic(al (bæpti·stic(al) *adj.* bautismal. 2 de los baptistas.
baptistry (bæ·ptistri) s. baptisterio.
baptize (to) (bæ·ptaiš) *tr.* bautizar, cristianar. 2 bautizar [un nombre] ; poner por nombre.
baptizer (bæptai·šø') s. bautista, bautizante.
bar (ba·') s. barra [pieza larga y rígida], barrote : *lever* ~, palanca, alzaprima ; *handle* ~, manillar [de bicicleta] ; ~ *shot*, ARTILL. palanqueta. 2 barra [de plata, oro, etc.] ; pastilla [de chocolate].

3 GEOGR. barra, alfaque. 4 tranca [de puerta].
5 raya, lista, faja. 6 BLAS. faja. 7 barrera, valla,
reja [que cierra un paso, una puerta, etc.];
puerta [de un castillo, una ciudad] 8 fig. barrera, obstáculo, impedimento. 9 barra [de un
tribunal, una asamblea]. 10 DER. estrados. 11 abogacía, foro, colegio de abogados: to be called
to the ~, ser admitido al ejercicio de la abogacía. 12 tribunal. 13 mostrador [de taberna, de
restaurante]; sala donde está este mostrador;
bar. 14 MÚS. línea vertical de pentagrama. 15
FÍS. bar. 16 DER. excepción perentoria: in ~ of,
como excepción perentoria. — 17 prep. excepto,
salvo: ~ none, sin excepción.
bar (to) tr. atrancar [una puerta]. 2 poner ba-
rrotes, barrear. 3 listar, rayar. 4 MÚS. dividir
en compases. 5 obstruir; obstar, impedir, estorbar, prohibir. 6 to ~ out, cerrar la puerta [a
uno]. ¶ CONJUG. pret. y p. p.: barred; ger.:
barring.
Barabbas (baræ·bas) n. pr. Barrabás.
barb (barb) s. púa, lengüeta [de flecha, anzuelo,
etc.]. 2 BOT. filamento ganchudo. 3 caballo
árabe. 4 pl. barbas [de la pluma].
barb (to) tr. armar con púas o lengüetas. 2 fig.
hacer mordaz, incisivo.
Barbara (ba·bara) n. pr. f. Bárbara.
barbarian (ba·be·rian) adj. y s. bárbaro [de los
pueblos bárbaros: no civilizado]. 2 aristócrata
que desprecia las artes, las letras.
barbaric (ba·bæ·ric) adj. bárbaro, barbárico, primitivo.
barbarism (ba·barišm) s. barbarismo. 2 barbarie.
barbarity (ba·bæ·riti) s. barbarie, crueldad. 2 salvajada. 3 B. ART. estilo bárbaro; mal gusto.
barbarize (to) (ba·baraiš) intr. barbarizar su
lenguaje. 2 volverse bárbaro. — 3 tr. volver
bárbaro.
barbarous (ba·barøs) adj. bárbaro [no civilizado;
inculto, cruel, inhumano]. 2 áspero, bronco
[lenguaje].
barbarously (ba·barøsli) adv. bárbaramente.
barbarousness (ba·barøšnis) s. barbaridad, barbarie [condición].
Barbary (ba·bari) n. pr. GEOGR. Berbería. 2 ZOOL.
~ ape, mona de Jibraltar. 3 BOT. ~ fig, higo
chumbo.
barbate (ba·beit) adj. BOT. barbado.
barbecue (ba·bikiu) s. barbacoa [especie de parrilla; animal asado]. 2 (EE. UU.) fiesta en que
se asa un animal entero.
barbecue (to) tr. asar un animal entero. 2 asar
o curar al fuego; *churrasquear. 3 cocer con
salsa de vinagre.
barbed (ba·bd) adj. con púas o lengüetas: ~ wire,
alambre de púas, espino artificial. 2 barbado
[caballo].
barbel (ba·bel) s. barbilla [de pez]. 2 ICT. barbo.
barber (ba·bø) s. barbero: barber's shop, barbería.
barberry (ba·børi) s. BOT. agracejo, bérbero, berberís.
barbet (ba·bet) s. perro de aguas. 2 nombre de un
ave tropical.
barbette (ba·bet) s. FORT. barbeta.
barbican (ba·bicæn) s. FORT. barbacana.
barbituric (ba·bitiu·ric) s. MED. barbitúrico.
barbwire (ba·buai) s. espino artificial.
barcarol (ba·caroul) s. MÚS. barcarola.
bard (ba·d) s. bardo; vate. 2 barda [del caballo].
3 coc. albardilla.
bard (to) tr. poner barda [al caballo]. 2 coc.
albardillar, emborrazar.
bardic (ba·dic) adj. de los bardos.
bare (be·a) adj. desnudo. 2 pelado, raso. 3 descubierto, expuesto a la vista: to lay ~, desnudar, descubrir. 4 desprovisto de. 5 mero, puro,
solo. 6 liso, llano, sencillo. 7 raído, gastado. —
8 s. parte desnuda o descubierta.
bare (to) tr. desnudar, despojar, descubrir: to
~ one's head, descubrirse.
bareback (be·a·bæc) adj. y adv. montado en pelo,
sin silla.
barebacked (be·a·bæct) adj. desensillado, en cerro,
en pelo.
barebone (be·a·boun) s. persona muy flaca, es-
quelética.
bareboned (be·a·bound) adj. muy flaco, esquelético.
barefaced (be·a·feist) adj. descarado, desfachatado, insolente, atrevido.

barefacedly (be·a·feistli) adv. descaradamente, a
cara descubierta.
barefacedness (be·a·feistnis) s. descaro, desfachatez, insolencia, atrevimiento.
barefoot (be·a·fut), barefooted (be·a·futid) adj.
descalzo, con los pies desnudos.
bareheaded (be·a·jedid) adj. descubierto, desto-
cado, con la cabeza descubierta.
barelegged (be·a·leguid) adj. en pernetas, sin
medias.
barely (be·a·li) adv. desnudamente. 2 abiertamente. 3 a penas, escasamente. 4 pobremente, insuficientemente.
barenecked (be·a·nect) adj. descotado.
bareness (bea·nis) s. desnudez. 2 desabrigo. 3 miseria, escasez.
bareribbed (be·a·ribd) adj. muy flaco, esquelético.
bargain (ba·guin) s. trato, convenio, ajuste, transacción, negocio: ~ penny, arras, señal; it is
a ~, trato hecho; into the ~, de más, por añadidura. 2 ganga, buen negocio: ~ sale, barato,
saldo, liquidación, rebaja [venta a precios re-
bajados]; ~ driver, regatón [que regatea];
at a ~, barato, en condiciones ventajosas.
bargain (to) intr. negociar, ajustar un trato, regatear: fig. I did not ~ for it, yo no esperaba
o no contaba con esto. — 2 tr. vender, negociar, cambiar, trocar: to ~ away, permutar, trocar; vender regalado.
bargainee (ba·guini) s. DER. comprador [en un
contrato].
bargainer (ba·guinø) s. el que hace un trato.
bargaining (ba·guining) s. trato, regateo.
barge (ba·ÿ) s. lanchón, gabarra, barcaza. 2 chalupa. 3 barco vivienda para recreo. 4 Royal Barge,
(Ingl.) barco de ceremonia usado por los reyes.
barge (to) intr. moverse pesadamente. 2 entrometerse: to ~ in o into, entrar sin pedir permiso; entrometerse en.
bargeman (ba·ÿmæn), barger (ba·ÿø) s. lanchero,
gabarrero.
bario (bæ·ric) adj. QUÍM. bárico. 2 FÍS. barométrico.
barilla (bari·la) s. BOT. barrilla. 2 barrilla, sosa.
barite (be·rait) s. MINER. baritina.
baritone (bæ·ritoun) s. MÚS. barítono.
barium (be·riøm) s. QUÍM. bario.
bark (ba·c) s. corteza [de árbol]: Peruvian ~,
quina. 2 casca [para curtir]. 3 fig. corteza, piel,
pellejo, cubierta exterior. 4 ladrido: his ~
is worse than his bite, amenaza mucho pero hace
poco. 5 estampido [del cañón, de la pistola].
6 MAR. bricbarca, buque de tres palos.
bark (to) tr. curtir [con casca]. 2 descortezar:
to ~ up the wrong tree, fig. equivocarse, andar
descaminado. 3 rozar, desollar. 4 cubrir con corteza. — 5 intr. ladrar.
barkeeper (ba·kipø) s. tabernero.
barkentine (ba·kentin) s. MAR. barca goleta.
barker (ba·kø) s. descortezador [de árboles]. 2
animal ladrador. 3 voceador, el que anuncia a
voces un espectáculo, etc. 4 pop. cañón, pistola.
barking (ba·king) s. descortezamiento. 2 curtimiento [con casca] 3 ladrido. — 4 adj. ladrador.
barkless (ba·klis) s. sin corteza, descortezado.
barky (ba·ki) adj. cortezudo.
barley (ba·li) s. BOT. cebada; alcacer: pearl ~,
cebada perlada; ~ bin, cebadera; ~ water,
hordiate [bebida]; ~ sugar, especie de alfeñique.
barleycorn (ba·lico·n) s. grano de cebada. 2 tercio de pulgada. 3 fig. John Barleycorn, la
cerveza.
barm (ba·m) s. levadura [esp. de cerveza].
barmaid (ba·meid) s. camarera, moza de taberna.
barman (ba·mæn) m. mozo de taberna, barman.
barmy (ba·mi) adj. espumoso. 2 veleidoso, alocado, chiflado.
barmy-brained adj. ligero o alegre de cascos.
barn (ba·n) s. granero, henil, pajar, hórreo. 2 establo, cuadra. 3 (EE. UU.) streetcar ~, cobertizo para tranvías.
Barnabas, Barnaby (ba·nabøs, -bi) n. pr. Bernabé.
barnacle (ba·nacøl) s. acial. 2 ORNIT. barnacla.
3 ZOOL. nombre de varios crustáceos cirrípodos:
acorn ~, rock ~, bálano, bellota de mar; goose
~, percebe, escaramujo. 4 pl. gafas, antiparras.
barn-owl (ba·n-aul) s. ORNIT. lechuza.
barnstorm (to) (ba·nstø·m) intr. fam. andar representando [comedias, etc.] o haciendo discursos en poblaciones pequeñas.

barnstormer (ba·'nstø'mø') s. fam. actor u orador que anda representando o haciendo discursos en poblaciones pequeñas.

barnyard (ba·'nya'd) s. corral : ~ fowl, ave de corral.

barograph (bæ·rograf) s. barógrafo, barometrógrafo.

barometer (baro·mito') s. barómetro.

barometrical (barome·trical) adj. barométrico.

barometrograph (bæ·rometrogræf) s. BAROGRAPH.

barometry (baro·metri) s. barometría.

baron (bæ·røn) m. barón. 2 (EE. UU.) magnate [del comercio, de la industria].

baronage (bæ·rønidȳ) s. baronía [dignidad].

baronet (bæ·rønet) s. baronet [título inferior al de barón].

baroness (bæ·rønis) f. baronesa.

baronetage (bæ·rønetidȳ) s. dignidad de baronet.

baronetcy (bæ·rønetsi), baronetship (bæ·rønetship) s. dignidad, título de baronet.

baronial (barou·nial) adj. del barón o de la baronía.

barony (bæ·roni) s. baronía.

baroque (barou·c) adj. barroco. 2 grotesco, extravagante. 3 ~ pearl, barrueco.

baroscope (bæ·roscoup) s. baroscopio.

barouche (baru·sh) s. milord, birlocho [coche].

barque (ba·'c) s. MAR. especie de brickbarca.

barquentine (ba·'kentin) s. BARKENTINE.

barracan (bæ·racan) s. barragán [tela, abrigo].

barracks (bæ·racs) s. MIL. cuartel [edificio].

barrack (to) (bæ·rac) tr. DEP. abuchear. — 2 tr. e intr. MIL. acuartelar, poner en cuarteles.

barracoon (bæracu·n) s. barracón [esp. para presidiarios].

barracuda (bærøcu·dø) s. ICT. barracuda, picuda.

barrage (ba·raȳ) s. interceptación [de un paso, etc.], barrera. 2 presa de contención. 3 MIL. barrera o cortina de fuego, etc. : ~ balloon, globo de barrera.

barrator (bæ·ratø') s. picapleitos, trapacero. 2 persona culpable del delito de baratería.

barratry (bæ·ratri) s. práctica de incitar a pleitear. 2 baratería [de juez]. 3 MAR. baratería de capitán.

barred (ba·'d) adj. listado, rayado. 2 MÚS. dividido en compases.

barrel (bæ·rel) s. barril, barrica, tonel. 2 medida de capacidad. 3 cañón, tubo, cilindro : ~ vault, bóveda de cañón. 4 cañón [de un arma, de la pluma de ave]. 5 cuerpo [de bomba]. 6 MEC. cilindro, tambor : ~ organ, organillo, aristón ; ~ process, extracción del oro y de la plata por el tratamiento del mineral con mercurio, etc., dentro de cilindros giratorios. 7 cuerpo o cilindro del cabrestante, del torno, del molinete. 8 cubo [de reloj]. 9 puño [de la espada]. 10 tronco [de un cuadrúpedo]. 11 AVIA. tonel, vuelta del avión sobre su eje longitudinal.

barrel (to) (bæ·rel) tr. embarrilar, entonelar. ¶ CONJUG. pret. y p. p. : barreled o -lled ; ger. : barreling o -lling.

barreled, barrelled (bæ·reld) adj. de cañones : double-barreled, de dos cañones.

barren (bæ·ren) adj. estéril, infecundo, infructífero, infructuoso, improductivo. 2 árido, yermo. 4 falto, desprovisto de. — 5 s. pl. tierras yermas.

barrenly (bæ·renli) adv. estérilmente, infructuosamente.

barrennes (bæ·rennis) s. esterilidad. 2 aridez.

barrette (bare·t) s. broche o pasador para el cabello.

barricade, barricado (bæ·rikid, -kei·dou) s. barricada. 2 barrera, defensa.

barricade (to) tr. fortificar u obstruir con barricada.

barrier (bæ·riø') s. barrera, valla, empalizada, estacada. 2 barrera, obstáculo. 3 límite ; línea de separación.

barring (ba·ring) prep. excepto, salvo, quitando.

barrister (bæ·ristø') s. abogado, letrado.

barroom (ba·'rum) s. cantina, bar.

barrow (bæ·rou) s. angarillas, parihuela. 2 carrito de mano, carretilla : ~ truck, carretilla de estación. 3 túmulo [montículo]. 4 cerdo castrado. 5 vestido de niño sin mangas.

barshot (ba·'shot) s. ARTILL. palanqueta.

bartender (ba·'tendø') s. el que sirve en un bar.

barter (ba·'tø') s. trueque, permuta, cambio, cambalache.

barter (to) tr. trocar, cambiar, permutar, cambalachear. — intr. hacer negocios de trueque, trujamanear.

barterer (ba·'tørø') s. trocador, traficante, cambalachero.

Bartholomew (ba·zo·lomiu) n. pr. Bartolomé.

bartizan (ba·'tišæn) s. garita [de un castillo].

barycentric (bærise·ntric) adj. FÍS. baricéntrico.

baryta (barai·ta) s. QUÍM. barita.

barytes (barai·tiš) s. MINER. baritina.

barytic (barai·tic) adj. barítico.

barytone (ba·ritoun) s. MÚS. barítono.

basal (bei·sal) s. basal. 2 básico, fundamental.

basalt (bæso·lt) s. PETROG. basalto.

basaltic (bæso·ltic) adj. basáltico.

basan (ba·san) s. badana.

basanite (bæ·šænait) s. PETROG. basanita. 2 piedra de toque.

bascule (bæ·skiul) s. MEC. aparato con contrapeso o movimiento de báscula : ~ bridge, puente de báscula.

base (beis) adj. inferior, de baja calidad. 2 bajo, de baja ley [metal, moneda]. 3 bajo [vil, mezquino, despreciable], ruin, servil, villano. 4 de poco valor : ~ metal, metal no precioso ; fig. persona o cosa de poco mérito o valor. 5 MÚS. bajo, grave. 6 bajo [no clásico] : ~ Latinity, baja latinidad. 7 que sirve de base, que constituye una base, un punto de partida ; ~ line, TOP. línea de base ; TENIS línea de fondo ; ~ unit, unidad base. — 8 s. base [fundamento, parte inferior, etc.]. 9 MIL., MAT., GEOM., QUÍM. base. 10 ARQ. basa, basamento, zócalo. 11 pie [de una máquina]. 12 en el béisbol, uno de los cuatro puestos que forman cuadro. 13 MÚS. bajo [voz, instrumento, etc.].

base (to) tr. basar, fundar, fundamentar. — 2 intr. basarse, estar basado.

baseball (bei·sbol) s béisbol

baseboard (bei·sbo'd) s. zócalo [en una pared]. 2 rodapié. 3 tablero que sirve de base.

baseborn (bei·sbo'n) adj. bastardo [pers.]. 2 bajo, plebeyo.

baseburner (beisbø·nø') s. estufa de alimentación automática.

base-court s. patio, corral. 2 tribunal inferior.

baseless (bei·slis) adj. sin base ; infundado.

basely (bei·sli) adv. bajamente.

basement (bei·smønt) s. ARQ. basamento. 2 sótano, cuarto bajo.

baseness (bei·snis) s. bajeza, ruindad. 2 bastardía.

bash (bæsh) s. golpe aplastante.

bash (to) tr. golpear fuertemente ; quebrar o aplastar a golpes.

bashaw (basho·) s. bajá.

bashful (bæ·shful) adj. vergonzoso, tímido, encogido, modesto, ruboroso.

bashfully (bæ·shfuli) adv. vergonzosamente, tímidamente, modestamente.

bashfulness (bæ·shfulnis) s. vergüenza, timidez, encogimiento, modestia.

basic (bei·sic) adj. básico. 2 MINER. pobre en sílice.

basicity (beisi·sity) s. QUÍM. basicidad.

basidiomycete (basidiomai·sit) s. BOT. basidiomiceto.

basidium (basi·diøm) s. BOT. basidio.

basify (to) (bei·sifai) tr. QUÍM. basificar.

basil (bæ·sil) s. BOT. albahaca. 2 badana. 3 CARP. boca biselada de escoplo o cepillo.

Basil (bei·sil) n. pr. Basilio.

basilar (bæ·silø') adj. BIOL. basilar. 2 básico, fundamental.

basilica (basi·lica) s. basílica.

basilical (basi·lic(al) adj. real, regio. 2 de ba sílica ; parecido a una basílica. 3 ANAT. basílica.

basilicon (basi·licon) s. FARM. basilicón.

basilisk (bæ·silisk) s. basilisco.

basin (bei·sin) s. palangana, jofaina, bacía. 2 cubeta, tinaco. 3 taza, pilón [de fuente]. 4 estanque, depósito de agua. 5 dársena. 6 concha [en la costa]. 7 alcorque. 8 GEOGR. cuenca, valle : river ~, cuenca [de río]. 9 bombasí [tela]. 10 cavidad de la pelvis. 11 platillo [de balanza].

basinet (bæ·sinet) s. ARM. bacinete.

basis (bei·sis) s. base, fundamento. 2 ARQ., ZOOL., BOT. base.

bask (to) (basc) intr. calentarse, estar expuesto [al sol, a un calor agradable] : to ~ in the sun, tomar el sol. — 2 tr. calentar, asolear.

basket (bæ·sket) *s.* cesto, cesta, canasto, cuévano, capacho, etc.: *wicker* ~, cesto, o cesta de mimbres; ~ *hilt*, guarnición calada o reticulada [de la espada, daga, etc.]. 2 MIL. cestón. *3* barquilla [de globo].
basketball (bæ·sketbol) *s.* baloncesto.
basketful (bæ·sketful) *s.* cestada.
basket-handle arch *s.* ARQ. arco carpanel.
basket-maker *s.* cestero.
basketry (bæ·sketri) *s.* cestería.
basket-work *s.* cestería. 2 imitación de cestería en metal.
basking shark *s.* ICT. tiburón gigante del Norte del Atlántico.
Basle (bal) *n. pr.* GEOGR. Basilea.
Basque (basc) *adj.* y *s.* vasco, vascongado. 2 vascuence.
basque *s.* jubón, ajustador.
bas-relief (ba-rili·f) *s.* ESC. bajo relieve.
1) **bass** (bæs) *pl.* **bass** o **basses** *s.* ICT. róbalo, lobina. 2 ICT. serrano. 3 ICT. perca. 4 BOT. liber [esp. el del tilo]. 5 fibra de ciertas plantas.
2) **bass** (beis) *adj.* MÚS. bajo, grave: ~ *clef*, clave de fa; ~ *drum*, bombo; ~ *viol*, violón; *double* ~, contrabajo. — 2 *s.* MÚS. bajo: *thorough* ~, bajo continuo, bajo cifrado.
basset (bæ·set) *s.* perro de patas muy cortas. 2 MIN cabeza de filón.
bassinet (bæ·sinet) *s.* cuna de mimbres. 2 cochecillo de niño en forma de cuna. 3 BASINET.
basso (bæ·sou) *s.* MÚS. bajo: ~ *cantante*, bajo cantante; ~ *continuo*, bajo continuo.
bassoon (bæsu·n) *s.* MÚS. bajón, piporro; fagot; *double* ~, contrabajón.
bassoonist (bæsu·nist) *s.* bajonista.
basswood (ba·swud) *s.* BOT. tilo americano.
bast (bast) *s.* BOT. liber; fibra. 2 estera, cuerda, etc., hecha de liber o fibra.
bastard (bæ·sta·d) *adj.* bastardo. 2 degenerado. *3* IMPR. ~ *title*, anteportada. — 4 *s.* bastardo [persona].
bastardize (to) (bæ·sta·daiš) *tr.* declarar, bastardo. 2 abastardar, bastardear. — 3 *intr.* degenerar, bastardear.
bastardy (bæ·sta·di) *s.* bastardía.
baste (to) (beist) *tr.* hilvanar, bastear, embastar. *2* fam. apalear. 3 COC. lardear, lardar.
bastile, bastille (bæsti·l) *s.* FORT. bastilla. 2 prisión.
bastinado (bæstineidou) *s.* bastonazo, garrotazo. *2* paliza. 3 bastonazos en las plantas de los pies.
bastinado (to) *tr.* dar una paliza, apalear.
basting (bei·sting) *s.* acción de hilvanar. 2 hilván, basta. 3 COC. acción de lardear. 4 COC. lardo, grasa. 5 fam. paliza.
bastion (bæ·stiэn o bæ·schэn) *s.* FORT. bastión, baluarte.
bat (bæt) *s.* ZOOL. murciélago. 2 palo, bate, raqueta [para ciertos juegos]: *off one's own* ~, solo, sin ayuda. 3 golpe, jugada [con bate]. *4* fam. golpe, trompazo. 5 pedazo de ladrillo, tejoleta. 6 albarda. 7 pop. parranda: *to go on a* ~, ir de parranda. 8 paso, marcha [velocidad].
bat (to) *tr.* golpear, apalear; *batear. 2 mover, batir [como las alas]: *to* ~ *the eyelashes*, parpadear. — 3 *intr.* golpear, jugar [con bate]. ¶ CONJUG. pret. y p. p.: *batted;* ger.: *batting.*
batarde (bæ·ta·d) *s.* letra bastarda.
Batavian (batei·vian) *adj.* y *s.* bátavo. 2 de Batavia [Java].
batch (bæch) *s.* hornada, cochura. 2 tanda [de pers., etc.]. 3 cantidad de cosas que se producen, se emplean o se necesitan de una vez. 4 hato, conjunto, colección. 5 fam. soltero [hombre].
bate (beit) *s.* fam. rabia, cólera.
bate (to) *tr.* rebajar, desminuir. 2 moderar, contener: *with bated breath*, con aliento entrecortado. 3 TEN. poner en remojo. 4 ablandar [el yute]. — 5 *intr.* batir las alas [el azor, etc.]. 6 minorarse, mermar, amainar.
batfowling (bæ·tfauling) *s.* caza nocturna de aves con lumbre.
bath (baz) *s.* baño [acción: líquido o medio en que se baña]: ~ *attendant*, bañero; ~ *mat*, ~ *towel*, esterilla, toalla, de baño. 2 baño, bañera. 3 QUÍM., FOT. baño: *water* ~, baño de María. 4 *pl.* baños [casa; balneario]. 5 *Order of the Bath*, orden del Baño [en Inglaterra].

Bath *n. pr.* GEOGR. Bath [población balnearia de Inglaterra]: *Bath chair*, silla de ruedas para inválidos.
bath (to) *tr.* bañar [a una pers.].
bathe (beid) *s.* baño [acción de bañarse].
bathe (to) *tr.* bañar [inmergir en un baño]. 2 bañar, mojar. 3 bañar [hablando de un río, un lago, el sol, etc.]. — 4 *intr.* bañarse.
bather (bei·dэ·) *s.* bañista, que se baña.
bathouse (ba·zjaus) *s.* casa de baños. 2 caseta de baño.
bathing (bei·ding) *s.* baño [acción de bañarse]: ~ *beach*, playa de baños; ~ *box*, ~ *hut*, caseta de baño; ~ *cap*, gorro de baño; ~ *costume*, traje de baño; ~ *drawers*, ~ *trunks*, taparrabos; ~ *gown*, albornoz, bata de baño; ~ *machine*, caseta de baño con ruedas; ~ *resort*, estación balnearia.
batholith (ba·zoliz) *s.* GEOL. batolito.
bathometer (bæzo·mitэ·) *s.* batómetro.
bathorse (bæ·tjo·s) *s.* acémila, caballo de carga.
bathos (bei·zэs) *s.* trivialidad, sensiblería [esp. en contraste con lo sublime].
bathrobe (ba·zroub) *s.* albornoz, bata de baño.
bathroom (bæ·zrum) *s.* cuarto de baño.
bathtub (ba·ztэb) *s.* baño, bañera, tina.
bathymeter (bæzi·mitэ·) *s.* batómetro.
bathymetry (bæzi·metri) *s.* batimetría.
bathysphere (bæ·zisfr·) *s.* batisfera.
bating (bei·ting) *prep.* excepto, exceptuando.
batiste (bati·st) *s.* batista [tela].
batman (bæ·tmæn), *pl.* **-men** (-men) *s.* MIL. (Ing.*) asistente, ordenanza.
baton (bæ·tэn) *s.* bastón [de mando]. 2 MÚS. batuta.
baton (to) *tr.* bastonear.
Batrachia (batrei·kia) *s. pl.* ZOOL. batracios.
batrachian (batrei·kian) *adj.* y *s.* batracio.
batsman (bæ·tsmæn), *pl.* **-men** (-men) *s.* jugador de pelota con bate [esp. de béisbol o cricquet].
battalion (bætæ·lion) *s.* batallón.
batten (bæ·tэn) *s.* tabla [para entarimar], lata. 2 listón [para reforzar o sujetar]. 3 TEJ. batán [del telar].
batten (to) *tr.* reforzar o asegurar con listones: *to* ~ *down the hatches*, MAR. asegurar con listones los encerados de escotilla. 2 cebar, engordar. 3 abonar [la tierra]. — 4 *intr.* engordar, medrar. 5 *to* ~ *on* o *upon*, comer con glotonería; gozarse en.
batter (bæ·tэ·) *s.* COC. pasta, batido. 2 pasta de yeso. 3 golpeadura. 4 IMPR. estropeo de tipos o planchas. 5 ARQ. talud, inclinación de un muro que se va inclinando hacia arriba. 6 batidor [de yeso, etc.]. 7 BATSMAN.
batter (to) *tr.* batir, golpear, aporrear. 2 MIL. batir, cañonear. 3 romper, mellar, estropear: *to* ~ *down*, demoler. 4 batir [un metal]. 5 ataludar, dar talud [a un muro, etc.]. — 6 *intr.* tener [un muro, etc.] una ligera inclinación hacia atrás, relejar.
battered (bæ·tэ·d) *adj.* hecho una pasta. 2 magullado. 3 derruido, estropeado, mellado, aplastado, abollado.
battering (bæ·tэring) *adj.* MIL. de batir: *battering-gun*, cañón de batir.
battering-ram *s.* ariete, manganel.
battery (bæ·tэri) *s.* DER. agresión [a una pers.]. 2 ARTILL., ELECT. batería: *storage* ~, acumulador eléctrico. 3 batería [de cocina, de instrumentos, etc.]. 4 rastrillo [de la llave de un arma de fuego].
batting (bæ·ting) *s.* DEP. juego con bate; voleo. 2 algodón o lana en hojas [para acolchar]; guata.
battle (bæ·tэl) *s.* batalla, combate, lucha: ~ *array*, orden de batalla; ~ *cruiser*, crucero de combate; ~ *cry*, grito de guerra; ~ *front*, frente de combate; ~ *piece*, batalla [pintura]; ~ *royal*, riña entre muchos; lucha empeñada; *gran batalla, combate heroico; *to do* ~, batallar; *to offer* ~, presentar batalla.
battle (to) *intr.* batallar. — 2 *tr.* combatir, luchar contra. 3 almenar.
battleax, battleaxe (bæ·tэlæcs) *s.* hacha de armas, hacha de combate.
battled (bæ·tэld) *adj.* almenado.
battledore (bæ·tэldo·) *s.* raqueta [para jugar al volante]. 2 ~ *and shuttlecock* o simplte. *battle-*

dore, volante [juego]. *3* pala, moza [de lavandera]. *4* pala [para enhornar].

battlefield (bæ·tølfild), **battleground** (bæ·tølgraund) *s.* campo de batalla.

battlement (bæ·tølmønt) *s.* almenaje, crestería, muro almenado.

battlemented (bæ·tølmøntid) *adj.* almenado.

battleplane (bæ·tølplein) *s.* areroplano de combate.

battler (bæ·tlø[r]) *s.* batallador.

battleship (bæ·tølship) *s.* MAR. acorazado.

battling (bæ·tling) *adj.* batallador.

battology (bæto·loɣi) *s.* RET. batología.

battue (batu·) *s.* batida [de caza, etc.]. *2* matanza inicua.

batty (bæ·ti) *adj.* de murciélago. *2* como un murciélago. *3* pop. loco, chiflado.

bauble (bo·bøl) *s.* chuchería, fruslería. *2* perifollo. *3* cetro de bufón.

baulk (to) (bok) *intr.* TO BALK.

bauxite (bo·csait) *s.* MINER. bauxita.

Bavaria (bave·ria) *n. pr.* GEOGR. Baviera.

Bavarian (bave·rian) *adj. y s.* bávaro.

bawd (bod) *s.* alcahuete, alcahueta.

bawd (to) *intr.* alcahuetear.

bawdily (bo·dili) *adv.* obscenamente.

bawdiness (bo·dinis) *s.* obscenidad.

bawdry (bo·dri) *s.* obscenidad, lenguaje obsceno. *2* alcahuetería, rufianería.

bawdy (bo·dri) *adj.* obsceno, libre, verde.

bawl (bol) *s.* grito, vociferación.

bawl (to) *intr.* gritar, vociferar; berrear. — *2 tr.* vocear, pregonar a gritos. *3* (EE. UU.) *to ~ someone out,* regañar, reñir a uno.

bawler (bo·lø[r]) *s.* voceador, vocinglero, gritador, gritón.

bay (bei) *adj. y s.* bayo [caballo]. — *2 s.* GEOGR. bahía, ensenada, abra. *3* entrada de un llano en una cordillera o (EE. UU.) de una pradera en un bosque. *4* parte de un canal inmediata a la salida de una esclusa; aguas donde se mueve una rueda hidráulica, una turbina, etc. *5* ARQ. intercolumnio, vano, entrepaño, recuadro, hueco, nicho. *6* ojo, tramo [de puente]. *7* ventana salediza: ~ *window,* mirador, cierro de cristales. *8* compartimiento [para almacenar heno o grano; para un caballo]. *9* MAR. cierta parte del buque que sirve de hospital. *10* ladrido [esp. el del perro que persigue]. *11* acorralamiento: *at ~,* acorralado, acosado, haciendo frente a los que le acosan; *a raya. 12* BOT. nombre que se da al laurel y a otras plantas que se le parecen: ~ *tree,* laurel; ~ *leaf,* hoja de laurel para el guisado; ~ *rum,* ron de laurel o de malagueta, usado en medicina y perfumería. *13* ~ *salt,* sal marina. *14 pl.* corona de laurel, laureles, lauro, renombre.

bay (to) *intr.* ladrar. — *2 tr.* ladrar a. *3* acorralar.

bayadere (bayadi·ø[r]) *s.* bayadera. — *2 adj.* a rayas de colores vivos.

bayberry (bei·børi) *s* fruto del laurel. *2* BOT. arrayán brabántico; su fruto. *3* BOT. especie de pimentero.

baying (be·ing) *s.* ladrido, acción de ladrar.

Bayonne (bayo·n) *n. pr.* GEOGR. Bayona.

bayonet (be·ionit) *s.* bayoneta. — *2 adj.* de bayoneta: ~ *socket,* portalámparas de bayoneta.

bayonet (to) *tr.* herir con bayoneta. *2* cargar a la bayoneta.

bayou (ba·iu) *s.* (EE. UU.) arroyo, afluente [esp. de curso lento]. *2* canalizo.

baywood (bei·wud) *s.* caoba ordinaria.

bazaar, bazar (baša·[r]) *s.* bazar. *2* feria, tómbola benéfica.

bazooka (bašu·ca) *s.* MIL. cañón antitanque que dispara cohetes.

bdellium (de·liøm) *s.* FARM. bedelio.

be- (bi-) *pref.* Refuerza ciertos verbos con los sentidos de: por, sobre, en torno, por todas partes, completamente, violentamente, repetidamente, excesivamente. *2* Convierte en transitivos, ciertos verbos intransitivos. *3* Con verbos, nombres y adjetivos, forma verbos y adjetivos participiales con sentidos que se dan en los artículos respectivos.

be (to) (bi) *intr.* ser: *to ~ or not to ~,* ser o no ser; *I am old,* soy viejo; *he is a lawyer,* es abogado; *man is rational,* el hombre es racional; *it is possible,* es posible; *so be it,* así sea. | En infinitivo, después de un nombre, signi-

fica futuro, que ha de ser: *my wife to ~,* mi futura esposa. *2* existir, vivir: *he is no more,* ya no existe, murió. | Precedido de *there,* se traduce por haber [impers.], pero concierta con el substantivo que le sigue: *there is something,* hay algo; *there are some facts,* hay algunos hechos. *3* celebrarse, efectuarse. *4* tener [una edad]: *he is fifty* o *fifty years old,* tiene cincuenta años. *5* estar, hallarse, encontrarse, verse: *Ann is in Madrid,* Ana está en Madrid; *I am tired,* estoy cansado; *he is ill,* está enfermo; *I am obliged to do it,* me veo obligado a hacerlo. | En ciertos casos la oración se traduce por una del verbo tener: *to ~ hot,* estar caliente, tener calor; *to ~ hungry,* tener hambriento, tener hambre, tener apetito; *to ~ in a hurry,* tener prisa; *to ~ right,* tener razón; *to ~ successful,* tener éxito; *to ~ unlucky,* tener desgracia, tener mala suerte. *6* llevar [tiempo en un sitio] *have you been here long?,* ¿lleva usted mucho tiempo aquí? *7* Otros sentidos: *to ~ at [a thing],* estar ocupado en o haciendo [una cosa]; *to ~ for,* ir para, con destino a; estar por, ser partidario de; atañer: *it is not for me to say,* no me atañe decir, no soy yo quien ha de decir; *to ~ from,* ser o venir [de tal o cual parte]; *to ~ off,* partir, irse, largarse; salir [en una carrera]; estar equivocado; *to ~ on,* durar, continuar; *to ~ the matter,* haber, pasar algo; *what is the matter?,* ¿qué hay?, ¿qué pasa?; *what is the matter with you?,* ¿qué tiene usted?, ¿qué le pasa?; *to ~ in, up,* etc. V. IN, UP, etc.

8 impers. hacer, haber: *it is cold,* hace frío; *it is foggy,* hay niebla; *it is good weather,* hace buen tiempo; *it is now a year,* hace un año; *how is the weather?,* ¿qué tiempo hace? *9* Corresponde a formas personales del español en frases como: *it is one o'clock,* es la una; *it is two o'clock,* son las dos; *it is I,* soy yo; *it is they,* son ellos. *10* Seguido de *be* y un participio equivale al español *ser* de seguido de un infinitivo: *it is to be regretted,* es de sentir, es de lamentar; *it is to ~ desired,* es de desear.

11 aux. Con un participio pasivo, forma la voz pasiva: *she is loved,* ella es amada; *Spanish is spoken here,* aquí se habla español; *the wall is being built,* se está construyendo el muro. | También forma los tiempos compuestos de ciertos verbos intransitivos: *he is gone,* se ha ido; *the time is come,* ha llegado el tiempo o la hora. *12* Con un participio activo en funciones de gerundio, denota acción que se está realizando o que se va a realizar: *I am seeing it,* lo veo, lo estoy viendo; *I am coming,* vengo; *he was going to speak,* él iba a hablar; *they are dining with us tonight,* comen (o comerán) con nosotros esta noche. *13* Con un infinitivo, equivale a haber de, tener que, poder: *I am to go out,* he de salir; *what are we to do?,* ¿qué hemos de hacer?; *how am I to know it?,* ¿cómo he de saberlo?, ¿cómo puedo saberlo?

¶ CONJUG. IRREG.: INDIC. Pres.: sing. 1.ª pers. *am;* 2.ª, *art* (thou), *are* (you); 3.ª, *is;* pl. *are.* | Pret.: sing. 1.ª y 3.ª *was;* 2.ª *wast* (thou), *were* (you); pl. *were.* || SUBJ. Pres.: *be.* | Pret.: *were.* || PART. PAS.: *been.* || GER.: *being.*

beach (bich) *s.* playa. *2* guijo.

beach (to) *intr. y tr.* MAR. encallar, hacer encallar en la playa.

beachcomber (bichcou·mø[r]) *s.* ola larga que rompe en la playa. *2* vagabundo de las playas, esp. blanco vagabundo en las islas del Pacífico.

beached (bicht) *adj.* encallado, varado, en la playa.

beachhead (bich·jed) *s.* MIL. cabeza de playa.

beachy (bi·chi) *adj.* playado. *2* cubierto de guijo.

beacon (bi·køn) *s.* almenara, alcandora. *2* atalaya [torre, eminencia]. *3* faro, farola, fanal. *4* baliza, señal. *5* AVIA. radiofaro.

beacon (to) *tr.* iluminar, guiar. *2* abalizar, guarnecer de faros, señales, etc. — *3 intr.* brillar [como un faro].

beaconage (bi·cønidɣ) *s.* faros [colectivamente]. *2* derechos que se pagan para el mantenimiento de los faros.

bead (bɪd) s. cuenta [de rosario]. 2 cuenta, abalorio, agallón, *mullo. 3 glóbulo, grano. 4 gota [de sudor, rocío, etc.]. 5 burbuja, espuma [de un líquido]. 6 ARQ. perla. 7 pallón [esferilla de oro o plata que resulta en la copela]. 8 QUÍM. perla [glóbulo empleado en el análisis al soplete]. 9 punto [mira de un arma de fuego]. 10 moldura convexa; junquillo, baqueta, astrágalo. 11 reborde, pestaña [de neumático]. 12 BOT. ~ tree, aceraque, cinamomo, rosariera. 13 pl. sarta de cuentas; rosario: to tell o to say one's beads, rezar el rosario.

bead (to) tr. adornar con cuentas o abalorios. 2 ensartar cuentas en. 3 cubrir o adornar con molduras convexas. 4 redondear los bordes de. — 5 intr. formar burbujas, burbujear, ser espumoso.

beading (bɪˈdɪŋ) s. cuentas, abalorios. 2 moldura convexa, baqueta, astrágalo; pestaña, reborde. 3 espuma, fuerza espumosa [de un licor]. 4 COST. guarnición que forma ondas; tira calada por donde se pasa una cinta.

beadle (bɪˈdøl) s. alguacil, macero. 2 pertiguero. 3 bedel. 4 muñidor [de un gremio].

beadleship (bɪˈdølʃɪp) s. cargo de alguacil, pertiguero o bedel.

beadwork (bɪˈduøˈc) s. labor hecha con abalorios. 2 CARP. molduras convexas.

beady (bɪˈdɪ) adj. parecido a un abalorio; ~ eyes, ojos pequeños, redondos y brillantes. 2 espumoso [licor].

beagle (bɪˈgøl) s. especie de sabueso pequeño. 2 fig. espía, policía.

beak (bɪc) s. pico [de ave, de vasija, de un objeto]. 2 pop. nariz [de pers.]. 3 pitorro. 4 punta [de yunque]. 5 promontorio [de tierra]. 6 mechero [de gas]. 7 MAR., BOT. espolón. 8 MAR. beque. 9 nariz [de retorta]. 10 MÚS. boquilla. 11 pop. juez, magistrado.

beaked (bɪct) adj. que tiene pico o forma de pico.

beaker (bɪˈkøˈ) s. vaso o copa de boca ancha. 2 QUÍM. vaso de precipitados, vaso con pico.

beaky (bɪˈki) adj. picudo; nariagudo.

beam (bɪm) s. viga, vigueta, madero, jácena, trabe. 2 MEC. balancín [palanca oscilante]: ~ engine, máquina de balancín. 3 astil [de balanza o romana]: ~ and scales, balanza. 4 cama [del arado]. 5 enjulio; plegador [de telar]. 6 lanza [de coche]. 7 tronco [del asta de un ciervo]. 8 MAR. bao: beam-ends, cabezas de los baos; on her beam-ends, escorando mucho [buque]; on one's beam-ends, inutilizado, impotente; apurado, en un aprieto [pers.]. 9 MAR. manga [de un buque]. 10 MAR. través [dirección perpendicular a la quilla]: ~ sea, mar de costado; on the ~, por el través. 11 rayo, haz de rayos [de luz, calor, etc.], destello: on the ~, siguiendo el haz del radiofaro; fig. al tanto, por el buen camino. 12 ~ compass, compás de varas. 13 BOT ~ tree, mostajo, mostellar.

beam (to) tr. emitir [luz, calor]. 2 enviagar. 3 RADIO to ~ a broadcasting, dirigir una emisión hacia un punto determinado. — 4 intr. destellar, fulgurar, brillar. 5 sonreír alegremente.

beaming (bɪˈmɪŋ) adj. brillante, resplandeciente. 2 radiante, sonriente.

beamy (bɪˈmɪ) adj. brillante, resplandeciente. 2 radiante, alegre, risueño. 3 macizo como una viga. 4 ancho de manga [buque]. 5 astado [venado].

bean (bɪn) s. BOT. haba. 2 BOT. judía, habichuela, frijol, *poroto. 3 grano o simiente [de café o cacao]: in the ~, en grano. 4 fig. pito, bledo. 5 pop. cabeza, sesera. 6 pop. individuo, sujeto. 7 BOT. ~ caper, morsana.

bean (to) tr. fam. dar en la cabeza [de uno] con una pelota.

bean-feast (bɪn-fɪst), **beano** (bɪˈnou) s. comida anual dada por el patrono a sus empleados.

bear (beˈaˈ) s. ZOOL. oso, osa: ~ cub, osezno: ~ den, osera; ~ garden, lugar para la lucha de perros con osos; fig. lugar de alboroto y pelea, campo de Agramante. 2 fig. bajista [en Bolsa]. 3 pers. brusca, huraña. 4 ASTR. Great Bear, Osa Mayor; Little Bear, Osa Menor. 5 BOT. ~ grape, gayuba.

bear (to) (beˈaˈ) tr. llevar [transportar, conducir]. 2 llevar [una inscripción, una señal; una fecha; un nombre; espada, arma]. 3 llevar, usar [una insignia de distinción o autoridad]: to ~ a crown, ceñir corona. 4 producir, criar, dar, rendir, devengar. 5 dar [hijos]; parir, dar a luz. 6 sostener, soportar. 7 sufrir, padecer; llevar, sobrellevar, tolerar, aguantar, resistir. 8 impeler, empujar. 9 tener [un aspecto, algo que es cualidad o parte de sí mismo]. 10 asumir [una función, una responsabilidad]. 11 mostrar, dar muestras de. 12 tener, profesar [amor, etc.]; guardar [rencor]. 13 tener, guardar [relación, analogía, etc.]. 14 COM. hacer bajar [los valores]. 15 to ~ oneself, portarse, conducirse. 16 to ~ down, abatir, deprimir, reducir; derribar, vencer, apabullar. 17 to ~ off, ganar, llevarse [un premio, etc.]; MAR. apartarse de [para no chocar o rozar]; navegar alejado de [la costa]. 18 to ~ out, defender o sostener; corroborar, confirmar; hacer soportable. 19 Otros sentidos: to ~ a hand, ayudar, echar una mano; to ~ arms, servir [en el ejército]; to ~ company, hacer compañía; to ~ in mind, tener presente, en cuenta; to ~ low sail, portarse con humildad; vivir modestamente; to ~ up, mantener, sostener; hacer engallar [el caballo]; to ~ witness, atestiguar, dar testimonio de; it was borne on him that, comprendió, vio claro que.
20 intr. tener aguante, resistir. 21 ser paciente. 22 inclinarse, dirigirse o estar situado hacia. 23 to ~ down on o upon, atacar despiadadamente; arrojarse impetuosamente sobre, caer sobre; to ~ on o upon, referirse, aplicarse, atañer a, versar sobre; pesar, hacer fuerza o tener efecto sobre; to ~ upon a [hablando de un arma]. 24 Otros sentidos: to ~ away, MAR. arribar, virar, esp. a sotavento; to ~ off, MAR. desatracar; alejarse, apartarse; to ~ up, tener valor, mantenerse firme; to ~ up for, hacer rumbo a; to ~ up, tender, moverse hacia; to ~ up with, ir al mismo paso que, estar a la altura de; to ~ with, soportar, ser indulgente con.
¶ CONJUG. pret.: bore; p. p.: borne o born. | born sólo se usa en el sentido pasivo de dar a luz, equivalente a nacer: to be born, nacer; it is born, ha nacido; born of, nacido de. En los demás casos se usa borne.

bearable (beˈarabøl) adj. sufrible, soportable.

bearbaiting (beˈaˈbeitiŋ) s. deporte que consistía en echar perros a luchar con un oso encadenado.

bearberry (beˈaˈberi) s. BOT. gayuba. 2 BOT. arbusto que da la cáscara sagrada.

bearbine (beˈaˈbain), **bearbind** (beˈaˈbaind) s. BOT. correhuela [planta convolvulácea].

beard (bɪˈrd) s. barba [pelo]. 2 barbilla [de pez]. 3 lengüeta [de flecha]. 4 barba [de cometa]. 5 aristas, raspas [de la espiga]. 6 BOT. barba a.

beard (to) tr. mesar, arrancar las barbas. 2 desafiar, retar. 3 poner barba a.

bearded (bɪˈrdid) adj. barbado, barbudo. 2 aristado. 3 barbato [cometa].

beardless (bɪˈrlis) adj. imberbe, carilampiño. 2 BOT. sin aristas: ~ wheat, trigo desraspado, trigo mocho.

bearer (beˈarøˈ) s. portador: ~ stock, acciones al portador. 2 dador [de una carta]. 3 faquín. 4 camillero. 5 andero. 6 portador de féretro; cada uno de los que acompañan el féretro sosteniendo el paño mortuorio. 7 MEC., ARQ. soporte, caballete, asiento; pieza que sostiene. 8 árbol fructífero.

bearing (beˈariŋ) s. porte, conducción. 2 presión, acción sobre. 3 producción [de frutos, flores, etc.]. 4 hecho de dar a luz [hijos]. 5 conducta, maneras, porte, aire, continente. 6 paciencia, sufrimiento; aguante: beyond ~, insufrible, inaguantable. 7 MEC., ARQ. apoyo, sostén, punto de apoyo. 8 MEC. soporte, manga de eje, chumacera, cojinete, muñonera: ball ~, cojinete de bolas; ~ neck, gorrón, muñón. 9 MAR. situación, dirección, orientación, marcación, demora: to take bearings, marcarse, arrumbarse, orientarse; to lose one's bearings, desorientarse, perder el rumbo. 10 MAR. línea de flotación del buque cargado. 11 MIN. rumbo. 12 relación, conexión.

13 intención, fuerza, alcance; sentido [de lo que se dice]; aspecto. *14 pl.* armas, blasones [del escudo]. — *15 adj.* de apoyo, de contacto: ~ *surface,* superficie de apoyo o de contacto. *16* productivo, que lleva. | A menudo equivale a la terminación -ífero: *fruit-bearing,* fructífero; *gold-bearing,* aurífero.
bearish (beˑarish) *adj.* rudo, brusco, osuno.
Bearn (beˑarn) *n. pr.* GEOG. Bearne.
bear's-breech *s.* BOT. acanto, branca ursina.
bear's-ear *s.* BOT. oreja de oso.
bear's-foot *s.* BOT. acónito, uva lupina. 2 BOT. eléboro negro.
bear's-grape *s.* BOT. gayuba.
bearskin (beˑaˑskin) *s.* piel de oso. 2 MIL. birretina, morrión de pelo. 3 tela de lana para abrigos.
bearwood (beˑaˑwud) *s.* BOT. arbusto que da la cáscara sagrada.
beast (bist) *s.* bestia: ~ *of burden,* bestia de carga, acémila; ~ *of prey,* animal de presa. 2 hombre brutal.
beastlike (biˑstlaic) *adj.* bestial, abrutado.
beastliness (biˑstlinis) *s.* bestialidad, brutalidad.
beastly (biˑstli) *adj.* bestial, brutal. 2 fam. muy malo, horrible, detestable. — *3 adv.* fam. brutalmente, enormemente.
beat (bit) *s.* golpe; latido, pulsación; son repetido. 2 toque [en el tambor]. 3 tictac [del reloj]. 4 MÚS. tiempo [del compás]. 5 acento [del verso]. 6 CAZA. batida. 7 ronda, recorrido, demarcación [de un guardia, un vigilante, etc.]. 8 esfera de acción, de competencia. 9 noticia que da un periódico antes que los demás. — *10 adj.* derrengado, rendido de cansancio. *11* RADIO. heterodino.
beat (to) *tr.* pegar, apalizar. 2 golpear, aporrear, azotar: *to* ~ *the air, the wind,* azotar el aire; *to* ~ [*something*] *out o into a person,* quitar o inculcar a uno [algo] a golpes. 3 machacar; moler, sacudir [golpeando]: *to* ~ *to powder,* pulverizar. 4 tocar [el tambor o en el tambor]: *to* ~ *a parley,* tocar a parlamento. 5 batir [metales, huevos]. 6 hollar, andar [un camino]. 7 batir, vencer, derrotar. 8 ganar, aventajar. 9 asombrar, confundir, ser difícil de entender: *it beats me how you do it,* no entiendo como lo hace usted. *10* marcar con golpes o movimientos: *to* ~ *time,* llevar el compás. *11* MONT. batir [el monte, etc.]: fig. *to* ~ *about the bush,* andar con rodeos, andarse por las ramas, divagar. *12* Otros sentidos: *to* ~ *a retreat,* batirse en retirada; *to* ~ *about,* buscar, tratar de encontrar; *to* ~ *down,* abatir, desalentar; regatear, hacer bajar el precio; *to* ~ *it,* fam. escabullirse, poner pies en polvorosa; *to* ~ *out,* adelantarse, ganar por la mano; vencer [en una carrera]; *to* ~ *out of,* estafar, defraudar; *to* ~ *someone hollow,* dejar tamañito a uno; *to* ~ *the Dutch,* ser extraordinario, sorprendente; *to* ~ *the record,* batir o sobrepujar la marca; *to* ~ *up,* atacar por sorpresa; pop. dar una paliza.
13 intr. soplar, batir con violencia [el viento, la lluvia, etc.]. *14* golpear [en]; llamar [a la puerta]; ludir. *15* latir, palpitar, vibrar. *16* sonar [el tambor]. *17* fam. ganar [lograr la victoria]. *18* MAR. voltejear, dar bordadas.
¶ CONJUG. pret.: *beat.* p. p.: *beaten;* ant. o fam. *beat.*
beata (biaˑta) *s.* ECLES. beata [beatificada].
beaten (biˑtøn) *adj.* batido. 2 trillado, andado [camino]. 3 vencido; cansado, agotado.
beater (biˑtøˑ) *s.* batidor; pers., pieza, instrumento que bate, golpea, machaca, etc. 2 agramadera, espadilla. 3 MONT. batidor. 4 apaleador. 5 vencedor [de otro].
beatific(al (biatiˑfic(al) *adj.* beatífico.
beatifically (biatiˑficali) *adv.* beatíficamente.
beatification (biætifikeˑshøn) *s.* beatificación.
beatify (to) (biaˑtifai) *tr.* beatificar.
beating (biˑting) *s.* paliza, somanta; derrota: *to take a* ~, recibir una paliza; salir derrotado. 2 golpeo. 3 latido, pulsación. 4 ojeo. 5 MAR. voltejeo.
beatitude (biaˑtitiud) *s.* beatitud. 2 REL. bienaventuranza: *the Beatitudes,* las bienaventuranzas.

Beatrice, Beatrix (biˑatris, -trics) *n. pr.* Beatriz.
beatus (biaˑtøs) *s.* ECLES. beato [beatificado].
beau (bou), *pl.* **beaux** o **beaus** *s.* elegante, lechuguino. 2 galán, cortejo.
beau-ideal (bou-aidraˑl) *s.* ideal, modelo, tipo perfecto.
beauteous (biuˑtiøs) *adj.* bello, hermoso.
beautician (biutiˑshan) *s.* (EE. UU.) persona que trabaja en un salón de belleza.
beautification (biutifikeˑshøn) *s.* hermoseamiento, embellecimiento.
beautifier (biuˑtifaiøˑ) *s.* hermoseador, embellecedor.
beautiful (biuˑtiful) *adj.* bello, hermoso, venusto, lindo, precioso. — *2 s. the* ~, lo bello.
beautifully (biuˑtifuli) *adv.* bellamente, hermosamente, lindamente.
beautify (to) (biuˑtifai) *tr.* hermosear, embellecer, adornar, acicalar. — *2 intr.* hermosearse, embellecerse.
beauty (biuˑti) *s.* belleza, hermosura, preciosidad, perfección: ~ *contest,* concurso de belleza; ~ *shop,* ~ *parlour,* salón de belleza; ~ *sleep,* primer sueño; ~ *spot,* lunar, lunar postizo; sitio pintoresco. 2 belleza, beldad.
beautydom (biuˑtidøm) *s.* conjunto de beldades.
beaver (biˑvøˑ) *s.* ZOOL. castor. 2 castor [piel, pelo, fieltro, tela]: ~ *cloth,* castor [tela]. 3 sombrero de copa. 4 ARM. babera, baberol. 5 ARM. visera.
beaverboard (biˑvøˑboˑd) *s.* especie de cartón de fibra para tabiques, divisiones, cielos rasos, etc.
beavered (biˑvøˑd) *adj.* con babera o visera. 2 acastorado.
becalm (to) (bicaˑm) *tr.* calmar, sosegar, serenar. *2* MAR. detener [a un buque] la falta de viento: *to be becalmed,* quedarse sin viento.
became (bikeiˑm) *pret.* de TO BECOME.
because (bicoˑs) *conj.* porque. 2 ~ *of,* a causa de, por causa de.
beccafico (becafrˑcou) *s.* ORNIT. papafigo.
bechance (to) (bichaˑns) *tr. e intr.* ocurrir, suceder, acontecer.
beck (bec) *s.* seña [con la cabeza o la mano]: *at one's* ~ *and call,* a la disposición de uno. 2 riachuelo. 3 punta [de yunque]. 4 TINT. tina.
beck (to) *intr.* hacer una seña con la cabeza o la mano. — *2 tr.* llamar, indicar algo [a uno] por señas.
beckon (beˑkøn) *s.* gesto, ademán [para llamar o indicar algo].
beckon (to) *tr.* llamar, indicar algo [a uno] por señas. — *2 intr.* hacer señas.
Becky (beˑki) *n. pr.* dim. de Rebeca.
becloud (to) (biclauˑd) *tr.* obscurecer, anublar.
become (to) (bicøˑm) *tr.* convenir, cuadrar; decir, sentar, caer o ir bien; ser propio o decoroso. — *2 intr.* volverse, hacerse, tornarse, convertirse en, llegar a ser; ponerse. | Seguido de un adjetivo se traduce a veces por un verbo que expresa por sí solo toda la idea: *to* ~ *angry,* enojarse; *to* ~ *hard,* endurecerse; *to* ~ *old,* envejecer; *to* ~ *red,* enrojecer, enrojecerse; *to* ~ *warm,* acalorarse, enardecerse; *to* ~ *worse,* empeorar. *3 to* ~ *of,* ser de, parar en, hacerse; *what is to* ~ *of me?* ¿qué será de mí?; *what has become of Peter?* ¿qué se ha hecho (o ¿qué ha sido) de Pedro? *4* FIL. devenir. ¶ CONJUG. pret.: *became;* p. p.: *become.*
becoming (bicøˑming) *adj.* que sienta, va o está bien. 2 adecuado, conveniente, propio, decente, decoroso. 3 apuesto. — *4 s.* FIL. devenir. 5 transformación; en, acción de hacerse, volverse, tornarse, convertirse en.
becomingly (bicøˑmingli) *adv.* convenientemente, decorosamente, correctamente; a propósito.
becomingness (bicøˑmingnis) *s.* propiedad, corrección, decencia, decoro, compostura.
bed (bed) *s.* cama, lecho, yacija: ~ *of roses,* fig. situación cómoda; ~ *of state,* cama de respeto; *death* ~, lecho mortuorio; *double* ~, cama de matrimonio; ~ *and board,* pensión completa; *son of his second* ~, hijo de su segundo matrimonio; ~ *hangings,* colgaduras de cama; ~ *linen,* ropa de cama; ~ *warmer,* calentador de cama; *to go to* ~, irse a la cama, acostarse; *to put to* ~, acostar [a uno]; *to keep to* ~ *o to one's* ~, guardar cama; *to lie on,* o *to sleep in, the bed one has made,* sufrir uno las consecuencias de sus propias acciones.

2 colchón, jergón. *3* lecho, álveo, cauce, madre [de un río]; lecho, fondo [de un lago]; solera [de acequia]. *4* macizo, cuadro, tabla [de jardín o huerto]. *5* asiento, base, cimiento, soporte [de ciertas cosas]: ~ *stone*, solera [piedra, muela]. *6* bancada [de máquina]. *7* IMPR. platina [de prensa]. *8* MAR. basada. *9* ALBAÑ. hilada: ~ *joint*, junta horizontal. *10* ALBAÑ. lecho: *upper* ~, sobrelecho. *11* lecho, camada, tongada; capa, estrato. *12* MIN. yacimiento.

bed (to) *tr.* acostar, meter en la cama. *2* alojar para la noche; proveer de cama. *3* dar asiento, base o cimiento; asentar sobre. *4* plantar, sembrar en cuadros o tablas. *5* cubrir de una capa o tongada. *6* disponer en capas. — *7 intr.* acostarse. *8* yacer, cohabitar. *9* descansar, apoyarse. ¶ CONJUG. pret. y p. p.: *bedded;* ger.: *bedding.*

bedabble (to) (bidæ̆·bøl) *tr.* mojar [con paño húmedo], rociar.

bedaub (to) (bido·b) *tr.* embadurnar, ensuciar. *2* adornar o alabar con exceso vulgar. *3* vilipendiar.

bedazzle (to) (bidæ̆·şøl) *tr.* deslumbrar.

bedbug (be·dbøg) *s.* ENTOM. chinche.

bedchamber (be·dcheimbø·) *s.* alcoba, dormitorio.

bedclothes (be·dclouđ̆s) *s. pl.* ropa de cama, coberturas de cama.

bedcover (be·dcøvø·) *s.* cubrecama.

bedding (be·ding) *s.* colchones y ropa de cama. *2* cama [para el ganado]. *3* ALBAÑ., MEC. asiento, fundamento. *4* ARQ. empotramiento. *5* HORT., JARD. disposición en cuadros o tablas. *6* estratificación. *7* parte interior de la envoltura de un cable.   /viar.

bedeck (to) (bide·c) *tr.* adornar, engalanar, ataviar.

bedevil (to) (bide·vil) *tr.* endemoniar. *2* maleficiar. *3* hechizar, fascinar. *4* embrollar. *5* enloquecer.

bedew (to) (bidiu·) *tr.* rociar, regar.

bedfellow (be·dfelou) *s.* compañero o compañera de cama.

bedhead (be·djed) *s.* cabecera de la cama.

bedim (to) (bidi·m) *tr.* obscurecer, ofuscar.

bedizen (to) (bidai·şn) *tr.* adornar, engalanar [esp. con mal gusto].

bedlam (be·dlam) *s.* casa de orates, manicomio. *2* belén, confusión, desbarajuste.

bedlamite (be·dlamait) *s.* loco, orate.

Bedouin (be·duin) *s.* beduino. *2* nómada.

bedpan (be·dpæn) *s.* silleta [vaso para excretar en la cama]. *2* calentador de cama.

bedplate (be·dpleit) *s.* MEC. bancada, platina, plancha de asiento. *2* solera [de un horno].

bedpost (be·dpoust) *s.* poste de una cama.

bedquilt (be·dcuilt) *s.* cobertor acolchado.

bedraggle (to) (bidræ·gøl) *tr.* ensuciar, manchar, arrastrando por el suelo, el lodo, etc.

bedrench (to) (bidre·nch) *tr.* calar, empapar.

bedrid (be·drid), **bedridden** (be·dridøn) *adj.* postrado en cama.

bedrock (be·droc) *s.* lecho de roca, roca firme. *2* fig. fundamento, cimiento. *3* el fondo, lo más bajo [de una cosa], el nivel más bajo.

bedroom (be·drum) *s.* alcoba, dormitorio.

bedside (be·dsaid) *s.* lado de la cama, cabecera. — *2 adj.* del lado de la cama, de cabecera: ~ *table*, mesa de noche.

bedsore (be·dsoø·) *s.* encentadura, úlcera de decúbito.

bedspread (be·dspred) *s.* colcha, cobertor, cubrecama.

bedspring (be·dspring) *s.* colchón de muelles, somier.

bedstead (be·dsted) *s.* cuja, armadura de la cama, cama.

bedstraw (be·dstro) *s.* paja de jergón. *2* BOT. amor de hortelano, cuajaleche.

bedtick (be·dtic) *s.* cutí.

bedtime (be·dtaim) *s.* hora de acostarse.

bedward (be·dwø·d) *adv.* hacia la cama.

bee (bı) *s.* ENTOM. abeja: *queen* ~, abeja reina; *worker* ~, abeja obrera; *carpenter* ~, abeja carpintera; ~ *glue*, propóleos, cera aleda; ~ *master*, colmenero: *to rear bees*, barbar; *to have a* ~ *in one's bonnet* o *one's head*, tener una idea fija, una chifladura; estar destornillado. *2* reunión para divertirse o competir deportivamente. *3* PESCA mosca artificial. *4* ORNIT. ~

eater, abejaruco. *5* ENTOM. ~ *fly*, abejorro, abejón. *6* MAR. *bee* o ~ *block*, aleta del bauprés.

beebread (bı·bred) *s.* ámago, hámago.

beech (bich) *s.* BOT. haya: ~ *grove*, ~ *forest*, hayal, hayedo; ~ *mast*, hayucos [esp. los caídos bajo los árboles].

beechen (bı·chøn) *adj.* de haya.

beechnut (bı·chnøt) *s.* BOT. fabuco, hayuco.

beechwood (bı·chwud) *s.* madera de haya.

beef (bıf) *s.* carne de vaca, buey o toro: *dry* ~, cecina; *jerked* ~, tasajo, *charqui; *roast* ~, rosbif; ~ *extract*, extracto de carne; ~ *tea*, caldo de vaca. *2* res vacuna de matadero: ~ *cattle* (EE. UU.), ganado vacuno de engorde. *3* fig. carne, músculo, peso; robustez, fuerza muscular.

beef (to) *tr.* engordar o sacrificar reses vacunas para el consumo. — *2 intr.* fam. quejarse, ruidosamente. *3* pop. hablar demasiado, traicionar una confidencia.

beef-brained *adj.* tonto, estúpido.

beefeater (bı·fitø·) *s.* comedor de carne; persona grande y rolliza. *2* guardia de la Torre de Londres. *3* (Ingl.) alabardero de palacio.

beefsteak (bı·fsteic) *s.* COC. biftec, bisté, *bife.

beefy (bı·fi) *adj.* fornido, musculoso. *2* pesado, apático.

beehive (bıjai·v) *s.* colmena.

beekeeper (bıkı·pø·) *s.* colmenero.

beekeeping (bıkı·ping) *s.* cría de abejas, apicultura.

bee-line *s.* línea recta, derechura: *to make a* ~ *for*, ir en línea recta hacia.

Beelzebub (bie·lšibøb) *n. pr.* Belcebú.

been (bin) p. p. de TO BE.

beer (bi·ø·) *s.* cerveza: *dark* ~ cerveza negra; *ligth* ~, cerveza clara; *small* ~, cerveza floja; bagatela, cosa sin importancia; *to think no small* ~ *of*, tener un gran concepto de; ~ *yeast*, cervisina; ~ *saloon* (EE. UU.), cervecería. *2* nombre de otras bebidas fermentadas.

beerhouse (bi·ø·jaus) *s.* cervecería.

beestings (bi·stings) *s.* calostro [de la vaca].

beeswax (bı·suæcs) *s.* cera de abejas.

beeswax (to) *tr.* encerar.

beeswing (bı·suing) *s.* nata o flor [de vino añejo].

beet (bit) *s.* BOT. remolacha, betarraga: ~ *root* *beetroot*, remolacha [raíz]; ~ *sugar*, azúcar de remolacha.

beetle (bı·tøl) *s.* ENTOM. escarabajo, coleóptero. *2* fam. *beetle* o *black* ~, cucaracha. *3* pisón, aplanadera. *4* mazo [martillo]. *5* mano, majadero. *6* prensa [para el tejido]. — *7 adj.* saliente, que se proyecta hacia afuera.

beetle (to) *tr.* apisonar, majar, hundir a golpes. *2* prensar, batanar [un tejido]. — *3 intr.* salir, sobresalir, proyectarse hacia fuera.

beetle-browed *adj.* cejudo. *2* fig. ceñudo.

beetling (bı·tling) *adj.* saliente, colgante. *2* TEJ. ~ *machine*, prensa, batán.

beetradish (bı·trædish), **beetrave** (bı·treiv) *s.* BOT. remolacha.

beetroot (bı·trut) *s.* BOT. remolacha [raíz].

beeves (bivš) *s. pl.* ganado vacuno; reses vacunas.

befall (to) (bifo·l) *intr.* y *tr.* ocurrir, acontecer, sobrevenir. ¶ CONJUG. pret.: *befell;* p. p.: *befallen.*

befit (to) (bifi·t) *tr.* convenir, cuadrar, sentar o venir bien a, ser propio o digno de. ¶ CONJUG. pret. y p. p.: *befitted;* ger.: *befitting.*

befitting (bifi·ting) *adj.* conveniente, adecuado, digno de. *2* propio, decoroso.

befog (to) (bifo·g) *tr.* envolver en niebla. *2* fig. confundir, obscurecer. ¶ CONJUG. pret. y p. p.: *befogged;* ger.: *befogging.*

befool (to) (bifu·l) *tr.* engañar, embaucar. *2* entontecer. *3* tomar el pelo.

before (bifo·ø·) *adv.* antes, anteriormente, primero: *before-cited, before-mentioned,* antes citado, susodicho; *a little* ~, un poco antes; *the night* ~, la noche anterior; *as never* ~, como nunca. *2* delante, al frente, enfrente. — *3 prep.* antes de o que. *4* delante de, enfrente de; ante, en presencia de: ~ *the mast,* entre el trinquete y la popa; como marinero raso; ~ *the wind,* viento en popa.

beforehand (bifo·ø·jænd) *adv.* antemano, de antemano, con antelación: *to be* ~ *with,* anticiparse a. — *2 adj.* hecho de antemano. *3* acomodado, con medios.

befoul (to) (bifau·l) *tr.* ensuciar, emporcar. 2 enredar [embarazando el movimiento].

befriend (to) (bifre·nd) *tr.* tratar como amigo; ayudar, favorecer, amparar, proteger.

befuddle (to) (bifø·døl) *tr.* turbar los sentidos o el entendimiento de; entorpecer, encalabrinar [como con la bebida, una emanación, el sueño, etc.].

beg (to) (beg) *tr.* pedir, mendigar, solicitar, suplicar, rogar; *to ~ someone for something,* pedir algo a alguien; *to ~ off from,* excusarse de; *to go begging,* andar mendigando, no hallar comprador. 2 permitirse [dicho por cortesía] : *I ~ to say,* me permito decir ; *I ~ to inform you that,* he de comunicarle que. 3 *to ~ the question,* cometer petición de principio. — 4 *intr.* pedir limosna, pordiosear. ¶ CONJUG. pret. y p. p.: *begged; ger.: begging.*

begad (biga·d) *interj.* fam. ¡por Dios !

began (bigæ·n) pret. de TO BEGIN.

beget (to) (bi·guet) *tr.* engendrar, procrear. 2 engendrar, originar, causar, suscitar. ¶ CONJUG. pret.: *begot; ger.: begotten o -got.*

begettal (bigue·tal) *s.* engendramiento.

begetter (bigue·tøʳ) *s.* engendrador.

beggar (be·gaʳ) *s.* mendigo, pordiosero. 2 pobre, miserable. 3 pícaro, bribón. 4 individuo, tipo.

beggar (to) *tr.* empobrecer, arruinar. 2 agotar, apurar. 3 *It beggars all description,* no hay palabras para describirlo.

beggardom (be·ga·døm), **beggarhood** (be·ga·jud) *s.* pobreza, pobretería, mendicidad. 2 los pobres, los mendigos.

beggar-lice (be·ga·lais) *s.* BEGGAR'S-LICE.

beggarliness (be·ga·linis) *s.* mendicidad, pordiosería, pobreza.

beggarly (be·ga·li) *adj.* pobre, miserable. 2 mezquino, despreciable. — 3 *adv.* pobremente.

beggar's-lice *s.* BOT. bardana, cadillo.

beggary (be·gari) *s.* mendicidad, pobreza, miseria. 2 pobretería.

begging (be·guing) *adj.* mendicante. — 2 *s.* acción de pedir, mendicación, pordioseo.

begilded (bigui·ldid) *adj.* dorado.

begin (to) (bigui·n) *tr.* e *intr.* empezar, comenzar, principiar : *to ~ with,* para empezar, ante todo, en primer lugar; *not to ~ to,* no... ni con mucho : *this does not ~ to meet the specifications,* esto no llena las condiciones, ni con mucho. — 2 *tr.* iniciar, entablar, dar comienzo a. — 3 *intr.* nacer [tomar principio]. 4 salir [en el juego]. ¶ CONJUG. pret.: *began;* p. p.: *begun; ger.: beginning.*

beginner (bigui·nøʳ) *s.* principiante, novicio, novato. 2 iniciador, originador.

beginning (bigui·ning) *s.* principio, comienzo, empiezo, iniciación; albores : *at the ~,* al principio; *from ~ to end,* del principio al fin, de cabo a rabo. 2 principio [causa primera, origen].

begird (to) (bigø·ʳd) *tr.* ceñir, rodear.

begone! (bigo·n) *interj.* ¡fuera!, ¡vete!, ¡largo de aquí!

begonia (bigou·nia) *s.* BOT. begonia.

begoniaceous (bigounie·shøs) *adj.* BOT. begoniáceo.

begot (bigo·t) *pret.* y p. p. de TO BEGET.

begotten (bigo·tøn) p. p. de TO BEGET.

begrime (to) (bigrai·m) *tr.* tiznar, ensuciar.

begrudge (to) (bigrø·dy) *tr.* envidiar. 2 regatear, escatimar; dar de mala gana; dolerle a uno [lo que da o gasta].

beguile (to) (bigai·l) *tr.* engañar, seducir : *to ~ of,* estafar, defraudar. 2 entretener [el ocio]; pasar [el tiempo]; distraerse durante; matar el aburrimiento de.

beguiler (bigai·løʳ) *s.* engañador.

begum (bi·gøm) *s.* reina, princesa o dama de calidad [en la India].

begun (bigø·n) p. p. de TO BEGIN.

behalf (bija·f) *s.* nombre, cuenta, interés, defensa. | Sólo en frases prepositivas : *in ~ of,* en nombre de; en interés, en defensa, a beneficio de; *on ~ of,* en nombre de, por cuenta de, de parte de, por.

behave (to) (bijei·v) *intr.* y *ref.* obrar, proceder, conducirse, portarse [bien o mal]. 2 conducirse, portarse bien : *behave!,* ¡estáte quieto!, ¡pórtate bien!

behavior, behaviour (bijei·viøʳ) *s.* proceder, conducta, comportamiento, maneras. 2 MEC., BIOL. acción o reacción con relación al medio, a una fuerza, a un estímulo; comportamiento.

behavio(u)rism (bijei·viørišm) *s.* PSIC. doctrina según la cual la psicología debe basarse exclusivamente en observaciones y conceptos referentes a la conducta.

behead (to) (bije·d) *tr.* decapitar, descabezar, degollar.

beheading (bije·ding) *s.* decapitación, degollación.

beheld (bije·ld) pret. y p. p. de TO BEHOLD.

behest (bije·st) *s.* mandato, precepto, requerimiento.

behind (bijai·nd) *adv.* detrás ~, por detrás. 2 a la zaga, en zaga. 3 atrás, hacia atrás : *to fall ~,* atrasarse, retrasarse, quedarse atrás. — 4 *prep.* detrás de, después de. 5 después de [una hora o tiempo] : *~ time,* tarde, con retraso; *to be ~ time,* retrasarse, llegar tarde; fig. *to be ~ the times,* ser atrasado, anticuado; no estar al día. — 6 *adj.* de detrás.

behindhand (bijai·ndjænd) *adv.* con retraso, con atraso. 2 en déficit. — 3 *adj.* atrasado, retrasado : *to be ~,* atrasarse, retrasarse.

behold (to) (bijou·ld) *tr.* ver, mirar, contemplar, observar. ¶ CONJUG. pret. y p. p.: *beheld.*

behold! *interj.* ¡mirad!, ¡mire usted!; he aquí.

beholden (bijou·ldøn) *s.* obligado [por gratitud]; deudor [de beneficios].

beholder (bijou·ldøʳ) *s.* espectador, observador.

behoney (to) (bijø·ni) *tr.* enmelar.

behoof (biju·f) *s.* provecho, utilidad, interés. | Sólo en frases prepositivas.

behoove (biju·v) o **behove (to)** (bijou·v) *intr.* e *impers.* tocar, atañer, corresponder, incumbir, cumplir. 2 importar, ser necesario.

beige (beiy̆) *s.* color natural de la lana. 2 color rojo o pardo amarillento, color de canela. 3 tejido suave de lana. — 4 *adj.* de color beige.

being (bi·ing) *ger.* de TO BE : que es o está; siendo, estando; *for the time ~,* por el momento, por ahora, por entonces; *it ~ that,* siendo así que. | Precedido de una forma del verbo *to be* y seguido de un p. p., corresponde a la construcción *se está, se están, se estaban,* etc., seguidas del gerundio : *the book is ~ translated,* se está traduciendo el libro; *the ships were ~ unloaded,* se estaban descargando los buques. — 2 *s.* ser, existencia, acción de ser. 3 vida, existencia [mortal]. 4 estado, condición, acción de estar : *well-being,* bienestar. 5 ser, ente, criatura : *the Supreme Being,* el Ser Supremo. 6 ser, esencia, substancia.

bejewel (biyu·øl) *tr.* enjoyar.

belabo(u)r (to) (bilei·bøʳ) *tr.* pegar, apalear, cascar. 2 maltratar de palabra. 3 trabajar [una materia].

belaced (bilei·st) *adj.* galoneado, adornado con encaje.

belated (bilei·tid) *adj.* retardado, tardío. 2 sorprendido por la noche.

belay (to) (bilei·) *tr.* sitiar, bloquear, cercar. 2 MAR. amarrar [una cuerda] dando vueltas a una cabilla, etc.: *belaying pin,* cabilla. ¶ CONJUG. pret. y p. p.: *belayed o belaid.*

belch (belch) *s.* eructo. 2 vulg. cerveza floja.

belch (to) *tr.* arrojar de sí, vomitar [llamas, injurias, etc.]. — 2 *intr.* eructar, regoldar. 3 salir con fuerza [una llama, etc.].

belcher (be·lchøʳ) *s.* pañuelo de colores para el cuello.

belching (be·lching) *s.* eructo.

beldam, beldame (be·ldam, -deim) *s.* vieja, bruja, arpía.

beleaguer (to) (bili·gøʳ) *tr.* sitiar, cercar, bloquear.

beleaguerer (bili·gørøʳ) *s.* sitiador.

beleaguering (bili·guøring) *adj.* sitiador.

belemnite (be·lemnait) *s.* PALEONT. belemnita.

belfry (be·lfri) *s.* campanario, campanil, torre. 2 MAR. montante de campana.

Belgian (be·ly̆ian) *adj.* y *s.* belga.

Belgium (be·ly̆iøm) *n. pr.* GEOGR. Bélgica.

Belgrade (belgrei·d) *n. pr.* GEOGR. Belgrado.

Belial (bi·lial) *n. pr.* Belial.

belie (to) (bilai·) *tr.* desmentir, contradecir. 2 disfrazar, falsear. 3 calumniar. 4 defraudar [una esperanza].

belief (bilꞏf) s. creencia. 2 credo, religión, opinión, doctrina, parecer. 3 REL. fe. 4 fe, confianza, convicción.
believable (bilꞏvabøl) adj. creíble.
believe (to) (bilꞏv) tr. e intr. creer : to ~ in, creer en, tener fe en. 2 pensar, opinar [bien, mal, etc., de].
believer (bilꞏvø') s. creyente, fiel.
believing (bilꞏving) adj. creyente.
believingly (bilꞏvingli) adv. con fe, confiadamente.
Belisarius (beliseꞏriøs) n. pr. Belisario.
belittle (to) (bilꞏtøl) tr. empequeñecer, achicar. 2 rebajar, hablar con desprecio de.
bell (bel) s. campana; campanilla; timbre: diving ~, campana de buzo; ~ boy o (EE. UU.) ~ hop, botones, ordenanza; ~ buoy, boya de campana; ~ button, botón, pulsador de timbre; ~ crank, torniquete, palanca angular; ~ gabble, espadaña [campanario]; ~ glass, ~ jar, campana de vidrio; ~ founder, campanero [fundidor]; ~ metal, metal campanil; ~ ringer, campanero [que toca]; ~ ringing, campaneo, toque de campanas, arte de tocar el carillón, el xilófono, etc.; ~ stroke, campanada; ~ tower, campanario: to carry away the ~, ganar el premio, llevarse la palma; to lose the ~, ser vencido. 2 cencerro, esquila, cascabel : ~ horse, julo; ~ ox, cabestro; to bear the ~, ser el primero. 3 tañido de campanas, campanada : passing ~, doble [por los difuntos]. 4 BOT. corola acampanada. 5 pabellón [de trompeta, etc.]. 6 ARQ. tambor, cuerpo [del capitel]. 7 brama [del ciervo]. 8 MÚS. ~ tree, chinesco. 9 MAR. one ~, espacio de media hora.
bell (to) tr. poner campanilla o cencerro; encascabelar : to ~ the cat, poner el cascabel al gato. 2 acampanar, dar forma de campana; abocardar. — 3 intr. BOT. desarrollarse en forma de campana. 4 bramar [el ciervo].
Bella (beꞏla) n. pr. dim. de Isabel y de Arabela.
belladonna (belædoꞏnæ) s. BOT., FARM. belladona.
bellbird (belꞏbø'd) s. ORNIT. campanero.
belle (bel) f. bella, beldad.
belleric (beleꞏric) s. BOT. belérico, mirobálano.
Bellerophon (beleꞏrofon) n. pr. Belerofonte.
belles-lettres (bel-let') s. bellas o buenas letras.
bell-faced (beꞏlfeist) adj. de cotillo redondo [martillo].
bellflower (beꞏlflauø') s. BOT. campánula, farolillo. 2 variedad de manzana.
bellhanger (belꞏjængø') s. el que coloca o arregla campanillas.
bellhanging (belꞏjænguing) s. instalación de campanillas.
bellhouse (belꞏjaus) s. campanario aislado.
bellicose (beꞏlicous) adj. belicoso.
bellicosity (belicoꞏsiti) s. belicosidad.
bellied (beꞏlid) adj. ventrudo, panzudo, barrigudo; combado, convexo. 2 que tiene el vientre de cierto modo: big-bellied, panzudo; red-bellied, de vientre rojo.
belligerence, -cy (beliꞏɟørøns, -si) s. beligerancia.
belligerent (beliꞏɟørønt) adj. y s. beligerante. — 2 adj. belicoso, guerrero.
bellman (beꞏlmæn), pl. -men (-men) s. campanillero, pregonero. 2 buzo.
bellmouthed (beꞏlmauzt) adj. abocinado, abocardado, acampanado.
bellow (beꞏlou) s. bramido, mugido, rugido, berrido.
bellow (to) intr. bramar, mugir, rugir, berrear. 2 vociferar.
bellower (beꞏlouø') s. bramador. 2 vociferador.
bellowing (beꞏlouing) adj. rugiente, bramador. — 2 s. BELLOW.
bellows (beꞏlouš) s. sing. y pl. fuelle [para soplar], barquín : bellows maker, follero, folletero. 2 fig. pulmones. 3 fuelle [de aparato fotográfico]. 4 ~ pocket, bolsillo de fuelle.
bell-shaped adj. acampanado.
bellwether (beꞏluedø') s. manso, morueco que guía el rebaño.
belly (beꞏli) s. vientre, panza, barriga. 2 combadura, pandeo. 3 estómago. 4 MAR. bolso, seno [de vela]. 5 tabla de armonía [de un violín, etc.]. 6 MIN. ensanche [de una veta].
belly (to) (beꞏli) tr. hinchar, combar, abultar. — 2 intr. pandear. 3 MAR. hincharse [las velas].
bellyache (beꞏlieic) s. pop. dolor de barriga.
bellyache (to) intr. pop. quejarse.

bellyband (beꞏlibænd) s. ventrera. 2 barriguera, cincha [de las caballerías].
belly-bound adj. estreñido [de vientre].
bellyful (beꞏliful) s. panzada, hartazgo.
belly-god adj. glotón, epicúreo.
belly-pinched adj. hambriento.
belong (biloꞏng) intr. pertenecer : to ~ in, pertenecer [a una clase, ser clasificado entre]. 2 tocar, corresponder, incumbir, ser propio de. 3 ser pariente o dependiente de. 4 ser de [un lugar].
belonging (biloꞏnguing) adj. perteneciente. — 2 s. propiedad, pertenencia. 3 pl. pertenencias, dependencias, accesorios. 4 efectos, bártulos.
beloved (biløꞏvd) adj. caro, querido, dilecto, amado. — 2 s. persona amada.
below (bilouꞏ) adv. bajo, abajo, debajo : here ~, en este mundo. 2 bajo tierra, en el infierno. 3 más abajo [en un escrito]. — 4 prep. bajo, debajo de, por debajo de; después de [en importancia] : ~ par, a menos de su valor nominal; ~ zero, bajo cero. 5 indigno de.
belowstars (bilouꞏste's) adv. abajo, en el departamento de la servidumbre. — 2 adj. de la servidumbre, de escalera abajo.
belt (belt) s. cinturón, cinto, pretina : shoulder ~, tahalí; sword ~, talabarte, biricú; to hit below the ~, dar un golpe bajo; to tighten one's ~, apretarse el cinturón. 2 faja [corsé de goma]. 3 cinturón [lo que rodea] : ~ line, línea de circunvalación. 4 ARQ. cinta, faja. 5 ASTR., GEOGR. zona. 6 correazo. 7 MEC. correa de transmisión. 8 ~ conveyor, correa o banda transportadora.
belt (to) tr. ceñir, rodear. 2 sujetar con cinturón, fajar. 3 poner correa [a una máquina]. 4 fam. pegar, dar correazos, etc.
belting (beꞏlting) s. cinturones, correas, correaje. 2 MEC. correas de transmisión.
beluga (beluꞏga) s. ICT. esturión blanco. 2 ZOOL. ballena blanca.
belvedere (beꞏlvedr') s. ARQ. belvedere. 2 templete, cenador.
bemire (to) (bimaꞏiø') tr. arrastrar por el fango, hundir en el fango. 2 enlodar, manchar.
bemoan (to) (bimouꞏn) tr. llorar, lamentar, deplorar.
bemoaner (bimouꞏnø') s. lamentador, plañidor.
bemoaning (bimouꞏning) s. lamento, lamentación.
bemuse (to) (bimiuꞏš) tr. aturdir, atontar.
bemused (bimiuꞏšd) adj. aturdido, atontado. 2 absorto.
Ben (ben) n. pr. dim. de Benjamín.
bench (bench) s. banco, escaño; banca, banqueta [asiento] : ~ cover, bancal. 2 consejo, tribunal : King's Bench, tribunal superior de justicia. 3 asiento de los jueces; función, dignidad de juez. 4 MAR. bancada. 5 banco [de artesano] : ~ hook, ~ knife, CARP. barrilete, siete; ~ screw o vice, tornillo de banco; bench-made, de artesanía. 6 terraza [en un parque]. 7 jaula o plataforma para exhibir perros : ~ show, exposición canina. 8 TOP. ~ mark, cota, punto de referencia.
bench (to) tr. proveer de bancos. 2 sentar en un banco; poner en un tribunal. 3 exhibir [perros]. 4 DEP. sacar del juego [a un jugador]. — 5 intr. ocupar un banco.
bencher (beꞏnchø') s. MAR. remero. 2 frecuentador de tabernas. 3 (Ingl.) individuo de la Junta de un colegio de abogados.
bench-made adj. de artesanía.
bend (bend) s. inclinación. 2 curvatura, encorvamiento. 3 curva, recodo, meandro. 4 codo, ángulo. 5 MAR. nudo [de cuerda], gaza. 6 BLAS. barra. 7 pl. MAR. costillaje.
bend (to) tr. encorvar, enarcar, combar, doblar, torcer, acodillar : to ~ the knee, doblar la rodilla; to ~ the brow, enarcar o fruncir las cejas. 2 armar [el arco]. 3 poner en tensión. 4 inclinar : to ~ the head, inclinar la cabeza. 5 dirigir, volver, encaminar : to ~ one's efforts, dirigir sus esfuerzos. 6 aplicar [los esfuerzos, etc.]. 7 doblegar, someter, sujetar. 8 MAR. atar, entalingar, envergar. — 9 intr. encorvarse, combarse, doblarse, torcerse. 10 desviarse, torcer. 11 inclinarse. 12 dirigirse, tender. 13 aplicarse con ahínco : to ~ to the oars, hacer fuerza de remos. ¶ CONJUG. pret. y p. p.: bent.

bender (be·ndø') s. torcedor, doblador. 2 pop. moneda de seis peniques. 3 fam. (EE. UU.) juerga, jolgorio. 4 fam. (EE. UU.) pierna.

bending (be·nding) adj. que dobla, tuerce, etc.; flexor, de flexión : ~ machine, máquina de curvar; ~ strength, resistencia a la flexión. — 2 s. acción de torcer, doblar, etc.; flexión. 3 inflexión. 4 cimbreo. 5 recodo, revuelta. 6 declive.

beneath (binɪ·z) adv. abajo, debajo. — 2 prep. bajo, debajo de. 3 por debajo de [en rango, dignidad, etc.]. 4 indigno de.

benedicite benidi·siti) s. benedícite.

benedick (be·nedic), **benedict** (be·nedict) s. recién casado.

Benedict (be·nedict) n. pr. m. Benito, Benedicto.

Benedicta (benedi·cta) n. pr. f. Benita.

Benedictine (benedi·ctin) adj. y s. benedictino. — 2 s. benedictino [licor].

benediction (benedi·cshøn) s. bendición [acción de bendecir]. 2 felicidad, estado de gracia.

benefaction (benefæ·cshøn) s. beneficio, merced, gracia, donación.

benefactor (benefæ·cto') s. bienhechor. 2 donador, fundador.

benefactress (benefæ·ctris) s. bienhechora. 2 donadora, fundadora.

benefice (be·nefis) s. beneficio [feudal o eclesiástico].

beneficence (bine·fisens) s. beneficencia, bondad, caridad.

beneficent (bine·fisent) adj. benéfico, bondadoso, caritativo.

beneficently (bine·fisentli) adv. benéficamente.

beneficial (benefi·shal) adj. beneficioso, provechoso, útil.

beneficially (benefi·shali) adv. beneficiosamente, provechosamente.

beneficialness (benefi·shalnis) s. calidad de beneficioso.

beneficiary (benefi·shari) adj. perteneciente al beneficio feudal. — 2 m. ECLES. beneficiado. 3 beneficiario.

benefit (be·nefit) s. beneficio, favor. 2 beneficio, bien, utilidad, provecho; disfrute : ~ of inventory, beneficio de inventario; for the ~ of, a beneficio de; en pro, en provecho de. 3 TEAT. beneficio. 4 socorro [en caso de enfermedad, vejez, etc.] : ~ society o association, sociedad de ayuda mutua. 5 ~ of clergy, fuero de que gozaba antiguamente el clero; sanción de la iglesia : without ~ of clergy, no sancionado por la iglesia [matrimonio]. 6 DER. the ~ of the doubt, expresión con que se indica que se supone inocencia en caso de duda.

benefit (to) tr. beneficiar, hacer bien, aprovechar. — 2 intr. beneficiarse, aprovecharse [de] : he benefited by the change, el cambio le ha beneficiado.

benevolence (bine·volens) s. benevolencia, caridad, humanidad. 2 gracia, merced.

benevolent (bine·volent) adj. benévolo, bondadoso, caritativo.

Bengal (bengo·l) n. pr. GEOGR. Bengala. 2 ~ light o fire, luz de bengala.

Bengalee (bengali·) s. BENGALI.

Bengalese (be·ngaliz) adj. y s. bengalí [de Bengala].

Bengali (bengo·li) s. bengalí [natural de Bengala; idioma; pájaro].

benighted (binai·tid) adj. sorprendido por la noche. 2 rodeado de tinieblas. 3 ignorante.

benign (binai·n) adj. benigno, bondadoso, afable; humano. 2 favorable, propicio. 3 saludable [clima, etc.]. 4 MED. benigno.

benignancy (bini·gnansi) s. benignidad, afabilidad.

benignant (bini·gnant) adj. benigno, bondadoso. 2 favorable, propicio. 3 saludable; beneficioso. 4 MED. benigno.

benignity (bini·gniti) s. benignidad. 2 favor, merced.

benignly (binai·nli) adv. benignamente, bondadosamente.

benison (be·nisøn) s. bendición.

Benjamin (be·nɉamin) n. pr. Benjamín. — 2 s. (con min.) benjamín [hijo menor y preferido]. 3 benjuí.

bent (bent) pret. y p. p. de TO BEND. — 2 adj. torcido, encorvado; doblado [en ángulo]. 3 inclinado, gacho. 4 ~ on o upon, empeñado en,

resuelto, inclinado a. 5 MAR. amarrado, entalingado. — 6 s. encorvamiento, curvatura. 7 giro, curso [de un asunto]. 8 inclinación, propensión, tendencia, afición, determinación : to the top of one's ~, a placer, sin restricción. 9 capacidad de resistencia; grado máximo de tensión. 10 ING., ARQ. armadura transversal [de puente, viaducto, etc.]. 11 pendiente, declive. 12 BOT. caña [tallo] : ~ grass, especie de carrizo.

benthos (be·nzøs) s. BIOL. bentos, fauna y flora del fondo del mar.

benumb (binø·m) tr. entumecer, envarar, aterir. 2 entorpecer, embotar.

benumbedness (binø·mdnis), **benumbment** (binø·mmønt) s. entumecimiento; entorpecimiento.

benzaldehyde (bensæ·ldejaid) s. QUÍM. benzaldehido, aldehido benzoico.

benzamide (bensæ·mid) s. QUÍM. benzamida.

benzene (be·nsin o bensi·n) s. QUÍM. benceno : ~ ring, núcleo o anillo bencénico.

benzil, benzyl (be·nšil) s. QUÍM. bencilo.

benzilic (be·nšilic) adj. QUÍM. bencílico.

benzine (be·nšin o bensi·n) s. bencina [del petróleo].

benzoate (bensou·it) s. QUÍM. benzoato.

benzoic (bensou·ic) adj. QUÍM. benzoico.

benzoin (be·nšoin) s. QUÍM. benzoina. 2 BOT. benjuí.

benzol (be·nšoul) s. QUÍM. benzol, benceno.

bepearl (bipø·l) tr. cubrir de perlas, aljofarar.

bepraise (b*prei*š) tr. alabar con exageración.

bequeath (to) (bicui·d o bicui·z) tr. DER. legar, dejar, mandar. 2 legar [transmitir a los descendientes].

bequeather (bicui·dø') s. testador, el que lega.

bequest (bicue·st) s. legado, manda.

berate (to) (birei·t) tr. regañar, reprender, poner como nuevo.

Berber (bø·bø') adj. y s. bereber.

berberidaceous (bø·beride·shøs) adj. BOT. berberidáceo.

berberis (bø·børis) s. BOT. berberís, agracejo.

bereave (to) (birɪ·v) tr. privar, despojar, desposeer de. 2 desolar, desconsolar; dejar [la muerte] sin un ser querido. ¶ CONJUG. : pret. y p. p. : bereaved o bereft. | Bereaved no suele emplearse con referencia a cosas inmateriales. Ús., en cambio, para designar al que ha perdido un ser querido.

bereavement (birɪ·vmønt) s. privación, despojo, pérdida. 2 soledad, desamparo, desconsuelo, duelo; pérdida de un ser querido.

bereft (bire·ft) pret. y p. p. de TO BEREAVE.

beret (berei·) s. boina. 2 birreta.

berg (bø·g) s. témpano de hielo. 2 (Áfr. del S.) montaña.

Bergama (be·gama) s. alfombra de colores vivos procedente de una región del Asia Menor.

bergamot (bø·gamot) s. BOT. bergamota [pera; lima]. 2 esencia de bergamota. 3 rapé perfumado con esencia de bergamota. 4 BOT. bergamoto. 5 BOT. sándalo de jardín; menta acuática. 6 BERGAMA.

beribboned (biri·bønd) adj. encintado.

beriberi (be·ribe·ri) s. MED. beriberi.

beringed (bi·ringd) adj. que lleva muchas sortijas.

berkelium (bø·ki·liøm) s. QUÍM. berkelio.

Berlin (bø·li·n) n. pr. GEOGR. Berlín : ~ blue, azul de Prusia; ~ wool, estambre. — 2 s. (con minúscula) berlina [coche, auto].

berm, berme (bø·m) s. FORT. berma, lisera.

Bern (bø·n o be·rn) n. pr. GEOGR. Berna.

Bernard (bø·na·d) n. pr. m. Bernardo.

Bernardine (bø·na·din) n. pr. f. Bernardina. — 2 adj. de S. Bernardo. — 3 s. monje bernardo; monja bernarda.

bernicle (bø·nicøl) s. BARNACLE.

berry (be·ri) s. BOT. baya. 2 nombre de otros frutos, como la mora, la fresa, etc. 3 BOT. grano [esp. del café].

berry (to) tr. BOT. producir bayas o frutos como la mora, la fresa, etc. 2 coger bayas, moras, fresas, etc.

berry-bearing adj. BOT. que produce bayas.

berry-like adj. BOT. abayado.

berry-shaped adj. BOT. baciforme.

berserk (bø·sø·c) adj. frenético, enloquecido.

berth (bø·z) s. MAR. espacio para maniobrar : fig. to give a wide ~ to, apartarse de, ponerse a resguardo de. 2 MAR. anclaje, amarradero, dársena.

3 MAR., FERROC. litera. 4 MAR. camarote [de oficiales]. 5 fam. empleo, destino.
berth (to) *tr.* MAR. dar anclaje a, amarrar [un buque]. 2 colocar, dar pasaje, camarote o empleo a. — 3 MAR. atracar, estar anclado [en]. 4 ocupar [un camarote, un empleo].
Bertha (bø'za) *n. pr. f.* Berta. — 2 *s.* (con minúscula) berta, cuello ancho o capita de mujer.
berthage (bø'zidɣ) *s.* MAR. anclaje.
berthing (bø'zing) *s.* disposición de camarotes y literas. 2 MAR. anclaje. 3 MAR. obra muerta.
Bertie (bø'ti) *n. pr.* dim. de ALBERT O HERBERT.
Bertram (bø'tram) *n. pr. m.* Beltrán.
beryl (be'ril) *s.* MINER. berilo.
beryllium (be'riliøn) *s.* QUÍM. berilio.
beseech (to) (bisi'ch) *tr.* pedir, implorar [una cosa] ; suplicar, rogar [a uno]. ¶ CONJUG. pret. y p. p.: *besought* o *beseeched.*
beseecher (bisi'chø') *s.* rogador, suplicante.
beseeching (bisi'ching) *s.* súplica, ruego, instancia. — 2 *adj.* suplicante, de súplica.
beseem (to) (bisi'm) *tr.* e *intr.* cuadrar, estar bien. 2 ser propio o decoroso.
beseeming (bisi'ming) *adj.* conveniente, propio, decoroso ; gracioso.
beset (to) (bise't) *tr.* asediar, estrechar, acosar. 2 sitiar, cercar. 3 engastar, adornar, tachonar [con piedras preciosas, etc.]. ¶ CONJUG. pret. y p. p.: *beset;* ger.: *besetting.*
besetting (bise'ting) *adj.* constante, dominante : ~ *sin*, vicio habitual, dominante.
beside (bisai'd) *adv.* cerca, al lado. 2 además. — 3 *prep.* al lado de, cerca de, junto a. 4 en comparación de. 5 además de. 6 fuera de : ~ *oneself*, fuera de sí ; ~ *the mark* o *the point*, incongruente, que no viene al caso.
besides (bisai'dš) *adv.* además, por otra parte, asimismo. — 2 *prep.* además de, amén de, sobre. 3 aparte, excepto, fuera de.
besiege (to) (bisi'dɣ) *tr.* sitiar. 2 asediar, acosar.
besieger (bisi'ɣø') *s.* sitiador ; embaidor.
besmear (to) (bismi'ø') *tr.* embadurnar, untar.
besmirch (to) (bismø'ch) *tr.* manchar, tiznar, ensuciar. 2 fig. mancillar.
besom (bi'søm) *s.* escoba. 2 BOT. retama.
besom (to) *tr.* barrer.
besot (to) (biso't) *tr.* entontecer, embrutecer. 2 enamorar tontamente. ¶ CONJUG. pret. y p. p.: *besotted;* ger. *besotting.*
besottedly (biso'tidli) *adv.* estúpidamente.
besottedness (biso'tidnis) *s.* entontecimiento, embrutecimiento.
besought (biso't) *pret.* y *p. p.* de TO BESEECH.
bespangle (to) (bispæ'ngøl) *tr.* adornar con lentejuelas o cosas brillantes.
bespatter (to) (bispæ'tø') *tr.* salpicar [de lodo, etc.]. 2 difamar.
bespeak (bispi'k) *s.* [entre actores] beneficio.
bespeak (to) *tr.* apalabrar, encargar, hacer reservar, pedir [de antemano]. 2 indicar, denotar. 3 pronosticar. 4 poét. hablar [a uno]. ¶ CONJUG. pret.: *bespoke*, ant. *bespake;* p. p.: *bespoken.* ant. *bespoke.*
bespectacled (bispe'ctøcøld) *adj.* que lleva gafas o anteojos.
bespoken (bi·spoukøn) *p. p.* de TO BESPEAK.
bespread (bi·spred) *p. p.* y *adj.* esparcido. 2 cubierto de cosas esparcidas.
bespread (to) (bispre'd) *tr.* cubrir [esparciendo]. 2 esparcir, tender. ¶ CONJUG. pret y part. p.: *bespread.*
besprent (bispre'nt) *adj.* poét. cubierto, sembrado de.
besprinkle (to) (bispri'ngkøl) *tr.* rociar, salpicar, espolvorear, sembrar.
Bess (bes), **Bessy** (be'si) *n. pr.* dim. de ELIZABETH.
bessemerize (be'semøraiš) *tr.* METAL. tratar en el convertidor Bessemer.
best (best) *adj. superl.* de GOOD ; mejor, mejores, óptimo, superior. *the ~ clothes*, las ropas mejores ; ~ *girl*, fam. amiga preferida, novia, prometida ; ~ *man*, padrino de boda ; ~ *seller*, éxito de venta ; éxito de librería, libro de mayor venta ; autor que se vende más ; *it is ~*, es mejor ; *what is ~ to do?*, ¿qué es mejor?, ¿qué es más conveniente hacer? 2 mayor [en extensión] : *the ~ part of the year*, la mayor parte del año, casi todo el año.

3 *adv. superl.* de WELL : mejor [del mejor modo, con mejor resultado] ; mucho, en alto grado ; más : *best-loved*, muy querido, más querido ; *the best known*, el más conocido ; *I had ~*, más me valdría ; *you had ~ to do it*, mejor sería que lo hiciera usted ; *to know ~*, saber [uno] lo que le conviene, lo que debe hacer, lo que es correcto, prudente o razonable hacer.
4 *s.* lo mejor ~, lo segundo en calidad ; *to be at one's ~*, lucirse, estar bien, estar en la plenitud de sus facultades, obrar con toda su habilidad o maestría ; *to do one's best*, esmerarse, hacer cuanto se puede ; *to get the ~ of*, llevar la ventaja a, sobrepujar, vencer ; *to make the ~ of*, sacar el mejor partido de ; salir lo mejor posible de [una situación o negocio] ; *at ~*, *at the ~*, en el mejor de los casos ; a todo tirar, cuando más, a lo más ; *for the ~*, con la mejor intención : conducente o encaminado al bien, a lo mejor : *everything is for the ~*, todo sucede para bien ; todo es para el mejor resultado ; *to the ~ of my knowledge*, según mi leal saber y entender.
5 *pron. the ~*, el mejor, el que más : *with the ~*, como el mejor, como el que más.
best (to) *tr.* sobrepujar, vencer. 2 engañar.
bestead (biste'd) *adj.* colocado, situado. 2 asediado, rodeado [de peligros, etc.].
bestead (to) *tr.* servir, aprovechar, valer.
bestial (be'stial) *adj.* bestial, brutal, abrutado.
bestiality (bestiæ'liti) *s.* bestialidad.
bestialize (to) (be·stialaiš) *tr.* embrutecer.
bestially (be'stiali) *adv.* bestialmente.
bestiary (be'stieri) *s.* bestiario.
bestir (to) (bistø') *tr.* mover, animar, incitar a la acción. — 2 *intr.* y *ref.* menearse, afanarse.
bestow (to) (bistou·) *tr.* dar, conceder, otorgar, dispensar, conferir. 2 emplear, dedicar, gastar [tiempo, etc.]. 3 poner, depositar. 4 alojar, aposentar.
bestowal (bistou·al) *s.* concesión, dádiva, don. 2 empleo, dedicación [de tiempo, etc.].
bestower (bistou·ø') *s.* donador, dispensador.
bestraddle (bistræ·døl) *tr.* montar a horcajadas.
bestrew (to) (bistru·) *tr.* cubrir, sembrar, salpicar [de]. 2 cubrir, estar esparcido sobre. ¶ CONJUG. pret.: *bestrewed;* p. p. : *bestrewn* o *bestrewed.*
bestride (to) (bistrai·d) *tr.* montar [a horcajadas]. 2 estar [sobre algo] a horcajadas o con un pie a cada lado. 3 cruzar [de un paso, de un tranco]. ¶ CONJUG. pret. : *bestrode;* p. p. : *bestridden* o *bestrid.*
Bet (bet) *n. pr.* dim. de ELIZABETH.
bet (bet) *s.* apuesta : *it is a good ~*, es cosa segura. 2 cantidad que se apuesta.
bet (to) *tr.* e *intr.* apostar, atravesar [hacer una apuesta] : *to ~ on*, apostar a o por [un caballo, etc.] ; *what do you bet that...?*, ¿qué se apuesta usted a que...? ; *you ~*, *you ~ your life*, pop. téngalo por seguro, ¡ya lo creo! ¶ CONJUG. pret. y p. p. : *bet* o *betted;* ger. : *betting.*
beta (be·ta) *s.* beta [letra griega] : ~ *rays*, rayos beta.
betake (to) (bitei·c) *ref.* recurrir, acudir. 2 ir, trasladarse. 3 aplicarse, entregarse, darse [a]. ¶ CONJUG. pret. : *betook;* p. p. : *betaken.*
betel (bi·tøl) *s.* BOT. betel [planta]. 2 BOT. ~ *palm*, areca : ~ *nut*, nuez de areca.
bethel (be·zel) *s.* lugar sagrado. 2 capilla para marineros. 3 (Ingl.) capilla de una secta disidente.
bethink (to) (bizi·nk) *tr.* o *ref.* hacer memoria, acordarse de, caer en la cuenta de, pensar, considerar, recapacitar. ¶ CONJUG. pret. y p. p. : *bethought.*
Bethlehem (be·zli(j)em) *n. pr.* GEOGR. Belén. — 2 BEDLAM.
Bethlehemite (be·zli(j)emait) *s.* betlemita. 2 BEDLAMITE.
bethought (bizo·t) *pret.* y *p. p.* de TO BETHINK.
Bethulia (bezu·lia) *n. pr.* GEOGR. Betulia.
betide (to) (bitai·d) *tr.* e *intr.* ocurrir, acaecer, suceder. — 2 *tr.* presagiar, indicar.
betime (bitai·m), **betimes** (bitai·ms) *adv.* con tiempo, a tiempo, en sazón. 2 pronto, temprano.
betoken (to) (bitou·køn) *tr.* presagiar, anunciar. 2 indicar ,denotar, prometer, dar muestras de.
betony (be·toni) *s.* BOT. betónica.

betook (bitu·c) *pret.* de TO BETAKE.
betray (to) (bitrei·) *tr.* traicionar, vender, hacer traición; entregar [haciendo traición]. *2* seducir, engañar [a una mujer]. *3* no guardar [un secreto]. *4* inducir [a error]; llevar [a un peligro, etc.] *5* revelar, descubrir, dejar ver [un defecto, un sentimiento].
betrayal (bitrei·al) *s.* traición, abuso de confianza. *2* seducción y abandono [de una mujer]. *3* revelación [de un secreto, un sentimiento, etc.].
betrayer (bitrei·ø') *s.* traidor, engañador.
betrayment (bitrei·mønt) *s.* BETRAYAL.
betroth (to) (bitro·z) *tr.* desposar, prometer : *to be* o *become betrothed,* prometerse, desposarse.
betrothal (bitro·zal) *s.* desposorio, compromiso de matrimonio, noviazgo.
betrothed (bitro·zt) *adj.* y *s.* prometido, novio, futuro.
Betsy (be·tsi) *n. pr.* dim. de ELIZABETH.
1) **better** (be·tø') *adj. compar.* de GOOD; mejor : ~ *half,* cara mitad, costilla, media naranja; *to get* ~, mejorarse, restablecerse, aliviarse; *it is* ~ *that,* más vale que. *2* mayor, más : *the* ~ *part of an hour,* la mayor parte de una hora; *he is little* ~ *than a child,* es poco más que un niño. — *3 adv. compar.* de WELL; mejor [más bien, de mejor modo] : ~ *off,* en mejor posición, más acomodado; mejor librado; *to know* ~, estar obligado por sus conocimientos, etc., a obrar de otro modo; saber que no se deben hacer ciertas cosas; *I had* ~, más me vale, o valdría, que; es, o sería, mejor que; ~ *late than never,* más vale tarde que nunca. — *4 s.* lo mejor, cosa mejor. *5* ventaja, superioridad, victoria : *to get the* ~ *of,* aventajar, llevar ventaja, vencer. *6* mejoramiento : *to change for the* ~, mejorar; mejorarse; *to be none the* ~ *for a thing,* no sentarle bien a uno una cosa, no mejorar con ella; *so much the* ~, *all the* ~, mejor, tanto mejor, mejor que mejor. *7 pl.* superiores, mayores, los que son más [que uno].
2) **better** *s.* apostador, apostante.
better (to) *tr.* mejorar [hacer mejor]; adelantar, favorecer : *to* ~ *oneself,* mejorar uno su posición, medrar. *2* aventajar, sobrepujar. — *3 intr.* mejorar, mejorarse.
betterment (be·tø'mønt) *s.* mejora, mejoramiento, adelanto. *2* DER. mejora.
betting (be·ting) *s.* acción de apostar [hacer apuestas].
bettor (be·tø') *s.* apostador, apostante.
Betty (be·ti) *n. pr.* dim. de ELIZABETH. — *2* ~ *lamp,* candil.
betulaceous (betiule·shøs) *adj.* BOT. betuláceo.
between (bitu·n) *adv.* entremedias, en medio : *in* ~, en medio de, entremedias. — *2 prep.* entre [una pers. o cosa y otra u otras] : ~ *now and then,* de aquí a entonces; ~ *ourselves,* ~ *you and me (and the bedpost),* entre nosotros, en confianza, acá para los dos; ~ *the devil and the deep (blue) sea,* entre la espada y la pared, sin escape, en situación apurada; ~ *whiles,* a veces, en vez en cuando.
between-decks *s. pl.* MAR. entrepuentes.
betwixt (bitu·cst) *adv.* y *prep.* BETWEEN: ~ *and between,* así así, a medias; ni lo uno ni lo otro.
bevel (be·vøl) *s.* bisel, chaflán. *2* derrame [de puerta o ventana]. *3* baivel, falsa regla. *4* rueda dentada cónica. — *5 adj.* biselado, achaflanado, cónico : ~ *square,* baivel, falsa regla; ~ *gear,* engranaje cónico; ~ *wheel,* rueda cónica de engranaje.
bevel (to) *tr.* biselar, achaflanar. *2* ARQ. falsear. ¶ CONJUG. pret. y p. p.: *beveled* o *-lled;* ger.: *beveling* o *-lling.*
bevel(l)ing (be·vøling) *s.* biselado, achaflanado. *2* bisel, chaflán.
beverage (be·vøredy) *s.* bebida [preparada]; brebaje.
bevy (be·vi) *s.* bandada [de pájaros]. *2* conjunto, reunión [esp. de mujeres].
bewail (biuei·l) *tr.* llorar, lamentar, deplorar. — *2 intr.* lamentarse, plañir.
bewailing (biuei·ling) *s.* lamentación, lloro, pena.
beware (to) (biue·ø') *tr.* guardarse, recelarse de; tener cuidado con, estar alerta contra. — *2*

interj. *beware!,* ¡cuidado [con]!, ¡guárdese!, ¡mucho ojo! ¶ El verbo es' defectivo : sólo se usa en INFIN. e IMPER.
bewilder (to) (biui·ldø') *tr.* desconcertar, desorientar, aturdir, confundir, turbar, dejar perplejo.
bewildering (biui·ldøring) *adj.* aturdidor. *2* desconcertante, que deja perplejo.
bewilderment (biui·ldø'mønt) *s.* desconcierto, desorientación, aturdimiento, confusión, perplejidad.
bewitch (to) (biui·ch) *tr.* embrujar, hechizar, encantar, aojar, maleficiar. *2* hechizar, embelesar, fascinar.
bewitcher (biui·chø') *s.* hechicero, encantador.
bewitching (biui·ching) *adj.* hechicero, encantador, fascinador.
bewitchingly (biui·chingli) *adv.* hechiceramente, encantadoramente.
bewitchment (biui·chmønt) *s.* hechicería, hechizo, embrujamiento. *2* encanto, fascinación.
bey (bei) *s.* bey.
beyond (biyo·nd) *adv.* más allá, al otro lado, allende, a lo lejos. *2* además. — *3 prep.* detrás de, al otro lado de, más allá de, allende : ~ *seas* o *sea,* allende los mares. *4* después de, pasado : ~ *the hour,* pasada la hora. *5* además de, fuera de, excepto, salvo. *6* fuera de o excediendo los límites, las posibilidades de : ~ *doubt,* fuera de duda; ~ *expression,* indecible, indeciblemente; ~ *measure,* desmesuradamente, sobremanera; ~ *question,* indiscutible; ~ *the average,* superior al promedio; ~ *my reach,* fuera de mi alcance; ~ *my strength,* superior a mis fuerzas; *this is* ~ *me,* no está en mi mano; es algo que no comprendo; *this is* ~ *my power,* no está en mi mano; *this is* ~ *everything,* esto pasa de la raya; *to be* ~ *oneself,* estar fuera de sí. — *7 s.* el otro mundo, el más allá : *the back of* ~, lugar muy remoto.
Beyrouth (bei·rut) *n. pr.* GEOGR. Beirut.
bezant (be·šant o biša·nt) *s.* besante.
bezel (be·šel) *s.* bisel, filo [en una herramienta]. *2* JOY. faceta. *3* JOY. engaste. *4* sello [de una sortija]. *5* montura [de un cristal de reloj].
bezel (to) (be·šel) *tr.* biselar, achaflanar.
bezique (beši·c) *s.* báciga [juego de naipes].
bezoar (br·šou') *s.* bezar, bezoar.
bezoardic (bešoa·dic) *adj.* bezoárico.
bi- (bai-) *pref.* bi-.
biangular (baiæ·nguiula') *adj.* biangular.
biannual (baiæ·niual) *adj.* semestral. *2* bienal, dosañal.
bias (ba·ias) *s.* sesgo, oblicuidad : *on the* ~, al sesgo, sesgado. *2* tendencia, predisposición; parcialidad, prejuicio. *3* RADIO tensión de rejilla. — *4 adj.* sesgado, diagonal.
bias (to) *tr.* torcer, influir, predisponer, inclinar. ¶ CONJUG. pret. y p. p.: *biased* o *biassed;* ger.: *biasing* o *biassing.*
biatomic (baiæto·mic) *adj.* QUÍM. biatómico.
biaxial (baiæ·csial) *adj.* biáxico.
bib (bib·) *s.* babador, babero, pechero. *2* pechera [de delantal]. *3* ICT. faneca.
bib (to) *tr.* e *intr.* fam. beber, empinar el codo. ¶ CONJUG. pret. y p. p.: *bibbed;* ger.: *bibbing.*
bibasic (baibe·sic) *adj.* bibásico.
bibber (bi·bø') *s.* bebedor.
bibcock (bibco·c) *s.* grifo, espita [de boca dirigida hacia abajo].
Bible (bai·bøl) *s.* Biblia : ~ *paper,* papel Biblia.
biblical (bi·blical) *adj.* bíblico.
bibliographer (bibliogrəfø') *s.* bibliógrafo.
bibliographical (bibliogræ·fical) *adj.* bibliográfico.
bibliography (biblio·grafi) *s.* bibliografía.
bibliomania (bibliomei·nia) *s.* bibliomanía.
bibliomaniac (bibliomei·niæc) *adj.* bibliómano.
bibliophile (bi·bliofail) *s.* bibliófilo.
bibliophilism (biblio·filišm) *s.* bibliofilia.
bibliopole (bi·bliopol), **bibliopolist** (biblio·polist) *s.* librero, vendedor de libros [esp. raros o curiosos].
bibliopoly (biblio·poli) *s.* venta de libros raros.
bibulous (bi·biuløs) *adj.* poroso, absorbente, esponjoso. *2* bebedor, borrachín. *3* relativo a la bebida.
bicameral (baicæ·mørøl) *adj.* bicameral.
bicapsular (baicæ·psiula') *adj.* BOT. bicapsular.
bicarbonate (baica·'bonit) *s.* QUÍM. bicarbonato.
bice (bais) *s.* color azul o verde pálido.
bicephalous (baise·faløs) *adj.* bicéfalo, bicípite.

biceps (bai·seps) *adj.* y *s.* ANAT. bíceps.
bichloride (baiclo·raid) *s.* QUÍM. bicloruro.
bichromate (baicrou·meit) *s.* QUÍM. bicromato.
bicipital (baisi·pital) *adj.* ANAT. bicípite.
bicker (bi·kø') *s.* disputa, quisquilla, discusión ociosa. 2 escudilla de madera.
bicker (to) *intr.* disputar, altercar, discutir ociosamente. 2 golpetear, moverse con ruido repetido. 3 parlar, gorjear [los pájaros], murmurar [un arroyo]. 4 vacilar, temblar, chisporrotear, destellar [una luz, etc.].
bickerer (bi·kørø') *s.* disputador, pendenciero.
bickering (bi·køring) *s.* altercado, disputa ociosa.
bickern (bi·kø'n) *s.* yunque pequeño con sólo una punta.
bicolo(u)r, bicolo(u)red (baico·lø', -lø'd) *adj.* bicolor.
biconcave (baico·nkeiv) *adj.* bicóncavo.
biconvex (baico·nvecs) *adj.* biconvexo.
bicornous (baico·nøs) *adj.* bicorne.
bicuspid (baico·spid) *adj.* bicúspide. — 2 *s.* ANAT. diente premolar.
bicycle (bai·sikøl) *s.* bicicleta.
bicycle *intr.* ir en bicicleta.
bicycler (bai·siclø') *s.* biciclista, ciclista.
bicycling (bai·sicling) *s.* ciclismo. 2 acción de ir en bicicleta.
bicyclist (bai·siclist) *s.* biciclista, ciclista.
bid (bid) *s.* licitación, oferta, puja, postura. 2 invitación. 3 declaración [en el bridge].
bid (to) *tr.* anunciar, expresar, decir, ofrecer : *to ~ good morning*, dar los buenos días; *to ~ adieu, to ~ good bye*, decir adiós; *to ~ welcome*, dar la bienvenida; *to ~ defiance*, desafiar, retar. 2 ofrecer [un precio], pujar, licitar. 3 ordenar, mandar, pedir, rogar. 4 invitar. 5 declarar, envidar [en naipes]. — 6 *intr.* hacer una oferta, licitar. 7 *to ~ fair to*, parecer probable que, ofrecer buenas perspectivas de, prometer. ¶ CONJUG. pret.: *bade*; p. p.: *bidden*; ger.: *bidding*. | En las acepciones 2 y 5, pret. y p. p.: *bid*.
bidden (bi·døn) p. p. de TO BID.
bidder (bi·dø') *s.* licitador, postor : *the highest ~*, el mejor postor. 2 declarante [en el bridge]. 3 el que manda, pide o ruega.
bidding (bi·ding) *s.* licitación, postura. 2 declaración [en el bridge]. 3 orden, mandato, ruego; invitación.
biddy (bi·di) *pl.* **-dies** (-diš) *s.* fam. gallina, pollo. 2 fam. criada irlandesa.
bide (to) (baid) *tr.* e *intr.* esperar, aguardar : *to ~ one's time*, esperar la ocasión, la oportunidad; *~ a wee*, espere un poco. — 2 *intr.* quedarse, permanecer, residir. 3 continuar en un estado o acción. 4 *to ~ by*, atenerse a. — 5 *tr.* resistir, hacer frente, aguantar, sufrir. ¶ CONJUG. pret.: *bode, bade, bided*; p. p.: *bided*.
bident (bai·dent) *s.* bidente.
bidental (baide·ntal), **bidentate** (baide·ntit) *adj.* bidente, bidentado.
bidet (bide·t) *s.* bidet. 2 caballito, jaca.
biding (bai·ding) *s.* espera. 2 residencia, permanencia : *~ place*, morada, habitación.
biennial (baie·nial) *adj.* bienal, dosañal. 2 BOT. bienal. — 3 *s.* BOT. planta bienal. 4 cosa que ocurre cada dos años; exámenes bienales.
biennium (baie·niøm) *s.* bienio.
bier (bi·ø') *s.* andas, féretro.
bifer (bai·fø') *s.* BOT. planta bífera.
biferous (bai·førøs) *adj.* BOT. bífero.
biff (bif) *s.* pop. bofetada, puñetazo.
biffin (bi·fin) *s.* variedad de manzana que suele comerse asada. 2 torta de manzanas asadas.
bifid (bai·fid) *adj.* BOT. bífido.
biflorous (baiflø·røs) *adj.* BOT. bifloro.
bifocal (baifou·cal) *adj.* bifocal.
biforked (baifo·'kd) *adj.* ahorquillado.
biform(ed (bai·fo'm(d) *adj.* biforme.
bifront (bai·frønt) *adj.* bifronte.
bifurcate (bai·fø'keit) *adj.* bifurcado.
bifurcate (to) *tr.* dividir en dos puntas o ramales. — 2 *intr.* bifurcarse.
bifurcation (baifø'ke·shøn) *s.* bifurcación. 2 FERROC. empalme. 3 ramal.
big (big) *adj.* grande [de gran tamaño, extensión, magnitud o intensidad; poderoso, violento, importante; magnánimo, generoso] : *~ bug, ~ gun*. personaje importante; *~ game*, caza mayor; *~ news*, grandes noticias; *~ prize*,

premio gordo [de la lotería] ; *~ toe*, dedo gordo [del pie]. 2 corpulento, voluminoso, hinchado, inflado. 3 imponente. 4 fuerte [voz]. 5 jactancioso, pomposo, presuntuoso, amenazador [expresión, aire, mirada, etc.] : *~ talk*, baladronada, fanfarronada; *~ words*, disputa, palabras fuertes; palabras campanudas. 6 *~ with*, preñado, lleno de, hirviendo de; *~ with child*, encinta. — 7 *adv.* mucho, en gran manera, caro. 8 pomposamente, jactanciosamente : *to talk ~*, baladronear, jactarse; hablar pomposamente; *to look ~*, darse tono.
bigamist (bi·gamist) *s.* bígamo.
bigamous (bi·gamøs) *adj.* bígamo.
bigamy (bi·gami) *s.* bigamia.
bigaroon (bigaru·n) *s.* BOT. cereza gordal.
big-bellied *adj.* ventrudo.
big-bodied *adj.* corpulento.
big-boned *adj.* huesudo.
big-eyed *adj.* de ojos grandes. 2 atónito, asombrado.
bigger (bi·gø') *adj. compar.* de BIG ; mayor, más grande, más importante.
biggest (bi·guist) *adj. superl.* de BIG ; muy grande, el más grande, el más importante.
big-headed *adj.* cabezón, engreído.
big-hearted *adj.* magnánimo, valeroso.
biggin (bi·guin) *s.* gorro de niño. 2 gorro de dormir.
biggish (bi·guish) *adj.* grandote. 2 presuntuoso.
bighorn (bi·gjorn) *s.* ZOOL. (EE. UU.) carnero de las Montañas Rocosas, que tiene grandes cuernos.
bight (bait) *s.* ángulo, hueco. 2 MAR. seno de un cabo, gaza. 3 meandro, recodo. 4 ensenada, cala.
big-mouthed *adj.* bocudo. 2 hablador. 3 gritón.
bigness (bi·gnis) *s.* grandor, volumen, importancia.
bignonia (bignou·nia) *s.* BOT. bignonia.
bignoniaceous (bignonie·shøs) *adj.* BOT. bignoniáceo.
bigot (bi·gøt) *s.* fanático, persona intolerante.
bigoted (bi·gøtid) *adj.* fanático, intolerante.
bigotry (bi·gøtri) *s.* fanatismo, intolerancia.
bigwig (bi·gwic) *s.* fam. personaje.
bike (baik) *s.* pop. bicicleta.
bike (to) *tr.* pop. ir en bicicleta.
bilabial (baila·bial) *adj.* FON. bilabial.
bilabiate (baila·bieit) *adj.* BOT. bilabiado.
bilander (bi·landø') *s.* MAR. balandra.
bilateral (baila·tøral) *adj.* bilateral.
bilberry (bi·lberi) *s.* BOT. arándano. 2 BOT. gayuba.
bilboes (bi·lbouš) *s. pl.* MAR. cepo con grillos.
bile (bail) *s.* FISIOL. bilis, hiel ; *~ duct*, conducto biliar. 2 fig. cólera, mal humor.
bilestone (bai·lstoun) *s.* MED. cálculo biliar.
bilge (bilỹ) *s.* barriga de tonel. 2 MAR. parte curva del fondo de un buque. 3 MAR. pantoque, sentina : *~ keel*, quilla de pantoque o de balance; *~ pump*, bomba de carena; *~ water*, agua de pantoque.
bilge (to) *intr.* MAR. sufrir una vía de agua, hacer agua. 2 hacer barriga, abultar. — 3 *tr.* MAR. abrir una vía de agua, romper el fondo [de un buque].
biliary (bi·lieri) *adj.* biliar, biliario.
bilingual (baili·ngual) *adj.* bilingüe.
bilingualism (baili·nguališm) *s.* bilingüismo.
bilious (bi·liøs) *adj.* bilioso.
biliousness (bi·liøsnis) *s.* calidad de bilioso.
bilirubin (biliru·bin) *s.* bilirrubina.
biliteral (baili·tøral) *adj.* bilítero.
bilk (bilk) *s.* estafa, trampa, engaño. 2 tramposo, estafador.
bilk (to) *tr.* estafar, defraudar, engañar, no cumplir sus compromisos.
Bill (bil) *n. pr.* dim. de WILLIAM.
bill *s.* pico [de ave]. 2 mandíbulas [de tortuga]. 3 MAR. punta de la uña [del ancla]; extremo [de una verga]. 4 especie de pica o alabarda. 5 AGR. hocino, honcejo, podón. 6 grito del avetoro. 7 cuenta, nota, factura, minuta, relación, estado, lista : *~ book*, COM. registro de cuentas, letras, giros, etc., a cobrar o a pagar; *~ form*, impreso para facturas; *~ of entry*, relación de géneros recibidos en la aduana; *~ of fare*, minuta, carta, lista de platos; *~ of lading*, conocimiento de embarque. 8 billete, nota, cédula, documento, pagaré: *bank ~*, billete de banco; *~ of credit*, carta de crédito; (EE. UU.) billete de

banco emitido por uno de los estados; ~ *of debt* o ~ *obligatory*, pagaré; ~ *of exchange* o simplte. *bill*, letra de cambio; ~ *of sale*, escritura de venta; *bills payable*, efectos a pagar; *bills receivable*, efectos a cobrar; ~ *broker*, corredor de cambios. 9 patente, certificado: ~ *of health*, patente de sanidad. 10 cartel, aviso, prospecto, hoja. 11 papelón. 12 DER. escrito, pedimento: ~ *of indictment*, escrito de acusación; ~ *of particulars*, exposición detallada del demandante o del demandado. 13 proyecto de ley; ley: ~ *of rights*, declaración de derechos; una de las leyes fundamentales de Inglaterra; (EE. UU.) las diez primeras enmiendas hechas a la Constitución.

bill (to) *tr.* anotar, cargar en cuenta. 2 facturar. 3 hacer una lista de. 4 anunciar por carteles; poner carteles en. — 5 *intr.* juntar los picos [las palomas]: fig. *to* ~ *and coo*, besarse, arrullarse.

billboard (bil·bo'd) *s.* cartelera. 2 MAR. apeadero de la uña del ancla.

billed (bild) *adj.* de pico, en compuestos como: *black-billed*, de pico negro; *broad-billed*, de pico ancho; *short-billed*, de pico corto.

billet (bi·lit) *s.* billete, esquela. 2 MIL. boleta. 3 alojamiento. 4 fig. puesto, colocación, destino. 5 pedazo de leña. 6 ARQ. ornamento en figura de zoquete redondo. 7 BLAS. billete. 8 barra de oro o hierro.

billet (to) *tr.* MIL. alojar. 2 aposentar, colocar.

billfold (bil·fould) *s.* cartera para billetes, billetero.

billhead (bil·ljed) *s.* impreso para facturas. 2 encabezamiento de factura.

billhook (bil·ljuc) *s.* AGR. podón, cuchillo de podar.

billiard (bi·lia'd) *adj.* de billar; ~ *ball*, bola de billar; ~ *cue*, taco; ~ *player*, billarista; ~ *room*, sala de billar; ~ *table*, mesa de billar. — 2 *s.* (EE. UU.) carambola.

billiards (bi·lia'dš) *s.* billar.

billingsgate (bi·lingšgueit) *s.* lenguaje bajo y soez, lenguaje de pescadera.

billion (bi·lion) *s.* (Ingl.) billón. 2 (EE. UU.) mil millones.

billonth (bi·lionz) *adj.* y *s.* (Ingl.) billonésimo. 2 (EE. UU.) mil millonésimo.

billow (bi·lou) *s.* oleada, golpe de mar. 2 ola, ondulación.

billow (to) *intr.* undular. 2 levantarse, hincharse como una ola.

billowy (bi·loui) *adj.* ondeante, lleno de olas u ondulaciones. 2 que se levanta como una ola; abultado, hinchado.

billposter (bilpo·sto') *s.* fijador de carteles.

Billy (bi·li) *n. pr.* dim. de WILLIAM. — 2 *s.* (con min.) cachiporra; porra [de policía].

billy goat (bi·li gou·t) *s.* macho cabrío.

bilobate (bailo·beit) *adj.* bilobulado.

bilocular (bailo·kiula') *adj.* BOT. bilocular.

Bimana (bi·mæna o bai·mæna) *s. pl.* ZOOL. bímanos.

bimane (bai·mein) *s.* bímano [hombre].

bimanous (bi·mænøs) *adj.* bímano.

bimetallic (baimetæ·lic) *adj.* bimetalista.

bimetallism (baime·tælišm) *s.* bimetalismo.

bimetallist (baime·tælist) *adj.* y *s.* bimetalista.

bimonthly (baimo·nzli) *adj.* bimestre, bimestral. 2 bimensual, quincenal. — 3 *s.* publicación bimestral o bimensual. — 4 *adv.* bimestralmente, cada dos meses. 5 bimensualmente, quincenalmente, dos veces al mes.

bin (bin) *s.* caja, arca, arcón, depósito, recipiente; *coal* ~, carbonera.

bin (to) *tr.* Poner en una caja, arca o depósito. ¶ CONJUG.: pret. y p. p.: *binned*; ger.: *binning*.

bination (baine·shøn) *s.* binación [del sacerdote].

binary (bai·nery) *adj.* binario. 2 ASTR. ~ *star*, estrella doble.

binate (bai·neit) *adj.* doble, apareado, de dos en dos.

binaural (bino·ral) *adj.* relativo a los dos oídos; para ambos oídos.

bind (baind) *s.* lazo, ligadura. 2 MÚS. ligado.

bind (to) *tr.* ligar, liar, envolver, ceñir, atar amarrar, sujetar, unir. 2 vendar. 3 ribetear, guarnecer. 4 trabar, dar consistencia. 5 encuadernar. 6 FISIOL. estreñir, restriñir. 7 atar, vincular [con lazos no materiales]; ligar [con

promesa, etc.]; obligar, compeler, comprometer: *to* ~ *oneself*, obligarse, comprometerse; *to* ~ *over*, poner en la obligación de hacer algo; esp. obligar a comparecer ante el juez; *to be bound up in*, estar absorbido, entregado, dedicado con afán [a una cosa]. 8 escriturar, contratar [a alguno]; poner en aprendizaje. 9 hacer firme [un trato]. — 10 *intr.* trabarse, endurecerse, fraguar, pegarse. 11 obligar, ser obligatorio. ¶ CONJUG. pret. y p. p.: *bound*.

binder (bai·ndø') *s.* atador. 2 agavillador; máquina agavilladora. 3 ribeteador. 4 encuadernador. 5 atadero. 6 carpeta, cubierta [para papeles]. 7 aglutinante, cemento, cosa que traba. 8 MEC. CARP. riostra, traviesa, ligazón.

bindery (bai·ndøri) *s.* encuadernación [taller].

binding (bai·nding) *s.* atadura, ligamiento. 2 venda, tira, faja, ligadura. 3 COST. ribeteado; ribete, guarnición. 4 encuadernación: *full* ~, pasta entera; *half* ~, media pasta. 5 trabadura, espesamiento; lo que traba o espesa. — 6 *adj.* que ata, une, traba, sujeta, etc.: ~ *post*, ~ *screw*, ELECT. borne, tornillo de conexión. 7 obligatorio, valedero, que obliga o compromete: ~ *receipt*, recibo que se da al que contrata un seguro, cuando firma la petición y paga la primera prima. 8 MED. estíptico.

bindweed (bai·nduid) *s.* BOT. enredadera: *greater* ~, enredadera; *lesser* ~, correhuela, altabaquilla.

binnacle (bi·nacøl) *s.* MAR. bitácora.

binocle (bi·nocøl) *s.* binóculo, gemelos.

binocular (bino·kiula) *adj.* binocular. — 2 *s. pl.* OPT. gemelos, prismáticos. 3 microscopio o telescopio para ambos ojos.

binomial (bainou·mial) *s.* ÁLG. binomio. — 2 *adj.* compuesto de dos términos o nombres. 3 MAT. ~ *theorem*, binomio de Newton.

binoxide (baino·csaid) *s.* QUÍM. bióxido.

biochemistry (baioke·mistri) *s.* bioquímica.

biodynamics (baiodainæ·mics) *s.* biodinámica.

biogenesis (baiodȳe·nesis) *s.* biogénesis.

biogeny (baio·dȳeni) *s.* biogenia.

biognosis (baiognou·sis) *s.* biognosis.

biographee (baio·grafi) *s.* biografiado.

biographer (baio·grafø') *s.* biógrafo.

biographic(al (baiogræ·fic(al) *adj.* biográfico.

biography (baio·grafi) *s.* biografía.

biologic(al (baiolo·dȳic(al) *adj.* biológico.

biologist (baio·lodȳist) *s.* biólogo.

biology (baio·lodȳi) *s.* biología.

bionomy (baio·nomi) *s.* bionomía.

biometry (baio·metri) *s.* cálculo de la duración probable de la vida.

biophysics (baiofi·sics) *s.* biofísica.

bioplasm (bai·plæšm) *s.* BIOL. bioplasma, protoplasma reproductivo.

biopsy (bai·opsi) *s.* MED. biopsia.

biostatics (baiostæ·tics) *s.* BIOL. biostática.

bioscopy (baio·scopi) *s.* bioscopia.

biota (baiou·ta) *s.* seres orgánicos, o sea flora y fauna [de una región, época, etc.].

biotic (baio·tic) *adj.* BIOL. biótico.

bipartisan (baipa·tišan) *adj.* de dos partidos políticos; compuesto de miembros o representantes de dos partidos políticos [junta, comité, etc.].

bipartite (baipa·tait) *adj.* bipartido, bipartito.

biped (bai·ped) *adj.* y *s.* bípedo. — 2 *s.* VET. par de patas en un cuadrúpedo.

bipedal (bai·pedal) *adj.* bípede, bípedo.

bipinnate (bai·pineit) *adj.* BOT. bipinado.

biplane (bai·plein) *adj.* y *s.* biplano.

bipolar (baipou·læ') *adj.* bipolar.

biquadratic (baicuadræ·tic) *adj.* ÁLG. de cuarto grado. 2 *s.* ecuación de cuarto grado.

birch (bø·ch) *s.* BOT. abedul. 2 vara o azote de abedul.

birch (to) *tr.* azotar, castigar.

birchen (bø·'chen) *adj.* de abedul.

bird (bø·'d) *s.* ave, pájaro: ~ *of freedom* (EE. UU.), águila; ~ *of paradise*, ave del Paraíso; ~ *of passage*, ave de paso; ~ *of prey*, ave de rapiña; ~ *song*, pájaro cantor; ~ *bath*, baño para pájaros; ~ *cage*, jaula, pajarera; ~ *shoot*, mostacilla, perdigones; ~ *fancier*, pajarero; *bird's nest*, nido de pájaros; *a* ~ *in the hand is worth two in the bush*, más vale pájaro en mano que buitre volando; *to kill two birds with one stone*, matar dos pájaros de un tiro.

2 fig. pájaro, individuo: *birds of a feather,* gente de una misma calaña; *birds of a feather flock together,* cada cual con los suyos; Dios los cria y ellos se juntan.
bird (to) *intr.* pajarear, cazar pájaros.
birdcall (bø·'dcol) *s.* reclamo; añagaza.
birdcatcher (bø·'dcætchø'), **birder** (bø·'dø') *s.* pajarero, parancero.
birding (bø·'ding) *s.* caza de pájaros. — *2 adj.* para cazar pájaros: ~ *piece,* escopeta de caza.
birdglue (bø·'dglu) *s.* BIRDLIME.
birdlime (bø·'dlaim) *s.* liga, visco, ajonje.
birdlime (to) *tr.* untar o cazar con liga.
birdman (bø·'dmæn), *pl.* **-men** (-men) *s.* pajarero. *2* disecador de pájaros. *3* ornitólogo. *4* fam. aviador.
birdseed (bø·'dsɪd) *s.* alpiste, mijo, etc., cualquier grano para alimento de pájaros.
bird's-eye (bø·'dš ai) *s.* BOT. primavera. *2* BOT. verónica. *3* mota labrada en un tejido. — *4 adj.* moteado. *5* visto desde lo alto, a vista de pájaro, de una ojeada; general, superficial: *bird's-eye view,* ojeada; vista de pájaro.
bird's-foot (bø·'dsfut) *s.* BOT. nombre de varias plantas.
bird's-nest (to) *intr.* coger nidos.
birdsweed (bø·'dsuid) *s.* BOT. centinodia, sanguinaria mayor.
birdwoman (bo·'dwumæn), *pl.* **-women** (-uimen) *f.* vendedora de pájaros. *2* aviadora, aviatriz.
birectangular (bairectæ·nguiula') *s.* birrectángulo.
birefringence (bairefri·nÿens) *s.* ÓPT. birrefringencia, doble refracción.
birefringent (bairefri·nÿent) *adj.* ÓPT. birrefringente.
bireme (bai·rim) *adj.* y *s.* birreme.
biretta (bire·ta) *s.* birreta. *2* bonete [de eclesiástico].
birr (børr) *s.* zumbido. *2* ímpetu, energía, vigor.
birr (to) *intr.* zumbar.
birth ̦(bø·z) *s.* nacimiento: ~ *certificate,* partida de nacimiento; ~ *control,* limitación de la natalidad; ~ *rate,* natalidad; ~ *sin,* pecado original; *to give* ~ *to,* parir, dar el ser a, dar a luz; *by* ~, de nacimiento. *2* cuna, origen, principio. *3* linaje, alcurnia, estirpe. *4* hijo, producción. *5* parto.
birthday (bø·'dei) *s.* natalicio, cumpleaños.
birthmark (bø·'zma·c) *s.* antojo, lunar, mancha [de nacimiento].
birthplace (bø·'zpleis) *s.* lugar de nacimiento, de origen; pueblo natal.
birthright (bø·'zrait) *s.* derecho de nacimiento. *2* primogenitura.
birthwort (bø·'zuø't) *s.* BOT. aristoloquia.
bis (bis) *adv.* bis. — *2 interj.* que se repita.
Biscay (bi·skei) *n. pr.* Vizcaya.
Biscayan (biskei·an) *adj. s.* vizcaíno.
biscuit (bi·skit) *s.* galleta [de pastelería]. *2* galleta, bizcocho. *3* (EE. UU.) especie de bollo o panecillo. *4* CERÁM. bizcocho. *5* color moreno pálido.
bisect (to) (baise·ct) *tr.* bisecar; dividir en dos: *bisecting line,* GEOM. bisectriz.
bisection (baise·cshøn) *s.* bisección.
bisector (baise·ctø') *s.* GEOM. bisectriz.
bisexual (baise·cshual) *adj.* bisexual, hermafrodita.
bishop (bi·shøp) *s.* ECLES. obispo: *bishop's lawn,* batista. *2* alfil. *3* bebida compuesta de vino, azúcar y zumo de limón o de naranja.
bishopric (bi·shøpric) *s.* obispado. *2* diócesis. *3* episcopado [dignidad de obispo].
bishop's-weed (bi·shøpsuid) *s.* BOT. ameos, biznaga.
bisk (bisc) *s.* BISQUE.
bismuth (bi·smøz) *s.* QUÍM. bismuto.
bison (bai·søn) *s.* ZOOL. bisonte.
bisque (bisc) *s.* sopa de marisco o de carne de ave. *2* helado de nueces o almendras. *3* bizcocho [porcelana]. *4* DEP. ventaja [que se da en el tenis y en otros juegos].
bissextile (bise·cstail) *adj.* y *s.* bisiesto.
bister, bistre (bi·stø') *s.* bistre.
bistort (bi·sto·'t) *s.* BOT. bistorta.
bistoury (bi·sturi) *s.* bisturí.
bisulcate (baisø·lkeit) *adj.* de dos surcos. *2* ZOOL. bisulco.
bisulfate, bisulphate (baisø·lfeit) *s.* QUÍM. bisulfato.
bisulfite, bisulphite (baisø·lfait) *s.* QUÍM. bisulfito.

bit (bit) *s.* pedazo, trozo, pedacito, triza, añico, migaja, pizca, un poco, un momento: *a good* ~, una buena cantidad; *a* ~ *of all right,* algo perfecto, que merece la aprobación; *to do one's* ~, llevar su grano de arena; *to give a* ~ *of his mind,* decir cuatro verdades; ~ *by* ~, a pedacitos, poco a poco; *not a* ~, ni pizca. *2* bocado [de comida], vituallas. *3* bocado [del freno]: *to take the* ~ *in the teeth,* desbocarse, rebelarse. *4* paletón [de la llave]. *5* broca, taladro. *6* boca, corte [de herramienta]. *7* two *bits* (EE. UU.), fam. 25 centavos. — *8 pret.* y *p. p.* de TO BITE.
bit (to) *tr.* enfrenar [el caballo]. *2* refrenar. ¶ CONJUG. pret. y p. p.: *bitted;* ger.: *bitting.*
bitch (bich) *s.* ZOOL. perra. *2* ZOOL. loba. *3* ZOOL. zorra [hembra del zorro]. *4* vulg. zorra, ramera.
bite (bait) *s.* mordedura. *2* mordisco, dentellada. *3* bocado, tentempié. *4* picadura [de insecto, etc.]. *5* resquemo [en el paladar]. *6* sensación cortante [del aire, del frío]. *7* MEC. engarro, asimiento.
bite (to) *tr.* e *intr.* morder, mordiscar, dentellear: *to* ~ *the dust,* morder el polvo, caer vencido, morir. *2* picar [un insecto, etc.]. *3* picar, resquemar, escocer [la pimienta, etc.]; raspar [el vino]. *4* cortar [el frío, el aire]. *5* morder, corroer, atacar [un ácido]. *6* MEC. morder, agarrar. *7 tr.* tascar [el freno]. *8* engañar, pescar. — *9 intr.* picar, morder el anzuelo. ¶ CONJUG. pret.: *bit;* p. p.: *bit* o *bitten.*
biter (bai·tø') *s.* mordedor. *2* engañador: *the* ~ *bit,* el engañador engañado.
Bithinia (bizi·nia) *n. pr.* GEOGR. Bitinia.
biting (bai·ting) *adj.* punzante, penetrante. *2* mordaz, cáustico, sarcástico. *3* picante [al gusto]. *4* mordedor.
bitingly (bai·tingli) *adv.* mordazmente, sarcásticamente.
bitingness (bai·tingnis) *s.* mordacidad, causticidad.
bitstock (bi·tstoc) *s.* berbiquí.
bitt (bit) *s.* MAR. bita; abitón.
bitt (to) *tr.* MAR. abitar.
bitten (bi·tøn) p. p. de TO BITE.
bitter (bi·tø') *adj.* amargo: ~ *almond,* BOT. almendro amargo, almendra amarga; ~ *apple,* BOT. coloquíntida; ~ *buttons,* BOT. hierba lombriguera; *to taste* ~, amargar, tener sabor amargo. *2* áspero, agrio, duro, cruel, agudo, intenso: ~ *cold,* frío intenso. *3* mordaz, sarcástico. *4* enconado, encarnizado. *5* penoso, doloroso: *to the* ~ *end,* hasta el último extremo, hasta la muerte. — *6 s.* amargor, amargura. *7 pl.* amargo, licor de raíces amargas.
bitter (to) *tr.* amargar. — *2 intr.* volverse amargo, agriarse.
bitter-ender *s.* persona intransigente, porfiada.
bitterish (bi·tørish) *adj.* amargoso.
bitterly (bi·tø·li) *adv.* amargamente. *2* agriamente. *3* duramente, cruelmente. *4* enconadamente.
bittern (bi·tø·n) *s.* ORNIT. avetoro. *2* agua madre de sal. *3* mezcla amarga para falsificar la cerveza.
bitterness (bi·tø·nis) *s.* amargor, amargura. *2* acritud, dureza, crueldad. *4* rencor, encono.
bittersweet (bi·tø·suit) *adj.* agridulce. — *2 s.* lo agridulce. *3* BOT. dulcamara.
bittervetch (bi·tø·vech) *s.* BOT. almorta; arveja; alcarceña.
bitterwood (bi·tø·wud) *s.* BOT. cuasia.
bitterwort (bi·tø·uø·t) *s.* BOT. genciana. *2* BOT. diente de león.
bitumen (bitiu·men) *s.* MINER. betún: ~ *of Judea,* betún de Judea.
bituminize (to) (bitiu·minaiš) *tr.* embetunar, preparar con betún.
bituminous (bitiu·minøs) *adj.* bituminoso.
bivalence, -cy (baive·løns, -si) *s.* QUÍM. bivalencia.
bivalent (baive·lønt) *adj.* QUÍM. bivalente.
bivalve (baivæ·lv) *adj.* bivalvo. *2* ZOOL. molusco bivalvo.
bivalvular (baivæ·lviula') *adj.* bivalvo.
bivouac (bi·vuæc) *s.* vivac, vivaque.
bivouac (to) *intr.* vivaquear.
biweekly (baiur·cli) *adj.* quincenal; bisemanal. — *2 adv.* quincenalmente, bisemanalmente.
bizarre (biša·') *adj.* raro, original, extravagante.
blab (blæb) *s.* hablador. *2* chismoso, soplón. *3* charla, habladuría. *4* chisme, soplo.

blab (to) *tr.* decir, revelar, divulgar — 2 *intr.* hablar sin discreción, chismear. ¶ CONJUG. pret. y p. p.: *blabbed;* ger.: *blabbing.*
blabber (blæ·bo') *s.* hablador, chismoso; soplón.
blabbing (blæ·bing) *s.* habladuría.
black (blæc) *adj.* negro: ~ *art,* nigromancia, magia negra; ~ *bourse,* bolsa negra; ~ *bread,* pan negro, de centeno; ~ *cap,* (Ingl.) bonete que se pone el juez cuando dicta sentencia de muerte; ~ *diamond,* carbonado, diamante negro; ~ *draught,* purgante de sen y sal de la higuera; ~ *duck,* pato negro; ~ *flag,* bandera negra, de pirata; ~ *mark,* estigma, nota negra; ~ *list,* lista negra; ~ *market,* mercado negro, estraperlo; ~ *pudding,* morcilla; *Black Shirt,* camisa negra, fascista; ~ *vomit,* vómito negro; ~ *and white,* escrito, impreso; *in* ~ *and white,* por escrito; ~ *with clouds,* cubierto de nubes. 2 moreno, atezado. 3 puro [café]. 4 malvado. 5 infausto, siniestro. 6 hosco, ceñudo, terrible, amenazador. 7 amoratado, lívido: ~ *eye,* ojo amoratado; fig. (EE. UU.) descrédito, desaire; *black-and-blue,* acardenalado. 8 enlutado. 9 habitado por muchos negros. 10 ENTOM. ~ *beetle,* cucaracha, corredera. 11 ~ *bottom,* baile de los negros americanos. 12 BOT. ~ *currant,* casis; grosella negra. 13 ~ *friar,* dominico [religioso]. 14 *Black Friday,* viernes santo; viernes aciago. 15 ~ *frost,* helada con escarcha. 16 ORNIT. ~ *grouse,* urogallo. 17 MINER. ~ *lead,* grafito, lápiz plomo; ~ *silver,* plata agria. 18 ~ *letter,* letra gótica. 19 ~ *Maria,* pop. coche celular. 20 ~ *monk,* benedictino. 21 ~ *sheep,* fig. garbanzo negro, oveja negra. 22 BOT. ~ *poplar,* álamo negro, álamo temblón; ~ *salsify,* escorzonera; ~ *spruce,* abeto falso o negro.
23 *adv.* amenazadoramente, cruelmente: *to look* ~, mirar atravesado. 24 mucho, terriblemente.
25 *s.* negro [color, persona]. 26 mancha negra. 27 negro, luto: *to wear* ~ *for,* llevar luto por. 28 moreno, mulato. 29 BLAS. sable. 30 *pl.* traje negro. 31 colgaduras de luto.
black (to) *tr.* ennegrecer: *to* ~ *down,* MAR. embrear [la jarcia]; *to* ~ *out,* borrar, tachar [con negro]; apagar las luces [como precaución contra un ataque aéreo]; *to* ~ *up,* tiznar, embadurnar de negro. 2 embetunar, lustrar, dar bola [al calzado, etc.]. — 3 *intr.* ennegrecerse, negrear. 4 *to* ~ *out,* apagarse las luces [de un cuadro de instrumentos]; desmayarse, perder el conocimiento.
blackamoor (blæ·camu') *s.* negro [esp. africano].
black-and-blue *adj.* acardenalado.
blackball (blæ·cbol) *s.* bola negra. 2 betún, bola [para el calzado, etc.].
blackball (to) *tr.* dar bola negra; excluir de la sociedad. 2 embetunar, dar bola.
black-bearded *adj.* barbinegro.
black-bellied *adj.* de vientre negro; *faldinegro.
blackberry (blæ·cberi) *s.* BOT. zarza. 2 zarzamora.
blackbird (blæ·cbø'd) *s.* ORNIT. mirlo, merla. 2 fig. negro, polinesio, melanesio, papú.
blackboard (blæ·cbo'd) *s.* pizarra, encerado.
blackcap (blæ·ccæp) *s.* el que lleva gorra negra. 2 ORNIT. nombre de la curruca y otros pájaros. 3 BOT. variedad de frambuesa. 4 BOT. espadaña.
blackcock (blæ·ccoc) *s.* ORNIT. urogallo.
Black Country *s.* distrito minero de Inglaterra.
blackdamp (blæ·cdæmp) *s.* MIN. mofeta.
blacken (to) (blæ·køn) *tr.* dar o teñir de negro; embetunar. 2 ennegrecer, obscurecer. 3 atezar. 4 denigrar, infamar. — 5 *intr.* ennegrecerse, obscurecerse.
blackener (blæ·ckønø') *s.* ennegrecedor. 2 denigrador, difamador.
blackening (blæ·køning) *s.* ennegrecimiento, obscurecimiento. 2 atezamiento.
black-eyed *adj.* ojinegro.
blackface (blæ·cfeis) *adj.* carinegro. — 2 *m.* actor que se pinta de negro. 3 IMPR. letra negrilla.
black-faced *adj.* de rostro o aspecto sombrío.
Blackfriars (blæcfra·ia's) *s.* barrio de Londres donde había habido un convento de dominicos.
blackguard (blæ·ga'd) *s.* pillo, bribón, canalla, sinvergüenza.
blackguard (to) *tr.* injuriar, vilipendiar.
black-haired *adj.* pelinegro.

black-head (blæc-jed) *s.* espinilla, comedón. 2 ORNIT. pato marino.
blacking (blæ·king) *s.* acción de ennegrecer, de dar betún. 2 betún, bola, lustre para los zapatos.
blackish (blæ·kish) *adj.* negruzco, obscuro.
black-jack *s.* bandera negra [de pirata]. 2 rompecabezas, porra. 3 BOT. (EE. UU.) variedad de roble. 4 MINER. blenda. 5 cuenco de metal esmaltado.
black-jack (to) *tr.* atacar con porra.
blackleg (blæ·kleg) *s.* estafador, tramposo. 2 obrero no sindicado; esquirol.
blackly (blæ·kli) *adv.* negramente, sombríamente. 2 amenazadoramente, furiosamente. 3 atrozmente.
blackmail (blæ·cmeil) *s.* chantaje.
blackmail (to) *tr.* hacer víctima de un chantaje.
blackmailer (blæ·cmeilø') *s.* chantajista.
black-mouthed *adj.* mal hablado, difamador.
blackness (blæ·cnis) *s.* negrura, obscuridad.
black-out *s.* TEAT. mutación en la obscuridad. 2 apagón, obscurecimiento nocturno de una población en tiempo de guerra. 3 cortina para impedir que las luces se vean desde el exterior. 4 pérdida momentánea del conocimiento, de la vista o de la memoria; vértigo de los aviadores.
Black Sea *n. pr.* GEOGR. Mar Negro.
blacksmith (blæ·csmiz) *s.* herrero, forjador; ~ *shop,* herrería.
blacksnake (blæ·csneic) *s.* culebra negra o negruzca. 2 látigo de cuero retorcido o trenzado.
blackthorn (blæ·czo'n) *s.* BOT. endrino.
bladder (blæ·dø') *s.* ANAT., ZOOL. vejiga. 2 vejiga, ampolla. 3 pers. presuntuosa. 4 BOT. ~ *green,* reseda. 5 BOT. ~ *senna,* espantalobos.
bladderwort (blæ·døruø't) *s.* BOT. utricularia.
blade (bleid) *s.* hoja [de arma blanca, de herramienta]. 2 fig. espada [arma; esgrimidor]. 3 fig. pers. lista o decidida; tronera, calavera. 4 pala [de remo, etc.]. 5 paleta [de turbina, hélice, etc.]. 6 ANAT. parte ancha y plana de un órgano: *shoulder* ~, *bladebone,* omóplato, escápula, paletilla. 7 lámina [de ballena]. 8 BOT. limbo [de hoja]. 9 BOT. hoja, brizna [de hierba o cereal]. 10 ELECT. cuchilla [de interruptor].
bladebone (bleid·bboun) *s.* omóplato, paletilla.
bladed (blei·did) *adj.* que tiene hojas [hierba].
bladesmith (bleid·smiz) *s.* espadero, cuchillero.
blain (blein) *s.* ampolla, pústula.
blamable (blei·mabøl) *adj.* reprensible, censurable, vituperable, culpable.
blamableness (blei·mabølnis) *s.* calidad de reprensible o censurable.
blamably (blei·mabli) *adv.* reprensiblemente, culpablemente.
blame (bleim) *s.* reprobación, censura, reproche, tacha. 2 culpa, responsabilidad.
blame (to) *tr.* reprobar, censurar, reprochar, culpar, echar la culpa: *to be to* ~, tener la culpa, merecer reproche.
blameful (blei·mful) *adj.* de reproche, de censura. 2 culpable, reprochable.
blameless (blei·mlis) *adj.* irreprochable, intachable, sin culpa.
blamelessly (blei·mlisli) *adv.* irreprochablemente, intachablemente.
blamelessness (blei·mlisnis) *s.* calidad de irreprochable, inculpabilidad.
blamer (blei·mø') *s.* censurador, vituperador.
blameworthiness (blei·muo'dinis) *s.* calidad de censurable o reprochable; culpabilidad.
blameworthy (blei·muø'di) *adj.* reprensible, censurable, culpable.
blanch (to) (blænch) *tr.* blanquear. 2 fig. presentar bajo un aspecto favorable. 3 hacer palidecer. 4 AGR. hacer que se pongan blancas [las plantas]. 5 escaldar [la carne]; pelar [almendras, nueces, etc.]. 6 blanquecer [metales]. 7 estañar [planchas de hierro o acero]. — 8 *intr.* palidecer; ponerse blanco.
Blanche (blænch) *n. pr. f.* Blanca.
blancher (blæ·nchø') *s.* blanqueador. 2 blanquecedor.
blanching (blæ·nching) *s.* blanqueo. 2 blanquecimiento, blanquición. — 3 que blanquea, que quita el color.
blanc-mange (bla-manȳ) *s.* manjar blanco.

bland (blænd) *adj.* suave, dulce, melifluo; acariciador. | A veces se usa irónicamente. 2 suave, templado, blando.

blandish (to) (blæ·ndish) *tr.* halagar, lisonjear, acariciar, engatusar.

blandisher (blæ·ndishe[r]) *s.* halagador, lisonjero, engatusador.

blandishment (blæ·ndishmønt) *s.* halago, lisonja, caricia, zalamería.

blandly (blæ·ndli) *adv.* suavemente, melosamente, blandamente.

blodness (blæ·ndnis) *adj.* suavidad, melosidad, blandura.

blank (blænk) *adj.* pálido, descolorido. 2 en blanco : ~ *check,* cheque en blanco; fig. carta blanca; ~ *sheet,* ENCUAD. guarda; ~ *signature,* firma en blanco. 3 vacío, desierto; desnudo; monótono, sin interés; sin afectos, sin esperanzas, etc.; infructuoso : ~ *cartridge,* cartucho sin bala; ~ *wall;* pared desnuda, sin aberturas. 4 desconcertado, perplejo, confuso. 5 vago, inexpresivo : ~ *gaze* mirada vaga. 6 blanco, suelto [verso]. — 7 *s.* blanco, espacio, hueco, laguna. 8 ARQ. vano. 9 hoja, formulario [que hay que llenar]. 10 billete o cédula de una lotería que no gana nada. 11 diana [de un blanco]. 12 blanco [en el dominó]. 13 cospel.

blank (to) *tr.* DEP. impedir [al contrario] que haga un solo tanto. 2 *to* ~ *out;* obstruir; borrar; sacar o cortar a punzón o a troquel; IMPR. espaciar.

blanket (blæ·nkit) *s.* manta [de cama, o de abrigo], frazada, *cobija, coriana : fig. wet* ~, aguafiestas; *to throw a wet* ~ *on,* poner peros, desalentar; aguar la fiesta. 2 capa, manto [de nieve, etc.]. 3 mantilla [de niño; del caballo]. 4 IMPR. mantilla. — 5 *adj.* general, comprensivo. 6 DEP. con los participantes muy juntos unos a otros : ~ *finish,* final de carrera en que los participantes van muy juntos.

blanket (to) *tr.* cubrir [con manta o como con un manto o capa de algo]. 2 RADIO. cubrir con una interferencia. 3 mantear. 4 MAR. quitar el viento [un buque a otro]. 5 MIL., MAR. estorbar el fuego [de una tropa o buque] haciendo que encuentre interpuesta una tropa o un buque amigos.

blankly (blæ·nkli) *adv.* inexpresivamente, desconcertadamente, sin comprender. 2 directamente, a quema ropa. 3 completamente.

blare (ble·a[r]) *s.* sonido [de la trompeta]; bramido, fragor. 2 brillo, resplandor.

blare (to) *intr.* sonar [la trompeta o como la trompeta]. — 2 *tr.* proclamar a gritos.

blarney (bla·[r]ni) *s.* lisonja, zalamería.

blarney (to) *tr.* lisonjear, engatusar.

blasé (blase·) *adj.* hastiado de todo.

blaspheme (to) (blæsfi·m) *tr.* blasfemar de. 2 vilipendiar, escarnecer. — 3 *intr.* blasfemar.

blasphemer (blæsfi·mø[r]) *s.* blasfemo.

blaspheming (blæsfi·ming) *adj.* blasfemo. — 2 *m.* blasfemia, acción de blasfemar.

blasphemous (blæ·sfimøs) *adj.* blasfemo, impío.

blasphemously (blæ·sfimøsli) *adv.* blasfemamente.

blasphemy (blæ·sfimi) *s.* blasfemia.

blast (blast) *s.* ráfaga, ventada, ventolera, bocanada [de viento]. 2 soplo [de un fuelle, etc.]; corriente, chorro de aire, vapor, etc. [en un horno, máquina, etc.] : ~ *furnace,* alto horno, horno de cuba; ~ *pipe,* tubo de salida del vapor; *in full* ~, a todo tiro, a pleno tiro [dic. de hornos, hogares, etc.]; fig. a toda marcha, en plena operación. 3 AGR. añublo, agostamiento. 4 hálito pernicioso. 5 trompetazo, sonido fuerte de un instrumento de viento; silbido [de una máquina]. 6 explosión, voladura. 7 carga [de un barreno]. 8 ~ *hole,* barreno [agujero con carga explosiva]; HIDR. orificio de entrada de una bomba.

blast (to) *intr.* añublarse, agostarse, secarse, marchitarse. — 2 *tr.* añublar, agostar, marchitar; destruir, arruinar. 3 maldecir, infamar. 4 volar [con explosivos].

blasted (bla·stid) *adj.* marchito, agostado, añublado. 2 volado [por un explosivo]. 3 tocado, partido [por un rayo]. 4 fig. maldito, detestable. 5 arruinado.

blastema (blæsti·ma) *s.* BIOL. blastema.

blaster (blæ·stø[r]) *s.* MIN. barrenero, pegador.

blasting (bla·sting) *s.* marchitamiento, agostamiento, añublo. 2 voladura [con explosivo] : ~ *cap,* cápsula de explosión, detonador; ~ *charge,* carga explosiva; ~ *fuse,* espoleta de barreno.

blastocyst (blæ·stosist) *s.* BIOL. blastocisto.

blastoderm (blæ·stodø·m) *s.* BIOL. blastodermo.

blastomere (blæ·stomr·r) *s.* BIOL. blastómero.

blastula (blæ·schula) *s.* BIOL. blástula.

blat (to) (blæt) *tr. e intr.* decir o hablar gritando y sin consideración. — 2 *intr.* balar. 3 mugir.

blatant (blei·tant) *adj.* vociglero, ruidoso. 2 vulgar, llamativo, escandaloso.

blather (blæ·đø[r]) *s.* charlatán, hablador sin sustancia. 2 charla insustancial, tonterías.

blather (to) *intr. y tr.* charlatanear, decir tonterías.

blatherer (blæ·đørø[r]) *s.* charlatán, hablador sin sustancia.

blatherskite (blæ·đø·[r]scait) *s.* charlatán. jactancioso, fanfarrón. 2 fanfarronada.

blaze (bleiš) *s.* llama, llamarada, fogarada. 2 fuego, hoguera, incendio : *in a* ~, en llamas, resplandeciente. 3 luz brillante, ardor [del sol, etc.]. 4 brillo, resplandor, esplendor, gloria. 5 explosión, arrebato, estallido. 6 mancha blanca [en la cara de un animal]. 7 señal hecha en la corteza de los árboles, esp. la que sirve de guía en un bosque. — 8 *interj.* pop. *blazes!,* maldita sea! ; *go to blazes!,* ¡vete al infierno!

blaze (to) *intr.* arder con llama, llamear, echar llamas. 2 brillar, resplandecer. 3 arder [en una pasión]. 4 *to* ~ *away,* ir o seguir disparando [con un arma de fuego]; fig. gritar o ir gritando razones, reproches, etc. — 5 *tr.* encender, inflamar. 6 publicar, proclamar. 7 marcar [un árbol] ; marcar [un camino] con señales hechas en los árboles. 8 *to* ~ *off,* endurecer el temple [del acero].

blazer (blei·šø[r]) *s.* chaqueta de deporte de colores vivos. 2 el que marca árboles o un camino. 3 grandes titulares [en un periódico]. 4 fam. mentira colosal.

blazing (blei·šing) *adj.* llameante, resplandeciente. 2 patente, evidente.

blazon (blei·šon) *s.* blasón. 2 ostentación, divulgación, publicación.

blazon (to) *tr.* BLAS. interpretar el blasón; blasonar. 2 mostrar, publicar, proclamar. 3 adornar.

blazoner (blei·šnø[r]) *s.* blasonista. 2 heraldo.

blazonry (blei·šønri) *s.* blasón [escudo de armas; heráldica]. 2 esplendor, alarde de brillantez, decoración brillante.

bleach (blIch) *s.* blanqueo, blanquimento.

bleach (to) *tr.* blanquear [tejidos, etc.]; blanquear al sol, emblanquecer, descolorar. 2 aclarar [el pelo]. 3 colar [ropa]. 4 poner pálido. — 5 ponerse blanco, descolorirse. 6 palidecer.

bleacher (bli·chø[r]) *s.* blanqueador. 2 *pl.* (EE. UU.) gradería o gradas de sol [para presenciar los deportes].

bleachery (bli·chøri) *s.* taller de blanqueo.

bleaching (bli·ching) *s.* blanqueo : ~ *powder,* blanquimento, cloruro de calcio.

bleak (blIk) *adj.* desierto, yermo, raso, desolado. 2 helado, frío. 3 triste, deprimente. 4 pálido. — 5 *s.* ICT. albur, breca.

bleakness (blI·knis) *s.* desolación, calidad de desierto, raso. 2 frío, frialdad; tristeza.

blear (bli·ø[r]) *adj.* empañado, nublado, legañoso [ojo] ; obscurecida [visión]. 2 confuso, borroso; engañoso. — 3 *s.* MED. humor [en los ojos].

blear (to) *tr.* empañar, llenar de humor [los ojos]. 2 nublar [la vista]. 3 ofuscar, engañar. 4 hacer confuso.

bleared (bli·ø[r]d) *adj.* empañado, nublado, legañoso [ojo] ; obscurecida [visión].

blear-eyed *adj.* legañoso, cegajoso. 2 que ve poco. 3 torpe entendimiento.

bleariness (bli·ørinis) *s.* empañamiento, obscurecimiento de la vista. 2 condición de legañoso.

bleary (bli·øri) *adj.* turbio, legañoso.

bleat (blIt) *s.* balido.

bleat (to) *intr.* balar.

bleating (blI·ting) *s* balido. — 2 *adj.* balador; que parece que bala.

bleb (bleb) *s.* ampolla, vejiga. 2 burbuja.

bled (bled) pret. y p. p. de TO BLEED.

bleed (to) (blīd) *intr.* sangrar [arrojar sangre]; derramar su sangre: *to bleed to death,* morir desangrado. 2 exudar savia. 3 manar [como de una herida]. 4 pagar o perder dinero. — 5 *tr.* sangrar [a un enfermo, un árbol, etc.]. 6 sacar dinero [a uno]. — 7 tr. e intr. *to ~ white,* desangrar; arrancar hasta el último céntimo a; desangrarse. ¶ CONJUG. pret. y p. p. : *bled.*

bleeder (blī·dø') *s.* sangrador. 2 enfermo de hemofilia.

bleeding (blī·ding) *s.* sangría, sangradura. 2 acción de sangrar [echar sangre]; hemorragia. — 3 *adj.* sangrante, sangriento [que sangra]. 4 lleno de dolor o compasión. 5 pop. maldito, infame. 6 BOT. *~ heart,* planta fumariácea de jardín.

blemish (ble·mish) *s.* tacha, defecto, imperfección. 2 mancha, mancilla, desdoro, borrón.

blemish (to) (ble·mish) *tr.* manchar, afear, empañar. 2 denigrar, infamar.

blemishless (ble·mishlis) *adj.* inmaculado, intachable.

blench (to) (blench) *intr.* cejar, recular, retroceder, acobardarse. — 2 *tr.* e *intr.* TO BLANCH.

blend (blend) *s.* mezcla, mixtura, combinación. 2 PINT. gradación.

blend (to) *tr.* mezclar, combinar, fundir. 2 PINT. matizar, templar, armonizar. — 3 *intr.* unirse, fundirse, combinarse, mezclarse. 4 pasar insensiblemente de un matiz, etc., a otro. ¶ CONJUG. pret. y p. p.: *blended* o *blent.*

blende (blend) *s.* MINER. blenda.

blender (ble·ndø') *s.* mezclador.

blennorrhagia (blenorei·ỹia) *s.* MED. blenorragia.

blennorrhœa (blenorr·a) *s.* MED. blenorrea.

blent (blent) *pret.* y *p. p.* de TO BLEND.

blepharitis (blefarai·tis) *s.* MED. blefaritis.

bless (to) (bles) *tr.* bendecir: *God ~ him,* que Dios le bendiga. 2 agraciar, favorecer, dotar [la Providencia] : *to be blessed with,* tener, estar favorecido con, dotado de. 3 guardar, proteger : *God ~ me!* o simplte. *~ me!, ~ my soul,* ¡válgame Dios! 4 signar, santiguar, persignar. ¶ CONJUG. pret. y p. p.: *blessed* o *blest.*

blessed (ble·sid) *adj.* bendito; santo, bienaventurado, feliz, dichoso : *of ~ memory,* de santa memoria. 2 Santísimo: *the Blessed Trinity,* la Santísima Trinidad. 3 beato, beatificado. 4 fig. santo : *all the ~ day,* todo el santo día. 5 fig. maldito; ni uno solo : *not a ~ drop of rain,* ni una maldita, ni una sola gota de lluvia.

blessedly (ble·sidli) *adv.* benditamente, felizmente.

blessedness (ble·sidnis) *s.* santidad, beatitud, gloria, bienaventuranza, felicidad.

blesser (ble·sø') *s.* bendecidor.

blessing (ble·sing) *s.* bendición. 2 don, beneficio, gracia. 3 adoración, culto. 4 *pl.* dotes.

blest (blest) p. p. de TO BLESS.

blet (blet) *s.* podredumbre incipiente de la fruta.

blet (to) *intr.* pasarse [la fruta].

blether (ble·đø') *s.* y **blether (to)** *intr.* BLATHER y TO BLATHER.

blew (blu) pret. de TO BLOW.

blight (blait) *s.* lo que daña las plantas : tizón, roya, pulgón, etc. 2 plaga, infortunio, lo que frustra o malogra.

blight (to) *tr.* añublar, secar, marchitar, agostar. 2 frustrar, marchitar [esperanzas, etc.]; malograr, arruinar. — 3 *intr.* añublarse, marchitarse, agostarse; frustrarse, malograrse.

blimp (blimp) *s.* AER. dirigible pequeño.

blind (blaind) *adj.* ciego: *~ gut,* intestino ciego; *~ man,* ciego [hombre]; *~ man's buff,* gallina ciega [juego]; *~ spot,* punto ciego [de la retina]; RADIO lugar donde la recepción es mala; *~ with anger,* ciego de ira. 2 de ciego, para ciegos; hecho a ciegas. 3 obcecado, ignorante, insensato. 4 oculto, secreto. 5 confuso, ininteligible, ilegible. 6 intrincado. 7 obscuro, tenebroso. 8 *~ alley,* callejón sin salida. 9 *~ side,* lado del ojo que no ve; fig. lado débil, menos guardado. 10 *~ wall,* pared sin huecos; *~ window,* ventana simulada. — 11 *s.* pantalla, mampara, postigo, persiana, transparente, cortinilla. 12 pantalla, tapadera [pers.]; lo que sirve para encubrir o engañar; fachada, pretexto, subterfugio, engaño. 13 anteojera [de caballo]. 14 CAZA tollo. 15 FORT. blindaje, blinda.

blind (to) *tr.* cegar [quitar la vista]. 2 deslumbrar, ofuscar, obcecar. 3 vendar [los ojos]. 4 MIL. blindar.

blindage (blai·ndiỹ) *s.* MIL. blindaje, blinda.

blinded (blai·ndid) *adj.* cegado, ofuscado. 2 cerrado con postigos, persianas, cortinillas, etc., o provisto de ellos.

blinder (blai·ndø') *s.* anteojera.

blindfold (blai·nfould) *adj.* vendado [de ojos]. 2 ciego, ofuscado, obcecado, atolondrado. 3 hecho a ciegas. — 4 *s.* ardid, engaño.

blindfold (to) *tr.* vendar los ojos. 2 poner una venda en los ojos, ofuscar; despistar.

blinding (blai·nding) *adj.* cegador, que ciega, deslumbrador. — 2 *s.* acción de cegar. 3 (Ingl.) guijo [para carreteras].

blindly (blai·ndli) *adv.* ciegamente, a ciegas. 2 sin reflexión.

blindness (blai·ndnis) *s.* ceguedad, ceguera. 2 ofuscación, obcecación.

blindstitch (to) (blai·ndstich) *tr.* coser de modo que no se vean las puntadas.

blink (blink) *s.* ojeada. 2 pestañeo, guiño, guiñada. 3 destello, reflejo, ardentía. 4 vislumbre.

blink (to) *intr.* parpadear, pestañear. 2 oscilar [una luz]. — 3 *intr.* y *tr.* mirar con los ojos entornados; fig. disimular, hacer la vista gorda. | Gralte. con *at.*

blinkard (bli·nka'd) *s.* cegarrita. 2 lerdo, tonto.

blinker (bli·nkø') *s.* el que parpadea. 2 fig. mujer coqueta [que coquetea con la mirada]. 3 aparato de señales con luz intermitente. 4 anteojera [de caballo]. 5 fig. pantalla. 6 pop. ojo. 7 *pl.* gafas de protección.

bliss (blis) *adj.* bienaventuranza, gloria, felicidad. 2 arrobamiento, deleite.

blissful (bli·sful) *adj.* bienaventurado, dichoso.

blissfully (bli·sfuli) *adv.* felizmente, dichosamente.

blissfulness (bli·sfulnis) *s.* suprema felicidad.

blister (bli·stø') *s.* vejiga, ampolla: *~ beetle,* cantárida. 2 burbuja [en el vidrio]. 3 ampolla [en el barniz, la pintura, etc.]. 4 vejigatorio. 5 MAR. conjunto de compartimientos estancos que protegen exteriormente el casco de un buque, contra torpedos, bombas, etc.

blister (to) *intr.* ampollarse. — 2 *tr.* ampollar, levantar ampollas en.

blistering (bli·støring) *adj.* vejigatorio : *plaster,* emplasto vejigatorio. 2 que levanta ampollas, sarcástico, mordaz.

blithe (blaid) *adj.* alegre, gozoso, jocundo, jovial.

blithely (blai·dli) *adv.* alegremente, gozosamente, jovialmente.

blitheness (blai·dnis) *s.* alegría, gozo, jovialidad, buen humor.

blitheful (blai·dful) *adj.* alegre, gozoso.

blithesome (blai·dsøm) *adj.* BLITHE.

blizzard (bli·sa'd) *s.* ventisca, tempestad de nieve. 2 descarga [de tiros]. 3 fig. respuesta contundente.

bloat (blout) *tr.* hinchar, poner abotagado. 2 curar [arenques]. 3 hinchar, engreír. — 4 *intr.* hincharse, abotagarse. 5 hincharse, engreírse.

bloated (blou·tid) *adj.* hinchado, abotagado. 2 hinchado, engreído.

bloater (bou·tø') *s.* arenque ahumado.

blob (blob) *s.* gota, mancha [de tinta, de color, de algo pegajoso].

blobber (blo·bø') *adj.* BLUBBER.

bloc (bloc) *s.* POL. bloque.

block (bloc) *s.* bloque. 2 trozo grande de una materia; toza; tarugo, adoquín : *~ tin,* estaño en barras. 3 tajo [de madera]; *chopping ~,* tajo de cocina. 4 pop. cabeza, chola. 5 fig. zoquete [pers.]. 6 horma [de sombrero]. 7 motón, polea de aparejo, cuadernal : *~ and tackle,* aparejo. 8 MEC. dado, cubo. 9 MEC. bloque de cilindros [de un motor, etc.]. 10 almohadilla, zapata [de freno]. 11 cepo [de yunque]. 12 CARP. calzo, alza; coda. 13 tarima, base [sobre la cual se exhibe o monta una cosa]. 14 manzana, *cuadra [de casas]. 15 paquete [de acciones, etc.]; lote, partida. 16 bloc [de papel]. 17 POL. bloque. 18 obstáculo, obstrucción, impedimento. 19 MEC. tope. 20 DEF. parada, blocaje. 21 IMPR. montaje de una plancha. 22 pieza de madera para el grabado. 23 FERROC. tramo de vía: *~ system,* sistema de tramos con señales que regulan el paso de los trenes. 24 cuadrito [de sellos de correo|. *25* MED. bloqueo : ~ *anesthesia,* anestesia por bloqueo.

block (to) *tr.* obstruir, cerrar, bloquear, atascar : *to* ~ *the way,* cerrar el paso. *2* parar [la pelota]. *3* ALBAÑ. llenar, tapiar, condenar. *4* encerrar [un peón en las damas]. *5* ahormar [un sombrero]. *6* calzar [una rueda]. *7* CARP. reforzar con coda. *8* IMPR. montar [una plancha] ; cerrar [una forma]. *9 to* ~ *in* o *out,* delinear, esbozar.

blockade (bloˈkei·d) *s.* MIL. bloqueo, asedio. *2* obstrucción.

blockade (to) *tr.* MIL. bloquear. *2* obstruir.

blockader (blokei·dɵ') *s.* MIL. bloqueador.

blockhead (bloˈcjed) *s.* tonto, bolonio, zoquete, zopenco. *2* soporte para pelucas.

block-house *s.* MIL. blocao, fortín.

blockish (bloˈkish) *adj.* tonto, estúpido.

blockishness (bloˈkishnis) *s.* tontería, estupidez.

blond, blonde (bloˈnd) *adj.* y *s.* rubio, blondo. *2* ~ *lace,* blonde, blonda [encaje].

blood (blɵd) *s.* sangre : *bad* ~, animosidad, odio, encono ; ~ *clot,* coágulo de sangre ; ~ *count,* contaje de glóbulos sanguíneos ; ~ *donor,* donador de sangre ; ~ *feud,* ~ *vengeance,* deuda de sangre, venganza de sangre ; ~ *heat,* calor natural de la sangre ; ~ *money,* precio de la sangre ; dinero obtenido al precio de la vida de otro ; ~ *poisoning,* MED. septicemia, toxemia, envenenamiento de la sangre ; ~ *pudding,* ~ *sausage,* morcilla ; ~ *pressure,* presión arterial, tensión sanguínea ; ~ *red,* color de sangre ; ~ *relative,* pariente consanguíneo ; ~ *serum,* suero sanguíneo ; ~ *stream,* torrente sanguíneo ; ~ *test,* análisis de sangre ; ~ *vessel,* vaso sanguíneo ; ~ *and thunder,* violencia aparatosa, melodrama ; *his* ~ *is up,* se le enciende la sangre ; *in cold* ~, a sangre fría. *2* asesinato, matanza, efusión de sangre ; acto o instinto sanguinario. *3* ira, cólera. *4* temperamento, vida. *5* alcurnia, prosapia, linaje. *6* pariente. *7* hombre animoso. *8* petimetre, calavera. *9* COM. coral rojo. *10* raza, animal de pura raza : *blue, full, warm* ~, pura raza ; ~ *horse,* caballo de pura raza. *11* calidad de la lana : *full* ~, de merinos. *12* jugo de ciertas plantas y frutos.

blood (to) *tr.* sangrar [sacar sangre]. *2* hacer olfatear sangre a un perro de caza.

blood-curdling *adj.* horripilante, que hiela la sangre.

blooded (blɵd·id) *adj.* de buena raza. *2* que tiene sangre o temperamento de tal o cual carácter.

bloodflower (blɵdflauɵ') *s.* BOT. flor de la sangre.

bloodguilty (blɵdˈdguilti) *adj.* culpable de homicidio, de asesinato.

bloodhound (blɵdˈdjaund) *s.* sabueso de gran tamaño ; pers. que persigue con encarnizamiento.

bloodily (blɵˈdili) *adv.* cruentamente, encarnizadamente.

bloodiness (blɵˈdinis) *s.* ensangrentamiento, sanguinolencia. *2* crueldad.

bloodless (blɵˈdlis) *adj.* pálido, exangüe. *2* incruento. *3* flojo, sin espíritu. *4* frío, insensible.

bloodletter (blɵˈdletɵ') *s.* sangrador, flebótomo.

bloodletting (blɵˈdleting) *s.* sangría, flebotomía.

bloodroot (blɵˈdrut) *s.* BOT. sanguinaria canadiense. *2* BOT. tormentila.

bloodshed (blɵˈdshed) *s.* derramamiento o efusión de sangre ; matanza.

bloodshedder (blɵˈdshedɵ') *s.* homicida, asesino.

bloodshedding (blɵˈdsheding) *s.* BLOODSHED.

bloodshot (blɵˈdshot) *adj.* ensangrentado, inyectado en sangre.

bloodstained (blɵˈdsteind) *adj.* manchado de sangre.

bloodstone (blɵˈdstoun) *s.* MINER. hematites, albín. *2* MINER. heliotropo.

bloodsucker (blɵˈdsɵkɵ') *adj.* que chupa sangre. — *2 s.* animal que chupa sangre ; sanguijuela. *3* fig. usurero.

bloodthirstiness (blɵˈdzɵ'stinis) *s.* sed de sangre, encarnizamiento.

bloodthirsty (blɵˈdzɵ'sti) *adj.* sanguinario, carnicero.

blood-warm *adj.* a la temperatura de la sangre.

bloody (blɵˈdi) *adj.* sangriento, cruento. *2* ensangrentado, sanguinolento : *bloody-eyed,* de ojos inyectados en sangre. *3* encarnizado, sanguinario : *bloody-minded,* sanguinario, cruel. *4* vulg. maldito.

bloody (to) *tr.* ensangrentar. ¶ CONJUG. pret. y p. p. : *bloodied.*

bloom (blum) *s.* BOT. flor ; flores [colectivamente]. *2* floración, florecimiento, florescencia, estado de la planta que florece, de la flor que se abre : *in* ~, florido, en flor. *3* frescura, lozanía, belleza : ~ *of youth,* lozanía de la juventud, flor de la edad. *4* color rosado [de las mejillas]. *5* flor, polvillo [de ciertas frutas o ciertas hojas]. *6* brillo [de la moneda recién acuñada]. *7* aspecto lechoso [de una capa de barniz, de una superficie de vidrio]. *8* fluorescencia [del petróleo]. *9* pasa de superior calidad. *10* tocho, lingote [de hierro cinglado]. *11* masa de vidrio fundido.

bloom (to) *intr.* florecer, florar ; estar en flor. *2* lozanear, aparecer con toda su frescura, belleza o esplendor. *3 to* ~ *out,* eflorecerse ; aparecer en la superficie las sales que impregnan un suelo. — *4 tr.* hacer florecer. *5* dar frescura o lozanía. *6* dar aspecto lechoso a una superficie barnizada.

bloomer (blumɵ') *s.* planta que florece. *2* METAL. cinglador. *3* traje de mujer [de a mediados del siglo XIX] con una falda corta y pantalones anchos ceñidos al tobillo. | Ús. gralte. en plural. *4 pl.* pantalones femeninos anchos y ceñidos a la rodilla.

bloomery (blumɵri) *s.* METAL. forja. *2* horno de pudelar.

blooming (bluˈming) *adj.* florido, en flor. *2* fresco, lozano. *3* floreciente. *4* pop. y fig. maldito, condenado.

bloomingly (bluˈmingli) *adv.* lozanamente, floridamente. *2* florecientemente.

bloomy (bluˈmi) *adj.* florido. *2* fresco, lozano. *3* BOT. cubierto de flor o polvillo.

blossom (bloˈsɵm) *s.* flor [que da fruto] ; flores [esp. de un árbol frutal] ; estado del árbol que florece : *in* ~, en flor, en cierne. *2* flor [de la vida, de la juventud], niñez, juventud ; lozanía, perfección. *3* desarrollo ; pers. o cosa que promete. *4* color ameloctonado.

blossom (to) *intr.* florecer, florar, brotar. *2* abrirse [las flores] ; fig. hacerse, convertirse en. *3* florecer, prosperar. — *4 tr.* dar [flores].

blossomed (bloˈsɵmd) *adj.* florido, que tiene flores. *2* [en composición] que tiene tantas o tales flores : *many-blossomed,* de muchas flores ; *yellow-blossomed,* de flores amarillas.

blossomy (bloˈsɵmi) *adj.* florido, floreciente, en flor. *2* como una flor.

blot (blot) *s.* borrón, chafarrinón, mancha. *2* tachón, testadura. *3* mancha, borrón, desdoro ; cosa que afea o desluce. *4* punto débil, defecto. *5* en el chaquete, peón aislado que puede ser fácilmente tomado por el adversario.

blot (to) *tr.* manchar, emborronar, chafarrinar, tiznar. *2* mancillar, empañar ; afear, deslucir. *3* pintarrajear. *4* secar [lo escrito]. *5* obscurecer, eclipsar. *6 to* ~ *out,* tachar, rayar lo escrito] ; borrar [una falta, etc.]. — *7 intr.* echar borrones. *8* correrse [la tinta] ; pasarse [el papel]. ¶ CONJUG. pret. y p. p. : *blotted;* ger. : *blotting.*

blotch (bloch) *s.* mancha, borrón, pintarrajo. *2* MED. pústula, roncha, erupción.

blotch (to) *tr.* manchar, chafarrinar. *2* MED. cubrir de pústulas o ronchas.

blotter (bloˈtɵ') *s.* papel secante, teleta. *2* borrador, libro de apuntes.

blottesque (bloteˈsc) *adj.* PINT. hecho a manchas, a grandes trazos.

blotting paper (bloˈting pei·pɵ') *s.* papel secante.

blotting pad (bloˈting pæd) *s.* secafirmas.

blouse (blauˈs) *s.* blusa. *2* (EE. UU.) guerrera, chaqueta militar.

blow (blou) *s.* golpe, porrazo, trastazo : ~ *with the fist,* puñetazo ; ~ *with a hammer,* martillazo ; ~ *on the face,* cachete, bofetada ; *to come to blows,* venir a las manos, pegarse, pelearse ; *at one* ~, de un golpe, de una vez ; *at a single* ~, de un solo golpe ; *without striking a* ~, sin dar un golpe, sin hacer ningún esfuerzo. *2* golpe, revés, contratiempo, desgracia, desastre. *3* soplido ; trompetazo ; ~ *of a horn,* bocinazo ; ~ *with a whistle,* silbido, pitido ; ~ *lamp,* lámpara de soldar. *4* resoplido. *5* acción de sonarse las narices. *6* BOT. florescencia. *7*

METAL. hornada [en un convertidor]. *8* MIL.
explosión [de una mina]. *9* ING. rotura [en una
ataguía]. *10* salida de gas. *11* larva de mosca
depositada en la carne. *12* pop. fanfarrón; fanfarronada. *13* pop. juerga, parranda.

blow (to) *tr.* soplar [con la boca, un fuelle, etc.;
apartar con el aire]; afollar: *to ~ a kiss,* mandar
un beso; *to ~ away,* quitar soplando; *to ~ the
fire,* soplar el fuego. *2* soplar [el vidrio]. *3* tocar
[la trompeta, un silbato, etc.]; *fig. to ~ one's
own trumpet,* alabarse, celebrar uno sus propias hazañas. *4* publicar, pregonar. *5* impeler,
abrir, cerrar, etc. [una cosa el aire o el viento].
6 hinchar, inflar [con aire; enorgullecer]. *7*
limpiar [con la fuerza del aire, de un gas o
del vapor]. *8* hacer jadear. *9* pop. vender, delatar. *10* volar, hacer estallar o reventar. *11* pop.
gastar, despilfarrar. *12* ELECT. quemar, fundir.
13 depositar ciertos insectos sus huevos o larvas en [la carne, etc.]. *14* echar a producir
[flores]. *15 to ~ down,* derribar [algo] la fuerza
del viento. *16 to ~ in,* meter soplando; encender, poner en funcionamiento [un alto horno];
pop. malgastar [dinero]. *17 to ~ off,* vaciar,
descargar, purgar [la caldera de una máquina
de vapor]; *to ~ off steam,* dejar salir el vapor;
fam. desahogarse, desfogarse hablando. *18 to
~ one's nose,* sonarse las narices, sonarse. *19
to ~ open,* abrir [soplando; con la fuerza del
aire]; abrir con explosivos. *20 to ~ out,* hacer
salir soplando; hacer salir, levantar o saltar
[con una fuerza expansiva]; apagar [con un
soplo, con el aire]; apagar, suspender el funcionamiento de [un alto horno]; ELECT. quemar, fundir [un fusible]; *to ~ one's brains out,*
levantarse la tapa de los sesos. *21 to ~ up,* hinchar, inflar; engreír; volar, hacer saltar [con una
explosión]; reñir, regañar; excitar, suscitar,
provocar; FOT. hacer una ampliación de.
22 intr. soplar [con la boca, un fuelle, etc.].
23 soplar, correr [el viento]; ventear, hacer
viento: *it blows,* hace viento; *to ~ great guns,*
hacer un viento terrible. *24* sonar [la trompeta,
etc.]; silbar [la serpiente]; pitar [el silbato].
25 resoplar, jadear, bufar. *26* despedir el agua
[la ballena] por los orificios nasales. *27* pop.
hablar fuerte, fanfarronear. *28* volar, levantarse
[por la acción del viento]. *29* hincharse, inflarse. *30* abrirse [las flores]; florecer. *31* pop. irse,
largarse. *32* ELECT. quemarse, fundirse. *33* MEC.
to ~ down, to ~ off, dejar escapar el vapor;
descargarse [una caldera]. *34 to ~ hot and cold,*
estar por una cosa unas veces, y otras en contra; estar entre sí y no, vacilar. *35 to ~ in* o
into, pop. llegar, entrar, aparecer inesperadamente. *36 to ~ off,* pop. darse tono, fanfarronear. *37 to ~ open,* abrirse [por causa del vien-
to]. *38 to ~ out,* salir, saltar, levantarse [por
efecto de una fuerza expansiva]; apagarse [con
el aire]. *39 to ~ over,* pasar, ser olvidado; pasar [la tempestad], amainar [el viento], disiparse [las nubes]. *40 to ~ shut,* cerrarse [por
causa del viento]: *the door blew shut,* el viento
cerró la puerta. *41 to ~ up,* hincharse, inflarse;
engreírse; volar, saltar [por una explosión];
pop. frustrarse, reducirse a la nada; arreciar
[la tempestad, etc.]; estallar de ira. *42 to ~
upon,* desacreditar, difamar; denunciar.
¶ CONJUG. pret.: *blew; p. p.: blown.*
blower (blou·ø') *s.* soplador. *2* MEC. ventilador. *3*
sopladero. *4* pop. fanfarrón. *5* ZOOL. [entre los
marineros] ballena.
blowfly (blou·flai) *s.* ENTOM. moscarda.
blowgun (blou·gøn) *s.* cerbatana, bodoquera.
blowhole (blou·joul) *s.* respiradero. *2* ZOOL. orificio nasal de un cetáceo. *3* FUND. escarabajo, burbuja [en la masa del metal]. *4* agujero en el
hielo por donde salen las ballenas, focas, etc.
para respirar. *5* MÚS. embocadura de la flauta
travesera.
blowing (blou·ing) *s.* sopladura. — *2 adj.* soplador:
~ machine, fuelle mecánico; *~ tube,* tubo para
soplar vidrio.
blown (bloun) *p. p.* de TO BLOW. *2* jadeante, rendido.
blowoff (blou·of) *s.* MEC. escape, salida [de vapor,
gases, etc.]. *2* expulsión de agua, vapor, etc., por
presión; aparato para ello. *3* aparato para desatascar cañerías y desagües.

blowout (blou·aut) *s.* reventón, ruptura [por presión interior]: *~ patch,* parche para neumático. *2* limpia [de una caldera, etc.] por un chorro de vapor. *3* ELECT. bobina apagachispas. *4*
ELECT. quema [de un fusible]. *5* pop. banquete,
festín.
blowpipe (blou·paip) *s.* soplete.
blowup (blou·øp) *s.* voladura, explosión. *2* acceso
de ira. *3* FOT. ampliación.
blowtorch (blou·to'ch) *s.* lámpara de soldar. *2* soplete.
blowy (blou·i) *adj.* ventoso. *2* ligero.
blowzy (blau·ši) *adj.* coloradote. *2* desaliñado.
blubber (blø·bø') *s.* lloro ruidoso. *2* ZOOL. ortiga
de mar. *3* grasa o esperma de ballena. — *4 adj.*
abultado, hinchado: *~ lip,* bezo, jeta.
blubber (to) *intr.* llorar, berrear [hasta hincharse los ojos]; llorar ruidosamente. — *2 tr.*
decir entre sollozos, llorando. *3* hincharse [los
ojos, etc.] llorando. *4* mojar de lágrimas o rocío.
blubbered (blø·bø'd) *adj.* hinchados [ojos], desfigurado [rostro], por el llanto.
blubber-lipped *adj.* bezudo, jetudo.
bluchers (blu·chø's) *s.* borceguíes, medias botas.
bludgeon (blø·dĵøn) *s.* porra, cachiporra.
bludgeon (to) *tr.* apalear. *2* amedrentar, intimidar.
blue (blu) *adj.* azul, azulado: *sea-blue,* de color
azul marino; *sky-blue,* de color azul celeste,
cerúleo; *~ baby,* MED. niño azul; *blue-black,*
de color azul muy oscuro; *~ blood,* sangre
azul; *~ devils,* melancolía, hipocondría; alucinaciones provocadas por el delirium tremens;
~ fox, ZOOL. zorro azul, raposo ferrero; *~ gum,*
BOT. eucalipto; *~ gums,* MED. color azulado de
las encías, síntoma de saturnismo; *~ lead,* galena; *~ ointment,* ungüento mercurial; *~ pill,*
píldora mercurial; *~ plate,* plato con dibujos
azules, esp. el grande, dividido en compartimientos, para servir a la vez varios alimentos;
~ moon, fenómeno o suceso nunca visto o de
ocurrencia muy rara; *~ ribbon,* cinta de la
orden de la Jarretera; cinta que se da como
distintivo de un primer premio; primer premio; distintivo de una sociedad contra el uso
del alcohol; *~ streak,* relámpago, rayo; cosa
rápida, hecha con rapidez: *to run like a ~
streak,* correr velozmente; *to talk a ~ streak,*
hablar muy deprisa, por los codos; *~ vitriol,* vitriolo azul. *2* lívido, amoratado. *3* severo, rígido,
puritano: *~ laws* (EE. UU.), leyes puritanas se-
veras. *4* completo, extremo: *true ~,* muy leal,
adicto o fiel. *5* letrada, sabidilla. *6 to feel ~,*
estar triste, melancólico.
7 s. azul [color]: *sea ~,* azul marino; *sky ~,*
azul celeste, azul; *~ black,* azul muy oscuro.
8 literata, marisabidilla. *9 the ~,* el cielo, el
mar, la lejanía; *out of the ~,* inesperado, que
no se sabe de donde viene. *10 pl. the blues,* tristeza, murria, melancolía. *11* baile de origen
negro.
blue (to) *tr.* azular, pintar o teñir de azul; añilar.
2 dar azulete. *3* pavonar [hierro o acero]. —
4 intr. ponerse azul.
Bluebeard (blu·bi'd) *s.* Barba Azul.
bluebell (blu·bel) *s.* BOT. campanilla azul.
blueberry (blu·beri) *s.* BOT. arándano; su fruto.
bluebird (blu·bø'd) *s.* ORNIT. azulejo [de América].
bluebonnet, blue bonnet (blu·bo·nit) *s.* boina escocesa. *2* escocés. *3* ORNIT. herrerillo, trepatroncos. *4* BOT. aciano, azulejo.
bluebook, blue book (blu·buc) *s.* libro azul. *2*
(EE. UU.) anuario con los nombres y direcciones de personas importantes. *3* (EE. UU.) guía
oficial automovilística.
bluebottle (blu·botøl) *s.* ENTOM. moscón. *2* BOT.
aciano, azulejo; nombre de otras plantas.
bluecoat (blu·cout) *s.* pop. policía [de uniforme
azul].
bluefish (blu·fish) *s.* ICT. pez azulado de la costa
atlántica de la América del Norte.
blue-eyed *adj.* de ojos azules.
blueing *s.* BLUING.
bluejack (blu·ỹæc) *s.* vitriolo azul. *2* BOT. especie
de roble de la América del Norte.
bluejacket (blu·dỹækit) *s.* marinero de buque de
guerra.
bluejay (blu·ỹei) *s.* ORNIT. especie de arrendajo azul
de la América del Norte.

blue-pencil (to) *tr.* marcar o corregir con lápiz azul. 2 fam. censurar, criticar. ¶ CONJUG. pret. y p. p.: *bue-penciled* o *-cilled;* ger.: *blue-penciling* o *-cilling.*

blueprint (blu·print) *s.* cianotipia, cianotipo, fotocalco de planos, mapas. etc., al ferroprusiato.

blueprint (to) *tr.* reproducir [planos, mapas, etc.] al ferroprusiato.

bluestocking (blu·stoking) *f.* mujer literata, aficionada a las letras. 2 mujer pedante, marisabidilla.

bluestone (blu·stoun) *s.* sulfato de cobre, vitriolo azul. 2 MINER. arenisca arcillosa azulada.

bluet (blu·it) *s.* BOT. azulejo, aciano. 2 nombre de otras plantas.

bluey (blu·i) *adj.* BLUISH.

bluff (bløf) *adj.* MAR. ancha, abultada [amura, proa]. 2 escarpado, enhiesto. 3 rudo, francote. — 4 *s.* escarpa, risco, morro, farallón. 5 farol, envite falso [en el juego]. 6 dicho o acción dirigidos a intimidar o disuadir con un falso alarde de fuerzas, recursos, etc.; baladronada: *to call one's* ~, cogerle la palabra a uno.

bluff (to) *intr.* envidar en falso, hacer un farol [en el juego]. — 2 *intr.* y *tr.* intimidar, disuadir, tratar de intimidar o disuadir con un falso alarde de fuerza, recursos, etc.

bluffer (bløfø') *s.* el que hace un farol [en el juego]. 2 baladrón, fanfarrón.

bluffness (bløfnis) *s.* rudeza, franqueza, brusquedad.

bluing (blu·ing) *s.* azulado, pavonado [del acero]. 2 azulete, añil de lavanderas.

bluishness (blu·ishnis) *s.* color azulado.

blunder (bløndø') *s.* disparate, equivocación, yerro, pifia, plancha

blunder (to) *intr.* equivocarse, hacer disparates, pifias, planchas; confundir las especies. 2 moverse torpemente, tropezar. — 3 *tr.* estropear, embrollar, llevar con desacierto [un negocio]. 4 balbucear, decir [con torpeza o indiscreción].

blunderbuss (bløndø'bøs) *s.* trabuco. 2 fig. torpe, estúpido.

blunderer (bløndørø') *s.* atolondrado, torpe, chapucero, que todo lo embrolla; planchista.

blunderhead (bløndø'jed) *s.* torpe, estúpido.

blunge (to) (blønȳ) *tr.* CERÁM. mezclar y trabajar la arcilla.

blunger (blønȳø') *s.* CERÁM. paleta o máquina para trabajar la arcilla.

blunt (blønt) *adj.* embotado [sin filo], despuntado. romo. 2 embotado, insensible; torpe, obtuso. 3 franco, directo, brusco, descortés.

blunt (to) *tr.* embotar [una arma o instrumento], despuntar, poner romo. 2 fig. [la sensibilidad, la inteligencia, etc.]. 3 adormecer, mitigar. — 4 *intr.* embotarse.

bluntly (bløntli) *adv.* sin filo. 2 lisa y llanamente, claramente, bruscamente.

bluntness (bløntnis) *s.* embotamiento. 2 brusquedad, aspereza.

blunt-witted (-) *adj.* lerdo, estúpido.

blur (blø') *s.* borrón, mancha. 2 trazo, visión o recuerdo borroso; ruido confuso.

blur (to) *tr.* manchar, empañar. 2 hacer borroso o confuso. 3 nublar, obscurecer [la vista, el entendimiento]. — 4 *intr.* obscurecerse, ponerse borroso. ¶ CONJUG. pret. y p. p.: *blurred;* ger.: *blurring.*

blurb (blø'b) *s.* (EE. UU.) elogio propagandístico de un libro o producto; esp. el impreso en la sobrecubierta de un libro.

blurred (blø'd) *adj.* manchado, empañado. 2 borroso, confuso.

blurt (to) (blø't) *tr.* decir, proferir, soltar abrupta o impulsivamente, sin reflexión o discreción: *to* ~ *out a secret,* revelar un secreto, dejarlo escapar.

blush (bløsh) *s.* rubor, bochorno, sonrojo. 2 color encendido. 3 *at,* o *on. first* ~, a primera vista.

blush (to) *intr.* ruborizarse, sonrojarse, abochornarse, sonrojarse. 2 tomar un color encendido o róseo. — 3 *tr.* encender, enrojecer, sonrosar.

blushful (bløshful) *adj.* ruboroso, modesto. 2 encendido, róseo.

blushing (bløshing) *adj.* ruborizado. 2 encendido, róseo. — 3 *s.* rubor, sonrojo.

blushingly (bløshingli) *adv.* ruborosamente.

blushless (bløshlis) *adj.* desvergonzado, descarado.

bluster (bløstø') *s.* borrasca ruidosa, ventarrón. 2 conmoción violenta y ruidosa, tumulto. 3 sonido fuerte [como el de la trompeta]. 4 jactancia, fanfarria, gritos, amenazas.

bluster (to) *intr.* soplar recio [el viento]; ser ventoso [el tiempo]. 2 tempestear, fanfarrear, bravear. — 3 *tr.* hacer, obligar o intimidar con gritos o amenazas.

blusterer (bløstørø') *s.* fanfarrón, perdonavidas.

blustering (bløstøring) *adj.* violento [viento]. 2 ventoso. 3 ruidoso, tempestuoso, tumultuoso. 4 turbulento, levantisco. 5 fanfarrón, jactancioso.

blusterous (bløstørøs), **blustery** (bløstøri) *adj.* BLUSTERING.

bo, boh (bo) *interj.* Úsase para asustar : *to be unable to say* ~ *to a goose,* ser muy tímido; tener miedo.

boa (boua) *s.* ZOOL. boa. 2 boa [prenda].

boar (bo') *s.* verraco. 2 *wild* ~, o simplte. *boar,* jabalí.

board (bo'd) *s.* tabla, tablero [de madera] : ~ *foot,* unidad de medida para la madera [un pie cuadrado de superficie por una pulgada de espesor]; ~ *walk,* entablado para pasear, esp. a la orilla del mar. 2 anaquel. 3 tablilla [de anuncios]. 4 ELECT. cuadro. 5 mesa puesta [para comer]; comida, manutención, pensión, pupilaje : ~ *and lodging,* mesa y habitación, pensión completa; ~ *wages,* alojamiento y manutención en calidad de salario; dinero que se da a los criados para mantenerse; salario que apenas alcanza para mantenerse. 6 mesa [para un tribunal, junta o consejo]. 7 junta, consejo : *Board of Admiralty,* Consejo superior de Marina ; ~ *of aldermen,* consejo municipal ; ~ *of directors,* consejo de administración; junta directiva; *Board of Education,* Consejo de Instrucción Pública ; *Board of Health,* Junta de Sanidad ; *Board of Trade,* Ministerio de Comercio; (EE. UU.) Junta de Comercio; *Board of trade unit (B. T. U.),* ELECT. kilovatio hora; ~ *of trustees,* consejo de administración: junta de síndicos. 8 cartón : *Bristol* ~, cartulina de Bristol ; ~ *binding,* encuadernación en cartón. 9 MAR. bordo : *free on* ~ (*f. o. b.*), franco a bordo. 10 canto, borde, orilla. 11 MAR. borda : *to go by the* ~, caer al mar por el costado del buque; fig. perderse, arruinarse; frustrarse, fracasar. 12 MAR. bordada. 13 *pl.* tablazón. 14 TEAT. escenario. tablas : *to tread the boards,* pisar las tablas.

board (to) *tr.* entablar, entarimar, enmaderar. 2 hospedar, tomar a pupilaje. 3 poner a pupilaje. 4 abordar a [un buque, una pers.]. 5 subir a un tren, a bordo de un buque. — 6 *intr.* posar. estar de pupilo.

boardable (bo'dabøl) *adj.* abordable.

boarder (bo'do') *s.* MAR. abordador. 2 huésped, pupilo, pensionista.

boarding (bo'ding) *s.* tablazón. 2 entablado : *floor* ~, entarimado, tablado. 3 tabique de tablas. 4 MAR. abordaje, abordo. — 5 *adj.* de abordaje : ~ *pike,* MAR. botavante. 6 de pensión u hospedaje ; que está a pensión : ~ *house,* pensión, casa de huéspedes; ~ *pupil,* ~ *student,* alumno interno, pensionista; ~ *school,* escuela de internos o pensionistas.

boarhound (bo'jaund) *s.* perro jabalinero.

boarish (bo·rish) *adj.* cochino, sucio. 2 brutal, cruel.

boast (boust) *s.* jactancia, ostentación, vanagloria, alarde, baladronada, cacareo.

boast (to) *intr.* jactarse, alardear, blasonar, vanagloriarse, preciarse, presumir : *it is nothing to* ~ *of* o *about,* no es gran cosa. — 2 *tr.* ponderar, exaltar, decantar. 3 ostentar, tener. 4 ESC., CANT. desbastar.

boaster (boustø') *s.* jactancioso, fanfarrón, baladrón.

boastful (boustful) *adj.* jactancioso.

boastfully (boustfuli) *adv.* jactanciosamente, con ostentación o vanagloria.

boastfulness (boustfulnis) *s.* jactancia.

boasting (bousting) *s.* BOAST.

boastingly (boustingli) *adv.* BOASTFULLY.

boastless (boustlis) *adj.* sencillo, sin ostentación.

boat (bout) *s.* bote, barca, lancha ; barco, buque, nave, embarcación : ~ *hook,* bichero; ~ *race,* regata ; ~ *song,* barcarola; ~ *train,* tren que enlaza con un barco; *in the same* ~, en la misma situación, corriendo el mismo riesgo. 2 LITURG. naveta. 3 salsera. 4 ENTOM. ~ *bug*, tejedor.

boat (to) *tr.* poner, llevar o atravesar en bote, barco, etc : *to* ~ *oars*, desarmar los remos. — 2 *intr.* ir o pasear en bote, lancha, etc.

boatable (bou·tæbøl) *adj.* navegable para botes o barcas. 2 transportable en botes o barcas.

boatage (bou·tidỹ) *s.* barcaje, lanchaje. 2 cabida total de los botes de un buque.

boatful (bou·tful) *s.* barcada.

boathouse (bou·tjaus) *s.* cobertizo para botes.

boating (bou·ting) *s.* botes, barcas. 2 paseo en lancha o bote. 3 transporte en barca. 4 manejo de un bote.

boatload (bou·tloud) *s.* barcada.

boatman (bou·tmæn), *pl.* **-men** (-men) *s.* botero, barquero, lanchero.

boatswain (bou·søn o bousn) *s.* MAR. contramaestre : *boatswain's chair*, guindola, balso; *boatswain's mate*, segundo contramaestre.

Bob (bob) *n. pr.* dim. de ROBERT.

bob (bob) *s.* lenteja [de péndulo]. 2 pilón [de romana]. 3 plomo [de plomada]. 4 corcho [en la pesca con anzuelo]. 5 cebo para pescar [hecho con un manojo de lombrices o de trapos]. 6 cola cortada [de caballo]. 7 pelo [esp. de mujer o de niño] cortado a la altura del cogote. 8 moñito, bucle [de cabello] : ~ *wig*, peluquín. 9 golpe ligero y seco. 10 meneo, sacudida, movimiento de lo que sube y baja. 11 adorno colgante. 12 cierto toque de campanas. 13 cortesía, saludo. 14 fam. chelín. 15 estribillo corto [de una canción].

bob (to) *tr.* cortar [la cola]. 2 cortar [el pelo, esp. de la mujer y el niño] a la altura del cogote. 3 menear, sacudir, hacer subir y bajar. 4 agachar [la cabeza]. 5 hacer [una cortesía]. 6 dar un golpecito seco a. 7 engañar, tomar el pelo a. 8 estafar [a uno; una cosa]. — *9 intr.* menearse [con sacudidas, subiendo y bajando], fluctuar : *to* ~ *at*, tratar de coger con la boca una cosa que cuelga o que flota. *10 to* ~ *up*, surgir, presentarse súbita o inesperadamente. ¶ CONJUG. pret. y p. p.: *bobbed*; ger. : *bobbing*.

bobbin (bo·bin) *s.* bolillo, majaderillo : ~ *lace*, encaje de bolillos. 2 carrete, bobina, canilla, broca : ~ *winder*, devanador, encanilladora. 3 ELECT. bobina, carrete.

bobbin (to) *tr.* bobinar, devanar en carrete.

bobbinet, bobbin net (babine·t) *s.* encaje de imitación de mallas hexagonales.

bobby (bo·bi) *s.* fam. (Ingl.) policía [agente]. — 2 adj. ~ *pin*, horquillita para el pelo. 3 ~ *socks*, calcetines cortos [de jovencita]; ~ *soxer*, jovencita, pollita, tobillera.

bobcat (bo·bcæt) *s.* (EE. UU.) lince; gato montés.

bobsled (bo·bsled), **bobsleigh** (bo·bslei) *s.* trineo pequeño de deporte o deslize.

bobstay (bo·bstei) *s.* MAR. barbiquejo.

bobtail (bo·bteil) *adj.* rabón, rabicorto. 2 corto, incompleto. — 3 rabo mocho. 4 animal rabón.

bobtail (to) *tr.* cortar la cola a.

bobwhite (bobjuai·t) *s.* ORNIT. (EE. UU.) codorniz.

bobwig (bo·bwig) *s.* peluquín.

bocasine (ba·casin) *s.* bocací.

boce (bous) *s.* ICT. boga.

bode (boud) *pret.* y *p. p.* de TO BIDE.

bode (to) *tr.* e *intr.* anunciar, presagiar, ser señal o augurio de : *to* ~ *ill* o *well*, ser un mal o buen presagio. 2 pronosticar, prever, presentir.

bodeful (bou·dful) *adj.* presagioso.

bodice (bo·dis) *s.* jubón, corpiño, cuerpo [de vestido].

bodied (bo·did) *adj.* Que tiene cuerpo o el cuerpo de cierto modo : *able-bodied*, válido, robusto; *frail-bodied*, de cuerpo frágil.

bodiless (bo·dilis) *adj.* sin cuerpo o tronco. 2 incorpóreo.

bodiliness (bo·dilinis) *s.* corporalidad.

bodily (bo·dili) *adj.* corporal, corpóreo. — *2 adv.* en persona. 3 todos juntos, colectivamente, en peso.

boding (bou·ding) *s.* pronóstico, presagio, predicción. — *2 adj.* presagioso, que anuncia o presagia.

bodkin (bo·dkin) *s.* puñal, estilete. 2 punzón [para abrir ojetes, etc.]. 3 pasacintas, pasador

de jareta. *4* espadilla, rascador, aguja [para el pelo]. *5* IMPR. punta.

body (bo·di) *s.* FÍS., QUÍM., GEOM., METAF. cuerpo. *2* cuerpo [de una pers., un animal, un vestido, un escrito, etc.] : ~ *cavity*, celoma; ~ *cell*, célula somática; ~ *cloth*, manta [para el caballo] ; ~ *clothes*, ropa de vestir, esp. ropa interior; *to keep* ~ *and soul together*, mantener la vida, seguir viviendo. *3* cuerpo, cadáver : ~ *snatcher*, ladrón de cadáveres. *4* persona, individuo : ~ *servant*, criado, ayuda de cámara. *5* nave [de iglesia]. *6* caja, carrocería [de coche, carro, automóvil, etc.] ; fuselaje [de avión] ; casco [de buque] : ~ *plan*, corte transversal de un buque. 7 MÚS. caja, tubo [de instrumento]. *8* IMPR. árbol [de tipo]. *9* cuerpo [grueso, consistencia, crasitud, espesura, fortaleza]. *10* masa, extensión : ~ *of water*, extensión de agua. *11* grupo, conjunto, cuerpo, corporación, gremio, clase : ~ *politic*, estado, sociedad organizada : *in a* ~, en masa. *12* MIL. cuerpo, fuerza : *main* ~, grueso [de ejército]. *13* ~ *colour*, color dominante ; capa opaca de pintura.

body (to) *tr.* dar cuerpo o forma a, informar. *2* dar cuerpo a, espesar. *3* llenar de substancia. *4* representar, ser el tipo de. *5 to* ~ *forth*, dar forma a, materializar, representar; denotar. ¶ CONJUG. pret. y p. p.: *bodied*.

bodyguard (bo·diga'd) *s.* guardia de corps, guardia personal. *2* séquito.

Bœotian (biou·shan) *adj.* y *s.* beocio.

Boer (bou·ø' o bu·ø') *adj.* y *s.* bóer.

bog (bog) *s.* pantano, marjal, cenagal, tremedal, paúl : ~ *trotter*, fam. campesino irlandés. *2* turbera. *3* BOT. ~ *arum*, aro. *4* BOT. ~ *bean*, especie de trébol de los pantanos. *5* MINER. ~ *iron*, limonita porosa.

bog (to) *tr.* e *intr.* hundir o hundirse en un pantano; atollar, atollarse. ¶ CONJUG. pret. y p. p. : *bogged*; ger. : *bogging*.

bogey (bou·gui) *s.* duende, espectro, coco : *the Bogey*, el demonio. *2* GOLF. bogey.

bogeyman (bo·guimæn), *pl.* **-men** (-men) *s.* duende, coco.

boggle (bo·gøl) *s.* espantada [del caballo] ; sobresalto, repullo. *2* vacilación, indecisión. *3* escrúpulo, dificultad. *4* torpeza, chapucería, disparate.

boggle (to) *intr.* saltar o retroceder asustado. *2* vacilar, titubear. *3* obrar con torpeza, hacer chapucerías, disparates.

boggy (bo·gui) *adj.* pantanoso, turboso.

bogie (bo·gui) *s.* carretilla o carro fuerte. *2* vagoneta de carga. *3* FERROC. bogui, carro giratorio.

bogland (bo·glænd) *s.* tierra pantanosa, marjal, tremedal, paúl.

bogle (bou·gøl) *s.* espectro, duende, coco, espantajo.

bogus (bou·gøs) *adj.* (EE. UU.) falso, simulado, ficticio, de camama.

bogy (bou-gui) *s.* BOGEY 1.

bohea (bou·jr) *s.* té de calidad inferior.

Bohemia (bouji·mia) *n. pr.* GEOGR. Bohemia.

Bohemian (bouji·mian) *adj.* y *s.* bohemio.

boil (boil) *s.* hervor, ebullición : *to come to a* ~, comenzar a hervir; *on the* ~, hirviendo, a punto de hervir. 2 MED. divieso, furúnculo.

boil (to) *intr.* hervir, bullir : *to* ~ *away*, consumirse [un líquido] a fuerza de hervir; *to* ~ *down*, reducirse [por cocción] ; reducirse, condensarse; *to* ~ *over*, salirse [un líquido al hervir] ; estar excitado, estar fuera de sí; *to* ~ *up*, borbollar. *2* cocerse [en un· líquido]. — *3 tr.* hacer hervir, cocer, herventar; elijar : *to* ~ *down*, reducir por cocción; condensar, abreviar, reducir a la mínima expresión; *to* ~ *off*, quitar, eliminar por cocción.

boiled (boi·ld) *adj.* hervido, cocido.

boiler (boi·lø') *s.* marmita, olla, caldero, cacerola; caldera, paila, tacho : *boilermaker*, calderero. *2 steam* ~, o simplte. *boiler*, caldera de vapor; ~ *compound*, desincrustante; ~ *head*, fondo de caldera; ~ *room*, cámara de calderas; ~ *shell*, cuerpo de caldera. *3* termosifón. *4* arrecife donde rompen las olas. *5* cocedor.

boilermaker (boi·lø'meikø') *s.* calderero.

boiling (boi·ling) *s.* hervor, ebullición. *2* cocción, cochura. — *3 adj.* hirviente. *4* para hervir, de ebullición : ~ *flask*, QUÍM. balón; ~ *kettle*, caldero, marmita; ~ *point*, punto de ebullición.

boisterous (boi·størøs) *adj.* estrepitoso, ruidoso, bullicioso, tumultuoso. 2 violento, tempestuoso.

boisterously (boi·størøsli) *adv.* ruidosamente, tumultuosamente.

boisterousness (boi·størøsnis) *s.* turbulencia, tumulto, bulla, ruido, vocinglería.

bola(s (bou·la(s) *s.* (EE. UU.) boleadoras.

bold (bould) *adj.* intrépido, arrojado, valiente. 2 atrevido, audaz, arriesgado : to make ~ to, atreverse a, tomarse la libertad de. 3 atrevido, descocado, descarado. 4 escarpado, acantilado. 5 claro, destacado, bien delineado.

boldface (bou·ldfeis) *s.* persona descarada. 2 descaro. 3 IMPR. boldface [tipo].

bold-faced (bou·lfeist) *adj.* descarado. 2 IMPR. de trazos gruesos [tipo].

boldly (bou·ldli) *adv.* arrojadamente, intrépidamente. 2 libremente, descaradamente. 3 claramente, destacadamente.

boldness (bou·ldnis) *s.* arrojo, intrepidez. 2 osadía, audacia. 3 atrevimiento, descaro. 4 calidad de destacado, bien delineado.

boldo (bo·ldou) *s.* BOT. boldo.

bole (boul) *s.* tronco [de árbol]. 2 bol [arménico].

bolero (bole·rou) *s.* bolero [baile; chaquetilla femenina].

bolide (bou·laid) *s.* bólido. 2 MINER. aerolito.

Bolivian (boli·vian) *adj.* y *s.* boliviano.

boll (boul) *s.* BOT. cápsula [del lino, del algodón], baga : ~ weevil, gorgojo del algodón.

boll (to) *intr.* formar su cápsula [el lino, el algodón].

Bollandist (bo·lændist) *s.* bolandista.

bollard (bo·la·d) *s.* MAR. bolardo.

bollworm (bou·lwø·m) *s.* ENTOM. oruga que ataca el algodón y el maíz.

Bologna (bolou·na) *n. pr.* GEOGR. Bolonia.

Bolognese (bolounr·s) *adj.* y *s.* boloñés. 2 de Bolonia.

Bolshevik (bo·lshevic) *s.* bolchevique.

Bolshevism (bo·lsheviẑm) *s.* bolchevismo.

Bolshevist (bo·lshevist) *adj.* y *s.* bolchevista, bolcheviquista.

Bolshevistic, bolshevistic (bolshevi·stic) *adj.* bolchevista, bolcheviquista.

bolster (bou·lstø·) *s.* cabezal, travesaño, larguero [de cama]. 2 cojín, almohadón, almohadilla. 3 CIR. cabezal. 4 ARQ. almohadilla [de capitel]. 5 ARQ. zapata. 6 MAR. almohada [de los palos]. 7 refuerzo, sostén, soporte. 8 FERROC. solera de carro. 9 cúpula [de avellana]; ruezno [de nuez].

bolster (to) *tr.* apoyar con almohadón; proteger con almohadilla. 2 forzar, apuntalar. 3 apoyar, sostener : to ~ up, apoyar, sostener; animar, alentar. — 4 *intr.* fam. pelear con las almohadas [los niños].

bolstering (bou·lstøring) *s.* apoyadero, apoyo.

bolsterwork (bou·lstø·uø·c) *s.* ARQ. almohadillado.

bolt (bou·lt) *s.* flecha, dardo, virote. 2 rayo, centella : ~ from the blue, suceso inopinado. 3 suceso, acción, fuga, salida, repentinos; salto rápido. 4 acción de engullir precipitadamente; lo que se engulle. 5 perno, tornillo, clavija, cabilla : ~ and nut, perno y tuerca. 6 cerrojo, pasador, pestillo, falleba : ~ clasp, armella [donde entra el cerrojo] ; ~ staple, picolete. 7 grillete. 8 cerrojo [del fusil]. 9 tamiz [para harina]. 10 rollo [de paño o de papel pintado]. 11 madero aserradizo. 12 POL. (EE. UU.) disidencia. — 13 *adv.* derecho, de repente, como una flecha; rígidamente. 14 ~ upright, derecho, tieso, enhiesto.

bolt (to) *tr.* echar el cerrojo a, acerrojar. 2 empernar; encabillar. 3 aherrojar. 4 arrojar, expeler. 5 soltar, decir atropelladamente. 6 engullir [sin mascar]. 7 (EE. UU.) fumarse [una clase]. 8 (EE. UU.) POL. disidir de; negarse a apoyar un candidato, etc. 9 cerner, tamizar. 10 examinar, depurar. — 11 *intr.* salir [como un tiro] ; caer [como un rayo] : to ~ in, to ~ out, entrar, salir de repente. 12 echar a correr, huir, escaparse. 13 desbocarse [el caballo].

bolter (bou·ltø·) *s.* cedazo, tamiz. 2 (EE. UU.) POL. disidente. 3 caballo desbocado o que se desboca a menudo. 4 el que engulle sin mascar.

bolthead (bou·ltjed) *s.* cabeza de perno. 2 QUÍM. matraz.

bolting (bou·lting) *s.* cerramiento, acción de echar el cerrojo. 2 cernido, cernedura [acción] : ~

cloth, tela de cedazo, tamiz; ~ *house,* cernedero. 3 cerneduras.

boltrope (bou·ltroup) *s.* MAR. relinga [de vela].

bolus (bou·løs) *s.* bolo [píldora]. 2 bolo alimenticio. 3 bola, pelotilla.

bomb (bom) *s.* bomba [proyectil; artefacto explosivo] : ~ *bay,* AVIA. compartimiento para bombas, de apertura automática; *atomic* ~, bomba atómica; *dynamite* ~, bomba de dinamita; *hydrogen* ~, bomba de hidrógeno; ~ *carrier,* ~ *rack,* AVIA. portabombas; ~ *ketch,* ~ *vessel,* MAR. bombarda [buque armado de morteros] ; ~ *plane,* avión de bombardeo; ~ *release,* AVIA. lanzabombas; ~ *shelter,* refugio antiaéreo; ~ *thrower,* el que tira una bomba, anarquista; ARTILL. lanzabombas, mortero, obús, cañón obús. 2 fig. rayo, bomba [suceso inesperado, sorprendente o perturbador]. 3 [en la pesca de la ballena] cabeza explosiva de un arpón. 4 recipiente de acero, etc. para gases comprimidos.

bomb (to) *tr.* e *intr.* MIL. bombardear [esp. desde un avión].

bombacaceous (bombakei·shøs) *adj.* BOT. bombáceo.

bombard (bomba·'d) *s.* bombarda [cañón, buque]. 2 MÚS. bombarda, bombardón.

bombard (to) *tr.* bombardear.

bombardier (bomba·di·ø·) *s.* bombardero. 2 ENTOM. ~ *beetle,* escarabajo escopetero.

bombardment (bomba·'dmønt) *s.* bombardeo.

bombardon (bo·mbæ·døn) *s.* MÚS. bombardón. 2 bombarda [del órgano].

bombasine (bombasi·n) *s.* BOMBAZINE.

bombast (bo·mbæst) *s.* ampulosidad, hinchazón [del estilo], altisonancia.

bombastic (bombæ·stic) *adj.* altisonante, campanudo, retumbante, bombástico.

bombazine (bombaši·n) *s.* bombasí, bombasina.

bomber (bo·mø·) *s.* bombardero; avión de bombardeo. 2 bombardero [aviador].

bombic (bo·mbic) *adj.* perteneciente al gusano de seda.

bombing (bo·ming) *s.* bombardeo.

bombproof (bo·mpruf) *adj.* a prueba de bombas o de bombardeos. — 2 *s.* abrigo contra bombas.

bombshell (bo·mshel) *s.* MIL. bomba, granada : fig. to fall like a ~, caer como una bomba.

bombsight (bo·msait) *s.* AVIA. mira o visor de bombardeo.

bombyx (bo·mbics) *s.* ENTOM. bómbice.

bona fide (bona fai·di) *adj.* y *adv.* de buena fe, sin engaño, honrado, honradamente.

bonanza (bonæ·nša) *s.* MIN. bonanza. 2 (EE. UU.) mina, negocio lucrativo.

Bonapartism (bou·næpa·tiẑm) *s.* bonapartismo.

Bonapartist (bou·næpa·tist) *adj.* y *s.* bonapartista.

bonbon (bo·nbon) *s.* bombón, confite.

bond (bond) *s.* atadura, venda, faja, amarra, traba, ligamento. 2 materia que sirve para unir o trabar. 3 lazo, vínculo, nexo. 4 pacto, compromiso. 5 CARP. trabazón. 6 ARQ. aparejo. 7 QUÍM. enlace, grado de afinidad. 8 ELECT. conexión eléctrica de dos rieles. 9 fiador [pers.]. 10 COM. seguro de fianza o garantía. 11 pagaré que se da en prenda. 12 estado de las mercancías que quedan depositadas hasta el pago de lo que adeudan por derechos de aduana : in ~, en depósito. 13 bono, obligación, título de la deuda. 14 pl. cadenas, cautiverio, sujeción. — 15 *adj.* sujeto, esclavo, esclavizado.

bond (to) *tr.* hipotecar. 2 poner como garantía de una emisión de obligaciones, etc. 3 dar fianza. 4 depositar [mercancías] hasta el pago de los derechos de aduana. 5 unir, ligar, vincular. 6 ARQ. disponer el aparejo. 7 conectar eléctricamente.

bondage (bo·ndidẏ) *s.* esclavitud, servidumbre, sujeción.

bonded (bo·ndid) *adj.* garantido por obligación escrita. 2 hipotecado. 3 depositado hasta el pago de los derechos de aduana. 4 ~ *debt,* deuda consolidada.

bonder (bo·ndø·) *s.* COM. depositante de mercancías. 2 ALBAÑ. perpiaño.

bondholder (bo·ndjouldø·) *s.* tenedor de bonos, obligacionista.

bondmaid (bo·ndmeid) *s.* esclava, sierva.

bondman (bo·ndman), *pl.* -men (-men) *s.* esclavo, siervo; villano.

bondsman (bo·ndśmæn), *pl.* **-men** (-men) *s.* fiador, garante. 2 BONDSMAN.
bondstone (bo·ndstoun) *s.* ALBAÑ. perpiaño.
bone (boun) *s.* hueso [de pers. o animal] : *a* ~ *in one's throat*, cosa que impide hablar, que incapacita; *a* ~ *to pick*, algo de que ocuparse, que averiguar, que discutir; *to have a* ~ *to pick with someone*, tener algo que discutir o que arreglar con uno, alguna queja de él; ~ *of contention*, materia de discordia, de desavenencia; *to feel in one's bones*, estar seguro [de una cosa] sin saber por qué; *to make no bones about*, no andarse con rodeos, no tener empacho en; *without more bones*, sin más escrúpulos o vacilaciones. 2 espina [de pez]. 3 ballena [barba de]; ballena [de corsé]. 4 ficha [de dominó]. 5 coc. hueso que lleva un poco de carne adherida. 6 *pl.* huesos, restos mortales, esqueleto. 7 armazón [de buque, etc.]. 8 dados. 9 especie de castañuelas; el que las toca [esp. un músico de jazz]. 10 bolillos [para hacer encaje] : ~ *lace*, encaje de bolillos.
11 *adj.* de hueso, hecho de hueso, como un hueso : ~ *black* o *boneblack*, negro animal, carbón animal; ~ *cell*, célula ósea; ~ *dry*, completamente seco; totalmente abstemio; que no vende o sin venta de licor; ~ *dust*, ~ *meal*, abono de huesos pulverizados.
bone (tou) *tr.* deshuesar. 2 quitar la espina [a un pescado]. 3 AGR. abonar con huesos pulverizados. 4 emballenar. 5 pop. robar. 6 pop. pedir. 7 bornear, comprobar la alineación de. — 8 *intr.* *to* ~ *up on*, estudiar [algo] con ahinco, empollar.
boneache (bou·neic) *s.* dolor de huesos, ostealgia.
bonebreaker (boun·breikø') *s.* ORNIT. quebrantahuesos.
boned (bound) *adj.* que tiene huesos o los tiene de cierto modo : *big-boned*, huesudo; *small-boned*, de huesos pequeños. 2 desosado. 3 emballenado.
bonehead (bou·njed) *s.* fam. mentecato, zopenco.
boneless (bou·nlis) *adj.* sin huesos, mollar.
bonelet (bou·nlet) *s.* huesecillo.
boner (bou·nø') *s.* fam. patochada, dislate, plancha.
boneset (bou·nset) *s.* BOT. eupatorio.
bonesetter (bou·nsetø') *s.* algebrista, ensalmador.
bonfire (bo·nfar) *s.* hoguera, candelada, fogata.
bonhomie (bo·nomi) *s.* afabilidad, sencillez.
Boniface (bo·nifeis) *n. pr.* Bonifacio. — 2 *s.* hostelero, mesonero.
bonification (bounifike·shøn) *s.* bonificación, mejora. 2 pago de una prima o aumento sobre el precio convenido.
bonify (to) (bou·nifai) *tr.* bonificar [hacer bueno].
bonito (boni·tou) *s.* ICT. bonito, biza.
bon-mot (bo·nmo) *s.* (gal.) agudeza, dicho agudo.
Bonn (bon) *n. pr.* GEOGR. Bona.
bonnet (bo·nit) *s.* capota, toca, sombrero [de mujer]. 2 gorro. 3 boina escocesa. 4 tocado de plumas [de los indios norteamericanos]. 5 MEC. sombrerete, casquete. 6 capó [de automóvil], cubierta del motor. 7 FORT. bonete. 8 MAR. boneta. 9 ZOOL. bonete, redecilla. 10 BOT. ~ *pepper*, pimiento de bonete.
bonnet (to) *tr.* tocar, cubrir [con capota, sombrero, etc.]. 2 hundir [a uno] el sombrero hasta los ojos. — 3 *ref.* cubrirse, tocarse.
bonnie, bonny (bo·ni) *adj.* (Esc.) hermoso, lindo, gracioso. 2 alegre, festivo.
bonny-clabber (bo·ni-cla·bø') *s.* leche cuajada.
bonus (bou·nøs) *s.* prima, premio, gratificación, plus. 2 adehala. 3 dividendo extraordinario.
bony (bou·ni) *adj.* óseo, de hueso o que lo parece. 2 huesudo.
bonze (bonš) *s.* bonzo.
boo (bu) *s.* abucheo, grita, rechifla. 2 *interj.* ¡fuera!, ¡bu!; ¡que va!
boo (to) *tr.* abuchear, dar grita, rechiflar.
boob (bub) *s.* fam. bobo, zote.
booby (bu·bi) *adj.* y *s.* bobo, simple. 2 torpe, desmañado : ~ *prize*, premio que se da al peor jugador. — 3 *s.* ORNIT. cierta ave palmípeda de las regiones tropicales.
boodle (bu·døl) *s.* (EE. UU.) hato, hatajo, pandilla. 2 (EE. UU.) dinero de soborno; soborno; botín de un robo; moneda falsa.

boodler (bu·dlø') *m.* fam. (EE. UU.) el que se lucra sobornando a otros. 2 el que se deja sobornar, comete desfalcos, etc.
book (buc) *s.* libro : ~ *clasp*, manecilla, broche; ~ *corner*, cantonera; ~ *cover*, encuadernación, cubierta; ~ *end*, sujetalibros; ~ *house*, casa editorial; ~ *learning*, teoría, ciencia libresca; ~ *lover*, bibliófilo; *Book of Common Prayer*, libro ritual de la Iglesia anglicana o episcopal; ~ *of rates*, arancel de aduanas; ~ *of reference*, libro de consulta; ~ *plate*, ex libris; ~ *review*, reseña de libros; ~ *trade*, comercio de libros; *to bring to* ~, llamar a capítulo; *to be in one's bad books*, tener a uno enojado, en contra; *to know like a* ~, saber a fondo; *by the* ~, según es debido, correctamente, exactamente. 2 libreta, cuaderno. 3 libreto. 4 registro de apuestas. 5 *the Book*, la Biblia.
book (to) *tr.* anotar en un libro o registro, inscribir. 2 destinar, asignar. 3 tomar, sacar, hacerse reservar [pasaje, localidades, etc.]. 4 contratar, apalabrar [a un artista, etc.].
bookbinder (bu·cbaindø') *m.* encuadernador.
bookbinding (bu·cbainding) *s.* encuadernación.
bookcase (bu·ckeis) *s.* armario o estante para libros, librería.
bookie (bu·ki) *s.* BOOKMAKER 2.
booking (bu·king) *s.* registro, asiento. 2 reserva, venta, compra [de pasaje, localidades, etc.] : ~ *clerk*, empleado que despacha pasajes o localidades; taquillero; ~ *office*, despacho o expendeduría de pasajes o localidades. 3 contrata [de un actor].
bookish (bu·kish) *adj.* estudioso, aficionado a los libros. 2 libresco, pedante, teórico.
bookishness (bu·kishnis) *s.* estudiosidad, afición a los libros. 2 calidad de libresco o teórico; falta de sentido práctico.
bookkeeper (bu·ckpø') *s.* tenedor de libros.
bookkeeping (bu·ckping) *s.* teneduría de libros, contabilidad.
booklet (bu·klit) *s.* librito, folleto, opúsculo.
bookmaker (bu·cmeikø') *s.* el que hace libros. 2 corredor de apuestas o apostador profesional, esp. en las carreras de caballos.
bookmaking (bu·kmeikin) *s.* corretaje de apuestas, esp. en las carreras de caballos.
bookmark (bu·cma'c) *s.* registro, señal [que se pone en un libro].
bookrack (bu·kræc) *s.* atril, estante para libros.
bookseller (bu·cselø') *m.* librero.
bookshop (bu·cshop) *s.* BOOKSTORE.
bookstall (bu·cstøl) *s.* puesto de venta para libros, quiosco.
bookstand (bu·cstænd) *s.* atril. 2 mostrador para libros. 3 puesto de venta para libros.
bookstore (bu·csto') *s.* librería [establecimiento].
bookworm (bu·cuø'm) *s.* polilla que roe los libros. 2 fig. bibliófilo; ratón de biblioteca.
boom (bum) *s.* estampido, retumbo. 2 zumbido. 3 (EE. UU.) movimiento rápido y desbordante; auge, popularidad o prosperidad rápida y creciente; crecimiento rápido [de una ciudad o distrito]; alza rápida [de un artículo]. 4 MAR. botalón; botavara : ~ *iron*, zuncho de botalón; ~ *sail*, vela cangreja. 5 cadena [de puerto o río]. 6 aguilón [de grúa]. — 7 *adj.* que aumenta, crece o prospera repentinamente.
boom (to) *intr.* retumbar, tronar, zumbar. 2 moverse con movimiento rápido y desbordante. 3 MAR. ir a velas desplegadas. 4 (EE. UU.) estar en auge, en prosperidad rápida y creciente; crecer rápidamente [una ciudad o distrito]; tener gran demanda, estar en alza sostenida [un artículo]. 5 *tr.* fomentar, hacer prosperar rápidamente [una ciudad o distrito]. 6 lanzar, anunciar con gran propaganda.
boomerang (bu·mørang) *s.* bumerang. 2 fig. argumento, etc., que se vuelve contra su autor.
boomkin (bu·mkin) *s.* BUMKIN.
boon (bun) *s.* don, dádiva. 2 gracia, merced. 3 bendición, dicha. — 4 *adj.* bondadoso. 5 alegre, jovial. 6 íntimo [amigo].
boor (bu·') *s.* rústico, patán. 2 grosero, mal educado.
boorish (bu·rish) *adj.* rústico, zafio, rudo, grosero.
boorishly (bu·rishli) *adv.* rústicamente, toscamente, groseramente.

boorishness (bu·rishnis) *s.* rusticidad, zafiedad, grosería.

boost (bust) *s.* (EE. UU.) empuje, empujón hacia arriba. 2 ayuda, recomendación. 3 alza [de precios].

boost (to) *tr.* (EE. UU.) levantar, empujar hacia arriba. 2 ayudar, apoyar; recomendar, bombear. 3 hacer subir [los precios, la tensión, etc.].

boot (but) *s.* bota, botina : ~ *hook*, tirabotas; ~ *polish*, lustre para las botas; ~ *tree*, horma para el calzado; *boots and saddles*, MIL. botasilla [toque]; *bet your boots*, ya puedes estar seguro de ello; *to be in another's boots*, estar en el pellejo de otro; *to put the* ~ *on the wrong leg*, culpar al inocente; *to wipe one's boots on*, maltratar, insultar. 2 *pop.* despido : *to give one the* ~, despedir a uno. 3 borceguí [de tormento]. 4 abrigo de cuero para el pescante de un coche. 5 pesebrón [de coche]. 6 provecho, ventaja, utilidad. 7 *to* ~, además, por añadidura.

boot (to) *tr.* calzar las botas. 2 dar un puntapié a. 3 *to* ~ *it*, ir a pie. — 4 intr. calzarse las botas. 5 servir, aprovechar.

bootblack (bu·tblæc) *m.* limpiabotas, *lustrabotas.

bootboy (bu·tbɔi) *m.* mozo de hotel.

booted (bu·tid) *adj.* calzado con botas.

bootee (butr·) *s.* bota corta, botina [de mujer]. 2 calzado de punto [para niño].

booth (bu·d) *s.* casilla, quiosco; barraca, cajón, puesto [de venta, de feria]. 2 cabina [telefónica, de votación, cinematográfica].

bootjack (bu·tӯæc) *s.* sacabotas.

bootlace (bu·tleis) *s.* cordón para los zapatos.

bootleg (bu·tleg) *s.* caña [de bota]. 2 (EE. UU.) BOOTLEGGER. — 3 *adj.* (EE. UU.) de contrabando.

bootleg (to) *tr.* e *intr.* (EE. UU.) pasar de contrabando, traficar clandestinamente en [bebidas alcohólicas]. ¶ CONJUG. pret. y p. p. : *bootlegged*; ger. : *bootlegging*.

bootlegger (bu·tlegɵ') *m.* contrabandista; traficante o destilador clandestino de bebidas alcohólicas.

bootlegging (bu·tleguing) *s.* contrabando, tráfico clandestino de bebidas alcohólicas.

bootless (bu·tlis) *adj.* sin botas. 2 inútil, vano.

bootlicker (bu·tlikɵ') *s. pop.* servilón.

boots (buts) *s.* mozo, limpiabotas [de hotel].

bootstrap (bu·tstræp) *s.* tirilla [de bota].

booty (bu·ti) *s.* botín, presa; ganancia, premio. 2 saqueo.

booze (buš) *s. fam.* borrachera. 2 bebida espirituosa.

booze (to) (buš) *intr. fam.* empinar el codo, emborracharse.

boozer (bu·šɵ') *s.* borracho.

boozy (bu·ši) *adj. fam.* achispado, chispo.

bopeep (boupip) *s.* juego de asomar repetidamente la cabeza como si fuese para asustar. 2 especie de juego del escondite.

boracic (borӕ·sic) *adj.* QUÍM. bórico.

boracite (bɔ·rasait) *s.* MINER. boracita.

borage (bɔ·ridӯ) *s.* BOT. borraja.

boraginaceous (borӕdӯineshɵs) *adj.* BOT. borragináceo.

borate (bɔ·reit) *s.* QUÍM. borato.

borated (borei·tid) *adj.* boratado.

borax (bɔ·ræcs) *s.* QUÍM. bórax, atíncar.

border (bɔ·dɵ') *s.* borde, orilla, margen. 2 frontera, raya, límite, confín; (EE. UU.) fronteras de la civilización. 3 orla, cenefa, franja, ribete, cerco. 4 TEAT. dobladillo, repulgo. 5 arriate [de jardín]. 6 BLAS. bordura. 7 *pl.* TEAT. bambalinas; bastidores.

border (to) *tr.* orlar. 2 orillar, ribetear, repulgar, guarnecer. 3 tocar, estar [una cosa] en el borde o la orilla de. — 4 intr. *to* ~ *on* o *upon*, confinar o lindar con; rayar o frisar en, bordear.

borderer (bɔ·dɵrɵ') *s.* orlador, ribeteador. 2 habitante de la frontera.

bordering (bɔ·dɵring) *s.* orladura. — 2 *adj.* lindante. 3 que bordea, que raya o frisa en.

borderland (bɔ·dɵ'lænd) *s.* frontera, confín, zona fronteriza. 2 región intermedia, espacio indefinido.

borderline (bɔ·dɵ'lain) *s.* frontera, límite. — 2 *adj.* limítrofe. 3 indefinido, incierto.

bordure (bɔ·diu') *s.* BLAS. bordura.

bore (bo·ɵ') *pret.* de TO BEAR.

bore *s.* taladro, barreno, perforación [agujero que se hace taladrando o barrenando]. 2 ánima, alma [hueco interior]. 3 calibre, diámetro interior [de un tubo, un cilindro, etc.]; luz [de un pozo]. 4 oleada que levanta la marea en la boca de ciertos ríos. 5 lata [cosa fastidiosa]. 6 latoso, pelmazo, posma, persona pesada.

bore (to) *tr.* horadar, taladrar, barrenar, perforar, trepar. 2 hacer, abrir [un agujero, un pozo, un túnel, etc.] : *to* ~ *one's way*, abrirse paso. 3 aburrir, cansar, fastidiar, dar la lata a. — 4 *intr.* hacer un agujero o agujeros : fig. *to* ~ *from within*, atacar a traición desde dentro. 5 sondar el suelo. 6 avanzar, adelantarse.

boreal (bou·rial) *adj.* GEOGR. boreal, septentrional.

Boreas (bou·rias) *s.* MIT., METEOR. bóreas.

borecole (bo·ɵ'coul) *s.* BOT. brécol.

boredom (bo·ɵ'dɵm) *s.* fastidio, hastío, aburrimiento, tedio. 2 los latosos en general.

borer (bo·ɵrɵ') *s.* perforador. 2 instrumento para perforar : barreno, taladro, broca, perforadora. 3 MIN. sonda. 4 ENTOM. oviscapto. 5 animal que perfora. 6 ENTOM. barrenillo, insecto xilófago. 7 latoso, pelmazo, posma.

boric (bo·ric) *adj.* QUÍM. bórico.

boride (bo·raid) *s.* QUÍM. boruro.

boring (bo·ɵring) *s.* perforación, trepa. 2 sondeo [del suelo]. 3 taladro, agujero. 4 *pl.* partículas que se desprenden al horadar o perforar. — 5 *adj.* perforador; penetrante : ~ *bit*, broca, mecha; ~ *block*, portabarrena; ~ *frame*, bastidor de perforadora; ~ *machine*, máquina perforadora; ~ *rod*, barrena, tientaguja; ~ *look*, mirada penetrante. 6 xilófago [insecto]. 7 pesado, aburrido, fastidioso.

born (bo·n) *p. p.* de TO BEAR. — 2 *adj.* nacido : *to be* ~, nacer; *newly* ~, recién nacido; ~ *with a silver spoon in his mouth*, nacido en la opulencia. 3 de nacimiento, nato : ~ *criminal*, criminal nato.

borne *p. p.* de TO BEAR.

boron (bo·ron) *s.* QUÍM. boro.

borough (bɵ·rou) *s.* villa, ciudad; burgo, barrio, distrito municipal. 2 distrito electoral urbano. 3 *parliamentary* ~, población con representación en el Parlamento.

borrow (to) (bɔ·rou) *tr.* tomar o pedir prestado. 2 apropiarse [una idea, etc.]; copiar. 3 sacar [dinero] a uno sableándolo. 4 fig. robar. 5 *to* ~ *trouble*, tomarse molestia sin ningún motivo.

borrower (bɔ·rouɵ') *s.* prestatario; el que pide o toma prestado. 2 el que se apropia una idea, etc. 3 *fam.* sablista.

borrowing (bɔ·rouing) *s.* acción de pedir o tomar prestado. 2 *pl.* cantidades tomadas a préstamo.

boscage (bɔ·skidӯ) *s.* boscaje. 2 maleza, espesura.

bosh (bosh) *s.* palabrería, tontería, pamema. 2 etalaje [de alto horno].

bosket (bɔ·skit) *s.* bosquecillo, macizo de arbustos.

bosky (bɔ·ski) *adj.* nemoroso, cubierto de árboles o arbustos.

bo's'n, bosun (bou·sn) *s.* forma abreviada de BOATSWAIN.

Bosnian (bɔ·šnian) *adj.* y *s.* bosnio.

bosom (bu·šɵm) *s.* pecho, seno [parte exterior del pecho]. 2 pecho, corazón [sede de los afectos, de los pensamientos íntimos]. 3 COST. pechera. 4 seno [parte interna; cavidad] : *in Abraham's bosom*, en el seno de Abraham. 5 MAR. seno [de vela]. — 6 *adj.* querido, íntimo, secreto : ~ *friend*, amigo íntimo, de la mayor confianza.

bosom (to) *tr.* guardar, abrigar en el pecho. 2 ocultar, tener secreto.

Bosporus (bɔ·sporɵs) *n. pr.* y *s.* GEOGR. Bósforo.

boss (bos) *s.* bulto, protuberancia; prominencia redondeada; bollo, bollón; giba, corcova. 2 copa [del freno]. 3 cazoleta [de broquel]. 4 ARQ. clave o adorno en relieve. 5 MEC. cabeza ensanchada [de un eje, biela, etc.]. 6 *fam.* amo, patrón, jefe, capataz. 7 (EE. UU.) político influyente, cacique, mandamás. — 8 *adj.* (EE. UU.) superior, de primera.

boss (to) *tr.* abollonar, repujar, trabajar de relieve. — 2 *tr.* e *intr.* mandar, dirigir, dominar, hacer el amo.

bossage (bɔ·sidӯ) *s.* ARQ. almohadillado.

bossed (bost) *adj.* abollonado, repujado. 2 abultado, saliente.

bossism (bo·sišm) *s.* caciquismo, caudillismo, *gamonalismo.
bossy (bo·si) *adj.* adornado con relieves. *2* mandón, autoritario.
bostryx (bo·strics) *s.* BOT. bóstrice.
bot (bot) *s.* ENTOM. rezno, larva del estro.
botanic(al (botæ·nic(al) *adj.* botánico.
botanically (botæ·nicali) *adv.* botánicamente.
botanist (bo·tanist) *s.* botánico, botanista.
botanize (to) (bo·tanaiš) *intr.* herborizar.
botany (bo·tani) *s.* botánica.
botch (boch) *s.* remiendo, chapucería, chafallo.
botch (to) *tr.* remendar chapuceramente, chafallar.
botcher (bo·chø') *s.* remendón. *2* chapucero, chafallón, chambón.
botchy (bo·chi) *adj.* lleno de remiendos. *2* chapucero, mal hecho.
botfly (botflai), *pl.* **-flies** (-flais) *s.* ENTOM. estro, moscardón.
both (bouz) *adj. y pron.* ambos, ambos a dos, entrambos, el uno y el otro; los dos : ~ *of them,* los dos; ~ *his friends,* sus dos amigos; ~ *of us,* nosotros dos. — *2 conj.* al mismo tiempo, a la vez, tanto... como : ~ *good and cheap,* bueno y barato al mismo tiempo; tan bueno como barato; ~ *he and his father,* tanto él como su padre.
bother (ba·ðø') *s.* preocupación, apuro. *2* fastidio, molestia, pejiguera; persona o cosa molesta. *3* inconveniente.
bother (to) *tr.* preocupar, apurar, fastidiar, molestar : *to bother one's head,* preocuparse, devanarse los sesos. — *2 intr.* preocuparse, molestarse, hacer caso : *to ~ about* o *with,* preocuparse, hacer caso de; *to ~ to,* molestarse en.
botheration (baðøre·shøn) *s.* fam. fastidio, molestia, lata, incomodidad. *2 interj.* ¡caramba! [expresando enfado].
bothersome (ba·ðø'søm) *adj.* molesto, fastidioso.
botryoid(al (botri·oi·d(al) *adj.* botriforme, arracimado.
bottle (bo·tøl) *s.* botella, frasco : ~ *gourd,* calabaza vinatera; güira; ~ *green,* verde botella [color]; ~ *screw,* sacacorchos; *stone* ~, caneca; fig. *the* ~, las bebidas alcohólicas. *2* zaque, bota. *3* ant. haz [de heno]. *4* ~ *brush,* escobilla para limpiar botellas; BOT. equiseto menor. *5* FÍS. ~ *imp,* diablillo de Descartes.
bottle (to) *tr.* embotellar, enfrascar. *2 to* ~ *up,* embotellar [unas naves, etc.]; contener, ocultar [la ira, etc.].
bottleflower (bo·tølflaʊø') *s.* BOT. aciano.
bottleful (bo·tølful) *s.* botella [contenido de una botella].
bottle-holder *s.* botellero [estante]. *2* segundo [de un boxeador]; padrino [en un duelo]. *3* partidario, defensor.
bottleneck (bo·tølnec) *s.* gollete [de botella]. *2* estrechura, camino estrecho; cuello, parte estrecha. *3* punto donde se congestiona el tráfico. *4* obstáculo, dificultad.
bottlemaker (bo·tølmeikø') *m.* botellero.
bottlenose (bo·tølnouš) *s.* nariz hinchada por los excesos en la bebida. *2* ZOOL. especie de delfín. *3* ZOOL. especie de cachalote.
bottler (bo·tlø') *s.* embotellador.
bottling (bo·tling) *s.* embotellado [acción] : ~ *machine,* máquina de embotellar.
bottom (bo·tøm) *s.* fondo [de una cosa, del mar, de un río] : *to be at the* ~ *of,* ser la causa de, tener la culpa de; *at the* ~, ser el último [de una clase, etc.]; *to go to the* ~, ir al fondo, profundizar; MAR. irse a pique; *to touch* ~, tocar fondo; *at* ~, en el fondo, en realidad; ~ *side up,* fam. patas arriba; MAR. quilla arriba. *2* base, fundamento. *3* asiento [de una silla, una vasija]. *4* pie [parte inferior]; lo último, lo más bajo. *5* MAR. fondo [de un buque]; casco, nave, buque. *6* fam. culo, trasero, nalgatorio. *7 pl.* heces, poso, sedimento. *8* hondonada, tierra baja. *9* tierras de aluvión. — *10 adj.* del fondo, del pie, inferior. *11* fundamental. *12* ínfimo, más bajo : *the* ~ *price,* el precio más bajo. *13* último : *the* ~ *dollar,* el último dólar.
bottom (to) *tr.* poner fondo o asiento a. *2* fundar, cimentar, basar. *3* llegar al fondo de, profundizar. *4* [en ciertas técnicas] acabar, repasar. — *5 intr.* descansar, estribar. *6* llegar al fondo.

bottomless (bo·tømlis) *adj.* sin fondo; insondable.
bottomry (bo·tømri) *s.* COM. préstamo o contrato a la gruesa; sobre el casco.
botulism (bo·chiulišm) *s.* MED. botulismo.
boudoir (budua·') *s.* tocador, camarín, gabinete [de señora].
bouffe (buf) *adj.* MÚS. bufo : *opera* ~, ópera bufa.
bough (bau) *s.* rama, ramo [de árbol].
boughpot (bau·pot) *s.* florero [vaso].
bought (bot) *pret. y p. p.* de TO BUY.
bougie (bu·ỹi) *s.* CIR. sonda, candelilla. *2* MED. supositorio.
bouillon (bulio·n) *s.* COC. caldo, consumado.
boulder (bou·ldø') *s.* pedrejón, galga, canto rodado, guijarro grande.
boulevard (bu·lva') *s.* bulevar.
Boulogne (bulo·n o bulo·ñ) *n. pr.* GEOGR. Boloña.
boulter (bou·ltø') *s.* MAR. palangre.
bounce (bauns) *s.* golpazo, porrazo. *2* salto, brinco. *3* bote, rebote. *4* fam. vivacidad. *5* bravata, fanfarronada. *6* embuste, bola, mentira. *7* fam. (EE. UU.) despido. — *8 adv.* súbitamente, con un salto o golpe.
bounce (to) (bauns) *tr.* lanzar, hacer chocar o botar. *2* fam. (EE. UU.) echar, despedir [a uno]; poner de patitas en la calle. — *3 intr.* lanzarse, saltar, brincar. *4* botar, rebotar. *5* jactarse, bravear, echar fieros, fanfarronear.
bouncer (bau·nsø') *s.* guapo, fanfarrón. *2* pop. (EE. UU.) guardián de un café, bar, etc., que echa los alborotadores a la calle. *3* jactancioso, embustero. *4* bola, embuste. *5* cosa grande en su línea.
bouncing (bau·nsing) *adj.* fuerte, vigoroso, frescachón. *2* gordinflón [bebé]. *3* exagerado.
1) bound (baund) *pret. y p. p.* de TO BIND. — *2 adj.* atado, ligado, sujeto; obligado. *3* puesto en aprendizaje. *4* confinado, limitado. *5* encuadernado. *6* estreñido. *7* fam. (EE. UU.) resuelto, determinado. *8* destinado a, que por fuerza ha de o tiene que : ~ *to fail,* destinado a fracasar, que por fuerza tiene que fracasar. *9* en viaje hacia, con destino a, rumbo a : ~ *for Liverpool,* con destino a Liverpool. *10* ~ *up in,* absorto, engolfado, enfrascado en; entregado a.
2) bound *s.* límite, confín, término, lindero. *2* salto, brinco, corcovo, bote, rebote.
bound (to) *tr.* limitar, circunscribir, encerrar; delimitar. *2* hacer saltar o botar. — *3 intr.* saltar, brincar, botar, rebotar. *4 to* ~ *on* o *with,* limitar, confinar con.
boundary (bau·ndari) *s.* límite, linde, confín, término, frontera, mojón, hito, lo que sirve para señalar o establecer los límites. — *2* limítrofe, fronterizo; que marca un límite : ~ *stone,* hito, mojón.
bounded (bau·ndid) *adj.* limitado, circunscrito.
bounden (bau·ndøn) *adj.* obligado. *2* obligatorio, forzoso.
bounder (bau·ndø') *s.* el que señala límites. *2* pers. vulgar y mal educada; presuntuoso.
boundless (bau·ndlis) *adj.* ilimitado, infinito, vasto.
boundlessness (bau·ndlisnis) *s.* infinidad, vastedad.
bounteous (bau·ntiøs) *adj.* dadivoso, liberal, generoso, munífico. *2* amplio, abundante.
bounteously (bau·ntiøsli) *adv.* liberalmente, generosamente.
bounteousness (bau·ntiønis) *s.* liberalidad, generosidad, largueza, munificencia.
bountiful (bau·ntiful) *adj.* liberal, generoso; bondadoso. *2* espléndido, abundante.
bountifully (bau·ntifuli) *adv.* liberalmente, espléndidamente. *2* abundantemente.
bountifulness (bau·ntifulnis) *s.* liberalidad, esplendidez, largueza. *2* abundancia.
bounty (bau·nti) *s.* liberalidad, generosidad, munificencia. *2* don, favor, merced. *3* prima [del gobierno], subvención. *4* MIL. premio de enganche.
bouquet (bukei·) *s.* ramillete, ramo [de flores]. *2* nariz, aroma [del vino].
Bourbon (bu·rbøn) *s.* Borbón. *2* conservador recalcitrante. *3* ~ *whisky,* aguardiente de maíz o de centeno.
Bourbonic (bu·bo·nic) *adj.* borbónico.

Bourbonism (bu·'bonišm) *s.* borbonismo. 2 conservadurismo extremado.
bourdon (bu·'dǿn) *s.* bordón [bastón]. 2 roncón [de gaita]. 3 MÚS. registro del órgano. 4 notas graves de acompañamiento.
bourgeois (bur̄'ȳua·) *adj.* y *s.* burgués. — 2 *s.* (bø'ȳoi·s) IMPR. tipo de nueve puntos.
bourgeoisie (·bu·'ȳuasi·) *s.* burguesía.
bourgeon (bø·'ȳøn) *s.* BOT. yema, brote.
bourn, bourne (bou·n) *s.* arroyo, riachuelo. 2 límite, linde. 3 meta. 4 región, dominio.
bourse (bu·s) *s.* COM. bolsa, lonja.
bouse (to) *intr.* y **bousy** *adj.* BOOZE, BOOZY.
bout (baut) *s.* mano [de un juego]; rato [de hacer o dedicarse a algo]; ida y venida [al arar o segar]; tentativa. 2 combate, encuentro. 3 asalto [de esgrima, boxeo, etc.]. 4 ataque [de una enfermedad]. 5 vez, ocasión. 6 curva entrante [de la caja de un violín, contrabajo, etc.].
Bovidæ (bou·vidi) *s. pl.* ZOOL. bóvidos.
bovid (bou·vid) *adj.* y *s.* ZOOL. bóvido.
bovine (bou·vin) *adj.* bovino, boyuno, vacuno. 2 paciente, sufrido. 3 lerdo, estúpido. — 4 *s.* ZOOL. bovino.
1) **bow** (bau) *s.* inclinación, cortesía, reverencia, zalema : *to make a ~*, hacer una reverencia; *to make one's ~*, presentarse, entrar; ser presentado. 2 MAR. amura : *~ chaser,* cañón de caza, de proa; *~ oar,* remo o remero más cercano a la proa; *on the ~,* por la amura.
2) **bow** (bǫu) *s.* arco [para disparar flechas] : *to draw the ~,* armar el arco; *to draw the long ~,* fig. exagerar. 2 curva, arco, cosa arqueada. 3 MÚS. arco. 4 ojo [de la llave, de las tijeras]. 5 lazo, lazada, nudo [de cintas, de corbata]. 6 ARQ. parte del edificio que sobresale de la pared. 7 gafa [de anteojos]. 8 *pl.* arzón delantero [de la silla de montar]. — 9 *adj.* de arco : *~ drill,* parahuso; *~ hand,* la mano del arco [la derecha del músico y la izquierda del arquero]; *on the ~ hand,* erradamente, fuera de camino. 10 arqueado, encorvado, saliente : *~ compass, ~ pen,* bigotera [compás]; *~ net,* nasa [para pescar]; *~ window,* mirador, ventana saledisa y de planta curva. 11 de lazo : *~ tie,* corbata de lazo, de mariposa.
1) **bow (to)** (bau) *intr.* inclinarse, hacer una reverencia, saludar; *to ~ to,* saludar, inclinarse delante de; *to ~ and scrape,* hacer grandes reverencias, mostrarse muy obsequioso. 2 doblarse, agobiarse; someterse, ceder, humillarse. — 3 *tr.* doblar, inclinar [la cabeza, el cuerpo]. 4 agobiar, oprimir. 5 inclinarse en señal de; expresar, hacer, con cortesías o reverencias: *to ~ one's way in* o *out,* entrar o salir haciendo reverencias.
2) **bow (to)** (bou) *tr.* arquear, doblar, combar. 2 MÚS. tocar con arco. — 3 *intr.* arquearse, doblarse, combarse. 4 MÚS. manejar el arco.
bow-bent (bou-bent) *adj.* arqueado.
bowdlerize (to) (bau·dleraiš) *tr.* recortar, mutilar, expurgar [un escrito].
bowel (bau·øl) *s.* intestino. 2 *pl.* intestinos, tripas, bandullo : *to keep the bowels open,* tener el vientre libre. 2 fig. entrañas [lo más oculto, lo interior]. 3 ant. entrañas [afecto, compasión].
bowel (to) *tr.* destripar, sacar las tripas.
1) **bower** (ba·uø') *s.* glorieta, cenador, emparrado, enramada. 2 casita rústica; retiro agradable. 3 MAR. ancla de leva.
2) **bower** (bou·ø') *m.* músico de arco. 2 arquero; el que hace arcos.
bowery (ba·uøri) *adj.* frondoso, emparrado, sombreado. — 2 *s. the Bowery,* barrio de Nueva York, célebre en otros tiempos por sus teatros y centros de diversión popular.
bowie-knife (bou·i-naif) *s.* cuchillo de monte.
bowing (ba·uing) *adj.* inclinado. 2 *~ acquaintance,* relación superficial [entre pers.]; conocido al que sólo se saluda.
bowknot (bou·not) *s.* nudo corredizo; lazada.
bowl (boul) *s.* cuenco, escudilla, bol, ponchera; taza, copa. 2 palangana, jofaina. 3 hueco, concavidad. 4 taza [de fuente]. 5 platillo [de balanza]. 6 palita [de cuchara]. 7 cubo [de candelero]. 8 cazoleta, tabaquera [de pipa]. 9 pala cóncava [de remo]. 10 globo [de lámpara]. 11 bola, bocha. 12 *pl.* juego de bochas o de bolos. 13 MEC. rodillos [de calandria].

bowl (to) *tr.* hacer rodar. 2 tirar [la bola]; tumbar con una bola. — 3 *intr.* jugar a bochas o a los bolos. 4 *to ~ along,* rodar bien y rápidamente [un coche, etc.].
bowlder (bou·ldø') *s.* BOULDER.
bowleg (bou·leg) *s.* pierna torcida.
bowlegged (bo·legd) *adj.* estevado, patituerto.
bowler (bou·lø') *s.* jugador de bochas o de bolos. 2 (Ingl.) sombrero hongo.
bowline (bou·lin) *s.* MAR. bolina [cabo].
bowling (bou·ling) *s.* deporte o juego de bochas o de bolos : *~ alley, ~ ground,* bolera, boliche; *~ green,* prado para jugar a bochas.
bowman (bou·mæn), *pl.* **-men** (-men) *s.* arquero. 2 (bau·mæn) MAR. remero de proa.
bowse (to) (baus) *intr.* MAR. halar, tesar [mediante aparejo].
bowshot (bou·shot) *s.* tiro de flecha.
bowsprit (bau·sprit) *s.* MAR. bauprés : *~ shrouds,* mostachos del bauprés.
bowstring (bou·string) *s.* cuerda de arco. 2 ING. *~ beam* o *girder,* jácena formada por un miembro arqueado, encuadrado o reforzado por otros rectos.
bowstring (to) *tr.* estrangular con una cuerda de arco.
bowwow (bau-uau) *onomat.* guau. — 2 *s.* fam. perro. 3 clamor, protesta ruidosa. 4 fanfarria, fanfarronada. 5 *~ style,* estilo dogmático.
bowwow (to) *intr.* ladrar. 2 gruñir, regañar.
bowyer (bou·yø') *s.* arquero [que hace arcos].
box (bocs) *s.* caja, cajita, estuche; cajón, cofre, arca, baúl : *~ hook,* garfio de descargador. 2 hucha. 3 MEC. buje, cubo, caja, manguito, cojinete de árbol motor : *~ coupling,* manguito, acoplamiento de manguito. 4 cajón [para la lanzadera en el telar] 5 apartado [de correos]. 6 pescante [de carruaje]. 7 casilla, garita. 8 TEAT. palco : *~ opener,* acomodador [de palcos]. 9 compartimiento, departamento. 10 sangría, corte [hecho en un árbol para resinarlo]. 11 IMPR. recuadro. 12 cerradero [de pestillo]. 13 MAR. bitácora. 14 bofetón, puñetazo [esp. en la oreja]. 15 BÉISBOL puesto del cogedor o del lanzador. 16 aprieto : *to be in a ~,* hallarse en un aprieto. 17 BOT. boj. 18 *~calf,* cuero de becerro curtido al cromo. 19 FOT. *~ camera,* aparato fotográfico rígido o de cajón. 20 FERROC. *~ car,* furgón, vagón de mercancías cubierto. 21 *~ couch,* diván arca. 22 ING. *~ beam, ~ girder,* viga de cajón. 23 TEAT. *~ office,* taquilla, despacho de localidades : *box-office success,* éxito de taquilla. 24 COST. *~ plaiting,* plegado en tabla.
box (to) *tr.* meter en caja, encajonar, embalar. 2 apuñear, abofetear. 3 MAR. *to ~ the compass,* cuartear la aguja; fig. dar una vuelta, hacer un cambio completo. — 4 *intr.* pelear a puñadas, boxear.
boxen (bo·csøn) *adj.* de boj.
boxer (bo·csø') *s.* boxeador. 2 embalador, encajonador. 3 (con mayúscula) bóxer, miembro de una sociedad patriótica china.
boxhaul (to) (bo·csjol) *tr.* MAR. hacer virar por redondo.
boxing (bo·csing) *s.* boxeo : *~ gloves,* guantes de boxeo. 2 embalaje, encajonamiento, envase. 3 material para cajas. 4 marco de puerta o ventana.
Boxing day (bo·csing dei) *s.* (Ingl.) primer día de trabajo después de Navidad, que se celebra con regalos a los empleados.
boxkeeper (bo·cskipø') *s.* TEAT. acomodador [de palcos].
boxthorn (bo·cszø'n) *s.* BOT. arto, cambronera.
boxwood (bo·cswud) *s.* BOT. boj. 2 nombre de otros arbustos. 3 madera de boj.
boy (boi) *s.* niño, muchacho : *~ scout,* muchacho explorador. 2 hijo varón. 3 muchacho, chico [hombre joven]; término cariñoso o familiar]. 4 mozo, criado. 5 en las colonias, sirviente indígena. 6 *the old ~,* el diablo.
boyar (bo·ȳa'), **boyard** (bo·ȳa'd) *s.* boyardo.
boycott (boi·cot) *s.* boicot, boicoteo.
boycott (to) *tr.* boicotear.
boyhood (boi·jud) *s.* muchachez. 2 los muchachos.
boyish (boi·ish) *adj.* de muchacho, muchachil, juvenil, amuchachado.
boyishly (boi·ishli) *adv.* puerilmente.

boyishness (boi·ishnis) *s.* puerilidad, condición o aspecto de muchacho.

bra (bra) *s.* sostén [prenda femenina].

Brabant (braba·nt) *n. pr.* GEOGR. Brabante.

Brabantine (bræ·bantin) *adj.* brabanzón.

braccate (bræ·keit) *adj.* ORNIT. calzado.

brace (breis) *s.* abrazadera, laña, grapa, traba, refuerzo, sostén. *2* apretadera, tensor. *3* MEC. riostra, tirante, viento, jabalcón, puntal, tornapunta. *4* sopanda [de carruaje]. *5* berbiquí, manubrio de taladro : ~ *bit*, broca de berbiquí. *6* braza [medida]. *7* MAR. braza [cabo]. *8* MAR. hembra del timón. *9* IMPR. corchete, llave. *10* par [de pistolas, de aves, etc.]. *11* aumento de esfuerzo, recobro de la energía, de los ánimos. *12 pl.* tirantes [del pantalón].

brace (to) *tr.* atar, ligar, trabar, asegurar. *2* atesar, atirantar. *3* arriostrar, apuntalar, reforzar, ensamblar. *4* MAR. bracear. *5* IMPR. abrazar con llave o corchete. *6* cercar, ceñir. *7* fortalecer, vigorizar. *8* disponer para resistir o hacer frente. — *9 intr. to* ~ *up,* fortalecerse, animarse, hacer acopio de valor, de energía.

bracelet (brei·slit) *s.* brazalete, ajorca, pulsera, manilla. *2* ARM. brazal.

bracer (brei·sø[r]) *s.* ARM. brazal. *2* pieza que protege la muñeca. *3* abrazadera, laña. *4* cinto, venda. *5* tónico, estimulante. *6* pop. copa, trago [de licor].

brachial (bræ·kial) *adj.* ANAT. braquial.

brachiopod (bræ·kiopod) *adj. y s.* ZOOL. braquiópodo.

Brachiopoda (bræ·kio·poda) *s. pl.* ZOOL. braquiópodos.

brachycephal (bræ·kisefal) *s.* braquicéfalo [persona braquicéfala].

brachycephalic (bræ·kisefæ·lic), **brachycephalous** (bræ·kise·fæløs) *adj.* braquicéfalo.

brachygraphy (bræ·ki·grafi) *s.* braquigrafía.

Brachyura (bræ·kiyu·ra) *s. pl.* ZOOL. braquiuros.

brachyuran (bræ·kiyu·ran) *adj. y s.* ZOOL. braquiuro.

bracing (brei·sing) *adj.* fortificante, tónico, vigorizante. — *2 s.* arriostramiento, amarra, refuerzo, trabazón : ~ *rope,* viento. *3* MAR. braceaje.

bracken (bræ·køn) *s.* BOT. helecho común. *2* helechal.

bracket (bræ·kit) *s.* cartela, ménsula, repisa, ancón, can, canecillo, modillón, palomilla o cosa parecida. *2* candelabro, farol, brazo de lámpara [fijo en una pared o columna]. *3* anaquel, repisa o rinconera [asegurados en la pared]. *4* IMPR. corchete, llave. *5* IMPR. paréntesis rectangular : *round* ~, paréntesis. *6* clase, grupo, categoría [esp. de contribuyentes].

bracket (to) *tr.* IMPR. abrazar con corchete, poner entre paréntesis. *2* sostener con palomillas, cartelas, etc. *3* juntar, poner en una misma clase grupo o categoría.

brackish (bræ·kish) *adj.* salobre.

brackishness (bræ·kisnis) *s.* salobridad.

bract (bræ·ct) *s.* BOT. bráctea.

bractlet (bræ·clit) *s.* BOT. bracteóla.

brad (bræd) *s.* clavito, estaquilla, saetín. *2* clavo de ala de mosca.

bradawl (bræ·dol) *s.* punzón o lesna [para abrir agujeros para los clavos].

Bradshaw (bræ·dsho) *s.* (Ingl.) guía mensual de ferrocarriles.

bradycardia (brædica·rdia) *s.* MED. bradicardia.

bradypepsia (brædipe·psia) *s.* MED. bradipepsia.

brae (brei) *s.* (Esc.) cuesta, pendiente, ladera, loma.

brag (bræg) *s.* jactancia, fanfarronada ; alarde. *2* fanfarrón, farolero. *3* cosa de que se alardea. *4* juego de naipes.

brag (to) *intr.* jactarse, alardear, fanfarronear. — *2 tr.* jactarse, alardear de. *3* dominar o engañar con alardes o fanfarronadas. ¶ CONJUG. pret. y p. p. : *bragged;* ger. : *bragging.*

braggadocio (brægadou·shiou) *s.* fanfarrón, baladrón. *2* fanfarria, baladronada, montantada.

braggart (bræ·ga·t) *adj. y s.* jactancioso, bocón, baladrón.

braggartism (bræ·ga·tišm) *s.* jactancia, fanfarronería.

bragger (bræ·gø[r]) *s.* jaque, fanfarrón.

bragget (bræ·guet) *s.* licor hecho con cerveza, miel, azúcar y especias.

braggingly (bræ·guingli) *adv.* jactanciosamente, fanfarronamente.

Brahma (bra·ma) *n. pr.* Brahma [deidad india].

Brahman (bra·man) *s.* brahmán, brahmin, bracmán.

Brahmanic(al (bramæ·nic(al) *adj.* brahmánico.

Brahmanism (bra·manišm) *s.* brahmanismo.

Brahmin (bra·min) *s.* brahmín, brahmán, bracmán. *2* irón. intelectual, persona culta y de muchas pretensiones.

Brahminic(al (brami·nic(al) *adj.* brahmánico.

Brahminism (bra·minišm) *s.* brahmanismo.

braid (breid) *s.* trenza. *2* cinta [para sujetar el cabello]. *3* trencilla, galón, cordoncillo, alamar.

braid (to) *tr.* trenzar, entrelazar. *2* atar [el cabello] con cinta. *3* galonear, trencillar, guarnecer con cordoncillo, alamares, etc.

braiding (brei·ding) *s.* acción de trenzar. *2* acción de guarnecer con trencillas, etc. *3* trencillas, galones, alamares, etc. *4* cosa hecha con material trenzado.

brail (breil) *s.* MAR. candaliza, cargadera.

brail (to) *tr.* MAR. cargar [las velas].

brain (brein) *s.* ANAT. cerebro, seso : ~ *case,* cráneo; ~ *fever,* fiebre cerebral. *2* esp. *pl.* cabeza, inteligencia, seso : ~ *child,* obra del ingenio, del cerebro [de uno] ; ~ *power,* capacidad mental ; ~ *storm,* aceso de locura violento y pasajero ; pop. agitación, confusión mental ; *to beat one's brains,* esforzarse por recordar algo ; *to have* [*something*] *in the brain,* tener la manía de, estar siempre pensando en ; *to cudgel o rack one's brains,* devanarse los sesos, romperse la cabeza.

brain (to) *tr.* romper el cráneo, levantar la tapa de los sesos a. *2* proveer de cerebro.

braininess (brei·ninis) *s.* fam. inteligencia, talento.

brainless (brei·nlis) *adj.* sin seso, tonto, mentecato.

brainpan (brei·npæn) *s.* cráneo, sesera.

brainsick (brei·nsic) *adj.* chiflado, perturbado. *2* originado por una perturbación mental.

brainwork (brei·nuø[r]c) *s.* trabajo intelectual.

brainy (brei·ni) *adj.* fam. inteligente, talentudo.

braise (to) *tr.* soasar [la carne] y cocerla a fuego lento en una vasija bien tapada.

braize (breiš) *s.* ICT. pagro, *guachinango.*

brake (breic) *s.* freno [de máquina o vehículo] : ~ *band,* banda de freno, cinta de freno; ~ *beam,* barra de freno; ~ *block,* zapata del freno, portazapata del freno; ~ *drum,* ~ *wheel,* tambor de freno; ~ *horsepower,* ~ *power,* potencia de resistencia al freno; ~ *lining,* forro de freno; ~ *pedal,* pedal de freno; ~ *pipe,* tubo o conducción del freno a lo largo de un tren; ~ *rod,* varilla de freno; ~ *shoe,* almohadilla o zapata de freno. *2* guimbalete, palanca larga [de bomba]. *3* gafa [de ballesta]. *4* agramadera, agramador. *5* amasadora mecánica [de panadero]. *6* estrujadora. *7* potro [de tormento o para herrar caballos]. *8* AGR. grada, rastra. *9* break [coche]. *10* BOT. helecho. *11* matorral, mato, jaral.

brake (to) *tr.* frenar [una máquina o vehículo]. *2* guarnecer de frenos. *3* amasar [pan]. *4* agramar, tascar [el cáñamo, lino, etc.]. *5* AGR. gradar, desterronar con la grada. — *6 intr.* trabajar como guardafreno. *7* MIN. trabajar con un torno u otro aparato elevador.

brakeman (brei·cmæn), **brakesman** (brei·csmæn), *pl.* -**men** (-men) *s.* guardafrenos.

braky (brei·ki) *adj.* matoso, jaroso, cubierto de malezas.

bramble (bræ·mbøl) *s.* BOT. zarza, frambueso, cambrón u otro arbusto parecido. *2 pl.* zarzal, cambronal.

brambleberry (bræ·mbølberi) *s.* BOT. zarzamora.

blambled (bræ·mbøld) *adj.* zarzoso.

brambling (bræ·mbling) *s.* ORN. pinzón real.

brambly (bræ·mbli) *adj.* zarzoso.

bran (bræn) *s.* salvado, afrecho ; *fine* ~, moyuelo.

branch (branch) *s.* rama [de árbol, de familia, etc.] : *vine* ~, sarmiento. *2* ramo [de una ciencia, arte, etc.]. *3* ramal [de vía férrea, camino, conducción, etc.] ; empalme, derivación. *4* sección, departamento [. (EE. UU.) arma [del ejército]. *5* COM. sucursal. *6* brazo [de río, de candelero, etc.]. *7* (EE. UU.) río tributario. *8* (EE. UU.) riachuelo. *9* candil, rama [de cuerna]. *10* pierna [de compás]. *11 pl.* ramas, ramaje. — *12 adj.* dependiente, tributario, filial, sucursal :

~ *office*, sucursal; ~ *post office*, estafeta de correos.

branch (to) *intr.* echar ramas. 2 ramificarse, bifurcarse; partir de un punto [una rama, un ramal], divergir, desviarse. | Gralte. con *off* o *out*. 3 *to* ~ *out*, extender sus actividades. — *4 tr.* bordar imitando ramajes. 5 dividir en ramas, bifurcar. 6 ELEC. derivar.

brancher (bra·nchǿ') *s.* CETR. halcón ramero.

branchia (bræ·nkia) *s.* ZOOL. branquia.

branchial (bræ·nkial) *adj.* branquial.

branchiate (bræ·nkieit), **branchiferous** (brænki·fǿrǝs) *adj.* ZOOL. provisto de branquias, branquífero.

branching (bra·nching) *s.* ramificación, bifurcación.

branchiness (bra·nchinis) *s.* frondosidad.

branchless (bra·nchlis) *adj.* sin ramas.

branchlet (bra·nchlit) *s.* ramita.

branchy (bra·nchi) *adj.* ramoso.

brand (brænd) *s.* tizón [palo o leño a medio quemar] : ~ *from burning*, fig. persona salvada de un peligro o de la perdición; persona convertida. 2 poét. tea, antorcha. 3 poét. rayo ardiente; espada. *4* hierro, *fierro [marca hecha con hierro candente] : ~ *iron*, hierro para marcar, *calimba. 5 tizón, baldón, estigma. 6 sello o marca de fábrica. 7 calidad, clase.

brand (to) *tr.* herrar, marcar [con hierro candente] : *branding iron*, hierro para marcar, *calimba. 2 fig. grabar a fuego, imprimir indeleblemente. 3 estigmatizar. 4 poner sello o marca de fábrica.

brand goose *s.* ORNIT. ganso silvestre de Europa.

brandish (bræ·ndish) *s.* floreo, molinete [de la espada, del bastón].

brandish (to) *tr.* e *intr.* blandir, blandear [una espada, un bastón, etc.].

brandling (bræ·ndling) *s.* lombriz para cebo. 2 ICT. esguín.

brand-new *adj.* completamente nuevo, nuevecito, flamante.

brandy (bræ·ndi), **brandy-wine** (bræ·ndi-uain) *s.* aguardiente, coñac.

brandy (to) *tr.* conservar en aguardiente. 2 mezclar o saborear con aguardiente.

brank-ursine (brænkgǿ'sin) *s.* BOT. branca ursina, acanto.

bran-new (bræ·nniu) *adj.* BRAND-NEW.

branny (bræ·ni) *adj.* furfuráceo.

brant (brænt) *s.* ORNIT. ganso silvestre.

brash (bræsh) *s.* masa de escombros o fragmentos. 2 MED. acceso [de un mal] ; erupción; acedía. — 3 *adj.* impetuoso, atrevido, temerario. 4 descarado, respondón. 5 quebradiza [madera].

brasier (brei·ʒǿ') *s.* BRAZIER.

brass (bras) *s.* latón, azófar, metal; bronce: ~ *knuckles*, llave inglesa [arma para el puño]; ~ *plate*, placa de metal [en una puerta, etc.]; ~ *shop*, ~ *works*, latonería; ~ *tack*, clavito dorado de tapicería; ~ *tacks*, fig. detalles de importancia práctica inmediata: *to come* o *to get to* ~ *tacks*, entrar en materia, ir a lo que importa. 2 placa, objeto o adorno de bronce, latón o metal. 3 MÚS. metal [instrumentos] : ~ *band*, charanga. 4 descaro, desfachatez. 5 pop. (Ingl.) dinero, calderilla. 6 pop. (EE. UU.) *the* ~, *the* ~ *hats*, el alto mando, los generales, los jefes; *a* ~ *hat*, un general, un jefe, un mandamás. 7 *pl.* MÚS. metal, cobre [instrumentos]. 8 cobre [utensilios de cocina]. 9 MEC. anillos, forros [de cojinete].

brass (to) *tr.* revestir de latón, de metal. 2 *to* ~ *it*, sostener o afrontar con decisión, con descaro.

brassard (bræ·sa'd) *s.* brazal [de la armadura]. 2 brazal [tira de tela que ciñe el brazo].

brassart (bræ·sa't) *s.* brazal [de la armadura].

brassie (bræ·si) *s.* mazo de golf con cabeza plana de metal.

brassière (bræsï·') *s.* sostén [prenda femenina].

brassiness (bra·sinis) *s.* calidad de bronceado. 2 descaro, desfachatez, desvergüenza.

brass-visaged *adj.* descarado, desvergonzado, cara dura.

brassware (bra·sueǿ') *s.* objetos de latón, latonería.

brassy (bra·si) *adj.* de latón. 2 bronco, metálico. 3 descarado, desfachatado, descocado. — *4 s.* BRASSIE.

brat (bræt) *s.* rapaz, mocoso.

bravado (brava·dou) *s.* baladronada; cosa que uno hace para demostrar su valentía.

brave (breiv) *adj.* bravo, valeroso, denodado, animoso, esforzado. 2 poét. airoso, vistoso; elegante. 3 honrado. — *4 s.* valiente. 5 guerrero indio norteamericano.

brave (to) *tr.* afrontar, hacer frente a, arrostrar, desafiar, retar. 2 infundir valor, envalentonar.

bravely (brei·vli) *adv.* bravamente, valientemente. *2* vistosamente. 3 bien, perfectamente.

bravery (brei·vǿri) *s.* bravura, intrepidez, denuedo. *2* poét. esplendor, magnificencia, ornato.

bravo (bra·vou) *s.* asesino a sueldo. — *2 interj.* ¡bravo!

brawl (bról) *s.* reyerta, disputa ruidosa, alboroto, tumulto. 2 ruido, fragor [de un torrente, etc.].

brawl (to) *intr.* reñir, disputar ruidosamente. alborotar, vociferar. 2 hacer ruido o fragor [un torrente, etc.]. — *3 tr.* decir o reñir a gritos.

brawler (bró·lǿ') *s.* camorrista, alborotador.

brawling (bro·ling) *s.* alboroto, vinglería. — *2 adj.* pendenciero, vocinglero.

brawn (bron) *s.* músculo, carne dura; fuerza muscular. 2 carne de cerdo adobada.

brawniness (bro·ninis) *s.* fuerza, musculatura.

brawny (bro·ni) *adj.* fuerte, musculoso, membrudo.

braxy (bræ·csi) *s.* VET. fiebre carbuncular del ganado lanar. 2 res lanar atacada de esta enfermedad. — *3 adj.* VET. atacado de fiebre carbuncular.

bray (brei) *s.* rebuzno, roznido. 2 ruido bronco.

bray (to) *intr.* rebuznar. 2 hacer un sonido bronco. — *3 tr.* emitir [un sonido bronco]. 4 majar, moler, triturar. 5 extender en capa delgada.

brayer (brei·ǿ') *s.* rebuznador. 2 IMPR. rodillo.

braying (brei·ing) *s.* rebuzno, roznido. 2 sonido bronco.

braze (breiʒ) *s.* soldadura de latón.

braze (to) *tr.* soldar con latón, con soldadura fuerte. 2 cubrir o adornar con latón o bronce; broncear. 3 hacer duro o descarado.

brazen (brei·ʃn) *adj.* de latón. 2 broncíneo. 3 bronceado. 4 descarado, desvergonzado.

brazen (to) *tr.* dar atrevimiento o descaro. 2 endurecer. 3 *to* ~ *it out* o *through*, afrontar, sostener o llevar a cabo con decisión, con desfachatez.

brazen-browed *adj.* BRAZEN-FACED.

brazen-face *s.* sinvergüenza, cara dura, cara de vaqueta.

brazen-faced *adj.* descarado, desfachatado, desvergonzado.

brazenness (brei·sǿnis) *s.* desvergüenza, descaro, desfachatez.

brazier (brei·ȳǿ') *s.* latonero, calderero. 2 brasero, copa [para calentarse].

braziery (brei·ȳori) *s.* latonería, calderería.

Brazil (braʃi·l) *n. pr.* GEOGR. Brasil.

brazil (braʃi·l), **brazilwood** (braʃi·lwud) *s.* palo brasil o del Brasil.

braziletto (braʃile·tou) *s.* brasilete.

Brazilian (bræ·ʃilian) *adj.* y *s.* brasileño.

brazilin (bræ·ʃilin) *s.* QUÍM. brasilina.

breach (brich) *s.* brecha, portillo, abertura. 2 rotura, fractura, rompimiento. 3 herida, desgarro. 4 hernia. 5 ruptura, desavenencia, disensión. 6 infracción, quebrantamiento, contravención, violación : ~ *of faith, of trust*, infidelidad, prevaricación, abuso de confianza; ~ *of promise*, incumplimiento de la palabra de matrimonio; ~ *of peace*, alteración del orden público. 7 MAR. oleaje que rompe. 8 salto [de la ballena].

breach (to) *tr.* abrir brecha o boquete en; practicar una abertura.

bread (bred) *s.* pan [de harina, etc.; sustento diario] : ~ *and butter*, pan con mantequilla; sustento; ~ *crumb*, miga de pan; pan rallado; *new* ~, pan tierno; *stale* ~, pan duro o sentado; *brown* ~, pan bazo o moreno; *to earn one's* ~ o *one's* ~ *and butter*, ganarse el pan, ganarse la vida; *to know on which side one's* ~ *is buttered*, saber uno donde le aprieta el zapato.

bread (to) *tr.* dar pan a, dar el sustento a. 2 coc. empanar, cubrir con pan rallado : *breaded cutlet*, chuleta empanada.

bread-and-butter *adj.* juvenil. 2 relativo al sustento. 3 práctico, prosaico, común.

breadbasket (bre·dbǽskit) *s.* cesta para el pan. *2 pop.* estómago, buche.

breadboard (bre·dbo'd) *s.* tablero para amasar o cortar pan.

breadfruit (bre·dfrut) *s.* BOT. fruto del árbol del pan : ~ *tree,* árbol del pan.

breadstuff (bre·dstøf) *s.* granos o harina de que se hace pan. *2* panes, pan.

breadth (bredz) *s.* anchura, ancho : *of* ~, de ancho. *2* envergadura. *3* extensión, latitud, holgura. *4* amplitud [de juicio, de ideas]. *5* paño [ancho de una tela]. *6* MAR. ~ *of beam,* manga [del buque].

breadthwise (bre·dzuaiš) *adv.* a lo ancho.

breadwinner (bre·duiŋ') *s.* el que gana el sustento [para sí o para los suyos]. *2* lo que sirve para ganarse el sustento.

break (breic) *s.* break [coche]. *2* rotura, ruptura, rompimiento. *3* forzamiento [de una puerta, un paso]. *4* comienzo : *the* ~ *of the day,* el alba, el amanecer. *5* abertura, grieta, hendidura, raja. *6* solución de continuidad, interrupción, pausa, hueco. *7* claro [en un escrito; en las nubes]. *8* clara [en el tiempo]. *9* huida, fuga, evasión. *10* ELECT. corte, interrupción [en un circuito]. *11* GEOL. falla. *12* BILLAR. tacada, serie. *13* MÚS. cambio brusco de tono o timbre; gallo. *14* (EE. UU.) bajón [en Bolsa]. *15* fam. (EE. UU.) plancha, metida de pata. *16* suerte, oportunidad, coyuntura feliz : *good* ~, *bad* ~, suerte o coyuntura favorable o adversa ; *even* ~, oportunidad igual ; hecho de salir sin ganar ni perder; *to give one a* ~, abrir la puerta, ayudar al que se halla en un apuro. *17 to make a* ~, escaparse; romper las relaciones; fam. hacer un disparate.

break (to) *tr.* romper, quebrar, fracturar, abrir, hender, partir, quebrantar, destrozar. *2* deshacer, desbaratar, descomponer. *3* agramar. *4* picar [piedra]. *5* romper [filas]. *6* disolver [una reunión, etc.]. *7* forzar [una puerta, un paso]. *8* abrir [un camino, un agujero, etc.]. *9* quebrantar, templar, disminuir la fuerza de. *10* amortiguar [un choque]. *11* parar, desviar [un golpe]. *12* penetrar, atravesar. *13* romper, interrumpir, hacer cesar. *14* quebrantar, infringir, violar [una ley, etc.]; faltar a [la palabra dada]. *15* hacer fracasar : *to* ~ *a strike,* hacer fracasar una huelga. *16* someter, dominar. *17* domar, desbravar. *18* causar quiebra o bancarrota a; arruinar. *19* degradar [a un oficial, etc.]. *20* abrumar, agotar, aplastar [a uno]. *21* declarar [el pensamiento, la intención], comunicar, divulgar. *22* dar [una noticia]. *23* invalidar [un testamento]. *24* descifrar [una clave]. *25* cambiar [un billete, etc.]. *26* PINT. templar [los colores]. *27* DER. *to* ~ *a house,* entrar en una casa para robar, robar en una casa con escalo o fractura. *28 to* ~ *a lance in favour of,* romper una lanza en favor de; *to* ~ *a lance with,* discutir con. *29 to* ~ *a straw,* reñir. *30 to* ~ *asunder,* separar; dividir en dos, partir. *31 to* ~ *bread,* comulgar, dar la comunión ; *to* ~ *bread with,* compartir el pan, la mesa con; gozar de la hospitalidad de. *32 to* ~ *camp,* levantar el campo. *33 to* ~ *cover* o *covert,* salir, desemboscarse [la caza]. *34 to* ~ *down,* destruir, demoler; anonadar; descomponer, analizar; rebajar [un color, etc.]. *35 to* ~ *ground,* roturar, romper la tierra ; abrir trincheras ; comenzar una empresa ; MAR. levar anclas. *36 to* ~ *in,* forzar [una puerta] ; domar, amaestrar [un caballo]. *37 to* ~ *in* o *into pieces,* hacer añicos, despedazar, desbaratar. *38 to* ~ *off,* cortar, desgajar; dejar sin concluir. *39 to* ~ *one's neck,* desnucarse; afanarse, desalarse. *40 to* ~ *open,* abrir rompiendo, forzar, descerrajar. *41 to* ~ *out,* llevarse o quitar rompiendo; desembarazar [de obstáculos], desatascar. *42 to* ~ *prison* o *jail,* quebrantar la prisión, escaparse de la cárcel. *43 to* ~ *someone of an habit,* desacostumbrar, quitar una costumbre a uno. *44 to* ~ *step,* perder el paso. *45 to* ~ *the back,* romper el espinazo, derrengar; inutilizar; hacer lo más difícil, la mayor parte [de un trabajo, etc.]. *46 to* ~ *the bank,* hacer saltar la banca [en el juego]. *47 to* ~ *the heart of,* afligir, matar a pesadumbres. *48 to* ~ *the ice,* romper el hielo; pasar de las primeras dificultades. *49 to* ~ *the*

neck of, desnucar; destruir la fuerza de; hacer lo más difícil [de un trabajo, etc.]. *50 to* ~ *the record,* DEP. superar, mejorar la marca. *51 to* ~ *the tape,* DEP. llegar el primero a la meta. *52 to* ~ *up,* dividir o separar en partes, fraccionar; desmenuzar; romper, abrir [la tierra]; forzar, abrir con violencia o rompiendo; desguazar [un buque]; disolver [una reunión, asamblea, etc.]; turbar, desconcertar, confundir; desorganizar, desbaratar; levantar [la casa, el campo]; curar, quitar [un resfriado, la fiebre, etc.]. *53 to* ~ *upon the wheel,* enrodar. *54 to* ~ *wind,* ventosear.

55 intr. romperse, abrirse, quebrarse, partirse. *56* quebrantarse [la salud]. *57* cortarse [las botas]. *58* salir [un grito]; estallar [la tormenta, la ira]. *59* prorrumpir. *60* abrirse paso, irrumpir. *61* abrirse, reventar [un tumor, etc.]. *62* disolverse, fundirse, disiparse. *63* dispersarse. *64* descomponerse, dejar de funcionar. *65* romper [con una persona, con algo]. *66* mudarse, fallar o cascarse [la voz]. *67* debilitarse, perder fuerza o salud. *68* quebrar, arruinarse. *69* aparecer [a la vista], salir, nacer, brotar, apuntar, comenzar : *the scene broke on his sight,* el escenario apareció ante su vista; *the day breaks,* apunta el día. *70* divulgarse, ser conocido. *71* saltar [el pez] fuera del agua. *72* separarse, desprenderse violentamente. *73* BILLAR. salir. *74* COM. dar un bajón [los valores]. *75 to* ~ *apart,* desunirse. *76 to* ~ *away,* soltarse, desprenderse, zafarse ; escaparse ; disiparse [las nubes, la niebla]. *77 to* ~ *down,* parar por avería; sufrir un paro o colapso; irse abajo; descomponerse; fallar; perder la fuerza, la salud; abatirse; prorrumpir en llanto. *78 to* ~ *even,* salir en paz, sin ganar ni perder. *79 to* ~ *forth,* brotar; estallar; prorrumpir, exclamar : *to* ~ *forth into smiles,* sonreírse. *80 to* ~ *in,* entrar a la fuerza, penetrar; *to* ~ *in upon,* entrar o aparecer de sopetón, irrumpir; meter baza [en una conversación]. *81 to* ~ *loose,* escaparse, desprenderse, soltarse. *82 to* ~ *off,* romperse, desgajarse, interrumpirse bruscamente, cortarse. *83 to* ~ *out,* estallar, desatarse [una guerra, una tempestad]; empezar [una epidemia]; romper [a hablar, etc.]; manifestarse [una enfermedad] por una erupción; tener una erupción, salpullirse; ARQ. sobresalir. *84 to* ~ *through,* abrirse paso entre, a través de. *85 to* ~ *up,* desmenuzarse; disolverse, disgregarse, separarse; levantarse [una sesión], cerrarse [una escuela, etc.].

¶ CONJUG. pret.: broke (poét. *brake*); p. p.: *broken* (poét. *broke*).

breakable (brei·kabøl) *adj.* rompible, quebrantable, frágil.

breakage (brei·kidẙ) *s.* rotura, fractura, rompimiento, destrozo, estropicio. *2* indemnización por cosas rotas [en el transporte, etc.].

breakax (brei·cæcs) *s.* BOT. jabí, quebracho.

breakbone fever (brei·cboun fiˑvø') *s.* MED. dengue, trancazo.

breakdown (brei·cdaun) *s.* caída, vuelco, derrumbamiento. *2* trastorno, fracaso. *3* avería [de un motor, etc.]; paro, interrupción [de un servicio]. *4* QUÍM., MAT. análisis, descomposición. *5* MED. colapso; agotamiento, postración. *6* (EE. UU.) baile ruidoso.

breaker (brei·kø') *s.* rompedor, quebrantador. *2* roturador. *3* quebrantador, infractor. *4* máquina rompedora, trituradora, abridora : *bale* ~, TEJ. abridora de balas. *5* ELECT. disyuntor. *6* MAR. barril para agua. *7* cachón, ola que rompe.

breakfast (brei·cfast) *s.* desayuno, almuerzo.

breakfast (to) *intr.* desayunar, almorzar, tomar el desayuno : *to* ~ *on,* desayunarse con.

breaking (brei·kiŋ) *s.* rotura, ruptura, quebrantamiento, infracción, interrupción, doma, o cualquier otra de las acciones expresadas por el verbo *to break* (en ciertos casos con *down, forth, in, off, out, up,* etc.). *2* AGR. tierra roturada. *3 adj.* que rompe, quebranta, etc. o sirve para romper, quebrantar, etc. *4* MEC. de ruptura o fractura : ~ *load,* carga de ruptura. *5* ~ *point,* límite de la resistencia.

breakneck (brei·cnec) *s.* despeñadero, precipicio. *2 adj.* precipitado, rápido, peligroso : *at* ~ *speed,* a uña de caballo, a una velocidad desesperada.

breakthrough (brei·czru) *s.* MIL. ruptura, brecha. 2 MIN. rompimiento.

breakup (brei·køp) *s.* disolución, disgregación. 2 separación, dispersión.

breakwater (brei·cuotøʳ) *s.* rompeolas, escollera, malecón, espigón.

bream (brīm) *s.* ICT. cierto pez de agua dulce. 2 ICT. *sea* ~, sargo; besugo.

bream (to) *tr.* MAR. limpiar [fondos] con fuego.

breast (brest) *s.* pecho, seno [del cuerpo humano] : ~ *drill*, taladro o berbiquí que se apoya en el pecho; ~ *pang*, angina de pecho; ~ *stroke*, brazada de pecho [en la natación]; *to beat one's* ~, darse golpes de pechos. 2 pecho, seno, mama, teta [de mujer]; tetilla [de hombre] : ~ *pump*, mamadera. 3 pecho [de animal] : ~ *collar*, antepecho [de los arreos], zambarco. 4 pechuga [de ave]. 5 pechera [de una prenda de vestir]. 6 peto [de armadura]. 7 fig. pecho, corazón [interior del hombre] : *to make a clean* ~ *of it*, desembuchar, confesarlo todo. 8 parte frontal [de una cosa]. 9 MIN. frente [de veta o filón]. 10 ARQ. cara inferior [de viga, par, pasamano, etc.]. 11 antepecho [de ventana]. 12 ~ *wheel*, rueda hidráulica que recibe el agua de costado.

breast (to) *tr.* acometer de frente, arrostrar resueltamente. 2 dar el pecho, amamantar.

breastband (bre·stbænd) *s.* antepecho [de los arreos], zambarco.

breastbone (bre·stboun) *s.* ANAT. esternón. 2 ORNIT. quilla.

breast-deep *adj. y adv.* hasta el pecho; metido hasta el pecho. — 2 *adj.* de una profundidad igual a la altura del pecho de una persona.

breastfast (bre·stfæst) *s.* MAR. amarra del través.

breast-high *adj. y adv.* a la altura del pecho; que llega hasta el pecho.

breasthook (bre·stpɪs) *s.* MAR. buzarda.

breastpiece (bre·stpɪs) *s.* pechero. 2 babero.

breastpin (bre·stpɪn) *s.* alfiler para el pecho, broche.

breastplate (bre·stpleit) *s.* peto [de armadura; de tortuga]. 2 petral. 3 placa [de ataúd]. 4 pectoral, racional [de los judíos].

breastsummer (bre·stsømøʳ) *s.* ARQ. viga o solera sobre un dintel.

breastwork (bre·stuøʳc) *s.* FORT. parapeto, trinchera. 2 MAR. propao.

breath (brez) *s.* hálito, aliento, respiración, resuello : *foul* ~, mal aliento; *in the same* ~, al mismo tiempo, a renglón seguido, *out of* ~, sin aliento, sofocado; *under one's* ~, en voz baja, entre dientes. 2 fig. vida. 3 hálito, soplo [de aire]. 4 vaho, emanación, fragancia. 5 soplo, instante. 6 respiro [alivio, descanso, prórroga]. 7 susurro, murmullo.

breathable (brɪ·dabøl) *adj.* respirable.

breathe (to) (brīd) *intr.* alentar, respirar, resollar : *to* ~ *upon*, avahar, empañar con el aliento; fig. manchar, mancillar. 2 respirar, descansar, tomar aliento. 3 soplar [un aire suave]; emanar [una fragancia]. — 4 *tr.* respirar [el aire]. 5 exhalar [una fragancia, un suspiro] : *to* ~ *one's last*, dar el último suspiro. 6 FONÉT. aspirar. 7 dejar respirar, dar un descanso. 8 fatigar. 9 susurrar, decir, sugerir, revelar : *he did not* ~ *a word*, no dijo una palabra. 10 *to* ~ *into*, comunicar, infundir.

breather (brɪ·døʳ) *s.* pers. que respira o habla; viviente. 2 inspirador. 3 pop. ejercicio violento. 4 tregua, descanso.

breathing (brɪ·ding) *s.* respiración, resuello. 2 vaharada. 3 aire suave. 4 descanso, respiro, pausa : ~ *place*, pausa, cesura; lugar de descanso; ~ *spell*, respiro, tregua, rato de descanso. 5 inspiración, sugestión. 6 FONÉT. aspiración.

breathless (bre·zlis) *adj.* muerto, que no respira. 2 jadeante, sin aliento. 3 que contiene el aliento o se hace contener el aliento; intenso; expectante. 4 encalmado [sin aire].

breathtaking (bre·zteiking) *adj.* conmovedor. 2 imponente, sorprendente, pasmoso.

breccia (bre·chia) *s.* PETROGR. brecha [mármol].

bred (bred) *pret. y p. p.* de TO BREED.

breech (brīch) *s.* trasero, posaderas, nalgas. 2 recámara, culata, cierre [de un arma de fuego] :

~ *action,* mecanismo del cierre [esp. en un arma automática]; ~ *bolt,* cerrojo.

breech (to) *tr.* poner calzones. 2 zurrar, azotar el trasero de. 3 poner recámara [a un arma].

breechblock (brī·chbloc) *s.* ARTILL. obturador.

breechcloth (brī·chclouz), **breechclout** (brī·chclaut) *s.* taparrabos. 2 culero.

breeches (brɪ·chiš) *s. pl.* calzones, bragas, pantalón corto; fam. pantalones : *to wear the* ~, llevar los pantalones, mandar [la mujer]. 2 ~ *buoy,* pantalón salvavidas.

breeching (brī·ching) *s.* retranca, cejadero. 2 zurra, azotaina.

brechloader (brī·chloudøʳ) *s.* arma de fuego de retrocarga.

breechloading (brī·chlouding) *adj.* de retrocarga [arma de fuego].

breed (brīd) *s.* casta, linaje, progenie. 2 ZOOL., AGR. casta, raza, variedad [de animales o plantas]. 3 casta, ralea. 4 lechigada; prole; generación.

breed (to) *tr.* engendrar, procrear, criar [hijos]. 2 engendrar, originar, ocasionar, causar. 3 criar [animales], obtener [variedades de frutos, flores, etc.]. 4 dar, producir [hablando de un suelo, un país, etc.]. 5 criar, educar. — 6 *intr.* procrear, multiplicarse, padrear, criar; empollar [las abejas]. 7 producirse, originarse. ¶ CONJUG. pret. y p. p.: *bred.*

breeder (brī·døʳ) *s.* criador, productor : *dog* ~, criador de perros. 2 autor, padre. 3 animal reproductor o semental; hembra paridera.

breeding (brī·ding) *s.* cría, crianza : *dog* ~, cría de perros. 2 producción [de variedades de frutos, flores, etc.]. 3 crianza, educación : *good* ~, *bad* ~, buena, mala crianza o educación. 4 urbanidad, modales. — 5 *adj.* de criar, que cría : ~ *place,* criadero.

breeze (brīs) *s.* brisa, aura, vientecillo. 2 METEOR. viento de 4 a 38 millas por hora. 3 fam. excitación, agitación, enojo. 4 fam. rumor, murmuración. 5 cisco de coque. 6 ENTOM. tábano.

breezeless (brī·slis) *adj.* sin aire.

breezy (brī·ši) *adj.* airoso, oreado : *it is* ~, hace aire. 2 airoso, vivo, animado. 3 vivaracho, desenvuelto.

Bremen (bre·men) *n. pr.* GEOGR. Brema.

Bretagne (breta·ñ) *n. pr.* GEOGR. Bretaña.

brethren (bre·drin) *s. pl.* arcaico de BROTHER : hermanos [en sentido religioso], cofrades.

Breton (bre·tøn) *adj. y s.* bretón.

breve (brīv) *s.* MÚS. breve. 2 ORTOG. señal de la sílaba breve.

brevet (brøve·t) *s.* título, despacho. 2 MIL. graduación honoraria, grado; orden concediendo grado.

brevet (to) *tr.* MIL. graduar, conceder grado o graduación honoraria.

breviary (brī·vieri) *s.* ECLES. breviario.

brevier (brivi·øʳ) *s.* IMPR. breviario [tipo de 8 puntos].

brevipennate (brevipe·neit) *adj.* ORNIT. brevipenne.

brevirostrate (brevirʊ·streit) *adj.* ORNIT. brevirrostro.

brevity (bre·viti) *s.* brevedad. 2 concisión.

brew (bru) *s.* calderada de cerveza. 2 mezcla, infusión, bebida preparada; brebaje.

brew (to) *tr.* hacer [cerveza]. 2 preparar [el té, un ponche, etc.]. 3 fraguar, urdir, tramar. 4 *intr.* hacer cerveza. 5 prepararse, amenazar [una tempestad, etc.].

brewage (bru·idɏ) *s.* bebida preparada, como la cerveza, el té; mezcla, infusión; brebaje.

brewer (bru·øʳ) *s.* cervecero [que hace cerveza] : *brewer's yeast,* levadura de cerveza.

brewery (bru·øri), **brewhouse** (bru·jaus) *s.* cervecería, fábrica de cerveza.

brewing (bru·ing) *s.* fabricación de la cerveza. 2 preparación de una mezcla, una infusión. 3 MAR. formación de una borrasca, señales de borrasca.

brewis (bru·is) *s.* caldo, potaje. 2 sopa.

briar (bra·iar) *s.* BRIER.

bribe (braib) *s.* soborno, cohecho [dinero, etc.] : *to take bribes,* dejarse sobornar. 2 cebo, aliciente.

bribe (to) *tr.* sobornar, cohechar, comprar.

briber (brai·bøʳ) *s.* sobornador, cohechador.

bribery (brai·børi) *s.* soborno, cohecho, corrupción.

bric-a-brac (bric-a-brac) *s.* artículos de arte, antigüedades, chucherías.

brick (bric) *s*. ladrillo; ladrillos : ~ *clay*, ~ *earth*, barro para hacer ladrillos; ~ *hammer*, aciche: ~ *pavement*, suelo de ladrillo, enladrillado. 2 bloque, conglomerado [de carbón, etc.] : ~ *ice cream*, queso helado, bloque de helado; ~ *tea*, té prensado. 3 fam. persona excelente, simpática.

brick (to) *tr*. enladrillar. 2 orlar de ladrillos; tapar o construir con ladrillos. 3 dar forma de ladrillo.

brickbat (bri·cbæt) *s*. pedazo de ladrillo, tejoleta, tejuelo. 2 insulto o palabra hiriente.

brickkiln (bri·ckil) *s*. horno de ladrillero.

bricklayer (bri·cleiøʳ) *s*. albañil, enladrillador.

brickmaker (bri·cmeikøʳ) *s*. ladrillero.

brickmaking (bri·cmeiking) *s*. fabricación de ladrillos.

brick-red *adj*. de color de ladrillo.

brickwork (bri·cuøʳc) *s*. obra de ladrillo.

brickworks (bri·cuøʳcs) *s*. *pl*. ladrillar.

bricky (bri·ki) *adj*. ladrilloso.

brickyard (bri·kia'd) *s*. ladrillar.

bridal (brai·dal) *adj*. de la novia : ~ *robe*, traje de novia. 2 nupcial, de boda : ~ *bed*, lecho nupcial; ~ *song*, epitalamio; ~ *trip*, viaje de novios. — 3 *s*. boda, fiesta nupcial.

bride (braid) *s*. novia, desposada. 2 malla [del encaje]. 3 cinta [para atar la capota o el sombrero].

bridecake (brai·dkeic) *s*. torta o pastel de boda.

bridechamber (brai·dcheimbøʳ) *s*. cámara nupcial.

bridegroom (brai·dgrum) *s*. novio, desposado.

bridesmaid (brai·dsmeid) *s*. dama de honor, cada una de las jóvenes que forman el séquito de la novia en la boda.

bridesman (brai·dsmæn) *s*. padrino de boda.

bridewell (brai·duel) *s*. casa de corrección, prisión.

bridge (bridȳ) *s*. puente [para pasar de un punto a otro] : *draw* ~, puente levadizo; *suspension* ~, puente colgante; *swing* ~, puente giratorio; *transporter* ~, puente transbordador; ~ *of boats*, puente de barcas; ~ *toll*, pontazgo; ~ *truss*, ING. armadura de puente. 2 pieza o cosa que forma puente. 3 caballete [de la nariz]. 4 MÚS., ODON., QUÍM. puente. 5 MAR. puente plataforma estrecha]. 6 BILLAR violín. 7 bridge [juego]. 8 ELECT. puente, conexión en paralelo : *in* ~, en paralelo. 9 METAL. altar [de un horno]. 10 FERROC. puente de señales.

bridge (to) *tr*. pontear, tender un puente sobre. 2 salvar, cubrir, llenar [un espacio, un vacío]. 3 ayudar a salir de [una dificultad]. 4 ELECT. conectar en paralelo.

bridgehead (bri·dȳjed) *s*. MIL. cabeza de puente.

bridgeward (bri·dȳuøʳd) *s*. guardián de puente. 2 guarda principal de una llave.

bridgework (bri·dȳuøʳc) *s*. ING. construcción de puentes. 2 puente dental.

bridging (bri·dȳing) *s*. construcción de puentes, formación de puente. 2 ARQ. viguetas, traviesas.

bridle (brai·døl) *s*. brida [del caballo] : ~ *hand*, mano izquierda del jinete; ~ *path*, camino de herradura. 2 freno, sujeción. 3 ANAT. frenillo. 4 nombre de ciertas piezas, cuerdas, etc., que unen o sujetan. 5 MAR. poa.

bridle (to) *tr*. embridar. 2 refrenar, reprimir, dominar. 3 erguir [la cabeza]. — 4 *intr*. engallarse, erguirse, tomar un aire arrogante u ofendido. 5 obedecer a la brida.

bridler (brai·løʳ) *s*. refrenador.

bridoon (bri·dun) *s*. bridón [del caballo].

brief (brif) *adj*. breve, corto, sumario, sucinto, conciso, lacónico, seco. 2 fugaz, pasajero. — 3 *s*. breve [apostólico]. 4 resumen, sumario, compendio : *in* ~, en resumen, en pocas palabras. 5 DER. informe, relación, escrito : ~ *case*, ~ *bag*, cartera para documentos; *to hold no* ~ *for*, no abogar en favor de, no ser defensor de. 6 fam. asunto, pleito, cliente [de un abogado]. 7 MÚS. breve.

brief (to) *tr*. abreviar, compendiar. 2 tomar como abogado. 3 MIL. dar instrucciones breves a.

briefing (bri·fing) *s*. MIL. órdenes o instrucciones.

briefless (bri·flis) *adj*. sin pleitos [abogado].

briefly (bri·fli) *adv*. brevemente, concisamente, secamente; en resumen.

briefness (bri·fnis) *s*. brevedad, concisión, sequedad.

brier (brai·øʳ) *s*. BOT. escaramujo. 2 BOT. zarza; zarzal. 3 BOT. brezo. 4 pipa de brezo.

briery (brai·øri) *adj*. zarzoso, espinoso.

brig (brig) *s*. MAR. bergantín. 2 bricbarca. 3 calabozo [en buques de guerra].

brigade (briguei·d) *s*. brigada.

brigade (to) *tr*. reunir en brigada. 2 ordenar, clasificar.

brigadier (brigadi·øʳ) *s*. MIL. brigadier : ~ *general*, general de brigada.

brigand (bri·gand) *s*. bandido, bandolero.

brigandage (bri·gandidȳ) *s*. bandidaje, bandolerismo.

brigandine (bri·gandin) *s*. ARM. loriga, cota.

brigantine (bri·gantin) *s*. MAR. bergantín goleta.

bright (brait) *adj*. brillante. 2 lustroso : *to make* ~, dar lustre o brillo. 3 luminoso, nítido, resplandeciente. 4 claro, transparente, cristalino. 5 vibrante [sonido]. 6 vivo [color]. 7 claro, ilustre, glorioso, eximio. 8 alegre, feliz, halagüeño. 9 inteligente, agudo, perspicaz. 10 luminoso [pensamiento, idea]. 11 vivo, animado. — 12 *adv*. brillantemente; alegremente. — 13 *s*. poét. brillo, esplendor. 14 tabaco de color claro.

brighten (to) (brai·tøn) *tr*. abrillantar, dar brillo, pulir. 2 avivar [el color]. 3 ennoblecer, hacer ilustre. 4 animar, alegrar. 5 mejorar. — 6 *intr*. cobrar brillo. 7 alegrarse, avivarse, animarse. 8 aclararse [el semblante]; despejarse [el cielo]. | A veces con *up*.

bright-eyed *adj*. ojialegre, de ojos brillantes.

brightly (brai·tli) *adv*. brillantemente, lucidamente. 2 alegremente.

brightness (brai·tnis) *s*. brillo, brillantez, lustre, esplendor. 2 claridad, luz. 3 alegría, animación. 4 agudeza o viveza de ingenio.

brill (bril) *s*. ICT. rodaballo.

brilliance (bri·lians) *s*. brillo, brillantez, refulgencia.

brilliancy (bri·liansi) *s*. brillantez, fulgor, resplandor. 2 esplendor, lustre.

brilliant (bri·liant) *adj*. brillante. — 2 *s*. brillante [piedra]. 3 IMPR. tipo de 3 ½ puntos.

brilliantine (bri·liantin) *s*. brillantina [cosmético; tela].

brilliantly (bri·liantli) *adv*. brillantemente.

brilliantness (bri·liantnis) *s*. brillantez, brillo.

brim (brim) *s*. borde, orilla. 2 borde [de una vasija]. 3 ala [de sombrero].

brim (to) *tr*. llenar hasta el borde. 2 poner ala [a un sombrero]. — 3 *intr*. rebosar. 4 asomar [las lágrimas]. ¶ CONJUG. pret. y p. p. : *brimmed*; ger. : *brimming*.

brimful (bri·mful) *adj*. lleno hasta el borde, de bote en bote, rebosante.

brimless (bri·mlis) *adj*. sin borde o ala.

brimmer (bri·møʳ) *s*. copa o vaso lleno. 2 ola hinchada.

brimming (bri·ming) *adj*. lleno hasta el borde.

brimstone (bri·mstoun) *s*. azufre.

brindle (bri·ndøl) *s*. mancha, raya [en la piel de un animal, etc.]. 2 animal de piel manchada o rayada.

brindled (bri·ndøld) *adj*. manchado, rayado, mosqueado.

brine (brain) *s*. salmuera, agua cargada de sal. 2 agua salada; mar. 3 poét. lágrimas.

brine (to) *tr*. poner en salmuera.

brinepit (brai·npit) *s*. pozo de agua salada.

bring (to) (bring) *tr*. traer [llevar, conducir, hacer venir consigo]. 2 llevar, traer, atraer [hacer ir a un sitio]. 3 traer [a la memoria, al pensamiento]. 4 traer [como atributo, consecuencia o resultado], acarrear, producir, causar. 5 poner [en un estado, condición, etc.] o llevar a él : *to* ~ *into contact*, poner en contacto; *to* ~ *together*, juntar, unir, reunir. 6 llevar, inducir, persuadir. 7 DER. intentar [una acción]. 8 aportar, aducir. 9 rentar. 10 *to* ~ *about*, efectuar, realizar; lograr; traer, ocasionar; sacar [de una enfermedad], hacer volver [de un desmayo]. 11 *to* ~ *back*, traer de vuelta, devolver. 12 *to* ~ *down*, bajar, hacer caer, derribar; matar [la caza]; abatir, humillar, rebajar, reducir; atraer [la censura, el castigo, etc.]; continuar; *to* ~ *down the house*, provocar una tempestad de aplausos. 13 *to* ~ *forth*, producir, dar [fruto]; parir; dar a luz; poner de manifiesto, aducir. 14 *to* ~ *forward*, presentar, poner a la vista, aducir; COM. llevar a otra cuenta; *brought forward,* suma y sigue, suma anterior. *15 to ~ home,* probar de modo concluyente; hacer sentir o conocer por experiencia. *16 to ~ in,* entrar; importar; implantar, introducir [una moda, etc.]; producir, rentar; presentar [un proyecto, informe, etc.], pronunciar [un veredicto]; reducir, someter. *17 to ~ off,* llevar a término; librar de condena, rescatar. *18 to ~ on,* unir, soldar; producir, provocar; inducir. *19 to ~ out,* sacar; dar a luz; publicar; exponer, presentar, demostrar; poner en escena; emitir [un empréstito]; presentar en sociedad; atraer [gente]. *20 to ~ over,* traer, persuadir, convertir. *21 to ~ round,* hacer mudar de opinión; fam. devolver la salud. *22 to ~ to,* sacar de un desmayo; MAR. echar el ancla, poner al pairo. *23 to ~ to account,* exigir responsabilidades. *24 to ~ to bear,* aplicar, poner a contribución [una fuerza, un argumento, etc.]; apuntar, asestar. *25 to ~ under,* someter, sojuzgar. *26 to ~ up,* subir, elevar; criar, educar; hacer avanzar o acercarse; llevar ante; traer a discusión; parar, detener; pararse en seco. *27 to ~ up the rear,* ser el último, cerrar la marcha. *28 to ~ upon oneself,* acarrearse, buscarse, atraer sobre sí, incurrir en. ¶ CONJUG. pret. y p. p.: *brought.*

bringer (bri·ngø^r) *s.* portador [que trae].

bringing-up *s.* crianza, educación [de un niño].

brinish (brai·nish) *adj.* salado, salobre.

brink (bringc) *s.* borde, orilla, margen, extremidad. | *On the ~ of,* al borde de, a punto de.

briny (brai·ni) *adj.* salado, salobre: *the ~ deep,* fam. el mar, el charco.

briquette, briquet (brike·t) *s.* ladrillo de carbón.

brisk (brisc) *adj.* lleno de vida, vivaz, ágil, garboso. *2* activo, avispado. *3* vivo, animado, enérgico; ligero, rápido. *4* fresco [viento]. *5* efervescente [licor].

brisk up (to) *tr.* avivar, animar, activar, apresurar. — *2 intr.* animarse, apresurarse. *3* atildarse, componerse.

brisket (bri·skit) *s.* pecho [de una res].

briskly (bri·skli) *adv.* vivamente, aprisa.

briskness (bri·scnis) *s.* viveza, actividad, despejo, vivacidad, garbo, aire.

brisling (bri·sling) *s.* ICT. sardina noruega.

bristle (bri·søl) *s.* cerda, porcipelo; cosa que se le parece. *2 pl.* cerdamen [para brochas, etc.].

bristle (to) *tr.* erizar. — *2 intr.* erizarse. *3* erizar el pelo, etc. [un animal]. *4* encresparse, tomar una actitud resuelta o agresiva. *5 to ~ with,* estar erizado de.

bristletail (bri·sølteil) *s.* ENTOM. lepisma. *2* ORNIT. pato rojo de América.

bristly (bri·stli) *adj.* cerdoso, híspido, hirsuto.

Bristol (bri·støl) *n. pr.* GEOGR. Bristol: *~ board, ~ paper,* bristol [cartulina]; *~ brick,* piedra para limpiar cuchillos.

Britain (Great) (greit bri·tan) *n. pr.* GEOGR. Gran Bretaña.

Britanni (bri·tæni) *s. pl.* britanos.

Britannia (britæ·nia) *n. pr.* Britania, la Gran Bretaña, el imperio británico. — *2 s.* (con minúscula) metal blanco inglés.

Britannic (britæ·nic) *adj.* británico.

Britannicus (britæ·nicøs) *n. pr.* Británico.

Briticism (bri·tisišm) *s.* voz o modismo del inglés habiado en Inglaterra.

British (bri·tish) *adj.* británico. — *2 s.* britano, inglés. *3 pl. the ~,* los ingleses.

Britisher (bri·tishø^r) *s.* britano, inglés.

Briton (bri·tøn) *s.* britano [de la antigua Britania]. *2* britano, inglés.

Brittany (bri·tani) *n. pr.* Bretaña.

brittle (bri·tøl) *adj.* quebradizo, friable, deleznable. *2* bronco [metal]. *3* vidrioso, irritable. *4* ZOOL. ~ *star,* ofiuroideo.

brittleness (bri·tølnis) *s.* fragilidad, friabilidad, vidriosidad. *2* bronquedad [de un metal].

broach (brouch) *s.* espetón, asador, asa. *2* lezna, punzón. *3* CARP. broca, mecha. *4* púa [de carda]. *5* MEC. escariador. *6* desbastador [de cantero]. *7* [en una cerradura] espiga que entra en el agujero de la llave. *8* ARQ. aguja octogonal. *9* broche, prendedor. *10* incisión, perforación.

broach (to) *tr.* espetar, ensartar. *2* abrir, espitar [un tonel]; abrir, empezar, decentar. *3* escariar. *4* desbastar [una piedra]. *5* decir, hacer públi-

co, introducir, mencionar por primera vez. *6* verter [sangre]. — *7 intr.* MAR. salir a flor de agua [una ballena, un torpedo].

broad (brod) *adj.* ancho: *~ gauge,* FERROC. vía ancha; *~ pennant,* MAR. gallardetón, insignia; *as ~ as it is long,* que lo mismo da que sea o se haga de un modo que de otro. *2* anchuroso. *3* amplio, extenso, lato. *4* pleno, lleno, abierto: *in ~ day,* en pleno día. *5* claro, obvio: *~ hint,* insinuación clara, indirecta del Padre Cobos. *6* liberal, tolerante, comprensivo: *Broad Church,* secta o partido liberal de la Iglesia anglicana. *7* principal, esencial, general: *the ~ aspects,* los aspectos esenciales. *8* vulgar, grosero, indelicado, indecoroso, libre, atrevido. *9* cerrado, marcadamente dialectal [acento, pronunciación, lenguaje]. *10* FONÉT. abierta [vocal].

broadax, broadaxe (bro·dæcs) *s.* hacha de guerra. *2* hacha de carpintero; doladera.

broadbrim (bro·dbrim) *s.* sombrero de alas anchas. *2* fam. cuáquero.

broadbrimmer (bro·dbrimø^r) *s.* fam. cuáquero.

broadcast (bro·dcast) *s.* esparcimiento, difusión. *2* siembra al voleo. *3* radiodifusión. *4* emisión, programa radiado. — *5 adv.* esparcidamente, extensamente. — *6 adj.* esparcido, difundido. *7* radiado, radiodifundido.

broadcast (to) *tr.* esparcir en todas direcciones, propalar, difundir. *2* sembrar al voleo. *3* radiar, emitir [por radiotelefonía]. ¶ CONJUG. pret. y p. p.: *broadcast,* y también, refiriéndose a la radio, *broadcasted.*

broadcasting (bro·dcasting) *s.* radiodifusión, emisión por radio. — *2 adj.* de radiodifusión: *~ station,* emisora de radio.

broadcloth (bro·dcloz) *s.* paño fino de doble ancho.

broaden (to) (bro·døn) *tr.* ensanchar, ampliar, dilatar. *2 intr.* ensancharse, ampliarse, dilatarse.

broadening (bro·døning) *s.* ensanchamiento. — *2 adj.* ensanchador, que ensancha.

broad-faced *adj.* cariancho. *2* franco, no disimulado.

broadhorned (bro·djo^rnd) *adj.* corniabierto.

broadish (bro·dish) *adj.* algo ancho.

broad-leafed, broad-leaved *adj.* de hojas anchas.

broadloom (bro·dlum) *adj.* tejida en telar ancho y en color sólido [alfombra].

broadly (bro·dli) *adv.* ampliamente; de una manera general; liberalmente. *2* vulgarmente, groseramente.

broad-minded *adj.* liberal, tolerante, despreocupado.

broadness (bro·dnis) *s.* anchura, amplitud. *2* tolerancia. *3* vulgaridad, grosería.

broad-shouldered *adj.* de espaldas anchas, espaldudo.

broad seal (bro·dsil) *s.* sello público de un país o Estado. *2* símbolo de autoridad. *3* autorización.

broadside (bro·dsaid) *s.* MAR. costado [de un buque]. *2* MAR. andana, batería. *3* MAR. andanada. *4* fig. torrente [de injurias, etc.]. *5* cara o superficie uniforme y ancha. *6* IMPR. hoja suelta grande, impresa por una sola cara. *7* CINEM. lámpara o batería clara que ilumina fuertemente.

broadsword (bro·dso^rd) *s.* espadón, montante, espada ancha.

broadwise (bro·duaiš) *adv.* a o por lo ancho.

brocade (brokei·d) *s.* brocado. *2* polvo para broncear.

brocade (to) (brokei·d) *tr.* espolinar. *2* decorar con labor de brocado.

brocaded (brokei·did) *adj.* brochado, bordado en realce, adornado.

brocatel (bro·catel) *s.* brocatel.

brocatine (bro·catin) *s.* brocadillo.

broccoli (bro·coli) *s.* BOT. bróculi.

brochure (bro·shuø^r) *s.* folleto.

brock (broc) *s.* ZOOL. tejón.

brocket (bro·kit) *s.* ciervo de dos años.

brogan (brou·gæn) *s.* especie de abarca.

brogue (broug) *s.* especie de abarca. *2* acento dialectal, esp. el de los irlandeses cuando hablan inglés.

broil (broil) *s.* asado a la parrilla, a la llama. *2* calor intenso. *3* riña, alboroto, tumulto.

broil (to) *tr.* asar [a la parrilla, a la llama]. *2* achicharrar [calentar]. — *3 intr.* asarse, achicharrarse. *4* arder [en impaciencia].

broiler (broi·lø^r) *s.* pers. que asa. *2* COC. parrilla. *3* pollo asadero. *4* camorrista. *5* fam. día muy caluroso.

broiling (broi·ling) *adj.* ardiente, achicharrador.
brokage (brou·kidỹ) *s.* BROKERAGE.
broke (brouc) pret. de TO BREAK. — 2 *adj.* pop. arruinado, sin dinero.
broke (to) *intr.* poco us., hacer de corredor.
broken (brou·køn) p. p. de TO BREAK. — 2 *adj.* roto, quebrado, cascado, estropeado. 3 roturado. 4 quebrada [línea]. 5 quebrado, accidentado [suelo, terreno]. 6 suelto, disgregado. 7 interrumpido, discontinuo : ~ *sleep*, sueño interrumpido. 8 entrecortada [voz, palabras]. 9 chapurrado, mal pronunciado. 10 incompleto, fragmentario, imperfecto, desigual. 11 formado por restos o sobras : ~ *meat*, restos de comida. 12 decaído, quebrantado, debilitado. 13 arruinado, quebrado.
broken-backed *adj.* deslomado. 2 MAR. quebrantado [buque].
broken-down *adj.* abatido, decaído. 2 deshecho, descompuesto. 3 quebrantado. 4 decrépito. 5 arruinado.
broken-hearted *adj.* angustiado, abrumado por el dolor o la desesperación.
brokenly (brou·kønli) *adv.* interrumpidamente, a ratos. 2 entrecortadamente.
brokenness (brou·kønnis) *s.* discontinuidad, desigualdad.
broken-winded *adj.* corto de resuello.
broker (brou·kø') *s.* COM. corredor, agente : *bill* ~, corredor de cambios; *insurance* ~, agente de seguros. 2 bolsista. 3 (Ingl.) chamarilero; tasador y vendedor de muebles, etc., embargados.
brokerage (brou·køridỹ) *s.* COM. corretaje, correduría.
brolly (bro·li) *s.* fam. (Ingl.) paraguas.
bromal (brou·mal) *s.* QUÍM. bromal.
bromate (brou·meit) *s.* QUÍM. bromato.
bromate (to) *tr.* QUÍM. tratar con bromo.
bromatology (broumato·loỹi) *s.* bromatología.
brome grass (broum gras) *s.* BOT. bromo.
bromeliaceous (broumilie·shøs) *adj.* BOT. bromeliáceo.
bromic (brou·mic) *adj.* QUÍM. brómico.
bromide (brou·mid) o -maid) *s.* QUÍM. bromuro. ~ *paper*, FOT. papel al bromuro. 2 pop. persona soporífera, que sólo dice trivialidades. 3 pop. trivialidad.
bromidio (bromi·dic) *adj.* pop. trivial, soporífero.
bromıne (brou·min) *s.* QUÍM. bromo.
bromoform (brou·mofo'm) *s.* QUÍM. bromoformo.
bronchi (bro·nkai) *s. pl.* ANAT. bronquios.
bronchia (bro·nkia) *s. pl.* ANAT. bronquios; primeras subdivisiones de los bronquios.
bronchial (bro·nkial), **bronchic** (bro·nkic) *adj.* bronquial : *bronchial pneumonia*, bronconeumonía.
bronchiole (bro·nkiol) *s.* ANAT. bronquiolo.
bronchitis (bronkai·tis o -itis) *s.* MED. bronquitis.
bronchopneumonia (bronconiumou·nia) *s.* MED. bronconeumonía.
bronchotomy (bronco·tomi) *s.* CIR. traqueotomía.
bronchus (bro·nkøs) *s.* ANAT. bronquio.
bronco, broncho (bro·ncou) *s.* caballo pequeño o medio salvaje de Norteamérica : ~ *buster*, domador de esta clase de caballos; vaquero.
bronze (bronš) *s.* bronce. 2 color de bronce. — 3 *adj.* de bronce, bronceado : *Bronze Age*, edad de bronce; ~ *powder*, purpurina.
bronze (to) (bronš) *tr.* broncear. 2 endurecer. — 3 *intr.* broncearse.
bronze-colo(u)red *adj.* bronceado.
bronzing (bro·nšing) *s.* bronceado, bronceadura.
brooch (brouch) *s.* broche; alfiler de pecho [joya].
brood (brud) *s.* cría [de un animal], pollada, nidada, lechigada, camada. 2 empolladura [de las abejas]. 3 progenie. 4 casta, ralea. 5 grupo, bandada [de ciertas aves]. — 6 *adj.* clueca. 7 de cría [animal] : ~ *mare*, yegua madre o de cría; ~ *sow*, cerda de cría.
brood (to) *tr.* empollar, incubar. 2 preparar en secreto, tramar. 3 cubrir con las alas, cobijar; cuidar, acariciar. — 4 *intr.* encobar, encobarse. 5 estar sentada [un ave]. — 6 *tr.* e *intr.* meditar, cavilar : *to* ~ *on* o *over*, meditar, cavilar, rumiar [con preocupación, amargura, resentimiento, etc.].
brooder (bru·dø') *s.* clueca. 2 incubadora [de aves]. 3 rumión, caviloso.
broodiness (bru·dinis) *s.* cloquera.

broody (bru·di) *adj.* clueca : *to become* ~, enclocar, encloquecer. 2 caviloso, melancólico.
brook (bruc) *s.* arroyo, riachuelo. 2 (EE. UU.) cañada. 3 BOT. ~ *mint*, menta acuática.
brook (to) *tr.* sufrir, aguantar, tolerar.
brooklet (bru·klit) *s.* arroyuelo.
brooklime (bru·klaim) *s.* BOT. becabunga.
brooky (bru·ki) *adj.* lleno de arroyos.
broom (brum) *s.* escoba [para barrer]. 2 BOT. escoba, retama negra o de escobas. 3 BOT. brezo.
broomcorn (bru·mco'n) *s.* BOT. sorgo, zahina.
broommaker (bru·mmeikø') *s.* escobero.
broomrape (bru·mreip) *s.* BOT. orobanca.
broomstaff (bru·mstæf), **broomstick** (bru·mstic) *s.* palo de escoba.
broomy (bru·mi) *adj.* retamoso.
broth (broz) *s.* COC. caldo. 2 caldo [de cultivo].
brothel (bro·del) *s.* burdel, lupanar, mancebía.
brother (brø·ðø') *s.* hermano : *brother-german*, hermano de doble vínculo; *brother-in-law*, cuñado; *forster* ~, hermano de leche; *half* ~, medio hermano; *stepbrother*, hermanastro; *Brother Jonathan*, fig. niel. el hermano Jonatás (los EE. UU.). 2 cofrade, colega, camarada. 3 hermano, fraile : *Brothers of the Christian Schools*, hermanos de las Escuelas Cristianas.
brother (to) *tr.* tratar o recibir como a un hermano. 2 llamar hermano, tratar de hermano.
brotherhood (brø·ðø'jud) *s.* hermandad, hermanazgo; fraternidad, confraternidad. 2 hermandad, cofradía.
brother-in-law *s.* cuñado, hermano político.
brotherless (brø·ðø'lis) *adj.* que no tiene hermanos.
brotherlike (brø·ðø'laic) *adj.* fraternal.
brotherliness (brø·ðø'linis) *s.* fraternidad, espíritu fraternal.
brotherly (brøðø'li) *adj.* fraterno. 2 fraternal. — 3 *adv.* fraternalmente.
brougham (bru·am) *s.* berlina [coche; automóvil].
brought (brot) pret. y p. p. de TO BRING.
brow (brau) *s.* ANAT. ceja. 2 frente, entrecejo : *to knit one's* ~, arrugar la frente. 3 rostro, semblante, expresión. 4 cresta, cima, cumbre; borde [de un precipicio]; parte alta o saliente.
browbeat (to) (brau·bıt) *tr.* intimidar, humillar, aturrullar [con mirada ceñuda o con palabras duras o arrogantes]. ¶ CONJUG. pret.: *browbeat*; p. p.: *browbeaten*.
browbeating (brau·bıting) *s.* mirada ceñuda, intimidación, amenaza. — 2 *adj.* ceñudo.
brown (braun) *adj.* pardo, moreno, castaño, bazo : ~ *bear*, oso pardo; ~ *Betty*, budín de manzana y migas de pan; ~ *bread*, pan bazo o moreno; ~ *coal*, lignito; ~ *paper*, papel de estraza o de embalar; ~ *race*, raza cobriza; ~ *rat*, rata de alcantarilla; ~ *shirt*, camisa parda [nazi]; ~ *study*, estado de ensimismamiento, de meditación profunda : *in a* ~ *study*, ensimismado, absorto en sus pensamientos. — 2 *s.* pardo, castaño, moreno [color]. 3 pop. *to do* ~, *to do up* ~, estafar, engañar como a un chino. 4 pop. *to do up* ~, dar una paliza; hacer completamente, hasta el último detalle.
brown (to) *tr.* atezar, poner moreno, obscurecer. 2 COC. tostar, dorar. 3 broncear, pavonar. — 4 *intr.* tostarse.
brown-bearded *adj.* barbicastaño.
brown-complexioned *adj.* de cutis moreno.
brown-eyed *adj.* ojimoreno, de ojos castaños.
brownie (brau·ni) *s.* duende benéfico. 2 dulce de chocolate y nueces.
browning (brau·ning) *s.* pistola automática.
brownish (brau·nish) *adj.* pardusco, que tira a moreno.
brownness (brau·nnis) *s.* color pardo o moreno.
brownout (brau·naut) *s.* apagamiento parcial de las luces para ahorro de flúido eléctrico.
brownstone (brau·nstoun) *s.* arenisca de color pardo rojizo.
brownwort (brau·nuø't) *s.* BOT. escrofularia.
browse (brauš) *s.* pimpollos, hojas tiernas [que roza el ganado]. 2 roza, ramoneo.
browse (to) *tr.* rozar, ramonear. 2 pacer. — 3 *intr.* y *tr.* hojear [un libro]; curiosear [en una biblioteca, tienda, etc.]. | A veces con *about*, *around* u *on*.
browsing (brau·šing) *s.* roza, ramoneo.
brucine (bru·sin) *s.* QUÍM. brucina.
brucite (bru·sait) *s.* MINER. brucita.
bruin (bruin) *s.* oso [en los cuentos populares].

bruise (bruš) s. magulladura, cardenal, contusión. 2 machucadura, abolladura. 3 maca [en la fruta]. 4 herida [moral].
bruise (to) tr. magullar, contundir. 2 machucar, abollar. 3 majar, machacar; triturar. 4 herir [los sentimientos].
bruiser (bru·šøʳ) s. púgil, boxeador. 2 machacador, majador.
bruising (bru·šing) s. boxeo. 2 majadura, machacadura.
bruit (brut) s. ant. rumor, noticia. 2 MED. ruido que se percibe en la auscultación.
bruit (to) tr. esparcir, publicar, divulgar.
brumal (bru·mal) adj. brumal, invernal.
brume (brum) s. bruma, neblina.
brumous (bru·møs) adj. brumoso.
brunet (brune·t), f. **brunette** (brune·t) adj. y s. moreno, trigueño.
brunt (brønt) s. fuerza [de un golpe o ataque]; choque, embate; lo más fuerte o reñido [de una lucha, etc.].
brush (brøsh) s. cepillo, escobilla, bruza. 2 brocha, pincel. 3 ELECT. escobilla. 4 hopo, rabo peludo. 5 cepilladura, frote, roce. 6 ramojo, chasca, broza. 7 matorral, maleza, monte bajo. 8 escaramuza, encuentro.
brush (to) tr. cepillar, frotar, restregar; pasar la brocha, el pincel : to ~ off or away, quitar cepillando o frotando; to ~ up, cepillar, limpiar; repasar; refrescar [un conocimiento, etc.]. 2 IMPR. bruzar. 3 rozar, rasar, empujar [al pasar]. 4 to ~ aside, desechar, apartar, echar a un lado. — 5 intr. pasar ligeramente, pasar rozando.
brusher (brø·shøʳ) s. acepillador, limpiador, bruzador.
brushmaker (brø·shmeikøʳ) s. brucero.
brushwood (brø·shwud) s. hornija, ramojo, broza. 2 matorral, zarzal.
brushwork (brø·shuøʳc) s. pincel [estilo de un pintor].
brushy (brø·shi) adj. matoso. 2 hirsuto.
brusk (brøsc), **brusque** (brusc) adj. brusco, rudo.
brusque (to) (brusc) tr. tratar con rudeza.
brusqueness (bruscnis) s. brusquedad.
Brussels (brø·šelš) n. pr. GEOGR. Bruselas : ~ lace, encaje de Bruselas; ~ sprouts, bretones, coles de Bruselas.
brutal (bru·tal) adj. brutal, bestial, cruel, inhumano.
brutality (brutæ·liti) s. brutalidad, crueldad.
brutalize (to) (bru·talaiš) tr. volver brutal, inhumano; tratar brutalmente. — 2 intr. bestializarse.
brutally (bru·tali) adv. brutalmente.
brute (brut) s. bruto [animal]. 2 bruto [pers. brutal]. — 3 adj. brutal, bestial, bruto. 4 ciego, inconsciente [como las fuerzas de la naturaleza].
brutify (bru·tifai) tr. embrutecer. — 2 intr. embrutecerse.
brutish (bru·tish) adj. abrutado, brutal, bestial. 2 estúpido, irracional. 3 sensual, grosero.
brutishly (bru·tishli) adv. brutalmente, bestialmente. 2 estúpidamente.
brutishness (bru·tishnis) s. brutalidad, bestialidad. 2 estupidez. 3 sensualidad, salacidad.
brutism (bru·tišm) s. bruteza, brutalidad.
bryology (braio·loÿi) s. briología.
bryony (bra·ioni) s. BOT. brionia, nueza.
bryophyte (bra·iofait) s. BOT. briofita.
bryozoan (braiozou·an) adj. y s. ZOOL. briozoo.
bub (bøb), **bubby** (bø·bi) s. (EE. UU.) fam. hermanito. 2 chiquillo.
bubal, bubale (biu·bal) **bubalis** (biu·balis) s. ZOOL. búbalo.
bubble (bø·bøl) s. burbuja, ampolla, pompa : ~ tube, tubo del nivel de aire; este mismo nivel. 2 borbollón, borbolleo. 3 quimera, ilusión, cosa vana; engañifa. 4 ~ gum, chicle hinchable.
bubble (to) intr. burbujear, borbollar, borbotar; hacer espuma, bullir, hervir. 2 murmurar [el río], gorjear [las aves]. 3 to ~ over, rebosar [de gozo, etc.]; estar en efervescencia. 4 to ~ up, ampollarse.
bubbler (bø·bløʳ) s. surtidor de agua para beber.
bubbling (bø·bling) adj. burbujeante. — 2 s. burbujeo.
bubbly (bø·bli) adj. burbujeante, espumoso.
bubby (bø·bi) s. fam. (EE. UU.) chiquillo.
bubo (biu·bo) s. MED. bubón. 2 pl. buboes, bubas.
bubonic (biubo·nic) adj. bubónico.

buccal (bø·cal) adj. bucal.
buccaneer (bøcani·øʳ) s. bucanero.
buccinator (bø·csineitøʳ) s. ANAT. bucinador.
bucentaur (biuse·ntoʳ) s. bucentauro.
Bucephalus (biuse·faløs) n. pr. Bucéfalo. 2 fam. caballo malo, penco.
Bucharest (biucare·st) n. pr. GEOGR. Bucarest.
buck (bøc) s. ZOOL. cabrón, macho cabrío. 2 ZOOL. gamo. 3 macho de ciertos animales [antílope, conejo, liebre, etc.]. 4 petimetre. 5 (EE. UU.) indio o negro. 6 lejía, colada. 7 salto de carnero, sorcovo. 8 potro [de gimnasio]. 9 banquillo de aserrar. 10 caja [de carruaje]. 11 fam. dólar. 12 ~ private, (EE. UU.) soldado raso, recluta. 13 (EE. UU.) to pass the ~, echarle [a uno] el mochuelo.
buck (to) tr. colar [la ropa]. 2 topetar, acornear. 3 tirar al jinete [el caballo]. 4 romper [mineral] con martillo. 5 hacer frente, resistir. 6 MIL. castigar atando los codos, muñecas y rodillas. — 7 intr. dar un salto de carnero, corcovear. 8 ELECT. ser contrario. 9 to ~ against, embestir, luchar contra. — 10 tr. e intr. animar, dar ánimo; animarse, cobrar ánimo; dar prisa, darse prisa; acicalarse.
buckaroo (bø·caru o bøcaru·) s. (EE. UU. y Can.) domador de caballos; vaquero.
buckbean (bø·cbin) tr. BOT. trébol acuático.
buckboard (bø·cbo·d) s. (EE. UU.) coche de cuatro ruedas, con una plataforma elástica sobre la cual va el asiento.
bucket (bø·kit) s. cubo, pozal, herradura, cubeta, balde : to give the ~, fig. despedir, poner de patitas en la calle; to kick the ~, estirar la pata, morir. 2 contenido de un cubo, balde, etc. 3 arcaduz, cangilón [de noria, etc.]; paleta, álabe [de turbina o rueda hidráulica]: ~ chain, cadena o transportador de cangilones; ~ wheel, rueda de cangilones, noria. 4 cada uno de los discos o válvulas de una bomba de rosario. 5 cuchara, cubo [de excavadora, draga, grúa, etc.]. 6 cuja [para la lanza]. 7 ~ shop, (Ingl.) oficina o despacho de un zurupeto; (EE. UU.) despacho u oficina donde, en forma de transacciones ficticias, se hacen apuestas sobre la cotización de los valores o de ciertos productos (es negocio prohibido por la ley).
bucket (to) tr. sacar [agua] con cubo, cangilón, etc. 2 echar encima el agua de un cubo, una herrada, etc. 3 hacer correr [un caballo] sin piedad. 4 pop. estafar. — 5 intr. galopar o correr desesperadamente. 6 remar con ahinco. 7 dirigir un bucket shop.
bucketful (bø·kitful) s. cubo, balde, herrada [contenido].
buckeye (bø·cai) s. BOT. castaño de Indias.
buckle (bø·køl) s. hebilla, arricés. 2 comba, alabeo, pandeo.
buckle (to) tr. abrochar [con hebilla], enhebillar. 2 embrazar [el escudo]. 3 combar, alabear. — 4 intr. combarse, alabearse, pandear. 5 to ~ for, prepararse para. 6 to ~ to o to ~ down to, dedicarse con ardor o empeño a. 7 to ~ with, luchar con.
buckler (bø·cløʳ) s. broquel, rodela, escudo.
buckling (bø·cling) s. comba, pandeo. 2 arenque ahumado de gran tamaño.
buckram (bø·cram) s. zangala, entretela. 2 bocací. 3 tiesura, excesiva formalidad.
bucksaw (bø·cso) s. sierra de bastidor.
buckshot (bø·cshot) s. posta [perdigón].
buckskin (bø·cskin) s. ante [piel]. 2 pl. calzones de ante o de badana. — 3 adj. de ante o que lo parece : ~ cloth, tela gruesa de lana.
buckthorn (bø·czo·n) s. BOT. espino cerval, espino negro, cambrón. 2 BOT. arraclán. 3 BOT. aladierna.
bucktooth (bø·ctuz) s. diente saliente.
buckwheat (bø·cjuit) s. BOT. alforfón, trigo sarraceno. 2 ~ coal, antracita menuda.
bucolic (biuco·lic) s. bucólica [poema].
bucolic(al (biuco·lic(al) adj. bucólico.
bucrane (bø·cræn) s. bucráneo.
bud (bød) s. BOT. yema, botón, brote, pimpollo, capullo : in the ~, fig. en germen, en su principio. 2 fig. pimpollo, jovencita, joven que se pone de largo. 3 BIOL. yema. 4 ANAT., ZOOL. pequeña protuberancia.
bud (to) intr. brotar, abotonar, pimpollecer, florecer. 2 empezar a crecer, a desarrollarse. —

3 tr. AGR. injertar de escudete. ¶ CONJUG. pret.
y p. p.: *budded;* ger.: *budding.*
Buddha (bu·da) *n. pr.* Buda.
Buddhic (bu·dic) *adj.* búdico.
Buddhism (bu·dišm) *s.* budismo.
Buddhist (bu·dist) *adj.* y *s.* budista.
Buddhistic (budi·stic) *adj.* búdico.
budding (bø·ding) *adj.* en capullo, en ciernes.
2 que promete, que empieza a distinguirse. —
3 s. BOT. acción de brotar o abotonar. *4* ZOOL.
gemación.
buddle (bø·døl) *s.* MIN. artesa, lavadero.
buddle (to) *tr.* lavar [minerales].
buddy (bø·di) *s.* fam. (EE. UU.) camarada, compañero. *2* fam. niño, muchachito.
budge (bødẏ) *s.* piel de cordero [en peletería]. —
2 adj. adornado con piel de cordero. *3* grave, solemne, pomposo.
budge (to) *tr.* mover. — *2 intr.* moverse, menearse: *he did not dare to* ~, no se atrevía a
moverse.
budget (bø·dẏit) *s.* presupuesto [de gastos e in-
gresos]. *2* saco [de noticias, etc.].
budget (to) *tr.* presuponer, presupuestar.
budgetary (bø·dẏøteri) *adj.* presupuestario.
buff (bøf) *adj.* de ante: ~ *coat,* coleto de ante;
soldado que lo llevaba. *2* anteado. *3* firme. —
4 s. an⁺a [piel]. *5* rueda pulidora. *6* fam. la
piel desnuda: *in* ~, en cueros.
buff (to) *tr.* dar color de ante, curtir como el
ante. *2* pulir con ante, pulimentar. *3* parar [un
golpe], amortiguar [un choque].
buffalo (bø·falou), *pl.* **-loes** o **-los** (-løs, -lous) *s.*
ZOOL. búfalo [del Asia y el África]. *2* búfalo,
bisonte americano: ~ *robe,* piel de búfalo con
su pelo. *3* ORNIT. ~ *bird,* garrapatero. *4* ICT.
nombre de varios peces norteamericanos de agua
dulce. *5* BOT. ~ *grass,* hierba de la pradera.
buffalo (to) *tr.* fam. (EE. UU.) confundir, intimidar, impresionar.
buffer (bø·fø⁻) *s.* pulidor, rueda de pulir. *2* pulidor [pers.]. *3* MEC. amortiguador [de choques];
FERROC. tope: ~ *block,* tope; ~ *state,* fig.
estado tapón, país situado entre dos naciones
rivales. *4* pop. individuo.
1) **buffet** (bø·fit) *s.* bofetada, manotada. *2* embate,
golpe [del viento, de la adversidad, etc.].
2) **buffet** (bufei·) *s.* aparador [mueble], chinero. *2*
ambigú: ~ *lunch,* ~ *supper,* ambigú, comida
en que cada cual se sirve. *3* cantina, bar, restaurante [de estación, etc.]: ~ *car,* FERROC.
coche bar. *4* MÚS. caja [de órgano].
buffet (to) (bø·fit) *tr.* abofetear, pegar, golpear.
2 [dicho de las olas, el destino, etc.] combatir,
sacudir, llevar de un lado a otro. *3* luchar contra [las olas, etc.]. — *4 intr.* pelear a puñadas.
buffeter (bø·fetø⁻) *s.* abofeteador. *2* boxeador.
buffeting (bø·feting) *s.* paliza, mano de bofetadas.
buffing (bø·fing) *s.* cuero para encuadernación.
— *2 adj.* de pulir: ~ *wheel,* rueda pulidora.
3 amortiguador: ~ *block,* FERROC. tope: ~ *spring,*
resorte amortiguador.
buffoon (bøfu·n) *s.* bufón, payaso: *to act* o
play the ~, hacer el bufón, chocarrear. — *2
adj.* bufón.
buffoon (to) *intr.* hacer el bufón. *2 tr.* bufonearse, ridiculizar.
buffoonery (bøfu·nøri) *s.* bufonada, chocarrería.
buffoonlike (bøfu·nlaic), **buffoonish** (bøfu·nish)
adj. bufonesco, chocarrero.
buffy (bø·fi) *adj.* anteado.
bug (bøg) *s.* ENTOM. insecto heteróptero. *2* fam.
insecto, animalito, bicho. *3* vulg. (Ingl.) chinche
[parásito del hombre]. *4* pop. microbio. *5* defecto [en un aparato o en su funcionamiento].
6 pop. chiflado; entusiasta; manía, chifladura: *to be a* ~ *for,* ser entusiasta de. *7* fig.
big ~, personaje, señorón.
bugaboo (bø·gabu) *s.* coco, bu, espantajo.
bugaboo (bø·gabu), **bugbear** (bø·gbe⁻) *s.* coco, bu,
espantajo.
buggy (bø·gui) *adj.* infestado de bichos. *2* pop.
loco, chiflado. — *3 s.* calesa, coche ligero. *4*
FERROC. (EE. UU.) furgón de cola.
bughouse (bø·gjaus) *s.* pop. (EE. UU.) manicomio.
— *2 adj.* pop. (EE. UU.) loco.
bugle (biu·gøl) *s.* MIL. trompeta, clarín, corneta:
~ *call,* toque ·o llamada de clarín o corneta. *2*
MÚS. bugle. *3* cuerno de caza, bocina (llamado
también ~ *horn*). *4* BOT. consuelda menor. *5*

cañutillo [abalorio]. — *6 adj.* de cañutillos o
abalorios.
bugler (biu·glø⁻) *s.* trompeta, clarín, corneta
[persona].
bugloss (biu·glos) *s.* BOT. buglosa, lengua de buey.
2 BOT. raspilla.
buhl (bul), **buhlwork** (bu·lwø⁻c) *s.* taracea [in-
crustación]: ~ *saw,* segueta.
buhrstone (bø⁻·stoun) *s.* BURRSTONE.
build (bild) *s.* estructura. *2* hechura, forma, figura, talle.
build (to) *tr.* construir, edificar, labrar, erigir,
levantar. *2* fabricar, crear. *3* fundar, cimentar.
4 to ~ *in,* rodear de una construcción. *5 to*
~ *up,* edificar [poco a poco]; reconstruir; armar, formar de piezas; desarrollar, vigorizar;
tapiar [una abertura]: crear [una atmósfera,
etc.]; elevar el voltaje de. — *6 intr. to* ~ *on* o
upon, construir sobre, contar con, confiar en.
¶ CONJUG.: pret. y p. p.: *built.*
builder (bi·ldø⁻) *s.* constructor, edificador. *2* maestro de obras.
building (bi·lding) *s.* construcción, edificación,
erección, fundación, formación. *2* edificio, casa,
pabellón, fábrica, obra. — *3 adj.* de o para la
construcción o edificación: ~ *and loan association,* sociedad de crédito para la construcción; ~ *lot,* solar; ~ *site,* terreno para construir; ~ *trade,* ramo de la construcción.
build-up *s.* formación, acumulación. *2* propaganda
anticipada [de alguien o algo].
built (bilt) pret. y p. p. de TO BUILD.
built-in *adj.* que forma parte de la construcción,
hecho en la construcción misma, no movible
o portátil.
built-up *adj.* hecho de varias piezas unidas; armado, montado.
bulb (bølb) *s.* BOT. bulbo, cebolla. *2* BOT. raíz tuberosa. *3* BOT. planta bulbosa. *4* ANAT. bulbo.
5 bola, depósito [de termómetro o barómetro].
6 ELECT. bombilla, lámpara. *7* pera de goma [de
jeringa, pipeta, pulverizador, etc.]: ~ *syringe,*
jeringa de pera. *8* expansión, protuberancia redondeada.
bulb (to) *intr.* BOT. echar bulbos. *2* hincharse,
tomar forma de bulbo.
bulbar (bø·lba⁻) *adj.* bulbar.
bulbil (bø·lbil) *s.* BOT., ANAT. bulbo pequeño.
bulbous (bø·lbøs) *adj.* bulboso.
Bulgaria (bølgue·ria) *n. pr.* GEOGR. Bulgaria.
Bulgarian (bølgue·rian) *adj.* y *s.* búlgaro.
bulge (bølẏ) *s.* bulto, protuberancia, abolladura,
pandeo. *2* pop. ventaja [que se lleva]: *to get
the* ~ *on one,* llevar ventaja a uno. *3* BILGE.
bulge (to) *intr.* hacer bulto, hacer barriga, pandearse. *2* hacer agua [el buque]. — *3 tr.* abultar, hacer pandear.
bulginess (bø·lẏinis) *s.* bulto, pandeo. *2* ARQ. desplome.
bulgy (bø·lẏi) *adj.* abultado, prominente, pandeado.
bulimia (biuli·mia) *s.* bulimia.
bulk (bølc) *s.* bulto, volumen, tamaño, corpulencia. *2* mole, balumba. *3* fuerza, importancia. *4*
la mayor parte, el grueso. *5* MAT. cabida, carga
[de un buque]. *6* cajón, puesto [en el exterior
de una tienda]. *7 in* ~, a granel [sin envase],
suelto; en grandes cantidades, en grueso.
bulk (to) *tr.* abultar, hacer bulto. *2* pesar, tener importancia. *3 to* ~ *up,* abultarse, crecer.
— *4 tr.* amontonar. *5* envolver en su masa. *6*
estimar la capacidad o carga [de un buque].
bulkhead (bø·lkjed) *s.* MAR. mamparo. *2* tabique
hermético o de contención. *3* malecón, muro de
contención ribereño. *4* rampa que da acceso a
una bodega, sótano, etc.
bulkiness (bø·lkinis) *s.* bulto, volumen, magnitud.
bulky (bø·lki) *adj.* abultado, voluminoso, macizo,
pesado, difícil de manejar.
bull (bul) *s.* ZOOL. toro: *young* ~, novillo; *to
take the* ~ *by the horns,* embestir resueltamente una dificultad. *2* ZOOL. macho del elefante,
el alce, la ballena, la morsa, la foca, etc. *3*
COM. alcista. *4* pop. (EE. UU.) detective. *5* bula
[pontificia]. *6* diana [de un blanco]. *7* chiste
basado en una absurdidad, pata de gallo. *8* palabrería pomposa, faramalla. *9* ASTR. (con mayúscula) Tauro. — *10 adj.* de toro, para los
toros: ~ *calf,* ternero; ~ *ring,* plaza de toros,
redondel. *11* macho [animal]: ~ *moose,* alce

macho; fig. fam. (EE. UU.) progresista [miembro de un partido fundado por Teodoro Roosevelt]. *12* COM. alcista : ~ *account*, cuenta de especulación al alza.

bull (to) (bul) *tr.* cubrir [el toro a la vaca]. *2* COM. tratar de hacer subir un valor o los valores; jugar al alza con : *to* ~ *the market*, hacer subir la Bolsa. *3* pop. (EE. UU.) chafallar, chapucear, hacer mal [una cosa].

bulla (bu·la) *s.* bula [de los romanos]. *2* bula [sello]. *3* MED. flictena.

bullary (bu·læri) *s.* bulario.

bullbaiting (bu·lbeiting) *s.* lucha de perros y toros.

bulldog (bu·ldog) *s.* buldog, dogo [perro]. *2* revólver de gran calibre. — *3 adj.* porfiado, terco. *4* valiente.

bulldoze (to) (bu·ldouš) *tr.* (EE. UU.) intimidar, coaccionar.

bulldozer (bu·ldoušø') *s.* (EE. UU.) valentón. *2* máquina empujadora.

bullet (bu·lit) *s.* bolita. *2* bala [de fusil, pistola, etc.] : ~ *mould*, balero, turquesa; ~ *screw*, sacabalas. *3* plomo [de la caña de pescar].

bulletin (bu·litin) *s.* boletín. *2* comunicado.

bulletin-board *s.* tablilla [de anuncios].

bullet-proof *adj.* a prueba de balas.

bull-faced *adj.* cariancho.

bullfight (bu·lfait) *s.* corrida de toros, lidia.

bullfighter (bu·lfaitø') *s.* torero, diestro : *bullfighter's garb*, traje de luces.

bullfighting (bu·lfaiting) *s.* tauromaquia, toreo, toros.

bullfinch (bu·lfinch) *s.* ORNIT. pinzón real.

bullfrog (bu·lfrog) *s.* ZOOL. rana mugidora.

bullhead (bu·ljed) *s.* nombre de varios peces de cabeza grande. *2* ORNIT. chorlito. *3* fam. tonto, cabezota.

bullheaded (bu·ljedid) *adj.* de cabeza grande o ancha, de cabeza de toro. *2* obstinado, terco.

bullion (bu·lion) *s.* oro o plata en barras. *2* galón, pasamanería de oro o plata. *3* COM. metálico.

bullish (bu·lish) *adj.* de toro. *2* obstinado. *3* disparatado. *4* COM. en alza, alcista.

bullock (bu·løc) *s.* ZOOL. buey.

bullpen (bu·lpen) *s.* toril. *2* corral o encierro para uno o más toros.

bull-roarer *s.* bramadera [juguete].

bull's-eye (bu·lšai) *s.* claraboya o tragaluz redondo. *2* diana [de un blanco]. *3* tiro que da en el blanco. *4* linterna sorda. *5* ARQ., MAR. ojo de buey. *6* mancha, ornamento en forma de ojo. *7* motón ciego. *8* (con may.) ASTR. aldebarán.

bully (bu·li) *adj.* fam. magnífico, excelente. — *2 interj.* ~ *for you!*, ¡bravo !, ¡muy bien ! — *3 s.* jaque, matón, valentón; el que es duro o cruel con los débiles. *4 bully* o ~ *beef*, carne de vaca en conserva.

bully (to) *tr.* intimidar con gritos, bravatas o amenazas; maltratar [a los débiles] : *to* ~ *someone into something*, obligar a uno, con gritos y amenazas, a que haga una cosa. — *2 intr.* bravear, fanfarronear. ¶ CONJUG. pret. y p. p. : *bullied*.

bulrush (bu·lrøsh) *s.* BOT. anea, espadaña. *2* BOT. junco; junco de lagunas. *3* BIBL. papiro.

bulrushy (bu·lrøshi) *adj.* juncoso.

bulwark (bu·lwæ·c) *s.* FORT. baluarte, parapeto. *2* fig. baluarte, defensa. *3* rompeolas. *4* MAR. antepecho, amurada.

bulwark (to) *tr.* abaluartar, fortificar con baluarte. *2* proteger, defender.

bum (bøm) *s.* pop. (EE. UU.) jolgorio, juerga, parranda; jira. *2* pop. (EE. UU.) holgazán, vago, borrachín; gorrón, sablista; mendigo. *3* vulg. trasero, culo. — *4 adj.* pop. malo, de mala calidad; inservible: *to feel* ~, sentirse indispuesto.

bum (to) pop. (EE. UU.) beber, emborracharse. *2* pop. (EE. UU.) holgazanear, ir de parranda; vivir a costa ajena; sablear, mendigar. — *3 tr.* pop. (EE. UU.) obtener [algo] de gorra. ¶ CONJUG. pret. y p. p. : *bummed*; ger. : *bumming*.

bumbailiff (bømbei·lif) *s.* alguacil.

bumblebee (bø·mbølbi) *s.* ENTOM. abejarrón, abejorro.

bumboat (bø·mbout) *s.* MAR. bote vivandero.

bumf (bømf) *s.* pop. papel sánico. *2* pop. papeles, documentos.

bumkin (bø·mkin) *s.* BUMPKIN.

bummer (bø·mø') *s.* (EE. UU.) holgazán, gorrón.

bump (bømp) *s.* choque, golpe, encontrón, coscorrón, porrazo, batacazo. *2* chichón; protuberancia, giba. *3* salto, sacudida [del avión]. *4* grito del avetoro.

bump (to) *tr.* topetar, chocar con, hacer chocar o dar contra; golpear. — *2 intr.* topar, chocar. *3* gritar [el avetoro]. — *4 tr.* e *intr.* pop. *to* ~ *off*, despachar, matar; morir.

bumper (bø·mpø') *s.* lo que da golpes. *2* parachoques. *3* FERROC. tope [de final de línea]. *4* copa o vaso lleno. — *5 adj.* fam. grande, excelente; abundante.

bumpkin (bø·mpkin) *s.* MAR. pescante; tangón; botalón de popa. *2* palurdo, patán.

bumptious (bø·mpshøs) *adj.* presuntuoso, engreído.

bumptiousness (bø·mpshøsnis) *s.* presunción, engreimiento.

bumpy (bø·mpi) *adj.* abollado. *2* desigual, que tiene muchos baches [terreno, camino]. *3* agitado [aire].

bun (bøn) *s.* bollo [panecillo]. *2* castaña [de pelo]. *3* rabo [de conejo o liebre]. *4* conejo o ardilla. *5* (EE. UU.) pop. borrachera.

bunch (bønch) *s.* manojo, atado, ramillete, haz, mazo, ristra. *2* racimo. *3* macolla. *4* grupo, manada, hato. *5* chichón, protuberancia, giba. *6* pop. ~ *of fives*, el puño, la mano.

bunch (to) *tr.* agrupar, juntar, amanojar, arracimar. — *2 intr.* juntarse, arracimarse, amacollarse.

bunchberry (bø·nchberi) *s.* BOT. cornejo enano del Canadá. *2* BOT. (Ingl.) variedad de zarzamora.

bunchiness (bø·nchinis) *s.* calidad de lo que forma manojo, racimo o macolla.

bunchy (bø·nchi) *adj.* amanojado, amacollado, racimoso. *2* giboso. *3* MIN. irregular [filón].

bunco (bø·nco) *s.* fam. trampa, estafa.

bunco (to) *tr.* fam. estafar, trampear.

buncombe (bø·ncøm) *s.* discurso o palabrarería insincera, faramalla.

bundle (bø·ndøl) *s.* atado, manojo, mazo, haz. *2* fardo, bulto, envoltorio, paquete, lío, fajo.

bundle (to) *tr.* liar, atar, empaquetar, envolver : *to* ~ *up*, arropar bien. — *2 tr.* e intr. *to* ~ *off* o *out*, enviar, despedir [a uno] precipitadamente, sin ceremonias; salir precipitadamente.

bung (bøng) *s.* tapón [de tonel].

bung (to) *tr.* tapar [un tonel]. *2* cerrar, obstruir. *3* pop. lanzar con fuerza. *4* pop. magullar, inutilizar a golpes.

bungalow (bø·ngalou) *s.* casa de construcción ligera, de una sola planta y con veranda.

bunghole (bø·ngjoul) *s.* boca [de tonel].

bungle (bø·ngøl) *s.* chapucería, torpeza, obra mal hecha.

bungle (to) *tr.* chafallar, estropear, hacer torpemente [una cosa]. — *2 intr.* chapucear; obrar con torpeza o desmaña.

bungler (bø·nglø') *s.* chapucero.

bungling (bø·ngling) *adj.* chafallón, chapucero.

bunglingly (bø·nglingli) *adv.* chapuceramente: con torpeza.

bunion (bø·nión) *s.* adrián, juanete [del pie].

bunk (bønc) *s.* tarima [para dormir]; litera [de marinero]. *2* fam. faramalla, hojarasca, palabrería vana.

bunk (to) *intr.* dormir en litera. *2* acostarse. *3* pop. largarse. — *4 intr.* pop. embelecar, estafar.

bunker (bø·nkø') *s.* arcón, carbonera. *2* MAR. pañol del carbón. *3* GOLF fondo de una hoya o depresión. *4* FORT. fortín.

bunker (to) *intr.* MAR. rellenar las carboneras.

bunko *s.* y **bunko (to)** *tr.* BUNCO y TO BUNCO.

bunkum *s.* BUNCOMBE.

bunn *s.* BUN.

bunny (bø·ni) *s.* fam. conejito; ardilla. *2* BOT. ~ *rabbit*, ~ *mouth*, becerra.

Bunsen burner (bø·nsen) *s.* mechero Bunsen.

bunt (bønt) *s.* MAR. bolsa o parte media de la red. *2* MAR. seno o parte media de una vela redonda. *3* empellón, topetazo. *4* BÉISBOL golpe flojo dado a la pelota. *5* (Ingl.) cola [de conejo o liebre]. *6* AGR. añublo, tizón.

bunt (to) *tr.* empellar, empujar, topetar. *2* BÉISBOL volear o golpear flojamente la pelota, de modo que dé en el suelo y ruede muy poco.

bunting (bø·nting) *s.* lanilla [para banderas, etc.]. *2* empavesado [de un barco]. *3* banderas [colgadas como adorno]. *4* capa o saco con capucha para los rorros. *5* ORNIT. nombre del hortelano y otros pájaros del mismo género. — *6 adj.* rollizo, regordete. *7* ~ *iron,* caña para soplar vidrio.

buntline (bø·ntlain) *s.* MAR. briol.

buoy (bøi) *s.* boya, baliza flotante : ~ *rope,* orinque.

buoy (to) *tr.* abalizar, señalar con boyas. *2 to* ~ *up,* mantener a flote, hacer flotar; sostener, animar, alentar.

buoyage (bøi·idỹ) *s.* sistema de boyas.

buoyancy (bo·iansi) *s.* propiedad de flotar. *2* FÍS. empuje [de un fluido] hacia arriba. *3* AER. fuerza ascensional. *4* elasticidad [del ánimo], alegría, animación, viveza. *5* tendencia [de los precios, valores, etc.] a subir de nuevo.

buoyant (bo·iant) *adj.* flotador, flotable. *2* que sostiene a flote [fluido]. *3* alegre, animado, vivaz.

buprestid (biu·prestid) *s.* ENTOM. bupresto.

bur (bø') *s.* BOT. involucro o cubierta espinosa : erizo [de castaña]; carda [de cardencha], etc. *2* BOT. piña [del lúpulo]. *3* BOT. cubierta [de la cápsula del algodón]. *4* TEJ. mota, nudillo. *5* MEC. arandela. *6* persona o cosa pegadiza; bardana, cadillo.

bur (to) *tr.* TEJ. desmotar. *2* DENT. raspar. ¶ CONJUG. pret. y p. p.: *burred;* ger.: *burring.*

burble (bø'bøl) *s.* burbujeo, hervor. *2* charla.

burble (to) *intr.* burbujear, hervir. *2* charlar, hablar a borbotones.

burbot (bø'bot) *s.* ICT. lota.

burden (bø'døn) *s.* carga [que se transporta] : *beast of* ~, bestia de carga. *2* carga, peso [sobre el ánimo; trabajo, obligaciones, cuidados]; gravamen. *3* MAR. porte, capacidad, tonelaje [de un buque]. *4* poét. estribillo, bordón. *5* tema, idea principal.

burden (to) *tr.* cargar, agobiar, gravar.

burdensome (bø'dønsøm) *adj.* gravoso, pesado, oneroso, agobiador.

burdock (bø'doc) *s.* BOT. bardana, lampazo; cadillo.

bureau (biu·rou) *s.* (Ingl.) escritorio, bufete [mesa]. *2* (EE. UU.) cómoda baja con espejo. *3* despacho, oficina, agencia. *4* negociado, sección, departamento, dirección.

bureaucracy (biuro·crasi) *s.* burocracia.

bureaucrat (biu·rocræt) *s.* burócrata.

bureaucratic (biurocræ·tic) *adj.* burocrático.

burette (biure·t) *s.* vinajera. *2* QUÍM. bureta.

burg (bø'g) *s.* BOROUGH.

burgeon (bø'ỹon) *s.* BOT. yema, retoño.

burgeon (to) *intr.* BOT. brotar, retoñar.

burgess (bø'ỹis) *s.* burgués, ciudadano libre. *2* diputado por un BOROUGH.

burgh (bø'g) *s.* municipio escocés. *2* villa, pueblo, aldea, población.

burgher (bø'gø') *s.* vecino, habitante [de una villa, pueblo, etc.].

burglar (bø'glar) *s.* ladrón [que roba con escalo]; ~ *alarm,* mecanismo de alarma contra el robo.

burglarious (bø'gle·riøs) *adj.* hecho con escalo. *2* que roba con escalo.

burglary (bø'glari) *s.* robo con escalo.

burgle (to) (bø'gøl) *intr.* robar con escalo.

burgomaster (bø'gomæstø') *s.* burgomaestre.

burgonet (bø'gonet) *s.* celada borgoñota.

burgrave (bø'greiv) *s.* burgrave.

burgraviate (bø'greiviat) *s.* burgraviato.

Burgundian (bø'gø·ndiæn) *adj.* y *s.* borgoñón.

Burgundy (bø'gøndi) *n. pr.* GEOGR. Borgoña. — *2* borgoña [vino].

burial (be·rial) *s.* entierro, sepelio : ~ *ground,* ~ *place,* cementerio, camposanto.

burier (be·riø') *s.* enterrador, sepulturero.

burin (biu·rin) *s.* buril. *2* cincel [para mármol].

burl (bø'l) *s.* TEJ. mota, nudillo. *2* excrecencia que se forma en ciertos árboles. *3* nudo [en la madera].

burl (to) *tr.* desmotar, despinzar.

burlap (bø'læp) *s.* harpillera, rázago. *2* tela basta.

burler (bø'lø') *s.* desmotador, despinzador.

burlesque (bø'le·sc) *adj.* burlesco : ~ *show* (EE. UU.), espectáculo de variedades cómicas. — *2 s.* LIT. género burlesco; parodia.

burlesque (to) *tr.* parodiar, ridiculizar.

burletta (bø'le·ta) *s.* opereta burlesca.

burling iron (bø'ling) *s.* despinzas, despinzadera, desmotadera.

burly (bø·li) *adj.* corpulento, fornido. *2* nudoso.

Burma (bø·mæ) *n. pr.* GEOGR. Birmania : ~ *Road,* ruta de Birmania.

Burmese (bø·miš) *adj.* y *s.* birmano.

burn (bø'n) *s.* quemadura. *2* marca [hecha con hierro candente]. *3* quema, quemazón. *4* cocción [de ladrillos]. *5* (Esc.) arroyo, riachuelo.

burn (to) *tr.* quemar, abrasar, asurar, incendiar, encender, inflamar : *to* ~ *away, to* ~ *off,* quemar, consumir o disipar gradualmente [con el calor o el fuego]; *to* ~ *daylight,* encender las velas antes de que oscurezca; fig. malgastar el tiempo, las energías; *to* ~ *on,* soldar al fuego; *to* ~ *one's boats* o *one's bridges (behind one),* quemar las naves, quitarse toda posibilidad de retirada; *to* ~ *one's fingers,* fig. cogerse los dedos; *to* ~ *out,* quemar [un fusible, un motor, un transformador, etc.], destruir quemando; agotar, consumir las energías de; hacer salir con fuego; *to* ~ *the midnight oil,* quemarse las cejas; *to* ~ *to ashes,* reducir a cenizas; *to* ~ *up,* quemar, consumir del todo; fam. recorrer a toda velocidad, tragarse [las millas, la carretera, etc.]. *2* quemar [un combustible], funcionar con [un combustible] : *this motor burns petrol,* este motor funciona con gasolina. *3* quemar, abrasar, encender [la lengua, el paladar, etc.]. *4* AGR. ahornagar. *5* cocer [ladrillos, etc.]. *6* calcinar. *7* hacer [quemando] : *to* ~ *charcoal,* hacer carbón; *to* ~ *a hole,* hacer un agujero quemando; fig. *to* ~ *a hole in one's pockets,* dic. del dinero que se gasta deprisa. *8* CIR. cauterizar. *9* tostar, atezar.

10 intr. arder, quemarse, asarse, abrasarse : *to* ~ *to death,* morir quemado; fig. *to* ~ *with,* arder, abrasarse en o de. *11* encenderse, inflamarse. *12* arder, parecer encendido, resplandecer. *13* tostarse [por el sol o el viento]. *14* quemarse [estar cerca de acertar]. *15* estar encendida [la luz]. *16 to* ~ *out,* pasarse [el fuego]; quemarse [un fusible, un motor, etc.]; fundirse [una lámpara o bombilla]; agotarse. ¶ CONJUG. pret. y p. p.: *burned* o *burnt.*

burnable (bø·nabøl) *adj.* y *s.* combustible.

burner (bø·nø') *s.* quemador [pers.; aparato]. *2* incinerador. *3* mechero, piquera. *4* punta de soplete.

burnet (bø·nit) *s.* BOT. pimpinela, sanguisorba.

burning (bø·ning) *s.* quema, incendio, abrasamiento, combustión. *2* ahornagamiento. *3* CERÁM. cocción. *4* ardor, inflamación. — *5 adj.* ardiente, encendido, abrasador : ~ *mirror* o *glass,* espejo ustorio. *6* vehemente. *7* urente.

burnish (bø·nish) *s.* bruñido, acicalado, satinado.

burnish (to) *tr.* bruñir, pulir, acicalar. *2* FOT. satinar. — *3 intr.* tomar lustre.

burnisher (bø·nishø') *s.* bruñidor, pulidor acicalador. *2* FOT. satinador.

burnoose (bø·nu·s), **burnous** (bø·nøs) *s.* albornoz.

burnsides (bø·nsaidš) *s. pl.* pop. (EE. UU.) patillas.

burnt (bø·nt) *pret.* y *p. p.* de TO BURN, usado esp. como adjetivo : ~ *almond,* almendra tostada; ~ *offering,* holocausto.

burr (bø') *s.* arandela [de lanza o perno]. *2* conducto auditivo externo. *3* piedra amoladera. *4* METEOR. halo. *5* DENT. buril. *6* rebaba [en el metal cortado]. *7* raíz [de cuerna]. *8* zumbido, chirrido [de insecto]. *9* pronunciación gutural de la *r;* pronunciación confusa. *10* BUR.

burr (to) *tr.* quitar las rebabas a. — *2 intr.* zumbar. — *3 tr.* e *intr.* pronunciar la *r* con sonido gutural; hablar o decir con pronunciación confusa.

burrow (bø·rou) *s.* madriguera, conejera. *2* galería, excavación.

burrow (to) *intr.* y *tr.* minar, horadar, abrir hoyos o galerías [en el suelo, etc.]. — *2 intr.* amadrigarse; esconderse. *3* bucear, hacer pesquisas.

burrowing owl (bø·rouing) *s.* ORNIT. especie de lechuza americana que vive en madrigueras.

burrstone (bø·stoun) *s.* piedra de molino.

bursa (bø·sæ), *pl.* -sas o -sæ (-sæs o -si) *s.* ANAT., ZOOL. bolsa, saco.

bursar (bø·sa') *s.* tesorero [de universidad o monasterio]. *2* (Esc.) becario.

bursary (bø·sari) *s.* tesorería [de universidad o monasterio]. *2* beca.

burse (bø's) *s.* bolsa. 2 LITURG. bolsa de corporales.
burst (bø'st) *s.* explosión, estallido, reventón : ~ *of laughter*, carcajada. 2 rotura. 3 esfuerzo supremo. 4 ráfaga de tiros [de un arma automática]. 5 pasaje que aparece a la vista.
burst (to) *intr.* reventar, estallar, volar, hacer explosión ; romperse, abrirse. 2 aparecer, entrar, salir, saltar, etc., súbitamente o con violencia. | Con *away, into, forth, out, through, upon,* etc. 3 *to* ~ *into,* irrumpir ; deshacerse, desatarse [en improperios, etc.] ; *to* ~ *into tears,* echarse a llorar. 4 *to* ~ *out,* reventar, brotar, prorrumpir. 5 *to* ~ *up,* estallar ; COM. quebrar. 6 *to* ~ *with,* reventar, rebosar, estar lleno de. — 7 *tr.* reventar, romper, hacer estallar. — 8 *tr.* e *intr.* *to* ~ *open,* forzar, abrir con violencia ; abrirse. ¶ CONJUG. pret. y p. p. : *burst.*
burstwort (bø'stuø't) *s.* BOT. herniaria, quebrantapiedras.
burthen (bø'ðøn) *s.* BURDEN.
burton (bø'tøn) *s.* MAR. aparejo [sistema de poleas].
bury (to) (be·ri) *tr.* enterrar. 2 sepultar. 3 soterrar. 4 esconder, ocultar. 5 *to* ~ *the hatchet,* hacer la paz. 6 *to be buried in thought,* estar absorto en la meditación. ¶ CONJUG. pret. y p. p. : *buried.*
burying (be·riing) *s.* entierro ; exequias : ~ *ground,* ~ *place,* cementerio, camposanto.
bus (bøs) *s.* fam. ómnibus, autobús : ~ *line,* línea o compañía de autobuses. 2 ~ *boy,* ayudante de camarero. 3 ELECT. ~ *bar,* barra colectora.
busby (bø·žbi) *s.* birretina, morrión de húsar.
bush (bush) *s.* arbusto, mata. 2 grupo de arbustos, maleza. 3 selva, manigua, región de matorrales. 4 ramo [de taberna]. 5 hopo [de zorra]. 6 BUSHING.
bush (to) *tr.* apoyar, sostener con matas. 2 AGR. gradar arrastrando matas. 3 MEC. guarnecer de buje, forro, manguito, etc. 4 labrar [piedra] a escuadra y con martillo. — 5 *intr.* crecer espeso [un arbusto o mata].
bushel (bu·shel) *s.* medida para áridos : (Ingl.) 36'35 l. ; (EE. UU.) 35 l.
bushhammer (bu·shjæmø') *s.* escoda, pica.
bushing (bu·shing) *s.* MEC. forro [de metal] ; buje, tejuelo, boquilla, manguito. 2 ELECT. unidad aislante ; forro aislante [para un agujero]. 3 MÚS. fieltro o paño para apagar el sonido [en un órgano o piano].
Bushman (bu·shmæn) *s.* bosquimano. 2 (con min.) campesino o colonizador de la selva australiana.
bushmaster (bu·shmæstø') *s.* ZOOL. mapanare, serpiente venenosa de América.
bushranger (bu·shreinǰø') *s.* bandido australiano.
bushwhacker (bu·shjuækø') *s.* (EE. UU.) guerrillero. 2 desbrozador de terreno. 3 cuchillo para desbrozar.
bushy (bu·shi) *adj.* matoso. 2 espeso, peludo.
busily (bi·žili) *adv.* activamente, diligentemente ; atareadamente.
business (bi·žnis) *s.* actividad, oficio, ocupación, quehacer, trabajo, asunto, negocio : *to make it one's* ~, proponerse ; *to mean* ~, obrar o hablar en serio : *to send about one's* ~, mandar a paseo ; *mind your own* ~, no se meta en lo que no le importa ; *this is not my* ~, esto no es cuenta mía. 2 negocio, negocios, comercio, tráfico : *on* ~, por negocios ; ~ *is* ~, el negocio es el negocio. 3 negocio, casa, firma, establecimiento, empresa. 4 TEAT. acción, expresión. — 5 *adj.* de negocios, de comercio, comercial, mercantil : ~ *card,* tarjeta comercial ; ~ *college or school,* academia mercantil ; ~ *cycle,* ciclo comercial ; ~ *district,* barrio comercial ; ~ *English,* inglés comercial ; ~ *expert,* perito mercantil ; ~ *house,* casa de comercio, establecimiento mercantil ; ~ *suit,* terno, traje de calle.
businesslike (bi·žnislaic) *adj.* ordenado, sistemático, bien administrado. 2 práctico, pronto, expeditivo. 3 formal, directo.
bussinessman (bi·žnismæn), *pl.* -men (-men) *s.* hombre de negocios, comerciante.
busk (bøsk) *s.* ballena delantera [de corsé].
buskin (bø·skin) *s.* borceguí. 2 coturno. 3 TEAT. tragedia.
buskined (bø·skind) *adj.* de alto coturno.
busman (bø·smæn), *pl.* -men (-men) *s.* conductor de autobús.

buss (bøs) *s.* beso sonoro.
buss (to) besar, dar besos sonoros. — 2 *intr.* dar besos. 3 besarse.
bust (bøst) *s.* busto. 2 fam. fracaso. 3 fam. borrachera.
bust (to) *tr.* vulg. reventar, romper. 2 (EE. UU.) domar [un potro] ; degradar [a un oficial] ; dar un golpe, un puñetazo a. — 3 *intr.* (EE. UU.) arruinarse, quebrar. — 4 *tr.* e *intr.* (EE. UU.) *to* ~ *out,* hacer fracasar, fracasar ; despedir, ser despedido [de una universidad, etcétera].
bustard (bø·sta'd) *s.* ORNIT. avutarda. 2 ORNIT. sisón.
buster (bø·stø') *s.* reventador, arruinador. 2 domador [de potros]. 3 pop. cosa enorme, extraordinaria, estupenda.
bustle (bø·søl) *s.* movimiento, agitación, trajín, bullicio ; diligencia oficiosa. 2 polisón [para abultar la falda por detrás].
bustle (to) *intr.* bullir, menearse, ajetrearse, no parar.
bustler (bø·slø') *s.* bullebulle.
bustling (bø·sling) *adj.* activo, vivo, diligente. 2 animado, agitado.
busy (bi·si) *adj.* ocupado, atareado. 2 activo, diligente. 3 bullicioso, entremetido. 4 lleno de movimiento, de actividad. 5 que indica ocupación o actividad : ~ *signal,* TELEF. señal de estar comunicando. — 6 *s.* pop. policía, detective.
busy (to) *tr.* ocupar, emplear ; atarear. 2 *to* ~ *oneself,* ocuparse, atarearse. ¶ CONJUG. pret. y p. p. : *busied.*
busybody (bi·sibodi) *s.* entremetido, refitolero, fisgón, chismoso.
busyness (bi·sinis) *s.* actividad, entrometimiento.
busywork (bi·siwø'c) *s.* trabajo de clase [en una escuela primaria].
but (bøt) *prep.* y *conj.* excepto, fuera de, menos, sino, más que : *I can bear anything* ~ *contempt,* puedo sufrirlo todo menos el desprecio ; *last* ~ *one,* el último menos uno, el penúltimo ; *not men* ~ *brutes,* no hombres, sino brutos ; *no one* ~ *you,* nadie sino usted, nadie más que usted. — 2 *conj.* pero, empero, mas : *it is cold* ~ *dry,* es frío, pero seco ; *I'd like to go* ~ *I can't,* quisiera ir, pero no puedo. ~ que no, sin que, que : *he is not so stupid* ~ *he can understand it,* no es tan estúpido que no pueda entender ; *I never go out* ~ *I meet him,* nunca salgo a la calle sin que lo encuentre ; *there is no question* ~, es indudable que. 4 *cannot* ~, no puedo (puede, puedes, etc.) menos de o dejar de : lo único que puedo (puede, puedes, etc.) : *he cannot* ~ *do it,* no puede menos de hacerlo ; *I cannot* ~ *say,* lo único que puedo decir es. 5 *not* ~ *that,* no es que, lo cual no quiere decir que no : *not* ~ *that he is a clever man,* no es que no sea inteligente ; lo cual no quiere decir que no sea inteligente. 6 *no one* ~, no hay nadie que no : *no one* ~ *know that,* no hay nadie que no sepa que ; todo el mundo sabe que.
    7 *adv.* solamente, sólo, no más que : *she is* ~ *a child,* es sólo una niña, no es más que una niña ; ~ *few,* sólo pocos, muy pocos ; ~ *little,* sólo poco, muy poco ; ~ *yesterday,* ayer mismo. 8 *all* ~, casi, por poco : *it was all* ~ *finished,* estaba casi terminado ; *he all* ~ *fell,* por poco se cae. 9 ~ *for,* a no ser por.
    10 *s.* pero [objeción, dificultad] : *but me no buts,* no me venga con peros.
butane (biu·tein) *s.* QUÍM. butano.
butcher (bu·chø') *s.* carnicero, tablajero : *butcher's block,* tajo ; *butcher's shop,* carnicería, tablajería. 2 matarife, jifero : *butcher's knife,* jifero [cuchillo]. 3 hombre sanguinario. 4 chapucero.
butcher (to) *tr.* matar, sacrificar [reses]. 2 hacer una carnicería, dar muerte cruel. 3 fig. asesinar [una obra].
butcherbird (bu·chø'bø'd) *s.* ORN. alcaudón.
butchering (bu·chøring) *s.* carnicería, matanza.
butcherly (bu·chø'li) *adj.* de carnicero. 2 sanguinario, salvaje.
butcher's-broom *s.* BOT. brusco.
butchery (bu·chøri) *s.* matadero. 2 oficio de carnicero o matarife. 3 matanza, carnicería.

butler (bø·tlǿ') *s.* mayordomo [de casa particular] ; despensero : *butler's pantry*, despensa, repostería, habitación para la servidumbre entre cocina y comedor. 2 sumiller.

butlerage (bø·tlǿridȳ) *s.* BUTLERSHIP. 2 (Ingl.) antiguo derecho sobre los vinos.

butlership (bø·tlǿ'ship) *s.* oficio de mayordomo o despensero.

butlery (bø·tlǿri) *s.* despensa.

butment (bø·tmǿnt) *s.* ABUTMENT.

butt (bøt) *s.* extremo o cabo grueso; culata, coz [de arma de fuego] ; mocho [de un instrumento o utensilio] : ~ *end*, cabo o extremo más grueso; fig. lo último, lo peor. 2 cabeza [de biela; de madero]. 3 pie, cepa [de árbol o planta]. 4 tocón [de árbol]. 5 punta o colilla [de cigarro]. 6 terrero, blanco [de tiro] : *the butts*, sitio donde se tira al blanco; fig. *the ~ of ridicule*, el blanco de las burlas, el hazmerreír. 7 CARP. bisagra. 8 pipa, tonel ; ~ *maker*, tonelero. 9 ESGR. estocada, botonazo. 10 topetada. 11 fin, límite, término. 12 *butt* o ~ *joint*, junta o empalme a tope.

butt (to) *tr.* topar, topetar, acornear. 2 apoyar [en]. 3 MEC. juntar o empalmar a tope. — 4 *intr.* topar, topetar, acornear : *to ~ against*, topar con, estrellarse contra. 5 proyectarse, salir, sobresalir. | A veces con *out*. 6 *to ~ against*, *on* o *upon*, terminar en, confinar o empalmar con. 7 *to ~ in* o *into*, entrometerse, meter su cucharada, meter baza.

butte (but o biut) *s.* cerro, mota, colina aislada.

butter (bø·tǿ') *s.* manteca [de leche o vegetal], mantequilla ; *cocoa ~*, manteca de cacao ; ~ *dish*, mantequera ; ~ *knife*, cuchillo para cortar manteca ; ~ *sauce*, mantequilla derretida. 2 pasta [como mermelada, etc.] que se extiende sobre el pan. 3 QUÍM. butiro.

butter (to) *tr.* untar con manteca o mantequilla. 2 fam. adular, lisonjear.

buttercup (bø·tǿ'cǿp) *s.* BOT. ranúnculo, botón de oro, hierba belida.

butterfat (bø·tǿ'fæt) *s.* butiro.

butterfingers (bø·tǿ'fingǿ·s) *s.* persona que deja caer las cosas; torpe, desmañado.

butterfly (bø·tǿ'flai) *s.* ENTOM. mariposa. — 2 *adj.* de mariposa ; ~ *valve*, válvula de mariposa.

butterfly-like *adj.* amariposado.

butterin, butterine (bø·tǿrin) *s.* margarina.

butteris (bø·tǿris) *s.* VET. pujavante.

buttermilk (bø·tǿ'milk) *s.* suero de manteca.

butternut (bø·tǿ'nǿt) *s.* BOT. nogal blanco de América ; su fruto.

butterscotch (bø·tǿ'cach) *s.* dulce de azúcar con mantequilla. 2 bombón escocés.

buttery (bø·tǿri) *s.* despensa [para vinos y licores], bodega. — 2 *adj.* mantecoso. 3 fig. adulador, lisonjero, zalamero.

buttock (bø·tǿc) *s.* nalga, anca. 2 *pl.* trasero, posaderas, asentaderas. 3 MAR. llenos de popa.

button (bø·tǿn) *s.* botón [de vestido]; pieza en forma de botón ; ~ *maker*, ~ *seller*, botonero. 2 botón, zapata [de florete]. 3 botón, tirador [de puerta, cajón, etc.]. 4 botón, pulsador [de timbre]. 5 ARTILL. cascabel. 6 ZOOL. cascabel [de crótalo]. 7 BOT. botón, yema, capullo. 8 BOT. botón [de cabezuela]. 9 *pl.* botones [criadito].

button (to) *tr.* abotonar, abrochar. 2 poner botones en. 3 ESGR. dar un botonazo. — 4 *intr.* abotonarse, abrocharse.

buttonhole (bø·tǿnjoul) *s.* ojal, presilla. 2 flor para el ojal.

buttonhole (to) *tr.* hacer ojales en, ojalar. 2 coser a puntadas de ojal. 3 asir por el botón o la solapa para obligar a escuchar; importunar, dar la lata.

buttonholer (bø·tǿnjoulǿ') *s.* ojalador.

buttonhook (bø·tǿnjuc) *s.* abotonador, abrochador.

buttonmould o **-mold** (bø·tǿnmould) *s.* hormilla.

buttonwood (bø·tǿnwud) *s.* BOT. plátano [árbol].

buttress (bø·tris) *s.* ARQ. contrafuerte, estribo, machón, arbotante, botarel. 2 fig. apoyo, sostén. 3 GEOGR. estribo, contrafuerte. 4 FORT. contrafuerte.

buttress (to) *tr.* estribar, afianzar; sostener, apoyar.

butyl (biu·til) *s.* QUÍM. butilo.

butyraceous (biutirei·shøs) *adj.* butiroso.

butyric (biuti·ric) *adj.* butírico.

butyrin, butyrine (biu·tirin) *s.* QUÍM. butirina.

butyrometer (biutiro·mitø') *s.* butirómetro.

butyrous (biu·tirøs) *adj.* butiroso.

buxom (bø·csøm) *adj.* rolliza, frescachona, lozana, garrida.

buy (bai) *s.* fam. compra. 2 fam. ganga [compra ventajosa].

buy (to) (bai) *tr.* comprar, mercar, feriar; sobornar : *to ~ a pig in a poke*, comprar una cosa sin verla; hacer un trato a ciegas; *to ~ in*, comprar [en una subasta] por cuenta del dueño; comprar acciones de una compañía o entrar en un negocio comprando una participación ; *to ~ off*, librarse de [con dinero] ; comprar [a uno] ; redimir a metálico ; *to ~ out*, comprar la parte de un socio ; comprar el negocio de un competidor ; *to ~ over*, comprar, sobornar [a uno para llevarlo al propio bando] ; *to ~ up*, acaparar. 2 redimir [esp. en sentido teológico]. — 3 *intr.* comprar, hacer compras. ¶ CONJUG. pret. y p. p.: *bought*.

buyable (bai·aøl) *adj.* comprable.

buyer (bai·ǿ') *s.* comprador.

buying (bai·ing) *s.* compra.

buzz (bøs) *s.* zumbido, susurro, murmullo. — 2 *adj.* que zumba : ~ *bomb*, bomba volante ; ~ *saw*, sierra circular.

buzz (to) *intr.* zumbar, susurrar, murmurar. 2 moverse : *to ~ about*, cazcalear, ajetrearse ; *to ~ off*, largarse ; cortar una comunicación telefónica. 3 circular [un rumor, etc.]. — 4 *tr.* expresar con murmullos.

buzzard (bø·śa'd) *s.* ORNIT. alfaneque ; (EE. UU.) gallinazo. 2 fig. tonto, majadero.

buzzer (bø·śǿ') *s.* murmurador, chismoso. 2 pop. ratero. 3 sirena de fábrica. 4 zumbador eléctrico.

buzzing (bø·śing) *adj.* zumbador. — 2 *s.* zumbido, zurrido.

by (bai) *prep.* junto a, cerca de, al lado de, cabe : ~ *his tomb*, junto a su tumba ; *I passed ~ him*, pasé por su lado. 2 por [indicando lugar del movimiento, de la acción; agente, causa; modo, medio] : ~ *the road*, por la carretera ; *ordered ~ his captain*, mandado por su capitán ; ~ *Charles Dickens*, por Carlos Dickens [en el título de una obra] ; ~ *chance*, por casualidad ; ~ *means of*, por medio de ; ~ *power of attorney*, por poder ; *to take ~ force*, tomar por la fuerza o a la fuerza. 3 de [hecho por ; nacido de] : *a novel ~ Dickens*, una novela de Dickens ; *a son ~ his first wife*, un hijo de su primera mujer. 4 a, con, de, en, por, etc. [expresando relaciones varias] : ~ *day*, de día ; ~ *degrees*, por grados ; ~ *dint of*, a fuerza de ; ~ *far*, con mucho ; ~ *handfuls*, a puñados ; ~ *law*, en virtud de la ley, según la ley ; ~ *night*, de noche ; ~ *the light of*, a la luz de ; ~ *the dozen*, por docenas ; ~ *then*, entonces, para entonces ; ~ *train*, en tren, por tren ; ~ *two o'clock*, a las dos, antes de las dos ; ~ *twos, two ~ two*, de dos en dos ; ~ *way of*, por vía de ; *one ~ one*, de uno en uno, uno por uno, uno a uno ; *to hang ~ a thread*, pender de un hilo ; *to lead ~ the hand*, llevar de la mano ; *to teach ~ example*, enseñar con el ejemplo ; *too late ~ an hour*, una hora tarde ; *to win ~ a boat's length*, ganar por la longitud de un bote. 5 ~ *oneself*, solo, sin ayuda ; ~ *itself*, de por sí. 6 ~ *and ~*, pronto, luego, dentro de poco tiempo. 7 ~ *and large*, en todo respecto, de una manera general. 8 ~ *the by*, ~ *the bye*, ~ *the way*, de paso ; a propósito, entre paréntesis, además ; *in a by-the-way fashion*, como de paso, sin darle importancia. 9 *adv.* cerca, al lado, delante [en presencia]. 10 por el lado, más allá, pasado : *the procession has gone ~*, la procesión ha pasado ; *in days gone ~*, en días pasados. 11 de largo : *I passed it ~*, lo pasé de largo. 12 aparte, a un lado, en reserva : *to put ~*, guardar, ahorrar. 13 *adj.* lateral, apartado, secreto. 14 secundario, subalterno, incidental.

by-and-by *s.* tiempo futuro, porvenir.

by-bider (bai·bidǿ') *s.* postor simulado [en una subasta, el que sólo puja para hacer subir las posturas.

by-blow (bai·blou) *s.* golpe indirecto o de lado. 2 hijo ilegítimo.

by-channel (bai·chænel) *s.* contracanal.

bye s. asunto secundario. 2 DEP. jugador que queda de non [en un torneo, etc.] después que se han sorteado los que han de oponerse uno a uno. 3 CRICQUET carrera hecha sin haber golpeado la pelota. 4 GOLF hoyo u hoyos que quedan sin ser jugados al decidirse la partida. — 5 adj. BY 13 y 14.

bye-bye s. voz para arrullar a los niños. — 2 interj ¡adiós! [en lenguaje infantil].

by-election (bailie·cshøn) s. elecciones parciales, esp. para cubrir vacantes.

bygone (bai·gon) adj. pasado, del pasado. — 2 s. cosa pasada : let bygones be bygones, olvidemos lo pasado, pelillos a la mar.

by-lane s. sendero o camino apartado.

by-law (bai·lo) s. reglamento, ordenanzas, estatutos.

by-line (bai·lain) s. (EE. UU.) línea al comienzo de un artículo de periódico dando el nombre del autor. 2 FERROC. línea secundaria, ramal. 3 fam. ocupación o empresa auxiliar o secundaria.

by-name (bai·neim) s. sobrenombre, apodo.

bypass (bai·pæs) s. camino o canal de derivación; camino a lo largo de una carretera, etc.; desvío. 2 MEC. y ELECT. derivación. — 3 adj. auxiliar, de paso o derivación : ~ condenser, ELECT. condensador de paso o derivación ; ~ valve, MEC. válvula de paso o derivación ; HIDR. válvula de sobrecarga o adicional.

bypass (to) tr. desviar, derivar. 2 evitar con un rodeo ; dejar a un lado ; rebasar.

bypath (bai·pæz) s. senda, vereda, atajo.

byplay (bai·plei) s. TEAT. escena muda ; juego escénico. 2 pasatiempo.

by-product (bai·prodøct) s. subproducto, producto accesorio, derivado.

byre (bai·ø') s. establo o casa de vacas.

byroad (bai·roud) s. atajo, camino apartado.

Byronic (bairo·nic) adj. byroniano.

by-speech (bai·spɪch) s. digresión.

bystander (bai·stændø') s. espectador, mirón, persona que está presente. 2 pl. circunstantes.

by-street (bai·strɪt) s. callejuela, travesía, calle apartada.

by-view (bai·viu) s. fin particular, mira interesada.

byway (bai·uei) s. camino desviado, poco frecuentado.

byword (bai·uø'd) s. objeto de burla o de oprobio ; comidilla. 2 apodo, mote. 3 dicho, muletilla. 4 máxima, refrán.

Byzantian (bišæ·nshøn), **Byzantine** (bišæ·ntin) adj. y s. bizantino.

Byzantinism (bišæ·ntinɪšm) s. bizantinismo [manera, estilo, carácter bizantino].

Byzantium (baišæ·nshiøm) n. pr. HIST. Bizancio.

C

C, c (si) *s.* C, c, tercera letra del alfabeto inglés. 2 MÚS. do.

cab (cæb) *s.* cabriolé. 2 coche de punto, simón; taxi, taxímetro [coche] : ~ *driver,* cochero de punto; taxista; ~ *stand,* punto de coches o de taxis. 3 FERROC. puesto del maquinista. 4 cabina [del conductor de un camión].

cab (to) *intr.* ir en coche de punto o en taxis. ¶ CONJUG. pret. y p. p.: *cabbed;* ger.: *cabbing.*

cabal (cabæ·l) *s.* cábala, intriga, maquinación. 2 camarilla.

cabal (to) *intr.* intrigar, maquinar. ¶ CONJUG. pret. y p. p.: *caballed;* ger.: *caballing.*

cabala (cæ·bala) *s.* cábala [de los judíos; ciencia oculta]; ocultismo.

cabalism (cæ·balism) *m.* afición a la cábala, ocultismo.

cabalistic(al (cæbali·stic(al) *adj.* cabalístico.

cabalistically (cæbali·sticali) *adj.* cabalísticamente.

caballer (cabæ·løʳ) *s.* maquinador, intrigante.

1) cabaret (cæbarei·) *s.* cabaret, café cantante.

2) cabaret (cæ·baret) *s.* taberna. 2 mesita o bandeja con servicio de té o de café.

cabas (cæ·ba) *s.* cabás; bolsa de labor. 2 sera pequeña [para higos, etc.].

cabbage (cæ·bidȳ) *s.* BOT. col, berza, repollo: ~ *beetle,* ~ *bug,* ~ *maggot,* ~ *worm,* nombres de varios insectos y orugas que atacan la col; ~ *butterfly,* ~ *moth,* mariposa de la col. 2 COC. coles, plato o guisado de coles. 3 cogollo comestible de ciertas palmeras: ~ *palm,* ~ *tree,* palmera de cogollo comestible. 4 retales de tela que quedan al cortar un traje y que los sastres se apropian.

cabbage (to) *intr.* repollar. — 2 *tr.* apropiarse los sastres [los retales de la tela con que confeccionan un traje]; sisar, hurtar.

cabbage-headed *adj.* repolludo.

cabby (cæ·bi) *s.* fam. cochero de punto; taxista.

cabin (cæ·bin) *s.* cabaña, choza, barraca, bohío. 2 MAR. cámara, camarote : ~ *buoy.* grumete, paje de escoba; camarero, mozo de cámara; ~ *cruiser,* yate de motor, motonave para viajes de placer. 3 cabina [de avión].

cabin (to) *intr.* vivir en cabaña o choza. — 2 *tr.* encerrar en cabaña o parte estrecha.

cabinet (cæ·binit) *s.* gabinete [ministerio; sala donde se guardan objetos artísticos, etc.] : ~ *council,* consejo de ministros. 2 gabinete, retrete. 3 bargueño, armario, vitrina, escaparate, estuche, 4 mueble [de un aparato de radio]. 5 IMPR. chibalete. — 6 *adj.* ministerial [del ministerio]. 7 propio para ser expuesto en vitrina. 8 privado, confidencial. 9 ~ *wood,* madera de ebanistería.

cabinetmaker (cæ·binetmeikøʳ) *s.* ebanista.

cabinetmaking (cæ·binetmeiking) *s.* ebanistería.

cabinetwork (cæ·binetuøʳc) *s.* ebanistería; marquetería.

cable (kei·bøl) *s.* cable, maroma : ~ *car,* vagón de tracción por cable; ~ *grip,* grapa, fiador de cable; ~ *railway,* ferrocarril de tracción por cable, ferrocarril funicular; ~ *ship,* buque cablero; ~ *vault,* ELECT. caja de empalmes de cable. 2 MAR. cable, amarra. 3 cable [telégrafo submarino]. 4 cable, cablegrama : ~ *address,* dirección cablegráfica. 5 *cable* o *cable·s length,* cable [medida de longitud].

cable (to) *tr.* cablegrafiar. 2 proveer de cables. 3 sujetar con cables.

cablegram (kei·bølgram) *s.* cablegrama, cable.

cablet (kei·blet) *s.* MAR. estacha.

cableway (kei·bøluei) *s.* trasbordador aéreo, cable aéreo de transporte.

cabman (cæ·bmæn), *pl.* **-men** (-men) *s.* cochero de punto, taxista.

cabochon (kæbosho·n) *s.* cabujón.

caboodle (cabu·døl) *s.* pop. (EE. UU.) *the whole* ~, todo el conjunto, toda la colección, todo el hato o la pandilla.

caboose (cabu·s) *s.* MAR. fogón, cocina. 2 FERROC. (EE. UU.) vagón para el personal en un tren de carga.

cabotage (cæ·bøtidȳ) *s.* MAR. cabotaje.

cabriolet (cabriolei·) *s.* cabriolé.

ca'canny (cæcæ·ni) *s.* política de los sindicatos obreros de limitar el rendimiento de cada obrero.

cacao (cakei·ou) *s.* BOT. cacao [árbol, semilla] : ~ *butter,* manteca de cacao; ~ *plantation,* cacahual, cacaotal.

cachalot (kæ·chalot) *s.* ZOOL. cachalote.

cache (cæsh) *s.* escondite, escondrijo. 2 víveres escondidos.

cache (to) *tr.* depositar en un escondrijo; ocultar.

cachectic(al (cake·ctic(al) *adj.* caquéctico.

cachet (cæshei·) *s.* sello [carácter distintivo]. 2 FARM. sello.

cachexia (cake·csia), **cachexy** (cake·csi) *s.* MED. caquexia.

cachinnate (to) (cæ·kineit) *tr.* reír a carcajadas.

cachinnation (cækine·shøn) *s.* risotada, risa histérica.

cachou (cæ·chu) *s.* cachú.

cacique (casi·c) *s.* cacique [indio]. 2 ORNIT. oropéndola.

cackle (cæ·køl) *s.* cacareo, cloqueo; graznido. 2 risa parecida a un cloqueo. 3 charla, cháchara.

cackle (to) *intr.* cacarear, cloquear. 2 graznar. 3 reírse. 4 parlotear, chacharear.

cackler (cæ·kløʳ) *s.* cacareador. 2 chismoso, parlanchín.

cackling (cæ·kling) *s.* cacareo, cloqueo, graznido. 2 charla, cháchara.

cacochymia (cæcoki·mia) *s.* MED. cacoquimia.

cacochymic(al (cæcoli·mic(al) *adj.* cacoquímico.

cacodemon (cæcodrmøn) *s.* diablo, espíritu malo. 2 pesadilla.

cacodyl (cæ·codil) *s.* QUÍM. cacodilo.

cacodylate (cæ·cǫdileit) s. QUÍM. cacodilato.
cacodylic (cæcodi·lic) adj. QUÍM. cacodílico.
cacography (cæco·grafi) s. cacografía.
cacomistle (cæ·comisǫl) s. ZOOL. basáride, caco-miztle.
cacophonous (cæco·fonǫs) adj. cacofónico.
cacophony (cæco·foni) s. cacofonía.
Cactaceae (cacte·sii) s. pl. BOT. cactáceas.
cactaceous (cæte·shǫs) adj. BOT. cactáceo.
cactus (cæ·ctǫs) s. BOT. cacto.
cad (cæd) s. canalla, grosero, malcriado. 2 ayudante, peón.
cadastral (cada·stræl) adj. catastral.
cadastre, cadaster (cada·ste') s. catastro.
cadaver (cadæ·vǫ') s. cadáver.
cadaverous (cadæ·vǫrǫs) adj. cadavérico.
caddie (cæ·di) s. hombre o muchacho que lleva las mazas de los jugadores de golf o que recoge las pelotas en una pista de tenis.
caddie (to) intr. servir de CADDIE.
caddis (cæ·dis) s. jerguilla. 2 trencilla de estambre.
caddish (cæ·dish) adj. canalla. 2 grosero, malcriado.
caddow (cæ·dou) s. ORNIT. chova.
caddy (cæ·di) s. bote, lata, cajita para el té. 2 CADDIE.
cade (keid) adj. manso, favorito [animal]. 2 mimado. — 3 s. animal favorito. 4 BOT. enebro : ~ oil, miera.
cadence (kei·dens) s. cadencia. 2 ritmo. 3 modulación. 4 acento [entonación característica].
cadence (to) tr. dar cadencia o ritmo a.
cadent (kei·dent) adj. que cae. 2 cadente, cadencioso.
cadenza (cade·nša) s. MÚS. cadencia.
cadet (cæde·t) s. segundón; hijo o hermano menor. 2 MIL. cadete.
cadge (cædӯ) tr. fam. obtener mendigando. — 2 intr. mendigar, gorronear.
cadger (cædӯ') s. vago, mendigo. 2 buhonero.
cadi (ca·di) s. cadí.
cadmium (cæ·dmiǫm) s. QUÍM. cadmio.
cadre (cædǫ' o cædri) s. armazón. 2 plan, esquema. 3 MIL. cuadro [de oficiales].
caduceus (cadiu·siǫs) s. caduceo.
caducity (cadiu·siti) s. caducidad, transitoriedad. 2 caduquez, senectud. 3 DER. caducidad.
caducous (cadiu·cǫs) adj. caduco, transitorio, perecedero. 2 caduco, decrépito. 3 BOT. caduco, caedizo. 4 DER. caducado.
cæcum (si·cǫm) s. ANAT. intestino ciego.
Cæsar (si·sǫ') n. pr. César.
Cæsarea (sišari·a) n. pr. GEOGR. Cesarea.
Cæsarean (siše·rian) adj. cesáreo : ~ operation, ~ section, operación cesárea.
Cæsarian (siše·rian) adj. y s. cesariano.
Cæsarism (sı·šarism) s. cesarismo.
cæsium (si·siǫm) s. QUÍM. cesio.
cæsura (sišiu·ra) s. cesura.
cafe (cæfei) s. café, restaurante, cantina [dic. esp. de los del continente].
cafeteria (cæfeti·ria) s. cafetería; restaurante en que uno mismo se sirve.
caffein‹e (cæ·fein) s. QUÍM. cafeína.
Caffraria (cadiu·ria) n. pr. GEOGR. Cafrería.
caftan (cæ·ftan) s. caftán.
cage (keidӯ) s. jaula. 2 armazón en forma de jaula. 3 camarín [de ascensor]. 4 fogaril; recipiente enrejado para quemar carbón, leña, etc.
cage (to) tr. enjaular.
cageling (kei·ӯling) s. ave enjaulada.
cagey (kei·ӯi) adj. fam. astuto, difícil de engañar.
cagework (kei·dӯuǫ'k) s. labor, obra enrejada.
cahoots (caju·ts) s. pop. acuerdo, combinación, compañía : to go ~, asociarse, formar compañía, ir a la parte; in ~, de acuerdo, asociados.
Caiaphas (kei·ifas) n. pr. Caifás.
Cain (kein) n. pr. Cain : to raise ~, armar un alboroto.
caique (cai·c) s. MAR. caique.
cairn (ke·n) s. montón cónico de piedras levantado como señal o recuerdo.
caisson (kei·son) s. MIL. cajón de municiones. 2 ARTILL. armón, furgón. 3 ING. cámara o cajón neumático y sumergible para construir debajo del agua : ~ disease, enfermedad que contraen,

a veces, los que trabajan en cámaras sumergidas; enfermedad de los buzos. 4 MAR. camello. 5 ARQ. artesón, casetón.
caitiff (kei·tif) adj. ruin, cobarde. — 2 s. miserable, canalla.
cajole (to) (caӯo·ul) tr. engatusar, enlabiar, persuadir con halagos ǫ zalamerías : to ~ a person into doing something, conseguir con halagos que uno haga una cosa ; to ~ a person out of something, o something out of a person, obtener algo de una persona por medio de halagos.
cajoler (caӯou·lǫ') s. engatusador, zalamero.
cajolement (caӯou·lmǫnt) s. halago, zalamer·a.
cajolery (caӯou·lǫri) s. engatusamiento. 2 halago, zalamería.
cajuput (ca·ӯuput) s. BOT. cayeputi.
cake (keik) s. galleta, bizcocho, torta, pastel, bollo : wedding ~, pastel de boda; to take the ~, ganar el premio. 2 pastilla, pan [de jabón, cera, etc.] ; terrón ; témpano [de hielo].
cake (to) intr. hacerse una pasta, una masa dura, una costra; aglutinarse [el carbón].
cakewalk (kei·cuǫc) s. cakewalk [danza].
calaba (cæ·laba) s. BOT. calambuco, calaba.
Calabar bean (cæ·laba' bın) s. BOT. haba del Calabar.
calabash (cæ·labæsh) s. calabacino. 2 BOT. calabacera; calabaza vinatera : bottle ~, calabaza vinatera. 3 BOT. güira; su fruto. 4 vasija hecha de calabaza o del fruto de la güira. 5 BOT. ~ tree, guacal.
calaboose (cæ·labus) s. fam. calabozo, cárcel.
Calabria (cælei·bria) n. pr. GEOGR. Calabria.
Calabrian (cælei·brian) adj. y s. calabrés.
caladium (calei·diǫm) s. BOT. papagayo [planta arácea].
calamar (cæ·laMar), **calamary** (cæ·lameri) s. ZOOL. calamar, chipirón.
calambac (cæ·lambæc) s. BOT. calambac, agáloco. 2 palo áloe.
calamint (cæ·lamint) s. BOT. calamento, calaminta.
calamitous (calæ·mitǫs) adj. calamitoso. 2 triste, desgraciado, desdichado, desastroso.
calamity (calæ·miti) s. calamidad. 2 desgracia, infortunio.
calamus (cæ·lamǫs) s. BOT. ácoro. 2 cálamo [para escribir]. 3 ORNIT. cañón [de pluma].
calander (cǫlæ·ndǫ') s. ORNIT. calandria.
calash (calæ·sh) s. calesa, carretela. 2 capota plegable [de coche]. 3 capota [de señora].
calcar (cæ·lca') s. ORNIT., BOT. espolón. 2 horno para calcinar la mezcla del vidrio; 3 horno para templar o recocer.
calcareous (cælke·riǫs) adj. calcáreo.
calceate (cæ·lsieit), **calced** (cælst) adj. calzado [religioso].
calcedony (cælse·doni) s. CHALCEDONY.
calceolaria (cælsiǫle·ria) s. BOT. calceolaria.
calcic (cæ·lsic) adj. QUÍM. cálcico.
calciferous (cælsi·fǫrǫs) adj. que contiene cal.
calcification (calsifike·shǫn) s. calcificación.
calcify (to) (cæ·lsifai) tr. calcificar. — 2 intr. calcificarse. ¶ CONJUG. pret. y p. p.: calcified.
calcimeter (cælsi·mitǫ') s. calcímetro.
calcimine (cæ·lsimain) s. lechada [de cal].
calcimine (to) tr. blanquear [con lechada].
calcinable (cæ·lsinabǫl) adj. calcinable.
calcinate (to) (cæ·lsineit) tr. TO CALCINE.
calcination (cælsine·shǫn) s. calcinación.
calcinatory (cæsi·natǫri) adj. que sirve para calcinar. — 2 s. calcinatorio.
calcine (to) (cæ·lsin) tr. calcinar. — 2 intr. calcinarse.
calcite (cæ·lsait) s. MINER. calcita.
calcium (cæ·lsiǫm) s. QUÍM. calcio : ~ light, luz de calcio.
calcography (cælco·grafi) s. arte de dibujar con tiza o pastel.
calc-spar (cælc-spa') s. MINER. calcita, espato calizo.
calculable (cæ·lkiulabǫl) adj. calculable.
calculate (to) (cæ·lkiuleit) tr. calcular, computar. 2 calcular, conjeturar, suponer. creer. 3 preparar, adaptar a un fin [esp. en p. p.] : calculated to succeed, a propósito para tener éxito. — 4 intr. hacer cálculos. 5 contar, confiar : to ~ on o upon, contar con, confiar en o en que.

calculating (cæ·lkiuleiting) *adj.* de calcular : ~, *machine*, máquina de calcular, calculadora. *2* calculador, interesado. *3* astuto, artero.

calculatingly (cæ·lkiuleitingli) *adv.* calculadamente.

calculation (cælkiule·shØn) *s.* calculación, cálculo.

calculative (cæ·lkiulativ) *adj.* calculador, dado al cálculo. *2* calculatorio.

calculator (cæ·lkiuleito͡') *s.* calculador, calculista. *2* libro de cálculos hechos o de cuentas ajustadas. *3* máquina calculadora.

calculatory (cæ·lkiulatori) *adj.* calculatorio.

calculist (cæ·lkiulist) *s.* calculista.

calculous (cæ·lkiulØs) *adj.* MED. calculoso.

calculus (cæ·lkiulØs), *pl.* **-luses** (-løsiš) *s.* MAT. cálculo : *infinitesimal, differential, integral* ~, cálculo infinitesimal, diferencial, integral. *2 pl.* **-li** (-lai) MED. cálculo : *biliary calculi*, cálculos biliares; *renal calculi*, cálculos renales; *urinary calculi*, arenillas, cálculos en la vejiga.

Calcutta (cælcØ·ta) *n. pr.* GEOGR. Calcuta.

caldron (co·ldrØn) *s.* caldera, caldero, paila.

Caledonian (cæledou·nian) *adj.* y *s.* caledonio.

calefacient (cælefei·shØnt) *adj.* calentador.

calefaction (cælefæ·cshØn) *s.* calefacción.

calefactory (cælefæ·ctori) *adj.* calentador. — *2 s.* calefactorio.

calendar (cæ·landØ') *s.* calendario, almanaque : ~ *day*, día civil; ~ *year*, año civil. *2* lista o tabla de pleitos, asuntos, personas, etc. *3* registro cronológico de documentos con un sumario de ellos. *4* orden de discusión de proyectos de ley, etc., en un cuerpo legislativo. *5* santoral.

calendar (to) *tr.* poner en el calendario. *2* poner en lista [para ser juzgado, discutido, etc.].

calender (cæ·løndØ') *s.* calandria [para prensar y satinar]. *2* derviche mendicante.

calender (to) *tr.* calandrar, prensar, satinar.

calenderer (cæ·løndØrØ') *s.* calandrador, satinador.

calends (cæ·løndš) *s. pl.* calendas.

calendula (cale·ndiula) *s.* BOT. caléndula, maravilla.

calenture (cæ·lenshØ') *s.* fiebre tropical. *2* insolación. *3* fig. fiebre, pasión, ardor.

calf (caf), *pl.* **calves** (cavš) *s.* becerro, ternero, becerra, ternera : *calf's foot*, mano de ternera; *to kill the fatted calf*, fig. preparar una fiesta para dar la bienvenida. *2* becerro [piel]. *3* cría del elefante, el rinoceronte, la ballena, etc. *4* fam. muchacho torpe o bobo. *5* pantorrilla. — *6 adj.* de ternero o ternera. *7* de muchacho, de jovencito : ~ *love*, enamoramiento de muchacho o muchacha; ~ *time*, época de la juventud.

calfbound (ca·fbaund) *adj.* encuadernado en becerro.

calf's-foot *s.* BOT. alcatraz, aro, yaro.

calf's-mouth *s.* BOT. becerra, dragón, boca de dragón.

calfskin (ca·fskin) *s.* becerro, becerrillo [piel].

caliber (cæ·libØ') *s.* CALIBRE.

calibrate (to) (cæ·libreit) *tr.* calibrar. *2* determinar o ajustar la capacidad o graduación de [un instrumento graduado]. *3* MIL. determinar la rectificación de tiro que requiere [un arma].

calibration (cælibre·shØn) *s.* calibración. *2* graduación, regulación, ajuste.

calibre (cæ·libØ') *s.* calibre : ~ *compass*, compás de calibres o de espesores. *2* calibre, capacidad, aptitud, importancia.

calicle (cæ·likØl) *s.* ANAT., BOT. calículo.

calico (cæ·licou) *s.* calicó, percal, cotonada, indiana. *2* fam. (EE. UU.) mujer, muchacha, faldas. — *3 adj.* de calicó, de percal, de indiana. *4* fam. (EE. UU.) manchado; de varios colores.

calif (kei·lif) *s.* CALIPH.

califal (cæ·lifal) *adj.* CALIPHAL.

califate (cæ·lifeit) *s.* CALIPHATE.

Californian (cælifo·'nian) *adj.* californiano, califórnico. — *2 s.* californiano, californio.

caliga (cæ·liga) *s.* cáliga.

caliginous (cæli·ȳinØs) *adj.* caliginoso, obscuro.

calipash (cæ·lipash) *s.* coc. substancia verdusca y gelatinosa de la tortuga, próxima al espaldar.

calipee (cæ·lipī) *s.* coc. substancia amarillenta y gelatinosa de la tortuga, próxima al peto.

caliper (cæ·lipØ') *o pl.* **calipers** (cæ·lipØ's) *s.* compás de calibres o de espesores : *inside* ~, compás de calibres; *outside* ~, compás de espesores o de gruesos. *2* pie de rey. *3* ~ *gauge*, calibrador.

caliph (kei·lif) *s.* califa.

caliphal (cæ·lifal) *adj.* del califa.

caliphate (cæ·lifeit) *s.* califato.

calisaya (cæliseia) *s.* BOT. árbol que da la calisaya : ~ *bark*, calisaya.

calisthenics (cælisze·nics) *s.* calistenia.

calix (ke·lics), *pl.* **-ices** (-isiš) *s.* ANAT. cavidad u órgano en forma de copa. *2* CALYX.

calk (coc) *s.* ramplón de herradura. *2* (EE. UU.) hierro con puntas [para la suela de los zapatos].

calk (to) *tr.* proveer de ramplones [una herradura]. *2* herrar [suelas de zapatos]. *3* VET. herir con el ramplón. *4* TO CAULK. *5* (kælc) calcar [un dibujo].

calker (co·kØ') *s.* CAULKER.

calkin (co·kin) *s.* ramplón [de herradura]. *2* (EE. UU.) hierro con puntas [para los zapatos].

calking (co·king) *s.* CAULKING. *2* (kæl·king) calcado.

call (col) *s.* llamada, llamamiento : ~ *of the wild*, llamada de la selva; atractivo de la vida salvaje, ansia de vagar; *at* ~, *on* ~, a la orden, pronto a acudir cuando se le llame; *within* ~, al alcance de la voz, de una llamada. *2* citación, convocación. *3* acción de pasar lista. *4* grito, silbido, toque [de señal o de llamada] : *to sound a* ~, dar un toque de corneta, etc.; hacer una llamada. *5* CAZA reclamo, silbo, chilla, balitadera. *6* llamada o conversación telefónica : (EE. UU) *long-distance* ~, (Ingl.) *trunk* ~, conferencia interurbana; conferencia entre abonados a distinta central. *7* grito [de un ave o animal]. *8* necesidad, exigencia, demanda, obligación, motivo : *you had no* ~ *to do it*, usted no tenía por qué hacerlo. *9* visita [que se hace]; escala [de un buque] : *to make a* ~, *to pay a* ~, hacer una visita; MAR. hacer escala, tocar. *10* COM. demanda de pago; de presentación de bonos u obligaciones al reembolso; *at o on* ~, sujeto a demanda de pago o reembolso sin previo aviso. *11* COM. opción a adquirir valores, trigo, etc., a una fecha fija y por un precio determinado. *12* [en el bridge] declaración; turno del jugador para hacer su declaración. *13* [en el poker] acción de igualar, de hacer enseñar las cartas. *14* (Ingl.) admisión al ejercicio de la abogacía.

15 adj. de llamada, que llama, que sirve para llamar : ~ *bell*, campanilla, timbre; ~ *boy*, botones; TEAT. avisador; ~ *box*, TELÉF. locutorio; ~ *note*, reclamo [de un ave que llama a otra], llamada [de un animal a otro]. *16* CAZA de reclamo : ~ *bird*, señuelo, cimbel, reclamo [ave]. *17* COM. ~ *loan*, empréstito reembolsable a petición; ~ *money*, dinero presto a ser pagado a la orden, sin previo aviso.

call (to) *tr.* llamar [dar voces a, hacer venir, convocar, citar, atraer]. *2* convocar [una reunión, asamblea, etc.]. *3* gritar, anunciar, proclamar. *4* pregonar [una mercancía]. *5* invocar, apelar a. *6* llamar, despertar [al que duerme]. *7* reclamar [a las aves]. *8* llamar [al ejercicio de una función o ministerio, al cumplimiento de un deber, etc.] *9* COM. pedir [un pago o aportación de fondos]; pedir la presentación [de títulos para su reembolso], amortizar. *10* telefonear a. *11* pasar [lista]. *12* llamar, nombrar, apellidar, denominar, poner por nombre; titular, calificar de, tratar de : *he calls him father*, le llama padre; *that is calling me a knave*, esto es tratarme de bribón; *they called him John*, le llamaron Juan, le pusieron por nombre Juan; *this is called a chair*, esto se llama silla; *what is this called?*, ¿cómo se llama esto? *13* estimar, apreciar aproximadamente : *I call it ten miles*, lo estimo en unas diez millas, calculo que unas diez millas. *14* [en el poker] hacer enseñar la mano : *to* ~ *a bluff*, hacer descubrir un farol; fig. cogerle la palabra a un baladrón. *15 to* ~ *a halt*, detenerse, hacer alto. *16 to* ~ *attention to*, llamar la atención sobre. *17 to* ~ *away*, llamar a otro sitio : *I was called away*, me tuve que marchar. *18 to* ~ *back*, mandar volver, hacer volver; retirar, revocar. *19 to* ~ *down*, llamar abajo, hacer bajar; pop. censurar, reprender, regañar. *20 to* ~ *forth*, hacer salir; sacar, poner de manifiesto o en acción; hacer surgir. *21 to* ~ *in*, hacer entrar; recoger, retirar [de la circulación, de un puesto avanzado]; llamar [al médico, a un experto, a un facultativo] ; COM. exigir el pago [de créditos u obligaciones] ; amortizar [bonos u obligaciones]. *22 to ~ in doubt, in question*, poner en duda, en tela de juicio. *23 to ~ into, being, existence, play*, etc., provocar, hacer nacer, crear, poner en juego, etc. *24 to ~ it a day*, dejar el trabajo [como habiendo hecho lo suficiente para un día], dejarlo para otro día. *25 to ~ it quits*, dejar un asunto como saldado, no discutir o reñir más. *26 to ~ names*, insultar de palabra. *27 to ~ off*, llamar a otra parte, distraer ; suspender, aplazar, desistir de. *28 to ~ one's own*, llamar suyo, considerar como suyo, disponer de. *29 to ~ out*, llamar desde afuera, hacer salir ; desafiar, retar ; evocar ; gritar, vocear. *30 to ~ to account*, pedir cuenta, llamar a cuentas ; reprender, regañar. *31 to ~ together*, convocar, reunir. *32 to ~ to memory, to mind*, recordar, acordarse de. *33 to ~ to order*, llamar al orden ; abrir la sesión. *34 to ~ to the bar*, admitir al ejercicio de la abogacía, recibir de abogado ; *to be called to the bar*, recibirse de abogado. *35 to ~ to colours*, MIL. llamar a filas. *36 to ~ to witness*, tomar por testigo. *37 to ~ up*, llamar arriba, hacer subir ; hacer surgir ; evocar, recordar ; llamar a comparecer ; presentar, poner a debate [un proyecto, proposición, etc.] ; DER. abrir [una vista o juicio] ; llamar por teléfono. *38 intr.* gritar, dar voces. *39* hacer una visita, pasar, ir a ver : *to ~ again*, volver a pasar, volver : *I'll call again*, ya volveré a pasar, ya volveré. *40 to ~ at*, ir a, visitar, personarse en, pasar por [una casa, oficina, etc.] ; MAR. tocar, hacer escala en. *41 to ~ for*, pedir, exigir, requerir, necesitar, hacer necesario ; ir por, pasar a recoger [a uno]. *42 to ~ on* o *upon*, visitar [a uno] ; llamar, invocar ; exhortar, requerir ; pedir la cooperación de ; *to be called on* o *upon*, ser llamado a, tener la obligación de.

calla (cæ·la) o **calla lily** *s.* BOT. cala, lirio de agua.

callable (co·labøl) *adj.* que se puede llamar. *2* COM. pagadero, reembolsable o amortizable a petición.

caller (co·lø') *s.* llamador [pers.]. *2* visita, visitante.

calligraph (cæ·ligraf) *s.* ejemplar o muestra de caligrafía.

calligrapher (cæli·græfø') *s.* calígrafo.

calligraphic (cæligræ·fic) *adj.* caligráfico.

calligraphy (cæli·grafi) *s.* caligrafía.

calling (co·ling) *s.* profesión, oficio, empleo, ejercicio, vocación, ministerio. *2* visita, visiteo. *3* llamamiento, invitación. — *4 adj.* de visita : *~ card*, tarjeta de visita.

callipers (cæ·lipø'š) *s.* CALIPER.

callisthenics (cælisʒe·nics) *s.* CALISTHENICS.

callosity (cælo·siti), *pl.* **-ties** (-tiš) *s.* callosidad, callo. *2* dureza, insensibilidad.

callous (cæ·løs) *adj.* calloso. *2* insensible, duro, encallecido, empedernido.

callously (cæ·løsli) *adv.* insensiblemente, duramente.

callousness (cæ·løsnis) *s.* CALLOSITY.

callow (cæ·lou) *adj.* implume. *2* fig. joven, inexperto.

callus (cæ·løs) *s.* callo, dureza. *2* CIR. callo [de fractura].

calm (cam) *s.* calma, tranquilidad, sosiego ; serenidad, sangre fría. *2* MAR. calma : *dead ~*, calma chicha. — *3 adj.* en calma, encalmado, sosegado, tranquilo, sereno.

calm (to) *tr.* calmar, aquietar, sosegar, serenar, tranquilizar, apaciguar. — *2 intr.* calmar, abonanzar. *3* calmarse, sosegarse, apaciguarse. | Generalmente con *down*.

calmative (ca·mativ) *adj.* y *s.* calmante.

calmer (ca·mø') *s.* apaciguador.

calmly (ca·mli) *adv.* tranquilamente, sosegadamente.

calmness (ca·mnis) *s.* CALM.

calmy (ca·mi) *adj.* tranquilo, apacible.

calomel (cæ·lomel) *s.* FARM. calomel, calomelanos.

calorescence (cælore·søns) *s.* FÍS. conversión de rayos caloríficos en rayos luminosos.

caloric (calo·ric) *adj.* y *s.* calórico.

caloricity (cælø'ri·siti) *s.* caloricidad.

calorie (cæ·lori) *s.* caloría.

calorific (cælori·fic) *adj.* calorífico.

calorification (cælorifike·shøn) *s.* calorificación.

calorifics (cælori·fics) *s.* termología.

calorimeter (cælori·mitø') *s.* calorímetro.

calorimetric (cælorime·tric) *adj.* calorimétrico.

calorimetry (cælori·metri) *s.* calorimetría.

calory (cæ·lori) *s.* caloría.

calotte (cæla·t) *s.* casquete, gorro. *2* solideo. *3* GEOM. casquete esférico. *4* ARQ. cúpula.

caltha (cæ·lza) *s.* BOT. calta.

caltrop (cæ·ltrøp) *s.* BOT. abrojo, tríbulo. *2* MIL. abrojo. *3* ZOOL. espícula.

calumet (cæ·liumet) *s.* pipa de los indios de Norteamérica, pipa de la paz.

calumniate (to) (calø·mnieit) *tr.* calumniar.

calumniation (calømnie·shøn) *s.* acción de calumniar ; calumnia.

calumniator (calø·mnieito') *s.* calumniador.

calumniatory (calø·mniatori), **calumnious** (calø·mniøs) *adj.* calumnioso, injurioso, difamatorio.

calumniously (calø·mniøsli) *adv.* calumniosamente ; injuriosamente.

calumniousness (calø·mniøsnis) *s.* calidad de calumnioso. *2* maledicencia.

calumny (cæ·lømni) *s.* calumnia, difamación.

Calvary (cæ·lvari) *n. pr.* Calvario [monte Calvario]. — *2 s.* (con min.) calvario [representación]. *3* Vía Crucis.

calve (to) (cav) *intr.-tr.* parir [la vaca].

Calvin (cæ·lvin) *n. pr.* Calvino.

Calvinism (cæ·lvinišm) *s.* calvinismo.

Calvinist (cæ·lvinist) *s.* calvinista.

Calvinize (to) (cæ·lvinaiš) *tr.* convertir al calvinismo ; imbuir de calvinismo.

calvish (ca·vish) *adj.* propio o hacer un becerro.

calvities (cæ·lvi·shiš) *s.* MED. calvicie.

calyci- (cæ·lisi-) *forma prefija* calici-, en voces como *calyciflorous*, caliciflora ; *calyciform*, caliciforme.

calycle (cæ·likøl) *s.* BOT., ZOOL. calículo.

calyculus (cæli·kiuløs), *pl.* **-li** (-lai) *s.* ANAT., ZOOL. calículo.

Calypso (cali·psou) *n. pr.* MIT. Calipso.

calyx (kei·lics), *pl.* **calyxes** o **calices** (kei·liseš) *s.* BOT. cáliz. *2* ANAT. pelvis [del riñón].

cam (cæm) *s.* MEC. leva, cama, manubrio, excéntrica ; pieza que transforma un movimiento circular en otro de sube y baja u oscilante : *heart ~*, excéntrica acorazonada ; *~ gear*, engranaje del árbol de levas ; *~ shaft*, árbol de levas ; *~ wheel*, rueda con levas.

camail (camei·l) *s.* almófar.

Camaldolite (cæma·ldølait) *m.* camaldulense.

camaraderie (camara·døri) *s.* camaradería, compañerismo.

camber (cæ·mbø') *s.* comba, curvatura, bombeo, peralte. *2* AUTO. inclinación [de las ruedas].

camber (to) *tr.* combar, arquear, abombar. — *2 intr.* tener forma arqueada, arquearse, combarse.

cambist (cæ·mbist) *s.* COM. cambista.

cambium (cæ·mbiøm) *s.* BOT. cambium.

cambrel (cæ·mbrøl) *s.* garfio de carnicería.

Cambrian (cæ·mbrian) *adj.* y *s.* cambriano. *2* GEOL. cámbrico. *3* del país de Gales.

cambric (kei·mbric) *s.* cambray, batista.

came (keim) *pret.* DE TO COME. — *2 s.* plomo de vidriera o ventana.

camel (cæ·møl) *s.* ZOOL. camello : *~ driver, ~ keeper*, camellero ; *camel's hair*, pelo de camello ; tela hecha con él. *2* MAR. camello [artificio flotante para levantar un buque, etc.].

camel's-hair *adj.* de pelo de camello.

camellia (camri·lia) *s.* BOT. camelia.

camelopard (came·lopa'd) *s.* ZOOL. camello pardal, jirafa. *2* (con mayúscula) ASTR. Camaleopardo.

camelry (ca·mølri) *s.* tropa montada en camellos.

cameo (cæ·miou) *s.* camafeo.

camera (cæ·møra) *s.* sala abovedada. *2* despacho o sala particular [de un juez] : *in ~*, en el despacho del juez, en privado. *3* cámara apostólica. *4* ANAT. cavidad. *5* cámara o aparato fotográfico : *~ stand*, pie o trípode de aparato fotográfico. *6* FÍS. *~ lucida*, cámara clara o lúcida ; *~ obscura*, cámara obscura.

cameral (cæ·møral) *adj.* perteneciente a la tesorería, a la hacienda pública.

cameralistic (cæmørali·stic) *adj.* perteneciente a la hacienda pública.

cameraman (cæ·møramæn), *pl.* **-men** (-men) *s.* operador de tomavistas o cinematográfico.

Cameroons (ca'møruns̃) *n. pr.* GEOGR. Camerón.

Camillus (camiˑløs) *n. pr.* Camilo.

camion (cæˑmion) *s.* camión, carro bajo y fuerte de cuatro ruedas. 2 autocamión militar.

camisado (cæmisei·dou) *s.* MIL. encamisada.

camise (camiˑs) *s.* camisón; bata o túnica holgada.

camisole (cæˑmisoul) *s.* camiseta. 2 cubrecorsé. 3 especie de camisa de fuerza.

camlet (cæ·mlit) *s.* camelote [tela].

cammock (cæ·moc) *s.* BOT. gatuña. 2 nombre de otras hierbas.

camomile (cæ·momail) *s.* BOT. camomila, manzanilla.

camouflage (caˑmuflaỹ) *s.* MIL. camuflaje. 2 disfraz, simulación, fingimiento, artificio para ocultar o engañar.

camouflage (to) *tr.* MIL. camuflar. 2 disfrazar, ocultar, enmascarar, encubrir con apariencias engañosas.

camp (cæ·mp) *s.* campamento. 2 gente acampada. 3 colonia [escolar, etc.] instalada en campamento. 4 ranchería. 5 MIL. campo; ejército en campaña. 6 fig. servicio o vida militar. 7 campo, partido [conjunto de partidarios]. 8 (EE. UU.) ciudad nacida de un campamento de buscadores de oro, etc. — 9 *adj.* de campamento, de campaña; ~ *bed,* catre, lecho de campaña; ~ *chair,* silla de tijera; ~ *fever,* MED. fiebre tifoidea; tifus; ~ *kitchen,* cocina de campaña; ~ *meeting,* reunión religiosa de los metodistas y otras sectas en el campo, bajo una tienda o al aire libre; ~ *stool,* taburete plegable. 10 ~ *follower,* persona no militar que sigue a un ejército en campaña [vivandero, mujer de soldado, etc.].

camp (to) *tr.* e *intr.* acampar. — 2 *intr.* fam. alojarse; instalarse temporalmente.

campaign (cæˑmpein) *s.* campaña [militar, política, de propaganda, etc.]. 2 excursión; veraneo.

campaign (to) *intr.* salir a campaña. 2 hacer campaña o propaganda.

campaigner (cæmpei·nø') *s.* veterano. 2 el que hace campaña, propagandista.

campaniform (cæmpæ·nifo'm) *adj.* campaniforme.

campanile (cæmpanˑli) *s.* campanil, campanario.

campanologist (cæmpano·loỹist) *s.* el entendido en campanas. 2 el que toca las campanas con arte; campanólogo.

campanology (cæmpano·loỹi) *s.* ciencia o estudio de las campanas. 2 arte de tocar las campanas; campanología.

campanula (cæmpæ·nula) *s.* BOT. campánula, farolillo.

campanulaceous (cæmpæ·niuleshøs) *adj.* BOT. campanuláceo.

campanulate (cæmpæ·niuleit) *adj.* acampanado.

Campeachy (cæmpiˑchi) *n. pr.* Campeche.

Campeachy-wood *s.* palo campeche.

camper (cæ·mpø'), **camper-out** *s.* acampador, persona que acampa.

campestral (cæmpe·stral), **campestrian** (cæmpe·strian) *adj.* campestre.

campfire (cæ·mpfai') *s.* fuego u hoguera que se enciende en un campamento [para cocinar o para reunirse a su alrededor, como hacen los muchachos exploradores]. 2 ~ *girl* (EE. UU.), muchacha de una organización, «The Camp Fire Girls of America», parecida a la de las muchachas exploradoras de Inglaterra.

campground (cæ·mpgraund) *s.* campamento [terreno].

camphene (cæ·mfin) *s.* QUÍM. canfeno.

camphor (cæ·mfø') *s.* alcanfor: ~ *ball,* bola de alcanfor; ~ *oil,* esencia de alcanfor; ~ *tree,* alcanforero.

camphor (to) *tr.* alcanforar.

camphorate (cæ·mforeit) *adj.* alcanforado. — 2 *s.* QUÍM. canforato.

camphorate, camphorize (to) (cæ·mforaiš) *tr.* alcanforar.

camphoric (cæmfo·ric) *adj.* QUÍM. canfórico.

camping (cæ·mping) *s.* deporte de acampar.

campion (cæ·mpion) *s.* BOT. colleja.

campus (cæ·mpus) *s.* (EE. UU.) patio, jardín [de una universidad]; fig. el mundo académico.

camshaft (cæ·mshæft) *s.* MEC. árbol de levas.

camwood (cæ·mwud) *s.* madera tintórea roja de Angola.

can (cæn) *s.* vaso, bote, lata, envase [de metal]: ~ *opener,* abrelatas. 2 pop. (EE. UU.) cárcel, chirona. 3 MAR. ~ *hooks,* gafas.

1) **can** *aux.* poder o saber [hacer una cosa]: *I* ~ *walk,* puedo andar; *he* ~ *swim,* sabe nadar. ¶ CONJUG. 2.ª persona del presente de IND.: *canst;* pret. y cond.: *could.* | Es defectivo y sólo se usa con las formas *can, canst* y *could* en el presente y pretérito de indicativo o subjuntivo y en el condicional.

2) **can (to)** *tr.* enlatar, envasar o conservar en latas. 2 pop. (EE. UU.) despedir [de un empleo]; encarcelar. ¶ CONJUG. pret. y p. p.: *canned;* ger.: *canning.*

Canaan (kei·nan) *n. pr.* tierra de Canaán.

Cannaanite (kei·nanait) *adj.* y *s.* cananeo.

Canada (cæ·nada) *n. pr.* GEOGR. Canadá.

Canadian (cænei·dian) *adj.* y *s.* canadiense.

canaille (canei·l) *s.* canalla, chusma.

canal (cænæ·l) *s.* canal, acequia, buzón, cacera, caz. 2 ANAT. canal, conducto, tubo. 3 GEOGR. canal. 4 ARQ. canal, estría, mediacaña. 5 FÍS. ~ *rays,* iones positivos producidos por una descarga que pasa por un tubo de vacío con un cátodo perforado.

canalage (cænæ·lidy) *s.* canalización, construcción de canales. 2 sistema de canales. 3 derechos de transporte por canal.

canaliculate (cænali·kiuleit) *adj.* BOT. acanalado, estriado.

canalization (cænælaise·shøn) *s.* canalización.

canalize (to) (cænæ·laiš) *tr.* canalizar.

canapé (canapeˑ) *s.* canapé [de caviar, etc.].

canard (canaˑ'd) *s.* bulo, noticia falsa. 2 AVIA. tipo de aeroplano de retropropulsión con mando delantero.

canary (caneˑri) *s.* ORNIT. canario. 2 color de canario. 3 diamante amarillo. 4 vino de Canarias. 5 BOT. ~ *grass,* alpiste [planta]; ~ *seed,* alpiste [semilla].

Canary Islands *n. pr.* GEOGR. Islas Canarias.

canasta (cænæ·sta) *s.* canasta [juego de naipes].

cancan (cæ·ncæn) *s.* cancán [baile].

cancel (cæ·nsøl) *s.* cancelación. 2 IMPR. supresión. 3 MÚS. becuadro.

cancel (to) *tr.* cancelar. 2 revocar, rescindir. 3 neutralizar, contrapesar, anular. 4 borrar, tachar, rayar. 5 matar, inutilizar [un sello]. 6 MÚS. poner becuadro. 7 IMPR. suprimir. 8 MAT. eliminar. ¶ CONJUG. pret. y p. p.: *canceled* o *-celled;* ger.: *canceling* o *-celling.*

cancellate (cæ·nseleit) *adj.* reticular, celular, poroso.

cancellation (cænsele·shøn) *s.* cancelación, rescisión. 2 reticulado; disposición reticular. 3 MAT. eliminación.

cancer (cæ·nsø') *s.* MED. cáncer. 2 (con mayúscula) ASTR. Cáncer.

cancerate (to) (cæ·nsøreit) *tr.* cancerar. — 2 *intr.* cancerarse.

canceration (cænsøre·shøn) *s.* MED. canceración, formación de cáncer.

cancerous (cæ·nsørøs) *adj.* canceroso.

cancerousness (cæ·nsørøsnis) *s.* cancerosidad, calidad de canceroso.

cancroid (cæ·ncroid) *adj.* MED. cancroideo. — 2 *s.* MED. cancroide.

candelabrum (cændelei·brøm), *pl.* **-bra** (-bra) *s.* candelabro.

candent (cæ·ndønt) *adj.* candente [al rojo blanco].

candescence (cænde·sønt) *s.* incandescencia. 2 luminiscencia.

candescent (cænde·sønt) *adj.* incandescente. 2 luminiscente.

candid (cæ·ndid) *adj.* cándido, inocente. 2 justo, imparcial. 3 veraz, sincero, franco.

candidacy (cæ·ndidasi) *s.* candidatura [calidad de candidato].

candidate (cæ·ndideit) *s.* candidato. 2 aspirante, pretendiente. 3 graduando.

candidature (cæ·ndidachø') *s.* candidatura [aspiración, propuesta].

candidly (cæ·ndidli) *adv.* cándidamente; ingenuamente. 2 sinceramente, francamente.

candidness (cæ·ndidnis) s. candidez, candor, ingenuidad. 2 sinceridad, franqueza.

candied (cæ·ndid) pret. y p. p. de TO CANDY. — 2 adj. confitado, escarchado, garapiñado. 3 fig. meloso, almibarado.

candle (cæ·ndøl(s. vela, bujía, candela : ~ drippings, gotas que se corren de una vela; ~ end, cabo de vela; ~ extinguisher, matacandelas; ~ grease, sebo; ~ snuff, pábilo, moco de vela; ~ snuffer, despabiladeras; not to be able to hold a ~ to someone, no poderse comparar con uno, no llegarle a la suela del zapato; the game is not worth the ~, la cosa no vale la pena : to burn the ~ at both ends, gastar locamente dinero, fuerzas o salud. 2 luz, luminaria. 3 FÍS. bujía [unidad de intensidad luminosa] : ~ power, intensidad luminosa [en bujías].

candle (to) tr. examinar [huevos, etc.] al trasluz.

candleberry tree (cæ·ndølberi) s. BOT. árbol de la cera.

candleholder (cæ·ndøljouldø') s. candelero; palmatoria.

candlelight (cæ·ndøl-lait) s. luz de vela, luz artificial. 2 la entrada de la noche, el crepúsculo.

candlelighter (cæ·ndøl-laitø') s. encendedor de velas. 2 acólito.

candlemaker (cæ·ndølmeikø') s. velero, cerero.

Candlemass (cæ·ndølmas) s. Candelaria [fiesta].

candlestick (cæ·ndølstic) s. candelero; palmatoria.

candlewick (cæ·ndøluic) s. pábilo.

candlewood (cæ·ndølwud) s. tea para alumbrar. 2 BOT. nombre de varias plantas.

candor, candour (cæ·ndø') s. candor, sinceridad, franqueza, ingenuidad; imparcialidad.

candy (cæ·ndi), pl. **-dies** (-dis) s. azúcar cande; punto del azúcar cande. 2 dulce, bombón, confite, caramelo; ~ box, bombonera; ~ store (EE. UU.), dulcería, confitería.

candy (to) tr. confitar, escarchar, garapiñar. 2 hacer tomar consistencia de azúcar cande. 3 fig. endulzar, azucarar. — 4 intr. cubrirse de azúcar cristalizado. ¶ CONJUG. pret. y p. p. : candied.

candytuft (cæ·nditøft) s. BOT. carraspique.

cane (kein) BOT. caña, rota, junco [de Indias]; bejuco; caña de azúcar : ~ chair, silla de junco; ~ field, cañaveral; ~ juice, guarapo; ~ knife, machete; ~ mill, ingenio de azúcar, trapiche; ~ palm, rota; ~ seat, asiento de rejilla o de tirillas de bejuco; ~ sugar, azúcar de caña. 2 bastón; ~ maker, bastonero [que hace bastones]; ~ stand, bastonera. 3 HORT. pezón [de ciertas frutas]. 4 urdimbre [en el tejido de la seda].

cane (to) tr. bastonear, apalear. 2 poner asiento o respaldo de rejilla o tirillas de bejuco.

canebrake (kei·nbreic) s. cañaveral.

canephoros (cane·forøs) s. canéfora.

canescent (cane·sent) adj. blanquecino.

canework (kei·nuø'c) s. rejilla o tejido de tirillas de bejuco [para asientos de silla, etc.].

Canicula (cani·kiula) n. pr. ASTR. Canícula, Sirio.

canicular (cani·kiula') adj. canicular.

Canidæ (cæ·nidɪ) s. pl. ZOOL. cánidos.

canid (cæ·nid) s. ZOOL. cánido.

canine (cæ·nain) adj. canino. — 2 s. colmillo, canino. 3 perro, can.

caning (kei·niŋ) s. paliza. 2 enrejado de cañas.

Canis (kei·nis) s. ASTR. el Can : ~ Major, Can Mayor; ~ Minor, Can Menor.

canister (cæ·nistø') s. bote, lata [para té, tabaco, etc.]. 2 ARTILL. ~ shot, bote de metralla.

canities (cani·siiš) s. canicie.

canker (cæ·nkø') s. MED. úlcera maligna [esp. en la boca]. 2 BOT. cancro. 3 fig. cáncer [lo que corroe]. 4 AGR. oruga dañina.

canker (to) tr. ulcerar, gangrenar. 2 cancerar, corromper, contaminar. — 3 intr. cancerarse, corromperse. 4 agriarse [el carácter, etc.].

cankered (cæ·nkø'd) adj. ulcerado, gangrenado. 2 AGR. que tiene cancro. 3 corrupto, depravado. 4 envidioso, malévolo, agriado.

cankerous (cæ·nkørøs) adj. maligno, gangrenoso, corrosivo.

cankerworm (cæ·nkøruø'm) s. ENTOM. especie de oruga dañina.

canna (cæ·næ) s. BOT. cañacoro.

cannabic (cæ·næbic) adj. BOT. canabíneo.

Cannaceæ (canei·sii) s. pl. BOT. canáceas.

cannaceous (canei·shøs) adj. canáceo.

canned (cænd) adj. en conserva, en lata : ~ goods, conservas alimenticias. 2 fig. ~ music, música en discos o en cintas magnetofónicas.

cannel (cæ·nel), **cannel coal** s. carbón mate, hulla de llama brillante.

canner (cæ·nø') s. el que envasa conservas.

cannery (cæ·nøri) s. fábrica de conservas.

cannibal (cæ·nibal) adj. y s. caníbal.

cannibalism (cæ·nibališm) s. canibalismo.

cannie (cæ·ni) adj. CANNY.

cannikin (cæ·nikin) s. vaso de metal. 2 balde de madera.

cannon (cæ·nøn) s. ARTILL. cañón ; cañones, artillería ; ~ ball, bala de cañón; ~ fodder, carne de cañón; ~ metal, bronce de cañones; ~ shot, cañonazo; tiro de cañón, alcance de un cañón; balas de cañón. 2 oreja [de campana]. 3 MEC. manguito, guardaeje. 4 cañón [del bocado]. 5 BILLAR (Ingl.) carambola. 6 caña [de cuadrúpedo] : VET. ~ bone, hueso de la caña.

cannonade (cæ·nøneid) s. cañoneo.

cannonade (to) tr. cañonear.

cannoneer (cæ·nønið') s. artillero [servidor de una pieza].

cannonry (cæ·nønri) s. cañonería. 2 cañoneo.

cannonproof (cæ·nønpruf) adj. a prueba de cañón.

cannot (cæ·nnot) forma compuesta de can y not.

cannula (cæ·niula), pl. **-læ** (-li) s. cánula.

cannular (cæ·niula') adj. canular.

canny (cæ·ni) adj. sagaz, prudente; cuerdo, astuto. 2 cómodo; agradable. 3 mágico.

canoe (canu·) s. canoa [embarcación]. 2 piragua.

canoe (to) intr. ir en canoa. — 2 tr. llevar en canoa.

canoeist (canu·ist) s. canoero.

canon (cæ·nøn) s. canónigo. 2 canon, regla, precepto. 3 ECLES., LITURG., MÚS., IMPR. canon. 4 ~ law, derecho canónico; cánones.

canoness (cæ·nønis) f. canonesa.

canonic (cano·nic) adj. canónico.

canonical (cano·nical) adj. canónico. 2 canonical, 3 regular, establecido, aceptado.

canonically (cano·nicali) adv. canónicamente.

canonicals (cano·nicals) s. pl. vestiduras sacerdotales.

canonicate (cano·nikeit) s. canonicato, canonjía.

canonist (cæ·nønist) s. canonista.

canonization (cæ·nønaiše·shøn) s. canonización.

canonize (to) (cæ·nønaiš) tr. canonizar. 2 glorificar, exaltar.

canonry (cæ·nønri), **canonship** (cæ·nønship) s. canonicato, canonjía.

canopied (cæ·nøpid) adj. endoselado.

canopy (ca·nøpi) s. dosel, baldaquín, palio. 2 pabellón [de cama]. 3 ARQ. doselete. 4 ARQ. marquesina. 5 (Ingl.) capota [de auto]. 6 ELECT. campana. 7 ~ of heaven, bóveda celeste, capa del cielo.

canopy (to) tr. endoselar. ¶ CONJUG. pret. y p. p. : canopied.

canorous (canou·røs) adj. canoro.

can't (cænt) contrac. de can y not.

cant (cænt) s. canto, esquina. 2 inclinación, oblicuidad, sesgo, desplome. 3 golpe que inclina o desvía; tumbo, vaivén. 4 chaflán, bisel, talud. 5 tabla o toza descanteada. 6 jerga [de un oficio, etc.]; germanía; jerigonza. 7 lenguaje afectado o hipócrita, hipocresía. 8 expresión trivial, estereotipada. — 9 adj. inclinado, sesgado. 10 de una jerga, de germanía. 11 insincero, hipócrita.

cant (to) tr. inclinar, ladear. 2 voltear, invertir. 3 arrojar, lanzar. 4 chaflanar, descantear. — 5 intr. inclinarse, ladearse. 6 hablar en jerga. 7 hablar con gazmoñería o hipocresía; expresarse con afectación.

Cantabrian (cæntebrian) adj. cántabro, cantábrico.

cantaloup (cæntalup) s. BOT. variedad de melón.

cantankerous (cæntæ·nkørøs) adj. avinagrado, intratable, quisquilloso, pendenciero.

cantata (cænta·ta) s. MÚS. cantata.

canted (cæ·ntid) adj. inclinado, oblicuo. 2 ARQ. achaflanado.

canteen (cæntɪn) s. cantimplora [frasco]. 2 cantina, taberna.

canter (cæ·ntø') s. medio galope.

canter (to) intr. ir [el caballo] a medio galope, a paso largo y sentado.

Canterburian (cæ·ntø'biurian) adj. y s. cantuariense.

Canterbury (cæˑntøˈbøri) *n. pr.* Cantórbery : BOT. ~ *bell,* campánula, farolillo. *2* (con mín.) estante para música, libros, etc.

cantharides (cænzæˑridīš) *s.* FARM. cantáridas.

canthus (ceˑnzøs), *pl.* **-thi** (-zai) *s.* ANAT. ángulo del ojo.

canticle (cæˑnticøl) *s.* cántico, himno. *2 Canticle of Canticles* o *simplte. Canticles,* el Cantar de los Cantares.

cantilever (cæˑntilivøˈ) *s.* ARQ. canecillo, modillón, consola. *2* ING. viga voladiza. — *3 adj.* voladizo : ~ *bridge,* puente voladizo. de contrapeso; ~ *roof,* cubierta o tejado voladizo.

canting (cæˑnting) *adj.* BLAS. parlante : ~ *arms,* armas parlantes. — *2 s.* lenguaje afectado; gazmoñería, hipocresía.

cantle (cæˑntøl) *s.* trozo, pedazo, porción. *2* borrén o arzón trasero.

canto (cæˑntou) *s.* POES. canto. *2* MÚS. canto [parte melódica].

Canton (cæˑnton) *n. pr.* GEOGR. Cantón : ~ *crepe,* burato; ~ *flannel,* moletón.

canton (cæˑnton) *s.* cantón, distrito. *2* BLAS. cantón.

canton (to) (cæˑnton) *tr.* dividir en porciones, en cantones. *2* MIL. acantonar.

cantonal (cæˑntonal) *adj.* cantonal.

cantonalism (cæˑntonalīšm) *s.* cantonalismo.

cantoned (cæˑntonid) *adj* BLAS. cantonado. *2* ARQ. que tiene los ángulos adornados.

cantonment (cæˑntonmønt) *s.* MIL. acantonamiento; cuartel, campamento.

cantor (cæˑntøˈ) *s.* chantre.

Canuck (canøˑc) *adj.* y *s.* (EE. UU.) canadiense. *2* (Can.) canadiense de origen francés.

canvas (cæˑnvas) *s.* lona. *2* cáñamazo. *3* PINT. lienzo. *4* MAR. vela, trapo, velamen : *under* ~, con las velas izadas. *5* toldo, tienda. *6* fig. circo; la vida del circo.

canvasback (cæˑnvasbæc) *s.* ORNIT. pato marino norteamericano.

canvass (cæˑnvas) *s.* recorrido en busca de votos, opiniones, pedidos, etc. *2* examen, inspección. *3* ascrutinio.

canvass (to) *tr.* e *intr.* recorrer una población o distrito en busca de votos, opiniones, pedidos, etc. — *2 tr.* examinar, estudiar, discutir. *3* escrutar.

canvasser (cæˑnvasøˈ) *s.* el que solicita votos, pedidos, etc.; agente electoral; corredor.

cany (keiˑni) *adj.* de caña. *2* abundante en cañas.

canyon (cæˑniøn) *s.* (EE. UU.) cañón [garganta profunda por donde corre un río].

canzonet (cæˑnšonet) *s.* cancioncilla, copla.

caoutchouc (cauˑchuc) *s.* caucho, goma elástica, hule.

cap (cæp) *s.* gorra; gorro; cofia [de mujer]; birrete, bonete; capelo : ~ *and bells,* caperuza de bufón; cetro de bufón; ~ *and gown,* traje académico [birrete y toga]; ~ *in hand,* humildemente, con la gorra en la mano; ~ *of liberty,* gorro frigio; *the* ~ *fits,* viene de perilla; *to fit the* ~ *to oneself,* aplicarse el cuento, darse por aludido; *to put on one's thinking* ~, reflexionar con madurez; *to set one's* ~ *at,* tratar de conquistar a uno para novio. *2* cima. cumbre, colmo. *3* ARQ. capitel, cornisa. *4* MEC. casquete, casquillo, sombrerete, tapa de cierre, chapaleta. *5* MEC. tapa [de biela]. *6* caballete [de chimenea]. *7* MIN. detonador. *8* pistón [para el fulminante]. *9* GEOM. casquete; porción de superficie convexa; sección [plana o curva]. *10* cápsula [de botella]. *11* guardapolvo [de reloj]. *12* FOT. tapa [de lente]. *13* chapa [de brújula]. *14* MAR. tamborete [de palo]. *15* BOT. sombrero [de seta]; cofia [de musgo]. *16* tamaño de hoja de papel de escribir [14 pulgadas por 17]. *17* ~ *paper,* papel de estraza. *18* ~ *screw,* tornillo grande sin tuerca.

cap (to) *tr.* cubrir [la cabeza]. *2* capsular [una botella]. *3* poner tapa, casquillo, sombrerete a. *4* proveer de pistón o detonador. *5* cubrir, coronar, estar encima de. *6* poner cima o remate a : *to* ~ *it all,* fig. por contera. *7* presentar o decir una cosa que sea mejor que otra. *8* sobrepujar : *to* ~ *the climax,* ser el colmo, pasar de la raya [en absurdidad, sinrazón, etc.]. *9* saludar [a uno] descubriéndose. — *10 intr.* descubrirse respetuosamente, descubrirse para saludar. ¶ CONJUG. pret. y p. p. : *capped;* ger. : *capping.*

capability (keipabiˑliti) *s.* capacidad [aptitud, idoneidad; aptitud legal]; competencia, inteligencia.

capable (keiˑpabøl) *s.* capaz [de hacer algo]. *2* susceptible [de]. *3* capaz, idóneo, inteligente, competente.

capableness (keiˑpabølnis) *s.* capacidad, idoneidad, inteligencia, competencia.

capacious (capeiˑshøs) *adj.* capaz, espacioso.

capaciously (capeiˑshøsli) *adv.* capazmente, holgadamente.

capaciousness (capeiˑshøsnis) *s.* espaciosidad, anchura.

capacitance (capæˑsitans) *s.* ELECT. capacidad [de un conductor. condensador o circuito].

capacitate (to) (capæˑsiteit) *tr.* capacitar, habilitar, autorizar.

capacity (capæˑsiti) *s.* capacidad, cabida, porte, buque. *2* capacidad [de sentir, de sufrir, etc.]. *3* capacidad. talento. *4* facultad, poder, posibilidad. *5* calidad, condición, carácter : *in the* ~ *of,* en calidad de. *6* DER. competencia, autoridad. *7* MEC. rendimiento máximo. *8* ELECT. capacidad. — *9 adj.* lleno, completo, máximo.

cap-a-pie (cæp-a-piˑ) *adv.* de pies a cabeza; de punta en blanco.

caparison (capæˑrisøn) *s.* caparazón, gualdrapa. *2* atavío, galas.

caparison (to) *tr.* engualdrapar, enjaezar. *2* ataviar, vestir ricamente.

cape (keip) *s.* capotillo, ferreruelo, capa corta. *2* esclavina, manteleta. *3* GEOGR. cabo, promontorio.

Cape *adj.* del Cabo de Buena Esperanza; del África del Sur; *Cape Colony,* la Colonia del Cabo; *Cape Town,* Ciudad del Cabo.

capelin (cæˑpølin) *s.* ICT. capelán.

capeline (cæˑpølin) *s.* ARM., CIR. capellina. *2* sombrero de mujer de ala blanda.

caper (keiˑpøˈ) *s.* cabriola, zapateta, travesura : *to cut a* ~, hacer una cabriola. *2* BOT. alcaparra. *3* BOT. alcaparro.

caper (to) *intr.* cabriolar, triscar, retozar.

caperbush (keiˑpøˈbush) *s.* BOT. alcaparro.

capercailye (capøˈkeiˑli), **capercailzie** (capøˈkeiˑlỹi) *s.* ORNIT. urogallo, gallo silvestre.

caperer (keiˑpøˈøˈ) *s.* saltarín, retozón.

caper-spurge *s.* BOT. tártago.

capeskin (keiˑpskin) *s.* especie de cabritilla [piel].

Capetian (keˑpishæn) *adj.* y *s.* Capeto.

Capetown (keiˑptaun) *n. pr.* GEOGR. El Cabo, Ciudad del Cabo.

capillaceous (cæpileˑshøs) *adj.* que tiene filamentos. *2* capilar.

capillarimeter (cæˑpilarimitøˈ) *s.* FÍS. capilarímetro.

capillarity (cæpilæˑriti) *s.* capilaridad.

capillary (cæˑpileri) *adj.* capilar : ~ *attraction,* capilaridad. — *2 s.* ANAT. vaso capilar.

capital (cæˑpital) *adj.* capital : ~ *punishment,* pena capital; ~ *sin,* pecado capital. *2* primordial, vital, importante. *3* excelente, magnífico; grande. *4* COM. de capital : ~ *stock,* capital, conjunto de las acciones de una compañía anónima; valor nominal de este conjunto. — *5 adj.* y *s.* mayúscula, versal [letra] : *small* ~, versalita. — *6 s.* capital, principal, fondo, caudal : *to make* ~ (*out*) *of,* aprovecharse de, explotar, sacar beneficio de. *7* ECON., SOCIOL. capital [en oposición a trabajo]. *8* capital [población]. *9* ARQ. capitel *10* FORT. capital.

capitalism (cæˑpitalīšm) *s.* capitalismo.

capitalist (cæˑpitalist) *adj.* y *s.* capitalista.

capitalistic (cæˑpitalistic) *adj.* capitalista [sistema, doctrinas, etc.].

capitalization (cæpitalīšeˑshøn) *s.* capitalización. *2* empleo de letras mayúsculas.

capitalize (to) (cæˑpitalaiš) *tr.* capitalizar. *2* proveer de capital. *3* escribir con mayúscula. *4 intr.* acumular capital. *5* [hablando de un interés] representar un capital de. *6 to* ~ *on,* aprovecharse de, explotar, sacar beneficio de.

capitally (cæˑpitali) *adv.* capitalmente. *2* primordialmente. *3* excelentemente, admirablemente.

capitate (cæˑpiteiˑt) *adj.* BOT. capitado.

capitation (cæpiteˑshøn) *s.* capitación.

MAYÚSCULAS / CAPITAL LETTERS

Se escriben con mayúscula:

* Las mismas palabras que llevan mayúscula en español.
* Las derivadas de nombres propios: **Aristotelian, Aristotelianism, Christian, Christianity, Victorian.**
* Los nombres de pueblos, razas, naciones, tribus y lenguas con sus compuestos y derivados: **Angles, Anglo-Norman, Anglican, Chinaman, Chinese, French, Hispanic, Hispanophile, Inca, Incan.**
* Los de credos o confesiones, de religiones o sectas y de las órdenes religiosas, con sus derivados: **Apostles' Creed, Augsburg Confession, Catholic, Catholicism, Protestant, Protestantism.**
* Los de instituciones, congresos, exposiciones, cuerpos legisladores, organizaciones, partidos políticos, etc.: **Congress of Vienna, Columbian Exposition, House of Representatives, Spanish Army.**
* Los de tratados, batallas, acontecimientos históricos, períodos, épocas, eras: **Treaty of Westphalia, Battle of Verdun, Revolutionary War, Middle Ages, Jurassic, Christian Era, Before Christ.**
* Los de los días de la semana, de los meses del año y de las fiestas: **Monday, June, Good Friday, Mother's Day.**
* Los de calle, plaza, etc.: **Madison Avenue, Trafalgar Square, Central Park.**
* Los de las estaciones del año y los de ciertas ideas abstractas cuando se quieren personificar: **Spring, Winter, Autumn.**
* Los de los tipos, clases, órdenes, familias, etc., de plantas y animales: **Monocotyledones, Platanaceae, Mammalia, Ursidae.**
* Las palabras que constituyen el saludo de las cartas, comunicaciones, etc.: **Dear Father.**
* Las palabras **State, Territory, Dominion, Province, Department,** etc., cuando forman parte del nombre de una división determinada: **the State of Texas, the Dominion of Canada.**
* La palabra **Church** cuando se aplica a una iglesia determinada: **Roman Catholic Church, St. Peter's Church.**
* **I** (pronombre, *yo*) y **O** (interjección).

Capitol (cǽ·pitøl) *s.* capitolio. 2 (EE. UU.) edificio de la cámara legislativa de un Estado.
Capitoline (cǽ·pitølain) *adj.* capitolino.
Capitolium (cǽpito·liøm) *n. pr.* Capitolio [de Roma].
capitular (capi·tiula') *adj.* capitular. 2 BOT. perteneciente a la cabezuela. — 3 *s.* capitular [miembro de un capítulo].
capitulary (capi·tiuleri) *adj.* capitular. — 2 *pl.* **-ries** (-ris) *s.* capitular [miembro de un capítulo]. 3 capitulario. 4 *pl.* HIST. capitulares.
capitulate (to) (capi·tiuleit) *intr.* capitular.
capitulation (capitiule·shøn) *s.* capitulación [pacto; rendición].
capitulum (capi·tiuløm), *pl.* **-la** (-læ) *s.* capítula. 2 BOT. cabezuela. 3 ANAT., ZOOL. cabeza redondeada de un hueso, etc.
capon (kei·pøn) *s.* capón [pollo, etc.]
caponier(e (cǽpønɪ·r') *s.* FORT. caponera.
caponize (to) (keipønai·s) *tr.* capar [gallos].
capotasto (capota·stou) *s.* MÚS. cejuela.
capote (capou·t] *s.* capote [prenda]. 2 capota [de mujer, de automóvil].
Cappadocian (cǽpædou·shan) *adj.* y *s.* capadocio.
Capparidaceæ (cǽparide·sii) *s. pl.* BOT. capparidáceas.
capparidaceous (cǽparide·shøs) *adj.* caparidáceo.
capped (cǽpt) *pret.* y *p. p.* de TO CAP. — 2 *adj.* cubierto, tocado.
capper (cǽ·pø') *s.* gorrero [que hace gorras]. 2 soldador de latas de conserva.
capping (cǽ·ping) *s.* tapa, cubierta, coronamiento.
capreolate (cǽ·prioleit) *adj.* BOT. que tiene zarcillos.
capric (ca·pric) *adj.* caprario.
caprice (capri·s) *s.* capricho, antojo.
capricious (capri·shøs) *adj.* caprichoso, antojadizo.
capriciously (capri·shøsli) *adv.* caprichosamente.
capriciousness (capri·shøsnis) *s.* condición de caprichoso.
Capricorn (cǽ·prico'n) *s.* ASTR. Capricornio.
caprificate (to) (cǽ·prifikeit) *tr.* AGR. cabrahigar.
caprification (cǽprifike·shøn) *s.* AGR. cabrahigadura.
caprifig (cǽ·prifig) *s.* BOT. cabrahigo.
Caprifoliaceæ (cǽprifoulie·shii) *s. pl.* BOT. caprifoliáceas

caprifoliaceous (cǽprifoulie·shøs) *adj.* BOT. caprifoliáceo.
caprine (cǽ·prain) *adj.* caprino.
capriole (cǽ·prioul) *s.* cabriola. 2 corveta.
capriole (to) *intr.* cabriolar, corvetear.
capsize (to) (cǽpsai·s) *tr.* e *intr.* volcar, volver o volverse de arriba abajo. 2 MAR. volver o volverse quilla arriba; zozobrar.
capstan (cǽ·pstan) *s.* cabrestante: ~ **bar, barra** del cabrestante; ~ *barrel,* tambor o cilindro del cabrestante; *bar hole of the* ~, bocabarra. 2 MIN. malacate.
capstone (cǽ·pstoun) *s.* ARQ. coronamiento.
capsular (cǽ·psiular) *adj.* capsular.
capsulat(ed (cǽ·psiuleit(id) *adj.* BOT. encerrado en cápsula.
capsule (cǽ·psiul) *s.* BOT. cápsula, caja. 2 ANAT., MICROBIOL., QUÍM., FARM. cápsula. 3 cápsula [de botella].
captain (cǽ·ptin) *s.* capitán.
captain (to) *tr.* capitanear.
captaincy (cǽ·ptinsi) *s.* capitanía: ~ *general,* capitanía general.
captainship (cǽ·ptinship) *s.* capitanía. 2 pericia en capitanear.
caption (cǽ·pshøn) *s.* captura, prisión. 2 título, encabezamiento. 3 texto [al pie de una ilustración]. 4 CINEM. subtítulo.
captious (cǽ·pshøs) *adj.* capcioso. 2 reparón, criticón, quisquilloso.
captiously (cǽ·pshøsli) *adv.* capciosamente. 2 quisquillosamente, criticonamente.
captiousness (cǽ·pshøsnis) *s.* capciosidad. 2 condición de reparón o quisquilloso.
captivate (to) (cǽ·ptiveit) *tr.* cautivar.
captivating (cǽ·ptiveiting) *adj.* cautivador, encantador, seductor.
captivation (cǽptive·shøn) *s.* encanto, seducción.
captive (cǽ·ptiv) *adj.* y *s.* cautivo. — 2 *adj.* de cautiverio.
captivity (cǽpti·viti) *s.* cautividad, cautiverio, esclavitud. 2 los cautivos.
captor (cǽ·ptø') *s.* aprehensor; apresador.
capture (cǽ·pchø') *s.* captura. 2 apresamiento, presa. 3 presa, botín, prisionero. 4 MIL. toma.

oapture (to) *tr.* capturar. 2 aprehender, apresar. 3 MIL. tomar. 4 captar [la confianza].

capturer (cæˑpchørǫˑ) *s.* CAPTOR.

capuche (capuˑsh) *s.* capilla, capucho.

oapuchin (cæˑpiuchin) *s.* capilla, capucho; capuchón [de dama]. 2 ZOOL. mono capuchino. 3 ORNIT. paloma de toca. 4 (con mayúscula) capuchino [fraile]. 5 ~ *nun*, capuchina [monja].

capucin (cæˑpiusin) *s.* BOT. capuchina. 2 color anaranjado.

capybara (cæpibaˑra) *s.* ZOOL. capiguara, carpincho.

car (caˑ) *s.* carruaje, carro, carreta, camión. 2 automóvil. 3 tranvía. 4 FERROC. (EE. UU.) vagón, coche: *baggage* ~, furgón de equipajes; *flat* ~, batea. 5 camarín, caja [de ascensor]. 6 barquilla [de globo].

oarabao (carabaˑou) *s.* carabao.

Carabidæ (caræˑbidi) *s. pl.* ENTOM. carábidos.

carabineer (cæˑrabinɪˑ) *s.* carabinero [soldado].

caracal (caˑracal) *s.* ZOOL. caracal.

carack (cæˑrac) *s.* CARRACK.

caracara (caracaˑræ) *s.* ORNIT. caracará.

caracole (cæˑracǫul) *s.* EQUIT. caracol, caracoleo. 2 escalera de ˑcaracol.

caracole (to) *intr.* caracolear.

caracul (cæˑrakul) *s.* caracul, astracán [piel].

carafe (cæˑraf) *s.* garrafa.

carambola (cærambouˑla) *s.* BOT. carambolo.

carambole (cæˑramboul) *s.* BILLAR carambola a dos o más bandas.

caramel (cæˑramel) *s.* caramelo, bombón de azúcar, leche, frutas, etc. 2 azúcar quemado.

caramel, caramelize (cæˑramelaiš) *tr.* caramelizar. —2 *intr.* caramelizarse.

carapace (cæˑrapeis) *s.* ZOOL. carapacho, caparazón.

carat (cæˑrat) *s.* quilate [peso].

oaravan (cæˑravan) *s.* caravana. 2 cáfila. 3 carricoche. 4 (Ingl.) coche o remolque habitación.

caravaneer (cæravanɪˑ) *s.* caravanero. 2 viajero de una caravana.

caravansary (cæravænˑsari), **caravanserai** (cæravænˑsǫrai) *s.* caravanera, caravanseray.

caravel (cæˑravel) *s.* MAR. carabela.

caraway (cæˑrauei) *s.* BOT. alcaravea: ~ *seed*, carvi.

carbarn (caˑbaˑn) *s.* cochera de tranvías.

carbide (caˑbid) *s.* QUÍM. carburo.

carbine (caˑbain) *s.* carabina [arma].

carbinol (caˑbinoul) *s.* QUÍM. carbinol.

carbohydrate (caˑbojaidreit) *s.* QUÍM. hidrato de carbono.

carbolic (caˑboˑlic) *adj.* QUÍM. carbólico.

carbolineum (caˑboliˑniǫm) *s.* carbolíneo.

carbolize (to) (caˑbolaiš) *tr.* impregnar con ácido carbólico.

carbon (caˑbǫn) *s.* QUÍM. carbono. 2 ELECT. carbón [de batería, de filamento, de lámpara de arco voltaico]. 3 FOT. copia o prueba en papel carbón. — 4 *adj.* de carbono, de carbón: ~ *black*, negro animal o de humo; ~ *copy*, copia en papel carbón; ~ *diamond*, MINER. carbonado; ~ *dioxide*, anhídrido carbónico; ~ *light*, lámpara de arco voltaico; ~ *monoxide*, monóxido de carbono; ~ *oxide*, óxido de carbono; ~ *paper*, papel carbón [de fotografía y mecanografía]; ~ *pencil*, carbón para dibujar, carboncillo; ~ *steel*, acero ordinario, acero carbono, acero sin aleación, cuyas propiedades provienen casi exclusivamente de la presencia del carbono; ~ *tissue*, FOT. papel carbón; ~ *tube*, QUÍM. vaso usado en la determinación colorimétrica del carbono del acero.

carbonaceous (caˑboneˑshǫs) *adj.* carbonoso.

carbonado (caˑboneiˑdou) *s.* MINER. carbonado, diamante negro.

Carbonarism (cæˑbonariˢm) *s.* carbonarismo.

Carbonarist (cæˑbonarist) *s.* carbonario.

carbonate (caˑboneit) *s.* QUÍM. carbonato.

carbonate (to) *tr.* carbonatar: *carbonated water*, agua mineral.

carbonic (caˑboˑnic) *adj.* QUÍM. carbónico: ~ *acid*, ácido carbónico; *carbonic-acid gas*, ~ *anhydride*, anhídrido carbónico. 2 GEOL. carbonífero.

Carboniferous (caˑboniˑførøs) *adj.* y *s.* GEOL. carbonífero. — 2 *adj.* (con minúscula) carbonífero [que produce o contiene carbón].

carbonite (caˑbonait) *s.* carbonita [explosivo].

carbonization (caˑboniše·shøn) *s.* carbonización.

carbonize (to) (caˑbonaiš) *tr.* carbonizar. 2 impregnar, combinar con carbón. 3 *intr.* carbonizarse.

carborundum (caˑbørǫˑndǫm) *s.* carborundo [carburo de silicio]: ~ *detector*, RADIO. detector de carborundo.

carboy (caˑboi) *s.* bombona, garrafón.

carbuncle (caˑbǫnkǫl) *s.* carbúnculo, carbunclo, piropo [piedra]. 2 rojez [en el rostro]. 3 MED. carbunco, carbunclo.

carbuncular (caˑbǫˑnkiular) *adj.* carbuncoso.

carburate (to), carburation, carburator TO CARBURET, CARBURETION, CARBURETOR.

carburet (caˑbiuret) *s.* QUÍM. carburo.

carburet (to) *tr.* carburar. ¶ CONJUG. pret. y p. p.: *carbureted* o -*retted*; ger.: *carbureting* o -*retting*.

carburetant (caˑbiuretant) *s.* QUÍM. carburante.

carburet(t)er, carburet(t)or (caˑbiuretǫˑ) *s.* carburador [de un motor de explosión].

carburetion (caˑbiure·shøn) *s.* carburación.

carburize (to) (caˑbiuraiš) *tr.* carburar.

carcanet (caˑcanet) *s.* gargantilla, collar.

carcass, carcase (caˑcas) *s.* res muerta y abierta; canal. 2 cadáver, carroña. 3 cuerpo, corpachón. 4 armazón, esqueleto. 5 MAR. casco. 6 ARTILL. carcasa. 7 AUTO. armazón de un neumático.

carcinoma (caˑsinouˑma) *s.* MED. carcinoma.

carcinomatous (caˑsinoˑmatøs) *adj.* carcinomatoso.

card (caˑd) *s.* carta, naipe: ~ *game*, juego de naipes; ~ *sharper*, tramposo, fullero; ~ *table*, mesa de juego, tapete verde; *court* ~, figura; *house of cards*, castillo de naipes; *to have a* ~ *up one's sleeve*, tener un plan o recurso en reserva; *to lay, place, put*, etc., *one's cards on the table*, poner las cartas boca arriba; revelar uno francamente sus propósitos, recursos, etc.; *to play cards* o *at cards*, jugar a los naipes. 2 *fam.* original, excéntrico, chusco, tipo. 3 tarjeta; participación, invitación, felicitación; cédula, ficha: *visiting* ~, tarjeta de visita; *postal* ~, tarjeta postal; *show* ~, tarjetón; *Christmas* ~, felicitación de Navidad; *cards for a wedding*, invitación para una boda; ~ *catalogue*, catálogo en fichas, fichero. 4 minuta; lista de vinos. 5 dominó [ficha]. 6 carnet [de sindicato]. 7 cartón [del telar Jacquard]. 8 carnet [para anotar algo], programa: *to be on the cards*, ser probable, estar en el programa. 9 carda, cardencha; máquina de cardar: ~ *cloth*, ~ *clothing*, guarnición de carda. 10 almohaza. 11 ant. MAR. rosa náutica.

card (to) *tr.* cardar, carduzar. 2 almohazar.

cardamine (caˑdamin) *s.* BOT. mastuerzo.

cardamom o **-mon** (caˑdamom, -mon) *s.* BOT. cardamomo.

Cardan (caˑdæn) *adj.* MEC. cardán: ~ *joint*, articulación universal; *Cardan's suspension*, suspensión cardán.

cardboard (caˑboˑd) *s.* cartón, cartulina: ~ *binding*, encuadernación en pasta.

cardcase (caˑdkeis) *s.* tarjetero.

carder (caˑdǫˑ) *s.* cardador [pers.]. 2 máquina de cardar.

cardia (caˑdia) *s.* ANAT. cardias.

cardiac (caˑdiac) *adj.* ANAT. cardíaco. 2 relativo al cardias o al estómago. — 3 *adj.* y *s.* MED. cardíaco. — 4 *s.* MED. estomacal [estimulante para el estómago].

cardialgia (caˑdiælỹia) *s.* MED. cardialgia.

cardigan (caˑdigan) *s.* chaqueta o chaleco de punto.

cardinal (caˑdinal) *adj.* ~ *number, point, virtue*, número, punto, virtud cardinal; ~ *winds*, vientos que soplan de los puntos cardinales. 2 cardenalicio: ~ *hat*, capelo; ~ *red*, color rojo púrpura. — 3 *s.* cardenal [príncipe de la Iglesia]. 4 color rojo púrpura. 5 capa de mujer del siglo XVIII. 6 ORNIT. ~ *bird*, cardenal.

cardinalate (caˑdinaleit) *s.* cardenalato.

cardinalitian (caˑdinaliˑshan) *adj.* cardenalicio.

carding (caˑding) *s.* carda, cardadura. — 2 *adj.* de cardar, que carda: ~ *machine*, carda, máquina de cardar.

cardiogram (caˑdiogræm) *s.* cardiograma.

cardiograph (caˑdiogræf) *s.* cardiógrafo.

cardiography (caˑdioˑgrafi) *s.* cardiografía.

cardiology (caˑdioˑloỹi) *s.* cardiología.

cardiologist (caˑdioˑloỹist) *s.* cardiólogo.

cardiopathy (caˑdioˑpazi) *s.* cardiopatía.

cardioscope (caˑdioscoup) *s.* cardioscopio.

carditis (ca·'daitis) *s.* MED. carditis.
cardmaker (ca·'meikø') *s.* fabricante de naipes. 2 fabricante de cardas, cardero.
cardoon (ca'du·n) *s.* BOT. cardo comestible.
cardsharp (ca·'dsha·p) *s.* tramposo, fullero.
care (ke·') *s.* aflicción, cuita. 2 preocupación, inquietud, quebradero de cabeza. 3 cuidado, solicitud, esmero, atención, cautela : *to have a ~*, andar con cuidado, estar alerta : *to take ~*, tener cuidado ; *take ~!*, ¡cuidado! ; *without ~*, sin cuidado. 4 cuidado, cargo, custodia : *to take ~ of*, cuidar, atender, guardar, conservar, mirar por, encargarse de, correr con : *to take ~ of oneself*, cuidarse ; guardarse ; *~ of, in ~ of*, a la atención de [carta] ; *under the ~ of*, a cargo de ; *under his ~*, a su cargo. 5 deseo, inclinación, afecto.
care (to) *intr.* preocuparse, inquietarse, tener interés, importarle a uno, apreciar, querer, hacer caso, gustarle a uno, cuidar de [gralte. con *about o for*] : *don't ~ about it*, no se preocupe por ello ; *if you ~ for books*, si le interesan los libros ; *he cares for me*, él me quiere ; *I don't ~*, me tiene sin cuidado ; *what dœs he ~?*, ¿a él qué le importa? ; *well cared for*, bien cuidado, bien atendido. 2 desear, querer, tener ganas de : *I don't ~ to go*, no tengo ganas de ir.
careen (cari·n) *s.* MAR. carena, carenadura.
careen (to) *tr.* MAR. dar a la banda ; carenar. 2 inclinar, volcar. — 3 *intr.* MAR. escorar ; balancearse, dar bandazos.
careenage (cari·nidy̆) *s.* carena, carenadura. 2 gastos de carena. 3 carenero.
career (carr·') *s.* carrera [paso rápido, curso ; progreso que hace uno ; profesión]. — 2 *adj.* de carrera : *~ diplomat*. diplomático de carrera.
career (to) *intr.* correr a carrera tendida.
carefree (ke·'fri) *adj.* libre de cuidados, desenfadado, alegre.
careful (ke·'ful) *adj.* cuidadoso, preocupado, atento, ansioso, solicito ; *to be ~*, tener cuidado. 2 detenido, esmerado. 3 cauteloso, providente.
carefully (ke·'fuli) *adv.* cuidadosamente, atentamente, detenidamente, con esmero.
carefulness (ke·'fulnis) *s.* cuidado, atención, solicitud, esmero. 2 vigilancia, cautela.
careless (ke·'lis) *adj.* descuidado, negligente, poco cuidadoso. 2 que no tiene en cuenta, que no considera. 3 desatento. 4 indiferente. 5 despreocupado, irreflexivo, atolondrado. 6 libre de cuidados. 7 hecho o dicho sin atención o advertencia.
carelessly (ke·'lisli) *adv.* descuidadamente, negligentemente, irreflexivamente.
carelessness (ke·'lisnis) *s.* descuido, negligencia, incuria, desaliño. 2 indiferencia. 3 irreflexión.
caress (care·s) *s.* caricia, halago, mimo.
caress (to) *tr.* acariciar, halagar, mimar.
caressing (care·sing) *adj.* acariciador.
caret (cœ·ret) *s.* ZOOL. carey [tortuga]. 2 IMPR. signo de intercalación.
caretaker (ke·'teikø') *s.* cuidador, custodio, guardián, vigilante ; el que cuida de una casa y vive en ella.
careworn (ke·'uø·n) *adj.* agobiado por los cuidados, devorado por la inquietud. 2 trasojado.
cargo (ca·'gou), *pl.* **-goes** o **-gos** (-gous) *s.* MAR. carga, cargamento : *~ boat*, barco de carga.
Carib (ca·'rib), **Caribbean** (cœrib·an o cœri·bian) *adj. y s.* caribe : *Caribbean Sea*, GEOGR. Mar Caribe o de las Antillas.
caribou, cariboo (cœribu·) *s.* ZOOL. reno norteamericano.
caricatural (cœricachural) *adj.* caricaturesco.
caricature (cœricachø') *s.* caricatura.
caricature (to) *tr.* caricaturizar.
caricaturist (cœricachurist) *s.* caricaturista.
caried (ke·rid) *adj.* cariado.
caries (ke·riiš) *s.* MED. caries.
carillon (cœrilon) *s.* carillón [conjunto de campanas acordadas]. 2 toque de carillón.
carillon (to) *intr.* tocar el carillón. ¶ CONJUG. pret. y p. p. : *carillonned* ; ger. : *carillonning*.
Carinatæ (cœrineiti) *s. pl.* ORNIT. carinadas.
carinate (cœrineit) *adj.* aquillado.
cariosity (keriositi) *s.* MED. caries.
carious (ke·riøs) *adj.* cariado : *to grow ~*, cariarse.
cariousness (keriøsnis) *s.* MED. estado de lo cariado.

carking (ca·'king) *adj.* molesto, penoso, inquietante.
carl (ca·l) *s.* (Esc.) individuo, sujeto.
carline thistle (ca·'lin zisøl) *s.* BOT. ajonjera, angélica carlina.
carlings (ca·'lings) *s. pl.* MAR. esloras.
Carlism (ca·'lišm) *s.* carlismo.
Carlist (ca·'list) *s.* carlista.
carload (ca·'loud) *s.* carretada. 2 carga de un vagón.
Carlovingian (ca'lovi·nȳian) *adj.* carlovingio, carolingio.
carmagnole (ca·'mañou·l) *s.* carmañola.
carman (ca·'mæn), *pl.* **-men** (-men) *s.* carretero, carrero. 2 conductor de tranvía.
Carmelite (ca·'melait) *s.* carmelita [fraile, monja]. 2 (con minúsc.) carmelita [paño].
carminative (ca·'mi·nativ) *adj. y s.* MED. carminativo.
carmine (ca·'min) *s.* carmín. — 2 *adj.* carmíneo.
carmine (to) *tr.* dar color de carmín.
carnage (ca·'nidȳ) *s.* carnicería, matanza.
carnal (ca·'nal) *adj.* carnal [de la carne, sensual, lascivo ; terrenal] : *~ knowledge*, *~ union*, comercio carnal, unión carnal.
carnalite (ca·'nælait) *s.* persona sensual.
carnality (ca·'næ·liti) *s.* carnalidad.
carnalize (to) (ca·'nalaiš) *tr.* hacer carnal o sensual.
carnallite (ca·'nælait) *s.* MINER. carnalita.
carnally (ca·'nali) *adv.* carnalmente.
carnation (ca'ne·shøn) *adj. y s.* encarnado [color de carne]. — 2 *s.* BOT. clavel, clavel doble.
carnelian (ca·ni·lian) *s.* MINER. cornalina.
carneous (ca·'niøs) *adj.* carnoso, carniforme. 2 encarnado [de color de carne].
carnification (ca·'nifike·shøn) *s.* carnificación.
carnify (to) (ca·'nifai) *intr.* carnificarse.
carnival (ca·'nival) *s.* carnaval. 2 orgía. 3 feria, verbena, parque de atracciones.
Carnivora (ca·ni·vora) *s. pl.* ZOOL. carniceros.
carnivore (ca·'nivo') *s.* carnívoro.
carnivorous (ca·ni·vørøs) *adj.* carnívoro.
carnose (ca·'nous) *adj.* carnoso.
carnosity (ca·'no·siti) *s.* carnosidad.
carob (cæ·røb) *s.* BOT. algarrobo : *~ bean*, algarroba, garrofa.
caroche (cærou·sh) *s.* carroza [coche].
carol (cæ·røl) *s.* canto alegre, villancico.
carol (to) *intr.* cantar villancicos ; cantar alegremente. ¶ CONJUG. pret. y p. p. : *caroled* o *-rolled* ; p. a. : *caroling* o *-rolling*.
Caroline (cæ·rolain) *n. pr.* Carolina. 2 GEOGR. *~ Islands*, Islas Carolinas.
Carolingian (cæroli·nȳian) *adj. y s.* carolingio.
Carolinian (cæroli·nian) *adj. y s.* natural de la Carolina (EE. UU.).
carom (cæ·røm) *s.* BILLAR. carambola.
carom (to) *intr.* hacer carambola. 2 rebotar.
carotid (caro·tid) *adj. y s.* ANAT. carótida.
carousal (carau·šal), **carouse** (carau·š) *s.* orgía, francachela, juerga, borrachera.
carouse (to) *intr.* hacer una juerga, celebrar una orgía, emborracharse.
carouser (carau·šø') *s.* juerguista, bebedor.
carp (ca·p) *s.* ICT. carpa.
carp (to) *intr.* criticar, censurar, vituperar.
carpal (ca·'pal) *adj. y s.* ANAT. carpiano.
Carpathian (ca·pei·shian) *adj.* GEOGR. Cárpatos : *~ Mountains*, Montes Cárpatos.
carpel (ca·'pel) *s.* BOT. carpelo.
carpellary (ca·'peleri) *adj.* BOT. carpelar.
carpenter (ca·'pøntø') *s.* carpintero : *carpenter's square*, cartabón. 2 MAR. carpintero [de buque o de ribera]. 3 MIN. ademador. 4 ENTOM. *~ bee*, abeja carpintera. 5 TEAT. *carpenter's scene*, sala corta.
carpenter (to) *tr. e intr.* carpintear.
carpentry (ca·'pøntri) *s.* carpintería [arte, oficio]. 2 maderamen, armazón.
carper (ca·'pø') *s.* censurador, criticón, reparón.
carpet (ca·'pet) *s.* alfombra, tapiz : *~ knight*, militar de salón ; *~ beetle*, insecto que ataca las alfombras, etc. ; *~ maker*, alfombrero ; *~ moth*, polilla de la lana ; *~ sweeper*, barredera para alfombras. 2 tapete : *to be on the ~*, estar sobre el tapete ; ser objeto de censura o desaprobación.
carpet (to) *tr.* alfombrar, entapizar. 2 fam. llamar a capítulo, reprobar, reprender.

carpetbag (ca·'petbæg) *s.* maleta o saco de noche hecho con tejido de alfombra.

carpetbagger (ca·'petbægø') *s.* fam. aventurero; estafador. *2* (EE. UU.) politicastro del Norte que, después de la guerra de Secesión, iba al Sur a aprovecharse de la situación política.

carpeting (ca·'peting) *s.* alfombrado [alfombras]. *2* tejido para alfombras.

carpetlayer (ca·'petleiø') *s.* tapicero, alfombrista.

carpincho (ca'pinchou) *s.* ZOOL. carpincho.

carping (ca·'ping) *adj.* censurador, criticón, reparón, quisquilloso.

carpingly (ca·'pingli) *adv.* con crítica o censura, mordazmente.

carpology (ca'po·loŷi) *s.* carpología.

carpophagous (ca'po·fagøs) *adj.* frugívoro.

carpus (ca·'pøs) *s.* ANAT. carpo.

carrack (cæ'rac) *s.* MAR. carraca [galeón].

carrageen (cæ'raguin) *s.* BOT. musgo de Irlanda.

carriage (cæ·ridŷ) *s.* carruaje, coche, carroza : *baby* ~, cochecito de niño; ~ *and four,* coche de cuatro caballos; ~ *door,* portezuela; ~ *horse,* caballo de tiro, caballo de coche; ~ *maker,* carrocero; ~ *porch,* porche para los carruajes [delante de la puerta de una casa]; ~ *trade,* clientela rica, que gasta coche. *2* FERROC. (Ingl.) vagón, coche. *3* ARTILL. cureña. *4* MEC. carro [de máquina de escribir, etc.]. *5* carro, chasis [de carruaje]. *6* AVIA. tren de aterrizaje. *7* FERROC. cojinete [del carril]. *8* porte, conducción, acarreo, transporte : ~ *forward,* porte debido; *carriage-free,* franco de porte; ~ *paid,* porte pagado. *9* aire, porte, continente [de una persona]. *10* ARIT. número que se lleva. *11* aprobación [de una moción, proyecto de ley, etc.].

Carrie (cæ'ri) *n. pr.* dim. de CAROLINE.

carrier (cæ'riø') *s.* portador [que trae o lleva]. *2* porteador, transportista, empresa de transportes. *3* faquín, mandadero, mensajero. *4* trajinero, arriero, ordinario, cosario. *5* MEC. carro, cesta, recipiente para transporte mecánico. *6* portamantas, portaequipaje [de bicicleta, etc.]. *7* RADIO. onda portadora. *8* MED. agente transmisor de gérmenes, de una enfermedad. *9* ORNIT. ~ *pigeon,* paloma mensajera.

carrion (cæ'riøn) *s.* carroña. — *2 adj.* carroño, corrompido, asqueroso, vil. *3* que se alimenta de carroña : ~ *buzzard,* ORNIT. caracará; ~ *crow,* ORNIT. cuervo, corneja, (EE. UU.) especie de buitre.

carronade (cæ·roneid) *s.* ARTILL. carronada.

carrot (cæ'røt) *s.* BOT. zanahoria. *2* rollo [de tabaco].

carroty (cæ'røti) *adj.* de color de zanahoria; bermejo, rojo [dic. esp. del pelo]. *2* rufo, pelirrojo.

carry (cæ'ri) *s.* transporte, esp. (EE. UU. y Can.) transporte en hombros entre dos trechos navegables de un río; trecho no navegable [de un río]. *2* alcance [de un arma]. *3* (Esc.) movimiento o dirección de las nubes; nubes, cielo.

carry (to) *tr.* llevar, traer [de una parte a otra], acarrear, cargar, conducir, portear, trajinar, transportar. *2* llevar, traer [encima, consigo, en sí]. *3* llevar [de cierto modo el cuerpo o una parte de él] : *to* ~ *one's head high,* llevar la cabeza alta. *4* llevar [la guerra a]. *5* sostener, soportar, aguantar [una carga, un peso]. *6* llevar aparejado, entrañar, comprender, contener, incluir. *7* extender, prolongar, llevar [extendiendo o prolongando]. *8* dirigir, impulsar. *9* arrastrar, arrebatar. *10* conmover, convencer : *to* ~ *an audience with one,* arrebatar, convencer un auditorio, hacérselo suyo. *11* arrebatar [por la fuerza], llevarse, tomar, conquistar, lograr : *to* ~ *by storm,* tomar por asalto. *12* ganar [una elección, un premio, etc.]. *13* ganar las elecciones en. *14* hacer aprobar [una moción, un proyecto de ley, etc.]. *15* dar, producir [frutos cosecha]. *16* COM. guardar o tener en existencia. *17* COM. tener como deudor. *18* ARIT. llevar. *19* *to* ~ *about,* llevar de un lado a otro, de un lado para otro. *20* *to carry all, everything o the world, before one,* vencer todos los obstáculos, triunfar. *21* *to* ~ *along,* llevar o llevarse consigo. *22* *to* ~ *arms,* llevar armas, ser soldado; cuadrarse [llevando armas]. *23* *to* ~ *away,* arrebatar, llevarse; ganar; arrebatar, encantar, seducir; arrebatar, llevarse [a uno la

muerte]. *24 to carry* [*one*] *back to,* hacer volver con el pensamiento o la imaginación a [un tiempo pasado]. *25 to* ~ *coals to Newcastle,* llevar hierro a Vizcaya, hacer un trabajo inútil, perder el tiempo. *26 to* ~ *conviction,* convencer, ser convincente. *27 to* ~ *forward,* llevar adelante; COM. llevar o pasar a otra columna, o página [una cuenta], a cuenta nueva. *28 to* ~ *into effect* o *execution,* realizar, llevar a cabo, poner en ejecución. *29 to* ~ *it, to* ~ *the day,* ganar, quedar victorioso. *30 to* ~ *off,* alejar; llevarse, arrebatar, causar la muerte de [hablando de una epidemia, etc.]; hacer pasar, aceptar o tolerar; afrontar, arrostrar. *31 to* ~ *on,* llevar adelante, proseguir, continuar; conducir [un negocio], practicar, ejercer. *32 to* ~ *on with,* coquetear, flirtear con. *33 to* ~ *one's point,* salir con la suya. *34 to* ~ *out,* realizar, poner en práctica o ejecución, cumplir, desempeñar; sostener o llevar hasta el fin. *35 to* ~ *over,* ganar [a uno], hacerlo pasar al propio partido; BOLSA aplazar, dar plazo hasta la próxima liquidación; COM. llevar o pasar a otra columna, página o cuenta : *carried over,* suma y sigue. *36 to* ~ *through,* llevar a través de; llevar a término; tramitar; ayudar o sostener [en todas las dificultades, hasta el fin]. *37 to* ~ *up,* llevar o extender hacia arriba; subir, elevar; COM. llevar a otra columna. *38 to* ~ *weight,* pesar, ser de peso, influir. *39 intr.* portear [hacer de porteador]. *40* alcanzar, llegar, tener alcance [la voz, un tiro, etc.]. *41 to* ~ *on,* continuar, persistir, perseverar; fam. hacer extremos [de dolor]; hacer locuras; comportarse de una manera escandalosa o reprobable. *42 to* ~ *over,* persistir, durar. *43 ref. to* ~ *oneself,* conducirse, portase. ¶ CONJUG. pret. y p. p.: *carried*; ger.: *carrying.*

carryall (cæ'riol) *s.* (EE. UU.) carruaje cubierto, ligero y de un solo caballo. *2* maleta grande.

carry-over *s.* sobrante, reserva. *2* COM. suma o saldo anterior [que pasa de una página o cuenta a otra].

cart (ca't) *s.* carro, carromato, carreta : ~ *horse,* caballo de tiro o de carro; ~ *road,* camino carretero; ~ *rut,* carril, rodada; ~ *tail* o *cart's tail,* rabera del carro; ~ *wheel,* rueda de carro; pop. (EE. UU.) dólar; vuelta que se da de lado sobre manos y pies; *to* ~ *wheel, to turn* ~ *wheels,* voltear de lado sobre manos y pies; *to put the* ~ *before the horse,* invertir el orden de las cosas. *2* especie de tílburí. *3* carretón de mano.

cart (to) *tr.* carretear, acarrear.

cartage (ca·'tidŷ) *s.* carretaje, acarreo, transporte.

carte (ca't) *s.* ESGR. cuarta. *2* carta, lista [de platos] : *à la* ~, a la carta. *3* mapa, diagrama. *4* ~ *de visite* o simplte. *carte,* tajeta de visita; FOT. retrato de tarjeta. *5* ~ *blanche,* carta blanca.

cartel (ca'tøl) *s.* cartel [de desafío; para cambio de prisioneros, etc.]. *2* ECON. cartel [convenio entre empresas]. *3* POL. cartel [unión de partidos].

cartelize (ca'tølaiš) *tr.* ECON. constituir en cartel, agrupar en cartel. *2* ECON. sujetar a las convenciones de un cartel. — *3 intr.* ECON., POL. agruparse en cartel, formar un cartel.

carter (ca·'tø') *s.* carretero; acarreador.

Cartesian (ca·'tišian) *adj.* y *s.* cartesiano : ~ *devil,* ~ *diver,* ~ *imp,* FÍS. diablillo de Descartes.

Cartesianism (ca·'tišianišm) *s.* cartesianismo.

cartful (ca·'tful) *s.* carretada.

Carthage (ca·'zidŷ) *n. pr.* HIST. Cartago.

Carthaginian (ca'zaŷi·nian) *adj.* y *s.* cartaginés.

carthamus (ca·'zamøs) *s.* BOT. cártamo.

Carthusian (ca'ziu·šian) *s.* cartujo; ~ *order,* la Cartuja.

cartilage (ca·'tilidŷ) *s.* ANAT. cartílago.

cartilaginous (ca'tilæ·ŷinøs) *adj.* cartilaginoso.

carting (ca·'ting) *s.* carreteo, acarreo.

cartload (ca·'tloud) *s.* carretada.

cartman (ca·'tmæn) *pl.* -men (-men) *s.* carretero, carrero.

cartogram (ca·'togræm) *s.* mapa estadístico.

cartographer (ca'to·grafø') *s.* cartógrafo.

cartography (ca'to·grafi) *s.* cartografía.

cartomancer (ca·'tomænsø') *s.* cartomántico.

cartomancy (ca·'tomænsi) *s.* cartomancia.

carton (ca'tøn) *s.* caja o cubierta de cartón. *2* diana [de tiro].

cartoon (ca'tu·n) *s.* PINT. cartón. *2* caricatura. *3* (Am.) película de dibujos animados.

cartoon (to) *tr.* PINT. hacer el cartón de; bosquejar. *2* caricaturizar. — *3 intr.* PINT. hacer cartones. *4* hacer caricaturas.

cartoonist (ca'tu·nist) *s.* caricaturista.

cartouch(e (ca'tu·sh) *s.* ARQ. cartela. *2* orla [de mapa, etc.]. *3* MIL. cartucho [de papel]; cartuchera.

cartridge (ca'tridȳ) *s.* cartucho [de arma] : ~ *bag,* ARTILL. saquete; ~ *belt,* canana; ~ *box,* cartuchera; guardacartuchos; ~ *case,* cápsula [de cartucho]; ~ *clip,* peine, cargador; ~ *paper,* papel grueso para cartuchos; papel ordinario de dibujo o para empapelar; ~ *pouch,* cartuchera. *2* ELECT. ~ *fuse,* tapón fusible.

cartulary (ca'tiuleri) *s.* cartulario.

cartway (ca'tuei) *s.* camino carretero.

cart-wheel *s.* rueda de carro. *2* vuelta que se da de lado sobre manos y pies: *to turn cartwheels,* voltear de lado sobre manos y pies. *3* pop. (EE. UU.) dólar.

cart-wheel (to) *intr.* voltear de lado sobre manos y pies.

cartwright (ca'trait) *s.* carretero [que hace carros].

caruncle (cæ·rønkøl) *s.* carúncula.

caruncular (carøn·kiula') *adj.* caruncular.

carunculate (carøn·kiuleit) *adj.* carunculado.

carve (to) (ca'v) *tr.* tallar, esculpir, cincelar, grabar : *carved work,* obra de talla, entallado, escultura. *2* cortar, trinchar [carne, un ave, etc.]. *3 to ~ out,* tallar, hacer [algo] cortando o esculpiendo; hacer o lograr con esfuerzo : *to ~ out a fortune,* hacerse una fortuna.

carvel (ca'vel) *s.* MAR. carabela. *2* MAR. ~ *joint,* junta a tope.

carvel-build *adj.* MAR. con las planchas unidas a tope.

carven (ca'vøn) *adj.* adornado con entalladuras; entallado, grabado, esculpido.

carver (ca'vø') *s.* tallista, entallador, escultor. *2* trinchante [pers.]. *3* cuchillo de trinchar.

carving (ca'ving) *s.* entalladura, talla, escultura. *2* arte cisoria : ~ *knife,* cuchillo de trinchar.

caryatid (cæria·tid) *s.* cariátide.

caryophyllaceous (cæriofile·shøs) *adj.* BOT. cariofiláceo.

caryopsis (cærio·psis), *pl.* **-ses** (-siš) o **-sides** (-sidiš) *s.* BOT. cariópside.

casal (kei·sal) *adj.* GRAM. perteneciente al caso.

cascabel (cæ·scabel) *s.* ARTILL. cascabel.

cascade (cæ·skeid) *s.* cascada. — *2 adj.* ELECT. en cascada : ~ *amplification,* amplificación en cascada.

cascade (to) *intr.* caer en forma de cascada.

cascara sagrada (cæske·ra sagra·da) *s.* FARM. cáscara sagrada.

cascarilla (cæscari·la) *s.* BOT. FARM. cascarilla [corteza aromática y estomacal]. *2* BOT. árbol que da la cascarilla : ~ *bark,* cascarilla.

case (keis) *s.* [suceso, ejemplo, asunto, coyuntura] : *a ~ in point,* caso que sirve de ejemplo o que viene en apoyo de lo que se dice; ~ *of conscience,* caso de conciencia; *in any ~,* en todo caso; *in ~,* en caso de que, por si acaso; *in ~ of,* en caso de; *in such a ~,* en tal caso, en un caso así; *such being the ~,* en este caso, siendo así. *2* GRAM. caso : *oblique ~,* caso oblicuo; ~ *ending,* desinencia de caso. *3* MED. caso. *4* DER. caso, precedente : *leading ~,* caso o sentencia que sirve de precedente, que sienta jurisprudencia; ~ *law,* jurisprudencia, derecho basado en sentencias y decisiones judiciales; ~ *system,* método inductivo de enseñar el derecho (común en los EE. UU.) que se basa principalmente en el estudio de casos y sentencias particulares. *5* estado, condición, situación : *in a sad ~,* en una triste situación. *6* suma de argumentos, razones o pruebas [en pro o en contra de algo]; lo que uno sostiene : *to make o make out one's case,* demostrar, probar lo que uno se proponía. *7* DER. circunstancias de hecho. *8* DER. demanda, acción, pleito, causa. *9* caja, estuche, vaina, funda, bolsa, cubierta, carpeta, petaca, neceser : *cigarette ~,* pitillera; *toilet ~,* ne-

ceser de tocador; *watch ~,* caja de reloj; ~ *knife,* cuchillo provisto de vaina; cuchillo de mesa. *10* vitrina, escaparate. *11* COM. caja [de mercancías]. *12* MEC. camisa, forro. *13* MEC. capa exterior del hierro o acero templado o cementado superficialmente. *14* cápsula [de cartucho], cartucho metálico. *15* ENTOM. capullo [de crisálida]. *16* marco, cerco, bastidor [de puerta, ventana, etc.]. *17* par [de pistolas, etc.]. *18* IMPR. caja : *lower ~,* caja baja; *upper ~,* caja alta.

case (to) *tr.* embalar, encajonar, enfundar, cubrir, resguardar.

caseation (keisi·eshøn) *s.* caseación. *2* MED. degeneración en materia parecida al queso.

casebook (kei·sbuc) *s.* libro registro de casos en que ha intervenido un médico, un abogado, un policía, etc.

casefy (to) (kei·sifai) *tr.* caseificar. — *2 intr.* caseificarse.

caseharden (to) (kei·sja'døn) *tr.* endurecer, templar o cementar superficialmente. *2* endurecer, volver insensible.

caseic (kei·siic) *adj.* QUÍM. caseico.

casein (kei·siin) *s.* caseína.

casemate (kei·smeit) *s.* FORT. casamata.

casement (kei·smønt) *s.* ventana de bisagras [hoja] : ~ *vindow,* ventana. *2* caja, cubierta.

caseous (kei·siøs) *adj.* caseoso.

casern, caserne (ca·sø'n) *s.* MIL. cuartel [edificio].

cash (cæsh) *s.* numerario, efectivo, dinero contante : ~ *and carry,* pago al contado con transporte a cargo del comprador; ~ *down,* dinero en mano, al contado, a toca teja; ~ *on delivery,* contra reembolso, entrega contra reembolso; ~ *on hand,* efectivo en caja; ~ *register,* caja registradora; *in ~,* en efectivo. *2* pago al contado : *for ~,* al contado. *3* COM. caja : ~ *account,* cuenta de caja. — *4 adv.* y *adj.* al contado : *to pay ~,* pagar al contado; ~ *payment,* pago al contado.

cash (to) *tr.* convertir en dinero; cobrar, hacer efectivo [un cheque, etc.] : *to ~ in o on,* cambiar por dinero; hacer efectivo; sacar provecho de; *to ~ in* fig. morir.

cashbook (cæ·shbuc) *s.* COM. libro de caja.

cashbox (cæ·shbocs) *s.* caja, cofre [para el dinero].

cashew (ca·shu) *s.* BOT. anacardo, marañón : ~ *nut,* anacardo [fruto].

cashier (cæshi·ø') *s.* cajero; contador : *cashier's check,* talón de caja; ~ *desk, cashier's office,* caja.

cashier (to) *tr.* destituir. *2* MIL. degradar.

cashkeeper (cæ·shki·pø') *s.* cajero, tesorero.

cashmere (cæ·shmi·ø') *s.* cachemir, casimir. *2* chal de casimir.

cashoo (cashu·) *s.* CATECHU.

Casimir (cæ·simi') *n. pr. m.* Casimiro.

casing (kei·sing) *s.* cubierta, envoltura, camisa, forro, revestimiento. *2* ELEC. pieza o cubierta aislante. *3* cubierta [de neumático]. *4* tubo de revestimiento [de un pozo]. *5* CONST. jareta. *6 pl.* tripas [para embutidos].

casino (casi·nou) *s.* casino. *2* CASSINO.

cask (casc) *s.* casco, cuba, tonel, pipa, barrica, barril. *2* tina [de tintorero].

cask (to) *tr.* entonelar, encubar, embarrilar, envasar en casco, barril, etc.

casket (ca·skit) *s.* arqueta, cofrecito, escriño, joyero. *2* (EE. UU.) ataúd; urna [para las cenizas].

Caspian (cæ·spian) *adj.* GEOGR. Caspio : ~ *Sea,* Mar Caspio.

casque (cæsc) *s.* casco, yelmo, almete. *2* ZOOL. excrecencia, etc., en la cabeza, parecida a un casco.

Cassandra (cæsæ·ndra) *n. pr.* MIT. Casandra.

cassation (cæse·shøn) *s.* DER. casación, anulación, abrogación : *court of ~,* tribunal de casación.

cassava (cæsa·va) *s.* mandioca [planta y harina] : ~ *bread,* cazabe.

casserole (cæ·søroul) *s.* cacerola. *2* COC. plato cocido en cacerola. *3* COC. timbal. *4* QUÍM. platillo con mango.

cassia (cæ·shia) *s.* BOT. casia. *2* BOT. cañafístula.

cassimere (cæ·simi') *s.* casimir.

cassino (kesi·nou) *s.* cierto juego de naipes.

Cassiopeia (cæsiopi·æ) *n. pr.* MIT., ASTR. Casiopea.

cassis (casi·s) *s.* BOT. casis.

cassiterite (cæsi·tørait) *s.* MINER. casiterita.

cassock (cǽˑsǫc) *s.* sotana. 2 balandrán; casacón.
cassonade (casǫneiˑd) *s.* azúcar mascabado.
cassowary (cǽˑsouǫri) *s.* ORNIT. casuario.
1) **cast** (cæst) *s.* echada, lanzamiento, tiro, tirada. 2 tiro, alcance [de una piedra, etc.]. 3 lo que se tira. 4 tirada de dados; puntos que salen en una tirada. 5 fundición, vaciado; tirada fundida o vaciada. 6 molde [que se saca]; mascarilla. 7 B. ART. impronta. 8 IMPR. plancha estereotipada. 9 forma, aspecto, semblante. 10 disposición, tendencia. 11 tinte, matiz, tono. 12 TEAT. reparto. 13 TEAT. cuadro de actores [de una compañía], elenco. 14 ligero estrabismo : *to have a ~ in one eye*, ser bizco de un ojo.
2) **cast** *p. p.* de TO CAST. — *2 adj.* vaciado, moldeado, fundido ; ~ *iron*, hierro colado, fundición; ~ *steel*, acero fundido; ~ *stone*, piedra artificial. 3 que se echa : ~ *net*, atarraya, esparavel.
cast (to) *tr.* echar, lanzar, tirar, arrojar, botar : *to ~ a glance* o *an eye over*, echar una ojeada a. 2 verter, derramar. 3 despedir, desechar. 4 perder [una herradura, las hojas, etc.]; soltar, mudar [la pluma, la piel]. 5 arrojar [luz]; proyectar [sombra]. 6 derribar, tumbar. 7 ganar un pleito [a uno]. 8 formar, hacer [en cierta forma]; disponer, arreglar. 9 fundir, vaciar, moldear. 10 IMPR. estereotipar, electrotipar. 11 volver, poner [los ojos, el pensamiento, etc.]. 12 hacer [sumas, cuentas; un horóscopo]. 13 TEAT. repartir [los papeles]; adjudicar [un papel a un actor]. 14 AGR. aventar. 15 hacer preponderar; decidir : *casting vote*, voto decisivo, de calidad. 16 dar, depositar [un voto]. 17 *to ~ about*, esparcir. 18 *to ~ anchor*, echar anclas, fondear. 19 *to ~ aside*, desechar. 20 *to ~ a spell on*, encantar, hechizar. 21 *to ~ away*, desechar, abandonar; desperdiciar; hacer naufragar; *to be ~ away*, naufragar. 22 *to ~ down*, derribar; abatir, descorazonar. 23 *to ~ forth*, despedir, exhalar. 24 *to ~ in one's lot with* o *among*, compartir la suerte de. 25 *to ~ loose*, soltar. 26 *to ~ lots*, echar suertes. 27 *to ~ off*, abandonar, tirar, desechar; quitarse, dejar de usar [una prenda]; soltar, mudar [la pluma, la piel, etc.]; cerrar, rematar [una labor de calceta]. 28 *to ~ on*, echarse encima, ponerse precipitadamente [una prenda]. 29 *to ~ out*, echar fuera, arrojar. 30 *to ~ pearls before swine*, echar margaritas a puercos. 31 *to ~ the first stone*, arrojar la primera piedra. 32 *to ~ up*, calcular, sumar.
33 *intr.* echar los dados. 34 echar el sedal, el anzuelo. 35 sumar, hacer sumas. 36 hacer conjeturas o pronósticos. 37 alabearse, deformarse. 38 *to ~ about*, buscar a su alrededor; buscar, idear [medios o trazas]; MAR. virar, dar bordadas. 39 *to ~ off*, MAR. soltar las amarras. ¶ CONJUG. pret. y p. p. : *cast*.
castanets (cæˑstanets) *s. pl.* castañuelas.
castaway (caˑstauei) *adj.* desechado, abandonado. 2 MAR. embarrancado, perdido. — *3 s.* náufrago. 4 persona expulsada de la sociedad, proscrito, réprobo.
caste (cast) *s.* casta, clase [social] : *to lose ~*, desprestigiarse.
castellan (caˑstǫlan) *s.* castellano, alcaide [de un castillo].
castellany (caˑstǫlani) *s.* alcaidía [de un castillo].
castellated (caˑstǫleitid) *adj.* encastillado, fortificado.
caster (cǽˑstǫr) *s.* echador. 2 el que hace [sumas, cálculos o pronósticos]. 3 vaciador, fundidor, moldeador. 4 vinagrera, salero; angarillas, vinagreras. 5 ruedecilla [de mueble].
castigate (to) (cǽˑstiguet) *tr.* castigar, corregir.
castigation (cæstiˑgueiʃǫn) *s.* castigo, castigación. 2 corrección, revisión [de un libro, etc.].
castigator (cǽˑstiguetǫr) *s.* castigador.
castigatory (cǽˑstigatori) *adj.* penal, correctivo.
Castile (cæstiˑl) *n. pr.* GEOGR. Castilla : ~ *soap*, jabón de Castilla.
Castilian (cæstiˑlian) *adj.* y *s.* castellano [de Castilla].
casting (cǽˑsting) *s.* fundición, vaciado. 2 objeto fundido o vaciado. 3 plumas, piel, etc. [soltadas por un animal]. 4 alabeo. 5 distribución, arreglo. 6 plan, modelo. 7 CETR. curalle. — *8 adj.* ~ *line*, sedal [de pesca] ; ~ *net*, esparavel, atarraya ; ~ *vote*, voto decisivo, de calidad.

cast-iron *adj.* hecho de hierro colado. 2 fuerte, endurecido. 3 rígido, duro, inflexible.
castle (cǽˑsǫl) *s.* castillo, alcázar; palacio : ~ *in Spain*, ~ *in the air*, castillo en el aire; ~ *builder*, soñador, visionario. 2 roque, torre [de ajedrez].
castle (to) *intr.* AJED. enrocar.
castled (cǽˑsǫld) *adj.* encastillado, fortificado. 2 almenado.
castlet (cǽˑstlit) *s.* castillete.
castling (cǽˑsling) *s.* AJED. enroque.
cast-off *adj.* abandonado, desechado. 2 de desecho [ropa, etc.]. — *3 s.* persona o cosa abandonada o desechada. 4 desecho. 5 IMPR. cálculo de espacio.
castor (caˑstǫr) *s.* castóreo. 2 sombrero de castor. 3 vinagrera, salero; angarillas, vinagregas. 4 ruedecilla [de mueble].
Castor and Pollux (caˑstǫr and poˑlǫcs) *s.* ASTR. Cástor y Pólux, Astillejos. 2 MAR. doble fuego de Santelmo.
castor bean *s.* FARM. semilla de ricino. 2 BOT. ricino.
castoreum (castouˑriǫm) *s.* castóreo.
castorin (cǽˑstorin) *s.* QUÍM. castorina.
castor oil *s.* aceite de ricino. 2 BOT. *castor-oil plant*, ricino.
castrametation (cæstramiteˑʃǫn) *s.* castrametación.
castrate (to) (cǽˑstreit) *tr.* castrar, capar. 2 expurgar [un libro, etc.].
castration (cæstreˑʃǫn) *s.* castración, capadura. 2 expurgación [de un libro, etc.].
castrator (cǽˑstreitǫr) *s.* castrador, capador.
casual (cǽˑʒual) *adj.* casual, fortuito. 2 ocasional. 3 transeúnte, volandero [pobre, trabajador, etc.]; relativo a los pobres, trabajadores, etc., transeúntes : ~ *ward*, sección de un hospicio para vagabundos o pobres transeúntes. 4 hecho sin plan, sin método. 5 hecho o dicho como al descuido, sin darle importancia. 6 relativo a un accidente, que ha sufrido un accidente.
casualism (cǽˑʒualism) *s.* casualismo.
casualist (cǽˑʒualist) *s.* casualista.
casually (cǽˑʒuali) *adv.* por accidente, ocasionalmente. 2 como al descuido, sin darle importancia.
casualness (cǽˑʒualnis) *s.* contingencia. 2 calidad de ocasional. 3 calidad de lo que se dice o hace como al descuido, sin darle importancia.
casualty (cǽˑʒualti) *s.* accidente, desgracia, siniestro. 2 MIL. baja, pérdida. 3 víctima [de un accidente].
casuist (cǽˑʒuist) *s.* casuista.
casuistical (cæʒuiˑstical) *adj.* casuístico.
casuistry (cǽˑʒuiˑstri) *s.* casuística.
cat (cæt) *s.* ZOOL. gato, gata : *she-cat*, gata; *wild ~*, gato montés; ~ *nap*, sueñecito; *cat's cradle*, cunas [juego de niños]; *cat's paw*, instrumento, persona de quien se sirve otra para lograr sus fines; *a ~ may look at a king*, el más humilde puede tener sus aspiraciones; *like ~ and dog*, como perros y gatos; *to bell the ~*, ponerle el cascabel al gato; *to lead a ~ and dog existence*, vivir en continua desavenencia; *to let the ~ out of the bag*, revelar un secreto; *to rain cats and dogs*, llover a cántaros; *to see which way the ~ will jump*, ver qué sesgo toma un asunto. 2 ZOOL. felino. 3 *fig.* mujer maligna, de mala intención. 4 *pop.* ramera. 5 MAR. aparejo de gata. 6 tala, toña [palito]. 7 *cat* o *cat-o'-nine-tails*, azote de nueve ramales. 8 ~ *castle*, ~ *house*, o simplte. *cat*, galápago [máquina de guerra].
cat (to) *tr.* azotar [con el azote de nueve ramales]. 2 MAR. izar [el ancla] con el aparejo de gata. ¶ CONJUG. pret. y p. p. : *catted;* ger. : *catting.*
catabolism (cǽtæˑbolism) *s.* BIOL. catabolismo.
catachresis (cætacriˑsis) *s.* catacresis.
cataclysm (cǽˑtaclism) *s.* cataclismo.
cataclysmal (cætacliˑʃmal), **cataclysmic** (cætacliˑʃmic) *adj.* relativo al cataclismo.
catacomb (cǽˑtacoum) *s.* catacumba.
catacoustics (cætacuˑstics) *s.* catacústica.
catadioptric (catadaioˑptric) *adj.* catadióptrico.
catadioptrics (catadaioˑptrics) *s.* catadióptrica.
catafalque (cǽˑtafælc) *s.* catafalco.

Catalan (cæ·talan) *adj.* y *s.* catalán : ~ *forge* o *furnace*, forja a la catalana.
Catalanism (cæ·talanĭsm) *s.* catalanismo.
Catalanist (cæ·talanist) *adj.* y *s.* catalanista.
catalectic (cætale·ctic) *adj.* cataléctico.
catalepsy (cætale·psi) *s.* catalepsia.
cataleptic (cætale·ptic) *adj.* cataléptico.
catalogation (cætalogue·shøn) *s.* catalogación.
catalogue (cæ·talog) *s.* catálogo : ~ *card*, ficha de catálogo.
catalogue (to) *tr.* catalogar.
cataloguer (cæ·talogø') *s.* catalogador.
Catalonia (cætalou·nia) *n. pr.* GEOGR. Cataluña.
Catalonian (cætalou·nian) *adj.* y *s.* catalán.
catalpa (catæ·lpa) *s.* BOT. catalpa.
catalysis (cætæ·lisis) *s.* QUÍM. catálisis.
catalyst (cæ·talist) *s.* QUÍM. catalizador.
catalytic (cætali·tic) *adj.* catalítico. — 2 *s.* QUÍM. catalizador. 3 MED. alterante ; restaurativo.
catalyzer (cæ·talaĭšø') *s.* QUÍM. catalizador.
catamaran (cætamaræ·n) *s.* MAR. balsa o jangada, movida a remo o a vela. 2 MAR. embarcación formada por dos cascos unidos. 3 armadía provista de un torno y arpeos para recuperar maderos hundidos. 4 fam. mujer regañona y pendenciera.
catamenia (cætạmi·nia) *s.* menstruación.
catamount (cæ·tamaunt) *s.* ZOOL. gato montés ; lince ; puma ; jaguar.
catamountain (cæ·tamauntin) *s.* ZOOL. gato montés ; leopardo ; pantera.
cataphract (cæ·tafræct) *s.* armadura de escamas de metal.
cataplasm (cæ·taplæšm) *s.* cataplasma.
catapult (cæ·tapølt) *s.* catapulta. 2 tirador [para lanzar piedrecillas, etc.].
catapult (to) *tr.* lanzar con catapulta. 2 lanzar con violencia.
cataract (cæ·taræct) *s.* catarata, cascada. 2 MED. catarata.
catarrh (catạ·') *s.* MED. catarro. 2 (EE. UU.) catarro o resfriado crónico.
catarrhal (catạ·ral) *adj.* catarral.
catarrhine (cæ·tarain) *adj.* y *s.* ZOOL. catirrino.
catastrophe (cætæ·strofi) *s.* catástrofe. 2 GEOL. cataclismo.
catastrophic (catæstro·fic) *adj.* catastrófico.
catbird (cæ·tbø'd) *s.* ORNIT. pájaro cantor de América y Australia.
catboat (cæ·tbout) *s.* MAR. laúd.
catcall (cæ·tcol) *s.* silba, grita, abucheo, rechifla.
catcall (to) *tr.* silbar, abuchear, dar grita.
catch (cæch) *s.* cogedura, asimiento, captura. 2 presa, botín, pesca, redada. 3 DEP. acción de parar la pelota al vuelo ; jugador que la para. 4 pregunta insidiosa, lazo, trampa. 5 cosa que detiene o sujeta : gancho, trinquete, fiador, tope, cerrador, etc. 6 pestillo, pasador, tarabilla. 7 interrupción o detención momentánea : *a ~ in the voice*, suspensión brusca que hace el que habla, gralte. a causa de una emoción. 8 fragmento, trocito, trozo : *by catches*, a ratos. 9 atractivo. 10 buen partido. 11 canción cómica a varias voces en que los cantantes van entrando por turno.
12 *adj.* atractivo, llamativo : ~ *title*, título corto y expresivo. 13 insidioso, engañoso : ~ *question*, pregunta insidiosa, pega. 14 Otros sentidos : ~ *basin*, cisterna en una alcantarilla para recoger las materias que podrían obstruirla ; ~ *bolt*, picaporte ; ~ *crop*, siembra intermedia entre dos cosechas o siembras, o entre las hileras de la principal ; ~ *drain*, cuneta, colector o zanja de desagüe.
catch (to) *tr.* coger, asir, agarrar, retener, sujetar. 2 capturar, prender. 3 coger, pescar, cazar. 4 atrapar, alcanzar. 5 coger, pescar, pillar [un resfriado, una enfermedad] ; contagiarse de. 6 coger, sorprender. 7 comprender, penetrar. 8 engranar, endentar, engarzar. 9 coger al vuelo. 10 recoger [en un recipiente]. 11 atraer [la atención, la mirada] ; agradar, cautivar. 12 fam. atizar, arrear [un golpe]. 13 *to ~ fire*, encenderse, inflamarse ; encolerizarse. 14 *to ~ hold of*, asirse, agarrarse a ; apoderarse de. 15 *to ~ it*, fam. ganarse una reprimenda ; cargársela. 16 *to ~ on*, fam. entender, comprender. 17 *to ~ oneself*, contenerse ; recobrar el equilibrio. 18 *to ~ sight of*, ver de pronto,

alcanzar a ver. 19 *to ~ one's breath*, contener bruscamente el aliento. 20 *to ~ the dickens* o *the devil*, TO CATCH IT. 21 *to ~ up*, asir, empuñar ; interrumpir [al que habla] ; alcanzar ; acoger con entusiasmo.
22 *intr.* enredarse, engancharse, trabarse. 23 prender [el fuego, etc.]. 24 contagiarse, ser pegadizo. 25 *to ~ at*, tratar de coger ; asir, agarrarse a : *to ~ at a straw*, fig. agarrarse a un clavo ardiendo. 26 *to ~ up*, salir del atraso. ponerse al día. 27 *to ~ up with*, alcanzar a ; estar a la altura [de la época, etc.] ; comprender. ¶ CONJUG. pret. y p. p. : *caught*.
catchall (cæ·chol) *s.* armario, cesto, cajón, etc., para cosas u objetos diversos.
catcher (cæ·chø') *s.* el o lo que coge, caza, etc. : *birdcatcher*, pajarero, parancero. 2 BÉISBOL cátcher, el que para la pelota, situado detrás del *batter*.
catching (cæ·ching) *adj.* contagioso, pegadizo. 2 atractivo, seductor, cautivador.
catchment (cæ·chmønt) *s.* acción de coger. 2 depósito u otra cosa que recibe las aguas de un área o cuenca : ~ *area* o *basin*, cuenca de un río, etc.
catchpenny (cæ·chpeni) *s.* baratija, sacadineros. — 2 *adj.* barato, de pacotilla.
catchpole, catchpoll (cæ·chpoul) *s.* alguacil, corchete.
catchup (cæ·chøp) *s.* salsa de setas o de tomate.
catch-wheel *s.* MEC. rueda de estrella o de trinquete.
catchword (cæ·chuø'd) *s.* IMPR. reclamo. 2 TEAT. pie. 3 lugar común ; lema, frase o expresión peculiar [de un partido, escuela, etc.].
catchy (cæ·chi) *adj.* pegadizo [melodía, etc.]. 2 insidioso. 3 intermitente, variable.
catechetic(al (cæteke·tic(al) *adj.* catequístico.
catechetics (cæteke·tics) *s.* catequesis, catequismo.
catechisation *s.*, **catechise (to)** *tr.*, **catechiser** *s.* = CATECHIZATION, TO CATECHIZE, CATECHIZER.
catechism (cæ·tekĭsm) *s.* catecismo.
catechist (cæ·tekist) *s.* catequista.
catechization (cætekise·shøn) *s.* acción de catequizar.
catechize (to) (cæ·tekaĭš) *tr.* catequizar [instruir]. 2 interrogar detenidamente.
catechizer (cætekaĭšø') *s.* catequista. 2 interrogador.
catechu (cæ·techu) *s.* catecú, cato.
catechumen (cætekiu·men) *s.* catecúmeno.
catechumenate (cætekiu·meneit) *s.* catecumenado.
catechumenical (cætekiume·nical) *adj.* catecuménico.
categorem (cæ·tegorem) *s.* LÓG. categorema.
categoric(al (cætego·rical) *adj.* categórico : *categorical imperative*, FILOS. imperativo categórico.
categorically (cætego·ricali) *adv.* categóricamente.
category (cæ·tegori) *s.* categoría.
catenarian (cætine·rian) *adj.* catenaria. 2 catenular.
catenary (cæ·tineri) *adj.* y *s.* catenaria.
catenate (to) (cæ·tineit) *tr.* encadenar, concadenar.
catenation (cætine·shøn) *s.* encadenamiento, concadenación.
catenulate (cæte·niuleit) *adj.* catenular.
cater (kei·tø') *intr.* abastecer, proveer, surtir [de víveres, etc.]. 2 *to ~ to*, proporcionar placer, entretenimiento, etc., a ; satisfacer los gustos de.
cater-corner *adv.* diagonalmente.
cater-cornered *adj.* diagonal.
cater-cousin *s.* primo hermano. 2 amigo íntimo.
caterer (kei·tørø') *s.* proveedor, abastecedor [para comidas, etc.].
cateress (kei·tøris) *f.* proveedora, abastecedora.
caterpillar (cæ·tø'pila') *s.* ENTOM. oruga. 2 MEC. ~ *tractor*, tractor de oruga.
caterwaul (to) (cæ·tø'uol) *intr.* maullar [el gato].
caterwauling (cæ·tø'uoling) *s.* maullido [del gato].
cat-eyed *adj.* que tiene ojos de gato.
catfish (cæ·tfish) *s.* ICT. siluro ; barbo ; bagre. 2 nombre de otros peces.
catgut (cæ·tgøt) *s.* CIR. catgut. 2 tripa para cuerdas.
Catharine (cæ·zarin) *n. pr.* Catalina.
catharsis (caza·'sis) *s.* MED. purga [acción de purgar].

cathartic (caza·'rtic) *adj.* catártico, purgante. — *2 s.* purgante, purga.
cathead (cæ·tjed) *s.* MAR. serviola.
cathedra (cazr·dra) *s.* cátedra [asiento del maestro; dignidad pontificia o episcopal].
cathedral (cazr·dral) *s.* catedral. — *2 adj.* catedral, catedralicio. *3* episcopal. *4* dogmático. *5* ~ *chimes,* tubos metálicos acordados que se tocan con martillo y suenan como campanas lejanas.
catheretic (cæzere·tic) *adj.* CIR. caterético.
Catherine (cæ·zørin) *n. pr. f.* Catalina.
Catherine wheel *s.* ARQ. rosa, rosetón. *2* rueda de fuegos artificiales.
catheter (cæ·zetø') *s.* CIR. catéter.
catheterism (cæ·zetørišm) *s.* CIR. cateterismo.
catheterize (to) (cæ·zetøraiš) *tr.* CIR. sondar con el catéter.
cathetometer (cæzeto·mitø') *s.* catetómetro.
cathode (cæ·zoud) *s.* ELECT. cátodo. *2* ~ *ray,* rayo catódico.
cathodic (cæzo·dic) *adj.* catódico.
cathole (cæ·tjoul) *s.* gatera. *2* MAR. escobén.
catholic (cæ·zølic) *adj.* católico, universal. — *2 adj. y s.* (con mayúsc.) católico romano. | Dic. también *Roman Catholic.* *3* Úsase también con un prefijo distintivo para designar los miembros de otras iglesias.
catholicism (cazo·lisišm) *s.* catolicismo.
catholicity (cæzøli·siti) *s.* catolicidad.
catholicize (to) (cazo·lisaiš) *tr.* catolizar. — *2 intr.* hacerse católico.
catholicly (cazo·licli) *adv.* católicamente.
catholicon (cazo·licon) *s.* catolicón.
cation (cæ·taiøn) *s.* FÍS., QUÍM. catión.
catkin (cæ·tkin) *s.* BOT. amento, candelilla.
catlap (cæ·tlæp) *s.* aguachirle.
catlike (cæ·tlaic) *adj.* gatuno, gatesco.
catling (cæ·tling) *s.* gatito. *2* CIR. bisturí de doble filo.
catmint (cæ·tmint), **catnip** (cæ·tnip) *s.* BOT. nébeda.
Cato (kei·tou) *n. pr.* Catón.
Catonian (ca- o keitou·nian) *adj.* catoniano.
cat-o'-nine-tails *s.* azote con nueve ramales.
catoptric (cato·ptric) *adj.* catóptrico.
catoptrics (cato·ptrics) *s.* catóptrica.
cat's-eye *s.* MINER. ojo de gato.
catskin (cæ·stkin) *s.* piel de gato.
cat's paw *s.* MAR. soplo ligero de viento que riza el agua en tiempo de calma. *2* MAR. especie de nudo. *3* instrumento, persona de quien se sirve otra para lograr sus fines.
catsup (cæ·tsøp) *s.* CATCHUP.
cattail (cæ·tteil) *s.* BOT. espadaña. *2* BOT. anea. *3* BOT. amento.
cattish (cæ·tish) *adj.* gatuno, gatesco.
cattle (cæ·tøl) *s.* ganado, reses; ganado vacuno: ~ *bell,* esquila, campano; ~ *car,* vagón jaula para el ganado; ~ *dealer,* tratante en ganado; ~ *owner,* ganadero; ~ *raising,* ganadería, cría de ganado; ~ *ranch,* hacienda de ganado; ~ *range,* extensión de tierra donde se tiene el ganado; ~ *show,* exposición de ganado; ~ *thief,* cuatrero, ladrón de ganado; ~ *tick,* garrapata de las regiones cálidas de América; ~ *wire,* espino artificial. *2* desp. gentuza.
cattleman (cæ·tølmæn), *pl.* **-men** (-men) *s.* ganadero.
catty (cæ·ti) *adj.* gatuno; felino. *2* arisco. *3* rencoroso. *4* chismoso.
catwalk (cæ·twøc) *s.* andén estrecho de un puente. *2* pasillo o corredor en la quilla de un dirigible.
Caucasian (cocæ·shian o -shan) *adj.* caucáseo; caucásico. — *2 adj. y s.* caucasiano.
Caucasus (co·cøsøs) *n. pr.* GEOGR. Cáucaso.
caucus (co·cøs) *s.* POL. junta de un partido para la designación de candidatos, etc.
caudad (co·dad) *adv.* ZOOL. hacia la cola.
caudal (co·dal) *adj.* ZOOL. caudal.
caudate (co·deit) *adj.* caudado, caudato.
caudex (co·dex) *s.* BOT. tallo de palma, helecho, etc.
caudle (co·døl) *s.* bebida confortante para enfermos.
caught (cot) *pret. y p. p.* de TO CATCH.
caul (col) *s.* omento, redaño. *2* membrana que cubre la cabeza de algunos recién nacidos.
cauldron (col·drøn) *s.* caldero, caldera; paila.

caulescent (cole·sønt) *adj.* BOT. caulescente.
caulicle (co·likøl) *s.* BOT. tallito, plúmula.
cauliculus (coli·kiuløs), *pl.* **-li** (-lai) *s.* ARQ. caulículo.
cauliferous (coli·føros) *adj.* BOT. caulífero.
cauliflower (co·liflauø') *s.* BOT. coliflor.
caulk (to) (co·c) *tr.* MAR. calafatear, acollar. *2* tapar, rellenar las rendijas. *3* unir a martillo [dos planchas de metal].
caulker (co·kø') *s.* calafate : ~ *auger,* aviador, barrena de calafate.
caulking (co·king) *s.* calafateo : ~ *chisel,* ~ *iron,* calador, hierro de calafatear. *2* acción de tapar o rellenar rendijas.
causal (co·sal) *adj.* causal.
causality (cosæ·liti) *s.* causalidad.
causally (co·sali) *adv.* por modo causal.
causate (to) (co·šeit) *tr.* causar, originar.
causation (coše·shøn) *s.* causa, acción que causa un efecto. *2* causalidad.
causative (co·šativ) *adj.* causativo. *2* GRAM. que expresa causa [prefijo, verbo, etc.].
cause (coš) *s.* causa [lo que produce un efecto; motivo, razón, autor]. *2* causa [en que se toma interés o partido] : *our* ~ *is just,* nuestra causa es justa; *to make common* ~ *with,* hacer causa común con. *3* DER. base de una acción; acción, pleito, causa. *4* asunto, cuestión [que hay que decidir].
cause (to) *tr.* causar, producir, originar. *2* hacer, hacer que, mandar [hacer], inducir, impeler a : *to* ~ *to fall,* hacer caer; *I will* ~ *it to rain,* yo haré que llueva.
causeless (co·šlis) *adj.* inmotivado, infundado, sin causa.
causelessly (co·šlisli) *adv.* inmotivadamente, infundadamente.
causelessness (co·šlisnis) *s.* falta de causa o motivo.
causer (co·sø') *s.* causante, causador.
causeway (co·šuei) *s.* terraplén o paso firme que cruza un pantano o una extensión de agua. *2* calzada, arrecife.
causey (co·ši) *s.* calzada, arrecife. *2* acera.
causidical (co·ši dical) *adj.* causídico.
caustic (co·stic) *adj. y s.* cáustico.
caustical (co·stical) *adj.* cáustico.
causticty (costi·siti), **causticness** (co·sticnis) *s.* causticidad. *2* mordacidad.
cauter (co·tø') *s.* cauterio [instrumento].
cauterization (cotøriše·shøn) *s.* cauterio, cauterización.
cauterize (to) (co·tøraiš) *tr.* cauterizar.
cauterizing (co·tøraišing) *s.* cauterización. — *2 adj.* cauterizador.
cautery (co·tøri) *s.* cauterio.
caution (co·shøn) *s.* caución, cautela, precaución. *2* aviso, advertencia, admonición; amonestación. *3* MIL. voz de mando preventiva. *4* pop. persona o cosa extraordinaria.
caution (to) *tr.* cautelar, advertir, avisar, poner en guardia; amonestar.
cautionary (co·shøneri) *adj.* admonitorio.
cautious (co·shøs) *adj.* cauto, precavido, prudente, circunspecto.
cautiously (co·shøsli) *adv.* cautamente, prudentemente.
cautiousness (co·shøsnis) *s.* cautela, precaución, prudencia.
cavalcade (cævalkei·d) *s.* cabalgata.
cavalcade (to) *intr.* ir en cabalgata.
cavalier (cævali·ø') *s.* caballero [noble]. *2* jinete. *3* caballero [de una dama], galán. *4* realista del tiempo de Carlos I de Inglaterra. *5* FORT. caballero. — *6 adj.* alegre, desenvuelto. *7* altivo, desdeñoso, brusco.
cavalierly (cævali·ø'li) *adv.* caballerescamente. *2* altivamente, bruscamente.
cavalla, -lly (cavæ·la, -li) *s.* ICT. caballa.
cavalry (cæ·valri) *s.* MIL. caballería.
cavalrymann (ca·valrimæn), *pl.* **-men** (-men) *s.* MIL. jinete, soldado de caballería.
cavatina (cævati·na) *s.* MÚS. cavatina.
cave (keiv) *s.* cueva, caverna : ~ *dweller,* cavernícola; ~ *man,* hombre de las cavernas, hombre grosero.
cave (to) *tr.* excavar, hacer hundirse. — *2 intr. to* ~ *in,* hundirse [el suelo, etc.]; fam. ceder, rendirse.

caveat (kei·viæt) *s.* DER. escrito en que se pide el aplazamiento de algo hasta haber sido oído el que lo presenta. *2* (EE. UU.) inscripción provisional de un invento en el registro de patentes. *3* amonestación, advertencia.

cave-in *s.* hundimiento, derrumbe.

cavern (cæ·vø'n) *s.* caverna, antro.

caverned (cæ·vø'nd) *adj.* cavernoso [lleno de cavernas]. *2* encerrado [en una caverna].

cavernous (cæ·vø'nøs) *adj.* cavernoso.

cavesson (cæ·veson) *s.* cabezón, cabezón de serreta.

cavetto (cave·tou) *s.* ARQ. caveto.

caviar (cæ·viar) *s.* cavial, caviar.

cavicorn (cæ·vikø'n) *adj. y s.* ZOOL. cavicornio.

cavil (cæ·vil) *s.* quisquilla, reparo, objeción frívola, sutileza, argucia.

cavil (to) *intr.* buscar quisquillas; poner tachas o reparos nimios. ¶ CONJUG. pret. y p. p.: *caviled* o *-lled;* p. a.: *caviling* o *-lling.*

cavil(l)er (cæ·vilø') *s.* reparón, quisquilloso.

cavil(l)ing (cæ·viling) *adj.* reparón, quisquilloso, que a todo pone tachas. — *2 s.* acción de poner tachas o reparos nimios.

cavil(l)ingly (cæ·vilingli) *adv.* quisquillosamente, poniendo tachas o reparos nimios.

cavil(l)ingness (cæ·vilingnis) *s.* condición de reparón; quisquilla, sutileza.

cavity (cæ·viti), *pl.* **-ties** (-tis) *s.* cavidad. *2* MED. caverna.

cavort (to) (cavø·'t) *intr.* (EE. UU.) corvetear; travesear.

cavy (kei·vi) *s.* ZOOL. nombre dado al cobayo, al capincho, a la paca, al agutí, etc.

caw (cO) *s.* graznido.

caw (to) *intr.* graznar, grajear.

cay (kei) *s.* GEOGR. cayo.

Cayenne (caie·n) *n. pr.* GEOGR. Cayena. *2 Cayenne pepper,* pimentón.

cayenne *s.* pimentón.

cayman (kei·man) *s.* ZOOL. caimán.

cazique (caši·c) *s.* CACIQUE.

cease (sIS) *s.* cesación : *without* ~, sin cesar. *2* ~ *fire,* alto el fuego, cesación de las hostilidades.

cease (to) *intr.* cesar [suspenderse, acabarse, no continuar]. — *2 tr.* poner fin a, parar, acabar, dejar de : ~ *firing!,* ¡alto el fuego!

ceaseless (si·slis) *adj.* incesante, continuo.

ceaselessly (si·slisli) *adv.* incesantemente.

Cecil (si·sil o se·sil) *n. pr. m.* Cecilio.

Cecilia (sisi·lia), **Cecily** (si·sili) *n. pr. f.* Cecilia.

cecity (si·siti) *s.* ceguera.

cecum *s.* CÆCUM.

cedar (si·da') *s.* BOT. cedro : ~ *of Lebanon,* cedro del Líbano ; ~ *cone,* cédride ; ~ *oil,* cedreleón, cedróleo.

cedarbird (si·da'bø'd) *s.* ORNIT. pájaro americano.

cedarwood (sidarwud) *s.* madera de cedro.

cedarn (si·darn) *adj.* cedrino ; de cedro.

cede (to) (sId) *tr.* ceder, transferir, traspasar.

ceder (si·dø') *s.* cedente.

cedilla (sedi·la) *s.* cedilla, zedilla.

cedrine (si·drin) *adj.* cedrino.

cedrium (si·driøm) *s.* cedrio.

cedrol (si·drol) *s.* QUÍM. cedrol.

ceil (to) (sIl) *tr.* revestir el techo de, poner cielo raso a.

ceiling (sI·ling) *s.* techo [interior] ; cielo raso. *2* cima, límite superior. *3* AVIA. techo, altura máxima a que puede volar un avión. *4* AVIA. límite superior de visibilidad. *5* MAR. tablazón interior [de un buque]. *6* ARQ. plancha para techos o revestimientos.

celadon (se·ladon) *s.* verdeceledón.

celandine (se·landain) *s.* BOT. celidonia, hierba de las golondrinas.

celature (se·latiu') *s.* repujado [de metales].

celebrant (se·librant) *s.* celebrante.

celebrate (to) (se·libreit) *tr.* celebrar, solemnizar. *2* celebrar, proclamar, alabar. *3 intr.* celebrar [decir misa]. *4* divertirse, echar una cana al aire.

celebrated (se·libreitid) *adj.* célebre, famoso.

celebration (selibre·shøn) *s.* celebración. *2* fiesta, festividad.

celebrator (se·libreito') *s.* celebrador.

celebrity (sele·briti) *s.* celebridad, fama, renombre. *2* celebridad [persona célebre].

celeriac (sele·riæc) *s.* BOT. apio nabo.

celerity (sele·riti) *s.* celeridad.

celery (se·løri) *s.* BOT. apio.

celestial (sele·schal) *adj.* celestial. *2* celeste : *Celestial Empire,* Imperio Celeste, China ; ~ *sphere,* esfera celeste. *3* célico. — *4 adj.-s.* chino. — *5 s.* morador del cielo, ser celestial. *6 pl.* cosas o atributos celestiales.

celestially (sele·schali) *adv.* celestialmente.

celestite (se·lestait) *s.* MINER. celestina.

celiac (si·liæc) *adj.* ANAT. celíaco.

celibacy (se·libasi) *s.* celibato, soltería.

celibate (se·libeit) *adj. y s.* célibe, soltero.

cell (sel) *s.* celda [aposento de cárcel, convento, etc.]. *2* BIOL., AVIA. célula. *3* POL. célula [comunista, etc.]. *4* celdilla, vasillo [de panal]. *5* celdilla, hueco, nicho, compartimiento, cavidad, alvéolo. *6* ELECT. par, elemento [de pila] ; pila simple : *dry* ~, pila seca ; *wet* ~, pila hidroeléctrica. *7* ELECT. célula [fotoeléctrica].

cellar (se·la') *s.* sótano, cueva. *2* bodega [para vinos] ; cillero.

cellarage (se·laridȳ) *s.* bodega, bodegas. *2* almacenaje en bodega ; lo que se paga por él.

cellarer (se·larø') *s.* cillerero. *2* despensero.

cellaress (se·laris) *s.* cilleriza. *2* despensera.

cellaret (selare·t) *s.* frasquera, armario para licores.

cellist (che·list) *s.* violoncelista.

cello (che·lou) *s.* MÚS. violoncelo.

celloidin (siløi·din) *s.* celoidina.

cellophane (se·lofein) *s.* celofán, celofana.

cellular (se·liula') *adj.* celular, celuloso.

cellulate(d (se·liuleit(id) *adj.* celulado.

cellule (se·liul) *s.* celdilla, celulilla.

celluloid (se·liuloid) *s.* celuloide. *2 fam.* película cinematográfica.

cellulose (se·liulous) *adj.* celuloso. — *2 s.* QUÍM. celulosa.

Celt, Kelt (selt, kelt) *s.* celta. *2* (con min.) PREHIST. hacha o cuchillo de piedra o bronce.

Celtiberian (seltibi·rian) *adj.* celtibérico. — *2 adj. y s.* celtíbero.

Celtic (se·ltic) *adj. y s.* céltico.

Celticism (se·ltisiŝm) *s.* celtismo.

Celticist (se·ltisist) *s.* celtista.

cement (søme·nt) *s.* cemento ; mortero, argamasa ; masilla : ~ *mill,* fábrica de cemento. *2* ANAT. cemento [de los dientes]. *3* GEOL., METAL. cemento : ~*steel,* acero cementado. *4* aglutinante ; lazo de unión, vínculo.

cement (to) *tr.* unir con cemento, mortero, masilla, etc. *2* cubrir o solar con cemento. *3* asegurar, afianzar. *4* METAL. cementar. — *5 intr.* unirse, aglutinarse, consolidarse.

cementation (sømente·shøn) *s.* unión, aglutinación, consolidación. *2* METAL. cementación.

cementite (søme·ntait) *s.* QUÍM. carburo de hierro que se forma en el acero, el hierro colado, etc.

cemetery (se·miteri) *s.* cementerio.

cenacle (se·nakøl) *s.* cenáculo.

cenobite (se·nobait) *s.* cenobita.

cenobitic(al (senobi·tic(al) *adj.* cenobítico.

cenobitism (se·nobitiŝm) *s.* cenobitismo.

cenobium (senou·biøm), **cenoby** (se·nobi) *s.* cenobio.

cenotaph (se·notæf) *s.* cenotafio.

Cenozoic (sinošo·ic) *adj. y s.* GEOL. cenozoico.

cense (to) (sens) *tr.* perfumar quemando aromas. *2* incensar, turificar.

censer (se·nsø') *s.* pebetero. *2* incensario, turíbulo : ~ *bearer,* turibulario, turiferario.

censor (se·nsø') *s.* censor [magistrado romano]. *2* censor [el que censura publicaciones, noticias, correspondencia, etc.]. *3* [en ciertas universidades o colegios] prefecto, inspector. *4* censor, criticador.

censor (to) *tr.* censurar [someter a la censura].

censorial (sensou·rial) *adj.* censorio.

censorious (sensou·riøs) *adj.* censurador, severo, rígido. *2* crítico, de censura.

censoriously (sensou·riøsli) *adv.* con censura, severamente.

censoriusness (sensou·riøsnis) *s.* inclinación a censurar.

censorship (se·nsø'ship) *s.* censura [oficio del censor].

censual (se·nshual) *adj.* censual.

censurable (se·nshurabøl) *adj.* censurable.

censurableness (se·nshurabølnis) *s.* calidad de censurable.

censurably (se·nshurabli) *adv.* censurablemente.

censure (se·nshø') *s* censura, crítica, represión, reprobación. 2 censura [pena].

censure (to) *tr.* censurar, criticar, reprobar.

censurer (se·nshurø') *s.* censurador, criticador.

censuring (se·nshuring) *adj.* censurador, criticador. 2 de censura o desaprobación.

census (se·nsøs) *s.* censo, padrón : ~ *paper*, hoja de empadronamiento; ~ *taker*, el que hace un censo o padrón. 2 DER. censo [sobre la tierra].

census (to) *tr.* formar el censo o patrón de. 2 inscribir en un censo, empadronar.

cent (sent) *s.* centavo [moneda]. 2 ciento, en frases como : *per* ~, por ciento. 3 (Can.) quintal [100 libras].

cental (se·ntal) *s.* quintal [100 libras].

centare (se·nte') *s.* centiárea.

centaur (se·nto') *s.* centauro.

centaury (se·ntori) *s.* BOT. centaura, centaurea. 2 BOT. polígala.

centenarian (sentine·rian) *adj.* centenario. — 2 *s.* centenario [pers.].

centenary (se·ntineri) *adj.* centenario, secular. — 2 *s.* centenario [espacio de cien años; conmemoración].

centennial (sente·nial) *adj.* centenario, secular. 2 relativo al centenario. — 3 *m.* centenario [conmemoración].

center, to center, centerboard, centering, centerpiece = CENTRE, TO CENTRE, CENTREBOARD, CENTRING, CENTRPIECE.

centesimal (sente·simal) *adj.* centesimal. — 2 *s.* centésima, centésimo, céntimo.

centiare (se·ntie') *s.* centiárea.

centigrade (se·ntigreid) *adj.* centígrado : ~ *thermometer*, termómetro centígrado.

centigram, centigramme (se·ntigræm) *s.* centigramo.

centilitre, centiliter (se·ntilitø') *s.* centilitro.

centime (santi·m) *s.* céntimo.

centimetre, centimeter (se·ntimitø') *s.* centímetro.

centimetre-gram-second (c. g. s.) *adj.* cegesimal.

centipede (se·ntipid) *s.* ZOOL. centípedo, ciempiés.

centner (se·ntnø') *s.* quintal.

cento (se·ntou) *s.* centón.

centrad (se·ntrad) *adv.* ZOOL. hacia el centro.

central (se·ntral) *adj.* central, céntrico : *Central América*, América Central, Centroamérica; ~ *American*, centroamericano; ~ *heating*, calefacción central; ~ *station*, central de electricidad. — 2 *s.* central [telefónica]. 3 telefonista. 4 COM. caucho.

centralism (se·ntrališm) *s.* centralismo.

centralist (se·ntralist) *s.* centralista.

centrality (sentra·liti) *s.* calidad de central.

centralization (sentrališe·shøn) *s.* centralización.

centralize (to) (se·ntralaiš) *tr.* centralizar.

centralizer (se·ntralaišø') *s.* centralizador.

centrally (se·ntrali) *adv.* centralmente.

centre (se·ntø') *s.* GEOM., ANAT., FÍS., MEC. centro : ~ *of curvature*, centro de curvatura; ~ *of figure*, centro geométrico; ~ *of gravity*, centro de gravedad; ~ *of lift*, AVIA. punto de sustentación. 2 centro [parte media, corazón; punto donde se concentran o de donde parten acciones, actividades, fuerzas, influencias, etc.]. 3 fuente [de energía]. 4 población importante, centro de población. 5 POL. centro. 6 DEP. centro [jugador]. 7 ARQ. cimbra [armazón]. 8 MEC. punta [de torno]. 9 MEC. centro, portapuntas [de torno]. — 10 *adj.* relativo al centro, central, que sirve para centrar : ~ *bit*, barrena o broca de guía; ~ *forward*, FÚTBOL, delantero centro; ~ *lathe*, torno de puntas; ~ *line*, eje, línea central o media; MEC. línea de guía para centrar; ~ *punch*, punzón de marcar o perforar, granete; ~ *square*, escuadra para determinar el centro de un círculo.

centre (to) *tr.* centrar. 2 concentrar [en]. 3 marcar el centro o punto de. 4 OPT. ajustar, enfocar. 5 ARQ. cimbrar. — 6 *intr.* estar centrado [en] : *to* ~ *round*, girar en torno de, versar sobre.

centreboard (se·ntø'bo'd) *s.* MAR. orza de quilla.

centrepiece (se·ntø'pIs) *s.* centro de mesa. 2 ARQ. rosetón [de techo].

centric(al (se·ntric(al) *adj.* céntrico, central.

centrifugal (sentri·fiugal) *adj.* centrífugo : ~ *force*, fuerza centrífuga; ~ *pump*, bomba centrífuga; ~ *sugar*, azúcar centrífugo. — 2 *s.* centrifugador, centrifugadora [aparato, máquina].

centrifugalize (to) (sentri·fiugalaiš) *tr.* TO CENTRIFUGE.

centrifugate (to) (sentri·fiugueit) *tr.* TO CENTRIFUGE.

centrifugation (sentrifiugue·shøn) *s.* centrifugación.

centrifuge (se·ntrifiudȳ) *adj.* CENTRIFUGAL. — 2 *s.* centrifugadora [máquina].

centrifuge (to) *tr.* centrifugar.

centring (se·ntring) *s.* acción de centrar. 2 determinación del centro de un objeto. 3 ajuste, enfocamiento. 4 ARQ. cimbra [armazón].

centripetal (sentri·petal) *adj.* centrípeto.

centrist (se·ntrist) *s.* POL. centrista.

oentrobaric (sentrobæ·ric) *adj.* centrobárico.

centrosome (se·ntrøsoum) *s.* BIOL. centrosoma.

centrosphere (se·ntrosfir) *s.* GEOL., BIOL. centroesfera.

centumvir (sentø·mvi') *s.* centunviro.

centumviral (sentø·mviral) *adj.* centunviral.

centumvirate (sentø·mvireit) *s.* centunvirato.

centuple (se·ntiupøl) *adj.* céntuplo.

centuple (to) *tr.* centuplicar.

centuplicate (sentiu·plikeit) *adj.* centuplicado.

centuplicate (to) *tr.* centuplicar.

centurial (sentiu·rial) *adj.* secular [de siglos].

centurion (sentiu·riøn) *s.* centurión.

century (se·nchuri) *s.* centuria. 2 centenar. 3 siglo. 4 BOT. ~ *aloe*, ~ *plant*, pita, agave, *maguey.

cephalad (se·falæd) *adv.* ZOOL. hacia la cabeza.

cephalalgia (sefalæ·lȳia) *s.* MED. cefalalgia.

cephalic (sefæ·lic) *adj.* cefálico.

cephalochordate (sefaloco·'deit) *adj.* y *s.* ZOOL. cefalocordado.

cephalopod (se·falopod) *adj.* y *s.* ZOOL. cefalópodo.

cephalothorax (sefalozou·ræcs) *s.* ZOOL. cefalotórax.

Cepheus (si·fius) *s.* ASTR. Cefeo.

ceraceous (sirei·shøs) *adj.* ceroso.

ceramic (siræ·mic) *adj.* cerámico.

ceramics (siræ·mics) *s.* cerámica.

ceramist (se·ræmist) *s.* ceramista.

cerargyrite (sera·'ȳirait) *s.* plata córnea.

cerastes (seræ·stiš) *s.* ZOOL. cerasta.

cerate (si·reit) *s.* FARM. cerato.

cerated (si·reitid) *adj.* encerado.

Cerberean (sø'birian) *adj.* de cancerbero.

Cerberus (sø·'børøs) *s.* cancerbero.

cercopithecus (sø'copizi·cøs) *s.* ZOOL. cercopiteco.

cere (si·ø') *s.* ORNIT. cera.

cereal (si·rial) *adj.* y *s.* cereal.

cerealin (si·riælin) *s.* cerealina.

cerebellar (scribe·la') *adj.* del cerebelo.

cerebellum (scribe·løm) *s.* ANAT. cerebelo.

cerebral (se·ribral) *adj.* cerebral.

cerebrate (se·ribreit) *intr.* trabajar mentalmente, pensar.

cerebration (scribe·shøn) *s.* función cerebral; actividad mental.

cerebrospinal (scribrouspai·nal) *adj.* cerebroespinal.

cerebrum (se·ribrøm) *s.* ANAT. cerebro. 2 encéfalo.

cerecloth (si·ø'cloz) *s.* tela encerada.

cerement (si·ø'mønt) *s.* mortaja encerada [para un cadáver embalsamado].

ceremonial (serimou·nial) *adj.* y *s.* ceremonial.

ceremonious (serimou·niøs) *adj.* ceremonioso. 2 de acuerdo con el ceremonial; lleno de ceremonias.

ceremoniously (serimou·niøsli) *adv.* ceremoniosamente.

ceremoniousness (serimou·niøsnis) *s.* ceremonia, carácter de ceremonioso.

ceremony (se·rimøni) *s.* ceremonia. 2 cumplido, formalidad, etiqueta : *don't stand on* ~, no haga usted cumplidos.

cereous (si·riøs) *adj.* céreo.

Ceres (si·riš) *n. pr.* MIT., ASTR. Ceres.

ceriferous (seri·førøs) *adj.* cerífero.

cerite (si·rait) *s.* MINER. cerita.

cerium (si·riøm) *s.* QUÍM. cerio.

cernuous (sø·'niuøs) *adj.* BOT. inclinado, colgante.

cerograph (si·rogræf) *s.* grabado en cera.

cerography (siro·grafi) *s.* cerografía.

cerolein (si·rolin) *s.* QUÍM. ceroleína.

ceroplastics (siroplæ·stics) *s.* ceroplástica.

certain (sø·'tøn) *adj.* fijo, determinado : *at a* ~ *hour*, a una hora determinada. 2 cierto [en

sentido indeterminado]; un tal: *a ~ person,*
cierta persona; *a ~ Mr. Brown,* un tal señor
Brown; *~ ones think so,* algunos (o ciertas
personas) lo piensan; *a lady of a ~ age,* una
señora de cierta edad; *I feel a ~ reluctance,*
siento cierta repugnancia. *3* cierto, seguro [ver-
dadero, indudable, infalible, inevitable, positivo, que no engaña] : *it is ~ that God exists,* es
cierto que Dios existe; *it is a ~ remedy,* es
un remedio seguro; *the war is ~,* la guerra es
segura; *he is ~ to succeed,* es seguro que tendrá éxito, tiene el éxito seguro. *4* cierto, seguro, convencido [de algo] : *I am ~ that it
is true,* estoy cierto de que es verdad; *I am ~,*
of his integrity, estoy seguro de su integridad.
— *5 s.* cosa cierta : *for ~,* de fijo, con toda seguridad, sin falta.

certainly (sǝ'tǝnli) *adv.* con certeza. *2* ciertamente, indudablemente, sí por cierto. *3* seguramente, sin falta. *4* con mucho gusto.

certainty (sǝ'tǝnti) *s.* certeza, certidumbre, seguridad : *to a ~,* indudablemente; *with ~,* con
certeza, a ciencia cierta. *2* cosa cierta, segura.

certifiable (sǝ'tifaiǝbǝl) *adj.* certificable. *2* loco.

certificate (sǝ'tifikeit) *s.* certificado, certificación,
fe, partida : *~ of baptism,* fe de bautismo; *~
of death,* partida o certificado de defunción; *~
of marriage,* certificado de matrimonio, partida o carta de casamiento; *~ of origin,* COM.
certificado de origen; *~ of stock,* COM. título,
certificado de propiedad [de una o más accio-
nes]. *2* DER. auténtica. *3* título o certificado
para ejercer ciertas profesiones.

certificate (to) *tr.* certificar. *2* proveer de título
o certificado.

certification (sǝ'tifike̵ʃǝn) *s.* certificación.

certificatory (sǝ'tifikatori) *adj.* certificatorio.

certifier (sǝ'tifaiǝr) *s.* certificador.

certify (to) (sǝ'tifai) *tr.* certificar, atestiguar,
afirmar, asegurar; dar fe. *2* certificar la aptitud de; garantizar oficialmente la autenticidad de un producto, etc. *3* MED. declarar loco,
certificar la locura de.

certiorari (sǝ'shiore̵rai) *s.* DER. auto de avocación.

certitude (sǝ'titiud) *s.* certeza, certidumbre.

cerulean (sǝru'lian) *adj.* cerúleo.

cerumen (sǝru'men) *s.* cerumen, cerilla, cera de
los oídos.

ceruse (si'rus) *s.* cerusa, albayalde.

cerussite (si'rusait) *s.* MINER. cerusita.

Cervantine (sǝ'væntin) *adj.* cervantesco, cervantino.

Cervantist (sǝ'væntist) *s.* cervantista.

cervical (sǝ'vical) *adj.* cervical.

Cervidæ (sǝ'vidi) *s. pl.* ZOOL. cérvidos.

cervid (sǝ'vid) *s.* ZOOL. cérvido.

cervine (sǝ'vin) *adj.* cervino.

cervix (sǝ'vics) *s.* ANAT., ZOOL. cerviz.

Cesarean *adj.* CÆSAREAN.

cesium (si'siǝm) *s.* QUÍM. cesio.

cespitose (se'spitous) *adj.* BOT. cespitoso.

cess (ses) *s.* impuesto, contribución. *2* suerte :
bad ~, mala suerte.

cessation (sese̵'shǝn) *s.* cesación, paro, suspensión :
~ of arms, armisticio, tregua. *2* inactividad, holganza.

cession (se̵'shǝn) *s.* cesión.

cessionary (se̵'shǝneri) *adj.* y *s.* cesionario.

cesspipe (se̵'spaip) *s.* conducto de desagüe de un
pozo negro.

cesspit (se̵'spit) *s.* depósito de inmundicias.

cesspool (se̵'spul) *s.* pozo negro, sumidero. *2* sitio inmundo.

cestus (se̵'stǝs) *s.* cesto [de púgil]. *2* ceñidor, cinturón [griego o romano].

cesura *s.* CÆSURA.

Cetacea (sitei'shii) *s. pl.* ZOOL. cetáceos.

cetacean (sitei'shan) *adj.* y *s.* ZOOL. cetáceo.

cetaceous (sitei'shǝs) *adj.* ZOOL. cetáceo.

cetane (si'tein) *s.* QUÍM. cetano.

cetin (si'tin) *s.* QUÍM. cetina.

cetyl (se'til) *s.* QUÍM. cetilo.

Ceylon (sila̵n) *n. pr.* GEOGR. Ceilán.

chaconne (shæco̵n) *s.* MÚS. chacona.

chad (chæd) *s.* ICT. sábalo.

chafe (cheif) *s.* roce, fricción. *2* rozadura, excoriación, sahorno. *3* enfado, irritación, impaciencia.

chafe (to) *tr.* calentar frotando. *2* rozar, excoriar.
3 enojar, irritar. — *4 intr.* rozar [con]. *5* rozarse,

sahornarse. *6* irritarse, acalorarse, rabiar, impacientarse.

chafer (chei'fǝr) *s.* calentador [vasija]. *2* lo que
roza o excoria. *3* ENTOM. escarabajo, melolonta.

chafery (chei'fǝri) *s.* fragua, forja.

chaff (chaf) *s.* ahechaduras, barcia, granzas, tamo; paja menuda. *2* broza [cosa sin valor]. *3*
broma, chanza, vaya.

chaff (to) *tr.* embromar, dar vaya. — *2 intr.* bromear, chancearse.

chaffer (chæ'fǝr) *s.* regateo [de un precio, etc.].

chaffer (to) *tr.* regatear [un precio, etc.]. *2* cambiar [palabras, etc.]. *3* *to ~ away,* gastar, pasar
[el tiempo, etc.]. — *4 intr.* regatear.

chafferer (chæ'fǝrǝr) *s.* regatón [que regatea].

chaffinch (chæ'finch) *s.* ORNIT. pinzón.

chaffy (cha'fi) *adj.* pajizo. *2* lleno de granzas. *3*
de poca importancia. *4* ligero, chancero.

chafing (che'fing) *s.* rozadura; sahorno. *2* irritación, impaciencia. — *3 adj. ~ dish, ~ pan,* escalfador, cocinilla.

chagrin (shagri̵n) *s.* mortificación, desazón, disgusto.

chagrin (to) *tr.* mortificar, desazonar, disgustar.

chain (chein) *s.* cadena [serie de eslabones; serie de cosas o sucesos] : *~ of mountains,* cadena de montañas, cordillera. *2* QUÍM. cadena.
3 cadena de agrimensor; su longitud [20.117 m].
4 cadena [para cerrar un puerto o río]. *5* RADIO.
cadena [de estaciones]. *6* cadenilla. *7* TEJ. urdimbre. *8 pl.* prisiones, cadenas, esclavitud. —
9 adj. de cadena, para cadena, que forma cadena, en cadena : *~ cable,* cable de cadena; *~ drive,* AUTO., MEC. mando o transmisión
de cadena; *~ gang,* cadena de presidiarios;
~ gear, rueda dentada o piñón para cadena;
~ gearing, transmisión de rueda y cadena; *~
lightning,* relámpagos o relampagueo en zigzag;
~ locker, MAR. caja de cadenas; *~ mail,* cota
de malla; *~ plate,* MAR. cadenote; cadena de
vigota; *~ pump,* bomba de rosario; *~ reaction,*
QUÍM. reacción en cadena; *~ shot,* ARTILL. bala
de cadena, bala encadenada; *~ store,* tienda
de una serie perteneciente a una misma empresa; sucursal; *~ wheel,* rueda dentada para
cadena. *10* COST. ganchillo de cadeneta : *~ stitch,*
punto de cadeneta.

chain (to) *tr.* encadenar. *2* aherrojar, esclavizar.
3 enlazar, unir. *4* AGRIM. medir con cadena.

chainless (chei'nlis) *adj.* desencadenado. *2* sin
cadena.

chainman (chei'nmæn) *pl.* **-men** (-men) *s.* cadenero.

chainwork (chei'nwǝ'c) *s.* labor de cadeneta.

chair (che̵') *s.* silla, sillón, sitial : *~ rail,* guardasilla. *2* asiento [del juez, del profesor, del presidente, etc.; cátedra; presidencia : *to be in ~,*
presidir [una junta, etc.]; *to take the ~,* abrir
la sesión, presidir; *to leave the ~,* dejar la presidencia, levantar la sesión. *3* presidente [el
que preside una reunión]. *4* silla eléctrica. *5* silla
de manos. *6* FERROC. cojinete; asiento de un carril. *7* FERROC. (EE. UU.) *~ car,* coche salón.

chair (to) *tr.* proveer de sillas. *2* instalar en puesto de autoridad. *3* llevar en una silla de ruedas.
4 (Ingl.) llevar en triunfo sobre una silla.

chairman (che̵'mæn) *pl.* **-men** (-men) *m.* presidente [de una asamblea o junta]. *2* silletero. *3* el
que empuja una silla de ruedas.

chairmanship (che̵'mænship) *s.* presidencia.

chairwoman (che̵'wumæn) *f.* presidenta.

chaise (sheiš) *s.* silla volante, calesín. *2* coche de
cuatro ruedas. *3* silla de posta. *4* *~ longue,* meridiana.

chalaza (cæle̵'šæ) *s.* BIOL. chalaza.

chalcedony (cælse̵'doni) *s.* MINER. calcedonia.

chalcograph (cæ'lcogræf) *s.* grabado calcográfico.

chalcography (cælco̵'grafi) *s.* calcografía.

chalcopyrite (cælcopi̵'rait) *s.* MINER. calcopirita.

Chaldaic (cældei̵'c) *adj.* caldaico.

Chaldea (cældi̵'a) *n. pr.* HIST. Caldea.

Chaldean (cældi̵'an), **Chaldee** (cældr̵) *adj.* y *s.*
caldeo.

chalet (shalei̵) *s.* chalet; casita de campo. *2* urinario.

chalice (cha'lis) *s.* cáliz [copa o vaso sagrado]. *2*
BOT. cáliz.

chalk (cho̵c) *s.* creta; marga : *~ rock,* roca cre-
tácea; *~ for cheese,* gato por liebre. *2* tiza, yeso;

clarión : ~ *talk,* conferencia que se ilustra con ejemplos o dibujos en la pizarra. 3 greda.

chalk (to) *tr.* enyesar, mezclar con yeso o creta. 2 dibujar o marcar con tiza : *to* ~ *up,* apuntar, poner en cuenta ; DEP. marcar [un tanto]. 3 entizar, dar tiza [al taco].

chalky (cho·ki) *adj.* yesoso. 2 blanquecino, pálido. 3 FOT. duro.

challenge (chæ·liñỹ) *s.* desafío, reto. 2 cartel de desafío. 3 discusión, impugnación ; acción de poner en duda ; acción de disputar [un título, etc.]. 4 DER. recusación. 5 MIL. quien vive.

challenge (to) *tr.* desafiar, retar. 2 reclamar, merecer [atención, respeto, etc.]. 3 disputar, discutir, impugnar, poner en duda. 4 DER. recusar. 5 MIL. dar el quién vive, pedir el santo.

challengeable (chæ·liñỹabøl) *adj.* que puede ser retado. 2 disputable. 3 recusable.

challenger (chæ·liñỹøˀ) *s.* desafiador, retador. 2 DEP. aspirante a un título [contra el que lo detiene].

challis, challie (shæ·li) *s.* chali [tejido].

chalybeate (cali·bieit) *adj.* ferruginoso. — 2 *s.* agua ferruginosa ; medicamento ferruginoso.

chalybite (cæ·libait) *s.* MINER. siderita.

chamade (shæ·mad) *s.* MIL. llamada [para parlamentar].

chamber (chei·mbøˀ) *s.* cámara, aposento, pieza, dormitorio : *audience* ~, salón de audiencias ; ~ *council,* consejo privado ; ~ *fellow,* compañero de cuarto ; ~ *music,* música de cámara ; ~ *organ,* órgano de salón ; ~ *pot,* vaso de noche. 2 cámara [legislativa, de comercio, etc.]. 3 sala [de tribunal], cámara [de justicia]. 4 (a veces en *pl.*) despacho [de una tesorería, del juez, del abogado] : ~ *counsel,* abogado consultor ; ~ *practice,* abogacía de despacho, de consulta : *at* o *in chambers,* en el despacho del juez, donde el juez despacha lo que no requiere ser tratado en el tribunal. 5 cámara, compartimiento, cavidad : *anterior, posterior* ~ *of the eye,* cámara anterior, posterior, del ojo. 6 MEC. cilindro, cuerpo [de bomba]. 7 cámara [de un arma de fuego]. 8 recámara [de mina]. 9 *pl.* (Ingl.) edificio destinado a habitaciones u oficinas.

chamber (to) *tr.* hacer la cámara de un cañón ; ajustar a la cámara. 2 dividir en compartimientos. — 3 *intr.* vivir [en un aposento].

chambered (chei·mbøˀd) *adj.* que tiene cámara o cámaras. 2 dividido en compartimientos.

chamberlain (chei·mbøˀlin) *s.* chambelán, camarlengo. 2 tesorero público.

chamberlainship (chei·mbøˀlinship) *s.* chambelanía. 2 cargo de tesorero público.

chambermaid (chei·mbøˀmeid) *s.* camarera, sirvienta. 2 TEAT. graciosa.

chambray (shæ·mbrei) *s.* cierta tela de algodón.

chameleon (camï·lion) *s.* ZOOL. camaleón.

chamfer (chæ·mføˀ) *s.* chaflán, bisel. 2 canal, estría.

chamfer (to) *tr.* achaflanar, biselar, descantear. 2 acanalar.

chamfrain (chæ·mfrein), **chamfron** (chæ·mfrøn) *s.* ARM. testera [de la barda].

chamiso (shæmï·so) *s.* BOT. chamiza.

chamois (shæ·mua) *s.* ZOOL. gamuza. 2 (shæ·mi) gamuza [piel].

chamomile (cæ·momail) *s.* BOT. manzanilla, camomila.

champ (chæmp) *s.* pop. campeón.

champ (to) *tr.* mordiscar ; mascar con ruido ; tascar : *to* ~ *the bit,* tascar el freno.

champagne (shæmpei·n) *s.* champaña [vino].

champaign (shæ·mpein) *s.* campiña, campo, llanura. — 2 *adj.* abierto, llano, raso.

champion (chæ·mpion) *s.* campeón, paladín, defensor. 2 DEP. campeón. — 3 *adj.* sin par, de primera.

champion (to) *tr.* defender, abogar por.

championess (chæ·mpionis) *f.* campeona ; defensora.

championship (chæ·mpionship) *s.* campeonato.

chance (chans) *s.* ventura, suerte. 2 azar, albur, accidente, casualidad, contingencia : *game of* ~, juego de azar ; *to take chances,* correr un albur, arriesgarse, confiar en la suerte ; *to* ~ *no chances,* no arriesgarse, ir sobre seguro ; *by* ~, por casualidad, por ventura. 3 número, billete, etc., a que se juega. 4 oportunidad, co-

yuntura : *to give a* ~, dar una oportunidad ; *to look out for the main* ~, andar a la caza de su provecho. 5 riesgo, peligro. 6 probabilidad, posibilidad : *theory of chances,* cálculo de las probabilidades ; *there is no* ~, no hay ninguna probabilidad, no hay esperanza. — 7 *adj.* casual, fortuito, accidental.

chance (to) *intr.* acaecer, suceder, encontrarse [por acaso], acertar a : *to* ~ *to have,* acertar a tener, tener por casualidad ; *to* ~ *on* o *upon,* topar con. — 2 *tr.* arriesgarse, aventurarse a, probar.

chancel (chæ·nsel) *s.* presbiterio [de iglesia].

chancellery (chæ·nsøløri) *s.* cancillería.

chancellor (chæ·nsøløˀ) *s.* canciller, chanciller. 2 magistrado presidente. 3 rector [de ciertas universidades]. 4 — *of the Exchequer,* (Ingl.) ministro de hacienda.

chancellorship (chæ·nsøløˀship) *s.* cancillería, cancillerato. 2 rectorado [de ciertas universidades].

chance-medley (chans-me·dli) *s.* DER. acción impremeditada, involuntaria : *manslaughter by* ~, homicidio involuntario en una reyerta, en defensa propia. 2 fig. pura casualidad ; confusión.

chancery (chæ·nsøri) *s.* cancillería. 2 nombre de varios tribunales, esp. (Ingl.) el del más alto tribunal de justicia, después de la Cámara de los Lores. 3 *in* ~, en litigio ; en un aprieto ; debajo del brazo del adversario [dic. de la cabeza de un luchador].

chancre (shæ·nkøˀ) *s.* MED. chancro.

chancroid (shæ·ncroid) *s.* MED. chancro blando.

chancrous (shæ·ncrøs) *adj.* chancroso.

chancy (cha·nsi) *adj.* fam. arriesgado, incierto. 2 casual. 3 (Esc.) de buena suerte ; que promete.

chandelier (shændeli·øˀ) *s.* lámpara [que cuelga del techo], araña, lucerna.

chandler (chæ·ndløˀ) *s.* cerero, velero. 2 tendero, abacero ; *chandler's shop,* abacería, *pulpería. 3 abastecedor de buques.

chandlery (chæ·ndløri) *s.* cerería, velería. 2 artículos que vende el *chandler.*

chanfrin (chæ·nfrin) *s.* frente [del caballo].

change (cheinỹ) *s.* cambio, alteración, variación, mudanza, transformación, mutación, transición ; ~ *of heart,* cambio de sentimientos, conversión, arrepentimiento ; ~ *of life,* menopausia ; ~ *of time,* cambio de hora. 2 cambio [de una cosa por otra]. 3 cambio [de un billete] ; vuelta [de un pago]. 4 suelto, moneda suelta. 5 muda [de la ropa, de la voz]. 6 inconstancia. 7 vaivén, vicisitud. 8 novedad, variedad : *for a* ~, para variar ; para cambiar de aires. 9 lonja, Bolsa : *on* ~, en Bolsa. 10 orden en que se tocan las campanas de un juego : ~ *ringing,* manera continua de tocar un juego de campanas sin repetir las combinaciones : *to ring the changes,* tocar las campanas de todas las maneras ; *to* ~ *the changes on,* decir o exponer una cosa de varias maneras.

change (to) *tr.* cambiar, alterar, variar, mudar, transformar, convertir, trocar ; cambiar de, mudar de : *to* ~ *clothes,* mudar de ropa, mudarse ; *to* ~ *colour* o *hue,* demudarse, ruborizarse, palidecer ; *to* ~ *countenance* o *face,* demudarse ; *to* ~ *face* o *front,* hacer un cambio de frente, cambiar de opinión o de conducta ; *to* ~ *one's mind,* mudar de parecer ; *to* ~ *one's tune,* cambiar de tono o actitud ; *to* ~ *sides,* cambiar de bando ; DEP. cambiar de campo ; *to* ~ *trains,* cambiar de tren, transbordar. 2 mudar las ropas de : *to* ~ *oneself,* mudar de ropa, mudarse. 3 cambiar [un billete, etc.]. — 4 *intr.* cambiar, alterarse, variar, transformarse. 5 corregirse, enmendarse. 6 cambiar, saltar [el viento]. 7 mudar de ropa.

changeability (chenỹabi·liti) *s.* mutabilidad, variabilidad.

changeable (che·nỹabøl) *adj.* cambiable, alterable. 2 mudable, variable, voluble, inconstante. 3 cambiante, tornasolado [tejido].

changeableness (che·nỹabølnis) *s.* mutabilidad. 2 volubilidad, inconstancia.

changeably (che·nỹabli) *adv.* con variabilidad. 2 volublemente, inconstantemente.

changeful (che·nỹful) *adj.* cambiante. 2 mudable, variable, inconstante.

changeless (che·nỹlis) *adj.* inmutable, constante.

changeling (che nÿling) *adj.* niño secretamente cambiado por otro.
changer (che nÿøʳ) *s.* cambiador. 2 cambista.
channel (chæ nøl) *s.* cauce, lecho, álveo, madre [de un río], arroyada. 2 canal [de un puerto]; parte más profunda [de un río, etc.]. 3 GEOGR. canal [porción de mar], canalizo: *English Channel, the Channel,* el Canal de la Mancha. 4 zanja, reguera. 5 canal, conducto, vía. 6 ranura, gárgol; garganta [de polea]. 7 ARQ. canal, estría. 8 MAR. mesa de guarnición. 9 ~ *iron* o simplte. *channel,* hierro de sección en forma de U.
channel (to) *tr.* acanalar, estriar, hacer surco en. 2 encauzar, conducir. ¶ CONJUG. pret. y p. p.: *channeled* o *-nelled;* ger.: *channeling* o *-nelling.*
chant (chant) *s.* canción, canto. 2 canto llano, salmodia. 3 sonsonete.
chant (to) *tr.* cantar, entonar, salmodiar. 2 celebrar cantando. — 3 *intr.* decir siempre lo mismo.
chanter (cha ntøʳ) *s.* cantor. 2 chantre.
chantey (cha nti) *s.* MAR. saloma.
chanticleer (chænticli øʳ) *s.* gallo [ave].
chantlate (chæ ntlit) *s.* ARQ. madero que sostiene el alero de un tejado.
chantress (chæ ntris) *s.* cantora.
chantry (cha ntri) *s.* fundación para misas u oraciones en una capilla o altar; esta capilla o altar.
chaos (kei os) *s.* caos.
chaotic (keio tic) *adj.* caótico.
1) **chap** (chæp o chap) *s.* fam. chico, muchacho. 2 fam. individuo, sujeto. 3 grieta, raja. 4 *pl.* (EE. UU.) chaparreras, zahones.
2) **chap** (chap) *s.* carrillo; quijada. 2 quijada [de tornillo de banco].
chap (to) *tr.* resquebrajar, agrietar. — 2 *intr.* resquebrajarse, agrietarse; cortarse [el cutis] con el frío. ¶ CONJUG. pret. y p. p.: *chapped;* ger.: *chapping.*
chaparajos (chapara jous), **chaparejos** (chaparei jous) *s. pl.* (EE. UU.) chaparreras, zahones.
chapbook (chæ pbuc) *s.* librito de coplas, romances, etc., que antes se vendía por las calles.
chaparral (chæparæ l) *s.* chaparral.
chape (cheip) *s.* boquilla o contera [de vaina]. 2 patilla [de hebilla].
chapel (chæ pøl) *s.* capilla [para el culto]: ~ *of ease,* ayuda de parroquia. 2 (Ingl.) capilla o iglesia católica o de una secta diferente de la anglicana. 3 capilla [de música]; cantores [de una capilla o iglesia]. 4 personal [de una imprenta].
chapelmaster (chæ pølmæstøʳ) *s.* maestro de capilla.
chapelry (chæ pelri) *s.* distrito asignado a una capilla.
chaperon (shæ pøroun) *s.* caperuza. 2 persona mayor que acompaña y protege a una joven, carabina, señora de compañía.
chaperon (to) *tr.* acompañar y proteger a una joven, servirle de carabina.
chapfallen (chæ pfolen) *adj.* abatido, alicaído.
chapiter (chæ pitøʳ) *s.* ARQ. capitel.
chaplain (chæ plin) *s.* capellán.
chaplaincy (chæ plinsi), *pl.* **-cies** (-siš) *s.* capellanía.
chaplainship (chæ plinship) *s.* capellanía.
chaplet (chæ plit) *s.* guirnalda. 2 sarta [de cuentas, etc.]; rosario. 3 collar, gargantilla. 4 ARQ. moldura de cuentas.
chapman (chæ pmæn), *pl.* **-men** (-men) *s.* buhonero.
chappie, chappy (chæ pi) *s.* dim. cariñoso o jocoso de CHAP [hombre, muchacho, individuo].
chappy *adj.* rajado, agrietado.
chaps (chæps) *s. pl.* (EE. UU.) chaparreras, zahones.
chapter (chæ ptøʳ) *s.* capítulo [de un libro, etc.]: ~ *and verse,* con todos sus pelos y señales; *to the end of the* ~, hasta el fin. 2 ECLES. capítulo; cabildo: ~ *house,* sala capitular. 3 LITURG. capítula.
char (chaʳ) *s.* trabajo a jornal o por horas. 2 carbón; cosa quemada. 3 ICT. especie de trucha.
char (to) *tr.* carbonizar; socarrar. — 2 *intr.* trabajar a jornal o por horas. 3 carbonizarse. ¶ CONJUG. pret. y p. p.: *charred;* ger.: *charring.*
charabanc (charabæ ng) *s.* charabán; autobús para excursiones.

character (cæ ræctøʳ) *s.* carácter [signo, marca; signo de escritura]. 2 MAT., MÚS. signo. 3 carácter de letra; letra [de una persona]. 4 carácter [modo de ser, índole; suma de cualidades o rasgos distintivos]. 5 TEOL. carácter. 6 carácter [firmeza, energía, fuerza 'moral'] : *a man of* ~, un hombre de carácter. 7 carácter, calidad, condición: *in his* ~ *as a father,* en su calidad o condición de padre; *to be in* ~ o *out of* ~, estar o no estar en carácter; ser propio o impropio de la condición, situación, etc., de uno. 8 B. ART., LIT. carácter. 9 fama, reputación, crédito. 10 referencias, certificado de conducta. 11 personaje [histórico o de una obra literaria]. 12 TEAT. parte, papel. 13 sujeto, tipo: *a bad* ~, un mal sujeto. — 14 *adj.* de carácter: ~ *actor,* actor de carácter.
character (to) *tr.* grabar, esculpir, señalar, imprimir. 2 describir, indicar el carácter de.
characteristic (cæræctøri stic) *adj.* característico. 2 simbólico. — 3 *s.* característica [cualidad distintiva]. 4 MAT., LÓG., ELECT. característica.
characteristical (cæræctøri stical) *adj.* característico, distintivo.
characteristically (cæræctøri sticali) *adv.* característicamente.
characterization (cæræctøriše shøn) *s.* caracterización. 2 representación, delineación, descripción.
characterize (to) (cæ ræctøraiš) *tr.* caracterizar. 2 representar, delinear. 3 delinear el carácter de, describir.
characterless (cæ ræctøʳlis) *adj.* sin carácter, sin personalidad.
charactery (cæ ræctøri) *s.* simbolismo. 2 sistema de signos o símbolos.
charade (shara d) *s.* charada.
charbon (sha ʳbon) *s.* MED., VET. carbunco.
charcoal (cha ʳcoul) *s.* carbón de leña; carbón vegetal o animal: ~ *burner,* carbonero [que hace carbón]; ~ *furnace,* ~ *oven,* horno para hacer carbón de leña; ~ *iron,* hierro hecho en forja de carbón de leña; ~ *paper,* papel para dibujar al carbón; ~ *pencil,* lápiz carbón; ~ *stack,* carbonera [para hacer carbón]. 2 DIB. carboncillo: ~ *drawing* o simplte. *charcoal,* dibujo al carbón.
chard (chaʳd) *s.* BOT. acelga. 2 penca tierna de alcachofa.
chare (cheʳ) *s.* trabajo a jornal o por horas, trabajo de ocasión.
chare (to) *intr.* trabajar a jornal o por horas.
charge (charÿ) *s.* carga [acción de cargar un buque, etc.]. 2 carga [de un arma, un horno, un acumulador, etc.]. 3 carga, peso [moral]. 4 cargo, obligación, custodia, responsabilidad, cuidado: *to take* ~ *of,* encargarse, hacerse cargo de; *in* ~, encargado, en funciones, de servicio; detenido, en poder de la policía. 5 persona o cosa confiada a la guarda de uno. 6 comisión, encargo, cometido. 7 orden, mandato, precepto. 8 carga, gravamen. 9 precio, costa, gasto. 10 COM. cargo [en cuenta]; partida de cargo. 11 cargo, acusación, imputación: *to lay the* ~ *at one's door,* echarle a uno la culpa. 12 carga, ataque, embestida. 13 BLAS. blasón [figura, pieza]. 14 *pl.* coste, gastos, honorarios.
charge (to) *tr.* cargar [un buque, un arma, un horno, un acumulador, etc.]. 2 cargar, saturar, llenar. 3 confiar, encargar, cometer. 4 ordenar, dar instrucciones a, exhortar. 5 cargar, gravar, imponer. 6 cargar, cobrar, pedir, llevar [cierto precio]. 7 COM. adeudar, cargar, poner en cuenta: *to* ~ *to the account of someone,* cargar en cuenta a uno. 8 preparar, apuntar [un arma]. 9 BLAS. tener o tomar como armas o blasones; poner en [el escudo] como arma o blasón. 10 *to* ~ *with,* cargar de; confiar, encargar; acusar, tachar, hacer cargo a uno [de algo]. — 11 *tr.* e *intr.* cargar, atacar, embestir. — 12 *intr.* cargar, cobrar, pedir precio: *he charges high,* cobra caro. 13 agacharse, tenderse [el perro].
chargeable (cha ʳÿabøl) *adj.* aplicable [impuesto, gravamen]. 2 sujeto a gravamen, imponible. 3 acusable. 4 imputable.
chargé d'affaires (cha ʳÿe dæfeʳ) *s.* encargado de negocios [diplomático].
charger (cha ʳÿøʳ) *s.* corcel; caballo de guerra. 2 cargador [para cargar un arma; el que carga

ciertas cosas]. *3* ELECT. dispositivo para cargar acumuladores. *4* ant. fuente [plato].

charily (che·ǫrili) *adv.* cautelosamente, con cuidado. *2* parcamente, frugalmente.

chariness (che·ǫrinis) *s.* cautela. *2* parsimonia, frugalidad.

chariot (chǣriot) *s.* carro [de guerra]. *2* carroza ligera.

charioteer (chǣrioti·ǫ') *s.* auriga. *2* (con may.) ASTR. Auriga.

oharism (cǣ·riẑm) *s.* TEOL. carisma.

charitable (chǣ·ritabǫl) *adj.* caritativo; benéfico.

charitableness (chǣ·ritabǫlnis) *s.* caridad [virtud del que es caritativo].

charitably (chǣ·ritabli) *adv.* caritativamente.

charity (chǣ·riti), *pl.* **-ties** (-tis) *s.* caridad [virtud] : ~ *work*, obra de caridad; ~ *begins at home*, la caridad bien ǫrdenada empieza por uno mismo. *2* caridad, limosna : ~ *box*, cepillo para los pobres. *3* beneficencia; institución o establecimiento de beneficencia : ~ *boy*, alumno de una escuela de fundación benéfica; ~ *school*, escuela de fundación benéfica.

charivari (shariva·ri) *s.* cencerrada.

charlatan (sha·latan) *s.* charlatán [embaidor, curandero].

charlatanic (sha·latǣ·nic) *adj.* de charlatán, empírico.

charlatanism (sha·lataniẑm), **charlatanry** (sha·latanri) *s.* charlatanismo.

Charles (cha·lẑ) *n. pr.* Carlos.

Charles's-Wain (char·liẑ̌uei·n) *s.* ASTR. Osa Mayor.

Charley, Charlie (cha·li) *n. pr.* dim. de CHARLES, Carlitos. *2* (Ingl.) pop. sereno, vigilante.

charlock (cha·lǫc) *s.* BOT. mostaza silvestre.

Charlotte (cha·lǫt) *n. pr.* Carlota.

charlotte russe (cha·lǫt rus) *s.* carlota rusa [pastel de bizcocho con natillas, fruta, etc.].

charm (cha·m) *s.* encantamiento, conjuro. *2* amuleto, talismán. *3* encanto, embeleso, hechizo, atractivo, gracia. *4* dije [en una cadena, etc.]. *5 pl.* encantos, hechizos [de una mujer].

charm (to) *tr.* encantar, hechizar. *2* embelesar, cautivar, prendar. *3* aliviar, adormecer [con algo agradable].

oharmer (cha·mǫ') *s.* encantador, hechicero, fascinador.

charming (cha·ming) *adj.* encantador, hechicero, embelesador.

oharmingly (cha·mingli) *adv.* encantadoramente.

charnel (cha·nǫl) *adj.* sepulcral. — *2 s. charnel* o ~ *house*, osario, carnero.

Charon (kei·ron) *n. pr.* MIT. Carón.

charpie (sha·pi) *s.* CIR. hilas.

charred (cha·d) pret. y p. p. de TO CHAR.

charring (cha·ring) *s.* carboneo, carbonización.

charry (cha·ri) *adj.* carbonoso.

chart (cha·t) *s.* MAR. carta de marear : ~ *room*, caseta de derrota. *2* mapa [hidrográfico, militar, etc.], plano [topográfico]. *3* cuadro, gráfica, diagrama.

chart (to) *tr.* incluir, anotar, en una carta, mapa o gráfica : *to* ~ *a course*, trazar o planear una ruta.

chartaceous (ca'te·shǫs) *adj.* parecido al papel.

charter (cha·tǫ') *s.* carta constitucional, de privilegio, etc. *2* estatuto. *3* cédula, título, escritura. *4* privilegio, inmunidad. *5* ~ *member*, socio fundador. *6* COM. ~ *party*, carta de fletamento.

charter (to) *tr.* estatuir. *2* conceder privilegio o patente. *3* COM. fletar [un barco]. *4* alquilar [un tren, un vehículo].

charterage (cha·tǫridỹ) *s.* MAR. flete, fletamento.

chartered (cha·tǫ'd) *pret.* y *p. p.* de TO CHARTER : ~ *accountant*, perito en contabilidad con título o patente oficial.

charterhouse (cha·tǫ'jaus) *s.* cartuja [monasterio].

chartless (cha·tlis) *adj.* sin carta, sin rumbo.

chartographer (ca'to·grafǫ') *s.* cartógrafo.

chartography (ca'to·grafi) *s.* cartografía.

chartometer (ca'to·mitǫ') *s.* cartómetro.

chartreuse (chá·trǫẑ) *s.* chartreuse [licor]. *2* (con may.) cartuja [monasterio].

chartulary (ca·tiuleri) *s.* cartulario, libro becerro.

charwoman (charwu·mǣn) *s.* asistenta, mujer empleada por horas o por días en los trabajos domésticos.

chary (che·ǫri) *adj.* cuidadoso [de]. *2* circunspecto; receloso, temeroso [de]. *3* que vacila, renuente. *4* económico, frugal; parco [en elogios, etc.].

chase (cheis) *s.* caza, persecución; busca. *2* montería. *3* partida de cazadores. *4* res, buque, etc., que se persigue. *5* cazadero. *6* muesca, ranura, encaje. *7* ARTILL. caña [del cañón]. *8* IMPR. rama. *9* STEEPLECHASE.

chase (to) *tr.* cazar, dar caza a, perseguir; buscar. *2* ahuyentar, espantar. *3* disipar [las nubes, etc.]. *4* cincelar, labrar. *5* JOY. engastar, montar. *6* acanalar, abrir una ranura en. *7* labrar la rosca ¡de un tornillo]. *8 to* ~ *away*, ahuyentar, espantar, disipar.

chaser (chei·sǫ') *s.* cazador, perseguidor. *2* cincelador. *3* engastador. *4* cazasubmarinos. *5* avión de caza. *6* cañón de caza [de proa]. *7* buril, cincel. *8* MEC. herramienta para labrar roscas en torno. *9* MEC. cada una de las piezas de que pueden estar compuestos el cojinete de la terraja o el macho de aterrajar. *10* fam. (EE. UU.) copita que se toma después del café; bebida [por ej. agua] que se toma después de un licor fuerte. *11* STEEPLECHASER.

chasing (chei·sing) *s.* caza, persecución. *2* cinceladura. *3* engaste, encaje.

chasm (cǣẑm) *s.* quiebra, hendidura, grieta, abismo, sima. *2* hueco, laguna, vacío.

chasseur (shasǫ·') *s.* MIL. cazador. *2* botones, criado de hotel.

ohassis (chǣ·sis) *s.* AUTO., AVIA., RADIO. chasis. *2* ARTILL. riel de cureña.

chaste (cheist) *adj.* casto. *2* puro, castizo, neto [estilo, etc.]. *3* BOT. ~ *tree*, agnocasto, sauzgatillo.

chastely (chei·stli) *adv.* castamente. *2* castizamente, correctamente.

chasten (to) (chei·sǫn) *tr.* castigar, corregir. *2* castigar, depurar [el estilo, etc.]. *3* moderar, templar.

chastener (chei·snǫ') *s.* castigador. *2* corrector, depurador.

chasteness (chei·stnis) *s.* castidad. *2* LIT., B. ART. pureza, corrección, simplicidad.

chastening (chei·sǫning) *s.* castigo, corrección [acción]. *2* depuración [del estilo, etc.].

chastisable (chǣstai·ẑabǫl) *adj.* castigable, punible.

chastise (to) (chǣstai·ẑ) *tr.* castigar, corregir.

chastisement (cræ·stiẑmǫnt) *s.* castigo, corrección.

chastiser (chǣstai·sǫ') *s.* castigador.

chastity (chǣ·stiti) *s.* castidad. *2* LIT., B. ART. pureza, corrección, simplicidad.

chasuble (chǣ·siubǫl) *s.* casulla.

chat (chǣt) *s.* charla, plática, conversación. *2* BOT. amento; espiga; sámara. *3* ORNIT. nombre de algunos pájaros.

chat (to) *intr.* charlar, platicar.

chateau (shatou·) *s.* castillo, mansión señorial.

chatelaine (sha·telein) *s.* castellana [señora de un castillo]. *2* cadena con dijes, llaves, etc., que llevan las mujeres pendiente de la cintura.

chattels (chǣ·tǫlẑ) *s. pl.* enseres, bienes muebles. *2* ganado, animales domésticos.

chatter (chǣ·tǫ') *s.* charla, parloteo, cotorreo. *2* chirrido [de aves]. *3* castañeteo [de dientes]. *4* MEC. vibración, traqueteo [de partes mal ajustadas].

chatter (to) *intr.* charlar, parlotear, cotorrear. *2* chirriar [las aves]. *3* castañetear [los dientes]. *4* MEC. vibrar, traquetear [las partes mal ajustadas de una máquina].

chatterbox (chǣ·tǫ'bocs) *s.* parlanchín, tarabilla.

chatterer (chǣ·tǫrǫ') *s.* chacharero, charlatán, parlanchín.

chattering (chǣ·tǫring) *s.* CHATTER. — *2 adj.* charlatán, gárrulo.

chatty (chǣ·ti) *adj.* hablador, parlero. *2* de conversación.

chauffeur (shoufǫ·') *s.* chófer.

chauvinism (shouviniẑm) *s.* patriotería.

chauvinist (shou·vinist) *s.* patriotero.

chaw (to) (cho) *tr.* vulg. mascar.

cheap (chip) *adj.* barato : *dirt-cheap*, baratísimo. *2* ordinario, de pacotilla, de mal gusto; despreciable : *to hold* ~, tener en poco; *to feel* ~, sentirse inferior, avergonzado. — *3 adv.* barato.

cheapen (to) (chi·pøn) *tr.* abaratar. 2 depreciar.
— *3 intr.* abaratarse.
cheaply (chi·pli) *adv.* barato. 2 de manera inferior. 3 con desdén.
cheapness (chi·pnis) *s.* baratura. 2 pobreza, inferioridad [de una cosa].
cheat (chi̱t) *s.* timo, estafa, fraude, trampa, superchería. 2 timador, tramposo, fullero.
cheat (to) *tr.* engañar, estafar, defraudar, timar : *to ~ someone out of something,* estafar, defraudar algo a alguien. 2 burlar, frustrar : *to ~ the gallows,* escapar a la horca. — *3 intr.* hacer trampas.
cheater (chi̱·tø') *s.* timador, estafador, tramposo, fullero.
cheatery (chi̱·tøri) *s.* timo, estafa, trampa, fullería.
cheating (chi̱·ting) *s.* acción de timar, estafar, hacer trampas.
check (chec) *s.* detención, interrupción. 2 resistencia, rechazo. 3 obstáculo, impedimento. 4 restricción, represión, refrenamiento, freno : *to hold in ~,* contener, refrenar, reprimir. 5 MEC. pieza o mecanismo que detiene o limita el movimiento, tope : *~ nut,* contratuerca. 6 contratiempo; ligero descalabro, derrota; repulsa, rechazo. 7 comprobación, verificación, inspección, repaso; el o lo que comprueba o verifica : *~ list,* lista para comprobación. 8 marca, señal, visto bueno. 9 talón, contraseña [de equipajes, de guardarropa, etc.] : *~ boy, ~ girl,* (EE. UU.) empleado del guardarropa, persona que, en los restaurantes, etc., recoge los abrigos y sombreros y da las contraseñas. 10 TEAT. billete o contraseña de salida. 11 (EE. UU.) ficha (en lugar de dinero). 12 COM. talón, cheque. 13 cuenta [de restaurante]. 14 cuadro, jaquel, escaque; dibujo a cuadros [en una tela, etc.]; tela a cuadros. 15 jaque [en ajedrez] : *in ~,* en jaque. 16 pequeña grieta o resquebrajadura [en la madera, el acero, el barniz, etc.]. 17 ALBAÑ., CARP. rebajo, ranura.
check (to) *tr.* parar, detener, contener. dominar. refrenar, reprimir, poner coto a. moderar. 2 comprobar, confrontar, verificar. 3 marcar [con una señal] : *to ~ off,* marcar para indicar una comprobación. 4 (EE. UU.) facturar, depositar [equipajes]; depositar [en el vestuario o guardarropa]. 5 hacer cuadros o un dibujo a cuadros en. 6 resquebrajar. 7 dar jaque [en ajedrez]. 8 *to ~ up,* comprobar, verificar; hacer levantar [la cabeza] al caballo; *to ~ up on,* comprobar lo hecho por, informarse o mantenerse informado de. — *9 intr.* corresponder punto por punto. 10 resquebrajarse. 11 (EE. UU.) librar un cheque. 12 (EE. UU.) *to ~ in,* inscribirse y tomar habitación [en un hotel]; *to ~ out,* despedirse y pagar la cuenta [en un hotel]; fig. morir. 13 CAZA pararse, detenerse [el perro].
checkbook (che·cbuc) *s.* talonario de cheques.
checker (che·kø') *s.* refrenador. 2 comprobador, revisor. 3 dibujo a cuadros; cuadro, casilla. 4 (EE. UU.) peón [del juego de damas o del chaquete]. 5 *pl.* (EE. UU.) juego de damas.
checker (to) *tr.* formar escaques o cuadros en. 2 abigarrar, dar variedad.
checkerberry (che·kø'beri) *s.* BOT. gualtería y su baya.
chekerboard (che·kø'bø'd) *s.* (EE. UU.) tablero de damas.
checkered (che·kø'd) *adj.* ajedrezado, escaqueado, jaquelado, a cuadros. 2 fig. variado, accidentado, lleno de cambios y contrastes.
checking account (che·king) *s.* cuenta corriente [en un banco].
checkless (che·klis) *adj.* desenfrenado.
checkmate (che·cmeit) *s.* jaque mate.
checkmate (to) *tr.* dar jaque mate. 2 desbaratar, frustrar, contrarrestar [los esfuerzos, etc., de uno]. 3 derrotar.
check-off *s.* sistema por el cual un sindicato obrero percibe las cuotas de sus afiliados directamente de manos de los patrones, que las descuentan de los salarios.
checkrein (che·krein) *s.* engallador.
checkroom (che·krum) *s.* (EE. UU.) vestuario, guardarropa [de restaurante, etc.]. 2 (EE. UU.) depósito de equipajes.

checkup (che·cøp) *s.* comprobación rigurosa. 2 MED. reconocimiento general.
cheek (chic) *s.* mejilla; carrillo; *~ pouch,* abazón; *~ strap,* quijera [de la brida]; *~ tooth,* muela, molar; *~ by jowl,* con las mejillas juntas, en estrecha intimidad; *with one's tongue in one's ~,* irónicamente, fingidamente. 2 fig. descaro, valor, desfachatez, tupé. 3 lado [de un objeto, de la cabeza de un animal]. 4 CARP. espaldón. 5 CONSTR. larguero, montante, jamba. 6 MEC. quijada.
cheekbone (chi·cboun) *s.* ANAT. pómulo.
cheekpiece (chi·cpis) *s.* orejera [de casco]. 2 quijera [de la brida]. 3 copa [del bocado].
cheeky (chr·ki) *adj.* descarado, desfachatado.
cheep (chip) *s.* pío, chirrido [de ave]. 2 chillido [de animalito].
cheep (to) *intr.* piar, chirriar.
cheer (chi·ø') *s.* estado de ánimo : *be of good ~,* alegraos, cobrad ánimo. 2 alegría, regocijo, ánimo. 3 aliento, consuelo : *words of ~,* palabras de aliento, de consuelo. 4 viandas, comida. 5 viva, vítor, aclamación. 6 *what ~?,* ¿cómo vamos?
cheer (to) *tr.* alegrar, animar, alentar. consolar. 2 vitorear, aclamar, aplaudir. — *3 intr. to ~ up,* alegrarse, animarse, cobrar ánimo : *~ up!,* ¡ánimo!
cheerer (chi·ørø') *s.* alegrador, animador. 2 vitoreador.
cheerful (chi·ø'ful) *adj.* alegre, animado, jovial, placentero.
cheerfully (chi·ø'fuli) *adj.* alegremente, con júbilo. 2 de buena gana.
cheerfulness (chi·ø'fulnis) *s.* alegría, jovialidad, buen humor.
cheerily (chi·ø'ili) *adv.* CHEERFULLY.
cheerio (chr·ríou) *interj.* ¡hola!, ¡adiós! [como saludo jovial].
cheerless (chi·ø'lis) *adj.* triste, sombrío. 2 desalentado.
cheerly (chi·ø'li) *adj.* CHEERFULLY.
cheery (chi·øri) *adj.* alegre, jovial, regocijado.
cheese (chi·š) *s.* queso; *~ cake,* pastel de cuajada con huevos, azúcar, etc.; quesadilla; *~ curds,* cuajadas; *~ mould,* encella, formaje; *~ mite,* ácaro del queso; *~ rennet,* cuajaleche, galio; *cottage ~,* requesón; *cream ~,* queso fresco. 2 pasta de mermelada. 3 pop. cosa excelente.
cheesecloth (chi·scløz) *s.* estopilla [para envolver el queso].
cheesemonger (chi·smøngø') *s.* quesero, vendedor de quesos.
cheeseparing (chi·spe·øring) *adj.* tacaño, mezquino. — *2 s.* corteza de queso. 3 tacañería, mezquindad.
chessy (chr·ši) *adj.* cáseo, caseoso. 2 abundante en queso. 3 pop. malo, sin valor.
cheetah (chr·ta) *s.* ZOOL. leopardo de Asia y África que se adiestra para la caza.
Cheiroptera (cairo·ptøræ) *s. pl.* ZOOL. quirópteros.
chef (shef) *s.* cocinero, jefe de cocina.
1) **chela** (ki·la) *s.* ZOOL. pinza [de crustáceo]; quelícero [de arácnido].
2) **chela** (chei·la) *s.* en la India, persona que ocupa una posición entre sirviente o esclavo y discípulo; por ext., discípulo, novicio.
chelicera (kili·søræ), *pl.* **-æ** (-i) *s.* ZOOL. quelícero.
Chelonia (kilou·niæ) *s. pl.* ZOOL. quelonios.
chelonian (kilou·nian) *adj.* y *s.* ZOOL. quelonio.
chemical (ke·mical) *adj.* químico. — *2 s.* substancia química.
chemically (ke·micali) *adv.* químicamente.
chemise (shømi·š) *s.* camisa [de mujer]. 2 FORT. camisa.
chemisette (shømiše·t) *s.* canesú o camiseta de mujer.
chemism (ke·mišm) *s.* acción o propiedad química, fenómenos químicos.
chemist (ke·mist) *s.* químico. 2 farmacéutico.
chemistry (ke·mistri) *s.* química.
chemotherapy (kemoze·rapi) *s.* quimioterapia.
chenille (sheni·l) *s.* felpilla.
chenopod (ki·nopod) *s.* BOT. quenopodio.
Chenopodiaceæ (kinøpodie·sii) *s. pl.* BOT. quenopodiáceas.
chenopodiaceous (kinøpodie·shøs) *adj.* BOT. quenopodiáceo.
cheque (chec) *s.* COM. cheque, talón.

chequer s. CHECKER 3, 4 y 5.
cherish (to) (che·rish) tr. acariciar. 2 apreciar, querer. 3 tratar o criar con afecto; cultivar, fomentar. 4 abrigar, alimentar [un sentimiento].
cheroot (sheru·t) s. BOT. trompetilla [cigarro].
cherry (che·ri) s. BOT. cereza. 2 cerezo [árbol; madera; color]. 3 BOT. ~ bay, ~ laurel, laurel cerezo, laurocerazo. — 4 adj. de cerezo; de cerezas; de color de cereza: ~ brandy, aguardiente con cerezas; ~ pit, ~ stone, cuesco de cereza; cierto juego de niños; ~ red, rojo cereza; ~ tree, cerezo [árbol].
chert (chø·t) s. PETROG. roca cuarzosa, variedad de calcedonia.
cherty (chø·ti) s. cuarzoso. 2 duro, pedernalino.
cherub (che·røb), pl. -ubim (-øbim) s. querube, querubín. 2 (pl. -ubs) niño angelical; persona de cara redonda e inocente.
cherubic(al (cheru·bic(al) adj. querúbico, de querubín, angélico: the Cherubic Doctor, el Doctor Angélico.
chervil (chø·'vil) s. BOT. perifollo, cerafolio.
chess (ches) s. ajedrez: ~ player, ajedrecista. 2 BOT. bromo.
chessboard (che·sbo·d) s. tablero de ajedrez.
chessel (che·søl) s. tina donde se cuaja la leche para hacer queso.
chessman (che·smæn), pl. -men (-men) s. trebejo, pieza de ajedrez.
chest (chest) s. cofre, arca, caja, baúl: ~ of drawers, cómoda. 2 MEC. caja, receptáculo [gralte. para gases o líquidos]. 3 tesoro, caja. 4 ANAT. pecho, tórax: ~ cavity, cavidad torácica; ~ protector, pechera de lana para abrigo; ~ voice, MÚS. voz natural [que no es de falsete].
chested (che·stid) adj. que tiene o lleva el pecho de cierto modo: bare-chested, con el pecho desnudo; broad-chested, de pecho ancho.
chestnut (che·snøt) s. BOT. castaña: to take o pull someone's chestnuts out of the fire, sacarle a uno las castañas del fuego. 2 castaño [árbol; madera; color]: ~ tree, castaño [árbol]; horse ~, castaño de Indias. 3 caballo castaño. 4 pop. chiste o broma gastada; cuento viejo o muy sabido. 5 BOT. ~ oak. roble albar. — 6 adj. castaño. 7 de castaño.
chetah (chi·ta) s. CHEETAH.
cheval-de-frise (chevældøfri·š), pl. chevaux-de-frise (chevoudøfri·š) s. MIL. caballo de frisa.
cheval glass (che·væl glas) s. espejo de vestir, espejo móvil de cuerpo entero.
chevalier (shevali·ø') s. caballero [de una orden]. 2 caballero, galán. 3 ~ of industry, caballero de industria.
Cheviot (che·viot) s. carnero de Escocia. 2 TEJ. cheviot.
chevron (she·vrøn) s. BLAS. cabrio, cheurón. 2 ARQ. cabrio. 3 MIL. galón en forma de V invertida.
chevrotain (che·vrotein) s. ZOOL. almizclero [rumiante].
chevy, chivy (chi·vi), pl. -ies (-is) s. (Ingl.) caza, seguimiento. 2 grito de caza. 3 huida precipitada. 4 marro, rescate [juego de muchachos].
chevy, chivy (to) tr. (Ingl.) cazar, perseguir. 2 acosar, atormentar. — 3 intr. correr, huir precipitadamente. ¶ CONJUG. pret. y p. p.: chevied, chivied.
chew (chu) s. mascadura. 2 mascada [de tabaco].
chew (to) tr. mascar: to ~ the cud, rumiar [los rumiantes], fig. rumiar, cavilar; to ~ the rag, pop. discutir o hablar interminablemente, estar dale que dale. — 2 tr. e intr. rumiar, meditar. — 3 intr. mascar tabaco.
chewing (chu·ing) s. mascadura, masticación. 2 rumiadura. — 3 adj. mascado. 4 de mascar, para mascar: ~ gum, chicle, goma de mascar.
chewink (chiui·nc) s. ORNIT. variedad de pinzón.
chianti (kia·nti) s. quianti [vino].
chiaroscuro (kiarosku·rou) s. claroscuro.
chibouk (chibu·c) s. chibuquí [pipa turca].
chicane (shikei·n) s. triquiñuela, argucia. 2 en el bridge, serie de cartas sin triunfo.
chicane (to) intr. trapacear, usar de triquiñuelas. — 2 tr. embrollar, engañar con triquiñuelas o argucias.

chicanery (shikei·nøri), pl. -ries (-ris) s. triquiñuela, argucia, enredo legal; uso de triquiñuelas o argucias.
chick (chic) s. polluelo.
chickadee (chi·cadi) s. ORNIT. cierto pájaro norteamericano.
chicken (chi·køn) s. pollo, polluelo [de ave de corral]. 2 fig. jovencito, niño. — 3 adj. de pollo, para pollos: ~ breast, MED. tórax en quilla, pecho de ave [deformidad del pecho]; ~ coop, pollera; ~ pox, MED. viruelas locas; ~ roost, percha de gallinero.
chicken-hearted adj. tímido; cobarde, gallina.
chickpea (chi·cpi) s. BOT. garbanzo.
chickweed (chi·cwid) s. BOT. álsine, pamplina.
chicle (chi·køl) s. chicle [gomorresina]. | Llámase también ~ gum.
chicory (chi·cori) s. BOT. achicoria.
chide (to) (chaid) tr. reñir, regañar, reprender, increpar; reprobar. — 2 intr. gruñir, refunfuñar. ¶ CONJUG. pret.: chid o chided; p. p.: chidden o chided.
chider (chai·dø') s. represor, regañón.
chiding (chai·ding) s. reprensión, reprimenda, increpación.
chief (chif) adj. principal, más importante, mayor, supremo; primero, en jefe: ~ clerk, oficial mayor; ~ constable, jefe de la policía de un condado; ~ executive, (EE. UU.) jefe del Estado; ~ justice. presidente de sala; (EE. UU.) presidente del tribunal supremo; ~ magistrate, primer magistrado [de una nación]. — 2 s. jefe [cabeza, superior]; caudillo; cacique [de una tribu]: ~ of staff, MIL. jefe de estado mayor. 3 BLAS. jefe. 4 in ~, en jefe; principalmente, especialmente.
chiefdom (chi·fdøm) s. jefatura, soberanía.
chiefless (chi·flis) adj. sin jefe.
chiefly (chi·fli) adv. principalmente, mayormente, sobre todo.
chieftain (chi·ftin) s. jefe, capitán, adalid, caudillo. 2 jefe [de un clan de montañeses; de una tribu salvaje].
chieftancy (chi·ftinsi), **chieftanship** (chi·ftinship) s. jefatura, caudillaje.
chiffer (shi·fø') s. MÚS. cifra.
chiffon (shi·fo·n) s. gasa, soplillo [tela]. 2 pl. cintas, encajes, perifollos.
chiffonier (shifoni·ø') s. mueble con cajones; cómoda alta con espejo.
chiffre s. CHIFFER.
chignon (shi·ñon) s. moño, castaña [de pelo].
chigoe (chi·gou) s. ENTOM. nigua, pique.
chilblain (chi·lblein) s. sabañón.
child (chaild), pl. children (chi·ldrøn) s. niño, niña, chiquillo, chiquilla, criatura; ~ play, juego de niños, cosa muy fácil; to be with ~, estar encinta, estar embarazada [la mujer]. 2 hijo, hija. — 3 adj. infantil, de niño, de los niños, que aún es niño: ~ labor, trabajo de los niños; ~ welfare bien del niño, protección a la infancia.
childbearing (chai·ldbæering) s. hecho de dar hijos; parto. — 2 adj. fecunda [mujer].
childbed (chai·ldbed) s. estado de parturienta, parto, puerperio: ~ fever, fiebre puerperal.
childbirth (chai·ldbø'z) s. parto, alumbramiento.
Childermas Day (chi·ldø'mas), **Childermastide** (chi·ldø'mastaid) s. ant. día de los inocentes.
childhood (chai·ldjud) s. infancia, niñez.
childish (chai·ldish) adj. infantil, pueril: ~ action, niñería, niñada, chiquillada. 2 aniñado.
childishly (chai·ldishli) adv. puerilmente.
childishness (chai·ldishnis) s. puerilidad.
childless (chai·ldlis) adj. sin hijos.
childlike (chai·ldlaic) adj. infantil, pueril. 2 aniñado. 3 sencillo, inocente. 4 filial, sumiso.
children (chi·ldrøn) s. pl. de CHILD.
Chile (chi·li) n. pr. GEOGR. Chile. — 2 s. (con minúscula) CHILI.
Chilean (chi·lian) adj. y s. chileno.
chili (chi·li) BOT. pimiento, chile, *ají: ~ pepper, pimentón [polvo].
chiliad (ki·liad) s. millar. 2 mil años.
chiliasm (ki·liæsm) s. milenarismo.
chiliast (ki·liæst) s. milenario [que cree en el milenarismo].

chill (chil) s. frío [sensación]. 2 calofrío, escalo- frío, estremecimiento. 3 frialdad [del aire, el agua, etc.]. 4 resfrío. 5 frío [en el alma], en- friamiento [del entusiasmo, etc.], desaliento. 6 frialdad [falta de cordialidad]. — 7 adj. frío, desapacible. 8 frío, glacial, indiferente. 9 de- primente.

chill .(to) tr. enfriar, helar; resfriar, pasmar. 2 desanimar, desalentar. 3 METAL. templar por enfriamiento rápido. — 4 intr. enfriarse, calo- friarse.

chilliness (chi·linis), **chillness** (chi·lnis) s. frialdad.

chilly (chi·li) adj. que siente frío; calofriado. 2 friolento. 3 frío, desapacible, glacial.

chimæra (caimɪ·ra) s. CHIMERA.

chime (chaim) s. juego de campanas; su tañido. 2 campaneo, repique. 3 música, armonía, ritmo. 4 concordancia, conformidad.

chime (to) tr. tocar, tañer [las campanas]. 2 dar [la hora]. 3 hacer rimar o corresponder. — 4 intr. sonar [las campanas]. 5 sonar con armo- nía. 6 armonizar, concordar, rimar : to ~ in with, armonizar, concordar con. 7 to ~ in, hacer coro, unirse; pop. meterse [en una conversa- ción], interrumpirla para exponer sus opinio- nes. — 8 tr. e intr. decir, hablar rítmicamente o con sonsonete.

chimera (caimɪra) s. ·MIT., ICT. quimera. 2 quimera, ilusión.

chimere (chimi·ᵊ) s. especie de sobrepelliz de los obispos anglicanos.

chimerical (caime·rical) adj. quimérico.

chimerically (caime·ricali) adv. quiméricamente.

chimney (chi·mni) s. chimenea. 2 tubo [de lám- para]. — 3 adj. de chimenea, de la chimenea : ~ corner, rincón de la chimenea o del hogar; ~ piece, delantero o repisa de chimenea; ~ pot, ~ stack, ~ top, chimenea [que sobresale del tejado]; chimney-pot hat, pop. sombrero de copa, chistera; ~ swallow, ORNIT. golondrina; ~ sweep o sweeper, deshollinador, limpiachime- neas; ~ swift, ORNIT. especie de vencejo ame- ricano.

chimpanzee (chimpænzī·) s. ZOOL. chimpancé.

chin (chin) s. barba [parte de la cara]; barbilla, mentón : double ~, papada; ~ music (EE. UU.), charla, parloteo; ~ strap, carrillera, barboquejo; to keep one's ~ up, fam. no desanimarse.

chin (to) tr. fam. ponerse [el violín] bajo la bar- ba. 2 GIMN. to ~ oneself, estando colgado de una barra, alzarse hasta tocarla con la barba. — 3 intr. pop. (EE. UU.) charlar, parlotear. ¶ CONJUG. pret. y p. p. : chinned; ger. : chinning.

China (chai·na) n. pr. GEOGR. China : ~ clay, cao- lin; ~ ink, tinta china; ~ orange, naranja común, naranja dulce; ~ root, china [raíz medicinal]; ~ tree, acederaque, cinamomo.

china s. china, porcelana, loza : ~ closet, chi- nero; ~ ware, porcelana, loza [artículos de]; ~ wedding, vigésimo aniversario de la boda (bodas de porcelana).

chinaberry (chai·naberi) s. BOT. jaboncillo.

Chinaman (chai·namæn), pl. -men (-men) s. chino.

chinch (chi·nch) s. ENTOM. (EE. UU.) chinche : ~ bug, chinche de campo.

chinchilla (chinchi·la) s. ZOOL. chinchilla. 2 piel de chinchilla; tela que la imita.

chincough (chi·ncⁿf) s. MED. tos ferina.

chine (chain) s. espinazo, lomo. 2 solomo. 3 cum- bre, cresta.

chine (to) tr. deslomar. 2 cortar el lomo.

chiné (shi·nei) adj. TEJ. chiné.

Chinese (chaini·s) adj. chino, chinesco, sínico : ~ anise, badián; ~ lantern, farolillo de papel; ~ paper, papel de China; papel de arroz; ~ puzzle, rompecabezas chino; cosa intrinca- da o embrollada. — 2 s. chino [pers.; idioma].

chink (chink) s. grieta, raja, rendija, resquicio. 2 tintín, tintineo. 3 pop. dinero. 4 desp. (con mayúsc.) chino [pers.].

chink (to) tr. agrietar, hender, rajar. 2 tapar, re- llenar las grietas o rendijas de. — 3 intr. agrie- tarse, henderse, rajarse. — 4 intr. y tr. tintinar, hacer tintinar [las copas, monedas, etc.].

chinkapin (chi·ncapin) BOT. castaño enano y su fruto.

chinky (chi·nki) adj. hendido, rajado. 2 resque- bradizo.

chinned (chind) adj. que tiene la barba o mentón

de cierto modo : square ~, de mentón cuadrado.

chinse (to) (chins) tr. MAR. tapar o calafatear provisionalmente.

chintz (chintš) s. zaraza, estampado de algodón.

chip (chip) s. astilla, lasca, desportilladura, vi- ruta, brizna, pedacito : ~ of the old block, hijo que se parece a su padre; to carry a ~ on one's shoulder, ser pendenciero. 2 ficha, tanto [en el juego]. 3 corte [con hacha, escoplo, etc.]. 4 pl. támaras [leña]. 5 pop. dinero. 6 patatas a la inglesa.

chip (to) tr. cortar, picar, desmenuzar. 2 astillar, desportillar, desconchar. — 3 intr. romperse, quebrarse, desportillarse, desconcharse. 4 to ~ in, poner su ficha [en el juego]; contribuir con su cuota. 5 chillar o piar [ciertos pájaros]. ¶ CONJUG. pret. y p. p. : chipped; ger. : chipping.

chip ax s. azuela.

chipmunk (chi·pmønk) s. ZOOL. ardilla listada.

chipper (chi·pø') adj. fam. (EE. UU.) vivo, alegre, jovial.

chipping sparrow (chi·ping) o **chippy** (chi·pi) s. ORNIT. gorrión norteamericano.

chirk (chøᵊc) adj. fam. (EE. UU.) animado, de buen humor.

chirk up (to) tr. e intr. (EE. UU.) alegrar, ani- mar; alegrarse, animarse.

chirograph (cai·rogræf) s. quirógrafo.

chirographary (cairo·græferi) adj. quirografario.

chirographer (cairo·græfø') s. escribano, escri- biente.

chirography (cairo·grafi) s. escritura, arte de la escritura.

chiromancer (cai·romansø') s. quiromántico.

chiromancy (cai·romansi) s. quiromancia.

chiropodist (cairo·podist) s. pedicuro, callista.

chiropractic (cairopræ·ctic) s. MED. quiropráctica, quiromasaje.

chiroptera (cairo·ptøra) s. pl. ZOOL. quirópteros.

chiropteran (cairo·ptøran) adj. y s. ZOOL. quiróp- tero.

chiropterous (cairo·ptørøs) adj. ZOOL. quiróptero.

chirp (chøᵊp) s. chirrido corto [del pájaro, del grillo, etc.]. 2 canto, voz alegre.

chirp (to) intr. chirriar [el pájaro], grillar [el grillo]. 2 cantar, hablar alegremente.

chirper (chøᵊpø') s. chirriador [como el pájaro]. 2 pajarito.

chirping (chøᵊping), **chirpy** (chøᵊpi) adj. parlero. 2 alegre, animado.

chirr (chøᵊ) s. estridor [de la cigarra, etc.].

chirr (to) intr. cantar, emitir su estridor [la ci- garra, etc.].

chirrup (chi·røp) s. chirrido repetido [del pája- ro]; voz que lo imita. 2 canto [del grillo, etc.].

chirrup (to) intr. chirriar [el pájaro]; imitar el chirrido del pájaro [para excitar, animar, etc.]. 2 cantar [el grillo, etc.]. 3 TEAT. hacer de ala- bardero.

chisel (chi·šøl) s. cincel. 2 escoplo, formón. 3 cortafrío.

chisel (to) tr. cincelar. 2 escoplear. 3 pop. esta- far, timar. ¶ CONJUG. pret. y p. p. : chiseled o -elled; ger. : chiseling o -elling.

chit (chit) s. chiquillo, chiquilla. 2 muchacha des- carada. 3 desp. mujer pequeña : a ~ of a woman, un escuerzo. 4 (Anglo-Ind.) vale, nota. 5 BOT. brote, grillo.

chit (to) tr. quitar los brotes o grillos.

chitchat (chi·tchæt) s. cháchara, charla, palique.

chitin (cai·tin) s. quitina.

chitinous (cai·tinøs) adj. quitinoso.

chiton (cai·tøn) s. ZOOL. chitón, quitón. 2 túnica que llevaban los griegos.

chitterlings (chi·tø'lings) s. pl. mondongo de cer- do frito o asado.

chivalric (shi·valric) adj. caballeresco.

chivalrous (shi·valrøs) adj. caballeroso.

chivalry (shi·valri) s. caballería [institución; ac- ción o empresa de caballero; dignidad de ca- ballero; conjunto de caballeros]. 2 ejercicio de la caballería andante. 3 caballerosidad, hidal- guía.

chive (chaiv) s. BOT. cebollana, cebollino.

chivy s. CHEVY.

chivy (to) tr. e intr. TO CHEVY.

chlamys (clei·mis o clæ·mis) s. clámide.

Chloe (cloᵊi) n. pr. Cloe.

chloral (clo·ral) s. QUÍM. cloral : ~ *hydrate*, hidrato de cloral.
chlorate (clo·reit o clo·rit) s. QUÍM. clorato.
chloric (clo·ric) adj. QUÍM. clórico.
chlorid, chloride (clo·rid o clo·raid) s. QUÍM. cloruro.
chloridize (to) (clo·ridaiš) tr. clorurar. 2 tratar con cloro.
chlorinate (clo·rineit) tr. tratar o desinfectar con cloro.
chlorine (clo·rin) s. QUÍM. cloro.
chlorite (clo·rait) s. MIN. clorita. 2 QUÍM. clorito.
chloroform (clo·røfo'm) s. QUÍM. cloroformo.
chloroform (to) tr. cloroformizar.
chloroformization (clorøfo'mi'še·shøn) s. cloroformización.
chloromycetin (clorømaisi·tin) s. PHARM. cloromicetina.
chlorophyceous (clorøfi·shøs) adj. BOT. clorofíceo.
chlorophyl, chlorophyll (clo·røfil) s. BOT. clorofila.
chlorophyllous (clorøfi·løs) adj. clorofílico.
chloroplast (clo·røplæst) s. BOT. cloroplasto.
chlorosis (clorou·sis) s. BOT. MED. clorosis.
chlorotic (cloro·tic) adj. clorótico.
chlorous (clo·røs) adj. QUÍM. cloroso.
choana (co·æna) ANAT. coana.
chock (choc) s. calzo, cuña. 2 MAR. calzo, taco. 3 MAR. cornamusa de guía. — 4 adv. lo más cerca o estrechamente posible, completamente.
chock (to) tr. calzar, acuñar, afianzar. 2 tapar [un hueco] ; llenar, atestar.
chock-full adj. colmado, repleto, atestado, de bote en bote.
chocolate (cho·cleit) s. chocolate : ~ *cup*, pocillo, jícara ; ~ *pot*, chocolatera ; ~ *tree*, cacao [árbol]. 2 bombón de chocolate. — 3 adj. de color de chocolate.
choice (chois) s. escogimiento, selección, elección, preferencia. 2 opción, alternativa : *to have no* ~, no tener alternativa. 3 voluntad, gusto. 4 cosa escogida. 5 la flor, lo mejor, lo más escogido. 6 variedad, abundancia. — 7 adj. mejor, escogido, superior, selecto, exquisito.
choicely (chois·li) adv. escogidamente, primorosamente.
choiceness (chois·snis) s. excelencia, primor, exquisitez ; superior calidad. 2 delicadeza, discernimiento.
choir (cua·iø') s. coro [de iglesia ; de personas ; de ángeles] : ~ *boy*, infante o niño de coro ; ~ *desk*, facistol ; ~ *loft*, coro [de iglesia] ; ~ *stall*, silla de coro.
choir (to) tr. e intr. cantar en coro, corear.
choke (chouc) s. ahogo, sofocación, estrangulación. 2 cosa que ahoga. 3 obturador [en un motor]. 4 ELECT. ~ *coil*, bobina de reacción. 5 BOT. ~ *pear*, pera áspera o ahogadiza.
choke (to) tr. ahogar, sofocar. 2 estrangular. 3 agarrotar, apretar, oprimir. 4 reprimir, suprimir. 5 obstruir, obturar. 6 *to* ~ *down*, oprimir, sujetar, atragantar. 7 *to* ~ *off*, contener, reprimir, librarse de. 8 *to* ~ *up*, atestar ; obstruir, obturar. — 9 intr. ahogarse ; atragantarse. 10 atorarse.
chokedamp (chou·cdæmp) s. anhídrido carbónico de las minas de carbón.
cloke-full adj. CHOCK-FULL.
choker (chou·kø') s. cosa que ahoga, que corta la palabra. 2 pop. cuello alto, corbatín, bufanda : *white* ~, corbata blanca. 3 MEC. obturador [del carburador]. 4 ELECT. bobina de reacción.
choky (chou·ki) adj. sofocante. 2 ahogado por la emoción.
cholagogue (co·lægog) s. FARM. colagogo.
choler (co·lø') s. cólera, enojo. 2 bilis.
cholera (co·løra) s. MED. cólera : ~ *morbus*, cólera morbo ; ~ *nostras*, cólera nostras.
choleraic (co·løraic) adj. MED. colérico.
choleric (co·løric) adj. colérico, iracundo. 2 MED. colérico.
choleriform (co·lørifo'm) adj. MED. coleriforme.
cholerine (co·lørin) s. MED. colerina.
cholesterin (cole·størin) s. QUÍM. colesterina.
cholesterol (cole·størol) s. QUÍM. colesterol.
chondrin (co·ndrin) s. QUÍM. condrina.
chondriome (co·ndriom) s. BIOL. condrioma.
chondriosome (condrio·som) s. BIOL. condriosoma.
chondroblast (co·ndroblæst) s. ANAT. condroblasto.
chondrology (condro·loŷi) s. condrología.

choose (to) (chuš) tr. escoger, elegir, seleccionar. 2 preferir, optar por ; decidir, querer [hacer algo] : *he can't* ~ *but*, no puede menos de. — 3 intr. escoger, optar. ¶ CONJUG. pret. : *chose;* p. p. : *chosen.*
chooser (chu·šø') s. escogedor.
choosey, choosy (chu·ši) adj. (EE. UU.) delicado, melindroso.
choosing (chu·šing) s. escogimiento, selección. — 2 adj. selector.
chop (chop) s. corte, tajo. 2 parte cortada ; tajada, posta. 3 COC. chuleta. 4 grieta, raja. 5 cosa desmenuzada, quebrantada : *corn chops*, grano quebrantado. 6 BOX. martillazo. 7 MEC. brazo, quijada [de un tornillo de banco, etc.]. 8 cambio, trueque. 9 pl. quijadas ; fauces. 10 boca, entrada [de un canal, valle, etc.].
chop (to) tr. Cortar, tajar ; picar [la carne, etc.] : *to* ~ *off*, cortar [separar], tronchar. 2 hender, rajar. 3 decir [palabras, frases] de un modo brusco o incoherente. 4 TENIS. herir [la pelota] como cortando. 5 cambiar, trocar. 6 *to* ~ *logic*, razonar o discutir ergotizando, sutilizando o con sofistería. — 7 intr. saltar [el viento] ; variar, cambiar súbitamente : *to* ~ *and change*, cambiar con frecuencia, vacilar. 8 *to* ~ *at*, dar golpes de hacha, cuchillo, etc., a. 9 *to* ~ *in* o *into*, intervenir, interrumpir. ¶ CONJUG. pret. y p. p. : *chopped;* ger. : *chopping.*
chopfallen adj. CHAPFALLEN.
chophouse (cho·pjaus) s. casa de comidas.
chopine (chou·pin) s. zueco, chapín.
chopped (chopt) p. p. de TO CHOP : ~ *meat*, carne picada, picadillo.
chopper (cho·pø') s. cortador [de leña, etc.]. 2 hacha, hacheta ; cuchilla de carnicero. 2 ELECT. interruptor de cuchilla.
chopping (cho·ping) s. tajadura, picadura [acción]. — 2 adj. de tajar o picar : ~ *block*, tajo, tajadero ; ~ *board*, tajadera [pieza de madera] ; ~ *knife*, tajadera [cuchilla]. 3 picado, agitado [mar]. 4 variable [viento].
choppy (cho·pi) adj. picado [mar]. 2 variable [viento]. 3 mudable, inestable. 4 cortado, incoherente. 5 rajado, lleno de grietas.
chopsticks (cho·pstics) s. pl. palillos chinos para comer.
choral (co·ral) adj. y s. MÚS. coral.
chord (co·'d) s. cuerda, cordón. 2 MÚS. cuerda [de instrumento]. 3 fig. cuerda sensible. 4 MÚS. acorde. 5 GEOM. cuerda. 6 AVIA. cuerda [del ala]. 7 ANAT. cuerda, tendón, nervio.
chord (to) tr. MÚS. encordar. — 2 intr. MÚS. armonizar.
chordate (co·'deit) adj. y s. ZOOL. cordado.
chore (chou') s. (EE. UU.) tarea, quehacer, faena [esp. doméstica o del campo].
chorea (cori·a) s. MED. corea.
choreograph (co·riogræf) s. coreógrafo.
choreographic(al (coriogræ·fic(al) adj. coreográfico.
choreography (corio·græfi) s. coreografía.
choree (co·ri), **choreus** (cori·øs) s. coreo, troqueo.
choriamb (co·riæmb) s. coriambo.
chorine (co·rin) f. pop. corista, suripanta.
chorioid (co·rioid) adj. ANAT. coroideo. — 2 adj. y s. ANAT. coroides.
chorion (co·rion) s. EMBRIOL. corión.
chorist (co·rist) s. corista.
chorister (co·ristø') s. corista. 2 director de coro [de iglesia].
chorographer (coro·grafø') s. corógrafo.
chorographic(al (corogræ·fic(al) adj. corográfico.
chorography (coro·grafi) s. corografía.
choroid (co·roid) adj. y s. CHORIOID.
chorus (co·røs) s. coro [del teat. griego]. 2 coro [de pers.] : *in* ~, a coro, al unísono. 3 TEAT. coro, conjunto : ~ *girl*, corista, señorita del conjunto. 4 estribillo [de canción].
chorus (to) tr. e intr. cantar o hablar a coro, corear. — 2 tr. hacer coro a.
chose (chou·s) pret. de TO CHOOSE.
chosen (chou·søn) p. p. de TO CHOOSE. — 2 adj. escogido, elegido.
chough (chøf) s. ORNIT. chova.
chouse (chaus) s. fam. engaño, estafa.
chouse (to) tr. fam. engañar, estafar.

chow (chau) *s.* perro chino.
chowchow (chau chau) *s.* mezcla de encurtidos con mostaza. *2* conserva de frutas, piel de naranja, etc. *3* mezcla, baturrillo.
chowder (chau dø') *s.* (EE. UU.) estofado de viandas variadas.
chrestomathy (cresto mazi) *s.* crestomatía.
chrism (cri søm) *s.* LITURG. crisma.
chrismatory (cri šmatori) *s.* crismera.
chrismon (cri šmon) *s.* crismón.
chrisom (cri søm) *s.* vestido de bautizar.
Christ (craist) *n. pr.* Cristo. *2 the* ~ *child*, el niño Jesús.
christen (to) (cri søn) *tr.* bautizar, cristianar.
Christendom (cri søndøm) *s.* cristiandad.
christening (cri søning) *s.* bautizo, bautismo. — *2 adj.* bautismal.
Christian (cri schan) *adj.* y *s.* cristiano: ~ *name*, nombre de pila; ~ *Science*, secta que pretende curar invocando la fe.
Christianism (cri schanišm) *s.* cristianismo.
Christianity (crischiæ niti) *s.* cristiandad. *2* cristianismo.
Christianize (to) (cri schanaiš) *tr.* cristianizar.
Christianlike (cri schanlaic) *adj.* cristiano, propio de cristiano.
Christianly (cri schanli) *adv.* cristianamente.
Christine (cristi n) *n. pr. f.* Cristina.
Christless (crai stlis) *adj.* impío, anticristiano.
Christmas (cri smas) *s.* Navidad; pascuas de Navidad: ~ *carol*, villancico; ~ *Eve*, nochebuena; ~ *gift* o *box*, aguinaldo; ~ *tree*, árbol de Navidad. *2* BOT. ~ *rose*, eléboro negro.
Christmastide (cri smastaid) *s.* pascuas de Navidad.
Christopher (cri stofø') *n. pr. m.* Cristóbal.
chroma (crou ma) *s.* FÍS. croma.
chromate (crou meit) *s.* QUÍM. cromato.
chromatic (croumæ tic) *adj.* cromático.
chromatics (croumæ tics) *s.* cromática.
chromatin (crou mætin) *s.* BIOL. cromatina.
chromatism (crou mætišm) *s.* cromatismo.
chrome (croum) *s.* QUÍM. cromo. *2* bicromato potásico o sódico. *3* ~ *steel*, acero al cromo. *4* ~ *yellow*, amarillo de cromo.
chrome (to) *tr.* TINT. tratar con bicromato potásico o sódico.
chromic (crou mic) *adj.* crómico.
chromium (crou miøm) *s.* QUÍM. cromo: ~ *plating*, cromado.
chromium plate (to) *tr.* cromar.
chromo (crou mou) *s.* cromo, cromolitografía [estampa].
chromogenic (croumoÿe nic) *adj.* cromógeno.
chromolithograph (croumoli zogræf) *s.* cromo, cromolitografía [estampa].
chromolithograph (to) *tr.* cromolitografiar.
chromolithographer (croumolizo grafø') *s.* cromolitógrafo.
chromolithography (croumolizografi) *s.* cromolitografía.
chromoplasm (crou moplašm) *s.* BIOL. cromatina.
chromosome (crou mosøum) *s.* BIOL. cromosoma.
chromotype (crou motaip) *s.* cromotipia.
chromotypography (croumotaipo grafi) *s.* cromotipografía.
chromous (crou møs) *adj.* QUÍM. cromoso.
chronic (cro nic) *adj.* crónico, inveterado.
chronicity (croni siti) *s.* cronicidad.
chronicle (cro nikøl) *s.* crónica. *2 pl.* (con mayúscula) paralipómenos.
chronicle (to) *tr.* registrar o narrar en una crónica. — *2 intr.* escribir crónicas.
chronicler (cro niclø') *s.* cronista.
chronogram (cro nogræm) *s.* cronograma.
chronograph (cro nogræf) *s.* cronógrafo [aparato].
chronographer (crono grafø') *s.* cronógrafo [pers.].
chronography (crono grafi) *s.* cronografía.
chronologer (crono loÿø') *s.* cronologista, cronólogo.
chronologic(al (cronolo ÿic(al) *adj.* cronológico.
chronologically (cronolo ÿicali) *adv.* cronológicamente.
chronologist (crono loÿist) *s.* cronologista, cronóloque.
chronology (crono loÿi) *s.* cronología.
chronometer (crono metø') *s.* cronómetro.
chronometric(al (cronome tric(al) *adj.* cronométrico.
chronometry (crono metri) *s.* cronometría.

chronophotograph (cronofo togræf) *s.* cada una de las fotografías o grupos de fotografías que se sacan de un objeto que se mueve para registrar las diversas fases de su movimiento.
chronoscope (cro noscoup) *s.* cronoscopio.
chrysalid (cri salid), **chrysalis** (cri salis) *s.* crisálida.
chrysanthemum (crisæ nzemøm) *s.* BOT. crisantemo.
chrysoberyl (crisobe ril) *s.* MINER. crisoberilo.
chrysolite (cri solait) *s.* MINER. crisolito.
chrysoprase (cri sopreiš) *s.* MINER. crisoprasa.
Chrysostom (cri sostom) *n. pr. m.* Crisóstomo.
chub (chøb) *s.* ICT. coto.
chubby (chø bi) *adj.* regordete, gordinflón.
chub-faced *adj.* carirredondo.
chuck (chøc) *s.* mamola, golpecito debajo de la barba. *2* cloqueo. *3* chasquido [con la lengua]. *4* echada. *5* MEC. calzo, cuña; nuez o mandril de torno; portaherramienta. *6* carne de la res entre el pescuezo y la espaldilla.
chuck (to) *intr.* cloquear. *2* chascar la lengua. — *3 tr.* hacer la mamola, dar un golpecito debajo de la barba. *4* echar, tirar, arrojar. *5* pop. *to* ~ *up*, abandonar, dar de lado.
chuck-full *adj.* CHOCK-FULL.
chuckle (chø køl) *s.* risita, risa ahogada. *2* cloqueo.
chuckle (to) *intr.* reir entre dientes, con risa ahogada. *2* cloquear.
chuckle-head *s.* tonto, zoquete.
chufa (chu fa) *s.* BOT. chufa.
chug (chøg) *s.* ruido explosivo sordo y repetido; traqueteo; resoplido [de locomotora].
chug (to) *intr.* hacer ruidos explosivos repetidos; resoplar, traquetear. ¶ CONJUG. pret. y p. p.: *chugged;* ger.: *chugging.*
chum (chøm) *s.* fam. camarada, compinche. *2* condiscípulo.
chum (to) *intr.* fam. ser camarada; hacerse amigo, intimar. *2* fam. compartir la habitación. ¶ CONJUG. pret. y p. p.: *chummed;* ger.: *chumming.*
chummy (chø mi) *adj.* íntimo [amigo]. *2* sociable.
chump (chømp) *s.* zoquete, tarugo, trozo [de madera]. *2* extremo grueso. *3* lomo [de carnero]. *4* fam. chola: *out of one's* ~, loco, chiflado. *5* fam. tonto, majadero.
chunk (chønc) *s.* pedazo corto y grueso. *2* animalote. *3* fam. (EE. UU.) persona o caballo rechonchos.
chunky (chø nki) *adj.* fam. rechoncho.
church (chø'ch) *s.* iglesia [congregación de los fieles; conjunto del clero y los fieles de un país; secta cristiana; templo cristiano]: ~ *book*, devocionario; ~ *book*, ~ *register*, registro parroquial; ~ *burial*, entierro religioso, sepultura eclesiástica; ~ *militant*, iglesia militante; *Church of England*, Iglesia Anglicana; ~ *triumphant*, iglesia triunfante; *Roman Catholic Church*, Iglesia Católica; *to go to* ~, asistir a los oficios que se celebran en la iglesia; ir a misa.
church (to) *tr.* llevar a la iglesia [para bautizar, etc.].
churchgoer (chø'chgouø') *s.* persona que asiste regularmente a la iglesia.
churchgoing (chø'chgouing) *s.* práctica de asistir regularmente a la iglesia.
churching (chø'ching) *s.* salida a la iglesia, ceremonia de purificación [de la mujer parida], misa de parida.
churchlike (chø'chlaic) *adj.* que parece iglesia. *2* propio de iglesia; eclesiástico.
churchman (chø'chmæn) *s.* eclesiástico, clérigo. *2* miembro de una iglesia.
churchwarden (chø'chwø'døn) *s.* capiller, obrero, fabriquero.
churchyard (chø'chia'd) *s.* cementerio [de parroquia]. *2* patio de iglesia.
churl (chø'l) *s.* patán, palurdo. *2* grosero, mal educado. *3* persona intratable. *4* tacaño.
churlish (chø'lish) *adj.* rústico, rudo. *2* grosero, mal educado. *3* intratable. *4* mezquino, avaro.
churlishly (chø'lishli) *adv.* zafiamente. *2* groseramente.
churlishness (chø'lishnis) *s.* rusticidad, zafiedad. *2* grosería, mala educación, rudeza.
churn (chø'n) *s.* mantequera [para hacer manteca].

churn (to) *tr.* batir [en una mantequera], mazar. *2* agitar, menear, revolver.
churning (chø'ning) *s.* batido de la manteca. *2* cantidad de manteca que se hace de una vez.
churn-owl *s.* ORNIT. chotacabras.
churnstaff (chø'nstæf) *s.* palo para batir manteca.
chut! (chøt) *interj.* expresión de impaciencia.
chute (shut) *s.* cascada; rápido [en un río]. *2* caída, descenso. *3* saetín [de molino]. *4* plano, conducto, etc., inclinados por donde se hace bajar algo. *5* tobogán. *6* paracaídas.
chylaceous (cailei·shøs) *adj.* quiloso.
chyle (cail) *s.* FISIOL. quilo.
chyliferous (caili·ferøs) *adj.* quilífero.
chylifactive (cailifæ·ctiv) *adj.* que produce quilificación.
chylification (cailifike·shøn) *s.* quilificación.
chylify (to) (cai·lifai) *tr.* quilificar. — *2 intr.* quilificarse. ¶ CONJUG. pret. y p. p.: *chylified.*
chylous (cai·løs) *adj.* quiloso.
chyme (caim) *s.* FISIOL. quimo.
chymification (caimifike·shøn) *s.* quimificación.
chymify (to) (cai·mifai) *tr.* quimificar. — *2 intr.* quimificarse. ¶ CONJUG. pret. y p. p.: *chymified.*
chymous (caimøs) *adj.* quimoso.
cibol (si·bol) *s.* BOT. cebolleta. *2* BOT. chalote.
ciborium (sibo·riøm) *s.* ciborio. *2* LITURG. copón.
cicada (sikei·da) *s.* ENTOM. cigarra.
cicatrice (si·catris) *s.* cicatriz.
cicatricial (sicatri·shal) *adj.* cicatrizal.
cicatricle (sicatri·køl) *s.* galladura.
cicatricula (sicatri·kiula) *s.* cicatriz pequeña. *2* galladura.
cicatrisive (sicatrai·siv) *adj.* cicatrizante.
cicatrix (si·catris) *s.* CICATRICE.
cicatrizant (sicatrai·šant) *adj.* y *s.* cicatrizante.
cicatrization (sicatriše·shøn) *s.* cicatrización.
cicatrize (to) (si·catraiš) *tr.* cicatrizar. — *2 intr.* cicatrizarse.
Cicely (si·seli) *n. pr. f.* fam. Cecilia.
cicely *s.* BOT. perifollo oloroso.
cicerone (chicherou·ni) *s.* cicerone, guía.
Ciceronian (siserou·nian) *adj.* ciceroniano.
cicuta (sikiu·ta) *s.* BOT. cicuta.
cider (sai·dø') *s.* sidra.
cigar (siga·') *s.* cigarro, puro, tabaco : ∼ *case,* cigarrera, petaca; ∼ *cutter,* cortapuros; ∼ *holder,* boquilla; ∼ *lighter,* mechero, encendedor automático; ∼ *maker,* cigarrero, cigarrera; ∼ *shop,* ∼ *store,* estanco, tabaquería.
cigarette (sigare·t) *s.* cigarrillo, pitillo : ∼ *case,* pitillera; ∼ *holder,* boquilla; ∼ *paper,* papel de fumar.
cilia (si·lia) *s. pl.* de CILIUM.
ciliary (si·lieri) *adj.* ciliar.
Ciliata (si·lieita) *s. pl.* ZOOL. ciliados.
ciliate (si·liit) *adj.* y *s.* H. NAT. ciliado.
cilice (si·lis) *s.* cilicio.
cilium (si·liøm) *s.* H. NAT. pestaña; pestaña vibrátil.
Cimbri (si·mbrai) *s. pl.* cimbros.
Cimbrian (si·mbrian) *adj.* y *s.* cimbro.
Cimbric (si·mbric) *s.* címbrico.
Cimmerian (simi·rian) *adj.* y *s.* cimerio.
cinch (sinch) *s.* (EE. UU.) cincha; ∼ *strap,* latiguera. *2* fam. ganga; cosa fácil o segura. *3* fam. agarro.
cinch (to) *tr.* (EE. UU.) cinchar. *2* pop. apretar, ceñir. *3* pop. asegurarse de.
cinchona (sincou·na) *s.* BOT. quino : ∼ *bark,* quina.
cincture (si·ncchø') *s.* ceñidura. *2* cerca, cercado. *3* halo. *4* cincho, cinto, faja. *5* cíngulo. *6* ARQ. anillo. *7* recinto.
cincture (to) *tr.* ceñir, cercar, rodear.
cinder (si·ndø') *s.* METAL. escoria. *2* escoria volcánica. *3* carbón, brasa, ascua; carbonilla. *4 pl.* cenizas, pavesas. *5* rescoldo. *6* ∼ *track,* pista de ceniza.
Cinderella (sindøre·la) *s.* la Cenicienta. *2* ∼ *dance,* o simplte. *Cinderella,* baile que termina a media noche.
cinema (si·nema) *s.* (esp. Ingl.) cine, cinema [películas; sala o edificio].
cinematograph (sinemæ·togræf) *s.* (esp. Ingl.) aparato cinematográfico. *2* cinematógrafo [sala o edificio]. — *3 adj.* cinematográfico, de cinematógrafo.
cinematograph (to) *tr.* cinematografiar.

cinematographer (sinemato·grafø') *s.* operador cinematográfico.
cinematographic (sinemætogræ·fic) *adj.* cinematográfico.
cinematography (sinemato·grafi) *s.* cinematografía.
cinemize (si·nemaiš) *tr.* convertir en película, adaptar al cine.
cineraceous (sinøre·shøs) *adj.* cinéreo, ceniciento.
cinerama (sineræ·ma) *s.* cinerama.
cineraria (sinøre·ria) *s.* BOT. cineraria.
cinerary (si·nøreri) *adj.* cinerario.
cineration (sinøre·shøn) *s.* incineración.
cinereous (sini·riøs) *adj.* cinéreo, ceniciento.
cineritious (sinøri·shøs) *adj.* cinericio.
Cingalese (singælr·š) *adj.* y *s.* cingalés.
cingulum (si·nguiuløm) *s.* LITURG., ANAT., ZOOL. cíngulo.
cinnabar (si·nabar) *s.* MINER. cinabrio.
cinnamic (sinæ·mic) *adj.* QUÍM. cinámico.
cinnamon (si·namøn) *s.* BOT. canela. — *2 adj.* acanelado, de canela, de la canela : ∼ *bear,* ZOOL. cierto oso norteamericano; ∼ *oil,* aceite o esencia de canela; ∼ *stone,* MINER. variedad de granate; ∼ *tree,* canelo, canelero, árbol de la canela.
cinquefoil (si·ngcføil) *s.* BOT. cincoenrama. *2* ARQ. ventana de cinco lóbulos.
cipher (sai·fø') *s.* MAT. cero : *to be a mere* ∼, ser un cero a la izquierda. *2* cifra [número; escritura secreta]. *3* cifra, monograma. — *adj. 4* cifrado. *5* sin valor, sin importancia.
cipher (to) *tr.* cifrar [expresar con cifras; escribir en cifra]. *2* calcular. — *3 intr.* hacer sumas; hacer cálculos.
Circassian (sø'cæ·shan) *adj.* circasiano.
Circensian (sø'se·nshan) *adj.* circense.
circinate (sø·'si·neit) *s.* BOT. circinado.
circle (sø·'køl) *s.* GEOM. círculo, circunferencia. *2* ASTR., GEOGR., PREHIST. círculo. *3* esfera, orbe. *4* ASTR. órbita. *5* corro, ruedo. *6* pista [de circo]; redondel. *7* anillo, disco. *8* TOP., ASTR. limbo [de un instrumento]. *9* TEAT. gradería. *10* círculo, ámbito. *11* círculo social, grupo, clase. *12* esfera [de acción o influencia]. *13* LÓG. círculo vicioso. *14* ciclo, serie.
circle (to) *tr.* circuir, rodear, circundar. *2* dar la vuelta a; girar alrededor de : *to* ∼ *the globe,* dar la vuelta al mundo. — *3 intr.* dar vueltas. *4* extenderse en círculo.
circled (sø·'køld) *adj.* rodeado. *2* redondo, circular. *3* anillado.
circlet (sø·'clit) *s.* circulito, anillo, disco. *2* faja circular. *3* brazalete. *4* gargantilla. *5* diadema; cinta que ciñe la cabeza.
circuit (sø·'kit) *s.* circuito [espacio, contorno]. *2* ámbito, radio. *3* vuelta, rodeo. *4* ASTR. revolución. *5* recorrido [que hace una pers. regularmente] : ∼ *court,* tribunal de un juez que se traslada regularmente de pueblo en pueblo, dentro de un recorrido fijo, para ejercer sus funciones. *6* recorrido o distrito de un *circuit court.* *7* ELECT. circuito : ∼ *breaker,* cortacircuitos.
circuitous (sø'kiu·itøs) *adj.* tortuoso. *2* indirecto.
circuitously (sø'kiu·itøsli) *adv.* tortuosamente, con rodeos, de manera indirecta.
circuitousness (sø'kiu·itøsnis) *s.* tortuosidad. *2* manera indirecta.
circular (sø·'kiula') *adj.* circular : ∼ *letter,* circular [carta] ; ∼ *measure,* medida [de un ángulo] en radianes ; ∼ *motion,* giro, movimiento circular; ∼ *plane,* CARP. cepillo curvo; ∼ *ring,* GEOM. corona; ∼ *saw,* sierra circular. *2* indirecto. *3* LÓG. que incluye o emplea un círculo vicioso. *4* que incluye ciclo o repetición : ∼ *number,* MAT. número cuyas potencias tienen la misma cifra de las unidades que él (53 = 125). — *5 s.* figura circular. *6* circular [orden, carta o aviso].
circularity (sø'kiulæ·riti) *s.* condición de circular, forma circular.
circularize (to) (sø·'kiularaiš) *tr.* dar forma circular a. *2* enviar circulares a; anunciar por circular.
circularly (sø·'kiula·li) *adv.* circularmente.
circulate (to) (sø·'kiuleit) *intr.* circular. — *2 tr.* poner en circulación; propalar, esparcir.
circulating (sø'kiulei·ting) *adj.* circulante : ∼ *capital,* COM. capital circulante; ∼ *library,* biblio-

teca circulante; ~ *medium,* moneda corriente.
2 MAT. ~ *decimal,* fracción decimal periódica.
circulation (sø'kiule·shøn) s. circulación. 2 moneda corriente. 3 tirada [de un periódico].
circulatory (sø·'kiulatori) *adj.* circulatorio.
circumambiency (sø'cømæ·mbiensi) s. medio ambiente.
circumambient (sø·'cømæ·mbient) *adj.* ambiente, que rodea.
circumambulate (sø'cømæ·mbiuleit) *intr.* andar alrededor.
circumcise (to) (sø·'cømsaiš) *tr.* circuncidar.
circumcised (sø'cømsaišd) *adj.* circunciso.
circumcision (sø'cømsi·ỹøn) s. circuncisión.
circumference (sø'cø·mførøns) s. circunferencia, perímetro, contorno. 2 GEOM. circunferencia.
circumferential (sø'cømføre·nshal) *adj.* circunferencial. 2 periférico. 3 con rodeo.
circumferentor (sø'cø·mførento') s. TOP. brújula de agrimensor.
circumflex (sø·'cømflecs) *adj.* circunflejo. 2 que lleva acento circunflejo. 3 ANAT. encorvado. — 4 s. acento circunflejo; IMPR. capucha.
circumflex (to) *tr.* marcar con acento circunflejo.
circumfluence (sø'cø·mfluens) s. acción de fluir alrededor. 2 acción de rodear [como un fluido].
circumfluent (sø'cø·mfluent) *adj.* que fluye alrededor. 2 que rodea como un fluido; ambiente.
circumfuse (to) (sø'cømfiu·š) *tr.* verter o difundir alrededor.
circumjacent (sø'cømỹei·sønt) *adj.* circunyacente, circunvecino.
circumlocution (sø'cømlokiu·shøn) s. circunlocución, circunloquio, rodeo.
circumlocutory (sø'cømlo·kiutori) *adj.* circunlocutorio, perifrástico.
circumnavigable (sø'cømnæ·vigabøl) *adj.* circumnavegable.
circumnavigate (to) (sø'cømnæ·viguelt) *tr.* circumnavegar.
circumnavigation (sø'cømnæ·vigueshøn) s. circumnavegación.
circumnavigator (sø'cømnæ·vigueltø') s. el que circumnavega.
circumpolar (sø'cømpou·la') *adj.* circumpolar.
circumscissile (sø'cømsi·sil) *adj.* BOT. dehiscente transversalmente.
circumscribable (sø'cømscrai·babøl) *adj.* circunscribible.
circumscribe (to) (sø'cømscrai·b) *tr.* circunscribir, limitar. 2 GEOM. circunscribir.
circumscribed, -script (sø'cømscrai·bd, -script) *adj.* circunscrito.
circumscribing (sø'cømscrai·bing) *adj.* que circunscribe.
circumscription (sø'cømscri·pshøn) s. circunscripción.
circumspect (sø·'cømspect) *adj.* circunspecto, prudente.
circumspection (sø'cømspe·cshøn) s. circunspección, prudencia.
circumspectly (sø·'cømspectli) *adv.* con circunspección.
circumstance (sø·'cømstæns) s. circunstancia : *under no circumstances,* en ningún caso, de ningún modo ; *under the circumstances,* en estas circunstancias, dadas las circunstancias, en las circunstancias presentes. 2 detalle, incidente; pormenor. 3 ceremonia, formalidad. 4 *pl.* medios, posición económica : *in easy circumstances,* acomodado, en buena posición.
circumstantial (sø'cømstæ·nshal) *adj.* circunstancial; incidental. 2 DER. indiciario : ~ *evidence,* hechos o circunstancias que acusan, indicios vehementes. 3 circunstanciado.
circumstantiality (sø'cømstænshiæ·liti) s. calidad de circunstancial. 2 detalle, minuciosidad.
circumstantially (sø'cømstæ·nshali) *adv.* circunstancialmente. 2 circunstanciadamente, detalladamente, ce por be.
circumstantiate (sø'cømstæ·nshiet) *tr.* apoyar con pruebas o detalles. 2 exponer o relatar circunstanciadamente.
circumvallate (sø'cømvæ·leit) *tr.* circunvalar.
circumvallation (sø'cømvæle·shøn) s. circunvalación.
circumvent (to) (sø'cømve·nt) *tr.* engañar, entrampar, enredar; estrechar o persuadir con

artificio engañoso; cogerle las vueltas [a uno]. 2 rodear, contornar, dar la vuelta a, evitar.
circumvention (sø'cømve·nshøn) s. engaño, acción de engañar, de entrampar, de persuadir con artificio engañoso. 2 engaño, artificio, estratagema.
circumvolution (sø'cømvolu·shøn) s. circunvolución. 2 rotación, revolución. 3 rodeo, circunlocución.
circumvolve (to) (sø'cømvo·lv) *intr.* girar alrededor, dar vuelta. — 2 *tr.* hacer girar o dar vueltas.
circus (sø·'cøs) s. circo [romano]. 2 circo, circo ecuestre. 3 compañía de artistas y animales de un circo. 4 plaza redonda, glorieta. 5 GEOL. circo, anfiteatro natural.
cirque (sø'c) s. circo [romano]. 2 circo, circo ecuestre. 3 GEOL. circo, anfiteatro natural. 4 poét. anillo, círculo pequeño.
cirrhose (si·rous) *adj.* cirroso.
cirrhosis (sirou·sis) s. MED. cirrosis.
cirrhotic (siro·tic) *adj.* cirrótico.
cirriped (si·riped) *adj.* y s. ZOOL. cirrípedo, cirrópodo.
cirro-cumulus (sirokiu·miuløs) s. METEOR. cirrocúmulo.
cirrose (si·rous), **cirrous** (si·røs) *adj.* CIRRHOSE.
cirrus (si·røs) s. BOT., ZOOL., METEOR. cirro.
cisalpine (sisæ·lpin) *adj.* cisalpino.
cisandine (sisæ·ndin) *adj.* cisandino.
cisatlantic (sisætlæ·ntic) *adj.* de la parte de acá del atlántico.
cissoid (si·soid) s. GEOM. cisoide.
cist (sist) s. ARQUEOL. arquilla. 2 ARQUEOL. sepulcro, cámara sepulcral.
cistaceous (siste·shøs) *adj.* BOT. cistáceo.
Cistercian (sistø·'shan) s. *adj.* y s. cisterciense.
cistern (si·stø'n) s. cisterna.
cistus (si·støs) s. BOT. jara.
citadel (si·tadøl) s. ciudadela.
citation (saite·shøn) s. citación, cita [de un texto, etc.]. 2 DER., MIL. citación. 3 mención; enumeración.
citatory (sai·tatori) *adj.* de citación.
cite (to) (sait) *tr.* citar, llamar [a comparecer]. 2 citar [un texto], aducir, alegar. 3 mencionar. 4 MIL. citar.
cithara (si·zara) s. MÚS. cítara [especie de lira].
cither (si·zø') s. CITHARA. 2 CITHERN.
cithern (si·zø'n) s. MÚS. cítara [instrumento de caja llana] ; laúd.
citified (si·tifaid) *adj.* que tiene maneras y costumbres ciudadanas.
citizen (si·tišøn) s.. ciudadano : ~ *of the world,* ciudadano del mundo, cosmopolita. 2 habitante, vecino. 3 paisano [no militar].
citizeness (si·tišønis) s. ciudadana.
citizenry (si·tišønri) s. ciudadanos, conjunto de los ciudadanos.
citizenship (si·tišønship) s. ciudadanía.
citrate (si·treit) s. QUÍM. citrato.
citric (si·tric) *adj.* QUÍM. cítrico.
citrine (si·trin) *adj.* citrino. — 2 s. piedra parecida al topacio.
citron (si·trøn) s. BOT. cidra : ~ *tree,* cidro. 2 acitrón.
citronella o **citronella grass** (sitrone·la) s. BOT. planta aromática de Asia.
citrus (si·trøs) *adj.* BOT. del género *Citrus,* auranciáceo : *citrus fruits,* agrios.
city (si·ti) s. ciudad. 2 *the City,* barrio comercial y bancario de Londres. 3 *adj.* municipal, de la ciudad, ciudadano, urbano : ~ *council,* Ayuntamiento; ~ *edition,* edición local [de un periódico]; ~ *editor* (EE. UU.), redactor encargado de las noticias locales; (Ingl.) redactor encargado de la información comercial y financiera; ~ *father,* padre de la ciudad, concejal, edil; ~ *hall,* casa del Ayuntamiento; ~ *man,* habitante de una ciudad; (Ingl.) uno que tiene su ocupación o negocios en la *City;* ~ *planner,* urbanista; ~ *planning,* urbanismo.
civet (si·vit) s. civeto, algalia. 2 ZOOL. ~ *cat,* civeta, gato de algalia.
civic (si·vic) *adj.* cívico. 2 ciudadano; municipal.
civicism (si·visišm) s. civismo.
civics (si·visišm) s. civismo. 2 principios del gobierno político, de los derechos y deberes cívicos.
civics (si·vics) s derecho político.

civies (sĭ·vĭš) *s. pl.* fam. traje de paisano : *in* ~. de paisano.

civil (sĭ·vĭl) *adj.* civil : ~ *contract*, ~*marriage*, matrimonio civil ; ~ *death*, muerte civil ; ~ *engineer*, ingeniero civil ; de obras públicas ; ~ *engineering*, ingeniería civil, de obras públicas ; ~ *law*, derecho civil ; ~ *power*, potestad civil ; ~ *procedure*, DER. enjuiciamiento civil ; ~ *servant*, funcionario de administración civil ; ~ *service*, administración civil, organizaciones y servicios de la administración civil del Estado ; ~ *war*, guerra civil ; ~ *year*, año civil. *2* cortés, urbano.

civilian (sĭvĭ·lĭan) *adj.* civil, de paisano. — *2 s.* paisano [no militar]. *3* civilista [que se dedica a los asuntos civiles, al derecho civil], jurisperito.

civility (sĭvĭ·lĭtĭ) *s.* civilidad, cortesía, urbanidad. *2* amabilidad, atención [acto].

civilization (sĭvĭlĭše·shøn) *s.* civilización.

civilize (to) (sĭ·vĭlaĭš) *tr.* civilizar.

civilized (sĭ·vĭlaĭšd) *adj.* civilizado.

civilizer (sĭvĭlaĭ·šøʳ) *s.* civilizador.

civilly (sĭ·vĭlĭ) *adv.* civilmente, cortésmente.

civism (sĭ·vĭẓm) *s.* civismo, patriotismo.

clabber (clæ·bøʳ) *s.* cuajada de leche agria.

clabber (to) *intr.* cortarse, cuajarse [la leche].

clack (clæc) *s.* charla, parloteo. *2* cítola. *3* matraca ; cosa que suena con golpe seco o repetido. *4* golpeteo, tableteo, restallido : ~ *valve*, chapaleta.

clack (to) *intr.* charlar, parlotear. *2* repiquetear, tabletear, restallar.

clacker (clæ·køʳ) *s.* cítola. *2* fig. tarabilla, hablador.

clad (clæd) *adj.* vestido cubierto, ataviado. *2* investido.

cladoceran (clædo·søran) *adj. y s.* ZOOL. cladócero.

cladode (clæ·doud) *s.* BOT. cladodio.

claim (cleim) *s.* demanda, reclamación, exigencia, reivindicación. *2* derecho, título, pretensión. *3* SEGUROS. valor del siniestro. *4* MIN. pertenencia, concesión. *5* COM. *outstanding claims*, activo.

claim (to) *tr.* reclamar, recabar, exigir, pedir, tener derecho a. *2* reivindicar. *3* denunciar [una mina]. *4* afirmar, declarar, sostener : *to* ~ *to be*, decir que uno es, decirse, echarla de.

claimant (clei·mant) *s.* reclamante, demandante. *2* pretensor. *3* persona que reivindica un título, derecho, etc. *4* pretendiente [a un trono]. *5* MIN. denunciante.

clairvoyance (cleæʳ·voˑians) *s.* clarividencia. *2* doble vista.

clairvoyant (cleˑæʳ·voˑiant) *adj. y s.* clarividente, lúcido. *2* vidente.

clam (clæm) *s.* ZOOL. almeja, tellina. *2* fig. (EE. UU.) persona muy reservada. *3* sonido simultáneo de dos o más campanas.

clam (to) *intr.* pescar almejas. *2* hacer sonar [dos o más campanas] a la vez. ¶ CONJUG. pret. y p. p.: *clammed;* ger.: *clamming.*

clamant (clæ·mant) *adj.* clamoroso ; insistente, apremiante.

clambake (clæ·mbeic) *s.* (EE. UU.) jira en que se asan almejas sobre una piedra caliente.

clamber (to) (clæ·mbøʳ) *intr.* trepar, encaramarse, gatear. — *2 tr.* trepar por, subir gateando.

clamminess (clæ·mines) *s.* viscosidad.

clammy (clæ·mĭ) *adj.* viscoso, pegajoso ; frío y húmedo.

clamor *s.*, **to clamor** *intr. y tr.* CLAMOUR, TO CLAMOUR.

clamorous (clæ·møros) *adj.* clamoroso, ruidoso, tumultuoso.

clamorously (clæ·mørøsli) *adv.* clamorosamente, ruidosamente.

clamour (clæ·møʳ) *s.* clamor, grito. *2* clamoreo, griterío, estruendo, fragor.

clamour (to) *intr. y tr.* clamar, clamorear, gritar.

clamp (clæmp) *s.* CARP. cárcel. *2* MEC. tornillo de banco ; tornillo de sujeción o de ajuste ; tenazas, mordaza, abrazadera, grapa, laña, pieza o instrumento para apretar o sujetar. *3* ELECT. borne. *4* pisada fuerte. *5* montón [de mineral, etc.]. *6* MAR. contradurmiente.

clamp (to) *tr.* afianzar, sujetar [con tornillo, abrazadera, etc.]. *2* imponer [una norma, restricción, etc.]. — *3 intr.* pisar recio. *4 to* ~ *down on*, apretar los tornillos a.

clamshell (clæ·mshel) *s.* concha de almeja. *2* ING. cuchara o cucharón de quijadas.

clan (clæn) *s.* clan. *2* grupo social muy cerrado ; camarilla.

clandestine (clænde·stin) *adj.* clandestino, secreto, subrepticio.

clandestinely (clænde·stinli) *adv.* clandestinamente.

clandestineness (clænde·stinnes), **clandestinity** (clænde·stiniti) *s.* clandestinidad.

clang (clæng) *s.* sonido metálico resonante : tantán ; campanada ; trompetazo.

clang (to) *intr.* sonar ; resonar [con sonido metálico]. — *2 tr.* golpear haciendo resonar.

clangor (clæ·ngøʳ) *s.* CLANGOUR.

clangorous (clæ·ngorøs) *adj.* estruendoso, estrepitoso.

clangour (clæ·ngøʳ) *s.* clangor, estruendo, estrépito.

clank (clænc) *s.* sonido metálico de golpe o choque.

clank (to) *intr.* sonar, resonar [al chocar]. — *2 tr.* hacer sonar [cadenas, etc.]. *3* dejar [algo] en un sitio con golpe que resuena.

clannish (clæ·nish) *adj.* de clan ; que parece de clan ; cerrado, exclusivo.

clansman (clæ·nsmæn), *pl.* **-men** (-men) *s.* individuo de un clan.

clap (clæp) *s.* ruido o golpe seco : ~ *of thunder*, trueno. *2* palmada. *3* aplauso.

clap (to) *tr.* batir, golpear : *to* ~ *the wings*, batir las alas ; *to* ~ *the hands*, palmotear, aplaudir. *2* aplaudir [a uno, etc.]. *3* dar una palmada. *4* cerrar dando golpe. *5* aplicar, poner : *to* ~ *eyes on*, echar la vista encima. — *6 intr.* sonar con golpe seco. *7* cerrarse ruidosamente. *8* guachapear [un hierro, etc.]. ¶ CONJUG. pret. y p. p.: *clapped* o *clapt;* ger.: *clapping.*

clapboard (clæ·pbøʳd) *s.* tabla de chilla.

clapper (clæ·pøʳ) *s.* palmoteador. *2* TEAT. alabardero. *3* tarabilla, cítola. *4* tableta, tejoleta. *5* badajo. *6* fig. la lengua. *7* carraca [instrumento]. *8* MEC. chapaleta.

clapping (clæ·ping) *s.* golpeteo, palmoteo. *2* acción de cerrar o cerrarse ruidosamente. *3* ~ *of wings*, aleteo.

claptrap (clæ·ptræp) *s.* lenguaje o artificio encaminados a lograr popularidad o aplauso ; faramalla ; latiguillo, música celestial. — *2 adj.* de faramalla, insincero ; de relumbrón.

claque (clæc) *s.* TEAT. claque, alabardeos. *2* clac, sombrero de copa plegable.

claqueur (clæ·cøʳ) *s.* TEAT. alabardero, individuo de la claque.

Clare (cleʳ) *n. pr. f.* Clara.

clarence (clæ·rens) *s.* clarens, coche de cuatro asientos con capota.

Clarendon (clæ·røndøn) *s.* IMPR. letra negrilla.

claret (clæ·rit) *s.* clarete [vino]. *2* color rojo púrpura. *3* DEP. fam. sangre.

clarification (clærifike·shøn) *s.* clarificación.

clarify (to) (clæ·rifai) *tr.* clarificar, purificar. *2* aclarar, esclarecer. — *3 intr.* clarificarse, aclararse.

clarifying (clæ·rifaiing) *adj.* clarificativo. *2* aclaratorio.

clarinet (clæ·rinet) *s.* clarinete [instrumento].

clarinetist, clarinettist (clæ·rinetist) *s.* clarinete [músico].

clarion (clæ·riøn) *s.* MÚS. clarín. — *2 adj.* claro, sonoro, agudo, penetrante.

clarionet (clæriøneˑt) *s.* CLARINET.

clarity (clæ·riti) *s.* claridad [calidad de claro].

clary (cleˑri) *s.* BOT. amaro, esclarea.

clash (clæsh) *s.* ruido, estruendo, fragor [de un choque, caída, etc.]. *2* choque, encuentro. *3* oposición, antagonismo, discordia, conflicto.

clash (to) *intr.* sonar [al chocar]. *2* chocar, entrechocarse, encontrarse. *3* estar en oposición, en conflicto. — *4 tr.* hacer chocar, batir, golpear.

clashingly (clæ·shingli) *adv.* en oposición, en conflicto. *2* fragorosamente.

clasp (clasp) *s.* broche, cierre, manecilla, manija ; pieza que une, cierra o sujeta : ~ *knife*, navaja de muelles ; cortaplumas, cuchillo plegable [esp. el de varias hojas]. *2* abrazo, apretón. *3* apretón de manos.

clasp (to) *tr.* abrochar, cerrar, sujetar [con broche, cierre, etc.] *2* asir, agarrar, sujetar. *3* abrazar, estrechar. *4* echar [los brazos] alrededor de. *5* estrechar [la mano].

clasper (cla·spø') *s.* el o lo que abrocha, abraza, etc.

class (clas) *s.* clase [grupo, categoría, etc., en que se consideran comprendidas personas o cosas] : ~ *feeling*, sentimiento de clase; ~ *struggle*, ~ *war*, lucha de clases; *first* ~, primera clase; *first* ~ *carriage*, FERROC. coche de primera; *the classes*, las clases altas o cultas de la sociedad. *2* H. NAT. clase. *3* clase [alumnos que asisten juntos al aula, hora en que lo hacen, materia que se les enseña]. *4* (EE. UU.) curso [estudiantes del mismo curso]. *5* fam. distinción, calidad, elegancia. *6* MIL. promoción, reemplazo.

class (to) *tr.* clasificar, ordenar por clases; poner en una clase. — *2 intr.* pertenecer a una clase.

classic (clæ·sic) *adj.* clásico. *2* histórico [barrio, ciudad]. — *3 s.* clásico [autor]. *4* obra clásica [esp. griega o latina].

classical (clæ·sical) *adj.* clásico : ~ *scholar*, humanista; persona docta en lenguas o literatura clásicas.

classically (clæ·sicali) *adv.* clásicamente.

classicism (clæ·sisi̯sm) *s.* clasicismo.

classicist (clæ·sisist) *s.* clasicista.

classifiable (clæsifa·iabøl) *adj.* clasificable.

classification (clæsifike·shøn) *s.* clasificación.

classificator (clæ·sifikeitø') *s.* CLASSIFIER.

classified (clæ·sifaid) *pret.* y *p. p.* de TO CLASSIFY. — *2 adj.* clasificado; ~ *advertisements section* o *column*, sección de anuncios [de un periódico].

classifier (clæ·sifaier) *s.* clasificador [pers.].

classify (to) (clæ·sifai) *tr.* clasificar. ¶ CONJUG. pret. y p. p.: *classified*.

classis (clæ·sis) *s.* clase [en la antigua Roma]. *2* cuerpo gobernante de ciertas iglesias reformadas.

classmate (clæ·smeit) *s.* condiscípulo, compañero de clase.

classroom (clæ·srum) *s.* clase, aula, sala de clases.

classy (clæ·si) *adj.* fam. elegante, distinguido.

clastic (clæ·stic) *adj.* clástico.

clatter (clæ·tø') *s.* martilleo, guachapeo; ruido repetido, como el de pasos o golpes; trápala [del trote de un caballo]. *2* alboroto, gresca. *3* cháchara, parloteo.

clatter (to) *intr.* hacer un ruido repetido como el de pasos o golpes, resonar, guachapear. *2* correr haciendo ruido. *3* charlar, parlotear. — *4 tr.* hacer sonar.

Claude (clod) *n. pr. m.* Claudio.

Claudia (clo·dia) *n. pr. f.* Claudia, Claudina.

claudicant (clo·dicant) *adj.* claudicante, que cojea.

claudicate (to) (clo·dikeit) *intr.* claudicar, cojear.

claudication (clodike·shøn) *s.* claudicación, cojera.

Claudius (clo·diøs) *n. pr. m.* Claudio.

clause (cloš) *s.* GRAM. oración breve; grupo de palabras que constituyen una oración que a su vez es miembro de otra. *2* cláusula, artículo, estipulación.

clause (to) *tr.* GRAM. dividir en oraciones. *2* poner cláusulas.

claustral (clo·stral) *adj.* claustral.

claustrophobia (clostrofou·bia) *s.* MED. claustrofobia.

clavate(d (clei·veit(id) *adj.* BOT., ZOOL. en forma de maza.

clavichord (clæ·vicø'd) *s.* MÚS. clave, clavicordio.

clavicle (clæ·vicøl) *s.* ANAT. clavícula.

clavicular (clavi·kiula') *adj.* clavicular.

clavier (clavi·ø') *s.* MÚS. teclado. *2* instrumento con teclado.

claw (clo) *s.* ZOOL. garfa, garra, presa. *2* uña [de insecto; de pétalo]. *3* pinza [de crustáceo]. *4* fig. garra, mano [del hombre]. *5* MEC. uña, garfio; orejas; ~ *bar*, pie de cabra, palanca en forma de pie de cabra; ~ *clutch*, MEC. embrague de garra; ~ *hammer*, martillo de orejas; fam. frac. *6* MED. ~ *hand*, gafedad.

claw (to) *tr.* e *intr.* arañar, rascar, arpar, rasgar, desgarrar. — *2 tr.* agarrar, hacer presa en. — *3 intr.* MAR. *to* ~ *off*, barloventear [para alejarse de una costa].

clawed (clod) *adj.* armado de garras o uñas.

clay (clei) *s.* arcilla, tierra, barro, greda : ~ *marl*, marga; ~ *pigeon*, plato [para tirar al plato] ; ~ *pigeon shooting*, tiro al plato; ~ *pit*, gredal; barrera [de donde se saca el barro]. *2* fig. tierra, barro, el cuerpo humano. *3* tiza [para escribir].

clay (to) *tr.* embarrar; arcillar; engredar.

clay-cold *adj.* frío, inanimado, sin vida.

clayey (clei·i), **clayish** (clei·ish) *adj.* arcilloso, gredoso.

claymore (clei·mø') *s.* espada escocesa.

clean (clin) *adj.* limpio; ~ *bill* o ~ *bill of health*, patente limpia [de sanidad] ; ~ *bill of lading*, conocimiento de embarque limpio; *to make* ~, limpiar; *to show a* ~ *pair of heels*, escapar a toda prisa. *2* puro, honesto. *3* libre, desembarazado, despejado. *4* neto, distinto, nítido. *5* completo, que no deja nada : *a* ~ *sweep*, un barrido completo, total. *6* bien hecho, bien formado, bien proporcionado, esbelto. *7* hábil, diestro, diestramente ejecutado. *8* COM. no endosado, libre de endosos. *9* IMPR. con pocas correcciones o sin ninguna [prueba]. *10* COM. ~ *acceptance*, aceptación incondicional [de una letra]. — *11 adv.* limpiamente. *12* completamente, enteramente : *to come* ~, pop. confesarlo todo.

clean (to) *tr.* limpiar [de polvo, de suciedad, de impureza, de plantas nocivas, etc.] ; asear. *2* quitar las manchas de; desengrasar. *3* lavar [la vajilla]. *4* mondar. *5* coc. limpiar, preparar [un pescado, un pollo, etc.]. *6* descombrar. *7* depurar [el oro, el aire, etc.]. *8 to* ~ *house*, fig. hacer un barrido, poner algo en orden suprimiendo abusos, corruptelas, etc. *9 to* ~ *out*, vaciar, limpiar; dejar [a uno] sin dinero. *10 to* ~ *up*, hacer la limpieza; asear; limpiar completamente; rebañar, no dejar nada de; desembarazar; acabar, completar; MEC. corregir, rectificar; pop. ganar, sacar [de ganancia].
11 intr. limpiar, hacer limpieza. *12 to* ~ *up*, limpiarse, asearse; llevárselo todo; *to* ~ *up after someone*, limpiar lo que alguno ha ensuciado.

clean-bred *adj.* de pura raza.

clean-cut *adj.* bien cortado, bien definido; claro, preciso, definido.

cleaner (cli·nø') *s.* limpiador, lavador. *2* quitamanchas : *cleaner's shop*, tintorería. *3* instrumento o producto para limpiar; detergente. *4* depurador, purificador [de aire, etc.].

clean-handed *adj.* con las manos limpias, sin culpa.

cleaning (cli·ning) *adj.* de limpieza, que limpia, que sirve para limpiar; ~ *rag*, trapo para limpiar; ~ *woman*, mujer que hace la limpieza. — *2 s.* limpia, limpieza, aseo. *3* desengrase. *4* monda. *5 pl.* limpiaduras; mondaduras.

cleanlily (cle·nlili) *adv.* limpiamente, aseadamente.

clean-limbed *adj.* de miembros o piernas bien proporcionadas.

cleanliness (cle·nlinis) *s.* aseo, limpieza, curiosidad, pulidez. *2* honestidad. *3* tersura.

clean-lived *adj.* de vida limpia, honesta.

cleanly (cle·nli) *adj.* limpio, curioso, aseado. — *2 adv.* (cli·nli) limpiamente, aseadamente. *3* pulidamente.

cleanness (cli·nnis) *s.* limpieza [calidad, estado]. *2* pureza, inocencia. *3* elegancia [de estilo].

cleansable (cle·nšabøl) *adj.* limpiable. *2* purificable.

cleanse (clenš) *tr.* limpiar, lavar. *2* purificar, depurar, purgar, mundificar. *3* absterger.

cleanser (cle·nšø') *s.* limpiador, lavador, purificador. *2* producto para limpiar. *3* FARM. purgante.

clean-shaven *adj.* bien afeitado.

cleansing (cle·nšing) *s.* limpia, lavado. *2* detersión. *3* purificación; absolución.

clear (cli·ø') *adj.* claro. | No tiene los uptornos de ralo; poco espeso; poco subido [color]. *2* limpio, puro. *3* sin tacha, inmaculado, inocente. *4* sereno, despejado. *5* brillante [metal]. *6* terso, raso, abierto. *8* libre [de culpa, de estorbos, de deudas, etc.], desembarazado, despejado, desenredado, expedito, franco: ~ *track*, vía libre. *9* líquido, neto: ~ *profit*, beneficio neto. *10* apartado, alejado [de contacto, fricción o peligro] : *to keep* ~ *of,* mantenerse a distancia de, no acercarse a, evitar. *11* entero, completo. *12* simple, solo. *13* preciso, definido. *14* cierto, seguro [de una cosa]. — *15 s.* claro, espacio [entre objetos]. *16* clara [del tiempo]. *17* PINT. luz, claros. — *18 adv.* claramente. *19* entera, absolutamente. | Gralte. con *away, off,* ~ *out,* etc. : ~ *through,* de parte a parte. *20* sin tocar, sin alcanzar.

clear (to) *tr.* aclarar, clarificar. *2* limpiar [de impurezas o irregularidades]. *3* aclarar, disipar. *4* aclarar [hacer inteligible]. *5* aclarar [el semblante, la voz]. *6* excusar, justificar, absolver. *7* librar [de estorbos], desembarazar, despejar, desocupar : *to* ~ *the table,* levantar la mesa; *to* ~ *the decks, to* ~ *for action,* MAR. hacer zafarrancho de combate; *to* ~ *one's throat,* carraspear, toser ligeramente. *8* desenredar, desembrollar. *9* pasar, salir, etc., sin rozar o chocar con. *10* saltar, salvar [un espacio]; pasar por encima o por el lado de. *11* pagar, liquidar. *12* cancelar [una hipoteca]. *13* desempeñar, librar de cargas u obligaciones. *14* quitar [lo que cubre o estorba]; evacuar [heridos]. *15* MAR. despachar en la aduana. *16* COM. sacar [un beneficio] líquido. *17* COM. pasar [un cheque] por un banco de liquidación. *18* AGR. desmontar, rozar. *19* AGR. mondar [un árbol]. *20* ÁLG. *to* ~ *(an equation) of fractions,* eliminar los denominadores de una ecuación. *21 to* ~ *away,* quitar [estorbos, etc.]; quitar [la mesa]; despejar; disipar [las nubes, etc.]. *22 to* ~ *off,* desbastar, pulir; cancelar [una obligación]. *23 to* ~ *out,* sacar, quitar [lo que embaraza o estorba]; desembarazar, desocupar. *24 to* ~ *up,* aclarar, serenar; limpiar; esclarecer, dilucidar. *25 intr.* aclararse, serenarse. *26* clarear. *27* desembarazarse, desenredarse. *28* despacharse en la aduana. *29* COM. liquidar cuentas. *30 to* ~ *off,* irse, desaparecer; disiparse, amainar. *31 to* ~ *out,* irse, escabullirse; MAR. despacharse y salir [un barco]. *32 to* ~ *up,* abonanzar, serenarse, desencapotarse; arreglarse [una situación embarazosa].

clearage (cli·øridȳ) *s.* despejo. *2* descombro, desmonte.

clearance (cli·ørans) *s.* aclaramiento. *2* despejo [acción]. *3* MEC., ING. huelgo, juego, espacio libre; espacio muerto [de un cilindro]; margen de espacio para el paso de vehículos o buques bajo un puente; para el de trenes en una vía férrea o túnel; para el de piezas que hacen un recorrido, etc. *4* ARTILL. viento. *5* ELECT. distancia radial entre un polo y el inducido de la dínamo. *6* despacho [de aduana] : ~ *papers,* certificado de pago de derechos de aduana. *7* COM. compensación [de cheques, etc.]. *8* COM. beneficio líquido. *9* COM. ~ *sale,* liquidación de existencias.

clear-cut *adj.* bien perfilado, bien definido.

clearer (cli·ørø') *s.* el que despeja, descombra, etc. *2* COM. liquidador.

clear-eyed *adj.* perspicaz.

clear-headed *adj.* inteligente.

clearing (cli·øring) *s.* aclaramiento, despejo; ~ *for action,* MAR. zafarrancho de combate; ~ *of fractions,* ÁLG. eliminación de denominadores. *2* justificación, exculpación. *3* AGR. desmonte, roza. *4* claro, raso; terreno desarbolado, desmontado. *5* COM. liquidación o compensación de balances : ~ *house,* banco o cámara de liquidación o compensación.

clearly (cli·ø'li) *adv.* claramente, distintamente.

clearness (cli·ø'nis) *s.* claridad.

clear-sighted *adj.* clarividente, perspicaz.

clear-sightedness *s.* clarividencia, perspicacia.

clearstarch (to)' (cli·ø'sta·ch) *tr.* almidonar ligeramente.

clearstory (cli·ø'stori) *s.* CLERESTORY.

cleat (clit) *s.* listón, tira o pieza de refuerzo. *2* pieza saliente donde se sujeta algo. *3* MAR. tojino. *4* MAR. cornamusa. *5* ELECT. puente, aislador.

cleat (to) *tr.* asegurar con listón, etc. *2* MAR. atar, asegurar en una cornamusa, etc.

cleavage (cli·vidȳ) *s.* hendidura, división. *2* BIOL. división [de la célula]; segmentación [del huevo]. *3* MINER. división laminar, exfoliación; crucero. *4* QUÍM. desdoblamiento.

1) **cleave** (to) (cliv) *intr.* pegarse, agarrarse, adherirse. *2* apegarse, ser fiel. ¶ CONJUG. pret. y p. p. : *cleaved.*

2) **cleave** (to) *tr.* hender, rajar, abrir, cortar, dividir. — *2 intr.* henderse, partirse. *3* penetrar, abrirse paso. ¶ CONJUG. pret. : *cleft* o *clove;* p. p. : *cleft* o *cloven.*

cleaver (cli·vø') *s.* cuchilla o hacha de carnicero. *2* destral. *3* cortador, hendedor, partidor.

cleavers (cli·vø's) *s.* BOT. presea, amor de hortelano.

cleek (clik) *s.* palo de golf con cabeza de hierro.

clef (clef) *s.* MÚS. clave, llave.

cleft (cleft) *adj.* hendido, partido, agrietado : ~ *palate,* paladar hendido. — *2 s.* hendidura, raja, grieta, rendija.

cleft-footed *adj.* de pata hendida.

clematis (cle·matis) *s.* BOT. clemátide.

Clemency (cle·mensi) *n. pr. f.* Clemencia.

clemency *s.* clemencia. *2* benignidad [del tiempo].

Clement (cle·mønt) *n. pr. m.* Clemente.

clement *adj.* clemente. *2* benigno, suave [tiempo].

clench (clench) *s.* agarro, presión. *2* cosa que agarra o sujeta.

clench (to) *tr.* clavar, fijar, asegurar. *2* remachar, roblar. *3* apretar [los puños, los dientes] ; enclavijar [las manos]. *4* agarrar, empuñar, apretar, sujetar firmemente. *5* fig. remachar [lo dicho o hecho].

clencher (cle·nchø') *s.* agarrador. *2* remachador. *3* argumento o razón decisiva, que no tiene réplica.

clepsydra (cle·psidra) *s.* clepsidra.

cleptomania (cleptomei·nia) *s.* cleptomanía.

clerestory (cli·ø'stori) *s.* claraboya lateral [de una iglesia, estación, etc.].

clergy (clø·'ȳi) *s.* clero; clerecía.

clergyman (clø·'ȳimæn), *pl.* **-men** (-men) *s.* clérigo, eclesiástico, sacerdote, pastor.

cleric (cle·ric) *s.* clérigo. — *2 adj.* clerical [de clérigo].

clerical (cle·rical) *adj.* clerical [de clérigo] ; eclesiástico. *2* POL. clerical. *3* oficinesco, de escribiente, de empleado : ~ *error,* error de pluma. — *4 s.* clérigo, eclesiástico. *5* POL. clerical. *6 pl.* hábitos o vestidos clericales.

clericalism (cle·ricalism) *s.* clericalismo.

clerk (cla·c) *s.* empleado [de oficina o despacho], dependiente, pasante, escribiente, secretario. *2* DER. escribano, actuario. *3* clérigo. *4* ministro auxiliar del culto. *5* ant. clérigo, hombre de letras.

clerk (to) *intr.* trabajar como dependiente u oficinista.

clerkly (cla·'cli) *adj.* de dependiente, de oficinista. *2* diestro en la escritura.

clerkship (cla·'cship) *s.* oficio u ocupación de dependiente u oficinista, empleo, pasantía, escribanía, secretaría.

clever (cle·vø') *adj.* diestro, hábil, mañoso. *2* listo, avisado, capaz, inteligente. *2* (EE. UU.) complaciente.

cleverly (cle·vø'li) *adv.* diestramente, hábilmente, inteligentemente.

cleverness (cle·vø'nis) *s.* destreza, habilidad, maña; talento.

clevis (cle·vis) *s.* abrazadera en forma de U.

clew (clu) *s.* ovillo. *2* MAR. puño de escota : ~ *garnet,* palanquín ; ~ *line,* chafaldete. *3* MAR. anillo del puño de escota. *4* pista, indicio. *5* cuerdas o cordeles con que se suspende la hamaca.

clew (to) *tr.* ovillar. *2* MAR. cargar los puños de las velas. *3* indicar, señalar [dicho de una pista o indicio]. *4* seguir [por una pista o indicio].

cliché (clishei·) *s.* IMPR. clisé. *2* frase estereotipada.

click (clic) *s.* golpecito seco. *2* chasquido [de la lengua]. *3* golpe de tacón. *4* sonido de un pestillo, del gatillo de un arma de fuego, etc. *5* tecleo [de la máquina de escribir]. *6* seguro, disparador, fiador, trinquete.

click (to) *intr.* y *tr.* hacer sonar [con uno o más golpecitos secos] : *to* ~ *the heels,* taconear; cuadrarse militarmente. *2* chascar, hacer chascar [la lengua]. *3 intr.* hacer tictac. *4* sonar, piñonear [el gatillo de un arma]. *5* pop. venir al pelo, pintiparado; quedar bien, tener éxito; dar golpe.

client (clai·ønt) *s.* cliente.

cliental (clai·ǿntal) *adj.* del cliente o de la clientela.

clientele (claiǿnte·l) *s.* clientela.

cliff (clif) *s.* risco, precipicio, escarpa, farallón, acantilado : ~ *dweller,* hombre de las rocas, antiguo indio norteamericano que vivía entre los riscos.

cliffy (cli·fi), **clifty** (cli·fti) *adj.* escarpado, acantilado; escabroso, riscoso.

climacteric (claimæcte·ric) *adj.* climatérico. — *2 s.* período climatérico. *3* período o punto crítico.

climacterical (claimæcte·rical) *adj.* climatérico.

climactic (claimǿ·ctic) *adj.* culminante.

climate (clai·mit) *s.* clima.

climatic (claimæ·tic(al) *adj.* climático.

climatologic(al (claimatolo·ỹic(al) *adj.* climatológico.

climatology (claimato·loỹi) *s.* climatología.

climax (clai·macs) *s.* RET. clímax. *2* culminación, cenit, colmo; punto crítico o culminante.

climb (claim) *s.* trepa, subida, ascenso : ~ *indicator,* AVIA. indicador de ascensión o de altura.

climb (to) *tr.* trepar, subir, escalar. — *2 intr.* trepar, gatear, subir, elevarse, encaramarse. *3* BOT. trepar. *4 to* ~ *down,* bajar, bajar a gatas; desistir uno de sus pretensiones, volverse atrás.

climber (clai·mǿ') *s.* trepador, escalador. *2* fam. arribista. *3* BOT. enredadera, planta trepadora. *4* ORNIT. trepadora [ave]. *5* gancho para trepar.

climbing (clai·ming) *adj.* que trepa o sirve para trepar : ~ *angle,* AVIA. ángulo de subida; ~ *belt,* cinturón de seguridad [para trepar]; ~ *irons,* ganchos sujetos a los pies que se usan para trepar; ~ *rope,* cuerda de nudos. — *2 s.* trepa, subida.

clime (claim) *s.* clima, atmósfera. *2* clima, región.

clinch (clinch) *s.* remache. *2* roblón. *3* grapa, cosa que sujeta. *4* MAR. cierto nudo. *5* fig. argumento irrebatible. *6* agarro, abrazo estrecho; lucha cuerpo a cuerpo.

clinch (to) *tr.* remachar, roblar, rebotar [un clavo]. *2* agarrar, sujetar, afianzar. *3* MAR. entalingar. *4* cerrar [un trato]. *5* establecer, confirmar; remachar [un argumento]. — *6 intr.* agarrarse, abrazarse fuertemente.

clincher (cli·nchǿ') *s.* remachador. *2* roblón, laña, clavo remachado; clavo de remachar. *3* argumento decisivo; que no tiene réplica. *4* ~ *tire,* neumático de talón; ~ *work,* obra con juntas de solapa; MAR. tingladillo.

cling (to) (cling) *intr.* asirse, aferrarse, adherirse, pegarse : *to* ~ *to,* agarrarse o adherirse a; persistir en; confiar en. *2* persistir [un recuerdo, un olor, etc.]. ¶ CONJUG. pret. y p. p.: *clung.*

clinging (cli·nguing) *adj.* adhesivo. *2* adherido, colgante, pendiente.

clingstone (cli·ngstoun) *adj.* de carne pegada al hueso [fruta]. — *2 s.* hueso [de fruta] pegado a la carne; fruta que lo tiene así : durazno, peladillo, etc.

clingy (cli·ngui) *adj.* adhesivo, tenaz.

clinic (cli·nic) *s.* clínica [parte práctica de la enseñanza de la medicina]. *2* clínica [de hospital], dispensario, consultorio. — *3 adj.* clínico.

clinical (cli·nical) *s.* clínico : ~ *chart,* hoja clínica, gráfica de un enfermo; ~ *medicine,* medicina clínica; ~ *thermometer,* termómetro clínico. *2* ECLES. administrado a un enfermo o moribundo [sacramento].

clinician (clini·shan) *s.* clínico, experto en medicina clínica.

clink (clinc) *s.* tintín. *2* fam. prisión, cárcel, calabozo.

clink (to) *tr.* hacer tintinear : *to* ~ *glasses,* hacer chocar las copas. — *2 intr.* tintinear.

clinker (cli·ncǿ') *s.* cosa que tintinea. *2* remachador. *3* roblón, clavo de remachar. *4* ladrillo muy duro. *5* ladrillo de superficie vitrificada. *6* pedazo o masa de impurezas o materias vitrificadas en el horno; escoria. *7* pedazo de escoria volcánica. *8* ~ *work,* CLINCHER WORK.

clinker (to) *tr.* causar la formación de escorias en. — *2 intr.* formar escorias, obstruirse con escorias.

clinker-built *adj.* MAR. de tingladillo.

clinking (cli·nking) *adj.* tintineante. *2* pop. estupendo, de primera.

clinkstone (cli·ncstoun *s.* PETROG. fonolita.

clinometer (claino·mitǿ') *s.* clinómetro.

clinometry (claino·metri) *s.* clinometría.

clinquant (cli·ngcant) *s.* oropel.

clip (clip) *s.* grapa, pinza, sujetapapeles, sujetador, abrazadera, clip. *2* CIR. pinzas. *3* cargador [de pistola, etc.]. *4* tijeretada, tijeretazo, corte. *5* recorte, recortadura, cercenadura. *6* esquileo. *7* vellón [lana cortada]. *8* fam. golpe, puñetazo. *9* paso o movimiento rápido : *at a good* ~, a buen paso.

clip (to) *tr.* abrazar, ceñir; agarrar, sujetar. *2* cortar, recortar, cercenar : *to* ~ *the wings of,* cortar las alas a. *3* acortar, disminuir, escatimar. *4* suprimir sílabas o letras [de una palabra], apocopar. *5* esquilar, trasquilar. *6* cortar el pelo. *7* fam. arrear [a uno] un golpe vivo, un puñetazo. — *8 intr.* correr, moverse con rapidez. ¶ CONJUG. pret. y p. p.: *clipped;* ger.: *clipping.*

clipper (cli·pǿ') *s.* recortador, cercenador. *2* esquilador. *3* maquinilla para cortar el pelo. *4* cizalla. *5* AVIA., MAR. clíper. *6* pop. pers. o cosa excelente. *7 pl.* tijeras podadoras o de esquilar.

clipping (cli·ping) *s.* recortadura, cercenadura. *2* esquileo. *3* acortamiento [de palabras]. *4 pl.* recortes, cortaduras, retales. *5* recortes de prensa. — *6 adj.* que corta o recorta ; de recortes : ~ *bureau,* agencia que distribuye recortes de publicaciones a sus clientes. *7* fam. rápido. *8* pop. excelente, de primera.

clique (clic) *s.* pandilla, corrillo, camarilla.

clique (to) *intr.* apandillarse.

clitoris (clai·toris) *s.* ANAT. clítoris.

cloaca (clouei·ca) *s.* letrina, cloaca. *2* ZOOL. cloaca.

cloak (clouc) *s.* capa, manto : *military* ~, ~ *hanger,* cuelgacapas. *2* capa [lo que encubre o disimula, excusa, pretexto].

cloak (to) *tr.* encapar, encapotar, cubrir. *2* encubrir, embozar, disimular.

cloak-and-sword *adj.* de capa y espada.

cloakroom (clou·krum) *s.* guardarropa [en un teatro, etc.].

cloche (cloush) *s.* tapadera, gralte. de cristal, en forma de campana. *2* sombrero de mujer, casi sin alas y acampanado. *3* AVIA. palanca de mando de campana.

clock (cloc) *s.* reloj [de mesa o de pared] : *two o'clock, three o'clock,* las dos, las tres; *what o'clock is it?,* ¿qué hora es? *2* cuadrado [de las medias]. — *3 adj.* de reloj : ~ *dial,* ~ *face,* espera de reloj; ~ *meter,* ELECT. contador de reloj; ~ *tower,* torre de reloj; ~ *weight,* pesa de reloj.

clock (to) *tr.* cronometrar. *2* registrar el tiempo, la velocidad de.

clockmaker (clo·cmeikǿ') *s.* relojero.

clockmaking (clo·cmeiking) *s.* relojería [arte].

clocksmith (clo·csmiz) *s.* relojero.

clockwise (clo·cwaiš) *adv.* y *adj.* en el sentido de las saetas del reloj.

clockwork (clo·cwǿ'c) *s.* maquinaria de reloj : *like* ~, como un reloj, con gran regularidad y precisión. *2* mecanismo de relojería. *3* cosa regular o automática. — *4 adj.* regular, automático.

clod (clod) *s.* terrón, gleba. *2* trozo, pella. *3* tierra, suelo, césped. *4* gaznápiro, zoquete.

clod (to) *intr.* aterronarse. — *2 tr.* tirar terrones a. ¶ CONJUG. pret. y p. p.: *clodded;* ger.: *clodding.*

cloddy (clo·di) *adj.* lleno de terrones. *2* rechoncho [perro].

clodhopper (clo·djopǿ') *s.* patán, destripaterrones. *2 pl.* zapatos fuertes de trabajo.

clog (clog) *s.* traba, peso [que estorba el movimiento]. *2* obstáculo, embarazo, estorbo. *3* zueco, chanclo, galocha, chapín : ~ *dance,* baile con zuecos.

clog (to) *tr.* cargar, embarazar, estorbar, entorpecer. *2* obstruir, atorar. — *3 intr.* cargarse [de materia extraña]. *4* apiñarse, aterronarse, aborujarse. *5* obstruirse, atorarse. ¶ CONJUG. pret. y p. p.: *clogged;* ger.: *clogging.*

clogginess (clo·guinis) *s.* estado aterronado. *2* tendencia a la aglutinación, pegajosidad. *3* calidad de lo que embaraza o entorpece.

cloggy (clo·gui) *adj.* aterronado. *2* aglutinante, pegajoso. *3* que embaraza, entorpece u obstruye.
cloister (cloi·stø') *s.* ARQ. claustro. *2* claustro, vida monástica.
cloister (to) *tr.* enclaustrar. *2* proveer de claustro.
cloistered (cloi·stø'd) *adj.* enclaustrado. *2* provisto de claustro.
cloisterer (cloi·størø') *m.* monje, religioso.
cloistral (cloi·stral) *adj.* claustral.
cloistress (cloi·stris) *f.* monja.
clonic (clo·nic) *adj.* MED. clónico.
1) **close** (clouš) *s.* fin, término, conclusión : *the ~ of the day*, la caída de la tarde. *2* cierre, clausura. *3* cierre, unión [de partes]. *4* lucha cuerpo a cuerpo. *5* MÚS. cadencia.
2) **close** (clous) *s.* cercado, coto, parcela ; terrenos, recinto de una finca, una catedral, etc. *2* corral [de granja].
3) **close** *adj.* cerrado : *~ box*, caja cerrada ; *~ defense*, AJED. defensa cerrada ; *~ formation*, MIL. columna cerrada. *2* acotado, vedado ; de veda : *~ season*, *~ time*, tiempo de veda. *3* cercado, encerrado. *4* incomunicado. *5* estrecho, apretado, justo, ajustado. *6* oculto, secreto. *7* reservado, callado [pers.]. *8* estrecho, ahogado, mal ventilado [lugar]. *9* cubierto, pesado, sofocante [tiempo, atmósfera]. *10* agarrado, mezquino. *11* espeso, tupido, compacto, denso. *12* próximo, cercano, contiguo, inmediato : *~ neighbour*, vecino próximo ; *~ to the road*, inmediato al camino. *13* reñido [combate, elección, etc.]. *14* muy igualado, casi empatado : *~ contest*, lucha o competición muy igualada. *15* difícil de obtener, retraído [dinero]. *16* exacto, estricto, fiel : *~ translation* traducción exacta, fiel. *17* cuidadoso, detenido, concienzudo, atento, preciso, riguroso : *~ examination*, examen detenido ; *~ observer*, observador atento ; *~ questioning*, interrogatorio riguroso ; *~ reasoning*, razonamiento preciso. *18* estrecho, íntimo : *~ connection*, relación estrecha, íntima ; *~ friends*, amigos íntimos. *19* breve, conciso. *20* limitado, restringido. *21* FONÉT. cerrado. *22* ~ *call*, pop. escape difícil, milagroso, por un pelo. *23* ~ *corporation*, sociedad anónima cuyos consejeros son los propietarios de las acciones. *24* ~ *fertilization*, BOT. autofecundación, fecundación [por el polen de la misma flor. *25* ~ *quarters*, contacto inmediato, lucha casi cuerpo a cuerpo ; lugar estrecho. *26* ~ *shave*, afeitado riguroso ; escape difícil, por un pelo.
27 adv. muy cerca. *28* de cerca, estrechamente, apretadamente. *29* a raíz, cerca de la superficie. *30* ~ *by*, muy cerca. *31* ~ *to*, cerca de, próximo o junto a ; animado o apegado a ; en relaciones muy íntimas con.
close (to) (clouš) *tr.* cerrar. *2* tapar, obstruir. *3* apretar, tupir, unir, consolidar. *4* cercar, rodear : *to ~ in*, cerrar, encerrar. *5* concluir, ultimar. *6* clausurar ; levantar [una sesión]. *7* COM. *to ~ out*, saldar, liquidar [géneros ; una cuenta]. *8 to ~ up*, cerrar completamente ; finiquitar. — *9 intr.* cerrarse. *10* acercarse. *11* luchar, agarrarse. *12* terminar, fenecer. *13* convenirse, ponerse de acuerdo. *14 to ~ in*, acercarse rodeando ; cerrar [la noche] ; *to ~ in on* o *upon*, rodear, estrechar. *15 to ~ with*, cerrar [con el enemigo]. *16* MAR. *to ~ with the land*, acercarse a tierra.
close-bodied *adj.* ajustado al cuerpo, ceñido. *2* compacto, tupido.
close-coupled *adj.* de lomo corto [perro]. *2* que tiene poco espacio entre los asientos delanteros y los traseros [automóvil]. *3* ELECT. *close-coupled circuit*, circuito compuesto de dos, uno abierto y otro cerrado.
closed (cloušd) *adj.* cerrado : *~ book*, libro cerrado, asunto concluido ; *~ car*, AUTO. coche cerrado, conducción interior ; *~ circuit*, ELECT. circuito cerrado ; *~ door*, DER. INTERN. puerta cerrada [restricción de derechos, franquicias, etc., en colonias o zonas de influencia] ; *~ sea*, mar cuyas aguas son totalmente jurisdiccionales ; *~ shop*, taller que sólo admite obreros sindicados ; *~ syllable*, sílaba cerrada o trabada. *2* concluido, terminado, ultimado ; *~ issue*, asunto concluido, cosa resuelta. *3* vedado, de veda : *~ season*, tiempo de veda.

closed-coil *adj.* ELECT. de bobinas acopladas a circuitos cerrados.
closefisted (clou·sfistid) *adj.* cicatero, miserable, tacaño.
close-fitting *adj.* ajustado [que viene justo]. *2* ceñido al cuerpo, entallado.
close-grained *adj.* de textura fina y compacta, de grano fino.
closehanded (clousjæ·ndid) *adj.* CLOSEFISTED.
close-hauled *adj.* MAR. de bolina, ciñendo el viento.
close-lipped *adj.* callado, reservado.
closely (clou·sli) *adv.* estrechamente. *2* fuertemente, sólidamente. *3* contiguamente. *4* de cerca. *5* atentamente, cuidadosamente. *6* con economía, mezquinamente.
close-mouthed *adj.* callado, reservado.
closeness (clou·snis) *s.* encierro, estrechez. *2* densidad, apretamiento. *3* proximidad, contigüidad. *4* intimidad. *5* unión, dependencia. *6* falta de aire, mala ventilación. *7* reserva, cautela. *8* cicatería, tacañería. *9* fidelidad, exactitud [de una copia, una traducción, etc.].
close-out *s.* COM. liquidación.
close-stool *s.* sillico, silla retrete.
closet (clo·šit) *s.* gabinete, camarín ; lugar íntimo. *2* retrete, excusado. *3* armario, alacena. — *4 adj.* secreto, confidencial. *5* teórico, de gabinete. *6* propio para estudio o lectura : *~ play*, comedia más propia para ser leída que para ser representada.
closet (to) *tr.* guardar en un armario ; esconder, ocultar. *2* encerrar en un aposento [para una entrevista reservada] : *to be closeted with*, encerrarse con, tener una entrevista reservada con.
close-up *s.* CINEM. vista de cerca. *2* fotografía tomada de cerca.
closing (clou·šing) *s.* cierre [acción de cerrar]. *2* final, conclusión, clausura. — *3 adj.* de cierre, de clausura, final, último ; ~ *price*, última cotización [de un valor en Bolsa].
closure (clou·ỹu') *s.* cierre. *2* encierro. *3* fin, conclusión. *4* POL. procedimiento parlamentario para poner fin a un debate [especie de guillotina]. *5* FONÉT. oclusión.
closure (to) *tr.* POL. poner fin a [un debate] por el procedimiento llamado *closure*.
clot (clot) *s.* grumo, coágulo, cuajarón.
clot (to) *intr.* agrumarse, coagularse, cuajarse. ¶ CONJUG. pret. y p. p. : *clotted*; ger. : *clotting*.
cloth (cloz) *s.* paño, tela, tejido : *~ beam*, *~ roller*, TEJ. plegador de la pieza ; *~ binding*, encuadernación en tela ; *~ fuller*, batanero, enfurtidor de paños ; *~ prover*, cuentahilos ; *~ shearer*, tundidor ; *~ yard*, yarda. *2* trapo, paño [para limpiar, etc.]. *3* MAR. lona. *4* mantel. *5* vestido o ropa clerical ; clero ; profesión eclesiástica. *6* mantilla [de caballo].
clothbound (clo·zbaund) *adj.* encuadernado en tela.
clothe (to) (cloud) *tr.* vestir [con ropa o vestidos] ; trajear. *2* vestir, cubrir. *3* revestir, investir : *to ~ with authority*, investir de autoridad. ¶ CONJUG. pret. y p. p. : *clothed* o (sólo en estilo literario) *clad*.
clothes (clouš) *s. pl.* vestidos, vestimenta, vestuarios, ropaje ; ropa [de vestir ; interior ; de cama, de la colada, etc.] : *suit of ~*, terno, traje ; *~ beetle*, mazas, pala [de lavandera] ; *~ cleaner*, quitamanchas ; *~ closet*, cuarto ropero ; *~ dryer*, secadora para la ropa ; *~ hanger*, colgador, percha ; *~ moth*, ENTOM. polilla ; *~ pole*, palo de tendedero ; *~ rack*, perchero ; *~ wringer*, escurridor de ropa.
clothesbasket (clou·šbæskit) *s.* cesta de la ropa o de la colada.
clothesbrush (clou·šbrøsh) *s.* cepillo para la ropa.
clotheshorse (clou·šjo's) *s.* enjugador [para la ropa].
clothespost (clou·špoust) *s.* poste de tendedero, cuerda para tender la ropa.
clothesman (clou·šmæn), *pl.* **-men** (-men) *s.* prendero, ropavejero.
clothespin (clou·špin) *s.* pinzas de tender ropa.
clothesline (clou·šlain) *s.* cuerda de tendedero.
clothespress (clou·špres) *s.* armario para la ropa.
clothier (clou·điø') *s.* pañero. *2* batanero. *3* ropero [vendedor].

clothing (clou·ding) *s.* ropa, vestidos. 2 MAR. velas. 3 revestimiento de planchas, etc.

Clotilda (cloti·lda) *n. pr. f.* Clotilde.

clotted (clo·tid), **clotty** (clo·ti) *adj.* grumoso, coagulado.

cloture (clou·chø′) *s.* CLOSURE [procedimiento para poner fin a un debate].

cloud (claud) *s.* nube [masa de vapor; multitud; cosa que oscurece, que altera la serenidad] : *storm* ~, nubarrón; ~ *drift*, cúmulo de nubes; método de esparcir los insecticidas desde un avión; *in the clouds*, entre las nubes; quimérico, ilusorio; *under a* ~, bajo sospecha; en desgracia. 2 nublado. 3 nube [en una piedra preciosa]. 4 borrón, defecto.

cloud (to) *tr.* nublar, anublar. 2 obscurecer, empañar, manchar. 3 abigarrar, motear. — *4 intr.* nublarse, obscurecerse.

cloudberry (clau·dberi) *s.* BOT. especie de frambueso y su fruto.

cloud-built *adj.* aéreo, sin fundamento, quimérico, imaginario.

cloudburst (clau·dbø′st) *s.* aguacero, chaparrón.

cloud-capped *adj.* altísimo, coronado de nubes.

cloudily (clau·dili) *adv.* oscura, nebulosamente.

cloudiness (clau·dinis) *s.* nebulosidad. 2 oscuridad, opacidad.

cloudland (clau·dlænd) *s.* reino de la fantasía.

cloudless (clau·dlis) *adj.* sereno, despejado, sin nubes.

cloudy (clau·di) *adj.* nuboso. 2 nublado. 3 nebuloso. 4 vaporoso. 5 obscuro, sombrío. 6 turbio, empañado. 7 nubarrado. 8 FOT. velado. 9 dudoso, sospechoso.

clough (cløf) *s.* quebrada, cañada.

clout (claut) *s.* cíbica, cibicón. 2 clavo de zapato. 3 [en el tiro con arco] blanco; tiro que da en el blanco; flechazo. 4 fam. golpe, bofetada, golpe con los nudillos en la cabeza. 5 ant. rodilla. paño, trapo. 6 pañal, metedor. 7 remiendo. — *8 adj.* ~ *nail,* clavo de zapato, clavo para clavetear.

clout (to) *tr.* cubrir [con paño, cuero, etc.] ; vendar. 2 remendar toscamente. 3 clavetear [un zapato, etc.]. 4 golpear, abofetear, dar un golpe con los nudillos en la cabeza. 5 proveer de cíbica o cibicón.

1) **clove** (clouv) *s.* BOT. clavero. girofle. 2 clavo [de especia] : ~ *tree,* clavero, girofle. 3 diente [de ajo]. 4 MAR. ~ *hitch,* ballestrinque. 5 BOT. ~ *pink,* clavel.

2) **clove** *pret.* de TO CLEAVE.

cloven (clou·vøn) *p. p.* de TO CLEAVE. — *2 adj.* partido, hendido : ~ *foot,* ~ *hoof,* pata hendida ; *to show the* ~ *hoof,* fam. enseñar la oreja, enseñar la pata.

cloven-footed, cloven-hoofed *adj.* patihendido, bisulco. 2 diabólico.

clover (clou·vø′) *s.* BOT. trébol : *sweet* ~, trébol oloroso, meliloto; *in* ~, fig. en la prosperidad, en el lujo, en la abundancia.

clovered (clou·vø′d) *adj.* lleno de trébol.

Clovis (clou·vis) *n. pr. m.* Clodoveo.

clown (claun) *s.* payaso, bufón, clown. 2 rústico, patán, paleto. 3 grosero mal educado.

clown (to) *intr.* hacer el payaso, bufonear.

clownery (clau·nøri) *s.* payasada, bufonada.

clownish (clau·nish) *adj.* de payaso, bufonesco. 2 rústico, zafio. 3 grosero, mal educado.

clownishly (clau·nishli) *adv.* toscamente, zafiamente. 2 groseramente.

clownishness (clau·nishnis) *s.* tosquedad, zafiedad. 2 grosería. 3 bufonería.

cloy (to) *tr.* hartar, hastiar, empalagar.

cloying (clo·ing), **cloysome** (clo·søm) *adj.* hastioso, empalagoso.

club (cløb) *s.* clava, cachiporra, porra, garrote : ~ *law* (EE. UU.), ley del garrote, gobierno por la fuerza. 2 maza [de hacer gimnasia]. 3 DEP. bate. 4 DEP. maza o palo [de golf]. 5 basto o trébol [de la baraja]. 6 club, círculo, sociedad : ~ *car,* FERROC. coche arreglado como un salón de club, con butacas, mesas de escribir, periódicos, etc. 7 BOT. ~ *grass,* ~ *rush,* espadaña. 8 BOT. ~ *moss,* licopodio.

club (to) *tr.* apalear, aporrear. — *2 intr.* formar club. 3 unirse [para un fin] ; contribuir para un gasto común, escotar. 4 apelotonarse. ¶ CONJUG. pret. y p. p. : *clubbed;* ger. : *clubbing.*

clubbed (clø·bd) *adj.* en forma de clava o maza.

clubbist (clø·bist) *s.* socio de un club.

clubfoot (clø·bfut) *s.* pie zopo, de piña. 2 pateta.

clubfooted (clø·bfutid) *adj.* zopo del pie, de pies de piña.

clubhouse (clø·bjaus) *s.* club, local de un club.

clubman (clø·bmæn), *pl.* **-men** (-men) *s.* socio de un club.

cluck (cløc) *s.* cloqueo, clo clo [de la gallina] ; voz que lo imita.

cluck *intr.* cloquear, hacer clo clo.

clue (clu) *s.* indicio, pista, guía, clave [para entender, resolver, descubrir]. 2 CLEW.

clump (clømp) *s.* grupo [de árboles o arbustos]. 2 masa, terrón. 3 zoquete, tarugo. 4 suela gruesa. 5 pisada fuerte.

clump (to) *tr.* formar un grupo [de árboles o arbustos] ; agrupar, arracimar. — *2 intr.* agruparse, arracimarse. 3 andar torpemente con pisadas fuertes.

clumsier (clø·mšiø′) *adj. comp.* de CLUMSY.

clumsiest (clø·mšiest) *adj. superl.* de CLUMSY.

clumsily (clø·mšili) *adv.* desmañadamente, torpemente, chapuceramente.

clumsiness (clø·mšinis) *s.* torpeza, desmaña. 2 tosquedad, pesadez.

clumsy (clø·mši) *adj.* torpe, desmañado, chapucero. 2 mal hecho, tosco, pesado ; difícil de manejar.

clung (cløng) *pret.* y *p. p.* de TO CLING.

Cluniacensian (cluniase·nshan) *s.* cluniacense.

cluster (clø·stø′) *s.* racimo, macolla, piña, ramo, ramillete. 2 grupo, hato, agregado. 3 enjambre [de abejas]. 4 BOT. ~ *pine,* pino marítimo, pino rodeno.

cluster (to) *intr.* arracimarse, apiñarse, agruparse. — *2 tr.* apiñar, amontonar, agrupar.

clustery (clø·støri) *adj.* arracimado, apiñado, agrupado.

clutch (cløch) *s.* uña, garra : *to fall into the clutches of,* caer en las garras de. 2 agarro, acción de apretar, de tener sujeto, dominio, poder. 3 MEC. embrague ; pedal de embrague : *to throw the* ~ *in,* embragar ; *to throw the* ~ *out,* desembragar. 4 MEC. mecanismo para sujetar. 5 nidada.

clutch (to) *tr.* asir, agarrar, empuñar, apretar. — *2 intr. to* ~ *at,* tratar de coger ; asir bruscamente, con avidez.

clutter (clø·tø′) *s.* desorden, confusión. 2 barahúnda, batahola.

clutter (to) *tr.* poner en desorden ; llenar desordenadamente. — *2 intr.* alborotar, meter ruido ; atropellarse, correr en desorden.

clyster (cli·stø′) *s.* MED. clistel, clister, enema.

clyster (to) *tr.* MED. clisterizar.

coacervate (to) (couæ·ş′veit) *tr.* coacervar.

coacervation (couæsø′ve·shøn) *s.* coacervación.

coach (couch) *s.* coche, carroza, diligencia : ~ *box,* pescante; ~ *dog,* perro dálmata; ~ *house,* cochera. 2 FERROC. vagón de pasajeros. 3 carrocería [de auto]. 4 profesor particular [esp. el que prepara para exámenes, etc.]. 5 DEP. entrenador.

coach (to) *tr.* llevar en coche. 2 preparar [para exámenes, etc.] ; dar lecciones a, adiestrar, entrenar. — *3 intr.* pasear en coche. 4 dar lecciones ; hacer de entrenador. 5 *to* ~ *with,* prepararse con, tomar lecciones de [un profesor] ; ser entrenado por.

coach-and-four *s.* coche de cuatro caballos.

coacher (cou·chø′) *s.* profesor particular, preparador. 2 entrenador. 3 caballo de coche.

coaching (cou·ching) *s.* lecciones particule es; preparación para exámenes, etc. 2 ent name nto.

coachmaker (cou·chmeikø′) *s.* carrocero.

coachman (cou·chmæn), *pl.* **-men** (-men) *s.* cochero.

coachmanship (cou·chmænship) *s.* habilidad para conducir o guiar coches.

coachmaster (cou·chmæstø′) *s.* alquilador de coches.

coachwhip (cou·chjuip) *s.* látigo de cochero.

coact (to) (couæ·ct) *intr.* obrar juntos, de concierto. 2 ant. compeler, obligar.

coaction (couæ·cshon) *s.* coacción. 2 acción conjunta, concertada.

coactive (couæ·ctiv) *adj.* coactivo. 2 cooperante.

coadjument (couæ·dỹiumønt) *s.* ayuda mutua.
coadjutant (coæ·dỹutant) *adj.* cooperante. — 2 *s.* auxiliar.
coadjutor (couæ·dỹiutø') *s.* coadjutor, ayudante. 2 obispo auxiliar.
coadjutrix (couæ·dỹiutrics) *f.* coadjutora.
coadjuvancy (couæ·dỹiuvansi) *s.* cooperación.
coadministrator (cou·ædmi·nistreitø') *s.* coadministrador.
coadunate (couæ·diunet) *tr.* coadunar.
coadunation (couædiune·shøn) *s.* coadunación.
coagent (couei·ỹent) *s.* coagente.
coagulability (couæguiulabi·liti) *s.* calidad de coagulable, propiedad de coagularse.
coagulable (couæ·guiulabøl) *adj.* coagulable.
coagulant (couæ·guiulant) *adj.* y *s.* coagulante.
coagulate (to) (couæ·guiuleit) *tr.* coagular, cuajar, solidificar. — 2 *intr.* coagularse, cuajarse.
coagulation (couæguiule·shøn) *s.* coagulación.
coagulative (couæ·guiuletiv) *adj.* coagulante. 2 coaguloso.
coagulator (couæ·guiuleitø') *s.* coagulador.
coagulum (couæ·guiuløm) *s.* coágulo.
coal (coul) *s.* carbón [materia] : *brown ~*, lignito; *hard ~*, antracita; *soft ~*, carbón graso; *~ basin*, cuenca hullera; *~ brick*, aglomerado de carbón; *~ bunker*, MAR. carbonera, pañol del carbón; *~ dump*, vertedero o depósito para los residuos de carbón; *~ dust*, carbonilla, polvo de carbón; *~ field*, yacimiento de carbón; *~ gas*, gas de hulla; gases de la combustión del carbón; *~ heaver*, cargador de carbón; *~ hod*, cubo para el carbón; *~ measures*, GEOL. estratos carboníferos; *~ mine*, mina de carbón; *~ miner*, minero de carbón; *~ oil*, petróleo, aceite mineral; *~ pipe*, MIN. veta de carbón delgada e irregular; *~ rake*, hurgón; *~ scuttle*, cubo para el carbón; *~ ship*, barco carbonero; *~ tar*, alquitrán de hulla; *~ tongs*, tenazas de chimenea. 2 ascua, brasa : *to heap coals of fire on one's head*, causar remordimiento devolviendo bien por mal; *to haul o drag over the coals*, reñir, poner como un trapo. 3 ORNIT. *~ tit*, *~ titmouse*, azabache.
coal (to) *tr.* carbonear; carbonizar. 2 proveer de carbón. — 3 *intr.* proveerse de carbón.
coal-black *adj.* negro como el carbón.
coalbox (cou·lbocs), **coalbin** (cou·lbin) *s.* carbonera.
coaldealer (cou·ldrlø') *s.* carbonero, tratante en carbón.
coalesce (to) (couale·s) *intr.* unirse, incorporarse, fundirse.
coalescence (couale·søns) *s.* unión, fusión.
coaling (cou·ling) *adj.* carbonero, de aprovisionamiento de carbón : *~ station*, puerto donde los buques pueden aprovisionarse de carbón. — 2 *s.* aprovisionamiento de carbón.
coalition (couali·shøn) *s.* unión, fusión. 2 coalición.
coalitionist (couali·shønist) *s.* coalicionista.
coalmouse (cou·lmaus) *s.* ORNIT. azabache.
coalpit (cou·lpit) *s.* mina de carbón.
coaly (cou·li) *adj.* carbonoso. — 2 *s.* fam. cargador de carbón.
coalyard (cou·lya·d) *s.* carbonería, almacén de carbón.
coaming (cou·ming) *s.* MAR. brazola.
coaptation (couæpte·shøn) *s.* coaptación.
coarctate (couæ·cteit) *adj.* BIOL. comprimido, apretado.
coarctation (coa·cte·shøn) *s.* MED. contracción, estrechez.
coarse (co·'s) *adj.* tosco, grosero, ordinario, basto, burdo ; *~ wool*, lana burda. 2 vulgar, chabacano, soez. 3 áspero, grueso : *~ file*, lima de desbastar ; *~ sand*, arena gruesa.
coarse-grained *adj.* de fibra o grano grueso. 2 fig. tosco, grosero, rudo.
coarsely (co·'sli) *adv.* toscamente. 2 groseramente.
coarsen (to) (co·'søn) *tr.* e *intr.* volver o volverse tosco, burdo, grueso, o grosero.
coarseness (co·'snis) *s.* tosquedad, basteza. 2 ordinariez, vulgaridad, grosería.
coast (co·ust) *s.* costa [del mar] ; orilla [de un lago] ; *~ artillery*, artillería de costa ; *~ guard*, carabineros ; vigilancia de costas ; carabinero o guardia de vigilancia de costas ; *~ trade*, cabotaje; *the ~ is clear*, ya no hay peligro, el campo está libre. 2 (EE. UU. y Can.) pendiente, deslizadero ; bajada deslizándose o en bicicleta sin pedalear.
coast (to) *intr.* bordear [andar por la orilla]. 2 MAR. navegar cerca de la costa ; perlongar ; hacer el cabotaje. 3 (EE. UU. y Can.) deslizarse por una pendiente [en trineo, etc.] ; bajarla en bicicleta sin pedalear, o en automóvil desembragado. — 4 *tr.* MAR. costear.
coastal (cou·stal) *adj.* costanero, costero.
coaster (cou·stø') *s.* práctico de costa. 2 barco costero o de cabotaje. 3 habitante de la costa. 4 salvamanteles. 5 (EE. UU. y Can.) trineo [para deslizarse] tobogán; el que se desliza en trineo o tobogán. 6 *~ brake*, freno de contrapedal [de bicicleta].
coasting (cou·sting) *s.* MAR. cabotaje. 2 (EE. UU. y Can.) acto o deporte de deslizarse cuesta abajo.
coastline (cou·stlain) *s.* litoral, línea de la costa.
coastwise (cou·stwaiš) *adv.* a lo largo de la costa. — 2 *adj.* costanero.
coat (cout) *s.* chaqueta, *saco; casaca; abrigo : *~ hanger*, percha, colgador; *~ tail*, faldón [de chaqué, levita, etc.]; *morning ~*, *cutaway ~*, chaqué; *frock ~*, levita; *lady's ~*, abrigo de señora; *tail ~*, frac, casaca; *to dust one's ~*, sacudirle el polvo a uno; *to trail one's ~*, buscar pendencia; *to turn one's ~*, volver casaca, cambiar de partido. 2 capa, mano [de pintura, etc.]. 3 FISIOL. capa, tegumento, túnica. 4 MEC. cubierta, revestimiento, funda. 5 ALBAÑ. tendido. 6 ZOOL. capa, pelaje, lana, plumaje. 7 BLAS. *~ of arms*, escudo de armas; tabardo; *~ armour*, armas [de una persona, etc.]. 8 *~ of mail*, cota de malla.
coat (to) *tr.* cubrir, vestir, revestir. 2 dar una capa, una mano, bañar; azogar.
coated (co·utid) *adj.* vestido con chaqueta, casaca, abrigo, etc. 2 cubierto, revestido, bañado. 3 MED. saburrosa [lengua].
coati (co·ati) *s.* ZOOL. coatí, cuatí.
coating (cou·ting) *s.* capa, revestimiento; mano [de pintura, etc.]. 2 ALBAÑ. blanqueo; enlucido. 3 paño, tela [para chaquetas, etc.].
coatroom (co·ut-rum) *s.* CLOAKROOM.
coattail (cou·tteil) *s.* faldón de chaqué, levita, etcétera].
coauthor (couo·zø') *s.* coautor.
coax (to) (coucs) *tr.* instar o persuadir con halagos, engatusar. 2 obtener o sacar con halagos, engatusar.
coaxer (cou·csø') *s.* engatusador.
coaxial (couæ·csial) *adj.* coaxial.
coaxing (cou·csing) *s.* halago, engatusamiento.
cob (cob) *s.* pedazo redondo de hulla, mineral, etc. : *~ coal*, hulla en pedazos redondos. 2 carozo, zuro [de maíz]. 3 avellana gruesa. 4 cisne macho. 5 jaca, caballito. 6 ORN. variedad de gaviota. 7 ZOOL. araña. 8 duro, peso fuerte [español]. 9 mezcla de arcilla, arena y paja para hacer tapia.
cobalt (cou·bolt) *s.* QUÍM. cobalto : *~ blue*, azul de cobalto.
cobble (co·bøl) *s.* guijarro. 2 *pl.* hulla en pedazos; galleta [carbón].
cobble *tr.* enguijarrar, empedrar con guijarros. 2 remendar, componer [esp. zapatos]. 3 chapucear, chafallar. — 4 *intr.* componer zapatos.
cobbler (co·blø') *s.* remendón, zapatero de viejo : *cobbler's wax*, cerote. 2 chapucero. 3 (EE. UU.) bebida helada compuesta de vino, azúcar y limón.
cobblestone (co·bølstoun) *s.* guijarro.
cobnut (co·bnøt) *s.* avellana grande.
cobra (cou·bra) *s.* ZOOL. cobra, serpiente de anteojos.
cobweb (co·bweb) *s.* telaraña. 2 fig. red, añagaza.
cobwebbed (co·buebd) *adj.* telarañoso.
coca (cou·ca) *s.* BOT. coca, *hayo.
cocain, cocaine (coukei·n) *s.* QUÍM. cocaína.
cocainize (to) (coukei·naiš) *tr.* tratar o anestesiar con cocaína.
coccid (co·csid) *s.* ENTOM. cualquier insecto de la familia de los cóccidos.
Coccidæ (co·csidi) *s. pl.* ENTOM. cóccidos.
cocciferous (cocsi·førøs) *adj.* BOT. que produce bayas.
cocculus (co·kiuløs) *s.* BOT. coca de Levante.
coccus (co·cøs), *pl.* **cocci** (co·csai) *s.* coco [bacteria]. 2 cochinilla [materia colorante].
coccygeal (cocsi·ỹial) *adj.* coccígeo.
coccyx (co·csics) *s.* ANAT. cóccix, coxis.

Cochin o **cochin** (co·chin) *adj.* de Cochinchina [gallina]. — *2 s.* gallina de Cochinchina.

cochineal (cochinı·l) *s.* cochinilla, grana [colorante] : ~ *insect.* cochinilla [insecto]; ~ *cactus,* ~ *fig,* BOT. nopal.

cochlea (co·clia), *pl.* **-ae** (-i) *s.* H. NAT. cóclea. *2* ANAT. caracol [del oído].

cochlear (co·clia') *adj.* coclear.

cochlearia (coclie·ria) *s.* BOT. coclearia.

cock (coc) *s.* ORNIT. gallo [ave]. *2* macho de cualquier ave [esp. en palabras compuestas]. *3* fig. gallo, amo; jefe, caudillo : *the* ~ *of the walk,* el gallito del lugar. *4* veleta, giralda. *5* llave, espita, grifo. *6* gatillo, can [de arma de fuego]; su posición cuando el arma está amartillada. *7* estilo, gnomon [de reloj de sol] *8* montón [de heno, paja, etc.]. *9* ala levantada [de sombrero]. *10* inclinación hacia arriba; ladeo.

cock (to) *intr.* gallear, darse tono. — *2 tr.* amartillar, montar [un arma de fuego]. *3* levantar, erguir, enderezar; dar una inclinación airosa o provocativa a. *4* levantar las alas [de un sombrero]. *5* amontonar [heno, paja, etc.]. *6 to* ~ *one's eye,* hacer un guiño; lanzar una mirada de inteligencia, de insinuación o de burla.

cockade (cokei·d) *s.* escarapela, cucarda.

cock-a-doodle-do (co·caduđøldu·) *s.* quiquiriquí [voz del gallo].

cock-a-hoop (cocaju·p) *adj.* alegre, triunfante. *2* engreído. *3* achispado.

cock-and-bull story *s.* exageración jactanciosa, cuento increíble.

cockatoo (cocatu·) *s.* ORNIT. cacatúa.

cockatrice (co·catris) *s.* MIT. basilisco.

cockboat (co·cbout) *s.* bote, lancha.

cockbrain (co·cbrein) *s.* atolondrado, alocado.

cockchafer (cocchei·fø') *s.* ENTOM. abejorro [coleóptero].

cockcrow (co·ccrou), **cockrowing** (co·ccrouing) *s.* canto del gallo, el alba.

cocked hat (coct jæt) *s.* sombrero de candil, de tres picos : *to knock into a cocked hat,* fam. destrozar, apabullar.

cocker (co·kø') *s.* luchador. *2* aficionado a las riñas de gallos. *3 cocker* o ~ *spaniel,* perro zarzero, perro de caza de una casta de origen español.

cocker (to) *tr.* mimar, acariciar.

cockerel (co·cørel) *s.* ORNIT. pollo, gallito. *2* fig. joven presuntuoso.

cocket (co·ket) *s.* sello o guía de la aduana.

cockeyed (co·caid) *adj.* bizco. *2* disparatado.

cock-fighter *s.* aficionado a las riñas de gallos.

cock-fighting *s.* riña de gallos; deporte de las riñas de gallos.

cock-horse *s.* caballito mecedor [juguete].

cockle (co·køl) *s.* ZOOL. berberecho [molusco] : ~ *hat,* sombrero de peregrino. *2* barquichuelo. *3* cúpula de horno. *4* BOT. cizaña, joyo. *5* BOT. ballico. *6* arruga, bolsa, pliegue : fig. *the cockles of the heart,* las entretelas del corazón.

cockle (to) *tr.* arrugar, abollar. — *2* arrugarse, abollarse. *3* encresparse [las olas].

cocklebout (co·kølbout) *s.* barquichuelo.

cocklebur (co·kølbø') *s.* BOT. bardana, cadillo.

cockled (co·køld) *adj.* granoso, rugoso [papel]. *2* arrugado, ondulado.

cockleshell (co·kølshel) *s.* concha de berberecho. *2* concha de peregrino. *3* fig. cascarón de nuez.

cockloft (co·cloft) *s.* desván, buhardilla.

cockmaster (co·cmæstø') *s.* gallero, dueño de gallos de pelea.

cockmatch (co·cmætch) *s.* riña de gallos.

cockney (co·cni) *s.* londinense de la clase popular que habla un lenguaje característico.

cockpit (co·cpit) *s.* gallera [reñidero de gallos]. *2* TEAT. cazuela. *3* AVIA. cabina del piloto. *4* MAR. entarimado del sollado. *5* MAR. [en un yate] parte baja de la cubierta de popa que da entrada a la cámara.

cockroach (co·crouch) *s.* ENTOM. cucaracha, corredera.

cockscomb (co·cscoum) *s.* cresta de gallo. *2* gorro de bufón. *3* BOT. moco de pavo. *4* nombre de otras plantas. *5* COXCOMB.

cockspur (co·cspø') *s.* espolón de gallo.

cocksure (co·cshu') *adj.* segurísimo. *2* muy seguro de sí mismo. — *3 adv.* con entera seguridad.

cocktail (co·cteil) *s.* combinado, cóctel : ~ *shaker,* coctelera.

cockswain (co·csøn o co·csuein) *s.* COXSWAIN.

cockup (co·køp) *adj.* levantado, enderezado. *2* IMPR. de mayor tamaño [inicial].

cocky (co·ki) *adj.* arrogante. *2* engreído, hinchado. *3* fanfarrón.

coco (cou·cou) *s.* BOT. coco; cocotero.

cocoa *s.* cacao [árbol, polvo y bebida] : ~ *bean,* grano de cacao, cacao en grano; ~ *butter,* manteca de cacao. *2* BOT. coco; cocotero.

cocoanut, coconut (cou·counøt) *s.* coco [fruto] : ~ *fiber,* fibra de coco, bonote; ~ *milk,* leche de coco; ~ *oil,* aceite de coco; ~ *palm,* ~ *tree,* cocotero.

cocoon (cøcu·n) *s.* capullo [del gusano de seda y de otras orugas].

cocoonery (cøcu·nøri) *s.* criadero de gusanos de seda.

coctile (co·ctil) *adj.* cocido en horno.

coction (co·cshøn) *s.* cocción, cochura.

cod (cod) *s.* bolsa [de una red]. *2* ICT. bacalao, abadejo : *cod-liver oil,* aceite de hígado de bacalao. *3* escroto.

coda (cou·dæ) *s.* MÚS. coda.

coddle (to) (co·døl) *tr.* consentir, mimar; tratar con excesivo cuidado. *2* cocer [huevos, fruta, etc.] en agua que no llega a hervir.

code (coud) *s.* código [cuerpo de leyes, conjunto de reglas] : ~ *of honour,* código del honor. *2* código [de señales], cifra, clave.

code (to) *tr.* cifrar [poner en cifra o clave].

codein(e (cou·din) *s.* QUÍM. codeína.

codex (co·decs), *pl.* **codices** (co·disiš) *s.* códice.

codfish (co·dfish) *s.* ICT., coc. bacalao, abadejo.

codger (co·dჳø') *s.* fam. tipo, chiflado.

codicil (co·disil) *s.* codicilo.

codification (codifike·shøn) *s.* codificación.

codifier (co·difaiø') *s.* codificador.

codify (to) (co·difai) *tr.* codificar. ¶ CONJUG. pret. y p. p.: *codified.*

codling (co·dling) *s.* bacalao pequeño. *2* variedad de manzana.

coed, co-ed (cou·ed) *s.* fam. (EE. UU.) alumna de una escuela coeducativa.

coeducation (couedჳuke·shon) *s.* coeducación.

coeducational (couedჳuke·shønal) *adj.* de coeducación, coeducativo.

coefficiency (couifi·shønsi) *s.* coeficiencia.

coefficient (couifi·shønt) *adj.* y *s.* coeficiente : ~ *of efficiency,* MEC. rendimiento; ~ *of expansion.* coeficiente de dilatación; ~ *of magnetic leakage,* ELECT. coeficiente de dispersión magnética.

coefficiently (couifi·shøntli) *adj.* de modo coeficiente.

Coelenterata (sile·ntørata) *s. pl.* ZOOL. celentéreos.

coelenterate (sile·ntøreit) *adj.* y *s.* celentéreo.

coeliac (si·liæc) *adj.* ANAT. celíaco.

coelom (si·løm) *s.* ZOOL. celoma.

coelomate (si·lomeit) *adj.* y *s.* ZOOL. celomado.

coequal (coui·cual) *adj.* y *s.* igual [a otro].

coerce (to) (couø·s) *tr.* coercer. *2* forzar, obligar.

coercible (couø·sibøl) *adj.* coercible.

coercion (couø·'shøn) *s.* coerción. *2* coacción, compulsión.

coercive (couø·'siv) *adj.* coercitivo. *2* coactivo.

coessential (couese·nshal) *adj.* que tiene el mismo ser o esencia.

coetaneous (couitei·niøs) *adj.* coetáneo.

coeternal (couitø·'nal) *adj.* coeterno.

coeternity (couitø·'niti) *s.* coeternidad.

coeval (coui·val) *adj.* coevo. — *2 adj.* y *s.* contemporáneo.

coexecutor (couigše·kiutø') *s.* coalbacea.

coexist (to) (couigši·st) *intr.* coexistir.

coexistence (couigši·støns) *s.* coexistencia.

coexistent (coigši·stønt) *adj.* coexistente.

coextend (to) (couicste·nd) *tr.* extender simultáneamente. — *2 intr.* coextenderse.

coextension (couicte·nshøn) *s.* coextensión.

coextensive (couicste·nsiv) *adj.* coextensivo.

coextensively (couicte·nsivli) *adv.* coextensivamente.

coffee (co·fi) *s.* café [grano; bebida; planta] : ~ *beans,* café en grano; ~ *berry,* cereza del café; ~ *cake,* bollo que gralte. se come con el café; ~ *grinder,* ~ *mill,* molinillo de café; ~ *grounds,* poso del café; ~ *grower,* ~ *planter,* dueño de cafetales, plantador de café; ~ *plant*, ~ *tree*, cafeto; ~ *plantation*, cafetal; ~ *roaster*, tambor, tostador de café.

coffeehouse (co·fijaus) *s.* establecimiento donde se sirven café, té, desayunos y ciertos manjares. 2 ant. café [establecimiento].

coffeepot (co·fipot) *s.* cafetera [utensilio].

coffeeroom (co·firum) *s.* café, bar, esp. de un hotel, etc.

coffer (co·føʳ) *s.* cofre, arca. 2 ARQ. artesón hondo, lagunar. 3 ALBAÑ. espacio que se rellena con cemento, cascote, etc. 4 *pl.* tesoro, hacienda, fondos.

coffer (to) *tr.* poner en cofre; guardar. 2 ARQ. artesonar: *coffered ceiling*, artesonado. 3 MIN. encofrar.

cofferdam (co·føʳdæm) *s.* ataguía, caja dique. 2 MAR. compartimento estanco.

coffin (co·fin) *s.* ataúd, féretro, caja. 2 fam. carraca, buque malo. 3 VET. casco [de caballería]: ~ *bone*, bolillo [hueso].

coffin (to) *tr.* meter en el ataúd. 2 fig. encerrar [en una celda, etc.].

cog (cog) *s.* MEC. diente [de engranaje]; rueda dentada: *to slip a* ~, fig. equivocarse. 2 CARP. espiga, lengüeta. 3 botequín. 4 engaño, falsedad.

cog (to) *tr.* dentar [una rueda]. 2 CARP. ensamblar con espiga o lengüeta. 3 engañar. 4 hacer trampa al echar [los dados]. — 5 *intr.* hacer trampas [esp. en los dados]. ¶ CONJUG. pret. y p. p.: cogged; ger.: cogging.

cogency (cou·yensi) *s.* fuerza [lógica o moral].

cogent (cou·yent) *adj.* poderoso, convincente, concluyente.

cogged (co·gd) *adj.* MEC. dentado [rueda, etc.]. 2 fraudulento.

cogitable (co·yitabøl) *adj.* que se puede pensar.

cogitate (to) (co·yiteit) *intr.* cogitar, meditar, reflexionar.

cogitation (coyite·shøn) *s.* cogitación, meditación, reflexión.

cogitative (co·yiteitiv) *adj.* cogitativo. 2 cogitabundo, reflexivo.

cognac (co·ñæc) *s.* coñac.

cognate (co·gneit) *adj.* y *s.* cognado. — 2 *adj.* afín, de la misma naturaleza u origen.

cognatic (cogna·tic) *adj.* cognaticio.

cognation (cogne·shøn) *s.* cognación. 2 afinidad, entronque.

cognition (cogni·shøn) *s.* cognición.

cognitive (co·gnitiv) *adj.* cognoscitivo.

cognizable (co·gnisabøl) *adj.* cognoscible. 2 DER. de la competencia de. 3 DER. enjuiciable.

cognizance (co·gnisans) *s.* cognición. 2 noticia, conocimiento. 3 divisa, distintivo. 4 DER. competencia, jurisdicción.

cognizant (co·gnisant) *adj.* sabedor, enterado, informado, impuesto.

cognize (to) (co·gnaiš) *tr.* conocer, percibir, reconocer.

cognomen (cognou·men) *s.* cognomento. 2 apellido, apodo.

cognominal (cogno·minal) *adj.* referente al apellido o al cognomen.

cognominate (to) (cogno·mineit) *tr.* apellidar [dar apellido].

cognomination (cognomine·shøn) *s.* cognomento.

cognoscible (cogno·sibøl) *adj.* cognoscible, cónocible.

cognoscitive (cogno·sitiv) *adj.* cognoscitivo.

cognovit (cognou·vit) *s.* DER. conocencia.

cograil (co·greil) *s.* riel dentado, cremallera.

cogway (co·gwei) *s.* ferrocarril de cremallera.

cogwheel (co·gjuil) *s.* rueda dentada.

cohabit (to) (couje·bit) *intr.* cohabitar.

cohabitant (couje·bitant) *s.* convecino.

cohabitation (coujæbitei·shøn) *s.* cohabitación.

coheir (coue·øʳ) *s.* coheredero.

coheir (to) *tr.* coheredar.

coheiress (coue·øris) *s.* coheredera.

cohere (to) (cojiø·ʳ) *intr.* adherirse, pegarse, unirse. 2 adaptarse, conformarse, corresponder.

coherence (coji·ørens) *s.* coherencia.

coherency (coji·ørensi) *s.* coherencia [cualidad].

coherent (coji·ørent) *adj.* coherente.

coherer (coji·ørøʳ) *s.* cohesor.

cohesion (coji·yøn) *s.* cohesión.

cohesive (coji·siv) *adj.* cohesivo.

cohesively (coji·sivli) *adv.* cohesivamente.

cohort (cou·joʳt) *s.* cohorte.

coif (cóif) *s.* cofia [de mujer]; gorra, papalina; birrete. 2 ARM. cofia. 3 capacete.

coif (to) *tr.* cubrir la cabeza: *to* ~ *St. Catherine*, quedar para vestir imágenes.

coiffeur (cuaføʳ) *s.* peluquero.

coiffeuse (cuafø·š) *s.* peluquera, peinadora.

coiffure (coi·fiu') *s.* tocado, peinado.

coign (cóin) *s.* esquina saliente, ángulo: ~ *of vantage*, posición ventajosa. 2 cuña.

coil (cóil) *s.* rollo [de cuerda, etc.]; rosca, espiral, vuelta [de arrollamiento, carrete, etc.], aduja. 2 ELECT. arrollamiento, carrete, bobina. 3 serpentín [de alambique]. 4 rizo [de cabello]. 5 ant. tumulto, barahúnda.

coil (to) *tr.* arrollar, enrollar, enroscar. 2 adujar. — 3 *intr.* enrollarse, enroscarse.

coin (cóin) *s.* moneda [acuñada]: *to pay one in his own* ~, pagar en la misma moneda. 2 cuño. 3 pop. dinero. 4 esquina, ángulo, cuña.

coin (to) *tr.* acuñar, troquelar, batir; amonedar: *to* ~ *money*, acuñar o batir moneda; fam. (Ingl.) hacer moneda falsa; fig. enriquecerse, ganar mucho dinero. 2 convertir en dinero. 3 forjar, inventar: *to* ~ *a word*, inventar una palabra. — 4 *intr.* hacer moneda falsa.

coinage (coi·nidÿ) *s.* acuñación, amonedación, braceaje. 2 monedas, moneda acuñada. 3 sistema monetario. 4 forja, invención.

coincide (to) (couinsai·d) *intr.* coincidir. 2 convenir [con[; estar de acuerdo.

coincidence, -cy (coui·nsidøns, -si) *s.* coincidencia. 2 acuerdo, conformidad.

coincident (coui·nsidønt) *adj.* coincidente.

coincidental (couin·sidøntal) *adj.* coincidente. 2 relativo a la coincidencia. 3 que realiza dos operaciones a la vez.

coindication (couindike·shøn) *s.* indicio que coincide con otro.

coined (co·ind) *adj.* acuñado, amonedado. 2 forjado, inventado.

coiner (coi·nøʳ) *s.* acuñador. 2 monedero falso. 3 forjador, inventor.

coinheritance (couinje·ritans) *s.* herencia en común.

coinheritor (coinje·ritoʳ) *s.* coheredero.

coinsurance (couinshiu·rans) *s.* coaseguro. 2 seguro en que el asegurado figura como coasegurador.

coir (coir o cair) *s.* bonote, fibra de coco.

coition (coi·shøn), **coitus** (coui·tøs) *s.* coito, cópula.

coke (couc) *s.* cok, coque.

coke (to) *tr.* e *intr.* convertir o convertirse en coque.

cola (cou·læ) *s.* FARM. cola.

colander (cø·lendøʳ) *s.* colador, pasador, escurridor [utensilio].

colchicum (co·lchicøm) *s.* BOT. cólquico.

colcothar (co·lcozaʳ) *s.* QUÍM. colcótar.

cold (could) *adj.* frío [de baja temperatura]; indiferente; desafecto, desdeñoso; falto de gracia o de espíritu]; frígido, helado: ~ *blood*, sangre fría; *in* ~ *blood*, a sangre fría; ~ *chisel*, cortafrío; ~ *cream*, colcrén, pomada para el cutis; ~ *cuts*, fiambres; ~ *feet*, HORT. mal estado de las plantas debido al exceso de agua; fig. miedo, desánimo, cobardía; ~ *meat*, carne fría, fiambre; ~ *pack*, MED. compresa fría; ~ *steel*, arma blanca, armas blancas; ~ *storage*, conservación en cámara frigorífica; ~ *sweat*, sudor frío; ~ *war*, guerra fría; ~ *wave*, ola de frío; *to be* ~, estar frío, tener frío; hacer frío; *it is* ~, hace frío; *to give one the* ~ *shoulder*, tratar o acoger con frialdad, con desdén. 2 desalentador. 3 desalentado. 4 frío [lejos de lo que se busca]. 5 débil, perdido [rastro, pista]. 6 PINT. frío, color 7 insensible, muerto. 8 desnudo [sin adornos o comentarios]: *the* ~ *facts*, los hechos desnudos. 9 pop. que ya no interesa, pasado de moda. 10 MED. ~ *abscess*, tumor frío; ~ *sore*, pústulas en los labios debidas a un resfriado o a la fiebre.

11 *s.* frío: *to leave out in the* ~, abandonar, dejar colgado, dejar a la luna de Valencia. 12 frialdad. 13 enfriamiento, resfriado, catarro: ~ *in the head*, romadizo, fluxión; *to take* ~, *to catch a* ~, resfriarse.

cold-blooded adj. ZOOL. de sangre fría. 2 hecho a sangre fría. 3 insensible, despiadado, cruel. 4 friolento. 5 que no es de pura raza.
cold-draw (to) tr. METAL. estirar en frío.
cold-drawn adj. METAL. estirado en frío.
cold-hearted adj. duro, insensible.
cold-roll (to) tr. METAL. laminar en frío.
cold-rolled adj. METAL. laminado en frío.
coldly (cou·ldli) adv. friamente.
coldness (cou·ldnis) s. frialdad.
cold-shoulder (to) tr. fam. tratar o acoger con frialdad o desdén.
cold-storage adj. frigorífico [para conservar en frío] : cold-storage house o plant, cámara o instalación frigorífica.
cole (coul) s. BOT. col. 2 BOT. colza.
Coleoptera (coulio·ptøra) s. pl. ENTOM. coleópteros.
coleopteran (coulio·ptøran) adj. y s. ENTOM. coleóptero.
coleopterous (coulio·ptørøs) adj. ENTOM. coleóptero.
coleseed (cou·lsid) s. semilla de col o colza.
coleslaw (cou·lslo) s. ensalada de col picada.
colewort (cou·luø't) s. BOT. col, berza. 2 BOT. colza.
coli (co·lai) s. BACT. colibacilo.
colibacillosis (colibæsilou·sis) s. MED. colibacilosis.
colic (co·lic) adj. y s. cólico.
colicky (co·liki) adj. que tiene o produce cólico.
coliseum (colisi·øm) s. coliseo.
colitis (colai·tis) s. MED. colitis.
collaborate (to) (cølæ·boreit) intr. colaborar.
collaboration (cølæbore·shøn) s. colaboración.
collaborationist (cølæbore·shønist) s. colaboracionista.
collaborator (cølæ·boreitø') s. colaborador.
collapse (cølæ·ps) s. aplastamiento; derrumbamiento, hundimiento, desplome. 2 fracaso, ruina. 3 MED. colapso; postración.
collapse (to) intr. derrumbarse, hundirse, desplomarse, venirse abajo. 2 fracasar. 3 sufrir colapso, postración. 4 plegarse, doblarse, aplastarse. — 5 tr. hacer hundirse o desplomarse. 6 aplastar, doblar, plegar [reducir de volumen plegando, doblando, desarmando, etc.].
collapsible (cølæ·psibøl) adj. plegable, desmontable, abatible : ~ boat, bote plegable; ~ hat, clac [sombrero].
collar (co·la') s. cuello de camisa, chaqueta, etc.]. 2 cuello postizo, valona, golilla, etc. : ~ stud, botón para el cuello. 3 collar [de animal, de esclavo; de una orden] : to slip the ~, escaparse, desenredarse. 4 cinta, faja que rodea. 5 MEC. collar, zuncho, manguito, aro. 6 collera, horcajo. 7 ARQ. collarino, anillo. 8 BOT. unión de la raíz con el tronco. 9 COC. trozo de carne o pescado enrollado y atado. 10 ARQ. ~ beam, entrecinta.
collar (to) tr. acollarar [poner collar o collera]. 2 fig. abrumar de trabajo. 3 coger por el cuello [de la chaqueta, etc.]; prender. 4 fam. coger, apoderarse de.
collarband (co·larbænd) s. tirilla de camisa.
collarbone (co·la'boun) s. clavícula, islilla.
collared (co·la'd) adj. BLAS. que lleva collar.
collards (co·la'dš) s. pl. BOT. variedad de col rizada.
collaret(te (colare·t) s. cuello de encaje o piel. 2 collar de cuentas.
collate (to) (cølei·t) tr. colacionar, cotejar, compulsar. 2 ECLES. dar [a uno] colación de un beneficio.
collateral (colæ·tøral) adj. paralelo, puesto lado a lado. 2 auxiliar, subordinado, accesorio indirecto. 3 concomitante, correspondiente, coordinado. 4 colateral [pariente, línea]. 5 COM. subsidiario. — 6 s. COM. garantía subsidiaria; garantía.
collaterally (colæ·tørali) adv. paralelamente, lado a lado. 2 accesoriamente, indirectamente. 3 colateralmente [por línea colateral].
collation (cole·shøn) s. colación, cotejo. 2 colación, refacción, merienda. 3 ECLES. colación [de un beneficio]. 4 DER. colación de bienes.
collator (colei·tø') s. el que colaciona o coteja. 2 ECLES. colador.
colleague (co·lig) s. colega.
colleague (to) (co·lig) intr. coligarse.
collect (co·lect) s. LITURG. colecta. — 2 (cole·ct) adj. que se cobra a la entrega [telegrama, recado, etc.].

collect (to) (cole·ct) tr. congregar. 2 juntar, recoger, coleccionar. 3 colegir, inferir. 4 colectar, recaudar, cobrar : ~ on delivery, contra reembolso, páguese a la entrega. 5 dominar [un caballo]. 6 recobrar el dominio [de sí mismo, de sus facultades] : to ~ oneself, serenarse, reponerse, volver en sí. — 7 intr. congregarse, juntarse, acumularse. 8 pedir, hacer una cuestación.
collectable (cole·ctabøl) adj. COLLECTIBLE.
collected (cole·ctid) adj. congregado, reunido, coleccionado. 2 sereno, sosegado, dueño de sí mismo.
collectedly (cole·ctidli) adv. juntamente. 2 sosegadamente, serenamente.
collectedness (cole·ctidnis) s. calma, serenidad, dominio de sí mismo.
collectible (cole·ctibøl) adj. cobrable, cobradero.
collection (cole·cshøn) s. reunión, congregación [acción]. 2 recogida [de correspondencia, etc.]. 3 recaudación, cobranza, cobro. 4 colecta, cuestación. 5 colección, conjunto. 6 recopilación. 7 acción de recobrar uno [su serenidad, etc.]. 8 pl. acumulación [de agua, polvo, etc.]. 9 exámenes de fin de periodo [en Oxford].
collective (cole·ctiv) adj. colectivo : ~ bargaining, contrato colectivo [de trabajo]. 2 formado por unión o agregación. — 3 s. GRAM. nombre colectivo. 4 reunión, colección, agregado.
collectively (cole·ctivli) adv. colectivamente.
collectiveness (cole·ctivnis) s. carácter colectivo.
collectivism (cole·ctiviẑm) s. colectivismo.
collectivist (cole·ctivist) adj. y s. colectivista.
collectivity (colecti·viti) s. colectividad.
collectivization (colectiviẑe·shøn) s. colectivización.
collectivize (to) (cole·ctivaiẑ) tr. colectivizar.
collector (cole·ctø') s. colector, coleccionador, coleccionista. 2 compilador, recopilador. 3 recaudador, cobrador : ~ of customs, administrador de aduanas; ~ of taxes, recaudador de contribuciones. 4 ELECT. colector.
collectorship (cole·cto'ship) s. colecturía. 2 recaudación [cargo, oficina, territorio]. 3 práctica del coleccionista.
colleen (co·lin o coli·n) s. niña, muchacha.
collegatary (coule·gateri) s. colegatario.
college (co·lidẏ) s. colegio [corporación] : ~ of cardinals, colegio de cardenales. 2 colegio [donde se cursan estudios superiores] ; cada una de las instituciones que constituyen ciertas universidades. 3 reunión, conjunto. 4 ant. asilo, hospital. 5 pop. (Ingl.) prisión, cárcel.
collegial (coli·ẏial) adj. colegial.
collegian (coli·ẏian) s. individuo o estudiante de un colegio. 2 pop. (Ingl.) preso [esp. de una prisión de deudores].
collegiate (coli·ẏieit) adj. colegiado [constituido en colegio]. 2 colegial [iglesia] : ~ church, colegiata. 3 de estudiantes, para estudiantes.
collegiate (to) tr. colegiar [constituir en colegio].
collegiation (coliẏie·shøn) s. colegiación.
collet (co·lit) s. MEC. collar, boquilla. 2 JOY. engaste.
collide (to) (colai·d) intr. chocar, topar, entrar en colisión. 2 estar en conflicto, oponerse.
collie (co·li) s. perro de pastor de Escocia.
collier (co·liø') s. minero [de las minas de carbón]. 2 barco carbonero. 3 tratante en carbón.
colliery (co·liøri), pl. -ies (-is) s. mina de carbón.
colligate (to) (co·ligueit) tr. atar, unir. 2 juntar, relacionar.
colligation (coligue·shøn) s. acción de unir, de juntar. 2 coligación, enlace.
collimate (to) (co·limeit) tr. ÓPT. ajustar la visual [de un instrumento].
collimation (colime·shøn) s. ÓPT. colimación.
collimator (colimei·tø') s. ÓPT. colimador.
collinear (coli·nia') adj. en línea recta. 2 MEC. que actúan en la misma línea [fuerzas].
collineate (to) (coli·nieit) tr. hacer paralelos [rayos de luz]. 2 TO COLIMATE.
collineation (colinie·shøn) s. alineación. 2 colimación.
colliquation (colicue·shøn) s. MED. colicuación.
colliquative (coli·cuativ) adj. colicuativo.
collision (coli·ẏøn) s. colisión, choque. 2 colisión, oposición, pugna, antagonismo.
collocate (to) (co·lokeit) tr. colocar, ordenar.
collocation (coloke·shøn) s. colocación, ordenación.
collodion (cølou·dion) s. colodión.

colloid (coˈloid) *adj.* y *s.* QUÍM., FÍS. coloide.
colloidal (coloiˈdal) *adj.* coloidal : ~ *fuel*, combustible constituido por una suspensión coloidal estabilizada de polvo de polvo de carbón en un aceite.
collop (coˈløp) *s.* tajada, pedacito.
colloquial (colouˈcuial) *adj.* coloquial, familiar [lenguaje, acepción, etc.].
colloquialism (colouˈcuiališm) *s.* estilo o expresión coloquial o familiar.
colloquially (colouˈcuiali) *adv.* en estilo familiar.
colloquy (coˈlocui) *s.* coloquio, conversación.
collude (to) (coluˈd) *intr.* coludir, confabularse, conspirar.
collusion (coluˈȳøn) *s.* colusión, confabulación, contubernio.
collusive (coluˈsiv) *adj.* colusorio. 2 hecho en confabulación. 3 confabulado.
collusively (coluˈsivli) *adv.* con colusión o confabulación.
collusiveness (coluˈsivnes) *s.* carácter colusorio.
collusory (coluˈsori) *adj.* colusorio.
collutory (coˈlutori) *s.* FARM. colutorio.
collyrium (coliˈriøm) *s.* MED. colirio.
colocynth (coˈlosinẑ) *s.* BOT. coloquíntida.
Cologne (colouˈn) *n. pr.* GEOGR. Colonia. — 2 *s.* (con min.) agua de Colonia.
Colombia (cølømˈbiæ) *n. pr.* GEOGR. Colombia.
Colombian (cølømˈbiæn) *adj.* y *s.* colombiano.
colon (couˈløn) *s.* ANAT. colon. 2 ORT. dos puntos.
colonel (cøˈnel) *s.* MIL. coronel.
colonelcy (cøˈnelsi), **colonelship** (cøˈnelship) *s.* coronelía, *coronelato.
colonial (colouˈnial) *adj.* colonial. 2 BIOL. que forma o está formado por colonias.
colonist (coˈlonist) *s.* colono [de una colonia]; colonizador.
colonization (coloniˈsešhøn) *s.* colonización.
colonize (to) (coˈlonaiš) *tr.* colonizar. — 2 *intr.* formar una colonia, establecerse en ella.
colonizer (coˈlonaišø') *s.* colonizador.
colonnade (coløneiˈd) *s.* columnata.
colony (coˈloni) *s.* colonia.
colophon (coˈlofon) *s.* colofón.
colophony (cøløˈføni) *s.* colofonia.
color, coloration, etc. = COLOUR, COLOURATION, etc.
Colorado (cøloreiˈdo) *n. pr.* GEOGR. Colorado.
coloratura (cøløraˈtuˈra) *s.* MÚS. floreos y cadencias [en el canto].
colorific (cøløˈfic) *adj.* colorativo.
colorimeter (cøløriˈmitø') *s.* colorímetro.
colorimetric (cølørimeˈtric) *adj.* colorimétrico.
colorimetry (cøløriˈmitri) *s.* colorimetría.
colossal (coloˈsal), **colossean** (colosiˈan) *adj.* colosal, descomunal.
Colosseum (colosiˈøm) *s.* coliseo.
colossus (coloˈsøs) *s.* coloso.
colostrum (coloˈstrøm) *s.* calostro.
colour, color (cøˈlø') *s.* color : ~ *blindness*, acromatopsia, daltonismo; ~ *chart*, cuadro de los colores, guía colorimétrica; ~ *film*, película en colores; ~ *filter*, FOT. filtro cromofotográfico; ~ *index*, índice colorimétrico; ~ *line* o *bar*, distinción social, económica y política entre la raza blanca y las de color; ~ *plate*, lámina en colores; ~ *screen*, FOT. pantalla de color, de interceptación de colores; *off* ~, pálido, indispuesto; pop. (EE. UU.) de mal gusto, verde, escabroso; *to lose* ~, palidecer, perder el color. 2 colorido. 3 tinta, tinte, matiz. 4 apariencia, visos; excusa, pretexto : *to give* o *to lend* ~ *to*, dar visos de probabilidad o verdad a, hacer parecer probable o verdadero; *under* ~ *of*, so color de, bajo pretexto o con pretexto de. 5 palo [en los naipes]. 6 (esp. en *pl.*) colores [como distintivo], colores nacionales, bandera, pabellón, enseña; ~ *bearer*, ~ *sergeant*, MIL. abanderado; ~ *guard*, MIL. guardia de honor de la bandera; *to hoist the colours*, izar, enarbolar la bandera; *to show one's colours*, dar a conocer su verdadero carácter; declarar sus opiniones, partido, etc.; *with flying colours*, a banderas desplegadas, triunfalmente. 7 el ejército, el servicio militar : *to call to the colours*, llamar a filas. 8 *pl.* MAR. (EE. UU.) saludo que se hace a la bandera en los buques de guerra.
colour, color (to) (cøˈlø') *tr.* colorar, colorear, colorir, pintar, teñir, iluminar. 2 colorear, paliar, disfrazar; embellecer, exagerar. — 3 *intr.* colo-

rear, tomar color. 4 enrojecer, ponerse colorado.
colourable, colorable (cøˈlørabøl) *adj.* que se puede colorar. 2 especioso.
colouration, coloration (cøløreˈshøn) *s.* coloración, colorido.
colour-blind, color-blind *adj.* y *s.* daltoniano [que padece daltonismo].
coloured, colored (cøˈlø'd) *adj.* de color, coloreado; teñido, iluminado. 2 de color [negro, mulato, etc.]. 3 engañoso, especioso. 4 exagerado, adornado, disfrazado. 5 parcial, tendencioso.
colourful, colorful (cøˈlø'ful) *adj.* lleno de colorido, vívido, pintoresco.
colouring, coloring (cøˈløring) *s.* coloración. 2 color, colorido. 3 colorante. 4 apariencia especiosa, disfraz. — 5 *adj.* colorante, colorativo.
colourist, colorist (cøˈlø'rist) *s.* colorista.
colourless, colorless (cøˈlø'lis) *adj.* descolorido, incoloro. 2 sin carácter, sin personalidad. 3 neutral, imparcial.
colourman, colorman (cøˈlø'mæn), *pl.* **-men** (-men) *s.* fabricante o vendedor de colores.
coloury, colory (cøˈlø'ri) *adj.* abundante en color. 2 COM. de buen color [tabaco, café, etc.].
colporteur (coˈlpo'tø') *s.* el que distribuye o vende libros o folletos religiosos.
colt (coult) *s.* ZOOL. potro. 2 fig. joven, inexperto, sin juicio. 3 azote con un nudo.
Colt *s.* tipo de pistola o revólver.
colter (couˈltø') *s.* cuchilla [del arado].
coltish (couˈltish) *adj.* juguetón, retozón.
coltishly (couˈltishli) *adv.* juguetonamente, retozonamente.
coltsfoot (couˈltsfut) *s.* BOT. uña de caballo, fárfara, tusílago.
colubrine (coˈliubrain) *adj.* serpentino, astuto.
columbarium (cølømbeiˈriøm) *s.* columbario. 2 ALBAÑ. mechinal.
columbary (coˈlømbøri) *s.* palomar.
Columbia (cøløˈmbia) *n. pr.* poét. América; Estados Unidos.
Columbian (coløˈmbian) *adj.* colombino.
columbine (coˈlømbin) *adj.* columbino. — 2 *s.* BOT. aguileña.
Columbine *n. pr* Colombina.
columbium (coløˈmbiøm) *s.* QUÍM. niobio.
columella (coliumeˈla) *s.* columnilla, balaustre. 2 BOT., ZOOL. columela.
column (coˈløm) *s.* columna. 2 sección [de un periódico].
columnar (coløˈmna') *adj.* de la columna, de columnas. 2 de forma de columna. 3 dispuesto en columnas.
columned (coˈlømd) *adj.* con columnas.
columniation (cølømnieˈshøn) *s.* columnata.
columnist (coˈlømnist) *s.* redactor de un periódico encargado de una columna o sección especial.
colure (cøliuˈr') *s.* ASTR., GEOGR. coluro.
colza (coˈlẑa) *s.* BOT. colza.
coma (couˈma) *s.* MED. coma. 2 ASTR. cabellera [de un cometa]. 3 BOT. vilano.
1) **comate** (coumeiˈt) *s.* compañero, camarada.
2) **comate** (couˈmeit) *adj.* cabelludo.
comatose (couˈmatous) *adj.* MED. comatoso.
comb (coum) *s.* peine [para el pelo] : ~ *brush*, bruza para limpiar peines; ~ *maker*, peinero. 2 peineta. 3 peine, carda, rastrillo : ~ *wool*, entrepeines. 4 almohaza. 5 cresta [de ave, de animal, de ola]. 6 crestón [de la celada] 7 API. panal : ~ *foundation*, panal artificial. 8 panal [de avispas], avispero.
comb (to) *tr.* peinar, carmenar. 2 cardar, rastrillar. 3 fam. reñir, reprender. 4 registrar [en busca de algo]. 5 *to* ~ *out*, limpiar de, quitar [lo indeseable]. — 6 *intr.* romper, encresparse [las olas].
combat (coˈmbæt) *s.* combate, lucha, pelea, pugna : ~ *car*, carro de combate. 2 duelo [combate singular].
combat (to) *tr.* combatir, luchar con o contra. — 2 *intr.* combatir, pelear.
combatable (combæˈtabøl) *adj.* combatible.
combatant (coˈmbætant) *adj.* luchador, combativo. — 2 *adj.* y *s.* combatiente.
combative (coˈmbativ) *adj.* combativo, belicoso.
combativeness (coˈmbativnis) *s.* combatividad, acometividad.

comber (cou·mø') s. peinador, cardador. 2 peinadora, cardadora [máquina]. 3 ola larga y con cresta.

combinable (combai·nabøl) adj. combinable.

combination (combine·shøn) s. combinación [acción y efecto de combinar o combinarse]. 2 combinación [prenda femenina]. 3 unión, liga.

combinative (combai·nativ) adj. combinatorio.

combinatorial (combainato·rial) adj. MAT. combinatorio.

combine (combai·n) s. combinación [acción, efecto]. 2 (EE. UU.) unión, monipodio, confabulación. 3 AGR. segadora trilladora, cosechadora.

combine (to) tr. combinar. 2 juntar, unir. — 3 intr. combinarse. 4 ligarse, mancomunarse, confabularse; maquinar, conspirar.

combing (cou·ming) s. peinadura, peinado. 2 rastrillaje. 3 pl. peinaduras. 4 entrepeines.

combustibility (combøstibi·liti) s. combustibilidad. 2 impetuosidad, irascibilidad.

combustible (combø·stibøl) adj. y s. combustible. — 2 adj. impetuoso, excitable, irascible.

combustion (combø·schøn) s. combustión : ~ chamber, MEC. cámara de combustión; cámara de encendido o de explosión; ~ engine, motor de explosión o de combustión interna. 2 agitación, tumulto.

comby (cou·mi) adj. apanalado.

come (to) (cøm) intr. venir, llegar, acercarse : come!, ¡venga!, ¡mire!, ¡vamos!, ¡estése quieto!; coming!, ¡voy! 2 venir, provenir. 3 avanzar, aparecer, salir. 4 pasar, acontecer, suceder : ~ what will, pase lo que pase, venga lo que viniere. 5 acertar [a ser, suceder, etc.]. 6 entrar [en acción, en contacto, etc.]. 7 to ~ about, suceder, realizarse; rodear; MAR. virar. 8 to ~ across, atravesar; encontrar, dar con, tropezarse con. 9 pop. to ~ across with, pagar, aflojar, dar, entregar. 10 to ~ after, venir después, seguir; venir por, en busca de. 11 to ~ again, volver, venir otra vez. 12 to ~ along, ir con o hacia [otro]; pop. progresar, tener éxito. 13 to ~ apart, desunirse, deshacerse. 14 to ~ around, TO COME ROUND. 15 to ~ asunder, dividirse, desunirse. 16 to ~ at, llegar a, alcanzar, conseguir; embestir. 17 to ~ away, separarse, alejarse, irse. 18 to ~ back, volver, regresar, retroceder; volver a la memoria, a la vida; reponerse; recobrar su actividad, poder, etc., reflorecer; responder mordazmente. 19 to ~ before, venir antes, anteponerse. 20 to ~ between, interponerse, separar, desunir. 21 to ~ by, obtener, adquirir, heredar; pasar por o junto a. 22 to ~ down, bajar, descender; decaer; disminuir; desplomarse. 23 to ~ down on o upon, caer sobre; pop. regañar, reprender. 24 to ~ dowstairs, bajar [las escaleras; de un pisò a otro]. 25 to ~ down with, fam. pagar [dinero]. 26 to ~ for, venir a buscar, venir por. 27 to ~ forth, salir, aparecer. 28 to ~ forward, avanzar, adelantarse; ofrecerse, presentarse. 29 to ~ high o low, venderse caro o barato. 30 to ~ home, volver a casa; tocar la cuerda sensible, hacer impresión; tocar de cerca. 31 to ~ in, entrar; introducirse, ponerse en uso; acceder, ceder; ajustarse, encajar; madurar [la cosecha]; parir [un animal], empezar a dar leche; ~ in!, ¡adelante!, ¡entre usted!, ¡pase usted! 32 to ~ in for, corresponder o tocarle a uno; pretender, reclamar. 33 to ~ in o into sight o view, asomar, aparecer, dejarse ver, empezar a verse. 34 to ~ into one's own, hacer reconocer sus derechos, hacer valer sus méritos, recobrar lo suyo. 35 to ~ into the world, venir al mundo. 36 to ~ it strong, pop. excederse; exagerar. 37 to ~ near, acercarse, llegar cerca de; estar cerca de, faltar poco para. 38 to ~ next, venir después, a continuación, ser el que sigue. 39 to ~ of age, llegar a mayor edad. 40 to ~ off, efectuarse; salir [bien, airoso, etc.], resultar; salir [una mancha]; soltarse, zafarse, despegarse, desprenderse; off! (EE. UU.), ¡déjate de tonterías! 41 to ~ on, avanzar, progresar, medrar; entrar, aparecer; TEAT. salir; ser presentado [un proyecto de ley]; dar con; ~ on!, ¡vamos!, ¡venga!, ¡ea! 42 to ~ one's way, tocarle a uno, caerle en suerte. 43 to ~ out, salir; declararse, manifestarse; resultar; ver la luz, hacerse públi-

co, trascender; debutar; ponerse de largo. 44 to ~ out of, dejar [una actividad], salir de [un cuidado, negocio, etc.]. 45 to ~ out with, publicar, revelar, decir, confesar. 46 to ~ over, pasar sobre, cruzar; dejarse persuadir; pasarle [algo a uno]; what has come over him?, ¿qué le pasa?, ¿qué le ha pasado? 47 to ~ to, pasarse a. 48 to ~ round, llegar, volver [algo que ocurre o se repite por su orden regular]; reponerse, restablecerse, volver en sí; mudar de parecer; ceder, asentir; cambiar [el viento]; cambiar de bordada [el buque]. 49 to ~ short of, faltar, no llegar a; no obtener o alcanzar. 50 to ~ through, salir bien [de una prueba]; ganar. 51 to ~ to, consentir, ceder; recobrarse, volver en sí; ascender a; MAR. anclar; MAR. orzar. 52 to ~ to a head, supurar, madurar [un divieso]; madurar [un asunto, una intriga], definirse, llegar a un punto decisivo. 53 to ~ to anchor, MAR. anclar, fondear. 54 to ~ to an end, acabarse; morir. 55 to ~ to an estate, heredar una propiedad. 56 to ~ to blows, venir a las manos, reñir. 57 to ~ to grief, sufrir un accidente, una desgracia; salir mal parado. 58 to ~ to hand, llegar a manos [de uno]; aparecer [una cosa perdida]. 59 to ~ to life, nacer; reanimarse; dar señales de animación, de interés. 60 to ~ to life again, revivir, resucitar. 61 to ~ to light, descubrirse, salir a la luz. 62 to ~ to mind, ocurrirse, venir a la memoria. 63 to ~ to naught, to nothing o to nought, frustrarse, reducirse a nada. 64 to ~ to oneself, volver en sí. 65 to ~ to pass, suceder, acaecer, ocurrir. 66 to ~ to terms, ceder, someterse, aceptar condiciones; llegar a un acuerdo. 67 to ~ to the point, llegar al punto; venir al caso; ir al grano. 68 to ~ to the rescue, acudir, ir en socorro [de uno]. 69 to ~ together, juntarse, reunirse; venir juntos. 70 to ~ true, realizarse, resultar cierto. 71 to ~ under, figurar entre. 72 to ~ undone, deshacerse; desabrocharse, desatarse. 73 to ~ up, subir, ascender; salir [a la superficie]; aparecer, brotar; presentarse; surgir [una cuestión]; ponerse de moda. 74 to ~ upstairs, subir [las escaleras; de un piso a otro]. 75 to ~ up to, acercarse a; rivalizar con, igualar, estar a la altura de; subir a, alcanzar [un total]. 76 to ~ up with, alcanzar, llegar a reunirse con [uno]. 77 to ~ upon, caer sobre; sobrevenir [a uno]; encontrarse, dar con. 78 to ~ within, estar comprendido o incluido en. ¶ CONJUG. pret.: came; p. p.: come.

come-at-able (cømæ·tabøl) adj. fam. accesible, asequible.

comeback (cø·mbæc) s. fam. rehabilitación, vuelta al puesto, etc., que se tenía [esp. en deporte]. 2 pop. respuesta hábil o aguda. 3 pop. motivo de queja.

comedian (comi·dian) s. cómico, comediante. 2 comediógrafo.

comedienne (comidie·n) f. cómica, comedianta.

comedietta (comidie·ta) s. juguete cómico.

comedist (co·midist) s. comediógrafo.

comedo (co·midou) s. comedón, espinilla.

comedown (cø·mdaun) s. caída, pérdida de dignidad, humillación. 2 revés de fortuna.

comedy (co·midi), pl. -dies (-diš) s. comedia. 2 comicidad.

comelily (cø·mlili) adv. gentilmente.

comeliness (cø·mlinis) s. gentileza, apostura. 2 gracia, hermosura. 3 propiedad, decoro.

comely (cø·mli) adj. hermoso, agradable a la vista. 2 gentil, apuesto, bien parecido. 3 decente, propio, modesto.

come-on s. pop. añagaza, cebo. 2 pop. desafío. 3 pop. bobo, primo [pers. fácil de engañar].

come-off s. fam. excusa, pretexto, escapatoria.

comer (cø·mø') s. viniente, llegado: all comers, todos los que se presenten. 2 fam. persona o cosa que promete.

comestible (come·stibøl) adj. y s. comestible.

comet (cø·mit) s. ASTR. cometa.

cometary (co·miteri) adj. ASTR. cometario.

comether (come·dø') s. asunto, cuestión. 2 amistad, unión. 3 to put the ~ o one's ~ on, influir sobre, dominar; engatusar.

cometography (comito·grafi) s. cometografía.

comfit (cø·mfit) s. dulce, confitura seca.

comfort (cømfø't) *s.* consuelo, alivio. confortación. 2 solaz. 3 comodidad, bienestar, regalo. 4 colcha, edredón. 5 DER. ayuda, sostén.

comfort (to) *tr.* confortar, fortificar. 2 aliviar, consolar. 3 alentar, animar, alegrar. 4 DER. ayudar, sostener. — 5 *ref.* confortarse, consolarse.

comfortable (cømfø'tabøl) *adj.* confortable. 2 cómodo. 3 desahogada [posición]; regular, suficiente, holgado : *a ~ income,* un buen pasar, una buena renta. 4 consolador. — 5 *s.* confortante, mitón. 6 bufanda. 7 (EE. UU.) colcha, cobertor.

comfortableness (cømfø'tabølnis) *s.* comodidad, bienestar.

comfortably (cømfø'tabli) *adv.* cómodamente, agradablemente. 2 con holgura.

comforter (cømfø'tø') *s.* comfortador, consolador : *The Comforter,* el Espíritu Santo. 2 bufanda, tapabocas. 3 (EE. UU.) colcha, edredón. 4 chupete.

comfortless (cømfø'tlis) *adj.* triste, desolado. 2 desconsolado. 3 incómodo, falto de comodidad.

comfrey (cømfri) *s.* BOT. consuelda.

comic (comic) *adj.* cómico, bufo, burlesco, gracioso : ~ *opera,* ópera bufa; ~ *relief,* alivio de la tensión dramática por medio de una escena cómica; ~ *strip,* historieta cómica ilustrada [en un periódico]. — 2 *s.* actor cómico. 3 comicidad, lo cómico. 4 CINEM. película cómica. 5 *pl.* fam. historietas cómicas ilustradas [en los periódicos]: periódico infantil.

comical (comical) *adj.* COMIC.

comically (comicali) *adv.* cómicamente.

comicalness (comicalnis) *s.* comicidad, gracia, chiste.

coming (cøming) *adj.* próximo, venidero. 2 que llega, que viene. 3 procedente [de]. 4 que está en camino de la fama, la importancia, el poder, etc. — 5 *s.* venida, llegada, advenimiento : ~ *back,* vuelta, regreso; ~ *in,* entrada, comienzo; ~ *out,* entrada de una joven en sociedad, puesta de largo; COM. emisión [de títulos].

comitia (comi'shia) *s. pl.* comicios.

comitial (comi'shal) *adj.* comicial.

comity (comiti) *pl.* **-ties** (-tis) *s.* urbanidad, cortesía, deferencia.

comma (coma) *s.* ORT. coma : *inverted commas,* comillas. 2 MÚS. coma. 3 BACT. ~ *bacillus,* bacteria en forma de coma.

command (comæ'nd) *s.* orden, mandato, mandamiento. 2 mando, comando, dirección; poder, dominio, imperio; disposición: ~ *of the army,* mando del ejército; ~ *of the air,* dominio del aire; *at your ~,* a la orden o a la disposición de usted; *at ~,* disponible; *to be in ~,* estar al frente, tener el mando; *to have ~ of o over oneself,* tener dominio de sí mismo, saberse dominar; *to take ~,* tomar el mando; *under the ~ of,* al mando de, bajo el mando de. 3 dominio [de una lengua, etc.] : *he has a good ~ of Spanish,* domina el español. 4 vista, perspectiva [desde un punto]. 5 comandancia. 6 MIL. voz de mando.

command (to) *tr.* mandar, ordenar, disponer. 2 mandar, comandar, acaudillar; dirigir, regir. 3 dominar. 4 disponer de. 5 llamar, hacer venir. 6 imponer, merecer [respeto, etc.]. 7 dar a, tener vistas a. — 8 *intr.* mandar, imperar.

commandant (comandæ'nt) *s.* comandante [que ejerce el mando].

commandeer (to) (comandi'ø') *tr.* reclutar forzosamente. 2 expropiar [esp. para usos militares]. 3 pop. apoderarse de.

commander (comæ'ndø') *s.* comandante, jefe, caudillo : ~ *in chief,* comandante en jefe. 2 MAR. teniente de navío. 3 comendador : *Commander of the Faithful,* comendador de los creyentes. 4 mazo [para empedrar].

commandery (comæ'ndøri) *s.* comandancia. 2 encomienda [de una orden militar].

commanding (comæ'nding) *adj.* imperativo, autoritario, imperioso; imponente. 2 dominante. 3 que manda : ~ *officer,* MIL. jefe, comandante [el que tiene el mando].

commandingly (comæ'ndingli) *adv.* imperativamente.

commandment (comæ'ndmønt) *s.* mando [autoridad]. 2 mandato, precepto, mandamiento : *the*

Ten Commandments, los mandamientos de la Ley de Dios.

commando (comæ'ndou), *pl.* **-dos** o **-does** (-døs) *s.* MIL. comando [grupo de soldados dedicados a misiones arriesgadas y audaces; soldado de este grupo].

commatic (comæ'tic) *adj.* dividido en cláusulas o versos cortos.

commeasurable (comeȳurabøl) *adj.* conmensurable.

commemorable (comemorabøl) *adj.* conmemorable, memorando.

commemorate (to) (comemoreit) *tr.* conmemorar.

commemoration (comemore'shøn) *s.* conmemoración.

commemorative (comemorativ) *adj.* conmemorativo.

commemoratory (comemoratori) *adj.* conmemoratorio.

commence (to) (comens) *tr.* comenzar, empezar, entablar, iniciar, ponerse a [hacer algo]. — 2 *intr.* comenzar, principiar. 3 licenciarse en una facultad.

commencement (comensmønt) *s.* comienzo, principio. 2 día o ceremonia en que se confieren grados o diplomas [en una Universidad].

commend (to) (comend) *tr.* encomendar, encargar, confiar. 2 recomendar [como digno de confianza, estima, etc.]. 3 alabar, ensalzar.

commendable (comendabøl) *adj.* recomendable, loable. 2 autorizado.

commendably (comendabli) *adv.* loablemente.

commendatary (comendatæri) *s.* comendatario. 2 encargado [de una pers.].

commendation (comende'shøn) *s.* recomendación; encomio, alabanza. 2 recomendación [feudal]. 3 ECLES. encomienda.

commendator (comendei'tø') *s.* comendatario.

commendatory (comendatori) *adj.* comendatorio. laudatorio. 2 ECLES. comendaticio.

commender (comendø') *s.* alabador.

commensal (comensal) *adj. y s.* comensal [pers.]. 2 BIOL. comensal.

commensalism (comensališm) *s.* comensalía. 2 BIOL. comensalismo.

commensurability (comenshurabi'liti) *s.* conmensurabilidad.

commensurable (comenshurabøl) *adj.* conmensurable. 2 proporcionado.

commensurableness (comenshurabølnis) *s.* conmensurabilidad.

commensurate (comenshureit) *adj.* proporcionado, correspondiente.

commensurate (to) *tr.* conmensurar. 2 proporcionar [hacer proporcionado].

commensurately (comenshureitli) *adv.* proporcionadamente.

commensuration (comenshure'shøn) *s.* conmensuración. 2 proporción.

comment (coment) *s.* comento, comentario. 2 nota, glosa, observación.

comment (to) *intr.* comentar, hacer comentarios. | Gralte. con *on* o *upon.*

commentary (comenteri) *s.* comentario, glosa, nota.

commentator (comenteitø') *s.* comentarista.

commenter (comentø') *s.* comentador.

commerce (comø's) *s.* comercio, tráfico : *foreign ~,* comercio exterior; *domestic ~,* comercio interior. 2 comercio [trato, comunicación].

commerce (to) (comø's) *intr.* comerciar [tener trato o comunicación], relacionarse, juntarse.

commercial (comø'shal) *adj.* comercial, mercantil : ~ *law,* derecho mercantil; ~ *traveller,* viajante de comercio. — 2 *s.* RADIO. programa, anuncio o propaganda comercial.

commercialism (comø'shališm) *s.* mercantilismo. 2 costumbre o uso mercantil. 3 expresión o tecnicismo mercantil.

commercialize (to) (comø'shalaiš) *tr.* mercantilizar; hacer objeto de comercio. 2 lanzar [un producto] al mercado.

commercially (comø'shali) *adv.* comercialmente, mercantilmente.

commerge (to) (comø'ȳ) *intr.* unirse, fundirse en uno.

comminate (to) (comineit) *tr.* conminar, amenazar con castigo o anatema.

commination (comine'shøn) *s.* conminación, amenaza, anuncio de castigo o anatema.

comminatory (comi·natori) *adj.* conminatorio, amenazador, anatematizador.
commingle (to) (comi·ngøl) *tr.* mezclar. 2 *intr.* mezclarse, unirse, barajarse.
comminute (to) (co·miniut) *tr.* quebrantar, triturar, pulverizar : *comminuted fracture*, fractura conminuta.
comminution (cominiu·shøn) *s.* trituración, pulverización. 2 CIR. fractura conminuta.
commiserable (comi·šerabøl) *adj.* compasible, digno de lástima.
commiserate (to) (comi·søreit) *tr.* compadecer. — 2 *intr.* compadecerse, condolerse.
commiseration (comišøre·shøn) *s.* conmiseración.
commissar (comisa') *s.* comisario del pueblo [en Rusia].
commissariat (comise·riat) *s.* administración militar. 2 comisariado [del pueblo en Rusia].
commissary (co·misæri) *s.* comisario, delegado. 2 MIL. comisario de guerra. 3 economato [de una colonia de mineros, de ferroviarios, etc.]. 4 MIL. ~ *general*, oficial encargado de un departamento especial.
commissaryship (co·misæriship) *s.* comisaría, comisariato.
commission (comi·shøn) *s.* comisión [de un delito, falta, etc.]. 2 comisión, misión, cometido, encargo, mandado. 3 COM. comisión : ~ *merchant*, ~ *agent*, comisionista ; *on* ~, a comisión. 4 comisión, junta : ~ *government*, ~ *plan* (EE. UU.), gobierno municipal ejercido por una junta electiva cuyos miembros ejercen a la vez las funciones legislativas y ejecutivas. 5 orden, decreto que confiere autoridad para ejercer ciertas funciones o ejecutar ciertos actos ; nombramiento : ~ *of peace*, nombramiento de juez de paz. 6 MIL. despacho, nombramiento [de alférez para arriba]. 7 *in* ~, en funciones, en servicio ; dícese también de un cargo vacante cuando está servido por una comisión, en lugar del titular. 8 *out of* ~, fam. inservible, inutilizado. 9 *to put in* o *into* ~, poner [un buque] en servicio ; *to put out of* ~, retirar [un buque] del servicio ; fam. inutilizar, descomponer ; poner fuera de combate [en los deportes].
commission (to) *tr.* comisionar, autorizar, facultar, delegar, diputar, nombrar. 2 poner [un buque] en servicio.
commissionaire (comishøne·') *s.* mandadero, botones. 2 (Ingl.) individuo de un cuerpo de soldados retirados, empleados como porteros, mensajeros, etc.
commissioned (comi·shønd) *adj.* comisionado. 2 MIL. ~ *officer*, oficial [desde alférez para arriba] ; *non* ~ *officer*, sargento, cabo, clase.
commissioner (comi·shønø') *s.* comisionado. 2 apoderado, factor. 3 miembro de comisión. 4 comisario. 5 (EE. UU.) director general. 6 (EE. UU.) ~ *of deeds*, especie de notario público.
commissionership (comi·shønø'ship) *s.* cargo de comisionado.
commissure (co·mishu') *s.* comisura.
commit (to) (comi·t) *tr.* cometer, perpetrar. 2 cometer, encargar. 3 confiar, depositar, entregar : *to* ~ *to memory*, confiar a la memoria, aprender de memoria ; *to* ~ *to writing*, poner por escrito. 4 poner bajo custodia, encarcelar. 5 comprometer : *to* ~ *oneself*, comprometerse, soltar prendas. 6 POL. pasar [un proyecto] a la comisión. ¶ CONJUG. pret. y p. p. : *committed;* ger. : *committing.*
commitment (comi·tmønt) *s.* comisión, perpetración. 2 acción de confiar, de entregar. 3 orden de prisión ; encarcelamiento. 4 compromiso, promesa. 5 envío [de un proyecto] a la comisión.
committal (comi·tal) *s.* COMMITMENT. 2 entierro, sepelio.
committee (comi·ti) *s.* comisión, comité, junta, delegación : ~ *of the whole*, pleno, junta general para deliberar sobre casos especiales ; ~ *of Ways and Means*, comisión de hacienda [en una cámara legislativa]. 2. DER curador.
committeeman (comi·timæn) *pl.* **-men** (-men) *s.* miembro de una comisión.
commix (to) (comi·cs) *tr.* mezclar. — 2 *intr.* mezclarse.
commixtion (comi·cschøn) *s.* conmixtión.
commixture (comi·cschu') *s.* conmixtión. 2 mezcla, mixtura.

commode (comou·d) *s.* cómoda. 2 lavabo cubierto. 3 sillico.
commodious (comou·diøs) *adj.* cómodo, conveniente. 2 espacioso, amplio, holgado.
commodiously (comou·diøsli) *adv.* cømodamente, holgadamente.
commodiousness (comou·diøsnis) *s.* espaciosidad, holgura.
commodity (como·diti), *pl.* **-ties** (-tis) *s.* artículo [de comercio o de consumo], género, mercadería, producto. 2 DER. comodidad, conveniencia, utilidad, interés.
commodore (co·modo') *s.* MAR. comodoro, jefe de escuadra.
common (co·møn) *adj.* común [de varios, de la mayoría] : ~ *carrier*, porteador, empresa de transporte público ; ~ *council*, ayuntamiento, concejo ; ~ *councilman*, concejal ; ~ *crier*, pregonero ; ~ *law*, derecho consuetudinario ; derecho general de la Iglesia ; ~ *pleas*, DER. causas civiles ; ~ *prayer*, liturgia de la Iglesia anglicana ; ~ *room*, sala de reunión ; ~ *sense*, sentido común ; ~ *school*, escuela primaria elemental. 2 común, vulgar, corriente ; ordinario, de clase inferior : ~ *era*, era vulgar o cristiana ; ~ *herd*, la plebe ; el común de las gentes ; ~ *people*, gente vulgar ; ~ *sali*, sal común ; ~ *soldier*, soldado raso ; ~ *stock*, COM. acción ordinaria ; acciones ordinarias. 3 adocenado, trivial. 4 normal, regular, usual. 5 GRAM. común de dos ; singular o plural indistintamente. 6 GRAM. común : ~ *noun*, nombre común. 7 MAT. común : ~ *denominator*, común denominador ; ~ *divisor*, común divisor ; ~ *fraction*, fracción común u ordinaria, quebrado. — 8 *s.* lo común : *in* ~, en común. 9 *el* ~, el común, la comunidad, el pueblo, el estado llano. 10 tierras comunales, ejido ; parque. 11 refectorio [de colegio]. 12 *The Commons, the House of Commons*, la Cámara de los Comunes.
common (to) *intr.* gozar un derecho en común. 2 vivir o comer en común.
commonable (co·mønabøl) *adj.* comunal.
commonage (co·mønnidy̆) *s.* derecho de pasto en común.
commonalty (co·mønalti) *s.* el común, el pueblo. 2 el conjunto de una corporación.
commoner (co·mønø') *s.* ciudadano, burgués, plebeyo, persona del estado llano. 2 el que tiene derecho de pasto en común. 3 en Oxford, estudiante que no tiene beca. 4 (Ingl.) miembro de la Cámara de los Comunes.
commonly (co·mønli) *adv.* comúnmente, usualmente. 2 vulgarmente.
commonness (co·mønnis) *s.* comunidad [calidad de común]. 2 frecuencia. 3 vulgaridad.
commonplace (co·mønpleis) *adj.* común, vulgar, trivial. — 2 *s.* lugar común, trivialidad. 3 vulgaridad. 4 apunte, nota : ~ *book*, libro de memoria.
commonweal (co·mønul) *s.* bien público.
commonwealth (co·mønuelz) *s.* estado, nación, república, cosa pública, colectividad. 2 mundo [de los artistas, los literatos, etc.]. 3 (con may.) comunidad de naciones [esp. la británica]. 4 federación de estados australianos. 5 HIST. *the Commonwealth*, la República de Cromwell.
commotion (como·shøn) *s.* conmoción [movimiento o perturbación violenta], agitación. 2 conmoción, alteración, levantamiento, alboroto, tumulto, revuelo.
commove (to) (comu·v) *tr.* conmover, alterar, agitar.
communal (co·miunal) *adj.* comunal. 2 propio de o perteneciente a una organización social simple, primitiva.
commune (co·miun) *s.* la comunidad, el pueblo. 2 organización social primitiva. 3 comunicación, comunión, trato, conversación. 4 municipio [en ciertos países] ; * comuna. 5 POL., HIST. Comuna [de París, durante el Terror y en 1871].
commune (to) (comiu·n) *intr.* conversar, estar en comunión o trato íntimo. 2 tener comunicación espiritual. 3 (EE. UU.) comulgar.
communicability (comiunikæbi·liti) *s.* comunicabilidad.
communicable (comiu·nicabøl) *adj.* comunicable, transmisible. 2 comunicativo.

communicant (comiu·nicant) *adj.* y *s.* comunicante. — 2 *s.* comulgante.

communicate (to) (comiu·nikeit) *tr.* comunicar [manifestar, descubrir, hacer saber], participar, dar parte de. 2 comunicar [hacer partícipe de], transmitir [calor, movimiento, sensaciones, etc.], pegar [una enfermedad]. 3 comulgar [dar la comunión]. — 4 *intr.* comunicarse [conversar, escribirse], consultar, conferenciar; comunicar, ponerse al habla [con]. 5 comunicarse [dos habitaciones, etc.]. 6 comulgar [recibir la comunión].

communication (comiunike·shøn) *s.* comunicación [acción de comunicar o comunicarse], trato, conversación, correspondencia. 2 transmisión [de calor, movimiento, enfermedades, etc.]. 3 cosa comunicada, noticias, mensaje, parte. 4 medio de comunicación, acceso, paso. 5 *pl.* comunicaciones [correos, telégrafos, etc.].

communicative (comiu·nicativ) *adj.* comunicativo, hablador, expansivo.

communicativeness (comiu·nicativnis) *s.* comunicabilidad.

communicator (comiu·nikeitø') *s.* comunicante; cosa que comunica. 2 parte transmisora del aparato telegráfico. 3 FERROC. dispositivo para comunicar con el revisor o el maquinista.

communicatory (comiu·nicatori) *adj.* que tiende a comunicar. 2 ~ *letters*, letras comunicatorias.

communion (comiu·nion) *s.* comunión [participación en lo común; comunicación, trato íntimo o espiritual; congregación de los que profesan una misma fe]. 2 comunión [Eucaristía; acto de recibir la Eucaristía] : *Holy Communion*, Sagrada Comunión; ~ *cloth*, corporal; ~ *cup*, cáliz; ~ *rail*, comulgatorio. 3 TEOL. ~ *of saints*, comunión de los santos.

communionist (comiu·niønist) *s.* miembro de una comunión.

communiqué (comiunikei·) *s.* comunicado oficial.

communism (co·miuniŝm) *s.* comunismo. 2 BIOL. comensalismo.

communist (co·miunist) *adj.* y *s.* comunista.

communistic (comiuni·stic) *adj.* comunista [del comunismo o que lo practica].

communitarian (comiunite·riæn) *s.* miembro de una comunidad que practica el comunismo.

community (comiu·niti) *s.* comunidad [calidad de común] : ~ *of goods*, comunidad de bienes; ~ *of interest*, comunidad de intereses, solidaridad. 2 comunidad, común, colectividad, público, cuerpo social. 3 comunidad [religiosa, etc.]. 4 vecindario, municipio, barrio : ~ *center*, ~ *house* (EE. UU.), centro de reuniones, fiestas, actividades culturales, etc., de un vecindario o pueblo; ~ *chest* (EE. UU.), fondo de contribuciones voluntarias para beneficencia municipal. 5 sociedad, vida social.

communize (to) (co·miunaiŝ) *tr.* convertir en propiedad comunal. 2 hacer comunista.

commutability (comiutabi·liti) *s.* conmutabilidad.

commutable (comiu·tabøl) *adj.* conmutable.

commutate (to) (co·miuteit) *tr.* ELECT. conmutar, cambiar la dirección de [una corriente].

commutation (comiute·shøn) *s.* conmutación, cambio, trueque. 2 conmutación, cambio de dirección de una corriente. 3 conmutación de pena, indulto parcial. 4 substitución de una forma de pago por otra; abono, iguala : ~ *ticket*, FERROC. billete de abono.

commutative (comiu·tativ) *adj.* conmutativo. 2 conmutador.

commutator (co·miutetø') *s.* ELECT. conmutador, dispositivo para cambiar la dirección de una corriente. 2 ELECT. colector; ~ *bar*, delga.

commute (to) (comiu·t) *tr.* conmutar, cambiar, substituir. 2 conmutar [una pena]. 3 cambiar [una obligación, una forma de pago por otra], igualar, tomar abono para. 4 ELECT. conmutar, cambiar la dirección de [una corriente]. — 5 *intr.* FERROC. abonarse, viajar con billete de abono. 6 pagar [para librarse de una obligación]. 7 substituir [servir en substitución de otra cosa].

commuter (comiu·tø') *s.* ELECT. conmutador. 2 ELECT. colector. 3 FERROC. viajero abonado.

compact (co·mpæct) *s.* pacto, convenio, trato. 2 polvera de bolsillo, estuche con polvos y colorete. 3 MED. compresa.

compact (co·mpæct) *adj.* compacto, firme, denso, apretado, comprimido. 2 conciso, condensado, sucinto. 3 ~ *of*, compuesto de.

compact (to) (compæ·ct) *tr.* apretar, consolidar, condensar, comprimir, hacer compacto. 2 hacer [uniendo o trabando], componer [de]. — 3 *tr.* e *intr.* ant. pactar, convenir. — 4 *intr.* ant. coligarse, conspirar.

compacted (compæ·ctid) *adj.* compacto, apretado; firmemente unido.

compactedly (compæ·ctidli) *adv.* COMPACTLY.

compactedness (compæ·ctidnis) *s.* COMPACTNESS.

compactible (compæ·ctibøl) *adj.* que se puede apretar o hacer compacto.

compaction (compæ·cshøn) *s.* ajuste de un pacto. 2 pacto, convenio.

compactly (compæ·ctli) *adv.* estrechamente, sólidamente.

compactness (compæ·ctnis) *s.* compacidad, densidad, tamaño reducido. 2 estrechez, firmeza, solidez.

compages (compa·dȳis) *s.* trabazón, estructura.

compaginate (to) (compæ·ŷineit) *tr.* trabar, unir firmemente, mantener unido.

companion (compæ·niøn) *s.* compañero, compañera [pers. o cosa]. 2 camarada, consorte. 3 acompañante. 4 caballero de grado inferior [en ciertas órdenes]. 5 MAR. carroza o chupeta de una escala o escalera. | Llámase también ~ *hatch*. 6 MAR. escalera de cámara. 7 ~ *ladder*, escala de toldilla.

companionable (compæ·niønabøl) *adj.* sociable, afable.

companionate (compæ·nionit) *s.* de compañeros, compartido entre compañeros. 2 ~ *marriage*, forma de matrimonio propuesta por algunos en que los cónyuges podrían divorciarse por mutuo consentimiento, evitarían la procreación y no tendrían obligaciones mutuas.

companionship (compæ·nionship) *s.* compañerismo, camaradería, unión. 2 compañía, sociedad.

companionway (compæ·nionuei) *s.* MAR. escalera de la cámara.

company (co·mpani) *pl.* -**nies** (-nis) *s.* compañía [efecto de acompañar; personas que acompañan] : *to bear* o *to keep* [*someone*] *company*, hacer compañía, acompañar; *to keep* ~, juntarse; cortejar; tener relaciones, salir juntos [como novios] ; *to part* ~, separarse; terminar una relación. 2 compañía, gremio, cuerpo, sociedad. 3 grupo, reunión, banda; séquito. 4 COM. compañía, sociedad : *joint-stock* ~, compañía o sociedad anónima. 5 MIL., TEAT. compañía. 6 MAR. tripulación. 7 banda [de música]. 8 visita, visitas, invitado, invitados, huésped, huéspedes. 9 sociedad, personas reunidas, vida de sociedad. 10 (EE. UU.) ~ *union*, sindicato libre [de una fábrica o empresa].

comparable (co·mparabøl) *adj.* comparable; equiparable.

comparative (compæ·rativ) *adj.* comparativo. 2 relativo [no absoluto]. 3 GRAM. comparativo. 4 comparado: ~ *philology*, filología comparada. 5 ~ *science*, ciencia de observación [a diferencia de las exactas] ; esp. la biología.

comparator (co·mpareitø') *s.* comparador.

compare (compe·ø') *s.* comparación, par, igual : *beyond* ~, sin comparación, sin par; incomparablemente.

compare (to) (compe·ø') *tr.* comparar; cotejar, confrontar : *to* ~ *notes*, cambiar impresiones, comparar [dos pers.] sus datos u observaciones. 2 parangonar, equiparar : *not to be compared to* o *with*, que no se puede comparar o equiparar con ; inferior a. 3 GRAM. formar el comparativo o el superlativo de los adjetivos o adverbios. — 4 *intr.* ser comparable, poderse comparar o equiparar. *no dramatist can* ~ *with Shakespeare*, ningún dramaturgo puede compararse con Shakespeare; *to* ~ *favorably* o *well with*, poder resistir la comparación con, no ser inferior a.

comparison (compæ·risøn) *s.* comparación [acción y efecto] : *beyond* ~, incomparable; sin comparación, incomparablemente; *in* ~ *to* o *with*, en comparación de, comparado con. 2 RET. comparación, símil.

compartment (compa·'tmønt) *s.* compartimiento, departamento, sección, división; casilla, cajoncito, gaveta. 2 BLAS. cuartel.

compass (cømpas) s. área, ámbito, recinto, circuito. 2 alcance, esfera, círculo [de acción, etc.]. 3 círculo, circunferencia, arco. 4 límites, moderación. 5 (a veces en *pl.*) compás [instrumento] : *beam* ~, compás de varas; *caliber* ~, compás de calibres; *proportional* ~, compás de proporción. 6 brújula; aguja de marear : ~ *bowl*, cubeta de bitácora; ~ *box*, caja de brújula; ~ *card*, rosa náutica; ~ *needle*, aguja de brújula. 7 MÚS. cuerda, extensión [de la voz o de un instrumento. — 8 *adj.* circular, curvo : ~ *saw*, serrucho de calar; ~ *timber*, madera curvada para la construcción naval.

compass (to) *tr.* idear, planear, urdir. 2 lograr, conseguir. 3 comprender, abarcar [con el entendimiento]. 4 circuir, cercar; sitiar. 5 dar la vuelta a, contornear. 6 CARP. encorvar, dar forma circular.

compassable (cømpasabøl) *adj.* asequible.

compassion (compæshøn) s. compasión. lástima, conmiseración.

compassionable (compæshønabøl) *adj.* lastimoso. compasible, digno de compasión.

compassionate (compæshønit) *adj.* compasivo.

compassionate (to) (compæshøneit) *tr.* compadecer.

compassionately (compæshønitli) *adv.* compasivamente.

compatibility (compætibiliti) s. compatibilidad.

compatible (compætibøl) *adj.* compatible.

compatibleness (compætibølnis) s. COMPATIBILITY.

compatibly (compætibli) *adv.* con compatibilidad.

compatriot (compeitriøt) *adj.* y s. compatriota, compatricio, paisano, coterráneo.

compeer (compiø') s. igual, par. 2 compañero, camarada.

compel (to) (compel) *tr.* compeler, constreñir, obligar, precisar, forzar. 2 arrancar [por la fuerza o en fuerza de un afecto, etc.] ; imponer [respeto, silencio, etc.]. 3 dominar, subyugar. ¶ CONJUG. pret. y p. p. : *compelled;* ger. : *compelling.*

compellable (compelabøl) *adj.* que puede ser compelido.

compellably (compelabli) *adv.* a viva fuerza.

compellation (compelshøn) s. tratamiento; manera o acción de dirigir la palabra.

compellent (compelent) *adj.* compulsivo.

compeller (compelø') s. el o lo que compele u obliga.

compend (compend) s. compendio.

compendious (compendiøs) *adj.* compendioso, breve, sucinto, sumario.

compendiously (compendiøsli) *adv.* compendiosamente.

compendiousness (compendiøsnis) s. brevedad.

compendium (compendiøm) s. compendio, resumen, epítome, sumario.

compensate (to) (compenseit) *tr.* compensar, contrapesar. 2 resarcir, indemnizar. 3 remunerar, recompensar. — 4 intr. *to* ~ *for,* compensar; igualar, equivaler.

compensating (compenseiting) *adj.* compensador. de compensación.

compensation (compenshøn) s. compensación. 2 resarcimiento, indemnización. 3 reparación, desagravio. 4 MEC. equilibrio de fuerzas. — 5 *adj.* compensador, de compensación.

compensative (compensativ) *adj.* compensativo, compensador.

compensator (compenseito') *adj.* compensador.

compensatory (compensatori) *adj.* compensatorio.

compete (to) (compit) *intr.* competir, contender, rivalizar : *to* ~ *for,* disputarse [una cosa].

competence (compitøns), competency (compitønsi) s. competencia, aptitud, capacidad. 2 medios de vida suficientes, holgura, buen pasar. 3 cantidad o provisión suficiente. 4 DER. competencia.

competent (compitønt) *adj.* competente, capaz, apto. 2 adecuado, suficiente, idóneo. 3 propio [de]. 4 DER. competente.

competently (compitøntli) *adv.* competentemente. 2 suficientemente, adecuadamente.

competition (competishøn) s. competición, competencia, rivalidad. 2 COM. competencia. 3 certamen, concurso, oposición.

competitive (competitiv) *adj.* relativo o pert. a la competición; que implica competición : ~

examination, examen de concurso u oposición. 2 de competencia : ~ *prices,* precios de competencia.

competitor (competito') s. competidor, rival, contrincante. 2 opositor.

competitress (competitris), competitrix (competitrics) *f.* competidora.

compilation (compileshøn) s. compilación; recopilación.

compilatory (compailatori) *adj.* de compilación.

compile (to) (compail) *tr.* compilar, recopilar.

compiler (compailø') s. compilador, recopilador.

complacence (compleisøns) s. complacencia, satisfacción, contento. 2 satisfacción de sí mismo.

complacency (compleisønsi) s. COMPLACENCE. 2 complacencia, amabilidad.

complacent (compleisønt) *adj.* complacido, satisfecho. 2 satisfecho de sí mismo. 3 complaciente, amable.

complacently (compleisøntli) *adv.* complacidamente, con satisfacción. 2 complacientemente.

complain (to) (complein) *intr.* quejarse, lamentarse. 2 querellarse, demandar, quejarse. 3 fig. crujir, gemir, rechinar [una rueda, etc.]

complainant (compleinant) s. querellante; demandante.

complainer (compleinø') s. el que se queja.

complainingly (compleiningli) *adv.* quejosamente.

complaint (compleint) s. queja, lamento. 2 queja, agravio. 3 querella, demanda, reclamación. 4 mal, enfermedad.

complaisance (compleisans) s. condescendencia, atención, amabilidad, cortesía.

complaisant (compleisant) *adj.* complaciente, amable, atento, cortés.

complaisantly (compleisantli) *adv.* complacientemente, amablemente, cortésmente.

complaisantness (compleisantnis) s. COMPLAISANCE.

complanate (complaneit) *adj.* aplanado, llano.

complected (complectid) *adj.* entretejido, entrelazado.

complement (complimønt) s. complemento [lo que completa]. 2 BIOL., GEOM., GRAM., MÚS. complemento. | No designa los complementos directo e indirecto del verbo que se llaman respectivamente *direct object* e *indirect object.* 3 cantidad o número total [asignados o señalados]. 4 MAR. dotación.

complement (to) *tr.* complementar, completar.

complemental (complimental) *adj.* del complemento. 2 completivo.

complementary (complimentari) *adj.* complementario : ~ *angle,* ángulo complementario; ~ *colours,* colores complementarios.

complete (complit) *adj.* completo, cabal. 2 concluido, terminado. 3 acabado, perfecto, consumado. 4 pleno, absoluto. 5 BOT. completa [flor].

complete (to) *tr.* completar. 2 terminar, concluir, acabar, consumar. 3 efectuar. 4 complementar, perfeccionar.

completely (complitli) *adv.* completamente, enteramente.

completeness (complitnis) s. calidad de completo, perfección, integridad.

completion (complishøn) *f.* complemento, perfección, acabamiento, terminación. 2 realización, cumplimiento.

completive (complitiv) *adj.* completivo.

complex (complecs) *adj.* complejo, complexo. 2 complicado, intrincado. 3 MAT. ~ *fraction,* fracción o quebrado de términos fraccionarios. 4 GRAM. ~ *sentence,* oración compuesta que comprende una o varias oraciones subordinadas. — 5 s. complejo, complexo. 6 PSIC. complejo. 7 fam. tema, idea fija, obsesión.

complexion (complecshøn) s. temperamento, carácter, índole, condición, naturaleza. 2 cutis, tez, color. 3 aspecto, cariz.

complexional (complecshønal) *adj.* temperamental.

complexionally (compleoshønali) *adv.* temperamentalmente.

complexioned (complecshønd) *adj.* que tiene tal o cual temperamento. 2 que tiene la tez o cutis de tal o cual modo o color : *dark-complexioned,* de tez morena.

complexity (complecsiti) s. complejidad, complexidad.

complexly (complecsli) *adv.* complejamente.

complexness (comple·csnis) s. COMPLEXITY.
complexus (comple·csøs) s. complejo; agregado 2 ANAT. músculo complejo.
compliable (compla·iabøl) adj. COMPLIANT.
compliance (compla·ians) s. complacencia, condescendencia, docilidad, sumisión, obediencia. 2 anuencia, consentimiento, conformidad. 3 in ~ with, de acuerdo con, conforme a, en cumplimiento de, a tenor de.
compliant (compla·iant) adj. complaciente, condescendiente. 2 dócil, obediente, sumiso.
compliantly (compla·iantli) adv. complacientemente; dócilmente.
complicacy (co·mplicasi) s. complicación; complejidad.
complicate (co·mplikeit) adj. complicado, enredado. 2 complejo. 3 H. NAT. plegado.
complicate (to) tr. complicar, enredar. — 2 intr. complicarse.
complicated (complikei·tid) adj. complicado, intrincado.
complicatedly (complikei·tidli) adv. complicadamente.
complicatedness (complikei·tidnis) s. complicación, complejidad.
complication (complike·shøn) s. complicación.
complicative (co·mplicativ) adj. que tiende a complicar.
complicity (compli·siti) pl. **-ties** (-tis) s. complicidad. 2 complejidad, complicación.
complier (compla·iø') s. consentidor, obedecedor.
compliment (co·mplimønt) s. cumplimiento, cumplido, lisonja, galantería, requiebro. 2 atención, fineza; obsequio, regalo. 3 pl. saludos, respetos: to send one's compliments, enviar saludos.
compliment (to) tr. cumplimentar, felicitar, obsequiar. 2 lisonjear, alabar, galantear, requebrar. 3 to ~ with, obsequiar con.
complimentary (complime·ntari) adj. obsequioso, galante, lisonjero. 2 de alabanza, de felicitación. 3 de obsequio, de regalo; gratuito : ~ ticket, billete de regalo.
complimenter (co·mplimøntø') s. obsequiador, lisonjeador; felicitante.
complin, compline (co·mplin) s. LITURG. completas.
complot (co·mplot) s. complot, conspiración, trama, intriga.
complot (to) (complo·t) tr. tramar, maquinar. — 2 conspirar, confabularse. ¶ CONJUG. pret. y p. p.: complotted; ger.: complotting.
compluvium (complu·viøm) s. ARQ. compluvio.
comply (to) (complai·) intr. [gralte. con with] acceder, consentir. 2 cumplir [con], obedecer, complacer, conformarse. 3 satisfacer, llenar [requisitos, condiciones]. ¶ CONJUG. pret. y p. p.: complied.
compo (co·mpou) s abrev. de COMPOSITION. 2 argamasa de cemento y arena. 3 estuco. 4 pasta para hacer bolas de billar.
componé (compo·nei) adj. BLAS. componado.
component (compou·nent) adj. y s. componente.
comport (to) (compo·'t) intr. concordar, convenir. — 2 tr. acarrear. — 3 ref. comportarse, conducirse.
comportment (compo·'tmønt) s. comportamiento.
compose (to) (compou·s) tr. componer [formar, constituir, integrar]. 2 IMPR., LIT., MÚS., PINT. componer. 3 redactar, escribir. 4 ajustar, concertar, reglar, ordenar. 5 calmar, apaciguar, serenar : to ~ oneself, sosegarse, calmarse [esp. para tomar una actitud o disponerse a la acción].
composed (compou·sd) adj. compuesto [de]. 2 sosegado, tranquilo, sereno.
composedly (compou·sidli) adv. tranquilamente, sosegadamente, serenamente, con calma.
composedness (compou·sidnis) s. compostura, sosiego, serenidad, calma, mesura.
composer (compou·sø') s. autor, escritor. 2 compositor. 3 apaciguador, sosegador, conciliador. 4 IMPR. cajista.
composing (compou·sing) adj. IMPR. de componer : ~ frame o stand, chibalete; ~ rule, regleta, filete; ~ stick, componedor.
Compositæ (compo·siti) s. pl. BOT. compuestas.
composite (co·mpøsit o co·mpøsit) adj. compuesto [hecho de varias partes, etc.] : ~ number, MAT. número no primo, compuesto de varios factores; ~ photograph, fotografía compuesta o de super-

posición. 2 mixto : ~ carriage, FERROC. (Ingl.) coche mixto. 3 ARQ. compuesto. 4 BOT. compuesta. — 5 s. compuesto [cosa compuesta]. 6 mixtura, mezcla, combinación. 7 BOT. planta compuesta.
composition (compøsi·shøn) s. composición [acción y efecto de componer; manera de estar compuesto]. 2 DER., B. ART., GRAM., IMPR., LIT., MÚS., QUÍM. composición. 3 tema, composición, redacción [escolar] : ~ book, cuaderno escolar. 4 conjunción, combinación. 5 constitución mental. 6 arreglo, transacción, componenda. 7 compuesto, mixtura; materia artificial.
compositive (compo·šitiv) adj. compositivo. 2 compuesto, sintético.
compositor (compo·šitø') s. IMPR. cajista.
compost (co·mpoust) s. AGR. abono, estiércol, mantillo. 2 mezcla, composición.
compost (to) tr. AGR. abonar, estercolar.
composure (compou·ȳø') s. calma, sosiego, serenidad, sangre fría.
compote (co·mpout) s. compota. 2 compotera, dulcera.
compotier (compotie·) s. compotera, dulcera.
compound (co·mpaund) adj. compuesto [formado por unión o combinación]. 2 GRAM. compuesto : ~ sentence, oración compuesta. 3 ARIT. compuesto; complejo, denominado : ~ fraction, fracción compuesta, quebrado compuesto; ~ number, número complejo o denominado. 4 COM. compuesto [interés]. 5 QUÍM. compuesto. 6 CIR. compuesto [fractura]. 7 MEC., ELECT. compound : ~ engine, máquina de vapor compound; ~ winding, arrollamiento compound. 8 ELECT. ~ circuit, circuito doble formado por uno abierto y otro cerrado. 9 METAL. ~ steel, acero de aleación. — 10 s. compuesto, mezcla, mixtura, preparación. 11 GRAM. compuesto, palabra compuesta. 12 QUÍM. compuesto, cuerpo compuesto. 13 en China, la India, etc., patio exterior o recinto cercado de una casa [esp. de la de un europeo].
compound (to) (compau·nd) tr. componer [con partes o ingredientes], confeccionar. 2 combinar, mezclar. 3 arreglar, transigir. 4 DER. to ~ a felony, dejar de perseguir o denunciar un delito por motivos particulares. — 5 intr. pactar, avenirse, arreglarse, transigir; aceptar dinero, etc., de uno para desistir de una reclamación, acusación, etc.
compoundable (compau·ndabøl) componible, arreglable, transigible.
compounder (compau·ndø') s. mezclador, preparador. 2 el que pacta o transige.
comprehend (to) (comprije·nd) tr. comprender [entender, penetrar], concebir. 2 comprender [contener, abarcar, incluir].
comprehensible (comprije·nsibøl) adj. comprensible. 2 que se puede contener o incluir.
comprehensibleness (comprije·nsibølnis) s. comprensibilidad.
comprehensibly (comprije·nsibli) adv. comprensiblemente.
comprehension (comprije·nshøn) s. comprensión.
comprehensive (comprije·nsiv) adj. comprensivo. 2 amplio, extenso.
comprehensively (comprije·nsivli) adv. comprensivamente. 2 ampliamente.
comprehensiveness (comprije·nsivnis) s. comprensión, perspicacia, entendimiento. 2 amplitud, extensión.
compress (co·mpres) s. CIR. compresa. 2 prensa para comprimir el algodón en balas.
compress (to) (compre·s) tr. comprimir. 2 apretar, condensar, reducir.
compressed (compre·st) adj. comprimido : ~ air, aire comprimido. 2 condensado.
compressed-air adj. de aire comprimido : ~ brake, ~ drill, freno, taladro, de aire comprimido.
compressibility (compresibi·liti) s. compresibilidad.
compressible (compre·sibøl) adj. compresible, comprimible.
compressibleness (compre·sibølnis) s. compresibilidad.
compression (compre·shøn) s. compresión. 2 reducción, condensación.
compressive (compre·siv) adj. compresivo.
compressor (compre·sø') s. compresor.
comprisal (comprai·šal) s. comprensión, inclusión.

comprise o **comprize (to)** (comprai·ś) *tr.* comprender, incluir, encerrar, abarcar, constar de.

compromise (co·mpromaiś) *s.* transacción, arreglo, avenencia, componenda, corte de cuentas. 2 término medio, lo que participa de una cosa y otra. 3 DER. compromiso, arreglo por arbitraje. 4 compromiso o delegación [para la elección de un eclesiástico].

compromise (to) *tr.* componer, arreglar [por vía de transacción]. 2 comprometer [poner en peligro, exponer al descrédito, etc.]. — 3 *intr.* transigir, avenirse, hacer concesiones.

compromiser (co·mpromaiśø') *s.* el que transige o entra en un arreglo.

compromising (co·mpromaiśing) *adj.* comprometedor. 2 transigente.

comptroller (controu·lø') *s.* interventor : *Comptroller of the Currency* (EE. UU.), interventor de los bancos nacionales. 2 contralor.

comptrollership (controu·lø'ship) *s.* intervención [cargo] ; contraloría.

compulsative (compø·lsativ) *s.* compulsivo.

compulsatively (compø·lsativli) *adv.* compulsivamente.

compulsatory (compø·lsatori) *adj.* compulsivo.

compulsatorily (compø·lsatorili) *adv.* compulsivamente.

compulsion (compø·lshøn) *adj.* compulsión, constreñimiento, coacción, apremio. 2 MED. impulso irresistible.

compulsive (compø·lsiv) *adj.* compulsivo.

compulsively (compø·lsivli) *adv.* compulsivamente.

compulsorily (compø·lsorili) *adv.* compulsivamente, obligatoriamente.

compulsory (compø·lsori) *adj.* compulsivo, coactivo. 2 obligatorio. 3 MED. producido o caracterizado por impulsos u obsesiones.

compunction (compø·ncshøn) *s.* compunción, remordimiento, escrúpulo.

compunctious (compø·ncshøs) *adj.* compungido, contrito.

compurgation (compø'gue·shøn) *s.* compurgación.

compurgator (compø'guei·tø') *s.* compurgador.

computable (compiu·tabøl) *adj.* calculable.

computation (compiute·shøn) *s.* computación, cómputo, cálculo.

compute (to) (compiu·t) *tr.* computar, calcular, estimar.

computer (compiu·tø') *s.* calculador. 2 máquina calculadora.

comrade (co·mræd) *s.* compañero, camarada : ~ *in arms,* compañero de armas.

comradeship (co·mrædship) *s.* compañerismo, camaradería.

con (con) *adv.* y *s.* contra : *pro and con,* a favor y en contra ; *pros and cons,* el pro y el contra. — 2 *s.* abrev. de CONFIDENCE : ~ *game,* ~ *man,* CONFIDENCE GAME, CONFIDENCE MAN.

con (to) *tr.* estudiar, leer con atención. 2 aprender, confiar a la memoria. 3 MAR. gobernar [el buque]. ¶ CONJUG. pret. y p. p. : *conned;* ger. : *conning.*

concatenate (concæ·tineit) *adj.* concadenado.

concatenate (to) *tr.* concadenar.

concatenation (concætine·shøn) *s.* concatenación.

concave (co·nkeiv) *adj.* cóncavo. — 2 *s.* cóncavo, concavidad ; línea o superficie cóncava.

concaveness (conkei·vnis) *s.* concavidad [calidad de concavo].

concavity (conkæ·viti), *pl.* **-ties** (-tis) *s.* concavidad.

concavo-concave *adj.* bicóncavo.

concavo-convex *adj.* cóncavoconvexo.

conceal (to) (consi·l) *tr.* ocultar, esconder, disimular, tapar, encubrir.

concealable (consi·labøl) *adj.* ocultable.

concealer (consi·lø') *s.* ocultador, encubridor.

concealment (consi·lmønt) *s.* ocultación, escondimiento, disimulación, encubrimiento. 2 escondite, escondrijo.

concede (to) (consi·d) *tr.* conceder, otorgar. 2 conceder, reconocer [como cierto]. — 3 *intr.* ceder, hacer concesiones. 4 asentir, convenir.

conceit (consi·t) *s.* vanidad, presunción, orgullo, engreimiento, fatuidad. 2 concepto, opinión : *in my own* ~, en mi concepto. 3 opinión favorable : *out of* ~ *with,* descontento de. 4 concepto, expresión ingeniosa o afectada. 5 concep-

tismo, afectación [del estilo]. 6 capricho, fantasía. 7 imaginación.

conceit (to) *tr.* ant. engreír, envanecer, infatuar : *to* ~ *oneself,* engreírse, infatuarse. 2 ant. imaginar.

conceited (consi·tid) *adj.* engreído, orgulloso, pagado de sí mismo, fatuo, presumido.

conceitedly (consi·tidli) *adv.* engreídamente.

conceitedness (consi·tidnis) *s.* engreimiento, orgullo, presunción.

conceivable (consi·vabøl) *adj.* concebible, conceptible, imaginable.

conceivableness (consi·vabølnis) *s.* calidad de concebible.

conceivably (consi·vabli) *adv.* comprensiblemente.

conceive (to) (consi·v) *tr.* concebir [un hijo]. 2 concebir [una aversión, etc.]. 3 concebir, formar idea de, comprender, entender. 4 creer, suponer, estimar, juzgar. 5 concebir, expresar, formular. — 6 *intr.* concebir [quedar preñada]. 7 *to* ~ *of,* juzgar, considerar [como], reputar [por].

concent (conse·nt) *s.* CONCENTUS.

concenter (to) (conse·ntø') *tr.* TO CONCENTRE.

concentrate (to) (co·nsentreit) *adj.* concentrado. — 2 *s.* MIN. gandinga. 3 alimento o producto concentrado.

concentrate (to) *tr.* concentrar. 2 reconcentrar. 3 enfocar. — 4 *intr.* concentrarse. 5 reconcentrarse. 6 *to* ~ *on,* concentrar la atención en.

concentration (consentre·shøn) *s.* concentración. 2 reconcentración, abstracción.

concentrator (co·nsentreitø') *s.* concentrador.

concentre (to) (conse·ntø') *tr.* concentrar, reunir en un centro común, reunir en un foco. — 2 *intr.* concentrarse, reunirse en un foco, tener un centro común.

concentric(al (conse·ntric(al) *adj.* concéntrico.

concentrically (conse·ntrically) *adv.* concéntricamente.

concentricity (consentri·siti) *s.* concentricidad.

concentus (conse·ntøs) *s.* concento, harmonía.

concept (co·nsept) *s.* concepto, noción, idea.

conception (conse·pshøn) *s.* concepción [acción y efecto de concebir mentalmente; cosa concebida]. 2 concepto, idea, noción, comprensión. 3 concepción [del feto] : *the Immaculate Conception,* la Inmaculada Concepción, la Purísima Concepción.

conceptism (co·nseptiśm) *s.* LIT. conceptismo.

conceptive (conse·ptiv) *adj.* conceptivo.

conceptual (conse·pchual) *adj.* conceptual.

conceptualism (conse·pchualiśm) *s.* FIL. conceptualismo.

conceptualist (conse·pchualist) *adj.* y *s.* conceptualista.

concern (consø·'n) *s.* interés, afecto, solicitud. 2 preocupación, inquietud, ansiedad. 3 interés, parte. 4 concernencia, incumbencia : *to have no* ~ *with,* no tener nada que ver con. 5 lo que interesa o importa ; importancia, consecuencia : *of* ~, de interés, de importancia. 6 asunto, negocio : *the private concerns of,* los asuntos privados de. 7 negocio, empresa, establecimiento comercial o industrial : *banking* ~, casa de banca.

concern (to) *tr.* concernir, atañer, incumbir : *as concerns,* por lo que respecta a, con referencia a, tocante a. 2 importar, interesar, afectar. 3 preocupar, inquietar, desasosegar : *to* ~ *oneself about, in* o *with,* interesarse por, preocuparse de, ocuparse de.

concerned (consø'nd) *adj.* interesado : *as far as I am* ~, en cuanto a mí, por lo que a mí se refiere. 2 ocupado, comprometido. 3 preocupado, inquieto, intranquilo, apenado.

concernedly (consø'nidli) *adv.* con interés, con afecto. 2 con preocupación o inquietud.

concerning (consø'ning) *prep.* tocante a, respecto a, en lo concerniente a, sobre, acerca de.

concernment (consø'nmønt) *s.* concernencia. 2 interés, importancia, consecuencia : *of general* ~, de interés general. 3 interés, parte. 4 asunto. 5 interés, preocupación, inquietud.

concert (co·nsø't) *s.* concierto, común acuerdo : *in* ~, de concierto. 2 MÚS. concierto [sesión musical].

concert (to) (consø't) *tr.* concertar, acordar, convenir. 2 planear, disponer. 3 MÚS. concertar. — 4 *intr.* obrar conjuntamente.

concerted (consø'tid) *adj.* concertado. 2 MÚS. concertante.

concertina (consø'ti næ) *s.* MÚS. concertina.

concertmaster o **-meister** (consø'tma stø' o -mai stø') *s.* MÚS. concertino.

concerto (conche'tou) *s.* MÚS. concierto [composición].

concession (conse shøn) *s.* concesión. 2 COM. reducción sobre el precio corriente de un artículo.

concessionaire (conseshøne·') *s.* concesionario.

concessionary (conse shoneri) *s.* concesionario. — 2 *adj.* otorgado por concesión.

concessive (conse siv) *adj.* concesivo.

concessively (conse sivli) *adv.* concesivamente.

conch (conc o conch), *pl.* **conchs** o **conches** (co nchis) *s.* caracol marino; su concha. 2 caracola. 3 ARQ. concha.

concha (co nca) *s.* ANAT. cavidad del pabellón de la oreja. 2 ARQ. concha.

conchiferous (conki førøs) *adj.* conchífero.

conchiform (co nkifo'm) *adj.* conquiforme.

conchoid (co ncoid) *s.* GEOM. conocide.

conchoidal (concoi dal) *adj.* concoideo, concoide.

conchologist (conco lo'ÿist) *s.* conquiliólogo.

conchology (conco loÿi) *s.* conquiliología.

conchy (co nki) *s.* pop. objetante de conciencia.

concierge (consie'ÿ) *s.* conserje, portero.

conciergerie (consie'ÿøri) *s.* conserjería, portería.

conciliate (to) (consi lieit) *tr.* conciliar [ganar, atraerse], propiciar, apaciguar. 2 conciliar [hacer compatible].

conciliation (consilie shøn) *s.* conciliación.

conciliator (consiliei tø') *s.* conciliador.

conciliatory (consi liatori) *adj.* conciliatorio; propiciador.

concinnate (co nsineit) *adj.* concino.

concinneity (consi niti) *s.* concinidad.

concise (consai s) *adj.* conciso, breve.

concisely (consai sli) *adv.* concisamente.

conciseness (consai snis) *s.* concisión.

concision (consi ÿøn) *s.* concisión. 2 corte, división.

conclave (co ncleiv) *s.* cónclave.

conclavist (co ncleivist) *s.* conclavista.

conclude (to) (conclu d) *tr.* concluir, dar fin a. 2 concluir, hacer [un trato, la paz, etc.]. 3 concluir, colegir, inferir. 4 restringir, coartar. 5 decidir, determinar. 6 *intr.* concluir, finalizar. 7 formar un juicio definitivo, llegar a una conclusión.

concluding (conclu ding) *adj.* conclusivo, último, final.

conclusion (conclu ÿøn) *s.* conclusión, fin, desenlace. 2 conclusión [de un tratado, etc.]. 3 conclusión, inferencia. 4 decisión final, resultado. 5 GRAM. apódosis. 6 LÓG. conclusión. 7 final, despedida [de una carta]. 8 *in* ~, en conclusión; *to a* ~, hasta el fin, hasta llegar a un resultado definitivo. 9 *to try conclusions with,* probar las fuerzas, la habilidad con.

conclusive (conclu siv) *adj.* conclusivo. 2 concluyente.

conclusively (conclu sivli) *adv.* concluyentemente.

conclusiveness (conclu sivnis) *s.* calidad de conclusivo o concluyente.

concoct (conco ct) *tr.* mezclar, preparar, confeccionar. 2 urdir, tramar, forjar, inventar.

concocter (conco ctø') *s.* forjador, tramador, maquinador.

concoction (conco cshøn) *s.* mezcla, preparado. 2 trama, maquinación, invención.

concolorous (concø lørøs) *adj.* H. NAT. del mismo color.

concomitance (conco mitans) *s.* concomitancia. 2 cosa o acto concomitante.

concomitancy (conco mitansi) *s.* concomitancia.

concomitant (conco mitant) *adj.* y *s.* concomitante: *to be a* ~ *of,* concomitar.

concomitantly (conco mitantli) *adv.* acompañadamente, de modo concomitante.

concord (co nco'd) *s.* concordia, armonía, buena inteligencia. 2 acuerdo, convenio. 3 GRAM., MÚS. concordancia.

concordance (conco'dans) *s.* concordancia, armonía, conformidad. 2 MÚS. concordancia. 3 concordancias [índice].

concordant (conco'dant) *adj.* concordante, concorde, conforme, consonante.

concordantly (conco'dantli) *adv.* concordemente, de común acuerdo.

concordat (conco'dæt) *s.* concordato.

concourse (co nco's) *s.* concurso, concurrencia [de cosas]; confluencia [de gente]. 2 concurso, gentío. 3 plazoleta [en un parque]. 4 lugar donde se reúne mucha gente; gran salón o vestíbulo [de una estación, etc.].

concrescence (concre søns) *s.* BIOL. concrescencia. 2 crecimiento por agregación de partículas.

concrete (co ncrit) *adj.* concreto [no abstracto], real : ~ *number,* ARIT. número concreto. 2 concreto [formado por concreción], sólido. 3 de hormigón, para hormigón : ~ *block,* bloque de hormigón ; ~ *mixer,* hormigonera. — 4 *s.* lo concreto : *in the* ~, en lo real, en la esfera de la realidad. 5 cosa concreta. 6 concreción. 7 hormigón, *concreto ; piedra artificial : reinforced* ~, ~ *steel,* hormigón armado. 8 masa de azúcar que resulta de hervir el guarapo.

concrete (to) (concri t) *tr.* concretar [hacer concreto]. 2 concrecionar, solidificar, coagular. 3 ALBAÑ. cubrir con hormigón. — 4 *intr.* con crecionarse, solidificarse, coagularse.

concretely (concri tli) *adv.* concretamente.

concreteness (concri tnis) *s.* calidad de concreto.

concretion (concri shøn) *s.* concreción, solidificación, coagulación. 2 MED., GEOL. concreción. 3 estado de lo concreto ; acción de hacer concreto.

concretive (concri tiv) *adj.* que tiende a concrecionar o solidificar.

concubinage (conkiu binidÿ) *s.* concubinato.

concubinary (conkiu bineri) *adj.* concubinario.

concubine (co nkiubain) *f.* concubina.

concupiscence (conkiu pisens) *s.* concupiscencia.

concupiscent (conkiu pisent) *adj.* concupiscente.

concupiscible (conkiu pisibøl) *adj.* concupiscible.

concur (to) (concø') *intr.* concurrir, coincidir. 2 obrar conjuntamente ; adunarse, juntarse para producir un efecto, contribuir. 3 concurrir, convenir, hallarse de acuerdo. 4 concordar, corresponder. ¶ CONJUG. pret. y p. p.: *concurred;* ger.: *concurring.*

concurrence, concurrency (concø rens, -rensi) *s.* concurrencia, coincidencia, conjunción. 2 unión de pareceres o designios, acuerdo, consenso. 3 cooperación, ayuda. 4 competencia, rivalidad. 5 GEOM. intersección, punto de intersección.

concurrent (concø rent) *adj.* concurrente, coincidente, coexistente. 2 que corre junto o paralelamente [con otra cosa]. — 3 *s.* concurrente, contribuidor. 4 rival, competidor.

concurrently (concø rentli) *adv.* concurrentemente

concuss (concø s) *tr.* sacudir, agitar, perturbar. 2 forzar, coaccionar.

concussion (concø shøn) *s.* concusión, sacudida, golpe : ~ *fuse,* espoleta de percusión. 2 MED. conmoción : ~ *of the brain,* conmoción cerebral.

concussional (concø shønal) *adj.* MED. relativo a la conmoción, causado por una conmoción.

concussive (concø siv) *adj.* que sacude o agita. 2 MED. que causa conmoción.

condemn (to) (conde m) *tr.* condenar, censurar, desaprobar. 2 DER. condenar [a muerte, a prisión, etc.]. 3 condenar, declarar culpable : *his words* ~ *him,* sus palabras le condenan. 4 desahuciar [a un enfermo]. 5 declarar inservible. 6 condenar [una puerta, etc.]. 7 confiscar, expropiar.

condemnable (conde mnabøl) *adj.* condenable, censurable.

condemnation (condemne shøn) *adj.* condenación. 2 razón o motivo para condenar. 3 confiscación, decomiso ; expropiación.

condemnatory (conde mnatori) *adj.* condenatorio.

condemned (conde md) *adj.* condenado. 2 de los condenados : ~ *cell,* celda de los condenados a muerte.

condemner (conde mnø') *s.* condenador.

condensable (conde nsabøl) *adj.* condensable.

condensate (conde nseit) *s.* producto de una condensación.

condensation (condense shøn) *s.* condensación.

condensative (conde nsativ) *adj.* condensativo.

condense (to) (conde·ns) *tr.* condensar. *2* reducir, abreviar. — *3 intr.* condensarse. *4* expresarse con concisión.
condenser (conde·nsǿ^r) *s.* condensador [el que condensa]. *2* MEC., ELECT., OPT. condensador.
condensing (conde·nsing) *adj.* condensador : ~ *coil*, serpentín ; ~ *lens*, condensador [óptico].
condescend (to) (condise·nd) *intr.* condescender, dignarse ; acomodarse a un inferior ; tomar un aire de protección o superioridad.
condescendence (condise·ndǿns) *s.* condescendencia, dignación, actitud afable de protección o superioridad.
condescending (condise·nding) *adj.* condescendiente, de una amabilidad que incluye protección o superioridad.
condescendingly (condise·ndingli) *adv.* con condescendencia, con dignación.
condescension (condese·nshǿn) *s.* condescendencia, dignación, afabilidad con los inferiores, aire de protección.
condign (condai·n) *adj.* condigno, merecido.
condigness (condai·nis) *s.* CONDIGNITY.
condignity (condi·gniti) *s.* TEOL. merecimiento.
condignly (condai·nli) *adv.* condignamente.
condiment (con·dimǿnt) *s.* condimento o de su naturaleza.
condimental (condime·ntal) *adj.* del condimento o de su naturaleza.
condisciple (condisai·pǿl) *s.* condiscípulo.
condition (condi·shon) *s.* condición [requisito, cosa de cuyo cumplimiento depende el de otra] : *on* ~ *that*, a condición de o de que, con tal que. *2* condición, estado, circunstancias [de las cosas] : *in good* ~, en buen estado, en buenas condiciones ; *new conditions of life*, nuevas condiciones de vida. *3* condición [social], estado [de las personas] : *of humble* ~, de humilde condición ; *to change one's* ~, tomar estado, casarse. *4* estado físico [de los cuerpos] : *gaseous* ~, estado gaseoso. *5* estado propio [para hacer algo], condiciones : *to be in* ~ o *out of* ~, estar o no estar en condiciones [para hacer algo]. *6* GRAM. frase o proposición condicional. *7* (EE. UU.) nuevo examen o prueba de rehabilitación de un estudiante suspendido.
condition (to) *tr.* condicionar, hacer depender de : *its permanence is conditioned by its solidity*, su permanencia depende de su solidez. *2* estipular, convenir, acordar. *3* condicionar, determinar, modificar. *4* (EE. UU.) suspender [a un estudiante]. *5* TÉCN. acondicionar [el aire, etc.]. *6* TEJ. condicionar, ensayar [materias textiles] para determinar su grado de humedad. *7* TEJ. rehumedecer [un hilado] después de su elaboración. *8* DEP. entrenar, poner en condiciones [un caballo, un equipo, etc.].
conditional (condi·shonal) *adj.* condicional. — *2 adj.* y *s.* GRAM. potencial [modo]. — *3 s.* GRAM. conjunción, frase u oración condicional.
condicionality (condishǿnæ·liti) *adj.* calidad de condicional.
conditionally (condi·shonali) *adv.* condicionalmente.
conditionate (condi·shǿneit) *adj.* condicional, condicionado. — *2 s.* cosa condicional, contingencia.
conditionate (to) *tr.* condicionar [hacer condicional].
conditioned (condi·shǿnd) *adj.* condicionado : ~ *reflex* o *response*, PSIC. reflejo condicionado. *2* acondicionado.
condole (to) (condou·l) *intr.* condolerse, condolecerse, dar el pésame. | Gralte. con *with, on* o *upon*.
condolement (condou·lmǿnt), **condolence** (condou·lǿns) *s.* condolencia ; pésame.
condominium (condomi·niǿm) *s.* condominio.
condonation (condone·shǿn) *s.* perdón, olvido [de agravio o culpa].
condone (to) (condou·n) *tr.* perdonar, olvidar [un agravio o culpa].
condonement (condou·nmǿnt) *s.* CONDONATION.
condor (co·ndǿ^r) *s.* ORNIT. cóndor. *2* cóndor [moneda chilena].
condottiere (condotie·re) *pl.* **-ri** (-ri) *s.* condotiero.
conduce (to) (condiu·s) *intr.* conducir, tender, contribuir a.
conducible (condiu·sibǿl) *adj.* conducente, ductivo. *2* útil, beneficioso.

conducive (condiu·siv) *adj.* conducente, ductivo.
conduct (co·nduct) *s.* conducta, comportamiento, proceder. *2* conducta, gobierno, dirección, manejo.
conduct (to) (condǿ·ct) *tr.* conducir, guiar, escoltar, acompañar. *2* conducir, dirigir, gobernar, mandar. *3* conducir [ser conducto para]. *4* FÍS. conducir [el calor, la electricidad]. *5* MÚS. dirigir [una orquesta, etc.]. *6 to* ~ *oneself*, conducirse, portarse. — *7 intr.* conducir. *8* FÍS. ser conductor. *9* MÚS. dirigir.
conductance (condǿ·ctans) *s.* conducción, transmisión. *2* ELECT. conductancia, poder conductor.
conductibility (condǿctibi·liti) *s.* conductibilidad.
conductible (condǿ·ctibǿl) *adj.* conductible.
conduction (condǿ·cshǿn) *s.* conducción [por un conducto] ; traída. *2* conducción [del calor, la electricidad].
conductive (condǿ·ctiv) *adj.* conductivo. *2* ELECT. conductor.
conductivity (condǿcti·viti) *s.* conductividad ; conductibilidad.
conduct-money *s.* gastos de viaje abonados a los testigos, a un recluta, etc.
conductor (condǿ·ctǿ^r) *s.* conductor, guía. *2* director, capataz. *3* MÚS. director. *4* cobrador [de tranvía, autobús, etc.] ; (EE. UU.) revisor [de tren]. *5* FÍS. conductor : *good* ~, *bad* ~, buen conductor, mal conductor. *6* CIR. conductor, sonda acanalada. *7* (EE. UU.) canalón [de bajada]. *8 lightning* ~, pararrayos.
conductorship (condǿ·ctǿ^rship) *s.* dirección, cargo de director.
conductress (condǿ·ctris) *f.* conductora, directora. *2* en los trasatlánticos, empleada que cuida de los niños y de las mujeres solas.
conduit (co·ndit) *s.* conducto. *2* caño, encañado, tubería, arcaduz, atarjea, canalización. *3* ELECT. caja o conducto para cables.
condyle (co·ndil) *s.* ANAT. cóndilo.
condyloma (condilou·ma) *s.* MED. condiloma.
cone (coun) *s.* GEOM., FÍS., BOT. cono. *2* cucurucho. *3* pilón [de azúcar]. *4* MEC. pieza o polea cónica. *5* TEJ. cono [bobina]. *6* ZOOL. concha cónica. *7 adj.* de cono, cónico : ~ *bearing*, cojinete de cono ; ~ *clutch*, embrague de cono ; ~ *gear*, engranaje cónico ; ~ *pulley*, polea cónica ; polea escalonada o múltiple.
cone (to) *tr.* dar forma cónica. *2* arrollar en un cono o carrete cónico. *3* BOT. producir conos.
cone-bearing *adj.* BOT. conífero.
conepate (couneipa·tei) *s.* ZOOL. mapurite, mapurito.
cone-shaped *adj.* cónico, coniforme.
coney (cou·ni) *s.* conejo, gazapo.
confabulate (to) (confæ·biuleit) *intr.* confabular, platicar, departir.
confabulation (confæbiule·shǿn) *s.* confabulación, plática.
confarreation (confærrie·shǿn) *s.* confarreación.
confect (to) (confe·ct) *tr.* confeccionar, preparar. *2* confitar ; encurtir.
confection (confe·cshǿn) *s.* confección ; preparación. *2* confite, confitura, dulce. *3* confección [ropa hecha].
confection (to) *tr.* preparar, confitar.
confectionary (confe·cshǿnǿri) *adj.* confitado, de confitería. — *2 s.* dulce, confite. *3* confitería [arte].
confectioner (confe·cshǿnǿ^r) *s.* confitero, dulcero, repostero.
confectionery (confe·cshǿnǿri) *s.* confitería, dulcería, repostería : ~ *shop*, confitería, dulcería. *2* confites, dulces, confituras.
confederacy (confe·dǿrasi) *s.* confederación, coalición, liga. *2* unión, asociación [para un acto delictivo], complicidad.
confederate (confe·dǿreit) *adj.* y *s.* confederado, aliado. *2* socio, compinche, cómplice.
confederate (to) *tr.* confederar, unir. — *2 intr.* confederarse, unirse, ligarse.
confederation (confedǿre·shǿn) *s.* confederación.
confederative (confe·dǿreitiv) *adj.* confederativo, federativo.
confer (to) (confǿ·^r) *tr.* conferir, dar, otorgar : *to* ~ *a degree*, conferir un grado ; *to* ~ *holy orders*, conferir órdenes sagradas, ordenar ; *the honour conferred upon me*, el honor que se me confiere. *2* dar, comunicar [una cualidad o

propiedad a una cosa]. *3* conferir, comparar. | Ús. sólo en los textos y en imperativo con la abreviación *c. f.* — *4 intr.* conferir, conferenciar, deliberar, tratar. ¶ CONJUG. pret. y p. p. : *conferred;* ger. : *conferring.*

conferee (confør̄·) *s.* aquel a quien se confiere algo. 2 (EE. UU.) el que toma parte en una conferencia.

conference (co·nførens) *s.* conferencia, junta, entrevista, consulta. 2 asamblea anual de los metodistas. *3* acción de conferir [un grado, etc.].

conferment (confø·mønt) *s.* acción de conferir o dar.

conferrable (confø·rabøl) *adj.* conferible.

conferrer (confø·rø·) *s.* el que confiere o da.

confess (to) (confe·s) *tr.* confesar [sus pecados, faltas, etc.]. 2 confesar, reconocer. 3 confesar [oir en confesión]. — *4 intr.* confesarse, hacer confesión. *5 to ~ to,* confesar, reconocer que.

confessant (confe·sant) *s.* confesante.

confessed (confe·st) *adj.* confesado, declarado, reconocido.

confessedly (confe·sidli) *adv.* manifiestamente, reconocidamente.

confession (confe·shøn) *s.* confesión. 2 religión, credo. 3 sepultura de un mártir o confesor; altar erigido sobre ella. *4 ~ of faith,* profesión de fe.

confessional (confe·shonal) *adj.* confesional. 2 perteneciente a la confesión. — *3 s.* confesonario.

confessionary (confe·shønari) *adj.* perteneciente a la confesión. 2 confesonario.

confessor (confe·sø·) *s.* confesor [cristiano que confiesa su fe] : *the Confessor,* el rey Eduardo el Confesor. 2 confesor [sacerdote]. *3* el que confiesa una falta.

confidant *m.,* **confidante** *f.* (co·nfidant) confidente, confidenta [de una pers.].

confide (to) (confai·d) *intr.* confiar [poner la fe o confianza en]. — *2 tr.* confiar [un secreto, un objeto, etc.).

confidence (co·nfidøns) *s.* confianza [que se tiene en una persona o cosa; esperanza firme] : *in ~,* en confianza; *~ game* o *trick,* timo; *~ man,* timador. 2 confianza, presunción, atrevimiento. 3 confidencia.

confident (co·nfidønt) *adj.* confiante, seguro, que tiene fe o confianza. 2 confiado, presuntuoso, atrevido, resuelto. — *3 s.* confidente [de una persona].

confidential (confide·nshal) *adj.* confidencial, secreto, reservado. 2 confidente, de confianza.

confidentially (confide·nshali) *adv.* confidencialmente, en confianza.

confidently (co·nfidøntli) *adv.* confiadamente, con confianza. 2 atrevidamente, resueltamente.

confider (confai·dø·) *s.* el que confía.

confiding (confai·ding) *adj.* confiado, crédulo.

configurate (to) (confi·guiureit) *tr.* configurar.

configuration (configuiure·shøn) *s.* configuración. 2 ASTROL. aspecto.

configure (to) (confi·giu·) *tr.* configurar, formar.

confine (co·nfain) *s.* confín, límite, término.

confine (to) (confai·n) *intr.* confinar, lindar. — *2 tr.* limitar, restringir : *to ~ oneself to,* limitarse, concretarse a. 3 encerrar, recluir, arrestar : *to be confined,* estar de parto ; *to be confined to bed,* guardar cama.

confineless (confai·nlis) *adj.* ilimitado.

confinement (confai·nmønt) *s.* encierro, reclusión, prisión, cautiverio. 2 estado del enfermo que no sale de casa ; de la mujer que está de parto ; alumbramiento, parto, sobreparto. 3 restricción, limitación.

confinity (confai·niti) *s.* confinidad, contigüidad.

confirm (to) (confø·m) *tr.* confirmar [corroborar]. 2 confirmar, revalidar, ratificar. 3 confirmar [dar mayor seguridad o firmeza], fortalecer. *4* ECLES. confirmar.

confirmable (confø·mabøl) *s.* que puede ser confirmado o ratificado.

confirmand (confø·ma·nd) *s.* confirmando.

confirmation (confø·me·shøn) *s.* confirmación [acción de confirmar; corroboración, ratificación]. 2 confirmación [sacramento].

confirmative (confø·mativ) *adj.* confirmativo.

confirmatively (confø·mativli) *adv.* confirmativamente.

confirmed (confø·md) *adj.* confirmado. 2 consumado, empedernido : *a ~ bachelor,* un soltero empedernido. 3 inveterado.

confirmedness (confø·midnis) *s.* certeza, firmeza.

confiscable (confi·scabøl) *adj.* confiscable; decomisable.

confiscate (co·nfiskeit) *adj.* confiscado; decomisado.

confiscate (to) *tr.* confiscar; decomisar.

confiscated (co·nfiskeited) *adj.* confiscado; decomisado.

confiscation (confiske·shøn) *s.* confiscación; decomiso.

confiscator (co·nfiskeitø·) *s.* confiscador.

confiscatory (confi·scatori) *adj.* de confiscación.

confiteor (confi·tio·) confiteor.

confiture (co·nfichø·) *s.* confitura, dulce.

conflagrate (to) (co·nflagreit) *tr.* conflagrar.

conflagration (conflagre·shøn) *s.* conflagración, incendio.

conflict (co·nflict) *s.* conflicto. 2 lucha, combate. 3 oposición, antagonismo, pugna, choque.

conflict (to) (confli·ct) *intr.* chocar, estar en oposición, en conflicto, en pugna.

confluence (co·nfluøns) *s.* confluencia. 2 concurso [de gente].

confluent (co·nfluønt) *adj.* confluente. 2 MED. *~ smallpox,* viruelas confluentes. — *3 s.* confluencia, confluente [de ríos o caminos]. *4* afluente [río].

conflux (co·nfløcs) *s.* CONFLUENCE.

conform (to) (confo·m) *tr.* conformar, acomodar, ajustar. — *2 intr.* conformarse, concordar, acomodarse, ajustarse. *3* cumplir, obedecer.

conformable (confo·mabøl) *adj.* conforme, acomodado, acorde, consonante, proporcionado. 2 sumiso, obediente.

conformableness (confo·mabølnis) *s.* conformidad, consonancia. 2 sumisión, obediencia.

conformably (confo·mabli) *adv.* conformemente. 2 sumisamente, en obediencia.

conformation (confo·me·shøn) *s.* conformación, forma, estructura. 2 disposición, arreglo. 3 acomodación, adaptación.

conformist (confo·mist) *s.* conformista.

conformity (confo·miti) *s.* conformidad [semejanza. correspondencia], concordancia consonancia : *in ~ with,* en consonancia con, con arreglo a, de acuerdo con. 2 sumisión, obediencia.

confound (to) (confau·nd) *tr.* confundir [mezclar, desordenar, embrollar]. 2 confundir [turbar], aturdir, dejar perplejo, desconcertar. 3 confundir [tomar una cosa por otra]. 4 confundir, avergonzar. | Sólo en sentido bíblico. 5 desus. confundir [concluir en la disputa]. 6 desbaratar, hacer fracasar [planes, intrigas]; frustrar [esperanzas]. — *7 interj. ~ it!,* ¡maldito sea! ; *~ you!,* Dios le confunda!

confounded (confau·ndid) *adj.* confuso, perplejo. 2 fig. vulg. maldito, condenado, dichoso, enfadoso.

confoundedly (confau·ndidli) *adv.* condenadamente, abominablemente.

confraternity (confratø·niti) *s.* confraternidad. 2 hermandad, cofradía, sociedad.

confrere (co·nfre·) *s.* compañero, colega.

confront (to) (confrø·nt) *tr.* confrontar, enfrentar, carear. 2 confrontar, cotejar. 3 afrontar, arrostrar, hacer frente a, encararse con.

confrontation (confrønte·shøn), **confrontment** (confrø·ntmønt) *s.* confrontación; careo.

Confucian (confiu·shan) *adj.* y *s.* confuciano.

Confucianism (confiu·shanism) *s.* confucianismo.

Confucius (confiu·shøs) *n. pr.* Confucio.

confuse (to) (confiu·s) *tr.* confundir [mezclar; barajar, desordenar], embrollar, obscurecer. 2 confundir [turbar]; dejar perplejo, desconcertar, desorientar. 3 confundir, avergonzar. 4 confundir [tomar una cosa por otra].

confused (confiu·sd) *adj.* confuso [mezclado; revuelto; difícil de distinguir]. 2 confuso [turbado, avergonzado], perplejo, desconcertado.

confusedly (confiu·sidli) *adv.* confusamente.

confusedness (confiu·sidnis) *s.* confusión [desorden, falta de distinción] ; perplejidad, desconcierto.

confusion (confiu·yøn) *s.* confusión [mezcla confusa ; desorden, desbarajuste], tumulto, barahúnda : *~ of tongues,* confusión de lenguas ; *the Confusion,* la confusión de lenguas en la

Torre de Babel. 2 confusión [turbación, ver- ̇güenza], perplejidad, desconcierto. 3 confusión, equivocación.
confutant (confiu·tant) s. confutador.
confutable (confiu·taḅøl) adj. confutable. 2 refutable.
confutation (confiute·shøn) s. confutación, refutación.
confute (to) (confiu·t) tr. confutar. 2 reducir al silencio, confundir.
confuter (confiu·tøʳ) s. confutador.
congé (conȳei·) s. licencia, permiso [para irse]. 2 despedida; despido. 3 ~ d'élire, licencia concedida por el rey a un deán y un cabildo, en sede vacante, para elegir obispo.
congeal (to) (conȳi·l) tr. congelar, helar. 2 cuajar, coagular. — 3 intr. congelarse, helarse, cuajarse, coagularse.
congealable (conȳi·laḅøl) adj. congelable, helable.
congealment (conȳi·lmønt) s. congelación, congelamiento. 2 coagulación. 3 cosa congelada; coágulo.
congee (con·ȳi) s. despedida.
congelation (conȳile·shøn) s. congelación. 2 solidificación, cristalización, petrificación.
congelative (co·nȳileitiv) adj. congelativo. 2 solidificante.
congener (co·nȳenøʳ) adj. y s. congénere.
congeric(al (conȳenø·ric(al) adj. congénere. 2 H. NAT. del mismo género.
congenetio (conȳene·tic) adj. del mismo origen.
congenial (conȳi·nial) adj. congenial. 2 afín, análogo, concordante. 3 que conviene al gusto o a la naturaleza [de uno] ; agradable, simpático.
congeniality (conȳiniæ·liti), **congenialness** (conȳi·nialnis) s. concordancia de naturaleza o temperamento; simpatía. 2 afinidad de pensamiento. 3 calidad de lo que se adapta al gusto o a la naturaleza de uno.
congenital (conȳe·nital) adj. congénito.
conger, conger eel (con·gøʳ il) s. ICT. congrio.
congeries (conȳi·riiŝ) s. congerie, cúmulo, montón.
congest (to) (conȳe·st) tr. congestionar [el tráfico, etc.]. 2 MED. congestionar. — 3 intr. congestionarse.
congested (conȳe·stid) adj. congestionado [tráfico, etc.]. 2 MED. congestionado. 3 BOT. apiñado.
congestion (conȳe·schøn) s. congestión [del tráfico, etc.]. 2 MED. congestión : to relieve ~, descongestionar.
congestive (conȳe·stiv) adj. MED. congestivo.
conglobate (conglou·beit) adj. conglobado.
conglobate (to) tr. conglobar.
conglobation (conglobe·shøn) s. conglobación.
conglobe (to) (conglou·b) tr. CONGLOBATE.
conglomerate (conglo·møreit) adj. conglomerado. 2 apiñado, denso. — 3 s. conglomeración, conglomerado. 4 GEOL. conglomerado.
conglomerate (to) tr. conglomerar. — 2 intr. conglomerarse.
conglomeratic (conglomøræ·tic) adj. GEOL. conglomerado.
conglomeration (conglomøre·shøn) s. conglomeración.
conglutinant (congiu·tinant) adj. conflutinante.
conglutinate (conglu·tineit) adj. conglutinado.
conglutinate (to) tr. conglutinar. — 2 intr. conglutinarse.
conglutination (conglutine·shøn) s. conglutinación.
conglutinative (conglu·tineitiv) adj. conglutinativo.
Congo (co·ngou) n. pr. GEOGR. Congo. — 2 adj. y s. congo, congoleño, del Congo : ~ Free State, Estado libre del Congo; ~ red, rojo del Congo. 3 (con minús.) ZOOL. ~ eel, ~ snake, anfibio serpentiforme de la América del Norte; ~ monkey, congo [mono].
Congoese (co·ngoiŝ), **Congolese** (co·ngoliŝ) adj. y s. congo, congoleño.
congratulant (congræ·chulant) adj. congratulatorio. — 2 s. felicitante.
congratulate (to) (congræ·chuleit) tr. congratular, felicitar, dar el parabién : to ~ on, congratularse de, felicitar por.
congratulation (congræchule·shøn) s. congratulación, felicitación, parabién, enhorabuena.
congratulator (congræ·chuleitøʳ) s. felicitante.
congratulatory (congræ·chulatøʳi) adj. congratulatorio, de felicitación.

congreganist (congre·ganist) s. individuo de una congregación religiosa. — 2 adj. dirigido por individuos de una congregación religiosa.
congregate (co·ngrigueit) adj. congregado. 2 juntado, reunido. 3 colectivo.
congregate (to) tr. congregar. 2 juntar, reunir en una masa. — 3 intr. congregarse, juntarse.
congregation (congrigue·shøn) s. congregación, reunión [acción de congregar o reunir]. 2 agregado, colección. 3 reunión, concurso, auditorio. 4 (Ingl.) junta general del claustro de una universidad. 5 grey, conjunto de fieles [de una iglesia o secta] ; feligresía, feligreses. 6 ECLES. congregación.
congregational (congrigue·shonal) adj. de congregación o reunión; hecho en congregación o reunión; colectivo. 2 perteneciente a una grey o feligresía. 3 perteneciente al congregacionalismo.
Congregationalism (congrigue·shønališm) s. congregacionalismo [sistema o doctrina que hace residir toda la autoridad religiosa en el cuerpo de cada iglesia local].
Congregationalist (congrigue·shønalist) s. congregacionalista [partidario del congregacionalismo].
congress (co·ngres) s. congreso, asamblea. 2 junta, conferencia. 3 (con may.) Congreso [cámara legislativa de España y de algunos países de Hispanoamérica]. 4 (EE. UU.) conjunto de las dos Cámaras legislativas; su reunión : in ~ assembled, en reunión plenaria de las dos cámaras.
congressional (congre·shønal) adj. perteneciente a un congreso. 2 (con may.) perteneciente a la reunión de las dos Cámaras en los EE. UU. 3 ~ district, (EE. UU.) distrito que elige un diputado para la Cámara de representantes.
congressman (co·ngresmæn) m., **congresswoman** co·ngreswumæn) f. congresista. 2 miembro de un cuerpo legislativo de los EE. UU., especialmente de la Cámara de representantes; diputado.
congruence (co·ngruøns), **congruency** (-si) s. congruencia, consonancia, correspondencia, conformidad, conveniencia. 2 MAT., TEOL., congruencia. 3 GEOM. superponibilidad, coincidencia.
congruent (co·ngruønt) adj. congruente, consonante, conveniente, conforme. 2 MAT. congruente. 3 GEOM. superponible, coincidente.
congruism (co·ngruišm) s. TEOL. congruismo.
congruist (co·ngruist) adj. y s. TEOL. congruista.
congruity (congrui·ti) s. CONGRUENCE. 2 GEOM. superponibilidad, coincidencia.
congruous (co·ngruøs) adj. congruente, conveniente, conforme, apropiado. 2 MAT. congruente. 3 GEOM. superponible, coincidente.
congruously (co·ngruøsli) adv. congruentemente, apropiadamente.
congruousness (co·ngruøsnis) s. congruencia.
conic (co·nic) adj. cónico, conforme : ~ section, sección cónica; ~ sections, parte de la geometría que trata de la parábola, la elipse y la hipérbola. — 2 s. sección cónica.
conical (co·nical) adj. cónico.
conically (co·nicali) adv. en forma cónica.
conicalness (co·nicalnis) s. conicidad.
conics (co·nics) s. GEOM. teoría de las secciones cónicas.
conidium (coni·diøm), pl. -dia (-dia) s. BOT. conidio.
conifer (co·niføʳ) s. BOT. conífera.
Coniferae (coni·føri) s. pl. BOT. coníferas.
coniferous (coni·førøs) adj. BOT. conífero.
coniform (cou·nifo·m) adj. coniforme.
coniine (co·nain) s. QUÍM. cicutina.
conirostral (coniro·stral) adj. ORNIT. conirrostro.
Conirostres (coni·rostres) s. pl. ORNIT. conirrostros.
conium (cona·iøm) s. BOT. cicuta.
conjecturable (conȳe·kchuraḅøl) adj. conjeturable, presumible.
conjectural (conȳe·kchural) adj. conjetural.
conjecturally (conȳe·kchurali) adv. por conjetura, conjeturalmente, presuntamente.
conjecture (conȳe·kchøʳ) s. conjetura, presunción.
conjecture (to) tr. conjeturar, presumir.
conjecturer (conȳe·kchørøʳ) s. conjeturador.
conjoin (to) (conȳoi·n) tr. unir, juntar ; asociar, combinar. — 2 intr. unirse, juntarse, asociarse. 3 ASTR. estar o entrar en conjunción.

conjoint (conÿoi·nt) *adj.* unido. 2 hecho conjuntamente, aunado. — *3 s.* asociado, aliado. *4 pl.* DER. consortes.

conjointly (conÿoi·ntli) *adv.* conjuntamente, mancomunadamente.

conjugable (co·nÿugabøl) *adj.* conjugable.

conjugal (co·nÿugal) *adj.* conyugal.

conjugally (co·nÿugali) *adv.* conyugalmente.

Conjugatae (conÿugæ·ti) *s. pl.* BOT. conjugadas [algas].

conjugate (co·nÿugueit) *adj.* unidos, esp. en parejas o en matrimonio. 2 BIOL., MAT., MEC. conjugado. 3 GRAM. de la misma derivación. — *4 s.* BOT. conjugada [alga]. 5 palabra de la misma derivación que otra.

conjugate (to) *tr.* unir, juntar, aparear. 2 unir en matrimonio. 3 BIOL., GRAM. conjugar. — *4 intr.* BIOL. conjugarse

conjugation (conÿugue·shøn) *s.* unión, adunamiento, conjunción. 2 BIOL., GRAM. conjugación.

conjunct (conÿo·nct) *adj.* unido, conjunto, asociado.

conjunction (conÿo·ncshøn) *s.* conjunción, unión, asociación. 2 ASTR. GRAM. conjunción.

conjunctiva (conÿønctai·va) *s.* ANAT. conjuntiva.

conjunctival (conÿønctai·val) *adj.* conjuntival.

conjunctive (conÿø·nctiv) *adj.* conjuntivo [que junta]. 2 conjunto. 3 GRAM. conjuntivo. *4* GRAM. copulativo. — *5 s.* GRAM. palabra conjuntiva o copulativa, conjunción.

conjunctively (conÿø·ntivli) *adv.* conjuntamente.

conjunctivitis (conÿønctivai·tis o -vi·tis) *s.* MED. conjuntivitis.

conjunctly (conÿø·nctli) *adv.* conjuntamente.

conjuncture (conÿø·nchø') *s.* coyuntura, circunstancias. 2 ASTR. conjunción.

conjuration (conÿure·shøn) *s.* conjuro [ruego encarecido]. 2 conjuro, sortilegio. 3 arte de prestidigitación.

conjure (to) (conÿu·ø') *tr.* conjurar [rogar encarecidamente]; implorar. 2 (co·nÿø') evocar [a un espíritu, etc.]; conjurar [exorcizar]. 3 producir, enviar, hacer aparecer o desaparecer, etc., por [o como por] arte mágica o conjuro. *4 to ~ away*, conjurar [exorcizar]; alejar, hacer desaparecer; conjurar [un peligro]. *5 to ~ up*, evocar [hacer aparecer; traer a la memoria o a la imaginación]; suscitar. — *6 intr.* practicar las artes mágicas, hacer hechicerías. 7 hacer juegos de manos.

conjure man *m.*, **conjure woman** *f.* (Sur de los EE. UU. y Ant.) *fam.* hechicero, hechicera.

conjurement (conÿu·ø'mønt) *s.* conjuro, exorcismo. 2 adjuración.

conjurer, conjuror (co·nÿørø') *s.* hechicero, mago, sortílego. 2 prestidigitador, ilusionista : *~ wand*, varita de virtudes. 3 *fam.* persona muy lista. *4* (conÿu·rø') conjurante [que ruega].

conjuring (co·nÿøring) *s.* hechicería. 2 prestidigitación : *~ trick*, juego de manos.

conn (to) (can) *tr.* e *intr.* MAR. gobernar [un buque].

connate (conei·t) *adj.* innato, congénito. 2 afín, de la misma naturaleza. 3 nacido u originado junto [con otra cosa]. *4* BOT. connato.

connation (cone·shøn) *s.* unión congénita. 2 BOT. calidad de connato.

connatural (conæ·chural) *adj.* connatural. 2 de la misma naturaleza.

connaturality (conæ·churaliti) *s.* calidad de connatural.

connaturally (conæ·churali) *adv.* connaturalmente.

connaturalness (conæ·churalnis) *s.* CONNATURALITY.

connect (to) (cone·ct) *tr.* unir, enlazar, conectar, coordinar. 2 relacionar, asociar. 3 comunicar, poner en comunicación. *4* MEC. conectar, acoplar. *5* ELECT. conectar. — *6 intr.* unirse, enlazarse, relacionarse, tener conexión. 7 FERROC. enlazar, empalmar.

connected (cone·ctid) *adj.* unido, enlazado, conexo. 2 relacionado, asociado : *to be ~ with* [*a firm*, etc.], estar relacionado o asociado con, ser empleado de [una casa, etc.]. 3 emparentado. *4* relacionado [que tiene relaciones personales]. 5 coherente, que tiene ilación.

connectedly (cone·ctidli) *adv.* con coherencia.

connecting (cone·cting) *adj.* que une, enlaza, conecta o relaciona; de unión, de conexión, de

comunicación : *~ link*, eslabón, lazo de unión ; *~ rod*, MEC. biela.

connection (cone·cshøn) *s.* conexión, unión, enlace, trabazón ; coherencia, ilación. 2 relación, analogía : *in ~ with*, en relación con, con respecto a, a propósito de ; *in this ~*, con respecto a esto. 3 relación [de amistad, comercial, etc.] ; afinidad, parentesco, entronque. *4* cosa, voz, partícula que une. 5 pariente, deudo. 6 relaciones, conexiones, clientela. 7 comunicación [medio de]. *8* FERROC. empalme. *9* secta o comunión religiosa.

connective (cone·ctiv) *adj.* conectivo, conexivo, conjuntivo : *~ tissue*, ANAT. tejido conjuntivo. — *2 s.* cosa que une. 3 GRAM. palabra que une (conjunción, pron. rel., preposición].

connectively (cone·ctivli) *adj.* con conexión.

connector (cone·ctø') *s.* conector, conectador. 2 enganchador.

conner (co·nø') *s.* inspector, observador. 2 MAR. oficial de derrota. 3 el que lee con cuidado.

connexion (cone·cshøn) *s.* CONNECTION.

connexity (cone·csiti) *s.* conexión, relación, coherencia.

Connie (co·ni) *n. pr. fam.* Constancia.

conning tower (co·ning) *s.* torre de mando [de un buque de guerra].

conniption o **conniption fit** (coni·pshøn) *s. fam.* (EE. UU.) rabieta, pataleta, ataque de nervios.

connivance (conai·vans) *s.* connivencia ; consentimiento o cooperación pasiva.

connive (to) (conai·v) *intr.* disimular o tolerar culpablemente, hacer la vista gorda, estar en connivencia. 2 BOT. ser conniviente.

connivent (conai·vent) *s.* H. NAT. conniviente.

conniver (conai·vø') *s.* consentidor ; cómplice.

connoisseur (conisø·') *s.* perito, conocedor, inteligente.

connotation (conote·shøn) *s.* connotación.

connotative (cono·teitiv) *adj.* connotativo.

connote (to) (conou·t) *tr.* connotar. 2 significar. 3 suponer [traer consigo].

connubial (coniu·bial) *adj.* connubial.

conoid (cou·noid) *s.* conoide.

conoidal (conoi·dal) *adj.* conoide, conoidal.

conquer (to) (co·nkø') *tr.* conquistar. 2 vencer, subyugar, dominar. 3 vencer, superar [dificultades, etc.]. — *4 intr.* triunfar.

conquerable (co·nkørabøl) *adj.* conquistable. 2 domable. 3 vencible, superable.

conqueress (co·nkøris) *f.* conquistadora.

conquering (co·nkøring) *adj.* victorioso, triunfador.

conqueror (co·nkørø') *s.* conquistador. 2 vencedor, sojuzgador.

conquest (co·ncuest) *s.* conquista. 2 HIST. *the Conquest*, la conquista de Inglaterra por Guillermo el Conquistador.

Conrad (co·nræd) *n. pr.* Conrado.

consanguineous (consænguï·niøs) *adj.* consanguíneo.

consanguinity (consænguï·niti)) *s.* consanguinidad.

conscience (co·nshøns) *s.* conciencia [esp. en sentido moral] : *~ clause*, cláusula de una ley que exime de observarla a aquellos cuyos escrúpulos los religiosos no se lo permitan; *in ~*, *in all ~*, en conciencia; en verdad, ciertamente; *with ~*, a conciencia.

conscienceless (co·nshønslis) *adj.* sin conciencia, desalmado.

conscience-proof *adj.* imperturbable, sin remordimientos.

conscience-smitten, conscience-stricken *adj.* remordido por la conciencia.

conscientious (conshie·nshøs) *adj.* concienzudo, escrupuloso, detenido. 2 de conciencia : *~ objector*, objetante de conciencia, el que rehusa servir como soldado por razones de conciencia.

conscientiously (conshie·nshøsli) *adv.* concienzudamente, escrupulosamente, a conciencia.

conscientiousness (conshie·nshøsnis) *s.* conciencia, rectitud, escrupulosidad.

conscionable (co·nshønæbøl) *adj.* justo, razonable.

conscionably (co·nshønæbli) *adv.* justamente, razonablemente.

conscious (co·nshøs) *adj.* consciente. 2 que se da cuenta, que se percata. 3 que se siente culpable. *4* intencionado.

CONJUGACIÓN DE VERBOS / CONJUGATION OF VERBS

La conjugación regular de un verbo inglés comprende un número de formas muy reducido. En todos los tiempos personales se usa la misma forma para todas las personas del singular y del plural, con excepción de la tercera persona del singular del presente de indicativo y de la segunda del singular del presente y el pretérito de indicativo.

Observación: La segunda persona del singular (que se forma añadiendo **st** a la forma propia del tiempo) sólo se emplea en poesía, en la oración y en la Biblia. En el lenguaje corriente se emplea la forma del plural, lo mismo para éste que para el singular. Así, **you dance** equivale, según los casos, a *tú bailas, usted baila, vosotros bailáis* o *ustedes bailan.*

Presente de indicativo

Tiene la forma del infinitivo sin **to** para la primera persona del singular y todas las del plural: **I, we, you, they dance.**

La tercera persona del singular

Se forma añadiendo **es** o **s** a la forma del infinitivo.

Toma **es:**
- En los verbos cuyo infinitivo termina en **ch, sh, ss, x** o **z:** reaches, brushes, passes, boxes, buzzes.
- En los verbos **to do** y **to go:** does, goes.

Toma **s:**
- En los verbos cuyo infinitivo termina en una **e** muda, una vocal o un diptongo: dances, lives, baas, sees, draws, knows.
- En aquellos cuyo infinitivo termina en una consonante que *no* es **ch, sh, ss, x** o **z:** sobs, packs, rings, kills, hears, bleats.

Observaciones:
- Los verbos terminados en **y** precedida de consonante cambian la **y** en **ie:** cry, cries; fly, flies. Los terminados en **y** precedida de vocal no cambian la **y:** buy, buys; play, plays.
- Los verbos terminados en **ce, se** o **ge** y los terminados en **ch, sh, ss, x** o **z**, ganan fonéticamente una sílaba al tomar la desinencia de la tercera persona del singular: dance, danc·es; buzz, buzz·es; brush, brush·es.

Pretérito de indicativo

La forma del pretérito de indicativo distingue, una de otra, dos clases de verbos:

Verbos débiles

Forman el pretérito y el participio pasivo añadiendo **ed, d** o **t** a la forma del infinitivo: walk, **walked;** live, **lived.** Algunos acortan (no cambian) la vocal de la raíz y añaden **t:** keep, **kept;** sweep, **swept.**

Observaciones:
- Los verbos débiles terminados en **y** precedida de consonante cambian la **y** en **ie** al tomar la desinencia del pretérito y del participio pasivo: cry, **cried;** spy, **spied.** Los terminados en **y** precedida de vocal no cambian la **y:** cloy, **cloyed;** play, **played.** Por excepción, **to lay** y **to pay** hacen el pretérito y el participio pasivo en **aid: laid** y **paid.**
- Los verbos que terminan en una consonante dental ganan fonéticamente una sílaba al tomar la desinencia del pretérito y el participio pasivo: blind, **blind·ed;** wait, **wait·ed.**
- Los verbos monosílabos y los polisílabos acentuados en la última sílaba, cuando terminan en una vocal breve seguida de una sola consonante, doblan ésta en el pretérito, el participio pasivo y el gerundio: fit, **fitted, fitting;** bar, **barred, barring;** compel, **compelled, compelling.**
  Cuando la consonante final es **l** precedida de una sola vocal, pueden doblar la **l** aunque no estén acentuados en la última sílaba: travel, **traveled** o **travelled.**

Verbos fuertes

Forman el pretérito y el participio pasivo cambiando la vocal de la raíz y añadiendo **o** no **e, en, n** o **ne.** Generalmente tienen el pretérito diferente del participio pasivo: break, **broke, broken;** bear (llevar), **born, borne.**

Advertencia: Los pretéritos, participios pasivos y gerundios de los verbos fuertes, así como los de otros que ofrezcan particularidades de forma u ortografía, se encontrarán en el cuerpo de este Diccionario al final del artículo correspondiente a cada verbo.

Futuro de indicativo

Se forma anteponiendo **shall** o **will** al infinitivo sin **to** (véase lo referente al uso de **shall** y **will** en los respectivos artículos de este Diccionario): I **shall come,** yo vendré; you **will come,** tú vendrás, usted vendrá, vosotros vendréis, ustedes vendrán; he **will come,** él vendrá; they **will come,** ellos vendrán.

Potencial

Se forma anteponiendo **should** y **would** al infinitivo sin **to** (véase lo referente al uso de **should** y **would** en los respectivos artículos de este Diccionario): I **should come**, yo vendría; you **would come**, tú vendrías, usted vendría, vosotros vendríais, ustedes vendrían; he **would come**, él vendría; they **would come**, ellos vendrían.

Imperativo

El imperativo inglés sólo tiene una forma propia que es la del infinitivo sin **to** y sólo se usa para las segundas personas: **come**, ven, venga usted, venid, vengan ustedes.

Para las personas 1.ª y 3.ª hay que recurrir a una oración formada con el verbo **to let: let us see**, veamos.

Tiempos compuestos

Se forman, como en español, con el verbo auxiliar **to have** (haber) y el participio pasivo.

Ejemplos:

I **have played**, yo he jugado; he **has played**, él ha jugado (pretérito perfecto).

I **had played**, yo había jugado o hube jugado (pretérito pluscuamperfecto o pretérito anterior).

I **shall have played**, yo habré jugado; he **will have played**, él habrá jugado (futuro perfecto).

I **should have played**, yo habría jugado; he **would have played**, él habría jugado (potencial compuesto o perfecto).

Conjugación continua

Además de esta forma de conjugación, el inglés tiene otra llamada *continua* que se forma con el auxiliar **to be** y el gerundio del verbo: I **am coming**, I **was coming**. Esta forma se usa para indicar una acción en curso de realización, o sea no terminada.

En el presente, corresponde a un presente español del verbo en cuestión o de una oración del verbo *estar:* I **am writing** a letter, escribo una carta o estoy escribiendo una carta.

En el pretérito simple corresponde a un imperfecto español: he **was writing** a letter, él escribía una carta o estaba escribiendo una carta.

Observación: La forma continua no puede usarse para expresar una acción instantánea o definitiva, como tampoco una acción habitual o permanente. Así no se dirá: I **am forgiving** him, **the sun is setting** every day, **he is being** her father, sino: I **forgive** him, **the sun sets** every day, **he is** her father.

(V. *INFINITIVO y SUBJUNTIVO.)

---

consciously (co·nshøsli) *adv.* conscientemente. 2 con conocimiento, a sabiendas.

consciousness (co·nshøsnis) *s.* FIL., PSIC. conciencia. 2 conciencia [conocimiento de una cosa] : ~ *of danger*, conciencia del peligro. 3 conocimiento, sentido, estado consciente.

conscript (co·nscript) *adj.* conscripto : ~ *fathers*, padres conscriptos. 2 reclutado [obligatoriamente]. — 3 *m.* recluta, quinto.

conscript (to) *tr.* alistar, reclutar [obligatoriamente].

conscription (conscri·pshøn) *s.* alistamiento, reclutamiento [forzoso].

consecrate (co·nsicreit) *adj.* consagrado, sagrado.

consecrate (to) *tr.* consagrar. [hacer sagrado ; dedicar u ofrecer a Dios]. 2 consagrar, dedicar [a un fin] : *hours consecrated to meditation*, horas consagradas a la meditación. 3 consagrar [reglas, principios, etc.]. 4 consagrar, deificar [los romanos a sus emperadores]. — 5 *intr.* LITURG. consagrar [pronunciar las palabras de la consagración].

consecration (consicre·shøn) *s.* consagración. 2 dedicación.

consecrator (co·nsicreitø') *s.* consagrante.

consectary (cose·ctari) *s.* corolario, deducción obligada.

consecution (consekiu·shøn) *s.* ilación. 2 sucesión, serie. 3 MÚS. serie de intervalos similares.

consecutive (conse·kiutiv) *s.* consecutivo, sucesivo. 2 GRAM. consecutivo, ilativo.

consecutively (conse·kiutivli) *adv.* consecutivamente.

consensual (conse·nshual) *adj.* consensual.

consensus (conse·nsøs) *s.* consenso, acuerdo general : ~ *of opinion*, opinión general. 2 FISIOL. simpatía.

consent (conse·nt) *s.* consentimiento, asentimiento, aquiescencia, aprobación, permiso : *all with one* ~, unánimemente ; *by common* ~, de común acuerdo ; *silence gives* ~, quien calla, otorga.

consent (to) *intr.* consentir, asentir, acceder, permitir. 2 convenir, estar de acuerdo.

consentaneous (consentei·niøs) *adj.* unánime. 2 conforme [a], consonante [con].

consentaneously (consentei·niøsli) *adv.* unánimemente. 2 conformemente.

consentaneousness (consentei·niøsnis) *s.* unanimidad. 2 conformidad, correspondencia.

consenter (conse·ntø') *s.* consentidor.

consentient (conse·nshent) *adj.* consintiente, anuente. 2 acorde, unánime.

consequence (co·nsicuens) *s.* consecuencia, resultado : *as a* ~ *of*, a consecuencia de ; *in* ~, en consecuencia, por consiguiente ; *in* ~ *of*, de resultas de, a consecuencia de ; *to take the consequences*, aceptar las consecuencias. 2 consecuencia, deducción, conclusión. 3 importancia, entidad. 4 calidad, distinción [de una pers.]. 5 aires de importancia. 6 *pl.* juego de sociedad.

consequent (co·nsicuent) *adj.* consecuente, consiguiente. 2 lógico. — 3 *s.* consecuencia, resultado. 4 LÓG. consecuente, consiguiente. 5 MAT. consecuente. 6 cosa subsiguiente.

consequential (consicue·nshal) *adj.* consiguiente, consecutivo. 2 consiguiente, resultante. 3 importante [pers.]. 4 pomposo, fachendoso, engreído.

consequentialness (consicue·nshalnis) *s.* calidad de consecuente o consiguiente. 2 importancia. 3 pomposidad, fachenda.

consequently (con·nsicuentli) *adv.* por consiguiente, por ende, en consecuencia.
conservable (consø·'vabøl) *adj.* conservable.
conservancy (consø·'vansi) *s.* conservación, cuidado, guarda, esp. de los bosques, los ríos, la salud pública, etc.
conservant (consø·'vant) *adj.* conservador, preservador.
conservation (consø·ve·shøn) *s.* conservación. *2* cuidado, guarda de bosques, ríos, etc.
conservatism (consø·'vatišm) *s.* conservadurismo, moderantismo.
conservative (consø·'vativ) *adj.* conservativo; conservador. *2* moderado, prudente. — *3 s.* lo que conserva, preservativo. — *4 adj.-s.* (con mayúscula) POL. conservador.
conservatoire (consø·'vatua·ʳ) *s.* conservatorio.
conservator (co·nsø·'veito·ʳ) *s.* conservador, protector, defensor.
conservatory (consø·'vatöri), *pl.* **-ries** (-ris) *adj.* conservatorio. — *2 s.* conservatorio. *3* invernáculo, estufa, invernadero.
conservatrix (co·nsø·'veitrics) *f.* conservadora, protectora.
conserve (co·nsø·'v) *s.* conserva, dulce, confitura.
conserve (to) *tr.* conservar, mantener. *2* confitar.
conserver (consø·'vø·ʳ) *s.* conservador [que conserva]. *2* confitero.
consider (to) (consi·dø·ʳ) *tr.* considerar [meditar, reflexionar una cosa]; pensar, estudiar, pesar las ventajas o inconvenientes de: *to* ~ *un apartment, un appointment,* etc., pensar, estudiar si a uno le conviene tomar un piso, aceptar un cargo, etc. *2* considerar [tratar con respeto], ser benévolo o compasivo con. *3* considerar, creer, juzgar, estimar, tener por: *I* ~ *him a knave* o *to be a knave,* lo tengo por un bribón. *4* considerar, tener en cuenta, tener presente, pensar, reparar.
considerable (consi·dørabøl) *adj.* considerable, grande. *2* digno de consideración, *3* notable, importante [pers.].
considerableness (consi·dørabølnis) *s.* importancia, valor, entidad.
considerably (consi·dørabli) *adv.* considerablemente.
considerate (consi·dørit) *adj.* considerado [para con los demás]. *2* reflexivo, circunspecto, mirado.
considerately (consi·døritli) *adv.* consideradamente, reflexivamente, prudentemente.
considerateness (consi·døritnis) *s.* consideración [para con los demás]. *2* prudencia, circunspección, moderación.
consideration (considøre·shøn) *s.* consideración [acción de considerar]; examen, estudio: *to take into* ~, tomar en consideración; *under* ~, en estudio, en discusión. *2* motivo, razón: *on no* ~, por ningún motivo. *3* acción de tener en cuenta: *without* ~ *of,* sin considerar, sin tener en cuenta. *4* consideración, respeto, benevolencia. *5* importancia. *6* remuneración, retribución, compensación, precio: *for a* ~, por un precio o remuneración.
considering (consi·døring) *prep.* considerando, visto que, en atención a, en razón de.
consideringly (consi·døringli) *adv.* con atención, con reflexión, seriamente.
consign (to) (consai·n) *tr.* COM. consignar. *2* consignar, confiar, entregar, depositar. *3* asignar, destinar; relegar.
consignatary (cønsi·gnateri) *s.* consignatario, depositario.
consignation (consigne·shøn) *s.* COM. consignación. *2* consignación, entrega, depósito. *3* destinación. *4* LITURG. acción de marcar con la señal de la cruz; confirmación.
consignee (consai·ni·) *s.* COM. consignatario [destinatario]. *2* depositario.
consigner (consai·nø·ʳ) *s.* consignador.
consignment (consai·nmønt) *s.* COM. consignación; partida, envío.
consignor (consai·nø·ʳ) *s.* consignador.
consist (to) (consi·st) *intr.* consistir. *2* componerse, constar [de], estar formado [por]. *3* concordar, ser compatible [con].
consistence, -cy (consi·stens, -si)) *s.* consistencia. *2* solidez, permanencia, estabilidad. *3* congruencia, consonancia, correspondencia, compatibilidad. *4* consecuencia [en la conducta].

consistent (consi·stent) *adj.* consistente, firme, sólido, estable. *2* congruente, conforme, consonante, compatible. *3* consecuente [en la conducta], uniforme, persistente.
consistently (consi·stentli) *adv.* conformemente, en consonancia, en compatibilidad. *2* consecuentemente, persistentemente.
consistorial (consistøu·rial) *adj.* consistorial.
consistory (consi·stori), *pl.* **-ries** (-ris) *s.* consistorio. | No tiene el sentido de Ayuntamiento. *2* consejo o cuerpo gobernante de ciertas iglesias.
consociate (consou·shieit) *adj.* unido, asociado.
consociate (to) *tr.* unir, asociar, ligar, aliar. — *2 intr.* unirse, asociarse, ligarse, aliarse
consociation (consoushie·shøn) *s.* unión, asociación, liga, alianza.
consolable (consou·labøl) *adj.* consolable.
consolation (console·shøn) *s.* consolación, consuelo, confortación. *2* DEP. consolación: ~ *match,* partida de consolación; ~ *prize,* premio de consolación.
consolatory (consøu·latori) *adj.* consolatorio, consolador.
console (co·nsoul) *s.* consola: ~ *table,* consola. *2* ARQ. ménsula, cartela, repisa. *3* MÚS. caja [del órgano].
console (to) (consou·l) *tr.* consolar, confortar.
consoler (consou·lø·ʳ) *s.* consolador, confortador.
consolidant (consoli·dant) *s.* consolidativo.
consolidate (to) (consoli·deit) *tr.* consolidar, solidar. *2* unir, reunir, fusionar. — *3 intr.* consolidarse, solidarse. *4* unirse, fusionarse.
consolidation (consolide·shøn) *s.* consolidación. *2* COM. unión, fusión [de dos entidades].
consolidative (consoli·deitiv) *adj.* consolidativo.
consoling (consou·ling) *adj.* consolador, consolativo, confortador.
consols (co·nsoulš) *s. pl.* (Ingl.) títulos de la deuda consolidada.
consommé (consømei·) *s.* consumado, caldo.
consonance, -cy (co·nsonans, -si) *s.* consonancia, conformidad, armonía. *2* MÚS. consonancia. *3* FÍS. concordancia.
consonant (co·nsonant) *adj.* consonante, cónsono, conforme. — *2 adj. y s.* GRAM. consonante.
consonantal (consonæ·ntal) *adj.* GRAM. consonántico.
consonantly (co·nsonantli) *adv.* en consonancia.
consonantness (co·nsonantnis) *s.* consonancia, conformidad.
consonous (co·nsonøs) *adj.* cónsono, armonioso.
consort (co·nso·ʳt) *s.* consorte, cónyuge: *king* ~, *prince* ~, rey consorte, príncipe consorte. [esposo de la reina]. *2* compañero. *3* MAR. buque que acompaña a otro.
consort (to) (conso·ʳt) *intr.* juntarse, acompañarse: *to* ~ *with,* acompañarse, juntarse con, estar asociado con. *2* concordar, armonizar. — *3 tr.* casar, juntar, asociar.
consortism (co·nso·ʳtišm) *s.* BIOL. simbiosis.
consortium (conso·ʳshiøm) *s.* consorcio [comercial o financiero]. *2* asociación, sociedad. *3* DER. consorcio, unión conyugal.
conspectus (conspe·ctøs) *s.* ojeada general, sumario, compendio.
conspicuity (conspikiu·iti) *s.* visibilidad, claridad, evidencia. *2* eminencia, nombradía.
conspicuous (conspi·kiuøs) *adj.* conspicuo, eminente. *2* visible, manifiesto. *3* notable. *4* llamativo.
conspicuously (conspi·kiuøsli) *adv.* visiblemente, claramente.
conspicuousness (conspi·kiuøsnis) *s.* visibilidad, evidencia. *2* eminencia, fama, nombradía.
conspiracy (conspi·rasi) *s.* conspiración, confabulación, conjura, complot. *2* concurrencia [de hechos, esfuerzos, etc.].
conspirant (conspai·rant) *a.* que conspira.
conspirator (conspi·ratø·ʳ) *s.* conspirador, conjurado.
conspire (to) (conspa·iø·ʳ) *intr.* conspirar, conjurar, conjurarse. *2* obrar de consuno. — *3 tr.* planear, tramar, maquinar.
conspirer (conspai·rø·ʳ) *s.* conspirador, conjurado.
conspiringly (conspai·ringli) *adv.* en conspiración, conspirando.
constable (co·nstabøl) *s.* condestable [primera dignidad de la milicia antigua]. *2* alguacil. *3* policía [uniformado]. *4* guardián de un fuerte o castillo.

constableship (co·nstabølship) s. condestablía.
constabulary (constæ·biuleri), pl. -ies (-is) s. policía uniformada [de un distrito]; cuerpo de policía uniformado. — 2 adj. de la policía uniformada.
Constance (co·nstans) n. pr. f. Constancia.
constancy (co·nstansi) s. constancia [firmeza, perseverancia]; fidelidad, lealtad. 2 persistencia, permanencia, estabilidad.
constant (co·nstant) adj. constante. 2 fiel, leal. 3 continuo, persistente, incesante. 4 inmutable, invariable. — 5 s. MAT. constante.
constantly (co·nstantli) adv. constantemente; continuamente, incesantemente.
Constantine (co·nstantin o -tain) n. pr. m. Constantino.
Constantinople (constæntino·pøl) n. pr. GEOGR. Constantinopla.
Constantius (constæ·nshiøs) n. pr. m. Constancio.
constellation (constele·shøn) s. ASTR. constelación, asterismo. 2 fig. pléyade, reunión brillante.
consternate (to) (co·nstø·neit) tr. consternar, llenar de espanto.
consternation (constø·ne·shøn) s. consternación; terror, espanto.
constipate (to) (co·nstipeit) tr. estreñir, constipar.
constipation (constipe·shøn) s. estreñimiento, constipación de vientre.
constituency (consti·tiuensi) s. distrito electoral. 2 cuerpo de electores de un distrito; grupo de comitentes, de clientes, suscriptores, etc.
constituent (consti·tiuent) s. constitutivo, componente. 2 POL. constituyente: ~ assembly, asamblea constituyente, cortes constituyentes. 3 que tiene poder para elegir, electoral. — 4 s. constitutivo, componente, elemento. 5 comitente, poderdante, mandante. 6 elector [con relación al diputado].
constitute (to) (co·nstitiut) tr. constituir. 2 nombrar, hacer dar [un cargo, delegación, etc.]. 3 establecer, instituir. 4 poner en vigor [una ley]. — 5 ref. to ~ oneself, constituirse en o por.
constitution (constitiu·shøn) s. constitución [acción de constituir, manera de estar constituido]. 2 constitución, complexión; temperamento [de una pers.]. 3 constitución [de un estado, ley fundamental]. 4 constitución [ley del príncipe; decisión del papa].
constitutional (constitiu·shønal) adj. constitucional, complexional. 2 POL. constitucional: ~ law, derecho político; constitución, ley fundamental. — 3 s. fam. paseo, ejercicio higiénico.
constitutionalism (constitiu·shønali̇sm) s. constitucionalismo.
constitutionalist (constitiu·shønalist) s. constitucional [partidario].
constitutionality (constitiushønæ·liti) s. constitucionalidad.
constitutionally (constitiu·shønali) adv. constitucionalmente, legalmente.
constitutive (co·nstitiutiv) adj. y s. constitutivo. — 2 adj. que tiene poder para establecer o instituir; legislativo.
constrain (to) (constrei·n) tr. constreñir, forzar, obligar. 2 estrechar, apretar, comprimir. 3 limitar, restringir. reprimir, contener.
constrainable (constei·nabøl) adj. constreñible.
constrained (constrei·nd) adj. constreñido. 2 forzado, violento; encogido, embarazado: ~ smile, sonrisa forzada.
constrainedly (constrei·ndli) adv. por fuerza. 2 embarazadamente, de un modo violento o forzado.
constrainer (constrei·nø·) s. compulsor, obligador.
constraint (constrei·nt) s. constreñimiento, coacción, compulsión, apremio. 2 fuerza, necesidad. 3 represión, contención, sujeción. 4 embarazo, violencia.
constrict (to) (constri·ct) tr. constreñir, apretar, estrechar. 2 encoger. 3 atar, ligar.
constriction (constri·cshøn) s. constricción, encogimiento. 2 MED. constricción.
constrictive (constri·ctiv) adj. constrictivo.
constrictor (constri·ctø·) s. constrictor. 2 ZOOL. boa.
constringe (to) (constri·nȳ) tr. contreñir, apretar, contraer.
constringent (constri·nȳønt) adj. constringente.

construct (co·nstrøct) s. cosa construida, esp. con elementos inmateriales.
construct (to) (constrø·ct) tr. construir. edificar, fabricar, hacer. 2 idear, componer. 3 GRAM., GEOM. construir.
constructer (constrø·ctø·) s. CONSTRUCTOR.
construction (constrø·cshøn) s. construcción [acción de construir], edificación: under ~, en construcción. 2 construcción, edificio, artefacto, máquina. 3 interpretación, explicación, sentido o significado que se atribuye. 4 GRAM. construcción.
constructional (constrøc·shønal) adj. estructural. 2 interpretativo.
constructive (constrø·ctiv) adj. constructivo. 2 implícito, inferido, que depende de la interpretación.
constructively (constrø·ctivli) adv. constructivamente. 2 por interpretación o deducción.
constructiveness (constrø·ctivnis) s. ingeniosidad, aptitud mecánica.
constructor (constrø·ctø·) s. constructor. 2 MAR. oficial que dirige o inspecciona la construcción y reparación de buques.
construe (to) (co·nstru) tr. GRAM. construir; analizar, explicar la construcción de. 2 traducir [esp. oralmente]. 3 interpretar, explicar; atribuir un sentido, una intención.
consubstantial (consøbstæ·nshal) adj. consubstancial.
consubstantialism (consøbstæ·nshali̇sm) s. TEOL. doctrina de la consubstanciación.
consubstantiality (consøbstænshiæ·liti) s. consubstancialidad.
consubstantially (consøbstæ·nshali) adv. consubstancialmente.
consubstantiate (to) (consøbstæ·nshiet) tr. unir, o considerar como unido, en una misma substancia o naturaleza. — 2 intr. unirse en una misma substancia o naturaleza.
consubstantiation (consøbstænshie·shøn) s. TEOL. consubstanciación.
consuetude (co·nsuitiud) s. uso, costumbre.
consuetudinary (consuitiu·dineri) adj. consuetudinario, de costumbre.
consul (co·nsøl) s. cónsul: ~ general (pl. consuls general), cónsul general.
consular (co·nsiula·) adj. consular: ~ agent, agente consular; ~ invoice, factura consular.
consulate (co·nsiulit) s. consulado: ~ general (pl. consulates general), consulado general.
consulship (co·nsiulship) s. consulado [cargo; su duración].
consult (consølt) s. reunión, corrillo, junta secreta.
consult (to) tr. e intr. consultar: to ~ one's pillow, consultar con la almohada. — 2 tr. tener en consideración, tener en cuenta. — 3 intr. deliberar, conferenciar.
consultant (consø·ltant) s. consultante. 2 consultor.
consultation (consølte·shøn) s. consultación, consulta. 2 junta, deliberación.
consultative (consø·ltativ) adj. consultivo.
consultatory (consø·ltatori) adj. que resulta de la consulta. 2 consultivo.
consulter (consø·ltø·) s. consultante.
consulting (consø·lting) adj. consultante. 2 llamado a consulta: ~ physician, médico consultor, que se llama a consulta. 3 de consulta: ~ office, consultorio.
consumable (consiu·mabøl) adj. consumible, fungible.
consume (to) (consiu·m) tr. consumir [destruir, devorar, comer, beber]. 2 gastar, disipar. 3 pasar, emplear [el tiempo]. 4 absorber la atención, la energía de: consumed with, absorbido por, muy metido en; muerto de. — 5 intr. consumirse, deshacerse.
consumedly (consiu·midli) adv. muy mucho, extremadamente.
consumer (consiu·mø·) s. consumidor: ~ credit, crédito para comprar a plazos, crédito hecho al consumidor; consumer's goods, artículos de consumo.
consuming (consiu·ming) adj. consumidor. 2 consuntivo.
consummate (consø·mit) adj. consumado. 2 completo, extremado.

consummate (to) (co·nsømeit) *tr.* consumar.
consummately (consø·mitli) *adv.* consumadamente.
consummation (consøme·shøn) *s.* consumación. *2*
complemento, perfección. *3* meta, fin deseado.
consumptible (consø·mptibøl) *adj.* que se gasta
con el uso o el tiempo; fungible. — *2 s.* cosa
que se gasta con el uso o el tiempo.
consumption (consø·mpshøn) *s.* consunción, consumimiento, consumición. *2* acabamiento, destrucción, extinción. *3* gasto, consumo. *4* MED.
consunción; tisis, tuberculosis.
consumptive (consø·mptiv) *adj.* consuntivo; consumidor. — *2 adj. y s.* MED. tísico, hético.
consumptively (consø·mptivli) *adv.* por modo consuntivo.
consumptiveness (consø·mptivnis) *s.* calidad de
consuntivo.
contabescence (contabe·sens) *s.* MED. contabes-
cencia.
contact (co·ntæct) *s.* contacto : ∼ *firing,* ARTILL.
fuego de contacto; ∼ *lens,* lente de contacto.
2 ELECT. toma de corriente : ∼ *breaker,* interruptor automático; ∼ *rail,* carril conductor. *3* fam.
persona que ha estado expuesta a un contagio. *4 pl.* contactos, relaciones.
contact (to) *tr.* poner o estar en contacto o relación con. — *2 intr.* ponerse en contacto, establecer contacto.
contactor (con·ntæcto') *s.* ELECT. interruptor.
contagion (contei·ȳøn) *s.* contagio, contaminación.
2 peste, infección. *3* virus o materia infecciosa.
contagious (contei·ȳøs) *adj.* contagioso, pegadizo.
contagiousness (contei·ȳøsnis) *s.* contagiosidad.
contain (to) (conte·in) *tr.* contener [encerrar, tener cabida para, abarcar, incluir]. *2* MAT. contener exactamente, ser múltiplo de. *3* contener,
refrenar : *to* ∼ *oneself,* contenerse, reprimirse.
containable (contei·nabøl) *adj.* contenible.
container (contei·nø') *s.* continente, recipiente,
caja, vasija, envase.
contaminate (to) (contæ·mineit) *intr.* contaminar.
2 viciar, depravar. *3* impurificar, adulterar [con
una mezcla].
contamination (contæmine·shøn) *s.* contaminación. *2* impurificación. *3* FILOL. fusión de dos
voces en una nueva. *4* fusión de dos o más
leyendas, cuentos, etc., en uno nuevo.
contemn (to) (conte·m) *tr.* despreciar, menospreciar.
contemner (conte·mnø') *s.* despreciador, menospreciador.
contemplate (to) (conte·mpleit) *tr.* contemplar,
estudiar, meditar. *2* tener en cuenta como probable. *3* proponerse, proyectar, tener intención
de. — *4 intr.* reflexionar, meditar.
contemplation (contemple·shøn) *s.* contemplación
[de la mente, del espíritu]. *2* espera, consideración de algo como probable. *3* intención, propósito [de].
contemplative (conte·mplativ) *adj.* contemplativo.
contemplatively (conte·mplativli) *adv.* contemplativamente.
contemplator (co·ntempleitø') *s.* contemplador.
contemporaneity (contemporani·iti) *s.* contemporaneidad.
contemporaneous (contemporei·niøs) *adj.* contemporáneo.
contemporaneously (contemporei·niøsli) *adv.* contemporáneamente.
contemporaneousness (contemporei·niøsnis), contemporariness (conte·mporerinis) *s.* contemporaneidad.
contemporary (conte·mporeri) *pl.* -ries (-ris) *adj.*
y s. contemporáneo, coetáneo. — *2 s.* colega
[dicho de periódicos].
contempt (conte·mpt) *s.* desprecio, menosprecio,
desdén. *2* DER. ∼ *of court,* desacato [a un juez
o tribunal]; rebeldía.
contemptibility (contemptibi·liti) *s.* calidad de
despreciable, vileza, bajeza.
contemptible (conte·mptibøl) *adj.* despreciable.
2 desdeñable.
contemptibleness (conte·mptibølnis) *s.* vileza,
ruindad, bajeza.
contemptibly (conte·mptibli) *adv.* despreciablemente, vilmente.
contemptuous (conte·mpchuøs) *adj.* despreciativo,
despectivo, desdeñoso. *2* despreciador.

contemptuously (conte·mpchuøsli) *adv.* con desprecio, despreciativamente, despectivamente.
contemptuousness (conte·mpchuøsnis) *s.* desprecio, desdén.
contend (to) (conte·nd) *intr.* contender : *contending parties,* contendientes; partes litigantes. *2*
competir, oponerse. *3* discutir. *4* luchar, esforzarse, bregar. — *5 tr.* sostener, afirmar.
contendent (conte·ndent) *adj.* contendiente.
contender (conte·ndø') *s.* contendedor, contendiente. *2* adversario, competidor. *3* sostenedor, mantenedor.
1) content (conte·nt) *adj.* contento, satisfecho. *2*
que asiente : ∼ *o not* ∼ (Ingl.), voto en pro o en
contra [en la cámara de los Lores]. — *3 s.* contento, contentamiento, satisfacción.
2) content (co·ntent) *s.* contenido. | En el sentido
de contenido de un recipiente o de un libro;
ús. en plural : *table of contents,* tabla de materias, índice general. *2* substancia [de un escrito o discurso]. *3* significado esencial. *4* capacidad, cabida, extensión, volumen.
content (to) (conte·nt) *tr.* contentar, satisfacer.
contented (conte·ntid) *adj.* contento, satisfecho;
tranquilo, resignado.
contentedly (conte·ntidli) *adv.* contentamente.
contentedness (conte·ntidnis) *s.* contento, satisfacción.
contention (conte·nshøn) *s.* contención, contienda, controversia, disputa. *2* afirmación, lo que
uno sostiene; argumento [que uno emplea].
3 tema u objeto de disputa.
contentious (conte·nshøs) *adj.* contencioso, disputador, pugnaz. *2* contencioso, litigioso.
contentiously (conte·nshøli) *adv.* con disputa o
contienda. *2* con espíritu combativo.
contentiousness (conte·nshøsnis) *s.* calidad de litigioso. *2* pugnacidad, espíritu de contradicción.
contentment (conte·ntmønt) *s.* contentamiento,
contento.
conterminous (contø·rminal), conterminous (con-
tø·minøs) *adj.* contérmino, limítrofe. *2* que se
coextiende. *3* que tiene el mismo final.
contest (co·ntest) *s.* contienda, lucha, lid. *2* debate, disputa, litigio. *3* torneo, competición,
concurso, certamen, oposición.
contest (to) (conte·st) *tr.* disputar, luchar por.
2 negar, discutir, controvertir, impugnar. —
3 intr. contender, competir, litigar : *to* ∼ *with*
o *against,* contender, luchar con o contra;
competir con.
contestable (conte·stabøl) *adj.* contestable, discutible.
contestant (conte·stant) *s.* contendiente. *2* litigante. *3* impugnador, oponente.
contestation (conteste·shøn) *s.* altercación, contestación.
context (co·ntecst) *s.* contexto.
contextual (conte·cschual) *adj.* del contexto.
contextural (conte·cschøral) *adj.* perteneciente a
la contextura.
contexture (conte·cschø') *s.* contextura. *2* tejido,
enlazamiento.
contiguity (contigiui·iti) *s.* contigüidad, inmediación, proximidad. *2* continuidad, extensión
ininterrumpida.
contiguous (conti·guiuøs) *adj.* contiguo; inmediato. *2* próximo, que sigue inmediatamente.
contiguously (conti·guiuøsli) *adv.* contiguamente,
al lado.
contiguousness (conti·guiuøsnis) *s.* contigüidad.
continence, continency (co·ntinens, -ensi) *s.* continencia, moderación, templanza, castidad.
continent (co·ntinent) *adj.* continente. *2* que contiene o puede contener, capaz. — *3 s.* GEOGR.
continente *4 the Continent,* la Europa continental, Europa sin las Islas Británicas.
continental (contine·ntal) *adj.* continental. — *2*
s. papel moneda puesto en circulación durante
la Revolución norteamericana : *not worth* a ∼,
sin valor. *3* (con may.) natural o habitante de
la Europa continental.
contingence (conti·nȳons) *s.* contacto, tangencia.
2 (poco us.) CONTINGENCY.
contingency (conti·nȳonsi) *s.* contingencia, eventualidad, evento. *2* relación estrecha. *3* cosa
accesoria.
contingent (conti·nȳønt) *adj.* contingente, contingible, eventual, accidental : ∼ *liabilities,* COM.

imprevistos, obligaciones imprevistas. *2* condicionado, dependiente : ~ *on* o *upon*, dependiente de. — *3 s.* contingente, contingencia. *4* contingente, parte, grupo. *5* MIL. contingente.

contingently (conti·nɏøntlĭ) *adv.* contigentemente.

continual (conti·niual) *adj.* continuo, incesante.

continually (conti·niualĭ) *adv.* continuamente, incesantemente.

continuance (conti·niuans) *s.* continuación, persistencia, perseverancia, permanencia. *2* sucesión ininterrumpida. *3* duración. *4* DER. aplazamiento.

continuate (conti·niueit) *adj.* continuo, ininterrumpido.

continuation (continiue·shøn) *s.* continuación [en un estado]. *2* continuación [de lo interrumpido] ; prolongación, extensión.

continuative (conti·niueitiv) *adj.* continuativo.

continuator (conti·niueitø') *s.* continuador.

continue (to) (conti·niu) *tr.* continuar : *to be continued,* continuará. *2* prolongar. *3* persistir en. *4* mantener, perpetuar, hacer permanecer. *5* prorrogar, aplazar. — *6 intr.* continuar, seguir, proseguir, durar.

continued (conti·niud) *adj.* continuado, continuo, prolongado, seguido. *2* MAT. ~ *fraction,* fracción continua.

continuedly (conti·niudlĭ) *adv.* continuadamente.

continuer (conti·niuø') *s.* continuador.

continuity (continiu·itĭ), *pl.* **-ties** (-tĭs) *s.* continuidad. *2* continuo, serie ininterrumpida. *3* CINEM. guión. *4* RADIO. comentarios o anuncios que se radian entre las partes de un programa.

continuous (conti·niuøs) *adj.* continuo [ininterrumpido ; sin solución de continuidad] : ~ *current,* ELECT. corriente continua ; ~ *showing,* CINEM. sesión continua ; ~ *waves,* RADIO. ondas continuas o entretenidas.

continuously (conti·niuøslĭ) *adv.* continuamente.

continuum (conti·niuøm), *pl.* **-a** (-æ) *s.* continuo, todo [esp. en matemáticas].

contort (to) (contø't) *tr.* torcer, retorcer.

contortion (contø·'shøn) *s.* contorsión, retorcimiento.

contortionist (contø·'shønist) *s.* contorsionista.

contour (co·ntu) *s.* contorno, perfil. *2* perímetro. *3* TOP. línea o curva de nivel : ~ *line,* curva de nivel ; ~ *map,* plano acotado.

contour (to) *tr.* contornear, perfilar.

contourné (contu·'ne) *adj.* BLAS. contornado.

contraband (co·ntrabænd) *s.* contrabando. — *2 adj.* de contrabando, prohibido, ilegal.

contrabandism (co·ntrabændism) *s.* contrabando [tráfico].

contrabandist (co·ntrabændist) *s.* contrabandista.

contrabass (co·ntrabeis) *s.* MÚS. contrabajo.

contraception (contrase·pshøn) *s.* anticoncepcionismo. *2* práctica anticoncepcional.

contraceptive (contrase·ptiv) *adj.* y *s.* anticoncepcional.

contract (co·ntræct) *s.* contrato, convenio, pacto : ~ *of bargain and sale,* contrato de compraventa. *2* contrata. *3* DER. escritura. *4* esponsales. *5* GRAM. forma contraída. — *6 adj.* contraído, contracto.

contract (to) (contræ·ct) *tr.* contraer, reducir, estrechar, encoger. *2* fruncir, arrugar. *3* GRAM. contraer ; acortar [una palabra]. *4* abreviar, compendiar. *5* contratar, pactar. *6* contraer [matrimonio, una enfermedad, obligaciones, etc.]. — *7 intr.* contraerse, reducirse, encogerse. *8* contratar : *to ~ for,* contratar [una cosa] ; *to ~ to,* comprometerse por contrato a.

contracted (contræ·ctid) *adj.* contraído, fruncido. *2* abreviado, conciso. *3* estrecho, mezquino. *4* reducido, escaso. *5* torpe, encogido. *6* contratado, pactado.

contractedly (contræ·ctidlĭ) *adv.* estrechamente, mezquinamente.

contractedness (contræ·ctidnis) *s.* contracción. *2* estrechez, mezquindad.

contractibility (contræctibi·litĭ) *s.* contractibilidad.

contractile (contræ·ctil) *adj.* contráctil.

contractility (contræcti·litĭ) *s.* contractilidad.

contracting (contræ·ctiŋ) *adj.* contractivo. *2* contratante. *3* contrayente. *4 the ~ parties,* los contratantes ; los contrayentes.

contraction (contræ·cshøn) *s.* contracción. *2* reducción, encogimiento. *3* fruncimiento [de cejas, etc.]. *4* estrechez [de miras]. *5* reducción [de créditos, del volumen de la moneda circulante]. *6* acción de contraer [matrimonio, una enfermedad, etc.].

contractor (contræ·ctø') *s.* contratante. *2* contrayente. *3* contratista, asentista, empresario, concesionario.

contractual (contræ·cchual) *adj.* contractual.

contracture (contræ·cchu') *s.* MED. contractura.

contradance (co·ntradæns) *s.* contradanza.

contradict (to) (co·ntradict) *tr.* contradecir. *2* desmentir, negar.

contradicter (contradi·ctø') *s.* contradictor.

contradiction (contradi·cshøn) *s.* contradicción. *2* impugnación, oposición, contrariedad. *3* cosa, pers. que envuelve contradicción en sí, en sus cualidades : ~ *in terms,* frase o afirmación cuyos términos se contradicen.

contradictorily (contradi·ctorilĭ) *adv.* contradictoriamente.

contradictoriness (contradi·ctorinis) *s.* cualidad de contradictorio. *2* espíritu de contradicción.

contradictory (contradi·ctori) *adj.* contradictorio. *2* contrario, opuesto. — *3* (*pl.* **-ries**) *s.* palabra, proposición, etc., que contradice a otra. *4* LÓG. contradictoria.

contradistinction (contradisti·ncshøn) *s.* distinción por oposición o contraste : *in ~ to,* a distinción de, por oposición a, en contraste con.

contradistinguish (to) (contradisti·ŋgüish) *tr.* distinguir por oposición o contraste.

contraindicant (contrai·ndicant) *s.* CONTRAINDICATION.

contraindicate (to) (contrai·ndikeit) *tr.* MED. contraindicar.

contraindication (contraindike·shøn) *s.* MED. contraindicación.

contralto (contræ·ltou) *s.* MÚS. contralto. — *2 adj.* de contralto.

contraplex (co·ntræplecs) *adj.* TELEGR. de transmisión simultánea en direcciones opuestas.

contraposition (contrapoši·shøn) *s.* contraposición.

contraption (contræ·pshøn) *s.* desp. artefacto, artilugio, invención, artificio.

contrapuntal (contræpu·ntal) *adj.* MÚS. contrapuntístico.

contrapuntist (contræpu·ntist) *s.* MÚS. contrapuntista.

contrariety (contrarai·itĭ), *pl.* **-ties** (-tiš) *s.* contrariedad, oposición, discrepancia, incompatibilidad. *2* cosa contraria, opuesta o discrepante.

contrarily (co·ntrerilĭ) *adv* contrariamente, opuestamente.

contrariness (co·ntrerinis) *s.* contrariedad, oposición. *2* testarudez.

contrariwise (co·ntreriuaĭš) *adv.* al contrario. *2* inversamente, viceversa, al revés. *3* en sentido o posición opuestos. *4* tercamente.

contrary (co·ntreri) *adj.* contrario, opuesto, encontrado, antagónico. *2* contrario, adverso. *3* dado a la oposición, díscolo, terco. — *4 adv.* contrariamente : ~ *to,* contrariamente a, en oposición a ; contra, en contra de, en violación de ; al contrario de. — *5* (*pl.* **-ries**) *s.* lo contrario : *on the ~,* al contrario, antes bien ; *to the ~,* en contrario, en contra. *6* cada una de dos cosas contrarias u opuestas.

contrary (to) *tr.* contrariar, oponerse, contradecir.

contrast (co·ntrast) *s.* contraste ; contraposición.

constrast (to) *tr.* hacer contrastar o formar contraste. — *2 intr.* contrastar.

contrasting (contra·stiŋ) *adj.* que contrasta o hace contraste ; de contraste.

contravallation (contravæelei·shøn) *s.* FORT. contravalación.

contravene (to) (contravi·n) *tr.* contravenir. *2* contradecir, discutir.

contravener (contravi·nø') *s.* contraventor, infractor.

contravention (contrave·nshøn) *s.* contravención, infracción.

contrayerva (contrayø·'væ) *s.* BOT. contrahierba.

contribute (to) (contri·biut) *tr.* contribuir con, aportar [como contribución] ; donar. *2* colaborar con [un artículo] en un periódico. — *3 intr.* contribuir [a].

contribution (contribiu·shøn) s. contribución [acción de contribuir]. 2 contribución, aportación, cuota, donativo. 3 colaboración [en un periódico]; artículo o escrito con que se colabora. 4 contribución [exigida por el enemigo, por un ejército de ocupación].

contributive (contri·biutiv) adj. contribuyente, cooperante.

contributor (contri·biutø') s. contribuidor, contribuyente. 2 colaborador [de un periódico].

contrite (co·ntrait) adj. contrito.

contritely (co·ntraitli) adv. contritamente.

contriteness (co·ntraitnis) s. estado contrito, contrición.

contrition (contri·shøn) s. contrición.

contrivance (contrai·vans) s. inventiva. 2 traza, artificio, invención, estratagema. 3 medio, arbitrio. 4 utensilio, aparato, artefacto, mecanismo. 5 plan, idea.

contrive (to) (contrai·v) tr. idear, inventar, planear, discurrir. 2 maquinar, tramar. 3 buscar el medio de, procurar; lograr con maña. — 4 intr. hacer planes, darse maña.

contriver (contrai·vø') s. autor, inventor, causante. 2 maquinador. 3 arbitrista.

control (controu·l) s. mando, poder, dominio, sujeción, freno, represión : to get under ∼, lograr dominar; to lose ∼ of one's temper, perder los estribos, perder la paciencia. 2 influencia predominante. 3 gobierno, dirección, manejo. 4 inspección, vigilancia, intervención, fiscalización. 5 verificación, comprobación; lo que sirve como base de comprobación. 6 MEC. mando, control, regulación; aparato o dispositivo de mando, control o regulación; regulador. 7 factor físico determinante del clima de un lugar. 8 DEP., RADIO. control. 9 ESPIRITISMO comunicante. 10 adj. de mando, de control, de comprobación, de regulación : ∼ board, cuadro de control o de instrumentos; ∼ car, barquilla de gobierno de un dirigible; ∼ experiment, experimento de comprobación, en que se omiten elementos o circunstancias cuya influencia se quiere estudiar; ∼ lever, ∼ stick, ∼ column, AVIA. palanca de mando; ∼ room, RADIO., TELEV. sala de control; ∼ station, puesto de mando.

control (to) tr. dominar, sujetar, contener, reprimir : to ∼ oneself, dominarse. 2 tener predominio en. 3 gobernar, dirigir, regir, controlar. 4 intervenir, revisar, fiscalizar, regular. ¶ CONJUG. pret. y p. p.: controlled; ger.: controlling.

controllable (controu·labø) adj. gobernable, dirigible, manejable. 2 reprimible. 3 comprobable, fiscalizable.

controller (controu·lø') s. director, interventor, inspector, registrador, *contralor, superintendente. 2 MEC., ELECT. regulador; aparato de manejo. 3 MAR. estopor.

controllership (controu·lø'ship) s. cargo y oficina del CONTROLLER.

controlling (controu·ling) adj. que manda, que gobierna. 2 de mando, de control, regulador. 3 decisivo, predominante : ∼ interest, COM. mayoría, interés predominante.

controlment (controu·lmønt) s. sujeción, restricción; intervención, superintendencia.

controversial (controve·'shal) adj. sujeto a controversia. 2 de controversia, polémico.

controversialist (controvø·'shalist) s. controversista, polemista.

controversy (co·ntrovø'si) s. controversia, polémica, debate, disputa.

controvert (controvø·'t) tr. controvertir. 2 negar, contradecir. — 3 intr. controvertir, polemizar.

controverter (controvø·tø') s. discutidor, polemista.

controvertible (controvø·'tibøl) adj. controvertible, discutible.

controvertist (co·ntrovø'tist) s. CONTROVERSIALIST.

contumacious (contiumei·shøs) adj. contumaz, rebelde, refractario.

contumaciously (contiumei·shøsli) adv. contumazmente.

contumaciousness (contiumei·shøsnis) s. contumacia, terquedad.

contumacy (co·ntiumasi) s. contumacia, rebeldía; desobediencia, desacato [a la autoridad].

contumelious (contiumi·liøs) adj. contumelioso, insolente, despreciativo.

contumeliously (contiumi·liøsli) adv. contumeliosamente.

contumeliousness (contiumi·liøsnis) s. calidad de contumelioso, contumelia.

contumely (co·ntiumili) pl. -lies (-lis) s. contumelia, insulto, desprecio.

contuse (to) (contiu·s) tr. contundir, magullar.

contusion (contiu·ẏøn) s. contusión.

contusioned (contiu·ẏønd) adj. contuso, contusionado.

contusive (contiu·siv) adj. contundente.

conundrum (conø·ndrøm) s. acertijo, rompecabezas, problema complicado.

convalesce (to) (convale·s) intr. convalecer.

convalescence (convale·søns), **convalescency** (convale·sønsi) s. convalecencia.

convalescent (convale·sønt) adj. convaleciente.

convection (conve·cshøn) s. conducción, transmisión. 2 FÍS. convección.

convene (to) (convi·n) tr. reunir, convocar. 2 citar, emplazar. — 3 intr. reunirse, juntarse.

convener (convi·nø') s. convocador.

convenience, -cy (convi·nyøns, -si) s. conveniencia, utilidad, comodidad, oportunidad : at your ∼, a su comodidad, cuando buenamente pueda; at your earliest ∼, a la primera oportunidad que usted tenga, tan pronto como pueda; to suit one's ∼, convenir [algo] a uno; hacer uno lo que le guste. 2 proximidad. 3 pl. comodidades.

convenient (convi·nyønt) adj. conveniente, oportuno. 2 propio, a propósito. 3 cómodo. 4 próximo, a mano.

conveniently (convi·nyøntli) adv. convenientemente. 2 cómodamente.

convent (co·nvent) s. convento.

conventicle (conve·ntikøl) s. conventículo.

convention (conve·nshøn) s. convocación [de una asamblea]. 2 asamblea, congreso, junta, convención. 3 convención, convenio. 4 costumbre o regla comúnmente aceptada, convencionalismo.

conventional (conve·nshønal) adj. convencional. 2 convenido, pactado. 3 corriente, tradicional, clásico, que se ajusta a las normas o usos establecidos. — 4 s. convencional. 5 formalista.

conventionalism (conve·nshønali̇̃m) s. convencionalismo, formalismo, respeto a los usos establecidos.

conventionality (convenshønæ·liti) s. calidad de convencional. 2 regla, práctica establecida por el uso.

conventionalize (to) (conve·shønalai̇̌) tr. hacer convencional. 2 B. ART. estilizar, representar de modo convencional.

conventionally (conve·nshønali) adv. convencionalmente.

conventual (conve·nchual) adj. y s. conventual.

converge (to) (convø·rẏ) intr. converger, convergir. — 2 tr. hacer converger.

convergence, -cy (convø·'ẏens, -si) s. convergencia.

convergent (convø·'ẏent) adj. convergente.

converging (convø·'ẏing) adj. que converge. 2 que causa convergencia.

conversable (convø·'sabøl) adj. conversable, sociable. 2 a propósito para la conversación.

conversableness (convø·'søbølnis) s. sociabilidad.

conversably (convø·'sabli) adv. sociablemente, afablemente.

conversance, conversancy (convo·'sæns, -si) familiaridad, trato frecuente; conocimiento, experiencia [de una cosa].

conversant (convø·'sant) adj. [con with] que tiene trato frecuente [con]; familiarizado [con], versado, entendido [en], conocedor [de].

conversation (convø'se·shøn) s. conversación. 2 relación, trato social. 3 familiaridad [con un objeto de estudio].

conversational (convø'se·shønal) adj. de conversación. 2 conversador.

conversationalist (convø'se·shønalist) s. conversador, persona que brilla en la conversación.

converse (co·nvø's) s. conversación. 2 trato, comunicación. 3 MAT., LÓG. recíproca. 4 lo inverso, lo opuesto. — 5 adj. inverso, opuesto.

converse (to) (convø·'s) intr. conversar. 2 tener trato con.

conversely (convø·'sli) *adv.* a la inversa, recíprocamente.

conversible (convø·'sibøl) *adj.* convertible. 2 invertible.

conversion (convø·'shøn) *s.* conversión. [transformación, mudanza]. 2 conversión [a una religión, a las buenas costumbres]. 3 MIL. conversión. 4 inversión, transposición. 5 DER. apropiación ilícita.

conversive (convø·'siv) *adj.* conversivo.

conversus (convø·'søs) *s.* converso [lego].

convert (co·nvø't) *s.* convertido, converso, neófito.

convert (to) (convø·t) *tr.* convertir [transformar, mudar]. 2 COM. convertir [valores]. 3 METAL. convertir [hierro] en acero. 4 convertir [a una religión; a las buenas costumbres]. 5 invertir, transponer. 6 DER. apropiarse ilícitamente. — 7 *intr.* convertirse.

converter (convø·'tø') *s.* convertidor [que convierte]. 2 METAL. convertidor. 3 ELECT. transformador; convertidor.

convertibility (convø'tibi·liti) *s.* convertibilidad.

convertible (convø·'tibøl) *adj.* convertible. 2 intercambiable, recíproco, equivalente. 3 AUT. descapotable, *convertible. 4 AGR. ~ husbandry, rotación de cultivos.

convertibly (convø·'tibli) *adv.* mutuamente, recíprocamente.

convertor (convø·'tø') *s.* converter.

convex (co·nvecs) *adj.* convexo. — 2 *s.* convexidad. 3 lente convexa.

convexed (con·vecst) *adj.* convexo.

convexity (conve·csiti), *pl.* -ties (-tis) convexidad.

convexness (conve·csnis) *s.* convexidad [calidad].

convexo-concave *adj.* convexocóncavo.

convexo-convex *adj.* biconvexo.

convey (to) (convei·) *tr.* llevar, transportar. 2 conducir, transmitir, comunicar, enviar. 3 expresar, dar [idea, información, etc.]. 4 ceder, transferir, traspasar [bienes].

conveyance (convei·ans) *s.* transporte, conducción. 2 comunicación, transmisión, expresión. 3 medio de transporte, conducto. 4 vehículo. 5 transmisión [de propiedad], cesión, traspaso. 6 escritura de cesión o traspaso.

conveyancer (convei·ansø') *s.* el que hace escrituras de traspaso, venta, etc.

conveyancing (convei·ansing) *s.* redacción y autorización de escrituras de traspaso, venta, etc.

conveyer, conveyor (convei·ø') *s.* portador, acarreador, mensajero. 2 cedente. 3 MEC. transportador. — 4 *adj.* transportador: conveyor belt, banda transportadora.

convict (co·nvict) *s.* reo convicto; sentenciado, condenado. 2 penado, presidiario.

convict (to) (convi·ct) *tr.* declarar culpable, condenar; probar la culpabilidad de.

conviction (convi·cshøn) *s.* prueba o declaración de culpabilidad; fallo condenatorio. 2 condición del reo convicto o del penado. 3 convicción, convencimiento.

convince (to) (convi·ns) *tr.* convencer.

convincible (convi·nsibøl) *adj.* que se puede convencer.

convincing (convi·nsing) *adj.* convincente.

convincingly (convi·nsingli) *adv.* convincentemente.

convincingness (convi·nsignis) *s.* calidad de convincente.

convivial (convi·vial) *adj.* convival. 2 sociable, jovial.

conviviality (conviviæ·liti) *s.* sociabilidad, jovialidad, buen humor.

convocation (convoke·shøn) *s.* convocación, llamamiento. 2 asamblea.

convoke (to) (convou·k) *tr.* convocar, reunir.

convolute (co·nvoliut) *adj.* convoluto. — 2 *s.* enroscadura, convolución.

convolute (to) *tr.* retorcer, enroscar. — 2 *intr.* retorcerse, enroscarse.

convoluted (convoliutid) *adj.* retorcido, enroscado.

convolution (convoliu·shøn) *s.* convolución, repliegue. 2 ANAT. sinuosidad, seno, circunvolución.

convolve (convo·lv) *tr.* arrollar, enrollar, retorcer. — 2 *intr.* enroscarse, retorcerse.

Convolvulaceae (convolviulei·sii), *pl.* BOT. convolvuláceas.

convolvulaceous (convolviulei·shøs) *adj.* BOT. convolvuláceo.

convolvulus (convo·lviuløs) *s.* BOT. convólvulo, enredadera.

convoy (co·nvoi) *s.* convoy, escolta. 2 convoy [buques, carruajes, etc., escoltados].

convoy (to) (convoi·) *tr.* convoyar.

convulse (to) (convø·ls) *tr.* convulsionar, crispar. 2 agitar violentamente. — 3 *intr.* sufrir convulsión.

convulsed (convø·lsd) *adj.* convulso: to be ~ with laughter, desternillarse de risa; to be ~ with pain, crisparse de dolor.

convulsion (convø·lshøn) *s.* convulsión. 2 ataque de risa.

convulsionary (convø·lshøneri) *adj.* convulsionario.

convulsive (convø·lsiv) *adj.* convulsivo.

convulsively (convø·lsivli) *adv.* convulsivamente.

cony (cou·ni) *s.* conejo. 2 piel de conejo. 3 ICT. nombre de varios peces.

coo (cu) *s.* arrullo.

coo (to) *intr.* arrullar. 2 arrullarse. — 3 *tr.* expresar o lograr con arrullos o halagos.

cooer (cu·ø') *s.* paloma, tórtola. 2 galán, cortejador.

cooing (cu·ing) *s.* arrullo. 2 cortejo, galanteo. — 3 *adj.* arrullador. 4 enamorado.

cook (cuc) *s.* cocinero, cocinera. 2 cocción [en fábrica o laboratorio]. 3 segunda clave que demuele un problema de ajedrez.

cook (to) *tr.* cocer, guisar, cocinar: to ~ one's goose o one's bacon, fig. fam. desbaratar los planes de uno; perderle, arruinarle, etc. 2 preparar, urdir [gralte. con up]. 3 falsear, amañar. 4 fam. echar a perder, hacer fracasar [esp. en voz pasiva]. 5 (Ingl.) cansar, reventar [esp. en voz pasiva]. 6 demoler [un problema de ajedrez]. — 7 *intr.* guisar, cocinar, hacer la cocina.

cookbook (cu·cbuc) *s.* (EE. UU.) libro de cocina.

cooker (cu·kø') *s.* cocedor. 2 hornilla, fogón.

cookery (cu·køry) *s.* cocina [arte]: ~ book, libro de cocina. 2 establecimiento o aparato donde se cuece. 3 guisado exquisito, golosina.

cookie (cu·ki) *s.* bizcochito, bollito, galletita, golosina.

cooking (cu·king) *s.* cocina [arte culinario], acción de cocer o de guisar; cocción. — 2 *adj.* de o para la cocina: ~ range, cocina económica; ~ salt, sal de cocina; ~ utensils, utensilios o batería de cocina.

cookroom (cu·krum) *s.* cocina [pieza].

cookshop (cu·cshop) *s.* casa de comidas.

cookstove (cu·cstouv) *s.* cocina económica.

cooky (cu·ki) *s.* COOKIE. 2 *m.* y *f.* fam. cocinero, cocinera.

cool (cul) *adj.* fresco [moderadamente frío; que produce una sensación de frío]. 2 frío, tibio, indiferente. 3 frío [desapasionado; hecho con frialdad o a sangre fría]. 4 sereno, osado. 5 frío [color]. — 6 *s.* fresco, frescor, frescura.

cool (to) *tr.* refrescar, enfriar, entibiar: to ~ one's heels, fig. esperar, hacer antesala. 2 orear [para refrescar]. 3 templar, calmar. — 4 *intr.* refrescarse, enfriarse, entibiarse. 5 calmarse, apaciguarse.

cooler (cu·lø') *s.* enfriador. 2 enfriadera. 3 refrigerador, refrigerante. 4 pop. cárcel, calabozo.

cool-headed *adj.* frío, sereno, de buen juicio.

coolie (cu·li) *s.* peón chino o indio.

cooling (cu·ling) *adj.* refrescante, refrigerante, frigorífico: ~ coil, serpentín; ~ system, sistema de refrigeración. 2 calmante, atemperador. — 3 *s.* enfriamiento, refrigeración.

coolish (cu·lish) *adj.* fresquito.

coolly (cu·li) *adv.* fríamente. 2 serenamente; a sangre fría. 3 frescamente, con descaro.

coolness (cu·lnis) *s.* fresco, frescura, frescor. 2 frialdad, indiferencia, tibieza. 3 calma, serenidad, frescura.

coom, coomb (cum) *s.* residuo, desecho; hollín, polvo de carbón, serrín, sebo de rueda, etc.

coomb, coombe (cum) *s.* vallecito estrecho.

coon (cun) *s.* ZOOL. mapache. 2 piel de mapache. 3 desp. (EE. UU.) negro o mulato. 4 (EE. UU.) marrullero: old ~, viejo marrullero. 5 (EE. UU.) coon's age, mucho tiempo.

coop (cup) *s.* caponera, gallinero. 2 fam. cárcel: to fly the ~, fugarse, evadirse. 3 cuba, barril.

coop (to) *tr.* encerrar en gallinero. 2 enjaular, encarcelar. | Gralte. con in o up.

cooper (cu·pø') *s.* cubero, tonelero : *cooper's adz,* doladera.

cooper (to) *tr.* hacer o reparar toneles. 2 embarrilar.

cooperage (cu·pø'idy̆) *s.* tonelería.

co-operant (cou-o·pø̸rant) *adj.* cooperante.

co-operate (to) (cou-o·pø̸reit) *intr.* cooperar, coadyuvar.

co-operation (cou·opø̸re·shø̸n) *s.* cooperación.

co-ordinate (cou-o·'dinit) *adj.* del mismo orden, clase, rango, etc. 2 GRAM. coordinado. 3 GRAM. coordinante. 4 GEOM. coordenado. 5 GEOM. de las coordenadas : ~ *axes,* ejes de las coordenadas. 6 analítica [geometría]. — 7 *s.* igual, que tiene el mismo rango, autoridad, etc., que otro. 8 MAT. coordenada : *Cartesian co-ordinates,* coordenadas cartesianas ; *polar co-ordinates,* coordenadas polares.

co-ordinate (to) (couo·'dineit) *tr.* coordinar. 2 poner en el mismo orden, clase, rango, etc. — 3 *intr.* coordinarse.

co-ordinately (cou-o·'dinitli) *adv.* coordinadamente. 2 en el mismo orden, clase, rango, etc.

co-ordinateness (cou-o·'dinitnis), **co-ordination** (cou-o·'dine·shø̸n) *s.* coordinación. 2 acción de poner en el mismo orden, clase, rango, etc.

coot (cut) *s.* ORNIT. foja.

cootie (cu·ti) *s.* pop. piojo.

cop (cop) *s.* montón, rimero. 2 TEJ. carrete o arrollamiento cónico ; husada. 3 fam. policía, polizonte, guindilla.

cop (to) *tr.* fam. coger, capturar, echar el guante a. 2 fam. *to ~ it,* cargársela.

copaiba (copei·ba) BOT. copaiba, copayero. 2 copaiba [bálsamo].

copal (co·pal) *s.* copal.

coparcenary (coupa·'sø̸neri) *s.* DER. participación en una herencia de bienes raíces.

coparcener (coupa·'sø̸nø') *s.* DER. coheredero.

coparceny (coupa·'seni) *s.* COPARCENARY.

copartner (cou·pa·'tnø') *s.* consocio, socio. 2 copartícipe.

copartnership (cou·pa·'tnø'ship) *s.* sociedad, compañía ; coparticipación.

cope (coup) *s.* capa pluvial. 2 ALB. albardilla, caballete. 3 lo que cubre ; arco, bóveda, cúpula.

cope (to) *intr.* poner la capa pluvial. 2 ALB. poner albardilla o caballete. 3 *to ~ with,* contender, rivalizar con, habérselas o poder con, hacer frente a ; dar abasto a.

copeck (co·pec) *s.* copeck.

Copenhagen (copenje·guen) *n. pr.* GEOGR. Copenhague.

Copernicus (copø̸'nicø̸s) *n. pr.* Copérnico.

Copernican (copø̸'nican) *adj.* copernicano.

copestone (cou·pstoun) *s.* ALB. piedra de albardilla o caballete. 2 fig. fin, coronamiento.

copier (co·piø') *s.* copiador, imitador. 2 copista.

coping (cou·ping) *s.* ALB. albardilla, caballete.

copiosity (coupio·siti) *s.* abundancia, profusión. 2 riqueza de vocabulario, de estilo.

copious (cou·piø̸s) *adj.* copioso, abundante. 2 profuso, exuberante, rico [de vocabulario, de estilo].

copiously (cou·piø̸sli) *adv.* copiosamente, profusamente.

copiousness (cou·piø̸snis) *s.* COPIOSITY.

coplanar (couplei·na') *adj.* MAT. situado en el mismo plano.

copped (copt) *adj.* copetudo, moñudo.

copper (co·pø') *s.* QUÍM. cobre. 2 moneda de cobre, pieza de calderilla : penique, medio penique, (EE. UU.) centavo. 3 caldera [de cobre o hierro]. 4 soldador [hierro de soldar]. 5 lámina de cobre ; grabado en cobre. 6 pop. policía, polizonte, guindilla. 7 rojo, cobrizo [color]. 8 ~ *nickel,* arseniuro de níquel. 9 *pl.* boca, garganta : *hot coppers,* sequedad de la boca después de una borrachera. — 10 *adj.* de cobre, cobreño, cobrizo : ~ *acetate,* acetato de cobre ; ~ *bit,* cabeza de cobre de un soldador ; ~ *glance,* sulfuro de cobre nativo ; ~ *Indian,* indio cobrizo del N. de América y Alaska ; ~ *sulfate,* sulfato de cobre.

copper (to) *tr.* forrar de cobre, encobrar. 2 tratar con cobre. 3 dar aspecto cobrizo.

copperas (co·pø̸ras) *s.* caparrosa, aceche.

copperbottom (to) (co·pø̸'botø̸m) *tr.* MAR. forrar de cobre [los fondos de un buque].

copper-bottomed *adj.* de fondo de cobre [caldera]. 2 MAR. con los fondos forrados de cobre [buque].

copper-coloured *adj.* cobrizo, acobrado.

copperhead (co·pø̸'hed) *s.* ZOOL. culebra venenosa de Norteamérica. 2 (EE. UU.) apodo que se dio durante la guerra civil al habitante de los estados del Norte que simpatizaba con los secesionistas.

copperish (co·pø̸rish) *adj.* cobrizo, cobreño.

coppernose (co·pø̸'nouš) *s.* nariz colorada [esp. la de borrachín].

copperplate (co·pø̸'pleit) *s.* lámina de cobre para grabar ; grabado en cobre.

copperplate (to) *tr.* grabar en cobre.

coppersmith (co·pø̸'smiz) *s.* calderero ; artífice en cobre.

coppery (co·peri) *adj.* cobrizo, cobreño.

coppice (co·pis), **coppice woods** *s.* bosquecillo, soto. 2 tallar. 3 maleza.

copra (co·pra) *s.* copra.

coprolite (co·prolait) *s.* coprolito [excremento fósil].

coprolith (co·proliz) *s.* MED. coprolito [concreción fecal dura].

coprophagus (copro·fagø̸s) *adj.* coprófago.

coproprietor (couproprai·etø') *s.* copropietario.

copse (cops) *s.* COPPICE. 2 matorral.

Copt (copt) *s.* copto.

Coptic (co·ptic) *adj.* cóptico, copto. — 2 *s.* copto.

copula (co·piula) *s.* GRAM., LÓG. cópula. 2 ANAT. ligamento.

copulate (to) (copiuleit) *tr.* juntar, unir. — 2 *intr.* copularse.

copulation (copiule·shø̸n) *s.* unión, conjunción. 2 cópula, ayuntamiento.

copulative (co·piulativ) *adj.* copulativo. 2 GRAM. conjunción copulativa, palabra conjuntiva.

copulatory (co·piulatori) *adj.* que tiende a unir, copulativo.

copy (co·pi) *s.* copia, reproducción, transcripción, duplicado, trasunto, imitación. 2 ejemplar [de un libro, etc.] ; número [de un periódico]. 3 modelo, muestra, plana. 4 IMPR. original, manuscrito ; materia publicable. 5 *rough* ~, borrador, minuta. 6 ~ *writer,* escritor publicitario ; ~ *writing,* preparación de material publicitario.

copy (to) *tr.* copiar, reproducir, transcribir. 2 copiar, imitar, remedar. — 3 *intr.* copiar [hacer copias]. 4 *to ~ after,* imitar, remedar a.

copybook (co·pibuc) *s.* copiador [libro]. 2 cuaderno de escritura. — 3 *adj.* común, trillado.

copygraph (co·pigraf) *s.* hectógrafo.

copyholder (copijou·ldø') *s.* IMPR. divisorio. 2 IMPR. atendedor.

copying (co·piing) *adj.* de copiar : ~ *ink,* tinta de copiar ; ~ *paper,* papel de copias ; ~ *press,* prensa de copiar. — 2 *s.* copia, imitación [acción].

copyist (co·piist) *s.* copista. 2 copiador, imitador.

copyright (co·pirait) *s.* propiedad literaria, derechos de propiedad literaria.

copyright (to) *tr.* registrar la propiedad literaria de : ~ *by,* es propiedad de ; *copyrighted,* propiedad registrada.

coquet (to) (coke·t) *tr.* coquetear. 2 jugar con, tratar ligeramente. ¶ CONJUG. pret. y p. p. : *coquetted ;* ger. : *coquetting.*

coquetry (co·ketri) *s.* coquetería. 2 coqueteo.

coquette (coke·t) *f.* coqueta [mujer].

coquettish (coke·tish) *adj.* coqueta. 2 de coqueta, de coquetería.

coracle (co·racø̸l) *s.* MAR. barquilla de cuero o hule.

coracoid (co·racoid) *adj.* y *s.* ANAT., ZOOL. coracoides.

coral (co·ral) *s.* coral. 2 chupador, sonajero. — 3 *adj.* de coral, coralino : ~ *reef,* arrecife o banco de coral. 4 ZOOL. ~ *snake,* coral, coralillo [serpiente].

Coralligena (corali·ye̸na) *s. pl.* ZOOL. coralarios.

coralliferous (corali·fø̸rø̸s) *adj.* coralífero.

coralline (co·ralin) *adj.* coralino. — 2 *s.* BOT., ZOOL. coralina.

coralloid (co·raloid) *adj.* coralino.

corbel (co·'bel) *s.* ARQ. ménsula, repisa, can, canecillo, modillón ; voladizo. 2 ARQ. zapata.

corbel (to) ARQ. proveer de o sostener con ménsulas, repisas, modillones o canecillos. 2 ARQ.

disponer en voladizo. *3* ARQ. proveer o sostener con zapatas. — *4 intr.* ARQ. sobresalir, volar.

corbie (co'bi) *s.* BLAS. cuervo.

corbiesteps (co'bisteps) *s. pl.* ARQ. especie de escalones en tormina, a veces, el remate triangular de una fachada.

cord (co'd) *s.* cordón, cordel, bramante : ~ *tire,* neumático cuyo tejido tiene la urdimbre de cordel. *2* cuerda, dogal. *3* TEJ. cordoncillo. *4* TEJ. pana. *5* ANAT. cuerda, cordón, tendón : *spinal* ~, médula espinal. *6* ELECT. flexible. *7* medida para leña (3'625 m3). *8 pl.* pantalones de pana.

cord (to) *tr.* encordelar, encordonar. *2* guarnecer con cordón. *3* medir [leña] por CORDS.

cordage (co'didỹ) *s.* cordaje. *2* cordelería, cordería. *3* leña medida por CORDS.

cordate (co'deit) *adj.* BOT. acorazonado.

corded (co'did) *adj.* encordelado, atado. *2* de cuerda. *3* que forma cordoncillo [tejido].

corder (co'dø') *s.* cordonero. *2* encordonador.

cordial (co'ỹal o co'dial) *adj.* cordial, sincero. *2* cordial, confortativo. — *3 s.* cordial [bebida]. *4* licor espirituoso.

cordiality (co'diæ'liti) *s.* cordialidad.

cordially (co'diali) *adv.* cordialmente.

cordialness (co'dialnis) *s.* cordialidad.

cordite (co'dait) *s.* cordita.

cordon (co'døn) *s.* cordón [de adorno, de hombres] ; cíngulo : *to form* o *throw a* ~ *around,* acordonar. *2* banda [de una orden]. *3* ARQ. cordón, bocel. *4 fam.* ~ *bleu,* persona de rango o autoridad ; cocinero o cocinera de primera clase.

Cordova (co'dova) *n. pr.* GEOGR. Córdoba.

Cordovan (co'dovan) *adj. y s.* cordobés. — *2 s.* (con minúsc.) ~ o ~ *leather,* cordobán.

corduroy (co'diuroi) *s.* TEJ. pana. *2* ~ *road,* camino con piso de troncos. *3 pl.* pantalones de pana ; vestido de pana.

cordwain (co'duein) *s.* cordobán.

cord-wood (co'd-wud) *s.* leña [para quemar].

core (coø') *s.* corazón, centro, alma, núcleo. *2* substancia, esencia, médula, fondo. *3* corazón [de una fruta, de la madera]. *4* FUND. ánima, macho [de un molde]. *5* porción cilíndrica de roca u otra materia que se saca con un taladro, tubular ; ~ *bit,* o *drill,* taladro o barrena tubular. *6* ELECT. alma [de un cable] ; núcleo [de un carrete, etc.]. *7* parte interior del cuerno de un cavicornio. *8* MED. foco [de un absceso]. *9* VET. enfermedad del ganado lanar debida a gusanos en el hígado.

core (to) *tr.* quitar el corazón [a una fruta, etc.]. *2* encerrar en el corazón, en el interior. *3* FUND. formar en el ánima de un molde.

Corea (cori'a) *n. pr.* GEOGR. Corea.

Corean (cori'an) *adj. y s.* coreano.

cored (co'ø'd) *adj.* de núcleo, con núcleo. *2* sin corazón [manzana, etc.]. *3* VET. enfermo de gusanos en el hígado [res lanar].

coregency (couri'ỹensi) *s.* corregencia.

coregent (couri'ỹent) *s.* corregente.

coreligionary (courili·dỹøneri), **coreligionist** (courili·dỹønist) *s.* correligionario [de la misma religión].

corer (co'rø') *s.* instrumento para quitar el corazón a las frutas.

corespondent (courispo'ndønt) *s.* DER. cómplice del demandado en una demanda de divorcio por adulterio.

coriaceous (corieï'shøs) *adj.* coriáceo, correoso.

coriander (coriæ'ndø') *s.* BOT. cilantro, culantro.

Corinth (co'rinz) *n. pr.* GEOGR. Corinto.

Corinthian (cori'nzian) *adj. y s.* corintio. *2* licencioso [pers.]. — *3 s.* hombre de mundo dado a los deportes. *4 pl.* epístolas a los corintios.

cork (co') *s.* corcho [materia ; pieza de corcho] : ~ *jacket,* chaleco salvavidas de corcho. *2* BOT. tejido suberoso. *3* corcho, tapón : ~ *seller,* taponero [que hace tapones], ~ *seller,* taponero [que vende tapones] ; ~ *factory,* taponería [fábrica] ; ~ *industry,* industria taponera, taponería ; ~ *shop,* taponería [tienda]. *4* BOT. ~ *oak,* ~ *tree* o simplte. *cork,* alcornoque.

cork (to) *tr.* tapar [con corcho], encorchar. *2* guardar, encerrar, embotellar. *3* guarnecer de corcho. *4* tiznar con corcho quemado.

corkage (co'kidỹ) *s.* acción de tapar con corcho. *2* lo que se paga, en un restaurante, etc., por el descorche de las botellas.

corker (co'kø') *s.* tapador [de botellas]. *2 fam.* argumento irrefutable. *3 fam.* pers. o cosa excelente, extraordinaria. *4 fam.* mentira.

corking (co'king) *adj. fam.* excelente, extraordinario, estupendo, de primera.

corkscrew (co'cscru) *s.* sacacorchos, tirabuzón. — *2 adj.* en forma de tirabuzón, en espiral.

corky (co'ki) *adj.* de corcho, suberoso ; que sabe a corcho.

corm (co'm) *s.* BOT. bulbo sólido [como el del azafrán, etc.].

cormophyte (co'møfit) *s.* BOT. cormofita.

cormophytic (co'møfitic) *adj.* BOT. cormofita.

cormorant (co'morant) *s.* ORNIT. corvejón, cuervo marino. *2 fig.* glotón. *3 fig.* avaro, pers. rapaz. — *4 adj.* voraz, devorador.

corn (co'n) *s.* BOT. grano, semilla. *2* grano, cereal ; (EE. UU.) maíz ; *Indian* ~ (Ingl.), maíz ; ~ *belt* (EE. UU.), zona donde se cultiva especialmente el maíz ; ~ *brandy,* aguardiente de cereales, whisky ; ~ *chandler,* vendedor de granos y semillas ; ~ *cutter* (EE. UU.), máquina para cortar el maíz ; ~ *exchange,* bolsa o lonja de los cereales ; ~ *flour,* o ~ *meal,* harina de cereales ; (EE. UU.) harina de maíz ; ~ *husk* (EE. UU.), perfolla del maíz ; ~ *market,* precio de los cereales, mercado de los cereales ; ~ *mill,* molino harinero ; ~ *on the cob* (EE. UU.), mazorca tierna de maíz, elote ; ~ *sheller* (EE. UU.), desgranadora de maíz [máquina] ; ~ *silk* (EE. UU.), barbas del maíz. *3* BOT. nombre de varias plantas : ~ *bindweed,* correhuela menor ; ~ *cockle,* neguilla, neguillón ; ~ *flag,* espadaña, gladiolo ; ~ *marigold,* santimonia ; ~ *poppy,* amapola ; ~ *salad,* hierba de los canónigos. *4* callo, ojo de gallo : ~ *doctor,* callista ; ~ *plaster,* emplasto para los callos ; ~ *protector,* anillo adhesivo para los callos ; ~ *salve,* ~ *remedy,* callicida ; *to tread on one's corns,* herir los sentimientos de uno. *5* ORN. ~ *bird,* ~ *crake,* rey de codornices.

corn (to) *tr.* salar, curar, acecinar. *2* granular. *3 fam.* emborrachar. — *4 intr.* granar.

cornbrash (co'nbræsh) *s.* especie de caliza.

corncake (co'nkeic) *s.* (EE. UU.) torta de maíz.

corncob (co'ncab) *s.* (EE. UU.) carozo, zuro [del maíz].

corncrib (co'ncrib) *s.* (EE. UU.) granero para el maíz.

corncutter (co'ncøtø') *s.* callista.

cornea (co'nia) *s.* ANAT. córnea.

corned (co'nd) *adj.* salado, curado, acecinado : ~ *beef,* carne en conserva.

cornel (co'nel) *s.* BOT. cornejo, sangüeño, sanguiñuelo.

cornelian (co'ni·lian) *s.* MINER. cornalina. *2* BOT. ~ *cherry,* ~ *tree,* cornejo.

Cornelius (co'ni·liøs) *n. pr. m.* Cornelio.

corneous (co'niøs) *adj.* córneo ; calloso.

corner (co'nø') *s.* ángulo, esquina, cornijal, esconce, recodo : ~ *block,* CARP. coda ; ~ *plate,* cantonera ; *to cut corners,* atajar, echar por el atajo ; economizar, reducir gastos ; ahorrar tiempo, esfuerzos, etc. ; *to turn the* ~, pasar el punto más difícil o peligroso ; *around the* ~, a la vuelta de la esquina. *2* pico [del sombrero, etc.]. *3* rabillo [del ojo] : *out of the* *of one's eye,* de soslayo, con el rabillo del ojo. *4* cantonera. *5* rincón [ángulo interno ; lugar retirado] : ~ *bracket,* ~ *shelf,* rinconera ; ~ *cupboard,* armario rinconero ; *to drive into a* ~, *to get in a* ~, arrinconar [a uno], ponerle en una situación difícil. *6* aprieto, apuro. *7* COM. acaparamiento, monopolio. *8* FÚTBOL saque de esquina, córner.

corner (to) *tr.* arrinconar [poner en un rincón]. *2* acochinar [en el juego de damas]. *3* acorralar ; poner en un aprieto. *4* COM. acaparar, monopolizar.

cornered (co'nø'd) *adj.* que tiene ángulos o picos : *three-cornered hat,* sombrero de tres picos. *2* esquinado, anguloso. *3* acorralado, en un aprieto. *4* acaparado.

cornerstone (co'nø'stoun) *s.* piedra angular. *2* primera piedra.

cornerwise (coˑnɵruaiš) *adv.* con la punta al frente. 2 formando esquina. 3 diagonalmente.
cornet (coˑnet) *s.* mús. corneta de llaves, cornetín. 2 cucurucho. 3 trompetilla acústica. 4 toca de las hermanas de la Caridad. 5 ant. estandarte o alférez de caballería. 6 mar. corneta.
cornetist (coˑnetist), **cornettist** (coˑneˑtist) *s.* corneta, cornetín [músico].
cornfield (coˑnfild) *s.* sembrado.
cornflower (coˑflauɵ′) *s.* bot. aciano, azulejo. 2 bot. neguilla, neguillón.
cornice (coˑnis) *s.* arq. cornisa, cornisamento. 2 sobrepuerta.
cornicle (coˑnicɵl) *s.* cuernecillo.
Cornish (coˑnish) *adj.* de Cornualles. — 2 *s.* dialecto de Cornualles.
cornland (cøˑnlænd) *s.* tierra de pan llevar; tierra de maíz.
cornstalk (coˑnstoc) *s.* (EE. UU.) tallo de maíz.
cornstarch (coˑnstaˑch) *s.* (EE. UU.) almidón de maíz.
cornucopia (coˑniucouˑpia) *s.* cornucopia, cuerno de la abundancia.
cornute (coˑniuˑt) *s.* retorta [vasija]. 2 cornudo. 3 lóg. silogismo cornuto.
cornuted (coˑniuˑtid) *adj.* cornudo.
Cornwall (coˑnuol) *n. pr.* geogr. Cornualles.
corny (coˑni) *adj.* de los callos, que tiene callos [en los pies]. 2 abundante en grano.
corolla (coroˑla) *s.* bot. corola.
corollary (coˑroleri) *s.* corolario.
corona (corouˑna), *pl.* **-nas** o **-nae** (-ni) *s.* corona, guirnalda. 2 anat. corona, coronilla. 3 astr. corona. 4 meteor. corona, halo. 5 bot. corona. 6 corona [tonsura; rosario]. 7 elect. descarga luminosa de un conductor. 8 lámpara circular para cirios. 9 (con may.) astr. *Corona Australis*, Corona Austral; *Corona Borealis*, Corona Boreal.
coronal (coˑronal) *adj.* de la corona. — 2 *adj.* y *s.* anat. coronal. — 3 *s.* corona, guirnalda.
coronary (coˑroneri) *adj.* coronario. 2 que forma corona.
coronation (coroneˑshøn) *s.* coronación.
coroner (coˑonɵ′) *s.* funcionario judicial encargado de investigar en una especie de juicio si una muerte ha sido debida a causas naturales o no: *coroner's inquest*, investigación o juicio presidido por el coroner.
coronet (coˑronet) *s.* corona [de título nobiliario]. 2 diadema [adorno]. 3 vet. corona [del casco].
coronoid (coroˑnɵid) *adj.* anat. en forma de pico de cuervo.
corporal (coˑporal) *adj.* corporal. 2 corpóreo. 3 personal. — 4 *s.* liturg. corporal. 5 mil. cabo.
corporality (coˑporæˑliti) *s.* corporalidad, corporeidad.
corporally (coˑporali) *adv.* corporalmente.
corporate (coˑporit) *adj.* unido, agrupado, conjunto, colectivo. 2 asociado, constituido legalmente en corporación, sociedad o compañía: ~ *town*, población con municipio propio.
corporately (coˑporitli) *adv.* conjuntamente, corporativamente.
corporation (coˑporeˑshøn) *s.* corporación, gremio. 2 sociedad, compañía [mercantil o industrial]. 3 ayuntamiento, cabildo. 4 fam. panza, barriga [voluminosa].
corporative (coˑporeitiv) *adj.* corporativo.
corporeal (coˑpouˑrial) *adj.* corpóreo. 2 material, tangible.
corporeally (coˑpouˑriali) *adv.* corporalmente. 2 materialmente.
corporeity (coˑporiˑiti) *s.* corporeidad. 2 materialidad.
corposant (coˑpošænt) *s.* fuego de Santelmo, Cástor y Pólux.
corps (cou′) *s.* cuerpo [de personas]: ~ *de ballet*, cuerpo de baile. 2 mil. cuerpo: *army* ~, cuerpo de ejército.
corpse (coˑps) *s.* cadáver: ~ *candle*, fuego fatuo.
corpulence (coˑpiuløns), **corpulency** (coˑpiulønsi) *s.* corpulencia.
corpulent (coˑpiulønt) *adj.* corpulento.
corpus (coˑpøs) *s.* cuerpo [de escritos, etc.]. 2 anat. cuerpo [calloso, etc.]. 3 der. bienes tangibles. 4 der. *corpus delicti*, cuerpo del delito. 5 (con may.) *Corpus Christi*, Corpus, Corpus Christi.

corpuscle (coˑpøsøl) *s.* corpúsculo. 2 fisiol. glóbulo.
corpuscular (coˑpøˑskiula′) *adj.* corpuscular.
corral (coræ·l) *s.* corral, cercado [para encerrar animales, para protegerse].
corral (to) *tr.* acorralar [el ganado]; rodear, cercar.
correct (coreˑct) *adj.* correcto. 2 exacto, justo.
correct (to) *tr.* corregir, enmendar. 2 corregir [reprender, castigar, quitar un vicio a uno]. 3 corregir [pruebas]. 4 corregir, moderar, contrarrestar. 5 rectificar [reducir a la exactitud debida].
correctable (coreˑctabøl), **correctible** (coreˑctibøl) *adj.* corregible, enmendable.
correction (coreˑcshøn) *s.* corrección, enmienda, rectificación: *I speak under* ~, puedo equivocarme. 2 corrección, castigo: *house of* ~, casa de corrección.
correctional (coreˑcshønal) *adj.* correccional, penal. — 2 *s.* casa de corrección, reformatorio.
correctitude (coreˑctitiud) *s.* corrección [en la conducta].
corrective (coreˑctiv) *adj.* y *s.* correctivo.
correctly (coreˑctli) *adv.* correctamente.
correctness (coreˑctnis) *s.* corrección [calidad de correcto]; exactitud.
corrector (coreˑctø′) *s.* el o lo que corrige o enmienda, corrector, enmendador. 2 impr. corrector [de pruebas]: ~ *of the press* (Ingl.), corrector de pruebas.
correctress (coreˑctris) *s.* correctora [mujer].
correlate (coˑrileit) *s.* el que está en relación recíproca con otro; cosa correlativa, correspondiente o análoga.
correlate (to) *tr.* poner en correlación. — 2 *intr.* tener correlación.
correlation (corileˑshøn) *s.* correlación.
correlative (coriˑlativ) *adj.* y *s.* correlativo [que tiene correlación].
correlatively (coriˑlativli) *adv.* correlativamente, en correlación.
correlativeness (coriˑlativnis), **correlativity** (coriˑlatiˑviti) *s.* correlación, correspondencia.
correspond (to) (corispoˑnd) *intr.* corresponder, corresponderse, responder [guardar proporción, convenir, adaptarse]. 2 corresponderse [escribirse]. 3 poco us., corresponder [a un afecto, etc.].
correspondence (corispoˑndøns) *s.* correspondencia [proporción, conveniencia, analogía]. 2 correspondencia [relación por escrito; cartas que se escriben]. 3 poco us., correspondencia [a un afecto, etc.].
correspondency (corispoˑndønsi) *s.* correspondence 1.
correspondent (corispoˑndønt) *adj.* correspondiente [análogo, conforme, conveniente]. — 2 *s.* correspondiente. 3 corresponsal.
correspondently (corispoˑndøntli) *adv.* correspondientemente.
corresponding (corispoˑnding) *adj.* correspondiente [que tiene proporción o analogía; que corresponde por escrito]: ~ *member*, socio correspondiente.
correspondingly (corispoˑndingli) *adv.* correspondientemente.
corridor (coˑridø′) *s.* corredor, pasillo. 2 geogr. corredor [tira de tierra de una nación que atraviesa el territorio de otra].
corrigible (coˑriɣibøl) *adj.* corregible.
corrival (coraiˑval) *adj.* émulo, rival.
corroborant (coroˑborant) *adj.* y *s.* corroborante, tónico.
corroborate (to) (coroˑboreit) *tr.* corroborar, confirmar.
corroboration (coroboreˑshøn) *s.* corroboración, confirmación.
corroborative (coroˑboreitiv) *adj.* corroborativo. — 2 *adj.* y *s.* corroborante, tónico.
corroborator (coroˑboreitø′) *s.* el o lo que corrobora.
corroboratory (coroˑboratori) *adj.* corroborativo. 2 corroborante.
corrode (to) (corouˑd) *tr.* corroer. 2 roer, desgastar. — 3 *intr.* corroerse.
corrodent (corouˑdønt) *adj.* y *s.* corrosive.
corrodibility (coroudibiˑliti) *s.* corrosibility.
corrodible (coroˑdibøl) *adj.* corrosible.
corroding (corouˑding) *adj.* corroyente.
corrosibility (corousibiˑliti) *s.* calidad de corrosible

corrosible (corou·sibøl) *adj.* corrosible.
corrosion (corou·ȳøn) *s.* corrosión.
corrosive (corou·siv) *adj.* corrosivo : ~ *sublimate,* sublimato corrosivo, solimán.
corrosively (corou·sivli) *adv.* corrosivamente.
corrosiveness (corou·sivnis) *s.* calidad de corrosivo.
corrugate (cǫ·rugueit) *adj.* arrugado, contraído. 2 rizado, ondulado [superficie, plancha].
corrugate (to) *tr.* arrugar, contraer : *to ~ the forehead,* arrugar la frente. 2 plegar [en arrugas menudas], ondular, acanalar.
corrugated (cǫ·rugueitid) *adj.* plegado [en arrugas menudas], ondulado : ~ *iron,* hierro en planchas onduladas.
corrugation (corugue·shøn) *s.* corrugación, arrugamiento. 2 pliegue, ondulación.
corrugator (coruguei·tǫ') *s.* lo que arruga. 2 ANAT. corrugador [músculo].
corrupt (corø·pt) *adj.* corrupto : ~ *practices,* soborno, compra de votos, etc. [en las elecciones]. 2 corrompido. 3 adulterado [texto].
corrupt (to) *tr.* corromper. 2 adulterar, falsear. — 3 *intr.* corromperse.
corrupter (corø·ptǫ') *s.* corruptor, corrompedor.
corruptibility (corøptibi·liti) *s.* corruptibilidad.
corruptible (corø·ptibøl) *adj.* corruptible.
corruptibleness (corø·ptibølnis) *s.* corruptibilidad.
corruptibly (corø·ptibli) *adv.* corruptiblemente.
corrupting (corø·pting) *adj.* corruptor, corrompedor, corrumpente. — 2 *s.* corrupción [acción de corromper].
corruption (corø·pshøn) *s.* corrupción. | No tiene sentido de mal olor. 2 adulteración, falseamiento. 3 influencia corruptiva.
corruptive (corø·ptiv) *adj.* corruptivo.
corruptless (corø·ptlis) *adj.* incorruptible.
corruptly (corø·ptli) *adv.* corruptamente, còrrompidamente.
corruptness (corø·ptnis) *s.* corrupción [estado de lo corrompido].
corruptress (corø·ptris) *f.* corruptora.
corsac (co·sæc) *s.* ZOOL. adiva, adive.
corsage (co·sidȳ) *s.* cuerpo [de vestido], corpiño. 2 ramillete para llevar en el pecho o en la cintura.
corsair (co·se') *s.* corsario. 2 buque corsario.
corselet (co·slit) *s.* coselete [coraza ligera]. 2 ENTOM. coselete. 3 prenda interior de mujer, especie de corsé ligero.
corset (co·sit) *s.* corsé : ~ *cover,* cubrecorsé; ~ *maker,* corsetero, corsetera; ~ *shop,* corsetería.
corseted (co·sitid) *adj.* encorsetado.
corsetry (co·sitri) *s.* corsetería [arte]. 2 corsés.
Corsica (co·sica) *n. pr.* GEOGR. Córcega.
Corsican (co·sican) *adj.* y *s.* corso [de Córcega] : ~ *pine,* pino negral, pudio o salgareño.
corslet (co·slit) *s.* coselete [coraza ligera]. 2 ENTOM. coselete.
cortege (co·tidȳ) *s.* comitiva, cortejo, séquito.
cortex (co·tecs), *pl.* **-tices** (-tisiš) *s.* BOT., ANAT. corteza; capa cortical.
cortical (co·tical) *adj.* cortical.
corticate (co·tikeit), **corticated** (co·tikeitid) *adj.* BOT., ANAT. cubierto con corteza.
cortisone (co·tišon) *s.* cortisona.
corundum (corø·ndøm) *s.* MINER. corindón.
Corunna (corø·na) *n. pr.* GEOGR. Coruña.
coruscate (to) (co·øskeit) *intr.* coruscar, fulgurar, centellear.
coruscation (corøske·shøn) *s.* fulguración, brillo, centelleo.
corvet (co·vet), **corvette** (co·ve·t) *s.* MAR. corbeta.
corvetto (co·ve·tou) *s.* EQUIT. corveta.
Corvidæ (co·vidi) *s. pl.* ORNIT. córvidos.
corvine (co·vin o co·vain) *adj.* corvino.
corybant (co·ribænt) *s.* coribante.
corymb (co·rim) *s.* BOT. corimbo.
coryphaeus (corifi·øs), *pl.* **-phaei** (-fiai) *m.* corifeo.
coryphée (corifei·) *f.* primera bailarina.
coryza (corai·ša) *s.* MED. coriza, romadizo.
cosecant (cosi·cant) *s.* TRIGON. cosecante.
cosentient (couse·nshent) *adj.* que siente o percibe con otro.
cosey (cou·ši) *adj.* cosy.
cosher (to) (co·shǫ') *tr.* mimar, regalar. — 2 *intr.* fam. platicar, charlar.
cosier (cou·siǫ') *adj. comp.* de COSY.
cosiest (cou·siist) *adj. superl.* de COSY.
cosignatory (cousi·gnætori) *adj.* y *s.* firmante junto con otros.

cosily (cou·sili) *adv.* cómoda, confortablemente.
cosine (cou·sain) *s.* TRIGON. coseno.
cosmetic (cošme·tic) *adj.* y *s.* cosmético.
cosmic (co·šmic) *adj.* cósmico [relativo al cosmos]. 2 vasto, grandioso. 3 ordenado, armónico.
cosmical (co·šmical) *adj.* COSMIC. 2 ASTR. cósmico.
cosmism (co·šmism) *s.* teoría de la evolución cosmogónica.
cosmogonal (cošmo·gonal), **cosmogonic(al** (cošmogo·nic(al) *adj.* cosmogónico.
cosmogony (cošmo·goni) *s.* cosmogonía.
cosmographer (cošmo·grafǫ') *s.* cosmógrafo.
cosmographic(al (cošmogræ·fic(al) *adj.* cosmográfico.
cosmography (cošmo·grafi) *s.* cosmografía.
cosmologic(al (cošmolo·ȳic(al) *adj.* cosmológico.
cosmologist (cošmo·loȳist) *s.* cosmólogo.
cosmology (cošmo·loȳi) *s.* cosmología.
cosmopolitan (cošmopo·litan) *adj.* y *s.* cosmopolita.
cosmopolitanism (cošmopo·litanism) *s.* cosmopolitismo.
cosmopolite (cošmo·polait) *adj.* y *s.* COSMOPOLITAN.
cosmorama (cošmora·mæ) *s.* cosmorama.
cosmos (co·šmos) *s.* cosmos, universo.
Cossack (co·sæc) *adj.* y *s.* cosaco.
cosset (co·sit) *s.* cordero criado sin la madre. 2 cordero favorito.
cosset (to) *tr.* mimar, acariciar.
cost (côst) *s.* coste, costo, costa, precio, expensas : ~ *free,* de balde ; ~, *insurance and freight,* COM. costo, seguro y flete; ~ *of living,* coste de la vida ; ~ *price,* precio de coste ; *prime* ~, coste de producción ; *at all costs, at any* ~, a toda costa, cueste lo que cueste ; *en todo caso ; to my* ~, a mis expensas, para mi daño. 2 *pl.* costas, litis expensas : *bill of costs,* minuta [de procurador o abogado].
cost (to) *intr.* costar : *to* ~ *dear,* costar caro; ~ *what it may,* cueste lo que cueste. | No tiene el sentido de ser difícil o requerir esfuerzo. — 2 *tr.* COM. calcular el coste de, hacer el escandallo de.
costal (co·stal) *adj.* ANAT. costal.
costard (co·sta'd) *s.* variedad de manzana. 2 fam. cabeza, chola.
costate (co·steit) *adj.* BOT. que tiene costillas o nervios.
coster (co·stǫ') *s.* COSTERMONGER.
costermonger (co·stǫ'møngǫ') *s.* vendedor callejero de frutas, verduras, etc.
costing (co·sting) *s.* COM. cálculo de costes o gastos.
costive (co·stiv) *adj.* estreñido. 2 fig. agarrado, mezquino.
costiveness (co·stivnis) *s.* estreñimiento. 2 fig. mezquindad, avaricia.
costless (co·stlis) *s.* que no cuesta nada.
costliness (co·stlinis) *s.* suntuosidad.
costly (co·stli) *adv.* costoso, caro. 2 magnífico, suntuoso.
costmary (co·stmeri) *s.* BOT. costo hortense, hierba de Santa María, atanasia.
costume (co·stium) *s.* traje, vestido, atavío, indumentaria [en general]. 2 traje [esp. de mujer] : *tailored* ~, traje sastre. 3 traje de época, disfraz [en un teatro, en un baile]. 4 *pl.* TEAT. vestuario. —5 *adj.* de trajes, de época, propio para determinado vestido : ~ *ball,* baile de trajes, de disfraces ; ~ *jewelry,* joyas de fantasía ; ~ *piece,* ~ *play,* TEAT. comedia, drama de época.
costume (to) *tr.* proveer de trajes, vestir, disfrazar.
costumer (co·stiumǫ'), **costumier** (costiu·mie') *s.* sastre de teatro. 2 el que hace, vende o alquila trajes o disfraces.
costumist (costiu·mist) *s.* entendido en indumentaria.
cosy (cou·ši) *adj.* cómodo, confortable, agradable.
cot (cot) *s.* choza, cabaña. 2 catre, coy, camilla : *cot·bed,* meridiana. 3 sitio para animales domésticos. 4 dedil.
cotangent (coutæ·nȳønt) *s.* TRIGON. cotangente.
cote (cout) *s.* corral, aprisco, sitio para animales domésticos.
cotemporaneous, cotemporary *adj.* CONTEMPORANEOUS, CONTEMPORARY.
coterie (cou·tǫri) *s.* tertulia, corrillo.
cotenant (coute·nænt) *s.* coarrendatario.
cothurnus (cothǫ·nǫs) *s.* coturno.
cotice (co·tis) *s.* COTISE.
cotillion, cotillon (coti·lion) *s.* cotillón. 2 tela de lana rayada de blanco y negro.

cotillion, cotillon (to) intr. bailar en un cotillón.

cotise (co·tis) s. BLAS. cotiza.

cotrustee (coutrø·strˑ) s. fideicomisario o curador en unión de otro.

Cotswold (co·tsuold) s. raza inglesa de carneros : fam. ~ lion, carnero.

cotta (co·ta) s. sobrepelliz.

cottage (co·tidӯ) s. choza, cabaña. 2 casita [para una sola familia]; hotelito; casita de campo. 3 ~ cheese, requesón; queso de bola.

cottaged (co·tiӯd) adj. poblado de casitas o chozas.

cottager (co·tidyø·) s. morador de una casita u hotelito. 2 campesino, labrador.

cotter (co·tø·) s. chaveta, cuña, pasador : ~ pin, chaveta.

cottier (co·tiø·) s. el que vive en una choza.

cotton (co·tøn) s. algodón [fibra, hilo, tela] : raw ~, algodón en rama. 2 BOT. algodón, algodonero. 3 BOT. pelusa algodonosa de ciertas plantas. 4 pl. géneros de algodón, ropa de algodón. — 5 adj. relativo al algodón, de o para el algodón, algodonero : ~ bagging, tela de algodón para sacos; sacos de tela de algodón; ~ batting, algodón en hojas, guata; ~ belt (EE. UU.), región algodonera; ~ boll, cápsula del algodón; ~ cake, masa de semillas de algodón prensadas; ~ dealer, algodonero [tratante en algodón]; ~ factory, manufactura de algodón; ~ field, algodonal; ~ flannel, franela de algodón; ~ gin, despepitadora de algodón; ~ moth, mariposa del gusano del algodón; ~ opener, abridora de algodón [máquina para abrir y limpiar el algodón desemballado]; ~ picker, recogedor de algodón; máquina para recolectar el algodón; ~ plant, BOT. algodonero; ~ plantation, algodonal; ~ powder, algodón pólvora; ~ press, prensa para embalar algodón; ~ print, estampado de algodón; ~ seed, pepita de algodón [para limpiar maquinaria] o cabos de algodón [para limpiar maquinaria]; ~ wool, algodón en rama; ~ weevil, gorgojo del algodón; ~ worm, gusano del algodón; ~ yarn, hilado de algodón. 6 BOT. ~ rose, amor al uso; ~thistle, cardo borriquero; ~ tree, álamo negro, chopo; nombre de la ceiba y otros árboles de su familia.

cotton (to) tr. algodonar. 2 mimar. — 3 intr. avenirse, hacer buenas migas. 4 apegarse, coger cariño. 5 to ~ up to, tratar de hacerse amigo con.

cottonade (cotøneˑd) s. cotonada.

cottonmouth (co·tønmauz) s. ZOOL. mocasín [serpiente].

cottonseed (co·tønsɪd) s. semilla de algodón : ~ meal, harina de semillas de algodón; ~ oil, aceite de algodón.

cottontail (co·tønteil) s. ZOOL. conejo norteamericano de cola blanca por debajo.

cottonwood (co·tønwud) s. BOT. chopo de la Carolina o de Virgina.

cottony (co·tøni) adj. algodonoso.

cotyledon (cotiliˑdøn) s. BOT. cotiledón.

cotyledonous (cotili·dønøs) adj. BOT. cotiledóneo.

couch (cauch) s. cama, lecho, yacija. 2 canapé, meridiana. 3 lecho o tongada de cebada puesta a germinar para hacer cerveza. 4 capa [de pintura, etc.]. 5 madriguera, cubil. 6 BOT. ~ grass, grama del norte.

couch (to) tr. acostar, tender [sobre un lecho, etc.]. 2 extender, poner en capas. 3 cubrir, incrustar, bordar. 4 expresar [con palabras, por escrito, bajo una alegoría]. 5 bajar, agachar. 6 bajar, inclinar [en posición de ataque]; enristrar [la lanza]. 7 MED. batir [las cataratas]. — 8 intr. acostarse, tenderse. 9 inclinar el cuerpo, agacharse. 10 esconderse, estar al acecho.

couchant (cau·chant) adj. BLAS. acostado.

coucher (cau·chø·) s. cartulario.

cougar (cu·gar) s. ZOOL. puma, jaguar.

cough (cof) s. tos. tosidura : ~ drop, pastilla para la tos; whooping ~, tos ferina. 2 carraspeo.

cough (to) intr. toser. 2 carraspear. — 3 tr. expectorar : to ~ up, expectorar, arrojar del pecho tosiendo; pop soltar, dar, entregar. 4 to ~ down, hacer callar [al que habla] a fuerza de toses.

coughing (co·fing) s. tos, tosidura : fit of ~, acceso de tos.

could (cud) pret. de TO CAN

couldn't (cu·dønt) contr. de COULD NOT.

coulee (cu·li) s. quebrada, cañada. 2 río de lava.

coulisse (culiˑs) s. corredera [ranura o carril]. 2 TEAT. bastidor; espacio entre bastidores.

coulomb (culo·m) s. ELECT. culombio.

coulter (cou·ltø·) s. COLTER.

council (cau·nsil) s. concilio. 2 consejo, junta : ~ board, mesa del consejo; sesión del consejo; (Ingl.) Consejo privado del Rey; Council of State, Consejo de Estado; ~ of war, consejo de oficiales superiores para deliberar sobre asuntos de la guerra; common ~, ayuntamiento, concejo.

councilman (cau·nsilmæn), pl. -men (-men) s. concejal.

councilor, councillor (cau·nsilø·) s. consejero [individuo de un consejo]. 2 concejal.

counsel (cau·nsøl) s. consejo [parecer, dictamen]; deliberación, consulta : to take ~, tomar consejo, aconsejarse : deliberar, consultar. 2 propósito, designio; pensamiento secreto : to keep one's own ~, reservarse, callar lo que uno piensa o se propone. 3 abogado, causídico; consultor, asesor; abogados que asesoran o defienden a uno : King's ~, Queen's ~, abogado de la corona.

counsel (to) tr. aconsejar, asesorar [a uno]. 2 aconsejar [una cosa].

counselor, counsellor (cau·nsølø·) s. consejero, consiliario. 2 consejero [de un consejo; de legación, de embajada]. 3 abogado, causídico.

counsellorship (coun·nsølø·ship) s. cargo o dignidad de consejero.

count (caunt) s. cuenta, cuento, cálculo, cómputo : to keep ~, llevar la cuenta; to lose ~, perder la cuenta; by this ~, contando así, según esta cuenta. 2 recuento. 3 contaje. 4 suma, total. 5 TEJ. título, número [de un hilo]. 6 TEJ. cuenta de hilos [de un tejido]. 7 DEP. cuenta de los diez segundos que se conceden al boxeador caído para que se levante. 8 DER. cargo, capítulo [de una demanda o acusación]. 9 conde [no inglés] : ~ palatine, conde palatino.

count (to) tr. contar, numerar, computar : to ~ heads o noses, contar las personas presentes; to ~ off, separar contando; to ~ out, no contar [a uno], no tenerle en cuenta; (EE. UU.) impedir la elección [de un candidato] falseando el escrutinio; en la Cámara de los Comunes. suspender la sesión por no haber el quorum reglamentario; DEP. declarar vencido al boxeador que no se levanta antes de serle contados los diez segundos. 2 contar [incluir en la cuenta] : we shall not ~ Sunday, no contaremos el domingo. 3 considerar, juzgar, tener por : to ~ oneself happy, tenerse por venturoso. — 4 intr. contar [formar cuentas] : to ~ on one's fingers, contar con los dedos. 5 ser tenido en cuenta; valer, importar : to ~ for much, valer mucho. 6 to ~ on or upon, contar con, confiar en.

countable (cau·ntabøl) adj. contable, contadero.

countenance (cau·tønans) s. cara, rostro, semblante, expresión del rostro; serenidad : to change one's ~, inmutarse, demudarse; to keep one's ~, contenerse, estar tranquilo; no reírse, conservar la seriedad; to lose ~, turbarse, desconcertarse; to put out of ~, turbar, desconcertar, confundir. 2 ant. continente, aire, aspecto. 3 atención benévola; favor, apoyo, aprobación : to give ~, favorecer, aprobar, apoyar, alentar.

countenance (to) tr. favorecer, apoyar, aprobar, alentar.

counter (cau·ntø·) s. ficha, tanto. 2 desp. moneda. 3 contador [mesa]; mostrador, tablero. 4 contador [el que cuenta; aparato]. 5 MAR. bovedilla. 6 ZAP. contrafuerte. 7 ESGR. contra. 8 pecho del caballo. 9 lo contrario, lo opuesto. — 10 adj. contrario, opuesto. — 11 adv. contrariamente : to run ~, oponerse, violar, infringir, faltar a.

counter (to) tr. e intr. Llevar la contraria, oponerse, contradecir, luchar con. — 2 intr. devolver un golpe; responder [a una pregunta, proyecto, etc.] con otra u otro.

counteract (cauntøræˑct) tr. contrarrestar. neutralizar.

counteraction (cauntøræˑcshøn) s. acción contraria, contrarresto, neutralización.

counteractive (cauntøræˑctiv) adj. contrario, que neutraliza, que neutraliza.

counterambush (cauntøræˑmbush) s. contraemboscada.

counterapproach (cau·ntøraprouch) s. FORT. contraaproches.

counterattack (cauntøratæ·c) s. contraataque.

counterattack (to) *tr.* e *intr.* contraatacar.

counterattraction (cauntøratræ·cshøn) *s.* atracción contraria.

counterbalance (cauntø'bæ·lans) *s.* contrabalanza, contrapeso; compensación.

counterbalance (to) *tr.* contrabalancear, contrapesar, compensar.

counterbattery (cau·ntø'bætøri) MIL. contrabatería.

counterbore (cau·ntø'bou') *s.* MEC. avellanado de fondo plano; broca o avellanador para hacerlo.

counterbore (to) *tr.* MEC. hacer un avellanado de fondo plano en.

counterbrace (cau·ntø'breis) *s.* MAR. contrabraza.

counterbrace (to) *tr.* MAR. contrabracear.

counterchange (to) (cauntø'che·nȳ) *tr.* hacer cambiar de sitio, trocar.

counterchanged (cauntø'che·nȳid) *adj.* BLAS. contrafajado.

countercheck (cau·ntø'chec) *s.* oposición, obstáculo. 2 segunda comprobación.

countercheck (to) *tr.* resistir, contrarrestar, contrastar. 2 comprobar por segunda vez.

counterclaim (cau·ntø'cleim) *s.* contrarreclamación.

counterclockwise (cauntø'clo·kuaiš) *adj.* y *adj.* en sentido [o que se mueve en sentido] contrario al de las saetas del reloj.

countercurrent (cau·ntø'cørent) *s.* contracorriente.

counterdie (cau·ntø'dai) *s.* contramatriz, punzón.

counterdike (cau·ntø'daic) *s.* contradique.

counterdrain (cau·ntø'drein) *s.* contracanal.

counterdraw (to) (cau·ntø'dro) *tr.* calcar [un dibujo].

counterespionage (cauntøre·spiønidȳ) *s.* contraespionaje.

counterevidence (cauntøre·vidøns) *s.* contraprueba.

counterfeit (cau·ntø'fit) *adj.* falsificado, falso, imitado, contrahecho : ∼ *money*, moneda falsa. 2 fingido. — 3 *s.* falsificación, imitación, contrahechura; moneda falsa.

counterfeit (to) *tr.* falsificar, contrahacer. 2 fingir, simular. — 3 *intr.* hacer falsificaciones, esp. hacer moneda falsa. 4 fingir.

counterfeiter (cau·ntø'fitø') *s.* falsario, falsificador, monedero falso. 2 imitador, simulador.

counterfeitly (cau·ntø'fitli) *adv.* falsa, fingidamente.

counterfoil (cau·ntø'foil) *s.* matriz [de un cheque, etc.].

counterfort (cau·ntø'fo't) *s.* contrafuerte, estribo.

counterfugue (cau·ntø'fiug) *s.* MÚS. contrafuga.

counterguard (cau·ntø'ga'd) *s.* FORT. contraguardia. 2 guarnición [de la espada].

counterindicate (to) (cauntøri·ndikeit) *tr.* MED. contraindicar.

counterindication (cauntøindike·shøn) *s.* MED. contraindicación.

counterirritant (cauntøri·ritant) *s.* MED. contrairritante.

counterjumper (cau·ntø'ȳømpø') *s.* fam. dependiente de tienda.

counterlight (cau·ntø'lait) *s.* contraluz.

countermand (cau·ntø'mænd) *s.* contramandato, contraorden 2 revocación [de una orden o ley].

countermand (to) (cauntø'mæ·nd) *tr.* contramandar, desmandar. 2 revocar, cancelar. 3 hacer volver.

countermarch (cau·ntø'ma'ch) *s.* contramarcha.

countermarch (to) *intr.* contramarchar.

countermark (cau·ntø'ma'c) *s.* contramarca, contraseña.

countermark (to) *tr.* contramarcar.

countermine (cau·ntø'main) *s.* contramina.

countermine (to) *tr.* contraminar.

countermure (cau·ntø'miu') *s.* FORT. contramuro.

countermotion (cauntø'mou·shøn) *s.* moción que se opone a otra.

countermove (cauntø'mu·v) *s.* paso, diligencia, maniobra en sentido contrario, que contrarresta a otra.

countermove (to) *intr.* hacer pasos, diligencias, maniobras para contrarrestar otros u otras.

counteroffensive (cauntørofe·nsiv) *s.* MIL. contraofensiva.

counteroffer (cau·ntørofø') *s.* contraoferta.

counteropening (cau·ntøroupening) *s.* CIR. contrabertura.

counterpaly (cauntø'pæli) *adj.* BLAS. contrapalado.

counterpane (cau·ntø'pein) *s.* colcha, cobertor.

counterpart (cau·ntø'pa't) *s.* cosa que se ajusta exactamente a otra [como el sello a su impre-

sión]; complemento. 2 duplicado. 3 traslado, imagen. 4 MÚS. contraparte.

counterpassant (cauntø'pa·sant) *adj.* BLAS. que contrapasa.

counterplea (cau·ntø'pli) *s.* DER. reconvención.

counterplot (cau·ntø'plot) *s.* contratreta; intriga que se opone a otra.

counterplot (to) (cauntø'plo·t) *tr.* oponerse [a una intriga] con otra intriga, contraminar. ¶ CONJUG. pret. y p. p.: *counterplotted;* ger.: *counterplotting.*

counterpoint (cau·ntø'point) *s.* MÚS. contrapunto. 2 punto opuesto.

counterpoise (cau·ntø'poiš) *s.* contrapeso. 2 equilibrio. 3 pilón [de romana]. 4 RADIO contraantena.

counterpoise (to) *tr.* contrapesar, contrabalancear, equilibrar.

counterpoison (cauntø'poi·šøn) *s.* veneno que obra como contraveneno.

counterpressure (cau·ntø'preshu') *s.* contrapresión.

counterproject (cauntø'pro·ȳect) *s.* contraproyecto.

counterproof (cau·ntø'pruf) *s.* contraprueba.

counterproposition (cauntø'proposi·shøn) *s.* contraproposición.

counterpunch (cau·tø'punch) *s.* contrapunzón.

Counter Reformation *s.* Contrarreforma.

counterrevolution (cauntø'revoliu·shøn) *s.* contrarrevolución.

counterrevolutionary (cauntø'revoliu·shøneri) *adj.* y *s.* contrarrevolucionario.

counterrevolutionist (cauntø'revoliu·shønist) *s.* contrarrevolucionario.

counterscarp (cau·ntø'sca'p) *s.* FORT. contraescarpa.

counterseal (cauntø'si·l) *s.* contrasello.

counterseal (to) *tr.* contrasellar.

countersense (cau·ntø'sens) *s.* sentido opuesto al criginario, contrasentido.

countershaft (cau·ntø'shæft) *s.* MEC. eje intermedio o secundario.

countersign (cau·ntø'sain) *s.* refrendata. 2 MIL. contraseña.

countersign (to) *tr.* refrendar, visar. 2 corroborar, confirmar.

countersignature (cauntø'si·gnachu') *s.* refrendata.

countersink (cauntø'si·nk) *s.* MEC. fresa, avellanador. 2 avellanado, ensanchamiento en la cabeza de un agujero o tubo.

countersink (to) *tr.* MEC. fresar, avellanar. ¶ CONJUG. pret. y p. p.: *countersunk.*

counterstroke (cau·ntø'strouc) *s.* contragolpe. 2 MEC. golpe o carrera de retroceso.

countersunk (cau·ntø'sønc) *p. p.* de TO COUNTERSINK. — 2 *adj.* MEC. avellanado, fresado. 3 MEC. de cabeza embutida.

countertenor (cau·ntø'tenø') *s.* MÚS. contralto.

countertide (cau·ntø'taid) *s.* contramarea.

countertrench (cau·ntø'trench) *s.* FORT. contratrinchera.

countervail (to) (cauntø'vei·l) *tr.* contrapesar, equivaler. 2 contrarrestar, neutralizar.

counterweigh (cau·ntøruei) *tr.* contrapesar, contrabalancear.

counterweight (cau·ntørueit) *s.* contrapeso, pesa.

counterweighted (cau·ntørueitid) *adj.* de contrapesos, provisto de contrapesos.

counterwork (cau·ntøruø'c) *s.* obra de fortificación opuesta a otra.

counterwork (to) *tr.* contrarrestar, neutralizar.

countess (cau·ntis) *s.* condesa.

countinghouse (cau·ntingjaus) *s.* COM. despacho, escritorio, oficina.

countless (cau·ntlis) *adj.* incontable, innumerable, sin cuento : ∼ *number*, sinfín.

countrified (cø·ntrifaid) *adj.* rural. campesino; que tiene el aspecto o las características del que vive en el campo, de la vida rural.

countrify (to) (cø·ntrifai) *tr.* hacer rural o campesino. ¶ CONJUG. pret. y p. p.: *countrified.*

country (cø·ntri) *s.* país, nación, región, comarca. 2 tierra, patria, suelo natal. 3 el pueblo, la nación. 4 campo [por oposición a ciudad], campiña. — 5 *adj.* del campo, rural, campestre, campesino : ∼ *gentleman*, señor o propietario rural [que vive en sus tierras]; ∼ *house*, residencia de un propietario rural, mansión señorial en el campo; ∼ *life*, vida rural; ∼ *road*, camino vecinal.

country-dance *s.* contradanza. 2 baile campestre

countryfolk (cǿ·ntrifouc) s. gente del campo. 2 lugareños [de una localidad]. 3 paisanos, compatricios.

countryman (cǿ·ntrimæn), pl. **-men** (-men) s. compatriota, paisano, coterráneo. 2 campesino, aldeano. 3 natural o habitante de un país.

countryseat (cǿ·ntrisɪt) s. residencia señorial en el campo.

countryside (cǿ·ntrisaid) s. campo [por oposición a ciudad], campiña. 2 distrito rural.

countrywoman (cǿ·ntriwumæn), pl. **-women** (-uimin) s. compatriota, paisana, coterránea. 2 campesina, aldeana.

county (cau·nti), pl. **-ties** (-tiš) s. condado [territorio]. 2 división administrativa inglesa parecida a la provincia española : ～ seat, ～ town, capital o cabeza de una provincia.

coup (cu) s. golpe maestro, jugada brillante. 2 ～ de grâce, golpe de gracia. 3 ～ d'état, golpe de estado. 4 MIL. ～ de main, golpe de mano, ataque imprevisto.

coupé (cupei·) s. cupé. 2 cierta mudanza del baile.

couple (cǿ·pǿl) s. par; pareja : married ～, matrimonio, marido y mujer. 2 lo que une o ata dos cosas; traílla. 3 FÍS. par de fuerzas. 4 ELECT. par voltaico.

couple (to) tr. unir, acoplar, conectar, enchufar, enganchar. 2 aparear, emparejar [juntar en pareja]. — 3 intr. Aparearse, emparejarse.

coupler (cǿ·plǿ') s. aparato o dispositivo de conexión o acoplamiento. 2 FERROC. enganche.

couplet (cǿ·plit) s. pareado, dístico. 2 copla, cuplé. 3 ARQ. ventana de dos huecos.

coupling (cǿ·pling) s. acopladura; acoplamiento; apareamiento. 2 enganche : ～ pin, FERROC. pasador del enganche. 3 MEC. Conexión, unión, empalme : ～ box, MEC. manguito; ELECT. caja de empalmes; ～ rod, MEC. biela de acoplamiento.

coupon (cupo·n) s. cupón. 2 parte de un billete, anuncio, etc., separable y destinado a un uso especial.

courage (cǿ·ridȳ) s. coraje, valor, ánimo, denuedo.

courageous (cǿrei·ȳǿs) adj. valeroso, valiente, animoso, denodado.

courageously (cǿrei·ȳǿsli) adv. valerosa, valiente, animosamente.

courageousness (cǿrei·ȳǿsnis) s. valor, intrepidez, ánimo, aliento.

courant(e (cura·nt) s. cierta danza antigua.

courbaril (cu·'baril) s. BOT. curbaril, anime : ～ copal, anime [resina].

courier (cu·riǿ') s. correo, mensajero, expreso. 2 el que acompañaba a los viajeros atendiendo a su alojamiento y comodidad.

course (co·s) s. curso, marcha [movimiento de un punto a otro]. 2 camino, trayecto, recorrido. 3 curso, rumbo, dirección. 4 ARTILL. trayectoria. 5 serie, orden, continuación, curso [de los sucesos], curso, decurso, transcurso [del tiempo] : ～ of nature, orden natural de las cosas; in due ～, oportunamente, a su debido tiempo; in the ～ of time, con el tiempo, andando el tiempo. 6 salida, circulación, expansión. 7 modo, manera, sistema, proceder : ～ of conduct, proceder, línea de conducta. 8 carrera [en la vida]. 9 DEP. pista [para carreras]; campo de golf. 10 plato, servicio [de una comida]. 11 curso [de estudios], asignatura. 12 capa, tongada. 13 ALBAÑ. hilada, mampuesta. 14 carga, encuentro [en un torneo]. 15 CAZA. persecución [de una liebre, etc.] con perros. 16 MAR. derrota, derrotero, rumbo. 17 MAR. punto del compás. 18 MAR. cualquiera de las velas mayores, papahigo : fore ～, trinquete; main ～, mayor, vela mayor. 19 GEOL. MIN. buzamiento. 20 MIN. galería. 21 pl. conducta : evil courses, mala conducta. 22 regla, menstruo.
23 adv. of ～, claro, naturalmente, por supuesto, por de contado, desde luego : matter of ～, cosa natural, obligada, de cajón.

course (to) tr. correr por, o sobre. 2 hacer correr [a los perros]. 3 cazar, dar caza, perseguir. — 4 intr. correr, galopar [moverse rápidamente]. 5 cazar con perros.

courser (co·'sǿ') s. cazador de liebres, etc., con perros. 2 perro corredor. 3 corcel. 4 ORNIT. ave zancuda, muy corredora, de África y Asia.

oourt (co·t) s. patio [espacio cerrado]; atrio : back ～, patio trasero o interior. 2 calle corta y sin salida, plazuela cerrada. 3 sección [de un museo, etc.]. 4 pista [de tenis, baloncesto, etc.]; división de ella. 5 corte [de un soberano, etc.) : Court of St. James, Corte del Soberano británico; ～ dress, traje de corte; ～ fool, bufón; ～ guide, guía o nomenclátor de todas las personas que han sido presentadas en la Corte. 6 corte [que se hace a una pers.] : to pay ～, hacer la corte, cortejar, galantear. 7 estrados, sala de justicia. 8 tribunal : Court of Appeal, tribunal de apelaciones o casación; Court of Common Pleas, tribunal de lo civil; ～ of the first instance, tribunal de primera instancia; ～ of honour, tribunal de honor; ～ of record, tribunal o departamento judicial donde quedan registradas todas las causas y procesos; ～ day, día en que funciona un tribunal; día hábil; ～ officer, alguacil; ～ in open ～, en pleno tribunal; out of ～, que no tiene derecho a ser oído, que no puede tomarse en consideración [en un juicio]. 9 consejo superior. 10 ～ of love, corte de amor. 11 ～ card, figura [de la baraja]. 12 ～ hand, letra gótica. 13 ～ plaster, tafetán inglés.

court (to) tr. cortejar, hacer la corte; galantear. 2 atraer, solicitar, buscar : to ～ danger, exponerse al peligro.

courteous (cǿ·'tiǿs) adj. cortés, atento.

courteously (cǿ·'tiǿsli) adv. cortésmente.

courteousness (cǿ·'tiǿnis) s. cortesía, urbanidad, cortesanía.

courtesan (cou·tišan) s. cortesana, dama cortesana, mujer pública.

courtesy (cǿ·'tisi), pl. **-sies** (-siš) s. cortesía, urbanidad, cortesanía. 2 amabilidad, fineza, atención. 3 favor, gracia. — 4 adj. de favor, de gracia, de cortesía; ～ title, título al que uno no tiene derecho y que se le da por cortesía.

courtesy (to) intr. hacer una cortesía o reverencia.

courtezan s. COURTESAN.

courthouse (co·'tjaus) s. edificio de un tribunal; palacio de justicia.

courtier (co·'tiǿ') s. cortesano, palaciego. 2 cortejador, galán.

courtlike (co·'tlaic) adj. cortesano, elegante, refinado.

courtliness (co·'tlinis) s. elegancia o dignidad de maneras.

courtly (co·'tli) adj. cortesano. 2 elegante, refinado. 3 cortés. 4 obsequioso, adulador. — 5 adv. cortésmente.

court-martial s. consejo de guerra.

court-martial (to) tr. pasar por consejo de guerra.

courtroom (co·'trum) s. sala de tribunal, estrados.

courtship (co·'tship) s. cortejo, galanteo. 2 relaciones, noviazgo.

courtyard (co·'tya'd) s. patio [de casa, castillo, etc.].

couscous (cu·scus) s. alcuzcuz.

cousin (cǿ·šǿn) s. primo, prima [pariente] : own, first o full ～, ～ german, primo hermano.

cousinhood (cǿ·šǿnjud) s. primazgo [parentesco]. 2 conjunto de primos o parientes.

cousinly (cǿsǿnli) adj. de primo; propio de un primo. — 2 adv. como primo; como es propio de un primo.

cousinship (cǿ·šǿnship) s. primazgo [parentesco].

cove (couv) s. abra, ancón, caleta, ensenada. 2 rincón abrigado [en el monte]. 3 ARQ. bovedilla. 4 ARQ. moldura cóncava.

cove (to) tr. ARQ. abovedar.

covenant (co·vǿnant) s. convenio, pacto; contrato : Covenant of the League of Nations, pacto fundamental de la Liga de las Naciones; the National Covenant, pacto hecho en 1638 por los presbiterianos escoceses comprometiéndose a defender su iglesia y su doctrina; Solemn League and Covenant, the Covenant, pacto hecho en 1643 entre los presbiterianos escoceses y el Parlamento inglés. 2 BIB. alianza, testamento : Ark of the Covenant, Arca de la alianza; the New Covenant, el Nuevo Testamento.

covenant (to) tr. pactar, estipular, prometer por contrato. — 2 intr. pactar, convenirse.

covenantee (cǿvǿnanti) s. aquel a quien se hace la promesa de un pacto.

covenanter (cǿ·vǿnantǿ') s. pactante, contratante. 2 (con may.) firmante del pacto de los presbiterianos escoceses. 3 miembro de la Iglesia presbiteriana.

covenantor (co·vǿnanto') s. el que queda obligado en virtud de un pacto.

coventrate (to) (co·ventreit) tr. destruir totalmente, esp. a fuerza de bombardeos aéreos.
Coventry (co·vøntri) n. pr. Coventry [ciudad inglesa] : to send to ∿, fig. excluir del trato social.
cover (cø·vø') s. tapa, tapadera, cobertera. 2 cubierta, envoltura, funda, forro. 3 sobre, sobrecarta. 4 ENCUAD. tapa, cubierta, encuadernación. 5 portada [de una revista]. 6 tapete, cobertor. 7 abrigo, refugio, protección ; cubierto, techado, albergue : to break ∿, salir al descubierto, dejarse ver, desemboscarse ; to take ∿, refugiarse, buscar abrigo, ocultarse. 8 pantalla, velo [lo que oculta o disimula]. 9 capa, pretexto. 10 cubierto [servicio de mesa para uno] : ∿ charge, lo que se cobra por el uso del cubierto [en un restaurante, etc.]. 11 huidero, maleza [donde se oculta la caza]. 12 COM. provisión de fondos. 13 ∿ glass, cubreobjetos, cubierta de vidrio de una preparación microscópica. 14 TEJ. estado de un tejido bien cubierto. 15 under ∿, bajo techado, al abrigo; oculto, secretamente : dentro de una carta, bajo sobre. 16 under ∿ of, a favor, al amparo [de la noche, la oscuridad, etc.] ; so pretexto, bajo la apariencia de.
cover (to) tr. cubrir, tapar. 2 recubrir, revestir. 3 forrar [un libro ; un paraguas]. 4 abrigar, arropar. 5 proteger, resguardar. 6 MIL. cubrir la retirada. 7 empollar [huevos]. 8 tapar, ocultar, celar, disimular. 9 encubrir. 10 comprender, abarcar, incluir. 11 cubrir, recorrer [una distancia]. 12 tener [un distrito o localidad] como campo de actividad comercial, etc. 13 COM. cubrir [gastos, riesgos, etc.]. 14 ARTILL., FORT. dominar [una extensión de terreno]. 15 apuntar [a uno] con un arma; tenerle al alcance de ella. 16 DEP. cubrir. 17 cubrir [el macho a la hembra]. 18 to ∿ up, cubrir completamente; encubrir, disimular [culpas, etc.]. — 19 intr. cubrirse [ponerse el sombrero]. 20 COM. hacer provisión de fondos. 21 COM. comprar valores, etc., para satisfacer una operación a plazo.
coverage (cø·vøridӡ) s. cantidad o espacio cubierto. 2 conjunto de los riesgos que cubre una póliza de seguro. 3 cobertura [del papel moneda].
covered (cø·vø'd) adj. cubierto, tapado. ∿ wagon (EE. UU.), carromato, carro con toldo; (Ingl.) FERROC. vagón cerrado; ∿ way, FORT. camino cubierto, estrada encubierta. 2 cubierto [con el sombrero puesto]. 3 COM. cubierto; asegurado. 4 ELECT. aislado [alambre].
covering (cø·vøring) s. acción de cubrir. 2 cubierta, techado. 3 cubierta, envoltura, ropa, abrigo. 4 tegumento. — 5 adj. que cubre : ∿ letter, carta de envío de documentos.
coverlet (cø·vø'lit), coverlid (cø·vø'lid) s. tapete. 2 cobertor, cubrecama, colcha.
coversed sine (cou·vø'st sain) s. MAT. coseno verso.
covert (cø·vø't) adj. cubierto, abrigado : ∿ way, FORT. camino cubierto, estrada encubierta. 2 escondido, secreto. 3 encubierto, disimulado. 4 DER. casada, bajo la protección o autoridad del marido. — 5 adj. y s. ∿ cloth o simplte. covert, cierta tela cruzada de lana : ∿ coat, abrigo ligero hecho de esta tela. — 6 s. abrigo, refugio, asilo, resguardo. 7 maleza [donde se oculta la caza]. 8 ORNIT. cobija [pluma].
covertly (cø·vø'tli) adv. secretamente. 2 encubiertamente.
coverture (cø·vø'tchu') s. abrigo, defensa. 2 ocultación, disimulo. 3 DER. condición o estado de la mujer bajo la autoridad marital.
covet (to) (cø·vit) tr. codiciar, desear, ambicionar.
covetable (cø·vitabøl) adj. codiciable.
covetous (cø·vitøs) adj. codicioso.
covetously (cø·vitøsli) adv. codiciosamente, ávidamente.
covetousness (cø·vitøsnis) s. codicia, avidez.
covey (cø·vi) s. nidada, pollada. 2 bandada, banda, grupo
covin(e (cø·vin) s. DER. confabulación.
cow (cau) s. ZOOL. vaca : ∿ dung, boñiga ; ∿ hand, vaquero. 2 ZOOL. hembra del alce, la morsa, la foca, etc.
cow (to) tr. acobardar, amilanar.
coward (ca·ua'd) s. y adj. cobarde, gallina.
cowardice (ca·ua'dis), cowardliness (ca·ua'dlinis) s. cobardía.
cowardly (ca·ua'dli) adj. cobarde, medroso, apocado, pusilánime. — 2 adv. cobardemente.
cowbane (cau·bein) s. BOT. cicuta menor.

cowbell (cau·bel) s. cencerro.
cowboy (cau·boi) s. vaquero, jinete vaquero [de Norteamérica].
cowcatcher (cau·cætchø') s. (EE. UU.) FERROC. quitapiedras, *trompa [de locomotora].
cower (to) (ca·uø') intr. agacharse, acurrucarse [por miedo o frío], alebrarse.
cowfish (cau·fish) s. ICT. pez cofre. 2 ZOOL. vaca marina.
cowgate (cau·gueit) s. pasto para ganado vacuno.
cowherd (cau·jø'd) s. vaquero, boyero, pastor de ganado vacuno.
cowhide (cau·jaid) s. cuero de vaca o toro. 2 látigo o zurriago de cuero, rebenque.
cowhide (to) tr. azotar, zurriagar con rebenque.
cowhiding (cau·jaiding) s. azotes dados con un rebenque.
cowl (caul) s. cogulla. 2 fig. monje, fraile. 3 capucha, capucho. 4 sombrerete [de chimenea]. 5 AUT. bóveda del tablero. 6 AVIA. caja o cubierta del motor.
cowled (ca·uld) adj. encapuchado.
cowlick (cau·lic) s. mechón, remolino [de cabello].
cowlike (cau·laic) adj. avacado.
cowling (cau·ling) s. AVIA. caja o cubierta del motor.
cowman (cau·mæn), pl. -men (-men) s. (EE. UU.) ganadero, ranchero. 2 (EE. UU.) vaquero.
coworker (cou·wø'kø') s. el que trabaja con otro, colaborador.
cowpea (cau·pi) s. BOT. especie de guisante que se cultiva para forraje.
cowpox (cau·pocs) s. vacuna [de vaca].
cowrie, cowry (cau·ri), pl. -ries (-ris) s. ZOOL. cauri [molusco].
cowslip (cau·slip) s. BOT. vellorita, primavera. 2 BOT. (EE. UU.) hierba centella.
coxa (co·csa) s. ANAT. cadera; articulación de la cadera. 2 ENTOM. coxa.
coxal (co·csal) adj. coxal.
coxalgia (cocsa·lӡia) s. MED. coxalgia.
coxalgic (cocsa·lӡic) adj. coxálgico.
coxcomb (co·cscoum) s. petimetre, lechuguino, presumido, vanidoso, fatuo; hombre pagado de sí mismo, de su elegancia. 2 cresta del gorro de bufón. 3 gorro de bufón. 4 BOT. moco de pavo.
coxcombry (co·cscoumri) s. fatuidad, vanidad, presunción.
coxswain (ca·csuein o ca·csøn) s. MAR. timonel. 2 MAR. contramaestre, nostramo.
coy (coi), coyish (coi·ish) adj. modesta, recatada, tímida, esquiva ; que se hace la tímida o esquiva [mujer]. 2 reservado, tímido. 3 retirado [lugar].
coyly (coi·li) adv. modestamente, tímidamente, con esquivez. 2 con afectación de modestia o timidez.
coyness (coi·nis) s. modestia, recato, timidez, esquivez. 2 afectación de modestia o timidez.
coyote (coiou·ti) s. ZOOL. coyote.
coypu (coi·pu) s. ZOOL. ccipo.
coz (coš) s. fam. primo, prima [pariente].
coze (couš) s. plática, conversación.
coze (to) intr. platicar, conversar.
cozen (to) (cø·šøn) tr. e intr. engañar, estafar.
cozenage (cø·šønidӡ) s. artificio, engaño, estafa.
cozener (cø·šønø') s. engañador, estafador.
cozey (cou·ši) adj. cozy.
cozier (cou·šiø') adj. comp. de cozy.
coziest (cou·šiø't) adj. superl. de cozy.
cozily (cou·šili) adv. cómodamente, agradablemente.
coziness (cou·šinis) s. comodidad, intimidad.
cozy (cou·ši) adj. cómodo, confortable, agradable. 2 contento. 3 (Ingl.) hablador, sociable. — 4 s. pieza acolchada para abrigar la cafetera o la tetera.
crab (cræb) s. ZOOL. cámbaro, cangrejo de mar. 2 (con may.) ASTR. Cáncer. 3 ENTOM. crab o ∿ louse, ladilla. 4 gruñón, persona malhumorada, de mal genio. 5 MEC. torno, cabrestante, molinete; carro de grúa, gato móvil. — 6 adj. agrio, avinagrado. 7 BOT. ∿ apple, manzana silvestre o ácida de la que se hacen conservas; ∿ grass, garranchuelo; nombre de otras plantas rastreras.
crab (to) tr. criticar, poner tachas, censurar agriamente. 2 fam. estropear, echar a perder. — 3 intr. pescar cangrejos. 4 fam. regañar, estar de mal humor. ¶ CONJUG. pret. y p. p. : crabbed; ger. : crabbing.

crabbed (cræ bed) *adj.* hosco, gruñón, avinagrado, malhumorado. *2* intrincado, obscuro, embrollado. *3* irregular, apretada [letra].

crabby (cræ bi) *adj.* mahumorado, hosco, de mal genio. *2* intrincado, obscuro.

crab-faced *adj.* de rostro avinagrado.

crabstone (cræ bstoun) *s.* ojo de cangrejo [concreción].

crack (cræc) *s.* crujido, chasquido, restallido; trueno, estallido : *the ~ of doom,* el fin del mundo, la señal del juicio final. *2* fam. tiro [de escopeta, etc.] : *to take a ~ at the ducks,* tirar a los patos. *3* fam. instante : *in a ~,* al instante. *4* pop. pulla, chanza. *5* fam. persona o cosa excelente, de primera. *6* rotura, hendidura, grieta, raja, rendija. *7* falla, defecto. *8* bronquedad de la voz cuando se muda. *9* vena de loco, tornillo flojo, chifladura. — *10 adj.* excelente, de primera. *11* acompañado de chasquido o estallido.

crack (to) *intr.* crujir, chasquear, restallar. *2* reventar, estallar, abrirse, rajarse, resquebrajarse, agrietarse, cuartearse. *3* cascarse, enronquecerse [la voz]. *4 to ~ down on,* castigar o tratar duramente. *5 to ~ up,* fracasar; perder el ánimo; perder la salud; estrellarse [un auto, un avión]. — *6 tr.* romper, rajar, hender, resquebrajar. *7* trastornar, enloquecer. *8* resolver. *9* decir sentenciosamente o con agudeza : *to ~ jokes,* hacer chistes, bromear. *10* hacer restallar. *11* someter [el petróleo] a destilación fraccionada. *12 to ~ a bottle,* despachar, beber una botella. *13 to ~ a smile,* pop. sonreír. *14 to ~ up,* alabar, elogiar, bombear; estrellar [un auto], derribar [un avión].

crackajack (cræ ca'yæc) *adj.* excelente, de gran habilidad. — *2 s.* cosa excelente; persona de gran habilidad.

crack-brained (cræ breind) *adj.* chiflado, medio loco.

crackbrain (cræ cbrein) *s.* chiflado, destornillado, mentecato.

cracked (cræ ct) *adj.* agrietado, resquebrajado, cuarteado. *2* chiflado, destornillado. *3* ronca, cascada [voz].

cracker (cræ kø*) *s.* petardo, triquitraque. *2* especie de galleta. *3 pl.* cascanueces. *4* fam. los dientes.

crackerjack (cræ kø'ỹæc) *adj.* y *s.* CRACKAJACK.

cracking (cræ king) *s.* agrietamiento. *2* restallido. *3* destilación fraccionada del petróleo para la transformación de los aceites pesados en esencias.

crackle (cræ cøl) *s.* crujido, chasquido, crepitación, triquitraque. *2* superficie finamente agrietada [esp. en porcelana, cerámica, etc.]; trabajo para obtenerla : *~ ware,* objetos de porcelana, cerámica, etc., de superficie finamente agrietada.

crackle (to) *intr.* crujir, chasquear, crepitar, traquetear.

crackling (cræ cling) *s.* crujido, crepitación. *2* corteza de tocino asada. *3* ¢hicharrón. — *4 adj.* crujiente, crepitante.

cracknel (cræ cnøl) *s.* especie de galleta o bizcocho seco. *2* chicharrón. *3* torrezno.

Cracow (creicou) *n. pr.* Cracovia.

crackpot (cræ cpot) *s.* pọp. loco inofensivo, chiflado.

crack-shot *s.* tirador certero.

cracksman (cræ csmæn), *pl.* -men (-men) *s.* pop. ladrón [que entra en las casas o abre las cajas de caudales].

crackup (cræ køp) *s.* choque, estropicio. *2* fracaso, derrota. *3* AVIA. aterrizaje violento.

cracky (cræ ki) *adj.* rajado. *2* que se raja fácilmente.

cradle (crei døl) *s.* cuna [para niños] : *to rob the ~,* escoger un compañero o casarse con una persona mucho más joven que uno. *2* cuna [niñez, origen]. *3* CIR. tablilla o férula; arco de protección para que las ropas de la cama no toquen una parte herida. *4* MEC. caballete, soporte. *5* MAR. cuna, basada. *6* jaula colgante para reparaciones. *7* TELÉF. horquilla. *8* ART. armazón de retroceso de la cureña. *9* MIN. artesa oscilante. *10* AGR. armazón [de la guadaña agavilladora] : *~ scythe,* guadaña agavilladora.

cradle (to) *tr.* cunear. *2* poner, tener en la cuna. *3* sostener [como una cuna]. *4* colgar [el teléfono]. — *5 intr.* estar en la cuna. *6* segar con guadaña agavilladora.

craft (craft) *s.* arte, destreza, habilidad. *2* oficid, profesión; gremio : *~ guild,* gremio de arte-

sanos. *3* artificio, astucia, cautela, artería. *4* treta, maña, maula. *5* embarcación, embarcaciones. *6* aeronave; aeronaves. *7 the ~,* la masonería.

craftily (cra ftili) *adv.* hábilmente, astutamente, arteramente.

craftiness (cra ftinis) *s.* astucia, artería, cautela, ¢aimería.

craftsman (cra ftsmæn), *pl.* -men (-men) *s.* artesano. *2* artífice.

craftsmanship (cra ftsmænship) *s.* habilidad en un oficio, arte [con que una cosa está hecha]. *2* artesanía.

crafty (cra fti) *adj.* astuto, artero, artificioso, cauteloso, taimado.

crag (cræg) *s.* peñasco, risco, despeñadero.

cragged (cræ guid) *adj.* CRAGGY.

craggedness (cræ guidnis), cragginess (cræ guinis) *s.* escabrosidad, desigualdad, aspereza, fragosidad.

craggy (cræ gui) *adj.* escarpado, riscoso, áspero, fragoso [terreno]. *2* tosco, nudoso. *3* bronco, áspero [sonido].

crake (kreik) *s.* ORNIT. rey de codornices. *2* ORNIT. rascón, polla de agua.

cram (cræm) *s.* atestamiento, atestadura, apretamiento. *2* atracón, empacho. *3* pop. mentira, trola. *4* fam. CRAMMER [el que enseña o aprende].

cram (to) *tr.* rellenar, henchir, atestar, atiborrar. *2* atiborrar, atracar [de comida]. *3* meter apretando. llenando. *4* llenar la cabeza [de uno] con datos, historias, etc. *5* fam. preparar [para exámenes, etc.] haciendo aprender en poco tiempo. *6 to ~ up,* empollar, aprender precipitadamente [una cosa]. — *7 intr.* atiborrarse, atracarse [de comida]. *8* estudiar, empollar [para aprender en poco tiempo]. ¶ CONJUG. pret. y p. p. : *crammed;* ger. : *cramming.*

crambo (cræ mbou) *s.* juego de hallar consonantes.

crammer (cræ mø*) *s.* el que atesta o aprieta. *2* máquina para atestar o apretar. *3* preparador, profesor que prepara [para exámenes, etc.] haciendo aprender en poco tiempo. *4* el que empolla o se prepara aprendiendo en poco tiempo. *5* pop. mentira, trola. *6* pop. mentiroso.

cramming (cræ ming) *s.* atestadura, atiborramiento, apretamiento. *2* atracón, hartazgo. *3* fam. preparación [para exámenes, etc.].

cramp (cræmp) *s.* calambre, rampa; entumecimiento. *2* laña, grapa. *3* MEC. tornillo de banco, tornillo de sujeción. *4* fig. aprieto, estrechez; sujeción. traba, impedimento. — *5 adj.* estrecho, limitado. *6* intrincado, difícil.

cramp (to) *tr.* dar calambres; entumecer. *2* contraer, limitar; impedir la libre acción de. *3* sujetar con grapa.

crampfish (cræ mpfish) *s.* ICT. torpedo, tremielga.

cramp-iron *s.* laña, grapa.

crampon (cræ mpøn), crampoon (cræ mpun) *s.* BOT. raicilla aérea [de hiedra, etc.]. *2* gancho para trepar. *3* pieza de metal con puntas para andar sobre el hielo. *4* MEC. tenazas de garfios [para elevar piedras, etc.].

cramponee (cræmponi) *adj.* BLAS. cramponado.

cranberry (cræ nberi) *s.* BOT. arándano agrio.

crane (crein) *s.* ORNIT. grulla. *2* MEC. grúa, árgana; MAR. abanico. *3* brazo giratorio para sostener pesos, un caldero, etc. *4* sifón, cantimplora. *5* MAR. arbotante. ~ ENTOM. ~ fly, típula.

crane (to) *tr.* levantar, con grúa. *2* estirar [el cuello]. — *3 intr.* estirarse, estirar el cuello [para ver mejor].

crane's-bill, cranes-bill *s.* BOT. variedad de geranio.

cranial (crei nial) *adj.* craneal, craneano.

craniological (creiniolo ỹical) *adj.* craneológico.

craniology (creiniolo ỹi) *s.* craneología.

craniometrical (creiniome trical) *adj.* craneométrico.

craniometry (creinio metri) *s.* craniometría.

cranium (crei niøm) *s.* ANAT. cráneo.

crank (cræŋk) *s.* MEC. cigüeña, manubrio, manivela; codo, palomilla : ~ *arm,* brazo de la manivela; ~ *axle,* eje acodado; cigüeñal [de automóvil]; ~ *brace,* berbiquí; ~ *handle,* mango de la manivela; AUTO. manivela de arranque. *2* retorcimiento [del estilo]. *3* fantasía, capricho, humorada. *4* maniático, chiflado. *5* persona malhumorada. — *6 adj.* inseguro, inestable. *7* MAR. celoso [buque]. *8* CRANKY.

crank (to) *tr.* doblar, acodar. *2* proveer de cigüeña o manubrio; mover, poner en marcha con manubrio. — *3 intr.* correr haciendo eses, zigzaguear [un río, etc.].

crankcase (cræ·nkeis) *s.* MEC., AUTO. cárter del cigüeñal.
crankiness (cræ·nkinis) *s.* chifladura, desequilibrio. 2 mal humor. 3 calidad de raro o caprichoso.
crankle (cræ·ncøl) *s.* recodo, repliegue, vuelta.
crankle (to) *intr.* serpentear, zigzaguear.
crankshaft (cræ·ncshæft) *s.* MEC., AUTO. cigüeñal : ∼ *gear*, engranaje del cigüeñal.
cranky (cræ·nki) *adj.* chiflado, estrafalario, caprichoso, raro, maniático. 2 inseguro, desvencijado, destartalado. 3 torcido. 4 sinuoso, zigzagueante. 5 irritable.
crannied (cræ·nid) *adj.* grietoso, hendido.
cranny (cræ·ni), *pl.* **-nies** (-nis) *s.* grieta, hendidura, rendija. 2 rincón, hueco.
crape (creip) *s.* crespón. 2 crespón negro, crespón fúnebre, gasa.
crape (to) *tr.* cubrir de crespones, enlutar.
crapefish (crei·pfish) *s.* bacalao seco.
crapehanger (crei·pjæŋgø') *s.* pop. aguafiestas.
craps (cræps) *s.* juego de azar que se juega con dos dados.
crapulence (cræ·piuløns) *s.* crápula, intemperancia. 2 enfermedad, ocasionada por la intemperancia.
crapulent (cræ·piulønt) *adj.* intemperante. 2 enfermo a causa de su intemperancia.
crapulous (cræ·piuløs) *adj.* crapuloso, intemperante.
crash (cræsh) *s.* estallido, estampido, golpazo; estrépito, fragor [de cosas que chocan o se rompen]. 2 caída, desplome, choque; acción de estrellarse; aterrizaje violento : ∼ *dive*, sumersión rápida de un submarino; ∼ *helmet*, casco protector. 3 crac financiero, quiebra, bancarrota. 4 lienzo basto.
crash (to) *tr.* romper, estrellar. 2 poner, mover, hacer chocar, etc., con estrépito. 3 *to* ∼ *one's way*, abrirse paso rompiendo o con ruido. 4 *to* ∼ *the gate*, pop. colarse [en un sitio]; *to* ∼ *a party*, asistir a una fiesta sin ser invitado. — 5 *intr.* estallar, romperse, estrellarse, chocar con : *to* ∼ *against* o *into*, estrellarse contra. 6 AVIA. aterrizar bruscamente. 7 COM. quebrar, hacer bancarrota.
crashing (cræ·sriŋ) *s.* CRASH.
crasis (crei·sis), *pl.* **-sises** (-sisiš) *s.* GRAM. crasis.
crass (cræs) *adj.* espeso, basto, grosero. 2 craso, estúpido : ∼ *ignorance*, ignorancia crasa.
crassitude (cræ·situd), **crassness** (cræ·snis) *s.* groseria, tosquedad; estupidez.
Crassulaceæ (cræsiulei·si) *s. pl.* BOT. crasuláceas.
crassulaceous (cræsiulei·shøs) *adj.* BOT. crasuláceo.
Crassus (cræ·søs) *n. pr.* Craso.
crate (creit) *s.* canasta, banasta. 2 cesta de listones [para transportar fruta], guacal. 3 embalaje de listones. 4 pop. automóvil; aeroplano.
crate (to) *tr.* embanastar. 2 embalar en cesta o caja de listones.
crater (crei·tø') *s.* GEOL., MIL., ELECT. cráter. 2 ARQUEOL. crátera. 3 (con may.) ASTR. Copa, Cráter.
crateriform (cræ·terifo'm) *adj.* crateriforme.
craunch (to) (cronch) *tr.* TO CRUNCH.
cravat (cravæ·t) *s.* corbata, pañuelo para el cuello.
crave (creiv) *tr.* pedir, suplicar, implorar. 2 ansiar, anhelar. 3 requerir, exigir [hacer necesario]. — 4 *intr. to* ∼ *after*, ansiar, anhelar; *to* ∼ *for*, pedir, implorar; ansiar, anhelar, suspirar por.
craven (crei·vøn) *s.* cobarde. — 2 *adj.* acobardado, amilanado, apocado. 3 *to cry* ∼, rendirse.
craving (crei·viŋ) *s.* deseo, ansia, anhelo, hambre, sed. — 2 *adj.* deseoso, anheloso. 3 que pide con instancia, insaciable.
craw (cro) *s.* buche [de ave]. 2 buche, estómago [de cuadrúpedo].
crawfish (cro·fish) *s.* ZOOL. ástaco, cangrejo de río. 2 ZOOL. langosta [crustáceo].
crawl (crol) *s.* reptación, arrastramiento; marcha lenta. 2 crol [modo de nadar en que se mueve hacia adelante un solo brazo en cada golpe]. 3 corral, cercado en aguas poco profundas para encerrar tortugas, etc.
crawl (to) *intr.* arrastrarse [andar arrastrándose], gatear; *to* ∼ *up*, trepar arrastrándose. 2 arrastrarse [servilmente]; medrar arrastrándose; ganar servilmente [el favor de uno]. 3 andar o moverse lentamente, ir a paso de tortuga. 4 nadar haciendo el crol. 5 pop. (EE. UU.) desdecirse, volverse atrás. 6 estar lleno de cosas que

bullen u hormiguean : *to* ∼ *with worms*, estar lleno de gusanos. 7 *to make one's flesh* ∼, poner carne de gallina. — 8 *tr.* arrastrarse por o sobre.
crawler (cro·lø') *s.* reptil. 2 persona rastrera. 3 planta rastrera. 4 MEC. tractor de oruga.
crayfish (crei·fish) *s.* CRAWFISH.
crayon (crei·øn) *s.* barrita de color [para dibujar]; pastel. 2 dibujo hecho con barritas de color. 3 ELECT. carbón.
crayon (to) *tr.* dibujar con barritas de color. 2 fig. esbozar, planear.
craze (creiš) *s.* manía, antojo, chifladura, moda. 2 locura, demencia. 3 resquebrajadura [de un barniz, esmalte, etc.].
craze (to) *tr.* volver, trastornar [el juicio]; enloquecer. 2 quebrantar, debilitar. 3 resquebrajar finamente el barniz o el esmalte de. — 4 *intr.* volverse loco, enloquecer. 5 resquebrajarse finamente [un barniz o esmalte].
crazed (creiš·d) *adj.* loco, demente. 2 lleno de pequeñas resquebrajaduras.
crazily (crei·šli) *adv.* locamente.
craziness (crei·šinis) *s.* locura, demencia. 2 estado ruinoso.
crazy (crei·ši) *adj.* agrietado, cuarteado, roto, cascado, desvencijado, ruinoso. 2 loco, insensato. 3 desatinado, extravagante. 4 loco [por], deseoso o ansioso en extremo. 5 ∼ *quilt*, centón [colcha].
creak (to) (crik) *intr.* crujir, rechinar, chirriar.
creaking (cri·king) *s.* crujido, rechinamiento, chirrido. — 2 *adj.* CREAKY.
creaky (cri·ki) *adj.* crujiente, crujidero, rechinante, chirriante.
cream (crim) *s.* crema, nata [de la leche]; ∼ *cheese*, queso de nata; ∼ *sauce*, especie de bechamel; ∼ *separator*, desnatadora. 2 crema [cosmético]. 3 coc. sopa, puré o salsa de consistencia cremosa. 4 fig. flor, flor y nata [lo mejor]. 5 ∼ *of tartar*, crémor tártaro.
cream (to) *intr.* criar nata. 2 medrar, prosperar. — 3 *tr.* desnatar. 4 quitar la flor, lo mejor. 5 preparar con nata: batir, hacer espumear. 6 untar con crema [cosmético].
creamer (cri·mø') *s.* vasija para la nata. 2 desnatadora.
creamery (cri·møri) *s.* lechería, mantequería.
creamometer (crimo·mitø') *s.* cremómetro.
creamy (cri·mi) *adj.* que parece o contiene nata; espumoso, cremoso; meloso.
crease (cris) *s.* pliegue, doblez, arruga. 2 raya [del pantalón]. 3 en el cricquet, raya que marca la posición de ciertos jugadores.
crease (to) *tr.* plegar, doblar, arrugar. 2 ENCUAD. filetear. 3 (EE. UU.) herir de refilón causando aturdimiento o una herida ligera. — 4 *intr.* arrugarse, formar pliegues o arrugas.
creaser (cri·sø') *s.* COST. marcador. 2 ENCUAD. instrumento para filetear.
creasy (cri·si) *adj.* arrugado, lleno de arrugas.
create (to) (criei·t) *tr.* crear, criar [producir Dios algo de la nada]. 2 crear [originar, causar, producir, hacer nacer, instituir, establecer]. 3 crear [una obra literaria o artística]. 4 hacer, nombrar [conde, marqués, etc.].
creation (criei·shøn) *s.* creación [acción de crear; cosa creada]. 2 la creación, el universo. 3 creación, institución [de un cargo o dignidad]. 4 acción de hacer a uno conde, marqués, etc.
creative (criei·tiv) *adj.* creador.
creativeness (cri·eitivnis) *s.* facultad creadora, inventiva.
creator (criei·tø') *s.* creador. 2 (con may.) *The Creator*, el Creador, el Ser Supremo, Dios.
creatress (criei·tris) *s.* creadora.
creature (cri·chø' o -tiu') *s.* criatura [cosa creada]. 2 criatura, hechura, instrumento [de otro]. 3 persona, animal; ser viviente : *fellow* ∼, semejante. 4 desp. bicho, individuo, desgraciado, miserable.
crèche (cresh) *s.* nacimiento, belén. 2 casa cuna.
credence (cri·døns) *s.* creencia, crédito, fe : *to give* ∼, dar crédito, dar fe: *letters of* ∼, carta credencial, credenciales. 2 credencia [mesa inmediata al altar; aparador].
credential (cride·nshal) *adj.* credencial. — 2 *s. pl.* credenciales.
credibility (credibi·liti) *s.* credibilidad.
credible (cre·dibøl) *adj.* creíble, creedero.

credibleness (cre·dibølnis) *s.* credibilidad.
credit (cre·dit) *s.* crédito, asenso, fe : *to give* ~ *to,* dar crédito a, creer. 2 autoridad [para ser creído]. *3* crédito, buena reputación. *4* influencia, poder, valimiento. 5 honor, honra, lo que honra o enaltece : *a* ~ *to one's family,* persona o cosa que hace honor a la familia de uno ; *this does him* ~, esto le honra. 6 reconocimiento de un mérito, cualidad, etc. : *to give a person* ~ *for,* atribuir a una persona una cualidad, etc.; concederle el mérito de. 7 COM. crédito [confianza de que goza uno, o que se le tiene] : *on* ~, a crédito, al fiado ; ~ *man,* empleado que investiga y determina hasta donde puede concederse crédito. 8 COM. crédito [cantidad puesta a disposición de una persona] : *letter of* ~, carta de crédito ; ~ *union,* banco cooperativo que hace créditos a sus socios. *9* COM. haber. *10* certificado [de haber cursado ciertos estudios], título. *11 adj.* COM. del haber, acreedor : ~ *item,* partida del haber ; ~ *balance,* saldo acreedor.
credit (to) *tr.* dar crédito a, creer. 2 desus. acreditar. dar crédito, honrar. 3 COM. acreditar, abonar, datar : *to* ~ *a sum to, to* ~ *one with a sum,* acreditar, abonar una cantidad a uno. *4* fig. *to* ~ *one with,* atribuir, conceder a uno el mérito de.
creditability (creditabi·liti) *s.* lo loable, honroso, meritorio [de].
creditable (cre·ditabøl) *adj.* loable, honroso, meritorio. 2 estimable, respetable.
creditably (cre·ditabli) *adv.* honorablemente, honrosamente.
credited (cre·ditid) *adj.* creíble. 2 acreditado, estimado, reputado. *3* COM. acreditado, abonado.
creditor (cre·ditø*r*) *s.* acreedor. 2 COM. haber [de una cuenta].
Credo (cri·dou) *s.* credo [símbolo de la fe].
credulity (crediu·liti) *s.* credulidad.
credulous (cre·diuløs) *adj.* crédulo.
credulously (cre·diuløsli) *adv.* crédulamente.
credulousness (cre·diuløsnis) *s.* credulidad.
creed (crid) *s.* credo [símbolo de la fe ; conjunto de doctrinas]. 2 creencia, religión.
creek (cric) *s.* abra, cala [que se interna en la tierra]. 2 (EE. UU.) ría ; rio tributario, riachuelo. *3* rincón, recodo.
creeky (cri·ki) *adj.* lleno de recodos, abras o calas.
creel (cril) *s.* cesta de pescador. 2 cesta o cuévano [para llevar a la espalda]. *3* TEJ. fileta, cántara.
creep (crip) *s.* arrastramiento, deslizamiento. 2 *pl.* hormigueo [sensación], escalofrío, repugnancia : *to give the creeps,* repugnar, poner carne de gallina.
creep (to) *intr.* arrastrarse, deslizarse, serpear, gatear : *to* ~ *up,* trepar. 2 BOT. extenderse, trepar [una planta rastrera o trepadora]. 3 correrse [una cosa sobre otra]. *4* RADIO. deslizarse [en frecuencia]. *5* deslizarse, insinuarse ; penetrar, invadir lenta o insensiblemente ; entrar, salir arrastrándose o subrepticiamente. | Gralte. con *into* o *out.* 6 arrastrarse, humillarse servilmente. 7 sentir hormigueo, escalofrío : *to make one's flesh* ~, poner carne de gallina. ¶ CONJUG. pret. y p. p. : *crept.*
creeper (cri·pø*r*) *s.* lo que se arrastra, insecto, reptil. 2 persona rastrera. 3 enredadera, planta rastrera o trepadora. *4* ORNIT. nombre de varios pájaros. *5* garabato, arpeo. 6 pieza metálica con puntas que se sujeta al zapato para andar sobre el hielo. *7 pl.* fam. CREEPS. *8* vestido que se pone a los niños pequeños para que puedan arrastrarse.
creephole (cri·pjoul) *s.* huronera, escondite. 2 subterfugio, escapatoria.
creeping (cri·ping) *adj.* que se arrastra, rastrero. 2 BOT. rastrera, trepadora. 3 lento. *4* MED. progresivo : ~ *palsy* o *paralysis,* atrofia muscular progresiva ; ~ *sickness,* ergotismo. 5 MIL. ~ *barrage,* barrera de fuego móvil. — *6 s.* arrastramiento, deslizamiento. 7 abyección, servilismo. 8 hormigueo [sensación], escalofrío, horror. 9 corrimiento [de una cosa sobre otra]. *10* FÍS. ascenso por atracción capilar. *11* MEC. resbalamiento [de una correa]. *12* RADIO. deslizamiento [en frecuencia]. *13* FERROC. resbalamiento longitudinal de los carriles.
creepingly (cri·pingli) *adj.* lentamente, a paso de tortuga. 2 rastreramente, abyectamente.
creepy (cri·pi) *adj.* que produce hormigueo o escalofrío ; que lo siente : *to fell* ~, tener hormigueo o escalofrío, tener carne de gallina.

creepmouse (cri·pmauš) *s.* ratón. — *2 adj.* tímido, /furtivo.
creese (cris) *s.* cris [arma].
cremate (to) (cri·meit) *tr.* incinerar.
cremation (crimei·shøn) *s.* cremación, incineración.
crematory (cri·matori) *adj.* crematorio. — *2 s.* horno crematorio.
Cremona (cremou·na) *s.* violín de Cremona.
cremone bolt (cri·moun) *s.* cremona.
cremor (cri·mø*r*) *s.* jugo o cocimiento espeso.
crenate(d (cri·neit(id) *adj.* BOT. dentado ; festoneado.
crenel (cre·nel o crine·l) *s.* ARQ. hueco entre dos , almenas.
creneal(l)ate (to) (cre·neleit) *tr.* almenar.
crenel(l)ate(d (cre·neleit(id) *adj.* almenado : *crenelated moulding,* moldura almenada.
creole (cri·oul) *adj.* y *s.* criollo. 2 en algunas partes, mestizo [pers.].
creosote (cri·osout) *s.* QUÍM. creosota.
crepance (crr·pans) *s.* VET. atronamiento.
crepe, crêpe (creip) *s.* TEJ. crespón : ~ *of Chine,* crespón de seda o de China. 2 CRAPE 2.
crepitate (to) (cre·piteit) *intr.* crepitar. 2 chirriar, chisporrotear [al fuego].
crepitation (crepite·shøn) *s.* crepitación. 2 chisporroteo [de una substancia puesta al fuego].
crept (crept) *pret.* y *p. p.* de TO CREEP.
crepuscular (crepø·skiula*r*) *adj.* crepuscular.
crepuscule (crepø·skiul) *s.* crepúsculo.
crescendo (cresse·ndou) *adv.* y *s.* MÚS. crescendo.
crescent (cre·sønt) *adj.* creciente. 2 en forma de media luna. — *3 s.* media luna. *4* cosa en figura de media luna. 5 hilera curva de casas. 6 creciente [de la luna], luna creciente. *7* BLAS. creciente.
cress (cres) *s.* BOT. lepidio ; mastuerzo. 2 BOT. *water* ~, berro.
cresset (cre·sit) *s.* farol, fogaril, tedero. 2 tea, antorcha.
crest (crest) *s.* cresta [de un animal, de una ola, de una montaña]. 2 penacho, copete, cimera. 3 crestón. *4* yelmo. 5 BLAS. timbre. 6 curva superior del cuello de un caballo, etc.; crin. 7 cima, cumbre. 8 fig. ánimo, valor. 9 orgullo.
crest (to) *tr.* coronar [cubrir la parte superior]. 2 alcanzar la cresta de. 3 BLAS. timbrar. — *4 intr.* encrestarse, erguirse. 5 encresparse [las olas].
crested (cre·stid) *adj.* crestado. 2 que tiene copete o penacho ; moñudo : ~ *grebe,* somorgujo moñudo ; ~ *lark,* cochevis, coguJada. *3* BLAS. timbrado.
crestfallen (cre·stfoløn) *adj* cabizbajo, abatido, alicaído.
cretaceous (critei·shøs) *adj.* cretáceo. — *2 s.* (con may.) GEOL. cretáceo.
Cretan (cri·tan) *adj.* y *s.* cretense.
cretin (cri·tin) *s.* cretino.
cretinism (cri·tinišm) *s.* cretinismo.
cretonne (criton·) *s.* TEJ. cretona.
crevasse (creva·s) *s.* grieta [en un terreno, en un glaciar]. 2 (EE. UU.) brecha [en un malecón].
crevice (cre·vis) *s.* raja, hendidura, rendija.
crevice (to) *tr.* rajar, abrir rendijas en.
crew (cru) *s.* MAR., AVIA. tripulación, equipaje. 2 cuadrilla, equipo [de obreros, etc.]. 3 grupo, banda, hato ; séquito. — *4 pret.* de TO CROW.
crewel (cru·el) *s.* estambre flojo para bordar, etc.
crib (crib) *s.* pesebre, comedero. 2 belén, nacimiento. 3 camita [de niño]. *4* compartimiento [de establo]. 5 choza, casucha. 6 chiribitil. 7 arcón artesa. 8 granero [depósito]. 9 cesto, cuévano. *10* HIDR. cajón, cofre. *11* armazón para sostener o reforzar. *12* hurto, ratería ; plagio. *13* fam. chuleta [para el que se examina].
crib (to) *tr.* estribar, reforzar. 2 encerrar, enjaular. 3 hurtar, plagiar. *4* hacer trampa [en un examen]. ¶ CONJUG. : pret. y p. p. : *cribbed;* ger. : *cribbing.*
cribbage (cri·bid) *s.* juego de naipes en que se tantos se señalan con clavijas que encajan en una tableta.
cribble (cri·bøl) *s.* criba, cedazo, harnero.
cribble (to) *tr.* cribar, cerner. 2 puntear, agujerear.
cribriform (cri·brifo·m) *adj.* en forma de criba.
cribwork (cri·bwø·c) *s.* cajón o armazón (gralte. lleno de piedras) para sostener o reforzar.
crick (cric) *s.* torticolis, calambre.

cricket (cri·kit) *s.* ENTOM. grillo. 2 cricquet [juego]. 3 fam. juego limpio, conducta caballeresca o deportiva. 4 escabel, taburete.
cricket (to) *intr.* jugar al cricquet.
cricketer (cri·kitø') *s.* jugador de cricquet.
oricoid (crai·coid) *adj.* y *s.* ANAT. cricoides.
cried (craid) *pret.* y *p. p.* de TO CRY.
crier (cra·iø') *s.* pregonero. 2 vendedor que pregona su mercancía. 3 gritador, baladrero. 4 lamentador.
crime (craim) *s.* delito. 2 crimen.
Crimea (crai·mia) *n. pr.* GEOGR. Crimea.
Crimean (crai·miæn) *adj.* de Crimea.
criminal (cri·minal) *adj.* culpable, delictivo, delictuoso; criminoso, criminal: ~ *case,* causa criminal; ~ *conversation,* DER. adulterio; ~ *negligence,* DER. imprudencia temeraria. 2 DER. *penal:* ~ *law,* derecho penal. — 3 *s.* delincuente, criminal.
criminalist (cri·minalist) *s.* criminalista.
criminality (criminæ·liti), *pl.* **-ties** (-tis) *s.* criminalidad [calidad de criminal o delictivo].
criminally (cri·minali) *adv.* delictivamente, criminalmente.
criminalness (cri·minalnis) *s.* CRIMINALITY.
criminate (to) (cri·mineit) *tr.* acriminar, incriminar, acusar. 2 censurar, reprobar.
crimination (crimine·shøn) *s.* acriminación, acusación.
criminative (cri·minativ) *adj.* acusatorio.
criminator (cri·mineitø') *s.* acriminador, acusador.
criminology (crimino·loỹi) *s.* criminología.
criminous (cri·minøs) *adj.* delictuoso, criminoso.
crimp (crimp) *adj.* rizado. 2 quebradizo, friable. — 3 *s.* rizador. 4 pelo rizado. 5 gancho [para reclutar soldados, marineros, etc.]. 6 pop. (EE. UU.) *to put a* ~ *in,* estorbar, entorpecer.
crimp (to) *tr.* rizar, encrespar, engrifar. 2 plegar, alechugar. 3 ondular. 4 doblar el borde [de un cartucho para cerrarlo]. 5 dar forma doblando. 6 enganchar [soldados, marineros, etc.].
crimping (cri·mping) *p. a.* de TO CRIMP. 2 *adj.* que sirve para rizar, ondular, etc.: ~ *iron,* tenacillas [de rizar], pieza o punzón para marcar ondulaciones. — 3 *s.* ondulación, pliegue.
crimple (cri·mpøl) *s.* arruga, pliegue.
crimple (cri·mpøl) *intr.* doblarse, encogerse. 2 arrugarse, rizarse. — 3 *tr.* arrugar, rizar.
crimpy (cri·mpi) *adj.* rizado, encrespado. 2 arrugado.
crimson (cri·mšøn) *adj.* y *s.* carmesí, rojo; rojo azulado.
crimson (to) *tr.* enrojecer, teñir de carmesí. — 2 *intr.* enrojecerse. 3 ruborizarse, sonrojarse.
cringe (crinỹ) *s.* obsequiosidad servil, adulación, bajeza.
cringe (to) *intr.* encogerse, retroceder, temblar [ante un peligro, dolor, etc.]. 2 arrastrarse [servilmente], adular.
cringing (cri·nỹing) *adj.* bajo, vil, rastrero.
cringle (cri·ngøl) *s.* MAR. garrucho.
crinite (crai·nait) *adj.* BOT., ZOOL. velludo, peludo. 2 ASTR. crinito.
crinkle (cri·nkøl) *s.* arruga, sinuosidad, ondulación. 2 rizo, onda [en el agua]. 3 susurro, crujido.
crinkle (to) *intr.* ondular, rizarse, arrugarse, fruncirse. 2 rizarse [el agua]. 3 susurrar, crujir [la seda, etc.]. — 4 *tr.* ondular, rizar, arrugar.
crinoid (crai·noid) *adj.* y *s.* ZOOL. crinoideo.
Crinoidea (crai·noidiæ) *s. pl.* ZOOL. crinoideos.
orinoline (cri·nolin) *s.* tela para miriñaque. 2 miriñaque, ahuecador.
cripple (cri·pøl) *adj.* y *s.* cojo, manco, lisiado, estropeado, tullido, inválido. — 2 *adj.* desmantelado, desarbolado [buque]. — 3 *s.* andamio para limpiar cristales, etc.
cripple (to) *tr.* encojar, mancar, lisiar, estropear, baldar, tullir. 2 inutilizar. 3 MAR. desarbolar, desmantelar. — 4 *intr.* lisiarse, estropearse, tullirse. 5 cojear.
crippled (cri·pøld) *adj.* lisiado, estropeado, tullido, inválido.
crisis (crai·sis), *pl.* **-ses** (-siš) *s.* crisis.
crisp (crisp) *adj.* crespo, encrespado, rizado. 2 terso, tieso, crujiente. 3 quebradizo, seco, bien tostado. 4 limpio, bien cortado, bien definido. 5 decidido, resuelto. 6 vivo, despejado, vigoroso: ~ *repartee,* réplica viva y aguda. 7 vigorizador, tonificante [aire, frío]. — 8 *s.* rizo encrespado. 9 confite,

bombón, etc., quebradizo, que cruje. 10 pop. billete de banco.
crisp (to) *tr.* encrespar, rizar. 2 hacer quebradizo, tostar bien. 3 hacer crujir. 4 plegar, plisar. — 5 *intr.* rizarse, encresparse. 6 vigorizarse, entonarse. 7 crujir.
crispate (cri·speit) *adj.* BOT., ZOOL. arrugado, rizado.
crispation (crispe·shøn) *s.* rizado, encrespadura. 2 crispatura.
crisping (cri·sping) *adj.* que riza o encrespa: que vigoriza: ~ *iron,* ~ *pin,* tenacillas [para rizar], encrespador.
crispness (cri·spnis) *s.* encrespadura, rizado. 2 calidad de CRISP.
crispy (cri·spi) *adj.* crespo, rizado. 2 terso, tieso, crujiente, quebradizo. 3 vigorizante, tónico.
criss-cross (cris-cros) *adj.* cruzado, entrecruzado. 2 gruñón, displicente. — 3 *s.* cruz o firma del que no sabe escribir. 4 líneas cruzadas. 5 DEP. juego cruzado. — 6 *adv.* cruzándose, en direcciones opuestas; cruzando [algo].
criss-cross (to) *tr.* marcar o cubrir con líneas cruzadas. — 2 *intr.* entrecruzarse.
criterion (crai·ti·rion), *pl.* **-ria** (-riæ) *s.* criterio.
critic (cri·tic) *s.* crítico. 2 censurador, criticón. 3 crítica.
critical (cri·tical) *adj.* crítico: ~ *angle,* AVIA., ÓPT. ángulo crítico; ~ *edition,* edición crítica. 2 decretorio. 3 exacto, escrupuloso. 4 de censura. 5 criticón.
critically (cri·ticali) *adv.* críticamente. 2 exactamente, rigurosamente.
criticaster (cri·ticæstø') *s.* criticastro.
criticism (cri·tisišm) *s.* crítica [arte; juicio o examen crítico]. 2 crítica, censura.
criticize (to) (cri·tisaiš) *tr.* e *intr.* criticar.
criticizer (cri·tisaišø') *s.* crítico. 2 criticador.
critique (criti·c) *s.* crítica [arte; juicio, examen crítico]. 2 discusión crítica de un problema.
croak (crouk) *s.* graznido. 2 canto de ranas.
croak (to) *intr.* graznar, crascitar. 2 croar. 3 gruñir, refunfuñar. 4 anunciar males. 5 pop. morir.
Croat (crou·at) *s.* croata.
Croatian (crouei·shan) *adj.* y *s.* croata.
crocein (cro·siin) *s.* QUÍM. croceína.
croceous (crou·shøs) *adj.* crocino, azafranado.
crochet (croshei·) *s.* ganchillo [labor]; ~ *needle,* ganchillo, aguja de gancho.
crochet (to) *tr.* hacer [una labor] con aguja de gancho. — 2 *intr.* hacer ganchillo.
crock (croc) *s.* vasija, cacharro de barro. 2 pop. inválido.
crockery (cro·køri) *s.* cacharros de barro, ollería, vidriado.
crocodile (cro·codail) *s.* ZOOL. cocodrilo: ~ *tears,* lágrimas de cocodrilo. 2 fila [de pers.].
crocus (crou·cøs) *s.* BOT. croco, azafrán.
Crœsus (cri·søs) *n. pr.* Creso. 2 creso [hombre rico].
croft (croft) *s.* pegujal. 2 campo junto a una casa.
cromlech (cro·mlec) *s.* crónlech.
crone (croun) *s.* vieja arrugada y pobre.
crony (crou·ni), *pl.* **-nies** (-nis) *s.* camarada, compinche.
crony (to) *intr.* ser camarada o camaradas; intimar.
crook (cruc) *s.* curva, vuelta, recodo; curvatura, encorvamiento. 2 gancho, garfio: *by hook* or *by* ~, de un modo u otro, sea como sea, por cualquier medio. 3 cayado. 4 MÚS. tudel. 5 artificio, trampa. 6 estafador, fullero, ladrón, bribón.
crook (to) *tr.* torcer, encorvar. 2 falsear. 3 estafar. — 4 *intr.* torcerse, encorvarse, corcovarse.
crookback (cru·cbæc) *s.* joroba. 2 jorobado, corcovado.
crook-backed *adj.* jorobado, corcovado.
crooked (cru·kid) *adj.* corvo, encorvado, ganchudo, torcido, deformado. 2 torcido, avieso, falto de honradez, falso, fraudulento.
crookedly (cru·kidli) *adv.* torcidamente, aviesamente. 2 de mala manera.
crookedness (cru·kidnis) *s.* encorvadura, torcimiento, sinuosidad. 2 perversidad, falsedad.
crookkneed (cru·cnid) *adj.* trascorvo [caballo].
crooklegged (cru·cleguid) *adj.* patituerto.
crookneck (cru·knec) *s.* BOT. calabaza de cuello retorcido.
croon (to) (crun) *tr.* e *intr.* canturrear. 2 cantar con sentimiento exagerado

crop (crop) s. cosecha. 2 cultivo, producción. 3 cabello o barba que crece : ~ of hair, cabellera. 4 acción de cortar corto o al rape ; cabello cortado corto o al rape. 5 cortadura en la oreja [de un animal]. 6 buche [de ave]. 7 mango de látigo. látigo corto. 8 pl. campos, mieses, trigos.

crop (to) tr. segar, cosechar, recoger [los frutos]. 2 cultivar [un campo] ; sembrar, plantar [una tierra]. 3 cortar las puntas de, cercenar, desmochar, rapar, trasquilar, desorejar. — 4 intr. dar fruto, producir cosechas. 5 pacer, rozar [la hierba]. 6 to ~ out, forth o up, aparecer, manifestarse, dejarse ver. 7 MIN. to ~ out, aflorar.

crop-eared adj. desorejado.

cropper (cro·pǝ') s. cosechador. 2 cultivador. 3 (EE. UU.) cropper o cropper o share ~, aparcero. 4 planta [en relación con la cosecha que da] : good ~, planta que da buena cosecha. 5 máquina cortadora o tundidora ; obrero que trabaja con ella. 6 ORNIT. paloma buchona. 7 fam. caída violenta, de cabeza : to come, fall, get, a ~, caer pesadamente, de cabeza ; fracasar.

croquet (crouket·) s. croquet [juego].

croquet (to) tr. en el juego de croquet, despedir la bola del contrario que está en contacto con la propia, dando a ésta con el mazo.

croquette (crouke·t) s. coc. croqueta.

crore (crɔ') s. (India ingl.) diez millones de rupias.

crosier (crou·ȝǝ') s. báculo [de obispo]. 2 (con may.) ASTR. Cruz del Sur.

cross (cros) s. cruz [instrumento de suplicio ; la de Nuestro Señor ; imagen o símbolo de ella] : to take the ~, cruzarse, tomar la cruz [en una cruzada] ; the Cross, la Cruz, el árbol de la Cruz. 2 signo de la cruz. 3 religión cristiana. 4 cruz [insignia de una orden, etc.] : Maltese ~, cruz de Malta ; Jerusalem ~, potent ~, cruz de Jerusalén ; St. Andrew's ~, aspa de San Andrés, cruz de Borgoña ; Tau ~, ~ of St. Anthony, tao, cruz de San Antonio ; Grand Cross, gran cruz. 5 cruz [pena, carga, trabajo]. 6 cruz [señal o cosa en forma de cruz]. 7 cruce [de líneas, caminos, etc.]. 8 MEC. tubo de unión en cruz. 9 ELECT. cruce [contacto entre dos conductores]. 10 cruzamiento, mezcla [de razas, características, etc.]. 11 mezcla, cosa que participa de las características de otras dos. 12 oposición, disputa, querella. 13 ASTR. Cruz : Southern Cross, Cruz del Sur.
 14 adj. en cruz, atravesado, transversal, oblicuo : ~ birth, MED. feto atravesado ; ~ bond, ELECT conexión entre el riel y el alimentador ; ~ hair, ~ wire, ÓPT. hilo de retículo ; ~ grain, repelo [de la madera] ; ~ multiplication, multiplicación en cruz ; ~ reference, referencia, remisión [de una parte a otra del mismo libro] ; ~ section, sección transversal, corte transversal ; ~ street, travesía, calle transversal ; ~ vault, ARQ. bóveda por arista. 15 contrario, adverso, desgraciado. 16 opuesto, recíproco : ~ action, DER. reconvención ; ~ bill, DER. escrito de reconvención ; COM. letra de cambio girada a cambio de otra. 17 COM. cruzado, barrado [cheque]. 18 malhumorado, enojado, de enojo, regañón : to be ~, enojarse, ponerse de mal humor. 19 ~ bun, bollo [marcado con una cruz] que se come el viernes santo. 20 MAR. ~ sea, mar encontrada.

cross (to) tr. santiguar, persignar : to ~ oneself, santiguarse, persignarse, hacer la señal de la cruz. 2 tachar, tildar, rayar. | Gralte. con off u out. 3 marcar con cruces. 4 trazar algo a través de : to ~ one's t's. poner travesaño a las tes. 5 escribir al través de [lo escrito]. 6 COM. cruzar, barrar [un cheque]. 7 cruzar, atravesar : to ~ one's mind, ocurrírsele a uno ; pasarle a uno por la imaginación ; to ~ the street, cruzar o atravesar la calle. 8 cruzar, poner en cruz : to ~ one's fingers, cruzar el índice sobre el dedo mayor [por superstición o en señal de reserva mental] ; to ~ one's legs, cruzar las piernas ; to ~ swords, cruzar las espadas, reñir, contender ; ~ my heart, por estas que son cruces. 9 cruzarse con. 10 cruzar [razas o castas]. 11 MAR. pasar por la proa. 12 fam. estorbar [los planes, etc., de uno]. 13 pop. (EE. UU.) traicionar, engañar : to double ~, traicionar [a uno o a las dos partes].
 14 intr. estar al través. 15 cruzarse. 16 cortarse, intersecarse [dos líneas, etc.]. 17 to ~ over, pasar de un lado a otro, pasar al otro lado, pasar por encima.

crossarm (cro·sa'm) s. brazo de cruz. 2 ELECT. travesaño de poste.

cross-armed adj. cruzado de brazos o de ramas.

crossbar (cro·sba') s. barra, tranca [de puerta]. 2 travesaño. 3 barra o raya transversal. 4 FÚTBOL. larguero [de puerta]. 5 cepo [del ancla]. 6 IMPR. crucero, medianil. 7 ARTILL. ~ shot, palanqueta.

crossbeak (cro·sbɪk) s. CROSSBILL.

crossbeam (cro·sbɪm) s. ARQ. través. 2 ARQ. solera, viga transversal. 3 GIRDER.

cross-bearer s. crucero, cruciferario. 2 el que lleva pacientemente su cruz. 3 soporte de barras transversales.

crossbill (cro·sbil) s. ORNIT. piquituerto.

crossbolt (cro·sboult) s. cerrojo doble cuyas ramas se mueven en sentido opuesto.

crossbones (cro·sbouns) s. pl. huesos cruzados [símbolo de la muerte].

crossbow (cro·sbou) s. ballesta [arma].

crossbowman (cro·sboumæn), pl. -men (-men) s. ballestero [soldado].

crossbred (cro·sbred) adj. cruzado, híbrido, mestizo.

crossbreed (cro·sbrid) s. planta o animal de casta cruzada ; híbrido, mestizo. 2 casta cruzada.

crossbreed (to) tr. cruzar [animales o plantas].

cross-country adj. que se hace a campo travieso. — 2 s. carrera a campo traviesa.

crosscurrent (cro·skɔrɡnt) s. contracorriente. 2 corriente o tendencia que se opone a otra. 3 pl. corrientes o tendencias encontradas.

crosscut (cro·scɔt) s. corte transversal. 2 atajo. 3 entrecruzamiento de cortaduras, líneas, etc. 4 MIN. galería transversal. — 5 adj. cortado al través. 6 de cortes o rayas cruzados : ~ file, lima de picadura cruzada. 7 para cortar al través : ~ chisel, cincel agudo para hacer ranuras ; ~ saw, sierra de cortar al través.

crosse (cros) s. palo terminado en una raqueta para jugar al juego de LACROSSE.

crossed (cro·st) adj. cruzado. 2 de través, transversal.

cross-examination s. DER. repregunta.

cross-examine (to) tr. DER. repreguntar.

cross-eye s. estrabismo.

cross-eyed adj. bizco, bisojo.

cross-fertilization s. BOT. polinización o fecundación cruzada [del ovario de una flor por el polen de otra]. 2 ZOOL. [entre animales hermafroditas] fecundación de un individuo por otro. 3 hibridación.

cross-fire s. MIL. fuego cruzado. 2 tiroteo [de preguntas, etc.].

cross-grained adj. de grano, fibra o veta diagonal o irregular. 2 intratable, descontentadizo, irritable.

crosshead (cro·sjed) s. MEC. cruceta [de biela, etc.]. 2 IMPR. título que tiene la anchura de una columna.

crossing (cro·sing) s. cruce [acción de cruzar o cruzarse]. 2 acción de santiguarse o persignarse. 3 acción de estorbar [los planes, etc.]. 4 cruce, intersección, encrucijada. 5 FERROC. cruce [de vías] : level ~, paso a nivel ; ~ gate, barrera de paso a nivel. 6 paso, vado [de un río]. 7 MAR. travesía. 8 cruzamiento [de castas o razas].

cross-interrogate (to) tr. CROSS EXAMINE. 2 DER. interrogar detenidamente.

cross-legged adj., adv. cruzado de piernas, con las piernas cruzadas.

crossline (cro·slain) s. línea transversal, línea que cruza una cosa.

crosslet (cro·slit) s. crucecita.

cross-lots adv. a campo traviesa. 2 por el atajo, del modo más directo.

crossly (cro·sli) adv. con enojo o mal humor.

crossness (cro·snis) s. enojo, enfado, mal humor.

crosspatch (cro·spæch) s. fam. gruñón, persona malhumorada o de mal genio.

crosspiece (cro·spis) s. travesaño ; pieza transversal o que se cruza con otra. 2 MAR. barra que une las bitas.

cross-pollinate (to) tr. BOT. producir una polinización cruzada.

cross-pollination s. BOT. polinización cruzada [fecundación del ovario de una flor por el polen de otra].

cross-purpose s. hecho contrario ; designio opuesto : at cross-purposes, interpretándose mal ; contradiciéndose o haciéndose la contra sin querer. 2 pl. juego de los despropósitos.

cross-question *s.* DER. repregunta. *2* interrogatorio detenido.

cross-question (to) *tr.* DER. repreguntar. *2* estrechar a preguntas.

crossroad (cro·sroud) *s.* camino transversal; atajo. *2* cruce [de caminos], encrucijada. *3 pl.* punto crítico; momento crucial, en que hay que decidirse.

cross-section paper *s.* papel cuadriculado.

cross-staff *s.* escuadra de agrimensor. *2* ASTR. ballestilla. *3* cruz procesional que se lleva delante de un arzobispo.

cross-stitch *s.* COST. punto cruzado o de cruz.

cross-stitch (to) *tr.* coser o bordar a punto de cruz.

crosstie (cro·stai) *s.* FERROC. traviesa.

crosstree (cro·stri) *s.* MAR. cruceta.

crosswalk (cro·suoc) *s.* paso o cruce señalado [para cruzar una calle].

crossway (cro·suei) *s.* CROSSROAD.

crossways (cro·sueiš), **crosswise** (cro·suaiš) *adv.* de o al través. *2* en cruz, en forma de cruz. *3* al revés, equivocadamente, mal, en contra.

crossword o **crossword puzzle** (cro·suǫ'd) *s.* crucigrama.

crossyard (cro·sya'd) *s.* MAR. verga en cruz.

crotalum (cro·tałǫm), *pl.* **-la** (-læ) *s.* crótalo [instrumento].

crotch (cro·ch) *s.* horquilla, horca [para sostener algo]. *2* horcadura, cruz, bifurcación. *3* bragadura. *4* MAR. candelero de horquilla.

crotchet (cro·chit) *s.* capricho, rareza, excentricidad, extravagancia. *2* ganchito. *3* MÚS. negra, semínima. *4* instrumento de obstetricia.

crotcheteer (cro·chitr') *s.* persona estrambótica.

crotchety (cro·chiti) *adj.* raro, excéntrico, chiflado. *2* estrambótico.

croton (crou·ton) *s.* BOT. euforbiácea de jardín.

Croton bug *s.* ENTOM. cucaracha de América.

crouch (crauch) *s.* posición del que está agachado o en cuclillas.

crouch (to) *intr.* agacharse, agazaparse, acuclillarse. *2* arrastrarse [servilmente]

croup (crup) *s.* anca, grupa. *2* fam. posaderas. *3* MED. garrotillo, crup.

croupier (cru·piǫ') *s.* crupié [ayudante del banquero en una casa de juego].

crupous (cru·pǫs) *s.* MED. crupal.

crow (crou) *s.* ORNIT. cuervo; grajo; corneja; chova : *to eat* ~, fam. cantar la palinodia; *to have a* ~ *to pick, pluck* o *pull with,* tener que ajustar cuentas con uno; *as the* ~ *flies,* a vuelo de pájaro, en línea recta. *2* canto [del gallo], quiquiriquí. *3* MEC. barra provista de un gancho o uña; palanca, alzaprima.

crow (to) *intr.* cantar [el gallo]. *2* jactarse, bravear, gallear. *3* gorjear [el niño] expresando alegría. ¶ CONJUG. pret.: *crowed* o *crew.*

crowbar (crou·ba') *s.* palanca, alzaprima, pie de cabra.

crowd (craud) *s.* multitud, muchedumbre, tropel [de personas o cosas], gentío, apretura. *2* turba, masa, populacho, vulgo. *3* fam. grupo, pandilla. *4* MÚS. antiguo instrumento parecido al violín. — *5 adj.* de la multitud, del vulgo.

crowd (to) *tr.* empujar, apretar, apiñar, amontonar. *2* atestar [llenar]. *3* fam. ~ *o* ~ *sail,* hacer fuerza de vela. — *4 intr.* agolparse, apiñarse, amontonarse.

crowded (crau·did) *adj.* atestado, abarrotado, de bote en bote. *2* apretado, apiñado, amontonado.

crowfoot (crau·fut) *pl.* **-foots** *s.* BOT. ranúnculo, botón de oro. *2* (*pl.* **-feet**) MIL. abrojo. *3* MAR. araña. *4* señal como punta de flecha usada en dibujos, etc.

crown (craun) *s.* corona [para ceñir la cabeza; dignidad real, reino, monarquía] : ~ *of thorns,* corona de espinas. *2* premio, galardón. *3* ANAT. coronilla; cabeza. *4* cima, cumbre, vértice, parte superior. *5* complemento, colmo. *6* copa [de árbol, de sombrero]. *7* ARQ. coronamiento. *8* corona [de diente]. *9* BOT. corona. *10* BLAS. coronel. *11* corona [moneda inglesa de cinco chelines]; corona [moneda de otros países]. *12* BOT. unión del tallo y la raíz. — *13 adj.* de la corona: ~ *colony,* colonia de la corona [colonia que no goza de autonomía]; ~ *land,* tierras de la corona, patrimonio de la corona; ~ *law,* derecho procesal; ~ *prince,* príncipe heredero; ~ *princess,* princesa heredera; consorte del príncipe heredero. *14* de corona, en forma de corona, coronario : ~ *saw,* sierra tubular; ~ *wheel,* MEC. rueda de dientes perpendiculares a su plano; RELOJ. coronaria. *15* que corona, que está en lo alto: ~ *antler,* candil, punta alta [de cuerna]; ~ *grafting,* injerto de coronilla. *16* ~ *glass,* cristal muy puro usado para instrumentos ópticos; vidrio en hojas circulares para ventana.

crown (to) *tr.* coronar [poner la corona; estar en u ocupar la cima, la parte superior de]. *2* coronar, completar, acabar, colmar : *to* ~ *it all,* para colmo, por remate, para acabarlo de arreglar. *3* coronar [un peón en las damas]. *4* poner corona artificial [a un diente]. *5* pop. dar un golpe en la coronilla a.

crowned (craun·d) *adj.* coronado : ~ *head,* testa coronada.

crowner (crau·nǫ') *s.* coronador. *2* remate [acto que corona o completa]. *3* pop. golpe en la coronilla.

crowning (crau·ning) *s.* coronamiento, remate.

crownless (crau·nlis) *adj.* sin corona.

crownlet (crau·nlit) *s.* coronita.

crownwork (crau·nuǫ'c) *s.* corona artificial [de un diente]. *2* FORT. corona, obra de corona.

crow-quill *s.* pluma de cuervo cortada para escribir. *2* plumilla de acero para dibujar.

crow's-foot *s.* pata de gallo [arrugas]. *2* adorno bordado en forma de pata de gallo. *3* CROWFOOT.

crow's-nest *s.* MAR. cofa para la vigía.

croze (crouš) *s.* jable. *2* argallera, jabladera.

croze (to) *tr.* Ruñar.

crozier *s.* CROSIER.

crucial (cru·shial) *adj.* de cruz, en forma de cruz, crucial. *2* crucial, decisivo, crítico. *3* penoso, difícil.

cruciate (cru·shiet) *adj.* cruciforme, crucial.

crucible (cru·sibǫl) *s.* crisol.

crucifer (cru·sifǫ') *s.* cruciferario. *2* BOT. crucifera.

cruciferous (crusi·fǫrǫs) *adj.* BOT. crucifero.

crucifier (cru·sifaiǫ') *s.* crucifixor.

crucifix (cru·sifics) *s.* crucifijo.

crucifixion (crusifi·cshǫn) *s.* crucifixión. *2* tormento, dolor.

cruciform (cru·sifo'm) *adj.* cruciforme.

crucify (to) (cru·sifai) *tr.* crucificar. *2* mortificar, atormentar.

crude (crud) *adj.* crudo [sin cocer, sin preparar]; imperfecto, mal acabado, no sazonado; bruto [sin refinar]. *2* crudo, desnudo, duro [sin atenuantes]. *3* tosco, basto, rudo; brusco, descortés. — *4 s.* petróleo en bruto.

crudely (cru·dli) *adv.* crudamente. *2* rudamente.

crudeness (cru·dnis) *s.* crudeza. *2* imperfección; falta de sazón, de elaboración.

crudity (cru·diti) *s.* CRUDENESS. *2* cosa cruda : mal acabada, no trabajada, imperfecta.

cruel (cru·ǫl) *adj.* cruel. *2* despiadado, atroz.

cruelly (cru·ǫli) *adv.* cruelmente, atrozmente.

cruelty (cru·ǫlti) *s.* crueldad, inhumanidad, atrocidad.

cruet (cru·et) *s.* ampolla, vinagrera. *2* vinajera. *3* ~ *stand* o simple. *cruet,* vinagreras, angarillas, convoy [de mesa].

cruise (cruš) *s.* MAR. crucero [acción de cruzar]; viaje en que se tocan varios puertos]. *2* crucero [en avión]. *3* excursión, viaje de placer.

cruise (to) MAR., AVIA. cruzar, navegar. *3* andar de un lado a otro [esp. dicho de un taxi cuando circula en busca de pasaje].

cruiser (cru·šǫ') *s.* buque o pers. que realiza un crucero. *2* MAR. crucero [buque].

cruising (cru·šing) *adj.* de crucero o viaje : ~ *speed,* AVIA. velocidad de crucero.

cruller (cro·lǫ') *s.* (EE. UU.) buñuelo.

crumb (crǫm) *s.* miga [del pan]. *2* pedacito, mendrugo, migaja, pizca. *3* ~ *brush,* recogemigas.

crumb (to) *tr.* migar, desmenuzar, desmigajar. *2* coc. empanar [cubrir con pan rallado]. — *3 intr.* desmigajarse, desmenuzarse.

crumble (to) (crǫmbǫl) *tr.* desmenuzar, desmigajar, deshacer. — *2 intr.* deshacerse, desmigajarse, desmoronarse, derrumbarse.

crumbly (crǫmbli) *adj.* desmenuzable, friable.

crumby (crǫmbi) *adj.* blando, lleno de migas.

crummy (crǫmi) *adj.* CRUMBY. *2* pop. asqueroso, ruin, que no vale nada. *3* pop. frescachona [mujer]

crump (crømp) s. ruido de mascar. 2 MIL. ruido producido por la explosión de una granada de gran tamaño.

crumpet (crø mpit) s. especie de bollo blando.

crumple (to) (crø mpøl) tr. arrugar, chafar, ajar, apabullar. — 2 intr. arrugarse, encogerse.

crunch (to) (crønch) tr. mascar haciendo crujir; ronzar, tascar. 2 aplastar, hacer crujir [bajo los pies, etc.]. — 3 intr. andar haciendo crujir lo que se pisa. 4 crujir [al ser mascado, pisado o aplastado].

cruor (cru ø') s. FISIOL. crúor.

crupper (crø pø') s. baticola, grupera. 2 grupa, ancas.

crural (cru ral) adj. ANAT. crural.

crusade (crusei d) s. cruzada. 2 campaña [contra algún vicio, abuso, etc.] : temperance ~, campaña contra el abuso de las bebidas alcohólicas.

crusade (to) intr. tomar parte en una cruzada, hacer una cruzada. 2 hacer campaña [contra un vicio, abuso, etc.].

crusader (crusei dø') s. cruzado [que toma parte en una cruzada].

cruse (crus) s. jarro, jarra.

crush (crøsh) s. compresión, presión, aplastamiento, machacadura, machucadura, estrujamiento, estrujón. 2 cantidad de material machacado, estrujado, etc., en una operación. 3 apretura, apiñamiento, aglomeración [de gente]. 4 fam. reunión muy concurrida : ~ room, TEAT. salón de descanso. 5 pop. (EE. UU.) enamoramiento, afición súbita y violenta; persona que la inspira : to have a ~ on, estar perdido por, perder la chaveta por [una pers.]. — 6 adj. ~ hat, sombrero de copa plegable, clac.

crush (to) tr. aplastar, machacar, quebrantar, majar, moler, triturar : crushed stone, grava, piedra machacada. 2 estrujar, machucar. 3 exprimir, prensar. 4 aplastar, sojuzgar, abatir, oprimir, abrumar; destruir, aniquilar. 5 pop. beber [una botella].

crushable (crø shabøl) adj. quebrantable, triturable.

crusher (crø shø') s. aplastador, opresor. 2 triturador, quebrantador. 3 brocarte; machacadera. 4 molino [para extraer aceite de semillas]. 5 fam. argumento o respuesta contundente, decisiva; suceso aplastante, abrumador. 6 polizonte.

crushing (crø shiŋ) adj. triturador, quebrantador, estrujador, moledor, de moler. 2 de compresión 3 abrumador, aplastante : ~ defeat, derrota aplastante. 4 contundente, decisivo : ~ reply, respuesta contundente. — 5 s. trituración, quebrantamiento, machacadura, machucadura, estrujamiento. 6 opresión, aplastamiento, aniquilamiento, anonadación.

crust (krøst) s. corteza [de pan, queso, etc.]. 2 mendrugo; cantero [de pan]. 3 corteza [terrestre]. 4 costra. 5 postilla [de llaga o grano]. 6 pasta [de un pastel]. 7 capa dura [de tierra, hielo, etc.]. 8 sarro [de una vasija]. 9 ZOOL. carapacho, caparazón.

crust (to) tr. encostrar, incrustar. — 2 intr. encostrarse.

Crustacea (crøstei shiæ) s. pl. ZOOL. crustáceos.

crustacean (crøstei shian) adj. y s. ZOOL. crustáceo.

crustaceous (crøstei shøs) adj. crustáceo [que tiene costra]. 2 ZOOL. crustáceo.

crustate (crø steit) adj. que tiene corteza o costra.

crustation (crøste shøn) s. costra, incrustación.

crustily (crø stili) adv. bruscamente, ásperamente.

crustiness (crø stinis) s. calidad de costroso. 2 aspereza, mal genio.

crusty (crø sti) adj. costroso, que parece costra. 2 rudo, áspero, brusco.

crutch (crøch) s. muleta [bastón, soporte]; horquilla [para sostener]. 2 arrimo, apoyo, puntual. 3 MAR. buzarda de popa. 4 MAR. candelero de horquilla. 5 bragadura.

crutch (to) tr. ahorquillar, apuntalar. — 2 intr. andar con muletas.

crux (crøcs) s. BLAS. cruz. 2 cosa difícil de explicar, enigma. 3 el quid, lo esencial.

cry (crai), pl. **cries** (craiŝ) s. grito : within ~, al alcance de la voz. 2 alarido. 3 lamento, lloro, llanto; acción de llorar : to have a good ~, desahogarse llorando. 4 griterío, gritería, clamor : great o much ~ and little wool, mucho ruido y pocas nueces. 5 pregón. 6 voz pública. 7 jauría, muta; ladridos de la jauría : in full ~, en plena persecución, siguiendo de cerca. 8 LIT.,

MÚS., B. ART. sentimiento. 9 a far ~, una gran distancia o diferencia.

cry (to) intr. y tr. gritar. 2 vocear, pregonar. — 3 intr. aullar. 4 latir, ladrar [el perro]. 5 lamentarse, llorar. — 6 tr. exclamar. 7 pedir, reclamar, implorar : to ~ quarter, pedir cuartel. 8 proclamar, anunciar, pregonar. 9 to ~ down, prohibir, suprimir; desacreditar, vituperar, condenar; hacer callar a fuerza de gritos. 10 to ~ for, llorar por o de : pedir llorando o a gritos : to ~ for help, pedir socorro; to ~ for joy, llorar de alegría; to ~ for the moon, pedir la luna. 11 to ~ halves, pedir parte igual con otro. 12 to ~ off, deshacer, romper [un trato, una negociación, etc.]. 13 to ~ one's eyes out, llorar amargamente. 14 to ~ out, gritar, vociferar; proclamar; to ~ out against, gritar contra, censurar, reprobar. 15 to ~ quits, declararse en paz con uno. 16 to ~ up, ensalzar, alabar públicamente. ¶ CONJUG. pret. y p. p. : cried.

crying (crai ing) s. grito, lloro, llanto, lamento. 2 dolores de parto. — 3 adj. que grita, que llora. 4 patente, notorio. 5 enorme, atroz, odioso.

crybaby (crai beibi), pl. **-bies** (-bis) s. llorón, llorona.

cryology (craio lo͞yi) s. criología.

cryoscope (crai ioscoup) s. crioscopio.

cryoscopy (craio scopi) s. crioscopia.

crypt (cript) s. cripta [lugar subterráneo]. 2 ANAT. cripta, folículo, cavidad glandular.

cryptic(al (cri ptic(al) adj. secreto, oculto. 2 enigmático, misterioso.

cryptically (cri pticali) adv. ocultamente. 2 enigmáticamente.

cryptogam (cri ptogæm) s. BOT. criptógama.

Cryptogamia (criptogæ mia) s. pl. BOT. criptógamas.

cryptogamous (cripto gamøs) adj. criptógamo.

cryptogram (cri ptogræm) s. criptograma.

cryptographic (cri ptografic) adj. criptográfico.

cryptography (cripto grafi) s. criptografía.

cryptology (crypto lo͞yi) s. criptología.

crystal (cri stal) s. MIN., QUÍM. cristal : rock ~, o simplte. crystal, cristal de roca. 2 cristal [vidrio de superior calidad]. 3 cristal [de reloj]. 4 cristal [agua], cosa cristalina o transparente. 5 RADIO. galena. — 6 adj. de cristal, cristalino, transparente. 7 RADIO. de galena.

crystalline (cri stalin) adj. cristalino. — 2 ANAT. ~ lens o simplte. crystalline, cristalino [del ojo].

crystallizable (cri stalaiŝabøl) adj. cristalizable.

crystallization (cristaliŝe shøn) s. cristalización.

crystallize (to) (cri stalaiŝ) tr. cristalizar. — 2 intr. cristalizar, cristalizarse.

crystallography (cristalo grafi) s. cristalografía.

crystalloid (cri staloid) adj. y s. cristaloide.

crystalloidal (cri staloidal) adj. cristaloideo.

cub (cøb) s. cachorro [de oso, lobo, zorro, león, etc.]. 2 ballenato. 3 desp. mocoso, joven torpe o mal ed cado. 4 ~ reporter, reportero novato.

cubage (kiu bid͞y) s. volumen [en medidas cúbicas].

Cuban (kiu ban) adj. y s. cubano.

cubature (kiu bachu') s. cubicación.

cubbyhole (cø bijoul) s. rincón, sitio pequeño y encerrado; escondrijo.

cube (kiub) s. GEOM., MAT. cubo. 2 pop. dado. 3 MAT. ~ root, raíz cúbica.

cube (to) tr. MAT. cubicar [elevar al cubo]. 2 cubicar [medir el volumen o la capacidad de]. 3 dar forma de cubo.

cubeb (kiu beb) s. BOT. cubeba.

cubic(al (kiu bic(al) adj. cúbico.

cubically (kiu bicali) adv. cúbicamente.

cubicle (kiu bicøl) s. cubículo; compartimiento en el dormitorio de un colegio.

cubiculum (kiubi kiuløm) s. cubículo, alcoba. 2 cubículo [de las catacumbas] ; tumba.

cubiform (kiubi fo'm) adj. cúbico [de figura de cubo].

cubism (kiu bism) s. cubismo.

cubist (kiu bist) s. cubista.

cubit (kiu bit) s. codo [medida]. 2 ANAT. cúbito.

cubital (kiu bital) adj. cubital. 2 codal [que mide un codo].

cuboid (kiu boid) adj. y s. ANAT. cuboides. — 2 s. GEOM. paralelepípedo rectángulo.

cuckold (cø cøld) s. cornudo [marido].

cuckold (to) tr. encornudar [hacer cornudo].

cuckoo (cu·cu) *s.* ORNIT. cuclillo, cuco. 2 cucú [canto del cuclillo]. 3 fig. tonto, bobo. — 4 *adj.* de cuclillo : ~ *clock*, reloj de cuclillo. 5 (EE. UU.) chiflado.

cuckoopint (cu·cupint) *s.* BOT. aro ; alcatraz.

cucullat(ed (kiu·kuleit(id) *adj.* en forma de capucha o de cucurucho.

cucumber (kiu·cømbø') *s.* BOT. cohombro ; pepino.

cucurbit (kiucø'bit) *s.* cucúrbita, retorta [de alambique]. 2 BOT. planta cucurbitácea.

Cucurbitaceæ (kiucø'bitei·šii) *s. pl.* BOT. cucurbitáceas.

cucurbitaceous (kiucø'biteishøs) *adj.* BOT. cucurbitáceo.

cud (cød) *s.* alimento que mastican por segunda vez los rumiantes. 2 cosa rumiada, meditada : *to chew the* ~, fig. rumiar, meditar.

cudbear (cø·dbea') *s.* BOT. orchilla ; urchilla. 2 orcina, urchilla [materia colorante].

cuddle (cø·døl) *s.* abrazo estrecho, cariñoso.

cuddle (to) *tr.* abrazar, tener en brazos o arrimado [para acariciar, proteger, dar calor, etc.]. — 2 *intr.* estar abrazado, arrimado a, acurrucado en.

cuddy (cø·di) *s.* MAR. cámara de popa. 2 pequeño aposento. 3 alacena. 4 (Esc.) asno, burro.

cudgel (cø·dʒøl) *s.* garrote corto ; bastón corto de esgrima ; *to take up the cudgels*, entrar en contienda ; *to take up the cudgels for*, salir a la defensa de ; ~ *play*, ESGR. asalto con bastones.

cudgel (to) *tr.* apalear, tundir, aporrear : *to* ~ *one's brains*, devanarse los sesos. ¶ CONJUG. pret. y p. p. : *cudgeled* o *-lled*; ger. : *cudgeling* o *-lling*.

cudgeller (cø·dʒølø') *s.* apaleador.

cudweed (cø·dwid), **cudwort** (cø·dwø't) *s.* BOT. nombre de varias plantas compuestas.

cue (kiu) *s.* señal, indicación [para hacer algo] ; indirecta, sugestión. 2 TEAT. pie. 3 BILLAR taco : ~ *ball*, bola que el jugador empuja con el taco. 4 humor, estado de ánimo. 5 coleta [trenza de cabello]. 6 cola [hilera de pers.]. 7 fam. rabo [de animal].

cuff (cøf) *s.* puño [de camisa o vestido]. 2 doblez o vuelta [de pantalón]. 3 parte del guante que cubre la muñeca o el antebrazo. 4 bofetada, sopapo, puñetazo. 5 *pl.* manillas, esposas. — 6 *adj.* de puño : ~ *button*, botón del puño de la camisa : ~ *links*, gemelos [de puño].

cuff (to) *tr.* abofetear, sopapear, pegar. — 2 *intr.* dar puñadas, luchar, boxear.

cuirass (cuira·s) *s.* coraza.

cuirassier (cuirasi·ø') *s.* coracero [soldado].

cuish (cuish) *s.* ARM. muslera, quijote.

cuisine (cuišin) *s.* cocina [arte culinario].

cuisse (cuis) *s.* CUISH.

cul-de-sac (køl·dø·sæc) *s.* callejón sin salida. 2 conducto cerrado por un extremo.

culet (kiu·let) *s.* faceta posterior de una piedra preciosa.

culinary (kiu·lineri) *adj.* culinario.

cull (cøl) *s.* animal de desecho que se engorda para el matadero.

cull (to) *tr.* escoger, elegir, entresacar. 2 coger [frutos, flores, etc.].

cullender (cø·løndø') *s.* COLANDER.

culler (cø·lø') *s.* escogedor.

cullet (cø·lit) *s.* VIDR. vidrio de desecho que se agrega a la masa que se funde.

cullion (cø·liøn) *s.* belitre, bribón.

cullis (cø·lis) *s.* ARQ. canalón. 2 ARQ. canal, ranura.

culm (cølm) *s.* BOT. caña [tallo]. 2 cisco, antracita de mala calidad.

culmen (kiu·lmen) *s.* cima, pináculo.

culminant (cø·lminant) *adj.* culminante. 2 dominante, predominante.

culminate (to) (cø·mineit) *intr.* culminar [llegar a su punto más alto]. 2 ASTR. culminar. 3 ~ *in*, conducir a, rematar en.

culmination (cø·lmineišøn) *s.* culminación [acción de culminar]. 2 ASTR. culminación.

culpability (cølpabi·liti) *s.* culpabilidad.

culpable (cø·lpabøl) *adj.* culpable, censurable, condenable.

culpableness (cø·lpabølnis) *s.* culpa, calidad de culpable, censurable.

culpably (cø·lpabli) *adv.* culpablemente.

culprit (cø·lprit) *s.* culpable, reo. 2 acusado.

cult (cølt) *s.* culto [religioso]. 2 secta religiosa. 3 culto [homenaje, admiración afectuosa].

cultism (cø·ltišm) *s.* adhesión a las prácticas de un culto. 2 LIT. culteranismo, cultismo.

cultist (cø·ltist) *s.* culterano.

cultivable (cø·ltivabøl) *adj.* cultivable.

cultivate (to) (cø·ltiveit) *tr.* cultivar [la tierra, un arte, una ciencia, etc.]. 2 buscar el trato, la amistad de [una pers.]. 3 civilizar. 4 AGRIC. escarificar.

cultivated (cø·ltiveitid) *adj.* cultivado. 2 culto, ilustrado, instruido.

cultivation (cø·ltiveišøn) *s.* cultivo [de la tierra, las artes, etc.]. 2 cultura, refinamiento.

cultivator (cø·ltiveitø') *s.* cultivador. 2 agricultor, labrador. 3 AGR. escarificador.

cultrate (cø·ltreit), **cultrated** (cø·ltreitid) *adj.* en forma de cuchillo.

cultual (cø·lchual) *adj.* cultual.

cultural (cø·lchural) *adj.* cultural. 2 AGR. del cultivo ; producido por cultivo, cruzamiento, etc.

culture (cø·lchø') *s.* cultura. 2 cultivo [del espíritu, de una rama de la literatura, etc.]. 3 cultivo, producción, cría [para el consumo]. 4 BIOL. cultivo [de microorganismos].

culture (to) *tr.* cultivar. 2 educar, refinar.

cultus (cø·ltøs) *s.* culto religioso.

cultured (cø·lchø'd) *adj.* cultivado. 2 culto, ilustrado.

culver (cø·lvø') *s.* ORNIT. paloma torcaz.

culverin (cø·lvørin) *s.* ARTILL. culebrina.

culvert (cø·lvø't) *s.* alcantarilla [que pasa por debajo de un camino, etc.] ; atarjea, conducto cubierto.

cumber (to) (cø·mbø') *tr.* embarazar, obstruir, estorbar, molestar, causar engorro.

cumbersome (cø·mbø'søm) *adj.* embarazoso, engorroso, molesto, pesado, incómodo, difícil de mover o manejar.

cumbersomely (cø·mbø'sømli) *adv.* embarazosamente, engorrosamente, pesadamente.

cumbersomeness (cø·mbø'sømnis) *s.* calidad de embarazoso o engorroso.

cumbrance (cø·mbrans) *s.* embarazo, estorbo, engorro, carga.

cumbrous (cø·mbrøs) *adj.* CUMBERSOME.

cumbrously (cø·mbrøsli) *adv.* CUMBERSOMELY.

cumin (cø·min) *s.* BOT. comino [planta].

cuminseed (cø·minsid) *s.* BOT. comino [semilla].

cumulate (to) (kiu·miuleit) *tr.* acumular, cumular, amontonar, hacinar. — 2 *intr.* acumularse, amontonarse, hacinarse.

cumulation (kiumiule·šøn) *s.* acumulación, amontonamiento, hacinamiento.

cumulative (kiu·miulativ) *adj.* cumulativo.

cumulo-cirrus (kiumiølosi·røs) *s.* METEOR. cumulocirro.

cumulo-nimbus (kiumiøloni·mbøs) *s.* METEOR. cumulonimbo.

cumulous (kiu·miøløs) *adj.* en forma de cúmulo ; compuesto de cúmulos.

cumulus (kiu·miøløs), *pl.* **-li** (-li) *s.* cúmulo, montón. 2 METEOR. cúmulo.

cuneal (kiu·nial) *adj.* de la cuña. 2 cuneiforme.

cuneate(d (kiu·niet(id), **cuneiform** (kiu·niifo'm) *adj.* cuneiforme.

cunner (cø·nø') *s.* ICT. especie de budión.

cunning (cø·ning) *adj.* hábil, diestro, ingenioso ; listo, inteligente. 2 sagaz, astuto, taimado, ladino, cuco, mañero. 3 (EE. UU.) gracioso, mono. — 4 *s.* habilidad, destreza, ingenio. 5 sagacidad, astucia, maña, artería. 6 ardid, treta, artificio.

cunningly (cø·ningli) *adv.* hábilmente, ingeniosamente. 2 sagazmente, astutamente. 3 (EE. UU.) graciosamente.

cup (cøp) *s.* taza, jícara ; copa o hueco en forma de copa : ~ *bearer*, copero ; ~ *and ball*, boliche [juguete] ; ~ *guard*, cazoleta de la espada ; ~ *shake*, acebolladura. 2 copa, trago : *in one's cups*, bebido, achispado. 3 copa [trofeo]. 4 LITURG. cáliz. 5 cáliz [del dolor]. 6 suerte, destino. 7 BOT. cúpula ; cáliz ; corola. 8 ANAT. cavidad donde encajan ciertos huesos ; glena. 9 ELECT. campana [aislador]. 10 MEC. vaso de engrase : ~ *grease*, grasa lubricante. 11 MED. ventosa. 12 cubeta [del barómetro]. 13 GOLF hoyo. 14 (con may.) ASTR. Copa.

cup (to) *tr.* recibir o poner en copa o taza, o como en una copa o taza. 2 ahuecar dando forma de copa o taza. 3 poner ventosas a. 4 GOLF. meter [la pelota en un hoyo]. — 5 *intr.* tomar forma de copa o taza. 6 MED. aplicar ventosas. 7 GOLF. hacer un hoyo en el suelo al golpear la pelota. ¶ CONJUG. pret. y p. p. : *cupped*; ger. : *cupping*.

cupbearer (cø·pbearø') *s.* copero, escanciador.

cupboard (cøp·bo'd) *s.* aparador. chinero, armario, alacena.
cupel (kiu·pøl) *s.* METAL. copela.
cupel (to) *tr.* copelar.
cupellation (kiupøle·shøn) *s.* copelación.
cupful (cøp·pful) *s.* copa, taza [contenido].
cupid (kiu·pid) *s.* amorcillo. 2 (con may.) MIT. Cupido.
cupidity (kiupi·diti) *s.* codicia, avidez, avaricia.
cupola (kiu·pola) *s.* ARQ. cúpula. 2 ARQ. cupulino, linterna. *3* MAR. cúpula, torre blindada [de un buque de guerra]. *4* cubilote, horno de manga.
cupper (cøpø') *s.* aplicador de ventosas.
cupping (cø·ping) *s.* CIR. aplicación de ventosas : ~ *glass*, ventosa [vaso].
cupreous (kiu·priøs) *adj.* cobrizo, cobreño.
cupric (kiu·pric) *adj.* QUÍM cúprico.
cupriferous (kiupri·førøs) *adj.* cuprífero.
cuprite (kiu·prait) *s.* MINER. cuprita.
cupronickel (kiuproni·køl) *s.* cuproníquel, aleación de cobre y níquel.
cuprous (kiu·prøs) *adj.* QUÍM. cuproso.
cupule (kiu·piul) *s.* BOT. cúpula. 2 BOT. corola acopada.
Cupuliferæ (kiupiuli·føri) *s. pl.* BOT. cupulíferas.
cupuliferous (kiupiuli·førøs) *adj.* BOT. cupulífero.
cur (cø') *s.* desp. perro de mala raza, gozque. 2 canalla, hombre vil.
curable (kiu·røbøl) *adj.* curable.
curableness (kiu·røbølnis) *s.* calidad de curable.
curaçao (kiurasa·o) *s.* curasao.
curacy (kiu·rasi) *s.* coadjutoría, cargo de teniente cura.
curare (cura·re) *s.* curare [planta y veneno].
curassow (kiura·sou) *s.* ORNIT. guaco.
curate (kiu·reit) *s.* coadjutor, teniente cura. 2 cura [sacerdote].
curateship (kiu·reitship) *s.* CURACY.
curative (kiu·rativ) *adj.* curativo
curator (kiurei·tø') *m.* DER. curador. 2 conservador [de un museo] ; guardián, administrador. 3 individuo del consejo superior o administrativo de una universidad.
curatrix (kiurei·trix) *f.* de CURATOR.
curb (cø'b) *s.* barbada [del freno], freno con barbada. 2 fig. sujeción, restricción, refrenamiento. 3 bordillo, encintado [de la acera]. *4* arcén, brocal [de pozo]. 5 barandilla, etc., que protege un cuadro de jardín. 6 ARQ. parte inferior de una cubierta quebrantada : ~ *roof*, cubierta quebrantada, mansarda. 7 VET. corva [tumor]. *8* ~ *market* o simplte. curb, bolsín.
curb (to) *tr.* refrenar, enfrenar, contener, reprimir, sujetar. 2 poner bordillo o encintado a.
curbing (cø'·bing) *s.* refrenamiento. 2 CURBSTONE.
curbstone (cø'·bstoun) *s.* piedra de bordillo. 2 bordillo, encintado [de acera]. 3 brocal [de pozo].
curculio (cø'kiu·liou) *s.* gorgojo.
curcuma (cø'·kiuma) *s.* cúrcuma : ~ *paper*, papel de cúrcuma.
curd (cø'd) *s.* cuajada. 2 requesón.
curd (to) *tr.* cuajar, coagular. 2 *intr.* cuajarse, coagularse.
curdle (to) (cø'·døl) *tr.* cuajar, coagular, espesar. — 2 *intr.* cuajarse, coagularse, engrumecerse. espesarse. 3 fig. helarse [la sangre].
curdly (cø'·dli) *adj.* cuajado, coagulado, que se cuaja.
cure (kiu·ø') *s.* cura, curación, remedio. 2 cura [de almas]. 3 feligresía, curato. *4* acción de curar pescado, lienzo, tabaco, etc. ; vulcanización del caucho ; tratamiento para mejorar ciertas materias.
cure (to) *tr.* curar, sanar, remediar. 2 curar, preparar, tratar [para conservar o mejorar] ; vulcanizar [el caucho]. — 3 *intr.* curarse, sanar. *4* hacer una cura [de agua, etc.]. 5 curarse [el pescado, el lienzo, el tabaco, etc.].
cure-all *s.* panacea curalotodo, sanalotodo.
cureless (kiu·ø'lis) *adj.* incurable.
curer (kiu·rø') *s.* curador, remediador. 2 curador [de lienzos, etc.] ; salador, preparador [de salazones y conservas].
curettage (kiure·tidÿ) *s.* CIR. raspado.
curette (kiure·t) *s.* CIR. raspador.
curette (to) (kiure·t) *tr.* CIR. raspar, hacer un raspado a.
curfew (cø'·fiu) *s.* queda, toque de queda.
curia (kiu·ria) *s.* curia [de los ant. romanos]. 2 curia [romana]. 3 ant. tribunal real.

curie (kiu·ri) *s.* FÍS. curie [unidad de emanación de radio].
curio (kiu·riou) *s.* curiosidad, antigüedad, objeto curioso.
curiosity (kiurio·siti), *pl.* **-ties** (-tiš) *s.* curiosidad [deseo de saber o averiguar]. 2 rareza, extrañeza. 3 curiosidad, objeto raro o curioso : *old curiosities*, antigüedades.
curious (kiu·riøs) *adj.* curioso [deseoso de saber ; que tiene el vicio de la curiosidad]. 2 curioso, raro, extraño, singular. 3 detenido, minucioso. *4* primoroso.
curiously (kiu·riøsli) *adj.* curiosamente [con deseo de saber o averiguar]. 2 extrañamente : *and* ~ *enough, it was so*, y, cosa extraña, así fue. 3 primorosamente.
curiousness (kiu·riøsnis) *s.* curiosidad [deseo de saber o averiguar]. 2 rareza, extrañeza. 3 delicadeza, primor.
curl (cø'l) *s.* rizo, bucle, sortija [de pelo], tirabuzón. 2 espiral [de humo, etc.]. 3 curva, sinuosidad. *4* encorvadura, enroscamiento, abarquillamiento. 5 enfermedad de árboles y plantas que produce un abarquillamiento o encarrujamiento de las hojas. 6 ~ *of the lip*, gesto de desprecio que se hace con los labios.
curl (to) *tr.* rizar, ensortijar, encrespar. 2 torcer, encorvar, arrollar, enroscar, abarquillar, alechugar : *to* ~ *up*, arrollar, enroscar ; *to* ~ *one's lip*, hacer un gesto de desprecio con los labios. — 3 *intr.* rizarse, ensortijarse, encresparse. *4* encorvarse, arrollarse, enroscarse, abarquillarse. 5 alzarse en espirales [el humo]. 6 jugar al *curling*. 7 *to* ~ *up*, arrollarse, enroscarse ; acurrucarse, encogerse [en la cama] ; pop. desplomarse, abandonarse, abandonar [en una carrera], amilanarse.
curled (cø'ld) *adj.* rizado, ensortijado. 2 ~ *up*, arrollado, enroscado ; acurrucado, encogido [en la cama] ; abarquillado, encarrujado.
curlew (cø'·liu) *s.* ORNIT. zarapito.
curlicue (cø'·likiu) *s.* cosa ensortijada caprichosamente ; rasgo, ringorrango [de pluma].
curliness (cø'·linis) *s.* ensortijamiento.
curling (cø'·ling) *s.* rizado, ensortijamiento. 2 encorvamiento, enroscamiento, abarquillamiento. 3 juego en que se hacen correr unas piedras sobre el hielo : ~ *stones*, piedra con agarradero para jugar al CURLING. — *4 adj.* que riza o se riza, etc. : ~ *irons*, ~ *tongs*, rizador, encrespador, tenacillas para rizar.
curlpaper (cø'·lpeipø') *s.* papelito [para hacer papillotes].
curly (cø'·li) *adj.* rizado, rizoso, ensortijado, crespo, ondulado.
curly-haired *adj.* de pelo crespo o rizado.
curmudgeon (cø'mø·dÿøn) *s.* avaro, tacaño. 2 erizo [pers. intratable].
currant (cø·rant) *s.* uva o pasa de Corinto. 2 grosella. 3 BOT. grosellero.
currency (cø·rønsi) *s.* curso, circulación. 2 valor corriente, estimación general. 3 moneda corriente, dinero : *paper* ~, papel moneda. *4* dinero en circulación.
current (cø·rønt) *adj.* corriente, que corre ; ~ *account*, COM. cuenta corriente. 2 corriente [generalmente aceptado] ; común, general ; en boga, reinante ; en circulación : ~ *money*, moneda corriente, de curso legal. 3 presente, actual : ~ *events*, actualidades, sucesos actuales ; ~ *exchange*, COM. curso actual. *4* corrida, cursiva [letra]. 5 de corriente, de la corriente : ~ *collector*, ELECTR. toma de corriente ; ~ *gauge*, ~ *meter*, hidrómetro, molinete hidrométrico ; medidor de corriente ; ~ *wheel*, rueda hidráulica metida en el agua y movida por la corriente.
6 *s.* corriente [de agua, de aire, eléctrica, etc.]. 7 corriente [de las opiniones, la moda, etc.]. *8* curso, marcha, progresión.
currently (cø·røntli) *adv.* corrientemente. 2 generalmente.
currentness (cø·røntnis) *s.* calidad de corriente. 2 circulación, aceptación general.
curricle (cø·ri'cøl) *s.* carrocín de dos caballos.
curricular (cø'ri·kiula') *adj.* perteneciente o relativo al plan de estudios.
curriculum (cø'ri·kiuløm) *s.* plan de estudios.
currier (cø·riø') *s.* curtidor, zurrador. 2 almohazador.

curriery (cø'riri) s. tenería.

currish (cø'rish) adj. perruno; arisco. 2 bajo, innoble.

curry (cø'ri) s. condimento preparado con hojas de un arbusto de la India, raíz de cúrcuma, pimienta y otras especies. | Llám. también ~ powder. 2 plato sazonado con este condimento.

curry (to) tr. zurrar, adobar [pieles]. 2 zurrar la badana [a uno]. 3 almohazar [un caballo]. 4 condimentar con CURRY. 5 adular, congraciar con atenciones; hacer la pelotilla. 6 to ~ favour, tratar rastreramente de conquistar el favor de uno. [CONJUG. pret. y p. p.: curried.

curry-comb (cø'ri-coum) s. almohaza, rascadera.

curse (cø's) s. maldición, imprecación, anatema: a ~ on!, malhaya! 2 juramento, voto, reniego. 3 cosa maldita. 4 azote, calamidad, castigo.

curse (to) tr. maldecir, execrar. 2 afligir, azotar [con males, calamidades, etc.]. — 3 intr. jurar, renegar, echar votos.

cursed (cø'sid) adj. maldito, abominable, execrable.

cursedly (cø'sidli) adv. abominablemente.

cursedness (cø'sidnis) s. perversidad, maldad. 2 lo abominable o execrable [de una cosa].

curser (cø'sø) s. maldecidor. 2 renegador.

cursing (cø'sing) s. maldición, execración, reniego. 2 acción de afligir [con males, calamidades, etc.]. — 3 adj. maldiciente, maldecidor, renegador.

cursive (cø'siv) adj. cursivo, corriente. — 2 s. letra cursiva.

cursor (cø'sø') s. cursor, parte de un instrumento matemático, etc., que corre sobre otra.

cursorily (cø'sorili) adv. superficialmente, precipitadamente, sin detenimiento, de pasada.

cursoriness (cø'sorinis) s. superficialidad, precipitación.

cursory (cø'sori) adj. superficial, precipitado, sumario, rápido, hecho sin detenimiento, por encima o de pasada.

curt (cø't) adj. corto, breve, conciso. 2 brusco, seco.

curtail (to) (cø'teil) tr. acortar, cercenar, mutilar. 2 abreviar, reducir, disminuir, restringir, escatimar. 3 privar [a uno] de una parte de.

curtail step s. ARQ. primer escalón, de ángulos redondeados.

curtailment (cø'teilmønt) s. acortamiento, abreviación, reducción.

curtain (cø'tin) s. cortina [paño colgante; cosa que oculta] : ~ lecture, reprensión privada, esp. la de la mujer al marido; to draw the ~, correr la cortina, correr un velo. 2 TEAT. telón [de boca]: ~ call, llamada a la escena para recibir los aplausos; ~ raiser, piececilla que se representa antes de la obra principal; ~ speech, palabras dirigidas al público desde el proscenio por un autor, actor, etc.; behind the ~, entre bastidores, en secreto. 3 FORT. cortina, lienzo. 4 ARQ. lienzo. 5 MIL. ~ of fire, cortina de fuego.

curtain (to) tr. encortinar. 2 velar, ocultar. 3 to ~ off, separar con cortina.

curtana (cø'tana) s. espada sin punta, símbolo de la misericordia, que se lleva delante de los reyes de Inglaterra en la ceremonia de la coronación.

curtation (cø'teishøn) s. ASTR. curtación.

curtly (cø'tli) adv. brevemente. 2 bruscamente, secamente.

curtness (cø'tnis) s. brevedad, concisión. 2 brusquedad, sequedad.

curtsey, curtsy (cø'tsi), pl. -sies (-sis) s. cortesía, reverencia [saludo femenino].

curtsey o curtsy (to) intr. hacer una cortesía o reverencia [la mujer]. ¶ CONJUG. pret. y p. p.: curtsied.

curule (kiu'rul) adj. curul: ~ chair, silla curul.

curvate(d (cø'veit(id) adj. corvo, encorvado.

curvation (cø'veishøn) s. encorvadura. 2 curvidad, curvatura.

curvature (cø'vachø') s. curvatura, curvidad. 2 encorvamiento.

curve (cø'v) adj. curvo, encorvado. — 2 s. curva. 3 DIB. plantilla [para trazar curvas].

curve (to) tr. encorvar, torcer, combar. 2 hacer desviar [un proyectil, una pelota]. — 3 intr. encorvarse torcerse. 4 describir una curva [un camino, etc.].

curved (cø'vd) adj. curvo, encorvado, torcido.

curvet (cø'vet) s. corveta, corcovo. 2 retozo, brinco.

curvet (to) (cø'vet o cø've't) intr. corvetear, corcovear. 2 retozar, brincar. — 3 tr. hacer corvetear. ¶ CONJUG.: pret. y p. p.: curveted o -tted; ger.: curveting o -tting.

curvilinear (cø'vili'nia') adj. curvilíneo.

curving (cø'ving) s. encorvamiento, curvatura. — 2 adj. que curva o se curva.

curvity (cø'viti) s. curvidad.

curvometer (cø'vo'mitø') s. curvímetro.

cushat (cø'shat) s. ORNIT. paloma torcaz.

cushion (cu'shøn) s. cojín, almohadón, almohadilla. 2 BILLAR. banda. 3 MEC. amortiguador, medio elástico [agua, vapor, etc.] que obra como amortiguador. 4 ARQ. friso convexo. 5 ARQ. almohadón. 6 ranilla [del casco de las caballerías]. 7 parte carnosa [del anca de un animal].

cushion (to) tr. proveer de cojines. 2 sentar o poner sobre cojín. 3 suavizar, apagar [la voz]. 4 MEC. amortiguar, acojinar. 5 ahogar [quejas, etc.]. 6 BILL. dejar [la bola] pegada a la banda.

cushioned (cu'shønd) adj. acojinado. 2 provisto de cojines.

cusp (cøsp) s. cúspide. 2 cuerno [de la luna]. 3 ARQ. proyección triangular del intradós de un arco.

cuspid (cø'spid) s. colmillo, diente canino.

cuspidate (cø'spideit), cuspidated (cø'spideitid) adj. cuspídeo, cuspidado.

cuspidor (cø'spido') s. escupidera.

cuss (cøs) s. (EE. UU.) reniego, terno. 2 (EE. UU.) desp. persona o animal raro o despreciable.

cussed (cø'st) adj. (EE. UU.) CURSED.

cussedness (cø'sidnis) s. (EE. UU.) terquedad, genio disputador o pendenciero.

custard (cø'sta'd) s. flan; natillas.

custard-apple s. BOT. guanábana.

custodial (cøstou'dial) adj. del custodio o de la custodia.

custodian (cøstcu'dian) s. custodio, gualián.

custody (cø'stodi) s. custodia, guarda, cuidado: to hold in ~, custodiar. 2 prisión, detención, encarcelamiento: to take into ~, detener, prender; in ~, detenido, en prisión. 3 custodia [de la orden franciscana].

custom (cø'støm) s. costumbre, hábito, uso, usanza. 2 DER. costumbre. 3 parroquia, clientela [de un establecimiento]; hecho de ser parroquiano o cliente. 4 pl. derechos de aduana, derechos arancelarios: customs officer, aduanero, vista de aduanas; customs union, unión aduanera. — 5 adj. (EE. UU.) hecho por encargo o a la medida; que trabaja por encargo o a la medida: ~ tailor, sastre a la medida; ~ work, trabajo hecho por encargo o a la medida.

customable (cø'stømabøl) adj. sujeto al pago de derechos de aduana.

customarily (cø'stømerili) adv. acostumbradamente, ordinariamente.

customariness (cø'stømerinis) s. calidad de acostumbrado.

customary (cø'stømeri) adj. acostumbrado, de costumbre, habitual, usual. 2 DER. consuetudinario.

custom-built adj. (EE. UU.) hecho o construido por encargo.

customer (cø'stømø') s. parroquiano, cliente. 2 fam. sujeto, individuo: tough ~, tipo duro de pelar; ugly ~, tipo de cuidado.

custom-free adj. libre de derechos de aduana.

customhouse (cøs'stømjaus) s. aduana: ~ broker, agente de aduanas; ~ officer, aduanero, vista de aduanas.

custom-made adj. hecho a medida.

custos (cø'støs) s. custodio, guardián. 2 custodio [en la orden franciscana].

cut (cøt) s. corte, cortadura, incisión. 2 tajo, cuchillada. 3 lámina, grabado [esp. en madera]. 4 labra, tallado [de la piedra, las joyas, etc]. 5 corte [en una obra teatral, en un escrito]. 6 corte, reducción [en los gastos, salarios, etc.]. 7 corte [en los naipes]. 8 parte cortada o separada: pedazo, trozo [de carne], tajada: ~ of mutton, pedazo de cordero. 9 zanja, foso, cortadura. 10 paso o camino directo: short ~, atajo. 11 corte [manera de estar cortado un vestido], estilo, moda. 12 hechura, forma, figura: the ~ of one's jib, fig. la facha o aspecto de una persona. 13 golpe dado con el canto de algo, golpe cortante: ~ with a whip, latigazo.

14 DEP. golpe especial dado a la pelota [en el cricket, tenis, croquet, etc.]. *15* pinchazo, palabra o acto que hiere; desaire, ofensa. *16* acto de ignorar la presencia de una persona, de negarle el saludo. *17* grado [en la escala social, etc.] : *to be a ~ above*, estar por encima de. *18* falta, acción de no asistir [a una clase, etc.]. *19 adj.* cortado, tajado; cortado en pedazos : *~ sugar* (EE. UU.), azúcar de cortadillo. *20* cortado, hecho. *21* labrado, tallado : *~ diamond*, diamante tallado. *22* cortado, interrumpido, interceptado. *23* castrado [animal]. *24 ~ and dried*, preparado, arreglado o convenido de antemano.

cut (to) *tr.* cortar, hender, partir, dividir, separar : *to ~ the throat*, degollar; *to ~ to pieces*, cortar en pedazos, destrozar. *2* cortar [un vestido, etc.]. *3* segar. *4* abrir, excavar. *5* cortar, interrumpir, interceptar. *6* cortar [el suministro de agua, gas, etc.]. *7* reducir, acortar. *8* recortar. *9* trinchar. *10* labrar, esculpir, tallar, cincelar, grabar; hacer [tallando o cortando]. *11* cortar, cruzar [una línea o superficie a otra]. *12* atravesar, abrirse paso en; surcar [el agua]; hender [el aire]. *13* echar [un diente, los dientes] : *to have cut one's eyeteeth*, fig. tener experiencia, ser perro viejo; *to ~ one's wisdom teeth*, fig. llegar a una edad juiciosa. *14* cortar, alzar [los naipes]. *15* castrar [un animal]. *16* dar un golpe vivo [como con un látigo]. *17* herir [lastimar los sentimientos de]. *18* faltar, dejar de asistir [a una clase, una conferencia]; dejar, abandonar [una costumbre, etc.], desentenderse de. *19* dejar de tratarse con, volver las espaldas, huir la cara, negar el saludo a : *to ~ someone dead*, ignorar la presencia de uno, negarle el saludo. *20* diluir, aguar, adulterar [un licor]. *21* templar [un color]. *22* DEP. golpear de cierto modo [la pelota] en el cricket, el tenis, el croquet, etc. *23* parar [un motor]. *24 to ~ across*, cortar al través. *25 to ~ a caper*, hacer una cabriola. *26 to ~ a figure*, hacer papel [en sociedad, etc.]. *27 to ~ asunder*, dividir, rasgar. *28 to ~ down*, derribar [cortando], abatir; rebajar, reducir. *29 to ~ ice*, tener peso o influencia, ser de importancia. *30 to ~ in*, mezclar, introducir, poner en; ELECT. conectar, intercalar. *31 to ~ it fine*, calcular con exactitud; escapar por poco. *32 to ~ off*, cortar, separar, amputar; llevarse, quitar la vida prematuramente; interrumpir, interceptar, cortar [la comunicación, la retirada, etc.]; poner fin a; MEC. cortar, cerrar [la admisión del vapor, el encendido, la corriente, etc.]. *33 to ~ off with a shilling*, desheredar. *34 to ~ open*, abrir cortando. *35 to ~ out*, cortar [quitar o hacer cortando], dividir [en]; quitar, separar [de un conjunto] suprimir; MEC., ELECT. desconectar; preparar; trazar; hacer, formar : *to be cut out for*, estar hecho para, tener disposición para. *36 to ~ short*, interrumpir bruscamente, atajar; acortar, abreviar. *37 to ~ the knot, to ~ the Gordian knot*, resolver una dificultad echando por la calle de enmedio. *38 to ~ up*, trinchar, destazar; deshacer, destruir, estropear [cortando]; herir; disecar, hacer una crítica severa; arrancar de cuajo; fam. afligir, abatir.

39 intr. cortar [hacer cortes]. *40* cortar [ser cortante] : *to ~ both ways*, ser arma de dos filos. *41* ser fácil o difícil de cortar. *42* salir [un diente, los dientes]. *43* pasar, moverse [con rapidez o por el camino más corto] : *to ~ across, to ~ through*, atajar por, echar por el atajo. *44* resaltar [los colores]. *45 to ~ in*, meterse vendiendo; meter baza. *46 to ~ under*, vender más barato que [otro]. ¶ CONJUG. pret. y p. p. : *cut*; ger. : *cutting*.

cutaneous (kiute·niəs) *adj.* cutáneo.
cutaway (cə·tauei) *adj.* que tiene una parte cortada. — *2 s. cutaway* o ~ *coat*, chaqué.
cute (kiut) *adj.* fam. listo, agudo, astuto. *2* (EE. UU.) lindo, mono.
cuticle (kiu·ticəl) *s.* cutícula.
cuticular (kiuti·kiula') *adj.* cuticular.
cutis (kiu·tis) *s.* ANAT. dermis.
cutlass (cʌ·tlas) *s.* machete; sable de abordaje, sable corto, chafarote.
cutler (cʌ·tlə') *s.* cuchillero.
cutlery (cʌ·tləri) *s.* cuchillería.

cutlet (cʌ·tlit) *s.* COC. chuleta; lonja.
cutoff (cʌ·tof) *s.* atajo, camino más corto. *2* canal que une dos puntos de un río. *3* MEC. cierre de vapor. *4* MEC. cortavapor. *5* MEC. punto de expansión; grado de admisión del vapor [en la máquina de vapor] : ~ *valve*, válvula de expansión, corredera auxiliar de expansión. *6* ELECT. punto de un circuito donde no pasa la corriente de una frecuencia determinada.
cutout (cʌ·taut) *s.* recortado, figura recortada. *2* dibujo, modelo, etc., para colorear o recortar. *3* ELECT. cortacircuito, disyuntor, interruptor; portafusible. *4* MEC., AUTO. válvula de escape libre.
cutpurse (cʌ·tpə's) *s.* cortabolsas, ratero, caterista.
cutter (cʌ·tə') *s.* cortador. *2* tallador, grabador. *3* máquina o herramienta para cortar; hierro, cuchilla. *4* MEC. fresa. *5* diente incisivo. *6* trineo de un solo caballo. *7* MAR. cúter. *8* MAR. guardacostas, escampavía. *9* fam. (EE. UU.) gran sujeto, persona excelente.
cutthroat (cʌ·tzrout) *s.* asesino. — *2 adj.* bárbaro, cruel. *3* ruinoso, destructor.
cutting (cʌ·ting) *adj.* cortante : ~ *tool*, herramienta cortante. *2* frío, penetrante. *3* hiriente, incisivo, mordaz, sarcástico. — *4 s.* corte [acción de cortar]. *5* corte, cortadura, incisión. *6* recorte, retazo. *7* recorte [de un periódico]. *8* alce [de naipes]. *9* talla [de la piedra, joyas, etc.]. *10* escultura, grabado. *11* acción de diluir o aguar [un líquido]. *12* AGR. esqueje, estaca, plantón.
cuttlebone (cʌ·təlboun) *s.* jibión.
cuttlefish (cʌ·təlfish) *s.* ZOOL. jibia, sepia. *2* por ext., calamar, pulpo, etc.
cut-up *adj.* cortado, hecho pedazos. *2* disecado minuciosamente. *3* accidentado [suelo]. *4* afligido, abatido.
cutup (cʌ·tʌp) *s.* pop. bromista. *2 pl.* dibujos o figuras para recortar.
cutwater (cʌ·tuotə') *s.* MAR. tajamar. *2* tajamar, espolón [de puente].
cutworm (cʌ·tuə'm) *s.* AGR. oruga que ataca las hortalizas y los frutales.
cuvette (kiu·vet) *s.* FOT. cubeta.
cyanamide (saiænæ·maid) *s.* QUÍM. cianamida.
cyanate (sa·ianeit) *s.* QUÍM. cianato.
cyanic (saiæ·nic) *adj.* QUÍM. ciánico. *2* BOT. azulado.
cyanid (sa·iænid), **cyanide** (sa·iænaid) *s.* QUÍM. cianuro.
cyanogen (saiæ·noÿen) *s.* QUÍM. cianógeno.
cyanosis (saiæ·nosis) *s.* MED. cianosis.
cyanotic (saiæ·notic) *adj.* MED. cianótico.
Cyanophyceæ (saiænofi·sii) *s. pl.* BOT. cianofíceas.
cyanophycean (saiænofi·shæn) *adj.* BOT. cianofíceo. — *2* BOT. cianofícea.
cybernetics (saibə'ne·tics) *s.* cibernética.
cycad (sai·kæd) *s.* BOT. cicadácea.
Cycadaceæ (saicadei·sii) *s. pl.* BOT. cicadáceas.
Cycadales (saicadei·liš) *s. pl.* BOT. cicadales.
Cyclades (si·clæds) *n. pr.* GEOGR. Cícladas.
cyclamen (si·clamin) *s.* BOT. ciclamino, pamporcino.
cycle (sai·cəl) *s.* ciclo. *2* ASTR. círculo, órbita. *3* ELECTR. período. *4* biciclo, triciclo : *motor ~*, motocicleta.
cycle (to) *intr.* pasar por un ciclo de cambios o modificaciones. *2* ocurrir repetidamente en el mismo orden. *3* ir o montar en bicicleta.
cyclecar (sai·cəlca') *s.* automóvil ligero [gralte. de tres ruedas].
cyclic(al (si·clic(al o sai·clic(al) *adj.* cíclico.
cycling (sai·cling) *s.* DEP. ciclismo. *2* acción de ir en bicicleta.
cyclism (sai·clišm) *s.* ciclismo.
cyclist (sai·clist) *s.* ciclista.
cycloid (sai·cloid) *s.* GEOM. cicloide. — *2 adj.* dispuesto en círculos.
cycloidal (saiclói·dal) *adj.* cicloidal.
cyclometer (saiclo·mitə') *s.* ciclómetro, odómetro.
cyclometric (saiclome·tric) *adj.* ciclométrico.
cyclometry (saiclo·metri) *s.* ciclometría.
cyclone (sai·cloun) *s.* METEOR. ciclón.
cyclonic (saiclo·nic) *adj.* ciclonal. *2* de la naturaleza o semejante a un ciclón.
cyclopædia (saiclopi·dia) *s.* enciclopedia [libro].
cyclopædic (saiclopi·dic) *adj.* enciclopédico.
Cyclopean (saiclopi·an), **Cyclopic** (saiclo·pic) *adj.* ciclópeo, ciclópico. *2* gigantesco.

Cyclops (sai·clops) s. MIT. cíclope. 2 ZOOL. cíclops.
cyclorama (saiclora·ma) s. ciclorama.
Cyclostomata (saiclostou·mata) s. pl. ICT. ciclóstomos.
cyclostome (sai·clostoum) adj. y s. ICT. ciclóstomo.
cyclostyle (sai·clostail) s. ciclostilo.
cyclotron (sai·clotrøn) s. FÍS. ciclotrón.
cygnet (si·gnit) s. pollo del cisne.
Cygnus (si·gnøs) n. pr. ASTR. Cisne.
cylinder (si·lindø') s. GEOM. cilindro. 2 cuerpo cilíndrico, rodillo. 3 MEC. cilindro; cuerpo [de bomba] : ~ block, bloque de cilindros; ~ bore, diámetro interior de un cilindro; ~ capacity, cilindrada; ~ head, tapa del cilindro [de una máquina de vapor], culata del cilindro [de un motor de explosión]. 4 IMPR. cilindro. 5 cilindro [de revólver]. 6 parte cilíndrica [del alma de un cañón].
cylindric(al (si·lindric(al) adj. cilíndrico.
cylindroid (si·lindroid) s. GEOM. cilindroide.
cyma (sai·ma) s. ARQ. gola.
cymatium (simei·shiøm) s. ARQ. cimacio.
cymbal (si·mbal) s. MÚS. címbalo, platillos.
cymbalist (si·mbalist) s. cimbalero.
cyme (saim) s. BOT. cima.
cymophane (sai·mofein) s. MINER. cimofana, crisoberilo.
cymose (sa·imous) adj. BOT. cimoso.
Cymric (si·mric) s. címrico.
cynegetic (sineȳe·tic) adj. cinegético.
cynegetics (sineȳe·tics) s. cinegética.
cynic (si·nic) s. cínico. — 2 adj. cínico [de los filósofos cínicos].
cynical (si·nical) adj. cínico.
cynically (si·nicali) adv. cínicamente.
cynicism (si·nisišm) s. cinismo.
Cynosure (sai·noshu' o si·noshu') s. ASTR. Cinosura, Osa menor. 2 (con minúsc.) blanco de las miradas.
Cyperaceæ (saipøre·sii) s. pl. BOT. ciperáceas.
cyperaceous (saipøre·shøs) adj. BOT. ciperáceo.
cypher (sai·fø') s. CIPHER.
cypress (sai·pres) s. BOT. ciprés. — 2 adj. de ciprés, cipresino : ~ nut, nuez o piña del ciprés, piñuela.
Cyprian (ci·prian) n. pr. Cipriano. — 2 adj. y s. ciprino, chipriota.
Cyprus (sai·prøs) n. pr. GEOGR. Chipre.
Cyrenaic (sai·rineic) adj. y s. cirenaico.
Cyrenaica (sairinei·ca) n. pr. GEOGR. Cirenaica.
Cyril (si·ril) Cyrillus (siri·løs) n. pr. Cirilo.
Cyrus (sai·røs) n. pr. Ciro.
cyst (sist) s. quiste.
cystic (si·stic) adj. ANAT. cístico : ~ duct, cístico, conducto cístico.
cysticercus (sistisø·cøs) s. ZOOL. cisticerco.
cysticercosis (sistisø·cosis) s. MED. cistercosis.
cystis (si·stis) s. CYST.
cystitis (sistai·tis) s. MED. cistitis.
cystoscope (si·stoscoup) s. cistoscopio.
cystotomy (sisto·tomy) s. CIR. cistotomía.
Cytherea (sizir·a) n. pr. MIT. Citerea.
Cytherean (siziri·an) adj. citereo.
cytisus (si·tisøs) s. BOT. citiso, codeso, borne.
cytoblast (sai·toblæst) s. BIOL. citoblasto.
cytology (saito·loȳi) s. citología.
cytoplasm (sai·toplæsm) s. BIOL. citoplasma.
czar (ša') s. zar.
czarevitch (ša·revich) s. zarevitz.
czarevna (šare·vna) czarina (šari·na) f. zarina.
Czech, Czekh (chek) s. checo.
Czecho-Slovak (cheko-slova·k) adj. y s. checoslovaco.
Czecho-Slovakia (cheko·slova·kia) n. pr. GEOGR. Checoslovaquia.

D

D, d (di) *s.* D, d, cuarta letra del alfabeto inglés. 2 MÚS. re.

dab (dæb) *s.* golpecito, toque ligero, picotazo leve. 2 brochazo, pincelada, untadura. 3 capa de algo blando o húmedo. 4 ICT. platija. 5 fam. hacha [persona diestra en algo].

dab (to) *tr.* dar golpes ligeros y vivos a, picotear. 2 chapotear [con una esponja, un paño mojado, etc.]. 3 dar brochazos o pinceladas ligeras. 4 aplicar chapoteando o con brochazos o pinceladas ligeras. ¶ CONJUG. pret. y p. p.: *dabbed;* ger.: *dabbing.*

dabber (dæ'bø') *s.* muñeca, almohadilla, pincel, etc., para dar tinta, limpiar, etc., chapoteando o dando golpecitos.

dabble (to) (dæ'bøl) *tr.* rociar, salpicar, mojar, humedecer. 2 dar golpecitos suaves. — 3 *intr.* chapotear [en el agua]. 4 hacer algo o meterse en algo en pequeña escala, como aficionado.

dabbler (dæ'blø') *s.* diletante, aficionado.

dabchick (dæ'bchic) *s.* ORNIT. somorgujo.

dabster (dæ'bstø') *s.* fam. hacha [persona diestra en algo]. 2 fam. diletante, aficionado.

dace (deis) *s.* ICT. albur, dardo, breca. 2 nombre de otros peces de agua dulce.

dachshund (da'csjunt) *s.* cierto perro de cuerpo largo y patas muy cortas y torcidas.

Dacia (dei'sha) *n. pr.* GEOGR. Dacia.

Dacian (dei'shan) *adj.* y *s.* dacio.

dacoit (dæcoi't) *s.* miembro de una cuadrilla armada de ladrones en la India.

dactyl (dæ'ctil) *s.* MÉT. dáctilo.

dactylic (dæcti'lic) *adj.* MÉT. dactílico.

dactyliology (dacti'lioloĺy) *s.* dactiliología.

dactylology (dæctilo'loýi) *s.* dactilología.

dactylography (dæctilo'grafi) *s.* estudio científico de las huellas digitales. 2 dactilología.

dactyloscopy (dactilo'scopi) *s.* dactiloscopia.

dad (dæd), **daddie, daddy** (dæ'di) *s.* fam. papá, papaíto, taita.

daddy-longlegs (lo'nglegs) *s.* ENTOM. típula. 2 ZOOL. segador [arácnido].

dado (dei'dou) *s.* ARQ. dado, neto. 2 rodapié, friso, alizar, arrimadillo.

daedal (dī'dal) *adj.* artístico, ingenioso. 2 intrincado, laberíntico.

Daedalian (didei'liæn) *adj.* ingenioso, laberíntico.

Daedalus (di'deløs) *n. pr.* MIT. Dédalo.

daemon (dī'mon) *s.* demonio, genio. 2 DEMON.

daffodil (dæ'fodil), **daffodilly** (dæ'fodili) *s.* BOT. narciso, trompón.

daffy (dæ'fi) *adj.* fam. (EE. UU.) loco, imbécil.

daft (daft) *adj.* tonto, chiflado, loco.

dag (dæg) *s.* pistolón antiguo.

dagger (dæ'gø') *s.* daga, puñal : *to look daggers at* o *to speak daggers at,* mirar o hablar airadamente o amenazadoramente; *to be at daggers drawn,* estar a matar. 2 IMPR. obelisco (†).

daggers (dæ'gø's) *s.* BOT. iris amarillo, lirio espadañal.

daggle (to) (dæ'gøl) *tr.* embarrar, ensuciar; ensuciar arrastrando. — 2 *intr.* embarrarse, ensuciarse al arrastrar.

daggle-tail *s.* mujer desaliñada.

dago (dei'gou) *s.* (EE. UU. y Can.) desp. extranjero de tez morena [esp. italiano].

Dagobert (da'gobe't) *n. pr.* Dagoberto.

Daguerrean (dague'rean) *adj.* de Daguerre o del daguerrotipo.

daguerreotype (dague'rotaip) *s.* daguerrotipo.

daguerreotype (to) *tr.* daguerrotipar.

dahlia (da'lia) *s.* BOT. dalia. 2 color o tinte violado.

daily (dei'li) *adj.* diario, cotidiano; diurno. — 2 *s.* periódico diario. — 3 *adv.* diariamente, cotidianamente, cada día.

dainties (dei'ntiš) *s.* confites, golosinas.

daintily (dei'ntili) *adv.* delicadamente, exquisitamente.

daintiness (dei'ntinis) *s.* primor, exquisitez, elegancia, delicadeza, pulidez. 2 golosina.

dainty (dei'nti), *pl.* **-ties** (-tis) *adj.* delicado, primoroso, exquisito, elegante, refinado. 2 sabroso, delicioso. 3 delicado, exigente, melindroso. — 4 *s.* regalo, golosina, bocado exquisito, gollería.

dairy (dei'ri), *pl.* **-ries** (-ris) *s.* lechería. 2 quesería, quesera. 3 vaquería : ∼ *farm,* granja lechera o de vacas.

dairymaid (dei'rimeid) *s.* lechera, mantequera [persona].

dairyman (dei'rimæn), *pl.* **-men** (-men) *s.* lechero, mantequero.

dais (dei'is) *s.* tarima, estrado. 2 (gal.) dosel.

daisy (dei'ši), *pl.* **-sies** (-siš) *s.* BOT. margarita, maya, vellorita. 2 pop. primor.

dak (doc) *s.* (India) transporte por relevos; correo.

dale (deil) *s.* cañada, hondonada, valle.

dalles *s. pl.* GEOGR. paredes verticales de una garganta o cañón.

dalliance (dæ'lians) *s.* jugueteo, retozo, devaneo; pasatiempo amoroso. 2 dilación, tardanza.

dally (to) (dæ'li) *intr.* juguetear, retozar, cambiar caricias. 2 entretenerse en devaneos, holgar, perder el tiempo. 3 tardar, entretenerse. 4 *to* ∼ *with,* jugar con; tocar ligeramente [un tema, etc.]. — 5 *tr. to* ∼ *away,* pasar o perder [un tiempo, el tiempo] en frivolidades.

Dalmatia (dælmei'shiæ) *n. pr.* GEOGR. Dalmacia.

Dalmatian (dælmei'shian) *adj.* y *s.* dálmata. — 2 *s.* perro dálmata.

dalmatic (dælmæ'tic) *s.* dalmática.

daltonism (da'ltønišm) *s.* MED. daltonismo, acromatopsia.

dam (dæm) *s.* dique, presa, represa, azud; obstáculo [para detener algo]. 2 embalse, pantano. 3 FUND. dama. 4 madre [de un cuadrúpedo]; yegua madre.

dam (to) *tr.* represar, estancar, embalsar. 2 cerrar, tapar, obstruir.

damage (dæ·midȳ) s. daño, perjuicio, detrimento, deterioro, menoscabo, pérdida. 2 COM. avería, quebranto, siniestro. 3 *pl.* daños y perjuicios. 4 indemnización.

damage (to) *tr.* damnificar, dañar, perjudicar, deteriorar, averiar. — 2 *intr.* dañarse, deteriorarse, averiarse.

damageable (dæ·miȳabəl) *adj.* que puede ser dañado. 2 indemnizable.

damaged (dæ·midȳd) *adj.* dañado, perjudicado, deteriorado, averiado.

damaging (dæ·midȳing) *adj.* perjudicador, perjudicial, nocivo, destructor.

Damascene (dæ·masin) *adj.* y *s.* damasceno [de Damasco]. 2 (con minúsc.) *adj.* damasquino.

damascene (to) (dæmasi·n) *tr.* damasquinar.

Damascenus (damæ·scøs) *n. pr.* Damasceno.

Damascus (damæ·scøs) *n. pr.* GEOGR. Damasco.

damask (dæ·masc) s. damasco [tejido]. 2 damasquinado, ataujía. 3 acero damasquino. — 4 *adj.* damasceno, de Damasco: ~ *plum*, ciruela damascena; ~ *rose*, rosa de Damasco. 5 adamascado. 6 damasquino: ~ *steel*, acero damasquino.

damask (to) *tr.* damasquinar. 2 labrar de damasco. 3 esmaltar, matizar, florear.

damaskeen (to) (dæmaski·n) *tr.* damasquinar.

damaskeening (dæmaski·ning) s. damasquinado, ataujía.

damassin (dæ·masin) s. especie de brocado.

dame (deim) s. dama, señora. 2 fam. mujer.

damn (dæm) s. maldición. 2 fig. poca cosa, un pito : *don't care o give a* ~, me importa un pito; *this is no worth a* ~, esto no vale un pito.

damn (to) *tr.* TEOL. infernar, condenar. 2 acarrear la condenación, la ruina de; ser la ruina de. 3 reprobar, vituperar, censurar. 4 maldecir : ~ *it!*, ¡maldito sea!, ¡caramba! — 5 *intr.* echar ternos, renegar.

damnable (dæ·mnabøl) *adj.* condenable, reprobable, detestable, odioso.

damnably (dæ·mnabli) *adv.* abominablemente, horriblemente.

damnation (dæmne·shøn) s. condenación, damnación, perdición, maldición.

damnatory (dæ·mnatori) *adj.* condenatorio.

damned (dæ·mnd) *adj.* condenado, réprobo, precito. 2 fig. condenado, maldito, detestable. 3 fig. *do it and be* ~, hágalo y reviente. — 4 *adv.* mucho, muy, sumamente.

damnify (to) (dæ·mnifai) *tr.* damnificar, dañar, perjudicar.

damp (dæmp) *adj.* húmedo, mojado. — 2 s. humedad. 3 gas o gases que se desprenden en una mina : grisú, mofeta, etc. 4 desaliento, abatimiento, depresión.

damp (to) (dæ·mp) *tr.* humedecer, mojar. 2 ahogar, sofocar [con una emanación]. 3 ahogar, apagar, amortiguar, moderar. 4 cubrir [el fuego]. 5 enfriar [los ánimos] ; desanimar, desalentar. 6 ELECT. amortiguar [oscilaciones u ondas]. — 7 *intr.* humedecerse. 8 amortiguarse. 9 AGR. *to* ~ *off*, pudrirse por el pie las estacas o esquejes por la acción de ciertos hongos parásitos.

dampen (to) *tr.* TO DAMP. | Úsase principalmente en los EE. UU.

dampening (dæ·mpening) s. humectación, humedecimiento. — 2 *adj.* humectativo.

damper (dæ·mpø') s. apagador, amortiguador. 2 regulador de tiro [de chimenea]. 3 apagador [del piano]. 4 sordina. 5 desalentador, enfriador ; estorbo [de la alegría, la animación, etc.].

dampness (dæ·mpnis) s. humedad.

damsel (dæ·mšel) *f.* damisela.

damson (dæ·mšøn) s. ciruela damascena.

Dan (dæn) *n. pr.* BIB. Dan. 2 dim. de Daniel.

Danae (dæ·nei) *n. pr.* MIT. Dánae.

Danaides o **-ídes** (dænei·diš) s. *pl.* MIT. Danaides.

dance (dans) s. danza, baile. 2 MED. *St. Vitus* ~, baile de san Vito. — 3 *adj.* de baile : ~ *floor*, pista de baile; ~ *hall*, salón de baile [esp. el público] ; ~ *music*, música de baile, bailable.

dance (to) *intr.* danzar, bailar : *to* ~ *attendance*, fam. hacer antesala ; estar de plantón; *to* ~ *attendance on*, atender o servir obsequiosamente a ; *to* ~ *on nothing*, bailar al extremo de una cuerda, ser ahorcado; *to* ~ *to someone's tune*, estar sometido a uno, hacer lo que él quiere. — 2 *tr.* bailar [un baile]. 3 hacer bailar.

danceable (da·nsæbøl) *adj.* bailable.

dancer (da·nsø') s. bailador. 2 bailarín, danzarín, danzante; bailarina, danzarina. 3 *pl.* parejas de baile.

dancing (da·nsing) s. danza, baile [acción] — 2 *adj.* de baile, que baila : ~ *girl*, bailarina [del conjunto] ; bayadera; ~ *master*, maestro de baile; ~ *partner*, pareja [en un baile] ; ~ *party*, baile, sarao; ~ *room*, salón de baile; ~ *school*, escuela de baile.

dandelion (dæ·ndilaion) s. BOT. amargón, diente de león.

dander (dæ·ndø') s. caspa. 2 fam. ira, enojo : *to get one's* ~ *up*. irritar a uno.

dandify (to) (dæ·ndifai) *tr.* acicalar, componer, vestir como un petimetre.

dandle (to) (dæ·ndøl) *tr.* hacer saltar [sobre las rodillas, en los brazos]. 2 mimar, acariciar. —

dandler (dæ·ndlø') s. niñero.

dandriff (dæ·ndrif), **dandruff** (dæ·ndrøf) s. caspa.

dandy (dæ·ndi) *adj.* y *s.* petimetre, lechuguino, elegante, gomoso. — 2 *adj.* fam. superior, excelente, magnífico. 3 MED. ~ *fever*, dengue, trancazo.

dandyism (dæ·ndlišm) s. dandismo.

Dane (dein) s. danés, dinamarqués. 2 perro danés.

danewort (dei·nuø't) s. BOT. cimicaria, yezgo.

danger (dei·nȳø') s. peligro, riesgo, escollo : fam. *there is no* ~, no hay peligro, no hay miedo, no hay cuidado.

dangerous (dei·nȳørøs) *adj.* peligroso, arriesgado, de cuidado, grave, espinoso.

dangerously (dei·nȳørøsli) *adv.* peligrosamente, gravemente.

dangerousness (dei·nȳørøsnis) s. peligro, gravedad.

dangle (to) (dæ·ngøl) *tr.* hacer bailar o balancear en el aire. — 2 *intr.* colgar, pender, bambolear [en el aire]. 3 *to* ~ *about o after*, rondar, andar en torno o detrás de [una pers.].

dangler (dæ·nglø') s. seguidor, rondador [esp. de una mujer].

Danish (dei·nish) *adj.* danés, dánico, dinamarqués. — 2 s. danés, dinamarqués [pers., idioma].

dank (dænk) *adj.* húmedo, liento, mojado. 2 frondoso [dic. de las plantas que crecen en sitios húmedos].

dankish (dæ·nkish) *adj.* algo húmedo.

dankishness (dæ·nkishnis) s. humedad, estado húmedo.

danseuse (dansø·š) s. *f.* bailarina.

Dantean (dæ·ntian) *adj.* dantesco. — 2 s. dantista.

Dantesque (dænte·sc) *adj.* dantesco.

Danube (dæ·niub) *n. pr.* GEOGR. Danubio.

Danubian (dæniu·bian) *adj.* danubiano.

dap (dæp) s. bote, rebote. 2 muesca [para ensamblar].

dap (to) *intr.* pescar dejando caer el cebo lentamente. 2 chapuzar, zambullirse. 3 botar, rebotar. —4 *tr.* hacer muescas [para ensamblar].

Daphne (dæ·fni) *n. pr.* MIT. Dafne. — 2 s. (con min.) BOT. adelfilla. 3 BOT. lauréola hembra.

dapper (dæ·pø') *adj.* vivaracho. 2 aseado, atildado, pulcro, elegante.

dapple (dæ·pøl) *adj.* manchado, moteado. 2 rodado [caballo]. — 3 s. aspecto moteado. 4 animal manchado ; caballo rodado.

dapple (to) *tr.* manchar, motear, salpicar de manchas.

dappled (dæ·pøld) *adj.* DAPPLE. 2 ~ *gray*, ~ *grey*, caballo rucio rodado.

dard (da·'d) s. dardo.

dare (dæ·ø') s. fam. reto, desafío.

dare (to) *tr.* atreverse a, arriesgarse a, osar. 2 arrostrar, afrontar, desafiar. 3 desafiar, retar [a hacer algo]. 4 *I* ~ *say*, yo diría, me figuro. ¶ CONJUG. pret. : *dared* o *durst*; p. p. : *dared*.

daredevil (de·ø'devøl) *adj.* y *s.* atrevido, osado, temerario.

daring (dæ·øring) *adj.* atrevido, osado, de pelo en pecho. 2 emprendedor. — 3 s. atrevimiento, osadía, bravura.

daringly (dæ·øringli) *adv.* atrevidamente, osadamente.

Darius (darai·øs) *n. pr.* Darío.

dark (da·c) *adj.* obscuro : ~ *glass*, OPT. cristal ahumado; ~ *room*, cuarto obscuro; *it grows* ~, obscurece, anochece. 2 moreno, pardo, negruzco. 3 negro, sombrío, triste, infausto, funesto. 4 amenazador, siniestro. 5 negro, perverso, atroz. 6 callado, reservado : *to keep* ~ *about a thing*, mantenerse reservado respecto de algo. 7 oculto,

secreto, enigmático. *8* ignorante : *Dark Ages,* Edad media [esp. en su principio, por creerse una época de estancamiento intelectual]. *9* GEOG. *Dark Continent,* África, el Continente negro. *10* FÍS. ~ *heat,* calor debido a los rayos infrarrojos. *11* ~ *horse,* caballo desconocido que gana inesperadamente una carrera; fig. candidato nombrado inesperadamente. *12* ~ *lantern,* linterna sorda. *13* COC. ~ *meat,* carne del ave que no es la pechuga. *14* FOT. ~ *slide,* portaplacas, tapa corredera del portaplacas.
  15 *s.* obscuridad; sombra, noche, tinieblas : *in the* ~, a obscuras; a tientas. *16* ignorancia : *to be in the* ~, *to be left in the* ~, estar o quedar a obscuras, en la ignorancia de una cosa.
darken (to) (da'køn) *tr.* obscurecer, ensombrecer. *2* anublar. *3* cegar, ofuscar. *4* embrollar, confundir. *5* denigrar, manchar. *6* entristecer, enlutar. — *7 intr.* obscurecerse, ensombrecerse. *8* caer en la incultura.
darkle (to) (da'cøl) *intr.* acechar o aparecer en la obscuridad. *2* obscurecerse.
darkling (da'kling) *adj.* que está o se hace a obscuras; obscuro. — *2 adv.* a obscuras.
darkly (da'kli) *adv.* obscuramente. *2* en la obscuridad, secretamente. *3* vagamente, misteriosamente. *4* sombríamente, amenazadoramente.
darkness (da'knis) *s.* obscuridad, sombra. *2* tinieblas, lobreguez, tenebrosidad. *3* tristeza, pena. *4* ignorancia, error, maldad. *5* reserva, secreto.
darkroom (da'krum) FOT. cuarto obscuro.
darksome (da'ksøm) *s.* poét. obscuro, sombrío. *2* malvado, perverso.
darky (da'ki), *pl.* **-kies** (-kis) *s.* fam. negro, mulato.
darling (da'ling) *adj.* amado, querido. — *2 s.* amado, ser predilecto, favorito, pichón, amor : *my* ~, *amor mío;* *to be a* ~, ser un encanto.
darn (da'n) *s.* zurcido.
darn (to) *tr.* zurcir. *2* bordar con punto de zurcido.
darn, darnation, darned voces usadas eufemísticamente en vez de DAMN, DAMNATION, DAMNED : *it is not worth a darn,* no vale un comino.
darnel (da'nel) *s.* BOT. cizaña, joyo. *2* BOT. ballico.
darner (da'nø') *s* zurcidor, zurcidora. *2* aguja o huevo para zurcir.
darning (da'ning) *s.* zurcidura, zurcido. — *2 adj.* de zurcir, para zurcir : ~ *cotton,* algodón para zurcir; ~ *ball.* ~ *egg,* bola o huevo para zurcir; ~ *needle,* aguja de zurcir; fig. ENTOM. libélula, caballito del diablo.
dart (da't) *s.* dardo, flecha, venablo. *2* rehilete, flechilla [que se lanza para clavarla en un blanco]. *3* aguijón [de insecto, etc.]. *4* COST. sisa [para ajustar una prenda al cuerpo]. *5* ARQ. dardo. *6* lanzamiento [de un dardo, etc.]; movimiento rápido.
dart (to) *tr.* flechar. *2* .anzar, tirar, arrojar, despedir. — *3 intr.* lanzarse, precipitarse : *to* ~ *out,* salir como una flecha. *4* volar [como una flecha].
darter (da'tø') *s.* flechero. *2* ICT. pez americano de agua dulce. *3* ORNIT. especie de cuervo marino.
Darwinian (da'uinian) *adj.* darviniano. — *2 adj.* y *s.* darvinista.
Darwinism (da'uinišm) *s.* darvinismo.
Darwinist (da'uinist) *s.* darvinista.
dash (dæsh) *s.* carga, arremetida. *2* golpe, choque, embate : *at a* ~, de un golpe. *3* ruido de un líquido al chocar, chapoteo. *4* movimiento súbito : *to make a* ~ *for,* precipitarse hacia. *5* DEP. carrera corta y rápida. *6* trazo, plumada, rasgo : *with a* ~ *of the pen,* de una plumada. *7* raya, tachón, tildón. *8* guión largo [en lo escrito o impreso]. *9* IMPR. raya : *diamond* o *swell* ~, bigote. *10* TELEG. raya. *11* mancha [de color]. *12* punta, tinte, un algo, un poco; unas gotas, un chorrito [de algo que se echa o está mezclado]. *13* contrariedad que desalienta, jarro de agua fría. *14* ostentación, papel, fachenda : *to cut a* ~, hacer gran papel. *15* empuje, energía, brío, animación. *16* guardafango. *17* AUTO. tablero de instrumentos, salpicadero.
dash (to) *tr.* golpear, romper, estrellar : *to* ~ *to pieces,* hacer añicos. *2* arrojar, lanzar. *3* salpicar, rociar; echar salpicando, rociando a paletadas. *4* frustrar, destruir. *5* avergonzar, confundir. *6* desanimar. *7* echar, mezclar, templar, adulterar mezclando; rayar, tachar. | A veces con *out. 9 to* ~ *off,* escribir, hacer deprisa. —

10 intr. avanzar, moverse, arrojarse con ímpetu : *to* ~ *by,* pasar corriendo; *to* ~ *in,* entrar de sopetón, precipitarse dentro; *to* ~ *out,* salir a la carrera. *11* chocar, estrellarse, batir; romper [las olas]. *12* fachendear, hacer gran papel.
deshboard (dæshbo'd) *s.* salpicadero. *2* ARQ. vierteaguas. *3* guardafango, delantal.
dasher (dæshø') *s.* el que golpea, rompe, salpica, etc. *2* fam. ostentoso, fachendón. *3* batidor [de la mantequera]. *4* (EE. UU.) guardafango.
dashing (dæshing) *adj.* enérgico, brioso, arrollador. *2* precipitado. *3* ostentoso, vistoso, elegante, fachendoso. — *4 s.* embate [de las olas].
dashpot (dæshpot) MEC. amortiguador de pistón.
dastard (dæsta'd) *adj.* y *s.* cobarde, vil [que hace la maldad con cobardía].
dastardize (to) (dæsta'daiš) *tr.* acobardar.
dastardliness (dæsta'dlinis) *s.* cobardía, vileza.
dastardly (dæsta'dli) *adj.* cobarde, vil.
data (dei·ta) *s.* datos, detalles.
dataria (date·ria) *s.* dataría.
datary (dei·tari), *pl.* **-ries** (-riš) *s.* dataría. *2* datario.
date (deit) *s.* fecha, data : ~ *line,* fecha [en una carta, un periódico, etc.]; línea geográfica de cambio de fecha; *at an early* ~, en próxima fecha. *2* cita [para verse] : *to have a* ~, tener una cita con; *to make a* ~, citar [a uno], citarse [con uno]. *3* duración, tiempo. *4* época, período. *5* ahora, el presente; moda, estilo, usos, etc., actuales : *down to* ~, *to* ~, hasta ahora, hasta la fecha; *out of* ~, anticuado, desusado, pasado de moda, retrasado; *to go out of* ~, anticuarse, pasar de moda, caer en desuso; *up to* ~, hasta ahora; al día; a la última. *6* BOT. dátil. *7* BOT. palmera, datilera. | Llám. también ~ *palm.* *8* ZOOL. ~ *shell,* dátil [molusco].
date (to) *tr.* datar, fechar, calendar. *2* contar [por años, etc.]. *3* señalar con las características de una época o período. *4* pop. dar cita [a uno]. — *5 intr.* anticuarse, pasar de moda. *6 to* ~ *from,* estar datado a, llevar fecha de; datar de.
dated (dei·tid) *adj.* datado, fechado. *2* pasado de moda.
dateless (dei·tlis) *adj.* sin fecha. *2* inmemorial. *3* de interés permanente.
dater (dei·tø') *s.* fechador [sello para fechar].
dative (dei·tiv) *adj.* y *s.* GRAM. dativo.
datum (dei·tøm) *s.* dato. *2* TOP. ~ *plane,* ~ *level,* plano o nivel de referencia.
daub (dob) *s.* ALBAÑ. mezcla o argamasa grosera para revocar. *2* unto, embadurnadura, embarradura. *3* PINT. pintarrajo, mamarracho.
daub (to) *tr.* ALBAÑ. jaharrar, revocar. *2* untar, embadurnar, embarrar. *3* pintarrajear. *4* disfrazar [con apariencias].
daube (to) (doub) *tr.* coc. emborrazar. *2* coc. estofar.
dauber (do·bø') *s.* embadurnador. *2* pintor de brocha gorda, pintamonas, mamarrachista. *3* cepillo, brocha, etc., para embadurnar.
daubing (do·bing) *s.* ALBAÑ. jaharro, revoque. *2* mortero, yeso, etc., para revocar. *3* embadurnamiento. *4* afeite.
dauby (do·bi) *adj.* untuoso, pegajoso. *2* pintarrajeado.
daughter (do·tø') *s.* hija : *good* ~, ahijada.
daughterhood (do·tø'jud) *s.* filiación [parentesco de hija]. *2* hijas [colectivamente].
daughter-in-law *s.* nuera, hija política.
daughterly (do·tø'li) *adj.* filial, de hija, propio de una hija.
daunt (to) (dont o dant) *tr.* acobardar, intimidar, arredrar, asustar, desanimar.
dauntless (da·ntlis) *adj.* impávido, intrépido, denodado.
dauntlessness (da·ntlisnis) *s.* impavidez, intrepidez, denuedo.
dauphin (do·fin) *s.* delfín [de Francia].
dauphiness (do·finis) *s. f.* delfina.
davenport (dei·venpo't) *s.* especie de escritorio [mueble]. *2* sofá que puede servir de cama.
David *n. pr.* David.
davit (dæ·vit) *s.* MAR. pescante; serviola.
Davy (dei·vi) *n. pr.* dim. de DAVID.
Davy Jones's locker *s.* fig. el fondo del mar [en cuanto sirve de tumba].
Davy lamp *s.* lámpara Davy.

daw (do) *s.* ORNIT. corneja.
dawdle (to) (do·døl) *intr.* haronear, perder el tiempo.
dawdler (do·dlø') *s.* ocioso, paseante.
dawn (don) *s.* alba, aurora, amanecer, madrugada: *at ~,* al amanecer, de madrugada. 2 principio, comienzo, albor, albores, alborear.
dawn (to) *intr.* amanecer, alborear, clarear, romper el día. 2 apuntar, asomar, mostrarse. 3 *to ~ on* u *upon,* empezar a ser visto, percibido o comprendido: *the fact dawned upon me,* empecé a ver o comprender el hecho.
dawning (do·ning) *s.* alba, alborada, amanecer. 2 este, saliente. 3 principio, albor: *first dawnings,* albores.
day (dei) *s.* día: *astronomical, civil, natural, sidereal, solar ~,* día astronómico, civil, natural, sidéreo, solar; *~ of doom, Day of Judgment,* día del juicio; *~ of reckoning,* día de ajustar cuentas, día de la justicia, día en que se paga todo; *days of grace,* COM. días de gracia o de cortesía; *~ off,* día de asueto, día libre; *all ~ long,* todo el día; *by ~,* de día; *by the ~,* por día; *~ by ~,* día tras día, cada día; *~ in, ~ out,* día tras día, sin cesar; *every other ~,* un día sí y otro no, cada dos días; *from ~ to ~,* de día en día, de un día para otro; *on the following ~,* al otro día; *some fine ~,* el mejor día; *the ~ after tomorrow,* pasado mañana; *the ~ before,* la víspera; *the ~ before yesterday,* anteayer; *this ~ week,* hoy hace ocho días; *de hoy en ocho días; to this ~, up to this ~,* hasta la fecha, hasta hoy; *without ~,* sine die, indefinidamente. 2 jornada, jornal [horas de trabajo]. 3 batalla, contienda [de un día]: *to carry o win the ~,* obtener la victoria. 4 luz del día. 5 *pl.* días, tiempo, época: *in his days,* en sus días, en su tiempo; *in our days,* en nuestros días; *in the days of old,* antaño, en la antigüedad.
6 *adj.* de día, diurno, del día, para el día, que se hace de día: *~ bed,* meridiana; *~ blindness,* MED. hemeralopía; *~ letter* o *lettergram,* telegrama largo que se envía a precio reducido pero sin garantía de entrega inmediata; *~ nursery,* guardería infantil; cuarto de juego [para los niños; *~ scholar,* alumno externo; *~ school,* escuela diurna, escuela sin internado; *~ shift,* turno diurno, turno de día; *day's run,* MAR. singladura; *day's work,* trabajo de un día, trabajo señalado para un día; *~ ticket,* billete de ida y vuelta en el mismo día. 7 a jornal, de jornal, que trabaja a jornal: *~ labour,* trabajo a jornal; *~ labourer,* jornalero, peón; *~ wages,* jornal [estipendio].
daybook (dei·buc) *s.* COM. libro diario. 2 diario [libro de notas diarias].
daybreak (dei·breic) *s.* alba, amanecer: *at ~,* al alba, al amanecer, al despuntar el día.
daydream (dei·drim) *s.* ensueño, ilusión, quimera.
dayfly (dei·flai) *s.* ENTOM. cachipolla, efímera.
daylight (dei·lait) *s.* luz del día, luz natural: *~ saving,* adelanto de la hora en verano; *daylight-saving time,* hora adelantada, hora de verano; *in broad ~,* en pleno día.
daylong (dei·long) *adj.* de todo el día, que dura todo el día. — 2 *adv.* todo el día, durante todo el día.
dayspring (dei·spring) *s.* alba, amanecer.
daystar (dei·star') *s.* lucero del alba. 2 poét. el astro del día.
daytime (dei·taim) *s.* día [de sol a sol]: *in the ~,* de día.
daywork (dei·wø'k) *s.* jornada, jornal.
daze (deiš) *s.* deslumbramiento, aturdimiento: *to be in a ~,* estar aturdido.
daze (to) *tr.* deslumbrar, ofuscar, aturdir, privar.
dazzle (dæ·šøl) *s.* DAZZLEMENT.
dazzle (to) (dæ·šøl) *tr.* deslumbrar, ofuscar, encandilar. 2 camuflar a rayas; *~ painting,* camuflage a rayas. — 3 deslumbrarse. 4 brillar.
dazzlement (dæ·šølmønt) *s.* deslumbramiento.
dazzling (dæ·šling) *adj.* deslumbrador.
dazzlingly (dæ·šlingli) *adv.* de una manera deslumbrante.
deacon (dī·cøn) *m.* diácono.
deaconess (drcønis) *f.* diaconisa.
deaconry (drcønri), **deaconship** (drcønship) *s.* diaconato, diaconado; diaconía.
dead (ded) *adj.* muerto [en todas sus acepciones]: *~ angle,* ángulo muerto; *~ centre,* MEC. punto muerto; centro fijo [que no gira]; punta fija [de torno]; *~ key,* tecla muerta [de una máquina de escribir]; *~ language,* lengua muerta; *~ lime,* cal muerta; *~ point,* punto muerto; *Dead Sea,* Mar Muerto; *~ weight,* peso muerto; carga onerosa; *~ works,* TEOL. obras muertas; MAR. obra muerta; *to be ~,* haber muerto, estar muerto. 2 difunto, finado. 3 fúnebre: *~ march,* MÚS. marcha fúnebre. 4 inerte, inanimado, inmóvil: *~ matter,* materia inerte. 5 insensible, sordo, indiferente. 6 estéril, inútil, improductivo. 7 frío, sin fervor, sin energía, gastado. 8 apagado: *~ coal,* carbón apagado; *~ volcano,* volcán apagado. 9 sordo, sin vibración [sonido]. 10 mate. 11 liso, uniforme, monótono. 12 despoblado, desolado. 13 ciego, sin salida: *~ end,* callejón sin salida; atolladero; RADIO. punto muerto. 14 seguro, cierto, certero: *~ shot,* tirador certero. 15 absoluto, entero, completo, acabado, profundo: *~ calm,* calma absoluta, profunda; MAR. calma chicha; *~ certainty,* certeza absoluta; *~ sleep,* sueño profundo. 16 desusado, olvidado. 17 imitada, condenada [puerta, ventana]. 18 mortal, terrible. 19 muerto civilmente. 20 ELECT. sin tensión, inactivo [dic. de las partes o accesorios por donde no pasa la corriente]. 21 inactivo, que ya no fermenta. 22 insípido, desbravado [vino, cerveza, etc.]; sin elasticidad; sin eco, no retumbante. 23 Otros sentidos: *~ beat* (EE. UU.), pop. gorrón, petardista; *~ block,* FERROC. bloque de topes o amortiguadores; *~ bolt,* pestillo sin muelle; *~ dog,* persona o cosa que ha perdido su importancia; *~ earth, ~ ground,* ELECT. tierra [conexión con tierra] perfecta, de baja resistencia; *~ freight,* MAR. falso flete; *~ heat,* DEP. empate [en una carrera, etc.]; *~ letter,* letra muerta; CORR. carta devuelta o no reclamada; *~ lift,* acto de alzar en vilo; aquello que exige todas las fuerzas de uno; *~ men,* fam. botellas vacías; *~ reckoning,* MAR. estima; *~ rising,* MAR. línea del arrufo; *~ set,* muestra [del perro]; detención, paro, punto muerto; esfuerzo o empuje decidido; *~ stop,* parada repentina, en seco; paro completo; *~ water,* MAR. agua muertas; estela [de un buque]; agua tranquila; *~ wind,* viento contrario.
24 *adv.* absoluta, entera, exacta, completamente; del todo, muy: *~ sure,* completamente seguro; *~ tired,* muerto de cansancio. 25 de pronto. 26 directamente: *~ against,* directamente opuesto o enfrente de, enfrente mismo de. 27 exactamente.
28 *s.* (sin plural) tiempo de silencio, de sombra: *in the ~ of night,* en el silencio de la noche. 29 lo más duro, desolador, etc., de: *in the ~ of winter,* en lo más crudo del invierno. 30 (usado como plural) *the ~,* los muertos.
dead-beat *adj.* muerto de cansancio.
deadbeat (ded·bit) *adj.* ELECT. sin oscilación [galvanómetro, etc.].
dead-drunk *adj.* borracho perdido.
deaden (to) (de·døn) *tr.* amortiguar, amortecer. 2 desvirtuar. 3 retardar, parar. 4 apagar [el sonido, el brillo, etc.]. 5 insonorizar. 6 hacer insípido o desbravado. — 7 *intr.* amortiguarse, etc.
dead-end *adj.* sin salida. 2 RADIO. muerto.
deadeye (de·dai) *s.* MAR. vigota.
deadhead (ded·djed) *s.* el que no paga o tiene pase [en el teatro, el tren, etc.]. 2 FUND. mazarota. 3 MAR. boya de amarra. 4 MAR. poste de amarra, bolardo. 5 madero hundido [en una maderada].
dead-letter office *s.* CORR. oficina o departamento de cartas devueltas o no reclamadas.
deadlight (ded·lait) *s.* MAR. portilla; portilla fija.
deadline (ded·lain) *s.* 1 línea vedada. 2 hora del cierre [en la impresión de un periódico].
deadliness (ded·lines) *s.* calidad de mortífero.
deadlock (ded·loc) *s.* detención, paro [producido por una oposición de fuerzas, voluntades, etc.]; desacuerdo insuperable que interrumpe una negociación, callejón sin salida, punto muerto. 2 pestillo o cerradura sin muelle. 3 FERROC. pieza que mantiene las agujas en posición.
deadly (de·dli) *adj.* mortal, mortífero, letal. 2 TEOL. capital: *~sins,* pecados capitales. 3 mortal [odio, enemigo, etc.]. 4 mortal, fatigoso, abrumador. 5 de muerte, como la muerte, mortal, cadavérico: *~ paleness,* palidez mortal, cadavérica. 6 intenso, sumo. 7 BOT. *~ carrot,* tapsia, cañaheja hedion-

da; ~ nightshade, belladona. — 8 adv. mortal-mente; sumamente: ~ dull, sumamente abu-rrido.

dead-nettle s. BOT. ortiga muerta.

dead-stick landing s. AVIA. aterrizaje con motor pa-rado.

dead-struck adj. aterrado, anonadado, confundido.

deadwood (de·dwud) s. leña muerta. 2 cosa inútil.

deaf (def) adj. sordo [que no oye o no quiere oír] : ~ and dumb, sordomudo : as ~ as a post, sordo como una tapia : none so ~ as those that won't hear, no hay peor sordo que el que no quiere oír ; to turn a ~ ear, hacerse el sordo, hacer oídos de mercader. 2 sordo, apagado [sonido].

deafen (to) (de·føn) tr. Asordar, ensordecer. 2 in-sono·izar. 3 apagar [un sonido]. 4 aturdir.

deafening (de·føning) adj. ensordecedor ; aturdi-dor.

deaf-mute adj. y s. sordomudo.

deaf-mutism s. sordomudez.

deal (dil) s. porción, cantidad : a good ~ [of], bas-tante ; a great ~ [of], mucho ; to make a great ~ of, dar mucha importancia a, estimar mucho ; festejar, mimar. 2 trato, negociación : it's a ~, fam. trato hecho. 3 pacto o convenio secreto. 4 trato [que se da o se recibe]. 5 distribución, re-parto. 6 mano [a un juego de naipes] ; turno de tallar o de dar [los naipes]. 7 tabla [de pino o abeto].

deal (to) tr. distribuir, repartir, dispensar. | Gralte. con out. 2 dar, arrear, asestar [golpes, etc.]. 3 dar [los naipes, un naipe]. — 4 intr. tratar, co-merciar, negociar. 5 tratar, ocuparse [de o en], intervenir [en]. 6 tratar [tener trato] ; condu-cirse, portarse. 7 habérselas, contender. 8 dar, ta-llar [en el juego]. 9 to ~ by o with, conducirse, portarse con o con respecto a [otra persona] ; tratar [dar cierto trato] a. 10 to ~ in, tratar, comerciar, negociar en. 11 to ~ with, tratar o trata·se con ; tratar de o sobre, abordar [un te-ma, etc.] ; entender de, ocuparse en o de ; inter-venir en ; habérselas, contender con. ¶ CONJUG. pret. y p. p. : dealt.

dealer (di·lø') s. comerciante, negociante, trafican-te, tratante. 2 distribuidor, expendedor. 3 el que da las cartas. 4 plain ~, hombre franco, sincero ; double ~, hombre falso, de dos caras.

dealing (di·ling) s. proceder, conducta, comporta-miento [esp. para con los demás] : fair ~, buena fe ; double ~, foul ~, doblez, mala fe. 2 pl. trato, relaciones. 3 tratos, comercio, negocios.

dealt (delt) pret. y p. p. de TO DEAL.

dean (din) s. deán. 2 decano.

deanery (di·nøri) s. deanato, deanazgo. 2 residen-cia y jurisdicción del deán. 3 decanato.

deanship (di·nship) s. deanato, deanazgo. 2 deca-nato [cargo].

dear (di·ø') adj. querido, caro, amado, estimado, preciado. 2 entrañable, cordial. 3 pobre [expre-sión de cariño]. 4 caro, costoso. 5 [en la corres-pondencia] Dear Sir, Dear Messrs., muy señor mío, muy señores míos. — 6 s. persona querida : my ~, querido mío, querida mía, amigo mío, ami-ga mía, hijo, hija. 7 persona amable, excelente : be a ~, sé bueno. — 8 interj. ~ me!, ¡Dios mío! — 9 adv. caro.

dear (to) tr. tratar de querido.

dearie (di·øri) s. DEARY.

dearly (di·ø'li) adv. cariñosamente, tiernamente : ~ beloved, muy amado. 2 caro, caramente.

dearness (di·ø'nis) s. amor, afecto, cariño. 2 ama-bilidad [calidad de lo que se hace amar]. 3 care-stía [subido precio].

dearth (dø'z) s. carestía, hambre ; escasez, falta.

deary (di·øri) s. queridito, alma mía.

death (dez) s. muerte : to do to ~, dar muerte a; to put to ~, dar muerte a, ajusticiar, ejecutar ; ~ to...!, ¡muera...!, ¡mueran...!; to ~, to the ~, hasta matar, hasta la muerte, a muerte ; muchí-simo, sumamente, terriblemente, hasta no poder más : tired to ~, terriblemente cansado, cansado hasta no poder más ; to stone to ~, lapidar, ma-tar a pedradas ; to shoot to ~, matar a tiros. 2 la muerte, la descarnada. 3 defunción, falleci-miento, óbito. 4 fin, acabamiento. 5 causa u oca-sión de muerte : to be the ~ of, matar, ser la muerte de. 6 homicidio, asesinato : man of ~, asesino, hombre sanguinario.
7 adj. de muerte, de difuntos, de defunción : ~ bell, ~ knell, ~ toll, toque de difuntos ;

~ certificate, partida o certificado de defun-ción ; ~ chamber, aposento de un moribun-do, cámara mortuoria ; lugar para las ejecu-ciones [en una cárcel] ; ~ cord, ~ rope, dogal, cuerda para ahorcar ; ~ duties, derechos suce-sorios ; ~ house, departamento de los condena-dos a muerte [en una prisión] ; ~ mask, masca-rilla [de un difunto] ; ~ penalty, pena de muer-te; ~ rate, mortalidad [proporción de defuncio-nes] ; ~ rattle, estertor de la muerte; death's head, calavera [símbolo de la muerte] ; ~ war-rant, orden de ejecución de una sentencia de muerte ; fin de toda esperanza o alegría ; ~ wound, herida mortal ; to be at death's door, estar a las puertas de la muerte.

deathbed (de·zbed) s. lecho de muerte.

deathblow (de·zblou) s. golpe mortal.

death-dealing adj. mortífero.

deathful (de·zful) adj. mortal, letal, mortífero.

deathfulness (de·zfulnis) s. calidad de mortal o mortífero.

deathless (de·zlis) adj. inmortal ; imperecedero.

deathlike (de·zlaic) adj. mortal, de muerte, que parece de muerte, cadavérico.

deathly (de·zli) adj. mortal, de muerte, que pa-rece de muerte, letárgico, cadavérico. — 2 adv. mortalmente, terriblemente, sumamente.

deathtrap (de·ztræp) s. lugar peligroso o insegu-ro, trampa.

death-struck (de·zstrøc) adj. enfermo o herido de muerte.

deathwatch (de·zuøch) s. velatorio, vela de un di-funto ; guardia de un reo de muerte.

death-wounded adj. herido de muerte.

debacle (dibæ·cøl) s. deshielo [en un río] ; ave-nida que lo sigue. 2 desastre, caída, ruina.

debar (to) (døba·') tr. excluir, privar, apartar, ale-jar. ¶ CONJUG. pret. y p. p. : debarred; ger. : debarring.

debark (to) (diba·'k) tr. e intr. desembarcar. — 2 tr. descortezar [un árbol].

debarkation (diba·ke·shøn) s. desembarco, desem-barque.

debarras (to) (dibara·s) tr. desembarazar, des-pejar.

debase (to) (dibei·s) tr. rebajar, degradar, envile-cer, deshonrar, prostituir. 2 adulterar, viciar, deslucir.

debasement (dibei·šmønt) s. degradación, envile-cimiento. 2 adulteración.

debaser (dibei·sø') s. degradador, envilecedor. 2 adulterador.

debasing (dibei·sing) adj. degradante, envilecedor.

debatable (dibei·tabøl) adj. discutible.

debate (dibei·t) s. debate, discusión, controver-sia. 2 debate, deliberación.

debate (to) tr. e intr. debatir, discutir, contro-vertir. — 2 intr. deliberar. 3 pensar, reflexionar.

debater (dibei·tø') s. disputante, polemista.

debauch (dibo·ch) s. exceso, orgía, libertinaje.

debauch (to) tr. seducir, corromper, pervertir, vi-ciar. — 2 intr. entregarse al libertinaje, a la in-temperancia.

debauchedly (dibo·chidli) adv. licenciosamente.

debauchee (diboshi·) s. libertino.

debaucher (dibo·chø') s. seductor, corruptor.

debauchery (dibo·chøri), pl. -ries (-riš) s. crápula, libertinaje, licencia, intemperancia. 2 pl. orgías.

debenture (dibe·nchu') s. COM. obligación, bono. 2 abonaré de la aduana para reintegro de dere-chos. 3 libramiento, orden de pago del gobierno.

debilitant (dibi·litant) adj. y s. MED. debilitante. 2 MED. sedante.

debilitate (to) (dibi·liteit) tr. debilitar, enervar, postrar. 2 embotar [el entendimiento, etc.].

debilitation (dibilite·shøn) s. debilitación, ener-vación. 2 debilidad.

debility (dibi·liti), pl. -ties (-tiš) s. debilidad, de-caimiento, languidez. 2 debilidad [falta de ener-gía].

debit (de·bit) s. COM. debe. 2 COM. débito, adeudo, cargo. 3 COM. ~ balance, saldo deudor.

debit (to) tr. COM. adeudar, cargar [en cuenta].

debonair (debone·æ') adj. afable, cortés, compla-ciente, alegre.

debonairly (debone·æ'li) adv. afablemente, com-placientemente.

Deborah (de·borɑ) n. pr. f. Débora.

debouch (to) (dibu·sh) intr. desembocar, salir. 2 hacer desembocar.

debouchment (dibu·shmønt) *s.* desembocadura [de un río, etc.]. 2 salida [acción de desembocar].
débride (to) (de·brid) *tr.* CIR. desbridar.
débridement (debri·dmønt) *s.* CIR. desbridamiento.
débris, debris (debri·) *s.* ruinas, escombros, restos, desechos. 2 GEOL. deyecciones.
debt (det) *s.* deuda, débito : *bad* ~, deuda incobrable; *floating* ~, deuda flotante ; *funded* ~, deuda consolidada ; *National Debt*, deuda pública ; ~ *of honour*, deuda de honor ; *to run into* ~, endeudarse, entramparse.
debtor (de·tø') *s.* deudor.
debunk (to) (di·bønc) *tr.* (EE. UU.) pop. poner en su sitio verdadero ; traer a la realidad.
debus (dibø·s) *tr.* e *intr.* MIL. desembarcar [tropas], descargar [material] de vehículos motorizados.
debut, début (debiu·) *s.* TEAT. estreno, debut [de un actor, etc.]. 2 estreno, primeros pasos [en una carrera o profesión]. 3 entrada en sociedad [de una joven]. 4 *to make one's* ~, debutar, estrenarse ; hacer su entrada en sociedad.
debutant (de·biutan) *adj.* y *m.* debutante.
debutante (de·biutant) *adj.* y *f.* debutante. 2 díc. de la joven que hace su entrada en sociedad.
decade (de·keid) *s.* década, decenio. 2 decena [grupo de diez].
decadence, -cy (de·cadøns, -si) *s.* decadencia, ocaso.
decadent (de·cadønt) *adj.* y *s.* decadente. 2 decadentista.
decagon (de·cagon) *s.* GEOM. decágono.
decagram, decagramme (de·cagræm) *s.* decagramo.
decahedron (decaji·drøn), *pl.* -drons o -dra (-dræ) *s.* GEOM. decaedro.
decalcify (to) (dica·lsifai) *tr.* descalcificar.
decalcomania (dicælcøumei·nia) *s.* calcomanía.
decalitre, decaliter (de·calitø') *s.* decalitro.
decalogue (de·calog) *s.* decálogo.
decametre, decameter (de·camitø') *s.* decámetro.
decamp (to) (dicæ·mp) *intr.* decampar. 2 largarse, huir, tomar las de Villadiego.
decampment (dicæ·mpmønt) *s.* acción de decampar.
decanal (de·canal) *adj.* del deán o del decano.
decant (to) (dicæ·nt) *tr.* decantar. 2 trasegar.
decantation (dicænte·shøn) *s.* decantación. 2 trasiego.
decanter (dicæ·ntø') *s.* ampolla, garrafa [para servir vino o licores].
decapitate (to) (dicæ·piteit) *tr.* decapitar.
decapitation (dicæpite·shøn) *s.* decapitación.
Decapoda (deca·podæ) *s.* pl. ZOOL. decápodos.
decapod (de·capod) *adj.* y *s.* ZOOL. decápodo.
decarbonate (to) (dica·'bøneit) *tr.* descarbonatar.
decarbonization (dica·bønaise·shøn), **decarburization** (dica·'biuraise·shøn) *s.* descarburación.
decarbonize (to) (dıca·'bønaiš), **decarburize (to)** (dıca·'biuraiš) *tr.* descarburar.
decare (de·ke') *s.* decárea.
decastere (de·kastɪ') *s.* diez estéreos.
decasyllable (decasi·labøl) *s.* decasílabo.
decay (dikei·) *s.* decaimiento, decadencia, declinación, ocaso. 2 ruina, desmejora, desmedro, mengua. 3 putrefacción, podredumbre. 4 MED. consunción. 5 vejez, pobreza. 6 caries [de los dientes].
decay (to) (dikei·) *intr.* decaer, declinar, desmedrar, degenerar, venir a menos. 2 arruinarse, desmejorarse. 3 menguar. 4 pudrirse. 5 cariarse [los dientes]. 6 pasarse, marchitarse. — 7 *tr.* arruinar, deteriorar, echar a perder. 8 pudrir; corroer.
decease (disi·s) *s.* muerte, fallecimiento, defunción, óbito.
decease (to) *intr.* morir, fallecer.
deceased (disi·st) *adj.* muerto, difunto, finado.
decedent (disi·dent) *s.* DER. finado.
deceit (disi·t) *s.* engaño, dolo, falacia. 2 artificio, fraude, superchería, impostura.
deceitful (disi·tful) *adj.* engañoso, doloso. 2 ilusorio, falaz. 3 engañador, tramposo, falso, mentiroso.
deceifully (disi·tfuli) *adv.* engañosamente, falsamente.
deceitfulness (disi·tfulnis) *s.* falacia, falsía, doblez. 2 apariencia engañosa.
deceivable (disi·vabøl) *adj.* engañadizo, cándido.
deceivableness (disi·vabølnis) *s.* candidez, facilidad en dejarse engañar.
deceive (to) (disi·v) *tr.* engañar, embair, embaucar, alucinar. 2 defraudar, burlar.

deceiver (disi·vø') *s.* engañador, embaucador, burlador.
decelerate (to) (dise·løreit) *tr.* MEC. retardar, disminuir la velocidad. — 2 *intr.* disminuir en velocidad.
December (dise·mbø') *s.* diciembre.
decemvir (dise·mvø') *s.* decenviro.
decemviral (dise·mviral) *adj.* decenviral.
decemvirate (dise·mvireit) *s.* decenvirato.
deeency (di·sensi), *pl.* -cies (-sis) *s.* decencia, decoro. 2 recato, modestia. 3 *pl.* lo que exige una vida decente. 4 buenas costumbres, conveniencias sociales.
decennary (dise·nari) *adj.* decenal. — 2 *s.* decenario, decenio.
decennial (dise·nial) *adj.* decenal.
decennium (dise·niøm), *pl.* -nia (-niæ) *s.* decenio, decenario.
decent (di·sent) *adj.* decente, decoroso, honesto. 2 razonable, regular, conveniente.
decently (di·sentli) *adv.* decentemente, decorosamente.
decenter (to) *tr.* TO DECENTRE.
decentralization (disentrališe·shøn) *s.* descentralización.
decentralize (to) (dise·ntralaiš) *tr.* descentralizar.
decentre (to) (dise·ntø') *tr.* descentrar.
deception (dise·pshøn) *s.* engaño, fraude, artificio, superchería. 2 engaño [estado del engañado].
deceptive (dise·ptiv) *adj.* engañoso, falaz, ilusorio, mentiroso.
deceptively (dise·ptivli) *adv.* engañosamente, falazmente.
dechristianize (to) (dıcri·stianaiš) *tr.* descristianizar.
deciare (de·sie') *s.* deciárea.
decidable (disai·dabøl) *adj.* que se puede decidir.
decide (to) (disai·d) *tr.* e *intr.* decidir, resolver, determinar, venir en.
decided (disai·did) *adj.* decidido, resuelto, determinado. 2 definido, inequívoco, indudable, incontestable, categórico.
decidedly (disai·didli) *adv.* decididamente. 2 indudablemente, incontestablemente, categóricamente.
decidua (disi·dȳua) *s.* ANAT. caduca [membrana].
deciduous (disi·dȳuøs) *adj.* caedizo, caduco.
decigram, decigramme (de·sigræm) *s.* decigramo.
decilitre, deciliter (de·silitø') *s.* decilitro.
decimal (de·simal) *adj.* y *s.* decimal.
decimally (de·simali) *adv.* por decenas. 2 por medio de decimales.
decimate (to) (de·simeit) *tr.* diezmar.
decimation (desime·shøn) *s.* acción de diezmar. 2 estrago, mortandad.
decimator (de·simeitø') *s.* el que diezma.
decimetre, decimeter (de·simitø') *s.* decímetro.
decipher (to) (disai·fø') *tr.* descifrar, interpretar.
decipherable (disai·førabøl) *adj.* descifrable.
decipherer (disai·førø') *s.* descifrador.
decision (disi·ʒøn) *s.* decisión, resolución, acuerdo, fallo, decreto. 2 decisión, firmeza.
decisive (disai·siv) *adj.* decisivo. 2 conclusivo, terminante. 3 decidido, firme.
decisively (disai·sivli) *adv.* decisivamente.
decisiveness (disai·sivnis) *s.* calidad de decisivo. 2 decisión, firmeza.
decivilize (to) (di·sivilaiš) *tr.* hacer perder la civilización.
decistere (de·sistɪ') *s.* décima parte de un estéreo.
deck (dec) *s.* MAR. cubierta, puente : ~ *beam*, bao de cubierta ; ~ *boy*, paje de cubierta ; ~ *cargo*, ~ *load*, cargamento de cubierta ; ~ *chair*, silla de cubierta ; ~ *passage*, pasaje de cubierta ; *between decks*, entrepuente ; *below decks*, bajo cubierta ; *on* ~, sobre cubierta ; en la batería de puente ; fig. a mano, disponible, listo para la acción. 2 MEC. sección o parte plana. 3 piso [en un edificio]. 4 FERROC. techo [de vagón]. 5 ARQ. parte superior [de una mansarda]. 6 AUTO. tapa del compartimiento de equipajes : ~ *compartment*, compartimiento de equipajes. 7 baraja. 8 baceta, puente [en los naipes]. 9 FERROC. ~ *bridge*, puente de tablero superior.
deck (to) *tr.* vestir, ataviar, engalanar, adornar. 2 cubrir, revestir. 3 MAR. poner cubierta. 4 cargar, apilar [sobre una cubierta o parte plana]. 5 descartarse de [naipes].

decker (de·kø') s. cubridor. 2 adornista. 3 MAR. navío de [tantos o cuantos] puentes : *two·decker, three-decker,* navío de dos, de tres, puentes.

deck-house (dec-jaus) s. MAR. camareta alta.

deckle (de·køl) s. marco para hacer el papel. 2 ~ *edge,* o simplte. *deckle,* barba del papel.

declaim (to) (diclei·m) intr. y tr. declamar. 2 recitar. — 3 intr. perorar.

declaim s. DECLAMATION.

declaimer (diclei·mø') s. declamador, perorador.

declamation (diclame·shøn) s. declamación, perorata, arenga.

declamatory (diclæ·matori) adj. declamatorio.

declarable (dicle·ærabøl) adj. declarable.

declaration (declare·shøn) s. declaración. 2 aserto, manifestación, exposición. 3 manifiesto.

declarative (dicle·ærativ) adj. declarativo, expositivo.

declaratory (dicle·æratori) adj. declaratorio. 2 afirmativo, demostrativo, testificativo.

declare (to) (dicle·æ') tr. declarar, manifestar, proclamar. 2 afirmar, confesar. 3 revelar, mostrar. 4 DEP. anunciar que se retira ·[un caballo] de una carrera. 5 *to* ~ *oneself,* revelar uno sus intenciones, sus opiniones, su identidad, su presencia ; declararse [a una pers.]. — 6 intr. declarar, deponer. 7 *to* ~ *for* o *against,* declararse partidario o enemigo de.

declaredly (dicle·æridli) adv. declaradamente, abiertamente.

declarer (dicle·ærø') s. declarador, declarante.

declass (to) (diclæ·s) tr. degradar ; hacer perder [a uno] su categoría social.

declension (dicle·nshøn) s. GRAM. declinación. 2 declive, inclinación. 3 decadencia, declinación, caída, deterioro. 4 declinación [magnética].

declinable (diclai·nabøl) adj. declinable. 2 rehusable.

declination (decline·shøn) s. ASTR., MAGN. declinación. 2 desviación, desvío, apartamiento. 3 inclinación [hacia abajo]. 4 excusa, renuncia, negativa, acción de rehusar. — 5 adj. ~ *compass,* declinatorio.

declinatory (diclai·natori) adj. que incluye excusa o renuncia. — 2 s. DER. ~ *plea* o simplte. *declinatory,* declinatoria.

declinature (diclai·nachu') s. excusa, renuncia.

decline (diclai·n) s. inclinación, declive. 2 declinación, decadencia, ruina, ocaso, fin. 3 caída [de la tarde]. 4 decaimiento, consunción. 5 mengua, baja. 6 COM. depresión.

decline (to) tr. inclinar, bajar. 2 apartar, desviar. 3 rechazar, rehuir, evitar, rehusar, negarse a hacer ; renunciar. 4 GRAM. declinar. — 5 intr. desviarse, apartarse. 6 inclinarse, bajar, descender, caer. 7 declinar, decaer, caer, aproximarse a su fin, venir ·a menos, ir de caída. 8 menguar, ir de baja. 9 rehusar.

declivitous (dicli·vitøs) adj. inclinado, en pendiente.

declivity (dicli·viti) s. inclinación, pendiente, declividad, declive.

declivous (diclai·vøs) adj. inclinado, en pendiente, clivoso.

declutch (to) (diclø·ch) tr. MEC. desembragar.

decoct (to) (dico·ct) tr. cocer, someter a la decocción. 2 extraer por medio de la decocción. 3 condensar, reducir.

decoction (dico·cshøn) s. decocción, cocimiento.

decode (to) (dicou·d) tr. descifrar [un telegrama cifrado, etc.].

decollate (to) (dico·leit) tr. degollar. 2 cortar [la cabeza].

decollation (dicole·shøn) s. degollación.

décolletage (deicolta·dÿ) s. escote [de un vestido] ; vestido escotado.

décolleté (deicoltei·) adj escotado [vestido, mujer].

decolor, decolorate, decolorization, decolorize, etc. = DECOLOUR, DECOLOURATE, DECOLOURIZATION, DECOLOURIZE, etc.

decolorant (dikø·lørant) adj. y s. decolorante.

decoloration (dikøløre·shøn) s. decoloración, descolorimiento.

decolour (to) (dikø·lø'), **decolourate** (to) (dikø·løreit) tr. decolorar, descolorar, descolorir. 2 clarificar [el azúcar].

decolourization (dikøløriše·shøn) s. decoloración, descolorimiento.

decolourize (to) (dikø·løraiš) tr. decolorar, descolorar, descolorir.

descomposable (dicompou·šabøl) adj. descomponible.

decompose (to) (dicompou·š) tr. descomponer [en sus elementos]. 2 pudrir, corromper. — 3 intr. descomponerse, pudrirse, corromperse.

decomposite (dicompou·šit) adj. y s. compuesto de compuestos.

decomposition (dicompoši·shøn) s. descomposición [de una cosa en sus elementos]. 2 putrefacción, corrupción.

decompound (dicompau·nd) adj. BOT. varias veces compuesto.

decompound (to) tr. descomponer [en sus elementos]. 2 componer o mezclar con un compuesto.

decompression (dikømpre·shøn) s. descompresión.

deconsecrate (to) (dico·nsicreit) tr. secularizar.

decontaminate (to) (dikøntæ·mineit) tr. desinfectar ; purificar [el agua contaminada, etc.].

decontamination (dikøntæmine·shøn) s. desinfección : ~ *squad,* equipo o brigada de desinfección.

decontrol (dicøntrou·l) s. supresión o terminación del control.

decontrol (to) tr. suprimir o dar por terminado el control de.

decorate (to) (de·coreit) tr. decorar, adornar, embellecer. 2 condecorar.

decoration (decore·shøn) s. decoración, ornamentación, ornato. 2 adorno, ornamento. 3 condecoración, 4 (EE. UU.) *Decoration Day,* el 30 de mayo, día señalado para adornar las tumbas de los soldados muertos en campaña.

decorative (de·corativ) adj. decorativo, ornamental.

decorator (de·coreitø') s. decorador, adornista.

decorous (dico·røs) adj. decoroso, conveniente, circunspecto, correcto.

decorously (dico·røsli) adv. decorosamente, correctamente.

decorousness (dico·røsnis) s. decoro, circunspección, corrección.

decorticate (to) (dicø·'tikeit) tr. descortezar, pelar, mondar. 2 MED., BIOL. decorticar.

decortication (dico'tike·shøn) s. descortezo, descortezamiento, peladura. 2 MED., BIOL. decorticación.

decorticator (dico'tikei·tø') s. descortezador, pelador, mondador.

decorum (dico·røm) s. decoro, circunspección, compostura, gravedad, corrección.

decoy (dicoi·) s. señuelo, reclamo, cimbel ; incitación, añagaza, entruchada. 2 entruchón, gancho [pers. que se emplea para atraer a otro o hacerla caer en una trampa]. — 3 adj. que atrae con engaño : ~ *duck,* ~ *pigeon,* pato o paloma que sirve de reclamo.

decoy (to) tr. reclamar, atraer con señuelo o añagaza ; entruchar. 2 atraer a un peligro, una emboscada, etc.

decrease (dicri·s) s. decrecimiento, mengua, disminución. 2 menguante [de la luna].

decrease (to) intr. decrecer, disminuir, disminuirse, menguar. — 2 tr. disminuir, reducir.

decreasing (dicri·sing) adj. decreciente, menguante.

decreasingly (dicri·singli) adv. en disminución.

decree (dicri·) s. decreto, orden, edicto, mandato. 2 DER. sentencia [en lo civil].

decree (to) tr. decretar, ordenar, mandar, determinar.

decrement (de·crimønt) s. decremento.

decrepit (dicre·pit) adj. decrépito, caduco.

decrepitate (to) (dicre·piteit) tr. cocer, calcinar, haciendo decrepitar. — 2 intr. decrepitar.

decrepitation (dicrepite·shøn) s. decrepitación.

decrepitude (dicre·pitiud) s. decrepitud, caduquez.

decrescent (dicre·sent) adj. decreciente, menguante.

decretal (dicri·tal) adj. y s. decretal. — 2 s. pl. decretales.

decretalist (dicri·talist) s. decretalista.

decretist (dicri·tist) s. decretista.

decretive (dicri·tiv) adj. que tiene fuerza de decreto.

decretory (de·critori) adj. decisivo, perentorio. 2 MED. decretorio.

decrial (dicra·ial) s. descrédito, rebaja, censura, vituperación.

decrier (dicra·iø') s. censurador, denigrador, vituperador.

decry (to) (dicrai·) tr. desacreditar, rebajar, denigrar, censurar, vituperar, afear. 2 desvalorizar oficialmente.

decubitus (dikiu·bitøs) s. decúbito.

decuman (de·kiuman) adj. muy grande.

decumbence (dicø·mbens), decumbency (dicø·mben-si) s. estado o calidad de decumbente.
decumbent (dicø·mbent) adj. decumbente.
decumbiture (dicø·mbichu' o -tiu') s. tiempo durante el cual guarda cama el enfermo.
decuple (de·kiupøl) adj. y s. décuplo.
decuple (to) tr. decuplicar.
decurion (dikiu·riøn) s. d⊃curión.
decurrent (dicø·rent), decursive (dicø·'siv) adj. BOT. decurrente.
decussate(d (dicø·seit(id) adj. cruzado, en forma de cruz. 2 BOT. decuso, decusado.
decussate (to) tr. cruzar, poner en forma de cruz. — 2 intr. cruzarse, entrecruzarse.
decussation (dicøse·shøn) s. cruzamiento, disposición cruzada o decusada.
dedal (di·dal). Dedalian, etc. = DAEDAL, DAEDALIAN, etcétera.
dedicate(d (de·dikeit(id) adj. dedicado.
dedicate (to) (de·dikeit) tr. dedicar [a Dios, al culto, a un fin o actividad]. 2 dedicar [un libro, etc.].
dedicatee (dedikeitr·) s. aquel a quien se dedica algo.
dedication (dedike·shøn) s. dedicación. 2 dedicatoria. 3 advocación [de una iglesia].
dedicative (de·dicativ) adj. dedicativo.
dedicator (de·dikeitø') s. dedicante.
dedicatory (de·dicatori) adj. dedicatorio.
deduce (to) (didiu·s) tr. deducir, colegir, inferir. 2 hacer derivar; reconstruir el curso, la línea de descendencia.
deducible (didiu·sibøl) adj. deducible, inferible.
deduct (to) (didø·ct) tr. deducir, rebajar, descontar, restar.
deduction (didø·cshøn) s. deducción, descuento; resta, sustracción. 2 deducción, inferencia.
deductive (didø·ctiv) adj. deductivo.
deductively (didø·ctivll) adv. deductivamente.
deed (dɪd) s. hecho; acción, obra, acto; realidad: in ~, de hecho, en verdad, de veras. 2 hazaña, proeza. 3 DER. escritura, instrumento; ~ of gift, escritura de donación.
deed (to) tr. DER. transferir por escritura o instrumento.
deem (to) (dɪm) tr. e intr. juzgar, creer, pensar, estimar, considerar.
deemster (dɪ·mstø') s. ant. juez. 2 magistrado en la isla de Man.
deep (dɪp) adj. hondo, profundo. 2 espeso [nieve, etc.]. 3 alta [hierba]. 4 ancho, dilatado. 5 hundido, sumergido [en], cubierto [de]. 6 impenetrable, abstruso, misterioso, obscuro, recóndito. 7 penetrante, perspicaz, sagaz. 8 astuto, artero, insidioso. 9 serio, grave, grande. 10 absorto, embebido, enfrascado, muy metido: ~ in thought, absorto en la meditación, en sus pensamientos; ~ in politics, muy metido en política. 11 intenso, agudo, fuerte, extremo, cordial. 12 obscuro, subido [color]. 13 grave [voz, sonido]. 14 de hondo, de profundidad, de espesor; metido, hundido hasta [cierta profundidad]: ten inches ~, de diez pulgadas de profundidad; hundido hasta diez pulgadas. 15 Otros sentidos: ~ in debt, cargado de deudas; ~ in difficulties, envuelto en dificultades; ~ mourning, luto riguroso; ~ sea, alta mar; to go off at the ~ end, hundirse en el agua; (EE. UU.) lanzarse irreflexivamente a una acción; verse rápidamente envuelto en dificultades, etc.; (Ingl.) excitarse mucho; perder el dominio de sí mismo. 16 adv. profundamente, hondamente, intensamente, muy adentro, muy, mucho: to drink ~, beber mucho, de firme; ~ into the night, muy entrada la noche. 17 s. profundidad. 18 piélago, mar, fondo del mar. 19 abismo, sima. 20 misterio.
-deep, elemento final de compuestos como: ankle-deep, knee-deep, metido hasta [la altura de] los tobillos, las rodillas.
deep-chested adj. ancho de pecho.
deep-drawing adj. MAR. de mucho calado.
deep-dyed adj. consumado, redomado [pillo, etc.].
deepen (to) (drpøn) tr. profundizar, ahondar, intensificar. 2 obscurecer, ennegrecer. 3 hacer más grave [un sonido, etc.]. — 4 intr. hacerse más hondo, intensificarse. 5 hacerse más grave [un sonido, etc.].
deep-felt adj. hondamente sentido.
deep-going adj. MAR. de mucho calado.

deep-laid adj. profundo, astutamente concebido, dispuesto con astucia.
deeply (dr·pli) adv. profundamente, hondamente; a fondo. 2 intensamente, muy. 3 obscuramente. 4 astutamente, sagazmente.
deep-musing adj. pensativo.
deepness (dr·pnis) s. profundidad, intensidad. 2 penetración, sagacidad.
deep-read adj. muy leído.
deep-rooted adj. profundamente arraigado.
deep-seated adj. profundamente arraigado; firmemente establecido.
deer (di·ø') s. ZOOL. ciervo, venado: red ~, ciervo común; fallow ~, gamo; ~ lick, salegar adonde acuden los ciervos.
deerhound (di·ø'jaund) s. galgo para cazar ciervos.
deerskin (di·ø'skin) s. piel de venado, correal.
deerstalking (di·ø'stoking) s. caza del ciervo al acecho.
deface (to) (difei·s) tr. borrar, desfigurar, destruir, deteriorar, mutilar, estropear, afear.
defacement (difei·smønt) s. desfiguración, mutilación, deterioro, estropeo, afeamiento.
defacer (difei·sø') s. desfigurador, estropeador, destructor.
de facto (di fæ·ctou) loc. de hecho.
defalcate (to) (difæ·lkeit) intr. desfalcar, cometer desfalcos.
defalcation (defalke·shøn) s. desfalco.
defamation (difame·shøn) s. difamación, infamación, detracción.
defamatory (difæ·matori) adj. difamatorio, infamatorio.
defame (to) (difei·m) tr. difamar, infamar.
defamer (difei·mø') s. difamador, infamador.
defamingly (difei·mingli) adv. con difamación.
default (difo·lt) s. falta, defecto, deficiencia: in ~ of, por falta de; in ~ whereof, en cuyo defecto. 2 descuido, negligencia, omisión; incumplimiento [de un deber, obligación, etc.]; falta de pago. 3 ausencia, no comparecencia; DER. rebeldía, contumacia: to make ~, no comparecer, no presentarse; by ~, DEP. por no presentarse; DER. en rebeldía.
default (to) tr. e intr. dejar de cumplir, faltar [a un deber, obligación, etc.]; no pagar. — 2 intr. DEP. no presentarse. 3 DER. no comparecer, estar en rebeldía. — 4 tr. DEP. perder por no presentarse. 5 DER. hacer constar la no comparecencia, declarar en rebeldía.
defaulter (difo·ltø') s. DER. delincuente. 2 desfalcador, malversador. 3 DER. rebelde, que no comparece.
defeasance (difrӡans) s. anulación, invalidación, revocación, nulidad.
defeasible (difrӡibøl) adj. anulable, invalidable, revocable.
defeat (difr·t) s. derrota, rota, vencimiento, descalabro. 2 desbaratamiento, frustración. 3 DER. anulación, invalidación, revocación.
defeat (to) tr. derrotar, vencer. 2 desbaratar, frustrar; privar de. 3 DER. anular, invalidar, revocar.
defeatism (difi·tiӡm) s. derrotismo.
defeatist (difi·tist) adj. y s. derrotista.
defecate (de·fikit) adj. clarificado, refinado, depurado.
defecate (to) (de·fikeit) tr. defecar, clarificar, purificar. 2 purgar, depurar. — 3 intr. clarificarse, purificarse. 4 defecar [expeler los excrementos].
defecation (defike·shøn) s. defecación, clarificación, purificación, depuración. 2 defecación [expulsión de los excrementos].
defect (di·fect) s. defecto.
defection (dife'cshøn) s. defección.
defective (dife'ctiv) adj. defectivo, defectuoso, imperfecto, incompleto. 2 GRAM. defectivo. 3 falto, corto. 4 PSIC. deficiente. — 5 s. cosa deficiente. 6 PSIC. persona deficiente. 7 persona que tiene algún defecto físico.
defectively (dife'ctivli) adv. defectuosamente, deficientemente.
defectiveness (dife'ctivnis) s. defectuosidad, deficiencia, imperfección.
defectuous (dife'cshuøs) adj. defectuoso.
defence (dife·ns) s. defensa [acción de defender o defenderse; amparo, protección, resguardo; cosa con que uno se defiende o protege]. 2 defensa, justificación, vindicación. 3 DER. defensa [alegación en defensa]: counsel for the ~, defensa.

abogado defensor. *4* AJED., DEP. defensa. *5 pl.* FORT. defensas.
defenceless (dife·nslis) *adj.* indefenso, inerme.
defencelessly (dife·nslesli) *adv.* indefensamente.
defencelessness (dife·nslisnis) *s.* indefensión; desvalimiento, desamparo.
defend (to) (dife·nd) *s.* defender [contra un ataque, etc.]. 2 defender, amparar, proteger, resguardar. 3 defender [con razones o argumentos]. *4* DER. defender.
defendable (dife·ndabøl) *adj.* defendible, defendedero.
defendant (dife·ndant) *adj.* que defiende, que está a la defensiva. — *2 s.* DER. demandado, acusado, procesado.
defender (dife·ndø') *s.* defensor. 2 campeón, abogado, protector.
defense, defenseless, etc. = DEFENCE, DEFENCELESS, etcétera.
defensible (dife·nsibøl) *adj.* defendible, defendedero.
defensive (dife·nsiv) *adj.* defensivo. 2 que defiende. — *3 s.* defensiva: *to be o stand on the* ~. estar o ponerse a la defensiva.
defensively (dife·nsivli) *adv.* defensivamente.
defensor (dife·nsø') *s.* patrono o administrador de una iglesia.
defensory (dife·nsori) *adj.* defensivo, justificativo.
defer (to) (difø·') *tr.* diferir, posponer, aplazar, retardar. 2 remitir, someter [a la determinación o dictamen de alguien]. — *3 intr.* demorarse, esperar. *4 to* ~ *to,* deferir, ceder a, acatar, obedecer [el dictamen, la decisión, etc., de alguien]. ¶ CONJUG. pret. y p. p.: *deferred;* ger.: *deferring.*
deference (de·førens) *s.* deferencia: *in* ~ *to,* por deferencia a.
deferent (de·førent) *adj.* deferente, respetuoso. 2 ASTRON., ANAT. deferente.
deferential (deføre·nshal) *adj.* deferente, respetuoso.
deferentially (deføre·nshali) *adv.* con deferencia, respetuosamente.
deferment (difø·'mønt) *s.* dilación, aplazamiento.
deferred (difø·'d) *pret.* y *p. p.* de TO DEFER. — *2 adj.* diferido.
deferrer (difø·rø') *s.* tardador, aplazador.
deferring (difø·ring) *s.* dilación, aplazamiento.
defiance (difa·ians) *s.* desafío, reto, provocación: *to bid* ~ *to, to set at* ~, desafiar, retar. 2 oposición: *in* ~ *of,* en abierta oposición con, a despecho de.
defiant (difa,iant) *adj.* desafiador, de desafío, provocativo, retador, insolente.
defiber (to) (difai·bø') *tr.* desfibrar.
defibrinate (to) (difai·brineit) *tr.* desfibrinar.
deficiency (difi·shensi) *s.* deficiencia, falta, insuficiencia. 2 PSIC. deficiencia mental. 3 MED. carencia: ~ *disease,* enfermedad de carencia. *4* COM. déficit, descubierto.
deficient (difi·shent) *adj.* deficiente. 2 falto, incompleto, insuficiente. 3 faltante.
deficiently (difi·shentli) *adv.* deficientemente; insuficientemente.
deficit (de·fisit) *s.* déficit. 2 insuficiencia. — *3 adj.* deficitario.
defier (difai·ø') *s.* desafiador, retador.
defilade (to) (defilei·d) *tr.* MIL. desenfilar.
defilading (defilei·ding) *s.* MIL. desenfilada.
defile (difai·l o di·fail) *s.* desfiladero. 2 MIL. desfile.
defile (to) *tr.* manchar, ensuciar. 2 viciar, corromper. 3 mancillar, deshonrar, profanar. — *4 intr.* MIL. desfilar.
defilement (difai·lmønt) *s.* ensuciamiento. 2 mancilla, deshonra, impurificación, profanación.
defiler (difai·lø') *s.* ensuciador, corruptor, profanador.
definable (difai·nabøl) *adj.* definible.
define (to) (difai·n) *tr.* definir. 2 delimitar, circunscribir. 3 distinguir, caracterizar.
definer (difai·nø') *s.* definidor.
definite (de·finit) *adj.* definido, determinado: ~ *article,* artículo definido o determinado. 2 claro, preciso, inequívoco, terminante.
definitely (de·finitli) *adv.* definidamente, claramente, terminantemente.
definiteness (de·finitnis) *s.* calidad de definido, exactitud, precisión.
definition (defini·shøn) *s.* definición. 2 precisión, exactitud [de detalles, contornos, etc.]. 3 ÓPT. precisión.
definitive (difi·nitiv) *adj.* definitivo. 2 definido, exacto, expreso. 3 que distingue o define.

definitively (difi·nitivli) *adv.* definitivamente.
definitiveness (difi·nitivnis) *s.* calidad de definitivo.
definitor (definai·tø') *s.* ECLES. definidor.
deflagrable (de·flagrabøl) *adj.* capaz de deflagrar.
deflagrate (to) (de·flagreit) *intr.* deflagrar. — *2 tr.* hacer deflagrar.
deflagration (deflagre·shøn) *s.* deflagración.
deflagrator (de·flagreitø') *s.* deflagrador.
deflate (to) (diflei·t) *tr.* desinflar. 2 deshinchar [a uno]. 3 ECON. reducir la inflación. — *4 intr.* desinflarse, deshincharse.
deflation (difle·shøn) *s.* desinflamiento. 2 ECON. deflación.
deflect (to) (difle·ct) *tr.* desviar, apartar, torcer. — *2 intr.* desviarse, apartarse [de una línea, posición, etc.].
deflection (difle·cshøn) *s.* desvío, desviación, apartamiento: ~ *angle,* ángulo de desviación. 2 MEC. deflexión, flexión.
deflective (difle·ctiv) *adj.* que desvía.
deflex (to) (difle·cs) *tr.* doblar, curvar [hacia abajo].
deflexión (difle·cshøn), **deflexure** (difle·cshu') *s.* DEFLECTION.
deflorate (to) (diflou·reit) *adj.* BOT. que ha cesado de florecer.
deflorate (to) *tr.* TO DEFLOWER.
defloration (deflore·shøn) *s.* desfloración. 2 desflorecimiento. 3 acción de entresacar lo mejor.
deflower (to) (difla·uø') *tr.* desflorar [ajar, deslustrar]. 2 desflorar, violar. 3 despojar de flores.
deflowerer (difla·uørø') *s.* desflorador.
defluxion (diflø·cshøn) *s.* MED. flujo, destilación.
defoliate (difou·lieit) *adj.* deshojado.
defoliate (to) *tr.* deshojar. — *2 intr.* deshojarse.
defoliation (difoulie·shøn) *s.* BOT. defoliación.
deforce (to) (difo·'s) *tr.* detentar, usurpar. 2 desposeer.
deforest (to) (difo·rest) *tr.* despoblar [de árboles o bosques].
deform (to) (difo·'m) *tr.* deformar, desformar. 2 desfigurar, afear. 3 degradar, envilecer.
deformation (difo'me·shøn) *s.* deformación. 2 desfiguración, afeamiento.
deformed (difo·'md) *adj.* deformado, desfigurado. 2 deforme, contrahecho, disforme, monstruoso.
deformedness (difo·'midnis) *s.* deformidad, deformación.
deformity (difo·'miti) *s.* deformidad. 2 fealdad.
defraud (to) (difro·d) *tr.* defraudar, estafar.
defraudation (difrode·shøn) *s.* defraudación.
defrauder (difro·dø') *s.* defraudador.
defraudment (difro·dmønt) *s.* defraudación.
defray (to) (difrei·) *tr.* costear, sufragar, subvenir a, pagar [los gastos].
defrayal (difrei·al) *s.* pago, acción de costear o sufragar.
defrayer (difrei·ø') *s.* el que costea o sufraga.
defreeze (to) (difrī·s) *tr.* descongelar.
defrock (to) (difro·c) *tr.* degradar, quitar los hábitos [a un sacerdote, monje, etc.].
defrost (to) (difro·st) *tr.* quitar el hielo o la escarcha de [neveras, parabrisas, etc.].
deft (deft) *s.* ágil, diestro, hábil, mañoso.
deftly (de·ftli) *adv.* ágilmente, diestramente, mañosamente.
deftness (de·ftnis) *s.* agilidad, destreza, habilidad.
defunct (difø·nct) *adj.* y *s.* difunto. — *2 adj.* muerto [órgano, etc.]; desaparecido, que ya no se publica [periódico].
defunction (difø·ncshøn) *s.* poco us. defunción.
defy (to) (difai·) *tr.* desafiar. 2 retar, provocar. 3 arrostrar, resistirse a. 4 despreciar, contravenir.
degeneracy (diȳe·nørasi) *s.* degeneración. | No tiene el sentido de degeneración de un tejido orgánico. 2 degradación, perversión.
degenerate (diȳe·nørit) *adj.* y *s.* degenerado.
degenerate (to) (diȳe·nøreit) *intr.* degenerar. — *2 tr.* hacer degenerar.
degenerately (diȳe·nøritli) *adv.* con degeneración, vilmente.
degenerateness (diȳe·nøritnis) *s.* degeneración [estado].
degeneration (diȳenøre·shøn) *s.* degeneración.
deglutinate (to) (diglu·tineit) *tr.* desaglutinar, despegar. 2 extraer el gluten de.
deglutition (degluti·shøn) *s.* deglución.

degradation (degrade·shøn) *s*. degradación [acción de desposeer de empleos, dignidades, etc.]. *2* degradación, envilecimiento. *3* degeneración, disminución. descenso, deterioro. *4* PINT. degradación. *5* GEOL. destrucción por erosión.

degrade (to) (digrei·d) *tr*. degradar [desposeer de empleos, dignidades, etc.]. *2* degradar, envilecer. *3* minorar, rebajar, reducir. *4* GEOL. destruir por erosión. — *5 intr*. degradarse, degenerar.

degrading (digrei·ding) *adj*. degradante.

degradingly (digrei·dingli) *adv*. de un modo degradante.

degrease (to) (digrī·s) *tr*. desgrasar.

degree (digrī·) *s*. grado [en todas sus acepciones menos en la de voluntad, gusto y en la de grado militar] : *to take one's* ~, graduarse [en una universidad, etc.]; *by degrees*, gradualmente; *in the highest* ~, en sumo grado, en alto grado; *to a* ~, en extremo; algo, bastante, en cierto modo, hasta cierto punto. *2* rango, categoría.

degression (digre·shøn) *s*. decrecimiento, descenso. *2* disminución progresiva [en los impuestos].

degressive (digre·siv) *adj*. decreciente, que disminuye· por grados o progresivamente.

degust (to) (digø·st) *tr*. degustar.

degustation (digøstei·shøn) *s*. degustación.

dehisce (to) (diji·s) *intr*. BOT. abrirse por dehiscencia.

dehiscence (diji·søns) *s*. BOT. dehiscencia.

dehiscent (diji·sønt) *adj*. BOT. dehiscente.

dehorn (to) (dijo·'n) *tr*. descornar. *2* fig. hacer inofensivo.

dehort (to) (dijo·'t) *tr*. disuadir.

dehortation (djjo·te·shøn) *s*. disuasión.

dehumanization (drjiumanaiše·shøn) *s*. acción de deshumanizar.

dehumanize (to) (drjiu·manaiš) *tr*. deshumanizar, despojar de las cualidades o virtudes humanas.

dehumidifier (dijiumi·difaiø') *s*. deshumedecedor, reductor de humedad.

dehumidify (to) (dijiumi·difai) *tr*. deshumedecer.

dehydrate (to) (dijai·dreit) *tr*. deshidratar.

dehydration (dijaidre·shøn) *s*. deshidratación.

deice (to) (diai·s) *tr*. AVIA. deshelar, descongelar.

deicer (diai·sø') *s*. AVIA. descongelador, dispositivo antihielo.

deicide (di·isaid) *s*. deicida. *2* deicidio.

deictic (dai·ctic) *adj*. LÓG. deíctico.

deific(al (dii·fic(al) *adj*. deífico.

deification (diifike·shøn) *s*. deificación.

deifier (di·ifaiø') *s*. el que deifica.

deiform (di·ifo·'m) *adj*. deiforme.

deify (to) (di·ifai) *tr*. deificar, divinizar.

deign (to) (dein) *intr*. dignarse, servirse. condescender, tener la dignación de. — *2 tr*. dignarse dar.

deigning (dei·ning) *s*. dignación.

deincrustant (di·incrøstant) *s*. desincrustante.

Deipara (dii·para) *adj*. deípara.

deism (di·iŝm) *s*. deísmo.

deist (di·ist) *s*. deísta.

deistic'al (dii·stic(al) *adj*. deísta.

deity (di·iti) *s*. deidad, divinidad, numen. *2 the Deity*, Dios.

deject (to) (diye·ct) *tr*. contristar, abatir, desanimar, desalentar, descorazonar.

dejecta (diye·cta) *s*. *pl*. excrementos.

dejected (diye·ctid) *adj*. acongojado, abatido, desanimado, desalentado.

dejectedly (diye·ctidli) *adv*. abatidamente, desanimadamente.

dejectedness (diye·ctidnis) *s*. abatimiento, desánimo.

dejection (diye·cshøn) *s*. abatimiento, desánimo, desaliento, postración, melancolía. *2* FISIOL. deyección.

de jure (di yu·ri) *loc*. de jure, de derecho.

delaine (delei·n) *s*. muselina de lana, lanilla.

delapsed (dilæ·pst) *adj*. MED. caído.

delate (to) (dilei·t) *tr*. delatar, denunciar. *2* divulgar.

delation (dile·shøn) *s*. delación, denuncia.

delay (dilei·) *s*. dilación, demora, tardanza, retraso, detención, entorpecimiento.

delay (to) (dilei·) *tr*. dilatar, diferir, aplazar, retardar, retrasar, demorar, detener, entretener, entorpecer. — *2 intr*. tardar, retrasarse, entretenerse, pasar el tiempo en dilaciones.

del credere (delcre·døri) *expr*. que designa la obligación del agente o factor que responde ante su principal del cumplimiento de las obligaciones de aquellos con quienes trata.

dele (di·li) *s*. IMPR. dele [signo].

dele (to) *tr*. IMPR. suprimir.

deleble (de·lebøl) *adj*. deleble.

delectable (dile·ctabøl) *adj*. deleitable. deleitoso.

delectableness (dile·ctabølnis) *s*. calidad de deleitable, deleite.

delectably (dile·ctabli) *adv*. deleitablemente, deleitosamente.

delectate (to) (dele·cteit) *tr*. deleitar.

delectation (dilecte·shøn) *s*. deleite, delectación. delicia. *2* placer, diversión.

delegacy (de·løgasi), *pl*. -cies (-sis) *s*. delegación [acción de delegar; carácter de delegado]. *2* delegación, comisión [conjunto de delegados].

delegate (de·løgueit) *adj. y s*. delegado, comisionado. — *2 s*. lugarteniente, substituto, comisario.

delegate (to) *tr*. delegar, comisionar, diputar.

delegation (deløgue·shøn) *s*. delegación, diputación, comisión [acción de delegar o comisionar; persona o personas delegadas].

delete (to) (deli·t) *tr*. borrar, tachar, suprimir.

deleterious (deliti·rios) *adj*. deletéreo. *2* nocivo, pernicioso.

deletion (deli·shøn) *s*. tachadura, supresión. *2* destrucción.

deletory (de·løtori) *adj*. que borra o suprime.

delf (delf) *s*. zanja, desagüadera.

delft (delft) *s*. loza fina de Delft. *2* color entre azul y rojizo.

deliberate (dili·børit) *adj*. deliberado, premeditado, reflexionado, pensado; hecho de intento. *2* cauto, circunspecto. *3* sereno, reflexivo. *4* lento, pausado.

deliberate (to) (dili·børeit) *tr*. reflexionar, pensar, pesar, considerar, premeditar. — *2 intr*. deliberar, consultar, reflexionar. *3* vacilar, dudar.

deliberately (dili·børitli) *adv*. deliberadamente, premeditadamente. *2* a sabiendas. *3* pausadamente.

deliberateness (dili·børitnis) *s*. deliberación, reflexión, premeditación, intención [con que se hace una cosa]. *2* pausa, lentitud.

deliberation (dilibøre·shøn) *s*. DELIBERATENESS. *2* deliberación [acción de deliberar].

deliberative (dili·børativ) *adj*. deliberativo. *2* deliberante.

delicacy (de·licasi) *s*. delicadeza, delicadez. *2* finura, sensibilidad [de un instrumento, etc.] *3* nimiedad, exigencia, miramiento. *4* refinamiento, exquisitez, primor. *5* cosa delicada o refinada, lujo, golosina, manjar exquisito, gollería.

delicate (de·likit) *adj*. delicado [en todas sus acepciones]. *2* mirado, considerado. *3* fino, sensible [instrumento]. *4* fino [oído]. *5* refinado, elegante, gracioso. *6* exquisito; primoroso. *7* de gusto exigente, reparón, difícil. *8* exquisitamente hábil.

delicately (de·likitli) *adv*. delicadamente.

delicateness (de·likitnis) *s*. delicadeza, delicadez.

delicatessen (delicate·sen) *s*. *pl*. fiambres, queso, ensaladas, conservas, etc.; tienda en que se venden.

delicious (deli·shøs) *adj*. delicioso. *2* sabroso. *3* deliciosamente cómico o divertido.

deliciously (deli·shøsli) *adv*. deliciosamente. *2* sabrosamente.

deliciousness (deli·shøsnis) *s*. delicia [calidad de delicioso]. *2* sabor u olor agradables.

deligation (delige·shøn) *s*. CIR. vendaje, ligadura.

delight (dilai·t) *s*. deleite, delectación, delicia; placer, cerr, gozo.

delight (to) *tr*. deleitar, encantar, agradar, dar gusto, recrear. — *2 intr*. deleitarse, gozarse, complacerse [en].

delighted (dilai·tid) *adj*. gozoso, encantado, muy contento : *to be* ~ *to*, alegrarse mucho de, tener mucho gusto en; estar encantado de.

delighter (dilai·tø') *s*. el que deleita o se deleita.

delightful (dilai·tful) *adj*. deleitable, deleitoso, delicioso, ameno, agradable, exquisito, encantador.

delightfully (dilai·tfuli) *adv*. deliciosamente, exquisitamente, encantadoramente.

delightfulness (dilai·tfulnis) *s*. delicia, amenidad, encanto.

delightsome (dilai·tsøm) *adj*. deleitoso, placentero.

delightsomely (dilai·tsømli) *adv*. deleitosamente.

delightsomeness (dilai·tsømnis) *s*. DELIGHTFULNESS.

delimit (dili·mit), delimitate (to) (dili·miteit) *tr*. delimitar, fijar los límites de.

delineament (dili·niamønt) *s*. DELINEATION.

delineate (to) (dili·nieit) tr. delinear, trazar, bosquejar, diseñar. 2 pintar, describir.
delineation (dilinie·shøn) s. delineación, traza, bosquejo, diseño. 2 pintura, descripción.
delineator (dili·nieitø') s. delineador, diseñador dibujante. 2 SASTR. patrón ajustable.
delinquency (dili·ncuensi) s. delincuencia [calidad de delincuente, tendencia a delinquir]. 2 culpa, falta, delinquimiento.
delinquent (dili·ncuent) adj. y s. delincuente, culpable [esp. de una falta o delito leve]. 2 moroso [deudor]. — 3 adj. debido y no pagado [contribución, renta, etc.].
deliquesce (to) (delicue·s) intr. liquidarse lentamente, atrayendo la humedad del aire; derretirse. 2 BOT. ramificarse finamente [como las venas de una hoja].
deliquescence (delicue·sens) s. delicuescencia.
deliquescent (delicue·sent) adj. delicuescente.
delirious (dili·riøs) adj. delirante, desvariado, demente.
deliriousness (dili·riøsnis) adj. delirio, desvarío.
delirium (dili·riøm), pl. -rium o -ria (-riæ) s. delirio, desvario. 2 MED. ~ tremens, delirium tremens.
delitescent (delite·sent) adj. latente.
deliver (to) (dili·vø') tr. libertar, liberar, librar, rescatar, salvar. 2 descargar [de]. 3 entregar, dar, poner en manos [de]; rendir, resignar: to ~ over, entregar, transmitir, traspasar; to ~ up, entregar, resignar, abandonar. 4 servir, despachar [un pedido]; entregar, repartir [los géneros vendidos, la correspondencia]: to ~ the goods, entregar o repartir los géneros; fig. cumplir uno lo convenido; hacer lo prometido o esperado. 5 descargar, soltar [un golpe, una andanada, etc.], lanzar, tirar, arrojar. 6 decir, pronunciar, recitar [discursos, etc.]; emitir [conceptos]. 7 partear: to be delivered of a child, dar a luz un hijo.
deliverance (dili·vørans) s. liberación, libramiento, rescate, salvación. 2 DER. entrega, traspaso. 3 sentencia, dictamen, opinión [expresada públicamente], declaración.
deliverer (dili·vørø') s. libertador, salvador. 2 entregador. 3 repartidor [de paquetes, etc.].
delivery (dili·vøri) s. liberación, libramiento, rescate. 2 entrega, traspaso, dación, rendición. 3 entrega, remesa, reparto [de géneros, de correspondencia]: ~ truck, camión o camioneta de reparto; mail ~, reparto de correspondencia; special ~, correo urgente. 4 lo entregado. 5 MEC. alimentación, producción, salida. 6 pronunciación [de un discurso, etc.]; elocución, dicción; manera de expresarse o de cantar. 7 DEP. manera de tirar, de lanzar [una pelota, etc.]. 8 parto, alumbramiento: ~ room, sala de partos [en una clínica u hospital]. 9 CIR. ablación. 10 MEC. fuerza propulsora.
deliveryman (dili·vørimæn), pl. -men (-men) s. mozo de reparto.
dell (del) s. hondonada, cañada, valle escondido.
delouse (to) (dilau·s) tr. despiojar.
Delphian (de·lfian), Delphic (de·lfic) adj. délfico.
delta (de·ltæ) s. delta [letra griega]. 2 GEOGR. delta. 3 ELECT. ~ connection, conexión en delta o en triángulo.
deltoid (de·ltoid) adj. y s. ANAT. deltoides [músculo]. — 2 adj. GEOGR. de la naturaleza de un delta.
deltoidal (de·ltoidal) adj. deltoides. 2 GEOGR. perteneciente a un delta.
deludable (diliu·deibøl) adj. engañable.
delude (to) (diliu·d) tr. engañar, deludir.
deluder (diliu·dø') s. engañador, delusor.
deluding (diliu·ding) adj. engañoso, delusorio.
deluge (de·liuȳ) s. diluvio. 2 inundación.
deluge (to) (diliu·ȳ) tr. inundar.
delusion (diliu·ȳøn) s. engaño, delusión, error, ilusión. 2 MED. delirio [de grandezas, etc.].
delusive (diliu·siv), delusory (diliu·sori) adj. engañoso, delusivo, delusorio, mentiroso, ilusivo, ilusorio.
delve (delv) s. hoyo, zanja, cueva.
delve (to) tr. e intr. cavar, ahondar, inquirir, escudriñar.
demagnetisation, demagnetization (dimagnetiše·shøn) s. desimantación.
demagnetize (to) (dimæ·gnetiš) tr. desimantar.
demagogic (demago·ȳic) adj. demagógico.
demagogism (de·magogiušm) s. demagogia.
demagogue (de·magog) s. demagogo.

demagogy (de·magoȳi) s. demagogia.
demain (dimei·n) s. heredad; tierra solariega.
demand (dima·nd) s. demanda, petición, requerimiento: on ~, a la presentación, a solicitud o requerimiento; ~ bill o draft, letra a la vista. 2 exigencia [necesidad de una cosa]. 3 COM. ECON. demanda: to be in ~, tener demanda, ser solicitado. 4 demanda, pregunta. 5 DER. demanda, reclamación, derecho que tiene uno a reclamar una cosa.
demand (to) tr. demandar, pedir, requerir, exigir, reclamar. 2 preguntar. 3 DER. demandar, requerir.
demandant (dima·ndant) s. DER. demandante.
demander (dima·ndø') s. demandador, peticionario.
demanding adj. exigente.
demarcate (to) (dima·rkeit) tr. demarcar, deslindar.
demarcation (dima·ke·shøn) s. demarcación, deslinde, limitación.
démarche (dema·rsh) s. paso, gestión, medida [esp. diplomática].
demark (to) (dima·rc) tr. DEMARCATE.
demarkation (dimarke·shøn) s. DEMARCATION.
demean (to) (dimi·n) tr. rebajar, degradar. — 2 ref. portarse, conducirse. 3 rebajarse, degradarse.
demeanor, demeanour (dimi·nø') s. conducta, proceder, comportamiento. 2 aire, porte.
dement (to) tr. dementar, enloquecer. — 2 intr. dementarse.
demented (dime·ntid) adj. demente, insano.
dementia (dime·nshia) s. demencia, locura.
demerit (dime·rit) s. demérito, desmerecimiento.
demerit (to) tr. merecer [censura, etc.]. 2 desmerecer.
demersed (dimø·'st) adj. BOT. sumergido.
demersion (dimø·'shøn) s. sumersión.
demesne (demei·n o -mi·n) s. DER. posesión en propiedad. 2 heredad. 3 región, territorio. 4 dominio, campo [de interés o actividad].
demi- pref. semi-.
demigod (de·migod) s. semidiós.
demigoddess (de·migodis) s. semidiosa.
demigorge (de·migo·'ȳ) s. FORT. semigola.
demijohn (de·miȳon) s. damajuana, castaña.
demilune (de·miliun) s. FORT. media luna.
demilitarization (dimilitariše·shøn) s. desmilitarización.
demilitarize (to) (dimi·litaraiš) tr. desmilitarizar.
demi-mondaine (demimondei·n) s. mujer galante.
demi-monde (de·mimond) s. mundo de la vida galante. 2 mujeres de vida libre.
demineralization (diminerališe·shøn) s. MED. desmineralización.
demi-rep s. pop. mujer de dudosa reputación.
demise (dimai·š) s. muerte, defunción, fallecimiento. 2 sucesión o transmisión de la corona. 3 DER. transmisión de dominio.
demise (to) tr. transmitir, ceder o arrendar [una propiedad]. 2 legar [transmitir por sucesión o herencia]. — 3 intr. pasar por sucesión o herencia. 4 morir.
demi-semi-quaver (de·mi-semi-cuei·vø') s. MÚS. fusa.
demission (dimi·shøn) s. dimisión, resignación, abdicación.
demit (to) (dimi·t) tr. dimitir, renunciar, resignar.
demiurge (de·miø·'ȳ) s. demiurgo.
demobilization (dimoubiliše·shøn) s. desmovilización.
demobilize (to) (dimou·bilaiš) tr. MIL. desmovilizar, poner [el ejército] en pie de paz.
demob (to) (dimu·b) tr. pop. desmovilizar.
democracy (dimo·crasi) s. democracia.
democrat (de·mocræt) s. demócrata.
democratic·al (democræ·tic·al) adj. democratico.
democratically (democræ·ticali) adv. democráticamente.
democratization (dimocrætiše·shøn) s. democratización.
democratize (to) (dimo·crataiš) tr. democratizar.
Democritus (dimo·critøs) n. pr. m. Demócrito.
demoded (dimou·did) adj. anticuado, pasado de moda.
demographic (dimogræ·fic) adj. demográfico.
demography (dimo·grafi) s. demografía.
demoiselle (demuaše·l) s. damisela. 2 ORNIT. grulla de Numidia, zaida. 3 ENTOM. nombre de ciertas libélulas.
demolish (to) (dimo·lish) tr. demoler. 2 arrasar, derruir, destruir.
demolisher (dimo·lishø') s. demoledor.

demolishment (dimo·lishmønt), **demolition** (demo·li·shøn) s. demolición. 2 destrucción.

demon (dɪmøn) m. demonio, diablo. 2 demonio [de los gentiles]. — 3 adj. de demonios. 4 endemoniado.

demonetization (dɪmonetiše·shøn) s. desmonetización.

demonetize (to) (dɪmø·netaiš) tr. desmonetizar.

demoniac (dimou·niæc) adj. demoníaco, diabólico. — 2 adj. y s. endemoniado, energúmeno, poseso.

demoniacal (dimonai·acal) adj. demoníaco, diabólico.

demonism (di·moniŝm) s. creencia en los demonios. 2 demonología.

demonolatry (dimono·latri) s. demonolatría.

demonology (dimono·loȳi) s. demonología.

demonomancy (dimonomæ·nsi) s. demonomancia.

demonomania (dimonomei·nia) s. demonomanía.

demonstrability (dimonstrabi·liti) s. demostrabilidad.

demonstrable (dimo·nstraból) adj. demostrable.

demonstrableness (dimo·nstrabólnis) s. capacidad de demostración.

demonstrably (dimo·nstrabli) adv. demostrablemente.

demonstrate (to) (de·mønstreit) tr. demostrar, hacer ver, probar. 2 COM. hacer pruebas de un artículo o producto ante el público.

demonstration (demonstre·shøn) s. demostración. 2 manifestación, exposición. 3 MIL. demostración de fuerza. 4 manifestación [reunión pública].

demonstrative (dimo·nstrativ) adj. demostrativo.

demonstratively (dimo·nstrativli) adv. demostrativamente.

demonstrator (de·monstreitø') s. demostrador. 2 manifestante. 3 profesor o auxiliar de una cátedra que dirige los experimentos, disecciones, etc. 4 el que hace propaganda de un artículo o producto ensayándolo ante el público.

demonstratory (dimonstra·tori) adj. demostrativo [que demuestra].

demoralization (dimoralíše·shøn) s. desmoralización.

demoralize (to) (dimo·ralaiz) tr. desmoralizar.

demoralizer (dimo·ralaišø') s. desmoralizador.

demoralizing (dimo·ralaišing) adj. desmoralizador.

Demosthenes (dimø·sziniš) n. pr. Demóstenes.

Demosthenic (dimøszi·nic) adj. demostino.

demote (to) (dimou·t) tr. degradar, rebajar de grado o categoría.

demotic (dimo·tic) adj. demótico.

demotion (dimou·shøn) s. degradación, descenso de grado o categoría.

demount (to) (dimau·nt) tr. desmontar, desarmar. 2 despegar [un sello].

demulcent (dimø·lsent) adj. y s. demulcente.

demur (dimø·') s. irresolución, vacilación. 2 demora. 3 objeción, escrúpulo, reparo.

demur (to) intr. objetar, poner dificultades. 2 DER. excepcionar. 3 dejar en suspenso algo a causa de dudas, etc. 4 vacilar, fluctuar. — 5 tr. aplazar, diferir. 6 objetar contra. ¶ CONJUG. pret. y p. p.: demurred; ger.: demurring.

demure (dimiu·ø') adj. grave, serio, formal. 2 modesto, recatado. 3 gazmoño, pacato.

demurely (dimiu·ø'li) adv. gravemente. 2 modestamente. 3 con gazmoñería.

demureness (demiu·ø'nis) s. gravedad, seriedad. 2 modestia, recato. 3 gazmoñería.

demurrage (dimø·ridȳ) s. demora, detención. 2 estadía.

demurral (dimø·ral) s. detención, demora. 2 vacilación.

demurrer (dimø·rø') s. el que pone objeciones o dificultades. 2 objeción, reparo. 3 DER. excepción.

demy (dimai·) s. papel marquilla. 2 becario de Oxford.

den (dɜn) s. cubil, guarida. 2 caverna, cueva, antro. 3 retrete, lugar de retiro.

denarius (dine·riøs) s. denario.

denary (de·nari) pl. **-ries** (-riš) s. decena. — 2 adj. denario, decimal.

denationalization (dinæshonalíše·shøn) s. desnacionalización.

denationalize (to) (dinæ·shønalaiš) tr. desnacionalizar.

denaturalization (dinechuralaiše·shøn) s. desnaturalización.

denaturalize (to) (dinæ·churalaiš) tr. desnaturalizar, pervertir. 2 desnaturalizar [privar del derecho de naturaleza]. 3 QUÍM. desnaturalizar.

denaturation (dinæchure·shøn) s. QUÍM. desnaturalización.

denature (to) (dinei·chu') tr. QUÍM. desnaturalizar.

denatured (dinei·chu'd) adj. QUÍM. desnaturalizado : ~ alcohol, alcohol desnaturalizado.

dendriform (de·ndrifo'm) adj. dendriforme.

dendrite (de·ndrait) s. dendrita.

dendritic (dendri·tic) adj. dendrítico.

dendrology (dendro·loȳi) s. dendrología.

dendrometer (dendro·mitø') s. dendrómetro.

denegation (dineigueí·shøn) s. negación, negativa.

dengue (de·ngui) s. MED. dengue.

deniable (dina·iaból) adj. negable.

denial (dina·ial) s. negación, negativa, contradicción. 2 denegación, negativa.

denier (dina·iø') s. negador, contradictor.

denier (denɪ·') s. dinero [moneda]. 2 TEJ. dinero [medida].

denigrate (to) (de·nigreit) tr. denigrar. 2 ennegrecer.

denigration (denigreí·shøn) s. denigración.

Denis, Denys (de·nis) n. pr. m. Dionisio.

Denise (de·niš) n. pr. f. Dionisa.

denitrification (dinaitrifike·shøn) s. QUÍM. desnitrificación.

denitrify (to) (dinai·trifai) tr. QUÍM desnitrificar.

denizen (de·nišen) s. ciudadano, vecino, habitante. 2 (Ingl.) extranjero naturalizado. 3 palabra, planta o animal naturalizados.

denizen (to) tr. avecindar ; naturalizar.

Denmark (de·nma'c) n. pr. GEOGR. Dinamarca.

denominable (dino·minaból) adj. denominable.

denominate (dino·mineit) adj. denominado.

denominate (to) tr. denominar. 2 indicar, denotar.

denomination (dinomine·shøn) s. denominación, título, designación. 2 clase, categoría. 3 secta, comunión.

denominative (dino·minativ) adj. denominativo.

denominator (dino·mineitø') s. MAT. denominador.

denotation (dinote·shøn) s. denotación.

denotative (dino·tativ) adj. denotativo.

denote (to) (dinou·t) tr. denotar. 2 indicar, señalar, marcar. 3 significar, designar.

denouement (denu·man) s. desenlace.

denounce (to) (dinau·ns) tr. denunciar, acusar públicamente. 2 denunciar [un tratado, etc.]. 3 anunciar, amenazar [con algún signo exterior]. 4 (EE. UU.) hablando de minas en Méjico, denunciar.

denouncement (dinau·nsmønt) s. denunciación, acusación pública, censura. 2 denuncia [de un tratado]. 3 (EE. UU.) hablando de minas en Méjico, denuncia.

denouncer (dinau·nsø') s. denunciador.

dense (dens) adj. denso, espeso, apretado, tupido. 2 crasa [ignorancia] ; profunda [estupidez]. 3 estúpido.

densely (de·nsli) adv. densamente, apretadamente, estúpidamente.

denseness (de·nsnis) s. densidad, espesor. 2 estupidez.

densify (to) (de·nsifai) tr. densificar.

densimeter (densi·mitø') s. densímetro.

density (de·nsiti) s. densidad. 2 espesor [de un bosque, etc.]. 3 FERROC. ~ of trafic, intensidad del tráfico.

dent (dent) s. mella, escotadura, hoyo, abolladura. 2 MEC. diente.

dent (to) tr. mellar, abollar. — 2 intr. mellarse, abollarse.

dental (de·ntal) adj. dental, dentario : ~ surgeon, dentista, odontólogo ; ~ surgery, cirugía dental, odontología. 2 de dentista : ~ chair, sillón de dentista. — 3 s. dental [consonante]. 4 ANAT. arteria o nervio dental. 5 ARQ. dentellón.

dentate(d (de·ntit(id) adj. BOT., ZOOL. dentado.

dented (de·ntid) adj. mellado, dentellado, abollado.

dentelle (dente·l) s. encaje [tejido, labor]. 2 ENCUAD. adorno de encaje o entallado.

denticle (de·nticøl) s. dentículo.

denticulate(d (denti·kiuleit(id) adj. denticulado.

denticulation (dentikiuleí·shøn) s. denticulación. 2 denticulo.

denticule (de·ntikiul) s. ARQ. miembro denticulado.

dentifrice (de·ntifris) adj. y s. dentífrico.

dentil (de·ntil) s. ARQ. dentículo, dentellón.

dentilabial (dentileí·bial) adj. FONÉT. labiodental, dentolabial.

dentilingual (dentili·ngual) adj. FONÉT. linguodental, dentolingual.

dentin, dentine (dentin) s. ANAT. dentina, marfil.
dentirostral (dentirostral) adj. ORNIT. dentirrostro.
dentiroster (dentirostø') s. ORNIT. dentirrostro.
dentist (dentist) s. dentista.
dentistry (dentistri) s. cirugía dental, odontología. 2 trabajo de dentista.
dentition (dentishøn) s. dentición. 2 dentadura.
dentoid (dentoid) adj. parecido a un diente.
denture (denchø') s. dentadura [esp. la postiza].
denudate (diniudeit) adj. desnudo, despojado.
denunciate (to) (dinønshieit) tr. DENOUNCE.
denudation (diniudeshøn) s. denudación.
denude (to) (diniud) tr. denudar, desnudar, despojar — 2 intr. despojarse, desposeerse.
denunciate (to) (dinønshieit) tr. DENOUNCE.
denunciation (dinønshieshøn) s. denuncia, acusación, estigmatización pública. 2 denuncia [de un tratado, etc.].
denunciator (dinønshieitø') s. denunciador, acusador.
denutrition (dinutrishøn) s. MED. desnutrición.
deny (to) (dinai) tr. negar, contradecir, desmentir. 2 negar, denegar. 3 negar algo [a uno]. 4 negar [no reconocer como propio]. 5 negar [la presencia de uno, el acceso hasta él] : to ~ oneself to the callers, negarse a recibir los visitantes. 6 to ~ oneself, negarse uno a sí mismo.
deobstruct (to) (diobstrøct) tr. desobstruir.
deobstruent (diobstruønt) adj. y s. MED. desopilativo.
deodar (dioda') s. BOT. cedro deodara.
deodorant (dioudørant) adj. y s. desodorante.
deodorization (dioudøriseshøn) s. acción de quitar los malos olores.
deodorize (to) (dioudoraiš) tr. quitar los malos olores de.
deodorizer (dioudøraišø') s. desodorante.
deontology (diontoloŷi) s. deontología.
deoppilate (to) (diopileit) tr. desopilar.
deoppilation (diopileshøn) s. desopilación.
deoppilative (diopileitiv) adj. y s. desopilativo.
deoxidate (to) (diocsideit) tr. TO DEOXIDIZE.
deoxidation (diocsideshøn), **deoxidization** (diocsidišeshøn) s. QUÍM. desoxidación, desoxigenación.
deoxidize (to) (diocsidaiš) tr. QUÍM. desoxidar, desoxigenar.
depart (to) (dipa't) intr. partir, salir, irse, retirarse. 2 morir, fallecer : to ~ from life, morir ; the departed, los difuntos. 3 apartarse, desviarse, salirse de. — 4 tr. dejar, abandonar [un lugar, la vida] : to ~ this life, dejar este mundo, morir.
departer (dipa'tø') s. el que se va.
departing (dipa'ting) s. marcha, salida.
department (dipa'tmønt) s. departamento, ministerio, ramo, sección, negociado, despacho : ~ store, almacén con varias secciones. 2 campo, esfera [de actividad, etc.].
departmental (dipa'tmental) adj. de un ramo, departamento o ministerio. 2 dividido u organizado en departamentos.
departure (dipa'chø') s. partida, marcha, salida. 2 muerte, fallecimiento. 3 apartamiento, desviación, abandono [de una regla, proceder, plan, etc.]. 4 MAR. diferencia de longitud contada desde el punto de partida. 5 MAR. posición [longitud y latitud] de un barco en el momento de su salida
depauperate (to) (dipopøreit) tr. depauperar, empobrecer.
depauperation (dipopøreshøn) s. depauperación, empobrecimiento.
depauperize (to) (dipopøraiš) tr. librar de pobres. 2 sacar de la pobreza.
depend (to) (dipend) intr. pender [estar colgado o suspendido]. 2 depender. 3 pender [estar en suspenso, sin decidir]. 4 to ~ on, o upon, depender de, estribar en ; confiar en, contar con, estar seguro de. 5 that depends, depende, según y conforme.
dependable (dipendabøl) adj. seguro, fidedigno, digno de confianza.
dependance, dependancy, dependant s. y adj. DEPENDENCE, DEPENDENCY, DEPENDENT.
dependence (dipendøns) s. suspensión [estado de lo que está sin decidir o resolver]. 2 dependencia [estado de lo condicionado, anexo o que se sigue a una cosa]. 3 dependencia, subordinación. 4 dependencia [de otros para cubrir las propias necesidades]. 5 confianza, fe, seguridad. 6 apoyo, protección ; pers. o cosa con que se cuenta. 7 anexo de un hotel.
dependency (dipendønsi) s. DEPENDENCE 2 y 3. 2 dependencia [lo que depende]. 3 posesión, protectorado, etc. [territorio o estado sujeto al dominio de otro]. 4 pertenencia, sucursal, edificio anexo. 5 pl. anexidades.
dependent (dipendønt) adj. dependiente [que depende]. 2 que necesita de otros, que es mantenido por otros. 3 subordinado, anexo. 4 GRAM. subordinado. — 5 s. dependencia [cosa que depende]. 6 el que es mantenido por otro ; carga de familia ; protegido, favorecido.
dependently (dipendøntli) adv. dependientemente.
depending (dipending) adj. pendiente, colgante, suspendido. 2 dependiente [que depende]. 3 confiado, que confía. 4 dependiente, condicionado.
depersonalize (to) (dipø'sønalaiš) tr. despojar de personalidad, hacer impersonal.
dephlegmate (to) (d<ins></ins>iflegmeit) tr. QUÍM. deflegmar, desflemar.
depict (to) (dipict) tr. pintar, representar, retratar, describir.
depiction (dipicshøn), **depicture** (dipichø') s. pintura, representación, descripción.
depicture (to) tr. TO DEPICT.
depilate (to) (depileit) tr. depilar.
depilation (depileshøn) s. depilación.
depilatory (dipilatori) adj. y s. depilatorio.
depilous (dipiløs) adj. sin cabello, sin pelo.
deplant (to) (diplænt) tr. desplantar, transplantar.
deplenish (to) (diplenish) tr. vaciar [de muebles, géneros, etc.].
deplete (to) (diplit) tr. vaciar, agotar, esquilmar.
depletion (diplishøn) s. vaciamiento, agotamiento.
depletive (diplitiv), **depletory** (diplitori) adj. que vacia o agota.
deplorable (diplorabøl) adj. deplorable, lamentable, lastimoso.
deplorableness (diplorabølnis) s. calidad de deplorable.
deplorably (diplorabli) adv. deplorablemente.
deplore (to) (diplo') tr. deplorar, lamentar, llorar, dolerse.
deploy (diploi) s. DEPLOYMENT.
deploy (to) tr. MIL. desplegar. — 2 intr. MIL. desplegarse.
deployment (diploimønt) s. MIL. despliegue.
deplumate (diplumeit) adj. ORNIT. sin plumas.
deplumation (diplumeshøn) s. desplumadura. 2 muda, caída de las plumas.
deplume (to) (diplum) tr. desplumar [un ave]. 2 despojar de bienes, honores, etc.
depolarization (dipoularišeshøn) s. FÍS. despolarización.
depolarize (to) (dipoularaiš) tr. FÍS. despolarizar.
depolarizer (dipoularišø') s. FÍS. despolarizador.
depolish (to) (dipolish) tr. deslustrar, quitar el brillo o el barniz.
depone (to) (dipoun) tr. e intr. deponer, declarar, atestiguar.
deponent (dipounønt) adj. GRAM. deponente. — 2 s. deponente, declarante. 3 verbo deponente.
depopulate (to) (dipopiuleit) tr. despoblar, deshabitar. — 2 intr. despoblarse [de habitantes].
depopulation (dipopiuleshøn) s. despoblación, despueble.
depopulator (dipopiuleitø') s. despoblador, asolador, devastador.
deport (to) (dipo't) tr. deportar, extrañar, desterrar. 2 to ~ oneself, portarse, conducirse.
deportation (dipo'teshøn) s. deportación, extrañamiento, destierro. 2 expulsión [de un extranjero cuya situación es ilegal].
deportment (dipo'tmønt) s. conducta, proceder, comportamiento, porte, maneras.
deposable (dipoušabøl) adj. capaz o merecedor de ser depuesto.
deposal (dipoušal) s. deposición, destronamiento, destitución.
depose (to) (dipouš) tr. deponer, destronar, destituir. 2 deponer, declarar, atestiguar. — 3 intr. deponer, testificar.
deposer (dipoušø') s. el que depone o depuso. 2 deponente, declarante.
deposit (dipošit) s. depósito [cosa o cantidad depositada] : on ~, en depósito. 2 depósito, poso, heces, sedimento. 3 arras, señal, prenda. 4 GEOL., MIN. yacimiento, filón.

deposit (to) *tr.* depositar [poner en depósito, confiar; poner, colocar]. 2 consignar [en depósito]. 3 depositar, precipitar, sedimentar. — 4 *intr.* depositarse, precipitarse, sedimentarse.

depositary (dipoˈšitæri) *s.* depositario. 2 depósito, almacén.

deposition (depoˈšišhøn) *s.* deposición, destronamiento, destitución. 2 B. ART. descendimiento [de la cruz]. 3 DER. deposición, declaración, testimonio. 4 depósito [acción de depositar]. 5 depósito, sedimento, acumulación.

depositor (dipoˈšitøˈ) *s.* depositador, depositante; cuentacorrentista, imponente.

depository (dipoˈšitóri) *s.* depositaría; depósito [donde se deposita]. 2 depositario [pers.].

depot (diˈpou) *s.* depósito, almacén. 2 MIL. depósito. 3 FISIOL. depósito [de reservas del organismo]. 4 FERROC. (EE. UU.) estación, paradero.

depravation (dipraveˈšhøn) *s.* depravación, perversión, estragamiento; corrupción, adulteración [acción, estado].

deprave (to) (dipreiˈv) *tr.* depravar, pervertir, estragar. 2 corromper, adulterar.

depraved (dipreiˈvd) *adj.* depravado, pervertido, estragado. 2 corrompido, adulterado.

depravedly (dipreiˈvidli) *adv.* depravadamente, corrompidamente.

depravedness (dipreiˈvidnis) *s.* depravación, perversión, estragamiento [estado o condición].

depraver (dipreiˈvøˈ) *s.* depravador, pervertidor.

depravity (dipræˈviti) *s.* depravación [estado o calidad]. 2 acción depravada.

deprecate (to) (deˈprikeit) *tr.* rogar, deprecar [para apartar un mal]; aplacar con súplicas : *to ~ one's anger*, rogar a uno que deponga su cólera. 2 desaprobar, censurar.

deprecation (deprikeˈšhøn) *s.* ruego, deprecación [para apartar un mal]. 2 desaprobación.

deprecative (deˈprecativ) *adj.* deprecativo, deprecante. 2 de desaprobación.

deprecator (deˈprikeitoˈ) *s.* deprecante. 2 desaprobador.

deprecatory (deˈpricatori) *adj.* DEPRECATIVE.

depreciate (to) (dipriˈshieit) *tr.* depreciar. 2 desacreditar, despreciar, rebajar el mérito o valor de. — 3 *intr.* depreciarse, perder valor o precio.

depreciation (ˈdiprishieˈšhøn) *s.* depreciación. 2 descrédito, desestimación, desprecio.

depreciative (dipriˈshiativ) *adj.* DEPRECIATORY.

depreciator (dipriˈsieitøˈ) *s.* despreciador, rebajador, desacreditador.

depreciatory (dipriˈshiatori) *adj.* despreciativo, rebajador, desacreditador.

depredate (to) (deˈprideit) *tr.* depredar. 2 hacer presa, devorar.

depredation (deprideˈšhøn) *s.* depredación, saqueo. 2 *pl.* estragos.

depredator (deˈprideitøˈ) *s.* depredador.

depredatory (deˈprideitori) *adj.* de depredación.

depress (to) (dipreˈs) *tr.* deprimir, hundir. 2 bajar, inclinar. 3 deprimir, abatir, desanimar. 4 disminuir la actividad, la fuerza, etc., de; debilitar. 5 bajar el tono o intensidad de [la voz]. 6 depreciar. 7 MAT. reducir el grado de [una ecuación, etc.].

depressed (dipreˈst) *adj.* deprimido, hundido. 2 deprimido, desanimado, alicaído. 3 depreciado, rebajado.

depression (dipreˈšhøn) *s.* depresión [acción y efecto de deprimir]. 2 depresión [en un terreno; en una superficie]. 3 depresión, abatimiento. 4 disminución en la actividad, la fuerza, etc.; crisis [económica]. 5 ASTR., MAR., METEOR. depresión. 6 MED. hundimiento o descenso [de un órgano].

depressive (dipreˈsiv) *adj.* depresivo. 2 deprimente.

depressor (dipreˈsøˈ) *s.* depresor.

deprivable (dipraiˈvabøl) *adj.* amovible, separable.

deprivation (depriveˈšhøn) *s.* privación, desposesión. 2 deposición [esp. eclesiástica]. 3 privación, carencia, pérdida.

deprive (to) (dipraiˈv) *tr.* privar, despojar, desposeer, dejar sin. 2 privar, destituir [de un cargo, etc., especialmente eclesiástico].

depriver (dipraiˈvøˈ) *s.* el que priva o despoja.

depth (depz) *s.* profundidad, hondura ; *~ charge*, carga de profundidad. 2 fondo [lo más profundo o alejado], lo hondo. 3 grueso, espesor. 4 abismo. 5 corazón, mitad [parte interior o media] : *the depths of the forest*, el corazón del bosque ; *in the ~ of night*, en mitad de la noche ; *in*

the ~ of winter, en lo más crudo del invierno. 6 lo más hondo o intenso. 7 gravedad [del sonido]. 8 intensidad [del color]. 9 sagacidad, penetración. 10 MAR. puntal : *~ of hold*, puntal de bodega. 11 caída [de una vela de cruz]. 12 *out of one's ~*, perdiendo pie, con el agua al cuello; metido en algo superior a los alcances de uno. 13 *pl.* honduras, profundidades, abismo. 14 aguas profundas.

depurant (deˈpiurant) *adj.* y *s.* depurativo.

depurate (to) (deˈpiureit) *tr.* depurar, purificar.

depuration (depiureˈšhøn) *s.* depuración, purificación.

depurative (deˈpiureitiv) *adj.* y *s.* MED. depurativo.

depurator (deˈpiureitøˈ) *s.* depurador. 2 MED. depurativo. 3 máquina para limpiar el algodón.

deputation (depiuteˈšhøn) *s.* diputación, delegación, representación, comisión.

depute (to) (dipiuˈt) *tr.* diputar, delegar, comisionar, enviar. 2 delegar [autoridad, etc.]. 3 nombrar [a uno] agente, lugarteniente o substituto.

deputize (to) (deˈpiutaiš) *tr.* DEPUTE. — 2 *intr.* obrar como delegado, agente, etc.

deputy (deˈpiuti) *s.* diputado. 2 delegado, agente, lugarteniente, teniente, substituto. — 3 *adj.* segundo, vice.

deracinate (to) (diræˈsineit) *tr.* desarraigar.

deraign (to) (direiˈn) *tr.* ant. probar, mantener [esp. en duelo o combate].

derail (to) (direiˈl) *tr.* hacer descarrilar. — 2 *intr.* descarrilar.

derailment (direiˈlmønt) *s.* descarrilamiento.

derange (to) (direiˈnŷ) *tr.* desarreglar, desordenar, trastornar; descomponer, perturbar. 2 trastornar el juicio. 3 interrumpir, estorbar, molestar.

derangement (direiˈnŷmønt) *s.* desarreglo, desorden, desconcierto. 2 perturbación mental, desvarío.

derat (to) (diræˈt) *tr.* desratizar. ¶ CONJUG. pret. y p. p.: *deratted*; ger.: *deratting*.

deratization (diræˈtišeˈšhøn) *s.* desratización.

Derby (døˈˈbi o daˈˈbi) *n. pr.* GEOGR. Derby, ciudad y condado de Inglaterra. 2 gran carrera anual de caballos que se celebra en Epsom [Ingl.]. 3 (con min.) sombrero hongo. 4 ALBAÑ. llana.

derelict (deˈrølict) *adj.* derrelicto, abandonado, sin dueño. 2 (EE. UU.) negligente, culpable, que falta a sus deberes. — 3 *s.* MAR. derrelicto. 4 objeto abandonado. 5 persona abandonada. 6 (EE. UU.) el que falta a sus deberes.

dereliction (deroliˈcshøn) *s.* abandono, dejación. 2 desamparo. 3 negligencia culpable. 4 retirada del mar o del río que deja nueva tierra al descubierto.

deride (to) (diraiˈd) *tr.* burlarse, mofarse de, ridiculizar, escarnecer.

derider (diraiˈdøˈ) *s.* el que se burla o mofa, escarnecedor.

deridingly (diraiˈdingli) *adv.* con burla, con irrisión.

derision (diriˈ̆ŷøn) *s.* mofa, escarnio, irrisión.

derisive (diraiˈsiv) *adj.* de burla, de mofa.

derisively (diraiˈsivli) *adv.* irrisoriamente, con burla.

derisory (diraiˈsori) *adj.* de burla, de mofa. 2 irrisorio, ridículo.

derivable (diraiˈvabøl) *adj.* derivable.

derivation (deriveˈšhøn) *s.* derivación [deducción, descendencia]. 2 GRAM., MAT., MED. derivación. 3 origen, procedencia, derivo. 4 inferencia, deducción.

derivative (diriˈvativ) *adj.* derivativo. 2 derivado. — 3 *s.* MED. derivativo. 4 derivado [cosa derivada]. 5 GRAM. derivado. 6 MAT. derivada.

derive (to) (diraiˈv) *tr.* hacer derivar. 2 derivar, sacar, obtener, deducir. 3 GRAM., ELECT. derivar. — 4 *intr.* derivar, derivarse. 5 provenir, emanar, descender.

derived (diraiˈvd) *adj.* derivado, obtenido, procedente, originario, resultante. 2 ELECT. derivado; en derivación.

derm (døˈm), **derma** (døˈˈma) *s.* dermis.

dermal (døˈˈmal) *adj.* dérmico, cutáneo.

dermatitis (døˈˈmataiˈtis) *s.* MED. dermatitis, dermitis.

dermatologist (døˈˈmatoˈloŷist) *s.* dermatólogo.

dermatology (døˈˈmatoˈloŷi) *s.* dermatología.

dermatoskeleton (døˈˈmatoskeˈleton) *s.* ZOOL. dermatoesqueleto.

dermic (døˈˈmic) *adj.* DERMAL.

dermis (døˈˈmis) *s.* DERM.

derogate (to) (de·rogueit) intr. to ~ from, perjudicar, mermar, ser en mengua de. 2 obrar de manera que desdice del [rango, posición, etc., de uno].

derogation (derogue·shøn) s. derogación, mengua, menoscabo; acción de desdecir de.

derogative (dero·gativ), **derogatory** (dero·gatori) adj. que disminuye, rebaja o menoscaba, que es en mengua o desprecio de. 2 despectivo.

derrick (de·ric) s. grúa, cabria. 2 MAR. abanico, puntal, pescante de carga. 3 torre o armazón sobre un pozo [para la perforación, la extracción de petróleo, etc.].

dervish (dø·'vish) s. derviche.

descant (de·scænt) s MÚS. arte de componer o cantar. 2 comentario, glosa, disertación.

descant (to) (descæ·nt) intr. MÚS. cantar. 2 to ~ on. comentar, hablar de, discurrir largamente sobre.

descend (to) (dise·nd) intr. descender : to ~ from, descender, derivarse de; to ~ to, descender a, rebajarse a. 2 bajar [descender]. 3 pasar [a otro por herencia]. 4 caer [la lluvia, etc.]. 5 ASTR. caer, declinar, ponerse. 6 to ~ on o upon, acometer, caer sobre, invadir, hacer un desembarco. — 7 tr. bajar, bajar por [recorrer bajando].

descendable (dise·ndabøl) adj. DESCENDIBLE.

descendance (dise·ndans) s. hecho de descender de un antepasado.

descendant (dise·ndant) adj. y s. descendiente. — 2 adj. descendente.

descendent (dise·ndønt) adj. descendente. 2 descendiente.

descendible (dise·ndibøl) adj. heredable, legable.

descending (dise·nding) adj. descendente : ~ colon, colon descendente.

descension (dise·nshøn) s. descenso. 2 declinación, degradación.

descensional (dise·nshonal) adj. perteneciente al descenso. 2 GEOL. de desintegración.

descent (di·sent) s. descenso, bajada, baja. 2 descensión. 3 caída [pérdida de categoría social, etc.]. 4 alcurnia, nacimiento, origen, linaje, estirpe: genealogía. 5 descendencia. 6 grado descendente [en una gradación o genealogía]; generación. 7 declive, pendiente, bajada; escalera. 8 transmisión por herencia. 9 MIL. ataque súbito, incursión, desembarco.

describable (discrai·babøl) adj. descriptible.

describe (to) (discrai·b) tr. describir.

describer (discrai·bø') s. descriptor.

descrier (discra·iø') s. descubridor [el que divisa o descubre].

description (discri·pshøn) s. descripción. 2 clase, género, especie, calidad, linaje : of the worst ~, de la peor especie.

descriptive (discri·ptiv) adj. descriptivo : ~geometry. geometría descriptiva. 2 GRAM. calificativo [adjetivo].

descry (to) (discrai·) tr. descubrir [con la vista], divisar, distinguir, avistar, columbrar. 2 descubrir [por la observación, la investigación, etc.]; determinar. ¶ CONJUG. pret. y p. p.: descried.

desecrate (to) (de·sicreit) tr. profanar. 2 despojar del carácter sagrado.

desecration (desicre·shøn) s. profanación.

desecrator (de·sicreitø') s. profanador.

desensitize (to) (dise·nsitaiš) tr. FISIOL., FOT. desensibilizar.

1) **desert** (dišø't) s. merecimiento. 2 merecido ; premio o castigo merecido : to give him his ~, darle su merecido. 3 mérito, valía.

2) **desert** (de·šø't) s. desierto, páramo, yermo. — 2 adj. desierto, desolado. 3 del desierto.

desert (to) (dišø·'t) tr. abandonar, dejar, desamparar. — 2 intr. MIL. desertar.

deserter (dišø·'tø') m. el que abandona o desampara. 2 desertor, tránsfuga.

desertful (dišø·'tful) adj. merecedor, digno.

desertion (dišø·'shøn) s. abandono, desamparo. 2 deserción.

desertless (dišø·'tlis) adj. indigno, sin mérito.

desertrice (dišø·'tris) s. la que abandona ; desertora.

deserve (to) (dišø·') tr. merecer, ganar. — 2 intr. tener merecimientos.

deservedly (dišø·'vidli) adv. merecidamente.

deserver (dišø·'vø') s. merecedor.

deserving (dišø·'ving) adj. merecedor, digno de, acreedor a; meritorio. — 2 s. merecimiento, mérito.

deservingly (dišø·'vingli) adv. meritoriamente.

desiccant (de·sicant) adj. y s. desecante, secante.

desiccate (to) (de·sikeit) tr. desecar, secar. 2 pasar [higos, etc.]. — 3 intr. desecarse.

desiccation (desike·shøn) s. desecación, secamiento.

desiccative (de·sikativ), **desiccatory** (de·sicatori) adj. y s. desecativo.

desiccator (de·sikeitø') s. aparato o máquina para secar o desecar; secadora.

desiderate (to) (disi·døreit) tr. desear, necesitar.

desiderative (disi·døreitiv) adj. desiderativo. — 2 s. objeto de deseo. 3 GRAM. verbo desiderativo.

desideratum (desidørei·tøm), pl. -ta (-tæ) s. desiderátum.

design (diša·i n) s. plan, proyecto. 2 intención, intento, mira, propósito, designio : by ~, through ~, de intento, expresamente, adrede. 3 fin, objeto, objetivo. 4 acción de planear, de maquinar algo contra : to have designs on, proponerse algo contra. 5 dibujo, diseño, modelo, plano. 6 invención artística. 7 disposición [de los elementos de una obra artística o decorativa].

design (to) tr. designar, destinar. 2 idear, inventar, proyectar, planear, trazar, diseñar. 3 tramar, maquinar. 4 dibujar [un modelo]. 5 B. ART. realizar [según plan]. 6 proponerse, tener intención de. — 7 intr. hacer diseños, planes, proyectos.

designable (diša·i·nabøl) adj. designable.

designate (de·šignit) adj. designado, electo.

designate (to) (de·šigneit) tr. indicar, señalar, apuntar. 2 denotar. 3 designar, denominar, significar. 4 designar [para un empleo, etc.].

designation (dešigne·shøn) s. acción de señalar o indicar. 2 denominación, nombre, título. 3 designación; nombramiento.

designative (diša·i·nativ) adj. indicativo, indicador. 2 especificativo.

designed (diša·i·nd) adj. hecho adrede.

designedly (diša·i·nidli) adv. adrede, de intento, de propósito, intencionadamente.

designer (diša·i·nø') s. diseñador, dibujante. 2 proyectista, planeador, inventor. 3 maquinador, intrigante.

designing (diša·i·ning) adj. ordenador, previsor. 2 astuto, artero, insidioso, intrigante. — 2 s. dibujo, diseño, delineación [acción]. 3 proyección, planeamiento. 4 maquinación.

designingly (diša·i·ningli) adv. arteramente, insidiosamente.

desilverize (to) (disi·lvøraiš) tr. desplatar.

desinence (de·sinøns) s. GRAM. desinencia.

desirability (diša·irabi·liti) s. calidad de deseable.

desirable (diša·i·rabøl) adj. deseable, apetecible.

desirableness (diša·i·rabølnis) s. DESIRABILITY.

desire (diša·i·ø') s. deseo. 2 anhelo, ansia.

desire (to) tr. desear, anhelar, ansiar, apetecer, querer. 2 rogar, pedir.

desireless (diša·i·'lis) adj. sin deseo.

desirous (diša·i·røs) adj. deseoso, anheloso, ganoso.

desirously (diša·i·røsli) adv. con deseo, ansiosamente.

desirousness (diša·i·røsnis) s. deseo vivo, anhelo.

desist (to) (diši·st) intr. desistir, apartarse. — 2 tr. desistir de, cesar de o en.

desistance (diši·stans) s. desistimiento, cesación.

desistive (diši·stiv) adj. final, conclusivo.

desk (de·sk) s. pupitre. 2 bufete, escritorio, buró [mesa]. 3 pupitre o atril de iglesia. 4 (EE. UU.) púlpito. 5 the ~, trabajo de oficina o literario. — 6 adj. de escritorio, de pupitre, de sobremesa.

desk (to) tr. proveer de pupitres o escritorios.

desman (de·smæn) s. ZOOL. desmán.

desolate (de·solit) adj. desolado, desierto, despoblado, solitario; triste, sombrío. 2 sólo, abandonado, desconsolado.

desolate (to) (de·soleit) tr. desolar, asolar, despoblar, devastar. 2 dejar solo, sin familiares, sin compañía. 3 entristecer, afligir, causar sentimiento.

desolately (de·solitli) adv. desoladamente.

desolateness (de·solitnis) s. DESOLATION.

desolater (de·soleitø') s. asolador, devastador.

desolation (desole·shøn) s. desolación, devastación, asolamiento. 2 tristeza, abatimiento, aflicción. 3 soledad [del que está sin parientes o amigos].

desolator s. DESOLATER.

despair (dispe·æ') s. desesperación; desesperanza.

despair (to) intr. desesperar; desesperanzarse, perder toda esperanza.

despairing (dispe·æring) *adj.* desesperado, que desespera, sin esperanza.

despairingly (dispe·æringli) *adv.* desesperadamente, sin esperanza.

despatch, despatcher, etc. = DISPATCH, DISPATCHER, etcétera.

desperado (despørei·dou) *s.* facineroso; malechor peligroso, dispuesto a todo.

desperate (de·spørit) *adj.* desesperado. 2 arriesgado, temerario. 3 irremediable. 4 grave, muy peligroso. 5 furioso, terrible. 6 grande; de remate. 7 heroico [remedio]. 8 incobrable [deuda].

desperately (de·spøritli) *adv.* desesperadamente. 2 perdidamente. 3 extremamente, gravemente : ~ *ill.* gravemente enfermo.

desperateness (de·spøritnis) *s.* desesperación. 2 temeridad, furia, violencia. 3 lo desesperado [de una cosa].

desperation (despøre·shøn) *s.* desesperación.

despicable (de·spicabøl) *adj.* despreciable, contentible, indigno, vil, bajo, ruin.

despicableness (de·spicabølnis) *s.* indignidad, vileza, ruindad.

despicably (de·spicabli) *adv.* despreciablemente, indignamente, vilmente.

despisable (dispai·šabøl) *adj.* despreciable.

despisal (dispai·šal) *s.* desprecio.

despise (to) (dispai·š) *tr.* despreciar, menospreciar.

despiser (dispai·šø') *s.* despreciador.

despite (dispai·t) *s.* malquerencia, inquina, aversión, malignidad, rencor. 2 despecho : ~ *of, in* ~ *of,* a despecho de. — 3 *prep.* a despecho de, a pesar de, no obstante, pese a.

despiteful (dispai·tful) *adj.* insultante, lleno de odio, malévolo, maligno, rencoroso.

despitefully (dispai·tfuli) *adv.* con odio, con malignidad, rencorosamente.

despitefulness (dispai·tfulnis) *s.* malquerencia, malignidad, inquina, odio, rencor.

despoil (to) (dispoi·l) *tr.* despojar, privar de. 2 expoliar, saquear, robar.

despoiler (dispoi·lø') *s.* despojador. 2 expoliador, saqueador, robador.

despoliation (dispoulie·shøn) *s.* despojo, expoliación, saqueo, robo.

despond (to) (dispo·nd) *intr.* desalentarse, descorazonarse, abatirse, desesperanzarse.

despondence, -cy (dispo·ndens, -si) *s.* desaliento, descorazonamiento, desánimo, abatimiento.

despondent (dispo·ndent) *adj.* desalentado, descorazonado, abatido, desesperanzado.

despondently (dispo·ndentli) *adv.* con desaliento, abatidamente.

desponding (dispo·nding) *adj.* DESPONDENT.

despondingly (dispo·ndingli) *adv.* DESPONDENTLY. 2 de modo desalentador.

despot (de·spot) *s.* déspota, tirano.

despotic(al (despo·tic(al) *adj.* despótico.

despotically (despo·ticali) *adv.* despóticamente.

despoticalness (despo·ticalnis) *s.* calidad de despótico, despotismo.

despotism (de·spotišm) *s.* despotismo [tiranía, gobierno despótico].

despume (to) (despiu·meit) *tr.* e *intr.* espumar.

despumation (despiume·shøn) *s.* despumación.

desquamate (to) (de·scuameit) *intr.* MED. sufrir descamación.

desquamation (descuame·shøn) *s.* MED. descamación.

dessert (di·šø't) *s.* postres [de una comida] : ~ *fork,* ~ *knife,* tenedor, cuchillo, de postres.

dessertspoon (di·šø'tspun) *s.* cuchara de postres, cuchara de tamaño intermedio entre la de sopa y la de café.

destination (destine·shøn) *s.* destinación, destino. 2 fin, meta.

destine (to) (de·stin) *tr.* destinar : *destined for,* destinado a, con rumbo a, con destino a ; *destined to,* destinado a.

destiny (de·stini) *s.* destino, sino, suerte, estrella ; hado.

destitute (de·stitiut) *adj.* destituido, falto, desprovisto. 2 desvalido, necesitado, menesteroso.

destitute (to) *tr.* destituir, privar.

destitution (destitiu·shøn) *s.* destitución, privación, falta. 2 miseria, inopia, indigencia.

destroy (to) (distroi·) *tr.* destruir. 2 demoler. 3 romper, destrozar. 4 aniquilar, anular, acabar con, exterminar, matar : *to* ~ *oneself,* matarse, suicidarse. 5 minar, consumir. 6 confutar.

destroyable (distro·iabøl) *adj.* destruible.

destroyer (distro·iø') *s.* destructor, destruidor. 2 destrozador. 3 aniquilador, exterminador, matador. 4 MAR. destructor.

destructibility (distrøctibi·liti) *s.* destructibilidad.

destructible (distrø·ctibøl) *adj.* destructible, destruible.

destruction (distrø·cshøn) *s.* destrucción. 2 ruina, devastación. 3 matanza, mortandad, destrozo, exterminio, muerte. 4 perdición [ruina, condenación].

destructive (distrø·ctiv) *adj.* destructivo.

destructively (distrø·ctivli) *adv.* destructivamente.

destructiveness (distrø·ctivnis) *s.* destructividad.

desudation (disiude·shøn) *s.* MED. desudación.

desuetude (de·suitiud) *s.* desuso.

desultorily (de·søltorili) *adj.* intermitentemente, deshilvanadamente, sin ilación, sin continuidad, sin método. 2 de pasada, como una digresión.

desultoriness (de·søltørinis) *s.* discontinuidad, inconexión, falta de plan, de orden.

desultory (de·søltori) *adj.* intermitente, discontinuo, deshilvanado, inconexo; que pasa de una cosa a otra, o de un tema a otro sin orden ni relación lógica. 2 dicho de pasada, como una digresión.

detach (to) (ditæ·ch) *tr.* desatar, desligar. 2 despegar, desunir, separar. 3 MIL. destacar. — 4 *intr.* desligarse. 5 despegarse, separarse.

detachable (ditæ·chabøl) *adj.* separable, desmontable : de quita y pon.

detached (ditæ·cht) *adj.* aislado, suelto, separado. 2 despegado, desinteresado ; desapasionado.

detachment (ditæ·chmønt) *s.* desligadura, separación, desprendimiento. 2 despego, alejamiento, indiferencia ; desapasionamiento. 3 MIL. destacamento.

detail (ditei·l) *s.* detalle, pormenor ; *to go into* ~, detallar ; *in* ~, en detalle. 2 MIL. orden del día [de un regimiento, etc.]. 3 MIL. militar o grupo que realiza un servicio determinado ; destacamento.

detail (to) *tr.* detallar, pormenorizar ; enumerar. 2 MIL. designar para un servicio determinado ; destacar.

detain (to) (ditei·n) *tr.* detener, parar ; entretener, retardar, demorar. 2 retener, detentar. 3 contener, represar. 4 tener preso [a uno].

detainer (ditei·nø') *s.* detenedor, retenedor. 2 DER. embargo, secuestro. 3 retención, detentación. 4 DER. detención [estado del detenido]. 5 DER. orden de mantener en detención al que ya está detenido por otra causa.

detect (dite·ct) *tr.* descubrir, averiguar, hallar [lo secreto ; la existencia o presencia de]. 2 RADIO. detectar.

detecter *s.* DETECTOR.

detection (dite·cshøn) *s.* descubrimiento, averiguación. 2 RADIO. detección.

detective (dite·ctiv) *adj.* que sirve para descubrir o averiguar. 2 de detective, policíaco : ~ *story,* novela policíaca. — 3 *s.* detective, agente de policía [secreta o privada].

detector (dite·ctø') *s.* descubridor, averiguador. 2 MEC. indicador. 3 RADIO. detector.

detent (dite·nt) *s.* MEC. trinquete, fiador, seguro. 2 escape [de reloj].

detention (dite·nshøn) *s.* detención [acción y efecto de detener]. 2 detención, encierro. 3 dilación, retraso. 4 DER. retención, detentación.

detentive (dite·ntiv) *adj.* que sirve para retener o afianzar.

deter (to) (ditø·') *tr.* detener, disuadir, apartar, impedir [por miedo, etc.]. ¶ CONJUG. pret. y p. p.: *deterred;* ger.: *deterring.*

deterge (to) (detø·'ỹ) *tr.* MED. deterger.

detergent (ditø·'ỹont) *adj.* y *s.* detergente, detersivo, detersorio.

deteriorate (to) (diti·rioreit) *tr.* deteriorar, dañar, desmejorar, echar a perder, menoscabar. 2 empeorar. — 3 *intr.* deteriorarse. 4 empeorar, decaer, desmejorarse.

deteriorating (diti·rioreiting) *adj.* que deteriora o empeora ; perjudicial.

deterioration (ditiriore·shøn) *s.* deterioración, deterioro, menoscabo, empeoramiento.

deteriorative (diti·rioreitiv) *adj.* DETERIORATING.

determent (ditø·'mønt) *s.* disuasión. 2 estorbo, impedimento.

determinability (ditø·'minabi·liti) *s.* calidad de determinable.

determinable (ditø'minabøl) *adj.* determinable.
determinant (ditø'minant) *adj.* determinante. —
2 *s.* causa o elemento determinante. 3 MAT. determinante.
determinate (ditø'minit) *adj.* determinado, fijo,
distinto, definido. 2 terminante, definitivo. 3
resuelto, decidido. 4 BOT. cimosa [inflorescencia].
determinately (ditø'minitli) *adv.* determinadamente.
determinateness (ditø'minitnis) *s.* calidad de determinado.
determination (ditø'mine·shøn) *s.* determinación
[acción y efecto de determinar]. 2 delimitación,
definición. 3 decisión, fallo, acuerdo. 4 determinación, resolución, decisión; voluntad decidida,
empeño. 5 LÓG. especificación. 6 clasificación [de
una planta, animal, etc.].
determinative (ditø'minativ) *adj.* determinativo,
determinante.
determine (to) (ditø'min) *tr.* determinar [señalar, fijar; distinguir, discernir]. 2 limitar, restringir. 3 determinar, decidir, resolver [algo].
4 DER. determinar. 5 determinar, decidir [a uno].
6 acabar. 7 determinar el carácter, situación, cantidad, etc.. de. — 8 *intr.* determinarse, resolverse, decidirse. | Gralte. con *on*.
determined (ditø'mind) *adj.* determinado, decidido,
resuelto.
determinism (ditø'miniŝm) *s.* FIL. determinismo.
determinist (ditø'minist) *adj.* y *s.* FIL. determinista.
deterrent (ditø·rønt) *adj.* disuasivo, impeditivo. —
2 *s.* lo que disuade; freno, impedimento.
detersion (ditø'shøn) *s.* detersión.
detersive (ditø'siv) *adj.* y *s.* detersivo.
detest (to) (dite·st) *tr.* detestar, aborrecer.
detestable (dite·stabøl) *adj.* detestable, aborrecible.
detestableness (dite·stabølnis) *s.* calidad de detestable; odiosidad.
detestably (dite·stabli) *adv.* detestablemente.
detestation (diteste·shøn) *s.* detestación, aborrecimiento.
detester (dite·stø') *s.* aborrecedor.
dethrone (to) (dizrou·n) *tr.* destronar.
dethronement (dizrou·nmønt) *s.* destronamiento.
detinue (de·tiniu) *s.* DER. detentación. 2 DER. auto
contra una detentación.
detonate (to) (de·toneit) *intr.* detonar, hacer explosión. — 2 *tr.* hacer estallar.
detonating (de·toneiting) *adj.* detonante : ~ *gas*,
mezcla detonante de gases; ~ *powder*, pólvora
detonante.
detonation (detone·shøn) *s.* detonación.
detonator (de·toneitø') *s.* detonador. 2 FERROC. señal detonante. 3 explosivo de acción instantánea.
detorsion (dito·shøn) *s.* destorcedura.
detour (di·tu') *s.* desvío; vuelta, rodeo. 2 manera
indirecta.
detour (to) *tr.* hacer desviar o dar un rodeo. —
2 *intr.* desviarse, dar un rodeo.
detract (ditræ·ct) *tr.* detraer, quitar, disminuir.
2 detraer, detractar. 3 distraer, desviar [la atención, etc.]. — 4 *intr. to ~ from*, menoscabar, rebajar, hacer desmerecer, ser en mengua de [la
reputación, el mérito, la belleza, etc.].
detracter *s.* DETRACTOR.
detraction (ditræ·cshøn) *s.* detracción, denigración,
calumnia, maledicencia.
detractive (ditræ·ctiv) *adj.* difamatorio, denigrativo.
detractor (ditræ·ctø') *s.* detractor, difamador, calumniador, murmurador.
detractory (ditræ·ctori) *adj.* denigratorio, difamatorio.
detriment (de·trimønt) *s.* detrimento, perjuicio :
to the ~ of, en detrimento de, en daño de.
detrimental (detrime·ntal) *adj.* perjudicial, nocivo.
detrital (ditrai·tal) *adj.* detrítico.
detrition (ditri·shøn) *s.* desgaste.
detritus (ditrai·tus o -tritus) *s.* detrito. 2 escombros, desperdicios.
detrude (to) (ditru·d) *tr.* hundir. 2 empujar hacia
fuera.
detruncate (to) (ditrø·nkeit) *tr.* truncar, destroncar, desmochar, cercenar.
detruncation (ditrønke·shøn) *s.* truncamiento, destroncamiento, desmoche.
detune (to) (ditiu·n) *tr.* RADIO. desintonizar, poner
fuera de sintonía.

deuce (diu·s) *s.* dos [en naipes o dados]. 2 mala
suerte. 3 demonio, diantre : *what the ~...?*, ¿qué
demonio...? ; *to play the ~ with*, estropear, arruinar.
deuced (diu·sid) *adj.* endemoniado, condenado
[malo]; extremado, excesivo, del demonio.
deuterogamist (diutøro·gamist) *adj.* el que se casa
por segunda vez.
deuterogamy (diutøro·gami) *s.* deuterogamia.
Deuteronomy (diutøro·nomi) *s.* Deuteronomio.
deutoxide (diuto·csaid) *s.* QUÍM. deutóxido.
devaluate (to) (divæ·liueit) *tr.* desvalorizar.
devaluation (divæliue·shøn) *s.* desvalorización.
devance (to) (divæ·ns) *tr.* adelantarse a.
devastate (to) (de·vasteit) *tr.* devastar, asolar.
devastation (devaste·shøn) *s.* devastación, asolamiento.
devastating (de·vasteting) *adj.* devastador.
devastator (de·vastetø') *s.* devastador.
develop (to) (dive·løp) *tr.* desenvolver, desarrollar;
hacer desarrollar. 2 convertir [haciendo pasar de
un estado a otro más perfecto]. 3 fomentar, mejorar. 4 convertir en útil, poner en explotación,
explotar [una mina, etc.]. 5 urbanizar, edificar
[un terreno], ensanchar [una población]. 6 desplegar, mostrar, revelar. 7 echar [pelo, hojas, flores, etc.]. 8 AJED., MAT., MEC. desarrollar. 9 MIL.
descubrir [las posiciones de un enemigo, etc.].
10 FOT. revelar. — 11 *intr.* desarrollarse, evolucionar, hacerse visible, manifestarse.
developer (dive·løpø') *s.* desarrollador, fomentador.
2 FOT. revelador.
developing (dive·løping) *adj.* que desarrolla, de
desarrollo. 2 FOT. revelador : ~ *bath*, revelador,
baño de revelado.
development (dive·løpmønt) *s.* desarrollo, desenvolvimiento. 2 crecimiento, progreso. 3 evolución.
4 acción de convertir en útil, fomento; explotación [de una mina, etc.]. 5 edificación, urbanización; caserío nuevo, ensanche, colonia. 6 revelación, manifestación; hecho nuevo. 7 AJED.,
MAT., MEC. desarrollo. 8 FERROC. desarrollo [curva
para disminuir una pendiente]. 9 FOT. revelado.
devest (to) (dive·st) *tr.* desposeer, despojar. 2 DER.
desposeer. 3 desposeerse de, abandonar.
deviate (to) (di·viet) *tr.* desviar, apartar. — 2 *intr.*
desviarse, apartarse, separarse, divergir.
deviation (divie·shøn) *s.* desviación : ~ *of the
compass*, desviación de la aguja 2 extravío,
error; pecado.
device (divai·s) *s.* artificio, invención; plan, traza, proyecto. 2 aparato, dispositivo, ingenio, mecanismo. 3 artimaña, ardid, estratagema. 4 expediente, recurso. 5 dibujo [de tela, bordado,
etc.]. 6 divisa, lema, empresa, mote. 7 *pl.* voluntad, designio, inclinación, antojo, gusto : *to
leave to one's own devices*, dejar a uno que haga
lo que quiera.
deviceful (divai·sful) *adj.* inventivo, ingenioso.
devil (de·vøl) *s.* demonio, diablo : ~ *dog*, fam. soldado de marina norteamericano; *devil's advocate*, abogado del diablo; *devil's book, devil's picture book*. fam. la baraja, los naipes; *poor ~*,
pobre diablo, desgraciado; *between the ~ and
the deep (blue) sea*, entre la espada y la pared;
like the ~, como un condenado, con gran energía ; *talk of the Devil and he will appear*, en
nombrando al ruin de Roma, luego asoma; *the
Devil*, el demonio, el diablo, Satán; *the devil!*,
¡demonio!, ¡diantre! ; *the ~ a bit*, de ningún
modo, en absoluto; *the ~ of it*, lo malo de;
the ~ take the hindmost, sálvese quien pueda,
el que venga detrás que arree; *to raise the ~*,
armarla, armar un alboroto; *to whip the ~
round the stump*, sortear con astucia una dificultad. 2 aprendiz de impresor. 3 abogado joven
que trabaja sin sueldo. 4 literato que trabaja a
sueldo. 5 coc. plato [gralte. asado o frito] cargado de especias picantes. 6 máquina para desguinzar. 7 máquina para hacer tornillos de madera.
8 máquina para descargar granos. 9 nombre de
otras máquinas.
devil (to) *tr.* hacer diabólico. 2 condimentar con
mucho picante. 3 someter a la acción de una de
las máquinas llamadas *devil*. ¶ CONJUG. pret. :
p. p. : *deviled* o *-lled;* ger. : *deviling* o *-lling*.
devil(l)ed (de·vøld) *adj.* endemoniado. 2 asado a
la parrilla, o picado muy fino [después de cocido], y aderezado con mucho picante.

devilfish (de·vølfish) s. ICT. raya gigante. 2 ICT. pejesapo. 3 ZOOL. pulpo.
devilish (de·vølish) adj. diabólico. 2 endemoniado, endiablado; extremado.
devilishl (de·vølishli) adv. diabólicamente. 2 endemoniadamente.
devilisnne s (de·vølishnis) s. carácter diabólico o endemoniado; diablura.
devilism (de·vølišm) s. práctica diabólica, culto del demonio. 2 cualidad diabólica.
devilize (to) (de·vølaiš) tr. convertir en demonio.
devilkin (de·vølkin) s. diablejo, diablillo.
devil-may-care adj. osado, despreocupado, que no teme a nadie.
devilment (de·vølmønt) s. diablura, diablería.
devilry (de·vølri), pl. **-ries** (-ris) s. diablura, diablería. 2 poder, acción diabólica; maldad, crueldad.
devil's-bones s. fam. dados [para jugar].
devil's-darning-needle s. ENT. libélula, caballito del diablo. 2 BOT. aguja de pastor o de Venus.
devilship (de·vølship) s. calidad de demonio.
deviltry (de·vøltri), pl. **-tries** (-tris) s. conducta diabólica, maldad.
devious (di·viøs) adj. desviado, descarriado, extraviado. 2 tortuoso. 3 indirecto. 4 errante.
deviously (di·viøsli) adv. tortuosamente.
deviousness (di·viøsnis) s. desviación, descarrío, extravío. 2 tortuosidad.
devisable (divai·šabøl) adj. inventable, planeable. 2 que se puede legar [en testamento].
devisal (divai·šal) s. invención.
devise (divai·š) s. DER. legado [esp. de bienes raíces]. 2 bienes legados.
devise (to) tr. inventar, idear, planear, discurrir. 2 DER. legar [esp. bienes raíces]. — 3 intr. formar planes.
devisee (diviši·) s. DER. legatario [esp. de bienes raíces].
deviser (divai·šø') s. inventor, autor de proyectos, planes, etc. 2 testador, el que lega [esp. bienes raíces].
devisor (devai·šø') s. testador, el que lega [esp. bienes raíces].
devitalize (to) (divai·talaiš) tr. privar de vitalidad.
devitrify (divitrifai) tr. desvitrificar.
devoid (divoi·d) adj. falto, desprovisto, exento [de una cualidad, etc.].
devoir (devua·') s. deber; todo lo que uno pueda: to do one's ∼, cumplir con su deber; hacer todo lo que uno pueda. 2 pl. homenaje, respetos.
devolution (devoliu·nian) s. entrega, traspaso. 2 transmisión por sucesión. 3 delegación o cesión de poderes o funciones. 4 BIOL. degeneración.
devolve (to) (divo·lv) tr. transmitir, traspasar, entregar. — 2 intr. pasar [por sucesión]; recaer, tocar, incumbir, corresponder.
devolvement (divo·lvmønt) s. DEVOLUTION.
Devonian (devou·nian) s. GEOL. devoniano, devónico.
devote (to) (divou·t) tr. consagrar, dedicar: to ∼ oneself to, consagrarse, dedicarse, aplicarse, entregarse a. 2 destinar, condenar.
devoted (divou·tid) adj. consagrado, dedicado, aplicado. 2 destinado, condenado: the city was ∼ to the flames, la ciudad fue condenada a ser pasto de las llamas. 3 devoto, ferviente, celoso. 4 adicto, fiel, apegado.
devotedly (divou·tidli) adv. devotamente. 2 celosamente, fervientemente.
devotedness (divou·tidnis) s. devoción, afecto.
devotee (devøti·) s. devoto, beato. 2 fanático, partidario ardiente, devoto.
devotion (divou·shøn) s. devoción. 2 fervor, piedad, celo. 3 afecto, adhesión, lealtad. 4 consagración, dedicación [a un objeto]. 5 pl. devociones.
devotional (divou·shønal) adj. devoto, piadoso, de devoción.
devour (to) (divau·') tr. devorar [en todas sus acepciones].
devourer (divau·rø') s. devorador.
devouring (divau·ring) adj. devorador.
devouringly (divau·ringli) adv. devoradoramente.
devout (divau·t) adj. devoto, religioso, piadoso. 2 fervoroso, sincero, cordial.
devoutly (divau·tli) adv. devotamente.
devoutness (divau·tnis) s. devoción, piedad.
dew (diu·) s. rocío. | US. como emblema del amanecer, de la frescura, la pureza, el vigor. 2 jugo, licor: fam. mountain ∼, whisky. 3 QUÍM. ∼ point, punto de condensación o de rocío.

dew (to) tr. rociar, refrescar. — 2 intr. rociar, formarse el rocío.
dew-bent adj. inclinado por el peso del rocío.
dewberry (diu·beri) s. BOT. zarzamora.
dewclaw (diu·clo) s. espolón, dedo rudimentario [de ciertos animales].
dewdrop (diu·drop) s. gota de rocío.
dewfall (diu·fol) s. formación del rocío. 2 hora en que empieza a rociar.
dewlap (diu·lap) s. papada.
dewlapped (diu·læpt) adj. papudo.
dewy (diu·i) adj. rociado, cubierto de rocío; acompañado de rocío. 2 húmedo, suave, refrescante, brillante [como el rocío]; aljofarado.
dexter (de·cstø') adj. diestro [del lado derecho]. 2 favorable, de buen auspicio. — 3 adv. a la derecha.
dexterity (decste·riti) s. destreza, pericia, tino, habilidad. 2 agilidad.
dexterous (de·cstørøs) adj. diestro, hábil, experto, ducho. 2 ágil.
dexterously (de·cstørøsli) adv. diestramente, hábilmente. 2 ágilmente.
dexterousness (de·cstørøsnis) s. DEXTERITY.
dextrad (de·cstræd) adv. ANAT. a la derecha.
dextral (de·cstral) adj. derecho, diestro; inclinado a la derecha. 2 que no es zurdo.
dextrin(e (de·cstrin) s. QUÍM. dextrina.
dextrogyrous (decstroŷai·røs) adj. FÍS. dextrogiro.
dextrorse (de·cstro's) adj. BOT. dextrorso.
dextrose (de·cstrous) s. QUÍM. dextrosa.
dey (dei) s. dey.
diabase (da·iabeis) s. MINER. diabasa.
diabetes (daiabr·tiš) s. MED. diabetis.
diabetic (daiabe·tic) adj. y s. diabético.
diablerie, diablery (dia·bløri) s. magia negra, brujería. 2 escena o reino infernal [imaginado]; cosa fantástica. 3 diablura.
diabolic(al (daiabo·lic(al) adj. diabólico.
diabolically (daiabo·licali) adv. diabólicamente.
diabolicalness (daiabo·licalnis) s. calidad de diabólico.
diabolism (daiæ·bolišm) s. comercio con el diablo; demonolatría. 2 magia negra, brujería. 3 práctica, conducta, carácter o naturaleza diabólica.
diabolo (diæ·bolou) s. diábolo [juguete].
diachylon (daiæ·kilon), **diachylum** (daiæ·kiløm) s. diaquilón.
diaconal (daiæ·conal) adj. diaconal.
diaconate (daiæ·coneit) s. diaconato.
diacoustics (daiacu·stics) s. diacústica.
diacritic (daiacri·tic) adj. GRAM., MED. diacrítico: ∼ mark, signo diacrítico. — 2 s. signo o síntoma diacrítico.
diacritical (daiacri·tical) adj. GRAM., MED. diacrítico.
diadelphous (daiade·lføs) adj. BOT. diadelfo.
diadem (da·iadem) s. diadema.
diadem (to) tr. adornar con diadema; coronar.
diaeresis, dieresis (daie·risis) s. diéresis [licencia poética]. 2 GRAM. diéresis, crema.
diagnose (to) (daiægnou·š) tr. diagnosticar.
diagnosis (daiægnou·sis) s. diagnosis. 2 diagnóstico.
diagnostic (daiægno·stic) adj. diagnóstico. — 2 s. señal o cualidad que distingue.
diagnosticate (to) (daiægno·stikeit) tr. diagnosticar.
diagnostician (daiægno·stishan) s. médico experto en hacer el diagnóstico.
diagnostics (daiægno·stics) s. arte de diagnosticar.
diagonal (daiæ·gonal) adj. y s. diagonal.
diagonally (daiæ·gonali) adv. diagonalmente.
diagram (da·iagræm) s. diagrama, esquema.
diagram (to) tr. hacer el diagrama de; esquematizar. ¶ CONJUG. pret. y p. p.: diagramed o -mmed; ger.: diagraming o -mming.
diagrammatic(al (daiagramæ·tic(al) adj. gráfico, esquemático.
diagraph (da·iagraf) s. diágrafo.
dial (da·ial) s. reloj de sol, cuadrante. 2 muestra, esfera de reloj. 3 pop. cara [de una pers.]. 4 disco marcador [de un teléfono]: ∼ telephone, teléfono automático. 5 RADIO. dial [es un neol.].
dial (to) tr. TELEF. marcar [un número]; llamar [a uno] por teléfono automático. 2 RADIO. sintonizar. ¶ CONJUG. pret. y p. p.: dialed o -lled; ger.: dialing o -lling.
dialect (da·ialect) s. dialecto. — 2 adj. dialectal.
dialectal (daiale·ctal) adj. dialéctico.
dialectician (daialecti·shan) s. dialéctico. 2 el que estudia dialectos.

dialectics (daiale ctics) *s.* dialéctica.
dialectology (daialecto loŷi) *s.* dialectologia.
dialist (da ialist) *s.* constructor de relojes solares.
dial(l)ing (da ialing) *s.* gnomónica. 2 TOPOG. medición o levantamiento de planos con grafómetro [esp. en una mina]. 3 acción de marcar un número en el teléfono. 4 RADIO. sintonización.
dialog (da ialog) *s.* diálogo.
dialogic al (da ialoŷic al) *adj.* dialogal, dialogistico.
dialogically (dainlo ŷicali) *adv.* en forma de diálogo.
dialogism (daiæ loŷišm) *s.* dialogismo. 2 diálogo.
dialogist (daiæ logist) *s.* dialoguista.
dialogistic al (daialoŷi stic al) *adj.* dialogistico.
dialogistically (daialoŷi sticali) *adv.* DIALOGICALLY.
dialogize (to) (daiæ loŷaiš) *intr.* dialogar, dialogizar.
dialogue (da ialog) *s.* diálogo.
dialogue (to) *intr.* y *tr.* dialogar.
dialysis (daiæ lisis) *s.* QUÍM. diálisis. 2 disolución, separación.
dialytio (daiali tic) *adj.* dialítico.
dialyzation (daiališe shøn) *s.* DIALYSIS.
dialyze (to) (da ialaiš) *tr.* QUÍM. dializar.
dialyzer (da ialaišø') *s.* dializador.
diamagnetio (daiamægne tic) *adj.* diamagnético.
diamagnetism (daiamæ gnetišm) *s.* diamagnetismo.
diamantiferous (daiamænti førøs) *adj.* diamantifero.
diamantine (daiamæ ntin) *adj.* diamantino.
diameter (daiæ metø') *s.* diámetro.
diametral (daiæ metral), **diametrical** (daiame tri cal), *adj.* diametral.
diametrically (daiame tricali) *adv.* diametralmente.
diamide (daiæ maid) *s.* QUÍM. diamida.
diamine (da iamin) *s.* QUÍM. diamina.
diamond (da iamønd) *s.* diamante [piedra preciosa] : *rose* ~, diamante rosa; *table* ~, diamante tabla. 2 cortavidrios, punta de diamante. 3 GEOM. rombo. 4 demarcación en el campo de béisbol. 5 IMPR. tipo de letra de 4 ó 4 ½ puntos. 6 palo de la baraja en cuyos naipes hay dibujados rombos [equivale al palo de oros]. — 7 *adj.* adiamantado, rombal. 8 de diamante o diamantes : ~ *cutter*, diamantista; ~ *drill*, taladro de punta de diamante; ~ *anniversary*, sexagésimo o septuagésimo quinto aniversario; ~ *wedding*, bodas de diamante [a los 60 ó 75 años de la boda].
diamond (to) *tr.* adornar con diamantes o rombos.
diamond-bearing *adj.* diamantifero.
diamonded (da iamondid) *adj.* adornado con diamantes. 2 marcado con rombos.
diamondiferous (daiamondi førøs) *adj.* diamantifero.
diandrous (daiæ ndrøs) *adj.* BOT. diandro.
diapason (daiapei šon) *s.* MÚS. diapasón.
diaper (da iapø') *s.* lienzo adamascado. 2 braga, culero, pañal. 3 labor o adorno de motivos que se repiten indefinidamente.
diaper (to) *tr.* adamascar. 2 labrar o adornar con motivos que se repiten indefinidamente.
diaphaneity (daiafani iti) *s.* diafanidad.
diaphanous (daiæ fanøs) *adj.* diáfano.
diaphoresis (daiafori sis o diafore sis) *s.* MED. diaforesis.
diaphoretic al (daiafore tic al) *adj.* MED. diaforético.
diaphragm (da iafræm) *s.* ANAT., FOT., MEC. diafragma.
diaphragmatic (daiafrægma tic) *adj.* diafragmático.
diaphysis (daiæ fisis) *s.* ANAT. diáfisis.
diapositive (daiapo šitiv) *f.* FOT. diapositiva.
diarist (da iarist) *s.* diarista.
diarrhea, diarrhoea (daiari a) *s.* MED. diarrea.
diarrheal (daiari al), **diarrhoetic** (daiare tic) *adj.* MED. diarreico.
diarthrosis (daia zrou sis) *s.* ANAT. diartrosis.
diary (da iari) *s.* diario, dietario.
diaspore (da iaspo') *s.* MINER. diásporo.
diastase (da iasteis) *s.* diastasa.
diastole (daiæ stoli) *s.* FISIOL. diástole.
diastolic (daiasto lic) *adj.* diastólico.
diastyle (da iastail) *s.* ARQ. diástilo.
diatessaron (daiate saron) *s.* MÚS. diatesarón.
diathermanous (daiazø' manøs) *adj.* diatérmico.
diathermia (daiazø 'mia) *s.* MED. diatermia.
diathermic (daiazø 'mic) *adj.* diatérmico.
diathermy (daiazø 'mi) *s.* MED. diatermia.
diathesis (daiæ zesis) *s.* MED. diátesis.
diathetic (daiaze tic) *adj.* diatésico.
diatom (da iatom) *s.* BOT. diatomea.

Diatomaceæ (daiatomei sii) *s. pl.* BOT. diatomáceas, diatomeas.
diatomaceous (daiatomei shøs) *adj.* de diatomeas; que contiene diatomeas o sus restos fósiles.
diatomic (daiato mic) *adj.* QUÍM. diatómico, biatómico, bivalente.
diatonic (daiato nic) *adj.* MÚS. diatónico.
diatonically (daiato nicali) *adv.* diatónicamente.
diatribe (da iatraib) *s.* diatriba.
dib (dib) *s.* taba [para jugar]. 2 *pl.* juego de la taba. 3 *fam.* guita, dinero.
dibble (di bøl) *s.* AGR. plantador [instrumento].
dibble (to) *tr.* plantar [con plantador]; hacer hoyos [en la tierra]. — 2 *intr.* beber como hacen los patos.
dibstone (di bstoun) *s.* piedrecita, taba, etc. [para jugar].
dice (dais) *s. pl.* dados : ~ *box*, cubilete; *to load the* ~, cargar los dados. 2 cubitos [en que se corta una cosa].
dice (to) *intr.* jugar a los dados. — 2 *tr.* perder [dinero] jugando a los dados. 3 cortar en cubitos. 4 adornar con dados o cuadrados.
dicer (dai sø') *s.* jugador de dados.
dichotomic (daicoto mic) *adj.* dicotómico.
dichotomize (to) (daico tomaiš) *tr.* dividir en dos. 2 analizar.
dichotomous (daico tomøs) *adj.* dicótomo.
dichotomy (daico tomi), *pl.* **-mies** (-mis) *s.* dicotomia.
dichroic (daicrou ic) *adj.* FÍS. dicroico.
dichroism (dai croišm) *s.* FIS. dicroismo.
dichromate (daicrou meit) *s.* QUÍM. bicromato.
dichromic (daicrou mic) *adj.* dicromático.
Dick (dic) *n. pr. dim.* Ricardito.
dickens (di kenš) *s. fam.* diablo, demonio, diantre : *the* ~!, ¡diantre!, ¡caramba!
dicker (di kø') *s.* COM. decena [esp. de cueros]. 2 (EE. UU.) trato, trueque, cambalache.
dicker (to) (EE. UU.) *intr.* tratar, cambalachear, regatear.
dickey (di ki) *s.* camisolín. 2 delantal, babero. 3 ZOOL. asno. 4 pajarito. 5 asiento del conductor. 6 asiento descubierto detrás del coche. — 7 *adj. fam.* inseguro; en mal estado; de mala calidad; mal de salud.
dicky (di ki), *pl.* **-kies** (-kis) *s.* y *adj.* DICKEY.
diclinous (dai clinøs) *adj.* BOT. diclino.
dicotyledon (daicotili døn) *s.* BOT. dicotiledónea.
dicotyledonous (daicotili dønøs) *adj.* BOT. dicotiledóneo.
dicta (di cta) *s. pl.* de DICTUM.
dictaphone (di ctafoun) *s.* dictáfono.
dictate (di cteit) *s.* dictado [inspiración, precepto, mandato].
dictate (to) *tr.* dictar. — 2 *intr.* hablar como superior, mandar, imponer condiciones.
dictation (dicte shøn) *s.* dictado [acción de dictar; lo dictado]. 2 mando arbitrario, imposición: *to take* ~, escribir al dictado.
dictator (dictei tø') *s.* dictador.
dictatorial (dictato rial) *adj.* dictatorial.
dictatorially (dictato riali) *adv.* dictatorialmente.
dictatorship (dictei tø'ship) *s.* dictadura.
dictatory (di ctatori) *adj.* dictatorio. 2 dictatorial.
dictature (di ctæchu') *s.* dictadura.
diction (di cshøn) *s.* dicción [manera de hablar o escribir]; estilo, lenguaje.
dictionary (di cshøneri) *s.* diccionario, léxico.
dictum (di ctøm), *pl.* **-ta** (-tæ) *s.* sentencia, aforismo. 2 opinión de un juez que no tiene fuerza legal.
did (did) *pret.* de TO DO.
didactic al (daidæ ctic al) *adj.* didáctico.
didactically (didæ cticali) *adv.* didácticamente.
didactics (didæ ctics) *s.* didáctica.
didapper (daidæ pø') *s.* ORNIT. especie de somorgujo.
didascalic (didasca lic) *adj.* didascálico.
didder (to) (di dø') *tr.* temblar, estremecerse.
diddle (to) (di døl) *tr. fam.* estafar, engañar. 2 *fam.* arruinar. 3 *fam.* matar, perder [el tiempo]. — 4 *intr. fam.* zarandearse.
didelphine (daide lfiæn) *adj.* y *s.* ZOOL. didelfo.
didn't (di dønt) *contrac.* de *did* y *not*.
Dido (dai dou) *n. pr. f.* MIT. Dido.
didst (didst) 2.* *pers. sing. del pret.* de TO DO.
didymium (daidi miøm) *s.* QUÍM. didimio.
didymous (di dimøs) *adj.* BOT., ZOOL. doble.
1) **die** (dai), *pl.* **dice** (dais) *s.* dado [para jugar]; cubito. 2 suerte, azar : *the* ~ *is cast*, la suerte está echada.

2) **die,** pl. **dies** s. ARQ. dado, neto. 2 MEC. estampa, troquel, cuño. 3 MEC. caja o cojinete de la terraja. 4 IMPR. plancha o bloque para estampar en relieve.

1) **die (to)** intr. morir, fallecer, acabar, fenecer, extinguirse : to ~ away, o out, desvanecerse, apagarse, extinguirse gradualmente; to ~ game, morir luchando; to ~ hard, morir impenitente; tardar en morir; luchar hasta la muerte; to ~ in harness, morir en plena actividad; to ~ in one's bed, morir en la cama, de muerte natural; to ~ in one's boots o shoes, to ~ with one's boots o shoes on, morir vestido; to ~ in the last ditch, luchar hasta el fin; morir antes que rendirse; never say ~, no rendirse, no perder el ánimo. 2 agostarse, marchitarse. 3 evaporarse. 4 morirse [de o por] : to ~ of laughing, morirse o desternillarse de risa; to be dying, for o to, morirse por o de ganas de, anhelar, desear ardientemente. ¶ CONJUG. pret. y p. p. : died; ger. : dying.

2) **die (to)** tr. cortar o estampar con troquel. CONJUG. pret. y p. p. : died; ger. : dieing.

die-hard adj. y s. POL. reaccionario, intransigente; enemigo irreconciliable [de una ley, medida, etcétera].

dielectric (daiele·ctric) adj. y s. ELECT. dieléctrico.

dielectrical (daiele·ctrical) adj. ELECT. dieléctrico.

dieresis (daie·risis) s. DIAERESIS.

Diesel engine o **motor** (di·søl) s. motor Diesel.

dieselize (to) (di·sølaiš) tr. proveer de motor Diesel.

diesinker (dai·sinkø') s. grabador en hueco.

dies non (dai·iš noun) s. DER. día inhábil.

diesis (da·isis) s. MÚS. diesi. 2 IMPR. obelisco doble.

diestock (dai·stoc) s. MEC. terraja.

diet (da·iet) s. MED. dieta, régimen alimenticio : to be o to put on a ~, estar o poner a dieta. 2 dieta [asamblea].

diet (to) tr. adietar, poner a dieta. — 2 intr. adietarse. estar a dieta.

dietary (da·ieteri), pl. **-ries** (-ris) s. MED. dieta, sistema dietético. 2 tratado sobre las dietas. — 3 adj. dietético.

dietetic(al (daiete·tic(al) adj. dietético.

dietetics (daiete·tics) s. MED. dietética.

dietician, dietitian (daieti·šhan) s. MED. dietista, especialista o versado en dietética.

diffarreation (difærie·shøn) s. difarreación.

differ (to) (di·fø') intr. diferir, diferenciarse, distinguirse; discrepar, disentir : to ~ from, diferir de. 2 desavenirse, reñir, disputar, tener una diferencia : to ~ with, desavenirse, disputar con.

difference (di·førøns) s. diferencia [en todas sus acepciones] : to split the ~, partir la diferencia. 2 disparidad, desigualdad. 3 distinción [que se hace entre pers. o cosas]. 4 cambio, alteración : it makes no ~, es igual, lo mismo da, no importa. 5 divergencia, discrepancia, disensión, disputa.

difference (to) tr. diferenciar, distinguir.

different (di·førønt) adj. diferente, distinto. 2 diferente de lo usual; poco corriente.

differential (diføre·nshal) adj. diferencial; que crea o establece una diferencia; ~ duties, derechos diferenciales de aduana [que gravan diferentemente un artículo según sea su procedencia]; ~ rate, en el ferrocarril u otros medios de transporte, tarifa rebajada o preferente que se establece para ciertas líneas. 2 FÍS., MAT., MEC. diferencial : ~ calculus, cálculo diferencial; ~ gear, MEC. diferencial; ~ thermometer, termómetro diferencial. — 3 s. MAT., MEC. diferencial.

differentially (diføre·nshali) adv. de un modo diferencial. 2 con diferencia o preferencia.

differentiate (to) (diføre·nshieit) tr. diferenciar, distinguir. — 2 intr. diferenciarse.

differentiation (diførenshie·shøn) s. diferenciación.

differently (di·førøntli) adv. diferentemente.

differentness (di·førøntnis) s. diferencia. desemejanza.

differingly (di·føringli) adv. diferentemente.

difficult (di·ficølt) adj. difícil. 2 dificultoso, arduo, trabajoso. 3 apurado, penoso. 4 complicado, enrevesado.

difficultly (di·ficøltli) adv. difícilmente, trabajosamente.

difficulty (di·ficølti), pl. **-ties** (-tiš) s. dificultad. 2 obstáculo, objeción, reparo, inconveniente : he made no ~ in, no tuvo inconveniente en. 3

disputa, desacuerdo. 4 pl. apuro, aprieto : to be in difficulties, estar apurado [económicamente].

diffidation (difide·shøn) s. dificación.

diffidence (di·fidøns) s. falta de confianza en sí mismo. 2 cortedad, encogimiento, timidez, modestia, vergüenza.

diffident (di·fidønt) adj. que desconfía de sí mismo. 2 tímido, apocado; modesto, vergonzoso, huraño.

diffidently (di·fidøntli) adv. tímidamente; vergonzosamente.

diffidentness (di·fidentnis) s. DIFFIDENCE.

difluence (di·fluøns) s. difluencia.

diffluent (di·fluønt) adj. difluente.

diffract (to) (di·fræct) tr. FÍS. difractar. — 2 intr. difractarse.

diffraction (difræ·cshøn) s. FÍS. difracción.

diffuse (difiu·s) adj. difuso.

diffuse (to) (difiu·š) tr. difundir. 2 esparcir, diseminar. 3 disipar, desperdiciar [energías, etc.]. — 4 intr. difundirse.

diffused (difiu·šd) adj. difundido. 2 difuso, disperso.

diffusedly (difiu·šidli) adv. difusamente.

diffusedness (difiu·šidnis) s. difusión [estado].

diffusely (difiu·sli) adv. difusamente.

diffuseness (difiu·snis) s. difusión, calidad de difuso.

diffuser (difiu·šø') s. difusor. 2 difundidor. esparcidor.

diffusible (difiu·šibøl) adj. difusible.

diffusion (difiu·ȳøn) s. difusión.

diffusive (difiu·siv) adj. difusivo.

dig (dig) s. hurgonazo, metido, codazo o golpe parecido. 2 fam. pulla, puyazo, sarcasmo. 3 fam. (EE. UU.) empollón [estudiante].

dig (to) tr. cavar, excavar, ahondar, ahoyar. 2 escarbar. 3 extraer, buscar, hacer, abrir, etc. [cavando, excavando o escarbando]. 4 clavar, hundir [los dedos, las uñas, un cuchillo, etc.]. 5 dar un metido, hurgar, aguijonear, picar : to ~ a horse with the spur, espolear un caballo. 6 to ~ in, clavar, hundir; enterrar. 7 to ~ out, extraer, desenterrar. 8 to ~ up, romper [la tierra]; extraer, desenterrar; fam. (EE. UU.) sacar [dinero]; to ~ up the hatchet o the tomahawk, declarar la guerra; reemprender la lucha. 9 to ~ under, socavar.

10 intr. cavar. 11 clavarse, entrar, penetrar. 12 MEC. (EE. UU.) entrar demasiado [una herramienta cortante]. 13 trabajar de firme. 14 fam. (EE. UU.) empollar [el estudiante]. 15 to ~ in, MIL. afosarse, atrincherarse; enterrarse; fam. poner manos a la obra. 16 to ~ out, fam. (EE. UU.) largarse, tomar las de Villadiego. 17 to ~ up, fam. (EE. UU.) aflojar la mosca, dar dinero. ¶ CONJUG. pret. y p. p. : dug o digged; ger. : digging.

digest (dai·ȳest) s. resumen, compendio, recopilación. 2 DER. digesto.

digest (to) (diȳe·st) tr. FISIOL., QUÍM. digerir. 2 digerir [meditar, comprender, asimilar mentalmente]. 3 digerir [sufrir o llevar con paciencia]. 4 producir o facilitar la digestión [de los alimentos]. 5 clasificar, ordenar, codificar, resumir. — 6 intr. ser digerido, digerirse.

digester (diȳe·stø') s. digestor. 2 MED. digestivo. 3 compendiador, recopilador.

digestibility (diȳestibi·liti) s. digestibilidad.

digestible (diȳe·stibøl) adj. digerible, digestible.

digestion (diȳe·schøn) s. digestión.

digestive (diȳe·stiv) adj. digestivo.

digger (di·gø') s. cavador. 2 azada, azadón. 3 máquina cavadora.

digging (di·ging) s. cava, acción de cavar. 2 pl. lo que se saca cavando. 3 excavaciones. 4 mina o lugar de extracción del oro, los diamantes, etc. 5 fam. domicilio, alojamiento. 6 (EE. UU.) lugar, región.

dight (to) (dait) tr. poét. ordenar, arreglar. 2 vestir, engalanar, ataviar.

digit (di·ȳit) s. ZOOL. dedo. 2 dedo [medida]. 3 número dígito. 4 ASTR. dígito.

digital (di·ȳital) adj. digital, dactilar. — 2 s. tecla [de órgano, etc.].

digitalin (diȳita·lin) s. FARM., QUÍM. digitalina.

digitalis (diȳitei·lis o -ta·lis) s. BOT. digital, dedalera.

digitate(d (di·ȳiteit(id) adj. digitado.

digitation (diỹiteˑshøn) s. BIOL. condición de digitado.

digitigrade (diˑỹitigreid) adj. ZOOL. digitigrado.

diglot (daiˑglot) adj. bilingüe.

diglyph (daiˑglif) s. ARQ. diglifo.

dignification (dignifikeiˑshøn) s. dignificación.

dignified (digˑnifaid) adj. dignificado; enaltecido, honrado. 2 digno, serio, grave; noble, majestuoso.

dignify (to) (digˑnifai) tr. dignificar, enaltecer, honrar, ennoblecer. ¶ CONJUG. pret. y p. p.: dignified.

dignitary (digˑniteri) s. dignatario.

dignity (digˑniti) s. dignidad. 2 nobleza, excelencia. 3 honor. 4 rango, elevación.

digraph (daiˑgræf) s. dígrafo, grupo de dos letras que representan un solo sonido.

digress (to) (digresˑ) intr. desviarse [esp. del tema], divagar.

digression (digreˑshøn) s. digresión. 2 descarrío [moral].

digressional (digreˑshønal) adj. de la digresión.

digressive (digreˑsiv) adj. digresivo.

digressively (digreˑsivli) adv. por vía de digresión.

dihedral (daijiˑdral) adj. GEOM. diedro.

dike (daik) s. dique, malecón, represa. 2 zanja, acequia. 3 MIN. contraveta.

dike (to) tr. proteger con dique. 2 avenar, desaguar por medio de zanjas.

dilacerate (to) (dilæˑsøreit) tr. romper, desgarrar; dilacerar.

dilaceration (dilæsøreˑshøn) s. desgarramiento, dilaceración.

dilapidate (to) (dilæˑpideit) tr. arruinar, estropear, echar a perder. 2 dilapidar.

dilapidated (dilæˑpideitid) adj. ruinoso, estropeado, viejo, desvencijado, en mal estado.

dilapidation (dilæpideˑshøn) s. ruina, estado ruinoso, estropeo, mal estado. 2 dilapidación.

dilapidator (dilæˑpidetøʳ) s. el que estropea o pone en mal estado 2 dilapidador.

dilatability (daileitabiˑliti) s. dilatabilidad.

dilatable (daileiˑtabøl) adj. dilatable.

dilatant (daileiˑtant) adj. y s. dilatador.

dilatation (dilateˑshøn) s. dilatación, ensanchamiento, extensión.

dilate (to) (daileiˑt) tr. dilatar, extender, ensanchar. — 2 intr. dilatarse. 3 to ~ on o upon, extenderse, explayarse sobre, a propósito de.

dilated (daileiˑtid) adj. dilatado, extendido. 2 prolijo, difuso.

dilatedly (daileiˑtidli) adv. dilatadamente. 2 latamente.

dilater (daileiˑtøʳ) s. dilatador.

dilation (daileiˑshøn) s. dilatación, extensión.

dilative (daileiˑtiv) adj. dilativo.

dilator (daileiˑtøʳ) s. CIR., ANAT. dilatador.

dilatorily (diˑlatorili) adv. dilatoriamente. 2 lentamente, detenidamente.

dilatoriness (diˑlatorinis) s. lentitud, tardanza, morosidad.

dilatory (diˑlatori) adj. dilatorio. 2 tardo, lento, moroso.

dilemma (dileˑma) s. dilema. 2 disyuntiva.

dilemmatic (dilemæˑtic) adj. dilemático.

dilettante (diløtæˑnti), pl. -tes o -ti (-ti) s. diletante, aficionado.

dilettanteism (diløtæˑntiišm), **dilettantism** (diløtæˑntišm) s. diletantismo.

diligence (diˑliỹens) s. diligencia, cuidado, aplicación, asiduidad. 2 diligencia [coche]. 3 pl. esfuerzos.

diligent (diˑliỹent) adj. diligente, aplicado, activo, solícito, cuidadoso.

diligently (diˑliỹentli) adv. diligentemente, activamente, solícitamente.

dill (dil) s. BOT. eneldo. 2 ~ pickle, encurtido sazonado con semillas de eneldo.

dilly-dally (to) (diˑli-deiˑli) intr. holgazanear, malgastar el tiempo. 2 vacilar.

diluent (diˑliuønt) adj. y s. diluente; disolvente.

dilute (diluˑt o diliuˑt) adj. diluido.

dilute (to) (diluˑt) tr. diluir; desleír, aguar. 2 atemperar, atenuar, neutralizar. — 3 intr. diluirse; desleírse.

diluter (diliuˑtøʳ) s. el que diluye. 2 diluente.

dilution (diluˑ[o liuˑ]shøn) s. dilución. 2 desleimiento. 3 substitución de obreros expertos por peones [contra las regulaciones del sindicato].

diluvial (diluˑvial) adj. diluvial.

diluvian (diliuˑvian) adj. diluviano.

diluvium (diliuˑviøm) s. GEOL. depósito formado por material arrastrado por las corrientes o los glaciares.

dim (dim) adj. obscuro, opaco. 2 sombrío, anublado, caliginoso. 3 empañado, deslustrado. 4 vago, confuso, indistinto. 5 apagado, débil [color, sonido]. 6 cegato. 7 obtuso, de torpe comprensión.

dim (to) tr. obscurecer, ofuscar, anublar. 2 empañar, deslustrar. 3 hacer confuso, indistinto. 4 amortiguar la intensidad [de una luz]. — 5 ref. obscurecerse, anublarse.

dime (daim) s. diezmo. 2 (EE. UU.) moneda de plata de diez centavos : ~ novel, novela barata, folletinesca.

dimension (dimeˑnshøn) s. dimensión.

dimensional (dimeˑnshønal) adj. dimensional.

dimethyl (daimeˑzil) s. QUÍM. dimetilo.

dimidiate (dimiˑdieit) adj. demediado, partido por la mitad; reducido a la mitad.

dimidiate (to) tr. demediar, partir por la mitad; reducir a la mitad.

diminish (to) (dimiˑnish) tr. disminuir, amenguar, minorar, reducir, mermar. 2 empequeñecer. 3 debilitar, atenuar. 4 rebajar, abatir, humillar. — 5 intr. disminuir, menguar, decrecer, mermar.

diminishing (dimiˑshing) s. disminución. — 2 adj. decreciente, que disminuye.

diminishingly (dimiˑshingli) adv. decrecientemente.

diminishment (dimiˑshmønt) s. disminución.

diminuendo (diminiueˑndou) adj. y adv. MÚS. decrescendo.

diminution (diminiuˑshøn) s. disminución, merma, reducción. 2 rebajamiento, pérdida de la estimación.

diminutive (dimiˑniutiv) adj. diminutivo. 2 pequeño, diminuto. — 3 s. GRAM. diminutivo. 4 forma o variedad diminuta.

diminutively (dimiˑniutivli) adv. diminutivamente. 2 diminutamente.

diminutiveness (dimiˑniutivnis) s. pequeñez.

dimissory (diˑmisori) adj. dimisorio : ~ letters, dimisorias.

dimit (to) (diˑmit) intr. dimitir.

dimity (diˑmiti) s. cotonía.

dimly (diˑmli) adv. obscuramente, vagamente, confusamente.

dimmer (diˑmøʳ) s. reductor de intensidad [de la luz]. 2 ELECT. bobina de reacción reguladora. 3 AUTO. alumbrado de cruce o de posición.

dimness (diˑmnis) s. semi-obscuridad, penumbra. 2 obscuridad, anublamiento, ofuscación. 3 visión imperfecta.

dimorph (daiˑmoˑf) s. CRISTAL. una de las dos formas de una substancia dimorfa.

dimorphism (daimoˑfišm) s. dimorfismo.

dimorphous (daimoˑføs) adj. dimorfo.

dimple (diˑmpøl) s. hoyuelo.

dimple (to) tr. formar hoyuelos. — 2 intr. formarse hoyuelo en.

dimpled (diˑmpøld), **dimply** (diˑmpli) adj. que tiene hoyuelos.

din (din) s. fragor, estrépito, estruendo, batahola.

din (to) tr. golpear con ruido; asordar, ensordecer, aturdir. 2 clamorear; repetir con pesadez. — 3 intr. resonar, sonar [con estrépito].

dine (to) (dain) intr. comer [hacer la comida principal] : to ~ out, comer fuera de casa; to ~ with Duke Humphrey, quedarse sin comer. — 2 tr. dar de comer; convidar a comer.

diner (daiˑnøʳ) s. el que come; comensal [en una comida] : diner-out, persona que come fuera de casa. 2 FERROC. coche comedor, vagón restaurante.

ding (ding) s. campanada, campaneo, golpe sonoro.

ding (to) tr. e intr. hacer sonar o sonar [una campana o como una campana]. 2 fam. repetir fastidiosamente, importunar.

ding-a-ling (diˑngalin) s. tintín.

ding-a-ling (to) intr. y tr. tintinear o hacer tintinear.

ding-dong (diˑndon) s. din don, sonido de campanas o de golpes alternados. — 2 adj. reñido, disputado, con ventaja alterna [carrera, etc.]. 3 repetido.

ding-dong (to) intr. sonar, repiquetear. — 2 tr. e intr. repetir con insistencia, machacar; fastidiar, importunar.

dinge (dinỹ) s. pop. (EE. UU.) negro o mulato.

dingey, dinghy (di·ngui) *s.* MAR. bote [de un buque], chinchorro. 2 bote o lancha de recreo. *3* FERROC. (EE. UU.) vagón del servicio.
dinginess (di·nŷinis) *s.* suciedad, empañamiento, deslustre.
dingle (di·ngøl) *s.* cañada, vallecito umbroso. 2 tintin, tintineo.
dingle-dangle *adv.* colgando, oscilando.
dingo (di·ngou) *s.* ZOOL. dingo, perro salvaje de Australia.
dingy (di·nŷi) *adj.* obscuro, negruzco, manchado, sucio, deslucido, sórdido. — 2 *s.* (EE. UU.) negro o mulato. *3* DINGEY.
dining (dai·ning) *s.* acción de comer, comida [principal]. — 2 *adj.* para comer : ~ *car,* FERROC. coche comedor, vagón restaurante.
dining-room *s.* comedor [pieza].
dinner (di·nø') *s.* comida [principal]; banquete : ~ *bell,* campana que anuncia la comida; ~ *call,* llamada a la mesa; visita de digestión; ~ *card,* tarjeta que indica el lugar de uno en la mesa; ~ *coat* o *jacket,* smoking; ~ *service* o *set,* vajilla; ~ *wagon,* carrito de comedor.
dinosaur (dai·noso') *s.* PALEONT. dinosaurio.
dinothere (dai·nozi') *s.* PALEONT. dinoterio.
dint (dint) *s.* golpe, abolladura. — 2 *adv. by* ~ *of,* a fuerza de, a puro.
dint (to) *tr.* abollar.
diocesan (daio·sisan o daiosi·san) *adj. y s.* diocesano. — 2 *s.* fiel de una diócesis.
diocese (da·iosis) *s.* diócesis.
Diocletian (us (da·ioclishiæn(øs) *n. pr. m.* Diocleciano.
Diodorus (da·iodorøs) *n. pr. m.* Diodoro.
dioecious (dair·shøs) *adj.* BOT. dioico.
Dionysia (daioni·siæ) *s. pl.* fiestas dionisíacas.
Dionysiac (al (daioni·siæc(al) *adj.* dionisiaco.
Dionysius (daioni·shiøs) *n. pr. m.* Dionisio.
Dionysos, Dionysus (daioni·shøs) *n. pr. m.* MIT. Dioniso.
diopter (daio·ptø') *s.* dioptra, alidada. 2 ÓPT. dioptría
dioptric (daio·ptric) *adj.* dióptrico. — 2 *s.* dioptría.
dioptrical (daio·ptrical) *adj.* dióptrico.
dioptrics (daio·ptrics) *s.* dióptrica.
diorama (daiora·ma) *s.* diorama.
dioramic (daiora·mic) *adj.* diorámico.
diorite (da·iorait) *s.* MINER. diorita.
diorthosis (daiorzo·sis) *s.* CIR. diortosis.
Dioscoreæ (dioscørie·sii) *s. pl.* BOT. dioscoreáceas. ceo.
dioscoreaceous (dioscørie·shøs) *adj.* BOT. dioscoreáceo.
dioxide (daio·csaid) *s.* QUÍM. bióxido.
dip (dip) *s.* zambullida, inmersión, baño corto. *2* bajada, caída; declive, pendiente, depresión; inclinación, grado de inclinación : ~ *of the horizon,* MAR. depresión del horizonte; ~ *of the needle,* inclinación de la aguja magnética. *3* baño [en que se sumerge una cosa]. *4* GEOL. buzamiento. *5* MEC. cuchara de lubricación. *6* vela, bujía. *7* pop. (EE. UU.) sombrero. *8* pop. ladrón, ratero.
dip (to) *tr.* zambullir, sumergir, bañar, mojar [en un líquido] : *to* ~ *one's pen,* mojar la pluma. *2* teñir sumergiendo en el tinte. *3* hacer [velas] sumergiendo el pábilo en el sebo derretido. *4* sacar [con cuchara o como con cuchara] ; achicar. *5* bajar momentáneamente [una bandera, una vela, un platillo de balanza, etc.] : *to* ~ *the colours,* saludar con la bandera. — *6 intr.* zambullirse, sumergirse y volver a salir prontamente. *7* meter la mano, un cucharón, etc. [en un sitio para sacar algo] : *to* ~ *into one's purse,* meter mano al bolsillo, gastar el dinero. *8* bajar, hundirse, hacer pendiente [un terreno, etc.]. *9* GEOL. buzar. *10* bajar, inclinarse [el platillo de una balanza, una aguja magnética, etc.]. *11* descender rápidamente. *12* desaparecer [bajo una superficie o nivel] : *the sun dips below the horizon,* el sol desaparece bajo el horizonte. *13* penetrar, ahondar, investigar. *14* meterse, participar, mojar [en un asunto]. *15* leer superficialmente, por encima, hojear : *to* ~ *into a book,* hojear un libro. ¶ CONJUG. pret. y p. p. : *dipped;* ger. : *dipping.*
dipetalous (daipe·taløs) *adj.* BOT. bipétalo.
diphtheria (difzi·ria) *s.* MED. difteria.
diphtherial (difzi·rial), **diphtheric** (difze·ric), **diphtheritic** (difziri·tic) *adj.* diftérico.
diphthong (di·fzong) *s.* diptongo.

diphthong (to) *tr.* e *intr.* DIPHTONGIZE.
diphthongation (difzongue·shøn), **diphtongization** (difzonguise·shøn) *s.* diptongación.
diphthongize (to) (di·fzongaiŝ) *tr.* diptongar. — *2 intr.* diptongarse.
diphycercal (difisø·'cal) *adj.* ICT. dificerca.
diphyllous (daifi·løs) *adj.* BOT. difilo.
diplochlamydeous (diploclæ·midiøs) *adj.* BOT. diploclamídeo.
diplococcus (diploco·cøs), *pl.* **-cocci** (-co·csai) *s.* BACT. diplococo.
diplodocus (diplodo·cøs) *s.* PALEONT. diplodoco.
diploma (diplou·ma) *s.* diploma.
diplomacy (diplou·masi) *s.* diplomacia.
diplomat (di·plomæt) *s.* diplomático.
diplomate (di·plomit) *s.* diplomático. 2 titulado, graduado.
diplomatic'al (diplomæ·tic(al) *adj.* diplomático.
diplomatically (diplomæ·ticali) *adv.* diplomáticamente.
diplomatics (diplomæ·tics) *s.* diplomacia. 2 diplomática.
diplomatist (diplou·matist) *s.* diplomático.
diploplia (diplou·pia) *s.* MED. diplopía.
dipper (di·pø') *s.* el que lee por encima, hojeador. *2* cazo, cacillo, cucharón. *3* MEC. cuchara [de excavadora, etc.]. *4* FOT. pinzas para sacar las placas del baño revelador. *5* (con may.) *the Dipper* o *Big Dipper,* el Carro, la Osa Mayor; *the Little Dipper,* la Osa Menor.
dipping (di·ping) *adj.* que sumerge o se sumerge; de sumergir. 2 que inclina o se inclina; inclinado; de inclinación : ~ *compás,* brújula de inclinación; ~ *needle,* aguja magnética de inclinación.
Dipsaceæ (dipsakei·sii) *s. pl.* BOT. dipsacáceas, dipsáceas.
dipsacaceous (dipsakei·shøs) *adj.* BOT. dipsacáceo, dipsáceo.
dipsomania (dipsomei·nia) *s.* dipsomanía.
dipsomaniac (dipsomei·niæc) *s.* dipsómano.
dipsomaniacal (dipsomana·iacal) *adj.* dipsomaníaco, dipsómano.
dipter (di·ptø') *s.* ENTOM. díptero.
Diptera (di·ptøræ) *s. pl.* ENTOM. dípteros.
dipteral (di·ptøral) *adj.* ARQ., ENTOM. díptero.
dipteran (di·ptøran) *adj. y s.* ENTOM. díptero.
dipterocarpaceous (diptøroca'pei·shøs) *adj.* BOT. dipterocapáceo, dipterocárpeo.
dipteros (di·ptørøs) *s.* ARQ. díptero.
dipterous (di·ptørøs) *adj.* ENTOM. díptero.
diptych (di·ptic) *s.* díptica. 2 díptico.
dire (dai·ø') *adj.* horrible, horrendo, espantoso. 2 deplorable. *3* de mal agüero. *4* extremo, sumo.
direct (dire·ct) *adj.* directo : ~ *action,* acción directa; ~ *coupling,* ELECT. acoplamiento directo; ~ *drive,* MEC. mando directo; ~ *method,* método directo [de enseñar un idioma]; ~ *motion,* ASTR. movimiento directo; ~ *proportion,* proporción directa; ~ *tax,* contribución directa. *2* recta [línea de descendencia]. *3* inmediato. *4* claro, categórico. *5* franco, sincero. *6* ELECT. ~ *current,* corriente continua. *7* DER. ~ *examination,* primer interrogatorio [de un testigo]. *8* GRAM. ~ *object,* complemento directo. *9* POL. (EE. UU.) ~ *primary,* reunión de un partido en que se designan candidatos por elección directa. — *10 adv.* directamente [esp. en compuestos] : *direct-connected, direct-coupled,* conectado o acoplado directamente, de conexión o acoplamiento directo.
direct (to) *tr.* dirigir [en todas sus acepciones]. *2* encaminar, encauzar, guiar, orientar. *3* mandar, ordenar, encargar; enseñar, decir [a uno lo que ha de hacer] ; dar instrucciones. *4* enviar [una persona a otra o a un lugar]. *5* dedicar [una obra a uno]. — *6 intr.* dirigir; servir de guía.
directer (dire·ctø') *s.* DIRECTOR.
direction (dire·cshøn) *s.* dirección. 2 consejo de administración, junta directiva. 3 curso, rumbo. 4 tendencia; sentido [en que se desenvuelve, progresa, etc., una cosa]. 5 orden, mandato, encargo. 6 sobrescrito. 7 *pl.* instrucciones. — *8 adj.* de dirección : ~ *finder,* RADIO. radiogoniómetro.
directional (dire·cshønal) *adj.* de dirección ; ~ *aerial,* RADIO. antena de dirección ; ~ *loop,* radiogoniómetro.
directive (dire·ctiv) *adj.* director, directivo, directorio. *2* que señala o da dirección. *3* dirigible, gobernable. — *4 s. pl.* directrices, instrucciones.

directly (dire ctli) *adv.* directamente. *2* verticalmente, perpendicularmente. *3* inmediatamente, en seguida : ~ *afterwards,* acto continuo. *4* exactamente, precisamente · ~ *opposite,* frente por frente, enfrente mismo. *5* clara, abierta, francamente, sin ambages. *6* sinceramente. — *7 conj.* en cuanto, así que, tan pronto como.

directness (dire ctnis) *s.* calidad de directo; derechura. *2* claridad, franqueza, lealtad, rectitud.

director (direcctø') *s.* director [el que dirige, aconseja, etc.] ; caudillo, guía. *2* director, gerente; consejero [de una compañía] ; individuo de un directorio, de una junta directiva : *board of directors,* consejo de administración ; junta directiva. *3* director [espiritual]. — *4 adj.* MAT. director, directriz.

directorate (dire ctørit) *s.* dirección [cargo]. *2* consejo de administración, junta directiva, directorio. *3* los miembros del Directorio [en Francia].

director-general, *pl.* **director-generals** *s.* director general.

directorship (dire ctø'ship) *s.* dirección [cargo]. *2* cargo de consejero o individuo de una junta directiva.

directory (dire ctori) *adj.* directorio. — *2 m.* directorio [libro de reglas o instrucciones]. *3* guía [libro con nombres y direcciones] : *telephone* ~, guía telefónica. *4* (con may.) HIST. Directorio [gobierno de Francia desde 1795 a 1799].

directress (dire ctris) *s.* directora.

directrix (dire ctrics) *s.* GEOM. directriz.

direful (da iø'ful) *adj.* horrendo, terrible, espantoso, calamitoso.

direfulness (da iø fulnis), **direness** (da iø'nis) *s.* horror, espanto, terribilidad.

dirge (dø'ÿ) *s.* elegía, endecha, treno, canto fúnebre.

dirigible (di riÿibøl) *adj.* dirigible [globo]. — *2 s.* dirigible, globo dirigible.

diriment (di riment) *adj.* dirimente.

dirk (dø'c) *s.* daga escocesa. *2* espada corta o puñal de los oficiales de marina.

dirt (dø't) *s.* polvo, tierra, barro. *2* suciedad, mugre, porquería, inmundicia, basura. *3* obscenidad, lenguaje obsceno. *4* bajeza. *5* calumnia, difamación : *to fling* ~ *at,* enlodar, manchar [la reputación, etc. de uno]. *6* MIN. tierra o arena [aurífera]. *7* (EE. UU.) *to do one* ~, hacerle una cochinada a uno. — *8 adj.* de tierra, de la tierra : ~ *farmer,* fam. (EE. UU.) agricultor que trabaja él mismo su tierra.

dirt-cheap *adj.* y *adv.* muy barato, baratísimo.

dirtily (dø'tili) *adv.* suciamente, puercamente, cochinamente.

dirtiness (dø'tinis) *s.* suciedad, porquería, inmundicia. *2* cochinería, indecencia. *3* bajeza, villanía.

dirty (dø'ti) *adj.* enlodado, manchado, mugriento, sucio. *2* cochino, indecente. *3* bajo, vil, despreciable. *4* malo, tempestuoso [tiempo]. *5* agitada, mala [mar]. *6* ~ *trick,* perrada, cochinada, mala pasada.

dirty (to) *tr.* ensuciar, manchar, emporcar, enlodar.

disability (disabi liti), *pl.* **-ties** (-tis) *s.* inutilidad [para el trabajo] ; incapacidad [física o moral]. *2* DER. incapacidad, inhabilidad.

disable (disei bøl) *tr.* inutilizar, imposibilitar, incapacitar, inhabilitar. *2* descomponer, menoscabar. *3* lisiar. *4* MAR. desaparejar, desmantelar. *5* DER. incapacitar.

disablement (disei bølmønt) *s.* inutilización, incapacitación, inhabilitación. *2* tullimiento, invalidez. *3* MAR. desmantelamiento. *4* DISABILITY.

disabuse (to) (disabiu s) *tr.* desengañar, sacar del error o del engaño.

disaccomodate (to) (disaco mødeit) *tr.* incomodar, molestar.

disaccord (disaco'd) *s.* desacuerdo, disensión.

disaccord (to) *intr.* disentir, discordar.

disaccustom (to) (disakø støm) *tr.* desacostumbrar, deshabituar.

disadjust (to) (disadÿø st) *tr.* desajustar, trastornar. desarreglar.

disadvantage (disædva ntidÿ) *s.* desventaja : *to be at a* ~. estar en situación desventajosa. *2* inconveniente. *3* detrimento, menoscabo, perjuicio. *4* pérdida : *to sell to* ~, vender con pérdida.

disadvantage (to) *tr.* perjudicar, dañar, menoscabar ; estorbar.

disadvantageous (disædvantei ÿøs) *adj.* desventajoso, perjudicial, inconveniente.

disadvantageously (disædvantei ÿøsli) *adv.* desventajosamente, perjudicialmente.

disadvantageousness (disædvantei ÿøsnis) *s.* calidad de desventajoso o perjudicial.

disaffect (to) (disæfe ct) *tr.* descontentar, enajenar el afecto de. *2* detestar, tener desafecto a.

disaffected (disæfe ctid) *adj.* desafecto.

disaffectedly (disæfe ctidli) *adv.* con desafecto.

disaffection (disæfe cshøn) *s.* desafección, desafecto.

disaffirm (to) (disæfø'm) *tr.* contradecir, negar. *2* DER. no confirmar, anular, revocar.

disaffirmance (disæfø'mans), **disaffirmation** (disæfø'me shøn) *s.* DER. anulación, revocación.

disafforest (to) (disæfo rest) *tr.* despoblar [de bosques]. *2* desacotar [un bosque].

disaggregate (to) (disa grigueit) *tr.* disgregar. — *2 intr.* disgregarse.

disaggregation (disagrigue shøn) *s.* disgregación.

disagree (to) (disagri) *intr.* desconvenir, disonar. *2* discordar, discrepar, diferir. *3* disentir, negar el asentimiento. *4* desavenirse, contender, estar en pugna. *5 to* ~ *with,* no estar de acuerdo con ; no convenir, no probar, sentar mal, hacer daño [el clima, la comida, etc.].

disagreeable (disagri æbøl) *adj.* desagradable. *2* ofensivo, repugnante. *3* ingrato, áspero, desapacible, de mal genio ; descortés.

disagreeableness (disagri æbølnis) *s.* calidad de desagradable. *2* desagrado, desabrimiento, desapacilidad.

disagreeably (disagri abli) *adv.* desagradablemente. *2* desapaciblemente.

disagreement (disagri mønt) *s.* discordancia, discrepancia, desacuerdo, disconformidad. *2* disentimiento. *3* disensión, desavenencia.

disallow (to) (disælau) *tr.* e *intr.* desaprobar. *2* denegar, rechazar.

disallowable (disæla uabøl) *adj.* censurable. *2* negable, inadmisible.

disallowance (disæla uans) *s.* desaprobación. *2* denegación, prohibición.

disally (to) (disalai) *tr.* desligar [de una unión o alianza] ; separar.

disappear (to) (disæpi ø') *intr.* desaparecer.

disappearance (disæpi ørans) *s.* desaparición.

disappearing (disæpi øring) *adj.* que desaparece : ~ *bed,* cama engoznada que se oculta en un hueco de la pared ; ~ *gun,* cañón de cureña móvible verticalmente que, después de la descarga, baja y se oculta detrás del parapeto.

disappoint (to) (disæpoi nt) *tr.* privar [de lo que uno espera] ; defraudar, burlar, frustrar; chasquear, decepcionar, desilusionar, contrariar. *2* fam. faltar a una cita con [uno] o a la promesa hecha a [uno] ; dejar plantado.

disappointing (disæpoi nting) *adj.* decepcionante.

disappointment (disæpoi ntmønt) *s.* desilusión, desengaño, decepción. *2* frustración, chasco, contrariedad.

disapprobation (disæprobei shøn) *s.* desaprobación.

disapprobatory (disæ probatori) *s.* de desaprobación.

disapproval (disæpru val) *s.* DISAPPROBATION.

disapprove (to) (disæpru v) *tr.* desaprobar, censurar, condenar, reprobar. *2* no aprobar, rechazar [un proyecto, etc.]. *3 intr. to* ~ *of,* desaprobar; no hallar de su gusto, de su agrado.

disapprovingly (disapru vingli) *adv.* con desaprobación.

disarm (to) (disa'm) *tr.* desarmar [quitar las armas ; aplacar, apaciguar]. — *2 intr.* desarmarse; deponer las armas. *3* MIL. efectuar el desarme.

disarmament (disa mamønt) *s.* desarmamiento, desarme.

disarming (disa'ming) *s.* desarmamiento. — *2 adj.* que desarma [quita las armas ; aplaca o apacigua].

disarrange (to) (disærei nÿ) *tr.* desarreglar, desordenar, trastornar, desajustar, descomponer.

disarrangement (disærei nÿmønt) *s.* desarreglo, desorden, desajuste.

disarray (disærei) *s.* desorden, confusión. *2* desatavío, desaliño, trapillo, desabillé.

disarray (to) *tr.* desarreglar, desordenar. *2* desbaratar, derrotar. *3* desaliñar, desnudar, desvestir.

disarticulate (to) (disa'ti kiuleit) *tr.* desarticular, descoyuntar, desencajar. — *2 intr.* desarticularse, descoyuntarse, desencajarse.

disarticulation (disa'tikiule shøn) *s.* desarticulación.

disassemble (to) (disase·mbøl) *tr.* desmontar, desarmar. [un artefacto].

disassembly (disase·mbli) *s.* desarme [de un artefacto].

disassimilation (dišasimile·shøn) *s.* desasimilación.

disassociate (to) (disasou·sieit) *tr.* disociar.

disassociation (disasousie·shøn) *s.* disociación.

disaster (diša·stø' o disæ·stø') *s.* desastre. 2 desgracia, catástrofe.

disastrous (diša·strøs o disæ·strøs) *adj.* desastroso, desgraciado. 2 funesto, fatal.

disastrously (diša·s- o disæ·strøsli) *adv.* desastrosamente.

disastrousness (diša·s- o disæ·strøsnis) *s.* calidad de desastroso.

disavow (to) (disavau·) *tr.* repudiar, desconocer, negar [no reconocer como suyo, rechazar]. 2 desautorizar, desaprobar.

disavowal (disavau·al), **disavowment** (disava·umønt) *s.* repudiación, desconocimiento. 2 desautorización, desaprobación.

disband (to) (disbæ·nd) *tr.* disolver [una banda u organización]; despedir, licenciar [huestes, tropas]. — 2 *intr.* dispersarse, desbandarse.

disbandment (disbæ·ndmønt) *s.* dispersión, desbandada. 2 licenciamiento [de huestes, tropas].

disbar (to) (disba·') *tr.* expulsar del foro a un abogado o procurador.

disbark (to) (disba·'c) *tr.* descortezar [un árbol].

disbarment (disba·'mønt) *s.* acción de expulsar del foro a un abogado o procurador.

disbelief (disbil:f) *s.* incredulidad [acción de no creer una cosa]. 2 descreimiento.

disbelieve (to) (disbilː·v) *tr.* e *intr.* descreer; no creer, no dar fe.

disbeliever (disbilː·vø') *s.* el que no cree o da fe. 2 incrédulo, descreído.

disbud (to) (diːsbød) *tr.* AGR. desyemar.

disburden (to) (disbø·'døn) *tr.* descargar, exonerar, aligerar [de un peso o carga]. 2 descargarse de. — 3 *intr.* quitarse un peso de encima.

disbursable (disbø·'sabøl) *adj.* desembolsable, pagable.

disburse (to) (disbø·'s) *tr.* desembolsar, pagar. 2 gastar.

disbursement (disbø·'smønt) *s.* desembolso : ~ *office*, pagaduría. 2 gasto.

disburser (disbø·'sø') *s.* el que desembolsa; pagador.

disc (disc) *s.* disco [esp. el de fonógrafo o el de un órgano de animal o planta].

discal (diːscal) *adj.* perteneciente a un disco.

discalceate (discæ·lsieit), **discalced** (discæ·lst) *adj.* descalzo [religioso].

discard (discaː'd) *s.* descarte [en el juego]. 2 cosa desechada, desecho : *to put o throw into the* ~, desechar, arrumbar, relegar al olvido.

discard (to) *tr.* NAIPES. descartarse de. 2 descartar, desechar, arrumbar; abandonar; dejar de usar [como viejo o inútil]. 3 despedir, destituir. — 4 *intr.* NAIPES. descartarse.

disceptation (disepte·shøn) *s.* controversia, discusión.

discern (to) (disø·'n) *tr.* discernir, distinguir. 2 ver, distinguir, descubrir. 3 percibir [con el entendimiento].

discerner (disø·'nø') *s.* discernidor. 2 el que percibe o descubre.

discernible (dišø·'nibøl) *adj.* discernible. 2 perceptible, visible, sensible.

discernibleness (dišø·'nibølnis) *s.* perceptibilidad, visibilidad.

discernibly (dišø·'nibli) *adv.* perceptiblemente, visiblemente, sensiblemente.

discerning (dišø·'ning) *adj.* discernidor. 2 inteligente, sagaz, perspicaz.

discerningly (dišø·'ningli) *adv.* inteligentemente, sagazmente, perspicazmente.

discernment (disø·'nmønt) *s.* discernimiento. 2 buen criterio, gusto, juicio recto.

discharge (discha·ỹ) *s.* descarga [de un buque, etc.]. 2 descarga [de artillería, de un arma]; tiro, disparo. 3 ARQ., ELECT. descarga. 4 salida, derrame [de un líquido], desagüe. 5 velocidad de salida [de un líquido], gasto; líquido que sale. 6 supuración. 7 materia, pus, humor, etc. [despedido por una herida o un órgano]. 8 descargo [de una deuda, obligación, acusación, etc.], exoneración, absolución. 9 pago [de una deuda]; cumplimiento, desempeño [de un deber, de un cometido]. 10 recibo, carta de pago, qui-

tanza. 11 liberación [de un preso]. 12 despido, separación, destitución. 13 MIL. licenciamiento, licencia. 14 TINT. antimordente, decolorante.

discharge (to) *tr.* descargar [un buque, etc.; librar de un peso o carga]. 2 dejar [sus pasajeros, hablando de un tren, etc.]. 3 ARQ., ARTILL, COM., ELECT. descargar. 4 disparar [un arma, un proyectil]. 5 verter [sus aguas]. 6 despedir, arrojar, echar [fuera de sí]. 7 descargar, desahogar [la ira, etc.]. 8 desembarazar [de]. 9 exonerar, absolver. 10 poner en libertad [un preso]. 11 saldar, pagar, satisfacer. 12 cumplir [un deber, obligaciones]; desempeñar [un cometido, un papel]. 13 relevar [de servicio]; despedir, separar, destituir. 14 MIL. licenciar, dar de baja. 15 en las bibliotecas, anotar la devolución de [un libro]. 16 DER. revocar. 17 TINT. descolorar, desteñir. — 18 *ref.* descargarse. 19 dispararse [un arma]. 20 salir, vaciarse, desaguar. 21 supurar. 22 TINT. correrse [el tinte].

discharger (discha·'ỹø') *s.* descargador, disparador. 2 FÍS. excitador [de una botella de Leyden].

discharging (discha·'ỹing) *adj.* de descarga : ~ *arch*, ARQ. sobrearco.

disciple (disai·pøl) *s.* discípulo, seguidor, secuaz.

disciple (to) *tr.* hacer discípulo; convertir.

discipleship (disai·pølship) *s.* discipulado.

disciplinable (di·siplinabøl) *adj.* disciplinable. 2 castigable.

disciplinal (di·siplinal) *adj.* disciplinal.

disciplinant (di·siplinant) *s.* disciplinante.

disciplinarian (disipline·rian) *adj.* disciplinario. — 2 *s.* ordenancista, rigorista.

disciplinary (di·siplinæri) *adj.* disciplinario.

discipline (di·siplin) *s.* disciplina. 2 enseñanza, doctrina. 3 educación, ejercicio. 4 castigo.

discipline (to) *tr.* disciplinar. 2 enseñar, educar. 3 castigar, corregir.

disclaim (to) (disclei·m) *tr.* negar, desconocer, repudiar, rechazar. 2 denegar. 3 DER. renunciar.

disclaimer (disclei·mø') *s.* negador, repudiador. 2 DER. renuncia, abandono.

disclose (to) (disclou·s) *tr.* descubrir, destapar. 2 revelar, exponer, divulgar, publicar.

disclosure (disclou·ỹø') *s.* descubrimiento, revelación, declaración.

discobolus (disco·boløs) *s.* discóbolo.

discoid (di·scoid), **discoidal** (disco·idal) *adj.* discoidal, discoídeo.

discolo(u)r (to) (discø·lø') *tr.* descolorar, descolorir, desteñir; alterar el color, manchar. — 2 *intr.* descolorarse, desteñirse.

discolo(u)ration (discøløre·shøn) *s.* descoloramiento. 2 mancha [donde se ha alterado el color].

discolo(u)red (discø·lø'd) *adj.* descolorido, desteñido, manchado.

discomfit (to) (discø·mfit) *tr.* derrotar. 2 desbaratar, frustrar los planes de, hacer fracasar. 3 desconcertar, decepcionar.

discomfiture (discø·mfichø' o -tiu') *s.* derrota, vencimiento. 2 frustración, desbarate. 3 desconcierto, decepción.

discomfort (discø·mfø't) *s.* incomodidad, molestia. 2 malestar.

discomfort (to) *tr.* incomodar, molestar. 2 apenar, afligir.

discomfortable (discø·mfø'tabøl) *adj.* incómodo, molesto, penoso. 2 afligido.

discommend (to) (discøme·nd) *tr.* censurar. 2 hacer perder el favor, hacer formar una mala opinión de.

discommode (to) (discømou·d) *tr.* incomodar, molestar.

discompose (to) (discømpou·s) *tr.* turbar, inmutar, desconcertar, alterar, agitar. 2 desordenar, desarreglar.

discomposure (discømpou·ỹø') *s.* turbación, desconcierto, alteración, agitación. 2 desorden, desarreglo.

disconcert (to) (disconsø·'t) *tr.* desconcertar, desbaratar. 2 desconcertar, confundir, turbar.

disconformity (disconfoː'miti) *s.* disconformidad, desproporción.

discongruity (discongru·iti) *s.* incongruencia, disconformidad.

disconnect (to) (discone·ct) *tr.* desunir, separar, desarticular, disociar. 2 MEC. desacoplar; desembragar, desconectar. 3 ELECT. desconectar, desenchufar.

disconnected (discone·ctid) *adj.* desconectado. 2 inconexo, incoherente.

disconnection, disconnexion (discone·cshøn) s. desunión, separación, desarticulación. 2 acción de desconectar. 3 desacoplamiento, desembrague. 4 inconexión, incoherencia.
disconsider (to) (disco·nside') tr. hacer perder la consideración o estima; desacreditar.
disconsideration (disconsidøre·shøn) s. pérdida de la consideración, descrédito.
disconsolate (disco·nsolit) adj. desconsolado, desolado. 2 triste [que inspira tristeza].
disconsolately (disco·nsolitli) adv. desconsoladamente.
disconsolateness (disco·nsolitnis) s. desconsuelo, desconsolación; tristeza.
discontent (disconte·nt) s. descontento, desagrado. 2 desazón, sinsabor. — 3 adj. descontento, desazonado, disgustado.
discontent (to) tr. descontentar, desagradar, disgustar.
discontented (disconte·ntid) adj. descontento, disgustado. 2 descontentadizo.
discontentedly (disconte·ntidli) adv. de mala gana, con disgusto.
discontentedness (disconte·ntidnis) s. descontento, desazón, mal humor.
discontenting (disconte·nting) adj. que descontenta, insatisfactorio.
discontentment (disconte·ntmønt) s. descontento, mal humor.
discontinuance (disconti·niuans), **discontinuation** (discontiniue·shøn) s. discontinuación, interrupción, intermisión, suspensión, cesación. 2 desabono; acción de darse de baja de una subscripción. 3 discontinuidad.
discontinue (to) (disconti·niu) tr. discontinuar. 2 interrumpir, suspender, hacer cesar. 3 dejar [una subscripción o abono], dejar de ser subscriptor d·. — 4 intr. no continuar, interrumpirse, cesar.
discontinuity (discontiniu·iti) s. discontinuidad. 2 solución de continuidad.
discontinuous (disconti·niuøs) adj. discontinuo, interrumpido.
discord (di·sco'd) s. discordia, desunión, desacuerdo desavenencia; cizaña. 2 discordancia, disonancia.
discord (to) intr. desconvenir, discordar.
discordance, -cy (disco'dans, -si) s. discordancia. 2 disonancia, desafinación.
discordant (disco'dant) adj. discordante, discorde, desavenido, incompatible. 2 MÚS. discordante, disonante, desentonado.
discordantly (disco·'dantli) adv. con discordancia.
discount (discau·nt) s. descuento; rebaja, bonificación: ~ rate, tipo de descuento; at a ~, bajo la par; depreciado, poco estimado.
discount (to) tr. descontar, rebajar, deducir. 2 COM. descontar. 3 desestimar, no hacer caso de, no tener en cuenta, descontar por exagerado. 4 reducir el valor, interés, etc., de una cosa obteniendo de ella un efecto por adelantado.
discountable (discau·ntabøl) adj. descontable.
discountenance (discau·ntønans) s. desaprobación, desagrado.
discountenance (to) tr. desconcertar, turbar, avergonzar. 2 no alentar, favorecer, o apoyar; desaprobar.
discountenancer (discau·ntønænsø') s. el que desconcierta o confunde. 2 el que no alienta o favorece; desaprobador.
discounter (discau·ntø') s. el que hace descuentos.
discourage (to) (discø·ridỹ) tr. descorazonar, desanimar, desalentar. 2 reprimir o impedir desaprobando: to ~ from, disuadir.
discouragement (discø·ridỹmønt) s. desaliento, desánimo, desmayo. 2 acción de reprimir o impedir desaprobando.
discourse (disco·'s) s. discurso. | No tiene el sentido de transcurso del tiempo. 2 plática, conversación; arte, manera de conversar. 3 disertación.
discourse (to) intr. discursear, discurrir, hablar, conversar. — 2 tr. hablar, tratar de. 3 (poét.) expresar, emitir.
discourteous (disco·'tiøs) adj. descortés, desatento, grosero.
discourteously (disco·'tiøsli) adv. descortésmente.
discourteousness (disco·'tiøsnis), **discourtesy** (disco·'tisi) s. descortesía, desatención, groseria.
discous (di·scøs) adj. BOT. discoideo.
discover (to) (discø·vø') tr. descubrir [hallar; venir en conocimiento de o de que]. 2 descubrir [revelar, exponer a la vista, manifestar].

discoverable (discø·vørabøl) adj. que se puede descubrir.
discoverer (discø·vørø|) s. descubridor. 2 explorador.
discovery (discø·vøri) s. descubrimiento, hallazgo. 2 exploración 3 DER. exhibición [de documentos, justificantes, etc.].
discredit (discre·dit) s. descrédito; deshonra. 2 desconfianza, duda.
discredit (to) tr. desacreditar, deshonrar, quitar la buena fama. 2 descreer, no creer, dudar, desconfiar de.
discreditable (discre·ditabøl) adj. deshonroso, que hace poco favor.
discreet (discri·t) adj. discreto [que procede con discreción; que incluye discreción]; juicioso, cuerdo, prudente.
discreetly (discri·tli) adv. discretamente, juiciosamente, cuerdamente, prudentemente.
discreetness (discri·tnis) s. discreción, sensatez, juicio, cordura, prudencia.
discrepance (discre·pans) s. discrepancia, diferencia.
discrepancy (discre·pansi) s. discrepancia, diferencia.
discrepant (discre·pant) adj. discrepante, diferente.
discrete (discri·t) adj. discontinuo, desunido, separado, individualmente distinto. 2 MAT., MED. discreto. 3 LÓG. disyuntivo. 4 METAF. abstracto.
discretion (discre·shøn) s. discreción [sensatez, reserva], juicio, discernimiento: age of ~, DER. edad en que se empieza a tener discernimiento. 2 discreción, libertad de decidir, albedrío, voluntad: at ~, a discreción; at the ~ of, a la discreción de, al arbitrio de; to surrender at ~, entregarse a discreción.
discretional (discre·shønal) adj. discrecional.
discretionally (discre·shønali) adv. discrecionalmente.
discretionary (discre·shøneri) adj. discrecional.
discretive (di·scritiv) adj. disyuntivo. 2 que distingue.
discretively (discri·tivli) adv. disyuntivamente. 2 con distinción, por separado.
discriminable (discri·minabøl) adj. discernible, distinguible; discriminable.
discriminant (discri·minant) adj. DISCRIMINATING. — 2 s. MAT. discriminante.
discriminate (discri·minit) adj. distinto, diferenciado.
discriminate (to) (discri·mineit) tr. discernir, distinguir, diferenciar; discriminar. — 2 intr. distinguir [entre una cosa y otra]. 3 hacer diferencias, distinciones [en favor o en contra]: to ~ against, hacer diferencias en perjuicio de; tratar desfavorablemente.
discriminately (discri·minitli) adv. distintamente, con discernimiento. 2 haciendo diferencias o distinciones, con parcialidad.
discriminateness (discri·minitnis) s. distinción, discernimiento.
discriminating (discri·mineiting) adj. que distingue finamente, agudo: ~ critic, crítico agudo. 2 distintivo, característico. 3 que hace diferencias, parcial.
discrimination (discrimine·shøn) s. discernimiento 2 diferencia, distinción, discriminación. 3 diferencia o distinción que se hace en favor o en contra, trato diferente. 4 señal que distingue.
discriminative (discri·minativ) adj. discerniente, discernidor. 2 distintivo, característico. 3 que hace diferencias.
discriminatively (discri·minativli) adv. con discernimiento. 2 haciendo diferencias.
discriminatory (discri·minatori) adj. DISCRIMINATIVE.
discrown (to) (discrou·n) tr. deponer, destronar.
discursive (discø·'siv) adj. digresivo, que pasa de un tema a otro; extenso, lato. 2 procedente del examen o razonamiento [no intuitivo].
discursively (discø·'sivli) adv. con digresión, sin continuidad. 2 razonadamente.
discursiveness (discø·'sivnis) s. calidad de digresivo. 2 calidad de razonado.
discus (di·skøs) s. DEP. disco; lanzamiento del disco: ~ thrower, lanzador de disco, discóbolo.
discuss (to) (diskø·s) tr. e intr. discutir. — 2 tr. ventilar, dilucidar. 3 hablar de, tratar de. 4 fam. probar, catar.
discusser (diskø·sø') s. discutidor.
discussion (discø·shøn) s. discusión, debate. 2 discusión, ventilación, examen: to bring under ~, poner a discusión. 3 DER. excusión.
discussive (discø·siv) s. MED. discusivo.

disdain (disdei·n) *s.* desdén, menosprecio.
disdain (to) *tr.* desdeñar, menospreciar, despreciar.
2 desdeñarse de.
disdainful (disdei·nful) *adj.* desdeñoso; altivo, altanero.
disdainfully (disdei·nfuli) *adv.* desdeñosamente, altaneramente.
disdainfulness (disdei·infulnis) *s.* desdén, desprecio altanero.
disease (diši·š) *s.* enfermedad, morbo, mal, afección, dolencia: ~ *germ,* germen patógeno.
disease (to) *tr.* enfermar, hacer daño.
diseased (diši·šd) *adj.* enfermo; morboso.
diseasedness (diši·šidnis) *s.* enfermedad [estado], morbidez.
disedge (to) (dišě·dỹ) *tr.* desafilar, embotar.
diselectrify (disele·ctrifai) *tr.* deselectrizar. ¶ CONJUG. pret. y p. p.: *diselectrified.*
disembark (to) *tr.* e *intr.* desembarcar.
disembarkation (disemba·keshøn), **disembarkment** (disemba·rcmønt) *s.* desembarque. 2 desembarco.
disembarrass (to) (disembæ·ras) *tr.* desembarazar, despejar. 2 zafar, librar, desenredar.
disembarrassment (disembæ·rasmønt) *s.* desembarazo. 2 desencogimiento.
disembody (to) (disembo·di) *tr.* separar [el alma] del cuerpo, [una idea] de lo concreto o corpóreo. 2 licenciar [huestes]. ¶ CONJUG. pret. y p. p.: *disembodied.*
disembogue (to) (disembou·g) *tr.* desembocar en, salir a. 2 arrojar, echar. — 3 *intr.* desembocar, salir, desaguar, verter sus aguas. 4 arrojar lavas, etc.
disemboguement (disembou·gmønt) *s.* desemboque, desagüe, salida al mar.
disembosom (disembu·šøm) *tr.* revelar, confiar [un secreto, una pena, etc.]. — 2 *intr.* desahogarse, hacer confidencias.
disembowel (to) (disemba·uøl) *tr.* desentrañar, destripar, sacar las entrañas. 2 fig. sacar el contenido de.
disembroil (di·sembroi·l) *tr.* desembrollar.
disenchant (to) (disencha·nt) *tr.* desencantar, deshechizar. 2 desilusionar.
disenchantment (disencha·ntmønt) *s.* desencantamiento, desencanto. 2 desilusión.
disencumber (to) (disencø·mbø') *tr.* desembarazar, descargar [de lo que embaraza]; descombrar: *to ~ oneself,* desembarazarse, librarse.
disencumbrance (disencø·mbrans) *s.* desembarazo; descombro.
disengage (to) (disengui·dỹ) *tr.* desasir, soltar, desenganchar, desenredar, desembarazar, librar. 2 librar, eximir, desligar, sacar [de una obligación, compromiso, etc.]. 3 franquear [un paso]. — 4 *intr.* zafarse, desasirse, soltarse, librarse. 5 MIL. despegarse, romper el contacto con el enemigo. 6 ESGR. librar la espada.
disengaged (disengui·ỹd) *adj.* desembarazado, libre. 2 suelto, desasido, despegado. 3 libre, sin compromiso. 4 vacante. 5 desocupado, sin empleo.
disengagedness (disengui·ỹidnis) *s.* desembarazo. 2 desocupación.
disengagement (disengui·ỹmønt) *s.* acción de desasir, de soltar, etc. 2 soltura, desembarazo. 3 desocupación, ocio. 4 ESGR. acción de librar la espada.
disentail (disente·il) *tr.* desvincular [bienes].
disentangle (to) (disentæ·ngøl) *tr.* desenredar, desenmarañar, desanudar, desembrollar; zafar.
disentanglement (disentæ·ngølmønt) *s.* desenredo.
disenthral(l (to) (disenzro·l) *tr.* libertar, emancipar, manumitir.
disenthral(l)ment (disenzro·lmønt) *s.* emancipación, manumisión.
disenthrone (to) (disenzrou·n) *tr.* destronar.
disentomb (to) (disentu·m) *tr.* desenterrar, exhumar.
disentombment (disentu·mmønt) *s.* desentierro, exhumación.
disentrance (to) (disentra·ns) *tr.* desencantar, deshechizar; hacer volver en sí.
disestablish (to) (disestæ·blish) *tr.* separar [la Iglesia] del Estado.
disestablishment (disestæ·blishmønt) *s.* separación de [la Iglesia] y el Estado; privación del apoyo del Estado.
disesteem (disesti·m) *s.* falta de aprecio, de estima, disfavor.

disesteem (to) *tr.* no apreciar, no estimar, desaprobar.
disfavo(u)r (disfei·vø') *s.* disfavor, falta de aprecio, desagrado, malquerencia. 2 desaprobación. 3 desgracia [pérdida de privanza].
disfavo(u)r (to) *tr.* desfavorecer, desairar.
disfiguration (disfiguiurei·shøn) *s.* desfiguración, afeamiento.
disfigure (to) (disfiguiu·') *tr.* desfigurar, afear.
disfigurement (disfiguiu·mønt) *s.* DISFIGURATION. 2 mancha, borrón, cosa que afea.
disforest (to) (disfø·rest) *tr.* DISAFFOREST.
disfranchise (to) (disfra·nchiš o -chaiš) *tr.* privar de los derechos de ciudadanía. 2 privar del voto [a una pers.]; del derecho de elegir diputado [a una población o distrito].
disgarnish (to) (disgæ·'nish) *tr.* desguarnecer.
disgorge (to) (disgo·rỹ) *tr.* vomitar, arrojar, desembuchar. 2 descargar [el estómago]. 3 devolver [lo robado].
disgorgement (disgo·rỹmønt) *s.* vómito. 2 devolución [de lo robado].
disgrace (disgrei·s) *s.* desgracia [pérdida de la privanza]. 2 deshonor, deshonra, vergüenza, ignominia, oprobio. 3 baldón, mancha.
disgrace (to) *tr.* hacer perder la gracia, el favor. 2 desacreditar, deshonrar, avergonzar, causar oprobio. 3 despedir con ignominia.
disgraceful (disgrei·sful) *adj.* deshonroso, vergonzoso, ignominioso.
disgracefully (disgrei·sfuli) *adv.* deshonrosamente, vergonzosamente, ignominiosamente.
disgracious (disgrei·shøs) *adj.* falto de gracia.
disgregation (disgrøgue·shøn) *s.* disgregación.
disgruntle (to) (disgrø·ntøl) *tr.* enfadar, poner de mal humor, descontentar, disgustar.
disgruntlement (digrø·ntølmønt) *s.* enfado, mal humor, descontento, disgusto.
disguise (disgai·s) *s.* disfraz: *in ~,* disfrazado. 2 embozo, rebozo, artificio, máscara, fingimiento.
disguise (to) *tr.* disfrazar. 2 enmascarar, desfigurar, desemejar. 3 encubrir, disimular, ocultar.
disgust (disgø·st) *s.* disgusto, hastío, aversión, repugnancia, asco.
disgust (to) *tr.* disgustar, hastiar, repugnar, asquear.
disgustful (disgø·stful) *adj.* desagradable, enfadoso, repugnante.
disgusting (disgø·sting) *adj.* repugnante, ofensivo, asqueroso.
disgustingly (disgø·stingli) *adv.* desagradablemente, ofensivamente, repugnantemente.
dish (dish) *s.* plato, fuente: ~ *gravy,* jugo de carne servido como salsa; ~ *rack,* escurreplatos; ~ *warmer,* calientaplatos. 2 plato [manjar]. 3 QUÍM. cápsula de evaporar. 4 concavidad. 5 concavidad en la frente [de un animal]: *dish-faced,* que tiene una concavidad en la frente. 6 *pl.* vajilla: *to wash the dishes,* lavar los platos.
dish (to) *tr.* servir, poner en platos [un manjar]. 2 aderezar, disponer [para ser servido o presentado]; presentar [hechos, argumentos] de un modo atractivo. 3 burlar, frustrar. 4 POL. vencer [al adversario] adoptando su política. — 5 *intr.* hacerse cóncavo.
dishabille (disabi·l) *s.* trapillo, desabillé, vestido casero.
dishabituate (to) (disjabi·chueit) *tr.* deshabituar.
disharmonize (to) (disja·'monaiš) *tr.* deshacer la armonía de; hacer discordante.
disharmony (disja·'moni) *s.* falta de armonía, discordancia.
dishcloth (di·shclcz) *s.* albero, paño para lavar los platos.
dishearten (to) (disja·'tøn) *tr.* descorazonar, desalentar, desanimar.
dished (disht) *adj.* cóncavo.
disherison (disje·risøn) *s.* desheredamiento.
dishevel (to) (dišě·vøl) *tr.* desgreñar, desmelenar, despeinar. ¶ CONJUG. pret. y p. p.: *disheveled* o *-lled;* ger.: *disheveling* o *-lling.*
dishevel(l)ed (dišě·vølt) *adj.* desgreñado, desmelenado, desgreñado. 2 desarreglado, desaliñado.
dishful (di·shful) *s.* plato, fuente [contenido].
dishonest (diso·nist) *adj.* falto de honradez, improbo, falso, tramposo. 2 ilícito, fraudulento, poco honrado, deshonroso.
dishonestly (diso·nistli) *adv.* sin probidad, sin honradez.

dishonesty (disoˈnisti) ʿ improbidad, falta de honradez, falsedad.

dishono(u)r (disoˈnøʳ) s. deshonor, deshonra, desdoro, infamia, ignominia, afrenta. 2 COM. falta de pago o de aceptación de un efecto.

dishono(u)r (to) tr. deshonorar. 2 deshonrar, infamar. 3 afrentar. 4 COM. no pagar o no aceptar [un efecto].

dishono(u)rable (disoˈnørabøl) adj. deshonrado, infamado. 2 deshonroso, vergonzoso. 3 poco honrado.

dishono(u)rably (disoˈnørabli) adv. deshonrosamente, vergonzosamente.

dishono(u)rer (disoˈnørøʳ) s. deshonrador.

dishpan (diˈshpæn) s. lebrillo o artesa de fregar platos.

dishrag (diˈshræg), **dishtowel** (diˈshtauøl) s. DISHCLOTH.

dishwasher (diˈshuashøʳ) s. lavaplatos. 2 máquina para lavar la vajilla.

disillusion (disiluˈȳøn) s. desilusión, desengaño, desencanto.

disillusion, disillusionize (to) (disiluˈȳønais) tr. desilusionar, desengañar, desencantar.

disillusionment (disiluˈȳønmønt) s. DISILLUSION.

disinclination (disinclineˈshøn) s. desafición, aversión.

disincline (to) (disinclaiˈn) tr. -desaficionar, desinclinar. — 2 tener aversión [a hacer algo].

disincorporate (to) (disincoˈʳporeit) tr. desincorporar. 2 privar de los derechos, consideración, etc. de corporación o sociedad legalmente reconocida.

disincorporation (disincoˈʳporeshøn) s. desincorporación.

disinfect (to) (disinfeˈct) tr. desinfectar, desinficionar.

disinfectant (disinfeˈctant) adj. y s. desinfectante.

disinfection (disinfeˈcshøn) s. desinfección.

disinfector (disinfeˈctøʳ) s. desinfectador. 2 aparato de desinfección.

disingenuity (disinȳiniuˈiti) s. insinceridad, falta de franqueza, doblez.

disingenuous (disinȳeˈniuøs) adj. insincero, doble, disimulado.

disingenuously (disinȳeˈniuøsli) adv. con doblez, falsamente.

disingenuousness (disinȳeniuøsnis) s. DISINGENUITY.

disinherison (disinjeˈrisøn) s. desheredamiento.

disinherit (to) (disinjeˈrit) tr. desheredar.

disinheritance (disinjeˈritans) s. desheredamiento.

disintegrate (to) (disiˈntigreit) tr. desintegrar, disgregar, deshacer, desmoronar. 2 romper, quebrantar. — 3 intr. desintegrarse, disgregarse, deshacerse, desmoronarse.

disintegration (disintigreˈshøn) s. desintegración, disgregación.

disinter (to) (disintøˈʳ) tr. desenterrar, exhumar. ¶ CONJUG. pret. y p. p.: disinterred; ger.: disinterring.

disinterest (disiˈntørest) s. desventaja, perjuicio. 2 desinterés. 3 falta de interés, indiferencia.

disinterest (to) tr. despojar de interés o de motivos interesados. — 2 ref. desinteresarse.

disinterested (disiˈntørestid) adj. desinteresado. 2 que no tiene provecho o beneficio en una cosa. 3 sin interés personal, imparcial.

disinterestedly (disiˈntørestidli) adv. desinteresadamente, imparcialmente.

disinterestedness (disiˈntørestidnis) s. desinterés, desprendimiento. 2 imparcialidad.

disinterment (disintøˈʳmønt) s. desenterramiento, exhumación.

disinvolve (disinvoˈlv) tr. desenvolver, desenredar.

disjoin (disȳoiˈn) tr. desjuntar, desunir, despegar, desprender, separar, desmembrar. — 2 intr. desunirse, separarse.

disjoint (to) (disȳoiˈnt) tr. desarticular, descoyuntar, dislocar, desencajar, desquiciar, desvencijar. 2 trinchar [un ave]. 3 desunir, separar. — 4 intr. desarticularse, descoyuntarse, dislocarse.

disjoint(ed (disȳoiˈnt(id) adj. desarticulado, descoyuntado, dislocado. 2 inconexo, incoherente.

disjointedness (disȳoiˈntidnis) s. descoyuntamiento, dislocación, incoherencia.

disjointly (disȳoiˈntli) adv. separadamente. 2 descoyuntadamente, incoherentemente.

disjunct (disȳøˈnct) adj. separado.

disjunction (disȳøˈncshøn) s. disyunción. 2 separación.

disjunctive (disȳøˈnctiv) adj. y s. disyuntivo. — 2 s. GRAM. conjunción disyuntiva. 3 disyuntiva.

disjunctively (disȳøˈnctivli) adv. disyuntivamente.

disk (disc) s. disco. | En el sentido de disco de fonógrafo o de disco en un órgano de animal o planta, se usa mejor disc. 2 AGR. ~ harrow, escarificador de discos. 3 FERROC. ~ signal, disco de señales.

dislike (dislaiˈk) s. aversión, antipatía, aborrecimiento, repugnancia.

dislike (to) tr. tener aversión a, aborrecer; no gustarle, serle antipático, desagradar a uno [una pers. o cosa].

disliked (dislaiˈkt) adj. malquisto, aborrecido.

dislocate (to) (diˈslokeit) tr. dislocar, descoyuntar. 2 desarreglar, desgobernar.

dislocation (dislokeˈshøn) s. dislocación, descoyuntamiento, luxación. 2 GEOL. dislocación. 3 desarreglo, desconcierto.

dislodge (to) (disloˈdȳ) tr. desalojar, echar fuera de. — 2 intr. desalojar, mudarse.

disloyal (disloˈial) adj. desleal, pérfido, traidor.

disloyally (disloˈiali) adv. deslealmente.

disloyalty (disloˈialti) s. deslealtad.

dismal (diˈšmal) adj. triste, lúgubre, tétrico, sombrío. 2 funesto, espantoso. — 3 s. SE de los EE. UU.) pantano, ciénaga. 4 pl. the dismals, tristeza, morriña, melancolía.

dismally (diˈšmali) adv. tristemente, lúgubremente.

dismalness (diˈšmalnis) s. tristeza, melancolía, lobreguez.

dismantle (to) (dismæˈntøl) tr. desmantelar. 2 desguarnecer, desamoblar. 3 MEC. desmontar.

dismantlement (dismæˈntølmønt) s. desmantelamiento.

dismast (to) (dismaˈst) tr. MAR. desarbolar.

dismay (dismeiˈ) s. desmayo, desaliento. 2 consternación, espanto.

dismay (to) tr. desanimar, aplanar, consternar, espantar, aterrar.

dismember (to) (dismeˈmbøʳ) tr. desmembrar.

dismemberment (dismeˈmbøʳmønt) s. desmembración.

dismiss (to) (dismiˈs) tr. despedir [hacer salir, dar permiso para irse] ; disolver [una junta, etc.]. 2 despedir, destituir, separar, licenciar. 3 desechar, alejar del pensamiento; descartar; deshacerse [de un asunto]. 4 DER. dar por terminado [un pleito, una causa].

dismissal (dismiˈsal), **dismission** (dismiˈshøn) s. despido [invitación a retirarse]. 2 acto de despedir a los fieles al final de la misa con las palabras: ite, missa est. 3 despido, destitución, separación. 4 acción de desechar.

dismissive (dismiˈsiv) adj. que despide o licencia. 2 que destituye.

dismortgage (to) (dismoˈʳtguidȳ) tr. purgar de hipotecas.

dismount (to) (dismauˈnt) tr. desmontar [a uno de una caballería, etc.; dejar sin cabalgadura]; apear. 2 desmontar [la artillería, una joya]. 3 MEC. desmontar, desarmar. 4 apearse de [un caballo, etc.]. — 5 intr. desmontar, apearse.

disobedience (disobiˈdiens) s. desobediencia, rebeldía.

disobedient (disobiˈdient) adj. desobediente, insumiso, rebelde.

disobediently (disobiˈdientli) adv. desobedientemente.

disobey (to) (disobeiˈ) tr. e intr. desobedecer.

disoblige (to) (disoblaiˈȳ) tr. desobligar. 2 no complacer, ser desatento. 3 molestar, ofender.

disobliging (disoblaiˈȳing) adj. poco complaciente, desatento. 2 molesto, ofensivo.

disobligingly (disoblaiˈȳingli) adv. desatentamente, desagradablemente, ofensivamente.

disorder (disoˈʳdøʳ) s. desorden : in ~, en desorden, a la desbandada. 2 desbarajuste, desconcierto. 3 trastorno, desarreglo; enfermedad. 4 enajenación mental.

disorder (to) tr. desordenar. 2 descomponer, desbarajustar, desarreglar. 3 perturbar, trastornar.

disordered (disoˈʳdøʳd) adj. desordenado. 2 perturbado, trastornado, enfermo.

disorderliness (disoˈʳdøʳlinis) s. desorden, confusión. 2 turbulencia, perturbación; conducta desordenada.

disorderly (disoˈʳdøʳli) adj. desordenado, desarreglado. 2 alborotador, turbulento, escandaloso : ~ conduct, conducta desordenada, faltas contra

la moral o el orden público; ~ *houses,* casas de juego; lupanares. — *3 adv.* desordenadamente.
disorganization (diso'ganiƽe·shøn) *s.* desorganización.
disorganize (to) (diso'ganaiƽ) *tr.* desorganizar.
disorganizer (diso'ganaiƽø') *s.* desorganizador.
disorientate (to) (diso'riænteit) *tr.* desorientar.
disorientation (disoriente·shøn) *s.* desorientación.
disown (to) (disou·n) *tr.* repudiar; desconocer, negar [no reconocer como propio]; renegar de.
disparage (to) (dispæ·ridƷ) *tr.* detraer, rebajar, menospreciar, despreciar. 2 desdorar, desacreditar, hacer desmerecer.
disparagement (dispæ·ridƷmønt) *s.* detracción, menosprecio. 2 desdoro, descrédito.
disparaging (dispæ·riƷing) *adj.* detractor, rebajador, despreciativo.
disparagingly (dispæ·riƷingli) *adv.* con detracción, rebajando o desacreditando. 2 con desdoro.
disparate (di'spareit) *adj.* dispar, disparejo, desemejante; discorde. — *2 s.* una de dos cosas dispares.
disparity (dispæ·riti), *pl.* **-ties** (-tis) *s.* disparidad, desemejanza.
dispark (to) (dispa'c) *tr.* desacotar. 2 desencerrar, soltar.
dispart (dispa't) *s.* ARTILL. punto de mira.
dispart (dispa't) *tr.* despartir, partir, separar, dividir. —*2 intr.* partirse. separarse, dividirse.
dispartment (dispa'tmønt) *s.* despartimiento, división.
dispassionate (dispæ·shønit) *adj.* desapasionado, sereno, frío, recto, imparcial.
dispassionately (dispæ·shønitli) *adv.* desapasionadamente, serenamente, fríamente, imparcialmente.
dispatch (dispæ·ch) *s.* despacho [acción de enviar; de despedir; de resolver un negocio; de matar]. 2 expedición, prontitud. 3 despacho, parte, comunicación. 4 agencia de transportes rápidos. 5 MAR. ~ *boat,* aviso.
dispatch (to) *tr.* despachar [enviar, expedir; despedir; matar]. 2 despachar, concluir, apresurar [un negocio]. 3 fam. despachar [comer deprisa].
dispatcher (dispæ·chø') *s.* despachador, expedidor. 2 FERROC. jefe de movimiento [de trenes].
dispauperize (dispo·pøraiƽ) *tr.* sacar de la pobreza. 2 suprimir el pauperismo en.
dispel (to) (dispe·l) *tr.* dispersar, disipar. — *2 intr.* dispersarse, disiparse. ¶ CONJUG. pret. y p. p.: *dispelled;* ger.: *dispelling.*
dispendious (dispe·ndiøs) *adj.* dispendioso.
dispensable (dispe·nsabøl) *adj.* dispensable. 2 prescindible.
dispensary (dispe·nsari) *s.* dispensario farmacéutico.
dispensation (dispense·shøn) *s.* dispensación, distribución, concesión. 2 dispensa, exención. 3 administración, gobierno. 4 acto, designio o voluntad divinos, de la Providencia. 5 ley, religión: *Mosaic* ~, ley mosaica.
dispensator (di'spenseitø') *s.* dispensador.
dispensatory (dispe·nsatori) *adj.* dispensador. — *2 s.* recetario, farmacopea. 3 DISPENSARY.
dispense (to) (dispe·ns) *tr.* dispensar, conceder, distribuir. 2 administrar [justicia]; aplicar [la ley]. 3 despachar [recetas, medicamentos]. 4 dispensar, [eximir, excusar]. — *5 intr. to* ~ *with,* hacer caso omiso de, pasar por alto, prescindir de, pasar sin.
dispenser (dispe·nsø') *s.* dispensador. 2 el que despacha recetas.
dispeople (to) (dispi·pøl) *tr.* despoblar.
dispeopler (dispi·plø') *s.* despoblador.
dispersal (dispø·'sal) *s.* dispersión.
disperse (dispø·'s) *adj.* disperso.
disperse (to) (dispø·'s) *tr.* dispersar. 2 disipar, desvanecer. 3 desparramar, esparcir, propalar. 4 ÓPT. descomponer [la luz]. — *5 intr.* dispersarse, esparcirse; disiparse.
dispersed (dispø·'st) *adj.* dispersado, disperso: ~ *phase,* QUÍM. fase dispersa.
dispersedly (dispe·'sidli) *adv.* dispersamente, esparcidamente.
disperser (dispe·'sø') *s.* esparcidor.
dispersion (dispø·'shøn) *s.* dispersión. 2 disipación, desvanecimiento. 3 esparcimiento, difusión. 4 ÓPT. dispersión o descomposición [de la luz].
dispersive (dispø·'siv) *adj.* dispersivo: ~ *power,* ÓPT. poder dispersivo.

dispersoid (dispø·'soid) *s.* QUÍM. dispersoide.
dispirit (to) (dispi·rit) *tr.* abatir, desanimar, desalentar oprimir el ánimo de.
dispiritedness (dispi·ritidnis) *s.* abatimiento, desaliento, desánimo.
dispiriting (dispi·riting) *adj.* desalentador.
displace (to) (displei·s) *tr.* cambiar de sitio, remover, poner fuera de sitio, dislocar. 2 desalojar, quitar el sitio a. 3 desplazar [un volumen de agua]. 4 QUÍM. reemplazar. 5 destituir, separar. 6 FARM. colar.
displaced (displei·st) *adj.* fuera de su lugar: ~ *persons,* personas que han huido de su domicilio o patria ante una invasión, etc., o que el enemigo se ha llevado a su país.
displacement (displei·smønt) *s.* remoción, cambio de sitio, traslado; desalojamiento. 2 destitución, separación 3 MEC. ángulo de calado. 4 MAR. desplazamiento. 5 GEOL. falla, quiebra. 6 FARM. coladura. 7 MED. ectopia.
displacer (displei·sø') *s.* FARM. colador.
displant (to) (displæ·nt) *tr.* desplantar.
displantation (displante·shøn) *s.* desplantación.
display (displei·) *s.* despliegue. exhibición, manifestación: ~ *cabinet,* vitrina; ~ *window,* escaparate; *on* ~, expuesto, en exhibición. 2 ostentación, alarde. 3 pompa, fausto. 4 IMPR. ~ *type,* tipo de adorno.
display (to) *tr.* desplegar. abrir, extender. 2 mostrar, exponer, presentar, poner de manifiesto. 3 exhibir, lucir, ostentar. 4 MAR. enarbolar [un pabellón o bandera]. 5 IMPR. componer con tipo de adorno.
displease (to) (displi·ƽ) *tr.* desplacer, desagradar, descontentar. 2 disgustar, enojar, ofender, irritar.
displeasing (displi·ƽing) *adj.* desagradable, antipático, ofensivo.
displeasure (disple·ƴø') *s.* desplacer, desagrado, descontento, enojo. 2 desgracia, disfavor. 3 desazón, disgusto, sinsabor. 4 resquemor.
displume (to) (displu·m) *tr.* desplumar [a un ave]. 2 despojar de honores, degradar.
dispondee (daispo·ndi) *s.* dispondeo.
disport (dispo·'t) *s.* juego, entretenimiento, diversión.
disport (to) *tr.* entretener, divertir. — *2 intr.* en tretenerse, divertirse, retozar, solazarse.
disposable (dispou·ƽabøl) *adj.* disponible.
disposal (dispou·sal) *s.* disposición [colocación, arreglo, distribución]. 2 disposición [facultad o acción de disponer]: *at the* ~ *of,* a la disposición de. 3 acción de deshacerse de; donación, venta, enajenación.
dispose (to) (dispou·ƽ) *tr.* disponer [colocar, distribuir]; arreglar, ordenar. 2 regular, establecer, determinar. 3 destinar, aplicar, disponer de. 4 disponer, inclinar [el ánimo de]. — *5 intr. to* ~ *of,* disponer de; deshacerse, desembarazarse de, despachar, consumir, acabar con, salir de; dar, vender, enajenar.
disposition (dispoƽi·shøn) *s.* disposición. arreglo, ordenación. 2 medio, ministerio. 3 disposición divina. 4 condición, índole, genio, temple, humor. 5 tendencia natural. 6 inclinación, ánimo, propensión. 7 disposición [facultad de disponer]. 8 (Esc.) disposición [testamentaria]. 9 *pl.* disposiciones [que se toman para algún fin].
dispositioned (dispoƽi·shønt) *adj.* de tal o cual disposición, condición, genio, humor, etc.
dispositive (dispo·ƽitiv) *adj.* dispositivo.
dispossess (to) (dispoƽe·s) *tr.* desposeer, privar: *to* ~ *oneself of,* desposeerse, desprenderse de. 2 DER. desahuciar, lanzar.
dispossession (dispoƽe·shøn) *s.* desposeimiento. 2 DER. desahucio, lanzamiento.
dispossessor (dispoƽe·sø') *s.* desposeedor. 2 DER. el que desahucia.
dispraise (disprei·ƽ) *s.* desalabanza, censura; mengua.
dispraise (to) *tr.* desalabar, censurar.
disproff (dispru·f) *s.* confutación, refutación.
disproportion (dispropo·'shøn) *s.* desproporción, desigualdad.
disproportion (to) *tr.* desproporcionar.
disproportionable (dispropo·'shønabøl) *adj.* DISPROPORTIONATE.
disproportionableness (dispropo·'shønabølnis) *s.* DISPROPORTIONATENESS.

disproportionably (dispropo·'shønabli) *adv.* DISPRO-PORTIONATELY.

disproportional (dispropo·'shønal) *adj.* DISPROPOR-TIONATE.

disproportionality (dispropo'shønæ·liti) *s.* DISPRO-PORTIONATENESS.

disproportionally (dispropo·'shønali) *adv.* DISPRO-PORTIONATELY

disproportionate (dispropo·'shønit) *adj.* desproporcionado.

disproportionately (dispropo·'shønitli) *adv.* desproporcionadamente.

disproportionateness (dispropo·'shønitnis) *s.* desproporción [condición de desproporcionado].

disprovable (dispru·vabøl) *adj.* refutable, confutable.

disproval (dispru·val) *s.* refutación, confutación.

disprove (to) (dispru·v) *tr.* refutar, confutar.

disputability (dispiutabi·liti) *s.* calidad de disputable.

disputable (di·spiu- o dispiu·tabøl) *adj.* disputable, discutible, controvertible, opinable.

disputableness (di·spiutabølnis) *s.* DISPUTABILITY.

disputant (di·spiutant) *adj.* y *s.* disputador.

disputation (dispiute·shøn) *s.* disputa, debate, controversia.

disputatious (dispiutei·shøs) *adj.* disputador, reparón.

disputative (dispiu·tativ) *adj.* disputador. 2 polémico.

dispute (dispiu·t) *s.* disputa, discusión. 2 controversia, polémica. 3 litigio, pleito.

dispute (to) *tr.* e *intr.* disputar, discutir. 2 controvertir. — 3 *tr.* cuestionar, impugnar, poner en duda.

disputeless (dispiu·tlis) *adj.* indiscutible.

disputer (dispiu·tø') *s.* disputador. 2 controversista.

disqualification (discualifike·shøn) *s.* inhabilitación, incapacidad, impedimento. 2 DEP. descalificación.

disqualify (to) (discua·lifai) *tr.* inhabilitar, incapacitar. 2 DEP. descalificar.

disquiet (discua·iet) *s.* inquietud, intranquilidad, desasosiego, desazón.

disquiet (to) *tr.* inquietar, intranquilizar, conturbar, desasosegar, atormentar.

disquieting (dicua·eting) *adj.* inquietante; alarmante.

disquietness (discua·ietnis), **disquitude** (discua·ie-tiud) *s.* intranquilidad, agitación, desasosiego.

disquisition (discuiši·shøn) *s.* disquisición.

disrank (to) (disræ·nc) *tr.* degradar [deponer de rango, graduación, etc.]. 2 poner en desorden.

disregard (disriga·'d) *s.* desatención, descuido, olvido, desprecio, acción de no hacer caso, o de pasar por alto. 2 desconsideración, desaire.

disregard (to) *tr.* desatender, descuidar, olvidar, despreciar, desconocer, no hacer caso de, hacer caso omiso de, pasar por alto. 2 desconsiderar, desairar.

disregardful (disriga·'dful) *adj.* desatento, descuidado, que no hace caso, que hace caso omiso.

disregardfully (disriga·'dfuli) *adv.* sin hacer caso, haciendo caso omiso, descuidadamente. 2 desatentamente.

disrelish (disre·lish) *s.* repugnancia, aversión [por un manjar, etc.].

disrelish (to) *tr.* repugnar, sentir aversión por, hallar desagradable, no gustarle a uno [una cosa].

disreputable (disre·piutabøl) *adj.* desacreditado, de mala fama, despreciable. 2 de mal aspecto. 3 bajo, deshonroso, vergonzoso.

disreputably (disre·piutabli) *adv.* deshonrosamente.

disrepute (disripiu·t) *s.* descrédito, mala fama, deshonra : *to bring into ~*, desacreditar, dar mala fama.

disrespect (disrispe·ct) *s.* desatención, desacato, falta de respeto.

disrespect (to) *tr.* desacatar, no respetar, faltar al respeto a.

disrespectful (disrispe·ctful) *adj.* irrespetuoso.

disrespectfully (disrispe·ctfuli) *adv.* irrespetuosamente.

disrobe (to) (disrou·b) *tr.* desnudar, desvestir; despojar. — 2 *intr.* desnudarse.

disroot (to) (disru·t) *tr.* desarraigar.

disrupt (to) (disrø·pt) *tr.* romper, partir, hacer pedazos; desgajar. 2 desbaratar, desorganizar.

disruption (disrø·pshøn) *s.* ruptura, rompimiento; división; desgajamiento. 2 desorganización.

disruptive (disrø·ptiv) *adj.* que rompe o tiende a romper. 2 ELECT. disruptivo : *~ discharge*, descarga disruptiva.

diss (dis) *s.* BOT. planta que se emplea como el esparto.

dissatisfaction (disætisfæ·cshøn) *s.* descontento, disgusto.

dissatisfactoriness (disætisfæ·ctorinis) *s.* calidad de lo que descontenta o no satisface.

dissatisfactory (disætisfæ·ctori) *adj.* poco satisfactorio, nada satisfactorio.

dissatisfied *pret.* y *p. p.* de TO DISSATISFY. — 2 *adj.* descontento, disgustado.

dissatisfy (to) (disæ·tisfai) *tr.* descontentar, desagradar, no satisfacer. ¶ CONJUG. pret. y p. p.: *dissatisfied*.

dissect (to) (di·sect) *tr.* dividir en partes o secciones; cortar en pedazos. 2 disecar, anatomizar. 3 fig. criticar o analizar minuciosamente.

dissected (dise·ctid) *adj.* dividido en secciones, lóbulos o divisiones. 2 disecado, anatomizado. 3 GEOGR. dividido por valles o cañadas [terreno, región].

dissecting (dise·cting) *adj.* que divide o diseca; que sirve para disecar : *~ knife*, escalpelo; *~ room*. anfiteatro anatómico, sala de disección.

dissector (dise·ctø') *s.* disector.

disseisin (disi·sin) *s.* DER. desposesión injusta o ilegal de tierras o heredades.

disseize (disi·š) *tr.* DER. desposeer injusta o ilegalmente [a uno] de tierras o heredades.

disseizin *s.* DISSEISIN.

disseizor (disi·šø') *s.* DER. desposesor injusto, usurpador [de tierras o heredades].

dissemblance (dise·mblæns) *s.* desemejanza, disimilitud. 2 disimulación, fingimiento.

dissemble (to) (dise·mbøl) *tr.* disimular, disfrazar, ocultar. 2 fingir, fingirse. 3 disimular [una ofensa, etc.]. — 4 *intr.* fingir, obrar hipócritamente.

dissembler (dise·mblø') *s.* disimulador, fingidor, simulador, hipócrita.

dissemblingly (dise·mblingli) *adv.* fingidamente, hipócritamente.

disseminate (to) (dise·mineit) *tr.* diseminar. 2 esparcir, sembrar; difundir, propagar.

dissemination (disemine·shøn) *s.* diseminación. 2 esparcimiento, difusión, propagación.

disseminator (dise·mineitø') *s.* diseminador. 2 difusor, propagador.

dissension (dise·nshøn) *s.* disensión, discordia.

dissent (dise·nt) *s.* disentimiento, disenso, desacuerdo. 2 disidencia.

dissent (dise·nt) *intr.* disentir, diferir. 2 disidir [de una iglesia establecida].

dissenter (dise·ntø') *s.* discorde [que disiente]. 2 disidente [esp. de la Iglesia anglicana].

dissentient (dise·nshiønt) *adj.* disconforme, adverso, que disiente. — 2 *s.* el que disiente, disidente.

dissentious (dise·nshøs) *adj.* contencioso, pendenciero.

dissentiously (dise·nshøsli) *adv.* contenciosamente.

dissert (to) (disø·'t) *intr.* disertar, discutir.

dissertate (to) (disø·'teit) *intr.* disertar.

dissertation (disø'te·shøn) *s.* disertación, discurso. 2 ensayo, tesis, tratado.

dissertator (disø'tei·tø') *s.* disertador, disertante.

disserve (to) (disø·'v) *tr.* deservir, perjudicar, dañar.

disservice (disø·'vis) *s.* deservicio, perjuicio.

disserviceable (disø·'visabøl) *adj.* perjudicial, dañoso.

dissever (to) (dise·vø') *tr.* desunir, separar, dividir, dispersar. — 2 *intr.* separarse.

disseverance (dise·vørans) *s.* división, separación.

dissidence (di·sidens) *s.* disidencia.

dissident (di·sident) *adj.* y *s.* disidente.

dissilience, -cy (disi·liens, -si) *s.* tendencia a separarse o abrirse como impulsado por un muelle; dehiscencia de ciertos frutos que se abren con violencia.

dissilient (disi·lient) *adj.* BOT. dehiscente [dicho de ciertos frutos que se abren con violencia].

dissimilar (disi·mila') *adj.* disímil, desemejante.

dissimilarity (disimilæ·riti) *s.* disimilitud, disparidad, diferencia, heterogeneidad.

dissimilation (disimile·shøn) *s.* BIOL. catabolismo. 2 FONÉT. disimilación.

dissimilitude (disimi·litiud) *s.* disimilitud.

dissimulate (to) (disi·miuleit) *tr.* e *intr.* disimular, fingir.
dissimulation (disimiule·shøn) *s.* disimulación, disimulo, fingimiento, hipocresía.
dissipable (di·sipabøl) *adj.* disipable.
dissipate (to) (di·sipeit) *tr.* dispersar. 2 esparcir. 3 disipar, desvanecer. 4 disipar [desperdiciar, malgastar], malbaratar. — 5 *intr.* disiparse, desvanecerse, pasar, desaparecer. 6 llevar una vida de derroche o disipación.
dissipated (di·sipeitid) *adj.* dispersado. 2 disipado. 3 derrochador, disoluto.
dissipation (disipei·shøn) *s.* dispersión, desintegración, evaporación. 2 disipación. 3 distracción [falta de concentración de la mente]. 4 diversión, devaneo. 5 disolución, vida relajada.
dissociable (disou·shabøl) *adj.* desigual, incompatible, mal asociado. 2 insociable. 3 separable.
dissocial (disou·shal) *adj.* insociable, egoísta.
dissociate (to) (disou·shieit) *tr.* disociar. — 2 *intr.* disociarse.
dissociation (disoushie·shøn) *s.* disociación. 2 separación, desunión.
dissolubility (disoliubi·liti) *s.* disolubilidad.
dissoluble (diso·liubøl) *adj.* disoluble.
dissolute (di·soliut) *adj.* disoluto, libertino, relajado.
dissolutely (di·soliutli) *adv.* disolutamente.
dissoluteness (di·soliutnis) *s.* disolución, relajación.
dissolution (disoliu·shøn) *s.* disolución [acción de disolver o disolverse]. 2 muerte [fin de la vida humana]. 3 licuación, fusión [esp. del hielo o la nieve].
dissolvable (diso·lvabøl) *adj.* disoluble.
dissolve (to) (diso·lv) *tr.* disolver. 2 deshacer, fundir, derretir. 3 resolver [una duda]; aclarar [un misterio]. 4 DER. anular, abrogar. — 5 *intr.* disolverse. 6 deshacerse, derretirse. 7 desvanecerse, desaparecer. 8 descaecer.
dissolvent (diso·lvønt) *adj.* y *s.* disolvente.
dissolver (diso·lvø') *s.* disolvedor. 2 disolvente.
dissolving (diso·lving) *adj.* que disuelve o se disuelve : ~ *view*, cuadro disolvente; CINEM. fundido.
dissonance, -cy (di·sonans, -si) *s.* disonancia.
dissonant (di·sonant) *adj.* disonante, dísono, discordante. 2 discrepante.
dissuade (to) (disuei·d) *tr.* disuadir.
dissuasion (disuei·ʒøn) *s.* disuasión.
dissuasive (disuei·siv) *adj.* disuasivo.
dissyllabic (disilæ·bic) *adj.* disílabo, bisílabo.
dissyllable (disi·labøl) *s.* disílabo, bisílabo.
dissymetric(al (disime·tric(al) *adj.* disimétrico.
dissymetry (disi·metri) *s.* disimetría.
distaff (di·staf) *s.* rueca [para hilar] : ~ *head*, ~ *knob*, rocadero, rocador. 2 fig. trabajo, autoridad, etc., de la mujer; la mujer : ~ *side*, rama femenina de una familia.
distal (di·stal) *adj.* BIOL. distal.
distance (di·stans) *s.* distancia. 2 alejamiento; lejos, lejanía, lontananza : *at a* ~, *at* ~, a distancia, a lo lejos, de lejos; *in the* ~, a lo lejos, en la lejanía. 3 claro, espacio, intervalo. 4 tirada, trecho. 5 reserva en el trato [debida al respeto, a la aversión, etc.] : *to keep at* ~, mantener a distancia [a uno], no permitirle familiaridades; *to keep one's distance*, no permitirse familiaridades.
distance (to) *tr.* distanciar. 2 alejar. 3 dejar atrás; adelantar, sobrepasar. 4 espaciar.
distant (di·stant) *adj.* distante : *to be* ~ *from*, distar de. 2 lejano : ~ *relatives*, parientes lejanos. 3 diferente. 4 reservado en el trato, esquivo, frío, altivo : *to be* ~ *with one*, tratar a uno con reserva, con frialdad. 5 espaciado, ralo.
distantly (di·stantli) *adv.* distantemente. 2 con reserva, fríamente.
distaste (distei·st) *s.* hastío, disgusto, aversión, repugnancia.
distasteful (distei·stful) *adj.* desagradable, repugnante, enfadoso, ofensivo.
distastefulness (distei·stfulnis) *s.* calidad de desagradable, repugnante, ofensivo.
distemper (diste·mpø') *s.* destemplanza, mal humor. 2 enfermedad, indisposición [esp. de los animales]; moquillo [de los perros]. 3 tumulto, disturbio. 4 PINT. templa. 5 pintura al temple.
distemper (to) *tr.* destemplar, trastornar, perturbar. 2 incomodar, poner de mal humor, irritar.

3 pintar al temple; desleír [los colores] con templa.
distemperature (diste·mpørachu') *s.* destemple, indisposición. 2 perturbación, confusión, desarreglo.
distend (to) (diste·nd) *tr.* tender, estirar, ensanchar, dilatar, hinchar. 2 MED. distender.
distensibility (distensibi·liti) *s.* calidad de extensible, dilatabilidad.
distensible (diste·nsibøl) *adj.* extensible, dilatable.
distension, distention (diste·nshøn) *s.* extensión, tensión, dilatación. 2 MED. distensión.
distich (di·stic) *s.* dístico.
distichous (di·stikøs) *adj.* BOT. dístico.
distil(l) (to) (disti·l) *tr.* destilar [someter a destilación, obtener por destilación]. 2 destilar [dejar caer gota a gota]. — 3 *intr.* destilar [correr gota a gota], manar o brotar lentamente.
distillable (disti·labøl) *adj.* destilable.
distillate (disti·leit) *s.* destilado, producto de una destilación.
distillation (distile·shøn) *s.* destilación. 2 extracto, esencia.
distillatory (disti·latori) *adj.* destilatorio.
distiller (disti·lø') *s.* destilador [pers. que destila]. 2 destilador [filtro; alambique].
distillery (disti·løri) *s.* destilería.
distinct (disti·nct) *adj.* distinto, claro; preciso, definido. 2 distinto, diferente.
distinction (disti·ncshøn) *s.* distinción [en todas sus acepciones] : ~ *without a diference*, distinción artificiosa; *to serve with* ~, distinguirse en el servicio o en el ejercicio de un cargo; *in* ~ *from* o *to*, a distinción de. 2 distingo. 3 diferencia. 4 claridad [de la vista, etc.]. 5 distintivo, característica.
distinctive (disti·nctiv) *adj.* distintivo, característico, peculiar. — 2 *s.* distintivo [cualidad o señal distintiva]
distinctively (disti·nctivli) *adv.* de modo distintivo, característicamente.
distinctly (disti·nctli) *adv.* distintamente, claramente.
distinctness (disti·nctnis) *s.* distinción, claridad, precisión. 2 cualidad de ser distinto.
distinguish (to) (disti·ngüish) *tr.* distinguir : *to* ~ *oneself*, distinguirse. 2 discernir. 3 dividir, clasificar. 4 percibir claramente.
distinguishable (disti·ngüishabøl) *adj.* distinguible; discernible, perceptible.
distinguished (disti·ngüisht) *adj.* distinguido. 2 señalado, caracterizado.
distinguishing (disti·ngüishing) *adj.* distintivo, que distingue.
distort (to) (disto·'t) *tr.* torcer. 2 producir distorsión. 3 desfigurar, falsear, pervertir, tergiversar.
distortion (disto·'shøn) *s.* torcimiento, torcedura, distorsión 2 perversión, falseamiento, tergiversación.
distract (to) (distræ·ct) *tr.* distraer [apartar la atención]. 2 perturbar, confundir, agitar, enloquecer.
distracted (distræ·ctid) *adj.* distraído. 2 turbado, agitado, enloquecido; loco, frenético.
distractedly (distræ·ctidli) *adv.* distraídamente. 2 agitadamente, locamente.
distraction (distræ·cshøn) *s.* distracción [acción de distraer o distraerse]. 2 distracción, diversión, entretenimiento. 3 interrupción. 4 perturbación, agitación, enloquecimiento, frenesí, locura : *to drive to* ~, volver loco. 5 confusión desorden.
distractive (distræ·ctiv) *adj.* que distrae. 2 perturbador, enloquecedor.
distrain (to) (distrei·n) *tr.* DER. embargar, secuestrar.
distrainer (distrei·nø') *s.* DER. embargador.
distraint (distrei·nt) *s.* DER. embargo, secuestro.
distraught (distro·t) *adj.* DISTRACTED.
distress (distre·s) *s.* dolor, pena, aflicción, congoja. 2 infortunio, calamidad. 3 miseria, escasez. 4 apuro, peligro, necesidad de auxilio : *ship in* ~, barco en peligro; *to put in in* ~, MAR. entrar de arribada. 5 DER. embargo, secuestro.
distress (to) *tr.* afligir, apenar, angustiar, acongojar. 2 poner en aprieto. 3 DER. embargar, secuestrar.
distressful (distre·sful) *adj.* doloroso, desdichado, acongojado, lleno de trabajos o calamidades.
distressfully (distre·sfuli) *adv.* penosamente, desdichadamente.

distressing (distre·sing) *adj.* penoso, aflictivo, congojoso.
distribute (to) (distri·biut) *tr.* distribuir [entre varios; colocar, arreglar]. *2* repartir. *3* clasificar. *4* esparcir, extender [cubriendo un espacio]. *5* ARQ., IMPR. distribuir.
distributer (distri·biutø') *s.* distribuidor.
distributive (distri·biutiv) *adj.* distributivo.
distributively (distri·biutivli) *adv.* distributivamente.
distributor (distri·biutø') *s.* distribuidor.
district (di·strict) *s.* distrito : ~ *attorney,* (EE. UU.) fiscal de distrito, con funciones policíacas y de juez de instrucción. *2* partido, comarca, región, territorio.
distrust (distrø·st) *s.* desconfianza, recelo, sospecha, suspicacia.
distrust (to) *tr.* desconfiar, sospechar de, no confiar en, recelar.
distrustful (distrø·stful) *adj.* desconfiado, que desconfía, receloso, difidente.
distrustfully (distrø·stfuli) *adv.* desconfiadamente.
distrustfulness (distrø·stfulnis) *s.* desconfianza, difidencia, sospecha.
disturb (to) (distø·'b) *tr.* turbar, perturbar, alterar, trastornar, desordenar. *2* inquietar, desasosegar. *3* distraer, estorbar, interrumpir. *4* molestar, incomodar.
disturbance (distø·'bans) *s.* perturbación, alteración : ~ *of peace,* alteración del orden público. *2* disturbio, conmoción, desorden, alboroto. *3* desasosiego, perplejidad. *4* malestar.
disturber (distø·'bø') *s.* perturbador. *2* DER. inquietador.
disturbing (distø·'bing) *adj.* perturbador, inquietante.
disulphate, disulfate (daisø·lfeit) *s.* QUÍM. bisulfato.
disulphid(e, disulfid(e (daisø·lfid) *s.* QUÍM. bisulfuro.
disunion (disiu·niøn) *s.* desunión, separación. *2* discordia, división, desavenencia.
disunionist (disiu·nionist) *s.* secesionista, separatista.
disunite (to) (disiunai·t) *tr.* desunir, dividir, separar, disgregar. *2* desavenir. — *3 intr.* desunirse, separarse, desavenirse.
disunity (disiu·niti) *s.* desunión.
disuse (disiu·s) *s.* desuso. *2* falta de práctica o ejercicio.
disuse (to) *tr.* desusar. *2* abandonar, dejar de usar, desechar : *disused clothing,* ropas de desecho.
disyoke (to) (disyou·c) *tr.* desuncir.
ditch (dich) *s.* caz, reguera, acequia. *2* zanja, trinchera, foso, cuneta, excavación. *3* fam. (EE. UU.) *the Ditch,* el canal de Panamá. *4* BOT. ~ *reed,* cañavera, carrizo.
ditch (to) *tr.* zanjar, abrir acequias en. *2* rodear de fosos. *3* avenar. *4* fam. (EE. UU.) abandonar, deshacerse de.
ditcher (di·chø') *s.* cavador de zanjas. *2* máquina para abrir zanjas.
ditheism (dai·ziïsm) *s.* diteísmo.
ditheist (dai·ziist) *s.* diteísta.
dither (di·dø') *s.* temblor, agitación : *to be in a* ~, *to be all in a* ~, fam. estar muy nervioso o agitado.
dither (to) *intr.* temblar, agitarse. — *2 tr.* hacer temblar, agitar. *3* molestar.
dithyramb (di·ziræmb) *s.* ditirambo.
dithyrambic (diziræ·mbic) *adj.* ditirámbico. — *2 s.* ditirambo.
ditone (dai·toun) *s.* MÚS. dítono.
dittany (di·tani) *s.* BOT. díctamo, orégano.
ditto (di·tou) *s.* ídem. *2* signo (") o abreviatura (id.) en lugar de *idem.* *3* fam. duplicado, doble, copia exacta. *4* tela o paño liso. — *5 adv.* como se ha dicho antes, del mismo modo.
ditto (to) *tr.* duplicar, copiar.
ditty (di·ti) *s.* cantinela, canción rústica o sencilla. *2* MAR. ~ *bag,* ~ *box,* bolsa o caja de hilos, agujas, etc.
diuresis (daiuri·sis) *s.* MED. diuresis.
diuretic (daiure·tic) *adj.* y *s.* MED. diurético.
diurnal (daiø·'nal) *adj.* diurno. *2* diario, cotidiano. — *3 s.* ECCL. diurno.
diurnally (daiø·'nali) *adv.* diariamente.
diuturnal (daiutø·'nal) *adj.* diuturno.
diuturnity (daiutø·'niti) *s.* diuturnidad.
diva (di·va) *s.* diva, cantatriz.

divagate (to) (dai·vagueit) *intr.* divagar, vagar. *2* divagar, apartarse del tema.
divagation (daivague·shøn) *s.* divagación, digresión.
divan (divæ·n) *s.* diván [mueble]. *2* diván [consejo turco, sala donde se reúne; colección de poesías]. *3* fumadero.
divaricate (daivæ·rikeit) *adj.* divergente. *2* esparrancado.
divaricate (to) *tr.* dividir en dos ramales. — *2 intr.* bifurcarse, extenderse.
divarication (daiværike·shøn) *s.* bifurcación. *2* divergencia.
dive (daiv) *s.* zambullida, zambullidura. *2* buceo. *3* sumersión, inmersión. *4* NAT. salto. *5* AVIA. picado : ~ *bomber,* avión de bombardeo en picado; ~ *bombing,* bombardeo en picado; *to* ~ *bomb,* bombardear en picado. *6* (esp. EE. UU.) garito, lupanar, taberna.
dive (to) *intr.* zambullirse. *2* echarse o arrojarse de cabeza. *3* meter la mano o meterse [en o debajo de]. *4* sumergirse [un submarino, un buzo]. *5* AVIA. descender en picado, picar. *6* bucear, profundizar, penetrar, enfrascarse [en]. — *7 tr.* zambullir, sumergir. *8* meterse en, explorar. ¶ CONJUG. pret. y p. p. : *dived* o *dove.*
diver (dai·vø') *s.* buzo. *2* nadador que salta o se zambulle. *3* pop. submarino. *4* ORNIT. colimbo, somorgujo, pingüino, pato marino, etc.
diverge (to) (divø·'ÿ) *intr.* divergir, separarse, apartarse. *2* diferir de una forma típica, de lo normal.
divergence, -cy (divø·'ÿøns, -si) *s.* divergencia.
divergent (divø·'ÿønt) *adj.* divergente.
divers (dai·vø·'s) *adj.* diversos, varios.
diverse (divø·'s) *adj.* diverso, diferente, distinto. *2* multiforme, variado.
diversely (divø·'sli) *adv.* diversamente, de varios modos, en diferentes direcciones.
diversification (divø·'sifike·shøn) *s.* diversificación.
diversiform (divø·'sifo'm) *adj.* diversiforme.
diversify (to) (divø·'sifai) *tr.* diversificar. *2* matizar, variar, dar variedad a. — *3 intr.* cambiar, variar.
diversion (divø·'shøn) *s.* diversión, distracción, entretenimiento. *2* desviación, apartamiento, distracción. *3* MIL. diversión.
diversity (divø·'siti) *s.* diversidad, variedad. *2* diversidad, diferencia.
divert (to) (divø·'t) *tr.* desviar, apartar. *2* distraer [del estudio, una ocupación, etc.]. *3* divertir, distraer, recrear.
diverter (divø·'tø') *s.* el que desvía, aparta o distrae.
diverticulum (divø·'ti·kiuløm) *s.* H. NAT. divertículo.
diverting (divø·'ting) *adj.* divertido, entretenido; recreativo.
divertisement (divø·'tismønt) *s.* diversión, entretenimiento. *2* intermedio de baile.
divertissement (dive'tisma·n) *s.* DIVERTISEMENT. *2* MÚS. pieza ligera y graciosa. *3* MÚS. popurrí. *4* MÚS. especie de serenata.
divertive (divø·'tiv) *adj.* diversivo. *2* recreativo, divertido.
divest (to) (dive·st) *tr.* desnudar. *2* despojar, desposeer.
divestiture (dive·stichø') *s.* despojo, desposeimiento.
dividable (divai·dabøl) *adj.* divisible.
divide (divai·d) *s.* divisoria de aguas.
divide (to) *tr.* dividir, partir, repartir; desunir, separar, desmembrar. *2* MAT. dividir. *3* compartir. — *4 intr.* dividirse. *5* tener una parte, a partes. *6* votar dividiéndose en dos grupos.
divided (divai·did) *adj.* dividido : ~ *skirt,* falda pantalón.
dividedly (divai·didli) *adv.* separadamente.
dividend (di·vidend) *s.* MAT., COM. dividendo.
divider (divai·dø') *s.* partidor, distribuidor. *2* desmembrador. *3* MAT. divisor. *4 pl.* compás divisor.
divi-divi (di·vi di·vi) *s.* BOT. dividiví.
dividual (divi·diual) *adj.* separado, distinto. *2* separable. *3* fragmentario. *4* dividido [entre varios].
divination (divine·shøn) *s.* adivinación. *2* percepción intuitiva. *3* augurio, predicción.
divinator (di·vineitø') *s.* adivino.
divinatory (di·vinatori) *adj.* adivinatorio.
divine (divai·n) *adj.* divino. *2* teológico, sagrado. — *3 s.* sacerdote, clérigo. *4* teólogo.
divine (to) *tr.* e *intr.* adivinar. *2* conjeturar. — *3 intr.* vaticinar, profetizar, presagiar, agorar.
divinely (divai·nli) *adv.* divinamente.
divineness (divai·nnis) *s.* divinidad [calidad de divino].

diviner (divai·nø') *m.* adivino. 2 augur. 3 adivinador.

divineress (divai·nøris) *f.* adivina. 2 adivinadora.

diving (dai·ving) *s.* buceo [trabajo del buzo] : ~ *bell,* campana de buzo; ~ *board,* trampolín, plataforma para saltar al agua; ~ *dress,* ~ *suit,* escafandra. 2 NAT. zambullidura, salto. 3 AVIA. picado. 4 ENTOM. ~ *beetle,* escarabajo acuático.

divining (divai·ning) *adj.* que adivina, de adivinación : ~ *rod,* varita adivinadora, varita mágica. 2 varita ahorquillada que se usa para descubrir la existencia de aguas o metales subterráneos.

divinity (divi·niti) *s.* divinidad. 2 deidad. 3 atributo divino; poder o virtud sobrenatural. 4 teología.

divinization (divinišē·shøn) *s.* divinización.

divinize (di·vinaiš) *tr.* divinizar.

divisibility (divišibi·liti) *s.* divisibilidad.

divisible (divi·šibøl) *adj.* divisible.

divisibleness (divi·šibølnes) *s.* divisibilidad [calidad].

division (divi·ỹøn) *s.* división [acción de dividir] : ~ *of labour,* división del trabajo. 2 división, desunión; desacuerdo. 3 división, separación. 4 MAT. MIL., MAR. división. 5 ramo, sección, negociado. 6 compartimiento, departamento. 7 parte, segmento [de una cosa dividida]. 8 tabique. 9 FERROC. ramal.

divisional (divi·ỹonal), **divisionary** (divi·ỹøneri) *adj.* divisional. 2 divisorio. 3 divisionario, fraccionario.

divisive (divai·siv) *adj.* divisivo.

divisor (divai·šø') *s.* MAT. divisor : *common* ~, común divisor; *greatest* o *highest common* ~, máximo común divisor. 2 partidor, mecanismo para distribuir el agua entre los regantes.

divorce (divo·'s) *s.* divorcio.

divorce (to) *tr.* divorciar. 2 divorciarse de. — 3 *intr.* divorciarse.

divorceable (divo·'šibøl) *adj.* que se puede divorciar.

divorcee (divo·'sɪ·) *m.* y *f.* pers. divorciada.

divorcement (divo·'smønt) *s.* divorcio.

divorcer (divo·'sø') *s.* divorciador.

divorcible (divo·'sibøl) *adj.* DIVORCEABLE.

divulgation (divølgue·shøn) *s.* divulgación.

divulge (to) (divø·lỹ) *tr.* divulgar, publicar, revelar, propalar.

divulger (divø·lỹø') *s.* divulgador, propalador.

divulsion (divø·lshøn) *s.* divulsión, avulsión.

divulsive (divø·lsiv) *adj.* avulsivo.

Dixie (di·csi) *n. pr.* (EE. UU.) Estados del Sur.

dixie *s.* pop. caldero de campaña.

dizain, dizaine (dišē·n) *s.* LIT. décima.

dizen (to) (dišøn) *tr.* ataviar, emperejilar.

dizzily (di·šili) *adv.* vertiginosamente. 2 aturdidamente.

dizziness (di·šinis) *s.* vértigo, mareo, vahído, desvanecimiento.

dizzy (di·ši) *adj.* vertiginoso, mareador. 2 desvanecido, mareado, vaguido. 3 confuso, aturdido. 4 caprichoso, alocado.

dizzy (to) *tr.* causar vértigo o vahído. 2 aturdir.

do (dou) *s.* MÚS. do. — 2 *abrev.* de DITTO.

do (to) (du) *tr.* hacer [en sentido general o indeterminado] : *to* ~ *one's best, to* ~ *one's utmost,* hacer [uno] cuanto pueda; hacer todo lo posible; *to have nothing o something to* ~, no tener nada o tener algo que hacer; *it is not done,* no se hace; *what are you going to* ~?, ¿qué va usted a hacer?, ¿qué piensa hacer? 2 hacer [producir un efecto o resultado, infligir, causar] : *that does you credit,* esto le hace honor, le honra. 3 hacer [los honores de; justicia; un favor]; rendir, tributar [homenaje]. 4 hacer [efectuar, ejecutar, realizar]; cumplir con : *to* ~ *a good act, a portrait, a curtsy,* hacer una buena acción, un retrato, una reverencia; *to* ~ *our duty,* cumplir con nuestro deber. 5 hacer, resolver [una suma, un problema, etc.]. 6 aprender [una lección]. 7 hacer [trabajar en, ocuparse en]. 8 acabar, concluir, terminar, cesar, dejar de [en frases con el part. *done]: she has done weeping,* ha acabado de llorar. 9 COC. preparar, aderezar, cocer, guisar [convenientemente] : *done to a turn,* en su punto. 10 arreglar, ordenar, limpiar, fregar, adornar, disponer : *to* ~ *a room,* arreglar, empapelar o pintar una habitación; *to* ~ *the dishes,* lavar los platos; *to* ~ *one's hair,* peinarse, arreglarse el pelo. 11 pop. tratar [en la mesa, etc.] : *they* ~ *you very well,* le tratan a usted muy

bien; *to* ~ *oneself well,* tratarse bien. 12 hacer [cubrir una distancia, llevar una velocidad] : *to* ~ *twenty miles,* hacer veinte millas. 13 recorrer, visitar [como turista] : *to* ~ *a city,* visitar una ciudad. 14 agotar, abrumar. 15 verter, traducir. 16 hacer [el o de]; hacer el papel de. 17 engañar, estafar. 18 hacer, cumplir [un tiempo de servicio, de cárcel, etc.]; estar, pasar [cierto tiempo en la cárcel, en presidio]. 19 fam. servir, bastar [al propósito, al objeto]. 20 COM. (Ingl.) vender [a cierto precio]. 21 *to* ~ *again,* volver a hacer, repetir. 22 *to* ~ *away with,* deshacerse de; disipar, allanar, suprimir; dar al traste con; matar. 23 *to* ~ *battle,* luchar, batallar, librar batalla. 24 *to* ~ *brown,* dorar, tostar ligeramente; pop. engañar. 25 *to* ~ *down,* fam. (Ingl.) engañar. 26 *to* ~ *for,* acabar, destruir, arruinar; matar; *to be done for,* estar perdido. 27 *to* ~ *in,* pop. pegar, dar una paliza; despachar, matar; engañar, embaucar. 28 *to* ~ *it,* hacerla, meter la pata. 29 *to* ~ *out,* fam. hacer la limpieza [de un piso, una habitación]. 30 *to* ~ *over,* rehacer, retocar, hacer de nuevo; cubrir, revestir. 31 *to* ~ *to death,* matar. 32 *to* ~ *up,* atar, liar, envolver; almidonar y planchar; limpiar; peinar; pintar, empapelar; fatigar, cansar. 33 *to* ~ *up brown,* pop. hacer completa o perfectamente; engañar, embaucar. 34 *to have nothing o something to* ~ *with,* no tener nada o tener algo que ver con

35 *intr.* obrar, conducirse, portarse : *to* ~ *right by,* tratar bien, portarse bien con. 36 estar, hallarse, pasarlo : *how* ~ *you* ~?, ¿cómo está usted?, ¿cómo lo pasa? 37 obrar, actuar, trabajar, hacer algo, no estar ocioso. 38 servir, bastar, ser suficiente : *that will* ~, esto servirá o bastará; *that'll do!,* ¡está bien! ¡no diga más!; *that won't* ~, esto no sirve, no vale, no marcha; *that will have to* ~, habrá que conformarse con esto. 39 *to* ~ *for,* servir, bastar para; fam. cocinar para, cuidar la casa de. 40 *to* ~ *well,* prosperar, medrar, ir bien; *well to-do,* acomodado, de buena posición. 41 *to* ~ *with,* tratar, entenderse, habérselas con; tener bastante con, arreglarse con [una cosa]. 42 *to* ~ *without,* prescindir de, pasar sin. 43 *to have done,* haber terminado, acabar, cesar, no seguir adelante : *have done!,* ¡acaba ya!; *to have done with,* haber terminado con, no tener más que ver con. 44 *to have to* ~ *with,* tener que ver con, tener parte en; tratar o tener que tratar con; tratar, ocuparse de : *philology has to* ~ *with language,* la filología trata del lenguaje. 45 *what is to* ~?, ¿qué hay qué hacer?; ¿qué pasa?

46 *do* se usa como verbo auxiliar en las frases negativas e interrogativas : *I* ~ *not see it,* no lo veo; *did you see it?,* ¿lo vio usted? 47 Después de adverbios como *hardly, little, rarely, seldom,* etc., cuando hay inversión : *rarely does it happen that,* raramente ocurre que. 48 En tono imperativo o deprecativo : *be quiet, do!* ¡silencio, estáte quieto!; *do sing,* cante usted, se lo ruego. 49 Para substituir a otros verbos en frases elípticas : ~ *you hear?,* —I ~, ¿oye usted?; —Sí; *so I go?* ~ *you?,* ¿de veras?, ¿lo cree, hace, etc., usted? 50 Con valor expletivo para dar mayor energía a frases afirmativas : *but I did see him,* pero es que le vi, pero es que de verdad le vi. 51 Sirve también para substituir un verbo que no se quiere repetir. En este caso puede traducirse por el mismo verbo o por el verbo hacer, o puede no traducirse : *I wanted to see him and I did so,* quería verle, y le vi; *she was singing as she was in the habit of doing,* ella cantaba, como solía hacer; *you see the truth as clearly as I* ~, usted ve la verdad tan claramente como yo.

¶ CONJUG. INDIC. Pres. sing. : 1.ª pers., *do;* 2.ª pers., *doest* o *dost;* 3.ª pers., *does;* pl., *do.* Pret. : *did* (2.ª pers. del sing. *didst*). Part. p. : *done.* GER. : *doing.*

doable (du·abøl) *adj.* factible.

do-all *s.* factótum.

doat (to) (dout) *intr.* to DOTE.

dobbin (do·bin) *s.* caballo dócil. 2 caballo de labor; rocín.

dobby (do·bi) *s.* TEJ. maquinita de ligar.

docible (do·sibøl) *adj.* dócil, fácil de enseñar.

docile (do·sil o dou·sil) *adj.* dócil, sumiso, fácil de enseñar o manejar.

docility (dosi'liti) s. docilidad.
docimastic (dosimæ'stic) adj. docimástico.
docimasy (do'simasi) s. docimasia, docimástica.
dock (doc) s. maslo [de la cola]. 2 muñón de cola cortada. 3 codón. 4 MAR. dique; dársena : *dry* ~, dique [para carenar] ; *floating* ~, dique flotante. 5 desembarcadero; muelle. 6 barra, banquillo de los acusados. 7 TEAT. FOSO. 8 BOT. romaza ; malva silvestre.
dock (to) tr. cortar, acortar, cercenar ; reducir, rebajar : *to* ~ *the wages*, reducir el salario. 2 desrabar, desrabotar. 3 privar [de]. 4 MAR. hacer entrar [un buque], en el dique. 5 perforar [una galleta, etc., antes de cocerla]. — 6 intr. MAR. fondear, atracar [en una dársena o muelle].
dockage (do'kidɣ) s. reducción, rebaja. 2 MAR. muellaje. 3 entrada de un buque en dique.
docker (do'kø') s. trabajador del muelle, descargador, estibador.
docket (do'kit) s. minuta, sumario, extracto. 2 etiqueta, rótulo, marbete. 3 recibo de la aduana. 4 DER. registro o lista de causas pendientes : *on the* ~, fam. pendiente, entre manos, en estudio. 5 DER. apuntamiento. 6 (EE. UU.) orden del día [de una asamblea].
docket (to) tr. etiquetar, rotular. 2 extractar y anotar en el dorso de. 3 DER. poner en la lista de causas pendientes. 4 poner en el orden del día.
dockyard (do'cya'd) s. MAR. astillero, arsenal.
doctor (do'ctø') m. doctor. 2 médico, facultativo : *family* ~, médico de cabecera ; *you are the* ~, fam. usted manda, sea como usted quiere. 3 el que repara o compone aparatos, etc. 4 MEC. mecanismo o dispositivo para resolver una dificultad.
doctor (to) tr. doctorar. 2 dar tratamiento de doctor. 3 medicinar. 4 reparar, componer. 5 adulterar, amañar. — 6 intr. ejercer la medicina. 7 tomar medicinas.
doctoral (do'ctøral) adj. doctoral.
doctorally (do'ctørali) adv. doctoralmente.
doctorate (do'ctørit) s. doctorado.
doctoress (do'ctøris) f. doctora.
Doctors' Commons s. edificio de Londres, ya desaparecido, donde estaba el Colegio de abogados y ciertos tribunales y despachos.
doctorship (do'ctø'ship) s. doctorado; borla.
doctrinable (doctrine'bøl) adj. instructivo.
doctrinaire (doctrine'æ') adj. y s. doctrinario.
doctrinal (do'ctrinal) adj. doctrinal, didáctico.
doctrinarian (doctrine'rian) adj. y s. doctrinario.
doctrine (do'ctrin) s. doctrina, enseñanza. 2 teoria.
doctrinize (to) (do'ctrinaiß) intr. teorizar.
document (do'kiumønt) s. documento.
document (to) tr. documentar. 2 proveer de documentos.
documental (dokiume'ntal) adj. documental.
documentary (dokiume'ntari) adj. y s. documental.
documentation (dokiumentə'shøn) s. documentación.
dodder (do'dø') s. BOT. cuscuta. 2 BOT. epítimo.
dodder (to) intr. temblar, temblequear. 2 tambalear.
doddered (do'dø'd) adj. decrépito, valetudinario.
doddering (do'dø'ring) adj. temblón, senil. 2 sandio.
dodecagon (dode'cagon) s. GEOM. dodecágono.
dodecagonal (dodeca'gonal) adj. dodecagonal.
dodecahedral (dodecaji'dral) adj. dodecaédrico.
dodecahedron (dodecaji'drøn) s. GEOM. dodecaedro.
dodecasyllable (dodecasi'labøl) s. verso dodecasílabo.
dodge (dodɣ) s. regate, esguince, movimiento rápido [para evitar un golpe, etc.]. 2 evasiva, argucia. 3 artificio, manganilla, maña, expediente.
dodge (to) intr. hurtar el cuerpo, regatear ; escabullirse, dar esquinazo. 2 usar de argucias. 3 eludir el trabajo, etc. — 4 tr. evitar [un golpe, etc.]. 5 evadir, eludir, soslayar [una dificultad]. 6 seguir con disimulo.
dodger (do'dɣø') s. el que evita o elude. 2 mañero, tramposo. 3 (EE. UU.) cartelito, anuncio pequeño.
dodo (dou-dou), pl. **-dos** o **-does** (-døs) s. ORNIT. dido [especie extinguida que habitaba las islas Mauricio y de la Reunión]. 2 persona sencilla y de ideas anticuadas.
doe (dou) s. ZOOL. gama ; coneja ; liebre, canguro o antílope hembra.
doer (du'ø') s. hacedor, autor, agente.

does (døß) 3.ª pers. sing. del Pres. de Ind. de TO DO.
doeskin (dou'skin) s. ante, piel de gama. 2 tejido fino de lana.
doff (to) (dof) tr. quitarse [el sombrero, la ropa, etc.]. 2 despojarse. o deshacerse de.
dog (dog) s. ZOOL. perro, perra, can : *dead* ~, fig. persona que ha perdido su poder o influencia; *dog's age*, mucho tiempo; *dog's ear*, doblez de señal en la hoja de un libro; *dog's letter*, la letra *rr*; *dog's life*, fig. vida miserable; *the* ~ *in the manger*, el perro del hortelano; *to drive to the dogs*, arruinar ; *to give* o *to throw to the dogs*, tirar o desechar como inútil; *to go to the dogs*, arruinarse; *to teach an old dog new tricks*, hacer que una persona de edad cambie de ideas o de hábitos. 2 macho de algunos animales [zorro, lobo, chacal, etc.] : ~ *bee*, zángano; ~ *fox*, zorro [macho] ; zorro azul. 3 fig. hombre inútil, desgraciado, listo o bribón : *sly* ~, astuto, marrullero. 4 ASTR. Can Mayor; Can Menor; *Dog Star*, Sirio. 5 piel de perro, 6 MEC. garra, grapa, barrilete : tenazas de tracción. 7 llave [de arma de fuego]. 8 morillo. 9 fam. presunción, dignidad afectada : *to put on* ~ o *the* ~, darse tono, fachendear. 10 *hot* ~, salchicha caliente.
  11 adj. de perro, perruno : ~ *biscuit*, ~ *cake*, canil, pan de perro ; ~ *days*, canícula ; ~ *disease*, moquillo ; ~ *dung*, ~ *excrement*, canina ; ~ *fancier*, perrero [aficionado a, o criador de, perros] ; ~ *racing*, carreras de galgos ; ~ *show*, exposición canina ; ~ *sledge*, trineo tirado por perros; ~ *tooth*, colmillo ; ARQ. diente de perro. 12 mezclado, falso : ~ *Latin*, latín macarrónico. 13 BOT. ~ *brier*, ~ *rose*, escaramujo, agavanzo, zarzaperruna, zarzarrosa ; ~ *fennel*, manzanilla hedionda ; matricaria ; ~ *grass*, grama del Norte ; nombre de otras yerbas; ~ *tongue*, cinoglosa. 14 ZOOL. ~ *tick*, garrapata. 15 MEC. ~ *clutch*, embrague de mordaza; ~ *iron*, grapa, tenazas de tracción ; morillo.
  16 adv. sumamente [esp. en compuestos] : *dog-tired*, rendido de fatiga.
dog (to) tr. cazar con perro. 2 espiar, seguir, acosar, perseguir. 3 MEC. afianzar o asegurar con grapas, etc. 4 pop. *to* ~ *it*, escapar, huir. ¶ CONJUG. pret. y p. p. : *dogged*; ger. : *dogging*.
dogaress (dogare'sa) f. dogaresa.
dogbane (do'gbein) s. BOT. acónito, matalobos.
dogberry (do'gberi), pl. **-ries** (-ris) s. BOT. cornejo, sanguiñuelo ; su fruto.
dogbolt (do'gboult) s. MEC. perno para unir piezas en ángulo recto.
dogcart (do'gca't) s. coche ligero de dos ruedas, con dos asientos situados espalda con espalda. 2 carrito tirado por perros.
dogcatcher (do'gcæchø') s. lacero [encargado de recoger los perros vagabundos].
dog-cheap adj. muy barato, tirado.
doge (douɣ) s. dux.
dog-ear s. DOG'S EAR.
dogfight (do'gfait) s. riña de perros o que lo parece. 2 combate reñido entre aviones pequeños y rápidos.
dogfish (do'gfish) s. ICT. cazón, tollo, lija, melgacho. 2 nombre de varios tiburones.
dogged (do'guid) adj. terco, obstinado, tenaz.
doggedly (do'guidli) adv. tercamente, obstinadamente, tenazmente.
doggedness (do'guidnis) s. terquedad, obstinación, tenacidad.
dogger (do'gø') s. MAR. dogre.
doggerel (do'gørøl) s. coplas de ciego, aleluyas ; versos malos. — 2 adj. malo, ramplón [versos, retórica, etc.].
doggie (do'gui) s. fam. perrito.
doggish (do'guish) adj. perruno ; huraño, regañón.
doggy (do'gui), pl. **-gies** (-guis) s. fam. perrito. — 2 adj. perruno. 3 aficionado a los perros. 4 pop. elegante, llamativo.
doghouse (do'gjaus) s. caseta de perro; *in the* ~, fig. en desgracia, en disfavor.
dogma (do'gma) s. dogma.
dogmatic(al (dogmæ'tic(al) adj. dogmático.
dogmatically (dogmæ'ticali) adv. dogmáticamente.
dogmaticalness (dogmæ'ticalnis) s. dogmatismo [calidad de dogmático].
dogmatics (dogmæ'tics) s. teología doctrinal.
dogmatism (do'gmatißm) s. dogmatismo.

dogmatist (do gmatist) s. dogmatizador, dogmático.
dogmatize (to) (do gmataiš) intr. dogmatizar.
dogmatizer (do gmataišø') s. dogmatizador.
dog's-ear s. doblez de señal en la hoja de un libro.
dogskin (do gskin) s. piel de perro.
dogsleep (do gslip) s sueño fingido o muy ligero.
dog-tired adj. cansadísimo, rendido de fatiga.
dogtooth (do gtuz) s. colmillo, canino. 2 ARQ. diente de perro.
dogtrick (do gtric) s. perrada, perrería, mala pasada.
dogvane (do gvein) s. MAR. cataviento.
dogwatch (do gwach) s. MAR. guardia de cuartillo.
dogwood (do gwud) s. BOT. cornejo, sanguiñuelo. 2 madera de cornejo.
doily (doi li), pl. -lies (-lis) s. servilletilla, servilleta de postre. 2 tapetito [para poner debajo de un plato, una copa, etc.].
doing (du ing) ger. de TO DO; haciendo, obrando: to be up and ~, moverse, estar en actividad, darse prisa. — 2 adj. que se hace, que ocurre: nothing ~, no hay nada, no se hace nada; what is ~?, ¿qué hay?, ¿qué se hace? — 3 s. acción, hecho, obra, 4 pl. hechos, obras, acciones; acontecimientos: great doings, fam. mucha actividad; grandes cosas; mucha fiesta.
doldrums (do ldrømš) s. pl. MAR. zona de calmas ecuatoriales. 2 fam. murria. 3 fam. calma, aburrimiento.
dole (doul) s. reparto regular [de dinero, alimentos, etc.]; ración, limosna. 2 subsidio a los sin trabajo. 3 poét. suerte, destino. 4 poét. dolor, aflicción; lamento.
dole (to) tr. dar [de limosna]; distribuir, dar [en pequeñas porciones o escatimando]: to ~ out, distribuir en pequeñas porciones. — 2 adelgazar [la piel para hacer guantes].
doleful (dou lful) adj. dolorido, lastimero, lúgubre, triste.
dolefully (dou lfuli) adv. lastimeramente, tristemente.
dolefulness (dou lfulnis) s. tristeza.
dolent (dou lønt) adj. doliente, dolorido.
dolerite (do lørait) s. MINER. dolerita.
dolesome (dou lsøm) adj. DOLEFUL.
dolesomely (dou lsømli) adv. DOLEFULLY.
dolesomeness (dou lsømnis) s. DOLEFULNESS.
dolichocephalic (dolicousefæ lic) adj. dolicocéfalo.
do-little s. fam. gandul, inútil.
Doll (dol) n. pr. f. dim. de DOROTHY.
doll s. muñeca, muñeco.
doll up (to) tr. pop. (EE. UU.) ataviar, acicalar. — 2 intr. ataviarse, endomingarse.
dollar (do la') s. dólar: ~ diplomacy, diplomacia que sólo cuida de favorecer los intereses económicos de su país; diplomacia que se aprovecha de la potencia económica de su país; imperialismo económico. 2 peso [moneda]: Spanish ~, peso duro español; Mexican ~, peso mejicano. 3 ~ mark, el signo $.
Dolly (do li) n. pr. f. dim. de DOROTHY.
dolly (do li), pl. -lies (-lis) s. muñeca, muñequita [voz infantil]. 2 plataforma montada sobre ruedas o sobre un rodillo. 3 FERROC. locomotora auxiliar o de maniobras. 4 ING. bloque de protección para la cabeza de un pilote. 5 MEC. cazoleta de remachar. 6 punzón de remachar o de estampar metales. 7 MIN. mecanismo para agitar el mineral que se lava. 8 (India) regalo de flores, frutas, etc.
dolman (do lman) s. dormán.
dolmen (do lmen) s. dolmen.
dolmenic (dolme nic) adj. dolménico.
dolomite (do lomait) s. MINER. dolomita.
dolomitic (dolomi tic) adj. dolomítico.
dolor (dou lø') s. DOLOUR.
dolorific(al (dolori fic(al) adj. doloroso, aflictivo.
dolorous (do lorøs) adj. doloroso, penoso. 2 triste, lastimero.
dolorously (do lorøsli) adv. dolorosamente. 2 lastimeramente.
dolour (dou lø') s. poét. dolor, duelo. 2 Dolours of Mary, los Dolores de la Virgen.
dolphin (do lfin) s. ZOOL. delfín, tonina, arroaz. 2 ASTR. Delfín. 3 MAR. poste de amarre. 4 MAR. ~ striker, moco del bauprés.
dolt (doult) s. tonto, zote, zopenco, ignorante. — 2 adj. DOLTISH.
doltish (dou ltish) adj. tonto, bobo, lerdo, estúpido.
doltishness (dou ltishnis) s. tontería, estupidez.

domain (domei n) s. propiedad, heredad, finca. 2 dominio [territorio]. 3 dominio [de una ciencia, etc.; esfera de acción].
domanial (dome nial) adj. del dominio o de la heredad.
dome (doum) s. ARQ. cúpula, domo, media naranja, cimborio. 2 poét. edificio majestuoso. 3 FUND. cúpula [de horno]. 4 GEOL. techo, bóveda [de una caverna]. 5 cosa en forma de cúpula. 6 AUTO. techo abovedado ; ~ light, lámpara de techo.
domesday (du mšdei) s. DOOMSDAY.
domestic (dome stic) adj. doméstico. 2 casero [muy asistente a su casa]. 3 nacional, nativo, interior [del país] : ~ commerce, comercio interior. 4 interno, intestino. — 5 s. doméstico, criado, sirviente. 6 pl. (EE. UU.) productos nacionales.
domestically (dome sticall) adv. domésticamente.
domesticate (to) (dome stikeit) tr. domesticar. 2 acostumbrar a la vida doméstica. 3 naturalizar [costumbres, vocablos, etc.].
domestication (domestike shøn) s. domesticación. 2 naturalización [de costumbres, vocablos, etc.].
domesticity (domesti siti), pl. -ties (-tis) s. domesticidad. 2 pl. asuntos domésticos.
domical (dou mical) adj. en forma de cúpula o dotado de ella.
domicile (do misil) s. domicilio.
domicile (to) tr. domiciliar. — 2 intr. tener el domicilio, habitar.
domiciliary (domisi lieri) adj. domiciliario.
domiciliate (to) (domisi lieit) tr. domiciliar. — 2 intr. domiciliarse, establecerse.
domiciliation (domisilie shøn) s. fijación de domicilio.
dominant (do minant) adj. dominante. — 2 s. MÚS. dominante. 3 BIOL. carácter o factor dominante.
dominate (to) (do mineit) tr. e intr. dominar. — 2 intr. predominar.
domination (domine shøn) s. dominación. 2 dominio, imperio; tiranía. 3 pl. dominaciones [espíritus angélicos].
dominative (do minativ) adj. dominativo, dominante, imperioso, altanero.
dominator (do mineitø') s. dominador.
domine (do mini) s. DOMINE.
domineer (to) (dominr') intr. y tr. dominar, señorear, mandar con imperio, tiranizar. 2 dominar [por su situación o altura].
domineering (domini ring) adj. dominante, autoritario, mandón.
Dominic (do minic) n. pr. m. Domingo.
Dominica (domini cæ) n. pr. GEOGR. la Dominica [isla].
dominical (domi nical) adj. dominical [del Señor]. 2 ~ altar, altar mayor.
Dominican (domi nican) adj. y s. dominicano, dominico. 2 dominicano [del Estado de Santo Domingo] : ~ Republic, República Dominicana.
dominie (do mini) s. dómine.
dominion (domi niøn) s. dominio, dominación, señorío. 2 dominio [poder sobre lo propio]. 3 dominio [territorio]. 4 país autónomo bajo la corona británica.
dominium (domi niøm) s. DER. dominio: ~ directum, dominio directo; ~ utile, dominio útil.
domino (do minou), pl. -nos o noes (-nøs) s. dominó [traje]; persona que lo lleva; antifaz que se usa con él. 2 dominó [pieza del juego]. 3 pl. dominó [juego]. | En este sentido se usa con el verbo en sing.
Domitian us (domi shæn(øs) n. pr. m. Domiciano.
Don (don) n. pr. m. dim. de DONALD.
don s. don [tratamiento español]. 2 noble español. 3 caballero, señor, personaje de alta categoría. 4 profesor de Oxford o Cambridge.
don (to) tr. vestirse, ponerse [un vestido]. 2 investirse de. ¶ CONJUG. pret. y p. p.: donned; ger.: donning.
Donald (do nold) n. pr. m. Donaldo.
donary (dou næri) s. donación [piadosa, cultural, etc.].
donate (to) (dou neit) tr. donar.
donation (done shøn) s. donación. 2 donativo; dádiva; presente.
Donatism (do natišm) s. donatismo.
Donatist (do natist) s. donatista.
donative (do nativ) s. donativo. — 2 adj. referente a la donación.
donator (dounei tø') s. donador.

done (dǫn) *p. p.* de TO DO. — *2 adj.* hecho, acabado, concluido. *3* fatigado. *4* cocido, asado. *5* elipt. convenido, hecho. *6* ~ *for*, fam. agotado, rendido; fuera de combate; arruinado; muerto. *7* ~ *up*, envuelto, liado; fam. fatigado, rendido. *8 well* ~, bien hecho; bien cocido o asado.

donee (dounɪˈ) *s.* donatario.

donion (dǫˈnɟǫn) *s.* torre del homenaje.

donkey (doˈngki) *s.* asno, burro, borrico, jumento. *2 adj.* MEC. ~ *boiler*, caldera auxiliar; ~ *engine*, ~ *pump*, máquina, bomba, auxiliar o de alimentación.

Donnybrook Fair (doˈnibruk feɪˈ) *s.* escena de tumulto.

donnish (doˈnish) *adj.* magistral, pedantesco.

donor (douˈnǫˈ) *s.* donador, donante, dotador.

do-nothing *adj. y s.* inactivo, perezoso.

donship (doˈnship) *s.* nobleza, rango. *2* condición de profesor de Oxford o de Cambridge.

don't (dount) *contrac.* de DO NOT.

donzel (doˈnsel) *s.* doncel, paje.

doodle (to) (duˈdǫl) *tr.* e *intr.* borrajear.

doodlebug (duˈdǫlbǫg) *s.* ENTOM. (EE. UU.) larva de hormiga león. *2* varita o cualquier otro medio vulgar con que se pretende descubrir la existencia de agua, minerales, petróleo, etc.

doolie, dooly (duˈli) *s.* palanquín o litera india.

doom (dum) *s.* sentencia, condena. *2* predestinación, destino, suerte. *3* ruina, perdición. *4* juicio final: *the crack of* ~, *the day of* ~, señal o día del juicio final.

doom (to) *tr.* condenar, sentenciar. *2* destinar [a una suerte irrevocable]; predestinar a la ruina o destrucción. *3* desahuciar [a un enfermo]. *4* imponer, ordenar [como pena o sentencia].

doomsday (duˈmsdei) *s.* día del juicio final: *till* ~, hasta el día del juicio.

Doomsday-book *s.* (Ingl.) registro del gran catastro hecho por orden de Guillermo I el Conquistador.

door (doøˈ) *s.* puerta: ~ *back* ~, puerta trasera o excusada; *blank* o *blind* ~, puerta simulada; ~ *bolt*, pasador; ~ *catch*, golpete; ~ *check*, dispositivo para que la puerta se cierre suavemente; ~ *knocker*, picaporte, aldaba, llamador; ~ *latch*, picaporte, pasador, pestillo; ~ *mat*, felpudo; ~ *scraper*, limpiabarros; ~ *trap*, trampa [para cazar]; *to lay at one's* ~, echar la culpa a uno; *to lie at one's* ~, ser culpa de, ser carga o responsabilidad para, uno; *to be at the* ~, estar a las puertas, ser inminente; *in* ~, *in doors*, *within doors*, en casa, dentro de la casa; *out of doors*, *without doors*, fuera de casa, en la calle, al aire libre. *2* portal [puerta de ciudad]. *3* MAR. porta.

doorbell (doˈøˈbel) *s.* campanilla o timbre de la puerta.

doorcase (doˈøˈkeis) *s.* marco de la puerta.

doorframe (doˈøˈfreim) *s.* marco de la puerta. *2* bastidor de puerta.

doorhead (doˈøˈjed) *s.* dintel.

doorjamb (doˈøˈjæm) *s.* jamba [de puerta], quicial.

doorkeeper (doˈøˈkɪpǫˈ) *s.* portero, conserje.

doorknob (doˈøˈnob) *s.* botón o tirador de puerta.

doorman (doˈøˈmæn) *s.*, *pl.* -**men** (-men) *s.* portero.

doornail (doˈøˈneil) *s.* clavo grande para puertas: *dead as a* ~, fam. completamente muerto.

doorplate (doˈøˈpleit) *s.* placa de puerta.

doorpost (doˈøˈpoust) *s.* jamba [de puerta]; quicial.

doorsill (doˈøˈsil) *s.* umbral.

doorstep (doˈøˈstep) *s.* escalón o escalones delante de la puerta; umbral.

doorstop (doˈøˈstop) *s.* tope de puerta.

doorway (doˈøˈuei) *s.* puerta, entrada, portal; vano de puerta.

dope (doup) *s.* preparación líquida o pastosa. *2* droga, menjurje, medicamento. *3* opiado, narcótico, estupefaciente: ~ *fiend*, pop. morfinómano, persona que tiene el vicio de los estupefacientes; ~ *racket* (EE. UU.), tráfico ilícito de estupefacientes. *4* grasa [para lubrificar]. *5* material absorbente que se mezcla con los explosivos. *6* AER. materias para revestir la tela de aeroplanos y dirigibles. *7* pop. información confidencial. *8* fig. tonto, estúpido.

dope (to) *tr.-intr.* narcotizar(se; dopar(se.

dopey, dopy (douˈpi) fam. narcotizado, aletargado por los estupefacientes.

dor, dorbug (doˈ, doˈbǫg) *s.* ENTOM. escarabajo.

Dorian (doˈrian) *adj. y s.* dorio [de la Dóride].

Doric (doˈric) *adj.* dórico. *2* rústico. — *3 s.* dórico [dialecto].

dormancy (doˈmansi) *s.* sueño; letargo; quietud, suspensión, inactividad, estado latente.

dormant (doˈmant) *adj.* durmiente, dormido. *2* latente. *3* inactivo, en suspenso. *4* que no se ejerce o reclama [derecho, título, etc.]. *5* ~ *beam* o *simplte*. *dormant*, durmiente, viga maestra. *6* ~ *partner*, comanditario cuyo nombre no figura en la razón social. — *7* centro de mesa.

dormer (doˈmǫˈ) o **dormer window** *s.* buharda, buhardilla [ventana].

dormitive (doˈmitiv) *s.* dormitivo, soporífero.

dormitory (doˈmitori) *s.* dormitorio.

dormouse (doˈmaus) *s.* ZOOL. lirón.

Dorothy (doˈrozi) *n. pr. f.* Dorotea.

dorsal (doˈsal) *adj.* dorsal. — *2 s.* paño. colgadura [detrás de un trono, en las paredes, etc.].

dorsum (doˈsǫm) *s.* ANAT. dorso.

dory (doˈri) *s.* MAR. bote de fondo plano y estrecho, costados altos, proa aguda y popa en V. *2* ICT. gallo, ceo.

dosage (douˈsidy̆) *s.* MED. administración en dosis; dosificación. *2* acción de añadir un ingrediente para dar aroma, fuerza, etc.

dose (dous) *s.* dosis, toma. *2* ración, cantidad. *3* fig. píldora, trago [cosa desagradable]. *4* ingrediente que se añade para dar aroma, fuerza, etc.

dose (to) *tr.* administrar una dosis, una medicina a. *2* dosificar. *3* dar o hacer tomar algo desagradable. — *4 intr.* tomar medicinas.

dosimetric (dousimeˈtric) *adj.* dosimétrico.

dosimetry (dosiˈmetri) *s.* dosimetría.

dossal (doˈsal), **dossel** (doˈsel) *s.* bancal [tapete]. *2* dosel, colgadura.

dosser (doˈsǫˈ) *s.* cuévano [para llevar a la espalda]. *2* DOSSAL *2*. *3 pl.* angarillas [para transporte en caballerías].

dossier (doˈsieˈ) *s.* expediente, papeles; historial.

dossil (doˈsil) *s.* CIR. lechino.

dost (dǫst) *2.ª pers. pres. ind.* de TO DO.

dot (dot) *s.* punto, puntito, señal: ~ *and dash*, punto y raya. *2* momento, punto exacto: *to arrive on the* ~, llegar a la hora en punto. *3* tilde [cosa mínima]. *4* MÚS. puntillo. *5* pinta, manchita. *6* dote [de la mujer].

dot (to) *tr.* puntear [marcar con puntos]; poner punto [a la i]. *2* salpicar; esparcir. ¶ CONJUG. pret. y p. p.: *dotted*; ger.: *dotting*.

dotage (douˈtidy̆) *s.* chochera, chochez. *2* imbecilidad, senilidad. *3* cariño extremado.

dotal (douˈtal) *adj.* dotal.

dotard (douˈtaȓd) *adj.* imbécil, viejo chocho. *2* ZOOL. variedad de foca.

dotation (doteˈshǫn) *s.* dotación [acción de dotar].

dote (to) (dout) *intr.* chochear, estar chocho: *to* ~ *on* o *upon*, estar chocho o loco por; idolatrar.

doter (douˈtǫˈ) *s.* viejo chocho. *2* el que está chocho por una pers.

doting (douˈting) *adj.* chocho. *2* que chochea o está loco por [una pers.].

dotingly (douˈtingli) *adv.* ciegamente, con chochera.

dotted (doˈtid) *adj.* punteado; mosqueado; salpicado de: ~ *line*, línea de puntos.

dotterel (doˈtǫrel) *s.* ORNIT. variedad de chorlito.

dotty (daˈti) *adj.* moteado. *2* vacilante. *3* chocho, imbécil.

doty (douˈti) *adj.* descolorido por la putrefacción incipiente [madera].

double (dǫˈbǫl) *adj.* doble, duplo, dúplice, formado por dos, de dos, dos veces: ~ *barrel*, escopeta de dos cañones; ~ *bed*, cama ancha, de matrimonio; ~ *boiler*, baño de María; ~ *chin*, papada; ~ *dagger*, IMPR. obelisco doble; ~ *eagle*, moneda de oro de 20 dólares; ~ *entry*, CONT. partida doble; ~ *harness*, arreos o guarniciones para dos; ~ *house*, casa u hotelito separado de otro igual por una pared medianera; ~ *meaning*, doble sentido, segunda intención, ambigüedad, equívoco; ~ *star*, ASTR. estrella doble; ~ *the amount*, el doble, el duplo; ~ *thread*, hilo doble; filete doble [de tornillo]; ~ *time*, MIL. paso redoblado; paga doble [por el trabajo en horas extraordinarias]; ~ *track*, FERROC. vía doble; *in* ~, al par; en estrecha asociación. *2* doble, insincero; ambiguo. *3* BOT. doble [flor]. *4* MÚS. una octava más bajo: ~ *bass*, contrabajo, violón.

5 s. doble, duplo. *6* doble, duplicado, copia. *7* doble, retrato [persona muy parecida a otra]; sombra [aparición]. *8* doblez, pliegue. *9* TEAT., CINEM. sobresaliente; doble. *10* rodeo o movimiento de desandar lo andado [para escapar a una persecución]; artificio, engaño. *11* doble [ficha de dominó]. *12* acción de doblar [en el bridge]. *13 pl.* dobles [juego entre dos parejas, en el tenis].
14 adv. doblemente, dos veces; de dos en dos; en par. | Ús. gralte. en voces compuestas.
double (to) *tr.* doblar, duplicar. *2* redoblar, repetir. *3* doblar [plegar en dos]. *4* doblar [ser o valer el doble de]. *5* MAR. doblar [un cabo, etc.]. *6* escapar a [dando un rodeo o desandando lo andado]; eludir. *7* TEAT., CINE. substituir, doblar. *8* doblar [en el bridge]. *9* forrar. *10 to ~ up,* doblar, plegar; apretar; cerrar [los puños]. — *11 intr.* doblarse, duplicarse. *12* doblarse, encorvarse, plegarse. *13* cambiar uno de dirección volviendo sobre sus pasos. *14* obrar con doblez. *15 to ~ up,* doblarse; doblarse en dos; ocupar una misma habitación o dormir en una misma cama [dos personas]
double-acting *adj.* MEC. de doble efecto.
double-barrel(l)ed *adj.* de dos cañones.
double-beat valve *s.* válvula de campana.
double-bottom *s.* MAR. de carena doble.
double-break switch *s.* ELECT. interruptor doble [para ambos polos del generador].
double-breasted *adj.* SAST. cruzado [chaqueta, etc.].
double-chinned *adj.* que tiene papada.
double-cross *s.* traición [hecha a un cómplice].
double-cross (to) *tr.* traicionar [a un cómplice].
double-dealer *s.* persona falsa, doble, de dos caras.
double-dealing *s.* doblez, falsía, dolo, segunda intención.
double-decked *s.* navío de dos puentes. *2* autobús, tranvía, etc., de dos pisos, con imperial.
double-edged *adj.* de dos filos.
double-ended *adj.* de extremos iguales.
double-ender *s.* cosa que tiene extremos iguales. *2* FERROC. locomotora de dos direcciones. *3* MAR. embarcación con timón en ambos extremos.
double-faced *adj.* de dos caras o haces; doble, hipócrita.
double-feature *s.* CINEM. sesión en que se dan dos películas de largo metraje.
double-header *s.* FERROC. tren con dos locomotoras. *2* DEP. dos partidos jugados sucesivamente.
double-hearted *adj.* falso, traicionero.
double-lock (to) *tr.* cerrar echando dos vueltas a la llave. *2* cerrar con dos pestillos. *3* asegurar doblemente.
double-minded *adj.* indeciso. *2* inconsecuente. *3* doble, de dos caras.
doubleness (dǿbǿlnis) *s.* duplicidad.
double-quick *adj.* precipitado, redoblado [paso].
doubler (dǿblǿr) *s.* doblador, plegador. *2* ELECT. excitador.
doublet (dǿblit) *s.* par, pareja. *2* jubón. *3* JOY., FILOL. doblete.
double-tongued *adj.* falso, embustero.
double-track *s.* FERROC. de vía doble.
double-wound *adj.* ELECT. de doble arrollamiento.
doubling (dǿbling) *s.* doblamiento. *2* doblez, pliegue. *3* forro. *4* MAR. embono. *5* vuelta, rodeo [para escapar, etc.]. *6* segunda destilación [de un licor].
doubloon (dǿblu·n) *s.* doblón [moneda].
doubly (dǿbli) *adv.* doblemente, dobladamente, al doble. *2* doblemente, con doblez.
doubt (daut) *s.* duda : *if in ~,* en caso de duda; *no ~, without ~,* sin duda, indudablemente; *there can be no ~,* no cabe duda. *2* incertidumbre. *3* objeción, reparo.
doubt (to) *tr.* dudar, dudar de. *2* desconfiar, temer, sospechar. — *3 intr.* dudar, vacilar, fluctuar, no estar seguro de.
doubtable (dau·tabǿl) *adj.* dudable.
doubter (dau·tǿr) *s.* el que duda.
doubtful (dau·tful) *adj.* dudoso. *2* dubitativo. *3* vacilante, indeciso. *4* incierto, problemático. *5* ambiguo.
doubtfully (dau·tfuli) *adv.* dudosamente.
doubtfulness (dau·tfúlnis) *s.* duda, irresolución, incertidumbre. *2* ambigüedad. *3* calidad de dudoso.
doubting (dau·ting) *adj.* dudoso, que duda.
doubtingly (dau·tingli) *adv.* sin duda o vacilación.

doubtless (dau·tlis) *adj.* indudable. *2* cierto.
doubtlessly (dau·tlisli) *adv.* indudablemente, sin duda. *2* seguramente, probablemente.
douceur (dusǿ·r) *s.* recompensa, gratificación, soborno.
douche (dush) *s.* ducha. *2* MED. irrigación. *3* MED. irrigador.
douche (to) *tr.* duchar. — *2 intr.* ducharse.
dough (dou) *s.* masa [del pan]. *2* pasta [masa blanda]. *3* pop. pasta, dinero.
dough-baked *adj.* crudo, mal cocido [pan].
doughboy (dou·boi) *fam.* soldado norteamericano de infantería.
dough-kneaded *adj.* blando, que puede amasarse.
doughnut (dou·nǿt) *s.* buñuelo, fruta de sartén.
doughtily (dau·tili) *adv.* valerosamente, con denuedo.
doughtiness (dau·tinis) *s.* valor, denuedo.
doughty (dau·ti) *adj.* fuerte, valiente.
doughy (dou·i) *adj.* pastoso, blando, crudo. *2* pálido y fláccido.
dour (duǿr) *adj.* terco. *2* severo, frío.
Douro (du·ro) *n. pr.* GEOGR. Duero.
douse (to) (daus) *tr.* rociar, remojar. *2* chapuzar, zambullir. *3* fam. extinguir, apagar. *4* fam. quitarse [el sombrero, etc.]. *5* MAR. recoger, arriar. — *6 intr.* zambullirse, caer al agua.
dove (dǿv) *s.* palomo, paloma. *2* pichón, pichona [expresión de cariño]. *3 the Dove,* el Espíritu Santo. *4 dove's foot,* geranio columbiano. — *5 p. p. irreg.* de TO DIVE.
dovecot, dovecote (dǿ·vcot), **dovehouse** (dǿ·vjaus) *s.* palomar.
dovelike (dǿ·vlaic) *adj.* columbino.
dovetail (dǿvtei·l) *s.* CARP., ARQ. cola de milano o de pato. *2* ensambladura de cola de milano o de pato. — *3 adj.* CARP., MEC. de cola de milano; para labrar en cola de milano : *~ joint,* ensambladura de cola de milano; *~ plane,* cepillo o guillame para labrar en cola de milano.
dovetail (to) *tr.* ensamblar a cola de milano o de pato. *2* cortar en forma de cola de milano. *3* unir, ajustar, enlazar. — *4 intr.* unirse, ajustarse. *5* corresponder, concordar.
Dover (dou·vǿr) *n. pr.* GEOGR. Dóver, Dovres.
dovish (dǿ·vish) *adj.* columbino; inocente.
dowable (da·uabǿl) *adj.* dotable.
dowager (da·uaǿ̯ǿr) *s.* viuda [con propiedad o título que procede del marido] : *queen ~,* reina viuda. *2* fam. matrona respetable.
dowdy (dau·di) *adj.* viejo, raído, roto; desaliñado. *2* sencillo [vestido, etc.].
dowel (da·uǿl) *s.* CARP. clavija, tarugo, espiga.
dowel (to) *tr.* sujetar con tarugos o clavijas. CONJUG. pret. y p. p. : *doweled* o *-lled;* ger. : *doweling* o *-lling.*
dower (da·uǿr) *s.* DER. parte de la herencia del marido que la ley asigna en usufructo a la viuda. *2* DER. dote [de la mujer]. *3* don, dote, prenda [de una persona]
dower (to) *tr.* señalar o legar bienes a la viuda. *2* DER. dotar. *3* dotar, adornar, favorecer.
dowered (da·uǿ·d) *adj.* dotado.
dowerless (da·uǿ·lis) *adj.* sin usufructo, sin bienes asignados [viuda].
dowery (dau·ri) *pl.* **-ries** (-ris) *s.* DOWRY.
down (daun) *adv. y prep.* abajo, hacia abajo, a lo largo de, por : *~ the river,* río abajo; *~ the street,* calle abajo, por la calle; *up and ~,* arriba y abajo, de arriba abajo, acá y allá; *upside ~,* patas arriba, lo de arriba abajo. *2* pasando de un tiempo, lugar, etc., a otro posterior o inferior : *~ from,* desde; *~ to,* hasta; *~ to date,* hasta la fecha, hasta nuestros días. *3* en o por tierra, tendido, abatido : *~ on one's knees,* de rodillas. *4* en sujeción. *5* completamente, enteramente. *6* MAR. a o hacia sotavento [hablando del timón]. *7* desde las afueras hacia el centro de la población, desde el campo o la provincia hacia la capital. *8* en sitio o lugar distante o situado hacia el Sur. | En este caso se traduce por *allá, en,* etc., o no se traduce : *~ below,* allá abajo; *~ South,* allá en el sur; en el sur; *he went ~ to California,* fue a California. *9* en o a la casa de uno [esp. en el campo] : *come ~ for a week-end,* venga a pasar un fin de semana. *10* (Ingl.) yéndose o siendo expulsado de una universidad : *he was sent ~ from Oxford,* fue expulsado de Oxford; *when he went ~,* cuando

dejó la universidad. *11* de un precio, valor, volumen, fuerza, etc. a otro más bajo o menor : *to bring ~ the prices,* hacer bajar los precios. *12* Con muchos verbos forma sentidos que se hallarán en sus artículos correspondientes. *13 interj.* ¡abajo!, ¡a tierra! : ~ *with!,* ¡abajo con él! ; ¡abajo!, ¡muera! ; ~ *on your knees!,* ¡de rodillas! *14* MAR. ~ *the helm!,* la caña (o el timón) a sotavento.
15 adj. pendiente, que baja ; descendente : ~ *train,* tren descendente. *16* de abajo. *17* bajo, caído, decaído, abatido : ~ *in the mouth,* alicaído, cariacontecido. *18* inactivo, en cama, enfermo. *19* DEP. atrasado. *20* ELECT. agotado [acumulador]. *21 to be ~ on,* fam. tener inquina a, tratar severamente, atropellar.
22 adj. y *adv.* al contado : ~ *payment,* pago al contado ; *to pay part ~ and part on time,* pagar una parte al contado y la otra a plazos. *23 s.* plumón, flojel : ~ *bed,* edredón. *24* bozo, vello. *25* lana fina, pelo suave, pelusa. *26* BOT. vilano. *27* revés de fortuna, baja, caída : *ups and downs,* vaivenes, altibajos. *28* duna. *29* loma. *30 pl.* tierra alta ondulada y propia para pastos.
down (to) *tr.* derribar, echar por tierra. *2* vencer, derrota.. *3* abatir, humillar. *4* bajar, hacer bajar. *5* beber, tragar. *6* cubrir, adornar o rellenar con plumón. *7 to ~ tools,* declararse en huelga. — *8 intr.* bajar [esp. lo que se traga].
down-and-out *adj.* arruinado, perdido, acabado ; en la miseria. *2* vencido, incapaz de proseguir la lucha [esp. en el boxeo].
downcast (dau·ncast) *adj.* inclinado hacia abajo. *2* bajo [ojos, mirada]. *3* abatido, alicaído, deprimido. — *4 s.* acción de echar por tierra ; caída, ruina. *5* aire abatido. *6* MIN. pozo de ventilación.
downcomer (dau·ncømø·) *s.* conducto de bajada. *2* METAL. tubería para los gases combustibles [en los altos hornos]. *3* tubo de descenso de agua [en la máquina de vapor].
downed (dau·nd) *adj.* cubierto de plumón.
downfall (dau·nfol) *s.* caída, descenso [esp. de agua o nieve], chaparrón, nevada. *2* caída, ruina. *3* trampa [para apresar].
downfallen (dau·nfoløn) *adj.* caído, arruinado.
downgrade (dau·ngreid) *adj.* pendiente, en declive. — *2 adv.* cuesta abajo. — *3 s.* declive, bajada.
downhaul (dau·njol) *s.* MAR. cargadera.
downhearted (dau·nje·tid) *adj.* abatido, desanimado, descorazonado.
downhill (dau·njil) *adj.* pendiente, en declive. — *2 adv.* hacia abajo ; cuesta abajo : *to go ~,* fig. ir cuesta abajo, ir de capa caída. — *3 s.* declive, bajada.
downiness (dau·ninis) *s.* vellosidad.
downland (dau·nlænd) *s.* tierra de lomas.
down-lead *adj.* ELECT. de toma, de entrada [a un aparato].
downmost (dau·nmoust) *adj.* y *adv.* de más abajo ; en la situación más inferior.
downpour (dau·npo) *s.* aguacero, chaparrón ; lluvia fuerte y seguida.
downright (dau·nrait) *adj.* claro, categórico. *2* franco, brusco, sin ceremonias. *3* absoluto, completo. *4* vertical. — *5 adv.* franca, lisa y llanamente. *6* absolutamente, completamente.
downstairs (daunste·s) *adj.* del piso inferior, de la planta baja. — *2 adv.* escalera abajo ; hacia, o en. el piso inferior. — *3 s.* el piso inferior ; la planta baja ; los sótanos, el departamento de la servidumbre.
downstream (dau·nstri m) *adv.* aguas abajo, río abajo.
downstroke (dau·nstrouc) *s.* MEC. carrera descendente.
downtown (dountau·n) *adv.* y *adj.* hacia el centro o en el centro de la ciudad.
downtrod(den (dau·ntrod(øn) *adj.* pisado, pisoteado. *2* vejado, oprimido.
downward (dau·nwa·d) *adj.* descendente ; que se dirige, se extiende o tiende hacia abajo.
downward(s (dau·nwa·d(s) *adv.* hacia abajo. *2* hacia una época posterior.
downy (dau·ni) *adj.* velloso, lanuginoso, cotudo, felpudo, plumoso. *2* blando, suave, dulce.
dowry (dau·ri), *pl.* **-ries** (-ris) *s.* dote [de la mujer]. *2* don, dote, prenda.

dowse (to) (daus) *tr.* usar la varilla de zahorí. *2* TO DOUSE.
doxology (docso·lo\u0233i) *s.* LITUR. Gloria patri ; Gloria in excelsis.
doxy (do·csi) *s.* opinión, creencia. *2* pop. querida, ramera.
doze (douš) *s.* sueño ligero, duermevela, adormecimiento, sopor.
doze (to) *intr.* dormitar, adormilarse, estar medio dormido. — *2 tr.* pasar [el tiempo] dormitando, adormilado.
dozen (dø·žn) *s.* docena : *baker's ~,* docena de fraile, trece.
doziness (dou·šinis) *s.* somnolencia, modorra.
dozy (dou·ši) *adj.* adormecido, soñoliento, amodorrado.
drab (dræb) *adj.* pardusco, pardo amarillento. *2* soso, monótono. — *3 s.* monotonía. *4* paño pardo amarillento. *5* ramera. *6* mujer desaliñada.
drabble (to) (dræ·bøl) *tr.* arrastrar, enlodar.
drabbler (dræ·blø·) *s.* MAR. vela barredera.
drachm (dræm) *s.* DRAM.
drachma (dræ·cma), *pl.* **-mas** o **-mae** (-mi) *s.* dracma.
Draconian (dracou·nian) *adj.* draconiano.
draff (dræf) *s.* heces, desperdicios.
draffish (dræ·fish), **draffy** (dra·fi) *adj.* inútil, despreciable.
draft, draught (dræft) *s.* acción de sacar u obtener ; cosa o cantidad sacada. *2* corriente de aire. *3* tiro [de chimenea, de una corriente]. *4* regulador [de tiro o corriente]. *5* succión, aspiración ; inhalación ; trago. *6* bebida, brebaje, pócima. *7* atracción ; tracción, tiro, tirón. *8* atelaje, tiro. *9* estiramiento. *10* carga, carretada. *11* redada *12* traza, trazado. *13* diseño, boceto, dibujo. *14* plan, plano, esquema, proyecto. *15* borrador, minuta. *16* acción de sacar dinero [de un fondo, etc.] ; giro, libranza, letra de cambio, talón, orden de pago. *17* MIL. quinta, leva, reclutamiento. *18* MIL. destacamento. *19* acción de separar, para un efecto o servicio, un grupo de personas o animales ; grupo, equipo así separado. *20* extracto, pasaje [de un escrito]. *21* MAR. calado [de un buque]. *22* (EE. UU.) barranca, cañada. *23 pl.* (Ingl.) *draughts,* juego de damas.
24 adj. sacado [de un depósito, etc.] : *draught beer,* cerveza de barril ; *on draught,* del barril, directamente del barril. *25* de tiro o corriente : *draft gauge,* indicador de tiro. *26* usado para arrastrar, de tiro : *draft horse,* caballo de tiro. *27* de reclutamiento o relativo a él : *draft board,* junta de reclutamiento ; *draft dodger,* el que rehuye el servicio militar ; emboscado. *28* destacado, separado [para algún servicio o efecto].
¶ En las acepciones *2, 3, 4, 13, 15, 16, 17, 18, 19* y *22,* úsase de preferencia *draft ;* en las acepciones *5, 6* y *11,* úsase de preferencia *draught.*
draft, draught (to) *tr.* aspirar [un líquido, etc.]. *2* hacer el borrador, la minuta de. *3* trazar, planear, diseñar, bosquejar, dibujar. *4* elegir, destacar [para un servicio, etc.]. *5* reclutar, quintar.
draftee (draftr·) *s.* recluta, quinto.
draftsman (dræ·ftsmæn), *pl.* **-men** (-men) *s.* diseñador, dibujante, delineante.
draftsmanship (dræ·ftsmænship) *s.* arte o trabajo del dibujante. *2* redacción [de una minuta, un proyecto de ley, etc.].
drafty (dræ·fti) *adj.* que produce o tiene corrientes de aire.
drag (dræg) *s.* rastra, grada. *2* carro bajo, narria. *3* carruaje alto de cuatro caballos, con asientos en la parte superior. *4* instrumento, gancho, etc., para arrastrar. *5* rastro, instrumento para rastrear : ~ *boat,* draga ; ~ *hook,* garfio, rebañadera ; ~ *seine* o *dragnet,* red barredera, jábega. *6* hierro de limpiar pozos. *7* entorpecimiento, dificultad [en el movimiento, etc.]. *8* traba, rémora, obstáculo. *9* AVIA. resistencia al avance. *10* BILL. golpe seco y bajo. *11* rastro [de la zorra, etc.]. *12* MAR. ~ *anchor,* ~ *sail,* áncora flotante. *13* AVIA. ~ *wire,* tirante de tracción. *14 to have a ~ with someone,* contar con la protección o la indulgencia de alguien.
drag (to) (dræg) *tr.* arrastrar. *2* rastrear, dragar. *3* fig. buscar en. *4* AGR. gradar. *5 to ~ in,* traer por los cabellos. *6 to ~ on,* prolongar, hacer durar demasiado, hacer demasiado lento. — *7 intr.*

arrastrar [ir una cosa rozando el suelo]. 8 MAR. garrar, garrear. 9 ir tirando, avanzar penosamente o lentamente. 10 ir en zaga, rezagarse. 11 decaer [el interés]. 12 to ~ on o out, to ~ on and on, alargarse, prolongarse, durar demasiado. ¶ CONJUG. pret. y p. p.: dragged; ger.: dragging.

dragbar (dræ gba') s. FERROC. barra de enganche.

dragbolt (dræ gboult) s. FERROC. pasador de enganche.

draggle (to) (dræ gøl) tr. ensuciar arrastrando. – 2 intr. ensuciarse arrastrando. 3 rezagarse, quedarse atrás.

draggle-tail s. mujer desaliñada.

dragline (dræ glain) s. cable de arrastre. 2 cable de draga. 3 AER. cuerda de freno.

dragnet (dræ gnet) s. red barredera, jábega. 2 medio, sistema [para recoger datos], redada [para detener personas sospechosas, etc.].

dragoman (dræ goman) s. dragomán, drogmán.

dragon (dræ gøn) s. dragón [animal fabuloso, reptil, soldado, constelación]. 2 persona severa o de mal genio. 3 BOT. dragontea. 4 BOT. ~ tree, drago; dragon's blood, sangre de drago. 5 ORNIT. variedad de paloma casera. 6 dragoncillo [arma].

dragonfish (dræ gønfish) s. ICT. dragón.

dragonfly (dræ gønflai) s. ENTOM. libélula, caballito del diablo.

dragonish (dræ gønish) adj. dragontino.

dragonnade (dræ gønei d) s. saqueo, devastación.

dragoon (dragu n) s. MIL. dragón.

dragoon (to) tr. intimidar, acosar, perseguir.

dragrope (dræ group) s. cable de arrastre. 2 AER. cuerda de freno.

drain (drein) s. acción de sacar poco a poco: agotamiento, consumo, pérdida. 2 desagüe, desaguadero. 3 cacera, zanja de derivación; arroyo, cuneta. 4 albañal, atarjea, sumidero. 5 CIR. tubo, etc. de drenaje. 6 pl. restos [de un líquido], heces. — 7 adj. de desagüe, de avenamiento, de drenaje : ~ cock, MEC. llave de purga; ~ plug, tapón de desagüe.

drain (to) r. sacar poco a poco, agotar, apurar; escu rir. 2 vaciar, empobrecer, sangrar. 3 secar, enjugar. 4 desaguar, desecar, avenar, sanear [un terreno]. 5 MIN. achicar. 6 MEC. purgar. 7 filt ar. 8 to ~ off o out, sacar, vaciar. — 9 intr. verte se poco a poco. 10 vaciarse, escurrirse. 11 GEOGR. verter las aguas.

drainable (drei nabøl) adj. desaguable.

drainboard (drei nbo'd) s. escurridero [mesa inclinada para escurrir platos].

drainage (drei nidy) s. acción de sacar poco a poco, agotamiento. 2 desagüe. 3 avenamiento, desecación, saneamiento [de un terreno]. 4 drenaje. 5 ~ basin, cuenca de un río.

drainer (drei nø') s. palero [el que ejerce la palería]. 2 coladero, filtro. 3 secadero, escurridero.

drainpipe (drei npaip) s. tubo o encañado de desagüe.

drake (dreic) s. dragón [monstruo]. 2 ORNIT. pato [macho]. 3 ~ green, color verde azulado.

dram (dræm) s. dracma [peso]. 2 trago [de aguardiente, etc.]. 3 poquito, miaja.

drama (dra ma) s. drama.

dramatic(al (dræ tic(al) adj. dramático : ~ art, arte dramático, dramática.

dramatically (dræ ticali) adv. dramáticamente.

dramatics (dræ tics) s. sing. TEAT. representación de aficionados. 2 pl. TEAT. obras representadas por aficionados.

dramatism (dræ matism) s. dramatismo.

dramatis personæ (dræ matis pø'so ni) s. pl. TEAT. personajes [de una obra].

dramatist (dræ matist) s. dramaturgo; comediógrafo.

dramatization (dræ matiše shøn) s. dramatización.

dramatize (to) (dræ matiš) tr. dramatizar. 2 contar o representar de un modo dramático.

dramaturge (dræ matø'y), **dramaturgist** (dræ matø'yist) s. dramaturgo.

dramaturgy (dræ matø'y) s. dramática.

drank (dræŋk) pret. de TO DRINK.

drape (to) (dreip) tr. cubrir, revestir con ropaje. 2 colgar, entapizar, adornar. 3 recoger en pliegués, disponer los pliegues de [un ropaje o colgadura]. — 4 intr. fam. caer en pliegues holgados.

draper (drei pø') s. pañero.

drapery (drei pøri) s. pañería, paños. 2 ropaje, cortinas, colgaduras, tapicería.

drastic (dræ stic) adj. drástico. 2 enérgico, riguroso. — 3 s. purgante drástico.

draught (dræft) s. DRAFT.

draught (to) tr. TO DRAFT.

draughtboard (dræ ftbo'd) s. tablero de damas.

draughtsman (dræ ftsmæn), pl. -men (-men) s. peón [del juego de damas]. 2 DRAFTSMAN.

draw (dro) s. arrastre, tracción, tiro. 2 TEAT. función que atrae mucha gente. 3 palabra u observación para sonsacar a uno, para inducirle a hablar. 4 BILL. retroceso. 5 robo [en los naipes]. 6 tablas [en las damas y el ajedrez]. 7 empate. 8 sorteo [en la lotería]; jugada, suerte, premio [en juegos de azar]. 9 TEJ. carrera, pasada. 10 parte levadiza o giratoria [de un puente]. 11 (EE. UU.) arroyo, barranco. 12 ~ poker, juego de poker con descarte y robo. 13 ~ well, pozo con bomba, noria, etc.

draw (to) tr. arrastrar, tirar de. 2 atraer. 3 apartar, distraer. 4 persuadir, inducir. 5 impulsar [a uno] a hablar, a la acción; sonsacar. 6 subir [un puente levadizo]. 7 sacar, retirar, extraer, arrancar, obtener. 8 sacar, desenvainar [una pistola, la espada, etc.]. 9 correr, descorrer [cortinas, etc.]. 10 quitar, levantar [los manteles, etc.]. 11 hacer salir. 12 registrar, batir [un bosque, etc.]. 13 dragar, rastrear. 14 chupar, enjugar. 15 aspirar, respirar, inhalar. 16 cobrar [un sueldo]. 17 sortear. 18 echar [suertes]: to ~ cuts, echar pajas. 19 sacar, ganar [un premio]: to ~ (a) blank, sacar [en cierta clase de lotería] una cédula que no gana premio; fig. no lograr el objeto que se persigue. 20 sacar, deducir, inferir. 21 devengar: to ~ interest, devengar interés. 22 retirar [fondos]. 23 COM. girar, librar. 24 alargar, estirar [tejidos, etc.]. 25 tirar [metales]. 26 tender [un arco]. 27 dibujar, bosquejar, delinear, trazar; describir, representar: to ~ the line o a line, hacer cruz y raya, no pasar de cierto punto. 28 redactar, extender. 29 hacer [comparaciones, distinciones]. 30 tender [un puente]. 31 hacer un cocimiento de. 32 picar bajo [en el billar]; tocar la pelota de cierto modo. 33 MAR. calar [hablando del buque]. 34 to ~ along, arrastrar. 35 to ~ aside, correr, retirar [una cortina, etc.]; llevar aparte. 36 to ~ asunder, separar. 37 to ~ away, quitar, llevarse; disuadir, distraer. 38 to ~ back, cobrar en devolución; reintegrarse de [derechos pagados a la aduana]. 39 to ~ breath, respirar, tomar aliento. 40 to ~ forth, hacer salir, sacar. 41 to ~ in, seducir, inducir [con engaño]; incluir en un dibujo; encoger, dar una forma que vaya en disminución. 42 to ~ it fine, hilar delgado. 43 to ~ it mild, no exagerar. 44 to ~ lots, echar suertes. 45 to ~ near, acercar. 46 to ~ off, sacar, extraer, trasegar, decantar; MEC. aspirar. 47 to ~ on, ocasionar, producir, provocar; ponerse [los guantes]. 48 to ~ out, sacar, extraer; alargar, extender, estirar; sonsacar, hacer hablar. 49 to ~ rein, acortar el paso, parar. 50 to ~ the long bow, exagerar. 51 to ~ to an issue, acabar, concluir. 52 to ~ up, tirar hacia arriba, subir tirando; redactar, extender; MIL. formar. 53 to ~ oneself up, erguirse [con dignidad], ponerse tieso.

54 intr. tirar [arrastrando]. 55 atraer, gente, público. 56 tirar [un fuego, una chimenea, etc.]. 57 encogerse, contraerse. 58 estirarse, alargarse. 59 dibujar, diseñar. 60 echar suertes. 61 MAR. tener calado. 62 ir al robo [en los naipes]. 63 arrastrar [en los naipes]. 64 manar, fluir. 65 empatar, no ganar ni perder. 66 adelantarse, moverse: to ~ around the table, acercarse a o reunirse alrededor de la mesa. 67 COM. girar: to ~ against, girar contra o sobre. 68 sacar, desenfundar la pistola, desenvainar la espada o el sable. 69 to ~ along, arrastrarse. 70 to ~ aside, hacerse a un lado. 71 to ~ away, alejarse; ponerse en cabeza [en las carreras]. 72 to ~ back, retroceder, retirarse. 73 to ~ near o nigh, acercarse, aproximarse. 74 to ~ off, apartarse, retirarse [para moverse mejor]. 75 to ~ on, acercarse, aproximarse; COM. girar contra o sobre. 76 to ~ to a head, madurar, empezar a

supurar [un divieso, etc.] ; fig. acercarse a su desenlace, llegar a su punto definitivo [una situación, un complot, etc.].
¶ CONJUG. pret. : *drew;* p. p. : *drawn.*

drawback (dro·bæc) *s.* inconveniente, desventaja, obstáculo, rémora. *2* rebaja, descuento, reducción. *3* reembolso de derechos de aduana.

drawbar (dro·ba') *s.* FERROC. barra de tracción.

drawbench (dro·bench) *s.* hilera [para tirar metales].

drawbridge (dro·bridȳ) *s.* puente levadizo o giratorio.

drawee (dror·) *s.* COM. librado, girado.

drawer (dro·ø') *s.* cajón [de mueble], gaveta. *2* COM. girador, librador. *3* dibujante. *4* extractor. *5* tirador, estirador. *6 pl.* calzoncillos, pantalones.

drawgear (dro·ȳiø') *s.* guarniciones de tiro. *2* FERRCC. aparato de tracción.

drawing (dro·ing) *s.* dibujo : *out of* ~, desdibujado. *2* trazado, delineación. *3* tracción, arrastre. *4* atracción. *5* tirado [de metales]. *6* estiramiento, estiraje [de tejidos, etc.]. *7* extracción, saca. *8* sorteo [de lotería, de pers. para un jurado, etc.]. — *9 adj.* de dibujo, trazado, estirado, extracción, etc. ; relativo a todas las acciones expresadas por el verbo TO DRAW : ~ *account,* cuenta corriente ; ~ *awl,* lezna de ojo ; ~ *board,* tablero de dibujo ; TEJ. estiradora de mechas ; ~ *compass,* compás de dibujo ; TEJ. estiradora de mechas, manuar, carda para peinar la seda ; ~ *knife,* CARP. cuchilla de dos mangos ; ~ *paper,* papel de dibujo ; ~ *press,* prensa para estampar y cortar láminas de metal, etc. ; ~ *room,* sala de recibo, salón, estrado ; (Ingl.) besamanos en palacio.

drawing-room car *s.* FERROC. coche salón.

drawknife (dro·naif), *pl.* -knives (-navis) *s.* CARP. cuchilla de dos mangos.

drawl (drol) *s.* enunciación lenta y penosa.

drawl (to) *tr.* pronunciar con lentitud. — *2 intr.* arrastrar las palabras.

drawn (dron) *p. p.* de TO DRAW. — *2 adj.* empatado. *3* indeciso [triunfo]. *4* destripado. *5* atraído. *6* movido, inducido. *7* estirado ; tirado [metal]. *8* de aspecto fatigado, ojeroso [facciones, rostro]. *9* abierto, levantado [puente]. *10* fundido, derretido : ~ *butter,* mantequilla derretida y mezclada con harina y agua.

drawplate (dro·pleit') *s.* hilera [de tirar metales]. *2* FERROC. plancha de enganche de la locomotora

drawtube (dro·tiub) *s.* tubo que entra dentro de otro, esp. el que lleva el objetivo del microscopio.

dray (drei), **dray-cart** *s.* carretón, carro fuerte, camión : ~ *horse,* caballo grande de tiro.

drayage (drei·idȳ) *s.* carretaje, acarreo.

drayman (drei·mæn), *pl.* -men (-men) *s.* carretero, camionero.

dread (dred) *s.* miedo, temor, aprensión. *2* terror, espanto, pavor. *3* temor, reverencia. — *4 adj.* temible, terrible, espantoso. *5* augusto, venerable.

dread (to) *tr.* temer a ; tener miedo o temor de. — *2 intr.* temer, tener miedo o temor.

dreadful (dred·ful) *adj.* terrible, espantoso, terrorífico, horrendo. *2* triste, doloroso. *3* horrible, desagradable, repugnante. — *4 s.* penny ~, historia o periódico truculento.

dreadfully (dred·fuli) *adv.* terriblemente, horriblemente.

dreadfulness (dred·fulnis) *s.* terribilidad, horridez, horror.

dreadless (dred·dlis) *adj.* intrépido.

dreadlessness (dred·dlisnis) *s.* intrepidez.

dreadnaught, dreadnought (dred·dnot) *s.* el que nada teme. *2* paño muy fuerte ; capote hecho con él. *3* MAR. tipo de acorazado grande.

dream (drim) *s.* sueño, ensueño. *2* visión, quimera, desvarío.

dream (to) *tr.* e *intr.* soñar. — *2 tr.* imaginar, fantasear. — *3 intr. to* ~ *of,* soñar con o en. ¶ CONJUG. pret. y p. p. : *dreamed* o *dreamt.*

dreamer (dri·mø') *s.* soñador. *2* visionario, iluso, utopista.

dreamful (dri·mful) *adj.* lleno de sueños, que sueña mucho.

dreamily (dri·mili), **dreamingly** (dri·mingli) *adv.* como en sueños ; vagamente.

dreamland (dri·mlænd) *s.* región de los sueños, de la fantasía.

dreamless (dri·mlis) *adj.* sin sueños.

dreamlike (dri·mlaic) *adj.* como soñado ; irreal, vago, nebuloso.

dreamt (dremt) *pret.* y *p. p.* de TO DREAM.

dreamworld (dri·muø'ld) *s.* mundo de los sueños o de las ilusiones.

dreamy (dri·mi) *adj.* lleno de sueños ; soñador. *2* irreal, fantástico, propio de un sueño. *3* vago, borroso [recuerdo, etc.].

drear (dri·ø') *adj.* poét. DREARY.

drearily (dri·rili) *adv.* tristemente, lúgubremente.

dreariness (dri·rinis) *s.* tristeza, melancolía, lobreguez, soledad.

dreary (dri·ri) *adj.* triste, sombrío, melancólico, lúgubre. *2* monótono, fatigoso, aburrido.

dredge (dredȳ) *s.* draga ; pontón de limpieza : ~ *bucket,* canjilón de draga. *2* MAR. aparato o especie de salabardo para rastrear. *3* cebada y avena sembradas juntamente.

dredge (to) *tr.* e *intr.* dragar, excavar, limpiar. *2* MAR. rastrear. *3* COC. espolvorear.

dredger (dre·dȳ') *s.* dragador. *2* MAR. rastreador, pescador de ostras. *3* draga. *4* COC. vaso para espolvorear.

dredging (dre·dȳing) *s.* dragado. *2* excavación [con excavadora]. *3* acción de rastrear [el fondo del agua]. — *4 adj.* de dragar, excavar, rastrear, etc.: ~ *bucket, grab* o *scoop,* cucharón de excavadora ; ~ *machine,* draga ; excavadora [máquina]. ~ *tube,* tubo de una draga de succión.

dregginess (dre·guinis) *s.* turbiedad. *2* heces, poso.

dreggigsh (dre·guish), **dreggy** (dre·gui) *adj.* feculento [que tiene heces] ; turbio, zurraposo.

dregs (dregs) *s. pl.* hez, heces, poso, sedimento. *2* madres [del vino]. *3* restos, desperdicios. *4* hez, escoria [lo más vil].

drench (drench) *s.* mojadura, remojón, empapamiento. *2* inundación, diluvio. *3* TEN. solución para remojar. *4* trago, poción. *5* VET. bebida purgante.

drench (to) *tr.* mojar, remojar, empapar, calar. *2* hacer beber. *3* VET. engargantar ; dar una purga enérgica. *4* llenar, saturar : *eyes drenched with sleep,* ojos cargados de sueño.

drenching (dre·nching) *s.* mojadura, empapamiento. — *2 adj.* que moja, que empapa : ~ *rain,* lluvia torrencial.

Dresden (dre·sden) *n. pr.* GEOGR. Dresde. *2* ~ *china,* porcelana de Sajonia.

dress (dres) *s.* vestido, vestuario, indumentaria. *2* traje ; hábito ; vestido o túnica de mujer : *civilian* ~, traje de paisano ; *evening* ~, traje de etiqueta, de noche ; *full* ~, traje de ceremonia, de gala. *3* atavío, tocado, compostura. *4* aderezo [cosa con que se adereza una tela, etc.]. *5* ORNIT. estado del plumaje : *winter* ~, plumaje de invierno. — *6 adj.* de vestir, de etiqueta, de gala, de uniforme : ~ *ball,* baile de etiqueta ; ~ *circle,* TEAT. anfiteatro, galería principal ; el gran mundo ; ~ *coat,* frac, casaca ; ~ *form,* COST. maniquí ; ~ *gcods,* género para vestidos ; ~ *parade,* MIL. parada ; ~ *rehearsal,* TEAT. ensayo general con trajes ; ~ *suit,* traje de etiqueta, de ceremonia ; ~ *tie,* corbata de smoking o de frac ; ~ *uniform,* MIL. uniforme que se usa en actos de sociedad. *7* ~ *guard,* guardafangos.

dress (to) *tr.* vestir : *to* ~ *a dead body,* amortajar ; *to get dressed,* vestirse. *2* vestir de etiqueta, de ceremonia. *3* ataviar, adornar, engalanar. *4* peinar, arreglar [el cabello]. *5* almohazar. *6* curar [las heridas]. *7* preparar, disponer, arreglar. *8* COC. aderezar, guisar, aliñar. *9* poner [la mesa]. *10* dar el acabado a, aprestar, barnizar, almidonar, engomar. *11* zurrar [las pieles], curtirlas con su pelo. *12* desbastar, pulir [madera] ; labrar, picar [piedra]. *13* ALBAÑ. enlucir, revocar. *14* cavar, arreglar, limpiar [un jardín]. *15* podar [una planta]. *16* agramar, rastrillar [lino, etc.]. *17* MIL. alinear. *18* cebar [un anzuelo]. *19* despabilar [una lámpara o vela]. *20 to* ~ *down,* reprender, calentar las orejas, pegar. *21* MAR. *to* ~ *ship,* empavesar. — *22 intr.* vestirse, ataviarse : *to* ~ *up,* vestirse de etiqueta, ponerse de veinticinco alfileres ; disfrazarse. *23* MIL. alinearse : ~ *left,* alineación, ¡izquierda! ; ~ *right,* alineación, ¡derecha! ¶ CONJUG. pret. y p. p. : *dressed* o *drest.*

dresser (dre·sø') *s.* el que se viste [de cierto modo] : *smart* ~, pers. elegante. *2* el que ayuda a

vestir [esp. a los actores]. *3* tocador, cómoda
con espejo. *4* mesa o aparador de cocina. *5* el
que adereza, prepara, arregla, etc. *6* zurrador
[de pieles].

dressing (dre'sing) *s.* acción de vestir o vestirse.
2 preparación, arreglo. *3* adorno, aderezo. *4* arreglo [del pelo]. *5* CIR. cura [de una herida];
apósito, vendaje, hilas. *6* CÓC. aderezo, condimento, salsa, relleno. *7* TEN. adobo. *8* TEJ. aderezo. *9* AGR. abono, estercoladura. *10* AGR. poda.
11 desbaste, labra [de la madera, la piedra, etc.].
12 fam. *dressing* o ~ *down,* rapapolvo, castigo.
— *13 adj.* de vestir o vestirse, para vestido, aderezo, desbaste, etc.: ~ *bell,* señal de vestirse
para la mesa; ~ *case,* neceser, estuche de tocador; ~ *chisel* desbastador; ~ *gown,* bata, peinador; ~ *room,* tocador, cuarto de vestir; TEAT.
camarín; ~ *table,* tocador [mueble]; MIN. mesa
donde se limpia el mineral.

dressmaker (dresmei'kø') *s.* costurera, modista.

dressmaking (dresmei'king) *s.* arte de la modista;
oficio de costurera. *2* corte y confección de vestidos

dressy (dre'si) *adj.* elegante, vistoso, que viste demasiado. *2* vestido con demasiada ostentación,
demasiado peripuesto.

drew (dru) *pret.* de TO DRAW.

dribble (dri'bøl) *s.* goteo, chorrillo. *2* llovizna. *3*
babeo. *4* FÚTBOL. dribling, regate.

dribble (to) *intr.* gotear. *2* babear. — *3 tr.* dejar
caer en gotas. *4* FÚTBOL. driblar, correr con la
pelota: *to* ~ *past,* driblar, regatear [a un ju-
gador].

dribbling (dri'bling) *s.* goteo. *2* babeo. *3* FÚTBOL
dribling.

driblet (dri'blit) *s.* gota [que cae]. *2* pedacito,
pizca; pequeña cantidad [de dinero].

dried (drai'd) *pret.* y *p. p.* de TO DRY. — *2 adj.*
seco, enjuto, desecado: ~ *beef,* cecina, tasajo,
*charque, carqui; ~ *peaches,* orejones. *2* pasa
[fruta].: ~ *figs,* higos pasos; ~ *plums,* ciruelas pasas.

drier (drai'ø') *s.* secador, enjugador. *2* desecador.
3 secante, secativo. *4* secadora [máquina].

drier (drai'ø'), **driest** (drai'ist) *adj. compar.* y *superl.*
de DRY.

drift (drift) *s.* lo arrastrado, impulsado o amontonado por una corriente, el mar, el viento, etc.
[arena, nieve, hielo, nubes, restos de un naufragio, témpanos, etc.]. *2* GEOL. material de acarreo, esp. el acumulado por los ventisqueros. *3*
corriente [de agua, de aire]; movimiento, fluctuación [de lo impulsado o arrastrado]; masa que
va en una dirección. *4* tendencia, rumbo, dirección, giro. *5* impulso, impulsión, fuerza, móvil.
6 intención, sentido: *to get the* ~, comprender
la intención, el sentido, lo esencial [de algo].
7 MAR., AVIA. deriva, abatimiento [un buque];
deriva, movimiento o velocidad lateral [de un
avión]. *8* ARQ. empuje horizontal [de un arco].
9 MEC. escariador; punzón para ensanchar agujeros. *10* ING. túnel de exploración o de comunicación entre otros dos. *11* MIN. galería horizontal; socavón. — *12 adj.* empujado; a la deriva,
flotante: ~ *anchor,* ancla flotante; ~ *current,*
MAR. corriente originada por el viento; ~ *ice,*
hielo flotante, hielo a la deriva. *13* MAR., AVIA.
~ *angle,* ángulo de deriva; ~ *meter,* ~ *indicator,* derivómetro, indicador de deriva.

drift (to) *tr.* impeler, llevar, amontonar
[como hace una corriente, el viento, etc.]. *2*
MIN. abrir [una galería]. — *3 intr.* flotar, fluctuar ir a la deriva; ir a la ventura, sin rumbo.
4 MAR., AVIA. derivar, devalar. *5* amontonarse,
apilarse, correr [al impulso del viento, de una
corriente, etc.]: *to* ~ *into the habit of,* fig.
contraer el hábito de, dar en la flor de.

driftage (dri'ftidž) *s.* MAR., AVIA. deriva. *2* ARTILL.
desviación. *3* lo llevado por una corriente, el
viento etc.

drifting (dri'fting) *s.* acción de TO DRIFT. — *2 adj.*
flotante, a flote. *3* movediza [arena]. *4* que va
a la deriva, sin rumbo. *5* fig. inestable, errante,
vagabundo.

driftway (dri'ftuei) *s.* MIN. galería de avance o de
exploración. *2* MIN. galería horizontal paralela
a la dirección de la veta o filón.

driftwood (dri'fwud) *s.* madera flotante, llevada
por el agua. *2* madera arrojada a la playa por el
agua. *3* fig. cosa arrastrada por una corriente.

drill (dril) *s.* taladro, barrena, barreno, broca, perforador: ~ *press,* taladradora, máquina de taladrar; *pump* ~, parahuso. *2* MIN. sonda. *3* AGR.
sembradera, máquina para sembrar. *4* AGR. surco
en que se siembra; hilera de semillas sembradas en un surco: *5* ZOOL. mono parecido al mandril. *6* dril [tela]. *7* MIL. instrucción, ejercicio:
~ *instructor,* ~ *sergeant,* sargento instructor.
8 ejercicio, adiestramiento, instrucción disciplina.

drill (to) *tr.* taladrar, barrenar, perforar, agujer-
rear. *2* abrir, hacer [un agujero] con taladro o
barrena. *3* AGR. sembrar [semillas, un terreno]
en surcos o hileras, a chorrillo. *4* derramar a gotas. *5* MIL. instruir, enseñar el ejercicio. *6* ejercitar, adiestrar, instruir, disciplinar. — *7 intr.*
MIL. hacer el ejercicio. *8* ejercitarse, adiestrarse.
9 AGR. sembrar en surcos o hileras, sembrar a
chorrillo. *10* gotear.

drilling (dri'ling) *s.* perforación, barrenamiento:
~ *machine,* taladradora, fresadora. *2* MIL. instrucción, ejercicio. *3* adiestramiento. *4* dril [tela].
5 pl. material extraído por un taladro.

drillmaster (dri'lmæstø') *s.* MIL. instructor. *2* el
que ejercita o adiestra.

drillstock (dri'lstoc) *s.* portabarrena; mango de taladro.

drink (drink) *s.* bebida, poción; bebida alcohólica;
~ *money,* propina; *in* ~, borracho, bebido. *2*
trago [porción de bebida]: *to take a* ~, echar
un trago. *3* bebida [vicio].

drink (to) *tr.* beber; beberse; *to* ~ *away,* derrochar en la bebida; *to* ~ *a glass dry,* apurar un
vaso, una copa; *to* ~ *a toast to,* brindar por;
to ~ *down sorrow,* ahogar las penas en vino;
to ~ *oneself to death,* matarse bebiendo; *to* ~
off o *up,* beber de un trago a grandes tragos.
2 aspirar, inhalar. *3* absorber, chupar [como el
agua la tierra]. *4* brindar por, beber a la salud
de. *5 to* ~ *in,* absorber, embeber; beber [conoci-
mientos], absorber con placer. — *6 intr.* beber,
emborracharse. *7* tener cierto gusto [lo que se
bebe]. ¶ CONJUG. pret.: *drank;* p. p.: *drunk.*

drinkable (dri'nkabøl) *adj.* bebible, potable. — *2*
s. pl. bebidas.

drinker (dri'nkø') *s.* bebedor.

drinking (dri'nking) *s.* acción de beber; vicio de
beber. — *2 adj.* bebedor; dado a la bebida. *3*
de beber para beber: ~ *bout,* borrachera;
~ *glass,* vaso, copa; ~ *fountain,* surtidor o fuente para beber; ~ *place,* ~ *trough,* abrevadero;
~ *water,* agua potable.

drip (drip) *s.* goteo, chorreadura. *2* gotas que
caen; reguero. *3* humedad condensada. *4* gotera [de un tejado]. *5* vaso para recoger gotas o un
líquido que chorrea. *6* ARQ. cornisa, saliente, despidiente de agua.

drip (to) *tr.* verter o dejar caer a gotas. — *2 intr.*
gotear, chorrear, destilar, escurrir. caer a gotas.
¶ CONJUG. pret. y p. p.: *dripped* o *dript;* ger.:
dripping.

dripping (dri'ping) *s.* goteo; chorreo. *2* ruido que
hacen las gotas. *3 pl.* líquido o grasa que gotea
o chorrea. — *4 adj.* que gotea o chorrea. *5* fig.
lleno, rebosante. *6* ~ *pan,* grasera.

dripstone (dri'pstoun) *s.* ARQ. despidiente de agua,
saliente de una cornisa [de piedra].

drive (draiv) *s.* excursión o paseo en coche. *2* paseo, avenida o calzada para coches. *3* urgencia,
presión, exigencia. *4* impulso, empuje, esfuerzo,
energía. *5* acción de reunir o empujar el ganado
o la caza. *6* manada reunida. *7* MIL. rebato, ataque o embestida rápidos. *8* movimiento rápido,
campaña vigorosa; esfuerzo. *9* tendencia, rumbo. *10* conjunto de maderos conducidos a flote.
11 MEC. mando, transmisión, impulsión, accionamiento: ~ *gear,* mecanismo de impulsión o
de transmisión. *12* mando, conducción [de un
automóvil u otro vehículo]; asiento del conductor. *13* COM. saldo, liquidación, venta a bajo
precio. *14* DEP. tiro, golpe dado a una pelota
[en el cricquet, golf, etc.].

drive (to) *tr.* impeler, impulsar, mover, empujar.
2 conducir [el ganado]. *3* ahuyentar, echar, arrojar, perseguir. *4* guiar, conducir [un coche, etc.].
5 llevar [en coche o vehículo]. *6* conducir [un

asunto] : *to* ∼ *a good bargain*, hacer un buen trato. 7 esclavizar, abrumar de trabajo. 8 inducir, llevar, compeler, forzar a. 9 llevar [a un punto, a un estado] : *to* ∼ *maq*, volver loco, exasperar. 10 meter, clavar, hundir [un clavo, etc.]. 11 DEP. tirar, lanzar, golpear [la pelota]. 12 conducir [maderos] a flote. 13 MEC. mover, accionar [maquinaria]. 14 MIN., ING. abrir o prolongar [un túnel o galería]. 15 *to* ∼ *away*, ahuyentar, espantar; alejar. 16 *to* ∼ *back*, rechazar, obligar a retroceder. 17 *to* ∼ *in* o *into*, clavar, hacer entrar por fuerza. 18 *to* ∼ *off*, ahuyentar, apartar; *to* ∼ *out*, echar fuera, hacer salir. 19 *to* ∼ *the nail home* o *to the head*, acabar de una vez, remachar el clavo. 20 *to* ∼ *to the wall*, poner entre la espada y la pared.
21 *intr.* conducir, guiar, llevar un vehículo [a]. 22 saber conducir o guiar vehículos. 23 ir en coche, auto, etc. [esp. guiándolo]. 24 dar con violencia [el viento, etc.]. 25 ser impelido, ser empujado; moverse rápidamente, correr. 26 *to* ∼ *at*, aspirar a, tender a, proponerse; insinuar, querer decir. 27 *to* ∼ *away*, trabajar con ahinco. 28 *to* ∼ *back*, regresar [en vehículo]. 29 *to* ∼ *in*, entrar [en vehículo]. 30 *to let* ∼, asestar un golpe.
¶ CONJUG. pret. : *drove*; p. p. : *driven*.
drive-in *s.* (EE. UU.) cine o establecimiento al aire libre donde los clientes no necesitan dejar sus automóviles.
drivel (dri·vǝl) *s.* baba. 2 tonterías, vaciedades.
drivel (to) *intr.* babear, babosear. 2 chochear, decir tonterías. — 3 *tr.* decir [algo] de una manera tonta o infantil. 4 gastar [tiempo] tontamente.
¶ CONJUG. pret. y p. p. : *driveled* o *-lled;* ger. : *driveling* o *-lling.*
drivel(l)er (dri·vǝlǝr) *s.* baboso. 2 simple, tonto, chocho, persona que habla tontamente.
drivel(l)ing (dri·vǝling) *adj.* baboso. 2 simple, tonto, chocho, que habla tontamente.
driven (dri·vn) p. p. de TO DRIVE. — 2 *adj.* conducido, movido, etc. : ∼ *well*, pozo hecho introduciendo en el suelo un tubo de perforación. 3 entra como elemento en varios compuestos : *air-driven*, movido por el aire; *steam-driven*, de vapor, movido a vapor. — 4 *s.* MEC. polea o rueda dentada movida por otra.
driver (drai·vǝr) *s.* conductor [de animales o vehículos], carretero, camionero, cochero; chófer, mecánico [de auto]; maquinista [de locomotora] : *driver's seat*, pescante [de coche], asiento del conductor [de auto]. 2 uno de los palos del golf. 3 rueda motriz [de locomotora]. 4 MEC. pieza, rueda o polea que mueve a otra; pieza impulsora. 5 mazo. 6 persona despótica, que obliga a trabajar; cabo de vara. 7 *pile* ∼, martinete para clavar pilotes.
driveway (drai·vuei) *s.* calzada o camino de entrada [para coches].
driving (drai·ving) *s.* cualquiera de las acciones expresadas por el verbo TO DRIVE. 2 esp. conducción [de vehículos]. 3 impulso. 4 tendencia. — 5 *adj.* de conducción, de conducir, de conductor : ∼ *license* o *permit*, AUTO. permiso de conducir carnet o título de chófer, de conductor. 6 enérgico, impetuoso, violento [lluvia, tempestad, etc.]. 7 motor, motriz, impulsor. 8 MEC. motor, motriz; de mando, de accionamiento, de transmisión; ∼ *axle*, eje de las motrices; ∼ *belt*, correa de transmisión; ∼ *shaft*, árbol motor; ∼ *wheel*, rueda motriz, volante.
drizzle (dri·sǝl) *s.* llovizna, mollizna, cernidillo, *garua.
drizzle (to) *tr.* rociar, salpicar. — 2 *intr.* lloviznar, molliznar, *garuar.
drizzly (dri·sli) *adj.* lloviznoso.
drogue (droug) *s.* MAR., AER. ancla flotante.
droll (droul) *adj.* cómico, chusco, gracioso, ridículo. 2 raro, estrambótico. — 3 *s.* bufón, chusco. 4 ant. farsa, función de feria.
droll (to) *intr.* bromear, chancearse, hacer el bufón.
drollery (drou·lǝri) *s.* comicidad, humor. 2 farsa, bufonada, broma. 3 chiste, cuento cómico.
dromedary (dro·mǝderi) *s.* ZOOL. dromedario.
drone (droun) *s.* ENTOM. zángano, abejón. 2 fig. zángano, holgazán. 3 zumbido. 4 gaita o roncón de gaita. 5 ENTOM. ∼ *fly*, moscardón.

drone (to) *intr.* holgazanear, zanganear. 2 zumbar. — 3 *tr.* pasar [el tiempo, etc.] holgazaneando.
drool (drul) *s.* (EE. UU.) tonterías, vaciedades.
drool (to) *intr.* (EE. UU.) babear. 2 decir tonterías.
droop (drup) *s.* inclinación, caída, caimiento.
droop (to) *tr.* inclinar, bajar. — 2 *intr.* inclinarse [hacia abajo], caer, colgar, pender. 3 declinar, decaer, descaecer, consumirse, marchitarse. 4 abatirse, entristecerse. 5 encamarse [las mieses].
drooping (dru·ping) *adj.* bajo, caído : ∼ *lashes*, ojos bajos, medio cerrados; ∼ *shoulders*, hombros caídos. 2 BOT. colgante.
drop (drop) *s.* gota [de líquido] : *a* ∼ *in the bucket*, una gota en el mar, parte o cantidad insignificante. 2 pinta [mancha]. 3 adorno en forma de gota. 4 JOY. pendiente, zarcillo. 5 pastilla [dulce o medicinal]. 6 traguito. 7 caída, caimiento : *at the* ∼ *of the hat*, al caer el sombrero, al darse la señal. 8 baja, descenso. 9 lanzamiento [desde lo alto]. 10 declive. 11 MAR. caída [de una vela]. 12 trampa [que se abre hacia abajo]. 13 MEC. pieza, etc., que cae o actúa por su propio peso. 14 ELECT. disco numerado [en un tablero de llamadas de ascensor, hotel, etc.]. 15 pop. (EE. UU.) *to get*, o *to have, the* ∼ *on*, coger la delantera a uno, tenerle dominado, en situación desventajosa. 16 *pl.* FARM. gotas.
17 *adj.* entra en combinaciones como: ∼ *annunciator*, tablero de llamadas con discos numerados; ∼ *box* buzón [para cartas]; TEJ. caja de lanzaderas intercambiable; ∼ *curtain*, TEAT. telón; ∼ *forging*, forja a martinete; ∼ *glass*, bureta, cuentagotas; ∼ *hammer*, martinete; ∼ *keel*, MAR. (Ingl.) orza [pieza]; ∼ *letter* (EE. UU.), carta para el interior; ∼ *scene*, TEAT. telón de fondo; ∼ *serene*, MED. gota serena; ∼ *shutter*, ÓPT. obturador de guillotina; ∼ *valve*, válvula que cierra por su propio peso.
drop (to) *tr.* verter a gotas. 2 rociar, salpicar. 3 dejar caer, soltar, echar : *to* ∼ *anchor*, echar anclas, fondear; *to* ∼ *a hint*, soltar una indirecta, hacer una indicación; *to* ∼ *a sight*, exhalar un gemido. 4 parir [un animal]. 5 echar, enviar carta [casual] : *to* ∼ *a line*, enviar o poner unas líneas. 6 depositar, dejar [en un sitio]. 7 abandonar, desprenderse de, suspender, desistir de : *to* ∼ *a subject*, dejar un asunto, no hablar más de él. 8 omitir, comerse [una letra, una palabra]. 9 tumbar, derribar. 10 bajar [una cortina, los ojos, etc.]. 11 MAR. dejar atrás. 12 *to* ∼ *a curtsey*, hacer una reverencia. — 13 *intr.* caer a gotas, gotear, chorrear. 14 caer, bajar, descender. 15 caer desmayado o muerto. 16 acabarse, cesar. 17 dormitar. 18 acabar, cesar, parar. 19 quedarse atrás. 20 parar [el perro]. 21 *to* ∼ *in*, dejarse caer, entrar al pasar. 22 *to* ∼ *into*, entrar, caer en. 23 *to* ∼ *off*, decaer, declinar; desaparecer; quedar dormido, morir. 24 *to* ∼ *out*, retirarse, desaparecer, separarse, quedarse atrás. ¶ CONJUG. pret. y p. p. : *dropped* o *dropt*; ger. : *dropping.*
droplet (dro·plit) *s.* gotita.
droplight (dro·plait) *s.* lámpara que se puede subir o bajar.
dropper (dro·pǝr) *s.* bureta, cuentagotas.
dropping (dro·ping) *s.* caída; caída en gotas; gotas que caen. 2 acción de dejar o hacer caer. 3 *pl.* excrementos [de animales]. — 4 *adj.* que cae o deja caer : ∼ *bottle*, frasco cuentagotas; ∼ *tube*, bureta, cuentagotas.
dropsical (dro·psical), **dropsied** (dro·psid) *adj.* MED. hidrópico.
dropsy (dro·psi) *s.* MED. hidropesía.
dropt (dropt) pret. y p. p. de TO DROP.
dropwort (dro·puǝ't) *s.* BOT. filipéndula.
Droseraceæ (droserei·sii) *s. pl.* BOT. droseráceas.
droseraceous (droserei·shǝs) *adj.* BOT. droseráceo.
droshky, drosky (dro·ski) *s.* carruaje ruso de cuatro ruedas.
dross (dros) *s.* escoria [de los metales]. 2 espuma, horrura, granzas, borra, desecho, hez.
drossiness (dro·sinis) *s.* impuridad, turbiedad. 2 poco o ningún valor.
drossy (dro·si) *adj.* que tiene escoria, o desperdicios; feculento, impuro. 2 sin valor.
drought (draut) *s.* sequedad, aridez [del suelo]. 2 sequía. 3 fam. sed.

droughty (drau·ti) *adj.* árido, seco. 2 fam. sediento.

drouth (drauz) *s.*, **drouthy** (drau·zi) *adj.* DROUGHT, DROUGHTY.

drove (drouv) *s.* pret. de TO DRIVE. — 2 *s.* manada, hato, rebaño, recua. 3 camino para el ganado. 4 multitud, gentío [que va en una dirección]. 5 cincel de cantero.

drover (drou·vø') *s.* ganadero.

drown (to) (draun) *tr.* ahogar, anegar. 2 inundar, sumergir. 3 ahogar, apagar [esp. la voz, el sonido]. — 4 *intr.* ahogarse, anegarse.

drowner (drau·nø') *s.* ahogador.

drowning (drau·ning) *s.* ahogamiento; anegación. 2 *adj.* ahogador, anegador.

drowse (drauš) *s.* adormecimiento, somnolencia, modorra.

drowse (to) *tr.* adormecer, amodorrar. — 2 *intr.* adormilarse, adormecerse, amodorrarse.

drowsier (drau·šiø') *adj.* comp. de DROWSY.

drowsiest (drau·šiiest) *adj.* superl. de DROWSY.

drowsily (drau·šili) *adv.* soñolientamente; lentamente.

drowsiness (drau·šinis) *s.* somnolencia, soñolencia, adormecimiento, modorra, amodorramiento, sopor, pesadez.

drowsy (drau·ši) *adj.* soñoliento, adormecido, amodorrado; pesado, torpe. 2 soporífero.

drub (drøb) *s.* golpe, palo, puñada.

drub (to) *tr.* apalear, sacudir, pegar, maltratar. 2 to ~ the feet, patear.

drubbing (drø·bing) *s.* paliza, zurra, tunda, somanta.

drudge (drødÿ) *s.* esclavo, persona abrumada de trabajo; azacán. 2 trabajo penoso.

drudge (to) *tr.* abrumar de trabajo. 2 to ~ away, pasar [un tiempo] trabajando. — 3 *intr.* afanarse, fatigarse, azacanearse.

drudger (drø·dÿø') *s.* azacán.

drudgery (drø·dÿori) *s.* reventadero, trabajo penoso, lacería.

drudgingly (drø·dÿingli) *adv.* laboriosamente, penosamente.

drug (drøg) *s.* droga, medicamento. 2 narcótico, estupefaciente. 3 COM. macana, artículo invendible o barato.

drug (to) *tr.* medicinar con exceso. 2 narcotizar. 3 mezclar con drogas. — 4 *intr.* tomar estupefacientes. ¶ CONJUG. pret. y p. p.: *drugged;* ger.: *drugging.*

drugget (drø·guit) *s.* TEJ. droguete. 2 cierta alfombra de la India.

druggist (drø·guist) *s.* droguero, herbolario. 2 (EE. UU.) farmacéutico; boticario.

drugstore (drø·gsto') *s.* (EE. UU.) farmacia, botica, droguería; tienda donde, además de medicamentos, se venden otros productos.

Druid (dru·id) *m.* druida.

Druidess (dru·idis) *f.* druidesa.

Druidic(al (dru·dic(al) *adj.* druídico.

Druidism (dru·dišm) *s.* druidismo.

drum (drøm) *s.* MÚS. tambor, caja, parche, redoblante: *bass* ~, tambora, bombo; ~ *corps*, banda de tambores. 2 sonido del tambor. 3 MEC. tambor, cilindro, rodillo; cuerpo [de caldera, etc.]. 4 cilindro [del revólver]. 5 COM. bidón, cuñete, barril. 6 ARQ. tambor. 7 ARQ. pieza del fuste de una columna. 8 MÚS. caja [del banjo, etc.]. 9 cedazo. 10 ANAT. tambor, tímpano. 11 ~ *major*, tambor mayor.

drum (to) *intr.* tocar el tambor. 2 tabalear, tamborilear, teclear; golpear repetidamente; hacer un ruido como el del tambor. — 3 *tr.* tocar [en el tambor]. 4 machacar, meter, encajar [a fuerza de repetir]. 5 MIL. to ~ out, expulsar a tambor batiente. 6 to ~ up, ir en busca de, solicitar [parroquianos, pedidos].

drumbeat (drø·mbit) *s.* toque de tambor.

drumfire (drø·mfaiø') *s.* MIL. fuego graneado.

drumhead (drø·mjed) *s.* parche [del tambor]. 2 ANAT. membrana del tímpano. 3 cabeza del cabrestante. 4 MIL. ~ *courtmartial*, consejo de guerra en campaña o en la línea de combate.

drummer (drø·mø') *s.* tambor, bombo [músico]. 2 tamborilero. 3 (EE. UU.) COM. viajante.

drumstick (drø·mstic) *s.* baqueta, palillo [de tambor]. 2 fam. pierna [de pollo, pavo, etc.]. 3 BOT. ~ *tree*, cañafístula.

drunk (drønk) p. p. de TO DRINK. — 2 *adj.* bebido, beodo, ebrio, borracho: *to get* ~, emborracharse. — 3 *s.* borracho, borrachín. 4 fam. borrachera.

drunkard (drø·nka'd) *s.* borrachín, beodo.

drunken (drø·nken) *adj.* ebrio, borracho, beodo. 2 de borracho: ~ *fit*, borrachera. 3 empapado.

drunkenly (drø·nkenli) *adv.* ebriamente.

drunkenness (drø·nkennis) *s.* embriaguez, ebriedad, borrachera

drupaceous (drupei·shiøs) *adj.* BOT. drupáceo.

drupe (drup) *s.* BOT. drupa.

dry (drai) *adj.* seco: ~ *battery*, ELECT. batería seca, pila seca; ~ *beef*, cecina, *charqui; ~ cell*, ELECT. pila seca, elemento de pila seca; ~ *cleaner*, tintorero, quitamanchas; ~ *cleaner's*, tintorería [establecimiento]; ~ *cleaning*, lavado en seco; ~ *cup*, MED. ventosa seca; ~ *cupping*, MED. aplicación de ventosas secas; ~ *dock*, dique de carena; ~ *farmer*, cultivador de tierras de secano; ~ *farming*, cultivo de secano; ~ *fruit*, BOT. fruto seco; fruta pasa; ~ *goods*, (Ingl.) géneros no líquidos; áridos, comestibles; (EE. UU.) mercancías generales, tejidos, lencería, sedería, mercería; ~ *ice*, hielo carbónico, hielo seco; ~ *kiln*, horno para secar madera aserrada; ~ *law*, (EE. UU.) ley seca; ~ *masonry*, construcción a hueso, de piedra seca; ~ *nurse*, ama seca, niñera; ~ *pile*, ELECT. pila seca; ~ *point*, B. ART. punta seca, grabado a punta seca; ~ *rot*, enfermedad de la madera y de ciertas plantas que produce una especie de descomposición sin humedad; fig. deterioro, desintegración, descomposición interna; ~ *sand*, FUND. arena seca; ~ *season*, estación o época de la sequía, en que no llueve; ~ *wall*, pared de piedra seca; ~ *wash*, ropa lavada y secada, pero no planchada. 2 enjuto. 3 árido: *as* ~ *as dust*, sumamente árido. 4 sequeroso. 5 exprimido. 6 pasa [fruta]. 7 para áridos: ~ *measure*, medida para áridos. 8 insulso, insubstancial, frío, pobre. 9 satírico, mordaz. 10 B. ART. duro, sin matices. 11 QUÍM. por vía seca. 12 (EE. UU.) sin bebidas alcohólicas; donde se aplica la ley seca; prohibicionista, partidario de la ley seca.

dry (to) *tr.* secar, desecar, enjugar: *to* ~ *up*, secar completamente. 2 pasar [fruta]. 3 acecinar. 4 dar sed. — 5 *intr.* secarse, resecarse, desecarse, enjugarse. | Gralte. con *up.* ¶ CONJUG. pret. y p. p.: *dried.*

dryad (drai·æd) *s.* dríada.

dry-boned *adj.* flaco, enjuto.

dry-clean (to) *tr.* lavar en seco.

dryer (dra·iø') *s.* DRIER.

dry-eyed *adj.* ojienjuto, sin lágrimas.

dry-farm (to) *tr.* cultivar [tierras de secano].

dryly (drai·li) *adv.* secamente, fríamente.

dryness (drai·nis) *s.* sequedad. 2 aridez.

dry-nurse (to) *tr.* cuidar [de un niño] como niñera o ama seca.

dryrub (to) (drai·røb) *tr.* limpiar en seco, cepillar.

dry-salt (to) *tr.* salar y secar [carnes, pescado].

drysalter (drai·soltø') *s.* droguista, tratante en drogas, tintes, salazones, etc.

dry-shod *adj.* a pie enjuto.

dry-stone *adj.* hecho a piedra seca.

dual (diu·al) *adj.* dual, doble: ~ *drive*, AUTO. mando doble; ~ *ignition*, encendido doble [de un motor]; ~ *personality*, doble personalidad. 2 GRAM. dual.

dualism (diu·ališm) *s.* dualismo.

dualist (diu·alist) *s.* dualista.

dualistic (diuali·stic) *adj.* dualista.

duality (diuæ·liti) *s.* dualidad.

dub (døb) *s.* toque o redoble de tambor. 2 jugador torpe, chambón.

dub (to) *tr.* armar caballero. 2 investir [de una dignidad o título]. 3 apellidar, apodar. 4 pulir, alisar. 5 CARP. aparar, azolar. 6 TEN. engrasar [las pieles]. 7 TEJ. cardar [el paño]. 8 GOLF. tocar mal [la pelota]. 9 hacer mal [una cosa]. 10 CINEM. doblar. 11 ALBAÑ. to ~ out, repellar, revocar. — 12 *intr.* jugar mal. 13 hacer mal las cosas, fracasar. 14 sonar como un tambor. ¶ CONJUG. pret. y p. p.: *dubbed;* ger.: *dubbing.*

dubbing (dø·bing) *s.* acción de armar caballero. 2 TEN. adobo impermeable. 3 CARP. aparado. 4 CINEM. doblaje.

dubiety (diubai·eti) *s.* lo dudoso, cosa dudosa, incertidumbre.

dubious (diu·biøs) *adj.* dudoso, dudable. 2 incierto, problemático. 3 ambiguo. 4 indeciso, irresoluto.
dubiously (diu·biøsli) *adv.* dudosamente. 2 inciertamente.
dubiousness (diu·biøsnis) *s.* calidad de dudoso. 2 incertidumbre.
dubitable (diu·bitabøl) *adj.* dubitable, dudable.
dubitably (diu·bitabli) *adv.* dudosamente.
dubitation (diubite·shøn) *s.* dubitación.
dubitative (diubitei·tiv) *adj.* dubitativo.
ducal (diu·cal) *adj.* ducal.
ducat (dø·cat) *s.* ducado [moneda].
duchess (dø·chis) *f.* duquesa.
duchy (dø·chi) *s.* ducado [territorio].
duck (døc) *s.* ORNIT. ánade, pato, pata : *fine day for young ducks,* tiempo lluvioso; *like water off a duck's back,* sin causar ningún efecto. 2 pop. persona, individuo. 3 fam. pichón, pichona, amor mío. 4 acción de agacharse rápidamente; chapuz, zambullida. 5 especie de dril o lona fina, *loneta.* 6 ~ *on the rock,* especie de chito [juego]. 7 *ducks and drakes,* entretenimiento de hacer saltar piedras sobre el agua ; *to play ducks and drakes with,* to make ducks and drakes of, malgastar, derrochar. 8 *pl.* pantalones de dril.
duck (to) *tr.* zambullir. 2 bajar rápidamente [la cabeza, etc.]. 3 evitar [un golpe]. — 4 *intr.* zambullirse, chapuzar. 5 agacharse o bajar la cabeza rápidamente. 6 *to* ~ *out,* pop. escaparse, escabullirse.
duckbill (dø·chil) *s.* ZOOL. ornitorrinco.
duckboards (dø·cbo·ds) *s.* tablas en el suelo de una trinchera para evitar la humedad.
ducker (dø·kø·) *s.* criador o cazador de patos. 2 zambullidor. 3 persona rastrera.
ducking (dø·king) *s.* chapuz, zambullida. 2 caza de patos silvestres.
duck-legged *adj.* corto de piernas.
duckling (dø·cling) *s.* patito, patita. 2 monino [voz cariñosa].
duck-toed *adj.* zancajoso [que tiene los pies vueltos hacia afuera].
duct (døct) *s.* conducto, canal, tubo. 2 ANAT. conducto. 3 BOT. vaso.
ductile (dø·ctil) *adj.* dúctil. 2 conducible [agua].
ductility (døcti·liti), *pl.* **ties** (-tis) *s.* ductilidad.
ductless gland (dø·ctlis) *s.* ANAT. glándula endocrina, de secreción interna.
dud (død) *s* pop. bomba o granada que no estalla. 2 fig. fracaso. 3 fig. cosa inútil ; persona floja o inepta. 4 *pl.* trapos, vestidos, pingajos; ropa vieja. — 5 *adj.* pop. flojo, sin energía.
dude (diu·d) *s.* gomoso, petimetre, lechuguino.
dudgeon (dø·dʒøn) *s.* resentimiento, enojo, mal humor : *in* ~, resentido, enojado. 2 ant. puño de daga.
due (diu) *adj.* debido : ~ *to,* debido a, a causa de ; *in* ~ *time,* a su debido tiempo. 2 vencido, devengado, caído, pagadero : *to become* ~, *to fall* ~, vencer, caer [un pagaré, un rédito, etc.]. 3 esperado, que debe llegar, que tiene su llegada ; *the train is* ~ *at five o'clock,* el tren debe llegar, o tiene su llegada, a las cinco. 4 propio, justo. 5 legal, regular. 6 com. ~ *bill,* pagaré, abonaré, bono. — 7 *s.* deuda, obligación. 8 merecido : lo que es debido [a uno] : *to get one's* ~, llevar su merecido; *to give the devil his* ~, ser justo hasta con el diablo. 9 *pl.* derechos, impuestos, tributos. 10 cuota [de socio]. — 11 *adv.* directamente, exactamente. ~ *west,* MAR. poniente derecho.
duel (diu·øl) *s.* duelo, desafío : *to fight a* ~, batirse en duelo.
duel (to) *intr.* batirse en duelo.
dueller (diu·ølø·) *s.* el que se desafía.
duellist (diu·ølist) *s.* duelista.
duelling (diu·øling) *s.* duelos, desafíos, acción de desafiarse.
duenna (diue·na) *f.* dueña; señora de compañía.
duet (diue·t) *s.* MÚS. dúo, dueto.
duet (to) *intr.* cantar o tocar a dúo.
duff (døf) *s.* (EE. ¡UU.) hojarasca en putrefacción. 2 budín de harina cocido en una bolsa.
duff (to) *tr.* amañar, falsificar, engañar.
duffel (dø·føl) *s.* tela de lana gruesa y basta. 2 ropa, bártulos [de un excursionista, acampador, etc.] : ~ *bag,* MIL. talego para efectos de uso personal.

duffer (dø·fo·) *s.* el que pretende vender como buenas cosas de poco valor, fingiendo que son robadas, de contrabando, etc. 2 buhonero. 3 amañador, falsificador, farsante. 4 cosa inútil. 5 estúpido, chapucero, persona torpe o inútil.
dug (døg) pret. y p. p. de TO DIG. — 2 *s.* teta, ubre.
dugong (du·gon) *s.* ZOOL. vaca marina.
dugout (dø·gaut) *s.* canoa, piragua. 2 cueva, agujero. 3 MIL. cueva de protección; abrigo subterráneo. 4 BÉISBOL. cobertizo bajo para los jugadores.
duke (diu·c) *s.* duque.
dukedom (diu·cdøm) *s.* ducado [título, territorio].
dulcamara (diulcæma·ra) *s.* BOT. dulcamara.
dulcet (dø·lsit) *adj.* dulce, placentero, suave, armonioso
dulcification (dølsifike·shøn) *s.* dulcificación.
dulcified (dø·lsifaid) *adj.* dulcificado, ablandado, apaciguado.
dulcify (to) (dø·lsifai) *tr.* dulcificar, ablandar, apaciguar. ¶ CONJUG. pret. y p. p.: *dulcified.*
dulcimer (dø·lsimø·) *s.* MÚS. dulcémele.
dulcitude (dø·lsitiud) *s.* dulzura.
dulia (dula·ia o diu·lia) *s.* REL. dulía.
dull (døl) *adj.* embotado, obtuso, romo, sin punta, sin filo. 2 torpe, lerdo, tonto, estúpido, tardo de comprensión. 3 poco agudo [vista, oído] ; que los tiene así : ~ *of hearing,* duro de oído. 4 insensible [dicho de las cosas inanimadas]. 5 lento, tardo, pesado; indolente, soñoliento. 6 débil, mortecino. 7 triste, sombrío, deprimido. 8 aburrido, monótono, insulso, frío, prosaico. 9 apagado, mate. 10 sordo [sonido, dolor]. 11 empañado, deslustrado; obscuro, nebuloso. 12 nublado [tiempo]. 13 COM. desanimado, encalmado, muerto: ~ *season,* temporada de calma.
dull (to) *tr.* embotar, enromar. 2 entontecer, entorpecer. 3 hacer lento, pesado, monótono. 4 apagar, amortiguar. 5 moderar, mitigar. 6 enfriar [el entusiasmo, etc.]. 7 contristar, entristecer. 8 ofuscar, ensombrecer. 9 empañar, deslustrar, deslucir; hacer mate. — 10 *intr.* embotarse. 11 entorpecerse. 12 apagarse; mitigarse. 13 empañarse.
dullard (dø·la·d) *adj.* y *s.* estúpido, zoquete.
dull-brained (døl·breind) *adj.* tonto, estúpido.
dull-browed (dø·lbraud) *adj.* cejijunto.
dull-eyed *adj.* de ojos apagados, sin brillo.
dull-head *s.* zote.
dullness (dø·lnis) *s.* embotamiento. 2 falta de punta o filo. 3 estupidez, tontería; lentitud, torpeza. 4 somnolencia, entorpecimiento, pesadez; prosaísmo. 5 deslustre, matidez, apagamiento. 6 com. desanimación, depresión.
dully (dø·li) *adv.* obtusamente, estúpidamente. 2 torpemente. 3 monótonamente. 4 apagadamente, sin brillo.
dull-sighted *adj.* cegato.
dull-witted *adj.* tonto, estúpido.
dulness (dø·lnis) *s.* DULLNESS.
dulse (døls) *s.* alga marina comestible.
duly (diu·li) *adv.* debidamente. 2 puntualmente, a su tiempo.
Duma (du·ma) *s.* duma [parlamento ruso].
dumb (døm) *adj.* mudo, callado : ~ *motions,* señas; ~*show,* pantomima; signo, ademán; *to strike* ~, dejar sin habla, asombrar. 2 que no tiene el don del habla : ~ *creature,* animal, bruto.
dumbbell (dø·mbel) *s.* palanqueta [de gimnasia]. 2 fam. tonto, zopenco.
dumbly (dø·mli) *adv.* mudamente.
dumbfound (to) (dø·mfaund) *tr.* confundir, dejar atónito, sin habla.
dumbfounded (dø·mfaundid) *adj.* confuso, atónito, pasmado, sin habla.
dumbness (dø·mnis) *s.* mudez, mutismo, silencio.
dumb-waiter *s.* estante portátil para platos, vasos, etc. 2 torno de comedor; montaplatos.
dumdum o **dumdum bullet** (dø·mdøm) *s.* bala dumdum.
dumfound (to) (dø·mfaund) *tr.* TO DUMBFOUND.
dummy (dø·mi) *adj.* mudo, silencioso. 2 falso, ficticio, simulado 3 que sin mostrarlo, obra por cuenta de otro. 4 ~ *car,* vagón que lleva su propio motor o locomotora. — 5 *s.* mudo, persona que calla. 6 fig. zoquete, tonto. 7 testaferro. 8 TEATR. personaje que no habla. 9 objeto simulado. 10 maniquí; cabeza para pelucas. 11 figura

para tirar al blanco. *12* FERROC. locomotora de máquina condensadora, que no silba; DUMMY CAR. *13* IMPR. maqueta [de libro]. *14* cartón o ficha que reemplaza en una biblioteca el libro que se ha retirado. *15* WHIST, BRIDGE muerto: *to be ~*, hacer de muerto.

dump (dømp) *s.* baque. *2* (EE. UU.) vaciadero, vertedero, escorial; paraje donde se echa o depositan escombros, tierra, etc., que se sacan de otra parte. *3* MIN. terrero. *4* cosa o dispositivo para vaciar: ~ *body*, caja de un volquete; ~ *car*, volquete, camión volquete; ~ *scow*, gánguil [de draga]. *5* MIL. (EE. UU.) depósito de pertrechos y municiones en campaña. *6* objeto pequeño y grueso. *7* especie de bombón o dulce. *8* *pop.* moneda de poco valor: *it is no worth a ~*, no vale un ochavo. *9* persona rechoncha. *10* *pl.* melancolía, murria: *to be in the dumps*, te ner murria.

dump (to) *tr.* vaciar de golpe, descargar, verter; depositar [escombros, etc.]. *2* golpear, pegar. *3* COM. vender al extranjero a precios inferiores a los corrientes, practicar el competencia.

dumping (dømping) *s.* COM. dumping, venta al extranjero a precios inferiores a los corrientes para suprimir la competencia.

dumpish (dømpish) *adj.* estúpido. *2* murrio.

dumpishness (dømpishnis) *s.* estupidez. *2* murria.

dumpling (dømpling) *s.* budín de pasta rellena de fruta o carne.

dumpy (dømpi) *adj.* regordete, rechoncho. *2* murrio, enfurruñado. *3* TOP. ~ *level*, nivel de Troughton, nivel de anteojo corto fijo sobre un plano giratorio

dun (døn) *adj.* pardo, castaño. *2* obscuro, sombrío. — *3 s.* acreedor importuno. *4* apremio. *5* ARQUEOL. residencia celta fortificada.

dun (to) *tr.* perseguir, importunar, apremiar [esp. a un deudor]. *2* curar [el bacalao].

dunce (døns) *s.* tonto, ignorante, bolo, zote: ~ *cap*, capirote de papel que se pone en las escuelas a los alumnos desaplicados.

duncery (dønsøri) *s.* tontería, estupidez.

dunderhead (døndø'jed), **dunderpate** (døn·dø'peit) *s.* tonto, estúpido, zopenco, badulaque.

dundreary whiskers (døndri·ri) *s.* patillas largas con la barbilla afeitada.

dune (diun) *s.* duna, médano.

dunfish (dønfish) *s.* bacalao seco.

dung (døng) *s.* estiércol, fiemo, bosta, tullidura: ~ *beetle*, escarabajo bolero.

dung (to) *tr.* e *intr.* estercolar.

dungaree (døngarï) *s.* tela basta de algodón. *2 pl.* pantalones, mono, etc., hechos de esta tela.

dungeon (dønjøn) *s.* calabozo, mazmorra. *2* DONJON.

dungeon (to) *tr.* encalabozar.

dungfork (døngfo'c) *s.* horca para el estiércol.

dunghill (døngjil) *s.* muladar, estercolero, basurero. — *2 adj.* bajo, vil.

dungy (døngui) *adj.* estercolizo.

dunk (to) (dønc) *tr.* (EE. UU.) mojar, ensopar.

Dunkirk (dønkø'k) *n. pr.* GEOGR. Dunquerque.

dunk tree (dønk tri) *s.* BOT. azufaifo.

dunnage (dønidʒ) *s.* MAR. abarrote. *2* MAR. equipaje, efectos [de la tripulación].

dunnite (dønait) *s.* dunita [explosivo].

duo (diuo) *s.* MÚS. dúo.

duodecimal (diuode·simal) *adj.* duodecimal. — *2 s.* duodécimo [parte].

duodecimo (diuode·simuo) *s.* libro en dozavo.

duodenitis (diuodinai·tis) *s.* MED. duodenitis.

duodenum (diuodi·nøm) *s.* ANAT. duodeno.

dupe (diup) *s.* víctima [de un engaño], engañado. *2* incauto, primo.

dupe (to) *tr.* engañar, embaucar.

dupion (diupion) *s.* capullo ocal.

duple (diupøl) *adj.* duplo, doble. *2* tomados de dos en dos.

duplex (diuplecs) *adj.* duplo, doble, dúplice: ~ *house*, (EE. UU.) casa para dos familias; ~ *iron*, hierro colado recalentado en horno eléctrico. *2* TELEGR. duplex.

duplicate (diuplikeit) *adj.* duplicado, doble. — *2 s.* duplicado, copia, traslado: *in ~*, en duplicado.

duplicate (to) *tr.* duplicar, doblar. *2* hacer una copia o duplicado de. — *3 intr.* ECLES. binar, doblar.

duplication (diuplike·shøn) *s.* duplicación. *2* duplicado *3* ECLES. binación. *4* plegadura, pliegue, doblez.

duplicative (diu·plikeitiv) *adj.* duplicativo.

duplicator (diu·plikeitø') *s.* duplicador, copiador.

duplicity (diupli·siti) *s.* duplicidad [calidad de dúplice o doble]. *2* duplicidad, doblez, falsedad.

durability (diurabi·liti) *s.* durabilidad, duración, estabilidad, permanencia.

durable (diu·rabøl) *adj.* durable, duradero. *2* resistente, de duración. *3* estable, permanente.

durableness (diu·rabølnis) *s.* duración, estabilidad. *2* resistencia [al uso].

durably (diu·rabli) *adv.* duraderamente.

duralumin (dura·liumin) *s.* duraluminio.

dura mater (diu·ra meitø') *s.* ANAT. duramadre, duramáter.

durance (diu·rans) *s.* prisión, encierro, cautividad. *2* TEJ. sempiterna.

duration (diure·shøn) *s.* duración. *2* vida [tiempo].

duress (diu·ris o diure·s) *s.* prisión, encierro. *2* compulsión, coacción.

during (diu·ring) *prep.* durante. — *2 adj.* duradero.

durst *pret. irreg.* de TO DARE.

dusk (døsk) *adj.* obscuro, sombrío. — *2 s.* crepúsculo, anochecida, *nochecita: at ~*, al anochecer. *3* sombra, penumbra, obscuridad.

duskily (dø·skili) *adv.* obscuramente.

duskiness (dø·skinis) *s.* obscuridad.

dusky (dø·ski) *adj.* obscuro, moreno, pardo, negruzco. *2* sombrío.

dust (døst) *s.* polvo: *gold ~*, oro en polvo; *pop. dinero*; *cloud of ~*, nube de polvo, polvareda; *to bite the ~*, morder el polvo, ser vencido, morir; *to lick the ~*, morir en un combate; humillarse abyectamente; *to shake off the ~ of one's feet*, sacudirse el polvo de los pies o de los zapatos, irse indignado; *to throw ~ in one's eyes*, engañar a uno haciéndole creer lo que no es o distrayendo su atención de algo; *in ~ and ashes*, con dolor y arrepentimiento. *2* tierra, suelo. *3* oro en polvo. *4* polen. *5* AGR. polvos [insecticidas, etc.]. *6* cenizas [restos mortales]. *7* polvareda. *8* fig. trapatiesta, riña, alboroto: *to kick up o raise a ~*, armar una trapatiesta. *9* basura, barreduras, tamo. *10* fig. cosa vil, sin valor. — *11 adj.* de polvo, para el polvo, las barreduras, etc.: ~ *band*, guardapolvo [de reloj]; ~ *brush*, plumero o cepillo para quitar el polvo; ~ *cloak*, ~ *coat*, guardapolvo [prenda]; ~ *cover*, sobrecubierta [de libro]; ~ *devil*, METEOR. manga de arena; ~ *rag*, trapo para quitar el polvo; ~ *storm*, vendaval de polvo o arena.

dust (to) *tr.* desempolvar, quitar o sacudir el polvo: *to ~ one's jacket*, sacudir el polvo a uno, zurrarle. *2* quitar [como el que quita el polvo]. *3* empolvar, llenar de polvo. *4* espolvorear. *5* levantar polvo en. *6* pulverizar finamente. — *7 intr.* llenarse de polvo. *8* reducirse a polvo.

dustbin (dø·stbin) *s.* recipiente o depósito para barreduras, cenizas, basura, etc.

dustbox (dø·stbocs) *s.* salvadera. *2* cubo de la basura.

dustcloth (dø·stcloz) *s.* trapo para quitar el polvo.

duster (dø·stø') *s.* paño, plumero, zorros [para quitar el polvo]. *2* el que quita el polvo. *3* guardapolvo [prenda]. *4* utensilio para espolvorear.

dusting (dø·sting) *s.* desempolvamiento; acción de quitar el polvo. *2* espolvoreamiento: ~ *powder*, polvo fino, talco.

dustiness (dø·stinis) *s.* pulverulencia.

dustman (dø·stmæn), *pl.* **-men** (-men) *s.* basurero, barrendero.

dustpan (dø·stpæn) *s.* pala o recogedor para la basura.

dusty (dø·sti) *adj.* polvoriento, cargado de polvo. *2* del color del polvo. *3* pulverulento. *4* bajo, sórdido.

Dutch (døch) *adj. y s.* holandés: ~ *auction*, subasta en que se empieza poniendo un precio elevado y se va bajando éste hasta que se encuentra comprador; ~ *bargain*, trato que se hace y se cierra bebiendo; ~ *brass*, aleación de cobre y cinc; ~ *cheese*, queso de Holanda, queso de bola; requesón; BOT. malva; ~ *foil*, *gold o leaf*, aleación de cobre y cinc batida en hojas; ~ *metal*, ~ *foil*, imitación de oro; ~ *oven*, horno portátil, horno de ladrillo; (EE. UU.)

cacerola con tapa bien cerrada ; ~ *tile,* azulejo ; ~ *treat,* convite a escote o aquel en que cada cual paga lo que consume ; ~ *uncle,* fam. mentor o represor severo ; *to beat the* ~, fam. ser sorprendente o inaudito ; *to go* ~, fam. pagar a escote, pagar cada uno lo que consume ; *in* ~, pop. (EE. UU.) en disfavor, en desgracia. *2* HIST. alemán.

Dutchman (døchman) *s.* holandés. *2* fam. (EE. UU.) alemán.

duteous (diutiøs) *adj.* obediente, respetuoso, obsequioso

dutiable (diutiabøl) *adj.* imponible, sujeto a adeudo o derechos de aduana.

dutiful (diutiful) *adj.* obediente, sumiso, respetuoso, solícito.

dutifully (diutifuli) *adv.* obedientemente, sumisamente, respetuosamente.

dutifulness (diutifulnis) *s.* obediencia, sumisión, respeto.

duty (diuti), *pl.* **-ties** (-tis) *s.* deber, obligación, incumbencia : *in* ~ *bound,* moralmente obligado ; ~ *call,* visita de cumplido, que uno se siente obligado a hacer. *2* sumisión, obediencia, respeto. *3* quehacer, quehaceres ; obligaciones, funciones [de un cargo, etc.] ; *to take up one's duties,* entrar en funciones. *4* servicio, facción, guardia ; *to be off* ~, estar franco o libre de servicio ; *to be on* ~, estar de servicio, de guardia. *5* impuesto, derecho [de aduanas, consumos. etc.] : ~ *free,* libre de derechos. *6* MEC. trabajo mecánico, efecto útil, rendimiento. *7* cantidad de agua necesaria para el riego de un área determinada.

duumvir (diuømvø') *s.* duunviro.

duumvirate (diuømvirit) *s.* duunvirato.

dwale (dueil) *s.* soporífero. *2* BOT. belladona.

dwarf (duo'f) *adj.* enano, pigmeo, diminuto : ~ *elder,* BOT. yezgo. — *2 s.* enano, enana.

dwarf (to) *tr.* impedir el crecimiento de. *2* empequeñecer, a hicar. — *3 intr.* empequeñecerse, achicarse.

dwarfish (duo'fish) *adj.* enano, pequeño, diminuto.

dwarfishly (duo'fishli) *adv.* como un enano.

dwarfishness (duo'fishnis) *s.* pequeñez [de estatura]. *2* enanismo.

dwell (to) (duel) *intr.* habitar, morar, residir, vivir. *2* permanecer. *3 to* ~ *on* o *upon,* entretenerse, espaciarse en ; insistir, hacer hincapié en. ¶ CONJUG. pret. y p. p. : *dwelt* o *dwelled.*

dweller (duelø') *s.* morador, habitante.

dwelling (dueling) *s.* habitación, residencia, morada, vivienda, casa, domicilio. — *2 adj.* de habitación, de morada.

dwelling-house *s.* habitación particular [a distinción del despacho, tienda, etc.].

dwindle (to) (duindøl) *intr.* mermar, menguar, disminuirse, reducirse. *2* consumirse, decaer. *3* degenerar. — *4 tr.* mermar, empequeñecer.

dyad (daiæd) *adj.* QUÍM. bivalente. — *2 s.* QUÍM. cuerpo bivalente.

dye (dai) *s.* tintura, tinte, color : *developing* ~, tinte que se forma sobre la fibra ; *fast* ~, tinte rijo ; ~ *works,* tinte, tintorería [establecimiento].

dye (to) *tr.* teñir, tinturar, colorar : *to* ~ *in (the) grain; to* ~ *in the wool,* teñir en rama. — *2 intr.* teñir. *3* teñirse [bien o mal]. ¶ CONJUG. pret. y p. p. : *dyed;* ger. : *dyeing.*

dyed-in-the-wool *adj.* teñido en rama. *2* fig. acérrimo, convencido, intransigente.

dyehouse (daijaus) *s.* tinte, tintorería [establecimiento].

dyeing (daiing) *s.* tinte, tintura, tintorería, teñido, teñidura [acción ; arte]. — *2 adj.* colorante, tintóreo.

dyer (daiø') *s.* tintorero : *dyer's shop,* tintorería.

dyers'-broom *s.* BOT. retama de tintes o de tintoreros.

dyers'-weed *s.* BOT. retama de tintes o de tintoreros. *2* BOT. gualda. *3* BOT. hierba pastel.

dyestuff (daistøf) *s.* materia colorante o tintórea.

dyewood (daiwud) *s.* madera tintórea.

dying (daiing) ger. de TO DIE. — *2 adj.* moribundo, agonizante. *3* de la muerte. *4* mortal, perecedero

dyke (daik) *s.* DIKE.

dynameter (dainæmetø') *s.* ÓPT. dinámetro

dynamic(al (dainæmic(al) *adj.* dinámico.

dynamics (dainæmics) *s.* dinámica.

dynamism (dainæmiƒm) *s.* dinamismo.

dynamist (dainæmist) *s.* dinamista.

dynamistic (dainæmistic) *adj.* dinámico [pert. a la fuerza]

dynamite (dainamait) *s.* dinamita.

dynamite (to) *tr.* cargar o volar con dinamita.

dynamiter (dainamaitø') *s.* dinamitero.

dynamo (dainamou) *s.* ELECT. dínamo.

dynamo-electric(al *adj.* dinamoeléctrico, electrodinámico.

dynamometer (dainamometø') *s.* dinamómetro.

dynamometric (dainamometric) *adj.* dinamométrico.

dynamometry (dainamometri) *s.* dinamometría.

dynast (dainæst) *s.* dinasta.

dynastic(al (dainæstic(al) *adj.* dinástico.

dynasty (dainasti) *s.* dinastía.

dyne (dain) *s.* dina [unidad de fuerza].

dyscrasia, dyscrasy (discresia, discrasi) *s.* MED. discrasia.

dysenteric (disenteric) *adj.* disentérico.

dysentery (disenteri) *s.* MED. disentería.

dyspepsia, dyspepsy (dispepsia, -si) *s.* MED. dispepsia.

dyspeptic (dispeptic) *adj.* y *s.* dispéptico.

dysphagia (disfeiỹia) *s.* MED. disfagia.

dysphasia (disfeiƒia) *s.* MED. disfasia.

dysphonia (disfounia) *s.* MED. disfonía.

dyspnea, dyspnœa (dispnia) *s.* MED. disnea.

dyspneal, dyspnœal (dispnial), **dyspneic, dyspnœic** (dispniic) *adj.* disneico.

dystocia (distoshia) *s.* CIR. distocia.

dystocial (distoshial) *adj.* CIR. distócico.

dysuria, dysury (disyuria, disiuri) *s.* MED. disuria.

E

E, e (i) *s.* E, e, quinta letra del alfabeto inglés. 2 MÚS. mi.

each (ıch) *adj.* cada, todo. — 2 *pron.* cada uno, cada cual, todos: ~ *for himself*, cada uno por su lado, cada cual por su cuenta; ~ *other*, mutuamente, el uno al otro, los unos a los otros. — 3 *adv.* por cabeza, por persona, cada uno.

eager (ıgø') *adj.* ávido, ansioso, afanoso, anheloso, impaciente. 2 ardiente, vehemente. 3 áspero, duro [combate, etc.]. 4 ambicioso.

eagerly (ıgø'li) *adv.* ávidamente, ansiosamente. 2 ardientemente.

eagerness (ıgø'nis) *s.* avidez, ansia, afán, anhelo, ahinco. 2 ardor, vehemencia.

eagle (ıgøl) *s.* águila. 2 (EE. UU.) moneda de oro de diez dólares. 3 ASTR. (con may.) Aguila. 4 ORNIT. ~ *owl*, búho. 5 ICT. ~ *ray*, águila [pez].

eagle-eyed *adj.* de vista de águila, de ojos de lince.

eagless (ıglis) *s.* ORNIT. águila hembra.

eaglestone (ıgølstoun) *s.* MINER. etites.

eaglet (ıglit) *s.* ORNIT. aguilucho.

eaglewood (ıgølwud) *s.* BOT. agáloco, calambac, palo áloe, palo de águila.

ear (ıæ') *s.* ANAT. oreja; pabellón de la oreja: ~ *flap*, ~ *muff*, orejera [de gorra, etc.]; ~ *trumpet*, trompetilla [para los sordos]; *to fall together by the ears*, fig. reñir, pelearse; *to prick up one's ears*, aguzar las orejas; aguzar los oídos; *to send someone away with a flea in his* ~, decir a uno las verdades del barquero; *to set by the ears*, fig. enemistar, malquistar; *up to the ears*, enredado, metido, abrumado, hasta los ojos. 2 oído, oídos: *to be all ears*, abrir tanto el oído, ser todo oídos; *to fall on deaf ears*, no ser escuchado; *to give* ~ *to*, prestar oído a; *to go in* [at] *one* ~ *and out* [at] *the other*, entrar por un oído y salir por el otro; *to have a good* ~, tener buen oído; *to have an* ~ *for music*, tener oído para la música; *to play by* ~, tocar de oído; *to lend an* ~, escuchar; *to turn a deaf* ~, hacerse el sordo, hacer oídos sordos o de mercader. 3 atención; favor: *to have one's* ~, ser escuchado por uno; gozar de su favor o confianza. 4 orejuela, asa, asidero. 5 ORNIT. plumas o penacho sobre el oído de un ave. 6 BOT. aurícula. 7 BOT. espiga, mazorca [de cereal].

ear (to) *intr.* BOT. espigar, echar espigas, *muñequear.

earache (ıæreic) *s.* otalgia, dolor de oídos.

eardrop (ıæ'drop) *s.* arracada, arete con adorno colgante.

eardrum (ıæ'drøm) *s.* ANAT. tímpano [del oído].

eared (ıæ'd) *adj.* que tiene orejas. 2 espigado, en mazorca, que tiene de cierto modo las orejas o espigas: *long eared*, orejudo; *golden-eared*, de espigas doradas.

earing (ıøring) *s.* MAR. empuñidura.

earl (ø'l) *s.* conde [título inglés]. 2 *Earl Marshal*, jefe del Colegio de heraldos.

earlap (ıæ'læp) *s.* lóbulo o pabellón de la oreja. 2 orejera [de gorra, etc.].

earldom (ø'døm) *s.* condado [título, jurisdicción, etc.].

earless (ıæ'lis) *adj.* desorejado.

earlier (ø'liø') *adj. y adv. comp.* de EARLY, anterior, antiguo; más temprano, antes.

earliest (ø'liest) *adj. y adv. superl.* de EARLY, antiguo, primitivo, el más antiguo, el más remoto; lo más temprano, antes.

earliness (ø'linis) *s.* precocidad, anticipación. 2 antelación. 3 presteza, prontitud. 4 calidad de temprano.

earlock (ıæ'loc) *s.* aladar.

early (ø'li) *adj.* primitivo, antiguo, remoto. 2 próximo [en el futuro]: *at an* ~ *date*, en fecha próxima. 3 perteneciente o relativo al principio de la mañana, de la vida, de una época; matutino: ~ *bird*, fig. madrugador, el que llega temprano; ~ *riser*, madrugador; ~ *rising*, madrugada, acción de madrugar; ~ *Victorian*, del primer período del reinado de Victoria. 4 precoz, temprano, anticipado: ~ *fruit*, fruto temprano. 5 *to be* ~, llegar temprano.

6 *adv.* temprano, tempranamente. 7 al principio: ~ *in the morning*, de madrugada; ~ *in the year*, a principios del año. 8 próximamente, pronto: *as* ~ *as possible*, lo más pronto posible.

earmark (ıæ'ma'c) *s.* señal de identificación en la oreja. 2 señal característica.

earmark (to) *tr.* marcar [el ganado] en la oreja; marcar, señalar [con algo distintivo]. 2 destinar o reservar [fondos] para un fin determinado.

earn (to) (ø'n) *tr.* ganar [con el trabajo, servicios, méritos, etc.]. merecer, lograr. 2 devengar.

earnest (ø'nist) *adj.* serio, formal. 2 grave, importante. 3 sincero, ardiente, encarecido. 4 celoso, diligente. 5 ansioso, cuidadoso. — 6 *s.* seriedad, buena fe, veras: *in* ~, *in good* ~, en serio, con formalidad, de veras, de buena fe. 7 señal, prenda: ~ *money*, arras, paga y señal.

earnestly (ø'nistli) *adv.* seriamente, de veras. 2 encarecidamente, con ahinco.

earnestness (ø'nistnis) *s.* seriedad, sinceridad, buena fe. 2 veras, ahinco, ardor.

earnings (ø'nings) *s. pl.* ganancias [del trabajo]; sueldo, salario, paga.

earpick (ıæ'pic) *s.* escarbaorejas, mondaoídos.

earpiece (ıæ'pıs) *s.* TELEF. auricular, receptor.

earring (ıæ'ring) *s.* pendiente, zarcillo, arracada, broquelillo.

earshot (ıæ'shot) *s.* alcance del oído.

earsplitting (ıæ'spliting) *adj.* estridente, ensordecedor.

earth (ø'z) *s.* tierra, barro; materia térrea: *red* ~, almagre; *yellow* ~, ocre. 2 tierra [planeta, mundo]; país, región, suelo; extensión o capa de tierra]: *what on the* ~...?, ¿qué demonio...?

3 mundo, cosas terrenales. *4* madriguera [de zorra, etc.]. *5* ELECT. tierra. *6* ~ *flax,* amianto.
earth (to) *tr.* enterrar, cubrir con tierra : *to* ~ *up,* AGR. acollar, aporcar. *2* ELECT., RADIO. conectar con tierra. — *3 tr. e intr.* hacer entrar o meterse bajo tierra, en la madriguera. .
earthball (ø'zbõl) *s.* trufa, criadilla de tierra.
earthboard (ø'zbõ'd) *s.* orejera [del arado].
earthborn (ø'zbo'n) *adj.* terrígeno. *2* terrenal. *3* mortal, humano. *4* de bajo nacimiento, vil.
earthbound (ø'baund) *adj.* sujeto a la tierra, a los intereses terrenales.
earth-eating *adj.* geófago.
earthen (ø'zøn) *adj.* terrizo, de barro. *2* terrenal.
earthenware (o'zønue') *s.* ollería, vasijas de barro; loza.
earthfall (o'zfol) *s.* desprendimiento de tierras.
earthiness (ø'zinis) *s.* terrosidad.
earthliness (ø'zlinis) *s.* terrenidad, mundanalidad.
earthling (ø'ling) *s.* habitante de la tierra, mortal. *2* persona mundana.
earthly (ø'zli) *adj.* terreno, terrestre, sublunar : *to be of no* ~ *use,* no servir para nada. *2* terrenal, temporal. *3* mundano, carnal.
earthly-mindedness *s.* mundanalidad.
earthnut (ø'znøt) *s.* BOT. chufa. *2* BOT. cacahuete, maní. *3* BOT. tubérculo de ciertas plantas.
earthquake (ø'zcueic) *s.* terremoto, temblor de tierra.
earthwork (ø'zuø'c) *s.* FORT., ING. terraplén.
earthworm (ø'zuø'm) *s.* lombriz de tierra, gusano. *2* pers. vil.
earthy (ø'zdi) *adj.* terroso, térreo, terrino. *2* terrestre, terrenal. *3* basto, grosero.
earwax (i·æ'uecs) *s.* cerumen.
earwig (i·æ'uig) *s.* ENTOM. tijereta, cortapicos. *2* ZOOL. ciempiés.
earwitness (i·æ'uitnis) *s.* testigo auricular.
ease (iš) *s.* alivio, descanso. *2* tranquilidad, sosiego. *3* comodidad, holgura, desahogo : *to take one's* ~, ponerse cómodo, a sus anchas. *4* facilidad, soltura, libertad, desembarazo, desparpajo, naturalidad : *with* ~, con facilidad. *5 at* ~, con desahogo, descansadamente, a gusto; *ill at* ~, incómodo, violento, mal a gusto.
ease (to) *tr.* moderar. *2* aligerar, descargar, desembarazar : *to* ~ *(someone) of (something),* fam. quitar por la fuerza, robar [algo a uno]. *3* tranquilizar. *4* aflojar. *5* facilitar, hacer más fácil. *6 to* ~ *nature* o *one's self,* obrar, hacer del cuerpo. *7* MAR. *to* ~ *away* o *off,* lascar, amollar, arriar poco a poco. — *8* intr. *to* ~ *off* o *up,* moderarse, disminuir, amainar, moderar la marcha.
easel (isøl) *s.* caballete [de pintor]. *2* atril.
easeless (išlis) *adj.* inquieto, sin reposo.
easement (išmønt) *s.* alivio, aflojamiento. *2* ARQ. apoyo, descargo. *3* DER. servidumbre.
easily (išili) *adv.* fácilmente. *2* sin dificultad; cómodamente.
easiness (išinis) *s.* comodidad, holgura, bienestar. *2* facilidad. *3* suavidad [de movimiento, etc.]. *4* soltura, desembarazo. *5* tranquilidad. *6* descuido, indiferencia. *7* indulgencia. *8* facilidad para dejarse influir o engañar.
east (ist) *s.* este, oriente, levante : *the Est.* GEOGR. el Oriente el Levante; el Este de los EE. UU.; *about* ~, pop. al pelo. — *2 adj* oriental, de oriente, del este, de levante : ~ *wind,* levante, viento del este. — *3 adv.* al este, hacia el este.
Easter (istø') *s.* Pascua de Resurrección o florida : ~ *day,* día de Pascua; ~ *Eve,* ~ *Saturday,* sábado Santo; ~ *time,* tiempo de Pascua.
easterly (istø'li) *adj.* oriental, del este. — *2 adv.* al este, hacia el este.
eastern (istø'n) *adj.* y *s.* oriental.
easterner (istø'nø') *s.* oriental. *2* habitante del Este [de los EE. UU.].
Eastertide (istø'taid) *s.* tiempo de Pascua.
eastward (istua'd) *adj.* que va o mira hacia el este. — *2 adv.* hacia el este. — *3 s.* este.
easy (iši) *adj.* fácil, llano, corriente. *2* sencillo, natural. *3* fluido [estilo]. *4* cómodo, holgado : ~ *chair,* butaca, sillón. *5* acomodado. *6* sociable, accesible, condescendiente, dócil. *7* asequible. *8* tranquilo, aliviado, contento. *9* suelto, desembarazado, desenvuelto. *10* manejable; fácil de engañar. *11* lento, tranquilo, moderado. *12* ligero, suave. *13* ~ *labour,* parto feliz. *14 within* ~ *reach,* al alcance, a la mano. — *15 adv.* EASILY. *16* con

calma, tranquilamente, quedo, quedito : *to take it* ~, tomarlo con calma.
easy-going *adj.* de andar suave [caballo]. *2* comodón, indolente. *3* condescendiente; que toma bien las cosas.
eat (to) (it) *tr.* comer. | No tiene el sentido de comer una pieza en el juego ni en el de sentir comezón : *to* ~ *crow,* tragar saliva, soportar algo por fuerza; *to* ~ *dirt, to* ~ *humble pie,* humillarse, retractarse o ceder con humillación; *to* ~ *one's head off,* comer con glotonería, atracarse; *to* ~ *its head off,* fig. costar de mantener [un caballo, etc.] más de lo que vale; *to* ~ *one's heart out,* consumirse, sufrir en silencio: *io* ~ *one's words,* retractarse, cantar la palinodia. *2* devorar. *3* corroer. *4* roer, consumir, gastar. *5 to* ~ *up,* consumir, devorar, destruir; derrotar completamente; tragar [una mentira, etc.]; *eaten up with curiosity,* consumido por la curiosidad. — *6 intr.* comer: *to* ~ *out of one's hand,* aceptar dócilmente el parecer, la dirección, etc., de uno. ¶ CONJUG. pret.: *ate; p. p.: eaten.*
eatable (itabøl) *adj.* comestible; comedero. — *2 s. pl.* comestible, vituallas.
eaten *p. p.* de TO EAT.
eater (itø') *s.* comedor [que come].
eating (iting) *adj.* consumidor, devorador, roedor. — *2 adj.* de comer : ~ *house,* bodegón, figón, restaurante.
eaves (ivš) *s. pl.* alero, socarrén, tejaroz.
eavesdrop (ivšdrop) *s.* gotera [donde cae el agua de los tejados] ; esta agua.
eavesdrop (to) *intr.* escuchar detrás de las puertas: fisgonear.
eavesdropper (ivšdropø') *s.* el que escucha escondido.
eavestile (ivštail) *s.* bocateja.
ebb (eb) *s.* MAR. menguante, reflujo : ~ *tide,* marea menguante, vaciante. *2* decadencia : ~ *of life,* vejez.
ebb (to) *intr.* menguar [la marea]. *2* decaer, bajar, disminuir.
ebbing (e·bing) *s.* reflujo, bajamar.
Ebenaceæ (ebønei·sii) *s. pl.* BOT. ebenáceas.
ebenaceous (ebøne·shøs) *adj.* BOT. ebenáceo.
ebon (e·bon) *adj.* de ébano; negro. .
ebonist (e·bonist) *s.* ebanista [que trabaja el ébano].
ebonite (e·bonait) *s.* ebonita.
ebonize (to) (e·bonaiš) *tr.* ennegrecer [imitando el ébano].
ebony (e·boni) *s.* BOT. ébano.
ebriety (ibrai·øti) *s.* ebriedad.
ebriosity (ibrio·siti) *s.* embriaguez habitual.
ebullience, ebulliency (ibø·liens, -si) *s.* ebullición, hervor; entusiasmo.
ebullient (ibø·lient) *adj.* hirviente, efervescente; entusiasta.
ebullition (ebøli·shøn) *s.* ebullición. *2* hervor, efervescencia. *3* agitación, explosión [de un sentimiento]; entusiasmo.
eburnated (e·bø'neitid) *adj.* MED. afectado de eburnación.
eburnation (ibø'ne·shøn) *s.* MED. eburnación.
eburnean (ibø'·nean), **eburneous** (ibø'·niøs) *adj.* ebúrneo, marfileño.
écarté (eica'tei·) *s.* ecarté [juego de naipes].
eccentric (icse·ntric) *s.* MEC. excéntrica. *2* círculo excéntrico. *3* excéntrico [pers.].
eccentric(al (icse·ntric(al) *adj.* excéntrico. *2* raro, estrambótico.
eccentrically (icse·ntricali) *adv.* excéntricamente.
eccentricity (icsentri·siti) *s.* excentricidad.
ecchymosis (ekimou·sis) *s.* equimosis.
Ecclesiastes (ecliši·æ·stiš) *s.* Eclesiastés.
ecclesiastic (ecliši·æ·stic) *s.* eclesiástico.
ecclesiastic(al (ecliši·æ·stic(al) *adj.* eclesiástico.
ecclesiastically (ecliši·æ·sticali) *adv.* eclesiásticamente.
ecclesiasticism (ecliši·æ·stisim) *s.* principios, métodos o prácticas eclesiásticas; espíritu eclesiástico.
ecclesiology (eclesio·lo·ÿi) *s.* ciencia de la Iglesia. *2* B. ART. estudio del arte religioso.
echelon (e·shølon) *s.* MIL. escalón.
echelon (to) *tr.* MIL. escalonar.
echidna (ekí·dna) *s.* ZOOL. equidna.
echinate(d (e·kineit(id) *adj.* erizado, cubierto de púas.

echinococcus (icai·nococøs) s. zool. equinococo.

echinoderm (icai·nodø'm) adj. y s. zool. equinodermo.

Echinodermata (icai·nodø'matæ) s. pl. zool. equinodermos.

echinodermatous (icainodø·'matøs) adj. equinodermo.

echinoid (icai·noid) adj. y s. zool. equinoideo.

echinus (icai·nøs) s. zool. equino, erizo de mar. 2 ARQ. equino. 3 ARQ. gallón.

echo (e·cou) s. eco : ~ sounder, MAR. sonda acústica; to the ~, estrepitosamente.

echo (to) intr. devolver, repetir [el sonido]. 2 hacer eco a, repetir, imitar. — 3 intr. resonar, repetirse como un eco.

echoic (ecou·ic) adj. ecoico; onomatopeico.

echometer (eco·metø') s. ecómetro.

echometry (eco·metri) s. ecometría.

éclair (ecle·ø') s. bollo de crema.

éclaircissement (ecle'si·sman) s. aclaración, explicación, ilustración.

eclampsia (eclæ·mpsiæ) s. MED. eclampsia.

éclat (ecla·) s. brillo, magnificencia. 2 aplauso, aprobación. 3 fama, notoriedad; escándalo.

eclectic (ecle·ctic) adj. y s. ecléctico.

eclecticism (ecle·ctisi̇s̆m) s. eclecticismo.

eclipse (icli·ps) s. eclipse.

eclipse (to) tr. eclipsar. — 2 intr. poét. eclipsarse.

ecliptic (icli·ptic) adj. eclíptico. — 2 s. ASTR. eclíptica.

eclogue (e·clog) s. égloga.

ecologic(al (icolo·gic(al) adj. ecológico.

ecology (ico·loy̆i) s. ecología.

economic (icono·mic) adj. económico [de la economía]. 2 que compensa, que pagas los gastos.

economical (icono·mical) adj. económico [de la economía; hecho con ahorro; ahorrativo; poco costoso].

economically (icono·micali) adv. económicamente.

economics (icono·mics) s. economía [ciencia], economía política

economist (ico·nomist) s. economista.

economize (to) (ico·nomai̇s̆) tr. e intr. economizar [usar con economía, no malgastar].

economy (ico·nomi) s. economía [en todas las acepciones] : animal ~, economía animal; domestic ~, economía doméstica; political ~, economía política.

ecru, écru (e·cru) adj. crudo [sin blanquear]. — 2 s. géneros de lino crudo. 3 color de seda o lino crudos.

ecstasied (e·cstasid) adj. extasiado, extático.

ecstasize (to) (e·cstasai̇s̆) tr. extasiar. — 2 intr. extasiarse.

ecstasy (e·cstasi), pl. -sies (-sis) s. éxtasis, arrobamiento. 2 enajenamiento.

ecstasy (to) tr. extasiar, arrobar.

ecstatic(al (ecstæ·tic(al) adj. extático.

ecstatically (ecstæ·ticali) adj. extáticamente.

ectasia (ectei·sia) s. MED. ectasia.

ectasis (e·ctæsis) s. éctasis. 2 MED. ectasia.

ectoblast (e·ctoblæst) s. BIOL. ectoblasto.

ectoderm (e·ctodø'm) s. BIOL. ectodermo.

ectodermal (e·ctodø'mal), ectordermic (ectodø·'mic) adj. ectodérmico.

ectoparasite (ectopæ·rasait) s. ectoparásito.

ectopia (ecto·piæ) s. MED. ectopia.

ectoplasm (e·ctoplæs̆m) s. ectoplasma.

ectropion (ectrou·piøn) s. MED. ectropión.

Ecuadorian (ecuado·rian) adj. y s. ecuatoriano.

ecumenic (ekiume·nic) adj. (Ingl.) ecuménico; universal.

ecumenical (ekiume·nical) adj. (EE. UU.) ecuménico; universal.

eczema (e·c̆s̆ima) s. MED. eczema.

eczematous (ec̆s̆e·matøs) adj. MED. eczematoso.

Ed (ed) n. pr. dim. de EDWARD, EDWIN, EDGAR, EDMUND.

edacious (edei·s̆øs) adj. relativo al comer. 2 voraz.

edacity (edæ·siti) s. voracidad, glotonería.

edaphology (edafo·loy̆i) s. edafología.

Eddy (e·di) n. pr. dim. de EDWARD, EDWIN, EDGAR, EDMUND.

eddy (e·di) s. remanso, regolfo. 2 remolino, torbellino. 3 ELECT. ~ current, corriente de Foucault.

eddy (to) tr. arremolinar, remolinar. — 2 intr. regolfar, arremolinarse, remolinear.

edelweiss (ei·delvais) s. BOT. pie de león [planta alpina].

edema (idi·ma) s. MED. edema.

edematous (ide·matøs) adj. MED. edematoso.

Eden (i·døn) s. edén.

Edentata (identei·ta) s. pl. zool. desdentados.

edentate (ide·nteit) adj. y s. zool. desdentado.

edge (edȳ) s. filo, corte : ~ tool, instrumento o herramienta cortante; instrumento para formar el filo. 2 canto, borde, esquina, ángulo. 3 extremo, margen, orilla. 4 ribete; pestaña. 5 cresta [de montaña]. 6 agudeza, fuerza, eficacia. 7 DEP. ventaja, margen favorable : to have the ~ on, llevar ventaja a. 8 to set the teeth on ~, dar dentera. 9 on ~, de canto; fig. impaciente, ansioso, nervioso.

edge (to) tr. afilar, aguzar. 2 ribetear, orlar. 3 limitar, rodear, formar el borde. 4 cortar, igualar el canto o borde de. 5 incitar, aguijonear. 6 mover o empujar poco a poco. 7 to ~ in, introducir, interpolar. — 8 intr. avanzar de lado, o poco a poco.

edged (e·dȳid) adj. afilado, cortante.

edgeless (e·dȳlis) adj. embotado, romo, sin filo.

edgeways (e·dȳueis), edgewise (e·dȳuai̇s̆) adv. de filo, de canto, de lado.

edging (e·dȳing) s. orilla, ribete, vivo, guarnición, orla. 2 orladura, ribeteado.

edibility (edibi·liti) s. calidad de comestible.

edible (e·dibøl) adj. y s. comestible.

edibleness (e·dibølnis) s. EDIBILITY.

edict (i·dict) s. edicto, decreto, orden, bando.

edification (edifike·shøn) s. edificación [en sentido moral o espiritual]; enseñanza, instrucción.

edificatory (e·dificatori) adj. edificante; instructivo.

edifice (e·difis) s. edificio.

edifier (e·difaiø') s. edificador.

edify (to) (e·difai) tr. edificar [moral o espiritualmente]; enseñar, instruir. ¶ CONJUG. pret. y p. p.: edified.

edifying (e·difaing) adj. edificante, edificativo.

edifyingly (e.difaingli) adv. edificantemente, ejemplarmente.

edile (i·dail) s. edil.

edit (to) (e·dit) tr. preparar para la publicación; revisar, cuidar [una edición]. 2 redactar, dirigir [un periódico].

edition (edi·shøn) s. edición [ejemplares que se publican de una vez; forma en que un libro es publicado]. 2 edición, repetición [de una cosa].

editor (e·ditø') s. director, redactor [de una publicación]; ~ in chief, redactor jefe. 2 el que revisa, anota, prepara [la obra de otro] para la publicación.

editorial (edito·rial) adj. del director de una edición o publicación : ~ rooms, redacción [lugar u oficina]; ~ staff, redacción [cuerpo de redactores]. — 2 s. editorial, artículo de fondo : ~ writer, editorialista.

editorship (e·ditø'ship) s. dirección [de un periódico, de una edición]; cargo de redactor [de una sección].

Edmund (e·dmønd) n. pr. Edmundo.

educate (to) (e·diukeit) tr. educar. 2 enseñar, instruir. 3 amaestrar.

educated (e·diukeitid) adj. educado, instruido, culto.

education (ediuke·shøn) s. educación. | No tiene el sentido de urbanidad. 2 instrucción, enseñanza. 3 ilustración, cultura. 4 amaestramiento.

educational (ediuke·shønal) adj. educativo, *educacional. 2 docente, de enseñanza. 3 cultural.

educationalist (ediuke·shønalist), educationist (ediuke·shønist) s. educador, pedagogo, persona versada en asuntos de educación o enseñanza.

educative (e·diukeitiv) adj. educativo.

educator (e·diukeitø') s. educador, pedagogo.

educe (to) (idiu·s) tr. educir. 2 desarrollar, hacer aparecer o manifestarse.

eduction (idø·cshøn) s. educción. 2 acción de sacar o hacer aparecer.

edulcorate (to) (idø·lcoreit) tr. edulcorar, endulzar.

edulcoration (idølcore·shøn) s. edulcoración, endulzamiento.

edulcorative (idø·lcoreitiv) adj. dulcificante.

Edward (e·dua'd) n. pr. m. Eduardo.

eel (il) s. ICT. anguila. 2 nombre de varios gusanos. 3 ICT. electric ~, gimnoto.

eelpot (i·lpot) s. nasa para anguilas.

eelpout (i·lpaut) s. ICT. zoarces.

e'en (in) adv. EVEN.

e'er (e·ø') adv. EVER.

eerie, eery (ɪˈri) *adj.* asustadizo [de aparecidos o cosas misteriosas]. 2 temeroso, imponente misterioso, fantástico, sobrenatural.

efface (to) (eˈfeis) *tr.* borrar, hacer desaparecer.

effaceable (eˈfeisabøl) *adj.* deleble.

effect (eˈfect) *s.* efecto. | No tiene el sentido de efecto que se da a una pelota o bola, ni el de efecto mercantil : *useful* ~, MEC. efecto útil ; *for* ~, para causar efecto ; *to the* ~ *that*, al efecto de que, en el sentido de que. 2 consecuencia, resultado. 3 cumplimiento, realización ; vigencia, vigor : *to take* ~, producir su efecto : tener cumplimiento ; ponerse en vigor : *to go into* ~. entrar en vigor. 4 realidad : *in* ~, de hecho, en realidad. 5 fuerza, eficacia : *of no* ~, ineficaz, vano. 6 *pl.* efectos, bienes.

effect (to) *tr.* efectuar, realizar, llevar a cabo, cumplir, producir, hacer.

effecter (eˈfectø') *s.* causante, autor, que efectúa.

effective (eˈfectiv) *adj.* efectivo, real. 2 eficaz, operante, útil. 3 que hace o produce. 4 impresionante, vistoso, brillante, de efecto. 5 vigente. — 6 *s.* MIL., COM. efectivo.

effectively (eˈfectivli) *adv.* efectivamente, realmente. 2 eficazmente.

effectiveness (eˈfectivnis) *s.* efecto, efectividad. 2 eficiencia, eficacia.

effectless (eˈfectlis) *adj.* ineficaz, sin efecto o resultado.

effector (eˈfectø') *s.* que efectúa.

effectual (eˈfecchual) *adj.* eficaz, adecuado, suficiente. 2 DER. válido.

effectually (eˈfecchuali) *adv.* eficazmente. 2 efectivamente, de hecho.

effectuate (to) (eˈfeˈkchueit) *tr.* efectuar, poner por obra, realizar, cumplir.

effeminacy (eˈfeminasi) *s.* afeminamiento, enervación, molicie.

effeminate (eˈfeminit) *adj.* afeminado, enervado.

effeminate (to) (eˈfeˈmineit) *tr.* afeminar, enervar. — 2 *intr.* afeminarse.

effeminately (eˈfeminitli) *adv.* afeminadamente.

effeminateness (eˈfeminitnis), **effemination** (eˈfeminei·shøn) *s.* afeminación, afeminamiento.

Effendi (eˈfendi) *s.* efendi.

efferent (eˈførønt) *adj.* FISIOL. eferente.

effervesce (to) (eˈføˈves) *intr.* hervir, estar en efervescencia.

effervescence (eˈføˈvesøns) *s.* efervescencia, hervor.

effervescent (eˈføˈvesønt) *adj.* efervescente.

effete (eˈfiˈt) *adj.* estéril, infructuoso. 2 gastado, cascado, agotado.

efficacious (eˈfikeiˈshøs) *adj.* eficaz.

efficaciously (eˈfikeiˈshøsli) *adv.* eficazmente.

efficaciousness (eˈfikeiˈshøsnis) *s.* eficacia, eficiencia.

efficacy (eˈfikasi) *s.* eficacia. 2 virtud, poder.

efficiency (eˈfiˈshensi) *s.* eficiencia. 2 actividad, energía, competencia. 3 fuerza, virtud. 4 rendimiento, efecto útil.

efficient (eˈfiˈshent) *adj.* eficiente. 2 activo, competente. 3 MEC. de gran rendimiento. — 4 *s.* causa eficiente. 5 pers. competente.

efficiently (eˈfiˈshentli) *adv.* eficientemente. 2 eficazmente. 3 MEC. con buen rendimiento.

Effie (eˈfi) *n. pr.* dim. de EUPHEMIA.

effigy (eˈfiˈyi) *s.* efigie : *to burn in* ~, quemar en efigie.

effloresce (to) (eˈfloreˈs) *intr.* eflorescerse. 2 florecer, echar flor.

efflorescence (eˈfloreˈsens) *s.* BOT. florescencia. 2 QUÍM., MED. eflorescencia.

efflorescent (eˈfloreˈsent) *adj.* eflorescente. 2 florescente.

effluence (eˈfluens) *s.* emanación, efluvio ; efusión, salida.

effluent (eˈfluent) *adj.* efluente.

effluvium (eˈfiuˈviøm) *s.* efluvio, emanación.

efflux (eˈfløcs) *s.* flujo, efusión, derrame, emanación, exhalación.

efflux (to) *intr.* fluir.

effluxion (eˈfløˈcshøn) *s.* EFFLUX.

effort (eˈføˈt) *s.* esfuerzo, conato, empeño. 2 producto literario o artístico. 3 MEC. potencia.

effrontery (eˈfrønˈtøri) *s.* descaro, desfachatez, desvergüenza.

effulge (to) (eˈføˈly) *intr.* lucir, brillar, resplandecer.

effulgence (eˈføˈlyens) *s.* brillantez, resplandor, esplendor, fulgor.

effulgent (eˈføˈlyent) *adj.* brillante, resplandeciente, esplendoroso.

effuse (eˈfiuˈs) *adj.* BOT. esparcido ; sin forma definida.

effuse (to) *tr.* efundir, verter, derramar, esparcir. 2 *intr.* emanar, fluir, manar.

effusion (eˈfiuˈyøn) *s.* efusión. 2 derramamiento, derrame. 3 expansión, desahogo.

effusive (eˈfiuˈsiv) *adj.* efusivo, demostrativo, expansivo. 2 que fluye.

effusively (eˈfiuˈsivli) *adv.* efusivamente.

effusiveness (eˈfiuˈsivnis) *s.* efusión, carácter efusivo.

eft (eft) *s.* ZOOL. tritón, salamandra acuática.

egad (iˈgaˈd) *interj.* ant. ¡ pardiez !

egest (to) (iˈyeˈst) *tr.* FISIOL. evacuar, secretar, expulsar.

egesta (iˈyeˈsta) *s. pl.* FISIOL. secreciones, excrementos.

egestion (iˈyeˈschøn) *s.* FISIOL. evacuación, secreción, expulsión.

egg (eg) *s.* huevo : *bad* ~, huevo podrido ; *new-laid* ~, huevo fresco ; *fried* ~, huevo frito o estrellado ; *hard-boiled* ~, huevo duro ; *soft-boiled* ~, huevo pasado por agua ; *scrambled eggs*, huevos revueltos ; ~ *cell*, BIOL. célula reproductora, óvulo, huevo ; ~ *coal*, antracita gruesa ; ~ *glass*, reloj de arena para cocer huevos ; huevera de vidrio ; ~ *laying*, postura. 2 fig. persona, individuo : *a bad* ~, una mala persona. 3 ARQ. óvalo. 4 BOT. ~ *apple*, berenjena.

egg (to) *tr.* cubrir o mezclar con huevo. 2 (EE. UU.) arrojar huevos a [una pers.]. 3 *to* ~ *on*, incitar, hurgar, instigar. — 4 *intr.* coleccionar huevos.

eggcup (eˈgcøp) *s.* huevera [utensilio].

egg-laying *adj.* ponedora [ave].

eggnog (eˈgnog) *s.* yema mejida, caldo de la reina.

eggplant (eˈgplant) *s.* BOT. berenjena.

eggshell (eˈgshel) *s.* cáscara de huevo, cascarón : ~ *china* o *porcelain*, porcelana muy fina.

egis (iˈyis) *s.* égida, escudo.

eglantine (eˈglantain) *s.* BOT. zarzarrosa ; escaramujo, agavanzo.

egoism (eˈgou- o ɪˈgouišm) *s.* egoismo.

egoist (eˈgou- o ɪˈgouist) *s.* egoísta.

egoistic (egou- o igouiˈstic) *adj.* egoísta. 2 perteneciente al yo, a la conciencia.

egotism (ɪˈgoutišm) *s.* egotismo. 2 egoísmo.

egotist (ɪˈgoutist) *s.* egotista. 2 egoísta.

egotistic(al (ɪˈgoutiˈstic(al) *adj.* egotista.

egotize (to) (ɪˈgoutaiš) *intr.* hablar o escribir mucho de sí mismo.

egregious (iˈgriˈyøs) *adj.* egregio. 2 insigne, notable [por una mala cualidad].

egregiously (igriˈyøsli) *adv.* egregiamente.

egregiousness (igriˈyøsnis) *s.* calidad de EGREGIOUS.

egress (iˈgres) *s.* salida [acción, lugar].

egression (igreˈshøn) *s.* salida [acción].

egret (eˈ- o iˈgret) *s.* ORNIT. garceta. 2 ORNIT. garzota. 3 airón, penacho.

Egypt (iˈyipt) *n. pr.* GEOGR. Egipto.

Egyptian (iˈyipshan) *adj. y s.* egipcio, egipcíaco.

Egyptologist (iˈyiptoˈloyist) *s.* egiptólogo.

Egyptology (iˈyiptoˈloyi) *s.* egiptología.

eh (ei) *interj.* ¿eh?, ¿qué?

eider, eider-duck (aiˈdø', aiˈdø'-døc) *s.* ORNIT. eidero, pato de flojel. 2 ~ *down*, plumón del eidero ; edredón.

eidograph (aiˈdograf) *s.* eidógrafo.

eidolon (aidouˈlon) *s.* vaga imagen, fantasma.

eight (eit) *adj. y s.* ocho : ~ *o'clock*, las ocho ; ~ *hundred*, ochocientos.

eighteen (eitˈn) *adj. y s.* diez y ocho, dieciocho.

eighteenth (eitˈnz) *adj.* decimoctavo, dieciocheno ; dieciocho [ordinal]. — 2 *adj. y s.* dieciochavo.

eightfold (eiˈtfould) *adj.* óctuplo. 2 que consta de ocho partes.

eighth (eitz) *adj. y s.* octavo. — 2 *s.* MÚS. octava.

eighthly (eiˈtzli) *adv.* en octavo lugar.

eightieth (eiˈtiez) *adj.* octogésimo ; ochenta [ordinal]. — 2 *adj. y s.* octogésimo, ochentavo.

eight-sided *adj.* octogonal, octógono. 2 ochavado.

eighty (eiˈti) *adj. y s.* ochenta.

either (ɪˈdø' o aiˈdø') *adj.* uno y otro, ambos, entrambos. 2 uno u otro. 3 cada [de dos]. — 4 *pron.* uno o cualquiera de los dos. — 5 *conj.* o, ya : ~ *he goes or I do*, o va él o voy yo. — 6 *adv.* en todo caso, también. 7 (con negación) tampoco : *nor that* ~, ni eso tampoco.

ejaculate (to) (iỹæ·kiuleit) *tr.* eyacular. 2 exclamar, proferir. — *3 intr.* brotar, salir con fuerza.
ejaculation (iỹækiule·shøn) *s.* eyaculación. 2 exclamación, jaculatoria.
ejaculatory (iỹæ·kiulatori) *adj.* relativo a la eyaculación. 2 exclamativo, jaculatorio.
eject (to) (iỹect) *tr.* echar, arrojar, expeler, vomitar. 2 echar fuera, expulsar, desalojar. 3 DER. lanzar.
ejecta (iỹe·cta) *s. pl.* materias expelidas.
ejection (iỹe·cshøn) *s.* eyección, expulsión, evacuación 2 expulsión [de una sala, de un sitio]; desahucio.
ejectment (iỹe·ctmønt) *s.* EJECTION 2.
ejector (iỹe·ctø') *s.* MEC. eyector, expulsor. 2 desposeedor.
eke out (to) (ic) *tr.* reunir, completar, aumentar [con dificultad o poco a poco]. 2 ganarse [la vida, el sustento] con dificultad.
elaborate (ilæ·borit) *adj.* trabajado, primoroso, detallado, minucioso. 2 complicado, rebuscado, recargado.
elaborate (to) (ilæ·boreit) *tr.* elaborar. 2 labrar, trabajar con primor o esmero. — *3 intr.* extenderse, explayarse, explicarse con muchos detalles.
elaborately (ilæ·boritli) *adv.* primorosamente. 2 de un modo rebuscado, complicado, recargado.
elaborateness (ilæ·boritnis) *s.* primor, perfección, minuciosidad. 2 complicación, calidad de rebuscado, complicado.
elaboration (ilæbore·shøn) *s.* elaboración, trabajo cuidado o primoroso. 2 obra acabada.
elaborative (ilæ·borativ) *adj.* elaborativo, cuidadoso.
elaborator (ilaboreı·tø') *s.* elaborador, artífice.
elan (e·lan) *s.* ímpetu, vivacidad.
elance (to) (ila·ns) *tr.* poét. lanzar, arrojar.
eland (i·lænd) *s.* ZOOL. antílope africano.
elapse (to) (ilæ·ps) *intr.* pasar, transcurrir [un tiempo].
elasmobranch (ilæ·smobrænc) *adj. y s.* ICT. elasmobranquio.
Elasmobranchii (ilæ·smobrænkiaı) *s. pl.* ICT. elasmobranquios.
elastio (ilæ·stic) *adj.* elástico : ~ *gum*, ~ *rubber*, goma elástica. 2 MEC. de elasticidad : ~ *limit*, límite de elasticidad. — *3 s.* tejido elástico. 4 cosa hecha de goma elástica o tejido elástico. 5 *pl.* ligas.
elasticity (ilæsti·siti) *s.* elasticidad, resorte.
elate (ileı·t) *adj.* gozoso, triunfante, lleno de esperanzas.
elate (to) *tr.* exaltar el espíritu de, alborozar. 2 engreír.
elated (ileı·tid) *adj.* triunfante, gozoso, glorioso, alborozado. 2 engreído.
elatedly (ileı·tidli) *adv.* triunfantemente, gozosamente.
elation (ileı·shøn) *s.* elación. 2 júbilo, alborozo.
elbow (e·lbøu) *s.* ANAT. codo : ~ *grease*, fam. energía en el trabajo; esfuerzo duro; *out at* ~ *bows*, enseñando los codos, desharrapado; *to crook the* ~, pop. empinar el codo; *at one's* ~, al lado, muy cerca, a la mano; *up to the elbows*, enfrascado, engolfado. 2 codo, recodo, ángulo; codillo, tubo acodado. 3 brazo [de sillón].
elbow (to) *tr.* empujar o dar con el codo. 2 *to* ~ *one s way*, abrirse paso a codazos. — *3 intr.* codear, dar codazos. 4 formar ángulo o codo.
elbowchair (e·lbouche') *s.* sillón, silla de brazos.
elbowed (e·lboud) *adj.* que tiene codos o codo.
elbowpiece (e·lboupis) *s.* codal [de la armadura].
elbowroom (e·lbourum) *s.* espacio para moverse, espacio suficiente. 2 libertad de acción.
elder (e·ldø') *adj.* mayor, de más edad, más antiguo, viejo : ~ *officer*, oficial más antiguo; ~ *sister*, hermana mayor; *Pliny the Elder*, Plinio el Viejo. 2 superior [en categoría, etc.]. 3 *comp.* el mayor. — *4 s.* mayor [antepasado]; superior; persona mayor [que uno]. 5 persona de edad. 6 anciano, jefe [de tribu o familia]. 7 ECLES. dignatario. 8 BOT. saúco, sabuco, sabugo : ~ *blow*, saúco, flor de saúco.
elderberry (e·ldø'beri), *pl.* -**ries** (-ris) *s.* BOT. baya del saúco. 2 BOT. saúco [árbol].
elderly (e·ldø'li) *adj.* mayor, de alguna edad, anciano. 2 perteneciente a la ancianidad o a la edad madura.
elderwort (e·ldø'uø't) *s.* BOT. yezgo.

eldest (e·ldest) *adj. superl.* mayor, más antiguo [de todos]. 2 primogénito.
Eleanor (e·lianø' o e·lanø'), **Elinor** (e·lino') *n. pr. f.* Leonor.
elecampane (elecampeı·n) *s.* BOT. helenio; énula campana.
elect (ile·ct) *adj.* elegido, escogido, predestinado. 2 electo. — *3 s.* TEOL. elegido.
elect (to) *tr.* elegir, escoger. 3 elegir [para un cargo].
election (ile·cshøn) *s.* elección.
electioneer (ilecshøni·ø') *s.* propagandista o muñidor electoral.
electioneer (to) *intr.* POL. hacer propaganda o trabajar para una elección.
elective (ile·ctiv) *adj.* electivo. 2 facultativo, voluntario.
electively (ile·ctivli) *adv.* electivamente.
elector (ile·ctø') *s.* elector.
electoral (ile·ctøral) *adj.* electoral. 2 (EE. UU.) ~ *college*, conjunto de compromisarios para la elección de Presidente.
electorate (ile·ctørit) *s.* electorado. 2 cuerpo electoral.
electress (ile·ctris) *s.* electriz. 2 electora.
electric(al (ile·ctric(al) *adj.* eléctrico : ~ *balance*, puente de Wheatstone, electrómetro de balanza : ~ *candle*, bujía eléctrica, bujía de Jablochkoff; ~ *car*, tranvía eléctrico; ~ *chair*, silla eléctrica; ~ *cooker*, cocina eléctrica; ~ *column*, pila voltaica; ~ *eel*, ICT. gimnoto; ~ *cye*, célula fotoeléctrica, ojo mágico; ~ *fixtures*, instalación eléctrica; ~ *heating*, calefacción eléctrica; ~ *iron*, plancha eléctrica; ~ *lighting*, alumbrado eléctrico; ~ *meter*, contador de electricidad; ~ *motor*, electromotor, motor eléctrico; ~ *power*, fuerza eléctrica; ~ *ray*, ICT. torpedo, tremielga; ~ *refrigerator*, nevera eléctrica; ~ *tape*, cinta aislante; ~ *varnish*, barniz aislante; ~ *wave*, onda hertziana; ~ *welding*, soldadura eléctrica; ~ *wiring*, instalación de electricidad [conductores]. 2 electricista : *electrical engineer*, ingeniero electricista; *electrical engineering*, electrotecnia, ingeniería electricista. 3 fig. vivo, fogoso, electrizante.
electrically (ile·ctricali) *adv.* eléctricamente : ~ *controlled*, ~ *operated*, con mando eléctrico : ~ *heated*, calentado eléctricamente; con calefacción eléctrica.
electrician (ilectri·shan) *s.* electricista.
electricity (ilectri·siti) *s.* electricidad.
electrification (ilectrifike·shøn) *s.* electrización. 2 electrificación.
electrify (to) (ile·ctrifai) *tr.* electrizar. 2 electrificar.
electrization (ile·ctrize·shøn) *s.* electrización.
electrize (to) (ile·ctraiš) *intr.* electrizar.
electrizer (ile·ctraišø') *s.* electrizador.
electro (ile·ctrou) *s.* plancha de electrotipia.
electroanalysis (ilectroanæ·lisis) *s.* electroanálisis.
electrobiology (ilectrobaio·loỹi) *s.* electrobiología.
electrobus (ile·ctrobøs) *s.* trolebús.
electrocardiogram (ilectroca·diogræm) *s.* MED. electrocardiograma.
electrocardiograph (ilectroca·dio·græf) *s.* electrocardiógrafo.
electrocardiography (ilectroca·dio·grafi) *s.* electrocardiografía.
electrochemistry (ilectroke·mistri) *s.* electroquímica.
electrochemical (ilectroke·mical) *adj.* electroquímico.
electrochronograph (ilectrocro·nogræf) *s.* electrocronógrafo.
electroculture (ilectrocø·lchø') *s.* uso de la luz eléctrica para estimular el crecimiento de las plantas.
electrocute (to) (ile·ctrokiut) *tr.* electrocutar.
electrocution (ile·ctrokiushøn) *s.* electrocución.
electrode (ile·ctroud) *s.* electrodo.
electrodynamio (ilectrodainæ·mic) *adj.* electrodinámico.
electrodynamics (ilectrodainæ·mics) *s.* electrodinámica.
electrodynamometer (ilectrodainamo·metø') *s.* electrodinamómetro.
electro-encephalogram (-ense·falogræm) *s.* electroencefalograma.
electro-encephalography (-ense·falografi) *s.* electroencefalografía.

electrogenous (ile·ctroȳinøs) *adj.* electrógeno.
electrograph (ile·ctrogræf) *s.* electrograma. 2 electrógrafo. *3* radiografía.
electrography (ile·ctrografi) *s.* electrografía.
electrokinetic (ilectrokine·tic) *adj.* electrocinético.
electrokinetics (ilectrokine·tics) *s.* electrocinética.
electrolier (ilectrolɪ·ʳ) *s.* candelabro o araña de lámparas eléctricas.
electrolysis (ilectro·lisis) *s.* electrólisis.
electrolyte (ile·ctrolait) *s.* electrólito.
electrolytic (ilectroli·tic) *adj.* electrolítico.
electrolyzation (ilectrolize·shøn) *s.* electrolización.
electrolyze (to) (ile·ctrolaiš) *tr.* electrolizar.
electrolyzer (ile·ctrolaišøʳ) *s.* electrolizador. 2 CIR. instrumento para el tratamiento eléctrico de la estrechez uretral.
electromagnet (ilectromæ·gnit) *s.* electroimán.
electromagnetic (ilectromægne·tic) *adj.* electromagnético.
electromagnetism (ilectromæ·gnetišm) *s.* electromagnetismo.
electro-massage *s.* masaje eléctrico.
electromechanical (ilectromicæ·nical) *adj.* electromecánico.
electrometallurgy (ilectrome·tæløʳȳi) *s.* electrometalurgia.
electrometer (ilectromi·tøʳ) *s.* electrómetro.
electrometric (ilectrome·tric) *adj.* electrométrico.
electrometry (ile·ctrometri) *s.* electrometría.
electromobile (ilectromou·bil) *s.* automóvil eléctrico.
electromotion (ilectromou·shøn) *s.* movimiento producido por electricidad. 2 circulación de una corriente eléctrica.
electromotive (ilectromou·tiv) *adj.* electromotor, electromotriz : ~ *force*, fuerza electromotriz.
electromotor (ilectromou·tøʳ) *s.* electromotor, motor eléctrico.
electron (ile·ctron) *s.* FÍS., QUÍM. electrón. 2 electro [aleación]. — *3 adj.* ELECT. electrónico; de vacío, termiónico : ~ *microscope*, microscopio electrónico; ~ *tube*, tubo de vacío; tubo termiónico, válvula, lámpara [de radio].
electronegative (ilectrone·gativ) *adj.* electronegativo.
electronic (ilectro·nic) *adj.* electrónico.
electronics (ilectro·nics) *s.* electrónica.
electropathy (ilectro·pazi) *s.* electroterapia.
electrophorus (ilectro·førøs), *pl.* **-ri** (-rai) *s.* electróforo.
electrophysics (ilectrofi·sics) *s.* electrología.
electrophysiology (ilectrofisio·loȳi) *s.* electrofisiología.
electroplate (ile·ctropleit) *s.* artículo galvanizado.
electroplate (to) *tr.* galvanizar [recubrir de metal].
electroplating (ile·ctropleiting) *s.* galvanoplastia.
electropositive (ilectropo·šitiv) *adj.* electropositivo.
electropuncturation (ilectropønktiure·shøn) *s.* CIR. electropuntura.
electroscope (ile·ctroscoup) *s.* electroscopio.
electrostatic (ilectrostæ·tic) *adj.* electrostático.
electrostatics (ilectrostæ·tics) *s.* electrostática.
electrostenolysis (ilectrostino·lisis) *s.* electroestenólisis.
electrotechnic (ilectrote·cnic) *adj.* electrotécnico.
electrotechnics (ilectrote·cnics) *s.* electrotecnia.
electrotelegraphy (ilectrotile·grafi) *s.* telegrafía eléctrica.
electrotherapeutic(al (ilectrozerapiu·tic(al) *adj.* electroterápico.
electrotherapy (ilectroze·rapi) *s.* electroterapia.
electrothermal (ilectroze·ʳmal), **electrothermic** (ilectroze·ʳmic) *adj.* electrotérmico.
electrothermancy (ilectroze·ʳmansi). **electrothermics** (ilectroze·ʳmics) *s.* electrotermia.
electro-thermometer *s.* termómetro eléctrico.
electrotonus (ilectro·tonøs) *s.* FISIOL. modificación producida en un nervio cuando una corriente eléctrica pasa por cualquier parte de él.
electrotype (ile·ctrotaip) *s.* electrotipo. 2 electrotipia [estampa].
electrotype (to) *tr.* electrotipar, reproducir por electrotipia.
electrotyper (ilectrotai·pøʳ) *s.* electrotipista. 2 baño para la electrotipia.
electrotypic (ilectroti·pic) *adj.* electrotípico.
electrotypist (ile·ctrotipist) *s.* electrotipista.
electrotyping (ilectrotai·ping), **electrotypy** (ilectrotai·pi) *s.* electrotipia.
electrum (ile·ctrøm) *s.* electro. 2 plata alemana.
electuary (ile·cchueri) *s.* FARM. electuario.

eleemosynary (elimo·sinøri) *adj.* caritativo. 2 de limosna. *3* que vive de limosna.
elegance (e·ligans) *s.* elegancia. 2 refinamiento, galanura, buen gusto.
elegancy (e·ligansi), *pl.* **-cies** (-sis) *s.* elegancia. | Ús comúnmente en plural.
elegant (e·ligant) *adj.* elegante. 2 refinado. 3 delicado, de buen gusto. *4* pop. admirable, excelente.
elegantly (e·ligantli) *adv.* elegantemente, galanamente.
elegiac(al (eliȳai·æc(al) *adj.* elegíaco.
elegiast (eli·ȳiast), **elegist** (e·liȳist) *s.* poeta elegíaco.
elegize (to) (e·liȳaiš) *intr.* escribir una elegía. — *2 tr.* llorar o alabar [a uno] en una elegía.
elegy (e·liȳi), *pl.* **-gies** (-ȳis) *s.* elegía.
element (e·limønt) *s.* elemento [componente, principio]. 2 BIOL. célula o unidad morfológica. · 3 ELECT. elemento, par. *4* QUÍM. elemento, cuerpo simple. 5 elemento [tierra, agua, etc.] : *the four elements*, los cuatro elementos. 6 elemento, medio ambiente, esfera : *to be in one's* ~, estar en su elemento. 7 *pl.* elementos, rudimentos, primeros principios [de una ciencia o arte]. *8* elementos [fuerzas naturales]. *9* LITURG. el pan y el vino en la Eucaristía.
elemental (elime·ntal) *adj.* elemental. 2 simple, primario. 3 perteneciente o relativo a los elementos o fuerzas de la naturaleza; comparable a ellos.
elementarily (elime·ntarili) *adv.* elementalmente.
elementariness (elime·ntarinis) *s.* carácter elemental.
elementary (elime·ntari) *adj.* elemental [relativo a los elementos o rudimentos], rudimentario : ~ *school*, escuela elemental o primaria. 2 QUÍM. de la naturaleza de un elemento, simple.
elemi (e·limi) *s.* elemí.
elench (e·lenc) *s.* argumento especioso, sofisma. 2 índice, tabla
elenchus (ele·nkus), *pl.* **-chi** (-ki) *s.* refutación en forma silogística.
elephant (e·lifant) *s.* ZOOL. elefante : *white* ~, fig. cosa que cuesta mucho de mantener o conservar; *elefante blanco. 2 cierto tamaño de papel.
elephantiasis (elifanta·iasis) *s.* MED. elefantiasis, elefancía.
elephantine (elifæ·ntin) *adj.* elefantino.
Eleusinian (eliusi·nian) *s.* eleusino.
elevate (to) (e·liveit) *tr.* elevar, levantar, alzar, subir. 2 elevar, encumbrar, engrandecer, ennoblecer, refinar. 3 levantar los ánimos, alegrar, ex citar, inspirar.
elevated (e·liveitid) *adj.* elevado, alto : ~ *railroad* (EE. UU.), ferrocarril aéreo o elevado. 2 exaltado, encumbrado. 3 animado, gozoso. 4 fam. achispado. — *5 s.* fam. (EE. UU.) ferrocarril aéreo o elevado.
elevation (elive·shøn) *s.* elevación [acción, estado]. 2 encumbramiento, exaltación. 3 celsitud. *4* alteza, altura. 5 GEOGR. altitud. *6* ARQ., DIB. alzado. 7 TOP. cota. *8* LITURG. elevación.
elevator (e·liveitøʳ) *s.* elevador [el o lo que eleva]. 2 montacargas, aparato elevador. 3 (EE. UU.) ascensor. *4* (Ingl.) escalera mecánica. 5 edificio para almacenar, cargar y descargar granos. *6* AVIA. timón de profundidad.
eleven (ile·vøn) *adj.* y *s.* once : ~ *o'clock*, las once. — *2 s.* DEP. once [equipo de fútbol].
eleventh (ile·vønz) *adj.* onceno, undécimo : *the* ~ *hour*, fig. el último momento. — *2 adj.* y *s.* onceavo.
elf (elf), *pl.* **elves** (elvš) *s.* elfo. 2 enano [pers. pequeña]. 3 trasgo, diablillo [niño travieso].
elfin (e·lfin) *adj.* de los elfos, de elfo. 2 que tiene la gracia, la magia, etc., de los elfos. — *3 s.* elfo. 4 trasgo, diablillo [niño travieso].
elfish (e·lfish) *adj.* de los elfos, de elfo; parecido a un elfo. 2 fantástico. 3 enredador, travieso.
Eli (i·lai) *n. pr.* BIBL. Elí.
elicit (to) (ili·sit) *tr.* educir, sacar, sonsacar, arrancar, producir, despertar : *to* ~ *admiration*, despertar admiración.
elide (to) (ilai·d) *tr.* GRAM. elidir. 2 hacer caso omiso de.
eligibility (eliȳibi·liti) *s.* elegibilidad. 2 calidad de deseable o conveniente.
eligible (e·liȳibøl) *adj.* elegible. 2 deseable, digno de ser escogido, conveniente.

eligibleness (e·liȳibø̜lnis) s. ELEGIBILITY.
eligibly (e·liȳibli) adv. por modo elegible.
Elijah (ilai·ȳæ) n. pr. m. Elías.
eliminate (to) (ili·mineit) tr. eliminar, excluir, rechazar, suprimir. 2 MAT., FISIOL. eliminar.
eliminating (ilimi·nei·tiṅ) adj. eliminador.
elimination (ilimine·shø̜n) s. eliminación.
eliminator (ilimi·nei·tø') s. eliminador.
Eliot (e·liø̜t) n. pr. m. Elías.
Elisha (ilai·sha) n. pr. m. Eliseo.
elision (ili·ȳø̜n) s. GRAM. elisión.
elite (eli·t) s. lo mejor, lo selecto, la flor y nata.
elixir (ili·csø') s. elixir.
Eliza (ilai·sa) n. pr. f. Elisa. 2 Isabel.
Elizabeth (ili·sabez) n. pr. f. Isabel.
Elizabethan (ilisabi·zan) adj. isabelino.
elk (elk) s. ZOOL. anta, alce. 2 ZOOL. uapití.
ell (el) s. ana [medida]. 2 ala o pabellón [de un edificio]. 3 cosa en forma de L.
Ellen (e·len) n. pr. f. Elena.
Ellick (i·lic) n. pr. dim. de ALEXANDER.
ellipse (eli·ps) s. GEOM. elipse.
ellipsis (eli·psis) s. GRAM. elipsis.
ellipsoid (eli·psoid) s. GEOM. elipsoide.
ellipsoidal (elipsoi·dal) adj. GEOM. elipsoidal.
elliptic(al (eli·ptic(al) adj. elíptico.
elliptically (eli·pticali) adv. elípticamente.
elm (elm) s. BOT. olmo, negrillo : ～ grove, olmedo.
elmy (e·lmi) adj. abundante en olmos.
elocution (elokiu·shø̜n) s. elocución, declamación.
elocutionary (elɔkiu·shø̜neri) adj. declamatorio.
elocutionist (elokiu·shonist) s. declamador.
éloge (e·louȳ) s. elɔgio, oración fúnebre.
elongate (ilo·ngueit) adj. alargado. 2 largo y estrecho.
elongate (to) tr. alargar, prolongar. — 2 intr. alargarse, prolongarse. 3 BOT., ZOOL. tener una forma alargada.
elongated (ilo·ngueitid) adj. ELONGATE.
elongation (i·ɔngue·shø̜n) s. alargamiento, prolongación, extensión. 2 ASTR. elongación.
elope (to) (ilou·p) intr. fugarse [con un amante]. 2 escapar, huir, evadirse.
elopement (ilou·pmø̜nt) s. fuga, rapto.
eloquence (e·locuø̜ns) s. elocuencia. 2 retórica. 3 prosa literaria.
eloquent (e·locuø̜nt) adj. elocuente.
eloquently (e·locuø̜ntli) adv. elocuentemente.
else (els) adj. más, otro [sólo en ciertas combinaciones] : anything ～, nada más; cualquier otra cosa; nobody ～, nadie más, ningún otro; nothing ～, nada más; what ～?, ¿qué más?; who ～?, ¿quién más? | Admite el signo del posesivo : somebody else's hat, el sombrero de algún otro. — 2 pr. otra cosa : what ～ can he do?, ¿qué otra cosa puede hacer? — 3 adv. de otro modo, en otro tiempo, lugar, dirección, etc. : how ～?, ¿de qué otro modo? — 4 conj. si no, de otro modo, en otro caso.
elseways (e·lsueis) adv. de otro modo.
elsewhere (e·lsjueø') adv. en o a otra parte.
elsewhither (e·lsjuidø') adv. a otra parte.
Elsie (e·lsi) n. pr. dim. de ELIZABETH.
elucidate (to) (iliu·sideit) tr. elucidar, dilucidar, aclarar, explicar.
elucidation (iliusíde·shø̜n) s. elucidación, dilucidación, aclaración, explicación.
elucidative (iliu·sideitiv) adj. explicativo, aclaratorio.
elucidator (iliu·sideitø') s. elucidador, dilucidador, expositor, comentador.
elucidatory (iliu·sídatori) adj. explicativo, aclaratorio.
elude (to) (i·liud) tr. eludir. 2 evadir, evitar, esquivar, substraerse a. 3 escapar [a la observación, la percepción, etc.].
eludible (iliu·dibø̜l) adj. eludible, evitable.
elusion (iliu·ȳø̜n) s. acción de eludir, evasión, efugio.
elusive (iliu·siv) adj. que escapa [esp. al entendimiento], vago, impalpable, difícil de definir.
elusively (iliu·sivli) adv. escapando, huyendo [esp. al entendimiento], vagamente.
elusiveness (iliu·sivnis) s. calidad de ELUSIVE.
elusoriness (iliu·sorinis) s. ELUSIVENESS.
elusory (iliu·sori) adj. ELUSIVE.
elutriate (to) (iliu·trieit) tr. levigar.
elutriation (iliu·trie·shø̜n) s. levigación.
elver (e·lvø')s. ICT. cria de la anguila o del congrio.

elves (elvš) s. pl. de ELF.
elvish (e·lvish) adj. ELFISH.
Elysian (ili·ȳan) adj. elisio, elíseo : ～ Fields, MIT. Campos Elisios. 2 ameno, delicioso.
Elysium (ili·ȳø̜m) n. pr. MIT. Eliseo, Elisio.
elytron (e·litron), elytrum (e·litrø̜m), pl. -tra (-træ) s. ENTOM. élitro.
Elzevir (e·lševø') adj. y s. elȳevir.
Elzevirian (e·lševø·rian) adj. elzeviriano, elzevirio.
em (em) s. eme [letra]. 2 cosa en forma de M. 3 IMPR. eme [unidad de medida].
'em pron. elisión de THEM.
emaciate (to) (imei·shieit) tr. enflaquecer, demacrar. 2 intr. demacrarse.
emaciate(d (imei·shieit(id) adj. flaco, demacrado.
emaciation (imeishie·shø̜n) s. enflaquecimiento, demacración, emaciación.
emanant (e·manant) adj. emanante.
emanate (to) (e·maneit) intr. emanar, brotar, proceder. 2 radiar [estar radiante].
emanation (emane·shø̜n) s. emanación. 2 efluvio.
emanative (e·manativ) adj. debido o relativo a la emanación.
emancipate (to) (imæ·nsipeit) tr. emancipar. 2 libertar.
emancipation (imænsipe·shø̜n) s. emancipación, liberación.
emancipator (imæ·nsipeitø') s. emancipador, libertador.
emarginate (ima·ȳineit) adj. BOT., ZOOL. recortado en la punta.
emarginate (to) tr. quitar el margen, recortar.
emasculate (imæ·skiuleit) adj. castrado, capado. 2 afeminado. 3 debilitado, sin vigor.
emasculate (to) tr. castrar, capar. 2 afeminar. 3 debilitar; quitar la fuerza, el vigor.
emasculation (imæskiule·shø̜n) s. emasculación. 2 afeminación. 3 debilitación, pérdida del vigor.
embalm (to) (emba·m) tr. embalsamar [un cadáver]. 2 embalsamar, perfumar.
embalmer (emba·mø') s. embalsamador.
embalmment (emba·mmø̜nt) s. embalsamamiento. 2 preparado para embalsamar.
embank (to) (embæ·nk) tr. limitar o proteger con dique o terraplén; represar.
embankment (embæ·ncmø̜nt) s. terraplén, dique, malecón, presa.
embarcation (emba·ke·shø̜n) s. EMBARKATION.
embargo (emba·gou) s. embargo o detención [de buques o mercancías, decretado por el gobierno]. 2 traba, restricción, prohibición.
embargo (to) tr. embargar, prohibir [la entrada o salida de buques o mercancías en ciertos puertos].
embark (to) (emba·c) tr. embarcar [en un barco; en una empresa]. 2 invertir, emplear [en una empresa]. — 3 intr. embarcarse [en un barco; en una empresa].
embarkation (emba·ke·shø̜n) s. embarco, embarque.
embarrass (to) (embæ·ras) tr. turbar, confundir, desconcertar. 2 embarazar, estorbar [el movimiento de]. 3 complicar, embrollar. 4 poner en apuros [de dinero].
embarrassment (embæ·rasmø̜nt) s. turbación, confusión, perplejidad, compromiso. 2 embarazo, estorbo. 3 complicación, enredo. 4 apuros, dificultades [de dinero].
embassador (embæ·sadø') s. AMBASSADOR.
embassy (e·mbasi) s. embajada.
embattle (to) (embæ·tø̜l) tr. MIL. formar en batalla. 2 fortificar, almenar.
embattled (embæ·tø̜ld) adj. en orden de batalla. 2 ocupado por combatientes. 3 almenado.
embattlement (embæ·tø̜lmø̜nt) s. almena. 2 almenaje.
embay (to) (embei·) tr. abrigar o encerrar [buques] en una bahía. 2 cercar, rodear.
embayed (embe·id) p. p. de TO EMBAY. — 2 adj. en forma de bahía.
embed (to) (embe·d) tr. encajar, encastrar, empotrar, enclavar, embutir. 2 [en técnica microscópica] incluir. ¶ CONJUG. pret. y p. p. : embedded; p. a. : embedding.
embedment (embe·dmø̜nt) s. empotramiento, enclavadura, inclusión.
embellish (to) (embe·lish) tr. embellecer, hermosear, adornar.
embellishment (embe·lishmø̜nt) s. embellecimiento. 2 adorno.

ember (e·mbø') s. ascua, pavesa, chispa. 2 pl. rescoldo, brasas. 3 ECLES. ember days, cuatro témporas.

embezzle (to) (embe·ŝl) tr. desfalcar [apropiarse].

embezzlement (embe·ŝlmønt) s. desfalco, peculado.

embezzler (embe·ŝlø') s. desfalcador.

embitter (to) (embi·tø') tr. amargar, acibarar; agriar. 2 excitar la animosidad de, exacerbar.

emblaze (to) (emblei·ŝ) tr. hacer resplandeciente, encender, iluminar. 2 adornar suntuosamente, embellecer.

emblazon (to) (emblei·ʒøn) tr. blasonar. 2 adornar o esmaltar con colores brillantes. 3 celebrar, ensalzar.

emblazoner (emblei·ʒønø') s. adornador, decorador.

emblazonry (emblei·ʒønri) s. blasón. 2 figuras del blasón. 3 adorno o decoración brillante.

emblem (e·mbløm) s. emblema. 2 símbolo, signo, alegoría.

emblem (to) tr. simbolizar.

emblema (embli·ma), pl. -ta (-tæ) s. ARQUEOL. adorno incrustado o en relieve.

emblematic(al (emblemæ·tic(al) adj. emblemático.

emblematically (emblemæ·ticali) adv. emblemáticamente.

emblematize (to) (emble·mataiŝ) tr. simbolizar, representar.

emblements (e·mblømønts) s. pl. DER. cosecha debida al trabajo del labrador; derecho del arrendatario a su cosecha.

embodiment (embo·dimønt) s. encarnación, personificación. 2 incorporación, inclusión. 3 organización en cuerpo, incorporación.

embody (to) (embo·di) tr. encarnar, personificar. 2 dar cuerpo o forma perceptible [a una idea, etc.], sintetizar. 3 incorporar, incluir, englobar. 4 organizar en cuerpo. — 5 intr. unirse formando cuerpo o masa. ¶ CONJUG. pret. y p. p.: embodied.

embolden (to) (embou·ldøn) tr. animar, envalentonar.

embolism (e·mbolišm) s. ASTR. embolismo. 2 MED. embolia.

embolismic(al (emboli·šmic(al) adj. ASTR. embolismal.

embolus (e·mboløs), pl. -li (-lai) s. MED. émbolo [cuerpo que causa embolia].

embonpoint (anbongpua·ng) s. gordura, redondez [de las pers.].

emborder (to) (embo·rdø') tr. limitar, enmarcar.

embosom (to) (embu·ŝøm) tr. abrigar o guardar en el seno; abrazar, acariciar. 2 envolver, encerrar, rodear, ocultar.

emboss (to) (embo·s) tr. abollonar, repujar, realzar, grabar en relieve. 2 adornar ricamente.

embossment (embo·smønt) s. abollonadura, repujado, realce, figura en relieve.

embouchure (anbushu·ø') s. boca, desembocadura [de un río]. 2 MÚS. embocadura.

embow (to) (embou·) tr. curvar, enarcar, abovedar.

embowel (to) (emba·uøl) tr. desentrañar, destripar.

embowelment (emba·uølmønt) s. destripamiento.

embower (to) (embau·ø') tr. emparrar, enramar.

embrace (embrei·s) s. abrazo.

embrace (to) tr. abrazar [ceñir con los brazos, estrechar entre los brazos]. 2 abrazar [ceñir, rodear, abarcar, comprender]. 3 abrazar [una causa, un partido, etc.]; adoptar [una línea de conducta]; aceptar [una suerte, etc.]; aprovechar [una oportunidad, etc.]. 4 abrazar. 5 DER. tratar de corromper [un tribunal, un jurado]. — 6 intr. abrazarse.

embracement (embrei·smønt) s. abrazamiento, abrazo.

embracer (embrei·sø') s. abrazador. 2 cohechador.

embracing (embrei·sing) adj. abrazador, comprensivo [que contiene o incluye]. — 2 s. abrazamiento, abarcamiento.

embrasure (embrei·ʒø') s. ARQ. alféizar. 2 FORT. cañonera, tronera.

embrocate (to) (e·mbrokeit) tr. MED. dar friegas con una loción, aceite, etc.

embrocation (embroke·shøn) s. MED. friega. 2 embrocación [líquido].

embroider (to) (embroi·dø') tr. bordar, recamar. 2 adornar, embellecer.

embroiderer (embroi·dørø') s. bordador.

embroideress (embroi·døris) s. bordadora.

embroidery (embroi·døri) s. bordado, bordadura; recamado: gold o silver ~, argentería; ~ frame bastidor para bordar.

embroil (to) (embroi·l) tr. embrollar, confundir, envolver, enredar.

embroilment (embroi·lmønt) s. embrollo, enredo, confusión. 2 intriga. 3 alboroto, tumulto, riña.

embrown (to) (embrau·n) tr. obscurecer, sombrear. 2 poner pardo o moreno. — 3 intr. obscurecerse, ponerse moreno.

embryo (e·mbriou) s. embrión: in ~, en embrión. — 2 adj. incipiente, embrionario.

embryologist (embrio·loÿist) s. embriólogo.

embryology (embrio·loÿi) s. embriología.

embryonic(al (embrio·nic(al) adj. embrionario.

emend (to) (ime·nd) tr. enmendar, corregir.

emendable (ime·ndabøl) adj. enmendable, corregible.

emendate (to) (i·mendeit) tr. corregir [un texto].

emendation (imende·shøn) s. enmienda, corrección.

emendator (i·mendeitø') s. enmendador, corrector.

emendatory (ime·ndatori) adj. de corrección o enmienda.

emerald (e·mørald) s. esmeralda [piedra; color]. 2 IMPR. (Ingl.) tipo de letra de 6 ½ puntos. — 3 adj. de color de esmeralda. 4 Emerald Isle, Irlanda.

emerge (to) (imø·rÿ) intr. emerger. 2 salir, aparecer, surgir, presentarse. 3 salir [de un estado, situación, etc.].

emergence (imø·rÿens) s. emergencia. 2 salida, aparición. 3 ASTR. emersión. 4 BOT. prominencia, aguijón.

emergency (imø·rÿensi) s. emergencia, apuro, aprieto, situación crítica, caso fortuito o de necesidad; urgencia: ~ exit, salida de auxilio; ~ hospital, hospital de urgencia; ~ landing, aterrizaje forzoso; ~ man, DEP. suplente.

emergent (imø·rÿent) adj. emergente. 2 que sale, que se destaca. 3 urgente, perentorio. 4 súbito, imprevisto.

emeritus (ime·ritøs) adj. emérito.

emersion (imø·rshøn) s. emergencia, salida. 2 ASTR. emersión.

emery (e·møri) s. esmeril: ~ cloth, tela de esmeril; ~ grinder, muela de esmeril; ~ paper, papel de esmeril; ~ stone, piedra de esmeril.

emery (to) tr. cubrir de esmeril. 2 esmerilar. ¶ CONJUG. pret. y p. p.: emeried.

emetic (eme·tic) adj. y s. MED. emético.

emetical (eme·tical) adj. MED. emético.

emeu, emew (i·miu) s. ORNIT. emeu.

emiction (emi·cshøn) s. micción. 2 orina.

emigrant (e·migrant) adj. emigrante. 2 migratorio. — 3 s. emigrante, emigrado.

emigration (emigre·shøn) s. emigración.

emigratory (emigrei·tori) adj. emigratorio. 2 migratorio.

Emily (e·mili) n. pr. f. Emilia.

eminence (e·minens) s. eminencia, altura. 2. eminencia, distinción, elevación, encumbramiento. 3 eminencia [título].

eminency (e·minensi) s. eminencia, distinción.

eminent (e·minent) adj. eminente. 2 relevante; manifiesto; notable. 3 DER. ~ domain, dominio eminente.

eminently (e·minentli) adv. eminentemente, en sumo grado.

emir (emi·') s. emir.

emissary (e·miseri) s. emisario, agente secreto, espía. 2 canal, conducto, orificio de salida. — 3 adj. del emisario; que explora o espía.

emission (emi·shøn) s. emisión. | No tiene el sentido de emisión de radio. 2 MEC. escape [de vapor, etc.].

emissive (emi·siv) adj. emisor, de emisión o irradiación.

emit (to) (emi·t) tr. emitir. 2 despedir, arrojar, exhalar. 3 dar [una orden o decreto].

emitter (emi·tø') s. emisor.

Emma (e·mæ) n. pr. f. Ema, Manuela.

Emmanuel (imæ·niuel) n. pr. m. Manuel.

emmenagogue (eme·nagog) s. MED. emenagogo.

emmer (e·mø') s. BOT. escanda, espelta.

emmetrope (e·metroup) s. emétrope.

emmetropia (emetrou·pia) s. emetropía.

emmetropic (emetro·pic) adj. emétrope.

emollescence (emole·søns) s. reblandecimiento

emollient (imo·liønt) adj. y s. emoliente.

emolument (imo·liumønt) s. emolumento.

emotion (imou·shøn) s. emoción. 2 afecto del ánimo. 3 agitación, alteración, perturbación.
emotional (imou·shønal) adj. emocional. 2 emotivo, impresionable.
emotive (imou·tiv) adj. emotivo.
empale (to) (empei·l) tr. TO IMPALE.
empalement (empei·lmønt) s. IMPALEMENT.
empanel (to) (empa·nøl) tr. TO IMPANEL.
empennage (anpe·na̅y̅) s. cola [de un avión].
emperor (e·mpørø') s. emperador. 2 tamaño de papel. 3 ENTOM. ~ moth, pavón.
emperorship (e·mpørø'ship) s. imperio, dignidad imperial.
empery (e·mpøri) s. poét. soberanía, dominio, imperio
emphasis (e·mfasis) s. énfasis. 2 insistencia, intensidad, fuerza, relieve. 3 recancanilla.
emphasize (to) (e·mfasai̅s̅) tr. dar énfasis a. 2 recalcar, acentuar, subrayar, poner de relieve, hacer hincapié en.
emphatic(al (emfæ·tic(al) adj. enfático. 2 categórico, enérgico, fuerte, acentuado, marcado.
emphatically (emfæ·ticali) adv. enfáticamente. 2 categóricamente, fuertemente, marcadamente.
emphraxis (emfra·csis) s. MED. obstrucción.
emphysema (emfisi·ma) s. MED. enfisema.
emphysematous (emfise·matøs) adj. MED. enfisematoso.
emphyteusis (emfitiu·sis) s. DER. enfiteusis.
emphyteuta (emfitiu·tæ), pl. -tæ (-ti) s. enfiteuta.
emphyteutic (emfitiu·tic) adj. enfitéutico.
empire (e·mpai') s. imperio: ~ cloth tela barnizada aisladora; ~ gown, vestido Imperio [de mujer]. 2 (EE. UU.) Empire State, estado de Nueva York.
empiric (empi·ric) adj. y s. empírico. — 2 s. curandero, charlatán.
empirical (empi·rical) adj. empírico.
empirically (empi·ricali) adv. empíricamente.
empiricism (empi·risi̅s̅m) s. empirismo. 2 curanderismo, charlatanismo.
emplacement (emplei·smønt) s. emplazamiento, situación.
emplastic (emplæ·stic) adj. emplástico, adhesivo. — 2 adj. emplasto.
employ (emploi·) s. empleo, puesto, cargo, ocupación, servicio: to be in one's ~, estar al servicio de uno, ser su empleado.
employ (to) (emploi·) tr. emplear. 2 ocupar [dar trabajo].
employable (emploi·abøl) adj. empleable.
employed (emploi·d) adj. empleado.
employee (emploi̅·) s. empleado, dependiente, obrero [pers. empleada por otra].
employer (emploi·ø') s. dueño, amo, patrón, principal.
employment (emploi·mønt) s. empleo. 2 menester, ocupación. 3 trabajo, colocación, acomodo: ~ exchange, bolsa del trabajo. 4 profesión, oficio.
empoison (to) (empoi·søn) tr. envenenar, corromper, inficionar.
emporium (empo·riøm) s. emporio. 2 almacén, bazar.
empower (to) (empa̅·uø') tr. autorizar, facultar, comisionar, dar poder, habilitar. 2 permitir, poner en condiciones de [hacer una cosa].
empress (e·mpris) f. emperatriz.
emptier (e·mptiø') s. vaciador, vertedor.
emptiness (e·mptinis) s. vaciedad, vacuidad, vacío. 2 futilidad, vanidad.
emptings (e·mptings) s. pl. (EE. UU.) heces de la cerveza usadas como levadura.
empty (e·mpti) adj. vacío. 2 descargado, sin carga. 3 vacante, desocupado. 4 vacuo, vano, hueco, inane. 5 ignorante. 6 frívolo, superficial. 7 desprovisto [de]. 8 fam. hambriento.
empty (to) tr. vaciar, evacuar, desocupar. 2 descargar, verter. 3 agotar. — 4 intr. vaciarse. 5 GEOGR. desaguar, verter sus aguas.
empty-handed adj. manivacío, con las manos vacías.
empty-headed adj. tonto, de cabeza vacía.
emptying (e·mptiing) s. vaciamiento. 2 pl. (EE. UU.) EMPTINGS.
empurple (to) (empø·pøl) tr. purpurar, teñir de púrpura.
empyema (empaii·ma) s. MED. empiema.
empyreal (empi·rial) adj. empíreo.
empyrean (empi·rian) adj. y s. empíreo.
empyreuma (empiru·ma) s. empireuma.

empyreumatic(al (empirumæ·tic(al) adj. empireumático.
emu (i·miu) s. ORNIT. emeu.
emulate (to) (e·miuleit) tr. emular. 2 competir, rivalizar con.
emulation (emiule·shøn) s. emulación. 2 rivalidad.
emulative (e·miulativ) adj. emulador.
emulator (e·miuleitø') s. emulador, émulo.
emulatress (e·miuleitris) s. emuladora.
emulgent (imø·l̅y̅ent) adj. ANAT. emulgente.
emulous (e·miuløs) adj. émulo, competidor.
emulously (e·miuløsli) adv. con emulación, en competencia.
emulsifier (imø·lsifaiø') s. substancia emulsiva. 2 el que emulsiona. 3 emulsor.
emulsify (to) (imø·lsifai) tr. emulsionar.
emulsion (imø·lshøn) s. emulsión.
emulsionize (to) (imø·lshønai̅s̅) tr. emulsionar.
emulsive (imø·lsiv) adj. emulsivo.
emunctory (imø·nctori) adj. ANAT. excretorio. — 2 s. ANAT. emuntorio.
en (en) s. ene [letra]. 2 cosa en forma de N.
enable (to) (enei·bøl) tr. habilitar, capacitar, facultar. 2 hacer posible, permitir, facilitar [una cosa o a uno el hacerla].
enact (to) (enæ·ct) tr. convertir en ley; aprobar y sancionar [una ley]. 2 establecer, estatuir, decretar. 3 TEAT. representar [una escena]; hacer, representar, desempeñar [un papel o el papel de].
enactable (enæ·ctabøl) adj. que puede ser estatuido o decretado. 2 que puede ser representado.
enactment (enæ·ctmønt) s. aprobación y sanción [de una ley]. 2 ley, norma, decreto.
enallage (enæ·la̅y̅i) s. GRAM. enálage.
enamel (enæ·mel) s. esmalte [para esmaltar]. 2 objeto esmaltado. 3 pintura al esmalte. 4 ANAT. esmalte [de los dientes].
enamel (to) tr. esmaltar. 2 charolar [papel, cuero, etc.]. ¶ CONJUG. pret. y p. p.: enameled o -lled; ger.: enameling o -lling.
enamel(l)er (enæ·mølø') s. esmaltador.
enamelling (enæ·møling) s. esmaltado, esmalte. 2 charolado [del papel, cuero, etc.].
enamo(u)r (to) (enæ·mø') tr. enamorar.
enamo(u)red (enæ·mø'd) adj. enamorado, prendado.
enarthrosis (ena'zrou·sis) s. ANAT. enartrosis.
encamp (to) (encæ·mp) tr. e intr. acampar.
encamping (encæ·mping) s. acampamento. 2 MIL. castrametación.
encampment (encæ·mpmønt) s. acampamento. 2 campamento.
encase (to) (enkei·s) tr. TO INCASE.
encage (to) (enkei·d̅y̅) tr. enjaular.
encasement (enkei·smønt) s. INCASEMENT.
encash (to) (encæ·sh) tr. (Ingl.) convertir en dinero, hacer efectivo.
encaustic (enco·stic) adj. PINT. encáustico. — 2 s. PINT. encauste, encausto: ~ painting, pintura al encausto; ~ tile, azulejo.
encave (to) (enkei·v) tr. encovar. 2 embodegar.
enceinte (ansæ·nt) s. ARQ., FORT. recinto. — 2 adj. GALIC. encinta, embarazada [mujer].
encephalic (ensefæ·lic) adj. ANAT. encefálico.
encephalitis (ensefalai·tis) s. MED. encefalitis: ~ lethargica, encefalitis letárgica.
encephalograph (ense·falogræf) s. MED. encefalograma.
encephalon (ense·falon) s. ANAT. encéfalo.
enchain (to) (enchei·n) tr. encadenar.
enchainment (enchei·nmønt) s. encadenamiento.
enchant (to) (encha·nt) tr. encantar, hechizar [con hechizos o medios mágicos]. 2 encantar, hechizar, embelesar.
enchanter (encha·ntø') s. encantador.
enchanting (encha·nting) adj. encantador, embelesador.
enchantingly (encha·ntingli) adv. encantadoramente.
enchantment (encha·ntmønt) s. encantamiento, hechicería, brujería. 2 encanto, hechizo, embeleso.
enchantress (encha·ntris) f. encantadora, bruja, hada. 2 encantadora, hechicera, fascinadora.
encharge (to) (encha·r̅y̅) tr. encargar, encomendar.
enchase (to) (enchei·s) tr. engastar, embutir, incrustar.
enchiridion (enkiri·diøn) s. enquiridion.
enchorial (enco·rial) adj. peculiar de un país, indígena. 2 demótico.

encircle (to) (ensø'cøl) tr. abrazar, ceñir. 2 rodear; cercar, circuir, circundar, circunvalar, circunscribir.

encirclement (ensø'cølmønt) s. cerco, rodeo, circuición, circunvalación.

enclave (encleiv) s. enclavado [territorio]. 2 ANAT. órgano. etc., enclavado.

enclitic (enclitic) adj. y s. GRAM. enclítico.

encloister (to) (encloi stø') tr. enclaustrar.

enclose (to) (enclou-s) tr. encerrar, cercar, rodear, circundar. 2 incluir, englobar, meter en; acompañar, enviar adjunto [dentro de un sobre].

enclosed (enclou sd) adj. encerrado, cercado, incluido : ~ drive. AUTO. conducción interior.

enclosure (enclou ŷø') s. cercamiento, encerramiento. 2 cerca, vallado, reja, tapia. 3 cercado, recinto, coto. 4 cosa contenida o adjunta dentro de un sobre; anexo.

encomiast (encou miæst) s. encomiasta.

encomiastic(al (encoumiæ stic(al) adj. encomiástico.

encomium (encou miøm) s. encomio, elogio.

encompass (to) (encø mpas) tr. cercar, rodear, ceñir, circundar, englobar. 2 abarcar, comprender. encerrar. 3 llevar a cabo.

encore (angco') interj. ¡que se repita! — 2 s. TEAT. repetición [pedida por el público].

encore (to) tr. TEAT. pedir la repetición de.

encounter (encau-ntø') s. encuentro, choque. combate, duelo. 2 encuentro [acción de encontrarse cara a cara].

encounter (to) tr. encontrar, tropezar con. 2 combatir, luchar con. — 3 intr. encontrarse; entrevistarse. 4 combatirse, luchar.

encounterer (encau-ntørø') s. antagonista.

encourage (to) (encø ridŷ) tr. alentar, animar, esforzar, envalentonar, dar alas a. 2 incitar, aconsejar. 3 estimular, favorecer, fomentar. 4 dar pábulo a.

encouragement (encø riŷmønt) s. aliento, ánimo. 2 estímulo, fomento, pábulo.

encouraging (encø riŷing) adj. alentador, animador, halagüeño 2 fomentador.

encouragingly (encø riŷingli) adv. alentadoramente.

encrinite (encrinait) s. encrinita [fósil].

encroach (to) (encrou ch) intr. pasar los límites de, usurpar, invadir, meterse en, intrusarse, abusar. 2 robar [el tiempo]. | Gralte. con on o upon.

encroacher (encrou chø') s. usurpador, intruso.

encroachingly (encrou shingli) adv. con usurpación, intrusión o intromisión.

encroachment (encrou chmønt) s. usurpación, intrusión, abuso, intromisión.

encrust (to) (encrø st) tr. TO INCRUST.

encumber (to) (encø mbø') tr. embarazar, obstruir, estorbar, trabar. 2 sobrecargar, cargar, abrumar, gravar.

encumbrance (encø mbrans) s. embarazo, estorbo, traba. 2 carga, gravamen. 3 pers. que tiene uno a su cargo.

encyclical (ensi clical) s. encíclica.

encyclopaedia, encyclopedia (ensaiclopi dia) s. enciclopedia.

encyclopaedic, encyclopedic(al (ensaiclopi dic(al) adj. enciclopédico.

encyclopaedism, encyclopedism (ensaiclopi diŝm) s. enciclopedismo.

encyclopaedist, encyclopedist (ensaiclopi dist) adj. y s. enciclopedista.

encyst (to) (ensi st) tr. enquistar. — 2 intr. enquistarse.

encystment (ensi stmønt) s. enquistamiento.

end (end) s fin, cabo, extremo, punta, cola, remate; tapa [de tonel] : to come out on (o at) the short ~, salir perdiendo. llevar la peor parte [en un trato] ; to have at one's finger-ends, saber al dedillo ; to make both ends meet, pasar con lo que se tiene ; at loose ends, en desorden, desarreglado ; ~ for ~, con los extremos invertidos : ~ on, de punta ; de frente ; ~ to ~, punta a punta, cabeza con cabeza ; from an ~ to the other, de un extremo a otro, de cabo a cabo; on ~, derecho, de pie, de canto ; MAR. en candela : de punta erizado ; seguido, consecutivo : my hair stands on ~, se me ponen los pelos de punta ; for three weeks on ~, tres semanas seguidas. 2 cabo [parte pequeña], resto, retazo; colilla. 3 fin, cabo, término, conclusión ; fenecimiento, muerte : to come to an ~, acabarse, terminarse ; to make an ~ of, acabar con ; to put

an ~ to, poner fin a ; at the ~ of, al final, a fines de ; in the ~, al fin, a la larga, al fin y al cabo, después de todo ; no ~ of, un sinfín de, la mar de, muchísimo, muchísimos. 4 fin, objeto, mira : to the ~ that, a fin de que, para que, con objeto de. 5 consecuencia, resultado, desenlace : to no ~, sin efecto, en vano. 6 sección, ramo [de un negocio o empresa]. 7 parte [que uno tiene en una acción, etc.] : to keep one's ~ up, hacer uno lo que le corresponde, mantenerse en su puesto, no aflojar. 8 COM. retal. 9 FÚTBOL extremo.
10 adj. final, terminal, de extremo, de cabeza. 11 MEC. ~ play, juego longitudinal.

end (to) tr. acabar, terminar, concluir, poner fin a. 2 acabar [dar muerte]. 3 disolver [un parlamento]. — 4 intr. acabar, terminar, finalizar. 5 cesar, morir. 6 to ~ by, acabar por ; she will ~ by marrying a Duke, acabará por casarse, o acabará casándose, con un duque. 7 to ~ in, acabar en. 8 to ~ up, acabar, ir a parar ; poner derecho, de pie.

end-all s. conclusión definitiva, punto final.

endanger (to) (endei nŷø') tr. poner en peligro, comprometer, arriesgar.

endear (to) (endrø') tr. hacer amar, hacer querido o amado.

endearing (endrøring) adj. cariñoso.

endearment (endrø'mønt) s. acción de hacer querer. 2 lo que excita el cariño, el afecto. 3 fiesta, caricia.

endeavo(u)r (ende vø') s. esfuerzo, empeño, intento, tentativa.

endeavo(u)r (to) intr. esforzarse, empeñarse, hacer lo posible, tratar, procurar.

endemic (ende mic) adj. endémico. — 2 s. endemia.

endemical (ende mical) adj. endémico.

ender (endø') s. acabador.

ending (ending) s. fin, final, parte final ; conclusión, desenlace. 2 acabamiento ; muerte. 3 GRAM. terminación, desinencia. 4 MÚS. coda.

endive (endiv) s. BOT. endibia, escarola.

endless (endlis) adj. inacabable, interminable, sin fin. 2 continuo, incesante, perpetuo, eterno. 3 infinito. 4 MEC. sin fin : ~ chain, cadena sin fin ; ~ screw, tornillo sin fin.

endlessly (endlisli) adv. interminablemente, incesantemente. 2 perpetuamente. 3 infinitamente.

endlessness (endlisnis) s. continuidad, perpetuidad. 2 calidad de interminable.

endlong (endlong) adv. a lo largo; longitudinalmente.

endmost (endmoust) adj. más remoto, extremo.

endoblast (endoblæst) s. BIOL. endoblasto.

endocardiac (endoca diæc), **endocardial** (endoca'-dial) adj. ANAT. endocardíaco.

endocarditis (endoca dai tis) s. MED. endocarditis.

endocardium (endoca'diøm) s. ANAT. endocardio.

endocarp (endoca'p) s. BOT. endocarpio.

endocrine (endocrain) adj. FISIOL. endocrino.

endoderm (endodø'm) s. BIOL. endodermo.

endogen (endoŷin) s. BOT. monocotiledónea.

endogenous (endoŷenøs) adj. H. NAT. endógeno.

endogeny (endoŷeni) s. endogénesis.

endolymph (endolimf) s. ANAT. endolinfa.

endoparasite (endopæ rasait) s. ZOOL. endoparásito.

endoplasm (endoplaŝm) s. BIOL. endoplasma.

endorse (to) (endo's) tr. COM. endosar. 2 respaldar [un documento, cheque, etc.]. 3 garantizar, abonar, apoyar, sancionar.

endorsee (endo'sI) s. endosado, endosatario.

endorsement (endo'smønt) s. endoso. 2 respaldo [de un documento]. 3 aval, garantía, sanción, aprobación.

endorser (endø'sø') s. endosante.

endoscope (endøscoup) s. MED. endoscopio.

endoskeleton (endoske leton) s. ANAT., ZOOL. endoesqueleto, neuroesqueleto.

endosmosis (endosmou sis) s. FÍS. endósmosis.

endosmotic (endosmo tic) adj. endosmótico.

endosperm (endospø'm) s. BOT. endospermo.

endothermic (endoŷø'mic) adj. QUÍM. endotérmico.

endow (to) (endau') tr. dotar [una fundación, instituto, etc.]. 2 dotar [de una cualidad, facultad, etc.].

endower (enda'uø') s. dotador.

endowment (endau mønt) s. dotación [acción; cantidad con que se dota], fundación. 2 dote, don, prenda personal.

endue (to) (endiu·) *tr.* dotar, proveer [de cualidades, etc.]. 2 investir. 3 vestir. 4 ponerse [un vestido, etc.].
endurable (endiu·rabøl) *adj.* tolerable, soportable, sufrible, resistible.
endurance (endiu·rans) *s.* sufrimiento. 2 paciencia, resistencia, aguante : *to be beyond* o *Past* ~, ser inaguantable, insoportable. 3 duración, continuación.
endure (to) (endiu·ø') *tr.* endurar, soportar, sufrir, aguantar, sobrellevar, resistir. — 2 *intr.* durar, perdurar.
enduring (endiu·ring) *adj.* paciente, sufrido, resistente. 2 constante. 3 durable, permanente.
endways (e·nduei̇s), **endwise** (e·nduai̇s) *adv.* de punta, de pie, derecho. 2 longitudinalmente, cabeza con cabeza.
enema (e·nema o eni·ma) *s.* MED. enema, ayuda, lavativa.
enemy (e·nømi) *s.* enemigo : *the* ~, el enemigo, el diablo; la muerte; el tiempo.
energetic(al (enø·y̆e·tic(al) *adj.* enérgico, vigoroso.
energetically (enø·y̆e·ticali) *adv.* enérgicamente.
energetics (enø·y̆e·tics) *s.* estudio de la energía.
energize (to) (e·nø·y̆ai̇s) *tr.* dar energía, vigorizar. — 2 *intr.* mostrar energía, obrar con energía.
energumen (enø·guiu·men) *s.* energúmeno.
energy (e·nø·y̆i) *s.* energía [vigor, fuerza de voluntad, tesón]. 2 FÍS., QUÍM. energía.
enervate (e·nø·velt) *adj.* enervado, debilitado.
enervate (to) *tr.* enervar, debilitar, desvirtuar. 2 cortar los nervios o tendones.
enervating (enø·vei·ting) *adj.* enervante, enervador.
enervation (enø·vei·shøn) *s.* enervación, debilidad.
enfeeble (to) (enfī·bøl) *tr.* debilitar, enervar.
enfeeblement (enfī·bølmønt) *s.* debilitación, enervación, debilidad.
enfeoff (to) (enfe·f) *tr.* enfeudar, infeudar. 2 investir con un feudo.
enfeoffment (enfe·fmønt) *s.* enfeudación, infeudación.
enfilade (enfilei·d) *s.* MIL. posición que permite enfilar. 2 disposición en doble hilera, doble hilera [de habitaciones, árboles, etc.].
enfilade (to) *tr.* MIL. enfilar. 2 disponer en doble hilera.
enfold (to) (enfou·ld) *tr.* envolver, rodear, incluir. 2 abrazar.
enforce (to) (enfo·'s) *tr.* dar fuerza a. 2 poner en vigor, hacer cumplir [una ley, etc.]. 3 obtener por fuerza, imponer [obediencia, etc.]. 4 forzar [un paso]. 5 hacer valer [argumentos, razones].
enforcement (enfo·'smønt) *s.* acción de hacer cumplir [una ley, lo debido o exigido]. 2 imposición [de obediencia, etc.]. 3 acción de hacer valer [argumentos, razones]. 4 constreñimiento.
enforcer (enfo·'sø') *s.* el que impone o hace cumplir.
enfranchise (to) (enfræ·nchai̇s) *tr.* libertar, manumitir, emancipar. 2 conceder [a una población] privilegios o derechos políticos. 3 conceder [a una persona] derecho de sufragio, derechos políticos. 4 dar carta de naturaleza.
enfranchisement (enfræ·nchi̇smønt) *tr.* liberación; manumisión, emancipación. 2 concesión de privilegios o derechos políticos.
engage (to) (enguei·d̆y̆) *tr.* comprometer, empeñar, obligar bajo promesa. 2 ajustar, apalabrar, tomar, contratar, escriturar; alistar; alquilar; hacerse reservar [una habitación, etc.]. 3 atraer, ocupar, absorber. 4 hacer entrar [en conversación a uno]. 5 entrar en combate o conflicto con; trabar [batalla o combate]. 6 atraer, cautivar [esp. en participio]. 7 ESGR. cruzar [las espadas]. 8 MEC., ARQ. endentar, encajar, empotrar, embeber, entregar. — 9 *intr.* comprometerse, empeñarse, obligarse, dar palabra. 10 ocuparse, tomar parte [en]. 11 entrar [en conversación, en combate, en lucha]. 12 cruzar las espadas. 13 MEC. engranar, encajar.
engaged (enguei·d̆y̆d) *adj.* comprometido, empeñado. 2 apalabrado, contratado. 3 prometido [comprometido para casarse]. 4 ocupado, atareado. 5 trabado [batalla, combate]. 6 MEC. endentado, engranado, encajado. 7 ARQ. empotrado, embebido, entregado : ~ *column*, columna entregada.
engagement (enguei·d̆y̆mønt) *s.* compromiso, obligación; cita. 2 palabra de casamiento; esponsales; noviazgo : ~ *ring*, anillo o sortija de prometido o prometida. 3 ajuste, contrato. 4 TEAT. contrata. 5 colocación, acomodo. 6 MIL. encuen-

tro, combate, función. 7 ESGR. acción de cruzar las espadas. 8 MEC. engranaje; acoplamiento.
engaging (enguei·y̆ing) *adj.* atractivo, simpático, agraciado, insinuante.
engarland (to) (engø·'lænd) *tr.* enguirnaldar.
engarrison (to) 'engæ·rison) *tr.* TO GARRISON.
engender (to) (enȳe·ndø') *tr.* engendrar. — 2 *intr.* engendrarse, nacer, formarse.
engild (to) (enguĭ·ld) *tr.* dorar, abrillantar.
engine (e·nȳin) *s.* ingenio, artefacto mecánico, máquina, motor; locomotora : *internal-combustion* ~, motor de combustión interna, motor de explosión; *fire* ~, bomba de incendios; *steam* ~, máquina de vapor; ~ *builder*, fabricante o constructor de maquinaria; ~ *driver*, FERROC. maquinista; ~ *fitter*, montador; ~ *house*, casa de máquinas; cuartelillo de bomberos; ~ *lathe*, torno de engranaje para labrar roscas; ~ *room*, MAR. cuarto o cámara de máquinas; ~ *trouble*, ~ *failure*, avería del motor; ~ *works*, taller de maquinaria.
engineer (enȳini·') *s.* ingeniero : *civil* ~, ingeniero civil, ingeniero de caminos, canales y puertos; *military* ~, ingeniero militar; *Engineer Corps, Corps of Engineers* (EE. UU.), *Engineers* (Ingl.), MIL. cuerpo de ingenieros; *engineer's level*, nivel de agrimensor. 2 maquinista [que dirige máquinas; que las inventa o construye].
engineer (to) *tr.* proyectar, dirigir [como ingeniero]. 2 gestionar, manejar, guiar, conducir. — 3 *intr.* hacer de ingeniero o maquinista. 4 darse maña.
engineering (enȳinri·ring) *s.* ingeniería. 2 dirección, manejo. — 3 *adj.* de la ingeniería.
engine-room telegraph *s.* MAR. mecanismo de señales entre el puente y el cuarto de máquinas.
enginery (e·nȳinri) *s.* maquinaria. 2 ingenios o máquinas de guerra. 3 astucias, tretas.
engird (to) (engø·'d) *tr.* ceñir, rodear.
engirdle (to) (engø·'døl) *tr.* GIRDLE.
England (i·ngland) *n. pr.* GEOGR. Inglaterra.
Englander (i·nglandø') *s.* inglés [natural de Inglaterra].
Englify (to) (i·nglifai) *tr.* inglesar.
English (i·nglish) *adj. y s.* inglés : ~ *Channel*, GEOGR. Canal de la Mancha; ~ *type*, IMPR. atanasia. — 2 *s.* efecto [en el billar].
English (to) *tr.* traducir al inglés.
Englishman (i·nglishmæn), *pl.* **-men** (-men) *s.* inglés [hombre]. 2 MAR. buque inglés.
Englishwoman (i·nglishwumæn), *pl.* **-women** (-uimin) *s.* inglesa.
englut (to) (englø·t) *tr.* engullir.
engorge (to) (engo·'ȳ) *tr.* tragar, engullir, devorar. 2 atracar [de comida]. — 3 *intr.* comer con voracidad.
engraft (to) (engræ·ft) *tr.* injertar, enjertar.
engraftment (engræ·ftmønt) *s.* injerto.
engrail (to) (ergrei·l) *tr.* adornar con dibujo de borde angrelado. — 2 *intr.* tener borde angrelado.
engrailed (engrei·ld) *adj.* angrelado.
engrain (to) (engrei·n) *tr.* teñir de grana. 2 teñir en rama. 3 pintar imitando la trepa de la madera. 4 imbuir, inculcar.
engrave (to) (engrei·v) *tr.* grabar, cincelar, burilar. 2 grabar [en la memoria, etc.]. 3 imprimir [un grabado].
engraver (engrei·vø') *s.* grabador.
engraving (engrei·ving) *s.* grabado. 2 lámina, estampa.
engross (to) (engrou·s) *tr.* poner en limpio, copiar o transcribir caligráficamente. 2 absorber, embargar. 3 acaparar, monopolizar.
engrossed (engrou·st) *adj.* acaparado. 2 absorbido, absorto, enfrascado, engolfado.
engrosser (engrou·sø') *s.* copista, calígrafo. 2 acaparador, monopolizador.
engrossing (engrou·sing) *adj.* monopolizador, acaparador, absorbente.
engrossment (engrou·smønt) *s.* transcripción caligráfica. 2 monopolio, acaparamiento. 3 absorción, embebecimiento, enfrascamiento, abstracción.
engulf (to) (engø·lf) *tr.* engolfar, sumergir, sumir.
enhance (to) (enja·ns) *tr.* acrecentar, intensificar, engrandecer. 2 realzar, dar mayor valor. 3 exaltar, elevar. 4 ensalzar, encarecer.
enhancement (enja·nsmønt) *s.* intensificación, acrecentamiento. 2 realce, aumento de valor. 3 ensalzamiento.

enharmonic (enja'mo·nic) *adj.* MÚS. enarmónico.
enhearten (to) (enja·'tøn) *tr.* alentar, animar.
enigma (ini·gma) *s.* enigma.
enigmatic(al (inigmæ·tic(al) *adj.* enigmático.
enigmatically (inigmæ·ticali) *adv.* enigmáticamente.
enigmatize (to) (ini·gmataiš) *intr.* hablar en enigmas. 2 hacer enigmático.
enjoin (to) (enȳoi·n) *tr.* mandar, ordenar, prescribir, encargar; imponer [como obligación]. 2 *to ~ from,* prohibir, vedar.
enjoinment (enȳoi·nmønt) *s.* mandato, orden, precepto.
enjoy (to) (enȳoi·) *tr.* gozar, disfrutar de, tener, poseer : *to ~ the use of,* usufructuar. 2 gozar con o en; gustar, saborear; gustar de. 3 *to ~ oneself,* divertirse, gozar, deleitarse.
enjoyable (enȳo·iabøl) *adj.* agradable, deleitable. 2 de que se puede gozar.
enjoyment (enȳoi·mønt) *s.* goce, disfrute; uso, usufructo. 2 fruición. 3 gusto, placer, solaz.
enkindle (to) (enki·ndøl) *tr.* encender, inflamar. — 2 *intr.* encenderse, arder, inflamarse.
enlace (to) (enlei·s) *tr.* enlazar, entrelazar. 2 rodear, ceñir.
enlarge (to) (enla·'ȳ) *tr.* agrandar, engrandecer. 2 engrosar. 3 ensanchar, ampliar, extender, explayar, dilatar. 4 aumentar. 5 amplificar. 6 prorrogar. 7 poner en libertad. — 8 *intr.* agrandarse, engrosarse, ensancharse, extenderse. 9 *to ~ upon,* explayarse, extenderse [sobre un tema, etc.]; exagerar.
enlargement (enla·'ȳmønt) *s.* agrandamiento, engrandecimiento, engrosamiento, ensanchamiento, ampliación, extensión, dilatación, aumento. 2 liberación. 3 FOT. ampliación.
enlarger (enla·'ȳø') *s.* ampliador, amplificador. 2 FOT. ampliadora.
enlighten (to) (enlai·tøn) *tr.* iluminar, alumbrar. 2 ilustrar, instruir, informar. 3 aclarar, esclarecer.
enlightened (enlai·tønd) *adj.* ilustrado, instruido, culto.
enlightener (enlai·tønø') *s.* ilustrador, instructor, esclarecedor.
enlightenment (enlai·tønmønt) *s.* ilustración, luces, instrucción, cultura. 2 esclarecimiento. 3 *the Enlightenment,* movimiento filosófico del siglo XVIII.
enlink (to) (e·nlink) *tr.* eslabonar.
enlist (to) (enli·st) *tr.* alistar, enrolar. 2 enganchar, reclutar. 3 atraer [a una causa]. — 4 *intr.* alistarse, sentar plaza. 5 poner empeño en algo.
enlistment *s.* alistamiento; reclutamiento.
enliven (to) (enlai·vøn) *tr.* animar, avivar, vivificar. 2 alentar. 3 animar, alegrar. 4 despabilar, despertar.
enlivening (enli·vning) *s.* animador, avivador, vivificante; alegrador.
enmesh (to) (enme·sh) *tr.* coger, enredar [en mallas o redes]. — 2 *tr.* e *intr.* endentar, engranar.
enmity (e·nmiti) *s.* enemistad, enemiga, hostilidad.
enmoss (to) (enmo·s) *tr.* cubrir con musgo.
ennead (e·niæd) *s.* grupo de nueve.
enneagon (e·niagon) *s.* GEOM. eneágono.
ennoble (to) (enou·bøl) *tr.* ennoblecer.
ennoblement (enou·bølmønt) *s.* ennoblecimiento.
ennobling (enou·bling) *adj.* ennoblecedor.
ennui (anui·) *s.* tedio, fastidio, aburrimiento.
enologic(al (inolo·ȳic(al) *adj.* enológico.
enologist (ino·loȳist) *s.* enólogo.
enology (ino·loȳi) *s.* enología.
enormity (eno·'miti) *s.* enormidad, exceso, demasía, atrocidad.
enormous (eno·'møs) *adj.* enorme, descomunal. 2 perverso, atroz, monstruoso.
enormously (eno·'møsli) *adv.* enormemente. 2 atrozmente.
enormousness (eno·'møsnis) *s.* enormidad [tamaño o cantidad desmedida].
enough (ino·f) *adj.* bastante, suficiente : *that is ~,* esto basta, con esto basta. — 2 *s.* lo bastante, lo suficiente. — 3 *interj.* ¡basta!, ¡bueno! — 4 *adv.* bastante, suficientemente. 5 *curiously ~, strange ~,* cosa curiosa o extraña, es curioso, es extraño que, lo que no deja de ser curioso o extraño.
enounce (to) (enau·ns) *tr.* enunciar. 2 presentar, aducir [un argumento, etc.]. 3 pronunciar [palabras]. 4 declarar, anunciar.

enquire (to), enquirer, etc. = TO INQUIRE, INQUIRER, etcétera.
enrage (to) (enrei·dȳ) *tr.* enfurecer, encolerizar, exasperar, enloquecer, llenar de rabia.
enrapt (enræ·pt) *adj.* arrobado, extasiado, enajenado.
enrapture (enræ·pchø') *tr.* arrebatar, arrobar, embelesar, extasiar, transportar, enajenar.
enregiment (enre·ȳimønt) *tr.* regimentar. 2 disciplinar.
enregister (to) (enre·ȳistø') *tr.* registrar, inscribir.
enrich (to) (enri·ch) *tr.* enriquecer. 2 adornar, embellecer. 3 AGR. fertilizar. 4 realzar el gusto, el olor, el color de.
enrichment (enri·chment) *s.* enriquecimiento. 2 adorno, embellecimiento. 3 AGR. fertilización.
enring (to) (enri·ng) *tr.* cercar. 2 poner un anillo.
enrobe (to) (enrou·b) *tr.* vestir, adornar.
enrol(l (to) (enrou·l) *tr.* alistar, matricular, empadronar, inscribir, registrar. 2 enrollar, envolver. — 3 *intr.* alistarse, inscribirse, sentar plaza.
enrol(l)er (enrou·lø') *s.* registrador, empadronador.
enrol(l)ment (enrou·lmønt) *s.* alistamiento, empadronamiento, inscripción. 2 registro, padrón.
enroot (to) (enru·t) *tr.* arraigar.
ens (ens) *pl.* entia (e·nsha) *s.* FILOS. ente.
ensanguine (to) (ensæ·ngüin) *tr.* ensangrentar.
ensconce (to) (ensco·ns) *tr.* esconder. 2 acomodar, situar, poner en sitio cómodo o seguro.
ensemble (angsa·mbøl) *s.* conjunto, totalidad. 2 traje de mujer compuesto de dos o más piezas.
ensheathe (to) (enshi·đ) *tr.* envainar.
enshrine (to) (enshrai·n) *tr.* envolver, encerrar, guardar [como una cosa preciosa, sagrada].
enshroud (to) (enshrau·d) *tr.* amortajar. 2 envolver, ocultar.
ensiform (e·nsifo'm) *adj.* ensiforme.
ensign (e·nsain) *s.* bandera, pabellón, enseña. 2 insignia, divisa, distintivo. 3 ant. abanderado, alférez. 4 (EE. UU.) alférez [de marina].
ensign-bearer *s.* abanderado.
ensigncy (e·nsainsi) *s.* alferazgo.
ensilage (e·nsilidȳ) *s.* ensilaje.
ensilage (to) *tr.* ensilar.
enslave (to) (enslei·v) *tr.* esclavizar.
enslavement (enslei·vmønt) *s.* avasallamiento. 2 esclavitud, servidumbre.
enslaver (enslei·vø') *s.* esclavizador, cautivador, avasallador.
ensnare (to) (ensne·ø') *tr.* entrampar, coger en una trampa. 2 tender un lazo, atraer, seducir, engañar.
ensorcel (to) (enso·'sel) *tr.* embrujar, hechizar.
ensoul (ensou·l) *tr.* dar alma a. 2 llevar el alma.
ensue (to) (ensiu·) *intr.* seguir, suceder, sobrevenir. 2· seguirse, resultar.
ensuing (ensiu·ing) *adj.* siguiente, próximo. 2 resultante.
ensure (to) (enshu·') *tr.* asegurar, garantizar.
entablature (entæ·blachu) *s.* ARQ. entablamento.
entablement (entei·bølmønt) *s.* ARQ. entablamento·
entad (e·ntæd) *adv.* ANAT. y ZOOL. hacia el centro.
entail (entei·l) *s.* DER. vinculación, vínculo. 2 bienes vinculados, mayorazgo. 3 herencia inalienable [de creencias, cualidades, etc.].
entail (to) *tr.* vincular [bienes]. 2 designar como heredero de un vínculo. 3 envolver, suponer, traer consigo. 4 imponer, ocasionar, acarrear.
ental (e·ntal) *adj.* ANAT. y ZOOL. de lo interior.
entangle (to) (entæ·ngøl) *tr.* enredar, embrollar, enmarañar, intrincar. 2 enredar [a uno; una cosa en otra]; mezclar, implicar.
entangled (entæ·ngøld) *adj.* enredado, embrollado, enmarañado.
entanglement (entæ·ngølmønt) *s.* enredo, embrollo, maraña, enmarañamiento, confusión. 2 complicación, consecuencia. 3 MIL. alambrada.
enter (to) (e·ntø') *tr.* entrar en o por : *to ~ a room,* entrar en una habitación; *to ~ a war,* entrar en una guerra; *to ~ a door,* entrar por una puerta. 2 penetrar, introducirse en. 3 ingresar en, alistarse en, afiliarse a, hacerse socio de. 4 inscribir o introducirse para; participar en [una carrera, un concurso, etc.]. 5 entrar, meter, introducir, 6 poner [en un colegio, etc.]. 7 asentar, anotar, inscribir, registrar. 8 declarar [en la aduana], aduanar. 9 DER. *to ~ an action,* entablar una acción. — 10 *intr.* entrar. 11 ingresar. 12 penetrar, introducirse. 13 TEAT. salir, entrar en escena. 14 *to ~ into,* entrar en.

formar parte de; *to* ~ *into an agreement*, hacer un trato, celebrar un convenio. *15 to* ~ *on* o *upon*, comenzar, emprender.

enteralgia (enteral̄ȳia) *s.* MED. enteralgia.

enteric (enteric) *adj.* ANAT. entérico : ~ *fever,* fiebre tifoidea.

entering (entøring) *adj.* que entra, de entrada : ~ *edge,* AVIA. borde de ataque; ~ *wedge,* fig. primer paso, lo que abre el camino o prepara el terreno.

enteritis (entørai·tis o -itis) *s.* MED. enteritis.

enterocele (enterosil) *s.* MED. enterocele.

enterocolitis (entørocolai·tis o -litis) *s.* MED. enterocolitis.

enteron (entøron) *s.* ANAT., ZOOL. tubo digestivo.

enterotomy (entøro·tomi) *s.* CIR. enterotomía.

enterprise (entø'praiš) *s.* empresa, demanda [acción u obra que se emprende]. 2 energía, resolución, arresto. 3 carácter emprendedor.

enterpriser (entø'praišø') *s.* emprendedor. 2 empresario, contratista.

enterprising (entø'praišing) *adj.* emprendedor, esforzado, atrevido, activo.

entertain (to) (entø'tei·n) *tr.* entretener, divertir, distraer. 2 ener [como huésped o invitado]; hospedar, agasajar, obsequiar. 3 tomar en consideración. 4 tener, acariciar, abrigar [ideas, esperanzas, sentimientos]. — 5 *intr.* recibir huéspedes, dar comidas o fiestas.

entertainable (entø'tei·nabøl) *adj.* que se puede tomar en consideración.

entertainer (entø'tei·nø') *s.* anfitrión. 2 entretenedor. 3 actor, vocalista, músico [esp. de variedades].

entertaining (entø'tei·ning) *adj.* entretenido, divertido, chistoso.

entertainingly (entø'tei·ningli) *adv.* entretenidamente, divertidamente.

entertainment (entø'tei·nmønt) *s.* acogida, hospitalidad; convite, agasajo, fiesta. 2 provisión de mesa. 3 entretenimiento, diversión; función, espectáculo [teatral, de variedades, etc.].

enthrall (to) (enzro·l) *tr.* esclavizar, sojuzgar. 2 hechizar, cautivar.

enthrallment (enzro·lmønt) *s.* dominio, subyugación. 2 hechizo, encanto.

enthrone (to) (enzrou·n) *tr.* entronizar.

enthronement (enzrou·nmønt) **enthronization** (enzroun̄iše·shøn) *s.* entronización.

enthuse (to) (enziu·š) *intr.* fam. entusiasmarse.

enthusiasm (enziu·šiæšm) *s.* entusiasmo.

enthusiast (enziu·šiæst) *s.* entusiasta.

enthusiastic(al (enziušiæ·stic(al) *adj.* entusiástico, entusiasta, caluroso. 2 entusiasmado.

enthymeme (en̄zimim) *s.* LÓG. entimema.

entice (to) (entai·s) *tr.* atraer, tentar, incitar, seducir, halagar.

enticement (entai·smønt) *s.* tentación, incitación, seducción. 2 atractivo, cebo.

enticer (entai·sø') *s.* tentador, seductor, incitador.

enticing (entai·sing) *adj.* tentador, seductor, incitador.

enticingly (entai·singli) *adv.* tentadoramente, seductoramente.

entire (entai·ø') *adj.* entero, completo, cabal, íntegro, intacto, total. 2 VET. entero, cojudo [no castrado]. 3 BOT. entera [hoja]. 4 fiel, sincero.

entirely (entai·ø'li) *adv.* enteramente, íntegramente, completamente, del todo, de todo punto, por completo.

entireness (entai·ø'nis) *s.* integridad, entereza [calidad de entero, completo].

entirety (entai·ø'ti) *s.* ENTIRENESS. 2 totalidad, conjunto, total, todo.

entitative (en̄titætiv) *adj.* entitativo.

entitle (to) (entai·tøl) *tr.* titular, intitular. 2 dar derecho a; autorizar.

entity (en̄titi) *s.* FILOS. entidad.

entoil (to) (entoi·l) *tr.* TO ENTRAP.

entomb (to) (entu·m) *tr.* enterrar, sepultar. 2 servir de tumba a.

entombment (entu·mmønt) *s.* entierro, sepultura.

entomologic(al (entomolo·ȳic(al) *adj.* entomológico.

entomologist (entomo·loȳist) *s.* entomólogo.

entomology (entomo·loȳi) *s.* entomología.

entomophagous (entomo·fagøs) *adj.* ZOOL. entomófago, insectívoro.

entomophilous (entomo·filøs) BOT. entomófilo; de polinización por insectos.

entomophily (entomo·fili) *s.* BOT. entomofilia, polinización por insectos.

Entomostraca (entomo·stræcæ) *s. pl.* ZOOL. entomostráceos.

entomostracan (entomo·stræcan) *adj.* y *s.* ZOOL. entomostráceo.

entomostracous (entomo·stræcøs) *adj.* ZOOL. entomostráceo.

entourage (angtura·ȳ) *s.* GALIC. medio ambiente. gente que rodea a uno.

Entozoa (entošou·a) *s. pl.* ZOOL. entozoarios.

entozoan (entošou·an) *adj.* y *s.* entozoario.

entozoic (entošou·ic) *adj.* entozoico.

entr acte (angtra·ct) *s.* GALIC. entreacto; intermedio [en el teatro].

entrails (entreilš) *s. pl.* entrañas, vísceras, tripas. 2 entrañas [interior].

entrain (to) (entrein) *tr.* poner en un tren. — 2 *intr.* ir en tren.

entrance (entrans) *s.* entrada, acceso, ingreso : ~ *examination,* examen de ingreso; ~ *fee,* cuota de entrada; ~ *forbidden, no* ~, se prohibe la entrada. 2 entrada [espacio por donde se entra], puerta, zaguán. 3 boca, embocadura. 4 TEAT. entrada en escena. 5 MÚS. entrada.

entrance (to) (entræ·ns) *tr.* extasiar, arrebatar, transportar, enajenar, hechizar. 2 aturdir, hipnotizar.

entranceway (entransuei) *s.* entrada, portal.

entrancing (entræ·nsing) *adj.* arrebatador, embelesador.

entrant (entrant) *adj.* entrante. — 2 *s.* socio nuevo; el que solicita la entrada. 3 principiante. 4 DEP. participante.

entrap (to) (entræ·p) *tr.* entrampar [coger en la trampa, hacer caer en una trampa], atrapar, engañar, coger. ¶ CONJUG. pret. y p. p. : *entrapped;* ger. : *entrapping.*

entreat (to) (entri·t) *tr.* e *intr.* suplicar, rogar, solicitar, instar, implorar, conjurar.

entreating (entri·ting) *adj.* suplicante, que ruega, de ruego.

entreatingly (entri·tingli) *adv.* con súplica o ruego.

entreaty (entri·ti) *s.* súplica, ruego, instancia.

entrée (angtrei·) *s.* GALIC. entrada [derecho o privilegio de entrar]. 2 COC. principio, entrada.

entremets (antrømei·) *s.* GALIC., COC. entremés.

entrench (to) (entre·nch) *tr.* atrincherar : *to* ~ *oneself,* atrincherarse. — 2 *intr. to* ~ *on* o *upon,* invadir, transgredir, infringir.

entrenchment (entre·nchmønt) *s.* atrincheramiento, trinchera, parapeto. 2 invasión, transgresión, infracción.

entrepreneur (antrøprønø·') *s.* empresario [esp. de teatro]; contratista.

entrepôt (antrøpou·) *s.* GALIC. almacén, depósito. 2 COM. centro de distribución.

entresol (entrøsol) *s.* GALIC. entresuelo.

entropion (entrou·pion) *s.* MED. entropión.

entrust (to) (entrø·st) *tr.* confiar, depositar. entregar, dejar al cuidado de. 2 *to* ~ *one with,* confiar a uno [una cosa].

entry (entri) *s.* entrada, ingreso. 2 entrada solemne. 3 puerta, portal, vestíbulo, zaguán. 4 asiento, anotación, apuntamiento. 5 artículo [de diccionario]. 6 COM. partida : *double* ~, partida doble. 7 MAR. registro, declaración de entrada [en la aduana]. 8 DEP. lista de participantes [en una carrera, etc.]. 9 MÚS. entrada. 10 entrada de baile [en una ópera, etc.]. 11 boca [de río]. 12 MIN. bocamina.

entwine (to) (entuai·n) *tr.* entrelazar, entretejer. 2 enroscar [alrededor de], enlazar, abrazar.

entwist (to) (entui·st) *tr.* torcer, retorcer. 2 enroscar [alrededor de].

enucleate (iniu·cliet) *adj.* sin núcleo.

enucleate (to) *tr.* descascarar. 2 explicar, aclarar. 3 extraer el núcleo de. 4 CIR. extirpar, extraer entero, sin cortar.

enucleation (iniucliše·shøn) *s.* CIR. extracción de un tumor, etc., entero.

enumerate (to) (iniu·møreit) *tr.* enumerar. 2 contar, numerar.

enumeration (iniumøre·shøn)) *s.* enumeración. 2 recuento, censo. 3 RET. recapitulación.

enumerative (i·niumøreitiv) *adj.* enumerativo.

enunciate (to) (inø·nshieit) *tr.* enunciar. 2 anunciar, proclamar. 3 articular, pronunciar.

enunciation (inønsie·shøn) *s.* enunciación. 2 declaración. 3 articulación, pronunciación.

enunciative (inø·nshiativ), **enunciatory** (inø·nshia-
tori) *adj.* enunciativo. 2 declarativo.
enure (to) (enȳu·ø') *tr.* e *intr.* INURE.
envelope (e·nvøloup) *s.* envoltura, cubierta. 2 funda, carpeta. 3 sobre, sobrecarta. 4 GEOM. envolvente. 5 ASTR. cola o cabellera [de un cometa].
6 BOT. túnica, envoltura.
envelop (to) (enve·løp) *tr.* envolver, cubrir, forrar;
meter en [un sobre, etc.].
envelopment (enve·løpmønt) *s.* envolvimiento. 2
envoltura, cubierta.
envenom (to) (enve·nøm) *tr.* envenenar, emponzoñar [impregnar de veneno, hacer venenoso]. 2
viciar. corromper.
enviable (e·nviabøl) *adj.* envidiable.
envious (e·nviøs) *adj.* envidioso.
enviously (e·nviøsli) *adv.* envidiosamente.
enviousness (e·nviøsnis) *s.* envidia. 2 calidad de
envidioso.
environ (to) (envai·røn) *tr.* rodear, cercar, envolver.
environment (envai·rønmønt) *s.* acción de rodear
o cercar. 2 ambiente, medio ambiente. 3 alrededores.
environs (envai·rønš) *s. pl.* contornos, alrededores,
cercanías, inmediaciones, afueras.
envisage (to) (envi·šidȳ) *tr.* mirar a la cara. 2 encararse con, afrontar [hechos, peligros, etc.]. 3
mirar, considerar. 4 representarse mentalmente,
imaginarse.
envoy (e·nvoi) *s.* enviado, mensajero. 2 LIT. envío,
tornada.
envy (e·nvi), *pl.* **-vies** (-vis) *s.* envidia, livor. 2 cosa
envidiada.
envy (to) (e·nvi) *tr.* envidiar. 2 anhelar, codiciar.
envyingly (e·nviiṇḷȳ) *adv.* envidiosamente.
enwrap (to) (enræ·p) *tr.* envolver, cubrir, abrigar. 2 absorber, embargar.
enwreathe (to) (enrı·d̄) *tr.* enguirnaldar. 2 envolver, rodear.
enzo-otic (enzoo·tic) *s.* VET. enzootia.
enzyme (e·nšaim o -šim) *s.* BIOQUÍM. enzima.
Eocene (i·osin) *adj.* y *s.* GEOL. eoceno.
Eolian (iou·lian) *adj.* y *s.* AEOLIAN.
eolith (i·oliz) *s.* PREHIST. eolito.
eolithic (ioli·zic) *adj.* PREHIST. eolítico.
eon (i·on) *s.* eón, evo.
Eozoic (io·zouic) *adj.* y *s.* GEOL. eozoico.
epact (i·pæct) *s.* epacta.
epaulet (e·polet) *s.* MIL. charretera, capona.
ependyma (epe·ndimæ) *s.* ANAT. epéndimo.
epenthesis (epe·nzesis) *s.* GRAM. epéntesis.
epenthetic (epenze·tic) *adj.* GRAM. epentético.
epergne (epø·'n) *s.* centro de mesa.
ephebe (efi·b) *s.* efebo.
ephedrine (eıedrin) *s.* QUÍM. efedrina.
ephemera (efe·møra) *s. pl.* de EPHEMERON.
ephemeral (efe·møral) *adj.* efímero. 2 MED. efémera [fiebre]. — 3 *s.* cosa efímera. 4 BOT. álsine.
ephemeran (efe·møran), **ephemerid** (efe·mørid) *s.*
ENTOM. efímera, cachipolla.
ephemeris (efe·møris), *pl.* **ephemerides** (efeme·ri-
dis) *s.* publicación de interés pasajero. 2 eféme-
rides astronómicas.
ephemeron (efe·møron), *pl.* **-mera** (-møra) o
-merons (-mørons) *s.* ENTOM. efímera, cachipolla.
2 cosa efímera
Ephesian (efi·ȳan) *adj.* y *s.* efesino, efesio.
Ephesus (e·fesøs) *n. pr.* GEOGR. Éfeso.
ephete (e·fit) *s.* HIST. éfeta.
ephod (e·fod) *s.* efod. 2 fig. sobrepelliz.
ephor (e·fo') *s.* HIST. éforo.
epic (e·pic) *adj.* épico. — 2 *s.* poema épico, epopeya. 3 épica.
epical (e·pical) *adj.* épico.
epicardium (epica·'diøm) *s.* ANAT. epicardio.
epicarp (e·pica'p) *s.* BOT. epicarpio.
epicedium (episi·diøm) *s.* epicedio, elegía.
epicene (e·pisin) *adj.* GRAM. epiceno.
epicentre, epicenter (e·pisentø') *s.* GEOL. epicentro.
epicotyl (epico·til) *s.* BOT. epicotilo.
epicure (e·pikiu') *s.* epicúreo, gastrónomo, sibarita.
2 persona de gustos refinados, exigentes; conocedor.
Epicurean (epikiurı·an) *adj.* epicúreo [de Epicuro].
— 2 *adj.* y *s.* epicúreo [que sigu·ɪ la secta de
Epicuro]. 3 (con min.) epicúreo, sibarita, siba-
ríticc

Epicureanism (epikiurı·anıšm), **Epicurism** (e·pikiu-
rišm) *s.* Epicureísmo [sistema filosófico]. 2 (con
min.) epicureísmo, sibaritismo.
epicycle (e·pisaikøl) *s.* epiciclo.
epicycloid (episai·cloid) *s.* GEOM. epicicloide.
epidemicity (epidemi·siti) *s.* epidemicidad.
epidemic (epide·mic) *adj.* epidémico, epidemial. —
2 *s.* epidemia.
epidemical (epide·mical) *adj.* epidémico, epidemial.
epiderm (e·piṇø'm), **epidermis** (epidø·'mis) *s.* ANAT.
epidermis, cutícula. 2 BOT. cutícula.
epidermal (epidø·'mal), **epidermic(al** (epidø·'mic(al)
adj. epidérmico.
epididymis (epidi·dimis) *s.* ANAT. epidídimo.
epigastric (epigæ·stric) *s.* ANAT. epigástrico.
epigastrium (epigæ·striøm) *s.* ANAT. epigastrio.
epigenesis (epiȳe·nesis) *s.* BIOL. epigénesis.
epiglottis (epiglo·tis) *s.* ANAT. epiglotis.
epigram (e·pigræm) *s.* epigrama.
epigrammatic(al (epigramæ·tic(al) *adj.* epigramático.
epigrammatically (epigramæ·ticali) *adv.* epigramáticamente.
epigrammatist (epigræ·matist) *s.* epigramatario, epigramatista, epigramático.
epigraph (e·pigræf) *s.* epígrafe, inscripción. 2 epígrafe [resumen o sentencia que se pone a la cabeza de un capítulo o de una obra].
epigrapher (epi·græfø') *s.* epigrafista.
epigraphic (epigræ·fic) *adj.* epigráfico.
epigraphist (epi·græfist) *s.* epigrafista.
epigraphy (epi·grafi) *s.* epigrafía.
epilepsy (e·pilepsi) *s.* MED. epilepsia, gota caduca
o coral.
epileptic (epile·ptic) *adj.* y *s.* epiléptico.
epilog (e·piløg) *s.* EPILOGUE.
epilogic(al (epilo·ȳic(al) *adj.* perteneciente a un
epílogo.
epilogist (epi·loȳist) *s.* el que escribe, recita o pronuncia un epílogo.
epilogize (to) (epi·loȳaiš) *tr.* poner epílogo a. —
2 *intr.* recitar o pronunciar un epílogo.
epilogue (e·pilog) *s.* epílogo [última parte]. 2 RET.
epílogo, peroración.
epinicion (epini·shøn) *s.* epinicio, himno triunfal.
Epiphany (ipi·fani) *n. pr.* Epifanía.
epiphenomenon (epifino·menøn) *s.* epifenómeno.
epiphonema (epifoni·ma) *s.* RET. epifonema.
epiphora (epi·føræ) *s.* MED. epífora.
epiphysis (epi·fisis), *pl.* **-ses** (-siš) *s.* ANAT. epífisis
[terminación de un hueso largo]. 2 ANAT. epí-
fisis, glándula pineal.
epiphyte (e·pifait) *s.* BOT. epifito.
epiphyitic (epifi·tic) *adj.* BOT. epifito, epifítico.
epiploon (ipi·ploøn) *s.* ANAT. epiplón.
episcopacy (ipi·scopasi), *pl.* **-cies** (-siš) *s.* episcopado [dignidad]. 2 gobierno de la iglesia por
obispos.
episcopal (ipi·scopal) *adj.* episcopal.
Episcopalian (ipiscopei·lian) *adj.* de la iglesia episcopal protestante. — 2 *s.* miembro o partidario
de ella.
episcopalianism (ipiscopei·lianišm) *s.* doctrina de
la iglesia episcopal protestante.
episcopalism (ipi·scopalism) *s.* episcopalismo.
episcopally (ipi·scopali) *adv.* episcopalmente.
episcopate (ipi·scopeit) *s.* episcopado.
episode (e·pisoud) *s.* episodio.
episodic (episo·dic) *adj.* episódico. 2 esporádico, ocasional.
episodically (episo·dicali) *adv.* episódicamente.
epispastic (epispæ·stic) *adj.* y *s.* MED. epispástico.
epistaxis (epistæ·csis) *s.* MED. epistaxis.
epistemology (epistimo·loȳi) *s.* epistemología.
epistle (ipi·søl) *s.* epístola, carta, misiva. 2 (con
mayúsc.) Epístola [de la misa].
epistler (ipi·slø') *s.* escritor de epístolas o cartas.
2 epistolero.
epistolary (ipi·stoleri) *adj.* epistolar. — 2 *s.* epistolario.
epistrophe (epi·strofi) *s.* RET. epístrofe. 2 MÚS.
estribillo.
epistyle (e·pistail) *s.* ARQ. arquitrabe.
epitaph (e·pitæf) *s.* epitafio.
epitaphic (epita·fic) *adj.* relativo al epitafio.
epithalamium (epizalei·miøm), *pl.* **epithalamia** (epi-
zalei·miæ) *s.* epitalamio.
epithelial (epizi·lial) *adj.* epitelial.
epithelioma (epiziliou·ma) *s.* MED. epitelioma.

epithelium (epizi·lium) s. ANAT. epitelio.
epithem (e·pizem) s. MED. epitema.
epithet (e·pizet) s. epiteto.
epitome (epi·tomi) s. epítome. 2 muestra, resumen, compendio.
epitomize (to) (epi·tomaiš) tr. epitomar, compendiar.
epitomizer (epi·tomaišø') s. compendiador.
epitrope (epi·tropi) s. RET. epítrope.
epizoan (epišou·an) adj. y s. epizoario.
epizootic (epišoa·tic) adj. epizoótico. — 2 s. VET. epizootia.
epizooty (epišo·ati) s. VET. epizootia.
epoch (e·poc) s. época, edad, período.
epoch-making adj. trascendental, memorable, que hace época.
epode (e·poud) s. epodo.
eponym (e·ponim) s. personaje o héroe epónimo.
eponymic (eponi·mic) adj. de un personaje epónimo
eponymous (epo·nimøs) adj. epónimo.
epopee (e·popi) s. epopeya. 2 épica.
Epsom-salt (e·psǿlmsolt) s. QUÍM. epsomita, sal de la Higuera.
equability (ecuabi·liti), equableness (e·cuabølnis) s. igualdad uniformidad. 2 ecuanimidad.
equable (e·cuabøl) adj. igual, uniforme, ecuable. 2 tranquilo, ecuánime.
equably (e·cuabli) adj. igualmente, con igualdad. 2 ecuánimemente.
equal (i·cual) adj. igual. 2 parejo, exacto. 3 distribuido o formado con igualdad. 4 BOT. simétrico. 5 justo, equitativo, imparcial. 6 indiferente. 7 adecuado, suficiente, proporcionado; competente. 8 to be ~ to, servir para; hacer frente a, atreverse o igualarse con; ser capaz de hacer o desempeñar, estar a la altura de; to be ~ to one's duty, saber cumplir con su deber. — 9 s. igual. 10 cantidad igual.
equal (to) tr. igualar, ser igual a, igualarse con, ponerse al igual o al nivel de, emparejar. 2 compensar. 3 corresponder [al afecto, etc.]. 4 not to be equalled, inigualable, sin par. ¶ CONJUG. pret. y p. p.: equaled o -lled; ger.: equaling o -lling
equalitarian (icualite·rian) adj.-s. igualitario.
equality (icua·liti) s. igualdad. 2 paridad. 3 uniformidad, lisura.
equalization (icuališe·shøn) s. igualación, igualamiento. 2 compensación, regularización.
equalize (to) (i·cualaiš) tr. igualar [hacer igual, poner al igual]. 2 igualar, allanar, nivelar. 3 compensar, equilibrar, regularizar.
equalizer (icuala·išø') s. igualador. 2 ELECT. ~ set, dínamo compensadora.
equalizing (icualai·šing) adj. igualador. 2 MEC. compensador, de compensación.
equally (i·cuali) adv. igualmente; por igual, con igualdad. 2 equitativamente.
equalness (i·cualnis) s. igualdad, uniformidad.
equangular (icua·nguiula') adj. equiángulo.
equanimity (icuani·miti) s. ecuanimidad.
equanimous (icua·nimøs) adj. ecuánime.
equanimously (icua·nimøsli) adj. ecuánimemente.
equate (to) (i·cueit) tr. igualar; poner en ecuación.
equation (icuei·shøn) s. ecuación : ~ of time, ASTR. ecuación de tiempo. 2 igualdad, equilibrio.
equator (icuei·tø') s. GEOM., GEOGR., ASTR. ecuador.
equatorial (icuato·rial) adj. y s. ecuatorial.
equerry (e·cueri) s. caballerizo.
equestrian (icue·strian) adj. ecuestre. — 2 s. jinete. 3 caballista [de circo].
equestrianism (icue·strianism) s. equitación.
equestrienne (icuestrie·n) f. EQUIT. amazona.
equiangular (icuiæ·nguiula') adj. GEOM. equiángulo.
equid (e·cuid) s. ZOOL. équido.
Equidæ (e·cuidi) s. pl. ZOOL. équidos.
equidistance (icuidi·stans) s. equidistancia.
equidistant (icuidi·stant) adj. equidistante.
equidistantly (icuidi·stantli) adv. a una misma distancia.
equilateral (icuilæ·tøral) adj. y s. GEOM. equilátero.
equilibrant (icui·librant) s. MEC. fuerza equilibrante, fuerza igual y contraria a la resultante de un sistema.
equilibrate (to) (icuilai·breit) tr. equilibrar, compensar. — 2 intr. estar en equilibrio.
equilibration (icuilibre·shøn) s. equilibrio [acción de equilibrar]

equilibrator (icuilai·breitø') s. equilibrador. 2 AVIA. estabilizador.
equilibrious (icuili·briøs) adj. equilibre.
equilibrist (icui·librist) s. equilibrista.
equilibrium (icuili·briøm) s. equilibrio.
equine (i·cuain) adj. equino, caballar. — 2 s. caballo.
equinoctial (icuino·cshal) adj. equinoccial. — 2 s. línea equinoccial. 3 tempestad equinoccial.
equinoctially (icuino·cshali) adv. en dirección equinoccial.
equinox (i·cuinocs) s. ASTR. equinoccio.
equip (to) (ecui·p) tr. equipar, pertrechar, habilitar, proveer municionar. 2 MAR. armar, aparejar, tripular.
equipage (e·cuipidў) s. equipo, avíos, pertrechos. 2 tren, séquito, carroza, carruaje.
equipment (icui·pmønt) s. equipo, aparejamiento, habilitación. 2 equipo, material, avíos, vestuario, armamento. 3 MEC. equipo, tren, juego, conjunto [de aparatos, etc.].
equipoise (i·cuipøiš) s. equilibrio. 2 contrapeso.
equipoise (to) tr. equilibrar, contrapesar.
equipollence, equipollency (icuipo·lens, -si) s. equipolencia, equivalencia.
equipollent (icuipo·lent) adj. equipolente, equivalente.
equiponderance, equiponderancy (icuipo·ndørans, -si) s. equiponderancia.
equiponderant (icuipo·ndørant) adj. equiponderante.
equiponderate (to) (icuipo·ndereit) intr. equiponderar. — 2 tr. hacer de igual peso. 3 contrapesar.
Equisetaceæ (ecuisitei·sii) s. pl. BOT. equisetáceas.
equisetaceous (ecuisitei·shøs) adj. BOT. equisetáceo.
equitable (e·cuitabøl) adj. justo, equitativo, imparcial.
equitableness (e·cuitabølnis) s. equidad, justicia, imparcialidad.
equitably (e·cuitabli) adv. equitativamente, justamente.
equitant (e·cuitant) adj. BOT. encabalgada [hoja].
equitation (ecuite·shøn) s. equitación.
equity (e·cuiti) s. equidad, rectitud, imparcialidad. 2 DER. derecho que se aplica en ciertos tribunales. 3 fam. diferencia entre el valor de una finca y la cantidad en que está hipotecada.
equivalence, equivalency (icui·valens, -si) s. equivalencia.
equivalent (icui·valønt) adj. equivalente : to be ~ to, equivaler a.
equivalently (icui·valentli) adv. equivalentemente.
equivocal (icui·vocal) adj. equívoco, ambiguo. 2 incierto, dudoso, sospechoso.
equivocally (icui·vocali) adv. equívocamente, ambiguamente.
equivocalness (icui·vocalnis) s. equívoco, ambigüedad.
equivocate (to) (icui·vokeit) tr. hacer equívoco. — 2 intr. usar de equívocos, expresarse con ambigüedad engañosa, mentir.
equivocation (icuivoke·shøn) s. equívoco, anfibología. 2 engaño por medio de frases equívocas.
equivocator (icui·vokeitø') s. el que usa de equívocos, equivoquista.
equivoke, equivoque (e·cuivouc) s. equívoco, juego de palabras.
era (i·ra) s. era [de tiempo].
eradiate (to) (irei·dieit) tr. e intr. radiar, irradiar.
eradiation (ireidie·shøn) s. radiación, irradiación.
eradicate (to) (iræ·dikeit) tr. erradicar, desarraigar, extirpar.
eradication (irædike·shøn) s. erradicación, desarraigo, extirpación.
eradicative (iræ·dicativ) adj. que desarraiga. — 2 s. MED. remedio radical.
erasable (irei·šabøl) adj. borrable.
erase (to) (irei·š) tr. borrar. 2 tachar, rayar, raspar.
eraser (irei·šø') s. raspador, goma de borrar, borrador, etc.
erasion (irei·ўøn) s. ERASURE. 2 CIR. raspado.
erasure (irei·ўø') s. raspadura, borradura, tachón.
Erasmus (iræ·smøs) n. pr. Erasmo.
ere (e·ø') prep. antes de o de que. — 2 conj. antes que [indicando preferencia].
erect (i·re·ct) adj. derecho, levantado, alto, erguido, engallado, enhiesto. 2 vertical. 3 erizado [púa, etc.].
erect (to) tr. erigir, levantar, edificar. 2 erigir, establecer, fundar. 3 levantar [los ánimos]; ele-

var [el pensamiento]. *4* erguir. *5* plantar, enhestar. *6* GEOM. trazar [una perpendicular o figura] sobre una base. *7* ASTRON., ASTROL. trazar [una figura, un horóscopo]. *8* MEC. montar, instalar.

erectile (ire ctil) *adj.* eréctil.

erectility (irecti liti) *s.* erectilidad.

erection (ire cshøn) *s.* erección, construcción, edificación. *2* erección, fundación, establecimiento. *3* erguimiento, enhestadura. *4* ASTROL. trazado [de una figura]. *5* MEC. montaje, instalación. *6* FISIOL. erección.

erective (ere ctiv) *adj.* que levanta o tiende a levantar o poner derecho.

erectness (ere ctnis) *s.* erguimiento, estado de lo derecho o levantado.

erector (ere ctø') *s.* erector. *2* MEC. montador.

erelong (eø'lo ng) *adv.* antes de mucho, dentro de poco, a no tardar.

eremite (e rimait) *s.* eremita, ermitaño.

eremitic(al (erimi tic(al) *adj.* eremítico.

erenow (eø'nau) *adv.* antes de ahora; hasta aquí.

erethism (e rezišm) *s.* MED. eretismo.

erg (ø'g) *s.* FÍS. ergio. *2* GEOGR. desierto de arenas movedizas.

ergot (ø 'got) *s.* BOT. cornezuelo del centeno.

ergotin, ergotine (ø rgotin) *s.* QUÍM. ergotina.

ergotinine (ø'go tinin) *s.* QUÍM. ergotinina.

ergotism (ø'gotišm) *s.* MED., LÓG. ergotismo.

ergotize (to) (ø rgotaiš) *intr.* ergotizar, argüir sofísticamente. — *2 tr.* infestar de cornezuelo.

Ericaceæ (erikei sii) *s. pl.* BOT. ericáceas.

ericaceous (erikei siøs) *adj.* BOT. ericáceo.

ericad (erai cad) *s.* BOT. ericácea.

Erin (e rin) *n. pr.* poét. Erin, Irlanda.

erinaceous (erinei shiøs) *adj.* relativo al erizo.

eristic (eri stic) *adj.* erístico.

Eritrea (eri tria) *n. pr.* GEOGR. Eritrea.

Eritrean (eri trian) *adj. y s.* eritreo.

erlking (ø'lking) *s.* rey de los elfos.

ermine (ø 'min) *s.* ZOOL., BLAS. armiño. *2* armiño [piel]. *3 fig.* toga, judicatura. *4 Pl.* BLAS. contraarmiños.

ermined (ø'mind) *adj.* armiñado.

ern, erne (ø'n) *s.* ORNIT. halieto.

erode (to) (irou d) *tr.* corroer, roer, desgastar. *2* causar erosión. — *3 intr.* corroerse, desgastarse. *4* sufrir erosión.

erodent (irou dønt) *adj. y s.* MED. cáustico, corrosivo.

erosion (irou øn) *s.* corrosión. *2* desgaste, erosión.

erosive (irou siv) *adj.* corrosivo. *2* desgastador, que produce erosión.

erotic(al (ero tic(al) *adj.* erótico.

eroticism (ero tisišm), **erotism** (e rotišm) *s.* erotismo.

erotomania (erotomei nia) *s.* erotomanía.

err (to) (ø') *intr.* errar, equivocarse. *2* errar, pecar, obrar mal, descarriarse. *3* errar, vagar.

errable (ø rabøl) *adj.* falible.

errancy (e ransi) *s.* error [estado del que yerra].

errand (e rand) *s.* misión, encargo, recado, mandado, diligencia; objeto de un viaje : ~ *boy*, muchacho que hace recados.

errant (e rant) *adj.* errante, errabundo. *2* andante [caballero]. *3* errático. *4* erróneo. *5* falible.

errantry (e rantri) *s.* vida errante, aventurera. *2* caballería andante; espíritu o ideas del caballero andante.

errata (irei tæ) *s. pl.* de ERRATUM. *2* fe de erratas.

erratic (iræ tic) *adj.* errático. *2* irregular, variable. inconstante. *3* excéntrico, raro. — *4 s.* excéntrico [pers.]. *5* GEOL. canto rodado. ·

erratical (iræ tical) *adj.* ERRATIC.

erratically (iræ ticali) *adv.* por modo errático.

erratum (irei tøm) *s.* IMPR. errata.

errhine (e rain) *adj. y s.* MED. estornutatorio.

erring (ø ring) *adj.* errado. *2* errante. *3* descarriado, pecador.

erroneous (erçu niøs) *adj.* erróneo, falso, equivocado.

erroneously (erou niøsli) *adv.* erróneamente.

erroneousness (erou niøsnis) *s.* calidad de erróneo, falsedad.

error (e rø') *s.* error. *2* yerro, equivocación. *3* pecado.

ersatz (e sa ts) *adj.* sintético, artificial. — *2 s.* substitutivo.

Erse (ø's) *s.* lenguaje gaélico de los escoceses.

erst (ø'st) *adv.* antiguamente, anteriormente. — *2 adj.* de otro tiempo.

erstwhile (ø'stjuail) *adv.* antiguamente. antaño, antes, al principio.

erubescence, erubescency (erube søns, -si) *s.* erubescencia, rubor.

erubescent (erube sønt) *adj.* erubescente, ruboroso.

eruct (to) (irøct), **eructate (to)** (irø cteit) *intr. y tr.* eructar.

eructation (irøcte shøn) *s.* eructación, eructo, regüeldo.

erudite (e rudait) *adj. y s.* erudito.

erudition (erudi shøn) *s.* erudición, conocimientos.

eruginous (iru Ÿiŋøs) *adj.* eruginoso.

erupt (to) (irø pt) *intr.* hacer erupción. *2* salir [las lavas de un volcán, los dientes, etc.]. — *3 tr.* arrojar [lavas, etc.].

eruption (irø pshøn) *s.* GEOL., MED. erupción. *2* acción de estallar [la guerra, un tumulto, etc.]. *3* estallido, explosión [de una pasión, de risa, etc.]. *4* salida [de los dientes].

eruptive (irø ptiv) *adj.* eruptivo.

eryngo (iri ŋgou) *s.* BOT. eringe, cardo corredor.

erysipelas (erisi pelas) *s.* MED. erisipela.

erysipelatous (erisipe latøs) *adj.* erisipelatoso.

Erythræan (erizri an) *adj. y s.* eritreo [de la antigua Eritrea]. *2* ~ *main*, mar Eritreo, mar Rojo.

erythrean (erizri an) *adj.* rojo.

erythrocyte (eri zrosait) *s.* FISIOL. eritrocito.

escadrille (escadri l) *s.* escuadrilla aérea o naval.

escalade (escalei d) *s.* MIL. escalada.

escalade (to) *tr.* escalar [una pared, etc.].

escalator (escæle itø') *s.* escalera mecánica.

escalop, escallop (esca lop) *s.* venera, pechina.

escapade (escapei d) *s.* evasión, fuga. *2* escapada, travesura, correría, aventura.

escape (eskei p) *s.* escape, evasión, fuga, escapatoria : *to have a narrow* ~, escapar o salvarse por un pelo. *2* escape [de un fluido]. *3* escape [de un reloj]. *4* desagüadero. — *5 adj.* de escape : ~ *outlet*, salida [de una máquina de vapor].

escape (to) *intr.* escapar, escaparse ; fugarse, huir. *2* zafarse, escabullirse. *3* escaparse [un fluido]. — *4 tr.* escapar a : *to* ~ *notice*, no ser advertido. *5* evitar, evadir, eludir, esquivar, rehuir. *6* escapar o escapársele [a uno una exclamación, etc.].

escapement (eskei pmønt) *s.* escape [de reloj, etc.].

escarp (esca p) *s.* escarpa.

escarp (to) *tr.* MIL. escarpar.

escarpment (esca pmønt) *s.* escarpa, acantilado.

eschalot (e shalot) *s.* BOT. chalote, escaloña.

eschar (e sca') *s.* CIR. escara.

escharotic (escaro tic) *adj.* MED. escarótico, catérico.

eschatological (escætolo Ÿical) *adj.* TEOL. escatológico.

eschatology (escæto loŸi) *s.* TEOL. escatología.

escheat (eschi t) *s.* reversión de bienes al estado o a la corona. *2* (Esc.) confiscación.

escheat (to) *intr. y tr.* revertir [los bienes] o hacer revertir [bienes] al estado o a la corona. — *2 tr.* (Esc.) confiscar.

escheatable (eschi tabøl) *adj.* revertible al estado o a la corona. *2* cønfiscable.

eschew (to) (eschu) *tr.* evitar, rehuir.

escolar (escola') *s.* ICT. pez parecido a la caballa.

escort (e sco't) *s.* escolta, convoy : ~ *ship*, buque escolta. *2* acompañante [para protección o por obsequio].

escort (to) (esco t) *tr.* escoltar, convoyar, acompañar.

escritoire (escritua') *s.* escritorio, escribanía [mueble].

escrow (escrou) *s.* DER. plica.

esculent (e skiulent) *adj. y s.* comestible.

Escurial (eskiu rial) *n. pr.* Escorial.

escutcheon (escø chøn) *s.* escudo de armas. *2* escudo [de cerradura]. *3* MAR. escudo, espejo de popa.

escutcheoned (escø chønd) *adj.* blasonado.

Eskimo (e skimou) *adj. y s.* esquimal.

esophagus (eso fagøs) *s.* ANAT., ZOOL. esófago.

esoteric (esote ric) *adj.* esotérico. *2* secreto, reservado, confidencial.

espalier (espæ liø') *adj.* AGR. espaldar, espaldera.

espalier (to) *tr.* poner en espaldera.

esparto o **esparto grass** (espa tou) *s.* BOT. esparto.

especial (espe shal) *adj.* especial, peculiar, particular. *2* notable.

especially (espe shali) *adv.* especialmente, sobre todo, máxime. *2* especialmente, señaladamente.

Esperantist (espera·ntist) *adj.* y *s.* esperantista.
Esperanto (espera·ntou) *s.* esperanto.
espial (espa·ial) *s.* acecho, observación.
espionage (e·spionidy̆) *s.* espionaje. 2 acecho.
esplanade (esplanei·d) *s.* FORT. explanada; glacis.
2 explanada. paseo [en la ribera].
espousal (espa·uŝal) *s.* desposorio, esponsales. 2
adhesión a una causa.
espouse (to) (espa·uŝ) *tr.* desposarse, casarse con;
tomar por esposo o esposa. 2 hacer propio, adoptar, abrazar, defender [una opinión, causa, etc.].
esprit (espri·) *s.* ingenio, agudeza, gracejo. 2 ~ *de
corps*, solidaridad, compañerismo, espíritu de
partido o de cuerpo.
espy (to) (espai·) *tr.* divisar, columbrar, distinguir, percibir, descubrir. — 2 *intr.* buscar o mirar alrededor.
esquire (escuai·ø′) *s.* escudero [de un caballero].
2 caballero [de una dama]. 3 (Ingl.) título inferior al de caballero. 4 título de cortesía que
se pospone al apellido, gralte. en la forma abreviada *Esq.* y sin anteponer *Mr.* 5 (Ingl.) hacendado, propietario rural.
esquire (to) *tr.* servir como caballero [a una da-
ma]. 2 tratar de ESQUIRE.
essay (e·sei) *s.* tentativa, esfuerzo, probatura. 2 ensayo [literario].
essay (to) (esei·) *tr.* ensayar, probar, examinar. 2
intentar, tentar
essayer (e·seiø′) *s.* ensayador.
essayist (e·seist) *s.* ensayista.
essence (e·sens) *s.* esencia [naturaleza de las cosas; lo permanente o invariable de ellas; lo
que el ser es] : *in* ~, esencialmente, en el fondo.
2 ser, entidad. 3 substancia, médula [de una
cosa]. 4 esencia, extracto. 5 perfume, olor.
essential (ese·nshal) *adj.* esencial [perteneciente
a la esencia o a una esencia] : ~ *oil*, aceite esencial. 2 substancial, fundamental. 3 esencial, indispensable, capital, vital. — 4 *s.* lo esencial. 5
pl. the essentials, la substancia, los elementos
esenciales o indispensables.
essentiality (ese·nshialiti) *f.* esencialidad. 2 lo
esencial.
essentially (ese·nshali) *adv.* esencialmente.
essentialness (ese·nshalnis) *s.* ESSENTIALITY.
essonite (e·sonait) *s.* MINER. variedad de granate.
establish (to) (estæ·bliŝh) *tr.* establecer, fundar,
instituir, hacer estable. 2 afirmar, consolidar. 3
establecer [ordenar, decretar]. 4 sentar, probar,
demostrar. 5 establecer, asentar. 6 hacer oficial
[una iglesia o religión]. 7 *to* ~ *oneself*, establecerse; instalarse.
establishment (estæ·bliŝhmønt) *s.* establecimiento.
2 acción de hacer oficial una iglesia o religión.
3 casa [residencia, muebles, criados]. 4 medios
permanentes o regulares de vida; renta vitalicia.
estafet, estafette (estafe·t) *s.* estafeta, correo.
estate (estei·t) *s.* estado [orden, clase, jerarquía
de pers.] : *third* ~, estado llano; *the fourth* ~,
la Prensa. 2 bienes, propiedades, patrimonio: *personal* ~, bienes muebles; *real* ~, bienes raíces.
3 hacienda, heredad, finca, fundo. 4 herencia
[bienes]. 5 *man's* ~, edad viril.
esteem (esti·m) *s.* estima, estimación, aprecio, consideración.
esteem (to) *tr.* estimar, apreciar, tener en mucho.
2 estimar, juzgar, considerar.
ester (e·stø′) *s.* QUÍM. éster.
Esther *n. pr. f.* Ester.
esthesiometer (eszisio·mitø′) *s.* estesiómetro.
esthete (e·szit) *s.* esteta.
esthetic (esze·tic) *adj.* estético.
esthetics (esze·tics) *s.* estética.
Esthonia (eszou·nia) *n. pr.* GEOGR. Estonia.
Esthonian (eszou·nian) *adj.* y *s.* estonio.
estimable (e·stimabøl) *adj.* estimable, apreciable.
2 evaluable
estimableness (e·stimabølnis) *s.* estimabilidad.
estimate (e·stimeit) *s.* estimación, tasa, avalúo,
cálculo aproximado. 2 opinión, juicio. 3 presupuesto [de un trabajo].
estimate (to) *tr.* estimar, apreciar, evaluar, tasar,
calcular aproximadamente, hacer el presupuesto
de. 2 juzgar, formar opinión de.
estimation (estime·ŝhøn) *s.* estima, estimación,
aprecio, consideración. 2 estimación, tasa, evaluación. 3 juicio, opinión, concepto.
estimative (e·stimativ) *adj.* apreciativo.
estimator (e·stimeitø′) *s.* estimador, tasador.

estimatory (e·stimatori) *adj.* estimatorio.
estival (e·stival) *adj.* estival, estivo, veraniego. —
2 *s.* MED. colerina.
estivate (to) (e·stiveit) *intr.* veranear.
estivation (estive·shøn) *s.* ZOOL. sueño o entorpecimiento estival. 2 BOT. prefloración.
estoc (esta·c) *s.* estoque [arma].
Estonian (estou·nian) *adj.* y *s.* estonio.
estop (to) (esto·p) *tr.* rellenar, tapar. 2 prohibir,
impedir. 3 DER. impedir por ESTOPPEL.
estoppel (esto·pel) *s.* prohibición, impedimento. 2
DER. imposibilidad legal de admitir una afirmación o alegación contraria a lo que se ha afirmado o alegado anteriormente.
estrade (estrei·d) *s.* estrado, tarima.
estrange (to) (estrei·ny̆) *tr.* extrañar, apartar. 2 alejar, enajenar, hacer perder la amistad.
estrangement (estrei·ny̆mønt) *s.* extrañamiento,
apartamiento. 2 alejamiento, desvío, enajenamiento, pérdida de la amistad.
estray (estrei·) *s.* DER. animal descarriado o mostrenco.
estuary (e·schueri) *s.* GEOGR. estuario, ría.
et cetera, &c. (et se·tera) *s.* etcétera, etc.
etch (to) (ech) *tr.* grabar al aguafuerte. 2 atacar
con un ácido, etc.
etcher (e·chø′) *s.* grabador al aguafuerte, acuafor-
tista, aguafuertista.
etching (e·ching) *s.* grabado al aguafuerte, aguafuerte.
eternal (itø·′nal) *adj.* eterno, eternal, sempiterno :
~ *flower*, BOT. perpetua; perpetua amarilla;
the Eternal City, la Ciudad Eterna, Roma. 2
perpetuo, incesante, inmutable, perdurable. —
3 *s. the Eternal*, el Eterno, Dios.
eternally (itø·′nali) *adv.* eternamente. 2 perpetuamente, incesantemente.
eternity (itø·′niti) *s.* eternidad.
eternize (to) (itø·′naiŝ) *tr.* eternizar. 2 perpetuar,
inmortalizar.
etesian (eti·y̆an) *adj.* METEOR. etesio.
ethane (e·zein) *s.* QUÍM. etano.
ether (i·zø′) *s.* éter.
ethereal (izi·rial) *adj.* etéreo. 2 aéreo, vaporoso,
sutil.
etherealization (ezirialiŝe·shøn) *s.* acción de hacer
etéreo. 2 QUÍM. conversión en éter.
etherealize (to) (izi·rialais) *tr.* hacer etéreo, aéreo;
espiritualizar. 2 QUÍM. convertir en éter.
etheriform (i·zørifo·m) *adj.* eteriforme.
etherify (to) (ize·rifai) *tr.* QUÍM. convertir en éter.
ethereous (izi·riøs) *adj.* ETHEREAL.
etherization (izøraiŝe·shøn) *s.* MED. eterización.
etherize (to) (i·zøraiŝ) *tr.* MED. eterizar. 2 QUÍM. convertir en éter.
ethic(al (e·zic(al) *adj.* ético, moral.
ethically (e·zicali) *adv.* éticamente, moralmente.
ethicist (e·zisist) *s.* ético.
ethics (e·zics) *s.* ética.
Ethiop (i·ziop), **ethiope** *adj.* y *s.* etíope.
Ethiopian (iziou·pian) *adj.* etíope; negro. — 2 *s.*
etíope.
Ethiopic (iziou·pic) *adj.* etiópico. — 2 *s.* etíope [len-
guaje].
ethmoid (e·zmoid) *adj.* y *s.* ANAT. etmoides.
ethnic (e·znic) *adj.* étnico. 2 gentil, pagano.
ethnical (e·znical) *adj.* étnico.
ethnicism (e·zniŝiŝm) *s.* paganismo.
ethnicist (e·zniŝist) *s.* etnólogo.
ethnogeny (ezno·y̆eni) *s.* estudio del origen de las
razas.
ethnographer (ezno·grafø′) *s.* etnógrafo.
ethnographic(al (eznogræ·fic(al) *adj.* etnográfico.
ethnography (ezno·grafi) *s.* etnografía.
ethnologic(al (eznolo·y̆ic(al) *adj.* etnológico.
ethnologist (ezno·loy̆ist) *s.* etnólogo.
ethnology (ezno·loy̆i) *s.* etnología.
ethos (i·zos) *s.* carácter, genio, rasgo distintivo [de
un pueblo o colectividad].
ethyl (e·zil) *s.* QUÍM. etilo. — 2 *adj.* etílico : ~
alcohol, alcohol etílico.
ethylene (e·zilin) *s.* QUÍM. etileno.
ethylic (ezi·lic) *adj.* QUÍM. etílico.
etiolate (to) (itio·leit) *tr.* descolorarse [esp. las
plantas] por falta de luz; ahilarse.
etiolation (itiole·shøn) *s.* descolorimiento [esp. de
las plantas] por falta de luz; ahilo.
etiology (itio·loy̆i) *s.* etiología.

etiquette (e·tiket) s. etiqueta, ceremonia. 2 normas de conducta profesional [esp. de abogados y médicos].
Etrurian (etru·rian) adj. y s. etrurio.
Etruscan (etrø·scan) adj. y s. etrusco.
Etta (e·ta) n. pr. dim. de Henrietta.
etude (etiu·d) s. GALIC. estudio [de música].
etui, etwee (etui·) s. estuche, neceser.
etymological (etimolo·ỹical) adj. etimológico.
etymologically (etimolo·ỹicali) adv. etimológicamente.
etymologist (etimo·loỹist) s. etimólogo.
etymologize (to) (etimo·loỹaiš) tr. etimologizar.
etymology (etimo·loỹi) s. etimología.
Euboean (yubi·an) adj. y s. eubeo.
eucalypt (yu·calipt), eucalyptus (yu·caliptøs) s. BOT. eucalipto. — 2 adj. de eucalipto.
Eucharist (yu·carist) s. Eucaristía.
Eucharistic(al (yucari·stic(al) adj. eucarístico.
euchology (yuco·loỹi) s. eucologio.
euchre (yu·kø') s. juego de naipes. 2 codillo [en el juego del EUCHRE].
euchre (to) tr. dar codillo [en el juego del EUCHRE]. 2 pop. derrotar, hacer fracasar.
Euclid (yu·clid) n. pr. m. Euclides.
eudæmonic(al (yudemo·nical) adj. relativo a la felicidad. 2 que tiene por fin la felicidad.
eudæmonics (yudemo·nics) s. arte de conseguir la felicidad.
eudæmonism (yude·monišm) s. eudemonismo.
eudiometer (yudio·metø') s. FÍS. eudiómetro.
Eugene (yu·ỹin) n. pr. m. Eugenio.
Eugenia (yuỹi·nia) n. pr. f. Eugenia.
eugenic (yuỹe·nic) adj. eugenésico.
eugenics (yuỹe·nics) s. eugenesia.
eugenism (yu·ỹenišm) s. condiciones eugenésicas. 2 eugenesia.
eugenist (yu·ỹenist) s. eugenista.
eulogious (yu·loỹiøs) adj. EULOGISTIC.
eulogist (yu·loỹist) s. elogiador, panegirista.
eulogistic (yuloỹi·stic) adj. laudatorio, panegírico.
eulogium (yu·louỹiøm) s. EULOGY.
eulogize (to) (yu·loỹais) tr. elogiar, loar, alabar, encomiar.
eulogy (yu·loỹi) s. elogio, panegírico, encomio.
eunuch (yu·nøc) s. eunuco.
eupatorium (yupato·riøm) s. BOT. eupatorio.
eupepsia (yu·pe·psia) s. eupepsia.
eupeptic (yupe·ptic) adj. eupéptico.
Euphemia (yufi·mia) n. pr. f. Eufemia.
euphemism (yu·fimišm) s. eufemismo.
euphemistic(al (yufimi·stic(al) adj. eufemístico.
euphemize (to) (yu·fimaiš) intr. usar de eufemismos.
euphonic(al (yufo·nic(al) adj. eufónico.
euphonious (yufo·niøs) adj. agradable al oído.
euphoniously (yufo·niøsli) adv. eufónicamente.
euphony (yu·foni) s. eufonía.
euphorbia (yufø·'bia) s. BOT. euforbio.
Euphorbiaceæ (yufø'biei·sii) s. pl. BOT. euforbiáceas.
euphorbiaceous (yufø'biei·shøs) adj. BOT. euforbiáceo.
euphorbium (yufo·'biøm) s. FARM. euforbio.
euphoria (yufo·ria), euphory (yu·fori) s. euforia.
Euphrosyne (yufro·šini) n. pr. f. Eufrosina.
euphuism (yu·fiuišm) s. eufuismo, culteranismo.
euphuist (yu·fiuist) s. eufuista, culterano.
euphuistic (yufiui·stic) adj. culterano, alambicado.
Eurasian (yurei·shan) adj. y s. eurasiático.
eureka (yuri·ca) interj. ¡eureka!
Europe (yu·rop) n. pr. GEOGR. Europa.
European (yuropi·an) adj. y s. europeo. 2 ~ plan (EE. UU.), sistema en virtud del cual el cliente de un hotel paga sólo por el alojamiento, quedando en libertad de tomar sus comidas donde le parezca.
Europeanize (to) (yuropi·anais) tr. europeizar.
eurythmic (yuri·dmic) adj. euritmico.
eurythmy (yuri·dmi) s. euritmia.
Eusebius (yusi·biøs) n. pr. m. Eusebio.
Eustace (yu·stis) n. pr. m. Eustaquio.
Eustachian tube (yustei·kian) adj. ANAT. trompa de Eustaquio.
eustyle (yu·stail) s. ARQ. éustilo.
euthanasia (yuzanei·šia) s. eutanasia.
euthenics (yuze·nics) s. ciencia que trata del mejoramiento de las condiciones de vida a fin de mejorar la raza humana.
Eutychian (yuti·kian) adj. eutiquiano.

evacuant (ivæ·kluant) adj. y s. MED. evacuante, evacuativo.
evacuate (to) (ivæ·kiueit) tr. evacuar [un lugar, heridos, etc.]. 2 desocupar, vaciar. 3 extraer [el aire, el agua, el pus]. — 4 intr. evacuar una ciudad, etc. 5 vaciarse, retirarse.
evacuation (ivækiue·shón) s. evacuación.
evacuative (ivæ·kiuativ) adj. purgativo, evacuativo.
evacuator (ivæ·kiueitø') s. evacuador. 2 CIR. instrumento para vaciar una cavidad.
evacuee (ivæ·kiui) s. GALIC. evacuado [pers. que sale de su casa, país, etc., durante una evacuación].
evade (ivei·d) tr. evadir, eludir, evitar, rehuir, escapar a. — 2 intr. usar de evasivas. 3 escabullirse.
evagation (evægue·ishøn) s. evagación. 2 digresión.
evaginate (ivæ·ỹineit) tr. volver de dentro a fuera.
evaluate (to) (ivæ·liueit) tr. evaluar, valorar, valuar, tasar. 2 MAT. hallar el valor numérico de.
evaluation (ivæliue·shøn) s. evaluación, valoración, avalúo 2 MAT. determinación del valor numérico.
evanesce (to) (evane·s) intr. desvanecerse, disiparse, esfumarse, desaparecer, evaporarse.
evanescence (evane·sens) s. desvanecimiento, disipación. 2 fugacidad.
evanescent (evane·sent) adj. evanescente, que se disipa, desvanece o desaparece; fugaz. 2 MAT. que se aproxima al cero. 3 BOT. que se marchita pronto.
evangel (ivæ·nỹøl) s. evangelio. 2 buena nueva, anuncio de buenas noticias.
evangelic(al (ivanỹe·lic(al) adj. evangélico.
evangelically (ivanỹe·licali) adv. evangélicamente.
evangelism (evæ·nỹølišm) s. predicación o propaganda del evangelio.
evangelist (ivæ·nỹolist) s. evangelista. 2 predicador o propagandista protestante.
evangelistary (ivanỹøli·stari) s. evangeliario.
evangelization (ivanỹøliše·shøn) s. evangelización.
evangelize (to) (ivæ·nỹølaiš) tr. evangelizar.
evangelizer (ivæ·nỹølaišø') s. evangelizador.
evanish (to) (evæ·nish) tr. desvanecerse, desaparecer.
evaporable (ivæ·porabøl) adj. evaporable.
evaporate (to) (ivæ·poreit) tr. evaporar; vaporizar. 2 secar, desecar [por medio del calor]. 3 evaporar, disipar. — 4 intr. evaporarse. 5 disiparse. 6 exhalar vapor.
evaporation (ivæpore·shøn) s. evaporación, vaporización. 2 desecación [de frutas, etc.]. 3 exhalación [de vapor].
evaporative (ivæ·porativ) adj. que produce evaporación.
evaporator (ivæ·poreitø') s. evaporador, desecador. 2 aparato evaporador o desecador.
evasion (ivei·ỹøn) s. evasión, evasiva, efugio, subterfugio, escapatoria.
evasive (ivei·siv) adj. evasivo, ambiguo.
evasively (ivei·sivli) adv. evasivamente.
eve (iv) s. víspera, vigilia; Christmas ~, Nochebuena; on the ~ of, la víspera de, en vísperas de, al borde de.
Eve n. pr. f. Eva.
evection (ive·cshøn) s. ASTR. evección.
even (i·vn) adj. igual, llano, liso, nivelado, parejo. 2 uniforme, regular, constante, invariable. 3 ecuánime, sereno, apacible. 4 justo, imparcial. 5 igualado, equilibrado. 6 igual [del mismo valor, etc.] : ~ shares, partes iguales. 7 en línea [con]; situado al mismo nivel [que,], paralelo, coincidente. 8 exacto, cabal; redondo [número]. 9 par [divisible por dos]. 10 en paz, desquitado, sin deberse nada, sin diferencias por ningún lado : to be ~ with, estar en paz con, haber ajustado cuentas con; to get ~ with, quedar en paz, tomar desquite, vengarse de. 11 of ~ date, de la misma fecha [esp. en documentos]. 12 to make ~, igualar, allanar, nivelar enrasar; compensar.
13 adv. aun, hasta, también, incluso : ~ as it is, ~ so, aun así, suponiendo que así fuera; ~ if, ~ though, aun cuando, aunque; ~ now, aun ahora, ahora mismo. 14 siquiera : not ~, ni siquiera. 15 precisamente, justamente. 16 de un modo igual, con uniformidad, con suavidad. 17 ~ as, así como.
even (to) tr. igualar, allanar, nivelar, enrasar. 2 igualar, igualarse con. 3 liquidar [cuentas]; desquitar.

even-handed *adj.* justo, imparcial.

evening (ɪˑvning) *s.* tarde, anochecer; prima noche, noche [hasta que uno se acuesta]; velada: *last* ~, ayer tarde, anoche. 2 atardecer [de la vida]. — *3 adj.* vespertino, de noche: ~ *dress*, traje de noche, traje de etiqueta; ~ *gown*, vestido de noche [de mujer]; ~ *party*, tertulia, velada, sarao; ~ *prayers*, oraciones de la noche; ~ *star*, estrella vespertina, lucero de la tarde, véspero.

evenly (ɪˑvənli) *adv.* llanamente, lisamente; con igualdad, con suavidad. 2 a nivel. 3 serenamente. 4 imparcialmente. 5 en partes iguales.

evenness (ɪˑvənnis) *s.* igualdad, uniformidad, llanura, lisura 2 constancia. 3 serenidad. 4 imparcialidad. 5 exactitud.

evensong (ɪˑvənsɔŋ) *s.* LITURG. vísperas.

event (ɪˑvent) *s.* caso, hecho, suceso, evento, acontecimiento; consecuencia, resultado: *after the* ~, después del hecho o suceso; *at all events, in any* ~, pase lo que pase; en todo caso; *in the* ~ *of*, en caso de.

even-tempered *adj.* ecuánime, sereno, tranquilo.

eventful (ɪˑventful) *adj.* lleno de acontecimientos. 2 importante, memorable.

eventide (ɪˑventaid) *s.* atardecer, anochecer.

eventration (ɪventreiˈshən) *s.* acto de abrir el vientre. 2 salida de un órgano por el abdomen.

eventual (ɪˑvenchual) *adj.* eventual, contingente, fortuito. 2 final, consiguiente.

eventuality (ɪvenchuæˑliti) *s.* eventualidad, contingencia. 2 consecuencia, resultado.

eventually (ɪˑvenchuali) *adv.* eventualmente. 2 finalmente, con el tiempo.

eventuate (ɪˑvenchueit) *intr.* acontecer, acaecer, ocurrir. 2 resultar.

ever (eˑvəʳ) *adv.* siempre: *for* ~, para siempre; *for* ~ *and a day, for* ~ *and* ~, para siempre jamás, por los siglos de los siglos; continuamente, eternamente. 2 alguna vez: *have you* ~ *heard him sing?*, ¿le ha oído usted cantar alguna vez?; *if* ~, si alguna vez; si es que lo es, ha sido, hace, ha hecho, etc., alguna vez. 3 nunca, jamás: *hardly* ~, casi nunca; *more than* ~, más que nunca; *nor* ~, ni nunca; *not* ~, nunca; *the best book* ~ *writen*, el mejor libro que jamás se haya escrito. 4 *as* ~, como siempre; tanto como, lo más que: *run as fast as* ~ *you can*, corra tanto como pueda, lo más que pueda. 5 ~ *after*, ~ *since*, desde entonces, después; desde que. 6 ~ *and anon*, de vez en cuando. 7 ~ *so*, ~ *so much*, muy, mucho, muchísimo: *I am* ~ *so happy*, estoy muy contento, me alegro mucho; *I thank you* ~ *so much*, muchísimas gracias, le quedo muy agradecido; *it is* ~ *so much easier*, es muchísimo más fácil. 8 ~ *so little*, muy poco, un poquitín. 9 A veces, especialmente en oraciones interrogativas, *ever* no es más que un expletivo que sirve para dar mayor energía a la frase, haciendo que esta exprese admiración, sorpresa, impaciencia, etc. En estos casos, no se traduce o se traduce libremente: *why* ~ *didn't you say so?*. y ¿por qué no lo dijo usted?; *where* ~ *did I drop it?*, ¿dónde demonio se me habrá caído?; *did you* ~?, ¿habráse visto?, ¿ha visto u ha oído, usted cosa igual?

ever-burning *adj.* inextinguible.

ever-during *adj.* sempiterno.

everglade (eˑvəʳgleid) *s.* paúl, terreno pantanoso cubierto de yerbas altas. 2 *pl. the Everglades*, pantanos del sur de Florida (EE. UU.).

evergreen (eˑvəʳgrɪn) *adj.* BOT. siempre verde, de hojas persistentes — 2 *s.* pino, abeto, laurel, yedra etc.; cualquier árbol o planta de hojas persistentes. 3 *pl.* ramas que se ponen como adorno.

everlasting (evəʳlaˑsting) *adj.* eterno, sempiterno, perpetuo, perdurable, perenne. 2 fastidioso, pesado. — *3 s.* eternidad. 4 BOT. siemprevíva. 5 TEJ. sempiterna. 6 *the Everlasting*, el Eterno, Dios.

everlastingly (evəʳlaˑstingli) *adv.* eternamente, perpetuamente, sin cesar.

everliving (evəʳliˑving) *adj.* eterno, perdurable, inmortal, imperecedero.

evermore (evəʳmoˑʳ) *adv.* eternamente, siempre: *for* ~, siempre jamás.

eversion (ivəʳˑshən) *s.* acción de volver hacia afuera, de dentro afuera: ~ *of the eyelids*, MED. ectropión.

evert (to) (evəˑʳt) *tr.* volver hacia afuera, de dentro afuera.

every (eˑvri) *adj.* cada, todo, todos, todas, todos los, todas las: ~ *day*, cada día, todos los días; ~ *one*, cada uno, cada cual; ~ *one of them*, todos, todos sin excepción; ~ *other*, cada dos, uno sí y otro no; ~ *other day*, cada dos días; ~ *two*, ~ *three*, cada dos, cada tres; ~ *three days*, ~ *third day*, cada tres días; *his* ~ *word*, todas sus palabras, cada palabra suya; *to give* ~ *opportunity*, dar todas las oportunidades. 2 completo, entero: *I have* ~ *confidence in him*, tengo entera confianza en él. 3 Forma modos adverbiales, como: ~ *bit*, enteramente, en todo; ~ *now and then*, ~ *now and again*, de vez en cuando; ~ *once in a while*, una que otra vez; ~ *which way*, fam. por todas partes; de cualquier modo, desarreglado.

everybody (eˑvribodi) *pron.* todos, todo el mundo; cada uno, cada cual.

everyday (eˑvridei) *adj.* diario, cotidiano, de todos los días, ordinario.

everyone (eˑvriuən) *pron.* todos, todo el mundo; cada uno.

ever-young *adj.* siempre joven.

everything (eˑvrizing) *pron.* todo, cada cosa.

everywhere (eˑvrijueʳ) *adv.* por o en todas partes; a todas partes. 2 dondequiera, por dondequiera.

evict (to) (evɪˑct) *tr.* DER. desposeer, desalojar, desahuciar, expulsar. 2 DER. recobrar por evicción.

eviction (evɪˑcshən) *s.* DER. evicción; desahucio. 2 desalojamiento.

evidence (eˑvidəns) *s.* evidencia: *in* ~, en evidencia, en situación visible. 2 señal, prueba, demostración: *circunstantial* ~, DER. prueba indiciaria, indicios vehementes. 3 testimonio; deposición, declaración [testifical]: *to give* ~, dar testimonio; deponer, declarar. 4 *to turn king's* o *state's* ~, delatar [un cómplice a otro] para librarse del castigo.

evidence (to) *tr.* evidenciar, patentizar, revelar, probar.

evident (eˑvidənt) *adj.* evidente, claro, patente, manifiesto, visible, notorio: *to be* ~, ser evidente, saltar a la vista, resaltar.

evidential (evidenˑshal) *adj.* indicativo, indicador. 2 basado en testimonios o pruebas, probatorio.

evidently (eˑvidəntli) *adv.* evidentemente, manifiestamente, claramente.

evil (ɪˑvəl) *adj.* malo [no bueno; nocivo, dañino; malvado, maligno; desagradable, ofensivo]; aciago, funesto: ~ *deed*, mala acción; ~ *eye*, mal de ojo, aojadura; ~ *fame*, ~ *repute*, mala fama, mala reputación; ~ *spirit*, espíritu malo, demonio; ~ *tongue*, mala lengua; *the Evil One*, el Malo, Satanás. — 2 *s.* mal [lo contrario al bien; daño, ofensa; desgracia, calamidad]: *the social* ~, la prostitución. 3 maldad, perversidad. 4 mal, enfermedad: *king's* ~, escrófula. 5 *adv.* mal, malignamente: *to speak* ~ *of*, hablar mal de.

evildoer (ɪˑvəlduəʳ) *s.* malechor; persona que obra mal.

evil-eyed *adj.* aojador. 2 que mira con envidia, malevolencia, etc.

evil-favo(u)red *adj.* feo.

evilly (ɪˑvili) *adv.* mal, malamente, perversamente.

evil-minded *adj.* mal intencionado, perverso; malicioso, mal pensado.

evilness (ɪˑvəlnis) *s.* maldad.

evil-starred *adj.* desdichado, desgraciado, malhadado, de mala estrella.

evince (to) (ivɪˑns) *tr.* demostrar, hacer patente. 2 mostrar, revelar, indicar.

evincible (ivɪˑnsibəl) *adj.* demostrable.

evincibly (ivɪˑnsibli) *adv.* demostrablemente; patentemente

evincive (ivɪˑnsiv) *adj.* probante, demostrativo.

eviscerate (to) (ivɪˑsəreit) *tr.* desentrañar, destripar. 2 quitar fuerza [a un argumento, etc.].

evisceration (ivisəreˑishən) *s.* destripamiento.

evitable (eˑvitabəl) *adj.* evitable.

evocation (evokeˑshən) *s.* evocación. 2 DER. avocación.

evoke (to) (ivouˑc) *tr.* evocar, llamar.

evolution (evoliuˑshən) *s.* evolución, desenvolvimiento, desarrollo, crecimiento. 2 forma intrincada [como en un arabesco]. 3 MIL., MAR., FIL., BIOL. evolución. 4 MAT. extracción de raíces.

evolutional (evoliu·shønal), **evolutionary** (evoliu-shønerı) *adj.* evolutivo.
evolutionism (evoliu·shønism) *s.* evolucionismo.
evolutionist (evoliu·shønist) *adj.* evolucionista.
evolutive (e·voliutiv) *adj.* evolutivo.
evolve (to) (ivo·lv) *tr.* desenvolver, desarrollar, desplegar. 2 convertir, transformar. 3 producir [por evolución]. 4 derivar, deducir. 5 despedir [gases]. — 6 *intr.* desplegarse, abrirse, desenvolverse, desarrollarse, evolucionar.
evolvent (ivo·lvønt) *adj.* y *s.* GEOM. evolvente.
evulsion (ivø·lshøn) *s.* evulsión.
ewe (yu) *f.* ZOOL. oveja : ∼ *lamb,* cordera.
ewer (yu·ø') *s.* jarro, aguamanil.
ex (ecs) *prep.* ex [que fue o ha sido]. 2 COM. ex [sin incluir] : ∼ *coupon,* ex cupón, sin incluir el cupón. 3 COM. libre de gastos hasta la salida o descarga de [un almacén, barco, etc.].
exacerbate (to) (egšæ·sø'beit) *tr.* exacerbar. 2 irritar.
exacerbation (egšæsø'be·shøn) *s.* exacerbación.
exact (egšæ·ct) *adj.* exacto : ∼ *sciences,* ciencias exactas. 2 preciso, estricto, riguroso, escrupuloso.
exact (to) *tr.* exigir, imponer [tributos, etc.] ; arrancar ; obtener por exacción. 2 obligar al pago, la prestación, etc., de. 3 exigir, requerir [hacer necesario].
exacter (egšæ·ctø') *s.* exactor.
exacting (egšæ·cting) *adj.* exigente.
exaction (egšæ·cshøn) *s.* exacción.
exactitude (egšæ·ctitiud) *s.* exactitud. 2 precisión. 3 puntualidad.
exactly (egšæ·ctli) *adv.* exactamente. 2 precisamente.
exactness (egšæ·ctnis) *s.* EXACTITUDE.
exactor (egšæ·ctø') *s.* exactor.
exaggerate (to) (egšæ·ỹøreit) *tr.* exagerar. 2 abultar. ponderar.
exaggeration (egšæỹøre·shøn) *s.* exageración ; abultamiento.
exaggerative (egšæ·ỹøreitiv) *adj.* exagerativo.
exaggeratively (egšæ·ỹøreitivli) *adv.* exagerativamente.
exaggerator (egšæ·ỹøreitø') *s.* exagerador.
exalt (to) (egšo·lt) *tr.* exaltar, ensalzar, enaltecer, glorificar. 2 elevar, engrandecer. 3 enorgullecer, alegrar, llenar de satisfacción. 4 exaltar [la imaginación, etc.] ; intensificar, sublimar.
exaltation (egšolte·shøn) *s.* exaltación, ensalzamiento. 2 elevación, engrandecimiento. 3 ascensión, promoción. 4 contento, alborozo. 5 exaltación [de la imaginación, etc.].
exalted (egšo·ltid) *adj.* exaltado, ensalzado. 2 elevado, eminente, grande, sublime.
exam (egšæ·m) *s.* fam. examen.
examinable (egšæ·minabøl) *adj.* examinable.
examination (egšæmine·shøn) *s.* examen : *postmortem* ∼, autopsia ; *to pass one's* ∼, examinarse. 2 inspección, reconocimiento. 3 DER. interrogatorio. 4 MED. reconocimiento, exploración.
examine (to) (egšæ·min) *tr.* examinar. 2 inspeccionar, reconocer. 3 DER. interrogar. 4 MED. reconocer, explorar. 5 MED. explorar.
examiner (egšæ·minø') *s.* examinador. 2 inspector, tasador [de aduanas]. 3 oficial de justicia encargado de tomar declaraciones.
example (egšæ·mpøl) *s.* ejemplo : *for* ∼, por ejemplo, verbigracia ; *to set an* ∼, dar ejemplo. 2 modelo, dechado, prototipo. 3 muestra, ejemplar. 4 ejemplar, escarmiento, lección.
example (to) *tr.* ejemplificar. 2 servir de ejemplo. 3 fundar [en un ejemplo o precedente]. 4 igualar [ser igual a].
exampleship (egšæ·mpølship) *s.* ejemplaridad.
exanimate (egšæ·nimit) *adj.* exánime, inanimado, muerto. 2 abatido, sin ánimo.
exanthem(a (ecšæ·nzem, -zima) *s.* MED. exantema.
exanthematous (ecšænze·matøs) *adj.* exantematoso.
exarch (e·csa'c) *s.* exarca.
exarchate (ecsa·'keit) *s.* exarcado.
exasperate (to) (egšæ·spøreit) *tr.* exasperar, irritar, encolerizar. 2 agravar, enconar, encrudecer.
exasperation (egšæspøre·shøn) *s.* exasperación, irritación, encono.
excavate (to) (e·cscaveit) *tr.* excavar. 2 extraer cavando. 3 descubrir [una cosa enterrada].
excavation (ecscave·shøn) *s.* excavación. 2 hoyo, cavidad. 3 material extraído por excavación. 4 ARQ. vaciado. 5 AGR. excava.

excavator (e cscaveitø') *s.* excavador. 2 excavadora [máquina].
exceed (to) (ecsı·d) *tr.* exceder, sobrepujar, superar, rebasar. 2 pasar los límites, ser superior a las fuerzas, etc., de. — 3 *intr.* excederse. 4 predominar, descollar.
exceeding (ecsı·ding) *adj.* que excede u supera. 2 extremo, grande, extraordinario, excesivo.
exceedingly (ecsı·dingli) *adv.* extremamente, sumamente, por demás, muy.
excel (to) (ecse·l) *tr.* aventajar, sobrepujar, superar. 2 descollar, distinguirse, sobresalir, despuntar.
excellence, excellency (e·cselens, -si) *s.* excelencia. | Como tratamiento se prefiere *Excellency.*
excellent (e·cselent) *adj.* excelente. 2 sobresaliente, relevante. 3 primoroso ; magnífico.
excellently (e·cselentli) *adv.* excelentemente. 2 sumamente.
excelsior (ecse·lsiø') *s.* madera en hebras para empaquetar.
excentric (ecse·ntric) *adj.* ECCENTRIC.
except (ecse·pt) *prep.* excepto, salvo, menos, a excepción de, fuera de : ∼ *for,* a no ser por, si no fuera por ; ∼ *that,* sólo que ; a menos que.
except (to) *tr.* exceptuar. — 2 *intr.* poner reparos, oponerse, objetar.
excepting (ecse·pting) *prep.* exceptuando, excepto, salvo, a excepción de.
exception (ecse·pshøn) *s.* excepción. 2 salvedad. 3 objeción, reparo, ofensa : *to take* ∼, objetar, desaprobar ; ofenderse. 4 DER. excepción.
exceptionable (ecse·pshønabøl) *adj.* recusable. 2 reprobable, tachable.
exceptional (ecse·pshønal) *adj.* excepcional.
exceptioner (ecse·pshønø') *s.* el que pone reparos.
exceptive (ecse·ptiv) *adj.* que implica excepción. 2 reparón, susceptible.
exceptor (ecse·ptø') *s.* el que pone excepciones.
excerpt (e·csø'pt) *s.* cita, pasaje, fragmento [escogido de un texto]. 2 COM. excerpta.
excerpt (to) (ecsø·pt) *tr.* escoger, sacar, citar, copiar [un pasaje o fragmento].
excerption (ecsø·'pshøn) *s.* acción de escoger o citar un pasaje. 2 EXCERPT.
excerptor (ecsø·'ptø') *s.* el que escoge pasajes o fragmentos.
excess (ecse·s) *s.* exceso, demasía, sobra : *in* ∼ *of,* más de ; *to* ∼, en exceso, con demasía, inmoderadamente. 2 exceso, abuso. 3 superfluidad, abundancia. 4 excedente, sobrante. 5 *pl.* excesos. — 6 *adj* de exceso, de demasía, suplementario, de recargo : ∼ *fare,* FERROC. suplemento [por aumento de recorrido o cambio de clase ; ∼ *luggage,* *∼ *baggage,* ∼ *weight,* FERROC. exceso de peso o de equipaje ; ∼ *profits duty* o *tax,* impuesto sobre beneficios extraordinarios.
excess (to) *tr.* (Ingl.) pagar un suplemento por exceso de peso, cambio de clase, etc. 2 exigir o cobrar un suplemento o recargo.
excessive (ecse·siv) *adj.* excesivo, desmedido, exorbitante, inmoderado, sobrado. 2 sumo, extremo.
excessively (ecse·sivli) *adv.* excesivamente, sobradamente. 2 sobremanera, sumamente, extremadamente.
excessiveness (ecse·sivnis) *s.* exceso, sobra, demasía.
exchange (ecschei·nỹ) *tr.* cambio, trueque, permuta : *in* ∼ *for,* a cambio de, a o en trueque de. 2 cambio [de saludos, cumplidos, golpes, etc.]. 3 canje [de prisioneros, periódicos, etc.]. 4 periódico de canje. 5 COM. bolsa, lonja. 6 COM. cambio ; premio del cambio : *bill of* ∼, letra de cambio ; ∼ *rate,* tipo del cambio. 7 central [de teléfonos].
exchange (to) *tr.* cambiar, canjear, trocar, permutar, conmutar : *to* ∼ *prisoners,* canjear prisioneros. 2 cambiar, cambiarse, darse, hacerse, etc. [mutuamente] : *to* ∼ *greetings,* saludarse, mandarse felicitaciones ; *to* ∼ *cards,* desafiarse ; *to* ∼ *hats,* cambiarse los sombreros ; *to* ∼ *shots,* cambiar disparos. — 3 *intr.* cambiar, hacer un cambio. 4 pasar, trasladarse [de un buque, un regimiento, etc., a otro].
exchangeable (ecschei·nỹabøl) *adj.* cambiable, trocable, permutable.
exchanger (ecschei·nỹø') *s.* cambista.
exchequer (ecs·chekø') *s.* (Ingl.) hacienda pública, erario, fisco, tesorería del Estado: *Chancellor of the* ∼, ministro de Hacienda. 2 bolsa, fondos, recursos pecuniarios. 3 (Ingl.) *Court of* ∼, anti-

guo tribunal, incluido hoy en el Tribunal Supremo.

excipient (ecsi·pient) *s.* FARM. excipiente.

excisable (ecsai·šabøl) *adj.* sujeto al impuesto llamado EXCISE.

excise (ecsai·š) *s.* sisa, alcabala. impuesto sobre la fabricación y venta de articulos de comercio interior y sobre el ejercicio de ciertas profesiones. 2 (Ingl.) oficina que lo recauda.

excise (to) (ecsai·t) *tr.* gravar con el impuesto llamado EXCISE. 2 cortar, dividir; separar cortando, extirpar. 3 quitar, borrar.

exciseman (ecsai·šmæn), *pl.* **-men** (-men) *s.* agente o inspector que cuida de la aplicación del impuesto llamado EXCISE.

excision (ecsi·ʒøn) *s.* excisión, extirpación. 2 boradura. 3 corte [en un texto].

excitability (ecsaitabi·liti) *s.* excitabilidad.

excitable (ecsai·tabøl) *adj.* excitable.

excitant (ecsai·tant) *adj.* y *s.* excitante.

excitation (ecsite·šøn) *s.* excitación [acción y efecto de excitar]. 2 FÍS., FISIOL. excitación.

excitative (ecsai·tativ) *adj.* excitativo.

excitator (ecsaitei·tø') *s.* ELECT. excitador.

excite (to) (ecsai·t) *tr.* excitar [mover, estimular, provocar, inspirar]. 2 excitar, acalorar, animar. 3 FÍS., FISIOL. excitar.

excitedly (ecsai·tidli) *adv.* con excitación, acaloradamente.

excitement (ecsai·tmønt) *s.* excitación, agitación, acaloramiento. 2 alboroto; conmoción. 3 animación, estímulo. 4 FISIOL. excitación [efecto].

exciter (ecsai·tø') *s.* excitador.

exciting (ecsai·ting) *adj.* excitante, excitador. 2 estimulante, animador. 3 interesante, emocionante.

excitingly (ecsai·tingli) *adv.* de un modo excitante, animador, interesante o emocionante.

exclaim (to) (ecsclei·m) *tr.* e *intr.* exclamar. gritar. — 2 *intr.* clamar [contra]. 3 proferir exclamaciones.

exclamation (ecsclame·šøn) *s.* exclamación, grito, clamor. 2 GRAM. interjección. 3 GRAM. ~ *point*, punto de admiración.

exclamative (ecsclæ·mativ) *adj.* exclamativo.

exclamatory (ecsclæ·matori) *adj.* exclamatorio.

exclude (to) (ecsclu·d) *tr.* excluir. 2 dejar fuera, no dejar entrar. 3 FISIOL. expeler, arrojar.

exclusion (ecsclu·ʒøn) *s.* exclusión. 2 acción de impedir la entrada. 3 FISIOL. expulsión, eliminación.

exclusionary (ecsclu·ʒoneri) *adj.* que tiende a excluir

exclusive (ecsclu·siv) *adj.* exclusivo. 2 privativo. 3 que sólo admite cierta clase de clientes [establecimiento, hotel, etc.], o de personas [grupo, sociedad, etc.]; selecto, distinguido, a la moda. 4 que rehuye el trato social con los que no son de su clase o gusto [pers.]. 5 *of*, exceptuando, sin contar, con exclusión de.

exclusively (ecsclu·sivli) *adv.* exclusivamente. 2 con exclusión, exclusive.

exclusiveness (ecsclu·sivnis) *s.* exclusividad. 2 calidad de lo que excluye o no admite. 3 calidad de selecto, único.

exclusivism (ecsclu·sivišm) *s.* exclusivismo. 2 tendencia a excluir.

exclusivist (ecsclu·sivist) *s.* exclusivista.

excogitate (to) (ecsco·ʒiteit) *tr.* excogitar, pensar. — 2 *intr.* meditar.

excogitation (ecscoʒite·šøn) *s.* acción de excogitar. 2 medio, recurso excogitado.

excommunicable (ecscømiu·nicabøl) *adj.* digno de ser excomulgado.

excommunicate (ecscømiu·nikeit) *adj.* y *s.* excomulgado.

excommunicate (to) *tr.* excomulgar.

excommunication (ecscømiunike·šøn) *s.* excomunión

excommunicator (ecscømounikei·tø') *s.* excomulgador.

excoriate (to) (ecsco·rieit) *tr.* excoriar, desollar.

excoriation (ecscorie·šøn) *s.* excoriación.

excorticate (to) (ecsco·'tikeit) *tr.* descortezar, descascarillar.

excortication (ecsco'tike·šøn) *s.* descortezamiento, descascarillado.

excrement (e·cscrimønt) *s.* excremento.

excremental, excrementary (ecscrime·ntal, -tari), **excrementitial, excrementitious** (ecscrimenti·shal, -šøs) *adj.* excremental, excrementicio.

excrescence (ecscre·sens) *s.* lo que naturalmente nace de una parte u órgano [como el cabello]. 2 excrecencia.

excrescency (ecscre·sensi) *s.* excrecencia.

excrescent (ecscre·sent) *adj.* que forma excrecencia. 2 superfluo.

excreta (ecscri·ta) *s. pl.* FISIOL. excreciones.

excrete (to) (ecscri·t) *tr.* FISIOL. excretar.

excretion (ecscri·shøn) *s.* excreción.

excretive (ecscri·tiv) *adj.* excretorio. 2 que provoca la excreción.

excretory (e·cscritori) *adj.* excretorio. — 2 *s.* FISIOL. emuntorio.

excruciate (ecscru·shieit) *tr.* atormentar, torturar.

excruciating (ecscru·shieiting) *adj.* torturador, angustioso. 2 agudísimo, vivísimo, atroz [dolor]. 3 fam. intenso, extremado.

excruciatingly (ecscru·shieitingli) *adv.* agudísimamente, atrozmente, vivísimamente. 2 fam. intensamente, extremadamente.

excruciation (ecscrushie·shøn) *s.* tormento, tortura, suplicio.

exculpable (ecsco·lpabøl) *adj.* exculpable, disculpable.

exculpate (to) (ecsco·lpeit) *tr.* exculpar, justificar, disculpar.

exculpation (ecscolpe·shøn) *s.* exculpación, justificación, disculpa.

exculpatory (ecsco·lpatori) *adj.* disculpador, justificativo.

excursion (ecsco·'shøn) *s.* excursión. 2 divagación, digresión. 3 MIL. correría, expedición. 4 MEC. vibración, oscilación, vaivén; su amplitud.

excursionism (ecsco·'shønišm) *s.* excursionismo.

excursionist (ecsco·'shønist) *s.* excursionista.

excursive (ecsco·'siv) *adj.* errante, errático. 2 digresivo; dado a la digresión.

excursively (ecsco·'sivli) *adv.* por modo errante o digresivo.

excursiveness (ecsco·'sivnis) *s.* calidad de errante o digresivo.

excursus (ecsco·'søs) *s.* apéndice explicativo. 2 digresión.

excusable (ecskiu·šabøl) *adj.* excusable, disculpable.

excusableness (ecskiu·šabølnis) *s.* excusa, disculpabilidad.

excusably (ecskiu·šabli) *adj.* disculpablemente.

excusatory (ecskiu·šatori) *adj.* de excusa.

excuse (ecskiu·š) *s.* excusa, disculpa. 2 justificación, exculpación. 3 perdón, dispensa. 4 excusa, exención.

excuse (to) *tr.* excusar, disculpar: *to* ~ *oneself for*, excusarse por. 2 justificar, exculpar. 3 perdonar, dispensar: *excuse me!*, ¡perdone usted!, *dispense usted!* 4 excusar, eximir. 5 *to* ~ *oneself from*, excusarse de.

excuseless (ecskiu·slis) *adj.* sin excusa, inexcusable.

excuser (ecskiu·sø') *s.* excusador.

execrable (e·csicrabøl) *adj.* execrable, abominable, detestable, vitando.

execrably (e·csicrabli) *adv.* execrablemente, abominablemente, detestablemente.

execrate (to) (e·csicreit) *tr.* execrar, abominar, maldecir.

execration (ecsicre·shøn) *s.* execración, abominación, maldición. 2 cosa detestada.

executant (egše·kiutant) *s.* MÚS. ejecutante.

execute (to) (e·csikiut) *tr.* ejecutar, cumplir, realizar, llevar a cabo. 2 TEATR. desempeñar. 3 formalizar, otorgar [un documento]. 4 ejecutar, ajusticiar.

executer (e·csikiutø') *s.* ejecutor.

execution (e·csikiushøn) *s.* ejecución, cumplimiento, realización. 2 MÚS., B. ART. ejecución. 3 DER. ejecución; embargo; mandamiento judicial. 4 formalización, otorgamiento [de un documento]. 5 efecto destructivo [de un arma, etc.].

executioner (ecsikiu·shønø') *s.* ejecutor de la justicia, verdugo

executive (ecše·kiutiv) *adj.* ejecutivo: ~ *power*, poder ejecutivo. 2 que gobierna o dirige. 3 (EE. UU.) *Executive Mansion*, Casa Blanca [palacio presidencial]; residencia oficial del gobernador de un Estado. — 4 *m.* poder ejecutivo. 5 (EE. UU.) presidente, jefe del Estado; gobernador de un Estado. 6 director, gerente, administrador; junta directiva.

executor (egše·kiutø') *m.* ejecutor. 2 albacea, testamentario.

executorship (egšekiutø'ship) s. ejecutoría, albaceazgo.
executory (egše·kiutori) adj. ejecutorio, que ha de cumplirse. 2 perteneciente al gobierno o administración; ejecutivo.
executrix (egše·kiutrics) s. albacea [mujer], testamentaria.
exedra (egse·dra) s. ARQ. exedra. 2 banco semicircular al aire libre.
exegesis (ecsiȳɪ·sis) s. exégesis.
exegete (e·csiȳit) s. exegeta.
exegetic(al (ecsiȳe·tic(al) adj. exegético.
exemplar (egše·mpla') s. modelo, dechado, prototipo. 2 ejemplar, espécimen, caso, ejemplo. 3 original [de un libro, etc.].
exemplarily (egše·mplerili) adv. ejemplarmente.
exemplariness (egše·mplerinis) s. ejemplaridad.
exemplary (egše·mpleri) adj. ejemplar. 2 que sirve·de ejemplo o ilustración.
exemplification (egšemplifike·shøn) s. ejemplificación parificación. 2 DER. copia certificada.
exemplify (to) (egše·mplifai) tr. ejemplificar, parificar. 2 servir de ejemplo. 3 DER. copiar, trasladar. ¶ CONJUG. pret. y p. p.: exemplified.
exempt (egše·mpt) adj. exento, inmune, libre, franco.
exempt (to) tr. exentar, eximir, exceptuar, dispensar, excusar.
exemptible (egše·mptibøl) adj. eximible.
exemption (egše·mpshøn) s. exención, franquicia, privilegio.
exequatur (ecsecuei·tø') s. exequátur.
exequies (e·csecuiš) s. pl. exequias, funerales.
exercisable (e·csø'sai·šabøl) adj. que se puede ejercer o ejercitar.
exercise (e·csø'saiš) s. ejercicio [en todos sus sentidos excepto en el de tiempo durante el cual rige una ley de presupuestos]. 2 práctica o ceremonia religiosa, de devoción : spiritual exercises, ejercicios espirituales. 3 pl. certamen académico, ejercicios [de examen, etc.]. 4 MIL. ejercicios, revista.
exercise (to) tr. ejercer, practicar. 2 ejercitar, adiestrar. 3 emplear, poner en ejercicio. 4 preocupar, causar ansiedad. 5 fatigar, poner a prueba, afligir. — 6 intr. y ref. ejercitarse, practicarse; hacer ejercicio.
exercitant (egsø'sitant) s. ejercitante [el que hace ejercicios espirituales].
exercitation (egsø'site·shøn) s. ejercicio, ejercitación. 2 discurso, ensayo.
exergue (ecsø·'g) s. exergo.
exert (to) (egsø·'t) tr. ejercer [influencia] ; poner en acción [fuerza, facultades, etc.], esforzar. — 2 ref esforzarse, empeñarse, hacer esfuerzos, cansarse.
exertion (egsø·'shøn) s. ejercicio, uso [de una facultad, fuerza, etc.]. 2 esfuerzo, empeño, conato. 3 pl. esfuerzos, pasos, diligencias.
exeunt (e·csiønt) (lat.) TEATR. vanse : ∼ omnes, vanse todos
exfoliate (to) (ecsfou·lieit) tr. exfoliar. — 2 intr. exfoliarse.
exfoliation (ecsfoulie·shøn) s. exfoliación.
exhalable (ecsjei·labøl) adj. exhalable.
exhalant (ecsjei·lant) adj. y s. exhalador.
exhalation (ecsjale·shøn) s. exhalación [acción]. 2 exhalación, efluvio, emanación, vaho, vapor. 3 exhalación [de ira, etc.].
exhale (to) (ecsjei·l) tr. exhalar, despedir, emitir. 2 espirar [el aire]. 3 evaporar. — 4 intr. evaporarse, escaparse, disiparse, desvanecerse.
exhaust (egšo·st) s. MEC. escape, descarga, salida [de gases, vapor, etc.] : air ∼, salida de aire. 2 tubo de escape. 3 FÍS., MEC. vacío, succión, aspiración : dust ∼, aspiración de polvo. 4 aire, vapor, etc., aspirado o de escape. — 5 adj. FÍS., MEC. de escape. 2 de descarga, de salida, de aspiración : ∼ box, AUT. silenciador ; ∼ draft, tiro de aspiración o de succión; ∼ fan, ventilador aspirante; ∼ pipe, tubo de escape; tubo o conducto de descarga expulsión o salida; ∼ valve, válvula de escape o salida.
exhaust (to) tr agotar [apurar, consumir, acabar o gastar del todo]. 2 agotar, debilitar, fatigar, postrar. 3 FÍS., MEC. practicar el vacío en. 4 MEC. vaciar, descargar; dar salida o escape [a gases, vapor, etc.]. 5 MEC. aspirar [el aire, el polvo, etc.]. — 6 intr. escapar, salir [los gases, el vapor, etc.].

exhausted (egšo·stid) adj. exhausto, agotado. 2 agotado, fatigado, rendido.
exhauster (egšo·stø') s. agotador. 2 MEC. bomba; aspirador, ventilador aspirante.
exhaustible (egšo·stibøl) adj. agotable.
exhausting (egšo·sting) adj. agotador.
exhaustion (egšo·schøn) s. agotamiento [acción y efecto de agotar]. 2 agotamiento, debilitación, postración. 3 FÍS., MEC. aspiración. 4 MEC. vaciamiento, descarga.
exhaustive (egšo·stiv) adj. exhaustivo, completo [que agota el tema, la materia].
exhaustively (egšo·stivli) adj. exhaustivamente, completamente, hasta agotar el tema, la materia, etc.
exhaustiveness (egšo·stivnis) s. calidad de exhaustivo o completo.
exhaustless (egšo·stlis) adj. inagotable.
exhibit (egši·bit) s. objeto u objetos expuestos por una persona, firma, etc., en una exposición; instalación. 2 exhibición, ostentación. 3 DER. documento fehaciente presentado como prueba.
exhibit (to) tr. exhibir. 2 exponer [a la vista, al público]. 3 presentar, ofrecer, mostrar, dar muestras de. 4 lucir, ostentar. 5 MED. administrar [como remedio]. 6 DER. producir [exhibir como prueba].
exhibiter (egši·bitø') s. expositor [en una exposición]. 2 DER. el que produce o exhibe.
exhibition (egšibi·shøn) s. exhibición. 2 exposición [de productos, cuadros, etc.]. 3 presentación, manifestación, ostentación. 4 MED. administración de un remedio. 5 (Ingl.) beca [de estudiante]. 6 to make an ∼ of oneself, ponerse en ridículo.
exhibitioner (egšibi·shønø') s. (Ingl.) estudiante pensionado. 2 expositor.
exhibitionism (egšibi·shønišm) s. exhibicionismo. 2 práctica de hacer exposiciones.
exhibitionist (egsibi·shonist) s. exhibicionista.
exhibitor (egši·bitø') s. expositor [en una exposición].
exhilarant (egši·larant) adj. alegrador, regocijador, animador, estimulante.
exhilarate (egši·lareit) tr. alegrar, regocijar, animar, estimular, excitar.
exhilarating (egši·lareiting) adj. EXHILARANT.
exhilaration (egšilare·shøn) s. alegría, regocijo, animación, excitación.
exhort (to) (egšo·'t) tr. e intr. exhortar.
exhortation (egšo·'te·shøn) s. exhortación.
exhortative (egšo·'tativ) adj. exhortativo.
exhortatory (egšo·'tatóri) adj. exhortatorio.
exhorter (egšo·'tø') s. exhortador.
exhumation (ecsjiume·shøn) s. exhumación.
exhume (to) (ecsjiu·m) tr. exhumar, desenterrar.
exhumer (ecsjiu·mø') s. exhumador, desenterrador.
exigence, exigency (e·csiȳøns, -si) s. exigencia, necesidad, urgencia.
exigent (e·csiȳønt) adj. exigente [que requiere mucho] 2 apremiante, crítico.
exigible (e·csiȳibøl) adj. exigible, exigidero.
exiguity (e·csiguiuti) s. exigüidad.
exiguous (egsi·guiuøs) adj. exiguo.
exile (e·csail) s. destierro, proscripción, extrañamiento, expatriación, exilio. 2 desterrado, expatriado, exilado.
exile (to) tr. desterrar, proscribir, extrañar.
exist (to) (egsi·st) intr. existir. 2 vivir. 3 subsistir.
existence (egsi·støns) s. existencia. 2 vida. 3 ente, entidad.
existent (egsi·stønt) adj. existente.
existentialism (egšiste·nsiališm) s. existencialismo.
exit (e·csit) s. salida [acción de salir, parte por donde se sale]. 2 partida, muerte. 3 TEAT. mutis.
exit (to) intr. TEAT. salir, irse. | Ús. sólo en el presente : ∼ Joan, vase Juana.
exodus (e·csodøs) s. éxodo. 2 (con may.) Éxodo [libro de la Biblia].
exogamy (ecso·gami) s. BIOL. exogamia. 2 matrimonio entre miembros de tribus extrañas.
exogen (ecso·ȳin) s. BOT. dicotiledónea.
Exogenæ (ecso·ȳini) s. pl. BOT. dicotiledóneas.
exogenic (ecsoȳe·nic), **exogenous** (ecso·ȳinøs) adj. exógeno. 2 BOT. dicotiledóneo.
exonerate (egšo·nøreit) tr. exonerar, descargar, aliviar. 2 exculpar.
exoneration (egšonøre·shøn) s. exoneración, descargo; exculpación.
exonerative (egšo·nøreitiv) adj. que exonera [de obligación, etc.].

exophthalmos (ecsofza·lmas) *s.* MED. exoftalmia.
exorable (e·csorabøl) *adj.* exorable.
exorbitance, exorbitancy (egšo·'bitans, -si) *s.* exorbitancia.
exorbitant (eğo·'bitant) *adj.* exorbitante.
exorbitantly (egšo·'bitantli) *adv.* exorbitantemente.
exorcise (to) (e·cso'saiš) *tr.* exorcizar, conjurar, desendemoniar.
exorciser (e·cso'saišø') *s.* EXORCIST.
exorcism (e·cso'sišm) *s.* exorcismo, conjuro.
exorcist (e·cso'sišt) *s.* exorcista, conjurador.
exordial (egšo·'dial) *adj.* preliminar.
exordium (egšo·'diøm) *s.* exordio.
exoskeleton (ecsoske·løtøn) *s.* ZOOL. dermatoesqueleto.
exosmose (e·csosmous), **exosmosis** (ecsosmou·sis) *s.* FÍS. exósmosis.
exosmotic (ecsosmo·tic) *adj.* exosmótico.
exospore (e·csospo') *s.* BOT. exospora.
exoteric(al (ecsote·ric(al) *adj.* exotérico.
exothermic (ecsozø·'mic) *adj.* QUÍM. exotérmico.
exotic(al (ecso·tic(al) *adj.* exótico. 2 extranjero, forastero. — 3 *s.* planta o palabra exótica.
exoticalness (ecso·ticalnis), **exoticness** (ecso·ticnis), **exoticism** (ecso·tisišm), **exotism** (ecso·tišm) *s.* exotiquez, exotismo.
expand (to) (ecspæ·nd) *tr.* extender, dilatar, ensanchar, ampliar, alargar. 2 producir expansión en. 3 abrir, desplegar. 4 tender, esparcir. 5 desarrollar [una idea, una ecuación, etc.]. — 6 *intr.* extenderse, dilatarse, ensancharse. 7 abrirse, desplegarse.
expanded (ecspæ·ndid) *adj.* extendido, ensanchado. 2 esparcido. 3 abierto, desplegado. 4 ~ *metal*, metal en tiras entretejidas formando enrejado.
expanding (ecspæ·nding) *adj.* que se extiende o ensancha. 2 que se extiende o ensancha. 3 de expansión, de dilatación. 4 que puede regularse para que se adapte a varios diámetros [dic. de barrenas, taladros y otras herramientas]. 5 ~ *brake*, freno de cinta.
expanse (ecspæ·ns) *s.* extensión, espacio.
expansibility (ecspænsibi·liti) *s.* expansibilidad.
expansible (ecspæ·nsibøl) *adj.* expansible.
expansion (ecspæ·nšøn) *s.* expansión, dilatación. 2 extensión, ampliación, ensanche, ensanchamiento, aumento. 3 extensión, espacio, anchura. 4 expansión [parte ensanchada]. 5 desarrollo [de una idea, ecuación, etc.]. — 6 *adj.* de expansión : ~ *curve*, FÍS. curva de expansión; ~ *valve*, válvula de expansión.
expansive (ecspæ·nsiv) *adj.* expansivo. 2 ancho, extenso.
expansively (ecspæ·nsivli) *adv.* expansivamente.
expansiveness (ecspæ·nsivnis) *s.* expansibilidad.
expatiate (to) (ecspei·shieit) *intr.* espaciarse, explayarse, extenderse, dilatarse [en el discurso, etc.].
expatiation (ecspeišhie·shøn) *s.* acción de explayarse, extenderse.
expatiator (ecspei·shieitø') *s.* el que se explaya o extiende [en el discurso, etc.].
expatiatory (ecspei·shiatori) *adj.* extenso, difuso.
expatriate (to) (ecspæ·trieit) *tr.* expatriar, desterrar. — 2 *intr.* expatriarse.
expatriation (ecspætrie·shøn) *s.* expatriación.
expect (to) (ecspe·ct) *tr.* esperar [contar con, creer que ha de suceder alguna cosa] : *I* ~ *to see him,* espero verle; *I* ~ *payment today,* espero que hoy me pagarán, espero el pago para hoy. 2 esperar [a uno, que uno venga o llegue] : *don't* ~ *me,* no me esperen. 3 esperar que, o contar con que [uno] hará alguna cosa : *I* ~ *him to come,* espero que vendrá; *he was expected to do his duty,* se esperaba qué cumpliría con su deber. 4 fam. pensar, creer, suponer.
expectable (ecspe·ctabøl) *adj.* esperable.
expectance, expectancy (ecspe·ctans, -si) *s.* espera, expectación. 2 esperanza, expectativa.
expectant (ecspe·ctant) *adj.* expectante; que espera : ~ *treatment,* MED. tratamiento expectante. 2 posible [en el futuro] ; en perspectiva : que espera ser : ~ *mother,* mujer encinta, futura madre. — 3 *s.* el que espera; candidato o aspirante a un cargo.
expectation (ecspecte·shøn) *s.* espera, expectación, lo que se espera o se esperaba. 2 expectativa, perspectiva, esperanza, probabilidad : ~ *of life,* índice de longevidad. 3 *pl.* herencia probable, perspectivas de heredar.

expectative (ecspe·ctativ) *adj.* que se espera, contingente. — 2 *s.* expectativa.
expectorant (ecspe·ctorant) *adj.* y *s.* MED. expectorante.
expectorate (to) (ecspe·ctoreit) *tr.* e *intr.* expectorar, esputar.
expectoration (ecspectore·shøn) *s.* expectoración. 2 esputo.
expectorative (ecspe·ctoreitiv) *adj.* y *s.* MED. expectorante.
expedience, expediency (ecspi·diøns, -si) *s.* conveniencia, aptitud, oportunidad, utilidad, ventaja. 2 oportunismo.
expedient (ecspi·diønt) *adj.* conveniente, propio, oportuno, ventajoso. 2 oportunista, más político que justo. — 3 *s.* expediente, medio, arbitrio, recurso.
expediential (ecspidie·nshal) *adj.* de conveniencia, oportunista.
expediently (ecspi·diøntli) *adv.* convenientemente, oportunamente.
expedite (e·cspidait) *adj.* expedito. 2 rápido, pronto. 3 conveniente, a mano.
expedite (e·cspidait) *tr.* apresurar, acelerar; facilitar; ejecuta·' prontamente. 2 despachar, cursar, dar curso a. — 3 *intr.* despacharse, darse prisa.
expeditely (ecspi·daitli) *adv.* expeditamente.
expedition (ecspidi·shøn) *s.* expedición [militar, científica, etc.]. 2 expedición, celeridad, prontitud, diligencia. 3 apresuramiento, despacho, pronta ejecución.
expeditionary (ecspedi·shøneri), **expeditionist** (-nist) *adj.* expedicionario.
expeditious (ecspedi·shøs) *adj.* expeditivo, rápido, pronto.
expeditiously (ecspedi·shøsli) *adv.* expeditamente, rápidamente.
expeditive (ecspe·ditiv) *adj.* EXPEDITIOUS.
expel (to) (ecspe·l) *tr.* expeler. 2 desterrar. 3 echar, expulsar, despedir. ¶ CONJUG. pret. y p. p.: *expelled;* ger.: *expelling.*
expellable (ecspe·labøl) *adj.* expulsable.
expellant (ecspe·lant) *adj.* expelente.
expellee (e·cspelr) *s.* expulsado.
expeller (ecspe·lø') *s.* expelente; expulsor.
expend (to) (ecspe·nd) *tr.* expender, gastar, desembolsar.
expenditure (ecspe·ndichø') *s.* gasto, desembolso, salida [de dinero].
expense (ecspe·ns) *s.* gasto, desembolso. 2 expensas, costa : *at the* ~ *of,* a expensas de; *at one's* ~, a costa de uno. 3 *pl.* gastos, coste, costo : *expenses of production,* coste o gastos de producción o fabricación; *to cover expenses,* cubrir gastos; *to meet the expenses,* hacer frente a los gastos.
expenseless (ecspe·nslis) *adj.* poco o nada costoso.
expensive (ecspe·nsiv) *adj.* costoso, caro, dispendioso.
expensively (ecspe·nsivli) *adv.* costosamente.
expensiveness (ecspe·nsivnis) *s.* calidad de costoso o caro.
experience (ecspi·riens) *s.* experiencia : *by* ~, por experiencia; ~ *is the mother of wisdom,* la experiencia es madre de la ciencia. 2 experimento. 3 paso, lance, aventura, goce, sufrimiento; lo que uno ha experimentado, pasado o vivido. 4 vivo sentimiento o vida interior religiosa.
experience (to) *tr.* experimentar. 2 gustar, conocer, pasar, sufrir, vivir. 3 aprender o enseñar por experiencia.
experienced (ecspi·rienst) *adj.* experimentado. 2 experto, versado, práctico. 3 aleccionado. 4 vivido.
experiencer (ecspi·riensø') *s.* el que experimenta o sufre.
experiential (ecspiri·enshal) *adj.* derivado de la experiencia o fundado en ella; empírico.
experiment (ecspe·rimønt) *s.* experimento, experiencia [prueba, ensayo].
experiment (to) *tr.* e *intr.* experimentar [probar, ensayar].
experimental (ecsperime·ntal) *adj.* experimental.
experimentally (eosperime·ntali) *adv.* experimentalmente.
exprimentation (ecsperimente·shøn) *s.* experimentación.
experimenter (ecspe·rimentø'), **experimentist** (ecspe·rimentist) *s.* experimentador.

expert (ecspø't) *adj.* experimentado, experto, perito, conccedor, entendido, práctico, diestro, hábil. 2 pericial, de perito. — *3 s.* experto, perito, especialista.

expertise (ecspø'ti·š) *s.* pericia. 2 dictamen pericial.

expertly (ecspø'tli) *adv.* expertamente. 2 pericialmente.

expertness (ecspø'tnis) *s.* pericia, habilidad.

expiable (e·cspiabøl) *adj.* expiable.

expiate (to) (e·cspieit) *tr.* expiar, purgar.

expiation (ecspie·šhon) *s.* expiación.

expiator (e·cspieitø') *s.* el que expía o hace expiación.

expiatory (e·cspiatori) *adj.* expiatorio.

expiration (ecspire·shøn) *s.* expiración, término, vencimiento. 2 FISIOL. espiración. 3 último aliento, muerte.

expiratory (ecspai·ratori) *adj.* FISIOL. espiratorio.

expire (to) (ecspai·ø') *tr.* FISIOL. espirar, expeler [el aire aspirado]. — *2 intr.* FISIOL. espirar. *3* expirar, terminar, vencer, cumplirse [un plazo, etc.] ; caducar. *4* extinguirse, apagarse. *5* expirar, morir.

expiry (ecspai·ri) *s.* expiración, terminación [de un plazo, contrato, etc.], caducidad [de una póliza, etc.].

explain (to) (ecsplei·n) *tr.* explicar, exponer, aclarar, explanar : *to ~ oneself*, explicarse ; dar explicaciones. — *2 intr.* dar una explicación.

explainable (ecsplei·nabøl) *adj.* explicable.

explanation (ecsplane·shøn) *s.* explicación. 2 explanación [de un texto, etc.].

explanative (ecsplæ·nativ) *adj.* explicativo.

explanatory (ecsplæ·natori) *adj.* explicativo, de explicación. 2 aclaratorio.

expletive (e·cspiitiv) *adj.* expletivo. — *2 s.* voz expletiva. *3* exclamación, juramento.

explicable (e·csplicabøl) *adj.* explicable, declarable.

explicate (to) (e·cspiikeit) *tr.* explicar, explanar, interpretar. 2 desarrollar [una idea].

explication (ecsplike·shøn) *s.* explicación, explanación, exposición, desarrollo. 2 descripción detallada

explicative (e·cspiikeitiv) *adj.* explicativo, expositivo, analítico.

explicator (e·cspiicatø') *s.* explicador, expositor.

explicatory (e·cspiicatori) *adj.* EXPLICATIVE.

explicit (ecspli·sit) *adj.* explícito. 2 claro, franco [persona].

explicitly (ecspli·sitli) *adv.* explícitamente.

explicitness (ecspli·sitnis) *s.* calidad de explícito, claridad.

explode (to) (ecsplou·d) *tr.* volar, hacer estallar. 2 desacreditar [una moda, etc.] ; refutar, demoler [una teoría]. *3* expeler por explosión. *4* FONÉT. articular como una consonante explosiva. — *5 intr.* estallar, hacer explosión, volar, reventar. *6* estallar [la ira, la risa, etc.] : *to ~ with laughter*, echarse a reír, soltar la carcajada, soltar el trapo.

explodent (ecsplou·dønt) *s.* FONÉT. consonante explosiva.

exploder (ecsplou·dø') *s.* lo que hace estallar. 2 detonador.

exploit (e·csploit) *s.* hazaña, proeza.

exploit (to) (ecsploi·t) *tr.* explotar [una mina, etc.]. 2 explotar [sacar partido, aprovecharse de] · *to ~ one's friends*, explotar a los amigos.

exploitable (ecsploi·tabøl) *adj.* explotable.

exploitage (ecsploi·tidý), **exploitation** (ecsploite·shøn) *s.* explotación.

exploiter (ecsploi·tø') *s.* explotador.

exploiter (to) *tr.* explotar [aprovecharse abusivamente de].

explorable (ecsplo·rabøl) *adj.* explorable.

exploration (ecsplore·shøn) *s.* exploración.

explorator (e·csploreitø') *s.* explorador.

exploratory (ecsplo·ratori) *adj.* exploratorio.

explore (to) (ecsplo·') *tr.* explorar. 2 examinar, sondear. — *3 intr.* dedicarse a explorar, hacer exploraciones.

explorer (ecsplo·rø') *s.* explorador [pers.]. 2 MED. instrumento para explorar.

explosion (ecsplou·ýøn) *s.* explosión, estallido. 2 acción de hacer estallar, voladura. *3* refutación [de una teoría]. *4* FONÉT. explosión. — *5 adj.* de explosión : *~ engine*, motor de explosión.

explosive (ecsplou·siv) *adj.* explosivo : *~ cotton*, algodón pólvora ; *~ shell*, granada explosiva. *2* de explosión. — *3 s.* explosivo. *4* FONÉT. consonante explosiva.

explosively (ecsplou·sivli) *adv.* de una manera explosiva.

explosiveness (ecsplou·sivnis) *s.* fuerza explosiva.

exponent (ecspou·nønt) *s.* εxpositor [que interpreta o declara]. 2 exponente [que es representación o ejemplo]. *3* MAT. exponente. *4* MÚS. intérprete.

exponential (ecspone·nshal) *adj.* MAT. exponencial.

export (e·cspo't) *s.* exportación. 2 *pl.* exportaciones ; artículos de exportación. — *3 adj.* de exportación : *~ house*, casa exportadora.

export (to) (ecspo·'t) *tr.* exportar.

exportable (ecspo·'tabøl) *adj.* exportable.

exportation (ecspo'te·shon) *s.* exportación.

exporter (ecspo·'tø') *s.* exportador.

expose (to) (ecspou·s) *tr.* exponer [a la vista, a la intemperie, a un riesgo, a una acción o influencia, etc.]. 2 exponer, poner en peligro, comprometer. *3* FOT. exponer. *4* descubrir [poner al descubierto, dejar sin protección]. *5* descubrir, revelar [un plan, un secreto]. *6* desenmascarar ; divulgar las faltas, delitos o algo deshonroso de [uno]. *7* mostrar, exhibir. *8* abandonar, exponer [a un niño]. *9* exponer, manifestar [el Santísimo Sacramento].

exposed (ecspou·šd) *adj.* expuesto, a la vista. 2 expuesto, en peligro, descubierto, desabrigado, sin protección.

exposition (ecspoši·shøn) *s.* exposición [acción de exponer, estado de lo expuesto]. 2 exposición, explicación, interpretación. *3* LIT, MÚS. exposición [parte expositiva]. *4* exposición, situación [con respecto a la acción del sol o los vientos]. *5* exposición, abandono [de niños]. *6* exposición [manifestación de artículos de industria, arte, etc.].

expositive (ecspo·sitiv) *adj.* expositivo.

expositor (ecspo·sitø') *s.* expositor, comentador.

expository (ecspo·sitori) *adj.* explicativo.

ex post facto *loc. lat.* retroactivo.

expostulate (to) (ecspo·schuleit) *intr.* hacer reconvenciones protestar, discutir : *to ~ with*, reconvenir, discutir con, tratar de disuadir.

expostulation (ecsposchule·shøn) *s.* reconvención, disuasión, protesta, razones.

expostulator (ecspo·schuletø') *s.* el que reconviene, protesta o trata de disuadir.

expostulatory (ecspo·schulatori) *adj.* de reconvención, protesta o disuasión.

exposure (ecspou·ýø') *s.* exposición [acción de dejar expuesto o estado de lo expuesto a la intemperie, al peligro, etc.] ; desabrigo, falta de protección. 2 exposición, orientación. *3* FOT. exposición. *4* FOT. parte de un rollo que corresponde a una fotografía. *5* desenmascaramiento, revelación de algo deshonroso [de una persona], acción de exponer a la vergüenza, al escándalo.

expound (to) (ecspau·nd) *tr.* exponer, explicar, declarar, interpretar, comentar. 2 exponer [una teoría, etc.].

expounder (ecspau·ndø') *s.* expositor, comentarista, intérprete.

express (ecspre·s) *adj.* expreso, claro, explícito. 2 expreso, exprofeso, especial, hecho de encargo. *3* exacto, parecido, pintiparado. *4* llevado por expreso o por un servicio de transportes rápidos. *5* rápido, adaptado para el viaje rápido. 6 expreso [tren, mensajero]. 7 de expreso o de transportes rápidos : *~ company*, compañía de transportes rápidos. *8* (Ingl.) *~ delivery*, correo urgente. — *9 adv.* expresamente, especialmente, *10* clara, explícitamente, de modo expreso. — *11 s.* -expreso, mensajero, propio. 12 expreso [tren, autobús, etc.]. 13 mensaje llevado por expreso. 14 servicio de transportes rápidos. 15 (Ingl.) correo urgente.

express (to) *tr.* expresar. 2 describir, designar. *3* exprimir, prensar, estrujar. *4* extraer el jugo. *5* enviar por expreso. — *6 ref.* expresarse, producirse, explicarse.

expressage (ecspre·sidý) *s.* porte por expreso. 2 lo que se envía por expreso.

expressible (ecspre·sibøl) *adj.* expresable. 2 exprimible.

expressibly (ecspre·sibli) *adv.* de manera expresable.

expression (ecspre·shøn) *s.* expresión [acción, efecto, manera de expresar; palabra, locución]. 2 expresión [del rostro]. *3* B. ART., ÁLG. expresión. *4* acción de exprimir. *5* expresión, jugo o substancia exprimida.

expressionism (ecspre·shøni̇̃m) *s.* expresionismo.
expressive (ecspre·siv) *adj.* expresivo. *2* que expresa.
expressively (ecspre·sivli) *adv.* expresivamente.
expressiveness (ecspre·sivnis) *s.* expresión, energía, fuerza expresiva.
expressly (ecspre·sli) *adv.* expresamente, especialmente. *2* clara, explícitamente, de modo expreso.
expressman (ecspre·smæn), *pl.* **-men** (-men) *s.* (EE. UU.) empleado de una compañía o servicio de transportes rápidos.
expressway (ecspre·swei) *s.* autopista.
expropriate (to) (ecsprou·prieit) *tr.* desposeer, expropiar. *2* transferir o enajenar [bienes].
expropriation (ecsprouprie·shøn) *s.* expropiación.
expugn (to) (ecspiu·n) *tr.* expugnar.
expugnable (ecspø·gnabøl) *adj.* expugnable.
expugnation (ecspøgne·shøn) *s.* expugnación.
expugner (ecspiu·nø') *s.* expugnador.
expulse (to) (e·cspøls) *tr.* expulsar.
expulsion (ecspø·lshøn) *s.* expulsión.
expulsive (ecspø·lsiv) *adj.* expulsivo.
expunge (to) (ecspø·nȳ) *tr.* borrar, rayar, tachar. *2* destruir.
expurgate (to) (e·cspø'gueit) *tr.* expurgar.
expurgation (ecspø'gue·shøn) *s.* expurgación, expurgo; purificación.
expurgator (ecspø'guei·tø') *s.* expurgador.
expurgatory (ecspø'·gatori) *adj.* expurgatorio.
exquisite (e·cscui̇̃sit) *adj.* exquisito, primoroso, excelente, precioso. *2* perfecto, consumado. *3* delicado, exigente, refinado. *4* intenso, vivo, agudo : ~ *pain,* agudísimo dolor; ~ *pleasure,* vivo placer. — *5 s.* elegante, petimetre.
exquisitely (e·cscui̇̃sitli) *adv.* exquisitamente, delicadamente. *2* perfectamente. *3* intensamente.
exquisiteness (e·cscuisitnis) *s.* exquisitez. *2* delicadeza, refinamiento, excelencia, perfección. *3* intensidad, agudeza.
exsanguine (ecsæ·ngüin) *adj.* exangüe; anémico.
exscind (to) (ecsi·nd) *tr.* cortar, extirpar.
exsect (to) (ecse·ct) *tr.* CIR. cortar, amputar.
exsection (ecse·cshøn) *s.* amputación.
exserted (ecsø·'tid) *adj.* BOT. exerto.
exsiccant (e·csicant) *adj.* y *s.* desecativo.
exsiccate (to) (e·csikeit) *tr.* secar, desecar.
exsiccation (ecsike·shøn) *s.* desecación.
exsiccative (e·csikativ) *adj.* desecativo, desecante.
extant (e·cstant) *adj.* existente, en existencia, viviente.
extemporaneous (ecstemporei·niøs) *adj.* improvisado [hecho sin preparación]. *2* improvisado, provisional [hecho para la ocasión; con lo que se tiene a mano].
extemporaneously (ecstemporei·niøsli) *adv.* improvisadamente.
extemporary (ecste·mporæri) *adj.* improvisado [discurso, orador, etc.]. *2* repentino, inesperado.
extempore (ecste·mpori) *adv.* improvisadamente, sin preparación, sin previo estudio. *2* improvisamente, de improviso. — *3 adj.* improvisado. — *4 s.* improvisación.
extemporize (to) (ecste·mporai̇̃) *tr.* improvisar.
extemporizer (ecste·mporai̇̃ø') *s.* improvisador, repentista.
extend (to) (ecste·nd) *tr.* extender, explayar, ensanchar, ampliar, alargar, prolongar, estirar. *2* abultar, exagerar. *3* extender [de un punto a otro]. *4* extender, alargar [el brazo, la mano]. *5* extender [a], comunicar, dar, conceder, ofrecer. *6* MIL. desplegar. *7* aumentar con una mezcla, aguar, rebajar, adulterar [un líquido]. *8* prorrogar [un plazo, etc.]; dar prórroga [para un pago]. *9* traducir [lo escrito taquigráficamente]. *10* agotar las fuerzas de. — *11 intr.* extenderse. *12* prolongarse. *13* estirarse, dar de sí. *14* MIL. desplegarse. *15* tenderse [el caballo].
extended (ecste·ndid) *adj.* extendido, estirado. *2* prolongado. *3* diferido. *4* IMPR. abierto [tipo].
extendedly (ecste·ndidli) *adv.* prolongadamente. *2* extensamente.
extendible (ecste·ndibøl) *adj.* extensible.
extensible (ecste·nsibøl) *adj.* extensible, extensivo.
extensibleness (ecste·nsibølnis) *s.* extensibilidad.
extensile (e·cstensil) *adj.* extensible. *2* extensor.
extension (ecste·nshøn) *s.* FÍS. extensión [propiedad de los cuerpos]. *2* LÓG., GRAM. extensión. *3* extensión [acción y efecto de extender], ampliación, ensanche, prolongación, dilatación, expansión. *4* TELEF. extensión [línea accesoria]. *5* adi-

ción, anexo. *6* MEC. alargadera. *7* prórroga, espera, moratoria. *8* servicio, enseñanzas, etc., de una institución destinados a los que no pueden asistir a ella en la forma ordinaria : *university* ~, extensión universitaria. — *9 adj.* de extensión o alargamiento; extensible, que se puede extender o alargar : ~ *bar,* alargadera [de un compás]; ~ *ladder,* escalera extensible o alargable, de largueros corredizos; ~ *tripod,* trípode extensible.
extensity (ecste·nsiti) *s.* extensión [calidad de extenso]. *2* PSIC. elemento de la sensación relativo al espacio o al volumen.
extensive (ecste·nsiv) *adj.* relativo a la extensión. *2* extenso. *3* extenso, ancho, vasto, dilatado.
extensively (ecste·nsivli) *adv.* extensivamente. *2* extensamente, por extenso : ~ *used,* de uso general o común.
extensiveness (ecste·nsivnes) *s.* extensión, amplitud; generalidad.
extensor (ecste·nsø') *s.* ANAT. extensor.
extent (ecste·nt) *s.* extensión [medida del espacio o cantidad de una cosa]; superficie, anchura, longitud, perímetro. *2* extensión, magnitud, grado, alcance : *to a certain* ~, hasta cierto punto; *to a great* ~, en grado sumo, grandemente; *to a lesser* ~, en menor grado; *to that* ~, hasta este punto o grado, hasta ahí; *to the full* ~, en toda su extensión, completamente; *to the* ~ *of one's ability,* hasta donde uno puede. *3* extensión [de terreno]. *4* GEOM. extensión. *5* ORNIT. envergadura [de un ave].
extenuate (to) (ecste·niueit) *tr.* minorar, atenuar, paliar, excusar. *2* extenuar, enflaquecer.
extenuating (ecste·niueiting) *adj.* atenuante, paliativo.
extenuation (ecsteniue·shøn) *s.* minoración, mitigación, atenuación, paliación.
exterior (ecsti·riø') *adj.* exterior, externo : ~ *angle,* GEOM. ángulo externo. *2* extrínseco. — *3 s.* exterior. *4* exterioridad, conducta, actos externos.
exteriority (ecstirio·riti) *s.* exterioridad [calidad].
exteriorization (ecstiriori̇̃e·shøn) *s.* exteriorización.
exteriorize (to) (ecsti·riørai̇̃) *tr.* exteriorizar. *2* dar forma objetiva a.
exteriorly (ecsti·riø'li) *adv.* exteriormente.
exterminate (to) (ecstø·'mineit) *tr.* exterminar, descastar. *2* desarraigar, extirpar, destruir.
extermination (ecstø'mine·shøn) *s.* exterminio. *2* extirpación, destrucción.
exterminator (ecstø·'mineitø') *s.* exterminador.
exterminatory (ecstø·'minatori) *adj.* exterminador.
extern (ecstø·'n) *s.* externo [alumno]. *2* médico o estudiante que trabaja en un hospital, pero no vive en él. *3* médico o practicante de un hospital que asiste los enfermos a domicilio.
external (ecstø·'nal) *adj.* externo, exterior : ~ *angle,* GEOM. ángulo externo; ~ *auditive meatus,* ANAT. conducto auditivo externo; ~ *loan,* empréstito exterior; ~ *remedy,* remedio externo; ~ *trade,* comercio exterior; ~ *world,* mundo exterior. *2* accidental, superficial. — *3 s. pl.* exterior, exterioridad, apariencia [de las cosas].
externality (ecstø'næ·liti) *s.* exterioridad.
externalization (ecstø'nali̇̃e·shøn) *s.* exteriorización.
externalize (to) (ecstø·'nali̇̃) *tr.* exteriorizar. *2* dar forma o cuerpo.
externally (ecstø·'nali) *adv.* externamente, exteriormente.
exterritorial (ecsterito·rial) *adj.* extraterritorial.
extinct (ecsti·nct) *adj.* extinto, extinguido. *2* apagado [fuego, etc.]. *3* desaparecido, destruido. *4* abolido, suprimido.
extinction (ecsti·ncshøn) *s.* extinción. *2* destrucción, supresión. *3* abolición.
extinguish (to) (ecsti·ngüi̇̃sh) *tr.* extinguir. *2* apagar. *3* acabar, destruir, suprimir, abolir. *4* eclipsar, obscurecer.
extinguishable (ecsti·ngüi̇̃shabøl) *adj.* extinguible.
extinguisher (ecsti·ngüi̇̃shø') *s.* el o lo que extingue o apaga. *2* apagador, matacandelas.
extinguishment (ecsti·ngüi̇̃shmønt) *s.* extinción. *2* destrucción, acabamiento. *3* supresión, abolición. *4* te·minación.
extirpate (to) (e·cstø'peit) *tr.* extirpar. *2* desarraigar. *3* destruir, exterminar.
extirpation (ecstø'pe·shøn) *s.* extirpación. *2* erradicación. *3* exterminio.
extirpator (ecstø'pei·tø') *s.* extirpador.

extol, extoll (to) (ecstou·l) *tr.* exaltar, ensalzar, engrandecer, alabar. ¶ Conjug. pret. y p. p.: *extolled;* ger.: *extolling.*

extoller (ecstou·lø·) *s.* ensalzador, alabador.

extort (to) (ecsto·ʻt) *tr.* arrancar, obtener, sacar, exigir [dinero, una promesa, etc.] por la fuerza, la violencia, la importunación, etc.

extortion (exto·ʹshøn) *s.* extorsión. 2 exacción, concusión, violencia.

extortionary (ecsto·ʹshoneri), **extortionate** (exto·ʹ- šhønit) *adj.* de extorsión. 2 opresivo, injusto; excesivo, exorbitante.

extortioner (ecsto·ʹšhønø·), **extortionist** (ecsto·ʹ- shønist) *s.* el que comete extorsión, concusionario; opresor. 2 desollador [que cobra precios exorbitantes].

extra (e·cstra) *adj.* extra, extraordinario, óptimo. 2 extraordinario, adicional, de más, suplementario, que se paga aparte : ~ *charge,* recargo, suplemento de precio; ~ *pay,* paga extraordinaria; ~ *work,* trabajo extraordinario, de más; *dessert is* ~, el postre se paga aparte. 3 de repuesto. — 4 *s.* exceso, suplemento, recargo, sobreprecio. 5 edición extraordinaria [de un periódico]. 6 extra, adehala, plus. 7 pieza de repuesto. 8 supernumerario, substituto. 9 cinem. extra. — 10 *adv.* excepcionalmente, más que lo corriente u ordinario : *extra-good,* de calidad muy superior; *extra fine,* extrafino.

extract (e·cstræct) *s.* quím., farm. extracto. 2 extracto, cita, fragmento [de un libro, etc.]. 3 der. (Esc.) copia certificada.

extract (to) (ecstræ·ct) *tr.* extraer, sacar, arrancar, obtener. 2 entresacar, sacar, seleccionar, citar [fragmentos, pasajes, etc., de una obra o escrito]. 3 quím. extraer. 4 quím. tratar [algo] con un disolvente para extraer las partes solubles. 5 mat. extraer [raíces].

extractable (ecstræ·ctabøl), **extractible** (ecstræ·c- tibøl) *adj.* que se puede extraer.

extraction (ecstræ·cshøn) *s.* extracción [acción de extraer]. 2 extracto, esencia. 3 extracción, origen, alcurnia.

extractive (ecstræ·ctiv) *adj.* extractivo : ~ *industries,* industrias extractivas. 2 que puede ser extraído [substancia, materia]. 3 de la naturaleza de un extracto. — 4 *s.* cosa extraída o que puede serlo; extracto.

extractor (ecstræ·ctø·) *s.* extractor [pers., aparato, pieza, mecanismo]. 2 cir. fórceps.

extracurricular (ecstracøri·kiula·) *adj.* que no forma parte de un plan de estudios.

extradite (to) (e·cstradait) *tr.* conceder o pedir la extradición de.

extradition (ecstradi·shøn) *s.* extradición.

extrados (ecstræ·das) *s.* arq. extradós, trasdós.

extrajudicial (ecstraŷudi·shal) *adj.* extrajudicial.

extrajudicially (ecstraŷudi·shali) *adv.* extrajudicialmente.

extramundane (ecstramø·ndein) *adj.* extramundano.

extramural (ecstramiu·ral) *adj.* situado extramuros. 2 que tiene lugar fuera del recinto de una institución.

extraneous (ecstrei·niøs) *adj.* extraño, ajeno [a una cosa] : ~ *matter,* materia extraña. 2 extrínseco.

extraofficial (ecstraofi·shal) *adj.* extraoficial, oficioso.

extraordinarily (ecstro·ʹdinerili) *adv.* extraordinariamente.

extraordinariness (ecstro·ʹdinerinis) *s.* calidad de extraordinario.

extraordinary (ecstro·ʹdineri) *adj.* extraordinario : *envoy* ~, enviado extraordinario.

extraprofessional (ecstraprofe·shønal) *adj.* extraprofesional, ajeno a la profesión.

extraterritorial (ecstraterito·rial) *adj.* extraterritorial

extraterritoriality (ecstraterito·riæ·liti) *s.* extraterritorialidad.

extravagance, -cy (ecstræ·vagans, -si) *s.* prodigalidad, derroche, despilfarro, profusión, exceso. 2 extravagancia, desarreglo, exageración.

extravagant (ecstræ·vagant) *adj.* pródigo, gastador, manirroto, derrochador, despilfarrador. 2 excesivo, exorbitante, exagerado. 3 extravagante, disparatado. — 4 *s.* extravagante, excéntrico. 5 *pl.* eccles. (con may.) Extravagantes.

extravagantly (ecstræ·vagantli) *adv.* pródigamente, despilfarradamente, profusamente. 2 exorbi-

tantemente. 3 extravagantemente, disparatadamente.

extravagantness (ecstræ·vagantnis) *s.* desarreglo, exceso, despilfarro. 2 exorbitancia.

extravaganza (ecstræ·vagæ·nša) *s.* teat. obra extravagante y fantástica.

extravasate (to) (ecstræ·vaseit) *tr.* extravenar. 2 geol. arrojar [lava, etc.]. — 3 *intr.* med. extravasarse, extravenarse.

extravasation (ecstræ·vase·shøn) *s.* extravasación 2 geol. erupción, salida [de lavas, etc.].

extreme (ecstri·m) *adj.* extremo [último] postrero, final : ~ *unction,* extremaunción. 2 extremo [que llega al último grado]; riguroso, extremado, radical. — 3 *s.* extremo [parte extrema; punto último] : *the extremes meet,* los extremos se tocan; *to go from an* ~ *to the other,* pasa. de un extremo a otro; *to go to extremes,* tomar medidas extremas; exagerar, extremar las cosas; *in the* ~, con extremo, en extremo, en sumo grado. 4 lóg., mat. extremo. 5 situación extrema, apuro, peligro.

extremely (ecstri·mli) *adv.* extremadamente, extremamente, sumamente, con o en extremo.

extremism (ecstri·mišm) *s.* extremismo.

extremist (ecstri·mist) *s.* extremista.

extremity (ecstre·miti), *pl.* -ties (-tis) *s.* extremidad, fin, último límite. 2 extremo, exceso, rigor. 3 situación extrema, necesidad, apuro. 4 *pl.* medidas extremas. 5 anat. extremidades.

extricable (e·cstricabøl) *adj.* que puede desenredarse

extricate (to) (e·cstrikeit) *tr.* desembarazar, desenredar, desembrollar, zafar, librar, sacar de.

extrication (ecstrike·shøn) *s.* desembarazo, desembrollo, desenredo.

extrinsic(al (ecstri·nsic(al) *adj.* extrínseco.

extrinsically (ecstri·nsicali) *adv.* extrínsecamente.

extrorse (ecstro·ʻs) *adj.* bot. vuelto hacia afuera.

extroversion (ecstrovø·ʻshon) *s.* med. extroversión. 2 psic. interés preferente por las cosas del mundo exterior.

extrovert (e·cstrovø·t) *s.* psic. persona cuyo interés se dirige preferentemente a las cosas del mundo exterior.

extrovert (to) (ecstrovø·ʻt) *tr.* volver hacia afuera. — 2 *intr.* psic. interesarse preferentemente por las cosas del mundo exterior.

extrude (to) (ecstru·d) *tr.* empujar fuera, hacer salir. 2 dar forma [a un metal calentado, un plástico, etc.] haciéndolo pasar mediante presión por los orificios de un molde, hilera, etc.

extrusion (ecstru·ŷøn) *s.* acción de hacer salir; expulsión. 2 operación de hacer pasar [un metal calentado, un plástico, etc.], mediante presión, por los orificios de un molde, hilera, etc.

exuberance (egšiu·børans) *s.* exuberancia. 2 exceso, profusión.

exuberancy (egsiu·børansi), *pl.* -sies (-sis) *s.* exuberance.

exuberant (egšiu·børant) *adj.* exuberante, lujuriante, profuso. 2 excesivo, extremado. 3 contento, radiante.

exudate (e·csiudeit) *s.* exudado.

exudate (to) *tr.* exude.

exudation (ecsiude·shøn) *s.* exudación. 2 exudado.

exude (to) (ecsiu·d) *tr.* e *intr.* exudar, sudar, rezumar.

exulcerate (to) (ecsø·lsøreit) *adj.* med. exulcerar. 2 exasperar, irritar.

exult (to) (egšø·lt) *intr.* exultar, alegrarse; gozarse en el propio triunfo.

exultance, exultancy (egšø·ltans, -si) *s.* exultation.

exultant (egšø·ltant) *adj.* exultante, alborozado, triunfante.

exultation (egšølte·shøn) *s.* exultación, alborozo, sentimiento gozoso del propio triunfo.

exultingly (egšø·ltingli) *adv.* con exultación.

exutory (egšiu·tori) *s.* med. exutorio.

exuviæ (ecsiu·vii) *s. pl.* despojos [como la piel que sueltan las serpientes, etc.].

exuviate (to) (ecsiu·vieit) *tr.* zool. mudar, soltar [la piel, etc.].

eyas (a·ias) *s.* halcón niego.

eye (ai·) *s.* ojo [órgano de la visión; atención, vigilancia], vista, mirada : *an* ~ *for an* ~ *for* ~, ojo por ojo; *before one's eyes,* a la vista, en presencia de uno; *black* ~, ojo negro, amoratado; *blind of an* ~, tuerto; *eyes right, left,*

MIL. vista a la derecha, a la izquierda; *if you had half an* ~, si no fuera usted ciego o tonto; *mind your* ~, pop. ¡cuidado!, ¡ojo!; *my eyes!*, exclamación de asombro; *the* ~ *of day, of heaven* o *of the morning,* el sol; *to catch the* ~, llamar la atención, atraer la mirada; *to clap* o *set eyes on,* ver, echar la vista encima; *to cry one's eyes out,* hartarse de llorar; *to have a cast in the* ~, ser ligeramente bizco; *to have in one's* ~, intentar, proponerse; *to have one's* ~ *on,* haber echado el ojo a; *to keep an* ~ *on,* vigilar, mirar con sospecha o deseo; *to make eyes at,* enamorar, poner los ojos tiernos a; *to see* ~ *to* ~, estar completamente de acuerdo; *to see with half an* ~, ver de una ojeada; *up to the eyes,* hasta los ojos; completamente metido o enfrascado; *with an* ~ *to,* con vistas a, pensando en, con la intención de. 2 ojos, concepto, juicio, punto de vista : *in the* ~ *of law,* a los ojos de la ley. 3 ojo [de una aguja, de una herramienta, del pan, del queso, etc.]. 4 agujero por donde pasa una cosa. 5 COST. corchete, presilla. 6 ARQ. abertura superior de una cúpula. 7 ocelo o mancha [en la pluma del pavo real]. 8 centro [de una flor]. 9 BOT. yema, grillo. 10 MEC. ojal. 11 MAR. gaza.
   12 adj. del ojo o los ojos; para el ojo o los ojos : ~ *opener,* cosa sorprendente, que hace abrir los ojos; (EE. UU.) trago de la mañana; ~ *protectors,* anteojos protectores o de seguridad; ~ *shade,* visera, guardavista; ~ *socket,* cuenca u órbita del ojo; ~ *tube,* ÓPT. tubo del ocular.
eye (to) *tr.* mirar, clavar la mirada en. 2 hacer ojos o agujeros en.
eyeball (ai·bol) *s.* ANAT. globo del ojo.
eyebar (ai·ba') *s.* barra con un ojo en cada extremo.
eyebath (ai·baz) *s.* ojera [para bañar el ojo].
eyebeam (ai·bīm) *s.* ojeada.
eyebolt (ai·boult) *s.* armella. 2 perno de ojo o argolla. 3 MAR. cáncamo de ojo.
eyebright (ai·brait) *s.* BOT. eufrasia.
eyebrow (ai·brau) *s.* ANAT. ceja.
eyed (aid) *adj.* que tiene ojos o los tiene de cierto

modo : *blue-eyed,* ojizarco, de ojos azules; *black-eyed,* ojinegro; *blear eyed,* legañoso.
eyeflap (ai·flæp) *s.* anteojera [de brida].
eyeglass (ai·glæs), *pl.* **eyeglasses** (-siš) *s.* ÓPT. ocular; anteojo. 2 *pl.* anteojos, gafas, lentes, quevedos.
eyehole (ai·joul) *s.* COST. ojete. 2 atisbadero.
eyelash (ai·læsh) *s.* ANAT. pestaña.
eyeless (ai·lis) *adj.* ciego. 2 sin ojos.
eyelet (ai·lit) *s.* COST. ojete : ~ *punch,* sacabocados para ojetear. 2 MAR. ollao. 3 resquicio, abertura
eyelet (to) *tr.* ojetear.
eyeleteer (ailiti·') *s.* punzón para abrir ojetes.
eyelid (ai·lid) *s.* ANAT. párpado.
eyepiece (ai·pis) *s.* ÓPT. ocular.
eyepit (ai·pit) *s.* cuenca del ojo.
eyeservant (ai·sø'vant) *s.* criado que sólo trabaja cuando lo vigilan.
eyeshot (ai·shot) *s.* mirada, vista, alcance de la vista
eyesight (ai·sait) *s.* vista [sentido]. 2 vista, observación. 3 vista, paisaje.
eyesore (ai·so') *s.* cosa que ofende la vista.
eyespot (ai·spot) *s.* ZOOL. ocelo [ojo rudimentario]. 2 mancha de color en forma de ojo.
eyestrain (ai·strein) *s.* vista fatigada.
eye-test chart *s.* escala tipográfica oftalmométrica.
eyetooth (ai·tuz), *pl.* **-teeth** (-tiz) *s.* colmillo : *to cut one's* ~, fig. adquirir experiencia, dejar de ser niño.
eyewash (ai·uash) *s.* colirio; loción para los ojos. 2 fam. halago para engañar, embeleco.
eyewater (ai·uotø') *s.* colirio; loción para los ojos. 2 lágrimas. 3 humor ácueo. 4 fam. bebida espirituosa, esp. ginebra.
eyewear (ai·ue') *s.* cansancio de la vista.
eyewink (ai·uink) *s.* abrir y cerrar de ojos. 2 mirada, ojeada.
eyewinker (ai·uinkø') *s.* ANAT. pestaña.
eyewitness (ai·ui·tnis) *s.* testigo ocular o presencial.
eyey (ai·i) *adj.* ojoso.
eyrie, eyry (e·øri) *s.* nido de águilas, nido de ave de rapiña.
Ezechias (ešiki·as) *n. pr. m.* Ezequías.
Ezekiel (eši·kiøl) *n. pr. m.* Ezequiel.

F

F, fe (ef) *s.* F, f, sexta letra del albafeto inglés.
2 MÚS. fa.
fa (fa) *s.* MÚS. fa.
Fabaceæ (fabei·sii) *s. pl.* BOT. papilionáceas.
fabaceous (fabei·siøs) *adj.* BOT. papilionáceo.
Fabian (fæ·bian) *adj.* fabiano.
fable (fei·bøl) *s.* LIT. fábula. 2 fábula, ficción, falsedad mentira.
fable (to) *intr.* inventar o contar fábulas, fingir, mentir. — 2 *tr.* inventar; hablar de o contar falsamente.
fabled (fei·bøld) *adj.* mitológico. legendario, ficticio. fabuloso. 2 puesto en fábula.
fabric (fæ·bric) *s.* tejido, tela, paño, género. 2 manufactura, textura. estructura. 3 fábrica, construcción, edificio. 4 fábrica [de una iglesia].
fabricate (to) (fæ·brikeit) *tr.* fabricar, labrar, hacer. 2 inventar, forjar, falsificar. 3 MEC. construir, fabricar en serie [las partes o piezas de un artefacto, buque, etc.]. 4 construir, montar [un artefacto, buque, etc.] con piezas fabricadas en serie.
fabrication (fæbrike·shøn) *s.* fabricación. construcción. 2 invención, fábula, mentira; impostura, falsificación
fabricator (fæ·brikeitø') *s.* fabricador, constructor. 2 inventor. embustero, falsario.
fabulist (fæ·biulist) *s.* fabulista, fabulador.
fabulosity (fæbiulo·siti) *s.* fábula, historia fabulosa.
fabulous (fæ·biuløs) *adj.* fabuloso. 2 amigo de contar fábulas
fabulously (fæ·biuløsli) *adv.* fabulosamente.
fabulousness (fæ·biuløsnis) *s.* calidad de fabuloso.
façade (fasa·d) *s.* ARQ. fachada, frontispicio. 2 cara, frente [de una cosa].
face (feis) *s.* cara, faz, rostro, frente, gesto, semblante ; *to keep a straight* ~. contener la risa ; *to make a wry* ~, torcer el rostro, poner gesto, mostrar desagrado ; *to pull o wear a long* ~, poner la cara larga ; *to show one's* ~, aparecer, dejarse ver ; *to set one's* ~ *against*, oponerse a, ponerse contra ; ~ *down*, ~ *downward*, boca abajo ; ~ *to* ~, cara a cara, frente a frente ; *in the* ~ *of*. ante, delante, en presencia de ; luchando contra ; a despecho de ; *to fly in the* ~ *of*, desobedecer abiertamente ; desafiar, resistir ; *to one's* ~, en la cara de uno, en su presencia ; abiertamente. 2 dignidad, prestigio : *to lose* ~ o *one's* ~, perder prestigio ; *to save one's* ~, salvar el prestigio. 3 aplomo, valor, osadía, descaro : *to have the* ~, tener el valor, tener el descaro. 4 mueca, gesto : *to make faces*, hacer mue·as. 5 aspecto, cara, apariencia : *to put a new* ~ *on*, cambiar el aspecto de ; *on the* ~ *of it*, a juzgar por las apariencias. 6 superficie, cara, faz, haz [de una cosa]. 7 frente, fachada, frontis. 8 CRIST., GEOM. cara. 9 MIL. frente o lado [de una formación, esp. de un cuadro]. 10 IMPR. ojo [de letra]. 11 IMPR. estilo o tipo [de letra].

12 esfera. muestra [de reloj]. 13 boca [de herramienta]. 14 cotillo [de martillo]. 15 paramento [de un muro] ; cara exterior [de un sillar]. 16 M.N. fondo o cara de trabajo [de una galería, túnel, etc.]. 17 MEC. cabeza [de un diente de rueda] 18 MEC. superficie de contacto o de trabajo [de la corredera en la máquina de vapor]. 19 MEC. ancho [de una polea]. 20 cara [del naipe] que lleva pintados los objetos o figuras.
21 adj. de o para la cara, faz, fachada, paramento, etc. : ~ *ache,* ~ *ague,* neuralgia facial ; ~ *angle,* GEOM. cara de un ángulo poliedro ; ~ *card,* figura [de la baraja] ; ~ *cog,* MEC. diente latera¹ [de una rueda] ; ~ *joint,* ALBAÑ. junta de paramento ; ~ *lathe.* MEC. torno de plato ; ~ *lifting,* massaje, etc., para hacer desaparecer las arrugas o defectos del rostro ; ~ *powder,* polvos de tocador ; ~ *value,* COM. valor nominal ; fig. valor aparente ; sentido literal o tomado al pie de la letra.
face (to) *tr.* volverse hacia, mirar hacia, encararse con. 2 hacer cara o frente a, enfrentarse con, habérselas con ; afrontar, arrostrar. 3 dar a, mirar a, estar encarado a. 4 [hablando de ciertas cosas] presentarse a : *the problem that faces us.* el problema que se nos presenta. 5 DER. responder [a un cargo]. 6 volver [un naipe] boca arriba. 7 cubrir, revestir [para adorno o protección]. 8 forrar, guarnecer, poner vueltas o vistas a [un vestido]. 9 pulir, alisar, labrar, etc., la superficie de. 10 dar una falsa apariencia. 11 *to* ~ *out,* persistir audazmente en, sostener con descaro. 12 *to* ~ *the music,* afrontar una situación o peligro ; arrostrar las consecuencias de las propias acciones. 13 *to* ~ *someone down,* intimidar, hacer bajar los ojos a uno. 14 *to* ~ *with,* carear con, enfrentar con. — 15 *intr.* volver la cara [hacia]. 16 dar frente [a]. 17 *to* ~ *about,* volver el rostro, volverse, dar media vuelta, cambiar de frente. 18 *to* ~ *up to,* encararse resueltamente con.
facecloth (fei·scloz) *s.* paño para cubrir el rostro de un cadáver. 2 paño para lavarse la cara.
faced (feist) *adj.* que tiene la cara de cierto modo : *ill-faced,* mal encarado ; *pale faced,* de rostro pálido. 2 que tiene haz [tejido].
faceplate (fei·spleit) *s.* MEC. plato de torno. 2 placa de revestimiento o protección.
facer (fei·sø') *s.* el o lo que pule, labra, etc., la superficie de una cosa. 2 fam. puñetazo en la cara. 3 fam. percance, revés.
face-saving *adj.* que salva las apariencias.
facet (fæ·set) *s.* faceta. 2 ARQ. filete entre las estrías de una columna.
facet (to) *tr.* labrar facetas en ; labrar en facetas.
faceted (fæ·setid) *adj.* labrado en facetas.
faceтiæ (fasi·shir) *s. pl.* dichos o escritos humorísticos.

facetious (fasi·shøs) *adj.* jocoso, chistoso, humorístico. *2* bromista, chancero.
facetiously (fasi·shøsli) *adv.* jocosamente, chanceramente.
facetiousness (fasi·shøsnis) *s.* jocosidad, broma.
facial (fe·shial) *adj.* facial : ∼ *angle,* ángulo facial. — *2 s.* fam. masaje facial.
facile (fæ·sil) *adj.* fácil [de hacer u obtener]. *2* complaciente, dócil. *3* listo, diestro, hábil. *4* fértil [en recursos, etc.].
facilitate (to) (fasi·liteit) *tr.* facilitar, allanar, posibilitar.
facilitation (fasilite·shøn) *s.* facilitación.
facility (fasi·liti), *pl.* **-ties** (-tis) *s.* facilidad. *2* destreza, habilidad. *3* propensión a complacer o a dejarse persuadir, docilidad.
facing (fei·sing) *prep.* de cara a, frente a. — *2 s.* paramento, revestimiento. *3* COST. vuelta, guarnición, vistas. *4* cara, haz. *5* encaramiento. *6 pl.* MIL. cuello, puños y franjas [de un uniforme]. *7* MIL. movimientos de cambio de frente : *to put someone through his facings,* probar las cualidades, capacidad, etc., de uno.
facsimile (facsi·mili) *s.* facsímil, facsímile. — *2 adj.* fielmente reproducido o que reproduce fielmente.
fact (fæct) *s.* hecho ; verdad, realidad : *the ∼ of the matter,* la pura verdad ; *the ∼ is that,* ello es que, el hecho es que ; *as a matter of ∼, in ∼, in point of ∼,* de hecho, en realidad ; *in the very ∼,* en el mero hecho. *2* dato ; cosa tomada como base de deducción o inferencia.
faction (fæ·cshøn) *s.* facción, bando, pandilla, parcialidad. *2* espíritu de partido, discordia, disensión.
factional (fæ·cshønal) *adj.* de facción.
factionist (fæ·cshønist) *s.* partidario de una facción.
factious (fæ·cshøs) *adj.* faccioso. *2* partidista.
factiously (fæ·cshøsli) *adv.* facciosamente.
factiousness (fæ·cshøsnis) *s.* espíritu de partido o de facción.
factitious (fæ·ctisøs) *adj.* facticio, artificial.
factitive (fæ·ctitiv) *adj.* GRAM. factitivo.
factor (fæ·ctø‘) *s.* factor [elemento, concausa, lo que contribuye a un resultado]. *2* MAT. factor. *3* COM. factor, agente, comisionado. *4* DER. (Esc.) administrador o depositario de bienes embargados. *5* MEC. ∼ *of safety,* coeficiente de seguridad.
factor (to) *tr.* MAT. descomponer en factores.
factorage (fæ·ctøridʒ) *s.* factoraje. *2* comisión o sueldo del factor o agente.
factorial (fæcto·rial) *s.* MAT. factorial. *2* pert. a un factor *3* pert. a una fábrica.
factoring (fæ·ctøring) *s.* MAT. descomposición en factores.
factorship (fæ·ctø‘ship) *s.* factoraje [empleo].
factory (fæ·ctøri), *pl.* **-ries** (-ris) *s.* factoría. *2* fábrica, taller, manufactura.
factotum (fæctou·tøm) *s.* factótum.
factual (fæ·chual) *adj.* relativo al hecho ; real, de hecho.
facture (fæ·cshø‘) *s.* B. ART. factura.
facula (fæ·kiula) *s.* ASTR. fácula.
facultative (fæ·cølteitiv) *adj.* facultativo [de una facultad]. *2* facultativo, potestativo. *3* contingente.
faculty (fæ·cølti), *pl.* **-ties** (-tis) *s.* facultad [aptitud natural, potencia física o moral de ejercer una función]. *2* facultad [poder, licencia, permiso]. *3* facultad [sección de una universidad]. *4* claustro [de profesores], profesorado. *5* conjunto de los que ejercen una profesión : *the ∼,* pop. los médicos.
fad (fæd) *s.* novedad, moda. *2* manía, chifladura, afición pasajera.
faddish (fæ·dish) *adj.* dado a las modas o aficiones pasajeras ; caprichoso.
faddist (fæ·dist) *s.* persona caprichosa, dada a las modas o aficiones pasajeras.
fade (to) (feid) *intr.* marchitarse. *2* debilitarse, decaer. *3* palidecer, descolorirse ; perder [un color]. *4* apagarse, desvanecerse, desaparecer, borrarse [gradualmente]. | Gralte. con *out* o *away.* *5* RADIO. disminuir gradualmente la intensidad de las señales. *6* CINEM. *to ∼ out, to ∼ in,* desvanecerse o recobrar gradualmente su nitidez [una escena o imagen]. — *7 tr.* marchitar. *8* debilitar. *9* descolorir ; poner pálido.
fade-in *s.* CINEM. aparición gradual o recobramiento gradual de la nitidez de [una escena o imagen].

fade-out *s.* desaparición gradual, desvanecimiento. *2* CINEM. desvanecimiento gradual [de una escena o imagen].
fadeless (fei·dlis) *adj.* que no se marchita o palidece.
fading (fei·ding) *s.* marchitamiento. *2* desvanecimiento, pérdida gradual de color, intensidad, etc. *3* RADIO. disminución o fluctuación de la intensidad de las señales.
fæcal *adj.* (fe·cal) *adj.* fecal.
fæces (fi·ses) *s. pl.* heces, excrementos. *2* hez. poso, sedimento.
fæcula (fe·kiula) *s.* fécula.
faerie, faery (fe·øri), *pl.* **-ries** (-ris) *s.* ant. hada, duende. *2* país o reino de las hadas. — *3 adj.* de hada, de hadas, maravilloso.
fag (fæg) *s.* (Ingl.) estudiante que sirve a otro mayor. *2* azacán, burro de carga, esclavo. *3* tarea penosa, reventadero. *4* fatiga, cansancio : *brain ∼,* fatiga mental. *5* fam. (Ingl.) cigarrillo, pitillo. *6 ∼ end,* extremo deshilachado ; cadillos, pezolada ; cabo, desperdicio, cola, última parte.
fag (to) *tr.* fatigar, reventar, hacer trabajar como un negro : *fagged out,* rendido, agotado, cansado. — *2 intr.* fatigarse, trabajar como un negro. *3* (Ingl.) servir. [un estudiante a otro mayor]. *4* deshilacharse, destorcerse. ¶ CONJUG. pret. y p. p.: *fagged;* ger.: *fagging.*
faggot, fagot (fæ·gøt) *s.* haz [de leña] ; fajina. *2* haz, manojo, gavilla. *3* haz de barras de hierro o acero. *4* (Ingl.) desp. vieja, bruja.
faggot, fagot (to) *tr.* atar o juntar en haces. *2* atar [a una pers.]. *3* recoger, recaudar.
faience (faia·ns) *s.* fayenza.
fail (feil) *s.* falta, esp. en *without ∼,* sin falta.
fail (to) *intr.* faltar [no existir, ser insuficiente] : *time would ∼ me to tell,* me faltaría tiempo para contar. *2* estar falto de o corto de, estar insuficientemente dotado de : *to ∼ in beauty,* estar falto de belleza, faltarle belleza. *3* menguar, bajar, decaer, debilitarse, desvanecerse, consumirse, acabarse agotarse. *4* faltar, fallar, ceder, inutilizarse *5* no poder, no lograr, no llegar a, dejar de [hacer, producir un efecto, etc.] : *measures that failed to prevent war,* medidas que no lograron evitar la guerra ; *don't ∼ to come,* no deje usted de venir. *6* fracasar. *7* salir mal [en un examen]. *8* fallar, frustrarse, malograrse. *9* errar, equivocarse. *10* COM. quebrar, hacer bancarrota. — *11 tr.* faltar [dejar de asistir], abandonar, chasquear ; no cumplir sus compromisos, deberes, etc., con [uno] ; no corresponder una persona o cosa a‘ lo que [uno] esperaba de ella. — *12 tr.* errar, marrar, no alcanzar. *13* suspender, no aprobar [a un examinando].
failing (fei·ling) *s.* falta, defecto, flaqueza. *2* decadencia. *3* fracaso, malogro. — *4 adj.* menguante, decadente, declinante. — *5 prep.* faltando, no habiendo ; a falta de. en caso de que no.
failure (fei·liø‘) *s.* fracaso, fiasco, malogro. *2* persona que ha fracasado. *3* falta, escasez [de una cosa] : ∼ *of issue,* DER. falta de descendencia. *4* falta, no ocurrencia. el no hacer o dejar de hacer : ∼ *to keep a promise,* falta de cumplimiento de una promesa. *5* paro [de un motor, etc.] : *heart ∼,* MED. colapso cardíaco, paro del corazón ; desmayo. *6* COM. quiebra, bancarrota.
fain (fein) *adj.* contento. *2* dispuesto, conforme. resignado. *3* obligado, forzado [a hacer algo]. — *4 adv.* de buena gana, gustosamente.
faint (feint) *adj.* débil. *2* desfallecido, desmayado : *to be ∼ with,* estar desfallecido [de hambre, etc.] ; *to feel ∼,* sentirse desfallecido. *3* lánguido, abatido. *4* tímido, cobarde. *5* apagado, tenue, leve, vago, imperceptible. *6* sofocante, mareador [perfume, etc.]. — *7 s.* FAINTING.
faint (to) *intr.* desmayarse. *2* desfallecer. *3* desalentarse.
faint-hearted *adj.* tímido, cobarde, medroso, pusilánime, apocado. *2* abatido, desalentado.
faint-heartedly *adv.* tímidamente, cobardemente, medrosamente.
faint-heartedness *s.* miedo, cobardía, pusilanimidad.
fainting (fei·nting) *s.* desmayo ; desfallecimiento : ∼ *fit,* desmayo, síncope.
faintish (fei·ntish) *adj.* desfalleciente. *2* algo débil, vago, imperceptible.

faintly (fei·ntli) adv. débilmente. 2 lánguidamente. desmayadamente. 3 vagamente, tenuemente, indistintamente. apenas.

faintness (fei·ntnis) s. debilidad, languidez, desfallecimiento. 2 vaguedad; falta de claridad.

fair (feə') adj. hermoso, bello : ~ woman, mujer hermosa, ~ landscape, bello paisaje; the ~ sex, el bello sexo. 2 que inspira confianza, especioso : ~ promises, bellas promesas. 3 bueno, regular. mediano, bastante grande : a ~ heritage, una buena herencia, una herencia regular; ~ chances of success, buenas probabilidades de éxito; ~ to middling. fam. medianò, bastante bueno. 4 bueno, favorable, propicio : ~ wind, viento favorable; to be in a ~ way to, estar en buen camino de. 5 claro, sereno, despejado [cielo]; bueno, bonancible [tiempo]. 6 limpio. terso, sin defecto, sin tacha: ~ name, nombre limpio, reputación intachable; ~ copy, copia en limpio; to make a ~ copy of, poner en limpio. 7 justo. recto, honrado. lícito, sincero, leal: ~ and square, honrado, leal; ~ play, juego limpio; by ~ means, por medio lícitos, honrados. to give ~ warning, advertir lealmente, avisar de antemano; all is ~ in love and war, todo es lícito en el amor y en la guerra. 8 equitativo. razonable. 9 imparcial; sin ventajas por ninguna parte : ~ field and no favour, condiciones iguales para todos; to give a ~ hearing, oír, escuchar con imparcialidad. 10 afable, franco, cortés. 11 blanco, rubio [tez, cabello, pers.] : ~ complexion, tez blanca; ~ hair, cabello rubio; ~ man, hombre rubio. 12 limpia, legible. bien formada [letra]. 13 suave [línea; curva]. 14 libre, expedito.
15 adv. agradablemente. 16 favorablemente. 17 bondadosamente, afablemente, cortésmente : to speak one ~, hablar cortésmente a uno. 18 honradamente. lealmente, imparcialmente : to play ~, jugar limpio. 19 clara, distintamente. 20 enteramente, exactamente, de lleno.
21 s. mercado. feria, exposición. 22 venta de caridad o a beneficio de una institución. 23 poét. bella [mujer]. 24 the ~, el bello sexo.

fair (feə) intr. aclararse [el tiempo].

fair-complexioned adj. de tez blanca.

fairground (feə'graund) s. (EE. UU.) cercado al aire libre para una feria, parque de atracciones, etc.

fair-haired adj. rubio, blondo, de cabellos rubios.

fairing (feəring) s. ferias, regalo. 2 INGEN. miembro o estructura que da forma aerodinámica a un avión. etc.

fairish (feərish) adv. bastante bueno o grande, regular.

fairly (feə'li) adv. completamente, del todo. 2 bastante, medianamente, regularmente. 3 favorablemente. 4 razonablemente. 5 justamente, equitativamente, imparcialmente. 6 lealmente, honradamente. 7 claramente, distintamente.

fair-minded adj. justo, imparcial.

fairness (feə'nis) s. limpieza, pureza. 2 honradez, sinceridad. 3 imparcialidad, justicia, rectitud. 4 hɔrmosura, belleza. 5 blancura [de la tez]. 6 serenidad [del cielo]. 7 color rubio.

fair-spoken adj. cortés, bien hablado.

fairway (feə'uei) s. espacio o camino abierto. 2 parte navegable [de un río, etc.]. 3 canal [de un puerto]. 4 cierta parte del campo de golf.

fairy (feəri) s. hada, duende : ~ godmother, hada madrina. 2 adj. de hada, de las hadas, maravilloso : ~ tale, cuento de hadas, historia maravillosa; fam. historia increíble, patraña.

faith (feiz) s. TEOL. fe : act of ~, acto de fe. 2 fe [confianza; convicción de la verdad de una cosa]. 3 fe, creencia, credo, religión. 4 fe, fidelidad, lealtad. 5 palabra dada : to keep ~, cumplir la palabra dada; to break ~ with, faltar a la palabra dada a. 6 in ~, a la verdad. 7 in good ~, de buena fe. 8 upon my ~, a fe mía. — 9 interj. en verdad.

faithful (feizful) adj. fiel. 2 leal, confidente. 3 creyente, que tiene fe. 4 solemne [promesa]. — 5 s. fiel [de una iglesia]. 6 creyente. 7 pl. the faithful, los fieles, los creyentes; los partidarios leales.

faithfully (feizfuli) adv. fielmente. 2 firmemente.

faithfulness (feizfulnis) s. fidelidad, lealtad. 2 exactitud. 3 fe.

faithless (feizlis) adj. infiel. 2 desleal, pérfido, traidor. 3 engañoso. 4 sin fe.

faithlessness (feizlisnis) s. infidelidad, deslealtad, perfidia. 2 incredulidad.

faithworthy (feizuɔ·zi) adj. fidedigno, veraz.

fake (feic) s. MAR. aduja [de cable]. 2 imitación, falsificación, ficción, filfa, amaño, farsa, impostura. 3 impostor. — 4 adj. falso, contrahecho, fingido, amañado.

fake (to) tr. MAR. adujar. 2 falsificar, imitar, contrahacer, fingir, falsear, amañar.

faker (fei·kə') s. imitador, falsificador, amañador. imposto:. 2 fam. buhonero.

fakir (fæ·ki') s. faquir.

Falange (fei·lænȳ) s. POL. Falange.

Falangist (falæ·nȳist) adj. y s. POL. falangista.

falcate(d (fæ·lkit(id) adj. falcado [de forma de hoz]

falcation (fælke·shøn) s. encorvadura en forma de hoz.

falchion (fo·lchøn) s. especie de cimitarra. 2 poét. espada.

falciform (fæ·lsifo'm) adj. falciforme.

falcon (fo·lcøn) s. ORNIT. halcón. 2 ARTILL. falcón.

falconer (fo·lcønø') s. halconero, cetrero.

falconet (fo·lcønet) s. ARTILL. falconete.

falconry (fo·lcønri) s. halconería, cetrería.

falderal (fæ·ldøræl), **falderol** (fæ·ldørol) s. chuchería, fruslería. 2 perendengue. 3 estribillo sin sentido [de una canción].

faldstool (fo·ldstul) s. faldistorio. 2 silla de tijera. 3 atril [de iglesia].

fall (fol) s. caída, caimiento. 2 decadencia, ruina. 3 bajada, descenso. 4 baja [de precios, etc.]. 5 caída, declive, pendiente, desnivel. 6 cascada, catarata, salto de agua. 7 cantidad [de nieve, etc.] que cae o ha caído. 8 (esp. EE. UU.) otoño. 9 corta [de árboles]. 10 desembocadura [de un río]. 11 MAR. beta, tira. 12 velo que cuelga de un sombrero; cinta colgante, adorno de vestido dispuesto en cascada. 13 MÚS. cadencia, disminución del sonido. 14 MÚS. tapa [de piano]. 15 caída [en el mal] : the Fall, the ~ of man, caída del primer hombre. 16 caza [de una ballena o de un grupo de ellas].
17 adj. de caída : ~ line (EE. UU.), línea de cataratas, borde de un terreno o meseta donde el brusco desnivel hace saltar las aguas; GEOL. línea que va de norte a sur, al este de los Apalaches, donde terminan los estratos duros y empiezan los terrenos blandos de la costa Atlántica. 18 (EE. UU.) otoñal, de otoño o para el otoño : ~ wheat, trigo de invierno [sembrado en otoño].

fall (to) intr. caer. 2 caerse. 3 bajar, descender. 4 menguar, decrecer, disminuir. 5 decaer. 6 calmarse [el mar, el viento]. 7 venirse abajo, desplomarse. 8 desembocar [un río]. 9 ponerse, echarse : to ~ to work, ponerse a trabajar; to ~ a laughing, echarse a reír. 10 tocar, corresponderle [a uno una cosa]; pasar a manos de. 11 MAR. to ~ aboard, abordar. 12 to ~ across, topar o toparse con, encontrar por casualidad. 13 to ~ asleep, dormirse. 14 MAR. to ~ astern, hacerse atrás, retroceder; quedarse atrás [un buque]. 15 to ~ a prey to, ser presa o victima de. 16 to ~ at hand, ser inminente. 17 to ~ away, enflaquecer, marchitarse; desvanecerse; rebelarse; apostatar. 18 to ~ back, retroceder, retirarse; hacerse atrás, no cumplir un propósito o lo prometido. 19 to ~ back on o upon, recurrir a, echar mano de; MIL. replegarse hacia. 20 to ~ backward, caer de espaldas. 21 to ~ behind, rezagarse, atrasarse. 22 to ~ down, caer, caer al suelo, desprenderse; postrarse, prosternarse; hundirse, fracasar. 23 to ~ due, caer, vencer [un pago, una letra, etc.]. 24 to ~ flat, caer tendido, caer cuan largo se es; no producir efecto o resultado, no tener éxito. 25 to ~ for, pop. prendarse de; ser engañado por. 26 to ~ foul of, reñir, pelearse con; atacar; MAR. abordar, chocar con; enredarse con. 27 to ~ in, desplomarse, hundirse; terminar, expirar, caducar; ponerse de acuerdo; MIL. alinearse, alinearse, ocupar su puesto en la fila. 28 to ~ in line, ponerse en fila; adherirse, conformarse, seguir la corriente. 29 to ~ in love, enamorarse. 30 to ~ in upon, tropezarse con; visitar inesperadamente a. 31 to ~ in with, encontrarse con; ponerse o estar de acuerdo con, coincidir; armoniza.' con, ceder a o conformarse con [el parecer, etc.] MAR. dar vista a, acercarse a. *32 to ∽ int>,* caer dentro; trabar [conversación]; adquirir o tomar [un hábito o costumbre]. *33 to ∽ off,* caer [la fruta, etc.], desprenderse; retirarse, apartarse; desamistarse, extrañarse; rebelarse; disminuir; decaer, debilitarse; MAR. abatir, desviarse a sotavento. *34 to ∽ on,* caer sobre; echarse sobre; encontrarse con; empezar o emprender con energía; ponerse a comer; recurrir a, echar mano de. *35 to ∽ on Monday, Friday,* etc., caer en lunes, viernes, etc. *36 to ∽ on one's feet,* caer de pies. *37 to ∽ out,* caerse; reñir, desavenirse; acontecer; venir a ser, resultar; MIL. salir de las filas. *38 to ∽ over,* caer por; desertar, pasarse al contrario; pop. adular. *39 to ∽ short,* faltar, escasear, ser deficiente; quedar corto, no alcanzar, no llegar a; fracasar, malograrse. *40 to ∽ through,* abortar, frustrarse, fracasar, malograrse. *41 to ∽ to,* empezar a, ponerse a; cerrarse [una puerta, etc.]; tocar, corresponder [a uno]; recaer [una herencia, elección, etc.] en. *42 to ∽ to one's lot o share,* caber o caer en suerte a uno, tocarle. *43 to ∽ to the ground,* caerse, desplomarse, venirse abajo. *44 to ∽ to the right, to the left of,* caer o quedar a la derecha, a la izquierda de. *45 to ∽ under,* caer debajo; caer dentro o bajo [los límites, campo, jurisdicción, etc.]. incurrir en, estar sujeto a; estar comprendido en, ser del número de. *46 to ∽ upon,* atacar, embestir; recurrir a, echar mano de; tocar, incumbir. *47 to ∽ within,* estar dentro de; estar entre, estar comprendido en. ¶ CONJUG. pret.: *fell;* p. p.: *fallen.*

fallacious (fælei·shøs) *adj.* falaz, engañoso, sofístico.

fallaciously (fælei·shøsli) *adv.* falazmente, engañosamente, sofísticamente.

fallaciousness (fælei·shøsnis) *s.* falacia, falsedad, calidad de engañoso o sofístico.

fallacy (fælasi) *s.* falacia, apariencia engañosa, sofisma. 2 error.

fallen (fø·løn) *p. p.* de TO FALL. — 2 *adj.* caído: ∽ *angel,* ángel caído. — 3 *s. pl. the fallen,* los caídos [en la lucha].

fallibility (fælibi·liti) *s.* falibilidad.

fallible (fæ·libøl) *adj.* falible.

fallibly (fæ·libli) *adv.* faliblemente.

falling (fø·ling) *adj.* cayente, cadente. 2 que cae. 3 en baja, que baja, que disminuye. 4 FONÉT. decreciente [diptongo]. 5 MED. ∽ *evil,* ∽ *sickness,* epilepsia, mal caduco, gota coral. 6 ASTR. ∽ *star,* estrella fugaz, exhalación. 7 ∽ *stone,* aerolito, meteorito. 8 MAR. ∽ *tide,* reflujo, marea descendente. — 9 *s.* caída, bajada, baja, descenso. 10 MED. prolapso.

Fallopian tube (fælou·pian) *s.* ANAT. trompa de Falopio.

fallow (fæ·lou) *s.* AGR. barbecho [tierra que descansa]. — 2 *adj.* en barbecho, baldío: ∽ *ground,* ∽ *land,* barbecho, terreno o tierra dejada en barbecho; *to let lie* ∽, dejar en barbecho. — 3 *adj.* y *s.* flavo [color]. 4 ZOOL. ∽ *deer,* gamo. 5 ORNIT. ∽ *finch,* triguero.

fallow (to) *tr.* AGR. barbechar [dejar descansar la tierra].

fallowing (fæ·louing) *s.* AGR. barbechera.

false (fols) *adj.* falso [contrario a la verdad, erróneo, basado en ideas equivocadas] : ∽ *idea,* idea falsa; ∽ *pride,* falso orgullo. 2 falso [que no es real, imitado, contrahecho, fingido] : ∽ *face,* máscara, careta; ∽ *gold,* oro falso; ∽ *prophet,* falso profeta. 3 simulado : ∽ *door,* puerta simulada. 4 postizo : ∽ *hair,* cabello postizo; ∽ *teeth,* dentadura postiza. 5 falso, engañoso, mentiroso, pérfido. 6 MEC. provisional, de quita y pon. 7 falso, de refuerzo : ∽ *keel,* falsa quilla. 8 falso, equívoco : ∽ *position,* situación falsa. 9 MÚS. falso, desafinado, discordante. 10 infundado : ∽ *claim,* pretensión infundada. 11 irregular, ilegal : ∽ *imprisonment,* detención ilegal. 12 BOT. falso : ∽ *acacia,* acacia falsa. 13 ∽ *bottom,* doble fondo. 14 ∽ *colours,* bandera falsa, que uno usa sin tener derecho a ello. 15 ∽ *pretences,* dolo, engaño. 16 ANAT. ∽ *rib,* costilla falsa. 17 ∽ *step,* desliz, paso en falso, error, imprudencia. *18 to place in a* ∽ *light,* poner mal, desacreditar. — 19 *adv.* falsamente, pérfidamente : *to play* ∽, engañar.

false-faced *adj.* hipócrita, falso.

false-hearted *adj.* falso, pérfido, traidor.

false-heartedness *s.* falsedad, falsía, perfidia.

falsehood (fo·lsjud) *s.* falsedad [calidad de falso]. 2 falsía, perfidia. 3 falsedad, mentira, inexactitud. 4 mendacidad.

falsely (fo·lsli) *adv.* falsamente. 2 erróneamente. 3 mentirosamente. 4 pérfidamente.

falseness (fo·lsnis) *s.* falsedad, inexactitud [calidad]. 2 falsía, deslealtad, perfidia; falta de honradez.

falsetto (folse·tou) *s.* MÚS. falsete.

falsidical (folsi·dical) *adj.* engañoso, que da impresiones falsas.

falsifiable (folsifai·abøl) *adj.* falsificable.

falsification (folsifike·shøn) *s.* falseamiento, falsificación. 2 confutación.

falsificator (fo·lsifikeitø') **falsifier** (fo·lsifaie') *s.* falsificador, falsario.

falsify (to) (fo·lsifai) *tr.* falsear, falsificar, adulterar. 2 faltar [a la fe o a la palabra dada]. 3 demostrar la falsedad de, desmentir. — 4 *intr.* mentir. ¶ CONJUG. pret. y p. p : *falsified.*

falsity (fo·lsiti) *s.* falsedad [calidad de falso]. 2 falsedad, mentira.

falter (fo·ltø') *s.* vacilación, temblor.

falter (to) *intr.* vacilar, titubear. 2 tambalearse, temblar. — 3 *intr.* y *tr.* tartamudear, balbucir.

faltering (fo·ltøring) *s.* vacilación, temblor. 2 tartamudeo. — 3 *adj.* vacilante. 4 tartamudeante, balbuciente.

falteringly (fo·ltøringli) *adv.* de un modo vacilante.

fame (feim) *s.* fama, reputación. 2 renombre, nombradía.

fame (to) *tr.* afamar, celebrar.

famed (feimd) *adj.* afamado, celebrado, famoso.

familial (fami·lial) *adj.* familiar [de la familia].

familiar (fami·lia') *adj.* familiar. | En el sentido de perteneciente a la familia es arcaico. 2 íntimo [amigo, compañero]. 3 atrevido, que se toma demasiada confianza. 4 domesticado [animal]. 5 ∽ *with,* familiarizado con, versado en, conocedor de. — 6 *s.* amigo íntimo. 7 demonio familiar. 8 ECLES. familiar.

familiarity (familiæ·riti) *s.* familiaridad. 2 intimidad. 3 ∽ *with,* conocimiento de.

familiarize (to) (fami·liaraiš) *tr.* familiarizar. 2 acostumbrar, avezar.

familiarly (fami·lia·li) *adv.* familiarmente. 2 íntimamente [con amistad íntima].

family (fæ·mili) *s.* familia. 2 alcurnia, sangre, linaje : *man of* ∽, hombre de alcurnia. — 3 *adj.* familiar, de familia : ∽ *allowance,* subsidio familiar; ∽ *circle,* TEAT. galería, paraíso, gallinero; ∽ *man,* padre de familia; hombre casero; ∽ *name,* apellido; ∽ *skeleton,* algo deshonroso para una familia, que ésta procura mantener secreto; ∽ *tree,* árbol genealógico; *in a* ∽ *way,* familiarmente, sin cumplidos, sin ceremonia; *in the* ∽ *way,* encinta, en estado interesante.

famine (fæ·min) *s.* hambre, carestía.

famish (to) (fæ·mish) *tr.* e *intr.* hambrear; matar o morirse de hambre. — 2 *tr.* rendir por hambre. 3 privar [de algo necesario].

famished (fa·mishd) *adj.* hambriento.

famous (fei·møs) *adj.* famoso, afamado, célebre, señalado. 2 fam. excelente, de primera.

famously (fei·møsli) *adv.* famosamente.

famulus (fæ·miuløs) *s.* fámulo.

fan (fæn) *s.* abanico, ventalle. 2 AGR. aventador. 3 MEC. ventilador. 4 volante [de molino de viento]. 5 FERROC. bifurcación en abanico. 6 delta [de un río]. 7 aficionado [a un deporte]; entusiasta, admirador. 8 MAR. paleta [de hélice]. — 9 *adj.* de abanico o ventilador; en forma de abanico : ∽ *stick,* varilla de abanico; ∽ *wheel,* ventilador; ∽ *window,* ARQ. abanico. 10 BOT. ∽ *palm,* miraguano.

fan (to) (føn·) *tr.* abanicar. 2 ventilar. 3 soplar [el fuego, etc.]. 4 espantar [las moscas, etc.]. 5 activar, estimular. 6 aventar [el trigo]. — 7 *tr.* e *intr. to* ∽ *out,* extender o extenderse [como un abanico]. ¶ CONJUG. pret. & p. p.: *fanned;* ger.: *fanning.*

fanatic(al (fanæ·tic(al) *adj.* fanático.

fanatically (fanæ·ticali) *adv.* fanáticamente.

fanaticism (fanæ·tisiŝm) *s.* fanatismo.

fancied (fæ·nsid) *adj.* imaginario. 2 querido, preferido.

fancier (fæ·nsiø·) s. fantaseador. 2 aficionado. 3 criador y vendedor de aves y animales.

fanciful (fæ·nsiful) adj. imaginativo, quimérico. 2 antojadizo. 3 caprichoso, fantástico.

fancifully (fæ·nsifuli) adv. quiméricamente. 2 caprichosamente.

fancifulness (fæ·nsifulnis) s. calidad de imaginativo, quimérico, caprichoso o fantástico.

fancy (fæ·nsi), pl. **-cies** (-sis) s. fantasía [facultad; creación, imagen ilusoria]; magín. 2 antojo, capricho, ventolera. 3 imagen, idea, concepción, impresión. 4 inclinación, afición, amor : to take a ~ to. aficionarse a; cobrar afecto o simpatía por. 5 gusto [en materia de arte, vestido, etc.]. 6 afición [los aficionados]. 7 los deportes. 8 el boxeo y los boxeadores. — 9 adj. caprichoso, fantástico, imaginario. 10 de capricho, de fantasía : ~ ball. baile de trajes; ~ dress, disfraz, traje de capricho; ~ goods, artículos de fantasía : ~ jewelry, joyas de fantasía o de imitación; ~ skating, patinaje artístico. 11 de gusto, elegante, delicado, selecto, precioso : ~ woods, maderas preciosas.

fancy (to) tr. imaginar, fantasear, suponer, pensar, figurarse : just ~ the idea!, ¡figúrate qué idea! 2 apetecer, gustarle o agradarle a uno [una cosa]; aficionarse a, encapricharse por. 3 criar [animales de raza]. — 4 intr. imaginarse cosas. ¶ CONJUG. pret. y p. p. : fancied.

fancy-dress adj. de disfraces, de trajes : fancy-dress ball, baile de trajes.

fancy-free adj. libre del poder del amor.

fancywork (fæ·nsiuø·c) s. labor [de aguja, ganchillo, etc.].

fane (fein) s. poét. templo, santuario.

fanfare (fæ·nfeø·) s. son de trompetas. 2 tocata de caza. 3 alarde, ostentación, desfile ostentoso.

fanfaronade (fanfarønei·d) s. fanfarronada, fanfarronería.

fanfaronade (to) intr. fanfarronear.

fang (fæ·ng) s. colmillo, navaja [de animal]. 2 diente [de serpiente venenosa]. 3 quelícero [de arácnido]. 4 raíz [de un diente]. 5 MEC. gancho, prolongación ganchuda.

fang (to) (fæ·ng) tr. clavar los dientes o colmillos.

fanged (fæ·ngd) adj. que tiene colmillos o dientes ganchudos.

fangless (fæ·nglis) adj. sin colmillos o dientes.

fanion (fæ·niøn) s. banderola.

fanlight (fæ·nlait) s. ARQ. abanico.

fanlike (fæ·nlaik) adj. en forma de abanico.

fanner (fæ·nø·) s. AGR. aventadora.

Fanny (fæ·ni) n. pr. f. dim. de FRANCES.

fanon (fæ·nøn) s. fanón. 2 LITURG. manípulo.

fantail (fæ·nteil) s. cola en forma de abanico. 2 CARP. cola de milano. 3 ORNIT. colipava [paloma]. 4 ORNIT. papamoscas de Australia. 5 ~ burner, mechero de mariposa.

fantailed (fæ·nteild) adj. de cola en forma de abanico. 2 de cola de milano. 3 en forma de abanico.

fantasia (fantei·šia) s. MÚS. fantasía.

fantast (fæ·ntast) s. visionario, soñador.

fantastic(al (fæntæ·stic(al) adj. fantástico, grotesco. 2 excéntrico, extravagante, caprichoso. 3 imaginario.

fantastically (fæntæ·sticali) adv. fantásticamente. 2 extravagantemente.

fantasticalness (fæntæ·sticalnis) s. calidad de fantástico, extravagancia.

fantasy (fæ·ntasi) s. fantasía. 2 ensueño, quimera. 3 humor, capricho. 4 dibujo o trabajo fantástico.

faquir (fæ·ki·) s. FAKIR.

far (fa·) adv. lejos, a lo lejos, a distancia, en lontananza, remotamente : ~ from, lejos de; ~ be it from me, lejos de mí, no permita Dios; from ~, de lejos, desde lejos; how ~, cuán lejos, hasta donde, hasta qué punto; how ~ is it?, ¿cuánto hay de aquí allá?; that is going too ~, eso es demasiado fuerte; to go ~, ir lejos; alcanzar para mucho, durar mucho; ~ and near, ~ and wide, por todas partes; as ~ as, tan lejos como, hasta, hasta donde; en cuanto, por lo que : as ~ as I am concerned, en cuanto a mí, por lo que a mí toca, por mi parte; as ~ as I know, que yo sepa; in so ~ as, en cuanto, en lo que, hasta donde; so ~, thus ~, hasta ahora, hasta aquí, hasta ahí; so ~ from, lejos de, en vez de; so ~ so good, mientras siga así, todo va bien. 2 muy, mucho, en alto grado, en

gran parte, con mucho : ~ away, muy lejos; ~ better, mucho mejor; ~ beyond, mucho más allá de; ~ gone, muy enfermo, loco o borracho; muy entrampado; ~ into, hasta muy adentro; hasta muy tarde de [la noche, etc.]; hasta muy avanzado [el invierno, etc.]; ~ off, remoto, lejano; a gran distancia, a lo lejos; by ~, con mucho; to go ~ to. o toward, contribuir en mucho a. — 3 adj. lejano, distante, remoto; hecho a una larga distancia : the ~ past, el pasado lejano; a ~ journey, un largo viaje; ~ cry, gran distancia; gran diferencia : it is a ~ cry from, dista mucho de [en sentido real y figurado]; Far East, el lejano Oriente; Far West, el Oeste, parte de los EE. UU. al oeste del Mississippi. 4 que es el más alejado o distante [de dos].

faraway (fa·rauei) adj. lejano, alejado. 2 distraído, abstraído.

farad (fæ·ræd) s. ELECT. faradio.

faradic (færæ·dic) adj. ELECT. farádico.

faradism (fæ·rædišm), **faradization** (fæ. rædiše·šøn) s. MED. faradización.

farce (fa·s) s. TEAT. farsa. 2 farsa [para aparentar o engañar]. 3 comicidad, humor grotesco. 4 COC. relleno; albóndiga.

farce (to) tr. henchir o salpimentar [un libro, etc.] con citas o con pasajes graciosos. 2 ant. henchir, rellenar.

farcical (fa·sical) adj. propio de la farsa, burlesco, bufo.

farcically (fa·sicali) adv. burlescamente.

farcing (fa·cing) s. coc. relleno.

farcy (fa·si) s. VET. especie de muermo.

fardel (fa·døl) s. fardel, fardo, carga.

fare (feø·) s. pasajero, pasaje; precio del pasaje [en un coche o vehículo público] : full ~, billete entero; half ~, medio billete; to collect fares, cobrar el billete, el pasaje. 2 comida, alimento, mesa, plato : bill of ~, lista de platos, minuta.

fare (to) intr. pasarlo, irle a uno [bien o mal] : how did you ~?, ¿cómo lo ha pasado?, ¿cómo le ha ido? 2 pasar, ocurrir, ir, resultar [una cosa]. 3 comer, alimentarse, tratarse. 4 to ~ forth, ponerse en camino, salir de viaje.

farewell (feø·uel) interj. ¡adiós!, ¡vaya, o ve, con Dios! — 2 s. despedida, adiós : the last ~, el último adiós; to bid ~ to, to take ~ of, despedir a, despedirse de. — 3 adj. de despedida, final : ~ discourse, discurso de despedida.

far-famed adj. renombrado.

far-fetched adj. rebuscado, forzado, traído por los cabellos.

far-flung adj. vasto, extenso.

farina (fari·na) s. harina de cereales, nueces, raíces feculentas, etc. 2 fécula, almidón. 3 BOT. polen.

farinaceous (færinei·shøs) adj. farináceo, harinoso; de harina.

farinose (fæ·rinous) adj. harinoso; enharinado.

farm (fa·m) s. granja, cortijo, hacienda, labranza, *estancia, finca agrícola : ~ produce o products, productos agrícolas. 2 arrendamiento de rentas o impuestos; distrito para el cobro de impuestos arrendados.

farm (to) tr. cultivar, labrar, explotar [la tierra]. 2 arrendar o tomar en arriendo [impuestos, rentas, trabajos]. 3 dar o tomar a contrata la manutención y cuidado [de personas, esp. niños]. 4 to ~ out, dar a contrata a otros [una parte del trabajo, etc., que uno tiene contratado].

farmable (fa·mabøl) adj. cultivable. 2 arrendable.

farmer (fa·mø·) s. granjero, labrador, hacendado, colono, *estanciero. 2 arrendatario [de rentas o impuestos]; contratista.

farmhand (fa·mjænd) s. mozo de labranza, gañán.

farmhouse (fa·mjaus) s. granja, alquería, casa de labor. 2 casa donde se mantienen y cuidan niños por contrata.

farming (fa·ming) s. cultivo, labranza. 2 arrendamiento de rentas o impuestos. — 3 adj. de cultivo, de labranza, agrícola; que cultiva.

farmost (fa·moust) adv. FARTHEST.

farmstead (fa·msted) s. granja, cortijada, alquería con sus dependencias.

farmyard (fa·mya·d) s. corral [de una granja o alquería].

farness (fa·nis) s. distancia, lejanía.

faro (feˑrou o faˑrou) s. faraón [juego].

farraginous (fara·ȳinøs) *adj.* mezclado, abigarrado.
farrago (fǽrei·gou) *s.* mezcla, fárrago.
far-reaching *adj.* de mucho alcance o trascendencia.
farrier (fǽ·riǫ') *s.* herrador, albéitar.
farriery (fǽ·riǫri) *s.* albeitería, herrería.
farrow (fǽ·rou) *s.* lechigada [de cerdos].
farrow (to) *tr.* e *intr.* parir [la cerda].
farseeing (fa'sɪ·ing) *adj.* que ve a distancia. 2 previsor, precavido.
farsighted (fa'sai·tid) *adj.* que ve a distancia. 2 perspicaz, sagaz. 3 présbita.
farsightedness (fa'sai·tidnis) *s.* perspicacia, sagacidad. 2 presbicia, vista cansada.
farther (fa·ðǫ') *adv.* más lejos, a mayor distancia, más allá, más adelante : ~ on, más adelante. 2 ulteriormente. 3 más, además. — *4 adj.* más remoto o distante. 5 ulterior. 6 más extenso.
farthermost (fa·ðǫ'moust) *adj.* [el] más lejano o distante.
farthest (fa·ðest) *adj. superl.* [el] más lejano o extremo. 2 [el] más largo o extenso. — *3 adv.* más lejos, a la mayor distancia.
farthing (fa·ðing) *s.* cuarto de penique ; ardite : *not to care a ~*, no importarle a uno un ardite.
farthingale (fa·ðingueil) *s.* verdugado, guardainfante.
fasces (fǽ·sis) *s. pl.* fasces.
fascia (fǽ·shia) *s.* ANAT. aponeurosis. 2 ARQ. faja, imposta. 3 CIR. venda, faja. 4 ASTR. faja alrededor de un planeta.
fascicle (fǽ·sicøl) *s.* fascículo, hacecillo. 2 BOT. glomérulo. 3 fascículo, entrega [de una obra].
fascicular (fǽsi·kiula') *adj.* fascicular, fasciculado.
fasciculus (fesi·køløs), *pl.* -li (-lai) *s.* ANAT. fascículo.
fascinate (to) (fǽ·sineit) *tr.* fascinar. 2 atraer irresistiblemente.
fascination (fǽsine·shøn) *s.* fascinación.
fascinator (fǽ·sineitǫ') *s.* fascinador.
fascine (fasi·n) *s.* FORT. fajina.
Fascism (fǽ·sišm) *s.* fascismo.
Fascist (fǽ·sist) *adj.* y *s.* fascista.
fashion (fǽ·shøn) *s.* forma, hechura. 2 modo, manera : *in a ~, after a ~*, en cierto modo, hasta cierto punto, así así. 3 clase, suerte. 4 moda, costumbre, uso, estilo : *in ~*, de moda ; *out of ~*, pasado de moda, anticuado ; *to be in ~*, estar de moda, estilarse, usarse ; *to be the ~*, estar de moda, ser la moda ; *to go out of ~*, pasar de moda ; *to set the ~*, dictar la moda. 5 elegancia, buen tono : *man of ~*, hombre elegante, del gran mundo. 6 mundo elegante, gente de buen tono, el gran mundo, la alta sociedad. — *7 adj.* de moda o modas : ~ *plate*, figurín ; ~ *shop*, tienda de modas.
fashion (to) *tr.* formar, hacer, labrar. 2 amoldar, adaptar.
fashionable (fǽ·shønabøl) *adj.* a la moda, de moda, que está en boga. 2 elegante, de buen tono. — *3 s.* elegante [pers.].
fashionableness (fǽ·shønabølnis) *s.* elegancia, buen tono
fashionably (fǽ·shønabli) *adv.* a la moda.
fast (fast) *adj.* firme, fuerte, seguro, constante ; sólido, duradero : ~ *colors*, colores sólidos. 2 adherido, sujeto, atado, fijo, apretado, estrecho, íntimo : ~ *friends*, amigos íntimos ; ~ *knot*, nudo apretado ; *to make* ~, fijar, amarrar, afianzar, asegurar, cerrar. 3 atascado. 4 rápido, veloz, ágil. 5 adelantado [reloj] : *to be* ~, adelantar. 6 profundo [sueño]. 7 disipado, disoluto. 8 BIOL. resistente : *arsenic-fast*, resistente al arsénico. 9 *to play* ~ *and loose*, obrar con inconstancia o con doblez. — *10 adv.* firmemente, fuertemente. 11 estrechamente, apretadamente. 12 duraderamente. 13 rápidamente, aprisa, de prisa : *to live* ~, vivir deprisa, de una manera disipada. 14 profundamente [dormido].
15 s. amarra, cable, lo que sujeta. *16* ayuno : *to break one's* ~, romper el ayuno ; desayunarse ; ~ *day*, día de ayuno. 17 vigilia, abstinencia.
fast (to) *intr.* ayunar. 2 hacer abstinencia.
fasten (to) (fa·søn) *tr.* afirmar, fijar, atar, amarrar, trincar, sujetar. 2 unir, pegar. 3 cerrar [con cerrojo, aldaba, cierre, etc.] : *to* ~ *a door*, cerrar una puerta. 4 abrochar. 5 fijar [los ojos, la mirada, el pensamiento, etc.] : *to* ~ *one's eyes on*, fijar los ojos en. 6 fijar, imprimir [en la mente]. 7 poner, atribuir, achacar, echar : *to* ~ *a nickname on*, poner un mote a ; *to* ~ *blame on* o *upon*, echar la culpa a. 8 clavar, hincar [los

dientes, etc.]. — *9 intr.* asirse, agarrarse, fijarse, pegarse. *10* endurecerse, fraguar [el yeso, la argamasa, etc.]. *11* cerrarse, abrocharse.
fastener (fa·snǫ') *s.* el que sujeta o asegura. 2 lo que sirve para sujetar o asegurar : broche, fiador, pasador, falleba, etc.
fastening (fa·sning) *s.* atadura, amarradura, amarra. 2 lo que sirve para sujetar, unir o cerrar ; cerradura, cierre, broche, corchete, botón, etc 3 MAR. encapilladura.
faster (fa·stǫ') *s.* ayunador.
fastidiosity (fæstidio·siti) *s.* FASTIDIOUSNESS.
fastidious (fæsti·døs) *adj.* descontentadizo, exigente, delicado, de gusto exigente, esquilimoso, nimio. 2 desdeñoso.
fastidiously (fæsti·døsli) *adv.* nimiamente, exigentemente, con delicadeza exagerada. 2 desdeñosamente.
fastidiousness (fæsti·døsnis) *s.* nimiedad, delicadeza exagerada exigencia, gusto exigente. 2 desdén.
fastigiate (fæsti·ȳieit) *adj.* ahusado, en punta, de lados convergentes.
fastigium (fæsti·ȳiøm), *pl.* -a (-æ) *s.* fastigio.
fasting (fa·sting) *s.* ayuno ; abstinencia.
fastness (fa·stnis) *s.* firmeza, fijeza, solidez. 2 rapidez, celeridad. 3 BIOL. resistencia [a la acción de ciertas substancias]. 4 fortaleza, plaza fuerte. 5 disipación, libertinaje. 6 *pl.* fragosidades, lugares inaccesibles [de una montaña, etc.].
fat (fæt) *adj* gordo, obeso ; grueso : *to get* ~, engordar. 2 lleno, repleto, bien provisto. 3 graso, mantecoso, pingüe. 4 fértil, productivo. 5 lucrativo, provechoso. 6 rico, opulento. 7 grosero, tonto, estúpido. 8 resinoso. 9 pura [cal]. *10* bituminoso, rico en materias volátiles [carbón]. *11* IMPR. grueso, lleno [tipo]. — *12 s.* gordura, grasa, manteca, saín, sebo. *13* lo mejor, lo más rico o provechoso [de una cosa] : *to live on the* ~ *of the land*, fig. tener lo mejor de todo.
fat (to) *tr.* e *intr.* engordar. ¶ CONJUG. pret. y p. p. : *fatted*; ger. : *fatting*.
fatal (fei·tal) *adj.* fatal, inevitable. 2 fatal, funesto. 3 mortífero letal. 4 importante, decisivo. 5 profético, ominoso. 6 *the* ~ *sisters*, las Parcas.
fatalism (fei·tališm) *s.* fatalismo.
fatalist (fei·talist) *s.* fatalista.
fatality (fatæ·liti) *s.* fatalidad. 2 sujeción al hado. 3 desgracia, desastre. 4 muerte [por accidente, en la guerra, etc.].
fatally (fei·tali) *adv.* fatalmente.
fatness (fei·talnis) *s.* FATALITY.
fatbrained (fæ·tbreind) *adj.* lerdo, tardo, torpe.
fate (feit) *s.* hado, destino. 2 sino, suerte, fortuna. 3 fin, ruina, destrucción, muerte. 4 *pl.* (con may.) MIT. *the Fates*, las Parcas.
fated (fei·tid) *adj.* ordenado por el destino. 2 predestinado a la destrucción, a la muerte, etc. 3 hadado.
fateful (fei·tful) *adj.* fatal, funesto. 2 crítico, trascendental 3 fatídico, ominoso.
fatheaded (fæ·tjedid) *adj.* fam. torpe, estúpido.
father (fa·ðǫ') *s.* padre : ~ *confessor*, confesor, director espiritual ; *father-in-law*, padre político, suegro; *Fathers of the Church*, padres de la Iglesia, santos padres; *Father Christmas*, Padre Noel, personificación de la Navidad. 2 Dios Padre. 3 tío [tratamiento que se da a un hombre de edad].
father (to) *tr.* engendrar, procrear, producir, inventar. 2 servir de padre a, tratar como hijo. 3 reconocerse como padre o autor de ; prohijar, adoptar como suyo. 4 determinar la paternidad o el origen de. 5 atribuir, achacar.
fatherhood (fa·ðǫ'jud) *s.* paternidad.
father-in-law (fa·ðǫ'lænd) *s.* padre político, suegro.
fatherland (fa·ðǫ'lænd) *s.* patria, madre patria, tierra natal.
fatherless (fa·ðǫ'lis) *adj.* huérfano de padre. 2 sin padre conocido, sin amparo de padre.
fatherliness (fa·ðǫ'linis) *s.* ternura paternal.
fatherly (fa·ðǫ'li) *adj.* paternal. — *2 adv.* paternalmente.
fathom (fæ·ðøm) *s.* braza [medida]. 2 profundidad, alcance. 3 MIN. medida de seis pies cuadrados.
fathom (to) *tr.* MAR. sondar. 2 abarcar [con los brazos]. 3 penetrar, profundizar, comprender, desentrañar, llegar al fondo de.
fathomable (fæ·ðømabøl) *adj.* sondable. 2 penetrable.

fathomer (fæ·ðømø') s. sondeador.
fathomless (fæ·ðømlis) adj. insondable, impenetrable.
fatidical (fati·dical) adj. fatídico.
fatigue (fatɪ·g) s. fatiga, cansancio. 2 MEC. fatiga, desgaste. 3 trabajo, ajetreo. 4 MIL. jatigue o ~ duty, mecánica, servicio de limpieza, etc.: ~ dress, traje de mecánica.
fatigue (to) tr. fatigar, cansar, rendir. — 2 intr. fatigarse, cansarse, quedar rendido.
fatling (fæ·tling) s. ceboncillo; ternero, cabrito, etc., de engorde.
fatness (fæ·tnis) s. gordura, obesidad. 2 crasitud, pinguosidad. 3 fertilidad. 4 lo mejor o más pingüe de.
fatten (to) (fæ·tøn) tr. engordar, cebar. 2 fertilizar, abonar, engrasar. — 3 intr. engordar, engrosar, echar carnes. 4 fig. engordar, prosperar.
fattening (fæ·tning) adj. engordador. — 2 s. ceba, engorde.
fatter (fæ·tø') adj. comp. de FAT.
fattest (fæ·test) adj. superl. de FAT.
fattiness (fæ·tinis) s. gordura.
fattish (fæ·tish) adj. gordinflón, regordete. 2 grasoso.
fatty (fæ·ti) adj. graso, adiposo: ~ degeneration, MED. degeneración grasa; ~ tissue, ANAT. tejido adiposo; ~ tumour, MED. lipoma. 2 gordo, gordinflón. 3 craso, grasiento, untuoso 4 QUÍM. graso: ~ acid, ácido graso.
fatuity (fatiu·iti) s. fatuidad, necedad.
fatuous (fæ·chuøs) adj. fatuo, necio, tonto, majadero. 2 vano, ilusorio.
fat-witted adj. tonto, estúpido.
fauces (fɔ·siš) s. pl. ANAT. fauces.
faucet (fɔ·sit) s. grifo, espita, canilla.
faugh (fɔt) interj. ¡puf!
fault (fɔlt) s. falta, defecto, tacha, imperfección; culpa, desliz: to find ~ with, hallar defectos, poner tachas, culpar, censurar, criticar; in ~, en falta, culpable; to a ~, mucho, excesivamente 2 error, equivocación. 3 culpa [responsabilidad]: it is my ~, es culpa mía, yo tengo la culpa. 4 GEOL., MIN. falla. 5 ELECT. defecto, interrupción, fuga de corriente [en un circuito]. 6 DEP. falta. 7 pérdida del rastro por los perros: at ~, que no encuentra el rasto [perro]; fig. perplejo, desorientado, despistado, equivocado; fam. en falta, culpable.
fault (to) tr. GEOL. producir falla en. — 2 intr. GEOL. romperse produciendo una falla.
faultfinder (fɔltfai·ndø') s. reparón, criticón, murmurador, que todo lo encuentra mal.
faultfinding (fɔltfai·nding) s. manía de criticar, de encontrarlo todo mal; censura irrazonable. — 2 adj. reparón, criticón.
faultily (fɔ·ltili) adv. defectuosa, erradamente, culpablemente.
faultiness (fɔ·ltinis) s. defectuosidad, imperfección.
faultless (fɔ·ltlis) adj. impecable, perfecto, irreprochable. sin defecto, sin tacha, sin culpa.
faultlessly (fɔ·ltlisli) adv. impecablemente, perfectamente, irreprochablemente.
faultlessness (fɔ·ltlisnis) s. perfección. 2 inculpabilidad
faulty (fɔ·lti) adj. defectuoso, imperfecto, incorrecto, vicioso, deficiente.
faun (fɔn) s. fauno.
fauna (fɔ·na) s. fauna.
Faust (faust) n. pr. m. Fausto.
fautor (fɔtoʳ) s. fautor.
favonian (feivou·nian) adj. perteneciente al favonio. 2 favorable, próspero.
favour, favor (fei·vø') s. favor [privanza; protección, ayuda, amparo; beneficio, utilidad]: to be in ~ with, gozar del favor de; to be out of ~, estar en desgracia; to be in ~ of, estar por, ser partidario de; in ~ of, en pro de; COM. a favor de, pagadero a. 2 aprobación, agrado. 3 favor [merced, beneficio, fineza]: do me the ~ of, hágame el favor de. 4 permiso, licencia, venia: by your ~, con su permiso, con permiso de usted. 5 indulgencia, lenidad. 6 preferencia, parcialidad. 7 favor [cinta, etc.]; adorno, emblema [como señal o prenda de algo]. 8 semblante, rostro. 9 grata, atenta [carta]. 10 under ~ of night, etc., a favor de la noche, etc. 11 pl. favores [de una mujer].
favour, favor (to) tr. favorecer. 2 fomentar. 3 mirar con buenos ojos, aprobar, ser partidario de.

4 agraciar, obsequiar [con]. 5 preferir, apoyar. estar de parte de. 6 apoyar, confirmar [una teoría, etc.]. 7 tratar con cuidado o precaución. 8 parecerse a, salir a.
favo(u)rable (fei·vørabøl) adj. favorable, propicio. 2 benévolo, benigno.
favorableness (fei·vørabølnis) s. calidad de favorable. 2 benevolencia, agrado, benignidad.
favo(u)rably (feivørabli) adv. favorablemente. 2 con agrado.
favo(u)red (fei·vø'd) adj. favorecido. 2 querido, preferido. 3 encarado, parecido: ill-favoured, mal encarado; well-favoured, bien parecido.
favo(u)rite (fei·vørit) adj. favorito, predilecto, preferido. — 2 s. favorito, privado, valido, protegido. 3 DEP. favorito. 4 pl. rizos en las sienes.
favo(u)ritism (fei·vøritišm) s. favoritismo.
fawn (fɔn) s. ZOOL. cervato, cervatillo. 2 color del cervato.
fawn (to) tr. e intr. parir [la cierva]. — 2 intr. to ~ on o upon, hacer fiestas, menear la cola [el perro]; fig. adular, halagar servilmente.
fawner (fɔ·nø') s. adulón, adulador servil.
fawning (fɔ·ning) s. adulación, lisonja vil, servilismo.
fawningly (fɔ·ningli) adv. servilmente, con adulación servil.
fay (fei) s. hada, duende. 2 MAR. empalme, unión.
fay (to) tr. MAR. empalmar, unir. — 2 intr. MAR. empalmarse, unirse, ajustarse.
fealty (fɪ·alti) s. homenaje, fe [feudal]. 2 fidelidad, lealtad.
fear (fɪ·ø') s. miedo, temor, recelo, cuidado: ~ of the world, respeto humano; to be in ~, tener miedo. 2 temor, veneración: ~ of God, temor de Dios.
fear (to) tr. temer, recelar, tener miedo de. 2 temer [tener temor, respeto o reverencia]. — 3 intr. temer, tener miedo.
fearful (fɪ·ø'ful) adj. temeroso, espantoso, pavoroso. 2 terrible, tremendo. 3 imponente [que infunde respeto o temor respetuoso]. 4 grande, enorme. 5 temeroso, medroso, miedoso, receloso, que teme. 6 de miedo.
fearfully (fɪ·ø'fuli) adv. temerosamente, terriblemente. 2 medrosamente. 3 enormemente, sumamente.
fearfulness (fɪ·ø'fulnis) s. calidad de temeroso, espantoso, medroso, etc.
fearless (fɪ·ø'lis) adj impávido, intrépido, impertérrito, bravo, osado; que no teme.
fearlessly (fɪ·ø'lesli) adv. impávidamente, intrépidamente, osadamente, sin miedo.
fearlessness (fɪ·ø'lisnis) s. impavidez, intrepidez, osadía.
fearsome (fɪ·ø'søm) adj. temeroso, espantoso. 2 temeroso, tímido, miedoso.
feasibility (fɪšibi·liti) s. calidad de factible, posibilidad.
feasible (fɪ·šibøl) adj. factible, hacedero, practicable, posible, viable. 2 a propósito, apropiado.
feasibleness (fɪ·šibølnes) s. FEASIBILITY.
feasibly (fɪ·šibli) adv. de un modo factible.
feast (fɪst) s. fiesta [día; solemnidad; regocijo]: ~ day, día de fiesta; church ~, fiesta religiosa. 2 festejo. 3 festín, banquete.
feast (to) intr. banquetearse, regalarse, comer opíparamente. 2 regalarse, recrearse, deleitarse. — 3 tr. festejar. 4 agasajar, banquetear. 5 recrear, deleitar.
feaster (fɪstø') s. anfitrión, festejador. 2 comensal [en un banquete]. 3 comilón, epicúreo.
feat (fɪt) s. hecho, acción. 2 proeza, hazaña. 3 acto de destreza; juego de manos.
feather (fe·ðø') s. pluma [de ave]: a ~ in one's cap, fig. honor, triunfo para uno; cosa de que uno puede enorgullecerse; to crop one's feathers, fig. humillar a uno; white ~, signo de cobardía; to show the white ~, mostrar cobardía, volver las espaldas. 2 penacho, vanidad. 3 estado de espíritu, de salud, etc.: in high o full ~, alegre, animado. 4 mechón de pelos; franja de pelo largo en las patas de ciertos perros. 5 clase, especie, calaña: birds of a ~, gente de la misma calaña. 6 MEC. proyección estrecha: nervio, pestaña, aleta; refuerzo de eje. 7 CARP. lengüeta. 8 defecto [en una piedra preciosa]. 9 pluma, cosa leve, la menor cosa: a ~ makes him start, la menor cosa le sobresalta. 10 MAR. estela de un periscopio; espuma que levanta el tajamar: to

cut a ~, levantar espuma [el buque] con la proa; navegar con rapidez; hacerse ver, estar hecho un brazo de mar. *11 pl.* poét. alas. *12* plumaje. — *13 adj.* de pluma o plumas : ~ *bed.* colchón de plumas; lecho de plumas; ~ *duster,* plumero [para quitar el polvo]. *14* leve. suave. *15* CARP. ~ *joint,* encaje de ranura y lengüeta. *16* BOT. ~ *grass,* espolín. *17* ZOOL. ~ *star,* comátula.

feather (to) *tr.* emplumar. *2* adornar o cubrir con plumas o algo parecido : *to* ~ *one's nest,* hacer su agosto. sacar tajada. *3* adelgazar [un borde o filo]. *4* CARP. machihembrar. *5* cortar [el aire] volando. *6* volver [la pala del remo]. poniéndola casi horizontal, al sacarla del agua. — *7 intr.* emplumecer. *8* tener o tomar aspecto de plumas; crecer, extenderse o moverse como una pluma o plumas. *9* volver la pala del remo, poniéndola casi horizontal al sacarla del agua. *10* correrse [la tinta].

featherbone (fe·ðœ'boun) *s.* imitación de ballena para corsés. etc.

featherbrain (fe·ðœ'brein) *s.* persona de poco seso.

featherbrained (fe·ðœ'breind) *adj.* tonto, casquivano.

feathered (fe·ðœ'd) *adj.* cubierto de plumas. emplumado : *the* ~ *tribe,* las aves, los pájaros. *2* de pluma [caza]. *3* fig. alado, ligero, veloz.

featheredged (fe·ðo'edʒd) *adj.* de borde muy delgado o afilado. *2* cortado en cuña o bisel.

feathering (fe·ðœring) *s.* plumaje. *2* acción de emplumar o emplumecer. *3* acción de adelgazar o cortar en bisel. *4* franja de pelos largos [en las patas de ciertos perros]. *5* aspecto del escrito cuya tinta se ha corrido. *6* MÚS. manejo delicado del arco del violín.

featherlegged (fe·ðo'legid) *adj.* calzada [ave]. *2* que tiene una franja de pelos largos en las patas [perro].

featherless (fe·ðœ'lis) *adj.* implume; desplumado.

featherstitch (fe·ðœ'stich) *s.* COST. punto de espina.

featherweight (fe·ðo'ueit) *adj.* y *s.* MED. muy ligero, de poco peso. *2* de poca importancia. *3* BOX. de peso pluma. — *4 s.* persona o cosa de poco peso o de poca importancia. *5* BOX. peso pluma.

feathery (fe·ðœri) *adj.* plúmeo, plumoso. *2* que parece pluma o de plumas.

feature (fi·chœ') *s.* rasgo, facción [del rostro]. *2* forma, aparición. *3* característica, rasgo distintivo. *4* lo más notable, parte que llama la atención. *5* atracción, parte principal [de un programa] : ~ *film,* ~ *picture,* película de largo metraje, película principal. *6* (EE. UU.) artículo principal [en una venta]; artículo notable; sección especial [en un periódico]. *7 pl.* facciones, semblante.

feature (to) *tr.* parecerse, asemejarse. *2* destacar, hacer resaltar, dar importancia.

featured (fi·chœ'd) *adj.* formado, cincelado. *2* encarado, que tiene las facciones de cierto modo : *well-featured,* bien encarado, de facciones hermosas o correctas. *3* (EE. UU.) anunciado de modo destacado; presentado como lo principal.

featureless (fi·chœ'lis) *adj.* sin rasgos distintivos. *2* poco interesante.

febricula (febri·kiula) *s.* MED. febrícula.

febrifacient (febrifei·shent), **febrific** (fibri·fic) *adj.* que produce fiebre.

febrifugal (fibri·fiugal) *adj.* MED. febrífugo.

febrifuge (fe·brifiuʒ) *adj.* y *s.* MED. febrífugo.

febrile (fi·bril o fe·bril) *adj.* febril.

February (fe·bruæri) *s.* febrero.

fecal (fi·cal) *adj.* fecal.

feces (fi·siš) *s. pl.* heces [excremento, poso, sedimento].

fecula (fe·kiula) *s.* fécula, almidón.

feculence (fe·kiuləns) *s.* turbiedad. *2* heces.

feculent (fe·kiulənt) *adj.* feculento [que contiene heces].

fecund (fe·cənd) *adj.* fecundo.

fecundate (to) (fi·cəndeit) *tr.* fecundar, fecundizar.

fecundation (ficənde·shən) *s.* fecundación.

fecundatory (ficə·ndatori) *adj.* fecundativo.

fecundity (ficə·nditi) *s.* fecundidad. *2* fertilidad, feracidad.

fed (fed) *pret.* y *p. p.* de TO FEED. *2* ~ *up,* harto, hastiado, cansado : ~ *up with,* harto de.

federal (fe·dərəl) *adj.* federal : *Federal Bureau of Investigation* (EE. UU.), organismo de la policía

federal [distinta de la particular de cada Estado].

federalism (fe·dərəliš̃m) *s.* federalismo.

federalist (fe·dəralist) *s.* federalista.

federalize (to) (fe·dəralaiš) *tr.* federar, confederar. *2* poner bajo la jurisdicción del gobierno federal.

federate (fe·dərit) *adj.* confederado. *2* ligado, aliado.

federate (to) (fe·dəreit) *tr.* federar, confederar. *2* aliar. — *3 ref.* federarse, confederarse, aliarse.

federation (fedəre·shən) *s.* federación, confederación. liga.

federative (fe·dərativ) *adj.* federativo.

fee (fi) *s.* honorarios, derechos. *2* precio de ciertos servicios, cuota : *admission* ~, cuota o precio de entrada. *3* propina, gratificación. *4* feudo. *5* DER. hacienda de patrimonio; herencia, propiedad. dominio : ~ *simple,* dominio absoluto; *to hold in* ~, poseer, ser dueño de.

fee (to) *tr.* retribuir, pagar. *2* gratificar, dar propina.

feeable (fi·æbəl) *adj.* retribuible.

feeble (fi·bəl) *adj.* débil. *2* flaco, flojo, endeble. frágil. *3* enclenque, enfermizo, raquítico. *4* impotente, inválido.

feeble-minded *adj.* imbécil, débil mental. *2* irresoluto, vacilante.

feeble-mindedness *s.* debilidad mental. *2* irresolución.

feebleness (fi·bəlnis) *s.* debilidad. *2* flaqueza, flojedad, endeblez, fragilidad.

feebly (fi·bli) *adv.* débilmente. *2* pobremente, escasamente.

feed (fid) *s.* alimento, comida [esp. de los animales] ; forraje, pienso. *2* MEC. alimentación ; dispositivo de alimentación; movimiento o avance de lo que alimenta una máquina. etc. — *3 adj.* de pienso o para el pienso : ~ *bag,* cebadera, morral; ~ *rack,* pesebre, comedero. *4* MEC. de alimentación : ~ *door,* FUND. puerta de carga o de alimentación; ~ *pipe, pump, valve,* etc., tubo, bomba, válvula, etc., de alimentación; ~ *wire,* ELECT. conductor de alimentación.

feed (to) *tr.* alimentar, mantener. *2* nutrir, sustentar. *3* dar de comer; poner la comida en la boca. *4* pensar [echar el pienso a]. *5* dar [como comida]. *6* MEC. alimentar, cebar. *7 to be fed up with,* estar harto, hastiado de. — *8 intr.* comer, alimentarse; pacer, pastar; *to* ~ *on* o *upon,* alimentarse de. ¶ CONJUG. pret. y p. p. : *fed.*

feeder (fi·dœ') *s.* alimentador. *2* engordador [de ganado]. *3* animal que uno alimenta o engorda. *4* ELECT. conductor principal. *5* afluente [de un río]. *6* FERROC. ramal. *7* MIN. filón secundario. *8* tolva [del molino]. *9* IMPR. marcador.

feedback (fi·dbæc) *s.* ELECT. regeneración, realimentación.

feedhead (fi·djed) *s.* depósito de alimentación [de la máquina de vapor]. *2* FUND. canal de mazarota.

feeding (fi·ding) *s.* alimento [acción de alimentar]. *2* acción de comer o pastar. *3* pasto, forraje. — *4 adj.* para alimentar, de alimentación : ~ *bottle,* biberón; ~ *dish* o *trough,* comedero.

feel (fil) *s.* tacto [sentido; acción] ; palpamiento. *2* sensación, percepción. *3 to have a nice* ~, ser suave al tacto.

feel (to) *tr.* tocar, tentar, palpar, manosear. *2* tomar [el pulso]. *3* examinar, explorar, sondear. *4* sentir : ~ *the effects of,* sentir los efectos de, resentirse de. *5* experimentar [una sensación]. *6* dolerse a uno, dolerse de [una cosa]. *7* creer, pensar. *8 to* ~ *in one's bones,* presentir, decirle a uno [algo] el corazón. *9 to* ~ *one's legs,* empezar a sostenerse, cobrar confianza. *10 to* ~ *one's way,* tantear el camino, ir a tientas, proceder con tiento. *11 to* ~ *out,* dar un toque a; tantear, sondear. *12* MAR. *to* ~ *the helm,* obedecer al timón.

13 intr. sentirse, estar, tener : *to* ~ *angry,* estar enojado; *to* ~ *ashamed,* estar avergonzado, avergonzarse; *to* ~ *happy,* sentirse feliz, estar contento; *I* ~ *cold,* tengo frío; *how do you* ~?, ¿cómo se siente o cómo está usted? *14* ser suave o áspero al tacto. *15* producir cierta sensación, dolor, etc.: *it feels cold to me,* me parece o lo encuentro frío; *he knows how it feels to be hungry,* él sabe lo que es pasar hambre. *16* ser sensible, sentir. *17 to* ~ *bad,* sentirse mal; *to* ~ *bad about* o *for,* condolerse de, sufrir por. *18 to ~ cheap,* avergonzarse, sentirse humillado, sentirse inferior. *19 to ~ for,* buscar a tientas; dolerse de, compadecer. *20 to ~ in, along,* etc., tentar, seguir a tientas : *to ~ along the wall,* ir tentando la pared. *21 to ~ like,* tener ganas de, querer : *to ~ like a walk,* tener ganas de dar un paseo. *22 to ~ like oneself* o *to ~ oneself,* tener la salud, el vigor, el ánimo, etc., acostumbrados. *23 to ~ sorry,* sentir, arrepentirse; *to ~ sorry for,* pesarle a uno una cosa; compadecerse de. *24 how do you ~ about it?,* ¿qué le parece a usted? ¿qué piensa usted de ello? ¶ CONJUG. pret. y p. p.: *felt.*

feeler (fɪ·lə') *s.* palpador. 2 el que siente. 3 antena, tentáculo, palpo. 4 lo que se dice o propone para explorar la opinión de los demás. 5 MEC. lámina calibradora. 6 TEJ. pulsador.

feeling (fɪ·ling) *s.* tacto [sentido]. 2 tocamiento, tiento, palpadura. 3 sensación, percepción. 4 sentimiento : *to hurt one's feelings,* herir los sentimientos de uno. 5 calor, pasión, emoción, ternura, compasión. 6 atmósfera, ambiente [de una cosa]. 7 opinión, sentir. 8 presentimiento, sospecha. — *9 adj.* sensible, tierno. 10 conmovedor. *11* afectivo.

feelingly (fɪ·lingli) *adv.* con sentimiento; expresiva o vivamente. 2 con compasión. 3 tiernamente.

feet (fɪt) *s. pl.* de FOOT. pies.

feetless (fɪ·tles) *adj.* ápodo, sin pies.

feign (to) (fein) *tr.* fingir, aparentar, simular. 2 inventar, imaginar, figurar. — *3 intr.* fingir, disimular.

feignedly (fei·nidli) *adv.* fingidamente, falsamente.

feignedness (fei·nidnis) *s.* ficción, disimulo, falsedad.

feigner (fei·nə') *s.* fingidor.

feigning (fei·ning) *s.* fingimiento, simulación, disimulo.

feigningly (fei·ningli) *adv.* con fingimiento.

feint (feint) *s.* ficción, treta, artificio. 2 ESGR. finta.

feldspar (fe·ldspa'), **feldspath** (fe·ldspaz) *s.* MINER. feldespato.

feldspathic (feldspæ·zic) *adj.* feldespático.

Felicia (feli·shia) *n. pr. f.* Felisa, Felicia.

felicitate (to) (feli·siteit) *tr.* felicitar. 2 hacer feliz o próspero.

felicitation (felisite·shøn) *s.* felicitación.

felicitous (feli·sitøs) *adj.* feliz [que expresa felicidad; bien expresado, oportuno]. 2 que es feliz o feliz en sus expresiones.

felicitously (feli·sitøsli) *adv.* felizmente [con expresión feliz u oportuna].

felicity (feli·siti) *s.* felicidad. 2 B. ART. acierto, expresión feliz.

felid (fi·lid) *s.* ZOOL. félido.

Felidæ (fi·lidi) *s. pl.* ZOOL. félidos.

feline (fi·lain) *adj.* y *s.* felino.

1) **fell** (fel) pret. de TO FALL.

2) **fell** *s.* cuero, pellejo. 2 (Esc.) colina, collado. 3 (Esc.) páramo elevado. 4 tala [de árboles]; árboles cortados en una estación. 5 espacio talado [de un bosque]. 6 mineral fino. 7 COST. sobrecostura. — *8 adj.* fiero, bárbaro, cruel. *9* mortal, destructivo.

fell (to) *tr.* derribar, tumbar, echar abajo. 2 talar, cortar [árboles]. 3 acogotar [reses]. 4 COST. sobrecoser.

fellah (fe·la) *s.* labrador de Egipto, Siria y otros países árabes.

feller (fe·lə') *s.* el o lo que derriba. 2 cortador [de árboles]. 3 pieza para hacer sobrecosturas [en una máquina de coser].

felling (fe·ling) *s.* tala [de árboles]. 2 área talada o para ser talada [en un bosque].

felloe (fe·lou) *s.* pina [de rueda].

fellow (fe·lou) *s.* compañero, camarada. 2 individuo, sujeto, prójimo, muchacho : *good ~,* buen sujeto, buen muchacho. 3 compañero [objeto que forma pareja con otro]. 4 igual, pareja. 5 socio, miembro [de una academia o corporación]. 6 el que goza, de una pensión para ampliar estudios o dedicarse a la investigación [en una universidad]. 7 miembro del organismo directivo [de ciertas universidades]. 8 *best ~,* fam. novio. — *9 adj.* indica compañía, igualdad o asociación en expresiones como : *~ being, ~ creature,* semejante; *~ citizen,* conciudadano; *~ countryman,* compatriota, paisano; *~ feeling,*

afinidad, simpatía, compasión, interés común; *~ heir,* coheredero; *~ man,* prójimo, semejante; *~ passenger, ~ passenger,* consocio; *~ passenger,* compañero de pasaje; *~ student,* condiscípulo; *~ traveler,* compañero de viaje; POL. simpatizante [con el comunismo].

fellow (to) *tr.* hermanar, aparear.

fellowship (fe·louship) *s.* compañerismo, confraternidad : *good ~,* espíritu de paz o de concordia. 2 comunión, asociación, mancomunidad, participación. 3 compañía, cuerpo, sociedad. 4 beca, plaza pensionada [para ampliar estudios o dedicarse a la investigación en una universidad]. 5 ARIT. regla de compañía.

1) **felly** (fe·li), *pl.* **-lies** (-lis) *s.* pina [de rueda].

2) **felly** *adv.* ferozmente, cruelmente.

felon (fe·løn) *adj.* fiero, asesino. 2 malvado, traidor, desleal. — *3 s.* malvado, villano, felón. 4 MED. panadizo.

felonious (felou·niøs) *adj.* perverso, malvado, felón.

feloniously (felou·niøsli) *adv.* alevosamente, con felonía, criminalmente.

felony (fe·loni) *s.* felonía, crimen, delito grave.

felt (felt) pret. y p. p. de TO FEEL. — *2 s.* fieltro.

felt (to) *tr.* convertir en fieltro; enfurtir, apelmazar, enfieltrar. 2 cubrir de fieltro.

felting (fe·lting) *s.* materiales para hacer fieltro. 2 enfieltramiento. 3 CARP. acción de rajar o aserrar al hilo.

felucca (felø·ca) *s.* MAR. falucho.

female (fɪ·meil) *s.* hembra [mujer, animal o planta]. 2 mujer. — *3 adj.* femenino; del sexo femenino : *~ writer,* escritora. 4 ZOOL., BOT. hembra : *~ snake,* serpiente hembra; *~ fern,* helecho hembra. 5 MEC. *~ screw,* tuerca, hembra de tornillo.

feme (fem) *s.* DER. mujer : *~ covert,* mujer casada; *~ sole,* soltera, mujer que vive sola.

femerell (fi·merel) *s.* ARQ. salida de humos.

feminality (feminæ·liti), **femineity** (feminɪ·iti) *s.* feminidad, feminidad.

feminine (fe·minin) *adj.* femenino. 2 femíneo, mujeril. 3 afeminado. — *4 adj.* y *s.* GRAM. femenino.

femininity (femini·niti) *s.* femineidad, feminidad. 2 las mujeres, el bello sexo.

feminism (fe·minism) *s.* carácter femenino. 2 POL. feminismo. 3 MED. caracteres femeninos [en el hombre].

feminist (fe·minist) *adj.* y *s.* feminista.

feministic (femini·stic) *adj.* feminista.

femoral (fe·moral) *adj.* ANAT. femoral.

femur (fi·mø') *s.* ANAT. fémur.

fen (fen) *s.* marjal, pantano, paúl. — *2 adj.* de los marjales o pantanos : *~ cress,* BOT. berro; *~ cricket,* ENTOM. grillotalpa; *~ fire,* fuego fatuo.

fence (fens) *s.* empalizada, estacada, valla, vallado, cerca, cercado, seto, barrera; defensa, reparo. 2 esgrima. 3 fig. discreteo; habilidad en la discusión. 4 MEC. guarda, guía, resguardo. 5 perista, comprador de efectos robados. 6 veda: *~ season,* tiempo de veda. 7 fam. *to be on the ~,* estar indeciso o sin querer comprometerse, estar a ver venir, no soltar prenda.

fence (to) (fens) *tr.* cercar, vallar, cerrar. 2 defender, proteger. 3 negociar con efectos robados. 4 vedar [la caza, la pesca]. — *5 intr.* esgrimir, luchar. 6 defenderse hábilmente, con evasivas [en una discusión, interrogatorio, etc.].

fenceless (fe·nslis) *adj.* abierto, no cercado.

fencer (fe·nsø') *s.* esgrimidor, espadachín, floretista, maestro de armas. 2 el que hace vallas o cercas. 3 saltador de vallas [caballo].

fencing (fe·nsing) *s.* esgrima : *~ bout,* asalto de armas; *~ foil,* florete; *~ master,* maestro de armas o de esgrima. 2 habilidad polemística. 3 material para cercas; valladar.

fend (to) (fend) *tr.* poét. defender. 2 *to ~ off,* resguardar o preservar de; alejar, rechazar, parar. — *3 intr.* esgrimir, defenderse, responder a un argumento. 4 *to ~ for oneself,* componérselas, ganarse la vida.

fender (fe·ndø') *s.* guardafuegos [de chimenea]. 2 guardabarros, guardafango, alero [de coche, auto, etc.]. 3 salvavidas [de tranvía]. 4 MAR. defensas, andullo, pallete.

fen-duck *s.* ORNIT. variedad de ánade silvestre.

fenestra (fine·stra), *pl.* **-træ** (-tri) *s.* ANAT. ventana [del oído] : *~ ovalis,* ventana oval; *~ rotunda,* ventana redonda. 2 orificio a modo de ventana. 3 ENTOM. mancha transparente.

fenestral (fine'stral) s. ARQ. ventana; esp. ventana con tela o papel en vez de vidrio. — 2 adj. relativo a las ventanas o a la estructura fenestrada.
fenestrate (fine'streit) adj. BOT., ZOOL. fenestrado.
fenestration (fenestre'shøn) adj. ARQ. ventanaje.
Fenian (fi'nian) adj. de los fenianos. — 2 s. feniano.
Fenianism (fi'nianism) s. fenianismo.
fennec (fe'nic) s. ZOOL. zorro africano.
fennel (fe'nøl) s. BOT. hinojo. 2 BOT. ∼ giant, giant ∼, cañaheja.
fennelflower (fe'nølflauø') s. BOT. arañuela, neguilla.
fenny (fe'ni) adj. pantanoso, palustre.
fenugreek (fei'niugric) s. BOT. fenogreco, alholva.
feod, feodal, feodary, FEUD, FEUDAL, FEUDARY.
feoff (fef o fíf) s. feudo.
feoff (to) tr. enfeudar.
feoffee (fe'fi) s. feudatario.
feoffer (fe'fø') s. el que enfeuda.
feoffment (fe'fmønt) s. enfeudamiento.
feoffor (fe'fø') s. FEOFFER.
feracious (førei'shøs) adj. feraz.
feracity (fera'siti) s. feracidad.
feral (fi'ral) adj. salvaje, silvestre, montaraz. 2 mortal, maligno.
Ferdinand (fø'dinænd) n. pr. m. Fernando.
ferial (fi'rial) adj. ferial.
ferine (fi'rain) adj. FERAL.
ferineness (fi'rainnis), **ferity** (fe'riti) s. fiereza, salvajismo; estado salvaje.
ferment (fø'ment) s. fermento. 2 fermentación, agitación.
ferment (to) (fø'me·nt) intr. fermentar. 2 bullir, agitarse. — 3 tr. hacer fermentar. 4 agitar, excitar, encender
fermentability (fø'mentabi·liti) s. fermentabilidad.
fermentable (fø'me·ntabøl) adj. fermentable, fermentescible.
fermentation (fø'mente·shøn) s. fermentación. 2 efervescencia, agitación.
fermentative (fø'me·ntativ) adj. fermentativo.
fermentescible (fø'mente·sibøl) s. fermentescible.
fern (fø'n) s. BOT. helecho. 2 ORNIT. ∼ owl, chotacabras.
fernery (fø'nøri) pl. -ies (-is) s. helechal; criadero de helechos.
ferny (fø'ni) adj. de helecho; abundante en helechos.
ferocious (firou'shøs) adj. fiero, feroz, terrible.
ferociously (firou·shøsli) adv. fieramente, ferozmente, terriblemerte.
ferociousness (firou·shøsnis), **ferocity** (firo·citi) s. fiereza, ferocidad, ensañamiento.
ferrate (fe·reit) s. QUÍM. ferrato.
ferreous (fe·riøs) adj. férreo; ferrizo.
ferret (fe·rit) s. ZOOL. hurón : ∼ hole, huronera. 2 fig. hurón, buscador, detective. 3 listón de cinta, hiladillo.
ferret (to) intr. y tr. cazar con hurón. 2 buscar, huronear. — 3 tr. hacer salir de la madriguera; perseguir, acosar. 4 to ∼ out, buscar; averiguar; arrancar [un secreto; etc.].
ferriage (fe·riidȳ) s. barcaje [que se paga por pasar un río].
ferric (fe·ric) adj. QUÍM. férrico : acid ∼, ácido férrico.
ferricyanide (ferisa·ianaid) s. QUÍM. ferrocianuro.
ferriferous (feri·førøs) adj. ferrífero.
ferroaluminum (feroælu·minøm) s. ferroaluminio.
ferrocalcite (feroCæ·lsait) s. MINER. ferrocalcita.
ferrochrome (fe·rocrom) s. aleación de hierro y cromo.
ferroconcrete (feroco·ncrit) s. hormigón armado.
ferrocyanide (ferosa·ianaid) s. QUÍM. ferrocianuro.
ferronickel (feroni·køl) s. ferroníquel.
ferroprussiate (feroprø·shieit) s. QUÍM. ferroprusiato.
ferrotype (fe·rotaip) s. FOT. ferrotipo. 2 FOT. ferrotipia.
ferrous (fe·røs) adj. QUÍM. ferroso.
ferruginous (feru·ȳinøs) adj. ferruginoso. 2 de color de herrumbre.
ferrule (fe·rul) s. regatón, contera, virola, zuncho; casquillo. 2 cantonera [de libro].
ferry (fe·ri) pl. **-ries** (-ris) s. balsadero. 2 balsa, barca, transbordador, u otro medio de transporte para cruzar un río, etc. 3 FERRYBOAT. 4 paso o pasaje [a través de un río, etc.].
ferry (to) tr. transportar de una a otra orilla, balsear. 2 cruzar [un río, etc.] en barca. 3 AVIA.

transportar [tropas, etc.] por avión. — 4 intr. cruzar un río, etc., en barca. ¶ CONJUG. pret. y p. p.: ferried.
ferryage (fe·riidȳ) s. FERRIAGE.
ferryboat (fe·ribout) s. barca de pasaje. 2 vapor de río. 3 embarcación para transbordar trenes.
ferryhouse (fe·rijaus) s. embarcadero o estación para una embarcación de pasaje.
ferrying (fe·riing) s. paso de un río, etc., en barca.
ferryman (fe·rimæn), pl. -men (-men) s. balsero, barquero; dueño o empleado de un paso de río.
fertile (fø·'til) adj. fértil. 2 fecundo.
fertilely (fø·'tili) adv. fértilmente.
fertileness (fø·'tilnis), **fertility** (fø'ti·liti) s. fertilidad. 2 fecundidad.
fertilization (fø'tilise·shøn) s. fertilización. 2 fecundación.
fertilize (to) (fø·'tilaiš) tr. fertilizar. 2 fecundar.
fertilizer (fø·'tilaišø') s. AGR. fertilizante, abono. 2 BOT. agente polinizador.
fertilizing (fø'tilai·šing) adj. fertilizador, fertilizante, fecundante.
ferula (fe·rula) s. BOT. férula, cañaheja. 2 férula [palmeta; disciplina].
ferule (fe·rul) s. FERULA 2₊
ferule (to) tr. dar palmetazos.
fervency (fø·'vønsi) s. calor, ardor. 2 fervor.
fe·vent (fø·'vønt) adj. hirviente, ardiente. 2 ferviente, fervoroso, vehemente, ardoroso.
fervently (fø·'ventli) adv. ardientemente. 2 fervientemente, fervorosamente.
ferventness (fø·'vøntnis) s. ardor, fervor.
fervid (fø·'vid) adj. férvido, ardiente [que abrasa]. 2 fervoroso, celoso; vehemente, encendido.
fervidity (fø·'viditi), **fervidness** (fø·'vidnis) s. FERVENCY.
fervo(u)r (fø·'vø') s. ardor, calor, hervor. 2 fervor, celo, devoción.
fescue (fe·skiu) s. puntero [para señalar]. 2 BOT. ∼ grass, cañuela.
festal (fe·stal) adj. festivo, de fiesta, solemne.
fester (fe·stø') s. llaga, úlcera.
fester (to) intr. supurar. 2 enconarse, ulcerarse. 3 pudrirse. 4 fig. enconarse, hacerse más violento. — 5 tr. enconar, emponzoñar.
festination (festine·shøn) s. festinación, prisa.
festival (fe·stival) adj. festivo [de fiesta]. — 2 s. fiesta, festividad. 3 fiestas [esp. las que se celebran periódicamente]. 4 festival
festive (fe·stiv) adj. festivo, alegre, convival.
festivity (festi·viti), pl. **-ties** (-tis) s. alegría, alborozo, complacencia [en las fiestas o reuniones]. 2 pl. fiestas, festividades.
festoon (festu·n) s. festón [guirnalda]. 2 ARQ. festón.
festoon (to) (festu·n) tr. disponer en o adornar con festones [guirnaldas]. — 2 intr. colgar [como en festones].
fetal (fi·tal) adj. fetal.
fetch (fech) s. acto de ir a buscar, traer o alcanzar. 2 tirada [distancia], alcance. 3 estratagema, treta, artificio, sofisma. 4 reaparición, fantasma o doble de una persona viva, que una superstición suponía anunciador de la muerte de dicha persona.
fetch (to) tr. ir por, ir a buscar, traer. 2 cobrar [la caza]. 3 alcanzar. 4 hacer salir [sangre, etc.]; arrancar [lágrimas]. 5 exhalar [un gemido, un suspiro]. 6 producir. 7 venderse [a un precio]. 8 derivar, sacar. 9 fam. interesar, atraer, conmover, encantar. 10 fam. dar, arrear [un golpe]. 11 cebar [una bomba]. 12 to ∼ about, balancear [una arma, etc.] para darle impulso. 13 to ∼ down, abatir, derribar; hacer bajar [los precios]. 14 to ∼ in, rodear, encerrar, meter dentro. 15 to ∼ one's breath, respirar. 16 to ∼ out, hacer resaltar. 17 to ∼ round, reanimar; persuadir, traer a un arreglo. 18 to ∼ up, levantar, elevar; traer [a la memoria]; descubrir, recuperar; MAR. alcanzar, llegar a o a la vista de; chocar con.
  19 intr. ir, moverse, traer y llevar cosas. 20 cobrar la caza [el perro]. 21 MAR. ir, seguir, arribar, virar. 22 to ∼ about, andar con rodeos. 23 to ∼ and carry, servir como perro, traer y llevar noticias o chismes. 24 to ∼ up, detenerse, pararse; llegar a; aparecerse.
fetcher (fe·chø') s. el que va a buscar algo.
fetching (fe·ching) adj. atractivo, encantador.

fete, fête (fet) s. fiesta, celebración. 2 ~ day, día de fiesta: santo, días [de una pers.].
fete, fête (to) tr. festejar.
fetial (fi·shial) s. fecial. — 2 adj. de los feciales.
fetich (fi·tish) s. FETISH.
feticidal (fiti·sidal) adj. feticida.
feticide (fiti·sid) s. feticidio.
fetid (fe·tid) adj. fétido. hediondo.
fetidness (fe·tidnis) s. fetidez, hediondez, hedor, mal olor.
fetish (fi·tish) s. fetiche.
fetishism (fi·tishĭm) s. fetichismo.
fetishist (fi·tishist) s. fetichista.
fetlock (fe·tloc) s. cerneja. 2 espolón, parte posterior del menudillo [del caballo, etc.] : ~ joint, menudillo.
fetor (fi·tø') s. hedor.
fetter (fe·tø') s. grillete, prisión. 2 traba, maniota. arropea. *carlanca. 3 VET. ~ bone. cuartilla. 4 pl. grillos, hierros, prisiones, cadenas.
fetter (to) tr. engrillar, encadenar, trabar.
fetterless (fe·tø'lis) adj. sin trabas, desenfrenado.
fetterlock (fe·tø'loc) s. traba, maniota. 2 FETLOCK.
fettle (fe·tøl) s. estado, condición : in fine ~, en buen estado : de buen humor; bien preparado.
fettle (to) tr. METAL. poner brasca a.
fettling (fe·tling) s. METAL. brasca.
fetus (fi·tøs) s. feto.
feud (fiud) s. disputa o enemistad duradera entre familias, grupos o personas [esp. la que lleva a actos de venganza o agravio mutuo]. 2 feudo.
feudal (fiu·dal) adj. feudal.
feudalism (fiu·dalĭm) s. feudalismo.
feudality (fiudæ·liti) s. feudalidad.
feuda(ta)ry, feudatory (fiu·dari, -tæri, -tori) adj. y s. feudatario.
feudist (fiu·dist) s. escritor especializado en cuestiones feudales. 2 el que vivía bajo un sistema feudal. 3 (EE. UU.) el que toma parte en luchas y enemistades.
feuilleton (føito·n) s. folletín.
fever (fi·vø') s. fiebre, calentura, agitación : ~ heat. temperatura de fiebre; alto grado de excitación; ~ blister. escupidura [en los labios]; scarlet ~, escarlatina : spotted ~, tabardillo pintado; yellow ~, fiebre amarilla.
fever (to) tr. causar o dar fiebre. — 2 intr. tener fiebre.
feverfew (fi·ve·fiu) s. BOT. matricaria.
feverish (fi·vørish) adj. febricitante, calenturiento. 2 febril. 3 infestado con fiebre.
feverishly (fi·vørishli) adv. febrilmente.
feverishness (fi·vørishnis) s. estado febril, calentura, desasosiego.
feverous (fi·vørøs) adj. calenturiento, ardoroso.
few (fiu) adj. y pron. pocos : a ~, unos pocos, unos cuantos, algunos; a good ~, muchos; in ~, en una palabra; not a ~. no pocos; quite a ~, fam. muchos; the ~, los menos. la minoría.
fewer (fiu·ø') adj. y pron. comp. de FEW; menos : the ~ the better, cuantos menos mejor.
fewest (fiu·ist) adj. y pron. superl. de FEW.
fewness (fiu·nis) s. poquedad, escasez, corto número
fey (fei) adj. (Esc.) que ha de morir; moribundo.
fez (feš), pl. fezzes (fe·šiš) s. fez.
fiancé (fiansei·) s. novio, prometido.
fiasco (fiæ·scou) s. fiasco, fracaso. 2 frasco, botella.
fiat (fa·iat) s. fiat, orden, mandato. decisión. — 2 adj. ~ money, billetes sin respaldo ni garantía emitidos por un gobierno.
fib (fib) s. bola, mentirilla. papa, *macana.
fib (to) intr. mentir, echar papas. ¶ CONJUG. pret. y p. p.: fibbed; ger.: fibbing.
fibber (fibø') s. mentiroso, bolero.
fiber, fibre (fai·bø') s. fibra. 2 cualidad característica; carácter. índole. — 3 adj. de fibra: ~ plant, planta textil.
fiberize (to) (fai·børaiš) tr. reducir a fibras. 2 mezclar con fibras.
fibriform (fai·brifø·m) adj. fibriforme.
fibril (fai·bril) s. fibrilla.
fibrillation (faibrile·shøn) s. acción de formar fibrillas. 2 MED. fibrilación.
fibrin(e (fai·brin) s. fibrina.
fibrinogen (fi·brinoyĭn) adj. FISIOL. fibrinógeno.
fibrinous (fai·brinøs) adj. fibrinoso.
fibrocartilage (faibroca·tilidy) s. ANAT. fibrocartílago.

fibrocartilaginous (·aibroca·tila·dyĭnøs) adj. fibrocartilaginoso
fibroid (fai·broid) aai. fibroide. — 2 s. MED. fibroma.
fibroma (faibrou·ma) s. MED. fibroma.
fibrose (fai·brous), fibrous (fa·ibrøs) adj. fibroso.
fibula (fi·biula), pl. -læ o -las (·li o -las) s. ARQUEOL. fíbula. 2 ANAT. peroné.
fibular (fi·biula') adj. ANAT. del perone.
fichu (fishu·) s. pañoleta, fichú.
fickle (fi·køl) adj. vacilante, mudable, variable. inconstante, voluble, versátil, tornadizo, veleidoso.
fickleness (fi·kølnis) s. mudabilidad, variabilidad, inconstancia, volubilidad, versatilidad, ligereza.
fickly (fi·cli) adv. variablemente, volublemente.
fictile (fi·ctil) adj. plástico, moldeable.
fiction (fi·cshøn) s. ficción, invención. 2 literatura novelesca, de imaginación. 3 cuento, novela, fábula. 4 ficción de derecho.
fictional (fic·shønal) adj. novelesco, de ficción.
fictionist (fi·shonist) s. novelista, cuentista.
fictitious (ficti·shøs) adj. ficticio, supuesto. fingido, imaginario. 2 falso, contrahecho. 3 de ficción
fictitiously (ficti·shøsli) adv. ficticiamente.
fictitiousness (ficti·shøsnis) s. calidad de ficticio.
fictive (fi·ctiv) adj. fingido, imaginario. 2 de la imaginación creadora; capaz de imaginar; creador [arte].
fid (fid) s. MAR. cuña de mastelero. 2 barra de sostén. 3 MAR. pasador.
fiddle (fi·døl) s. MÚS. fam. violín : fit as a ~. en buena condición física, animado; to hang one's ~ when one comes home, ser ingenioso y brillante fuera de casa y aburrido en ella. 2 violinista : to play first ~. hacer el primer papel; to play second ~, hacer un papel secundario. 3 cosa en forma de violín. — 4 adj. de violín, en forma de violín : ~ block, motón de dos ejes con poleas diferenciales; ~ bow, arco de violín; ~ case, funda de violín. 5 BOT. ~ dock, variedad de romaza.
fiddle (to) intr. tocar el violín. 2 mover viva o nerviosamente los dedos o las manos; enredar, jugar, entreten·rse con; ocuparse en tonterías. — 3 tr. tocar [un aire, etc.] con el violín. 4 to ~ away, malgastar [el tiempo, el dinero, etc.].
fiddle-de-dee (fi·døldidi·) s. fam. disparate, tontería. — 2 interj. ¡ tonterías!
fiddle-faddle (fi·dølfædøl) s. fam. tontería, simpleza. 2 frusleria. 3 persona frívola, superficial. — 4 interj. ¡ tonterías !
fiddle-faddle (to) intr. decir tonterías. 2 ocuparse en tonterías.
fiddler (fi·dlø') s. fam. violinista. 2 ZOOL. ~ crab, barrilete [cangrejo].
fiddlestick (fi·dølstic) s. arco de violín. 2 tontería, comino, nadería. — 3 interj. fiddlestics!, ¡ qué tontería !
fiddling (fi·dling) adj. fútil, insignificante, despreciable.
fideicommissary (faideiaico·miseri) adj. y s. DER. fideicomisario.
fideicommissum (faideiaicomi·søm) s. DER. fideicomiso.
fidelity (fide·liti) s. fidelidad.
fidget (fi·dyit) s. persona agitada, inquieta. 2 agitación, movimiento. 3 pl. the fidgets, desasosiego, impaciencia, nerviosidad que obliga a moverse continuamente.
fidget (to) intr. estar inquieto, agitarse, menearse nerviosamente. 2 moverse irregularmente. 3 to ~ with. jugar o enredar con, manosear. — 4 tr. molestar, poner nervioso.
fidgety (fi·dyeti) adj. inquieto, nervioso, agitado, impaciente.
fiducial (fidiu·shal) adj. basado en la fe. 2 firme, lleno de confianza. 3 fiduciario [de confianza].
fiducially (fidiu·shali) adv. confiadamente, confidentemente
fiduciary (fidiu·shieri) adj. y s. fiduciario.
fie! (fa·i) interj. ¡ uf!, ¡ abrenuncio !
fief (fif) s. feudo.
field (fi·ld) s. campo, sembrado, tierra laborable. 2 campo, campiña. 3 DEP. campo. 4 BÉISBOL porción de campo que queda fuera del cuadro. 5 FÍS., ELECT. campo : ~ of force, campo de fuerzas; magnetic ~, campo magnético. 6 BLAS. campo. 7 campo [de una ciencia, actividad, etc.] : ~ of fire, MIL. campo de tiro; ~ of operations, campo de operaciones, esfera de influencia; ~ of

rision. campo visual; *the ~ of history,* el campo de la historia. *8* campo [de una lucha], campo de batalla; la batalla misma; *~ of honour,* campo del honor; *to be left in possesion of the ~,* quedar dueño del campo; *to hold the ~,* mantener su posición; *to keep the ~,* mantenerse firme, proseguir la campaña; *to take the ~,* entrar en campaña, salir a campaña. *9* campaña [campo llano]. *10* extensión de cielo, mar, hielo, nieve, etc.: *~ of ice,* banco de hielo. *11* MIN. área o extensión rica en ciertos yacimientos: *coal ~,* región carbonífera; *diamond ~,* región o distrito diamantífero. *12* DEP. jugadores [en un partido]; participantes [en una carrera]; caballos que entran en una carrera, excepto el favorito. *13 adj.* de campo, de campaña; hecho en el campo: *~ artillery,* artillería de campaña; *~ battery,* batería de campaña; *~ day,* día de campo; día de revista o de ejercicios militares; MAR. zafarrancho; día de actividad extraordinaria; (EE. UU.) día de ejercicios atléticos al aire libre; *~ judge,* en el fútbol americano, juez de línea; *~ glass,* anteojo de campaña, gemelos de campaña; *~ hockey,* hockey sobre hierba; *~ hospital,* hospital de campaña o de sangre; *~* ambulancia militar; *~ kitchen,* cocina de campaña; *~ marshal,* mariscal de campo, capitán general [de ejército]; *~ officer,* MIL. jefe [comandante, teniente coronel o coronel]; *~ trip,* excursión cientificoescolar; *~ work,* trabajo científico de campo o sobre el terreno. *14* ELECT. inductor: *~ magnet,* imán; *~ winding,* arrollamiento inductor. *15* BOT., ZOOL. de campo, que se cría o habita en el campo: *~ balm,* *~ basil,* BOT. albahaca; *~ lark,* ORNIT. alondra; *~ mouse,* ZOOL. ratón de campo.
field (to) *tr.* exponer al aire libre. *2* DEP. parar y devolver la pelota. — *3 intr.* DEP. actuar como *fielder. 4* apostar contra el favorito [en las carreras de caballos].
fielded (fı·ldid) *adj.* MIL. acampado, que lucha en campo abierto.
fielder (fı·ldø') *s.* en el béisbol o en el cricquet, jugador situado para parar la pelota. *2* en las carreras de caballo, el que apuesta contra el favorito.
fieldfare (fı·ldfeø') *s.* ORNIT. zorzal.
fieldwork (fı·lduø'c) *s.* FORT. obras de campaña.
fiend (fınd) *s.* demonio, espíritu malo. *2* persona malvada o cruel. *3* persona muy aficionada a una droga, un deporte, etc.: *dope ~,* morfinómano.
fiendidsh (fı·ndish) *adj.* diabólico, infernal; malvado, cruel.
fiendishness (fı·ndishnis) *s.* maldad, perversidad, crueldad.
fiendlike (fı·ndlaic) *adj.* FIENDISH.
fierce (fı·'s) *adj.* fiero, feroz, bárbaro, cruel. *2* terrible, espantoso. *3* furioso, violento, impetuoso, vigoroso. *4* vivo, intenso.
fiercely (fı·'sli) *adv.* fieramente, ferozmente. *2* furiosamente. *3* vivamente, intensamente.
fierceness (fı·'snis) *s.* fiereza. *2* furia, violencia. *3* viveza, intensidad.
fierily (fai·rili) *adv.* ardientemente. *2* violentamente.
fieriness (fai·rinis) *s.* ardor, fogosidad, violencia.
fiery (fai·øri) *adj.* ígneo, de fuego. *2* ardiente, abrasador; ardoroso, inflamado, encendido. *3* vehemente, fogoso. *4* violento, irascible, soberbio. *5* furibundo. *6* encendido, colorado [tez, etc.]. *7* inflamable.
fife (faif) *s.* MÚS. pífano.
fife (to) *intr.* tocar el pífano. — *2 tr.* tocar [un aire, etc.] con el pífano.
fifer (fai·fø') *s.* pífano [músico].
fifteen (fiftı·n) *adj.* y *s.* quince.
fifteenth (fiftı·nz) *adj.* decimoquinto. *2* quince [siglo]. — *3 adj.* y *s.* quinzavo. — *4 s.* quince [día quince].
fifth (fifz) *adj.* y *s. num.* quinto: *~ column,* quinta columna; *~ columnist,* quinta columnista; *~ part,* quinta parte; *~ wheel,* rodete [de carruaje]; persona o cosa superflua. — *2 s.* MÚS. quinta. *3* cinco [día cinco].
fifthly (fi·fzli) *adv.* en quinto lugar.
fiftieth (fi·ftiez) *adj.* quincuagésimo, cincuenteno, cincuentavo. — *2 s.* quincuagésimo, cincuentavo.

fifty (fi·fti) *adj.* y *s.* cincuenta. *2 pl. the fifties,* los años desde cincuenta a cincuenta y nueve de edad.
fifty-fifty *adj.* y *adv.* fam. mitad y mitad; a medias: *to go ~,* ir a medias.
fig (fig) *s.* BOT. higo; higuera: *dry ~,* higo paso; *Indian ~,* higo chumbo; *~ tree,* higuera. *2* fam. higa [signo de desprecio; desprecio]. *3* fam. ardite, comino, bledo: *I don't care a ~ for,* no me importa un bledo; *no worth a ~,* que no vale un comino. *4* fam. vestido, atavío; *in full ~,* de veinticinco alfileres. *5* fam. condición, estado: *in high ~,* en buenas condiciones, entrenado.
fig (to) *tr.* ataviar, adornar, preparar: *to ~ out* o *up a horse,* dar vivacidad a un caballo; *to ~ out a person,* ataviar, adornar a una persona.
fig-leaf *s.* hoja de higuera. *2* fig. hoja de parra.
fight (fait) *s.* lucha, combate, duelo, riña, pelea, contienda, disputa: *to pick a ~ with,* meterse con, buscar camorra a. *2* pugnacidad; fuerza o ánimo para la lucha: *to show ~,* no acoquinarse, luchar con denuedo, mostrarse dispuesto a luchar o a defenderse.
fight (to) *intr.* luchar, pelear, combatir, contender, lidiar, batirse: *to ~ against odds,* luchar con desventaja; *to ~ for,* luchar por; *to ~ shy of,* fig. rehuir, evitar. — *2 tr.* luchar con o contra. *3* lidiar [un toro]. *4* librar [una batalla]; sostener [una lucha, combate, etc.]: *to ~ another's battles,* tomar la defensa de otro. *5* luchar por [una causa]. *6 to ~ one's way,* abrirse paso luchando. *7 to ~ out,* decidir, resolver en una lucha. ¶ CONJUG. pret. y p. p.: *fought.*
fighter (fai·tø') *s.* luchador. *2* combatiente, contendiente; duelista; guerrero, soldado. *3* AVIA. *~ plane,* avión de combate o de caza.
fighting (fai·ting) *adj.* luchador, batallador, combativo, pugnaz, aguerrido. *2* de pelea, de guerra: *~ cock,* gallo de pelea; hombre luchador. — *3 s.* acción de pelear, lucha, pelea, combate, riña.
figment (fi·gmønt) *s.* ficción, invención.
figpecker (fi·gpekø') *s.* ORNIT. becafigo.
figuline (fi·guiulin) *adj.* figulino. — *2 s.* objeto figulino; estatuilla.
figurable (fi·guiurabøl) *adj.* capaz de recibir forma. *2* que se puede expresar figuradamente.
figural (fi·guiural) *adj.* consistente en o perteneciente a figuras o números.
figurant (fi·guiurant) *s.* figurante [de ópera].
figurante (figura·nt) *s.* figuranta, bailarina del conjunto.
figurate (fi·guiureit) *adj.* figurado. *2* MÚS. floreado adornado.
figuration (figuiure·shøn) *s.* acción de dar figura o forma. *2* forma, figura, perfil. *3* MÚS. figuración.
figurative (fi·guiurativ) *adj.* figurativo, simbólico, alegórico. *2* florido [lenguaje, estilo]. *3* GRAM. figurado, translaticio. *4* ~ *arts,* dibujo, pintura, escultura.
figuratively (fi·guiurativli) *adj.* figurativamente, simbólicamente. *2* GRAM. figuradamente.
figurativeness (fi·guiurativnis) *s.* calidad de figurativo o figurado.
figure (fi·guiø') *s.* figura [forma, hechura; representación del cuerpo, dibujo, estatua, pintura; persona, personaje, cosa que representa o significa otra]. *2* GEOM. figura. *3* GRAM., RET. figura: *~ of speech,* figura retórica, tropo. *4* figura, cuerpo, talle, tipo [de una persona]: *to keep one's ~,* no engordar, conservar la línea. *5* dibujo, muestra [de un papel, tejido, etc.]. *6* forma, aspecto, perfil. *7* impresión [que produce una pers.], facha: *to cut a poor ~,* hacer el ridículo, tener mala facha. *8* papel, viso: *to cut o to make a ~,* hacer papel, hacer viso. *9* figura, mudanza [en el baile]. *10* MÚS. motivo. *11* horóscopo. *12* ARIT. cifra, guarismo, número. *13* precio, valor. *14 pl.* cuentas, cálculo: *to be good at figures,* ser listo en aritmética. — *15 adj.* de figuras: *~ dance,* baile de figuras o de cuenta; *~ skating,* patinaje artístico.
figure (to) *tr.* figurar [trazar o representar la figura de]. *2* delinear, formar, amoldar. *3* representar, simbolizar. *4* adornar con dibujos o figuras. *5* imaginar, figurarse. *6* MÚS. adornar. *7* indicar con números. *8* calcular, computar. *9 to ~ on,* tener o tomar en cuenta; contar con. *10 to ~ out,* resolver, hallar por cálculo; descifrar,

entender. *11 to* ~ *up*, sumar, calcular el total.
— *12 intr.* figurar, hacer viso. *13* calcular, planear.
figured (fíˑguiøˑd) *adj.* figurado. *2* adornado, labrado, floreado : ~ *velvet*, terciopelo labrado; ~ *silk*, seda floreada.
figurehead (fíˑguiøˑjed) *s.* MAR. mascarón de proa, figurón de proa. *2* fig. figura decorativa; testaferro.
figurette (fíˑguiøret) *s.* figurita.
figurine (fíguiuriˑn) *s.* estatuilla figulina : *tanagra* ~, tanagra.
figuring (fíˑguiuring) *s.* cálculo, computación.
figwort (fíˑgwøˑt) *s.* BOT. escrofularia.
Fijian (fíˑỹian) *adj.* y *s.* de las islas Fiji.
filaceous (fileiˑshøs) *adj.* hebroso.
filament (fíˑlamønt) *s.* filamento.
filamentose (fílameˑntous), **filamentous** (fílameˑntøs) *adj.* filamentoso.
filander (fílæˑndøˑ) *s.* ZOOL. filandria.
filar (faˑilaˑ) *adj.* perteneciente al hilo; que tiene hilos : ~ *microscope*, microscopio de ocular reticulado.
filaria (fileiˑria) *s.* ZOOL. filaria.
filature (fíˑlachøˑ) *s.* hilado [esp. de la seda]. *2* hilandería [de seda].
filbert (fíˑlbøˑt) *s.* BOT. avellano. *2* avellana : ~ *tree*, avellano.
filch (to) (filch) *tr.* hurtar, ratear, birlar.
filcher (fíˑlchøˑ) *s.* ratero, garduño.
filchery (fíˑlchøri) *s.* ratería, hurto.
file (faˑil) *s.* lima, escofina. *2* fig. persona astuta, ladina. *3* ensartapapeles. *4* carpeta, archivador. *5* legajo o colección ordenada de documentos o periódicos; archivo. *6* fila, cola, hilera, ringla, ringlera : *Indian o single* ~, fila india; *to march by* ~, marchar en fila, desfilar. — *7 adj.* de o para las limas : ~ *brush*, ~ *card*, limpialimas; ~ *cutter*, picador de limas. *8* de archivo o para archivar : ~ *case*, fichero ; ~ *clerk*, encargado de un fichero o archivo ; ~ *copy*, ejemplar para archivar.
file (to) (faˑil) *tr.* limar, pulir [con la lima] : *to* ~ *off o away*, quitar con la lima. *2* fig. limar, perfeccionar [una obra literaria, etc.]. *3* archivar, guardar; ensartar [en el ensartapapeles]. *4* registrar, presentar al registro [un documento]. *5* MIL. *to* ~ *off*, hacer desfilar. — *6 intr.* marchar en fila : *to* ~ *off*, MIL. desfilar; *to* ~ *out o away*, salir en fila, desfilar.
filefish (faˑilfish) *s.* ICT. lija.
file-hard *adj.* que resiste a la lima.
filer (faˑiløˑ) *s.* limador.
file-soft *adj.* que puede ser limado.
filially (fíˑliali) *adv.* filialmente.
filiation (filieˑshøn) *s.* filiación [lazo de parentesco, procedencia, dependencia]. *2* DER. atribución de la paternidad de un hijo ilegítimo; adopción.
filibuster (filibøˑstøˑ) *s.* filibustero, pirata. *2* (EE. UU.) POL. obstruccionista.
filibuster (to) *intr.* actuar de filibustero. — *2 tr.* e *intr.* POL. (EE. UU.) obstruccionar.
filibusterism (fíˑlibøsteriˑsm) *s.* filibusterismo.
Filicales (filikeiˑlis) *s. pl.* BOT. filicales.
filicide (fíˑlisaid) *s.* filicidio. *2* filicida.
filiform (fíˑlifoˑm) *adj.* filiforme.
filigree (fíˑligrі) *s.* filigrana [obra, adorno].
filigree (to) *tr.* afiligranar, adornar con filigrana.
filigreed (fíˑligrіd) *adj.* afiligranado.
filing (faˑiling) *s.* limado [acción de limar]. *2* acción de archivar, registrar, protocolar. *3 pl.* limaduras, limalla. — *4 adj.* de limar. *5* de o para archivar : ~ *cabinet*, archivador, fichero ; ~ *card*, ficha [de fichero].
fill (fil) *s.* hartura, hartazgo. *2* henchidura, colmo, abundancia. *3* terraplén.
fill (to) *tr.* llenar. *2* completar, rellenar, henchir. *3* hinchar. *4* tapar, obstruir. *5* macizar, terraplenar. *6* empastar [un diente]. *7* satisfacer, saciar, hartar. *8* ocupar [un puesto] : *to* ~ *someone's shoes*, ocupar el sitio [de un predecesor]. *9* proveer [un cargo]. *10* COM. servir, despachar [un pedido]. *11* FARM. (EE. UU.) despachar [una receta]. *12* ELECT. cargar [un acumulador]. *13* envasar, meter [en un recipiente]. *14 to* ~ *in*, insertar; llenar [un hueco, un blanco, los blancos de]; enriquecer con detalles; rellenar, terraplenar. *15 to* ~ *in time o the time*, pasar, ocupar el tiempo. *16 to* ~ *out*, ensanchar, re-

dondear completar; llenar [un, formulario]. *17* fam. *to* ~ *the bill*, llenar los requisitos. *18 to* ~ *up*, llenar, ocupar completamente; llenar [un blanco, un cheque, etc.]; ocupar [un puesto, una vacante]; tapar un agujero; dar ideas falsas [a uno].
19 intr. llenarse, henchirse. *20* llenarse de lágrimas [los ojos]. *21* llenar el vaso. *22 his heart filled*, le ahogaba la emoción. *23 to* ~ *in*, llenarse; entrar a ocupar un puesto, hacer de suplente. *24 to* ~ *out*, ensancharse, redondearse; ahuecarse, henchirse. *25* llenarse; atorarse.
filler (fíˑløˑ) *s.* llenador, envasador. *2* henchidor. *3* lo que sirve para llenar; embudo. *4* tripa [del cigarro].
fillet (fíˑlet) *s.* cinta [para adornar o sujetar, esp. el cabello]; prendedero. *2* lista, faja, tira. *3* ARQ. filete, listel, tenia. *4* ENCUAD. filete. *5* TEJ. cinta de carda. *6* COC. filete, solomillo; lonja.
fillet (to) (fíˑlet) *tr.* adornar, atar, sujetar [con cinta o como con una cinta]. *2* ARQ. filetear. *3* COC. cortar en lonjas.
filling (fíˑling) *s.* relleno. *2* henchimiento. *3* envase [acción]. *4* tripa [de tabaco]. *5* DENT. empastadura, orificación. *6* llenado, acción de llenar. — *7 adj.* de llenar, envasar o rellenar : ~ *station*, AUTO. estación de gasolina, etc.
fillip (fíˑlip) *s.* capirotazo, papirotazo. *2* estímulo, aguijón.
fillip (to) (fíˑlip) *tr.* dar un papirotazo. *2* tirar, impeler [con un papirotazo]. *3* estimular, aguijar.
fillister (fíˑlistøˑ) *s.* CARP. guillame.
filly (fíˑli) *s.* potranca. *2* pop. muchacha; muchacha retozona.
film (film) *s.* película. *2* membrana, telilla. *3* tela, nata, flor [en la superficie de un líquido]. *4* nube [en el ojo]. *5* niebla. *6* CINEM. película, film, cinta. *7* FOT. película o placa de celuloide. — *8 adj.* de película, de cine : ~ *pack*, FOT. paquete de placas de celuloide ; ~ *star*, estrella de cine, estrella de la pantalla.
film (to) *tr.* cubrir con película o telilla. *2* cinematografiar, filmar. *3* llevar al cine [una novela, tema, etc.]. — *4 intr.* cubrirse de una película, tela, etc.: *to* ~ *with tears*, arrasarse [los ojos] de lágrimas. *5* rodar películas.
filminess (fíˑlminis) *s.* aspecto de película, de tela o niebla.
filming (fíˑlming) *s.* filmación.
filmy (fíˑlmi) *adj.* membranoso; finísimo, delgadísimo. *2* cubierto de película, empañado, nublado.
filose (faˑilous) *adj.* filiforme.
filoselle (filoseˑl) *s.* cadarzo, filadiz, seda floja.
filter (fíˑltøˑ) *s.* filtro [para filtrar líquidos]. *2* ELECT., FOT., ÓPT. filtro.
filter (to) *tr.* filtrar. *2* purificar, refinar. *3 to* ~ *off o out*, eliminar filtrando. — *4 intr.* filtrarse. *5* MIL. infiltrarse.
filth (filz) *s.* suciedad, inmundicia, porquería, mugre. *2* corrupción, infección, impureza, obscenidad.
filthily (fíˑlzili) *adv.* inmundamente, asquerosamente.
filthiness (fíˑlziˑnis) *s* suciedad, inmundicia, porquería, asquerosidad.
filthy (fíˑlzi) *adj.* sucio, inmundo, cochino, asqueroso, mugriento. *2* corrompido, impuro.
filtrate (fíˑltreit) *s.* líquido filtrado.
filtrate (to) *tr.* filtrar. — *2 intr.* filtrarse.
filtration (filtreˑshøn) *s.* filtración.
fimble (fíˑmbøl) *s.* BOT. planta masculina del cáñamo.
fimbriate (to) (fíˑmbrieit) *tr.* franjear, ribetear, orlar.
fimbriate(d (fíˑmbrieitˑid), **fimbricate** (fíˑmbrikeit) *adj.* BOT., ZOOL. franjeado; recortado, laciniado.
fin (fin) *s.* aleta [de pez]. *2* barba [de ballena]. *3* [en composición] pez. *4* MEC. rebaba, apéndice en forma de aleta. *5* pop. fig. mano, brazo.
fin (to) *tr.* cortar las aletas [al pescado]. — *2 intr.* aletear, mover las aletas [los peces]. ¶ CONJUG. pret. y .p. p.: *finned*; ger.: *finning.*
finable (faˑinabøl) *adj.* multable.
final (faˑinal) *adj.* final. *2* conclusivo. *3* definitivo, decisivo; terminante. — *4 s.* DEP. final. *5* examen de fin de curso.
finale (finaˑli) *s.* MÚS. final.
finalist (faˑinalist) *s.* DEP. finalista.

finality (fainæ·liti) *s.* calidad o estado de lo que es decisivo, terminante : *with ~*, de manera terminante. 2 lo que es final o conclusivo.
finally (fai·nali) *adv.* finalmente, por último, en fin, por fin, al cabo. 2 definitivamente.
finance (finæ·ns) *s.* ciencia y práctica de las operaciones financieras ; ciencia rentística. 2 *pl.* asuntos financieros. 3 hacienda, rentas, fondos, recursos pecuniarios.
finance (to) *tr.* administrar o manejar las rentas o fondos de. 2 financiar, procurar o proporcionar los fondos, para. — 3 *intr.* ocuparse en operaciones financieras.
financial (finæ·nshal) *adj.* financiero, rentístico, bancario. 2 económico [año]. 3 que paga [socio, por oposición a honorario].
financially (finæ·nshali) *adv.* financieramente rentísticamente. 2 económicamente, en lo relativo a los fondos.
financier (finæ·nsiæ') *s.* financiero. 2 hacendista.
financier. (to) *intr.* y *tr.* desp. hacer operaciones financieras. — 2 *tr.* (EE. UU.) estafar.
financing (finæ·nsing) *s.* actividad financiera. 2 acción de proporcionar fondos para.
finback (fi·nbæk) *s.* ZOOL. rorcual ; yubarta.
finch (finch) *s.* ORNIT. cualquiera de los pájaros fringílidos ; pinzón.
find (fai·nd) *s.* hallazgo, descubrimiento.
find (to) *tr.* encontrar, hallar : *to ~ a way to*, hallar la manera de, darse traza para ; *to ~ fault with*, hallar defectos, poner tachas, censurar desaprobar ; *to ~ favour*, hallar favor, buena acogida ; *to ~ in one's heart*, estar dispuesto o decidido, decidirse [a] ; *to ~ it impossible*, hallar que es imposible ; *to ~ no sense in*, no hallar sentido en : *to ~ one's account in*, hallar ventaja en, tenerle a uno cuenta ; *to ~ one's bearings*, orientarse ; *to ~ oneself*, encontrarse o estar [bien o mal de salud] ; descubrir uno su vocación, sus aptitudes. 2 descubrir, llegar a saber ; buscar, averiguar. 3 procurar, proveer de ; mantener, alimentar : *to ~ oneself*, proveer a las propias necesidades. 4 recobrar el uso de. 5 DER. declarar, pronunciar : *to ~ guilty*, declarar culpable. 6 *to ~ out*, hallar ; descifrar, adivinar ; coger [en falta, etc.] ; descubrir [un ladrón, un secreto, el verdadero carácter de una pers.]. — 7 *intr.* DER. pronunciar sentencia o fallo. ¶ CONJUG. pret. y p. p. : *found.*
finder (fai·ndø') *s.* hallador, descubridor. 2 ÓPT. anteojo buscador [de un telescopio]. 3 ÓPT. portaobjetos cuadriculado [de microscopio]. 4 FOT. visor.
finding (fai·nding) *s.* hallazgo, descubrimiento, invención. 2 DER. fallo, decisión. 3 *pl.* utensilios y material accesorio [de un oficio].
fine (fain) *s.* multa. — 2 *adj.* fino [delicado ; de buena calidad ; puro, precioso ; delgado, sutil ; no grueso, en partículas pequeñas] ; de ley : *~ gold*, oro fino o de ley ; *~ thread*, hilo fino, delgado ; *~ distinction*, distinción sutil ; *~ sand*, arena fina. 3 bello, hermoso, lindo, bonito, agradable. 4 bueno. excelente, agradable, magnífico. 5 irón. bueno. lindo : *~ friend you have been!*, ¡si que ha sido usted un buen amigo! 6 divertido [rato]. 7 guapo, gallardo, bien parecido. 8 distinguido. | A veces desp.: *~ gentleman, ~ lady*, señorón, señorona, señoritingo, señoritinga. 9 elegante. selecto, primoroso. 10 vistoso, adornado. 11 bueno. hábil [artista, etc.]. 12 bueno [tiempo, día]. 13 generoso [vino]. 14 *~ arts*, bellas artes. 15 *~ cut*, tabaco cortado en pequeñas hebras. 16 *~ writing*, estilo afectado o rebuscado. — 17 *adv.* fam. finamente. 18 fam. bien [de salud] : *to feel ~*, sentirse bien de salud. 19 BILLAR. apenas tocando.
fine (to) *tr.* multar. 2 afinar. 3 refinar, purificar, clarificar. | A veces con *down* o *up*. — 4 *intr.* refinarse, purificarse. 5 aclararse [ei tiempo]. 6 *to ~ away, down* o *off*, adelgazarse, disminuir.
fine-draw (to) *tr.* zurcir finamente. 2 tirar [metales] en hilos muy finos. 3 fig. adelgazar, suutilizar. ¶ CONJUG. pret. : *-drew;* p. p. : *-drawn.*
fine-drawn *adj.* estirado en hilos muy finos. 2 muy fino o sutil. 3 DEP. entrenado hasta el máximo posible [atleta, caballo, etc.].
fine-grained *adj.* de grano muy fino, compacto.
finely (fai·nli) *adv.* finamente. 2 hermosamente, primorosamente. 3 sutilmente.
fine-looking *adj.* guapo, bien parecido.

fineness (fai·nnis) *s.* fineza, finura, delicadeza, primor, excelencia. 2 pureza, perfección. 3 agudeza, sutileza. 4 ley· [del metal, la moneda].
finer (fai·nø') *adj. comp.* de FINE : más fino, mejor, más hermoso, etc. — 2 *m.* refinador [de metales, etc.].
finery (fai·nøri) *s.* galas, adornos, atavíos. 2 adorno, ornamentación.
finespoken (fai·nspoukøn) *adj.* bien hablado.
finespun (fai·nspøn) *adj.* sutil, alambicado.
finesse (fine·s) *s.* sutileza, astucia, artificio, estratagema. 2 habilidad, tacto, diplomacia.
finesse (to) *intr.* valerse de astucias, artificios o subterfugios.
fin-footed *adj.* ORN. palmeado.
finger (fi·ngø') *s.* dedo [de la mano o de un guante] : *index ~*, dedo índice ; *middle ~*, dedo cordial, de en medio o del corazón ; *ring ~*, dedo anular ; *little ~*, dedo meñique ; *to have a ~ in the pie*, tener participación, mojar, en un asunto ; *to have at one's ~ tips*, saber al dedillo ; *to lay*, o *put, one's ~ on the sore spot*, poner el dedo en la llaga ; *to look through one's fingers*, mirar por entre los dedos, hacer ver que no se ve ; *to slip between the fingers*, irse de entre los dedos ; *to twist around one's little ~*, conquistar fácilmente, manejar [uno a otro] a su gusto. 2 dedo [medida] ; largo de un dedo [medida]. 3 aguja indicadora, saetilla, manecilla, pieza o parte que señala o se parece a un dedo. — 4 *adj.* del dedo, para los dedos, hecho con los dedos ; indicador : *~ board*, teclado ; diapasón [del violín, etc.] ; *~ bowl* o *glass*, vaso para lavarse los dedos en la mesa, lavadedos, lavafrutas ; *~ dexterity*, MÚS. dedeo ; *~ hole*, agujero de una flauta, clarinete, etc., o de un disco de teléfono automático ; *~ mark*, señal que dejan los dedos ; *~ plate*, placa de cristal o metal que se pone en una puerta para que al abrirla o cerrarla no la manchen con los dedos ; *~ post*, poste indicador ; *~ tip*, punta del dedo ; *~ wave*, ondulado al agua.
finger (to) *tr.* tocar, manosear. 2 sisar, hurtar. 3 MÚS. tocar, tañer [con los dedos], pulsar, teclear. 4 hacer [con los dedos].
fingerbreadth (fi·ngøbredz) *s.* dedo [ancho de un dedo].
fingering (fi·ngøring) *s.* manoseo, tecleo. 2 MÚS. digitación, dedeo. 3 MÚS. manera de pulsar o tocar un instrumento. 4 lana gruesa para medias.
fingerless (fi·ngø·lis) *adj.* sin dedos.
fingernail (fi·ngø·neil) *s.* uña [del dedo] : *~ polish*, esmalte para las uñas.
fingerprint (fi·ngø·print) *s.* huella o impresión digital o dactilar.
fingerprint (to) *tr.* tomar las huellas digitales de.
fingerstall (fi·ngø·stol) *s.* dedil.
finial (fi·nial) *s.* ARQ. remate ornamental de un gablete, pináculo, etc.
finical (fi·nic(al) *adj.* remilgado, melindroso, afectado, repulido.
finically (fi·nicali) *adv.* remilgadamente, afectadamente.
finick (to) (fi·nic) *intr.* hacer melindres, darse tono.
finicking (fi·niking), **finicky** (fi·niki) *adj.* melindroso, afectado, meticuloso, remirado.
finis (fi·nis) *s.* fin, conclusión.
finish (fi·nish) *s.* fin, final, término, remate, conclusión, acabamiento, fenecimiento : *to a ~, to the ~*, hasta el fin, hasta terminar. 2 DEP. línea de llegada. 3 DEP. carrera final. 4 finura de ejecución. 5 última mano, acabado, pulimento, perfección ; capa, enlucido o barniz de acabado : *to have a rough ~*, estar sin pulir, al natural. — 6 *adj.* de acabado. 7 fig. de superior calidad.
finish (to) *tr.* acabar, terminar, rematar, concluir, ultimar, consumar. 2 dar la última mano a, retocar, pulir, perfeccionar. 3 dar el acabado [a un tejido]. 4 completar la educación de. 5 fam. vencer completamente, matar, aniquilar. 6 *to ~ off*, acabar, completar ; acabar [con], matar. 7 *to ~ up*, dar la última mano a, completar ; consumir. — 8 *intr.* acabar, finalizar ; fenecer, cesar, morir : *to ~ by*, acabar por ; *to ~ with*, terminar, reñir con. 9 *to ~ doing, writing*, etc., acabar de hacer, de escribir, etc.
finished (fi·nishd) *adj.* acabado, terminado. 2 acacabado, perfeccionado, pulido. 3 acabado, sin fuerzas, aniquilado, muerto.

finisher (fi·nishø') s. acabador. 2 máquina acabadora. 3 golpe que acaba.
finishing (fi·nishing) s. acabamiento, colmo, consumación, perfeccionamiento. 2 acabado, última mano. 3 pl. accesorios de madera de un edificio. — 4 adj. que acaba, de acabado : ~ blow, golpe mortal, golpe de gracia ; ~ school, escuela particular de enseñanza complementaria de preparación do las señoritas para la vida de sociedad ; ~ touch, retoque, última mano, pincelada final.
finite (fai·nait) adj. finito, limitado. 2 GRAM. personal, que expresa número, persona y tiempo determinado [forma del verbo]. — 3 s. lo finito, cosa finita.
finitely (fai·naitli) adv. finitamente, limitadamente.
finiteness (fai·naitnis) s. calidad de finito.
Finland (fi·nland) n. pr. GEOGR. Finlandia.
Finlander (fi·nlandø') s. finlandés.
finless (fi·nlis) adj. sin aletas.
Finn (fin) s. finés. 2 finlandés.
finned (find) adj. que tiene aletas.
Finnic (fi·nic) adj. finés. — 2 s. lengua finesa.
Finnish (fi·nish) adj. y s. finlandés. — 2 s. finlandés [idioma].
finny (fi·ni) adj. provisto de aletas. 2 abundante en peces.
fiord (fiø'd) s. GEOGR. fiord, fiordo.
fir (fø') s. BOT. abeto : ~ tree, abeto ; spruce ~, abeto rojo o falso. 2 BOT. Scoth ~, pino albar.
fire (fai·ø') s. fuego [producido por la combustión ; cuerpo en estado de combustión] : to be on ~, estar ardiendo o encendido, arder ; estar exaltado deseoso ; to catch ~, encenderse, inflamarse ; to go through ~ and water, pasar las de Caín ; to lay a ~, preparar un fuego ; to play with ~, jugar con fuego ; to set ~ to, to set on ~, pegar fuego a, encender, incendiar ; inflamar ; to set the Thames on ~, fig. inventar la pólvora ; to take ~, encenderse ; inflamarse ; with ~ and sword, a sangre y fuego. 2 lumbre. 3 llama. 4 fuego, incendio. 5 MIL. fuego [disparos con un arma] : to hang ~, tardar en hacer explosión la carga de [un cañón] ; fig. demorarse, vacilar, estar en suspenso ; to miss ~, dar higa, fallar el tiro ; fig. fracasar ; to open ~, abrir fuego, romper el fuego ; between two fires, entre dos fuegos ; under ~, expuesto al fuego del enemigo ; fig. atacado, censurado, inculpado. 6 fuego [ardor del ánimo, de una disputa], pasión. 7 fogosidad. 8 valor, celo, entusiasmo, fervor. 9 fuego, viveza de la imaginación, inspiración, genio. 10 brillo, luminosidad. 11 MED. fuego, fiebre, inflamación. 12 martirio, aflicción, prueba.
13 adj. de fuego, para el fuego, de incendios, contra incendios, ardiente, etc. : ~ alarm, avisador o timbre de incendios ; toque para avisar que hay fuego ; ~ beetle, ENTOM. cocuyo ; ~ board, mampara de chimenea ; ~ brick, ladrillo refractario ; ~ brigade, ~ company, cuerpo de bomberos, los bomberos ; ~ clay, arcilla refractaria ; ~ department, servicio de bomberos ; ~ door, puerta de hornillo ; puerta de carga de un horno ; puerta incombustible ; ~ drill, ejercicio o disciplina para el caso de incendio ; ~ escape, escalera de incendios ; ~ engine, bomba de incendios ; ~ extinguisher, extintor, matafuegos ; ~ insurance, seguro contra incendios ; ~ irons, badila y tenazas ; ~ opal, ópalo de fuego ; ~ pan, brasero, chofeta ; ~ plug, llave o boca de agua [para incendios] ; ~ power, MIL. potencia de fuego ; ~ room, cuarto de calderas ; ~ sale, COM. liquidación de mercaderías averiadas en un incendio ; ~ screen, pantalla, mampara [para interceptar el fuego] ; ~ ship, brulote ; ~ station, puesto o cuartelillo de bomberos ; ~ surface, superficie de calentamiento ; ~ trap, edificio o lugar sin medios adecuados de escape en caso de incendio ; ~ truck, auto bomba ; ~ wall, cortafuego ; ~ water, aguardiente ; ~ worshiper, adorador del fuego.
14 interj. MIL. ¡fuego!
fire (to) tr. encender, pegar fuego a. 2 iluminar [dar luz a]. 3 calentar [el horno] ; cargar [el hogar] ; encender [la caldera]. 4 cocer [ladrillos, el esmalte, etc.]. 5 disparar [un arma de fuego] ; lanzar [un torpedo] ; hacer estallar [una mina]. 6 animar, inflamar, enardecer. 7 despedir, echar [a un empleado]. 8 to ~ off,

disparar [un arma] hacer fuego con ; apagar [un horno]. 9 to ~ up, encender [un hogar, etc.]. — 10 intr. encenderse. 11 enardecerse, excitarse, enojarse. 12 disparar, hacer fuego. 13 dar explosiones [un motor]. 14 to ~ away, empezar, continuar, decir deprisa. 15 to ~ up, irritarse, encolerizarse.
firearm (fai·ø'a'm) s. arma de fuego.
fireback (fai·ø'bæc) s. trashoguero.
fireball (fai·ø'bol) s. METEOR. globo de fuego. 2 globo lleno de pólvora. 3 BLAS. granada.
firebox (fai·ø'bocs) s. caja de fuegos ; hogar [de caldera]. 2 caja para dar la alarma de incendio.
firebrand (fai·ø'brænd) s. tea, tizón. 2 el que enciende la discordia.,
firebug (fai·ø'bøg) s. fam. incendiario.
firecracker (fai·ø'cræcø') s. triquitraque, carretilla, buscapiés, petardo.
firedamp (fai·ø'dæmp) s. MIN. grisú, mofeta.
firedog (fai·ø'dog) s. morillo.
fire-eater (fai·øri·tø') s. titiritero que finge comer fuego. 2 jaque, matamoros. 3 (EE. UU.) partidario de los Estados del Sur antes de la guerra de secesión.
firefly (fai·ø'flai) s. ENTOM. luciérnaga.
fireguard (fai·ø'ga'd) s. guardafuego. 2 cortafuego [en un bosque].
firehouse (fai·ø'jaus) s. puesto o cuartelillo de bomberos.
firelight (fai·ø'lait) s. luz de un fuego.
firelock (fai·ø'loc) s. fusil de piedra o de chispa.
fireman (fai·ø'mæn), pl. -men (-men) s. bombero. 2 fogonero.
fireplace (fai·ø'plis) s. hogar [de chimenea] ; chimenea francesa
fireproof (fai·ø'pruf) adj. incombustible, a prueba de fuego ; refractario.
fireproof (to) tr. hacer incombustible.
fireproofing (fai·ø'prufing) s. acción de hacer incombustible. 2 materiales refractarios.
firer (fai·rø') s. incendiario.
fireside (fai·ø'said) s. sitio junto a la lumbre ; fig. hogar, vida doméstica. — 2 adj. casero, íntimo, de la vida doméstica.
firestone (fai·ø'stoun) s. pedernal.
firewarden (fai·øuo'døn) s. guarda encargado de prevenir y extinguir los incendios de bosques, campamentos, etc.
firewater (fai·ø'uotø') s. aguardiente.
firewood (fai·ø'wud) s. leña [para el fuego].
fireworks (fai·ø'uø'cs) s. pl. fuegos artificiales.
firing (fai·ring) s. encendimiento [acción de encender] 2 alimentación o cuidado del fuego de una caldera, etc. 3 acción de disparar [armas de fuego], fuego, tiroteo. 4 cocción [de ladrillos, esmaltes, etc.]. 5 encendido [de un motor]. 6 despido [de un empleado]. — 7 adj. de encender, de disparar, de tiro, etc. : ~ chart, ARTILL. cuadro de tiro ; ~ iron, VET. hierro para cauterizar ; ~ line, MIL. línea de fuego, frente de batalla ; ~ order, AUTO. orden del encendido ; ~ pin, percutor, aguja de percusión ; ~ squad, piquete de salvas ; pelotón de fusilamiento.
firkin (fø'kin) s. cuñete, barrililo. 2 medida de capacidad.
firm (fø'm) adj. firme. 2 duro, compacto, consistente. 3 fiel, leal. — 4 s. firma, razón social, casa, empresa. — 5 adv. firmemente, fijamente.
firm (to) tr. afirmar, poner firme, fijar. — 2 ref. afirmarse, ponerse firme, adquirir solidez.
firmament (fø'mament) s. firmamento, cielo.
firmamental (fø'mamenta) adj. del firmamento.
firman (fø·'man) s. firmán.
firmly (fø'mli) adv. firmemente, fuertemente.
firmness (fø'mnis) s. firmeza, estabilidad, fijeza, solidez. 2 firmeza, entereza, tesón. 3 dureza, consistencia. 4 fidelidad, lealtad.
first (fø·'st) adj. primero : ~ aid, primeros auxilios, cura de urgencia ; ~ class, primera clase ; ~ cousin, primo hermano, prima hermana ; First Day, domingo [entre los cuáqueros] ; ~ edition, primera edición ; ~ floor (Ingl.), primer piso ; principal, (EE. UU.) bajos, planta baja ; ~ fruit o fruits, primicia, primicias ; ~ gear or speed, AUTO. primera ; ~ instance, DER. primera instancia ; ~ lady of the land (EE. UU.), primera dama de la nación, esposa del Presidente ; ~ lieutenant, MIL. teniente, primer teniente ; ~ mate, MAR. piloto, segundo de a bordo ; ~ move, ~ play, salida [en ciertos juegos] ; ~ name, nom-

bre de pila; ~ *night*, TEAT. noche de estreno; ~ *officer*, MAR. piloto, primer oficial; ~ *person*, GRAM. primera persona; ~ *quarter*, cuarto creciente [de la luna]; ~ *water*, la mejor calidad o clase [de brillantes o perlas]; *at* ~ *blush* o *glance*, a primera vista, sin pararse a reflexionar. 2 prístino, primitivo. 3 anterior, original. 4 temprano. 5 principal, capital. — 6 *adv.* primero, primeramente, en primer lugar; ~ *or last*, tarde o temprano, un día u otro. 7 antes, anteriormente, al principio. 8 por primera vez. — *9 s.* primero. *10* principio: *at* ~, al principio; al pronto; *from the* ~, *from the very* ~, desde el principio, de buenas a primeras, a las primeras de cambio. *11* AUTO. primera.

first-aid *adj.* de primeros auxilios; *first-aid kit*, botiquín; botiquín de urgencia; *first-aid station*, casa o puesto de socorro.

first-begotten, first-born *adj.* y *s.* primogénito.

first-class *adj.* de primera clase, orden o calidad. — *2 adv.* en primera clase, en primera: *to travel first-class*, viajar en primera.

first-hand *adj.* y *adv.* de primera mano.

firstling (fø'stling) *s.* primicias, primer producto o resultado. 2 primero [en su clase]. 3 primogénito.

firstly (fø'stli) *adv.* primero, primeramente, en primer lugar.

first-nighter (fø'stnai·tø') *s.* TEAT. asistente habitual a las noches de estreno.

first-rate *adj.* excelente. de primera, de primer orden. — *2 adv.* fam. muy bien.

firth (fø'th) *s.* GEOGR. brazo de mar estrecho. 2 ría, estuario.

firwood (fø'wud) *s.* madera de abeto o pino.

fisc (fi·sc) *s.* fisco, erario, hacienda pública.

fiscal (fi·scal) *adj.* fiscal [del fisco]; rentístico.

fish (fish) *s.* ICT. pez: *a* ~ *out of the water*, fig. uno que está fuera de su elemento; *a queer* ~, fig. un tipo raro. 2 pescado: *to be neither* ~ *nor fowl*, no ser carne ni pescado, ni chicha ni limonada; *to have another*, o *other*, ~ *to fry*, tener otras cosas que hacer, o en que pensar. 3 CARP. gemelo. 4 MEC. refuerzo. 5 FERROC. eclisa. 6 MAR. jimelga. — 7 *adj.* de pez, de pescado, de pesca, etc.: ~ *ball* o *cake*, albóndiga de patata y pescado; ~ *bowl*, pecera; ~ *culture*, piscicultura; ~ *day*, día de pescado, día de vigilia; ~ *globe*, pecera; ~ *glue*, cola de pescado, colapez; ~ *hatchery*, piscifactoría, vivero de peces; ~ *hawk*, ORNIT. halieto; ~ *joint*, FERROC. junta de eclisa; ~ *market*, pescadería; ~ *oil*, aceite de pescado; ~ *spear*, fisga [para pescar]; ~ *story*, fig. cuento increíble; ~ *torpedo*, torpedo submarino pisciforme; ~ *trap*, garlito, nasa; ~ *wire*, ELECT. alambre para tirar de un conductor que pasa por dentro de un tubo.

fish (to) *tr.* pescar [peces u otras cosas]. 2 pescar en [un río, etc.]. 3 buscar, coger, sacar. 4 CARP. juntar con sobrejunta. 5 FERROC. empalmar con eclisa. 6 MAR. enjimelgar. 7 ELECT. tirar de [un conductor que pasa por dentro de un tubo]. — *8 intr.* pescar: *to* ~ *in troubled waters*, pescar en río revuelto. 9 *to* ~ *for*, tratar de obtener o alcanzar.

fishberry (fishbe·ri) *s.* BOT. coca de Levante.

fishbone (fi·shboun) *s.* espina de pez.

fisher (fi·shø') *s.* pescador. 2 animal pescador. 3 embarcación de pesca. 4 ZOOL. marta del Canadá.

fisherman (fi·shø'mæn), *pl.* **-men** (-men) *s.* pescador. 2 barco pesquero. 3 fig. el Papa: *Fisherman's ring*, anillo del Pescador. 4 *pl.* los apóstoles.

fishery (fi·shøri), *pl.* **-ries** (-ris) *s.* pesca [acción]. 2 pesquería.

fishgig (fi·shguig) *s.* fisga [para pescar].

fishhook (fi·shjuc) *s.* anzuelo.

fishiness (fi·shinis) *s.* olor o sabor a pescado; aspecto de pescado. 2 calidad de sospechoso o raro.

fishing (fi·shing) *s.* pesca [acción]. 2 pesquería. — *3 adj.* de pesca, pesquero, que pesca: ~ *boat*, barca de pesca; ~ *eagle*, ORNIT. halieto; ~ *fly*, mosca artificial; ~ *grounds*, pesquería, pesquera; ~ *line*, cuerda, cordel o sedal para pescar; ~ *rod*, caña de pescar; ~ *smack*, barco de pesca; ~ *takle*, avíos de pescar, aparejo de pesca.

fishmonger (fi·shmonjø') *s.* pescadero.

fishplate (fi·shpleit) *s.* FERROC. eclisa.

fishpond (fi·shpond) *s.* estanque, nansa, vivero.

fishskin (fi·shskin) *s.* piel de pescado; piel de lija.

fishtail (fi·shteil) *s.* cola de pez o cosa que se le parece. 2 AVIA. coleadura. — *3 adj.* de cola de pez; en forma de cola de pez: ~ *bit*, barrena de dos puntas.

fishtail (to) *intr.* AVIA. colear.

fishwife (fi·shuaif), *pl.* **-wives** (-uaivs) *s.* pescadera. 2 fig. verdulera [mujer desvergonzada].

fishworm (fi·shuø'm) *s.* lombriz que sirve de cebo para pescar.

fishy (fi·shi) *adj.* de pez, o que lo parece. 2 que sabe o huele a pescado. 3 abundante en peces. 4 sospechoso. raro. 5 apagado, sin brillo; alelado.

fisk (fisc) *s.* fisco.

fissate (fi·seit) *adj.* dividido, hendido.

fissile (fi·sil) *adj.* H. NAT. fisil.

fissipedal (fisi·pedal) *adj.* ZOOL. fisípedo.

fission (fi·shøn) *s.* hendimiento. 2 BIOL. escisión. 3 FÍS., QUÍM. fisión.

fissiparism (fisi·parišm), **fissiparity** (fisipæ·riti) *s.* BIOL. reproducción por escisión.

fisiparous (fisi·parøs) *adj.* BIOL. fisíparo, que se reproduce por escisión.

Fissirostres (fisirostri·s) *s. pl.* ORNIT. fisirrostros.

fissirostral (fi·sirostral) *adj.* ORNIT. fisirrostro.

fissure (fi·shø') *s.* hendimiento. 2 hendidura, grieta. 3 ANAT., CIR., MINER. fisura.

fissure (to) *tr.* hender. — *2 intr.* henderse, agrietarse.

fist (fist) *s.* puño [mano cerrada]: ~ *law*, fig. derecho del más fuerte; *to shake one's* ~ *at*, amenazar con el puño. 2 fam. mano [del hombre]. 3 fam. letra, escritura. 4 fam. esfuerzo. 5 IMPR. manecilla [signo].

fist (to) *tr.* apuñear, dar de puñetazos. 2 empuñar.

fistic (fi·stic) *adj.* pugilístico.

fisticuff (fi·sticø') *s.* puñetazo, puñada. 2 *pl.* riña a puñetazos.

fisticuff (to) *tr.* puñear, dar de puñetazos. — *2 intr.* reñir a puñetazos.

fistula (fi·schøla), *pl.* **-lae** (-li) o **-las** (-læs) *s.* caña, tubo. 2 CIR. fístula. 3 BOT. cañaheja.

fistular (fi·schøla') *adj.* fistular. 2 en forma de caña o tubo.

fistulous (fi·schøløs) *adj.* fistuloso.

fit (fit) *s.* ataque, acceso, paroxismo, accidente convulsión. 2 arranque, arrebato: ~ *of passion*, corajina. 3 capricho, antojo. 4 breve período, rato, intervalo: *by fits* o *by fits and starts*, a empellones, irregularmente, intermitentemente, sin continuidad. 5 MÚS. canción o parte de ella. 6 ajuste, encaje. 7 corte, talle [de un traje]. 8 adaptación, conveniencia, conformidad. 9 preparación. — *10 adj.* apto, propio, capaz, digno, apropiado, adecuado, conveniente, a propósito: ~ *to be tied*, loco de atar; muy impaciente o encolerizado. 11 pintado, pintiparado. 12 en buen estado [de salud, etc.]. 13 listo, dispuesto, preparado. 14 *to see* ~, tener a bien, tener por conveniente. 15 pop. *to laugh* ~ *to kill*, desternillarse de risa.

fit (to) *tr.* e *intr.* adaptarse, ajustarse [a], encajar, concordar, corresponder, convenir, cuadrar, compadecerse, compaginarse [con]; ser propio, a propósito, o adecuado [de o para]: estar bien. 2 entallarse; caer, ir o venir bien [un vestido, etc.]. 3 caer, ir, venir [bien o mal]. 4 *to* ~ *in*, encajar en. 5 *to* ~ *in with*, concordar, armonizar con. — *6 tr.* ajustar, encajar, acomodar, conformar. 7 adaptar, adecuar. 8 entallar [un vestido]. 9 surtir, proveer, equipar. 10 vestir, calzar. 11 disponer. preparar. 12 *to* ~ *out*, surtir, equipar, pertrechar, habilitar; tripular, armar. 13 *to* ~ *up*, disponer [para un uso]; alhajar, amueblar; ataviar.

fitch (fich) *s.* ZOOL. turón, veso. 2 pincel de pelo de turón.

fitchet (fi·chit), **fitchew** (fi·chu) *s.* ZOOL. turón, veso.

fitful (fi·tful) *adj.* incierto, vacilante, intermitente. 2 caprichoso, impulsivo.

fitfully (fi·tfuli) *adv.* intermitentemente, a intervalos. 2 caprichosamente.

fitly (fi·tli) *adv.* adecuadamente, aptamente, convenientemente, acertadamente.

fitment (fi·tment) *s.* equipo, apresto, provisión. 2 mobiliario. 3 *pl.* FITTINGS.

fitness (fi·tnis) *s.* propiedad, adecuación. 2 aptitud, idoneidad. 3 conveniencia, correspondencia.

4 pertinencia, oportunidad, congruencia, tempestividad.

fitter (fi·tø') *s.* ajustador. 2 proveedor. 3 MEC. montador. 4 cortador, probador [sastre].

fitting (fi·ting) *adj.* propio, adecuado, digno, conveniente, ajustado. — 2 *s.* ajuste, encaje. 3 MEC. montaje. 4 SASTR. prueba, entalladura. 5 pieza de unión [en las tuberías]. 6 *pl.* accesorios, aparatos adjuntos, guarniciones, herrajes; muebles.

fittingly (fi·tingli) *adv.* adecuadamente, convenientemente, ajustadamente.

fitty (fi·ti) *adj.* propenso a tener ataques o arrebatos.

five (faiv) *adj.* y *s.* cinco: ∼ *hundred,* quinientos; ∼ *o'clock,* las cinco. — 2 *s.* equipo de baloncesto compuesto de cinco jugadores.

five-finger *s.* BOT. cincoenrama.

fivefold (fai·vfould) *adj.* de cinco partes. — 2 *adj.* y *s.* quíntuplo. — 3 *adv.* quintuplicadamente.

fivefold (to) *tr.* quintuplicar.

fives (faivŝ) *s.* cierto juego de pelota. 2 VET. adivas.

five-year *adj.* quinquenal: ∼ *plan,* plan quinquenal.

fix (fics) *s.* apuro, aprieto, brete: *to be in a* ∼, hallarse en un aprieto. 2 MAR. marcación. 3 FUND. brasca.

fix (to) *tr.* fijar [hincar, asegurar; hacer fijo o estable]; establecer. 2 fijar [determinar, precisar, señalar]. 3 fijar [la atención, la mirada]. 4 imprimir, grabar [en la mente, etc.]. 5 poner [el afecto, etc.]. 6 inmovilizar. 7 atraer [la atención, la mirada]. 8 arreglar, poner en orden. 9 reparar, componer, remendar. 10 fam. sobornar, cohechar; convencer. 11 fam. preparar, amañar. 12 dar [la culpa de], atribuir, achacar. | Gralte. con *on* o *upon.* 13 fam. apretar las clavijas [a uno], ajustarle las cuentas. 14 armar [la bayoneta]. 15 FOT., QUÍM., BIOL. fijar. 16 *to* ∼ *up,* componer, arreglar; equipar. — 17 *intr.* fijar su domicilio, establecerse. 18 fijarse, solidificarse, cristalizarse. 19 *to* ∼ *on* o *upon,* decidirse por, elegir, escoger.

fixable (fi·csabøl) *adj.* fijable.

fixate (to) (ficsei·t) *tr.* fijar [hacer fijo]. — 2 *intr.* fijarse.

fixation (fise·shøn) *s.* fijación. — 2 *adj.* de fijación: ∼ *abscess,* absceso de fijación.

fixative (fi·csativ) *adj.* que fija. — 2 *s.* TINT. mordiente. 3 DIB. fijador, fijativo.

fixed (ficst) *adj.* fijo, firme, estable, permanente: ∼ *idea,* idea fija, obsesión; ∼ *star,* estrella fija. 2 decidido, determinado. 3 arraigado. 4 COM. a plazo fijo. 5 ELECT. ∼ *condenser,* condensador fijo. 6 ∼ *phrase,* frase hecha.

fixedly (fi·csidli) *adv.* fijamente, firmemente. 2 ciertamente.

fixedness (fi·csidnis) *s.* fijeza, estabilidad, inmovilidad. 2 coherencia. 3 constancia.

fixer (fi·csø') *s.* FOT. fijador. 2 reparador, componedor.

fixing (fi·csing) *s.* acción de TO FIX. 2 fijación. 3 reparación, compostura. 4 FOT. fijado, fijación. 5 *pl.* accesorios, enseres, útiles. — 6 *adj.* FOT. fijador: ∼ *bath,* baño fijador.

fixity (fi·csiti) *pl.* **-ties** (-tis) *s.* fijeza. 2 cosa fija.

fixture (fi·cschø') *s.* fijación. 2 cosa, accesorio, adorno, mueble, fijos en un lugar: *electric light* ∼, lámpara, brazo, araña, etc., eléctrica. 3 persona permanentemente establecida en un lugar o empleo. 4 fecha fija [para ciertos actos], acto que se celebra en fecha fija. 5 *pl.* instalación [de una tienda], muebles, enseres. 6 instalación [de gas, electricidad, sanitaria, etc.].

fiz (fiŝ) *s.* FIZZ.

fizgig (fi·ŝguig) *s.* muchacha desenvuelta. 2 carretilla, buscapiés. 3 arpón. 4 peón, perinola.

fizz (fiŝ) *s.* ruido como el de un cohete, de un gas que se escapa, etc. 2 efervescencia, actividad. 3 fam. champaña, bebida gaseosa.

fizz (to) *intr.* hacer un ruido como el de un cohete, de un gas que se escapa, etc.

fizzle (fi·søl) *s.* ruido sibilante. 2 agitación. 3 fam. fiasco.

fizzle (to) (fi·søl) *intr.* hacer un ruido sibilante. 2 *to* ∼ *out,* chisporrotear [al apagarse]; arder sin llama [la pólvora]; hacer fiasco.

flabbergast (to) (flæ·bø'gast) *tr.* asombrar, dejar estupefacto.

flabby (flæ·bi) *adj.* fláccido, lacio, flojo, blanducho.

flabellate (flabe·leit), **flabelliform** (flabe·lifo'm) *adj.* flabeliforme.

flabellum (flabe·løm) *s.* ECLES. flabelo.

flaccid (flæ·csid) *adj.* fláccido, flojo.

flaccidity (flæcsi·diti) *s.* flaccidez, flojedad.

flag (flæg) *s.* bandera, estandarte, banderola: ∼ *of truce,* MIL. bandera de parlamento. 2 MAR. pabellón, insignia. 3 piedra para losas; losa, lancha, lastra. 4 BOT. espadaña. 5 BOT. ácoro falso. 6 cola de venado. 7 *pl.* plumas largas de la pata [del halcón, el búho, etc.]. 8 remeras secundarias [del ala de las aves]. — 9 *adj.* de bandera, de la bandera, que usa pabellón o insignia: ∼ *Day* (EE. UU.), fiesta de la bandera [14 de junio, aniversario de la adopción de la bandera americana por los patriotas en 1777]; ∼ *officer,* jefe de una escuadra; oficial general de la armada.

flag (to) *tr.* embanderar. 2 marcar con bandera o banderola. 3 señalar o comunicar [algo] con una bandera. 4 hacer señal a [alguien] con una bandera: *to* ∼ *a train,* hacer señal de parada, etc., a un tren. 5 atraer [la caza] con banderolas o pañuelos. 6 enlosar, pavimentar con lajas. 7 debilitar, enervar. — 8 *intr.* colgar, pender, estar flojo o lacio. 9 desanimarse. 10 aflojar, flaquear, debilitarse. 11 decaer, perder interés. 12 vacilar. ¶ CONJUG. pret. y p. p.: *flagged;* ger.: *flagging.*

flagellant (flæ·ÿelant) *adj.* flagelante, hiriente. — 2 *s.* flagelante; disciplinante.

Flagellata (flæ·ÿeleita) *s. pl.* BOT. y ZOOL. flagelados.

flagellate (fla·ÿeleit) *adj.* y *s.* BOT. y ZOOL. flagelado.

flagellate (to) *intr.* flagelar, azotar.

flagellation (flæÿele·shøn) *s.* flagelación.

flagellator (flæ·ÿeleito') *s.* flagelador.

flagelliform (flaÿe·lifo'm) *adj.* flageliforme.

flagellum (flaÿe·løm) *pl.* **-lums** o **-la** (-læ) *s.* flagelo, azote. 2 BOT., ZOOL. flagelo. 3 BOT. brote rastrero, estolón.

flageolet (flæÿole·t) *s.* MÚS. caramillo; chirimía.

flaggier (flæ·guiø') *adj. comp.* de FLAGGY.

flaggiest (flæ·guiest) *adj. superl.* de FLAGGY.

flagging (flæ·guing) *adj.* lánguido, flojo, desanimado. — 2 *s.* enlosado. 3 losas o lajas para enlosar.

flaggy (flæ·gui) *adj.* de aspecto de laja. 2 abundante en espadañas. 3 lánguido, flojo.

flagitious (flayi·shøs) *adj.* malvado, criminal, atroz, abominable.

flagman (flæ·gmæn) *pl.* **-men** (-men) *s.* el que hace señales con bandera. 2 FERROC. guardavía. 3 DEP. juez de distancias [en las carreras].

flagon (flæ·gøn) *s.* garrafa, jarro, botella.

flagpole (flæ·gpoul) *s.* asta de bandera. 2 mástil para una bandera. 3 TOP. banderola, jalón.

flagrance, -cy (flei·grans, -si) *s.* notoriedad, escándalo, atrocidad.

flagrant (flei·grant) *adj.* flagrante, ardiente. 2 notorio, escandaloso, insigne, atroz.

flagrante delicto (flagræ·nti dilicto) *loc.* in fraganti.

flagrantly (flei·grantli) *adv.* notoriamente, escandalosamente.

flagship (flæ·gship) *s.* MAR. buque insignia; almiranta, capitana.

flagstaff (flæ·gstaf) *s.* asta de bandera.

flagstone (flæ·gstoun) *s.* losa. 2 piedra que se separa en lajas; laja.

flail (flei·l) *s.* mayal [para desgranar]. 2 mangual.

flail (to) *tr.* desgranar con mayal. 2 azotar, pegar.

flair (fle') *s.* olfato. 2 instinto, penetración, sagacidad. 3 aptitud, disposición.

flair (to) *tr.* olfatear.

flak (flæc) *s.* MIL. barrera antiaérea.

flake (fleik) *s.* copo [de nieve]. 2 escama, pedacito, hojuela, laminilla: ∼ *of fire,* chispa, centella. 3 BOT. clavel rayado. 4 MAR. plancha de viento. 5 ∼ *white,* albayalde, cerusa, blanco de plomo.

flake (to) *tr.* dividir en hojuelas o escamas. 2 cubrir de copos [de nieve]. — 3 *intr.* formar hojuelas o escamas. 4 descascararse, desconcharse a pedacitos.

flakier (flei·kiø') *adj. comp.* de FLAKY.

flakiest (flei·kiest) *adj. superl.* de FLAKY.

flaky (flei·ki) *adj.* hecho de copos, hojuelas o escamas. 2 escamoso.

flam (flæm) *s.* falsedad, mentira, embuste.

flam (to) *tr.* e *intr.* mentir, engañar.

flambeau (flæ·mbou) *pl.* **-beaux** (-bouŝ) *s.* hachón, antorcha. 2 candelabro.

flamboyant (flæmboiant) *adj.* flamígero. 2 flámeo. 3 vistoso, adornado, llamativo. 4 resplandeciente.

flame (fleim) *s.* llama, flama; ~ *thrower*, MIL. lanzallamas 2 llamarada; brillo, luz. 3 fuego, ardor, pasión. entusiasmo, encendimiento. 4 amor 5 ser amado.

flame (to) *intr.* llamear, flamear, arder, encenderse, brillar, fulgurar. 2 exaltarse, inflamarse, encenderse [de pasión violenta]. — 3 *tr.* flamear, chamuscar. 4 encender, iluminar.

flame-coloured *adj.* de color de llama.

flameless (fleimlis) *adj.* sin llama.

flamen (fleimen) *s.* flamen.

flaming (fleiming) *adj.* llameante, encendido. 2 inflamado, apasionado. 3 llamativo, fastuoso. 4 resplandeciente.

flamingo (flamingou) *s.* ORNIT. flamenco.

flammeous (flæmiøs) *adj.* flámeo.

flamy (fleimi) *adj.* llameante, inflamado; del color de la llama

flan (flæn o flan) *s.* cospel. 2 flan; tarta de crema.

flanch (to) (flænch) *intr.* TO FLARE [9].

Flanders (flændø[r]s) *n. pr.* GEOGR. Flandes.

flange (flænÿ) *s.* MEC. brida, pestaña, reborde, chapa o plancha de cierre. 2 FUND. herramienta para formar pestañas. — 3 *adj.* MEC. de brida, de pestaña, etc.; ~ *coupling*, acoplamiento de bridas; ~ *jcint*, junta de pestañas remachadas; ~ *pipe*, tubo con reborde; ~ *rail*, riel en T.

flange (to) *tr.* hacer o poner brida, pestaña o reborde. — 2 *intr.* proyectarse, salir, extenderse.

flank (flænc) *s.* ijar, ijada, delgado, vacío. 2 costado, lado. 3 MIL., FORT. flanco. — 4 *adj.* lateral, del costado, del flanco.

flank (to) *tr.* flanquear; estar a cada lado de. 2 atacar el flanco de. — 3 *intr. to* ~ *on*, tener el flanco hacia; lindar con.

flanker (flænkø[r]) *s.* flanqueador. 2 lo que flanquea.

flannel (flænøl) *s.* TEJ. franela. 2 *pl.* ropa interior de franela. 3 DEP. vestido de franela.

flap (flæp) *s.* pieza ancha y delgada que cuelga suelta. 2 SASTR. cartera, golpe, pata, portezuela. 3 haldeta, faldón. 4 falbalá [de casaca]. 5 ala flexible [de sombrero]. 6 hoja plegadiza [de mesa]. 7 trampa [tablero]. 8 oreja [de zapato]. 9 MEC. disco [de válvula]. 10 pata [de gozne o bisagra]. 11 AUT. faja protectora [de una cámara de aire]. 12 CIR. colgajo. 13 mosquelón 14 revés, cachete. 15 aletazo. 16 gualdrapazo. 17 golpeteo. — 18 *adj.* ~ *door*, trampa [puerta]; ~ *valve*, MEC. chapaleta.

flap (to) *tr.* golpear, sacudir [con algo plano]. 2 mosquear. 3 batir, agitar [las alas]. 4 doblar o volver con fuerza. — 5 *intr.* colgar, pender. 6 gualdrapear, dar socolladas; batir. 7 aletear, volar. 8 moverse sin resultado, ¶ CONJUG. pret. y p. p.: *flapped*; ger.: *flapping*.

flapdoodle (flæpdudøl) *s.* fam. disparate, tontería.

flapper (flæpø[r]) *s.* el que golpea o sacude; cosa con que se golpea o sacude. 2 CAZA. polluelo, patito, anadón [que apenas sabe volar]. 3 fam. jovencita, tobillera. 4 pop. joven desenvuelta. 5 fam. mano.

flare (fleø[r]) *s.* llamarada, destello, resplandor. 2 fuego de señal o para iluminar; señal luminosa, cohete de señales. 3 arrebato [de cólera, etc.]. 4 estruendo [de trompetas, etc.]. 5 vuelo [de una falda] 6 ensanchamiento, derrame, abocinamiento.

flare (to) *tr.* señalar con luz o fuego. 2 hacer brillar. 3 chamuscar. 4 ostentar, lucir. 5 ensanchar, dar forma acampanada, abocinar. — 6 *intr.* llamear, brillar, fulgurar, deslumbrar. 7 arder con luz vacilante. 8 tener vuelo [una falda]. 9 ensancharse por la boca, tener forma acampanada o abocinada, tener forma de pabellón de trompeta; *10 to* ~ *up*, encenderse, encolerizarse.

flare-up *s.* llamarada, encendimiento. 2 llamarada, explosión [de cólera, etc.].

flaring (fleøring) *adj.* resplandeciente, rutilante, fulgurante. 2 vistoso, chillón. 3 acampanado, abocinado, que va ensanchándose hacia los bordes, que tiene forma de pabellón de trompeta.

flash (flæsh) *s.* llamarada, resplandor, destello; rayo, ráfaga [de luz]; fogonazo, fucilazo; ~ *of hope*, destello, rayo [de esperanza]; ~ *of lightning*, relámpago; ~ *of wit*, destello o rasgo de ingenio, agudeza; ~ *in the pan*, en los fusiles antiguos, inflamación del cebo que no produce

descarga; fig. esfuerzo súbito y aparatoso que no logra nada. 2 momento, instante: *in a* ~, en un instante; *for a* ~, un momento, por un instante, durante muy breve tiempo. 3 acción rápida; aparición o desaparición rápida: ~ *of the eye*, ojeada, vistazo. 4 pop. sonrisa. 5 pop. mirada, ojeada. 6 telegrama breve [en un periódico]. 7 descarga [de esclusa o represa]. 8 CINEM. breve proyección explicativa. 9 ostentación, relumbrón; cosa de relumbrón. 10 persona ostentosa. 11 corredor veloz. — 12 *adj.* de relumbrón, vulgar, charro, chillón. 13 pop. listo, despierto. 14 ladronesco, de germanía. 15 de llamarada o que la produce: súbito, repentino: ~ *bulb* o *lamp*, FOT. bombilla o lámpara de magnesio; ~ *flood*, avenida o inundación repentina; ~ *point*, punto o temperatura de inflamación. 16 ~ *wheel*, rueda de paletas para elevar agua.

flash (to) *tr.* encender, inflamar. 2 quemar [pólvora]. 3 hacer brillar. 4 despedir, enviar [luz, destellos]: echar [llamas]. 5 transmitir, enviar [un mensaje] rápidamente; telegrafiar, radiar. 6 sacar rápidamente. 7 fam. hacer ostentación de. 8 cubrir con planchas de cinc, plomo, etc. [ciertas partes de la techumbre] para evitar goteras. 9 ELECT. tratar [un filamento de carbón] por la corriente eléctrica en una mezcla gaseosa de hidrocarburos. 10 vaporizar [el agua] instantáneamente. 11 cubrir [cristal o vidrio] con una película de otro color. 12 *intr.* relampaguear, centellear, fucilar, llamear, brillar; inflamarse: *to* ~ *in the pan*, inflamarse el cebo de un fusil sin producir descarga. 13 pasar como un relámpago. 14 obrar con ímpetu; hablar con vehemencia. 15 pop. lucir, fachendear.

flashback (flæshbæc) *s.* CINEM. escena retrospectiva.

flashboard (flæshbo[r]d) *s.* alza [de presa].

flasher (flæshø[r]) *s.* ELECT. especie de interruptor de las lámparas de anuncios eléctricos intermitentes; ~ *sign*, anuncio eléctrico intermitente.

flashily (flæshili) *adv.* llamativamente, con ostentación. 2 impetuosamente.

flashing *adj.* centelleante, relampagueante. — 2 *m.* acción de TO FLASH: centelleo, relampagueo, fulguración, etc. 3 soplado [del vidrio]. 4 HIDR. golpe de agua. 5 vierteaguas, despidiente de agua.

flashlight (flæshlait) *s.* linterna eléctrica. 2 fanal [de destellos]; luz intermitente [de un faro]. 3 FOT. luz instantánea [de magnesio, etc.]; fogonazo [de magnesio]: ~ *fotography*, fotografía al magnesio.

flashover (flæshouvø[r]) *s.* ELECT. formación del arco voltaico; descarga luminosa.

flashy (flæshi) *adj.* brillante. 2 llamativo, chillón, ostentoso, de relumbrón; superficial. 3 vehemente, impetuoso.

flask (flæsc) *s.* frasco, redoma, botella plana. 2 FUND. caja de moldear.

flat (flæt) *adj.* plano, llano, liso: ~ *foot*, pie plano. 2 raso [campo]. 3 sin relieve. 4 chato, aplastado: ~ *nose*, nariz chata. 5 puesto de plano. 6 extendido. 7 arrasado. 8 positivo, absoluto, categórico, terminante. 9 insulso, insípido. 10 desbravado, que ha perdido su espuma [champán, cerveza, etc.]. 11 mate, sin lustre [pintura]. 12 COM. paralizado, desanimado. 13 invariable. 14 exacto, justo. 15 fijo, alzado [precio]: ~ *rate*, tipo o tarifa fijos; tanto alzado; tanto por unidad. 16 MÚS. desentonado [por bajo]. 17 MÚS. bemol, abemolado. — 18 *adv.* enteramente, completamente: ~ *broke*, sin un céntimo. 19 directamente; positivamente, decididamente. 20 exactamente. — 21 *s.* llanura, planicie, plano. 22 banco, bajío. 23 parte ancha o plana; plano [de una hoja cortante]; palma [de la mano]. 24 cosa plana; barca chata, pala de remo; carro de plataforma. 25 piso, cuarto, *apartamiento. 26 hormilla [de botón]. 27 MÚS. bemol. 28 fam. soso, simple, mentecato.

flat (to) *tr.* allanar, aplastar, achatar. 2 MÚS. abemolar. 3 MAR. acuartelar [la vela]. 4 hacer insípido, evaporar. — 5 *intr.* aplanarse, aplastarse. 6 perder sabor, interés, etc. 7 MÚS. desafinar [por bajo]. ¶ CONJUG. pret. y p. p.: *flatted*; ger.: *flatting*.

flat-bed press *s.* IMPR. prensa de platina.

flatboat (flætbout) *s.* chalana, barcaza, barco o bote de fondo plano.

flat-bottomed *adj.* de fondo plano [vasija, embarcación].

flatcar (flæ·tca') s. FERROC. vagón de plataforma.
flatfish (flæ·tfish) s. ICT. platija o cualquier otro pez pleuronecto.
flat-footed adj. de pies planos. 2 fam. resuelto, inflexible.
flathead (flæ·tjed) s. cabeza chata. [de un perno, tornillo, etc.]. 2 clavo, perno o tornillo de cabeza chata 3 tonto, mentecato.
flatiron (flæ·taiø'n) s. plancha [para planchar].
flatland (flæ·tlænd) s. llano, llanada, llanura.
flat-lock seaming s. MEC. engatillado.
flatly (flæ·tli) adv. horizontalment⌐. llanamente. 2 categóricamente, terminantemente, de plano. 3 insuisamente.
flatness (flæ·tnis) s. llanura, lisura. 2 chatedad. 3 insipidez, insulsez. 4 decisión, cualidad de categórico o terminante.
flat-nosed adj. chato [de nariz chata].
flatten (to) (flæ·tøn) tr. allanar, aplanar, aplastar, achatar, chafar. 2 derribar. 3 postrar, abatir, desalentar. 4 desazonar, hacer insípido. 5 quitar el lustre [a la pintura]. 6 to ~ out, extender horizontalmente; enderezar, poner horizontal [un avión en vuelo]. — 7 intr. aplanarse, aplastarse, achatarse. 8 abatirse, desalentarse. 9 perder el sabor. 10 desbravarse, perder su espuma [el champán, la cerveza, etc.]. 11 to ~ out, enderezarse, ponerse horizontal [un avión en vuelo].
flatter (flæ·tø') adj. comp. de FLAT: más llano, más insípido, etc. — 2 s. aplanador, laminador. 3 martillo plano.
flatter (to) tr. adular, lisonjear; to ~ oneself, lisonjearse, hacerse una ilusión. 2 halagar. 3 mimar. 4 favorecer [un retrato]. 5 aliviar, engañar [las penas].
flatterer (flæ·tørø') s. adulador, lisonjero.
flattering (flæ·tøring) adj. adulador, lisonjero, halagador.
flatteringly (flæ·tøringli) adv. lisonjeramente.
flattery (flæ·tøri) s. adulación, lisonja, zalamería. 2 halago.
flattish (flæ·tish) adj. algo chato. 2 algo insípido.
flatting (flæ·ting) s. pintura sin brillo.
flattop (flæ·ttop) s. fam. portaaviones.
flatulence, flatulency (flæ·tiuløns, -si) s. flatulencia. 2 hinchazón, presunción.
flatulent (flæ·tiulønt), flatuous (flei·tiuøs) adj. flatulento, flatuloso. 2 hinchado, pomposo, vano.
flatus (flei·tøs), pl. -tus o -tuses (-tøsiš) s. flato. 2 hinchazón. 3 soplo [de aire].
flatware (flæ·tue') s. vajilla de plata. 2 vajilla de porcelana.
flatways (flæ·tueiš), flatwise (flæ·tuaiš) adv. de plano, horizontalmente. 2 con el lado plano hacia arriba.
flaunt (flont) s. boato, ostentación, alarde.
flaunt (to) tr. desplegar, hacer ondear. 2 lucir, ostentar, alardear de. — 3 intr. ondear, flotar [al viento]. 4 ser ostentoso; pavonearse.
flautist (flo·tist) s. flautista.
flavescent (flave·sønt) adj. amarillento.
flavid (flæ·vid) adj. amarillo de oro.
flavo(u)r (flei·vø') s. sabor, gusto. 2 aroma, perfume. 3 coc. sazón, sainete.
flavo(u)r (to) tr. saborear, dar sabor. 2 sazonar, condimentar. 3 perfumar, aromatizar. 4 fig. dar cualidad distintiva [a una cosa]. — 5 intr. saber a, oler a.
flavo(u)ring (flei·vøring) s. sainete, condimento.
flavo(u)rless (flei·vø'lis) adj. sin sabor, insípido, soso.
flavo(u)rous (flei·vørøs) adj. sabroso, aromático.
flaw (flo) s. grieta, raja, hendedura, brecha. 2 falla, falta, defecto, tacha, imperfección. 3 pelo [en una piedra o metal]. 4 GEOL. falla. 5 DER. vicio. 6 MAR. ráfaga, racha.
flaw (to) tr. agrietar, hender, romper. 2 causar defecto o vicio, afear, estropear. — 3 intr. agrietarse; estropearse.
flawless (flo·lis) adj. entero, sano. 2 sin defecto, sin tacha, perfecto.
flawy (flo·i) adj. agrietado, grietoso. 2 defectuoso. 3 propenso a rachas [de viento, etc.].
flax (flæcs) s. lino [planta, fibra] : ~ brake, agramadera; ~ comb, rastrillo.
flaxen (flæ·csøn) adj. de lino; parecido al lino: ~ hair, cabello, blondo, muy rubio.
flaxen-haired adj. blondo, de cabello muy rubio.

flaxseed (flæ·csid) s. linaza, semilla del lino: ~ oil, aceite de linaza.
flaxweed (flæ·csuid) s. BOT. linaria.
flaxy (flæ·csi) adj. FLAXEN.
flay (to) (flei) tr. desollar, despellejar. 2 fig. desollar vivo, robar. 3 fig. reprender, flagelar, fustigar.
flayer (flei·ø') s. desollador.
flaying (flei·ing) s. desuello, despellejamiento.
flea (fli) s. ENTOM. pulga: to put a ~ in one's ear, decir algo que molesta; reprender. 2 ENTOM. altica.
fleabane (fli·bein) s. BOT. coniza.
fleabite (fli·bait) s. picadura de pulga. 2 fig. pequeña molestia.
flea-bitten adj. picado de pulgas. 2 blanco mosqueado [caballo].
fleam (fli·m) s. VET. fleme [lanceta].
fleawort (fli·uø't) s. BOT. pulguera, zaragatona.
fleck (fle·k) s. punto, mancha [de color o de luz]; pinta, lunar, peca. 2 copo, vedija.
fleck(er (to) tr. manchar, abigarrar, listar, varetear.
fleckless (fle·clis) adj. sin mancha.
flection (fle·cshøn) s. flexión, doblamiento. 2 codo, curvatura. 3 GRAM. flexión.
flectional (fle·cshønal) adj. GRAM. flexional.
fled (fled) pret. y p. p. de TO FLEE.
fledge (to) (fle·dȝ) tr. emplumar. 2 criar plumas en. 3 criar [un pájaro] hasta que puede volar. — 4 intr. emplumecer, pelechar.
fledged (fle·dȝd) adj. plumado, cubierto de plumas. 2 que tiene bozo.
fledg(e)ling (fle·dȝling) adj. y s. volantón. 2 joven, novel, inexperto.
flee (to) (fli) tr. huir de, escapar de, evitar, esquivar. — 2 intr. huir, escapar, fugarse, desaparecer. ¶ CONJUG. pret. y p. p.: fled.
fleece (flis) s. vellón, vellocino, lana: the Golden Fleece, el Vellocino de oro; el Toisón [de oro].
fleece (to) tr. esquilar, trasquilar [ganado lanar]. 2 fig desplumar, despojar, pelar. 3 cubrir de lana o nieve.
fleeced (fli·st) adj. que tiene vellón. 2 esquilado.
fleecer (fli·sø') s. esquilador [de ganado lanar]. 2 desplumador, despojador.
fleecier (fli·siø') adj. comp. de FLEECY.
fleeciest (fli·siest) adj. superl. de FLEECY.
fleecy (fli·si) adj. lanudo. 2 blanco y blando. 3 ~ clouds, nubes aborregadas.
fleer (flrø') s. mueca, burla, risa falsa. 2 el que huye.
fleer (to) tr. burlarse, mofarse de, mirar con gesto de desprecio. — 2 intr. reírse o sonreírse con burla o desprecio.
fleet (flrt) s. armada, marina de guerra. 2 MAR. flota, armada, escuadra. 3 AVIA. flota, escuadrilla. 4 conjunto de coches, camiones, etc., pertenecientes a una misma empresa. — 5 adj. veloz, ligero, rápido, fugaz.
fleet (to) tr. rozar, pasar rápidamente sobre. 2 MAR. cambiar; despasar, tiramollar. — 3 intr. pasar velozmente, volar, desvanecerse.
fleet-footed adj. alípedo; alígero.
fleeting (flr·ting) adj. fugaz, pasajero, efímero, transitorio.
fleetingly (flr·tingli), fleetly (flr·tli) adv fugazmente, velozmente.
fleetness (flr·tnis) s. rapidez, velocidad, ligereza.
fleet-winged adj. alígero.
Fleming (fle·ming) s. flamenco [de Flandes].
Flemish (fle·mish) adj. y s. flamenco [de Flandes]. — 2 s. flamenco [idioma].
flesh (flesh) s. carne [de una persona o animal vivos; cuerpo, naturaleza humana] : ~ and blood, carne y hueso; fig. sangre, hijos, hermanos, parientes; to lose ~, perder carnes; to put on ~, echar carnes, engordar; in the ~, vivo, en persona. 2 carne [por oposición a pescado]. 3 carne, sensualidad. 4 buenos sentimientos. 5 raza humana, humanidad. 6 sangre, linaje. 7 carne [de fruta]. 8 piel, cutis. — 9 adj. de carne, de la carne, de la piel o cutis: ~ colour, color de carne; ~ fly, ENTOM. moscarda, mosca de la carne; ~ wound, herida superficial.
flesh (to) tr. hartar, saciar. 2 acostumbrar, avezar. 3 cebar, encarnizar. 4 hundir [un arma] en la carne. 5 dar cuerpo o forma. 6 TEN. descarnar.
flesh-colo(u)red adj. de color de carne, encarnado.

fleshed (fle·shd) *adj.* que tiene la carne de cierto modo : *hard-fleshed*, de carne dura.

fleshier (fle·shiø') *adj. comp.* de FLESHY.

fleshiest (fle·shiest) *adj. superl.* de FLESHY.

fleshiness (fle·shinis) *s.* carnosidad, gordura, corpulencia, humanidad.

fleshings (fle·shiñg̃s) *s. pl.* TEAT. mallas de color de carne. 2 TEN. carne que se rae de las pieles antes de curtirlas.

fleshless (fle·slis) *adj.* descarnado.

fleshlier (fle·shliø') *adj. comp.* de FLESHLY.

fleshliest (fle·shliest) *adj. superl.* de FLESHLY.

fleshliness (fle·shlinis) *s.* carnalidad.

fleshly (fle·shli) *adj.* carnoso. 2 corporal. 3 carnal, sensual, mundano. 4 tierno, sensible.

fleshpot (fle·spot) *s.* olla, marmita. 2 *pl.* abundancia, vida regalada.

fleshy (fle·shi) *adj.* carnoso, pulposo. 2 suculento. 3 gordo, grueso, corpulento.

fletcher (fle·chø') *s.* flechero.

fleur-de-lis (flø'døli·(s) *s.* BLAS., BOT. flor de lis.

flew (flu) *pret.* de TO FLY.

flewed (flud) *adj.* boquihendido.

flews (fluṣ) *s. pl.* partes laterales pendientes del labio superior del perro.

flex (flecs) *s.* doblez, encorvadura.

flex (to) *tr.* doblar, encorvar. — 2 *intr.* doblarse, encorvarse.

flexibility (flecsibi·liti) *s.* flexibilidad.

flexible (fle·csibøl) *adj.* flexible : ~ *cord*, ELECT. flexible. 2 cimbreño, juncal. 3 dócil, manejable, adaptable.

flexibleness (fle·csibølnis) *s.* FLEXIBILITY.

flexile (fle·csil) *adj.* FLEXIBLE.

flexion (fle·cshøn) *s.* flexión.

flexor (fle·csø') *s.* ANAT. flexor [músculo].

flexuose (fle·cshuous), **flexuous** (fle·cshuøs) *adj.* flexuoso, tortuoso, sinuoso. 2 vario, inconstante.

flexure (fle·cshø') *s.* flexión, corvadura.

flibbertigibbet (fḷbø'tiỹi·bet) *s.* veleta, persona voluble, casquivana. 2 tarabilla, persona habladora.

flick (flic) *s.* golpecito [con el dedo, el látigo, etc.]. 2 pasagonzalo. 3 mancha pequeña, raya, salpicadura. 4 *fam.* (Austr.) cine.

flick (to) *tr.* dar un golpecito [con el látigo, etc.]; quitar con un golpecito. 2 sacudir [la ceniza a un cigarro]. 3 chasquear [un látigo]. — 4 *intr.* ir de un lado a otro, corretear, revolotear.

flicker (fli·kø') *s.* vacilación, titilación, luz trémula. 2 movimiento [de los párpados], parpadeo. 3 aleteo. 4 temblor momentáneo, estremecimiento. 5 ORNIT. picamaderos norteamericano. 6 *pl.* pop. película [de cine].

flicker (to) *intr.* fluctuar, vacilar, temblar, titilar : *to ~ the eyelashes,* parpadear. 2 entremorir. 3 aletear.

flicker-mouse *s.* ZOOL. murciélago.

flier (fla·i·t) *s.* animal volador; cosa que vuela. 2 aviador. 3 avión, aeroplano. 4 cosa veloz : coche, tren o vapor rápidos, caballo de carreras, etc. 5 fugitivo. 6 aspa, rueda [de molino de viento]. 7 tramo de escalera paralelo a otro. 8 papel u hoja que se distribuye, como un programa, un prospecto. 9 IMPR. sacapliegos. 10 *fam.* aventura, empresa u operación arriesgada [esp. de bolsa].

flight (fla·i·t) *s.* vuelo [acción, manera de volar; espacio recorrido volando]; volada : *to take ~,* alzar el vuelo. 2 viaje aéreo. 3 trayectoria [de un proyectil]. 4 paso rápido [del tiempo]. 5 bandada [de pájaros]. 6 lluvia [de flechas]. 7 escuadrilla [de aviones]. 8 ímpetu, arranque, arrebato, exaltación; vuelo [de la fantasía]. 9 fuga, huída, escape, evasión : *to put to ~,* poner en fuga; *to take to ~,* huir, fugarse. 10 tramo [de escalera]; serie [de terrazas]. — 11 *adj.* de vuelo, para el vuelo, de aviación, etc. : ~ *deck,* cubierta de despegue y aterrizaje [de un portaaviones]; ~ *feather,* ORNIT. remera; ~ *officer,* oficial de aviación; ~ *path,* AVIA. línea de vuelo; ~ *squadron,* escuadrilla aérea.

flightier (fla·i·tiø') *adj. comp.* de FLIGHTY.

flightiest (fla·i·tiest) *adj. superl.* de FLIGHTY.

flightiness (fla·i·tinis) *s.* veleidad, inconstancia, variabilidad.

flighty (fla·i·ti) *adj.* fugaz, pasajero. 2 caprichoso, volátil, inconstante, variable. 3 alocado, travieso. 4 chiflado.

flimflam (fli·mflæm) *s.* necedad, bagatela. 2 triquiñuela, soflama, engaño.

flimflam (to) *tr.* engañar, embaucar, timar. ¶ CONJUG. pret. y p. p.: *flimflammed;* ger.: *flimflamming.*

flimsier (fli·mṣiø') *adj. comp.* de FLIMSY.

flimsiest (fli·mṣiest) *adj. superl.* de FLIMSY.

flimsiness (fli·mṣinis) *s.* endeblez. 2 insubstancialidad, trivialidad, falta de solidez o consistencia.

flimsy (fli·mṣi) *adj.* débil, endeble. 2 flaco, fútil, trivial, baladí, insubstancial. — 3 *s.* papel muy delgado que usan los periodistas; noticia escrita en él.

flinch (flinch) *s.* vacilación, titubeo. 2 cierto juego de naipes.

flinch (to) *intr.* vacilar, ceder, desistir, echarse atrás, retroceder [ante lo peligroso, difícil o desagradable]; arredrarse, acobardarse.

flinder (fli·ndø') *s.* astilla, añico, fragmento.

fling (fling) *s.* tiro, echada, echamiento. 2 *fam.* prueba, tentativa : *to take* o *have a ~ at,* probar, ensayar. 3 *fam.* indirecta, pulla, sarcasmo, burla : *to take* o *have a ~ at,* burlarse de, echar una pulla a. 4 brinco, coz. 5 valor, atrevimiento. 6 libertad de acción, acción libre, sin trabas : *to go on a ~,* echar una cana al aire; *to have one's ~,* calaverear, correrla. 7 baile escocés muy vivo.

fling (to) *tr.* echar, arrojar, tirar, lanzar; despedir. 2 derribar, echar al suelo. 3 derrotar, vencer. 4 *to ~ about,* esparcir. 5 *to ~ away,* arrojar, desechar. 6 *to ~ in one's face,* echar en cara, lanzar al rostro. 7 *to ~ off,* desechar, sacudirse, deshacerse de; soltar [una frase, etc.], despistar, engañar [al que persigue]. 8 *to ~ open,* abrir de golpe. 9 *to ~ out,* arrojar con fuerza; lanzar [palabras duras]; hacer ondear [una bandera]. 10 *to ~ up,* abandonar, dejar. — 11 *intr.* arrojarse, lanzarse, abalanzarse, precipitarse. 12 saltar, brincar. 13 cocear. 14 burlarse, mofarse. 15 lanzar un arma arrojadiza. 16 *to ~ off* o *out,* irse precipitadamente; irse echando chispas. ¶ CONJUG. pret. y p. p.: *flung.*

flint (flint) *s.* pedernal, piedra de chispa. 2 cosa muy dura. — 3 *adj.* de pedernal, muy duro : ~ *glass,* cristal [vidrio pesado y brillante]; ~ *stone,* pedernal.

flint-hearted *adj.* empedernido.

flintier (fli·ntiø') *adj. comp.* de FLINTY.

flintiest (fli·ntiest) *adj. superl.* de FLINTY.

flintiness (fli·ntinis) *s.* dureza extrema.

flintlock (fli·nloc) *s.* llave de un fusil de chispa. 2 fusil de chispa.

flinty (fli·nti) *adj.* pedernalino. 2 roqueño, empedernido. 3 duro, inexorable, cruel.

flip (flip) *s.* golpe vivo, capirotazo. 2 especie de ponche de vino, cerveza o ron con huevos, azúcar y especias. 3 *fam.* salto mortal. 4 *fam.* vuelo en avión. — 5 *adj. fam.* FLIPPANT.

flip (to) *tr.* arrojar, lanzar al aire. 2 echar [una moneda sobre el mostrador]. 3 tirar con un movimiento del pulgar y otro dedo. 4 sacudir. 5 dar un golpe vivo. 6 quitar de golpe. 7 pop. subir a [un vehículo en marcha]. 8 *to ~ shut,* cerrar de golpe [un abanico, etc.]. 9 *to ~ up,* echar a cara o cruz.

flip-flap (flip-flop) *s.* especie de tiovivo. 2 trapa, trapa.

flippancy (fli·pansi) *s.* ligereza impropia, falta de respeto, impertinencia, petulancia.

flippant (fli·pant) *adj.* ligero, irrespetuoso, impertinente, petulante.

flippantly (fli·pantli) *adv.* con ligereza o impertinencia, irrespetuosamente.

flipper (fli·pø') *s.* ZOOL. miembro adaptado a la natación; pata [de foca, de tortuga marina, etc.]. 2 pop. mano, brazo.

flirt (flø't) *s.* flirteador, galanteador. 2 coqueta [mujer]. 3 sacudida, tirón, movimiento vivo. 4 acción de tirar [algo].

flirt (to) *intr.* flirtear, coquetear. 2 juguetear, mariposear, jugar con. 3 acariciar, dejarse tentar por [una idea, etc.]. — 4 *tr.* tirar, lanzar o mover vivamente. 5 abrir y cerrar vivamente [un abanico].

flirtation (flø'te·shøn), **flirting** (flø·'ting) *s.* flirteo, coqueteo, galanteo.

flit (flit) *s.* movimiento rápido; aleteo.

flit (to) *intr.* pasar [de un sitio a otro]. 2 moverse rápidamente, volar, revolotear. 3 deslizarse, huir, pasar rápidamente. *4* irse apagando [una llama]. ¶ CONJUG. pret. y p. p. : *flitted;* ger. : *flitting.*

flitch (flich) *s.* hoja o témpano [de tocino]. *2* lonja [de carne o pescado]. *3* CARP. costero.

flitter (fli·tø') *s.* jirón, andrajo, pedazo. *2* lentejuela adorno de oropel.

flitter (to) *tr.* e *intr.* TO FLUTTER.

flittermouse (fli·tø'·ma·us) *s.* ZOOL. murciélago.

flitting (fli·ting) *s.* vuelo, paso rápido; fuga. — *2 adj.* fugaz.

flivver (fli·vø') *s.* pop. automóvil o avión pequeño y barato. *2* pop. cosa sin valor. *3* pop. fiasco.

flix (flics) *s.* borra, tamo, pelusa.

float (flout) *s.* flotador; cosa que flota. *2* corcho [de caña de pescar]. *3* boya. *4* salvavidas. *5* nadadera. *6* balsa; armadía. *7* plataforma flotante. *8* bote de cazar patos. *9* carromato, carroza, carro alegórico [para procesiones, etc.]. *10* ALBAÑ. llana. *11* AGR. atabladera, aplanadera. *12* paleta [de rueda]. *13* AGR. reguera. — *14 adj.* de flotador

float (to) *intr.* flotar. *2* sobrenadar, boyar, nadar; hacer la plancha [en la natación]. *3* cernerse. *4* fluctuar. *5* COM. tener buena acogida [un papel una emisión]. — *6 tr.* hacer flotar, poner, mantener o llevar a flote. *7* inundar. *8* regar, irrigar. *9* COM. emitir, poner en circulación. *10* COM. sostener o lanzar una empresa o compañía anónima. *11* ALBAÑ. igualar con llana. *12* cazar [desde un bote]. *13 to ~ up,* soldar [latas de conserva].

floatable (flou·tabøl) *adj.* flotable.

floatage (flou·tidȳ) *s.* FLOTAGE.

floatation (flote·shøn) *s.* FLOTATION.

floatboard (flou·tbo'd) *s.* álabe o paleta [de rueda].

floater (flou·tø') *s.* flotador. *2* el que cambia frecuentemente de residencia, ocupación, partido, etc. *3* fam. (EE. UU.) el que en unas elecciones vota fraudulentamente en varias secciones.

floating (flou·ting) *s.* flote, flotación. *2* plancha [en natación]. *3* ALBAÑ. enlucido, revestimiento. — *4 adj.* flotante : ~ *axle,* MEC. eje flotante; ~ *battery,* ELECT. acumulador flotante; ~ *debt,* deuda flotante; ~ *dock,* dique flotante; ~ *island,* isla flotante o artificial; fig. coc. natillas adornadas con merengue; ~ *kidney,* MED. riñón flotante; ~ *light,* MAR. boya luminosa; ~ *population,* población flotante; ~ *ribs,* ANAT. costillas flotantes. *5* boyante, a flote. *6* fluctuante, variable. *7* COM. en circulación.

floccose (flo·cçus) *adj.* coposo, lanoso. *2* BOT. lanuginoso.

flocculence (flo·kiulens) *s.* lanosidad.

flocculent (flo·kiulent) *adj.* coposo, lanoso.

flock (floc) *s.* bandada [de aves]; manada; rebaño [esp. de ovejas]. *2* grey, congregación. *3* muchedumbre, multitud, grupo. *4* hatajo, conjunto. *5* copo, vedija. *6* borra, pelusilla. *7* desecho de algodón o lana reducido a pelusa para rellenar muebles o dar un aspecto velloso al papel.

flock (to) *intr.* reunirse, congregarse, atroparse, juntarse. *2* llegar en tropel.

floe (flou) *s.* masa de hielo flotante.

flog (to) (flog) *tr.* azotar, vapulear, fustigar. — *2 intr.* MAR. gualdrapear. ¶ CONJUG. pret. y p. p. : *flogged;* ger. : *flogging.*

flogging (flo·guing) *s.* azotes, azotamiento; azotaina, vapuleo.

flood (fløod) *s.* masa de agua, riada, avenida, crecida, desbordamiento. *2* diluvio, inundación; *the Flood,* el Diluvio, el Diluvio universal. *3* torrente, abundancia. *4* flujo, subida de la marea. *5* aguas. mar. *6* MIN. aguada. — *7 adj.* ~ *control,* obras de regulación del caudal de los ríos y de defensa contra las inundaciones; ~ *lamp,* FLOODLIGHT; ~ *lighting,* sistema de alumbrado que no deja sombras, iluminación intensiva; ~ *plain,* llanura aluvial; ~ *tide,* marea montante, pleamar; una de las mareas vivas.

flood (to) *tr.* inundar. *2* sumergir, anegar, enaguazar. *3* hacer subir el nivel del agua. — *4 intr.* diluviar. *5* rebosar, desbordarse; entrar o salir a raudales.

floodgate (flød·gueit) *s.* compuerta, paradera; puerta de esclusa.

flooding (fløo·ding) *s.* inundación.

floodlight (fløod·lait) *s.* reflector, proyector de luz.

floodmark (fløod·ma'c) *s.* nivel de la marea alta.

floor (flo·ø') *s.* suelo, piso, pavimento, entarimado. *2* fondo [del mar, de una piscina, etc.]. *3* MAR. plan [de un buque]. *4* MAR. varenga. *5* piso, alto [de una casa] : *first ~,* primer piso. *6* hemiciclo o lugar destinado a los diputados; por ext., uso de la palabra : *to have the ~,* tener la palabra; *to take the ~,* tomar la palabra. *7* en la Bolsa, lugar donde se verifican las operaciones. — *8 adj.* de suelo, de piso, etc. : ~ *lamp,* lámpara de pie; ~ *mop,* aljofifa; escoba de bayeta; ~ *show,* espectáculo o atracciones de cabaret; ~ *tile,* baldosa, baldosín, loseta. *9* (EE. UU.) ~ *leader,* jefe de una fracción parlamentaria.

floor (to) *tr.* solar, enlosar, embaldosar, enladrillar, tillar, entarimar. *2* derribar, echar al suelo. *3* apabullar, dejar confundido, revolcar [en una discusión]; derrotar, vencer. *4* poner en el suelo o cerca del suelo [p. ej., un cuadro, en una exposición]. *5* esparcir por el suelo.

floorcloth (flo·ø'·cloz) *s.* hule para cubrir el suelo.

flooring (flo·ø'·ring) *s.* suelo, piso. *2* embaldosado, pavimento, entarimado. *3* material para solar.

flop (flop) *s.* fam. sonido como el del choque de un cuerpo blando. *2* fam. fracaso, fiasco.

flop (to) *tr.* echar, dejar caer con descuido o con ruido. *2* batir, sacudir. — *3 intr.* hacer un ruido como el del choque de un cuerpo blando. *4* menearse [una cosa] de un lado a otro. *5* andar torpe o pesadamente. *6* fracasar, hacer fiasco. *7* cambiar súbitamente. *8 to ~ down,* dejarse caer, tumbarse. *9 to ~ over,* dar un vuelco, cambiar de partido. ¶ CONJUG. pret. y p. p. : *flopped;* ger. : *flopping.*

flora (flo·ra) *s.* BOT. flora. *2* (con may.) MIT. Flora.

floral (flo·ral) *adj.* floral.

Florence (flo·røns) *n. pr. f.* Florencia. *2* GEOGR. Florencia.

Florentine (flo·røntin) *adj.* y *s.* florentino.

florescence (flore·søns) *s.* BOT. florescencia.

florescent (flore·sønt) *adj.* florescente.

floret (flo·ret) *s.* BOT. flósculo. *2* florecilla.

floriculture (flo·ricølchø') *s.* floricultura.

floriculturist (flo·ricølchørist) *s.* floricultor.

florid (flo·rid) *adj.* florido, exornado [estilo, etc.]. *2* encendido, colorado [rostro]. *3* vigoroso, lozano, fresco. *4* elegante, llamativo.

floridity (flo·riditi) *s.* floridez. *2* rubicundez.

floridly (flo·ridli) *adv.* floridamente.

floridness (flo·ridnis) *s.* FLORIDITY.

floriferous (flo·riførøs) *adj.* florífero.

florin (flo·rin) *s.* florín.

florist (flo·rist) *s.* floricultor. *2* florista.

floscule (flo·skiul) *s.* BOT. flósculo.

floss (flos) *s.* seda floja o adúcar, cadarzo. *3* fibra sedosa. *4* penacho [del maíz]. *5* FUND. escorias que sobrenadan. — *6 adj.* ~ *silk,* seda floja o adúcar, cadarzo.

flossy (flo·si) *adj.* len. *2* ligero, suave. *3* pop. llamativo, cursi.

flotage (flou·tidȳ) *s.* flotación. *2* cosas que flotan. *3* barcos que frecuentan un río o un puerto.

flotation (flote·shøn) *s.* flotación, flotadura. *2* botadura [de un buque]. *3* COM. lanzamiento [de un empréstito, de una empresa]. *4* teoría de los cuerpos flotantes.

flotilla (floti·la) *s.* flotilla.

flotsam (flo·tsam) *s.* pecios. *2* cosa que flota o va a la deriva.

flounce (flauns) *s.* faralá, volante, guarnición. *2* tapa de pistolera. *3* sacudida o movimiento rápido del cuerpo o de un miembro.

flounce (to) *tr.* guarnecer con volantes. — *2 intr.* forcejear, zarandearse. *3* andar o moverse violentamente, mostrando enojo; brincar de impaciencia : *to ~ out,* salir airadamente.

flounder (flaun·dø') *s.* forcejeo, esfuerzo torpe. *2* ICT. platija. *3* ICT. nombre de otros peces pleuronectos, como el lenguado, el rodaballo, etc.

flounder (to) *intr.* debatirse, forcejear, patear [en el barro, etc.]. *2* avanzar torpemente; tropezar y caer. *3* obrar torpemente; equivocarse.

flour (flou·') *s.* harina. — *2 adj.* harinero, de harina, para la harina : ~ *dealer,* harinero; ~ *bolt,* tamiz, cernedor.

flour (to) *tr.* moler [convertir en harina], pulverizar. *2* enharinar.

flourish (flø·rish) *s.* molinete o movimiento ostentoso, de saludo, etc., que se hace con un bastón, espada, etc. *2* adorno, floreo. *3* rasgo o dibujo caprichoso. *4* MÚS. adición o preludio improvisado y brillante. *5* toque de trompetas. *6* florecimiento, prosperidad, vigor.

flourish (to) *intr.* crecer, desarrollarse. *2* florecer, prosperar. *3* MÚS. improvisar un preludio. *4* jactarse, vanagloriarse. *5* rasguear, hacer dibujos caprichosos. — *6 tr.* adornar, ornamentar. *7* blandir, hacer molinetes con; mover con gracia u ostentación.

flourishing (fløˈrishing) *adj.* floreciente, próspero.

flourishingly (fløˈrishingli) *adv.* florecientemente, prósperamente.

floury (flaˈuri) *adj.* harinoso. *2* enharinado.

flout (flaut) *s.* mofa, befa, escarnio, desprecio, insulto

flout (to) *tr.* mofarse de, befar, escarnecer, insultar; rechazar con desdén, despreciar.

flow (flou) *s.* flujo, corriente; cosa que fluye o mana. *2* acción de fluir o manar; salida [de un líquido o fluido]. *3* torrente, chorro, abundancia. *4* afluencia. *5* desagüe. *6* flujo [de la marea]. *7* desbordamiento, inundación. *8* movimiento suave y gradual. *9* ondeo. *10* manera de caer [un ropaje, etc.]. *11* HIDR. gasto [cantidad que sale o pasa por unidad de tiempo]. *12* capacidad que tiene una pintura o barniz para extenderse en capa uniforme. *13* MED. menstruo. *14* ~ *of spirits*, animación habitual.

flow (to) *intr.* fluir, manar, correr. *2* circular [la sangre]. *3* salir, proceder, dimanar. *4* afluir. *5* subir [la marea]. *6* abundar, tener en abundancia, rebosar. *7* deslizarse, correr fácilmente, sin cambios bruscos, tener un movimiento fácil, suave [el estilo, etc.]. *8* caer en ondas o pliegues; ondear. *9* MAT. aumentar o disminuir continuamente por cantidades infinitesimales. *10* *to* ~ *away*, deslizarse, pasar. *11 to* ~ *into*, afluir a; desembocar, desaguar en. *12 to* ~ *over*, rebosar. *13 to* ~ *with*, abundar en, rebosar de. — *14 tr.* inundar. *15* derramar. *16* extender [pintura o barniz] en una capa espesa.

flower (flaˈuə⁷) *s.* BOT. flor; planta estimada por su flor. *2* flor [lo más escogido]. *3* adorno, ornamento [esp. del estilo]; figura retórica. *4* BOT. ~ *of luce*, flor de lis, iris. *5 pl.* QUÍM. flor: *flowers of sulphur*, flor de azufre. *6* flor, nata [del vino]. *7* flor, regla, menstruación. — *8 adj.* de flor, de flores, para las flores, etc.: ~ *bed*, cuadro de jardín, macizo, parterre; ~ *beetle*, ENTOM. cetonia; ~ *bud*, capullo, botón de flor; ~ *garden*, jardín; ~ *girl*, florista, ramilletera; ~ *leaf*, pétalo; ~ *piece*, ramillete; PINT. florero; ~ *shop*, tienda de flores, *florería*; ~ *stand*, jardinera [mueble]; puesto de flores; ~ *vase*, jarrón, florero, ramilletero.

flower (to) *intr.* florecer, florar. *2* florecer, llegar a su mejor estado. — *3 tr.* cultivar [plantas de flor]. *4* florear [adornar con flores].

flowered (flaˈuə⁷d) *adj.* florido [que tiene flores]. *2* floreado [adornado con flores]; espolinado. *3* que tiene las flores de cierto modo: *red-flowered*, de flores rojas.

floweret (flaˈuəret) *s.* florecilla, florecita.

floweriness (flaˈuərinis) *s.* floridez; estilo florido. *2* abundancia de flores.

flowering (flaˈuəring) *s.* florescencia, floración. *2* adorno con flores. — *3 adj.* FLOWERY. *4* florido, en flor, que florece o echa flores: ~ *plant*, fam. planta fanerógama. *5* BOT. ~ *cypress*, tamarisco. *6* BOT. ~ *rush*, junco florido.

flowerless (flaˈuə⁷lis) *adj.* sin flores.

flowerpot (flaˈuə⁷pot) *s.* maceta, tiesto. *2* cohete que da luz en forma de flores.

flowery (flauˈəri) *adj.* de flores o que lo parece. *2* cubierto de flores. *3* florido, poético [estilo].

flowing (flouˈing) *adj.* fluido, fluente, corriente, manantío. *2* fluido, fácil [estilo]. *3* ondeante, suelto, colgante. — *4* ~ *s.* flujo, salida, corriente, acción de manar. *5* fluidez.

flowingly (flouˈingli) *adv.* abundantemente, copiosamente.

flowingness (flouˈingnis) *s.* fluidez, dicción fluida.

flown (floun) *p. p.* de TO FLY. — *2 adj.* hinchado. *3* vidriado.

flu (flu) *s.* MED. fam. trancazo, gripe.

fluctuant (fløˈkchuant) *adj.* fluctuante, fluctuoso.

fluctuate (to) (fløˈkchueit) *intr.* fluctuar. *2* estar inseguro, indeciso.

fluctuation (fløkchueˈshøn) *s.* fluctuación. *2* agitación, incertidumbre.

flue (flu) *s.* cañón [de chimenea], humero. *2* conducto o tubo [de ventilación]. *3* tubo de humos [de una caldera]. *4* pelusa, tamo. *5* MÚS. *flue* o ~ *pipe*, cañón de flauta [del órgano].

fluency (fluˈønsi) *s.* fluidez. *2* afluencia, facundia, soltura, facilidad [de palabra].

fluent (fluˈønt) *adj.* fluido, fluente. *2* facundo, suelto [de palabra]. *3* fácil, abundante, fluido [palabra, lenguaje, estilo].

fluently (fluˈøntli) *adv.* con facilidad, con soltura, de corrido [al hablar].

fluff (fløf) *s.* pelusa, vello, lanilla, tamo. *2* copo [de lana]. *3* masa esponjosa. *4* plumón. *5* TEAT. papel mal aprendido. *6* vulg. *a bit of* ~, mocita, polla.

fluff (to) *tr.* mullir [pelusa, plumón, etc.]; esponjar, ahuecar.

fluffiness (fløˈfinis) *s.* calidad de mullido, esponjado, ahuecado, sedoso.

fluffy (fløˈfi) *adj.* cubierto de pelusa o plumón. *2* blando, suave, mullido, ahuecado, esponjado, ahuecado, sedoso.

fluid (fluˈid) *adj.* fluido: ~ *diet*, dieta líquida; ~ *dram*, 1/8 de FLUID OUNCE; ~ *ounce*, medida de capacidad para líquidos (29.6 mililitros). — *2 s.* fluido.

fluidify (to) (fluiˈdifai) *tr.* convertir en fluido, licuar. ¶ CONJUG. pret. y p. p.: *fluidified*.

fluidity (fluiˈditi), **fluidness** (fluiˈdnis) *s.* fluidez. *2* inestabilidad, adaptabilidad.

fluke (fluc) *s.* uña [de ancla, de arpón]; lengüeta [de flecha, etc.]. *2* aleta [de la cola de una ballena]. *3* ICT. platija. *4* duela [gusano parásito del ganado lanar]. *5* chiripa: *to win by a* ~, ganar por chiripa.

fluke (to) *tr.* fam. chiripear. — *2 intr.* fam. ganar por chiripa. *3* fracasar.

flume (flum) *s.* (EE. UU.) saetín, caz, reguera. *2* canal de madera [para descargar carbón, etc.]. *3* garganta o desfiladero por cuyo fondo pasa un torrente.

flummery (fløˈməri), *pl.* **-ries** (-ris) *s.* especie de gachas o manjar blanco. *2* sosería, patarata, pamplina; alabanza insincera.

flung (fløng) *pret.* y *p. p.* de TO FLING.

flunk (fløc) *s.* (EE. UU.) fam. fracaso. *2* fam. reprobación [en un examen]; nota de suspenso.

flunk (to) *tr.* (EE. UU.) reprobar, colgar, suspender, dar calabazas [en un examen]: *to* ~ *out*, suspender definitivamente, despedir [a un estudiante] por inepto. — *2 intr.* fam. quedar mal, fracasar [en un examen, etc.]: *to* ~ *out*, tener que dejar los estudios por no poder aprobar.

flunkey (fløˈnki) *s.* FLUNKY.

flunky (fløˈnki), *pl.* **-kies** (-kis) *s.* lacayo. *2* adulador, persona servil.

flunkyism (fløˈnkiišm) *s.* servilismo.

fluor (fluˈo⁷) *s.* QUÍM. flúor.

fluorescence (fluoreˈsøns) *s.* fluorescencia.

fluorescent (fluoreˈsønt) *adj.* fluorescente.

fluorhydric (fluo⁷jaiˈdric) *adj.* fluorhídrico.

fluoric (fluoˈric) *adj.* QUÍM. fluórico.

fluoride (fluoˈrid) *s.* QUÍM. fluoruro.

fluorin(e (fluˈorin) *s.* MINER. fluorina.

fluorite (fluˈorait) *s.* MINER. fluorita.

fluoroscope (fluoˈroscoup) *s.* fluoroscopio.

fluoroscopy (fluoroˈscopi) *s.* fluoroscopia.

flurry (fløˈri) *s.* agitación, excitación, prisa. *2* barullo, conmoción. *3* chubasco o nevada con viento. *4* estertor de la ballena herida por el arpón.

flurry (to) *tr.* agitar, excitar, turbar, aturrullar. — *2 intr.* agitarse.

flush (fløsh) *adj.* lleno, bien provisto, rico: *to be* ~ *of money*, tener mucho dinero. *2* robusto, lleno de vida. *3* rojo, encendido. *4* abundante. *5* pródigo, generoso. *6* próspero. *7* igual, parejo, raso, nivelado, enrasado, al mismo nivel, embutido: ~ *with*, parejo, enrasado, ras con ras con; ~ *bolt*, perno de cabeza embutida; ~ *box*, ELECT. caja o registro de conducción subterránea cuya tapa está a ras del suelo; ~ *deck*, MAR. cubierta corrida; ~ *joint*, ensambladura plana o ras con ras; ~ *outlet*, ~ *switch*, ELECT. caja de enchufe o interruptor embutidos en la pared. *8* de descarga [de agua]: ~ *tank*, depósito de agua para limpia [de inodoros, etc.].

9 s. descarga, flujo rápido y copioso. *10* aumento súbito; crecimiento, floración abundante. *11* vuelo súbito [de un pájaro o bandada]. *12* oleada [de un sentimiento]; emoción, agitación, ani-

mación. *13* rubor, encendimiento. *14* flux [de naipes].
flush (**to**) *intr.* afluir [la sangre, etc.]. *2* salirse, derramarse. *3* llenarse de agua. *4* encenderse, tomar color rojo; ruborizarse, sonrojarse. *5* echar a volar [las aves]. — *6* *tr.* animar, excitar. *7* encender, poner colorado, ruborizar. *8* limpiar con un chorro de agua, inundar. *9* hacer salir o rebosar. *10* igualar nivelar, emparejar. *11* levantar [las aves de caza].
Flushing (flø·shing) *n. pr.* GEOGR. **Flesinga**.
fluster (flø·stø') *s.* agitación, confusión, aturdimiento.
fluster (**to**) *tr.* agitar, confundir, aturdir; achispar. *2* encender [el rostro]. — *3* *intr.* agitarse, aturdirse.
flute (flut) *s.* MÚS. flauta; caramillo. *2* MÚS. flautado [registro del órgano]. *3* ARQ. estría. *4* vaso alto y estrecho. *5* cañón, pliegue, rizado.
flute (**to**) *tr.* estriar, acanalar. *2* alechugar, encañonar, rizar. — *3* *intr.* y *tr.* tocar la flauta o en la flauta. *4* tocar o silbar con sonido flauteado.
fluting (flu·ting) *s.* estría, estriadura, acanaladura. *2* alechugado, rizado [acción].
fluting-iron *s.* hierros o tenacillas de rizar.
fluting-plane *s.* CARP. cepillo bocel.
flutist (flu·tist) *s.* flautista.
flutter (flø·tø') *s.* vibración, aleteo, ondulación. *2* vuelco [del corazón]. *3* agitación, confusión, alboroto; actividad sin objeto. *4* carrera corta. *5* período de actividad irregular en la Bolsa.
flutter (**to**) *intr.* moverse [con movimiento de vaivén rápido]; aletear, revolotear, palpitar. *2* tremolar, flamear, ondear. *3* agitarse, menearse, alterarse. — *4* *tr.* mover rápidamente [las alas, etc.], tremolar, agitar. *5* agitar, turbar.
fluvial (flu·vial) *adj.* fluvial.
fluviatic (fluviæ·tic), **fluviatile** (flu·viatil) *adj.* fluviatil. *2* fluvial.
flux (fløcs) *s.* flujo. *2* derretimiento, fusión. *3* sucesión continua de cambios o mudanzas. *4* QUÍM., METAL. fundente.
flux (**to**) *tr.* fundir, derretir; unir por medio de la fusión. *2* mezclar con fundente. *3* MED. purgar. — *4* *intr.* fluir. *5* fundirse, derretirse.
fluxible (flø·csibøl) *adj.* fundible, fusible.
fluxion (flø·cshøn) *s.* flujo; cambio continuo. *2* fusión. *3* MED. fluxión. *4* MAT. derivada. *5* MAT. diferencial.
fluxional (flø·cshønal) *adj.* variable, inconstante.
fly (flai), *pl.* **flies** *s.* ENTOM. mosca : *to die like flies*, morir como moscas; *a ~ in the ointment*, una mosca muerta en el ungüento; fig. algo insignificante que estropea una cosa agradable. *2* mosca artificial [para pescar]. *3* cabriolé, calesín, volanta. *4* vuelo [de lo que va por el aire : un proyectil, una pelota, la lanzadera, etc.] : *on the ~*, al vuelo. *5* vuelo [de una bandera]. *6* dispone para cubrir botones. *7* bragueta. *8* toldo que se extiende por encima de [una tienda de campaña]; lona que tapa la puerta de [una tienda de campaña]. *9* brazo [de romana o veleta]. *10* IMPR. sacapliegos. *11* MEC. volante. *12* TEJ. lanzadera. *13* *pl.* TEAT. bambalinas. — *14* *adj.* de moscas, para las moscas : *~ net*, mosquitero; *~ powder*, polvos matamoscas; *~ swatter*, matamoscas. *15* TEJ. *~ frame*, mechera. *16* *~ press*, prensa de husillo. *17* IMPR. *~ sheet*, hoja o papel volante.
fly (**to**) *tr.* volar [moverse en el aire]. *2* huir, escaparse : desaparecer, escabullirse. *3* correr, pasar rápidamente. *4* volar [el tiempo]. *5* lanzarse, precipitarse. *6* dispararse [un muelle]; saltar, estallar. *7* flotar, ondear [en el aire]. *8* *to ~ about*, correr, circular [noticias, etc.]; MAR. cambiar [el viento] con frecuencia. *9* *to ~ at*, arrojarse o lanzarse sobre. *10* *to ~ away*, irse volando, escaparse; emigrar [las aves]. *11* *to ~ down*, bajar volando. *12* *to ~ in the face of*, desobedecer abiertamente; desafiar, resistir. *13* *to ~ into a passion, a rage*, montar en cólera. *14* *to ~ off*, salir volando, desprenderse súbitamente; sublevarse. *15* *to ~ off at a tangent*, cambiar de repente, tomar de repente un nuevo rumbo, salir con alguna extravagancia. *16* *to ~ off the handle*, pop. perder los estribos, irse del seguro. *17* *to ~ open*, abrirse de repente. *18* *to ~ out*, dispararse, montar en cólera, salir disparado. *19* *to ~ shut*, cerrarse de repente. *20* *to ~ to arms*, recurrir a las armas. *21* *to ~ to pieces*, hacerse añicos.

22 *tr.* hacer volar. *23* elevar [una cometa]. *24* dirigir [un avión]. *25* transportar [en avión]. *26* atravesar, sobrevolar [en avión]. *27* desplegar, enarbolar [banderas]. *28* evitar; huir de. *29* IMPR. sacar [pliegos].
¶ CONJUG. pret.: *flew*; p. p.: *flown*.
flyaway (fla·iauei) *adj.* suelto, ondeante, flameante. *2* inestable, inconstante. *3* casquivano.
fly-bitten *adj.* manchado por las moscas.
flyblow (flai·blou) *s.* huevo de mosca, cresa.
flyblow (**to**) *tr.* depositar la mosca sus huevos en. *2* fig. contaminar, corromper, inficionar.
flyblown (flai·bloun) *adj.* lleno de cresa o huevos de mosca. *2* fig. contaminado, inficionado.
flyboat (flai·bout) *s.* MAR. filibote; embarcación ligera. *2* buque holandés de fondo plano.
fly-by-night *s.* persona o empresa poco confiable. *2* noctámbulo. *3* el que se escapa por la noche para huir de los acreedores.
flycatcher (flai·cæchø') *s.* el que caza moscas. *2* ORNIT. moscareta.
flyer (flaiø') *s.* FLIER.
fly-fishing *s.* pesca con mosca artificial.
flyflap (flai·flæp) *s.* mosqueador, espantamoscas.
flying (flai·ing) *s.* vuelo [acción de volar]. — *2* *adj.* volador, volante, que vuela, para volar : *~ boat*, hidroavión; *~ bomb*, bomba volante; *~ dragon*, ZOOL. dragón, dragón volador; *~ field*, aeropuerto, campo de aviación; *~ fish*, ICT. volador, pez volador; *~ fortress*, AVIA. fortaleza volante; *~ fox*, ZOOL. bermejizo [murciélago]; *~ gurnard*, ICT. milano; *~ machine*, aeroplano; máquina de volar; *~ saucer*, platillo volante; *~ sickness*, mal de altura; *~ squirrel*, ZOOL. ardilla voladora. *3* volante [que va de un lado a otro, errante; que vuela o sobresale] : *~ buttress*, ARQ. botarel, arbotante; *~ column*, columna volante; *~ squadron*, MAR. escuadrilla ligera; *the Flying Dutchman*, el Holandés errante; el Barco fantasma. *4* fugitivo. *5* rápido, veloz. *6* flotante, ondeante, desplegado [bandera, etc.] : *~ colours*, banderas desplegadas; *to come off with ~ colours*, salir triunfante, tener un éxito completo. *7* *~ bridge*, puente provisional, pontón, puente de barcas; MAR. puente o pasarela superior [de un buque]. *8* MAR. *~ jib*, petifoque.
flyleaf (flai·lif), *pl.* **-leaves** (-lives) *s.* ENCUAD. guarda [de un libro].
flypaper (flai·peipø') *s.* papel atrapamoscas.
flyspeck (flai·spec) *s.* mancha de mosca.
flyspeck (**to**) *tr.* manchar [algo] las moscas.
flytrap (flai·træp) *s.* atrapamoscas, trampa para las moscas. *2* BOT. atrapamoscas, dionea.
flyweight (flai·ueit) *s.* DEP. peso mosca.
flywheel (flai·juil) *s.* MEC. volante.
foal (foul) *s.* potro, potra [caballo o yegua joven]. *2* buche [borrico pequeño].
foal (**to**) *tr.* e *intr.* parir la yegua o la burra.
foam (fo·um) *s.* espuma. *2* *~ rubber*, espuma de caucho.
foam (**to**) *intr.* espumar, llenarse de espuma. *2* espumajear. — *3* *tr.* llenar de espuma.
foamy (fou·mi) *adj.* espumante, espumajoso. *2* espumoso.
fob (fob) *s.* bolsillo del reloj ; *~ chain*, cadena o cinta de reloj corta y con dije. *2* engaño.
fob (**to**) *tr.* engañar, estafar, pegársela [a uno]. ¶ CONJUG. pret. y p. p.: *fobbed*; ger.: *fobbing*.
focal (fou·cal) *adj.* focal: *~ distance, ~ length*, distancia focal.
focus (fou·køs), *pl.* **-cuses** (-køsis) o **-ci** (-sai) *s.* foco; distancia focal : *in ~*, enfocado; *out of ~*, desenfocado.
focus (**to**) *tr.* enfocar; concentrar [en un foco]. — *2* *intr.* quedar enfocado; concentrarse [en un foco]. ¶ CONJUG. pret. y p. p.: *focused* o *-ssed*; ger.: *focusing* o *-ssing*.
fodder (fo·dø') *s.* forraje, pienso, comida [de animales].
fodder (**to**) *tr.* pensar, dar de comer [a los animales].
foe (fou) *s.* enemigo. *2* adversario.
foelike (fou·laic) *adj.* hostil, como enemigo.
foeman (fou·mæn), *pl.* **-men** (-men) *s.* enemigo [en la guerra].
fœtal (fi·tal) *adj.* fetal.
fœtus (fi·tøs) *s.* feto.
fog (fog) *s.* niebla, neblina, bruma. *2* confusión, perplejidad. *3* FOT. velo. — *4* *adj.* de niebla, para la niebla : *~ bank*, brumazón, masa densa de

niebla; ~ *bell,* ~ *signal,* ~ *whistle,* campana, señal, silbato de nieblas.

fog (to) *tr.* envolver en niebla. 2 empañar; obscurecer, confundir. 3 FOT. velar. — *4 intr.* ponerse brumoso. 5 hacerse confuso. 6 FOT. velarse. ¶ CONJUG. pret. y p. p.: *jogged;* ger.: *jogging.*

fogbound (fo'gbaund) *adj.* envuelto en la niebla. 2 inmovilizado [un buque] o parado [el tráfico] por la niebla.

fogey *s.* FOGY.

foggily (fo'guili) *adv.* obscuramente, nebulosamente. 2 con niebla.

fogginess (fo'guinis) *s.* nebulosidad, calidad de nebuloso, neblinoso o brumoso.

foggy (fo'gui) *adj.* de niebla. 2 nebuloso, neblinoso, brumoso: *it is ~,* hay niebla. 3 obscuro, confuso. 4 FOT. velado.

foghorn (fog'jo'n) *s.* MAR. bocina, sirena.

fogram (fou'gram) *adj.* anticuado, atrasado.

fogy (fou'gui), *pl.* **-gies** (-guis) *s.* pers. anticuada, chapada a la antigua, obscurantista.

fogyism (fou'guiĭsm) *s.* cosas de viejo, ideas anticuadas. 2 obscurantismo.

foh (fou) *interj.* ¡quita allá!

foible (føi'bøl) *s.* punto flaco, debilidad, flaqueza. 2 parte de la espada entre el punto medio y la punta.

foil (føil) *s.* ESGR. florete. 2 hojuela, laminita, chapa de metal, oropel. 3 pan u hoja de oro o plata, etc. 4 azogado [de un espejo]. 5 lo que da realce o contraste. 6 ARQ. lóbulo. 7 CAZA. pista, rastro. 8 *pl.* esgrima.

foil (to) *tr.* anular, contrarrestar, frustrar. 2 chasquear, desconcertar, confundir, derrotar. 3 cubrir con laminilla. 4 realzar, hacer contrastar. 5 ARQ. adornar con lóbulos.

foiling (føi'ling) *s.* CAZA rastro en la hierba.

foil-wrapped *adj.* envuelto en papel de estaño.

foist (to) (føist) *tr.* introducir, deslizar, meter clandestinamente. 2 *to ~ something on someone,* encajar algo a uno [una mentira, un género falso, etc.].

fold (fould) *s.* doblez, pliegue, repliegue, arruga, recogido. 2 hoja [de puerta]. 3 abrazo. 4 IMPR. pliego. 5 envoltorio. 6 redil, aprisco. 7 hato, rebaño. 8 grey [congregación de fieles]. 9 usado como sufijo, veces: *twofold,* duplo, doble, dos veces; *tenfold,* diez veces.

fold (to) *tr.* plegar, doblar. 2 enlazar, abrazar. 3 incluir, envolver, encerrar. 4 cerrar [una puerta]. 5 cruzar [los brazos]: plegar [sus alas un ave]. 6 apriscar, meter en redil. — *7 intr.* doblarse, plegarse, cerrarse. 8 *to ~ up,* reducirse de tamaño doblándose; quebrar [en el comercio].

folder (fou'ldø') *s.* plegador. 2 plegadera. 3 carpeta [para papeles]. 4 programa, prospecto, etc., formado por una hoja doblada o plegada.

folderol (fol'derol) *s.* FALDEROL.

folding (fou'lding) *s.* plegado, plegadura, doblamiento. — *2 adj.* plegador: ~ *machine,* plegadora mecánica. 3 plegadizo, plegable, que se cierra: ~ *bed,* cama plegable; ~ *camera,* aparato fotográfico plegable o de fuelle; ~ *chair,* silla plegaole o de tijera; catrecillo; ~ *cot,* catre de tijera; ~ *door,* puerta de dos hojas; ~ *knife,* navaja; cuchillo de caza; ~ *rule,* metro plegable; ~ *screen,* biombo; ~ *seat,* asiento levadizo o plegable; bigotera [de coche].

fold-net *s.* arañuelo [red].

foliaceous (foulieĭ'shøs) *adj.* BOT. foliáceo. 2 foliáceo [de estructura laminar].

foliage (fou'liidy̆) *s.* follaje, frondas. 2 ARQ., B. ART. follaje.

foliate (fou'lieit) *adj.* provisto de hojas, frondoso.

foliate (to) *tr.* foliar. 2 batir, reducir a hojas. 3 follar [formar en hojas]. 4 azogar [un espejo]. 5 ARQ. adornar con follaje. — *6 intr.* exfoliarse. 7 BOT. echar hojas.

foliated (fou'lieitid) *adj.* BOT. que tiene hojas. 2 batido, reducido a hojas. 3 azogado [espejo]. 4 ARQ. lobulado. 5 MINER. laminar.

foliation (foulie'shøn) *s.* foliación [de un libro]. 2 BOT. foliación. 3 azogado [de un espejo]. 4 batimiento [del metal]. 5 MINER. exfoliación. 6 B. ART. ornamentación con follaje.

foliature (fou'liachu') *s.* BOT., B. ART. follaje. 2 estado del metal batido en hoja.

folio (fou'liou) *s.* folio. 2 IMPR. pliego. 3 infolio. 4 cartera [para papeles]. 5 DER. número de palabras que sirve como unidad para medir la ex-

tensión de un escrito (Ingl., 90; EE. UU., 100). — *6 adj.* de a folio; en folio.

folio (to) *tr.* foliar.

foliole (fou'lioul) *s.* BOT. folíolo.

foliose (fou'lious) *adj.* hojudo, frondoso.

folium of Descartes (fou'liøm of deica't) *s.* GEOM. folio de Descartes.

folk (fouc) *s.* gente, pueblo, nación, tribu. 2 *pl.* gente, personas. 3 gente, familia, parientes, allegados. — *4 adj.* de naciones o tribus: ~ *nation,* confederación de tribus. 5 del pueblo, popular, de origen popular o tradicional: ~ *dance,* baile popular; ~ *music,* música popular; ~ *song,* canción popular, típica; ~ *tale,* cuento popular.

folklore (fou'klo') *s.* folklore.

folkloric (fouklo'ric) *adj.* folklórico.

folklorist (fouklo'rist) *s.* folklorista.

folkway (fou'cuei) *s.* cultura o costumbre tradicional de un pueblo o grupo social.

follicle (fo'licøl) *s.* BOT., ANAT. folículo. 2 ENTOM. capullo.

follicular (foli'kiula') *adj.* folicular.

follow (fo'lou) *tr.* seguir [ir detrás de, venir después de]. 2 seguir, imitar, tomar como ejemplo. 3 seguir [la carrera o profesión de]. 4 seguir [una dirección, el hilo de un argumento, etc.]. 5 seguir, interesarse por, mantenerse al corriente de [noticias, acontecimientos, etc.]. 6 perseguir [tratar de obtener]. 7 *to ~ home* o *out,* seguir hasta el fin, llevar a cabo. 8 *to ~ one's nose,* ir o seguir derecho; *to ~ suit,* servir [naipe del mismo palo]; seguir el ejemplo, hacer lo mismo 9 *to ~ up,* perseguir infatigablemente, llevar hasta el fin; hacer algo que completa, reforzar con nuevos esfuerzos o gestiones, continuar. — *10 intr.* seguir [ir detrás, venir a continuación]: ~ *in one's tracks,* seguir las pisadas o las huellas de uno; *as follows,* como sigue; *it is as follows,* es lo siguiente. 11 seguirse, resultar: *it follows,* síguese. 12 *to ~ on,* continuar, proseguir, perseverar; seguir en la misma dirección que otro.

follower (fo'louø') *s.* seguidor. 2 acompañante. 3 criado. 4 imitador, discípulo. 5 partidario, parcial, adherente, secuaz. 6 MEC. parte de una máquina que recibe el movimiento de otra. 7 *pl.* séquito, comitiva.

following (fo'louing) *adj.* siguiente, próximo, subsiguiente: *the* ~, el siguiente, los siguientes. 2 resultante; consiguiente. — *3 s.* séquito, acompañamiento. 4 adherentes, partidarios, secuaces. 5 profesión, carrera.

folly (fo'li) *s.* tontería, necedad. 2 locura, insensatez, disparate, desatino. 3 falta de juicio.

foment (to) (fo'ment) *tr.* fomentar, excitar, promover. 2 MED. fomentar.

fomentation (fomente'shøn) *s.* fomentación.

fond (fond) *adj.* aficionado [a]; amigo, amante [de], encariñado [con]; que quiere, que tiene afecto [a]: *to be ~ of a person,* querer a una persona; *to be ~ of a thing,* tener afición a una cosa, ser amante de ella, gustar de ella. 2 afectuoso, tierno. 3 querido, acariciado.

fondant (fo'ndant) *s.* pasta de azúcar hervido y batido.

fondle (to) (fo'ndøl) *tr.* tratar con amor; agasajar, mimar, acariciar.

fondling (fo'ndling) *s.* favorito, niño mimado. 2 acción de acariciar o mimar. — *3 adj.* acariciador, caricioso.

fondly (fo'ndli) *adv.* aficionadamente. 2 cariñosamente, tiernamente.

fondness (fo'ndnis) *s.* afición, apego. 2 afecto, cariño, ternura.

font (font) *s.* pila bautismal. 2 pila de agua bendita. 3 fuente, manantial, origen. 4 IMPR. fundición.

fontanel (fontane'l) *s.* ANAT. fontanela. 2 fontículo.

fonticulus (fonti'kiuløs) *s.* fontículo. 2 hoyuela.

food (fud) *s.* alimento, nutrimento. 2 comida, sustento. 3 vitualla. 4 fig. materia, pábulo: ~ *for thought,* materia o cosa en que pensar. — *5 adj.* alimenticio, de alimentación: ~ *card,* cartilla de racionamiento; ~ *chopper,* máquina de picar carne etc.; ~ *supply* o *supplies,* alimentos, comestibles, víveres, vituallas; ~ *value,* valor nutritivo.

foodstuff (fu'dstøf) *s.* materia o substancia alimenticia. 2 *pl.* comestibles, artículos alimenticios

fool (ful) *s.* necio, tonto, simple, bobo : *fool's paradise,* fig. el limbo ; fig. felicidad ilusoria ; *to play the* ~, hacer el tonto. 2 loco, insensato, extravagante. 3 bufón, payaso : *fool's cap,* gorro de bufón. 4 hazmerreír ; inocente, primo, víctima [de un engaño] : *fool's errand*. engaño que se hace el 1.º de abril enviando a uno con un recado ilusorio ; fig. empresa tonta o inútil ; *to make a* ~ *of,* poner en ridículo ; *to make a* ~ *of oneself,* ponerse en ridículo. — 5 *adj.* de bobo o de insensato.

fool (to) *tr.* chasquear, engañar ; estafar. 2 embromar. *3 to* ~ *away,* gastar, perder locamente o tontamente. — 4 *intr.* bromear, tontear, hacer el tonto ; pasar el tiempo en tonterías.

foolery (fu·lǿri) *s.* tontería, locura, absurdidad, extravagancia.

foolhardiness (fulja'dinis) *s.* temeridad, locura.

foolhardy (fu·lja'di) *adj.* temerario.

fooling (fu·ling) *s.* broma ; engaño : *no* ~, *without* ~, en serio, hablando en serio.

foolish (fu·lish) *adj.* tonto, simple, necio, bobo. 2 disparatado. 3 imprudente, desatinado. 4 absurdo, ridículo.

foolishly (fu·lishli) *adv.* tontamente, locamente, imprudentemente.

foolishness (fu·lishnis) *s.* tontería, simpleza, necedad. 2 imprudencia. 3 absurdidad.

foolproof (fu·lpruf) *adj.* tan sencillo o claro que hasta los tontos lo pueden comprender. 2 tan fuerte o resistente que ni un tonto lo estropearía.

foolscap (fu·lscæp) *s.* gorro de bufón. 2 papel de escribir [33 × 43 cm.].

fooltrap (fu·ltræp) *s.* engañabobos.

foot (fut), *pl.* **feet** (frt) *s.* pie [de pers.] : *to carry someone off his feet,* arrebatar, entusiasmar, excitar a uno ; *to be carried off one's feet,* dejarse arrebatar por el entusiasmo, etc.: *to find* o *to know the length of someone's feet,* descubrir, conocer las debilidades de uno, saberlo manejar ; *to have one* ~ *in the grave,* tener un pie en la sepultura ; *to keep one's feet,* sostenerse, no caer ; *to measure another's* ~ *by one's own last,* juzgar a los demás por lo que uno es ; *to put one's best* ~ *forward,* esforzarse, esmerarse, andar lo más deprisa posible ; tratar de producir la mejor impresión ; *to put one's* ~ *down,* mostrarse firme, proceder con energía ; *to put one's* ~ *down upon,* reprimir ; negarse, no consentir ; *to set on* ~, poner en marcha, en actividad ; dar el primer impulso, iniciar, promover ; *to trample, to tread under* ~, hollar, pisotear ; *at the feet of,* a los pies de : *on feet,* a pie ; en marcha, en actividad ; *on one's feet,* de pie, en pie ; en buena salud ; ganándose la vida ; *under* ~, bajo los pies ; sujeto. 2 pata, pie [de animal, mueble, objeto]. 3 peal, pie [de media]. 4 pie, base, parte cercana a la base. 5 pie [medida lineal] : ~ *by* ~, palmo a palmo. 6 pie [con que se mide un verso]. 7 pierna [de compás]. 8 MAR. pujamen.

9 *adj.* de pie, del pie o los pies, para el pie o los pies, etc. : ~ *bath,* pediluvio, baño de pies ; ~ *brake,* freno accionado con el pie, freno de pedal ; ~ *fault.* TENIS. falta de pie ; ~ *guard,* losa que protege el pie ; *Foot Guards* (Ingl.), infantería de la guardia real ; ~ *measure,* cartabón de zapatero ; ~ *post,* postillón [correo de a pie] ; ~ *race,* correspondencia que lleva el peatón ; ~ *race,* carrera a pie ; ~ *racing,* pedestrismo ; ~ *rule,* regla de un pie, dividida en pulgadas y sus fracciones ; ~ *soldier,* infante, peón, soldado de infantería ; ~ *stove,* ~ *warmer,* calientapiés, rejuela, maridillo.

foot (to) *intr.* andar, caminar. 2 bailar, saltar. 3 sumar : *to* ~ *up,* sumar, alcanzar un total de. — 4 *tr.* pisar, hollar, recorrer [andando] : *to* ~ *it,* andar a pie ; bailar. 5 poner o pies a ; mudar el pie de. 6 sumar [una columna]. 7 pagar, sufragar : *to* ~ *the bill,* pagar la cuenta, los gastos ; sufrir las consecuencias.

footage (fu·tidy̆) *s.* longitud o distancia en pies. 2 MIN. paga por pie [u otra unidad lineal] de trabajo. 3 CINEM. longitud o una película en pies.

football (fu·tbol) *s.* DEP. fútbol, balompié : ~ *field,* campo de fútbol ; ~ *player,* futbolista.

footboard (fu·tbo'd) *s.* pedal [de una máquina] ; estribo [de coche]. 2 tabla del pescante de la parte delantera de un automóvil, etc., en que se apoyan los pies. 3 trasera del coche en que iban los lacayos. 4 pie [tabla que forma el pie] de la cama.

footboy (fu·tbŏi) *s.* criadito de librea.

footbreadth (fu·tbredz) *s.* ancho de un pie.

footbridge (fu·tbridy̆) *s.* puente para peatones, pasarela.

foot-candle *s.* FÍS. bujía-pie [intensidad de luz de una bujía a la distancia de un pie].

footcloth (fu·tcloz) *s.* alfombrilla. 2 gualdrapa.

footed (fu·tid) *adj.* sumado. 2 que tiene pies o patas o las tiene de cierto modo : *four-footed,* de cuatro patas ; *barefooted,* descalzo.

footfall (fu·tfol) *s.* paso, pisada ; ruido de un paso o pisada.

footgear (fu·tguiø') *s.* calzado ; medias, calcetines.

foothill (fu·tjil) *s.* colina al pie de una montaña o sierra.

foothold (fu·tjould) *s.* sitio donde asentar o afirmar el pie. 2 pie firme. 3 posición establecida. 4 chanclo de goma sin talón.

footing (fu·ting) *s.* posición, equilibrio [del que está en pie]. 2 sitio donde asentar o afirmar el pie. 3 posición segura, estable ; base de operación. 4 pie, base, fundamento. 5 ARQ. zarpa. 6 piso, paso, marcha, modo de pisar o andar ; baile, danza. 7 acción de poner pie [a las medias, etc.] ; remonta [de zapatos] ; material para ello. 8 suma, total [de una columna]. 9 pie, relaciones, términos, predicamento ; condición, estado : *on a war* ~, en pie de guerra ; *on equal* ~, en pie de igualdad, en iguales condiciones ; *to be on friendly* ~ *with,* estar en relaciones amistosas con.

footless (fu·tlis) *adj.* sin pie, sin base. 2 fam. torpe, desmañado.

footlights (fu·tlaits) *s. pl.* TEAT. candilejas, batería del proscenio. 2 fig. tablas, escena, profesión teatral.

foot-loose (fu·tlus) *adj.* libre [para hacer lo que quiera].

footman (fu·tmæn), *pl.* **-men** (-men) *s.* lacayo, criado de librea.

footmark (fu·tma'c) *s.* huella, pisada, impresión del pie.

footpace (fu·tpeis) *s.* paso normal o regular. 2 descansillo [de escalera]. 3 tarima [esp. la del altar].

footpad (fu·tpæd) *s.* salteador de caminos.

footpath (fu·tpæz) *s.* senda, camino para peatones.

foot-pound *s.* MEC. libra-pie o pie-libra [trabajo ejecutado por una fuerza de una libra a la distancia de un pie : 0.14 kgm.].

foot-pound-second *adj.* dic. del sistema de unidades en que las fundamentales son el pie, la libra y el segundo.

footprint (fu·tprint) *s.* FOOTMARK.

footrail (fu·treil) *s.* travesaño entre los pies de una mesa, una silla, etc., para apoyar el pie.

footrest (fu·trest) *s.* FOOTRAIL. 2 escabel.

footrope (fu·troup) *s.* MAR. marchapié. 2 MAR. relinga del pujamen.

foots (futs) *s. pl.* sedimento, heces.

footscraper (fu·tscreipø') *s.* limpiabarros.

footsore (fu·tso') *adj.* despeado, con los pies doloridos o lastimados.

footstalk (fu·tstok) *s.* BOT. pedúnculo, pezón.

footstall (fu·tstol) *s.* estribo de una silla de montar para mujer. 2 ARQ. plinto.

footstep (fu·tstep) *s.* paso, pisada : *to follow,* o *tread, in the footsteps of,* seguir las huellas o los pasos de.

footstool (fu·tstul) *s.* escabel, banqueta.

footwalk (fu·tuoc), **footway** (fu·twei) *s.* senda, camino para peatones. 2 (Ingl.) acera.

footwear (fu·tueæ') *s.* calzado.

footwork (fu·tuø'c) *s.* juego de pies o piernas [en los deportes o en el baile].

footworn (fu·tuo'n) *adj.* trillado [camino]. 2 despeado, cansado de andar.

foozle (fu·sǿl) *s.* chapucería, chambonada, pifia. 2 fam. estúpido. 3 fam. persona anticuada.

foozle (to) *tr.* e *intr.* chafallar, hacer pifias. 2 GOLF. jugar mal ; estropear la jugada.

foozler (fu·slǿ') *s.* chafallón, chambón.

fop (fop) *s.* petimetre, pisaverde, lechuguino, currutaco ; hombre vano, presumido.

foppery (fo·pøri), *pl.* **-ries** (-ris) *s.* afectación en el vestir. 2 perifollos.

foppish (fo·pish) *adj.* vanidoso, presumido, currutaco, lechuguino, afectado en el vestir.

foppishly (fo·pishli) *adv.* a la manera de un lechuguino.

foppishness (fo·pishnes) *s.* FOPPERY.

for (fō') *prep.* por [indicando: a causa de, en consideración a, en favor de, con respecto o relación a, en nombre de, en lugar de, a cambio de, en busca de]. *2* por, a favor de, de parte de: *to be ~*, estar por, estar de parte de, ser partidario de. *3* por [indicando proporción]: *~ one rascal there are ten honest men*, por un bribón hay diez hombres honrados. *4* para [indicando: destino, uso, aplicación, tiempo, fin, provecho, beneficio]: *what ~ ?*, ¿para qué? | A veces se traduce empleando el pron. pers. en dativo: *it is easy ~ him*, le es fácil; *read it ~ mi*, leámelo. *5* para [en proporción con]: *tall ~ his age*, alto para la edad que tiene. *6* durante, por espacio de. *7* como, en calidad de: *~ a reward*, como premio; *~ fuel*, como combustible. *8* de, por, por valor de: *a cheque ~ £ 10*, un cheque de, o por valor de, diez libras. *9* de, en frases como: *time ~ dinner*, hora de comer; *to cry ~ joy*, llorar de gozo. *10* Cuando va seguido de un nombre o pronombre y un infinitivo, casi siempre es necesario, en la traducción, cambiar el giro de la frase: *~ him to submit would be shameful*, sería vergonzoso que se sometiera; *it is ~ you to decide*, usted ha de decidir; a usted le toca decidir. *11* entra en locuciones y modos adverbiales, como: *but ~*, a no ser por; *~ all*, a pesar de; *~ all that*, no obstante, a pesar de todo; *~all the world*, por nada del mundo; en todo, absolutamente; *~ good*, de fijo, de veras; para no volver; para siempre; *~ short*, para abreviar; *nothing ~ it but*, no hay más remedio que; *O! for...!*, ¡quién tuviera...! *12 conj.* porque, puesto que, pues.

forage (fo·ridy̆') *s.* forraje, pasto. — *2 adj.* forrajero: *~ grass*, hierba o planta forrajera. *3* MIL. *~ cap*, gorra usada por la infantería.

forage (to) *tr.* forrajear. *2* dar forraje a. *3* saquear, pillar.

forager (fo·riy̆ə') *s.* forrajeador.

foramen (forei·mən) *s.* foramen.

foraminifer (fœræmi·nifə') *s.* ZOOL. foraminífero.

Foraminifera (fœræmini·fŏra) *s. pl.* ZOOL. foraminíferos.

foraminiferal (fœræmini·fŏral) *adj.* ZOOL. foraminífero.

forasmuch (forasmə·ch') *conj.* *~ as*, puesto que, ya que, visto que, por cuanto.

foray (fo·rei) *s.* correría, incursión. *2* saqueo, pillaje.

foray (to) *tr.* saquear, pillar, devastar. — *2 intr.* hacer correrías.

forbade (fo·beid) *pret.* de TO FORBID.

forbear (fo·be·ə') *s.* antepasado.

forbear (to) (fo·be·ə') *tr.* dejar de, abstenerse de, desistir de, contener unos sus deseos de. *2* sufrir con paciencia. — *3 intr.* tener paciencia; ser indulgente. ¶ CONJUG. pret.: *forbore;* ger.: *forborne.*

forbearance (fo·be·ərans) *s.* abstención, contención *2* paciencia, indulgencia, lenidad, clemencia. *3* COM. espera, prórroga.

forbearing (fo·be·əring) *adj.* paciente, indulgente.

forbid (to) (fo·bi·d) *tr.* prohibir, vedar, negar, privar. *2* estorbar, impedir. ¶ CONJUG. pret.: *forbad* o *forbade;* p. p.: *forbidden;* ger.: *forbidding.*

forbiddance (fo·bi·dæns) *s.* prohibición.

forbidden (fo·bi·dən) *adj.* prohibido, vedado, ilícito: *~ fruit*, fruto prohibido.

forbidding (fo·bi·ding) *adj.* prohibitivo. *2* repulsivo, desagradable. *3* inabordable. *4* formidable, adusto, ceñudo.

forbore (fo·bo·') *pret.* de TO FORBEAR.

forborne (fo·bo·n) *p. p.* de TO FORBEAR.

force (fo·s) *s.* FÍS. fuerza. *2* fuerza, energía, vigor, fortaleza. *3* fig. brío, fuego, animación. *4* fuerza, violencia, coacción. *5* peso, importancia. *6* valor, validez, vigencia. *7* poder, virtud, eficacia. *8* potencia [el que tiene poder o influencia]. *9* MIL. fuerza: *armed forces*, fuerzas armadas; *police ~*, policía; *air ~*, aviación militar. *10 ~ majeure*, fuerza mayor. *11 by ~*, a la fuerza, por fuerza. *12 by ~ of*, a fuerza de. *13 by ~ of habit*, por la fuerza de la costumbre. *14 by main ~*, con todas sus fuerzas. *15 in ~*, en vigor, en vigencia; en gran número, en masa. — *16 adj. ~ pump*, bomba impelente.

force (to) *tr.* forzar. *2* obligar, compeler, constre-

ñir. *3* esforzar [la voz]. *4* imponer, obligar a aceptar o soportar. *5* obtener, arrancar [por fuerza o violencia]: *to ~ a promise*, arrancar una promesa. *6* meter a la fuerza, clavar, encajar. *7* coc. rellenar. *8* hacer crecer, madurar, etc., de prisa, por medios artificiales. *9* MEC. impulsar. *10 to ~ a laugh*, reir con risa forzada. *11 to ~ along*, impeler, obligar a avanzar. *12 to ~ away*, obligar a alejarse. *13 to ~ back*, rechazar, obligar a retroceder. *14 to ~ down*, obligar a bajar o a bajarse; hacer tragar por fuerza. *15 to ~ from*, obligar a salir de, echar de. *16 to ~ in* o *through*, clavar, introducir, hacer penetrar, meter o entrar por fuerza. *17 to ~ [something] on* o *upon*, imponer [algo a uno]. *18 to ~ one's way*, abrirse paso. *19 to ~ out*, arrancar, obtener o sacar por fuerza. *20 to ~ someone's hand*, obligar a obrar, obligar a uno a descubrir sus intenciones. *21 to ~ the issue*, hacer que algo se discuta o resuelva pronto.

forced (fo·st) *adj.* forzoso: *~ landing*, aterrizaje forzoso. *2* forzado: *~ feeding*, MEC. alimentación forzada; *~ laugh*, risa forzada; *by ~ marches·* a marchas forzadas. *3* que se ha hecho crecer o madurar de prisa: *~ flowers*, flores de estufa.

forcedly (fo·sidli) *adv.* forzosamente. *2* de un modo forzado.

forceful (fo·sful) *adj.* fuerte, poderoso, eficaz; enérgico, violento.

forceless (fo·slis) *adj.* débil, sin fuerza.

forcemeat (fo·smit) *s.* coc. relleno, picadillo, salpicón.

forceps (fo·seps) *s.* CIR. fórceps. *2* CIR. pinzas, tenazas: *dentist ~*, gatillo, llave de dentista. *3* ZOOL. pinzas.

forcer (fo·sə') *s.* forzador. *2* MEC. émbolo.

forcible (fo·sibəl) *adj.* fuerte, potente, enérgico, eficaz, impetuoso. *2* poderoso, convincente, concluyente, de mucho peso. *3* violento, hecho a la fuerza.

forcibleness (fo·sibəlnis) *s.* fuerza, violencia.

forcibly (fo·sibli) *adv.* fuertemente, poderosamente. *2* violentamente, a la fuerza.

forcing (fo·sing) *adj.* que fuerza. *2* impelente. *3* que hace crecer, madurar, etc., de prisa. — *4 s.* forzamiento, compulsión. *5* acción de hacer crecer, madurar, etc., de prisa; lo que sirve para ello.

ford (fo·d) *s.* vado, vadera. *2* poét. río, riachuelo.

ford (to) *tr.* vadear, esguazar.

fordable (fo·dabəl) *adj.* vadeable, esguazable.

fore (io·ə') *adj.* anterior, delantero: *~ edge*, canal [de un libro]; *~ part*, parte anterior, delantera. *2* MAR. proel, de proa. — *3 adv.* anteriormente, en la parte delantera. *4* MAR. en o hacia la proa, de proa: *~ and aft*, de popa a proa. — *5 s.* frente, parte delantera: *to the ~*, presente; viviente, con vida; a mano, a la vista. *6* MAR. palo trinquete. *7* MAR. proa. — *8 interj.* GOLF. ¡ojo!, ¡cuidado!

fore-and-aft *adj.* MAR. de cuchillo [vela].

forearm (fo·ra·m) *s.* antebrazo. *2* brazuelo [de cuadrúpedo].

forearm (to) (foəra·m) *tr.* armar de antemano.

forebear (fo·be·') *s.* antepasado, ascendiente.

forebode (to) (foə·bou·d) *tr.* e *intr.* pronosticar, presagiar, anunciar augurar. — *2 tr.* prever, presentir.

foreboding (foə·bou·ding) *s.* presagio, augurio. *2* presentimiento. — *3 adj.* presagioso; que anuncia, presagia o presiente.

forebrain (fo·ə·brein) *s.* ANAT. parte anterior del encéfalo.

forecast (fo·ə·cæst) *s.* pronóstico, previsión, cálculo; proyecto, plan. *2* signo [de lo que ha de venir].

forecast (to) (foə·cæst) *tr.* pronosticar, prever, calcular. *2* anunciar [ser signo de]. — *3 intr.* hacer cálculos o previsiones. ¶ CONJUG. pret. y p. p.: *forecast* o *forecasted.*

forecastle (fo·ə·cæsəl) *s.* MAR. castillo [de proa]. *2* MAR. parte donde se aloja la marinería.

forecited (foə·sai·tid) *adj.* precitado.

foreclose (to) (foə·clou·s̆) *tr.* excluir. *2* privar, impedir. *3* cerrar de antemano. *4* DER. extinguir el derecho de redimir [una hipoteca].

foreclosure (foə·clou·y̆ə') *s.* DER. extinción del derecho de redimir [una hipoteca].

foredeck (foə·dec) *s.* MAR. castillo; parte anterior de la cubierta.

foredoom (foø'dum) *s.* destino, predestinación, sino.

foredoom (to) (foø'du·m) *tr.* destinar, predestinar, condenar de antemano; predestinar al fracaso.

forefather (foø'fa·ðø') *s.* abuelo, antepasado.

forefinger (foø'fi·ngø') *s.* dedo índice.

forefoot (foø'fut) *s.* pata delantera, mano. 2 MAR. codillo de proa.

forefront (foø'frønt) *s.* delantera, parte más adelantada, primera fila.

foregather (to) *tr.* FORGATHER.

foreglimpse (foø'glimps) *s.* vislumbre del futuro.

forego (to) (foø'gou·) *tr.* preceder, ir delante, adelantarse a. — 2 *tr.* e *intr.* abstenerse de, privarse de, renunciar, descuidar, olvidarse de. ¶ CONJUG. pret.: *forewent*; p. p.: *foregone*.

foregoing (foø'gou·ing) *adj.* anterior, precedente.

foregone (foø'go·n) p. p. de TO FOREGO. — 2 *adj.* pasado, anterior. 3 predeterminado: ~ *conclusion*, decisión adoptada de antemano: cosa segura, inevitable.

foreground (foø'grauna) *s.* PERSP. primer plano o término.

forehand (fo·ø'jænd) *s.* ventaja, posición superior o ventajosa. 2 parte principal. 3 *pl.* cuartos delanteros [del caballo]. — 4 *adj.* delantero. 5 adelantado, anticipado [hecho o dado de antemano o anticipadamente]. 6 dado con la mano vuelta hacia adelante: ~ *stroke*, TENIS. golpe derecho o dado con la mano vuelta hacia adelante.

forehanded (foø'jændid) *adj.* temprano; hecho en tiempo oportuno. 2 (EE. UU.) previsor, ahorrador; rico, acomodado.

forehead (fo·ø'jed) *s.* ANAT. frente. 2 frente, testera [de una cosa]. 3 fig. descaro.

foreign (fo·rin) *adj.* extranjero, exterior: ~ *affairs*, asuntos exteriores, negocios extranjeros; ~ *commerce*, ~ *trade*, comercio exterior; ~ *legion*, legión extranjera; *Foreign Office* (Ingl.), ministerio de negocios extranjeros; *Foreign Service* (EE. UU.), servicio diplomático y consular. 2 forastero, foráneo, extraño. 3 extraño, ajeno: ~ *to the case*, ajeno al caso. 4 alejado [del pensamiento, etc.]. 5 exótico.

foreign-born *adj.* nacido en el extranjero.

foreigner (fo·rinø') *s.* extranjero [pers.]. 2 barco que llega del extranjero.

foreignism (fo·rinišm) *s.* extranjerismo.

foreignness (fo·rinis) *s.* calidad de extranjero.

forejudge (to) (foø'ỹø·dỹ) *tr.* prejuzgar.

forejudgment (foø'ỹø·dỹmønt) *s.* prejuicio.

foreknow (foø'nou·) *tr.* preconocer, prever.

foreknowable (foø'nou·abøl) *adj.* que se puede prever.

foreknowledge (foø'nou·lidỹ) *s.* precognición, presciencia.

foreland (fo·ø'lænd) *s.* GEOGR. promontorio, punta. 2 tierra de enfrente.

foreleg (fo·ø'leg) *s.* brazo, pata delantera [de cuadrúpedo].

forelock (fo·ø'loc) *s.* mechón de pelo que cae sobre la frente; guedeja; copete [del caballo]; *to take time for the* ~, asir la ocasión por los cabellos. 2 MEC. chaveta.

foreman (foø'mæn), *pl.* **-men** (-men) *s.* capataz, encargado, contramaestre, mayoral, sobrestante. 2 IMPR. regente. 3 DER. presidente del jurado.

foremast (foø'mast) *s.* MAR. trinquete [palo].

forementioned (foø'me·nshønd) *adj.* antedicho, susodicho.

foremost (fo·ø'moust) *adj.* delantero. 2 primero, principal.

forename (fo·ø'neim) *s.* nombre de pila.

forenamed (foø'nei·md) *adj.* susodicho.

forenoon (fo·ø'nun) *s.* la mañana.

forensic (fore·nsic) *adj.* forense: ~ *medicine*, medicina legal.

foreordain (to) (foø'dei·n) *tr.* preordinar; predestinar, predeterminar.

foreordination (foøro·dine·shøn) *s.* preordinación, predestinación.

forepart (fo·ø'pa·t) *s.* parte delantera. 2 principio, primera parte.

forepeak (fo·ø'pɪc) *s.* MAR. racel o delgado de proa.

forequarter (fo·ø'cuo·tø') *s.* cuarto delantero [de la res].

forereach (to) (fo·ørɪch) *tr.* pasar delante, ganar ventaja. 2 NÁUT. alcanzar o dejar atrás [a otra embarcación].

forerun (to) (foø'rø·n) *tr.* preceder, ir delante de, adelantarse a. 2 anunciar, presagiar. ¶ CONJUG. pret.: *fcreran*; p. p.: *forerun*.

forerunner (foø'rø·nø') *s.* predecesor. 2 precursor: *the Forerunner*, el Precursor [San Juan]. 3 anuncio, presagio. 4 mensajero, heraldo. 5 *pl.* MIL. avanzada; exploradores.

foresaid (fo·ø'sed) *adj.* antedicho, susodicho.

foresail (fo·ø'seil) *s.* trinquete [vela]. 2 cangreja [vela].

foresee (to) (foø'sɪ·) *tr.* prever, antever. ¶ CONJUG. pret.: *foresaw*; p. p.: *foreseen*.

foreseer (foø'sɪ·ø') *s.* previsor.

foreshadow (to) (foø'shæ·dou) *tr.* prefigurar, simbolizar.

foreshore (foø'sho·') *s.* playa, parte que cubre la marea.

foreshorten (to) (foø'sho·'tøn) *tr.* B. ART. escorzar.

foreshortening (foø'sho·'tning) *s.* B. ART. escorzo.

foreshow (foø'shou·) *tr.* mostrar de antemano. 2 dar muestras de; presagiar, prefigurar.

foresight (fo·ø'sait) *s.* previsión, prevención, presciencia, perspicacia. 2 providencia, prudencia. 3 ING. croquis de nivel.

foresighted (fo·ø'saitid) *adj.* previsor, providente. 2 presciente.

foreskin (fo·ø'skin) *s.* ANAT. prepucio.

foresleeve (foø'lɪ·v) *s.* parte de la manga que cubre el antebrazo.

forest (fo·rest) *s.* bosque, selva, monte: ~ *ranger* (EE. UU.), guarda forestal; ~ *reserve* (EE. UU.), bosque nacional.

forest (to) *tr.* arbolar.

forestaff (fo·ø'staf) *s.* MAR. ballestilla [instrumento].

forestal (fo·restal) *adj.* forestal.

forestall (to) (foø'sto·l) *tr.* anticiparse a; prevenir. 2 anticipar, hacer o pensar por adelantado. 3 salir al paso de. 4 acaparar.

forestaller (foø'to·lø') *s.* acaparador.

forestation (foreste·shøn) *s.* silvicultura práctica. 2 plantación de montes.

forestay (fo·ø'stei) *s.* MAR. estay del trinquete.

forester (fo·restø') *s.* guardabosque, guarda forestal. 2 silvicultor; técnico forestal, ingeniero de montes. 3 habitante del bosque [pers. o animal].

forestry (fo·restri) *s.* silvicultura, dasonomía. 2 tierra de bosques.

foretaste (fcø'tei·st) *s.* anticipo, gusto, goce o conocimiento anticipado.

foretaste (to) *tr.* gustar o conocer de antemano.

foretell (to) (foø'te·l) *tr.* predecir, pronosticar, profetizar, vaticinar, presagiar. ¶ CONJUG. pret. y p. p.: *foretold*.

foreteller (foø'te·lø') *s.* vaticinador, profeta.

foretelling (foø'te·ling) *s.* predicción, pronóstico, vaticinio, presagio.

forethought (fo·ø'zot) *s.* providencia, previsión, presciencia. 2 premeditación.

foretoken (foø'tou·køn) *s.* presagio; señal anunciadora.

foretoken (to) *tr.* anunciar, prefigurar.

foretop (fo·ø'top) *s.* MAR. cofa del trinquete. 2 copete [del caballo].

foretopgallant mast (foø'topgæ·lant) *s.* MAR. mastelerillo de juanete de proa.

foretopmast (foø'to·pmast) *s.* MAR. mastelero de velacho.

foretopmast staysail (foø'to·pmast stei·seil) *s.* MAR. contrafoque.

forever (fore·vø') *adv.* siempre, para siempre, por siempre: ~ *and a day*, ~ *and ever*, por siempre jamás, eternamente.

forevermore (fore·vø·mo·') *adv.* para siempre, por siempre, por siempre jamás.

forewarn (to) (foø'uo·n) *tr.* prevenir, poner sobre aviso, advertir, avisar: *forewarned is forearmed*, hombre prevenido vale por dos.

forewoman (fo·ø'wumæn) *s.* encargada, primera oficiala.

foreword (fo·ø'uø·d) *s.* advertencia, preámbulo, prefacio, prólogo.

foreyard (fo·ø'ya·d) *s.* patio delantero. 2 MAR. verga del trinquete.

forfeit (fo·'fit) *s.* pena, multa, comiso, decomiso. 2 pérdida legal de una cosa o un derecho por incumplimiento de un contrato, obligación, etc. 3 prenda [en los juegos]: *game of forfeits*, juego de prendas. — 4 *adj.* decomisado, confiscado, perdido por incumplimiento de contrato, etc.

forfeit (to) *intr.* no cumplir una obligación. — 2 *tr.* perder el título o derecho a [una cosa] por incumplimiento de contrato, etc.; perder [como pena o castigo].

forfeiture (fo·'fichu') *s.* pérdida de derechos, confiscación, multa

forgather (fo·'gæ·d̯ơ') *intr.* reunirse, encontrarse.

forgave (fo·'guei·v) *pret.* de TO FORGIVE.

forge (fo·'y̆) *s.* forja, fragua; herrería.

forge (to) *tr.* forjar, fraguar [metal]. 2 forjar, fabricar, inventar [mentiras, etc.]. 3 falsificar [esp. documentos, una firma]. 4 hacer avanzar. — 5 *intr.* avanzar: to ~ ahead, avanzar despacio y con esfuerzo [esp. un buque]. 6 VET. tropezarse [las bestias].

forger (fo·'y̆ơ') *s.* forjador. 2 falsificador, falsario.

forgery (fo·'y̆ơri), *pl.* **-ries** (-ris) *s.* falsificación. 2 poét. ficción, invención.

forget (fo·'gue·t) *tr.* olvidar, olvidarse de, olvidársele a uno; descuidar: ~ it, no piense más en ello, no se preocupe; descuide usted. — 2 *intr.* trascordarse, desmemoriarse: to ~ about, olvidarse de. — 3 *ref.* to ~ cneself, olvidarse de sí mismo, ser abnegado; ser distraído, abstraerse; perder la dignidad, el dominio de sí mismo, hacer algo indigno de uno, descuidarse, propasarse; quedar inconsciente [como el que duerme]. ¶ CONJUG. pret.: *forgot*; p. p.: *forgotten*.

forgetful (fo·'gue·tful) *adj.* olvidado, sin hacer caso, sin cuidarse [de]. 2 olvidadizo, desmemoriado

forgetfulness (fo·'gue·tfulns) *s.* olvido, descuido, negligencia. 2 condición de olvidadizo.

forget-me-not *s.* BOT. nomeolvides, miosotis.

forging (fo·'y̆ing) *s.* forja, forjadura. 2 pieza de forja. 3 falsificación. 4 VET. tropezadura.

forgivable (fo·'gui·vab̯ơl) *adj.* perdonable, remisible.

forgive (to) (fo·'gui·v) *tr.* perdonar; dispensar. 2 condonar, remitir, indultar. ¶ CONJUG. pret.: *forgave*; p. p.: *forgiven*.

forgiven (fo·'gui·vơn) *p. p.* de TO FORGIVE.

forgiveness (fo·'gui·vnis) *s.* perdón, remisión. 2 misericordia, clemencia, inclinación a perdonar.

forgiver (fo·'gui·vơ') *s.* perdonador.

forgiving (fo·'gui·ving) *adj.* perdonador. 2 clemente, inclinado al perdón.

forgo (to) (fo·'gou·) *tr.* abandonar, renunciar a, privarse de. ¶ CONJUG. pret.: *forwent*; p. p.: *forgone*.

forgot (fo·'got) *pret.* de TO FORGET.

forgotten (fo·'got) *p. p.* de TO FORGET.

fork (fo·'c) *s.* tenedor [utensilio de mesa]. 2 AGR. horca horcón, horqueta, horquilla. 3 púa, gajo [de horca]. 4 bifurcación. 5 ramal [de camino, etc.]. 6 confluencia [de ríos]. 7 horcadura. 8 AJEDREZ. ataque doble.

fork (to) *tr.* ahorquillar. 2 cargar o hacinar con horca. 3 AJEDREZ. atacar o amenazar [dos piezas] a la vez. 4 *fam.* to ~ out o over, entregar, pagar. — 5 *intr.* ahorquillarse, bifurcarse.

forked (fo·'ct) *adj.* ahorquillado, bifurcado: ~ prop, horqueta; ~ lightning, relámpago en zigzag. 2 BOT. hendido, bífido.

forkedness (fo·'kidnis) *s.* calidad de ahorquillado o bifurcado.

forkhead (fo·'cjed) *s.* lengüeta de flecha.

forlorn (fo·'lo·'n) *adj.* abandonado, desamparado, olvidado, desolado. 2 triste, infeliz. 3 perdido, desesperado. 4 ~ hope, MIL. destacamento encargado de una misión peligrosa; empresa desesperada.

form (fo·'m) *s.* forma, configuración, hechura. 2 forma [la distinción de fondo o materia; requisitos externos]: *in due* ~, en debida forma. 3 CRIST., GRAM., IMPR. forma. 4 forma [modo de proceder], porte, conducta: *bad* ~, mala educación, de mala educación. 5 fórmula, formalidad, práctica, costumbre, ritual, etiqueta, ceremonia: *for form's sake*, por pura fórmula. 6 modelo, patrón. 7 forma, molde. 8 gálibo. 9 formulario, impreso [para llenar]. 10 banco, asiento largo. 11 división o sección de una clase [en una escuela]. 12 estado físico y mental, condiciones [para hacer algo], DEP. forma: *to be in* ~, estar en buenas condiciones, en forma; *to be out of* ~, estar en malas condiciones, no estar en forma. 13 (EE. UU.) esqueleto. 14 COM. *letter* carta que puede ser dirigida a diferentes personas sin más cambio que el del nombre y la dirección.

form (to) *tr.* formar [dar forma a, hacer, moldear, producir]. 2 formar [ideas, juicios; etc.]. 3 formar, constituir, integrar. 4 MIL. formar, poner en orden. — 5 *intr.* formarse. 6 MIL. formar, ponerse en cierto orden.

formal (fo·'mal) *adj.* formal [rel. o pert. a la forma]. 2 regular, hecho en debida forma. 3 solemne; de cumplido, de etiqueta: ~ attire, vestido de etiqueta; ~ call, visita de cumplido; ~ party, reunión o fiesta de etiqueta. 4 ordenado, metódico. 5 afectado, ceremonioso, grave, etiquetero. 6 esencial, constitutivo. 7 formulario.

formalin (fo·'malin) *s.* QUÍM. formalina.

formalism (fo·'mališ̆m) *s.* formalismo.

formalist (fo·'malist) *s.* formalista.

formality (fo·'mæ·liti), *pl.* **-ties** (-tis) *s.* formalidad, requisito. 2 ceremonia, etiqueta, cumplido. 3 observancia de las ceremonias, de la etiqueta; solemnidad; formalismo. 4 *pl.* vestidos, ornamentos [propios de una ceremonia].

formalize (to) (fo·'malais) *tr.* formalizar, dar forma. — 2 *intr.* mostrarse ceremonioso, observante de las formas.

formally (fo·'mali) *adv.* formalmente, con solemnidad. 2 realmente.

format (fo·'mat) *s.* formato, forma [de un libro].

formate (fo·'meit) *s.* QUÍM. formiato.

formation (fo·'me·shơn) *s.* formación [acción de formar; cosa formada]; disposición, estructura. 2 GEOL., MIL. formación.

formative (fo·'mativ) *adj.* formativo.

former (fo·'mơ') *adj.* anterior, pasado, precedente, primero. 2 antiguo, que fue, ex: *his* ~ *teacher*, su antiguo maestro, el que fue su maestro. 3 [con valor pronominal]: *the* ~, aquél, aquélla, el primero o la primera [de dos]. — 4 *s.* creador, formador, plasmador. 5 horma, molde, matriz, patrón.

formerly (fo·'mơ'li) *adv.* anteriormente, antes. 2 antiguamente, en otros tiempos, en tiempos pasados, un tiempo.

formic (fo·'mic) *adj.* QUÍM. fórmico.

formicant (fo·'micant) *adj.* MED. formicante.

formication (fo·'mike·shon) *s.* MED. formicación.

formicative (fơ·'mikei·tiv) *adj.* formicante.

formidable (fo·'midab̯ơl) *adj.* formidable, terrible, alarmante.

formidably (fo·'midabli) *adv.* formidablemente, terriblemente.

formless (fo·'mlis) *adj.* informe caótico.

formol (fo·'mơl) *s.* QUÍM. formol.

formula (fo·'miula), *pl.* **-las** o **-lae** (-li) *s.* fórmula.

formulary (fo·'miuleri) *adj.* formal, formulario. — 2 *s.* formulario

formulate (to) (fo·'miuleit) *tr.* formular.

formulation (fo·'miule·shơn) *s.* formulación.

formulism (fo·'miuliš̆m) *s.* formulismo.

formulist (fo·'miulist) *s.* formulista.

formulistic (fo·'miuli·stic) *adj.* formulista.

formulize (to) (fo·'miulaiš̆) *tr.* formular.

fornicate (to) (fo·'nikeit) *intr.* fornicar.

fornicate(d (fo·'nikeit·(id) *adj.* ARQ. abovedado.

fornication (fo·'nike·shơn) *s.* fornicación. 2 ARQ. bóveda.

fornicator (fo·'nikeitơ') *s.* fornicador, fornicario.

fornicatress (fo·'nikeitris) *s.* fornicadora; concubina, manceba.

forsake (to) (fo·'sei·k) *tr.* abandonar, desamparar, desertar. 2 apostatar, renegar de. 3 desechar, renunciar, dejar, separarse de. ¶ CONJUG. pret.: *forsook*; p. p.: *forsaken*.

forsaken (fo·'sei·kơn) *p. p.* de TO FORSAKE. — 2 *adj.* abandonado, desamparado.

forsook (fo·'su·c) *pret.* de TO FORSAKE.

forsooth (fo·'su·z) *adv.* ciertamente, en verdad.

forswear (to) (fo·'sue·ơ') *tr.* abjurar, renunciar. 2 negar bajo juramento. 3 to ~ oneself, perjurarse. — 4 *intr.* perjurar, jurar en falso, perjurarse. ¶ CONJUG. pret.: *forswore*; p. p.: *forsworn*.

fort (fo·'t) *s.* fuerte, fortaleza. 2 en América, puesto comercial lejos de los centros civilizados.

fortalice (fo·'talis) *s.* fortín.

forte (fo·'tei) *adj.* y *s.* MÚS. forte. — 2 *s.* fuerte [aquello en que sobresale uno]. 3 *fig.* caballo de batalla.

forth (fo·'z) *adv.* delante, adelante: *to step* ~, adelantarse, avanzar. 2 en adelante: *from that day* ~, de aquel día en adelante. 3 fuera, afuera, a la vista: *to go* ~, salir; *to put* ~ *leaves*, echar hojas. 4 hasta lo último : *and so* ~, y así sucesivamente, etcétera.

forthcoming (fo'zcøming) *adj.* venidero, próximo, que viene. 2 disponible : *funds will not be* ~, no habrá fondos disponibles. — *3 s.* salida ; venida, acercamiento, proximidad.

forthputting (fo'zputing) *adj.* atrevido, descarado.

forthright (fo'zrait) *adj.* directo, derecho. 2 franco. — *3 adv.* directamente. 4 francamente. 5 en seguida, inmediatamente.

forthwith (fo'zuid) *adv.* inmediatamente, sin dilación, pronto, en seguida.

forties (fo'tis) *s. pl.* de FORTY. 2 los números desde el cuarenta al cuarenta y nueve. 3 edad desde los cuarenta a los cuarenta y nueve años.

fortieth (fo'tiøz) *adj.* y *s.* cuadragésimo. 2 cuarentavo. — *3 adj* cuarenta [ordinal].

fortifiable (fo'tifaiabøl) *adj.* fortificable.

fortification (fo'tifikeshøn) *s.* fortificación, fortalecimiento. 2 MIL. fortificación. 3 fortaleza, plaza fuerte.

fortifier (fo'tifaiø') *s.* fortificador. 2 fortalecedor.

fortify (to) (fo'tifai) *tr.* fortificar. 2 fortalecer. 3 reforzar. 4 confirmar, corroborar. — *5 intr.* MIL. hacer fortificaciones.

fortissimo (fo'ti simou) *adj.* y *adv.* MÚS. fortísimo.

fortitude (fo'titiud) *s.* fortaleza [de ánimo], firmeza, valor.

fortnight (fo'tnait) *s.* quincena, dos semanas.

fortnightly (fo'tnaitli) *adj.* quincenal. — *2 adv.* quincenalmente. — *3 s.* publicación quincenal.

fortress (fo'tris) *s.* fortaleza, fuerte, ciudadela.

fortuitous (fo'tiu itøs) *adj.* fortuito, impensado, inesperado.

fortuitously (fo'tiu itøsli) *adv.* fortuitamente.

fortuitousness (fo'tiu itøsnis) *s.* calidad de fortuito

fortuity (fo'tiu iti) *s.* FORTUITOUSNESS. 2 caso fortuito.

fortunate (fo'chunit) *adj.* afortunado, venturoso, dichoso, feliz.

fortunately (fo'chunitli) *adv.* afortunadamente, felizmente.

fortune (fo'chun) *s.* fortuna, suerte, destino, sino : *to tell one's* ~, decirle a uno la buenaventura. 2 fortuna, caudal, riqueza : *to cost a* ~, costar un dineral, una fortuna, un ojo de la cara ; ~ *hunter*, cazador de dotes.

fortuneless (fo'chunlis) *adj.* sin fortuna, sin bienes.

fortuneteller (fo'chuntelø') *s.* adivino, el que dice la buenaventura.

fortunetelling (fo'chunteling) *s.* práctica de decir la buenaventura.

forty (fo'ti), *pl.* **-ties** (-tis) *adj.* y *s.* cuarenta : ~ *hours devotion*, ECLES. las cuarenta horas ; ~ *winks* siestecita.

forum (fo'røm) *s.* foro [plaza pública, tribunal].

forward (fo'ruø'd) *adj.* delantero. 2 precoz, adelantado. 3 que se hace hacia adelante. 4 POL. avanzado, progresista. 5 pronto, dispuesto, ansioso, activo, emprendedor. 6 desenvuelto, descarado, atrevido. 7 COM. de o para el futuro : ~ *delivery*, entrega en fecha futura. — *8 adv.* adelante, hacia adelante ; en adelante ; más allá : *to bring* ~, aducir, presentar ; TO CARRY FORWARD ; *to carry* ~, llevar a otra columna o página ; pasar a cuenta nueva ; *to look* ~ *to*, esperar con placer, gozar de antemano ; *to move* ~, adelantar ; adelantarse ; *to send* ~, enviar ; *from this time* ~, de aquí en adelante. — *9 s.* DEP. delantero.

forward (to) *tr.* enviar, remitir, despachar, expedir ; encaminar, reexpedir, hacer seguir camino. 2 impulsar, apresurar, activar. 3 adelantar, promover, patrocinar.

forwarder (fo'ruø'dø') *s.* COM. agente expedidor, comisionista expedidor.

forwardly (fo'ruø'dli) *adv.* en o hacia la parte delantera. 2 prontamente. 3 atrevidamente, descaradamente.

forwardness (fo'ruø'dnis) *s.* adelantamiento, progreso. 2 prontitud, ansia, apresuramiento. 3 precocidad. 4 audacia. 5 desenvoltura, descaro, impertinencia.

forwards (fo'ruø'ds) *adv.* adelante, hacia adelante. 2 en la delantera.

forwent (fo'uent) *pret.* de TO FORGO.

foss (fos) *s.* FOSSE.

fossa (fo'sa) *s.* ANAT. fosa.

fosse (fos) *s.* foso.

fossil (fo'sil) *adj.* y *s.* fósil. 2 pers. anticuada.

fossiliferous (fosili'førøs) *adj.* fosilífero.

fossilist (fo'silist) *m.* paleontólogo.

fossilization (fosilise'shøn) *s.* fosilización.

fossilize (to) (fo'silaiß) *tr.* convertir en fósil, petrificar. — *2 intr.* fosilizarse. 3 buscar fósiles.

fossorial (foso'rial) *adj.* ZOOL. cavador.

foster (fo'stø') *adj.* de leche ; adoptivo, de adopción : ~ *brother*, hermano de leche ; ~ *child*, hijo de leche, hijo adoptivo ; ~ *home*, hogar de adopción ; hogar asignado a un menor por orden judicial ; ~ *land*, país de adopción ; ~ *nurse*, nodriza ; ~ *father*, marido de la nodriza, padre adoptivo ; ~ *mother*, nodriza, madre adoptiva.

foster (to) *tr.* criar, nutrir. 2 mimar, dar alas. alentar, sostener, fomentar.

fosterage (fo'støridÿ) *s.* crianza de niños ajenos. 2 condición de hijo adoptivo. 3 aliento, fomento.

fostering (fo'støring) *adj.* fomentador. — *2 s.* fomento.

fosterling (fo'størling) *s.* hijo de leche, hijo adoptivo.

fought (fot) *pret.* y *p. p.* de TO FIGHT.

foul (faul) *adj.* sucio, asqueroso, inmundo, repugnante. 2 fétido, mal oliente : ~ *breath*, aliento fétido. 3 malo [olor]. 4 viciado [aire]. 5 saburroso [boca, estómago]. 6 malo, vil, injusto, engañoso, obsceno : ~ *play* o *dealing*, dolo, mala fe, traición ; ~ *language*, palabras injuriosas, lenguaje obsceno ; ~ *weather*, mal tiempo. 7 contrario, desagradable. 8 enredado, atascado, obstruido : ~ *anchor*, ancla enredada ; distintivo consistente en un ancla con un trozo de cuerda. 9 IMPR. lleno de erratas. 10 sucio, nb conforme a las reglas del juego. 11 MAR. ~ *bill of health*, patente sucia. 12 ~ *copy*, borrador. — *13 s.* acción de ensuciar, de chocar o enredarse [una cosa con otra] : *to fall* o *run* ~ *of*, chocar con, abordar [un buque a otro] ; enredarse en. 14 DEP. falta, juego sucio.

foul (to) *tr.* ensuciar, emporcar. 2 manchar, deshonrar ; afear. 3 atascar, obstruir. 4 MAR. abordar, chocar con, enredarse en. 5 DEP. hacer una jugada sucia contra, dar un golpe bajo. 6 BEISBOL. volear [la pelota] fuera del cuadro. — *7 intr.* ensuciarse. 8 MAR. enredarse, enceparse [el ancla] ; abordar, chocar. 9 DEP. jugar sucio, contra las reglas del juego. 10 BEISBOL. volear la pelota fuera del cuadro.

foulard (fula'd) *s.* fular.

foully (fau'li) *adv.* suciamente, impuramente, vergonzosamente.

foul-mouthed *adj.* malhablado.

foulness (fau'lnis) *s.* suciedad, asquerosidad. 2 fetidez. 3 obscenidad, impureza. 4 maldad, infamia. 5 fealdad.

foul-spoken *adj.* malhablado.

found (faund) *pret.* y *p. p.* de TO FIND.

found (to) *tr.* fundar, fundamentar, cimentar, asentar. 2 fundar, instituir, establecer. 3 servir de base o fundamento. 4 METAL., VIDR. fundir.

foundation (faunde'shøn) *s.* fundación, erección, establecimiento. 2 principio, origen. 3 fundamento, base cimiento : ~ *stone*, primera piedra ; fig. base, fundamento. 4 MEC. asiento, pie. 5 ING. firme. 6 COST. forro, refuerzo. 7 fundación [institución dotada para un fin] ; dotación [de una fundación] : ~ *school*, escuela sostenida con una fundación.

founder (faun'dø') *s.* fundador. 2 fundidor. 3 VET. despeadura, infosura.

founder (to) *tr.* MAR. hundir, echar a pique. 2 maltratar, despear [a un caballo]. — *3 intr.* hundirse, desplomarse. 4 MAR. zozobrar, irse a pique. 5 tropezar, caer. 6 fracasar. 7 despearse [el caballo].

foundering (faun'døring) *s.* MAR. hundimiento [de un buque].

foundery (faun'dri), *pl.* **-ries** (-ris) *s.* FOUNDRY.

founding (faun'ding) *s.* fundición [arte].

foundling (faun'dling) *s.* expósito, cunero, inclusero. ~ *hospital*, inclusa, *cuna.

foundress (faun'dres) *s.* fundadora.

foundry (faun'dri) *s.* fundición [de metales] ; obra de fundición. 2 fundición, fundería.

fount (faunt) *s.* fuente, manantial. 2 depósito de una lámpara.

fountain (fa·unten) *s.* fuente, manantial. 2 origen, principio. 3 ~-*pen*, estilográfica. 4 MED. ~ *syringe*, inyector de gravedad. 5 ~-*head*, fuentes, nacimiento [de un río].

four (fo·ø') *adj.* y *s.* cuatro : ~ *hundred*, cuatrocientos; *the* ~ *hundred* (EE. UU.), la alta sociedad ; ~ *o'clock*, las cuatro; ~ *of a kind*, cuatro de un palo, quínola ; ~ *seas*, los mares que circundan las Islas Británicas; *on all fours*, a gatas, igual, al mismo nivel; sin discordancia, en armonía. — 2 *adj.* de cuatro : ~ *flush*, PÓKER. cuatro naipes del mismo palo ; farol.

four-cornered *adj.* de cuatro ángulos, cuadrangular.

four-cycle *adj.* MEC. de cuatro tiempos.

four-cylinder *adj.* MEC. de cuatro cilindros.

four-flush (to) *intr.* pop. baladronear, fanfarronear, fachendear.

fourflusher (fo·'fløshø') *s.* pop. baladrón, fanfarrón, fachenda

fourfold (fo·'fould) *adj.* cuádruple, cuádruplo.

four-footed *adj.* de cuatro patas, cuadrúpedo.

four-handed *adj.* cuadrúmano. 2 para cuatro jugadores; de cuatro jugadores. 3 MÚS. a cuatro manos.

four-in-hand *adj.* tirado por cuatro caballos [coche]. 2 de pala [corbata]. — 3 *s.* carruaje tirado por cuatro caballos. 4 corbata de pala.

four-leaf, four-leaved *adj.* cuadrifoliado.

four-legged *adj.* de cuatro patas ; cuadrúpedo.

four-motor *adj.* AVIA. cuadrimotor.

four-o'clock *s.* BOT. arrebolera, dondiego de noche.

fourpence (fo·'pens) *s.* cuatro peniques, moneda de cuatro peniques.

fourpenny (fo·'peni) *s.* moneda de cuatro peniques. — 2 *adj.* de a cuatro peniques.

fourposter (fo·'poustø') *s.* cama imperial.

fourrier (fu·riø') *s.* HARBINGER.

fourscore (fo·'sco') *adj.* ochenta. — 2 *s.* cuatro veintenas.

four-seater *adj.* coche de cuatro plazas.

foursome (fo·'søm) *s.* DEP. partida de dos contra dos. 2 DEP. conjunto de cuatro jugadores.

foursquare (fo·'scue') *adj.* cuadrado, cuadrangular. 2 franco, sincero; inequívoco. 3 firme, constante. — 4 *s.* cuadrado.

fourteen (fo·'ti·n) *adj.* y *s.* catorce.

fourteenth (fo·'ti·nz) *adj.* catorceno, decimocuarto, catorce. — 2 *adj.* y *s.* catorzavo.

fourth (fo·'z) *adj.* y *s.* cuarto : ~ *dimension*, cuarta dimensión. — 2 *s.* cuatro [en las fechas]. 3 MÚS. cuarta.

fourthly (fo·'zli) *adv.* en cuarto lugar.

four-way *adj.* de cuatro direcciones o pasos.

four-wheel *adj.* de cuatro ruedas. 2 en las cuatro ruedas.

four-wheeled *adj.* de cuatro ruedas.

four-wheeler *s.* carruaje de cuatro ruedas.

fowl (faul) *s.* gallo, gallina, pollo. 2 ave [en general]. 3 carne de ave. 4 *pl.* volatería, aves de corral.

fowl (to) *intr.* cazar aves.

fowler (fau·lø') *s.* cazador [de aves].

fowling (fau·ling) *s.* caza de aves. — 2 *adj.* para cazar aves : ~ *piece*, escopeta.

fox (focs) *s.* ZOOL. zorro, zorra, raposo, raposa. 2 piel de zorro. 3 zorro, bellaco, taimado. 4 MAR. rebenque, chicote. — 5 *adj.* de zorro o zorra, de zorros : ~ *brush*, rabo u hopo de zorra; ~ *chase*, ~ *hunt*, caza del zorro ; ~ *terrier*, fox terrier [perro] ; ~ *trot*, trote corto [del caballo] ; foxtrot [baile]. 6 ICT. ~ *shark*, zorra de mar.

fox (to) *intr.* (EE. UU.) cazar zorras. 2 agriarse [la cerveza]. 3 fingir, disimular, raposear. 4 ponerse rojizo, mancharse [el papel]. — 5 *tr.* embriagar, emborrachar. 6 engañar con astucia. 7 agriar [la cerveza].

foxbane (fo·csbein) *s.* BOT. acónito, matalobos.

foxglove (fo·csglouv) *s.* BOT. digital, dedalera.

foxhound (fo·csjaund) *s.* perro raposero.

foxiness (fo·csinis) *s.* astucia, zorrería. 2 enrojecimiento [del papel]. 3 agrura [de la cerveza].

foxish (fo·csish) *adj.* zorruno. 2 astuto, taimado.

foxlike (fo·cslaic) *adj.* FOXISH.

foxskin (fo·cskin) *s.* piel de zorro.

foxtail (fo·cteil) *s.* rabo u hopo de zorra. 2 BOT. carricera. 3 BOT. ~ *millet*, panizo.

fox-trot (to) *intr.* ir al trote corto. 2 bailar el foxtrot. ¶ CONJUG. pret. y p. p. : *fox-trotted*; ger.: *fox-trotting*.

foxwood (fo·cswud) *s.* (EE. UU.) madera podrida fosforescente.

foxy (fo·csi) *adj.* zorruno. 2 del color del zorro. 3 que huele a zorro. 4 taimado. 5 descolorido. manchado, apulgarado. 6 agriada [cerveza].

foyer (fuaye·) *s.* salón de entrada [de un hotel, etc.]. 2 TEAT. salón de descanso. 3 FUND. cubilote.

fracas (frei·cas) *s.* alboroto, riña, zacapela.

fraction (fræ·cshøn) *s.* fragmento, trozo, porción. 2 fam. poquito. 3 LITURG. fracción [del pan]. 4 MAT. fracción, quebrado.

fraction (to) *tr.* fraccionar.

fractional (fræ·cshønal) *adj.* fraccionario. 2 fraccionado; ~ *distillation*, QUÍM. destilación fraccionada.

fractionate (fræ·cshøneit) *tr.* fraccionar. 2 QUÍM. separar por destilación fraccionada.

fractious (fræ·cshøs) *adj.* quisquilloso, enojadizo, regañón. 2 reacio, rebelón.

fracture (fræ·kchø') *s.* fractura, rompimiento. 2 CIR., GEOL. fractura.

fracture (to) *tr.* fracturar. — 2 *intr.* fracturarse.

frænum (fri·nøm) *s.*, *pl.* **-na** (-næ) *s.* FRENUM.

fragile (fræ·yil) *adj.* frágil. 2 quebradizo; delicado.

fragileness (fra·yilnis), **fragility** (frayi·liti) *s.* fragilidad.

fragment (fræ·gmønt) *s.* fragmento, trozo.

fragment (to) *intr.* fragmentarse.

fragmentary (fræ·gmønteri) *adj.* fragmentario.

fragrance (frei·grans), **fragancy** (frei·gransi) *s.* fragancia, buen olor.

fragrant (frei·grant) *adj.* fragante, oloroso.

fragrantly (frei·grantli) *adv.* olorosamente.

frail (frei·l) *adj.* frágil. 2 quebradizo, deleznable, endeble, baladí. 3 débil [física o moralmente]. — 4 *s.* cesto o canasto de junco.

frailness (frei·lnis) *s.* FRAILTY.

frailty (frei·lti), *pl.* **-ties** (-tis) *s.* fragilidad. 2 debilidad, flaqueza.

fraise (freš) *s.* cuello alechugado. 2 FORT. frisa. 3 RELOJ. avellanador.

fraise (to) *tr.* RELOJ. avellanar.

frame (freim) *s.* armazón, armadura, esqueleto. 2 cuerpo [del hombre o del animal]. 3 bastidor, marco, cerco, cuadro. 4 montura [de unas gafas, etc.]. 5 cuadro [de bicicleta o del chasis de un automóvil]. 6 entramado. 7 bastidor [para bordar]. 8 envigado [de techo]. 9 MEC. bancada. 10 FUND. molde. 11 molde para barras de jabón. 12 IMPR. chibalete. 13 MAR. cuaderna. 14 MAR. costillaje. 15 MAR. guindaste. 16 MIN. mesa de lavar. 17 HORT. caja o cubierta con cristales para defender las plantas de la acción del frío. 18 MEC., TEJ., HIL. nombre de varias máquinas o partes de ellas : *drawing* ~, manuar; *drying* ~, secador, aparato para secar; *fly* ~, mechera; *spinning* ~, máquina de hilar. 19 CINEM. cada una de las fotografías que componen una película. 20 constitución, estructura, composición, plan 21 orden establecido, forma, sistema [de gobierno]. 22 ~ *of mind*, humor, talante, estado de ánimo. 23 FÍS. ~ *of references*, sistema de coordenadas para determinar la posición o el movimiento de un cuerpo. — 24 *adj.* de armazón, de bastidor, de cuadro : ~ *aerial*, RADIO. antena de cuadro; ~ *saw*, sierra de bastidor. 25 de entramado, de enrejado, de tablas, de madera : ~ *house*, casa de madera.

frame (to) *tr.* fabricar, formar, construir. 2 enmarcar, montar. 3 encuadrar, enmarcar, poner en marco. 4 CARP. entramar. 5 ajustar, adaptar, arreglar, dirigir. 6 componer, idear, trazar, forjar, inventar, tramar. 7 concebir, imaginar. 8 expresar [con palabras], formular, redactar. 9 *to* ~ *up*, inventar, tramar [algo contra uno] ; amañar, preparar fraudulentamente [el resultado de un juego, las pruebas para incriminar a un inocente, etc.]. — 10 *intr.* prepararse, formarse. 11 *to* ~ *well*, prometer [dar buenas muestras de sí para lo venidero].

framer (frei·mø') *s.* constructor. 2 autor, forjador. 3 fabricante de marcos; el que pone marcos.

frame-up *s.* cosa preparada fraudulentamente, amaño. 2 arreglo, trama, conspiración [para incriminar a un inocente].

framework (frei·muø'c) *s.* armazón, esqueleto, estructura. *2* enrejado, celosía. *3* CARP. entramado. *4* sistema [de gobierno, etc.].
framing (frei·ming) *s.* armazón, armadura.
franc (frænc) *s.* franco [moneda].
France (fra·ns) *n. pr.* GEOGR. Francia.
Frances (fræ·nsis) *n. pr. f.* Francisca.
Franche-Comte (fransh-conté) *n. pr.* GEOGR. Franco-Condado
franchise (fræ·nchaiś) *s.* franqueza, exención, privilegio, inmunidad. *2* jurisdicción a que se extiende una inmunidad o privilegio. *3* asilo, refugio. *4* derecho político.
Francis (fræ·nsis) *n. Pr. m.* Francisco.
Franciscan (fransi·scan) *adj. y s.* franciscano.
francolin (fræ·ncolin) *s.* ORNIT. francolín.
Francophile (fræ·ncofail) *adj. y s.* francófilo.
Francophobe (fræ·ncofoub) *adj. y. s.* francófobo.
frangipane (fra·nǰipein) *s.* perfume que se obtiene del jarmín rojo. *2* crema de almendras.
Frank (frænc) *s.* franco [del pueblo franco]. — *2 n. pr.* dim. de FRANCIS.
frank *adj.* franco, sincero. *2* claro [que se expresa sin rebozo]. *3* franco [no disimulado]. *4* puro [metal]. — *5 s.* franquicia postal. *6* sello indicador de franquicia postal. *7* carta, paquete, etc., exento de franqueo.
frank (to) *tr.* enviar con exención de franqueo. *2* franquear, exceptuar de pago. *3* facilitar el paso, dar libre paso a.
frankfurter (fræ·ncfø'tø') *s.* salsicha de Francfort.
frankincense (fæ·nkinsens) *s.* incienso, olíbano [gomorresina].
Frankish (fræ·nkish) *adj.* franco [de los francos]. — *2 s.* lengua de los francos.
franklin (fræ·nklin) *s.* (Ingl.) ant. labrador propietario.
frankly (fræ·nkli) *adv.* francamente.
frankness (fræ·ncnis) *adj.* franqueza, sinceridad.
frantic (fræ·ntic) *adj.* frenético, furioso, desesperado.
frantically (fræ·nticali) *adv.* frenéticamente, furiosamente, desesperadamente.
frantioness (fræ·nticnis) *s.* frenesí, enfurecimiento. furor.
frap (to) (fræp) *tr.* MAR. atar fuertemente.
frappé (fræpei·) *adj.* helado, refrescado con hielo [vino, champaña, etc.]. — *2 s.* refresco helado de zumo de frutas.
frat (fræt) *s.* fam. (EE. UU.) club de estudiantes [en una universidad].
fraternal (fratø'nal) *adj.* fraternal, fraterno : ~ *society,* hermandad, mutualidad; ~ *twins,* gemelos fraternos o heterólogos.
fraternally (fratø'nali) *adv.* fraternalmente.
fraternity (fratø'niti) *s.* fraternidad. *2* gremio, sociedad, congregación, hermandad. *3* asociación secreta. *4* (EE. UU.) club de estudiantes [en una universidad].
fraternization (frætø'niśe·shøn) *s.* fraternización.
fraternize (to) (fræ·tø'naiś) *intr.* fraternizar. — *2 tr.* hermanar, hacer amigos.
fratricidal (frætrisai·dal) *adj.* fratricida.
fratricide (fræ·trisaid) *s.* fratricidio. *2* fratricida.
fraud (frod) *s.* fraude, dolo, engaño, trampa. *2* condición engañosa. *3* farsante, impostor, timador.
fraudful (fro·dful) *adj.* engañoso, de mala fe, pérfido, fraudulento.
fraudfully (fro·dfuli) *adv.* engañosamente, fraudulentamente.
fraudless (fro·dlis) *adj.* sin fraude.
fraudulence (fro·diuløns), **fraudulency** (fro·diulønsi) *s* fraudulencia, mala fe.
fraudulent (fro·diulønt) *adj.* fraudulento, engañoso artero.
fraudulently (fro·diuløntli) *adv.* fraudulentamente, arteramente.
fraught (frot) *adj.* lleno, cargado, preñado, grávido.
fraxinella (fræcsine·la) *s.* BOT. fresnillo.
fray (frei) *s,* alboroto, reyerta, riña, pelea. *2* raedura, refregadura, desgaste, deshilachado.
fray (to) *tr.* rozar, raer, refregar, desgastar. — *2 intr.* desgastarse, deshilacharse.
freak (frí·k) *s.* capricho, antojo, rareza. *2* hombre o cosa rara; fenómeno, monstruosidad : ~ *of nature,* aborto de la naturaleza.
freak (to) *tr.* abigarrar, varetear, gayar.
freakish (fri·kish) *adj.* caprichoso, antojadizo. *2* fantástico, raro, extravagante.

freakishly (fri·kishli) *adv.* caprichosamente.
freaki(sh)ness (fri·ki(sh)nis) *s.* calidad de caprichoso, raro, monstruoso.
freckle (fre·cøl) *s.* peca. *2* mota, pinta.
freckle (to) *tr.* motear. — *2 intr.* llenarse de pecas.
freckle-faced *adj.* pecoso.
freckled (freicøld) *adj.* pecoso. *2* moteado.
frackledness (fre·cøldnis) *s.* condición de pecoso.
freckly (fre·cli) *adj.* pecoso.
Fred (fred), **Freddy** *n. pr. m.* dim. Federiquito.
Frederica (fre·dørica) *n. pr. f.* Federica.
Frederick (fre·døric) *n. pr. m.* Federico.
free (frí) *adj.* libre; ~ *agency,* libre albedrío; ~ *and easy,* sencillo, campechano; despreocupado; ~ *city,* ciudad libre; ~ *enterprise,* libertad de empresa; ~ *hand,* libertad de acción, carta blanca; ~ *lance,* mercenario, condotiero; franco tirador, hombre independiente; el que escribe en los periódicos sin tener empleo fijo; actor que hace bolos; ~ *love,* amor libre; ~ *state,* HIST. (EE. UU.) estado no esclavista, sin esclavos; ~ *thought,* librepensamiento; ~ *trade,* librecambio; ~ *trader,* librecambista; ~ *verse,* verso libre o suelto; ~ *wheel,* rueda o piñón libre; ~ *will,* albedrío, libre albedrío; propia voluntad; *to make,* o *be,* ~ *with,* tomarse libertades con; no gastar cumplidos, disponer de [una cosa] como si fuese propia; *to set* ~, libertar, poner en libertad. *2* en libertad. *3* independiente, autónomo. *4* franco, exento : ~ *goods,* mercancías exentas del pago de derechos de aduana; ~ *list,* lista de mercancías que no pagan derechos; lista de personas exentas de pago; ~ *of charge,* gratis, de balde; ~ *port,* puerto franco; ~ *on board (f. o. b.),* COM. franco a bordo; ~ *on board (f. o. b.),* COM. franco a bordo *5* gratuito, de balde : ~ *pass,* pase [gratuito]; ~ *school,* escuela gratuita; ~ *place,* plaza gratuita [en una escuela]. *6* espontáneo, voluntario, discrecional. *7* permitido. *8* liberal, generoso : *to be* ~ *with,* dar abundantemente. *9* profuso, copioso; inmoderado; ~ *liver,* regalón comilón. *10* franco, abierto, comunicativo. *11* licencioso. *12* suelto, desembarazado [libre de encogimiento]. *13* atrevido, desenvuelto; desleng·lado. *14* desocupado, vacante. *15* zafo, flojo, suelto, desatado. *16* favorable [viento]. *17* que tiene libre la entrada en un lugar y el uso de él. — *18 adv.* libremente. *19* gratis.
free (to) *tr.* libertad, librar. *2* manumitir. *3* rescatar. *4* eximir. *5* desembarazar : zafar, soltar.
freeboard (fri·bo'd) *s.* MAR. obra muerta.
freebooter (fri·butø') *s.* saqueador. *2* filibustero, pirata.
freebooting (fri·buting) *s.* pillaje, piratería.
freeborn (fri·bo'n) *adj.* nacido libre. *2* propio o digno de un pueblo libre.
freedman (fri·dmæn), *pl.* **-men** (-men) *s.* liberto.
freedom (frí·døm) *s.* libertad : ~ *of speech,* libertad de palabra; ~ *of the press,* libertad de imprenta; ~ *of the seas,* libertad de los mares; ~ *of worship,* libertad de cultos. *2* independencia. *3* exención, inmunidad, privilegio : ~ *of the city,* posesión de las inmunidades y privilegios de los habitantes de una ciudad; *to receive the* ~ *of the city,* ser nombrado ciudadano de honor. *4* licencia, libertad, familiaridad atrevida. *5* facilidad, soltura. *6* libertad de usar de una cosa.
free-for-all *s.* pelotera, sarracina, riña general.
freehand (frí·jænd) *adj.* hecho a pulso [dibujo].
freehanded (fri·jændid) *adj.* liberal, dadivoso. *2* libre de manos, exento de trabas.
freehearted (fri·ja'ted) *adj.* franco, abierto. *2* generoso.
freehold (fri·jould) *s.* dominio absoluto de una finca.
freeholder (fri·jouldø') *s.* dueño absoluto de una finca.
freely (frí·li) *adv.* libremente. *2* espontáneamente. *3* profusamente, generosamente.
freeman (fri·mæn), *pl.* **-men** (-men) *s.* hombre libre, ciudadano.
Freemason (fri·meison) *s.* francmasón, masón.
Freemasonry (fri·meisonri) *s.* francmasonería, masonería.
freeness (fri·nis) *s.* libertad [estado o condición]. *2* franqueza, sinceridad. *3* liberalidad.
freer (frí·ø') *s.* libertador. — *2 adj.* comp. de FREE.
free-spoken *adj.* franco, sin reserva. *2* claro, boquifresco.
freestone (fri·stoun) *s.* piedra franca. — *2 adj. y s.* BOT. abridero, de hueso suelto [fruto].

freethinker (fri·zinkø') s. librepensador.
freethinking (fri·zinking) adj. librepensador. — 2 s. librepensamiento.
free-will adj. hecho espontáneamente, voluntario. 2 perteneciente a la doctrina del libre albedrío.
freeze (friš) s. helada.
freeze (to) tr. congelar, helar; garapiñar [líquidos]. 2 tratar con frialdad. 3 aterrar, dejar frío. 4 COM. congelar, inmovilizar [fondos, créditos]; estancar [precios]. 5 to ~ out, excluir o hacer salir a [uno] tratándolo con frialdad o desprecio; excluir a [uno] de un negocio con alguna maniobra; deshacerse de [un competidor] quitándole la clientela. 6 to ~ over, cubrir de una capa de hielo. 7 to ~ up, helar completamente. —8 impers. helar, escarchar. — 9 intr. helarse, congelarse. 10 quedarse helado, helársele a uno la sangre [de miedo, etc.]. 11 to ~ on to, fam. quedar fuertemente adherido a. 12 to ~ to death, helarse, morir de frío. 13 to ~ up, helarse completamente; fam. tomar una actitud fría, distante. ¶ CONJUG. pret.: froze; p. p.: frozen.
freezer (frišø') s. helador. 2 heladora, garapiñera, sorbetera.
freezing (frišing) adj. glacial. 2 helador, frigorífico. 3 de congelación: ~ point, punto de congelación. — 4 s. helamiento, congelación.
Freiburg (frai·bu'g) n. pr. GEOGR. Friburgo.
freight (freit) s. COM. carga [que se transporta]; porte: by ~, como carga; FERROC. a pequeña velocidad. 2 flete. — 3 adj. de carga; de flete: ~ car, vagón de carga o de mercancías; ~ free, libre de flete; ~ home, return ~, flete de vuelta; ~ outwards, flete de ida; ~ platform, FERROC. muelle de carga; ~ train, tren de carga o de mercancías.
freight (to) tr. cargar [un buque, etc.]. 2 MAR. fletar. 3 alquilar [para el transporte]. 4 transportar [por buque, tren, etc.].
freightage (frei·tidž) s. cargamento. 2 flete. 3 transporte, porte.
freighter (frei·tø') s. fletador, cargador. 2 buque de carga.
French (french) adj. y s. francés: ~ bean, alubia, judía, habichuela; ~ chalk, jaboncillo de sastre; ~ dressing, salsa francesa para ensalada; ~ fried potatoes, fries, patatas fritas en trocitos; ~ honeysuckle, BOT. zulla; ~ horn, MÚS. trompa; ~ horsepower, caballo de fuerza, caballo de vapor; ~ leave, despedida a la francesa; to take ~ leave, despedirse a la francesa; ~ marigold, BOT. clavel de las Indias; ~ roof, mansarda; ~ toast, pan frito después de empapado en leche y huevos batidos; ~ window, puerta vidriera de dos hojas.
Frenchify (to) (fre·nchifai) tr. afrancesar. ¶ CONJUGACIÓN. pret. y p. p.: frenchified.
Frenchism (fre·nchišm) s. francesada, galicismo.
Frenchman (fre·nchmæn), pl. -men (-men) s. francés [hombre].
Frenchwoman (fre·nchwumæn), pl. -women (-uimin) s. francesa [mujer].
Frenchy (fre·nchi), pl. -chies (-chis) adj. y s. desp. franchute.
frenetic (frene·tic) adj. frenético.
frenum (fri·nøm) s. ANAT. frenillo.
frenzied (fre·nšid) adj. frenético. 2 enloquecido.
frenzy (fre·nši) s. frenesí, locura, delirio, desvarío.
frenzy (to) tr. volver loco, enfurecer.
frequency (fri·cuønsi), pl. -cies (-sis) s. frecuencia. — 2 adj. de frecuencia: ~ converter, ELECT. convertidor de frecuencia; ~ list, lista de frecuencia [de palabras]; ~ meter, ELECT. frecuencímetro; ~ modulation, RADIO. modulación de frecuencia.
frequent (fri·cuønt) adj. frecuente. 2 habitual, regular, persistente, que hace algo con frecuencia.
frequent (to) (fricue·nt) tr. frecuentar. 2 tratarse, relacionarse con.
frequentation (fricuente·shøn) s. frecuentación. 2 trato relación
frequentative (fricue·ntativ) adj. y s. GRAM. frecuentativo.
frequenter (fricue·ntø') s. frecuentador. 2 que tiene trato o relación.
frequently (fri·cuentli) adv. frecuentemente.
fresco (fre·scou), pl. -coes s. PINT. fresco [pintura al fresco].
fresco (to) tr. pintar al fresco.

fresh (fresh) adj. fresco, nuevo, reciente: ~ from, recién salido, llegado, etc., de. 2 fresco [flor, fruta, carne, etc.; tez, color]. 3 fresco [viento]. 4 fresco [algo frío]. 5 puro [aire]; refrescante, vigorizador. 6 tierno [pan]. 7 nuevo [otro]. 8 descansado, con nuevas fuerzas; vigoroso. 9 inexperto, bisoño: ~ hand, novicio, novato. 10 fresco, descarado; impertinente; entremetido. 11 ~ water, agua dulce. — 12 s. avenida, riada. 13 manantial, arroyo. 14 sitio donde se mezclan las aguas dulces con las saladas. 15 racha [de viento]. — 16 adv. FRESHLY.
freshen (to) (fre·shøn) tr. refrescar, refrigerar. 2 desalar. — 3 intr. refrescarse. 4 refrescar [el viento]. 5 adquirir frescura, lozanía.
freshet (fre·shit) s. avenida, riada, inundación. 2 corriente de agua dulce que entra en el mar.
freshly (fre·shli) adv. frescamente. 2 recientemente. 3 de nuevo. 4 vigorosamente. 5 impertinentemente.
freshman (fre·smæn), pl. -men (-men) s. novicio, estudiante del primer año.
freshness (fre·shnis) s. frescura, frescor. 2 lozanía, verdor. 3 pureza [del aire]. 4 novedad. 5 frescura, descaro, impertinencia.
fresh-water adj. de agua dulce. 2 fig. no acostumbrado a navegar. 3 fig. inexperto, bisoño. 4 fig. de poca monta.
fret (fret) s. roce, rozamiento. 2 rozadura, raedura, roedura desgaste. 3 nerviosidad, impaciencia, irritación, preocupación. 4 hervor, efervescencia. 5 greca. 6 recamado. 7 B. ART. relieve, cinceladura; calado: ~ saw, segueta. 8 MÚS. traste [de guitarra].
fret (to) tr. rozar, raer, roer, corroer, desgastar, tazar. 2 gastar, consumir. 3 agitar [las aguas, etc.] 4 impacientar, irritar, preocupar. 5 recamar. 6 adornar con grecas, relieves o calados. 7 poner trastes [a un instrumento]. — 8 intr. rozarse, desgastarse. 9 irritarse, impacientarse, apurarse, consumirse, lamentarse. 10 agitarse [las aguas]. 11 to ~ into, on o upon, morder en, roer. ¶ CONJUG. pret. y p. p.: fretted; ger.: fretting.
fretful (fre·tful) adj. irritable, enojadizo; malhumorado, nervioso, impaciente. 2 agitado [aguas, etc.]. 3 que viene a rachas [viento].
fretfully (fre·tfuli) adv. con mal humor, con enojo, con impaciencia.
fretfulness (fre·tfulnis) s. irritabilidad, enojo, mal humor, impaciencia.
fretty (fre·ti) adj. irritable, malhumorado; inquieto. 2 fam. inflamado, apostemado.
fretwork (fre·tuø'k) s. grecas. 2 entrelazado, calado.
Freudian (froi·dian) adj. y s. freudiano.
Freudianism (froi·dianišm) s. freudismo.
friability (fraiabi·liti) s. friabilidad.
friable (frai·abøl) adj. friable.
friar (frai·æ') s. fraile, monje: Black friars, dominicos; Gray friars, franciscanos; White friars, carmelitas. 2 IMPR. fraile.
friary (frai·æri), pl. -ries (-ris) s. convento, comunidad, de frailes. — 2 adj. frailesco.
fribble (fri·bøl) adj. frívolo, vano. — 2 s. persona frívola. 3 frusleria.
fribble (to) intr. tontear, bobear.
fricassee (fricasr·) s. coc. fricasé.
fricassee (to) tr. coc. guisar como un fricasé.
fricative (fri·cativ) adj. FONÉT. fricativo. — 2 s. FONÉT. fricativa.
friction (fri·cshøn) s. fricción, rozamiento, roce, frote. 2 MEC. fricción. 3 fig. rozamiento, desavenencia. — 4 adj. de fricción: ~ band, cinta de fricción [de un freno]; ~ block, zapata [de freno]; ~ clutch, embrague de fricción; ~ gear, engranaje de fricción; ~ tape, ELECT. cinta aislante.
frictional (fri·cshønal) adj. de fricción, de rozamiento; producido por el rozamiento: ~ resistence, resistencia de rozamiento; ~ tape, ELECT. cinta aislante.
frictionize (to) (fri·shønaiš) tr. actuar por fricción sobre.
Friday (frai·di) s. viernes: Black ~, Good ~, Viernes Santo.
fried (fraid) p. p. de TO FRY, freído. — 2 adj. frito: ~ egg, huevo frito o estrellado.
friend (frend) s. amigo, amiga: close friends, muy amigos, amigos íntimos; to be friends with,

ser amigo de [una pers.]; *to have a ~ at court,* tener el padre alcalde, tener buenas aldabas; *to make friends,* adquirir amistades. ganarse amigos; *to make friends with,* trabar amistad con. hacerse amigo de; reconciliarse, hacer las amistades. 2 partidario; aliado. 3 allegado. *4* (con may.) cuáquero. *5 pl.* gente de paz [en respuesta a *¿quién va?*].

friendless (fre·ndlis) *adj.* desamparado, desvalido, sin amigos.

friendliness (fre·ndlinis) *s.* amigabilidad, afabilidad. cordialidad; disposición favorable.

friendly (fre·ndli) *adj.* amigo, amistoso, amigable. *2* servicial, benévolo, favorable, propicio. — *3 adv.* amistosamente, amigablemente.

friendship (fre·ndship) *s.* amistad.

Friesian (fri·șian) *adj.* y *s.* frisio.

Friesland (fri·slænd) *n. pr* GEOGR. Frisia.

frieze (frīș) *s.* TEJ. frisa. 2 ARQ. friso.

frieze (to) *tr.* TEJ. frisar. 2 adornar con friso.

frigate (fri·guit) *s.* MAR. fragata. 2 ORNIT. ~ *bird,* rabihorcado

fright (frait) *s.* miedo, terror, pavor; susto, espanto : *to take ~ at,* asustarse de. 2 esperpento, adefesio, espantajo.

fright (to) *tr.* poét. asustar.

frighten (to) (frai·tøn) *tr.* asustar, espantar atemorizar, dar miedo : *to ~ away,* ahuyentar. — *2 intr.* asustarse.

frightful (frai·tful) *adj.* espantable, espantoso, terrible. 2 horroroso, feísimo. 3 fam. tremendo, enorme.

frightfully (frai·tfuli) *adv.* espantosamente. 2 terriblemente, tremendamente.

frightfulness (frai·tfulnis) *s.* espanto, horror.

frigid (fri·ÿid) *adj.* frígido, helado, glacial. 2 frío [sin animación, sin vivacidad; sin cordialidad].

frigidity (friÿi·diti) *s.* frigidez, frialdad. 2 fig. frialdad [falta de ardor, de cordialidad].

frigidly (fri·ÿidli) *adv.* friamente.

frigorific (frigori·fic) *adj.* frigorífico.

frill (fril) *s* lechuga [pliegue]. 2 chorrera. 3 volante, faralá. *4* ZOOL. collar [de pelos o plumas]. *5 pl.* fam. arrequives, ringorrangos.

frill (to) *tr.* alechugar, escarolar, arrugar. 2 adornar con volantes. — *3 intr.* escarolarse, arrugarse.

fringe (frinÿ) *s.* franja, fleco, orla, cairel. 2 flequillo. 3 borde, margen, orilla.

fringe (to) *tr.* orlar, adornar con flecos o franias. 2 formar borde u orilla, servir de borde u orilla o estar en el borde u orilla.

Fringilidae (frinÿi·lidi) *s. pl.* ORNIT. fringilidos.

fringilline (frinÿi·lain) *adj.* ORNIT. fringilido.

fringy (fri·nÿi) *adj.* floqueado.

fripper (fri·pø') **fripperer** (fri·pørø') *s.* prendero, ropavejero.

frippery (fri·pøri) *s.* perifollos, moños, perejiles. 2 elegancia afectada, cursilería. 3 ropavejería. — *4 adj.* despreciable, frívolo.

frisk (frisc) *s.* retozo, brinco, salto. 2 pop. cacheo.

frisk (to) *intr.* retozar, triscar, cabriolar, brincar, saltar, travesear. — *2 tr.* mover, menear [la cola, etc.]. *3* pop. cachear. *4* pop. registrar [a uno] para robarle.

frisker (fri·skø') *s.* persona juguetona o retozona, zarandillo.

frisket (fri·skit) *s.* IMPR. frasqueta.

friskiness (fri·skinis) *s.* calidad de retozón.

frisky (fri·ski) *adj.* juguetón, retozón, alegre, vivaracho.

frit (frit) *s.* mezcla de que se hace el vidrio.

frit (to) *tr.* VIDR. fundir.

fritter (fri·tø') *s.* trozo, triza. 2 frisuelo, buñuelo, fruta de sartén.

fritter (to) *tr.* hacer trizas, desmenuzar. 2 esparcir. *3 to ~ away,* malgastar, desperdiciar poco a poco; desmoronar.

frivolity (frivo·liti) *pl.* **-ties** (-tis) *s.* frivolidad.

frivolous (fri·vøløs) *adj.* frívolo. 2 vano, baladí.

frivolously (fri·vøløsli) *adv.* frívolamente.

frivolousness (fri·vøløsnis) *s.* frivolidad.

frizz, frizzle (friș, fri·șøl) *s.* rizo, cosa rizada.

frizz, frizzle (to) *tr.* rizar, ensortijar. 2 encrespar, frisar.

frizzler (fri·șlø') *s.* rizador, frisador.

fro (frou) *adv.* atrás, hacia atrás : *to and ~,* de un lado a otro, de acá para allá, adelante y atrás; *to go to and ~,* ir y venir.

frock (froc) *s.* hábito [monacal]. 2 blusa [de obrero, pintor, etc]. *3* vestido [de mujer o niño]. *4* levita [prenda].

frock-coat *s.* levita [prenda].

frog (frog) *s.* ZOOL. rana. *2* ranilla [del casco de las caballerías]. *3* FERROC. corazón [del desvío]. *4* alamar. *5* tahalí [que pende del cinto]. *6* ~ *in the throat,* carraspera, ronquera.

frog-eater *s.* comedor de ranas. 2 pop. francés.

frogman (fro·gmæn), *pl.* **-men** (-men) *s.* hombre rana.

frolic (fro·lic) *s.* juego, retozo, travesura, calaverada. 2 alegría, jarana, holgorio, diversión.

frolic (to) *intr.* juguetear, retozar, triscar, travesear. 2 jaranear, divertirse. ¶ CONJUG. pret. y p. p.: *frolicked;* ger.: *frolicking.*

frolicsome (fro·licsøm) *adj.* juguetón, travieso, retozón, alegre.

from (from) *prep.* de, desde : ~ *afar,* de lejos, desde lejos; ~ *on high,* desde lo alto. 2 de [indicando : origen, procedencia; punto de partida; estado; separación, alejamiento, exclusión, disentimiento; modelo, modo] : *to hang ~ a bough,* colgar de una rama; *a present ~ his father,* un regalo de su padre; *to appeal ~ the decision,* apelar de la decisión; *to rouse ~ lethargy,* despertar del letargo; *away ~ home,* lejos o fuera del hogar; ~ *nature,* del natural; ~ *memory,* de memoria; ~ *this on,* de ahora en adelante. 3 de parte de. *4* a contar de. 5 por. a causa de, a consecuencia de : ~ *kindness,* por bondad. *6* a (en frases como : *to take something away ~ a person,* quitarle algo a una persona). 7 según. 8 estando en cierto estado o acción : *they fired ~ the gallop,* dispararon yendo al galope.

frond (frond) *s.* BOT. fronda, fronde.

frondage (fro·ndiÿ) *s.* frondas, follaje.

frondesce (to) (fronde·s) *intr.* BOT. echar hojas.

frondescence (fronde·sens) *s.* BOT. foliación.

frondiferous (frondi·førøs) *adj.* BOT. que tiene hojas.

front (frønt) *s.* ANAT. frente. 2 rostro, semblante, expresión. 3 audacia, descaro : *to have the ~ to,* tener el descaro de. *4* apariencia [de grandeza, de riqueza etc.]: *to put on a ~,* aparentar, hacer ostentación. 5 frente, fachada, frontispicio. 6 delantera. 7 MIL. frente, línea de combate. 8 COST. delantero, pechero, camisolín. 9 pechera [de camisa]. *10* TEAT. auditorio. 11 POL. frente. 12 tierra frontera o lindante con. 13 paseo o calle frente al mar. 14 frontalera [de la brida]. 15 caña [del zapato]. 16 principio, comienzo : *in the ~ of the book,* al principio del libro. *17 in ~,* delante, enfrente; de enfrente, frontero. *18 in ~ of,* delante, enfrente de, por delante de. — *19 adj.* delantero, anterior; frontero, frontal : ~ *axle,* eje delantero; ~ *door,* puerta principal, puerta de la calle, portal; ~ *drive,* AUTO. tracción delantera; ~ *line,* MIL. línea del frente, primera línea; ~ *room,* cuarto que da a la calle; ~ *row,* delantera, primera fila; ~ *seat,* asiento de primera fila; ~ *steps,* escalones de acceso a la puerta de la calle; ~ *view,* vista de frente.

front (to) *tr.* afrontar, hacer frente a, arrostrar. 2 mirar a, dar a, caer a, tener la fachada hacia. 3 aparecer delante de. *4* poner o hacer frente o fachada. — *5 intr.* estar enfrente de; oponerse. *6 to ~ on,* dar a. *7 to ~ towards,* mirar hacia.

frontage (frø·ntidÿ) *s.* fachada, frente, extensión del frente. 2 exposición, situación.

frontal (frø·ntal) *adj.* frontero, anterior. — *2 adj.* y *s.* ANAT. frontal. — *3 s.* adorno para la frente. *4* ECL. frontal. 5 ARQ. frontón.

frontier (frønti·ø') *s.* frontera, raya, confín. 2 fronteras de la civilización, de la parte civilizada o explorada de un país. — *3 adj.* fronterizo, *4* de las fronteras de la civilización, de colonización o exploración.

frontiersman (frønti·ø'șmæn), *pl.* **-men** (-men) *s.* hombre de la frontera; colonizador, explorador.

frontispiece (frø·ntispis) *s.* ARQ. frontispicio. 2 frontispicio, portada [de un libro].

frontless (frø·ntlis) *adj.* sin frente. 2 desvergonzado.

frontlet (frø·ntlit) *s.* venda o adorno para la frente. 2 frente [de un animal].

frost (frost) *s.* helamiento, congelación. 2 escarcha, helada : *white ~,* escarcha. 3 fig. hielo, frialdad, indiferencia. *4* fam. fracaso.

frost (to) *tr.* helar, congelar. 2 cubrir de escarcha. 3 helar, quemar [el frio las plantas]. 4 escar-

char [confituras, etc.], alcorzar [pasteles]. 5 tratar con frialdad. 6 deslustrar, esmerilar [vidrio]. — 7 intr. helarse, cubrirse de escarcha.
frostbite (fro·stbait) s. daño causado por la helada. 2 congelación o lesión en una parte del cuerpo causada por el frío.
frostbite (to) tr. helar, quemar, dañar [el frío, la helada]. ¶ CONJUG. pret.: frostbit; p. p.: frostbitten.
frostbitten (fro·stbitøn) adj. helado; quemado, dañado [por el hielo o la escarcha].
frosted (fro·stid) adj. escarchado, alcorzado. 2 deslustrado, mate.
frostiness (fro·stinis) s. frialdad, helamiento.
frosting (fro·sting) s. escarchado [de frutas, etc.]; alcorza. 2 deslustre, labor que imita la escarcha [en el vidrio, los metales, etc.].
frosty (fro·sti) adj. helado, glacial. 2 escarchado [cubierto de escarcha]. 3 canoso. 4 frío, indiferente.
froth (froz) s. espuma. 2 espumajo. 3 bambolla, cosa sin substancia.
froth (to) tr. producir espuma en. 2 cubrir de espuma. — 3 intr. espumar, espumajear : to ~ at the mouth, echar espuma por la boca.
frothiness (fro·zinis) s. espumosidad. 2 vaciedad, frivolidad.
frothy (fro·zi) adj. espumoso, espumajoso. 2 hueco, vano, sin substancia.
frouzy (frau·ši) adj. FROWZY.
frow (frau) s. mujer holandesa o alemana. 2 mujer casada.
froward (fro·ua'd) adj. díscolo, indócil, reacio, ingobernable.
frowardly (fro·ua'dli) adv. díscolamente.
frowardness (fro·ua'dnis) s. indocilidad.
frown (fraun) s. ceño, entrecejo; expresión severa, mala cara; desagrado, enojo, rigor.
frown (to) intr. fruncir el entrecejo, arrugar la frente. 2 mirar con ceño, mostrar desagrado, desaprobar: to ~ at, mirar con ceño, desaprobar; to ~ on o upon, desaprobar.
frowning (frau·ning) adj. ceñudo, torvo, hosco, malcarado.
frowningly (frau·ningli) adv. con ceño, torvamente, hoscamente.
frowzy (fra·uši) adj. desaliñado, desaseado, sucio, desgreñado; maloliente. 2 discordante, desafinado.
froze (frouš) pret. de TO FREEZE.
frozen (frouš'n) p. p. de TO FREEZE. — 2 adj. congelado; ~ foods, viandas congeladas. 3 frío. 4 fijo, inmóvil, invariable.
Frozen Sea (frou·šøn si·) n. pr. GEOGR. Mar Glacial.
fructiferous (frøcti·førøs) adj. fructífero.
fructification (frøctifike·shøn) s. fructificación.
fructify (to) (frø·ctifai) intr. fructificar. — 2 tr. hacer fructífero; fertilizar. ¶ CONJUG. pret. y p. p.: fructified.
fructivorous (frøti·vorøs) adj. ZOOL. frugívoro.
fructose (frø·ctous) s. QUÍM. fructosa.
fructuous (frø·ctshiuøs) adj. fructuoso; provechoso.
fruit (frut) s. BOT. fruto. 2 fig. fruto [producto, consecuencia, resultado]. 3 fruta, frutas. — 4 adj. frutal: ~ tree, frutal, árbol frutal. 5 del fruto; de fruta, para la fruta; ~ basket, frutero, cesto para la fruta; ~ cake, torta o pastel de frutas; ~ dish, plato frutero; ~ jar, tarro para frutas; ~ juice, jugo o zumo de frutas; ~ knife, cuchillo de postres; ~ ranch, finca dedicada a la fruticultura; ~ salad, ensalada de frutas; ~ stand, puesto de frutas; ~ store, frutería [tienda]; ~ sugar, fructosa, azúcar de frutas.
fruit (to) intr. fructificar, frutar. — 2 tr. hacer frutar; cargar de fruto.
fruitage (fru·tidy) s. fruta. 2 fruto, resultado, efecto.
fruit-bearing adj. frutal. 2 fructífero.
fruit-eating adj. frugívoro.
fruiter (fru·tø') s. frutal. 2 buque frutero.
fruiterer (fru·tørø') s. frutero [vendedor].
fruitery (fru·tøri) s. fruta. 2 huerto [de frutales].
fruitful (fru·tful) adj. fructífero, fructuoso, provechoso, productivo. 2 prolífico, fecundo, fértil, feraz. 3 abundante.
fruitfully (fru·tfuli) adv. fructíferamente, fruc-

tuosamente provechosamente. 2 prolíficamente, fértilmente.
fruitfulness (fru·tfulnis) s. fertilidad, fecundidad, abundancia.
fruition (frui·shøn) s. fruición, gusto. 2 goce, posesión. 3 fructificación.
fruit-piece s. PINT. frutaje, frutero.
fruitless (fru·tlis) adj. infructuoso, estéril, inútil, vano, improductivo.
fruitlessly (fru·tlisli) adv. infructuosamente.
fruitlessness (fru·tlisnis) s. infructuosidad.
fruity (fru·ti) adj. que huele o sabe a fruta. 2 fructífero, fructuoso.
frumentaceous (frumentei·shøs) adj. hecho de trigo o grano, o que lo parece; frumenticio.
frumenty (fru·menti) s. manjar de trigo cocido con leche, azúcar, etc.
frump (frømp) s. vieja anticuada, regañona, chismosa. 2 mujer desaliñada.
frumpish (frø·mpish), **frumpy** (frø·mpi) adj. desaliñado. 2 anticuado, pasado de moda [vestido]. 3 malhumorado, regañón.
frustrate (frø·streit) adj. ant. frustrado, fallido, vano, inútil, infructuoso.
frustrate (to) tr. frustrar, desbaratar, contrarrestar. 2 impedir [a uno] que logre un propósito; burlar. 3 DER. anular, invalidar.
frustration (frøstre·shøn) s. frustración, desbaratamiento, desconcierto. 2 fracaso; chasco, desengaño.
frustrative (frø·strativ) adj. frustratorio.
frustum (frø·støm) s. GEOM. cono o pirámide truncados; tronco [de cono o pirámide].
frutescence (frute·sens) s. BOT. calidad de fruticoso.
frutescent (frute·sent), **fruticose** (fru·ticous) adj. FOT. fruticoso.
fry (frai) s. y pl. freza, morralla, boliche [pececillos, pescado menudo]. 2 lechigada, chiquillería, enjambre, muchedumbre : small ~, gentecilla; gente menuda.
fry, pl. **fries** (fraiš) s. fritura, fritada. 2 fam. excitación.
fry (to) tr. COC. freír, saltear, estrellar. — 2 intr. freírse, asarse. 3 fig. estar agitado, hervir.
frying (frai·ing) s. freidura. — 2 adj. para freír : ~ pan, sartén : to jump from the ~ pan into the fire, huir del fuego y caer en las brasas.
fucaceous (fiukei·søs) adj. BOT. fucáceo.
fuchsia (fiu·shia) s. BOT. fucsia.
fucksin(e (fiu·csin) s. fucsina.
fucoid (fiu·coid) adj. BOT. fucoideo. — 2 s. BOT. alga fucoidea.
fucus (fiu·cøs) s. BOT. fuco.
fuddle (to) (fø·døl) tr. achispar; confundir, atontar [con la bebida]. — 2 intr. achisparse.
fudge (fødy) s. embuste, cuento. 2 dulce de chocolate. — 3 interj. ¡quita allá!
fudge (to) tr. arreglar, amañar, inventar. 2 hacer chapuceramente. 3 IMPR. insertar [noticias de última hora]. — 4 intr. TO HEDGE 5.
Fuegian (fiuyi·an) adj. y s. fueguino.
fuel (fiu·øl) s. combustible : ~ oil, aceite pesado, aceite combustible. 2 pábulo, yesca. 3 aliciente, incentivo.
fugacious (fiuguei·shøs) adj. fugaz. 2 evanescente.
fugaciously (fiuguei·shøsli) adv. fugazmente.
fugaciousness (fiuguei·shøsnis), **fugacity** (fiugæ·siti) s. fugacidad.
fugitive (fiu·yitiv) adj. fugitivo. 2 errante, vagabundo. 3 fugaz, efímero, pasajero, volátil. 4 de interés pasajero, ocasional, que trata de cosas del momento. — 5 s. fugitivo. 6 exilado, refugiado.
fugitiveness (fiu·yitivnis) s. fugacidad, instabilidad.
fugleman (fiu·gølmæn), pl. **-men** (-men) s. MIL. jefe de fila. 2 fig. guía, modelo.
fugue (fiu·g) s. MÚS. fuga.
fulcrum (fø·lcrøm), pl. **-crums** o **-cra** (-cræ) s. fulcro. 2 puntal, soporte.
fulfil(l (to) (fulfi·l) tr. cumplir, realizar, verificar, efectuar. 2 llenar, colmar.
fulfil(l)ment (fulfi·lmønt) s. cumplimiento, desempeño, ejecución, realización. 2 colmo.
fulgency (fø·lyensi) s. fulgor, resplandor, esplendor.
fulgent (fø·lyent) adj. fulgente, fúlgido, resplandeciente.
fulgurate (to) (fø·lguiureit) tr. fulgurar.
fulguration (følguiure·shøn) s. fulguración, relámpago, fucilazo.
fulgurite (fø·lguiurait) s. fulgurita.

fuliginous (fiuli·y̆inøs) *adj.* fuliginoso.
full (ful) *adj.* lleno, colmado, repleto, cuajado, atestado : ~ *house*, lleno, entrada llena [en un espectáculo] ; ~ *moon*, luna llena ; ~ *of fun*, divertido, chistoso, amigo de bromear ; ~ *of play*, juguetón, retozón. 2 cumplido, amplio, pleno, cabal, entero, completo, todo : ~ *binding*, ENCUAD. pasta entera ; ~ *blast*, pleno tiro ; *at* o *in* ~ *blast*, a pleno tiro, en plena actividad o funcionamiento ; a toda velocidad ; ~ *gallop*, galope tendido ; ~ *load*, plena carga ; AVIA. peso total ; ~ *name*, nombre completo, nombre y apellidos ; ~ *powers*, plenos poderes ; ~ *sail*, *under* ~ *sail*, MAR. a toda vela, a todo trapo ; ~ *scope*, carta blanca, ancho campo, rienda suelta ; ~ *speed*, toda velocidad ; *at* ~ *speed*, a toda velocidad ; ~ *speed ahead!*, MAR. ¡avante a toda máquina! ; ~ *stop*, parada completa ; GRAM. punto final ; ~ *time*, tiempo o período completo : jornada completa ; jornada ordinaria [de trabajo] ; ~ *weight*, peso cabal ; *in* ~ *swing*, en plena operación. 3 rebosante de emoción : *my heart is* ~, me ahoga el dolor, la emoción. 4 absorto, embebido. 5 harto, ahíto. 6 copioso, abundante. 7 holgado [vestido]. 8 preñado. 9 ocupado [no vacante]. 10 plenario. 11 puro [sin mezcla] : ~ *blood*, pura sangre, pura raza ; parentesco por parte de padre y madre. 12 carnal [hermano] : ~ *brother*, ~ *sister*, hermano, hermana carnal. 13 que tiene cuerpo [vino]. 14 perfecto, que ha llegado a su plenitud : ~ *age*, mayoría de edad. 15 detallado, extenso. 16 de etiqueta, de ceremonia, de gala : ~ *dress*, traje de etiqueta, de ceremonia ; MIL. uniforme de gala. 17 borracho. 18 bravío [mar]. 19 POKER. ~ *hand*, *house*, combinación de un trío y una pareja.
20 *adv.* enteramente, totalmente, del todo, plenamente, en pleno : ~ *nine years*, nueve años cumplidos. 21 detalladamente. 22 de lleno, derechamente. 23 muy : *a* ~ *many*, muchísimos ; ~ *well*, muy bien.
24 *s.* lleno, complemento, colmo, plenitud ; total, totalidad : *in* ~, por completo, totalmente ; detalladamene ; sin abreviar ; completo, total ; *to the* ~, por completo, completamente, enteramente.
full (to) *tr.* dar amplitud o vuelo. 2 hacer espeso o grueso. 3 TEJ. abatanar, enfurtir. — 4 *intr.* espesarse. 5 llenar, llegar al plenilunio [la luna].
full-aged *adj.* mayor de edad.
full-blooded *adj.* de pura raza. 2 pletórico, rubicundo.
full-blown *adj.* abierta [flor]. 2 maduro, desarrollado. 3 MAR. llena [vela].
full-bodied *adj.* fuerte, espeso, aromático [díc. esp. de los vinos].
full-dress *adj.* de etiqueta : *full-dress coat*, frac. 2 MIL. de gala.
fuller (fu·lø') *s.* batanero : *fuller's earth*, tierra de batán, greda ; *fuller's thistle*, cardencha.
fullery (fu·løri) *s.* batán [sitio donde se abatana].
full-faced *adj.* carilleno. 2 de rostro entero [retrato]. 3 IMPR. negra [letra].
full-fledged *adj.* hecho y derecho, completo, acabado.
full-grown *adj.* crecido, completamente desarrollado.
full-length *adj.* de tamaño natural, de cuerpo entero.
fulling (fu·ling) *s.* batanado, enfurtido. — 2 *adj.* de abatanar : ~ *mill*, batán.
fullish (fu·lish) *adj.* llenito, algo lleno.
full-manned *adj.* con la dotación completa.
fullness (fu·lnis) *s.* llenura, plenitud, complemento, colmo. 2 copia, abundancia. 3 hartura, saciedad.
full-rigged *adj.* MAR. completamente aparejado, con el aparejo completo. 2 completamente pertrechado.
full-sailed *adj.* MAR. con todo el trapo, a toda vela.
full-sized *adj.* de tamaño natural.
fully (fu·li) *adv.* plenamente, enteramente, completamente. 2 de lleno.
fulminant (fø·lminant) *adj.* fulminante.
fulminate (fø·lmineit) *s.* QUÍM. fulminato.
fulminate (to) *tr.* fulminar. 2 hacer estallar. — 3 *intr.* tronar ; *to* ~ *against*, tronar contra. 4 estallar, hacer explosión, detonar.
fulminating (fø·lmineiting) *adj.* fulminante ; que fulmina : ~ *cap*, cápsula fulminante ; ~ *powder*, pólvora fulminante.

fulmination (fø·lmine·shøn) *s.* fulminación. 2 detonación. 3 excomunión, censura.
fulminatory (fø·lminatori) *adj.* fulminador, fulminante, fulminoso.
fulmine (to) (fø·lmin) *tr.* lanzar, fulminar.
fulness (fu·lnis) *s.* FULLNESS.
fulsome (fu·lsøm) *adj.* insincero, bajo, vil, empalagoso, de mal gusto [adulación, servilismo, demostraciones de afecto]. 2 ant. grosero, repugnante.
fulsomely (fø·lsømli) *adv.* insinceramente, bajamente, empalagosamente.
fulsomeness (fø·lsomnis) *s.* insinceridad, bajeza, carácter empalagoso o repugnante.
fulvescent (følve·sønt) *adj.* algo leonado.
fulvid (fø·lvid), **fulvous** (fø·lvøs) *adj.* leonado, amarillo rojizo.
fumaric (fiumæ·ric) *adj.* QUÍM. fumárico.
fumarole (fiu·maroul) *s.* GEOL. fumarola.
fumble (to) (fø·mbøl) *intr.* buscar a tientas, revolver [buscando] ; tratar desmañadamente de hacer o encontrar algo : *to* ~ *in one's pockets*, buscar uno en sus bolsillos ; *to* ~ *along*, andar a tientas. 2 titubear [en la elección de las palabras], balbucear. — 3 *tr.* manosear, enredar con, chapucear. 4 DEP. no coger la pelota o dejarla caer. 5 balbucear, tartamudear, decir [algo] confusamente.
fumbler (fø·mblø') *s.* desmañado, chapucero.
fumblingly (fø·mblingli) *adv.* desmañadamente.
fume (fium) *s.* humo [esp. aromático], sahumerio. 2 olor, aroma. 3 vaho, tufo, emanación, gas, vapor : *fumes of wine*, vapores del vino. 4 acaloramiento, arrebato [de cólera].
fume (to) *tr.* sahumar, incensar. 2 ahumar, fumigar. 3 exhalar [vapor, etc.]. — 4 *intr.* avahar, vahear, exhalar gases, vapores. 5 humear. 6 rabiar, encolerizarse, echar pestes.
fumet (fiu·met) *s.* olor [del guisado]. 2 husmo, tufillo.
fumigate (to) (fiu·migueit) *tr.* fumigar. 2 sahumar, perfumar.
fumigation (fiumigue·shøn) *s.* fumigación. 2 sahumerio.
fumigator (fiu·migueitø') *s.* fumigador.
fumigatory (fiu·migatori) *s.* fumigatorio.
fuming (fiu·ming) *s.* sahumerio. 2 enojo. — 3 *adj.* fumante, humeante. 4 encolerizado, furioso.
fumitory (fiu·mitori) *s.* BOT. fumaria, palomina.
fumy (fiu·mi) *adj.* lleno de humos, de vapores, humoso.
fun (føn) *s.* broma, chacota, juego, diversión : *for* ~, en broma ; *to have* ~, fam. divertirse, pasar un buen rato. 2 chiste, chanza. 3 cosa que divierte ; *to be great* ~, ser muy divertido. 4 burla : *to make* ~ *of*, *to poke* ~ *at*, burlarse de, reírse de.
fun (to) *intr.* bromear, divertirse. ¶ CONJUG. pret. : *funned*; p. p. : *fund*.
funambulatory (fiunæ·mbiulatori) *adj.* funambulesco, de volatinero.
funambulist (fiunæ·mbiulist) *s.* funámbulo, volatinero.
function (fø·ncshøn) *s.* función. | No tiene el sentido de función de teatro o de guerra. 2 fiesta, ceremonia, reunión, acto. 3 ocupación, profesión.
function (to) *intr.* funcionar.
functional (fø·ncshønal) *adj.* funcional.
functionary (fø·ncshøneri) *s.* funcionario.
functionate (to) (fø·nshøneit) *intr.* funcionar. 2 oficiar.
functioning (fø·ncshøning) *s.* función, funcionamiento, marcha.
fund (fønd) *s.* fondo, caudal, capital. 2 acopio, reserva. 3 *pl.* fondos [dinero] : *public funds*, fondos públicos.
fund (to) *tr.* consolidar [una deuda]. 2 proveer de garantía [una emisión, etc.]. 3 acumular, poner en reserva.
fundable (fø·ndabøl) *adj.* consolidable [deuda].
fundament (fø·ndamønt) *s.* fundamento, base, cimiento. 2 ano ; nalgas, trasero.
fundamental (føndame·ntal) *adj.* fundamental. 2 elemental [color]. — 3 *s.* fundamento, principio, parte esencial. 4 MÚS. nota fundamental.
fundamentalism (føndame·ntališm) *s.* entre los protestantes, adhesión a la interpretación literal de la Biblia.
fundamentalist (føndame·ntalist) *s.* partidario del FUNDAMENTALISM.

fundamentally (fʌndəmentali) *adv.* fundamentalmente.

funded (fʌndid) *adj.* consolidada [deuda]. 2 invertido en fondos del Estado.

fundus (fʌndəs) *s.* ANAT. fondo. 2 DER. fundo.

funeral (fiunərəl) *s.* entierro, sepelio; cortejo fúnebre. 2 exequias. — *3 adj.* funeral, fúnebre, mortuorio : ∼ *director,* empresario de pompas fúnebres; ∼ *march,* marcha fúnebre; ∼ *parlour,* funeraria; ∼ *pile,* pira; ∼ *procesion,* còrtejo fúnebre.

funereal (fiunirial) *adj.* funerario. 2 fúnebre, triste, lúgubre.

fungi (fʌnɟai) *pl.* BOT. hongos.

fungicidal (fʌnɟisaidəl) *adj.* que destruye los hongos, fungicida.

fungicide (fʌnɟisaid) *s.* substancia para destruir hongos, fungicida.

fungiform (fʌnɟifɔm) *adj.* de forma de hongo.

fungoid (fʌngoid) *adj.* de la naturaleza del hongo.

fungosity (fʌngositi) *s.* fungosidad.

fungous (fʌngəs) *adj.* de la naturaleza del hongo. 2 MED. fungoso.

fungus (fʌngəs) *s.* BOT. hongo. 2 MED. fungosidad. — *3 adj.* de la naturaleza del hongo. 4 MED. fungoso.

funicle (fiunikəl) *s.* funículo.

funicular (fiunikiula) *adj.* funicular : ∼ *railway,* ferrocarril funicular.

funk (fʌnk) *s.* amedrentamiento, miedo, cobardía : *in a* ∼, asustado. 2 cobarde, miedoso.

funk (to) *intr.* tener miedo, encogerse, retroceder por miedo. — *2 tr.* huir, evitar [por miedo]. 3 asustar, arredrar.

funnel (fʌnəl) *s.* cañón [de chimenea], humero; chimenea [de vapor]. 2 embudo, fonil. 3 FUND. boca de carga.

funnel (to) *tr.* envasar, echar por medio de un embudo. 2 encauzar, concentrar. — *3 intr.* encauzarse, concentrarse. ⸢ CONJUG. pret. y p. p. : *funneled* o *-lled;* ger. : *funneling* o *-lling.*

funnel-shaped *adj.* de forma de embudo; abocinado.

funnier (fʌniə) *adj. comp.* de FUNNY.

funnies (the) (fʌnis) *m. pl.* la sección humorística [de un periódico].

funniest (fʌniest) *adj. superl.* de FUNNY.

funny (fʌni) *adj.* cómico, gracioso, chistoso, divertido, humorístico. 2 extraño, raro, curioso. 3 fam. ∼ *bone,* punto del codo donde el nervio ulnar se apoya en el cóndilo medio del húmero. 4 ∼ *business,* fam. engaño, picardía, treta.

fur (fə) *s.* piel [para abrigo o adorno]. 2 pelo espeso de un animal. 3 caza de pelo. 4 saburra. sarro. 5 incrustación [en las calderas]. — *6 adj.* de piel o pieles : ∼ *coat,* abrigo de pieles.

fur (to) *tr.* cubrir, forrar o adornar con pieles. 2 cubrir de saburra. 3 MAR. forrar [un buque]. 4 CARP. aplicar listones a una pared, viga, etc., para nivelar el suelo, bajar un techo, doblar la pared. etc.] 5 desincrustar calderas. — *6 intr.* cubrirse de saburra. 7 formarse incrustaciones. 8 ir en busca de pieles. ¶ CONJUG. pret. y p. p. : *furred;* ger. : *furring.*

furbelow (fəbelou) *s.* COST. faralá, volante, guarnición.

furbelow (to) *tr.* COST. guarnecer; adornar con faralá o volante.

furbish (to) (fəbish) *tr.* bruñir, acicalar, pulir, limpiar.

furcate (fəkeit) *adj.* ahorquillado.

furcation (fəkeishən) *s.* bifurcación.

furfur (fəfə) *s.* caspa.

furfuraceous (fəfureishəs) *adj.* casposo, parecido a la caspa. 2 furfuráceo.

furious (fiuriəs) *adj.* furioso, furibundo, airado. 2 ruidoso [alegría, etc.].

furiously (fiuriəsli) *adv.* furiosamente, airadamente.

furl (to) (fəl) *tr.* enrollar, plegar [banderas, etc.] 2 MAR. aferrar, recoger [velas].

furlong (fəlong) *s.* estadio [medida].

furlough (fəlou) *s.* licencia, permiso [a un militar o funcionario].

furlough (to) *tr.* dar licencia o permiso [a un militar o funcionario].

furnace (fənis) *s.* horno, hornillo, hornilla, hornaza : *blast* ∼, alto horno; *reverberatory* ∼, horno de reverbero. 2 hogar [de caldera]; caldera [de calefacción]. 3 fig. lugar de castigo o sufrimiento; prueba dura. 4 volcán.

furnish (to) (fənish) *tr.* surtir, proveer, acomodar. 2 equipar, aviar, amueblar, alhajar, decorar : *furnished rooms,* cuartos amueblados 3 suministrar, proporcionar, procurar.

furnished (fənisht) *adj.* amueblado.

furnisher (fənishə) *s.* proveedor, suministrador. 2 mueblista, decorador.

furnishing (fənishing) *s.* habilitación, equipo, suministro. 2 *pl.* útiles, avios, adminiculos; mobiliario. — *3 adj.* COM. *furnishing goods,* artículos para caballero.

furnishment (fənishmənt) *s.* surtimiento, surtido.

furniture (fənichə) *s.* ajuar, menaje, mobiliario, muebles : *piece of* ∼, mueble; *suit of* ∼, mobiliario. 2 equipo, aderezo, guarnición; adornos, decoraciones. 3 accesorios, útiles, avios. 4 MAR. aparejo. 5 IMPR. regletas, cruceros, medianiles, etc. — *6 adj.* de muebles, para muebles, etc. : ∼ *depository,* guardamuebles; ∼ *van,* carro de mudanzas.

furor (fiuro) *s.* furor, furia. 2 frenesí, locura, entusiasmo.

furred (fəd) *pret.* y *p. p.* de TO FUR.

furrier (fəriə) *s.* peletero.

furriery (fərieri) *s.* peletería.

furring (fəring) *s.* forro o guarnición de pieles. 2 incrustaciones [en una caldera]. 3 desincrustación [de calderas]. 4 saburra. 5 MAR. forro. 6 ARQ. tabletas, planchas [para nivelar un suelo, bajar un techo, doblar una pared, etc.].

furrow (fərou) *s.* surco. 2 carril, rodada. 3 gárgol, ranura. 4 arruga [en el rostro].

furrow (to) *tr.* surcar. 2 abrir ranuras en. 3 arrugar [el rostro]. 4 AGR. arar.

furry (fəri) *adj.* cubierto o vestido de pieles; peludo. 2 saburroso.

further (fəðə) *adj. comp.* adicional, ulterior, nuevo, otro; más amplio, más : *till* ∼ *orders,* hasta nueva orden; *without* ∼ *delay,* sin más demora. 2 más lejano, más distante, más adelantado : *the* ∼ *end,* el extremo más lejano. — *3 adv.* más lejos, más allá, en mayor grado, con mayor extensión. 4 además; aún.

further (to) *tr.* adelantar, fomentar, promover, favorecer, apoyar.

furtherance (fəðerans) *s.* adelantamiento, fomento, promoción, favor, apoyo.

furtherer (fəðərə) *s.* promotor, fomentador, patrón, protector.

furthermore (fəðəmo) *adv.* además. 2 DER. otro si.

furthermost (fəðəmoust) *adj. superl.* más lejano, más remoto.

furthest (fəðest) *adj. superl.* más lejano, más remoto, extremo, sumo : *at the* ∼, a lo sumo, a todo tirar. — *2 adv.* a la mayor distancia.

furtive (fətiv) *adj.* furtivo, oculto, secreto.

furtively (fətivli) *adv.* furtivamente.

furuncle (fiurəncəl) *s.* MED. furúnculo, divieso.

fury (fiuri) *s.* furia. 2 arrebatamiento, entusiasmo, frenesí.

furze (fəs) *s.* BOT. aulaga, aliaga, árgoma, tojo. 2 BOT. hiniesta, retama.

furzy (fəsi) *adj.* abundante en aulaga, tojo o hiniesta.

fusain (fiusein) *s.* DIB. carboncillo.

fuscous (fʌscəs) *adj.* fusco.

fuse (fiuz) *s.* espoleta, cebo, mecha, pebete [para dar fuego a una carga] : *time* ∼, espoleta graduada. 2 ELECT. fusible, cortacircuitos : ∼ *block* o *board,* soporte aislante para fusibles; ∼ *plug,* tapón fusible.

fuse (to) *tr.* fundir, derretir. 2 mezclar, unir. — *3 intr.* fundirse, derretirse.

fusee (fiuzi) *s.* fósforo de yesca o cartón. 2 caracol [de reloj]. 3 espoleta, detonador. 4 FERROC. señal luminosa.

fuselage (fiuseliÿ) *s.* fuselaje, armazón [de aeroplano].

fusel-oil (fiusel-oil) *s.* QUÍM. líquido compuesto principalmente de alcohol amílico.

fusibility (fiusibiliti) *s.* fusibilidad.

fusible (fiusibəl) *adj.* fusible.

fusiform (fiusifom) *adj.* fusiforme.

fusil (fiusil) *s.* fusil de chispa.

fusileer, fusilier (fiusilir) *s.* MIL. fusilero.

fusillade (fiusileid) *s.* descarga cerrada, tiroteo. 2 andanada, tiroteo [de preguntas, etc.].

fusillade *tr.* atacar con una descarga de fusiles, tirotear, fusilar. 2 hacer objeto de una andanada o tiroteo de preguntas, etc.

fusing (fiu·šing) *adj.* fundente. 2 de fusión : ~ *point*, punto de fusión.
fusion (fiu·ỹøn) *s.* fusión.
fusionist (fiu·ỹønist) *s.* POL. fusionista.
fuss (føs) *s.* alboroto, alharaca; ajetreo, actividad o inquietud innecesarios o por cosas de poco momento : *to make a* ~, hacer alharacas, alborotarse; *to make a* ~ *of*, agasajar, hacer fiestas a. 2 *pers.* exigente, fastidiosa, demasiado preocupada por bagatelas; que se mete en todo.
fuss (to) *intr.* enredar, bullir, ajetrearse; preocuparse o alborotarse por cosas de poco momento : *to* ~ *with*, enredar con, manosear. — 2 *tr.* inquietar, encocorar, molestar con tonterías.
fussier (fø·siø') *adj. comp.* de FUSSY.
fussiest (fø·siest) *adj. superl.* de FUSSY.
fussy (fø·si) *adj.* bullidor, inquieto, minucioso, exigente. 2 (esp. EE. UU.) agitado, alborotado.
fust (føst) *s.* fuste [de columna].
fustian (fø·schan) *s.* TEJ. fustán. 2 TEJ. pana. 3 hinchazón [del estilo]. — 4 *adj.* de fustán, de pana. 5 hinchado, campanudo, retumbante.
fustic (fø·stic) *s.* BOT. fustete.
fustigate (to) (fø·stigueit) *tr.* fustigar, apalear.
fustigation (føstigue·shøn) *f.* fustigación, castigo de azotes o palos.
fustier (fø·stiø') *adj. comp.* de FUSTY.
fustiest (fø·stiest) *adj. superl.* de FUSTY.
fustiness (fø·stinis) *s.* enmohecimiento. 2 rancidez.
fusty (fø·sti) *adj.* mohoso, rancio. 2 que huele a cerrado. 3 pasado de moda; rancio, anticuado, del tiempo de Maricastaña.

futile (fiu·til) *adj.* fútil. 2 frívolo. 3 vano, inútil.
futility (fiuti·liti) *s.* futilidad. 2 frivolidad. 3 inutilidad.
futtock (fø·tøc) *s.* MAR. ligazón, barraganete, genol.
future (fiu·chø') *adj.* futuro, venidero. — 2 *adj.* y *s.* GRAM. futuro. — 3 *m.* futuro, porvenir : *in the* ~, en el futuro; en lo sucesivo, de aquí en adelante; *in the near* ~, en un futuro próximo, en fecha próxima. 4 *pl.* COM. futuros.
futureless (fiu·chø'lis) *adj.* sin perspectivas para el futuro.
futurism (fiu·chørišm) *s.* futurismo.
futurist (fiu·chørist) *s.* futurista.
futuristic (fiu·chøristic) *adj.* futurista.
futurity (fiutiu·riti) *s.* calidad de futuro. 2 futuro [tiempo futuro], posteridad. 3 acontecimiento futuro.
fuze (fiuš) *s.* FUSE.
fuzee (fiu·ši) *s.* FUSEE.
fuzz (foš) *s.* vello, pelusa, borra, tamo.
fuzz (to) *intr.* soltar pelusa o borra. — 2 *tr.* cubrir de pelusa o borra.
fuzzball (fø·šbol) *s.* BOT. bejín.
fuzziness (fø·šinis) *s.* vellosidad.
fuzzier (fø·šiø') *adj. comp.* de FUZZY.
fuzziest (fø·šiest) *adj. superl.* de FUZZY.
fuzzy (fø·ši) *adj.* velloso, cubierto de pelusa. 2 de contornos deshilachados o poco definidos; indistinto, borroso. 3 crespo, rizado [cabello].
fy! (fai) *interj.* ¡qué vergüenza!
fyke (faik) *s.* nasa [para pescar].
fylfot (fi·lføt) *s.* svástica.

G

G, g (ȳi) s. G, g, séptima letra del alfabeto inglés. 2 MÚS. sol : *G clef*, clave de sol.

gab (gæb) s. MEC. gancho, horquilla. 2 fam. cháchara, locuacidad : *stop your ~!*, ¡cállese!; *to have the gift of the ~*, tener facundia, ser locuaz.

gab (to) *intr.* charlar, parlotear.

gabardine (gæba'di·n) s. gabardina [tela].

gabarit (gabari) s. gálibo.

gabble (gæ·bøl) s. charla rápida o sin sentido, parloteo. 2 gorjeo [de niño]. 3 cloqueo, graznido.

gabble (to) *tr.* hablar de prisa o sin sentido ; charlar, parlotear. 2 gorjear [un niño]. 3 cloquear, graznar. 4 decir o leer precipitadamente.

gabbler (gæ·bløʻ) s. charlatán, picotero.

gaberdine (gæbøʻdi·n) s. gabardina [tabardo].

gabion (gei·biøn) s. FORT. gavión, cestón.

gable (gei·bøl) s. ARQ. aguilón, hastial [parte superior triangular de una pared] : *~ end*, pared lateral rematada en aguilón ; *~ roff*, tejado a dos aguas ; *~ wall*, hastial, pared de remate triangular. 2 ARQ. gablete, frontón [sobre puerta o ventana].

gablet (gei·blit) s. ARQ. gablete.

Gabriel (gei·briøl) n. pr. m. Gabriel.

gaby (gei·bi), pl. **-bies** (-bis) s. fam. necio, tonto, bobo.

gad (gæd) s. aguijada ; chuzo. 2 barra, lingote. 3 MIN. cuña, barra en forma de cincel [para romper la roca, el mineral]. — 4 *interj.* vulg. ¡pardiez!

gad (to) *intr.* vagar, callejear, andorrear, andar de acá para allá. 2 holgazanear. 3 extenderse [una planta]. ¶ CONJUG. pret. y p. p. : *gadded*; ger. : *gadding*.

gadabout (gæ·dabaut) adj. callejero, vagabundo. — 2 s. persona callejera. 3 pindonga.

gadder (gæ·døʻ) s. vagabundo, andorrero, haragán. 2 pindonga.

gadding (gæ·ding) s. vagabundeo, callejeo, vagancia, briba.

gadfly (gæ·dflai), pl. **-flies** (·flais) s. ENTOM. tábano.

gadget (gæ·ɉit) s. fam. chisme, cosa, pieza, mecanismo, artificio.

Gaditanian (gæditæ·nian) adj. y s. gaditano.

Gael (gueil) s. escocés, celta.

Gaelic (gei·lic) adj. y s. gaélico, céltico.

Gaelicism (gei·lisiśm) s. gaelicismo, celticismo.

gaff (gæf) s. arpón, garfio, gancho. 2 vaya, burla, engaño. 3 gasto : *to stand the ~*, pagar el gasto ; aguantar, tener aguante. 4 charla, jactancia : *to blow the ~*, pop. revelar un secreto, hablar. 5 espolón de acero [para un gallo de pelea]. 6 pop. teatrucho. 7 MAR. pico de cangrejo : *~ sail*, cangreja.

gaff (to) *tr.* enganchar con garfio.

gaffer (gæ·føʻ) s. viejo, vejete. 2 capataz.

gaffle (gæ·føl) s. gafa [para la ballesta]. 2 GAFF 5.

gafftopsail (gæ·ftopseil) s. MAR. escandalosa.

gag (gæg) s. mordaza [para la boca]. 2 fig. mordaza [lo que hace callar] : *~ law*, ley o disposición que limita o prohibe el uso de la palabra,

la libre expresión del pensamiento. 3 guillotina [en una Cámara legislativa]. 4 bocado que produce náuseas. 5 broma, burla que pone en ridículo, engaño. 6 chiste, anécdota. 7 TEATR. morcilla. 8 TEATR. episodio cómico. 9 MEC. obstrucción en una válvula. 10 ICT. aguají.

gag (to) *tr.* amordazar. 2 dar náuseas a. 3 TEATR. meter morcillas en. 4 engañar, burlar. 5 MEC. obstruir [una válvula]. — 6 *intr.* nausear. ¶ CONJUG. pret. y p. p. : *gagged*; ger. : *gagging*.

gage (gueidȳ) s. prenda, caución. 2 guante, reto ; gaje. 3 GAUGE. 4 BOT. variedad de ciruela.

gage (to) *tr.* empeñar, dar en prenda. 2 apostar. 3 TO GAUGE.

gager (gæ·ȳeʻ) s. empeño [acción de dar en prenda]. 2 GAUGER.

gagger (gæ·goʻ) s. el que amordaza. 2 bromista.

gaggle (to) (gæ·guøl) *tr.* graznar [como el ganso].

gaiety (guei·iti), pl. **-ties** (-tis) s. alegría, jovialidad, algazara, fiesta, diversión. 2 viveza [de los colores] ; lujo [del vestir], galas ; fausto, pompa.

gaily (guei·li) adv. alegremente. 2 jovialmente.

gain (guein) s. ganancia, beneficio, granjería, provecho, lucro. 2 aumento, adquisición. 3 CARP. gárgol, ranura, mortaja.

gain (to) *tr.* ganar, granjear, obtener, lograr : *to ~ ground*, progresar, ganar terreno ; *to ~ time*, ganar tiempo [una batalla, un pleito; terreno al mar, etc.]. 3 ganar [llegar al sitio o lugar que se pretende]. 4 MAR. ganar : *to ~ the wind*, ganar el barlovento. 5 ganar, cobrar [fuerzas, etc.]. 6 ganar, conquistar [a uno] : *to ~ over*, ganar a un partido ; conciliar, persuadir. 7 CARP. hacer una ranura o mortaja en ; encajar en una ranura o mortaja. — 8 *intr.* ganar, progresar, mejorarse. 9 ganar [en la comparación, con el contraste]. 10 *to ~ on* o *upon*, avanzar, aproximarse a, acercarse a, ir alcanzando ; adelantar, ganar ventaja a ; ganar espacio o terreno a.

gainable (guei·nabøl) adj. ganable, asequible.

gainer (guei·nøʻ) s. ganador [el que sale ganando]. 2 NAT. zambullida para cuya ejecución hay que dar un salto mortal de espaldas.

gainful (guei·nful) adj. ganancioso, productivo, provechoso, lucrativo.

gainfully (guei·nfuli) adv. provechosamente.

gainfulness (guei·nfulnis) s. provecho, utilidad.

gainless (guei·nlis) adj. improductivo, infructuoso.

gainlessness (guei·nlisnis) s. infructuosidad, inutilidad.

gainsaid (gueinse·d) pret. y p. p. de TO GAINSAY.

gainsay (to) (gueinsei·) *tr.* contradecir, negar, discutir. 2 oponerse a, contrariar. ¶ CONJUG. pret. y p. p. : *gainsaid* o *gainsayed*.

gainsayer (gueinsei·øʻ) s. contradictor, antagonista.

gait (gueit) s. andar, paso, marcha, modo de andar. 2 porte, continente. 3 (Esc.) viaje, camino.

gaiter (guei·tøʻ) s. polaina, botín. 2 botina.

gala (gei·la) s. fiesta, función lucida. — 2 adj. de gala, de fiesta : *~ day*, día de gala, de gran fiesta ; *~ dress*, traje de gala, de fiesta.

galactagogue (galæ·ctagog) *s.* galactagogo.
galactic (galæ·ctic) *adj.* láctico. *2* ASTR. galáctico, perteneciente a la Vía Láctea.
galactite (galæ·ctait) *s.* MINER. galactita.
galactometer (galæctoˑmetør) *s.* galactómetro.
galactophagous (galectoˑfagøs) *adj.* galactófago.
galactose (galæ·ctous) *s.* galactosa.
galantine (galæ·ntin) *s.* galantina.
Galatian (galeiˑshian) *adj.* y *s.* gálata. — *2 s. pl.* BIB. *Galatians,* epístola de san Pablo a los Gálatas.
Galaxy (gæ·læcsi) *s.* ASTR. Galaxia, Vía Láctea. *2* (con min.) pléyade [de artistas, etc.].
galbanum (gæ·lbanøm) *s.* gálbano.
galbulus (gæ·lbiuløs), *pl.* **-li** (-lai) *s.* BOT. gálbula.
gale (gueil) *s.* viento, ventarrón; temporal : *to weather the* ～, aguantar el temporal; fig. ir tirando. *2* poét. brisa, céfiro. *3* pop. excitación, algazara : ～ *of laughter,* risotada. *4* pago periódico del alquiler.
galea (gueiˑlia) *s.* gálea. *2* CIR. vendaje para la cabeza. *3* BOT., ZOOL. apéndice o excrecencia que parece un casco.
galeate(d (gueiˑlieitid) *adj.* cubierto con gálea. *2* BOT., ZOOL. provisto de GALEA [3].
Galen (gueiˑlen) *n. pr.* Galeno. *2* fig. galeno [médico].
galena (galiˑna) *s.* MINER. galena.
Galenic(al (gale·nic(al) *adj.* galénico.
Galicia (galiˑshæ) *n. pr.* GEOGR. Galicia [de Polonia y de España].
Galician (galiˑshan) *adj.* y *s.* gallego. *2* galiciano.
Galilean (gæliˑliˑan) *s.* galileo.
galimatias (gælimeiˑshæs) *s.* galimatías.
galingale (gæ·linguei̇l) *s.* BOT. juncia. *2* BOT. galanga.
galiot (gæ·liot) *s.* MAR. galeota. *2* galeote.
galipot (gæ·lipot) *s.* galipote.
gall (gol) *s.* bilis, hiel : ～ *bladder,* vejiga de la hiel. 2 hiel, amargura, rencor, inquina. 3 vejiga de la hiel vesícula biliar. *4* (EE. UU.) descaro, desfachatez. 5 rozadura. 6 VET. matadura. 7 BOT. agalla : ～ *oak,* quejigo.
gall (to) *tr.* rozar, desollar. 2 irritar, mortificar, escocer. 3 molestar, hostigar, dañar. 4 ahelear. — *5 intr.* rozarse, excoriarse.
1) gallant (gæ·lant) *adj.* magnífico, galano, vistoso. 2 bizarro, gallardo, valiente, animoso. 3 caballeroso, noble.
2) gallant (gælæ·nt) *adj.* galante [con las damas]. 2 amatorio. 3 galán. 4 cortejador.
gallant (to) *tr.* galantear. 2 escoltar [a una dama].
gallantly (gæ·lantli) *adv.* galanamente. 2 valientemente. 3 noblemente.
gallantness (gæ·lantnis) *s.* bizarría, valentía. 2 elegancia.
gallantry (gæ·lantri) *s.* gallardía, bizarría, valor, intrepidez. 2 galantería [para con las damas]. 3 galanteo. 4 conjunto de los valientes o galanes.
galleass (gæ·liæs) *s.* MAR. galeaza.
galleon (gæ·lion) *s.* MAR. galeón.
gallery (gæ·løri) *s.* galería [pieza larga y espaciosa; corredor descubierto]; pórtico, columnata. 2 pasadizo. 3 balcón corrido. 4 galería [de pinturas, etc.]. 5 tribuna [en una iglesia, una cámara. etc.]. 6 plataforma elevada o balcón interior [para los músicos, etc.]. 7 TEATR. galería, paraíso. 8 galería, público de la galería o las tribunas : *to play to the* ～, hablar para la galería. 9 galería [camino o excavación subterránea].
galley (gæ·li) *s.* MAR. galera. 2 MAR. cocina, fogón. 3 MAR. (Ingl.) falúa. 4 IMPR. galera. 5 IMPR. galerada. — 6 *adj.* de galera : ～ *slave,* galeote ; ～ *proff,* IMPR. galerada ; ～ *slice,* IMPR. volandera.
gallfly (goˑlflai) *s.* ENTOM. cinípedo.
Gallia (gæˑlia) *n. pr.* GEOGR. Galia.
gallic (gaˑlic) *adj.* QUÍM. gálico.
Gallic (gæˑlic) *adj.* galo. 2 GALLICAN.
Gallican (gæ·lican) *adj.* y *s.* galicano.
Gallicism (gæ·lisĭsm) *s.* galicismo.
Gallicize (to) (gæ·lisaiš) *tr.* afrancesar. — *2 intr.* afrancesarse.
Gallicus (gæ·licøs) *n. pr.* Gálico.
galligaskins (gæligæ·skins) *s.* botarga, calzacalzón.
gallimaufry (gælimoˑfri) *s.* guisado de hígado, corazón, riñones, etc. 2 mezcolanza, baturrillo.
Gallinaceæ (galineiˑsii) *s. pl.* ORNIT. gallináceas.
gallinacean (galineiˑshan) *s.* ORNIT. gallinácea.
gallinaceous (galineiˑshøs) *adj.* ORNIT. gallináceo.
galling (goˑling) *adj* irritante, mortificante.
gallinule (gæ·liniul) *s.* ORNIT. gallineta.
galliot (gæ·liot) *s.* GALIOT.

gallipot (gæ·lipot) *s.* orza, bote. 2 fam. boticario. *3* GALIPOT.
gallium (gæ·liøm) *s.* QUÍM. galio.
gallivant (to) (gælivæ·nt) *intr.* callejear ; viajar por placer 2 mariposear, andar entre las mujeres.
gallnut (goˑlnøt) *s.* BOT. agalla.
gallon (gæ·løn) *s.* galón [medida : Ingl., 4.543 l.; EE. UU., 3.785 l.].
galloon (gæluˑn) *s.* TEJ. galón, trencilla.
gallop (gæ·løp) *s.* galope.
gallop (to) *intr.* galopar. 2 ir de prisa : *to* ～ *through,* hacer [algo] muy de prisa. — *3 tr.* hacer galopar.
gallopade (gæløpeiˑd) *s.* EQUIT. especie de galope. 2 galop [danza].
galloping (gæ·løping) *adj.* galopante : ～ *consumption,* tisis galopante.
Galloway (gæ·louei) *s.* jaca escocesa.
gallows (gæ·louš) *s.* horca, patíbulo : ～ *bird,* carne de horca. 2 armazón en forma de horca.
gall-stone *s.* MED. cálculo biliar.
gally (goˑli) *adj.* amargo. 2 (EE. UU.) desvergonzado.
galop (gæ·lop) *s.* galop [danza].
galore (galoˑr) *adj.* muchísimos. — *2 adv.* abundantemente. — *3 s.* abundancia.
galosh(e (galoˑsh) *s.* chanclo. 2 ant. galocha.
galvanic (gælvæ·nic) *adj.* galvánico.
galvanism (gæ·lvanišm) *s.* galvanismo.
galvanization (gælvanišeiˑshøn) *s.* galvanización. 2 MED. aplicación de corrientes eléctricas.
galvanize (to) (gæ·lvanaiš) *tr.* galvanizar. 2 MED. aplicar corrientes eléctricas.
galvanocautery (gælvanocoˑtøri) *s.* MED. galvanocauterio.
galvanometer (gælvanoˑmeteˑ) *s.* galvanómetro.
galvanometric (gælvanoˑmetric) *adj.* galvanométrico.
galvanoplastic (gælvanoplæ·stic) *adj.* galvanoplástico.
galvanoplasty (gæ·lvanoplæsti) *s.* galvanoplastia.
gama grass (gaˑmæ) *s.* BOT. maicillo.
gambado (gæmbeiˑdou) *s.* polaina. — *2 pl.* guardaestribos de cuero.
gambier (gæˑmbiˑ) *s.* FARM. gambir.
gambit (gæˑmbit) *s.* gambito. 2 concesión para invitar a la discusión.
gamble (gæˑmbøl) *s.* juego [en que se arriesga dinero]. 2 jugada, empresa arriesgada.
gamble (to) *intr.* jugar [por dinero]. 2 especular, aventurarse [en la Bolsa, etc.]. — *3 tr.* jugar [dinero]. 4 aventurar, perder [una cosa en el juego o en la especulación] : *to* ～ *away,* perder en el juego.
gambler (gæˑmbløˑ) *s.* jugador, tahúr.
gambling (gæˑmbling) *s.* juego [por dinero]. 2 acción de jugar [dinero]. — *3 adj.* de juego : ～ *den,* ～ *house,* garito, casa de juego; ～ *table,* mesa de juego.
gamboge (gæmboˑdy̆) *s.* gomaguta, gutagamba.
gambol (gæˑmbøl) *s.* salto, brinco, cabriola, retozo.
gambol (to) *intr.* saltar, brincar, cabriolar, retozar, travesear. ¶ CONJUG. pret y p. p. : *gamboled* o *-bolled;* ger. : *gamboling* o *-bolling.*
gambrel (gæˑmbrel) *s.* jarrete, corvejón [esp. del caballo]. 2 gancho, garabato [en los mataderos]. 3 ARQ. ～ *roof,* techo a la holandesa.
game (gueim) *s.* juego, entretenimiento, diversión : ～ *of chance,* juego de azar : *to play a good* ～, jugar muy bien, saber jugar ; *to play the* ～, jugar limpio, proceder lealmente. 2 partida [de juego]. 3 DEP. partido. 4 juego, manejo, asunto, plan : *the* ～ *is up,* el juego, el plan, la cosa ha fracasado. 5 burla, broma : *to make* ～ *of,* burlarse de. 6 caza [animales] : *big* ～, caza mayor; *ground* ～, caza de pelo; *winged* ～, caza de pluma. 7 valentía. — *8 adj.* de juego. 9 de caza : ～ *bag,* zurrón, morral; ～ *beater,* ojeador; ～ *bird,* ave de caza; ～ *law,* ley de caza y pesca ; ～ *preserve,* coto o vedado de caza; ～ *warden,* guardabosque, guarda de coto. 10 valiente, animoso, luchador, peleón : ～ *fish,* pez que lucha, difícil de pescar y que por esto es muy estimado de los pescadores deportivos; ～ *fowl,* gallo o gallina de la raza de los gallos de pelea; *to die* ～, morir peleando. 11 estropeado [brazo, pierna].
game (to) *tr.* jugar [dinero]. — *2 intr.* jugar [por dinero].

gamecock (gueiˈmcoc) s. gallo de pelea.
gamekeeper (gueiˈmkɪpøʼ) s. guardabosques, guarda de coto.
gameness (gueiˈmnis) s. valor, resolución.
gamesome (gueiˈmsøm) adj. alegre, juguetón.
gamesomeness (gueiˈmsømnis) s. alegría, jugueteo.
gamester (gueiˈmstøʼ) s. jugador, tahur.
gamete (gæˈmet) s. BIOL. gameto.
gametophyte (gæˈmitofaɪt) s. BOT. gametofita.
gaming (gueiˈming) s. GAMBLING.
gamma (gæˈma) s. gamma [letra griega]. 2 FÍS. ~ rays, rayos gamma.
gammadion (gæmeˈdion), pl. -a (-æ) s. cruz gamada.
gammer (gæmøʼ) f. vieja, comadre, tía, abuelita.
gammon (gæmøn) s. jamón curado. 2 partida doble [en el chaquete]. 3 fam. embuste, faramalla.
gammon (to) tr. curar [jamón]. 2 ganar partida doble [al chaquete]. 3 fam. enlabiar, embaucar.
gamogenesis (gæmoˈʤenesis) s. BIOL. gamogénesis, generación o reproducción sexual.
gamopetalous (gæmopeˈtaløs) adj. BOT. gamopétalo.
gamosepalous (gæmoseˈpaløs) adj. BOT. gamosépalo.
gamp (gæmp) s. fam. paraguas grande.
gamut (gæˈmøt) s. escala, gama.
gamy (gueiˈmi) adj. manido. 2 salvajino [carne]. 3 abundante en caza. 4 luchador, bravo, indómito
gander (gæˈndøʼ) s. ZOOL. ganso.
gang (gæng) s. grupo, pelotón; cuadrilla, brigada [de braceros]; pandilla, banda. 2 manada. 3 juego [de herramientas, etc.]. 4 MIN. ganga. — 5 adj. múltiple; ~ condenser, RADIO. condensador múltiple; ~ plough o plow, arado múltiple; ~ saw, sierra múltiple.
gang (to) intr. juntarse, agavillarse, formar cuadrilla. | Gralte. con up: ~ up together o ~ up against, conspirar contra, juntarse contra, atacar juntos.
gangboard (gængˈboʼd) s. GANGPLANK.
gangling (gæ̃ngling) adj. larguirucho y desgarbado
ganglion (gæˈnglion), pl. -glions o -glia (-gliæ) s. ANAT., MED. ganglio.
ganglionic (gænglioˈnic) adj. ganglionar.
gangplank (gæˈngplænc) s. plancha, pasarela.
gangrenate (to) (gæˈngreneit) tr. e intr. TO GANGRENE.
gangrene (gæˈngrin) s. MED. gangrena.
gangrene (to) tr. gangrenar. — 2 intr. gangrenarse.
gangrenous (gæˈngrinøs) adj. gangrenoso.
gangster (gæˈngstøʼ) s. gángster, pistolero.
gangsterism (gæˈngstørism̃) s. gangsterismo.
gangue (gæng) s. MIN. ganga.
gangway (gæ̃ngwei) s. pasillo, corredor, entrada. 2 pasarela. 3 MAR. espacio próximo a la borda. 4 MAR. portalón; plancha de atraque. 5 FERROC. pasillo entre dos vagones.
gannet (gæˈnit) s. ORNIT. planga, alcatraz.
ganoid (gæˈnoid) adj. ICT. ganoideo.
gantlet (gaˈntlit) s. MIL. baquetas, carrera de baquetas: to run the ~, sufrir la pena de baquetas, pasar entre dos peligros.
gantry (gæˈntri) s. poino; caballete para barril. 2 puente o plataforma elevada para grúas, etc.: ~ crane, grúa de puente. 3 FERROC. puente transversal de señales.
Ganymedes (ganiˈmidəs) n. pr. Ganimedes.
gaol (ʤeil) s. (Ingl.) cárcel.
gaoler (ʤeiløʼ) s. (Ingl.) carcelero.
gap (gæp) s. boquete, portillo, brecha, abertura. 2 resquicio, raja, rendija. 3 quebrada, barranca. 4 hueco, claro, espacio, laguna. 5 ELECT. distancia entre carbones. 6 AVIA. entreplanos [distancia entre los planos de un biplano]. 7 AUTO. spark ~, puente de ignición.
gap (to) tr. abrir boquete o brecha en.
gape (gueip) s. bostezo. 2 estado del que está boquiabierto: asombro, admiración, embobamiento. 3 abertura, boquete, rendija. 4 pl. the gapes, ganas de bostezar.
gape (to) intr. bostezar. 2 abrir la boca [como para pedir la comida, morder, etc.]: to ~ after, desear vivamente, codiciar. 3 estar o quedar boquiabierto, embobarse: to ~ at, mirar embobado o sorprendido; to stand gaping, embobarse. 4 abrirse, estar abierto.
gaper (gueiˈpøʼ) s. bostezador. 2 bobalicón, papamoscas.
gar (gaʼ) s. ICT. aguja. 2 ICT. nombre de otros peces como el lucio, el sollo, etc.

garage (garaˈẏ) s. garaje. 2 AER. hangar.
garage (to) tr. dejar o encerrar en el garaje.
garb (gæʼb) s. vestido, traje [esp. el característico] 2 aire, aspecto, apariencia. 3 forma literaria.
garb (to) tr. vestir, ataviar.
garbage (gaʼbiẏ) s. desperdicios, basura, inmundicia.
garbel (gaʼbel) s. MAR. aparadura.
garble (gaʼbøl) s. COM. desecho de especias y drogas. 2 alteración, mutilación de un texto; texto alterado.
garble (to) tr. cribar, garbillar, entresacar, escoger. 2 alterar, mutilar [un texto, etc.].
garbler (gaʼbløʼ) s. cribador, escogedor. 2 pervertidor [de un texto].
garboard plank (gaʼboʼd) s. MAR. tablón de aparadura.
garbure (gaʼbiuʼ) s. sopa de tocino y verduras.
garden (gæʼdøn) s. jardín; huerto: botanical gardens, jardín botánico; ~ city, ciudad jardín; ~ of Eden, paraíso terrenal. 2 jardín [lugar deleitoso, región fértil y cultivada]. — 3 adj. de jardín o huerto: ~ party, reunión o fiesta que se da en un jardín o parque; ~ stuff, hortalizas. 4 BOT. ~ balm, melisa, toronjil. 5 BOT. ~ balsam, balsamina de jardín; trébol oloroso. 6 BOT. ~ pink, clavel coronado, clavellina de pluma. 7 BOT. ~ rhubarb, ruipóntico.
garden (to) tr. e intr. cultivar un huerto o jardín.
gardener (gaʼdnøʼ) s. jardinero. 2 hortelano.
gardenia (gaʼdiˈnia) s. BOT. gardenia.
gardening (gaʼdning) s. jardinería; horticultura.
garfish (gaʼfish) s. GAR.
garganey (gæʼgani) s. ORNIT. cerceta.
Gargantuan (gaˈgaæˈnshuan) adj. enorme, gigantesco.
garget (gaʼguet) s. VET. inflamación de la garganta o de las ubres. 2 BOT. hierba carmín.
gargle (gaʼgøl) s. gargarismo [licor].
gargle (to) tr. e intr. gargarizar. — 2 tr. decir como si se gargarizase. — 3 intr. gorgotear.
gargoyle (gaʼgoil) s. ARQ. gárgola.
garish (gueˈrish) adj. deslumbrante, llamativo, chillón, charro; ostentoso y de mal gusto. 2 alegre, loco.
garishly (gueˈrishli) adv. deslumbradoramente, llamativamente, charramente.
garishness (gueˈrishnis) s. condición de llamativo o charro; mal gusto.
garland (gaʼland) s. guirnalda. 2 ARQ. festón. 3 MAR. estrobo, anillo, racamento.
garland (to) tr. enguirnaldar. 2 ARQ. festonear.
garlic (gaʼlic) s. BOT. ajo. 2 BOT. ~ mustard, aliaria.
garlicky (gaʼliki) adj. aliáceo. 2 que tiene, sabe o huele a ajo, de ajo.
garment (gaʼmønt) s. vestido, prenda [de vestir]. 2 pl. ropa, vestidos.
garner (gaʼnøʼ) s. granero, hórreo. 2 acopio.
garner (to) tr. entrojar, acopiar, almacenar.
garnet (gaʼnet) s. MINER. granate, piropo. 2 granate [color]. 3 MAR. aparejo de carga.
garnish (gaʼnish) s. adorno, guarnición. 2 atavío. 3 coc. aderezo.
garnish (to) tr. adornar, guarnecer, ataviar. 2 coc. aderezar [un guiso]. 3 DER. notificar un embargo de crédito, sueldo, etc.
garnishee (gaʼnishiˈ) s. DER. persona a quien se ha notificado un embargo de crédito, sueldo, etc., y que, por lo tanto, está obligada a retenerlo.
garnishee (to) tr. notificar un embargo de crédito, sueldo, etc.
garnisher (gaʼnishøʼ) s. guarnecedor, aderezador. 2 DER. el que obtiene un embargo de crédito, sueldo, etc.
garnishment (gaʼnishment) s. adorno, ornamento. 2 DER. notificación de un embargo de crédito, sueldo, etc.
garniture (gaʼnichuʼ) s. adorno, guarnición.
Garonne (garoˈn) n. pr. GEOGR. Garona.
garret (gæʼrit) s. desván, buhardilla, sotabanco, zaquizamí.
garreteer (gæreˈtiʼ) s. el que vive en una buhardilla.
garrison (gæˈrisøn) s. MIL. guarnición, presidio.
garrison (to) tr. MIL. guarnicionar. 2 MIL. guarnecer.
garrot (gæˈrøt) s. CIR. torniquete.
garrote (garouˈt) s. garrote [instrumento de ejecución; la ejecución misma]. 2 estrangulación para robar.
garrote (to) tr. agarrotar, dar garrote. 2 estrangular para robar.

garrulity (gæ·ruliti) *s.* garrulidad, locuacidad.
garrulous (gæ·ruløs) *adj.* gárrulo. 2 extenso, difuso.
garter (ga·tø') *s.* liga, cenojil, jarretera. 2 jarretera [orden, su insignia]. 3 ZOOL. ~ *snake,* nombre de una culebrilla no venenosa.
garter (to) *tr* sujetar con ligas o cosa parecida. 2 investir con la orden de la Jarretera.
garth (ga·z) *s.* patio [de claustro].
gas (gæs) *s.* gas : *coal* ~, gas de hulla; *tear* ~, gas lacrimógeno. 2 fam. gasolina : *to cut off the* ~, AUTO. cerrar el carburador. 3 grisú. 4 fam. palabrería, faramalla, jactancia. — 5 *adj.* de o para gas; de gasolina : ~ *burner,* mechero de gas, ~ *chamber,* cámara de gases; ~ *engine,* motor a gas; ~ *helmet,* careta antigás; ~ *fitter,* gasista, instalador de gas; ~ *fittings,* cañerías y accesorios de la instalación de gas; ~ *fixtures,* lámparas y accesorios de la instalación de gas; ~ *generator,* gasógeno; ~ *jet,* mechero de gas; llama del mechero de gas; ~ *lamp,* farol de gas; ~ *main,* cañería o conducción principal del gas; ~ *mantle,* manguito o camiseta del mechero Auer; ~ *mask,* careta antigás; ~ *meter,* contador de gas; ~ *pipe,* cañería del gas; ~ *producer,* gasógeno; ~ *range,* cocina de gas; ~ *station,* puesto, depósito o surtidor de gasolina; ~ *stove,* estufa o cocina de gas; ~ *works,* fábrica de gas.
gas (to) *tr.* abastecer o proveer de gas. 2 TEJ. exponer a la llama del gas o chamuscar con ella. 3 QUÍM. saturar de gas. 4 someter a la acción de un gas; intoxicar o asfixiar con gas; atacar con gas. 5 fam. abastecer o proveer de gasolina. 6 pop. engañar, enlabiar. — 7 *intr.* despedir gas. 8 funcionar con gasolina. 9 pop. charlar, fanfarronear.
Gascon (gæ·scøn) *adj.* y *s.* gascón. — 2 *s.* fig. fanfarrón.
gasconade (gæscønei·d) *s.* gasconada, fanfarronada.
gasconade (to) *intr.* jactarse, fanfarronear.
Gascony (gæ·scøni) *n. pr.* GEOGR. Gascuña.
gaseous (gæ·siøs) *adj.* gaseoso, gasiforme, aeriforme. 2 vago, sin consistencia.
gash (gæsh) *s.* cuchillada, herida, incisión grande. 2 chirlo.
gash (to) *tr.* acuchillar, herir, cortar, hacer una incisión.
gasholder (gæ·sjouldø') *s.* gasómetro [depósito].
gasification (gæsifike·shøn) *s.* gasificación.
gasiform (gæ·sifo'm) *adj.* gasiforme.
gasify (gæ·sifai) *tr.* gasificar.
gasket (gæ·skit) *s.* MAR. tomador. 2 MEC. relleno, empaquetadura.
gaskin (gæ·skin) *s.* VET. parte entre el corvejón y la babilla. 2 *pl.* GALLIGASKINS.
gaslight (gæ·slait) *s.* mechero de gas. 2 luz de gas.
gaslit (gæ·slit) *adj.* iluminado por gas.
gasman (gæ·smæn), *pl.* -men (-men) *s.* fabricante de gas. 2 gasista.
gasogene(e (gæ·soɣin) *s.* GAZOGENE.
gasoline (gæ·solin) *s.* gasolina, gas; ~ *pump,* surtidor de gasolina.
gasometer (gæso·mitø') *s.* gasómetro [instrumento].
gasp (gasp) *s.* boqueada; respiración entrecortada; grito sofocado.
gasp (to) *intr.* boquear, abrir la boca [con asombro o jadeando], anhelar; contener bruscamente el aliento : *to* ~ *for breath,* jadear. — 2 *tr.* decir de manera entrecortada o anhelante.
gassing (gæ·sing) *s.* tratamiento con gas. 2 ataque o asfixia con gas.
gassy (gæ·sl) *adj.* gaseoso.
gasteropod (gæ·støropod) *adj.* y *s.* GASTROPOD.
Gasteropoda (gæstø·ro·poda) *s. pl.* GASTROPODA.
gastralgia (gæstræ·lɣia) *s.* gastralgia.
gastric (gæ·stric) *adj.* gástrico : ~ *juice,* jugo gástrico; ~ *ulcer,* úlcera del estómago.
gastritis (gæstrai·tis) *s.* MED. gastritis.
gastroenteritis (gæstroentøraitis) *s.* MED. gastroenteritis.
gastronomer (gæstro·nomø') *s.* gastrónomo.
gastronomic(al (gæstrono·mic) *adj.* gastronómico.
gastronomist (gæstro·nomist) *s.* gastrónomo.
gastronomy (gæstro·nomi) *s.* gastronomía.
gastropod (gæ·stropoud) *adj.* y *s.* ZOOL. gasterópodo.
Gastropoda (gæstro·poda) *s. pl.* ZOOL. gasterópodos.
gastrotomy (gæstro·tomi) *s.* CIR. gastrotomía.
gastrovascular (gæstrovæ·skiula') *adj.* gastrovascular.

gastrula (gæ·strula), *pl.* -læ (-li) *s.* BIOL. gástrula.
gat (gæt) *s.* fam. arma de fuego, revólver, pistola.
gate (guei·t) *s.* puerta [de entrada; de una ciudad; en una barrera o muro], portal, verja, cancilla, portilla, tranquera; FERROC. barrera; ~ *money,* DEP. entrada [dinero]; *at the gates of death,* a las puertas de la muerte. 2 compuerta [de esclusa, etc.]. 3 FUND. vaciadero [de un molde], conducto de colada.
gate (to) *tr.* poner puertas. 2 castigar [a un alumno] haciéndole quedar.
gatekeeper (guei·tkɪpø') *s.* portero. 2 guardabarrera.
gatepost (guei·tpoust) *s.* poste o jamba de una puerta de cercado.
gateway (guei·tuei) *s.* entrada, puerta. 2 paso [con portillo]; arco [de entrada].
gather (gæ·ðø') *s.* frunce, pliegue, plegado. 2 recolección.
gather *tr.* recoger, juntar, allegar, reunir, amontonar, acumular, adquirir. 2 recolectar, coger, cosechar. 3 reunir, congregar, juntar. 4 recaudar. 5 COST. recoger, fruncir. 6 CONSTR. ir estrechando. 7 IMPR. alzar. 8 colegir, deducir, inferir. 9 cobrar [fuerzas]. 10 tomar [aliento; color]. 11 *to* ~ *dust, moss,* etc., cubrirse de polvo, musgo, etc. 12 *to* ~ *flesh,* criar carnes. 13 *to* ~ *ground,* ganar terreno. 14 *to* ~ *speed,* ir aumentando su velocidad. 15 MAR. *to* ~ *way* o *headway,* empezar a moverse, tomar arrancada [un buque]. 16 *to be gathered to one's fathers,* morir y ser enterrado — 17 *intr.* amontonarse, acumularse. 18 juntarse, congregarse, reunirse. 19 concentrarse, aumentar, crecer. 20 MED. madurar. 21 MAR. *to* ~ *on near,* avanzar, acercarse a. — 22 *ref. to* ~ *oneself together,* recobrarse; serenarse.
gatherer (gæ·ðørø') *s.* cogedor, recolector. 2 recaudador. 3 avaro, tacaño. 4 IMPR. alzador [operario]. 5 en la máquina de coser, pieza que sirve para fruncir.
gathering (gæ·ðøring) *s.* recolección. 2 acumulación, hacinamiento. 3 reunión [de gente]. 4 recaudación: colecta [caritativa]. 5 IMPR. alzado; ~ *table,* alzador. 6 contracción, fruncimiento. 7 MED. maduración, supuración; absceso. 8 COST. fruncido.
gauche (goush) *adj.* zurdo. 2 torpe, falto de tacto, de soltura.
gaucherie (goshøri·) *s.* torpeza, falta de tacto, de soltura.
gaud (god) *s.* adorno, joya o perifollo ostentoso o charro. 2 *pl.* ostentación.
gaudery (go·døri) *s.* ostentación, charrería.
gaudier (go·diø') *adj. comp. de* GAUDY.
gaudiest (go·diest) *adj. superl. de* GAUDY.
gaudily (go·dili) *adv.* charramente.
gaudiness (go·dinis) *s.* pompa, boato, charrería.
gaudish (go·dish), **gaudy** (go·di) *adj.* ostentoso, llamativo, chillón, charro.
gauge (gueiʤ) *s.* medida, norma. 2 medida, dimensión; calibre, capacidad. 3 instrumento para medir ciertas cosas; regla de medir, manómetro, indicador, calibrador, pitómetro, etc. : *vire* ~, calibrador de alambres; *tide* ~, mareógrafo; *slide* ~, pie de rey; *water* ~, indicador de nivel de agua. 4 FERROC. ancho de vía : *narrow-gauge railway,* ferrocarril de vía estrecha. 5 MAR. calado. 6 MAR. posición de un buque respecto de otro : *to have the lee* o *the weather* ~ *of,* estar a sotavento o a barlovento de. 7 CARP. *marking* ~ o simple. *gauge,* gramil.
gauge (to) *tr.* medir, graduar, escantillar, calibrar, aforar, cubicar. 2 MAR. arquear. 3 estimar, evaluar, apreciar, juzgar. 4 interpretar, calcular. 5 adaptar a una medida. 6 COST. fruncir. 7 ALBAÑ. batir, mezclar yeso o mortero.
gauger (guei·ɣø') *s.* medidor, evaluador, calibrador, graduador, aforador, arqueador.
gauging (guei·ɣing) *s.* medida, evaluación; calibración, graduación, aforo. 2 MAR. arqueaje.
Gaul (gol) *n. pr.* GEOGR. Galia. — 2 *s.* galo.
Gaulish (go·lish) *adj.* galo [de los galos].
gaunt (gont) *adj.* delgado, flaco, desvaído; demacrado, descarnado. 2 tétrico, desolado.
gauntlet (go·ntlet) *s.* guantelete, manopla: *to fling down the* ~, arrojar el guante, retar; *to take up the* ~, recoger el guante. 2 parte del guante que cubre la muñeca. 3 GANTLET.
gauntry (go·ntri) *s.* GANTRY.
gauze (gos) *s.* gasa, cendal.

gauzier (goˈšiøʹ) *adj. comp.* de GAUZY.
gauziest (goˈšiest) *adj. superl.* de GAUZY.
gauziness (goˈšinis) *s.* calidad de lo que es ligero o transparente como la gasa.
gauzy (goˈši) *adj.* ligero y transparente como la gasa.
gave (gueiv) *pret.* de TO GIVE.
gavel (gæˈvel) *s.* martillo o mazo [de subastador o presidente]. 2 ALBAÑ. maceta. 3 gavilla, haz. 4 *ant.* gabela.
gavial (gueiˈvial) *s.* ZOOL. gavial.
gavot, gavotte (gævoˈt) *s.* gavota [danza y música].
gawk (gok) *s.* lerdo, torpe. 2 bobo, papanatas.
gawk (to) *intr.* hacer el tonto. 2 mirar embobado, papar moscas. 3 mirar de modo impertinente.
gawkier (goˈkiøʹ) *adj. comp.* de GAWKY.
gawkiest (goˈkiest) *adj. superl.* de GAWKY.
gawky (goˈki) *adj.* torpe, encogido, desmañado, desgarbado. — *2 m. y f.* torpe, bobo.
gay (guei) *adj.* alegre, animado, festivo. 2 alegre, vivo, brillante, gayo, vistoso. 3 elegante, lechuguino. 4 alegre, ligero de cascos, licencioso, calavera. 5 ∼ *science.* gaya ciencia.
gayety (gueiˈeti) *s.* GAIETY.
gayly (gueiˈli) *adj.* GAILY.
gayness (gueiˈnis) *s.* GAIETY.
gaze (gueiˈš) *s.* mirada [acción de mirar fijamente, con atención]; contemplación.
gaze (to) *intr.* mirar fijamente [con atención, admiración, deseo, etc.]; clavar la mirada; contemplar.
gazelle (gaˈšel) *s.* ZOOL. gacela; gacel.
gazer (gueiˈšøʹ) *s.* contemplador, mirón.
gazette (gaˈšeˈt) *s.* gaceta [periódico]. 2 anuncio oficial. 3 nombramiento oficial.
gazette (to) *tr.* anunciar en un periódico oficial. 2 nombrar oficialmente.
gazetteer (gæšeˈtiʹ) *s.* gacetero, gacetillero. 2 nomenclator o diccionario geográfico.
gazingstock (gæˈšingstoc) *s.* pers. o cosa que se mira con curiosidad o desprecio; hazmerreír.
gazogene (gæˈšøǯin) *s.* gasógeno. 2 aparato para la fabricación de bebidas gaseosas.
gear (guiˈæʹ) *s.* vestido, vestidos, atavíos, prendas de uso : *foot* ∼, calzado. 2 arreos, guarniciones [del caballo]. 3 equipo, herramientas, utensilios, aperos. enseres. 4 MAR. aparejo, maniobra. 5 MEC. rueda, engranaje, juego; mecanismo de transmisión, de cambio de movimiento, de distribución, de gobierno : *in* ∼, conectado, engranado, embragado; *out of* ∼, desconectado, desengranado, desembragado; descoyuntado; *to shift* ∼, cambiar de engrane, de marcha, de velocidad; *to throw into* ∼, poner en juego, engranar, embragar; *to throw out of* ∼, desconectar, desengranar, desembragar; descomponer, trastornar. 6 *head* ∼, prenda o artículo para cubrir o adornar la cabeza; cabezada; MAR. aparejo de proa. — *7 adj.* dentado, de engranaje, de marcha, de velocidad : ∼ *box,* ∼ *case,* caja de engranajes; AUTO. caja de velocidades; ∼ *changing,* ∼ *shifting,* cambio de marcha o de velocidad; ∼ *cutter,* fresa para dientes de ruedas; ∼ *ratio,* relación de engranaje; ∼ *wheel,* rueda dentada.
gear (to) *tr.* vestir, ataviar. 2 aparejar, enjaezar. 3 montar, armar, pertrechar. 4 MEC. proveer de engranaje o mecanismo. 5 conectar. hacer engranar. — *6 intr.* engranar, endentar, estar en juego : *to* ∼ *into,* engranar con.
gearing (guiˈæring) *s.* MEC. engranaje; mecanismo o tren de engranaje. 2 MAR. drizas y aparejos.
gearshift (guiˈæˈshift) AUTO. cambio de marchas o de velocidades : ∼ *lever,* palanca de cambio de marchas.
gearwheel (guiˈæˈjuɹl) *s.* MEC. rueda dentada.
gee (ǯI) *interj.* ¡arre! 2 ¡Jesús!, ¡caramba!
gee (to) *tr.* arrear hacia la derecha. — *2 intr.* torcer hacia la derecha.
geese (guɹs) *s. pl.* de GOOSE.
Gehenna (guijeˈna) *s.* gehena. 2 infierno.
gelatin (ǯelaˈtin) *s.* gelatina.
gelatinate (to) (ǯelæˈtineit) *tr. e intr.* volver gelatina o volverse gelatinoso.
gelatine (ǯeˈlætin) *s.* gelatina.
gelatinize (to) (ǯelæˈtinaiš) *tr. e intr.* convertir o convertirse en gelatina. — *2 tr.* FOT. cubrir de gelatina.
gelatinous (ǯelæˈtinøs) *adj.* gelatinoso.
gelation (ǯeleiˈshøn) *s.* congelación.

geld (gueld) *s. ant.* tributo.
geld (to) *tr.* castrar, capar. 2 privar de, debilitar. 3 castrar [la colmena].
gelder (gueˈldøʹ) *s.* castrador, capador.
gelding (gueˈlding) *s.* castración, capadura. 2 capón; caballo capado.
gelid (ǯeˈlid) *adj.* gélido, helado.
gelidity (ǯeˈliditi), **gelidness** (ǯeˈlidnis) *s.* frío o frialdad extremos.
gem (ǯem) *s.* gema, piedra preciosa. 2 *fig.* perla, joyel, joya. 3 panecillo ordinario.
gem (to) *tr.* adornar con piedras preciosas. 2 tachonar [el cielo las estrellas]. ¶ CONJUG. *pret.* y *p. p.* : *gemmed;* *ger.* : *gemming.*
gemel (ǯeˈmel) *adj.* gemelo, doble.
geminate (ǯeˈmineit) *adj.* geminado.
geminate (to) *tr.* geminar.
gemination (ǯemineiˈshøn) *s.* geminación.
Gemini (ǯeˈminai) *s.* ASTR. Géminis. 2 *s. pl.* MIT. Cástor y Pólux.
gemma (ǯeˈma) *s.* H. NAT. gema, yema, botón.
gemmate (ǯeˈmeit) *adj.* con yemas o botones.
gemmation (ǯemeˈshøn) *s.* BOT., ZOOL. gemación.
gemmeous (ǯeˈmiøs) *adj.* parecido a una piedra preciosa.
gemmiparous (ǯemiˈparøs) *adj.* H. NAT. gemíparo.
gemmule (ǯeˈmiul) *s.* H. NAT. yemecilla.
gender (ǯenˈdøʹ) *s.* GRAM. género. 2 género, indole. 3 *fam.* sexo [masc. o fem.].
gene (ǯin) *s.* BIOL. gen, elemento o factor determinante de la herencia o de los caracteres hereditarios.
genealogical (ǯenialoˈǯical) *adj.* genealógico : ∼ *tree,* árbol genealógico.
genealogist (ǯeniæˈloǯist) *s.* genealogista.
genealogy (ǯeniæˈloǯi), *pl.* **-gies** (-gis) *s.* genealogía.
generable (ǯeˈnørabøl) *adj.* generable.
general (ǯeˈnøral) *adj.* general : ∼ *delivery,* lista de correos; ∼ *officer,* MIL. oficial general; ∼ *practitioner,* médico internista, médico de medicina general; ∼ *servant,* criado para todo; ∼ *staff,* MIL. estado mayor general; *the* ∼ *run of,* la generalidad de. — *2 m.* MIL., ECL. general. 3 lo general : *in* ∼, en general, por lo común; *in the* ∼, en términos generales. 4 el público, el vulgo. 5 MIL. generala [toque].
generalissimo (ǯenøraliˈsimou) *s.* generalísimo.
generality (ǯenøræˈliti) *s.* generalidad.
generalization (ǯenøraliseˈshøn) *s.* generalización.
generalize (to) (ǯeˈnøralaiš) *tr.* generalizar. — *2 intr.* MED. generalizarse.
generally (ǯeˈnørali) *adv.* generalmente. 2 comúnmente, usualmente. 3 universalmente.
generalness (ǯeˈnøralnis) *s.* generalidad, frecuencia.
generalship (ǯeˈnøralship) *s.* generalato. 2 don de mando. 3 habilidad en la dirección y manejo.
generant (ǯeˈnørant) *adj.* generador. 2 GEOM. generatriz.
generate (to) (ǯeˈnøreit) *tr.* generar, engendrar, originar. 2 GEOM. generar. — *3 intr.* procrear. 4 engendrarse, originarse.
generating (ǯenøreiˈting) *adj.* generador; ∼ *station,* ELECT. central.
generation (ǯenøreˈshøn) *s.* generación [engendramiento, producción]. 2 generación [sucesión de descendientes; vivientes coetáneos].
generative (ǯeˈnørativ) *adj.* generativo. 2 generador.
generator (ǯeˈnøreitøʹ) *s.* generador, engendrador. 2 ELECT. generador, dinamo. 3 MEC. generador [de vapor].
generatrix (ǯeˈnøratrics) *s.* madre. 2 ELECT. generador, dinamo. 3 GEOM. generatriz.
generic(al (ǯeneˈric(al) *adj.* genérico.
generically (ǯeneˈrically) *adv.* genéricamente.
generosity (ǯeneroˈsiti) *s.* generosidad.
generous (ǯeˈnørøs) *adj.* generoso. 2 noble magnánimo. 3 valeroso. 4 fértil, abundante. 5 amplio, holgado.
generously (ǯeˈnørøsli) *adv.* generosamente. 2 magnánimamente. 3 valerosamente. 4 ampliamente.
generousness (ǯeˈnørøsnis) *s.* generosidad. 2 fertilidad. 3 amplitud.
genesial (ǯiniˈsial) *adj.* genésico.
genesis (ǯeˈnesis) *s.* génesis [origen, formación]. 2 (con *may.*) Génesis [libro de la Biblia].
genet (ǯeˈnit) *s.* ZOOL. jineta, gineta. 2 jaca española.
genetic (ǯineˈtic) *adj.* genético.
geneticist (ǯineˈtisist) *s.* genetista.

GÉNERO / GENDER

Por regla general, en inglés, son
- **Masculinos.** Los nombres que significan varón o animal macho: **man** (hombre); **knight** (caballero); **bull** (toro).
- **Femeninos.** Los que significan mujer o animal hembra: **woman** (mujer); **spinster** (solterona); **lady** (dama); **cow** (vaca).
- **Comunes.** Como en español, los de persona de una sola terminación para los dos géneros: **friend** (amigo, -ga); **neighbor** (vecino, -na); **companion** (compañero, -ra).
- **Neutros.** Los nombres de cosa concretos o abstractos; los de animales cuando no se especifica su sexo; los que significan niño [niño o niña indiferentemente] o niño de pecho como **child** o **baby**.

Excepciones:
- Los nombres de países, barcos y máquinas son generalmente del género femenino: **Poland** has lost **her** independence, Polonia ha perdido su independencia; **she** was a fine **ship**, era un hermoso barco.
- Puede atribuirse género masculino o femenino a los nombres de ideas o cosas personificadas. Se usan como masculinos los nombres de cosas que suponen fuerza, rigor, terribilidad, etc. Se usan como femeninos los de aquellas que suponen suavidad, dulzura, apacibilidad, etc.

Indicación del género
Hay cierto número de nombres que tienen palabras distintas para cada género: **man** (hombre); **woman** (mujer); **father** (padre); **mother** (madre); **widow** (viuda); **widower** (viudo); **bull** (toro); **cow** (vaca); **rooster** (gallo); **hen** (gallina), etc.

En los demás casos, el género se infiere del contexto (**she** is an orphan, ella es huérfana), o se distingue:
- Por medio de las terminaciones femeninas **-ess, -ix** o **-ine**: actor, **actress** (actor, actriz); duke, **duchess** (duque, duquesa); testator, **testatrix** (testador, testadora); hero, **heroine** (héroe, heroína).
- Por medio de **male, female, woman**, etc., en función de adjetivo o de los pronombres **he-, she-** como prefijos: **female** fish (pez hembra); **woman** lawyer (abogada, licenciada); **he-goat** (macho cabrío); **she-ass** (asna, jumenta).
- Por medio de palabras compuestas en que uno de los elementos expresa el género: **manservant** (criado); **maidservant** (criada); **bull-elephant** (elefante), **doe-hare** (liebre hembra), **cock-sparrow** (gorrión).

---

genetics (ỹine·tics) *s.* genética.
Geneva (ỹeni·va) *n. pr.* GEOGR. Ginebra.
Genevan (ỹeni·van) *adj.* y *s.* ginebrino. 2 calvinista.
genial (ỹi·nial) *adj.* genial. 2 cordial, afable. 3 alegre. jovial. 4 cor.fortante, agradable. 5 nupcial. 6 ANAT., ZOOL. geniano.
geniality (ỹiniæ·liti) *s.* cordialidad, afabilidad. 2 jovialidad.
genially (ỹi·niali) *adv.* genialmente. 2 cordialmente, afablemente.
geniculate(d (ỹiɲi·kiuleit(id) *adj.* BIOL. doblado en ángulo, geniculado, articulado.
geniculation (ỹinikiule·shøn) *s.* BIOL. articulación, nudosidad.
genii (ỹi·niai) *s. pl.* genios [deidades, espíritus].
genista (ỹeni·sta) *s.* BOT. genista, retama.
genital (ỹe·nital) *adj.* genital.
genitals (ỹe·nitals) *s. pl.* partes genitales, órganos de la generación.
genitive (ỹe·nitiv) *adj.* y *s.* GRAM. genitivo.
genitor (ỹe·nitø') *s.* genitor, progenitor.
1) **genius** (ỹi·niøs) *pl.* **geniuses** (ỹi·niøsiš) *s.* genio [fuerza creadora, don altísimo de invención; pers. que lo tiene]. 2 espíritu viril. 3 genio, carácter particular, espíritu, tradiciones [de una nación, época, lugar, etc.].
2) **genius** (ỹi·niøs) *pl.* **genii** (ỹi·niai) *s.* genio [deidad]; demonio, espíritu elemental. 2 fig. persona que influye en otra : *his evil* ~, su espíritu malo.
Genoa (ỹe·noa) *n. pr.* GEOGR. Génova.
genocide (ỹe·nosaid) *s.* genocidio.
Genoese (ỹeno·š) *adj.* y *s.* genovés.
genre (ỹa·n') *s.* LIT., B. ART. género, estilo costumbrista. — *2 adj.* de género : ~ *painting*, cuadro de género.
genteel (ỹentɪ·l) *adj.* urbano, cortés. 2 señoril, elegante, refinado, distinguido. 3 gentil, gallardo.
genteelly (ỹentɪ·li) *adv.* cortésmente. 2 elegantemente. 3 gentilmente.
genteelness (ỹentɪ·lnis) *s.* urbanidad, cortesía. 2 elegancia, distinción. 3 garbo, gentileza.
gentian (ỹe·nshian) *s.* BOT. genciana.

Gentianaceæ (ỹenshiane·shii) *f. pl.* BOT. genciáceas.
gentianaceus (ỹenshiane·shos) *adj.* BOT. genciáceo.
gentile, Gentile (ỹe·ntail) *adj.* y *s.* gentil [pagano]. — *2 adj.* GRAM. gentilicio.
gentilic (ỹenti·lic) *adj.* gentilico. 2 tribal, nacional, racial. 3 GRAM. gentilicio.
gentilism (ỹe·ntilišm) *s.* gentilidad. 2 sentimiento de tribu, de raza.
gentilitious (ỹentili·shøs) *adj.* gentilicio.
gentility (ỹenti·liti) *pl.* **-ties** (-tis) *s.* calidad del nacido de buena familia aunque no noble. 2 buena educación, cortesía, dignidad, valor. 3 gracia, gentileza.
gentle (ỹe·ntøl) *adj.* de buena familia, perteneciente a la clase rica, aunque no noble; propio de ella ; distinguido, honorable. 2 manso, dócil. 3 afable, apacible, dulce, benigno. 4 suave, ligero, moderado. 5 *the* ~ *sex*, el bello sexo.
gentlefolk (ỹe·ntølfouc) *s.* señores, gente distinguida.
gentleman (ỹe·ntølmæn) *pl.* **-men** (-men) *s.* caballero; hombre correcto, bien educado. 2 criado noble, gentilhombre : ~ *in waiting*, gentilhombre de cámara. 3 ~ *farmer*, caballero hacendado. 4 ~ *of fortune*, aventurero. 5 ~ *of leisure*, caballero que se da buena vida, que vive sin trabajar. 6 ~ *of the road*, salteador.
gentlemanlike (ỹe·ntølmænlaic) *adj.* acaballerado. 2 de caballero, caballeroso.
gentlemanliness (ỹe·ntølmænlinis) *s.* caballerosidad, porte de caballero, urbanidad, corrección.
gentlemanly (ỹe·ntølmænli) *adj.* caballeroso, civil, urbano, correcto.
gentlemen (ỹe·ntølmen) *s. pl.* de GENTLEMAN, señores. 2 muy señores míos o nuestros [en las cartas]. 3 *gentlemen's agreement*, pacto de caballeros, acuerdo verbal entre naciones, sin valor oficial pero que obliga moralmente.
gentleness (ỹe·ntølnis) *s.* apacibilidad, mansedumbre. 2 afabilidad. 3 delicadeza, dulzura, suavidad. 4 distinción, buen tono.

GENITIVO / THE GENITIVE CASE

El genitivo puede expresarse en inglés añadiendo una s apostrofada ('s) al nombre del poseedor y poniendo sin artículo el nombre de lo poseído (**John's father,** el padre de Juan). Es lo que se llama *caso genitivo* o *genitivo sajón.*

Se usa el genitivo sajón:

- Con los nombres de persona, de seres animados o de cosas personificadas: **Peter's** brother, el hermano de Pedro; a **horse's** tail, una cola de caballo; **Fortune's** favorite, el favorito de la Fortuna.

- Con los que denotan tiempo, espacio, peso o valor: a **month's** vacation, unas vacaciones de un mes; a **head's** length, el largo de una cabeza; two **pounds'** worth of cheese, dos libras de queso; three **dollars'** worth of candy, tres dólares de dulces.

- Con los nombres **sun, moon, earth, heaven, ocean** y los de cosas revestidas de cierta dignidad o elevación: the **country's** good, el bien de la patria; the **truth's** triumph, el triunfo de la verdad, the **sun's** rays, los rayos del sol.

- En ciertas frases hechas o de uso familiar: out of **harm's** way, apartado del peligro; to **one's heart's** content, a placer; a **wasp's** nest, un avispero; the **ship's** passengers, los pasajeros del buque.

- Con los pronombres indefinidos que representan persona, como **one, anybody, everybody, nobody,** etc.: **one's** health, la salud de uno, la propia salud.

- En expresiones como: a friend of **Peter's,** un amigo de Pedro; he was a friend of my **father's,** era amigo de mi padre.

Se omite la s (nunca el apóstrofe):

- Después de un nombre en plural terminado en s: the **birds'** nests, los nidos de los pájaros.

- Después de un nombre en singular cuya última sílaba empiece con s: **Moses'** law, la ley de Moisés.

- Después de un nombre propio latino, griego o extranjero terminado en s, es o x: **Cassius'** dagger, el puñal de Casio; **Achilles'** heel, el talón de Aquiles. Nótese, sin embargo: **Venus'** beauty, la hermosura de Venus.

- Después de un nombre terminado en s o ce, cuando va seguido de **sake: for goodness'** sake!, ¡por Dios!; for **conscience'** sake, por conciencia.

Casos especiales

- Puede usarse con elipsis del nombre de la cosa poseída cuando éste significa *iglesia, hospital, casa, tienda:* St. **Paul's,** la catedral de San Pablo; at my **aunt's,** en casa de mi tía; I am going to the **grocer's,** voy al colmado, a la tienda de comestibles. También se usa con elipsis en casos como: this car is my **father's,** este coche es de mi padre; Is this your hat? No, it is **Mr. Brown's;** ¿Este sombrero es el suyo? No, es el del señor Brown.

- El genitivo sajón se usa a veces seguido de un nombre verbal. En este caso no se traduce por un genitivo español: he went away without **his mother's** seeing him, se fue sin que su madre lo viera.

- Cuando el nombre del posesor es una palabra compuesta o una frase, el signo del genitivo se pone detrás del último elemento: her **sister-in-law's** dress, el vestido de su cuñada; the **master of the house's** authority, la autoridad del dueño de la casa.

- Si hay más de dos nombres propios de poseedor, el signo del genitivo se pone detrás del último: **Mary and Robert's** brother, el hermano de María y Roberto.

---

gentlewoman (ỹe·ntǫlwumæn), *pl.* **-women** (-uimin) *f.* señora, dama. 2 dama de honor.

gently (ỹe·ntli) *adv.* mansamente, suavemente, dulcemente. 2 despacio, quedo, quedito, poco a poco, con tiento.

gentry (ỹe·ntri) *s.* señorío, gente culta, bien educada, rica, pero no noble. 2 gente, personas [de una clase].

genuflect (ỹe·niuflect) *intr.* doblar la rodilla, hacer una genuflexión.

genuflection (ỹǫniufle·cshǫn) *s.* genuflexión.

genuine (ỹe·niuin) *adj.* genuino, auténtico, legítimo, verdadero. 2 franco, sincero.

genuinely (ỹe·niuinli) *adv.* genuinamente, auténticamente. 2 sinceramente.

genuineness (ỹe·niuinnis) *s.* autenticidad, legitimidad, pureza. 2 sinceridad.

genus (ỹī·nǫs) *s.* H. NAT., LÓG. género. 2 género, clase, índole.

geocentric (ỹiose·ntric) *adj.* geocéntrico.

geochemical (ỹioke·mical) *adj.* geoquímico.

geochemistry (ỹioke·mistri) *s.* geoquímica.

geode (ỹī·oud) *s.* GEOL. geoda.

geodesic (ỹiode·sic) *adj.* geodésico.

geodesist (ỹī·odesist) *s.* geodesta.

geodesy (ỹī·odesi) *s.* geodesia.

geodetic(**al** (ỹiode·tic(al) *adj.* geodésico.

geodynamics (ỹiodainæ·mics) *s.* geodinámica.

Geoffrey (ỹe·fri) *n. pr.* Godofredo.

geogenic (ỹioỹe·nic) *adj.* geogénico.

geogeny (ỹioỹe·ni) *s.* GEOL. geogenia.

geognosy (ỹio·gnosi) *s.* GEOL. geognosia.

geographer (ỹio·grafo') *s.* geógrafo.

geographic(**al** (ỹiogræ·fic(al) *adj.* geográfico : *geographical mile,* milla marina o geográfica.

geographically (ỹiogræ·ficali) *adj.* geográficamente.

geography (ỹio·grafi) *s.* geografía.

geoid (ỹī·oid) *s.* GEOL. geoide.

geologic(**al** (ỹiolo·ỹic(al) *adj.* geológico.

geologist (ỹio·loỹist) *s.* geólogo.

geologize (**to**) (ỹio·loỹaiŝ) *intr.* estudiar geología. — 2 *tr.* examinar desde el punto de vista geológico.

geology (ỹio·loỹi) *s.* geología.

geomancer (ỹi·omænsǫ') *s.* geomántico.

geomancy (ỹi·omænsi) *s.* geomancia.

geometer (ỹio·mitǫ') *s.* geómetra.

geometric(**al** (ỹiome·tric(al) *adj.* geométrico : ~ *progression,* progresión geométrica; ~ *ratio,* razón geométrica.

geometrically (ỹiome·tricali) *adv.* geométricamente.

geometrician (ỹiome·trishan) *s.* geómetra.

geometry (ỹio·metri) *s.* geometría.

geomorphic (ỹi·omǫ'fic) *adj.* geomórfico.

geophagous (ỹio·fagǫs) *adj.* geófago.

geophysics (ỹiofi·sics) *s.* geofísica.

GERUNDIO / THE GERUND

El gerundio inglés, o sea la forma verbal terminada en -ing, puede hacer varios oficios y generalmente se traduce, según los casos:

Como gerundio
Por el gerundio español: he was **waiting** for me, él me estaba esperando; I couldn't go on **reading**, no pude seguir leyendo; he is **getting** old, se está volviendo viejo; it **being** pretty late now, siendo ya bastante tarde; **granting** that it be not so, concediendo que no sea así.

Observación: Cuando expresa el modo o medio suele ir precedido de **by**, que no se traduce: he silenced the boy **by giving** him a swat, hizo callar al muchacho dándole un bofetón.

Como participio—adjetivo
* Por un participio activo: **cutting** tool, instrumento cortante; her **loving** son, su amante hijo; in a **surprising** manner, de un modo sorprendente.

* Por un participio pasivo: an **amusing** book, un libro entretenido; **kneeling** on the ground, arrodillado en el suelo; **lying** on a sofa, echado en un sofá.

* Por un adjetivo, o por una expresión equivalente a éste: a **calculating** person, una persona calculadora, interesada; the **approaching** event, el acontecimiento que se avecina; **hunting** season, temporada de caza; **sewing** machine, máquina de coser; **visiting** hours, las horas de visita.
Observación: Por su naturaleza verbal puede tener un complemento directo. En este caso se traduce por *que* y un verbo en tiempo personal: a package **containing** six pairs of gloves, un paquete *que* contiene seis pares de guantes.

Como infinitivo o nombre verbal
* Por un infinitivo nominal: before **speaking**, antes de hablar; an organization for **helping** the poor, una organización para socorrer a los pobres; **eating** is necessary for life, el comer es necesario para la vida; she learns **cooking**, ella aprende a guisar; he was punished for **being** late, fue castigado por llegar tarde (o por haber llegado tarde); I have given up **smoking**, he dejado de fumar; my father went out without **taking** his umbrella, mi padre salió sin tomar el paraguas.

* Por *que* y un verbo en tiempo personal (generalmente en subjuntivo): this door needs **painting**, esta puerta necesita que la pinten; this kept the letter from **being** sent, esto impidió que se enviase la carta.

* Por un substantivo: he was engaged in the **reading** of that book, estaba ocupado en la lectura de aquel libro.

Observaciones:
—**On**, delante de la forma verbal en -ing, se traduce generalmente por *al* seguido de un infinitivo: **on** arriving, *al* llegar.
—Cuando un nombre va delante de la forma en -ing, debe ponerse en genitivo si es de los que lo admiten: my father was annoyed at Peter's **coming** so late, mi padre estaba enojado de que Pedro viniese tan tarde (o porque Pedro venía tan tarde).
—Si en lugar del nombre hay un pronombre, éste debe tomar la forma del posesivo: would you mind **my opening** the window?, ¿le molestaría que yo abriese la ventana?

---

geopolitics (ȳiopo·litics) *s.* geopolítica.
geoponic(al (ȳiopo·nic(al) *adj.* geopónico.
geoponics (ȳiopo·nics) *s.* geoponia, geopónica.
georama (ȳiora·ma) *s.* georama.
George (ȳo·rȳ) *n. pr.* Jorge. 2 placa de la orden de la Jarretera.
georgette (ȳo·ȳet) *s.* crespón de seda muy fino.
Georgian (ȳo·ȳian) *adj.* y *s.* georgiano.
georgic (ȳo·ȳic) *s.* geórgica.
geoscopy (ȳio·scopi) *s.* geoscopia.
geotaxis (ȳiotæ·csis) *s.* BIOL. geotaxia, geotactismo.
geotectonic (ȳiotecto·nic) *adj.* geotectónico.
geotectonics (ȳiotecto·nics) *s.* geotectónica.
geotropism (ȳio·tropiȿm) *s.* BOT. geotropismo.
Geraniaceæ (yøreiniei·shii) *s. pl.* BOT. geraniáceas.
geraniaceous (yøreiniei·shøs) *adj.* geraniáceo.
geranium (yørei·niøm) *s.* BOT. geranio.
Gerald (ȳe·rald) *n. pr. m.* Gerardo.
gerent (ȳe·rønt) *s.* director, gerente.
gerfalcon (ȳø·fo·lkøn) *s.* ORNIT. gerifalte. 2 ARTILL. falconete.
germ (ȳø·m) *s.* germen. 2 BOT. yema. 3 BOT. semilla. 4 pop. microbio. — 5 *adj.* de germen o gérmenes; de embrión : ∿ *cell*, BIOL. célula embrionaria; ∿ *war* o *warfare*, guerra bacteriológica.
german (ȳø·man) *adj.* carnal, hermano [pariente] : *brother-german*, hermano carnal; *cousin-german*, primo hermano o carnal.

German (ȳø·man) *adj.* y *s.* alemán : ∿ *measles*, MED. rubéola ; ∿ *silver*, plata alemana, alpaca ; ∿ *text*, IMPR. tipo alemán ; ∿ *tinder*, yesca. 2 germano, tudesco. — 3 *adj.* germánico.
germander (ȳø·mæ·ndø') *s.* BOT. camedrio ; teucrio ; maro. 2 BOT. verónica.
germane (ȳø·ma·n) *adj.* afín. 2 propio, adecuado, pertinente.
Germanic (ȳø·mænic) *adj.* alemán, alemanisco ; germánico.
Germanism (ȳø·maniȿm) *s.* germanismo.
germanium (ȳø·mei·niøm) *s.* QUÍM. germanio.
germanization (ȳø·maniȿe·shøn) *s.* germanización.
germanize (to) (ȳø·manai·s) *tr.* germanizar.
Germanophile (ȳø·mæ·nofail) *adj.* y *s.* germanófilo.
Germanophobe (ȳø·mænofoub) *adj.* y *s.* germanófobo.
Germany (ȳø·mani) *n. pr.* GEOGR., HIST. Alemania, Germania.
germen (ȳø·men) *s.* BOT. ovario.
germicidal (ȳø·misai·dal) *adj.* germicida, bactericida.
germicide (ȳø·misaid) *s.* germicida, bactericida.
germiculture (ȳø·miçølchø') *s.* cultivo de bacterias.
germinal (ȳø·minal) *adj.* germinal. 2 incipiente, en embrión.
germinate (to) (ȳø·mineit) *intr.* germinar. 2 brotar, desarrollarse. — 3 *tr.* hacer germinar o brotar.

germination (ỹə'mine·shən) s. germinación
germinative (ỹə'mineitiv) adj. germinativo.
gerontology (ỹeronto·lǫỹi) s. gerontología.
gerrymander (ỹə·rimændə') s. (EE. UU.) división
en distritos electorales hecha arbitrariamente con
fines partidistas. 2 fig. (EE. UU.) tergiversación,
argucia.
gerrymander (to) (ỹə·rimændə') tr. (EE. UU.) dividir arbitrariamente [un estado] en distritos
electorales con fines partidistas. 2 (EE. UU.) manejar injustamente [los resortes políticos]. 3 fig.
tergiversar.
Gertrude (gə'trud) n. pr. f. Gertrudis.
gerund (ỹə·rənd) s. GRAM. gerundio.
gerundial (ỹirǫ·ndial) adj. GRAM. del gerundio.
gerundive (ỹirǫ·ndiv) s. GRAM. gerundio adjetivado.
2 gerundio [en gramática latina].
Gervas (ỹə·'vas) n. pr. m. Gervasio.
gest, geste (ỹest) s. ant. hecho, hazaña. 2 gesta, romance.
gestation (ỹeste·shən) s. gestación. 2 incubación.
gestatorial (ỹestato·rial) adj. gestatorio.
gestic (ỹe·stic) adj. de movimiento y ademanes
[baile].
gesticulate (to) (ỹesti·kiulet) intr. accionar, manotear, hacer ademanes. — 2 tr. indicar con ademanes.
gesticulation (ỹestikiule·shən) s. acción, manoteo,
ademanes.
gesticulator (ỹesti·kiuleitə') s. el que acciona o hace
gesture (ỹe·schə') s. acción, ademán. signo. 2 cosa
dicha o hecha por cortesía o diplomacia.
gesture (to) intr. accionar, hacer ademanes. 2
acompañar con ademanes.
get (guet) s. engendro, engendramiento. 2 producto, progenie, casta.
get (to) tr. obtener, adquirir, conseguir, lograr,
reportar, ganar, sacar, llevar, llevarse, recibir. 2
hallar [lo que se busca]; ir a buscar, ir por,
traer. 3 coger, haber, capturar; coger [una enfermedad, etc.]. 4 vencer, dominar, obtener ventaja sobre. 5 atrapar, vengarse de; matar. 6
inducir, persuadir incitar; mandar, disponer,
hacer que: to ~ something done, mandar, disponer o lograr que se haga algo; I got him to go,
hice que se fuera; I got my hair cut, me hice
cortar el pelo. 7 poner [en un estado, posición,
etc.]: to ~ one's feet wet, mojarse los pies;
to ~ ready, preparar; to ~ together, juntar,
reunir. 8 mover o hacer mover o marchar: to
~ going, ponerse en marcha; I got him away, le
alejé. 9 RADIO. captar, lograr sintonizar con [una
emisora]. 10 hacer [la comida]; disponer, preparar. 11 proporcionar, suministrar, proveer de.
12 llegar a: to ~ home, llegar a casa. 13 engendrar, procrear. 14 pop. dar [un golpe, un puñe-
tazo]. 15 comunicar con [por teléfono, etc.].
16 comprender, entender: I don't ~ it, no lo
comprendo. 17 aprender [de memoria]. 18 to ~
across, fam. lograr; hacer comprender. 19 to ~
a hump, a hustle, a move on, menearse, apresurarse. 20 to ~ air, divulgarse; to ~ air of, enterarse, descubrir, tener noticia o venir en conocimiento de. 21 to ~ back, recobrar. 22 to ~
by, conseguir que se deje pasar, hacer pasar [una
cosa]. 23 to ~ by heart, aprender de memoria.
24 to ~ down, bajar, descolgar; tragar. 25 to ~
head, ganar fuerza, poder, ascendiente. 26 to
~ hold of, asir, coger; obtener; apoderarse de;
posesionarse de, enterarse de. 27 to ~ in, entrar,
meter dentro, introducir; recoger, almacenar [la
cosecha, etc.]; cobrar [cuentas pendientes]. 28
to ~ into, meter en. 29 to ~ it, fam. cargársela,
recibir un castigo. 30 to ~ off, quitar [una mancha, etc.]; quitarse [una prenda]; librar, hacer
escapar; hacer salir [con poco castigo, pérdida,
etc.]; soltar, espetar; deshacerse de; bajar [de
un caballo, un coche]; hacer salir de. 31
to ~ on, ponerse [una prenda]. 32 to ~ out,
sacar; ayudar a salir o a escaparse; publicar,
editar. 33 to ~ out of the way, quitar de en
medio. 34 to ~ over, hacer pasar [una cosa] por
encima o más allá de [otra]; pasar [a una cau-
sa]; acabar, terminar. 35 to ~ religion, fam.
(EE. UU.) convertirse. 36 to ~ someone's ear,
poder hablar con, hacerse escuchar de. 37 to ~
the better, o the best, of, llevar ventaja a, ganar a; engañar a. 38 to ~ the worse o the worst,
llevar la peor parte, perder; salir malparado. 39
to ~ through, hacer llegar, o pasar, por o a

través de. 40 to ~ up, levantar, construir; preparar; idear; vestir, arreglar, presentar; acopiar; estudiar [un papel]. 41 to ~ wind of, enterarse, descubrir, tener noticias o venir en conocimiento de. 42 to have got, tener, poseer. 43
~ you gone!, ¡vete!, ¡váyase!
44 intr. adquirir o ganar dinero, etc. 45 llegar
[a un punto, estado, etc.]. 46 volverse, hacerse,
ponerse: to ~ old, hacerse viejo; to ~ rich, hacerse rico, enriquecerse. 47 estar, hallarse. 48
meterse, introducirse. 49 con ciertos adverbios
y adjetivos se traduce por un verbo que exprese
acción o cambio en el sentido del adverbio o el
adjetivo: to ~ angry, enfadarse; to ~ better,
mejorar; to ~ married, casarse; to ~ near,
acercarse; to ~ ready, prepararse; to ~ together,
juntarse, reunirse, ponerse de acuerdo. 50 to ~
about, levantarse y moverse [un convaleciente];
circular, divulgarse. 51 to ~ abroad, divulgarse.
52 to ~ ahead of, adelantar a; sobrepujar, vencer. 53 to ~ along, adelantar; marcharse, irse;
seguir andando; apresurarse; pasar, ir tirando,
trampear; hallarse, pasarlo; llevarse, avenirse:
to ~ along in years, hacerse viejo, acercarse a
la vejez; to ~ along well (o badly) with, llevarse
bien (o mal) con. 54 to ~ among, hacerse uno
de. 55 to ~ around, salir mucho, ir a todas partes; levantarse y moverse [un convaleciente];
divulgarse, difundirse; persuadir, manejar [a
una pers.]; eludir [una ley]. 56 to ~ at, llegar
a, ir a; alcanzar; averiguar, descubrir; ir a
parar a; pop. intimidar; pop. corromper, sobornar. 57 to ~ away, salir, irse, escapar; to
~ away with, llevarse, escaparse con; pegársela
a [uno]; to ~ away with it, salirse con la suya,
hacer o conseguir algo pasando por encima de
todo; quedar sin castigo. 58 to ~ back, volver,
regresar. 59 to ~ behind, quedarse atrás; penetrar, descubrir los secretos o las intenciones
de. 60 to ~ busy, menearse, poner manos a la
obra. 61 to ~ by, pasar [sin estorbo o inadvertido, burlando la vigilancia de]. 62 to ~ clear,
zafarse, librarse; salir bien; salir absuelto; justificarse. 63 to ~ down, bajar, bajarse, descender.
64 to ~ forward, adelantar, medrar. 65 to ~ going,
ponerse en marcha. 66 to ~ in, meterse; llegar;
entrar en el poder [un partido]; to ~ in with,
intimar con, lograr el favor de. 67 to ~ into,
entrar, penetrar, meterse; montar en [cóle-
ra]. 68 to ~ left (EE. UU.), quedar chasqueado,
llevarse un chasco. 69 to ~ off, salir, partir, marchar; apearse, bajar de [un vehículo]; salir
[de un asunto]; escapar, salir bien librado. 70
to ~ on, montar, subir, ponerse sobre; ponerse
[una prenda]; armonizar; adelantar, medrar.
71 to ~ on one's legs, levantarse; mejorar de
fortuna. 72 to ~ on one's nerves, irritar, poner
nervioso, encocorar. 73 to ~ on with, llevarse
bien, avenirse con; tener éxito con o en. 74
to ~ out, salir; apartarse; escapar; divulgarse,
publicarse; salir [una publicación]. 75 to ~
out of order, descomponerse, desajustarse, estropearse. 76 to ~ out of the way, apartarse, quitarse de en medio. 77 to ~ over, reponerse, recobrarse de; olvidar [una pérdida, desgracia,
etc.]; superar [un obstáculo]; pasar por encima de. 78 to ~ there, llegar al fin propuesto, salirse con la suya. 79 to ~ through, pasar
por o por entre; llegar a su destino; terminar;
ser aprobado [un proyecto de ley]; salir bien
[de un examen]. 80 to ~ through with, acabar con.
81 to ~ together, juntarse, reunirse; cooperar.
82 to ~ under, meterse o ponerse debajo de. 83
to ~ under way, partir, ponerse en camino; MAR.
zarpar, hacerse a la vela. 84 to ~ up, levantarse,
ponerse en pie; subir. 85 to have got to, haber de,
tener que. 86 to ~ along with you!, ¡vete! ¡váyase! 87 ~ out!, ¡fuera!, ¡largo de aquí!; fam.
¡apriéta! [expresando incredulidad]. 88 ~ up!,
¡arre! [a las bestias].
¶ CONJUG. pret.: got; p. p.: got o gotten;
ger.: getting.
get-at-able (guetæ·tabəl) adj. obtenible, asequible.
2 abordable, accesible.
getaway (gue·tauei) s. partida, escape. 2 DEP. comienzo, salida [de una carrera]. 3 AUTO. arranque; facilidad y rapidez del arranque.
Gethsemane (guezse·mani) n. pr. BIBL. Getsemaní.
gettable (gue·tabəl) adj. asequible, obtenible.
getter (ge·tə') s. el que consigue o logra. 2 engendrador, procreador.

getting (gue·ting) s. ganancia, provecho, adquisi·
ción. 2 procreación.
Getulian (guitiu·lian) adj. y s. gétulo.
get-up (gue·tøp) s. fam. arreglo, disposición, pre·
sentación. 2 fam. atavío, traje.
gewgaw (guiu·go) s. chuchería, baratija. 2 adorno
cursi. — 3 adj. cursi, charro, de relumbrón.
geyser (gai·s̄ø') s. géiser. 2 calentador de baño. ca·
lentador a gas.
ghastful (ga·stful) adj. horrible, espantoso.
ghastlier (gæ·stliø') adj. comp. de GHASTLY.
ghastliest (gæ·stliest) adj. superl. de GHASTLY.
ghastliness (ga·stlinis) s. horror, espanto. 2 livi·
dez, palidez cadavérica.
ghastly (ga·stli) adj. horrible, espantoso. 2 espec·
tral, fantasmal. 3 pálido, lívido, cadavérico. —
4 adv. horriblemente. 5 lívidamente.
Ghent (guent) n. pr. GEOGR. Gante.
gherkin (gø·'kin) s. BOT. pepinillo, cohombrillo.
ghetto (gue·tou) s. judería, barrio de los judíos.
Ghibelline (gui·bølin) adj. y s. gibelino.
ghost (gou·st) s. espíritu, alma : the Holy Ghost,
el Espíritu Santo : to give up the ∼, entregar o
rendir el alma, morir. 2 aparecido, espectro, fan·
tasma, sombra, alma en pena : ∼ story, cuento
de aparecidos o fantasmas. 3 sombra, asomo,
más leve traza : not a ∼ of, ni una sombra de,
ni la más leve traza de. 4 ÓPT. imagen falsa o
secundaria. 5 TELEV. fantasma. 6 ghost o ∼ writer,
autor de escritos que aparecen bajo la firma de
otro, o de discursos que pronuncia otro ; cola·
borador anónimo.
ghostlier (gou·stliø') adj. comp. de GHOSTLY.
ghostliest (gu·stliest) adj. superl. de GHOSTLY.
ghostliness (gou·stlinis) s. calidad de espectral o
fantasmal.
ghostly (gou·stli) adj. espiritual. 2 espectral, fan·
tasmal. 3 de aparecidos o fantasmas.
ghostwrite (to) (gou·strait) tr. e intr. escribir obras,
artículos, etc., que firma otro.
ghoul (gul) s. [en los cuentos orientales] demonio
que se alimenta de cadáveres. 2 ladrón de tum·
bas, profanador de cadáveres. 3 persona que se
deleita en cosas horribles. 4 chantagista, vam·
piro.
ghoulish (gu·lish) adj. horrible, brutal, asqueroso.
2 vampiresco.
giant (ȳa·iant) adj. gigante, gigantesco, colosal. 2
BOT. ∼ fennel, cañaheja. — 3 m. gigante.
giantess (ȳa·iantis) s. giganta.
giaour (ȳau') s. infiel [nombre que los turcos dan
a los cristianos].
gib (guib) s. fam. gato [animal]. 2 MEC. pieza mo·
vible que sirve para sujetar otras o mantenerlas
en posición, para completar una superficie lisa,
etc. ; chaveta, cuña, contraclavija. 3 aguilón,
brazo de grúa.
gib (to) tr. asegurar con chaveta, cuña, etc.
gibber (gui·bø') s. farfulla, charla.
gibber (to) intr. farfullar, parlotear, charlar.
gibberish (gui·børish) s. farfulla, parloteo, charla
incoherente. 2 jerga, jerigonza. — 3 adj. incohe·
rente, sin sentido [charla, etc.].
gibbet (ȳi·bit) s. horca, patíbulo. 2 MEC. brazo de
grúa.
gibbet (to) tr. colgar, ahorcar. 2 fig. poner en la
picota.
gibbon (gui·bøn) s. ZOOL. mono de Asia.
gibbosity (guibo·siti) s. gibosidad, giba. 2 condi·
ción de giboso.
gibbous (gui·bøs) adj. giboso. 2 jorobado, corcova·
do. 3 convexo.
gibbousness (gui·bøsnis) s. calidad de giboso.
gibe (ȳaib) s. burla, mofa, escarnio, pulla, sar·
casmo.
gibe (to) tr. mofarse, escarnecer, ridiculizar ; re·
prender con sarcasmos. — 2 intr. burlarse, ha·
cer mofa.
gibingly (ȳai·bingli) adv. irónicamente ; con bur·
la o sarcasmo.
giblets (ȳi·blits) s. pl. menudillos [de ave, etc.].
gid (guid) s. VET. torneo, modorra.
giddier (gui·diø') adj. comp. de GIDDY.
giddiest (gui·diest) adj. superl. de GIDDY.
giddily (gui·dili) adv. vertiginosamente. 2 veleido·
samente.
giddiness (gui·dinis) s. vértigo, vahído. 2 atolon·
dramiento, aturdimiento, falta de juicio. 3 in·
constancia, ligereza, frivolidad.

giddy (gui·di) adj. vertiginoso. 2 mareado, atur·
dido, que sufre vértigo ; que se va [cabeza]. 3
atolondrado, casquivano, ligero de cascos, frívo·
lo. 4 inconstante, veleidoso.
giddy-brained, giddy-headed, giddy-pated adj. lige·
ro, veleidoso, tarambana.
Gideon (gui·dion) n. pr. m. Gedeón.
gift (guift) s. donación. 2 donativo, dádiva, don,
regalo, obsequio, presente. 3 dación ; poder o
facultad de dar o conceder. 4 don, dote, prenda :
∼ of tongues, don de lenguas. — 5 adj. dado,
regalado : never look a ∼ horse in the mouth,
a caballo regalado no hay que mirarle el diente.
gift (to) tr. regalar, hacer don de. 2 dotar, agraciar.
gifted (gui·ftid) adj. dotado, agraciado ; talentoso,
inspirado. 2 regalado, dado.
gig (guig) s. carruaje ligero de dos ruedas. 2 MAR.
bote, lancha, falúa. 3 máquina para perchar pa·
ños. 4 aparejo de pesca con varios anzuelos. 5
fisga, arpón. 6 tipo o idea ridícula.
gig (to) tr. e intr. pescar con fisga o arpón.
gigantean (ȳaigæ·nti·an), gigantic (ȳaigæ·ntic) adj.
gigantesco.
gigantism (ȳaiga·nti·s̄m) s. gigantismo.
giggle (gui·gøl) s. risita, risa ahogada.
giggle (to) intr. reírse tratando de contener u
ocultar la risa. 2 reír tontamente o con risa
afectada.
giggler (gui·glø') s. el que ríe tontamente.
gig-mill s. máquina para perchar paños. 2 fábrica
donde se perchan paños.
Gilbert (gui·lbø't) n. pr. m. Gilberto.
Gilbertian (guilbø·'tian) adj. cómicamente absur·
do, disparatado, paradójico.
gild (guild) s. GUILD.
gild (to) tr. dorar : to ∼ the pill, dorar la píldora.
2 iluminar con oro. 3 adornar, embellecer. ¶
CONJUG. pret. y p. p. : gilded o gilt.
gilded (gui·ldid) adj. dorado.
gilder (gui·ldø') s. dorador.
gilding (gui·lding) s. doradura. 2 dorado. 3 latón
de dorar.
Gilead (ȳi·liæd) n. pr. BIBL. Galaad.
Giles (ȳails) n. pr. m. Gil.
1) gill (ȳil) s. medida para líquidos (0,12 l.). 2 mu·
chacha. 3 pop. individuo.
2) gill (guil) s. agalla [de pez] ; branquia. 2 barba
[de gallo]. 3 papada. 4 BOT. lámina radial de un
hongo. 5 estría de chapa ondulada. 6 torrentera.
7 HIL. peine.
gillie (ȳi·li) s. (Esc.) servidor, criado [esp. de un
cazador o pescador].
gillyflower (ȳi·liflauø') s. BOT. alhelí.
gilt (guilt) adj. dorado ; áureo : ∼ edges, o leaves,
ENCUAD. cantos dorados. — 2 s. doradura ; do·
rado. 3 falso brillo, oropel. 4 pop. dinero, pasta.
gilt-edged adj. ENCUAD. de cantos dorados. 2 fig.
de la mejor calidad, de lo mejor que hay.
gilthead (gui·ltjed) s. ICT. dorada.
gimbals (ȳi·mbals̄) s. pl. suspensión de Cardan. 2
MAR. aros de suspensión de la brújula.
gimcrack (ȳi·mcræc) s. chuchería. 2 artilugio. —
3 adj. de baratillo, de oropel.
gimlet (gui·mlit) s. barrena de mano. 2 cosa que
taladra.
gimlet-eyed adj. de ojos penetrantes, que atra·
viesan.
gimp (guimp) s. COST., TAPIC. galón : ∼ nail, ta·
chuela para tapicería. 2 fam. vigor, energía.
gin (ȳin) s. ginebra [licor]. 2 trampa, armadijo
[para cazar]. 3 aparato para levantar pesos ;
cabria, malacate. 4 alijadora, máquina para ali·
jar el algodón : roller ∼, almarrá. — 5 adj. de
ginebra : ∼ fizz (EE. UU.), refresco de ginebra
con azúcar, amargo y agua de seltz ; ∼ shop,
taberna [esp. aquella donde se bebe ginebra] ;
∼ sling (EE. UU.), refresco de ginebra, azúcar
y agua. 6 MEC. de cabria, etc. : ∼ block, polea o
cuaderna de armadura metálica.
gin (to) tr. coger con trampa. 2 alijar [el algo·
dón]. ¶ CONJUG. pret. y p. p. : ginned ; ger. :
ginning.
gingelly oil (ȳi·nȳøli) s. aceite de sésamo.
ginger (ȳi·nȳø') s. BOT. jengibre. 2 color de jen·
gibre. 3 fam. viveza, energía ; temple, valor. 4
fam. picante. — 5 adj. de jengibre : ∼ ale,
∼ beer, gaseosa aromatizada con jengibre. 6 ru·
bio rojizo [pelo]. 7 vivo, animado.
ginger (to) tr. aromatizar con jengibre. 2 animar ;
estimular.

gingerbread (ŷi·nŷø'bred) *s.* galleta o bollo con melado y jengibre. 2 cosa insubstancial. 3 adorno charro, de mal gusto. 4 pop. dinero, pasta. — 5 *adj.* insubstancial; charro, de mal gusto.

gingerly (ŷi·nŷø'li) *adv.* cautelosamente, delicadamente, con precaución o repugnancia. — 2 *adj.* cauteloso, escrupuloso.

gingerness (ŷi·nŷø'nis) *s.* cautela; escrupulosidad.

gingersnap (ŷi·nŷø'snæp) *s.* galletita de jengibre.

gingery (ŷi·nŷøri) *adj.* que sabe a jengibre; picante. 2 d·· color de jengibre.

gingham (gui·ngam) *s.* TEJ. guinga.

gingili (ŷi·nŷili) *s.* BOT. sésamo [semilla].

gingival (ŷinjai·val) *adj.* ANAT., FONÉT. gingival.

ginhouse (ŷi·njaus) *s.* edificio donde se alija el algodón.

ginseng (ŷi·nseng) *s.* BOT. pánace.

giobertite (ŷøbø·'tait) *s.* MINER. giobertita.

gip (to) (ŷip) *tr.* destripar [pescado].

gipser (ŷi·psø') *s.* escarcela [bolsa].

gipsy (ŷi·psi) *s.* GYPSY.

giraffe (ŷiræ·f) *s.* ZOOL. jirafa, camello pardal.

girandole (ŷi·randoul) *s.* girándula. 2 araña, candelabro. 3 JOY. pendiente, arracada. 4 (EE. UU.) espejo ornamental redondo.

girasol (ŷi·rasol) *s.* BOT. heliotropo. 2 BOT. girasol, gigantea 3 MINER. ópalo girasol.

gird (gø'd) *s.* pulla, sarcasmo, escarnio.

gird (to) *tr.* ceñir, cercar, rodear; ceñir [llevar ceñido] : *to* ~ *sword*, ceñir espada. 2 investir [de]. 3 preparar, disponer : *to* ~ *oneself*, prepararse, afilarse las uñas. 4 mofarse, burlarse. ¶ CONJUG. pret. y p. p. : *girded* o *girt*.

girder (gø·'dø') *s.* ARQ. viga, trabe, jácena, carrera, durmiente. 2 burlón, reparón. — 3 *adj.* de vigas : ~ *bridge*, puente de vigas.

girdle (gø·'døl) *s.* cinto, cinturón, faja, ceñidor, cincho, corsé pequeño. 2 cíngulo. 3 circunferencia, cerco, zona. 4 zodíaco. 5 cintura.

girdle (to) *tr.* ceñir, fajar, cercar, circundar, rodear. 2 hacer una incisión circular [en el tronco de un árbol].

girdler (gø·'døl') *s.* el, o lo, que ciñe o rodea.

girl (gø'l) *s. f.* niña, muchacha, joven, mocita : *best* ~, amiga preferida, novia. 2 chica, doncella, criada.

girlhood (gø·'ljud) *s.* niñez, mocedad, juventud [en la mujer]. 2 muchachas, juventud femenina.

girlish (gø·'lish) *adj.* pueril, juvenil; de niña o de muchacha.

girlishly (gø·'lishli) *adv.* como una muchacha.

Gironde (ŷiro·nd) *n. pr.* GEOGR. Gironda.

Girondist (ŷiro·ndist) *adj.* y *s.* girondino.

girt (gø't) pret. y p. p. de TO GIRD. — 2 *adj.* MAR. amarrado. 3 ~ *up*, preparado, animoso. — 4 *s.* CONSTR. traviesa de piso.

girt (to) *tr.* ceñir, rodear. 2 sitiar. 3 investir [de].

girth (gø'z) *s.* cincha. 2 cinturón, faja. 3 cintura, periferia, contorno.

girth (to) *tr.* cinchar. 2 ceñir, rodear.

gist (ŷist) *s.* quid, busilis, substancia, punto esencial.

gittern (gui·tø'n) *s.* MÚS. especie de laúd medieval.

give (guiv) *s.* acción de dar de sí, de ceder. 2 elasticidad.

give (to) *tr.* dar [donar, ofrecer; causar, ocasionar, comunicar]. 2 dar [un golpe, consejo, etc.]. 3 entregar, confiar. 4 conceder, otorgar : *to* ~ *the hand of*, conceder la mano de. 5 aplicar, dedicar, consagrar [tiempo, energías, etc.]. 6 proferir, emitir, lanzar. 7 describir, referir. 8 ofrecer, presentar, exponer. 9 hacer en público : *to* ~ *a song*, cantar una canción; *to give o speech*, pronunciar un discurso. 10 representar [una obra dramática]. 11 brindar por : *I* ~ *you the king*, brindo por el rey. 12 asignar, atribuir. 13 *to* ~ *away*, dar, enajenar gratuitamente; vender regalado, casi de balde; entregar [una novia al novio en la ceremonia del matrimonio]; revelar [un secreto]; vender, traicionar. 14 *to* ~ *back*, restituir, devolver. 15 *to* ~ *birth*, dar a luz, parir; dar origen a. 16 *to* ~ *chasse*, perseguir, dar caza. 17 *to* ~ *ear to*, prestar oídos a; escuchar. 18 *to* ~ *effect to*, poner en ejecución. 19 *to* ~ *fire*, mandar hacer fuego, disparar. 20 *to* ~ *forth*, publicar, divulgar; producir; despedir, echar [olores, etc.]. 21 *to* ~ *ground*, ceder terreno, retirarse. 22 *to* ~ *ground to*, dar pie o motivo a. 23 *to* ~ *in*, entregar; proclamar, dar [su adhesión, etc.]. 24 *to* ~ *it to one*, dar de

palos a uno, ponerlo como nuevo; regañarle, echarle una filípica, censurarle. 25 *to* ~ *line o rope*, dejar que uno obre más o menos libremente, hasta el momento en que se considere oportuno contenerle o detenerle. 26 *to* ~ *mouth to*, proferir, decir, expresar. 27 *to* ~ *off*, arrojar, despedir, exhalar [olores, etc.]; extender [las ramas]. 28 *to* ~ *oneself away*, descubrirse, venderse. 29 *to* ~ *oneself up*, entregarse, rendirse; *to* ~ *oneself up to*, entregarse a, dedicarse a; darse a, abandonarse a. 30 *to* ~ *one the bag o the sack*, despedir, despachar a uno. 31 *to* ~ *out*, publicar, anunciar, proclamar, declarar; repartir, distribuir; dar la letra de [un salmo o himno] para los que lo han de cantar. 32 *to* ~ *over*, entregar, rendir; desahuciar [a un enfermo]; abandonar, desistir de. 33 *to* ~ *pause*, dar en qué pensar, hacer dudar o vacilar; dar tregua. 34 *to* ~ *place to*, hacer lugar a, ir seguido de; ceder o dejar su puesto a. 35 *to* ~ *points*, dar ventaja, dar tantos [en el juego]; dar consejos o hacer indicaciones útiles. 36 *to* ~ *rise to*, originar, ocasionar. 37 *to* ~ *room*, hacer lugar; apartarse, retirarse. 38 *to* ~ *the lie to*, dar un mentís, desmentir. 39 *to* ~ *the sack*, dar calabazas, despedir. 40 *to* ~ *the slip to*, dar esquinazo a, escaparse de, burlar la vigilancia de. 41 *to* ~ *tongue*, ponerse a ladrar [el perro de caza]. 42 *to* ~ *up*, renunciar a, abandonar, dimitir; entregar, ceder, rendir; dar por perdido; desahuciar [a un enfermo]; dedicar. 43 *to* ~ *vent to*, dar salida, desahogar; desatarse en. 44 *to* ~ *voice to*, expresar, manifestar. 45 *to* ~ *warning*, avisar, prevenir, advertir. 46 *to* ~ *way*, ceder; retroceder; hundirse; aflojarse, romperse [una cuerda, etc.]; ponerse a remar, remar vigorosamente; *to* ~ *way to*, ceder su puesto a; ceder a, abandonarse a.

47 *intr.* dar, ser dadivoso. 48 aflojarse, ablandarse, dar de sí; ceder, romperse. 49 desteñirse, perder [un color]. 50 [hablando de puertas, ventanas, pasillos, etc.] dar, salir o ir a parar [a]. 51 *to* ~ *back*, retirarse, cejar. 52 *to* ~ *in*, ceder, consentir; darse por vencido. 53 *to* ~ *out*, acabarse, agotarse, faltar; cansarse, no poder más; fallar, pararse [una máquina, un órgano]. 54 *to* ~ *over*, cesar, discontinuar. 55 *to* ~ *up*, desistir cejar; darse por vencido, perder las esperanzas.

¶ CONJUG. pret.; *gave*; p. p. : *given*.

give-and-take *s.* toma y daca, concesiones mutuas. 2 tiroteo mutuo de réplicas u observaciones agudas.

giveaway (gui·vauei) *s.* pop. traición, denuncia. 2 revelación involuntaria, acción de venderse uno, de dejar ver su juego. 3 ganapierde [en el juego de damas].

given (gui·vn) p. p. de TO GIVE. — 2 *adj.* dado, entregado, aficionado : *to* ~ *drink*, dado a la bebida. 3 citado, expresado; determinado. 4 ~ *name*, nombre de pila. — 5 *conj.* ~ *that*, dado que, suponiendo que, sabiendo que.

giver (gi·vø') *s.* dador, donador, donante. 2 distribuidor, dispensador.

guizzard (gui·sa'd) *s.* molleja [de ave]. 2 proventrículo [de insecto].

glabrous (glei·brøs) *adj.* BOT., ZOOL. glabro, liso, lampiño.

glacé (glæsei·) *adj.* glaseado. 2 cubierto de una capa de azúcar; escarchado; garapiñado. 3 helado.

glacial (glei·shial) *adj.* glacial.

glaciate (to) (glei·shieit) *tr.* helar. 2 GEOL. cubrir con hielo o glaciares. 3 dar al hierro la apariencia de estar cubierto de escarcha. — 4 *intr.* helarse.

glaciation (gleishie·shøn) *s.* helamiento, congelación.

glacier (glæ·shie') *s.* glaciar, helero, ventisquero.

glacis (glæ·sis) *s.* FOT. glacis.

glad (glæd) *adj.* alegre, contento, satisfecho, gozoso : *to be* ~ *of, that, to,* etc., alegrarse de; alegrarse de que, celebrar; tener mucho gusto en. 2 alegre, brillante, hermoso.

gladden (to) (glæ·døn) *tr.* alegrar, regocijar, recrear, agradar. 2 animar, hermosear.

gladder (glæ·dø') *adj. comp.* de GLAD.

gladdest (glæ·dest) *adj. superl.* de GLAD.

gladdon (glæ·don) *s.* BOT. íride, lirio hediondo. 2 BOT. estoque, gladiolo.

glade (gleid) s. claro herboso [en un bosque]. 2 claro [en el cielo]. 3 faja de luz [sobre las aguas, etc.].

gladiator (glæ·dieito') s. gladiador.

gladiatorial (glædiato·rial) adj. gladiatorio.

gladiola (glædio·læ) s. BOT. gladiolo, estoque.

gladiolus (glædai·oløs) s. BOT. gladiolo, estoque. 2 ANAT. mesoesternón.

gladly (glæ·dli) adv. alegremente. 2 gustosamente, de buen grado; de buena gana.

gladness (glæ·dnis) s. alegría, contento, gozo, regocijo.

gladsome (glæ·dsøm) adj. alegre, contento, gozoso, placentero.

gladsomely (glæ·dsømli) adv. alegremente, gozosamente.

gladsomeness (glæ·dsømnis) s. alegría, contento, regocijo, buen humor.

glair (gle·æ') s. clara de huevo. 2 cualquier substancia viscosa y transparente.

glair (to) tr. untar con clara de huevo.

glairy (gle·æri) adj. viscoso, pegajoso.

glaive (gleiv) s. espada. 2 especie de alabarda.

glamor s. GLAMOUR.

glamorous (glæ·møręs) adj. fascinador.

glamour (glæ·mø') s. fascinación, encanto, hechizo.

glance (glæns) s. mirada, ojeada, vistazo: at a ~, de una ojeada; at first ~, a primera vista, al primer golpe de vista. 2 vislumbre. 3 movimiento rápido y oblicuo; golpe dado oblicuamente; desviación [por choque]; 4 destello, relámpago. 5 mineral lustroso; ~ coal, antracita.

glance (to) intr. y tr. dar o lanzar una mirada, dar o echar una ojeada, un vistazo; mirar al soslayo; to ~ at, lanzar una mirada a, mirar por encima; to ~ over, echar un vistazo; hojear [un libro]. — 2 intr. destellar, fulgurar. 3 rebotar y desviarse [una bala, etc.]: to ~ off, desviarse al chocar o al chocar con. 4 aludir o referirse de paso. — 5 tr. dirigir súbitamente u oblicuamente [la mirada, un tiro, etc.]. 6 tirar a [un ave, etc.] de pronto o de refilón.

glancing (glæ·nsing) adj. oblicuo, de refilón [golpe]. 2 hecho o dicho de paso.

glancingly (glæ·nsingli) adv. oblicuamente, de refilón.

gland (glænd) s. ZOOL., ANAT. glándula. 2 ANAT. ganglio. 3 travesaño de la bayoneta. 4 MEC. casquillo de prensaestopas.

glandered (glæ·ndørd) adj. VET. amormado.

glanderous (glæ·ndøręs) adj. VET. muermoso.

glanders (glæ·ndo's) s. VET. muermo.

glandiferous (glændi·føręs) adj. glandífero.

glandiform (glæ·ndifo'm) adj. abellotado. 2 en forma de glándula.

glandula (glæ·ndỹula) s. glándula.

glandular (glæ·ndỹula') adj. glandular.

glandule (glæ·ndỹul) s. glandulilla.

glandulous (glæ·ndỹuløs) adj. glanduloso.

glans (glæns), pl. glandes (-diš) s. ANAT. glande, bálano. 2 ANAT. clítoris. 3 BOT. bellota.

glare (gle·ø') s. luz intensa, vivo resplandor, fulgor deslumbrante. 2 resol. 3 viso, destello. 4 mirada feroz, penetrante. 5 (EE. UU.) superficie lisa y brillante [como la del hielo]. — 6 adj. (EE. UU.) liso y brillante.

glare (to) intr. brillar, resplandecer, relumbrar, deslumbrar. 2 ser vivo [un color]. 3 mirar con fiereza, enojo o indignación; mirar echando chispas por los ojos. — 4 tr. expresar [indignación, etc.] con miradas furiosas.

glaring (gle·øring) adj. brillante, deslumbrador. 2 evidente, notorio, que salta a la vista. 3 de mirada feroz, penetrante [ojos].

glaringly (gle·øringli) adv. notoriamente, evidentemente. 2 fijamente, penetrantemente.

glass (glas) s. vidrio, cristal [materia]; objeto de vidrio o cristal]. 2 vaso, copa: ~ of wine, vaso o copa de vino. 3 cristalería [de mesa]. 4 cristal [de ventana, de reloj, etc.]. 5 espejo. 6 ÓPT. lente; anteojo, catalejo, telescopio, etc. 7 ampolleta, reloj de arena. 8 termómetro o barómetro. 9 pl. lentes, anteojos, gafas; gemelos. — 10 adj. de, en o para vidrio o cristal: ~ bead, abalorio, cuenta de vidrio; ~ blowing, soplado del vidrio; ~ blower, soplador de vidrio; ~ case, escaparate, vitrina; urna; ~ cutter, cortador o tallador de vidrio o cristal; diamante de vidriero; ~ door, puerta vidriera; ~ eye, ojo de vidrio; lente; ~ eyes, lentes, anteojos; ~ factory, vidriería,

fábrica de vidrio; ~ furnace, carquesa; ~ paper, papel de vidrio; ~ roof, montera; techo de vidrio; ~ shop, vidriería [tienda]; ~ wool, vidrio hilado, lana de vidrio; tela de vidrio. 11 ZOOL. ~ snake, lución norteamericano.

glassful (gla·sful) s. vaso, copa [contenido].

glasshouse (gla·sjaus) s. fábrica de vidrio o cristal. 2 invernáculo. 3 galería de fotógrafo.

glassiness (gla·sinis) s. vidriosidad.

glasslike (gla·slaic) adj. parecido al vidrio, transparente como el vidrio.

glassmaker (gla·smeikø') s. vidriero.

glassman (gla·smæn), pl. -men (-men) s. vidriero. 2 buhonero.

glassware (gla·sue') s. cristalería, vajilla de cristal; objetos de vidrio.

glasswork (gla·suø'c) s. fabricación del vidrio. 2 artículos de vidrio.

glassworks (gla·suø'cs) s. sing. o pl. vidriería, fábrica de vidrio o cristal.

glassworker (gla·suø'kø') s. vidriero.

glasswort (gla·suø't) s. BOT. sosa, barrilla; almarjo; salicor.

glassy (gla·si) adj. cristalino. 2 vítreo; vidrioso.

Glaubert's salt (glou·bø'z solt) s. FARM. sal de Glauber; sulfato sódico cristalino.

glaucoma (glocou·ma) s. MED. glaucoma.

glaucous (glo·cøs) adj. glauco. 2 BOT. cubierto de polvillo blanquecino.

glaze (gleiš) s. vidriado [barniz] 2 glaseado, satinado, lustre. 3 velo [de los ojos vidriosos]. 4 capa muy fina de hielo. 5 PINT. veladura. 6 COC. gelatina con que se cubre un manjar.

glaze (to) tr. vidriar, barnizar. 2 glasear, satinar, pulir. 3 COC. cubrir con gelatina, azúcar, etc. 4 velar [los ojos]. 5 PINT. velar. 6 poner vidrios o cristales a.

glazed (glei·šd) adj. vidriado: ~ earthenware, vidriado, loza vidriada; ~ tile, azulejo. 2 satinado, glaseado: ~ paper, papel satinado.

glazer (glei·šø') s. satinador, pulidor. 2 instrumento o máquina para satinar, pulir, etc.

glazier (glei·šiø') s. vidriero [que coloca vidrios]. 2 vidriero.

glazing (glei·šing) s. vidriado, mogate; barnizado; satinado, glaseado. 2 superficie lustrosa. 3 barniz, lustre. 4 colocación de cristales. 5 cristalería [de puertas, ventanas, etc.].

glazy (gla·ši) adj. brillante, lustroso. 2 GLASSY.

gleam (glīm) s. destello, resplandor, fulgor, brillo [moderado o pasajero]. 2 rayo [de luz, de esperanza]. 3 destello [de inteligencia, etc.].

gleam (to) intr. destellar, resplandecer, fulgurar, brillar, lucir [con luz tenue o pasajera]. 2 aparecer [una luz].

gleamy (glī·mi) adj. que lanza destellos, brillante, centelleante. 2 que tiene alternativas de lluvia y de sol; inseguro, variable.

glean (to) (glīm) tr. espigar, rebuscar. 2 recoger, juntar [poco a poco].

gleaner (glī·nø') s. espigador, espigadera; rebuscador; recogedor.

gleaning (glī·ning) s. espigueo, rebusca. 2 pl. rebañaduras, cosas juntadas.

glebe (glīb) s. poét. suelo, tierra [laborable]. 2 ECLES. (Ingl.) tierras beneficiales

glede (glīd) s. ORNIT. milano.

glee (glī) s. alegría, gozo, júbilo, regocijo. 2 MÚS. canción para voces solas: ~ club, sociedad coral.

gleeful (glī·ful), gleesome (glī·søm) adj. alegre, gozoso, jubiloso.

gleet (glīt) s. MED. blenorragia.

glen (glen) s. cañada, hondonada, vallejuelo, valle angosto.

glengarry (glengæ·ri), pl. -rries (-ris) s. gorra escocesa.

glenoid (glī·noid) adj. ANAT. glenoideo.

glib (glib) adj. suelto, fácil, desembarazado. 2 locuaz, suelto de lengua.

glibber (gli·bø') adj. comp. de GLIB.

glibbest (gli·best) adj. superl. de GLIB.

glibly (gli·bli) adv. con facundia, con locuacidad.

glibness (gli·bnis) s. facundia, labia, locuacidad.

glide (glaid) s. deslizamiento, escurrimiento. 2 AVIA. planeo. 3 río, arroyo.

glide (to) intr. deslizarse, escurrirse, resbalar. 2 correr suavemente. 3 AVIA. planear.

glider (glai·do') s. AVIA. planeador.

gliding (glai·ding) s. AVIA. acción de planear; vuelo a vela.

glimmer (gli·mǿ') s. vislumbre, resplandor, viso, luz débil : to have a ~ of, vislumbrar, entrever; a ~ of hope, un rayo de esperanza. 2 MINER. mica.

glimmer (to) intr. brillar, lucir [débilmente]; rielar; alborear; titilar. 2 mirar con los ojos entornados.

glimmering (gli·mǿring) s. luz débil o trémula. 2 vislumbre, atisbo, vaga idea. — 3 luciente, rielante, titilante, vacilante.

glimpse (glimps) s. ojeada, mirada o visión rápida, breve : to catch a ~ of, vislumbrar, entrever. 2 relámpago, resplandor fugaz, vislumbre. 3 rastro, tinte, apariencia ligera.

glimpse (to) intr. echar una ojeada. 2 brillar, lucir, con luz débil o trémula; destellar. — 3 tr. vislumbrar, entrever; ver sólo un momento, a intervalos.

glint (glint) s. brillo, fulgor, rayo, destello.

glint (to) intr. brillar, lucir, destellar. 2 rebotar, saltar de rechazo. — 3 tr. reflejar [la luz]; hacer brillar. 4 to ~ the eye, volver los ojos.

glisten (gli·sǿn) s. brillo, centelleo.

glisten (to) intr. brillar, centellear, resplandecer, rielar, titilar.

glister (gli·stǿ') s. ant. brillo, lustre.

glister (to) intr. ant. brillar, resplandecer, chispear, rutilar.

glitter (gli·tǿ') s. luz brillante, resplandor. 2 brillo, esplendor, lustre.

glitter (to) intr. brillar, relucir, centellear, chispear, rutilar. 2 brillar, resplandecer, esplender, ser espléndido.

glittering (gli·tǿring) s. GLITTER. — 2 adj. brillante, reluciente, centelleante, chispeante, rutilante. 3 brillante, esplendoroso.

gloam (to) (gloum) intr. obscurecer, anochecer.

gloaming (glou·ming) s. crepúsculo vespertino, anochecer.

gloat (to) (glout) intr. gozarse, recrearse en [esp. el daño ajeno] ; mirar con satisfacción maligna; con avaricia. | Con on, upon u over.

global (glou·bal) adj. esférico. 2 de todo el globo.

globate(d (glou·beit(id) adj. esférico, globular.

globe (glou·b) s. globo, esfera, bola : ~ of the eye, globo del ojo; the ~, el globo, la tierra. 2 GEOGR., ASTR. globo, esfera [terrestre o celeste]. 3 globo, bomba [de lámpara]. 4 pecera globular. 5 BOT. ~ amaranth, perpetua.

globefish (glou·bfish) s. ICT. orbe.

globetrotter (glou·btrotǿ') s. trotamundos.

globose (glou·bous) adj. globoso, redondo.

globosity (gloubo·siti) f. esfericidad, redondez. 2 parte globosa.

globular (glo·biula') adj. globular. 2 esférico.

Globulariaceae (globularie·sii) s. pl. BOT. globulariáceas.

globulariaceous (globularie·shǿs) adj. BOT. globulariáceo.

globule (glo·biul) s. glóbulo.

globulin (glo·biulin) s. QUÍM. globulina.

globulose (globiu·lous) adj. globuloso.

globulous (glo·biulǿs)adj. globular. 2 esférico, orbicular.

glomerate (glo·mǿrit) adj. aglomerado [en forma de bola], conglobado.

glomeration (glomǿre·shǿn) s. aglomeración, conglobación. 2 bola, ovillo.

glomerule (glo·mǿrul) s. BOT. glomérulo.

gloom (glum) s. penumbra, sombra. 2 obscuridad, lobreguez, tenebrosidad, tinieblas. 3 tristeza, melancolía, abatimiento.

gloom (to) tr. obscurecer, entenebrecer, encapotar. 2 entristecer. — 3 intr. obscurecerse, entenebrecerse, encapotarse. 4 aparecer sombrío, destacarse sombríamente. 5 entristecerse, abatirse.

gloomily (glu·mili) adv. obscuramente, lóbregamente, tenebrosamente. 2 sombríamente, tristemente, melancólicamente.

gloominess (glu·minis) s. obscuridad, lobreguez. 2 tristeza, melancolía, abatimiento. 3 adustez, hosquedad.

gloomy (glu·mi) adj. obscuro, lóbrego, tenebroso, nublado. 2 sombrío, triste, melancólico, tétrico; abatido. 3 adusto, hosco.

Gloria (glo·rie) s. LITURG. Gloria. 2 (con min.) gloria [tela]. 3 B. ART. aureola.

glorification (glorifike·shǿn) s. glorificación. 2 fam. celebración, fiesta, holgorio.

glorify (to) (glo·rifai) tr. glorificar. 2 ensalzar,

magnificar. 3 presentar como magnífico, espléndido.

gloriole (glo·rioul) s. aureola, halo.

glorious (glo·riǿs) adj. glorioso. 2 magnífico, espléndido. 3 fam. achispado.

gloriously (glo·riǿsli) adv. gloriosamente. 2 magníficamente, espléndidamente.

gloriousness (glo·riǿsnis) s. gloria, esplendor; calidad de glorioso.

glory (glo·ri), pl. -ries (-ris) s. gloria [bienaventuranza, cielo] : to go to ~, fig. morir. 2 gloria [fama, honor, celebridad; lo que da gloria; esplendor, magnificencia]. 3 apogeo de la prosperidad, de la grandeza : Spain in its ~, España en el apogeo de su grandeza. 4 brillantez, lustre, belleza radiante. 5 aureola, halo, corona.

glory (to) intr. exultar; gloriarse : to ~ in, gloriarse de; gloriarse en. 2 formar una aureola, extenderse como una aureola. — 3 tr. honrar, glorificar. ¶ CONJUG. pret. y p. p. : gloried.

gloss (glos) s. lustre, brillo, pulimento. 2 falsa apariencia, oropel. 3 colorido, paliativo. 4 glosa, comentario, escolio. 5 LIT. glosa.

gloss (to) tr. lustrar, glasear, satinar, dar brillo, pulir. 2 colorear, cohonestar, paliar. — 3 tr. e intr. glosar, comentar, anotar. — 4 intr. glosar, criticar.

glossarial (glose·rial) adj. de glosa o glosario.

glossarist (glo·sarist) s. glosador, escoliasta.

glossary (glo·sari). pl. -ries (-ris) s. glosario.

glossiness (glo·sinis) s. lustre, pulimento.

glossitis (glosai·tis) s. MED. glositis.

glossographer (gloso·grafǿ') s. escritor de glosas, comentador.

glossography (gloso·grafi) s. arte de glosar o de hacer glosarios. 2 ANAT. descripción de la lengua.

glossology (gloso·loyi) s. clasificación de las lenguas; filología comparada.

glossy (glo·si) adj. lustroso, brillante, glaseado, satinado. 2 especioso, de apariencia plausible.

glottal (glo·tal), **glottic** (glo·tic) adj. ANAT. glótico.

glottis (glo·tis) s. ANAT. glotis.

glove (glǿv) s. guante : to be hand and ~, fig. ser uña y carne; to handle with gloves, manejar o tratar con guantes, con muchos miramientos; to handle without gloves, manejar o tratar sin miramientos, sin contemplaciones; to take up the ~, recoger el guante; to throw down the ~, arrojar el guante. — 2 adj. de guantes, para guantes : ~ contest, ~ fight, boxeo con guantes; ~ factory, ~ shop, guantería; ~ hook, ~ buttoner, abrochador de guantes; ~ maker, guantero; ~ money, ~ silver (Ingl.), gratificación a los criados; ~ stretcher, ensanchador o abridor de guantes, juanas.

glove (to) tr. enguantar. 2 proveer de guantes.

glover (glǿ·vǿ') s. guantero.

glow (glou) s. luz, resplandor [de un ascua, de un cuerpo candente], soflama : ~ lamp, lámpara incandescente; tubo neón. 2 resplandor rojo en el cielo, arrebol. 3 viveza de color. 4 color [en las mejillas, en el cuerpo]. 5 ardor, vehemencia; animación; manifestación o señales de un interés muy vivo. 6 calor [en el cuerpo], sensación de calor [como la producida por el ejercicio, etc.].

glow (to) intr. dar luz o calor vivos; estar candente, incandescente, arder sin llama. 2 brillar, resplandecer; estar encendido [el rostro, el cielo, etc.]; mostrar interés, animación [por el encendimiento del rostro]. 3 tener colores vivos. 4 arder [de pasión, ira, etc.]; animarse. 5 sentir calor. — 6 tr. hacer brillar, encender.

glower (gla·uǿ') s. mirada ceñuda, amenazadora.

glower (to) intr. mirar ceñudo.

glowing (glo·uing) adj. resplandeciente; radiante. 2 ardiente, encendido. 3 colorado. 4 brillante [color]. 5 entusiasta.

glowingly (glo·uingli) adv. de un modo resplandeciente. 2 con ardor o vehemencia.

glowworm (glou·uǿm) s. ENTOM. luciérnaga, gusano de luz. 2 ENTOM. cocuyo.

gloze (to) (glous) tr. colorear, paliar, excusar. 2 adular. 3 abrillantar. — 4 intr. hacer glosas o comentarios. 5 brillar, relucir.

glozing (glou·sing) s. coloreamiento, paliación. 2 adulación.

glucaemia, glucemia (glusi·mia) s. MED. glucemia.

glucina (glusai·na) s. QUÍM. glucina.

glucinium (glusi·niǿm), **glucinum** (glusai·nǿm) s. QUÍM. glucinio.

glucose (glu·cous) s. QUÍM. glucosa.

glucosid(e (glu·cosid o -said) s. QUÍM. glucósido.
glucosuria (glucosiu·ria) s. MED. glucosuria.
glue (glu o gliu) s. cola [para pegar] ; gluten. 2 liga, visco.
glue (to) *tr.* encolar, pegar, conglutinar, unir o pegar fuertemente.
gluepot (glu·pot) s. cazo para la cola.
gluey (glu·i) *adj.* viscoso, pegajoso, glutinoso.
glueyness (glu·inis) s. viscosidad, glutinosidad.
gluing (glu·ing) s. encoladura, pegadura.
gluish (glu·ish) *adj.* algo pegajoso.
glum (gløm) *adj.* malhumorado, hosco, sombrío.
glume (glum) s. POT. gluma.
glummer (glø·mơ') *adj. comp.* de GLUM.
glummest (glø·mest) *adj. superl.* de GLUM.
glut (gløt) s. hartura, hartazgo. 2 plétora, super·abundancia, exceso, saturación. 3 cuña. 4 ALBAÑ. ladrillo de relleno.
glut (to) *tr.* hartar, saciar, ahitar. 2 colmar, sa·turar ; atestar, atascar. 3 COM. inundar [el mer·cado]. — 4 *intr.* engullir, tragar, atracarse, har·tarse. ¶ CONJUG. pret. y p. p. : *glutted;* ger. : *glutting.*
gluteal (gluti·al) *adj.* glúteo.
gluten (glu·tøn) s. gluten.
gluteus (glu·tiøs) s. ANAT. músculo glúteo.
glutinosity (glutino·siti) s. glutinosidad.
glutinous (glu·tinøs) *adj.* glutinoso.
glutinousness (glu·tinøsnis) s. glutinosidad.
glutted (glø·tid) *pret.* y *p. p.* de TO GLUT.
glutton (glø·tøn) *adj.* y s. glotón, tragón, comilón. — 2 s. ZOOL. glotón.
gluttonize (to) (glø·tønaiš) *intr.* glotonear. — 2 *tr.* tragar, devorar.
gluttonous (glø·tønøs) *adj.* glotón, tragón.
gluttonously (glø·tønøsli) *adv.* glotonamente.
gluttony (glø·tøni) s. glotonería, gula.
glycerate (gli·sereit) s. QUÍM. glicerato.
glyceric (gli·seric) *adj.* glicérico.
glycerid(e (gli·seraid) s. QUÍM. glicérido.
glycerin(e (gli·serin) s. glicerina.
glycine (glai·sin) s. BOT., QUÍM. glicina.
glycogen (glaico·ỹin) s. glicógeno.
glyptics (gli·ptics) s. glíptica.
glyptodont (gli·ptodont) s. PALEOL. gliptodonte.
glyptography (glipto·grafi) s. gliptografía.
gnarl (na·l) s. nudo [en el árbol o la madera].
gnarl (to) *intr.* gruñir, regañar los dientes. — 2 *tr.* torcer, retorcer.
gnarled (na·ld) *adj.* GNARLY.
gnarlier (na·liơ') *adj. comp.* de GNARLY.
gnarliest (na·liest) *adj. superl.* de GNARLY.
gnarly (na·li) *adj.* nudoso, retorcido. 2 pendencie·ro; terco.
gnash (to) (næsh) *intr.* hacer rechinar o crujir los dientes. — 2 tr. crujir [los dientes]. — 3 *tr.* hacer rechinar [los dientes]. 4 morder re·chinando los dientes.
gnashing (næ·shing) s. rechinamiento de dientes.
gnat (næt) s. ENTOM. mosquito, cínife.
gnaw (to) (no) *tr.* roer. 2 morder, mordicar. 3 co·rroer, carcomer, consumir.
gnawer (no·ơ') s. roedor.
gneiss (nais) s. GEOL. gneis.
gneissic (nai·sic) *adj.* gnéisico.
Gnetaceæ (nitei·sii) s. *pl.* BOT. gnetáceas.
gnetaceous (nitei·shøs) *adj.* BOT. gnetácea.
gnome (noum) s. gnomo. 2 máxima, sentencia, aforismo. 3 ORNIT. ~ *owl,* especie de mochuelo pequeño.
gnomic(al (no·mic(al) *adj.* gnómico.
gnomon (nou·mon) s. gnomon.
gnomonic(al (nomo·nic(al) *adj.* gnomónico.
gnomonics (nomo·nics) s. gnomónica.
Gnostio (no·stic) *adj.* y s. gnóstico.
Gnosticism (no·stisiŝm) s. gnosticismo.
gnu (nu) s. ZOOL. gnu, ñu.
go (gou), *pl.* goes (gøs) s. ida, ir. 2 marcha, curso, movimiento : *on the* ~, en movimiento [en decadencia, hacia su fin]; pop. borracho. 3 ener·gía, actividad, empuje, brío. 4 giro, circunstan·cia, incidente, situación [inesperada o embara·zosa] : *near* ~, escape por poco, un tris; *this is a pretty* ~, estamos frescos. 5 tentativa : *to have a* ~ *at something,* probar a, tratar de hacer o conseguir algo. 6 breve período [de una actividad, enfermedad, etc.]. 7 convenio, trato : *is it a* ~?, ¿convenido?, ¿hace? 8 moda, boga : *it is all the* ~, es la gran moda, hace furor. 9 éxito : *to make a* ~ *of,* lograr éxito en; *it is*

no ~, es inútil, es un fracaso. *10* paso libre [a la circulación de los automóviles].
go (to) *intr.* ir [a un lugar, de un lugar a otro; de cierto modo]. 2 caminar, andar. 3 andar, mar·char, funcionar. 4 irse. 5 morir. 6 pasar, desapa·recer. 7 consumirse, acabarse. 8 debilitarse, de·caér. 9 ser abolido. *10* dirigirse, acudir, recurrir. *11* correr, circular, tener curso, ser aceptado, pasar. *12* ir, sentar, venir, transcurrir [bien o mal]. *13* venderse [a o por un precio]. *14* al·canzar, llegar [a o hasta un punto, límite, can·tidad, etc.]. *15* ponerse, volverse : *to* ~ *mad,* volverse loco. *16* contribuir, concurrir, conducir, tender [a un resultado]. *17* salir, resultar. *18* tener éxito, surtir efecto. *19* salir, escapar : *to* ~ *unpunished,* escapar sin castigo. *20* gobernar·se, guiarse, regularse, ser determinado [por]. *21* ceder, soltarse, romperse. *22* intentar, propo·nerse, ir a [hacer una cosa]. *23* armonizar, adap·tarse. *24* rezar, decir [hablando de un texto, una frase, etc.]. *25* hacer [cierto ruido, un ruido característico] : *bang went the door,* la puerta hizo ¡pan! *26* entrar, caber. *27* hacer, compo·ner [un número, o medida] : *twelve inches go to the foot,* doce pulgadas hacen un pie, el pie tiene doce pulgadas. *28 to* ~ *about,* ir [de cierto modo o haciendo algo], ir por ahí, ir de un lado a otro, dar vueltas; MAR. virar de bordo; ocuparse en atender a ; ~ *about your business!,* ¡váyase! ; métase en lo que le importa. *29 to* ~ *abroad,* ir a otro país, al extranjero; divul·garse. *30 to* ~ *across,* atravesar, cruzar. *31 to* ~ *after,* seguir ; ir detrás de, ir en busca de. *32 to* ~ *against,* ir en contra, oponerse. *33 to* ~ *ahead,* avanzar; proseguir; adelantar, progresar; *to* ~ *ahead with,* llevar adelante. *34* DEP. *to* ~ *all out,* hacer un esfuerzo supremo, dar de sí todo lo que uno puede. *35 to* ~ *a long way,* durar mucho [el dinero, las provisiones, etc.], alcan·zar para mucho; *to* ~ *a long way towards,* con·tribuir mucho a. *36 to* ~ *along,* seguir, conti·nuar; ~ *along!,* ¡lárguese! *37 to* ~ *along with,* acompañar. *38 to* ~ *around,* andar, ir de un lado para otro; dar vueltas, contornar, rodear; al·canzar para todos. *39 to* ~ *astray,* extraviarse, descaminarse, descarriarse *40 to* ~ *at,* atacar, acometer; emprender o ejecutar con energía, atacar [un problema, etc.]. *41 to* ~ *away,* irse, marcharse, ausentarse; pasar, desaparecer [un dolor, etc.]. *42 to* ~ *back,* volverse, retroceder, retirarse ; volverse atrás; *to* ~ *back from,* o *upon, one's word,* no cumplir uno su palabra. *43 to* ~ *back to,* remontarse hasta; datar. *44 to* ~ *bad,* echarse a perder; ir mal : *things went* ~ *with him,* las cosas le fueron mal. *45 to* ~ *begging,* ir pidiendo limosna; no tener deman·da o salida. *46 to* ~ *behind,* examinar, volver a considerar lo que hay detrás de un hecho, re·sultado, decisión, etc.; atrasarse. *47 to* ~ *between,* interponerse, mediar, terciar. *48* MAR. *to* ~ *be·low,* irse abajo [dejar la cubierta superior]; salir de guardia. *49 to* ~ *beyond,* ir más allá de; sobrepujar; examinar, estudiar lo que hay detrás de. *50 to* ~ *by,* pasar por; pasar junto a ; guiarse, regirse por, atenerse a; ser conocido por, tener [un nombre o apodo], usar [un nom·bre falso]; *to let* ~ *by,* pasar por alto, dejar; no hacer caso de. *51 to* ~ *by the board,* fraca·sar, llevárselo el diablo. *52 to* ~ *deep into,* ahon·dar en. *53 to* ~ *down,* bajar, descender; caer; ponerse [el sol]; hundirse, irse a pique; llegar, continuarse [hasta un punto]; ser anotado o registrado; ser tragado o creído. *54 to* ~ *down on one's knees,* arrodillarse, caer de rodillas; ro·gar, implorar. *55 to* ~ *downstairs,* bajar [a un piso inferior]. *56 to* ~ *far,* ir lejos; durar mu·cho; valer mucho, servir de mucho; alcanzar para mucho; *to* ~ *far towards,* ayudar o con·tribuir mucho a. *57 to* ~ *for,* favorecer, apoyar; representar; pasar por, ser tenido o considerado como; ir por, tratar de conseguir; fam. embes·tir, atacar. *58 to* ~ *for a walk,* ir a pasear, salir a dar un paseo. *59 to* ~ *forth,* salir; divulgarse, publicarse. *60 to* ~ *forward,* ir adelante, adelan·tarse. *61 to* ~ *hard with one,* ser perjudicial o tener malas consecuencias para uno, costarle caro. *62 to* ~ *in,* entrar; encajar; *to* ~ *in and out,* entrar y salir, tener entrada, libre acceso; vivir, pasarlo. *63 to* ~ *in for,* favorecer, apoyar; participar en; competir por [un premio, etc.]; dedicarse a; buscar, perseguir, tratar de obte·

ner. *64 to* ~ *in with,* unirse, asociarse a. *65 to*
~ *into,* entrar en; tomar parte en; investigar,
ventilar, discutir, tratar de; *to* ~ *into business,*
emprender negocios, dedicarse a los negocios;
to ~ *into effect,* entrar en vigor; *to* ~ *into hys-*
terics, tener un ataque de nervios; *to* ~ *into*
liquidation, COM. liquidar, cesar en el negocio;
to ~ *into mourning,* ponerse de luto. *66 to* ~
near, acercarse. *67 to* ~ *off,* irse, largarse, salir;
dispararse, estallar hacer explosión; quedar inconsciente, dormirse, desmayarse; morir; desaparecer gradualmente; salir, quedar [bien o
mal], tener buen o mal éxito; malograrse, fracasar; faltar a un trato; venderse, hallar salida; fam. casarse; perder [en belleza, etc.]. *68*
to ~ *one's head,* perder la cabeza, volverse loco. *69 to* ~ *on,* obrar, portarse; continuar, proseguir; pasar [a hacer algo]; durar, progresar;
entrar [un guante, etc.]; TEAT. salir a la escena. *70 to* ~ *on for,* acercarse a [un tiempo,
edad etc.]. *71 to* ~ *on strike,* declararse en
huelga. *72 to* ~ *on the air,* hablar o dedicarse a
hablar por radio; ser radiado. *73 to* ~ *on the*
road, viajar de lugar en lugar [en el ejercicio de
una profesión]. *74 to* ~ *on the stage,* dedicarse
al teatro. hacerse actor. *75 to* ~ *out,* salir; apagarse, extinguirse, morir; desafiarse; trabajar
fuera de casa; divulgarse, hacerse público; dimitir; bajar [la marea]. *76 to* ~ *out of fashion,*
pasar de moda. *77 to* ~ *out of the way,* apartarse, descarriarse; molestarse [en hacer algo]. *78*
to ~ *over,* pasar [por encima, al otro lado de],
atravesar, salvar; pasarse [a otro bando o par-
tido]; releer, repasar, revisar, examinar. *79 to*
~ *over the top,* MIL. salir de las trincheras para
atacar al enemigo. *80 to* ~ *past,* pasar; pasar de
largo. *81 to* ~ *round,* andar alrededor de; dar
vueltas; darse una vuelta por; alcanzar para
todos. *82 to* ~ *through,* sufrir, pasar por; pasar por;
realizar, llevar a cabo; realizarse; tratar, examinar detenidamente; registrar; traspasar. penetrar, hender; derrochar, malgastar; *to* ~
through with, realizar completamente, hasta el
fin. *83 to* ~ *to bed,* irse a la cama, acostarse.
84 to ~ *to law,* ir por justicia, recurrir a los tribunales. *85 to* ~ *to one's head,* subírsele a la
cabeza a uno. *86 to* ~ *to pot, to* ~ *to rack and*
ruin, destruirse, perderse, arruinarse. *87 to* ~ *to*
sea, hacerse marino; viajar por mar. *88 to* ~
to sleep, dormirse. *89 to* ~ *to smash,* perderse,
arruinarse; fracasar, quebrar. *90 to* ~ *to the*
bottom, profundizar, ir al fondo; irse a pique.
91 to ~ *to the country,* consultar la opinión pública disolviendo el parlamento y convocando
elecciones. *92 to* ~ *together,* ir juntos; armonizar, avenirse, ser concomitante, ir una cosa con
otra. *93 to* ~ *under,* ponerse [el sol]; ser conocido por el nombre, título, etc., de; irse a pique;
arruinarse; sucumbir, ser vencido. *94 to* ~ *up,*
subir; fam. arruinarse, quebrar; TEAT. pasar al
foro. *95 to* ~, *upstairs,* subir [a un piso superior].
96 to ~ *West,* fam. irse al otro mundo, morir.
97 to ~ *with,* acompañar, ir con; armonizar,
convenir con; cortejar. *98 to* ~ *without,* pasar
o pasarse sin. *99 to* ~ *without saying,* sobrenten-
derse. *100 to* ~ *wrong,* fallar, fracasar, malograrse; descarriarse, ir por mal camino, darse a
la mala vida.

101 tr. ir o llegar hasta. *102* llevar, seguir [un
camino]. *103* soportar, tolerar. *104* ir, apostar
[en el juego]. *105* contribuir con; tener participación en. *106* ofrecer [un precio, etc.]. *107*
to ~ *bail,* salir fiador. *108 to* ~ *better,* apostar
más, subir la puesta. *109 to* ~ *halves,* ir a medias. *110 to* ~ *it,* pop. obrar, proceder; obrar,
avanzar, etc., furiosamente; entregarse a la disipación. *111 to* ~ *it alone,* obrar solo, sin ayuda.
112 to ~ *one better,* aventajar a uno, ir más
allá que él. *113 to* ~ *one's way,* seguir uno su camino. *114 to* ~ *shares, to* ~ *snacks,* entrar o ir
a la parte; ir a medias; *115 to* ~ *the limit,*
fam. ir hasta lo último, hasta el no va más.
116 to ~ *the rounds,* hacer uno su ronda, ir de
ronda. *117 to* ~ *the way of all earth* o *of all*
flesh, irse al otro mundo, morir.

¶ CONJUG. pret. : *went;* p. p.: *gone;* 3.ª pers.
del sing.: *goes.*

goad (goud) *s.* aguijada [para las bestias]. *2* focino. *3* pincho, aguijón; puya. *4* aguijón, acicate [estímulo]. — *5 adj.* ~ *spur,* acicate [es-
puela].

goad (to) *tr.* aguijar, aguijonear, picar. *2* estimular, instigar *3* pinchar, irritar, exasperar.
go-ahead *adj.* emprendedor, activo.
goal (goul) *s.* DEP. meta; puerta, portería : ~ *line,*
raya de la meta; ~ *post,* poste de la puerta.
2 DER. gol. *3* meta, fin, objeto. *4* DEP. guardameta, portero.
goalkeeper (gou'kɪpơ') *s.* DEP. guardameta, portero.
goat (gout) *s.* ZOOL. cabra; macho cabrío : *he* ~,
~ *buck,* macho cabrío; *young* ~, cabrito, chivo; *wild* ~, cabra montés; *to get one's* ~, pop.
tomar el pelo a uno; *to ride the* ~, fig. ser
iniciado en una sociedad secreta. *2* fig. víctima
inocente, que carga con la culpa ajena : *to be*
the ~, pagar el pato. *3* BOT. ~ *grass,* rompesacos.
4 ORNIT. ~ *owl,* chotacabras.
goatee (goutɪ') *s.* perilla [barba].
goatherd (gou'tjơ'd) *s.* cabrero, cabrerizo.
goatish (gou'tish) *adj.* cabrerizo, cabruno, hircino.
2 grosero, lascivo.
goatmilker (gou'tmilkơ') *s.* GOATSUCKER.
goat's-beard *s.* BOT. salsifí.
goatskin (gou'tskin) *s.* piel de cabra.
goat's-rue *s.* BOT. galega, ruda cabruna.
goatsucker (gou'tsɔkơ') ORNIT. chotacabras.
gob (gob) *s.* pedazo, masa informe y pequeña. *2*
fam. (EE. UU.) marinero de guerra.
gobbet (go'bit) *s.* bocado, pedacito. *2* grumo, pella.
gobble (go'bơl) *s.* voz del pavo.
gobble (to) *tr.* engullir, tragar. — *2 intr.* hacer
ruido en la garganta como los pavos.
gobbler (go'blơ') *s.* engullidor, tragón, glotón. *2*
ORNIT. pavo.
go-between (gou'bitur'n) *s.* correveidile. *2* alcahuete. *3* intermediario, corredor. *4* cosa intermedia,
que une.
goblet (go'blit) *s.* copa [para beber].
goblin (go'blin) *s.* duende, trasgo.
goby (gou'bi), *pl.* **-bies** (-bis) *s.* ICT. gobio.
go-by *s.* fam. desaire, esquinazo : *to give the* ~,
dar esquinazo; rehuir el trato de uno.
go-cart *s.* carretilla. *2* carruaje ligero. *3* cochecito
de niño. *4* castillejo, andaniño, pollera.
God (god) *n. pr.* Dios: *act of* ~, fuerza mayor;
for God's sake, por Dios, por el amor de Dios;
~ *be with you,* vaya usted con Dios; ~ *forbid,*
no lo quiera Dios; ~ *grant,* permita Dios; ~
willing, Dios mediante, si Dios quiere; *God's*
acre, camposanto; *God's day,* domingo, día del
Señor; fiesta del Corpus; *God's house,* casa de
Dios, iglesia, templo. — *2 m.* (con min.) dios.
deidad [pagana].
godchild (go'dchaild) *s.* ahijado, ahijada.
goddaughter (go'ddotơ') *s.* ahijada.
goddess (go'dis) *s.* diosa, deidad, diva.
godfather (go'dfaðơ') *s.* padrino [de bautismo].
God-fearing *adj.* temeroso de Dios.
God-forsaken *adj.* dejado de la mano de Dios;
olvidado, desamparado. *2* desierto, triste, desolado; remoto.
Godfrey (go'dfri) *n. pr. m.* Godofredo.
God-given *adj.* que ha dado Dios; que viene como
anillo al dedo.
Godhead (go'djed) *n. pr.* Deidad, Divinidad, Dios.
— *2 s.* (con min.) divinidad, naturaleza divina.
godless (go'dlis) *adj.* sin Dios, ateo, impío. *2* que
no teme a Dios, malvado.
godlike (go'dlaic) *adj.* divino, deiforme, como de
Dios.
godlily (go'dlili) *adv.* piadosamente.
godliness (go'dlinis) *s.* piedad, devoción, santidad.
godly (go'dli) *adj.* divino. *2* piadoso, pío, religioso,
devoto.
godmother (go'dmɔðơ') *f.* madrina [de bautismo].
godown (goda'un) *s.* almacén [en el Asia, Filipinas, etc.].
godparents (go'dpærơnts) *s. pl.* padrinos [padrino
y madrina].
godsend (go'dsend) *s.* cosa que viene como enviada
por Dios. *2* ganga, chiripa; suerte inesperada.
godship (go'dship) *s.* divinidad.
godson (go'dsơn) *s.* ahijado.
Godspeed (go'dspid) *s.* buena suerte, viaje próspero. — *2 interj.* ¡ buena suerte!, ¡ buen viaje!
Godward (go'dua'd) *adv.* hacia Dios.
godwit (go'duit) *s.* ORNIT. especie de chorlito.
goer (gou'ơ') *s.* que va, que se va, yente. *2* andador;
gooʰ ~, buen andador.
goffer (go'fơ') *s.* plegado, rizado, encrespado. *2* estampado [del cuero].

goffer (to) *tr.* plegar, rizar, encrespar. 2 estampar [el cuero].

go-getter *s.* fam. (EE. UU.) buscavidas, persona emprendedora, que sabe manejarse.

goggle (goˑgøl) *s.* mirada bizca. 2 acción de revolver los ojos; de abrirlos desmesuradamente. 3 *pl.* gafas ahumadas, gafas para el sol, contra el polvo, etc. — *4 adj.* saltón [ojo] : ~ *eyes*, ojos saltones.

goggle-eyed *adj.* que tiene los ojos saltones.

going (gouˑing) *p. a.* de TO GO. — *2 adj.* que funciona, que marcha, activo : ~ *concern*, empresa o negocio que marcha. 3 ~ *on*, casi : *it is* ~ *on three o'clock*, son casi las tres. — *4 s.* paso, andar, andadura. 5 ida, marcha, partida. 6 estado del camino. 7 ~ *down*, bajada; baja; ~ *out*, salida; ~ *up*, subida. 8 *pl.* idas y venidas. 9 *goings on*, ocurrencias, sucesos; acciones, conducta

goiter, goitre (goiˑtø') *s.* MED. bocio, papera.

goitered (goiˑtø'd), **goitrous** (goiˑtrøs) *adj.* que tiene bocio.

gola (gouˑla) *s.* ARQ. gola, cimacio

gold (gould) *s.* oro [metal]. 2 fig. oro [dinero, riqueza]. 3 color del oro. — *4 adj.* de oro; áureo, dorado : ~ *brick*, fig. timo, embuste : *to sell a* ~ *brick*, timar, dar gato por liebre; *Gold Coast*, GEOGR. Costa de Oro; ~ *digger*, minero de oro, buscador de oro; ~ *dust*, polvo de oro; ~ *field*, criadero de oro; ~ *filling*, DENT. orificación; ~ *foil*, oro batido; oro en hojas; ~ *lace*, galón o encaje de oro; entorchado; ~ *leaf*, pan de oro; ~ *mine*, mina de oro, fig. mina, filón; ~ *plate*, vajilla de oro; ~ *point*, estado del cambio exterior en que la moneda de un país está a la par con el oro; ~ *size*, cera de dorar; ~ *standard*, patrón oro; ~ *work*, orfebrería. 5 MINER. ~ *beryl*, crisoberilo.

gold-bearing *adj.* aurífero.

goldbeater (gouˑldbitø') *s.* batidor de oro, batihoja.

goldcrest (gouˑldcrest) *s.* ORNIT. reyezuelo.

gold-dust *s.* BOT. hierba crucífera perenne de flores amarillas. 2 BOT. uva de gato. 3 BOT. arbusto de jardín, especie de cornejo de origen asiático.

golden (gouˑldøn) *adj.* de oro, áureo, dorado: ~ *age*, edad de oro; siglo de oro; ~ *calf*, becerro de oro; *Golden Fleece*, MIT. Vellocino de oro, Toisón de oro; *Golden Horn*, GEOGR. Cuerno de Oro; ~ *mean*, justo medio, moderación, prudencia; ~ *number*, número áureo; ~ *rule*, regla áurea, regla de oro; ~ *wedding*, bodas de oro. 2 BOT. ~ *chain*, lluvia de oro; ~ *flower*, crisantemo; ~ *thistle*, cardillo. 3 ORNIT. ~ *eagle*, águila caudal, águila real; ~ *oriole*, oropéndola.

gold-filled *adj.* empastado en oro; chapado de oro.

goldfinch (gouˑldfinsh) *s.* ORNIT. jilguero, pintacilgo.

goldfish (gouˑldfish) *s.* ICT. carpa dorada. 2 pececillo de color.

goldilocks (gouˑldilocs) *s.* rubiales, rubio, rubia, persona de cabello rubio dorado. 2 BOT. ranúnculo.

gold-laced *adj.* galoneado de oro.

goldsmith (gouˑldsmiz) *s.* orífice, orebre.

goldstone (gouˑldstoun) *s.* MINER. venturina.

golf (golf) *s.* DEP. golf : ~ *bag*, saco o carcaj para los palos de jugar al golf; ~ *club*, club de golf; palo o mazo de jugar al golf; ~ *course*, ~ *links*, campo de golf.

golf (to) *intr.* jugar al golf.

golfer (goˑlfø') *s.* jugador de golf.

Golgotha (goˑlgoza) *s.* Gólgota.

Goliath (goulaiˑaz) *n. pr.* BIBL. Goliat.

golliwog (goˑliuag) *s.* muñeca grotesca.

gondola (goˑndola) *s.* góndola. 2 (EE. UU.) barcaza de fondo plano. 3 barquilla [de dirigible]. 4 FERROC. batea.

gondolier (gondoliˑø') *s.* gondolero.

gone (gon) *p. p.* de TO GO. 2 ido, pasado. 3 muerto. 4 desaparecido. 5 agotado. 6 débil, desfallecido. 7 perdido, arruinado. 8 de más de [una edad] : *he is* ~ *twenty*, tiene más de veinte años. 9 *far* ~, muy avanzado; muy cansado; enfrascado, enredado, muy comprometido. 10 fam. *to be* ~ *on a Person*, estar loco por una persona.

gonfalon (goˑnfalon) *s.* confalón, gonfalón.

gonfalonier (gonfaloniˑø') *s.* confalonier, confaloniero.

gong (gong) *s.* gong, batintín.

Gongorism (goˑngørišm) *s.* gongorismo, culteranismo.

Gongoristic (gongøriˑstic) *adj.* gongorino, culterano.

goniometer (gounioˑmitø') *s.* goniómetro.

goniometric(al (gouniomeˑtric(al) *adj.* goniométrico.

goniometry (gounioˑmetri) *s.* goniometría.

gonococcus (gonocoˑcøs) *s.* BACT. gonococo.

gonorrhœa (gonoriˑa) *s.* MED. gonorrea.

good (gud) *adj.* bueno : ~ *afternoon*, buenas tardes; ~ *breeding*, buena educación, buena crianza; ~ *book, Good Book*, Biblia, Sagrada Escritura; ~ *books*, fig. favor, bienquerencia : *to get into one's* ~ *books*, conquistar o lograr el favor de uno; ~ *cheap*, buen negocio, baratura; ~ *cheer*, ánimo, confianza, alegría; festín, buenas viandas, buena mesa : *to be of* ~ *cheer*, tener buen ánimo, animarse; *to enjoy* ~ *cheer*, gustar de o apreciar la buena mesa; ~ *day*, buenos días; ~ *enough*, bastante bueno, pasadero; suficientemente bueno; suficiente; ~ *even*, ~ *evening*, buenas noches; ~ *faith*, buena fe; ~ *fellow*, buen chico, buen muchacho; compañero jovial; juerguista; ~ *for nothing*, inútil; haragán; pelafustán; ~ *form*, buena educación, conducta ajustada a los cánones de la vida de sociedad; ~ *fortune*, buena fortuna, dicha, suerte; *Good Friday*, Viernes Santo; ~ *grace*, agrado, afabilidad, buen talante; ~ *graces*, favor, amistad, bienquerencia; ~ *hope*, buena esperanza; *Cape of Good Hope*, GEOGR. Cabo de Buena Esperanza; ~ *humour*, buen humor; jovialidad; ~ *land!*, exclamación de sorpresa; ~ *looks*, buen aspecto; hermosura; ~ *luck*, suerte, buena suerte; usted lo pase bien, vaya usted con Dios; ~ *morn*, ~ *morning*, buenos días; ~ *nature*, bondad, buen corazón, benevolencia; *Good Neighbour Policy*, política de buena vecindad; ~ *night*, buenas noches; ~ *pay*, buena paga; buen pagador; ~ *sense*, buen sentido, sentido común; *Good Shepherd*, Buen Pastor [Jesucristo]; ~ *speed*, buena marcha, rapidez; ¡buena suerte!; ~ *temper*, buen genio, buen humor; ~ *time*, buen rato, día, etc. [rato, día, etc., agradable o divertido]; diversión : *to have a* ~ *time*, pasarlo bien, divertirse; ~ *turn*, favor, servicio; ~ *will* o *goodwill*, buena voluntad, benevolencia, buena gana, disposición favorable, consentimiento; DER. parroquia, clientela [de un comercio]; *to be* ~ *for*, servir para; *to make* ~, probar, justificar; hacer bueno; cumplir, llevar a cabo; suplir; indemnizar, compensar; *a* ~ *deal*, bastante, mucho; *a* ~ *few*, muy pocos; *a* ~ *way*, un buen trecho; *a* ~ *while*, un buen rato, bastante tiempo; *as* ~ *as*, prácticamente, casi lo mismo que; *this is as* ~ *as done*, esto puede darse por hecho, es lo mismo que si estuviera hecho; *to be as* ~ *as one's word*, ser hombre de palabra; *in* ~ *earnest*, de veras, seriamente; *in* ~ *order*, en buen estado; *in* ~ *part*, en buena parte; *in* ~ *time*, a tiempo; con oportunidad. 2 valiente, animoso. 3 conveniente, saludable, provechoso. 4 solvente, responsable; que dispone de o responde por [cierta cantidad]. 5 de cobro seguro.

  6 interj. ¡bueno!, ¡bien!, ¡magnífico!

  7 s. bien; beneficio, provecho, ventaja : *to be up to no* ~, llevar mala intención; *to do* ~, hacer el bien; aprovechar; ir bien para la salud; *much* ~ *may it do you*, buen provecho le haga; *[to be] to the* ~, [tener] ganado, de sobra, en favor o en el haber de uno; *so much to the* ~, eso salimos ganando; *what is the* ~ *of it?*, ¿para qué sirve? 8 *for* ~, para siempre, para no volver, definitivamente. 9 *for* ~ *and all*, de una vez para siempre. 10 *the* ~, el bien; lo bueno; los buenos.

good-by, good-bye (gudbaiˑ) *s.* adiós, despedida. — *2 interj.* ¡adiós!, ¡hasta la vista!, ¡vaya usted con Dios!

good-fellowship *s.* compañerismo, camaradería.

good-hearted *adj.* de buen corazón.

good-humoured *adj.* de buen humor, festivo, jovial. 2 afable.

good-humouredly *adv.* jovialmente. 2 afablemente.

goodish (guˑdish) *adj.* bastante bueno; bastante grande, regular, considerable.

goodliness (guˑdlinis) *s.* belleza, hermosura, gracia, elegancia.

good-looking *adj.* guapo, bien parecido.

goodly (guˑdli) *adj.* bello, hermoso, gracioso. 2 guapo, bien parecido. 3 agradable, vistoso. 4 excelente. 5 bueno, bastante grande, considerable.

goodman (guˑdmæn), *pl.* -men (-men) *s.* ant. amo de casa, señor.

good-natured *adj.* bonachón, afable.

good-naturedly *adv.* afablemente, bondadosamente.
goodness (gu'dnis) *s.* bondad. 2 virtud. 3 benevolencia. *4* fineza, favor : *have the ~ to,* hágame usted el favor de. — *5 interj.* ¡válgame Dios!; ~ *gracious!,* ¡Santo Dios!, ¡Dios mío!; ~ *knows!,* ¡quién sabe!; *for ~ sake,* ¡por Dios!; *thank ~!,* gracias a Dios!
goods (guds) *s. pl.* géneros, mercancías, efectos : ~ *shed,* almacen, cobertizo; ~ *train,* ~ *wagon* (Ingl.) tren, vagón de carga o mercancías. 2 pop. *to deliver the ~,* dar el resultado apetecido o esperado, cumplir lo prometido.
goodwife (gu'duaif), *pl.* **-wives** (-uaivs) *s.* ant. ama de casa, señora.
goody (gu'di) *adj.* bonachón. 2 sensiblero. 3 mojigato : *goody goody,* mojigato, santurrón. — *4 s.* tía mujer del pueblo. 5 bombón, dulce, golosina. — *5 interj.* ¡qué bien!, ¡qué gusto!
goosander (gusæ'ndø') *s.* ORNIT. mergánsar, mergo.
goose (gus), *pl.* **geese** (guis) *s.* ORNIT. ganso, ánsar, oca : *the ~ hangs high,* todo va a pedir de boca; *to cook one's ~,* estropearle los planes a uno; *perderle; to kill the ~ that lays the golden eggs,* matar la gallina de los huevos de oro; *to shoe the ~,* holgar, emborracharse. 2 fig. ganso, bobo. 3 pop. silbido, abucheo : *to give the ~,* silbar, abuchear. — *4 adj.* de ganso, de oca : ~ *egg,* huevo de oca; fig. cero [en los juegos]; ~ *flesh,* ~ *skin,* fig. carne de gallina; ~ *quill,* pluma de ganso; ~ *step,* paso de la oca; ejercicio en que se marca el paso. 5 ZOOL. ~ *barnacle,* percebe, escaramujo.
goose (gus), *pl.* **gooses** (gu'sis) *s.* plancha de sastre.
gooseberry (gu'sberi) *s.* BOT. grosellero silvestre, uva espina o crespa.
goosefoot (gu'sfut) *s.* BOT. quenopodio.
goosegirl (gu'sgø'l) *s.* ansarera.
gooseherd (gu'sjø'd) *s.* ansarero.
gooseneck (gu'snɛc) *s.* cuello de cisne. 2 MAR. gancho de botalones. 3 MAR. pescante de bote. *4* barra, tubo, etc., curvos. 5 MEC. conexión en S con articulación universal.
gopher (gou'fø') *s.* ZOOL. variedad de topo, de ardilla, de tortuga y de culebra.
gopherwood (gou'fø'wud) *s.* BOT. árbol norteamericano cuya madera da un tinte amarillo. 2 la madera (no identificada) con que se construyó el Arca de Noé.
gordian (go'dian) *adj.* intrincado, difícil. 2 *Gordian Knot,* nudo gordiano.
gore (gou') *s.* sangre. 2 sangre espesa o cuajada. 3 COST. cuchillo, nesga, sesga. *4* pieza triangular.
gore (to) *tr.* poner cuchillo o nesga a; cortar en forma de nesga. 2 acornear. 3 herir con los colmillos.
gorge (go'ỹ) *s.* garganta, gaznate. 2 desfiladero, garganta, barranca. 3 contenido del estómago, lo que se ha comido o tragado : *to cast the ~ at,* rechazar con asco; *my ~ rises at,* me da asco, me revuelve el estómago. *4* masa que atasca u obstruye. 5 ARQ. caveto. 6 ARQ. anillo. 7 FORT. gola. 8 garganta [de polea].
gorge (to) *tr.* engullir, tragar. 2 hartar, atiborrar. 3 llenar, obstruir. — *4 intr.* hartarse, atracarse.
gorgeous (go'ỹøs) *adj.* brillante, vistoso, magnifico, suntuoso.
gorgeously (go'ỹøsli) *adv.* brillantemente, magníficamente, suntuosamente.
gorgeousness (go'ỹøsnis) *s.* brillantez, esplendor, magnificencia, suntuosidad.
gorgerin (go'ỹørin) *s.* ARQ. collarino.
gorget (go'ỹit) *s.* gorguera, gorjal [de la armadura]. 2 MIL. gola. 3 collar, adorno para el cuello.
Gorgon (go'gon) *s.* MIT. Gorgona. 2 fam. esperpento; mujer muy fea.
gorilla (gori'la) *s.* ZOOL. gorila.
gormand (go'mand) *adj.* glotón, goloso.
gormandize (go''mandaiŝ) *s.* gastronomía; gusto o experiencia en los placeres de la mesa; gula.
gormandize (to) *tr.* e *intr.* comer glotonamente, devorar.
gormandizer (go''mandaisø') *s.* goloso, glotón.
gorse (go's) *s.* BOT. aulaga. 2 BOT. enebro.
gory (gou'ri) *adj.* ensangrentado, sangriento.
goshawk (go'sjoc) *s.* ORNIT. azor.
gosling (go'sling) *s.* ORNIT. ansarino, gansarón. 2 papanatas. 3 BOT. amento, candelilla. *4* ~ *green,* color verde amarillento.

gospel (go'spel) *s.* evangelio. — *2 adj.* evangélico; como el evangelio : *it is the ~ truth,* es la pura verdad, es el evangelio.
gospel (to) *intr.* predicar el evangelio.
gospeller (go'spelø') *s.* evangelista. 2 misionero.
gospelize (to) (go'spelaiŝ) *tr.* evangelizar.
gossamer (go'samø') *s.* hilo de araña o telaraña flotante. 2 TEJ. gloria, gasa. 3 sombrero de seda. 4 (EE. UU.) tela impermeable muy delgada; impermeable de tela muy delgada.
gossamer(y (go'samør(i) *adj.* sutil, delgado, muy fino, inconsistente.
gossip (go'sip) *s.* chismografía, comadreo, murmuración : *piece of ~,* chisme. 2 charla, plática. 3 habilla, habladuría, chisme. *4* chismoso, murmurador, gacetilla. 5 compadre, comadre.
gossip (to) *intr.* chismear, comadrear, murmurar, charlar. 2 escribir en tono familiar.
gossiping (go'siping) *s.* charla, comadreo, murmuración. — *2 adj.* GOSSIPY.
gossipy (go'sipi) *adj.* chismoso, murmurador.
got (got) pret. y p. p. de TO GET.
Göteborg (göte'bo'g) *n. pr.* GEOGR. Gotemburgo.
Goth (goz) *s.* godo. 2 bárbaro, rudo.
Gothic (go'zic) *adj.* gótico. — *2 s.* lengua goda.
Gothicism (go'zisiŝm) *s.* estilo gótico. 2 (con min.) barbarie, rudeza.
gotten (go'tøn) p. p. de TO GET.
gouge (gauỹ) *s.* gubia, mediacaña, acanalador. 2 acanaladura, estría; rebajo acanalado. 3 MIN. salbanda. *4* pop. (EE. UU.) estafa; estafador.
gouge (to) *tr.* escoplear, vaciar [con gubia o mediacaña] acanalar. 2 hacer [acanaladuras]. 3 *to ~ out,* sacar [un ojo. esp. con el pulgar]; sacar los ojos a. *4* pop. (EE. UU.) engañar, estafar.
gourd (gø'd o gu'd) *s.* BOT. calabaza; calabacera [planta y fruto]; *bottle ~,* calabaza vinatera. 2 calabacino. 3 botella, frasco. *4* cucúrbita, retorta.
gourmand (gu'mand) *s.* gastrónomo, goloso; glotón.
gourmandise, gourmandize (gu''mandaiŝ) *s.* gastronomía. gula.
gourmet (gu'mei·) *s.* gastrónomo, persona de gusto delicado [para la mesa].
gout (gaut) *s.* MED. gota.
goût (gu) *s.* gusto [artístico, literario, etc.].
goutiness (gau'tinis) *s.* afección gotosa.
gouty (gau'ti) *adj.* gotoso.
govern (to) (gø'vø'n) *tr.* gobernar, regir, dirigir, manejar, regir. 2 regentar, administrar. 3 dominar, refrenar, moderar, sujetar. *4* GRAM. regir. 5 MAR. gobernar.
governable (gø'vø'nabøl) *adj.* dócil, manejable.
governance (gø'vø'nans) *s.* gobierno, gobernación.
governess (gø'vø'nis) *s.* aya, institutriz. 2 ant. gobernadora.
government (gø'vø'mønt) *s.* gobierno, gobernación, dirección, manejo, administración; mando. autoridad : *for your ~,* para su gobierno. 2 gobierno [forma política; ministerio] : *to form a ~,* formar gobierno, formar ministerio. 3 GRAM. régimen. — *4 adj.* del gobierno, del Estado: ~ *bonds,* títulos de la deuda; valores del Estado.
governmental (go'vø'mental) *adj.* gubernamental, gubernativo.
governor (gø'vø'nø') *s.* gobernador. 2 alcaide [de un castillo]. 3 director, administrador : *board of governors,* junta directiva; consejo de administración. *4* ayo, preceptor. 5 pop. padre, tutor; amo, principal. 6 MEC. regulador.
governorship (gø'vø'ship) *s.* gobierno [dignidad de gobernador; distrito que rige; periodo de su mando].
gowan (gau'an) *s.* DAISY 1.
gown (gaun) *s.* vestido [de mujer]. 2 bata; túnica; toga, vestido talar : *dressing ~, morning ~,* bata.
gown (to) *tr.* e *intr.* poner o ponerse vestido [de mujer], toga, bata o vestido talar.
gowned (gaund) *adj.* vestido [con vestido de mujer o talar]. 2 vestido con toga, togado.
gownsman (gau'nsmæn), *pl.* **-men** (-men) *s.* togado. 2 concejal. 3 civil, paisano.
grab (græb) *s.* agarro, asimiento, presa. 2 arrebatiña. 3 captura, *4* robo, sisa. 5 MEC. gancho, garfio, grapa. 6 MEC. ~ *bucket,* cucharón de quijadas.
grab (to) *tr.* agarrar, asir, coger, empuñar, trabar, arrebatar. 2 apropiarse indebidamente. — *3 intr. to ~ at,* echar la zarpa a, tratar de coger, de arre-

batar. ¶ CONJUG. pret. y p. p. : *grabbed;* ger. : *grabbing.*

grabble (to) (græ·bøl) *intr.* ir o hacer a tientas. *2* estar postrado.

Grace *n. pr. f.* Gracia.

grace (greis) *s.* TEOL. gracia. *2* gracia, merced, favor, beneficio : *do me this ~,* hágame usted ese favor. *3* gracia [perdón, indulto]. *4* gracia, favor [benevolencia, amistad] : *to be in one's good graces,* estar en gracia cerca de. *5* virtud. *6* dignación, amabilidad. *7* gracia [cualidad], garbo, donaire. *8* gracia, atractivo. *9* disposición, talante : *with a bad o an ill ~,* de mala gana, con aspereza. *10* tratamiento que se da a un duque, arzobispo, etc. *11* MÚS. adorno. *12 to say ~,* dar gracias o bendecir la mesa ; *~ cup,* brindis después de dar gracias. *13 pl.* juego en que dos personas se lanzan un aro *(grace hoop)* descruzando dos palillos. *14* MIT. *The Graces,* las Gracias. — *15 adj.* de gracia : *~ stroke,* golpe de gracia. *16* MÚS. de adorno : *~ note,* nota de adorno, apoyatura.

grace (to) *tr.* adornar. *2* agraciar, favorecer. *3* honrar, elevar. *4* dar tratamiento de GRACE. *5* MÚS. poner notas de adorno a.

graceful (grei·sful) *adj.* gracioso, airoso, agraciado, elegante ; fácil, natural.

gracefully (grei·sfuli) *adv.* graciosamente, airosamente, con gracia.

gracefulness (grei·sfulnis) *s.* gracia, donosura, garbo, donaire, gentileza, elegancia.

graceless (grei·slis) *adj.* desgraciado, falto de gracia, feo, desairado, desgarbado. *2* malvado, depravado.

gracelessly (grei·slisli) *adv.* sin gracia, desairadamente, desgarbadamente. *2* depravadamente.

gracelessnes (grei·slisnis) *s.* falta de gracia, de garbo, etc. *2* depravación.

gracile (græ·sil) *adj.* grácil.

gracious (grei·shøs) *adj.* gracioso, atractivo, agradable. *2* afable, cortés. *3* benigno, beñévolo, bondadoso. *4* de afable superioridad [aire, maneras]. — *5 interj. gracious!, ~ me!, good o goodness ~!,* ¡caramba!. ¡válgame Dios !

graciously (grei·shøsli) *adv.* graciosamente, agradablemente, afablemente, cortésmente, benignamente.

graciousness (gre·shøsnis) *s.* gracia, afabilidad, bondad, benignidad.

grackle (græ·cøl) *s.* ORNIT. especie de mirlo.

gradate (to) (grei·deit) *intr.* ir en gradación. — *2 tr.* graduar [disponer en grados]. *3* PINT. degradar, templar.

gradation (grade·shøn) *s.* gradación ; paso gradual. *2* grado [en una serie, etc.]. *3* rango, posición. *4* graduación [disposición en grados]. *5* PINT. degradación ; disminución gradual de tono o de luz.

gradatory (græ·datori) *adj.* ZOOL. adaptado para la marcha. *2* gradual. — *3 s.* ARQ. serie de escalones.

grade (greid) *s.* grado [que puede tener una cosa]. *2* clase, calidad. *3* MIL. graduación. *4* GEOM. centésima parte del ángulo recto. *5* (EE. UU.) grado, curso [división de una escuela] : *~ school,* escuela graduada ; *the grades,* la escuela primaria, la enseñanza primaria. *6* (EE. UU.) nota, calificación [que da el maestro al alumno]. *7* animal procedente de un pura sangre y otro que no lo es. *8* (esp. EE. UU.) pendiente, inclinación, desnivel [de un camino o vía férrea] ; grado de pendiente : *to make the ~,* subir la cuesta, lograr su propósito, vencer los obstáculos ; *down ~,* inclinación descendente ; cuesta abajo ; *up ~,* inclinación ascendente ; cuesta arriba. *9* (EE. UU.) *at ~,* a nivel ; *~ crossing,* paso a nivel.

grade (to) *tr.* graduar [disponer por grados]. *2* clasificar, ordenar [por grados, clases o calidades]. *3* (EE. UU.) dar nota a un alumno; calificar [un trabajo escolar]. *4* matizar, dar una gradación de color, etc. *5* PINT. degradar. *6* nivelar, explanar ; dar una pendiente regular o suave [a un camino, vía férrea, etc.]. *7 to ~ up,* mejorar una casta de animales por medio de cruzamientos.

grader (grei·dø') *s.* el o lo que gradúa, clasifica, etc. *2* ING. nivelador. *3* clasificador, separador [por clases, tamaños, etc.]. *4* (EE. UU.) alumno de cierto grado [en una escuela] : *first ~,* alumno del primer grado.

gradient (grei·diønt) *adj.* que anda. *2* adaptado para la marcha [como las patas de ciertas aves]. *3* ING. pendiente, de pendiente, de declive. — *4 s.* ING. pendiente, inclinación, declive, desnivel; rampa, cuesta. *5* METEOR. gradiente. *6* grado de aumento o disminución de una magnitud variable ; curva que lo representa.

gradienter (grei·dientø') *s.* TOP. nivel de círculo vertical para determinar pendientes. *2* TOP. tornillo micrométrico tangencial para variar la inclinación del anteojo en un teodolito.

gradin (grei·din) *s.* grada, escalón. *2* gradilla [de altar]. *3 pl.* gradería.

gradine (gra·din) *s.* GRADIN. *2* gradina [de escultor].

grading (grei·ding) *s.* graduación ; clasificación, separación o disposición según tamaño, etc. *2* ING. nivelación, explanación.

gradual (græ·diual) *adj.* gradual ; graduado. — *2 m.* LITURG. Gradual.

gradually (græ·diuali) *adv.* gradualmente, poco a poco.

gradualness (græ·diualnis) *s.* calidad de gradual.

graduate (græ·diuit) *adj.* graduado [en universidad o colegio]. *2* de o para graduados : *~ school,* escuela para graduados, escuela superior ; *~ work,* estudios superiores, para los que tienen el grado de bachiller. — *3 s.* el que tiene grado o título en alguna facultad o colegio. *3* QUIM. graduador, probeta, frasco o vasija graduada.

graduate (to) (græ·diueit) *tr.* graduar [dividir u ordenar por grados]. *2* aumentar, disminuir o modificar por grados, gradualmente. *3* graduar [conferir un grado]. — *4 intr.* variar, modificarse gradualmente. *5* graduarse [recibir un grado académico].

graduation (grædiue·shøn) *s.* graduación. | No tiene el sentido de categoría de un militar.

graduator (græ·diueitø') *s.* graduador.

Gr(a)ecism (gri·sišm) *s.* grecismo, helenismo.

gr(a)ecize (to) (gri·saiš) *tr.* grecizar, helenizar.

Gr(a)eco-Latin (gri·coulatin) *adj.* grecolatino.

Gr(a)eco-Roman (gri·couroman) *adj.* grecorromano.

graffito (grafi·tou), *pl.* **-ti** (-tai) *s.* ARQUEOL. grafito. *2* esgrafiado.

graft (graft) *s.* AGR., CIR. injerto [acción ; planta o parte injertada]. *2* cosa que se injiere en otra. *3* fam. (EE. UU.) latrocinio, ganancia ilícita [esp. la que se obtiene con el ejercicio de cargos públicos] ; malversación, chanchullo, soborno político.

graft (to) *tr.* injertar. *2* injerir, inserir, unir, empalmar. *3* fam. (EE. UU.) adquirir ilícitamente [esp. valiéndose del ejercicio de cargos públicos]. *4* remendar, poner puntos a [un tejido]. — *5 intr.* hacer injertos. *6* unirse, empalmarse. *7* fam. (EE. UU.) hacer chanchullos, negocios ilícitos, malversaciones, etc.

grafter (gra·ftø') *s.* injertador. *2* abridor [de injertar]. *3* (EE. UU.) ladrón, chanchullero, malversador.

grafting (gra·fting) *s.* injerto [acción]. *2* CARP. empalme. *3* remiendo [en un tejido]. — *4 adj.* de injertar, para injertar : *~ knife,* cuchillo o aguja de injertar ; *~ twig,* estaca.

Graham bread (grei·m) *s.* pan integral.

Graham flour (gre·am glau') *s.* harina con su salvado.

grail (greil) *s.* grial : *the Holy Grail,* el Santo Grial.

grain (grein) *s.* grano [de los cereales ; semilla, partícula] : *a ~ of salt,* un grano de sal ; *to take with a ~ of salt,* fig. aceptar con reservas, considerar exagerado, poner en duda, creer sólo en parte. *2* plantas que dan grano, cereales. *3* grano [peso]. *4* átomo, pizca, pequeña cantidad : *not a ~ of,* ni un átomo de, ni pizca de. *5* grano [de uva, etc.]. *6* cuenta, perla. *7* grana, quermes, color rojo. *8* color, tinte, matiz. *9* grano [de una superficie, de la piedra] ; flor [del cuero]; granilla [del paño] ; hilo, hebra, fibra, veta [de la madera] : *across o against the ~,* transversalmente a la dirección de la fibra o contra ella. *10* textura [de una materia]. *11* finura [de una muela o piedra de esmerilar]. *12* índole, disposición, inclinación : *to go against the ~,* ir contra la inclinación o el carácter de uno, hacérsele a uno cuesta arriba ; venirle a contrapelo. *13 in ~,* en color grana o rojo vivo ; por naturaleza, innato ; acabado, consumado. *14 to dye in the ~,* teñir en rama. *15 pl.* BOT. *grains of Paradise,* grana o granos del Paraíso ; malagueta.

— *16 adj.* de grano, de granos, de cereales : ~ *alcohol,* alcohol de cereales; ~ *broker,* corredor de granos; ~ *elevator,* elevador de granos; depósito de granos con elevador; ~ *grower,* triguero, cultivador de cereales; ~ *moth,* mariposa o polilla del grano; ~ *weevil,* gorgojo del grano.

grain (to) *intr.* formar grano. — 2 *tr.* teñir en rama. 3 granular. 4 granear. 5 granelar [el cuero]. 6 dar grano [al ganado]. 7 vetear, imitar la veta o trepa de la madera.

grained (greind) *adj.* áspero, granoso, graneado. 2 que tiene el grano de cierto modo : *fine* ~, de grano fino. 3 teñido en rama.

grainfield (grei·nfïld) *s.* mies, sembrado, campo de trigo o de otro cereal.

graining (grei·ning) *s.* veteado. 2 graneo. 3 graneladura.

grainy (grei·ni) *adj.* granular, granoso. 2 lleno de grano.

gram (græm) *s.* GRAMME.

grama grass (græ·ma gras) *s.* planta forrajera de América.

gramercy (gramø·'si) *interj.* ¡gracias! 2 ¡Dios mío!

graminaceous (gramine·shiøs), **gramineous** (grami·niøs) *adj.* gramináceo.

graminivorous (grami·vørøs) *adj.* graminívoro.

grammar (græ·ma') *s.* gramática. 2 principios, elementos, tratado elemental [de una ciencia o arte]. 3 ~ *school* (Ingl.), escuela de humanidades; (EE. UU.) grado medio de ciertas escuelas.

grammarian (græme·rian) *s.* gramático.

grammatic(al (græmæ·tic(al) *adj.* gramatical, gramático.

grammatically (græmæ·ticali) *adv.* gramaticalmente.

grammaticalness (græmæ·ticalnis) *s.* corrección gramatical.

grammaticaster (græmæ·ticastø') *s.* pedante.

gramme (græm) *s.* gramo.

gramophone (græ·mofoun) *s.* gramófono.

grampus (græ·mpøs) *s.* ZOOL. orca, orco.

granadilla (grænadi·la) *s.* BOT. granadilla. 2 ~ *tree,* ~ *wood,* granadillo [árbol; madera].

granary (græ·nari) *s.* granero.

grand (græ·nd) *adj.* grande, gran [en ciertos sentidos] : *Grand Canal,* Gran Canal [de la China; de Venecia]; *Grand Canyon,* Gran Cañón [del Colorado], ~ *duchess,* gran duquesa; ~ *duchy,* gran ducado; ~ *duke,* gran duque; ~ *guard,* granguardia; ~ *jury,* DER. jurado que investiga y decide si hay motivo para procesar; ~ *larceny,* DER. robo que pasa de cierta cuantía; ~ *master,* gran maestre; *Grand Mogul,* Gran Mogol; ~ *opera,* MÚS. ópera seria; ~ *piano,* piano de cola; ~ *prize,* premio gordo [en la lotería]; *Grand Prix,* gran premio; ~ *total,* gran total, suma de totales; *Grand Turk,* Gran Turco; ~ *vizier,* gran visir. 2 grandioso. 3 admirable, magnífico, espléndido, soberbio, brillante. 4 solemne, majestuoso. 5 importante, principal. 6 completo comprensivo; alto [en ciertos sentidos] : ~ *strategy,* alta estrategia. — 7 *s.* piano de cola. 8 fam. (EE. UU.) mil dólares.

grandam (græ·ndæm), **grandame** (græ·ndeim) *s.* abuela. 2 anciana.

grandaunt (græ·ndænt) *s.* tía abuela.

grandchild (græ·ndchaild) *s.* nieto, nieta.

granddaughter (græ·ndotø|) *s.* nieta.

grandee (grændr·) *s.* grande [de un reino]; prócer, magnate.

grandeur (græ·ndjø') *s.* grandeza, magnificencia. 2 eminencia, dignidad. 3 pompa, esplendor.

grandfather (græ·ndfaðø') *s.* abuelo : *grandfather's clock,* reloj de caja.

grandiloquence (grændi·locuens) *s.* grandilocuencia.

grandiloquent (grændi·locuent), **grandiloquous** (grændi·locuøs) *adj.* grandilocuente, grandílocuo.

grandiose (græ·ndiøus) *adj.* grandioso, imponente. 2 pomposo, hinchado, bombástico.

grandly (græ·ndli) *adv.* grandemente, grandiosamente, sublimemente, en grande.

grandma (græ·ndma) *s.* fam. abuela, abuelita.

grandmother (græ·ndmøðø') *s.* abuela.

grandnephew (græ·ndnefiu) *s.* resobrino.

grandness (græ·ndnis) *s.* grandeza, grandiosidad, magnificencia.

grandniece (græ·ndnïs) *s.* resobrina.

grandpa (græ·ndpa) *s.* fam. abuelo, abuelito.

grandparent (græ·ndperønt) *s.* abuelo o abuela. 2 *pl.* abuelos [el abuelo y la abuela].

grandsire (græ·ndsai') *s.* abuelo, antecesor [de hombres o animales].

grandson (græ·ndsøn) *s.* nieto.

grandstand (græ·ndstænd) *s.* gradería cubierta, gradería de asientos de primera clase, tribuna [para espectadores].

granduncle (græ·ndønkøl) *s.* tío abuelo.

grange (greinÿ) *s.* granja, hacienda, cortijo, alquería. 2 (EE. UU.) logia de una sociedad secreta de agricultores.

granger (gre·nÿø') *s.* granjero, cortijero. 2 (EE. UU.) miembro de una logia de agricultores.

Granicus (granai·cøs) *n. pr.* GEOGR. Gránico.

granite (græ·nit) *s.* MINER. granito.

graniteware (græ·nitueø') *s.* vasijas de hierro con esmalte de porcelana que imita el granito.

granitic(al (græni·tic(al) *adj.* granítico.

granivorous (græni·vørøs) *adj.* granívoro.

granny (græ·ni), *pl.* **-nies** (-nis) *s.* fam. abuela, abuelita. 2 fam. mujer anciana.

grant (grant) *s.* concesión, otorgamiento, donación. 2 don, merced, subvención, privilegio; cosa concedida. 3 DER. cesión, traspaso de propiedad, derechos, etc., por escritura. 4 asentimiento, asenso.

grant (to) *tr* conceder, otorgar, dispensar, dar. 2 conceder, dar de barato : *to take for granted,* dar por supuesto, dar por sentado. 3 DER. ceder, transferir [propiedades, derechos, etc.].

grantable (gra·ntabøl) *adj.* concesible, otorgable, dable.

grantee (grantï·) *s.* cesionario.

grant-in-aid, *pl.* **grants-in-aid** *s.* subvención concedida por un gobierno central a una corporación local para obras de utilidad pública, cultura, etc.

granting (gra·nting) *adj.* otorgante, cedente. — 2 *s.* concesión, otorgamiento; cesión. — 3 gerundio de TO GRANT : ~ *that,* suponiendo que, dando por sentado que.

grantor (gra·ntø') *s.* otorgador, dispensador, el que concede. 2 cesionista.

granular (græ·niula'), **granulary** (græ·niuleri) *adj.* granular. 2 granuloso, granuloso.

granulate (to) (græ·niuleit) *tr.* granular. 2 granear [convertir en granos; sacar grano], hacer áspero. — 3 *intr.* formar gránulos. 4 MED. granular.

granulated (græ·niuleitid) *adj.* granulado, graneado. 2 en grano.

granulation (græniule·shøn) *s.* granulación [acción de granular]. 2 MED. granulación. 3 grano [de una superficie].

granule (græ·niul) *s.* gránulo.

granulose (græ·niulous), **granulous** (græ·niuløs) *adj.* granular, granuloso.

grape (greip) *s.* BOT. uva : *sour grapes!,* ¡están verdes! 2 BOT. baya de ciertas plantas. 3 vid, parra. — 4 *adj* de uva, de vid. de parra : ~ *arbour,* parral; ~ *brandy,* aguardiente que se saca del vino; ~ *juice,* mosto, zumo de uvas; bebida hecha con zumo de uvas y agua; ~ *sugar,* glucosa. 5 BOT ~ *hyacint,* sueldacostilla.

grapefruit (grei·pfrut) *s.* BOT. toronja, pomelo.

grapery (grei·pøri) *s.* invernadero o criadero de uvas.

grapeshot (grei·pshot) *s.* ARTILL. metralla.

grapeskin (grei·skin) *s.* hollejo de uva.

grapestone (grei·pstoun) *s.* semilla de uva.

grapevine (grei·pvain) *s.* vid, parra : *by the* ~, *by the* ~ *telegraph* (EE. UU.), dic. de las noticias o rumores que corren o se propalan sin que se sepa cómo.

graph (græf) *s.* gráfica, diagrama, curva [representación gráfica] : ~ *paper,* papel cuadriculado para gráficas. 2 GRAM. grafía.

graph (to) *tr.* representar con una gráfica, trazar la gráfica de.

graphic(al (græ·fic(al) *adj.* gráfico : *graphic arts,* artes gráficas. 2 ortográfico [acento].

graphically (græ·ficali) *adv.* gráficamente.

graphite (græ·fait) *s.* MINER. grafito, plombagina.

graphitic (græfi·tic) *adj.* grafítico.

graphology (græfo·loÿi) *s.* grafología.

graphomania (grafomei·nia) *s.* grafomanía.

graphometer (grafo·metø') *s.* grafómetro.

grapnel (græ·pnel) *s.* MAR. rezón, rizón. 2 arpeo, rebañadera, garabato, garfio.

grapple (græ·pøl) *s.* presa, agarro, engarro. 2 lucha cuerpo a cuerpo. 3 GRAPNEL.

grapple (to) *tr.* asir, aferrar, agarrar, sujetar, amarrar. — 2 *intr.* agarrarse, cogerse; luchar cuerpo a cuerpo. 3 *to* ~ *with,* luchar cuerpo a cuerpo con; habérselas con; tratar de comprender, resolvér, vencer, etc.

grappling hook o **iron** (græ·pling) *s.* arpeo, garfio.

grapy (grei·pi) *adj.* de las uvas; hecho de uvas; parecido a las uvas.

grasp (grasp) *s.* asimiento, agarro. 2 apretón de manos. 3 abrazo. 4 garra, dominio, poder, alcance: *within the* ~ *of,* al alcance de. 5 comprensión.

grasp (to) *tr.* asir, agarrar, coger, empuñar. 2 abrazar, abarcar; apoderarse de. 3 comprender, entender. — 4 *intr. to* ~ *at,* tratar de agarrar, coger, dominar, etc.; echar la garra; aceptar con avidez.

grasper (gra·spø') *s.* el que agarra. 2 codicioso, avaro.

grasping (gra·sping) *adj.* que agarra. 2 codicioso, avaro.

grass (græs) *s.* hierba, yerba, herbaje, césped, pasto: *to go to* ~, ir a pacer; retirarse al campo, tomarse una temporada de descanso; pop. caer al suelo, ser derribado, arruinarse, morir; *to let the* ~ *grow under one's feet,* perder el tiempo, dormirse en las pajas. — 2 *adj.* de hierba: ~ *green,* verde de hierba; ~ *mower,* guadañador; ~ *widow,* fig. mujer separada temporalmente de su marido; ~ *widower,* fig. marido separado temporalmente de su mujer. 3 BOT. ~ *pink,* clavel coronado, clavellina de pluma.

grass (to) *tr.* apacentar. 2 cubrir de hierba. 3 blanquear [lino, etc.] en prado. — 4 *intr.* pacer. 5 herbecer, cubrirse de hierba.

grass-green *adj.* verde como la hierba.

grass-grown *adj.* cubierto de hierba.

grasshopper (gra·sjopø') *s.* ENTOM. langosta, saltamontes, saltón, *chapulín. 2 palanca de una tecla de piano.

grassiness (græ·sinis) *s.* abundancia de hierba.

grassland (græ·slænd) *s.* prado, tierra de pasto.

grassless (gra·slis) *adj.* sin hierba.

grassplot (græ·splot) *s.* prado, cuadro de césped.

grassy (gra·si) *adj.* herboso. 2 de hierba. 3 herbáceo, gramíneo.

grate (greit) *s.* reja, verja, enrejado. 2 emparrillado. 3 parrilla, rejilla [de hogar].

grate (to) *tr.* coc. rallar. 2 raspar. 3 hacer rechinar. 4 molestar, irritar. 5 enrejar. — 6 *intr.* rechinar. 7 *to* ~ *against* o *upon,* ludir, rozar; *to* ~ *on* o *upon,* ofender, herir, irritar.

grateful (grei·tful) *adj.* agradecido, reconocido: *to be* ~ *to* o *for,* agradecer [a uno o una cosa]. 2 grato, agradable.

gratefully (grei·tfuli) *adv.* con agradecimiento. 2 gratamente.

gratefulness (grei·tfulnis) *s.* agradecimiento, gratitud. 2 agradabilidad.

grater (grei·tø') *s.* rallador, rallo, raspador.

graticulate (to) (græti·kiuleit) *tr.* DIB. cuadricular.

gratification (grætifike·shøn) *s.* satisfacción, contento, complacencia, gusto, placer. 2 gratificación, recompensa, dádiva.

gratify (to) (græ·tifai) *tr.* satisfacer, dar, gusto contentar, complacer, agradar. 2 gratificar.

gratin (græ·tin) *s.* coc. gratin.

grating (grei·ting) *adj.* que raspa. 2 rechinante, chirriante. 3 discordante [sonido]. 4 áspero, irritante. — 5 *s.* rechinamiento, chirrido. 6 reja, rejilla. 7 verja, enrejado. 8 MAR. enjaretado. 9 ÓPT. retícula [de microscopio, etc.]. 10 *pl.* coc. ralladuras.

gratis (grei·tis) *adv.* gratis, de balde. — 2 *adj.* gracioso, gratuito.

gratitude (græ·titiud) *s.* gratitud, reconocimiento.

gratuitous (gratiu·itøs) *adj.* gratuito.

gratuitously (gratiu·itøsli) *adv.* gratuitamente.

gratuitousness (gratiu·itøsnis) *s.* gratuidad.

gratuity (gratiu·iti) *s.* don, gratificación, propina, recompensa, remuneración.

gratulate (to) (græ·chuleit) *intr.* gratularse.

gratulation (græchule·shøn) *s.* satisfacción, alegría. 2 congratulación, felicitación.

gratulatory (græ·chulatori) *adj.* gratulatorio.

gravamen (gravei·men) *s.* agravio. 2 DER. la parte más grave de una acusación.

grave (greiv) *adj.* grave [importante, de mucha entidad, arduo]. 2 grave, serio, digno, solemne. 3 obscuro, serio [color]. 4 MÚS. grave, bajo, profundo. 5 GRAM. grave [acento]; que lleva el acento grave. — 6 *s.* tumba, sepultura, sepulcro, fosa, hoya: ~ *wax,* adipocira. 7 GRAM. acento grave.

grave (to) *tr.* grabar. 2 cincelar, esculpir. 3 MAR. despalmar. ¶ CONJUG. pret.: *graved;* p. p.: *graved* o *graven.*

graveclothes (grei·vclouds) *s. pl.* mortaja.

gravedigger (grei·vdigø') *s.* sepulturero, enterrador.

gravel (græ·vel) *s.* arena gruesa, sablón, sábulo, cascajo, guijo, grava: ~ *pit,* cascajal; ~ *walk,* ~ *path,* camino o paseo enarenado. 2 MED. cálculos, arenas, mal de piedra.

gravel (to) *tr.* enarenar [una superficie]. 2 confundir, embarazar. 3 fam. irritar.

graveless (grei·vlis) *adj.* insepulto.

gravelly (græ·veli) *adj.* arenoso, arenisco, sabuloso, guijoso. 2 MED. pedregoso.

gravely (grei·vli) *adv.* gravemente.

graven (greivn) *p. p.* de TO GRAVE. — 2 *adj.* grabado, esculpido: ~ *image,* estatua; ídolo.

graveness (grei·vnis) *s.* gravedad; seriedad.

graver (grei·vø') *s.* grabador, cincelador, escultor. 2 buril, punzón, cincel.

graves (greivs) *s. pl.* chicharrones; residuos de sebo o de pellas de manteca derretidas.

gravestone (grei·vstoun) *s.* lápida o piedra sepulcral.

graveyard (grei·via'd) *s.* cementerio, camposanto.

gravid (græ·vid) *adj.* grávido, preñado, fecundo.

gravidity (græ·viditi) *s.* gravidez, embarazo, preñez.

gravimeter (grævi·metø') *s.* gravímetro.

gravimetry (grævi·metri) *s.* gravimetría, determinación de pesos y densidades.

gravitate (to) (græ·viteit) *intr.* gravitar. 2 gravear.

gravitation (grævite·shøn) *s.* gravitación.

gravitational (grævite·shønal) *adj.* de gravitación; relativo a la gravitación.

gravity (græ·viti) *s.* gravedad [cualidad de grave]. 2 gravedad, solemnidad, seriedad. 3 FÍS. gravedad, pesantez.

gravy (grei·vi) *s.* coc. salsa, jugo [de la carne]: ~ *dish,* ~ *boat,* salsera. 2 pop. ganga, breva.

gray (grei) *adj.* gris, pardo: ~ *matter,* ANAT. substancia gris; fig. inteligencia, sesos. 2 vestido de gris o pardo: ~ *monks,* cistercienses; ~ *friars,* franciscanos; ~ *sisters,* franciscanas. 3 cano, encanecido. 4 provecto, maduro. — 5 *adj.* y *s.* rucio, tordo. ~ 6 *s.* color gris o pardo. 7 animal gris.

gray (to) *tr.* poner gris o cano. — 2 *intr.* volverse gris; encanecer.

gray-bearded *adj.* barbicano.

gray-haired, gray-headed *adj.* cano, canoso [pers.].

grayhound (grei·jaund) *s.* GREYHOUND.

grayish (grei·ish) *adj.* grisáceo, gríseo, agrisado. 2 pardusco. 3 entrecano.

grayness (grei·nis) *s.* calidad de gris. 2 encanecimiento.

graylag (grei·læg) *s.* ORNIT. ánsar bravo.

grayling (grei·ling) *s.* ICT. tímalo.

graze (greis) *s.* rozamiento, roce, rozadura. 2 pasto, apacentamiento.

graze (to) *tr.* rozar [pasar, herir o desgastar rozando]; arañar, rasguñar; raspar. 2 rozar, pastar [la hierba]. 3 apacentar, dar pasto a. — 4 *intr.* pacer, pastar.

grazier (grei·šø') *s.* ganadero.

grazing (grei·šing) *s.* apacentamiento. 2 pasto, dehesa, tierra de pasto.

grease (gris) *s.* grasa. 2 manteca, unto, sebo, pringue, churre. 3 pop. lisonja; soborno. — 4 *adj.* de grasa; de engrase: ~ *box,* ~ *cup,* caja de sebo; vaso de engrase, engrasador; ~ *gun,* jeringa de engrase, engrasador de pistón; ~ *lift,* ~ *rack,* AUTO. puente de engrase; ~ *spot,* ~ *stain,* mancha de grasa, lámpara.

grease (to) *tr.* engrasar, untar, ensebar, lubricar, lubrificar. 2 fig. *to* ~ *the palm, to* ~, untar la mano, sobornar.

greaser (gri·sø') *s.* engrasador. 2 desp. (EE. UU.) mejicano, hispanoamericano.

greasily (gri·sili) *adv.* untuosamente, pringosamente.

greasiness (gri·sinis) *s.* crasitud, untuosidad, pringue, mugre.

greasy (gri·si) *adj.* grasiento, lardoso, pringoso, aceitoso, mugriento. 2 graso. 3 untuoso.

great (greit) *adj.* grande, gran, magno, mayor: ~ *age,* edad avanzada, vejez; *Great Bear,* ASTR. Osa Mayor; *Great Britain,* la Gran Bretaña;

~ *cattle*, ganado mayor; *Great Dane*, mastín danés; *Great Divide*, divisoria principal [esp. la de las Montañas Rocosas]; fig. momento crucial o crítico; muerte; *Great Day*, día del juicio; domingo de Pascua; *Great Dog*, ASTR. Can Mayor; ~ *gun*, ant. cañón pesado; fig. personaje; *the Great Lakes*, GEOGR. los Grandes Lagos (Superior, Michigan, Hurón, Erie y Ontario); *the Great Powers*, las grandes potencias; *Great Wall*, Gran Muralla [de China]; *Great War*, Gran Guerra [de 1914]; *the ~ world*, el gran mundo; *Alexander the Great*, Alejandro Magno; *Peter the Great*, Pedro el Grande; *a ~ deal*, una gran cantidad, muchos; mucho; *a ~ many*, muchos; *a ~ way off*, muy lejos. 2 largo, dilatado : *a ~ while*, largo rato o tiempo. 3 crecido. 4 fam. experto, hábil; fuerte: *he is ~ at draughts*, es muy fuerte jugando a las damas. 5 favorito, preferido. 6 fam. que da mucha importancia a una cosa: *he is ~ on decorum*, da mucha importancia al decoro, a las conveniencias. 7 magnífico, estupendo, de primera. 8 ASTR., GEOM. máximo [círculo]. 9 mayúscula [letra]. 10 en nombres de parentesco, indica una generación más, como en : *great-grandfather*, bisabuelo. 11 forma parte del nombre de varias plantas y aves : ~ *bustard*, avutarda; ~ *horned owl*, búho americano; ~ *mullein*, BOT. gordolobo, verbasco; ~ *titmouse*, ORNIT. herrerillo. — *12 adv.* pop. magníficamente, muy bien. — *13 s. the ~*, lo grande, los grandes. *14 the greats*, el examen final [en Oxford]. — *15 interj.* ~ *Scott!*, ¡válgame Dios!

great-aunt *s.* tía abuela.
great-bellied *adj.* barrigudo. 2 preñada.
greatcoat (greï·tcout) *s.* gabán. 2 levitón. 3 capote.
greaten (to) (greï·tøn) *tr.* agrandar. 2 engrandecer. — *3 intr.* agrandarse, crecer, aumentar.
greater (greï·tø⁷) *adj. comp.* de GREAT; mayor, más grande : *the ~ part*, la mayoría. 2 *Greater Britain*, Imperio Británico. 3 *Greater London, Greater New York*, el gran Londres, el gran Nueva York, las ciudades de Londres o de Nueva York con su ensanche.
greatest (greï·test) *adj. superl.* de GREAT; máximo, sumo, el mayor : ~ *common divisor*, ARIT. máximo común divisor.
great-grandchild, *pl.* **-grandchildren** *s.* bisnieto, bisnieta. 2 *pl.* bisnietos.
great-granddaughter *s.* bisnieta.
great-grandfather *s.* bisabuelo.
great-grandmother *s.* bisabuela.
great-grandparent *s.* bisabuelo o bisabuela. 2 *pl.* bisabuelos.
great-grandson *s.* bisnieto.
great-hearted *adj.* animoso, valiente. 2 generoso, noble, magnánimo.
greatly (greï·tli) *adv.* muy, mucho, grandemente, profundamente, sobremanera. 2 grandiosamente. 3 en gran parte.
greatness (greï·tnis) *s.* grandeza. 2 magnitud, amplitud, extensión. 3 pompa, esplendor.
greaves (grivs) *s. pl.* ARM. grebas, espinilleras. 2 COC. chicharrones.
grebe (grib) *s.* ORNIT. colimbo.
Grecian (grï·shan) *adj.* griego, greco. — *2 s.* griego. 3 helenista.
Grecianize (to) (grï·shanaï̌) *tr. e intr.* grecizar, greguizar.
Grecism (grï·siƶm) *s.* grecismo, helenismo.
Grecize (to) (grï·saï·š) *tr. e intr.* grecizar, greguizar.
Greco-Latin (grï·cou-) *adj.* grecolatino.
Greco-Roman *adj.* grecorromano.
Greece (gris) *n. pr.* GEOGR. Grecia.
greed (grid) *s.* ansia, avidez, codicia. 2 avaricia. 3 voracidad, gula.
greedier (grï·dïø⁷) *adj. comp.* de GREEDY.
greediest (grï·diest) *adj. superl.* de GREEDY.
greedily (grï·dili) *adv.* ávidamente, codiciosamente. 2 avariciosamente. 3 vorazmente.
greediness (grï·dinis) *s.* GREED.
greedy (grï·di) *adj.* ávido, ansioso, codicioso, hambriento. 2 avaro. 3 voraz, glotón.
greedygut (grï·digøt) *s.* pop. glotón.
Greek (grik) *adj.* griego [de Grecia] : ~ *calends*, calendas griegas; ~ *fire*, fuego griego. — *2 s.* griego [persona, lengua griega; lenguaje ininteligible]. 3 (con min.) fullero.
green (grin) *adj.* verde [de color, de sazón] : ~ *bag*, pop. abogado; ~ *barley*, alcacer; ~ *cloth*, o *greencloth*, tapete verde; (Ingl.) tribunal in-

terior del palacio real; ~ *corn* (Ingl.), trigo verde o nuevo; (EE. UU.) maíz tierno, *elote; ~ *fly*, pulgón; ~ *laver*, alga marina comestible; ~ *light*, luz verde [señal para la circulación]; ~ *sand*, FUND. arena verde, arena para moldear; ~ *turtle*, tortuga marina de color verde; ~ *vitriol*, caparrosa verde; ~ *goods* (EE. UU.), papeles o billetes para dar el cambiazo. 2 lozano, lleno de vigor. 3 crudo [ladrillo, etc.] : ~ *ware*, loza o cacharrería sin cocer. 4 fresco, reciente. 5 novato, bisoño, inexperto : ~ *hand*, novicio, principiante. 6 suave [tiempo, clima]. 7 verde, lívido, pálido [de miedo, celos, etc.]. — *8 s.* verde [color] : *bright* ~, verdegay; *sea* ~, verdemar. 9 verde [follaje, hierba]. *10* verdor, verdura. *11* prado, pradera. *12* campo de golf. *13 pl.* verduras, hortalizas.
green (to) *tr.* poner o volver verde; pintar o teñir de verde. — *2 intr.* verdear.
greenback (grin·bæc) *s.* (EE. UU.) billete de banco [con el dorso verde].
green-coloured *adj.* verde, verdoso.
greenery (grin·øri), *pl.* **-ries** (-ris) *s.* verdura. 2 invernáculo.
green-eyed *adj.* de ojos verdes. 2 celoso. 3 *green-eyed monster*, celos, celotipia.
greenfinch (grin·finch) *s.* ORNIT. verdecillo, verderol, verderón.
greengage (grin·guidỹ) *s.* ciruela verdal.
greengrocer (grin·grousø⁷) *s.* verdulero.
greengrocery (grin·grousø⁷ri), *pl.* **-ries** (-nis) *s.* verdulería, tienda de frutas y verduras.
greenheaded (grin·jedid) *adj.* inexperto, ignorante.
greenhorn (grin·jo⁷n) *s.* inexperto, pipiolo, novato. 2 palurdo. 3 bobo, primo, incauto, persona fácil de engañar.
greenhouse (grin·jaus) *s.* invernáculo para plantas tiernas.
greening (grin·ning) *s.* acción de verdear. 2 BOT. variedad de manzana de color verdoso.
greenish (grin·nish) *adj.* verdoso, verdusco.
Greenland (grin·lænd) *n. pr.* GEOGR. Groenlandia.
Greenlander (grin·lændø⁷) *s.* groenlandés.
Greenlandic (grin·lændic) *adj.* groenlandés.
greenness (grin·nis) *s.* verdura, verdor. 2 lozanía, vigor, frescura. 3 falta de experiencia. 4 novedad.
greenroom (grin·rum) *s.* TEAT. sala de espera de los actores.
greensand (grin·sand) *s.* GEOL. arenisca verde.
greensick (grin·sic) *adj.* clorótico.
greensickness (grin·sicnis) *s.* MED. clorosis.
greenstall (grin·stol) *s.* puesto de verduras.
greenstone (grin·stoun) *s.* roca verde eruptiva. 2 jade.
greensward (grin·suo⁷d) *s.* césped.
greenwood (grin·nwud) *s.* bosque verde. 2 BOT. retama de tintes.
greet (to) (grit) *tr.* saludar, acoger, dar la bienvenida. — *2 intr.* saludarse.
greeter (grï·tø⁷) *s.* el que saluda.
greeting (grï·ting) *s.* saludo, salutación, recibimiento. 2 *greetings!*, ¡salud !
gregarious (grigueï·riøs) *adj.* que vive en grey o compañía, gregario, gregal. 2 de la grey o de la multitud. 3 sociable, que gusta de la compañía.
gregariously (grigueï·røsli) *adv.* en grey o compañía. 2 sociablemente.
gregariousness (grigueï·riøsnis) *s.* calidad de gregal. 2 sociabilidad.
Gregorian (grigo·rian) *adj.* gregoriano.
Gregory (gre·gori) *n. pr. m.* Gregorio.
greisen (graï·søn) *s.* GEOL. roca cristalina formada por cuarzo y mica.
gremial (grï·mial) *s.* ECLES. gremial.
grenade (greneï·d) *s.* granada [proyectil].
grenadier (grenadï·ø⁷) *s.* MIL. granadero.
grenadin(e (gre·nadin) *s.* BOT. clavel oloroso.
grenadine (gre·nadin) *s.* granadina [refresco; tejido].
grew (gru) pret. de TO GROW.
grey (greï) *adj.* GRAY.
greyhound (greï·jaund) *s.* ZOOL. galgo, lebrel. 2 MAR. vapor rápido transoceánico.
greyish (greï·ish) *adj.* GRAYISH.
grice (grais) *s.* ZOOL. gorrino, lechón; jabato.
grid (grid) *s.* reja, rejilla, parrilla. 2 RADIO. rejilla. 3 ELECT. red. — *4 adj.* de red, reja o parrilla. 5 RADIO. de rejilla : ~ *bias*, polarización de rejilla; ~ *circuit*, circuito de rejilla; ~ *condenser*, condensador de rejilla; ~ *current*, corriente de reji-

lla; ~ *leak*, resistencia aplicada junto con un condensador al circuito de rejilla para modificar su voltaje; ~ *voltage*, voltaje de rejilla.

griddle (gri·døl) *s.* tartera, tortera. 2 plancha [para tapar el hornillo; para asar].

griddlecake (gri·dølkeic) *s.* (EE. UU.) tortita de harina cocida en tartera o a la plancha.

gridiron (gri·daiø'n) *s.* coc. parrillas. 2 MAR. andamiada. 3 TEAT. telar. 4 red [de vigas, tubos, rieles, etc.]. 5 campo con las rayas marcadas para jugar al fútbol.

grief (grif) *s.* dolor, pesar, pesadumbre, duelo, aflicción, congoja. 2 desgracia, accidente, daño, quebranto, desastre, fracaso: *to come to* ~, sufrir algún daño, desastre o fracaso; arruinarse.

grief-stricken *adj.* desolado, desconsolado, apesadumbrado.

grievance (gri·vans) *s.* agravio, ofensa, injusticia, motivo de queja, queja.

grieve (to) (griv) *tr.* afligir, apesadumbrar, lastimar, oprimir. 2 llorar, lamentar, sentir. — 3 *intr.* afligirse, apesadumbrarse, dolerse.

grievingly (gri·vingli). *adj.* apesaradamente.

grievous (gri·vøs) *adj.* doloroso, aflictivo, penoso, sensible. 2 lastimoso, lastimero. 3 gravoso, oneroso. 4 fiero, cruel, atroz.

grievously (gri·vøsli) *adv.* dolorosamente. 2 afligidamente. 3 pesadamente, atrozmente.

grievousness (gri·vøsnis) *s.* calidad de doloroso, penoso, etc.

griffin (gri·fin) *s.* MITOL. grifo. 2 ORNIT. buitre. 3 *fam.* europeo recién llegado a la India.

griffon (gri·fon) *s.* MIT. grifo. 2 perro de cierta raza. 3 ORNIT. ~ *vulture*, buitre.

grig (grig) *s.* ENTOM. grillo. 2 ENTOM. saltamontes. 3 ICT. anguila pequeña. 4 *merry, lively as a* ~, alegre, vivaracho.

grill (gril) *s.* COC. parrillas. 2 asado de carne o pescado hecho en parrillas. 3 GRILLROOM.

grill (to) *tr.* asar en parrillas. 2 dar tormento de fuego. 3 someter a un interrogatorio estrecho y prolongado. — 4 *intr.* asarse.

grillade (grilei·d) *s.* manjar asado en parrillas.

grillage (gri·lidȳ) *s.* emparrillado, zampeado. 2 fondo [de una blonda o encaje].

grille (gril) *s.* verja, reja.

grillroom (gri·lrum) *s.* restaurante o comedor de hotel especializado en los asados a la parrilla.

grilse (grils) *s.* salmón joven que sólo ha estado una vez en el mar.

grim (grim) *adj.* torvo, ceñudo, formidable. 2 feo, horrendo, repulsivo. 3 horrible, siniestro. 4 inflexible, implacable.

grimace (grimei·s) *s.* mueca, mohín, visaje, gesto. 2 afectación.

grimace (to) *intr.* gestear, hacer muecas o visajes.

grimalkin (grimæ·lkin) *s.* gatazo; gata vieja. 2 mujer vieja; vieja malévola.

grime (graim) *s.* tizne, mugre, porquería.

grime (to) *tr.* tiznar, ensuciar.

grimly (gri·mli) *adv.* horrible, espantoso. 2 torvo, ceñudo. — 3 *adv.* horriblemente. 4 torvamente, ceñudamente.

grimness (gri·mnis) *s.* ceño, calidad de torvo. 2 espanto, horror.

grimy (grai·mi) *adj.* tiznado, sucio, mugriento.

grin (grin) *s.* mueca de dolor o de cólera. 2 sonrisa de complacencia, burla, sarcasmo, etc.

grin (to) *intr.* regañar [el perro]. 2 hacer muecas mostrando los dientes. 3 sonreír con toda la boca; con complacencia, burla o sarcasmo.

grind (graind) *s.* molienda, trituración 2 rechinamiento [de dientes]. 3 *fam.* trabajo o estudio continuado. 4 *fam.* empollón [estudiante].

grind (to) (graind) *tr.* moler, pulverizar, triturar, quebrantar. 2 afilar, amolar. 3 gastar [con el roce]; refregar, pulir, bruñir, deslustrar, esmerilar. 4 hacer rechinar [los dientes]. 5 molestar, oprimir, agobiar con exacciones. 6 hacer estudiar mucho; machacar [la lección]. 7 ridiculizar, tomar el pelo. 8 mover [con manubrio]: *to* ~ *a hand organ*, tocar el organillo. — 9 *intr.* moler. 10 ser molido o afilado. 11 pulirse [con el roce]. 12 trabajar duramente; estudiar con ahinco. ¶ CONJUG. pret. y p. p.: *ground*.

grinder (grai·ndø') *s.* molendero, moledor. 2 amolador. 3 pulidor, esmerilador. 4 molino, molinillo. 5 muela [de amolar]. 6 torno de pulir. 7 ANAT. muela, molar [diente]. 8 *fam.* profesor particular [que prepara estudiantes].

grinding (grai·nding) *adj.* que muele, afila, pule,

esmerila, etc.: ~ *lathe*, torno de pulir; ~ *machine*, esmeriladora; ~ *mill*, trapiche; ~ *plate*, disco de pulir vidrio; ~ *stone*, GRINDSTONE; ~ *wheel*, muela, rueda de amolar o de esmerilar. — 2 *s.* molienda, molienda, trituración, pulverización. 3 amoladura. 4 esmerilado. 5 bruñido, pulimento.

grindstone (grai·ndstoun) *s.* muela, amoladera, piedra de afilar : *to have, keep* o *put one's nose to the* ~, trabajar con ahinco.

gringo (gri·ngo), *pl.* -gos *s.* desp. gringo [inglés o norteamericano].

grip (grip) *s.* empuñamiento, agarro, presa. 2 apretón [de mano]. 3 manera de darse las manos [en una sociedad secreta]. 4 capacidad de agarrar y retener. 5 capacidad de comprender. 6 dolor punzante. 7 garra, poder, dominio. 8 asidero, puño, mango. 9 FERROC. mordaza de un cable de tracción. 10 (EE. UU.) maletín, saco de mano. 11 MED. gripe. 12 *to come to grips with*, luchar a brazo partido o cuerpo a cuerpo con.

grip (to) *tr.* agarrar, asir, apretar, empuñar; tener asido. 2 impresionar vivamente a. — 3 *intr.* agarrarse. 4 cerrarse apretando. 5 absorber o sujetar la atención. ¶ CONJUG. pret. y p. p.: *gripped* o *gript*; ger.: *gripping*.

gripe (graip) *s.* agarro, asimiento, presa. 2 garras, sujeción, poder, dominio. 3 aflicción, tormento, opresión. 4 puño, mango, manija. 5 MEC. grapa, abrazadera; freno de malacate. 6 MAR. pie del tajamar. 7 *pl.* dolor cólico, retortijones. 8 VET. torozón. 9 MAR. cuerdas y aparejos que sostienen los botes de un buque en sus pescantes.

gripe (to) agarrar, asir, empuñar. 2 apretar [el puño]. 3 apoderarse de, sujetar. 4 punzar, afligir; oprimir [el corazón]. 5 dar cólico o retortijones. 6 pop. fastidiar, molestar. 7 MEC. morder. — 8 *intr.* padecer cólico o retortijones. 9 pop. sacar dinero. 10 pop. refunfuñar, quejarse de vicio.

griper (grai·pø') *s.* fam. usurero.

griping (grai·ping) *adj.* que agarra, ase, sujeta, punza, oprime, etc.

grippe (grip) *s.* MED. gripe.

gripper (gri·pø') *s.* el o lo que agarra, sujeta, etc. 2 MEC., IMPR. uña.

gripping (gri·ping) *adj.* muy conmovedor o interesante [drama, novela, etc.].

grippy (gri·pi) *adj.* MED. gripal, con caracteres de gripe 2 pop tenaz, testarudo. 3 pop. avaro.

gripsack (gri·psæc) *s.* (EE. UU.) maletín, saco de mano.

gript (gript) *p. p.* de TO GRIP.

griseous (gri·siøs) *adj.* grisáceo, pardusco.

grisette (grišé·t) *s.* griseta [tela]. 2 griseta [modistilla de París].

griskin (gri·škin) *s.* COC. costilla de cerdo.

grisly (gri·šli) *adj.* espantoso, horroroso, terrible. 2 torvo.

grist (grist) *s* molienda [cantidad de grano] : ~ *mill*, molino harinero; *all is* ~ *that comes to his mill*, de todo saca provecho. 2 provisión [para una ocasión].

gristle (gri·søl) *s.* cartílago, ternilla.

gristly (gri·sli) *s.* cartilaginoso.

grit (grit) *s.* arena, guijo fino. 2 arenisca silícea, asperón. 3 firmeza, entereza, tesón; ánimo, valentía. 4 *pl.* trigo o grano quebrantado; sémola, farro.

grit (to) *tr.* apretar o hacer rechinar [los dientes]. ¶ CONJUG. pret. y p. p.: *gritted*; ger.: *gritting*.

grittiness (gri·tinis) *s.* contextura arenosa. 2 firmeza, entereza.

gritty (gri·ti) *adj.* arenisco. 2 animoso, esforzado.

grizzle (gri·zl) *s.* color gris. 2 cabellos grises.

grizzle (to) *tr.* e *intr.* poner o volverse gris.

grizzled (gri·zøld) *adj.* agrisado. 2 tordo. 3 entrecano.

grizzly (gri·zli) *adj.* grisáceo, pardusco : ~ *bear*, oso pardo.

groan (groun) *s.* gemido, quejido. 2 rumor de desaprobación. 3 mugido [del viento].

groan (to) *intr.* gemir, quejarse, ayear. 2 mugir [el viento].

groaning (grou·ning) *s.* GROAN.

groat (grout) *s.* (Ingl.) ant. moneda de cuatro peniques. 2 [Ingl.] grano quebrantado; farro, sémola; avena mondada.

grocer (grou·sø') *s.* especiero, abacero; *pulpero, *bodeguero, *abarrotero: *grocer's shop*, especiería,

tienda de comestibles o ultramarinos; *pulpería, *bodega; *tienda de abarrotes; *grocer's
scoop*, librador.
grocery (grou·sǝri) *s.* comercio de comestibles o ultramarinos. 2 comestibles, ultramarinos. 3 (EE.
UU.) abacería, tienda de comestibles.
grog (grog) *s.* grog. 2 bebida alcohólica.
groggy (gro·gui) *adj.* calamocano. 2 DEP. vacilante,
atontado. que ya no tiene fuerzas para luchar.
grogram (gro·gram) *s.* gorgorán, tejido basto de
seda.
groin (groin) *s.* ANAT. ingle. 2 ARQ. arista de encuentro. 3 espolón, malecón.
groin (to) *tr.* ARQ. formar aristas de encuentro.
groined (groind) *adj.* de arista [arco, etc.].
grommet (gro·meit) *s.* anillo de cuerda. 2 ojete metálico. 3 MAR. anillo metálico para reforzar un
ollao.
groom (grum) *s.* novio, desposado. 2 caballerizo,
mozo de cuadra, palafrenero; lacayo. 3 nombre
de ciertos cargos palatinos : ～ *of the chamber*,
gentilhombre de cámara.
groom (to) *tr.* cuidar, almohazar [caballos]. 2 fam.
vestir, componer, asear. 3 POL. preparar, instruir
para presentarse como candidato.
groomsman (gru·msmæn), *pl.* **-men** (-men) *s.* padrino de boda.
groove (gruv) *s.* ranura, gárgol, rebajo, muesca :
～ *and tongue*, CARP. ranura y lengüeta. 2 acanaladura, estría, surco. 3 carril, rodera. 4 fig. rutina, hábito arraigado.
groove (to) *tr.* acanalar, estriar, hacer ranuras o
surcos en. 2 ruñar. 3 encajar en una ranura.
groove-and-tongue joint *s.* CARP. ensambladura a
ranura y lengüeta.
grooved (gru·vd) *adj.* acanalado, estriado.
grooving (gru·ving) *s.* acción de acanalar, estriar,
hacer ranuras. — 2 *adj.* para acanalar, estriar,
etc.: ～ *plane*, cepillo acanalador.
grope (to) (group) *tr.* e *intr.* tentar, tentalear;
andar a tientas : *to* ～ *for*, buscar a tientas. buscar tentando.
gros (grous) *s.* TEJ. gro.
grosbeak (grou·sbik) *s.* ORNIT. cardenal. 2 nombre
de otros conirrostros.
grosgrain (grou·grein) *s.* GROS.
gross (grous) *adj.* grueso. 2 denso, pesado. 3 grosero,
tosco, basto, vulgar. 4 obsceno. 5 craso, enorme.:
～ *error*, error craso ; ～ *injustice*, injusticia enorme, evidente. 6 lerdo, estúpido. 7 COM. total;
bruto [sin deducciones] : ～ *amount*, importe
total ; ～ *weight*, peso bruto. 8 ～ *ton*, tonelada
de 2.240 libras 1.016'06 kg.). — 9 *s.* (*pl.* GROSS)
gruesa [doce docenas] : *great* ～, doce gruesas ;
small ～, diez docenas. 10 grueso [la mayor par-
te], totalidad, conjunto : *in* ～, *in the* ～, en
grueso, por junto, en conjunto. 11 *by the* ～, por
gruesas; IN GROSS.
grossly (grou·sli) *adv.* en bruto. 2 crasamente; toscamente, groseramente. 3 aproximadamente.
grossness (grou·snis) *s.* grosería, tosquedad, ordinariez. 2 estupidez. 3 densidad. 4 grosura.
Grossulariaceæ (grosiulæriei·shii) *s. pl.* BOT. grosula-
riáceas.
grossulariaceous (grosiulæriei·shǝs) *adj.* BOT. grosulariáceo.
grossularite (gro·siulǝrait) *s.* MINER. grosularia.
grot (grot) *s.* gruta.
grotesque (grote·sc) *adj.* grotesco, extravagante. —
2 *adj.* y *s.* B. ART. grotesco, grutesco.
grotesquely (grote·skli) *adv.* grotescamente.
grotesqueness (grote·sknis) *s.* calidad de grotesco.
grotto (gro·tou), *pl.* **-toes** o **-tos** (-tǝs o -tous) *s.*
gruta, cueva.
grouch (grauch) *s.* fam. enojo, mal humor : *to
have a* ～, estar enojado, de mal humor. 2 fam.
gruñón, cascarrabias.
grouch (to) *intr.* fam. gruñir, refunfuñar ; estar
de mal humor.
groucher (grau·shǝr) *s.* fam. persona gruñona.
grouchy (grau·shi) *adj.* fam. gruñón, malhumorado.
1) **ground** (graund) *s.* tierra, suelo, piso : *to come*,
o *fall*, *to the* ～, caer al suelo ; venirse abajo,
fracasar ; *above* ～, fig. vivo, viviente ; *from the*
～ *up*, de arriba abajo, completamente; *on*, o
upon, *the* ～, en tierra, por tierra, en el suelo.
to be on one's own ～, estar en su propio terreno, en su elemento ; *to break* ～, desmontar, roturar, cavar, arar ; abrir los cimientos; empezar un trabajo ; *to gain* ～, ganar terreno, progresar ; *to give* ～, ceder terreno, retroceder ;

to lose ～, perder terreno ; *to shift one's* ～, fig.
cambiar de posición, cambiar de táctica ; *to
stand*, o *hold*, *one's* ～, mantenerse firme. 3 MAR.
tierra, fondo : *to take the* ～, encallar. 4 campo,
región, territorio. 5 B. ART. campo, fondo. 6 PERSP.
término : *background*, fondo, último término ;
foreground, primer término. 7 tema, materia.
8 base, fundamento. 9 pie, razón, motivo, causa :
～ *for complaint*, motivo de queja; *on the* ～ *of*,
con motivo de, por razón de. 10 MIL. campo de
batalla. 11 ELECT. tierra, conexión con tierra. 12
pl. terrenos, jardines, cercado [de una finca o
edificio]. 13 campo, cancha [de juego]. 14 sedimento, poso.
15 *adj.* de tierra, del suelo, situado en el suelo, a ras del suelo, con respecto al suelo ; primero, del fundamento, fundamental ; de conexión con tierra : ～ *conection*, ELECT. toma de
tierra ; ～ *floor*, bajos, piso bajo ; ～ *game*, caza
de pelo ; ～ *lead*, ～ *wire*, ELECT. hilo de tierra,
conductor a tierra ; ～ *line*, línea de tierra ; ～
plan, planta [de un edificio] ; primer proyecto,
plan fundamental ; ～ *plate*, ELECT. placa de conexión con tierra ; FERROC. plancha de asiento ;
ARQ. carrera inferior ; ～ *plot*, solar, parcela, porción de terreno ; ARQ. plano ; ～ *rent*, DER. censo ;
～ *speed*, velocidad horizontal de un avión con
respecto al suelo ; ～ *water*, agua subterránea,
agua de pozo. 16 MAR. ～ *swell*, mar de fondo.
17 BOT. ～ *cherry*, alquequenje, vejiga de perro ;
～ *ivy*, hiedra terrestre ; ～ *pine*, pinillo. 18 ZOOL.
～ *hog*, marmota de América.
2) **ground** *pret.* y *p. p.* de TO GRIND : ～ *glass*, vidrio
esmerilado o deslustrado.
ground (to) *tr.* fundamentar, cimentar, establecer, basar, apoyar, vincular. 2 PINT. imprimar, dar
la primera mano. 3 enseñar los rudimentos de.
4 poner en tierra. 5 ELEC. conectar con tierra. —
6 *intr.* basarse, fundamentarse. 7 caer o descender al suelo. 8 MAR. encallar, embarrancar, varar.
groundage (grau·ndidy) *s.* anclaje [derecho].
grounder (grau·ndǝr) *s.* BÉISBOL pelota que avanza con gran velocidad rebotando en el suelo.
grounding (grau·nding) *s.* base, fundamento. 2 MAR.
encalladura.
groundless (grau·ndlis) *adj.* infundado, inmotivado, gratuito.
groundlessly (grau·ndlisli) *adv.* infundadamente,
sin razón.
groundlessness (grau·ndlisnis) *s.* falta de fundamento o de razón.
groundling (grau·ndling) *s.* persona de gusto o juicio crítico inferior. 2 pez que vive en el fondo
del agua. 3 animal o planta terrestre.
groundnut (grau·ndnǝt) *s.* BOT. chufa. 2 BOT. cacahuete, maní.
groundsel (grau·ndsel) *s.* BOT. hierba cana, zuzón.
2 GROUNDSILL.
groundsill (grau·ndsil) *s.* ARQ. carrera inferior, solera de base. 2 umbral [de puerta].
groundwork (grau· nduǫ'c) *s.* cimiento, fundamento ; base. 2 firme [de carretera].
group (grup) *s.* grupo, agrupación, conjunto. —
2 *adj.* de grupo, colectivo.
group (to) *tr.* agrupar. — 2 *intr.* agruparse.
grouper (gru·pǫʳ) *s.* ICT. mero.
grouse (graus) *s.* ORNIT. nombre de varias gallíná-
ceas silvestres, como el urogallo, el lagópodo o
perdiz blanca, la ortega, etc. 2 fam. queja, refunfuño.
grouse (to) *intr.* fam. (Ingl.) quejarse, refunfuñar.
grout (graut) *s.* farro. 2 lechada, pasta clara de
yeso para cubrir juntas, etc. 3 *pl.* poso, heces.
grout (to) *tr.* rellenar o cubrir con lechada o pasta clara de yeso.
grouty (grau·ti) *adj.* (EE. UU.) pop. arisco, gruñón,
malhumorado.
grove (grouv) *s.* bosquecillo, soto, arboleda, enramada.
grovel (to) (gro·vǝl) *intr.* serpear, arrastrarse. 2 rebajarse servilmente. 3 hundirse [en lo vil o
bajo].
grovel(l)er (gro·vlǫʳ) *s.* persona servil, rastrera.
grovel(l)ing (gro·vling) *adj.* servil, rastrero.
grovel(l)ingly (gro·vlingli) *adv.* servilmente, rastreramente.
grow (to) (grou) *intr.* crecer, desarrollarse, formarse, producirse. 2 nacer, salir [el pelo, las plantas, etc.]. 3 nacer, salir, proceder, provenir. 4 aumentar, progresar, extenderse, dilatarse. 5 po-

nerse, volverse, hacerse, convertirse, llegar a, pasar gradualmente a un estado, condición, etc. : *to ~ angry*, enojarse, enfadarse ; *to ~ better*, ponerse mejor, mejorar, mejorarse ; *to ~ cold*, enfriarse ; *to ~ dark*, oscurecer, anochecer ; *to ~ fat*, engordar, ponerse gordo ; *to ~ late*, hacerse tarde ; *to ~ less*, disminuir ; *to ~ near*, acercarse ; *to ~ old*, envejecer, hacerse viejo ; *to ~ shorter*, acortarse, hacerse más corto ; *to ~ tame*, amansarse, domesticarse ; *to ~ warm*, aumentar el calor ; *to ~ worse*, empeorar. *6 to ~ into fashion*, ponerse de moda ; *to ~ out of fashion*, pasar o *ir* pasando de moda ; caer en desuso. *7 to ~ on* o *upon*, desarrollarse en, ir dominando a, apoderarse de [uno], hacerse más fuerte [un hábito, pasión, sensación, etc.] ; hacerse cada vez más querido o admirado de [uno]. *8 to ~ out of*, brotar, salir, nacer de, resultar o provenir de, originarse en ; perder, pasársele a uno con la edad o el tiempo [un hábito, un defecto, un sentimiento, etc.]. *9 to ~ to*, llegar a [amar, odiar, etc.] ; fijarse, arraigarse en. *10 to ~ up*, crecer, llegar a su pleno desarrollo ; salir de la niñez ; llegar a establecerse [una costumbre, etc.]. — *11 tr.* cultivar, criar, producir. *12* salirle a uno o dejarse uno [la barba, el bigote]. *13* adquirir [una afición, gusto, etc.]. *14* cubrirse de [vegetación]. ¶ CONJUG. pret.: *grew*; p. p.: *grown*.

grower (grou·ǿ') *adj.* cultivador, criador. *2* planta que crece de cierto modo : *quick ~*, planta que crece de prisa.

growing (grou·ing) *adj.* creciente. *2* que crece, que está en la edad de crecer. *3* de crecimiento : *pains*, dolores que se asocian con el crecimiento del niño o del adolescente ; dificultades iniciales [de una empresa]. — *4 s.* crecimiento, desarrollo. *5* cría, cultivo.

growl (graul) *s.* gruñido. *2* refunfuño. *3* ruido sordo y prolongado, retumbo.

growl (to) *intr.* gruñir. *2* refunfuñar, rezongar. *3* producir un ruido sordo y prolongado, retumbar, tronar. — *4 tr.* decir gruñendo o refunfuñando.

growler (graulǿ') *s.* perro gruñidor. *2* gruñón, regañón. *3* pop. (Ingl.) carruaje de cuatro ruedas. *4* pop. (EE. UU.) jarro para llevar cerveza.

grown (groun) p. p. de TO GROW. — *2 adj.* crecido, espigado. desarrollado ; adulto. *3* cubierto de hierba, maleza, etc.

grown-up *adj.* adulto, mayor [persona]. — *2 s.* adulto, persona mayor.

growth (grouz) *s.* crecimiento, desarrollo, desenvolvimiento. *2* producción, cultivo : *of english ~*, producido, cultivado en Inglaterra. *3* vegetación, árboles o plantas que cubren un terreno. *4* acrecentamiento, aumento. *5* producto, resultado, consecuencia. *6* tumor, lobanillo, excrecencia. *7* estatura completa.

grub (grǿb) *s.* larva, gusano, coco. *2* gorgojo [pers. chica]. *3* el que trabaja en oficios bajos o penosos. *4* persona desaliñada. *5* pop. comida, alimento. *6* (EE. UU.) raíz que sobresale ; tocón.

grub (to) *tr.* rozar, desyerbar, desmalezar, cavar. *2* arrancar, descuajar. *3* limpiar de gusanos y larvas ; descocar. *4* pop. alimentar. — *5 intr.* alimentarse. *6* trabajar en oficios bajos o penosos. ¶ CONJUG. pret. y p. p.: *grubbed*; p. a.: *grubbing*.

grubber (grǿbǿ') *s.* desyerbador, rozador.

grubby (grǿ·bi) *adj.* gusaniento, agorgojado, cocoso. *2* sucio, roñoso.

grudge (grǿdʒ) *s.* resentimiento, rencor, inquina, mala voluntad : *to bear o have a ~ against*, estar resentido con, guardar rencor a, tener inquina a.

grudge (to) (grǿdʒ) *tr.* regatear, escatimar, dar de mala gana. *2* envidiar [una cosa].

grudging (grǿ·dʒing) *s.* resentimiento. *2* repugnancia. *3* envidia.

grudgingly (grǿ·ȳingli) *adv.* de mala gana.

gruel (gru·ǿl) *s.* gachas o puches claros de avena, maíz, etc.

gruel (to) *tr.* incapacitar. *2* agotar, abrumar. *3* desbaratar. ¶ CONJUG. pret. y p. p.: *grueled* o *-lled*; p. a.: *grueling* o *-lling*.

gruel(l)ing (gru·ǿling) *adj.* agotador, abrumador.

gruesome (gru·sǿm) *adj.* horrible, horripilante. *2* repugnante.

gruff (grǿf) *adj.* rudo, brusco, áspero, malhumorado. *2* bronca [voz].

gruffly (grǿ·fli) *adv.* bruscamente, ásperamente.

gruffness (grǿ·fnis) *s.* rudeza, brusquedad, aspereza, mal humor.

grum (grǿm) *adj.* severo, malhumorado. *2* gutural.

grumble (grǿ·mbǿl) *s.* refunfuño, rezongo, queja. *2* ruido sordo y prolongado.

grumble (to) *intr.* refunfuñar, rezongar, quejarse, murmurar. *2* roncar [un animal]. *3* producir un ruido sordo y prolongado. — *4 tr.* decir refunfuñando.

grumbler (grǿ·mblǿ') *s.* refunfuñón, rezongador, descontento.

grumbling (grǿ·mbling) *adj.* refunfuñón, descontento. — *2 s.* GRUMBLE.

grumblingly (grǿ·mblingli) *adv.* refunfuñando.

grume (grum) *s.* grumo, cuajarón ; líquido espeso y viscoso.

grumous (gru·mǿs) *adj.* grumoso.

grump (grǿm) *s.* mal humor.

grumpy (grǿ·mpi) *adj.* gruñón, malhumorado.

Grundy (Mrs.) (grǿ·ndi) *s.* la gente, el qué dirán : *what will Mrs. Grundy say?*, ¿qué dirá la gente?

grunt (grǿnt) *s.* gruñido. *2* ICT. nombre de un pez americano.

grunt (to) *intr.* gruñir.

grunter (grǿ·ntǿ') *s.* gruñón. *2* ZOOL. cerdo.

gruntingly (grǿ·ntingli) *adv.* gruñendo, refunfuñando.

gruntling (grǿ·ntling) *s.* lechón, cochinillo.

guacharo (gua·tʃaro) *s.* ORNIT. guácharo.

guaco (gua·co) *s.* BOT. guaco.

Guadeloupe (guadǿlu·p) *n. pr.* Guadalupe.

guaiac (gua·iæc) *s.* BOT. guayaco, guayacán. *2* resina de guayaco.

guaiacol (gua·iacol) *s.* QUÍM. guayacol.

guaiacum (gua·iacǿm) *s.* GUAIAC.

guan (guan) *s.* ORNIT. guaco.

guanaco (guana·co) *s.* ZOOL. guanaco.

guano (gua·no) *s.* guano.

guarantee (gærantı·) *s.* persona de quien otra sale fiadora. *2* garantía [acción de garantizar ; prenda]. *3* garante, fiador.

guarantee (to) *tr.* garantizar, garantir. *2* afianzar, salir fiador, responder de o por, dar fianza o caución por.

guarantor (gærantoʹ) *s.* garante, fiador.

guaranty (gæ·ranti) *s.* garantía [acción]. *2* garantía, fianza, prenda. *3* garante, fiador.

guaranty (to) (gæ·ranti) *tr.* TO GUARANTEE.

guard (ga·d) *s.* guardia [estado de defensa, precaución, cautela] : *to be on ~*, o *on one's*, estar alerta ; *to be off one's ~*, estar desprevenido. *2* guarda, guardia, vigilancia, custodia, protección, resguardo : *to keep ~*, vigilar, estar de guardia ; *under ~*, bajo custodia, a buen recaudo. *3* guarda, guardián, custodio, vigilante. *4* centinela, atalaya. *5* guardia [cuerpo de hombres armados ; individuo de él]. *6* MIL. guardia : *advance ~*, guardia avanzada. *7* ESGR. guardia : *on ~*, en guardia. *8* guarnición [de un vestido, de una espada]. *9* arandela [de lanza]. *10* MAR. barandilla. *11* FERROC. (Ingl.) revisor ; (EE. UU.) guardafrenos ; *guard's van*, furgón de equipajes. *12* cadena [de reloj]. *13* guardamonte [de fusil, etc.]. *14* salvavidas [delante de los tranvías]. — *15 adj.* de guarda, de guardia o de la guardia : *~ ship*, MAR. buque de guardia o de vigilancia.

guard (to) *tr.* guardar, proteger, defender, resguardar, preservar. *2* custodiar, vigilar. *3* guarnecer [para protección o adorno]. — *4* guardarse, estar prevenido : *to ~ against*, guardarse de, precaverse contra.

guarded (ga·did) *adj.* defendido, protegido. *2* cauteloso, cauto, precavido.

guardedly (ga·didli) *adv.* cautamente.

guardedness (ga·didnis) *s.* cautela, precaución, circunspección.

guardhouse (ga·djaus) *s.* cuartel de la guardia. *2* prisión militar.

guardian (ga·djan) *s.* guardián, guarda, custodio. *2* DER. tutor o curador. *3* guardián [de un convento de franciscanos]. — *4 adj.* que guarda, tutelar : *~ angel*, ángel custodio, ángel de la guarda.

guardianship (ga·dianship) *s.* protección, amparo, guarda, custodia, patronato. *2* DER. tutela, tutoría, curadoría. *3* guardianía [de un convento de franciscanos].

guardrail (ga·dreil) *s.* baranda. *2* MAR. barandilla. *3* FERROC. contracarril, carril de guía.

guardroom (ga·drum) *s.* MIL. cuerpo de guardia. *2* MIL. prevención.

guardsman (ga·dǿsmæn), *pl.* **-men** (-men) *s.* soldado de guardia ; centinela. *2* militar de uno de los cuerpos llamados guardia.

guava (gua va) s. BOT. guayabo. 2 BOT. guayaba : ~ *jelly*, guayaba [jalea].

gubernatorial (guiubø'nato·rial) adj. gubernativo. 2 del gobernador.

gudgeon (gø·dȝøn) s. ICT. gobio. 2 bobo, fácil de engañar. 3 cebo, engaño. 4 ganga, chiripa. 5 MEC. gorrón, muñón, cuello de eje. 6 MAR. hembra del timón. 7 anillo o tejuelo del pernio.

gudgeon (to) tr. engañar, estafar.

guelder-rose (gue·ldø'-rouš) s. BOT. bola de nieve, mundillo.

Guelf, Guelph (güelf) s. güelfo.

guerdon (gø·døn) s. galardón, premio.

guerilla s. y adj. GUERRILLA.

Guernsey (gø·nši) n. pr. GEOGR. Guernesey.

guer(r)illa (gueri·la) s. guerrillero. 2 guerrilla, guerra de guerrillas. — 3 adj. de guerrillas o de guerrillero.

guess (gues) s. conjetura, suposición ; cosa que se piensa o dice tratando de adivinar.

guess (to) tr. conjeturar, barruntar, suponer ; adivinar o tratar de adivinar : *to ~ right*, acertar. 2 fam. pensar, creer, imaginar : *I ~ so*, creo que sí, me parece que sí.

guesser (gue·sø') s. conjeturador adivinador.

guessing (gue·sing) s. acción de conjeturar o adivinar. — 2 adj. que conjetura o adivina ; de adivinar : ~ *game*, juego en que hay que adivinar algo.

guesswork (gue·suø'c) s. conjetura, obra o resultado de conjeturas : *at ~*, a buen tino, a bulto ; *by ~*, por conjeturas.

guest (guest) s. huésped [pers. alojada] ; forastero, visita, convidado, invitado : ~ *of honour*, huésped de honor, invitado de honor. 2 pensionista, inquilino. 3 ZOOL. huésped.

guestchamber (guéstche·mbø') s. cuarto de respeto, de forasteros.

guest-rope s. MAR. guía de falsa amarra.

guffaw (gøfo·) s. risotada, carcajada.

guffaw (to) intr. reír a carcajadas o groseramente.

Guiana (gui·ana) n. pr. GEOGR. Guayana.

guidance (gai·dans) s. guía, gobierno, dirección : *for your ~*, para su gobierno.

guide (gai·d) s. guía [pers. o cosa que guía], norte. 2 guía [libro]. 3 MEC. guía, guiadera, corredera. 4 MIL. guía. 5 pauta, patrón. 6 IMPR. mordante. — 7 adj. de guía, que sirve como guía : ~ *lines*, pauta, falsilla [para escribir] ; ~ *rope*, cuerda de guía ; arrastradera [de un globo dirigible] ; ~ *rail*, carril de guía ; corredera [de puerta].

guide (to) tr. guiar. | No tiene el sentido de guiar un coche. 2 dirigir, gobernar. 3 encaminar.

guideboard (gai·dbo'd) s. letrero indicador, señal de carretera.

guidebook (gai·dbuc) s. guía del viajero, guía de turismo.

guideless (gai·dlis) adj. sin guía. 2 sin gobierno.

guidepost (gai·dpoust) s. guía, poste indicador.

guidon (gai·døn) s. MIL. banderín.

Guienne (güie·n) n. pr. GEOGR. Guyena.

guild (guild) s. gremio, cofradía, corporación, hermandad, asociación.

guilder (gui·ldø') s. GULDEN.

guildhall (gui·ldjol) s. casa de un gremio. 2 casa del Ayuntamiento.

guildsman (gui·ldšmæn), pl. **-men** (-men) s. gremial [individuo de un gremio].

guile (gai·l) s. astucia, artificio, dolo, doblez, fraude, engaño, maña.

guileful (gai·lful) adj. artificioso, doloso, engañoso, aleve, traidor.

guileless (gai·lis) adj. sencillo, cándido, inocente, sin artificio.

guilelessness (gai·lisnis) s. sencillez, inocencia, sinceridad, franqueza.

guillemot (gui·limot) s. ORNIT. especie de pájaro niño.

guillotine (gui·lotina) s. guillotina.

guillotine (to) tr. guillotinar.

guilt (guilt) s. culpa, delito, crimen, pecado. 2 culpabilidad.

guiltily (gui·ltili) adv. culpablemente, criminalmente.

guiltiness (gui·ltinis) s. culpabilidad, delincuencia.

guiltless (gui·ltlis) adj. inocente, libre de culpa ; puro, sin mancha. 2 inexperto ; ignorante [de algo].

guiltlessly (gui·ltlisli) adv. inocentemente.

guiltlessness (gui·ltlisnis) s. inculpabilidad. 2 inocencia.

guilty (gui·lti) adj. culpable, reo ; delincuente : *to have a ~ conscience*, tener conciencia de ser culpable, remorderle a uno la conciencia.

guimpe (guimp) s. COST. canesú.

Guinea (gui·ni) n. pr. GEOGR. Guinea. — 2 adj. guineo, de Guinea.

guinea s. guinea [moneda]. 2 ORNIT. ~ *fowl*, ~ *hen*, o simplte. *guinea*, gallina de Guinea, pintada. 3 ZOOL. ~ *pig*, conejillo de Indias, cobayo, *curiel.

guise (gaiš) s. guisa, modo, manera : *in this ~*, de este modo. 2 aspecto, apariencia, disfraz ; capa, pretexto : *under the ~ of*, so capa de.

guitar (guita·') s. MÚS. guitarra, vihuela : ~ *player*, guitarrista.

gulch (gølch) s. (EE. UU.) quebrada, barranca.

gulden (gu·lden) s. gulden [moneda]. 2 florín holandés. 3 florín austriaco.

gules (giuilš) s. BLAS. gules.

gulf (gølf) s. GEOGR. golfo. 2 sima, abismo, vorágine. 3 (con may.) GEOGR. *Gulf Stream*, corriente del Golfo de Méjico ; *the Gulf*, el Golfo de Méjico.

gulfweed (gø·lfuid) s. BOT. sargazo.

gull (gøl) s. ORNIT. gaviota. 2 incauto, primo. 3 engaño, timo.

gull (to) tr. engañar, estafar, timar.

gullet (gø·løri) s. engaño, timo.

gullet (gø·lit) s. gaznate, gañguero, tragadero. 2 esófago. 3 MEC. garganta. 4 ING. zanja.

gullibility (gɛlibi·liti) s. tragaderas, credulidad.

gullible (gø·libøl) adj. incauto, bobo, crédulo, fácil de engañar.

gully (gø·li) s. cárcava, arroyada, barranca, hondonada. 2 (Ingl.) albañal.

gully (to) tr. excavar, formar canal.

gulp (gølp) s. acción de tragar, esfuerzo para tragar ; contracción de la garganta. 2 trago, engullida.

gulp (to) tr. [gralte. con *down*] tragar, engullir. 2 reprimir [las lágrimas], ahogar [un sollozo]. — 3 intr. contener el aliento [como cuando se traga], respirar, entecortadamente, no poder hablar [por la emoción, el susto, etc.].

gum (gøm) s. ANAT. encia : *the gums*, las encias. 2 BOT. goma : ~ *arabic*, goma arábiga ; ~ *benjamin* o *benzoin*, benjuí ; ~ *dragon*, goma adragante, tragacanto ; ~ *elastic*, goma elástica ; ~ *juniper*, sandáraca ; ~ *lac*, goma laca ; ~ *resin*, gomorresina ; ~ *succory*, BOT. condrila ; ~ *tree*, árbol que da goma ; ~ *water*, aguagoma. 3 goma de mascar, chicle. 4 goma [para pegar]. 5 pastilla de goma. 6 (EE. UU.) chanclo de goma.

gum (to) tr. engomar ; pegar o aderezar con goma. — 2 intr. exudar goma. ¶ CONJUG. pret. y p. p. : *gummed*; ger. : *gumming*.

gumbo (gø·mbou) s. BOT. quingombó. 2 sopa de quingombó. 3 lodo muy pegajoso. 4 (EE. UU.) dialecto criollo de la Luisiana.

gumboil (gø·mboil) s. flemón, párulis.

gumdrop (gø·mdrop) s. pastilla de goma.

gummier (gø·miø') adj. comp. de GUMMY.

gummiest (gø·miest) adj. superl. de GUMMY.

gummiferous (gømifø·øs) adj. gomífero.

gumminess (gø·minis) s. gomosidad.

gummous (gø·møs), **gummy** (gø·mi) adj. gomoso, viscoso.

gump (gømp) s. pop. tonto, majadero.

gumption (gø·mshøn) s. fam. perspicacia, seso, sentido común. 2 fam. energía, empuje, iniciativa.

gumshoe (gø·msu) s. chanclo de goma, zapato de lona con suela de goma. 2 pop. polizonte, detective. — 3 adj. subrepticio, furtivo ; hecho con mucho tiento o cautela.

gumshoe (to) intr. fam. andar sin hacer ruido ; obrar de una manera furtiva o cautelosa.

gun (gøn) s. ARTILL. cañón : *to stick to one's guns*, ser leal a su causa, mantenerse en sus trece. 2 fusil, escopeta, carabina, tercerola. 3 (EE. UU.) pistola revólver. 4 cañonazo [de salva o señal]. 5 tubo o jeringa. 6 tirador [que tira con arma de fuego]. — 7 adj. de cañón, fusil, pistola, etc. ; ~ *barrel*, cañón de fusil, escopeta, etc. ; ~ *carriage*, afuste, cureña [de cañón] ; ~ *deck*, MAR. puente, cubierta que lleva batería ; ~ *metal*, bronce de cañón ; imitación de bronce ; ~ *port*, MAR. cañonera, porta.

gun (to) tr. fam. hacer fuego sobre. 2 proveer de cañones. — 3 intr. cazar con escopeta o fusil : *to ~ for*, ir a la caza de, buscar para matar. ¶ CONJUG. pret. y p. p. : *gunned*; ger. *gunning*.

gunboat (gø·nbout) s. cañonero [embarcación].

guncotton (gøn·ncotøn) s. algodón pólvora.
gunfire (gø·nfaiæ') s. fuego de artillería. 2 fuego de fusil, pistola, etc.
gunflint (gøn·nflint) s. piedra de fusil.
gunlock (gø·nloc) s. llave de fusil.
gunman (gø·nmæn), pl. **-men** (-men) s. (EE. UU.) pistolero, bandido armado. 2 hombre armado de una pistola.
gunnel (gø·nel) s. MAR. GUNWALE.
gunner (gø·nø') s. artillero, apuntador. 2 MAR. condestable, cabo de cañón. 3 cazador [con escopeta].
gunnery (gø·nøri) s. artillería.
gunning (gø·ning) s. caza con escopeta.
gunny (gø·ni) s. yute, tejido basto para sacos; saco de yute.
gunpowder (gø·paudø') s. pólvora.
gunpower (gø·npauø') s. MAR. peso total de los proyectiles disparados en una andanada por los cañones de un buque de guerra.
gunroom (gø·nrum) s. MAR. cámara de oficiales subalternos [en un buque de guerra inglés].
gunrunning (gø·nrøning) s. contrabando de armas de fuego.
gunshot (gø·nshot) s. tiro de fusil, balazo, escopetazo. 2 tiro, alcance del fusil: *within* ~, a tiro de fusil
gunsmith (gø·nsmiz) s. armero [pers.].
gunstock (gø·nstoc) s. caja del fusil.
gunwale (gø·nueil) s. MAR. borda, regala.
gurgitation (gø·ŷite·shøn) s. hervor, agitación, remolino.
gurgle (gø·'gøl) s. borbolleo, borboteo. 2 gorgoteo. *3 death* ~, estertor de la muerte.
gurgle (to) intr. borbollear, borbotar. 2 gorgotear.
gurnard (gø·'na'd), **gurnet** (gø·'nət) s. ICT. rubio, escarcho; golondrina: *flying* ~, milano.
gush (gøsh) s. chorro, borbollón, borbotón. 2 efusión, extremo.
gush (to) tr. echar, derramar a chorros, en abundancia. — *2 intr.* brotar, fluir, manar, salir a borbotones, chorrear. 3 hacer extremos, ser extremoso.
gusher (gø·shø') s. pozo de chorro de petróleo.
gushing (gø·shing) adj. que fluye, que mana, que sale a borbotones. 2 extremoso.
gusla (gu·sla) s. MÚS. guzla.
gusset (gø·sit) s. COST. escudete, cuadrado, cuchillo. 2 ARM. gocete. 3 MEC. pieza de hierro para reforzar ángulos
gust (gøst) s. ráfaga, racha, ventolera, fugada. 2 acceso, arrebato. 3 poét. o ant. gusto [sentido; placer, deleite].
gustation (gøste·shøn) s. gustación, gustadura.
gustative (gø·stativ), **gustatory** (gø·statori) adj. gustativo.
Gustavus (gøstei·vøs) n. pr. m. Gustavo.
gusto (gø·stou) s. gusto, placer, afición [con que se hace una cosa].
gusty (gø·sti) adj. borrascoso. 2 impetuoso, explosivo.
gut (gøt) s. vulg. intestino, tripa. 2 cuerda de tripa. 3 estrecho, desfiladero. *4 pl.* pop. panza, estómago, tripas, bandullo. *5 pop.* fuerza, valor, agallas.
gut (to) tr. destripar, desentrañar.
gutta (gø·ta) s. FARM. y ARQ. gota.
gutta-percha (gø·ta-pø'cha) s. gutapercha.
guttated (gø·teitid) adj. goteado.
gutter (gø·tø') s. arroyo [de la calle]: fig. *to take someone out of the* ~, recoger a uno del arroyo; sacarle de la miseria. 2 albollón. 3 canal, canalón [de un tejado]. *4* surco que hacen las aguas llovedizas. 5 badén, cuneta. 6 zanja. 7 canal, surco, acanaladura 8 incisión para resinar. — *9 adj.* del arroyo, bajo: ~ *press*, ~ *journalism*, prensa que explota los gustos depravados del público.

gutter (to) tr. acanalar. 2 poner canalones, etc. — *3 intr.* acanalarse. 4 correrse [una vela]: *to* ~ *out*, apagarse, consumirse [una vela]. 5 correr [las lágrimas].
guttersnipe (gø·tø'snaip) s. pilluelo, golfillo.
guttiferous (gøti·førøs) adj. BOT. gutífero.
guttle (to) (gø·tøl) tr. e intr. comer, engullir.
guttural (gø·tøral) adj. gutural.
gutturality (gøtøræ·liti) s. calidad de gutural.
gutturally (gø·tørali) adv. guturalmente.
gutturalness (gø·tøralnis) s. GUTTURALITY.
Guy (gai) n. pr. m. Guido.
guy s. tirante viento. 2 retenida, cuerda que guía. *3 MAR.* patarráez. 4 desp. sujeto, tío, tipo, individuo. 5 fam. adefesio, mamarracho.
guy (to) tr. sujetar con tirantes, vientos o retenida. 2 fam. burlarse, hacer mofa de.
guzzle (to) (gø·søl) tr. beber mucho. 2 tragar, engullir. — *3 intr.* ser muy bebedor. — *4 tr.* gastar en bebida.
guzzler (gø·šlø') s. bebedor, borrachín. 2 tragón.
gymnasium (ŷimnei·ŷøm), pl. **-siums** o **-sia** (-siæ) s. gimnasio.
gymnast (ŷi·mnæst) s. gimnasta.
gymnastic(al (ŷimnæ·stic(al) adj. gimnástico, gímnico.
gymnastics (ŷimnæ·stics) s. gimnasia, gimnástica.
gymnosophist (ŷimno·sofist) s. gimnosofista.
Gymnospermæ (ŷimnospø·'mi) s. pl. BOT. gimnospermas.
gymnosperm (ŷi·mnospø'm) s. BOT. gimnosperma.
gymnospermous (ŷimnospø·'møs) adj. BOT. gimnospermo.
gymnotus (ŷimno·tus) s. ICT. gimnoto.
gynæceum, gynæcium (ŷinisɪ·øm, ŷainisɪ·øm) s. gineceo.
gynæcocracy, gynecocracy (ŷinico·crasi, ŷainico·crasi) s. ginecocracia.
gynæcologist, gynecologist (ŷinico·loŷist, ŷainico·loŷist, gainico·logist) s. ginecólogo.
gynæcology, gynecology (ŷinico·loŷi, ŷainico·loŷi, gainico·loŷi) s. ginecología.
gyniatrics (ŷiniæ·trics, ŷainiæ·trics) s. ginecología aplicada.
gyp (ŷip) s. criado de un colegio en Cambridge. 2 (EE. UU.) estafa, timo; estafador, timador.
gyp (to) tr. (EE. UU.) estafar, timar. ¶ CONJUG. pret. y p. p.: *gypped;* ger.: *gypping.*
gypseous (ŷi·psiøs), **gypsine** (ŷi·psin) adj. yesoso.
gypsum (ŷi·psøm) s. yeso, aljez.
gypsy (ŷi·psi) adj. y s. gitano, bohemio, cíngaro. *2 ENTOM.* ~ *moth,* lagarta [mariposa]. — *3 s.* (con may.) idioma de los gitanos.
gypsydom (ŷi·psidom) s. gitanería, los gitanos.
gypsyish (ŷi·psiish) adj. gitanesco, bohemio.
gypsyism (ŷi·psiism) s. gitanismo.
gyral (ŷai·ral) adj giratorio. 2 ANAT. perteneciente a las circunvoluciones cerebrales.
gyrate (to) (ŷai·reit) intr. girar [dar vueltas].
gyration (ŷaire·shøn) s. giro, vuelta, rotación, revolución. 2 ZOOL. vuelta de espiral de una concha.
gyratory (ŷi·ratori) adj. giratorio, de rotación.
gyre (ŷai·ø') s. giro, vuelta, revolución. 2 círculo, espiral.
gyrfalcon (ŷai·falcøn) s. ORNIT. gerifalte.
gyrocompass (ŷai·rocompas) s. MAR. compás giroscópico, brújula giroscópica.
gyromancy (ŷai·romensi) s. giromancia.
gyrometer (ŷairo·mitø') s. girómetro.
gyroscope (ŷai·roscoup) s. giroscopio.
gyrostat (ŷai·rostæt) s. giróstato.
gyrostatics (ŷairostæ·tics) s. girostática.
gyve (to) (ŷai·v) tr. encadenar, apiolar.
gyves (ŷai·vš) s. pl. grillos.

H

H, h (eich) s. H, h, octava letra del alfabeto inglés.
ha (ja) interj. ¡ah! 2 ha, ha!, ¡ja, ja!
habeas corpus (jei·bias co'pǿs) s. DER. habeas corpus.
haberdasher (jæ·bǿ'dæshǿ') s. mercero, camisero; comerciante que vende artículos para caballero.
haberdashery (jæ·bǿ'dæshǿri) s. mercería, camisería; tienda de artículos para caballero.
habergeon (jæ·bǿ'ȳǿn) s. cota de malla.
habiliment (jabi·limǿnt) s. vestido, traje, ropa.
habilitate (to) (jabi·liteit) s. proporcionar el capital de explotación de [una mina]. — 2 intr. hacerse idóneo, ponerse en condiciones [de ejercer un cargo, esp. en una universidad].
habit (jæ·bit) s. hábito [religioso]; vestido, traje: riding ~, traje de amazona. 2 hábito, costumbre, uso, vicio: to be in the ~ of, soler, acostumbrar, tener por costumbre; by o from ~, by force of ~, de vicio, por la fuerza de la costumbre. 3 manera normal de ocurrir o marchar una cosa. 4 condición, constitución, complexión. 5 H. NAT. hábito.
habit (to) tr. vestir, ataviar.
habitable (jæ·bitabǿl) adj. habitable.
habitableness (jæ·bitabǿlnis) s. habitabilidad.
habitant (jæ·bitant) s. habitante, morador.
habitat (jæ·bitat) s. H. NAT. habitación [región donde crece y vive un animal o planta]. 2 habitación, morada.
habitation (jæbite·shǿn) s. habitación, morada.
habit-forming adj. que crea hábito; enviciador.
habitual (jabi·chual) adj. habitual, acostumbrado. 2 que es o está habitualmente.
habitually (jabi·chuali) adv. habitualmente.
habituate (to) (jabi·chueit) tr. habituar, acostumbrar. 2 frecuentar
habitude (jæ·bitiud) s. hábito, costumbre. 2 disposición, actitud habitual; constitución normal; carácter innato.
habitué (jabichuei·) s. concurrente habitual.
hack (jæc) s. caballo de alquiler o para varios usos. 2 rocín, jamelgo. 3 coche de alquiler, o de punto, simón. 4 alquilón; escritor o literato a sueldo. 5 azacán, peón. 6 hacha, cuchilla, azadón, pico. 7 corte, tajo, muesca. 8 FÚTBOL. puntapié en la espinilla. 9 tropiezo [en el hablar]. 10 tos seca. 11 pila [de ladrillos puestos a secar]. — 12 adj. alquiladizo 13 trillado, gastado, manoseado. 14 de cortar o picar. 15 ~ stand, punto, o parada [de coches].
hack (to) tr. tajar, cortar, picar, machetear, azadonar. 2 cavar o arar y sembrar. 3 FÚTBOL. dar un puntapié en la espinilla. 4 alquilar [un coche, etc.]. 5 tener a sueldo [un escritor]. 6 abusar de [una palabra, una expresión]. — 7 intr. toser con tos seca. 8 alquilarse, venderse. 9 escribir artículos, etc., mal pagados.
hackamore (jæ·camǿ') s. cabezada o cabestro para domar potros.

hackberry (jæ·cberi) s. almez. 2 BOT. almeza.
hackle (jæ·cǿl) s. rastrillo [para el lino, etc.]; sedadera. 2 pluma del cuello de un ave [esp. de corral]. 3 mosca para pescar. 4 fibra no hilada. 5 pl. pelo erizado del cuello y el lomo de un perro: with his hackles up, fig. encolerizado, pronto a luchar.
hackle (to) tr. rastrillar [lino, cáñamo]. 2 tajar, cortar, estropear a tajos.
hackman (jæ·cmæn), pl. -men (-men) s. cochero de punto.
hackmatack (jæ·cmatæc) s. BOT. alerce americano.
hackney (jæ·cni) s. caballo corriente, jaca, cuartago. 2 coche de alquiler. 3 alquilón, azacán. — 4 adj. alquilado, de alquiler: ~ coach, simón, coche de punto; coche de cuatro ruedas y dos caballos; ~ coachman, cochero de punto; ~ writer, escritor a sueldo. 3 común, trillado. 5 de azacán.
hackney (to) tr. gastar, vulgarizar, hacer común, trillado 2 embotar [el entendimiento, la sensibilidad].
hackneyed (jæ·cnid) adj. gastado, trillado, resobado, manoseado: ~ subject, asunto o tema gastado, manoseado.
had (jæd) pret. y p. p. de TO HAVE.
haddock (jæ·dǿc) s. ICT. pez semejante al bacalao y la merluza.
hade (jeid) s. GEOL., MIN. buzamiento.
Hades (jei·diš) s. MIT. el otro mundo; el mundo inferior, los infiernos.
Hadrian (jei·drian) n. pr. m. Adriano.
haemal (ji·mal) adj. de la sangre. 2 situado en el lado del cuerpo donde se hallan el corazón y los grandes vasos sanguíneos.
hæmatemesis (jemate·mesis) s. hematemesis.
hæmathermal (je·mazǿ'mal) adj. ZOOL. hematermo.
hæmatic (jimæ·tic) adj. sanguíneo, de la sangre. 2 de color de sangre. 3 MED. que obra sobre la sangre.
hæmatin (je·matin) s. QUÍM. hematina.
hæmatite (je·matait) s. MINER. hematites.
hæmatoblast (je·matoblæst) s. hematoblasto.
hæmotocele (je·matosil) s. MED. hematocele.
hæmatocryal (je·matocraial) adj. ZOOL. hematocrino.
hæmatogenesis (jematoȳe·nesis) s. hematogénesis, formación de la sangre.
hæmatoid (je·matoid) adj. hematoideo.
hæmatoma (jematou·ma) s. MED. hematoma.
hæmatopoiesis (jematopoi·sis) s. FISIOL. hematopoyesis.
hæmatosis (jematou·sis) s. FISIOL. hematosis.
hæmatoxylin (jemato·csilin) s. QUÍM. hematoxilina.
hæmaturia (jematiu·ria) s. MED. hematuria.
hæmocyanin (jimosa·ianin) s. BIOQUÍM. hemocianina.
hæmoglobin (jimoglou·bin) s. BIOQUÍM. hemoglobina.
hæmolysis (jima·lisis) s. MED. hemólisis.
hæmopathy (jima·pazi) s. MED. hemopatía.
hæmophilia (jimofi·lia) s. MED. hemofilia.

hæmoptysis (jima ptisis) *s.* MED. hemoptisis.
hæmorrhage (je moridỹ) *s.* MED. hemorragia.
hæmorrhagic (jemoræ ỹic) *adj.* hemorrágico.
hæmorrhoidal (jemoroi dal) *adj.* hemorroidal.
hæmorrhoids (je moroidš) *s.* MED. hemorroides, almorranas.
hæmostat (ji mostæt) *s.* hemostático [medicamento]. 2 instrumento para comprimir un vaso sanguíneo.
hæmostatio (jimostæ tic) *adj.* MED. hemostático.
haft (jaft) *s.* mango, asa, agarradero, puño, empuñadura.
haft (to) *tr.* poner mango o puño a.
hag (jæg) *s.* bruja, tarasca [mujer vieja y fea]. 2 bruja, hechicera. 3 sitio blando en un marjal. 4 sitio firme en un tremedal.
hagfish (jæ gfish) *s.* ICT. especie de lamprea.
haggard (jæ ga d) *adj.* macilento, ojeroso, trasnochado, demacrado; de expresión fatigada, ansiosa o angustiosa. 2 zahareño, arañero [halcón].
haggardly (jæ ga dli) *s.* con expresión fatigada, ansiosa o angustiosa.
haggish (jæ guish) *adj.* de bruja.
haggle (jæ gøl) *s.* altercado, disputa. 2 regateo.
haggle (to) *tr.* tajar, cortar toscamente. — 2 *intr.* altercar, disputar. 3 regatear [discutir un precio].
haggler (jæ glø) *s.* el que taja o corta toscamente. 2 regatón, regatero.
hagiographer (jæỹia grafø) *s.* hagiógrafo.
hagiography (jæỹia grafi) *s.* hagiografía.
hagiolatry (jæỹia latri) *s.* culto de los santos.
Hague (The) (jeg) *n. pr.* GEOGR. La Haya.
hah (ja) *interj.* HA.
ha-ha (ja-ja) *s.* cerca hundida en un foso; foso o cerca no visible hasta que uno se aproxima a ellos. — 2 *interj.* ¡ja, ja!
haik (jeic) *s.* jaique.
hail (jeil) *s.* granizo, pedrisco, piedra. 2 granizada. 3 saludo; grito, llamada : *within* ~, al alcance de la voz; MAR. al habla. — 4 *interj.* ¡ave!, ¡salve!, salud! : *Hail Mary*, Ave María. — 5 *adj.* de granizo, de pedrisco. 6 de saludo.
hail (to) *intr.* y *tr.* granizar. — 2 *tr.* saludar, aclamar. 3 llamar, vocear : *to* ~ *a ship*, MAR. ponerse al habla con un buque. — 4 intr. *to* ~ *from*, venir, proceder de.
hail-fellow o **hail fellow** *adj.* y *s.* amigo, compañero, íntimo : *to be hail-fellow-well-met with*, ser camarada o amigo íntimo de.
hailstone (jeil stoun) *s.* piedra de granizo.
hailstorm (jeil sto m) *s.* granizada, pedrisco.
haily (jei li) *adj.* de pedrisco.
hair (je æ) *s.* cabello, pelo, vello; cabellos, cabellera : *head of* ~, cabellera, mata de pelo; *to do her* ~, peinarse [una mujer]; *to split hairs*, sutilizar demasiado; pararse en quisquillas; *to put up*, o *turn up, her* ~, hacerse [una muchacha] peinado de mujer; *to turn not a* ~, no inmutarse; no dar señales de esfuerzo o fatiga; *against the* ~, a contrapelo; *in* ~, con su pelo [dicho de una piel]. 2 pelo, hebra, filamento. 3 tejido de pelo. 4 pelo [pequeña cantidad o distancia] : *to a* ~, con la mayor exactitud o minuciosidad. 5 pelo [de un arma de fuego]. — 6 *adj.* de cabello o pelo, del pelo, para el pelo : ~ *ball*, VET. concreción formada en el estómago por pelos o fibras vegetales no digeridas; ~ *dye*, tintura para el pelo; ~ *follicle*, folículo piloso; ~ *glove*, guante de crin para estregarse; ~ *net*, redecilla, albanega; ~ *pencil*, pincel; ~ *remover*, depilatorio; ~ *ribbon*, cinta para el cabello; ~ *sieve*, tamiz de cerda; ~ *shirt*, cilicio; ~ *stroke*, trazo muy fino; ~ *switch*, añadido; ~ *tonic*, tónico capilar; ~ *trigger*, gatillo secundario [de un arma de fuego].
hairbreadth (je æ bredz) *s.* grueso de un cabello; casi nada : *to have a* ~ *escape*, escapar por un pelo, librarse de milagro.
hairbrush (je æ brøsh) *s.* cepillo para el pelo, para la cabeza.
haircloth (je æ cloz) *s.* tela de crin. 2 cilicio.
haircut (je æ cøt) *s.* corte del pelo : *to have a* ~, hacerse cortar el pelo.
hairdo (je æ du), *pl.* -dos (-dus) *s.* peinado, tocado.
hairdresser (je æ dresø) *s.* peluquero. 2 peluquera, peinadora. 3 *hairdresser's shop*, peluquería.
hairdressing (je æ dresing) *s.* peinado, arte del peluquero o la peinadora.

haired (je æ d) *adj.* cabelludo, peludo. 2 que tiene el pelo de cierto modo : *black haired*, pelinegro; *curly-haired*, de pelo rizado o crespo.
hairier (je æriø) *adj.* *comp.* de HAIRY.
hairiest (je æriest) *adj.* *superl.* de HAIRY.
hairiness (je ærinis) *s.* calidad de peludo, cabelludo, hirsuto.
hairless (je æ lis) *adj.* pelón, calvo, lampiño.
hairpin (je æ pin) *s.* horquilla [para el pelo].
hair-raising *adj.* espeluznante, horripilante.
hairsplitter (je æ splitø) *s.* persona que sutiliza demasiado, que hace distinciones demasiado sutiles.
hairsplitting (je æ spliting) *adj.* demasiado sutil, que sutiliza demasiado. — 2 *s.* sutileza excesiva, distinción demasiado sutil. 3 acción de sutilizar demasiado.
hairspring (je æ spring) *s.* espiral [de un reloj].
hairy (je æri) *adj.* cabelludo, peludo, velloso, velludo, hirsuto.
Haiti (jei ti) *n. pr.* GEOGR. Haití.
Haitian (jei tian) *adj.* y *s.* haitiano.
hake (jeic) *s.* ICT. merluza, pescada.
halation (jeilei shøn) *s.* FOT. halo.
halberd (jæ lbø d) *s.* alabarda.
halberdier (jælbø di ø) *s.* alabardero [soldado].
halcyon (jæ lsion) *adj.* apacible, sereno, tranquilo : ~ *days*, días felices, época de paz. — 2 *s.* ORNIT. alción, martín pescador.
hale (jeil) *adj.* sano, fuerte, robusto.
hale (to) *tr.* halar, tirar de, arrastrar.
half (jæf o jaf), *pl.* **halves** (jævš) *s.* mitad : *better* ~, cara mitad, consorte; *(the)* ~ *of*, la mitad de; *by* ~, con mucho; *in* ~, por la mitad. 2 ARIT. medio [quebrado]. 3 parte [de una cosa que se considera dividida en dos, aunque no sean iguales]. 4 DEP. parte [de un partido de fútbol]. 5 V. HALVES. — 6 *adj.* y *adv.* medio, semi, casi; a medias : *a* ~, *a* ~ *medio* : *a* ~ *pound*, media libra; ~ *a dozen*, media docena; ~ *after* o ~ *past*, [hablando de horas] y media : ~ *after two*, ~ *past two*, las dos y media; ~ *binding*, media pasta, encuadernación a la holandesa; ~ *blood*, mestizo; parentesco entre medios hermanos : *brother of the* ~ *blood*, medio hermano; ~ *boot*, bota de media caña; ~ *brother*, medio hermano; *to* ~ *close*, entornar, cerrar a medias; ~ *cock*, estado de un arma medio amartillada o montada en seguro : *to go off at* ~ *cock*, obrar o hablar con precipitación, prematuramente; ~ *crown* (Ingl.), media corona, moneda de plata de dos chelines y medio; ~ *done*, a medio hacer; medio cocido; ~ *door*, compuerta, media puerta; ~ *eagle* (EE. UU.), moneda de oro de cinco dólares; ~ *fare*, medio billete; ~ *holiday*, mañana o tarde de asueto, media fiesta; ~ *hose*, calcetines; ~ *leather*, encuadernación a la holandesa; ~ *light*, media luz; ~ *measures*, medias tintas, paños calientes; ~ *moon*, media luna; ~ *mourning*, medio luto; ~ *note*, MÚS. blanca, mínima; ~ *pay*, media paga, medio sueldo; ~ *price*, a mitad de precio; ~ *round*, medio bocel; cosa semicircular; ~ *sister*, media hermana; ~ *sole*, media suela; ~ *step*, MÚS. semitono; ~ *title*, IMPR. portadilla, anteportada, falsa portada; ~ *time*, media jornada; media parte [en el fútbol]; ~ *tone*, MÚS. semitono; media tinta; fotograbado a media tinta; ~ *year*, medio año, semestre; *not* ~, no, en modo alguno; mucho, que digamos : *he is not* ~ *a bad fellow*, no es ningún mal muchacho; *he didn't* ~ *swear*, no juró mucho, que digamos.
half-and-half *adj.* mitad y mitad. — 2 *adv.* a medias, en partes iguales. — 3 *s.* mezcla de dos cervezas; mezcla de leche y crema. 4 soldadura hecha con partes iguales de plomo y estaño.
halfback (jæ fbæc o ja fbæc) *s.* FÚTBOL. medio.
half-baked *adj.* a medio cocer, asar, hacer, etc. 2 incompleto. 3 poco juicioso, inexperto, tonto.
half-blood *s.* mestizo. 2 medio hermano o media hermana.
half-blooded *adj.* mestizo. 2 medio [hermano o hermana].
half-bound *adj.* encuadernado en pasta o a la holandesa.
half-bred *adj.* mestizo. 2 que tiene poca educación.
half-breed *adj.* y *s.* mestizo.
half-caste *adj.* y *s.* mestizo. 2 (EE. UU.) que tiene sangre mezclada de blanco e indio.
halfcock (to) (jæ fcoc o ja fcoc) *tr.* amartillar a medias o montar en seguro [un arma].

halfcocked (jæ·fcoct o ja·fcoct) *adj.* amartillado a medias, montado en seguro [arma].
half-dead *adj.* medio muerto.
half-full *adj.* mediado, lleno a medias.
half-faced *adj.* de perfil; que sólo tiene media cara visible. 2 incompleto.
half-hearted *adj.* frío, indiferente. 2 sin ánimo.
half-hour *s.* media hora : *on the* ~, a la media en punto; cada media hora. — *2 adj.* de media hora.
half-length *adj.* de medio cuerpo [retrato].
half-light *s.* media luz; luz de interior. — *2 adj.* de media luz.
half-mast *s.* media asta : *at* ~, a media asta.
half-mast (to) *tr.* poner a media asta [una bandera].
half-moon *s.* media luna [figura que presenta la luna, cosa en figura de media luna]. 2 FORT. media luna. — *3 adj.* de media luna, en figura de media luna.
half-opened *adj.* entreabierto.
half-pace *s.* tarima sobre unas gradas. 2 pequeño descansillo [de escalera].
halfpence (jei·pøns) *s. pl.* medios peniques.
halfpenny (jei·pøni), *pl.* **-pence** (-pøns) o **-pennies** (-pønis) *s.* medio penique.
half-round *adj.* semicircular; de mediacaña : ~ *file*, lima de mediacaña.
half-seas over *adj.* pop. achispado, entre dos velas.
half-sole (to) *tr.* poner media suela a.
half-timer *s.* el que trabaja sólo media jornada.
halftone (jæ·ftoun o ja·ftoun) *s.* HALF TONE. — *2 adj.* a media tinta.
half-truth *s.* media verdad, verdad a medias.
halfway (jæ·fuei o ja·fuei) *adj.* situado a mitad del camino, equidistante. 2 medio, incompleto, parcial. — *3 adv.* a medio camino, a mitad de la distancia; parcialmente [en parte] : ~ *through*, a la mitad de; *to meet* ~, partir el camino con, partir la diferencia con; hacer concesiones a cambio de otras; hacerse concesiones.
half-wit *s.* tonto, simple, imbécil.
half-witted *adj.* tonto, simple, imbécil. 2 alocado.
half-yearly *adj.* semestral. — *2 adv.* semestralmente.
halibut (hɔ·libøt) *s.* ICT. especie de platija de grandes dimensiones, cuya carne es muy estimada.
halid(e (jæ·laid) *adj.* QUÍM. haloideo. — *2 m.* QUÍM. compuesto haloideo.
halitosis (jæalitou·sis) *s.* MED. mal aliento, aliento fétido.
halitus (jæ·litøs) *s.* hálito [aliento, vapor, emanación].
hall (jol) *s.* vestíbulo, zaguán, recibimiento, antecámara. 2 pasadizo, corredor. 3 salón, sala [para asambleas, reuniones, etc.] : *music* ~, sala de conciertos o para espectáculos ligeros. 4 paraninfo [de una universidad]. 5 edificio público : *town* ~, casa del Ayuntamiento. 6 casa señorial en el campo.
hallelluia, hallelujah (jællu·ia) *s.* aleluya [voz de júbilo]. 2 BOT. aleluya.
halliard (jæ·lia'd) *s.* HALYARD.
hallmark, hall mark (jo·lma'k) *s.* marca del contraste. 2 fig. marca de pureza o de buena calidad.
hallo, halloa (jalou·) *interj.* para llamar, saludar o expresar sorpresa : ¡eh!, ¡hola!, ¡oiga! — *2 s.* grito, llamada.
hallo, halloa (to) *intr.* gritar *hallo* o *halloa*.
halloo (jalu·) *interj.* voz para llamar la atención. 2 ¡sus!, ¡busca! [para azuzar a los perros].
halloo (to) *tr.* gritar, llamar. 2 perseguir o incitar a gritos, azuzar.
hallooing (jalu·ing) *s.* grita, vocerío.
hallow (to) (jæ·lou) *tr.* santificar, consagrar, reverenciar.
hallowed (jæ·loud) *adj.* bendito, santo, sagrado...
Hallowe'en (jælou·n) *s.* víspera de Todos los Santos.
Hallowmas (jæ·loumas) *s.* día o fiesta de Todos los Santos.
hallucinate (to) (jælu·sineit) *tr.* alucinar. 2 alucinarse, tener alucinaciones.
hallucination (jælusine·shon) *s.* alucinación.
hallway (jo·luei) *s.* (EE. UU.) vestíbulo, zaguán; pasillo, corredor.
halma (jæ·lma) *s.* juego parecido al de damas.
halo (jei·lou), *pl.* **-los** o **-loes** (-lous o -løs) *s.* METEOR. halo. 2 halo, aureola, nimbo.
halogen (jæ·løýen) *s.* QUÍM. halógeno.
halogenous (jæla·ýenøs) *adj.* QUÍM. halógeno.
halography (jæla·grafi) *s.* halografía.

haloid (jæ·loid) *adj.* QUÍM. haloideo. — *2 s.* QUÍM. sal haloidea.
halt (jolt) *s.* alto, detención, parada : *to call a* ~, mandar hacer alto; *to come to a* ~, pararse, detenérse, interrumpirse. 2 cojera. 3 vacilación. — *4 adj.* cojo, renco.
halt (to) *intr.* detenerse, parar, hacer alto. 2 cojear, renquear. 3 vacilar; tartamudear. — *4 tr.* detener, mandar hacer alto.
1) **halter** (jo·ltø') *s.* cabestro, ronzal, jáquima. 2 cuerda para ahorcar, dogal. 3 muerte en la horca.
2) **halter**, *pl.* **-teres** (-tiriš) *s.* ENTOM. balancín [de díptero].
halter (to) *tr.* poner el cabestro, echar el ronzal a.
halting (jo·lting) *adj.* cojo, renqueante, claudicante. 2 defectuoso, imperfecto. 3 vacilante.
haltingly (jo·ltingli) *adv.* cojeando. 2 defectuosamente. 3 de un modo vacilante.
halve (to) (jav) *tr.* partir en dos. 2 reducir a la mitad. 3 ser la mitad de. 4 partirse [una cosa] con otro. 5 empalmar a media madera.
halves (javš) *s. pl.* de HALF. 2 *by halves*, por mitades; a medias, incompletamente. 3 *to go halves*, ir a medias.
halyard (jæ·lia'd) *s.* MAR. driza.
ham (jæm) *s.* pernil, jamón, nalgada : ~ *and eggs*, huevos con jamón. 2 ANAT. corva. 3 fam. (EE. UU.) aficionado [a la radio, etc.]. 4 fam. (EE. UU.) *ham* o ~ *actor*, comicastro. 5 *pl.* fam. nalgas.
hamadryad (jæ·madraiæd) *s.* MIT. hamadríada, hamadríade. 2 ZOOL. variedad de cobra.
hamate (jei·mit) *adj.* curvado, ganchudo, en forma de anzuelo.
hamburger (jæ·mbø'gø') *s.* COC. carne picada que se fríe o se asa en parrillas. 2 bocadillo o emparedado de carne picada y frita o asada.
Hamburg steak *s.* COC. biftec ruso, carne picada y frita en forma de tortilla.
hame (jeim) *s.* horcate.
Hamilcar (jami·lca') *n. pr. m.* Amílcar.
Hamite (jæ·mait) *s.* camita [descendiente de Cam].
Hamitic (jæmi·tic) *adj.* camítico.
hamlet (jæ·mlit) *s.* aldea, caserío. 2 ICT. pez parecido al rodaballo.
hammer (jæ·mø') *s.* martillo [herramienta] : *wood* ~, mazo; *knight of the* ~, fam. herrero; ~ *and tongs*, fam. con todas sus fuerzas, con violencia. 2 martillo [de subastador] : *to bring to the* ~, vender en pública subasta; *to come*, o *to go, under the* ~, venderse en pública subasta. 3 macillo, martinete [del piano]. 4 macito [de timbre eléctrico]. 5 pilón o maza [de martinete]. 6 gatillo, percusor [de las armas de fuego]. 7 ANAT. martillo. — *8 adj.* de martillo : ~ *stroke*, martillazo.
hammer (to) *tr.* martillar, golpear, batir. 2 forjar, repujar [metales]. 3 clavar [con martillo]. 4 meter, encajar [a golpes, a martillazos]. 5 *to* ~ *one's brains*, devanarse los sesos. 6 *to* ~ *out*, sacar a martillazos; hacer, producir, formar a golpes o trabajosamente; sacar en limpio a fuerza de pensar o hablar. — *7 intr.* martillar, dar golpes. 8 fig. trabajar, hacer esfuerzos reiterados; insistir : *to* ~ *at*, trabajar asiduamente en, dedicarse con ahínco a; *to* ~ *away*, trabajar asiduamente; insistir.
hammercloth (jæ·mø'cloz) *s.* paño del pescante de un coche.
hammerer (jæ·mørø') *s.* martillador.
hammerhead (jæ·mø'jed) *s.* ICT. pez martillo, cornudilla.
hammering (jæ·møring) *s.* martilleo : *by* ~, a martillo. 2 repujado.
hammerless (jæ·mø'lis) *adj.* sin martillo. 2 de gatillo o percutor interior [arma].
hammock (jæ·møc) *s.* hamaca. 2 MAR. coy.
hamper (jæ·mpø') *s.* cesta [con tapa]. 2 cuévano, cesto, banasta, canasta. 3 traba, grillete. 4 impedimento, estorbo. 5 MAR. aparejo.
hamper (to) *tr.* encestar. 2 cargar con cestos. 3 estorbar, embarazar, enredar. 4 estropear [una cerradura, etc.].
hamstring (jæ·mstring) *s.* tendón de la corva.
hamstring (to) *tr.* desjarretar. 2 debilitar, quitar fuerza, incapacitar. ¶ CONJUG.: pret. y p. p.: *hamstrung*.
hanaper (jæ·napø') *s.* cestita para documentos, etc.
hand (jænd) *s.* mano [de pers.]; posesión, poder, dominio, dirección; pers. que ejecuta una cosa]: *clean hands*, manos limpias, honradez; *to ask*

for the ~ *of*, pedir la mano de; *to be* ~ *and glove* o ~ *in glove*, ser uña y carne; *to bring up by* ~, criar con biberón, criar uno personalmente, con sus cuidados; *to change hands*, cambiar de manos, cambiar de dueño; *to clap hands*, batir palmas, aplaudir; *to come to* ~, llegar a poder de uno; ser recibida [una carta]; aparecer [algo perdido]; *to eat out of one's* ~, dejarse conducir dócilmente por uno, estar entregado a su voluntad; *to fall into the hands of*, caer en manos de; *to get the upper hand*, llevar ventaja, dominar, prevalecer; *to have in* ~, tener o traer entre manos; *to have one's hands full*, estar muy ocupado, tener muchísimo qué hacer; *to hold hands*, estar cogidos de las manos; *to hold up one's hands*, levantar las manos; *to hold up the hands of*, apoyar, sostener a [uno en una acción]; *to join hands*, darse las manos, casarse; *to keep one's hands off*, no tocar; no intervenir en; *to lay hands on*, poner las manos encima, tomar, coger, prender; ECL. imponer las manos; *to live from* ~ *to mouth*, vivir al día; *to play into the hands of*, hacer el juego, o el caldo gordo, a; *to put one's* ~ *on*, fig. encontrar; recordar; *to put*, o *set*, *the* ~ *to* o *unto*. meter mano a; principiar, emprender; *to take in* ~, encargarse o hacerse cargo de; ponerse a estudiar, resolver, etc. [un asunto, un problema]; *to turn one's hand to*, ocuparse en, dedicarse a; *at* ~, *near at* ~, a mano, cerca; próximo a ocurrir, al llegar; *at the* ~ *of*, a manos de, de manos de [por obra de]; *by* ~. a mano, manualmente; *by the* ~, de la mano; *by the* ~ *of*, por medio de; *from* ~ *to* ~, de mano en mano; ~ *in* ~, de las manos, asidos de la mano; juntos, de concierto; ~ *over* ~, ~ *over fist*, poniendo sucesivamente una mano después de otra [como cuando se sube por una cuerda]; con avance rápido; ~ *over head*, precipitadamente, inconsideradamente; *hands down*, sin esfuerzo, sin dificultad; sin reservas; *hands off!*, ¡manos quedas!, ¡no tocar!; *hands up!*, ¡manos arriba!; ~ *to* ~, cuerpo a cuerpo; *in* ~, contante [dinero]; en mano; entre manos; *off* ~, sin preparación, en el acto; *on* ~, a mano, disponible, en existencia, presente, que está ocurriendo; *out of* ~, en seguida, inmediatamente; acabado, terminado; desbocado; incontenible; *to* ~, en poder [de uno]; al alcance, a la mano; *with a heavy* ~, con mano dura; *with a high* ~, atrevidamente, sin miramientos; con arrogancia; *without doing a hand's turn*, sin hacer el menor esfuerzo. 2 mano, parte, participación: *to have a* ~ *in*, tener mano o parte en, jugar en. 3 mano, lado, parte: *right* ~, mano derecha, la derecha; *on the one* ~, por un lado, por una parte; *on the other* ~, por otro lado, por otra parte; *on all hands*, *on every* ~, por todas partes, por todos lados. 4 mano, habilidad, destreza: *to have a* ~ *for pastry*, tener mano para la pastelería; *to get*, *have* o *keep one's* ~ *in*, practicar, ejercitarse en; *to try one's* ~ *on*, probar sus fuerzas, su habilidad en; *his* ~ *is out*, está desentrenado, ha perdido habilidad por falta de práctica. 5 persona hábil o diestra [en], aficionada [a]: *to be a good* ~ *at*, ser diestro o hábil en. 6 mano, auxilio, ayuda: *to bear* o *lend a* ~, echar una mano, dar la mano, prestar ayuda, ayudar. 7 letra [carácter de letra]: *running* ~, letra tirada. 8 letra, escritura [de una pers.], puño y letra. 9 firma: *to set one's* ~ *to*, poner uno su firma en; *under the* ~ *of*, con la firma de, firmado por; *given under my* ~ *and seal*, expedido con mi firma y sello. 10 aplauso: *to give one a* ~, dedicar un aplauso a uno. 11 mano [origen, fuente]: *at first* ~, de primera mano; directamente. 12 ZOOL. mano [de cuadrumano]; pinza [de crustáceo]. 13 manecilla, aguja [de reloj]: *hour* ~, horario; *minute* ~, minutero. 14 IMPR. manecilla. 15 palmo menor. 16 entrada, jugada [en el billar, el cricquet, etc.]. 17 NAIPES. mano [lance entero]; juego [naipes que recibe el jugador]; jugador: *first* ~, mano, primer jugador; *to show one's* ~. fig. descubrir uno su juego. 18 cantidad establecida como medida para el despacho de ciertos articulos: cinco unidades: *a* ~ *of oranges*, cinco naranjas. 19 COC. (Ingl.) espaldilla [de cerdo]. 20 obrero, peón: *farm* ~, mozo de labranza. 21 MAR. marinero,

tripulante: *all hands*, toda la tripulación; fig. todos todo el mundo. 22 *adj.* de mano, a mano, manual; para la mano: ~ *brake*, MEC. freno de mano; ~ *control*, MEC. mando a mano; ~ *drill*, taladro a mano; ~ *fishing*, pesca con sedal sin caña; ~ *glass*, espejo de mano; lente de aumento, lupa; ~ *grenade*, granada de mano; ~ *labour*, trabajo manual; ~ *language*, dactilología, lenguaje de los mudos; ~ *loom*, telar a mano; ~ *luggage*, equipaje o bultos de mano; ~ *mill*, molinillo; ~ *organ*, organillo, aristón; ~ *press*, prensa de mano; ~ *screw*, CARP. tornillo de mano; prensa de tornillos; ~ *wear*. guantes.

hand (to) *tr.* dar, entregar, aprontar, poner en manos [de alguien], pasar. 2 conducir, guiar por la mano: *to* ~ *in*, *into* o *out*, dar la mano para ayudar a entrar o salir [de un carruaje, etc.]. 3 MAR. plegar, aferrar [una vela]. 4 *to* ~ *down*, transmitir [por sucesión]; bajar, dar, pasar [de arriba abajo]; DER. publicar o dictar [un fallo]. 5 *to* ~ *in*, entregar, presentar: *to* ~ *in one's checks*, hacerse cambiar las fichas por dinero al abandonar el juego. 6 *to* ~ *on*, transmitir [por sucesión]. 7 *to* ~ *out*, fam. entregar, dar. 8 *to* ~ *over*, entregar; resignar. 9 *to* ~ *round* o *around*, hacer pasar, pasar de uno á otro. 10 *to* ~ *up*, dar, pasar [de abajo arriba].

handbag (jǽndbæg) *s.* saco de noche, maletín. 2 bolso [de señora].

handball (jǽndbol) *s.* pelota [para jugar a mano]. 2 juego de pelota a mano.

handbarrow (jǽndbærou) *s.* angarillas, parihuelas. 2 carretilla de mano.

handbill (jǽndbil) *s.* hoja suelta, anuncio, prospecto [que se entrega a mano].

handbook (jǽndbuc) *s.* manual, prontuario; guía [libro].

handbreadth (jǽndbredz) *s.* palmo menor.

handcar (jǽndca') *s.* FERROC. vagón plano y pequeño que se hace andar con unas palancas movidas a mano.

handcart (jǽndca't) *s.* carrito o carretilla de mano.

handcuff (jǽndcøf) *s.* manilla. 2 *pl.* manillas, esposas.

handcuff (to) *tr.* esposar, poner manillas a.

handed (jǽndid) *adj.* que tiene mano; de mano, que usa la mano; hecho con la mano, etc.: *empty handed*, con las manos vacías; *four-handed*, cuadrumano; a cuatro manos; *left-handed*, zurdo; cargado a la izquierda.

handful (jǽndful) *s.* manojo, puñado. 2 fig. puñado [corta cantidad].

handhold (jǽndjiould) *s.* asidero.

handicap (jǽndicæp) *s.* DEP. en una carrera, competición, etc., restricción o impedimento que se impone a algunos participantes para que estén en igualdad de condiciones con los demás. 2 carreras de caballos con peso compensado. 3 obstáculo, dificultad, desventaja.

handicap (to) *tr.* en una carrera, competición, etc., poner alguna restricción o impedimento a [algunos participantes] para que estén en igualdad de condiciones con los demás. 2 estorbar, poner trabas a, poner en desventaja. ¶ CONJUG. pret. y p. p.: *handicapped*; ger.: *handicapping*.

handicapped (jǽndicæpt) *adj.* impedido, estorbado por alguna desventaja, inconveniente o inhabilidad.

handicraft (jǽndicræft) *s.* oficio, arte mecánica. 2 ocupación o habilidad manual.

handicraftsman (jǽndicræftsmæn), *pl.* **-men** (-men) *s.* artesano, artifice.

handicuff (jǽndicøf) *s.* manotada, revés, puñetazo.

handily (jǽndili) *adv.* mañosamente, diestramente. 2 cómodamente.

handiness (jǽndinis) *s.* mafia, destreza. 2 comodidad, conveniencia.

handiwork (jǽndiuø'c) *s.* obra manual. 2 obra de las manos [de uno]. 3 labor, obra, hechura.

handkerchief (jǽndkø'chif) *s.* pañuelo.

handle (jǽndøl) *s.* de cesta, cofre, vasija, etc.]: asidero; astil, mango, manija; manubrio [de organillo, etc.]; puño [de bastón, paraguas, etc.]; tirador [de cajón, puerta, etc.]: ~ *bar*, manillar, guía [de bicicleta]; *a* ~ *to one's name*, fig. título, tratamiento; apodo. 2 fig. asidero [ocasión, pretexto]. 3 tacto [de una cosa].

handle (to) *tr.* tocar, manosear. 2 manejar, manipular, tratar : *to ~ without gloves,* tratar sin miramientos, sin consideración. 3 gobernar, dirigir. 4 tratar, comerciar en. 5 poner mango a. — 6 *intr.* usar las manos. 7 manejarse, ser manejado [con facilidad, etc.].

handler (jǽndlø') *s.* el que maneja algo. 2 entrenador o segundo de un boxeador. 3 el que anima a los gallos o perros de pelea.

handless (jǽndlis) *adj.* manco, sin manos.

handling (jǽndling) *s.* toque, manoseo. 2 manejo, manipulación, tratamiento, trato. 3 gobierno, dirección.

handmade (jǽndmei d) *adj.* hecho a mano : *~ paper,* papel de tina.

handmaid (jǽndmeid), **handmaiden** (jǽndmeidøn) *s.* criada, sirvienta.

hand-me-down *adj.* fam. hecho, de confección ; barato, de segunda mano ; poco elegante [ropa, vestido, etc.]. — 2 *s.* fam. traje, vestido, etc., hecho o de segunda mano.

handout (jǽndaut) *s.* fam. comida o ropa que se da de limosna a un mendigo.

hand-picked (jǽndpict) *adj.* escogido a mano. 2 escogido escrupulosamente o por motivos ocultos.

handrail (jǽndreil) *s.* barandal, pasamano.

handsaw (jǽndso) *s.* serrucho, sierra de mano.

handsel (jǽndsøl) *s.* estrena. 2 primera paga que uno cobra. 3 aguinaldo. 4 prenda, señal, arras.

handsel (to) *tr.* estrenar. 2 inaugurar con fiesta u obsequio. 3 dar aguinaldo. 4 ser el primero en probar o tener conocimiento de [una cosa]. ¶ CONJUG. pret. y p. p.: *handseled* o *-selled;* ger.: *handseling* o *-selling.*

handset (jǽndset) *s.* TELEF. microteléfono [aparato con el micrófono y el auricular en una sola pieza].

handshake (jǽndsheic) *s.* apretón de manos.

hands-off *adj.* de no intervención : *hands-off policy,* política de no intervención.

handsome (jǽnsøm) *adj.* hermoso, elegante, primoroso. 2 guapo, garrido, bien parecido. 3 noble, excelente. 4 liberal, generoso : *to do the ~ thing,* mostrarse liberal, generoso. 5 bonito, considerable : *a ~ sum of money,* una bonita suma.

handsomely (jǽnsømli) *adv.* hermosamente. 2 noblemente. 3 generosamente.

handsomeness (jǽnsømnis) *s.* hermosura, elegancia, apostura. 2 generosidad.

handspike (jǽndspaic) *s.* barra [de cabrestante, etc.]. 2 espeque.

handspring (jǽndspring) *s.* voltereta sobre las manos.

handstroke (jǽndstrouc) *s.* golpe dado con la mano. 2 puñetazo.

hand-to-hand *adj.* cuerpo a cuerpo.

hand-to-mouth *adj.* precario, inseguro. 2 impróvido.

hand-tooled *adj.* labrado a mano.

handwheel (jǽndjurl) *s.* MEC. rueda o volante de mando o maniobra.

handwork (jǽnduø'c) *s.* obra hecha a mano.

handwriting (jǽndrai·ting) *s.* carácter de letra, letra, escritura [de una pers.]. 2 ant. escritura, cosa escrita.

handy (jǽndi) *adj.* diestro, hábil, mañoso. 2 manual, manuable, fácil de manejar. 3 a la mano, próximo. 4 cómodo, conveniente, útil : *to come in ~,* venir bien, venir al pelo. 5 *~ man,* hombre o mozo que se emplea para menesteres varios.

hang (jæng) *s.* manera que tiene de colgar, caer o inclinarse [una cosa] ; caída [de un vestido]. 2 inclinación, declive. 3 lo que cuelga [una fruta de árbol]. 4 sentido, intención [de un discurso, razonamiento, etc.]. 5 modo, manera [de hacer una cosa, de emplear un instrumento], tranquillo : *to get the ~ of,* cogerle el tranquillo a. 6 pausa, detención, vacilación, retardo [en el movimiento]. 7 inclinación, predilección [por una cosa]. 8 fig. nada, un bledo : *I don't care,* o *give, a ~,* no me importa un bledo : *not a ~,* nada.

hang (to) *tr.* colgar, suspender. 2 colgar, ahorcar. 3 colgar, entapizar [adornar con colgadura o tapices], adornar, con cuadros, panoplias, etc. ; tapizar, empapelar [paredes, habitaciones] ; pegar a, o fijar en, la pared : *to ~ paper on a wall,* *to ~ a wall with paper,* empapelar una pared. 4 tender [la ropa]. 5 inclinar, bajar [la cabeza]. 6 hacer descansar sobre goznes o muelles ; engoznar [una puerta]. 7 impedir el que disiente

[a un jurado] la emisión de un veredicto que debe ser por unanimidad. 8 *to ~ fire,* tardar en dispararse, fallar [un arma de fuego] ; vacilar ; alargarse estar en suspenso [una cosa]. 9 *to ~ out,* colgar al exterior ; colgar o tender en una ventana, balcón, etc. ; *to ~ out a shingle o one's shingle,* fam. (EE. UU.) abrir despacho [esp. de abogado]. 10 *to ~ up,* colgar [el sombrero, etc.] ; suspender, dejar en suspenso ; volver a colgar [el teléfono] ; pop. empeñar [un reloj, etc.]. 11 *~ it!,* *~ it all!,* ¡al demonio!, ¡maldito sea!

12 *intr.* colgar, pender, caer. 13 ser ahorcado. 14 hacer pendiente o declive. 15 estar engoznado o sujeto por medio de goznes. 16 estar adornado con colgaduras. 17 depender, descansar. 18 asirse [a] colgarse [de], abrazarse [a] ; 19 adherirse, pegarse. 20 ser inminente, amenazar. 21 estar en suspenso ; ser incierto ; retardarse. 22 detenerse, estar, aguardar [en un sitio]. 23 *to ~ about o around,* rondar, andar holgazaneando [por un sitio] ; esperar sin hacer nada. 24 *to ~ back,* vacilar, titubear ; resistirse a pasar adelante ; quedarse rezagado. 25 *to ~ down,* colgar, estar pendiente. 26 *to ~ in the balance,* estar en balanza, ser dudoso, incierto. 27 *to ~ loose,* caer suelto. 28 *to ~ off,* no decidirse, hacerse el remolón. 29 *to ~ on,* colgar de [un clavo, etc.] ; colgarse de, apoyarse en ; abrazarse [al cuello] de ; pegarse a [uno] ; depender, estar pendiente de ; estar colgado o pendiente de [las palabras de uno] ; continuar, persistir ; insistir. 30 *to ~ on to,* agarrarse o estar agarrado a ; no querer soltar, no querer deshacerse de. 31 *to ~ out,* estar colgado o enarbolado al exterior, asomarse [a una ventana, etc.] sacando fuera el busto ; pop. vivir, residir, alojarse ; pasar el tiempo [en un lugar]. 32 *to ~ over,* extenderse o estar tendido sobre [en lo alto] ; amenazar, cernerse sobre ; quedarse trabajando ; persistir [como efecto de un estado anterior]. 33 *to ~ together,* mantenerse unidos, permanecer unidos ; tener coherencia. 34 *to ~ up,* colgar [dar por terminada una conversación por teléfono colgando el auricular].

¶ CONJUG. pret. y p. p.: *hung* o *hanged.* | En la acep. 2 se prefiere *hanged.*

hangar (jǽnga') *s.* hangar. 2 cobertizo.

hangbird (jǽngbø'd) *s.* pájaro que fabrica un nido colgante.

hangdog (jǽngdog) *adj.* avergonzado. 2 bajo, rastrero. — 2 *s.* persona ruin, degradada.

hanger (jǽngø') *s.* soporte colgante, barra, gancho o artefacto de suspensión. 2 colgadero, percha. 3 IMPR. espito. 4 sable corto. 5 bosque en pendiente. 6 el que cuelga o coloca : *paper ~,* empapelador.

hanger-on, *pl.* **hangers-on** *s.* pegote, parásito ; persona que depende de otra para su sustento ; que se pega a otra u otras. 2 el que frecuenta un paraje. 3 operario que cuelga ciertas cosas.

hanging (jǽnging) *adj.* colgante, pendiente, suspendido : *~ scaffold,* andamio volante ; *~ stage,* MAR. plancha de viento, guindola. 2 que sirve para colgar o suspender, de suspensión. 3 patibulario, merecedor de la horca. — 4 *s.* colgamiento, suspensión. 5 ejecución en la horca. 6 *pl.* colgaduras, tapices, cortinajes.

hangman (jǽngmæn), *pl.* **-men** (-men) *s.* verdugo.

hangnail (jǽngneil) *s.* padrastro, respigón.

hangout (jǽngaut) *s.* fam. (EE. UU.) morada, guarida ; punto de reunión.

hank (jænk) *s.* madeja, cadejo. 2 aduja, rollo de cuerda. 3 MAR. anillo [de vela].

hank (to) *intr.* hacer madejas. 2 adujar.

hanker (jǽnkø') *s.* obrero que ata o empaqueta madejas.

hanker (to) *intr.* ansiar, anhelar, apetecer. | Gralte. con *for* o *after.*

hankering (jǽnkøring) *s.* ansia, anhelo, deseo, apetencia.

hanky (jǽnki) *s.* [en lenguaje infantil] pañuelo.

hanky-panky (-pǽnki) *s.* charlatanería de prestidigitador para distraer la atención. 2 prestidigitación. 3 engaño, superchería.

Hannah (jǽna) *n. pr. f.* Ana.

Hannibal (jǽnibal) *n. pr. m.* Aníbal.

Hanover (jǽnovo') *n. pr.* GEOGR. Hannover.

Hanoverian (jæ novrian) *adj.* y *s.* hannoveriano.

hanse (jæns) *s.* HIST. gremio o unión mercantil. 2 (con may.) Ansa, Hansa.

hanseatic (jænsiæ tic) *adj.* anseático, hanseático.
hansel (jæ nsel) *s.* HANDSEL.
hansel (to) *tr.* TO HANDSEL.
hansom o **hansom cab** (jæ nsøm) *s.* cabriolé con el pescante en la parte alta de la zaga.
hap (jæp) *s.* ant. acaso, lance, ocurrencia. 2 suerte, azar, casualidad.
hap (to) *intr.* ant. acontecer, acaecer, suceder. ¶ CONJUG. pret. y p. p.: *happed;* ger.: *happing.*
haphazard (jæ pjæ̃́sa'd) *s.* casualidad, azar. — 2 *adj.* casual, fortuito, impensado. *3* descuidado, hecho a bulto. — *4* adv. *haphazard* o *at ~,* al acaso, a. azar, al buen tuntún.
hapless (jæ plis) *adj.* desgraciado, desventurado, mísero.
haploclamydeous (jæ plocleimidiøs) *adj.* BOT. haploclamídeo.
haploid (jæ ploid) *adj.* y *s.* BIOL. haploide.
haplology (jæplo loyi) *s.* FILOL. haplología.
haply (jæ pli) *adv.* quizás. 2 acaso, por casualidad.
happen (to) (jæ pøn) *intr.* acontecer, acaecer, suceder ocurrir, pasar: *don't let anything ~ to him,* que no le pase nada; *for what may ~,* por lo que pueda ocurrir, ser o tronar, por si las moscas; *no matter what happens,* pase lo que pase; *how did that happened?,* ¿cómo fue, u ocurrió, esto? 2 dar la casualidad de que, ser el caso que, resultar que; acertar a [suceder, hacer, etc., por casualidad] : *it happens that I know it, I ~ to know it,* da la casualidad de que, resulta que, el caso es que, yo lo sé; *if he happens to have it,* si él lo tiene, en caso de que él lo tenga; *he happened to be there,* él acertaba a estar allí; *as it happens,* da la casualidad de que. *3 to ~ in* o *into,* entrar por casualidad, al pasar, entrar un momento. *4 to ~ on* o *upon,* encontrar, dar con, tropezar con.
happening (jæ pøning) *s.* acontecimiento, suceso, sucedido.
happily (jæ pili) *adv.* felizmente, dichosamente, afortunadamente.
happiness (jæ pinis) *s.* felicidad, dicha, ventura. 2 contento.
happy (jæ pi) *adj.* feliz, dichoso, afortunado, fausto: *~ hunting grounds,* terreno de caza abundante [paraíso de los indios norteamericanos]. 2 al˘gre, contento. *3* hábil, pronto, oportuno. *4* de felicidad, de contento. *5 ~ medium,* justo medio. *6 to be ~ to,* alegrarse de, celebrar, tener gusto en; tener la fortuna de.
happy-go-lucky *adj.* y *s.* descuidado, impróvido, irr˘sponsable, confiado en la buena suerte. — 2 *adv.* a la buenaventura.
harangue (jâræ ng) *s.* arenga, perorata.
harangue (to) *tr.* arengar, hablar [al público]. — 2 *intr.* discursear, perorar.
harass (to) (jæ ras) *tr.* cansar, fatigar, agotar; atormentar; acosar, importunar. 2 MIL. hostigar. hostilizar. 3 devastar, hacer incursiones en.
harassment (je rasmønt) *s.* fatiga. 2 ansiedad. *3* acoso. hostigamiento, persecución.
harbinger (ja 'binȳø') *s.* heraldo, nuncio, precursor. 2 anuncio, pr˘sagio.
harbinger (to) *tr.* anunciar, presagiar.
harbo(u)r (ja 'bø') *s.* puerto [de mar o río] : *~ master,* capitán de puerto; *~ pilot,* práctico de puerto. 2 puerto, seguro. 3 asilo, refugio, abrigo. albergue.
harbo(u)r (to) *tr.* abrigar, resguardar. 2 acoger, refugiar. dar asilo. 3 hospedar, albergar. *4* albergar, abrigar, profesar [ideas, sentimientos]. 5 contener, guardar. — *6 intr.* albergarse. 7 refugiarse.
harbourage, harborage (ja 'boridȳ) *s.* puerto, refugio, amparo, abrigo. 2 hospedaje, albergue.
hard (ja'd) *adj.* duro [no blando]. 2 endurecido. *3* firme sólido, resistent˘. *4* enérgico, persistent˘. *5* fuerte, apto para el esfuerzo. *6* duro, rígido, sin gracia, sin suavidad [estilo, etc.]. 7 duro, fatigoso penoso, trabajoso, arduo, difícil : *~ to cure,* difícil de curar; *~ to deal with,* intratable ; *~ to please,* descont˘ntadizo, difícil de contentar ; *~ times,* tiempos duros, difíciles. 8 duro, riguroso, opresivo. 9 inclemente [tiempo]. *10* perverso. incorregible. *11* duro, insoportable, irresistibl˘. *12* difícil de dominar. *13* áspero, ácido. agrio [vino, etc.]. *14* cruda, gorda [agua]. *15* COM. firme, sostenido [precio]. *16* ELECT. duro [rayo, tubo]. *17* apretado [nudo]. *18* FONÉT. gutural, velar *19* FONÉT. sordo. *20 ~ and fast,* rígido, inflexible [regla, etc.]; NÁUT. bien ama-

rrado. *21 ~ cash,* dinero efectivo; metálico. *22 ~ cider,* cidra muy fermentada. *23 ~ dollar,* peso duro. *24 ~ drinker,* gran bebedor. *25 ~ facts,* hechos indiscutibles. *26 ~ fiber,* fibra vulcanizada. *27* BOT. *~ grass,* rompesacos. *28 ~ labour,* trabajos forzados. *29 ~ lines, ~ luck,* mala suerte. *30* (EE. UU.) *~ liquor,* licor fuertemente alcohólico, producto de la destilación [a diferencia del vino, la cerveza, etc.]. *31 ~ of hearing,* duro de oído, teniente. *32 ~ rubber,* ebonita, vulcanita. *33 ~ sauce,* mantequilla [pasta de manteca de vaca batida con azúcar]. *34 ~ soldering,* soldadura dura, de elevado punto de fusión. *35 ~ steel,* acero rico en carbono. *36 ~ usage,* mai trato. *37 ~ worker,* persona muy trabajadora. *38 to be ~ on,* ser duro para con, tratar con dureza; gastar, estropear.
39 adv. duramente, duro, fuerte, fuertemente, firmemente, con energía, con ahinco, de firme, recio, reciamente, vigorosamente, con violencia. *40* difícilmente, con dificultad. *41* con pesar, con molestia. *42* cerca: *~ by,* al lado, junto, muy cerca. *42* MAR. todo, enteramente : *~ aport,* a babor todo. *44 ~ pressed, pushed* o *run,* perseguido de cerca, acosado; apremiado, apurado : *~ pressed by his creditors,* acosado o apremiado por sus acreedores; *~ pressed for money,* apurado. falto de dinero; *~ pressed for time,* falto de tiempo, que tiene prisa. *45 ~ put to it,* en apuros, en un aprieto. *46 ~ up,* apurado, necesitado; falto o escaso [d˘ dinero u otra cosa]. *47 to drink ~,* beber fuerte, con exceso. *48 to go ~ with one,* serle a uno penoso; costarle caro; cargársela, ser castigado con rigor.
49 s. suelo o piso duro.
hard-bitted (-bi tid) *adj.* boquiduro [caballo].
hard-bitten ¢dj. fam. duro, resistente [en la lucha]. 2 terco, tenaz.
hard-boiled *adj.* duro [huevo]. 2 duro, inflexible. *3* endurecido, insensible. *4* terco.
hard-drawn *adj.* METAL. estirado en frío.
hard-earned *adj.* ganado con dificultad, con esfuerzo; ganado a pulso.
harden (to) (ja 'døn) *tr.* endurecer. 2 encallecer, curtir, hacer insensible. 3 consolidar, solidar. *4* robustecer. 5 fortalecer, confirmar [en un sentimiento, etc.]. — *6 intr.* endurecerse. 7 encallecerse, empedernirse, curtirse. 8 fortalecerse, confirmarse
hardened (ja 'dønd) *adj.* endurecido. 2 encallecido, curtido. *3* empedernido.
hardening (ja 'døning) *s.* endurecimiento : *~ of the arteries,* MED. arteriosclerosis. 2 encallecimiento, empedernimiento. — *3 adj.* endurecedor; de endurecimiento
hard-favoured, hard-featured *adj.* cariagrio, de facciones duras.
hard-fisted (-fistid) *adj.* de puños o manos fuertes. 2 agarrado, tacaño.
hard-fought *adj.* empeñado, reñido.
hard-grained *adj.* de grano duro, compacto. 2 de mal genio.
hard-handed *adj.* de manos ásperas, encallecidas. 2 duro, cruel, de mano dura.
hard-head *s.* zopenco. 2 persona astuta, fría.
hard-headed *adj.* de cabeza dura. 2 ˘stuto, sagaz, perspicaz. 3 testarudo.
hard-hearted *adj.* duro de corazón, insensible, cruel.
hard-mouthed *adj.* boquiduro [cabⱥllo]. 2 obstinado.
hardier (ja 'diø') *adj. comp.* de HARDY.
hardiest (ja 'diest) *adj. super.* de HARDY.
hardihood (ja 'dijud) *s.* valor, intrepidez, resolución. 2 audacia, osadía. 3 descaro.
hardiness (ja 'dinis) *s.* vigor, robustez, resistencia. 2 HARDIHOOD.
hardly (ja 'dli) *adv.* difícilmente. 2 apenas, escasamente, no del todo. 3 penosamente. 4 duramente, ásperamente, mal, injustamente.
hardness (ja 'dnis) *s.* dureza. 2 firmeza, solidez. *3* escasez, penuria; penalidad, trabajo. 4 crueldad, inhumanidad. 5 rigor, aspereza. *6* crudeza [del agua]. 7 B. ART. dureza, tosquedad.
hardpan (ja 'dpæn) *s.* capa dura debajo de un terreno blando. 2 terreno duro. 3 base sólida. *4* fondo, parte fundamental.
hard-set *adj.* apurado, en un aprieto. 2 duro, firme. 3 resuelto, obstinado.
hard-shell *adj.* de cáscara o caparazón duro. 2 (EE. UU.) intransigente.

hardship (ja·'dship) *s.* penalidad, trabajo, sufrimiento, privación, estrechez. 2 opresión, injusticia.

hardtack (ja·'dtæc) *s.* galleta [de munición].

hardware (ja·'due') *s.* quincalla, ferretería [géneros] : ～ *shop*, quincallería, ferretería [tienda].

hardwareman (ja·'due'mæn), *pl.* **-men** (-men) *s.* quincallero, ferretero.

hard-won *adj.* ganado a pulso; conseguido con dificultad.

hardwood (ja·'dwud) *s.* madera dura, madera noble. 2 árbol de madera dura o noble.

hardy (ja·'di) *adj.* robusto, fuerte, endurecido. 2 bravo, intrépido, resuelto. 3 audaz, temerario. 4 BOT. resistente. — 5 *s.* especie de tajadera de herrero que se fija en un agujero del yunque con el corte hacia arriba.

hare (je·æ') *s* ZOOL. liebre : *young* ～, lebrato, lebratón ; ～ *and hounds*, juego en que se imita la caza de la liebre. 2 pop. (Ingl.) pasajero sin billete. 3 ASTR. liebre.

harebell (je·æ'bel) *s.* BOT. campanilla.

harebrained (je·æ'breind) *adj.* aturdido, casquivano, ligero de cascos.

harefoot (je·æ'fut) *s.* pie estrecho y largo [de ciertos perros]. 2 BOT. pie de liebre.

harefooted (je·æ'futid) *adj.* de pie estrecho y largo [perro]. 2 poét. ligero, ágil.

harehearted (je·æ'he'tid) *adj.* medroso, tímido.

harehound (je·æ'jaund) *s.* lebrel.

harelip (je·æ'lip) *s.* labio leporino.

harelipped (je·æ'lipt) *adj.* labihendido.

harem (je·rem) *s.* harén, harem, serrallo.

hare-mad *adj.* loco como una cabra.

hare's-beard *s.* BOT. gordolobo.

hare's-ear *s.* BOT. perfoliada.

haricot (jæ·ricou) *s.* BOT. habichuela, judía. 2 COC. guisado de cordero con nabos, habichuelas, etc.

hark (ja·c) *interj.* ¡ eh!, ¡ oye!, ¡ oigan!, ¡ oíd!

hark (to) *tr.* e *intr.* escuchar, con atención, atender. — 2 *intr. to* ～ *back*, volver sobre la pista o rastro [la jauría] ; fig. volver al asunto o al punto de partida.

harken (to) (ja·'køn) *tr.* TO HEARKEN.

harl (ja·l) *s.* substancia filamentosa. 2 hebras de lino o cáñamo.

harlequin (ja·'lecuin) *s.* arlequín. 2 bufón, gracioso. — 3 *adj.* arlequinesco, de varios colores, abigarrado : ～ *ice cream*, arlequín [helado].

harlequin (to) *tr.* e *intr.* hacer el bufón, embromar.

harlequinade (ja·'lecuinei·d) *s.* arlequinada, pantomima. 2 bufonada.

harlot (ja·'løt) *s.* ramera, prostituta. — 2 *adj.* lascivo, soez.

harlotry (ja·'løtri) *s.* prostitución. 2 vida licenciosa.

harm (ja·m) *s.* mal, daño, detrimento, perjuicio.

harm (to) *tr.* dañar, hacer mal, perjudicar.

harmful (ja·'mful) *adj.* dañoso, dañino, nocivo, perjudicial, pernicioso.

harmfully (ja·'mfuli) *adv.* dañosamente, nocivamente.

harmfulness (ja·'mfulnis) *s.* calidad de dañoso o nocivo.

harmless (ja·'mlis) *adj.* indemne, salvo, sano o salvo, ileso 2 inofensivo, inocuo, inocente.

harmlessly (ja·'mlisli) *adv.* sin daño. 2 inofensivamente, inocuamente.

harmlessness (ja·'mlisnis) *s.* calidad de indemne, de inofensivo o de inocuo.

harmonic (ja'mo·nic) *adj.* y *s.* armónico, harmónico. — 2 *s. pl.* armonía [teoría musical].

harmonica (ja'mo·nica) *s.* MÚS. armónica, harmónica.

harmonical (ja'mo·nical) *adj.* armónico, harmónico.

harmonically (ja'mo·nicali) *adv.* armónicamente.

harmonicon (ja'mo·nicøn) *s.* MÚS. armónica. 2 especie de organillo.

harmonious (ja'mou·niøs) *adj.* armonioso, harmonioso.

harmoniously (ja'mou·niøsli) *adv.* armoniosamente.

harmoniousness (ja'mou·niøsnis) *s.* armonía [calidad de armónico o armonioso].

harmonist (ja·'monist) *s.* armonista, harmonista.

harmonium (ja'mo·niøm) *s.* MÚS. armonio, harmonio.

harmonize (to) (ja·'monaiš) *tr.* armonizar, ajustar, hermanar, conciliar, concertar poner de acuerdo. — 2 *intr.* armonizar [guardar armonía] ; armonizarse, concordar, congeniar, vivir en armonía.

harmonizer (ja·'monaišø') *s.* conciliador. 2 armonizador.

harmony (ja·moni) *s.* armonía, harmonía.

harness (ja·'nis) *s.* arneses, arreos, guarniciones, atelaje, aparejo, montura : ～ *maker*, guarnicionero, talabartero ; ～ *room*, guardarnés. 2 ARM. arnés. 3 fig. *in* ～, en funciones, trabajando, en servicio activo; *to get back in the* ～, volver al trabajo, a la rutina, al servicio activo; *to die in the* ～, morir en la brecha, al pie del cañón. 4 MEC· equipo, aparejo. 5 TEJ. montura, lizos : ～ *mails*, mallas.

harness (to) *tr.* poner las guarniciones [a una caballería] ; enjaezar, aparejar, atelajar, enganchar, acollarar. 2 armar con arnés. 3 captar, represar [las aguas de un río].

harp (ja·p) *s.* MÚS. arpa. 2 ASTR. Lira.

harp (to) *intr.* tocar el arpa. 2 *to* ～ *on* o *upon*, insistir en, machacar, repetir porfiadamente ; *to harp on* o *upon one string*, o *the same string*, estar siempre con la misma cantilena. — 3 *tr.* tocar [en el arpa]. 4 expresar.

harper (ja·'pø') *s.* arpista.

harpings (ja·'pings) *s. pl.* MAR. cucharros.

harpist (ja·'pist) *s.* arpista.

harpoon (ja·'pu·n) *s.* arpón : ～ *gun*, cañón para disparar el arpón ; ～ *line* o *rope*, estacha.

harpoon (to) *tr.* arponear.

harpooner (ja·'pu·nø') *s.* arponero.

harpsichord (ja·'psico·d) *s.* MÚS. clavicordio.

harpy (ja·'pi), *pl.* **-pies** (-pis) *s.* MIT. arpía. 2 fig. arpía [pers. rapaz y codiciosa]. 3 ORNIT. ～ *eagle*, arpía [especie de águila americana].

harquebus (ja·'cuibøs) *s.* arcabuz.

harquebusier (ja·'cuibøsi·') *s.* arcabucero.

harridan (jæ·ridan) *s.* vieja bruja, arpía.

harrier (jæ·riø') *s.* lebrel. 2 pillador, asolador. 3 molestador. 4 ORNIT. nombre de algunas aves falcónidas : ～ *eagle*, atahorma.

Harriet (jæ·riet) *n. pr. f.* dim. de HENRIETTA.

harrow (jæ·rou) *s.* AGR. grada de dientes; escarificador. 2 instrumento de tortura : *under the* ～. fig. en un potro.

harrow (to) *tr.* AGR. gradar, escarificar. 2 desgarrar, destrozar, atormentar.

harrowing (jæ·rouing) *adj.* agudo, desgarrador ; horripilante. — 2 *s.* AGR. gradeo.

Harry (jæ·ri) *n. pr. m.* dim. de HENRY.

harry (to) (jæ·ri) *tr.* pillar, asolar, devastar. 2 perseguir, acosar, atormentar.

harsh (ja·sh) *adj.* áspero. 2 rudo, tosco, bronco. 3 discordante, desagradable, chillón. 4 brusco, desabrido, acerbo, duro, riguroso, cruel, injusto.

harshly (ja·'shli) *adv.* ásperamente. 2 bruscamente. 3 discordantemente. 4 duramente, agriamente.

harshness (ja·'shnis) *s.* aspereza. 2 bronquedad, brusquedad. 3 discordancia. 4 dureza, rigor, severidad. mal humor.

hart (ja·t) *s.* ZOOL. ciervo [macho], venado. 2 MAR. motón de vigota.

hartshorn (ja·'tsjø·n) *s.* cuerna de ciervo. 2 QUÍM. sal amoniaco. 3 BOT. estrellamar.

hartstongue (ja·'tstøng) *s.* BOT. lengua de ciervo.

harum-scarum (je·røm-ske·røm) *adj.* y *s.* atolondrado, aturdido, loco, tarambana, torbellino. — 2 *adv.* atolondradamente, al tuntún.

haruspex (jarø·specs), **haruspice** (jarø·spis) *s.* arúspice.

harvest (ja·'vest) *s.* cosecha, recolección, siega, agosto [operación; tiempo; fruto cosechado]. 2 fig. fruto, premio [de un trabajo, esfuerzo, conducta, etc.]. — 3 *adj.* de la cosecha, etc. : ～ *home*, cosecha o siega y entrada de los frutos; fiesta que se celebra al fin de la cosecha o la siega; canción de segadores ; ～ *moon*, luna de la cosecha. 4 ENTOM. ～ *fly*, cigarra, chicharra. 5 ZOOL. ～ *mouse*, ratón de campo.

harvest (to) *tr.* cosechar, recoger, recolectar [los frutos de la tierra], segar [la mies]. 2 cosechar [el fruto de una acción, conducta, etc.]. — 3 *intr.* cosechar [hacer la cosecha] ; segar [hacer la siega].

harvester (ja·'vestø') *s.* cogedor de frutos, segador, agostero. 2 segadora, máquina de segar.

harvestman (ja·'vestmæn), *pl.* **-men** (-men) *s.* cogedor de frutos, segador, agostero. 2 ZOOL. segador, falangio.

harvester-thresher *s.* AGR. segadora-trilladora [máquina].

has (jæs) *3.ᵃ pers. pres. ind.* de TO HAVE.

has-been *s.* fam. persona o cosa que ya no sirve.

Hasdrubal (jæ·ɜ́drubal) *n. pr. m.* Asdrúbal.
hash (jæsh) *s.* picadillo, jigote. 2 revoltillo, mezcla confusa. *3* embrollo, enredo : *to make a ~ of*, enredar, estropear [un asunto o trabajo]. *4 to settle one's ~*, hacer callar a uno ; despachar a uno, acabar con él.
hash (to) *tr.* picar, desmenuzar, hacer picadillo. 2 enredar, estropear.
hasheesh, hashish (jæ·shish) *s.* haxix.
haslet (jæ·slet) *s.* COC. asadura de cerdo.
hasn't (jæ·sønt) contracción de HAS NOT.
hasp (jasp) *s.* broche, manecilla [de libro] ; pieza del cierre que une la tapa con el cuerpo de una caja, baúl, etc.
hasp (to) *tr.* cerrar con broche o cierre.
hassock (jæ·søc) *s.* almohadón [para los pies o para arrodillarse]. 2 mata de hierba espesa [en un marjal].
hastate (jæ·steit) *adj.* BOT. alabardado.
haste (jei·st) *s.* prisa, premura, presteza, celeridad, apresuramiento ; precipitación, aturdimiento : *to be in ~*, tener prisa ; *to make ~*, darse prisa, apresurarse ; *in ~*, precipitadamente, inconsideradamente.
haste (to) *intr.* darse prisa, apresurarse.
hasten (to) (jei·søn) *tr.* acelerar, apresurar, avivar, activar, precipitar. 2 enviar o hacer venir con prisa ; dar prisa. — *3 intr.* darse prisa, apresurarse, correr.
hastily (jei·stili) *adv.* de prisa, apresuradamente, aceleradamente. 2 precipitadamente, de ligero. 3 de pasada. *4* vivamente, con enojo o impaciencia.
hastiness (jei·stinis) *s.* prisa, presteza, prontitud. 2 precipitación. 3 viveza.
hasty (jei·sti) *adj.* apresurado, ligero, rápido. 2 pronto, vivo ; súbito, de genio vivo. 3 precipitado, atropellado, inconsiderado, temerario. *4 ~ pudding*, papilla o gachas de harina.
hat (jæt) *s.* sombrero : *bad ~*, fig. persona inmoral ; *high ~, top ~, silk ~*, sombrero de copa, chistera, castora ; *opera ~*, clac, sombrero de muelles ; *Panama ~*, panamá ; *slouch ~*, sombrero gacho ; *straw ~*, sombrero de paja ; *as black as my ~*, completamente negro ; *to keep under one's ~*, fam. callar, no divulgar ; *to pass, send round*, o *go round with, the ~*, hacer una colecta, echar un guante ; *~ in hand*, con el sombrero en la mano, servilmente ; *hats off!*, ¡fuera sombreros! ; *¡descubrámonos!*, ¡descubrirse! 2 *cardinal's ~, red ~*, o simplte. *hat*, capelo [sombrero y dignidad de cardenal. — *3 adj.* de sombrero o sombreros : *~ block*, horma [para el sombrero] ; *~ factory, shop*, sombrerería ; *~ guard*, barboquejo ; *~ piece*, especie de casco que se llevaba debajo del sombrero. *4* MAR. *~ money*, capa [que percibe el capitán].
hat (to) *tr.* cubrir con sombrero. 2 proveer de sombrero. ¶ CONJUG. pret. y p. p. : *hatted ;* ger. : *hatting.*
hatable (jei·tabøl) *adj.* aborrecible, detestable, odioso.
hatband (jæ·tbænd) *s.* cinta del sombrero.
hatbox (jæ·tbocs), **hatcase** (jæ·tkeis) *s.* sombrerera.
hatch (jæch), *pl.* **hatches** (jæ·chiɜ) *s.* compuerta, media puerta. 2 trampa, escotillón. 3 MAR. escotilla. *4* MAR. cuartel [de escotilla] : *under hatches*, encerrado bajo cubierta ; fig. preso, en esclavitud ; sumido en la desgracia ; muerto. 5 paradera, compuerta [en un canal, acequia, etc.]. *6* echadura, incubación. 7 salida del cascarón. *8* nidada, pollada. *9* B. ART. línea del sombreado.
hatch (to) *tr.* empollar, incubar. 2 criar, producir, originar. 3 idear, fraguar, tramar, maquinar. *4* rayar, sombrear con líneas. — *5 intr.* encobar. *6* salir del cascarón. 7 empollarse. *8* incubarse, formars².
hatchel (jæ·chøl) *s.* rastrillo [para el lino, etc.].
hatchel (to) *tr.* rastrillar [lino, etc.]. 2 molestar, inquietar. ¶ CONJUG. pret. y p. p. : *hatcheled* o *-lled ;* p. a. : *hatcheling* o *-lling.*
hatcheller (jæ·chølø'r) *s.* rastrillador.
hatchery (jæ·chøri), *pl.* **-ries** (-ris) *s.* piscifactoría, vivero, criadero [de peces].
hatchet (jæ·chet) *s.* destral : *~ face*, rostro delgado, enjuto. 2 hacha [de los indios] : *to bury the ~*, hacer la paz, olvidar rencores ; *to dig*, o *take, up the ~*, hacer la guerra. 3 BOT. *~ vetch*, encorvada.
hatchet-faced *adj.* de facciones enjutas.
hatching (jæ·ching) *s.* acción de empollar, incubación. 2 B. ART. sombreado con líneas, plumeado.

hatchway (jæ·chuei) *s.* MAR. escotilla.
hate (jei·t) *s.* odio, aborrecimiento, aversión.
hate (to) *tr.* odiar, aborrecer, detestar, abominar, repugnar.
hateful (jei·tful) *adj.* odioso, aborrecible, detestable. 2 malévolo, rencoroso.
hatefully (jei·tfuli) *adv.* odiosamente, detestablemente. 2 con odio, con malevolencia.
hatefulness (jei·tfulnis) *s.* odiosidad.
hater (jei·tø'r) *s.* aborrecedor, enemigo.
hath (jæz) *ant. 3.ª pers. pres. ind.* de TO HAVE.
hatpin (jæ·tpin) *s.* aguja para el sombrero.
hatrack (jæ·træc) *s.* perchero [para sombreros].
hatred (jei·trid) *s.* odio, aborrecimiento, aversión, inquina, enemiga.
hatted (jæ·tid) *adj.* cubierto con sombrero.
hatter (jæ·tø'r) *s.* sombrerero.
Hatty (jæ·ti) *n. pr. f.* dim. de HENRIETTA.
hauberk (jou·be'k) *s.* camisote, cota de mallas.
haughtily (jo·tili) *adv.* altivamente, altaneramente.
haughtiness (jo·tinis) *s.* orgullo, altivez, altanería, entono, humos.
haughty (jo·ti) *adj.* orgulloso, altivo, altanero.
haul (jol) *s.* tirón, estirón. 2 acción de halar. 3 tiro [acción de tirar de], arrastre, acarreo. *4* recorrido, trayecto [de lo que se arrastra o acarrea]. 5 redada. *6* ganancia, pesca, botín.
haul (to) *tr.* tirar de, arrastrar : *to ~ over the coals*, fig. regañar, poner como un trapo. 2 MAR. halar, cazar. 3 acarrear, transportar. *4* sacar o pescar [con red o como con red]. 5 *to ~ down*, arriar. *6 to ~ up*, pedir cuentas ; contener y reprender. — *7 intr.* saltar, mudarse [el viento]. *8* fig. mudar de rumbo o de actitud. *9 to ~ at* o *on*, tirar de. *10 to ~ alongside*, at·acar al muelle. *11* MAR. *to ~ upon the wind*, ceñir el viento. *12 to ~ up*, ceñir el viento ; detenerse en, atracar a [un punto].
haulage (jo·lidʒ) *s.* arrastre, acarreo, transporte.
haulm, haum (jom) *s.* paja, rastrojo.
haunch (jonch) *s.* cadera : *~ bone*, cía [hueso]. 2 anca, grupa. 3 COC. pierna [de venado, etc.]. *4* ARQ. parte lateral [de un arco].
haunt (jont) *s.* lugar que se frecuenta ; querencia ; guarida. 2 morada.
haunt (to) *tr.* frecuentar, rondar. 2 andar por, aparecerse en [hablando de fantasmas o aparecidos]. 3 perseguir, obsesionar [a uno una idea, un recuerdo].
haunted (jo·ntid) *adj.* frecuentado. 2 perseguido, obsesionado [por una idea, un recuerdo]. 3 encantado, donde se ven fantasmas o aparecidos [sitio, casa].
haunting (jo·nting) *adj.* persistente, obsesionante.
haustellum (joste·løm) *s.* ENTOM. trompa.
hautboy (jou·boi) *s.* MÚS. óboe.
Havana (java·na) *n. pr.* GEOGR. Habana. 2 cigarro habano ; tabaco habano.
have (to) (jæ·v) *aux.* haber : *I ~ worked*, he trabajado ; *you had arrived*, usted había llegado ; *he would ~ gone*, él habría ido. 2 La forma de pretérito *had*, seguida del sujeto de la oración, corresponde al *si hubiera, hubieras*, etc., del español : *had he read the letter*, si él hubiera leído la carta ; *had it snowed*, si hubiera nevado. 3 La misma forma *had*, seguida de ciertos adverbios o modos adverbiales (como *as lief, as soon, best, better, rather*, etc.) y un infinitivo, expresa preferencia, conveniencia o cierto grado de voluntad : *I had as lief go*, lo mismo me da ir que no, no tengo inconveniente en ir, iré de buena gana ; *we had better wait*, vale más que aguardemos, es mejor que aguardemos ; *I had rather go*, preferiría ir ; *I had rather be loved than feared*, más quisiera ser querido que temido.
4 tr. haber, tener, poseer : *to ~ and hold*, DER. en propiedad, para ser poseído en propiedad. 5 tener [estar la pers. o cosa expresada por el sujeto en ciertas relaciones con la expresada por el complemento directo] : *to ~ a care*, tener cuidado ; *to ~ a grudge against*, tener inquina a, guardar rencor a ; *to ~ in hand*, tener entre manos ; *to ~ nothing on one*, no tener ventaja alguna sobre uno ; no tener o saber nada contra uno ; *to ~ one as a guest*, tener a uno como convidado ; *I ~ no doubt of it*, no tengo duda de ello. 6 tener, experimentar [un dolor] : *to ~ a toothache*, tener un dolor de muelas. 7 sufrir [cierto accidente] : *I had my leg broken*, me rompí la pierna. 8 tener, recibir [una carta,

noticia, etc.]. *9* tener, dar a luz [un niño]. *10* sostener, afirmar, decir: *he will ~ it that*, él sostiene que; *rumour has it that*, se dice, se corre que; *as Platon has it*, como dice Platón. *11* conocer, saber, tener conocimientos de: *he has small Latin*, sabe muy poco latín. *12* jugar [una partida]. *13* tomar [comer, beber, etc.], aceptar: *~ a cigar*, tome un cigarro; *to ~ dinner*, comer [tomar la comida principal]. *14* querer, permitir, tolerar, consentir: *I will ~ it so*, lo quiero así; *I will not ~ you say such things*, no tolero que diga usted estas cosas; *as fate, o fortune, would ~ it*, según quiso la suerte, quiso la suerte que. *15* desear, querer, mandar, hacer, exigir [que se haga una cosa]: *he had his shoes repaired*, se hizo componer los zapatos; *she had the dog brought to her*, mandó que le trajeran el perro. *16* poner [una situación de desventaja, de inferioridad]; coger, atrapar, engañar. *17* obtener, lograr, adquirir: *to ~ one's wish*, realizar o lograr su deseo; *to be had of*, pídase a o en, de venta en. *18* echar, dar [una mirada]. *19 to ~ about one*, llevar consigo; tener [como cualidad, defecto, etc.]. *20 to ~ after one*, seguir a uno. *21 to ~ a mind to*, tener ganas de, estar tentado de. *22 to ~ a narrow escape*, escaparse o salvarse por poco, por un pelo. *23 to ~ an eye to*, vigilar, observar, no perder de vista. *24 to ~ at*, atacar, acometer. *25 to ~ at heart*, desear con vehemencia. *26 to ~ it*, vencer, salirse con la suya; recibir un castigo, un golpe, etc.; acertar, atinar, dar en el busilis, tener la solución de un problema. *27 to ~ it in for*, tenérsela guardada o jurada a uno. *28 to ~ it out*, arreglar, liquidar un asunto con explicaciones o peleándose. *29 to ~ on*, tener puesto [un vestido, el sombrero, etc.]. *30 to ~ one's eyes on*, vigilar, no perder de vista; tenerle echado el ojo a. *31 to ~ oneself to blame*, tener la culpa. *32 to ~ one's way*, hacer lo que uno quiere, salirse con la suya; *~ it your own way*, como usted quiera, no discutamos más. *33 to ~ one out*, desafiar a uno. *34 to ~ recourse*, recurrir. *35 to ~ to o to ~ got to*, tener que, haber de, deber. *36 to ~ to do with*, tener que ver con, tener relación o relaciones con. *37 to ~ up*, llevar a los tribunales.
¶ CONJUG. *3.ª* pers. pres. ind.: *has*; pret. y p. p.: *had*.

havelock (jǽ·vloc) *s.* MIL. cogotera.
haven (jei·vn) *s.* puerto, fondeadero, abra. *2* asilo, abrigo, refugio.
haven't (jǽ·vønt) contracción de HAVE NOT.
haversack (jǽ·vø²sæc) *s.* mochila, barjuleta.
having (jǽ·ving) *adj.* ávido, avaro. — *2 s. pl.* bienes, hacienda, haber.
havoc (jǽ·vøc) *s.* estrago, estropicio, destrucción, devastación, asolamiento: *to make ~ of*, destruir, devastar; *to play ~ among*, hacer estragos entre: *to cry ~*, dar la señal para el saqueo.
havoc (to) *tr.* destruir, asolar, devastar, causar estrago en.
haw (jo) *s.* BOT. fruto del majuelo o del espino blanco. *2* ORNIT. membrana nictitante. *3* especie de tartamudeo. *4* voz para guiar a una caballería.
haw (to) *tr.* e *intr.* hacer volver o volver [una caballería] a la izquierda; *to ~ and gee*, vacilar, ir de un lado a otro. — *2 intr.* hacer una especie de tartamudeo.
Hawaii (java·i) *n. pr.* GEOGR. Hawai.
Hawaiian (jaua·ian) *adj.* y *s.* hawaiano: *~ Islands*, Islas Hawai.
hawfinch (jo·finch) *s.* ORNIT. cascapiñones.
haw-haw *s.* risotada, carcajada.
haw-haw (to) *intr.* reír a carcajadas.
hawk (joc) *s.* ORNIT. nombre que se da al halcón, al cernícalo, al gavilán, al azor y a otras aves falcónidas: *sparrow ~*, cernícalo; (EE. UU.) gavilán. *2* ORNIT. ~ *owl*, autillo, úlula. *3* fig. ave de presa [pers.]. *4* ALBAÑ. esparavel. — *5 adj.* de halcón; aguileño: *~ nose*, nariz aguileña: *~ trainer*, halconero. *6* ENTOM. *~ moth*, esfinge.
hawk (to) *tr.* cazar con halcón; cazar volando. *2* pregonar o vender [mercancías, como mercader ambulante]. *3* pregonar [una noticia, un secreto]. — *4 tr.* e *intr.* carraspear, gargajear, arrancar [la flema].
hawker (jo·kø²) *s.* halconero, cetrero. *2* el que caza con halcón. *3* vendedor ambulante, buhonero.

hawk-eyed *adj.* lince, de mirada perspicaz.
hawking (jo·king) *s.* cetrería. *2* buhonería.
hawk-nosed *adj.* de nariz aguileña.
hawk's-bell *s.* cascabel.
hawkweed (jo·cwid) *s.* BOT. vellosilla.
hawse (još) *s.* MAR. frente de los escobenes. *2* MAR. escobén. *3* MAR. longitud de cadenas, distancia entre un buque anclado y sus anclas.
hawsehole (jo·šjoul) *s.* MAR. escobén.
hawser (jo·sø²) *s.* MAR. guindaleza.
hawthorn (jo·zo²n) *s.* BOT. majuelo o espino blanco.
hay (jei) *s.* heno, forraje: *to hit the ~*, pop. acostarse; *to make ~ while the sun shines*, aprovechar la oportunidad. — *2 adj.* de heno, del heno: *~ fever*, MED. fiebre del heno.
hay (to) *intr.* hacer heno. — *2 tr.* echar heno [a las caballerías]. *3* henificar.
haycock (jei·coc) *s.* almiar, niara.
hayfield (jei·fild) *s.* henar.
hayfork (jei·fo²c) *s.* AGR. horca, horcón, bieldo.
hayloft (jei·loft) *s.* henil, pajar.
haymaker (jei·meikø²) *s.* el que hace heno. *2* BOX. golpe que pone fuera de combate.
haymaking (jei·meiking) *s.* henificación.
haymow (jei·mau) *s.* henil. *2* acopio de heno en el henil.
hayrack (jei·ræc) *s.* pesebre. *2* armazón que se monta en un carro para transportar heno.
hayrake (jei·reic) *s.* rastrillo para el heno.
hayrick (jei·ric) *s.* almiar, niara, montón de heno.
hayseed (jei·sid) *s.* simiente de heno o de hierbas. *2* fam. rústico, paleto, patán.
haystack (jei·stæc) *s.* HAYRICK.
haywire (jei·uai²) *s.* alambre que se emplea para el embalaje del heno. — *2 adj.* fam. desarreglado, descompuesto. *3* destornillado, loco.
hazard (jæ·ša²d) *s.* azar, suerte, ventura, casualidad. *2* albur, riesgo, peligro: *at all hazards*, por grande que sea el riesgo. *3* cierto juego de dados. *4* BILLAR. billa. *5* GOLF. estorbo, obstáculo.
hazard (to) *tr.* arriesgar, aventurar, exponer. — *2 intr.* arriesgarse, correr riesgo.
hazarder (jæ·ša·dø²) *s.* jugador [de azar].
hazardous (jæ·ša·døs) *adj.* arriesgado, peligroso.
hazardously (jæ·ša·døsli) *adv.* arriesgadamente, peligrosamente.
hazardousness (jæ·ša·døsnis) *s.* riesgo, peligro. *2* lo arriesgado [de una cosa].
haze (jeiš) *s.* niebla, calina. *2* confusión, vaguedad; ofuscamiento mental.
haze (to) *intr.* aneblarse [la atmósfera]. — *2 tr.* dar la novatada [en los colegios]. *3* MAR. abrumar con trabajos pesados.
hazel (jei·šl) *s.* avellano. — *2 adj.* de avellano. *3* de color de avellana, castaño claro.
hazelnut (jei·šølnøt) *s.* BOT. avellana.
haziness (jei·šinis) *s.* calina, caligine; nebulosidad, obscuridad.
hazing (jei·šing) *s.* novatada [en los colegios]. *2* acción de abrumar con trabajos pesados.
hazy (jei·ši) *adj.* aneblado, nebuloso, brumoso, caliginoso. *2* confuso, vago.
he (ji) *pron. pers.* él. | Se emplea, esp. en composición, para designar al macho o varón: *~ bear*, oso [macho]; *~ goat*, macho cabrío. — *2 pron. indef.* el, aquel: *~ who, ~ that*, el que, aquel que, quien.
head (jed) *s.* cabeza [del hombre, del animal, de una cosa]; intelecto, talento, capacidad]; testa: *~ of hair*, cabellera, mata de pelo; *to be off one's ~ o out of one's ~*, delirar, estar loco o destornillado; *to bother one's ~ about*, quebrarse la cabeza con; *to come into one's ~*, pasarle por la cabeza a uno; *to get into one's ~*, subírsele [algo] a la cabeza a uno; *to hang o hide one's ~*, bajar la cabeza, estar avergonzado; *to have neither ~ nor tail*, no tener pies ni cabeza; *I cannot make ~ or tail of it*, no puedo entenderlo o descifrarlo, no tiene pies ni cabeza; *to keep one's ~*, no perder la cabeza, conservar la serenidad; *to keep one's ~ above water*, mantenerse a flote, no dejarse vencer [por el infortunio, etc.]; *to lay o put heads together*, consultarse [dos o más personas] entre sí; conspirar, confabularse; *to lie on one's ~*, serle imputado a uno; *to lose one's ~*, perder la cabeza; *to take into one's ~ to*, empeñarse en, metérsele a uno en la cabeza [hacer una cosa]; *to turn the ~ of*, trastornar, subírsele a la cabeza de; *by the ~ and ears*, fig. sin que

venga al caso; *from* ~ *to foot*, o *to heels*, de pies a cabeza; ~ *on*, de cabeza; ~ *over heels*, HEELS OVER HEAD; *on*, o *upon*, *one's* ~, sobre la cabeza o sobre los hombros de uno, a su cargo; *out of one's own* ~, de la cabeza de uno, de su cosecha, de su invención; *over* ~ *and ears*, completamente, hasta los tuétanos; *over one's* ~, por encima de uno; saltando por encima del que tiene mejor derecho; fuera del alcance o la comprensión de uno. 2 cabeza, jefe, director : *to be the* ~, ser el jefe, hacer cabeza. 3 cabeza, frente [primer puesto, dirección] : *at the* ~ *of*, a la cabeza de, al frente de. 4 cabeza [de ganado; pers., unidad] : *a* ~, cada uno, por cabeza, por barba. 5 cima, parte superior. 6 cumbre [de una montaña]. 7 cabecera [de la mesa, de la cama]. 8 título, encabezamiento. 9 división, sección [de un escrito]. 10 punto, asunto, tema, particular, concepto : *on this* ~, sobre este asunto, tema o particular; por este concepto. 11 fuente, nacimiento [de un río]. 12 cabeza, punta, extremo. 13 astas, cuerna [de ciervo]. 14 MAR. proa. 15 puño [de bastón]. 16 punta [de flecha, dardo, etc.]. 17 fondo, témpano [de tonel]. 18 MEC. tapa, culata [de cilindro]. 19 MAR. grátil [de vela]. 20 cara [de moneda] : ~ *or tail*, *heads or tails*, cara y cruz. 21 GEOGR. cabo, punta, promontorio. 22 repollo, pella [de col, etc.]. 23 BOT. cabezuela. 24 parche [de tambor]. 25 montera [de alambique]. 26 presa, embalse [de molino, etc.]. 27 HIDROL. carga hidrostática o de presión; diferencia de nivel, altura de caída. 28 espuma [de un líquido]. 29 avance, progreso : *to make* ~, avanzar, adelantar, progresar. 30 fuerza : *to gather* ~, ganar fuerza. 31 punto por donde supura un grano o tumor. 32 MED. maduración; fig. crisis, punto culminante o decisivo : *to bring to a* ~, MED. hacer madurar; fig. traer a un punto culminante o decisivo; *to come to a* ~, MED. madurar; fig. llegar a un punto culminante y decisivo.

33 *adj.* de cabeza, para la cabeza, etc.; delantero, de tope : ~ *cold*, resfriado de cabeza, romadizo; ~ *lamp*, HEADLIGHT; ~ *money*, capitación; precio que se paga por la captura o la cabeza de uno; ~ *tax*, capitación; ~ *tone*, ~ *voice*, voz de cabeza. 34 de cabecera : ~ *board*, cabecera [de cama]; ~ *post*, poste de cabecera. 35 de proa : ~ *fast*, cabo de retenida de proa; ~ *resistance*, AVIA. resistencia de proa o al avance; ~ *sea*, mar de proa. 36 superior, principal, primero, jefe : ~ *cook*, primer cocinero. 37 que viene de frente : ~ *wind*, viento de frente o contrario. 38 HIDR. relativo a la carga hidrostática.

head (to) *tr.* encabezar. 2 ir, estar o ponerse a la cabeza de; ser el primero de; mandar, acaudillar, dirigir, presidir. 3 ponerse en frente, resistir. 4 poner o formar la cabeza, puño, cabo o punta de. 5 poner título o epígrafe. 6 impulsar con la cabeza. 7 adelantar [a uno], pasarle delante. 8 dirigir, conducir [en cierta dirección]. 9 decapitar, descabezar. 10 desmochar [árboles]. 11 *to* ~ *off*, alcanzar y cortar el paso [a uno]; atajar [un mal]. — 12 *intr.* ir, dirigirse, apuntar [en una dirección]. 13 nacer [un río]. 14 repollar, acogollarse [una planta]. 15 supurar [un absceso o tumor]. 16 *to* ~ *for* o *towards*, encaminarse dirigirse, hacer rumbo a.

headache (je·deic) *s.* dolor de cabeza, jaqueca.

headband (je·dbænd) *s.* venda o cinta para la cabeza. 2 cabezada [de libro].

headboard (je·dbø'd) *s.* cabecera [de cama].

headcheese (je·dchīs) *s.* (EE. UU.) queso de cerdo.

headdress (je·ddres) *s.* prenda para la cabeza : sombrero, cofia, etc. 2 tocado.

headed (je·did) *adj.* encabezado, titulado. 2 BOT. repolludo. 3 que se dirige : ~ *for*, con rumbo a. 4 que tiene cabeza o la tiene de cierto modo : *clear-headed* perspicaz; *thick-headed*, duro de mollera.

header (je·dø') *s.* cabecilla, director. 2 descabezador. 3 máquina para hacer las cabezas de los clavos, etc. 4 MEC. cámara de circulación [de una máquina de vapor]. 5 ARQ. brochal. 6 ALBAÑ. piedra o ladrillo puesto a tizón : ~ *course*, hilada a tizón. 7 caída o salto de cabeza; zambullida; *to take a* ~, caerse de cabeza [yendo en bicicleta, etc.], dar una zambullida.

headfirst (je·dfø'st), **headforemost** (je·dfo'moust) *adv.* de cabeza.

headgear (je·dguī') *s.* prenda para la cabeza. 2 cabezada [de caballería]. 3 aparejo en lo alto de un mástil.

head-hunter *s.* cazador de cabezas [salvaje].

headily (je·dili) *adv.* obstinadamente, impetuosamente.

headiness (je·dinis) *s.* terquedad, obstinación; impetuosidad.

heading (je·ding) *s.* acción de poner o formar la cabeza, cabo, punta, etc. 2 título, epígrafe, encabezamiento. 3 material para fondos de tonel. 4 MIN. galería de avance. 5 ALBAÑ. paramento a tizón.

headland (je·dland) *s.* GEOGR. cabo, punta, promontorio.

headledge (je·dledg̃) *s.* MAR. contrabrazola.

headless (je·dlis) *adj.* acéfalo, sin cabeza. 2 decapitado. 3 sin seso, estúpido. 4 sin jefe o caudillo.

headlight (je·dlait) *s.* linterna o farol delantero. 2 faro [de locomotora o automóvil]. 3 MAR. farol de tope.

headline (je·dlain) *s.* titulares [de un periódico]. 2 título de página, titulillo.

headlong (je·dlong) *adj.* precipitado, impetuoso, temerario. 2 pendiente, escarpado. 3 de cabeza [zambullida, etc.]. — 4 *adv.* precipitadamente, sin reflexionar, temerariamente. 5 de cabeza.

headman (je·dmæn) *pl.* **-men** (-men) *s.* jefe, caudillo; capataz. 2 verdugo [que decapita].

headmaster (jedmæ·stø') *s.* director [de un colegio].

headmastership (jedmæ·stø'ship) *s.* dirección, cargo de director [de un colegio].

headmistress (jedmi·stris) *s.* directora [de un colegio].

headmost (je·dmoust) *adj.* más avanzado; delantero, primero, que va en cabeza.

headphone (je·dfoun) *s.* auricular o receptor telefónico de casco.

headpiece (je·dpīs) *s.* morrión, bacinete, casco, yelmo. 2 IMPR. viñeta, cabecera. 3 fam. chola, mollera.

headquarters (je·dcuo'tø's) *s.* MIL. cuartel general. 2 jefatura [de policía]. 3 sede [de una entidad]. 4 dirección, oficina principal, centro de dirección.

headrace (je·dreis) *s.* caz, saetín [de molino].

headrail (je·dreil) *s.* peinazo superior [de puerta]. 2 travesaño superior de un respaldo de silla. 3 MAR. brazal, percha.

headrest (je·drest) *s.* apoyo para la cabeza.

headrope (je·droup) *s.* MAR. relinga de grátil.

headsail (je·dseil) *s.* MAR. vela delantera.

headset (je·dset) *s.* juego de auriculares con casco.

headship (je·dship) *s.* jefatura, mando. 2 primacía.

headsman (je·dsmæn) *pl.* **-men** (-men) *s.* verdugo [que decapita]. 2 MIN. el que lleva el carbón desde la cara del filón a la vagoneta. 3 MAR. el que patronea el bote desde donde se arponea la ballena.

headspring (je·dspring) *s.* fuente, origen.

headstall (je·dstol) *s.* cabezada [de freno], testera.

headstock (je·dstoc) *s.* MEC. portaherramientas [de un torno, de una máquina cepilladora].

headstone (je·dstoun) *s.* lápida mortuoria. 2 ARQ. piedra angular.

headstream (je·dstrim) *s.* afluente principal [de un río].

headstrong (je·dstrong) *adj.* cabezudo, testarudo, terco, obstinado. 2 ingobernable.

headstrongness (je·dstrongnis) *s.* testarudez, terquedad, obstinación.

headwaiter (je·dueitø') *s.* jefe de camareros, encargado de comedor.

headwaters (je·duotø's) *s.* cabecera, fuentes [de un río].

headway (je·duei) *s.* marcha [de un buque]. 2 avance, progreso; ímpetu : *to make* ~, avanzar, adelantar, progresar. 3 FERROC. intervalo o distancia [entre dos trenes en una misma vía]. 4 ARQ. paso, espacio libre [entre un vehículo y el arco de un puente, etc.].

headwork (je·duø'c) *s.* trabajo mental, obra intelectual. 2 ARQ. ornamento de clave.

heady (je·di) *adj.* temerario, arrojado. 2 violento, impetuoso. 3 voluntarioso, obstinado. 4 fuerte, que se sube a la cabeza [vino, licor]. 5 fam. sesudo, inteligente.

heal (to) (jɪl) *tr.* curar, sanar. *2* remediar, reparar. *3* purificar, limpiar [del pecado, etc.]. — *4 intr.* curar, curarse, sanar [recobrar la salud], cicatrizarse : *to* ~ *up,* cicatrizarse. *5* remediarse.

healable (jɪˈlabøl) *adj.* curable, sanable.

heald (jɪld) *s.* TEJ. lizo : ~ *and drawing motion* mecanismo de lizos; ~ *shaft,* portalizos.

healer (jɪˈløʳ) *s.* curador, sanador.

healing (jɪˈling) *s.* cura, curación, cicatrización. — *2 adj.* curativo, sanativo, cicatrizante.

health (jelz) *s.* salud; sanidad : *to be in bad* o *poor* ~, estar mal de salud; *to be in good* ~, estar bien de salud; *to drink to the* ~ *of,* brindar por, beber a la salud de; *your* ~!, ¡a su salud! — *2 adj.* de salud, de sanidad : ~ *department,* ministerio o dirección de sanidad; ~ *ressort,* lugar donde se va a recobrar la salud.

healthful (jeˈlzful) *adj.* sano, saludable, salutífero, salubre. *2* en buena salud.

healthfully (jeˈlzfuli) *adv.* saludablemente.

healthfulness (jeˈlzfulnis) *s.* salud, sanidad, salubridad.

health-giving *adj.* saludable, que da salud.

healthier (jeˈlziøʳ) *adj. comp.* de HEALTHY.

healthiest (jeˈlziest) *adj. superl.* de HEALTHY.

healthily (jeˈlzili) *adv.* con salud, de una manera sana, saludablemente.

healthiness (jeˈlzinis) *s.* buena salud, sanidad.

healthless (jeˈlzilis) *s.* enfermo, enfermizo.

healthy (jeˈlzi) *adj.* sano [en buena salud, que demuestra salud]. *2* vigoroso, robusto. *3* sano, saludable.

heap (jɪp) *s.* montón, pila, rimero, cúmulo. *2* fam. [a veces en pl.] gran cantidad, multitud, gentío : *in heaps,* a montones.

heap (to) *tr* amontonar, apilar, juntar, acumular. *2* cargar, colmar, llenar. — *3 intr.* amontonarse.

heaper (jɪˈpøʳ) *s.* amontonador.

heaping (jɪˈping) *s.* amontonamiento.

heapy (jɪˈpi) *adj.* amontonado. *2* lleno de montones.

hear (to) (jɪˈøʳ) *tr.* oír [los sonidos, etc.], escuchar : *to* ~ *the bell rung,* oír tocar la campana, oír sonar el timbre; *to* ~ *it said,* oírlo decir; *to* ~ *someone out,* escuchar a uno hasta el fin: *to* ~ *confession,* confesar. *2* oír decir : *I heard that,* oí decir que. *3* oír [misa]. *4* DER. ver [una causa]. *5* tomar [una lección]. *6* oír, escuchar, atender, hacer caso de [ruegos, consejos. etc.]. — *7 intr.* oír. *8* oír hablar, enterarse, tener noticias : *to* ~ *about,* oír hablar de; *to* ~ *from,* saber de, recibir o tener noticias de; *to* ~ *of,* oír hablar de, enterarse de : *I will not* ~ *of it,* no quiero oír hablar de ello, no quiero ni hablar de ello, no lo consentiré. *9 hear! hear!,* ¡bravo! [a veces irónicamente]. ¶ CONJUG. pret. y p. p.: *heard.*

heard (høʳd) *pret.* y *p. p.* de TO HEAR.

hearer (jɪˈøʳøʳ) *s.* oyente.

hearing (jɪˈøring) *s.* oído [sentido]; audición [acción de oír] : *to come to one's* ~, llegar a oídos de uno. *2* oportunidad para ser oído, audiencia. *3* DER. vista [de una causa o pleito] ; examen de testigos. *4* alcance del oído : *in one's* ~, que uno oye u oyó, en presencia de uno; *within* ~, al alcance del oído.

hearken (to) (jaˈʳkøn) *intr.* escuchar.

hearsay (jɪˈøʳsei) *s.* rumor, voz común, fama. — *2 adj.* que se ha oído decir. — *3 adv. by* ~, de oídas.

hearse (jøʳs) *s.* coche o carroza fúnebre. *2* tumba [armazón en forma de ataúd]. *3* LITURG. tenebrario.

hearse (to) *tr.* poner en un coche fúnebre; enterrar.

heart (jaˈt) *s.* corazón [órgano; parte central; sentimiento interior; ánimo, valor, etc.] : *to be of good* ~, tener ánimo; *to be out of* ~, estar desanimado; *to be sick at* ~, estar contristado, tener la muerte en el alma; *to break the* ~ *of,* destrozar el corazón de : *to die of broken* ~, morir de pena; *to do one's* ~ *good,* alegrarle el corazón a uno; *to eat one's* ~ *out,* afligirse en extremo, dejarse morir de pena; *to get to the* ~ *of,* profundizar en, llegar al fondo o al corazón de; *to have at* ~, desear vivamente; *to have in one's* ~ *o in the* ~, proponerse, intentar, proyectar; *to have one's* ~ *in one's boots,* estar muy abatido, tener miedo; *to have one's* ~ *in one's mouth,* tener el alma en el hilo, entre los dientes; estar muerto de miedo; *to have one's* ~ *in the right place,* ser bien intencionado, tener buenas intenciones; *to lay to* ~, tomar a pechos; pensar seriamente [una cosa]; *to lose one's* ~, desanimarse, descorazonarse; *to open one's* ~, abrir su pecho; *to take* ~, cobrar ánimos; *to take to* ~, tomar en serio, tomar a pecho; *to wear one's* ~ *on one's sleeve,* llevar el corazón en la mano; *not to have the* ~ *to,* no tener corazón para; *after one's own* ~, a gusto de uno, como uno desea; *at* ~, en el fondo, en realidad; *by* ~, de memoria; *from one's* ~, de todo corazón, sinceramente; ~ *and soul,* en cuerpo y alma; *in one's* ~ *of hearts,* en lo más íntimo del corazón de uno; *to one's* ~ *content,* a placer, sin restricción; *with all one's* ~, con toda el alma, de todo corazón. *2* temperamento, disposición. *3* actividad, fertilidad; condición del suelo : *out of* ~, en mal estado, improductivo. *4* cogollo [de lechuga, etc.]. *5* palo de la baraja cuya figura es un corazón [equivalente al de copas].

6 adj. del corazón, cardíaco, para el corazón : ~ *attack,* ataque cardíaco; ~ *block,* bloqueo cardíaco; ~ *disease,* enfermedad del corazón, cardiopatía; ~ *failure,* colapso cardíaco; ~ *trouble,* enfermedad del corazón, trastorno cardíaco.

7 interj. ~ *alive!,* ¡Ave María!, ¡caramba!

heartache (jaˈteic) *s.* dolor de corazón, congoja, pesar, aflicción

heartbeat (jaˈtbɪt) *s.* latido del corazón. *2* emoción profunda.

heartblood (jaˈtblød) *s.* sangre del corazón; vida, esencia de una cosa.

heartbreak (jaˈtbreic) *s.* angustia, pena, aflicción grande.

hertbreaking (jaˈtbreiking) *adj.* congojoso, doloroso, desgarrador.

heart-bred *adj.* nacido del corazón.

heartbroken (jaˈtbroukøn) *adj.* acongojado, muerto de pena, transido de dolor.

heartbrokenly (jaˈtbroukønli) *adv.* con el corazón destrozado, dolorosísimamente.

heartburn (jaˈtbøʳn) *s.* acedía. *2* inquina, envidia, celos.

heartburning (jaˈtbøʳning) *s.* acedía. *2* descontento, enemistad o inquina secretas.

hearted (jaˈtid) *adj.* que tiene corazón o lo tiene de cierto modo : *fainthearted,* tímido, pusilánime; *kindhearted,* bondadoso.

hearten (to) (jaˈtøn) *tr.* animar, alentar. — *2 intr.* animarse, cobrar aliento.

hartener (jaˈtøŋøʳ) *adj.* y *s.* alentador.

heartfelt (jaˈfelt) *adj.* cordial, sincero; sentido.

heart-free *adj* libre de afectos amorosos.

heartgrief (jaˈtgrif) *s.* congoja, angustia.

hearth (jaˈz) *s.* hogar; chimenea. *2* hogar [doméstico]. *3* solera, suelo, crisol [de horno].

heartily (jaˈtili) *adv.* sinceramente, cordialmente, calurosamente. *2* vigorosamente. *3* copiosamente, con buen apetito.

heartiness (jaˈtinis) *s.* sinceridad, cordialidad, calor. *2* ganas, apetito.

heartless (jaˈtlis) *adj.* sin corazón, cruel, insensible. *2* tímido, pusilánime, abatido. *3* estéril [tierra].

heartlessly (jaˈtlisli) *adv.* sin piedad, cruelmente. *2* pusilánimemente, abatidamente.

heartlesness (jaˈtlisnis) *s.* falta de corazón, crueldad, insensibilidad. *2* pusilanimidad; abatimiento.

heartquake (jaˈtcueic) *s.* temblor súbito [de miedo o gozo].

heart-rending *adj.* agudo, desgarrador, que parte el corazón.

heartsease o **heart's-ease** (jaˈtsiš) *adj.* tranquilidad, serenidad de ánimo. *2* BOT. pensamiento, trinitaria.

heartseed (jaˈtsɪd) *s.* BOT. farolillo [sapindácea].

heart-shaped *adj.* cordiforme, acorazonado.

heartsick (jaˈtsic) *adj.* dolorido, desconsolado.

heartstricken (jaˈtstrikøn) *adj.* afligido, angustiado.

heartstrings (jaˈtstrings) *s. pl.* fibras del corazón, entretelas.

heart-to-heart *adj.* sincero, franco.

heart-whole *adj.* libre de afectos amorosos. *2* animoso, intrépido. *3* sincero.

heartwood (jaˈtwud) *s.* corazón [de árbol], duramen.

hearty (jaˈti) *adj.* cordial, caluroso, sincero. *2* fuerte, vigoroso. *3* robusto, sano. *4* nutritivo,

abundante. *5* que se hace con gusto. *6* ~ *eater,* gran tragón.
heat (jɪt) *s.* calor. *2* calórico. *3* calefacción. *4* acaloramiento. *5* ardor, fogosidad, vehemencia. *6* lo más fuerte o recio [de una acción, etc.]. *7* acción o esfuerzo ininterrumpidos : *at one* ~, de un tirón. *8* celo [de la hembra] : *in* ~, en celo, salida, cachonda. *9* FUND. carga de un horno, hornada. *10* DEP. carrera [en una serie de ellas], carrera de prueba o eliminatoria. — *11 adj.* de calor, térmico : ~ *engine,* motor térmico; ~ *exchanger,* compensador de temperatura; ~ *lightning,* fucilazo, relámpago de calor; ~ *unit,* unidad térmica; ~ *wave,* ola de calor; FÍS. onda calorífica.
heat (to) *tr.* calentar, caldear. *2* acalorar, excitar, encender, inflamar. — *3 intr.* calentarse. *4* acalorarse, excitarse.
heater (jɪ·tǝ') *s.* calentador, calorífero, estufa. *2* aparato de calefacción.
heath (jiz) *s.* BOT. brezo, urce. *2* brezal, matorral : ~ *cock,* especie de gallo silvestre.
heathbird (jɪ·zbǝ'd) *s.* ORNIT. urogallo.
heathen (jɪ·ðǝn) *adj.* y *s.* pagano, gentil, idólatra. *2* irreligioso. — *3* s. pl. *the heathen,* los paganos.
heathendom (jɪ·ðǝndǝm) *s.* paganismo, gentilidad.
heathenish (jɪ·ðǝnish) *adj.* gentílico, pagano.
heathenism (jɪ·ðǝnizm) *s.* paganismo, gentilidad.
heathenize (to) (jɪ·ðǝnaiz) *tr.* paganizar, hacer pagano. — *2 intr.* volverse pagano.
heather (je·ðǝ') *s.* BOT. brezo, urce. *2* cierto tejido de lana.
heathery (je·ðǝri) *adj.* cubierto de brezos, matoso.
heathy (jɪ·zi) *adj.* parecido al brezo. *2* cubierto de brezos, matoso.
heating (jɪ·ting) *s.* calefacción, calentamiento, caldeo, calda. — *2 adj.* calefaciente, calorífico; de calefacción o calentamiento que sirve para calentar : ~ *pad,* almohadilla eléctrica; ~ *power,* potencia calorífica; ~ *surface,* superficie de calentamiento o de calefacción.
heatless (jɪ·tlis) *adj.* frío, sin calor.
heave (jɪv) *s.* esfuerzo para levantar, solevar o levantarse. *2* movimiento de lo que se levanta [como el de una ola]. *3* jadeo. *4* náusea, arcada. *5* lanzamiento, echada. *6* GEOL. anchura de una falla.
heave (to) *tr.* levantar, solevar; mover con esfuerzo. *2* lanzar, arrojar, echar : *to* ~ *the log,* MAR. echar la corredera. *3* exhalar [un suspiro, etc.]. *4* hinchar [el pecho]. *5* MAR. halar [un cable], mover halando un cable. *6* MAR. *to* ~ *out,* desaferrar [una vela]; *to* ~ *round,* virar [un cabrestante] ; *to* ~ *to,* poner al pairo o en facha : ~ *ho!,* ¡iza! — *7 intr.* levantarse [el suelo o sobre el suelo]. *8* levantarse y bajar alternativamente; jadear, agitarse [el pecho]. *9* árquear, basquear. *10* esforzarse [para levantar, mover o hacer, una cosa]. *11* MAR. moverse [una nave]. *12 to* ~ *in sight,* aparecer, asomar en el horizonte. ¶ CONJUG. pret. y p. p. : *heaved* o *hove.*
heaven (jevn) *s.* cielo [de los bienaventurados], gloria, paraíso : *to move* ~ *and earth,* mover cielo y tierra; *for heaven's sake!,* ¡por Dios! ; *good heavens!,* ¡válgame Dios! *2* cielo, firmamento. *3* cielo, clima.
heaven-born *adj.* celestial, divino, angelical.
heaven-fallen *adj.* caído del cielo.
heaven-kissing *adj.* que llega hasta el cielo.
heavenliness (je·vǝnlinis) *s.* calidad de celestial.
heavenly (je·vǝnli) *adj.* celestial, divino ; ~ *home,* mansión celestial, patria celestial. *2* celeste ; ~ *body,* astro, cuerpo celeste. — *3 adv.* celestialmente, divinamente.
heavenward (je·vǝnuǝ'd) *adv.* hacia el cielo.
heaver (jɪ·vǝ') *s.* cargador [obrero] : *ccal* ~, cargador de carbón. *2* MAR. tortor.
heaves (jɪvš) *s. pl.* VET. huélfago.
heavily (je·vili) *adv.* pesadamente. *2* lentamente. *3* fuertemente, duramente. *4* excesivamente, sumamente.
heaviness (je·vinis) *s.* pesadez, pesantez, peso, gravedad. *2* pesadez, torpeza, lentitud. *3* languidez, modorra, sueño. *4* peso, importancia. *5* carga, opresión. *6* abatimiento, tristeza.
heavy (je·vi) *adj.* pesado, ponderoso ; ~ *industry,* industria pesada; ~ *water,* QUÍM. agua pesada. *2* pesado, opresivo, oneroso, gravoso, aflictivo, severo. *3* fuerte, grande, importante, considerable, serio, grave ; ~ *expenses,* grandes gastos;

~ *losses,* grandes o fuertes pérdidas. *4* fuerte, recio, violento : ~ *rain,* lluvia fuerte; ~ *shower,* chaparrón, aguacero; ~ *sea,* oleada, ola fuerte. *5* profundo, intenso. *6* pesado, lento, tardo; estúpido. *7* amodorrado, soñoliento. *8* cargado, pesado [estilo, obra, escritor]. *9* cargado, agobiado. *10* oprimido [corazón, etc.]. *11* cansado. *12* grueso; macizo; tosco; amazacotado; denso, tupido. *13* laborioso, difícil. *14* indigesto, difícil de digerir. *15* fuerte [licor]. *16* grave o fuerte [sonido]; fragoroso [cañoneo, etc.]. *17* pesaroso, triste, abatido. *18* cargado, encapotado, sombrío; pesado [día]. *19* malo [camino]; empinada [cuesta]. *20* desanimado [mercado]. *21* preñada, encinta. *22* abundante, copiosa [cosecha]. *23* ~ *buyer,* que compra en grandes cantidades; ~ *drinker,* gran bebedor; ~ *loser,* que pierde mucho. — *24 adv.* fuerte, fuertemente, pesadamente : *to hang* ~, pasar con gran lentitud, hacerse largo [el tiempo, las horas] ; *to lie* ~ *on,* pesar sobre.
heavy, *pl.* **-ies** (-is) *s.* TEAT. personaje grave y solemne; personaje perverso; actor que representa estos papeles. *2 pl.* fam. ropa interior gruesa. *3* MIL. los Dragones de la Guardia; la artillería pesada.
heavy-armed *adj.* armado con armas pesadas. *2* armado de armadura pesada.
heavy-duty *adj.* de servicio o trabajo pesado, muy fuerte [máquina, etc.]. *2* que paga elevados derechos de aduana.
heavy-handed *adj.* torpe. *2* de mano dura, opresivo.
heavy-footed *adj.* de andar torpe. *2* despeado.
heavy-eyed *adj.* de ojos soñolientos.
heavy-hearted *adj.* acongojado, afligido, triste.
heavy-laden *adj.* sobrecargado. *2* agobiado, oprimido.
heavy-set *adj.* costilludo, espaldudo.
heavyweight (je·viueit) *adj.* de peso fuerte o pesado. — *2 s.* boxeador o luchador de peso pesado. *3* fam. (EE. UU.) persona influyente, de campanillas.
hebdomadal (jebdo·madal) *adj.* hebdomadario, semanal.
hebdomadary (jebdo·maderi) *adj.* hebdomadario, semanal. — *2 s.* ECL. hebdomadario.
hebetude (je·bitiud) *s.* estupidez, embotamiento.
Hebraic (jibrei·ic) *adj.* hebraico.
Hebraism (jɪ·briižm) *s.* hebraísmo.
Hebraist (jɪ·briist) *s.* hebraísta.
Hebraize (to) (jɪ·briaiš) *tr.* e *intr.* hebraizar.
Hebrew (jɪ·bru) *adj.* y *s.* hebreo, israelita, judío. — *2 pl.* BIB. epístola de San Pablo a los hebreos.
hecatomb (je·catum) *s.* hecatombe.
heckle (to) (je·cǝl) *tr.* rastrillar [el lino o cáñamo]. *2* interrumpir a un orador con preguntas intenciosas o molestas.
hectare (je·cte') *s.* hectárea.
hectic (je·ctic) *adj.* y *s.* héctico, hético. — *2 adj.* fam. febril, excitado, agitado. — *3 s.* fiebre hética; tisis.
hectogram, hectogramme (je·ctogræm) *s.* hectogramo.
hectograph (je·ctogræf) *s.* hectógrafo.
hectograph (to) *tr.* copiar en el hectógrafo.
hectoliter, hectolitre (je·ctolitǝ') *s.* hectolitro.
hectometer, hectometre (je·ctomitǝ') *s.* hectómetro.
Hector (je·ctǝ') *n. pr. m.* Héctor.
hector *s.* valentón, bravucón. *2* el que gusta de atropellar o intimidar con palabras amenazas, etc
hector (to) *tr.* atropellar, intimidar, con palabras, amenazas, etc. — *2 intr.* bravear, baladronear.
Hecuba (je·kiuba) *n. pr.* MIT. Hécuba.
he'd (jɪd) contracción de HE HAD y de HE WOULD.
heddle (je·dǝl) *s.* TEJ. lizo, malla.
hedge (je·dy̆) *s.* seto vivo; cerca, vallado. *2* fig. límite, valla. *3* apuesta u operación de bolsa con que se cubre uno. — *4 adj.* de seto, para seto : ~ *bird,* fig. vagabundo; ~ *garlic,* BOT. aliaria; ~ *hyssop,* BOT. graciola; ~ *nettle,* BOT. ortiga hedionda; ~ *mustard,* BOT. jaramago, sisimbrio; ~ *sparrow,* ORNIT. curruca. *5* clandestino; ~ *marriage,* casamiento clandestino. *6* de inferior calidad o condición ; ~ *lawyer,* leguleyo.
hedge (to) *tr.* cercar con seto, vallar. *2* defender, circundar. *3* rodear, encerrar. — *4 intr.* abrigarse, escudarse. *5* cubrirse [compensar una apuesta o jugada de Bolsa con otra en sentido contrario]. *6* no comprometerse [al hablar].
hedgeborn (je·dy̆bo'n) *s.* de baja ralea.

hedgehog (je dȳjog), **hedgepig** (je dȳpig) s. ZOOL. erizo. 2 BOT. ~ grass, guizacillo.
hedgehop (to) (je dȳjop) intr. AVIA. volar a ras de los árboles o setos.
hedger (je dȳ'o') s. el que hace o cuida setos. 2 el que se cubre en el juego o en la Bolsa. 3 el que usa de evasivas.
hedgerow (je dȳrou) s. seto vivo.
hedging-bill (je dȳing) s. podadera de setos.
hedonics (jido nics) s. ciencia del placer. 2 parte de la ética que estudia el placer en su aspecto moral.
hedonism (ji donišm) s. hedonismo.
hedonist (ji donist) adj. y s. hedonista.
heed (jɪd) s. atención, cuidado; caso : to pay ~ to, poner atención a; hacer caso de; to take ~, poner atención, ir con cuidado.
heed (to) tr. atender, prestar atención a, escuchar, considerar, tener en cuenta, hacer caso de. 2 notar, observar, reparar. — 3 intr. poner atención o cuidado : fiarse.
heedful (jɪ dful) adj. atento, cuidadoso, cauto. 2 ~ of, que pone atención en, que hace caso de.
heedfulness (jɪ dfulns) s. atención, cuidado.
heedless (jɪ dlis) adj. desatento, distraído, descuidado, atolondrado. 2 ~ of, que no considera, que no hace caso de.
heedlessly (jɪ dlisli) adv. distraídamente, descuidadamente; sin poner atención, sin hacer caso.
heedlessness (jɪ dlisnis) s. distracción, descuido, negligencia, inadvertencia, atolondramiento, imprudencia.
heel (jɪl) s. talón [de pie, media o zapato]; tacón [de zapato] : ~ lift, tapa [del tacón del zapato]; to be at the heels of, perseguir de cerca, pisar los talones; seguir servilmente; to be carried with the heels foremost, ser sacado con los pies adelante; to cool one's heels, esperar, hacer antesala; to have the heels of, correr más que [otro]; pasarle delante; to kick one's heels, esperar con impaciencia, hacer antesala; to kick up one's heels, pop. retozar, divertirse; pop. estirar la pata, morir; to lay by the heels, encarcelar; to show the heels o a clean pair of heels, huir; tomar la delantera; to take to one's heels, apretar los talones, huir; at ~, a los talones; down at the heels, con los tacones gastados, en chancletas; pobremente roto; apurado, en mala situación; heels over head, patas arriba; con un salto mortal; desesperadamente; precipitadamente, irreflexivamente; out at the heels, con las medias rotas, desharrapado. 2 calcañar, zancajo. 3 parte inferior o trasera [de ciertas cosas]. 4 MAR. coz [de mástil]; talón [de quilla]. 5 AGR. estaca. 6 MÚS. talón [de arco]. 7 FERR. centro [de un cambio de agujas]. 8 fin, conclusión. 9 resto, pedazo que queda [de un pan, queso, etc.]. 10 pl. cascos traseros [del caballo].
heel (to) tr. poner talón a [medias o zapatos]. 2 poner tacón a [los zapatos]. 3 armar con espolones [un gallo de pelea]. 4 agarrar por los talones 5 pop. (FE. UU.) proveer de dinero. — 6 intr. taconear [al bailar]. 7 MAR. inclinarse, escorar [el buque] : to ~ over, zozobrar.
heeler (jɪlo') s. gallo que lucha bien con los espolones. 2 fam. (FE. UU.) muñidor o electorero de un cacique político. 3 taconero.
heelpiece (jɪlpis) s. talón [de zapato]. 2 pieza que protege el talón. 3 MAR. mecha, coz [de un palo].
heeltap (jɪ ltap) s. tapa [de tacón]. 2 golpe de tacón. 3 escurriduras, escurrimbres.
heft (jeft) s. fam. peso. 2 fam. influencia. 3 (EE. UU.) la mayor parte.
heft (to) tr. fam. levantar en alto. 2 fam. sopesar.
heftier (je ftio') adj. comp. de HEFTY.
heftiest (je ftiest) adj. superl. de HEFTY.
hefty (je fti) adj. pesado. 2 fam. fornido, recio.
Hegelian (jeŷi lian) adj. hegeliano.
Hegelianism (jeŷi lianišm) s. hegelianismo.
hegemonic (jeŷimo nic) adj. hegemónico.
hegemony (jeŷi moni) s. hegemonía.
hegira (jeŷira) s. hégira, hejira.
heifer (je fo') s. novilla, vaquilla.
heigh-ho (jai jou) interj. ¡ay!, ¡oh!
height (jai t) s. altura, altitud, elevación, encumbramiento, alteza. 2 alto, altura [dimensión]; talla, estatura, alzada. 3 altura, elevación, eminencia [del terreno]; cerro, colina, montaña, cumbre, punto elevado. 4 extremo, colmo; lo

más fuerte de : at the ~ of winter, en pleno invierno. 5 ARQ. montea [de un arco].
heighten (to) (jai gtøn) tr. levantar, elevar [hacer más alto]. 2 adelantar, mejorar, exaltar, sublimar. 3 avivar, aumentar, realzar. — 4 intr. elevarse. 5 aumentar.
heinous (jei nøs) adj. odioso, horrible, atroz, nefando.
heinously (jei nøsli) adv. odiosamente, horriblemente.
heinousness (jei nøsnis) s. odiosidad, atrocidad.
heir (eø') s. heredero : ~ apparent, heredero forzoso, heredero que no puede dejar de serlo por el nacimiento de una persona con mejor derecho; ~ at law, heredero legal; ~ presumptive, presunto heredero.
heirdom (e ø'døm) s. condición de heredero. 2 herencia.
heiress (e ø'ris) f. heredera.
heirloom (e ø'lum) s. DER. bienes muebles unidos a la herencia. 2 herencia de familia; lo que está en poder de una familia desde varias generaciones.
heirship (e ø'ship) s. condición de heredero. 2 derecho de heredar. 3 herencia.
held (jeld) pret. y p. p. de TO HOLD.
Helen (je len) n. pr. f. Elena.
heliac(al (jilai ac(al) adj. ASTR. helíaco.
helianthemum (jiliæ nzimøm) s. BOT. heliantemo.
helianthus (jilia nzøs) s. BOT. helianto.
helical (je lical) adj. espiral; helicoidal.
helicoid (je licoid) adj. helicoidal. — 2 s. GEOM. helicoide.
Helicon (je licon) n. pr. GEOGR. Helicón. — 2 m. (con mín.) MÚS. helicón.
helicopter (jelicopto') s. helicóptero.
heliocentric(al (jiliose ntric(al) adj. heliocéntrico.
Heliodorus (jiliodo røs) n. pr. m. Heliodoro.
Heliogabalus (jilioga bæløs) n. pr. m. Heliogábalo.
helioengraving (ji lioengreiving) s. heliograbado.
heliograph (ji liogræf) s. heliógrafo.
heliograph (to) tr. e intr. comunicar por medio de heliógrafo.
heliographic (jiliogræ fic) adj. heliográfico.
heliography (jilio grafi) s. heliografía [descripción del sol]. 2 transmisión de señales por medio del heliógrafo.
heliogravure (jiliograviu') s. heliograbado.
heliolatry (jilio latri) s. culto del Sol.
heliometer (jilio meto') s. heliómetro.
helioscope (ji lioscoup) s. helioscopio.
heliostat (ji liostæt) s. helióstato.
heliotherapy (jilioze rapi) s. MED. helioterapia.
heliotrope (ji liotroup) BOT. heliotropo. 2 color u olor de heliotropo. 3 BOT. valeriana. 4 MIN. helíotropo.
heliotropine (ji liotropin) s. QUÍM. heliotropina.
heliotropism (jilio tropišm) s. BOT. heliotropismo.
heliotype (to) (ji liotaip) tr. reproducir por medio de la heliotipia.
heliotypy (ji liotaipi) s. heliotipia [procedimiento].
helium (ji liøm) s. QUÍM. helio.
helix (ji lics) s. GEOM., ANAT. hélice. 2 ELECT. arrollamiento en hélice. 3 espira; voluta.
he'll (jɪl) contracción de HE SHALL y de HE WILL.
hell (jel) s. infierno [de los condenados]. 2 averno, báratro. 3 fig. infierno [lugar o estado de sufrimiento, discordia, etc.]. 4 fig. garito. 5 fig. cárcel, prisión. 6 fig. cajón de sastre. 7 IMPR. caja para los tipos rotos.
Hellas (je løs) s. Hélade [Grecia].
hellbender (je lbendø') s. ZOOL. salamandra gigante norteamericana. 2 pop. (EE. UU.) borrachera fenomenal.
hellborn (je lbo'n) adj. infernal.
hellbox (je lbocs) s. IMPR. caja para los tipos rotos.
hellbroth (je lbroz) s. caldo mágico maligno.
hellcat (je lcæt) s. bruja. 2 arpía, mujer perversa. 3 persona malévola, atolondrada o temeraria.
hell-doomed adj. réprobo, condenado.
hellebore (je libo') s. BOT. eléboro. 2 BOT. vedegambre, veratro.
Hellenic (jele nic) adj. helénico.
Hellenism (je lenišm) s. helenismo.
Hellenist (je lenist) s. helenista.
Hellenistic (jeleni stic) adj. helenístico.
Hellenize (to) (je lenaiš) tr. helenizar. — 2 intr. helenizarse.
Hellespont (je lespønt) n. pr. GEOGR. Helesponto.
hellfire (je lfai') s. fuego o tormento del infierno.

hellish (je·lish) *adj.* infernal, diabólico.
hellishly (je·lishli) *adv.* infernalmente, diabólicamente.
hellishness (je·lishnis) *s.* malicia infernal, diabólica.
hello (je·lou) *interj.* ¡haló!, ¡hola! 2 ¡ah!, ¡eh! 3 ¡diga! [en el teléfono]. — 4 *adj.* ∼ *girl,* muchacha telefonista.
helm (jelm) *s.* MAR. timón, gobernalle; caña del timón. 2 timón, dirección, gobierno. 3 yelmo, casco.
helm (to) *tr.* dirigir, gobernar. 2 cubrir con yelmo.
helmet (je·lmit) *s.* yelmo, casco, celada, morrión. 2 casco [de soldado, guardia, bombero, buzo, etc.]. 3 ESGR. careta. 4 BOT. parte superior de una corola labiada.
helmeted (je·lmitid) *adj.* cubierto con casco.
helminth (je·lminz) *s.* ZOOL. helminto.
helminthic (jelmi·nzic) *adj.* y *s.* vermífugo.
helminthology (jelminzo·loȳi) *s.* helmintología.
helmless (je·lmlis) *adj.* sin timón.
helmsman (je·lmšmæn), *pl.* -men (-men) *s.* timonero, timonel.
helot (je·løt) *s.* ilota.
helotism (je·løtižm) *s.* ilotismo.
helotry (je·løtri) *s.* los ilotas. 2 servidumbre, esclavitud.
help (jelp) *s.* ayuda, auxilio, asistencia; socorro, favor, apoyo : *to be a great* ∼ *to,* ser una gran ayuda para; *to cry out for* ∼, pedir auxilio o socorro; *by the* ∼ *of,* con ayuda de; *help!,* ¡socorro! 2 remedio, recurso, medio : *there is no* ∼ *for it,* no tiene remedio. 3 criado, criada, dependiente; sirvientes, criados. 4 (EE. UU.) mozo de labranza. 5 *fam.* porción [que se sirve o toma] : *do you want a second* ∼?, ¿quiere usted repetir?
help (to) *tr.* ayudar, coadyuvar a, apoyar, favorecer, secundar, contribuir a, fomentar : *to* ∼ *one with his coat,* etc., ayudar a uno a ponerse el abrigo, etc. 2 ayudar, asistir, socorrer, amparar, valer : *so* ∼ *me God,* así Dios me salve. 3 aliviar; remediar, evitar : *I cannot* ∼ *it,* no puedo remediarlo o evitarlo; *he cannot* ∼ *feeling,* no puedo menos de sentir; *he cannot* ∼ *but,* no puede menos de, no puede dejar de; *it cannot be helped,* no hay más remedio. 4 servir [comida, bebida] : *to* ∼ *oneself to,* servirse [algo de comer o beber] ; ∼ *yourself,* sírvase usted. 5 *to* ∼ *along,* ayudar [a uno] a seguir su camino, a ir tirando. 6 *to* ∼ *down,* ayudar a caer o a bajar. 7 *to* ∼ *forward,* adelantar, activar, promover. 8 *to* ∼ *oneself,* valerse por sí mismo. 9 *to* ∼ *out,* ayudar a salir [de una dificultad o empeño] ; proporcionar [algo]. 10 *to* ∼ *up,* ayudar a subir; ayudar a levantarse. — 11 *intr.* servir, ayudar [prestar servicio o ayuda]; contribuir; servir [en la mesa]. 12 *to* ∼ *out,* prestar ayuda.
helper (je·lpø') *s.* auxiliador, ayudador, socorredor. 2 ayudante peón.
helpful (je·lpful) *adj.* que ayuda; servicial, útil. 2 provechoso, saludable.
helpfulness (je·lpfulnis) *f.* calidad de lo que ayuda o socorre; servicio, utilidad.
helping (je·lping) *adj.* que ayuda. — 2 *s.* acción de ayudar, socorrer, etc.; ayuda, socorro. 3 porción de comida o bebida que se sirve a uno o que uno se sirve de una vez : *I have had two helpings of meat,* me han servido o he tomado carne dos veces.
helpless (je·lplis) *adj.* desvalido, desamparado. 2 impotente, imposibilitado, incapaz; inútil. 3 perplejo, sin saber qué hacer. 4 irremediable.
helplessly (je·lplisli) *adv.* desamparadamente. 2 impotentemente. 3 con perplejidad. 4 irremediablemente.
helplessness (je·lplisnis) *s.* desvalimiento, desamparo, debilidad. 2 impotencia, incapacidad.
helpmate (je·lpmeit) *s.* compañero, auxiliar. 2 esposa, mujer.
helter-skelter (je·ltø'-ske·ltø') *adv.* atropelladamente, precipitadamente, en confusión, en desorden.
helve (je·lv) *s.* ástil, mango [de hacha, etc.].
helve (to) *tr.* poner ástil o mango, enmangar.
Helvetia (jelvi·shia) *n. pr.* GEOGR. Helvecia.
Helvetian (jelvi·shan) *adj.* y *s.* helvético, helvecio.
Helvetic (jelve·tic) *adj.* helvético, helvecio. — 2 *s.* protestante suizo.

hem (jem) *s.* orla, borde [de un vestido]. 2 borde, orilla [de una cosa]. 3 COST. dobladillo, bastilla, repulgo. — 4 *interj.* ¡ejem!
hem (to) *tr.* COST. dobladillar, bastillar, repulgar. 2 *to* ∼ *in,* cercar, rodear, encerrar. — 3 *intr.* fingir *tos.* 4 vacilar [al hablar].
hemal (ji·mal) *s.* HEMAL.
hemathermal (je·mazø'·mal) *adj.* HÆMATIC.
hematin (je·matin) *s.* HÆMATIN.
hematite (je·matait) *s.* HÆMATITE.
hematoblast (je·matoblæst) *s.* HÆMATOBLAST.
hematocele (je·matosil) *s.* HÆMATOCELE.
hematocryal (je·matocraial) *adj.* HÆMATOCRYAL.
hematogenesis (jematoȳe·nesis) *s.* HÆMATOGENESIS.
hematoid (je·matoid) *adj.* HÆMATOID.
hematoma (jematou·ma) *s.* HÆMATOMA.
hematosis (jematou·sis) *s.* HÆMATOSIS.
hematoxylin (jemato·csilin) *s.* HÆMATOXYLIN.
hematuria (jematiu·ria) *s.* HÆMATURIA.
hemelytron (jeme·litron) *s.* hemélitro.
hemeralope (je·meraloup) *s.* MED. hemerálope.
hemeralopia (jimeralo·pic) *adj.* MED. hemerálope.
hemi- (je·mi) *pref.* hemi :
hemialgia (jemiæ·lȳia), **hemicrania** (jemicrei·nia) *s.* MED. hemicránea.
hemicycle (je·misaikøl) *s.* hemiciclo.
hemihedral (jemiji·dral) *adj.* CRIST. hemiédrico.
hemihedrism (jemiji·drišm) *s.* CRIST. hemiedría.
hemihedron (jemiji·drøn) *s.* CRIST. hemiedro.
hemin (ji·min) *s.* BIOQUÍM. hemina.
hemiplegia (jemipli·ȳia), **hemiplegy** (jemipli·ȳi) *s.* MED. hemiplejía.
hemipter (jimi·ptø') *s.* ENTOM. hemíptero.
Hemiptera (jimi·ptøra) *s. pl.* ENTOM. hemípteros.
hemipteran (jimi·ptøran) *adj.* y *s.* ENTOM. hemíptero.
hemipterous (jimi·ptørøs) *adj.* ENTOM. hemíptero.
hemisphere (je·misfiø') *s.* hemisferio.
hemispheric(al (jemisfe·ric(al) *adj.* hemisférico.
hemispheroidal (jemisfirou·dal) *adj.* hemisferoidal.
hemistich (je·mistic) *s.* hemistiquio.
hemlock (je·mloc) *s.* BOT. cicuta. 2 BOT. abeto del Canadá.
hemoglobin (jimoglou·bin) *s.* HÆMOGLOBIN.
hemolysis (jimo·lisis) *s.* HÆMOLYSIS.
hemopathy (jimo·pazi) *s.* HÆMOPATHY.
hemophilia (jimofi·lia) *s.* HÆMOPHILIA.
hemoptysis (jimo·ptisis) *s.* HÆMOPTYSIS.
hemorrhage (je·moriȳ) *s.* HÆMORRHAGE.
hemorrhagic (jemoræ·ȳic) *adj.* HÆMORRHAGIC.
hemorrhoidal (jemoroi·dal) *adj.* HÆMORRHOIDAL.
hemorrhoids (je·moroids) *s.* HÆMORRHOIDS.
hemostat (je·mostæt) *s.* HÆMOSTAT.
hemostatic (jemostæ·tic) *adj.* HÆMOSTATIC.
hemp (jemp) *s.* cáñamo [planta, fibra]. 2 dogal. 3 narcótico extraído del cáñamo. 4 BOT. ∼ *palm,* margallón, palmito. 5 *Manila* ∼, abacá, cáñamo de Manila. 6 *sisal* ∼, sisal. — 7 *adj.* de cáñamo : ∼ *close,* ∼ *field,* cañamar; ∼ *sandal,* alpargata.
hempen (je·mpøn) *adj.* cañameño.
hempseed (je·mpsid) *s.* cañamón. 2 *fam.* carne de horca.
hemstitch (je·mstich) *s.* COST. vainica.
hemstitch (to) *tr.* COST. hacer vainica en.
hempy (je·mpi) *adj.* cañameño; que da cáñamo.
hen (jen) *s.* ORNIT. gallina. 2 hembra de ave [esp. de gallinácea] : ∼ *turkey,* pava. 3 *fig.* gallina [cobarde]. 4 *pl.* averío. — 5 *adj.* de gallina o gallinas : ∼ *dung,* gallinaza; ∼ *party* *fig.* reunión o tertulia de mujeres.
henbane (je·nbein) *s.* BOT. beleño.
hence (jens) *adv.* de, o desde, aquí o ahora : *far* ∼, lejos de aquí. 2 de aquí a, dentro de : *a week* ∼, de hoy en ocho días, dentro de una semana; *two months* ∼, de aquí a dos meses; *years* ∼, cuando hayan pasado muchos años. 3 por tanto, por consiguiente, luego, de aquí que. — 4 *interj.* *hence!* o *go* ∼!, ¡largo de aquí!, ¡vete!
henceforth (je·nsfo'z), **henceforward** (je·nsfo'uø'd) *adv.* de aquí, de ahora o de hoy en adelante; desde ahora, de hoy más, en adelante, en lo sucesivo, en lo venidero.
henchman (je·nchmæn), *pl.* -men (-men) *s.* secuaz, satélite, servidor, paniaguado.
hencoop (je·ncup) *s.* gallinero.
hendecagon (jende·cagon) *s.* endecágono.
hendecasyllabic (jendecasi·la·bic) *adj.* endecasílabo.
hendecasyllable (jendecasi·labøl) *s.* endecasílabo.
henequen (je·nikin) *s.* BOT. henequén.
henhouse (je·njaus) *s.* gallinero.

henna (ie·na) *s.* BOT. alheña, alcana. 2 henné [materia colorante].

hennery (je·neri) *s.* gallinero.

henpeck (to) (je·npec) *tr.* dominar e importunar [la mujer al marido].

henpecked (je·npect) *adj.* dominado por la mujer, gurrumino : ～ *husband*, calzonazos.

Henrietta (jenri·eta) *n. pr. f.* Enriqueta.

henroost (je·nrust) *s.* gallinero.

Henry (je·nri) *n. pr.* Enrique.

henry (je·nri) *s.* ELECT. henrio.

hep (jep) *s.* BOT. escaramujo [fruto] : ～ *bramble*, ～ *brier*, escaramujo, agavanzo [arbusto]. — 2 *adj.* fam. sabedor, enterado, que está al tanto o al corriente de : *to be* ～ *to*, estar enterado de, estar al corriente de ; *to put someone* ～ *to*, enterar, poner a uno al corriente de.

hepatic (jipæ·tic) *adj.* hepático. 2 del color del hígado. 3 BOT. hepática. — 4 *s.* MED. remedio para el hígado.

hepatica (jipæ·tica) *s.* BOT. hepática.

hepatite (je·patait) *s.* MINER. hepatita.

hepatitis (jepatai·tis) *s.* MED. hepatitis, inflamación del hígado.

hepatization (jepætise·shøn) *s.* MED. hepatización.

hepatology (jepato·loÿi) *s.* hepatología.

hepcat (je·pcæt) *s.* fam. entendido en jazz. 2 aficionado al jazz.

heptachord (je·ptaco'd) *s.* MÚS. heptacordio. 2 lira de siete cuerdas.

heptagon (je·ptagon) *s.* GEOM. heptágono.

heptagonal (jeptæ·gonal) *adj.* heptagonal.

heptameter (jepta·mitø') *s.* heptámetro.

heptarchy (je·pta'ki) *s.* heptarquía.

Heptateuch (je·ptatiuc) *s.* Heptateuco.

her (jø') *pron. pers. f. de 3.ª pers. sing.* (ac. o dat.) la, le : *I saw* ～, la vi ; *he told* ～ *the news*, le dio la noticia [a ella]. 2 [con prep.] ella : *to* ～, a ella ; *for* ～, para ella. — 3 *adj. pos. f. de 3.ª pers.* [indicando una sola poseedora] su, sus : ～ *mother*, su madre [de ella] ; ～ *sisters*, sus hermanas [de ella].

herald (je·rald) *s.* heraldo ; rey de armas. 2 heraldo, anunciador, nuncio, precursor.

herald (to) (je·rald) *tr.* anunciar, ser nuncio de.

heraldic (jeræ·ldic) *adj.* heráldico.

heraldist (je·raldist) *s.* heráldico.

heraldry (je·raldri), *pl.* **-dries** (-dris) *s.* heráldica, blasón. 2 armas, blasones. 3 pompa o ceremonia heráldica.

heraldship (je·ralship) *s.* oficio de heraldo.

herb (ø'b o jø'b) *s.* BOT. hierba, yerba : ～ *Christopher*, actea, hierba de San Cristobal ; ～ *Louisa*, luisa, hierba luisa ; ～ *grace*, ～ *of repetance*, ruda ; ～ *trinity*, trinitaria, pensamiento ; hepática.

herbaceous (jø'bei·shøs) *adj.* herbáceo.

herbage (ø'·bidÿ o jø'·bidÿ) *s.* hierba, herbaje, pasto.

herbal (ø'·bal o jø'·bal) *adj.* herbario. — 2 *s.* herbario [colección].

herbalist (ø'·balist o jø'·balist) *s.* botánico, herborizador. 2 el que cura con hierbas.

herbarium (jø'be·riøm) *s.* herbario (colección).

herbary (jø'·bari) *s.* jardín de hierbas.

Herbert (jø'·bø't) *n. pr. m.* Heriberto.

herbiferous (jø'bi·førøs) *adj.* herbífero.

herbivore (jø'·bivo') *s.* ZOOL. herbívoro.

herbivorous (jø'bi·vørøs) *adj.* herbívoro.

herbless (ø'·blis o jø'·blis) *adj.* sin hierbas.

herborist (jø'·børist) *s.* HERBALIST.

herborization (jø'børise·shøn) *s.* herborización.

herborize (to) (jø'·børaiš) *intr.* herborizar.

herborizer (jø'·børaisø') *s.* herborizador.

herbose (jø'·bous), **herbous** (jø'·bøs), **herby** (jø'·bi) *adj.* herboso. 2 herbáceo.

herbwoman (jø'·wumæn) *f.* herbolaria.

Herculean (jø'kiu·lian) *adj.* hercúleo.

herd (jø'd) *s.* rebaño, grey, manada, piara, ganado. 2 hato, pandilla [de gente]. 3 multitud, vulgo, chusma. 4 pastor [esp. en composición] : *cow·herd*, vaquero ; *shepherd*, pastor de ovejas. — 5 *adj.* de rebaño o ganado : ～ *instinct*, instinto de rebaño, gregario.

herd (to) (jø'd) *intr.* ir en manadas o rebaños. 2 juntarse, asociarse. — 3 *tr.* reunir o juntar en rebaño.

herdsman (jø'·dsmæn), *pl.* **-men** (-men) *s.* pastor, guarda de ganado, manadero. 2 ganadero [dueño de ganado].

here (ji·ø') *adv.* aquí, ahí, acá ; ahora, en este momento, en este punto : ～ *goes!*, ¡ahí va! ; ～ *it is*, aquí está, helo aquí, aquí lo tiene usted ; ～ *and there*, aquí y allí, acá y acullá ; ～ *below* aquí abajo, en la tierra ; *that is neither* ～ *nor there*, esto no viene al caso : *I don't belong* ～, yo no soy de aquí. 2 en este mundo, en esta vida, en este estado. 3 ～ *is to you*, a la salud de usted. 4 [en respuesta] ¡presente!

hereabouts (ji·ørabauts) *adv.* por aquí cerca, aquí alrededor, en estas inmediaciones.

hereafter (ji·øraftø') *adv.* de aquí en adelante, en lo sucesivo, en el futuro. — 2 *adj.* futuro. — 3 *s. the* ～, el futuro ; la otra vida, el más allá.

hereat (ji·øræt) *adv.* a esto, en esto, por eso.

hereby (ji·ø'bai) *adv.* por este medio, por este acto, con estas palabras. 2 mediante la presente, por la presente.

hereditable (jire·ditabøl) *adj.* que puede heredarse.

hereditament (jeridi·tamønt) *s.* lo que puede heredarse.

hereditarily (jire·diterili) *adv.* por herencia.

hereditary (jire·diteri) *adj.* hereditario.

heredity (jire·diti) *s.* BIOL. herencia.

herefrom (ji·ø'from) *adv.* de aquí, desde aquí. 2 a causa de esto.

herein (ji·øri·n), **hereinto** (ji·øri·ntu) *adv.* aquí dentro, incluso ; en esto.

hereinafter (ji·ørina·ftø') *adv.* después, más abajo, más adelante [en un libro o escrito].

hereinbefore (ji·ørinbifo') *adv.* anteriormente, más arriba, antes [en libro o escrito].

hereof (ji·øro·v) *adv.* de esto, acerca de esto ; de aquí.

hereon (ji·øro·n) *adv.* sobre esto, sobre este punto.

heresiarch (jiri·sia'c) *s.* heresiarca.

heresy (je·resi) *s.* herejía.

heretic (je·retic) *s.* hereje.

heretic(al (jire·tic(al) *adj.* herético.

heretically (jire·ticali) *adv.* heréticamente.

hereto (ji·ø'tu) *adv.* a esto, a este fin.

heretofore (ji·ø'tufo·') *adv.* hasta aquí, hasta ahora. 2 en el pasado, en otro tiempo. — 3 *adj.* anterior, pasado. — 4 *s. the* ～, el tiempo pasado, el pasado.

hereunder (ji·ørø·ndø') *adv.* bajo esto, abajo, al pie. 2 en virtud de esto.

hereunto (ji·ørøntu·) *adv.* a esto, a eso.

hereupon (ji·ørøpo·n) *adv.* a esto. 2 sobre esto, acerca de esto.

herewith (ji·øruiz) *adv.* con esto, junto con esto, adjunto.

heritable (je·ritabøl) *adj.* que puede heredarse.

heritage (je·ritidÿ) *s.* herencia.

herma (jø'·mæ) *s.* herma.

hermaphrodite (jø'mæ·frodait) *adj.* hermafrodita. — 2 *s.* BIOL. ser hermafrodita. 3 MAR. bergantín goleta.

hermaphrodism (jø'mæ·frodišm) *s.* HERMAPHRODITISM.

hermaphroditic(al (jø'mæfrodi·tic(al) *adj.* hermafrodita.

hermaphroditism (jø'mæ·frodaitišm) *s.* hermafroditismo.

hermeneutic(al (jø'miniu·tic(al) *adj.* hermenéutico.

hermeneutics (jø'miniu·tics) *s.* hermenéutica.

hermetic(al (jø'me·tic(al) *adj.* hermético : ～ *art*, alquimia.

hermetically (jø'me·ticali) *adv.* herméticamente.

hermit (jø'·mit) *s.* ermitaño, eremita, anacoreta. 2 ZOOL. ～ *crab*, ermitaño, paguro.

hermitage (jø'·mitidÿ) *s.* ermita.

hermitess (jø'·mitis) *f.* ermitaña. 2 mujer que vive retirada del mundo.

hermitical (jø'mi·tical) *adj.* eremítico.

hernia (jø'·nia) *s.* MED. hernia.

hernial (jø'·nial) *adj.* herniario.

hero (ji·rou), *pl.* **-roes** (-røs) *s.* héroe : ～ *worship*, culto de los héroes.

Herod (je·rød) *n. pr. m.* Herodes.

Herodian (jero·dian) *adj.* y *s.* herodiano.

heroic(al (jirou·ic(al) *adj.* heroico [de héroe]. 2 heroico, épico. 3 poét. grande, enorme. 4 MED. heroico. — 5 *s.* poema heroico.

heroically (jirou·icali) *adv.* heroicamente.

heroicity (jiroi·siti) *s.* heroicidad [calidad].

heroicomic (jirouico·mic) *adj.* comicoheroico.

heroics (jirou·ics) *s.* verso heroico. 2 lenguaje rimbombante.

heroin (je·roin) *s.* QUÍM. heroína.

heroine (je·roin) *f.* heroína [mujer].
heroism (je·roišm) *s.* heroísmo.
heron (je·ron) *s.* ORNIT. garza, airón.
heronry (je·ronri), *pl.* **-ries** (-ris) *s.* lugar donde anidan las garzas.
heron's-bill *s.* BOT. pico de cigüeña.
herpes (jø·'piš) *s.* MED. herpe.
herpetic (jø'pe·tic) *adj.* herpético.
herpetism (jø·'petišm) *s.* MED. herpetismo.
herpetology (jø'pito·loỹi) *s.* herpetología.
herring (je·ring) *s.* ICT. arenque : *red* ~, arenque ahumado.
herringbone (jeringbou·n) *s.* espinapez [en los entarimados]. 2 espiga, punto espigado [en los tejidos].
hers (jø·š) *adj.* y *pron. pos. f. de 3. pers.* [indicando una sola poseedora] suyo, suya, suyos, suyas, de ella; el suyo, la suya, los suyos, las suyas; el, la, los, las, de ella. | Con *of* equivale al adjetivo : *a friend of* ~, un amigo suyo [de ella].
herself (jø'se·lf) *Pron. pers. f. de 3.* *pers. sing.* ella, ella misma, se, sí, sí misma : *she* ~ *did it,* ella misma lo hizo; *she washes* ~, se lava; *she talks to* ~, habla para sí, consigo misma, para sus adentros, sola; *by* ~, sola, por sí, por sí sola.
hertzian (jø·'tsian) *adj.* Fís. hertziano.
Heruli (ji·ruli) *s. pl.* hérulos.
Herulian (jiru·lian) *adj.* y *s.* hérulc.
he's (jiš) contracción de HE IS y de HE HAS.
Hesiod (je·siod) *n. pr. m.* Hesíodo.
hesitancy (je·šitansi) *s.* vacilación, duda, hesitación, indecisión, irresolución.
hesitant (je·šitant) *adj.* vacilante, indeciso, irresoluto, titubeante.
hesitate (to) (je·šiteit) *intr.* vacilar, dudar, hesitar, titubear, cespitar. 2 tartamudear, balbucear.
hesitation (je·šite·shøn) *s.* vacilación, duda, indecisión, irresolución, titubeo. 2 tartamudeo, balbuceacia.
Hesper (je·spø') *s.* véspero, estrella vespertina.
Hesperia (jespi·ria) *n. pr.* GEOGR. Hesperia [España o Italia].
Hesperian (jespi·rian) *adj.* hespérido, occidental. 2 hespéride.
Hesperides (jespe·ridis) *s. pl.* MIT. Hespérides. 2 MIT. jardín de las Hespérides.
hesperidium (jespøri·diøm) *s.* BOT. hesperidio.
Hessian (je·shian) *adj.* y *s.* del Ducado de Hesse. — 2 *s.* soldado mercenario de Hesse. 3 arpillera. — 4 *adj.* mercenario, venal. 5 ~ *crucible,* crisol de arcilla muy refractaria.
Hester (je·stø') *n. Pr. f.* Ester.
hetæra (jetr·ra), **hetaira** (jitai·ra), *pl.* **-rai** (-rai) *s.* HIST. hetera.
heterocercal (je·tørose·'cal) *adj.* ICT. heterocerco.
heterochlamydeous (jetøroclei·midiøs) *adj.* BOT. heteroclamídeo.
heteroclite (je·tøroclait) *adj.* heteróclito. — 2 *s.* palabra o cosa heteróclita.
heterodox (je·tørodocs) *adj.* y *s.* heterodoxo.
heterodoxy (je·tørodocsi) *s.* heterodoxia.
heterodyne (je·tørodain) *adj.* RADIO. heterodino. — 2 *s.* RADIO. heterodina [oscilador].
heterogamous (jetøro·gamøs) *adj.* BOT. heterógamo.
heterogamy (jetøro·gami) *adj.* heterogamia.
heterogeneity (jetøroỹini·iti) *s.* heterogeneidad.
heterogeneous (jetøroỹi·niøs) *adj.* heterogéneo.
heterogeneousness (jetøroỹi·niøsnis) *s.* heterogeneidad.
heterogenesis (jetøroỹe·nesis) *f.* BIOL. heterogénesis.
heteromorphic (jetøromo·'fic), **heteromorphous** (jetøromo·'føs) *adj.* heteromorfo
heteronomous (jetøro·nomøs) *adj.* heterónomo.
heteronym (je·tøronim) *s.* palabra que, teniendo la misma ortografía que otra, tiene sonido y sentido diferentes.
heteroplasty (je·tøroplæsti) *s.* CIR. heteroplastia.
heteroptera (jetøro·ptøra) *s. pl.* ENTOM. heterópteros.
heteroscians (jetøro·shans) *adj.* y *s. pl.* GEOGR. heteroscios.
heterotrophic (jetørotro·fic) *adj.* BIOL. heterótrofo.
hetman (je·tmæn), *pl.* **-mans** (-mans) *s.* hetmán [caudillo de cosacos].
Hetty (je·ti) *n. Pr. f.* dim. de HENRIETTA.
heuristic (jiuri·stic) *adj.* heurístico.
hew (to) (jiu) *tr.* tajar, cortar, picar, hachear, desbastar; labrar [madera, piedra] : *to* ~ *in pieces,* destrozar. 2 formar, hacer [a golpes de un instrumento cortante] ; abrir, esculpir : *to* ~ *one's*

way, abrirse paso a fuerza de hachazos. *3* derribar [cortando] : *to* ~ *down,* cortar, derribar a hachazos. *4 to* ~ *out,* hachear, cortar; modelar en bruto. — *5 intr.* dar golpes o hachazos : *to* ~ *right and left,* dar hachazos o tirar tajos a diestra y siniestra. 6 fig. *to* ~ *close to the line,* hilar delgado. ¶ CONJUG. pret.: *hewed;* p. p.: *hewn.*
hewer (jiu·ø') *s.* cantero, picapedrero. 2 desbastador.
hewing (jiu·ing) *s.* acción de tajar o hachear. 2 labra; desbaste.
hexachord (je·csaco'd) *s.* MÚS. hexacordo.
hexagon (je·csagon) *s.* GEOM. hexágono.
hexagonal (jecsæ·gonal) *adj.* hexagonal.
hexahedron (jecsaji·drøn) *s.* GEOM. hexaedro.
hexameter (jecsæ·metø') *s.* hexámetro.
hexangular (jecsæ·nguiula') *adj.* de seis ángulos o esquinas.
hexapod (je·csapod) *adj.* y *s.* ZOOL. hexápodo.
hexapodous (je·csæ·podøs) *adj.* ZOOL. hexápodo.
hexastyle (je·csastail) *s.* ARQ. hexástilo.
Hexateuc (je·csatiuc) *s.* Hexateuco [los seis primeros libros de la Biblia].
hey (jei) *interj.* ¡eh!, ¡oiga!, ¡digo! 2 ¡ea!
heyday (jei·dei) *s.* apogeo, colmo [de vitalidad, fuerza, etc.]. — 2 *interj.* ¡hola!
Hezekiah (jesicai·a) *n. pr. m.* Ezequías.
hiatus (jaiei·tøs), *pl.* **-tus** o **-tuses** (-tøsøs) *s.* blanco, laguna, espacio, vacío, salto. 2 hiato.
hibernal (jaibø·'nal) *adj.* ibernal, hiemal, invernal, invernizo.
hibernate (to) (jai·bø'neit) *intr.* invernar. 2 estar retirado o inactivo, vegetar.
hibernation (jaibø'ne·shøn) *s.* hiemación.
Hibernian (jaibø·'nian) *s.* hibernés.
Hibernianism (jaibø·'nianišm), **Hibernicism** (jaibø·'nisišm) *s.* idiotismo irlandés.
hibiscus (jaibi·scøs) *s.* BOT. hibisco.
hiccough (ji·cof), **hiccup** (ji·cøp) *s.* hipo, singulto.
hiccough, hiccup (to) *intr.* hipar [tener hipo]. — 2 *tr.* decir con voz entrecortada.
hickory (ji·cøri) *s.* nogal americano; su madera. 2 tela gruesa de algodón.
hickup (ji·ckøp) *s.* HICCUP.
hid (jid) pret. y p. p. de TO HIDE.
hidden (ji·døn) p. p. de TO HIDE. — 2 *adj.* oculto, escondido, recóndito, secreto, latente.
hiddenly (ji·dønli) *adv.* escondidamente, ocultamente, secretamente.
hide (jai·d) *s.* cuero, piel, pellejo [de animal] : *neither* ~ *nor hair,* ni rastro, ni un vestigio. 2 fig. pellejo [de persona] : *to save one's cwn* ~, salvar el pellejo; *to tan someone's* ~, zurrarle a uno la badana. 3 látigo de cuero. 4 *pl.* corambre [pieles].
hide (to) *tr.* esconder, ocultar, cubrir, tapar, disimular : *to* ~ *the face,* volver u ocultar el rostro. 2 despellejar. 3 dar latigazos a. — 4 *intr.* esconderse, ocultarse : *to* ~ *out,* estar e escondido. ¶ CONJUG. pret.: *hid;* p. p.: *hidden* o *hid.*
hide-and-seek *s.* juego del escondite : *to play* ~, jugar al escondite.
hidebound (jai·dbaund) *adj.* encogido, apocado. 2 obstirado. 3 fanático, dogmático, de ideas mezquinas. 4 VET. de piel pegada a los huesos.
hideous (ji·diøs) *adj.* horrible, horrendo. 2 feo, horroroso. 3 odioso, detestable, repugnante.
hideously (ji·diøsli) *adv.* horriblemente. 2 odiosamente.
hideousness (ji·diøsnis) *s.* horror, horribilidad, odiosidad. 2 fealdad, monstruosidad.
hide-out *s.* fam. guarida, refugio, escondrijo.
hiding (jai·ding) *s.* ocultamiento, escondimiento. 2 retiro. 3 paliza, zurra. 4 ~ *place,* escondite, escondrijo.
hidrosis (jidrou·sis) *s.* MED. hidrosis.
hie (to) (jai) *tr.* activar, apresurar. 2 llevar de prisa. — *3 intr.* apresurarse, darse prisa : ~ *thee,* date prisa; ~ *thee home,* apresúrate a volver a casa. 4 correr, volar.
hierarch (jai·øra'c) *s.* jerarca.
hierarchal (jai·øra'cal) *adj.* del jerarca. 2 jerárquico.
hierarchical (jaiøra·'kical) *adj.* jerárquico.
hierarchism (jai·øra·kišm) *s.* principios o autoridad de una jerarquía.
hierarchy (jai·øra'ki) *s.* jerarquía.
hieratic(al (jaiøræ·tic(al) *adj.* hierático.
hieroglyph (jaiørogli·f'), **hieroglyphic** (jaiørogli·fic) *s.* jeroglífico, hieroglífico.

hieroglyphic(al (jaiørogli·fic(al) *adj.* jeroglífico, hieroglífico.

hieroglyphically (jaiørogli·ficali) *adv.* jeroglíficamente.

hierogram (jai·ørogram) *s.* símbolo sagrado o hierático.

hierology (jaiøro·loȳi) *s.* hierología.

Hieronymite (jaiøro·nimait) *adj.* y *s.* jerónimo [religioso].

Hieronymus (jaiøro·nimøs) *n. pr. m.* Jerónimo.

hierophant (jai·ørofant) *s.* hierofante.

hi-fi (jai·fai) *adj.* fam. de alta frecuencia. — 2 *s.* fam. alta frecuencia.

higgle (tc) (ji·gøl) *intr.* regatear [el precio]. 2 vender de casa en casa.

higgledy-piggledy (ji·gøldi-pi·gøldi) *adv.* confusamente, revueltamente. — 2 *adj.* confuso, revuelto. — 3 *s.* confusión, revoltillo.

higgler (ji·glø') *s.* regatón, regatero. 2 buhonero.

high (jai) *adj.* alto [que tiene altura]. 2 de alto, de altura: *this is eight inches* ~, esto tiene ocho pulgadas de alto; *a wall twelve feet* ~, una pared de doce pies de alto; *a building ten storeys* ~, un edificio de diez pisos. 3 alto, elevado, encumbrado, empinado. 4 copetudo, pingorotudo. 5 altivo, altanero. 6 alto, noble, ilustre; grande, sublime. 7 alto, superior, principal, primero, grande. sumo: *High Admiral*, Gran Almirante; *High Chancellor*, Gran Canciller; ~ *command*, alto mando; *High Court*, alto tribunal, tribunal superior; ~ *priest*, sumo sacerdote. 8 grande, importante, intenso, vivo, fuerte. 9 fuerte. impetuoso [viento]. 10 alto, alborotado [mar]; gruesa [mar]. 11 alta [calidad]. 12 alta [traición]. 13 TEAT. alta [comedia]. 14 MÚS. alto, agudo [tono]. 15 B. ART. alto [relieve]. 16 ELECT. alta [frecuencia, tensión]. 17 alto, elevado, subido [precio]; caro: ~ *cost of living*, carestía de la vida. 18 pasada, manida [carne]. 19 coc. fuerte, picante, muy sazonado. 20 fam. achispado. 21 rico [en], que contiene una elevada proporción [de]. 22 remoto [en el tiempo]: ~ *antiquity*, remota antigüedad. 23 pleno [día, etc.]: ~ *noon*, pleno mediodía; ~ *summer*, pleno estío 24 alto, superior [naipe]. 25 Otros sentidos: ~ *altar*, altar mayor; ~ *and dry*, que está en seco, varada sobre la playa [embarcación]; fig aislado, apartado del curso de los acontecimientos, sin influencia ni actividad; ~ *and low*, de todo pelaje, de todas las clases sociales [gente]; ~ *and mighty*, fam. orgulloso, altanero, dominador; ~ *blood pressure*, MED. hipertensión arterial; ~ *chair*, silla alta para niños; *High Church*, alta iglesia, rama conservadora y ritualista de la Iglesia anglicana; ~ *colour*, color encendido, rubicundez, rubor; ~ *day*, día de fiesta; ~ *explosive*, explosivo de gran potencia; ~ *fidelity*, RADIO. gran fidelidad; ~ *finance*, operaciones financieras en gran escala; ~ *gear*, AUTO. directa: *in* ~ *gear*, en directa; *High German*, alto alemán; ~ *hand*, arbitrariedad, despotismo; altanería; ~ *hat*, sombrero de copa, chistera; fig. aristócrata, persona encopetada; ~ *horse*, caballo grande; fig. presunción, entono, actitud arrogante u orgullosa; ~ *jinks*, fam. jarana, jaleo, diversión bulliciosa; ~ *jump*, salto de altura; ~ *life*, vida de la alta sociedad, la alta sociedad, el gran mundo; ~ *light*, parte iluminada [de una pintura, fotografía, etc.]; fig. momento o detalle notable o de gran interés; ~ *liver*, fam. regalón; disipado; ~ *living*, vida de regalo, de comer mucho y bien; disipación; *High Mass*, misa cantada o mayor, oficio; ~ *pressure*, alta presión; ~ *roller* (EE. UU.), derrochador, disipador; ~ *school*, escuela o instituto de segunda enseñanza; ~ *seas*, alta mar, piélago; ~ *society*, alta sociedad; ~ *speed*, alta o gran velocidad; ~ *spirits*, alegría, buen humor, animación: *in* ~ *spirits*, alegre, de buen humor, muy animado; ~ *steel*, acero rico en carbono; ~ *street*, calle mayor; ~ *tide*, marea alta, pleamar; fig. apogeo, punto culminante; ~ *time*, fam. holgorio, francachela, gran diversión; hora de no esperar más, de que se haga algo: *it is* ~ *time to*, ya es hora de o de que; ~ *water*, aguas altas; marea alta, pleamar; ~ *words*, palabras fuertes, ofensivas; *the Most High*, el Altísimo; *in* ~ *terms*, en términos lisonjeros.

26 *adv.* arriba: ~ *and low*, arriba y abajo, por todas partes, por doquier. 27 alto, a gran altura: *to aim* ~, picar alto. 28 altamente, muy, mucho. 29 profundamente. 30 en grande, con lujo y regalo. 31 caro, a un precio elevado.

32 *s.* lo alto, las alturas, el cielo: *on* ~, arriba en las alturas, en el cielo; *from on* ~, de lo alto, de las alturas, del cielo. 33 [el] colmo. 34 COM. [el] precio más alto. 35 AUTO. directa, marcha en directa; velocidad máxima. 36 fam. escuela o instituto de enseñanza secundaria. 37 [el] naipe más alto.

highball (jai·bol) *s.* (EE. UU.) bebida de whisky con hielo y agua carbónica servida en un vaso alto.

high-blooded *adj.* de sangre azul, de noble alcurnia.

highborn (jai·bø'n) *adj.* noble, linajudo.

highboy (jai·boi) *s.* especie de cómoda con patas altas.

highbred (jai·bred) *adj.* noble, bien nacido. 2 fino, bien educado.

high-brow *s.* (EE. UU.) intelectual, sabio; el que se da aires de superioridad intelectual.

high-browed *adj.* hinchado, que se da aires de superioridad intelectual.

high-class *adj.* de clase, categoría o calidad superior.

high-coloured *adj.* subido de color.

high-duty *adj.* de alto rendimiento [máquina]. 2 que paga elevados derechos de aduana.

higher (jai·ø') *adj. comp.* de HIGH: más alto; superior: ~ *bid*, postura más alta; declaración más alta [en el bridge]; ~ *algebra*, ~ *arithmetic*, ~ *mathematics*, álgebra, aritmética, matemáticas superiores; ~ *classes*, clases altas; ~ *criticism*, estudio crítico-histórico de una obra literaria antigua, esp. de la Biblia; ~ *education*, educación o enseñanza superior.

higher-up (jai·ørøp) *adj.* fam. superior, de mayor categoría. — 2 *s.* jefe, superior, funcionario de mayor categoría.

highest (jai·est) *adj. superl.* de HIGH: el más alto; sumo, supremo, mayor, máximo: ~ *common divisor* o *factor*, ARIT. máximo común divisor.

high-explosive *adj.* de alta potencia explosiva.

highfalutin (jaifælu·tin) *adj.* fam. hinchado, ampuloso, retumbante. — 2 *s.* lenguaje ampuloso.

highflier, highflyer (jai·flaiø') *s.* pájaro de alto vuelo. 2 ambicioso. 3 derrochador. 4 extremista, fanático.

high-flown (jai·floun) *adj.* de alto vuelo. 2 orgulloso, presuntuoso. 3 hinchado, campanudo.

high-frequency *adj.* ELECT. de alta frecuencia.

high-grade *adj.* fino, de calidad superior.

high-handed *adj.* despótico, arbitrario.

high-hearted *adj.* noble, valeroso.

high-heeled *adj.* de tacón alto [zapato].

highjack (to) *tr.* To HIJACK.

highjacker *s.* HIJACKER.

high-keyed *adj.* impresionable, sensible. 2 MÚS. agudo.

highland (jai·land) *s.* montaña, región montañosa. 2 *pl. the Highlands*, región montañosa de Escocia. — 3 *adj.* de la montaña, de las tierras altas.

highlander (jai·landø') *s.* montañés [esp. de Escocia]. 2 soldado de un regimiento de montañeses de Escocia.

highlandish (jai·landish) *adj.* montañés [esp. de Escocia].

highly (jai·li) *adv.* altamente, sumamente, en sumo grado, en gran manera. 2 elevadamente, levantadamente. 3 encarecidamente. 4 a un alto precio. 5 bien, favorablemente: *to speak* ~ *of*, hablar muy bien de, decir mil bienes de. 6 ~ *descended*, de noble alcurnia.

high-minded *adj.* magnánimo, de nobles o elevados sentimientos; orgulloso, altivo.

high-necked *adj.* de escote subido [vestido].

highness (jai·nis) *s.* altura, alteza, elevación, celsitud. 2 alteza [tratamiento]: *His Royal Highness*, Su Alteza Real.

high-pitched *adj.* MÚS. agudo. 2 chillona [voz]. 3 de mucha pendiente. 4 elevado. 5 muy excitable o sensible.

high-powered *adj.* de alta potencia, de gran potencia.

high-pressure *adj.* de alta presión. 2 fig. enérgico, emprendedor.

high-priced (jai-praist) *adj.* caro, de subido precio.

high-proof *adj.* muy rectificado, fuertemente alcohólico.

high-reaching (jairɪ·ching) *adj.* ambicioso.
highroad (jai·roud) *s.* carretera, camino real. 2 fig. camino llano, fácil [para alcanzar una cosa].
high-seasoned *adj.* picante, fuerte de especias.
high-sounding *adj.* pomposo, altisonante, retumbante.
high-speed *adj.* rápido, de alta velocidad.
high-spirited *adj.* gallardo, animoso, valiente. 2 fogoso [caballo]. 3 orgulloso.
high-stepper (jaiste·pø') *s.* caballo pisador. 2 fam. persona de porte altivo. 3 fam. persona del mundo elegante 4 fam. persona disipada.
high-stepping *adj.* pisador [caballo]. 2 fam. de porte altivo. 3 fam. elegante, de buen tono [persona]. 4 fam. disipado.
high-strung *adj.* tenso, vigoroso. 2 en estado de aguda sensibilidad, excitable, nervioso.
hight (jait) *adj.* ant. llamado, nombrado.
high-tension *adj.* de alta tensión.
high-test *adj.* que resiste pruebas rigurosas. 2 de alta volatilidad y propiedades antidetonantes [gasolina, etc.] : *high-test fuel*, supercarburante.
high-toned (jai·tound) *adj.* mús. agudo. 2 digno, caballeroso. 3 fam. (EE. UU.) elegante, distinguido.
highty-tighty *adj.* HOITY TOITY.
high-water mark *s.* línea de la playa o ribera que señala el nivel más alto a que llega la marea. 2 fig colmo, apogeo.
highway (jai·uei) *s.* camino real, carretera. 2 camino, vía. — *3 adj.* de carretera, de camino real : ∼ *robber,* salteador [de caminos] ; ∼ *robbery,* salteamiento.
highwayman (jai·ueimæn), *pl.* -men (-men) *s.* bandolero, salteador [de caminos].
high-wrought *adj.* primorosamente labrado o trabajado. 2 muy excitado.
hijack (to) (jai·ÿæc) *tr.* fam. (EE. UU.) robar [a un contrabandista de licores] ; robar [la mercancía a un contrabandista de licores].
hijacker (jai·ÿæcø') *s.* fam. (EE. UU.) salteador que roba a los contrabandistas de licores.
hike (jai·k) *s.* fam. marcha, caminata, viaje a pie.
hike (to) *intr.* fam. andar fatigosamente, hacer una caminata. — *2 tr.* aumentar.
hiker (jai·kø') *s.* fam. caminador ; aficionado a las caminatas.
hilarious (jaile·riøs) *adj.* alegre, regocijado, bullicioso.
hilarity (jailæ·riti) *s.* hilaridad, regocijo bullicioso.
Hilary (ji·lari) *n. pr. m.* Hilario.
hill (jil) *s.* colina, collado, cerro, altozano, cuesta. | A veces se usa por montaña. 2 montón, montículo.
hill (to) *tr.* amontonar. 2 AGR. acobijar, aporcar. — *3 intr.* amontonarse.
hillbilly (ji·lbili), *pl.* -lies (-lis) *s.* rústico montañés [del Sur de los EE. UU.].
hilling (ji·ling) *s.* amontonamiento. 2 AGR. aporcadura.
hilliness (ji·linis) *s.* montuosidad.
hillock (ji·løc) *s.* montículo, altillo, altozano, terromontero.
hillside (ji·lsaid) *s.* ladera [de una colina].
hilltop (ji·ltop) *s.* cima, cumbre [de colina].
hilly (ji·li) *adj.* abundante en colinas, montuoso. 2 pendiente [en cuesta].
hilt (jilt) *s.* puño, empuñadura [de un arma] : *up to the* ∼, hasta ⌐l puño, completamente.
hilted (ji·ltid) *adj.* con puño o empuñadura [arma].
hilum (jai·løm) *s.* BOT., ANAT., ZOOL. rafe. 2 núcleo de un grano de fécula.
him (jim) *pron. pers. m. de 3.ª pers. sing.* [ac. o dat.] lo, le : *I saw* ∼, lo vi ; *he told* ∼ *the news,* le dio la noticia [a él]. 2 [con prep. o como atributo] él : *to* ∼, ɑ él ; *I knew it to be* ∼, conocí que era él.
himself (jimse·lf) *pron. pers. m. de 3.ª pers. sing.* él, él mismo, se, sí, sí mismo : *he* ∼ *dit it,* él mismo lo hizo ; *he washes* ∼, se lava ; *he talkes to* ∼, habla para sí, consigo mismo, para sus adentros, solo ; *by* ∼, solo, por sí solo, por sí, por su cuenta.
hind (jaind) *adj.* trasero, zaguero, posterior : ∼ *legs,* patas traseras. — *2 s.* ZOOL. cierva. 3 mozo de labranza.
hinder (jai·ndø') *adj.* posterior, trasᴏro.
hinder (to) (ji·ndø') *tr.* detener, impedir, estorbar, embarazar, dificultar. — *2 intr.* poner obstáculos. *3* ser obstáculo, oponerse, obstar.

hinderance (ji·ndørans) *s.* HINDRANCE.
hinderer (ji·ndørø') *s.* estorbador, dificultador.
hindermost (jai·ndø'moust) *adj.* HINDMOST.
hind-foremost *adv.* con lo de atrás delante.
hindhand (jai·njand) *adj.* HINDMOST.
Hindi (ji·ndi) *s.* hindú [lenguaje]. ·
hindmost (jai·ndmoust) *adj.* postrero, último, que está más atrás.
Hindoo (ji·ndu) *s.* HINDU.
hindquarter (jai·ncuø'tø') *s.* cuarto trasero [de res].
hindrance (ji·ndrans) *s.* estorbo, impedimento, embarazo, obstáculo. 2 traba, cortapisa.
hindsight (jai·ndsait) *s.* alza o mira trasera [de arma de fuego]. 2 percepción tardia de lo que se debió hacer o decir.
Hindu (ji·ndu) *adj.* y *s.* hindú, indio.
Hinduism (ji·nduišm) *s.* hinduismo.
Hindustan (jindustɑ·n) *n. pr.* GEOGR. Indostán. — *2 s.* indostano.
Hindustani (jindustɑ·ni) *adj.* indostánico. — *2 s.* indostani, hindustani [lenguaje].
hinge (jinÿ) *s.* gozne, bisagra, pernio, charnela. *2* fig. eje, principio rector, punto capital. *3* ENCUAD. cartivana. *4* juntura móvil. *5* charnela [de las valvas de un molusco]. *6* pedacito de papel engomado para montar sellos en un álbum. *7* ∼ *joint,* ANAT. articulación móvil ; MEC. articulación de bisagra.
hinge (to) *tr.* engoznar, poner goznes o bisagras a. — *2 intr.* girar sobre un gozne o bisagra. *3* fig. *to* ∼ *on,* girar sobre, depender de.
hinny (ji·ni) *s.* ZOOL. burdégano.
hint (jint) *s.* indicación, insinuación, sugestión, indirecta, alusión.
hint (to) *tr.* e *intr.* indicar, insinuar, sugerir, aludir vagamente, referirse indirectamente a : *to* ∼ *at,* insinuar, aludir a.
hinterland (ji·ntø'land) *s.* hinterland, región interior [de un país, etc.].
hip (jip) *s.* ANAT. cadera : *to have someone on,* o *upon the* ∼, tener acorralado a uno, tener ventaja sobre él. 2 ARQ. lima tesa. 3 BOT. tapaculo, escaramujo. — *4 interj.* voz para llamar o aclamar. — *5 adj.* de cadera : ∼ *bath,* baño de asiento ; ∼ *joint,* ANAT. articulación iliacofemoral. *6* de lima tesa : ∼ *roof,* tejado a cuatro aguas o vertientes. 7 BOT. ∼ *rose,* escaramujo, agavanzo, zarzaperruna. — *8 adv.* ∼ *and thigh,* duramente, sin piedad ; *to smith* ∼ *and thigh,* derrotar completamente.
hip (to) *tr.* descaderar, derrengar. 2 echar sobre la cadera. 3 construir [un tejado] a cuatro aguas o vertientes. ¶ CONJUG. pret. y p. p. : *hipped;* p. a. : *hipping.*
hipbone (ji·pboun) *s.* ANAT. cía, hueso de la cadera.
hipped (jipt) *adj.* renco. 2 a cuatro aguas [tejado]. *3* melancólico, abatido. *4* obsesionado : ∼ *on,* obsesionado por.
hippety-hoppety (ji·piti·jo·piti) *adv.* fam. coxcojita.
hippish (ji·pish) *adj.* melancólico, abatido.
hippocampus (jipocæ·mpøs) *s.* MIT., ICT., ANAT. hipocampo.
hippocentaur (jipose·nto') *s.* MIT. hipocentauro.
hippocras (ji·pocras) *s.* hipocrás.
Hippocrates (jipo·cratiš) *n. pr. m.* Hipócrates.
Hippocratic (jipocra·tic) *adj.* hipocrático.
hippodrome (ji·podroum) *s.* hipódromo, circo.
hippogrif (ji·pogrif) *s.* MIT. hipogrifo.
hippometer (jipo·mitø') *s.* hipómetro.
hippophagist (jipo·faÿist) *s.* hipófago.
hippophagous (jipo·fagøs) *adj.* hipófago.
hippophagy (jipo·faÿi) *s.* hipofagia.
hippopotamus (jipopo·tamøs) *s.* ZOOL. hipopótamo.
hipshot (ji·pshot) *adj.* renco.
hircine (jø'·sin) *adj.* hircino.
hircocervus (jø'cosø'·vøs) *s.* MIT. hircocervo.
hire (jai') *s.* alquiler, arriendo : *for* ∼, *on* ∼, para alquilar, de alquiler. 2 paga, jornal, salario.
hire (to) *tr.* alquilar, arrendar [dar o tomar en alquiler o arriendo]. 2 contratar, tomar uno a su servicio ; asoldar, asalariar. 3 tomar dinero a rédito. — *4 intr.* alquilarse, ajustarse.
hireling (jai·'ling) *adj.* y *s.* asalariado. 2 alquilón, mercenario.
hirer (jai·rø') *s.* alquilador, arrendador.
hirsute (jø'·siut) *adj.* hirsuto, híspido.
hirsuteness (jø'siu·tnis) *s.* calidad de hirsuto.
his (jiš) *adj.* y *pron. pos. m. de 3.ª pers.* [indicando un solo poseedor]. suyo, suya, suyos, suyas, de él ; el suyo, la suya, los suyos, las suyas ;

el, la, los, las de él. 2 con *of* equivale al adjetivo : *a friend of* ~, un amigo suyo [de él].
Hispanio (jispǽ·nic) *adj.* hispánico, hispano.
Hispanicism (jispæ·nisiśm) *s.* hispanismo [de lenguaje].
Hispanist (ji·spǽnist) *s.* hispanista.
Hispano-American (ji·spano·ame·rican) *adj.* hispanoamericano.
Hispanophile (ji·spanofail) *adj.* hispanófilo.
hispid (ji·spid) *adj.* híspido.
hiss (jis) *s.* siseo. 2 silbido, sonido sibilante, chirrido.
hiss (to) *intr.* sisear, silbar, producir un sonido sibilante; chirriar. — *2 tr.* silbar, sisear [mostrar su desaprobación]. *3* decir [como silbando].
hissing (ji·sing) *s.* siseo, silba, sonido sibilante.
hissingly (ji·singli) *adv.* con sonido sibilante.
hist (jist) *interj.* ¡atención! ; ¡psit! 2 ¡chitón!
histamine (ji·stǫmin) *s.* QUÍM. histamina.
histogenesis (jistoȳe·nesis), **histogeny** (jisto·ȳeni) *s.* histogenia.
histologic(al (jistolo·ȳic(al) *adj.* histológico.
histologist (jisto·loȳist) *s.* histólogo.
histology (jisto·loȳi) *s.* histología.
historian (jisto·rian) *s.* historiador.
historic(al (jisto·ric(al) *adj.* histórico. *2* GRAM. ~ *present*, el presente usado metafóricamente como pretérito.
historically (jisto·ricali) *adv.* históricamente.
historiographer (jistorio·grafø') *s.* historiógrafo.
historiography (jistorio·grafi) *s.* historiografía.
history (ji·stori), *pl.* **-ries** (-riś) *s.* historia : *ancient* ~, historia antigua ; *natural* ~, historia natural ; *to have a* ~, ser persona de historia. | No tiene el sentido de chisme, cuento. — *2 adj.* de historia, histórico : ~ *piece*, tapiz o cuadro histórico.
histrionic(al (jistrio·nic(al) *adj.* histriónico.
histrionically (jistrio·nicali) *adv.* de una manera histriónica, teatralmente.
histrionism (ji·strioniśm) *s.* histrionismo.
hit (jit) *s.* golpe, choque. *2* golpe de fortuna. *3* golpe certero, acierto, éxito ; libro, etc., que tiene éxito : *to be a* ~, *to make a* ~, ser un gran éxito. tener gran éxito ; *to make a* ~ *with someone*, caer en gracia a uno. *4* rasgo de ingenio ; pulla. sarcasmo.
hit (to) *tr.* dar, pegar, golpear, chocar con. *2* soltar, dar [un golpe]. *3* afectar, hacer impresión en ; tocar, herir [los sentimientos, intereses. etc., de]. *4* atinar, acertar : *to* ~ *the mark*, acertar, dar en el blanco : *to* ~ *the nail on the head*, dar en el clavo ; ~ *or miss*, a la buena de Dios, salga lo que saliere. *5* encontrar, hallar, dar con. *6* pedir un préstamo a, dar un sablazo a. *7* poner en marcha ; encender ; empezar : *to* ~ *the trail*, *fam.* ponerse en camino. *8 to* ~ *off*, improvisar ; hallar, descubrir ; imitar. reproducir, describir o representar con acierto. *9 to* ~ *it off*, avenirse, estar de acuerdo, congeniar. *10 fam. to* ~ *the spot*, llenar, satisfacer por completo. — *11 intr.* tocar, chocar : *to* ~ *against*, dar contra, chocar con. *12 fam.* convenir, adaptarse. *13 to* ~ *on o upon*, hallar, dar con ; acordarse de ; ocurrírsele a uno ; *how did you* ~ *on that?* ¿cómo se le ocurrió esto? ? CONJUG. pret. y p. p. : *hit; ger.* : *hitting*.
hitch (jich) *s.* tirón, sacudida. *2* cojera. *3* obstáculo, impedimento, tropiezo, dificultad : *without a* ~, sin tropiezo, a pedir de boca. *4* alto, parada. *5* enganche [de vagón, etc.]. *6* MAR. nombre de varios nudos.
hitch (to) *tr.* mover [a tirones o poquito a poco]. *2* enganchar, atar, sujetar, amarrar : *to* ~ *up*, enganchar, uncir [caballerías, bueyes] ; pop. casar [unir en matrimonio]. *3* introducir [en una obra literaria]. — *4 intr.* moverse [a sacudidas, a saltos con interrupciones]. *5* enredarse, engancharse. *6* rozarse los pies [los caballos]. *7* avenirse, congeniar.
hitchhike (to) (ji·tchjaic) *intr. fam.* (EE. UU.) viajar a pie, pidiendo ser llevado por los automóviles que pasan.
hither (ji·ðø') *adv.* acá, hacia acá : ~ *and thither*, acá y acullá, de acá para allá. — *2 adj.* citerior : *on the* ~ *side of*, aquende, de este lado de.
hithermost (ji·ðø'moust) *adj.* más cercano o próximo.
hitherto (jiðø'tu·) *adv.* aquí [a este lugar]. *2* hasta aquí, hasta ahora.
hitherward(s (ji·ðø'uø'd(s) *adv.* hacia aquí.

Hitlerism (ji·tløriśm) *s.* hitlerismo.
Hitlerite (ji·tlørait) *s.* hitleriano.
hit-or-miss descuidado. *2* casual, fortuito.
hit-run *adj.* que atropella y se da a la fuga.
hitter (ji·tø') *s.* golpeador.
Hittite (ji·tait) *adj.* y *s.* HIST. heteo. hitita.
hive (jai·v) *s.* colmena. *2* enjambre.
hive (to) *tr.* API. enjambrar. — *2 intr.* vivir como en colmena.
hives (jai·vøs) *s.* MED. urticaria. *2* MED. crup, garrotillo.
ho, hoa (jo) *interj.* ¡eh!, ah! ; ¡oiga! ; ¡alto!
hoar (jo') *adj.* blanco, cano, canoso [por la edad]. *2* blanco o gris claro. — *3 s.* blancura, canicie. *4* escarcha, helada blanca.
hoard (jo'd) *s.* depósito, acumulamiento, tesoro, repuesto ; dinero guardado.
hoard (to) *tr.* acumular, almacenar, guardar, atesorar.
hoarder (jo·'dø') *s.* atesorador.
hoarding (jo·'ding) *s.* amontonamiento, atesoramiento, ahorro. *2* cerca o valla de construcción. *3* cartelera.
hoarfrost (jo·'frost) *s.* escarcha, helada blanca.
hoarhound (jo·'jaund) *s.* BOT. marrubio.
hoariness (jo·rinis) *s.* blancura, canicie.
hoarse (jo·'s) *adj.* ronco, rauco, áspero, bronco. *2* tomada [voz].
hoarsely (jo·'sli) *adv.* roncamente, broncamente.
hoarseness (jo·'snis) *s.* ronquera, enronquecimiento, bronquedad.
hoary (jo·ri) *adj.* cano, canoso. *2* blanco. *3* remoto [en el tiempo], venerable, vetusto : ~ *antiquity*, remota antigüedad, venerable antigüedad.
hoax (joucs) *s.* broma, engaño ; bola, bulo, pajarota.
hoax (to) *tr.* embromar, engañar.
hob (job) *s.* repisa interior del hogar. *2* cubo [de rueda]. *3* MEC. fresa ; mandril para roscas. *4* punzón de embutir. *5* chito, tángano. *6* ZOOL. hurón macho. *7 fam. to play o raise* ~, causar trastornos ; *to play* ~ *with*, trastornar.
hobble (jo·bøl) *s.* cojera. *2* traba, manea, maniota. *3 fam.* dificultad, atolladero. *4* ~ *skirt*, falda estrecha por abajo.
hobble (to) *intr.* cojear. *2* bailar [un pendiente, etc.]. *3* MAR. cabecear. — *4 tr.* poner trabas, manear. *5* hacer cojear.
hobbledehoy (jo·bøldijoi) *s.* adolescente, muchacho grandullón.
hobby (jo·bi), *pl.* **-bies** (-bis) *s.* tema, manía, afición. *2* trabajo, estudio, etc., hecho por afición o pasatiempo. *3* caballito [juguete]. *4* ORNIT. sacre.
hobbyhorse (jo·bijo's) *s.* caballito, caballo mecedor [juguete]. *2 fig.* manía, tema.
hobgoblin (jo·bgoblin) *s.* duende, trasgo, marimanta.
hobnail (jo·bneil) *s.* clavo de cabeza gruesa para zapatos. *2* rústico, patán.
hobnail (to) *tr.* clavetear [zapatos] con clavos de cabeza gruesa.
hobnob (to) (jo·bnob) *intr.* beber juntos familiarmente. *2* codearse, rozarse, tratarse familiarmente. ¶ CONJUG. pret. y p. p. : *hobnobbed; ger.* : *hobnobbing*.
hobo (jou·bou) *s. fam.* (EE. UU.) vagabundo.
hock (joc) *s.* ANAT. corva. *2* corvejón, jarrete. *3* ORNIT. articulación del tarso con la tibia. *4* COC. garrón [de cerdo]. *5* vino del Rin. *6* pop. (EE UU.) empeño : *in* ~, empeñado.
hock (to) *tr.* desjarretar. *2* pop. (EE. UU.) empeñar [dar en prenda].
hockey (jo·ki) *s.* hockey [juego de pelota] : *ice* ~, hockey sobre hielo.
hocus (to) (jou·cøs) *tr.* burlar, engañar estafar. *2* poner drogas en [la bebida] ; narcotizar, atontar con drogas. ¶ CONJUG. pret. y p. p. : *hocused o -cussed; ger.* : *hocusing o -cussing*.
hocus-pocus (jou·cøs-pou cøs) *s.* fórmula de prestidigitador. *2* palabras sin sentido con que se cubre un engaño. *3* pasapasa. *4* treta, engaño. *5* titiritero, prestidigitador.
hocus-pocus (to) *tr.* e *intr.* estafar. — *2 intr.* hacer juegos de manos.
hod (jod) *s.* ALBAÑ. cuezo. *2* cubo para carbón. *3* ~ *carrier*, peón de albañil.
Hodge (jo·dȳ) *n. pr.* dim. de ROGER.

hodgepodge (jo·dy̆pody̆) *s.* almodrote. 2 baturrillo, mezcolanza, mistifori.
hodiernal (joudiø·'nal) *adj.* de hoy en día.
hodman (jo·dmæn), *pl.* **-men** (-men) *s.* peón de
albañil; peón, bracero. 2 escritor mercenario.
hodometer (joudo·metø') *s.* odómetro.
hoe (jou) *s.* azada, azadón, almocafre, escardillo.
hoe (to) *tr.* cavar, azadonar, sachar.
hoeing (jou·ing) *s.* cava, sachadura.
hog (jog) *s.* cerdo, cochino, marrano [animal, persona sucia] : *hog's bristle*, cerda [pelo]. 2 verraco. 3 egoísta. 4 glotón. 5 MAR. instrumento para limpiar fondos. 6 pop. *to go the whole* ~,
llegar hasta el último límite. — 7 *adj.* de cerdo,
etc. : ~ *plum*, BOT. jobo. 8 ~ *Latin*, latín de
cocina.
hog (to) *tr.* MAR. limpiar fondos, afretar. 2 recortar [la crin de un caballo]. 3 arquear, combar.
4 echar los cerdos a, hacer pastar por los cerdos. — 5 *intr.* arquearse, combarse. 6 fam. tomar más de lo debido ¶ CONJUG. pret. y p. p. :
hogged; ger. : *hogging.*
hogback (jo·gbæc) *s.* cuchilla, cerro escarpado.
hoggish (jo·guish) *adj.* porcino, porcuno. 2 egoísta. 3 glotón, comilón. 4 sucio, puerco.
hoggishly (jo·guishli) *adv.* cochinamente, puercamente. 2 con egoísmo. 3 glotonamente, vorazmente.
hoggishness (jo·guishnis) *s.* suciedad, cochinería.
2 glotonería. 3 egoísmo.
hogherd (jo·gjø'd) *s.* porquero, porquerizo.
hogshead (jo·gšjed) *s.* pipa, bocoy. 2 medida para
líquidos.
hog's-fennel (jo·gsfenøl) *s.* BOT. servato.
hogskin (jo·gskin) *s.* piel de cerdo.
hogsty (jo·gstai) *s.* pocilga.
hogwash (jo·guøsh) *s.* bazofia.
hoiden (joi·døn) *s.* HOYDEN.
hoi polloi (the) (joi poloi·) *s.* la multitud, las
masas.
hoist (joist) *s.* cabria, grúa, malacate, elevador,
montacargas. 2 cosa que se iza o eleva; altura
a que se iza o eleva. 3 caída [de vela]. 4 alto,
medida vertical [de una bandera]. 5 acción
de izar o subir, elevación. 6 enarbolamiento. 7
empujón hacia arriba.
hoist (to) *tr.* izar, subir, elevar, suspender [pe-
sos]. 2 izar, enarbolar.
hoity-toity (joi·ti-toi·ti) *adj.* atolondrado, frívolo,
veleidoso. 2 entonado, engreído. 3 quisquilloso,
irritable. — 4 *s.* atolondramiento, frivolidad, veleidad. 5 engreimiento. — 6 *interj.* ¡hombre!,
¡tate! [expresando sorpresa e incredulidad].
hokey-pokey (jou·ki-pou·ki) *s.* HOCUS-POCUS. 2 fam.
helado barato que se vende por las calles.
hold (jould) *s.* presa, agarro, sostenimiento. 2 presa [en la lucha]. 3 cosa que sujeta. 4 asidero,
agarradero, sostén. 5 poder, influencia, dominio.
6 posesión. 7 custodia, prisión. 8 celda [en una
prisión]. 9 MAR. bodega, cala. 10 cabina de
carga [en un aeroplano]. 11 MÚS. calderón, fermata. 12 fortaleza, refugio. 13 guarida. 14 receptáculo. 15 *to get, lay* o *take* ~ *of*, agarrar,
agarrarse a; apoderarse de. 16 MEC. *to take* ~,
agarrar, morder [un tornillo, etc.].
hold (to) *tr.* tener, poseer. 2 ocupar [un cargo,
etc.]. 3 sujetar, asir, tener asido o agarrado.
4 aguantar, apoyar, sostener. 5 defender, sostener [una posición, etc.]. 6 retener, mantener,
tener [en un lugar, situación o estado] : *to* ~ *at
bay*, tener o mantener a raya ; *to* ~ *in suspense*,
tener suspenso; *to* ~ *oneself erect*, mantenerse
derecho, erguido. 7 contener, detener, refrenar :
there is no holding him, no hay manera de con-
tenerlo; no hay quien lo detenga. 8 obligar, exigir el cumplimiento de : *to* ~ *someone to his
word*, obligar a uno a cumplir su palabra. 9 tener
[en estima, etc.] : *to* ~ *in contempt*, despreciar.
10 juzgar, considerar, reputar, tener por : *to* ~
it good, juzgar conveniente o aconsejable ; *to*
~ *guiltless*, considerar inocente. 11 absorber, ocupar [a una pers., sus pensamientos, su atención].
12 contener; coger, tener cabida para. 13 celebrar [sesión, una reunión, etc.]. 14 sostener
[una conversación]. 15 guardar, observar. 16 hacer [compañía]. 17 usar [un lenguaje insolente, etc.]. 18 hacer [responsable]. 19 *to* ~ *a bet*
o *a wager*, apostar, mantener una apuesta. 20
to ~ *a candle to*, fig. poder compararse con. 21
to ~ *back*, contener, detener, refrenar. 22 *to* ~
dear, querer, tener afecto a. 23 *to* ~ *down*,

tener sujeto, oprimir ; pop. conservar [un cargo, puesto, etc.] mantenerse en él. 24 *to* ~ *forth*,
mostrar, presentar ; proponer ; expresar. 25 *to*
~ *hands*, estar cogidos de las manos. 26 ~ *in*,
contener, dominar, refrenar. 27 ~ *in play*,
tener ocupado. 28 *to* ~ *off*, mantener alejado.
29 *to* ~ *one's breath*, contener el aliento. 30 *to* ~
one's ground, mantenerse firme, mantener su
posición, no perder terreno. 31 *to* ~ *one's hand*,
contenerse, abstenerse de castigar o de obrar.
32 *to* ~ *one's own*, conservar uno lo suyo ; mantenerse firme, resistir, aguantar. 33 *to* ~ *one's
peace* o *tongue*, callar, guardar silencio. 34 *to*
~ *out*, ofrecer, tender ; presentar, proponer. 35
to ~ *over*, tener suspendido sobre; aplazar, dejar para más adelante; MÚS. prolongar [una
nota]. 36 *to* ~ *sway*, gobernar, mandar. 37 *to* ~
the bag o *the sack*, quedarse con las manos vacías, quedar colgado. 38 *to* ~ *together*, mantener juntos o unidos; sujetar, impedir que una
cosa se deshaga o descomponga. 39 *to* ~ *up*, levantar, alzar; sostener; mostrar, presentar; refrenar, detener; atracar, saltear, detener para robar. 40 *to* ~ *up one's hands*, levantar las manos en señal de sumisión, rendirse. 41 *to* ~ *up
to*, exponer al [desprecio, etc.], poner en [ri-
dículo]. 42 *to* ~ *water*, ser estanco [un reci-
piente]; fig. ser válido, irrebatible [un argu-
mento] ; MAR. ciar.
43 *intr.* agarrarse, asirse. 44 pegarse, adherirse.
45 valer, ser válido, estar o seguir en vigor. 46
mantenerse, sostenerse. 47 mantenerse fiel. 48
mantenerse firme, resistir. 49 durar, continuar,
seguir. 50 estar en posesión. 51 refrenarse, abstenerse. 52 aplicarse, ser aplicable. 53 *to* ~ *back*,
detenerse, contenerse, abstenerse ; recular, cejar. 54 *to* ~ *fast to*, afirmarse en, agarrarse bien
a. 55 *to* ~ *forth*, predicar, perorar. 56 *to* ~ *good*,
subsistir; continuar en vigor. 57 *to* ~ *in*, contenerse, dominarse. 58 *to* ~ *off*, esperar; mantenerse a distancia ; mostrarse frío. 59 *to* ~ *on*,
agarrarse; aguantar; seguir, continuar; fam. detenerse, aguardar ; ~ *on!* ¡agárrese bien; ¡detén-
gase!; ¡aguarde!, ¡un momento! 60 *to* ~ *on
to*, afirmarse en; agarrarse bien a, asirse de.
61 *to* ~ *out*, mantenerse firme, no cejar; durar,
continuar, resistir. 62 *to* ~ *over*, continuar
desempeñando un cargo después del término legal. 63 *to* ~ *to*, pegarse, adherirse a. 64 *to* ~
together, mantenerse juntos; no desarmarse o
descomponerse. 65 *to* ~ *up*, cesar de llover; mantenerse bueno [el tiempo]; continuar, durar;
no recular, no perder terreno. 66 *to* ~ *with*,
convenir con, estar de acuerdo con.
¶ CONJUG. pret. y p. p. : *held.*
holdback (jou·ldbæc) *s.* restricción, freno. 2 cejadero.
holder (jou·ldø') *s.* el o lo que sostiene o sirve
para sostener, coger, agarrar o sujetar; sostén,
sustentáculo, agarrador, mango, asa : *cigar* o
cigarette ~, boquilla. | En ciertos casos corres-
ponde al elemento «porta» : *electrode* ~, por-
taelectrodo; *lamp* ~, portalámpara ; *tool* ~,
portaherramienta. 2 receptáculo. 3 FOT. chasis.
4 tenedor, poseedor, posesor, propietario. 5 arrendatario [de tierras]. 6 COM. tenedor, librancista.
7 titular [de un cargo, de un pasaporte, etc.]. 8
DEP. poseedor, detentador [de un título, una
marca, etc.].
holdfast (jou·ldfast) *s.* grapón, grapa, laña; barrilete. 2 agarradero, sostén. 3 hombre muy avaro.
— 4 *adj.* persistente, tenaz.
holding (jou·lding) *s.* tenencia, pertenencia, posesión. 2 arriendo. 3 tierra arrendada. 4 celebración [de una sesión, reunión, etc.]. 5 opinión,
creencia. 6 *pl.* COM. valores, títulos. 7 *adj.* COM.
~ *company*, compañía tenedora de acciones de
otra u otras.
holdup (jou·ldøp) *s.* fam. atraco, salteamiento. —
— 2 *adj.* que atraca: ~ *man*, atracador, salteador.
hole (joul) *s.* agujero, orificio, abertura, boquete :
a ~ *in one's coat*, fig. mancha, desdoro; *a* ~ *to
crawl out*, fig. salida, efugio, escapatoria; *to
burn a* ~ *in one's pocket*, írsele a uno [el dine-
ro] de entre las manos; *to make a* ~ *in*, gastar
o sacar gran cantidad de. 2 hoyo, hueco, cavidad. 3 ojo [del pan o el queso]. 4 olla, remanso
[en un río]. 5 bache, atascadero [en un cami-
no]. 6 cueva, madriguera. 7 rincón [lugar apar-
tado]. 8 tabuco, cochitril. 9 calabozo. 10 defecto,

falla, tacha : *to pick holes in*, hallar o descubrir defectos en. *11* aprieto, atolladéro : *in a ~,*
en un aprieto, en un atolladero. *12* GOLF. hoyo :
to make a ~ in one, lograr, de un solo golpe
desde el *tee*, que la pelota entre en el hoyo.
hole (to) *tr.* agujerear, horadar, perforar, taladrar.
2 BILLAR. entronerar. *3* GOLF. meter [la pelota]
en el hoyo. — *4 intr.* hacer hoyos o agujeros.
5 encovarse : *to ~ up*, encovarse ; buscar un escondrijo o un rincón cómodo. *6* GOLF. *to ~ out*,
meter la pelota en el hoyo.
holiday (jo lidei) *s.* fiesta, festividad, día festivo.
2 vacación, asueto. *3 pl.* vacaciones : *holidays
with pay* (Ingl.), vacaciones pagadas. — *4 adj.*
de fiesta, festivo, para las fiestas : *~ attire*,
vestido de los días de fiesta, trapos de cristianar.
holier (jou lio') *adj. comp.* de HOLY.
holiest (jou liest) *adj. superl.* de HOLY.
holily (jou lili) *adv.* piadosamente, santamente. *2*
inviolablemente.
holiness (jou linis) *s.* santidad, beatitud. *2 His
Holiness*, Su Santidad.
holing (jou ling) *s.* perforación, agujereamiento. *2*
taladro para alojar un clavo, perno, etc.
Holland (jo land) *n. pr.* GEOGR. Holanda. — *2 s.*
holanda [lienzo]. — *3 adj.* de Holanda, holandés : *~ gin*, ginebra holandesa.
Hollander (jo lando') *s.* holandés.
Hollands (jo lands) *s.* ginebra holandesa.
hollo, holloa (jolou) *interj.* ¡eh !, ¡hola ! ; ¡vitor !
— *2 s.* grito, saludo ; grito de triunfo.
hollo, holloa (to) *tr.* decir a gritos. — *2 intr.* gritar.
hollow (jolou) *adj.* hueco, cóncavo, vacío : *~ punch*,
sacabocados ; *~ ware*, ollas, pucheros, etc. *2*
hundido : *~ eyes*, ojos hundidos. *3* flaco, hambriento. *4* profundo, cavernoso [sonido, voz]. *5*
insincero, falso, engañoso. *6* vano, sin valor, sin
substancia. — *7 s.* hueco, oquedad, hoyo, cavidad,
concavidad. *8* depresión, hondonada, cañada, valle. *9* CARP. cepillo bocel. — *10 adv.* fam. *to beat
all ~*, derrotar completamente.
hollow (to) *tr.* ahuecar, ahondar, acopar, excavar,
hundir.
hollow-chested *adj.* de pecho hundido.
hollow-eyed *adj.* de ojos hundidos.
hollow-ground *adj.* de afilado cóncavo.
hollow-hearted *adj.* insincero, engañador, solapado.
hollowness (jo lounis) *s.* cavidad, hueco, vacío. *2*
doblez, falsía.
holly (jo li), *pl.* **-lies** (-lis) *s.* BOT. acebo, agrifolio.
hollyhock (jo lijoc) *s.* BOT. malvarrosa, malvaloca,
malva real o rósea.
holm (joum) *s.* mejana, isleta de río. *2* vega ribereña. *3* BOT. *holm* o *~ oak*, encina.
holocaust (jo locost) *s.* holocausto. *2* destrucción
total [esp. la causada por un incendio].
holocephalan (jolose falan) *adj.* y *s.* ZOOL. holocéfalo.
holograph (jo lográf) *s.* hológrafo, ológrafo.
holographic (jo lográ fic) *adj.* hológrafo, ológrafo.
holohedral (joloji dral) *adj.* CRIST. holoédrico.
holohedron (joloji dron) *s.* CRIST. holoedro.
holothurian (joloziu rian) *s.* ZOOL. holoturia.
holster (jou ltø') *s.* pistolera.
holy (jo li) *adj.* santo ; *Holy Alliance*, Santa
Alianza ; *Holy Bible*, Santa Biblia ; *Holy City*,
Ciudad Santa ; cielo, mansión de Dios ; *~ cross*,
~ rod, Santa Cruz ; *Holy Father*, Santo Padre,
Padre Santo [el Papa] ; *Holy Ghost*, Espíritu
Santo ; *Holy Grail*, Santo Grial ; *Holy Innocents*,
santos inocentes ; *Holy Innocents'day*, día de los
inocentes ; *Holy Land*, Tierra Santa ; *Holy Office*,
Santo Oficio ; *~ of holies*, santo de los santos,
sanctasanctórum ; *~ oil*, Santo Oleo, crisma ;
Holy One, Dios ; *Holy Sacrament*, Santo Sacramento, el Santísimo ; *Holy Saturday*, sábado
santo ; *Holy See*, Santa Sede ; *Holy Sepulcher*,
Santo Sepulcro ; *Holy Synod*, santo sínodo [de
la Iglesia griega] ; *Holy Thursday*, jueves santo ;
día de la Ascensión ; *Holy Week*, semana santa.
2 sacro, sagrado, bendito ; *Holy Communion*,
sagrada comunión ; *Holy Family*, Sagrada Familia ; *~ orders*, órdenes sagradas ; *Holy Roman
Empire*, Sacro Imperio Romano ; *~ water*, agua
bendita ; *Holy Writ*, Sagradas Escrituras. *3* divino : *~ lamb*, cordero divino ; agnusdei. *4* limpio
pio de corazón, puro, aceptable a Dios. *5* dedicado a Dios : *~ day* o *holiday*, día de fiesta ;
fiesta [de la Iglesia] : *holiday of obligation*,
fiesta de guardar, fiesta de precepto. *6* BOT. *~
grass*, hierba sagrada, verbena.

holystone (jou listoun) *s.* MAR. piedra de cubierta.
holystone (to) *tr.* MAR. limpiar con piedra y arena.
homage (jo midy̆) *s.* homenaje [feudal]. *2* homenaje, deferencia, respeto, acatamiento : *to do o
pay ~*, rendir homenaje ; rendir parias.
home (joum) *s.* hogar, lares, casa, morada, domicilio, vivienda, residencia : *long ~*, última morada ; *away from ~*, fuera de casa. *2* asilo, refugio, albergue [para pobres, ancianos, etc.] ; hospicio, casa de huérfanos ; hospedería. *3* país
natal, suelo patrio, patria, patria chica. *4*
[para los coloniales] Inglaterra. *5* BIOL. habitación. *6* DEP. meta, límite, término. *7 at ~*, en
casa [en su domicilio] ; en su ciudad, en su
país ; a gusto, con toda comodidad ; en casa
[para las visitas] ; *make yourself at ~*, está
usted en su casa, haga como si estuviera en su
casa, póngase cómodo. — *8 adj.* doméstico, ho-
gareño, de familia, de casa, casero : *~ life*, vida
hogareña, vida de familia. *9* nativo, natal : *~
country*, suelo natal ; *~ town*, ciudad o pueblo
natal. *10* nacional, del país, indígena : *~ products*, productos nacionales, del país. *11* del interior [del país] : *Home Department*, *Home
Office* (Ingl.), ministerio del Interior o de la
Gobernación ; *~ guards* (Ingl.), ejército territorial ; *Home Secretary* (Ingl.), ministro del Interior o de la Gobernación. *12* central, matriz,
principal : *~ office*, casa u oficina central o
matriz. *13* regional : *~ rule*, autonomía, gobierno autónomo ; *~ ruler*, autonomista. *14* de origen : *~ port*, puerto de origen. *15* de regreso [que
regresa o acaba de regresar]. *16* DEP. que llega o
se dirige a la meta o término : *~ run*, carrera
del *batsman* alrededor del cuadro [en pelota ba-
se] ; *~ stretch*, último trecho o esfuerzo final
[de una carrera]. — *17 adv.* en o a casa ; en o al
país o tierra de uno : *to see ~*, acompañar a
casa. *18* en o al punto o lugar preciso, donde
debe estar o llegar una cosa : *to bring* o *drive ~*,
hacer que convenza, exponer de una manera conveniente : *to hit* o *strike ~*, herir en lo vivo, llegar al alma ; dar en el clavo, en el blanco.
home (to) *tr.* mandar a casa ; mandar [las palo-
mas] al palomar]. *2* dar morada o domicilio a.
— *3 intr.* habitar. *4* volver a casa ; volver [las
palomas] al palomar.
homebody (joum bodi), *pl.* **-dies** (-dis) *s.* persona
casera.
homeborn (joum bo'n) *adj.* doméstico. *2* nacido en
casa.
homebound (joum baund) *adj.* imposibilitado de
salir de casa. *2* que se dirige a su casa, a su
patria ; en dirección a su casa o a su patria.
homebred (joum bred) *adj.* nativo, doméstico, casero ; criado en casa. *2* sencillo, inculto, tosco.
homefelt (joum felt) *adj.* íntimo, cordial.
homekeeping (joum kiping) *adj.* de gustos caseros.
homeland (joum lænd) *s.* patria, tierra o país natal. *2* (Ingl.) Inglaterra [a distinción de las co-
lonias].
homeless (joum lis) *adj.* sin casa ni hogar. *2* inhabitable, inhóspito.
homelier (joum lio') *adj. comp.* de HOMELY.
homeliest (joum liest) *adj. superl.* de HOMELY.
homelike (joum laik) *adj.* como de casa ; cómodo,
acogedor ; familiar. *2* sosegado.
homeliness (joum linis) *s.* sencillez, simplicidad.
2 falta de elegancia o refinamiento. *3* fealdad.
home-loving *adj.* casero, aficionado a la vida del
hogar.
homely (joum li) *adj.* llano, sencillo, casero. *2* feo,
falto de elegancia, vulgar, ordinario. *3* rústico,
inculto.
homemade (joum meid) *adj.* casero, hecho en casa.
2 fabricado en el país.
homeopath (joum miopaz) *s.* homeópata.
homeopathic (joumiopæ zic) *adj.* homeopático.
homeopathist (joumiopæ zist) *s.* homeópata.
homeopathy (joumio pæzi) *s.* homeopatía.
Homer (jou me') *n. pr. m.* Homero.
homer (jou me') *s.* fam. paloma mensajera. *2* carrera del
batsman alrededor del cuadro [en pelota base].
Homeric (jome ric) *adj.* homérico.
homesick (joum sic) *adj.* nostálgico : *to be ~ for*,
sentir nostalgia de.
homesickness (joum sicnis) *s.* nostalgia, añoranza.
homespun (joum spøn) *adj.* hilado o hecho en
casa. *2* basto, sin elegancia. — *3 s.* tela de fabricación casera, o la que la imita.

homestead (jou·msted) s. casa y tierras adyacentes, heredad. 2 fig. casa, hogar.

homesteader (jou·mstedø') s. dueño de una heredad que habita en ella y la cultiva. 2 (EE. UU.) colono que ha recibido sus tierras del Gobierno.

homeward (jou·mua'd) adv. hacia casa, hacia su país. — 2 adj. que va hacia su casa o su país; de regreso, de vuelta.

homewards (jou·mua'dš) adv. hacia su casa, hacia su país.

homework (jou·muø'c) s. trabajo en casa. 2 trabajo escolar para hacerlo en casa, deber.

homicidal (jomisai·dal) adj. homicida.

homicide (jo·misaid) s. homicidio. 2 homicida.

homiletic(al (jomile·tic(al) adj. relativo a las homilias o a la oratoria sagrada. 2 exhortatorio.

homiletics (jomile·tics) s. oratoria sagrada.

homilist (jo·milist) s. autor de homilias.

homily (jo·mili) s. homilia, sermón.

homing (jou·ming) adj. mensajera [paloma].

hominy (jo·mini) s. maíz molido o machacado.

homo- (jomo-) pref. homo-.

homocerc(al (jomosø·'rc(al) adj. ICT. homocerco.

homochlamydeous (jomoclomi·diøs) adj. BOT. homoclamideo

homodyne (jo·modain) adj. RADIO. homodino.

homogen (jo·moÿen) s. BIOL. estructura o parte homogénea.

homogeneity (jomoyi·niiti) s. homogeneidad.

homogeneous (jomoÿi·niøs) adj. homogéneo.

homogeneously (jomoÿi·niøsli) adv. homogéneamente.

homogeneousness (jomoÿi·niøsnis) s. homogeneidad.

homogenize (to) (jomo·ÿenaiš) tr. hacer homogéneo, homogenizar.

homogenous (jomo·ÿenøs) adj. BIOL. del mismo género. 2 de una misma estructura.

homograph (jomo·græf) s. homógrafo.

homographic (jomogræ·fic) adj. homógrafo.

homologate (to) (jomo·logueit) tr. homologar.

homologation (jomologue·shøn) s. homologación.

homologous (jomo·logøs) adj. homólogo.

homologue (jo·molog) s. cosa homóloga de otra.

homology (jomo·loÿi) s. homología.

homonym (jo·monim) s. homónimo.

homonymous (jomo·nimøs) adj. homónimo.

homonymy (jomo·nimi) s. homonimia.

homophone (jo·mofoun) s. vocablo homófono. 2 letra homófona.

homophonous (jomo·fonøs) adj. homófono.

homophony (jomo·foni) s. homoíonía.

Homoptera (jomo·ptøra) s. pl. ENTOM. homópteros.

homopteron (jomo·ptøron) s. ENTOM. homóptero.

homopterous (jomo·ptørøs) adj. homóptero.

homosexual (jomose·cshual) adj. y s. homosexual.

homosexualist (jomose·cshualist) s. homosexual.

homosexuality (jomosecshuæ·liti) s. homosexualidad.

homunculus (jomø·nkiuløs) s. homúnculo.

Honduran (jondu·ran) adj. y s. hondureño.

hone (jou·n) s. piedra de afilar.

hone (to) (jou·n) tr. afilar, vaciar, asentar [navajas, etc.].

honest (o·nest) adj. honrado, probo, íntegro. 2 justo, recto. 3 leal, sincero, franco. 4 legítimo, de buena calidad. 5 honesta, recatada [mujer]. 6 bien adquirido [dinero].

honestly (o·nestli) adv. honradamente, rectamente. 2 lealmente. 3 sinceramente, de veras.

honesty (o·nesti) s. honradez, probidad, integridad, rectitud. 2 equidad, justicia. 3 sinceridad, lealtad. 4 honestidad.

honey (jø·ni) s. miel [de abejas]. 2 FARM. preparación hecha con miel : ~ of rose, miel rosada. 3 dulzura, melosidad. 4 fam. cariño, amor mío, vida mía. — 5 adj. de miel, para la miel, melífero : ~ bag, saco melífero de las abejas; ~ cell, celdilla, alvéolo; ~ harvest, recolección de la miel. 6 ENTOM. ~ ant, hormiga melífera. 7 ORNIT. ~ creeper, azucarero. 8 BOT. ~ flower, ceriflor; ~ locust, variedad de acacia; ~ stalk, trébol.

honey (to) tr. enmelar. 2 adular, halagar. — 3 intr. hablar con dulzura, con melosidad.

honeybee (jø·nibi) ENTOM. abeja melífera, abeja doméstica.

honey-coloured adj. melado, gilvo.

honeycomb (jø·nicoum) s. panal de miel. 2 cosa parecida a un panal. — 3 adj. apanalado, de panal, de nido de abeja : ~ coil, RADIO. bobina de panal, bobina de nido de abeja; ~ radiator, AUTO. radiador de panal.

honeycomb (to) tr. llenar de hoyos o agujeros.

honeycombed (jø·nicoumd) adj. apanalado, alveolar, poroso. 2 lleno de agujeros, agujereado por gusanos.

honeydew (jø·nidiu) s. exudación azucarada de ciertas plantas, debida gralte. a la picadura de los pulgones y otros insectos. 2 secreción azucarada de los pulgones y otros insectos. 3 substancia dulce como la miel. 4 tabaco humedecido con melaza. 5 BOT. honeydew o ~ melon, variedad de melón blanco y muy dulce.

honeyed (jo·nid) adj. enmelado. 2 dulce, meloso, melifluo, adulador.

honeymoon (jø·nimun) s. luna de miel.

honeymoon (to) intr. pasar la luna de miel.

honeysuckle (jø·nisøcøl) s. BOT. madreselva.

honeysweet (jø·nisuit) adj. dulce como la miel.

honk (jonc) s. graznido del ganso silvestre. 2 bocinazo [del automóvil].

honk (to) tr. tocar [la bocina]. — 2 intr. graznar [el ganso silvestre]. 3 dar bocinazos.

honor, honorability, honorable, etc. HONOUR, HONOURABILITY, HONOURABLE, etc.

honorarium (onore·riøm) s. honorarios.

honorary (o·noreri) adj. honorario, honorífico. 2 de honor [obligación, deuda, etc., que es de honor cumplir o satisfacer, pero que no se puede exigir legalmente].

Honorius (ono·riøs) n. pr. m. Honorio.

honour (o·nø') s. honor, honra : court of ~, tribunal de honor; point of ~, pundonor, punto de honra; word of ~, palabra de honor; to deem it an ~, honrarse en, tener a honra; to do ~ to, hacer honor a, honrar; on ~ upon my ~, por mi honor; ~ bright, fam. de veras, a fe de caballero. 2 honradez. 3 prez. 4 lauro, condecoración. 5 your Honour, usía, su señoría [tratamiento que se da a alcaldes, jueces, etc.]. 6 pl. honores [que se hacen o conceden] : honours of war, honores de la guerra; military honours, honores militares; to do the honours of, hacer los honores de. 7 honras : funeral honours, last honours, honras fúnebres. 8 distinción, nota sobresaliente [en los estudios]. 9 en el whist y el bridge, los cuatro o cinco naipes más altos. 10 en el bridge, lo que se cuenta por las bazas hechas de más.

honour (to) tr. honrar. 2 reverenciar, respetar. 3 enaltecer. 4 glorificar. 5 laurear, condecorar. 6 COM. hacer honor a [su firma]; aceptar, pagar : to ~ a bill of exchange, aceptar y pagar una letra.

honourability (o·nørabiliti) s. honorabilidad.

honourable (o·nørabøl) adj. honorable. 2 honrado. 3 honroso, meritorio, estimable. 4 Honorable [tramiento que se da a ciertas personas].

honourableness (o·nørabølnis) s. honorabilidad. 2 honradez.

honourably (o·nørabli) adv. honorablemente. 2 honrosamente.

hood (jud) s. capucha, capucho, capilla, capirote, caperuza. 2 capirote [de ave de cetrería]. 3 almófar. 4 pliegue ornamental en la espalda de una toga académica o distintivo que se lleva sobre ésta para indicar el grado. 5 gorrito [de niño]. 6 cosa en forma de capucha; fig. lo que tapa. 7 cubierta, capota [de coche]. 8 capó [de automóvil]. 9 campana [de hogar]. 10 sombrerete [de chimenea]. 11 tapa [de bomba]. 12 MAR. tambucho. 13 MAR. caperuza [de palo]. 14 ARQ. marquesina, colgadizo.

hood (to) tr. encapuchar, encapirotar, cubrir con caperuza, capucho o cosa que se le parezca. 2 tapar, ocultar.

hooded (ju·did) adj. encapuchado, encapirotado; provisto de capucha, etc. 2 en forma de capucha, etc. 3 ZOOL. que tiene la cabeza de distinto color que el cuerpo. 4 ZOOL. con cresta o penacho parecido a un capucho. 5 ZOOL. que puede hinchar las partes laterales del cuello [como la cobra].

hoodlum (ju·dløm) s. (EE. UU.) fam. pillete, joven maleante, matón.

hoodman-blind (ju·dmæn·blaind) s. ant. juego de la gallina ciega.

hoodoo (ju·du) s. magia o hechicería de los negros antillanos. 2 (EE. UU.) persona o cosa que trae mala suerte.

hoodoo (to) tr. (EE. UU.) traer mala suerte a.

hoodwink (to) (ju·duinc) tr. vendar o tapar los ojos a. 2 engañar, embaucar, burlar.

hooey (ju i) s. (EE. UU.) faramalla, música celestial.
hoof (juf) s. ZOOL. casco, uña [de solípedo]; pezuña, pezuña; pata, pie [de animal ungulado]: *on the* ~, en pie, vivo [ganado]. 2 pesuño. 3 animal ungulado. 4 fam. pie [de pers.].
hoof (to) tr. e intr. andar, hollar, pisotear. 2 *to* ~ *it*, andar, ir a pie; bailar.
hoofbeat (juˑfbit) s. pisada, ruido de la pisada [de un animal ungulado].
hoof-bound adj. estrecho o corto de cascos [animal].
hoofed (juˑft) adj. que tiene casco o pezuña; ungulado. 2 que tiene de cierto modo el casco o la pezuña: *cloven-hoofed*, de pata hendida.
hook (juc) s. gancho, garfio, garabato: *to drop off the hooks*, fam. estirar la pata, morir; *to get the* ~, fam. ser despedido, ser puesto de patitas en la calle; *to take one's* ~, fam. irse, huir; *by* ~ *or by crook*, de un modo u otro, por cualquier medio, a tuertas o a derechas; *on one's own* ~, por cuenta propia, por sí; *off the hooks*, fam. destornillado, agitado; trastornado. 2 aldabilla. 3 escarpia, alcayata. 4 anzuelo [para pescar; atractivo, aliciente] lazo, trampa: *to swallow the* ~, caer o picar en el anzuelo, tragar el anzuelo. 5 pernio [de gozne]. 6 instrumento cortante curvo, hoz, hocino. 7 recodo [de un camino, etc.]. 8 rasgo [de letra]. 9 MÚS. rabo [de una nota]. 10 corchete [macho], gafete: ~ *and eye*, corchete [macho y hembra]. 11 BOXEO. golpe de gancho. 12 vuelo torcido de la pelota [en el golf y en pelota base]. 13 ~ *and ladder*, carro de escaleras de incendio.
hook (to) tr. encorvar, doblar, dar forma de gancho. 2 engarabatar. 3 enganchar [con gancho]; unir, conectar: *to* ~ *in*, echar el gancho a; *to* ~ *on*, enganchar en; *to* ~ *up*, enganchar, encorchetar; MEC. y ELECT. conectar; fam. enganchar [las caballerías]. 4 pescar [con anzuelo]. 5 pescar, coger, atrapar. 6 enganchar, cornear, herir con los cuernos. 7 encorchetar, abrochar [con corchetes]. 8 birlar, hurtar. 9 fam. *to* ~ *it*, irse, huir. 10 BOXEO. dar un golpe de gancho a. — 11 intr. encorvarse. 12 engancharse. 13 abrocharse [con corchetes].
hook-billed (juˑcbild) adj. de pico encorvado.
hooked (juˑct) adj. encorvado, corvo, ganchudo. 2 enganchado. 3 ~ *rug*, alfombra, gralte. de confección casera, hecha de lazos.
hookedness (juˑkidnis) s. encorvadura.
hooker (juˑkə') s. enganchador. 2 cierto barco de pesca con un solo palo. 3 fig. carraca [barco viejo o malo].
hooking (juˑking) s. enganche, enganchamiento.
hooknose (juˑcnouš) s. nariz aguileña.
hookup (juˑkəp) s. RADIO. montaje. 2 RADIO. esquema de un aparato o sistema de aparatos.
hooky (juˑki) adj. ganchudo. 2 que tiene ganchos. 3 *to play* ~, hacer novillos, fumarse la clase.
hooligan (juˑligæn) s. golfo, pillete, gamberro.
hoop (jup) s. aro, circo, ceño, fleje, virola. 2 arco, cerco [de tonel]. 3 aro [para el juego del croquet]. 4 aro [juguete]. 5 anilla, anillo, sortija, argolla. 6 aro [de miriñaque, tontillo o guardainfante] : ~ *skirt*, miriñaque; ~ *petticoat*, miriñaque, tontillo. 7 pl. hierro para flejes. 8 miriñaque, tontillo.
hoop (to) tr. enarcar [un tonel]. 2 zunchar. 3 cercar, rodear, ceñir. — 4 intr. TO WHOOP.
hooping-cough (juˑping-cof) s. WHOOPING-COUGH.
hoopoe (juˑpu) s. ORNIT. abubilla, upupa.
hoot (jut) s. grito [esp. el de burla o desaprobación] ; grita. 2 silbo [del mochuelo]. 3 pitido [de locomotora]. bocinazo, toque de sirena. 4 fig. (EE. UU.) bledo: *I don't care a* ~, no me importa un bledo. 5 ORNIT. ~ *owl*, autillo.
hoot (to) intr. gritar, huchear. 2 silbar [el mochuelo]. 3 sonar [el pito de una locomotora, la bocina, la sirena], dar pitidos o bocinazos. — 4 tr. huchear, abuchear, silbar, dar grita a.
hooter (juˑtə') s. gritador; el que huchea o abuchea. 2 bocina, sirena, pito, silbato.
hooting (juˑting) s. hucheo, abucheo, grita. 2 sonido del silbato o pito, de la bocina, de la sirena.
hop (jop) s. salto, brinco: fig. *on the* ~, en movimiento, ajetreándose. 2 fam. baile [reunión para bailar]. 3 pop. vuelo [en avión]. 4 BOT. lúpulo, hombrecillo. 5 pl. lúpulo [frutos desecados del lúpulo].

hop (to) intr. brincar, saltar; andar o moverse a saltos, a saltitos. 2 andar o saltar a la pata coja. 3 fam. bailar. 4 recoger el lúpulo. 5 *to* ~ *off*, despegar, alzar el vuelo [un aeroplano o en aeroplano]. — 6 tr. cruzar o salvar saltando, de un salto. 7 fam. atravesar [el mar en avión]. 8 fam. hacer despegar [el avión]. 9 hacer saltar [una pelota, etc.]. 10 mezclar el lúpulo en [la cerveza]; aromatizar con lúpulo. ¶ CONJUG. pret. y p. p.: *hopped*; ger.: *hopping*.
hope (joup) s. esperanza, confianza: *to give* ~, dar esperanza, esperanzar; *in hopes*, con la esperanza. — 2 adj. de esperanza: ~ *chest*, arca con la ropa, etc.. que una joven se va haciendo para cuando se case.
hope (to) tr. esperar [tener esperanza de]. — 2 intr. esperar [tener esperanza] : *to* ~ *against hope*, esperar lo imposible o improbable. 3 esperar, confiar [en]. 4 *to* ~ *for*, esperar, desear [una cosa].
hopeful (jouˑpful) adj. esperanzado, confiado, lleno de esperanzas. 2 risueño, prometedor, que promete [que da buenas muestras de sí para el futuro]. — 3 s. persona que promete: *young* ~, muchacho o muchacha que promete.
hopefully (jouˑpfulli) adv. con esperanza.
hopefulness (jouˑpfulnis) f. esperanza. 2 buenas perspectivas, aspecto prometedor.
hopeless (jouˑplis) adj. desesperado, desesperanzado, sin esperanza. 2 incurable, desahuciado; irremediable; perdido, imposible, con quien o de quien no se puede hacer carrera; con quien no hay manera de hacer nada, de que o de quien no se puede sacar nada.
hoplessly (jouˑplisli) adv. desesperadamente, sin esperanza. 2 irremediablemente.
hoper (jouˑpə') s. el que espera o tiene esperanza.
hopingly (jouˑpingli) adv. con esperanza.
hoplite (joˑplait) s. hoplita.
hopper (joˑpə') s. el que salta a la pata coja. 2 persona o cosa que avanza a saltitos. 3 insecto saltador; saltamontes. 4 tolva.
hopple (joˑpəl) s. traba, manea, maniota.
hopple (to) tr. trabar, manear [un caballo, etc.]. 2 fig. enredar, estorbar.
hopscotch (joˑpscoˑch) s. coxcojita, infernáculo, reina mora, a la pata coja [juego].
Horace (joˑris), **Horatio** (joreiˑshio), **Horatius** (joreiˑshiøs) n. pr. m. Horacio.
horal (jouˑral) adj. horario. 2 por horas.
horary (jouˑrari) adj. horario. — 2 s. horario [cuadro].
Horatian (joreiˑshian) adj. horaciano.
horde (joˑd) s. horda. 2 multitud, manada, enjambre.
horde (to) intr. formar hordas.
horehound (joˑrjaund) s. BOT. marrubio. 2 extracto de marrubio. 3 dulce de marrubio.
horizon (joraiˑsøn) s. horizonte.
horizontal (joriˑsoˑntal) adj. horizontal: ~ *bar*, barra fija [para la gimnasia]; ~ *rudder*, AVIA. timón de profundidad; ~ *stabilizer*, AVIA. plano de profundidad.
horizontality (joriˑsoˑntæˑliti) s. horizontalidad.
horizontally (joriˑsoˑntali) adv. horizontalmente.
hormonal (joˑmouˑnal) adj. hormonal.
hormone (joˑmoun) s. FISIOL. hormón, hormona.
horn (joˑn) s. asta, cuerno [de animal]. 2 cuerno [materia]. 3 cuerno [vaso hecho de un cuerno] : ~ *of plenty*, cuerno de la abundancia, cornucopia. 4 cuerno [para la pólvora]. 5 ZOOL. excrecencia córnea. 6 callosidad, dureza. 7 cuerno [de caracol] : *to draw in*, o *to pull in*, one's *horns*, fig. contenerse; volverse atrás. 8 ZOOL. cuerno, antena. 9 ANAT. asta [de materia gris en la médula]. 10 cuerno [de la luna; objeto, parte o extremo en forma de cuerno]. 11 punta [del yunque]. 12 AVIA. palanca [de aleta o timón]. 13 bocina [de automóvil o fonógrafo]. 14 MÚS. cuerno, trompa, cuerno de caza, corneta de monte: *to blow*, o *toot*, one's own ~, cantar las propias alabanzas. 15 miembro [de un dilema]. — 16 pl. astas, cuernos, cornamenta.
horn (to) tr. poner cuernos. 2 dar forma de cuerno. 3 acornear. — 4 intr. MÚS. tocar el cuerno. 5 *to* ~ *in*, fam. (EE. UU.) entrometerse.
hornbeam (joˑnbim) s. BOT. carpe, ojaranzo.
hornbill (joˑnbil) s. ORNIT. cálao.
hornblende (joˑnblend) s. MINER. hornblenda.
hornbook (joˑnbuc) s. cartilla [para enseñar a leer].

horned (jo'nd) *adj.* astado, enastado, cornudo, cornígero [que tiene cuernos] : ~ *cattle*, ganado vacuno. 2 encornado. 3 en forma de cuerno. 4 ORNIT. ~ *owl*, búho. 5 ZOOL. ~ *toad*, especie de lagarto cornudo de Norteamérica. 6 ZOOL. ~ *viper*, víbora cornuda.

hornet (jo'nit) *s.* ENTOM. avispón, crabrón; ~ *comb*, *hornet's nest*, panal del avispón; fig. avispero; *to bring a hornet's nest about one's ears*, hacerse una legión de enemigos. 2 ENTOM. ~ *fly*, asilo.

horning (jo'ning) *s.* cencerrada.

hornish (jo'nish) *adj.* córneo.

hornless (jo'nlis) *adj.* sin cuernos.

hornpipe (jo'npaip) *s.* baile inglés que ejecuta una sola persona. 2 MÚS. gaita, chirimía.

horn-rimmed (jo'nrimd) *adj.* con montura de concha |gafas|.

hornsilver (jo'nsilvøᵊ) *s.* MINER. plata córnea.

hornwork (jo'nuøᵊk) *s.* obra de cuerno; objetos de cuerno. 2 FORT. hornabeque.

horny (jo'ni) *adj.* córneo. 2 hecho de cuerno. 3 cornudo, que tiene cuernos. 4 calloso.

horny-handed *adj.* de manos callosas.

horography (joro'grafi) *s.* gnomónica.

horologe (jo'roloudᵶ) *s.* reloj.

horologer (jcro'loᵶøᵊ'), **horologist** (joro'loᵶist) *s.* relojero; el que se dedica a la ciencia de medir el tiempo.

horology (joro'loᵶi) *s.* ciencia de medir el tiempo; relojería.

horometry (joro'metri) *s.* medición del tiempo.

horopter (joro'ptøᵊ') *s.* ÓPT. horópter, horóptero.

horopteric (joropte'ric) *adj.* horoptérico.

horoscope (jo'roscoup) *s.* horóscopo : *to cast a* ~, hacer un horóscopo.

horrendous (hore'ndøs) *adj.* horrendo, espantoso.

horrent (jo'rent) *adj.* erizado. 2 horrorizado. 3 horrendo.

horrible (jo'ibøl) *adj.* horrible, horrendo, terrible.

horriblenes (jo'ibølnis) *s.* horribilidad.

horribly (jo'ribli) *adv.* horriblemente.

horrid (jo'rid) *adj.* hórrido, horroroso, horrible. 2 muy desagradable.

horridly (jo'ridli) *adv.* horriblemente.

horridness (jo'ridnis) *s.* horridez.

horrific (jo'rific) *adj.* horrífico.

horrify (to) (jo'rifai) *tr.* horrorizar. ¶ CONJUG. pret. y p. p. : *horrified*.

horrifying (jo'rifaiing) *adj.* horroroso, horripilante.

horripilation (horipile'shøn) *s.* horripilación.

horripilate (to) (jori'pileit) *tr.* horripilar [hacer erizar los cabellos]. — 2 *intr.* horripilarse.

horrisonant (jori'sonant) *adj.* horrísono.

horror (jo'røᵊ') *s.* horror : *to have a* ~ *of*, tener horror a. 2 pl. *the horrors*, melancolía, murria; estremecimiento de horror.

horrorous (jo'røᵊøs) *adj.* horroroso.

horse (jo'ᵊs) *s.* ZOOL. caballo : *carriage* ~, caballo de coche ; *draught o draft* ~, caballo de tiro; *pack* ~, caballo de carga ; *saddle* ~, caballo de silla ; *a* ~ *of another colour*, fig. harina de otro costal, otra cosa, otro cantar; *hold your horses*, fam. pare usted el carro, modérese o conténgase usted ; *to back the wrong* ~, ponerse del lado que lleva las de perder; *to flog a dead* ~, querer reanimar un tema que ha perdido su interés; *to look a gift* ~ *in the mouth*, poner tachas a un regalo recibido; *to get on, mount, o ride, the high* ~, darse tono, tomar una actitud orgullosa ; *to horse!*, ¡a caballo! 2 bridón, corcel. 3 MIL. caballería, caballos : *Horse Guards*, cuerpo escogido de caballería. 4 CARP. caballete, asnilla, borriquete. 5 banco [de artesano] ; bastidor, mesa, tendedor. 6 TEN. tabla de descarnar. 7 potro [para gimnasia]. 8 MAR. marchapié, guardamancebo. 9 fam. tema, manía, chifladura. — 10 *adj.* caballar, caballuno, hípico; de caballo o caballos ; para caballos, para montar ; tirado por caballos; montado : ~ *armour*, barda; ~ *artillery*, artillería montada ; ~ *blanket*, ~ *cloth*, manta [para el caballo] ; ~ *block*, apeadero, montadero ; ~ *brush*, bruza ; ~ *box* (Ingl.), furgón para transportar caballos; ~ *car*, tranvía de caballos; furgón o carro para transportar caballos ; ~ *dealer*, tratante en caballos, chalán ; ~ *clipper*, esquilador de caballos ; ~ *doctor*, fam. albéitar, veterinario ; ~ *drench*, toma o dosis de medicina para un caballo ; ~ *litter*, litera tirada por caballos ; cama de establo ; ~ *marine*, individuo de un cuerpo legendario de

soldados de marina metidos a soldados de caballería; fig. persona que se halla fuera de su elemento; ~ *meat*, carne de caballo; ~ *mill*, tahona, molino de sangre ; ~ *nail*, clavo de herradura ; ~ *pistol*, pistola de arzón ; ~ *race*, carrera de caballos ; ~ *racer*, propietario de caballos de carreras ; jockey ; aficionado a las carreras ; ~ *racing*, deporte de las carreras de caballos; ~ *sense*, fam. sentido práctico, sentido común ; ~ *show*, exposición hípica ; ~ *thief*, cuatrero; ~ *trader*, tratante en caballos, chalán. 11 grande; ordinario. 12 ENTOM. ~ *ant*, hormiga roja. 13 BOT. ~ *bean*, haba panosa. 14 ENTOM. ~ *bot*, estro, moscardón. 15 BOT. ~ *chestnut*, castaño de Indias; su fruto. 16 ICT. ~ *mackerel*, atún ; bonito. 17 ENTOM. ~ *tick*, mosca de burro.

horse (to) *tr.* montar [proveer de caballo; poner a caballo]. 2 cargar con, llevar a cuestas. 3 azotar. 4 MIL. remontar. 5 cubrir [el caballo a la yegua]. 6 MAR. calafatear. 7 pop. reventar [con exceso de trabajo]. 8 pop. ridiculizar. — 9 *intr.* montar, cabalgar, andar a caballo. 10 estar en celo [la yegua].

horseback (jo'sbæc) *s.* lomo de caballo : *on* ~, a caballo, montado. — 2 *adv.* a caballo : *to ride* ~, montar o ir a caballo, cabalgar.

horsebreaker (jo'sbrei køᵊ') *s.* picador, domador de caballos.

horsefair (jo'sfeᵊ') *s.* feria de caballos. — 2 *adj.* chalanesco, engañoso.

horseflesh (jo'sflesh) *s.* carne de caballo. 2 caballos [colectivamente]. 3 variedad de caoba de las Bahamas.

horsefly (jo'sflai), *pl.* **flies** (-flis) *s.* ENTOM. tábano. 2 ENTOM. mosca de burro.

horsehair (jo'sjeᵊ') *s.* crin de caballo. — 3 *adj.* hecho de crin de caballo ; rellenado con crin ; cubierto de tela de crin.

horsehide (jo'sjaid) *s.* cuero de caballo.

horsekeeper (jo'skipøᵊ') *s.* establero, mozo de cuadra.

horselaugh (jo'slæf) *s.* risotada, risa grosera.

horseleech (jo'slich) *s.* ZOOL. variedad de sanguijuela. 2 fig. sanguijuela [que saca dinero] ; pedigüeño. 3 ant. albéitar.

horseless (jo'slis) *adj.* sin caballo.

horseload (jo'sloud) *s.* carga de un caballo. 2 fig. gran cantidad.

horseman (jo'smæn), *pl.* **-men** (-men) *s.* jinete, caballista. 2 el que guía un caballo. 3 ant. soldado de caballería.

horsemanship (jo'smænship) *s.* manejo, equitación.

horsemint (jo'smint) *s.* BOT. hierbabuena rizada o morisca.

horseplay (jo'splei) *s.* payasada, chanza pesada.

horsepond (jo'spond) *s.* abrevadero, alberca para abrevar los caballos.

horsepower (jo'spauᵍ') *s.* fuerza motriz ejercida por un caballo. 2 caballo de fuerza o de vapor.

horsepower-hour *s.* MEC. caballo hora, caballo de fuerza hora.

horseradish (jo'srædish) *s.* BOT. especie de rábano picante. 2 mostaza alemana.

horseshoe (jo'sshu) *s.* herradura, *casquillo. 2 cosa en forma de herradura. 3 ZOOL. *horseshoe o* ~ *crab*, cangrejo de las Molucas, cangrejo bayoneta. 4 pl. juego en que se tira a un hito con herraduras. — 5 *adj.* de herradura : ~ *arch*, ARQ. arco de herradura ; ~ *magnet*, imán de herradura ; ~ *nail*, clavo de herradura.

horsetail (jo'steil) *s.* cola de caballo. 2 BOT. cola de caballo, equiseto. 3 BOL. nombre de otras plantas.

horseway (jo'suei) *s.* camino de herradura.

horsewhip (jo'sjuip) *s.* látigo.

horsewhip (to) *tr.* azotar con látigo, dar latigazos. ¶ CONJUG. pret y p. p. : *whipped*; ger. : *whipping*.

horsewoman (jo'swumæn), *pl.* **-women** (-uimen) *s.* amazona [mujer que monta a caballo].

horsey (jo'si) *adj.* HORSY.

horsing (jo'sing) *s.* asiento de amolador. 2 provisión de caballos. 3 tunda que se da a uno llevado a cuestas por otro.

horsy (jo'si) *adj.* caballar, caballuno. 2 hípico. 3 de jinete. 4 aficionado a los caballos o a las carreras de caballos.

hortation (jo'teshøn) *s.* exhortación.

hortative (jo'tativ), **hortatory** (jo'tatori) *adj.* exhortatorio.
Hortensia (jo'tensiæ) *n. pr. f.* Hortensia. — *2 s.* (con min.) BOT. hortensia.
hortensial (jo'tenshal) *adj.* hortense.
horticultural (jo'ticølchural) *adj.* hortícola.
horticulture (jo'ticølchø') *s.* horticultura.
horticulturist (jo'ticølchurist) *s.* horticultor.
hosanna (jošæna) *s. e interj.* hosanna. *2 Hosanna Sunday*, domingo de ramos.
1) **hose** (jouš), *pl.* **hose** *s.* calza, media : *half* ~, calcetín, media corta. *2 pl.* calzas, medias calzas.
2) **hose** (jouš) *pl.* **hose** o **hoses** *s.* manga, manguera [de bomba o de riego] : ~ *reel*, carrete de manguera. *2* pérfolla. *3* hueco donde encaja un mango. *4* camisa [de mechero Auer]
Hosea (jošiæ) *n. pr.* Oseas.
hosier (jou'ž̵ø') *s.* mediero, calcetero.
hosiery (jo'ž̵eri) *s.* calcetería, géneros de punto.
hospice (jo'spis) *s.* hospicio ; hospedería.
hospitable (jo'spitabøl) *adj.* hospitalario, acogedor.
hospitableness (jo'spitabølnis) *s.* hospitalidad, liberalidad.
hospitably (jo'spitabli) *adv.* hospitalariamente.
hospital (jo'spital) *s.* hospital : ~ *ship*, buque hospital. *2* clínica. *3* asilo [institución].
hospitality (jospitæ'liti) *s.* hospitalidad.
hospital(l)er (jo'spitalø') *s.* hospitalero. *2* caballero de una orden hospitalaria. *3* hospiciano.
host (joust) *s.* hospedero, posadero, mesonero, patrón. *2* huésped [el que hospeda] ; anfitrión : *to reckon without one's host*, echar la cuenta sin la huéspeda, no contar con la huéspeda. *3* BIOL. huésped. *4* hueste. *5* multitud, gran número. *6* hostia : *sacred* ~, hostia consagrada.
hostage (jo'stidž̵) *s.* rehén : *to be held a* ~, quedar en rehenes.
hostel (jo'støl) *s.* posada, hostería, parador. *2* residencia para estudiantes.
hostelry (jo'stølri), *pl.* **-ries** (-ris) *s.* posada, hostería, mesón, parador.
hostess (jou'stis) *s.* posadera, mesonera. *2* huéspeda, señora de la casa. *3* AVIA. azafata. *4* tanguista [de cabaret].
hostile (jo'stil) *adj.* hostil.
hostility (josti'liti), *pl.* **-ties** (-tis) *s.* hostilidad. *2 pl.* hostilidades [actos de guerra] : *to start hostilities*, romper las hostilidades.
hostilize (to) (jo-stilaiš̵) *tr.* hostilizar.
hostler (jo'slø') *s.* establero, palafrenero, mozo de cuadra, mozo de paja y cebada.
hot (jot) *adj.* caliente : ~ *air*, aire caliente ; fig. palabrería, música celestial ; ~ *and* ~, servido saliendo del fuego [plato, comida] ; ~ *baths*, caldas, termas, baños termales ; ~ *blast*, tiro de aire caliente ; ~ *bread*, especie de pan que se sirve caliente ; ~ *cake*, tortilla de masa cocida a la plancha ; ~ *dog*, salchicha caliente ; bocadillo de salchicha caliente ; ~ *pad*, almohadilla eléctrica ; ~ *plate*, plancha [para guisar] ; escalfador [para viandas] ; cocinilla, hornillo [eléctrico, de gas, etc.] ; ~ *pot*, coc. estofado de vaca o cordero con patatas ; ~ *springs*, termas, fuentes de aguas termales ; ~ *wave*, ola de calor ; *it is* ~ *today*, hace calor ; *to be burning* ~, estar que quema ; hacer mucho calor ; *to be* ~, fig. estar en un apuro, en una situación mala o difícil ; *to blow* ~ *and cold*, vacilar, estar ora por una cosa, ora por otra ; hacer a dos caras ; *to get* o *grow* ~, calentarse ; empezar a hacer calor ; *to run* ~, MEC. recalentarse [un motor o cojinete]. *2* hecho en caliente ; para trabajar en caliente : ~ *chisel*, ~ *saw*, cincel o sierra para cortar metal en caliente ; ~ *riveting*, remachado en caliente. *3* cálido, caluroso, tórrido. *4* acalorado, ardoroso. *5* acre, picante, ardiente ; ~ *pepper*, pimiento picante, pimiento de cornetilla, guindilla. *6* ardiente, fogoso, vehemente, fervoroso. *7* violento, furioso, enérgico, activo : ~ *and heavy*, furiosamente, sin piedad ; ~ *chase*, ~ *pursuit*, activa persecución. *8* vivo [genio]. *9* en constante actividad o funcionamiento : *to keep the telegraph wires* ~, mantener el telégrafo en constante actividad. *10* ávido, ansioso, deseoso. *11* fam. incómodo, peligroso : *to make a place too* ~ *for someone*, hacer a uno [por medio de la persecución] incómoda o peligrosa la permanencia en un lugar. *12* empeñado [disputa, etc.]. *13* fresco, reciente [noticia, rastro, etc.]. *14* caliente [cerca de lo que se busca], *15* en celo [animal].

16 ~ *cockles*, adivina quién te dio [juego]. *17 adv.* HOTLY.
hot-air *adj.* de aire caliente : ~ *heating*, calefacción por aire caliente.
hotbed (jo'tbed) *s.* AGR. almajara cubierta o estufa [para el cultivo forzado]. *2* fig. foco, plantel.
hot-blast stove *s.* METAL. recuperador de Cowper.
hot-blooded *adj.* fogoso, de sangre ardiente, irascible, de genio vivo. *2* de pura raza [animal].
hotbox (jo'tbocs) *s.* MEC. cojinete recalentado por la fricción.
hot-brained (jo'tbreind) *adj.* impetuoso, exaltado.
hotch-potch (jo'ch-po'ch) *s.* HODGEPODGE.
hotel (joute'l) *s.* hotel.
hotelkeeper (joute'lkipø') *s.* hotelero.
hotfoot (jo'tfut) *adv.* fam. prontamente, a toda prisa, precipitadamente.
hot-galvanize (to) *tr.* galvanizar sumergiendo en un baño de zinc fundido.
hothead (jo'tjed) *s.* persona impetuosa, exaltada. *2* agitador, alborotador.
hotheaded (jo'tjedid) *adj.* impetuoso, exaltado.
hothouse (jo'tjaus) *s.* invernáculo, invernadero, estufa [para plantas]. *2* sala para secar, secadero.
hotly (jo'tli) *adv.* calurosamente. *2* ardientemente, vehementemente.
hot-press *s.* calandra térmica para satinar. *2* prensa para la extracción de aceite en caliente.
hot-roll (to) *tr.* METAL. laminar en caliente.
hotspur (jo'tspø') *adj. y s.* temerario, impetuoso.
Hottentot (jo'tøntot) *adj. y s.* hotentote.
hotter (jo'tø') *adj. comp.* de HOT.
hottest (jo'test) *adj. superl.* de HOT.
hot-water *adj.* de o para agua caliente : ~ *bag* o *bottle*, calorífero de agua caliente ; ~ *boiler*, termosifón ; ~ *heating*, calefacción por agua caliente ; ~ *tank*, depósito de agua caliente.
hot-wire *adj.* ELECT. de hilo caliente : ~ *ammeter*, amperímetro térmico.
hough (joc) *s.* corvejón [de cuadrúpedo].
hough (to) *tr.* desjarretar.
hound (jaund) *s.* lebrel, galgo, sabueso, podenco, perro de caza o de busca : *to follow the hounds, to ride to the hounds*, cazar a caballo con jauría. *2* fig. canalla, villano. *3 pl.* MAR. cacholas [de palo mayor].
hound (to) *tr.* cazar con perros. *2* azuzar. *3* acosar, perseguir, seguir la pista.
hound's-tongue *s.* BOT. cinoglosa, viniebla.
houppelande (ju'plænd) *s.* hopalanda.
hour (a'uø') *s.* hora : *small hours*, primeras horas de madrugada ; *to keep early* o *good hours*, recogerse temprano ; *to keep late* o *bad hours*, recogerse a deshora, trasnochar ; *after hours*, fuera de horas ; *at the eleventh* ~, a última hora, en el último momento ; *by the* ~, por horas ; *hours on end*, horas enteras ; *in evil* ~, en mal hora ; *in good* ~, en buen hora. *2* momento, trance. *3 pl.* ECLES. horas [rezo] : *little hours*, horas menores. — *4 adj.* de hora, que da la hora ; horario : ~ *angle*, ASTR. horario ; ~ *bell*, campana que da la hora ; ~ *circle*, ASTR. círculo horario ; ~ *hand*, horario [saetilla del reloj] ; ~ *plate*, esfera de reloj.
hourglass (a'uø'glæs) *s.* reloj de arena o de agua, ampolleta.
houri (ju'ri) *s.* hurí.
hourly (a'uø'li) *adj.* de cada hora, que se repite a cada hora ; repetido, frecuente. — *2 adv.* por horas. *3* a cada hora, a menudo, continuamente.
house (jaus) *s.* casa [habitación, hogar ; edificio ; familia, linaje] : *public* ~, hostería, cervecería, taberna ; ~ *of assignation*, casa de citas ; ~ *of correction*, prisión donde se cumplen penas leves, reformatorio ; ~ *of God*, ~ *of prayer* o *worship*, casa de Dios, iglesia ; ~ *of ill fame*, casa de prostitución, lupanar ; *to clean* ~, hacer la limpieza de la casa ; fig. hacer limpieza, poner fin al desbarajuste [del estado, una corporación, una casa de comercio, etc.] ; *to keep* ~, tener casa puesta, mantener casa ; gobernar la casa ; hacer los quehaceres domésticos ; *to put* o *set one's* ~ *in order*, fig. arreglar sus asuntos. *2* habitación [de un animal] ; concha [de caracol] ; nido [de pájaro]. *3* lugar donde se aloja, deposita o guarda [una cosa]. *4* casa [de comercio] ; razón social. *5* cámara legislativa o deliberante : ~ *of Commons* (Ingl.), Cámara baja o de los comunes ; ~ *of Lords* (Ingl.), Cámara alta o de los lores ; ~ *of Representatives* (EE. UU.), Cámara de los representantes o diputados. *6* TEAT.

sala, público, entrada : *good* ~, buena entrada;
full ~, lleno; no hay localidades o billetes;
to bring down the ~, fig. provocar una tempestad de aplausos. *7* casilla [de ajedrez], escaque. *8* ASTR. casa. *9* pop. *the* ~, el patrón de una hostería, cervecería o taberna. *10* — *of cards,* castillo de naipes. — *11 adj.* de casa, de la casa, casero, doméstico ; de casas o fincas; de una cámara legislativa, etc. : ~ *agent,* corredor o administrador de fincas ; ~ *bill,* proyecto de ley debido a la Cámara de representantes ; ~ *cleaning,* limpieza de la casa ; fig. limpieza [acción de poner fin al desbarajuste] ; ~ *coat,* bata ; ~ *current,* ELECT. red o sector de distribución; corriente de red ; ~ *dog,* perro de casa; perro guardián ; ~ *dove,* paloma doméstica ; ~ *duty* o *tax* (Ingl.), impuesto sobre las casas habitadas ; ~ *flag,* MAR. bandera de la casa o compañía a que pertenece un buque mercante ; ~ *meter,* contador de abonado ; ~ *mouse,* ZOOL. ratón doméstico ; ~ *painter,* pintor de brocha gorda ; ~ *party,* reunión de invitados que pasan varios días en una casa [esp. de campo] ; ~ *physician,* médico residente en un hospital, etc. ; ~ *plant,* planta de invernadero o de maceta; ~ *rent,* alquiler de casa.

house (to) *tr.* albergar, alojar. *2* dar casa o habitación a. *3* AGR. poner a cubierto, entrojar. *4* almacenar guardar, poner en seguridad. *5* encajar, ensamblar, empotrar. — *6 intr.* alojarse, residir, vivir.

houseboat (jau·sbout) *s.* barco vivienda, casa flotante, embarcación dispuesta como una casa que se usa para viajes de recreo.

housebreaker (jau·sbreikø') *s.* ladrón que roba con escalo. *2* el que hace derribos de edificios.

housebreaking (jau·sbreiking) *s.* robo con escalo; escalo. *2* derribo de edificios.

housefather (jau·sfaðø') *s.* cabeza de familia.

housefly (jau·sflai) *s.* ENTOM. mosca común o doméstica.

houseful (jau·sful) *s.* casa llena; lo que llena la casa.

household (jau·should) *s.* casa, familia [los que viven juntos]. *2 The Household,* la Real Casa. — *3 adj.* doméstico, casero, corriente : ~ *bread,* pan casero ; ~ *duties,* quehaceres domésticos ; ~ *furniture,* mueblaje, ajuar, menaje de casa ; ~ *goods,* lares y penates ; ~ *stuff,* muebles, menaje, enseres domésticos ; ~ *word,* palabra o frase corriente.

housholder (jau·sjouldø') *s.* amo de casa ; padre de familia. *2* inquilino.

housekeep (to) (jau·skip) *intr.* fam. tener casa ; gobernar la casa ; hacer los quehaceres domésticos.

housekeeper (jau·skipø') *s.* guardian de una casa. *2* ama de casa. *3* ama de llaves o de gobierno.

housekeeping (jau·skiping) *s.* gobierno de la casa ; quehaceres domésticos : *to set up* ~, poner casa ; *to break up* ~, levantar la casa. — *2 adj.* doméstico, casero.

houseleek (jau·slic) *s.* BOT. siempreviva mayor, hierba puntera.

houseless (jau·slis) *adj.* sin casa, sin hogar. *2* desierto.

housemaid (jau·smeid) *s.* criada.

housemother (jau·smoðø') *s.* madre de familia. *2* mujer encargada de una residencia de estudiantes.

houseroom (jau·srum) *s.* alojamiento, cabida [en una casa].

housetop (jau·stop) *s.* techo, tejado, azotea ; *to shout from the housetops,* pregonar a los cuatro vientos.

housewarming (jau·suø'ming) *s.* fiesta para celebrar el estreno de una casa.

1) housewife (jau·suaif, *pl.* -**wives** (-uaivš) *s.* madre de familia, ama de casa.

2) housewife (jø·sif), *pl.* -**wives** (-ivš) *s.* agujetero, estuche o neceser de costura.

housewifely (jau·suaifli) *adv.* con buen gobierno doméstico. — *2 adj.* de ama de casa. *3* hacendosa, económica [mujer].

housewifery (jau·suaiføri) *s.* gobierno de una casa, economía doméstica.

housework (jau·suø'c) *s.* quehaceres domésticos.

housing (jau·šing) *s.* alojamiento, abrigo, albergue. *2* casas ; acción de proveer de casas : ~ *shortage,* crisis de viviendas. *3* almacenaje. *4*

muesca, encaje. *5* MEC. chumacera, caja, soporte. *6* AUTO. caja, cárter. *7* ARQ. nicho. *8* parte del palo bajo cubierta o del bauprés dentro de la roda. *9* mantilla, gualdrapa [de caballo].

hove (jouv) *prep.* y *p. p.* de TO HEAVE.

hovel (jø·vel) *s.* cobertizo. *2* cabaña, choza, tabuco.

hover (to) (jø·vø') *tr.* cubrir con las alas. *2* mover [las alas] para sostenerse en el aire. — *3 intr.* flotar, cernerse [en el aire], revolotear. *4* rondar, andar alrededor. *5* asomar [una sonrisa, expresión, etc.]. *6* dudar, vacilar. *7* estar algún tiempo [entre la vida y la muerte, etc.].

hovering (jø·vøring) *s.* acción del verbo TO HOVER. — *2 adj.* que revolotea, que se cierne en el aire. *3* indeciso, que duda o vacila. *4* que se asoma [sonrisa, expresión, etc.].

how (jau) *adv.* cómo, de qué modo : ~ *do you do?,* ¿cómo está usted?, ¿cómo le va? ; ~ *else,* de qué otro modo; *to know* ~ *to,* saber cómo [se hace, etc.], saber [hacer, etc.]. *2* cómo, por qué : ~ *is it that...?,* ¿cómo es que...?, ¿por qué...? ; ~ *so?,* ¿cómo así?, ¿cómo es esto? *3* cómo, por qué nombre; con qué sentido : ~ *is it called?,* ¿cómo se llama? ; ~ *say you?,* ¿cómo dice usted? *4* a cómo, a qué precio : ~ *do you sell them?,* a cómo los vende usted? *5* en ciertos modos y locuciones tiene los sentidos de cuán, cuánto, hasta qué punto, en qué extensión, qué, lo que, si, y otros : ~ *about it?,* ¿qué le parece?, ¿qué hacemos?, ¿y si lo hiciéramos? ; ~ *early?,* ¿cuándo? [cuán pronto] ; ~ *far?,* ¿a qué distancia?, ¿hasta dónde? ; ~ *far is it?,* ¿cuánto dista?, ¿cuánto hay de aquí allí? ; ~ *if I could not go?,* ¿y si yo no pudiera ir? ; ~ *late?,* ¿cuándo?, ¿a qué hora? [cuán tarde] ; ~ *long?,* ¿cuánto?, ¿cuánto tiempo?, ¿hasta cuándo? ; ~ *many,* cuántos, cuántas ; ~ *much,* cuánto, lo mucho que ; ~ *now?,* ¿pues qué?, ¿qué significa esto? ; ~ *often,* cuantas veces, cuan a menudo, con cuanta frecuencia ; ~ *old are you?,* ¿cuántos años tiene usted?, ¿qué edad tiene usted? ; *you don't know* ~ *clever he is,* usted no sabe lo listo que es él. *6* qué, cuán [admirativos] : ~ *little!,* ¡qué poco!, ¡cuán poco! ; ~ *few!,* ¡qué pocos!, ¡cuán pocos! — *7 s.* como [modo, manera].

howbeit (jaubi·it) *adv.* sea como fuere; no obstante, sin embargo.

howdah (jau·da) *s.* castillo que se pone sobre el elefante.

howel (jau·øl) *s.* argallera.

however (jaue·vø') *adv.* de cualquier modo que, como quiera que, por muy... que, por mucho que : ~ *you do it,* de cualquier modo que lo haga, o hágalo como lo haga ; ~ *clever he is,* por muy listo que sea ; ~ *much,* por mucho que. — *2 conj.* sin embargo, no obstante, con todo, empero.

howitzer (jau·itšø') *s.* ARTILL. obús.

howl (jaul) *s.* aullido. *2* grito, ululato, alarido, chillido. *3* lamento.

howl (to) *intr.* aullar. *2* gritar, dar alaridos; chillar. *3* lamentarse [a gritos]. — *4 tr.* decir a gritos. *5 to* ~ *down,* hacer callar a gritos. *6 to* ~ *away,* ahuyentar con sus gritos.

howler (jau·lø') *s.* aullador. *2* gritador. *3* ZOOL. mono aullador, araguato. *4* plañidera. *5* fam. adefesio, desacierto, disparate grande.

howling (jau·ling) *s.* aullido, grito, lamento. *2* RADIO. aullido. — *3 adj.* aullante, aullador ; ~ *monkey,* mono aullador, araguato. *4* clamoroso, ruidoso [éxito, etc.]. *5* desolado, salvaje. *6* pop. grande, formidable.

howsoever (jausoe·vø') *adv.* como quiera que, de cualquier modo que, por muy... que.

hoyden (joi·døn) *s.* muchacha traviesa, tunantuela.

hub (jøb) *s.* cubo [de rueda]. *2* fig. centro, eje. *3* centro de actividad. *4 The Hub* (EE. UU.), Boston. *5* ~ *cap,* tapacubos.

hubble-bubble (jø·bøl-bø·bøl) *s.* ruido de burbujas; murmullo de conversaciones, rumor confuso.

Hubert (jiu·bø't) *n. pr. m.* Huberto.

hubbub (jø·bøb) *s.* griterío, batahola, algazara, barullo, tumulto.

huckaback (jø·cabæc) *s.* TEJ. alemanisco.

hucklebacked (jø·calbækid) *adj.* jorobado.

huckleberry (jø·cølberi) *s.* BOT. variedad de gayuba.

hucklebone (jø·cølboun) *s.* taba [hueso]. *2* taba [juego].

huckster (jǿcstǿ') s. regatón, buhonero; vendedor ambulante [esp. de hortalizas]. 2 fig. vil traficante; perillán, sujeto ruin.

huckster (to) intr. regatonear; vender por las calles.

huddle (jǿdǿl) s. montón, tropel, confusión. 2 FÚTBOL. reunión de los jugadores para recibir órdenes. 3 fam. reunión secreta : to go into a ~, conferenciar en secreto.

huddle (to) tr. amontonar sin orden, confundir, mezclar. 2 empujar, hacer salir, correr, etc., en tropel. 3 hacer [algo] atropelladamente; ponerse [la ropa] de prisa y mal. 4 to ~ oneself, acurrucarse. — 5 intr. amontonarse, apiñarse, agruparse. 6 acurrucarse. 7 FÚTBOL. reunirse para recibir órdenes.

hue (jiu) s. color, matiz, tinte. 2 griterío, clamor : ~ and cry, alarma, grito para perseguir a un ladrón, etc.; gritos de indignación; ant. gaceta oficial que publicaba noticias sobre crímenes y criminales.

huff (jǿf) s. arrebato de cólera, enojo, enfado : in a ~, encolerizado, enojado, ofendido.

huff (to) tr. inflar, hinchar. 2 tratar con arrogancia, maltratar. 3 ofender, enojar. 4 soplar [un peón en el juego de damas]. — 5 intr. enojarse, ofenderse.

huffier (jǿfiǿ') adj. comp. de HUFFY.

huffiest (jǿfiest) adj. superl. de HUFFY.

huffish (jǿfish) adj. enojadizo. irritable. 2 arrogante, insolente.

huffishly (jǿfishli) adv. con enfado, con arrogancia.

huffishness (jǿfishnis) s. irritabilidad. 2 arrogancia, petulancia, insolencia.

huffy (jǿfi) adj. susceptible, enojadizo. 2 arrogante, insolente, engreído.

hug (jǿg) s. arrebato estrecho; abrazo [de cariño, de luchador].

hug (to) tr. abrazar; estrechar contra su pecho. 2 abrazarse a. 3 acariciar. 4 MAR. navegar muy cerca de [la costa]. 5 to ~ oneself, congratularse, felicitarse. 6 MAR. to ~ the wind, ceñir el viento. ¶ CONJUG. pret. y p. p.: hugged; ger.: hugging.

huge (jiuỹ) adj. grande, enorme, colosal, descomunal, garrafal; vasto, inmenso.

hugely (jiuỹli) adv. enormemente, inmensamente.

hugeness (jiuỹnis) s. magnitud, enormidad, inmensidad.

hugger-mugger (jǿgǿ'-mǿgǿ') s. reserva, secreto. 2 confusión, desorden. 3 persona reservada o que esconde su dinero. — 4 adj. secreto, reservado. 5 confuso, embrollado. 6 desordenado. — 7 adv. secretamente. 8 confusa o desordenadamente.

Hugh (jiu) n. pr. m. Hugo.

huisache (juisachǽ) s. BOT. aromo.

Huguenot (jiuguǿnot) s. hugonote.

hulk (jǿlk) s. MAR. casco [de buque inservible]. 2 carraca [barco viejo]. 3 pontón [que sirve de cárcel]. 4 armatoste. 5 fam. persona corpulenta e inútil.

hulking (jǿlking) adj. tosco, grueso, pesado.

hull (jǿl) s. cáscara, corteza, hollejo [de fruta]; vaina [de legumbre]; involucro [de fresa, etc.]. 2 concha [de crustáceo]. 3 MAR. casco [de buque] : ~ down, tan lejos que no se le ve el casco. 4 armazón [de dirigible]. 5 flotador [de hidroavión].

hull (to) tr. pelar, mondar, descascarar, deshollejar, desvainar. 2 MAR. dar un proyectil en el casco de [un buque]. — 3 intr. MAR. navegar a palo seco; ir a la deriva

hullabaloo (jǿlabalu) s. batahola, barahúnda, tumulto.

hullo (jǿlou) interj. y s. HOLLO, HELLO.

hully (jǿli) adj. cascarudo, cortezudo.

hum (jǿm) s. zumbido; ronroneo [de un motor, etc.]; rumor. 2 canturreo, tarareo. 3 fam. engaño. filfa. — 4 interj. ¡hum!, ¡ejem!

hum (to) intr. zumbar, ronronear; rumorear : fig. to make things hum, desplegar actividad. — 2 tr. e intr. canturrear, canturriar, tararear. 3 engañar.

human (jiuman) adj. humano : ~ being, ser humano; ~ race, género humano. — 2 s. humano, mortal [ser humano].

humane (jiumein) adj. humano, humanitario, benigno, compasivo. 2 ~ letters, letras humanas.

humanely (jiumeinli) adv. humanamente; humanitariamente.

humanism (jiumanǐsm) s. humanismo.

humanist (jiumanist) s. humanista.

humanistic (jiumanistic) adj. humanístico.

humanitarian (jiumǽniterian) adj. humanitario. — 2 s. filántropo. 3 REL., FILOS. partidario del humanitarismo.

humanitarianism (jiumǽnitǽrianism) s. humanitarismo.

humanity (jiumǽniti) pl. -ties (-tis) s. humanidad. 2 pl. humanidades.

humanize (to) (jiumanaiš) tr. humanar; civilizar. — 2 intr. humanizarse.

humankind (jiumankaind) s. humanidad, género humano.

humanly (jiumanli) adv. humanamente.

humble (jǿmbǿl) adj. humilde. 2 modesto, sencillo. 3 ~ pie, pastel o empanada de despojos de venado; to eat ~ pie, humillarse, dar excusas, pedir perdón, retractarse en condiciones humillantes

humble (to) tr. humillar. 2 abatir [el poder, el orgullo, etc., de]. — 3 ref. humillarse.

humbleblee (jǿmbǿlbi) s. BUMBLEBEE.

humbleness (jǿmbǿlnis) s. humildad.

humbles (jǿmbǿls) s. pl. despojos de venado.

humbling (jǿmbling) s. humillación, ~abatimiento; sometimiento.

humbly (jǿmbli) adv. humildemente.

humbug (jǿmbǿg) s. farsa, engaño, embeleco, embuste, engañifa, patraña, trampantojo. 2 charlatanería, charlatanismo. 3 farsante, charlatán, embaucador, embustero.

humbug (to) tr. engañar, embaucar, embelecar, engatusar. 2 timar, sacar [dinero]. ¶ CONJUG. pret. y p. p.: humbugged; ger.: humbugging.

humbuggery (jǿmbǿgri) s. engaño, embeleco.

humdrum (jǿndrǿm) adj. monótono, pesado, aburrido, común, trivial. — 2 s. trivialidad monótona y aburrida; lata. 3 latoso, posma, pelma.

humect (jǿmect) o **humectate (to)** (jǿmecteit) tr. humedecer.

humectation (jǿmectashǿn) s. humectación.

humeral (jiumǿral) adj. humeral. 2 LITURG. ~ veil, humeral.

humerus (jiumǿrǿs) s. ANAT. húmero.

humic (jiumic) adj. QUÍM. húmico.

humid (jiumid) adj. húmedo. 2 QUÍM. ~ process, ~ way, vía húmeda.

humidity (jiumiditi) s. humedad.

humidor (jiumidǿ') s. humectador [en hilandería]. 2 bote para mantener húmedo el tabaco.

humiliate (to) (jiumilieit) tr. humillar, mortificar.

humiliation (jiumilieshǿn) s. humillación, mortificación.

humility (jiumiliti) s. humildad, sumisión.

humming (jǿming) s. zumbido; ronroneo; rumor. 2 canturreo, tarareo. — 3 adj. zumbador. 4 muy activo, intenso, grande. 5 fuerte y espumosa [cerveza]

hummingbird (jǿmingbǿd) s. ORNIT. colibrí, pájaro mosca, tominejo.

hummock (jǿmoc) s. montecillo, mota, colina.

humor, humorous, etc. HUMOUR, HUMOUROUS, etc.

humoral (jiumǿral) adj. MED. humoral.

humoresque (jiumǿresc) s. capricho musical.

humorism (jiumorǐsm) s. MED. humorismo. 2 humor, gracia, ingenio.

humorist (jiumǿrist) s. humorista. 2 chistoso, chancero [pers.].

humoristic (jiumǿristic) adj. humorístico.

humorsome (jiumǿ'sǿm) adj. caprichoso, caprichudo, antojadizo.

humour (jiumǿ') s. ANAT. MED. humor. 2 humor, disposición del ánimo, inclinación : to be in a bad ~, to be out of ~, estar de mal humor; to be in the ~ for, tener ganas de, estar de humor para. 3 genio, temperamento, índole. 4 humor [facultad del humorista]; aptitud para apreciar lo cómico, lo absurdo. 5 humorada, capricho, fantasía. 6 lo cómico o chistoso [de una situación, etc.].

humour (to) tr. complacer, dar gusto, satisfacer. 2 mimar, consentir. 3 adaptarse, acomodarse a. 4 manejar con delicadeza.

humourous (jiumǿrǿs) adj. cómico, gracioso, jocoso, festivo, humorístico. 2 caprichoso, antojadizo.

humourously (jiumǿrǿsli) adv. jocosamente, festivamente.

humourousness (jiu·mørøsnis) s. jocosidad, calidad de festivo, gracia, humor.

hump (jømɒ) s. giba, joroba, corcova. 2 montículo, prominencia. 3 pop. murria, mal humor.

hump (to) tr. encorvar, hacer jorobado. 2 fam. to ~ it, to ~ oneself, hacer un esfuerzo, esforzarse. — 3 intr. encorvarse. 4 pop. esforzarse.

humpback (jø·mpbæc) s. giba, joroba. 2 jorobado.

humpbacked (jømpbæct) adj. jorobado.

humped (jømpt) adj. gibcso, corvocado.

humpty-dumpty (jømti-dømti) s. persona rechoncha. 2 cosa que una vez caída no se puede levantar o componer.

humpy (jømpi) adj. giboso.

hunch (jønch) s. joroba, giba, protuberancia. 2 trozo, pedazo [de pan, etc.]. 3 fam. corazonada, presentimiento.

hunch (to) tr. sacar [formando protuberancia]. 2 encorvar, doblar [la espalda]. 3 mover a empellones o a tirones. — 4 intr. encorvarse. 5 moverse a empellones o sacudidas.

hunchback (jø·nchbæc) s. HUMPBACK.

hunchbacked (jø·nchbæct) adj. HUMPBACKED.

hundred (jø·ndred) adj. [precedido de a o one] cien, ciento. — 2 s. ciento, centena, centenar ; by hundreds, a cientos, a centenares ; by the ~, por centenares.

hundredfold (jø·ndredfould) s. céntuplo.

hundred-per-cent (jø·ndredpø·se·nt) adj. cien por cien, cabal, perfecto, puro : ~ American, americano cien por cien, muy patriota.

hundredth (jø·ndrøz) adj. centésimo. 2 centeno. 3 ciento [ordinal]. — 4 s. centésimo, centena [cifra de las centenas]. 5 centésimo, centésima [centésima parte].

hundredweight (jø·ndredueit) s. quintal : (Ingl.) 112 lbs. (50.8 kg.) ; (EE. UU.) 100 lbs. (45.36 kg.)

hung (jøng) pret. y p. p. de TO HANG.

Hungarian (jønguerian) adj. y s. húngaro.

Hungary (jø·ngari) n. pr. GEOGR. Hungría.

hunger (jø·ngø·) s. hambre : ~ march, marcha del hambre ; ~ strike, huelga del hambre. 2 gana, apetito. 3 ansia, anhelo.

hunger (to) intr. tener hambre : to ~ after, to ~ for, tener hambre o sed de, anhelar. — 2 tr. hambrear, matar de hambre, reducir por hambre.

hunger-bitten adj. hambriento, atenazado por el hambre.

hungrier (jø·ngriø·) adj. comp. de HUNGRY.

hungriest (jø·ngriest) adj. superl. de HUNGRY.

hungrily (jø·ngrili) adv. hambrientamente.

hungry (jo·ngri) adj. hambriento : ~ for, fig. hambriento o sediento de ; to go ~, to feel ~, tener hambre o apetito ; to go ~, pasar hambre. 2 famélico. 3 ganoso, deseoso. 4 pobre, estéril [suelo].

hunk (jønc) s. fam. trozo, buen pedazo, pedazo grande.

hunks (joncs) s. avaro. 2 persona malhumorada.

hunky (jo·nki) adj. fam. (EE. UU.) muy bien hecho ; en buen estado.

hunky-dory adv. fam. (EE. UU.) a pedir de boca.

Huns (jøns) s. pl. HIST. hunos.

hunt (jønt) s. caza [acción] ; montería. 2 cacería, partida de caza. 3 conjunto de cazadores. 4 sociedad de cazadores. 5 búsqueda. 6 persecución to, acosamiento. 7 MEC. movimiento oscilatorio. 8 on the ~ for, a caza de. 9 hunt's up, toque matinal para despertar a los cazadores.

hunt (to) tr. cazar [perseguir la caza]. 2 buscar, perseguir. 3 echar [con molestias y persecuciones]. 4 recorrer buscando, registrar. 5 emplear en la caza [perros, caballos, etc.]. 6 to ~ down, cazar y matar, perseguir y destruir ; buscar [una cosa] hasta dar con ella. 7 to ~ up, buscar y hallar. 8 to ~ up and down, buscar por todas partes. — 9 intr. cazar, ir de caza : to ~ for o after, buscar, perseguir, ir tras de. 10 MEC. oscilar.

hunter (jø·ntø·) s. cazador. 2 montero. 3 perro o caballo de caza. 4 buscador. 5 saboneta.

hunting (jø·nting) s. caza, ejercicio de la caza, montería. — 2 adj. de caza : ~ ground, cazadero ; ~ horn, trompa de caza ; ~ jacket, cazadora [chaqueta] ; ~ knife, cuchillo de monte ; ~ lodge, ~ seat, pabellón de caza ; ~ party, cacería ; partida de caza ; ~ season, tiempo de caza. 3 ~ case, tapa de saboneta. ~ watch, saboneta.

huntress (jø·ntris) f. cazadora [mujer].

huntsman (jø·ntsmæn), pl. -men (-men) s. cazador ; montero.

hurdle (jø·døl) s. zarzo, cañizo ; enrejado o barrera portátil. 2 adral. 3 (Ingl.) especie de cesta o zarzo en que se llevaban los condenados al patíbulo. 4 valla [que se salta en las carreras] ; fig. obstáculo, dificultad : ~ race, carrera de saltos o de obstáculos. 5 pl. DEP. carrera de saltos o de obstáculos.

hurdle (to) tr. cubrir, cercar, encerrar o defender con zarzos. cañizos, etc. 2 DEP. saltar [un obstáculo].

hurdler (jo·dlø·) s. el que hace zarzos o cañizos. 2 DEP. el que toma parte en carreras de saltos u obstáculos.

hurds (jø·dš) s. pl. desecho de lino, cáñamo, etc. ; estopa.

hurdy-gurdy (jø·di-gø·di), pl. -dies (-dis) s. MÚS. zanfonía, gaita, organillo.

hurl (jø·l) s. tiro, lanzamiento.

hurl (to) tr. lanzar, tirar, arrojar con fuerza : to ~ oneself, lanzarse, arrojarse. 2 derribar : to ~ down tyranny, derribar la tiranía. 3 lanzar [gritos, invectivas, etc.].

hurling (jø·ling) s. tiro, lanzamiento, acción de tirar o arrojar con fuerza. 2 antiguo juego parecido al fútbol. 3 (Irl.) hockey [juego].

hurly-burly (jø·libø·li), pl. -lies (-lis) s. gritería, batahola, tumulto, confusión.

hurra(h (jura) interj. ¡viva!, ¡hurra! — 2 s. viva, aclamación : hurrah's nest (EE. UU.), caos, confusión.

hurra(h (to) tr. aclamar, vitorear.

hurricane (jø·rikein) s. huracán [esp. el de los trópicos], ciclón. — 2 adj. ~ deck, [en los vapores de río] cubierta superior, gralte. ligera. 3 ~ lamp, linterna construida a prueba de viento.

hurried (jø·rid) p. p. de TO HURRY. — 2 adj. precipitado, apresurado, hecho de prisa. 3 que trabaja con precipitación.

hurriedly (jø·ridli) adv. precipitadamente, apresuradamente.

hurry (jø·ri) s. prisa, premura, precipitación ; paso o movimiento rápido : to be in a ~, tener prisa, ir de prisa ; there's no ~ about it, no corre prisa ; what's the ~?, ¿qué prisa hay? ; in a ~, de prisa, precipitadamente.

hurry (to) tr. dar prisa, apresurar, acuciar, apurar, apremiar. 2 acelerar, avivar. 3 atropellar, precipitar. 4 llevar corriendo, con prisa. 5 to ~ in, hacer entrar de prisa. 6 to ~ into, arrastrar o empujar hacia 7 to ~ off, hacer marchar de prisa. 8 to ~ on, apresurar. 9 to ~ over, hacer pasar rápidamente ; despachar, expedir. 10 to ~ up, apresurar. — 11 intr. correr, apresurarse, darse prisa, precipitarse. 12 to ~ after, correr en pos de. 13 to ~ away, marcharse o salir precipitadamente. 14 to ~ back, volver de prisa, apresurarse a volver. 15 to ~ off, marcharse o salir de prisa. 16 to ~ on, apresurarse, seguir adelante rápidamente. 17 to ~ up, apresurarse, darse prisa. ¶ CONJUG. pret. y p. p.: hurried.

hurry-scurry, hurry-skurry (jø·ri-skø·ri) s. precipitación, confusión. — 2 adj. precipitado, atropellado. — 3 adv. atropelladamente, precipitadamente, en tropel, en desorden.

hurst (jø·st) s. bosquecillo. 2 colina poblada de árboles. 3 elevación del terreno ; loma ; bajío.

hurt (jø·t) s. herida, lesión, golpe, lastimadura. 2 daño, dolor. 3 perjuicio, detrimento, menoscabo. — 4 pret. y p. p. de TO HURT. — 5 adj. herido lastimado. 6 ofendido. 7 perjudicado.

hurt (to) tr. herir, lastimar : to ~ one's feelings, herir los sentimientos de uno, ofenderle. 2 dañar, perjudicar. 3 hacer daño, causar dolor. 4 apenar, afligir. — 5 intr. doler. ¶ CONJUG. pret. y p. p.: hurt

hurtful (jø·tful) adj. perjudicial, dañoso, dañino, nocivo, pernicioso.

hurtfully (jø·tfuli) adv. perjudicialmente, dañosamente, nocivamente, perniciosamente.

hurtfulness (jø·tfulnis) s. calidad de dañoso o perjudicial ; nocividad, perniciosidad.

hurtle (jø·tøl) s. acción de lanzar o arrojar con violencia. 2 choque, estruendo.

hurtle (to) tr. lanzar o arrojar con violencia ; hacer chocar. — 2 intr. lanzarse, arrojarse, con violencia. 3 chocar, dar [contra algo], moverse, pasar, con estruendo.

hurtless (jø·tlis) adj. inofensivo. 2 ileso, incólume.

husband (jo·šband) s. marido, esposo. 2 MAR. ship's

husband, agente del armador, encargado de un buque en un puerto.

husband (to) *tr.* administrar con prudencia, aplicar o usar con economía, ahorrar, economizar. 2 ser o hacer de marido de; casarse con. 3 abrazar [una idea]. 4 ant. cultivar [la tierra].

husbandman (jøˈsbandmæn), *pl.* **-men** (-men) *s.* agricultor, labrador, cultivador, granjero.

husbandry (jøˈsbandri) *s.* agricultura, labranza; cria de animales domésticos. 2 frugalidad, economía. 3 economía doméstica.

hush (jøsh) *interj.* ¡chitón!, ¡silencio! — 2 *s.* quietud, silencio : ~ *money*, dinero con que se compra el silencio de una persona. 3 (Ingl.) ~ *boat*, ~ *ship*, buque de guerra camuflado como mercante para engañar a los submarinos enemigos.

hush (to) *tr.* aquietar, acallar, hacer callar. 2 calmar, mitigar. 3 *to* ~ *up*, ocultar, echar tierra a. — 4 *intr.* callar, enmudecer, estar callado.

hush-hush *adj.* muy secreto.

husk (jøsc) *s.* cáscara, vaina, cascabillo, bagazo, zurrón o cubierta seca [de fruto]. 2 perfolla, *panca [del maíz]. 3 fig. cubierta o envoltura sin valor.

husk (to) *tr.* descascarar, desvainar, desgranar, quitar la cubierta seca de [ciertos frutos]. 2 espinochar. *despancar [el maíz].

husked (jøˈskt) *adj.* que tiene cáscara, vaina, perfolla o zurrón. 2 descascarado, desvainado, espinochado.

husker (jøˈskøʼ) *s.* descascarador, desgranador, espinochador. 2 (EE. UU.) máquina desgranadora y cortadora del maíz.

huskier (jøˈskiøʼ) *adj. comp.* de HUSKY.

huskiest (jøˈskiest) *adj. superl.* de HUSKY.

huskily (jøˈskili) *adv.* roncamente, broncamente. 2 secamente.

huskiness (jøˈskinis) *s.* calidad de lo que tiene mucha cáscara o cubierta seca. 2 ronquera, ronquedad, bronquedad de la voz. 3 sequedad en la garganta.

husking (jøˈsking) *s.* acción de descascarar, desvainar, etc. 2 acción de espinochar y desgranar el maíz. 3 (EE. UU.) *husking* o ~ *bee*, reunión de amigos y vecinos para espinochar el maíz.

husky (jøˈski) *adj.* que tiene perfolla, cáscara, vaina, zurrón o cubierta seca. 2 seco. 3 con la garganta seca. 4 ronco, bronco, rauco. 5 fam. fortachón, robusto, fornido. — 6 *s.* fam. persona robusta, fornida. 7 perro esquimal. — 8 *adj.* y *s.* (con may.) esquimal [pers., lenguaje].

hussar (jøˈsaʼ) *s.* húsar.

Hussite (jøˈsait) *adj.* y *s.* husita.

hussy (jøˈsi), *pl.* **-sies** (-sis) *s.* bribona, pícara, tunanta, buena pieza, muchacha descarada. 2 mujer perdida, desvergonzada.

hustings (jøˈstings) *s.* (Ingl.) ant. tribuna pública para discursos electorales; elecciones. 2 nombre de ciertos tribunales de distrito en Virginia.

hustle (jøˈsøl) *s.* acción de empujar, empujón, sacudida, meneo. 2 energía, vigor. 3 apresuramiento, actividad febril.

hustle (to) *tr.* empujar, atropellar; echar u obligar a empellones, bruscamente. 2 mezclar, confundir. 3 fam. apresurar. — 4 *intr.* andar empujando, abrirse paso a empellones. 5 menearse, apresurarse, bullir, mostrar gran actividad.

hustler (jøˈsleʼ) *s.* trafagón, bullebulle; trabajador enérgico.

hut (jøt) *s.* choza, cabaña, barraca, *bohío. 2 caseta, casilla garita.

hut (to) *tr.* e *intr.* alojar o vivir en una choza, cabaña, etc.

hutch (jøch) *s.* arca, cofre, artesa, cesto. 2 conejera. 3 amasadera. 4 MIN. cuba. 5 fam. choza, tugurio.

hutch (to) *tr.* guardar en cofre.

huzza (jøˈsaʼ) *interj.* y *s.* HURRAH.

Hyacinth (jaiˈasinz) *n. pr.* Jacinto. 2 Jacinta.

hyacinth (jaiˈasinz) *s.* BOT., MINER. jacinto.

hyacinthine (jaiasiˈnzin) *adj.* de jacinto.

Hyades (jaiˈeidis) *s. pl.* ASTRO., MIT. Híadas, Híades.

hyæna (jaˈma) *s.* ZOOL. hiena.

hyaline (jaiˈalin) *adj.* hialino. — 2 *s.* poét. cosa vitrea o transparente. 3 QUÍM. hialina.

hyalite (jaiˈalait) *s.* MINER. hialita.

hyalograph (jaiæˈiogræf) *s.* hialógrafo.

hyalography (jaialoˈgrafi) *s.* hialografía.

hyaloid (jaiˈæloid) *adj.* hialoideo : ~ *membrane*, ANAT. hialoides.

hybrid (jaiˈbrid) *adj.* híbrido.

hybridism (jaiˈbridišm) *s.* hibridismo. 2 hibridación.

hybridity (jaibriˈditi) *s.* hibridismo.

hybridization (jaibridišeˈshøn) *s.* hibridación.

hybridize (to) (jaiˈbridaiš) *tr.* e *intr.* hacer híbrido, producir o engendrar híbridos.

hybridous (jaiˈbridøs) *adj.* híbrido.

hydatid (jaiˈdatid) *s.* MED., ZOOL. hidátide. — 2 *adj.* hidatídico.

Hyde Park (jaiˈd paʼc) *n. pr.* parque de Londres, famoso por ser un centro de reuniones y propaganda al aire libre.

hydra (jaiˈdra), *pl.* **-dras** (-dræs) o **-drae** (-dri) *s.* ZOOL. hidra. 2 fig. mal difícil de extirpar. 3 (con may.) ASTR., MIT. Hidra.

hydracid (jaidræˈsid) *s.* hidrácido.

hydrangea (jaidræˈnÿiæ) *s.* BOT. hortensia.

hydrant (jaiˈdrænt) *s.* boca de agua, boca de riego.

hydrargyriasis (jaidraˈÿiraiasis), **hydrargyrism** (jaidraˈÿirišm) *s.* MED. hidrargirismo.

hydrargyrum (jaidraˈÿirøm) *s.* QUÍM. hidrargirio, hidrargiro.

hydrarthrosis (jaidraˈzrousis) *s.* MED. hidrartrosis.

hydrate (jaiˈdreit) *s.* QUÍM. hidrato.

hydrate (to) *tr.* QUÍM. hidratar.

hydration (jaidreˈshøn) *s.* QUÍM. hidratación.

hydraulic (jaidroˈlic) *adj.* hidráulico : ~ *brake*, freno hidráulico; ~ *cement*, cemento hidráulico; ~ *elevator*, ascensor hidráulico; ~ *gauge*, manómetro hidráulico; ~ *jack*, gato hidráulico; ~ *lime*, cal hidráulica; ~ *main*, receptáculo con agua para depurar el gas del alumbrado; ~ *power*, fuerza hidráulica; ~ *press*, prensa hidráulica; ~ *ram*, ariete hidráulico.

hydraulical (jaidroˈlical) *adj.* hidráulico.

hydraulics (jaidroˈlics) *s.* hidráulica.

hydric (jaiˈdric) *adj.* QUÍM. hídrico.

hydride (jaiˈdraid) *s.* QUÍM. hidruro.

hydriodic (jaidrioˈdic) *adj.* QUÍM. yodhídrico.

hydro (jaiˈdrou) *s.* fam. hidroplano, hidroavión.

hydroaeroplane (jaidroeiˈøroplein), **hydroairplane** (jaidroeˈplein) *s.* hidroaeroplano, hidroavión.

hydrobromic (jaidrobrouˈmic) *adj.* QUÍM. bromhídrico.

hydrobromide (jaidrobrøˈmaid) *s.* QUÍM. bromhidrato.

hydrocarbon (jaidrocaˈrbøn) *s.* QUÍM. hidrocarburo.

hydrocele (jaiˈdrosil) *s.* MED. hidrocele.

hydrocephalous (jaidroseˈfæløs) *adj.* hidrocéfalo, hidrocefálico.

hydrocephalus (jaidroseiˈfæløs) *s.* MED. hidrocefalia.

hydrochlorate (jaidrocloˈreit o -cloˈrit) *s.* QUÍM. clorhidrato.

hydrochloric (jaidrocloˈric) *adj.* QUÍM. clorhídrico.

hydrocyanic (jaidrosaiæˈnic) *adj.* QUÍM. cianhídrico.

hydrodynamic (jaidrodainæˈmic) *adj.* hidrodinámico.

hydrodynamics (jaidrodainæˈmics) *s.* hidrodinámica.

hydroelectric (jaidroileˈctric) *adj.* hidroeléctrico.

hydroelectricity (jaidroilectriˈsiti) *s.* hidroelectricidad.

hydrofluoric (jaidrofluoˈric) *adj.* QUÍM. fluorhídrico.

hydrofoil (jaiˈdrofoil) *s.* superficie de reacción hidráulica.

hydrogen (jaiˈdroÿin) *s.* QUÍM. hidrógeno. — 2 *adj.* de hidrógeno : ~ *bomb*, bomba de hidrógeno.

hydrogenate, hydrogenize (to) (jaiˈdroÿeneit, -ÿenaiš) *tr.* QUÍM. hidrogenar.

hydrogenous (jaidroˈÿenøs) *adj.* de hidrógeno. 2 hidrogenado.

hydrographer (jaidroˈgraføʼ) *s.* hidrógrafo.

hydrographic (jaidrogræˈfic) *adj.* hidrográfico.

hydrography (jaidroˈgrafi) *s.* hidrografía.

hydrologic(al (jaidroloˈÿic(al) *adj.* hidrológico.

hydrologist (jaidroˈloÿist) *s.* hidrólogo.

hydrology (jaidroˈloÿi) *s.* hidrología.

hydrolysis (jaidroˈlisis), *pl.* **-ses** (-siš) *s.* QUÍM. hidrólisis.

hydrolytic (jaidrolˈitic) *adj.* hidrolítico.

hydrolyze (to) (jaiˈdrolaiš) *tr.* QUÍM. hidrolizar. — 2 *intr.* QUÍM. hidrolizarse.

hydromancy (jaiˈdromænsi) *s.* hidromancia.

hydromechanical (jaidromicæˈnical) *adj.* hidromecánico.

hydromechanics (jaidromicæˈnics) *s.* hidromecánica.

hydromel (jaiˈdromel) *s.* hidromel.

hydrometeor (jaidromi·tiø') s. METEOR. hidrometeoro.
hydrometer (jaidro·metø') s. hidrómetro.
hydrometric(al (jaidrome·tric(al) adj. hidrométrico.
hydrometry (jaidro·metri) s. hidrometría.
hydropath (jai·dropæz) s. hidrópata.
hydropathic (jaidropæ·zic) adj. hidropático.
hydropathist (jaidro·pazist) s. hidrópata.
hydropathy (jaidro·pazi) s. hidropatía.
hydrophane (jai·drofein) s. MINER. hidrofana.
hydrophile (jai·drofail), **hydrophilic** (jaidrofi·lic) adj. QUÍM. hidrófilo.
hydrophobe (jai·drofoub) s. MED. hidrófobo.
hydrophobia (jaidrofou·bia) s. MED. hidrofobia.
hydrophobic (jaidrofou·bic) adj. hidrofóbico, hidrófobo.
hydrophone (jai·drofoun) s. hidrófono. 2 MED. estetoscopio de columna de agua.
hydropic(al (jaidro·pic(al) adj. hidrópico.
hydroplane (jai·droplein) s. hidroplano, hidroavión.
hydroquinone (jaidrocui·noun) s. QUÍM. hidroquinona.
hydrosol (jai·drosol) s. QUÍM. hidrosol.
hydroscope (jai·droscoup) s. instrumento para observar el fondo del mar.
hydrosphere (jai·drosfi') s. hidrosfera.
hydrostat (jai·drostæt) s. hidrostato.
hydrostatic (jaidrostæ·tic) adj. hidrostático.
hydrostatics (jaidrostæ·tics) s. hidrostática.
hydrosulphide (jaidrosø·lfaid) s. QUÍM. sulfhidrato, hidrosulfuro.
hydrosulphite (jaidrosø·lfait) s. QUÍM. hidrosulfito.
hydrosulphuric (jaidrosølfiu·ric) adj. QUÍM. sulfhídrico.
hydrotherapeutic (jaidrozerapiu·tic) adj. hidroterápico.
hydrotherapeutics (jaidrozerapiu·tics), **hidrotherapy** (jaidroze·rapi) s. hidroterapia.
hydrothermal (jaidrozø'·mal) adj. hidrotérmico.
hydrothorax (jaidrozo·ræcs) s. MED. hidrotórax.
hydrous (jai·drøs) adj. hidratado.
hydroxid'e (jaidro·csid) s. QUÍM. hidróxido.
hydroxyl (jaidro·csil) s. QUÍM. hidroxilo, oxhidrilo.
Hydrozoa (jaidrošou·æ) s. pl. ZOOL. hidrozoarios, hidrozoos.
hydrozoan (jaidrošou·æn) s. ZOOL. hidrozoario, hidrozoo.
hyena (jai·na) s. ZOOL. hiena.
hyetal (jai·etal) adj. relativo a la lluvia.
hyetometer (jaieto·mete') s. pluviómetro.
hygiene (jai·ẙim) s. higiene, profiláctica.
hygienic (jaiẙie·nic) adj. higiénico.
hygienically (jaiẙie·nicali) adv. higiénicamente.
hygienics (jaiẙie·nics) s. higiene.
hygienist (jai·ẙienist) s. higienista.
hygrometer (jaigro·mete') s. higrómetro.
hygrometric(al (jaigrome·tric) adj. higrométrico.
hygrometry (jaigro·metri) s. higrometría.
hygroscope (jai·groscoup) s. higroscopio.
hygroscopic(al (jaigrosco·pic(al) adj. higroscópico.
hygroscopicity (jaigro·scopisiti) s. higroscopicidad.
Hyksos (jai·csøs) s. pl. HIST. hicsos.
hylozoism (jailošo·išm) s. FIL. hilozoísmo.
hymen (jai·men) s. ANAT. himen. 2 himeneo.
hymeneal (jaimeni·al) adj. nupcial. — 2 s. epitalamio.
hymenean (jaimeni·an) adj. nupcial.
Hymenoptera (jaimeno·ptøra) s. pl. ENTOM. himenópteros
hymenopteran (jaimeno·ptøran) adj. y s. ENTOM. himenóptero.
hymenopteron (jaimeno·ptørøn) s. ENTOM. himenóptero.
hymenopterous (jaimeno·ptørøs) adj. ENTOM. himenóptero.
hymn (jim) s. himno.
hymn (to) tr. alabar con himnos. 2 expresar con himnos. — 3 intr. cantar himnos.
hymnal (ji·mnal) adj. de himnos. — 2 s. himnario.
hymnic (ji·mnic) adj. perteneciente a los himnos.
hymnology (jimno·loẙi) s. tratado, estudio o composición de himnos. 2 himnos [colect.].
hyoid (jai·oid) s. ANAT. hioideo; hioides. — 2 s. ANAT. hioides.
hypallage (jipæ·ladyi) s. RET. hipálage.
hyperacidity (jaipø'ræsi·diti) s. MED. hiperacidez, hiperclorhidria.
hyperaemia (jaipørr·mia) s. MED. hipereremia.
hyperaesthesia (jaipøreszı·šia) s. MED. hiperestesia.

hyperbaton (jaipø·'baton) s. GRAM. hipérbaton.
hyperbola (jaipø·'bola) s. GEOM. hipérbola.
hyperbole (jaipø·'boli) s. RET. hipérbole.
hyperbolic(al (jaipø'bo·lic(al) adj. hiperbólico.
hyperbolically (jaipø'bo·licali) adv. hiperbólicamente.
hyperbolist (jaipø·'bolist) s. exagerador.
hyperbolize (to) (jaipø·'bolaiš) tr. exagerar. — 2 intr. hiperbolizar.
hyperborean (jaipø'bo·rian) adj. y s. hiperbóreo.
hyperchlorhydria (jaipø'clo'jai·driæ) s. MED. hiper cloridria
hypercritical (jaipø'cri·tical) adj. hipercrítico.
hyperdulia (jaipø'diula·ia) s. TEOL. hiperdulía.
hyperemia (jaipø'r·mia) s. HYPERAEMIA.
hyperesthesia (jaipøreszi·šia) s. HYPERAESTHESIA.
Hypericaceæ (jaipørikei·sii) s. pl. BOT. hipericáceas.
hypermetrope (jaipø'me·troup) s. hipermétrope.
hypermetropia (jaipø'metro·pia) f. MED. hipermetropia
Hypermnestra (jaipø'mne·stræ) n. pr. MIT. Hipermnestra.
hypersensitive (jaipø'se·nsitiv) adj. extremadamente sensible. 2 MED. hipersensible.
hypersonic (jaipø'sa·nic) adj. hipersónico.
hypertensión (jaipø'te·nshøn) s. MED. hipertensión.
hypertrophic (jaipø'tro·fic) adj. hipertrófico.
hypertrophy (jaipø'trofi) s. hipertrofia.
hypertrophy (to) intr. hipertrofiarse. ¶ CONJUG. pret. y p. p.: hypertrophied.
hypha (jai·fæ), pl. -phae (-fi) s. BOT. hifa.
hyphen (jai·føn) s. ORTOG. división, guión.
hyphen, hyphenate (to) (jai·føneit) tr. unir con guión. 2 separar con guión.
hyphenated American s. desp. (EE. UU.) ciudadano norteamericano de nacimiento extranjero cuya nacionalidad se indica con un guión, como: Anglo-American, anglonorteamericanò.
hyphenation (jaiføne·shon) s. unión con guión; separación con guión.
hypnosis (jipnou·sis) s. hipnosis.
hypnotic (jipno·tic) adj. hipnótico. — 2 s. hipnótico [medicamento].
hypnotism (ji·pnotišm) s. hipnotismo.
hypnotize (to) (ji·pnotaiš) tr. hipnotizar, magnetizar.
hypnotizer (ji·pnotaišø') s. hipnotizador, magnetizador.
hypo (jai·pou), pl. -pos s. FOT. hiposulfito sódico. 2 pop. aguja hipodérmica, inyección hipodérmica.
hypocaust (ji·pocost) s. hipocausto.
hypochlorhydria (jaipoclo'jai·dria) s. MED. hipoclorhidria.
hypochlorite (jaipoclo·rait) s. QUÍM. hipoclorito.
hypochlorous (jaipoclo·røs) adj. QUÍM. hipocloroso.
hypochondria (jaipoco·ndria) s. hipocondría.
hypochondriac (jaipo·ndriac) adj. y s. hipocondríaco.
hypochondrium (jaipoco·ndriøm) s. ANAT. hipocondrio.
hypocotil (jaipoco·til) s. BOT. hipocotíleo.
hypocrisy (jipo·crisi), pl. -sies (-sis) s. hipocresía.
hypocrite (ji·pocrit) s. hipócrita.
hypocritical (jipocri·tical) adj. hipócrita.
hypocritically (jipocri·ticali) adv. hipócritamente.
hypocycloid (jaiposai·cloid) s. GEOM. hipocicloide.
hypodermic (jaipodø'mic) adj. hipodérmico: ~ injection, ~ needle, ~ syringe, inyección, aguja, jeringa hipodérmica. — 2 s. medicamento hipodérmico; inyección o jeringa hipodérmica.
hypogastric (jipogæ·stric) adj. hipogástrico.
hypogastrium (jipogæ·striøm) s. ANAT. hipogastrio.
hypogaeal, hypogaean, hypogeal, hypogeous (jipoẙi·al, -ẙian, -ẙiøs) adj. subterráneo; hipogénico.
hypogeum (jipoẙi·øm) s. ARQ. hipogeo.
hypoglossal (jaipoglo·sal) adj. ANAT. hipogloso. — 2 s. ANAT. nervio hipogloso.
hypogynous (jaipo·ẙinøs) adj. hipogino.
hypophosphite (jaipofo·sfait) s. QUÍM. hipofosfito.
hypophyge (jaipo·fiẙi) s. ARQ. nacela.
hypophysis (jaipo·fisis), pl. -ses (-sis) ANAT. hipófisis.
hypostasis (jaipo·stasis), pl. -ses (-sis) s. FIL., TEOL. hipóstasis. 2 base, fundamento. 3 MED. sedimento.
hypostatic(al (jaipostæ·tic(al) adj. hipostático. 2 constitutivo, personal. 3 MED. sedimentario.
hypostyle (jai·postail) adj. y s. ARQ. hipóstilo.
hyposulphate (jaiposø·lfeit) s. QUÍM. hiposulfato.
hyposulphite (jaiposø·lfait) s. QUÍM. hiposulfito.
hypotenuse (jaipo·tinius) s. GEOM. hipotenusa.

hypothec (jaipo·zic) *s.* DER. hipoteca.
hypothecate (to) (jaipo·zikeit) *tr.* hipotecar.
hypothecation (jaipozike·shøn) *s.* acción de hipotecar; pignoración.
hypothenuse (jaipozi·nius) *s.* HYPOTENUSE.
hypothesis (jaipo·zesis) *s.* hipótesis.
hypothetic(al (jaipoze·tic(al) *adj.* hipotético.
hipothetically (jaipoze·ticali) *adv.* hipotéticamente.
hypsometer (jipso·metø') *s.* hipsómetro.
hypsometric(al (jipsome·tric(al) *adj.* hipsométrico.

hypsometry (jipso·metri) *s.* hipsometría.
Hyrcania (jæ'kæ·niæ) *n. pr.* GEOGR.. HIST. Hircania.
hyson (jai·søn) *s.* té verde de China.
hyssop (ji·søp) *s.* BOT. hisopo. 2 hisopo, aspersorio.
hysteresis (jistøri·sis) *s.* FÍS. histéresis.
hysteria (jisti·ria) *s.* histeria, histerismo.
hysteric(al (jiste·ric(al) *adj.* histérico.
hysterics (jiste·rics) *s.* ataque de nervios, de histerismo.
hysterology (jistero·loɣi) *s.* histerología.
hysterotomy (jistero·tomi) *s.* CIR. histerotomía.

I

I, i (ai) *s.* I, i, novena letra del alfabeto inglés.
I *pron. pers.* y *s.* yo. | Se escribe siempre con mayúscula.
I *adj.* en I, de doble T : *I bar, I iron*, barra de doble T : *I beam, I girder*, viga de doble T.
iamb (ai æm) *s.* IAMBUS.
iambic (ai æmbic) *adj.* yámbico. — 2 *s.* yambo. 3 verso yámbico.
iambus (ai æmbøs) *s.* yambo.
Iberia (aibi ria) *n. pr.* GEOGR. Iberia.
Iberian (aibi rian) *adj.* ibérico. — 2 *adj.* y *s.* ibero.
ibex (ai becs), *pl.* **ibexes** (ai becsiš) o **ibices** (ibisiš) *s.* ZOOL. íbice, bicerra, cabra montés.
ibis (ai bis) *s.* ORNIT. íbis.
Icarian (aike rian) *adj.* icariano, icario. 2 arriesgado.
ice (ais) *s.* hielo [agua congelada; frialdad, reserva] : *to break the ~*, fig. romper el hielo; dar comienzo a una empresa difícil; *to cut no ~*, ser de poco peso, tener poca importancia; *to cut little. o no, ~ with*, no surtir efecto, no hacer mella en, tener sin cuidado; *to skate on thin ~*, fig buscar el peligro. 2 helado, sorbete, granizado. 3 capa de azúcar o alcorza [en pastelería]. — 4 *adj.* de hielo, para el hielo, helado, glacial : *~ age*, GEOL. época glacial; *~ ax*, hacha de alpinista; *~ bag*, bolsa de goma para hielo; *~ cube*, cubito de hielo; *~ drift, ~ float*, témpano, banco de hielo; *~ field*, banquisa, campo de hielo; *~ hockey*, hockey sobre hielo; *~ nail*, clavo de zapato para andar sobre el hielo; ramplón; *~ pack*, hielo flotante; MED. paquete de hielo para aplicaciones; *~ Pick*, punzón para romper el hielo; *~ plant*, fábrica de hielo; BOT. escarchada; *~ sheet*, masa de hielo, manto o capa de hielo; *~ skate*, patín de cuchilla, patín para el hielo; *~ skating*, patinaje sobre hielo; *~ tray*, bandejita del hielo; *~ water*, agua de nieve, agua enfriada con hielo. 5 helado, garapiñado : *~ cream*, helado de crema, mantecado.
ice (to) *tr.* helar, congelar, garapiñar. 2 refrigerar, enfriar con hielo. 3 alcorzar, cubrir con capa de azúcar.
iceberg (ai sbø'g) *s.* iceberg.
iceblink (ai sblinc) *s.* claridad producida en el horizonte por la reflexión de la luz en el hielo. 2 acantilado de hielo en una costa [esp. en la de Groenlandia].
iceboat (ai sbout) *s.* buque rompehielos. 2 trineo con vela para deslizarse sobre el hielo.
icebound (ai sbaund) *adj.* rodeado de hielo. 2 detenido o aprisionado por el hielo; pegado al hielo.
icebox (ai sbocs) *s.* nevera.
icebreaker (ai sbreikø') *s.* buque rompehielos. 2 espolón rompehielos.
icecap (ai scæp) *s.* manto de hielo, helero. 2 bolsa para hielo.
ice-cream *adj.* de helado o mantecado : *~ cone*, barquillo o cucurucho de helado; *~ freezer,*

heladora, sorvetera; *~ parlour*, heladería, botillería, tienda de helados; *~ soda*, agua carbónica con helado.
icehouse (ai sjaus) *s.* depósito de hielo. 2 casa de hielo.
Iceland (ai slænd) *n. pr.* GEOGR. Islandia. — 2 *adj.* de Islandia : *~ moss*, BOT. musgo o liquen de Islandia; *~ spar*, MINER. espato de Islandia.
Icelander (ai slandø') *adj.* y *s.* islandés.
Icelandic (ai slændic) *adj.* islandés. — 2 *m.* islandés [idioma].
ichneumon (icniu møn) *s.* ZOOL. icneumón, mangosta. 2 ENTOM. *ichneumon* o *~ fly*, icneumón [insecto].
ichnographical (icnogræ fical) *adj.* icnográfico.
ichnography (icno grafi) *s.* ARQ. icnografía.
ichor (ai cø') *s.* MED. icor.
ichorous (ai cørøs) *adj.* icoroso.
ichthyocolla (icziocо la) *s.* colapez, cola de pescado.
ichthyol (iczio l) *s.* FARM. ictiol.
ichthyologic(al (icziolo ỹic(al) *adj.* ictiológico.
ichthyologist (iczio loỹist) *s.* ictiólogo.
ichthyology (iczio loỹi) *s.* ictiología.
ichthyophagous (iczio fagøs) *adj.* ictiófago.
ichthyophagy (iczio faỹi) *s.* ictiofagia.
ichthyosaurus (iczioso røs) *s.* ZOOL. ictiosauro.
ichthyosis (icziou sis) *s.* MED. ictiosis.
icicle (ai sicøl) *s.* carámbano, candelizo, canelón.
icier (ai siø') *adj. comp.* de ICY.
iciest (ai siest) *adj. superl.* de ICY.
icily (ai sili) *adv.* fríamente, frígidamente.
icing (ai sing) *s.* alcorza, capa de azúcar batido con clara de huevo, etc. 2 AVIA. formación de hielo.
icon (ai con) *s.* icono. 2 imagen, ilustración, retrato.
iconoclasm (aico noclæsm) *s.* iconoclasia.
iconoclast (aico noclæst) *s.* iconoclasta.
iconoclastic (aiconoclæ stic) *adj.* iconoclasta.
iconographic(al (aiconogræ fic(al) *adj.* iconográfico.
iconography (aicono grafi) *s.* iconografía.
iconolater (aicono latø') *adj.* iconólatra.
iconolatrous (aicono latrøs) *adj.* iconólatra.
iconolatry (aicono lætri) *s.* iconolatría.
iconology (aicono loỹi) *s.* iconología.
iconostasis (aicono stasis) *s.* iconostasión (aiconostei sion) *s.* iconostasio.
icosahedron (aicosaỹi drøn) *s.* GEOM. icosaedro.
icteric (icte ric) *adj.* y *s.* MED. ictérico. — 2 *s.* remedio para la ictericia.
ictus (i ctøs), *pl.* **ictus** o **ictuses** (-siš) *s.* ictus [en el verso]. 2 MED. ictus. 3 MED. pulsación, latido.
icy (ai si) *adj.* frígido, helado, glacial. 2 cubierto de hielo.
I'd (aid) contracción de *I would, I had* y *I shoud*.
idea (aidi a) *s.* idea [en todos los sentidos menos en el de ingenio para disponer o inventar].
ideal (aidri al) *adj.* ideal. 2 mental [producido en la mente] ; imaginario. — 3 *s.* ideal.
idealism (aidri alism) *s.* idealismo.
idealist (aidri alist) *s.* idealista.

idealistic (aidiali stic) *adj.* idealista.
ideality (aidiæ liti), *pl.* **-ties** (-tis) *s.* idealidad; existencia ideal. 2 ser imaginario.
idealization (aidiališe shøn) *s.* idealización.
idealize (to) (aidɪ alaiš) *tr.* idealizar.
ideally (aidɪ ali) *adv.* idealmente.
ideate (aidɪ t) *tr.* idear, concebir. 2 representarse, recordar imaginar.
ideation (aidie shøn) *s.* ideación.
idem (ai dem) *adj.* y *pr. lat.* idem.
identic(al (aide ntic(al) *adj.* idéntico : ~ *with*, idéntico a.
identically (aide nticali) *adv.* idénticamente.
identicalness (aide nticalnis) *s.* identidad [calidad de idéntico].
identifiable (aidentifai abøl) *adj.* identificable.
identification (aidentifike shøn) *s.* identificación. — 2 *adj.* de identificación, de identidad : ~ *papers*, papeles [de una pers.]; carnet de identidad; ~ *tag* (EE. UU.), disco con el nombre y otras señas que los soldados en campaña llevan colgado al cuello para que puedan ser identificados.
identify (to) (aide ntifai) *tr.* identificar. ¶ CONJUG. pret. y p. p. : *identified*.
identity (aide ntiti), *pl.* **-ties** (-tis) *s.* identidad.
ideogram (ai diogram), **ideograph** (ai diograf) *s.* ideograma.
ideographic (aidiogræ fic) *adj.* ideográfico.
ideography (aidio grafi) *s.* ideografía.
ideologist (aidio loʸist) *s.* ideólogo. 2 idealista, visionario, soñador.
ideology (aidio loʸi) *s.* ideología. 2 teorización; especulación visionaria.
ides (ai ds) *s.* idus.
idiocrasy (idiøcra si) *s.* IDIOSYNCRASY.
idiocy (i diosi) *s.* idiotez. 2 necedad, tontería.
idiom (i diøm) *s.* idioma, habla, lenguaje. 2 genio, índole [de una lengua]. 3 modismo, locución, idiotismo.
idiomatic(al (idiomæ tic(al) *adj.* idiomático.
idiopathic(al (idiopæ zic(al) *adj.* idiopático.
idiopathy (idio pazi) *s.* idiopatía.
idiosyncrasy (idiosi ncrasi) *s.* idiosincrasia. 2 peculiaridad, excentricidad.
idiosyncratic (idiosincræ tic) *adj.* idiosincrásico.
idiot (i diot) *s.* idiota. 2 necio, tonto, bobo.
idiotic(al (idio tic(al) *adj.* idiota, necio, tonto, estúpidɔ.
idiotism (i diotišm) *s.* idiotez, idiotismo.
idle (ai døl) *adj.* ocioso, desocupado, inactivo : ~ *capital*, capital inactivo; *to be* ~, estar ocioso. 2 de ocio : ~ *hours*, horas de ocio, ratos perdidos. 3 ocioso, inútil, vano, baldío. 4 infundado, fútil, vacío : ~ *tale*, cuento, patraña. 5 perezoso, holgazán : ~ *fellow*, holgazán, haragán. 6 ELECT. ~ *circuit*, circuito muerto; ~ *current*, corriente anérgica. 7 MEC. ~ *pulley*, polea de guía [en una transmisión]; ~ *wheel*, rueda de engranaje intermedia, rueda loca. 8 MEC., AUTO. *to run* ~, funcionar [un motor o máquina] sin estar conectado, marchar en vacío, en mínima, con el coche parado.
idle (to) *intr.* holgar, estar ocioso, vagar. 2 holgazanear, haraganear. 3 MEC., AUTO. funcionar [un motor o máquina] sin estar conectado, marchar en vacío, en mínima, con el coche parado. — 4 *tr.* gastar ociosamente : *to* ~ *away one's time*, pasar o perder el tiempo. 5 MEC., AUTO. hacer marchar en vacío, en mínima, con el coche parado.
idleheaded (ai døljedid) *adj.* tonto, majadero.
idleness (ai dølnis) *s.* ocio, ociosidad, inactividad. 2 frivolidad, futilidad, inutilidad. 3 pereza, holgazanería.
idler (ai dlø') *s.* ocioso, desocupado. 2 holgazán. 3 MEC. polea de guía [en una transmisión]. 4 MEC. rueda de engranaje intermedia, rueda loca. 5 NAUT. el que sólo hace servicio de día.
idly (ai dli) *adv.* ociosamente. 2 inútilmente, vanamente. 3 perezosamente.
idol (ai døl) *s.* ídolo. 2 fig. falsa idea o concepto.
idolater (aido latø') *s.* idólatra.
idolatress (aido latris) *f.* idólatra [mujer].
idolatrize (to) (aidola traiš) *tr.* e *intr.* idolatrar.
idolatrous (aido latrøs) *adj.* idolátrico. 2 idólatra.
idolatrously (aido latrøsli) *adv.* con idolatría.
idolatry (aido latri), *pl.* **-tries** (-tris) *s.* idolatría.
idolize (to) (aido laiš) *tr.* convertir en ídolo. — 2 *tr.* e *intr.* idolatrar.
idolizer (ai dolaišø') *s.* el que idolatra.

Idumæa, Idumea (idiumɪ a) *n. pr.* GEOGR. HIST. Idumea.
Idumæan, Idumean (idiumɪ an) *adj.* y *s.* idumeo.
idyll, idyl (ai dil) *s.* LIT. idilio.
idyllic (aidi lic) *adj.* idílico; pastoral, bucólico.
if *conj.* si; en caso que, con tal que; aunque, aun cuando : *as* ~, como si; ~ *only* [sin apódosis], si, si al menos [expresando deseo]. 2 Úsase elípticamente en vez de *if it is, if they are*, etc. : ~ *so*, si es así; ~ *true*, si es verdad. 3 En frases como : *if he has one, if he has any*, etc., equivale a «por lo menos, no menos de» : *he has two thousand dollars* ~ *he has one*, tiene dos mil dólares por lo menos. 4 Queda sobreentendido cuando se invierte en la oración el orden del verbo y el sujeto : *had he been there*, si él hubiera estado allí. — 5 *s.* condición, suposición.
igloo (i glu) *s.* iglú.
Ignatius (ignei shøs) *n. pr. m.* Ignacio.
igneous (i gniøs) *adj.* igneo.
ignicolist (igni cølist) *adj.* y *s.* ignícola.
igniferous (igni førøs) *adj.* ignífero.
ignifuge (ig nifiudy) *adj.* ignífugo.
ignis fatuus (i gnis fæ chøs) *s.* fuego fatuo.
ignite (to) (ignai t) *tr.* encender, dar o pegar fuego a, poner en ignición. — 2 *intr.* encenderse, inflamarse arder.
ignition (igni shøn) *s.* ignición, inflamación : ~ *point*, punto de ignición. 2 encendido [de un motor de explosión] : ~ *coil*, bobina de encendidó; ~ *stroke*, carrera de encendido; ~ *switch*, interruptor de encendido.
ignivomous (igni vomøs) *adj.* poét. ignívomo.
ignobility (ignobi liti) *s.* villanía, bajeza.
ignoble (ignou bøl) *adj.* innoble, indigno, vil. 2 villano, plebeyo.
ignobly (ignou bli) *adv.* vilmente, bajamente.
ignominious (ignomi niøs) *adj.* ignominioso.
ignominiously (ignomi niøsli) *adv.* ignominiosamente.
ignominy (i gnomini) *s.* ignominia.
ignoramus (ignorei møs) *s.* ignorante; pedante.
ignorance (i gnorans) *s.* ignorancia, desconocimiento. 2 ignorancia, falta de cultura.
ignorant (i gnorant) *adj.* ignorante, desconocedor : *to be* ~ *of*, ignorar [una cosa]. 2 ignorante, ignaro, indocto, inculto.
ignorantism (i gnorantišm) *s.* obscurantismo.
ignorantist (i gnorantist) *adj.* y *s.* obscurantista.
ignorantly (i gnorantli) *adv.* ignorantemente.
ignore (to) (igno') *tr.* desconocer, cerrar los ojos a una cosa, no darse por enterado. 2 hacer caso omiso [de uno]; desairarle, obrar como si no estuviera presente. 3 DER. dar un veredicto de no ha lugar; desestimar.
iguana (igua na) *s.* ZOOL. iguana.
iguanodon (igua nodøn) *s.* ZOOL. iguanodonte.
ileac (i liæc) *adj.* ANAT. relativo o perteneciente al íleon [intestino].
ileocæcal (iliosi cal) *adj.* ANAT. ileocecal.
ileum (i liøm) *s.* ANAT. íleon [intestino].
ileus (i liøs) *s.* MED. íleo.
ilex (ai lecs), *pl.* **-exes** (-ecsiš) *s.* BOT. encina. 2 BOT. coscoja. 3 BOT. acebo.
iliac (i liæc) *adj.* ANAT. ilíaco. 2 ilíaco [de Troya].
Iliad (i liad) *s.* Ilíada.
Ilicaceae (ailikei sii) *s. pl.* BOT. ilicíneas, aquifoliáceas.
ilium (i liøm) *s.* ANAT. íleon, ilion [hueso].
ilk (ilk) *s.* fam. raza, clase, especie, jaez : *people of that* ~, gente de esta clase.
I'll *contr.* de I SHALL y I WILL.
ill (il) *adj.* enfermo, malo, doliente : *to fall* ~, *to be taken* ~, caer enfermo, enfermar. 2 mareado. 3 malo, mal [no bueno]; contrario, desfavorable; nocivo, perjudicial; insalubre; infortunado, desastroso, desagradable; difícil; malévolo, perverso] : ~ *blood*, mala sangre; animosidad, rencor, ojeriza; ~ *breeding*, mala crianza, mala educación, malos modales, grosería; ~ *fame*, mala fama, reputación de inmoral; ~ *health*, mala salud; ~ *humour* o *humor*, mal humor, enfado; ~ *luck*, mala suerte, desgracia; ~ *nature*, mala inclinación; ~ *repute*, mala reputación, mala fama; ~ *temper*, mal genio; mal humor; ~ *turn*, mala jugada; giro desfavorable [de un asunto]; ~ *usage*, abuso, injusticia, mal trato; ~ *will*, mala voluntad, malquerencia, enemiga, ojeriza; *in* ~ *part*, a mala parte. 2 incorrecto. 3 rudo, grosero. — 4 *s.* mal, desgracia, infortunio. — 5 *adv.* mal, malamente :

to take ~, tomar a mal; to think ~, pensar mal; ~ at ease, molesto, embarazado; inquieto, intranquilo, desazonado.
ill-advised adj. mal avisado, malaconsejado. 2 mal pensado, desacertado, imprudente.
illation (ile·shøn) s. ilación, inferencia.
illative (i·lativ) adj. ilativo. — 2 s. conjunción ilativa.
illatively (i·lativli) adv. por ilación o inferencia.
ill-bred adj. malcriado, grosero, descortés.
ill-conditioned adj. de mala inclinación; de mal genio. 2 malparado. 3 MED. maligna [úlcera].
ill-contrived adj. mal ideado, mal dispuesto.
ill-disposed adj. mal intencionado. 2 mal dispuesto. 3 hostil. desfavorable.
illegal (ilr·gal) adj. ilegal.
illegality (iligæ·liti), pl. -ties (-tis) s. ilegalidad. 2 desaguisado.
illegally (ilr·gali) adv. ilegalmente.
illegalness (ilr·galnis) s. ILLEGALITY.
illegibility (ileȳibi·liti) s. ꞇalidad de ilegible.
illegible (ile·ȳibøl) adj. ilegible.
illegibly (ile·ȳibli) adv. de un modo ilegible.
illegitimacy (iliȳi·timasi) s. ilegitimidad.
illegitimate (iliȳi·timit) adj. ilegítimo. 2 bastardo. 3 desusado, anormal.
illegitimate (to) (iliȳi·timeit) tr. ilegitimar. 2 declarar ilegítimo.
illegitimately (iliȳi·timitli) adv. ilegítimamente.
illegitimation (iliȳitime·shøn) s. acción de ilegitimar. 2 ilegitimidad. bastardía.
ill-fated adj. malhadado, desgraciado. 2 aciago, funesto.
ill-favoured adj. mal parecido, feo, repulsivo.
ill-featured adj. mal encarado.
ill-founded adj. mal fundado, infundado.
ill-gotten adj. mal habido, mal adquirido.
ill-grounded adj. ILL-FOUNDED.
ill-humoured, ill-humored (-jiu·mø'd) adj. malhumorado.
illiberal (ili·beral) adj. iliberal. 2 inculto, rústico. 3 mezquino, tacaño. 4 estrecho de miras.
illiberality (iliberæ·liti) s. falta de liberalidad. 2 mezquindad, tacañería. 3 estrechez de miras.
illiberally (ili·berali) adv. mezquinamente, tacañamente.
illicit (ili·sit) adj. ilícito.
illicitly (ili·sitli) adv. ilícitamente.
illicitness (ili·sitnis) s. ilicitud.
illimitable (ili·mitabøl) adj. ilimitado, inconmensurable.
illimitably (ili·mitabli) adv. ilimitadamente.
illiquid (ili·cuid) adj. COM. no realizable [fondos, etc.]. 2 DER. incierto, que no está bien establecido [derecho, etc.].
illiteracy (ili·tørasi), pl. -cies (-sis) s. falta de cultura, ignorancia. 2 analfabetismo. 3 disparate literario o gramatical.
illiterate (ili·tørit) adj. iletrado, inculto, analfabeto.
illiterateness (ili·tøritnis) s. ignorancia, incultura.
ill-judged adj. inconsiderado, imprudente.
ill-mannered adj. mal educado, de malos modales.
ill-natured (ilne·chø'd) adj. de malas inclinaciones, malo.
illness (i·lnes) s. enfermedad, dolencia.
illogical (ilo·ȳical) adj. ilógico. 2 que no razona con lógica.
illogicality (iloȳicæ·liti) s. falta de lógica.
illogically (ilo·ȳicali) adv. ilógicamente.
illogicalness (ilo·ȳicalnis) s. ILLOGICALITY.
ill-omened adj. de mal agüero, fatídico. 2 malhadado.
ill-planned adj. mal planeado, mal concebido.
ill-pleased adj. descontento.
ill-shaped adj. mal hecho, mal formado.
ill-smelling adj. maloliente.
ill-starred adj. desdichado, malaventurado, que tiené mala estrella.
ill-suited adj. inadecuado; poco a propósito.
ill-tempered adj. de mal genio; malhumorado.
ill-timed adj. intempestivo, inoportuno.
ill-treat (to) tr. maltratar.
ill-treated adj. maltrecho.
ill-treatment s. maltratación, maltrato.
illume (to) (iliu·m) tr. poét. iluminar.
illuminant (iliu·minant) adj. y s. que ilumina, que sirve para el alumbrado.
illuminate (iliu·minit) adj. iluminado.
illuminate (to) (iliu·mineit) tr. iluminar, alum-

brar. 2 esclarecer, aclarar. 3 hacer resplandeciente. 4 B. ART. iluminar. — 5 intr. hacer luminarias.
illuminati (iliuminei·tai) s. pl. 'iluminados [secta].
illuminating (iliuminei·ting) adj. iluminante, iluminativo. 2 de alumbrado: ~ gas, gas de alumbrado.
illumination (iliumine·shøn) s. iluminación; alumbrado. 2 esclarecimiento. 3 ilustración, saber. 4 B. ART. iluminación [en colores]. 5 pl. luminarias.
illuminative (iliu·mineitiv) adj. iluminativo. 2 ilustrativo, instructivo.
illuminator (iliu·mineitø') s. iluminador.
illumine (to) (iliu·min) tr. iluminar.
illuminism (iliu·miniŝm) s. iluminismo.
illusion (iliu·ȳøn) s. ilusión [falsa percepción, impresión, etc.; idea o apariencia engañosa]; espejismo, engaño. 2 aparición. 3 TEJ. especie de tul.
illusionist (iliu·ȳonist) s. ilusionista.
illusive (iliu·siv) adj. ilusivo, ilusorio, irreal.
illusively (iliu·sivli) adv. ilusoriamente.
illusiveness (iliu·sivnis) s. calidad de ilusorio, irrealidad.
illusory (iliu·sori) adj. ilusorio, engañoso.
illustrate (to) (i·løstreit) tr. ilustrar, aclarar, hacer patente [con ejemplos, etc.], ejemplificar. 2 [dicho de un dibujo o grabado] representar, hacer ver. 3 ilustrar [con láminas, grabados, etc.]. 4 ant. ilustrar [hacer ilustre].
illustration (iløstre·shøn) s. ilustración [acción de ilustrar, o aclarar; de adornar con láminas o grabados]. 2 ilustración, ejemplo, aclaración. 3 ilustración, grabado, lámina.
illustrative (iløstrativ) adj. ilustrativo.
illustratively (iløstrativli) adj. por modo ilustrativo.
illustrator (iløstrei·tø') s. ilustrador.
illustrious (iløstriøs) adj. ilustre, preclaro, esclarecido, famoso.
illustriously (iløstriøsli) adv. ilustremente.
illustriousness (iløstriøsnis) s. grandeza, celebridad, calidad de ilustre.
Illyria (ili·ria) n. pr. GEOGR. Iliria.
Illyrian (ili·riæn) adj. y s. ilirio.
I'm (aim) contracción de I AM.
image (i·midȳ) s. imagen: in his own ~, a su imagen. 2 símbolo, representación. 3 retrato, efigie. 4 parecido, semejanza.
image (to) tr. figurar, retratar, reproducir, reflejar. 2 describir o representar gráficamente con palabras. 3 concebir, imaginar, representarse. 4 representar, simbolizar.
imagery (i·miȳri) s. B. ART. imaginería. 2 imágenes retóricas (colectivamente], lenguaje figurado [como adorno del estilo]. 3 imaginaciones, fantasías, recuerdos. 4 detalles pintorescos de un paisaje, etc
imaginable (imæ·ȳinabøl) adj. imaginable.
imaginal (imæ·ȳinal) adj. ENTOM. referente al imago.
imaginary (imæ·ȳineri) adj. imaginario.
imagination (imæȳine·shøn) s. imaginación, imaginativa. 2 creación poética o de la imaginación. 3 imaginación [idea sin fundamento].
imaginative (imæ·ȳinativ) adj. imaginativo.
imagine (to) (imæ·ȳin) tr. imaginar, concebir, idear. 2 imaginarse, figurarse; formarse [una idea] sin fundamento.
imagist (imæ·ȳist) s. poeta de una escuela inglesa y norteamericana que escribe en verso completaménte libre y con abundancia de imágenes.
imago (imei·gou) s. ENTOM. imago.
imam (ima·m) s. imán [título mahometano].
imbecile (i·mbesil) adj. y s. imbécil, estúpido. 2 débil, sin fuerzas.
imbecility (imbesi·liti), pl. -ties (-tis) s. imbecilidad, tontería, absurdidad.
imbed (to) (imbe·d) tr. TO EMBED.
imbibe (to) (imbai·b) tr. embeber, absorber, chupar. 2 empaparse de, asimilar, recibir en la mente. — 3 intr. fam. beber, empinar el codo.
imbibition (imbibi·shon) s. imbibición, absorción.
imbricate (to) (i·mbrikeit) tr. disponer como las tejas de un tejado.
imbricate(d (i·mbrikeit(id) adj. imbricado.
imbrication (imbrike·shøn) s. imbricación.
imbroglio (imbrou·liou) s. enredo, embrollo, lío. 2 TEAT. enredo.
imbrue (to) (imbru·) tr. ensangrentar, teñir en

sangre. manchar de sangre [las manos, la espada, etc.].

imbrute (to) (imbru·t) *tr.* embrutecer. — *2 intr.* embrutecerse.

imbue (to) (imbiu·) *tr.* saturar, empapar, impregnar, teñir. 2 imbuir, infundir.

imitable (i·mitabøl) *adj.* imitable.

imitate (to) (i·miteit) *tr.* imitar. 2 copiar, reproducir. 3 contrahacer, remedar.

imitation (imite·shøn) *s.* imitación. 2 remedo — *3 adj.* de imitación, imitado, falso.

imitative (i·mitativ) *adj.* imitativo. 2 dado a la imitación.

imitator (i·miteitø') *s.* imitador.

immaculacy (inmæ·kiulesi) *s.* IMMACULATENESS.

immaculate (inmæ·kiulit) *adj.* inmaculado': *Immaculate Conception*, Inmaculada Concepción. 2 limpio, sin tacha. 3 sin errores [libro].

immaculately (inmæ·kiulitli) *adv.* inmaculadamente.

immaculateness (inmæ·kiulitnis) *s.* calidad de inmaculado, pureza.

immanence, immanency (i·manøns, -si) *s.* inmanencia.

immanent (i·manønt) *adj.* inmanente.

Immanuel (immæ·niuel) *n. pr.* Emanuel, nombre bíblico de Jesucristo.

immaterial (imati·rial) *adj.* inmaterial, incorpóreo. 2 indiferente, que no importa, sin importancia : *it is* ~, es indiferente, no importa, lo mismo da.

immaterialism (imati·riališm) *s.* FIL. idealismo.

immaterialist (imati·rialist) *s.* FIL. idealista.

immateriality (imatiriæ·liti) *s.* inmaterialidad, incorporeidad. 2 cualidad de indiferente o que no tiene importancia.

immaterialized (imati·rialaišd) *adj.* incorpóreo, espiritual.

immaterially (imati·riali) *adv.* incorporalmente.

immaterialness (imati·rialnls) *s.* inmaterialidad.

immature (imatiu·ø') *adj.* inmaturo, sin madurar, joven, que no ha alcanzado su pleno desarrollo, prematuro. 2 inacabado, imperfecto. 3 verde [fruta].

immaturely (imatiu·'li) *adv.* prematuramente, sin madurez.

immatureness (imatiu·nis), **immaturity** (imatiu·riti) *s.* calidad de inmaturo, falta de madurez, de sazón.

immeasurability (imeÿurabi·liti) *s.* inconmensurabilidad.

immeasurable (ime·ÿurabøl) *adj.* inconmensurable, desmesurado.

immeasurably (ime·ÿurabli) *adv.* inconmensurablemente, desmesuradamente.

immediacy (imi·diasi) *s.* inmediación, contigüidad, proximidad.

immediate (imi·diit) *adj.* inmediato. 2 directo, intuitivo, intuido, conocido por intuición : ~ *truths*, verdades conocidas por intuición, no ensañadas ni deducidas.

immediately (imi·diitli) *adv.* inmediatamente. *2* directamente, intuitivamente. — *3 conj.* tan pronto como, en cuanto.

immediateness (imi·diitnis) *s.* inmediación [calidad de inmediato] ; prontitud.

immedicable (ime·dicabøl) *adj.* inmedicable.

immelodious (imelou·diøs) *adj.* poco melodioso, desagradable al oído.

immemorial (immo·rial) *adj.* inmemorial, inmemorable.

immemorially (immo·riali) *adv.* inmemorablemente.

immense (ime·ns) *adj.* inmenso, infinito, vasto. 2 pop. estupendo, magnífico.

immensely (ime·nsli) *adv.* inmensamente.

immenseness (ime·nsnis), **immensity** (ime·nsiti) *s.* inmensidad. 2 infinidad, vastedad.

immensurability (imenshurabi·liti) *s.* inconmensurabilidad.

immensurable (ime·nshurabøl) *adj.* inmensurable; inconmensurable.

immerge (to) (imø·'ÿ) *tr.* sumergir, zambullir. — *2 intr.* sumergirse, sumirse; hundirse, ocultarse.

immerse (to) (imø·'s) *tr.* sumergir hundir, sumir. 2 bautizar por inmersión. 3 absorber [la atención. el pensamiento, etc.].

immersion (imø·'shøn) *s.* inmersión. 2 sumersión. *3* bautismo por inmersión.

immesh (to) (ime·sh) *tr.* enredar, enmallar.

immethodical (imezo·dical) *adj.* falto de método, hecho sin método.

immethodically (imezo·dicali) *adv.* sin método.

immethodicalness (imezo·dicalnis) *s.* falta de método.

immigrant (i·migrant) *adj. y s.* inmigrante.

immigrate (to) (i·migreit) *intr.* inmigrar.

immigration (imigre·shøn) *s.* inmigración.

immigratory (i·migratori) *adj.* inmigratorio.

imminence (i·minøns) *s.* inminencia. 2 cosa inminente, que amenaza.

imminent (i·minønt) *adj.* inminente.

immiscibility (imisibi·liti) *s.* FÍS., QUÍM. inmiscibilidad.

immiscible (imi·sibøl) *adj.* FÍS., QUÍM. inmiscible.

immission (imi·shøn) *s.* inmisión ; inyección.

immit (to) (imi·t) *tr.* introducir, inyectar, infundir.

immitigable (imi·tigabøl) *adj.* que no se puede mitigar.

immix (to) (imi·cs) *tr.* mezclar íntimamente.

immobile (imou·bil) *adj.* inmóvil, inmoble.

immobility (imoubi·liti) *s.* inmovilidad.

immobilize (to) (imou·bilaiš) *tr.* inmovilizar.

immoderate (imo·dørit) *adj.* inmoderado, inmódico, desmedido. 2 irrazonable, exagerado, extremo. 3 desarreglado.

immoderately (imo·døritli) *adv.* inmoderadamente, desmedidamente.

immoderateness (imo·døritnis), **immoderation** (imodøre·shøn) *s.* inmoderación, exceso, desarreglo.

immodest (imo·dest) *adj.* inmodesto. 2 deshonesto, impúdico, indecoroso, indecente. 3 atrevido, insolente.

immodestly (imo·destli) *adv.* inmodestamente, indecorosamente.

immodesty (imo·desti) *s.* inmodestia. 2 profanidad, indecoro, indecencia, deshonestidad. 3 descaro.

immolate (to) (i·moleit) *tr.* inmolar.

immolation (imole·shøn) *s.* inmolación.

immolator (imolei·tø') *s.* inmolador.

immoral (imo·ral) *adj.* inmoral. 2 depravado, corrompido, licencioso.

immorality (imoræ·liti) *s.* inmoralidad.

immortal (imo·'tal) *adj.* inmortal, imperecedero. — *2 s.* inmortal.

immortality (imo'tæ·liti) *s.* inmortalidad.

immortalization (imo'tališe·shøn) *s.* perpetuación.

immortalize (to) (imo·'talaiš) *tr.* inmortalizar.

immortally (imo·'tali) *adv.* eternamente, perpetuamente. 2 infinitamente.

immortelle (imo'te·l) *s.* BOT. perpetua, siempreviva.

immovability (imuvabi·liti) *s.* inamovilidad, inmovilidad, fijeza. 2 inalterabilidad. 3 insensibilidad.

immovable (imu·vabøl) *adj.* inamovible, inmovible, inmóvil, fijo : ~ *feast*, fiesta fija. 2 firme, inmutable, inalterable, inflexible. 3 impasible, inconmovible, insensible. 4 DER. inmueble. 5 *pl.* bienes raíces.

immovableness (imu·vabølnis) *s.* IMMOVABILITY.

immovably (imu·vabli) *adj.* inmóvilmente, fijamente. 2 inmutablemente, inalterablemente. 3 impasiblemente.

immune (imiu·n) *adj. y s.* inmune.

immunity (imiu·niti), *pl.* **-ties** (-tis) *s.* inmunidad. 2 libertad, privilegio, exención.

immunization (imiuniše·shøn) *s.* inmunización.

immunize (to) (i·miunaiš) *tr.* inmunizar.

immunology (imiuno·loÿi) *s.* inmunología.

immure (to) (imiu·ø') *tr.* emparedar. 2 amurallar.

immutability (imiutabi·liti) *s.* inmutabilidad, inalterabilidad. 2 constancia, firmeza.

immutable (immiu·tabøl) *adj.* inmutable, inalterable.

immutably (immiu·tabli) *adv.* inmutablemente, inalterablemente.

imp (imp) *s.* diablillo, duende. 2 diablillo, picaruelo, tunantuelo [niño travieso].

imp (to) *tr.* molestar con travesuras.

impact (i·mpæct) *s.* golpe, choque, impacto. 2 fuerza comunicada por el choque.

impact (to) (impæ·ct) *tr.* apretar fuerte. 2 meter y sujetar firmemente.

impaction (impæ·cshøn) *s.* MED., impacción. 2 acción de apretar fuerte ; de meter y sujetar firmemente.

impair (to) (impe·æ') *tr.* dañar, perjudicar, estropear, deteriorar, menoscabar, disminuir, desvirtuar, debilitar.

impairer (impeær̯ǿ') s. dañador, estropeador, de-
teriorador.
impairment (impeæ'mønt) s. deterioro, menoscabo, mengua, debilitación.
impale (impei·l) tr. empalar. 2 empalizar, cercar.
impalement (impei·lment) s. empalamiento. 2 cercamiento.
impalpability (impælpabi·liti) s. impalpabilidad.
impalpable (impæ·lpabøl) adj. impalpable, finísimo.
impanation (impane·shøn) s. TEOL. impanación.
impanel (to) (impæ·nøl) tr. DER. elegir o designar
[un jurado]. 2 DER. incluir en la lista de los
jurados.
imparadise (to) (impæ·radaiś) tr. hacer feliz; poner en la gloria. 2 convertir en un paraiso.
imparipinnate (impæripi·nit) adj. BOT. imparipinado.
imparity (impæ·riti) s. disparidad, desigualdad,
desproporción.
impart (to) (impa·'t) tr. impartir, dar, comunicar.
2 conceder. 3 compartir. 4 declarar, dar a conocer.
impartial (impa·'shal) adj. imparcial.
impartiality (impa'shiæ·liti) s. imparcialidad.
impatially (i·mpa'shali) adv. imparcialmente.
impartible (impa·'tibøl) adj. impartible. 2 comunicable. 3 concedible.
impartment (impa·'tmønt) s. acción de impartir,
dar o comunicar. 2 cosa impartida.
impassability (impæsabi·liti) s. calidad de impracticable, intransitable o insuperable.
impassable (impæ·sabøl) adj. impracticable, intransitable. 2 que no se puede pasar o atravesar.
3 insuperable. 4 que no puede pasar o circular.
impassableness (impæ·sabølnis) s. IMPASSABILITY.
impasse (impæ·s) s. callejón sin salida. 2 atolladero, dificultad insuperable.
impassibility (impæsibi·liti) s. impasibilidad.
impassible (impæ·sibøl) adj. impasible.
impassion (to) (impæ·shøn) tr. apasionar, mover
las pasiones de, conmover.
impassionable (impæ·shønabøl) adj. conmovible.
impassionate (to) (impæ·shøneit) tr. apasionar,
enardecer. — 2 intr. apasionarse, exaltarse.
impassioned (impæ·shønd) adj. apasionado, vehemente, ardiente. 2 extremoso.
impassive (impæ·siv) adj. impasible [incapaz de
padecer]. 2 impasible, imperturbable, apático. 3
insensible, inanimado.
impassiveness (impæ·sivnis) s. impasibilidad.
impastation (impæste·shøn) s. pasta. 2 PINT. empaste.
impaste (to) (impei·st) tr. envolver en pasta, hacer pasta. 2 PINT. empastar.
impatience (impei·shøns) s. impaciencia. 2 irritación, estado del que no puede sufrir una cosa.
impatient (impei·shønt) adj. impaciente. 2 que no
puede sufrir una cosa.
impatiently (impei·shøntli) adv. impacientemente.
impeach (to) (impi·ch) tr. imputar tacha o defecto a; desacreditar. 2 discutir, poner en tela de
juicio. 3 acusar [esp. a un funcionario público]
ante el tribunal competente; residenciar. 4 acriminar, culpar; declarar contra [un cómplice].
impeachable (impi·chabøl) adj. delatable, censurable; discutible.
impeacher (impi·chø') s. acusador, censurador. 2
el que pone en tela de juicio.
impeachment (impi·chmønt) s. imputación de falta o defecto; descrédito. 2 acción de poner en
tela de juicio. 3 acusación; residencia [acción
de residenciar].
impearl (to) (impe·'l) tr. dar forma de perlas. 2
adornar con perlas, aljofarar.
impeccability (impecabi·liti) s. impecabilidad.
impeccable (impe·cabøl) adj. impecable.
impecuniosity (impekiunio·siti) s. inopia, pobreza.
impecunious (impekiu·niøs) adj. pobre, sin dinero.
impedance (impi·dans) s. ELECT. impedancia. —
2 adj. de impedancia : ~ coil, bobina de impedancia o de reacción.
impede (to) (impi·d) tr. impedir, estorbar, obstruir.
impediment (impe·dimønt) s. impedimento, estorbo, obstáculo, traba. 2 pl. impedimenta.
impedimenta (impedime·nta) s. pl. impedimenta.
impedimental (impedime·ntal) adj. impeditivo, obstructivo.
impeditive (impe·ditiv) adj. impeditivo.
impel (to) (impe·l) tr. impeler, impulsar, empujar.

2 mover, incitar, obligar. ¶ CONJUG. pret. y p. p. :
impelled; p. a.: impelling.
impellent (impe·lønt) adj. impelente. 2 impulsor.
— 3 s. impulsor, motor, móvil; empuje.
impeller (impe·lø') s. impulsor, motor.
impend (to) (impe·nd) intr. pender [sobre] ; amenazar, amagar, ser inminente.
impendence, impendency (impe·døns, -si) s. amenaza, inminencia.
impendent (impe·ndønt), impending (impe·nding)
adj. pendiente, que amenaza, inminente.
impenetrability (impenitræbi·liti) s. impenetrabilidad.
impenetrable (impe·nitrabøl) adj. impenetrable. 2
denso, espeso. 3 duro, inconmovible.
impenetrableness (impe·nitrabølnis) s. impenetrabilidad.
impenetraoly (impe·nitrabli) adv. impenetrablemente.
impenitence, impenitency (impe·nitøns, -si) s. impenitencia.
impenitent (impe·nitønt) adj. y s. impenitente.
impenitently (impe·nitøntli) adv. sin arrepentimiento, sin contrición.
imperative (impe·rativ) adj. imperativo, imperioso.
2 obligatorio. 3 perentorio, apremiante, indispensable. — 4 adj. y s. GRAM. imperativo. — 5 s. mandato perentorio; imperativo, necesidad impe-
riosa.
imperatively (impe·rativli) adv. imperativamente,
imperiosamente.
imperatorial (impørato·rial) adj. imperatorio.
imperceptibility (impø'septibi·liti) s. imperceptibilidad.
imperceptible (impø'se·ptibøl) adj. imperceptible.
imperceptibleness (impø'se·ptibølnis) s. IMPERCEP-
TIBILITY
imperceptibly (impø'se·ptibli) adv. imperceptiblemente.
imperceptive (impø'se·ptiv) adj. incapaz de percibir.
imperfect (impø'·fict) adj. imperfecto, incompleto,
defectuoso. — 2 s. GRAM. pretérito imperfecto.
imperfectibility (impø'fecti·biliti) s. imperfectibi-
lidad.
imperfection (impø'fe·cshøn) s. imperfección. 2 falta, defecto.
imperfectly (impø'·fictli) adv. imperfectamente.
imperfectness (impø'·fictnis) s. imperfección.
imperfective (impø'fe·ctiv) adj. GRAM. imperfectivo.
imperforate(d (impø'·foreit(id) adj. imperforado.
imperforation (impø'fore·shøn) s. MED. imperforación.
imperial (impi·rial) adj. imperial. 2 supremo, principal. — 3 s. perilla, pera [barba]. 4 imperial
[de un vehículo]. 5 cosa grande, excelente.
imperialism (impi·rialiśm) s. imperialismo.
imperialist (impi·rialist) s. imperialista.
imperially (impi·riali) adv. imperialmente.
imperialty (impi·rialti) s. derecho o privilegio imperial.
imperil (to) (impe·ril) tr. poner en peligro, arriesgar. ¶ CONJUG. pret. y p. p.: imperiled o -illed;
p. a.: imperiling o -illing.
imperious (impi·riøs) adj. propio de un soberano,
dominante. 2 imperioso, arrogante, autoritario.
3 imperioso, urgente.
imperiously (impi·riøsli) adv. imperiosamente.
imperiousness (impi·riøsnis) s. calidad de imperioso. 2 autoridad, mando. 3 imperio, arrogancia.
imperium (impi·riøm), pl. -a (-æ) s. imperio, autoridad, poder absoluto.
imperishable (impe·rishabøl) adj. imperecedro. 2
indestructible.
impermanence (impø'·manøns) s. instabilidad.
impermanent (impø'·manønt) adj. no permanente, instable.
impermeability (impø'miabi·liti) s. impermeabilidad.
impermeable (impø'·miabøl) adj. impermeable, impenetrable
impersonal (impø'·sønal) adj. impersonal.
impersonality (impø'søna·liti) s. impersonalidad.
impersonalize (to) (impø'so·nalaiś) tr. impersonalizar.
impersonally (impø'·sønali) adv. impersonalmente.
impersonate (to) (impø'·søneit) tr. personificar. 2
TEAT. representar [a un personaje]. 3 remedar,
imitar, fingirse, hacerse pasar por [una pers.].
impersonation (impø'sone·shøn) s. personificación.
2 TEAT. representación [de un personaje], papel

impersonator (impø'soneitø') s. personificador. 2 TEAT. intérprete, el que hace un papel. 3 usurpador de la personalidad.

impertinence, impertinency (impø'tinøns, -si) s. impertinencia [falta de pertinencia]. 2 impertinencia, descortesía, insolencia.

impertinent (impø'tinønt) adj. impertinente, que no viene al caso, inaplicable, inadecuado. 2 impertinente, oficioso, molesto, descortés, insolente.

impertinently (impø'tinøntli) adv. impertinentemente.

imperturbability (impø'tø'babi·liti) s. imperturbabilidad.

imperturbably (impø'tø'babli) adv. imperturbablemente.

imperturbation (impø'tø'be·shøn) s. tranquilidad, calma, serenidad.

imperturbed (impø'tø·'bd) adj. tranquilo, sereno.

impervious (impø·'viøs) adj. impenetrable, impermeable. 2 que no hace caso de, que no atiende a [razones, amenazas, etc.].

imperviously (impø·'viøsli) adv. impenetrablemente, impermeablemente.

imperviousness (impø·'viøsnis) s. impenetrabilidad, impermeabilidad.

impetigo (impi·taigou) s. MED. impétigo.

impetrate (to) (i·mpetreit) tr. impetrar.

impetrative (i·mpetreitriv), **impetratory** (i·mpetratori) adj impetratorio.

impetuosity (impechuo·siti), pl. **-ties** (-tis) s. impetuosidad, ímpetu, vehemencia.

impetuous (impe·chuøs) adj. impetuoso.

impetuously (impe·chuøsli) adv. impetuosamente.

impetuousness (impe·chuøsnis) s. impetuosidad.

impetus (i·mpetøs) s. ímpetu. 2 impulso, incentivo, estímulo.

impiety (impai·eti), pl. **-ties** (-tis) s. impiedad, irreverencia, irreligiosidad.

impinge (to) (impi·nȳ) tr. dar en o contra, chocar con. — 2 intr. to ∼ on o upon, tocar, ponerse en contacto, golpear contra, chocar con, herir; invadir [derechos, etc.].

impious (i·mpiøs) adj. impío, impiadoso, irreverente, profano. 2 malvado. 3 falto de piedad filial.

impiously (i·mpiøsli) adv. impíamente.

impiousness (i·mpiøsnis) s. impiedad.

impish (i·mpish) adj. travieso, endiablado.

implacability (implæcabi·liti) s. implacabilidad.

implacable (implæ·cabøl) adj. implacable.

implacableness (implæ·cabølnis) s. IMPLACABILITY.

implacably (implæ·cabli) adv. implacablemente.

implant (to) (implæ·nt) tr. implantar, fijar. 2 inculcar. 3 plantar, injerir.

implantation (implænte·shøn) s. implantación, fijación. 2 inculcación.

implausible (implo·sibøl) adj. poco creíble.

implead (to) (impli·d) tr. DER. demandar, poner pleito.

impleader (impli·dø') s. DER. demandante, parte actora.

implement (i·mplimønt) s. instrumento, herramienta, utensilio, pieza de un equipo, etc. 2 pl. enseres, muebles, aparejos, avíos.

implement (to) tr. llevar a cabo, ejecutar, cumplir.

impletion (imple·shøn) s. llenura. 2 acción de llenar. 3 lo que llena.

implicate (to) (i·mplikeit) tr. implicar. 2 enredar, entrelazar. 3 complicar, comprometer [a uno].

implication (implike·shøn) s. implicación. 2 deducción, inferencia. 3 complicación, complicidad.

implicative (i·mplicativ) adj. implicatorio.

implicatively (i·mplicativli) adv. por implicación o inferencia.

implicit (impli·sit) adj. implícito. 2 virtual, potencial. 3 absoluto, ciego, sin duda ni reserva: ∼ faith, fe ciega.

implicitly (impli·sitli) adv. implícitamente. 2 virtualmen-e. 3 absolutamente, ciegamente.

implicitness (impli·sitnis) s. calidad de implícito.

implied (implai·d) adj. implícito, sobreentendido, contenido virtualmente. 2 significado, denotado.

impliedly (implai·idli) adv. implícitamente.

imploration (implore·shøn) s. imploración.

implore (to) (implo·') tr. implorar, rogar, suplicar.

implorer (implo·rø') s. implorador.

imploringly (implo·ringli) adv. de un modo implorante o suplicante.

implosive (implou·siv) adj. FONÉT. implosivo.

impluvium (implu·viøm), pl. **-via** (-viæ) s. impluvio.

imply (to) (implai·) tr. implicar, entrañar, argüir, incluir en esencia. 2 querer decir, dar a entender. 3 significar, denotar. ¶ CONJUG. pret. y p. p.: implied.

impolicy (impo·lisi) s. falta de política, inoportunidad, torpeza, inhabilidad.

impolite (impolai·t) adj. impolítico, descortés, grosero.

impoliteness (impolai·tnis) s. impolítica, descortesía, grosería.

impolitic (impo·litic) adj. impolítico, poco hábil, inoportuno, imprudente.

impoliticly (impo·liticli) adv. impolíticamente.

imponderability (impondørabi·liti) s. imponderabilidad.

imponderable (impo·ndørabøl) adj. y s. imponderable [que no puede pesarse]. — 2 s. pl. imponderables.

imponderous (impo·ndorous) adj. ligero, sin peso.

imporous (impo·røs) adj. no poroso.

import (i·mpø't) s. importancia, peso, entidad. 2 significado, sentido; significación, alcance, intención. 3 importación. 4 pl. géneros importados.

import (to) (impø·'t) tr. importar, interesar, concernir a. 2 importar, implicar, llevar consigo. 3 importar [introducir en un país]. — 4 intr. importar [ser de importancia], convenir.

importable (impo·tabøl) adj. importable.

importance (impo·'tans) s. importancia, valor, peso, fuste, consideración, cuenta, alcance. 2 cuantía. 3 vanidad, presunción, engreimiento.

important (impo·'tant) adj. importante, considerable, valioso. 2 pomposo, presuntuoso, engreído.

importantly (impo·'tantli) adv. importantemente. 2 engreídamente.

importation (impo'te·shøn) s. importación. 2 artículo importado.

importer (impo·'tø') s. importador.

importunacy (impo·'chunasi) s. importunidad.

importunate (impo·'chunit) adj. importuno, pesado, insistente.

importunately (impo·'chunitli) adv. importunamente.

importunateness (impo·'chunitnis) s. importunidad.

importune (to) (impo·'tiun) tr. e intr. importunar. 2 instar, solicitar con porfía.

importuner (impo·'tiu·nø') s. importunador.

importunity (impo·'tiu·niti) s. importunidad, machaquería. 2 importunación.

imposable (impou·šabøl) adj. imponible.

impose (to) (impou·š) tr. imponer [carga, tributo, pena, silencio, la voluntad de uno, etc.]. 2 imponer [las manos]. 3 hacer aceptar; hacer pasar por bueno. 4 IMPR. imponer. 5 to ∼ oneself upon, entremeterse, hacer aceptar uno su presencia. — 6 intr. to ∼ on o upon, engañar, abusar de la ingenuidad o la buena fe de.

imposer (impou·šø') s. imponedor. 2 engañador.

imposing (impou·sing) adj. imponente, impresionante. 2 IMPR. ∼ stone o table, mármol, platina, mesa de imponer.

imposition (imposi·shøn) s. imposición. 2 carga, tributo, impuesto. 3 engaño, ficción, impostura. 4 ECLES. ∼ of hands, imposición de manos.

impossibility (imposibi·liti) s. imposibilidad. 2 imposible.

impossible (impo·sibøl) adj. imposible, irrealizable, impracticable. 2 sin probabilidades de éxito. 3 estrafalario. 4 it seems ∼, parece mentira. — 5 s. imposible.

impossibly (impo·sibli) adv. imposiblemente.

impost (i·mpoust) s. impuesto, tributo, contribución. 2 ARQ. imposta [de un arco].

imposthumate (to) (impø·zumeit) tr. MED. apostemar. — 2 intr. apostemarse.

impostor (impo·stø') s. impostor, engañador, estafador.

imposture (impo·schø') s. impostura, engaño.

impotence, impotency (i·mpotens, -si) s. impotencia. 2 debilidad. 3 MED. agenesia.

impotent (impo·tent) adj. impotente. 2 débil [sin fuerzas].

impotently (i·mpotentli) adv. impotentemente.

impound (to) (impau·nd) tr. encerrar, acorralar.

2 embalsar, represar, recoger [agua] en un depósito. 3 DER. depositar. 4 apropiarse.

impoverish (to) (impovørish) *tr.* empobrecer, depauperar.

impoverishment (impovørishmønt) *s.* empobrecimiento, depauperación.

impracticability (impræcticabiliti) *s.* impracticabilidad.

impracticable (impræcticabøl) *adj.* impracticable. 2 intransitable. 3 indomable, irrazonable, terco.

impracticableness (impræcticabølnis) *s.* impracticabilidad.

imprecate (to) (imprikeit) *tr.* imprecar. — 2 *intr.* proferir imprecaciones.

imprecation (imprikeshøn) *s.* imprecación.

imprecatory (impricatori) *adj.* imprecatorio.

impregnable (impregnabøl) *adj.* inexpugnable, inconquistable. 2 fecundable.

impregnably (impregnabli) *adv.* inexpugnablemente.

impregnate (impregneit) *adj.* preñado; fecundado. 2 impregnado, empapado, lleno.

impregnate (to) *tr.* embarazar, empreñar. 2 BIOL. fecundar. 3 impregnar, empapar, saturar. 4 llenar [de ideas, sentimientos, etc.].

impregnation (impregneshøn) *s.* fecundación. 2 impregnación, empapamiento. 3 acción de llenar [de ideas, sentimientos, etc.].

impresa (impresa) *s.* HIST. empresa, lema, mote.

impresario (imprisariou) *s.* TEAT. empresario.

imprescriptibility (imprescriptibiliti) *s.* imprescriptibilidad

imprescriptible (imprescriptibøl) *adj.* imprescriptible.

impress (impres) *s.* impresión, señal, marca, huella. 2 sello [carácter distintivo]. 3 empresa, lema, mote. 4 leva, recluta, requisa.

impress (to) (impres) *tr.* imprimir, estampar [huellas, señales, figuras]. 2 imprimir, grabar [en el ánimo]; inculcar. 3 imprimir [un carácter o cualidad, movimiento, etc.]. 4 impresionar, causar impresión en. 5 reclutar, hacer leva de. 6 requisar.

impressibility (impresibiliti) *s.* impresionabilidad.

impressible (impresibøl) *adj.* impresionable. 2 imprimible, estampable.

impression (impreshøn) *s.* impresión, estampa, sigilación. 2 impresión, marca, señal, huella, estampado 3 impresión [producida en los sentidos o en el ánimo]. 4 impresión [idea, recuerdo vago]. 5 PINT. primera capa de color. 6 edición [ejemplares que se publican de una vez]. 7 IMPR. impresión [manera de estar impresa una obra].

impressionability (impreshønabiliti) *s.* impresionabilidad.

impressionable (impreshønabøl) *adj.* impresionable.

impressional (impreshønal) *adj.* relativo a la impresión.

impressionism (impreshønišm) *s.* B. ART. impresionismo.

impressionist (impreshønist) *s.* B. ART. impresionista.

impressionistio (impreshønistic) *adj.* B. ART. impresionista.

impressive (impresiv) *adj.* impresionante, que causa impresión, emocionante, grandioso, fuerte, poderoso. 2 solemne, hecho para causar impresión, que tiende a causar impresión.

impressively (impresivli) *adv.* de un modo impresionante, poderoso, eficaz.

impressiveness (impresivnis) *s.* calidad de impresionante; virtud o fuerza para causar impresión; grandiosidad, solemnidad.

impressment (impresmønt) *s.* leva, recluta forzosa. 2 requisa, requisición.

imprevision (imprevizhøn) *s.* imprevisión.

imprimatur (imprimeitør) *s.* licencia para publicar un libro, etc.; imprimátur. 2 sanción, aprobación.

imprimis (impraimis) *adv.* en primer lugar.

imprint (imprint) *s.* impresión, marca, señal, huella. 2 pie de imprenta.

imprint (to) (imprint) *tr.* imprimir, estampar. 2 imprimir, grabar [en el ánimo].

imprison (to) (imprizøn) *tr.* encarcelar, poner preso, encerrar aprisionar.

imprisonment (imprizønmønt) *s.* encarcelación, encarcelamiento. 2 encierro, prisión, reclusión.

improbability (improbabiliti) *s.* improbabilidad. 2 inverosimilitud.

improbable (improbabøl) *adj.* improbable, difícil. 2 inverosímil.

improbably (improbabli) *adv.* improbablemente.

improbation (improbeishøn) *s.* desaprobación, reprobación.

improbity (improubiti) *s.* improbidad.

impromptu (impromptiu) *adj.* impremeditado, improvisado. — 2 *adv.* de repente, en el acto, improvisadamente. — 3 *s.* cosa hecha de repente; improvisación. 4 MÚS. impromptu.

improper (impropø') *adj.* impropio: ∼ *fraction*, MAT. quebrado impropio. 2 incorrecto, inexacto. 3 inconveniente, indecoroso, indecente, grosero.

improperly (impropø'li) *adv.* impropiamente. 2 incorrectamente. 3 indecorosamente.

impropriate (to) (improuprieit) *tr.* secularizar [bienes eclesiásticos].

impropriation (improuprieshøn) *s.* secularización [de bienes eclesiásticos].

impropriety (improupraieti), *pl.* -ties (-tis) *s.* impropiedad. 2 inconveniencia, indecoro.

improvability (impruvabiliti) *s.* condición de mejorable, perfectibilidad

improvable (impruvabøl) *adj.* mejorable, perfectible. 2 cultivable. 3 útil.

improvableness (impruvabølnis) *s.* IMPROVABILITY.

improve (to) (impruv) *tr.* mejorar, embonar, perfeccionar, desarrollar. 2 embellecer, hermosear. 3 reformar, corregir, enmendar. 4 (EE. UU.) beneficiar, poner en cultivo o explotación; valorar [un terreno] urbanizándolo o edificando en él. 5 aprovechar, sacar partido de: *to* ∼ *the opportunity*, aprovechar la oportunidad. 6 convertir [en algo mejor]. 7 gastar en mejoras; hacer desaparecer mejorando. — 8 *intr.* mejorar, mejorarse. 9 adelantar, progresar, prosperar, ganar. 10 *to* ∼ *on* u *upon*, mejorar, perfeccionar.

improvement (impruvmønt) *s.* mejoramiento, perfeccionamiento, reforma, adelantamiento, cultivo, desarrollo. 2 mejora, adelanto, progreso: ∼ *on*, progreso sobre o con respecto a. 3 MED. mejoría. 4 aprovechamiento. 5 explotación, urbanización. 6 *pl.* mejoras [en una finca, etc.].

improver (impruvø') *s.* mejorador, adelantador. 2 beneficiador. 3 meritorio.

improvidence (improvidøns) *s.* imprevisión, descuido.

improvident (improvidønt) *adj.* impróvido, imprevisor, descuidado.

improvidently (improvidøntli) *adv.* impróvidamente.

improvisate (to) *tr.* e *intr.* TO IMPROVISE.

improvisation (improvizeshøn) *s.* improvisación.

improvisator (improviseitø') *s.* improvisador.

improvisatory (improvisatori) *adj.* de improvisación.

improvise (to) (improvaiš) *tr.* e *intr.* improvisar.

improviser (improvaisø') *s.* improvisador.

imprudence (imprudøns) *s.* imprudencia.

imprudent (imprudønt) *adj.* imprudente.

imprudently (imprudøntli) *adv.* imprudentemente.

impubic (impiubic), **impubeal** (impiubial), **impuberate** (impiubørit) *adj.* impúber.

impudence (impiudøns) *s.* aplomo, atrevimiento, impudencia, descaro, desfachatez, insolencia.

impudent (impiudønt) *adj.* atrevido, impudente, descarado, insolente.

impudently (impiudøntli) *adv.* atrevidamente, impudentemente, descaradamente, insolentemente.

impudicity (impiudisiti) *s.* impudicicia, impudicia.

impuissant (impuisant) *adj.* impotente.

impugn (to) (impiun) *tr.* impugnar; poner en tela de juicio.

impugnable (impiunabøl) *adj.* impugnable.

impugnation (impiugneshøn) *s.* impugnación.

impugner (impiunø') *s.* impugnador.

impugnment (impiunmønt) *s.* impugnación.

impulse (impøls) *s.* impulso, impulsión [acción de impeler], ímpetu. 2 impulso [estímulo, instigación; tendencia súbita a obrar]. 3 FÍS. impulso. — 4 *adj.* de impulso, de impulsión, impulsivo.

impulsion (impølshøn) *s.* impulsión, impulso.

impulsive (impølsiv) *adj.* y *s.* impulsivo.

impulsively (impølsivli) *adv.* impulsivamente.

impunity (impiuniti) *s.* impunidad.

impure (impiuø') *adj.* impuro [no puro, adulterado]. 2 impuro, manchado, deshonesto. 3 incorrecto [lenguaje] : ∼ *Latin*, latín incorrecto.

impurely (impiuø'li) *adv.* impuramente.

impureness (impiu ø'nis), **impurity** (impiu riti) s. impureza.

imputable (impiu tabøl) *adj.* imputable, achacable.

imputableness (impiu tabølnis) s. imputabilidad.

imputative (impiu tativ) *adj.* de imputación. 2 dado a la imputación. 3 imputable.

impute (to) (impiu t) *tr.* imputar, atribuir, achacar.

imputer (impiu tø') s. imputador.

in (in) *prep.* en [expresando varias relaciones] : ~ *a drawer*, en un cajón; ~ *April*, en abril; ~ *his leg*, en su pierna; ~ *itself*, en sí, de por sí; *in search of*, en busca de; ~ *the first place*, en primer lugar; ~ *truth*, en verdad; *cut* ~ *two*, cortado o partido en dos; *to be* ~ *difficulties*, hallarse en un apuro. 2 dentro de [en el interior de] : ~ *an envelope*, dentro de un sobre. 3 en, dentro de [un espacio de tiempo] : ~ *an instant*, en un instante; *I'll be there* ~ *five minutes*, estaré allí dentro de cinco minutos. 4 en, por [manera] : ~ *jun*, ~ *jest*, en broma, por broma. 5 de [color, manera] : *dressed* ~ *black*, vestido de negro; ~ *mourning*, de luto. 6 de [que hay o se encuentra en] : *the best hotel* ~ *the town*, el mejor hotel de la población. 7 entre [varios de su género] : *one* ~ *a thousand*, uno entre mil. 8 con [medio, manera] : *written* ~ *ink*, escrito con tinta; ~ *a husky voice*, con voz ronca. 9 por [lugar, motivo] : *to travel* ~ *Spain*, viajar por España; ~ *deference to him*, por deferencia hacia él. 10 por, en [periodo del día] : ~ *the morning*, por la mañana; ~ *the night*, por la noche, de noche. 11 al, durante. mientras : ~ *crossing the river*, al cruzar el río; ~ *his sleep*, durante su sueño. mientras duerme; ~ *the meantime*, ~ *the meanwhile*, mientras, entre tanto. 12 ~ *arms*, en armas; sobre las armas. 13 ~ *as much as*, INASMUCH AS. 14 ~ *so far as*, en lo que, hasta donde. 15 ~ *that*, en que; por la razón de que; por cuanto 16 pop. *not* ~ *it*, inferior [como rival. competidor, etc.].

17 *adj.* interior, entrante, que va hacia dentro. 18 entrado. llegado. 19 encendido [luz, etc.]. 20 que está en el poder, en posesión del campo; en su turno. 21 en términos de intimidad, amistad o favor : *to be* ~ *with*, tener influencia con. 22 *adv.* dentro, adentro; en el interior. en casa; en el poder, en su turno: *he is not* ~, no está en casa, en la oficina, etc.; *to come* ~, entrar; *to put* ~, poner, meter, añadir; ~ *here*, aquí dentro; ~ *there*, allí dentro. 23 hacia adentro. 24 en su lugar; en línea; en estado de sumisión, acuerdo. oportunidad, etc. 25 en ignición o encendimiento: *to blow* ~ *a fire*, encender, avivar un fuego. 26 *to be* ~ *for*, estar comprometido, destinado o expuesto a; estar metido o interesado en.

27 s. rincón, recodo, recoveco: *ins and outs*, recovecos interioridades, pormenores minuciosos. 28 persona que está en el poder, que tiene un cargo de gobierno. 29 DEP. jugador del bando que lleva el juego.

in abreviatura de INCH o INCHES.

inability (inabi liti) s. incapacidad, impotencia [del que no puede hacer una cosa]. 2 inhabilidad, incompetencia.

inaccessibility (inæcsesibi liti) s. inaccesibilidad.

inaccessible (inæcse sibøl) *adj.* inaccesible.

inaccessibly (inæcse sibli) *adv.* inaccesiblemente.

inaccuracy (inæ kiurasi) s. inexactitud, incorrección, error.

inaccurate (inæ kiurit) *adj.* inexacto, incorrecto, erróneo.

inaccurately (inæ kiuritli) *adv.* inexactamente, incorrectamente.

inaction (inæc shøn) s. inacción.

inactive (inæc tiv) *adj.* inactivo. 2 ocioso, parado. 3 indolente, perezoso. 4 inerte.

inactively (inæc tivli) *adv.* inactivamente.

inactivity (inæcti viti) s. inactividad. 2 ociosidad.

inadaptability (inadæptabi liti) s. inadaptabilidad.

inadaptable (inadæ ptabøl) *adj.* inadaptable

inadequacy (inæ dicuisi) s. falta de adecuación. 2 desproporción. 3 insuficiencia.

inadequate (inæ dicuit) *adj.* inadecuado. 2 insuficiente.

inadequately (inæ dicuitli) *adv.* inadecuadamente. 2 insuficientemente.

inadequateness (inæ dicuitnis) s. INADEQUACY.

inadmissible (inædmi sibøl) *adj.* inadmisible.

inadvertence, inadvertency (inædvø tøns, -si) s. inadvertencia. 2 distracción, falta de atención.

inadvertent (inædvø tønt) *adj.* inadvertido [que no advierte]. 2 distraído, negligente, descuidado. 3 dicho o hecho sin poner atención, al descuido.

inadvertently (inædvø tøntli) *adv.* inadvertidamente, distraídamente.

inadvisable (inædvai šabøl) *adj.* poco aconsejable o prudente.

inæsthetic (inesze tic) *adj.* inestético.

inalienable (inei liønabøl) *adj.* inalienable.

inalienably (inei liønabli) *adv.* inalienablemente.

inalterability (inoltørabi liti) s. inalterabilidad.

inalterable (inO lterabøl) *adj.* inalterable.

inamissible (inami sibøl) *adj.* inamisible.

inamorata (inæmora tæ) s. enamorada, novia, mujer amada.

inane (inei n) *adj.* inane, vacío, fútil, insubstancial. 2 mentecato, sandio. — 3 s. el vacío, el espacio infinito.

inanimate(d (inæ nimit(id) *adj.* inanimado. 2 exánime.

inanimateness (inæ nimitnis), **inanimation** (inænim shøn) s. estado de lo inanimado, falta de vida.

inanition (inani shøn) s. inanición.

inanity (inæ niti), *pl.* **-ties** (-tis) s. inanidad, insubstancialidad, vaciedad, sandez.

inappeasable (inæpr šabøl) *adj.* implacable. 2 que no se puede calmar o mitigar.

inappetence. inappetency (inæ petens, -si) s. inapetencia.

inapplicability (inæplicabi liti) s. falta de aplicabilidad.

inapplicable (inæ plicabøl) *adj.* inaplicable; inadecuado.

inapplication (inæplike shøn) s. inaplicación, desaplicación.

inapposite (inæ pošit) *adj.* inadecuado, poco apropiado.

inappreciable (inæpri shiabøl) *adj.* inapreciable, inestimable. 2 inapreciable, imperceptible.

inapprehensible (inæprije nsibøl) *adj.* que no se puede aprehender con el entendimiento, inconcebible.

inapproachable (inæprou chabøl) *adj.* inabordable, inaccesible. 2 sin rival, sin par.

inappropriate (inæprcu priit) *adj.* impropio, inadecuado, no apropiado.

inappropriately (inæprou priitli) *adv.* impropiamente, inadecuadamente, fuera del caso.

inappropriateness (inæprou pritnis) s. calidad de impropio o inadecuado.

inapt (inæ pt) *adj.* no apto. 2 inepto.

inaptitude (inæ ptitiud) s. ineptitud. 2 insuficiencia.

inarch (to) (ina rch) *tr.* AGR. injertar por aproximación.

inarticulate (ina ti kiulit) *adj.* inarticulado.

inarticulately (ina ti kiulitli) *adv.* de modo inarticulado.

inarticulateness (ina ti kiulitnis) s. calidad de inarticulado.

inarticulation (ina tikiule shøn) s. expresión inarticulada.

inartificial (ina tifi shal) *adj.* natural, no artificial. 2 natural, sencillo, franco, sin afectación, sin artificio.

inartistic (ina ti stic) *adj.* no artístico. 2 falto de gusto artístico.

inasmuch as (inašmø ch aš) *loc.* considerando que, visto que, puesto que, en cuanto o por cuanto ya que, como quiera que. 2 tanto como, hasta donde.

inattention (inate nshøn) s. desatención. 2 distracción, inadvertencia.

inattentive (inate ntiv) *adj.* desatento. 2 distraído, descuidado.

inattentively (inate ntivli) *adv.* descuidadamente, sin atención.

inaudibility (inodibi liti) s. calidad de inaudible.

inaudible (ino dibøl) *adj.* inaudible.

inaudibleness (ino dibølnis), s. INAUDIBILITY.

inaugural (ino guiural) *adj.* inaugural. — 2 s. oración o discurso inaugural.

inaugurate (to) (inc guiureit) *tr.* inaugurar. 2 instalar, dar posesión solemnemente.

inauguration (inoguiure shøn) s. inauguración. 2 toma de posesión solemne.

inauguratory (inc guiuratori) *adj.* inaugural.

inauspicious (inospi shøs) *adj.* poco propicio, desfavorable, siniestro, infeliz.

inauspiciously (inospi·shøsli) *adv.* desgraciadamente, bajo malos auspicios.

inauspiciousness (inospi·shøsnis) *s.* calidad de poco propicio o desfavorable.

inbeing (inbi·ing) *s.* inherencia, inmanencia; esencia.

inboard (i·nbo'd) *adj.* y *adv.* MAR. interior, dentro del casco. 2 MEC. hacia adentro.

inborn (i·nbo'n) *adj* innato, ingénito, connatural, nativo.

inbound (i·nbaund) *adj.* que está de entrada o de venida, que viene.

inbreathe (to) (inbrɪ·ð) *tr.* inhalar. 2 infundir, inspirar.

inbred (i·nbred) p. p. de INBREED. — 2 *adj.* innato, ingénito. 3 nacido de padres de una misma raza o de razas muy semejantes.

inbreed (to) (inbrɪ·d) *tr.* producir, crear [en]. 2 criar o engendrar sin mezcla de razas. ¶ CONJUG. pret. y p. p.: *inbred.*

Inca (i·nca) *adj.* incaico. — 2 *s.* inca.

incage (to) (inkei·dȳ) *tr.* enjaular, encerrar.

incalculable (incæ·lkiulabøl) *adj.* incalculable. 2 imprevisible. 3 incierto.

incalescent (incale·sønt) *adj.* cuyo calor va en aumento.

incandesce (to) (incande·s) *tr.* encandecer. — 2 *intr.* ponerse o estar incandescente.

incandescence, incandescency (incænde·søns, -si) *s.* incandescencia.

incandescent (incante·shøn) *adj.* incandescente, candente : ∼ *lamp,* lámpara incandescente.

incantation (incante·shøn) *s.* encantación, encantamiento, encanto, conjuro, ensalmo, sortilegio.

incantator (incantei·tø') *s.* encantador, conjurador, mago, brujo.

incantatory (incæ·ntatori) *adj.* mágico, de brujería.

incapability (inkeipabi·liti) *s.* incapacidad.

incapable (inkei·pabøl) *adj.* incapaz. | No tiene el sentido de falto de cabida. — 2 *s.* incapaz, simple, bobo.

incapableness (inkei·pabølnis) *s.* INCAPABILITY.

incapacious (incapæ·shøs) *adj.* incapaz [falto de cabida]. 2 deficiente. 3 simple, corto de alcances.

incapacitate (to) (incapæ·siteit) *tr.* incapacitar, inhabilitar.

incapacitation (incapæsi·teshøn) *s.* incapacitación.

incapacity (incapæ·siti) *s.* incapacidad, inhabilidad; deficiencia, simpleza. 2 DER. incapacidad.

incarcerate (to) (inca·'sereit) *tr.* encarcelar, encerrar.

incarceration (inca·søre·shøn) *s.* encarcelación, encarcelamiento, encierro, prisión. 2 MED. constricción de una hernia.

incardinate (to) (inca·'dineit) *tr.* incardinar. 2 hacer cardenal.

incarn (to) (inca·'n) *intr.* CIR. encarnar.

incarnadine (inca·'nadin) *adj.* encarnado [de color de carne]; encarnadino.

incarnadine (to) *tr.* encarnar [dar color de carne]. 2 enrojecer.

incarnant (inca·'nant) *adj.* CIR. encarnativo.

incarnate (inca·'nit) *adj.* encarnado, personificado : ∼ *devil,* demonio encarnado. 2 encarnado [de color de carne], rosado.

incarnate (to) (inca·'neit) *tr.* tomar la forma o el cuerpo de. 2 encarnar, personificar.

incarnation (inca·ne·shøn) *s.* encarnación [del Verbo]. 2 encarnación, personificación. 3 CIR. encarnamiento.

incase (to) (inkei·s) *tr.* encerrar [en caja o marco]; encajonar. 2 incluir en, envolver en, cubrir de [algo sólido].

incasement (inkei·smønt) *s.* encaje, inclusión, encierro. 2 caja, marco, envoltura.

incautious (inco·shøs) *adj.* incauto, imprudente.

incautiously (inco·shøsli) *adv.* incautamente, imprudentemente.

incautiousness (inco·shøsnis) *s.* falta de cautela, descuido, imprudencia.

incavation (incave·shøn) *s.* excavación, hoyo, depresión.

incendiarism (inse·ndiari𝔰̌m) *s.* incendio intencionado [delito].

incendiary (inse·ndieri) *adj.* incendiario. — 2 *s.* incendiario. 3 agitador.

incense (i·nsens) *s.* incienso : ∼ *boat,* naveta; ∼ *burner,* turiferario; pebetero.

incense (to) (inse·ns) *tr.* incensar. 2 exasperar, irritar, enfurecer, encolerizar.

incensement (inse·nsmønt) *s.* rabia, cólera, furor, arrebato.

incensory (inse·nsori) *s.* incensario.

incentive (inse·ntiv) *adj.* incitativo, estimulante. — 2 *s.* incentivo, estímulo, aliciente.

inception (inse·pshøn) *s.* principio, comienzo.

inceptive (inse·ptiv) *adj.* incipiente. 2 incoativo.

inceptor (inse·ptø') *s.* el que se examina para graduarse [en Cambridge].

incertitude (insø·'titiud) *s.* incertidumbre, duda, indecisión; inseguridad.

incessant (inse·sant) *adj.* incesante, continuo.

incessantly (inse·santli) *adv.* incesantemente, continuamente.

incest (i·nsest) *s.* incesto.

incestuous (inse·schuøs) *adj.* incestuoso.

incestuously (inse·schuøsli) *adv.* incestuosamente.

inch (inch) *s.* pulgada [2'54 cm.]; fig. pequeña cantidad : *by inches,* gradualmente, poco a poco; a poquitos; *every* ∼, de una manera cabal, por completo, en todo respecto : *every* ∼ *a man,* todo un hombre; ∼ *by* ∼, pulgada por pulgada, palmo a palmo; *within an* ∼ *of,* a dos dedos de, a punto de. 2 ∼ *of water* o *water* ∼, pluma, unidad de medida para aforar aguas. — 3 *adj.* de una pulgada.

inch (to) *tr.* medir o marcar por pulgadas. — 2 *intr.* moverse, avanzar o retroceder poco a poco : *to* ∼ *ahead, to* ∼ *along,* avanzar poquito a poco.

inched (i·ncht) *adj.* que mide [tantas] pulgadas : *four-inched,* de cuatro pulgadas. 2 dividido en pulgadas.

inchmeal (i·nchmɪl) *s. adv.* poco a poco, gradualmente : *by* ∼, poco a poco.

inchoate (i·ncouit) *adj.* acabado de empezar, incipiente, en embrión, incompleto.

inchoate (to) (i·ncoueit) *tr.* incoar, principiar.

inchoately (i·ncouitli) *adv.* incipientemente.

inchoation (incoe·shøn) *s.* incoación.

inchoative (incou·ativ) *adj.* incipiente. 2 GRAM. incoativo.

inchworm (i·nchuø'm) *s.* ENTOM. geómetra, oruga geómetra.

incidence (i·nsidøns) *s.* GEOM., FÍS. incidencia. 2 campo de influencia u ocurrencia; extensión [de los efectos de una cosa]. 3 acto o manera de afectar o modificar. 4 hecho de recaer sobre uno o unos un tributo o gravamen.

incident (i·nsidønt) *adj.* incidente. 2 concomitante. 3 acontecedero, incidental, fortuito. — 4 *s.* incidente. 5 casualidad. 6 suceso, ocurrencia, lance, episodio.

incidental (inside·ntal) *adj.* incidental, accidental. 2 casual. 3 concomitante. 4 que suele o puede ocurrir o presentarse, contingente. 5 ∼ *to,* inherente a, anejo a, que acompaña. — 6 *s. pl.* circunstancias imprevistas. 7 imprevistos [gastos].

incidentally (inside·ntali) *adv.* incidentalmente, accidentalmente 2 por incidencia.

incinerate (to) (insi·nøreit) *tr.* incinerar.

incineration (insinøre·shøn) *s.* incineración.

incipience, incipiency (insi·piens) *s.* calidad de incipiente. 2 principio, comienzo.

incipient (insi·pient) *adj.* incipiente.

incipiently (insi·pientli) *adv.* en los comienzos.

incise (to) (insai·s) *tr.* cortar, hacer incisión; grabar, tallar.

incised (insai·šd) *adj.* inciso, cortado. 2 BOT., ZOOL. dentado o aserrado de un modo irregular.

incision (insi·ȳøn) *s.* incisión. 2 fig. penetración, agudeza, mordacidad.

incisive (insai·siv) *adj.* incisivo, incisorio. 2 agudo, penetrante. 3 incisivo, mordaz.

incisor (insai·šø') *adj.* y *s.* ANAT. incisivo [diente].

incisory (i·nsai·sori) *adj.* incisorio.

incitant (i·nsitant) *adj.* incitante, estimulante. — 2 *s.* incitativo, estímulo.

incitation (insite·shøn) *s.* incitación; instigación.

incite (to) (insai·t) *tr.* incitar, mover, animar, aguijonear, estimular.

incitement (insai·tmønt) *s.* incitación, incitamiento. 2 incentivo, estímulo, aguijón.

inciter (insai·tø') *s.* incitador.

incitingly (insai·tingli) *adv.* de un modo incitante, estimulante.

incivility (insivi·liti) *s.* incivilidad, inurbanidad, descortesía, desatención.

in-clearing *s.* COM. cheques y letras recibidas por un banco al hacerse la compensación.

inclemency (incle monsi) s. inclemencia. 2 intemperie. 3 desgracia, adversidad. 4 severidad, crueldad.

inclement (incle mont) adj. inclemente. 2 tempestuoso. 3 contrario, adverso. 4 severo, cruel. riguroso.

inclinable (inclai nabøl) adj. inclinable. 2 inclinado, dispuesto, propenso, favorable.

inclination (inclire shon) s. inclinación [acción de inclinar, estado de lo inclinado]. 2 FÍS. inclinación [de la brújula]. 3 declive, pendiente. 4 inclinación [de cabeza], reverencia. 5 inclinación [propensión, tendencia; afecto]. 6 predilección, favor. 7 disposición, estado, aspecto.

inclinatory (inclai natori) adj. inclinativo. 2 inclinado.

incline (inclain) s. declive, pendiente, cuesta, talud.

incline (to) (inclai n) tr. inclinar : to ~ one's ear, escuchar favorablemente. 2 bajar, doblar [la cabeza, etc.]. — 3 intr. inclinarse. 4 bajar, hacer pendiente. 5 sentir inclinación o predilección. 6 propender, tender. 7 tirar [a un color].

inclined (inclai nd) adj. inclinado : ~ plane, plano inclinado. 2 propenso, proclive.

inclinometer (inclino mito') s. AVIA. inclinómetro.

inclose (to) (inclou s) tr. ENCLOSE.

inclosure (inclo yo') s. ENCLOSURE.

include (to) (inclu d) tr. incluir. 2 abarcar, abrazar, comprender. 3 envolver, rodear, encerrar.

included (inclu did) adj. incluido, comprendido.

inclusion (inclu yon) s. inclusión. 2 cosa incluida. 3 carta que acompaña a otra. 4 MINER. partícula extraña.

inclusive (inclu siv) adj. inclusivo. 2 que rodea, encierra o contiene. — 3 adv. inclusive.

inclusively (inclu sivli) adv. inclusivamente, inclusive.

incoercible (incou sibøl) adj. incoercible.

incog. abreviatura de INCOGNITO.

incognito (inco gnitou) adj. incógnito; que guarda el incógnito. — 2 adv. de incógnito. — 3 s. incógnito.

incognizable (inco gnišabøl) adj. incognoscible; no reconocible.

incognizant (inco gnišant) adj. ignorante, inconsciente [de].

incoherence, incoherency (incoji røns, -si) s. incoherencia, inconexión, incongruencia.

incoherent (incoji rønt) adj. incoherente, inconexo, incongruente, inconsecuente.

incoherently (incoji røntli) adv. incoherentemente, sin conexión.

incombustibility (incømbøstibi liti) s. incombustibilidad.

incombustible (incømbø stibøl) adj. incombustible.

incombustibleness (incømbø stibølnis) s. incombustibilidad.

income (incøm) s. entrada, ingreso; venida, principio. 2 entradas, ingresos, renta, beneficio, utilidades : ~ tax, impuesto sobre la renta, impuesto de utilidades; income-tax return, declaración de rentas o utilidades. 3 alimento asimilado.

incomer (incømø') s. entrante, recién llegado.

incoming (incøming) s. llegada, arribo, entrada. — 2 adj. entrante, que está por llegar. 3 que aumenta [beneficio] ; que empieza [año, etc.].

incommensurability (incomenshurabi liti) s. inconmensurabilidad.

incommensurable (income nshurabøl) adj. inconmensurable.

incommensurate (income nshurit) adj. inconmensurable. 2 inadecuado, desproporcionado, insuficiente.

incommensurately (income nshuritli) adv. desproporcionadamente.

incommode (to) (incomou d) tr. incomodar, molestar, desacomodar.

incommodious (incomou diøs) adj. incómodo, inconveniente, molesto.

incommodiously (incomou diøsli) adj. incómodamente, molestamente.

incommodiousness (incomou diøsnis), incommodity (incomou diti) s. incomodidad, inconveniencia, molestia.

incommunicability (incomiunicabi liti) s. incomunicabilidad.

incommunicable (incomiu nicabøl) adj. incomunicable ; indecible.

incommunicableness (incomiu nicabølnis) s. incomunicabilidad.

incommunicably (incomiu nicably) adv. de modo incomunicable.

incomunicado (incomiunica dou) adj. incomunicado.

incommunicative (incomiu nicativ) adj. reservado, poco comunicativo; insociable.

incommunicativeness (incomiu nicativnis) s. reserva, carácter poco comunicativo; insociabilidad.

incommutability (incomiutabi liti) s. inconmutabilidad.

incommutable (incomiu tabøl) adj. inconmutable.

incommutably (incomiu tably) adv. inconmutablemente.

incomparable (inco mparabøl) adj. incomparable, sin igual, sin par.

incomparableness (inco mparabølnis) s. calidad de incomparable.

incomparably (inco mparabli) adv. incomparablemente.

incompassionate (incompæ shønit) adj. incompasivo, despiadado.

incompatibility (incompæetibi liti) s. incompatibilidad, contrariedad.

incompatible (incompæ tibøl) adj. incompatible, contrario.

incompatibly (incompæ tibli) adv. incompatiblemente.

incompetence, incompetency (inco mpitøns, -si) s. incompetencia, inhabilidad, ineptitud, insuficiencia. 2 DER. incapacidad.

incompetent (inco mpitønt) adj. incompetente, inhábil, inepto. 2 DER. incapaz.

incomplete (incomplr t) adj. incompleto, imperfecto, descabal.

incompletely (incomplr tli) adv. incompletamente.

incompleteness (incomplr tnis) s. estado incompleto, calidad de incompleto.

incomplex (incomple cs) adj. y s. incomplejo.

incompliance (incomplai ans) s. falta de condescendencia. 2 inobediencia, indocilidad.

incomprehensibility (incomprijensibi liti) s. incomprensibilidad.

incomprehensible (incomprije nsibøl) adj. incomprensible, impenetrable.

incomprehensibleness (incomprije sibølnes) s. incomprensibilidad.

incomprehensibly (incomprije nsibli) adv. incomprensiblemente.

incomprehension (incomprije nshøn) s. falta de comprensión.

incomprehensive (incomprije nsiv) adj. no comprensivo, limitado, que no abarca, de poco alcance.

incomprehensiveness (incomprije nsivnis) s. limitación, poco alcance.

incompressibility (incompresi biliti) s. incompresibilidad.

incompressible (incompre sibøl) adj. incompresible.

inconceivability (inconsivabi liti) s. calidad de inconcebible, increíble o inimaginable.

inconceivable (inconsi vabøl) adj. inconcebible. 2 increíble, inimaginable.

inconceivableness (inconsi vabølnis) s. INCONCEIVABILITY.

inconceivably (inconsi vabli) adv. inconcebiblemente.

inconcinnity (incønsi niti) s. calidad de inconcino, falta de orden y armonía [en el estilo].

inconclusive (inconclu siv) adj. no concluyente o decisivo; que no convence.

inconclusively (inconclu sivli) adj. de modo no concluyente, que no convence.

inconclusiveness (inconclu sivnis) s. calidad de lo no concluyente, de lo que no convence.

incondite (incø ndit) adj. tosco, irregular, mal acabado, mal construido.

inconditionate (incondi shønit) adj. incondicional, no condicionado.

incongruence (inco ngruøns) s. INCONGRUITY.

incongruent (inco ngruønt) adj. incongruente, incongruo. 2 incoherente. 3 inadecuado. 4 ÁLG. incongruente. 5 GEOM. no superponible.

incongruently (inco ngruøntli) adv. incongruentemente. 2 inadecuadamente.

incongruity (incongru iti), pl. -ties (-tis) s. incongruencia, inconexión, incoherencia, disconformidad. 2 discordancia, falta de armonía.

incongruous (inco ngruøs) adj. incongruente, incongruo, inconexo, incoherente. 2 discordante, falto de armonía. 3 disconforme. 4 impropio, inadecuado.

incongruously (inco·ngruøsli) *adv.* incongruentemente, incongruamente, inconexamente. 2 discordantemente. 3 impropiamente, inadecuadamente.

incongruousness (inco·ngruøsnis) *s.* INCONGRUITY.

inconsequence (inco·nsicuøns) *s.* inconsecuencia, falta de lógica.

inconsequent (inco·nsicuønt) *adj.* inconsecuente, inconsiguiente, ilógico.

inconsequential (inconsicue·nshal) *adj.* inconsiguiente. 2 de poca importancia, sin importancia.

inconsiderable (inconsi·dørabøl) *adj.* insignificante, sin valor, despreciable.

inconsiderableness (inconsi·dørabølnis) *s.* insignificancia.

inconsiderate (inconsi·dørit) *adj.* inconsiderado, irreflexivo, precipitado. 2 desconsiderado, que no tiene consideración [a los demás].

inconsiderately (inconsi·døritli) *adv.* inconsideradamente, irreflexivamente. 2 desconsideradamente.

inconsiderateness (inconsi·dørıtnis), **inconsideration** (inconsidøre·shøn) *s.* inconsideración. 2 falta de consideración.

inconsistence (inconsi·støns) *s.* INCONSISTENCY.

inconsistency (inconsi·stønsi), *pl.* **-cies** (-sis) *s.* incompatibilidad, contradicción, disconformidad, incoherencia. 2 inconsecuencia. 3 inconsistencia.

inconsistent (inconsi·stønt) *adj.* incompatible, contradictorio, disconforme, incoherente. 2 inconsecuente. 3 inconsistente.

inconsistently (inconsi·støntli) *adv.* incompatiblemente, contradictoriamente. 2 inconsecuentemente.

inconsolable (inconsou·labøl) *adj.* inconsolable.

inconsonance (inco·nsonans) *s.* discordancia, disconformidad.

inconspicuous (inconspi·cuøs) *adj.* poco visible o notable.

inconstancy (inco·nstansi), *pl.* **-cies** (-sis) *s.* inconstancia, mudabilidad, inestabilidad.

inconstant (inco·nstant) *adj.* inconstante, mudable, variable, inestable.

inconstantly (inco·nstantli) *adv.* con inconstancia, mudablemente, volublemente.

inconsumable (inconsiu·mabøl) *adj.* no consumible.

incontestable (inconte·stabøl) *adj.* incontestable, inconcuso, indiscutible, incontrovertible.

incontestably (inconte·stabli) *adv.* incontestablemente, indiscutiblemente.

incontinence (inco·ntinøns) *s.* incontinencia. 2 MED. incontinencia.

incontinency (inco·ntinønsi), *pl.* **-cies** (-sis) *s.* INCONTINENCE.

incontinent (inco·ntinønt) *adj.* incontinente. 2 incapaz de contener o refrenar; de guardar o callar. 3 incesante.

incontinently (inco·ntinøntli) *adv.* incontinentemente.

incontinuous (inconti·niuøs) *adj.* discontinuo.

incontrollable (incontrou·labøl) *adj.* ingobernable, irrefrenable. 2 incontrolable.

incontrollably (incontrou·labli) *adv.* irrefrenablemente.

incontrovertible (incontrovø·tibøl) *adj.* incontrovertible, indisputable.

incontrovertibly (incontrovø·tibli) *adv.* incontrovertiblemente, indisputablemente.

inconvenience (inconvi·niøns) *s.* inconveniencia; inoportunidad. 2 incomodidad, molestia, engorro, inconveniente, contrariedad : *to put to* ~, molestar.

inconvenience (to) *tr.* incomodar, molestar, estorbar.

inconveniency (inconvi·niønsi), *pl.* **-cies** (-sis) *s.* INCONVENIENCE.

inconvenient (inconvi·niønt) *adj.* inconveniente, impropio, inoportuno. 2 incómodo, molesto.

inconveniently (inconvi·niøntli) *adv.* inconvenientemente, inoportunamente. 2 incómodamente, molestamente.

inconversable (inconvø·rsabøl) *adj.* poco comunicativo, insociable.

inconvertible (inconvø·tibøl) *adj.* inconvertible.

inconvincible (inconvi·nsibøl) *adj.* inconvencible.

incorporate (inco·poreit) *adj.* incorporado, unido íntimamente. 2 constituido en cuerpo o corporación; que forma parte de una corporación. 3 constituido en sociedad anónima. 4 incorpóreo. 5 poco us. no constituido en corporación.

incorporate (to) *tr.* dar cuerpo o forma material. 2 incorporar, unir íntimamente; combinar, reunir en un todo. 3 comprender, incluir. 4 constituir en cuerpo o corporación; admitir en una corporación. 5 constituir en sociedad anónima. — 6 *intr.* incorporarse, unirse, mezclarse. 7 formar o constituirse en cuerpo o corporación. 8 constituirse en sociedad anónima.

incorporation (inco·pore·shøn) *s.* incorporación, unión. 2 asociación; formación de un cuerpo, gremio, corporación, etc. 3 acción de dar forma corpórea.

incorporeal (inco·po·rial) *adj.* incorpóreo, inmaterial.

incorporeity (inco·pori·iti) *s.* incorporeidad.

incorrect (incøre·ct) *adj.* incorrecto. 2 inexacto, erróneo.

incorrectly (incøre·ctli) *adv.* incorrectamente. 2 inexactamente, erróneamente.

incorrectness (incøre·ctnis) *s.* incorrección. 2 inexactitud.

incorrigibility (incoriȳibi·liti) *s.* incorregibilidad, indocilidad.

incorrigible (inco·riȳibøl) *adj.* incorregible, empecatado. 2 indócil.

incorrigibleness (inco·riȳibølnis) *s.* incorregibilidad.

incorrigibly (inco·riȳibli) *adv.* incorregiblemente.

incorrupt (incørø·pt) *adj.* incorrupto. 2 puro, sin mancha. 3 honrado, íntegro, incorruptible.

incorruptibility (incørøptibi·liti) *s.* incorruptibilidad.

incorruptible (incørø·ptibøl) *adj.* incorruptible.

incorruption (incørø·pshøn), **incorruptness** (incørø·ptnis) *s.* incorrupción.

incrassate (incræ·sit) *adj.* espesado, encrasado. 2 BOT., ZOOL. grueso, hinchado.

incrassate (to) (incra·seit) *tr.* espesar, encrasar. — 2 *intr.* espesarse.

incrassation (incræse·shøn) *s.* espesamiento.

incrassative (incræ·sativ) *adj.* espesativo.

increasable (incrı·sabøl) *adj.* aumentable.

increase (incrı·s) *s.* aumento, acrecentamiento, incremento, desarrollo, adelantamiento : *to be on the* ~, ir en aumento. 2 multiplicación, propagación. 3 progenie. 4 productos [de la tierra]. 5 provecho, ganancia, interés. 6 creciente [de la luna]. 7 crecida [de las aguas]. 8 MEC. adaptador, alargador.

increase (to) *tr.* aumentar, acrecentar, incrementar. 2 abultar, agrandar. — 3 *intr.* aumentarse, acrecentarse, crecer, tomar cuerpo, multiplicarse. 4 arreciar.

increaser (incrı·sø') *s.* aumentador. 2 productor, criador. 3 MEC. adaptador, alargador.

increasingly (incrı·singli) *adv.* en aumento, crecientemente. 2 crecidamente, con creces.

increate (ı·ncriet) *adj.* increado.

incredibility (incredibi·liti) *s.* incredibilidad.

incredible (incre·dibøl) *adj.* increíble.

incredibleness (incre·dibølnis) *s.* incredibilidad.

incredibly (incre·dibli) *adv.* increíblemente.

incredulity (incridiu·liti) *s.* incredulidad.

incredulous (incre·diuløs) *adj.* incrédulo.

incredulousness (incre·diuløsnis) *s.* incredulidad.

incremate (to) (ı·ncrimeit) *tr.* incinerar.

increment (ı·ncrimønt) *s.* incremento, aumento, añadidura : *unearned* ~, plusvalía. 2 MAT. incremento.

incrementation (incrimønte·shøn) *s.* incrementación.

increscent (incre·sent) *adj.* creciente.

incriminate (to) (incri·mineit) *tr.* incriminar, acriminar.

incrimination (incrimine·shøn) *s.* incriminación, acriminación.

incrust o **incrustate (to)** (incrø·st, incrø·steit) *tr.* incrustar. 2 encostrar. — 3 *intr.* encostrarse.

incrustant (incrø·stant) *adj.* y *s.* incrustante.

incrustation (incrøste·shøn) *s.* incrustación. 2 encostradura, costra.

incrustive (incrø·stiv) *adj.* incrustante.

incubate (to) (ı·nkiubeit) *tr.* incubar. 2 empollar. 3 fig. meditar, madurar. — 4 *intr.* estar en incubación.

incubation (inkiube·shøn) s. incubación, empolladura. 2 MED incubación : ~ period, período de
incubación.
incubator (i·nkiubeitø') s. incubador. 2 incubadora.
incubus (i·nkiubøs) s. incubo. 2 persona que es
una carga o molestia. 3 MED. pesadilla.
inculcate (to) (inkø·lkeit) tr. inculcar [en el
ánimo].
inculcation (inkølke·shøn) s. inculcación.
inculcator (inkø·lkeitø') s. inculcador.
inculpability (inkølpabi·liti) s. inculpabilidad.
inculpable (inkø·lpabøl) adj. inculpable, inocente.
inculpableness (inkø·lpabølnis) s inculpabilidad.
inculpably (inkø·lpabli) adv. inculpablemente
inculpate (to) (inkø·lpeit) tr. inculpar, acriminar.
inculpation (inkølpe·shøn) s. inculpación.
inculpatory (inkø·lpatori) adj. inculpador.
incult (inkø·lt) adj. inculto.
incumbency (inkø·mbønsi) s. incumbencia. 2 goce
y duración de un empleo o de un beneficio eclesiástico.
incumbent (inkø·mbønt) adj. extendido o reclinado. 2 que pesa sobre. 3 que se cierne, que amenaza. 4 que incumbe. impuesto [como un de-
ber]. obligatorio : to be ~ on o upon one, incumbir a uno. — 5 s. titular de un cargo [ecle-
siástico, etc.] ; rector, vicario.
incumber (to) (inkø·mbø') tr. ENCUMBER.
incumbrance (inkø·mbrans) s. ENCUMBRANCE.
incunabula (inkiunæ·biula) s. pl. orígenes, cuna.
2 incunables.
incunabular (inkiunæ·biula') adj. incunable.
incur (to) (inkø·') tr. incurrir en, atraerse. 2 contraer [una deuda]. 3 ponerse en [peligro]. ¶
CONJUG. pret. y p. p : incurred; ger.: incurring.
incurability (inkiurabi·liti) s. incurabilidad.
incurable (inkiu·rabøl) adj. incurable.
incurableness (inkiu·rabølnis) s. incurabilidad.
incurably (inkiu·rabli) adv. incurablemente.
incuriosity (inkiurio·siti) s. falta de curiosidad,
indiferencia.
incurious (inkiu·riøs) adj. poco curioso, que no se
interesa, indiferente. 2 sin interés, poco interesante, anodino.
incuriously (inkiu·riøsli) adv. sin curiosidad o interés.
incuriousness (inkiu·riøsnis) s. falta de curiosidad o interés.
incursion (inkø·'shøn) s. incursión, correría.
incurvate (inkø·'veit) adj. encorvado, torcido.
incurvate (to) tr. encorvar, torcer.
incurvation (inkø'vø·shøn) s. encorvadura, encorvamiento. 2 acción de doblar el cuerpo.
incurve (to) (inkø·'v) tr. encorvar, torcer.
incus (i·ncus). pl. **incudes** (inkiu·diš) s. ANAT. yunque [del oído].
incuse (inkiu·š) adj. incuso. — 2 s. medalla o figura incusa.
incuse (to) tr. estampar golpeando.
indebted (inde·tid) adj. adeudado, endeudado, entrampado. 2 deudor [de un beneficio, favor, etc.],
obligado, reconocido.
indebtedness (inde·tidnis), **indebtment** (inde·t-
mønt) s. adeudo, deuda ; obligación, agradecimiento. 2 deudas.
indecency (indi·sensi), pl. **-cies** (-sis) s. indecencia. 2 indecoro.
indecent (indi·sent) adj. indecente. 2 indecoroso.
indecently (indi·søntli) adv. indecentemente; indecorosamente.
indecipherable (indisai·førabøl) adj. indescifrable.
indecision (indisi·ẑøn) s. indecisión, irresolución.
indecisive (indisai·šiv) adj. no decisivo. 2 indeciso,
irresoluto, vacilante. 3 incierto, dudoso; indefinido, indistinto.
indecisiveness (indisai·šivnis) s. indecisión. 2 incertidumbre, vaguedad.
indeclinable (indiclai·nabøl) adj. indeclinable.
indecorous (inde·corøs) adj. indecoroso. 2 contrario a la etiqueta, impropio, fuera de lugar.
indecorously (inde·corøsli) adv. indecorosamente.
indecorousness (inde·corøsnis), **indecorum** (inde-
co·røm) s. indecoro. 2 inconveniencia, mala educación.
indeed (indi·d) adv. realmente, verdaderamente,
de veras, en verdad, de hecho. 2 sí tal, claro está.
3 indeed?, ¿de veras?, ¿es posible?
indefatigability (indifætigabi·liti) s. calidad de infatigable o incansable.

indefatigable (indifæ·tigabøl) adj. infatigable, incansable.
indefatigableness (indifæ·tigabølnis) s. INDEFATI-
GABILITY.
indefatigably (indifæ·tigabli) adv. infatigablemente, incansablemente.
indefeasibility (indifisibi·liti) s. inabrogabilidad,
irrevocabilidad.
indefeasible (indifi·sibøl) adj. DER. inabrogable,
irrevocable, que no se puede anular o perder.
indefectibility (indifectibi·liti) s. indefectibilidad.
indefectible (indife·ctibøl) adj. indefectible, indeficiente. 2 sin defecto, sin tacha.
indefensible (indife·nsibøl) adj. indefendible, insostenible.
indefensive (indife·nsiv) adj. indefenso.
indefinable (indifai·nabøl) adj. indefinible.
indefinite (inde·finit) adj. indefinido. 2 indeterminado, incierto, vago, impreciso. 3 GRAM. indefinido, indeterminado [articulo].
indefinitely (inde·finitli) adv. indefinidamente, indeterminadamente, vagamente.
indefiniteness (inde·finitnes), **indefinitude** (inde-
fi·nitiud) s. calidad de indefinido.
indehiscence (indiji·søns) s. BOT. indehiscencia.
indehiscent (indiji·sønt) adj. BOT. indehiscente.
indeliberate(d (indili·børit(id) adj. indeliberado,
impremeditado.
indelibility (indilibi·liti) s. calidad de indeleble.
indelible (indi·libøl) adj. indeleble.
indelibly (indi·libli) adv. indeleblemente.
indelicacy (inde·licasi) s. falta de delicadeza. 2 indecoro, grosería.
indelicate (inde·likit) adj. indelicado, falto de delicadeza. 2 indecoroso. 3 grosero.
indemnification (indemnifike·shøn) s. indemnización, resarcimiento, reparación.
indemnify (to) (inde·mnifai) tr. indemnizar, resarcir, compensar. 2 preservar de pérdida o daño.
indemnity (inde·mniti) s. indemnidad, seguridad
contra pérdida o daño. 2 exención de pena o responsabilidad [por cosas pasadas]. 3 indemnización.
indemonstrable (indimo·nstrabøl) adj. indemostrable.
indent (i·ndent) s. mella, muesca, diente, entalladura; depresión, surco. 2 IMPR. sangría. 3 COM.
pedido del extranjero. 4 INDENTURE.
indent (to) (inde·nt) tr. mellar, dentar, hacer
muescas en. 2 ensamblar. 3 IMPR. sangrar. 4 estampar, hacer depresiones. 5 partir por a, b, c;
extender un contrato por duplicado. 6 poner de
aprendiz bajo contrato. — 7 intr. mellarse. 8 tener mella, formar entrada.
indentation (indente·shøn) s. mella, muesca, diente, corte, entrada [en el borde de una cosa]. 2
hundimiento, depresión [en una superficie]. 3
IMPR. sangría.
indented (inde·ntid) adj. mellado, dentado, etc.
2 BOT. dentado. 3 BLAS. endentado. 4 IMPR. san-
grado.
indention (inde·nshøn) s. mella, muesca, diente,
hundimiento, depresión, abolladura. 2 IMPR. sangría.
indenture (inde·nchø') s. carta partida por a, b,
c. 2 escritura, contrato, documento [esp. por du-
plicado]. 3 contrato de aprendizaje.
indenture (to) tr. escriturar, contratar, obligar por
contrato.
independence (indipe·ndøns) s. independencia : Independence Day (EE. UU.), fiesta de la independencia (4 de julio). 2 estado del que se mantiene
a sí mismo. 3 holgura, posición acomodada.
independency (indipe·ndønsi), pl. **-cies** (-sis) s. IN-
DEPENDENCE.
independent (indipe·ndønt) adj. independiente. 2
que se mantiene a sí mismo. 3 altivo. 4 acomodado, que tiene medios suficientes.
independently (indipe·ndøntli) adv. independientemente, con sus propios medios, sin necesidad
de ganarse la vida.
indescribable (indiscrai·babøl) adj. indescriptible.
indescribably (indiscrai·babli) adv. indescriptible-
mente.
indestructibility (indistrøctibi·liti) s. indestructi-
lidad.
indestructible (indistrø·ctibøl) adj. indestructible.
indeterminable (inditø·'minabøl) adj. indeterminable.
indeterminate (inditø·'minit) adj. indeterminado.

2 indefinido. 3 que no lleva a conclusión o resultado. 4 de libre voluntad.

indeterminately (inditø·'minitli) *adv.* indeterminadamente.

indeterminateness (inditø·'minitnis), **indetermination** (inditø·'mine·shøn) *s.* indeterminación. 2 duda, suspensión, indecisión, fluctuación.

indetermined (inditø·'mind) *adj.* indeterminado, irresoluto.

indeterminism (inditø·'minišm) *s.* FIL. indeterminismo.

indeterminist (inditø·'minist) *s.* indeterminista.

indeterministic (inditø·'ministic) *adj.* indeterminista.

index (i·ndecs), *pl.* **indexes** (i·ndecsiš) o **indices** (i·ndisiš) *s.* índice [tabla de materias, lista, catálogo]: *Index Expurgatorius*, ECLES. Índice Expurgatorio. 2 lista de referencias. 3 indicio, señal. 4 índice [aguja, etc., de un instrumento]. 5 IMPR. manecilla. 6 índice [relación entre dos valores o dimensiones]: ~ *of refraction*, FÍS. índice de refracción. 7 MAT. índice; exponente. | En este sentido su plural es siempre *indices*. — 8 *adj.* y *s.* ANAT. índice [dedo]. — 9 *adj.* de índice, indicador: ~ *card*, ficha para índices o archivos; ~ *hand*, índice, indicador, aguja; ~ *number*, relación entre un coste o precio en un momento determinado y el coste o precio fijo que se toma como patrón; ~ *plate*, círculo graduador.

index (to) *tr.* poner en un índice o en el índice. 2 proveer de índice [lista]. 3 indicar, ser indicio de.

indexer (i·ndecsø') *s.* el que hace índices.

indexical (inde·csical) *adj.* perteneciente a un índice; de la naturaleza de un índice.

India (i·ndia) *n. pr.* GEOGR. India. — 2 *adj.* de la India. 3 ~ *ink*, tinta china. 4 ~ *paper*, papel de China. 5 ~ *rubber*, caucho, goma elástica, goma de borrar, gutapercha.

Indiaman (i·ndiamæn), *pl.* **-men** (-men) *s.* buque que hace el comercio con la India.

Indian (i·ndian) *s.* indio [de Asia o de América]. 2 lengua india [de América]. — 3 *adj.* indio, indiano, índico: ~ *file*, fila india; ~ *Ocean*, Océano Índico. 4 BOT. ~ *anise*, anís estrellado. 5 BOT. ~ *berry*, coca de Levante. 6 ~ *blue*, índigo. 7 ~ *club*, maza de gimnasia. 8 BOT. ~ *corn*, maíz, panizo. 9 BOT. ~ *cress*, capuchina. 10 BOT. ~ *heart*, farolillo. 11 ~ *meal*, harina de maíz. 12 BOT. ~ *millet*, alcandia. 13 BOT. ~ *reed*, ~ *shot*, cañacoro. 14 BOT. ~ *pink*, clavelón de Indias. 15 ~ *red*, almagre. 16 (EE. UU.) ~ *summer*, veranillo de San Martín.

indiarubber (i·ndiarøbø') *s.* INDIA RUBBER. — 2 *adj.* de caucho o goma elástica.

indicant (i·ndicant) *adj.* y *s.* indicador.

indicate (i·ndikeit) *tr.* indicar. 2 MED. hacer conveniente el uso de.

indication (indike·shøn) *s.* indicación. 2 indicio, señal. 3 grado indicado [por un termómetro, etc.].

indicative (indi·cativ) *adj.* indicativo, indicador. 2 GRAM. *adj.* y *s.* indicativo.

indicatively (indi·cativli) *adv.* por modo indicativo.

indicator (i·ndikeitø') *s.* indicador, señalador. 2 índice, aguja. 3 MEC. aparato indicador. 4 QUÍM. indicador.

indicatory (i·ndicatori) *adj.* indicativo, demostrativo.

indices (i·ndisiš) *s. pl.* MAT. índices, exponentes.

indicia (indi·šia) *s. pl.* indicios, señales.

indicial (indi·shal) *adj.* de la naturaleza de una indicación. 2 ANAT. del índice o relativo a él.

indict (to) (indai·t) *tr.* acusar [ante el juez]. 2 procesar, encausar, enjuiciar.

indictable (indai·tabøl) *adj.* procesable, enjuiciable.

indictee (indai·ti) *s.* procesado.

indicter (indai·tø') *s.* DER. acusador, denunciante.

indiction (indi·cshøn) *s.* indicción.

indictment (indai·tmønt) *s.* acusación, procesamiento. 2 auto de acusación formulado por el Gran Jurado: *bill of* ~, escrito de acusación que se presenta al Gran Jurado.

Indies (i·ndiš) *s. pl.* GEOGR. Indias: *East* ~, Indias Orientales; *West* ~, Indias Occidentales, Antillas.

indifference (indi·førøns) *s.* indiferencia. 2 desinterés, despego. 3 falta de determinación de la voluntad, inercia. 4 mediocridad. 5 falta de diferencia o de distinción. 6 poca importancia, insignificancia.

indifferency (indi·førønsi) *s.* INDIFFERENCE 1 y 2. 2 equivalencia, igualdad [en fuerza o valor].

indifferent (indi·førønt) *adj.* indiferente. 2 sin prejuicios, imparcial, neutral. 3 mediocre, pasadero, ordinario; ni bueno ni malo. 4 sin importancia. 5 BIOL. indiferenciado.

indifferently (indi·førøntli) *adv.* indiferentemente. 2 imparcialmente. 3 medianamente, pasaderamente.

indifferentism (indi·førøntišm) *s.* indiferentismo.

indigence, indigency (i·ndiøns, -si) *s.* indigencia.

indigenous (indi·yinøs) *adj.* indígena. 2 autóctono, del país. 3 innato, nativo, natural. 4 de los indígenas o para ellos.

indigent (i·ndiønt) *adj.* indigente.

indigested (indiye·stid) *adj.* no digerido, mal digerido. 2 mal ordenado, confuso.

indigestible (indiye·stibøl) *adj.* indigesto.

indigestion (indiye·schøn) *s.* indigestión.

indignant (indi·gnant) *adj.* indignado.

indignantly (indi·gnantli) *adv.* con indignación.

indignation (indigne·shøn) *s.* indignación.

indignity (indi·gniti) *s.* indignidad. 2 ultraje, afrenta.

indigo (i·ndigou) *adj.* índigo; de añil: ~ *blue*, azul de añil; ~ *plant*, BOT. añil, índigo. 2 ORNIT. ~ *bunting*, azulejo. — 3 *s.* añil, índigo [planta y color].

indigotin(e (indi·gotin) *s.* QUÍM. indigotina.

indirect (indire·ct) *adj.* indirecto. 2 oblicuo, torcido. 3 desleal, engañoso.

indirection (indire·cshøn) *s.* rodeo, tortuosidad. 2 medio indirecto. 3 conducta torcida.

indirectly (indire·ctli) *adv.* indirectamente.

indirectness (indire·ctnis) *s.* cualidad de indirecto.

indiscernible (indisø·nibøl) *adj.* no discernible, imperceptible.

indiscoverable (indiscø·vørabøl) *adj.* que no se puede descubrir.

indiscreet (indiscri·t) *adj.* indiscreto. 2 imprudente, torpe; impolítico, poco hábil u oportuno.

indiscreetly (indiscri·tli) *adv.* indiscretamente. 2 imprudentemente, torpemente.

indiscrete (indiscri·t) *adj.* compacto, homogéneo, no discreto o separado.

indiscretion (indiscre·shøn) *s.* indiscreción. 2 imprudencia, torpeza.

indiscriminate (indiscri·minit) *adj.* que no hace distinción, indistinto, confuso; promiscuo.

indiscriminately (indiscri·minitli) *adv.* sin hacer distinción, indistintamente, promiscuamente.

indiscriminating (indiscri·mineiting) *adj.* que no discierne o distingue.

indiscrimination (indiscrimine·shøn) *s.* indistinción, falta de distinción o separación.

indiscriminative (indiscri·minativ) *adj.* que no distingue, que no hace distinción.

indispensability (indispensabi·liti) *s.* calidad de indispensable.

indispensable (indispe·nsabøl) *adj.* indispensable, imprescindible, forzoso.

indispensableness (indispe·nsabølnis) *s.* calidad de indispensable.

indispensably (indispe·nsabli) *adv.* indispensablemente.

indispose (to) (indispou·š) *tr.* indisponer. 2 disponer en contra, desinclinar.

indisposed (indispou·šd) *adj.* indispuesto. 2 mal dispuesto, poco inclinado.

indisposition (indispoši·shøn) *s.* indisposición, enfermedad. 2 aversión, repugnancia, falta de inclinación.

indisputable (indi·spiutabøl) *adj.* indisputable, indiscutible, incontestable.

indisputableness (indi·spiutabølnis) *s.* calidad de indisputable.

indisputably (indi·spiutabli) *adv.* indisputablemente, indiscutiblemente.

indissolubility (indisoliubi·liti) *s.* indisolubilidad. 2 insolubilidad.

indissoluble (indiso·liubøl) *adj.* indisoluble. 2 insoluble; infusible

indissolubleness (indiso·liubølnis) *s.* indisolubilidad.

indissolubly (indiso·liubli) *adv.* indisolublemente.

indissolvable (indiso·lvabøl) *adj.* indisoluble.

indistinct (indisti·nct) *adj.* indistinto. 2 confuso, borroso. 3 vago, obscuro.

indistinction (indisti ncshøn) s. indistinción. 2 confusión, vaguedad, obscuridad.

indistinct!y (indisti nctli) adv. indistintamente, confusa mente, vagamente, obscuramente.

indistinctness (indisti nctnis) s. INDISTINCTION.

indistinguishable (indisti ngüishabøl) adj. indistinguible.

indisturbance (indistø 'bans) s. calma, serenidad, tranquilidad, sosiego.

indite (to) (indai t) tr. redactar, componer, escribir. 2 poner por escrito.

inditement (indai tmønt) s. redacción [acción de redactar].

inditer (indai tø') s. redactor, escritor.

indium (i ndiøm) s. QUÍM. indio.

individual (indivi dẙual) adj. individual, individuo. 2 particular, singular, determinado. 3 peculiar. — 4 s. BIOL. individuo. 5 individuo, persona, sujeto. 6 entidad indivisible.

individualism (indivi dẙualiŝm) s. individualismo. 2 individualidad, personalidad.

individualist(ic (individẙuali stic) adj. individualista.

individuality (individẙuæ liti), pl. -ties (-tis) s. individualidad, personalidad. 2 individuación, particularidad. 3 individuo.

individualize (to) (indivi dẙualaiŝ) tr. individualizar. 2 particularizar. 3 individuar.

individually (indivi dẙuali) adv. individualmente.

individuate (indivi dẙueit) adj. individuado.

individuate (to) tr. individuar.

individuation (individẙue shøn) s. individuación.

indivisibility (indivi ŝibi liti) s. indivisibilidad.

indivisible (indivi ŝibøl) adj. indivisible.

indivisibly (indivi ŝibli) adv. indivisiblemente. 2 indivisamente.

indivision (indivi shøn) s. indivisión.

Indo-Chinese (i ndou-chaini ŝ) adj. y s. indochino.

indocile (indo sil) adj. indócil.

indocility (indosi liti) s. indocilidad.

indoctrinate (to) (indo ctrineit) tr. adoctrinar, instruir, enseñar.

Indo-European (i ndou-iuropi an), Indo-Germanic (i ndou-ẙo mæ nic) adj. indoeuropeo.

indolence (i ndoløns) s. indolencia, flojedad, pereza. 2 ausencia de dolor.

indolent (i ndolønt) adj. indolente, flojo, perezoso. 2 indolente [que no duele].

indolently (i ndoløntli) adv. indolentemente.

indomitable (indo mitabøl) adj. indomable, indómito.

indomitably (indo mitabli) adv. indomablemente.

indoor (indo ') adj. interior, interno, de puertas adentro; de casa; de la casa; que se hace en la casa o bajo techado: ~ aerial, RADIO, antena interior; ~ games, juegos de salón, que se juegan dentro de la casa.

indoors (indo 'ŝ) adv. en, o dentro de, la casa o edificio; en local cerrado.

indorsable (indo 'sabøl) adj. endosable.

indorse (to), indorsee, indorsement, indorser ENDORSE (TO), ENDORSEE, ENDORSEMENT, ENDORSER.

indraft, indraught (i ndraft) s. atracción o corriente hacia el interior; absorción, aspiración. 2 aire aspirado.

indrawn (i ndron) adj. sorbido, aspirado. 2 abstraído, introspectivo.

indubitable (indiu bitabøl) adj. indubitable, indudable, indiscutible.

indubitableness (indiu bitabølnis) s. calidad de indudable.

indubitably (indiu bitabli) adv. indudablemente.

induce (to) (indiu s) tr. inducir, mover, llevar, instigar. 2 LÓG., ELECT. inducir. 3 producir, causar, ocasionar, determinar.

inducement (indiu smønt) s. inducimiento, inducción, instigación. 2 móvil, incentivo, aliciente, atractivo.

inducer (indiu sø') s. el o lo que induce, instiga, etc.; inductor.

inducible (indiu sibøl) adj. inducible. 2 que se puede causar o producir.

induct (tc) (indø ct) tr. instalar [en un cargo]. 2 introducir. 3 iniciar [en]. 4 MIL. alistar.

inductance (indø ctæns) s. ELECT. inductancia.

inductile (indø ctil) adj. no dúctil.

induction (indø cshøn) s. instalación [en un cargo]. 2 aducción [de pruebas, etc.]. 3 producción, acción de causar. 4 LÓG., ELECT. inducción. 5 MIL.

alistamiento. — 6 adj. de inducción : ~ coil, bobina de inducción.

inductive (ir dø ctiv) adj. inductivo, ilativo. 2 introductor. 3 ELECT. inductivo, inductor.

inductively (indø ctivli) adv. inductivamente.

inductivity (indøcti viti) s. ELECT. inductancia. 2 ELECT. capacidad inductiva.

inductometer (indøcto mitø') s. ELEC. inductómetro.

inductor (indø cto') s. ECLES. instalador. 2 ELECT. inductor.

indue (to) (indiu) tr. ponerse, vestirse. 2 vestir, investir, dotar.

indulge (to) (indø lẙ) tr. satisfacer [pasiones, gustos, etc.]. 2 complacer, gratificar; dar gusto a, seguir el humor a, acceder a la voluntad o a los caprichos de, mimar, consentir. 3 ECCL. indulgenciar. 4 COM. dar plazo, prorrogar el plazo a. — 5 intr. to ~ in, entregarse, abandonarse a, permitirse.

indulgence, indulgency (indø lẙøns, -si) s. satisfacción [de las pasiones, etc.]; abandono [a un vicio, un goce, etc.], exceso, intemperancia. 2 indulgencia, lenidad, tolerancia, complacencia, mimo; favor, gracia. 3 COM. prórroga [de un plazo]. 4 ECLES. indulgencia.

indulgence (to) tr. conceder indulgencia.

indulgent (indø lẙønt) adj. indulgente. 2 complaciente.

indulgently (indø lẙøntli) adv. indulgentemente. 2 complacientemente.

indult (indø lt) s. ECLES. indulto, dispensa.

indurate (i ndiurit) adj. endurecido. 2 empedernido. 3 MED. indurado.

indurate (to) (i ndiureit) tr. endurecer. 2 empedernir. 3 MED. indurar. — 4 intr. endurecerse, empedernirse.

induration (indiure shøn) s. endurecimiento. 2 dureza de corazón. 3 MED. induración.

Indus (i ndøs) n. pr. GEOGR. Indo.

indusium (indiu ŝiøm) s. BOT. indusio.

industrial (indø strial) adj. industrial. — 2 s. industrial; artesano. 3 valor [acción, obligación] industrial.

industrialism (indø strialiŝm) s. industrialismo.

industrialization (indø strialiŝe shøn) s. industrialización.

industrialist (indø strialist) s. industrial.

industrialize (to) (indø strialaiŝ) tr. industrializar.

industrially (indø striali) adv. industrialmente.

industrious (indo striøs) adj. industrioso, diligente, hacendoso, laborioso, aplicado.

industriously (indø striøsli) adv. industriosamente, laboriosamente.

industry (i ndøstri), pl. -tries (-tris) s. industria. 2 diligencia, laboriosidad, aplicación.

indwell (to) (indue l) tr. residir, habitar, morar en.

indweller (indue lø') s. habitante, morador.

indwelling (indue ling) adj. que habita o mora.

inebriant (inı briant) adj. embriagador. — 2 s. lo que embriaga.

inebriate (inı briit) adj. ebrio, embriagado, borracho. — 2 s. borracho, beodo.

inebriate (to) (inı brieit) tr. embriagar, emborrachar.

inebriation (inibrie shøn), inebriety (inibrai eti) s. embriaguez, emborrachamiento, borrachera.

inedited (ine ditid) adj. inédito.

ineffability (inefabi liti) s. inefabilidad.

ineffable (ine fabøl) adj. inefable, inenarrable, indecible.

ineffableness (ine fabølnis) s. INEFFABILITY.

ineffably (ine fabli) adv. inefablemente.

ineffaceable (inefei sabøl) adj. imborrable, indeleble.

ineffaceably (inefei sabli) adv. imborrablemente, indeleblemente.

ineffective (inefe ctiv) adj. ineficaz, ineficiente. 2 inútil, vano sin efecto. 3 sin mérito artístico.

ineffectual (inefe cchual) adj. ineficaz. 2 inútil, vano, infructuoso.

ineffectually (inefe cchuali) adv. ineficazmente. 2 inútilmente, infructuosamente.

ineffectualness (inefe cchualnis) s. ineficacia, inutilidad.

inefficacious (inefikei shøs) adj. ineficaz.

inefficaciousness (inefikei shøsnis), inefficacy (ine ficasi) s. ineficacia.

inefficiency (inefi shønsi) s. ineficacia. 2 falta de aptitud o capacidad. 3 mal rendimiento.

inefficient (inefi·shønt) *adj.* ineficaz. 2 de poca aptitud o capacidad. 3 de mal rendimiento.
inelastic (inilæ·stic) *adj.* falto de elasticidad.
inelasticity (inilæsti·siti) *s.* falta de elasticidad.
inelegance, inelegancy (ine·ligans) *s.* falta de elegancia.
inelegant (ine·ligant) *adj.* inelegante, falto de elegancia.
inelegantly (ine·ligantli) *adv.* sin elegancia.
ineligibility (ineliŷibi·liti) *s.* calidad de inelegible. 2 calidad de poco deseable o ventajoso.
ineligible (ine·liŷibøl) *adj.* inelegible. 2 poco deseable o ventajoso : *to be* ~, ser un mal partido [para un casamiento].
ineloquent (ine·locuent) *adj.* no elocuente, infacundo.
ineluctable (inilø·ctabøl) *adj.* ineluctable, inevitable.
ineluctably (inilø·ctabli) *adv.* ineluctablemente, inevitablemente.
inept (ine·pt) *adj.* inepto, no apto. 2 inadecuado, impropio. 3 absurdo.
ineptitude (ine·ptitiud) *s.* ineptitud, incapacidad. 2 absurdidad.
ineptly (ine·ptli) *adv.* ineptamente.
ineptness (ine·ptnis) *s.* INEPTITUDE.
inequal (ini·cual) *adj.* desigual, accidentado.
inequality (inicua·liti), *pl.* **-ties** (-tis) *s.* desigualdad. 2 disparidad, desproporción. 3 insuficiencia, falta de condiciones, capacidad, fuerzas, etc., para una cosa. 4 aspereza, escabrosidad.
inequitable (ine·cuitabøl) *adj.* injusto, no equitativo.
ineradicable (ineræ·dicabøl) *adj.* que no se puede desarraigar, indeleble, permanente.
inerm (inø·rm), **inermous** (inø·rmøs) *adj.* BOT. inerme.
inerrable (ine·rabøl) *adj.* infalible, seguro.
inerrant (ine·rant) *adj.* libre de error. 2 infalible, que no yerra.
inert (inø·rt) *adj.* inerte. 2 flojo, lento, indolente, inactivo.
inertia (inø·rshia) *s.* inercia. 2 flojedad, indolencia, inacción.
inertly (inø·rtli) *adv.* pesadamente, flojamente, indolentemente.
inertnes (inø·rtnis) *s.* flojedad, falta de actividad.
inescapable (ineskei·pabøl) *adj.* ineludible.
inescutcheon (inescøchø·n) *s.* BLAS. escudo en abismo.
inestimable (ine·stimabøl) *adj.* inestimable, inapreciable.
inestimably (ine·stimabli) *adv.* de un modo inestimable o inapreciable.
inevitability (inevitabi·liti) *s.* calidad de inevitable.
inevitable (ine·vitabøl) *adj.* inevitable, includible.
inevitablenes (ine·vitabølnis) *s.* INEVITABILITY.
inevitably (ine·vitabli) *adv.* inevitablemente.
inexact (inegšæ·ct) *adj.* inexacto.
inexactitude (inegšæ·ctitiud) *s.* inexactitud.
inexactly (inegšæ·ctli) *adv.* inexactamente.
inexactnes (inegšæ·ctnis) *s.* INEXACTITUDE.
inexcusable (inecskiu·šabøl) *adj.* inexcusable, imperdonable, injustificable.
inexcusablenes (inecskiu·šabølnis) *s.* calidad de inexcusable.
inexcusably (inecskiu·šabli) *adv.* inexcusablemente.
inexhausted (inegšo·stid) *adj.* inexhausto.
inexhaustible (inegšo·stibøl) *adj.* inagotable.
inexhaustiblenes (inegšo·stibølnis) *s.* calidad de inagotable.
inexhaustive (inegšo·stiv) *adj.* inagotable. 2 no exhaustivo.
inexistence (inegši·støns) *s.* inexistencia.
inexistent (inegši·stønt) *adj.* inexistente.
inexorability (inecsorabi·liti) *s.* inexorabilidad, inflexibilidad.
inexorable (ine·csorabøl) *adj.* inexorable ; inflexible.
inexorablenes (ine·csorabølnis) *s.* INEXORABILITY.
inexorably (ine·csorabli) *adv.* inexorablemente.
inexpedience, inexpediency (inecspi·diens, -si) *s.* inoportunidad, improcedencia, impropiedad, inconveniencia.
inexpedient (inecspi·dient) *adj.* inoportuno, improcedente, impropio, inconveniente.
inexpensive (inecspe·nsiv) *adj.* barato, económico, poco costoso.

inexperience (inecspi·riøns) *s.* inexperiencia, impericia.
inexperienced (inecspi·riønst) *adj.* inexperto, que no tiene experiencia.
inexpert (inecspø·rt) *adj.* inexperto, imperito, inhábil.
inexpertness (inecspø·rtnis) *s.* impericia.
inexpiable (ine·cspiabøl) *adj.* inexpiable.
inexpiably (ine·cspiabli) *adv.* de un modo inexpiable.
inexplicability (inecsplicabi·liti) *s.* calidad de inexplicable.
inexplicable (ine·csplicabøl) *adj.* inexplicable.
inexplicablenes (ine·csplicabølnis) *s.* INEXPLICABILITY.
inexplicably (ine·csplicabli) *adv.* inexplicablemente.
inexplorable (inecsplo·rabøl) *adj.* que no se puede explorar
inexpressible (inecspre·sibøl) *adj.* inexpresable, indecible, inenarrable, indescriptible.
inexpressibly (inecspre·sibli) *adv.* indeciblemente.
inexpressive (inecspre·siv) *adj.* inexpresivo.
inexpugnable (inecspø·gnabøl) *adj.* inexpugnable.
inextensible (inecste·nsibøl) *adj.* inextensible.
inextensive (inecste·nsiv) *adj.* inextenso.
inextinguishable (inecsti·ngüishabøl) *adj.* inextinguible, inapagable.
inextricable (ine·cstricabøl) *adj.* inextricable. 2 intrincado, complicado.
inextricablenes (ine·cstricabølnis) *s.* calidad de inextricable ; complicación.
inextricably (ine·cstricabli) *adv.* inextricablemente.
infallibility (infælibi·liti) *s.* infalibilidad.
infallible (infæ·libøl) *adj.* infalible. 2 cierto, seguro, indudable.
infalliblenes (infæ·libølnis) *s.* INFALLIBILITY.
infallibly (infæ·libli) *adv.* infaliblemente.
infamous (i·nfamøs) *adj.* infame. 2 ignominioso, vil, vergonzoso, infamante, odioso.
infamously (i·nfamøsli) *adv.* infamemente.
infamousness (i·nfamøsnis) *s.* infamia, ignominia [calidad].
infamy (i·nfami), *pl.* **-mies** (-mis) *s.* infamia, ignominia, deshonor. 2 mala fama.
infancy (i·nfansi), *pl.* **-cies** (-sis) *s.* infancia, niñez. 2 DER. minoría, minoridad, menor edad.
infant (i·nfant) *s.* infante, criatura, niño, pequeñuelo. 2 DER. menor [de edad]. — *3 adj.* infantil ; pequeño, no desarrollado. *4* para niños. *5* menor de edad.
infanta (infæ·nta) *s.* infanta.
infante (infæ·nti) *s.* infante [hijo de reyes].
infanthood (i·nfanjud) *s.* infancia.
infanticidal (infæntisai·dal) *adj.* relativo al infanticidio, de infanticidio.
infanticide (infæ·ntisaid) *s.* infanticidio. 2 infanticida.
infantile (i·nfantil) *adj.* infantil [de los niños] : ~ *paralysis*, parálisis infantil. 2 infantil, aniñado, propio de niño, pueril.
infantilism (infa·ntilism) *s.* infantilismo.
infantine (i·nfantin) *adj.* infantil, pueril.
infantry (i·nfantri) *s.* MIL. infantería.
infarct (infa·rct) *s.* MED. infarto.
infarction (infa·rcshøn) *s.* MED. infartación.
infatuate (to) (infæ·chueit) *tr.* entontecer, cegar, volver simple o bobo. 2 enamorar o apasionar locamente.
infatuate(ed (infæ·chueit(id) *adj.* simple, bobo. 2 locamente enamorado o apasionado.
infatuation (infæ·chueshøn) *s.* tontería, simpleza. 2 enamoramiento, encaprichamiento, apasionamiento.
infeasibility (infɪšibi·liti) *s.* impracticabilidad, imposibilidad.
infeasible (infɪ·šibøl) *adj.* impracticable, imposible, no factible o hacedero.
infeasibleness (infɪ·šibølnis) *s.* INFEASIBILITY.
infect (to) (infe·ct) *tr.* infectar. 2 inficionar, contaminar. 3 contagiar. 4 comunicar, llenar de [fe, entusiasmo, etc.]. 5 DER. hacer ilegal, exponer a pena o castigo.
infection (infe·cshøn) *s.* infección. 2 contaminación. 3 contagio. 4 comunicación [de cualidades, emociones, etc.]. 5 DER. tacha de ilegalidad.
infectious (infe·cshøs) *adj.* infeccioso. 2 **contagioso**. 3 que se comunica o difunde fácilmente [alegría, entusiasmo, etc.] ; pegadizo. 4 DER. tachado de ilegalidad.

INFINITIVO / THE INFINITIVE

Por regla general, el infinitivo va precedido de la partícula to, que en muchos casos equivale a las preposiciones *a* o *para*.

Infinitivo sin to

El infinitivo se usa sin **to**:

- Después de los auxiliares defectivos **shall, will, can, may** y **must**: I **shall write** to him, le escribiré; you **cannot speak** French, usted no sabe hablar francés; we **must be** quiet, hemos de callar.
  —Nótese que después de **ought** se usa el infinitivo con **to**: you **ought to know** it, usted debería saberlo.

- Después de **to dare** y **to need** usados como auxiliares, o sea cuando no van precedidos de **do, does** o **did** en la interrogación o la negación: he **dared not speak** to him, él no se atrevió a hablarle; they **need not fear**, no tienen por qué temer.

- Después de los verbos que expresan sensación o percepción, como **to hear, to see, to feel, to behold, to observe, to watch,** etc.: I **hear** him **speak** in the hall, le oigo hablar en el vestíbulo; I **felt** the child **tremble** in my arms, sentí al niño temblar en mis brazos.

- Después de los verbos **to let** (dejar, permitir), **to bid** (ordenar, mandar) y **to make** (hacer que se ejecute una acción): **let** me **read** this letter, déjeme leer esta carta; he **bade** her **open** the door, le mandó abrir la puerta.
  —Sin embargo, en la voz pasiva, estos verbos van seguidos del infinitivo con **to**: I **was let to read** the letter, se me dejó leer la carta.

- Después de **and, or, than** en oraciones como: they decided to stop there **and wait** for him, decidieron detenerse allí y esperarle; he was told to be quiet **or go**, se le dijo que se callara o que se fuera; she did nothing other **than laugh**, ella no hizo más que reír.

- En ciertas oraciones interrogativas o exclamatorias: wherefore **weep?**, ¿por qué llorar?; a father not **love** his son!, ¡un padre no querer a su hijo!

- Después de las locuciones **had better, had rather, would rather,** etc.: you **had better wait**, vale más que espere; I **would rather be** loved than feared, más quisiera ser querido que temido.

Infinitivo traducido por el subjuntivo o el indicativo

El infinitivo inglés se traduce algunas veces por un subjuntivo y, aun, por un indicativo español.
Ejemplos: he asked me **to pay** the bill, me pidió que pagase la cuenta; the captain ordered the soldiers **to bring** the prisoner, el capitán ordenó a los soldados que trajesen el prisionero; I want him **to do** this, quiero que él haga esto; they expect him **to go** soon, esperan que se irá pronto.

---

infectiously (infe·cshøsli) *adv.* infecciosamente. 2 contagiosamente.

infectiousness (infe·cshøsnis) *s.* calidad de infeccioso o contagioso.

infective (infe·ctiv) *adj.* infectivo, infeccioso. 2 contagioso.

infecund (infi·cønd) *adj.* infecundo, estéril.

infecundity (inficø·nditi) *s.* infecundidad, esterilidad.

infelicitous (infili·s!tøs) *adj.* desgraciado. 2 desafortunado, poco feliz, poco oportuno o acertado; desatinado.

infelicity (infili·siti) *s.* infelicidad, desgracia, infortunio. 2 calidad del acto o dicho poco feliz o acertado; tontería, desatino.

infer (to) (infø·') *tr.* inferir, deducir, colegir. 2 argüir, probar, demostrar, indicar. — 3 *intr.* sacar consecuencias, hacer deducciones. ¶ Conjug pret. y p. p.: *inferred;* ger.: *inferring.*

inferable (infø·rabøl) *adj.* deducible, que se puede inferir.

inference (i·nferøns) *s.* inferencia, ilación, deducción, conclusión.

inferential (inføre·nshal) *adj.* ilativo, de inferencia.

inferentially (inføre·nshali) *adv.* por inferencia.

inferior (infi·riø') *adj.* inferior. 2 menor, secundario, subalterno. — 3 *s.* inferior, subalterno, subordinado.

inferiority (infirio·riti) *s.* inferioridad.

infernal (infø·'nal) *adj.* infernal: ~ *machine*, máquina infernal. — 2 *s.* persona o cosa infernal.

infernally (infø·'nali) *adv.* infernalmente.

inferno (infø·'nou) *s.* infierno.

inferrible (infe·ribøl) *adj.* deducible, que se puede inferir.

infertile (infø·'tll) *adj.* infecundo, estéril.

infertility (infø'ti·liti) *s.* infecundidad, esterilidad.

infest (to) (infe·st) *tr.* infestar, plagar.

infestation (infeste·shøn) *s.* infestación.

infestive (infe·stiv) *adj.* triste, melancólico.

infeudation (infiude·shøn) *s.* infeudación.

infidel (i·nfidel) *adj.* y *s.* infiel, gentil. 2 descreído ateo, incrédulo.

infidelity (infide·liti), *pl.* **-ties** (-tis) *s.* infidelidad. 2 descreimiento. 3 incredulidad.

infield (i·nfild) *s.* terrenos de una finca rústica más inmediatos a los edificios. 2 béisbol. losange, cuadro interior.

infielder (i·nfildø') *s.* béisbol jugador del cuadro interior.

infighting (i·nfaiting) *s.* box. cuerpo a cuerpo.

infiltrate (to) (infi·ltreit) *tr.* infiltrar. 2 infiltrarse en. — 3 *intr.* infiltrarse.

infiltration (infiltre·shøn) *s.* infiltración.

infinite (i·nfinit) *adj.* y *s.* infinito: *the Infinite,* el Ser infinto, Dios. — 2 *adj.* innumerable, vasto, inmenso, inagotable.

infinitely (i·nfinitli) *adv.* infinitamente.

infiniteness (i·nfinitnis) *s.* infinidad [calidad de infinito].

infinitesimal (infinite·simal) *adj.* infinitesimal: ~ *calculus,* cálculo infinitesimal. — 2 *s.* mat. cantidad infinitesimal.

infinitive (infi·nitiv) *adj.* y *s.* gram. infinitivo.

infinitude (infi·nitiud) *s.* infinitud.

infinity (infi·niti), *pl.* **-ties** (-tis) *s.* infinidad, sin fin. 2 infinito.

infirm (infø·'m) *adj.* poco firme, poco sólido. 2 débil, vacilante. 3 inseguro, inestable. 4 enfermizo, achacoso, cascado, inválido, valetudinario. 5 der. anulable.

infirmary (infø·'mari), *pl.* **-ries** (-ris) *s.* enfermería; hospital.

infirmate (to) (infø·'meit) *tr.* invalidar, quitar fuerza.

infirmity (infø·'miti), *pl.* **-ties** (-tis) *s.* enfermedad.

dolencia, achaque. 2 flaqueza, debilidad, fragilidad. 3 defecto, falta, imperfección.

infirmly (infǿ'mli) adv. débilmente, con poca solidez o firmeza.

infirmness (infǿ'mnis) s. debilidad, flaqueza.

infix (to) (infi·cs) tr. clavar, encajar. 2 imprimir, inculcar.

inflame (to) (inflei·m) tr. inflamar, encender, enardecer, avivar. 2 exasperar, irritar, encolerizar. 3 MED. inflamar. — 4 intr. inflamarse, encenderse. 5 enardecerse. 6 irritarse, encolerizarse. 7 MED. inflamarse.

inflamed (inflei·md) adj. inflamado, encendido. 2 enardecido, irritado, encolerizado.

inflamer (inflei·mǿ') s. inflamador.

inflammability (inflæmabi·liti) s. inflamabilidad.

inflammable (inflæ·mabǿl) adj. inflamable. 2 irascible.

inflammableness (inflæ·mabǿlnis) s. INFLAMMABILITY.

inflammation (inflame·shǿn) s. inflamación. 2 encendimiento; irritación, cólera.

inflammatory (inflæ·matori) adj. inflamatorio.

inflate (to) (inflei·t) tr. inflar, hinchar, ahuecar. 2 fig. inflar, hinchar [de orgullo o vanidad].

inflated (inflei·tid) adj. inflado, hinchado, túmido. 2 hinchado, pomposo [estilo].

inflating (inflei·ting) adj. inflativo.

inflation (inflei·shǿn) s. inflación, hinchazón. 2 ECON. inflación; emisión excesiva de papel moneda.

inflationist (inflei·shǿnist) s. ECON. inflacionista.

inflect (to) (inflei·ct) tr. torcer, doblar, curvar. 2 BIOL. torcer hacia dentro, hacia el eje principal. 3 modular, dar inflexión a la voz. 4 GRAM. modificar [una palabra] por inflexión; declinar, conjugar.

inflection (inflei·cshǿn) s. inflexión, dobladura, curvatura. 2 modulación, inflexión [de la voz]. 3 GRAM. inflexión, desinencia; declinación, conjugación.

inflectional (inflei·cshǿnal) adj. perteneciente o relativo a la inflexión. 2 de flexión [lengua].

inflective (inflei·ctiv) adj. capaz de doblar o torcer. 2 INFLECTIONAL.

inflexibility (inflecsibi·liti) s. inflexibilidad.

inflexible (inflei·csibǿl) adj. inflexible. 2 inalterable, inmutable.

inflexibleness (inflei·csibǿlnis) s. INFLEXIBILITY.

inflexibly (inflei·csibli) adv. inflexiblemente.

inflexion (inflei·cshǿn) s. INFLECTION.

inflexional (infe·cshǿnal) s. INFLECTIONAL.

inflict (to) (infli·ct) tr. infligir, imponer. | Gralte. con on o upon. 2 descargar [un golpe].

inflicter (infli·ctǿ') s. el que inflige.

infliction (infli·cshǿn) s. acción de infligir; imposición. 2 pena, castigo, suplicio.

inflictive (infli·ctiv) adj. que inflige, punitivo.

inflorescence (inflore·sǿns) s. BOT. inflorescencia. 2 BOT. florescencia [época].

inflow (inflou·) s. afluencia, flujo; entrada.

inflow (to) (inflou·) intr. afluir, entrar.

influence (i·nfluons) s. influencia, influjo. 2 ascendiente, poder, valimiento. 3 ELECT. inducción.

influence (to) tr. influir; ejercer influencia o influjo en o sobre. 2 modificar, determinar.

influential (influe·nshal) adj. influente, influyente. 2 de la influencia.

influentially (influe·nshali) adv. por influencia.

influenza (influe·nsa) s. MED. influenza, trancazo, gripe.

influx (i·nflœcs) s. flujo, entrada, corriente que entra, afluencia. 2 desembocadura [de un río].

infold (to) (infou·ld) tr. envolver, rodear, incluir. 2 abrazar. 3 plegar, hacer un pliegue.

infoliate (to) (info·lieit) tr. cubrir de hojas.

inform (info·m) adj. informe.

inform (to) tr. informar [dar forma a; ser el principio formativo de]; 2 formar, instruir, educar. 3 informar, participar, comunicar, avisar, poner al corriente. 4 poner en guardia [contra alguien]. — 5 intr. to ~ against, delatar, declarar contra [uno].

informal (info·mal) adj. que no se ajusta a formalidades o ceremonias, irregular; sin solemnidad, casero, sencillo, de confianza, familiar : ~ visit, visita de amistad, de confianza.

informality (info·mæ·liti), pl. **-ties** (-tis) s. calidad o estado de lo que no se ajusta a formalidades

o ceremonias; irregularidad; sencillez. 2 acto sencillo o de confianza.

informally (info·mali) adv. sin formalidades ni ceremonias.

informant (info·mant) s. informador.

information (info·me·shǿn) s. información : ~ bureau, oficina de información. 2 informes, noticias, avisos. 3 conocimientos, saber. 4 DER. delación, declaración acusatoria. 5 empleado que informa [en un hotel, central telefónica, etc.].

informative (info·mativ) adj. informativo.

informed (info·md) adj. informado. 2 al corriente, al tanto [de]. 3 culto, instruido.

informer (info·mǿ') s. informador, informante. 2 DER. delator [esp. el profesional].

infraction (infræ·cshǿn) s. infracción, transgresión, contravención, quebrantamiento. 2 CIR. fractura incompleta.

infractor (infræ·ctǿ') s. infractor, transgresor, contraventor.

inframaxillary (inframæ·csileri) adj. ANAT. inframaxilar. — 2 s. ANAT. maxilar inferior.

infrangible (infræ·nͼibǿl) adj. infrangible, inquebrantable.

infrangibleness (infræ·nͼibǿlnis) s. calidad de infrangible.

infraorbital (infrao·'bital) adj. ANAT. situado debajo de la órbita del ojo.

infrared (infrare·d) adj. FÍS. infrarrojo.

infrequence, infrequency (infri·cuǿns, -si) s. rareza, raridad, poca frecuencia.

infrequent (infri·cuǿnt) adj. infrecuente, raro.

infringe (to) (infri·nͽ) tr. infringir, quebrantar, transgredir. — 2 intr. to ~ on o upon, usurpar, invadir [derechos, etc.].

infringement (infri·nͽmǿnt) s. infracción, quebrantamiento, transgresión.

infringer (infri·nͽǿ') s. infractor, quebrantador, transgresor.

infundibular (infǿndi·biula), **infundibuliform** (infǿndi·biulifo·m) adj. infundibuliforme.

infuriate (to) (infiu·rieit) tr. enfurecer, encolerizar, poner furioso.

infuriated (infiu·rieitid) adj. enfurecido, furioso, rabioso.

infuse (to) (infiu·š) tr. verter, derramar. 2 FARM. infundir. 3 infundir, comunicar, instilar, infiltrar, inculcar. 4 to ~ with, imbuir de, llenar de.

infuser (infiu·šǿ') s. el que infunde, instilador.

infusibility (infiu·šibi·liti) s. infusibilidad.

infusible (infiu·šibǿl) adj. infusible.

infusibleness (infiu·šibǿlnis) s. INFUSIBILITY.

infusion (infiu·ͽǿn) s. infusión.

infusive (infiu·šiv) adj. infusor.

Infusoria (infiuso·ria) s. pl. ZOOL. infusorios.

infusorial (infiuso·rial) adj. de infusorio o infusorios.

infusorian (infiu·sorian) adj. INFUSORIAL. — 2 adj. y s. ZOOL. infusorio.

infusory (infiu·sori) adj. y s. ZOOL. infusorio.

ingate (i·ngueit) s. FUND. bebedero.

ingathering (ingæ·dǿring) s. cosecha [acción de recoger los frutos].

ingeminate (to) (inͽe·mineit) tr. duplicar, repetir.

ingemination (inͽemine·shǿn) s. doblamiento, repetición.

ingenerate (inͽe·nǿreit) adj. innato, ingénito. 2 engendrado o producido dentro.

ingenious (inͽi·niǿs) adj. ingenioso, hábil, sutil.

ingeniously (inͽi·niǿsli) adv. ingeniosamente.

ingeniousness (inͽi·niǿsnes) s. ingeniosidad.

ingenuity (inͽeniu·iti), pl. **-ties** (-tis) s. ingenio, habilidad, inventiva. 2 ingeniosidad, artificio.

ingenuous (inͽe·niuǿs) adj. ingenuo, sincero, franco. 2 noble, generoso, honrado.

ingenuousness (inͽe·niuǿsnis) s. ingenuidad, sinceridad.

ingest (to) (inͽe·st) tr. ingerir, injerir [en el estómago].

ingesta (inͽe·sta) s. pl. alimento ingerido.

ingestion (inͽe·schǿn) s. ingestión.

ingle (i·ngǿl) s. llama, fuego. 2 chimenea, hogar.

inglenook (i·ngǿlnuc) s. rincón de la chimenea.

inglorious (inglo·riǿs) adj. nada glorioso, obscuro. 2 vergonzoso.

ingloriously (inglo·riǿsli) adv. sin gloria, obscuramente. 2 vergonzosamente, ignominiosamente.

ingloriousness (inglo·riǿsnis) s. obscuridad [carencia de gloria, de fama]. 2 ignominia.

ingoing (i ngouing) *adj.* entrante, que entra. 2 entrada, ingreso.

ingot (i ngøt) *s.* lingote, riel, galápago, barra [de metal]; tejo [de oro].

ingraft (to) (ingræ ft) *tr.* injertar. 2 fig. grabar.

ingraftment (ingræ ftmønt) *s.* injerto.

ingrain (ingrei n) *adj.* teñido en rama. 2 fijado, inculcado, arraigado profundamente; innato. — 3 *s.* lana o hilo teñidos en rama. 4 alfombra de dos caras. 5 cualidad o carácter arraigado, innato.

ingrain (to) *tr.* teñir con grana o cochinilla. 2 teñir en rama. 3 fijar, arraigar, inculcar.

ingrained (ingreind) *adj.* INGRAIN 1 y 2. 2 teñido con grana o cochinilla.

ingrate (ingreit) *adj.* y *s.* ingrato.

ingratiate (to) (ingrei shieit) *tr.* captar o ganar la voluntad, el favor: *to ~ oneself with*, ganarse la voluntad de, congraciarse con.

ingratiating (ingrei shieiting) *adj.* obsequioso. insinuante.

ingratitude (ingræ titiud) *s.* ingratitud, desagradecimiento.

ingredient (ingrī diønt) *s.* ingrediente, componente. — 2 *adj.* que entra en o forma parte de.

ingress (ingres) *s.* ingreso, entrada, acceso.

ingression (ingre shøn) *s.* ingreso, entrada [acción].

ingrowing (ingrouing) *adj.* que crece hacia dentro: ~ *nail*, uñero.

ingrown (ingroun) *adj.* crecido hacia dentro; que penetra en la carne a medida que crece. 2 congénito, natural.

inguinal (ingüinal) *adj.* ANAT. inguinal.

ingulf (to) (ingø lf) *tr.* TO ENGULF.

ingurgitate (to) (ingø ỹiteit) *tr.* ingurgitar, engullir, tragar.

ingurgitation (ingø ỹite shøn) *s.* ingurgitación.

inhabit (to) (inhæ bit) *tr.* habitar, morar en.

inhabitable (inhæ bitabøl) *adj.* habitable. 2 poco us. inhabitable, inhabitado.

inhabitancy (inhæ bitansi) *pl.* **-cies** (-sis) residencia, morada [acción de habitar o morar]. 2 estado, derechos, etc., del habitante.

inhabitant (inhæ bitant) *s.* habitante, morador. vecino.

inhabitation (inhæbite shøn) *s.* INHABITANCY 1.

inhabited (inhæ bitid) *adj.* habitado.

inhalation (inhale shøn) *s.* inhalación, inspiración. 2 MED. inhalación.

inhale (to) (inhei l) *tr.* inhalar, inspirar. 2 tragar [el humo].

inharmonic(al (inha mo nic(al) *adj.* inarmónico, disonante.

inharmonious (inha mou niøs) *adj.* inarmónico, discordante, ingrato al oído. 2 discordante. incongruo.

inharmoniously (inha mou niøsli) *adv.* inarmónicamente, discordantemente.

inharmoniousness (inha mou niøsnis) *s.* desarmonía, discordancia.

inhaul(er (inhol(ø' *s.* MAR. cargadera.

inhere (to) (inhi ø' *intr.* ser inherente, pertenecer [como atributo, cualidad, etc.].

inherence, inherency (inhi røns) *s.* inherencia.

inherent (inhi rønt) *adj.* inherente. 2 inmanente, natural, innato, esencial.

inherently (inhi røntli) *adv.* inherentemente.

inherit (to) (inhe rit) *tr.* heredar [bienes, cualidades, etc.]. 2 suceder a [como heredero].

inheritable (inhe ritabøl) *adj.* heredable.

inheritance (inhe ritans) *s.* herencia. 2 abolengo, patrimonio.

inheritor (inhe ritø' *s.* heredero.

inheritress (inhe ritris), **inheritrix** (inhe ritrics) *s.* heredera.

inhesion (inhi ỹon) *s.* inherencia.

inhibit (to) (inhi bit) *tr.* prohibir, vedar. 2 contener, detener, refrenar, suprimir. 3 inhibir [causar inhibición].

inhibition (inhibi shøn) *s.* prohibición, restricción. 2 DER. ECLES. inhibición [de un tribunal]. 3 ECLES. acción de retirar las licencias. 4 FISIOL., PSIC. inhibición.

inhibitive (inhi bitiv), **inhibitory** (inhi bitori) *adj.* prohibitivo. 2 inhibitorio.

inhospitable (injo spitabøl) *adj.* inhospitalario. 2 inhospitable. inhóspito.

inhospitableness (injo spitabølnis) *s.* inhospitalidad.

inhospitably (injo spitabli) *adv.* inhospitalariamente.

inhospitality (injospitæ liti) *s.* inhospitalidad.

inhuman (injiu man) *adj.* inhumano, despiadado, cruel. 2 no humano.

inhumane (injiu man) *adj.* inhumano, inhumanitario. 3 no humano.

inhumanity (injiumæ niti) *s.* inhumanidad, crueldad.

inhumanly (injiu manli) *adv.* inhumanamente.

inhumate (to) (injiu meit) *tr.* TO INHUME.

inhumation (injiu meshøn) *s.* inhumación. 2 MED. arenación.

inhume (to) (injiu m) *tr.* inhumar.

inimical (ini mical) *adj.* de enemigo, hostil. 2 contrario, adverso, enemigo.

inimically (ini micali) *adv.* con enemistad, hostilmente.

inimitability (inimitabi liti) *s.* calidad de inimitable.

inimitable (ini mitabøl) *adj.* inimitable.

inimitableness (ini mitabølnis) *s.* INIMITABILITY.

inimitably (ini mitabli) *adv.* inimitablemente.

inion (i nion) *s.* ANAT. inio, inión.

iniquitous (ini cuitøs) *adj.* inicuo, malvado. perverso.

iniquitously (ini cuitøsli) *adv.* inicuamente.

iniquity (ini cuiti), *pl.* **-ties** (-tis) *s.* iniquidad.

initial (ini shal) *adj.* inicial. — 2 *s.* inicial, letra inicial.

initial (to) *tr.* firmar con las iniciales. 2 poner inicial a; marcar con iniciales. ¶ CONJUG. pret. y p. p.: *initialed* o *-lled*; ger.: *initialing* o *-lling*.

initially (ini shali) *adv.* al principio, en los comienzos; por modo inicial.

initiate (ini shieit) *adj.* y *s.* iniciado.

initiate (to) (ini shieit) *tr.* iniciar [a uno]. 2 iniciar. comenzar, entablar, originar, promover. — 3 *intr.* empezar, comenzar, tomar la iniciativa. 4 iniciarse.

initiation (inishie shøn) *s.* iniciación. 2 principio, comienzo.

initiative (ini shiativ) *adj.* iniciativo, inicial, preliminar. — 2 *s.* iniciativa: *to take the ~*, tomar la iniciativa.

initiator (ini shieitø' *s.* iniciador.

initiatory (ini shiatori) *adj.* iniciativo.

inject (to) (inỹe ct) *tr.* inyectar. 2 jeringar. 3 introducir.

injectable (inỹe ctabøl) *adj.* inyectable.

injection (inỹe cshøn) *s.* inyección. 2 lavativa, enema, clister, jeringazo.

injector (inỹe ctø' *s.* MEC., MED. inyector.

injudicious (inỹudi shøs) *adj.* imprudente. necio, torpe, poco juicioso. 2 de criterio poco seguro.

injudiciously (inỹudi shøsli) *adv.* imprudentemente, torpemente, sin juicio, con poco criterio.

injudiciousness (inỹudi shøsnis) *s.* torpeza, imprudencia. falta de buen criterio.

injunction (inỹo ncshøn) *s.* precepto, orden, mandato, requerimiento. 2 DER. interdicto; mandamiento restrictivo.

injure (to) (inỹø' *tr.* dañar, damnificar. perjudicar, injuriar. 2 herir, lesionar, lastimar. 3 ofender, agraviar. 4 menoscabar, mancillar.

injurer (inỹurø' *s.* dañador, damnificador. 2 el que hiere. 3 ofensor, agraviador.

injurious (inỹu riøs) *adj.* dañoso, perjudicial. nocivo. 2 injurioso, ofensivo, difamatorio.

injuriously (inỹu riøsli) *adv.* dañosamente, perjudicialmente, nocivamente. 2 de un modo lesivo. 3 injuriosamente.

injuriousness (inỹu riøsnis) *s.* nocividad. 2 calidad de perjudicial. 3 calidad de injurioso.

injury (inỹuri) *s.* daño, perjuicio, detrimento. 2 deterioro, estropeo, menoscabo. 3 herida, lesión. 4 injuria, ultraje. 5 ofensa, agravio. 6 violación [de derechos, etc.].

injustice (inỹø stis) *s.* injusticia.

ink (inc) *s.* tinta [para escribir, dibujar o imprimir]. 2 ZOOL. tinta [del calamar]. — 3 *adj.* de o para la tinta: ~ *ball*, IMPR. bala de entintar; ~ *eraser*, goma de borrar tinta; ~ *fountain*, IMPR. tintero de prensa; ~ *pencil*, lápiz tinta; ~ *roller*, IMPR. rulo, rodillo; ~ *sac*, ZOOL. bolsa de la tinta [de un calamar].

ink (to) *tr.* entintar, dar tinta. 2 pasar en tinta.

inkholder (inkjouldø' *s.* depósito para la tinta [en una pluma]. 2 tintero.

inkhorn (incjo n) *s.* tintero de cuerno o de bolsillo. — 2 *adj.* pedantesco.

inking (inking) *adj.* que entinta: ~ *ball*. IMPR.

355

bala de entintar; ~ roller, IMPR. rulo, rodillo. —
¿ s. entintado, entintaje.
inkle (i·nkøl) s. cinta ancha de hilo.
inkling (i·nkling) s. insinuación. 2 indicio. 3 leve
conocimiento o idea, vislumbre, sospecha.
inkmaker (i·ncmeikø') s. fabricante de tinta.
inknot (to) (inno·t) tr. atar, anudar.
inkpot (i·ncpot) s. tintero; frasco de tintero.
inkstand (i·ncstænd) s. tintero; escribanía.
inkwell (i·nwel) s. INKPOT.
inky (i·nki) adj. de tinta o parecido a ella. 2 manchado de tinta.
inlaid (inlei·d) pret. y p. p. de TO INLAY. 2 ~ work,
embutido, taracea, incrustación, ataujía.
inland (i·nland) adj. interior, del interior, de tierra adentro. 2 interior, del país, nacional, regional : ~ trade, comercio interior. 3 adv. tierra
adentro. — 4 s. interior [de un país].
inlander (i·nlandø') s. habitante del interior, de
tierra adentro.
in-law adj. político [pariente] : father in-law, padre político, suegro.
inlay (inlei·) s. embutido, incrustación, taracea. 2
COST. metido.
inlay (to) tr. embutir, incrustar. 2 taracear, hacer
ataujía o mosaico. ¶ CONJUG. pret. y p. p. :
inlaid.
inlayer (inlei·ø') s. incrustador. 2 el que hace
taracea.
inlaying (inlei·ing) s. incrustación; arte de incrustar, embutir o taracear.
inlet (i·nlet) s. abra, caleta, ensenada. 2 ría pequeña, cauce estrecho que entra en la tierra, pequeño brazo de mar. 3 acceso, entrada, abertura
o boca de entrada. 4 material embutido o inserido.
inlook (i·nluc) s. introspección.
inly (i·nli) adj. interno, interior, íntimo. — 2 adv.
interiormente, intimamente.
inmate (i·nmeit) s. el que vive con otros. 2 habitante, inquilino, huésped. 3 asilado, preso, residente, etc. [de un asilo, cárcel, etc.]; enfermo
[de un hospital].
inmesh (to) (inme·sh) tr. ENMESH.
inmost (i·nmoust) adj. más interior, íntimo, recóndito o profundo.
inn (in) s. posada, fonda, mesón, hostería, parador. 2 Inns of Court; Inns of Chancery, edificios de Londres donde están los colegios de abogados y procuradores.
innate (inei·t) adj. innato, ingénito, connatural.
innately (inei·tli) adv. de modo innato.
innateness (inei·tnis) s. calidad de innato.
innavigable (inæ·vigabøl) adj. innavegable.
inner (i·nø') adj. interior, interno, íntimo : ~ bark,
BOT. liber; ~ tube, cámara [de neumático].
innermost (i·nø'moust) adj. más interior, íntimo,
recóndito o profundo.
innerspring mattress (i·nø'spring) s. colchón de
muelles interiores.
innervate (to) (i·nø'veit) tr. FISIOL. inervar.
innervation (inø've·shøn) s. FISIOL. inervación.
innerve (to) (inø·'v) tr. vigorizar, animar, estimular. 2 dar fuerza o energía nerviosa.
innings (i·nings) s. y pl. en béisbol, cricket, etc.,
turno, entrada. 2 turno en el mando o gobierno.
3 tierras ganadas al mar.
innkeeper (i·nkipø') s. posadero, fondista, hostelero, mesonero.
innocence (i·nosøns), **innocency** (i·nosønsi) s. inocencia. 2 candor, sencillez. 3 inocuidad. 4 inocente [pers. cándida, sencilla].
innocent (i·nosønt) adj. inocente. 2 cándido, sencillo. 3 puro, inmaculado. 4 inocuo. 5 DER. lícito,
permitido. 6 MED. benigno. 7 fam. desprovisto
[de]. — 8 s. inocente.
innocently (i·nosøntli) adv. inocentemente. 2 inocuamente.
innocuity (ino·cuiti) s. inocuidad.
innocuous (ino·kiuøs) adj. inocuo, inofensivo
innocuously (ino·kiuøsli) adv. inocuamente.
innocuousness (ino·kiuøsnis) s. INOCUITY.
innominate (ino·mineit) adj. innominado.
innovate (to) (i·noveit) tr. innovar. 2 introducir
[algo nuevo].
innovation (inove·shøn) s. innovación, innovamiento, novedad.
innovating (i·nove·ting) adj. innovador.
innovator (i·nnoveitø') s. innovador.
innoxious (ino·cshøs) adj. inocuo.

innuendo (iniue·ndou) s. indirecta, insinuación,
pulla.
innumerability (iniumørabi·liti) s. innumerabilidad.
innumerable (iniu·mørabøl) adj. innumerable, incontable.
innumerableness (iniu·mørabølnis) s. INNUMERABI-
LITY.
innumerous (iniu·mørøs) adj. innúmero. innumerable.
inobedience (inobr·diøns) s. inobediencia, desobediencia.
inobedient (inobr·diønt) adj. inobedient, desobediente.
inobservance (inobšø·'vans) s. inobservancia, desacato. 2 inadvertencia.
inoculable (ino·kiuleibøl) adj. inoculable.
inoculant (ino·kiulant) s. substancia inoculante.
inoculate (to) (ino·kiuleit) tr. inocular. 2 fertilizar [el suelo] con bacterias.
inoculation (inokiule·shøn) s. inoculación. 2 fertilización [del suelo] con bacterias.
inoculator (ino·kiuleitø') s. inoculador.
inodorous (ino·dørøs) adj. inodoro.
inoffensive (inofe·nsiv) adj. inofensivo. 2 pacífico.
inoffensively (inofe·nsivli) adv. inofensivamente.
inoffensiveness (inofe·nsivnis) s. calidad de inofensivo.
inofficial (inofi·shal) adj. oficioso, no oficial.
inofficious (inofi·shøs) adj. DER. inoficioso.
inoperable (ino·pørabøl) adj. CIR. inoperable.
inoperative (ino·pørativ) adj. inoperante, ineficaz.
inopinate (ino·pineit) adj. inopinado.
inopportune (inopø'tiu·n) adj. inoportuno, intempestivo, inconveniente.
inopportunely (inopø'tiu·nli) adv. inoportunamente.
inopportuneness (inopø'tu·nnis), **inopportunity**
(inopo'tu·niti) s. inoportunidad.
inordinacy (ino·'dinisi) s. desarreglo, desorden,
exceso.
inordinate (ino·'dinit) adj. desordenado, inordenado, desarreglado. 2 inmoderado, excesivo.
inordinately (ino·'dinitli) adv. desordenadamente,
inmoderadamente.
inordinateness (ino·'dinitnis) s. desorden, inmoderación, exceso.
inorganic (inorgæ·nic) adj. inorgánico : ~ chemistry, química inorgánica.
inosculate (to) (ino·skiuleit) tr. unir por anastomosis. 2 fig. unir intimamente. — 3 intr. anastomizarse.
inosculation (inoskiule·shøn) s. unión por anastomosis.
input (i·nput) s. cantidad puesta, dinero aporta-
do o gastado. 2 MEC. fuerza consumida, energía
absorbida [por una máquina], gasto, consumo.
3 FISIOL. cantidad de sangre recibida por el cuerpo. 4 RADIO. entrada : ~ transformer, transformador de entrada.
inquest (i·ncuest) s. encuesta, averiguación, investigación. 2 información o pesquisa judicial con
ayuda de un jurado; jurado que hace esta información. 3 coroner's ~, encuesta judicial que
preside el CORONER para indagar la causa de una
muerte sospechosa.
inquietude (incuai·tiud) s. inquietud, desasosiego, descontento
inquirable (incuai·rabøl) adj. investigable.
inquire (to) (incuai·ø') tr. inquirir, averiguar, investigar. 2 preguntar. — 3 intr. to ~ about,
after o for, preguntar por; to ~ into, averiguar,
investigar, examinar, informarse de; to ~ of,
preguntar a
inquirer (incuai·rø') s. inquisidor, indagador, averiguador, pesquisidor, examinador. 2 preguntador, preguntante.
inquiry (incuai·ri), pl. **-ries** (·ris) s. indagación,
investigación, información, averiguación, examen, pesquisa. 2 pregunta, interrogatorio.
inquisition (incuiši·shøn) s. inquisición, investigación, pesquisa, examen. 2 (con may.) Inquisición, Santo Oficio.
inquisitional (incuiši·shønal) adj. inquisitorio. 2
inquisitorial.
inquisitive (incui·šitiv) adj. inquisitivo. 2 dado a
la investigación. 3 curioso, preguntón.
inquisitively (incui·šitivli) adv. inquisitivamente.
inquisitiveness (incui·šitivnis) s. carácter inquisitivo. 2 curiosidad; afición a preguntar.

inquisitor (inkuiˈsitøʳ) s. inquiridor, investigador. 2 inquisidor.

inquisitorial (inkuisitoˈrial) adj. inquisitorial.

in re (in ri) lat. concerniente o relativo a.

inroad (iˈnroud) s. incursión, irrupción, invasión, ataque.

inrush (iˈnrøsh) s. empuje, corriente hacia dentro; invasión.

insalivate (to) (insæˈliveit) tr. insalivar.

insalivation (insæliveˈshøn) s. insalivación.

insalubrious (insaliuˈbriøs) adj. insalubre, malsano.

insalubrity (insaliuˈbriti) s. insalubridad.

insane (inseiˈn) adj. insano, demente, loco, insensato. 2 para locos; de locos : ~ asylum, manicomio, casa de locos.

insanity (insæˈniti) s. locura, demencia, insania, enajenación mental.

insatiability (inseishiabiˈliti) s. insaciabilidad.

insatiable (inseiˈshiabøl) adj. insaciable.

insatiableness (inseiˈshiabølnes) s. INSATIABILITY.

insatiably (inseiˈshiabli) adv. insaciablemente.

insatiate (inseiˈshiet) adj. no saciado. 2 insaciable.

insatiately (inseiˈshieiti) adv. insaciablemente.

insatiety (inseiˈshieiti) s. falta de saciedad.

inscribe (to) (inscraiˈb) tr. inscribir, grabar. 2 fig. grabar [en la memoria, etc.]. 3 inscribir, apuntar [en un registro, etc.]. 4 GEOM. inscribir. 5 dedicar [un verso, etc.].

inscriber (inscraiˈbøʳ) s. el que inscribe, graba o dedica.

inscription (inscriˈpshøn) s. inscripción. 2 título, epígrafe, rótulo, leyenda. 3 dedicatoria. 4 sobrescrito.

inscriptive (inscriˈptiv) adj. perteneciente a la inscripción; de la naturaleza de la inscripción.

inscrutability (inscrutabiˈliti) s. inescrutabilidad.

inscrutable (inscruˈtabøl) adj. inescrutable.

inscrutably (inscruˈtabli) adv. inescrutablemente.

insect (iˈnsect) s. ZOOL. insecto. 2 bicho [animal pequeño]. — 3 adj. de o para insectos : ~ powder, polvos insecticidas.

insecta (inseˈctæ) s. pl. ZOOL. insectos.

insectarium (insecteˈriøm) s. lugar donde se crían insectos.

insectean ˛inseˈctian) adj. insectil.

insecticidal (inseˈctisaidal) adj. insecticida.

insecticide (inseˈctisaid) adj. y s. insecticida.

insectile (inseˈctil) adj. insectil. 2 que no puede cortarse

insection (inseˈcshøn) s. incisión; segmentación.

insectivorous (insectiˈvorøs) adj. insectívoro.

insecure (insikiuˈøʳ) adj. inseguro.

insecurely (insikiuˈøʳli) adv. inseguramente.

insecurity (insikıuˈriti) s. inseguridad. 2 peligro, riesgo.

inseminate (to) (inseˈmineit) tr. sembrar. 2 fecundar.

insemination (insemineˈshøn) s. siembra. 2 fecundación.

insensate (inseˈnseit) adj. insensato. 2 insensible, cruel. 3 insensible, inanimado.

insensibility (insensibiˈliti) s. insensibilidad.

insensibilize (to) (inseˈnsibilaiš) tr. insensibilizar.

insensible (inseˈnsibøl) adj. insensible. 2 imperceptible. 3 inanimado. 4 sordo, indiferente.

insensibleness (inseˈnsibølnes) s. insensibilidad.

insensibly (inseˈnsibli) adv. insensiblemente.

insensitive (inseˈnsitiv) adj. insensible, no sensitivo. 2 falto de sensibilidad moral o mental.

insentient (inseˈnshønt) adj. insensible, inanimado.

inseparability (inseparabiˈliti) s. inseparabilidad.

inseparable (inseˈparabøl) adj. inseparable.

inseparableness (inseˈparabølnis), s. INSEPARABILITY.

inseparably (inseˈparabli) adv. inseparablemente.

insert (insøˈʳt) s. cosa inserida, intercalada, etc.; ınserción. 2 ENCUAD. hoja o lámina encajada o intercalada en un libro. 3 anuncio, circular, etc., encajado en un libro o periódico que se envía por correo. 4 CINEM. letrero explicativo intercalado en la película.

insert (to) tr. inserir, insertar, ingerir, introducir, intercalar, encajar.

insertion (insøˈʳshøn) s. inserción, metimiento. 2 COST. entredós. 3 ZOOL., BOT. inserción

inserviceable (insøˈʳvisabøl) adj. inservible, inútil.

inset (iˈnset) s. flujo, marea ascendente. 2 intercalación. 3 hoja u hojas encajadas en un libro, folleto, mapa, etc.

inshore (iˈnshoʳ) adj. cercano a la orilla; que va

hacia la orilla. — 2 adv. cerca de, o hacia la, orilla.

inshrine (to) (inshraiˈn) tr. TO ENSHRINE.

inside (iˈnsaid) s. interior [de una cosa, del hombre]. 2 forro [de una prenda de vestir] ; guarnición interior [de una válvula, etc.]. 3 contenido. 4 fam. parte media o mayor [de un mes, semana, etc.]. 5 pasajero del interior [de un coche]. 6 pl. entrañas; interioridades. — 7 adj. interior, interno : to have the ~ track, DEP. correr por la parte interior de la pista; fig. llevar ventaja, tener una situación favorable. 8 íntimo, secreto : ~ information, información confidencial. — 9 adv. dentro, adentro, en el interior : ~ of, fam. dentro de [antes de] ; ~ out, de dentro afuera, al revés. — 10 prep. dentro de [en el interior de].

insider (insaiˈdøʳ) s. persona de dentro; el que forma parte de un grupo, sociedad, etc. 2 persona que está en el secreto, que tiene informes confidenciales o de primera mano.

insidiate (to) (insiˈdieit) tr. insidiar; maquinar contra.

insidiator (insidieiˈtøʳ) s. insidiador.

insidious (insiˈdiøs) adj. insidioso, engañoso, solapado.

insidiously (insiˈdiøsli) adv. insidiosamente.

insidiousness (insiˈdiøsnis) s. calidad de insidioso, solapa.

insight (iˈnsait) s. discernimiento, penetración, perspicacia, comprensión, intuición. 2 visión o percepción clara, inmediata, de la naturaleza íntima de una cosa.

insightful (iˈnsaitful) adj. perspicaz, clarividente.

insignia (insiˈgnia) s. pl. insignias, distintivos.

insignificance, insignificancy (insigniˈficans, -si) s. insignificancia.

insignificant (insigniˈficant) adj. insignificante.

insignificantly (insigniˈficantli) adv. insignificantemente.

insincere (insinsıˈøʳ) adj. insincero, hipócrita.

insincerely (insinsiˈøʳli) adv. insinceramente, hipócritamente.

insincerity (insinseˈriti) s. insinceridad, hipocresía.

insinuate (to) (insiˈniueit) tr. insinuar. 2 introducir, deslizar, hacer penetrar, instilar. 3 to ~ oneself, insinuarse, introducirse.

insinuating (insiˈniueiting) adj. insinuante, insinuativo.

insinuation (insiniueˈshøn) s. insinuación, sugestión, indirecta. 2 acción de insinuarse; palabras para congraciarse.

insinuative (insiˈniueitiv) adj. insinuativo.

insinuator (insiˈniueitøʳ) s. insinuador.

insipid (insiˈpid) adj. insípido, insulso, soso, desabrido.

insipidity (insipiˈditi) s. insipidez, insulsez, sosería

insipidly (insiˈpidli) adv. insípidamente, insulsamente, sosamente.

insipidness (insiˈpidnis) s. INSIPIDITY.

insist (to) (insiˈst) intr. insistir, persistir, empeñarse en, porfiar; hacer hincapié en.

insistence, insistency (insiˈstøns, -si) s. insistencia, persistencia

insistent (insiˈstønt) adj. insistente, persistente. 2 muy visible.

insistently (insiˈstøntli) adv. insistentemente, persistentemente.

in situ (in saiˈtu) adv. GEOL. en el lugar de origen.

insnare (to) (insneˈøʳ) tr. TO ENSNARE.

insobriety (insobraiˈeti) s. falta de sobriedad, intemperancia.

insofar as (insofaˈʳ æš) adv. en lo que, hasta donde.

insociable (insouˈshiabøl) adj. insociable, taciturno.

insolate (to) (iˈnsoleit) tr. insolar.

insolation (insoleˈshøn) s. MED., METEOR. insolación. 2 acción de secar o blanquear al sol.

insole (iˈnsoul) s. plantilla [de zapato].

insolence, insolency (iˈnsoløns, -si) s. insolencia. 2 altanería.

insolent (iˈnsolønt) adj. insolente. 2 altanero.

insolently (iˈnsoløntli) adv. insolentemente. 2 altaneramente.

insolubility (insoliubiˈliti) s. insolubilidad.

insoluble (insoˈliubøl) adj. insoluble 2 impagable [deuda].

insolubleness (insoˈliubølnis) s. INSOLUBILITY.

insolvable (insoˈlvarøl) adj. insoluble. 2 indisoluble. 3 que no se puede saldar.

insolvency (inso lvensi), *pl.* **-cies** (-sis) *s.* insolvencia.

insolvent (inso lvønt) *adj.* insolvente.

insomnia (inso mnia) *s.* insomnio.

insomniao (inso mniæc) *s.* el que padece insomnio.

insomnious (inso mniøs) *adj.* insomne, desvelado.

insomuch (insomø ch) *conj.* de manera que. de suert⁷ que, de tal modo que, hasta el punto que : ~ *as*, ya que, puesto que ; ~ *that*, de tal modo que, hasta el punto que.

insouciance (insu sians) *s.* despreocupación, indiferencia.

insouciant (insu siant) *adj.* despreocupado, indiferente.

inspect (to) (inspe ct) *tr.* inspeccionar, examinar, registrar, reconocer.

inspection (inspe cshøn) *s.* inspección, examen, registro, reconocimiento, visita.

inspector (inspe ctø') *s.* inspector, interventor, registrador, veedor, controlador. 2 inspector de policia.

inspectorate (inspe ctørit) *s.* inspección [cargo; distrito; cuerpo de inspectores].

inspectorship (inspe ctø'ship) *s.* inspección [cargo].

inspirable (inspai rabøl) *adj.* inspirable.

inspiration (inspire shøn) *s.* FISIOL. inspiración. 2 inspiración [divina]. 3 inspiración, estro, numen. 4 inspiración, sugestión.

inspiratory (inspai ratori) *adj.* inspirador.

inspire (to) (inspai ø') *tr.* inspirar. 2 instilar, imbuir, co nunicar. 3 sugerir. 4 animar, estimular. 5 inhalar. — 6 *intr.* FISIOL. inspirar.

inspirer (inspai rø') *s.* inspirador.

inspiring (inspai ring) *adj.* inspirador, animador, alentador.

inspirit (to) (inspi rit) *tr.* animar, vigorizar, alentar, estimular.

inspissate (inspi seit) *s.* espesado, condensado, trabado.

inspissate (to) *tr.* espesar, condensar, trabar.

inspissation (inspise shøn) *s.* espesamiento, condensación.

instability (instabi liti) *s.* inestabilidad, mutabilidad, inconstancia.

instable (instei bøl) *adj.* instable, inestable, mudable. inconstante, variable.

install (to) (insto l) *tr.* instalar en, dar posesión oficialmente de [un cargo o dignidad]. 2 instalar, colocar [un aparato, etc.].

installation (intole shion) *s.* acto de dar posesión oficialmente. 2 instalación, colocación.

installment, instalment (instol mønt) *s.* instalación [acción]. 2 plazo [pago o entrega parcial] : ~ *plan*, pago a plazos, compra a plazos ; *on the* ~ *plan*, a plazos, con facilidades de pago. 3 entrega, fasciculo [de una publicación].

instance (i nstans) *s.* ejemplo, caso : *for* ~, por ejemplo. 2 vez ocasión. 3 ruego, petición, instancia : *at the* ~ *of*, a instancia de, a petición de. 4 DER. instancia. 5 *in the first* ~, en primer lugar, desde el principio.

instance (to) *tr.* poner por caso o por ejemplo, citar.

instancy (i nstansi) *s.* insistencia, instancia. 2 prontitud, instantaneidad.

instant (i nstant) *adj.* instante, insistente. 2 inminente, inmediato. 3 apremiante, urgente. 4 presente, corriente, actual : *the 10th* ~, el diez del corriente [mes]. — 5 *s.* instante, momento : *in an* ~, en un instante ; *the* ~, así que, tan pronto como. 6 corriente [mes].

instantaneity (instantani iti) *s.* instantaneidad ; prontitud.

instantaneous (instantei niøs) *adj.* instantáneo. 2 inmediato [hecho en seguida].

instantaneously (instantei niøsli) *adv.* instantáneamente.

instantaneousness (instantei niøsnis) *s.* INSTANTANEITY.

instanter (instæ ntø') *adv.* al instante, inmediatamente.

instantly (i nstantli) *adv.* instantemente. 2 al instante, inmediatamente, en seguida. — 3 *conj.* tan pronto como, en cuanto.

instate (to) (instei t) *tr.* instalar [en cargo o dignidad].

instauration (instore shøn) *s.* instauración, restauración.

instead (inste d) *adv.* en cambio, en lugar, en vez de ello. eso, él, ella, etc. 2 ~ *of*, en lugar de, en vez de.

instep (i nstep) *s.* empeine [del pie, del zapato]. 2 parte anterior de la pata trasera del caballo, etc.

instigate (to) (i nstigueit) *tr.* instigar, incitar, inducir, impulsar. 2 promover, fomentar.

instigation (instigue shøn) *s.* instigación, incitación.

instigator (instiguei tø') *s.* instigador, incitador.

instil, instill (to) (insti l) *tr.* instilar.

instillation (instile shøn) *s.* instilación.

instiller (insti lø') *s.* instilador.

1) **instinct** (i nstinct) *s.* instinto.

2) **instinct** (insti nct) *adj.* animado, movido, lleno, rebosante : ~ *with*, animado por; lleno, rebosante de [vida, fuerza, etc.].

instinctive (insti nctiv) *adj.* instintivo.

instinctively (insti nctivli) *adv.* instintivamente.

institor (i nstitø') *s.* DER. institor, factor.

institute (i nstitiut) *s.* instituto, institución [esp. literaria, cientifica, de enseñanza]. 2 principio, regla, precepto. 3 *pl.* instituta, instituciones.

institute (to) *tr.* instituir, fundar, establecer. 2 abrir, incoar, iniciar. 3 ECLES. nombrar para [un cargo o beneficio]. 4 DER. instituir [heredero].

institution (institiu shøn) *s.* institución [acción de instituir ; cosa instituida, organización, fundación]. 2 iniciación, comienzo. 3 norma, práctica o costumbre establecida. 4 DER. institución [de heredero]. 5 ECLES. institución canónica. 6 *fig.* institución [persona o cosa muy conocida].

institutional (institiu shønal), **institutionary** (institiu shøneri) *adj.* institucional.

institutive (i nstitiutiv) *adj.* instituyente. 2 establecido por el uso.

institutor (i nstitiutø') *s.* instituidor, institutor.

institutress (i nstitiutris) *s.* instituidora, institutora.

instruct (to) (instrø ct) *tr.* instruir, enseñar, doctrinar. 2 instruir, informar, enterar, imponer. 3 dar instrucciones, ordenar, mandar.

instructer (instrø ctø') *s.* INSTRUCTOR.

instruction (instrø cshøn) *s.* instrucción, enseñanza [acción, arte, profesión]. 2 instrucción [saber]. 3 lección, enseñanza, precepto. 4 *pl.* instrucciones, indicaciones; órdenes.

instructive (instrø ctiv) *adj.* instructivo.

instructively (instrø ctivli) *adv.* instructivamente.

instructiveness (instrø ctivnis) *s.* calidad de instructivo.

instructor (instrø ctø') *m.* instructor, maestro. 2 en ciertas universidades, profesor de categoría inferior.

instructress (instrø ctris) *f.* instructora, maestra.

instrument (i nstrument) *s.* instrumento [utensilio, máquina ; persona o cosa de que nos servimos]. 2 DER. instrumento [escritura, documento]. 3 MÚS. instrumento.

instrument (to) *tr.* MÚS. instrumentar.

instrumental (instrume ntal) *adj.* MÚS. instrumental. 2 GRAM. del caso instrumental. 3 que sirve de instrumento o medio, que contribuye, ayuda o favorece ; conducente, cooperador : *to be* ~ *in*, contribuir a. — 4 *s.* GRAM. caso instrumental.

instrumentalist (instrume ntalist) *s.* MÚS. instrumentista.

instrumentality (instrumentæ liti) *s.* calidad de lo que sirve de instrumento o medio ; agencia, mediación.

instrumentally (instrume ntali) *adv.* instrumentalmente. 2 en calidad de instrumento o medio.

instrumentation (instrumønte shøn) *s.* MÚS. instrumentación. 2 MÚS. ejecución. 3 MED. uso de instrumentos. 4 INSTRUMENTALITY.

insubjection (insøbÿe cshøn) *s.* inobediencia, insumisión.

insubordinate (insøbo 'dineit) *adj.* insubordinado.

insubordination (insøbo'dine shøn) *s.* insubordinación, indisciplina.

insubstantial (insøbstæ nshal) *adj.* insubstancial, poco sólido, ligero, tenue, frágil. 2 sin substancia corpórea, irreal.

insufferable (insø førabøl) *adj.* insufrible, insoportable, detestable.

insufferably (insø førabli) *adv.* insufriblemente.

insufficience, insufficiency (insøfi shøns, -si) *s.* insuficiencia. 2 incapacidad, incompetencia.

insufficient (insøfi shent) *adj.* insuficiente. 2 incapaz, incompetente.

insufficiently (insøfi shøntli) *adv.* insuficientemente.

insufflate (to) (insø·fleit) *tr.* insuflar.
insufflation (insøfle·shøn) *s.* insulflación, soplo.
insufflator (insø·fleitø') *s.* insuflador.
insular (i·nsiula') *adv.* insular, isleño. 2 perteneciente a las Islas Británicas. 3 *fig.* estrecho, limitado, de miras estrechas.
insularity (insiulæ·riti) *s.* calidad de insular o isleño. 2 estrechez de miras.
insulate (to) (i·nsiuleit) *tr.* aislar.
insulated (i·nsiuleitid) *adj.* aislado.
insulating (i·nsiuleiting) *adj.* aislador, aislante.
insulation (insiule·shøn) *s.* aislamiento. 2 material aislante.
insulator (i·nsiuletø') *s.* aislador. 2 pie de cristal para un piano.
insulin (i·nsiulin) *s.* QUÍM. insulina.
insult (i·nsølt) *s.* insulto, denuesto, ultraje, afrenta.
insult (to) (insø·lt) *tr.* insultar, ultrajar.
insulter (insø·ltø') *s.* insultador.
insulting (insø·lting) *adj.* insultante.
insultingly (insø·ltingli) *adv.* de manera insultante.
insuperability (insiupørabi·liti) *s.* calidad de insuperable.
insuperable (insiu·pørabøl) *adj.* insuperable, invencible.
insuperableness (insiu·pørabølnis) *s.* INSUPERABILITY.
insuperably (insiu·pørabli) *adv.* insuperablemente.
insupportable (insøpo·'tabøl) *adj.* insoportable, inaguantable, insufrible.
insupportableness (insøpo·'tabølnis) *s.* calidad de insoportable.
insupportably (insøpo·'tabli) *adv.* insoportablemente.
insuppressible (insøpre·sibøl) *adj.* que no se puede suprimir. 2 irreprimible.
insurable (inshu·rabøl) *adj.* COM. asegurable.
insurance (inshu·rans) *s.* COM. seguro, aseguración : *accident ~,* seguro contra accidentes; *endowment ~,* seguro dotal; *fire ~,* seguro contra incendios; *life ~,* seguro de vida. 2 prima o premio del seguro. 3 cantidad total del seguro. 4 garantía, seguridad. — 5 *adj.* de seguro : *~ adjuster,* intermediario entre el asegurador y el asegurado para determinar el valor del siniestro ; *~ agent,* agente de seguros; *~ bonds,* valores, etc., en que las compañías aseguradoras pueden invertir legalmente sus fondos; *~ broker,* corredor de seguros; *~ company,* compañía de seguros; *~ policy,* póliza de seguros; *~ premium,* prima o premio del seguro.
insurant (inshu·rant) *s.* COM. asegurado.
insure (to) (inshu·ø') *tr.* COM. asegurar. 2· asegurar, garantizar.
insured (inshu·rd) *adj. y s.* COM. asegurado.
insurer (inshu·rø') *s.* COM. asegurador.
insurgence, insurgency (insø·'yøns, -si) *s.* insurrección, sublevación.
insurgent (insø·'yønt) *adj. y s.* insurgente, insurrecto, sublevado. — 2 *adj.* embravecidas [olas].
insurmountable (insø'mau·ntabøl) *adj.* insuperable, invencible. 2 que no se puede pasar o transponer.
insurmountably (insø'mau·ntabli) *adj.* insuperablemente.
insurrection (insøre·cshøn) *s.* insurrección, rebelión, alzamiento.
insurrectional (insøre·cshønal), **insurrectionary** (insøre·cshøneri) *adj.* insurreccional. 2 rebelde.
insurrectionist (insøre·cshønist) *s.* insurrecto, rebelde.
insusceptible (insøse·ptibøl) *adj.* no susceptible. 2 insensible.
inswept (i·nsuept) *adj.* AUTO. más estrecho de delante que de atrás.
intact (intæ·ct) *adj.* intacto, íntegro, entero.
intactness (intæ·ctnis) *s.* calidad de intacto, integridad.
intaglio (intæ·liou) *s.* obra de talla, grabado.
intake (i·nteik) *s.* succión, aspiración, toma, entrada. 2 cantidad de aire, etc., que se aspira o que entra de una vez. 3 contracción, estrechamiento. 4 punto donde empiezan los menguados [de una media, etc.]. 5 MEC. válvula de admisión, orificio de entrada, boca. 6 acometida [de una conducción]. 7 producto de una finca.
intangibility (intænyibi·liti) *s.* intangibilidad.
intangible (intæ·nyibøl) *adj.* intangible ; impalpable.

intangibleness (intæ·nybølnis) *s.* INTANGIBILITY.
integer (i·ntiyø') *s.* número entero. 2 entidad completa.
integral (i·ntigral) *adj.* integrante, esencial. 2 integro, entero, completo, cabal. 3 FIL., MAT. integral. 4 MEC. de una pieza. 5 MAT. relativo a los enteros. — 6 *s.* totalidad. 7 MAT. integral.
integrality (intigræ·liti) *s.* integridad [calidad de íntegro, completo].
integrally (i·ntigrali) *adv.* íntegramente.
integrand (i·ntigrænd) *s.* MAT. expresión que se ha de integrar.
integrant (i·ntigrant) *adj. y s.* integrante.
integrate (to) (i·ntigreit) *tr.* integrar, formar un todo. 2 indicar el total. 3 MAT. integrar. — 4 *intr.* integrarse, completarse.
integrating (i·ntigreiting) *adj.* integrante. 2 de integración.
integration (intigre·shøn) *s.* integración.
integrity (inte·griti) *s.* integridad.
integument (inte·guiumønt) *s.* integumento. 2 tegumento.
integumental (integuiume·ntal), **integumentary** (integuiume·ntari) *adj.* integumentario, tegumentario.
intellect (i·ntelect) *s.* intelecto, inteligencia, entendimiento. 2 persona de talento. 3 gente de talento. intelectualidad.
intellection (intele·cshøn) *s.* intelección.
intellective (intele·ctiv) *adj.* intelectivo.
intellectual (intele·kchual) *adj. y s.* intelectual.
intellectualism (intele·kchuælism) *s.* intelectualismo.
intellectualist (intele·kchuælist) *s.* intelectualista.
intellectuality (intelekchuæ·liti) *s.* intelectualidad, entendimiento. 2 calidad de intelectual.
intellectually (intele·kchuali) *adv.* intelectualmente.
intelligence (inte·liyøns) *s.* inteligencia, intelectiva, entendimiento, penetración, talento. 2 información, conocimiento, noticia : *Piece of ~,* informe, noticia, aviso; *to give ~,* dar aviso. 3 información secreta. 4 relación, inteligencia, armonía [entre personas]. 5 ser o espíritu inteligente; ángel. — 6 *adj.* de inteligencia, de aviso, de información secreta, etc. : *~ bureau, department* o *service,* departamento o servicio de información secreta o de espionaje; *~ test,* PSIC. prueba de inteligencia. 7 (EE. UU.) *~ office,* agencia de colocaciones.
intelligencer (inte·liyønsø') *s.* noticiero. 2 espía.
intelligent (inte·liyønt) *adj.* inteligente. 2 conocedor, versado.
intelligential (inteliye·nshial) *adj.* inteligente, intelectual. 2 informativo, que da noticia.
intelligently (inte·liyøntli) *adv.* inteligentemente. 2 con conocimiento del asunto.
intelligibility (inteliyibi·liti) *s.* inteligibilidad.
intelligible (inte·liyibøl) *adj.* inteligible.
intelligibleness (inte·liyibølnis) *s.* INTELLIGIBILITY.
intelligibly (inte·liyibli) *adv.* inteligiblemente.
intemperance (inte·mpørans) *s.* intemperancia. 2 inclemencia [del tiempo].
intemperate (inte·mpørit) *adj.* inmoderado, excesivo, extremado ; *~ zone,* la zona tórrida o la glacial. 2 intemperante, desordenado, desenfrenado. 3 bebedor.
intemperately (inte·mpøritli) *adv.* inmoderadamente. 2 destempladamente.
intemperateness (inte·mpøritnis) *s.* intemperancia. 2 inmoderación, exceso.
intempestive (intempø·stiv) *adj.* intempestivo, inoportuno.
intend (to) (inte·nd) *tr.* intentar, tener la intención de, tener decidido, proponerse, proyectar, pensar, querer. 2 designar, destinar, hacer [para un fin] ; destinar [a una suerte] : *intended to.* hecho para, destinado a. 3 entender, querer decir.
intendance (inte·ndans) *s.* intendencia.
intendancy (inte·ndansi) *s.* intendencia [cargo o función; cuerpo de intendentes].
intendant (inte·ndant) *s.* intendente.
intended (inte·ndid) *adj.* propuesto, deseado, que se tiene como objeto ; hecho [para], destinado [a]. — 2 *adj. y s. fam.* prometido, futuro.
intendedly (inte·ndidli) *adv.* adrede, aposta, de intento, intencionadamente.
intendment (inte·ndmønt) *s.* DER. espíritu de una ley.
intenerate (to) (inte·nøreit) *tr.* enternecer, ablandar.

intense (inte·ns) *adj.* intenso. 2 grande, fuerte, vivo, violento, profundo, ardiente. 3 sumo, extremado. 4 que siente profundamente. 5 que expresa emoción viva o propósito decidido. 6 FOT. duro [negativo].

intensely (inte·nsli) *adv.* intensamente. 2 fuertemente, sumamente, profundamente, ardientemente.

intenseness (inte·nsnis) *s.* intensidad. 2 calidad del que siente profundamente.

intensifier (inte·nsifaiǫ') *s.* intensificador. 2 FOT. baño para reforzar.

intensify (to) (inte·nsifai) *tr.* intensificar; acrecentar, avivar. 2 FOT. reforzar. — 3 *intr.* intensificarse. ¶ CONJUG. pret. y p. p.: *intensified*.

intension (inte·nshǫn) *s.* intensión. 2 intensificación. 3 fuerza, profundidad, ardor, energía, decisión. 4 LÓG. contenido.

intensity (inte·nsiti) *s.* intensidad. 2 FOT. fuerza [de un negativo].

intensive (inte·nsiv) *adj.* intenso. 2 intensivo. 3 LÓG. relativo al contenido.

intensively (inte·nsivli) *adj.* intensamente. 2 intensivamente.

intent (inte·nt) *adj.* profundo, detenido; fijo [pensamiento, mirada]. 2 ∼ *on*, atento, dedicado a, absorto, concentrado en; resuelto, decidido a, empeñado en. — 3 *s.* intento, designio, ánimo, intención, propósito. 4 *to all intents and purposes*, en todos los casos o sentidos, prácticamente, virtualmente.

intention (inte·nshǫn) *s.* intención, propósito, mira, fin. 2 REL. intención [de la misa, etc.]. 3 CIR. *healing by first* ∼, cura de primera intención, sin supuración; *healing by second* ∼, cura por cicatrización, después de la supuración.

intentional (inte·nshǫnal) *adj.* intencional. 2 intencionado, hecho de intento.

intentionally (inte·nshǫnali) *adv.* intencionadamente, adrede.

intently (inte·ntli) *adv.* atentamente, asiduamente, con empeño. 2 fijamente, de hito en hito.

intentness (inte·ntnis) *s.* aplicación asidua, atención, afición, empeño. 2 fijeza [de la mirada, fin, etc.].

inter (to) (intǫ·') *tr.* enterrar, sepultar, inhumar.

interact (i·ntǫræct) *s.* entreacto, intermedio.

interact (to) (intǫræ·ct) *tr.* obrar entre sí, recíprocamente.

interaction (intǫræ·cshǫn) *s.* acción o influencia recíproca.

interallied (intǫrælai·d) *adj.* interaliado, de los aliados.

interamnian (intǫræ·mniæn) *adj.* situado entre ríos.

interarticular (intǫra·ti·kiula') *adj.* ANAT. interarticular.

interbreed (to) (intǫ·brɪd) *tr.* hibridar, cruzar. ¶ CONJUG. pret. y p. p.: *interbred*.

intercalary (intǫ·caleri) *adj.* intercalar.

intercalate (to) (intǫ·caleit) *tr.* intercalar, interpolar, interponer.

intercalation (intǫcale·shǫn) *s.* intercalación, interpolación.

intercede (to) (intǫ·sɪd) *intr.* interceder; mediar.

interceder (intǫ·si·dǫ') *s.* intercesor, medianero.

interceding (intǫ·si·ding) *adj.* intercesor.

intercellular (intǫ·se·liula') *adj.* BIOL. intercelular.

intercept (to) (intǫ·se·pt) *tr.* interceptar. 2 atajar, detener. 3 interrumpir la comunicación con, el acceso a.

interception (intǫ·se·pshǫn) *s.* interceptación. 2 atajo, detención.

intercession (intǫ·se·shǫn) *s.* intercesión; mediación.

intercessor (intǫ·se·sǫ') *s.* intercesor; medianero. 2 ECLES. obispo que administra una sede vacante.

intercessory (intǫ·se·sǫri) *s.* intercesorio.

interchain (to) (intǫ·chei·n) *tr.* encadenar, entrelazar.

interchange (i·ntǫ·cheinȳ) *s.* intercambio, cambio, trueque. 2 comercio, trato. 3 alternación, sucesión alternada.

interchange (to) (intǫ·chei·nȳ) *tr.* cambiar, trocar. 2 alternar, variar. — 3 *intr.* alternarse.

interchangeability (intǫ·cheinȳabi·liti) *s.* calidad de intercambiable.

interchangeable (intǫ·chei·nȳabǫl) *adj.* intercambiable, permutable. 2 de recambio. 3 mutuo, recíproco.

interchangeableness (intǫ·chei·nȳabǫlnis) *s.* INTERCHANGEABILITY.

interchangeably (intǫ·chei·nȳabli) *adv.* de manera intercambiable. 2 alternativamente; mutuamente, recíprocamente.

interchurch (intǫ·chǫ··ch) *adj.* entre iglesias, común a varias iglesias.

intercollegiate (intǫ·coli·ȳiit) *adj.* interescolar, interuniversitario.

intercolumnar (intǫ·colǫ·mna') *adj.* que está entre columnas.

intercolumniation (intǫ·colǫmnie·shǫn) *s.* ARQ. intercolumnio.

intercom (intǫ·kǫm) *s.* teléfono interior.

intercommunicate (to) (intǫ·comiu·nikeit) *intr.* comunicarse con otro.

intercommunication (intǫ·comiunike·shǫn) *s.* comunicación mutua. — 2 *adj.* ∼ *system*, INTERCOM.

intercommunity (intǫ·comiu·niti) *s.* calidad de común a varios. 2 participación en común.

intercontinental (intǫ·contine·ntal) *adj.* intercontinental.

intercostal (intǫ·co·stal) *adj.* ANAT. intercostal.

intercourse (i·ntǫ·co·s) *s.* trato, comunicación: correspondéncia, conversación: *sexual* ∼, trato carnal, cópula. 2 intercambio, comercio, tráfico.

intercross (to) (intǫ·cro·s) *tr.* entrecruzar. 2 cruzar [castas]. — 3 *intr.* entrecruzarse.

intercrossing (intǫ·cro·sing) *s.* acción de entrecruzar. 2 cruzamiento [de razas].

intercurrent (intǫ·cǫ·rǫnt) *adj.* intercurrente.

intercutaneous (intǫ·kiute·niǫs) *adj.* intercutáneo.

interdental (intǫ·de·ntal) *adj.* interdental.

interdependence (intǫ·depe·ndǫns) *s.* dependencia mutua.

interdependent (intǫ·depe·ndǫnt) *adj.* dependiente uno de otro.

interdict (i·ntǫ·dict) *s.* interdicto, entredicho. 2 prohibición, decreto prohibitorio.

interdict (to) (intǫ·di·ct) *tr.* entredecir, poner en entredicho. 2 interdecir, prohibir, vedar.

interdiction (intǫ·di·cshǫn) *s.* interdicción. 2 prohibición.

interdictive (intǫ·di·ctiv), **interdictory** (intǫ·di·ctori) *adj.* que interdice o veda, prohibitorio.

interdigital (intǫ·di·ȳital) *adj.* ZOOL. interdigital.

interest (i·ntǫrest) *s.* interés [provecho, utilidad, conveniencia personal; valor que tiene una cosa]: *to one's* ∼, en interés, en bien o en provecho de uno. 2 interés, rédito: *simple* ∼, interés simple; *compound* ∼, interés compuesto; *to put out* ∼, poner a rédito. 3 derecho, título [a una propiedad, etc.]. 4 participación [en un negocio]. 5 influencia, influjo [de una persona]. 6 ∼ *creces*: *with* ∼, con creces. 7 pl. *the interests*, el grupo dominante o influyente [esp. el grupo capitalista]; las grandes empresas.

interest (to) (i·ntǫrest) *tr.* interesar.

interested (i·ntǫrestid) *adj.* interesado.

interesting (i·ntǫresting) *s.* interesante.

interestingly (i·ntǫrestingli) *adv.* de manera interesante.

interestingness (i·ntǫrestingnis) *s.* calidad de interesante.

interfemoral (intǫ·fe·moral) *adj.* interfemoral.

interfere (intǫ·fi·ǫ') *intr.* FÍS. interferir; interferirse. 2 interponerse, meterse, mezclarse, intervenir, entrometerse, inmiscuirse. 3 oponerse, chocar. 4 VET. tropezarse, rozarse un pie con el otro [los caballos]. 5 *to* ∼ *with*, estorbar, dificultar.

interference (intǫ·fi·rǫns) *s.* FÍS., RADIO. interferencia. 2 interposición, intervención, intromisión, entrometimiento. 3 estorbo.

interferential (intǫ·fire·nshal) *adj.* FÍS. interferente.

interfering (intǫ·fi·ring) *s.* INTERFERENCE. 2 VET. alcanzadura. — 3 *adj.* que interfiere o se interfiere. 4 que interviene. 5 entrometido.

interfuse (to) (intǫ·fiu·s) *tr.* combinar, mezclar, entremezclar, fundir. 2 difundir. 3 penetrar, saturar, llenar, colmar. — 4 *intr.* mezclarse, fundirse.

interfusion (intǫ·fiu·ȳǫn) *s.* combinación, mezcla. 2 difusión. 3 saturación.

interim (i·ntǫrim) *adj.* intermedio, interino, provisional. — 2 *adv.* entretanto. — 3 *s.* entretanto, ínterin: *in the* ∼, entretanto, en el ínterin.

interior (inti·riǫ') *adj.* interior, interno. — 2 *s.* interior [parte de adentro].

interiorly (inti·riơ'li) adv. interiormente.
interjacent (intơ'ȳei·ṣơnt) adj. interyacente.
interject (to) (intơ'ȳe·ct) tr. echar o poner entre; interponer, insertar. — 2 intr. interponerse.
interjection (intơ'ȳe·cshơn) s. interposición. 2 GRAM. interjección.
interjoin (intơ'ȳoi·n) tr. unir mutuamente.
interlace (to) (intơ'lei·s) tr. entrelazar. 2 entremezclar.
interlapse (intơ'læ·ps) s. intervalo [de tiempo].
interlard (to) (intơ'la·'d) tr. coc. mechar. 2 entremezclar, salpicar, entreverar. 3 interpolar.
interleave (to) (intơ'li·v) tr. interfoliar.
interline (intơ'lai·n) s. entrelínea.
interline (to) tr. interlinear, entrerrenglonar. 2 COST. entretelar
interlinear (intơ'li·nia') adj. interlineal.
interlineation (intơ'linie·shơn) s. interlineación.
interlining (intơ'lai·ning) s. interlineación. 2 COST. entretela.
interlink (i·ntơ'linc) s. eslabón intermedio.
interlink (to) (intơ'li·nc) tr. eslabonar.
interlock (i·ntơ'loc) s. traba, trabazón. 2 MEC. mecanismo para enlazar ciertos movimientos. 5 CINEM. sincronización. 6 CINEM. sincronizador, mecanismo de sincronización.
interlock (to) (intơ'lo·c) tr. unir, trabar o entrelazar fuertemente, enclavijar. 2 engranar, engargantar. — 3 intr. unirse, entrelazarse, enclavijarse.
interlocking (intơ'lo·king) s. acción de unir, trabar, entrelazar o enclavijar. — 2 adj. que se unen, traban o entrelazan, trabado, entrelazado; de fijación mutua : ~ directorates, consejos administrativos de un grupo de empresas en que varios consejeros lo son de cada uno de ellos, de modo que tienen en su poder la dirección efectiva de todo el grupo.
interlocution (intơ'lokiu·shơn) s. interlocución. 2 paréntesis, digresión.
interlocutor (intơ'lo·kiutơ') s. interlocutor.
interlocutory (intơ'lo·kiutơri) adj. dialogístico; de conversación. 2 DER. interlocutorio.
interlope (to) (intơ'lou·p) intr. entrometerse, sacar ventaja sin derecho. 2 traficar sin licencia.
interloper (intơ'lou·pơ') s. entrometido, intruso. 2 traficante intérlope.
interlude (i·ntơ'lud) s. TEATR. intermedio, entremés. 2 MÚS. interludio. 3 intervalo, espacio.
interlunar, interlunary (intơ'liu·na', -næri) adj. del interlunio.
interlunation (intơ'liu·næ·shơn) s. ASTR. interlunio.
intermarriage (intơ'mæ·ridȳ) s. casamiento entre personas de distintas tribus, castas, etc. 2 casamiento entre parientes.
intermarry (intơ'mæ·ri) intr. unirse por casamientos diferentes familias, tribus, castas, etc.
intermaxillary (intơ'mac·sileri) adj. y s. ANAT. intermaxilar : ~ bone, hueso intermaxilar.
intermeddle (to) (intơ'me·dơl) intr. entremeterse, injerirse, inmiscuirse, mezclarse.
intermeddler (intơ'me·dlơ') s. entrometido, refitolero.
intermeddling (intơ'me·dling) s. injerencia, entremetimiento.
intermediacy (intơ'mi·diasi) s. calidad de intermedio. 2 intervención, mediación.
intermedial (intơ'mr·dial) adj. INTERMEDIATE.
intermediary (intơ'mi·dieri) adj. intermedio. — 2 s. medio, conducto.
intermediate (intơ'mr·dieit) adj. intermedio. — 2 s. cosa intermedia. 4 intermediario, mediador.
intermediate (to) intr. interponerse, intermediar. 2 intervenir, mediar.
intermediately (intơ'mr·dieitli) adv. por intervención o mediación.
intermediation (intơ'midie·shơn) s. interposición, intervención, mediación.
interment (intơ'mơnt) s. entierro, enterramiento, sepultura, inhumación.
intermezzo (intơ'me·dȳo) s. MÚS. intermedio.
interminable (intơ'minabơl) adj. interminable, inacabable, infinito.
interminably (intơ'minabli) adv. interminablemente.
interminate (intơ'minit) adj. infinito, sin fin.
intermingle (to) (intơ'mi·ngơl) tr. entremezclar, entreverar. — 2 intr. mezclarse, entremezclarse.
intermission (intơ'mi·shơn) s. intermisión, interrupción, tregua. 2 TEAT. intermedio, entreacto.

intermissive (intơ'mi·siv) adj. intermitente.
intermit (to) (intơ'mi·t) tr. intermitir, interrumpir, suspender, discontinuar. — 2 intr. interrumpirse, cesar; ser intermitente. ¶ CONJUG. pret. y p. p.: intermitted; ger.: intermitting.
intermittence (intơ'mi·tơns) s. intermitencia.
intermittent (intơ'mi·tơnt) adj. intermitente.
intermittingly (intơ'mi·tingli) adv. con intermisión, a intervalos.
intermix (to) (intơ'mi·cs) tr. entremezclar, entreverar, entretejer. — 2 intr. entremezclarse.
intermixture (intơ'mi·cschu') s. entremezcladura, mezcla, compenetración.
intermundane (intơ'mơ·ndein) adj. que está entre mundos o astros.
intermuscular (intơ'miu·skiula') adj. ANAT. intermuscular.
intermutual (intơ'miu·chual) adj. mutuo.
intern (i·ntơ'n) s. interno [de un hospital]. 2 persona internada.
intern (to) (intơ·'n) tr. internar. 2 detener [un buque] en un puerto.
internal (intơ·'nal) adj. interior, interno, intestino : internal-combustion engine, motor de explosión, motor de combustión interna; ~ diameter, diámetro interior : ~ medicine, medicina interna; ~ revenue tax, impuesto sobre manufactura, consumo, etc., en el interior del país. — 2 s. pl. los órganos internos. 3 las cualidades intrínsecas, la esencia íntima, el alma.
internally (intơ·'nali) adv. interiormente, internamente.
international (intơ'næ·shonal) adj. internacional. — 2 s. (con may.) Internacional [asociación].
internationalism (intơ'næ·shonališm) s. internacionalismo.
internationalist (intơ'næ·shonalist) s. internacionalista. 2 perito en derecho internacional.
internationality (intơ'næshơnæ·liti) s. internacionalidad.
internationalize (to) (intơ'næ·shơnalaiš) tr. internacionalizar.
internecine (intơ'ni·sin) adj. mutuamente destructor, mortífero, sanguinario.
internee (intơ'ni·) s. MIL. persona internada.
internist (intơ·'nist) s. MED. internista.
internment camp s. campo de concentración.
internodal (intơ'nou·dal) adj. que está entre dos nodos, nudos o segmentos.
internode (intơ'nou·d) s. espacio entre dos nodos. 2 BOT. entrenudo.
internodial (intơ'nou·dial) adj. internodal.
internodium (intơ'nou·diơm) s. ZOOL. internodio.
internuncio (intơ'no·nshiou) s. internuncio.
interoceanio (intơroshi·ænic) adj. interoceánico.
interosseous (intơro·siơs) adj. ANAT. interóseo.
interparliamentary (intơ'pa'lime·ntari) adj. interparlamentario.
interparietal (intơ'pærai·ơtal) adj. ANAT. interparietal.
interpellate (to) (intơ'pe·leit) tr. interpelar.
interpellation (intơ'pele·shơn) s. interpelación.
interpenetrate (to) (intơ'pe·netreit) tr. e intr. penetrar entre, dentro o a través. 2 penetrarse mutuamente.
interphone (intơ·'foun) s. teléfono de servicio interior.
interplanetary (intơ'plane·teri) adj. interplanetario.
interpolate (to) (intơ·'poleit) tr. interpolar. 2 insertar, intercalar.
interpolation (intơ'pole·shơn) s. interpolación.
interpolator (intơ·'poleitơ') s. interpolador.
interposal (intơ'pou·ṣal) s. interposición. 2 mediación, intervención.
interpose (to) (intơ'pou·š) tr. interponer. — 2 intr. interponerse, mediar, intervenir. 3 interrumpir [con una observación, etc.]. 4 CINEM. aparecer o desaparecer gradualmente una imagen.
interposer (intơ'pou·sơ') s. el que se interpone. 2 mediador.
interposition (intơ'posi·shơn) s. interposición, intervención, mediación.
interpret (to) (intơ·'prit) tr. interpretar. — 2 intr. hacer de intérprete, traducir.
interpretable (intơ·'pritabơl) adj. interpretable.
interpretation (intơ'prite·shơn) s. interpretación. 2 traducción [del intérprete].
interpretative (intơ·'priteitiv) adj. interpretativo.

INTERROGACIÓN / INTERROGATIVES

Construcción de la oración interrogativa

- El verbo es **to be** o **to have**; **to dare** o **to need** (como auxiliares) o algún defectivo como **shall, will, can, may, must** o **ought.** El sujeto va inmediatamente después del verbo: are **they** here?, ¿están aquí?; have **you** any money?, ¿tiene usted dinero?; dare **you** go there?, ¿se atreve usted a ir allí?; need **he** do it?, ¿necesita hacerlo?; shall **she** come?, ¿vendrá ella?, ¿quiere usted que venga?; will **John** know it?, ¿lo sabrá Juan?; can **this** boy write?, ¿sabe escribir este niño?; might **your father** help you?, ¿podría ayudarle su padre?; must **I** see him?, ¿he de verle?

- El verbo es otro cualquiera en tiempo simple. La oración se construye con el auxiliar **to do,** que va delante del sujeto; el verbo toma la forma invariable del infinitivo sin to: do you see this tree?, ¿ve usted este árbol?; did your brother win the race?, ¿ganó la carrera su hermano?

  —En los tiempos compuestos no se usa **do, does, did** y el sujeto va inmediatamente después del auxiliar: have **you** seen the house?, ¿ha visto usted la casa?

- Cuando la oración empieza con un pronombre interrogativo sujeto del verbo o con un adjetivo interrogativo que acompaña al sujeto, no se usa **do, did** y no hay inversión del sujeto: **who** wins the prize?, ¿quién gana el premio?; **what** happened to him?, ¿qué le pasó?; **which** pillars support the arch?, ¿qué pilares sostienen el arco?

- Después de un adverbio interrogativo la oración se construye como se ha indicado: **how long** will they remain here?, ¿cuánto tiempo permanecerán aquí?; **where** did he stop?, ¿dónde se detuvo?; **whence** have you come?, ¿de dónde ha venido usted?

interpretatively (intø'priteitivli) adv. interpretativamente.
interpreter (intø'pritø') s. intérprete. 2 trujamán. 3 interpretador
interregnum (intø're gnøm) s. interregno.
interrelated (intø'rilei tid) adj. que tienen relación recíproca.
interrogate (to) (inte rogueit) tr. interrogar [a un testigo, etc.]. — 2 intr. hacer preguntas.
interrogation (interogue shøn) s. interrogación · pregunta. 2 ORT. interrogación, interrogante. — 3 adj. de interrogación : ∼ mark o point, interrogante. signo de interrogación.
interrogative (intero gativ) adj. interrogativo. — 2 s. palabra interrogativa.
interrogatively (intero gativli) adv. interrogativamente.
interrogator (inte rogueitø') s. interrogante, preguntador.
interrogatory (intero gatori) adj. interrogativo. — 2 s. interrogatorio.
interrupt (to) (intørø pt) tr. e intr. interrumpir.
interruptedly (intørø ptidli) adv. interrumpidamente, de un modo discontinuo.
interrupter (intørø ptø') s. interruptor [que interrumpe]. 2 ELECT. interruptor, disyuntor.
interruption (intørøpshøn) s. interrupción. 2 solución de continuidad. 3 estorbo, obstáculo.
interscapular (intø'scæ piula') adj. ANAT. interescapular.
intersect (to) (intø'se ct) tr. cortar, cruzar [una línea, etc., a otra]. — 2 intr. intersecarse, cortarse.
intersection (intø'se cshøn) s. intersección. 2 cruce [de calles, etc.].
interspace (i ntø'speis) s. intervalo, espacio intermedio; intersticio.
interspace (to) (intø'pei s) tr. espaciar, dejar espacio entre. 2 llenar el espacio entre.
intersperse (to) (intø'spø 's) tr. esparcir, entremezclar, sembrar, salpicar.
interspersion (intø'spø 'shøn) s. esparcimiento de una cosa entre otras.
interstate (i ntø'steit) adj. interestatal, que se hace entre diferentes estados o naciones.
interstellar (intø'ste la') adj. interestelar.
interstice (i ntø'stis) s. intersticio. 2 resquicio, hendedura.
interstitial (intø'sti shal) adj. intersticial.
intertexture (intø'te cschø') s. entretejimiento.
intertrigo (intø'trai gou) s. MED. intertrigo.
intertropical (intø'tro pical) adj. intertropical.
intertwine, intertwist (to) (intø'tuai n, -tui st) tr. entretejer, entrelazar. 2 MAR. acolchar. — 3 intr. entrelazarse, enroscarse uno en otro.

interval (i ntø'val) s. intervalo, espacio, claro, blanco, hueco : at intervals, a ratos, de vez en cuando; de trecho en trecho. aquí y allí. 2 intermedio, descanso. 3 MÚS. intervalo.
intervene (to) (intø'vi n) intr. intervenir, mediar. 2 interponerse atravesarse, estar entre. 3 sobrevenir, ocurrir, transcurrir, mediar [entre dos momentos o hechos].
intervening (intø'vi ning) adj. que interviene. 2 intermedio, interpuesto, interyacente, que media, que transcurre entre.
intervenient (intø'vi niønt) adj. intermedio, que media o está entre. 2 que sobreviene entre, incidental.
intervention (intø've nshøn) s. intervención [acción de tomar parte o mediar] ; mediación. 2 interposición.
interventionism (intø've nshønišm) s. intervencionismo.
intervertebral (intø'vø tøbral) adj. ANAT. intervertebral.
interview (i ntø'viu) s. entrevista, conferencia. 2 interviev, interviu [periodística].
interview (to) tr. entrevistarse con. 2 intervievar.
interviewer (i ntø'viuø') s. reportero que hace intervievs o interviús.
intervocalic (intø'voca lic) adj. FONÉT. intervocálico.
intervolve (to) (intø'vo lv) tr. envolver una cosa en otra.
interweave (to) (intø'uiv) tr. entretejer, entrelazar. — 2 intr. entretejerse, entrelazarse. ¶ CONJUG. pret. : interwove o -weaved; p. p. : interwove, -woven o -weaved.
interwreathe (to) (intø'rri d) tr. tejer en forma de guirnalda. 2 entretejer.
intestable (inte stabøl) adj DER. incapacitado para testar.
intestacy (inte stasi) s. falta de testamento, calidad de intestado.
intestate (inte steit) adj. intestado. 2 no dejado en testamento.
intestinal (inte stinal) adj. ANAT., ZOOL. intestinal : ∼ worm, lombriz intestinal.
intestine (inte stin) adj. intestino. 2 interno, íntimo. — 3 s. ANAT. intestino.
inthrall (to) (inzro l) tr. TO ENTHRALL.
inthralment (inzro lmønt) s. ENTHRALMENT.
inthrone (to) (inzrou n) tr. TO ENTHRONE.
intimacy (i ntimasi) s. intimidad, familiaridad, amistad o relación íntima.
intimate (i ntimit) adj. íntimo. 2 de confianza, casero. — 3 s. amigo íntimo; confidente.
intimate (to) (i ntimeit) tr. anunciar, notificar, intimar. 2 indicar, insinuar, dar a entender.
intimately (i ntimitli) adv. íntimamente.

intimation (intime·shøn) *s.* notificación, intimación. 2 insinuación, indicación; noticia o referencia vaga.
intimidate (to) (inti·mideit) *tr.* intimidar. arredrar, acoquinar.
intimidation (intimide·shøn) *s.* intimidación.
into (i·ntu) *prep.* en, dentro, adentro, hacia el interior, a [indicando movimiento o dirección de fuera a dentro; tránsito de un estado a otro; conversión, transformación; penetración, inclusión] : *to go* ~, entrar en; *translated* ~ *many languages*, traducido a muchas lenguas. 2 rige la voz que expresa el efecto producido por la acción del verbo : *to force* ~ *compliance*, obligar a ceder, a cumplir; *to talk* ~ *believing*, convencer, persuadir, hacer creer [hablando]. 3 ~ *the bargain*, por añadidura.
intolerability (intolørabi·liti) *s.* intolerabilidad.
intolerable (into·lørabøl) *adj.* intolerable, insoportable, insufrible.
intolerableness (into·lørabølnis) *s.* INTOLERABILITY.
intolerably (into·lørabli) *adv.* intolerablemente.
intolerance, intolerancy (into·lørans, -si) *s.* intolerancia. 2 falta de capacidad para resistir o sufrir [una cosa].
intolerant (into·lørant) *adj.* y *s.* intolerante. — 2 *adj.* que no puede resistir o sufrir.
intolerantly (into·lørantli) *adv.* con intolerancia.
intomb (to) (intu·m) *tr.* enterrar, sepultar.
intonate (to) (i·ntoneit) *tr.* TO INTONE.
intonation (intone·shøn) *s.* entonación entonamiento.
intone (to) (intou·n) *tr.* entonar [una canción, etc.]. 2 cantar o recitar en un solo tono. 3 salmear, salmodiar.
intorsion (into·rshøn) *s.* BOT. intorsión.
intoxicant (into·csicant) *adj.* embriagador. — 2 *s.* bebida alcohólica.
intoxicate (to) (into·csikeit) *tr.* embriagar, emborrachar. 2 MED. intoxicar.
intoxicating (into·csikeitin) *adj.* embriagante, embriagador. 2 emborrachador.
intoxication (intocsike·shøn) *s.* MED. intoxicación. 2 embriaguez, borrachera.
intracoastal (i·ntracou·stal) *adj.* cercano a la costa.
intractability (intræctabi·liti) *s.* intratabilidad, hurañería. 2 indocilidad, obstinación.
intractable (intræ·ctabøl) *adj.* intratable. 2 ingobernable, indócil, indomable, obstinado. 3 difícil de manipular o trabajar [material]. 4 ᴍ·ᴅ. difícil de tratar.
intractableness (intræ·ctabølnis) *s.* INTRACTABILITY.
intractably (intræ·ctabli) *adv.* intratablemente.
intrados (intrei·døs) *s.* ARQ. intradós.
intramolecular (intramole·kiula·r) *adj.* intramolecular.
intramural (intramiu·ral) *adj.* que se halla, se hace u ocurre intramuros, dentro de las paredes de un colegio, etc.
intramuscular (intræmiu·skiula·r) *adj.* intramuscular.
intranquillity (intræncui·liti) *s.* intranquilidad, desasosiego.
intransient (intræ·nȳønt) *adj.* inmutable, permanente.
intransigence (intræ·nšiȳøns) *s.* intransigencia.
intransigent (intræ·nsiȳønt) *adj.* y *s.* intransigente.
intransigentist (intræ·nsiȳøntist) *s.* intransigente.
intransitive (intræ·nsitiv) *adj.* GRAM. intransitivo.
intransitively (intræ·nsitivli) *adv.* intransitivamente.
intransmutability (intrænsmiutabi·liti) *s.* intransmutabilidad.
intransmutable (intrænsmiu·tabøl) *adj.* intransmutable.
intrench (to) (intre·nch) *tr.* cortar, hacer un surco en. 2 atrincherar.
intrenchment (intre·nchmønt) *s.* ENTRENCHMENT.
intrepid (intre·pid) *adj.* intrépido, denodado.
intrepidity (intrepi·diti) *s.* intrepidez.
intrepidly (intre·pidli) *adv.* intrépidamente.
intricacy (i·ntricasi) *s.* intrincación, intrincamiento, embrollo enredo, maraña, complicación.
intricate (i·ntrikit) *adj.* intrincado; embrollado, enredado, complicado, confuso.
intricately (i·ntrikitli) *adv.* intrincadamente.
intrigant, intriguant (i·ntrigant) *s.* intrigante [hombre].

intrigante, intriguante (intriga·nt) *s.* intrigante [mujer].
intrigue (intri·g) *s.* intriga, manejo, trama, conspiración. 2 enredo amoroso. lio. 3 enredo [de la obra dramática, etc.].
intrigue (to) *intr.* intrigar. 2 tener intrigas amorosas. — 3 *tr.* lograr o procurar mañosamente, intrigando. 4 enredar, complicar. 5 intrigar [despertar curiosidad].
intriguer (intri·gø·r) *s.* intrigante.
intriguingly (intri·guingli) *adv.* por medió de intrigas.
intrinsic (intri·nsic) *adj.* intrínseco. 2 secreto, privado, íntimo.
intrinsical (intri·nsical) *adj.* intrínseco.
intrinsically (intri·nsicali) *adv.* intrínsecamente.
intrinsicalness (intri·nsicalnes) *s.* calidad de intrínseco.
introduce (to) (introdiu·s) *tr.* introducir [hacer entrar, meter, injerir]. 2 introducir [hacer adoptar, poner en uso]. 3 presentar [un proyecto de ley]. 4 presentar [una persona a otra]. 5 hacer la introducción, el exordio [de un libro, etc.].
introducer (introdiu·sø·r) *s.* introductor. 2 presentador.
introduction (introdø·cshøn) *s.* introducción. 2 presentación. 3 prólogo, prefacio, proemio.
introductive (introdø·ctiv) *adj.* introductorio.
introductor (introdø·ctø·r) *s.* introductor.
introductory (introdø·ctori) *adj.* introductorio, de introducción, preliminar. 2 de presentación.
introit (introu·it) *s.* LITURG. introito.
intromision (intromi·shøn) *s.* introducción, inserción, admisión. 2 DER. (Esc.) intromisión.
intromit (to) (intromi·t) *tr.* introducir, injerir, admitir, dar entrada a. — 2 *intr.* DER. (Esc.) inmiscuirse.
introrse (intrø·rs) *adj.* BOT. introrso.
introspect (to) (introspe·ct) *tr.* mirar dentro; examinar introspectivamente. — 2 *intr.* hacer introspección.
introspection (introspe·cshøn) *s.* introspección.
introspective (introspe·ctiv) *adj.* introspectivo.
introversion (introvø·rhøn) *s.* introversión. 2 vuelta hacia adentro. 3 ZOOL. invaginación.
introvert (i·ntrovø·rt) *adj.-s.* introverso, introvertido. 2 vuelto hacia adentro. 3 ZOOL. invaginado.
introvert (to) *tr.* volver [el pensamiento, etc.] hacia el propio interior de uno. 2 volver hacia adentro. 3 ZOOL. invaginar. — 4 *intr.* concentrarse en sí mismo, hacer introversión.
introverted (introvø·rtid) *adj.* MÉTR. dícese del cuarteto cuya rima es la de la redondilla.
intrude (to) (intru·d) *tr.* imponer uno [su presencia, sus opiniones, etc.]. — 2 *intr.* entrometerse, injerirse, presentarse, meterse, imponer uno su presencia [donde no es llamado o admitido con gusto]; estorbar. 3 intrusarse.
intruded (intru·ded) *adj.* GEOL. formado por intrusión.
intruder (intru·dø·r) *s.* intruso. 2 entremetido.
intrusion (intru·ȳøn) *s.* intrusión, entremetimiento. 2 GEOL. intrusión, entrada de magmas o rocas fundidas entre otras formaciones de roca.
intrusional (intru·ȳonal), (intru·siv) *adj.* intruso. 2 introducido en un elemento extraño. 3 GEOL. de intrusión o formado por intrusión.
intrusively (intru·sivli) *adv.* intrusamente.
intrusiveness (intru·sivnis) *s.* tendencia a intrusarse o entremeterse.
intrust (to) (intrø·st) *tr.* TO ENTRUST.
intubate (to) (i·ntiubeit) *tr.* MED. intubar.
intubation (intiube·shøn) *s.* MED. intubación.
intuition (intiui·shøn) *s.* intuición.
intuitional (intiui·shønal) *adj.* intuitivo.
intuitionalism (intiui·shønališm), **intuitionism** (intiui·shønism) *s.* doctrina según la cual los valores morales se conocen por intuición. 2 doctrina según la cual hay ciertas verdades conocidas intuitivamente que forman la base del conocimiento humano.
intuitive (intiu·itiv) *adj.* intuitivo.
intuitively (intiu·itivli) *adv.* intuitivamente.
intumesce (to) (intiume·s) *intr.* hinchar, dilatar.
intumescency, intumescence (intiume·søns, -si) *s.* intumescencia; hinchazón.
intumescent (intiume·sønt) *adj.* intumescente; hinchado.
intussusception (intøsøse·pshøn) *s.* BIOL., MED. intususcepción.

intwine (to) *tr.* e *intr.* TO ENTWINE.
inula (i·niula) *s.* BOT. helenio, énula campana.
inulin (i·niulin) *s.* QUÍM. inulina.
inunction (inø·ncshøn) *s.* untura, friega.
inundate (to) (inø·ndeit) *tr.* inundar, anegar.
inundation (inønde·shøn) *s.* inundación.
inurbane (inø·bei·n) *adj.* inurbano, descortés, incivil.
inurbaneness (inø·bei·nnis), **inurbanity** (inø·bei·niti) *s.* inurbanidad.
inure (to) (iniu·ø') *tr.* habituar, acostumbrar, avezar, hacer, curtir. — 2 *intr.* DER. tener efecto, ser aplicado 3 DER. quedar para, pasar a [uno].
inured (iniu·ø'd) *adj.* avezado, hecho [a], curtido, endurecido [en].
inurement (iniu·ø'mønt) *s.* hábito, práctica, costumbre.
inurn (to) (inø·'n) *tr.* poner en una urna.
inutile (iniu·til) *adj.* inútil.
inutility (iniuti·liti) *s.* inutilidad.
invade (to) (invei·d) *tr.* invadir. 2 usurpar, violar [derechos, etc.]
invader (invei·dø') *s.* invasor. 2 usurpador [de derechos, etc.].
invaginate (invæ·ỹineit) *adj.* invaginado.
invaginate (to) *tr.* invaginar.
invagination (invæỹine·shøn) *s.* invaginación.
1) **invalid** (invæ·lid) *adj.* inválido, írrito, nulo, de ningún valor.
2) **invalid** (i·nvalid) *adj.* inválido, tullido, enfermo, achacoso. 2 para inválidos o enfermos : ~ *chair*, sillón para inválidos o enfermos. — 3 *s.* inválido. 4 persona achacosa, que está siempre enferma.
invalid (to) (invali·d) *tr.* convertir en un inválido. 2 licenciar como inválido, inscribir en el registro de inválidos. — 3 *intr.* perder la salud. 4 retirarse o licenciarse por enfermo o inválido.
invalidate (to) (invæ·lideit) *tr.* invalidar, anular.
invalidation (invælide·shøn) *s.* invalidación.
invalidism (i·nvalidiśm) *s.* invalidez, estado del que está siempre enfermo; propensión a estar siempre enfermo.
invalidity (invæli·diti), **invalidness** (invæ·lidnis) *s.* invaliuez nulidad. 2 incapacidad, inhabilitación. 3 invalidez, tullidura ; falta de salud.
invaluable (invæ·liuabøl) *adj.* inestimable, inapreciable, precioso. 2 sin valor.
invaluably (invæ·liuabli) *adv.* inestimablemente.
invariability (inveriabi·liti) *s.* invariabilidad, invariación.
invariable (inve·riabøl) *adj.* invariable.
invariableness (inve·riabølnis) *s.* INVARIABILITY.
invariably (inve·riabli) *adv.* invariablemente ; sin excepción.
invariant (invé·riant) *adj.* invariable, constante. 2 MAT. relativo a las invariantes. — 3 *s.* MAT. invariante.
invasion (invei·ỹon) *s.* invasión. 2 usurpación, violación [de derechos, etc.].
invasive (invei·siv) *adj.* invasor, de invasión ; agresivo.
invective (inve·ctiv) *s.* invectiva. — 2 *adj.* duro, agresivo, injurioso, que tiene carácter de invectiva. 3 dado a la invectiva.
inveigh (to) (invei·) *intr.* lanzar o decir invectivas [contra].
inveigher invei·ø') *s.* el que lanza invectivas.
inveigle (to) (invi·gøl) *tr.* engañar, seducir, engatusar, embair. 2 atraer u obtener con engaño o halago.
inveiglement (invi·gølmønt) *s.* embaimiento, engaño.
inveigler (invi·glø') *s.* embaidor, seductor, engatusador.
inveil (to) (invei·l) *tr.* velar [cubrir con velo].
invent (to) (inve·nt) *tr.* inventar. 2 discurrir, idear.
inventer (inve·ntø') *s.* inventor.
inventible (inve·ntibøl) *adj.* inventable.
invention invve·nshøn) *s.* invención [acción de inventar ; cosa inventada]. 2 invención, mentira, falsedad. 3 invento. 4 ingenio, mecanismo. 5 inventiva. 6 ECLES. *Invention of the Cross*, Invención de la Santa Cruz.
inventive (inve·ntiv) *adj.* inventivo.
inventor (inve·ntø') *s.* inventor. 2 invencionero.
inventorial (invento·rial) *adj.* del inventario.
inventory (i·nventŏri) *s.* inventario. 2 artículos inventariables.

inventory (to) *tr.* inventariar.
inventress (inve·ntris) *s.* inventora.
inverness (invø·ne·s) *s.* macferlán.
inverse (i·nvø·'s) *adj.* inverso. 2 invertido, trastrocado. — 3 *s.* lo inverso.
inversely (invø·'sli) *adv.* inversamente.
inversion (invø·'shøn) *s.* inversión. 2 trastrueque. 3 RET. anástrofe.
invert (i·nvø·'t) *adj.* QUÍM. invertido. — 2 *s.* COM. invertosa, azúcar invertido. 3 PSIC. invertido, homosexual.
invert (to) (invø·'t) *tr.* invertir [alterar el orden de ; volver de arriba abajo], trastornar. 2 volver de fuera adentro o de dentro afuera. 3 GRAM., MAT., QUÍM. invertir.
invertase (invø·'teis) *s.* QUÍM. invertasa.
invertebral (invø·'tøbral) *adj.* y *s.* invertebrado.
Invertebrata (invø·'tøbreita) *s. pl.* ZOOL. invertebrados.
invertebrate (invø·'tøbreit) *adj.* y *s.* ZOOL. invertebrado.
inverted (invø·'tid) *adj.* invertido, inverso : ~ *commas*, comillas.
invertedly (invø·'tedli) *adv.* invertidamente.
invertin (invø·'tin) *s.* QUÍM. invertina.
invest (to) (inve·st) *tr.* investir [de una dignidad, etc.]. 2 ECLES. instalar [en un cargo]. 3 vestir, envolver, cubrir, revestir. 4 ponerse [una prenda]. 5 invertir, emplear [dinero]. 6 MIL. cercar, sitiar, bloquear.
investigable (inve·stigabøl) *adj.* investigable, averiguable.
investigate (to) (inve·stiigueit) *tr.* investigar. 2 averiguar, indagar. — 3 *intr.* hacer investigaciones o averiguaciones.
investigation (investigue·shøn) *s.* investigación, averiguación, indagación, pesquisa.
investigative (inve·stigueitiv) *adj.* investigador.
investigator (inve·stigueitø') *s.* investigador. 2 averiguador, indagador.
investiture (inve·stichø') *s.* investidura. 2 vestidura, envoltura.
investment (inve·stmønt) *s.* investidura. 2 ECLES. instalación [en un cargo]. 3 vestidura, envoltura, cubierta. 4 inversión, empleo [de dinero]. 5 MIL. cerco, sitio, bloqueo.
investor (inve·stø') *s.* persona que invierte o emplea dinero.
inveteracy (inve·tørasi) *s.* calidad de inveterado.
inveterate (inve·tørit) *adj.* inveterado. 2 arraigado. 3 empedernido, pertinaz. 4 crónica, rebelde [enfermedad].
inveterately (inve·tøritli) *adv.* inveteradamente ; empedernidamente.
inveterateness (inve·tøritnis) *s.* calidad de inveterado.
invidious (invi·diøs) *adj.* injusto, irritante, odioso.
invidiously (invi·diøsli) *adv.* odiosamente.
invidiousness (invi·diøsnis) *s.* odiosidad.
invigorate (to) (invi·gøreit) *tr.* vigorizar, fortalecer, animar. — 2 *intr.* vigorizarse.
invigorating (invi·goreiting) *adv.* vigorizador, vigorizante, fortalecedor, tónico, cordial.
invigoration (invigore·shøn) *s.* fortalecimiento.
invincibility (invinsibi·liti) *s.* invencibilidad.
invincible (invi·nsibøl) *adj.* invencible.
invincibly (invi·nsibli) *adv.* invenciblemente.
inviolability (invaiolabi·liti) *s.* inviolabilidad.
inviolable (invai·olabøl) *adj.* inviolable ; sagrado. 2 inquebrantable, infrangible.
inviolableness (invai·olabølnis) *s.* INVIOLABILITY.
inviolably (invai·olabli) *adv.* inviolablemente. 2 inquebrantablemente.
inviolate(d (invai·oleit(id) *adj.* inviolado. 2 no quebrantado o infringido. 3 inviolable, incorruptible.
inviscate (to) (invi·skeit) *tr.* hacer viscoso. 2 mezclar con algo viscoso. 3 cazar, prender, con liga o algo viscoso.
invisibility (invišibi·liti) *s.* invisibilidad.
invisible (invi·šibøl) *adj.* invisible : ~ *ink*, tinta simpática. — 2 *s.* ser invisible, mundo invisible.
invisibleness (invi·šibølnis) *s.* INVISIBILITY.
invisibly (invi·šibli) *adv.* invisiblemente.
invitation (invite·shøn) *s.* invitación. 2 llamada, atractivo.
invitatory (invai·tatori) *adj.* que invita, de invitación. — 2 *s.* ECLES. invitatorio.
invite (to) (invai·t) *tr.* invitar, convidar. 2 rogar

que se haga o dé [alguna cosa], que se preste [atención, etc.]. *3* inducir, tentar.
inviting (invai·ting) *adj.* que invita. *2* atractivo, seductor, tentador· provocativo. *3* apetitoso.
invitingly (invai·tingli) *adv.* atractivamente, tentadoramente.
invitingness (invai·tingnis) *s.* calidad de atractivo o tentador; atractivo, aliciente.
invocation (invoke·shøn) *s.* invocación. *2* evocación [de los espíritus, etc.].
invocatory (invo·catori) *adj.* invocatorio.
invoice (i·nvois) *s.* COM. factura : *as per* ~, según factura. *2* envío [mercancías enviadas]. — *3 adj.* de factura o facturas : ~ *book*, libro de facturas; ~ *price*, precio de factura.
invoice (to) *tr.* e *intr.* COM. facturar.
invoke (to) (invou·c) *tr.* invocar. *2* evocar [a los espíritus, etc.].
involucel (invo·liusel) *s.* BOT. involucro secundario.
involucral (involiu·cral) *adj.* BOT. involucral.
involucrate (involiu·crit) *adj.* BOT. involucrado.
involucre (involiu·kø') *s.* BOT. involucro.
involucred (i·nvoliukø'd) *adj.* BOT. involucrado.
involucrum (involiu·crøm) *s.* BOT. involucro. *2* ANAT. envoltura
involuntarily (invo·lønterili) *adv.* involuntariamente.
involuntariness (invo·lønterinis) *s.* involuntariedad.
involuntary (invo·lønteri) *adj.* involuntario.
involute (i·nvoliut) *adj.* intrincado. *2* involuto, vuelto hacia dentro, enrollado en espiral. — *3 s.* GEOM. involuta.
involution (involiu·shøn) *s.* envolvimiento. *2* complicación, enredo. *3* MAT. elevación a potencias, potenciación. *4* MAT., BIOL., MED. involución.
involve (to) (invo·lv) *tr.* envolver, enrollar. *2* envolver, mezclar, complicar, comprometer. *3* enredar, enmarañar, complicar, obscurecer. *4* comprender, abrazar, incluir.
involved (invo·lvd) *adj.* envuelto, enredado; complicado, comprometido. *2* intrincado, enmarañado, obscuro. *3* absorto, engolfado.
involvedness (invo·lvidnis), **involvement** (invo·lvmønt) *s.* envolvimiento. *2* complicación, intricación.
invulnerability (invølnørabi·liti) *s.* invulnerabilidad.
invulnerable (invø·lnørabøl) *adj.* invulnerable. *2* inatacable, irrebatible.
invulnerableness (invø·lnørabølnis) *s.* INVULNERABILITY.
invulnerably (invø·lnørabli) *adv.* invulnerablemente.
inwall (inu·l) *s.* pared interior, revestimiento interior [de un horno, etc.].
inwall (to) *tr.* rodear de una pared, encerrar.
inward (i·nua'd) *adj.* interior, interno, íntimo. *2* dirigido hacia el centro o el interior. — *3 adv.* INWARDS. — *4 s.* interior [de uno]. *5 pl.* adentros, entrañas.
inwardly (i·nua'dli) *adv.* por dentro, interiormente. *2* hacia adentro, hacia el centro.
inwardness (i·nua'dnis) *s.* interioridad, calidad de interior o íntimo. *2* interior, fondo, esencia.
inwards (i·nua'ds) *adv.* hacia el centro, hacia adentro. *2* interiormente, mentalmente.
inweave (to) (inu·rv) *tr.* entretejer, enlazar. ¶ CONJUG. pret.: *inwove*; p. p.: *inwoven* o -*wove*.
inwrap (to) (inræ·p) *tr.* envolver, cubrir, rodear. *2* absorber [el ánimo]. ¶ CONJUG. pret. y p. p.: *inwrapped*; ger.: *inwrapping*.
inwreathe (to) (inrrï·ð) *tr.* enguirnaldar.
inwrought (inro·t) *adj.* labrado, tejido en; embutido, incrustado.
iodate (ai·odeit) *s.* QUÍM. yodato.
iodic (aio·dic) *adj.* QUÍM. yódico. *2* yodado.
iodide (ai·odid) *s.* QUÍM. yoduro.
iodine (ai·odin) *s.* QUÍM. yodo.
iodism (ai·odišm) *s.* MED. yodismo.
iodize (to) (ai·odaiš) *tr.* yodurar.
iodoform (aiou·dofo'm) *s.* QUÍM. yodoformo.
ion (ai·øn) *s.* FÍS., QUÍM. ion.
Ionian (aiou·nian) *adj.* y *s.* jonio: ~ *Sea*, Mar Jonio.
Ionic (aio·nic) *adj.* jónico. *2* (con min.) FÍS., QUÍM. de los iones, relativos a los iones.
ionium (aiou·niøm) *s.* QUÍM. ionio.
ionization (aiøniše·shøn) *s.* ionización.
ionize (ai·ønaiš) *tr.* ionizar. — *2 intr.* ionizarse.
iota (aiou·ta) *s.* iota [letra griega]. *2* fig. iota, ápice, punto, tilde.

iotacism (aio·tasišm) *s.* iotacismo.
I. O. U. (ai ou yu) (abreviatura fonética de *I owe you*) *s.* pagaré, vale.
ipecac (i·picæc), **ipecacuanha** (ipicækiue·na) *s.* BOT. ipecacuana.
Iphigenia (ifiŷinai·æ) *n. pr.* MIT. Ifigenia.
ipomœa (ipomï·a) *s.* BOT. maravilla [convolvulácea].
iracund (ai·recønd) *adj.* iracundo.
Irak (i·rac) *n. pr.* GEOGR. Irak.
Iran (i·ran o ai·ræn) *n. pr.* GEOGR. Irán, Persia.
Iraq (i·ac) *n. pr.* IRAK.
Iranian (ai·ei·nian) *adj.* y *s.* iranio, persa.
irascibility (airæsibi·liti) *s.* irascibilidad.
irascible (airæ·sibøl) *adj.* irascible.
irascibleness (airæ·sibølnis) *s.* IRASCIBILITY.
irate (airei·t) *adj.* encolerizado, airado.
ire (ai·ø') *s.* ira, iracundia, cólera.
ireful (ai·ø'ful) *adj.* iracundo, colérico, airado.
irefully (ai·ø'fuli) *adv.* coléricamente, airadamente.
Ireland (ai·'land) *n. pr.* GEOGR. Irlanda.
Ireneus (aireni·øs) *n. pr.* Ireneo.
irenic(al (aire·nic(al) *adj.* pacífico, conciliador.
Iridaceæ (airidei·sii) *s. pl.* BOT. iridáceas.
iridaceous (airidei·shiøs) *adj.* BOT. iridáceo, irídeo.
iridectomy (airide·ctomi) *s.* CIR. iridectomía.
irideous (airi·diøs) *adj.* BOT. irídeo, iridáceo.
iridesce (to) (iride·s) *intr.* ser iridescente, irisar.
iridescence (iride·søns) *s.* cambiante, tornasol.
iridescent (iride·sønt) *adj.* iridescente, irisado.
iridium (iri·diøm) *s.* QUÍM. iridio.
iris (ai·ris) *s.* ANAT., ÓPT. iris: ~ *diaphragm*, ÓPT. diafragma iris. *2* arco iris. *3* BOT. lirio.
Irish (ai·rish) *adj.* irlandés, de Irlanda: ~ *Free State*, Estado Libre de Irlanda; ~ *moss*, musgo de Irlanda; ~ *potato*, patata blanca común; ~ *Sea*, Mar de Irlanda. — *2 m.* irlandés [idioma]. *3 pl. the Irish*, los irlandeses.
Irishism (ai·rishišm) *s.* vocablo, giro, locución o rasgo irlandés.
Irishman (ai·rishmæn), *pl.* -**men** (·men) *s.* irlandés [hombre].
Irishwoman (ai·rishwumæn), *pl.* -**women** (-uimin) *s.* irlandesa [mujer].
iritis (airai·tis) *s.* MED. iritis.
irk (to) (ø·c) *tr.* fastidiar, cansar, hacerse pesado, encocorar.
irksome (ø·'csøm) *adj.* fastidioso, enfadoso, tedioso, pesado, cargante.
irksomely (ø·'csømli) *adv.* fastidiosamente, pesadamente.
irksomeness (ø·'csømnis) *s.* fastidio, pesadez, tedio.
iron (ai·ø'n) *s.* hierro [metal; arma, instrumento, barra, etc., de hierro] : *angle* ~, hierro angular o acodillado; *bar* ~, hierro en barras o cuadrado, cuadradillo; *cast* ~, hierro colado; *channel* ~, hierro en U; *flat* ~, barra plana, hierro planchuela; llanta, llantilla; *pig* ~, hierro colado en lingotes; *T* ~, hierro en T; *wrought* ~, hierro de fragua; *to have many irons in the fire*, tener muchos asuntos entre manos; *to have the* ~ *enter into one's soul*, apurar la copa del dolor; *to strike while the* ~ *is hot*, aprovechar la ocasión propicia para hacer u obtener algo. *2* hierro [para marcar]. *3* plancha [para planchar ropa]. *4 pl.* hierros, cadenas, esposas, grilletes, prisiones: *to put in irons*, aprisionar, encadenar, poner los grilletes a. — *5 adj.* de hierro, férreo, ferrizo, ferruginoso; *Iron Age*, Edad de Hierro; ~ *black*, polvo de antimonio; ~ *curtain*, cortina de hierro; fig. telón de acero; ~ *dog*, morillo; ~ *fittings*, herraje; ~ *flint*, cuarzo ferruginoso; ~ *foundry*, fundición de hierro; ~ *horse*, fig. locomotora; ~ *losses*, ELECT. pérdidas magnéticas; ~ *lung*, MED. pulmón de acero; ~ *mill*, ferrería; ~ *mould*, mancha de orín; ~ *ore*, mineral de hierro; ~ *plate*, palastro, plancha de hierro; ~ *pyrites*, pirita de hierro; ~ *sand*, arena ferruginosa; limaduras de hierro; ~ *scrap*, hierro viejo, hierro de desecho, chatarra; ~ *will*, fig. voluntad de hierro.
iron (to) *tr.* guarnecer de hierro, herrar. *2* poner chapas de hierro a. *3* aherrojar, poner grilletes a. *4* planchar [la ropa] : *to* ~ *out*, planchar, alisar; fig. allanar.
ironbark (aiø·'nba'c) *s.* BOT. palo de hierro.
iron-bearing *adj.* ferrífero.
iron-bound *adj.* unido o sujeto con hierro. *2* escabroso, rocoso. *3* férreo, inflexible, duro.

ironclad (ai·ø'nclæd) *adj.* MAR., ELECT. acorazado, blindado. 2 fig. de hierro, riguroso, severo. — 3 s. MAR. acorazado. 4 horno para calcinar mineral de mercurio.

ironed (ai·ø'nd) *adj.* armado o guarnecido de hierro. 2 aherrojado. 3 planchado.

ironer (ai·ø'nø') *s.* planchador, planchadora.

ironhearted (ai·ø'nja'tid) *adj.* cruel, duro de corazón.

ironic(al (airo·nic(al) *adj.* irónico.

ironically (airo·nicali) *adv.* irónicamente.

ironing (ai·ø'ning) *s.* planchado [acción de planchar; ropa planchada o por planchar]. — 2 *adj.* para planchar : ~ *board*, mesa o tabla de planchar.

ironmaster (ai·ø'nmæstø') *s.* dueño de una herrería, industrial siderúrgico.

ironmonger (ai·ø'nmøngø') *s.* (Ingl.) tratante en hierro. 2 ferretero, quincallero.

ironmongery (ai·ø'nmøngøri) *s.* ferretería, quincallería.

ironsides (ai·ø'nsaidš) *s.* hombre fuerte, enérgico, terrible en la guerra. 2 MAR. acorazado. 3 *pl.* caballería de Oliverio Cromwell.

ironsmith (ai·ø'nsmiz) *s.* herrero.

ironstone (ai·ø'nstoun) *s.* mineral de hierro.

ironware (ai·ø'nue') *s.* ferretería [artículos].

ironwood (ai·ø'nwud) *s.* BOT. palo de hierro. 2 nombre de varios árboles de madera dura.

ironwork (ai·ø'nuø'c) *s.* obra de hierro, herraje.

ironworks (ai·ø'nuo'cs) *s.* fundición de hierro, herrería, ferrería.

ironwort (ai·ø'nuø't) *s.* BOT. siderita.

1) **irony** (ai·ø'ni) *adj.* férreo; ferrugiento.

2) **irony** (ai·roni), *pl.* **-nies** (-nis) *s.* ironía.

Iroquois (i·rocua) *s.* iroqués.

irradiance, -cy (irei·dians, -si) *s.* irradiación. 2 lustre, esplendor.

irradiant (irei·diant) *adj.* irradiante, radiante, luminoso.

irradiate (irei·dieit) *adj.* iluminado, resplandeciente.

irradiate (to) *tr.* irradiar, esparcir. 2 iluminar [física o espiritualmente]. 3 MED., QUÍM. someter a una radiación. — 4 *intr.* lucir, brillar, estar radiante.

irradiation (iredie·shøn) *s.* irradiación. 2 iluminación. 3 brillo, esplendor.

irradiative (irei·diætiv) *adj.* irradiativo. 2 radiante, refulgente.

irradicate (to) (iræ·dikeit) *tr.* hacer arraigar.

irrational (iræ·shønal) *adj.* irracional [que carece de razón; opuesto a la razón]. 2 absurdo, ilógico. 3 MAT. irracional. — 4 *m.* irracional. 5 MAT. cantidad irracional.

irrationality (iræshønæ·liti) *s.* irracionalidad.

irrationally (iræ·shønali) *adv.* irracionalmente.

irreclaimable (iriclei·mabøl) *adj.* incorregible, empecatado. 2 inutilizable. 3 irredimible.

irreclaimably (iriclei·mabli) *adv.* incorregiblemente. 2 irremediablemente.

irreconcilability (irecønsailabi·liti) *s.* calidad de irreconciliable o de inconciliable.

irreconcilable (irecønsai·labøl) *adj.* irreconciliable. 2 inconciliable, incompatible. — 3 *s.* POL. intransigente.

irreconcilableness (irecønsai·labølnis) *s.* IRRECONCILABILITY.

irreconcilably (irecønsai·labli) *adv.* irreconciliablemente.

irrecoverable (iricø·vørabøl) *adj.* irreparable. 2 irrecuperable. 3 incobrable.

irrecoverableness (iricø·vørabølnis) *s.* calidad de irreparable, irrecuperable o incobrable.

irrecoverably (iricø·vørabli) *adv.* irreparablemente, irremediablemente.

irrecusable (irikiu·sabøl) *adj.* irrecusablemente.

irredeemable (iridi·mabøl) *adj.* irredimible. 2 irremisible. 3 incorregible. 4 no convertible en metálico [papel moneda].

irredeemably (iridi·mabli) *adv.* de un modo irredimible. 2 irremisiblemente.

Irredentism (iride·ntism) *s.* irredentismo.

Irredentist (iride·ntist) *s.* irredentista.

irreducible (iridiu·sibøl) *adj.* irreducible, irreductible.

irreflective (irifle·ctiv) *adj.* irreflexivo.

irrefragability (irefragabi·liti) *s.* calidad de irrefragable

irrefragable (ire·fragabøl) *adj.* irrefragable. 2 in-

negable, incontestable. 3 inquebrantable, indestructible.

irrefragably (ire·fragabli) *adv.* irrefragablemente.

irrefutable (irefiu·tabøl) *adj.* irrefutable.

irregular (ire·guiula') *adj.* irregular. 2 anormal, anómalo. 3 desarreglado, desordenado. — 4 *s.* MIL. irregular

irregularity (ireguiulæ·riti) irregularidad. 2 anomalía. 3 desarreglo, desorden. 4 demasía, exceso.

irregularly (ire·guiula'li) *adv.* irregularmente. 2 desordenadamente, desarregladamente.

irrelative (ire·lativ) *adj.* inconexo, que no guarda relación, que no se refiere.

irrelatively (ire·lativli) *adv.* sin relación o conexión.

irrelevance, irrelevancy (ire·levans, -si) *s.* impertinencia [falta de pertinencia], calidad de lo que no es aplicable o que no viene al caso, de lo que es ajeno a la cuestión. 2 cosa que no viene a propósito o al caso.

irrelevant (ire·levant) *adj.* impertinente [no pertinente], fuera de propósito, que no es aplicable o que no viene al caso, ajeno [a la cuestión].

irrelevantly (ire·levantli) *adv.* fuera de propósito, sin venir al caso.

irrelievable (irilr·vabøl) *adj.* irremediable, irreparable.

irreligion (irili·ÿøn) *s.* irreligión, impiedad.

irreligious (irili·ÿøs) *adj.* irreligioso, impío; profano.

irreligiously (irili·ÿøsli) *adv.* irreligiosamente.

irremeable (iri·miabøl) *adj.* sin retorno, que no puede volver.

irremediable (irimi·diabøl) *adj.* irremediable, irreparable. 2 incurable.

irremediableness (irimi·diabølnis) *s.* calidad de irremediable.

irremediably (irimi·diabli) *adv.* irremediablemente.

irremissible (irimi·sibøl) *adj.* irremisible.

irremissibleness (irimi·sibølnis) *s.* calidad de irremisible.

irremissibly (irimi·sibli) *adv.* irremisiblemente.

irremovable (irimu·vabøl) *adj.* inamovible. 2 que no se puede quitar.

irreparability (ireparabi·liti) *s.* calidad de irreparable.

irreparable (ire·parabøl) *adj.* irreparable.

irreparably (ire·parabli) *adv.* irreparablemente.

irrepealable (iripi·labøl) *adj.* inabrogable, irrevocable.

irreplaceable (iriplei·sabøl) *adj.* irreemplazable, insustituible.

irrepentance (iripe·ntans) *s.* impenitencia.

irreprehensible ireprije·nsibøl) *adj.* irreprensible.

irreprehensibly (irepije·nsibli) *adv.* irreprensiblemente.

irrepressible (iripre·sibøl) *adj.* irreprimible, irrefrenable, incontenible. 2 indomable.

irreproachable (iriprou·chabøl) *adj.* irreprochable, intachable.

irreproachably (iriprou·chabli) *adv.* irreprochablemente, intachablemente.

irreprovable (iripru·vabøl) *adj.* irreprochable.

irreprovably (iripru·vabli) *adv.* irreprochablemente.

irresistance (iriši·stans) *s.* sumisión. 2 pasividad.

irresistibility (irišistibi·liti) *s.* calidad de irresistible.

irresistible (iriši·stibøl) *adj.* irresistible, incontrastable.

irresistibleness (iriši·stibølnis) *s.* IRRESISTIBILITY.

irresistibly (iriši·stibli) *adv.* irresistiblemente.

irresoluble (ire·soliubøl) *adj.* que no se puede resolver o deshacer en sus partes. 2 insoluble [que no se puede resolver].

irresolubleness (ire·šoliubølnis) *s.* calidad de IRRESOLUBLE.

irresolute (ire·šoliut) *adj.* irresoluto, indeciso, vacilante

irresolutely (ire·šoliutli) *adv.* con irresolución.

irresoluteness (ire·šoliutnis), **irresolution** (irešoliu·shøn) *s.* irresolución, indecisión, vacilación.

irresolvable (ireso·lvabøl) *adj.* que no se puede resolver o descomponer.

irrespective (irispe·ctiv) *adj.* ~ *of.* que no toma en cuenta, que prescinde de, independiente de. 2 IRRESPECTIVELY OF.

irrespectively (irispe·ctivli) *adv.* ~ *of.* sin tomar en cuenta, prescindiendo de, independientemente de.

irrespirable (irispai·rabøl) *adj.* irrespirable.

irresponsibility (irisponsibi·liti) *s.* irresponsabilidad.
irresponsible (irispo·nsibøl) *adj.* irresponsable.
irresponsibly (irispo·nsibli) *adv.* irresponsablemente.
irresponsive (irispo·nsiv) *adj.* que no responde [a una influencia, acción o afecto].
irretention (irite·nshøn) *s.* MED. irretención [de la orina].
irretraceable (iritrei·sabøl) *adj.* que no se puede desandar.
irretrievable (iritrı·vabøl) *adj.* irreparable, irrevocable. 2 irrecuperable. 3 incobrable.
irretrievably (iritrı·vabli) *adv.* irreparablemente, irrevocablemente.
irreverence (ire·vørøns) *s.* irreverencia; falta de respeto.
irreverent (ire·vørønt) *adj.* irreverente; irrespetuoso.
irreverently (ire·vørøntli) *adv.* irreverentemente.
irreversibility (irivø·sibi·liti) *s.* imposibilidad de volverse del revés. 2 irreversibilidad. 3 irrevocabilidad.
irreversible (irivø·sibøl) *adj.* que no se puede volver del revés. 2 irreversible. 3 irrevocable.
irreversibleness (irivø·sibølnes) *s.* IRREVERSIBILITY.
irreversibly (irivø·sibli) *adv.* irrevocablemente.
irrevocability (irevocabi·liti) *s.* irrevocabilidad.
irrevocable (ire·vocabøl) *adj.* irrevocable. 2 inalterable, inquebrantable.
irrevocableness (ire·vocabølnes) *s.* IRREVOCABILITY.
irrevocably (ire·vocabli) *adv.* irrevocablemente.
irrigable (i·rigabøl) *adj.* irrigable. 2 regadío, regadizo.
irrigate (to) (i·rigueit) *tr.* irrigar, regar. 2 MED. irrigar.
irrigation (irigue·shøn) *s.* irrigación, riego. 2 MED. irrigación.
irrigator (i·rigueitø') *s.* regante. 2 carro de riego. 3 irrigador.
irritability (iritabi·liti) *s.* irritabilidad.
irritable (i·ritabøl) *adj.* irritable.
irritableness (i·ritabølnis) *s.* IRRITABILITY.
irritant (i·ritant) *adj.* y *s.* irritante. 2 irritador.
irritate (to) (i·riteit) *tr.* irritar, impacientar, exasperar. 2 MED., DER. irritar. 3 FISIOL. excitar.
irritation (irite·shøn) *s.* irritación. 2 FISIOL. excitación.
irritative (i·riteitiv) *adj.* irritador. 2 FISIOL. excitador.
irruption (irø·pshøn) *s.* irrupción.
irruptive (irø·ptiv) *adj.* que irrumpe.
is (iš) 3.ª *pers. sing. pres. ind.* de TO BE.
Isaac (ai·sæc) *n. pr.* Isac.
Isabella (išabe·la) *n. pr.* Isabel. — 2 *s.* color entre blanco y amarillo.
Isabelline (išabe·lin o išabe·lain) *adj.* isabelino.
isagoge (aisagou·ȳ) *s.* isagoge.
isagogical (aisago·ȳical) *adj.* isagógico.
isagogics (aisago·ȳics) *s.* introducción a la exégesis.
Isaiah (aišei·æ o aišai·æ) *n. pr.* BIB. Isaías.
Iscariot (iscæ·riot) *n. pr.* BIB. Iscariote.
ischiatic (iskiæ·tic) *adj.* ANAT. isquiático.
ischium (i·skiøm) *s.* ANAT. isquion.
Iseult (isul·t) *n. pr.* MIT. Isolda.
Ishmael (i·shmiøl) *n. pr.* BIB. Ismael.
Ishmaelite (i·shmiølait) *s.* ismaelita. 2 fig. paria.
Isiac (ai·siæc) *adj.* isíaco.
Isidore (i·šido') *n. pr.* Isidoro, Isidro.
Isidorian (i·šido·rian) *adj.* isidoriano.
isinglass (ai·šinglas) *s.* colapez, cola de pescado. 2 MINER. mica.
Islam (i·slam) *s.* Islam..
Islamic (išlæ·mic) *adj.* islámico.
Islamism (i·slamišm) *s.* islamismo.
Islamite (i·slamait) *s.* islamita.
Islamitic (islami·tic) *adj.* islamita.
Islamize (to) (i·slamaiš) *tr.* islamizar. — 2 *intr.* islamizarse; practicar el islamismo.
island (ai·land) *s.* isla, ínsula. 2 burladero, andén o plataforma de seguridad en calles o plazas. — 3 *adj.* de una isla, insular, isleño.
islander (ai·landø') *s.* isleño, insular.
isle (ai·l) *s.* isla, ínsula. 2 isleta.
islet (ai·let) *s.* isleta, cayo.
ism (išm) *s.* ismo [doctrina, sistema, etc.].
isobar (ai·soba') *s.* METEOR. línea isobárica, isobara.
isobaric (aisoba·ric) *adj.* isobárico.
isocheim (ai·socaim) *s.* METEOR. isoquímena, línea isoquímena

isocheimal (aisocai·mal), **isocheimenal** (aisocai·mønal) *adj.* isoquímeno.
isochromatic (aisocromæ·tic) *adj.* isocromático.
isochronal (aiso·cronal) *adj.* isócrono.
isochronism (aiso·cronišm) *s.* isocronismo.
isochronize (to) (aiso·cronaiš) *tr.* hacer isócrono.
isochronous (aiso·cronøs) *adj.* isócrono.
isoclinal (aisoclai·nal) *adj.* isoclino. — 2 *s.* isoclina, línea isoclina.
isocline (ai·soclain) GEOL. pliegue cuyos dos lados tienen la misma inclinación.
isoclinic (aisocli·nic) *adj.* ISOCLINAL.
isodactylous (aisodæ·ctiløs) *adj.* isodáctilo.
isodynamic (aisodainæ·mic) *adj.* isodinámico.
isogonal (aiso·gonal) *adj.* CRIST. isógono.
isogonic (aisogo·nic) *adj.* isógono [que tienen la misma declinación magnética] : ~ *line*, isogónica, línea isogónica.
isolate (to) (ai·soleit) *tr.* aislar. 2 separar, incomunicar.
isolated (ai·soleitid) *adj.* aislado. 2 separado, apartado, solitario, incomunicado.
isolating (ai·soleiting) *adj.* aislador.
isolation (aisole·shøn) *s.* aislamiento. 2 soledad, incomunicación.
isolationism (aisole·shønišm) *s.* aislacionismo.
isolator (ai·soleitø') *s.* aislador.
isomer (ai·scmø') *s.* QUÍM. isómero.
isomeric (aisome·ric) *adj.* QUÍM. isómero.
isomerism (aiso·mørišm) *s.* QUÍM. isomería.
isomerous (aiso·mørøs) *adj.* BIOL., QUÍM. isómero.
isometric(al (aisome·tric(al) *adj.* isométrico.
isomorphic (aiscmo·fic) *adj.* isomorfo.
isomorphism (aiscmo·fišm) *s.* isomorfismo.
isomorphous (aiscm·føs) *adj.* isomorfo.
isoperimetric(al (aisoperimetric(al) *adj.* isoperímetro.
Isopoda (aiso·podæ) *s. pl.* ZOOL. isópodos.
isopodan (aiso·podan) *adj.* y *s.* ZOOL. isópodo.
isopodous (aiso·podøs) *adj.* ZOOL. isópodo.
isosceles (aiso·søliz) *adj.* GEOM. isósceles.
isotherm (ai·sozø'm) *s.* isoterma, línea isoterma.
isothermal (aisozø'mal) *adj.* isotermo.
isotope (ai·sotoup) *s.* QUÍM. isótopo.
isotopic (aisoto·pic) *adj.* isotópico, isótopo.
isotropic (aisotro·pic) *adj.* isótropo.
isotropy (aiso·tropi) *s.* isotropía.
Israelite (i·šrielait) *s.* israelita.
Israelitic, Israelitish (išrieli·tic, -lai·tish) *adj.* israelita, israelítico.
issuable (i·shuabøl) *adj.* emisible. 2 DER. discutible.
issuance (i·shuans) *s.* emisión. 2 publicación.
issue (i·shu) *s.* salida, egreso. 2 fuente, principio, nacimiento. 3 conclusión, solución, fin, decisión; consecuencias, resultado, éxito : *to face the* ~, afrontar las consecuencias, la situación; *to force the* ~, obligar a que se resuelva o decida un asunto. 4 producto, creación. 5 prole, progenie, hijos, descendencia, sucesión : *to die without* ~, morir sin sucesión. 6 producto, beneficios, réditos. 7 emisión [de valores, etc.]. 8 publicación, expedición [de una orden, decreto, etc.]. 9 presentación de una alternativa. 10 punto [que se ha de decidir], punto, tema [que se disputa o debate]; *to join* ~, ponerse a debatir; *to take* ~ *with*, llevar la contraria a, oponerse a; *at* ~, *in* ~, en disputa; *cause at* ~, causa que se ha de ver o sentenciar. 11 edición, tirada, número [de una publicación]. 12 MED. flujo, pérdida : ~ *of blood*, pérdida de sangre. 13 MED. fuente, exutorio.
issue (to) *tr.* echar, arrojar, verter. 2 dar, distribuir. 3 publicar, despachar, expedir, dar [una orden, decreto, etc.]. 4 COM. emitir, poner en circulación. 5 publicar, dar a luz. — 6 *intr.* salir, nacer, brotar, fluir, manar. 7 venir proceder, provenir, descender. 8 terminar, acabar, resolverse. 9 resultar. 10 salir, ser publicado, ser emitido.
issued (i·shud) *adj.* expedido, publicado, dado. 2
issueless (i·shulis) *adj.* sin hijos, sin sucesión. 2 sin resultado o consecuencias.
Istambul (istanbu·l) *n. pr.* GEOGR. Estambul.
isthmian (i·smian) *adj.* y *s.* istmeño. — 2 *adj.* (con may.) ístmico : *Isthmian games*, juegos ístmicos.
isthmus (i·smøs) *s.* GEOGR., ANAT. istmo.
Istrian (i·strian) *adj.* y *s.* istrio.

it (it) *pron. neutro.* él, ella, ello, eso, lo, la le. | Se aplica a ccsas inanimadas, a niños de teta y a animales cuyo sexo no se determina. Puede ser sujeto y complemento, y en algunos casos no se traduce : *Have you the pen?* — *Yes, I have* ∼, ¿Tiene usted la pluma? — Sí, la tengo; *Do you like this book?* — *Yes, I like* ∼, ¿Le gusta este libro? — Sí, me gusta. 2 Se emplea como sujeto gramatical de los verbos impersonales y de aquellos cuyo sujeto lógico es un infinitivo o una frase; como sujeto expletivo, y como atributo indeterminado. En todos estos casos no se traduce : ∼ *rains*, llueve; ∼ *is cold*, hace frío; ∼ *is late*, es tarde; ∼ *is easy to say*, es fácil decir; ∼ *was I who did it*, fui yo quien lo hice; *who is* ∼? ¿quién es? 3 Tampoco se traduce en las oraciones que se refieren a la hora que es : *what time is* ∼?, ¿qué hora es?; *it is three o'clock*, son las tres. *4 is* ∼?, ¿sí?, ¿de veras? *5 is* ∼ *not?, is* ∼ *not so?*, ¿verdad?, ¿no es verdad?, ¿no es así? *6 is that it?* ¿es eso? *7 fam. not to be in* ∼ *with*, no poderse comparar con. *8 that is* ∼. eso es.

Italian (itæ·lian) *adj.* y *s.* italiano : ∼ *paste*, pasta de macarrones. 2 BOT. ∼ *millet*, panizo.

Italianism (itæ·lianišm) *s.* italianismo.

Italianize (to) (itæ·lianaiš) *tr.* italianizar.

italic (itæ·lic) *adj.* itálico. — *2 adj.* y *s.* IMPR. itálica, bastardilla. *3 pl.* IMPR. letra itálica, bastardilla o cursiva.

italicize (to) (itæ·lisaiš) *tr.* poner en bastardilla. 2 subrayar, recalcar.

Italiot (itæ·liat) *s.* italiota.

Italiote (itæ·liout) *adj.* y *s.* italiota.

Italy (i·tali) *n. pr.* GEOGR. Italia.

itch (ich) *s.* MED. sarna. 2 picazón, picor, comezón, prurito. 3 comezón, deseo. *4* ZOOL. ∼ *insect*, ∼ *mite*, arador de la sarna.

itch (to) *intr.* sentir picor, picazón, comezón, prurito : *I am itching all over*, me pica todo el cuerpo. 2 tener comezón o deseo [de], rabiar [por]. | Dic. de las personas y también de los dedos, etc.: *my fingers are itching to*, los dedos se me van a. — *3 tr.* picar, producir picazón o comezón.

itching (i·ching) *s.* picor, comezón, prurito, hormigueo. 2 comezón, deseo. — *3 adj.* que siente o da comezón.

itchy (i·chi) *adj.* sarnoso. *2* que siente o da comezón.

item (ai·tem) *adv.* ítem, otro sí, aún más. — *2 s.* partida [de una cuenta] artículo, elemento [de una enumeración]. *3 fam.* punto, detalle, particular. *4* noticia, gacetilla, suelto.

itemize (to) (ai·temaiš) *tr.* detallar, especificar, pormenorizar, circunstanciar. 2 (EE. UU.) proporcionar noticias.

iterable (i·torabøl) *adj.* iterable.

iterant (i·torant) *adj.* que se repite.

iterate (to) (i·toreit) *tr.* iterar, repetir, reiterar.

iteration (itøre·shøn) *s.* iteración.

iterative (i·tørativ) *adj.* iterativo. 2 GRAM. frecuentativo.

itinerant (aiti·nørant) *adj.* que viaja, que va de un lado a otro; ambulante, errante. — *2 s.* viandante.

itinerary (aiti·nøreri) *pl.* **-ries** (-ris) *s.* itinerario. 2 relación de un viaje. 3 guía [de viajeros]. — *4 adj.* itinerario. 5 de un viaje, de viajes.

itinerate (to) (aiti·nøreit) *intr.* viajar, ir de un lado a otro.

its (its) *adj.* y *pron. pos.* su, sus, suyo, suyos [de él, de ella, de ello, cuando les corresponde estar representados por el pron. neutro IT].

it's contracción de IT IS.

itself (itse·lf) *pron.* él mismo, ella, misma, ello mismo, sí [aplicado a cosas inanimadas, a niños de teta y a animales cuyo sexo no se determina]: *of* ∼, de sí o por sí mismo; *he is honesty* ∼, es la honradez misma.

I've (ai·v) contracción de I HAVE.

Ivernia (aivø·niæ) *n. pr.* GEOGR. Ivernia, Irlanda.

Ivernian (aivø·rnian) *adj.* y *s.* ivernés, irlandés.

ivied (ai·vid) *adj.* cubierto de hiedra.

ivory (ai·vori) *s.* marfil. 2 fig. blancura. 3 objeto, ficha, etc., de marfil. *4* colmillo [de elefante]. — *5 pl.* teclas del piano. 6 bolas de billar. 7 dados [para jugar]. *8 fam.* dientes. — *9 adj.* de marfil, ebúrneo : *Ivory Coast*, GEOGR. Costa de Marfil; ∼ *nut*, marfil vegetal; ∼ *palm*, BOT. tagua.

ivorylike (ai·vorilaic) *adj.* ebúrneo, marfileño.

ivy (ai·vi) *pl.* **ivies** (ai·vis) *s.* BOT. hiedra, yedra : *ground* ∼, hiedra terrestre. 2 BOT. nombre de varias plantas parecidas a la hiedra.

izard (i·šø'd) *s.* ZOOL. gamuza de los Pirineos.

izzard (i·ša'd) *s.* ant. letra Z: *from A to* ∼, de cabo a rabo.

J

J, j (ȳei) *s.* J, j, décima letra del alfabeto inglés.
jab (ȳæb) *s.* pinchazo, hurgonazo, golpe que se da con algo puntiagudo.
jab (to) *tr.* pinchar, picar. 2 hurgonear, dar un golpe con algo puntiagudo. ¶ CONJUG. pret. y p. p.: *jabbed;* ger.: *jabbing.*
jabber (ȳæ·bøʳ) *s.* cháchara, charla insulsa o incoherente, jerga, jerigonza. 2 chapurreo.
jabber (to) *intr.* charlar, parlotear. — 2 *tr.* farfullar. 3 chapurrear [un idioma].
jabberer (ȳæborænd) *s.* parlanchín, farfullero.
jabiru (ȳæ·biru) *s.* ORNIT. jabirú.
jaborandi (ȳæboræ·ndi) *s.* BOT. jaborandi, abey.
jabot (ȳæbo·) *s.* VEST. chorrera.
jacamar (ȳæ·cama') *s.* ORNIT. jacamar.
jacaranda (ȳæcaræ·nda) *s.* BOT. jacaranda.
jacent (ȳei·sønt) *adj.* yacente.
jacinth (ȳei·sinz) *s.* MINER. jacinto, circón.
Jack (ȳæc) *n. pr.* fam. Juan, Juanito: *Jack Frost,* fig. el frío, personificación del frío.
jack *s.* sujeto, individuo. 2 mozo. 3 marinero. ~ *afloat,* ~ *tar,* fam. marinero. 4 sota [de la baraja]. 5 macho de ciertos animales; asno, burro. 6 boliche [bola pequeña]. 7 sacabotas. 8 MEC. cric, gato. 9 CARP. burro, borriquete. 10 CARP. barrilete. 11 macillo [del piano]. 12 torno de asador. 13 figura que da la hora en un reloj. 14 jacerina. 15 RADIO, TELEF. clavija de conexión, jack. 16 MAR. bandera de proa, bandera para señales: *Union* ~, bandera nacional británica. 17 ICT. lucio. 18 fam. blanca, dinero. 19 cantillo [para jugar]. 20 ~ *boot,* bota fuerte. 21 CARP. ~ *plane,* garlopa, cepillo de desbastar. 22 ZOOL. ~ *rabbit,* liebre norteamericana. 23 MEC. ~ *shaft,* eje intermedio. 24 ~ *towel,* toalla sin fin colgada de un rodillo. 25 *every man* ~, todos sin excepción. 26 *pl.* juego de los cantillos. 27 TEJ. elevadores de lizos.
jack (to) *tr.* [con *up*] solevantar; alzar [con gato o cric]. 2 subir [precios, salarios, etc.]. 3 fam. sermonear, recordar [a uno] su obligación.
jackal (ȳæ·cal) *s.* ZOOL. chacal.
jackanapes (ȳæ·caneips) *s.* mequetrefe, impertinente. 2 niño descarado.
jackass (ȳæ·cæs) *s.* ZOOL. asno, burro, borrico. 2 fig. asno, borrico, necio.
jackboots (ȳæ·cbuts) *s.* botas altas y fuertes.
jackdaw (ȳæ·cdo) *s.* ORNIT. chova.
jacket (ȳæ·kit) *s.* chaqueta: *to dust one's* ~, sacudir el polvo a uno, calentar las costillas. 2 cazadora [prenda] 3 jubón. 4 MEC. chaqueta, camisa, cubierta [del cilindro, etc.] 5 pelaje, pelo [de un animal]; piel [de una serpiente]; piel [de la patata]. 6 cubierta [de un legajo]; sobrecubierta [de libro].
jacket (to) *tr.* poner chaqueta, camisa, cubierta, sobrecubierta, etc., a.
jackhammer (ȳæ·cjæmøʳ) *s.* MEC. martillo perforador.
jack-in-the-box *s.* muñeco en una caja de resorte.

jackknife (ȳæ·cnaif), *pl.* **-knives** (-naivs) *s.* navaja de bolsillo, faca, cuchillo de marinero. 2 NAT. salto de carpa [salto que se ejecuta tocándose los pies antes de entrar en el agua].
Jack-of-all-trades *s.* persona que sirve para muchos oficios.
jack-o'-lantern *s.* fuego fatuo. 2 fuego de San Telmo. 3 linterna que se hace con una calabaza, etc., cortada de modo que remede una cabeza humana.
jackscrew (ȳæ·cscru) *s.* MEC. cric o gato de tornillo.
jacksnipe (ȳæ·csnaip) *s.* ORNIT. especie de becada.
jackstaff (ȳæ·cstæf) *s.* MAR. asta de bandera de proa o del bauprés.
jackstone (ȳæ·cstoun) *s.* cantillo o pieza de metal para jugar. 2 *pl.* juego de los cantillos.
jackstraw (ȳæ·cstro) *s.* efigie de paja. 2 pelagatos. 3 pajita [para jugar]. 4 *pl.* juego de las pajitas.
Jacob (ȳei·cob) *n. pr.* Jaime, Jacobo. 2 Jacob.
Jacobean (ȳeicobi·øn) *adj.* de Jacobo I de Inglaterra o de su reinado. — 2 *s.* escritor o personaje del reinado de Jacobo I de Inglaterra.
Jacobin (ȳæ·cobin) *s.* POL. jacobino. 2 HIST. dominico [fraile]. 3 (con min.) pichón capuchino.
Jacobinic(al (ȳæcobi·nic(al) *adj.* jacobínico.
Jacobinism (ȳæ·cobinišm) *s.* jacobinismo.
Jacobite (ȳæ·cobait) *adj.* y *s.* jacobita.
Jacob's ladder *s.* BIB. escalera de Jacob. 2 MAR. escala de jarcia.
Jacob's-ladder *s.* BOT. polemonio. 2 BOT. sello de Salomón.
Jacob's staff *s.* ballestilla [instrumento]. 2 TOP. estaca con regatón que se usa en vez de trípode. 3 ASTR. Báculo de Jacob.
Jacob's-staff *s.* BOT. gordolobo.
jaconet (ȳæ·conet) *s.* chaconá [tela].
jactation (ȳæctei·shøn), **jactitation** (ȳæctitei·shøn) *s.* MED. agitación, desasosiego. 2 MED. sacudida o temblor de un miembro o músculo. 3 jactancia. 4 DER. acción de jactarse de un derecho, etc.
jaculate (to) (ȳæ·kiuleit) *tr.* lanzar, arrojar, tirar.
jaculatory (ȳæ·kiulatori) *adj.* lanzado, arrojado. 2 EJACULATORY.
jade (ȳei·d) *s.* MINER. jade, piedra nefrítica. 2 rocín, jamelgo. 3 picarona, mala pécora; mujerzuela. — *adj.* verde.
jade (to) *tr.* cansar, agotar, gastar [con el trabajo]. 2 embotar, estragar [el gusto, etc.]; hastiar. — 3 *intr.* cansarse, desalentarse.
jaded (ȳei·did) *adj.* cansado, agotado, gastado. 2 embotado, estragado.
jadish (ȳei·dish) *adj.* viciosa [yegua]. 2 impúdica [mujer].
jag (ȳæg) *s.* diente, punta, mella, corte irregular [esp. en el borde de una cosa]. 2 onda o punta colgante; cuchillada [en un vestido]. 3 fam. (EE. UU.) *to have a* ~ *on,* estar borracho.
jag (to) *tr.* dentar, mellar, hacer cortes irregulares [esp. en el borde]. 2 rasgar desigualmente. 2 hacer cuchilladas [en un vestido]. ¶ CONJUG. pret. y p. p.: *jagged;* ger.: *jagging.*

jagged (ȳǽ guid) *adj.* dentado, mellado, cortado irregularmente en el borde. *2* que tiene puntas u ondas. *3* acuchillado [vestido]. *4* puntiagudo.

jaggedness (ȳǽ guidnis) *s* estado o condición de JAGGED.

jagged-toothed *adj.* helgado.

jaggy (ȳǽ gui) *adj.* dentado, dentellado, que tiene dientes o puntas desiguales; recortado desigualmente.

jaguar (ȳǽ guar) *s.* ZOOL. jaguar.

jail (ȳei·l) *s.* cárcel, prisión, calabozo. — *2 adj.* de cárcel, de la cárcel: ~ *delivery,* excarcelamiento; (Ingl.) acción de desocupar una cárcel viendo las causas de todos sus presos y condenándolos o absolviéndolos; ~ *fever,* MED. tifus; ~ *liberties,* ~ *limits,* distrito alrededor de una cárcel de deudores, donde los presos, mediante fianza, podían vivir y circular libremente; ~ *sentence,* condena.

jail (to) *tr.* encarcelar, meter en la cárcel.

jailbird (ȳei lbø'd) *s.* fam. preso. *2* delincuente habitual, malhechor.

jailer (ȳei·lø') *s.* carcelero.

jalap (ȳǽ lap) *s.* BOT., FARM. jalapa.

jalopy, jaloppy (ȳala·pi) *s.* fam. carraca, fotingo [automóvil o avión viejo].

jalouse (to) (ȳælu·s) *tr.* sospechar de. *2* tener celos o envidia de.

jalousie (ȳalusi·) *s.* persiana.

jam (ȳæm) *s.* compota, confitura, mermelada. *2* apretura, apiñamiento. *3* atasco; obstrucción: *traffic* ~, congestión, embotellamiento del tráfico; aglomeración de vehículos o transeúntes. *4* (EE. UU.) aprieto, dificultad, situación difícil. *5* especie de bata para niños. *6* MEC. ~ *nut,* contratuerca, tuerca de seguridad.

jam (to) *tr.* apretar, estrechar, apiñar *2* estrujar, machucar. *3* atascar, obstruir. *4* MEC. hacer que se atasque [una pieza o mecanismo]. *5* meter o introducir apretando, a la fuerza. *6* *to* ~ *on the brakes,* frenar de golpe. *7* RADIO. perturbar con interferencias. *8* fam. cubrir de confitura o mermelada; hacer confitura o mermelada de. — *9 intr.* agolparse, apiñarse. *10* atascarse. ¶ CONJUG. pret. y p. p.: *jammed;* ger.: *jamming.*

Jamaica (ȳamei·ca) *n. pr.* GEOGR. Jamaica: ~ *pepper,* pimienta; ~ *wood,* brasilete.

Jamaican (ȳamei·can) *adj.* y *s.* jamaicano.

jamb, jambe (ȳæm) *s.* jamba, quicial. *2* JAMBEAU.

jambeau (ȳæmbou·) *s.* ARM. canillera, espinillera, greba.

jamboree (ȳæmbori·) *s.* pop. jolgorio, fiesta, francachela. *2* lance del juego del EUCHRE. *3* reunión internacional, nacional o regional de muchachos exploradores.

James (ȳei·ms) *n. pr.* Jaime.

jammed (ȳæmd) pret. y p. p. de TO JAM. — *2 adj.* atascado, trabado. *2* atestado.

jam-pack (to) *tr.* llenar completamente, atestar.

Jane (ȳei·n) *n. pr.* Juana.

jangle (ȳǽ ngøl) *s.* charla, parloteo. *2* sonido discordante, cencerreo.

jangle (to) *intr.* charlar, parlotear. *2* altercar, disputar. *3* sonar de un modo discordante, cencerrear. — *4 tr.* hacer sonar de un modo discordante.

jangler (ȳǽ nglø') *s.* disputador, camorrista. *2* lo que suena de un modo discordante.

jangling (ȳǽ ngling) *s.* JANGLE. — *2 adj.* discordante [sonido].

Janiculum (ȳæni·kiuløm) *n. pr.* Janículo.

janissary (ȳǽ nisæri) *s.* JANIZARY.

janitor (ȳǽ nitø') *s.* portero, conserje.

janizary (ȳǽ nisæri) *s.* jenízaro.

Jansenism (ȳǽ nsønism) *s.* jansenismo.

Jansenist (ȳǽ nsønist) *adj.* y *s.* jansenista.

Jansenistic (ȳænsøni·stic) *adj.* jansenista.

January (ȳǽ niueri) *s.* enero.

Janus (ȳǽ nøs) *n. pr.* MIT. Jano.

Jap (ȳæp) abrev. de JAPAN y JAPANESE.

Japan (ȳapæ·n) *n. pr.* GEOGR. Japón. — *2 adj.* del Japón, japónico; ~ *earth,* tierra japónica; ~ *globe flower,* BOT. mosqueta.

japan *s.* barniz, laca, charol; laca japonesa. *2* obra japonesa laqueada, floreada, etc. *3* aceite secante japonés.

japan (to) *tr.* barnizar [esp. con laca]. *2* charolar.

¶ CONJUG. pret. y p. p.: *japanned;* ger.: *japanning.*

Japanese (ȳæpanï·s) *adj.* y *s.* japonés: ~ *lantern,* farolillo a la veneciana; ~ *pagoda tree,* BOT. sófora; ~ *persimmon,* BOT. caqui.

japanner (ȳæpa·nø') *s.* barnizador. *2* charolista.

jape (ȳeip) *s.* broma, burla.

jape (to) *tr.* embromar, burlar.

Japheth (ȳǽ fez) *n. pr.* Jafet.

Japhetic (ȳafe·tic) *adj.* jafético.

japonica (ȳæpa·nica) *s.* BOT. camelia japonesa. *2* BOT· membrillo japonés.

jar (ȳar) *s.* jarra, jarro, tarro, orza. *2* ELECT. recipiente [de acumulador]. *3* sonido áspero, discordante, chirrido; movimiento, etc., que lo produce. *4* vibración, trepidación, choque, sacudida. *5* efecto desagradable, irritante. *6* desacuerdo, desavenencia, disputa. *7* *on a* ~ *on the* ~, entreabierto, entornado.

jar (to) *intr.* sonar de un modo áspero o discordante. *2* vibrar, trepidar, ludir, chocar. con sonido áspero. *3* producir un efecto desagradable, irritante: *to* ~ *on ones's ears,* destrozar el tímpano a uno. *4* discordar, chocar, ser contrario u opuesto, no armonizar. *5* estar en desacuerdo, reñir, disputar. — *6 tr.* poner en tarro. *7* hacer sonar de un modo áspero o discordante; sacudir, hacer vibrar o trepidar. ¶ CONJUG. pret. y p. p,: *jarred;* ger.: *jarring.*

jardiniere (ȳa'dini·ø') *s.* jardinera [para plantas]. *2* jarrón [para flores].

jargon (ȳa·gøn) *s.* jerga, jerigonza. *2* monserga. guirigay.

jasmine (ȳǽ smin) *s.* BOT. jazmín.

Jasper (ȳǽ spø') *n. pr.* Gaspar.

jasper *s.* MINER. jaspe.

jaspery (ȳǽ spøri) *adj.* jaspeado.

jaundice (ȳo·ndis) *s.* MED. ictericia, aliacán. *2* mal humor, envidia, celos; ofuscación causada por el prejuicio, la envidia, etc.

jaundice (to) *tr.* MED. causar ictericia. *2* amargar, predisponer, ofuscar. *3* torcer, alterar [por prejuicio, envidia. etc.].

jaundiced (ȳo·ndist) *adj.* MED. istérico, ictericiado, aliacanado. *2* amargado, avinagrado.

jaunt (ȳont) *s.* paseo, excursión, caminata.

jaunt (to) *intr.* corretear, pasear, hacer una excursión.

jauntier (ȳo·intiø') *adj. comp.* de JAUNTY.

jauntiest (ȳo·ntiest) *adj. superl.* de JAUNTY.

jauntily (ȳo·ntili) *adv·* garbosamente.

jauntiness (ȳo·ntinis) *s.* viveza, garbo, soltura, desembarazo. *2* elegancia, vistosidad.

jaunty (ȳo·nti) *adj.* vivo, garboso, airoso. *2* elegante, vistoso.

javelin (ȳǽ vlin) *s.* jabalina, venablo. *2* DEP. jabalina.

jaw (ȳo) *s.* ZOOL. mandíbula, quijada, quijar, carrillera, maxilar. *2* MEC. quijada, mordaza, brazo, cada una de las dos piezas móviles de una herramienta que sirven para sujetar, cortar, medir, etc.; espacio entre estas dos partes. *3* MEC., MAR. horquilla, boca: ~ *of connecting rod,* horquilla de biela; ~ *of a boom,* boca de botavara; ~ *of a gaff,* boca de pico cangrejo. *4* pop. palabrería; palabras, disputa; sermones: *hold your* ~, ¡ cállese ya ! *5 pl.* boca, entrada [de un valle, desfiladero, etc.]. *6* garras [poder] : *the jaws of death,* las garras de la muerte. *7* pop. la boca. — *8 adj.* de la quijada. *9* MEC. de quijada, boca, etc. : ~ *clutch,* embrague de mordaza ; ~ *crusher,* trituradora de quijadas; ~ *vise,* torno o tornillo de carpintero, herrero, etc.

jaw (to) *tr.* reñir, regañar, sermonear. — *2 intr.* charlar, dar la lata.

jawbone (jo·boun) *s.* quijada, mandíbula [esp. la inferior].

jawbreaker (jo·breikø') *s.* fam. palabra de difícil pronunciación, trabalenguas. *2* fam. especie de confite muy duro. *3* MEC. trituradora de quijadas.

jawbreaking (jo·breiking) *adj.* fam. difícil de pronunciar.

jay (ȳei) *s.* ORNIT. arrendajo. *2* fig. charlatán impertinente. *3* fam. bobo.

jaywalk (to) (ȳei·uoc) *intr.* fam. cruzar la calle imprudentemente, sin hacer caso de las regulaciones del tráfico.

jaywalker (ȳei·uokø') *s.* peatón distraído o imprudente.

jazz (ȳæš) s. jazz [música sincopada; baile con música de jazz]. 2 estilo parecido al del jazz, animación, viveza; manera o proceder ruidoso y grotesco. — 3 adj. de jazz : ～ band, orquesta de jazz.

jazz (to) tr. transformar en jazz, poner en música de jazz. | A veces con up. — 2 intr. tocar o bailar el jazz. 3 hacer algo a sacudidas, desordenadamente.

jazzy (ȳæši) adj. que contiene jazz; parecido al jazz.

jealous (ȳeløs) adj. celoso [de sus derechos, etc.]. 2 celoso [que tiene celos] ; envidioso. 3 receloso, vigilante.

jealously (ȳeløsli) adv. celosamente. 2 envidiosamente.

jealousness (ȳeløsnis) s. calidad de celoso o envidioso. 2 JEALOUSY.

jealousy (ȳeløsi), pl. -sies (-sis) s. celos. 2 envidia. 3 recelo, desconfianza, suspicacia, vigilancia.

Jean (ȳin) n. pr. Juana.

jean (ȳin o ȳen) s. TEJ. dril. 2 pl. pantalones de dril, guardapolvo de dril.

Jeddo (ȳedo) n. pr. GEOGR. Yedo.

jeep (ȳip) s. jip, pequeño automóvil militar.

jeer (ȳiø') s. burla, pitorreo, mofa, befa. 2 pl. MAR. drizas y motones de vela mayor.

jeer (to) tr. e intr. burlarse, pitorrearse, mofarse de, befar.

jeering (ȳiøriŋ) adj. de burla, de mofa, de befa; que se burla o mofa.

Jeff (ȳef) n. pr. abrev. de GEOFFREY.

Jehovah (ȳijouva) n. pr. Jehová.

Jehu (ȳiˑjiu) n. pr. BIB. Jehú : like ～, fam. vertiginosamente, en carrera desenfrenada. — 2 s. (con min.) fig. cochero, auriga.

jejune (ȳiˑȳun) adj. falto, escaso. 2 seco, árido, estéril, pobre. 3 insípido, vacío, insustancial.

jejuneness (ȳiȳuˑnnis), jejunity (ȳiȳuˑniti) s. falta de substancia, pobreza. 2 sequedad, aridez, esterilidad; tibieza.

jejunum (ȳiȳuˑnøm) s. ANAT. yeyuno.

jellied (ȳelid) adj. gelatinoso.

jellification (ȳelifikeˑšøn) s. acción de hacer o hacerse gelatinoso.

jellify (to) (ȳelifai) tr. convertir en gelatina, hacer gelatinoso. — 2 intr. convertirse en gelatina, hacerse gelatinoso. ¶ CONJUG. pret. y p. p. : jellified.

jelly (ȳeli) s. jalea. 2 gelatina; substancia gelatinosa.

jelly (to) tr. convertir en jalea o gelatina. — 2 intr. convertirse en jalea o gelatina.

jellyfish (ȳelifish) s. ZOOL. medusa, aguamar.

Jemmy (ȳemi) n. pr. dim. de JAMES. — 2 s. (con min.) palanqueta [de ladrón].

jennet (ȳenit) s. jaca española. 2 burra, jumenta.

Jennie, Jenny (ȳeni) n. pr. dim. de JANE.

jenny s. máquina de hilar [esp. las primeras que se construyeron con varios husos]. 2 MEC. grúa locomóvil. 3 hembra de ciertos animales : ～ ass, burra; ～ wren, hembra del reyezuelo. 4 asna, burra, jumenta.

jeopard (to) (ȳepa'd), jeopardize (to) (ȳepa'daiš) tr. arriesgar, exponer, comprometer, poner en peligro.

jeopardy (ȳepa'di) s. riesgo, peligro, exposición.

jerboa (ȳø'bou'a) s. ZOOL. gerbo, jerbo.

jeremiad (ȳerimaˑiæd) s. jeremiada.

Jeremiah (ȳerimaiˑa), Jeremias (ȳerimaiˑæs) n. pr. Jeremías. 2 BIB. Libro de Jeremías.

Jericho (ȳericou) n. pr. GEOGR. HIST. Jericó. 2 fig. lugar lejano.

jerk (ȳø'c) s. tirón, sacudida, empellón, tumbo, movimiento brusco : by jerks, a sacudidas. 2 salto, repullo, respingo. 3 MAR. socollada. 4 tic. espasmo muscular.

jerk (to) tr. sacudir, traquetear, dar tirones o sacudidas a; mover bruscamente, a tirones o sacudidas. 2 lanzar o arrojar con movimiento brusco. 3 decir de un modo seco, entrecortado. 4 atasajar [la carne] : jerked beef, tasajo, *charqui. — 5 intr. moverse a tirones o sacudidas; avanzar dando tumbos.

jerkily (ȳø'kili) adv. a sacudidas.

jerkin (ȳø'kin) s. justillo, jubón.

jerky (ȳø'ki) adj. escabroso, accidentado [camino]. 2 desigual [estilo]. 3 que marcha dando sacudidas.

Jeroboam (ȳerobouˑam) n. pr. Jeroboam. 2 pop. (Ingl.) botella, vaso grande.

Jerome (ȳiroum o ȳeˑrom) n. pr. m. Jerónimo.

Jeronimite (ȳiraˑnimait) s. jerónimo [religioso].

Jerry (ȳeˑri) n. pr. dim. de JEREMIAH. 2 [en jerga militar] soldado alemán de la guerra de 1914-18.

jerry s. fam. vaso de noche. — 2 adj. y adv. de inferior calidad, sin consistencia; [hecho] de cualquier modo, con malos materiales : ～ built, mal construido, construido con malos materiales; ～ builder, constructor de casas baratas, hechas con malos materiales; ～ shop, cervecería de baja estofa.

Jersey (ȳø'ši) n. pr. GEOGR. Jersey. 2 (Ingl.) toro o vaca de la isla de Jersey. 3 (con min.) estambre fino. 4 jersey, camiseta de punto, elástica.

Jerusalem (ȳiruˑsalem) n. pr. GEOGR. HIST. Jerusalén. 2 BOT. ～ artichoke, aguaturma, cotufa.

jess (ȳes) s. CETR. pihuela.

jess (to) tr. CETR. apiolar, poner pihuela a.

jessamine (ȳeˑsamin) s. BOT. jazmín.

jest (ȳest) s. broma, burla, chanza, vaya, chirigota, chiste : in ～, en broma. 2 cosa de risa; objeto de burla.

jest (to) intr. bromear, burlarse, chancearse.

jester (ȳeˑstø') s. bromista, chancero, chirigotero. 2 gracioso, bufón.

jesting (ȳeˑstiŋ) s. broma, [acción de bromear, de hacer algo en broma]. — 2 adj. bromista, chancero, de chanza.

jestingly (ȳeˑstiŋli) adv. de burlas, en broma.

jesting-stock (ȳeˑstiŋ-stoc) s. hazmerreír.

Jesuit (ȳeˑšuit) s. jesuita : Jesuit's bark, BOT. quina.

Jesuitic(al (ȳešuiˑtic(al) adj. jesuítico.

Jesuitically (ȳešuiˑticali) adv. jesuíticamente.

Jesuitism (ȳeˑšuitišm) s. jesuitismo.

Jesus (ȳiˑšøs) n. pr. Jesús. 2 Jesus Christ, Jesucristo.

jet (ȳet) s. MINER. azabache. 2 chorro, vena, surtidor, fuente. 3 chorretada. 4 caño de salida, boquilla, mechero : gas ～, mechero de gas; llama del mechero. — 5 adj. de azabache; negro como el azabache. 6 de chorro, de reacción, a chorro : ～ propulsion, propulsión a chorro; ～ plane, avión de reacción; de propulsión a chorro.

jet (to) intr. salir, brotar o manar en chorro. — 2 tr. lanzar o arrojar en chorro. ¶ CONJUG. pret. y p. p. jetted; ger. : jetting.

jet-black adj. negro como el azabache.

jetsam (ȳeˑtsam) s. DER. MAR. echazón [carga echada]. 2 pecio. 3 fig. cosa desechada por inútil.

jetee (ȳeˑti) s. JETTY.

jettison (ȳeˑtisøn) s. JETSAM.

jettison (to) tr. DER. MAR. hacer echazón de. 2 echar, desechar [lo que estorba].

jetton (ȳeˑtøn) s. ficha [de juego, etc.].

jetty (ȳeˑti), pl. -ties (-tis) s. malecón, escollera, rompeolas, dique. 2 muelle, desembarcadero. — 3 adj. de azabache, azabachado, negro.

Jew (ȳu) adj. y s. judío, israelita.

jewel (ȳuøl) s. joya, alhaja, joyel, presea. 2 gema, piedra preciosa. 3 rubí [de reloj de bolsillo]. — 4 adj. de joyas, para joyas : ～ box, ～ case, ～ casket, joyero.

jewel (to) tr. enjoyar. 2 adornar con piedras preciosas. ¶ CONJUG. pret. y p. p. : jeweled o -elled; p. a. : jeweling o -elling.

jewel(l)er (ȳuølø') s. joyero, platero; diamantista : jewelers' putty, polvo usado por los joyeros para pulir; jeweler's shop, joyería, platería.

jewellery, jewelry (ȳuølri) s. joyas, pedrería; aderezo.

Jewess (ȳuˑis) f. judía, israelita.

jewfish (ȳuˑfish) s. ICT. mero, cherna. 2 nombre de otros peces.

Jewish (ȳuˑish) adj. judaico, judío. 2 ajudiado.

Jewishly (ȳuˑishli) adv. a la manera de los judíos, como un judío.

Jewism (ȳuˑišm) s. judaísmo.

Jewry (ȳuˑri), pl. -ries (-ris) n. pr. GEOGR. Judea. — 2 s. judería, barrio judío.

Jews'-harp s. MÚS. birimbao.

Jew's pitch s. betún de Judea.

Jezebel (ȳeˑšøbøl) n. pr. Jezabel. — 2 s. fig. mujer mala.

jib (ȳib) s. MAR. foque : flying ～, petifoque; inner ～, fofoque; outer o middle ～, segundo foque; ～ topsail, foque volante. 2 brazo, aguilón [de grúa]. — *3 adj.* MAR. ⁓ *boom*, botalón de baupés. *4* ARQ. ⁓ *door*, puerta·sin marco visible, puerta disimulada.

jib (to) (ȳib) *tr.* MAR. virar, inclinar a la otra banda [una vela de cuchillo] cuando se navega en popa. — *2 intr.* MAR. moverse bruscamente de un lado a otro una vela de cuchillo cuando se vira. *3* repropiarse [el caballo]. ¶ CONJUG. pret. y p. p.: *jibbed;* ger.: *jibbing.*

jibe (to) *tr.* e *intr.* TO JIB. 2 TO GIBE. — *3 intr.* (EE. UU.) concordar, pegar [dos cosas].

jiffy (ȳifi) *s.* fam. instante, periquete, santiamén.

jig (ȳig) *s.* MÚS., DANZA giga, jiga. 2 ant. balada o canción cómica. *3* pop. broma, burla, juego : *the* ⁓ *is up,* fig. se acabó todo, no hay más esperanza. *4* anzuelo de cuchara. *5* jigger [máquina para teñir]. *6* MEC. patrón de guía, plantilla [para taladrar, cortar, etc.]. *7* MIN. criba hidráulica. *8* TEJ. perchadora, máquina de perchar. *9* ⁓ *saw,* segueta, sierra de vaivén.

jig (to) *tr.* tocar o cantar como una giga. 2 sacudir, mover de arriba abajo y de abajo arriba. *3* pescar [peces] con anzuelo de cuchara. *4* TINT. tratar con el jigger. *5* MEC. taladrar o cortar mecánicamente siguiendo una plantilla. *6* MIN. lavar minerales en criba hidráulica. — *7 intr.* bailar una jiga o un baile animado. *8* moverse de arriba abajo, rítmicamente, con sacudidas. *9* pescar con anzuelo de cuchara.

jigger (ȳigə'r) *s.* bailador de giga. 2 el que sacude o mueve de arriba abajo. *3* MEC. cualquier aparato o utensilio con movimiento rápido de vaivén. *4* anzuelo de cuchara. *5* TINT. jigger [máquina para teñir]. *6* MIN. cuba hidráulica. *7* ELECT., RADIO. transformador de oscilaciones, transformador Marconi. *8* especie de torno de alfarero. *9* (EE. UU.) indicador eléctrico de cotizaciones. *10* costa [instrumento de zapatero]. *11* instrumento para alisar piedras litográficas. *12* MAR. aparejo de mano. *13* MAR. contramesana; cangreja de contramesana. *14* MAR. pequeña embarcación con aparejo de yola. *15* ENTOM. nigua. *16* ZOOL. garrapata. *17* (Ingl.) coche abierto, ligero, de dos ruedas. *18* fam. cosa, chisme, artefacto, artilugio. *19* fam. bicicleta. *20* fam. (EE. UU.) tranvía tirado por un caballo.

jiggle (ȳigəl) *tr.* e *intr.* mover o moverse a sacudidas o tirones, moverse de un lado a otro.

jigsaw puzzle (ȳigso) *s.* rompecabezas hecho de una figura o dibujo sobre cartón o madera, cortado en trozos irregulares, que hay que recomponer.

jilt (ȳilt) *s.* mujer que despide o deja plantado a su novio.

jilt (to) *tr.* despedir o dejar plantado [a un novio]. — *2 intr.* coquetear.

Jim (ȳim) *n. pr.* dim. de JAMES. 2 ⁓ *Crow,* fam. y desp. (EE. UU.) negro : ⁓ *Crow law,* ley que prescribe la separación de blancos y negros en lugares y vehículos públicos.

Jimmy (ȳimi) *n. pr.* dim. de JAMES.

jimmy, *pl.* **-mies** (-mis) *s.* palanqueta [de ladrón].

jimmy (to) *tr.* forzar con palanqueta. 2 *to* ⁓ *open,* abrir con palanqueta. ¶ CONJUG. pret. y p. p.: *jimmied.*

jingle (ȳingəl) *s.* tintín, tintineo, cascabeleo, sonido metálico. 2 aliteración, rima o verso pueril. *3* cosa que tintinea. *4* sonaja [del pandero]. *5* cascabel. *6* coche cubierto de dos ruedas usado en Irlanda y Australia.

jingle (to) *intr.* tintar, tintinear, cascabelear; sonar [las monedas, llaves, etc.]. 2 rimar. — *3 tr.* hacer sonar o tintinear.

jingo (ȳingou) *adj.* y *s.* jingoísta, patriotero exaltado. — *2 interj. by* ⁓*!,* ¡caramba!, ¡por Dios! jingoísmo, patriotería.

jingoism (ȳingouiŝm) *s.* jingoísmo, patriotería.

jingoist (ȳingouist) *adj.* y *s.* JINGO.

jingoistic (ȳingouistic) *adj.* jingoísta.

jinn (ȳin), **jinni, jinnee** (ȳini·) *pl.* **jinn** o **jinns** *s.* genio [en la mitología mahometana].

jinx (ȳincs) *s.* fam. cenizo, persona o cosa que trae mala suerte.

jinx (to) *tr.* fam. traer mala suerte a.

jitney (ȳitni) *s.* fam. (EE. UU.) moneda de cinco centavos. 2 fam. (EE. UU.) autocar de servicio público.

jitter (to) (ȳitə'r) *intr.* fam. (EE. UU.) estar inquieto, desasosegado, nervioso.

jitters (ȳitə'ŝ) *s. pl.* fam. (EE. UU.) agitación, in-

quietud, nerviosismo : *to give the* ⁓, poner nervioso, volver loco.

jittery (ȳitəri) *adj.* fam. (EE. UU.) agitado, inquieto, nervioso.

jiujitsu, jiujustsu (ȳuȳitsu) *s.* JUJITSU.

Joachim (ȳouakim) *n. pr.* Joaquín.

Joan (ȳoun o ȳoan), **Joanna** (ȳoæna) *n. pr.* Juana.

Job (ȳoub) *n. pr.* BIB. Job : *Job's comforter,* fig. persona que dirige a otra palabras de consuelo que llevan la intención de molestar.

job (ȳab) *s.* obra, trabajo, tarea, quehacer, cometido : *odd* ⁓, trabajo ocasional o de poca monta, chapuza; *to lie down on the* ⁓, fam. echarse al surco, no trabajar; *on the* ⁓, fam. en su puesto. al pie del cañón, atendiendo a sus obligaciones. 2 empleo, ocupación : *to be out of* ⁓, estar sin trabajo, desocupado. *3* asunto, negocio : *bad* ⁓, mal asunto, mal negocio, fracaso. *4* [entre delincuentes] tiempo de una condena. *5* destajo : *by the* ⁓, a destajo. *6* agiotaje. *7* asunto en que se sacrifica el deber al interés personal; chanchullo. *8* IMPR. remiendo. — *9 adj.* ⁓ *lot,* mercancías varias vendidas en lote, saldo de mercancías. *10* IMPR. ⁓ *printing,* impresión de remiendos.

job (to) *tr.* e *intr.* comerciar, vender o comprar como corredor o intermediario. 2 especular en fondos públicos. *3* hacer o trabajar a destajo. *4* hacer chapuzas. *5* beneficiarse ilícitamente en el ejercicio de un cargo, en la dirección de un asunto. — *6 tr.* subarrendar [un trabajo].⁓*7* alquilar [coches, caballos, etc.]. *8* pinchar, picar, herir ligeramente. — *9 intr.* fam. (Ingl.) ir en coche de alquiler. ¶ CONJUG. pret. y p. p.: *jobbed;* ger.: *jobbing.*

jobation (ȳobeshøn) *s.* reprimenda [esp. cuando es larga].

jobber (ȳabø'r) *s.* COM. intermediario, corredor. 2 destajero, destajista. *3* (Ingl.) agiotista, negociante en fondos públicos. *4* (Ingl.) alquilador [de coches, caballos, etc.]. *5* el que se beneficia ilícitamente de un cargo público; corruptor de la administración, chanchullero, traficante político.

jobbery (ȳabøri) *s.* práctica de beneficiarse ilícitamente con los cargos públicos; corrupción oficial.

jobholder (ȳabjouldø'r) *s.* empleado, burócrata.

jobless (ȳablis) *adj.* desocupado, sin empleo, sin trabajo.

Job's-tears *s.* BOT. lágrimas de David o de Job.

jockey (ȳaki) *s.* DEP. jockey 2 (EE. UU.) chalán. *3* maulero, tramposo, engañador.

jockey (to) *tr.* engañar, chasquear [en un trato]. 2 *to* ⁓ *out, into, etc.,* embaucar para; hacer salir, sacar, inducir, etc., con engaño. — *3 intr.* engañar. *4* maniobrar [para obtener una ventaja o ganar un puesto en una regata, etc.].

jocose (ȳocou·s) *adj.* jocoso, festivo. 2 bromista, chancero.

jocosely (ȳocou·sli) *adv.* jocosamente.

jocoseness (ȳocou·snis) *s.* jocosidad.

jocoserious (ȳocousi·riøs) *adj.* jocoserio.

jocosity (ȳoca·siti), *pl.* **-ties** (-tis) *s.* jocosidad. 2 broma, chanza.

jocular (ȳa·kiula') *adj.* jocoso, festivo, humorístico. 2 chancero. *3* alegre, jovial.

jocularity (ȳakiulæriti) *s.* jocosidad. 2 jovialidad.

jocularly (ȳa·kiula·li) *adv.* jocosamente, festivamente. 2 jovialmente.

jocund (ȳa·cønd) *adj.* jocundo. 2 alegre, contento, animado, jovial.

jocundity (ȳocø·nditi) *s.* jocundidad. 2 alegría, jovialidad.

jocundly (ȳa·cøndli) *adv.* jocundamente; alegremente.

jodhpurs (ȳa·dpø'ŝ) *s. pl.* pantalón de montar.

Joe (ȳou) *n. pr.* dim. de JOSEPH.

jog (ȳag) *s.* empujoncito, golpecito, sacudida ligera. 2 estímulo [para la memoria]. *3* trote o paso corto; acción de moverse poco a poco, a pequeñas sacudidas. *4* entrada o saliente [en una línea o superficie] ; muesca cuadrada. — *5 adj.* ⁓ *trot,* trote corto, trote de perro; fig. lentitud; rutina.

jog (to) *tr.* empujar. 2 dar un golpecito, tocar con el codo [para llamar la atención]. *3* excitar suavemente; estimular [la memoria]. *4* poner al

trote corto. 5 mover poco, a poco. — 6 *intr. to* ~
~ *on* o *along,* andar despacio o al trote corto.
¶ CONJUG.: pret. y p. p.: *jogged;* ger.: *jogging.*

joggle (ȳa·gǫl) *s.* diente, muesca [en la cara por
donde se juntan o sobreponen dos piedras o
maderos]. 2 sacudida.

joggle (to) *tr.* unir o asegurar con diente y muesca. 2 dar una sacudida ligera. — 3 *intr.* avanzar
o moverse a sacudidas, vacilar.

John (ȳan) *n. pr.* Juan. 2 BIB. San Juan. 3 el Evangelio según San Juan. 4 ~ *Bull,* el inglés típico;
el pueblo inglés. 5 ~ *Chinaman,* China, los chinos, un chino. 6 ~ *Doe,* fulano de tal. 7 ICT. ~
Dory, gallo, pez de San Pedro. 8 BOT. ~ *apple,* especie de manzana tardía. 9 fam. ~ *Hancock,* firma de uno.

Johnny, Johnnie (ȳa·ni) *n. pr.* dim. de JOHN.

johnnycake (ȳa·nikeic) *s.* torta o pan de maíz.

Johnsonese (ȳansǫni·s) *s.* estilo pomposo, en que
abundan las palabras cultas.

Johnsonian (ȳanso·nian) *adj.* de Samuel Johnson
y sus escritos. 2 dic. del estilo pomposo, en que
abundan las palabras cultas.

join (ȳoin) *s.* punto de unión o de encuentro.

join (to) *tr.* unir, juntar. 2 trabar, acoplar, encajar, armar. 3 añadir, agregar, mezclar. 4 asociar,
combinar, hermanar. 5 unir [en matrimonio].
6 unirse a, reunirse o juntarse con, agregarse o
incorporarse a, ingresar en [un grupo, asociación o partido], abrazar [una causa]: *to* ~ *the
colours,* o fam. *to* ~ *up,* alistarse en el ejército.
7 aunarse, empeñarse juntos. 8 trabar, librar:
to ~ *battle,* trabar o librar batalla. 9 desaguar
en, desembocar en. 10 tocar a, estar junto a,
lindar con.
   11 intr. unirse, juntarse, encontrarse, reunirse, asociarse, ligarse, combinarse. *12* confluir
[dos ríos]. *13* ser contiguo. *14 to* ~ *in,* tomar
parte en.

joinder (ȳoi·ndǫ') *s.* DER. acción de juntarse o unirse para pleitear. 2 DER. aceptación por una de
las partes de la alegación hecha por la contraria.

joiner (ȳoi·nǫ') *s.* el que une o junta. 2 ensamblador, montador. 3 ebanista, carpintero.

joinery (ȳoi·nǫri) *s.* ebanistería; carpintería de
taller.

joining (ȳoi·ning) *s.* unión [acción de unir]. 2
reunión, incorporación, agregación. 3 hermanamiento. 4 encaje, ensambladura. 5 JOINERY. —
6 *adj.* que une o junta.

joint (ȳoint) *s.* coyuntura, articulación, nudillo:
out of ~, dislocado, descoyuntado; en desorden,
desbarajustado; *to throw out of* ~, dislocar, dislocarse [un brazo, etc.]. 2 junta, juntura, unión,
conexión, empalme, ensambladura. 3 ALBAÑ. junta, llaga. 4 gozne, bisagra, charnela. 5 BOT. nudo,
axila, horqueta. 6 ZOOL. parte entre dos articu-
laciones; artejo, artículo. 7 BOT. entrenudo. 8
CARN. trozo grande de carne [esp. para asar]. 9
GEOL. grieta. *10* ENCUAD. parte flexible del lomo
contigua a la tapa. *11* ENCUAD. cartivana. *12*
pop. casa, habitación, lugar, establecimiento,
etc.; esp. (EE. UU.) fumadero de opio; bar o
taberna clandestinos. — *13 adj.* unido, combinado, mixto, ⋅conjunto, mancomunado, común,
colectivo, solidario, indiviso: ~ *account,* cuenta
en común o en participación; ~ *action,* acción
conjunta; ~ *committee,* comisión mixta; ~ *consent,* común acuerdo; ~ *meeting,* ~ *session,*
reunión o sesión conjunta, período de sesiones
[de las dos cámaras legislativas reunidas]; ~
pastoral, pastoral colectiva; ~ *property,* propiedad indivisa; ~ *resolution,* acuerdo tomado por
las dos cámaras legislativas reunidas; ~ *responsability,* responsabilidad solidaria; ~ *stock,*
capital social [de una compañía]; fondos en
común. *14* copartícipe, co-: ~ *author,* coautor;
~ *creditor,* acreedor copartícipe; ~ *heir,* coheredero; ~ *owner,* condueño, copropietario; ~
possession, coposesión; ~ *tenancy,* DER. tenencia
o propiedad en común, con derecho absoluto
para el sobreviviente; ~ *tenant,* DER. el que tiene o posee en JOINT TENANCY. *15* De o para articulación, empalme, etc.: ~ *box,* ELECT. caja de
empalmes; ~ *pin,* pasador [de bisagra, etc.].
16 BOT. ~ *fir,* hierba de las coyunturas, belcho.
17 BOT. ~ *grass,* gramilla; cola de caballo.

joint (to) *tr.* unir, articular, ajustar, ensamblar.
2 descoyuntar, cortar por las coyunturas. 3 CARN.

destazar. 4 igualar [los dientes de una sierra].
— 5 *intr.* articularse, unirse .por medio de ar-
ticulaciones.

jointed (ȳoi·ntid) *adj.* articulado [que tiene ar-
ticulaciones]. 2 nudoso. 3 BOT. ~ *charlock,* rabanillo.

jointer (ȳoi·ntǫ') *s.* CARP. juntera. 2 igualador [de
una sierra].

jointly (ȳoi·ntli) *adv.* juntamente, conjuntamente,
mancomunadamer.te, de consuno, unidamente,
in sólidum : ~ *and severally,* todos y cada uno
de por sí; ~ *liable,* solidario.

joint-stock company, compañía por acciones, sociedad anónima.

jointure (ȳoi·nchu') *s.* DER. bienes asignados a la
mujer para después de la muerte del marido.

joist (ȳoist) *s.* ARQ. viga, vigueta.

joke (ȳou·c) *s.* chiste. chascarrillo; chanza, broma : *practical* ~, broma, bromazo; *to be no* ~,
ser cosa seria, no ser una broma; *to crack jokes,*
decir chistes, bromear; *to tell a* ~, contar un
chiste, un chascarrillo; *to play a* ~ *on,* gastar
una broma a; *in* ~, de broma, por chanza.

joke (to) *intr.* bromear, hablar en broma, chancear, chancearse. 2 fam. gastar bromas : *joking
aside, no, joking,* bromas aparte, hablando en
serio. — 3 *tr. to* ~ *one's way into,* conseguir
[una situación o empleo, entrada en, etc.] burla burlando.

joker (ȳou·kǫ') *s.* bromista, chancero, guasón. 2
comodín [naipe]. 3 cláusula de un proyecto de
ley que burla su intención; defecto o error
en un contrato que permite evadir su cumplimiento.

jokingly (ȳou·kingli) *adv.* en broma, de burla,
de mentirijillas.

jollier (ȳa·liǫ') *adj. comp.* de JOLLY. — 2 *s.* candonguero, lisonjeador.

jolliest (ȳa·liest) *adj. superl.* de JOLLY.

jollification (ȳalifike·shǫn) *s.* alegría, diversión,
holgorio, retozo.

jolliness (ȳa·linis) *s.* JOLLITY.

jollity (ȳa·liti) *pl.* **-ties** (-tis) *s.* alegría, animación,
regocijo, jovialidad. 2 diversión, fiesta o reunión
recreativa.

jolly (ȳa·li) *adj.* alegre, festivo, animado, divertido, jovial. 2 fam. excelente, agradable, bueno,
grande. 3 MAR. ~ *boat,* chinchorro, sereni. — 4
s. reunión, alegre. 5 ~ *Roger,* bandera negra de
los piratas. — 6 *adv.* muy, sumamente.

jolly (to) *tr.* animar, alegrar. 2 candonguear, dar
coba a, seguir el humor a. 3 fam. reirse de, embromar.

jolt (ȳoult) *s.* traqueteo, tumbo, sacudida, salto.
2 golpe, choque.

jolt (to) *intr.* dar tumbos o sacudidas. — 2 *tr.*
traquetear, sacudir.

jolthead (ȳou·ltjed) *s.* tonto, majadero.

jolty (ȳou·lti) *adj.* desigual, lleno de baches, etc.
[camino]. 2 que va dando tumbos o saltos.

Jonah (ȳou·na) *n. pr.* Jonás. — 2 *m.* fig. cenizo.

Jonathan (ȳa·nazan) *n. pr.* Jonatán. 2 *Brother* ~,
fig. (Ingl.) los Estados Unidos.

jongleur (ȳa·nglǫ') *s.* juglar, trovador.

jonquil (ȳa·ncuil) *s.* BOT. junquillo. 2 ORNIT. canario amarillo.

Jordan (ȳo·'dan) *n. pr.* GEOGR. Jordán [río]. 2
GEOGR. Jordania.

Josaphat (ȳo·safat) *n. pr.* Josafat.

Joseph (ȳou·šef) *n. pr.* José.

Josephine (ȳou·šǫfin) *n. pr.* Josefina.

josh (ȳash) *s.* fam. (EE. UU.) chanza, burla festiva.

josh (to) *tr.* fam. (EE. UU.) embromar, burlarse
de. — 2 *intr.* fam. (EE. UU.) chancearse.

Joshua (ȳa·shua) *n. pr.* Josué.

Josiah (ȳo·saia) *n. pr.* Josías.

Josie (ȳou·ši) *n. pr.* dim. de JOSEPHINE.

joss (ȳas) *s.* ídolo chino. — 2 *adj.* de o para un
ídolo chino : ~ *house,* templo chino; ~ *stick,*
pebete [como los que queman los chinos en sus
templos].

jostle (ȳa·sǫl) *s.* empujones, empellones. 2 choque,
encuentro.

jostle (to) *tr.* empujar, empellar, dar codazos a.
2 meter a empellones. 3 hacer chocar. — 4 *intr.*
empujarse, atropellarse. 5 avanzar a fuerza de
empujones o codazos. 6 chocar, encontrarse.

jot (ȳat) *s.* jota, ápice, pizca, tilde : *I don't care
a* ~, me importa un bledo.

jot (to) *tr.* escribir de prisa. *2 to* ⌐ *down*, apuntar, anotar. ¶ CONJUG. pret. y p. p.: *jotted;* p. a.: *jotting.*

jougs (ȳōgs) *s. pl.* argolla [para exponer a un reo].

joule (ȳaul o ȳul) *s.* ELECT. julio.

jounce (ȳauns) *s.* sacudida, traqueteo

jounce (to) *tr.* hacer traquetear, sacudir. — *2 intr.* traquetear, botar.

journal (ȳø'rnal) *s.* diario, periódico. 2 diario [relación día por día]. *3* COM. diario. *4* libro de actas. *5* MEC. gorrón, espiga; manga de eje. *6* MEC. ⌐ *bearing*, cojinete, chumacera; ⌐ *box*, cojinete, caja de eje o de sebo.

journalese (ȳørnali·š) *s.* lenguaje periodístico.

journalism (ȳø'nalism) *s.* periodismo.

journalistic (ȳø'nali·stic) *adj.* periodístico.

journalize (to) (ȳø'nalaiš) *tr.* COM. pasar al diario. 2 apuntar en un diario. — *3 intr.* llevar un diario. *4* hacer de periodista.

journey (ȳø'ni) *s.* viaje [esp. por tierra]; camino, jornada. 2 tránsito, pasaje.

journey (to) *intr.* viajar. *2 tr.* viajar por; recorrer en viaje.

journeyer (yø'niø') *s.* viajero.

journeyman (ȳø'nimæn), *pl.* **-men** (-men) *s.* jornalero. 2 oficial [de un oficio]: ⌐ *taylor*, oficial de sastre.

journeywork (ȳo'niwø'c) *s.* jornal [trabajo de un día]. 2 trabajo mecánico.

joust (ȳøst o ȳaust) *s.* justa. *2 pl.* torneo.

joust (to) *intr.* justar.

jousting (ȳø·sting) *s.* justa, acción de justar. — *2 adj.* de justas, para justas: ⌐ *field*, liza.

Jove (ȳouv) *n. pr.* MIT. Jove: *by* ⌐!, ¡por Dios! 2 poét. Júpiter [planeta].

jovial (ȳou·vial) *adj.* jovial, alegre, festivo.

joviality (ȳouviæ·liti) *s.* jovialidad, alegría, regocijo.

jovially (ȳou·viali) *adv.* jovialmente.

jovialness (ȳou·vialnis) *s.* JOVIALITY.

jowl (ȳaul) *s.* carrillo. 2 quijada. 3 papada [de una res]. 4 cabeza de pescado aderezada.

joy (ȳoi) *s.* júbilo, regocijo, alegría, gozo, deleite; felicidad: *I wish you* ⌐, le doy la enhorabuena; *buen provecho te haga; to leap with* ⌐, saltar o brincar de gozo. — *2 adj.* de gozo o diversión: ⌐ *ride*, paseo en automóvil [esp. cuando se da sin permiso del dueño, o cuando se conduce alocadamente]. *3* AVIA. fam. ⌐ *stick*, palanca de mando.

joy (to) *tr.* alegrar. — *2 intr.* alegrarse, regocijarse.

joyful (ȳoi·ful) *adj.* jubiloso, gozoso, alegre, regocijado, placentero.

joyfully (ȳoi·fuli) *adv.* gozosamente, alegremente, regocijadamente, placenteramente.

joyfulness (ȳoi·fulnis) *s.* júbilo, gozo.

joyless (ȳoi·lis) *adj.* triste, sin alegría.

joylessly (ȳoi·lisli) *adv.* tristemente.

joylessness (ȳoi·lisnis) *s.* tristeza, melancolía, abatimiento.

joyous (ȳo·iøs) *adj.* alegre, gozoso.

joyously (ȳo·iøsli) *adv.* gozosamente.

joyousness (ȳo·iøsnis) *s.* gozo, dicha.

jubilant (ȳu·bilant) *adj.* jubiloso, alborozado, exultante.

jubilate (to) (ȳu·bileit) *intr.* jubilar, alegrarse, regocijarse.

jubilation (ȳubile·shøn) *s.* jubilación, exultación, exclamación de júbilo.

jubilee (ȳu·bili) *s.* júbilo. 2 jubileo. 3 aniversario, quincuagésimo aniversario.

Judaic(al (ȳudei·c(al) *adj.* judaico, judío.

Judaically (ȳudei·cali) *adv.* a manera de judío.

Judaism (ȳu·diišm) *s.* judaísmo.

Judaize (to) (ȳu·diaiš) *intr.* judaizar.

Judaizer (ȳu·diaišø') *s.* judaizante.

Judas (ȳu·das) *n. pr.* Judas. — *2 s.* fig. Judas, traidor. 3 (con mín.) mirilla de puerta. — *3 adj.* de Judas: *Judas kiss*, beso de Judas. 4 BOT. *Judas tree*, árbol de Judas, ciclamor.

Judea (ȳu·dia) *n. pr.* GEOGR. HIST. Judea.

Judean (ȳudi·an) *adj.* y *s.* judío [de Judea].

judge (ȳø·dȳ) *s.* juez [que administra justicia]; magistrado [de un tribunal]: ⌐ *advocate*, auditor de guerra; auditor de marina. 2 juez, perito, conocedor: *to be no* ⌐ *of*, no ser juez en, no entender de. *3 pl.* BIB. *Judges*, libro de los Jueces.

judge (to) *tr.* e *intr.* DER., FIL. juzgar. 2 juzgar,

creer, estimar, deducir, suponer: *judging by*, o *from*, a juzgar por.

judgement, judgment (ȳø·dȳment) *s.* decisión fallo, sentencia. *2* DER. ejecutoria. *3* juicio [acción o resultado de juzgar]; opinión, dictamen. *4* juicio, discreción, criterio, discernimiento: *to the best of one's* ⌐, según el leal saber y entender de uno. *5* religión [de una secta]. 6 castigo de Dios. *7* LÓG., FIL., TEOL. juicio: *the Judgment, the Last Judgment*, el juicio final. *8* ⌐ *of God*, juicio de Dios. — *9 adj.* del juicio, de juicio: ⌐ *day*, día del juicio; ⌐ *seat*, tribunal [del juicio].

judgeship (ȳø·dȳship) *s.* judicatura, magistratura [del juez].

judicable (ȳu·dicabøl) *adj.* que puede ser juzgado.

judicative (ȳu·dicativ) *adj.* judicativo.

judicatory (ȳu·dicatori) *s.* tribunal de justicia. 2 judicatura, administración de justicia.

judicature (ȳu·dicachu') *s.* judicatura, magistratura. 2 jurisdicción.

judicial (ȳudi·shal) *adj.* judicial: ⌐ *separation*, separación [de marido y mujer] por fallo judicial. 2 judiciario: ⌐ *astrology*, astrología judiciaria. 3 crítico, apto para juzgar.

judicially (ȳudi·shali) *adv.* judicialmente.

judiciary (ȳudi·shiæri) *adj.* judicial, forense. — *2 s.* administración de justicia, judicatura. *3* poder judicial; lo judicial.

judicious (ȳudi·shøs) *adj.* juicioso, de buen sentido. sensato, prudente, avisado, discreto, atinado.

judiciously (ȳudi·shøsli) *adv.* juiciosamente, con buen sentido, atinadamente.

judiciousness (ȳudi·shøsnis) *s.* juicio, cordura, buen sentido, discernimiento.

Judith (ȳu·diz) *n. pr.* Judit. *2* BIB. libro de Judit.

jug (ȳøg) *s.* jarro, cántaro. *2* [EE. UU.] botija. 3 pop. cárcel, chirona. 4 onomatopeya del canto de algunos pájaros.

jug (to) *tr.* COC. estofar. 2 fam. encarcelar. — *3 intr.* cantar, trinar [el ruiseñor y otros pájaros]. *4* juntarse [las perdices, las codornices, etc.]. ¶ CONJUG. pret. y p. p.: *jugged;* ger.: *jugging.*

juggle (ȳø·gøl) *s.* juego de manos, escamoteo. *2* engaño, impostura.

juggle (to) *intr.* hacer juegos de manos o juegos malabares. 2 hacer trampas, engañar. *3 to* ⌐ *a person out of*, estafar o escamotear algo a uno; *to* ⌐ *away*, escamotear [una cosa]; *to* ⌐ *into*, cambiar en [en un juego de manos o con engaño].

juggler (ȳø·glø') *s.* juglar, titiritero, prestidigitador, malabarista. 2 tramposo, engañador, escamoteador.

jugglery (ȳø·gløri) *s.* juego de manos, prestidigitación, malabarismo. 2 engaño, trampa.

Jugoslav (yu·gosla·v) *adj.* y *s.* YUGOSLAV.

Jugoslavia (yu·gosla·via) *n. pr.* GEOGR. YUGOSLAVIA.

Jugoslavian (yu·gosla·vian), **Jugoslavic** (yu·gosla·vic) *adj.* y *s.* YUGOSLAVIAN, YUGOSLAVIC.

jugular (ȳø·guiular) *adj.* ANAT. yugular. — *2 s.* vena yugular.

jugulate (to) (ȳø·guiuleit) *tr.* degollar; estrangular. 2 fig. cortar, detener el curso [de una enfermedad, etc.].

Jugurtha (ȳugu·rza) *n. pr.* HIST. Yugurta.

juice (ȳu·s) *s.* zumo; jugo. 2 fig. jugo, substancia. 3 pop. electricidad, gasolina, etc., como fuerza motriz.

juiceless (ȳu·slis) *adj.* seco, sin jugo, sin zumo.

juiciness (ȳu·sinis) *s.* jugosidad, suculencia.

juicy (ȳu·si) *adj.* jugoso, zumoso, suculento. 2 picante, divertido.

jujitsu (ȳuȳi·tsu) *s.* jiu-jitsu.

jujube (ȳu·ȳub) *s.* BOT. yuyuba, azufaifa, guinja, guinjol: ⌐ *tree*, azufaifo, guinjo, guinjolero.

juke box (ȳuc) *s.* gramófono con una ranura para echar una moneda que lo hace funcionar.

julep (ȳu·lip) *s.* FARM. julepe. *2 mint* ⌐, refresco alcohólico con hojas de hierbabuena.

Julian (ȳu·lyan) *n. pr.* Julián. 2 Juliano.

julienne (ȳulie·n) *s.* sopa Juliana.

Juliet (ȳu·liet) *n. pr.* Julia, Julieta.

Julius (ȳu·liøs) *n. pr.* Julio.

July (ȳulai·) *s.* julio [mes].

jumble (ȳø·mbøl) *s.* mezcla, revoltijo, confusión. 2 traqueteo, bazuqueo. 3 especie de rosquilla [dulce].

jumble (to) *tr.* emburujar, barajar, amontonar

o mezclar confusamente. — 2 *intr.* mezclarse, juntarse, moverse, de un modo confuso o agitado.

jumbo (ȳ⊘mbou) *adj.* enorme, grande [en su línea].
— *s.* elefante, persona o animal muy corpulento y pesado; objeto enorme.

jump (ȳ⊘mp) *s.* salto, brinco. 2 lanzamiento [en paracaídas]. 3 subida repentina [de precios]. 4 sacudida, repullo, movimiento convulsivo: *the jumps*, fam. corea; delirium tremens. 5 transición brusca; salto, omisión. 6 DEP. pista para saltos en esquí. 7 MIN. falla [de una vena]. 8 *to be on the ~*, andar de aquí para allá, trafagar; moverse, estar nervioso. 9 fam. (EE. UU.) *to get*, o *have the ~ on*, ganar ventaja a, adelantarse a. — 10 *adj.* que salta, para saltar : ~ *rope*, comba [cuerda para saltar] ; ~ *seat*, traspuntín [asiento plegadizo en un automóvil] ; ~ *spark*, ELECTR. chispa que salta entre dos puntos fijos ; ~ *wire*, ELECTR. trozo de alambre que cierra un circuito.

jump (to) *intr.* saltar, brincar, dar saltos : *to ~ for joy*, brincar de gozo ; *to ~ in*, saltar dentro, entrar apresuradamente en un carruaje, etc. 2 dar un salto, un repullo. 3 lanzarse [en paracaídas desde un avión]. 4 moverse a sacudidas. 5 subir repentinamente [los precios]. 6 pasar del tope [el carro de la máquina de escribir]. 7 *to ~ at*, lanzarse a ; coger o asir con presteza ; apresurarse a aprovechar o aceptar. 8 *to ~ down someone's throat*, responder o interrumpir a uno violentamente. 9 *to ~ on* o *upon*, arremeter contra, saltar encima ; poner como nuevo, regañar, criticar. 10 *to ~ over*, saltar por encima de, pasar de un salto ; saltarse [una página, etc.]. 11 *to ~ to a conclusion*, hacer una deducción precipitada. 12 *to ~ together*, convenir, concordar, coincidir. 13 *to ~ with*, convenir, concordar, coincidir con. — 14 *tr.* saltar [salvar de un salto]. 15 (EE. UU.) saltar dentro de, subir de un salto a [un tren, etc.]. 16 hacer saltar [a un niño, un caballo, etc.]. 17 sobresaltar, hacer dar un salto, un repullo. 18 comerse [un peón en el juego de damas]. 19 (EE. UU.) *to ~ cne's bail*, fugarse el que está bajo fianza. 20 FERROC. *to ~ the track*, descarrilar.

jumper (ȳ⊘mpø') *s.* saltador. 2 blusa suelta, blusón. 3 blusa de obrero. 4 especie de chaqueta de lona que usan los marineros. 5 narria, rastra. 6 usurpador de una mina denunciada por otro. 7 barreta [de minero o cantero]. 8 ELECT. trozo de alambre que cierra un circuito. 9 *pl.* mono [para niños].

jumpier (ȳ⊘mpiø') *adj. comp.* de JUMPY.

jumpiest (ȳ⊘mpiest) *adj. superl.* de JUMPY.

jumping (ȳ⊘mping) *s.* salto, acción de saltar. — 2 *adj.* que salta, saltador : ~ *jack*, muñeco [juguete] articulado que se hace mover por medio de hilos o de un palito que se desliza.

jumping-off place *s.* fin del camino.

jumpy (ȳ⊘mpi) *adj.* saltón, que salta. 2 que hace saltar. 3 variable. 4 nervioso, excitable en extremo.

junction (ȳ⊘ncshøn) *s.* unión, reunión. 2 punto de unión o reunión ; confluencia. 3 FERROC. empalme. 4 cosa que une ; capa de material que une dos partes, piezas, etc. 5 ELECT. *junction* o ~ *box*, caja de conexiones o derivaciones.

juncture (ȳ⊘nkchø') *s.* junta, juntura. 2 articulación, conexión, costura. 3 coyuntura, sazón, estado de cosas, momento crítico, ocasión, trance, oportunidad.

June (ȳun) *s.* junio. — 2 *adj.* de junio : ~ *beetle* o *bug*, ENTOM. nombre de ciertos escarabajos, esp. de un abejorro norteamericano.

jungle (ȳ⊘ngøl) *s.* selva virgen, manigua. 2 matorral, espesura, maraña. 3 MED. ~ *fever*, malaria de las selvas de la India.

junior (ȳu·niø') *adj.* menor, más joven, menos antiguo, hijo : X. X., X. X. hijo ; *the ~ partner*, el socio menos antiguo ; *he is my ~ by three years*, es tres años más joven que yo. 2 para jóvenes : ~ *college* (EE. UU.), escuela de estudios universitarios de primero y segundo año ; ~ *high school* (EE. UU.), escuela intermedia entre la primaria y la secundaria. — 3 *s.* joven. 4 (EE. UU.) estudiante del penúltimo curso. 5 junior [religioso].

juniorate (ȳu·nioreit) *s.* jovenado.

juniority (ȳunia·riti) *s.* condición de JUNIOR.

juniper (ȳu·nipø') *s.* BOT. junípero, enebro. — 2 *adj.* de enebro : ~ *berry*, nebrina ; ~ *oil*, miera.

junk (ȳ⊘nk) *s.* MAR. junco [embarcación]. 2 pedazo, trozo grueso. 3 desechos, desperdicios de vidrio, papel, cuerda, etc.; hierro viejo, chatarra. 4 MAR. trozos de cabo viejo para hacer estopa, etc. 5 MAR. tasajo. 6 fig. desecho, borra, basura, hojarasca. 7 ~ *room*, trastera, leonera.

Junker (ȳu·nkø') *s.* junker, aristócrata reaccionario prusiano.

junket (ȳ⊘nkit) *s.* COC. manjar de leche, cuajo y azúcar. 2 banquete, francachela ; jira.

junket (to) *tr.* e *intr.* tener o dar un banquete. — 2 *tr.* festejar, obsequiar. — 3 *intr.* ir de jira o de holgorio.

junketing (ȳ⊘nkiting) *s.* banquete, banqueteo ; jira, acción de ir de jira.

junkman (ȳ⊘ncmæn), *pl.* **-men** (-men) *s.* comerciante en desperdicios o material de desecho ; chatarrero.

Juno (ȳu·no) *n. pr.* MIT. Juno.

junto (ȳ⊘ntou), *pl.* **-tos** *s.* camarilla.

Jupiter (ȳu·pitø') *n. pr.* MIT., ASTR. Júpiter.

jupon (ȳu·pan) *s.* jubón. 2 falda, faldellín.

jural (ȳu·ral) *adj.* jurídico. 2 relativo a derechos y obligaciones morales.

jurant (ȳu·rant) *adj.* juramentado.

Jurassic (ȳuræ·sic) *adj.* y *s.* GEOL. jurásico.

juratory (ȳu·ratori) *adj.* jurado, juratorio.

jurel (ȳu·rel) *s.* ICT. jurel.

juridic(al (ȳuri·dic(al) *adj.* jurídico. 2 judicial.

juridically (ȳuri·dicali) *adv.* jurídicamente.

jurisconsult (ȳurisca·nsølt) *s.* jurisconsulto.

jurisdiction (ȳurisdi·cshøn) *s.* jurisdicción.

jurisdictional (ȳurisdi·cshønal) *adj.* jurisdiccional.

jurisprudence (ȳurispru·døns) *s.* jurisprudencia

jurisprudent (ȳurispru·dønt) *s.* jurisperito.

jurist (ȳu·rist) *s.* jurista, legista.

juror (ȳu·rø') *s.* jurado [individuo].

jury (ȳu·ri) *s.* DER. jurado [cuerpo e institución] : *grand ~*, jurado encargado de determinar si hay motivo para enjuiciar a una pers.; *petit ~*, *trial ~*, jurado de juicio, encargado de declarar el hecho o la culpabilidad. 2 jurado [de un concurso, etc.]. — 2 *adj.* del jurado : ~ *box*, tribuna del jurado.

juryman (ȳu·rimæn), *pl.* **-men** (-men) *s.* jurado [individuo].

jurymast (ȳu·rimæst) *s.* MAR. bandola.

just (ȳøst) *adj.* justo, recto, honrado, virtuoso. 2 justiciero, imparcial. 3 justo [arreglado a justicia y razón ; merecido]. 4 justo, fiel, exacto, preciso. 5 verdadero, bien fundado. — 6 *adv.* justamente, exactamente, cabalmente, precisamente : ~ *so*, eso mismo. 7 ni más ni menos, nc más que, sólo, nada más, apenas : *he is ~ a child*, no es más que un niño. 8 en el mismo instante, poco ha, recién ; dentro de un momento : ~ *arrived*, recién llegado ; ~ *now*, ahora mismo, en este mismo instante, hace poco ; *to have ~*, acabar de ; *he has ~ arrived*, acaba de llegar, *recién ha llegado*. 9 por poco, casi : ~ *at the point of death*, casi al momento de morir. 10 fam. verdaderamente, muy. 11 ~ *about*, casi, bastante, poco más o menos : *this is ~ about right*, esto está bastante bien ; es poco más o menos lo que conviene. 12 ~ *as*, al tiempo que, en el momento que, cuando, no bien ; lo mismo que ; semejante a. 13 ~ *as you please*, como usted guste. 14 ~ *beyond*, un poco más allá de. 15 ~ *by*, al lado, aquí cerca, allí cerca. 16 *to have but ~ time*, tener el tiempo preciso.

just *s.* JOUST.

just (to) *intr.* TO JOUST.

justice (ȳø·stis) *s.* justicia : *to do ~ to*, hacer justicia a ; apreciar debidamente ; *to do oneself ~*, hacerlo uno lo mejor que pueda, quedar bien. 2 verdad, exactitud. 3 DER. juez, magistrado [especialmente de un tribunal superior]. 4 ~ *of the peace*, juez de paz, magistrado de categoría inferior encargado en un pueblo de ciertas funciones judiciales y administrativas.

justiceship (ȳø·stisship) *s.* DER. judicatura, magistratura [de un juez o magistrado].

justiciable (ȳøsti·shiabøl) *adj.* justiciable. 2 sujeto a una jurisdicción. — 3 *s.* persona sujeta a una jurisdicción.

justiciary (ȳø·stisisheri) *adj.* judicial. — 2 *s.* juez, magistrado.

justifiable (ȳǫ·stifaiabǫl) *adj.* justificable.
justifiableness (ȳǫ·stifaiabǫlnis) *s.* posibilidad de ser justificado.
justifiably (ȳǫ·stifaiabli) *adv.* justificadamente.
justification (ȳǫstifike·shǫn) *s.* justificación. *2* descargo, defensa. *3* razón de ser.
justificative (ȳǫ·stifikeitiv), **justificatory** (ȳǫ·stifikeitori) *adj.* justificativo.
justifier (ȳǫ·stifaiǫ') *s.* justificador, justificante. *3* IMPR. justificador, ajustador.
justify (to) (ȳǫ·stifai) *tr.* justificar. *2* defender, sincerar. *3* demostrar ser justo o exacto. *4* DER. *to* ~ *bail.* jurar el que sale fiador por otro que tiene bienes suficientes para responder. — *5* *intr.* DER. justificarse. *6* IMPR. estar igualado. ¶ CONJUG. pret. y p. p.: *justified.*
Justinian (ȳǫsti·nian) *adj.* justinianeo.
Justinianus (ȳǫstinia·nǫs) *n. pr.* Justiniano.
Justinus (ȳǫsti·nǫs) *n. pr.* Justino.
justle (ȳǫ·sǫl) *s.* JOSTLE.
justle (to) *tr.* TO JOSTLE.
justly (ȳǫ·stli) *adv.* justamente, rectamente. *2* justamente [con justicia o razón; merecidamente], a justo título. *3* exactamente, precisamente.

justness (ȳǫ·stnis) *s.* justicia, equidad. *2* exactitud, propiedad, precisión, corrección, primor. —
jut (ȳǫt) *s.* salidizo, proyección, vuelo, resalto. — *2 adj.* saliente : ~ *window,* ventana saliente, mirador.
jut (to) (ȳǫt) *intr.* [a veces con *out*] salir, sobresalir, volar, hacer salidizo; proyectarse, extenderse; pandearse. ¶ CONJUG. pret. y p. p.: *jutted;* ger. : *jutting.*
jute (ȳut) *s.* yute, cáñamo de Indias.
Jutland (ȳǫ·tland) *n. pr.* GEOGR. Jutlandia.
juvenescence (ȳuvene·sǫns) *s.* rejuvenecimiento.
juvenescent (ȳuvene·sǫnt) *adj.* que rejuvenece, que se remoza.
juvenile (ȳu·venil) *adj.* juvenil, joven. *2* de o para jóvenes o menores : ~ *court,* tribunal tutelar de menores. — *3 s.* joven, mocito, mocita. *4* TEAT. galancete. *5* libro para niños.
juvenileness (ȳu·venilnis), **juvenility** (ȳuveni·liti) *s.* juventud, carácter juvenil.
juxtapose (to) (ȳǫcstapou·s) *tr.* yuxtaponer.
juxtaposition (ȳǫcstapousi·shǫn) *s.* yuxtaposición, contigüidad.

K

K, k *s.* K, k, undécima letra del alfabeto inglés.
Kabyle (cabai·l) *s.* cabila.
Kaffir, Kafir (kæ·fø') *s.* cafre [de Cafrería]. 2 infiel [entre los mahometanos].
Kaffraria (cafrei·ria) *n. pr.* GEOGR. Cafrería.
Kaffrarian (cafrei·rian) *adj.* y *s.* cafre [de Cafrería].
Kaid (cai·d) *s.* caíd. 2 jefe de una tribu [en el Norte de África].
kail (kei·l) *s.* KALE.
Kaiser (cai·šø') *s.* kaiser.
kaki (ca·ki) *s.* BOT. caqui, níspero del Japón.
kale (kei·l) *s.* BOT. col, bretones. 2 pop. dinero, pasta.
kaleidoscope (calai·doscoup) *s.* calidoscopio.
kaleidoscopic (calaidosca·pic) *adj.* calidoscópico. 2 variado, pintoresco.
kalends (cæ·ləndš) *s. pl.* CALENDS.
kali (cæ·li) *s.* BOT. barrilla; sosa.
kalif, kalifate *s.* CALIPH, CALIPHATE.
kalium (kei·liøm) *s.* POTASIUM.
kalmia (cæ·lmia) *s.* BOT. arbusto ericáceo norteamericano.
Kalmuck (cæ·lmøc) *adj.* y *s.* calmuco.
kalsomine (cæ·lsomain) *s.* CALCIMINE.
Kanaka (cæ·naca) *s.* canaco [hawaiano; polinesio; melanesio].
kangaroo (cængaru·) *s.* ZOOL. canguro. 2 (EE. UU.) tribunal irregular, no autorizado; tribunal donde no se observan las reglas del derecho y la justicia.
Kantian (cæ·ntian) *adj.* kantiano.
Kantianism (cæ·ntianišm), **Kantism** (cæ·ntišm) *s.* kantismo.
Kantist (cæ·ntist) *adj.* kantista.
kaolin (kei·oulin) *s.* caolín.
kapellmeister (cape·lmaistø') *s.* maestro de capilla. 2 director de coro.
kapok (kei·pac) *s.* capoc, lana vegetal, lana de ceiba.
kappa (cæ·pa) *s.* kappa [letra griega].
karakul (cæ·racul) *s.* caracul, astracán [piel].
karat (cæ·rat) *s.* JOY. quilate.
karyokinesis (cæriokinɪ·sis) *s.* BIOL. cariocinesis, mitosis.
Kate (kei·t) *n. pr. f.* dim. de CATHERINE.
Katharine, Katherine, Kathleen (ca·zørin, ca·zlɪn) *n. pr. f.* CATHERINE.
kation (cæ·taion) *s.* CATION.
katydid (kei·tidid) *s.* ENTOM. especie de cigarra americana.
kauri, kaury (cau·ri), *pl.* **-ries** (-ris) *s.* BOT. árbol de Nueva Zelanda y su resina.
kay (kei) *s.* nombre de la letra *k*.
kayak (cai·šæc) *s.* canoa de los esquimales.
kazoo (cæ·šu·) *s.* chicharra [instrumento músico].
keck (to) (kec) *intr.* arquear; vomitar.
keckle (to) (ke·cøl) *tr.* MAR. aforrar [un cable].
kedge (ke·dӱ) *s.* MAR. anclote.

keel (kɪl) *s.* MAR., BOT., ZOOL. quilla; *false ~* zapata de quilla; *rabbet of the ~,* alefriz de quilla; *on an even ~,* MAR, AVIA. con la carga bien distribuida; fig. firme, estable.
keel (to) *tr.* poner quilla. 2 surcar [el mar]. 3 dar de quilla, voltear. — 4 *tr.* e *intr. to ~ over,* volcar, volcarse, zozobrar; caer patas arriba. desplomarse, desmayarse.
keelage (kɪ·lidӱ) *s.* ancoraje.
keelhaul (to) (kɪ·ljol) *tr.* MAR. pasar por debajo de la quilla [castigo].
keeling (kɪ·ling) *s.* ICT. especie de merluza.
keelson (ke·lsøn) *s.* MAR. sobrequilla, contraquilla.
keen (kɪn) *adj.* agudo, afilado. 2 agudo, vivo, penetrante, intenso, fuerte. 3 agudo, sutil, perspicaz, astuto. 4 acre, mordaz, severo, incisivo. 5 vehemente. 6 ansioso, deseoso. 7 muy interesado [por]; entusiasta. 8 (EE. UU.) lindo, agradable.
keenly (kɪ·nli) *adv.* agudamente, vivamente, fuertemente. 2 perspicazmente.
keenness (kɪ·nnis) *s.* agudeza, viveza. 2 sutileza, perspicacia, penetración. 3 aspereza. 4 ansia, anhelo, vehemencia, entusiasmo.
keep (kɪp) *s.* mantenimiento, manutención, subsistencia. 2 guarda, custodia, cuidado. 3 castillo, fortaleza, torreón. 4 lugar donde se guarda o conserva algo, receptáculo, depósito. 5 fam. (EE. UU.) *for keeps,* para siempre, para quedarse con ello.
keep (to) *tr.* guardar, tener guardado. 2 tener, mantener [en un lugar o estado] : *to ~ awake,* mantener despierto, desvelar; *to ~ informed,* tener informado, tener al corriente; *to ~ one's eyes open,* tener los ojos abiertos, vigilar; *to ~ out of sight,* tener escondido, no dejar ver; *to ~ the bowels open,* mantener libre el vientre. 3 cuidar, custodiar, guardar. 4 dirigir, tener [un establecimiento, etc.]. 5 llevar [los libros, una cuenta, un diario, etc.]. 6 mantener, conservar, preservar, guardar, defender : *to ~ the peace,* mantener o no perturbar el orden público. 7 mantener, sustentar. 8 tener [criados, caballos, huéspedes, etc.]. 9 detener, impedir. 10 retener, guardar [para sí], quedarse con. 11 callar, ocultar, guardar : *to ~ a secret,* callar o guardar un secreto. 12 guardar [silencio, etc.]. 13 observar, cumplir, guardar : *to ~ one's word,* cumplir uno su palabra. 14 atenerse a, seguir, no apartarse de. 15 no moverse de, no salir de : *to ~ one's room,* no salir de su habitación; *to ~ one's bed,* guardar cama. 16 celebrar, tener [reunión, sesión, consejo, etc.]. 17 hacer [guerra]. 18 *to ~ away,* tener o mantener alejado, no dejar entrar, venir, etc. 19 *to ~ back,* tener a raya; detener, refrenar, reprimir, impedir; retener, guardar; reservar [no divulgar]. 20 *to ~ body and soul together,* vivir, mantenerse, ir pasando, no pasar hambre. 21 *to ~ cash,* ser cajero, hacer de

cajero. 22 to ~ company, cortejar, salir juntos
[como novios]; to ~ [one] company, acompañar. 23 to ~ down, sujetar, oprimir; reprimir.
24 to ~ early o good hours, recogerse temprano.
25 to ~ from, guardar de, mantenerse apartado
de; impedir, no dejar : ~ him from drinking
too much, no le deje beber demasiado. 26 to ~
house, tener hogar propio, tener casa puesta;
llevar la casa; (Ingl.) no salir uno de casa para
rehuir el encuentro con los acreedores. 27 to ~
in, no dejar salir; hacer quedar [en la escuela];
reprimir [uno un sentimiento, etc.]. 28 to ~ in
mind, recordar, tener en cuenta, tener presente.
29 to ~ late o bad hours, acostarse tarde, trasnochar. 30 to ~ off, mantener a distancia; cerrar el paso a, no dejar entrar o penetrar. 31 to
~ on, conservar puesta [una prenda]. 32 to ~
one's counsel, callar, reservar, sus pensamientos o intenciones. 33 to ~ one's countenance, no
alterarse, no inmutarse. 34 to ~ one's distance,
guardar las distancias, no tomarse libertades. 35
to ~ one's ground, mantenerse firme, en su
puesto; defender uno su terreno. 36 to ~ one's
hands off, no tocar; no meterse en. 37 to ~
one's head, no perder la cabeza, conservar la serenidad. 38 to ~ one's temper, tener calma, contenerse. 39 to ~ open house, dar fiestas. recibir
huéspedes o invitados con frecuencia. 40 to ~
out, no dejar entrar; excluir. 41 to ~ pace with,
marchar con, ir al mismo paso que. 42 to ~ step,
llevar el paso. 43 to ~ the ball rolling, mantener,
hacer que no decaiga, la animación, la conversación, etc. 44 MAR. to ~ the land aboard, man-
teners cerca de la costa. 45 MAR. to ~ the sea,
dominar el mar; mantenerse mar afuera. 46 to
~ the pot boiling, hacer hervir el puchero, ganarse la vida; mantener la actividad. 47 MAR. to
~ the wind, navegar de bolina. 48 to ~ time,
marcar o llevar el compás; marcar la hora, andar [el reloj]. 49 to ~ touch with, mantenerse
en contacto con. 50 to ~ track of, mantenerse
informado de, seguir el curso o el desarrollo de.
51 to ~ under, tener sujeto, oprimir. 52 to ~ up,
mantener, sostener, impedir que cese; tener levantado [sin irse a la cama]; to ~ up appearances, salvar las apariencias. 53 to ~ waiting,
hacer esperar.
    54 intr. mantenerse, sostenerse, conservarse.
55 seguir, continuar, permanecer, quedarse. 56
mantenerse sin alteración, sin dañarse o agriarse.
57 estar, ir, venir [haciendo una cosa durante
o desde hace un cierto tiempo, repetidamente o
como costumbre]. 58 residir, vivir. 59 to ~ along,
continuar, seguir, proseguir. 60 to ~ aloof, apartarse, mantenerse apartado, no tomar parte. 61
to ~ at it. fam. perseverar, persistir. 62 to ~ at
home, quedarse en casa. 63 to ~ away, mantenerse apartado, alejado o distante, no acercarse.
64 to ~ from, abstenerse de. 65 to ~ in, permanecer dentro; estarse en casa. 66 to ~ in, with,
estar en buenas relaciones con, no perder la amistad o el favor de. 67 to ~ off, mantenerse fuera
o lejos de, no acercarse a; no tocar, no pisar,
no andar sobre o por. 68 to ~ on, ir adelante,
proseguir; to ~ on with, continuar, proseguir
[una cosa]. 69 to ~ out, mantenerse apartado,
mantenerse fuera; to ~ out of, evitar, no meterse en; to ~ out of sight, estar retirado, mantenerse oculto, no dejarse ver; to ~ out of the
way, estarse escondido, apartado; no estorbar. 70
to ~ to, atenerse estrictamente a; seguir por,
llevar [la derecha, la izquierda]; detenerse. 71
to ~ up, estarse en casa; hospedarse; seguir,
persistir, no cejar; seguir, no quedarse atrás;
estar levantado [sin acostarse]; to ~ up with,
marchar con, ir al mismo paso que.
    ¶ CONJUG. pret. y p. p.: kept.
keeper (kī·pø') s. guardián, guardia, custodio, velador, defensor. 2 alcaide. 3 portero, conserje. 4
carcelero, vigilante [de cárcel]. 5 loquero. 6 guardabosque. 7 el que lleva [una cuenta, registro,
etc.]. 8 tenedor [pers.], 9 propietario o director [de ciertos establecimientos]. 10 pieza que
sujeta o sostiene. 11 armadura [de imán]. 12
~ of the great seal, guardasellos del rey.
keepership (kī·pø'ship) s. guardería, alcaidía, etc.
keeping (kī·ping) s. guarda, custodia, cargo, cuidado, conservación, defensa : in safe ~, a buen
recaudo, en lugar seguro, en buenas manos. 2

mantenimiento. 3 tenencia, posesión. 4 observancia, cumplimiento. 5 concordancia, armonía :
in ~ with, de acuerdo con, en armonía con; al
mismo tenor que; out of ~ with, en desacuerdo
con. 6 acción de llevar [los libros, una cuenta,
un diario, etc.] : book-keeping, teneduría de
libros.
keepsake (kī·pseic) s. recuerdo, regalo. 2 libro [esp.
de versos] que se ofrecía como regalo.
keeve (kīv) s. cubo, tina.
keg (keg) s. cuñete, barril, barrilete.
keir (kir) s. KIER.
kelp (kelp) s. algas marinas de cuyas cenizas se
extrae el yodo; estas cenizas.
kelson (kel·søn) s. KEELSON.
Kelt (kelt) s. celta.
kelter (kel·tø') s. KILTER.
Keltic (kel·tic) adj. céltico.
kemps (kems) s. pl. pelo grueso o áspero [como
el de algunas cejas y el que se encuentra a
veces entre la lana fina].
ken (ken) s. (ant. y Esc.) alcance del conocimiento
o la comprensión : beyond one's ~, fuera del
alcance o la comprensión de uno. 2 alcance de
la vista.
ken (to) tr. (ant. y Esc.) conocer, comprender, ver,
saber. ¶ CONJUG. pret. y p. p.: kenned; ger.:
kenning.
kennel (ke·nøl) s. perrera. 2 jauría, traílla. 3 fig.
cuchitril. 4 ant. zorrera, cubil. 5 arroyo [de la
calle]; reguera.
kennel tr. poner o tener en una perrera. — 2 intr.
estar en una perrera, meterse en una perrera. ¶
CONJUG. pret. y p. p.: keneled o -nelled; ger.:
keneling o -nelling.
keno (kī·nou) s. lotería de cartones en que gana
el que primero hace un quinterno.
kentledge (ke·ntledỹ) s. MAR. lastre de hierro, enjunque.
kepi (ke·pi) s. kepis, quepis.
kept (kept) pret. y p. p. de TO KEEP. 2 ~ woman,
entretenida, querida.
keramic (kiræ·mic) adj. CERAMIC.
keramics (kiræ·mics) s. CERAMICS.
keratin (ke·ratin) s. BIOQUÍM. queratina.
keratitis (kerati·tis) s. MED. queratitis.
kerb (kø'b) s. bordillo, encintado [de las aceras].
kerbstone (kø'bstoun) s. (Ingl.) CURBSTONE.
kerchief (kø'chif) s. pañuelo, pañolón.
kerf (kø'f) s. corte, muesca, entalladura [esp. cuando se hace con una sierra]. 2 cortadura que
hace la máquina de tundir.
kermes (kø'miš) s. quermes, alquermes, grana :
~ mineral, QUÍM. quermes mineral. 2 BOT. kermes
o ~ oak, coscoja. 3 ~ berry, coscojo.
kermess (kø'mes o -mis) s. fiesta al aire libre, romería. 2 (EE. UU.) feria, tómbola, bazar.
kern (kø'n) s. HIST. soldado irlandés. 2 rústico irlandés. 3 en la fundición tipográfica, rabillo que
sobresale en el ojo de un tipo [como en la f
o la j].
kernel (kø'nøl) s. grano [de trigo o maíz]. 2 almendra, meollo, núcleo [de fruto]. 3 fig. médula, núcleo, corazón [parte esencial]. 4 GRAM. elemento básico de un derivado o parasintético.
kernel (to) intr. BOT. granar, formar almendra. 2
tr. encerrar [como una almendra].
kernel(l)ed (kø'nøld) adj. que tiene almendra o
pepita.
kernelly (kø'neli) adj. lleno de granos o almendras, o que parece la almendra de un fruto.
kerosene (ke·rosin) s. petróleo refinado para lámparas, *querosén.
kersey (kø'ši) s. carisea [ant. tela de lana].
kerseymere (kø'šimi') s. casimir [tela].
kestrel (ke·strel) s. ORNIT. cernícalo.
ketch (kech) s. MAR. queche.
ketchup (ke·chøp) s. CATCHUP.
ketone (kī·toun) s. QUÍM. cetona.
kettle (ke·tøl) s. caldera, paila, perol, olla, marmita : a ~ of fish, a fine ~ of fish, fig. un lío, un
berenjenal. 2 tetera, pava. 3 MAR. caja [de bru-
jula].
kettledrum (ke·tøldrøm) s. MÚS. timbal, atabal,
tímpano. 2 fam. reunión de confianza por la
tarde.
kettledrummer (ke·tøldrømø') s. timbalero, atabalero.
kettleful (ke·tølful) s. calderada.

kevel (ke·vøl) *s.* MAR. manigueta.
key (KI) *s.* llave [para abrir o cerrar, para dar cuerda al reloj, etc.] : *to get,* o *to have, the ~ of the street,* quedarse en la calle [por la noche] ; estar sin albergue. 2 llave [en sentido figurado] : *golden ~, silver ~,* dinero [con que se soborna, etc.]. 3 clave [de un enigma, de una traducción, etc.; principio fundamental]. 4 clave, contracifra. 5 llave de tuerca. 6 templador, afinador, martillo [para afinar instrumentos o regular la tensión de un alambre, etc.]. 7 MEC. llave, cuña de ajuste, clavija, chaveta. 8 ARQ. clave. 9 ARTILL. sotrozo. 10 ELECT. llave, conmutador. 11 MÚS. llave, pistón. 12 TELEG. manipulador. 13 BOT. *key* o *~ fruit,* sámara. 14 tecla [de piano, órgano, máquina de escribir, etc.]. 15 MÚS. tono [escala]. 16 tono [de la voz]. 17 tono, estilo, tenor : *to be in ~,* estar a tono, en armonía; estar templado. 18 caja [de polea]. 19 cayo, isleta. 20 pl. the keys, las llaves de la Iglesia. — 21 *adj.* principal, fundamental; estratégico; que sirve de clave o guía : *~ word,* palabra clave. 22 de llave, para llaves : *~ bit,* paletón de la llave ; *~ shank,* tija de la llave ; *~ ring,* llavero. 23 MÚS. de teclas ; de llaves : *~ action,* teclado y mecanismo de piano, órgano, etc.; *~ bugle,* corneta de llaves. 24 MEC. de llave, cuña, chaveta, etc. : *~ bolt,* perno de chaveta ; *~ seat, ~ way,* abertura o hueco para una clavija, chaveta, etc.
key (to) *tr.* poner a tono, armonizar. 2 MÚS. afinar, templar. 3 cerrar [con llave] ; asegurar, fijar [con clavijas, chavetas, etc.], acuñar. 4 ARQ. poner la clave. 5 *to ~ up,* elevar el tono, el nivel de, excitar ; *to be all keyed up,* estar sobreexcitado, en tensión nerviosa.
keyboard (kī·bo'd) *s.* teclado.
keyed (krīd) *adj.* que tiene teclas. 2 MÚS. afinado. 3 ARQ. que tiene clave. 4 asegurado [con clavijas, etc.]. 5 *~ up,* excitado, agitado.
keyhole (krījoul) *s.* ojo de la cerradura. 2 CARP. ranura o hueco en un madero para recibir la cuña o pieza que lo une con otro. 3 *~ saw,* sierra de punta.
keynote (kī·nout) *s.* MÚS. nota tónica. 2 hecho, idea, etc., principal o fundamental. — 3 *adj. ~ address* o *speech,* en una reunión, asamblea, etc., discurso de apertura en que se expone el programa de un partido o los puntos más interesantes de lo que se va a discutir.
keynoter (kī·noutø') *s.* el que en una reunión, asamblea, etc., pronuncia el discurso de apertura en que se expone el programa, etc.
keystone (kī·stoun) *s.* ARQ. clave. 2 base, fundamento principal, piedra angular.
khaki (ca·ki) *s.* caqui [tela y color]. 2 *pl.* uniforme caqui.
khan (can) *s.* kan, can [título]. 2 caravasar.
khedive (kedī·v) *s.* jedive.
kibe (caib) *s.* grieta [en la piel] ; sabañón ulcerado.
kibed (cai·bd) *adj.* agrietado, lleno de sabañones.
kibitzer (ki·bitšø') *s.* mirón molesto o entremetido [en los juegos de naipes]. 2 entremetido, el que molesta dando consejos.
kiblah (ki·bla) *s.* alquibla.
kibosh (kai·bash) *s.* fam. tonterías, música celestial. 2 fam. *to put the ~ on,* desbaratar, imposibilitar, acabar con.
kick (kic) *s.* puntapié, patada, coz : *free ~,* FÚTBOL golpe franco. 2 coz [de un animal]. 3 coz, culatazo, retroceso [de un arma]. 4 fam. oposición, protesta, queja. 5 fam. fuerza, efecto estimulante [de una bebida]. 6 fam. placer, gusto : *to get the ~ out of,* hallar placer en. 7 fam. capacidad para reaccionar, elasticidad ; vida, animación. 8 fam. (Ingl.) seis peniques. 9 fondo entrante [de una botella]. 10 fam. (Ingl.) *the ~,* estilo, moda ; despido [de un empleado].
kick (to) *tr.* dar de puntapiés o un puntapié a, dar patadas o una patada a; acocear; mover o sacudir [los pies] ; hacer, echar, etc., de un puntapié o a puntapiés : *to ~ down,* echar abajo de un puntapié ; *to ~ off one's boots,* quitarse las botas sacudiendo los pies ; *to ~ one's heels,* estar esperando ; *to ~ open,* abrir de un puntapié o a puntapiés ; *to ~ out,* echar a puntapiés, echar fuera ; *to ~ the bucket,* fam. estirar la pata, liarlas, morir. 2 *to ~ up,* levantar, armar,

promover : *to ~ up a dust,* levantar una polvareda ; *to ~ up a row,* armar una trapatiesta un bochinche ; *to ~ up one's heels,* fam. retozar, divertirse ; estirar la pata, morir. — 3 *intr.* patear, pernear, dar puntapiés, dar coces : *to ~ against the pricks,* dar coces contra el aguijón ; *to ~ over the traces,* sacudirse las riendas, rebelarse. 4 dar coz [un arma]. 5 fam. oponerse, protestar, quejarse, enojarse. 6 FÚTBOL dar el golpe de salida, poner la pelota en juego.
kickback (ki·cbæc) *s.* fam. reacción o respuesta violenta. 2 RADIO aumento de voltaje producido por reacción en el circuito que suministra la corriente de bajo voltaje. 3 fam. (EE. UU.) restitución, devolución [de lo robado ; de una parte de lo que se cobra o percibe].
kicker (ki·kø') *s.* acoceador, pateador. 2 reparón, gruñón, el que siempre se opone o protesta.
kicking (ki·king) *s.* acoceadura, pateadura. 2 pataleo. 3 fam. respingo, oposición, queja.
kickoff (ki·cof) *s.* FÚTBOL golpe de salida, puntapié inicial, acción de poner la pelota en juego.
kickshaw (ki·csho) *s.* plato delicado o de fantasía ; golosina. 2 chuchería, fruslería.
kickup (ki·køp) *s.* pop. riña, alboroto, trapatiesta.
kid (kid) *s.* ZOOL. cabrito, chivo. 2 ZOOL. antílope joven. 3 carne de cabrito. 4 cabritilla. 5 fam. niño, niña, chico, chica, muchacho, muchacha. 6 MAR. gamella. 7 *pl.* guantes o zapatos de cabritilla. — 8 *adj.* de cabritilla : *~ gloves,* guantes de cabritilla.
kid (to) *intr.* parir [la cabra]. — 2 *tr.* embromar, tomar el pelo a. 3 embaucar. ¶ CONJUG. pret. y p. p. : *kidded;* ger. : *kidding.*
kidder (ki·dø') *s.* fam. bromista, chancero.
kiddishness (ki·dishnis) *s.* fam. niñería, chiquillada.
kiddle (ki·døl) *s.* corral o atajadizo para atrapar peces.
kidling (ki·dling) *s.* choto, cabritillo.
kidnap (to) (ki·dnæp) *tr.* secuestrar, raptar. ¶ CONJUG. pret. y p. p. : *kidnaped* o *-napped;* ger. : *kidnaping* o *-napping.*
kidnapper (ki·dnæpø') *s.* secuestrador, raptor.
kidnapping (ki·dnæping) *s.* secuestro, rapto.
kidney (ki·dni) *s.* ANAT. riñón. 2 cosa arriñonada. 3 fig. temperamento ; índole, clase. — 4 *adj.* de riñón, nefrítico ; arriñonado : *~ bean,* alubia, judía, frijol, habichuela ; judía colorada ; *~ stone,* piedra nefrítica.
kidney-shaped *adj.* arriñonado.
kidskin (ki·dskin) *s.* cabritilla.
kier (kir) *s.* tina de blanquear.
kilderkin (ki·ldø'kin) *s.* (Ingl.) medio barril [18 galones].
kilerg (ki·lø'g) *s.* FÍS. kiloergio.
kill (kil) *s.* muerte, matanza [acción de matar]. 2 pieza, caza, cacería [animal o animales muertos]. 3 (EE. UU.) arroyo, riachuelo.
kill (to) *tr.* matar [dar muerte a, causar la muerte a; fatigar, alterar la salud, de] : *to ~ by inches,* matar poco a poco ; *to ~ two birds with one stone,* matar dos pájaros de una pedrada o de un tiro. 2 matar, apagar, destruir, suprimir, neutralizar. 3 derrotar, no aprobar [un proyecto de ley] en un cuerpo legislativo. 4 *to ~ time,* matar o pasar el tiempo. — 5 *intr.* matar. 6 *to ~ well,* dar buena o abundante carne un animal al ser sacrificado. — 7 *tr.* e *intr.* producir un efecto o impresión irresistible [en].
kildee (ki·ldi), **kildeer** (ki·ldi') *s.* ORNIT. ave zancuda de América.
killer (ki·lø') *s.* matador. 2 ZOOL. *killer* o *~ wale,* orca.
killick (ki·lic) *s.* piedra, trozo de hierro o anclote con que se ancla un bote de pesca.
killing (ki·ling) *s.* muerte, matanza [acción de matar]. 2 número de animales sacrificados de una vez. 3 cacería [animales muertos]. 4 fam. éxito sensacional; gran ganancia. — 5 *adj.* matador. 6 destructivo. 7 fam. irresistible. 8 muy divertido o ridículo.
kill-joy *s.* aguafiestas.
kiln (kil o kiln) *s.* horno [para secar, calcinar, etc.] : *cement ~,* horno de cemento.
kiln-dry (to) (ki·l(n)drai) *tr.* secar al horno.
kilo (ki·lou) *s.* kilo, quilo, kilogramo.
kiloampere (ki·loæmpi') *s.* ELECT. kiloamperio.
kilocycle (ki·losaikøl) *s.* kilociclo.

kilogram, kilogramme (ki·logræm) *s.* kilogramo, quilogramo.
kilogrammeter (ki·logræmɪtɵ') *s.* kilográmetro.
kilolitre, kiloliter (ki·lolitɵ') *s.* kilolitro, quilolitro.
kilometre, kilometer (ki·lomɪtɵ') *s.* kilómetro, quilómetro.
kilometric (kilome·tric) *adj.* kilométrico quilométrico.
kilovolt (ki·lovoult) *s.* ELECT. kilovoltio.
kilowatt (ki·louot) *s.* ELECT. kilovatio.
kilt (kilt) *s.* especie de falda corta de cierto traje masculino escocés.
kilt (to) *tr.* (Esc.) arremangar. 2 plegar, hacer pliegues anchos y planos. — 3 *intr.* moverse con presteza.
kilter (ki·ltɵ') *s.* fam. buena condición o estado : *out of* ~, descompuesto.
kimono (kimou·nou) *s.* kimono, quimono.
kin (kin) *s.* parientes, parentela, familia : *of* ~, pariente, afín, de la misma familia o índole; *near of* ~, próximo pariente; *the next of* ~, el pariente o los parientes más próximos. — 2 *adj.* pariente, allegado.
kind (raind) *adj.* bueno, benigno, bondadoso benévolo. 2 amable. 3 afectuoso, cariñoso : *to send one's* ~ *regards,* enviar sus afectuosos saludos. 4 manso, dócil. — 5 *s.* género, especie, clase, naturaleza, linaje, suerte, calaña : *after his, her, its,* o *their,* ~, como lo que es o son, conforme a su naturaleza o modo de ser; *a* ~ *of,* una especie de, uno a modo de; *all kinds of,* toda clase de; fam. gran cantidad de; *cf a* ~, de una misma especie o calaña; malo, de poco valor, que apenas puede llamarse tal; *of the* ~, parecido, por el estilo, tal; *nothing of the* ~, nada de eso, no hay tal. 6 TEOL., COM. especie : *in* ~, en especie; fig. en la misma moneda. 7 modo, manera : *in a* ~, en cierto modo. 8 ~ *of,* un poco, algo, casi, en cierto modo.
kindergarten (ki·ndɵ'ga'tin) *s.* jardín de la infancia, escuela de párvulos.
kind-hearted *adj.* bondadoso, de buen corazón.
kind-heartedness *s.* benevolencia, bondad, buen corazón.
kindle (to) (ki·ndɵl) *tr.* encender, pegar fuego. 2 iluminar [llenar de luz]. 3 inflamar, enardecer. encender, animar. — 4 *intr.* encenderse, arder. 5 iluminarse. 6 inflamarse, enardecerse, avivarse. 7 prender [el fuego].
kindler (ki·ndlɵ') *s.* encendedor [el que enciende]. 2 cosa que arde con facilidad.
kindlier (cai·ndliɵ') *adj. comp.* de KINDLY.
kindliest (cai·ndliest) *adj. superl.* de KINDLY.
kindliness (cai·ndlinis) *s.* bondad, benevolencia, benignidad. 2 favor, amabilidad.
kindling (ki·ndling) *s.* encendimiento; ignición. 2 leña menuda, hornija, encendajas.
kindly (cai·ndli) *adj.* bondadoso, benévolo, amable, afectuoso. 2 apacible, benigno [tiempo, clima, etc.]; favorable. 3 MIN. que promete. 4 HIST. legal; legítimo. — 5 *adv.* bondadosamente, benignamente, amablemente, afectuosamente, favorablemente. | Úsase a veces en el sentido de dígnese, hágame el favor : ~ *accept,* dígnese aceptar.
kindness (cai·ndnis) *s.* bondad, benevolencia, benignidad, humanidad, generosidad, amabilidad, afectuosidad. 2 favor, gentileza, fineza.
kindred (ki·ndrid) *adj.* pariente, emparentado. 2 hermano, parejo, parecido, afín, de la misma índole o naturaleza. — 3 *s.* parentesco. 4 parentela, familia, casta, tribu.
kine (kai·n) *s. pl. ant.* o dial. vacas, ganado.
kinematic (kinimæ·tic) *adj.* cinemático.
kinematics (kinimæ·tics) *s.* FÍS. cinemática.
kinescope (ki·niscoup) *s.* TELEV. cinescopio.
kinesitherapy (kinizire·rapi) *s.* MED. cinesiterapia [tratamiento de las enfermedades por movimientos musculares].
kinesthesia (kineszi·sia) *s.* cinestesia [percepción de los movimientos musculares propios].
kinetic (kine·tic) *adj.* FÍS. cinético.
kinetics (kine·tics) *s.* FÍS. cinética.
kinetoscope (kine·toscoup) *s.* cinetoscopio.
kinfolk (ki·nfouc) *s.* KINSFOLK.
king (king) *s.* rey [monarca; el primero entre los de su clase o especie] : ~ *of beasts,* rey de los animales, león; ~ *of birds,* reina de las aves, águila; *king's chair* o *cushion,* silla de la reina;

king's English, inglés [lenguaje] correcto; *king's evidence,* declaración de un cómplice contra otro; *king's peg,* fam. champaña con coñac; *King's speech,* discurso de la Corona; *king's yellow,* oropimente. 2 rey [pieza del ajedrez]; dama [en el juego de damas]. 3 ZOOL. ~ *crab,* cangrejo de las Molucas, cacerola. 4 MED. *king's evil,* escrófula. 5 ARQ. ~ *post,* pendolón.
king (to) *tr.* elevar al trono. 2 coronar un peón [en el juego de damas].
kingbird (ki·ngbɵ'd) *s.* ORNIT. especie de ave del Paraíso. 2 ORNIT. cierto pájaro americano.
kingbolt (ki·ngboult) *s.* perno central o principal. 2 pivote que une la caja de un carruaje al juego delantero.
kingcraft (ki·ngcræft) *s.* arte de reinar o gobernar.
kingcup (ki·ngcɵp) *s.* BOT. botón de oro.
kingdom (ki·ngdɵm) *s.* reino, monarquía, corona. 2 HIST. NAT. reino. 3 reino, campo, dominio.
kingfisher (ki·ngfishɵ') *s.* ORNIT. martín pescador, alción, guardarrío.
kinghood (ki·ngjud) *s.* soberanía, realeza, dignidad real.
kinglet (ki·nglit) *s.* reyezuelo, régulo. 2 ORNIT. reyezuelo.
king-size *adj.* de tamaño largo [cigarrillo].
kinglike (ki·nglaic) *adj.* real, regio. 2 majestuoso
kingly (ki·ngli) *adv.* regiamente.
kingpin (ki·ngpin) *s.* bolo delantero o del centro [en el juego de bolos]. 2 fam. (EE. UU.) persona importante. 3 pivote central.
kingship (ki·ngship) *s.* majestad. 2 realeza, dignidad real. 3 reino, monarquía.
kink (kinc) *s.* vuelta, anilla, rizo, coca [que forma un hilo, cuerda, pelo, etc., cuando se retuerce por sí solo o se encarruja]. 2 enваramiento, tortícolis. 3 peculiaridad, capricho, chifladura. 4 manera diestra de hacer algo.
kink (to) *tr.* ensortijar, encarrujar. — 2 *intr.* ensotijarse, retorcerse, encarrujarse, formar cocas.
kinkier (ki·nkiɵ') *adj. comp.* de TO KINK.
kinkiest (ki·nkiest) *adj. superl.* de TO KINK.
kinky (ki·nki) *adj.* encarrujado; ensortijado, crespo. 2 fam. excéntrico, chiflado. 3 fam. vivo, animado
kino (ki·nou) *s.* quino [zumo solificado].
kinsfolk (ki·nsfouc) *s.* parientes, parentela.
kinship (ki·nship) *s.* parentesco. 2 afinidad.
kinsman (ki·nsmæn) *pl.* **-men** (-men) *s.* pariente, deudo.
kinswoman (ki·nswumæn) *pl.* **-women** (-uimin) *f.* parienta.
kiosk (kio·sk) *s.* kiosco, quiosco.
kip (kip) *s.* TEN. piel de un cervato, becerro o potro. 2 vulg. casa de huéspedes mala. 3 vulg. alojamiento, cama.
kipper (ki·pɵ') *s.* salmón o arenque curado. 2 ICT. salmón macho en la época de la cría. 3 pop. individuo.
kipper (to) *tr.* curar, salar, ahumar.
kirk (kɵ'k) *s.* [esc. y dial. ingl.] iglesia. 2 iglesia presbiteriana escocesa.
kismet (ki·šmet) *s.* hado, destino.
kiss (kis) *s.* beso, ósculo. 2 ligero contacto. 3 dulce, merengue.
kiss (to) *tr.* besar : *to* ~ *the dust,* morder el polvo; *to* ~ *the rod,* aceptar sumisamente un castigo. 2 *to* ~ *away,* borrar, curar, hacer olvidar con besos [las penas, etc., de otro]. 3 *to* ~ *good-by,* dar un beso de despedida. — 4 *intr.* besar. 5 besarse. 6 tocarse ligeramente.
kisser (ki·sɵ') *s.* el que besa, besador.
kit (kit) *s.* equipo, avíos; juego, cartera o caja de herramientas, instrumentos, etc. : *medicine* ~, botiquín. 2 fam. juego, colección, grupo [de cosas o personas]. 3 colodra, tineta, cubo. 4 FOT. (EE. UU.) adaptador. 5 violín pequeño. 6 gatito, gatita.
Kit *n. pr.* dim. de CATHERINA y de CRISTOPHER.
kit-bag *s.* mochila.
kit-cat *adj.* dícese de un tamaño de retrato que es casi de medio cuerpo. — 2 *s.* tertulia política.
kitchen (ki·chin) *s.* cocina [pieza de la casa; aparato; arte]. 2 fogón portátil. — 3 *adj.* de cocina : ~ *boy,* pinche, galopillo; ~ *garden,* huerto [de hortalizas]; ~ *police,* MIL. trabajo de cocina; soldados que están de cocina; ~ *range,* cocina económica; ~ *sink,* fregadero [de cocina]; ~

stuff, viandas [para guisar], hierbas, condimentos, etc.; grasa, pringue; desecho.

kitchenette (kichine·t) *s.* cocina pequeña, cocinilla.

kitchenmaid (ki·chinmeid) *s.* pincha, ayudanta de cocina.

kitchenware (ki·chenue') *s.* utensilios de cocina.

kite (kait) *s.* cometa, pájara, pandorga, *papalote [juguete]. *2* ORNIT. milano. *3* fig. persona rapaz; bribón. *4* COM. papel o efecto que representa un crédito ficticio. *5* MAR. sobrejuanete. *6* MAR. foque volante. *7* ~ *balloon*, ~ *sausage*, globo cautivo, globo cometa.

kiteflying (kai·tilaiing) *s.* acción de hacer volar una cometa. *2* COM. negociación de efectos que representan un crédito ficticio. *3* POL. sondeo de la opinión pública.

kith and kin (kiz) *s. pl.* parientes y amigos.

kitling (ki·tling) *s.* gatito, minino.

kitten (ki·tøn) *s.* gatito, minino. *2* conejito.

kitten (to) *intr.* parir [la gata].

kittenish (ki·tønish) *adj.* juguetón, retozón. *2* coquetón.

kittiwake (ki·tiueic) *s.* ORNIT. especie de gaviota.

Kitty (ki·ti) *n. pr.* dim. de KATHARINE.

kitty *pl.,* **-ties** (-tis) *s.* gatito minino. *2* polla, puesta [en un juego de naipes].

kiwi (ki·ui) *s.* ORNIT. aptérix [ave de Nueva Zelanda].

Klansman (clæ·nsmæen), *pl.* **-men** (-men) *s.* miembro del KU KLUX KLAN.

kleptomania (kleptomei·nia) *s.* cleptomanía.

kleptomaniac (cleptomei·niæc) *adj.* y *s.* cleptómano, cleptomaníaco.

knack (næc) *s.* facilidad, habilidad, maña, don, arte [para hacer una cosa]; tranquillo. *2* hábito, costumbre. *3* artificio, truco, cosa ingeniosa. *4* chuchería, cosa menuda.

knacker (næ·kø') *s.* el que compra caballos viejos para sacrificarlos. *2* el que compra casas, buques, etc., viejos para aprovechar el material.

knag (næg) *s.* nudo [en la madera].

knaggy (næ·gui) *adj.* nudoso, rugoso.

knap (to) (næp) *tr.* golpear, romper a golpes.

knapsack (næ·psæc) *s.* mochila, morral, barjuleta.

knapweed (næ·pwid) *s.* BOT. centaura, centaurea.

knar (na') *s.* nudo [en la madera]; protuberancia [en el tronco de un árbol].

knarled (na·ld) *adj.* KNURLED.

knave (neiv) *s.* bribón, granuja, pícaro, bellaco, charrán. *2* sota [naipe].

knavery (nei·vøri) *s.* bribonada, granujada, picardía, bellaquería, charranada.

knavish (nei·vish) *adj.* bribón, bellaco. *2* bribonesco, picaresco, doloso. *3* travieso.

knavishly (nei·vishli) *adv.* bellacamente.

knavishness (nei·vishnis) *s.* bribonería, bellaquería, picardía.

knead (to) (nid) *tr.* amasar, heñir, sobar.

kneader (ni·dø') *s.* amasador, heñidor.

kneading (ni·ding) *s.* amasadura, soba. — *2 adj.* amasador, de amasar o heñir; ~ *machine*, amasadora mecánica; ~ *table*, hintero; ~ *trough*, amasadera, artesa.

knee (ni) *s.* ANAT. rodilla, hinojo: *to be on the knees of the gods*, ser incierto, depender de la voluntad divina; *to bring [a person] to his knees*, rendir, someter a uno; *to give one the* ~, hacer una genuflexión por respeto o cortesía; *to go down on one's knees*, arrodillarse, caer de rodillas; suplicar de rodillas. *2* rodilla [de los cuadrúpedos]. *3* MEC. codo, codillo, ángulo, escuadra. *4* MAR. curva. — *5 adj.* de la rodilla o para ella; de codo, codillo, etc.; ~ *bone*, ANAT. rótula, choquezuela; ~ *breeches*, calzón corto; ~ *guard*, rodillera [para proteger la rodilla]; ~ *jerk*, ~ *reflex*, reflejo rotuliano; ~ *joint*, articulación de la rodilla; MEC. junta de codillo; ~ *tribute*, genuflexión.

kneecap (ni·cæp) *s.* rótula, choquezuela. *2* rodillera [para abrigo de la rodilla].

knee-crooking (ni·cruking) *adj.* obsequioso, servil.

knee-deep *adj.* y *adv.* metido hasta las rodillas.—

kneed (nid) *adj.* articulado, acodillado.

knee-high *adj.* que llega hasta la rodilla.

kneehole (ni·joul) *s.* hueco para acomodar las rodillas.

kneel (to) (nil) *intr.* arrodillarse, ponerse de hinojos, hincar o doblar la rodilla. *2* estar de rodillas

o de hinojos. ¶ CONJUG. pret. y p. p.: *knelt* o *kneeled*.

kneeler (ni·lø') *s.* el que se arrodilla. *2* almohadón para arrodillarse, reclinatorio.

kneepad (ni·pæd) *s.* rodillera [para abrigo de la rodilla].

kneepan (ni·pæn) *s.* rótula, choquezuela.

knell (nel) *s.* tañido de campana; doble, toque de difuntos : *to toll the* ~ *of*, anunciar la muerte o el fin de. *2* mal agüero.

knell (to) *intr.* doblar, tocar a muerto; sonar tristemente. — *2 tr.* anunciar a toque de campana; llamar o convocar a toque de campana.

knew (niu·) *pret.* de TO KNOW.

Knickerbocker (ni·kø'ba·kø') *s.* descendiente de los primeros holandeses establecidos en Nueva York; neoyorkino. *2 pl.* (con min.) calzón ancho, bragas.

knickers (ni·kø'rs) *s. pl.* calzón ancho, bragas.

knick-knack (ni·cnæc) *s.* chuchería, bujería, chisme.

knife (naif), *pl.* **knives** (nai·vs) *s.* cuchillo [para cortar]; cuchilla; navaja: *to go under the* ~, fam. hacerse operar. — *3 adj.* de cuchillo o cuchilla: ~ *edge*, filo de cuchillo; MEC. cuña cuyo filo sirve de fulcro a una balanza, péndulo, etc.; ~ *grinder*, afilador; ORNIT. chotacabras; ~ *rest*, salvamanteles para cubiertos; MIL. caballo de Frisa; ~ *switch*, ELECT. interruptor de cuchillo.

knife (to) *tr.* cortar o herir con cuchillo, acuchillar. *2* podar. *3* (EE. UU.) herir por la espalda; perjudicar secretamente.

knifesmith (nai·fsmiz) *s.* cuchillero.

knight (nait) *s.* caballero [de una orden; de la orden de caballería; dignidad nobiliaria] : ~ *commander*, comendador; ~ *commandery*, encomienda; ~ *of the Bath*, caballero de la orden del Baño; ~ *of the pestle*, fam. boticario; ~ *of the road*, fam. viajante de comercio; vagabundo; ~ *Templar*, ~ *of the Temple*, templario. *2* caballero [de una dama]. *3* caballo [de ajedrez].

knight (to) *tr.* armar caballero. *2* (Ingl.) hacer caballero, conferir el título nobiliario de caballero.

knightage (nai·tidÿ) *s.* (Ingl.) clase, cuerpo, lista o catálogo de los caballeros [que tienen el título de caballero].

knight-errant *s.* caballero andante.

knight-errantry *s.* caballería andante.

knighthead (nai·tjed) *s.* MAR. guardabauprés.

knighthood (nai·tjud) *s.* caballería [institución; conjunto de caballeros].

knighthood-errant *s.* caballería andante.

knightliness (nai·tlinis) *s.* calidad, condición, proceder de caballero.

knightly (nai·tli) *adj.* caballeresco, caballeroso. — *2 adv.* caballerescamente, caballerosamente.

knit (to) (nit) *tr.* hacer, tejer [a punto de aguja o de malla]. *2* juntar, unir, trabar, enlazar, entretejer. *3* contraer, fruncir, arrugar : *to* ~ *one's brow*, fruncir las cejas, arrugar la frente. *4 to* ~ *up*, atar, unir; remendar a punto de aguja; terminar, concluir. — *5 intr.* hacer calceta o tejido de punto; hacer malla. *6* unirse, enlazarse, trabarse, soldarse. *7* contraerse, fruncirse. ¶ CONJUG. pret. y p. p.: *knit* o *knitted*; ger.: *knitting*.

knit (nit), **knitted** (ni·tid) *pret.* y *p. p.* de TO KNIT. — *2 adj.* de punto: ~ *knit goods*, géneros de punto; *knitted fabric*, tejido de punto.

knitting (ni·ting) *s.* acción de hacer calceta; labor o tejido de punto. *2* unión, trabamiento, enlace. *3* fruncimiento. — *4 adj.* para hacer calceta o tejido de punto: ~ *case*, ~ *sheat*, palillo, daguilla; ~ *machine*, máquina de hacer medias o tejido de punto; ~ *needle*, aguja de hacer media. *5* que une, traba o enlaza.

knittle (ni·tøl) *s.* hilo fino para pescar.

knives (nai·vs) *s. pl.* de KNIFE.

knob (nab) *s.* bulto, protuberancia redondeada [en la superficie o en el extremo de una cosa]. *2* perilla, botón, tirador [de puerta, cajón, etc.]; manzanilla; cabeza gruesa, puño redondeado [de porra o bastón]. *3* fam. cabeza, chola. *4* mogote [de venado]. *5* nudo [en la madera]. *6* remate [de un adorno arquitectónico]. *7* terrón, pedazo pequeño [de azúcar, carbón, etc.]. *8* colina o eminencia redondeada.

knobbed (na·bd) *adj.* lleno de bultos o protuberancias, nudoso. *2* provisto de perilla, botón o tirador. *3* terminado en bulto o cabeza redondeada.

knobbier (na·biø') *adj. comp.* de KNOBBY.

knobbiest (nabiist) *adj. superl.* de KNOBBY.

knobby (na·bi) *adj.* lleno de bultos o protuberancias, nudoso. *2* (EE. UU.) montuoso. *3* terco, obstinado, difícil.

knobstick (na·bstic) *s.* bastón de cabeza gruesa, cachiporra. *2* esquirol, obrero que trabaja durante una huelga.

knock (nac) *s.* golpe, choque, porrazo. *2* golpe, llamada [a una puerta], aldabonazo. *3* pistoneo [del motor de explosión]. *4* fam. (EE. UU.) censura, crítica.

knock (to) *tr.* golpear, batir, aporrear. *2* cutir, hacer chocar o topar. *3* despertar o llamar [golpeando en la puerta]. *4* (Ingl.) impresionar, asombrar, admirar. *5* fam. (EE. UU.) criticar, censurar. *6 to ~ about,* zamarrear, mover a golpes, maltratar. *7 to ~ down,* derribar, tumbar, hacer caer o sucumbir; atropellar [con un coche, etc.]; hundir [un clavo, etc.] a golpes; roblar, remachar; desarmar, desmontar [un objeto]; rebajar [los precios]; rematar, adjudicar [en una subasta] : *to ~ down to the highest bidder,* adjudicar al mejor postor. *8 to ~ in,* hacer entrar a golpes. *9 to ~ in o on the head,* aturdir o matar de un golpe; desbaratar, frustrar. *10 to ~ off,* quitar, hacer saltar [con un golpe o a golpes]; parar o dejar [el trabajo, etc.]; hacer [algo] rápidamente; deducir, rebajar; pop. matar. *11 to ~ out,* hacer salir [con un golpe o a golpes]; vencer, echar fuera [de una competición]; poner fuera de combate, poner *knockout* [en el boxeo]. *12 to ~ the bottom out of,* reducir a la nada, quitar toda la fuerza a [un argumento, etc.]. *13 to ~ together,* hacer chocar; juntar o construir precipitadamente. *14 to ~ up,* despertar [llamando a la puerta]; levantar, hacer subir [con un golpe o golpes]; disponer, preparar, hacer precipitadamente; fatigar, agotar, rendir; destruir, acabar.
15 intr. golpear, llamar [a una puerta, etc.]. *16* chocar [contra], topar [con], topetar. *17* hacer ruido, detonar [un mecanismo]. *18 to ~ about,* viajar, andar de un lado para otro; llevar una vida irregular. *19 to ~ off,* dejar el trabajo, cesar, desistir; pop. morir. *20 to ~ together,* chocar [entrar en colisión]. *21 to ~ under,* sucumbir, rendirse, darse por vencido. *22 to ~ up,* chocar; fatigarse, agotarse.

knockabout (na·cabaut) *adj.* de viaje o vagabundeo. *2* ruidoso, tumultuoso. *3* de viaje o trabajo, propio para ser tratado sin miramientos [vestido, ropa]. — *4 s.* en ciertos espectáculos, número ruidoso, muy movido. *5* MAR. yate pequeño sin bauprés.

knockdown (na·cdaun) *adj.* tremendo, que derriba [golpe]. *2* COM. en piezas, dispuesto para ser armado o montado; desarmable, desmontable. *3 ~ price,* precio mínimo puesto por el subastador en una subasta. — *4 s.* golpe irresistible, abrumador, que derriba. *5* pelea a puñetazos. *6* cosa que tumba o derriba [como un licor muy fuerte]. *7* cosa desarmable o desmontable.

knocker (na·cø') *s.* golpeador. *2* llamador, aldaba, aldabón. *3* fam. persona muy guapa, elegante, etc., persona que despierta admiración.

knocking (na·king) *s.* llamada [a una puerta], aldabonazo.

knock-kneed (no·cnid) *adj.* zambo, patizambo.

knock-off *adj.* que hace saltar o desconectar; que hace parar : *~ arrangement,* TEJ. dispositivo de paro.

knockout (na·caut) *adj.* irresistible, que pone fuera de combate. — *2 s.* BOXEO acto de poner fuera de combate, «knockout». *3* cada uno de los que se ponen en combinación para comprar objetos en una subasta y revenderlos después, partiéndose las ganancias; esta reventa y esta clase de negocio. *4* fam. (EE. UU.) persona o cosa sorprendente o atractiva.

knoll (noul) *s.* loma, otero. *2* MAR. cima de un bajo. *3* ant. doble de campanas.

knoll (to) *tr.* ant. doblar, tocar a muerto.

knop (nap) *s.* ant. KNOB. *2* ant. botón, capullo [de flor].

knot (nat) *s.* nudo, lazo [de cuerda, hilo, cintas, etc.; unión, vínculo] : *Gordian ~,* nudo gordiano. *2* nudo [de una cuestión, de una obra dramática, etc.], enredo, intriga, quid, busilis. *3* BOT., ANAT. nudo. *4* nudo [de la madera]. *5* nudo [de líneas, de montañas, etc.]. *6* grupo, colección, hato. *7* botón, florón, bollo, adorno en relieve. *8* bulto, protuberancia. *9* BOT. capullo. *10* moño, castaña. *11* ARQ. follaje [de un capitel, etc.]. *12* MAR. nudo, milla náutica. — *13 adj.* de nudo, que tiene nudos : *~ hole,* hueco que deja en la madera un nudo desprendido; *~ wood,* madera nudosa.

knot (to) *tr.* anudar; hacer nudo en. *2* atar, unir, enlazar, enredar. *3* desmotar. *4* fruncir [las cejas]. — *5 intr.* anudarse, enlazarse, enredarse. *6* agruparse. ¶ CONJUG.: pret. p. p.: *knotted;* ger.: *knotting.*

knotgrass (na·tgræs) *s.* BOT. centinodia, sanguinaria mayor.

knotless (na·tlis) *adj.* sin nudos.

knotted (na·tid) *adj.* anudado. *2* nudoso. *3* enredado, intrincado.

knotter (na·tø') *s.* el o lo que anuda. *2* TEJ. aparato para anudar hilos.

knottier (na·tiø') *adj. comp.* de KNOTTY.

knottiest (na·tiist) *adj. superl.* de KNOTTY.

knottiness (na·tinis) *s.* abundancia de nudos. *2* calidad de nudoso. *3* dificultad, intrincamiento.

knotty (no·ti) *adj.* anudado. *2* difícil, espinoso, intrincado. *3* áspero, rugoso.

knout (nau·t) *s.* knut [azote ruso].

know (nou·) *s.* fam. conocimiento : *to be in the ~,* estar enterado, estar en el secreto.

know (to) *tr.* conocer : *to ~ by name,* conocer de nombre; *to ~ by sight,* conocer de vista; *to ~ the ropes,* fig. conocer todos los detalles o secretos de un asunto, arte, etc.; estar al tanto, conocer el juego. *2* saber : *to ~ a thing o two,* saber algo; ser entendido, avisado, sagaz; *to ~ how to, to ~ to* [do, etc.], saber [hacer, etc.] ; *to ~ one's own mind,* saber uno lo que quiere, lo que piensa; *to ~ one's place,* saber uno cual es su lugar o posición, como debe comportarse [respecto de otro]; *to ~ what is what,* saber lo que hay, estar bien enterado, estar al cabo de la calle; *to ~ where the shoe pinches,* saber donde está el busilis o la dificultad; *all one knows,* todo lo que uno sabe o puede; *for all I ~,* a mi ver, a mi juicio. *3* reconocer [como ya conocido]. *4* comprender, hacerse cargo, caer en la cuenta, ver. *5* distinguir, discernir.
intr. 6 saber : *to ~ best,* ser el mejor juez, saber mejor lo que conviene; *to ~ better,* saber que no es esto o que no es así; saber uno como debe portarse, lo que debe hacer; *to ~ better than,* saber lo bastante, ser lo bastante prudente, correcto, etc. para no [hacer una cosa]; *to ~ of,* saber de, tener noticias o conocimiento de, estar enterado de; *as far as I ~,* que yo sepa. ¶ CONJUG. pret.: *knew;* p. p.: *known.*

knowable (nou·abøl) *adj.* conocible.

knower (nou·ø') *s.* conocedor, sabio.

know-how *s.* destreza, habilidad, pericia.

knowing (nou·ing) *adj.* inteligente, diestro; astuto, sagaz; entendido, enterado. *2* de inteligente, de entendido, como del que sabe. *3* de inteligencia, de complicidad [mirada, etc.]. — *4 s.* conocimiento, comprensión, acción de conocer o saber : *worth ~,* digno de ser conocido o sabido, interesante.

knowingly (nou·ingli) *adv.* a sabiendas, con conocimiento de causa. *2* hábilmente. *3* con aire de inteligencia.

know-it-all *adj.* y *s.* sabidillo, sabihondo, sábelotodo.

knowledge (na·lidÿ) *s.* conocimiento, cognición, noticia : *to my ~,* a mi conocimiento; que yo sepa; *without my ~,* sin saberlo yo. *2* conocimientos, saber, instrucción, erudición, ciencia, pericia, inteligencia : *to the best of my ~,* según mi leal saber y entender.

knowledgeable (na·lidÿabøl) *adj.* fam. conocedor, inteligente.

known (nou·n) *p. p.* de TO KNOW : *to make ~,* hacer saber, participar, declarar, publicar.

know-nothing *s.* ignorante. *2* agnóstico.

knuckle (nø·cøl) *ANAT.* nudillo, artejo [articulación de los dedos]. *2* jarrete [de cuadrúpedo]. *3* COC. jarrete de cerdo o ternera. *4* MEC. parte de

la charnela donde se halla el pasador. *5* MEC.
knucke o ~ *joint,* articulación, unión o junta
articulada. *6* MAR. codillo [de curva].
knuckle (to) *intr.* apoyar los nudillos en el suelo
[en el juego de las canicas]. 2 apretar los puños,
resistir. *3* someterse, rendirse, ceder. | Gralte.
con *down* o *under. 4 to* ~ *to,* aplicarse con empeño a; doblegarse ante, ceder a. — *5 tr.* golpear, apretar, etc., con los nudillos.
knucklebone (nø·køĺboun) *s.* taba, astrágalo [hue-
so]; taba de cordero. *2 pl.* taba [juego].
knuckled (nø·cøld) *adj.* nudoso.
knuckle-duster *s.* llave inglesa, *manopla.
knur, knurr (nø**ᴿ**) *s.* excrecencia dura en el tronco de un árbol. 2 concreción dura. *3* (Ingl.) bola
de madera que se usa en cierto juego.
knurl (nø**ᴿ**l) *s.* nudo, protuberancia, excrecencia.
2 botón, asidero. *3* cada uno de una serie de
salientes que se labran en la superficie o en
el borde de una pieza metálica; mcleteado.
knurl (to) (nø**ᴿ**l) *tr.* moletear. 2 acordonar [las
monedas].
knurled (nø**ᴿ**ld) *a.* nudoso. 2 que tiene labrados
salientes en su superficie o borde [pieza me-
tálica].
koala (coa·la) *s.* ZOOL. oso marsupial.
kobold (cou·bøld) *s.* gnomo de la mitología ger-
mánica.
kodak (cou·dæc) *s.* FOT. kodak.
kohl (coul) *s.* alcohol [afeite].
kohlrabi (cou·ĺræbi) *s.* BOT. colinabo.
kola (cou·la) *s.* COLA.
kopeck (cou·pec) *s.* copec [moneda rusa].

Koran (cora·n) *s.* Alcorán, Corán.
Korea (corɪ·a) *n. pr.* GEOGR. Corea.
Korean (corɪ·an) *adj.* y *s.* coreano.
kotow (cotau·), **kowtow** (cau·tau) *s.* saludo chino
de reverencia y sumisión que se hace postrán-
dose y tocando el suelo con la frente.
kotow, kowtow (to) *intr.* hacer el saludo chino
llamado *kotow* o *kowtow* 2 *to* ~ *to,* humillarse
servilmente ante [uno], mostrarse servilmente
obsequioso con él.
kraal (cral) *s.* poblado de hotentotes. 2 (Áfr. del
S.) corral, redil.
Krausism (crau·siŝm) *s.* FIL. krausismo.
Krausist (crau·sist) *adj.* y *s.* krausista.
krypton (cri·pton) *s.* QUÍM. criptón.
Kuklux, Ku-Klux, Ku-Klux-Klan (kiu-cløcs-clæn)
s. (EE. UU.) organización política secreta, formada en los estados del Sur, después de la guerra
civil, para perseguir a los negros y a sus defen-
sores. Más tarde se ha vuelto a formar para dirigir sus actividades contra los negros, los judíos,
los católicos y los extranjeros.
kummmel (ki·mel) *s.* cúmel [licor].
kumquat (cø·mcuat) *s.* BOT. variedad de naranja
china.
Kurd (cø**ᴿ**d) *s.* kurdo, curdo.
kurdish (cø**ᴿ**dish) *adj.* kurdo, curdo. — *2 s.* curdo [lenguaje].
kymograph (kai·mogræf) *s.* MED. cimógrafo. 2 aparato para registrar los movimientos de rotación
de un aeroplano.
kyphosis (caifou·sis) *s.* MED. cifosis.
Kyrie (ki·riɪ) *s.* LITURG. kirie: ~ *eleison,* kirieleison.

L

L, l (el) *s.* L, l, duodécima letra del alfabeto inglés.
L *adj.* de ferrocarril aéreo. *2* en forma de L: ~ *square,* escuadra de carpintero.
la (la) *s.* MÚS. la. — *2 interj.* para indicar sorpresa.
lab (læb) *s.* fam. laboratorio.
labarum (læ·barøm) *s.* lábaro.
labdanum (læ·bdanøm), **ladanum** (læ·danøm) *s.* ládano.
labefaction (læbifæ·cshøn) *s.* debilitación, declinación, decaimiento.
label (lei·bøl) *s.* marbete, rótulo, etiqueta, letrero, marca. *2* cinta, ínfula. *3* BLAS. lambel. *4* DRIPSTONE.
label (to) *tr.* rotular, marcar, poner etiqueta. *2* designar, llamar, clasificar como. ¶ CONJUG.: pret. y p. p.: *labeled* o *-belled;* ger.: *labeling* o *-belling.*
labellum (labe·løm), *pl.* **-la** *s.* BOT. labelo. *2* ENTOM. apéndice del labro o lóbulo de la trompa [de ciertos insectos].
labia (lei·bia- *s. pl.* de LABIUM.
labial (lei·bial) *adj.* labial. — *2 s.* letra labial.
labiate(d (lei·bieit(id) *adj.* y *s.* BOT. labiado. *2* ANAT. que tiene labios.
labile (lei·bil) *adj.* QUÍM. lábil.
labiodental (leibiode·ntal) *adj.* y *s.* labiodental.
labionasal (leibionei·šal) *adj.* y *s.* labionasal. *2* sonido o letra labionasal.
labium (lei·biøm) *s.* labio [de la vulva]. *2* ZOOL. labio inferior de insecto o crustáceo. *3* BOT. labio [de una corola labiada].
labor (lei·bø^r) *s.* LABOUR. *2* (EE. UU.) *Labor Day,* fiesta del trabajo.
labor (to) *tr.* e *intr.* TO LABOUR.
laboratory (læ·boratori) *s.* laboratorio. *2* plaza de un horno de reverbero.
labored (lei·bø^rd) *adj.* LABOURED.
laborer (lei·børø^r) *s.* LABOURER.
laboring (lei·børing) *s.* y *adj.* LABOURING.
Laborite, laborite (lei·børait) *s.* LABOURIST.
laborious (labou·riøs) *adj.* trabajador, laborioso, industrioso. *2* laborioso, trabajoso, arduo, improbo, difícil, complicado.
laboriously (labou·riøsli) *adv.* laboriosamente; trabajosamente.
laboriousness (labou·riøsnis) *s.* laboriosidad. *2* calidad de trabajoso; dificultad.
labour (lei·bø^r) *s.* trabajo. labor; pena, fatiga: *hard* ~, trabajo duro, arduo; trabajos forzados; ~ *of love,* tarea o trabajo que se hace por gusto; *labours of Hercules,* MIT. trabajos de Hércules; *lost* ~, trabajo perdido, esfuerzo inútil. *2* tarea, faena, quehacer, obra. *3* mano de obra. *4* la clase obrera; trabajo [en oposición a capital]. *5* MAR. balanceo, cabeceo. *6* dolores del parto: *to be in* ~, estar de parto. — *7 adj.* de trabajo, del trabajo, de trabajadores: *Labour Exchange,* (Ingl.) Bolsa del Trabajo; *Labour Party* (Ingl.), partido laborista; ~ *turnover,* número de obreros que se toman en un tiempo determinado para cubrir bajas; proporción entre el número de ellos y el de todos los que trabajan en una empresa; ~ *union,* asociación obrera, sindicato obrero.
labour (to) *intr.* trabajar, afanarse, esforzarse, forcejear. *2* estar de parto. *3* MAR. balancear, cabecear, trabajar [un buque] contra las olas y el viento. *4* moverse, avanzar con dificultad. *5 to* ~ *under,* estar padeciendo [una enfermedad, error, etc.], estar luchando con [dificultades]: *to* ~ *under a mistake,* estar equivocado. — *6 tr.* trabajar, labrar; arar, cultivar. *7* elaborar, fabricar. *8* pulir, perfilar, detallar; exponer o desarrollar [una idea, etc.] en detalle.
laboured (lei·bø^rd) *adj.* trabajado, complicado. *2* forzado, poco natural.
labourer (lei·børø^r) *s.* trabajador, obrero, jornalero, bracero.
labouring (lei·børing) *s.* trabajo, esfuerzo. — *2 adj.* trabajador, obrero: ~ *classes,* clase obrera. *3* que trabaja; que se esfuerza. *4* que lucha con o que sufre [un impedimento, adversidad, etc.], que padece [una equivocación o error]. *5* que está con los dolores del parto. *6* jadeante; palpitante. *7* MAR. que se balancea o cabecea.
labourism (lei·børišm) *s.* laborismo, trabajismo.
labourist (lei·børist), **laborite** o **Laborite** (lei·børait) *s.* (Ingl.) laborista, miembro del partido laborista.
labour-saving *adj.* que ahorra trabajo.
laboursome (lei·bø^rsøm) *adj.* trabajador, industrioso. *2* arduo, penoso, ímprobo.
labradorite (læ·bradorait) *s.* MINER. labradorita.
labrum (lei·brøm) *s.* ENTOM. labro.
laburnum (labø·^rnøm) *s.* BOT. laburno; codeso, borne.
labyrinth (læ·birinz) *s.* laberinto, dédalo. *2* ANAT. laberinto.
labyrinthian (læbiri·nzian), **labyrinthic** (læbiri·nzic), **labyrinthine** (læbiri·nzin) *adj.* laberíntico, intrincado.
lao (læc) *s.* laca, goma laca. *2* (India) cien mil, la mar, gran número; cien mil rupias.
lace (leis) *s.* cordón, cinta [de zapatos, corsé, etc.], agujeta. *2* galón, pasamano [de oro o plata]. *3* encaje, blonda, randa, puntas, puntilla. *4* gotas [que se echan al café, etc.]. — *5 adj.* de galón o encaje o que lo imita; para hacer galones o encajes: ~ *bobbin,* bolillo, majaderillo; ~ *edging* o *trimming,* adorno de galón o encaje; puntas, puntilla; ~ *glass,* vidrio veneciano con dibujos que imitan el encaje; ~ *paper,* papel con calados que imitan el encaje; ~ *pillow,* mundillo [para hacer encaje].
lace (to) *tr.* atar, ajustar [zapatos, el corsé, etc.] con cordones o cintas. *2* apretar [la cintura o cuerpo de una pers.] con cordones como los del corsé, etc. *3* pasar [un cordón]. *4* galonear. *5*

guarnecer con encajes. 6 entretejer, bordar [un tejido] con hilo, etc., de materia diferente. 7 rayar, cubrir de rayas entrecruzadas; adornar [una flor, etc.] con rayas de diferente color. 8 azotar, dar una paliza. 9 aromatizar, reforzar [con gotas de licor]. — 10. *intr.* apretarse la cintura [con el corsé, etc.]. 11 atarse con cordones [dic. de zapatos, etc.]. 12 *to* ~ *into*, arremeter contra, pegar [a uno].

Lacedæmon (læsidi·mɒn) *n. pr.* GEOGR. HIST. Lacedemonia.

Lacedæmonian (læsidimou·nian) *adj.* y *s.* lacedemón, lacedemonio.

laceman (lei·smæn), *pl.* **-men** (-men) *s.* cordonero, galonero, pasamanero. 2 encajero.

lacerable (læ·sɒrabɒl) *adj.* lacerable.

lacerate (to) (læ·sɒreit) *tr.* lacerar. 2 rasgar, desgarrar, despedazar.

laceration (læsɒre·shɒn) *s.* laceración, desgarradura.

lacerative (læ·sɒreitiv) *adj.* lacerante, desgarrador.

lacertian (lasɒ'·shian), **lacertilian** (lasɒ'ti·lian) *adj.* y *s.* ZOOL. lacertilio.

Lacetani (lei·sitæni) *s. pl.* lacetanos.

lacewing (lei·suing) *s.* ENTOM. nombre de varios insectos neurópteros cuyas larvas destruyen el pulgón.

lace-winged (lei·suing) *adj.* de alas membranosas y reticuladas [insecto].

lacewoman (lei·swumæn), *pl.* **-women** (-uimin) *s.* encajera, vendedora de encajes. 2 pasamanera.

lacework (lei·suɒ'c) *s.* obra de encaje o parecida al encaje.

Lachryma Christi (læ·crima cri·sti o cri·stai) *s.* lácrima Christi (vino).

lachrymal (læ·crimal) *adj.* lacrimal. 2 *adj.* y *s.* ANAT. lagrimal: ~ *duct*, conducto lagrimal; ~ *sac*, saco lagrimal.

lachrymary (læ·crimari) *adj.* lacrimal, lagrimal. — 2 *s.* lacrimatorio.

lachrymation (læcrime·shɒn) *s.* secreción de lágrimas. 2 llanto, lloro.

lachrymatory (læ·crimatɒri), *pl.* **-ries** (-ris) *s.* lacrimatorio.

lachrymose (læ·crimouš) *adj.* lacrimoso.

lacing (lei·sing) *s.* acción de TO LACE. 2 cordones [para zapatos, corsés, etc.], agujetas. 3 galones [para uniformes, etc.]. 4 borde coloreado [en una flor, pluma, etc.]. 5 MEC. tira de cuero o grapas de metal para empalmar dos correas. 6 MAR. culebra. 7 zurra, tunda.

lacinia (lasi·nia) *s.* BOT. lacinia.

laciniate(d (lasi·nieit(id) *adj.* BOT. laciniado.

lack (læc) *s.* falta, carencia, escasez. 2 privación, necesidad.

lack (to) *intr.* faltar [no existir]. — 2 *intr.* y *tr.* carecer de, faltarle [a uno o a algo una cosa]; necesitar.

lackadaisical (lækadei·šical) *adj.* afectado; afectadamente lánguido o indiferente. 2 sensiblero, sentimental.

lackaday (læ·cadei) *interj.* ¡ay de mí! ; ¡mal haya! ; ¡día aciago!

lacker (læ·kɒ') *s.* LACQUER.

lackey (læ·ki) *s.* lacayo.

lackey (to) *tr.* e *intr.* servir como lacayo o criado.

lacking (læ·king) *adj.* carente, falto, deficiente, que le falta: *he is* ~ *in courage*, le falta valor. 2 faltante.

lackland (læ·klænd) *adj.* sin tierra.

lacklustre, lackluster (læ·klɒstɒ') *adj.* deslustrado. 2 poco brillante, apagado. — 3 *s.* falta de lustre o brillantez.

Laconian (læ·counian) *adj.* y *s.* Laconio.

laconic (laca·nic) *adj.* lacónico. — 2 *s.* persona o expresión lacónica.

laconical (laca·nical) *adj.* lacónico.

laconically (laca·nicali) *adv.* lacónicamente.

laconism (læ·cɒnišm) *s.* laconismo.

laoquer (læ·kɒ') *s.* laca, barniz. 2 *lacquer* o ~ *work*, objetos de laca.

lacquer (to) *tr.* barnizar, dar laca, laquear.

lacquering (læ·kɒring) *s.* barnizado de laca.

lacrimal, lacrimary, lacrimation, etc. LACHRYMAL, LACHRYMARY, LACHRIMATION, etc.

lacrosse (lacro·s) *s.* juego de pelota, originario del Canadá.

lactary (læ·ctari) *adj.* lácteo.

lactase (læ·cteis) *s.* BIOQUÍM. lactasa.

lactate (læ·cteit) *s.* QUÍM. lactato.

lactate (to) (læ·cteit) *intr.* lactar, amamantar. 2 dar leche.

lactation (læcte·shɒn) *s.* segregación de leche. 2 lactación.

lacteal (læ·ctial) *adj.* lácteo. 2 ANAT. quilífero. — 3 *s.* ANAT. vaso quilífero.

lacteous (læ·ctiɒs) *adj.* lechoso. 2 ANAT. quilífero.

lactescence (læcte·sɒns) *s.* lactescencia.

lactescent (læcte·sɒnt) *adj.* lactescente.

lactic (læ·ctic) *adj.* láctico: ~ *acid*, ácido láctico.

lactiferous (læcti·fɒrɒs) *adj.* lactífero. 2 BOT. lechoso, lechal.

lactifuge (læ·ctifiuÿ) *s.* lactífugo.

lactinate (to) (læ·ctineit) *tr.* lactinar.

lactol (læ·ctol) *s.* QUÍM. lactol.

lactometer (læcta·mitɒ') *s.* lactómetro, galactómetro.

lactone (læ·ctoun) *s.* QUÍM. lactona.

lactose (læ·ctous) *s.* QUÍM. lactosa, lactina.

lactucarium (læctiuke·riɒm) *s.* lactucario.

lacuna (lakiu·na), *pl.* **-næ** (-ni) o **-nas** (-naš) *s.* laguna, blanco, claro, espacio. 2 hoyo, hueco, pequeño espacio. 3 BIOL. espacio intercelular.

lacunal (lakiu·nal) *adj.* LACUNARY.

lacunar (lakiu·na') *adj.* LACUNARY. — 2 *s.* ARQ. lagunar. 3 ARQ. techo artesonado.

lacunary (lakiu·neri) *adj.* pert. a la laguna, blanco o hueco. 2 que tiene lagunas o huecos.

lacunose (læ·kiunous) *adj.* lleno de lagunas o huecos.

lacustral (lacɒ·stral) **lacustrine** (lacɒ·strin) *adj.* lacustre.

lacy (lei·si) *adj.* de encaje o parecido a él.

lad (læd) *s.* muchacho, chico, joven, mozalbete, mozo, chaval.

ladanum (læ·danɒm) *s.* ládano.

ladder (læ·dɒ') *s.* escalera [hecha de dos banzos y escalones] ; escalera de mano, escala. 2 fig. escabel [lo que sirve para subir o medrar]. 3 carrera [en las medias]. — 4 *adj.* de escala o escalera de mano: ~ *ropes*, brandales; ~ *truck*, coche de bomberos con escalas.

laddie (læ·di) *s. dim.* de LAD.

lade (lei·d) *s.* desembocadura, desagüadero.

lade (to) *tr.* cargar [poner o echar carga en o sobre]. 2 cargar, embarcar [mercancías, etc.]. 3 echar o sacar [con cucharón, balde, cubo, etc] ; achicar. — 4 *intr.* tomar cargamento. ¶ CONJUG. pret.: *laded*; p. p.: *laded* o *laden*.

laden (lei·dɒn) *p. p. irreg.* de TO LADE. — 2 *adj.* cargado, abrumado, oprimido.

laden (to) *tr.* TO LADE.

lading (lei·ding) *s.* carga [acción de cargar o poner peso]. 2 carga, embarque [de mercancías] : *bill of* ~, conocimiento de embarque. 3 cargamento, cargazón, flete. 4 achique.

ladle (lei·dɒl) *s.* cucharón, cazo, cacillo. 2 ARTILL. cuchara. 3 paleta [de rueda hidráulica]. 4 METAL. caldero de colada.

ladle (to) *tr.* servir, verter o sacar con cucharón, cazo o cacillo. 2 vaciar, achicar [el agua]. 3 poner paletas [a una rueda hidráulica].

lady (lei·di), *pl.* **-dies** (-diš) *s.* señora, señorita, dama : *a* ~, una señora o una señorita; *ladies and gentlemen*, señoras y caballeros; ~ *in waiting*, dama, azafata [de una reina o una princesa] ; *of the house*, señora de la casa; *lady's maid*, doncella; *ladies' man, lady's man*, hombre de salón, que gusta del trato de las mujeres; perico entre ellas. 2 señora [esposa]. 3 novia, dulcinea. 4 [con may.] Señora [la Virgen] : *Our Lady*, Nuestra Señora ; *Lady Day*, día de la Anunciación ; [en Irlanda] día de la Asunción ; *Lady psalter*, el Rosario. 5 [ingl.] título que se antepone al nombre de las señoras que son título del Reino, a las esposas de un título y a las hijas del que tiene un título no inferior al de conde. — 6 *adj.* de señora, señoril; femenino. 7 úsase con ciertos nombres para indicar sexo : ~ *doctor*, doctora; ~ *friend*, amiga; ~ *president*, presidenta. 8 ENTOM. ~ *beetle*, mariquita, vaca de san Antón.

ladybird (lei·dibɒ'd), **ladybug** (lei·dibɒg), **ladyfly** (lei·diflai) *s.* ENTOM. mariquita, vaca de san Antón.

ladyfinger (lei·difingɒ') *s.* melindre, bizcocho.

lady-killer *s.* por Juan Tenorio, hombre irresistible.

ladylike (lei·dilaic) *adj.* delicado, elegante. 2 afeminado, amujerado.

ladylove (lei·dilɒv) *s.* amada, mujer querida.

ladyship (lei·diship) *s.* señoría : *your* ~, *her* ~, su señoría [dirigiéndose o refiriéndose a una señora a quien se da el título de lady].

lady's-mantle *s.* BOT. alquimila, pie de león.

lady's-thumb *s.* BOT. duraznillo, persicaria.

Laetitia (leti·shia) *n. pr.* Leticia.

lag (læg) *adj.* último, postrero : ~ *end,* lo último, el final. — *2 s.* retardo, retraso. *3* FÍS. retardación [de un movimiento]. *4* MEC. listón o pieza de revestimiento o forro de una caldera, etc. *4* pop. presidario.

lag (to) *intr.* andar o moverse lentamente, retrasarse : *to* ~ *behind,* rezagarse, quedarse atrás. *2* roncear. — *3 tr.* MEC. revestir o forrar con listones, planchas, etc. *4* pop. mandar a presidio; detener, encarcelar. ¶ CONJUG. pret. y p. p. : *lagged;* ger. *lagging.*

lager (la·gø') *s.* especie de cerveza que se tiene en reposo varios meses antes de darla al consumo.

laggard (læ·ga'd) *adj.* y *s.,* **lagger** (læ·gø') *s.* perezoso, holgazán.

lagging (læ·guing) *s.* acción de rezagarse. *2* movimiento retardado. *3* MEC. listones o planchas para formar revestimientos o forros.

lagoon (lagu·n) *s.* albufera ; laguna junto al mar o en una isla de coral.

laic (lei·ic) *adj.* laico, secular, seglar. — *2 s.* lego, seglar.

laical (lei·ical) *adj.* laico, secular, seglar.

laicity (lei·isiti) *s.* laicidad.

laicism (lei·isiŝm) *s.* laicismo.

laicization (lei·isiŝe·shøn) *s.* laicización.

laicize (lei·isaiŝ) *tr.* laicizar, secularizar.

laid (leid) *pret.* y *p. p.* de TO LAY.

lain (lei·n) *p. p.* de TO LIE [reclinar].

lair (le·ø') *s.* yacija. *2* cubil, cueva de fieras.

laird (le·ø'd) *s.* (esp. Esc.) señor ; hacendado, propietario.

laity (lei·iti) *s.* estado seglar o laico. *2* los laicos, los legos.

lake (leic) *s.* lago, laguna, estanque. *2* laca [colorante]. *3* carmín [color]. — *4 adj.* de lago o lagos : *Lake Country, Lake District,* región de los lagos [en el noroeste de Inglaterra] ; ~ *dweller,* hombre lacustre ; ~ *dwelling,* habitación lacustre ; *Lake poets,* poetas de los lagos (Wordsworth, Coleridge y Southey). *5* de laca.

lakelet (lei·klit) *s.* lago pequeño.

lallation (lælei·shøn) *s.* pronunciación infantil. *2* lambdacismo.

lama (la·ma) *s.* lama [sacerdote]. *2* ZOOL. llama.

Lamaism (la·maiŝm) *s.* lamaísmo.

Lamaist (la·maist) *adj.* y *s.* lamaísta.

lamasery (la·masøri) *pl.,* **-ries** (-ris) *s.* lamasería.

lamb (læm) *s.* ZOOL. cordero [animal ; carne] : *Lamb of God, the Lamb,* fig. el Cordero de Dios, el Divino Cordero. *2* piel de cordero. *3* fig. cordero [pers. dócil, inocente]. — *4 adj.* de cordero : ~ *chop,* chuleta de cordero.

lambaste (to) (læmbei·st) *tr.* apalear, dar una paliza a. *2* reprender duramente, dar un jabón a.

lambda (læ·mda) *s.* lambda [letra griega].

lambdacism (læ·mdæsiŝm) *s.* lambdacismo, pronunciación de la *r* como *l.*

lambent (læ·mbønt) *adj.* ondulante, lamiente [llama]. *2* suave [luz]. *3* suavemente brillante o radiante [cielo, ojos, etc.]. *4* centelleante [ingenio].

Lambert (læ·mbø't) *n. pr.* Lamberto.

lambiness (læ·mbinis) *s.* dulzura, mansedumbre.

lambkin (læ·mkin) *s.* corderito, corderillo.

lamblike (læ·mlaic) *adj.* manso, sumiso. *2* inocente.

lambrekin (læ·mbø'kin o læ·mbrøkin) *s.* BLASÓN. lambrequín. *2* guardamalleta, sobrepuerta.

lambskin (læ·mskin) *s.* corderina, corderillo [piel]. *2* tela que imita la corderina.

lamb's-wool *s.* añinos.

lame (leim) *adj.* cojo, renco, lisiado : ~ *duck,* fig. (EE. UU.) diputado u ocupante de un cargo electivo que no ha sido reelegido y está terminando su mandato ; *to go* ~, cojear encojarse. *2* fig. cojo, defectuoso, imperfecto : ~ *expression,* expresión defectuosa ; ~ *verses,* versos cojos o defectuosos. *3* fig. pobre, ineficaz, vano, frívolo : ~ *excuse,* excusa pobre o frívola.

lame (to) *tr.* encojar, derrengar, lisiar, estropear.

lamella (lame·la) *pl.* **-las** o **-læ** (-li) *s.* ANAT., ZOOL., BOT. laminilla.

lamellar (læ·møla') *adj.* ANAT., ZOOL., BOT. laminar, en forma de laminilla.

lamellate(d (læ·møleit(id) *adj.* compuesto de hojuelas o laminillas.

lamellibranch (lame·librænc) *adj.* y *s.* ZOOL. lamelibranquio.

Lamellibranchia (lamelibra·nkia) *s. pl.* ZOOL. lamelibranquios.

lamellicorn (lame·lico'n) *adj.* ENTOM. lamelicornio.

lamelliform (lame·lifo'm) *adj.* lameliforme.

lamely (lei·mli) *adv.* con cojera. *2* defectuosamente, ineficazmente.

lameness (lei·mnis) *s.* cojera. *2* imperfección, debilidad, ineficacia.

lament (lame·nt) *s.* lamento, queja, querella. *2* elegía, endecha, canción triste.

lament (to) *intr.* lamentarse, plañir. — *2 tr.* lamentar, llorar, deplorar.

lamentable (lame·ntabøl) *adj.* lamentable, deplorable. *2* lastimoso, lastimero, dolorido.

lamentably (lame·ntabli) *adv.* lamentablemente.

lamentation (lamente·shøn) *s.* lamentación, lamento.

lamented (lame·ntid) *adj.* lamentado. *2* llorado.

lamenter (lame·ntø') *s.* lamentador.

lamenting (lame·nting) *s.* lamentación. — *2 adj.* gemebundo, dolorido.

lamia (lei·mia) *s.* MIT., ICT. lamia. *2* bruja.

lamina (læ·mina) *s.* lámina, planchita, hoja, chapa, escama.

laminable (læ·minabøl) *adj.* laminable.

laminar (læ·mina') *adj.* laminar.

laminate(d (læ·mineit(id) *adj.* laminado.

laminate (to) (læ·mineit) *tr.* laminar. *2 tr.* e *intr.* dividir o dividirse en láminas.

Lammas (læ·mas) *s.* festividad del 1.º de agosto.

lammergeier (læ·mø'gaiø') *s.* ORNIT. quebrantahuesos, águila barbuda.

lamp (læmp) *s.* lámpara, lustro, candil, velón, quinqué, farol, luz. *2* bombilla eléctrica. *3* fig. luminar, astro. — *4 adj.* de lámpara : ~ *burner,* mechero ; ~ *chimney,* tubo de lámpara o quinqué ; ~ *globe,* globo de lámpara ; ~ *holder,* portalámparas ; ~ *post,* poste o pie de farol ; ~ *shade,* pantalla de lámpara.

lampass (læ·mpas) *s.* tela de seda floreada, usada en tapicería. *2* LAMPERS.

lampblack (læ·mpblæc) *s.* negro de humo.

lampers (læ·mpø's) *s.* VET. palatitis [de los caballos].

lamplight (læ·mplait) *s.* luz de lámpara ; luz artificial.

lamplighter (læ·mplaitø') *s.* farolero.

lampoon (læmpu·n) *s.* sátira virulenta o grosera, libelo.

lampoon (to) *tr.* satirizar, ridiculizar virulenta o groseramente.

lampooner (læmpu·nø') *s.* satirizador, escritor de sátiras virulentas, libelista.

lamp-post *s.* poste o pie de farol [de la calle].

lamprey (læ·mpri) *s.* ICT. lamprea.

lanate(d (lei·neit(id) *adj.* lanoso. *2* lanudo.

Lancastrian (lankæ·strian) *s.* de Lancáster o del Lancashire.

lance (læns) *s.* lanza, asta. *2* lanza [soldado, hombre de armas]. *3* lanceta, bisturí. *4* MIL. (Ingl.) ~ *corporal,* soldado que hace las veces de cabo ; ~ *sergeant,* cabo que hace las veces de sargento.

lance (to) *tr.* alancear, lancear, dar una lanzada a. *2* cortar, atravesar. *3* CIR. abrir con lanceta o bisturí.

Lancelot (læ·nsølat) *n. pr.* Lanzarote [caballero de la Mesa Redonda].

lanceolate (læ·nsioleit) *adj.* lanceolado.

lancer (læ·nsø') *s.* lancero. *2 pl.* lanceros [baile].

lancet (læ·nsit) *s.* CIR. lanceta. *2* ENTOM. trompetilla. *3* ARQ. ojiva aguda.

lancewood (læ·nswud) *s.* BOT. yaya. *2* madera de yaya. *3* asta de lanza.

lanciers (læ·nsø's) *s. pl.* lanceros [baile].

lancinate (to) (læ·nsineit) *tr.* lancinar, desgarrar.

lancination (lænsine·shøn) *s.* punzada, desgarramiento.

land (lænd) *s.* tierra [parte sólida de la superficie del globo] ; tierra firme : *to see how the* ~ *lies,* fig. sondear el terreno, ver qué cariz van tomando las cosas ; *to know how the* ~ *lies,* estar al tanto [de algo] ; *by* ~, por tierra. *2* terreno, suelo. *3* tierra [cultivada], propiedad o finca

rústica. *4* tierra, terruño, país, nación, región, territorio : *Land of Promise,* tierra prometida, tierra de promisión; *Land of the Midnight Sun,* tierra del sol de medianoche [Noruega]; *Land of the Rising Sun,* tierra del sol naciente [Japón]. *5* reino, dominio. — *6 adj.* de tierra, terrestre : ~ *breeze,* brisa [de tierra]; ~ *forces,* MIL. fuerzas de tierra, fuerzas terrestres; ~ *snail,* ZOOL. caracol terrestre; ~ *wind,* viento terral. *7* del suelo, de tierras, de fincas rústicas : ~ *agent,* (Ingl.) administrador de fincas rústicas; (EE. UU.) corredor de fincas rústicas; ~ *broker,* (Ingl.) corredor de fincas rústicas; ~ *grant,* (EE. UU.) concesión de terrenos o tierras; ~ *measure,* medidas agrarias; ~ *surveying,* agrimensura, topografía; ~ *surveyor,* agrimensor, topógrafo; ~ *tax,* contribución territorial.
land (to) *tr.* desembarcar [a una pers. o cosa]. *2* dejar [después de haber transportado], echar, hacer llegar, poner [en un punto, situación, estado]. *3 fam.* arrear, atizar [un golpe, etc.]. *4* coger. sacar [un pez]. *5* lograr, conseguir [un empleo, etc.]. *6 to* ~ *up,* llenar, rodear o tapar con tierra. — *7 intr.* desembarcar, bajar a tierra. *8* apearse. *9* tomar tierra [un buque]. *10* aterrizar o amarar [un avión]. *11* ir a parar, llegar, caer : *to* ~ *on one's feet,* caer de pies; *to* ~ *on one's head,* caer de cabeza.
landau (lǽndo) *s.* landó.
landed (lǽndid) *adj.* hacendado. *2* consistente en tierras : ~ *property,* propiedad rústica.
landfall (lǽandfol) *s.* herencia de tierras. *2* desprendimiento de tierras. *3* MAR. recalada. *4* AVIA. aterrizaje.
landgrave (lǽndgreiv) *s.* landgrave.
landgraviate (lǽndgrei·vieit) *s.* landgraviato.
landholder (lǽndjouldø') *s.* hacendado, propietario. terrateniente.
landing (lǽnding) *s.* desembarco, desembarque. *2* desembarcadero, apeadero. *3* descansillo, meseta, rellano [de escalera]. *4* AVIA. aterrizaje : *forced* ~, aterrizaje forzoso. — *5 adj.* de desembarco, de aterrizaje, etc. : ~ *angle,* ángulo de aterrizaje; ~ *beacon,* radiofaro de aterrizaje; ~ *craft,* MIL. lancha de desembarco; ~ *field,* campo de aterrizaje; ~ *force,* MIL. fuerza o tropa de desembarco; ~ *gear,* tren de aterrizaje; ~ *net,* salabardo para sacar del agua el pez cogido en el anzuelo; ~ *stage,* embarcadero flotante.
landlady (lǽndleidi) *s.* propietaria, dueña [de tierras o casas] arrendada, casera. *2* mesonera, posadera, huéspeda; patrona, ama [de casa de huéspedes].
landless (lǽndlis) *adj.* sin tierra. *2* sin propiedad en tierras.
landlocked (lǽndlact) *adj.* cercado o rodeado de tierra. *2* que no baja o no puede bajar al mar [dic. de ciertos peces que suelen bajar al mar después de la cría].
landlord (lǽndlo'd) *s.* propietario, dueño [de tierras o casas], arrendador, casero. *2* mesonero, posadero, huésped; patrón [de casa de huéspedes.
landlordism (lǽndlo'diš'm) *s.* condición, opiniones, etc. de propietario. *2* sistema o práctica de dar en arriendo la propiedad agrícola.
landlubber (lǽndløbø') *s.* fam. marinero torpe. *2* marinero de agua dulce.
land(s)man (lǽnd(š)mæn) *pl.,* **-men** (-men) *s.* hombre de tierra, el que vive en tierra [por oposición a marino]
landmark (lǽndma'c) *s.* hito, mojón. *2* señal, accidente del terreno, edificio, etc., que sirve de guía o para reconocer un sitio. *3* MAR. marca. *4* suceso culminante o que hace época.
landowner (lǽndounø') *s.* hacendado, propietario, terrateniente.
land-poor *adj.* falto de dinero por poseer muchas tierras improductivas.
landscape (lǽndskeip) *s.* paisaje, vista. *2* PINT. paisaje. — *3 adj.* de paisaje, paisajista : ~ *architecture,* arte de modificar un terreno hermoseándolo; ~ *architect,* arquitecto dedicado a modificar los terrenos hermoseándolos; ~ *gardener,* arquitecto de jardines, jardinero; ~ *painter,* pintor de paisajes, paisajista.
landscape (to) *tr.* modificar un terreno hermoseándolo.
landscapist (lǽndskeipist) *s.* PINT. paisajista.

landslide (lǽndslaid) *s.* derrumbamiento, desprendimiento o deslizamiento de tierras; argayo. *2* POL. mayoría de votos abrumadora [esp. en una elección].
landslip (lǽndslip) *s.* LANDSLIDE *1.*
landward (lǽnduø'd) *adj.* de hacia la tierra, de la parte de tierra. — *2 adv.* hacia tierra.
landwards (lǽnduø'ds) *adv.* hacia tierra.
lane (lei·n) *s.* senda, vereda, camino estrecho [esp. entre setos, árboles, rocas, etc.]. *2* faja o división longitudinal [en una carretera, pista, etc.]. *3* callejuela, callejón. *4* ruta [de vapores o aviones].
langsyne (lǽngsain) *s.* tiempo antiguo. — *2 adv.* tiempo ha, antaño.
language (lǽngüidȳ) *s.* lenguaje, lengua, habla, idioma, vocabulario. *2 fam.* (Ingl.) lenguaje soez, ofensivo.
languaged (lǽngüiȳd) *adj.* que sabe lenguas. *2* expresado en lenguaje.
Languedoc (languødo·c) *n. pr.* GEOGR. Languedoc.
langue d'oc (lang d'ac) *s.* lengua de. oc.
Languedocian (languedou·shan) *adj.* languedociano.
langue d'oïl (lang d'oil) *s.* lengua de oil.
languet, languette (lǽngüet) *s.* lengüeta. *2* lengua de tierra.
languid (lǽngüid) *adj.* lánguido. *2* débil, mustio. lacio. *3* flojo, tibio.
languidly (lǽngüidli) *adv.* lánguidamente, mustiamente.
languidness (lǽngüidnis) *s.* languidez, caimiento. flojedad, desmadejamiento.
languish (to) (lǽngüish) *tr.* languidecer. *2* debilitarse, marchitarse, decaer. *3* consumirse. *4* tomar una expresión lánguida, tierna, melancólica. *5* *to* ~ *for,* penar o suspirar por.
languishing (lǽngüishing) *s.* languidez, languidecimiento. — *2 adj.* que languidece. *3* lánguido, tierno. *4* lento, aburrido.
languishingly (lǽngüishingli) *adv.* lánguidamente. *2* lentamente, aburridamente.
languishment (lǽngüishmønt) *s.* languidecimiento. *2* debilidad, cansancio, tristeza. *3* enfermedad. *4* languidez, ternura [en la expresión].
languor (lǽngø') *s.* languidez, desfallecimiento. desaliento. *2* flojedad. indolencia, dejamiento.
languorous (lǽngørøs) *adj.* lánguido, flojo.
laniard (lǽnya'd) *s.* LANYARD.
laniary (lei·nieri) *adj.* y *s.* canino [diente].
laniferous (læni·førøs), **lanigerous** (læni·ȳørøs) *adj* lanífero.
lank (lænc) *adj.* alto y delgado, enjuto, seco, flaco. cenceño. *2* lacio, colgante [cabello. etc.].
lankly (lǽnkli) *adv.* flacamente. *2* laciamente.
lankness (lǽncnis) *s.* flacura, delgadez. *2* calidad de lacio.
lanky (lǽnki) *adj.* larguirucho, desgarbado, zancudo.
lanner (lǽnø') *s.* ORNIT. alcotán.
lanolin(e (lǽnolin) *s.* FARM. lanolina.
lansquenet (lǽnscønet) *s.* lansquenete. *2* sacanete [juego].
lantana (læntǽna) *s.* BOT. lantana.
lantern (lǽntø'n) *s.* linterna, farol. fanal. *2* fanal [de faro]. *3* ARQ., MEC. linterna. — *4 adj.* de linterna : ~ *jack,* fuego fatuo; ~ *jaw,* mandíbula inferior prominente; ~ *jaws,* cara larga, chupada; ~ *light,* luz o vidrio de linterna; ~ *pinion,* ~ *wheel,* MEC. linterna; ~ *slide,* diapositiva; tira de vidrio con dibujos que se proyecta con la linterna mágica.
lantern (to) *tr.* proveer de linterna. *2* colgar de un farol.
lantern-jawed (lǽntø'nȳod) *adj.* carilargo, carienjuto, chupado de cara.
lanthanum (lǽnzanøm) *s.* QUÍM. lantano.
lanuginous (laniu·ȳinøs) *adj.* lanuginoso.
lanyard (lǽnya'd) *s.* MAR. acollador. *2* ARTILL. cuerda y gancho de disparo.
Laoco-on (lei·øcouon) *n. pr.* MIT. Laoconte.
Laodicean (leiadi·shan) *adj.* y *s.* laodicense. — *2* fig. tibio, indiferente. — *3 s.* fig. persona tibia e indiferente [en religión o en política].
lap (læp) *s.* falda, faldón, enfaldo. *2* falda, regazo : *to live in the* ~ *of luxury,* fig. llevar una vida regalada. *3* parte de una cosa que cae o se extiende sobre otra. *4* traslapo. solapo. *5* rueda de pulir o cortar vidrio, piedras preciosas, etc. *6* MEC. espacio que cubre la corredera [en la máquina de vapor]. *7* TEJ. tela de batán, napa. *8*

DEP. vuelta [en una carrera]. 9 lamedura. 10 ruido de las olas, etc., al lamer; chapaleteo. 11 pop. bebida. 12 fam. trago, bocado. — 13 adj. de falda, faldero: ~ dog, perro faldero; ~ robe, manta de viaje o coche. 14 que cae, traslapa o solapa: ~ joint, junta de traslapo o solapa; ~ seam, costura aplastada.

lap (to) tr. sobreponer, encaballar, cruzar. 2 traslapar, solapar; juntar a traslapo. 3 plegar, arrollar [sobre algo]. 4 envolver, rodear. 5 tener o reclinar en el regazo. 6 pulir, cortar [vidrio, piedras preciosas, etc.] con rueda. 7 DEP. llevar una o más vueltas de ventaja [a uno o unos] en una carrera. 8 lamer, besar [dicho de las olas, el agua]. — 9 tr. e intr. lamer, beber lamiendo. — 10 intr. sobresalir, solapar, cruzar. 11 caer, estar doblado o plegado. 12 hacer el ruido del o de lo que lame. 13 to ~ against, lamer [dicho de las olas, el agua]. ¶ CONJUG. pret. y p. p.: lapped; ger. lapping

laparotomy (læparaˈtømi) s. CIR. laparotomía.

lapboard (læpˈboˈd) s. tabla faldera de sastre o costurera.

lapel (lapeˈl) s. solapa [de vestido].

lapful (læpˈful) s. haldada, lo que cabe en el regazo o enfaldo.

lapidary (læˈpideri) adj. lapidario. [relativo a las piedras preciosas o a las inscripciones de las lápidas]. 2 de piedra, grabado en la piedra. — 3 s. (pl. -ries) lapidario.

lapidate (to) (læˈpideit) tr. lapidar.

lapidation (læpideˈshøn) s. lapidación.

lapideous (læˈpidiøs) adj. lapídeo, lapidoso.

lapidescent (læpideˈsønt) adj. que petrifica.

lapidific (lapidiˈfic) adj. lapidífico.

lapidification (lapidifikeˈshøn) s. lapidificación, petrificación.

lapidify (lapiˈdifai) tr. lapidificar, petrificar. — 2 intr. lapidificarse, petrificarse. ¶ CONJUG. pret. y p. p.: lapidified.

lapis (leiˈpis) s. piedra [en nombres latinos] : ~ calaminaris, calamina; ~ infernalis, piedra infernal, nitrato de plata.

lapislazuli (leiˈpislaʃuˈli) s. MINER. lapislázuli.

Lapland (læˈplænd) n. pr. Laponia.

Laplander (læˈplændøˈ) s. lapón [pers.].

Lapp (læp) s. lapón [pers.; idioma].

lapper (læˈpøˈ) s. el que lame.

lappet (læˈpit) s. caída, cinta o pliegue colgante [de toca, cofia, vestido, etc.]. 2 parte carnosa que cuelga; pliegue [de una membrana, etc.]. 3 carúnculas, barba [de gallo u otras aves]. 4 solapa. 5 lóbulo [de la oreja]. 6 escudo [de cerradura].

Lapponian (læpaˈnian) adj. y s. lapón.

lapsable (læˈpsabøl) adj. que puede caer, errar o transcurrir. 2 DER. prescriptible, caducable.

lapse (læps) s. lapso, error, equivocación, falta, desliz. 2 caída en la herejía, apostasía. 3 paso gradual, caída [a o en un estado, condición, etc.]. 4 caída en desuso. 5 transcurso, lapso [de tiempo] : in the ~ of time, con el transcurso del tiempo. 6 DER. prescripción, caducidad; paso o reversión de una propiedad, derecho, etc., a uno por incumplimiento de condiciones, falta de herederos, etc.

lapse (to) intr. deslizarse, pasar, transcurrir. 2 decaer [el entusiasmo, el interés, etc.]. 3 caer en desuso. 4 pasar, descender, alejarse gradualmente; caer [en un estado o condición]. 5 caer en error, falta o defecto. 6 DER. prescribir, caducar; pasar o revertir [una propiedad, derecho, etc.] por incumplimiento de condiciones, falta de herederos, etc.

lapwing (læpˈpuing) s. ORNIT. avefría.

lapwork (læpˈpuøˈc) s. obra en que las partes traslapan; obra de tingladillo.

lar (laˈ) s. lar [dios doméstico].

larboard (laˈboˈd) s. MAR. ant. babor.

larcener, larcenist (laˈsønøˈ, -ist) s. ladrón, ratero.

larcenous (laˈsønøs) adj. que constituye hurto o robo. 2 ladrón.

larceny (laˈseni) pl., -nies (-nis) s. robo, hurto, latrocinio : petty ~, hurto, ratería; grand ~, robo.

larch (laˈch) s. BOT. alerce, pino alerce. 2 BOT. pino cascalbo o negral.

lard (laˈd) s. tocino gordo, lardo. 2 nanteca de cerdo.

lard (to) tr. COC. mechar. 2 COC. lardear. 3 guarnecer, entreverar.

lardaceous (laˈdeiˈshøs) adj. lardáceo. 2 MED. graso : ~ degeneration, degeneración grasa.

larder (laˈdøˈ) s. despensa.

larderer (laˈdørøˈ) s. despensero.

larding (laˈding) adj. de mechar : ~ needle, ~ pin, mechera, aguja mechera.

lardy (laˈdi) adj. lardoso, mantecoso.

large (laˈȳ) adj. grande, grueso, considerable, cuantioso, numeroso, copioso: ~ bond, (EE. UU.) bono cuyo valor nominal pasa de 100 dólares; ~ intestine, ANAT. intestino grueso; ~ periwinkle, BOT. vincapervinca; on a ~ scale, en gran escala. 2 ancho, amplio, vasto, espacioso, dilatado, holgado, cumplido : ~ powers, amplios poderes. 3 extenso, lato. 4 ant. magnánimo, generoso; libre de mezquindad o de prejuicios. 5 MAR. favorable [viento]. — 6 adv. MAR. con viento a la cuadra. — 7 s. MÚS. máxima [nota de la música antigua]. 8 at ~, extensamente, detalladamente; en general; sin limitación; suelto, en libertad; (EE. UU.) que elige o es elegido para representar a la totalidad de un Estado, condado, etc., y no a uno de sus distritos o divisiones. 9 (Ingl.) gentleman at ~, hombre que vive sin trabajar.

large-handed adj. de manos grandes; fig. dadivoso, generoso, liberal.

large-hearted adj. magnánimo, desprendido, generoso.

largely (laˈȳli) adv. grandemente, extensamente, en gran parte. 2 ampliamente. 3 liberalmente. 4 con amplitud de ideas.

large-minded adj. de ideas liberales; comprensivo, de espíritu abierto.

largeness (laˈȳnis) s. grandor, extensión, amplitud. 2 magnanimidad.

larger (laˈȳøˈ) adj. comp. de LARGE : mayor, más extenso, ancho, etc.

largess (laˈȳis) s. don, dádiva, regalo.

largest (laˈȳest) adj. superl. de LARGER : [el] mayor, más extenso, más ancho, amplio, etc.

largo (laˈgou) adj. y s. MÚS. largo.

lariat (læˈriat) s. lazo, mangana; *boleadoras.

lark (laˈc) s. ORNIT. alondra, calandria. 2 diversión, retozo, holgorio, parranda, incidente o aventura divertida : to have a ~, divertirse, echar una cana al aire; what a ~!, ¡qué divertido!

lark (to) intr. bromear, divertirse. — 2 tr. embromar, burlarse de.

larkspur (laˈcspøˈ) s. BOT. consólida real, espuela de caballero.

larrup (to) (læˈøp) tr. fam. zurrar, tundir.

Larry (laˈri) n. pr. dim. de LAWRENCE.

larva (laˈva) s. ZOOL. larva.

larval (laˈval) adj. larval.

larvate(d (laˈveit(id) adj. MED. larvado.

laryngeal (lariˈnȳial) adj. laríngeo.

laryngitis (lærinȳaiˈtis) s. MED. laringitis.

laryngology (læringaˈloȳi) s. laringología.

laryngoscope (læriˈngoscoup) s. laringoscopio.

laryngoscopy (læringaˈscopi) s. laringoscopia.

larynx (læˈrincs) s. ANAT. laringe.

lascar (læscaˈ o læˈskøˈ) s. láscar [marinero indio].

lascivious (læsiˈviøs) adj. lascivo, torpe, lujurioso. 2 voluptuoso.

lasciviously (læsiˈviøsli) adv. lascivamente.

lasciviousness (læsiˈviøsnis) s. lascivia, lujuria.

laserwort (leiˈsøˈuøˈt) s. BOT. laserpicio.

lash (læsh) s. pestaña [del ojo]. 2 trallazo, latigazo. fustazo, zurriagazo, ramalazo, *guascazo. 3 fig. sátira, invectiva. 4 embate [de las olas]. 5 tralla [del látigo]; látigo, azote. 6 TEJ. tirataco.

lash (to) tr. azotar, flagelar, fustigar, dar latigazos. 2 romper contra [dicho de las olas]. 3 atar, ligar, trincar. 4 fustigar, vituperar. 5 mover vivamente. 6 excitar : to ~ oneself into a fury, excitarse voluntariamente hasta ponerse furioso. — 7 intr. chasquear [el látigo]. 8 caer con fuerza o en abundancia [la lluvia, etc.]. 9 relampaguear. 10 to ~ at, dar latigazos a; fustigar, dirigir vituperios a. 11 to ~ out, cocear, golpear furiosamente; desatarse, desenfrenarse.

lasher (læˈshøˈ) s. azotador. 2 fustigador, vituperador. 3 trinca, cuerda.

lashing (læˈshing) s. zurra, castigo de azotes. 2 fustigación, represión dura. 3 atadura, cuerda, trinca.

lass (læs) *f.* chica, moza, zagala, muchacha, joven. 2 fam. novia, prometida.

lassie (læ·si) *f.* muchachita, mozuela.

lassitude (læ·sitiud) *s.* lasitud, dejamiento; flojedad, desfallecimiento.

lasso (læ·sou) *s.* lazo, mangana.

lasso *tr.* enlazar, lazar, manganear, echar el lazo a.

lassoer (læ·souộ') *s.* lacero.

last (læ·st) *adj.* último, postrero, postrimero, final: ~ *but not least,* último en orden pero no en importancia; ~ *but one, next to the* ~, penúltimo; ~ *but two,* antepenúltimo; ~ *day,* día del juicio; ~ *Judgement,* juicio final; ~ *quarter,* cuarto menguante [de la luna]; ~ *sleep,* último sueño, la muerte; *Last Supper,* Cena, última Cena [de Jesucristo]; ~ *will and testament,* DER. última voluntad; ~ *word,* última palabra, palabra o decisión final; lo mejor o más perfecto; última moda; *the* ~ *straw,* fig. lo que faltaba, el colmo, lo que hace rebosar el vaso, el golpe de gracia; *to be on one's* ~ *legs,* estar en las últimas, dar las boqueadas, no poder más; *to the* ~ *ditch,* hasta la última trinchera o reducto; hasta quemar el último cartucho. 2 mayor, extremo, supremo: *of the* ~ *importance,* de la mayor importancia. 3 pasado [más próximo en el tiempo pasado]: ~ *night,* anoche; ~ *year,* el año pasado. — 4 *s.* fin, final, término; lo último: *to see the* ~ *of one,* no volver a ver a uno; librarse de él; *at* ~, al fin, por fin; *to the* ~, hasta el fin. 5 última [carta]. 6 duración, resistencia. 7 horma [de zapato]: *to stick to one's* ~, no meterse en aquello de que uno no entiende; *stick to your* ~, zapatero a tus zapatos. 8 COM. medida de peso y medida de capacidad que varían según los géneros a que se aplican. — 9 *adv.* en último lugar, últimamente. 10 finalmente, en conclusión. 11 la última vez, por última vez.

last (to) *intr.* durar, perdurar, subsistir, permanecer, continuar, conservarse, sostenerse. 2 durar [sin estropearse]. — 3 *tr.* ahormar [zapatos].

lastage (læ·stidʒ) *s.* MAR. espacio para la estiba. 2 tonelaje, derechos de cargamento.

laster (læ·stọ') *s.* ZAP. ahormador. 2 el o lo que dura.

lasting (læ·sting) *adj.* duradero, durable, perdurable. 2 sólido, permanente. — 3 *s.* TEJ. sempiterna.

lastingly (læ·stingli) *adv.* duraderamente.

lastingness (læ·stingnis) *s.* durabilidad, perpetuidad.

lastly (læ·stli) *adv.* en último lugar, en conclusión, finalmente, por último.

last-minute *adj.* de última hora: ~ *news,* noticias de última hora.

latch (læch) *s.* picaporte, pestillo o cerradura de golpe, aldaba: *on the* ~, cerrado sólo con picaporte, cerrado de golpe.

latch (to) *tr.* cerrar con picaporte o pestillo de golpe.

latchet (læ·chit) *s.* BIB. correa para atar el zapato.

latchkey (læ·chki) *s.* llavín, picaporte [llave para abrir el picaporte].

latchstring (læ·chstring) *s.* cordón de aldaba: *the* ~ *is always out,* fig. venga usted cuando guste; ya sabe que ésta es su casa.

late (leit) *adj.* que llega, ocurre, hace o se hace tarde; retrasado; tardío, tardo; avanzado: *to be* ~, llegar tarde, retrasarse; *to have a* ~ *supper,* cenar tarde; ~ *fruits,* frutos tardíos; ~ *hour,* hora avanzada; ~ *in years,* de edad avanzada. 2 anterior, último: *of* ~ *years,* en estos últimos años; *the* ~ *administration,* el gobierno anterior. 3 difunto: *the* ~ *Mr. X,* el difunto señor X. 4 reciente. — 5 *adv.* tarde, hacia el fin de: *to grow* ~, hacerse tarde; ~ *in life,* a una edad avanzada; ~ *in the year,* hacia el fin del año; *as* ~ *as yesterday,* ayer mismo, ayer sin ir más lejos; *better* ~ *than never,* más vale tarde que nunca; *early or* ~, *soon or* ~, tarde o temprano; *too* ~, demasiado tarde. 6 hasta una hora avanzada. 7 recientemente. 8 *of* ~, últimamente, hace poco, de algún tiempo a esta parte.

late-comer *s.* el que llega tarde, retrasado. 2 recién llegado.

lateen (lætɪn) *adj.* MAR. ~ *sail,* vela latina; ~ *yard,* entena.

lately (lei·tli) *adv.* últimamente, recientemente, hace poco, poco ha; no ha mucho; modernamente.

latency (lei·tọnsi) *s.* estado latente.

lateness (lei·tnis) *s.* calidad de tardío, avanzado o reciente. 2 retraso, llegada tardía.

latent (lei·tọnt) *adj.* latente. 2 oculto, disimulado.

later (leitọ') *adj.* y *adv. comp.* de LATE: posterior, subsiguiente. 2 más tardío. 3 más reciente. 4 más tarde; luego, después: ~ *on,* más adelante; *sooner or* ~, más tarde o más temprano, tarde o temprano.

lateral (læ·tọral) *adj.* lateral, ladero.

laterally (læ·tọrali) *adv.* lateralmente.

Lateran (læ·tọran) *adj.* lateranense. — 2 *s.* San Juan de Letrán (basílica). 3 palacio de Letrán.

latescent (leite·sọnt) *adj.* que se va obscureciendo u ocultando.

latest (lei·tist) *adj.* y *adv. superl.* de LATE: más reciente, más nuevo, último: *the* ~ *fashion,* la última moda. 2 más tarde: *at the* ~, a más tardar.

latex (læ·tecs), *pl.* **latexes** (læ·tecsiŝ) o **latices** (læ·tisiŝ) *s.* BOT. látex.

lath (laz) *s.* CARP., ALBAÑ. listón, lata.

lath (to) *tr.* ALBAÑ. listonar, enlatar.

lathe (leid) *s.* MEC. torno [de tornear; de taladrar; de alfarero]: ~ *shavings,* torneaduras. 2 TEJ. batán [del telar].

lathe (to) *tr.* tornear.

lathe-drill *s.* MEC. torno de taladrar.

latheman (lei·dmæn), *pl.* **-men** (-men) *s.* tornero.

lather (læ·dọ') *s.* jabonadura, espuma de jabón. 2 espuma de sudor. 3 tornero.

lather (to) *tr.* enjabonar, jabonar [esp. para afeitar]. 2 fam. azotar, zurrar. — 3 *intr.* espumar, hacer espuma. 4 cubrirse de espuma [un caballo, etc.].

lathery (læ·dọri) *adj.* espumoso; cubierto de espuma.

lathing (læ·zing), **lathwork** (læ·zuọ'c) *s.* enlatado, enlistonado, listonado, obra o enrejado de listones.

lathy (læ·zi) *adj.* en forma de listón; largo y delgado como un listón.

laticiferous (lætisi·fọrọs) *adj.* BOT. laticífero.

latifundium (lætifọ·ndiọm), *pl.* **-dia** (-diæ) *s.* latifundio.

Latin (læ·tin) *adj.* latino: *Latin America,* América latina; *Latin Church,* Iglesia latina; *Latin Cross,* cruz latina; *Latin Quarter,* Barrio latino. — 2 *s.* latín [lengua]. 3 latino [pers.]: *Latin American,* latinoamericano, hispanoamericano.

Latin-American *adj.* latinoamericano, de la América latina.

Latinism (læ·tiniŝm) *s.* latinismo.

Latinist (læ·tinist) *s.* latinista.

Latinity (lati·niti) *s.* latinidad.

Latinize (to) (læ·tinaiŝ) *tr.* latinizar. — 2 *intr.* latinear, emplear latinismo.

latirostral (lætiro·stral) *adj.* ORNIT. latirrostro.

latish (lei·tish) *adj.* algo tardío, retrasado. — 2 *adv.* algo tarde.

latitude (læ·titiud) *s.* GEOGR., ASTRO. latitud. 2 latitud, extensión, amplitud. 3 libertad [de movimientos, de interpretación].

latitudinal (lætitiu·dinal) *adj.* latitudinal.

latitudinarian (lætitiudine·rian) *adj.* y *s.* latitudinario.

latitudinarianism (lætitiudine·rianiŝm) *s.* latitudinarismo.

Latium (læ·siọm) *n. pr.* GEOGR. HIST. Lacio.

latria (latrai·a) *s.* latría, culto de latría.

latrine (latrɪn) *s.* letrina.

latten (læ·tọn) *s.* latón u otro metal en láminas. 2 *pl.* láminas metálicas muy delgadas.

latter (læ·tọ') *adj.* más reciente, moderno. 2 último: *our* ~ *end,* nuestro fin último; *the* ~ *half,* la segunda o última mitad. 3 *the* ~, éste, esto, el segundo, este último [refiriéndose a la segunda de dos personas o cosas que se han mencionado].

latter-day *adj.* de nuestros días, moderno.

Latter-Day Saints (the) *s. pl.* los mormones.

latterly (læ·tọ'li) *adv.* últimamente, recientemente.

lattice (læ·tis) *s.* celosía, enrejado, rejilla. — 2 *adj.* de celosía o enrejado: ~ *bridge,* puente sostenido con vigas de enrejado; ~ *girder* o *truss,* viga de enrejado; ~ *window,* ventana con celosía; ventana de cristales pequeños con los plomos dispuestos como en un enrejado.

lattice (to) (læ·tis) tr. enrejar, poner celosías. 2 dar forma de enrejado o celosía.

latticework (læ·tiswø'c) s. enrejado, obra de enrejado o celosía. 2 MAR. enjaretado.

Latvia (læ·tvia) n. pr. GEOGR. Letonia.

laud (lɔd) s. alabanza, loor. 2 pl. LITURG. laudes.

laud (to) tr. loar, alabar, encomiar, elogiar.

laudability (lᵒdabi·liti) s. calidad de laudable.

laudable (lɔ·dabøl) adj. laudable, loable.

laudableness (lɔ·dabølnis) f. LAUDABILITY.

laudably (lɔ·dabli) adv. laudablemente.

laudanum (lɔ·danøm) s. láudano.

laudative (lɔ·dativ), **laudatory** (lɔ·datori) adj. laudatorio, encomiástico.

laugh (laf o læf) s. risa: loud ~, risotada, carcajada; to have o get the ~ of, to have the ~ on one's side, ser uno el que se ríe, poder reírse de [uno, etc.], porque se han vuelto las tornas; to turn off with a ~, hacer burla de [una cosa], tomarla a broma.

laugh (to) intr. reír, reírse: to ~ at, reírse de, burlarse de; to ~ at one to his face, reírse de uno en sus barbas; to ~ in one's sleeve, reír para sus adentros; to ~ on the wrong side of the mouth, pasar de la risa al llanto o al disgusto; he laughs best who laughs last, al freír será el reír; to ~ out, reírse a carcajadas. — 2 tr. expresar riendo. 3 to ~ away, echar a broma, ahogar en risas; pasar [el tiempo] riendo o bromeando. 4 to ~ down, hacer callar con risas o burlas; hacer abandonar [un proyecto, etc.] ridiculizándolo. 5 to ~ off, tomar a risa; quitar, hacer desaparecer [el embarazo, la cortedad, etc.] riendo o con una broma. 6 to ~ to scorn, reírse despreciativamente de; ridiculizar.

laughable (la·fabøl o læ·fabøl) adj. risible, ridículo, divertido.

laugher (la·fø' o læ·fø') s. reidor.

laughing (la·fing o læ·fing) adj. riente, risueño, reidor. 2 risible, que es para reírse: it's no ~ matter, no es cosa de risa. 3 ~ gas, gas hilarante. 4 ORNIT. ~ jackass, especie de martín pescador de Australia. 5 ORNIT. ~ owl, cierto mochuelo de Nueva Zelanda.

laughingly (la·fingli o læ·fingli) adv. riendo, con risa; con burla.

laughingstock (la·fing- o læ·fingstac) s. hazmerreír.

laughter (la·ftø' o læ·ftø') s. risa, hilaridad.

launch (lɔ·nch) s. MAR. lanzamiento, botadura [de una embarcación]. 2 MAR. lancha, chalupa.

launch (to) tr. lanzar, arrojar. 2 MAR. lanzar, botar, echar al agua [una embarcación]. 3 emprender, dar principio a, poner en marcha [un negocio, etc.] : to ~ an offensive, lanzar una ofensiva. 4 lanzar al mercado [un producto]. — 5 intr. lanzarse, arrojarse, meterse, engolfarse. 6 to ~ forth o out, salir, ponerse en marcha; to ~ forth on, emprender [un viaje, etc.]; acometer [una empresa].

launder (to) (lɔ·ndø') tr. e intr. lavar y planchar [la ropa]. 2 (EE. UU.) lavar [automóviles].

launderer (lɔ·ndørø') s. lavandero.

laundress (lɔ·ndris) s. lavandera.

laundry (lɔ·ndri), pl. -dries (dris) s. lavadero [cuarto donde se lava la ropa]. 2 lavandería [establecimiento de lavar ropa]. 3 lavado [de la ropa]. 4 ropa lavada o para lavar.

laundry (to) tr. e intr. (EE. UU.) TO LAUNDER.

laundryman (lɔ·ndrimæn), pl. -men (-men) s. lavandero.

laundrywoman (lɔ·ndriwumæn), pl. -women (-uimin) s. lavandera.

Laura (lɔ·ra) n. pr. Laura.

Lauraceæ (lɔrei·sii) s. pl. BOT. lauráceas.

lauraceous (lɔrei·shøs) adj. BOT. lauráceo.

laureate (lɔ·rieit o lɔ·riit) adj. laureado. 2 láureo. — 3 s. poeta laureado.

laureate (to) tr. laurear.

laureateship (lɔ·reitship) s. calidad de poeta laureado.

laurel (lɔ·røl) s. BOT. laurel. 2 laurel, lauro [corona, gloria, distinción].

laurelled (lɔ·røld) adj. laureado. 2 adornado con laurel.

Laurence (lɔ·røns) n. pr. Lorenzo.

Laurentian (lɔre·nshian) s. y adj. GEOL. laurentino.

lauric (lɔ·ric) adj. QUÍM. láurico.

Laurie (lɔ·ri) n. pr. dim. de LAURENCE.

laurustine (lɔ·røstin), **laurustinus** (lɔrøstai·nøs) s. BOT. durillo, viburno.

lava (la·va) s. lava [de volcán].

lavabo (lævei·bo) s. lavabo [mueble]. 2 LITURG. lavabo [oración].

lavation (lave·shøn) s. lavadura, lavamiento, lavatorio.

lavatory (læ·vatori) s. lavabo [cuarto; pila con grifo]; lavamanos; retrete. 2 LITURG. lavatorio, lavabo. 3 lavadero [de arenas auríferas]. — 4 adj. de lavado.

lave (to) (leiv) tr. poét. lavar, bañar. 2 sacar, verter [con cazo, etc.]. — 3 intr. bañarse.

lavement (lei·vmønt) s. lavado, baño. 2 lavativa, enema.

lavender (læ·vendø') s. BOT. lavándula, espliego, alhucema. 2 color de la flor de lavándula. — 3 adj. de lavándula: ~ water, agua de lavándula. 4 del color de la flor de lavándula.

laver (lei·vø') s. ant. aguamanil, jofaina. 2 BOT. alga comestible.

lavish (læ·vish) adj. pródigo, dadivoso; despilfarrado. 2 abundante, copioso, profuso.

lavish (to) tr. prodigar [dar, conceder, dispensar con profusión]. 2 disipar, despilfarrar.

lavisher (læ·vishø') s. pródigo [que da o dispensa con profusión]. 2 malgastador.

lavishly (læ·vishli) adv. pródigamente; despilfarradamente. 2 copiosamente, profusamente.

lavishment (læ·vishmønt), **lavishness** (læ·vishnis) s. prodigalidad, profusión, derroche, despilfarro.

law (lɔ·) s. ley, regla, precepto, norma: to be a ~ unto oneself, ser uno su propio juez, prescindir de las normas establecidas, hacer uno lo que le da la gana; to give the ~, imponer su voluntad a; to lay down the ~, hablar dogmáticamente, dictar la ley a los demás. 2 ley [de Dios, de la naturaleza]. 3 CIENCIA ley: ~ of gravitation, ley de la gravitación: laws of motion, leyes del movimiento. 4 derecho, jurisprudencia: to read ~, estudiar derecho [en el bufete de un abogado]. 5 ley, derecho [conjunto de leyes]; código, estatuto, legislación, fuero: ~ merchant, commercial ~, derecho mercantil, código de comercio; civil ~, derecho civil; common ~, derecho común, jurisprudencia [sentencias]; insurance ~, legislación de seguros; international ~, ~ of nations, derecho internacional, derecho de gentes; maritime ~, derecho marítimo, código marítimo; roman ~, derecho romano; according to ~, según derecho, conforme a la ley; in point of ~, desde el punto de vista legal. 6 foro, abogacía: to enter the ~, hacerse abogado. 7 justicia, administración de la justicia, acción de la ley: to take the ~ into one's own hands, tomarse uno la justicia por su mano; to take, o have, the ~ of, llevar [a uno] a los tribunales. 8 BIB. the ~, the ~ of Moses, la ley, la ley de Moisés. — 9 adj. de la ley, de derecho; de justicia o de su administración: ~ day, día en que están abiertos los tribunales; ~ court, tribunal de justicia; ~ lord, miembro de la Cámara de los lores capacitado para tomar parte en sus funciones judiciales; ~ school, escuela de derecho; ~ student, estudiante de derecho.

law-abiding adj. observante de la ley.

lawbreaker (lɔ·breikᵃ') s. transgresor, infractor o violador de la ley.

lawful (lɔ·ful) adj. legal, legítimo. 2 establecido por la ley, conforme a la ley, según derecho. 3 justo, válido; lícito, permitido. 4 DER. hábil [día]. 5 ~ age, mayoría de edad.

lawfully (lɔ·fulj) adv. legalmente, legítimamente, lícitamente.

lawfulness (lɔ·fulnis) s. legalidad, legitimidad, licitud.

lawgiver (lɔ·guivø') s. legislador.

lawgiving (lɔ·guiving) adj. legislador, legislativo.

lawless (lɔ·lis) adj. sin ley. 2 ilegal, ilícito. 3 desenfrenado, revoltoso, licencioso, desordenado, de mal vivir.

lawlessly (lɔ·lisli) adv. ilegalmente. 2 desenfrenadamente.

lawlessness (lɔ·lisnis) s. ilegalidad. 2 desobediencia, desenfreno, desorden.

lawmaker (lɔ·meikø') s. legislador.

lawn (lɔn) s. césped [terreno cubierto de], prado: ~ mower, cortadora de césped; ~ sprinkler, es-

pecie de surtidor giratorio para regar el césped;
~ *tennis*, lawn tenis, tenis; campo para este
juego. 2 linón. 3 fig. dignidad de obispo [anglicano]; episcopado [anglicano]. 4 cedazo muy
fino.
lawny (lo·ni) *adj.* de césped; parecido al césped.
2 de linón; parecido al linón o vestido de él.
3 fig. de obispo.
Lawrence (lo·røns) *n. pr.* Lorenzo.
Lawrie (lo·ri) *n. pr.* dim. de LAWRENCE.
lawsuit (lo·siut) *s.* DER. proceso, pleito, litigio,
acción.
lawyer (lo·yø·) *s.* letrado, abogado, jurista, jurisconsulto, procurador, hombre de leyes: *lawyer's
office*, bufete.
lax (læcs) *adj.* laxo, relajado, flojo, suelto. 2 suelto de vientre. 3 poco rígido o riguroso. 4 flojo, negligente. 5 vago, impreciso, poco exacto.
laxation (læcse·shøn) *s.* laxación, laxamiento.
laxative (læ·csativ) *adj.* y *s.* laxativo, laxante.
laxativennes (læ·csativnis) *s.* propiedad laxante.
laxism (læ·csĭsm) *s.* laxismo.
laxist (læ·csist) *s.* laxista.
laxity (læ·csiti) *s.* laxidad, laxitud, flojedad. 2 relajación, relajamiento. 3 negligencia, descuido.
4 falta de exactitud o precisión.
laxly (læ·csli) *adv.* flojamente, sueltamente.
laxness (læ·csnis) *s.* LAXITY.
1) **lay** (lei) *pret.* de TO LIE [yacer, estar acostado, situado, etc.].
2) **lay** *adj.* laico, lego, secular, seglar; ~ *brother*,
converso; ~ *clerk*, cantor de una catedral o colegiata; sacristán [en la Iglesia anglicana]; ~
sister, lega. 2 lego, profano, no profesional. 3
MAR. ~ *days*, estadía. 4 ~ *figure*, maniquí articulado; fig. maniquí, persona manejada por otros;
personaje sin carácter [en una novela, etc.]. 5
~ *lord*, miembro de la Cámara de los lores que
no toma parte en las funciones judiciales de
ésta. 6 TEJ. ~ *race*, carrera o curso de la lanzadera.
7 *s.* disposición, situación, orientación, caída,
inclinación; sesgo, cariz: ~ *of the land*, configuración y orientación del terreno; fig. estado
de las cosas, cariz que van tomando. 8 grado de
torsión de una cuerda o cable. 9 batán o marco
[de telar]. 10 pop. campo de operaciones; género de actividad, ocupación. 11 (EE. UU.) participación en los beneficios que se da en substitución del salario [esp. en los buques balleneros
y cazadores de focas]. 12 LIT. lay, balada,
canción. 13 LEA 2.
lay (to) *tr.* derribar, tumbar, postrar. 2 acamar
[las mieses]. 3 poner, depositar, dejar. 4 fig. enterrar. 5 poner, colocar, instalar. 6 tender [un
cable, una vía férrea, etc.]. 7 echar [los cimientos]. 8 poner o dejar [en cierto estado, situación,
etc.]: *to* ~ *a land fallow*, dejar una tierra en
barbecho; *to* ~ *under the necessity*, poner en
la necesidad, obligar. 9 acostar, tender. 10 extender, aplicar [sobre una superficie]; superponer. 11 cubrir, tapizar, guarnecer [la superficie de]. 12 disponer, trazar [un plan, etc.];
urdir [una conspiración, etc.]. 13 poner [la
mesa]. 14 poner [huevos]. 15 imponer [cargas,
castigos, etc.], 16 apostar [dinero, etc.]. 17 calmar, aquietar, sosegar, hacer desaparecer: *to*
~ *one's fears*, ahuyentar los temores de;
to ~ *the sea*, aquietar el mar, las olas, 18 poner
[fuerza, intención, confianza, etc.]: *to* ~ *one's
hopes on*, poner uno sus esperanzas en; *to* ~
stress on, insistir, hacer hincapié en. 19 echar
[la culpa], achacar, atribuir, imputar: *to* ~
[*something*] *to one's charge, to* ~ [*something*]
at, o to, one's door, echar a uno la culpa de algo,
achacárselo. 20 presentar, exponer, [hechos,
cuestiones, etc.]. 21 situar [la escena de una
novela: *the scene of the tale is laid in Venice*,
la escena del cuento está en Venecia. 22 torcer
[cabos] para hacer una cuerda, etc.; hacer [una
cuerda, cables, etc.]. 23 MAR. alejarse de, perder
de vista. 24 AGR. reproducir por acodo. 25 ARTILL.
apuntar [un cañón]. 26 *to* ~ *aside*, poner a un
lado o aparte; desechar; dejar, abandonar,
arrinconar; guardar, reservar, ahorrar. 27 *to* ~
a ghost, hacer huir a un fantasma o aparecido,
hacerle volver a su tumba. 28 *to* ~ *at*, atacar,
acometer. 29 *to* ~ *a wager*, apostar, hacer una
apuesta. 30 *to* ~ *away*, apartar; desechar; guar-

dar. 31 *to* ~ *bare*, desnudar; descubrir, poner
al descubierto; revelar. 32 *to* ~ *by*, poner a
un lado; desechar, deponer; guardar, ahorrar.
33 *to* ~ *by the heels*, aherrojar, aprisionar; hacer
caer, derribar, echar al suelo. 34 *to* ~ *claim to*,
reclamar, pretender, afirmar uno sus derechos a.
35 *to* ~ *down*, acostar, derribar; entregar; dejar,
abandonar; dimitir [un cargo]; pagar o apostar
[dinero]; trazar [un plan]; urdir una [conspiración]; trazar, delinear, proyectar; trazar,
empezar a construir [una línea férrea, un buque,
etc.]; formular, establecer [una regla o principio]; almacenar [vino] en una bodega. 36 *to*
~ *down the law*, hablar dogmáticamente, dictar
la ley a los demás. 37 *to* ~ *eyes on*, echar la vista
encima, ver. 38 *to* ~ *hands on*, poner las manos
encima a; tomar, coger; prender; ECL. imponer
las manos; *to* ~ *hands on oneself*, suicidarse.
39 *to* ~ *heads together*, conferenciar, consultarse.
40 *to* ~ *hold of*, asir, agarrar, coger; hacerse
cargo de. 41 *to* ~ *in*, hacer provisión de; almacenar, guardar; PINT. abocetar, bosquejar. 42 *to*
~ *it on thick, to* ~ *it on with a trowel*, adular,
lisonjear en exceso, descaradamente. 43 *to* ~
level, allanar, igualar; destruir, arrasar. 44 *to*
~ *low*, derribar, echar al suelo; matar. 45 *to* ~
off, trazar, marcar, señalar las medidas de; despedir [a un obrero]; dejar [el trabajo]; MAR.
alejar [el buque] de la costa, de otro buque,
etc. 46 *to* ~ *on*, descargar [golpes]; pegar, atacar a; imponer [tributos, castigos, etc.]; aplicar, extender, dar [pintura, etc.]; echar cobrar
[carnes]; instalar, distribuir [agua, gas, electricidad]. 47 *to* ~ *oneself out*, fam. esforzarse,
hacer un gran esfuerzo. 48 *to* ~ *open*, exponer
[a un riesgo, etc.]; descubrir, revelar. 49 *to* ~
out, extender, desplegar; disponer, arreglar,
trazar, proyectar; amortajar; exhibir, mostrar,
exponer; gastar, desembolsar, invertir [dinero];
pop. aturdir de un golpe, matar. 50 *to* ~ *out
at interest*, poner a rédito, prestar a rédito. 51 *to*
~ *over*, cubrir, dar una capa; extender sobre;
aplazar; exceder. 52 *to* ~ *siege to*, poner sitio a,
asediar. 53 *to* ~ *the dust*, asentar el polvo regándolo. 54 MAR. *to* ~ *to*, poner al pairo. 55 *to* ~
to heart, sentir mucho, tomar a pechos. 56 *to* ~
to rest, enterrar. 57 *to* ~ *up*, guardar, amontonar, juntar, almacenar; obligar a guardar cama,
encerrar; desarmar, desaparejar [un buque]. 58
to ~ *waste*, asolar, devastar.
59 *intr.* poner [las gallinas]. 60 apostar [hacer
una apuesta] 61 aplicarse vigorosamente; *to* ~
to one's oars, remar vigorosamente. 62 MAR. situarse, colocarse. 63 *to* ~ *about*, dar golpes o
palos en todas direcciones. 64 *to* ~ *by*, TO LAY TO.
65 fam. *to* ~ *for*, acechar. 66 *to* ~ *on*, virar
hacia. 67 fam. *to* ~ *out for*, buscar, esforzarse
por obtener. 68 fam. (EE. UU.) *to* ~ *over*, detenerse [en un viaje]. 69 MAR. *to* ~ *to*, estar a la
capa, estar al pairo.
¶ CONJUG. pret. y p. p.: *laid*.
layer (lei·ø·) *s.* colocador, instalador. 2 gallina ponedora. 3 capa, lecho, tongada, estrato. 4 ALBAÑ.
hilada, tendel. 5 AGR. acodo [vástago acodado].
6 tina de curtir. 7 torno de cordelero.
layer (to) *tr.* cubrir de una capa o tongada. 2 AGR.
acodar. — 3 *intr.* acamarse [las mieses]
layerage (lei·øridy) *s.* AGR. acodadura.
layette (leiye·t) *s.* canastilla [de recién nacido].
laying (lei·ing) *s.* colocación, instalación. 2 tendido [de un cable, etc.]. 3 primera capa [de un
enlucido o de un enyesado]. 4 (Ing.) ostrero,
criadero de ostras. 5 estrato. 6 postura [de huevos. 7 ~ *on of hands*, imposición de manos. —
8 *adj.* situado. 9 MAR. anclado. 10 de hacer cuerdas: ~ *top*, galapo; ~ *walk*, atarazana, cordelería.
layman (lei·mæn) *pl.*, **-men** (-men) *s.* lego, laico,
seglar. 2 lego, profano [en una materia].
layoff (lei·of) *s.* despido [de un obrero, etc.].
layout (lei·aut) *s.* planeamiento, arreglo, disposición, plan, esquema. 2 equipo [de útiles, aparatos, etc.]. 3 lo que está dispuesto sobre una
mesa, etc.
layover (lei·ovø·) *s.* parada o detención [en un
viaje].
laystall (lei·stol) *s.* estercolero, muladar.
lazar (lei·šar) *s.* apestado. 2 leproso, lazarino.

lazaret (læˑšaret), **lazaretto** (læšare tou) s. lazareto. 2 leprosería. 3 MAR. pañol.

Lazarist (læˑšarist) s. lazarista.

Lazarus (læˑšarøs) n. pr. Lázaro.

laze (to) (leiˑš) intr. holgazanear, estar ocioso. — — 2 tr. to ∼ away, pasar [un tiempo] sin hacer nada, holgazaneando.

lazier (leiˑšiø') adj. comp. de LAZY.

laziest (leiˑšiest) adj. superl. de LAZY.

lazily (leiˑšili) adv. perezosamente, lentamente. 2 en la ociosidad.

laziness (leiˑšinis) s. pereza, holgazanería, indolencia, ociosidad.

lazuli (læˑšiuli) s. lapislázuli.

lazulite (læˑšiulait) s. MINER. lazulita.

lazy (leiˑši) adj. perezoso, holgazán, haragán, gandul, indolente, ocioso. 2 lento, pesado.

lea (li) s. pasto, prado. 2 TEJ. medida variable de longitud para el hilado.

leach (liˑch) s. cenizas de lejía. 2 colada [de la ropa] : ∼ tub, cubo de la colada. 3 lixiviación.

leach (to) tr. colar [la ropa]. 2 lixiviar.

leachy (liˑchi) adj. permeable, poroso.

1) **lead** (led) s. plomo [metal; objeto de plomo]. 2 MAR. plomada, sonda; to heave the ∼, echar la sonda. 3 IMPR. interlínea, regleta. 4 plomo, balas, proyectiles. 5 MINER. grafito, plombagina. 6 mina [del lápiz]. 7 pl. emplomaduras [de las vidrieras]. — 8 adj. de plomo, de grafito : ∼ acetate, acetato de plomo; ∼ line, sondaleza; ∼ ocher, masicote; ∼ pencil, lápiz plomo; ∼ poisoning, saturnismo, intoxicación con sales de plomo; ∼ roofing, plomería, plomo para techados.

2) **lead** (lid) s. primacía, primer lugar. 2 dirección, mando, guía. 3 delantera, ventaja: to have the ∼, llevar la delantera, ir en cabeza [en una carrera o regata] ; a ∼ of half a second, medio segundo de ventaja. 4 ejemplo [lo que uno hace para animar a otros a que hagan lo mismo]. 5 acción o indicación con que se guía a otro o se le sugiere algo. 6 breve sumario con que se encabeza un artículo de periódico. 7 mano, salida [en el juego] ; palo o ficha que juega el que sale. 8 MEC., ELECTR. avance. 9 TEAT. primer papel; primer actor, primera actriz. 10 trailla, correa [para llevar atado un perro]. 11 ELECTR. conductor aislado; conductor o hilo de entrada. 12 saetín [de molino]. 13 canal o pasadizo libre [entre masas de hielo flotante]. 14 MIN. filón, veta. 15 BOX. primer golpe. 16 MÚS. guía.

1) **lead (to)** (led) tr. emplomar, forrar o guarnecer de plomo: to ∼ in o up, asegurar con plomos [los vidrios de una vidriera]. 2 IMPR. interlinear, regletear. ¶ CONJUG. pret. y p. p.: leaded.

2) **lead (to)** (lid) tr. llevar [de la mano o por otro medio] : to ∼ by the nose, fig. tener [a uno] agarrado por las narices, manejarle uno a su gusto. 2 llevar, conducir, guiar; mover, impulsar; inducir, atraer: to ∼ to the altar, llevar al altar; to ∼ to error, inducir a error. 3 guiar, aconsejar, instruir. 4 dirigir, llevar la batuta; acaudillar. 5 hacer pasar [una cosa inanimada, como una cuerda por una polea]. 6 conducir [agua, vapor, etc., por un conducto]. 7 llevar [un género de vida] : to ∼ a quiet life, llevar una vida tranquila. 8 ir delante de, ir a la cabeza de; ser el primero, sobresalir entre. 9 sacar, imponer [la moda]. 10 salir [de un palo o ficha en los naipes o el dominó]. 11 to ∼ astray, descarriar, seducir. 12 to ∼ into, introducir en. 13 to ∼ off, iniciar, abrir [el baile, etc.]. 14 to ∼ on, incitar a proseguir, a ir más allá de lo que uno se proponía. 15 to ∼ one a dance, dar a uno mucho que hacer [el lograr lo que persigue]. 16 to ∼ one a life, dar mala vida, molestar continuamente a uno. 17 to ∼ out, sacar a bailar; TO LEAD OFF. 18 to ∼ the way, ir delante, mostrar el camino.

19 intr. mandar en jefe, conducir, guiar, dirigir. 20 ser el primero; sobresalir. 21 ir delante, llevar la delantera. 22 ser mano, salir [en el juego]. 23 conducir, llevar [ser camino de; ser lo que lleva a]. 24 dar, salir [una puerta, un pasadizo]. 25 ser fácil de conducir o guiar [una bestia]. 26 BOX. pasar al ataque. 27 DEP. to ∼ off, empezar a tomar la delantera [en una carrera]. 28 to ∼ up to. conducir o llevar a; llevar la conversación a. ¶ CONJUG. pret. y p. p. led.

lead-clad (led) adj. cubierto de plomo [techo].

lead-coloured (led) adj. plomizo, de color de plomo.

leaded (leˑdid) adj. emplomado, guarnecido de plomo.

leaden (leˑdøn) adj. de plomo. 2 plomizo, plomoso, plúmbeo. 3 pesado, lento. 4 cargado [de sueño, etc.]. 5 triste.

leaden-eyed adj. soñoliento, de ojos soñolientos.

leaden-footed adj. lento, tardo.

leaden-hearted adj. insensible, empedernido.

leaden-heeled adj. lento, tardo.

leaden-pated, leaden-skulled adj. tonto, estúpido.

leader (liˑdø') s. conductor, guía. 2 jefe, caudillo, adalid, capitán, cabecilla. 3 jefe [de un partido o secta]. 4 MÚS. director [de orquesta]. 5 MÚS. concertino, primer violín, primer cornetín, etc. 6 el que va delante. 7 guía, caballo delantero. 8 pregunta u observación que induce a dar una respuesta determinada. 9 ALBAÑ. condutal, canal, tubo de bajada. 10 parte más fina del sedal, gralte. hecha de tripa. 11 editorial. artículo de fondo. 12 MEC. rueda motriz. 13 MEC. guía. 14 guía [de un árbol o planta]. 15 MIN. guía, pequeño filón. 16 COM. artículo que se vende barato para atraer a los compradores. 17 pl. IMPR. línea de puntos o rayas para guiar la vista.

leaderette (liˑdøret) s. (Ingl.) breve editorial [en un periódico].

leaderless (liˑdø'lis) adj. sin guía o jefe.

leadership (liˑdø'ship) s. dirección, jefatura, caudillaje. 2 dotes de mando.

lead-in (lidˑin) adj. ELECT. de toma o entrada [en un aparato]. — 2 s. ELECT., RADIO. hilo o conductor de entrada; bajada de antena, hilo de conexión de la antena con el receptor.

1) **leading** (leˑding) s. objetos de plomo. 2 IMPR. interlineación.

2) **leading** (liˑding) adj. que va delante; que guía o conduce; director, motor: ∼ edge, AVIA. borde de ataque; ∼ question, pregunta que sugiere la respuesta; ∼ strings, andadores; ∼ wheels, ruedas delanteras [de locomotora]. 2 principal, primero, sobresaliente, capital, el más importante: ∼ article, editorial, artículo de fondo. 3 TEAT. ∼ lady, ∼ man, segunda actriz, segundo actor. — 4 s. guía, conducción, dirección.

leadsman (leˑdšmæn) pl., **-men** (-men) s. MAR. sondeador.

leadwort (leˑduø't) s. BOT. belesa.

leady (leˑdi) adj. plomizo.

leaf (lif) pl. **leaves** (livš) s. BOT. hoja; pétalo. 2 hoja [de libro, puerta, ventana, etc.] : to take a ∼ out of a person's book, imitar a uno, seguir su ejemplo; to turn over a new ∼, mudar de vida, enmendarse; turn the ∼, over the ∼, la vuelta [como indicación en un libro, etc.]. 3 ala [de mesa] ; tabla supletoria [para alargar una mesa]. 4 pala [de bisagra]. 5 tramo [de un puente de báscula]. 6 hoja [lámina delgada] : ∼ of gold, pan de oro. — 7 adj. de hoja, en hojas: ∼ bud, yema, botón; ∼ gold, oro en hojas; ∼ sheath, vaina [de hoja].

leaf (to) intr. BOT. echar hojas. — 2 tr. to ∼ through, hojear [un libro].

leafage (liˑfidy) s. follaje, frondas.

leafed (liˑft) adj. que tiene hojas; que las tiene de cierto modo, en cierto número: broad-leafed, de hojas anchas; three-leafed, de tres hojas.

leafier (liˑfiø') adj. comp. de LEAFY.

leafiest (liˑfiest) adj. superl. de LEAFY.

leafless (liˑflis) adj. BOT. afilo, sin hojas.

leaflet (liˑflit) s. hojita, hojuela. 2 BOT. folíolo 3 hoja impresa, papel volante.

leafstalk (liˑfstok) s. BOT. pecíolo, rabillo de hoja

leafy (liˑfi) adj. frondoso. 2 hojoso, hojudo. 3 de hojas. 4 de hojas anchas.

league (lig) s. liga, unión, alianza, confederación : League of Nations, Sociedad de las Naciones; in ∼ with, aliado con. 2 legua [unas tres millas].

league (to) tr. ligar, unir, confederar. — 2 intr. ligarse, unirse, aliarse, confederarse.

leagued (ligd) adj. ligado, coligado, confederado.

leaguer (liˑgø') s. miembro de una liga. 2 HIST. real [de un ejército, esp. de un ejército sitiador].

Leah (liˑø) n. pr. f. BIB. Lía.

leak (lic) s. escape, fuga, salida [de un líquido o gas]. 2 ELECT. pérdida [de corriente]; resistencia de escape. 3 goteo, filtración [de un líquido]. 4 filtración [de dinero, noticias, etc.]. 5 grieta, raja, etc. [por donde se sale o escapa el fluído

de un receptáculo]; gotera [en el techo]. 6
MAR. agua, vía de agua. 7 *to spring* ~, tener
un escape [un recipiente, una cañería]; empezar a gotear [un techo]; MAR. empezar a hacer
agua.
leak (to) *intr.* no cerrar bien, no ser estanco, salirse, tener escapes o pérdidas [un recipiente,
tubería, etc.]; hacer agua [un buque]. 2 salirse,
escapar, perderse [un fluido]. 3 gotear [un techo, o el agua por las goteras de un techo]. 4
filtrarse [dinero, noticias]. 5 *to ~ in*. infiltrarse.
6 *to ~ out*, filtrarse, trascender [lo oculto o
secreto]. — 7 *tr.* dejar escapar [agua, gas, etc.].
leakage (lɪˈkidȳ) *s.* goteo, derrame, fuga, escape,
filtración. 2 ELECT. pérdida [de corriente]; dispersión. 3 COM. pérdida, merma, derrame [avería].
leakier (lɪˈkiø') *adj. comp.* de LEAKY.
leakiest (lɪˈkiest) *adj. superl.* de LEAKY.
leaky (lɪˈki) *adj.* resquebrajado, que se sale, que
tiene fugas o escapes, que hace agua. 2 llovedizo,
con goteras [techo]. 3 ELECT. que pierde corriente. 4 *fam.* hablador, indiscreto [persona].
leal (lɪ øl) (Esc.) leal, honrado : *the land of the* ~,
la mansión de los bienaventurados, la gloria.
lean (lɪn) *adj.* delgado, flaco, enjuto, cenceño,
seco. 2 magro. 3 pobre, escaso; deficiente [en
alguna cualidad o componente esencial] : ~ *clay*,
arcilla de poca plasticidad; ~ *coal*, carbón pobre en materias volátiles; ~ *crop*, cosecha pobre, escasa; ~ *lime*, cal que no se apaga bien;
~ *mortar*, mortero pobre en cemento; ~ *ore*,
mena pobre en mineral. 4 estéril, improductivo.
5 de carestía, de escasez, de hambre : ~ *years*,
años de carestía. — 6 *s.* carne magra o mollar.
7 inclinación, disposición, propensión.
lean (to) *intr.* apoyarse, reclinarse, recostarse :
to ~ back, retreparse; *to ~ on o upon*, apoyarse en, buscar apoyo en. 2 inclinarse, ladearse,
torcerse, estar inclinado o ladeado. 3 inclinarse
[en opinión, deseo, etc.]. — 4 *tr.* apoyar, recostar, reclinar, descansar.
Leander (læˈndø') *n. pr.* Leandro.
leaning (lɪˈning) *adj.* apoyado, reclinado. 2 inclinado, ladeado : ~ *tower*, torre inclinada. 3 inclinado [en opinión, deseo, etc.]. — 4 *s.* inclinación,
ladeo. 5 inclinación, propensión, tendencia, preferencia.
leanly (lɪˈnli) *adv.* flacamente, pobremente.
leanness (lɪˈnnis) *s.* delgadez, flacura, magrura. 2
pobreza, escasez, esterilidad.
lean-to (lɪˈntu) *adj.* de una sola vertiente [te-
jado]. — 2 *s.* ARQ. ala o extensión de un edificio, más baja que el cuerpo principal de éste
y con tejado de una sola vertiente. 3 alpende, cobertizo.
lean-witted *adj.* necio, tonto.
leap (lɪp) *s.* salto, brinco; cabriola, zapateta :
a ~ in the dark, un salto en el vacío; *by leaps
and bounds*, a pasos agigantados, rápidamente.
— 2 *adj.* de salto; bisiesto, intercalar : ~ *day*, día
intercalar; ~ *year*. año bisiesto o intercalar.
leap (to) *intr.* saltar, brincar, dar un salto o
brinco. 2 brotar, salir con ímpetu. 3 saltar [de
un tema, etc., a otro]. 4 latir fuertemente [el
corazón, etc.]. — 5 *tr.* saltar [salvar de un salto].
6 hacer saltar. 7 cubrir [el macho a la hem-
bra]. ¶ CONJUG. pret. y p. p. : *leaped* o *leapt*.
leaper (lɪˈpø') *s.* saltador, brincador.
leapfrog (lɪˈpfrag) *s.* fil derecho, salto [juego].
leapingly (lɪˈpingli) *adv.* saltando, a brincos.
learn (to) (lǿn) *tr.* e *intr.* aprender, instruirse.
2 *tr.* enterarse de, tener noticia de, oír decir;
informarse de, averiguar. 3 *vulg.* enseñar. ¶
CONJUG. pret. y p. p. : *learned* o *learnt*.
learnable (lǿˈnabøl) *adj.* que puede aprenderse.
learned (lǿˈnid) *adj.* ilustrado, docto, sabio, erudito, versado : *the* ~, los ilustrados, los doctos,
los sabios.
learnedly (lǿˈnidli) *adv.* ilustradamente, doctamente, eruditamente.
learner (lǿˈnø') *s.* aprendiz, principiante. 2 estudiante, estudioso.
learning (lǿˈning) *s.* instrucción, ilustración, saber, ciencia, erudición. 2 aprendizaje, estudio.
learnt (lǿˈnt) *pret.* y *p. p.* de TO LEARN.
lease (lɪs) *s.* arriendo, arrendamiento, locación censo. 2 contrato de arrendamiento. 3 TEJ. paso,
cruce : ~ *rods*, varillas del telar.
lease (to) *tr.* arrendar, dar o tomar en arriendo.

leasehold (lɪˈsjould) *s.* tenencia en arriendo; foro.
2 finca arrendada. — 3 *adj.* arrendado.
leaseholder (lɪˈjouldø') *s.* arrendatario [de una
finca].
leash (lɪsh) *s.* traílla, correa. 2 pihuela. 3 par y
medio; tres : *a ~ of hares*, tres liebres. 4 TEJ.
lizo.
leash (to) *tr.* atraillar, atar.
least (lɪst) *adj. super.* de LITTLE. 2 mínimo, menor,
más pequeño o insignificante : ~ *common multiple*, mínimo común múltiplo; *the ~ space*, el
menor espacio. — 3 *s. the* ~, lo más pequeño,
lo menos : *the ~ you can do*, lo menos que puede usted hacer; *to say the* ~, por no decir cosa
peor; *at* ~, *at the* ~, al menos, a lo menos. por
lo menos, cuando menos; *in* ~, *in the* ~, en el
menor grado, en lo menos; *not in the* ~, de
ningún modo. — 4 *adv.* en el menor grado.
leastways (lɪˈstueiš), **leastwise** (-uaiš) *adv.* al menos, por lo menos.
leat (lɪt) *s.* (Ingl.) caz, saetín [de molino].
leather (leˈđø') *s.* cuero, piel [curtida] : *fair* ~,
cuero sin teñir; *patent* ~ charol; *Spanish* ~,
cordobán; ~ *wash* ~, gamuza. 2 *fam.* pellejo [de
pers.]. 3 objeto de cuero : pelota, balón, rienda;
suela [de taco de billar]. 4 color de cuero. —
5 *adj.* de cuero, en cuero : ~ *apron*, mandil [de
cuero]; ~ *bag*, bolsa o zurrón de cuero; ~ *belt*,
correa [de transmisión, etc.]; ~ *cutter*, vendedor de curtidos al por menor; ~ *dresser*,
curtidor; ~ *strap*, correa; ~ *turtle*, ZOOL. laúd
[tortuga]. 6 ~ *lake*, color de hoja seca.
leather (to) *tr.* forrar o guarnecer de cuero. 2 hacer cuero; dar apariencia de cuero. 3 *fam.* pegar, zurrar.
leatherback (leˈđø'bæc) *s.* ZOOL. laúd [tortuga].
leather-bound *adj.* encuadernado en piel.
leatherette (leđøreˈt) *s.* papel o tela que imita el
cuero.
leatherhead (leˈđø'jed) *s.* ORNIT. frailecico. 2 *fam.*
tonto, zopenco.
leathering (leˈđøring) *s.* acción de forrar o guarnecer de cuero. 2 forro, cubierta o guarnición
de cuero. 3 zurra, tunda.
leathern (leˈđø'n) *adj.* de cuero, vacarí. 2 coriáceo, que parece de cuero.
leatheroid (leˈđoroid) *s.* cuero artificial.
leathery (leˈđøri) *adj.* coriáceo, correoso.
leave (lɪv) *s.* licencia, permiso, venia : ~ *of absence*,
licencia, permiso [a un militar o funcionario];
to give ~, dar licencia o permiso, permitir; *by
your* ~, *with your* ~, con su permiso o con el
permiso de usted; *on* ~, con licencia o permiso [dicho de un militar o funcionario];
without a «by your ~», o «*with your* ~», sin pedirlo siquiera. 2 despedida : *to take* ~, despedirse; *to take French* ~, despedirse a la francesa; *to take* ~ *of one's senses*, fig. volverse
loco.
1) **leave (to)** *tr.* dejar [no tocar, no ocuparse de,
etc.]. 2 dejar [algo tras de sí, hacer que quede
algo]; dejar [en un lugar, estado, situación
etc.] : *to ~ alone*, dejar estar, dejar en paz,
dejar quieto, no meterse con, no menealIo; dejar
solo [a uno]; *to ~ behind*, dejar atrás; dejar,
dejar tras de sí; dejarse olvidado; *to ~ in the
cold*, o *out in the cold*, abandonar, desamparar;
to ~ in the dark, dejar a oscuras; *to ~ in the
lurch*, dejar en la estacada, abandonar [a uno]
en un apuro; *to ~ no stone unturned*, no dejar piedra por mover; *to ~ one's card*, dejar
tarjeta; *to ~ out*, dejar fuera, omitir; *to ~
undone*, dejar por hacer, dejar sin terminar;
to ~ word, dejar dicho, dejar recado; *leave it
at that*, fam. déjelo así, no hablemos más de
ello; *this leaves much to be desired*, esto deja
mucho que desear. 3 dejar, abandonar, separarse de, salir de : *to ~ the country*, abandonar el
país; *to ~ the room*, salir de la habitación. 4 dejar de, cesar de. 5 dejar [al morir]; legar : *to
~ issue*, dejar sucesión. 6 ARIT. ir [en la resta] :
four from five leaves one, de cuatro a cinco va
uno. 7 *to ~ off*, dejar de [hacer una cosa];
dejar, abandonar [el trabajo, un hábito]; dejar
de usar [una prenda].
intr. 8 partir, salir, irse, marcharse [una persona, un tren, un buque, etc.]. 9 acabar, cesar.
10 *to ~ off*, cesar, desistir.
¶ CONJUG. pret. y p. p. : *left*.

2) **leave (to)** *intr.* echar hojas [las plantas]. ¶ CONJUG. pret y p. p. : *leaved.*

leaved (lĭˑvd) *adj.* BOT. que tiene [tales o tantas] hojas : *entire-leaved,* de hojas enteras; *four-leaved,* de cuatro hojas.

leaven (leˑvøn) *s.* levadura, fermento. 2 fig. influencia, fuerza que modifica o transforma.

leaven (to) *tr.* leudar, hacer fermentar. 2 fig. penetrar, impregnar, imbuir, viciar.

leavening (leˑvning) *s.* acción de leudar. 2 levadura, fermento.

leaves (lĭˑvš) *s. pl.* de LEAF. 2 ENCUAD. cantos [de un libro] : *gilt* ~, cantos dorados; *marbled* ~, cantos jaspeados.

leaving (lĭˑving) *s.* partida, marcha, salida. 2 *pl.* restos, sobras, residuos, desperdicios.

leave-taking *s.* despedida.

Lebanese (leˑbøniš) *adj.* y *s.* libanés.

Lebanon (leˑbønøn) *n. pr.* GEOGR. Líbano.

lecanomancy (leˑcanomansi) *s.* lecanomancia.

lecher (leˑchø') *s.* libertino, disoluto.

lecherous (leˑchørøs) *adj.* lujurioso, lascivo, salaz.

lecherously (leˑchørøsli) *adv.* lujuriosamente, lascivamente.

lecherousness (leˑchørøsnis) *s.* lujuria, lascivia, salacidad.

lechery (leˑchøri) *s.* libertinaje, lujuria.

lecithin (leˑsizin) *s.* QUÍM. lecitina.

lectern (leˑctø'n) *s.* facistol.

lection (leˑcshøn) *s.* LITURG. lección. 2 letra de un texto.

lectionary (leˑcshøneri) *s.* leccionario.

lector (leˑctø') *s.* ECLES. lector.

lectorate (leˑctorit) *s.* ECLES. lectorado.

lecture (leˑcchø') *s.* conferencia, disertación. 2 lección [explicada en clase; a un discípulo]. 3 plática, homilía. 4 reprensión, admonición, sermón. — 5 *adj.* de conferencias o lecciones : ~ *hall* o *room,* aula, salón de conferencias o de actos.

lecture (to) *intr.* disertar, dar una conferencia. 2 hablar ex-cátedra. — 3 *tr.* enseñar, dar lecciones a. 4 sermonear, reprender.

lecturer (leˑcchørø') *s.* disertante, conferenciante. 2 lector, catedrático.

lectureship (leˑcchø'ship) *s.* lectoría; cátedra.

led (led) *pret.* y *p. p.* de TO LEAD. — 2 *adj.* fam. ~ *captain,* seguidor servil, parásito ; ~ *horse,* caballo de mano.

ledge (leˑdỹ) *s.* anaquel, repisa. 2 saliente estrecho y llano; rellano estrecho [en un terreno]; retallo [en el paramento de un muro]. 3 arrecife. 4 MIN. vena.

ledger (leˑdỹø') *s.* COM. mayor [libro]. 2 losa [piedra]. 3 solera [de emparrillado]. 4 traviesa [de andamio].

lee (lĭ) *s.* abrigo, socaire. 2 MAR. sotavento : *under the* ~, a sotavento. — 3 *adj.* de sotavento, a sotavento.

leeboard (lĭˑbo'd) *s.* MAR. orza de deriva.

leech (lĭˑch) *s.* sanguijuela. 2 MED. ventosa. 3 ant. médico. 4 MAR. caída [de vela]. — 5 *adj.* MAR. de caída : ~ *line,* apagapenol, brial; ~ *rope,* relinga de caída.

leech (to) *tr.* poner sanguijuelas a. 2 ant. curar [como médico].

leek (lĭˑc) *s.* BOT. puerro.

leer (lĭˑø') *s.* mirada de soslayo [con expresión maligna, astuta, provocativa o lujuriosa].

leer (to) *tr.* atraer [con miradas]. — 2 *intr.* mirar de soslayo [con expresión maligna, astuta, provocativa o lujuriosa].

leeringly (lĭˑringli) *adv.* mirando de soslayo, de reojo.

leery (lĭˑri) *adj.* fam. astuto. 2 fam. suspicaz, receloso.

lees (lĭˑš) *s. pl.* heces, poso.

leeward (lĭˑruø'd o luˑø'd) *s.* sotavento, parte de sotavento : *to fall to* ~, sotaventarse; *to* ~, a sotavento. — 2 *adj.* de sotavento. — 3 *adv.* a sotavento, hacia sotavento.

leeway (lĭˑuei) *s.* MAR. deriva, abatimiento. 2 fig. desviación [en la marcha o curso]. 3 fig. espacio para moverse. 4 fig. margen de tiempo, etc. [para hacer una cosa]; plazo, respiro.

left (left) *pret.* y *p. p.* de TO LEAVE : ~ *off,* puesto a un lado, desechado; *to be* ~ *over,* ser dejado, quedar, sobrar. — 2 *adj.* izquierdo, siniestro; ~ *hand,* mano izquierda; ~ *wing,* ala izquierda. — 3 *s.* izquierda [lado o mano izquierda] : *at,*

on o *to the* ~, a la izquierda, por la izquierda; *over the* ~, fam. pero al revés. 4 DEP. izquierda [jugador]. 5 BOXEO golpe con la izquierda. 6 POL. izquierda.

left-hand *adj.* izquierdo, del lado izquierdo. 2 de o para la mano izquierda; que se da o hace con la mano izquierda. 3 de torsión hacia la izquierda [cable, etc.]. 4 de movimiento, funcionamiento, etc., hacia la izquierda. 5 AUTO. ~ *drive,* conducción a la izquierda.

left-handed *adj.* zurdo. 2 hecho con la izquierda. 3 de la mano izquierda : ~ *marriage,* matrimonio de la mano izquierda. 4 torpe, desmañado. 5 insincero, torcido, malicioso. 6 que gira hacia la izquierda.

left-hander (leˑftjændø') *s.* zurdo [pers.]. 2 golpe dado con la mano izquierda.

leftist (leˑftist) *adj.* y *s.* POL. izquierdista.

leftover (leˑftouvø') *adj.* que queda por hacer. 2 que queda o sobra, sobrante. — 3 *s.* sobrante, resto. 4 *pl.* sobras, resto.

left-wing *adj.* del ala izquierda. 2 POL. izquierdista.

left-winger (leˑftuingø') *s.* POL. izquierdista.

leg (leg) *s.* ANAT. pierna : *to have the legs of,* poder ir más de prisa que; *to give a* ~ *up,* ayudar a subir, a vencer un obstáculo; *to give* ~ *bail,* fam. tomar las de Villadiego; *to keep one's legs,* sostenerse, no caer; *to pull one's* ~, fam. tomar el pelo, engañar; *to put the best* ~ *foremost,* ir a escape; *to shake a* ~, fam. bailar; fam. menearse, darse prisa; *to stand on one's own legs,* fig. ser independiente, no depender de nadie; *to stretch one's legs,* estirar las piernas, dar un paseíto; *to take to one's legs,* echar a correr, huir; *to walk one off his legs,* reventar, hacer cansar a uno andando; *on one's last legs,* agonizante, dando las boqueadas; en las últimas; sin recursos; *on one's legs,* en pie, levantado [esp. para hablar]; repuesto, en estado de hacer vida normal [el que estaba enfermo]; en próspero estado, firmemente establecido. 2 pata [de animal]. 3 pie, pata [de un mueble, etc.]. 4 fig. puntal, apoyo, base : *not to have a* ~ *to stand on,* no tener base o fundamento para apoyar una opinión o actitud, no tener justificación. 5 coc. pierna [de cordero, etc.]. 6 pernera, pernil [de pantalón]; caña [de bota]; pierna [de media]. 7 pierna [de compás]. 8 GEOM. cateto. 9 ELECT. ramal, derivación; fase [de un sistema polifásico]. 10 MAR. bordada. 11 ant. reverencia que se hacía arrastrando un pie hacia atrás : *to make a* ~, hacer una reverencia. 12 CRIQUET parte derecha del campo detrás de la línea del *batsman.* 13 DEP. primera parte ganada cuando hay que ganar dos.

leg (to) *tr.* hacer con la pierna; tirar de la pierna; dar en la pierna. 2 *to* ~ *it,* andar, correr.

legacy (leˑgasi) *s.* legado, manda, herencia.

legal (lĭˑgal) *adj.* legal : ~ *tender,* curso legal, moneda de curso legal. 2 legítimo, lícito. 3 jurídico, referente al derecho, a la ley, al ejercicio de la jurisprudencia : ~ *cap,* papel de tamaño especial usado en los documentos forenses.

legalism (lĭˑgælišm) *s.* legalismo.

legalistic (lĭgælistic) *adj.* legalista.

legality (ligæˑliti) *s.* legalidad; legitimidad.

legalization (ligælišeˑshøn) *s.* legalización [acción de dar estado o validez legal]. 2 refrendo.

legalize (to) (lĭˑgælaiš) *tr.* legalizar [dar estado o validez legal]. 2 refrendar, autorizar.

legally (lĭˑgali) *adv.* legalmente, legítimamente.

legate (leˑguit) *s.* legado [pers.]. 2 embajador, enviado.

legate (to) (lĭˑgueit) *tr.* DER. legar.

legatee (leˑgætī) *s.* legatario.

legateship (leˑguitship) *s.* legacía.

legatine (leˑgatain) *adj.* de un legado; hecho por un legado.

legation (ligueˑshøn) *s.* legación. 2 legacía. 3 envío [de un legado]; misión, embajada.

legato (legaˑtou) *adj.* y *s.* MÚS. ligado.

legator (legueiˑtø') *s.* DER. testador.

legend (leˑỹønd) *s.* leyenda [relación de sucesos que tienen más de tradicionales que de verdaderos; vida de uno o más santos] : *Golden* ~, Leyenda áurea. 2 leyenda, inscripción. 3 ECLES. leccionario.

legendary (leˈɏønderi) *adj.* legendario. 2 de leyendas.

leger (leˈɏøʼ) *adj.* MÚS. ~ *lines,* líneas suplementarias del pentagrama; ~ *space,* espacio comprendido entre ellas.

legerdemain (leˈɏøʼdimeiˈn) *s.* juego de manos, prestidigitación.

legged (leˈgd o leˈguid) *adj.* que tiene piernas o patas; que las tiene en cierto número o de cierto modo: *bandy-legged,* estevado.

legging (leˈguing) *s.* polaina, sobrecalza.

Leghorn (leˈgjoˈn) *n. pr.* GEOGR. Liorna. — 2 *s.* (con min.) sombrero de paja de Italia: ~ *straw,* paja para sombreros. 3 casta de gallinas.

legibility (leˈɏibiˈliti) *s.* legibilidad.

legible (leˈɏibøl) *adj.* legible.

legibleness (leˈɏibølnis) *s.* legibilidad.

legibly (leˈɏibli) *adv.* legiblemente.

legion (lɪˈɏøn) *s.* legión.

legionary (lɪˈɏøneri) *adj. y s.* legionario.

legislate (to) (leˈɏisleit) *intr.* legislar.

legislation (leˈɏisleˈshøn) *s.* legislación.

legislative (leˈɏisleitiv) *adj.* legislativo. — 2 *s.* poder o cuerpo legislativo.

legislator (leˈɏisleitøʼ) *m.* legislador.

legislatorial (leˈɏislatoˈrial) *adj.* legislativo; de los legisladores.

legislatorship (leˈɏisleiˈtørship) *s.* oficio de legislador.

legislatress (leˈɏisleiˈtris) *f.* legisladora.

legislature (leˈɏislechøʼ) *s.* cuerpo o cuerpos legisladores. 2 función legislativa:. *term of* ~, legislatura.

legist (lɪˈɏist) *s.* legista.

legitim (leˈɏitim) *s.* DER. legítima.

legitimacy (lɪɏiˈtimasi) *adj.* legitimidad.

legitimate (lɪɏiˈtimit) *adj.* legítimo. 2 lógico, razonable. 3 auténtico, conforme a las reglas o principios establecidos: *the* ~ *drama,* o simplte. *the* ~, el teatro serio o clásico, las obras de teatro de verdadero valor literario.

legitimate (to) (lɪɏiˈtimeit) *tr.* legitimar. 2 justificar, aprobar. 3 dar fuerza legal.

legitimately (lɪɏiˈtimitli) *adj.* legítimamente.

legitimateness (lɪɏiˈtimitnis) *s.* legitimidad, legalidad.

legitimation (lɪɏitimeˈshøn) *s.* legitimación.

legitime (leˈɏitim) *s.* LEGITIM.

legitimist (lɪɏiˈtimist) *s.* POL. legitimista.

legitimize (to) (lɪɏiˈtimaiš) *tr.* legitimar.

leg-of-mutton *adj.* triangular; de pernil: MAR. ~ *sail,* vela triangular; COST. ~ *sleeve,* manga de pernil.

legume (leˈgium), **legumen** (leˈgiuˈmøn) *s.* BOT. legumbre. 2 coc. legumbre, verdura. 3 planta leguminosa.

legumin (leˈgiuˈmin) *s.* QUÍM. legúmina.

Leguminosae (leˈgiuˈminousi) *s. pl.* BOT. leguminosas.

leguminous (leˈgiuˈminøs) *adj.* leguminoso.

lehr (lɪʼ) *s.* horno para templar el vidrio.

leisure (leˈɏøʼ) *s.* ocio, vagar, desocupación, tiempo libre o disponible; comodidad, conveniencia: *to be at* ~, estar desocupado; *at* ~, con tiempo, despacio, sin prisas; en ratos de ocio; *at one's* ~, a la comodidad o conveniencia de uno, cuando uno pueda. — 2 *adj.* de ocio, libre: ~ *hours,* horas de ocio, horas libres, ratos perdidos.

leisurely (leˈɏøʼli) *adj.* lento, pausado, sosegado; hecho sin prisas. 2 desocupado, que tiene tiempo. — 3 *adv.* despacio, sin prisas, sosegadamente.

lemma (leˈma) *pl.,* **-mas** (maš) o **-mata** (maˈta) *s.* lema [de una demostración o composición].

Lemnaceae (lemneiˈsii) *s. pl.* BOT. lemnáceas.

lemnaceous (lemneiˈshiøs) *adj.* BOT. lemnáceo.

Lemnian (leˈmniæn) *adj. y s.* lemnio.

lemniscate (leˈmniskeit) *s.* GEOM. lemniscata.

lemniscus (leˈmniscøs) *s.* lemnisco.

lemon (leˈmon) *s.* BOT. limón. 2 color de limón. — 3 *adj.* de limón; para limones, citrino, limonado, de color de limón: ~ *drop,* pastilla de limón; ~ *squeezer,* exprimidera [para limones]. 4 BOT. ~ *tree,* limonero. 5 BOT. ~ *balm,* toronjil, toronjina. 6 BOT. ~ *verbena,* luisa, hierba luisa, reina luisa.

lemonade (lemøneiˈd) *s.* limonada.

lemur (lɪˈmøʼ) *s.* ZOOL. lémur, lemúrido.

lemures (leˈmiuriš) *s. pl.* MIT. lémures.

Lemuridae (lemiuˈridi) *s. pl.* ZOOL. lemúridos.

lend (to) (leˈnd) *tr.* prestar [dar prestado; dar, comunicar, proporcionar]: *to* ~ *a hand,* echar una mano, ayudar; *to* ~ *dignity, enchantment,* etc., prestar dignidad, encanto, etc.; *to* ~ *one's arm,* dar el brazo [para sostener]; *to* ~ *one's soul to,* poner el alma en. — 2 ref. *to* ~ *oneself to,* prestarse a; entregarse a, hacerse [esperanzas, ilusiones]; *to* ~ *itself to,* prestarse, servir para. ¶ CONJUG. pret. y p. p.: *lent.*

lender (leˈndør) *s.* prestador, prestamista.

lending (leˈnding) *s.* prestación, acción de prestar. — 2 *adj.* de préstamos, que presta: ~ *library,* biblioteca circulante.

length (leˈngz) *s.* longitud, largo, largor, largura; extensión, prolijidad, duración: *at full* ~, por extenso; tendido, cuan largo es uno; *at* ~, por extenso; al fin, a la larga. 2 espacio, trecho, extensión; serie [de años, meses, etc.]; trozo [de cierta longitud]. 3 trozo o pieza [de cañería, valla, etc.] de los que forman serie o se unen a lo largo]. 4 grado, punto, extremo [en una acción, esfuerzo, etc.]: *to go any* ~, hacerlo todo, hacer uno cuanto esté de su parte; *he will not go the* ~ *of,* él no llegará hasta el punto, o el extremo, de. 5 alcance [de un tiro]. 6 MAR. eslora [de un buque].

lengthen (to) (leˈngzøn) *tr.* alargar, estirar, extender, prolongar. 2 aguar, diluir [un líquido]. — 3 *intr.* alargarse, prolongarse.

lengthening (leˈngzening) *s.* alargamiento, prolongación, extensión.. — 2 *adj.* que alarga, para alargar.

lengthways (leˈngzueiš) *adv.* longitudinalmente, a la larga, de largo a largo.

lengthwise (leˈngzuaiš) *adv.* LENGTHWAYS. — 2 *adj.* situado, dirigido o que se mueve longitudinalmente.

lengthy (leˈngzi) *adj.* largo, difuso, prolijo. 2 fam. largo [animal]; alto [pers.].

leniency (lɪˈniensi) *s.* lenidad, indulgencia; suavidad.

lenient (lɪˈnient) *adj.* indulgente, clemente; suave poco severo. 2 aliviador, suavizador.

lenify (to) (leˈnifai) *tr.* lenificar.

lenitive (leˈnitiv) *adj. y s.* lenitivo.

lenity (leˈniti) *s.* lenidad, blandura, suavidad.

lens (lenš) *pl.,* **lenses** (leˈnšiš) *s.* OPT. lente; lupa; luna, lente, cristal [de gafas o lentes]. 2 ANAT. cristalino. 3 FOT. objetivo. 4 objeto lenticular.

Lent (lent) *s.* cuaresma, cuadragésima. 2 *pl.* regatas de Cambridge en la cuaresma.

lent *pret. y p. p.* DE TO LEND.

lenten (leˈntøn) *adj.* cuaresmal; de vigilia. 2 escaso, sobrio, sencillo, triste.

Lententide (leˈntøntaid) *s.* tiempo de cuaresma.

lenticular (lentiˈkiula') *adj.,* **lentiform** (leˈntifoˈm) *adj.* lenticular.

lentil (leˈntil) *s.* BOT. lenteja.

lentiscus (lentiˈscøs), **lentisk** (leˈntisc) *s.* BOT. lentisco.

lento (leˈntou) *adj. y adv.* MÚS. lento.

Leo (lɪˈou) *s.* ASTR. leo, león. — 2 *n. pr.* León.

Leonard (leˈnaˈd) *n. pr.* Leonardo.

Leonardesque (leonaˈdeˈsc) *adj.* leonardesco, de Leonardo de Vinci.

Leonese (lioniˈš) *pl.,* **-nese** (-niˈš) *adj. y s.* leonés.

leonine (lɪˈonain) *adj.* leonino.

Leonora (lɪˈønoræ), **Leonore** (lɪˈønoʼ) *n. pr.* Leonor.

leontiasis (lɪˈontaiæsis) *s.* MED. leonina [lepra].

leopard (leˈpaˈd) *s.* ZOOL. leopardo, pardal. 2 ZOOL. ~ *cat,* ocelote.

leopardess (leˈpardis) *s.* ZOOL. leopardo hembra.

Leopold (lɪˈøpould) *n. pr.* Leopoldo.

leper (leˈpøʼ) *s.* leproso.

lepered (leˈpøʼd) *adj.* atacado o marcado por la lepra.

Lepidoptera (lepidaˈptøra) *s. pl.* ENTOM. lepidópteros.

lepidopteran (lepidaˈptøran) *adj. y s.* ENTOM. lepidóptero.

lepidopterous (lepidaˈptørøs) *adj.* ENTOM. lepidóptero.

Lepidus (leˈpidøs) *n. pr.* Lépido.

leporine (leˈpørin o leˈpørain) *adj.* leporino.

leprosarium (leproseˈriøm) *s.* leprosería, lazareto, hospital de leprosos.

leprose (leˈprous) *adj.* HIST. NAT. escamoso.

leprosied (leˈprosid) *adj.* atacado de lepra.

leprosy (leˈprosi) *s.* MED. lepra.

leprous (le·prøs) *adj*. leproso. 2 HIST. NAT. escamoso.

leprousness (le·prøsnes) *s*. calidad de leproso.

leptorrhine (le·ptorin), **leptorrhinian** (le·ptorinian) *adj*. ANTROP. leptorrino.

Lepus (lī·pøs) *s*. ASTR. liebre.

Lesbian (le·s̄bian) *adj*. y *s*. lesbiano, lesbio.

lese-majesty (lī·s̄·mæ·ȳesti) *s*. lesa majestad.

lesion (lī·ȳøn) *s*. lesión.

less (les) *adj. comp*. de LITTLE : menor; inferior, menos : *James the ~*, Santiago el menor; *to grow ~*, disminuir, achicarse. — 2 *adv*. menos [en menor cantidad, grado, etc] : *the ~* ..., *the ~* (o *the more*), cuanto menos ... menos (o más); *ɪt ~ than*. en menos que; *~ and ~*, cada vez menos. 3 *prep*. menos [deduciendo] : *six ~ four*, seis menos cuatro.

lessee (lesī·) *adj*. DER. arrendatario, inquilino.

lessen (to) (le·søn) *tr*. aminorar, minorar, disminuir, achicar, reducir, mermar. 2 rebajar, quitar importancia a. — 3 *intr*. disminuirse, reducirse, menguar, decrecer· amainar [el viento].

lessener (le·snø·) *s*. lo que hace mermar o bajar.

lesser (le·sø·) *adj. comp*. de LITTLE : menor, más pequeño; *~ prophets*, profetas menores. 2 BOT., ZOOL. menor. 3 BOT. *~ bindweed*, correhuela; *~ centaury*, centaura menor; *~ duckweed*, lenteja de agua.

lesson (le·son) *s*. lección. 2 enseñanza, ejemplo. 3 reprensión, advertencia.

lesson (to) *tr*. enseñar; amonestar, reprender.

lessor (le·sø·) *s*. DER. arrendador [el que da en arriendo una finca].

lest (lest) *conj*. para que no, de miedo de que, por miedo de que, no sea que. 2 que [después de un verbo o nombre que exprese temor].

let (let) *s*. estorbo, obstáculo, impedimento : *without ~ or hindrance*, sin estorbo ni impedimento.

let (to) *tr*. arrendar, alquilar [dar en arriendo o alquiler] : *to ~* [usado elípticamente], se arrienda, se alquila, por o para alquilar, de alquiler; *room to ~*, habitación por alquilar, se alquila una habitación. 2 dejar, permitir : *I was let see him*, me lo dejaron ver. 3 dejar o hacer entrar, pasar o salir [por una puerta, etc.]. 4 sacar [sangre a un enfermo] : *to ~ blood to*, sangrar. 5 suponer [en una demostración, etc.] : *~ A B be equal to C D*, supongamos que A B es igual a C D. 6 La forma de imperativo *let* sirve de auxiliar para formar imperativos (o subjuntivos con valor imperativo) de 1.ª y 3.ª persona : *~ him come*, que venga; *~ it be known*, sépase; *let's run*, corramos; *~ bygones be bygones*, olvidemos lo pasado. El contexto indica cuando el verbo es auxiliar y cuando no. Así, según las circunstancias, *~ him do it*, p. ej., puede significar: «que le haga» o «déjeselo hacer». 7 *to ~ alone*, dejar solo, dejar en paz, no tocar, no meterse con ; *~ me alone to do it*, deje que lo haga yo solo, déjelo para mí; *~ alone* [usado adverbialmente], por no decir, por no hablar de, y mucho menos : *he couldn't hit an elephant, ~ alone a hare*, no es capaz de acertar a un elefante, y mucho menos a una liebre. 8 *to ~ be*, dejar, dejar estar, no ocuparse de, dejar en paz. 9 *to ~ down*, dejar caer, bajar, descolgar; abandonar, traicionar, dejar plantado, dejar colgado; chasquear; humillar; rebajar [un color]. 10 *to ~ drive at*, asestar un golpe o golpes a, disparar contra, atacar. 11 *to ~ fall*, dejar caer; dejarse decir, soltar [una palabra con intención o inadvertidamente]; GEOM. bajar [una perpendicular]. 12 *to ~ fly*, disparar [una flecha, un proyectil]. 13 *to ~ go*, dejar ir, salir o partir; soltar, aflojar; *to ~ it go at that*, dejarlo así, conformarse con eso, no decir o no hacer más; *to ~ oneself go*, abandonar uno toda moderación, entregarse a sus impulsos, entusiasmos, etc.; emplear todas sus fuerzas o energías. 14 *to ~ in*, dejar o hacer entrar, admitir, introducir; embutir [en una superficie]; meter [en dificultades, etc.]; *to ~ oneself in*, entrar uno [abriendo una puerta, etc.]. 15 *to ~ into*, dejar o hacer entrar en; iniciar en, hacer partícipe de [un secreto, etc.]; embutir en la superficie de. 16 *to ~ know*, hacer saber, participar, hacer presente, advertir. 17 *to ~ loose*, soltar, desatar, desencadenar; aflojar. 18 *to ~ off*, disparar [un

arma]; soltar, decir [una broma, un chiste]; dejar salir, dejar libre. 19 *to ~ on*, fam. delatar; revelar, descubrir. 20 *to ~ out*, dejar o hacer salir, dejar escapar; poner en libertad; soltar, aflojar; largar [un cabo o cuerda]; ensanchar [un vestido demasiado estrecho]; arrendar, alquilar [esp. a varios inquilinos]; dar a hacer por contrata; *to ~ the cat out of the bag*, fig. revelar un secreto. 21 *to ~ slip*, soltar; dejar escapar.

22 *intr*. arrendarse o alquilarse : *the flat lets for twenty pounds*, el piso se alquila por veinte libras. 23 *to ~ fly at*, disparar contra, desatarse en improperios contra. 24 *to ~ out*, cerrar, cerrarse, dejar salir sus alumnos [una escuela]; dar golpes, dar coces, desatarse en improperios. 25 *to ~ up*, fam. cesar, desistir; disminuir, moderarse.

¶ CONJUG. pret. y p. p.: *let*; ger.: *letting*.

letdown (le·tdaun) *s*. aflojamiento, disminución. 2 chasco, desilusión. 3 humillación.

lethal (lī·zal) *adj*. letal.

lethargic(al (liza·ȳc(al) *adj*. letárgico.

lethargically (liza·ȳicali) *adv*. letárgicamente.

lethargize (to) (le·za·ȳais̄) *tr*. aletargar.

lethargy (le·za·ȳi) *s*. letargo : *to fall into a ~*, aletargarse. 2 inacción, apatía.

Lethe (lī·z) *n. pr*. MIT. Leteo [río]. 2 fig. olvido.

Lethean (lizī·an) *adj*. leteo.

lethiferous (lizī·førøs) *adj*. mortífero, destructor.

Letitia (letī·shia) *n. pr*. Leticia.

let's (lets) *contr*. de LET US.

Lett (let) *s*. letón.

letter (le·tø·) *s*. letra [del alfabeto]. 2 IMPR. letra, tipo, carácter. 3 letra [expresión verbal, sentido literal] : *to the ~*, a la letra, al pie de la letra. 4 carta, epístola, comunicación : *~ of advice*, COM. carta de aviso; *~ of attorney*, poder, procuración; *~ of letters of credence, letters credential*, carta credencial, credenciales; *~ of credit*, carta de crédito; *~ of introduction*, carta de presentación o de recomendación; *~ of licence*, carta de espera; *~ of letters of marque (and reprisal)*, carta de marca, patente de corso; *letters of administration*, nombramiento de administrador judicial; *letters of safe conduct*, carta de amparo, guía, salvoconducto; *letters patent*, patente, privilegio; ejecutoria [de nobleza]; *letters rogatory*, exhorto. 5 *pl*. letras, literatura : *man of letters*, hombre de letras. — 6 *adj*. de letra; de carta o cartas, para cartas : *~ book*, copiador [libro]; *~ box*, buzón; apartado de correos; *~ carrier*, man, (EE. UU.) cartero; *~ card*, (Ingl.) tarjeta doblada con bordes engomados que se usa como carta; *~ case*, cartera [para llevar papeles o documentos]; *~ drop*, buzón [abertura por donde se echan las cartas]; *~ file*, carpeta, clasificador, archivo; *~ opener*, abrecartas, plegadera; *~ paper*, papel de cartas; *~ press*, prensa de copiar cartas; *~ scale*, pesacartas; *~ stamp*, matasellos; sello para fechar las cartas en el correo; *~ writer*, escritor de cartas; máquina para copiar cartas; guía epistolar.

letter (to) *tr*. rotular, estampar o marcar con letras. 2 poner en el margen de las hojas de un libro las letras que forman índice alfabético.

letter-bound *adj*. esclavo de la letra, que interpreta las leyes, etc., al pie de la letra.

lettered (le·tø·d) *adj*. rotulado, marcado con letras. 2 culto, instruido, docto, letrado.

letterer (le·tørø·) *s*. el que pone letras y letreros; el que graba letras.

lettergram (le·tø·græm) *s*. telegrama más largo que los corrientes que se envía diferido y a precio reducido.

letterhead (le·tø·jed) *s*. membrete [de carta]. 2 hoja o pliego de papel con membrete.

lettering (le·tøring) *s*. inscripción, letrero, rótulo. 2 acción de poner letras o letreros.

letterless (le·tø·lis) *adj*. iletrado.

letter-perfect *adj*. que tiene bien aprendido su papel, discurso, etc. 2 correcto, sin faltas [impreso, prueba, etc.].

letterpress (le·tø·pres) *s*. IMPR. letra impresa, texto [a distinción de las ilustraciones y grabados]. — 2 *adj*. IMPR. hecho con tipos [a distinción de hecho con planchas o litografía] : *~ printing*, impresión directa con tipos.

letting-off motion s. TEJ. mecanismo desarrollador de urdimbre.
Lettish (le·tish) adj. letón.
lettuce (le·tis) s. BOT. lechuga.
Letty (le·ti) n. pr. dim. de LETITIA.
letup (le·tøp) s. fam. calma, disminución, cesación, interrupción
leucin(e (liu·sin) s. BIOQUÍM. leucina.
leucite (liu·sait) s. MIN. leucita.
leucocyte (liu·cosait) s. FISIOL. leucocito.
leucocythemia (liucosaiz·miæ) s. MED. leucocitemia.
leucoma (liucou·ma) s. MED. leucoma.
leucon (liu·con) pl. **-cones** (-coniš) s. ZOOL. leucón.
leucorrhœa, leucorrhea (liucorr·a) MED. leucorrea.
leukemia (liuki·miæ) s. MED. leucemia.
Levant (livæ·nt) n. pr. Levante [países de la parte oriental del Mediterráneo]. — 2 adj. del Levante: ~ morocco, tafilete o marroquí de grano grueso.
levant s. viento de levante. 2 LEVANT MOROCCO.
levant (to) (levæ·nt) intr. (Ingl.) marcharse [esp. sin pagar las deudas de juego].
Levanter (livæ·ntø') s. viento de levante. 2 levantino [natural o habitante del Levante].
levanter (levæ·ntø') s. (Ingl.) el que se va sin pagar sus deudas de juego.
Levantine (livæ·ntin) adj. levantino, del Levante. — 2 s. levantino [natural o habitante del Levante]. 3 buque del Levante.
levator (livei·tø') s. ANAT. músculo elevador. 2 CIR. levantador.
1) **levee** (le·vi o levr·) s. besamanos, recepción. 2 reunión [de visitantes].
2) **levee** (le·vi) s. (EE. UU.) dique o reparo para contener o encauzar las aguas. 2 (EE. UU.) desembarcadero.
level (le·vøl) adj. llano, liso, igualado, nivelado, horizontal: to make ~, allanar, nivelar; ALBAÑ. enrasar; ~ crossing, FERROC. paso a nivel; ~ line, MAR. línea del fuerte. 2 igual, parejo, que está al mismo nivel. 3 igual, uniforme, poco accidentado. 4 equilibrado; justo, imparcial. 5 juicioso, discreto. 6 ~ with, al nivel de; igual, de la misma importancia, etc., que. 7 to do one's ~ best, fam. no andar remiso, hacer uno todo lo que puede. — 8 s. nivel [aparato]. 9 nivel [grado de elevación], ras: on a ~ with, al mismo nivel que, ras en ras con. 10 nivel, altura, categoría [social, moral, intelectual, etc.]: dead ~, planicie inmensa; monotonía, uniformidad. 12 MIN. galería horizontal; piso. 13 to be on the ~, obrar sin engaño; decir la verdad; ser la pura verdad. — 14 adv. a nivel. 15 en derechura, directamente; lisa y llanamente.
level (to) tr. nivelar. 2 ALBAÑ. emparejar, enrasar. 3 allanar, aplanar, igualar, hacer uniforme. 4 derribar; arrasar. 5 poner horizontal, apuntar asestar [un arma]. 6 dirigir [la mirada, observaciones, etc.]. 7 adaptar, acomodar, poner al nivel o al alcance [de]. 8 to ~ down, o up, rebajar o elevar a un determinado nivel. 9 to ~ off, aplanar, nivelar. — 10 intr. to ~ at, apuntar a. 11 AVIA. enderezarse, volar horizontalmente cerca del suelo, para aterrizar. ¶ CONJUG. pret. y p. p.: leveled o -elled; p. a.: leveling o -elling.
level (le·vøl·ø') s. nivelador, igualador. 2 allanador, aplanador. 3 aplanadera que llevan como accesorio ciertos aparatos agrícolas.
level-headed adj. juicioso, sensato, de buen sentido.
level(l)ing (le·vøling) s. nivelación. 2 allanamiento, igualación, enrase. — 3 adj. nivelador, igualador, allanador. 4 de enrase, de nivelación: ~ line, ALBAÑ. tendel [cuerda]; ~ rod, staff o pole, TOP. mira [para nivelar].
levelness (le·vølnis) s. igualdad, nivel. 2 horizontalidad. 3 lisura, uniformidad.
lever (le·vø') s. FÍS., MEC. palanca. 2 fig. palanca [medio, influencia]. 3 alzaprima, espeque. 4 MEC. barra, manubrio. 5 barreta [de picaporte]. — 6 adj. de palanca: ~ escapement, RELOJ. escape de palanca.
lever (to) (le·vø') tr. apalancar.
leverage (le·vøridy) s. acción o poder de una palanca. 2 sistema de palancas. 3 fig. medios o influencia para conseguir una cosa.
leveret (le·vøret) s. ZOOL. lebrato.

leviable (le·viabøl) adj. exigible, recaudable [impuesto, etc.]. 2 sujeto a impuestos, imponible.
leviathan (livai·azæn) s. leviatán.
levigate (to) (le·vigueit) tr. levigar. 2 pulverizar. 3 pulir.
levigation (levigue·shøn) s. levigación. 2 pulverización.
levirate (le·virit) s. levirato.
levitate (to) (le·viteit) intr. y tr. levantarse, flotar en el aire, hacer levantar o flotar en el aire, sin la intervención de medios físicos [es término usado por los espiritistas].
levitation (levite·shon) s. suspensión en el aire, levantamiento de cuerpos sin intervención de medios físicos, levitación [es término usado por los espiritistas].
Levite (li·vait) s. levita [pers.].
Levitic(al (livi·tic(al) adj. levítico.
Leviticus (livi·ticøs) s. Levítico [libro de la Biblia].
levity (le·viti) s. levedad. 2 frivolidad. 3 veleidad.
levogirous (li·voÿairøs), **levorotatory** (livorou·tætori) s. FÍS., QUÍM. levógiro.
levulose (le·viulos) s. QUÍM. levulosa.
levy (le·vi), pl. **-vies** (-vis) s. leva, recluta, enganche. 2 exacción, imposición, recaudación [de tributos, etc.]. 3 DER. embargo, ejecución.
levy (to) tr. levantar, reclutar, hacer leva de. 2 hacer [guerra]. 3 exigir, imponer, recaudar, hacer exacción de [tributos, etc.]. 4 DER. embargar, ejecutar. — 5 intr. to ~ on, imponer contribución sobre; embargar [bienes].
lewd (liu·d) adv. lujurioso, lascivo, deshonesto, impuro, lúbrico, obsceno. 2 salaz, sensual, libertino, disoluto.
lewdly (liu·dli) adv. lascivamente, obscenamente.
lewdness (liu·dnis) s. lujuria, lascivia, lubricidad, obscenidad. 2 liviandad, libertinaje.
Lewis (lu·is) n. pr. Luis.
lexical (le·csical) adj. léxico.
lexicographer (lecsica·grafø') s. lexicógrafo.
lexicographic (lecsicogræ·fic) adj. lexicográfico.
lexicography (lecsica·grafi) s. lexicografía.
lexicological (lecsicola·ÿical) adj. lexicológico.
lexicologist (lecsica·loÿist) s. lexicólogo.
lexicology (lecsica·loÿi) s. lexicología.
lexicon (le·csicøn) s. léxico, diccionario, vocabulario.
Leyden (lai·døn) n. pr. GEOGR. Leiden. 2 FÍS. ~ jar, botella de Leiden.
liability (laiabi·liti), pl. **-ties** (-tis) s. riesgo, exposición, posibilidad de incurrir [en]. 2 responsabilidad, obligación [pecuniaria]: limited ~, COM. responsabilidad limitada. 3 lo que una compañía de seguros está obligada legalmente a pagar. 4 pl. COM. deudas, obligaciones, pasivo. — 5 adj. ~ insurance, seguro de responsabilidad civil.
liable (lai·abøl) adj. expuesto, sujeto, propenso. 2 obligado, responsable [pecuniariamente].
liableness (lai·abølnis) s. obligación, responsabilidad.
liaison (liešo·n o liei·šøn) s. lazo, unión. 2 enlace, coordinación. 3 FONÉT. enlace. 4 enredo [relación ilícita]. 5 COC. lo que da consistencia o sirve para trabar. — 6 adj. de enlace o coordinación: ~ officer, MIL. oficial de enlace.
liana (liæ·na), **liane** (lia·n) s. BOT. bejuco, liana.
liar (lai·ø') s. embustero, mentiroso.
Lias (lai·as) s. GEOL. lías.
Liassic (laiæ·sic) adj. y s. GEOL. liásico.
libation (laibe·shøn) s. libación.
Libby (li·bi) n. pr. dim. de ELIZA.
libel (lai·bøl) s. libelo [escrito en que se denigra o infama]; calumnia, difamación. 2 DER. escrito de demanda [en los tribunales de lo civil y en los eclesiásticos y marítimos].
libel(l)ant (lai·bølant) s. DER. actor o demandante [en los tribunales de lo civil y en los eclesiásticos y marítimos]. 2 libelista, difamador
libel(l)er (lai·bølø') s. libelista. 2 calumniador, difamador.
libel(l)ing (lai·bøling) s. difamación, calumnia.
libel(l)ous (lai·beløs) adj. difamatorio, calumniador.
libellula (laibe·liula) s. ENTOM. libélula.
liber (lai·bø') s. BOT. liber. 2 libro registro.
liberal (li·børal) adj. liberal, generoso, munífico. 2 abundante; grande. 3 noble, caballeroso, franco. 4 bien nacido. 5 latitudinario, despreocupado. 6 libre [traducción, etc.]. 7 ~ arts, artes liberales. — 8 adj. y s. POL. liberal.

liberalism (li·børaliŝm) s. liberalismo.
liberality (libøræ·liti) s. liberalidad, largueza, esplendidez. 2 don, dádiva.
liberalize (to) (li·børalaiŝ) tr. liberalizar.
liberally (li·børali) adv. liberalmente. 2 abundantemente.
liberate (to) (li·børeit) tr. libertar, liberar, librar, redimir. 2 manumitir.
liberation (libøre·shøn) s. liberación. 2 redención [de cautivos]. 2 manumisión.
liberator (libørei·tø') s. liberador, libertador. 2 manumisor.
Liberia (laibi·ria) s. GEOGR. Liberia.
Liberian (laibi·rian) adj. y s. de Liberia.
libertarian (libø'te·rian) s. persona que cree en el libre albedrío. — 2 adj. y s. partidario de la libertad individual. — 3 adj. que cree en el libre albedrío.
liberticidal (libø'tisai·dal) adj. liberticida.
liberticide (libø'tisaid) adj. y s. liberticida. — 2 s. liberticidio.
libertinage (li·bø'tinidy) s. libertinaje, licencia 2 librepensamiento.
libertine (li·bø'tin) adj. y s. libertino; disoluto. 2 librepensador. — 3 s. libertino [hijo de liberto]; liberto.
libertinism (li·bø'tiniŝm) s. LIBERTINAGE.
liberty (li·bø'ti) s. libertad : ~ of conscience, libertad de conciencia; ~ of press, libertad de imprenta; to be at ~ to, ser libre de tener permiso para [hacer algo]; to take the ~ to do, o of doing, something, tomarse la libertad de hacer algo; to take liberties, tomarse libertades; to take undue liberties, tomarse demasiada libertad, propasarse; at ~, en libertad, libre. 2 exención, franqueza, privilegio. 3 lugar o distrito que goza de privilegio o jurisdicción especial. 4 permiso o facultad para moverse libremente en un lugar o espacio. 5 ~ of tongue, desvergüenza de lengua. 5 ~ of tongue, desvengo [del bocado]. — 6 adj. de libertad, de la libertad : Liberty Bell, campana de la libertad (la que se echó al vuelo cuando los Estados Unidos proclamaron su independencia).
libidinous (libi·dinøs) adj. libidinoso.
libidinously (libi·dinøsli) adv. libidinosamente.
libidinousness (libi·dinøsnis) s. libídine, lascivia, lujuria.
libido (libi·dou o ibai·dou) s. libido.
Libra (lai·bra) n. pr. ASTR. Libra.
librarian (laibre·rian) s. bibliotecario.
librarianship (laibre·rianship) s. cargo o función del bibliotecario.
library (lai·breri), pl. **-ries** (-ris) s. biblioteca. 2 estudio, despacho, gabinete.
librate (to) (lai·breit) intr. oscilar con movimiento de libración; balancearse, equilibrarse.
libration (laibre·shøn) s. libración.
libratory (lai·bratori) adj. oscilatorio, de libración; que se balancea.
librettist (libre·tist) s. libretista.
libretto (libre·tou) s. libreto.
Libya (li·bie) n. pr. GEOGR. Libia.
Libyan (li·bian) adj. y s. libio. — 2 adj. líbico.
lice (lais) s. pl. de LOUSE.
licence, license (lai·søns) s. licencia [libertad abusiva], libertinaje. 2 licencia [poética o gramatical]. 3 libertad de acción. 4 licencia, permiso, venia. 5 licencia, autorización, permiso, matrícula, patente, título [para realizar ciertos actos o ejercer ciertas profesiones]. — 6 adj. de permiso, matrícula, etc.: ~ number, número de matrícula; ~ plate o tag, placa de matrícula, chapa de circulación.
licensable (lai·sensabøl) adj. permisible.
license, licence (to) (lai·sens) tr. autorizar, dar permiso o licencia oficial, dar título o patente para ejercer ciertas profesiones.
licensed, licenced (lai·senst) adj. autorizado, permitido oficialmente. 2 que tiene licencia o autorización : ~ victualler, persona autorizada para tener fonda o casa de bebidas.
licensee (laisensī) s. titular de una autorización o licencia.
licenser (lai·sensø') s. el que concede autorización o licencia.
licentiate (laise·nshiit) s. licenciado, persona que tiene título de una facultad o cuerpo examinador.

licentious (laise·nshøs) adj. licencioso. 2 libre [que no se ajusta a las reglas establecidas].
licentiously (laise·nshøsli) adv. licenciosamente.
licentiousness (laise·nshøsnis) s. licencia, desenfreno, disolución, libertinaje.
lichen (lai·køn) s. BOT., MED. liquen.
lich-gate (lich-gueit) s. entrada cubierta de un cementerio.
lich-house s. depósito de cadáveres.
lich-owl s. ORNIT. lechuza.
licit (li·sit) adj. lícito.
licitly (li·sitli) adv. lícitamente.
lick (li·c) s. lamedura, lengüetada. 2 fam. ligera aplicación o pequeña cantidad de algo; pincelada, embadurnamiento o capa ligeros : ~ of paint, una mano de pintura; to give a ~ and promise to, fig. hacer de prisa y mal, hacer rápida y superficialmente. 3 golpe, palo, mojicón. 4 fam. esfuerzo. 5 pop. paso, velocidad : at a great ~, at full ~, a toda prisa. 6 salobral; salegar.
lick (to) tr. lamer : to ~ clean, lamer hasta dejar limpio; to ~ one's shoes, fig. adular servilmente; to ~ the dust, morder el polvo, ser vencido o derribado. 2 fam. pegar, apalizar. 3 fam. vencer, ganar [a uno]. 4 fam. sobrepujar, sobrepasar. 5 fam. ser más de lo que [uno] puede entender o comprender : that licks me, no lo entiendo, no puedo entenderlo. 6 fig. to ~ into shape, dar forma o, poner en condiciones, hacer presentable. — 7 intr. flamear, moverse como una lengua. 8 pop. ir, apresurarse.
licker (li·kø') s. lamedor.
lickerish (li·kørish) adj. goloso, aficionado a los buenos bocados. 2 ávido, deseoso. 3 salaz, lujurioso.
licking (li·king) s. lengüetada. 2 paliza, tunda; derrota.
lickspittle (li·cspitøl) s. adulón, parásito servil.
licorice (li·cøris) s. BOT. regaliz, orozuz, alcazuz.
lictor (li·ctø') s. lictor.
lid (lid) s. tapa, tapadera. 2 tapa [de un libro]. 3 ANAT. párpado. 4 fam. sombrero. 5 guardapolvo [de reloj]. 6 BOT. opérculo.
lie (lai) s. mentira, embuste, falsedad. 2 desmentida, mentís : to give the ~ to, dar un mentís a, desmentir. 3 disposición, situación, orientación [de una cosa]. 4 estado, cariz, sesgo [de un negocio]. 5 guarida, refugio [de un animal]. 6 FERROC. apartadero para la carga y descarga.
1) **lie (to)** intr. mentir : to ~ in one's throat, mentir por mitad de la barba; to ~ like a gas-meter, mentir más que la gaceta. — 2 tr. poner, sacar [a uno] de cierto estado, situación, etc., mintiendo. ¶ CONJUG. pret. y p. p.: lied; ger.: lying.
2) **lie (to)** intr. tenderse, echarse, tumbarse, acostarse, recostarse, apoyarse. 2 estar tendido, echado, acostado, yacer : to let sleeping dogs ~, fig. no remover asuntos espinosos; to ~ on the bed one has made, fig. sufrir uno las consecuencias de sus propios actos. 3 estar, permanecer : to ~ idle, estar ocioso; to ~ in ambush, in wait, estar en emboscada, al acecho; to ~ in ruins, estar en ruinas; to ~ in state, estar [un difunto] en la capilla ardiente. 4 estar acampada [las tropas]. 5 yacer, estar enterrado. 6 consistir, estribar, residir, radicar, hallarse. 7 tocar o corresponder [a]. 8 extenderse [sobre una superficie o a la vista]. 9 ant. pernoctar, parar, alojarse. 10 MAR. estar detenido o anclado [un buque]. 11 MAR. mantenerse [en cierta dirección]. 12 DER. ser admisible o sostenible. 13 to ~ about, estar por allí, estar esparcido. 14 MAR. to ~ along, dar a la banda. 15 to ~ at the heart, ser querido, deseado, tomado a pecho. 16 to ~ by, estar cerca, a mano; descansar, estar inactivo. 17 to ~ down, acostarse, echarse; encamarse [la caza]; fam. ceder o someterse sin luchar, abyectamente. 18 to ~ hard, o heavy, on o upon, pesar sobre, afligir, oprimir. 19 to ~ in, estar de parto. 20 to ~ in one, depender de uno, estar en su mano. 21 to ~ low, estar postrado o muerto; agazaparse, estar quieto, escondido; no decir nada; esperar la ocasión. 22 to ~ off, descansar, tomar un respiro; contenerse, reservarse [al principio de una carrera, etc.]; MAR. mantenerse a cierta distancia de. 23 to ~ on, depender de, pesar, cargar sobre. 24 to ~ on one's oars, cesar de remar; fig. descansar del trabajo. 25

to ～ *over*, aplazarse, quedar aplazado; quedar por pagar [después del vencimiento]. *26 to* ～ *to*, aplicar todo su esfuerzo a; MAR. pairar, estar al pairo, ponerse en facha. *27 to* ～ *under*, estar bajo el peso de. *28 to* ～ *up*, retirarse, estar retirado; irse a la cama, recogerse; estar fuera de servicio [un buque]. *29 to* ～ *with*. tocar, incumbir, atañer a. ¶ CONJUG. pret.: *lay;* p. p.: *lain;* ger.: *lying.*

lief (līf) *adv.* de buen grado, de buena gana. | Ús. sólo en expresiones como: *I would as* ～ *go as not*, tanto me da ir como no ir.

liege (līdẏ) *adj.* ligio, feudatario. 2 que tiene derecho a feudo o vasallaje: ～ *lord*. señor [de vasallos], señor feudal. — *3 s.* vasallo. *4* señor, señor feudal.

Liege (lie·dẏ) *n. pr.* GEOGR. Lieja.

liegeman (līdẏmæn), *pl.* -men (-men) *s.* vasallo. *2* seguidor leal.

lien (lī·en o līn) *s.* DER. gravamen sobre una propiedad para el cobro de una deuda. *2* DER. embargo preventivo.

lienteric (laiønte·ric) *s.* lientérico.

lientery (laiøntøri) *s.* MED. lientería.

lieu (liu·) *s. in* ～ *of*, en lugar de, en vez de.

lieutenancy (liute·nansi) *s.* lugartenencia. *2* tenencia, tenientazgo.

lieutenant (liute·nant) *s.* teniente, lugarteniente: ～ *governor* (Ingl.), gobernador de una provincia o distrito en representación de un gobernador general; (EE. UU.) vicegobernador de un Estado, que substituye al gobernador cuando éste no puede desempeñar sus funciones y, gralte., preside el senado. *2* MIL. teniente: *first* ～, teniente, primer teniente; *second* ～, subteniente, segundo teniente, alférez; ～ *colonel*, teniente coronel; ～ *general*, teniente general. *3* MAR. teniente de navío: ～ *commander*, capitán de corbeta; ～ *junior grade*, alférez de navío.

life (laif), *pl.* **lives** (lai·vŝ) *s.* vida: *animal* ～, vida animal; *spiritual* ～, vida espiritual; *the other* ～, la otra vida; *this* ～, esta vida; *expectation of* ～, índice de longevidad, promedio vital [en los cálculos de seguros]; *to bring to* ～, reanimar, hacer volver en sí; *to come to* ～, volver a la vida, volver en sí; *to depart this* ～, partir o partirse de esta vida, morir; *to give* ～, vivificar; *to have the time of one's* ～, divertirse o gozar como nunca; *to put new* ～ *into*, vigorizar; *to take one's* ～ *in one's hand*, jugarse la vida; *for* ～, para toda la vida, vitalicio, perpetuo; para salvar la vida, como si a uno le fuera la vida en ello; *for one's* ～, *for dear* ～, desesperadamente, para salvar la vida; *for the* ～ *of me*, a fe mía; aunque me maten, aunque me fuera la vida en ello; *on* ～, vivo, con vida. *2* alma [pers. o cosa que da vida, animación, aliento, etc.]; *to be the* ～, o *the* ～ *and soul, of*, ser el alma de. *3* animación, ardor, alegría, movimiento. *4* verdad, exactitud, parecido fiel: *as big as* ～, de tamaño natural; *to the* ～, a lo vivo, al vivo, fielmente. *5* B. ART. natural: *from* ～, del natural.

6 adj., relativo a la vida, vitalicio, perpetuo; ～ *annuity*, vitalicio, pensión o renta vitalicia; ～ *belt*, cinturón salvavidas; ～ *buoy*, boya salvavidas; ～ *expectancy*, EXPECTATION OF LIFE; ～ *guard*, guardia de corps; *Life Guards* (Ingl.), nombre de dos regimientos de caballería; ～ *insurance*, seguro de vida; ～ *line*, cuerda salvavidas, cuerda de salvamento; cuerda de buzo; línea de la vida [en quiromancía]; ～ *mortar*, mortero lanzacabos; ～ *net*, red o manta de salvamento [en caso de incendio]; ～ *policy*, póliza de un seguro de vida; ～ *preserver*, MAR. salvavidas; (Ingl.) cachiporra flexible; ～ *sentence*, condena a cadena perpetua; ～ *table*, tabla de mortalidad.

lifeblood (lai·fblød) *s.* sangre vital. *2* alma, nervio.

lifeboat (lai·fbout) *s.* bote salvavidas, lancha de salvamento.

life-giving (lai·fgi·ving) *adj.* vivificante, vivificador.

lifeless (lai·flis) *adj.* sin vida, muerto, exánime, inanimado, inerte. *2* sin vida o animación, apagado, agotado, flojo, insípido. *3* desierto, inhabitado, sin ser viviente.

lifelessly (lai·flisli) *adv.* sin ánimo, sin vigor.

lifelike (lai·flaic) *adj.* que parece vivo, natural, fiel, de parecido fiel.

lifelong (lai·flong) *adj.* de toda la vida. — *2 s.* toda una vida.

lifesaver (lai·fseivø') *s.* salvador, el que salva la vida. *2* miembro de una estación de salvamento.

lifesaving (lai·fseiving) *adj.* de salvamento: ～ *gun* o *mortar*, cañón o mortero lanzacabos; ～ *station*, estación de salvamento. — *2 m.* acción de salvar vidas. *3* servicio de salvavidas.

life-size *adj.* de tamaño natural.

lifespring (lai·fspring) *s.* fuente de vida.

lifetime (lai·ftaim) *s.* vida, curso de la vida: *in the* ～ *of*, en vida de. *2* fig. eternidad [largo tiempo]. — *3 adj.* que dura toda la vida, perpetuo, vitalicio.

lifework (lai·fuø'c) *s.* obra o trabajo de toda una vida, que requiere la vida entera. *2* obra principal de la vida de uno.

lift (lift) *s.* alzamiento, elevación, levantamiento; movimiento hacia arriba, esfuerzo para levantar: *at one* ～, de un golpe. *2* erguimiento [de la cabeza]. *3* altura a que una cosa se eleva o es elevada; grado de elevación. *4* fuerza o influencia elevadora, efecto de elevación. *5* elevación [del ánimo, del lenguaje]. *6* ayuda [para levantar]. *7* alza, aumento, ascenso, adelantamiento. *8* puerta que se abre subiendo. *9* botón, tirador, manija [para subir una ventana, etc.]. *10* mecanismo elevador; (Ingl.) ascensor, montacargas, montaplatos. *11* MEC. carrera [de un martinete]. *12* MEC. altura de aspiración [de una bomba]. *13* MIN. escalón, nivel, piso; diferencia de nivel. *14* MIN. juego de bombas. *15* AVIA. fuerza ascensional, fuerza de sustentación. *16* elevación [de terreno], repecho. *17* tapa [de un tacón de zapato]. *18 to give someone a* ～, llevar uno en su coche a otro; tomar uno, en su coche, carro, etc., a otro que va por el mismo camino; dar la mano a uno, ayudarlo. — *19 adj.* de levantamiento o suspensión; que se mueve verticalmente: ～ *bridge*, puente levadizo o giratorio cuyas partes pueden ser elevadas, verticalmente o con movimiento bascular; ～ *force* o *power*, fuerza ascensional, fuerza elevadora; ～ *pump*, bomba aspirante; ～ *valve*, válvula de movimiento vertical.

lift (to) *tr.* alzar, levantar, elevar, izar, solevantar. | A veces con *up, off* o *out:* *to* ～ *one's eyes the eyes*, levantar los ojos; *to* ～ *one's heart, the heart*, elevar el corazón. *2* quitar [un peso de encima]. *3* quitarse [el sombrero para saludar]. *4* (EE. UU.) cancelar, extinguir [una hipoteca]. *5* elevar, exaltar; hacer ganar [en aprecio, etc.]; hinchar [de orgullo], engreír. | Gralte. con *up*. *6* fam. hurtar, llevarse; robar [ganado]; plagiar. *7* levantar [las tiendas] *8* arrancar [patatas]. *9 to* ～ *a hand*, fig. hacer un esfuerzo: *without lifting a hand*, sin hacer nada, sin hacer el menor esfuerzo. *10 to* ～ *a hand against*, pegar, maltratar. *11 to* ～ o ～ *up one's hand*, levantar la mano; prestar juramento levantando la mano; suplicar. *12 to* ～ *up one's head*, levantar cabeza. *13 to* ～ *up one's heel against*, tratar con rudeza, con insolencia. *14 to* ～ *up one's horn*, ser ambicioso u orgulloso. *15 to* ～ *up one's voice*, levantar la voz, gritar. — *16 intr.* levantarse, alzarse. *17* disiparse [las nubes, la niebla, la obscuridad]. *18* hacer comba [el suelo]. *19* MAR. aparecer en el horizonte [la tierra, cuando el buque se aproxima a la costa].

lifter (li·ftø') *s.* levantador, alzador, elevador, pieza o aparato que alza o levanta. *2* MEC. leva.

lifting (li·fting) *s.* alzamiento, elevación, levantamiento [acción]. — *2 adj.* que levanta o eleva: ～ *force* o *power*, fuerza ascensional, fuerza elevadora; ～ *jack*, cric, gato; ～ *pump*, bomba aspirante.

liftman (li·ftmæn), *pl.* -men (-men) *s.* (Ingl.) el que maniobra el ascensor, ascensorista.

ligament (li·gamønt) *s.* ligadura, atadura. *2* ANAT. ligamento.

ligamental (ligame·ntal), **ligamentous** (ligame·ntøs) *adj.* ANAT. ligamentoso.

ligate (to) (lai·gueit) *tr.* CIR. ligar, atar.

ligation (ligue·shøn) *s.* ligación, ligadura.

ligature (li·gæchu) *s.* ligación, ligadura. *2* CIR. ligadura. *3* MÚS. ligadura; ligado. *4* IMPR. letras unidas [œ, ff].

light (lai·t) *s.* luz [agente físico; claridad, resplandor; día; lo que ilumina física, moral o intelectualmente] : *to bring to* ~, sacar a luz; *to come to* ~, salir a luz; *to rise with the* ~, levantarse con el día, al despuntar el día; *to see the* ~, ver luz, ver o comprender una idea o situación, hallar la solución; *to see the* ~, o *the* ~ *of day*, ver la luz, salir a luz, nacer, ser publicado; *to stand in one's* ~, quitar la luz a uno; fig. hacerle sombra; *to throw*, o *shed*, ~ *upon*, arrojar luz sobre; *against the* ~, a contraluz, al trasluz; *in the* ~ *of* [*these facts*, etc.], a la luz de [estos hechos, etc.]. 2 lumbre [luz, claridad]. 3 luz [utensilio o aparato para alumbrar : lámpara, vela etc.] ; farol, faro; luz, señal [de tráfico]. 3 brillo [de los ojos, de la mirada]. 4 poét. vista [facultad de ver] : *the* ~ *of one's eyes*, la vista de uno; fig. persona muy querida de uno. 5 pop. ojos. 6 fuego [para encender], fósforo, cerilla, etc.: *to strike a* ~, echar una yesca, encender una cerilla. 7 fuego artificial : *Bengal* ~, luz de Bengala. 8 lumbrera, luminar [pers. notable]. 9 ARQ. luz [ventana o abertura] ; claraboya; cristal [de ventana] ; parte de una ventana dividida por montantes. 10 PINT. luz. 11 aspecto [bajo el cual una cosa aparece, se presenta o se considera], punto de vista : *to appear in the* ~ *of a scoundrel*, aparecer bajo el aspecto de un bribón, parecer un bribón; *to place in a good* ~, presentar bajo un aspecto favorable; *in this* ~, bajo este aspecto, desde este punto de vista. 12 *pl.* luces, alumbrado. 13 luces, ilustración; entendimiento; *according to his lights*, a su manera, según él lo entiende; según Dios le da a entender. 14 TEAT. fam. candilejas. 15 bofes, chofes, livianos.

adj. 16 de luz, de farol, de faro; luminoso; claro [que tiene luz, bañado de luz] : ~ *bulb*, bombilla eléctrica; ~ *buoy*, baliza o boya luminosa; ~ *due o duty*, derechos de faro; ~ *meter*, FOT. exposímetro; ~ *wave*, onda luminosa; *the room is* ~, la habitación es clara, tiene luz; *before it is* ~, antes de apuntar el día. 17 claro, alegre, vivo [color]. 18 blondo, rubio. 19 blanca [tez]. 20 ligero, leve, liviano [de poco peso, de poca importancia]. 21 MIL. ligero : ~ *artillery*, ~ *infantry*, artillería, infantería ligera; ~ *horse*, caballería ligera. 22 ligero [alimento, comida, sueños]. 23 ligero, suave. 24 ligero [no grueso, pesado o macizo; de poca densidad]. 25 ligero, ágil, pronto, desembarazado. 26 ligero, inconstante; fútil, frívolo. 27 ligero, liviano, licencioso; de vida alegre. 28 ligero [no serio; hecho para divertir o entretener] : ~ *opera*, ópera ligera, opereta. 29 alegre, despreocupado, libre de penas, optimista, confiado: *with a* ~ *heart*, alegremente, confiadamente. 30 boyante [buque] ; con poca carga, destinado a llevar poca carga : ~ *engine*, locomotora que no lleva tren; ~ *railway*, ferrocarril para tráfico ligero; ~ *waterline*, línea de agua o de flotación del buque descargado. 31 flojo [vino, cerveza]. 32 arijo [suelo]. 33 PROS. débil. 34 ~ *in the head*, aturdido, atolondrado; mareado; delirante. 35 *to make* ~ *of*, no dar importancia a, no tomar en serio, reírse de.

36 *adv.* ligeramente. 37 barato, fácilmente, sin esfuerzo.

light (to) *tr.* encender [el fuego, el cigarro, una luz, etc.]. 2 alumbrar [dar luz a; acompañar con luz]. 3 iluminar [dar luz a, bañar de luz; adornar con luces] ; dar brillo, animación [a los ojos, el semblante]. 4 MAR. halar [un cabo]. 5 *to* ~ *up*, encender, iluminar; abs. encender las luces. — 6 *intr.* encenderse. 7 iluminarse. | Gralte con *up*. 8 apearse. 9 posarse, descender, caer [en o sobre]. 10 pop. (EE. UU.) *to* ~ *into*, arremeter contra, increpar duramente. 11 pop. (EE. UU.) *to* ~ *out*, liarlas, salir de pronto, precipitadamente. 12 *to* ~ *on o upon*, tropezar o topar con, encontrar por casualidad. ¶ CONJUG. pret. y p. p. : *lighted o lit*.

light-armed *adj.* armado de armas ligeras. 2 armado con armadura ligera.

light-borne *adj.* llevado o traído por la luz.

lightbrain (laiˈtbrein) *s.* persona casquivana o frívola.

light-complexioned *adj.* de tez blanca.

lighten (to) (laiˈtən) *tr.* iluminar, alumbrar [llenar de luz] ; hacer brillar o resplandecer. 2 iluminar [el entendimiento]. 3 aclarar, avivar [un

color]. 4 alegrar. 5 aligerar [quitar peso], descargar, aliviar. 6 alijar, descargar [un buque]. 7 hacer más ligero o ágil. — 8 *intr.* iluminarse. 9 aclararse [hacerse menos obscuro]. 10 brillar, relampaguear : *it lightens*, relampaguea. 11 aligerarse, hacerse más ligero.

lightener (laiˈtənəʳ) *s.* iluminador. 2 aliviador.

lightening (laiˈtəning) *adj.* iluminador. 2 aligerador, aliviador. — 3 *s.* iluminación. 4 aligeramiento. 5 acción de hacer o hacerse más claro o brillante. 6 alba, alborada. 7 MED. en una mujer embarazada, disminución de la sensación de peso en el abdomen al encajarse el feto.

lighter (laiˈtəʳ) *adj.* comp. de LIGHT. — 2 *s.* alumbrador, encendedor [pers.] : ~ *of lamps*, farolero. 3 encendedor mecánico o automático, mechero. 4 trozo de papel retorcido [para encender]. 5 MAR. alijador, gabarra, barcaza.

lighter (to) *tr.* cargar o descargar por medio de alijadores, barcazas o gabarras.

lighterage (laiˈtəridʒ) *s.* carga o descarga por medio de alijadores, barcazas o gabarras; precio que se paga por ella.

lighterman (laiˈtəʳmæn) *pl.* **-men** (-men) *s.* gabarrero.

light-fingered *adj.* ligero de dedos, largo de uñas.

light-footed *adj.* ligero de pies.

light-haired *adj.* pelirrubio.

light-handed *adj.* de mano ligera, suave. 2 con las manos vacías. 3 MAR. con poca tripulación.

light-headed *adj.* ligero de cascos, atolondrado. 2 aturdido, mareado. 3 delirante.

light-hearted *adj.* alegre; libre de penas o cuidados.

light-horseman, *pl.* **-men** *s.* soldado de un cuerpo de caballería ligera.

lighthouse (laiˈtjaus) *s.* MAR. faro, farola. — 2 *adj.* MAR. de faro o farola : ~ *keeper*, torrero [de faro].

lighthouseman (laiˈtjausmæn), *pl.* **-men** (-men) *s.* torrero [de faro].

lighting (laiˈting) *s.* iluminación. 2 alumbrado : luz [eléctrica, de gas, etc.]. 3 encendido. — 4 *adj.* de alumbrado, de luz : ~ *effects*, TEAT. efectos de luz; ~ *fixtures*, aparatos de alumbrado.

lightkeeper (laiˈtkiːpəʳ) *s.* torrero [de faro].

lightless (laiˈtlis) *adj.* sin luz, obscuro.

lightly (laiˈtli) *adv.* ligeramente. 2 fácilmente, sin esfuerzo. 3 alegremente. 4 livianamente. 5 a la ligera, de ligero. 6 sin seriedad. 7 sin razón, sin motivo. 8 ~ *come*, ~ *go*, como se viene se va; los dineros del sacristán, cantando se vienen, cantando se van.

light-minded *adj.* voluble, atolondrado.

lightness (laiˈtnis) *s.* claridad, luminosidad; grado o calidad de la luz. 2 lo claro [de un color]. 3 ligereza, levedad. 4 delicadeza, suavidad. 5 ligereza, agilidad. 6 ligereza, frivolidad, liviandad.

lightning (laiˈtning) *s.* METEOR. relámpago, fucilazo; rayo, centella : *like* ~, fig. como el rayo, velozmente. — 2 *adj.* de rayo : ~ *arrester*, pararrayos [en una instalación eléctrica] ; ~ *rod*, pararrayos [en un edificio] ; ~ *stone*, fulgurita; piedra de rayo; ~ *switch*, RADIO. conmutador para desconectar la antena del receptor y conectarla con tierra, durante las tempestades. 3 ENTOM. ~ *beetle*, ~ *bug*, luciérnaga; cocuyo.

light-o'-love *adj.* inconstante en el amor. — 2 *s.* mujer ligera, inconstante. 3 mujer liviana, ramera.

lightroom (laiˈtrrum) *s.* MAR. pañol de faroles. 2 linterna de faro.

lights (laits) *s. pl.* bofes, chofes, livianos.

lightship (laiˈtship) *s.* buque faro o farola.

light-skirts *s.* mujer liviana.

lightsome (laiˈtsəm) *adj.* claro, luminoso. 2 alegre, festivo. 3 ligero, airoso, ágil. 4 frívolo, inconstante.

lightsomeness (laiˈtsəmnis) *s.* claridad. 2 alegría, jovialidad. 3 ligereza, gracia, agilidad. 4 frivolidad, inconstancia.

lightweight (laiˈtueit) *adj.* ligero, de poco peso. 2 ligero, de entretiempo [vestido] : ~ *coat*, abrigo de entretiempo. 3 DEP. de peso ligero. — 4 *s.* DEP. peso ligero [boxeador]. 5 persona de poco peso. 6 fig. pelele.

lightwood (laiˈtwud) *s.* leña [para el fuego]. 2 (EE. UU.) pino resinoso; nombre de otras maderas que llevan substancias volátiles inflamables.

light-year *s.* ASTR. año de luz.
lignaloes (lignæ·louš) *s.* BOT. agáloco. 2 BOT. áloe, lináloe.
ligneous (li·gniøs) *adj.* leñoso.
lignicole (li·cnicol) *adj.* lignícola, que vive en la madera.
ligniferous (ligni·førøs) *adj.* BOT. lignífero.
lignification (lignifike·shøn) *s.* lignificación.
lignify (to) (li·gnifai) *tr.* lignificar, convertir en madera. — *2 intr.* lignificarse, convertirse en madera. ¶ CONJUG. pret. y p. p. : *lignified*.
lignin (li·gnin) *s.* BOT., QUÍM. lignina.
lignite (li·gnait) *s.* MINER. lignito.
lignum-vitae (li·gnøm-vai·ti) *s.* BOT. guayacán, palo santo.
ligula (li·guiulæ), *pl.* **lae** (-li) o **-las** (-læs) *s.* ANAT., BOT. lígula.
ligulate (li·guiulit) *adj.* BOT. ligulado.
ligule (li·guiul) *s.* BOT. lígula.
Ligurian (liguiu·rian) *adj.* y *s.* ligur, ligurino.
likable (lai·kabøl) *adj.* amable, agradable, atrayente, simpático.
like (laic) *adj.* igual, parecido, semejante, análogo. lo mismo que, tal, como : *in a ~ manner*, de igual modo ; *~ figures*, GEOM. figuras semejantes ; *~ signs* ÁLG. signos iguales ; *~ poles*, ELECT. polos del mismo nombre ; *~ that*, así, de esta clase ; *~ father*, *~ son*, de tal palo tal astilla ; *~ master*, *~ man*, cual es el amo, tal es el criado ; *something ~*, algo así como : *to be ~*, parecerse, ser parecido : *the portrait is not ~*, el retrato no es parecido, no se parece al original ; *to be as ~ as two peas*, parecerse como dos gotas de agua : *to look ~*, parecer ; parecer, tener trazas de : *it looks ~ rain*, parece que va a llover ; *what is he ~?*, ¿cómo es él? 2 fam. probable, fácil, verosímil. | A veces con distinta construcción : *he is not ~ to come*, no es probable, o no es fácil, que venga. 3 propio, característico [de uno] : *that is ~ him o just ~ him*, esto es muy propio de él, muy suyo. 4 [con el verbo *to feel*] inclinado, dispuesto, deseoso, que le gustaría o tiene ganas de : *I feel ~ taking a walk*, tengo ganas de dar un paseo, me gustaría dar un paseo. — *5 adv., prep., conj.* como, hecho, del mismo modo que ; a manera de, como si : *~ anything o everything*, mucho, hasta más no poder, hasta no más ; *~ a fury*, hecho una furia ; *~ mad*, como un loco ; *~ this*, así de este modo ; *nothing ~*, ni con mucho. — *6 adv.* probablemente : *~ enough*, muy probablemente. — *7 s.* igual, persona o cosa igual, parecida o semejante : *he has not his ~*, no tiene igual ; *the ~*, cosas así ; *the ~ o the likes of*, pers. o cosa semejante, que se parezca a ; *to give ~ for ~*, pagar en la misma moneda. 8 gusto, simpatía. | Ús. esp. en la frase : *likes and dislikes* : gustos y aversiones, simpatías y antipatías.
like (to) *tr.* querer, amar, tener simpatía a, gustar de, gustarle a uno o ser de su gusto [una pers. o cosa], hallar del agrado de uno : *I ~ him*, le quiero, me gusta ; *I ~ his impudence*, irón. me gusta su desfachatez ; *do you ~ tea?*, ¿le gusta a Vd. el té? ; *he likes running*, él gusta de correr ; *how do you ~ it?*, ¡cómo lo encuentra Vd.?, ¿qué le parece?, ¿le gusta? ; *to ~ better o best*, preferir, gustarle a uno más [una cosa]. 2 En oraciones subjuntivas o condicionales puede traducirse por «querer», «desear» : *as you ~ [it]*, como quiera, como guste ; *if you ~*, si Vd. quiere ; *I should ~ to see it*, quisiera verlo, me gustaría verlo ; *what would you ~ to do?*, ¿qué querría Vd. hacer?, ¿qué le gustaría hacer? 3 sentar [hablando de comida o bebida] : *it does not ~ me*, no me sienta bien. 4 fam. Con el verbo *to have*, significa «por poco» : *he had ~ to have died*, por poco se muere.
likelier (lai·kliø·) *adj. comp.* de LIKELY.
likeliest (laikliest) *adj. superl.* de LIKELY.
likelihood (lai·klijud), **likeliness** (lai·klinis) *s.* probabilidad, posibilidad ; verosimilitud. 2 cosa probable. 3 signo, indicación.
likely (lai·kli) *adj.* probable, fácil, posible : *he is ~ to come*, es probable o es posible que él venga ; *it is ~ to rain*, es probable que llueva, posiblemente lloverá. 2 verosímil, creíble. 3 apropiado, a propósito. 4 prometedor, que parece capaz, inteligente, etc. — *5 adv.* probablemente. | Gralte con *most, very, enough*, etc. : *it is*

~ enough, es muy probable, no sería extraño.
like-minded *adj.* del mismo parecer o intención. 2 de la misma mentalidad.
liken (to) (lai·køn) *tr.* asemejar, comparar, equiparar.
likeness (lai·knis) *s.* semejanza, parecido, aire. 2 apariencia, forma : *an enemy in the ~ of a friend*, un enemigo bajo la apariencia de un amigo. 3 trasunto, efigie, retrato : *to take one's ~*, retratar a uno.
likewise (lai·kuaiš) *adv.* parecidamente, igualmente, lo mismo. 2 asimismo, también, además.
liking (lai·king) *s.* inclinación, afición, simpatía. 2 deseo, agrado, gusto, preferencia.
lilac (lai·lac) *s.* BOT. lilac, lila. — *2 adj.* de color lila.
Liliaceæ (lilei·shii) *s. pl.* BOT. liliáceas.
liliaceous (lilei·shøs) *adj.* liliáceo.
lilied (li·lid) *adj.* parecido a un lirio. 2 adornado con lirios.
Lille (lil) *n. pr.* GEOGR. Lila.
liliputian (lilipiu·shan) *adj.* y *s.* liliputiense.
lilt (li·lt) *s.* canción de movimiento vivo, alegre. 2 ritmo, cadencia.
lilt (to) *tr.* cantar con movimiento vivo, alegre.
lily (li·li) *pl.* **-lies** (-lis) *s.* BOT. lirio ; azucena ; lis : *Annunciation ~*, azucena ; *~ of the valley*, lirio de los valles, muguete ; *water ~*, ninfea, nenúfar. 2 flor de lis. — *3 adj.* de lirio, como el lirio, blanco, puro, tierno ; pálido. 4 BOT. *~ family*, liliáceas.
lily-livered *adj.* fig. cobarde.
lilywort (li·liuø·t) *s.* planta liliácea.
Lima (lai·mæ) *n. pr.* GEOGR. Lima. — *2 adj.* de Lima : *~ bean*, especie de frijol ; *~ wood*, especie de brasilete.
limacine (li·masain) *adj.* perteneciente a las babosas.
limb (lim) *s.* miembro [del cuerpo del hombre o de un animal], esp. pierna. 2 fig. miembro [de un conjunto o comunidad]. 3 brazo o rama [de una cosa]. 4 rama [de árbol]. 5 estribo [de montaña]. 6 limbo, borde. 7 BOT., ASTR. limbo. 8 limbo [de un instrumento graduado]. 9 GRAM. miembro [de una oración]. *10 ~ of the devil*, o *of Satan*, o simplte. *limb*, muchacho travieso. *11 ~ of the law*, abogado, juez, curial, policía, etc.
limb (to) *tr.* lisiar. 2 desmembrar despedazar. 3 quitar las ramas [a un árbol cortado].
limbed (limd) *adj.* que tiene miembros o ramas, o que los tiene de cierto modo.
limber (li·mbø·) *adj.* flexible, cimbreño, ágil. — *2 s.* ARTILL. armón, avantrén. 3 MAR. imbornal de varenga.
limber (to) *tr.* hacer flexible o ágil. 2 ARTILL. enganchar el armón a. — *3 intr.* ARTILL. *to ~ up* enganchar el armón.
limberness (li·mbø·nis) *s.* flexibilidad, agilidad.
limbless (li·mlis) *adj.* sin miembros, sin ramas.
limbo (li·mbou) *s.* limbo [de las almas]. 2 fig. prisión, encierro ; olvido.
limbus (li·mbøs) *s.* ZOOL., BOT. limbo, borde.
lime (lai·m) *s.* cal. 2 caliza. 3 liga [para cazar pájaros]. 4 BOT. tilo. 5 BOT. lima ; lima agria ; limero, limero agrio : *sweet ~*, lima, limero. — *6 adj.* de cal : *~ burner*, calero ; *~ cast*, ALBAÑ. enlucido de cal ; *~ pit*, calera [cantera de piedra para hacer cal] ; TEN. encalador, pelambrera. 7 de liga : *~ twig*, vareta. 8 BOT. *~ tree*, tilo, tilla ; limero agrio.
lime (to) *tr.* encalar. 2 AGR. abonar con cal. 3 TEN. apelambrar. 4 ALBAÑ. unir con argamasa. 5 untar con liga ; cazar con liga.
Limean (li·mæn) *adj.* y *s.* limeño.
limekiln (lai·mkiln) *s.* calera [horno de cal].
limelight (lai·mlait) *s.* TEAT. foco, reflector, esp. el empleado primitivamente con luz obtenida aplicando una llama oxhídrica a una barra de calcio ; haz luminoso del reflector. 2 TEAT. parte de la escena iluminada por el reflector. 3 fig. posición conspicua, a la vista del público, publicidad : *to be in the ~*, estar a la vista del público, ser objeto de la curiosidad o de la atención del público, ser de actualidad o ser notable.
limen (lai·men) *s.* PSIC. umbral de la conciencia ; punto en que un estímulo dado empieza a producir su efecto en la conciencia ; mínimo de excitación de los nervios que se requiere para producir una sensación.

limerick (li·mǿric) s. especie de poema jocosamente absurdo, esp. en forma de quintilla.
limestone (lai·mstoun) s. caliza, piedra caliza.
limewater (lai·muǫtǫ') s. agua de cal.
liminal (li·minal) adj. psic. perteneciente al umbral de la conciencia.
limit (li·mit) s. límite [término, confín; restricción; punto, cantidad, etc., que no se puede sobrepasar] : without ~, ilimitado sin límites. 2 mat. límite. 3 fam. colmo : to be the ~, ser el colmo, ser intolerable; to the ~, hasta más no poder.
limit (to) tr. limitar [poner límite o límites] : to ~ to, limitar a. 2 der. fijar, determinar.
limitable (li·mitabǫl) adj. limitable, restringible.
limitary (li·miteri) adj. sujeto a restricción, limitado. 2 de límite. 3 limitador, restrictivo.
limitation (limite·shǫn) s. limitación. 2 restricción. 3 acotamiento.
limitative (li·miteitiv) adj. limitativo.
limited (li·mitid) adj. limitado, tasado, poco, escaso, reducido. 2 limitado, finito. 3 limitado, restringido : ~ company, limited-liability company, com. sociedad limitada; ~ divorce, fam. separación judicial; ~ express, ~ train (EE. UU.) expreso o tren de lujo; ~ partnership, com. comandita, sociedad en comandita. 4 pol. constitucional : ~ monarchy, monarquía constitucional.
limitedly (li·mitidli) adv. limitadamente.
limiting (li·miting) adj. limitador, restrictivo, que limita. 2 rayano, aledaño.
limitless (li·mitlis) adj. sin límites, ilimitado.
limitrophe (li·mitrof) adj. limítrofe.
limn (to) (lim) tr. ant. dibujar, pintar, retratar.
limner (li·mnǫ') s. pintor; retratista.
limonite (lai·monait) s. miner. limonita.
limous (lai·mǫs) adj. limoso.
Limousin (limuzæ·n) n. pr. geogr. Lemosín.
limousine (limuši·n) auto. limousine.
limp (limp) s. cojera, claudicación. — 2 adj. flojo, flexible, fláccido, lacio. 3 blando, débil [de carácter].
limp (to) intr. cojear, renquear. 2 mec. marchar con dificultad, o irregularmente. 3 cojear [un verso].
limper (li·mpǫ') s. cojo.
limpet (li·mpet) s. zool. lapa, lápade [molusco].
limpid (li·mpid) adj. límpido, claro, transparente.
limpidity (limpi·diti), **limpidness** (li·mpidnis) s. limpidez, claridad transparencia.
limping (li·mping) adj. cojo.
limpingly (li·mpingli) adv. cojeando, con cojera.
limy (lai·mi) adj. viscoso, pegajoso, untado con liga. 2 calizo.
Linaceae (lainei·sii) s. pl. bot. lináceas.
linaceous (lainei·shǫs) adj. lináceo.
linage (lai·nidʒ) s. impr. número de líneas.
linchpin (li·nchpin) s. pezonera [de carruaje]; pasador, chaveta. 2 artill. sotrozo.
linden (li·ndǫn) s. bot. tilo, tilia. 2 madera de tilo.
line (lain) s. cuerda [relativamente delgada], cordel, hilo : clothes ~, cuerda para tender ropa. 2 cuerda, sedal [para pescar] : to give ~ to, ir soltando sedal para que éste no se rompa y el pez cogido en el anzuelo se canse; fig. dar libertad de acción [a uno], sin dejar de vigilarle, para que con sus actos se descubra o comprometa. 3 mar. cabo o cable delgado y fuerte, cordel de amarre, cordel de la corredera, cuerda de la sonda, sondaleza. 4 cuerda, cordel o cinta [para medir o nivelar] ; cordel o hilo [de la plomada] : by ~, by rule and ~, con exactitud y precisión. 5 línea [en geometría, topografía, etc.] ; línea, raya, trazo : base ~, ground ~, pers. línea de la tierra; ~ base ~, ground ~, tenis. línea de fondo; broken ~, línea quebrada; curved ~, línea curva; dotted ~, línea de puntos; equinoctial ~, geogr., astr. línea equinoccial; goal ~, fútbol. línea de fondo; level ~, mar. línea del fuerte; ~ of apsides, astr. línea de los ápsides; ~ of fire, línea de tiro [de un arma]; ~ of force, fís. línea de fuerza; ~ of nodes, astr. línea de los nodos; ~ of service, tenis. línea de saque o de servicio; ~ of sight, línea de mira, visual; right o straight ~, línea recta; the ~, geogr. la línea, el ecuador. 6 línea recta; línea, fila, hilera, ringla : to bring into ~, alinear; hacer que uno siga una opinión, política, etc.; to come into ~, alinearse; decidirse a seguir una opinión, política, etc.; to fall in ~, alinearse; to toe the ~, aceptar el programa, etc., de un partido; to wait in ~, hacer cola; in ~, alineado; fig. de acuerdo, dispuesto; out of ~ desalineado; fig. en desacuerdo. 7 línea, raya, término, límite : to draw the ~ at, no ir más allá de; on the ~, en la línea divisoria, ni del todo lo uno ni del todo lo otro. 8 mil., fort. línea : ~ of battle, línea de combate; ~ of circunvallation, línea de circunvalación; ship of ~, navío de línea; all along the ~, en toda la línea. 9 línea [aérea, férrea, marítima, telegráfica, telefónica, etc.]. 10 conducción, cañería, tubería [para agua, gas, vapor, etc.]. 11 rasgo, trazo, perfil. 12 geogr. meridiano, paralelo [en un mapa]. 13 línea, renglón : to read between the lines, leer entre líneas; a ~, fig. unas líneas [breve misiva]. 14 verso [línea]. 15 arruga [en el rostro, etc.], raya [de las manos] : ~ of life, raya de la vida [en quiromancia]. 16 línea [medida]. 17 línea [ascendente o descendente de parentesco] ; linaje, alcurnia, familia. 18 línea [de conducta, acción o pensamiento] ; ~ of least resistance, fig. línea del menor esfuerzo. 19 ramo [de negocios], género [de actividad propia de uno], especialidad, estilo, modo de proceder : in one's ~, o out of one's ~, dentro del ramo de negocios, género de actividad, conocimientos, estilo, etc., de uno, o ajeno a ellos. 20 com. clase de artículos; surtido. 21 com. pedido [hecho a un viajante]. 22 com. tipo de seguro. 23 pint. altura de los ojos del espectador : hung on the ~, colgado a la altura de los ojos del espectador [cuadro o pintura]. 24 pl. líneas, contornos, rasgos. 25 versos, verso [poema]. 26 teat. papel [palabras de un papel] ; parte [de un actor]. 27 riendas [del caballo]. 28 hard lines, apuro, situación angustiosa. 29 fam. marriage lines, partida de matrimonio.
30 adj. de cuerda o sedal, de línea, etc. : ~ drawing, dibujo lineal; ~ engraving, grabado al buril; ~ fishing, pesca con caña, pesca con sedal y anzuelo; ~ shaft, mec. árbol principal de transmisión; ~ spacer, interlineador [de la máquina de escribir].
line (to) tr. linear, rayar, reglar. 2 marcar con rayas. 3 delinear, dibujar. 4 arrugar [el rostro, las manos]. 5 estar a lo largo o siguiendo la orilla de, formar fila o hilera a lo largo de. 6 leer en voz alta verso por verso. 7 medir con cinta o cordel. 8 forrar, guarnecer, revestir. 9 llenar. 10 to ~ up, alinear, poner en fila; mec. ajustar. — 11 intr. alinearse, estar en línea. 12 to ~ up, ponerse en fila. 13 to ~ out, desplegarse en fila.
lineage (li·niidʒ) s. linaje, abolengo, prosapia.
lineal (li·nial) adj. lineal. 2 que viene por línea directa; hereditario. — 3 s. descendiente por línea directa.
lineally (li·niali) adv. en línea directa, por descendencia directa.
lineament (li·niamǫnt) s. lineamento. 2 facción [del rostro]. 3 pl. facciones; fisonomía.
linear (li·nia') adj. lineal : ~ drawing, dibujo lineal; ~ perspective, perpectiva lineal. 2 longitudinal, alargado : ~ measure, medida o medidas de longitud. 3 mat. de primer grado : ~ equation, ecuación de primer grado. 4 bot., zool. linear.
lineate(d (liniei·t(id) adj. rayado [marcado con rayas o listas].
lineation (linie·shǫn) s. delineación. 2 disposición por líneas.
lined (laind) adj. rayado : ~ paper, papel rayado. 2 arrugado [rostro, manos]. 3 forrado, revestido : to have one's purse, o pocket, well lined, fig. tener el riñón bien cubierto.
lineman (lai·nmæn) pl., -men (-men) s. ferroc., elect., telef., teleg. operario o empleado que repara la línea. 2 top. cadenero. 3 dep. delantero [en el fútbol americano].
linen (li·nen) s. hilo de lino. 2 lienzo, lino [tela]. 3 ropa blanca : baby ~, pañales; bed ~, ropas de cama; table ~, mantelería. — 4 adj. de lino, de hilo, de lienzo, de ropa blanca o para ellos : ~ damask, damasco de hilo, alemanisco; ~ draper, lencero; ~ drapery, ~ goods, lencería [géneros]; ~ prover, cuentahilos; ~ trade, lencería [comercio].

liner (lai·nø') s. rayador. 2 delineador. 3 vapor o avión de una línea. 4 forrador. 5 forro. guarnición interior. 6 MEC. forro tubular, camisa. 7 BÉISBOL. pelota voleada horizontalmente.

linesman (lai·nŝmæn), pl. **-men** (-men) s. FERROC., ELECT., TELEF., TELEG. operario o empleado que repara la línea. 2 DEP. juez de línea. 3 soldado de infantería de línea.

line-up, lineup (lai·nøp) s. formación, fila. 2 división en grupos o partidos. 3 rueda de presos.

ling (ling) s. ICT. especie de bacalao. 2 BOT. nombre del brezo y otras plantas.

linger (to) (li·ngø') intr. demorar, tardarse, ir despacio, entretenerse, quedarse o esperar mucho tiempo; estar ocioso, obrar con lentitud, vacilar. 2 subsistir, durar, prolongarse [aunque apagándose, amainando, etc.]. — 3 tr. to ~ out o away, pasar [un tiempo] en la inacción, la espera, la enfermedad, etc.

lingerer (li·ngørø') s. rezagado; el que demora.

lingerie (læ·nỹøri) s. ropa blanca. 2 ropa interior [de mujer].

lingering (li·ngøring) adj. lento, prolongado. 2 tardo, moroso. 3 que dura, que subsiste. — 4 s. tardanza, dilación.

lingeringly (li·ngøringli) adv. morosamente, con lentitud, con dilación.

lingo (li·ngou) s. lenguaje, jerga.

linguadental (linguide·ntal) adj. FONÉT. linguodental.

lingua franca (li·ngua fræ·nca) s. lengua franca.

lingual (li·ngual) adj. lingual.

linguist (li·ngüist) s. lingüista. 2 poligloto [pers. versada en varias lenguas].

linguistic (lingüi·stic) adj. lingüístico.

linguistics (lingüi·stics) s. lingüística.

liniment (li·nimønt) s. linimento.

lining (lai·ning) s. acción de forrar. 2 forro, aforro. 3 tela para forros. 4 revestimiento. 5 camisa [de horno]. 6 AUTO. cinta o guarnición [de freno]. 7 MAR. embono. 8 MIN. encofrado.

link (linc) s. eslabón [de cadena]. 2 eslabón de la cadena de Gunter [201'2 mm.]. 3 vínculo, enlace, lo que une o enlaza : cuff ~, gemelo [de puño]. 4 MEC. articulación : varilla de conexión o articulación ; biela; elemento de un sistema articulado; sector de la excéntrica [en la máquina de vapor]. 5 ELECT. hilo o chapa de [fusible]. 6 malla, punto [en el tejido]. 7 hacha de viento. 8 pl. campo de golf. — 9 adj. de eslabón, de unión, articulado: ~ motion, distribución, mecanismo de distribución [en la máquina de vapor]. 10 ELECT. ~ fuse, fusible descubierto.

link (to) tr. eslabonar, unir, enlazar, encadenar, concadenar, engarzar. — 2 intr. eslabonarse, unirse, enlazarse.

linkage (li·nkidỹ) s. eslabonamiento, unión, encadenamiento. 2 MEC. sistema articulado, combinación de varillas de conexión, bielas. etc. 3 QUÍM. enlace. 4 ELECT. acoplamiento inductivo.

linkboy (li·ncboi) y **linkman** (li·nŝi-wu·lŝi) s. paje de hacha. 2 el que llamaba los coches a la salida del teatro, etc.

linking (li·nking) s. eslabonamiento, enlace.

Linnaean, Linnean (lini·an) adj. de Lineo.

linnet (li·nit) s. ORNIT. pardillo, pajarel. 2 ORNIT. jilguero.

linoleum (linou·liøm) s. linóleo.

linotype (lai·notaip) s. IMPR. linotipia. 2 IMPR. linotipo.

linotyper (lainotai·pø'), **linotypist** (lainotai·pist) s. linotipista.

linseed (li·nsrd) s. linaza. — 2 adj. de linaza : ~ meal, harina de linaza ; ~ oil, aceite de linaza.

linsey-woolsey (li·nŝi-wu·lŝi) s. tejido basto de lana o lino con urdimbre de algodón. — 2 adj. basto, de lana y algodón. 3 mezclado, que no es ni una cosa ni otra.

linstock (li·nstac) s. ARTILL. botafuego.

lint (lint) s. CIR. hilas. 2 borra del algodón. 3 (EE. UU.) tejido de malla para redes de pescar.

lintel (li·ntøl) s. ARQ. dintel.

lion (lai·øn) s. ZOOL. león : a ~ in the path o way, fig. obstáculo peligroso; lion's share, fig. parte del león, la mejor parte; lion's skin, piel de león; fig. valor fingido; to beard the ~ in his den, fig. ir a desafiar la cólera de un superior, un poderoso, etc.; to put one's head in the lion's mouth, fig. meterse en la boca del lobo.

2 fig. león [hombre valiente]. 3 fig. persona notable o célebre muy solicitada en la vida de sociedad. 4 ASTR. (con may.) Leo. 5 ENTOM. ~ ant, hormiga león. 6 pl. (Ingl.) curiosidades de un lugar o población.

lioness (lai·ønis) s. leona.

lion-heart s. persona valiente. 2 (con may.) Corazón de León (Ricardo I de Inglaterra).

lion-hearted adj. valiente.

lionize (lai·ønaiŝ) tr. agasajar mucho [a uno] en la vida de sociedad, tratarlo como a una celebridad. 2 enseñar [a uno] las curiosidades de un lugar o población. 3 visitar, ir a ver [las curiosidades de un lugar o población].

lionlike (lai·ønlaic) adj. de león, que parece de león, leonino.

lion's-foot s. BOT. pie de león. 2 BOT. eléboro negro.

lion's-mouth s. BOT. dragón, becerra.

lion's-tooth s. BOT. diente de león.

lip (lip) s. ANAT. labio: stiff upper ~, fig. fortaleza, obstinación. 2 por ext. palabras, boca : to hang on the lips of, estar pendiente de los labios de. 3 fam. lenguaje insolente. 4 labio [de una herida, de una flor, de un vaso]; pico [de jarro]. 5 MÚS. boquilla. — 6 adj. labial, de los labios : ~ reading, lectura de los movimientos de los labios. 7 de boca, insincero : ~ devotion, devoción de boca; ~ service, jarabe de pico; alabanza, apoyo, etc., insinceros, de dientes afuera.

lip (to) tr. tocar con los labios,· besar. 2 besar, lamer [dicho del agua, de las olas]. 3 susurrar, decir en voz baja. ¶ CONJUG. pret. y p. p.: lipped; ger.: lipping.

lipase (lai·peis o li·peis) s. BIOQUÍM. lipasa.

lip-good adj. hipócrita, farisaico.

lipoma (lipou·ma), pl. **-mata** (-møta) o **-mas** (-mas) s. MED. lipoma.

lipomatosis (lipoumatou·sis) s. MED. degeneración grasa.

lipothymy (lipa·zimi) s. MED. lipotimia.

lipped (li·pt) adj. que tiene labios o los tiene de cierto modo: thick-lipped, de labios gruesos. 2 BOT. labiado: two-lipped, bilabiado.

lipper (li·pø') s. MAR. pequeño oleaje, mar rizada.

lipstick (li·pstic) s. lápiz labial, lápiz para los labios.

liquable (li·cuabøl) adj. licuable.

liquate (to) (lai·cueit) tr. METAL. licuar.

liquation (laicue·shøn) s. METAL. licuación.

liquefaction (licuifæcshøn) s. licuación, licuefacción, liquidación.

liquefactive (licuifæ·ctiv) adj. licuefactivo.

liquefiable (li·cuifaiabøl) adj. licuable, liquidable.

liquefy (to) (li·cuifai) tr. liquidar, licuar, licuefacer. — 2 intr. liquidarse, licuarse.

liquescence, liquescency (licue·søns, -si) s. licuescencia.

liquescent (licue·sønt) adj. licuescente.

liqueur (likiu·ʳ) s. licor, [bebida espirituosa preparada con azúcar y substancias aromáticas]. — 2 adj. de o para licor o licores : ~ glass, copita, vasito [para licores] ; ~ frame, ~ stand, licorero.

liquid (li·cuid) adj. líquido [como el agua, etc.] : ~ air, aire líquido ; ~ fire, líquido inflamado proyectado por un lanzallamas. 2 para líquidos : ~ mesure, medida o sistema de medidas para líquidos. 3 claro, transparente, cristalino. 4 puro, suave [sonido]. 5 poco firme, inestable [convicción, etc.]. 6 FONÉT. líquido. 7 COM. realizable : ~ assets, valores realizables. — 8 s. líquido. 9 FONÉT. consonante líquida.

liquidambar (li·cuidæmbaʳ) s. liquidámbar: ~ tree, BOT. ocozol.

liquidate (to) (li·cuideit) tr. liquidar, saldar [cuentas]. 2 pop. liquidar, acabar con, matar, destruir. — 3 intr. COM. liquidar.

liquidation (licuide·shøn) s. COM. liquidación : to go into ~, liquidar [hacer ajuste final de cuentas] ; quebrar.

liquidator (li·cuideitøʳ) s. liquidador.

liquidity (licui·diti) s. liquidez. 2 claridad, transparencia, brillo. 3 pureza, fluidez [de un sonido, canto, etc.].

liquidize (to) (li·cuidaiŝ) tr. liquidar, licuar.

liquidness (li·cuidnis) s. LIQUIDITY.

liquor (li·køʳ) s. licor, líquido. 2 bebida : temperance ~, bebida no alcohólica. 3 licor, bebida alcohólica : in ~, embriagado. 4 FARM. licor, so-

lución. — *5 adj.* de licor o licores; para licores : ~ *distiller*, licorista; ~ *shop*, licorería.
liquorice (li·cøris)ᶜ *s.* LICORICE.
lira (li·ra) *s.* lira [moneda].
Lisbon (li·s̄bøn) *n. pr.* GEOGR. Lisboa.
lisle (lail) o **lisle thread** *s.* hilo fino muy retorcido de lino o algodón.
lisp (lisp) *s.* ceceo. 2 balbuceo [de los niños]. 3 sonido sibilante de un roce.
lisp (to) *intr.* cecear. 2 balbucir. — *3 tr.* pronunciar con ceceo o balbucencia.
lisper (li·spø') *s.* ceceoso, zopas.
lisping (li·sping) *s.* ceceo. 2 balbucencia. 3 sonido sibilante de un roce; murmurio [del agua]; susurro [de las hojas]. — *4 adj.* ceceoso. 5 balbuciente.
lissom(e (li·søm) *adj.* flexible, elástico. 2 ágil.
list (list) *s.* lista, catálogo, minuta, rol, matrícula. 2 orillo. 3 lista, faja, raya, cenefa. 4 orilla [de una tela]. 5 poét. límite, lindero. 6 ARQ. listel, filete. 7 CARP. listón. 8 CARP. barandal. 9 MAR. inclinación lateral, escora : *to have a* ~, irse a la banda, escorar. *10 liza*, palenque : *to enter the lists*. entrar en liza, entrar en la contienda. *11 ant.* deseo, gana, voluntad. — *12 adj.* de orillo. *13 de lista* : ~ *price*, precio de tarifa o de catálogo.
list (to) *tr.* inscribir en una lista, hacer una lista de, registrar, catalogar, matricular. 2 alistar. 3 COM. cotizar; facturar. 4 poner burletes de orillo a [una puerta]. 5 guarnecer con cenefa, etc., listar, rayar. 6 MAR. hacer escorar. — *7 intr.* alistarse. 8 MAR. inclinarse a la banda, escorar. — *9 tr.* e *intr.* ant. y poét. escuchar.
listed (li·stid) *adj.* inscrito en lista. 2 COM. cotizado. 3 listado, rayado. 4 cercado [con valla o palenque].
listel (li·støl) *s.* ARQ. listel, listón, filete.
listen (to) (li·søn) *intr.* y *tr.* escuchar : *to* ~ *to*, escuchar, oir, atender, dar oídos a, prestar atención a; *to* ~ *to reason*, atender a razones. *2 to* ~ *in*, escuchar subrepticiamente una conversación telefónica; escuchar por radio.
listener (li·snø') *s.* oyente, escucha; radioyente, radioescucha.
listening (li·sning) *s.* acción de escuchar, escucha. — *2 adj.* que escucha, para escuchar, de escucha : ~ *key*, ~ *plug*, clavija de intercalación. mediante la cual una telefonista conecta su receptor con el circuito de un abonado; ~ *post*, puesto de escucha.
listing (li·sting) *s.* orillo [de paño]; orilla, cenefa. 2 inscripción en una lista. 3 alistamiento.
listless (li·stlis) *adj.* distraído, indiferente, que no siente interés, apático, abatido.
listlessly (li·stlisli) *adv.* distraídamente, sin interés, con indiferencia.
listlessness (li·stlisnis) *s.* distracción, indiferencia, apatía, abatimiento.
lit (lit) *pret.* y *p. p.* de TO LIGHT.
litany (li·tani), *pl.* -nies (-nis) *s.* letanía.
liter (li·tø') *s.* litro.
literacy (li·tørasi) *s.* condición del que sabe leer y escribir.
literal (li·tøral) *adj.* literal. 2 formado o expresado por letras. 3 prosaico, positivista.
literalism (li·tørali̇s̄m) *s.* exactitud literal. 2 B. ART. realismo extremado.
literalist (li·tøralist) *adj.* y *s.* que interpreta literalmente, escrupulosamente exacto. 2 prosaico, positivista.
literalize (to) (li·tøralai̇s̄) *tr.* interpretar o aplicar literalmente.
literally (li·tørali) *adv.* literalmente, al pie de la letra.
literalness (li·tøralnis) *s.* exactitud literal. 2 prosaísmo, positivismo.
literary (li·tøreri) *adj.* literario : ~ *property*, propiedad literaria; ~ *man*, literato, hombre de letras.
literate (li·tørit) *adj.* que sabe leer y escribir. — *2 s.* persona que sabe leer y escribir. — *3 adj.* y *s.* literato. — *4 s.* en la Iglesia Anglicana, ordenando que no posee ningún grado universitario.
literati (li·tørei·tai) *s. pl.* literatos, hombres de letras. 2 fam. personas cultas.
literatim (li·tørei·tim) *adv.* letra por letra, a la letra, literalmente.

literature (li·tøræchø[) *s.* literatura. 2 fam. impresos, literatura de propaganda.
lithagogue (li·zagag) *adj.* y *s.* MED. litagogo.
litharge (li·za·dȳ) *s.* QUÍM. litarge, litargirio.
lithe (laid̄) *adj.* flexible, elástico, cimbreño, ágil.
litheness (lai·dnis) *s.* flexibilidad. 2 agilidad.
lithesome (lai·d̄søm) *adj.* flexible, elástico, cimbreño; ágil.
lithia (li·zia) *s.* QUÍM. litina.
lithiasis (lizai·asis) *s.* MED. litiasis.
lithiate (to) (li·zicit) *tr.* litinar.
lithic (li·zic) *adj.* lítico.
lithium (li·ziøm) *s.* QUÍM. litio.
lithoclase (li·zocleis) *s.* GEOL. litoclasa.
lithograph (li·zogræf) *s.* litografía [impresión].
lithograph (to) *tr.* litografiar.
lithographer (liza·grafø') *s* litógrafo.
lithographic (lizogræ·fic) *adj.* litográfico.
lithography (liza·grafi) *s.* litografía [arte; procedimiento].
lithoid (li·zóid) *adj.* litoideo.
lithologist (liza·loȳist) *s.* litólogo.
lithology (liza·loȳi) *s.* litología. 2 MED. tratado sobre los cálculos.
lithontriptic (lizantri·ptic) *adj.* y *s.* MED. litotríptico, litagogo.
lithophagous (liza·phagøs) *adj.* ZOOL. litófago.
lithophotography (lizofou·tografi) *s.* fotolitografía.
lithophyte (li·zofait) *s.* ZOOL. litófito.
lithosphere (li·zosfr') *s.* GEOL. litosfera.
lithotint (li·zotint) *s.* cromolitografía.
lithotome (li·zotoum) *s.* litótomo.
lithotomy (lizo·tomi) *s.* CIR. litotomía, talla.
lithotrite (li·zotrait) *s.* CIR. litófito.
lithotrity (lizo·triti) *s.* CIR. litotricia.
Lithuania (li·zyueinia) *n. pr.* GEOGR. Lituania.
Lithuanian (lizyuei·nian) *adj.* y *s.* lituano.
litigant (li·tigant) *adj.* y *s.* litigante; contendiente.
litigate (to) (li·tiguelt) *tr.* e *intr.* litigar, pleitear, contender.
litigation (litigue·shøn) *s.* litigación, litigio, pleito.
litigator (li·tiguei·tø') *s.* litigante, pleiteador.
litigious (liti·ȳøs) *adj.* litigioso. 2 pleiteador, pleitista.
litigiously (liti·ȳøsli) *adv.* de modo litigioso.
litigiousness (liti·ȳøsnis) *s.* afición a pleitear o mover pleitos.
litmus (li·tmøs) *s.* QUÍM. tornasol en pasta. — *2 adj.* de tornasol : ~ *paper*, papel de tornasol.
litotes (li·toti̇s̄) *s.* RET. litote.
litre (lɪ·tø') *s.* litro.
litter (li·tø') *s.* litera [vehículo]. 2 camilla, parihuelas. 3 camada, cría, lechigada. 4 cama .[de paja para las caballerías]; lecho [de hojas]; bálago [para techos]. 5 fig. tendalera, cosas esparcidas en desorden; escombros, basura; desorden.
litter (to) *tr.* parir [una lechigada]. 2 esparcir. desordenar. 3 cubrir [de cosas en desorden]; cubrir [el suelo] con paja, para cama de las caballerías, etc. — *4 intr.* parir, criar [un animal].
littérateur (litøratø'·r) *s.* literato.
little (li·tøl) *adj.* pequeño, chico, chiquito, menudo, menor, parvo : *a* ~ *one*, un niño, un pequeñuelo; *Little Bear, Little Dipper*, ASTR. Osa Menor, Carro Menor, Cinosura; ~ *brain*, ANAT. cerebelo; ~ *bustard*, ORNIT. sisón; *Little Dog*, ASTR. Can Menor; *Little Englander*, inglés enemigo de la expansión territorial del imperio británico; ~ *finger*, dedo auricular o meñique; ~ *folk*, ~ *men* o ~ *people*, duendes, gnomos, etc.; ~ *hours*, ECLES. horas menores; ~ *office*, ECLES. oficio parvo; ~ *Mary*, fam. el estómago; *Little Red Ridinghood*, Caperucita encarnada. | Se traduce muchas veces por una desinencia de diminutivo : ~ *house*, casita; ~ *man*, hombrecito. 2 poco, corto, escaso, mezquino : ~ *hope*, poca esperanza; *a* ~ *bread*, un poco de pan; *be it never so* ~, por poco que sea. — *3 adv.* poco, nada, no : ~ *more than*, poco más que; *he* ~ *know...*, no sabe él...; *I like it* ~, me gusta poco, no me gusta nada. — *4 s.* poco [poca cosa, poca cantidad, poco tiempo o rato, poco trecho] : *there is* ~ *to be said*, hay poco que decir; *after a* ~, al cabo de un poco; *by* ~ *and* ~, poco a poco; *not a* ~, no poco. 5 pequeña escala : *in* ~, en pequeña escala, en pequeño, en miniatura.

littleness (li·tølnis) *s.* pequeñez, parvedad, poquedad, cortedad, menudencia. *2* mezquindad, ruindad.
littoral (li·tøral) *adj.* y *s.* litoral.
liturgic(al (litø·ŷic(al) *adj.* litúrgico.
liturgics (litø·ŷics) *s.* liturgia [ciencia].
liturgist (lit·ø'ŷist) *s.* liturgista, versado en liturgia; partidario de la liturgia.
liturgy (li·tø'ŷi), *pl.* **-gies** (-ŷis) *s.* liturgia, ritual.
livable (li·vabøl) *adj.* habitable. *2* llevadero, soportable. *3* agradable, simpático.
live (laiv) *adj.* vivo [que vive, con vida]. *2* fam. real, verdadero, de veras. *3* del ser vivo, lleno de vida o de seres vivos, producido o formado por seres vivos: ~ *bait*, pececillos o gusanos vivos empleados como cebo; ~ *weight*, peso en vivo. *4* ardiente, encendido; ~ *coals*, ascuas, brasas, carbón encendido; ~ *flame*, llama ardiente. *5* vivo, enérgico, activo. *6* de actualidad, de interés actual. *7* viva [peña, roca]; nativo o que está en el criadero [mineral]. *8* no usado o gastado [fósforo, triquitraque, etc.]. *9* cargado [cartucho, granada]. *10* ELECT. cargado, que lleva corriente: ~ *wire*, conductor o alambre que lleva corriente; fig. persona muy activa. *11* MEC. que se mueve o transmite movimiento, que trabaja: ~ *axle*, eje motor; ~ *steam*, vapor directo, de la caldera [no de escape]. *12* IMPR. útil [original, composición]. *13* COM. ~ *assets*, dinero disponible, valores y mercancías realizables. *14* BOT. ~ *oak*, nombre de varias encinas norteamericanas.
live (to) (liv) *intr.* vivir [tener vida, existir]; durar, subsistir; conducirse; habitar, morar]: *to* ~ *and learn*, vivir para ver; *to* ~ *and let* ~, vivir y dejar vivir; *to* ~ *by one's wits*, vivir uno de los recursos de su ingenio, ser caballero de industria; *to* ~ *fast*, vivir de prisa, llevar una vida disipada; *to* ~ *from hand to mouth*, vivir al día; *to* ~ *high*, darse buena vida; *to* ~ *in*, vivir [un criado ó dependiente] en la casa donde trabaja; *to* ~ *in clover*, vivir en la abundancia y el regalo; *to* ~ *on* o *upon*, vivir a costa de; vivir de, sustentarse de: *to* ~ *out*, vivir [un criado o dependiente] fuera de la casa donde trabaja; *to* ~ *up to*, vivir con arreglo a, de acuerdo con; *to* ~ *up to one's income*, gastar uno toda su renta; *to* ~ *up to one's promise*, cumplir lo prometido. *2* MAR. salvarse [después de un peligro]. — *3 tr.* llevar, pasar [tal o cual vida]: *to* ~ *a virtuous life*, llevar una vida de virtud. *4* vivir, pasar, experimentar. *5* vivir según o conforme a, practicar, convertir en norma de vida [una doctrina, etc.]: *to* ~ *the Gospel*, vivir conforme al Evangelio. *6 to* ~ *down*, sobrevivir, olvidar o ver desaparecer con el tiempo; borrar uno o hacer olvidar con su vida [una falta, etc.]. *7 to* ~ *out*, vivir, durar hasta el fin de.
live-box *s.* porta-animálculos [para el microscopio]. *2* cajón perforado para mantener vivos los pescados.
livelihood (lai·vlijud) *s.* vida, mantenimiento, sustento, medios de vida.
liveliness (lai·vlinis) *s.* vida, vivacidad, animación, prontitud, agilidad, despejo.
livelong (li·vlong) *adj.* todo, entero, largo [que tarda en pasar]: *all the* ~ *night*, toda la santa noche.
lively (lai·vli) *adj.* vivo, vivaz, vivaracho, despierto, avispado. *2* animado. *3* vivo, brioso, vigoroso, fogoso, airoso, rápido, apresurado: ~ *step*, paso vivo. *4* vivo, alegre, brillante. *5* vivido, vivo, intenso. *6* vivo, pronto. *7* animador, excitante. *8* gráfica, realista [descripción, idea]. — *9 adv.* vivamente, enérgicamente, briosamente. *10* animadamente. *11* airosamente.
liver (li·vø') *s.* viviente. *2* el que vive de cierto modo, que lleva cierta vida. *3* residente, morador. *4* ANAT., ZOOL. hígado; higadilla, higadillo. *5* color pardo rojizo. — *6 adj.* del hígado; ~ *complaint*, enfermedad del hígado; ~ *wing*, COC. ala derecha de un ave.
livered (li·vø'd) *adj.* [en composición] que tiene el hígado de tal o cual modo: *white-livered*, fig. cobarde.
liveried (li·vørid) *adj.* que lleva librea.
Liverpudlian (livø'pødlian) *adj.* y *s.* de Liverpool.
liverwort (li·vø'uø't) *s.* BOT. hepática.
liverwurst (li·vø'uø'st) *s.* embutido de hígado.

livery (li·vøri, *pl.* **-ries** (-riš) *s.* librea. *2* uniforme, vestido distintivo [de un gremio o de cierta clase de personas]. *3* (Ingl.) condición de individuo de un gremio. *4* fig. plumaje, ropaje, aspecto característico. *5* pensión o pupilaje de caballos: alquiler de caballos, coches, botes, etc. *6* (EE. UU.) LIVERY STABLE. *7* ant. ración y vestidos que se daban a criados y servidores. *8* DER. acto de dar posesión [de tierras]. — *9 adj.* de librea: ~ *servant*, criado de librea; ~ *company*, (Ingl.) gremio de artesanos o comerciantes. *10* de alquiler: ~ *horse*, caballo de alquiler; ~ *stable*, pensión de caballos, cuadra o cochería de alquiler. *11* de color o condición de hígado. *12* enfermo del hígado. *13* malhumorado, irritable.
liveryman (li·vørimæn), *pl.* **-men** (-men) *s.* dueño de una cuadra o cochería de alquiler. *2* criado de librea. *3* (Ingl.) individuo de un gremio.
lives (laivš) *s.* *pl.* de LIFE.
livestock (lai·vstac) *s.* ganado, animales que se crían en una granja.
livid (li·vid) *adj.* lívido, amoratado. *2* pálido, ceniciento.
lividity (livi·diti), **lividness** (li·vidnis) *s.* lividez.
living (li·ving) *adj.* vivo, viviente: *the* ~ [como plural substantivado], los vivientes. *2* de vivientes: *within* ~ *memory*, en memoria de vivientes, que recuerden los vivientes. *3* en vivo: *4* vivo, activo: ~ *faith*, fe viva; ~ *spring*, fuente viva. *5* encendido; ~ *coals*, ascuas, brasas, carbón encendido. *6* vivaz, animado. *7* animador. *8* donde se está o se vive: ~ *quarters*, vivienda; ~ *room*, estancia, cuarto de estar. *9* viva [agua, roca, lengua]. *10* ~ *wage*, salario vital. — *11 s.* vida [estado del que vive]; hecho de estar vivo; modo de vivir: *12* vida, sustento, medios de vivir: *to make a* ~, ganarse la vida; *for a* ~, para ganarse la vida. *13* (Ingl.) beneficio [eclesiástico].
Livonian (livou·nian) *adj.* y *s.* livonio.
Livy (li·vi) *n. pr.* Livio, Tito Livio.
lixiviate (to) (licsi·vieit) *tr.* lixiviar. *2* enlejiar.
lixiviation (licsivie·shøn) *s.* lixiviación.
Liz (liš) *n. pr. dim.* de ELIZABETH.
lizard (li·ša'd) *s.* ZOOL. lagarto: *green* ~, *wall* ~, lagartija. *2* reptil saurio. *3* ORNIT. variedad de canario.
Lizzie (li·ši) *n. pr. dim.* de ELIZABETH.
llama (la·ma) *s.* ZOOL. llama.
Lloyd's (loids) *s.* asociación de aseguradores marítimos de Londres. *2* *Lloyd's register*, clasificación y registro de buques de todas las naciones.
lo (lou) *interj.* he aquí, ved aquí, cata; ¡mirad!
loach (louch) *s.* ICT. locha, lobo.
load (lou·d) *s.* carga [lo que se lleva o transporta]. *2* fig. carga, peso, agobio, fardo [lo que oprime o agobia]. *3* fam. borrachera. *4* ELECTR., MEC. carga: *at full* ~, a plena carga. *5* MEC. resistencia. *6* carga [de un arma]. *7* PINT. adición de color blanco, para dar opacidad. *8* pl. *loads of*, gran cantidad, la mar de, montones de. — *9 adj.* de carga: ~ *displacement*, MAR. desplazamiento del buque con carga; ~ *line*, MAR. línea de flotación; MEC. línea o gráfica de cargas.
load (to) *tr.* cargar [un buque, mercancías, un arma, un dado, etc.]. *2* hacer más pesado. *3* oprimir, agobiar. *4* cargar, colmar [de honores, etc.]. *5* adulterar [con drogas]. *6* poner un recargo a la prima de un seguro para cubrir ciertos gastos o contingencias. *7* PINT. dar opacidad agregando color blanco.
loader (lou·dø') *s.* cargador, embarcador.
loading (lou·ding) *s.* carga [acción de cargar]. *2* recargo puesto a la prima de un seguro para cubrir ciertos gastos o contingencias. *3* RADIO. cambio de la longitud de onda de un aparato mediante la inserción de una bobina de inducción. — *4 adj.* que carga, de cargar: ~ *coil*, ELECTR. bobina que aumenta la inductancia de un circuito; RADIO. bobina de inducción para cambiar la longitud de onda de un aparato; ~ *platform*, FERROC. andén de carga.
loadstar (lou·dsta') *s.* LODESTAR.
loadstone (lou·dstoun) *s.* magnetita; imán.
loaf (louf) *pl.*, **loaves** (lou·vš) *s.* pan, hogaza: *small* ~, panecillo, bollo. *2* pan, pilón [de azúcar]; pella: ~ *sugar*, azúcar de pilón. *3* repollo [de col o lechuga].
loaf (to) *intr.* holgazanear, haraganear; pasearse:

to ～ *on one*, fam. vivir ocioso a costas de uno. 2 (Ingl.) repollar [la col, la lechuga]. — *3 tr. to* ～ *away*, pasar [un tiempo] holgazaneando.

loafer (lou·fǿ') *s.* holgazán, vago, gandul. 2 cantonero, callejero.

loam (lou·m) *s.* arcilla mojada, barro, mezcla de barro, arena y paja para hacer ladrillos, moldes, etc. 2 marga, tierra gredosa, suelo fértil compuesto de arcilla, arena y materia vegetal en descomposición.

loam (to) *tr.* tapar o cubrir con barro o arcilla.

loamy (lou·mi) *adj.* arcilloso, gredoso, margoso.

loan (lou·n) *s.* préstamo : *may I have the* ～ *of...?*, ¿me pueden prestar...?; *on* ～, a préstamo. 2 empréstito. 3 cosa prestada; costumbre, voz, etc., tomados de otro pueblo u otra lengua. — *4 adj.* de préstamo o empréstito, prestado : ～ *office*, oficina donde se negocian préstamos; casa de préstamos; ～ *word*, voz tomada de otra lengua.

loan (to) *tr.* e *intr.* prestar [dinero, un objeto].

loath (louz) *adj.* renuente, contrario, opuesto, poco dispuesto, reacio : *nothing* ～, dispuesto, de buena gana.

loathe (to) (louđ) *tr.* aborrecer, abominar, detestar, repugnarle a uno [una cosa].

loather (lou·đǿ') *s.* aborrecedor, detestador.

loathful (lou·đful) *adj.* LOATHSOME.

loathing (lou·đing) *s.* aborrecimiento, aversión, asco, repugnancia, hastío.

loathingly (lou·đingli) *adj.* con asco, con repugnancia, de mala gana.

loathsome (lou·đsǿm) *adj.* aborrecible, odioso, asqueroso, repugnante, nauseabundo.

loathsomely (lou·đsǿmli) *adv.* aborreciblemente. 2 asquerosamente.

loathsomeness (lou·đsǿmnis) *s.* calidad de aborrecible, repugnante o asqueroso.

loave (lou·v) *s.* repollo [de col o lechuga].

loave (to) *intr.* (Ingl.) repollar [la col, la lechuga].

loaved (lou·vd) *adj.* repolluda [col, lechuga].

loaves (lou·vs) *s. pl.* de LOAF.

lob (lab) *s.* lombriz para cebo. 2 DEP. en el tenis, voleo alto y tendido de la pelota; en el cricquet, voleo bajo de la pelota.

lob (to) *tr.* lanzar lenta o pesadamente. 2 DEP. en el tenis, lanzar [la pelota] en voleo alto; en el criquet, lanzar [la pelota] en voleo bajo. ¶ pret. y p. p. : *lobbed*; p. a. : *lobbing*.

lobar (lou·ba') *adj.* lobulado.

lobate(d (lou·beit(id) *adj.* lobulado.

lobby (la·bi) *pl.*, **-bies** (-bis) *s.* pasillo [esp. de una Cámara legislativa]; galería, antecámara, vestíbulo. 2 salón de entrada [de un hotel]. 3 (EE. UU.) camarilla política, grupo de cabilderos, personas que acuden a los pasillos de una Cámara para ejercer su influencia sobre los individuos de ella.

lobby (to) *intr.* (EE. UU.) cabildear, tratar de ejercer influencia sobre los individuos de una Cámara legislativa.

lobbying (la·biing) *s.* (EE. UU.) cabildeo.

lobbyist (la·biist) *s.* (EE. UU.) individuo de una camarilla política; cabildero.

lobe (loub) *s.* lóbulo, lobo. 2 AVIA. saco de gas.

lobed (lou·bd) *adj.* lobulado, lobado.

lobelia (lobi·lia) *s.* BOT. lobelia.

Lobeliaceae (lobiliei·sii) *s. pl.* BOT. lobeliáceas.

lobeliaceous (lobiliei·shǿs) *adj.* BOT. lobeliáceo.

loblolly (la·b-lali), *pl.* **-lies** (-liš) *s.* gachas. 2 ant. rústico, patán. 3 MAR. medicina : ～ *man*, ～ *boy*, ayudante o criado del cirujano de un buque.

lobster (la·bstǿ') *s.* ZOOL. langosta [crustáceo]; bogavante, cabrajo : *spiny* ～, langosta.

lobulate(d (la·biuleit) *adj.* lobulado.

lobule (la·biul) *s.* lobulillo.

local (lou·cal) *adj.* local [perteneciente a un lugar, aplicado o limitado a un lugar] : ～ *anaesthesia*, anestesia local; ～ *attraction*, atracción ejercida por algún objeto próximo [de hierro, etc.] que desvía la aguja de la brújula; atracción ejercida por algún accidente de la corteza terrestre que desvía la plomada; ～ *call*. TELEF. llamada urbana; ～ *colour*, LIT., PINT. color local; ～ *horizon*, horizonte sensible; ～ *remedy*, MED. tópico, remedio externo; ～ *time*, hora local. 2 local, municipal, regional, de un pueblo o distrito, de la localidad : ～ *government*, gobierno local; auto-

nomía, descentralización; ～ *option* o *veto*, jurisdicción de un pueblo o distrito para autoriazr o prohibir la venta de bebidas alcohólicas dentro de su término. 3 localizado, no general : ～ *pain*, MED. dolor localizado. 4 FERROC. ～ *train*, tren ómnibus, que hace todas las paradas; tren suburbano. 5 ARITM. ～ *value*, valor relativo [de una cifra]. — *6 s.* persona de una localidad. 7 sección local [de un sindicato, asociación, etc]. 8 tren ómnibus, tren suburbano. 9 noticia o noticias de interés local [en un periódico]. 10 sello de correos que sólo se utiliza dentro de un distrito.

locale (loca·l) *s.* sitio, lugar [esp. considerado como escena de ciertos acontecimientos]; ambiente.

localism (lou·cališm) *s.* localismo. 2 costumbre local. 3 limitación de ideas.

locality (locæ·liti) *s.* situación, lugar [donde se encuentra una cosa]. 2 lugar o escena [de algo]. 3 facultad de recordar y reconocer los lugares, de encontrar uno su camino. etc. 4 limitación a un lugar o espacio. 5 calidad de local.

localization (lou·calise·shǿn) *s.* localización [limitación a un punto o lugar determinado].

localize (to) (lou·calaiš) *tr.* localizar [limitar a un punto o lugar determinado]. 2 dar carácter local. 3 descentralizar. 4 concentrar [la atención en].

locally (lou·cali) *adv.* localmente.

locate (to) (lou·keit) *tr.* localizar [descubrir la situación de]. 2 (esp. EE. UU.) establecer, situar, delimitar; poner, colocar. 3 FERROC. trazar [una línea]. 4 DER. alquilar, arrendar. — *5 intr.* (EE. UU.) establecerse, fijar su residencia.

location (loke·shǿn) *s.* localización [acción y efecto de descubrir la situación de]. 2 (esp. EE. UU.) establecimiento, delimitación, situación, ubicación. 3 (EE. UU.) sitio, situación. 4 FERROC. trazado [de una línea]. 5 CINEM. lugar fuera del estudio donde se rueda una película o parte de ella.

locative (la·cativ) *adj.* GRAM. locativo.

loch (lac) *s.* (Esc.) lago. 2 (Esc.) ensenada, brazo de mar.

lochia (lou·kia) *s. pl.* MED. loquios.

lock (lac) *s.* rizo, bucle, mechón, guedeja. 2 vellón, vedija [de lana]. 3 cerradura, cerraja: *under* ～ *and key*, debajo de llave. 4 llave [de arma de fuego] : ～, *stock and barrel*, fig. todo; del todo, completamente. 5 esclusa [de canal]. 6 medio para sujetar, asegurar, trabar o frenar. 7 chaveta. 8 acción y resultado de sujetar, asegurar, trabar o inmovilizar apretando o enlazando unas cosas con otras. 9 presa, llave [en la lucha]; abrazo estrecho. 10 embotellamiento [del tráfico]. 11 ING. antecámara de un compartimiento de aire comprimido. 12 *pl.* cabellos. — *13 adj.* de cerradura o cierre; de esclusa; que sujeta, asegura o traba; trabado, apretado : MEC. ～ *nut*, contratuerca, tuerca de seguridad; ～ *step*, marcha en fila apretada; ～ *stitch*, punto encadenado [hecho en máquina de coser]; ～ *tender*, guarda de una esclusa; ～ *washer*, MEC. arandela de seguridad.

lock (to) *tr.* cerrar [con llave o cerradura], echar la llave a, acerrojar; encerrar : *to* ～ *in*, encerrar, poner debajo de llave; *to* ～ *oneself in* o *up*, encerrarse; *to* ～ *out*, cerrar la puerta [a uno], dejar en la calle, declarar el lockout [a los obreros]; *to* ～ *up*, encerrar, guardar; encarcelar. 2 apretar [entre los brazos], abrazar. 3 juntar, sujetar, asegurar, trabar, inmovilizar [apretando o entrelazando]; enclavijar. 4 hacer pasar [una embarcación] por una esclusa. 5 *to* ～ *up*, enterrar, inmovilizar [capital]. 6 IMPR. *to* ～ *up*, cerrar [la forma]. — *7 intr.* cerrarse con llave. 8 unirse, entrelazarse, trabarse, enclavijarse. 9 construir esclusas. 10 pasar por una esclusa.

lockage (la·kidy) *s.* obra o materiales de una esclusa. 2 acción de hacer pasar por una esclusa. 3 derechos de esclusa. 4 diferencia de nivel que salvan las esclusas de un canal.

locker (la·kǿ') *s.* el que cierra. 2 cajón, gaveta, cofre, armario [que se cierra con llave].

locket (la·kit) *s.* guardapelo, medallón, relicario.

locking (la·king) *s.* cierre. 2 fijación, trabadura. — *3 adj.* de cierre, que cierra. 4 fijador, de fijación, de traba.

lockjaw (la·cýo) *s.* MED. trismo, tétano.

locknut (la·cnŏt) *s.* MEC. fiador, contratuerca, tuerca de seguridad.

lockout (la·caut) *s.* lockout [cierre de una fábrica, etc., por los patronos].

lookram (la·kram) *s.* lienzo basto.

locksman (la·csmæn) *pl.,* **-men** (-men) *s.* guarda de esclusa.

locksmith (la·csmiz) *s.* cerrajero : *locksmith's shop,* cerrajería [taller] ; *locksmith's trade,* cerrajería [oficio].

lockup (la·cŏp) *s.* encierro. 2 cárcel, calabozo.

locomobile (loucomou·bil) *adj. y s.* locomóvil.

locomotion (loucomou·shŏn) *s.* locomoción.

locomotive (loucomou·tiv) *adj.* locomotor, locomotriz. 2 locomóvil. — 3 *s.* locomotora.

locomotivity (loucomouti·viti) *s.* locomotividad.

locomotor (loucomou·tŏ') *adj.* locomotor, locomotriz : ~ *ataxia,* MED. ataxia locomotriz.

locular (la·kiula') *adj.* locular.

loculicidal (lakiulisai·dal) *adj.* BOT. loculicida.

loculus (la·kiulŏs) *s.* ARQ., BOT. lóculo.

locust (lou·cŏst) *s.* ENTOM. langosta. 2 ENTOM. (EE. UU.) cigarra. 3 BOT. *locust* o ~ *tree,* algarrobo ; curbaril ; acacia falsa : ~ *bean,* algarroba [fruto del algarrobo].

locution (lokiu·shŏn) *s.* locución. 2 lenguaje, modo de hablar.

locutory (la·kiutori) *s.* locutorio [de convento].

lode (loud) *s.* MIN. vena, veta, filón. 2 imán [piedra imán ; lo que atrae].

lodestar (lou·dsta') *s.* Estrella del Norte o Polar. 2 fig. norte, guía.

lodestone (lou·dstone) *s.* LOADSTONE.

lodge (la·dž) *s.* casita, pabellón [de caza, etc.]. 2 casa del guarda, el portero, el jardinero, etc. [en una finca]. 3 portería [habitación o quiosco del portero]. 4 choza o tienda [de indios americanos]. 5 logia [masónica]. 6 madriguera [de castor o nutria.

lodge (to) *tr.* alojar aposentar, hospedar, albergar ; tener de huésped. 2 alojar, introducir, colocar, plantar, clavar. 3 depositar, dar a guardar. 4 conferir [poderes facultades, etc.] 5 presentar [una denuncia, etc.]. 6 abatir, encamar [las mieses]. — 7 *intr.* alojarse, hospedarse, albergarse, residir. 8 encamarse [las mieses].

lodgement (la·džmŏnt) *s.* alojamiento. 2 DER. depósito [acción de depositar moneda]. 3 acumulación, amontonamiento [de alguna materia que se deposita]. 4 MIL. ocupación de una posición : *to make o effect, a* ~, ocupar una posición. 5 MIL. obra defensiva en una posición tomada al enemigo.

lodger (la·džŏ') *s.* huésped, persona que tiene tomada una habitación en casa de otro.

lodging (la·džing) *s.* alojamiento, posada, hospedaje [sin manutención]. 2 morada, vivienda. 3 *pl.* habitación, aposentos [en casa particular o de huéspedes] : *to take lodgings in,* alojarse, hospedarse, tomar habitaciones en.

lodginghouse (la·džingjaus) *s.* casa de huéspedes, casa donde se alquilan habitaciones.

lodgment (la·džmŏnt) *s.* LODGEMENT.

loft (lŏft) *s.* ático, desván, sobrado. 2 cámara o pieza sobre un establo. 3 (EE. UU.) piso alto de un almacén, etc. 4 palomar. 5 GOLF golpe que lanza la pelota en alto. 6 inclinación hacia atrás de la cara anterior de un mazo de golf.

loft (to) *tr.* GOLF lanzar [la pelota] en alto.

loftier (lŏ·ftiŏ') *adj. comp.* de LOFTY.

loftiest (lŏ·ftiest) *adj. superl.* de LOFTY.

loftily (lŏ·ftili) *adv.* elevadamente, levantadamente. 2 altivamente.

loftiness (lŏ·ftinis) *s.* altura, elevación. 2 excelsitud, sublimidad, majestad. 3 altanería, altivez, orgullo.

lofty (lŏ·fti) *adj.* alto, elevado, encumbrado [de gran altura]. 2 excelso, sublime, elevado, noble, majestuoso pomposo. 3 altanero, altivo, orgulloso.

log (log) *s.* leño, troza, tronco [cortado] : *like a* ~, como un leño, como un tronco. 2 MAR. corredera : *to sail by the* ~, calcular la situación de un buque por lo que indica la corredera. 3 MAR. barquilla de la corredera. 4 cuaderno de bitácora, diario de navegación. 5 AVIA. diario de vuelo. — 6 *adj.* de tronco: ~ *cabin,* cabaña de troncos ; ~ *driver,* ganchero, maderero ; ~ *driving,* conducción de troncos a flote ; ~ *frame,* máquina de aserrar troncos ; ~ *raft,* almadía,

armadía. 7 MAR. de la corredera : ~ *chip,* barquilla de la corredera ; ~ *line,* cordel de la corredera ; ~ *reel,* carretel. 8 MAR. ~ *book,* cuaderno de bitácora, diario de navegación.

log (to) *tr. e intr.* cortar y transportar [troncos]. 2 extraer madera de [un bosque]. — 3 *tr.* MAR. anotar en el cuaderno de bitácora [dic. de la distancia recorrida o del nombre de un marinero y la falta cometida por éste].

loganberry (lou·ganberi) *s.* BOT. especie de frambueso; su fruto.

logarithm (lo·gariδm) \s.\ MAT. logaritmo.

logarithmic(al (logari·δmic(al) *adj.* logaritmico.

logbook (lo·gbuc) *s.* MAR. cuaderno de bitácora, diario de navegación.

logger (lo·gŏ') *s.* hachero, cortador de árboles y troncos. 2 máquina para arrastrar y cargar troncos.

loggerhead (lo·gŏrjed) *s.* zote, necio, tonto. 2 cabezota. 3 cierto hierro para calentar. 4 ZOOL. variedad de tortuga marina. 5 *to be at loggerheads,* estar en desacuerdo ; *to fall to, to go to, loggerheads,* reñir, andar a la greña.

loggia (la·džya) *s.* ARQ. pórtico, galería abierta.

logging (lo·guing) *s.* corta de árboles o troncos y su transporte al mercado o al aserradero.

logic (la·ğic) *s.* lógica, dialéctica.

logical (la·ğical) *adj.* lógico.

logically (la·ğicali) *adv.* lógicamente.

logician (loği·shan) *s.* lógico, dialéctico.

logistics (loği·stics) *s. pl.* MIL. logística.

logman (lo·gmæn), *pl.* **-men** (-men) *s.* LOGGER 1.

logogram (lo·gogræm) *s.* abreviatura, letra o signo que representa una palabra.

logograph (lo·gogræf) *s.* LOGOGRAM. 2 LOGOTYPE.

logogriph (lo·gogrif) *s.* logogrifo.

logomachy (loga·maki) *s.* logomaquia. 2 juego de formar palabras.

logos (la·gas) *s.* FIL. logos. 2 TEOL. (con may.) El Verbo.

logotype (lo·gotaip) *s.* IMPR. tipo que contiene dos o más letras [como *the, and,* etc.].

logroll (to) (lo·groul) *tr.* (EE. UU., Can.) hacer rodar troncos [hasta el agua o dentro del río]. 2 (EE. UU.) en una Cámara legislativa estorbar o favorecer la aprobación de [un proyecto, etc.] entrando en contubernio individuos de diferentes partidos.

logroller (lo·groulŏ') *s.* (EE. UU.) el que hace rodar troncos. 2 aparato para cargar troncos en un aserradero. 3 (EE. UU.) individuo de una Cámara legislativa que entra en contubernio o pacto de ayuda recíproca con otros de diferente partido.

logrolling (lo·grouling) *s.* (EE. UU.) trabajo de hacer rodar troncos. 2 (EE. UU.) en una Cámara legislativa, contubernio o ayuda recíproca entre individuos de diferentes partidos para estorbar o favorecer la aprobación de aquellos proyectos, etc. que interesan particularmente a cada uno.

logwood (lo·gwud) *s.* palo de campeche.

loin (loin) *s.* ijada, ijar. 2 CARN. lomo, solomillo. 3 *pl.* lomos, riñones : fig. *to gird one's loins,* disponerse a hacer un esfuerzo, apercibirse para la acción.

loincloth (loi·ncloz) *s.* taparrabo, pampanilla.

Loire (lua·') *n. pr.* GEOGR. Loira.

loiter (to) (loi·tŏ') *intr.* rezagarse, ir despacio, entretenerse ; pasear, holgazanear, vagar. — 2 *tr. to* ~ *away,* malgastar [un tiempo].

loiterer (loi·tŏ'ŏ') *s.* rezagado. 2 callejero, vago, holgazán.

loitering (loi·tŏring) *adj.* que se pasea, holgazán. — 2 *s.* vagancia.

loll (to) (lal) *intr.* colgar, pender [flojo o lacio]. 2 colgar, estar colgando [la lengua de un animal cansado]. 3 recostarse o reclinarse indolentemente ; repantigarse. — 4 *tr.* sacar o dejar colgar [la lengua] el animal cansado.

lollypop (la·lipap) *s.* dulce o caramelo puesto en el extremo de un palito. 2 *pl.* dulces, caramelos.

Lombard (la·mba·d) *adj. y s.* lombardo.

Lombardy (la·mba·di) *n. pr.* GEOGR. Lombardía.

loment (lou·mŏnt) *s.* BOT. lomento.

London (lŏ·ndŏn) *n. pr.* GEOGR. Londres.

Londoner (lŏ·ndŏnŏ') *s.* londinense.

Londonese (lŏndŏni·š), *pl.* **-nese** *adj. y s.* londinense.

lone (lou·n) *adj.* solo, solitario [sin compañía].

2 solo, único. *3* solitario [lugar]. *4* joc. soltero, o viudo.

lonelier (lou·nliø') *adj. comp.* de LONELY.

loneliest (lou·nliist) *adj. comp.* de LONELY.

loneliness (lou·nlinis) *s.* soledad. 2 tristeza del que está solo.

lonely (lou·nli) *adj.* solo, solitario [sin compañía]. 2 solitario, desolado, triste [lugar]. 3 solo, soledoso [que siente soledad].

loneness (lou·nnis) *s.* soledad.

lonesome (lou·nsøm) *s.* solitario, desierto, desolado, triste. 2 solo, soledoso [que siente soledad].

lonesomely (lou·nsømli) *adv.* solitariamente, con soledad.

lonesomeness (lou·nsømnis) *s.* soledad.

long (loŋ) *adj.* largo [en cuanto a dimensión, distancia, cantidad, duración, tiempo], luengo, extenso, prolongado, tedioso : ~ *date*, COM. larga fecha; ~ *distance*, larga distancia; ~ *ears*, orejas largas; fam. borriquería, tontería, falta de inteligencia; ~ *face*, cara larga, cara triste o de preocupación; ~ *head*, cabeza larga o dolicocéfala; fam. perspicacia, sagacidad; ~ *robe*, toga [de abogado]; foro, profesión de abogado, juez, etc.; ~ *suit*, palo largo [en los naipes]. ~ *tongue*, fig. locuacidad; ~ *vacation*, vacaciones largas, vacaciones de verano. 2 que llega o alcanza lejos. *3* lineal, de longitud : ~ *measure*, medida o sistema de medidas lineales o de longitud. *4* de largo, de longitud [que tiene determinada longitud] : *a* ~ *mile*, de una milla de largo; *it is two feet* ~, tiene dos pies de largo. *5* lento, que tarda : *to be* ~ *in coming*, tardar en venir o llegar. *6* fluido, que corre : ~ *ink*, tinta fluida. *7* PROS. largo [sonido, sílaba]. *8* COM. provisto [de mercancías o valores] en previsión o con la esperanza de un alza: ~ *of cotton*, bien provisto de algodón; *to be*, o *to go*, ~ *of the market*, *to be on the* ~ *side of the market*, tener compradas o guardadas mercancías o valores en previsión de un alza. *9* largo [que tiene más de la medida exacta] : *a* ~ *mile*, una milla larga; ~ *dozen*, docena de fraile; ~ *hundred*, ciento veinte; ~ *hundredweight*, peso de 112 libras inglesas; ~ *ton*, tonelada de 2.240 libras inglesas. *10* grande, servido en vaso alto : ~ *drink*, bebida servida en vaso alto. *11* ARIT. ~ *division*, división no abreviada. *12* IMPR. ~ *primer*, tipo de diez puntos.
    adv. 13 mucho, mucho tiempo, largo tiempo : *how* ~ *is it since...?*, ¿cuánto, o cuánto tiempo, hace que...?; ~ *after*, mucho, o mucho tiempo, después; ~ *before*, ere ~, antes de mucho, en breve; *for* ~, mucho tiempo, por mucho tiempo; *as* ~ *as*, *so* ~ *as*, mientras, siempre que, con tal que; ~ *live!*, ¡viva!; *so* ~*!*, hasta luego, abur. *14* durante [cierto espacio de tiempo] : *all the day* ~, todo el día, todo el santo día. *15* lejos, a distancia.
    s. 16 largo, longitud : *the* ~ *and the short of*, la substancia, el resumen de. *17* PROS. letra o sílaba larga. *18* MÚS. longa. *19* vacaciones de verano. *20* COM. el que compra o guarda en previsión de un alza.

long (to) *intr.* [con *for*, *after* o *to*] ansiar, anhelar, desear con vehemencia, suspirar por; añorar.

longanimity (løŋgæni·miti) *s.* longanimidad.

long-bearded *adj.* barbiluengo.

longboat (lo·ŋbout) *s.* lancha, chalupa.

longbow (lo·ŋbou) *s.* arco, arco largo [arma]; *to draw the* ~, fig. exagerar, contar cosas increíbles.

longcloth (lo·ŋgcloz) *s.* tejido muy fino de algodón.

long-cut *adj.* en hebra, cortado en hebra [tabaco].

long-distance *adj.* TELÉF. de larga distancia, interurbano : *long-distance call*, conferencia interurbana o entre abonados de distinta central. *2* DEP. de fondo [carrera]. *3* AVIA. largo, a larga distancia [vuelo]. — *4 s.* TELÉF. servicio de conferencias interurbanas o entre abonados de distinta central.

long-drawn *adj.* largo [en el tiempo], prolongado, pesado, prolijo.

longe (la·nỹ) *s.* correa o cuerda larga [para adiestrar caballos]. *2* pista [de picadero]. *3* ESGR. estocada.

long-eared *adj.* orejudo, de orejas largas. *2* ZOOL. *long-eared bat*, orejudo [murciélago].

longer (lo·ŋguø') *adj. comp.* de LONG; más largo. — *2 adv. comp.* de LONG; más, más tiempo : *how much* ~, cuanto tiempo más; *no* ~, ya no, no más.

longeron (lo·nỹørøn) *s.* AVIA. larguero.

longest (lo·ŋguist) *adj. superl.* de LONG : *the* ~, el más largo. — *2 adv. superl.* de LONG : *at the* ~, todo lo más, a más tardar.

longevity (lonỹe·viti) *s.* longevidad.

longevous (lonỹe·vøs) *adj.* longevo.

long-haired *adj.* de pelo largo.

longhand (lo·ŋgjænd) *s.* escritura corriente [no taquigráfica].

long-headed *adj.* dolicocéfalo. *2* fam. listo, perspicaz, sagaz.

longhorn (lo·ŋgjo'n) *s.* res vacuna de una raza de cuernos largos.

longicorn (la·nỹico'n) *adj. y s.* ENTOM. longicornio.

longing (lo·ŋguing) *s.* ansia, anhelo, deseo vehemente. *2* añoranza, nostalgia. — *3 adj.* anhelante, anheloso, ansioso; nostálgico.

longingly (lo·ŋguingli) *adv.* anhelosamente, con deseo o añoranza.

longipennate (lonỹipe·neit) *adj. y s.* ORNIT. longipenne, de alas largas.

longirostral (lonỹiro·stral) *adj. y s.* ORNIT. longirrostro, de pico largo.

longish (lo·ŋguish) *adj.* algo largo.

longitude (la·nỹitiud) *s.* GEOGR., ASTR. longitud.

longitudinal (lanỹitiu·dinal) *adj.* longitudinal. — *2 s.* AVIA. larguero.

longitudinally (lanỹitiu·dinali) *adv.* longitudinalmente.

long-legged *adj.* zanquilargo.

long-lived (lo·ŋglai·vd o lo·ŋgli·vd) *adj.* longevo, de larga vida. *2* duradero.

longly (lo·ŋgli) *adv.* largamente. *2* in extenso.

long-necked *adj.* cuellilargo.

Longobardi (langoba·'di) *s. pl.* longobardos.

long-range *adj.* de largo alcance.

longshore (lo·ŋgsho') *adj.* de la ribera o el puerto.

longshoreman (lo·ŋgsho'mæn), *pl.* **-men** (-men) *s.* (EE. UU.) obrero portuario.

long-sighted *adj.* présbita. *2* perspicaz, sagaz. *3* previsor, precavido.

longspun (lo·ŋspøn) *adj.* LONG-DRAWN.

long-standing *adj.* antiguo, que existe desde hace mucho tiempo.

long-stapled (lo·ŋgsteipøld) *adj.* de fibra o hebra larga.

long-suffering *adj.* sufrido, paciente. — *2 s.* longanimidad, paciencia.

long-term *adj.* COM. a largo plazo.

long-tongued *adj.* locuaz, largo de lengua.

longways (lo·ŋgweiš) *adv.* a lo largo, longitudinalmente.

long-winded *adj.* de buenos pulmones, que puede correr sin perder el aliento. *2* pesado, latoso, que habla o escribe largo y fastidiosamente.

loo (lu) *s.* cierto juego de naipes.

loof (luf) *s.* LUFF.

look (luc) *s.* mirada, vistazo, ojeada : *to have*, o *take a* ~ *at*, mirar, echar una mirada u ojeada a. *2* semblante, cara [expresión del rostro]. *3* aspecto, apariencia, aire, traza, facha, cariz. *4 pl.* parecer [aspecto de una persona] : *good looks*, buen parecer, hermosura.

look (to) *intr.* mirar [dirigir la mirada, poner atención, considerar]. | Gralte. con *at* o alguna otra preposición o adverbio. *2* mirar, dar, caer, estar de cara [a] : *the gate that looks towards the north*, la puerta que mira al norte. *3* parecer; tener cierto aire, cara o aspecto : *he looked tired*, parecía cansado; *as it looks to me*, a mi ver, tal como lo veo. *4* aparecer, dejarse ver, manifestarse : *his greed looked through his eyes*, se le veía la codicia en los ojos, o en la mirada. *5* sentar, caer : *this looks well on you*, esto le sienta o le cae bien. *6* buscar, inquirir. | Gralte. con *after* o *for*. *7* cuidar, atender. | Gralte. con *after*. *8 to* ~ *about*, mirar alrededor, observar; *to* ~ *about one*, mirar uno a su alrededor; estar alerta, vigilar; tomarse tiempo para hacer sus planes. *9 to* ~ *after*, seguir con la vista; buscar; inquirir, investigar; cuidar de, atender, mirar por. *10 to* ~ *alike*, parecerse, asemejarse. *11 to* ~ *alive*, darse prisa. *12 to* ~ *at*, mirar, ver, dirigir la vista a; mirar, considerar. *13 to* ~ *back*, mirar atrás, volver la vista atrás; *to*

~ *back on* o *upon*. recordar, evocar. *14 to ~ down*,
mirar hacia abajo, bajar la vista; COM. bajar
[de precio]; *to ~ down on* o *upon*, mirar por
encima del hombro, despreciar. *15* fam. *to ~
down one's nose at*. mirar con desdén o desagrado disimulados. *16 to ~ for*, esperar; estar a
la espera de; buscar. *17 to ~ forward*. mirar al
porvenir, pensar en el porvenir; *to ~ forward to*.
esperar con placer. *18 to ~ in*, entrar, hacer una
corta visita; *to ~ in on*. pasar por la casa o el
despacho de. *19 to ~ into*. mirar, examinar, estudiar, investigar. *20 to ~ like* parecer, parecerse; parecer que, tener trazas de, dar o haber
señales de. | En ciertos casos se traduce por
un giro diferente : *it looks like rain*, parece que
va a llover. *21 to ~ on*. mirar, ser espectador de ;
mirar, dar, caer a. *22 to ~ on* o *upon*, considerar,
apreciar, tener en aprecio. *23 to ~ on as*, considerar, juzgar como, tener por. *24 to ~ oneself*,
tener buen semblante, parecer el mismo. *25 to
~ out*, mirar afuera, mirar por [una ventana,
etc.]; tener cuidado; *look out!*, ¡cuidado!,
¡guarda!, ¡ojo! *26 to ~ out for*, vigilar si aparece [una persona esperada, etc.]; mirar por,
defender. *27 to ~ out on*, dar a, estar de cara a.
28 to ~ sharp, vigilar, estar ojo avizor. *29 to
~ through*, examinar, registrar; mirar por o a
través de; penetrar, descubrir [lo que hay detrás de algo, en el pensamiento de uno]; mirar
a una persona como si no existiera. *30 to ~ to*,
vigilar, cuidar de, ocuparse de, velar por; esperar [de una persona], acudir a [una persona
en busca de ayuda]. *31 to ~ up*, mirar hacia
arriba, levantar los ojos; subir [los precios];
mejorarse, prosperar. *32 to ~ up to*, admirar,
respetar, tratar con respeto. *33 to ~ here*, mire
usted.
   34 tr. mirar [dirigir la vista a; pensar, con-
siderar] : *to ~ a gift horse in the mouth*, poner
tachas a un regalo recibido, mirar el diente al
caballo regalado; *to ~ one in the face*, mirar a
uno cara a cara; ~ *what time it is*, mira qué
hora es; ~ *how you behave*, mira como te portas. *35* expresar o indicar con la mirada; producir cierto efecto con la mirada. *36* representar,
tener el aspecto que corresponde a : *to ~ one's
age*, representar uno los años que tiene; *to ~
one's part*, tener el aspecto que corresponde al
papel que tiene o hace uno. *37 to ~ daggers [at]*,
mirar airadamente o amenazadoramente. *38 to
~ over*, examinar someramente, repasar, dar una
ojeada; hojear [un libro]. *39 to ~ up*, buscar
[esp. en un diccionario, una guía, un libro de
consulta, etc.]; visitar [a una persona].
looker, looker-on (lu·kǿ') *s*. mirón, espectador,
observador.
look-in (lu·kin) *s*. visita corta o de confianza. 2
DEP. probabilidad u ocasión de ganar. 3 fam. parte en una empresa.
looking (lu·king) *s*. mirada, examen. 2 aspecto. 3
busca. — *4 adj*. de mirar, para mirar : ~ *glass*,
espejo. 5 que tiene cierto aspecto : *good-looking*,
guapo, bien parecido; *young-looking*, de aspecto juvenil.
lookout (lu·caut) *s*. vigía, atalaya, vigilante. 2 atalaya, miradero, puesto de observación. 3 vigilancia, observación, espera : *to be on the ~ for*,
estar a la mira de, estar alerta por. 4 vista, perspectiva. 5 perspectivas. 6 fam. cuidado, cuenta
[lo que está a cargo de uno : *that is your ~*,
eso es cuenta suya [de usted], allá usted.
loom (lum) *s*. TEJ. telar. 2 arte de tejer. 3 MAR.
guión [del remo]. *4* aparición, presencia [de algo
voluminoso, de una sombra, un reflejo]. 5 ORNIT.
nombre de ciertas aves, como el alca, el colimbo,
el somorgujo. — *6 adj*. del telar o para él : ~
rods, varillas de telar; ~ *shaft*, árbol del telar;
~ *side*, bancada del telar; ~ *spindle*, guía de
tacos; ~ *shuttle*, lanzadera mecánica; ~ *temples*, templazos.
loom (to) *tr*. tejer. *2 to ~ the web*, montar la
urdimbre en el telar. — *3 intr*. aparecer, asomar
[de una manera confusa o impresionante, a
través de la niebla, etc.]. 4 destacar, descollar,
brillar. 5 vislumbrarse, amenazar.
looming (lu·ming) *s*. aparición [de algo grande y
confuso]. 2 espejismo. — *3 adj*. TEJ. ~ *frame*,
máquina para pasar los hilos por el peine.

loon *s*. (Esc. y ant.) bribón, holgazán; muchacho.
2 ORNIT. colimbo.
loony (lu·ni) *adj*. y *s*. fam. loco.
loop (lu·p) *s*. vuelta o curva más o menos cerrada de una cosa flexible, esp. la que forma una
cuerda, cinta, etc., que cruza sobre sí misma;
cosa que tiene esta figura. 2 gaza, lazo; presilla, alamar. 3 asa, anilla, armella. 4 curva [de
una letra, un camino, un río, etc.]. 5 FERROC.
vuelta [de un desarrollo]; ramal que vuelve a
la línea principal. 6 ELECT. circuito cerrado. 7
punto [en la labor de ganchillo o calceta]. 8 FÍS.
vientre [de onda]. 9 AVIA. rizo. — *10 adj*. RADIO
~ *aerial*, antena de cuadro.
loop (to) *tr*. doblar formando gaza, curva o lazo;
formar ondas o curvas en. 2 asegurar con presilla, gaza, etc. 3 ELECT. *to ~ in*, intercalar en
un circuito. 4 AVIA. *to ~ the loop*, hacer o rizar
el rizo. — *5 intr*. formar vuelta, gaza o lazo.
6 arrastrarse encorvándose [como ciertas orugas].
loophole (lu·pjoul) *s*. aspillera, saetera, tronera;
abertura estrecha en una pared o muro. 2 fig.
salida, escapatoria.
loopholed (lu·pjould) *adj*. aspillerado.
loose (lus) *adj*. suelto, flojo, laxo, desatado, desen-
redado, desprendido : ~ *in the bowels*, suelto
de vientre; *to become ~*, aflojarse, desatarse;
to hang ~, caer suelto, colgar, flotar. 2 flojo
[tornillo, diente, etc.] : *to have a screw ~*, fig.
faltarle a uno un tornillo, tener los tornillos
flojos. 3 suelto, poco compacto, disgregado. 4 a
granel, sin envase. 5 sueltas [hojas sin encua-
dernar]. 6 loca [polea]. 7 desgarbado. 8 holgado,
ancho [vestido]. 9 suelto, en libertad, libre, no
sujeto : *to break ~*, escaparse; soltarse, zafarse; desatarse, desencadenarse; *to cut ~*, cortar las amarras de; librarse; desatarse, obrar
sin contención; *to let, set* o *turn ~*, soltar. 10
QUÍM. libre [no combinado]. 11 vago, indeterminado, poco exacto o preciso; lato; libre [tra-
ducción, interpretación, etc.]. 12 descuidado. 13
libre, relajado, licencioso, disoluto : ~ *morals*,
moral relajada; ~ *woman*, mujer disoluta, de
vida libre. 14 ~ *end*, cabo suelto; cabo, resto;
at a ~ end, sin empleo, en situación de aceptar
cualquier empleo; *at ~ ends*, desarreglado, desordenado, por terminar. — *15 s*. libertad, soltura : *to be on the ~*, fam. ser libre, no tener
trabas; estar de juerga; *to give ~*, o *a ~, to*,
dar rienda suelta.
loose (to) *tr*. soltar, desatar, deshacer, desliar,
aflojar, desapretar, desprender; *to ~ a knot*,
deshacer un nudo; *to ~ one's hold*, soltar presa,
aflojar la presión [sobre lo que se tiene asido
o sujeto]; *to ~ one's tongue*, desatar o soltar
la lengua a uno. 2 soltar, dejar en libertad. 3
ahuecar [la tierra]. 4 MAR. desamarrar. 5 lanzar,
arrojar [flechas, etc.]. — *6 intr*. soltarse, aflojarse. 7 *to ~ at*, disparar una flecha, un tiro,
etc., contra.
loose-bodied *adj*. suelto, no ceñido a la cintura
[vestido].
loose-jointed *adj*. suelto de coyunturas, desarticulado. 2 desvencijado.
loose-leaf *adj*. de hojas sueltas o insertables [cua-
derno, etc.].
loosely (lu·sli) *adv*. flojamente. 2 vagamente, con
poca exactitud, libremente, en un sentido lato.
3 negligentemente.
loosen (to) (lu·søn) *tr*. soltar, desatar, libertar. 2
aflojar, desceñir, desasir. 3 ahuecar, mullir [ha-
cer menos compacto]. 4 relajar. 5 soltar [el
vientre], laxar. 6 ablandar [la tos]. — *7 intr*.
aflojarse, relajarse. 8 soltarse, desatarse.
looseness (lu·snis) *s*. flojedad. 2 holgura [de un
vestido]. 3 soltura. 4 relajación, relajamiento,
licencia. 5 flujo [de vientre]. 6 vaguedad, poca
exactitud o precisión; libertad [de interpretación o traducción].
loosening (lu·sning) *s*. aflojamiento, desatadura,
desprendimiento. 2 suelta. 3 relajamiento. 4 laxación. — *5 adj*. aflojador, disolvente. 6 relajador.
7 laxante.
loosestrife (lu·straif) *s*. BOT. lisimaquia. 2 BOT.
salicaria.
loot (lut) *s*. botín, presa. 2 pillaje, saqueo.
loot (to) *tr*. e *intr*. pillar, saquear, robar. — *2 intr*.
llevarse como botín.
looter (lu·tǿ') *s*. saqueador.

looting (lu·ting) *s.* saqueo, saqueamiento.

lop (lap) *s.* chapodo, desmocho, escamondadura [ramas cortadas a un árbol]. 2 estado del mar picado. — 3 *adj.* colgante, gacho [orejas, etc.].

lop (to) *tr.* podar, chapodar, desmochar, escamondar [un árbol o planta] ; cortar, cercenar la cabeza o un miembro a [una persona]. | Gralte. con *off.* 2 bajar, llevar gachas [las orejas]. — 3 *intr.* colgar, pender, flojamente. 4 moverse u obrar perezosamente. 5 picarse [el mar].

lope (loup) *s.* paso de un animal parecido a un galope corto o paso largo. 2 galope corto, medio galope, paso largo.

lope (to) *intr.* ir al galope corto o paso largo.

lop-eared *adj.* de orejas caídas o gachas.

lophobranch (lou·fobrænch), **lophobranchiate** (lo·fcbra·nkieit) *adj.* y *s.* lofobranquio.

Lophobranchii (loufobræ·nkiai) *s. pl.* ICT. lofobranquios.

lopper (la·pǿ') *s.* podador, desmochador, escamondador.

lopping (la·ping) *s.* poda, desmoche, escamondo. 2 *pl.* desmocho, escamondadura.

lopsided (lapsaidid) *adj.* torcido, inclinado, con un lado más bajo o pequeño que otro; asimétrico, desproporcionado. 2 mal equilibrado.

loquacious (locuei·shøs) *adj.* locuaz, gárrulo.

loquaciousness (locuei·shøsnis) *s.* locuacidad, garrulería.

lord (lo·'d) *s.* señor, dueño, amo. 2 poét. y fam. marido. 3 lord, título propio de los nobles desde barón a marqués inclusive, de los hijos de un duque o marqués, del primogénito de un conde y de ciertos dignatarios : *First Lord of the Admiralty*, ministro de marina ; *Lord Chamberlain*, camarero mayor ; *Lord Chief Justice*, presidente del tribunal supremo de Inglaterra ; *Lord Lieutenant*, virrey o gobernador de Irlanda ; *Lord Mayor*, alcalde de Londres, de York, de Dublín, etc.: *Lord Privy Seal*, guardasellos; *the Lords*, la Cámara de los lores; *lords spiritual*, lores eclesiásticos, brazo eclesiástico en la Cámara de los lores; *lords temporal*, brazo de los nobles en la Cámara de los lores. 4 *the Lord*, el Señor, Dios ; *Our Lord*, Nuestro Señor, Jesucristo ; *the Lord's Day*, el domingo; *the Lord's Prayer*, el padrenuestro, la oración dominical ; *the Lord's Supper*, la Santa Cena, la Eucaristía ; *the Lord's table*, la Sagrada mesa ; *to die in the Lord*, morir en la paz del Señor.

lord (to) *intr. to ~ over* o *to ~ it over*, señorear, dominar, mandar despóticamente, o altaneramente, imponerse a. — 2 *tr.* presidir o regir como lord. 3 hacer lord ; dar título de lord.

lordliness (lo·'dlinis) *s.* señorío, dignidad. 2 altivez, orgullo.

lord(l)ing (lo·'d(l)ing) *s.* desp. pequeño señor.

lordly (lo·'dli) *adj.* propio de un lord ; señorial, señoril, noble ; espléndido, magnífico. 2 altanero, orgulloso, imperioso.

lordosis (lo'dou·sis) *s.* MED. lordosis.

lordship (lo·'dship) *s.* señoría, dignidad, rango de lord. 2 señoría, dominio. 3 *his ~, your ~*, su señoría, tratamiento que se da a un lord.

lore (lou·') *s.* erudición, saber, instrucción. 2 ciencia popular, saber popular.

lorgnette (lo'ñe·t) *s.* impertinentes. 2 gemelos de teatro con mango.

lorica (lorai·ca), *pl.* **-cæ** (-si) *s.* loriga. 2 ZOOL. cubierta protectora de láminas o escamas [como la del armadillo].

loricate·d (la·rikeit·id) *adj.* ZOOL. provisto de una cubierta protectora de láminas o escamas.

loricate (to) *tr.* cubrir con una substancia protectora; cubrir con luten; chapear, planchear.

lorication (lorike·shøn) *s.* cubierta protectora; chapeado, plancheado.

lorikeet (la·rikit) *s.* ORNIT. especie de loro o perico de oceanía.

loriot (la·riat) *s.* ORNIT. oropéndola.

loris (lou·ris), *pl.* **loris** *s.* ZOOL. especie de lemur.

lorn (lo·'n) *adj.* abandonado, solo, sin parientes ni amigos.

Lorraine (lore·n) *n. pr.* GEOGR. Lorena.

Lorrainer (lore·nø') *s.* lorenés.

lorry (lo·ri), *pl.* **-ries** (-ris) *s.* (Ingl.) carro fuerte; camión. 2 (Ingl.) FERROC. plataforma [vagón]. 3 (EE. UU.) camioneta eléctrica con volquete.

lory (lou·ri), *pl.* **-ries** (-ris) *s.* ORNIT. especie de loro o perico.

lose (to) (lu·š) *tr.* perder : *to ~ caste*, perder categoría o consideración social; *to ~ face*, perder prestigio; *to ~ ground*, perder terreno; *to ~ heart*, desalentarse; *to ~ one's mind*, perder el juicio; *to ~ one's temper*, perder la calma, encolerizarse; *to ~ one's way*, perderse, extraviarse; *to ~ one's train*, perder el tren; *to ~ patience*, perder la paciencia; *to ~ sight of*, perder de vista; *to ~ [something] to*, perder [algo] en beneficio de : *to ~ one's heart to*, fig. enamorarse de, dar uno su corazón a. 2 hacer perder, tener la culpa de que se pierda [algo] : *that lost him his place*, eso le hizo perder el empleo. 3 quitarse [un resfriado, etc.]. 4 olvidar [lo aprendido]. — 5 *intr.* perder, tener una pérdida. 6 fam. *to ~ out*, fracasar, ser vencido. — 7 *ref.* perderse [confundirse, desaparecer] ; perderse, extraviarse; engolfarse, embeberse, ensimismarse. ¶ CONJUG. pret. y p. p.: *lost*.

los(e)able (lu·šabøl) *adj.* perdible, que se puede perder.

loser (lu·šø') *s.* perdedor, perdidoso, el que pierde.

losing (lu·šing) *s.* pérdida. — *adj.* perdedor, perdidoso; vencido.

loss (los) *s.* pérdida : *~ of face*, pérdida de prestigio; *it's your ~*, fam. usted se lo pierde; *to be at a ~*, estar desconcertado, perplejo, indeciso, no saber qué hacer; *to be at a ~ to*, no saber como [hacer algo] ; *to sell at a ~*, vender con pérdida. 2 perdición. 3 COM. daño, quebranto; siniestro.

lost (lost) *pret.* y *p. p.* de TO LOSE. — 2 *adj.* perdido : *~ motion*, MEC. juego muerto, pérdida de movimiento debido a conexiones defectuosas; *~ or no ~*, cláusula especial del seguro que cubre todos los riesgos ; *not to be ~ on* o *upon*, no dejar de aprovechar a, no pasar inadvertido por. 3 destruido, arruinado. 4 olvidado. 5 desahuciado [enfermo]. 6 extraviado, descarriado. 7 desorientado, perplejo, confuso. 8 embebido, engolfado : *~ in thought*, abstraído, pensativo. 9 *~ to*, perdido para; insensible a, que ha perdido [el sentimiento] de : *~ to the sense of duty*, que ha perdido el sentimiento del deber.

lost-and-found department *s.* oficina de objetos perdidos.

Lot (lot) *n. pr. m.* BIB. Lot.

lot *s.* lote. 2 cuota, parte, porción. 3 porción de terreno, solar. 4 suerte [para decidir] : *to draw*, o *cast, lots*, echar suertes; *to fall to one's ~*, tocarle a uno, caerle en suerte. 5 suerte, destino, sino : *to cast*, o *throw, in one's ~ with*, compartir la suerte de. 6 grupo, colección, hato, partida. 7 fig. individuo, sujeto, persona : *he is a bad ~*, es una mala persona. 8 *a ~ of, lots of*, la mar de. — 9 *adv. a ~, lots*, mucho: *a ~ better*, mucho mejor.

lot (to) dividir en lotes. 2 repartir o asignar echando suertes. 3 echar suertes para. — 4 *intr.* echar suertes. ¶ pret. y p. p.: *lotted*; ger.: *lotting*.

loth (lou·z) *adj.* LOATH.

Lothario (loze·riou) *s.* fig. tenorio, seductor, libertino.

lotion (lou·shøn) *s.* loción.

lotos, lotos-eater, lotos-eating, LOTUS, LOTUS-EATER, LOTUS-EATING.

lottery (la·tøri) *s.* lotería, rifa.

lotto (la·to) *s.* lotería [juego casero].

lotus (lou·tøs) *s.* BOT. loto [planta acuática]. 2 BOT. meliloto. 3 BOT. *lotus* o *~ tree*, loto [árbol].

lotus-eater *s.* lotófago.

lotu-eating *adj.* lotófago.

loud (lau·d) *adj.* fuerte [sonido]. 2 alta [voz]. 3 recio, clamoroso, ruidoso, estrepitoso, escandaloso. 4 chillón, llamativo, ostentoso, charro. 5 vulgar, ordinario. 6 evidente [mentira]. — 7 *adv.* en voz alta. 8 ruidosamente.

loudish (lau·dish) *adj.* un tanto alto o fuerte [voz, sonido]. 2 un tanto chillón o llamativo.

loudly (lau·dli) *adv.* ruidosamente; fuerte, recio. 2 en voz alta, a gritos.

loudness (lau·dnis) *s.* calidad de fuerte, ruidoso; fuerza [de un sonido]; elevación [de la voz]. 2 calidad de chillón o llamativo; vulgaridad, mal gusto.

loud-speaker *s.* RADIO. altavoz.

lough (lac) *s.* (Irl.) lago; ría.

Louis (lu·is) *n. pr.* Luis.
louis *s.* luis [moneda].
Louisa (lui·sa), **Louise** (luis) *n. pr.* Luisa.
lounge (lau·n͞y) *s.* paseo, paso lento y perezoso. 2 acción o manera de estar sentado o reclinado indolentemente. 3 salón de descanso; salón de fumar o de tertulia; salón de hotel, club, etc. 4 sofá, diván.
lounge (to) *intr.* pasear, callejear, pasar el tiempo, holgazanear. 2 estar sentado, recostado o reclinado indolentemente. — 3 *tr. to ~ away*, pasar [un tiempo] sin hacer nada.
lounger (lau·n͞yø') *s.* ocioso. 2 paseante, azotacalles.
loup (lup) *s.* mascarilla [antifaz].
loupe (loup) *s.* lupa.
lour (to) (lau') *s.* TO LOWER.
louse (lau·s), *pl.* **lice** (-lais) *s.* ENTOM. piojo, cáncano : *crab ~*, ladilla. 2 nombre de otros pequeños parásitos : *dog ~*, garrapata ; *plant ~*, pulgón.
lousewort (lau·swø't) *s.* BOT. estafisagria. 2 nombre de otras plantas.
Louisiana (luišiæ·na) *n. pr.* GEOGR. Luisiana.
lousier (lau·šiø') *adj. comp.* de LOUSY.
lousiest (lau·siest) *adj. superl.* de LOUSY.
lousily (lau·šili) *adv.* con piojería. 2 fam. pésimamente.
lousiness (lau·šinis) *s.* piojería.
lousy (lau·ši) *adj.* piojoso, piojento. 2 MED. pedicular. 3 astroso, asqueroso.
lout (lau·t) *s.* patán, rústico, zafio.
lout (to) *intr.* pasear, vagar, holgazanear.
loutish (lau·tish) *adj.* rudo, rústico, tosco, zafio.
loutishly (lau·tishli) *adv.* toscamente, zafiamente.
Louvain (lu·vein) *n. pr.* GEOGR. Lovaina.
louver (lu·vø') *s.* ARQ. lucerna, lumbrera. 2 juego de tablillas a manera de persiana, dispuestas en una abertura para que pase el aire y no la lluvia. | Llám. también *~ boards.* 3 persiana de automóvil.
lovability (løvabi·liti) *s.* amabilidad, atractivo.
lovable (lø·vabøl) *adj.* amable [digno de ser amado].
lovableness (lø·vabølnis) *s.* LOVABILITY.
lovage (lø·vidy) *s.* BOT. ligústico.
love (løv) *s.* amor, querer, cariño, afecto, devoción, afición : *to be in ~*, estar enamorado; *to fall in ~ with*, enamorarse de ; *to make ~ to*, enamorar, cortejar, galantear ; *to send one's ~*, mandar afectuosos recuerdos ; *there is no ~ lost between them*, no se quieren ; *for ~*, para pasar el rato, sin interés ; de balde ; *for ~ or money*, a toda costa, por cualquier medio ; *for the ~ of*, *for ~ of*, por amor a ; *not for ~ or money*, ni a tiros, por nada del mundo. 2 amor [pers. amada] ; amor mío, cariño [expresión de afecto]. 3 fam. preciosidad : *it is a ~ of a child*, es una preciosidad de criatura. 4 B. ART. amorcillo. 5 (con may.) Amor, Eros, Cupido. 6 DEP. cero, nada, ningún tanto [en el tenis y otros juegos]. — 7 *adj.* de amor : *~ affair*, intriga amorosa, amores, amorío ; *~ child*, hijo ilegítimo ; *~ feast*, ágape ; *~ knot*, lazo de cintas hecho de cierto modo ; *~ match*, matrimonio de amor ; *~ potion*, filtro de amor, bebedizo ; *~ seat*, confidente [mueble] ; *~ song*, canción de amor. 8 BOT. *~ apple*, tomate. 9 TENIS *~ set*, partida ganada sin perder un solo juego.
love (to) *tr.* amar, querer, adorar. 2 tener cariño a. 3 gustar de, tener afición a, gustarle mucho a uno [una cosa]. — 4 *intr.* amar ; estar enamorado.
lovebird (lø·vbø'd) *s.* ORNIT. periquito.
love-in-a-mist *s.* BOT. ajenuz, arañuela.
love-in-idleness *s.* BOT. pensamiento, trinitaria.
Lovelace (lø·vleis) *s.* seductor, libertino.
loveless (lø·vlis) *adj.* sin amor. 2 desamado. 3 desamorado.
lovelier (lø·vliø') *adj. comp.* de LOVELY.
love-lies-bleeding *s.* BOT. amaranto rojo.
loveliest (lø·vliist) *adj. superl.* de LOVELY.
loveliness (lø·vlinis) *s.* amabilidad, encanto, belleza, hermosura, exquisitez.
lovelock (lø·vlac) *s.* ant. tufo, o rizo, sobre las sienes o la frente.
lovelorn (lø·vlo'n) *adj.* abandonado por su amor, desamado ; herido de amor, que suspira de amor.
lovely (lø·vli) *adj.* amable [digno de ser amado], adorable, encantador, bello, hermoso, lindo, exquisito. 2 deleitoso, ameno.
love-maker *s.* cortejante, galanteador, enamorado.

love-making *s.* cortejo, galanteo.
lover (lø·vø') *s.* enamorado. 2 amante, amador, galán. 3 amigo, aficionado.
lovesick (lø·vsic) *adj.* enamorado, enfermo de amor.
lovesickness (lø·vsicnis) *s.* enamoramiento, mal de amor.
loving (lø·ving) *adj.* amante, enamorado. 2 amoroso, afectuoso, cariñoso. 3 benigno, bondadoso : *~ kindness*, bondadoso afecto ; misericordia, bondad infinita. 4 *~ cup*, copa de la amistad copa con varias asas que se hace pasar de mano en mano entre amigos.
lovingly (lø·vingli) *adv.* amorosamente, afectuosamente, cariñosamente.
lovingness (lø·vingnis) *s.* afecto, cariño, ternura.
low (lo·u) *adj.* bajo [de poca altura ; inferior, que está en lugar inferior o a un nivel inferior] : *a ~ house*, una casa baja ; *a ~ wall*, una pared baja ; *Low Countries*, Países Bajos ; *~ shoe*, zapato bajo ; *~ stature*, baja estatura ; *~ tide*, bajamar, marea baja ; fig. punto más bajo ; *~ water*, bajamar, marea baja ; nivel mínimo [de un río o lago], estiaje ; *in ~ water*, fig. sin fondos, sin dinero, etc. 2 bajo [precio, salario presión, temperatura, tensión, etc.] : *~ blood pressure*, presión arterial baja, hipotensión. 3 bajo, relativamente reciente : *Low Latin*, bajo latín. 4 MÚS. bajo, grave ; baja [voz]. 5 bajo, cercano al horizonte [sol, etc.]. 6 profunda [inclinación, reverencia]. 7 escotado [vestido]. 8 humilde, pobre : *~ of ~ condition*, de humilde condición. 9 bajo, vil, ruin, deshonroso : *~ trick*, cochinada, mala pasada, partida serrana. 10 bajo, vulgar, soez. 11 inferior [organismo, mentalidad, raza, etc]. 12 pobre, escaso, deficiente, insuficiente ; escaso, falto : *to be ~ on*, andar o estar escaso de. 13 moderado, poco intenso. 14 desfavorable, pobre [concepto, opinión]. 15 débil, abatido, enfermo. 16 abatido, desalentado, desanimado : *~ spirits*, abatimiento, desánimo. 17 muerto. | Ús. sólo como predicado. 18 METEOR. *~ area*, área de baja presión atmosférica. 19 *~ comedy*, farsa, sainete. 20 TEJ. *~ count*, número bajo o grueso [del hilo]. 21 *Low Church*, secta anglicana opuesta al ritualismo ; *Low Churchman*, miembro o partidario de la LOW CHURCH. 22 AUTO. *~ gear*, primera, primera marcha. 23 GEOGR. *~ latitudes*, latitudes cercanas al ecuador. 24 *Low Mass*, misa baja o rezada. 25 B. ART. *~ relief*, bajo relieve.
26 *adv.* bajo, cerca del suelo, en la parte inferior : *to cut ~ in the neck*, escotar [un vestido. 27 bajamente, vilmente. 28 barato, a bajo precio. 29 sumisamente. 30 bajo, en voz baja ; en tono bajo o grave.
31 *s.* mugido, berrido. 32 lo bajo, punto o lugar bajo, tierra baja. 33 valor o precio mínimo. 34 AUTO. primera [primera marcha]. 35 el triunfo más bajo [en los naipes].
low (to) *intr.* mugir, berrear.
lowbell (lou·bel) *s.* cencerro.
lowborn (lou·bo'n) *adj.* de humilde cuna.
lowboy (lou·boi) *s.* mueble tocador, bajo y con cajones.
lowbred (lou·bred) *adj.* zafio, malcriado, grosero, vulgar, ordinario.
low-brow *s.* fam. persona inculta, no intelectual. — 2 *adj.* de gente inculta, para gente inculta.
Low-Church *adj.* perteneciente a la secta anglicana opuesta al ritualismo.
low-count *adj.* TEJ. de baja cuenta de hilos [tejido].
low-country *adj.* de los Países Bajos.
low-down *adj.* fam. bajo, vil. — 2 *s.* pop. (EE. UU.) información confidencial o de primera mano ; los hechos verdaderos.
1) **lower** (lou·ø') *adj.* y *adv. comp.* de LOW : más bajo, etc. ; bajo ; *~ berth*, litera baja ; *~ case*, IMPR. caja baja ; *~ deck*, MAR. cubierta inferior ; *~ decks*, MAR. (Ingl.) tripulación ; *Lower Egypt*, Bajo Egipto ; *Lower Empire*, Bajo Imperio ; *~ floor*, piso bajo ; *Lower House*, Cámara baja o de los Comunes ; *~ mast*, MAR. palo macho ; *the ~ orders o classes*, la clase baja, el pueblo ; *the ~ world*, la tierra ; el averno, los infiernos.
2) **lower** (lau·ø') *s.* ceño, sobrecejo, mirar ceñudo ; aspecto amenazador.
1) **lower (to)** (lou·ø') *tr.* bajar [poner más bajo, descender, inclinar hacia abajo]. 2 arriar : *to ~ the sails*, arriar las velas. 3 agachar. 4 bajar,

rebajar, reducir, disminuir. 5 abatir, humillar. — 6 intr. bajar, reducirse, disminuir.

2) **lower (to)** (lau·ø') intr. mirar ceñudo, fruncir el ceño. 2 amenazar [la tempestad]; encapotarse [el cielo]; reunirse amenazadoras [las nubes].

lower-case (lou·ø') adj. IMPR. de caja baja, minúscula.

lowerclassman (lou·ø'clasmæn) pl., **-men** (-men) s. estudiante de primero o segundo año.

lowering (lau·øring) adj. ceñudo, amenazador, sombrío. 2 encapotado [cielo].

loweringly (lau·øringli) adv. con ceño, amenazadoramente, sombríamente.

lowermost (lou·ø'moust), **lowest** (lou·ist) adj. superl. de LOW: (el) más bajo, ínfimo: the ~ price, el precio más bajo.

lowing (lou·ing) s. mugido, berrido.

lowland (lou·lænd) s. tierra baja: the Lowlands, las tierras bajas de Escocia.

lowlander (lou·lændø') s. abajeño, llanero. 2 (con may.) natural o habitante de las tierras bajas de Escocia.

lowlily (lou·lili) adv. humildemente, modestamente.

lowliness (lou·linis) s. humildad, oscuridad.

lowly (lou·li) adj. humilde [de baja condición]; humilde, modesto, sencillo. 2 bajo [tierras, etc.]. 3 inferior [en desarrollo, etc.]: ~ organisms, organismos inferiores. — 4 adv. humildemente, modestamente, sencillamente. 5 bajamente. 6 inferiormente.

low-necked adj. escotado, de cuello bajo [vestido].

lowness (lou·nis) s. bajura, pequeñez. 2 humildad [de nacimiento o condición]. 3 bajeza, vileza. 4 abatimiento, postración. 5 baratura. 6 gravedad [del tono]; debilidad [de un sonido].

low-pitched adj. de poca inclinación o pendiente [tejado]. 2 grave [sonido].

low-pressure adj. de baja presión.

low-spirited adj. abatido, desanimado, triste.

low-tension adj. ELECT. de baja tensión.

low-voltage adj. ELECT. de bajo voltaje, de baja tensión.

low-waisted (lou·ueistid) adj. de talle o cintura baja.

low-water line o **mark** s. línea de nivel mínimo de las aguas. 2 línea de bajamar. 3 fig. punto más bajo.

loxodrome (la·csodroum) s. MAR. loxodromia.

loxodromic (la·csodroumic) adj. loxodrómico.

loxodromics (la·csodroumics) s. arte o método de navegar con rumbo constante.

loyal (loi·al) adj. leal, fiel.

loyalism (loi·alism) s. POL. fidelidad al príncipe o al gobierno establecido.

loyalist (loi·alist) s. POL. realista. 2 POL. fiel al príncipe o al gobierno establecido, leal.

loyally (loi·ali) adv. lealmente, fielmente.

loyalty (loi·alti) s. lealtad, fidelidad.

lozenge (la·šeñy) s. GEOM. rombo. 2 BLAS. losange, lisonja. 3 cristal en figura de rombo. 4 pastilla [de menta, etc.].

lozenged (la·šeñyd) adj. rombal.

lozengy (la·šeñyi) adj. BLAS. dividido en losanges.

lubber (lø·bø') adj. torpe, desmañado, zafio, tosco. 2 grueso [labios]. — 3 s. patán, bobalicón, sujeto grandullón y desmañado. 4 marinero torpe, marinero de agua dulce.

lubber-hole s. MAR. boca de lobo.

lubberliness (lø·bø'linis) s. torpeza, desmaña, zafiedad.

lubberly (lø·bø'li) adj. torpe, desmañado, zafio. — 2 adv. torpemente, desmañadamente.

lubricant (liu·bricant) s. lubricante, lubricativo, lubrificante.

lubricate (to) (liu·brikeit) tr. lubricar, lubrificar, engrasar.

lubrication (liubrike·shøn) s. lubricación, lubrificación, engrase.

lubricator (liu·brikeitø') s. lubricador, lubrificador, engrasador.

lubricious (liubri·søs) adj. LUBRICOUS.

lubricity (liubri·siti) s. lubricidad, lisura, untuosidad. 2 inconstancia, inestabilidad. 3 lubricidad, lujuria.

lubricous (liu·bricøs) adj. lúbrico, resbaladizo. 2 lúbrico, lujurioso.

lubritorium (liubrito·riøm), **lubritory** (liu·britori) s. departamento o estación para el engrase de automóviles.

luce (liu·s) s. ICT. lucio.

lucent (liu·šønt) adj. luciente. 2 claro, transparente.

lucern(e (lusø·'n) s. BOT. mielga, alfalfa.

Lucerne n. pr. GEOGR. Lucerna.

Lucia (lu·shia) n. pr. f. Lucía.

Lucian (lu·shian) n. pr. m. Luciano.

lucid (liu·sid) adj. lúcido, luciente. 2 BOT., ENTOM. brillante, lustroso. 3 lúcido [en el razonamiento, en el estilo, etc.]: ~ interval, intervalo lúcido.

lucidity (liusi·diti) s. lucidez, brillo. 2 lucidez [claridad mental], clarividencia.

lucidly (liu·sidli) adj. lúcidamente.

lucidness (liu·sidnis) s. LUCIDITY.

Lucifer (liu·sifø') n. pr. Lucifer, Luzbel. 2 ASTR. lucífero. — 3 s. lucifer o ~ match, fósforo de fricción.

Luciferian (liusifi·rian) adj. luciferino, diabólico.

luciferous (liusi·førøs) adj. luminoso, lucífero.

lucifugous (liusi·fiugøs) adj. lucífugo.

Lucius (liu·shøs) n. pr. m. Lucio.

luck (løc) s. suerte, fortuna [buena o mala]; buena suerte: bad ~, mala suerte, desgracia; good ~, suerte, buena suerte; to be in ~, estar de suerte; to try one's ~, probar fortuna; down on one's ~, fam. de mala suerte, de malas; for ~, para que traiga suerte; worse ~, desgraciadamente.

luckier (lø·kiø') adj. comp. de LUCKY.

luckiest (lø·kiist) adj. superl. de LUCKY.

luckily (lø·kili) adv. afortunadamente; por fortuna. 2 felizmente, dichosamente.

luckiness (lø·kinis) s. suerte, buena fortuna, dicha.

luckless (lø·klis) adj. desafortunado. 2 desgraciado, desdichado, desventurado.

lucky (lø·ki) adj. afortunado; de suerte; que trae suerte: ~ beggar, fam. hombre afortunado, de suerte; ~ hit, golpe de fortuna; ~ stone, piedra de la suerte, piedra que se lleva como amuleto; to be ~, tener suerte; you are a ~ dog, forma de felicitar a uno, esp. cuando ha sido aceptado como novio. 2 feliz, oportuno. 3 feliz, dichoso, venturoso, bienhadado.

lucrative (liu·crativ) adj. lucrativo.

lucratively (liu·crativli) adv. lucrativamente.

lucre (liu·kør) s. lucro.

Lucretia (lucri·shia) n. pr. f. Lucrecia.

lucubrate (to) (liu·kiubreit) tr. e intr. lucubrar.

lucubration (liukiubre·shøn) s. lucubración.

luculent (liu·kiulønt) adj. luciente. 2 claro, evidente, convincente.

Lucullus (lukø·løs) n. pr. m. Lúculo.

Lucy (lu·si) n. pr. f. Lucía.

ludicrous (liu·dicrøs) adj. cómico, risible, ridículo, absurdo.

ludicrously (liu·dicrøsli) adv. cómicamente, ridículamente.

ludicrousness (liu·dicrøsnis) s. comicidad, ridiculez, extravagancia.

lues (liu·iš) s. MED. lúes.

luetic (liu·etic) adj. MED. luético.

luff (løf) s. MAR. orza, orzada. 2 MAR. caída de proa [de una vela de cuchillo]. 3 MAR. aparejo de bolinear. 4 MAR. amura de popa.

luff (to) MAR. orzar, ceñir el viento, bolinear: to ~ a lee, to ~ round, orzar todo, orzar a la banda. — 2 tr. e intr. MEC. mover el brazo de una grúa.

lug (løg) s. oreja, asa, parte saliente por donde se ase, fija o sujeta una cosa. 2 anilla de la sufra por donde pasan las varas de un carruaje. 3 tirón (løg) s. esfuerzo para tirar de algo]; tiro, arrastre. 4 cosa que se lleva tirando o arrastrando; peso, carga. 5 MAR. lug o ~ sail, vela al tercio. 6 fam. (EE. UU.) to put on lugs, darse tono; emperejilarse

lug (to) tr. tirar [de una cosa], halar; arrastrar; llevar algo pesado o embarazoso. 2 introducir forzadamente, sin venir a cuento [una especie] en la conversación. — 3 intr. tirar [de], halar: to ~ at the oars, halar los remos. 4 moverse pesadamente o a sacudidas. ¶ CONJUG. pret. y p. p.: lugged; p. a.: lugging.

luggage (lø·guidÿ) s. equipaje [de viajero]. — 2 adj. de equipajes: ~ van, (Ingl.) furgón de equipajes.

lugger (lø·gø') s. MAR. lugre.

lugubrious (liuguiu·briøs) adj. lúgubre, fúnebre.

lugworm (lø·gwø'm) s. lombriz usada como cebo para pescar.

Luke (luc) *n. pr.* Lucas.
lukewarm (liu cuo'm) *adj.* tibio, templado. 2 tibio, indiferente.
lukewarmly (liu cuo'mli) *adv.* tibiamente, con tibieza o indiferencia.
lukewarmness (liu cuo'mnis) *s.* tibieza.
lull (løl) *s.* momento de calma o de silencio.
lull (to) *tr.* adormecer, arrullar. 2 calmar, aquietar, sosegar. — 3 *intr.* calmarse, sosegarse, amainar.
lullaby (lølabai) *s.* arrullo, canción de cuna, nana; canto que adormece.
luller (lølø') *s.* adormecedor.
Lullian (lo lian) *adj.* luliano.
Lullianist (løliánist), **Lullist** (lølist) *s.* luliano, lulista.
Lulu (lu lu) *n. pr. dim.* de LOUISE.
lumbago (lømbei gou) *s.* MED. lumbago.
lumbar (lømba') *adj.* ANAT. lumbar: ~ *puncture,* punción lumbar.
lumber (lømbø') *s.* madera [aserrada], maderas, madera de construcción, tablas, tablones. 2 trastos viejos. 3 *fig.* balumba, cosa que estorba, material inútil. 4 *fig.* gordura superflua. — 5 *adj.* de maderas, para maderas : ~ *kiln,* (EE. UU.) secadero de maderas; ~ *mill,* aserradero. 6 para trastos viejos; ~ *room,* trastera, camaranchón.
lumber (to) *tr.* cortar [árboles], aserrar [troncos], explotar [bosques]. 2 amontonar en desorden; llenar, atestar. — 3 *intr.* andar o moverse pesadamente. 4 avanzar con ruido sordo.
lumberer (lømbørø') *s.* LUMBERMAN.
lumbering (lømbøring) *s.* explotación de bosques maderables. — 2 *adj.* pesado, que anda o se mueve pesadamente. 3 que hace o avanza con ruido sordo.
lumberjack (lømbø'jæc) *s.* leñador, hachero.
lumberman (lømbø'mæn) *pl.,* -men (-men) *s.* leñador, hachero. 2 maderero, tratante en maderas.
lumberyard (lømbø'ya'd) *s.* almacén o depósito de maderas.
lumbrical (lømbrical) *adj.* ANAT. lumbrical.
lumen (liu min), *pl.* -mina (-mina) o -mens (-mens) *s.* FÍS. lumen. 2 FISIOL. cavidad o hueco de un órgano o conducto tubular.
luminary (liu mineri) *s.* luminar, astro. 2 *fig.* luminar, lumbrera.
luminescence (liumine sens) *s.* luminescencia.
luminescent (liumine sent) *adj.* luminescente.
luminiferous (liumini førøs) *adj.* luminífero.
luminosity (liumina siti) *s.* luminosidad.
luminous (liu minøs) *s.* luminoso. 2 iluminado, lleno de luz. 3 claro, lúcido [escritor].
luminously (liu minøsli) *adv.* luminosamente.
luminousness (liu minøsnis) *s.* LUMINOSITY.
lummox (lømocs) *s.* fam. (EE. UU.) porro [sujeto torpe].
lump (lømp) *s.* trozo, pedazo, terrón, pella, burujo, masa compacta e informe : ~ *of sugar,* terrón de azúcar; *to be a* ~ *of selfishness,* fig. ser muy egoísta. 2 bulto, protuberancia, excrecencia, chichón. 3 nudo [en la garganta]. 4 masa de barro o harina preparada para ser moldeada o cocida. 5 TEJ. mota. 6 *fig.* porro, bodoque [sujeto torpe y desmañado]. 7 *fig.* persona rechoncha o rehecha. 8 montón, gran cantidad. 9 conjunto, totalidad : *in the* ~, en junto, por junto, en globo; en grueso; en conjunto; por mayor. — 10 *adj.* en trozos o terrones : ~ *coal,* carbón en trozos grandes [el de mayor tamaño que se saca de la mina]; ~ *sugar,* azúcar de terrón. 11 total, global : ~ *sum,* suma global o total, tanto alzado; *for a* ~ *sum,* por un tanto alzado.
lump (to) *tr.* amontonar, apelotonar, aburujar. 2 levantar bultos o protuberancias en. 3 tomar en junto, en globo, unas cosas con otras. 4 juntar, resumir. 5 *fam. to* ~ *it,* aguantarlo, tragarlo, apechugar con ello [dicho de una cosa desagradable]. — 6 *intr.* aterronarse, apelotonarse, aburujarse. 7 abultarse, crecer. 8 moverse o caer pesadamente. 9 trabajar como descargador de muelle, estibador, etc.
lumper (lømpø') *s.* amontonador. 2 cargador de muelle, estibador.
lumpier (lømpiø') *adj. comp.* de LUMPY.
lumpiest (lømpiest) *adj. superl.* de LUMPY.
lumping (lømping) *adj.* grande, pesado.
lumpish (lømpish) *adj.* parecido a una pella ó terrón. 2 pesado, macizo, tosco. 3 torpe, estúpido.

lumpishly (lømpishli) *adv.* pesadamente, estúpidamente.
lumpishness (lømpishnis) *s.* pesadez, tosquedad. 2 estupidez, majadería.
lumpy (lømpi) *adj.* lleno de bultos o protuberancias. 2 aterronado, aburujado. 3 agitado [mar].
lunacy (liu nasi) *s.* locura, demencia.
lunar (liu nar) *adj.* lunar : ~ *month,* mes lunar; ~ *year,* año lunar. 2 lunado. 3 argénteo : ~ *caustic,* nitrato de plata, piedra infernal.
lunarian (liune rian) *adj.* lunar [de la Luna]. — 2 *s.* selenita, habitante de la luna.
lunary (liu nari) *s.* BOT. hierba de la plata.
lunate(d (liu neit(id) *adj.* lunado.
lunatic (liu natic) *adj.* y *s.* loco, demente, orate, lunático. — 2 *adj.* de locos, para locos : ~ *asylum,* manicomio.
lunation (liune shøn) *s.* lunación.
lunatum (liunei tøm) *s.* ANAT. semilunar [hueso].
lunch (lønch) *s.* almuerzo [entre el desayuno y la comida]; comida ligera [que se toma al mediodía]. — 2 *adj.* para el almuerzo o para comidas ligeras : ~ *basket,* fiambrera; ~ *cloth,* mantelito; ~ *room,* restaurante para comidas rápidas, meriendas, etc.
lunch (to) *intr.* almorzar, tomar la comida del mediodía; tomar una comida ligera.
luncheon (lønchøn) *s.* refacción, tentempié. 2 LUNCH.
luncheon (to) *intr.* tomar un LUNCHEON.
lune (lun) *s.* GEOM. lúnula.
lunette (lune t) *s.* luneta [adorno]. 2 ARQ., FORT. luneta. 3 LITURG. lúnula, viril.
lung (løng) *s.* pulmón : *at the top of one's lungs,* a voz en grito. 2 *pl.* pulmones, bofes, livianos.
lunge (lønÿ) *s.* estocada, hurgonazo. 2 salto o zambullida hacia adelante; arremetida, embestida. 3 LONGE.
lunge (to) *intr.* ESGR. irse a fondo, tirar una estocada, hurgonear. 2 abalanzarse, lanzarse, arremeter. 3 cocear [un caballo].
lunged (løngd) *adj.* que tiene pulmones o los tiene de cierto modo : *strong-lunged,* de buenos pulmones.
lungmotor (lø-ngmotø') *s.* PULMOTOR.
lungwort (lø ngwø't) *s.* BOT. pulmonaria.
luniform (liu nifø'm) *adj.* lunado.
lunisolar (liunisou la') *adj.* ASTR. lunisolar.
lunular (liu niula') *adj.* lunado.
lunular (liu niula'), **lunulate** (liu niulet) *adj.* lunado.
lunule (liu niul) *s.* lúnula, blanco de la uña.
luny (liu ni) *adj.* y *s.* loco. 2 alocado.
Lupercalia (liupø'keilia) *s. pl.* lupercales.
lupine (liu pin) *s.* BOT. altramuz, lupino. — 2 *adj.* de lobo, lobuno, lupino.
lupulin (liu piulin) *s.* lupulino.
lupus (liu pøs) *s.* MED. lupus.
lurch (lø'ch) *s.* sacudida, tumbo, balance brusco. 2 bandazo. 3 partida doble [en algunos juegos]. 4 *to leave in the* ~, plantar, abandonar en un apuro, dejar en las astas del toro, dejar en la estacada.
lurch (to) *intr.* andar tambaleándose, dar tumbos, dar un tumbo. 2 MAR. dar bandazos. 3 ganar partida doble. 4 engañar, desilusionar. 5 acechar.
lurcher (lø 'chør) *s.* acechador, espía. 2 ratero. 3 timador. 4 cazador furtivo. 5 cierto perro de caza.
lure (liur) *s.* señuelo, añagaza, reclamo. 2 cebo, engaño, atractivo, tentación.
lure (to) *tr.* atraer [con señuelo o engaño]; entruchar, seducir, inducir, tentar : *to* ~ *away,* alejar o apartar con engaño o atractivo; *to* ~ *into doing, etc.,* inducir con engaño o atractivo a hacer, etc.
lurid (liu rid) *adj.* rojizo, cárdeno, color de fuego, tempestuoso [cielo, nubes, etc.]. 2 pálido, fantasmal, pavoroso. 3 fantástico, sensacional, truculento, espeluznante.
lurk (lø'c) *s.* escondite, acecho : *on the* ~, en acecho.
lurk (to) *intr.* esconderse, ocultarse [estar escondido u oculto], estar latente; estar en acecho. 2 moverse furtivamente.
lurker (lø 'kø') *s.* acechador, espía.
lurking (lø 'king) *s.* acecho, acción de estar escondido u oculto. — 2 *adj.* de escondite o acecho : ~ *place,* escondite; emboscada.
luscious (løshøs) *adj.* grato, delicioso, exquisito. 2 dulce, sabroso. 3 melifluo, meloso, empalagoso.

lusciously (lø·shøsli) adv. sabrosamente, exquisitamente. 2 melosamente.

lusciousness (lø·shøsnis) s. calidad de sabroso, exquisitez. 2 melosidad, empalago.

lush (lø·sh) adj. jugoso, fresco, lozano [plantas]. 2 lujuriante, exhuberante, rico, profuso. — 3 s. pop. licor, bebida.

lush (to) tr. pop. hacer beber. — 2 intr. pop. beber.

lushy (lø·shi) adj. pop. bebido, borracho.

Lusitanian (liusitei·nian) adj. y s. lusitano, portugués.

lust (lø·st) s. avidez. deseo vehemente. 2 sensualidad. concupiscencia, lujuria.

lust (to) intr. codiciar, anhelar. 2 desear [con lujuria]. | Gralte. con for o after.

luster (lø·stø') s. LUSTRE.

luster (to) tr. lustrar, abrillantar

lusterless (lø·stø'lis) adj. mate, deslustrado, sin brillo.

lustful (lø·stful) adj. sensual, carnal, lujurioso, voluptuoso, lascivo.

lustfully (lø·stfuli) adv. lujuriosamente.

lustfulness (lø·stfulnis) s. sensualidad, lujuria, lascivia.

lustier (lø·stiø') adj. comp. de LUSTY.

lustiest (lø·stiist) adj. superl. de LUSTY.

lustily (lø·stili) adv. fuertemente, vigorosamente.

lustiness (lø·stinis) s. vigor, robustez, lozanía.

lustral (lø·stral) adj. lustral.

lustrate (to) (lø·streit) tr. lustrar, purificar.

lustration (løstre·shøn) s lustración.

lustre (lø·stø') s. lustre, brillo. 2 reflejo, viso. 3 lustre, esplendor. 4 lustro, araña [lámpara]. 5 lustro [cinco años].

lustrical (lø·strical) adj. lustral.

lustrine (lø·strin) s. lustrina.

lustrous (lø·strøs) adj. lustroso, brillante.

lustrum (lø·strøm), pl. -trums (-trøms) o -tra (træ) s. lustro [cinco años].

lusty (lø·sti) adj. lozano, fuerte, robusto, fornido. 2 vigoroso. enérgico.

lutaceous (liutei·shøs) adj. lúteo.

lute (liut) s. MÚS. laúd. 2 luten; pasta para tapar junturas. 3 arandela de goma para cierres herméticos. 4 rascador [de ladrillero].

lute (to) tr. e intr. tocar o tañer el laúd. — 2 tr. tapar con luten, recubrir de luten. 3 rascar ladrillos.

lutecium (liuti·shiøm) s. QUÍM. lutecio.

lutein (liu·tiin) s. QUÍM. luteína.

luter (liu·tø') s. tañedor de laúd.

Luther (lu·zø') n. pr. Lutero.

Lutheran (lu·zøran) adj. y s. luterano.

Lutheranism (lu·zøranišm) s. luteranismo.

luthern (liu·zø'n) s. ARQ. lumbrera, buharda.

lutist (liu·tist) s. fabricante de laúdes e instrumentos análogos. 2 tañedor de laúd.

lutose (liu·tous) adj. lodoso.

lux (løcs), pl. luces (liu·siš) s. FÍS. lux [unidad de medida de la intensidad luminosa].

luxate (to) (lø·cseit) tr. dislocar, descoyuntar.

luxation (løcse·shøn) s. luxación, dislocación.

luxe (lucs) s. lujo : articles of ~, artículos de lujo.

Luxemburg (lø·csembø'g) n. pr. GEOGR. Luxemburgo.

luxuriance (løgshu·rians), luxuriancy (lø·gšuriansi) s. lujuria, demasía, exuberancia, frondosidad, lozanía.

luxuriant (løgshu·riant) adj. lujuriante, exuberante, lozano, frondoso. 2 de ornamentación recargada.

luxuriate (to) (løgshu·rieit) intr. ostentar lozanía, lozanear. 2 crecer con frondosidad o abundancia. 3 vivir con lujo. 4 gozarse, complacerse.

luxurious (løgshu·riøs) adj. lujoso, fastuoso. 2 dado al lujo. 3 muelle, sibarítico. 4 lujuriante, frondoso.

luxuriously (løgshu·riøsli) adv. lujosamente, fastuosamente. 2 con lujo, con comodidades.

luxuriousness (løgshu·riøsnis) s. lujo, fausto.

luxury (lø·gshuri) s. lujo, fausto. 2 regalo, molicie. 3 placer. 4 cosa que da placer o comodidad. esp. cuando es cara o superflua.

lycanthrope (lai·cænzroup) s. licántropo.

lycanthropy (laicæ·nzropi) s. MED. licantropía.

lyceum (laisi·øm) s. liceo, ateneo. 2 institución de enseñanza; sociedad literaria.

Lycia (li·sia) n. pr. Licia.

Lycian (li·sian) adj. y s. licio.

lycopodium (laicopou·diøm) s. BOT., FARM. licopodio.

Lycurgus (lø·gøs) n. pr. Licurgo.

Lydia (li·dia) n. pr. GEOGR. Lidia.

Lydian (li·dian) adj. y s. lidio. — 2 adj. blando, voluptuoso.

lye (lai) s. lejía. 2 (Ingl.) FERROC. desviadero.

lying (lai·ing) adj. falso, mentiroso. 2 tendido, echado, yacente : ~ down, acostado. 3 sito, situado. — 4 s. mentira, acción de mentir. 5 acción de echarse, yacer, estar o estar situado.

lying-in s. parto. — 2 adj. para el parto, que está de parto : ~ hospital, clínica u hospital maternal, casa de maternidad ; ~ woman, parturienta.

lyingly (lai·ingli), adv. falsamente, mentirosamente.

lying-to s. MAR. acción de estar o ponerse al pairo, en facha.

lymph (limf) s. ANAT., FISIOL. linfa. 2 poét. linfa, agua. — 3 adj. ANAT. linfático : ~ gland, glándula linfática.

lymphadenoma (limfædinou·ma) s. MED. linfadenoma.

lymphangitis (limfænỹai·tis) s. MED. linfangitis.

lymphatic (limfæ·tic) adj. linfático. — 2 s. ANAT. vaso linfático.

lymphatism (li·mfatišm) s. MED. linfatismo.

lymphocyte (li·mfosait) s. ANAT. linfocito.

lymphoid (li·mfoid) adj. linfoideo.

lynch (to) (li·nch) tr. linchar.

lynching (li·nching) s. linchamiento.

lynch law s. (Am.) ley de Lynch, ejecución llevada a cabo por particulares sin procedimiento legal.

lynx (li·ncs) s. ZOOL. lince.

lynx-eyed adj. de ojos linces, perspicaz.

Lyon (lai·on), Lyons (lai·ons) n. pr. GEOGR. Lión, Lyón.

Lyonese (laioni·s) adj. y s. lionés.

lyrate (lai·reit) adj. BOT., ORNIT. lirado.

lyre (lai·r) s. MÚS. lira. 2 ASTR. (con may.) Lira.

lyrebird (lai·rbø'd) s. ORNIT. ave lira.

lyric (li·ric) adj. lírico. — 2 s. poema o composición lírica. 3 fam. letra de una canción.

lyrical (li·rical) adj. lírico : ~ poetry, poesía lírica.

lyricism (li·risišm) s. lirismo.

lyrist (lai·rist) s. lírico [poeta]. 2 tañedor de lira.

Lysander (laisæ·ndø') n. pr. Lisandro.

Lysimachus (laisi·mæcøs) n. pr. Lisímaco.

lysine (lai·sin) s. BIOQUÍM. lisina.

Lysippus (laisi·pøs) n. pr. Lisipo.

lysis (lai·sis) s. MED. lisis.

lyssa (li·sa) s. MED. rabia, hidrofobia.

Lythraceæ (litrei·sii) s. pl. BOT. litráceas.

lythraceous (litrei·shøs) adj. litráceo.

M

M, m (em) *s.* M, m, décimotercera letra del alfabeto inglés.

ma (ma) *s.* abrev. fam. o infantil de MAMA o MAMMA, madre, mamá.

ma'am (mam o mæm) *s.* contr. de MADAM, señora.

Mab (mab) nombre propio femenino : *Queen* ~, la Reina de las Hadas.

Mac- (mæc) *pref.* que significa «hijo de», en nombres patronímicos escoceses o irlandeses. Suele abreviarse así : *Mc, Mᶜ* o *M'*.

macaber, macabre (maca·bøᵣ') *adj.* macabro.

macadam (makæ·dam) *s.* macadam, macadán. — 2 *adj.* de macadam, madacamizado.

macadam o **macadamize (to)** (makæ·damaiš) *tr.* macadamizar.

macaque (maca·c) *s.* ZOOL. macaco.

macaroni (mæcarou·ni), *pl.* **-nis** o **-nies** (-niš) *s.* macarrones [pasta alimenticia]. 2 pisaverde. 3 fig. mezclanza ; cosa estrafalaria.

macaronic (mæcara·nic) *adj.* macarrónico. 2 mezclado, confuso. — 3 *s.* macarronea.

macaroon (mæcaru·n) *s.* macarrón, mostachón, bollito de almendra, coco, etc.

Macassar, Makassar (macæ·saᵣ) *n. pr.* GEOGR. Macasar : ~ *oil*, aceite de Macasar.

macaw (macø·) *s.* ORNIT. ara, guacamayo.

Maccabaeus (mækøbɾøs) *n. pr.* BIBL. Macabeo.

Maccabean (mækøbɪ·an) *adj.* de los Macabeos.

Maccabees (mæ·købɪš) *n. pr. pl.* BIBL. Macabeos.

maccaboy (mæ·caboi) *s.* rapé macuba.

mace (meis) *s.* maza [insignia] : ~ *bearer*, macero. 2 maza [arma] ; clava, porra. 3 BILLAR. taco seco. 4 macia, macis [especia].

Macedon (mæ·sidan), **Macedonia** (mæsidou·nia) *n. pr.* GEOGR., HIST. Macedonia.

Macedonian (mæsidou·nian) *adj.* y *s.* macedonio. — 2 *adj.* macedónico.

macer (mei·søᵣ) *s.* macero.

macerate (to) (mæ·søreit) *tr.* macerar.

maceration (mæsøre·shøn) *s.* maceración.

Macfarlane (mæcfe·ᵣlan) *s.* macfarlán.

machete (mashe·t o machei·ti) *s.* MATCHET.

Machiavel (mæ·kiavel) *n. pr.* Maquiavelo.

Machiavel(l)ian (mækiave·lian) *adj.* y *s.* maquiavelista. 2 maquiavélico.

Machiavellism (mæ·kiaveliš̃m) *s.* maquiavelismo.

machicolation (mæchicole·shøn *s.* FORT. matacán, ladronera.

machinal (mashi·nal o mæ·kinal) *adj.* maquinal, mecánico.

machinate (to) (mæ·kineit) *intr.* y *tr.* maquinar.

machination (mækine·shøn) *s.* maquinación, intriga.

machinator (mæ·kineitøᵣ) *s.* maquinador.

machine (mashin) *s.* máquina, ingenio. 2 bicicleta, automóvil, aeroplano, etc. 3 TEAT., LIT. máquina. 4 máquina [política, social, etc.] ; (EE. UU.) camarilla que influye en la dirección de un partido, organización, etc. — 5 *adj.* de máquina.

mecánico, de maquinaria : ~ *gun*, ametralladora ; ~ *screw*, tornillo para metales ; ~ *shop*, taller de maquinaria ; ~ *tool*, máquina herramienta.

machine (to) *tr.* trabajar a máquina.

machine-gun (to) *tr.* ametrallar [atacar con ametralladora]. ¶ CONJUG. pret. y p. p. : ~ *gunned*; ger. : ~ *gunning*.

machine-made *adj.* hecho a máquina, mecánico. 2 fig. estereotipado.

machinery (mashi·nøri) *s.* maquinaria [conjunto de máquinas]. 2 maquinaria, mecánica. mecanismo. 3 fig. máquina, organización. 4 LIT. máquina.

machinist (mashi·nist) *s.* maquinista ; mecánico. 2 TEAT. tramoyista.

macies (me·siis) *s.* MED. demacración.

mackerel (mæ·kørel) *s.* ICT. escombro, caballa. 2 ~ *sky*, cielo aborregado.

mackinaw (mæ·kino) *s.* tela de lana de dos caras para abrigos. — 2 *adj.* (con may.) *Mackinaw blanket*, manta gruesa usada en el Oeste de los Estados Unidos ; *Mackinaw boat*, bote o chalana de fondo plano y popa cuadrada usado en los Grandes Lagos.

mackintosh (mæ·kintash) *s.* impermeable. 2 tela impermeabilizada.

mackle (ma·køl) *s.* IMPR. mácula, impresión borrosa.

mackle (to) *tr.* IMPR. manchar, producir una impresión borrosa. — 2 *intr.* IMPR. mancharse, remosquearse.

macle (mæ·køl) *s.* MINER. macla. 2 mancha oscura [en un mineral]. 3 MINER. andalucita teselada.

macouba (ma·kuba) *s.* rapé macuba.

macramé (mæ·cramei) *s.* especie de encaje grueso hecho de nudos.

macrobian (mæcrou·bian) *s.* que vive muchos años.

macrobiosis (mæcrobaiou·sis) *s.* longevidad.

macrobiotics (mæcrobaia·tics) *s.* macrobiótica.

macrocephalous (mæcrose·faløs) *adj.* macrocéfalo.

macrocosm (mæ·croucoᵏm) *s.* macrocosmo.

macrocyte (mæ·crousait) *s.* MED. macrocito.

macrogamete (mæcrogami·t) *s.* BIOL. macrogameto.

macrograph (mæ·crougræf) *s.* dibujo o fotografía de un objeto en su tamaño natural.

macrography (mæcra·græfi) *s.* escritura en letras grandes [síntoma o señal de una enfermedad nerviosa]. 2 examen o estudio a simple vista [sin el auxilio del microscopio].

macron (me·cran) *s.* IMPR. signo de vocal larga.

macroscopic (mæcrosca·pic) *adj.* macroscópico.

macrosmatic (mæcra·smæ·tic) *adj.* ZOOL. macrosmático.

Macrura (mæcru·ræ) *s. pl.* ZOOL. macruros.

macrural (mæcru·ral) *adj.* ZOOL. macruro.

macruran (mæcru·ran) *s.* ZOOL. macruro.

macula (mæ·kiula), *pl.* **-lae** (-li) *s.* mácula, mancha. 2 ASTR., ANAT., MED. mácula.

maculate (mæ·kiuleit) *adj.* maculado, manchado.
maculate (to) *tr.* macular, manchar.
maculation (mækiule·shøn) *s.* mácula, mancha. *2* BOT.. ZOOL. disposición de las manchas, pintas, etc.
mad (mæd) *adj.* loco, demente, insano : ~ *as a hatter*, ~ *as a March hare*, completamente loco, loco como una cabra; *like* ~, como un loco; *to drive* ~, volver loco, enloquecer; *to go* ~, volverse loco, perder el juicio, enloquecer. *2* insensato, desesperado. *3* enojado, encolerizado, furioso, frenético, rabioso. *4* loco, muy aficionado: *to be* ~ *about*, estar loco por, tener una locura por. *5* loco, disparatado. *6* muy alegre, alborotado, bullicioso. *7* rabioso [animal] : *to go* ~, rabiar, volverse rabioso. *8* BOT. ~ *apple*, berenjena; estramonio.
mad (to) *tr.* enloquecer, exasperar. — *2 intr.* estar o volverse loco, delirar. ¶ pret. y p. p. : *madded;* ger. : *madding.*
madam (mæ·dam), **madame** (mædæ·m) *s.* señora [tratamiento de respeto].
madapollam (mædapa·lam) *s.* madapolán.
madcap (mæ·dcæp) *adj.* y *s.* alocado, alborotado, atolondrado, cabeza loca, tronera, calavera.
madden (to) (mæ·døn) *tr.* enloquecer. *2* exasperar, enfurecer. — *3 intr.* enloquecer, volverse loco. *4* enfurecerse.
maddening (mæ·dning) *adj.* enloquecedor, exasperante, irritante; que enfurece. — *2 s.* enloquecimiento, enfurecimiento.
madder (mæ·dø^r) *s.* BOT., TINT. rubia, granza.
maddish (mæ·dish) *adj.* un poco loco.
mad-doctor *s.* fam. alienista.
made (meid) *pret.* y *p. p.* de TO MAKE. — *2 adj.* hecho : ~ *man*, hombre que ha llegado a la meta del éxito, que tiene asegurada su fama, prosperidad, etc. *3* compuesto, confeccionado, preparado, cocido, fabricado : ~ *dish*, plato compuesto de varios ingredientes; ~ *ground*, suelo terraplenado; ~ *mast*, MAR. palo compuesto de varias piezas. *4* ~ *up of*, compuesto de, integrado por.
Madeira (mædi·ra) *n. pr.* GEOGR. Madera. *2* vino de Madera.
Madelein (mæ·dølin) *n. pr.* Magdalena.
made-over *adj.* rehecho, reformado.
made-to-measure *adj.* hecho a la medida.
made-to-order *adj.* hecho de encargo, hecho especialmente para el cliente. *2* hecho a la medida.
made-up *adj.* completo, acabado. *2* hecho [vestido, ropa]. *3* maquillado, compuesto, pintado [rostro]. *4* artificial, ficticio, fabricado, inventado.
Madge (mædỹ) *n. pr.* abrev. de MARGARET.
madhouse (mæ·djaus) *s.* manicomio, casa de orates.
madly (mæ·dli) *adv.* locamente, furiosamente, desesperadamente, insensatamente.
madman (mæ·dmæn), *pl.* **-men** (-men) *s.* loco, orate.
madness (mæ·dnis) *s.* locura, demencia, insensatez. *2* furia, rabia, frenesí, arrebato.
Madonna (mada·na) *s.* madona. — *2* BOT. ~ *lily*, azucena.
madrague (mæ·dræ·g) *s.* almadraba.
madrepore (mæ·dripo^r) *s.* ZOOL. madrépora.
madreporic (mædripa·ric o -po·ric) *adj.* madrepórico.
madrigal (mæ·drigal) *s.* LIT., MÚS. madrigal.
madrigalian (mæ·drigalian) *adj.* madrigalesco.
Madrilene (mæ·drilin), **Madrilenian** (mædrili·nian) *adj.* y *s.* madrileño.
madwort (mæ·duø^t) *s.* BOT. raspilla. *2* nombre de otras plantas.
Mæcenas (misi·nas) *n. pr.* HIST. Mecenas. *2* mecenas [protector de las artes o las letras].
maelstrom (mei·lstrøm) *s.* remolino, vorágine.
mænad (mi·næd) *s.* ménade.
magazine (mæga ̃i·n) *s.* almacén, depósito. *2* almacén [en las armas de repetición]. *3* MIL. depósito de municiones. *4* polvorín; pañol de la pólvora, santabárbara. *5* revista ilustrada. — *6 adj.* de repetición [arma]; ~ *rifle*, fusil de repetición.
magaziner (mæga ̃i·nø^r), **magazinist** (mæga ̃i·nist) *s.* el que escribe para las revistas ilustradas.
Magda (mæ·gda) *n. pr.* abrev. de MAGDALEN.
Magdalen (mæ·gdaløn) *n. pr.* Magdalena. — *2 s.* (con min.) ramera arrepentida.

Magdalene (mæ·gdalin o mædali·ni) *n. pr.* Santa María Magdalena. *2* Magdalena.
Magdalenian (mægdali·nian) *adj.* GEOL. magdaleniense.
Magellan (Strait of) (maỹe·lan) *n. pr.* GEOGR. Estrecho de Magallanes.
Magellanic (mæỹelæ·nic) *adj.* magallánico.
magenta (maỹe·nta) *s.* color magenta.
Maggie (ma·ỹi) *n. pr.* dim. de MARGARET.
maggot (mæ·gøt) *s.* cresa, larva [de díptero]. *2* capricho, antojo, idea fantástica.
maggoty (mæ·gøti) *adj.* agusanado, gusaniento. *2* caprichoso, fantástico.
Magi (mei·ỹai) *s. pl.* magos o sabios del Oriente.
Magian (mei·ỹian) *adj.* y *s.* mago [del Oriente]. — *2 adj.* (con min.) de mago, mágico.
magic (mæ·ỹic) *s.* magia, mágica : *black* ~, magia negra; *white* o *natural* ~, magia blanca o natural; *as if by* ~, como por encanto. *2* prestidigitación, ilusionismo. — *3 adj.* mágico : ~ *lantern*, linterna mágica; ~ *square*, cuadro mágico.
magical (mæ·ỹical) *adj.* mágico; encantado.
magically (mæ·ỹicali) *adv.* mágicamente, por arte de encantamiento.
magician (maỹi·shan) *s.* mágico, mago, hechicero, nigromante. *2* prestidigitador, ilusionista.
magisterial (mæỹisti·rial) *adj.* de magistrado, de autoridad o magistratura. *2* magisterial. *3* magistral, autoritario, dogmático, dictatorial.
magisterially (mæỹisti·riali) *adv.* magistralmente, autoritariamente.
magisterialness (mæỹisti·rialnis) *s.* tono o proceder magistral, autoritario, dictatorial.
magistery (mæ·ỹisteri) *s.* QUÍM. ANT. magisterio. *2* piedra filosofal.
magistracy (mæ·ỹistrasi) *s.* magistratura.
magistral (mæ·ỹistral) *adj.* magisterial, de maestros o profesores : ~ *staff*, cuadro de profesores, personal docente [de una institución]. *2* magistral, autoritario, dogmático. *3* FARM. que sólo se prepara por prescripción facultativa. — *4 s.* FARM., MIN. magistral.
magistrate (mæ·ỹistreit) *s.* magistrado. *2* juez de paz.
magma (mæ·gma) *s.* GEOL. magma.
Magna Charta (mæ·gna ca·'ta) *s.* Carta Magna.
magnanerie (mæfænri·) *s.* criadero de gusanos de seda. *2* sericicultura.
magnanimity (mægnani·miti) *s.* magnanimidad.
magnanimous (mægnæ·nimøs) *adj.* magnánimo.
magnanimously (mægnæ·nimøsli) *adv.* magnánimamente.
magnate (mæ·gneit) *s.* magnate.
magnesia (mægni·shia) *s.* magnesia.
magnesian (mægni·shian) *adj.* magnésico. *2* magnesiano.
magnesic (mægni·sic) *adj.* magnésico.
magnesite (mæ·gnisait) *s.* MINER. magnesita.
magnesium (mægni·shiøm) *s.* QUÍM. magnesio.
magnet (mæ·gnit) *s.* ELECT. imán. *2* piedra imán. *3* fig. imán [lo que atrae].
magnetic (mægne·tic) *adj.* magnético : ~ *battery*, imán compuesto; ~ *brake*, freno magnético o eléctrico; ~ *compass*, brújula; ~ *curves*, curvas que indican las líneas de fuerza magnéticas; ~ *declination*, declinación magnética; ~ *electricity*, electromagnetismo; ~ *explorer*, bobina de prueba [para explorar un campo magnético]; ~ *field*, campo magnético; ~ *flux*, flujo magnético; ~ *lag*, retardo magnético; ~ *leakage*, dispersión magnética; ~ *needle*, aguja magnética, brújula; ~ *north*, norte magnético; ~ *pole*, polo magnético; ~ *pyrites*, pirita magnética; ~ *recorder*, aparato magnetofónico; ~ *speaker*, altavoz electromagnético. *2* atrayente, cautivador.
magnetical (mægne·tical) *adj.* magnético. *2* atrayente, cautivador.
magnetically (mæne·ticali) *adv.* magnéticamente.
magneticalness (mægne·ticalnis) *s.* calidad de magnético.
magnetism (mæ·gnitiẑm) *s.* magnetismo.
magnetist (mæ·gnitist) *s.* perito en magnetismo.
magnetite (mæ·gnitait) *s.* MINER. magnetita.
magnetizable (mæ·gnitaiẑabøl) *adj.* magnetizable.
magnetization (mægnitiẑe·shøn) *s.* magnetización.
magnetize (to) (mæ·gnitaiẑ) *tr.* magnetizar. *2* atraer, cautivar, fascinar. — *3 intr.* imanarse.

magnetizer (mægnitaišø') s. magnetizador.
magneto (mægnitou) s. AUTO., ELECT. magneto.
magnetodynamo (mægnitoudainamou) s. ELECT. dinamo de imanes permanentes.
magnetoelectric (maægnitouiléctric) adj. electromagnético.
magnetoelectricity (mægnitouiléctrisiti) s. electromagnetismo.
magnetometer (mægnetametø') s. magnetómetro.
magneton (mægnetan) s. FÍS. magnetón.
magnetophone (mægnitoufon) s. FÍS. magnetófono [especie de sirena].
magnetoscope (mægnitouscoup) s. magnetoscopio.
magnifiable (mægnifaiabøl) adj. ampliable, amplificable, que se puede agrandar. 2 que se puede exagerar. 3 que se puede enaltecer.
magnific(al (mægnific(al) adj. ant. magnífico, sublime; grandilocuente.
Magnificat (mægnificat) s. Magnificat [cántico a la Virgen]. 2 canto de alabanza.
magnification (mægnifikeshøn) s. ÓPT. aumento. amplificación. 2 abultamiento, exageración. 3 enaltecimiento, ensalzamiento, alabanza.
magnificence (mægnifisøns) s. magnificencia.
magnificent (mægnifisønt) adj. magnífico espléndido. suntuoso. 2 noble, elevado.
magnificently (mægnifisøntli) adv. magníficamente, espléndidamente, suntuosamente.
magnifier (mægnifaiø') s. OPT. amplificador, lente de aumento. 2 exagerador. 3 ant. ensalzador.
magnify (to) (mægnifai) tr. agrandar, aumentar, amplificar. 2 abultar, exagerar. 3 ant. enaltecer, ensalzar. ¶ CONJUG. pret. y p. p.: magnified.
magnifying (mægnifaiing) adj. amplificador, de aumento: ~ glass, lente de aumento, lupa.
magniloquence (mægnilocuøns) s. grandilocuencia.
magniloquent (mægnilocuønt) adj. grandílocuo.
magnitude (mægnitiud) s. magnitud.
magnitudinous (magnitiudinøs) adj. grande, grandioso.
magnolia (mægnoulia) s. BOT. magnolia.
Magnoliaceæ (magnouliesii) s. pl. BOT. magnoliáceas.
magnum (mægnøm) s. botella de dos litros.
magot (mægøt o magou) s. ZOOL. mona. 2 figurilla grotesca china o japonesa.
magpie (mægpai) s. ORNIT. urraca, marica, pega, picaza. 2 fig. charlatán, cotorra. 3 fig. regañón. 4 ORNIT. variedad de paloma.
Magus (meigøs) pl., **Magi** (meiÿai) s. Rey mago. 2 (con min.) mago.
Magyar (mægya' o madya') adj. y s. magiar.
maharaja(h) (majaradÿa) s. maharajá.
Maharanee (majarani·) f. esposa del maharajá.
mahlstick (malstic) s. PINT. tiento.
mahogany (majagani) pl., -nies (-nis) s. BOT. caoba, caobo. 2 caoba [madera]. — 3 adj. de caoba. 4 de color de caoba.
Mahomet (moujamit) n. pr. MOHAMMED.
Mahometan (majametan) adj. y s. MOHAMMEDAN.
Mahometanism (majametanišm) s. MOHAMMEDANISM.
mahout (mæjaut) s. cornaca, naire, conductor de elefantes.
maid (meid) f. doncella [soltera, virgen]: ~ of honour, doncella o dama de honor; old ~, solterona; the Maid o the Maid of Orleans, la doncella de Orleáns, Juana de Arco. 2 doncella, criada, doméstica, sirvienta, camarera: ~ of all work, criada para todo.
maiden (meidøn) s. doncella, virgen, joven soltera, zagala. — 2 adj. soltera: a ~ aunt, una tía soltera. 3 de soltera: ~ name, apellido de soltera. 4 virginal, virgíneo, intacto. 5 virgen, nuevo. sin estrenar [espada, etc.]. 6 primero, inicial: ~ speech, primer discurso de un orador en la Cámara de los Comunes; ~ voyage, MAR. primera travesía. 7 virgen [suelo]. 8 que nunca ha ganado un premio en las carreras [caballo]; para caballos que nunca han ganado un premio [carrera].
maidenhair (meidønjer) s. BOT. adianto, culantrillo.
maidenhead (meidønjed), **maidenhood** (meidønjud) s. f. doncellez, virginidad.
maidenliness (meidønlinis) s. modestia, candor, pudor.
maidenlike (meidønlaic) adj. MAIDENLY.
maidenly (meidønli) adj. virginal, modesto, can-

doroso, pudoroso. — 2 adv. modestamente, pudorosamente.
maidhood (meidjud) s. doncellez, virginidad.
maidservant (meidsøvant) s. criada, doméstica.
maidy (meidi) s. doncellita.
mail (meil) s. malla [tejido de anillos, etc., de metal]; cota de malla. 2 correo, correspondencia [cartas, etc., que lleva el correo]; saco de la correspondencia, mala, valija. 3 correo, servicio postal [en Ingl., esp. el que transporta la correspondencia con el extranjero]: ~ air ~, correo aéreo. 4 TEJ. malla [de lizo]. — 5 adj. de malla, con mallas; correo, de correos: ~ bag, saco de la correspondencia, mala, valija; correo, correspondencia [cartas, etc.]; ~ boat, buque correo; ~ carrier, (EE. UU.) cartero, valijero; ~ chute, buzón tubular; ~ coach, diligencia o coche de camino que llevaba el correo; ~ guard, (Ingl.) guardia que custodia el correo durante su transporte; ~ order, COM pedido de mercancías que se hace y se despacha por correo; ~ pouch, ~ sack, saco de lona para la correspondencia; ~ steamer, vapor correo.
mail (to) tr. echar al correo; enviar por correo. 2 armar con malla o cota de malla.
mailable (meilabøl) adj. que se puede enviar por correo.
mailbox (meilbacs) s. buzón; apartado.
mailed (meild) adj. armado con malla o cota de malla: ~ fist, fig. mano armada, fuerza física, fuerza bruta. 2 enviado por correo.
mailer (meilø') s. el que prepara la correspondencia, etc., para el correo. 2 máquina que imprime las direcciones en los periódicos, etc., que se envían por correo.
mailing (meiling) adj. para el envío por correo: ~ list, lista de personas [subscriptores, etc.] a quines se envía algo por correo; ~ machine, MAILER 2.
mailman (meilmæn) pl., -men (-men) s. cartero.
mailplane (meilplein) s. avión correo.
maim (meim) s. mutilación, estropeo.
maim (to) tr. mutilar, estropear, mancar, lisiar.
maimed (meimd) adj. mutilado, cortado, estropeado, manco, cojo, lisiado, inutilizado.
main (mein) adj. primero, principal, más importante, esencial, mayor, maestro: ~ body, grueso [de ejército]; ~ brace, ING. riostra o tirante principal; MAR. braza de la verga mayor; ~ course, MAR. vela mayor; ~ deck, MAR. cubierta principal; ~ hatchway, MAR. escotilla mayor; ~ line, FERROC. línea principal, *tronco; ~ office, oficina principal o central, casa matriz; ~ road, carretera principal, camino real; ~ street, (EE. UU.) calle mayor; ~ tackle, MAR. aparejo real; ~ wall, pared maestra; ~ yard, MAR. verga mayor. 2 grande, fuerte. 3 extenso: the ~ sea, ant. el alta mar, el mar libre. 2 puro, solo: by ~ force, a pura fuerza, por la fuerza. 4 GRAM. principal [oración]; de la oración principal [verbo, predicado]. — 5 s. lo principal, lo esencial, la mayor parte: in the ~, en su mayor parte, principalmente. 6 poét. alta mar. 7 cierta jugada de dados. 8 riña de gallos. 9 línea, cañería o conducto principal [de gas, agua, electricidad]. 10 pl. tubería, canalización, conducción [de gas, agua, etc.]. — 11 n. pr. the Main, the Spanish Main, el mar Caribe, las costas de la América española desde Panamá al Orinoco.
mainland (meinlænd) s. continente, tierra firme.
mainlander (meinlændø') s. habitante de un continente.
mainly (meinli) adv. principalmente, en su mayor parte. 2 poderosamente.
mainmast (meinmæst) s. MAR. palo mayor.
mainsail (meinseil) s. MAR. vela mayor.
mainsheet (meinshit) s. MAR. escota mayor.
mainspring (meinspring) s. muelle principal, muelle real. 2 móvil, causa o motivo principales.
mainstay (meinstei) s. MAR. estay del palo mayor. 2 soporte principal.
mainstay (to) tr. sostener, aguantar.
maintain (to) (meintein) tr. mantener, guardar, conservar. 2 mantener, sostener, defender, afirmar. 3 mantener, sustentar.
maintainable (meinteinabøl) adj. sostenible, defendible.
maintainer (meinteinø') s. mantenedor, defensor, partidario.

maintenance (mei·ntenans) s. mantenimiento, sostenimiento. 2 apoyo, sostén. 3 manutención, sustento. 4 mantenimiento [de una máquina, una instalación industrial, etc.]. — 5 de mantenimiento o conservación : ~ costs, gastos de mantenimiento o conservación.

maintop (mei·ntap) s. MAR. cofa mayor o de gavia.

main-topgallant adj. MAR. de juanete mayor : ~ mast, mastelero de juanete mayor; ~ sail, juanete mayor [vela]; ~ yard, juanete mayor [verga].

main-topmast s. MAR. mastelero mayor.

main-topsail s. MAR. gavia [vela].

Mainz (mai·nts) n. pr. Maguncia.

maize (meiš) s. BOT. maíz.

maizena (mei·si·na) s. maicena.

majestic (maʒe·stic) adj. majestuoso, mayestático. 2 magnífico, grande, sublime, elevado.

majestically (maʒe·sticali) adj. majestuosamente.

majesty (mæ·ʒisti) pl., -ties (-tis) s. majestad; majestuosidad. 2 (con may.) Majestad [tratamiento] : Your, His, Her Majesty. Vuestra Majestad, Su Majestad.

majolica (maʒa·lica) s. mayólica.

major (mei·ʒǝ') adj. mayor, más grande, principal: ~ axis, eje principal, ~ orders, ECCL. órdenes mayores; ~ part, mayor parte, mayoría; ~ premise, LÓG. premisa mayor; ~ prophet, profeta mayor; ~ term, término mayor [de un silogismo]. 2 MÚS. mayor: ~ mode, modo mayor; ~ third, tercera mayor. — 3 s. DER. mayor de edad. 4 LÓG. mayor. 5 MIL. comandante. 6 capataz, jefe de equipo. 7 MIL. ~ general, general de división. 8 MIL. drum ~, tambor mayor.

major (to) intr. to ~ in, en las escuelas o universidades, especializarse en [una materia], estudiarla especialmente.

Majorca (maʒo·ca) n. pr. GEOGR. Mallorca.

Majorcan (maʒo·can) adj. y s. mallorquín

major-domo (meiʒø·-dou·mou) s. mayordomo [de palacio; de una gran casa].

majority (maʒa·riti) s. mayoría [mayor número o parte; mayor número de votos] : absolute ~, mayoría absoluta; to go over to, o to join, the ~, fig. morir. 2 POL. mayoría. 3 MIL. comandancia [empleo o graduación de comandante]. 4 mayoría, mayoridad, mayor edad.

majuscule (mayu·skiul) s. PALEOGR. mayúscula.

make (meic) s. hechura, forma, figura. 2 estructura; constitución, manera de ser física, intelectual o moral. 3 hechura [acción de hacer], obra, construcción, fabricación, manufactura : whose ~ is it?, ¿por quién está hecho o fabricado? 4 producción [cantidad producida o fabricada]. 5 marca [de fábrica]. 6 ELECT. cierre [de circuito]; ~ and break, cortacircuito, interruptor. 7 fam. on the ~, atento a su provecho; en camino de prosperar.

make (to) tr. hacer [crear, confeccionar, elaborar, fabricar; componer, formar; causar, ocasionar]: God made the man, Dios hizo al hombre; to ~ bread, hacer pan; to ~ a noise, hacer ruido; to ~ a wound, hacer una herida. 2 hacer, efectuar, ejecutar, dar, pronunciar, etc. lo que indica el complemento : to ~ a bow, hacer una reverencia; to ~ a good meal, hacer una buena comida, comer bien; to ~ an errand, hacer un recado; to ~ a mistake, cometer un error, equivocarse; to ~ a speech, hacer o pronunciar un discurso; to ~ a stop, hacer alto, parar, detenerse; hacer una pausa; to ~ excuses, dar u ofrecer excusas; to ~ faces, hacer muecas; to ~ fun, hacer burla, burlarse; to ~ haste, apresurarse, darse prisa; to ~ place o room, hacer lugar; to ~ place o room for, hacer lugar a o para, dejar lugar, espacio o campo para; to ~ war, hacer la guerra; to ~ way, hacer o abrir paso, abrir calle; MAR. avanzar. 3 hacer [preparar, disponer; componer, escribir, redactar, otorgar] : to ~ a bed, hacer una cama; to ~ a fire, hacer fuego, preparar y encender un fuego; to ~ an opera, hacer o componer una ópera; to ~ a will, hacer u otorgar un testamento. 4 hacer [obligar a, inducir a, inclinar] : they made him dance, he was made to dance, le hicieron bailar. 5 poner en el estado o dar la cualidad que expresa un adjetivo. Se traduce por «hacer», «poner», «volver» etc. o bien por un verbo que exprese la idea completa : to ~ angry, enfadar,

enojar; to ~ clear, hacer claro, aclarar; ~ conspicuous, hacer visible, destacar; to ~ difficult, hacer difícil, dificultar; to ~ easy, hacer fácil, facilitar; to ~ evident, hacer evidente, evidenciar; to ~ fast, fijar, amarrar, afianzar, asegurar, cerrar; to ~ level, allanar, nivelar; ALBAÑ. enrasar; to ~ impossible, hacer imposible, imposibilitar; to ~ ready, preparar, disponer, aparejar, aprestar; IMPR. imponer; prepararse, disponerse, aprestarse; to ~ strong, fortalecer. 6 hacer, convertir en, nombrar : to ~ a friend of an enemy, convertir en amigo un enemigo; to ~ one a bishop, hacer obispo a uno. 7 hacer, componer [un número o cantidad] : two and two ~ four, dos y dos hacen cuatro. 8 ser [el segundo, tercero, cuarto, etc.] : this makes the tenth time, ésa es la décima vez 9 elevar, hacer llegar [a una cifra o cantidad]. 10 determinar, fijar, situar en el tiempo, evaluar [como resultado de un cálculo]. 11 tener por, considerar como, creer, suponer : he is not that ass that you would ~ him, él no es el tonto que Vd. supone. 12 entender, deducir, inferir, interpretar, sacar en claro o en limpio : what do you ~ of this?, ¿qué deduce Vd. de esto? 13 hacer, ganar, lograr, obtener : to ~ money, hacer o ganar dinero; to ~ a living, ganarse la vida. 14 recorrer, hacer el trayecto o el recorrido de; alcanzar, llegar a; pasar, cruzar; visitar [un lugar] en el curso de un viaje. 15 hacer, andar [tantos nudos, kilómetros, etc., por hora, etc.]; dar [tantas vueltas o revoluciones por minuto, etc.]. 16 hacer la fortuna de : to ~ or mar, hacer la fortuna o ser la ruina de [uno]. 17 servir para, ser buen material para, resultar, ser : wool makes warm clothing, la lana es buen material para ropas de abrigo; she will make a good wife, ella será una buena esposa. 18 adiestrar [a un animal]. 19 MAR. descubrir, divisar, avistar 20 ELECT. cerrar [un circuito]; establecer [un contacto]. 21 NAIPES ganar [una baza]; barajar; indicar [el triunfo]. 22 GRAM. formar, ser : «to keep» in the past tense makes «kept», el pretérito de «to keep» es «kept». 23 to ~ a book, anotar apuestas en un libro o registro; hacer de corredor de apuestas [en las carreras de caballos]. 24 to ~ account of, tener en estima. 25 to ~ a clean breast of it, desembuchar, confesarlo todo. 26 to ~ a figure, hacer papel. 27 to ~ a great deal of, TO MAKE MUCH OF. 28 to ~ a long arm, esforzarse; alargar el brazo. 29 to ~ amends, dar cumplida satisfacción, reparar, compensar, resarcir. 30 to ~ a mountain, out of a molehill, hacer una montaña de una cosa sin importancia. 31 to ~ a move, hacer una jugada [en las damas, el ajedrez, etc.]; dar un paso, hacer algo; fam. moverse, iniciar una acción, levantarse de la mesa. 32 to ~ an appointment with, dar hora a, citar a, citarse con. 33 ELECT. to ~ and break, abrir y cerrar un circuito. 34 to ~ a point, lograr [uno] lo que se propone, probar lo que sostiene o afirma. 35 to ~ a point of, dar importancia a; esmerarse en; empeñarse en, proponerse. 36 to ~ a practice of, acostumbrar, tener por costumbre. 37 to ~ a show of, hacer gala de; poner en ridículo. 38 to ~ available to, poner a la disposición o al alcance de. 39 to ~ believe, hacer creer; fingir. 40 to ~ both ends meet, pasar o vivir con lo que se gana o tiene. 41 to ~ friends, adquirir amistades, ganarse amigos; to ~ friends with, trabar amistad con, hacerse amigo de; reconciliarse, hacer las amistades. 42 to ~ good, cumplir, llevar a cabo; lograr; probar, hacer bueno; mantener, defender; vindicar; justificar [un éxito o resultado]; compensar, resarcir, indemnizar. 43 to ~ head, avanzar, progresar; aumentar la presión [en la caldera]. 44 to ~ head against, arrostrar con éxito, hacer frente a. 45 to ~ headway, avanzar, adelantar. 46 to ~ it hot for one, molestar, perseguir a uno. 47 to ~ one's business, tomar uno como suya una cosa, empeñarse en, proponerse. 48 to ~ known, hacer saber, dar a conocer. 49 to ~ land o the land, avistar la tierra, tomar tierra. 50 to ~ light of, no dar importancia a, despreciar, reírse de. 51 to ~ little of, hacer poco caso de, despreciar; sacar poco provecho de. 52 to ~ much of, dar mucha importancia a, hacer mucho caso de, estimar, apreciar; mimar. 53 to ~ neither head nor tail of, no com-

prender nada de. *54 to ~ no bones of. about* o
to, no tener escrúpulo en, no hacer remilgos a,
no vacilar en. *55 to ~ no difference* o *no matter*,
ser indiferente, no importar, ser lo mismo. *56 to
~ no doubt*, no dudar, estar seguro. *57 to ~ nothing.* no importar. *58 to ~ nothing of*, no hacer
caso de; no entender nada de, no sacar nada en
claro de; no sacar ningún provecho de. *59 to ~
one of*, ser de. ser uno de, formar parte de [un
grupo, etc.]. *60 to ~ one's escape*, escaparse. *61
to ~ oneself known*, darse a conocer. *62 to ~
oneself scarce.* no dejarse ver mucho; largarse,
marcharse, huir. *63 to ~ one's mark*, firmar con
una cruz; distinguirse, señalarse. *64 to ~ one's
mouth water*, hacer que se le haga a uno la boca
agua. *65 to ~ one's peace*, reconciliarse. *66 to
~ one's way.* avanzar; dirigirse, encaminarse;
adelantar, medrar, abrirse paso con el propio
esfuerzo. *67 to ~ out*, hacer, escribir, redactar,
extender [una lista, un documento, un cheque,
etc.]; cumplir, realizar; columbrar, distinguir,
divisar; delinear en detalle; comprender, descifrar, descubrir; probar, justificar; completar,
hacer [reuniendo o juntando]; compensar; conseguir. *68 to ~ out of*, hacer o formar [algo] de;
convertir en. *69 to ~ over*, rehacer, hacer de
nuevo; ceder, traspasar, transferir. *70 to ~
peace*, hacer la paz; imponer el orden. *71 MAR.
to ~ sail*, dar a la vela, largar velas. *72 to ~
scruple*, tener escrúpulo. *73 to ~ sense.* tener
sentido [una frase. etc.]; parecer acertado. *74
to ~ sense of*, hallar sentido en, comprender.
75 to ~ shift o *a shift*, ingeniarse, componérselas
[para], hallar el medio de; arreglarse. pasar
[con o sin]. *76 to ~ short work of*, despachar o
acabar prontamente, deshacerse prontamente de.
77 to ~ sure. asegurar, cerciorar; asegurar, tomar las medidas necesarias para. *78 to ~ the
best of*, sacar el mejor partido de; salir lo mejor
posible de [una situación o negocio]. *79 to ~
the most of*, sacar el mejor partido de. *80 to
~ things hum.* desplegar actividad. *81 to ~ the
tracks* (EE. UU.), alejarse de prisa. *82 to ~ up*,
integrar, componer, formar, constituir; reunir,
formar [reuniendo]; envolver, atar, hacer [un
paquete]; confeccionar; preparar, arreglar, ajustar [cuentas]; componer, afeitar, pintar [el ros-
tro]; TEAT. caracterizar, maquillar; fingirse;
completar; sumar; compensar. reparar, resarcir;
conciliar, reconciliar. arreglar; inventar, forjar
[cuentos, etc.]; IMPR. compaginar. *83 to ~ up
one's mind*, decidirse, resolverse, determinar, hacer ánimo [de]. *84 to ~ water*, orinar, hacer
aguas menores; MAR. hacer agua.
85 intr. dirigirse, encaminarse a; abalanzarse
a. | Con *for, toward* o *at.* 86 contribuir a, servir
para, tender a, propender a, hacer. | Con *for* o
to. 87 hacerse, crecer, aumentar. *88* crecer [la
marea]. *89* formarse [el hielo]. *90 to ~ after*,
perseguir, tratar de coger. *91 to ~ against*, ser
contrario o nocivo a. *92 to ~ as if* o *as though*,
aparentar, fingir. hacer como si. *93 to ~ away*,
largarse, huir. *94 to ~ away with*, llevarse,
arramblar con; derrochar; destruir, matar; *to
~ away with oneself*, suicidarse, quitarse la vida.
95 to ~ bold, atreverse [a]; tomarse la libertad
[de]. *96 to ~ free with*, tomarse libertades, no
gastar cumplidos con; tomar [una cosa] o servirse de ella sin pedirla. *97 to ~ good*, salir bien
o adelante, cumplir. *98 to ~ merry*, divertirse.
99 to ~ off, largarse, marcharse, huir. *100 to
~ off with*, llevarse, irse con, alzarse con. *101
to ~ out*, salir [bien o mal]; tener [bueno o mal
éxito]. *102 to ~ sure*, cerciorarse, asegurarse.
103 to ~ up, hacer las paces; componerse, afeitarse, pintarse; TEATR. caracterizarse, maqui-
llarse. *104 to ~ up for.* suplir; compensar. *105
to ~ up to*, acercarse a, avanzar hacia; cortejar a, tratar de congraciarse con.
¶ CONJUG. pret. y p. p.: *made.*
make-believe *adj.* fingido, simulado, de mentirillas. — *2 s.* ficción, simulación, pretexto. 3 fingidor, simulador.
make-fast *s.* MAR. amarradero.
makepeace (méi·cpís) *s.* PEACEMAKER.
maker (méi·kø') *s.* hacedor, autor, artífice: *the
Maker*, el Hacedor, Dios. 2 fabricante, constructor, confeccionador. 3 DER. firmante [de un
pagaré].

makeshift (méi·cshíft) *adj.* temporal, interino. provisional, de fortuna. — *2 s.* recurso, substitutivo,
substituto, tapagujeros.
make-up (méi·køp) *s.* conjunto, elementos que
forman un todo o conjunto; estructura, composición, construcción. 2 constitución, naturaleza,
modo de ser. 3 IMPR. compaginación, ajuste, imposición. *4* TEAT. caracterización, maquillaje. 5
afeites, pinturas, composición del rostro. 6 cuento, novela, ficción.
makeweight (méi·cueít) *s.* añadidura, complemento [para completar el peso de carne, pescado.
etc.]. 2 suplente.
making (méi·kin) *s.* acción de hacer, hechura, formación, confección, fabricación: *in the ~*, haciéndose o formándose, en vías de hacerse o formarse; *sin terminar*. 2 adelanto, progreso; lo
que hace a uno adelantar o progresar: *to be the
~ of*, ser la causa del éxito o la fortuna de. 3
(a veces *pl.*) cualidades, condiciones [para llegar a ser algo]. *4* ganancias.
Malabar (mæ·labar) *adj.* malabar, malabárico.
Malacca (mælæ·ca) *n. pr.* GEOGR. Malaca. — *2 adj.*
de Malaca: *~ cane*, malaca, roten.
Malaccan (mælæ·can) *adj.* y *s.* MALAY, MALAYAN.
Malacea (mælei·sii) *s. pl.* BOT. pomáceas.
malaceous (malei·shøs) *adj.* BOT. pomáceo.
Malachi (mæ·lacai), **Malachias** (mælaca·ias) *n. pr.*
BIB. Malaquías.
malachite (mæ·lacait) *s.* MINER. malaquita.
malacia (malei·shia) *s.* MED. malacia.
malacology (mælaca·loўi) *s.* malacología.
Malacopterygii (mælæcapteri·ÿii) *s. pl.* ICT. mala-
copterigios.
malacopterygian (mælæcapteriÿian) *adj.* ICT. malacopterigio.
Malacostraca (mælaca·straca) *s. pl.* ZOOL. mala-
costráceos.
malacostracan (mælaca·stracan) *adj.* y *s.* ZOOL. malacostráceo.
maladdress (mæladre·s) *s.* torpeza, desmaña. 2 torpeza, falta de tacto, descortesía.
maladjusted (mæladjø·stid) *adj.* de mal ajuste.
mal ajustado. 2 inadaptado.
maladjustment (mæladjø·smønt) *s.* ajuste defectuoso. 2 inadaptación.
maladministration (mæladministre·shøn) *s.* mala
administración, mal gobierno, desgobierno.
maladroit (mæladroi·t) *adj.* torpe, desmañado. 2
falto de tacto.
malady (mæ·ladi), *pl.* **-dies** (-dis) *s.* mal, dolencia.
enfermedad.
Malaga (mæ·laga) *n. pr.* GEOGR. Málaga. 2 málaga
[vino]. 3 uva de Málaga.
Malagasy (malei·gasi) *adj.* y *s.* malgache.
malaise (mælei·š) *s.* malestar, indisposición, desazón.
malanders (mæ·landø·š) *s.* VET. ajuagas, espara-
vanes.
malapert (mæ·lapø't) *adj.* y *s.* descarado, desvergonzado, insolente.
malapropism (mæ·laprapišm) *s.* voz o expresión
usada impropiamente.
malapropos (mælaprøpou·) *adj.* impropio, inoportuno, fuera de propósito.
malar (méi·la') *adj.* ANAT. malar: *~ bone*, hueso
malar, pómulo.
malaria (malei·ria) *s.* MED. malaria, paludismo, fiebre palúdica.
malarial (malei·rial) *adj.* palúdico.
malariologist (maleria·loÿist) *s.* MED. especialista
en paludismo.
malarious (malei·riøs) *adj.* palúdico. 2 enfermo de
paludismo.
malate (méi·leit) *s.* QUÍM. malato.
Malay (mæ·lei) *adj.* y *s.* malayo: *~ Archipelago*, Archipiélago Malayo; *~ Peninsula*, península de
Malaca.
Malayan (mælei·an) *adj.* y *s.* malayo.
Malaysia (mælei·sha) *s.* GEOGR. Malasia.
Malaysian (mælei·shan) *adj.* y *s.* malasio.
malcontent (mæ·lcøntent) *adj.* y *s.* malcontento.
2 descontento.
Maldives (mæ·ldaivs) *n. pr. pl.* GEOGR. Maldivas.
male (méi·l) *adj.* ZOOL., BOT., MEC. macho: *~ crocodile*, cocodrilo macho; *~ fern*, helecho macho; *~ screw*, tornillo. 2 masculino: *~ flower*,
flor masculina; *~ issue*, sucesión masculina;
hijos varones. 3 varón: *~ child*, hijo varón;

hijo; niño; ~ *nurse*, enfermero. *4* varonil, viril.
— *5 s.* varón, hombre. *6* animal macho.
maledicent (mælidi·sønt) *s.* maldiciente.
malediction (mælidi·cshøn) *s.* maldición. *2* maledicencia.
maiefaction (mælifæ·cshøn) *s.* delito, fechoría.
malefactor (mælifæ·ctø') *s.* malhechor.
malefic (male·fic) *adj.* maléfico, maligno.
maleficence (male·fisøns) *s.* maleficencia, malignidad.
maleficent (male·fisønt) *adj.* maléfico.
malevolence (male·voløns) *s.* malevolencia, malquerencia, mala voluntad.
malevolent (male·volønt) *adj* malévolo.
malevolently (male·voløntli) *adv.* con malevolencia.
malfeasance (mælfi·šans) *s.* mal proceder; fecho-
ria, desaguisado. *2* acto ilegal o punible.
malformation (mælfo'me·shøn) *s.* malformación,
conformación defectuosa.
malformed (mælfo·'md) *adj.* mal conformado, contrahecho.
malic (mei·lic) *adj.* QUÍM. málico.
malice (mæ·lis) *s.* malevolencia, mala voluntad,
rencor : *to bear* ~, guardar rencor. *2* malicia, malignidad, mala intención. *3* DER. intención : ~
aforethought, premeditación.
malicious (mali·shøs) *adv.* malévolo, rencoroso, maligno. *2* pícaro, travieso. *3* DER. mal intencionado, culpable.
maliciously (mali·shøsli) *adv.* malévolamente, malignamente. *2* con mala intención.
maliciousnes (mali·shøsnis) *s.* encono, malignidad.
maliferous (mali·førøs) *adj.* dañoso, pernicioso. *2*
insalubre.
malign (malai·n) *adj.* malévolo. *2* maligno. *3* dañino, pernicioso.
malign (to) *tr.* detraer, difamar, calumniar.
malignance (mali·gnans), **malignancy** (mali·gnansi)
s. malignidad. *2* malevolencia, encono.
malignant (mali·gnant) *adj.* maligno. *2* maléfico,
dañino. *3* malévolo.
malignantly (mali·gnantli) *adv.* malignamente. *2*
malévolamente.
maligner (malai·nø') *s.* detractor, difamador.
malignity (mali·gniti) *s.* malignidad, virulencia. *2*
malignidad, maldad ; mala voluntad.
malignly (malai·nli) *adv.* malévolamente. *2* malignamente. *3* dañosamente, perniciosamente.
Malines (mali·nš) *n. pr.* GEOGR. Malinas.
malinger (to) (mali·ngø') *intr.* hacerse el enfermo, fingirse enfermo [para evitarse un trabajo].
malingerer (mali·ngørø') *s.* maula, el que se finge
enfermo para evitarse un trabajo.
malison (mæ·lišøn) *s.* poét. maldición.
mall (mɔl) *s.* mazo, mallo. *2* malo [juego y terreno donde se jugaba]. *3 the Mall,* paseo público de Londres y de otras ciudades.
mallard (mæ·la'd) *s.* ORNIT. pato silvestre [macho].
malleability (mæliabi·liti) *s.* maleabilidad.
malleable (mæ·liabol) *adj.* maleable.
malleate (to) (mæ·lieit) *tr.* martillar, batir [el
metal].
malleolar (mæli·ola') *adj.* ANAT. maleolar.
malleolus (mæli·oløs), *pl.* -**li** (-lai) *s.* ANAT. maléolo.
mallet (mæ·lit) *s.* mazo, mallete.
malleus (mæ·liøs), *pl.* -**li** (-lai) *s.* ANAT. martillo
[del oído].
mallow (mæ·lou) *s.* BOT. malva.
malm (mam) *s.* barro calizo.
malmsey (ma·mši) *s.* malvasía.
malnutrition (mælniutri·shøn) *s.* desnutrición. *2*
nutrición defectuosa, mala alimentación.
malodour (mælou·dø') *s.* mal olor, fetidez, hedor.
malodorous (mælou·dørøs) *adj.* maloliente, fétido, hediondo.
Malpighian (mælpi·guian) *adj.* ANAT. de Malpighi.
malposition (mælpøši·shøn) *s.* MED. posición anormal de un órgano.
malpractice, malpractise (mælpræ·ctis) *s.* MED. y
DER. tratamiento o proceder erróneo, perjudicial
o ilegal; inmoralidad, prevaricación.
malt (mɔlt) *s.* malta. *2 malt* o ~ *liquor,* cerveza ;
~ *sugar,* QUÍM. maltosa.
malt (to) *tr.* convertir [la cebada] en malta. *2* hacer o tratar con malta.
Malta (mɔ·lta) *n. pr.* GEOGR. Malta : ~ *fever,* MED.
fiebre de Malta o Mediterránea.
maltase (mɔ·lteis) *s.* BIOQUÍM. maltasa.

Maltese (mɔ·ltiš), *pl.* -**tese** *adj.* y *s.* maltés, de
Malta : ~ *cross,* cruz de Malta.
maltha (mæ·lza) *s.* betún mineral.
Malthusian (mælziu·šian) *adj.* maltusiano.
malthusianism (malziu·šianišm) *s.* maltusianismo.
maltman (mɔ·ltmæn), *pl.* -**men** (-men) *s.* preparador de malta.
maltose (mɔ·ltous) *s.* QUÍM. maltosa.
maltreat (to) (mæltri·t) *s.* maltratar.
maltreatment (mæltrr·tmønt) *s.* maltratamiento,
maltrato.
maltster (mɔ·lstø') *s.* MALTMAN.
Malvaceæ (mælvei·sii) *s. pl.* BOT. malváceas.
malvaceous (mælvei·shøs) *adj.* BOT. malvácea.
malversation (mælvø'se·shøn) *s.* malversación.
malvoisie (mæ·lvoiši) *s.* MALMSEY.
mama (ma·ma o møma·) *s.* mamá, madre.
Mameluke (mæ·meliuc) *s.* mameluco.
mamey (mamei· o mami·) *s.* BOT. mamey.
mamma (mæ·ma) *s.* MAMA. *2* (pl. -**mæ**) mama, teta.
mammal (mæ·mal) *s.* ZOOL. mamífero.
Mammalia (mæmei·la) *s. pl.* ZOOL. mamíferos.
mammalian (mæmei·lian) *adj.* y *s.* ZOOL. mamífero.
mammalogy (mæma·loȳi) *s.* estudio de los mamíferos.
mammary (mæ·mari) *adj.* mamario.
mammee (mamei o mami·) *s.* BOT. mamey.
mammiferous (mæmi·førøs) *adj.* mamífero.
mammilla (mæmi·la), *pl.* -**læ** (-li) *s.* ANAT. mamila.
mammillary (mæ·mileri) *adj.* mamilar.
Mammon (mæ·møn) *s.* el demonio de la codicia. *2*
el becerro de oro, las riquezas.
mammoth (mæ·møz) *s.* ZOOL. mamut. — *2 adj.* gigantesco.
mammy (mæ·mi), *pl.* -**mies** (-mis) *s.* mamá, ma-
mita. *2* (Ingl.) abuela. *3* (EE. UU. del Sur) negra
vieja, ama, niñera o criada negra.
man (mæn), *pl.* **men** (men) *s.* hombre [pers. humana ; varón] : ~ *about town,* hombre desocupado que frecuenta los teatros, salones, etc.,
que hace vida de sociedad ; ~ *and boy,* desde
muy joven ; ~ *and wife,* marido y mujer ; ~
Friday, criado o seguidor fiel ; ~ *midwife,* comadrón, partero ; *Man of Destiny,* hombre del
destino (Napoleón) ; ~ *of God,* santo, profeta;
clérigo, sacerdote ; ~ *of his word,* hombre de
palabra ; ~ *of letters,* hombre de letras, literato ;
~ *of means,* hombre de dinero ; ~ *of parts,* hombre de buenas prendas, hombre de talento ; ~ *of
repute,* hombre de fama ; *Man of Sorrows,* Jesucristo ; ~ *of straw,* testaferro ; ~ *of the hour,*
hombre del momento ; ~ *of the world,* hombre
de mundo ; ~ *overboard!,* MAR. ¡hombre al
agua! ; *man's state,* edad viril ; *the inner* ~, el
interior del hombre, su parte espiritual ; fam. el
estómago ; *the outer* ~, el exterior del hombre,
su parte material ; *the* ~ *in the street,* el hombre corriente, el común de las gentes ; *I am
your* ~, acepto lo que usted me ofrece o propone,
disponga usted de mí ; *to a* ~, todos sin excepción ; hasta el último hombre. *2* individuo. *3*
hombre, soldado, criado, servidor, seguidor ; vasallo : *officers and men,* oficiales y soldados ;
to be one's own ~, ser libre, ser dueño de sí mismo, de sus acciones ; estar en posesión de sus
facultades. *4* [usado sin artículo] el hombre, el
género humano. *5* hombre de una clase, profe-
sión, origen, país, residencia, etc. | Ús. mucho
en composición : *medical* ~, médico ; *Chinaman,*
chino. *6* persona de categoría, de importancia. *7*
pieza [de ajedrez] ; peón [del juego de damas].
8 [en composición] buque, navío : *merchantman,*
buque mercante. *9 a* ~, uno, un hombre : *a* ~
must know what he is doing, uno debe saber lo
que se hace. — *10 adj.* de hombre u hombres,
del hombre, humano : ~ *hunt,* caza del hombre;
persecución de un criminal ; ~ *power,* potencial
humano ; brazos ; MIL. fuerzas disponibles, combatientes.
man (to) *tr.* MAR. tripular, dotar, amarinar. *2* MIL.
guarnecer [un fuerte, etc.]. *3* MAR. poner hombres a trabajar en. *4* MAR. *to* ~ *the side ; to* ~ *the
yards,* alinear hombres en el costado o sobre las
vergas [como saludo]. ¶ CONJUG. pret. y p. p. :
manned; ger. : *manning.*
manacle (mæ·nacøl) *s.* manilla [grillete]. *2 pl.* manillas, esposas.
manacle (to) *tr.* esposar, poner las manillas a.

manage (to) (mæˑnidỹ) *tr.* manejar, dirigir, regir, regentar, gobernar, administrar. 2 tratar o llevar con tiento, con cuidado; economizar. 3 (con *to* y un *inf.*) ingeniarse, arreglárselas o componérselas para, hallar manera de; lograr, conseguir. 4 adiestrar, manejar [el caballo]. — 5 *intr.* dirigir, gobernar, administrar. 6 fam. salir uno adelante, salir con la suya, arreglárselas.

manageable (mæˑniỹabøl) *adj.* manejable, dócil.

manageableness (mæˑniỹabølnis) *s.* calidad de manejable, docilidad, mansedumbre.

management (mæˑniỹmønt) *s.* manejo, dirección, gobierno, administración, régimen. 2 gerencia, gestión. 3 dirección, junta directiva, consejo de administración. 4 uso acertado de los medios para obtener algo; habilidad, arte, destreza, tacto, trastienda. 5 aptitud para dirigir. 6 consideración, indulgencia.

manager (mæˑniỹøˀ) *s.* director, administrador, gerente, regente. 2 empresario. 3 buen administrador; persona económica.

managerial (mæˑnaỹiˑrial) *adj.* directivo, administrativo.

managership (maˑniỹøˀship) *s.* dirección, administración, gerencia.

man-at-arms (mæˑnatˑøˀ) **men-at-arms** *s.* hombre de armas.

manatee (mæˑnatiˀ) *s.* ZOOL. manatí.

manchineel (mænchiniˑl) *s.* BOT. manzanillo [árbol americano].

Manchurian (mænchuˑrian) *adj.* y *s.* manchú, manchuriano.

mancipation (mænsipeˑshøn) *s.* mancipación.

manciple (mæˑnsipøl) *s.* mayordomo, el que compra las provisiones [para un colegio, etc.].

Mancunian (mankiuˑnian) *adj.* y *s.* manchesteriano.

mandamus (mændeiˑmøs) *s.* DER. mandamiento, despacho.

mandarin (mændariˑn) *s.* mandarín. 2 BOT. mandarina, naranja mandarina. 3 TINT. amarillo de mandarín. 4 (con may.) lengua mandarina. — 5 *adj.* ORNIT. ~ *duck,* pato mandarín.

mandatary (mæˑndateri), *pl.* -ries (-ris) *s.* DER., POL. mandatario.

mandate (mæˑndeit) *s.* mandato, orden, precepto. 2 DER., POL. mandato. 3 mandato [de la Sociedad de las Naciones].

mandate (to) *tr.* asignar o conferir por mandato.

mandator (mændeiˑtøˀ) *s.* mandante.

mandatory (mæˑndatori) *adj.* preceptivo, obligatorio. 2 conferido por mandato. — 3 *s.* (*pl.* -ries) mandatario.

mandible (mæˑndibøl) *s.* ANAT., ZOOL. mandíbula.

mandibular (mændiˑbiula) *adj.* mandibular.

mandibulate (mæˑndiˑbiuleit) *adj.* mandibulado.

Mandingo (mæˑndiˑngou) *adj.* y *s.* mandinga.

mandola (mændouˑla) *s.* MÚS. bandolín.

mandolin (mæˑndolin) *s.* MÚS. mandolina.

mandore (mæˑndouˀ) *s.* MÚS. bandola.

mandragora (mændræˑgora), **mandrake** (mæˑndreic) *s.* BOT. mandrágora.

mandrel, mandril (mæˑndrøl) *s.* MEC. mandril.

mandrill (mæˑndril) *s.* ZOOL. mandril.

manducate (to) (maˑndiukeit) *tr.* manducar, masticar.

mane (mein) *s.* crin, crines [de caballo]; melena [de león, de pers.].

man-eater *s.* antropófago, caníbal. 2 devorador de hombres [león, tigre, tiburón, etc.].

maned (meiˑnd) *adj.* crinado, crinito.

manege (maneˑỹ) *s.* EQUIT. picadero. 2 equitación, manejo. 3 marcha, aire [del caballo adiestrado].

manes (meiˑniš) *s. pl.* manes.

maneuver, to maneuver, maneuverer = MANŒUVRE, TO MANŒUVRE, MANŒUVRER.

manful (mæˑnful) *adj.* viril, varonil. 2 bravo, valeroso, esforzado, resuelto, noble.

manfully (mæˑnfuli) *adv.* virilmente, valientemente, noblemente.

manfulness (mæˑnfulnis) *s.* valor, esfuerzo, nobleza.

manganate (mæˑnganeit) *s.* QUÍM. manganato.

manganese (mæˑnganiˑs) *s.* QUÍM. manganeso. 2 manganesa. — 3 *adj.* de manganeso, al manganeso: ~ *steel,* acero al manganeso.

manganic (mæŋgæˑnic) *adj.* QUÍM. mangánico.

manganite (mæˑnganait) *s.* MINER. manganita. 2 QUÍM. manganito.

manganous (mæˑnganøs) *adj.* QUÍM. manganoso.

mange (meinỹ) *s.* roña, sarna.

mangel-wurzel (mæˑnỹøl wøˀšøl) *s.* BOT. remolacha forrajera.

manger (meiˑnỹøˀ) *s.* pesebre. 2 MAR. caja de agua.

manginess (meiˑnỹinis) *s.* calidad de roñoso o sarnoso.

mangle (mæˑngøl) *s.* máquina de planchar, mangle, calandria. 2 BOT. mangle.

mangle (to) *tr.* planchar con máquina, satinar, calandrar. 2 magullar, desgarrar, destrozar, mutilar, estropear.

mangler (mæˑngløˀ) *s.* el que plancha con máquina. 2 mutilador, despedazador. 3 máquina para picar carne, etc.

mangling (mæˑngling) *s.* operación de planchar o satinar con máquina. 2 desgarramiento, despedazamiento.

mango (mæˑngou) *s.* BOT. mango.

mangonel (mæˑngonel) *s.* magañel, almajaneque.

mangosteen (mæˑngostin) *s.* BOT. mangostán. 2 BOT. mangosto.

mangrove (mæˑngrouv) *s.* BOT. mangle.

mangy (meiˑnỹi) *adj.* roñoso, sarnoso. 2 desastrado, mugriento.

manhandle (to) (mæˑnjændøl) *tr.* mover o manipular a brazo [sin máquina]. 2 maltratar, tratar rudamente.

man-hater *s.* misántropo.

manhole (mæˑnjoul) *s.* abertura por donde puede entrar un hombre [en una caldera, cuba, etc.]. 2 registro, boca o abertura de inspección o acceso a cloacas, conducciones subterráneas, etc. 3 refugio en un túnel. 4 hueco para el remero en un bote cubierto.

manhood (mæˑnjud) *s.* condición de hombre. 2 los hombres [colectivamente]. 3 virilidad, valor, resolución.

man-hour *s.* unidad de trabajo: trabajo hecho por un hombre en una hora.

manhunt (mæˑnjønt) *s.* caza del hombre.

mania (meiˑnia) *s.* MED. manía, locura. 2 manía [afecto o deseo desordenado].

maniac (meiˑniac) *adj.* y *s.* maniático, maníaco, loco, furioso.

maniacal (meiˑniacal) *adj.* MANIAC.

Manichean (mænikiˑan), **Manichee** (mæˑnikiˀ *s.* maniqueo.

Manicheism (mænikiˑišm) *s.* maniqueísmo.

manichord (mæˑnicoˀd) *s.* MÚS. manicordio, monacordio.

manicure (mæˑnikiuˀ) *s.* manicura [cuidado de las manos]. 2 manicuro, manicura [pers.].

manicure (to) *tr.* cuidar y arreglar las manos de. — 2 *intr.* ejercer el oficio de manicuro o manicura.

manicurist (mæˑnikiurist) *s.* manicuro, manicura [pers.].

manifest (mæˑnifest) *adj.* manifiesto, visible, claro, patente. — 2 *s.* COM. manifiesto. 3 manifestación, revelación.

manifest (to) *tr.* manifestar, hacer patente, expresar, declarar, revelar, demostrar: *to* ~ *itself,* manifestarse [una cosa]. 2 COM. poner o declarar en el manifiesto. — 3 *intr.* hacer una manifestación pública, tomar parte en ella. 4 aparecer [un espíritu].

manifestant (mæˑnifeˑstant) *s.* manifestador. 2 manifestante.

manifestation (mæˑnifesteˑshøn) *s.* manifestación; demostración, exhibición, revelación. 2 manifestación [pública].

manifestationist (mæˑnifesteˑshønist) *s.* manifestante.

manifestly (mæˑnifestli) *adv.* manifiestamente.

manifestness (mæˑnifestnis) *s.* evidencia.

manifesto (mæˑnifeˑstou) *s.* manifiesto [declaración pública]; proclama.

manifold (mæˑnifould) *adj.* múltiple, multíplice, vario, diverso, numeroso. 2 que es [algo] por varios modos, razones o conceptos. 3 que sirve para hacer muchas cosas a la vez: ~ *paper,* papel ligero para hacer copias con papel carbón; ~ *writer,* aparato para sacar copias con papel carbón. — 4 *s.* multiplicidad, complejidad, variedad. 5 copia [de una carta, etc.]. 6 MEC. tubo múltiple, tubo con varias aberturas donde pueden insertarse otros.

manifold (to) *tr.* sacar varias copias a la vez.

manifolder (mæ·nifouldø') *s.* multicopista, copiador múltiple.

manifoldness (mæ·nifouldnis) *s.* multiplicidad.

manikin (mæ·nikin) *s.* hombrecillo, enano. 2 maniquí. 3 hombre clástico.

Manil(l)a (mani·la) *n. pr.* GEOGR. Manila. — 2 *adj.* de Manila : ~ *cigar*, cigarro filipino; ~ *hemp*, abacá; ~ *paper*, papel de manila.

manilla (mani·la), **manille** (mani·l) *s.* ajorca [de ciertas tribus africanas]. 2 mala, malilla [naipe].

manioc (mæ·niac) *s.* BOT. mandioca [planta y harina].

maniple (mæ·nipøl) *s.* manípulo [ornamento sagrado y división de la cohorte romana].

manipular (mani·piular) *adj.* manual. 2 pert. al manípulo romano. — 3 *s.* soldado de un manípulo.

manipulate (to) (mani·piuleit) *tr.* manipular, manejar. 2 arreglar fraudulentamente. — 3 *intr.* trabajar con las manos.

manipulation (manipiule·shøn) *s.* manipulación, manipuleo; manejo.

manipulative (mani·piuleitiv) *adj.* de manipulación.

manipulator (mani·piuleitø') *s.* manipulador.

manipulatory (mani·piulatori) *s.* MANIPULATIVE.

manito (mæ·nitou), **manitou** (mæ·nitu) *s.* espíritu que rige las fuerzas de la naturaleza [entre los indios norteamericanos].

mankind (mænkai·nd) *s.* género humano, humanidad. 2 (mæ·nkaind) los hombres, el sexo masculino.

manlier (mæ·nliø') *adj. comp.* de MANLY.

manliest (mæ·nliist) *adj. superl.* de MANLY.

manlike (mæ·nlaic) *adj.* varonil, masculino. 2 hombruno. 3 esforzado, resuelto, noble.

manlily (mæ·nlili) *adv.* varonilmente.

manliness (mæ·nlinis) *s.* virilidad, hombradía, valor, resolución, nobleza.

manly (mæ·nli) *adj.* varonil, viril, valeroso, valiente, noble.

manna (mæ·na) *s.* BIB., BOT. maná.

mannequin (mæ·nekin) *s.* maniquí [figura]. 2 modelo [mujer que se pone los trajes para enseñarlos].

manned (mæ·nd) *pret.* y *p. p.* de TO·MAN. — 2 *adj.* MAR. tripulado, marinerado.

manner (mæ·nø') *s.* manera, modo: *adverb of* ~, GRAM. adverbio de modo; *after the* ~ *of*, a la manera de, a la, alo; *after this* ~, así, de este modo; *by all* ~ *of means*, ciertamente; de todos modos; de cualquier modo; *by no* ~ *of means*, de ningún modo; *in a* ~, en cierto modo, hasta cierto punto, por decirlo así; *in his own* ~, a su manera, a su modo; *in such a* ~ *as to*, de tal modo o suerte que; *in the* ~ *of*, a la manera de, a guisa de, a fuer de; *in this* ~, así, de este modo. 2 B. ART., LIT. manera [de un pintor, autor. etc.]; amaneramiento. 3 hábito, costumbre : *to the* ~ *born*, avezado desde la cuna; bien nacido, de noble cuna. 4 clase, género, suerte : *all* ~ *of*, toda clase de. 5 aire porte, conducta. 6 distinción, porte distinguido. 7 *pl.* costumbres. 8 maneras, modales, crianza, educación, urbanidad.

mannered (mæ·nø'd) *adj.* de maneras, modales, etc. [buenos o malos] : *ill* ~, descortés, brusco. 2 amanerado.

mannerism (mæ·nøriƶm) *s.* amaneramiento. 2 B. ART. adhesión exagerada al estilo de un maestro, escuela, etc.

mannerist (mæ·nørist) *s.* artista amanerado. 2 artista exageradamente fiel al estilo de un maestro, escuela, etc.

mannerliness (mæ·nø'linis) *s.* cortesía, cortesanía, urbanidad.

mannerly (mæ·nø'li) *adj.* cortés, urbano, atento. — *adv.* urbanamente.

mannish (mæ·nish) *adj.* propio de un hombre, hombruno, varonil : ~ *woman*, mujer hombruna, varona.

manoeuvre (manu·vø') *s.* MIL., MAR. maniobra [evolución]. 2 maniobra, manejo; artificio. 3 *pl.* MIL. maniobras.

manoeuvre (to) *tr.* hacer maniobrar [las tropas, etc.]. 2 inducir, obligar [a hacer algo], poner [en un estado, condición, etc.] por medio de maniobras o manejos. — 3 *intr.* maniobrar [ejecutar maniobras o evoluciones]. 4 maniobrar, intrigar.

manoeuvrer (manu·vrø') *s.* maniobrero, el que maniobra.

man-of-war *pl.*, **men-of-war** *s.* buque de guerra.

manometer (mana·metø') *s.* manómetro.

manometric(al (manome·tric(al) *adj.* manométrico.

manor (mæ·nø') *s.* feudo [territorio]. 2 hacienda de un señor : ~ *house*, casa solariega, mansión señorial en el campo. 3 (EE. UU.) finca rústica.

manorial (mano·rial) *adj.* señorial, solariego.

mansard roof (mæ·nsa'd) *s.* ARQ. mansarda, cubierta quebrantada, techo abuhardillado.

manse (mæns) *s.* ant. manso, masada. 2 (Esc.) casa del clérigo, rectoría.

manservant (mæ·nsø'vant) *s.* criado.

mansion (mæ·nshøn) *s.* hotel, palacio, casa grande, casa solariega. 2 mansión, morada, habitación. 3 *pl.* edificio grande dividido en pisos.

mansion-house *s.* casa señorial en el campo. 2 (con may.) residencia oficial del Lord Mayor de Londres.

manslaughter (mæ·nslotø') *s.* homicidio [criminal, pero sin premeditación].

manslayer (mæ·nsleiø') *s.* homicida.

mansuetude (ma·nsiuitiud) *s.* mansedumbre, docilidad.

manteau (mæ·ntou) *s.* capa, manto.

mantel (mæ·ntøl) *s.* manto [de chimenea]. 2 repisa [de chimenea].

mantelet (mæ·ntølet) *s.* capotillo; manteleta. 2 MIL. mantelete; galápago.

mantelletta (mæntøle·ta) *s.* mantelete [de prelado].

mantelpiece (mæ·ntølpis) *s.* repisa de chimenea.

mantilla (mænti·la) *s.* mantilla, mantón.

mantis (mæ·ntis) *s.* ENTOM. campanero, mantis religiosa. 2 ZOOL. ~ *shrimp*, galera [crustáceo].

mantissa (mænti·sa) *s.* MAT. mantisa.

mantle (mæ·ntøl) *s.* manto [prenda a modo de capa]. 2 fig. manto, capa [lo que cubre o envuelve]. 3 ZOOL. manto. 4 ANAT. corteza del cerebro. 5 camisa, manguito [de un aparato de iluminación].

mantle (to) *tr.* cubrir, tapar, envolver, disfrazar. — 2 *intr.* extender las alas [el halcón]. 3 extenderse [las alas]. 4 cubrirse de espuma, etc. [un líquido]. 5 enrojecer las mejillas [la sangre]. 6 encenderse [el rostro]. 7 formar manto o capa; extenderse [como un manto].

mantling (mæ·ntling) *s.* BLAS. mantelete, lambrequín.

mantua (mæ·nchua) *s.* especie de bata o ropón usado por las mujeres entre los siglos XVII y XVIII.

Mantua (mæ·nchuan) *adj.* mantuano, de Mantua : *the* ~ *Swan*, el cisne de Mantua (Virgilio). — 2 *s.* mantuano.

manual (mæ·niual) *adj.* manual : ~ *alphabet*, abecedario manual; ~ *arts*, artes mecánicas, artes y oficios; ~ *exercise*, MIL. ejercicio de armas; ~ *training*, enseñanza de los artes y oficios; ~ *work*, trabajo manual. — 2 *s.* manual [libro]. 3 MÚS. teclado de mano. 4 MIL. ejercicio [de armas o de un arma].

manubrium (maniu·briøm) *pl.*, **-a** o **-ums** *s.* ANAT., ZOOL. extremidad inferior del martillo del oído. 2 ANAT., ZOOL. parte superior del esternón. 3 ZOOL. manubrio [de medusa].

manufactory (mæniufæ·ctori) *s.* manufactura, fábrica, taller.

manufacture (mæniufæ·kchø') *s.* fabricación, elaboración, manufactura, industria. 2 manufactura, artefacto, producto elaborado.

manufacture (to) *tr.* manufacturar, fabricar, elaborar. 2 labrar trabajar. — 3 *intr.* fabricar, ser fabricante.

manufactured (mæniufæ·kchø'd) *adj.* manufacturado, fabricado.

manufacturer (mænyufæ·kchørø') *s.* fabricante, industrial; elaborador.

manufacturing (mænyufæ·kchøring) *adj.* manufacturero, industrial, fabril; que fabrica o elabora. — 2 *s.* manufactura, fabricación, elaboración.

manumission (mæniumi·shøn) *s.* manumisión.

manumit (to) (mæniumi·t) *tr.* manumitir. ¶ CONJUG.: pret. y p. p.: *mitted*; ger.: *-mitting*.

manumitter (mæniumi·tø') *s.* manumisor.

manumotor (maniumou·to') *s.* cochecito de niño o lisiado movido a mano.

manurable (maniu·rabøl) *adj.* cultivable.

manure (maniu·ø') *s.* AGR. abono, estiércol.

manure (to) *tr.* AGR. abonar, estercolar.

manuscript (mæ·niuscript) *adj.-s.* manuscrito. —
2 *s.* escritura a mano. 3 IMPR. original.
Manx (mæncs) *adj.* de la isla de Man : ~ *cat,*
especie de gato doméstico de cola rudimentaria.
— 2 *s.* lenguaje de la isla de Man. 3 *pl.* pueblo o
naturales de la isla de Man.
Manxman (mæ·ncsmæn), *pl.* -men (-men) *s.* habitante o natural de la isla de Man.
many (me·ni) *adj.* muchos, muchas, no pocos o
pocas : ~ *people,* muchas personas; ~ *times,*
muchas veces, frecuentemente; as ~, otros
tantos, igual número; *as* ~ *as,* tantos como,
hasta [cierto número] : *as* ~ *as twelve,* hasta
doce; *how* ~?, ¿cuántos?, ¿cuántas?; *one too*
~, uno de más o de sobra; *so* ~, tantos; *too*
~, demasiados, demasiadas; *too* ~ *for* o *one*
too ~ *for,* más listo, fuerte, etc. que : *he was*
too ~, o *one too* ~, *for us,* fue más listo, más
fuerte, etc., que nosotros, nos engañó, desbarató nuestros planes, etc.; *twice as* ~, el doble,
dos veces más. 2 Úsase a veces con el nombre
en sing. precedido del artículo indeterminado o
del presente *is* de TO BE y el artículo determinado : ~ *a time,* muchas veces, más de una vez;
many's the time, muchas veces, muchas son las
veces. 3 En composición, con adjetivos o sus.
derivados de substantivos, equivale a «multi-»,
«poli-», «de muchos», «de muchas» : *many-co*
loured, multicolor, policromo; abigarrado; *ma*
ny-legged, de muchas patas o piernas. — 4 *pr.*
muchos [muchas personas]. — 5 *s.* número [de]:
a good ~, un buen número de; *a great* ~, un
gran número de, muchos, muchísimos. 6 *the* ~,
los más, la mayoría, la multitud.
many-flowered *adj.* multifloro.
many-headed *adj.* de muchas cabezas.
many-languaged *adj.* polígloto.
many-minded *adj.* versátil, voltario.
manyplies (me·niplaiŝ) *s.* ZOOL. libro [de los rumiantes].
many-sided *adj.* multilátero; de muchos aspectos;
apto para muchas cosas, que se interesa por
muchas cosas, de gran curiosidad intelectual.
Maori (ma·ori) *adj.* y *s.* maorí.
map (mæp) *s.* mapa, carta geográfica; plano topográfico.
map (to) *tr.* hacer o trazar el mapa de. 2 indicar
en el mapa. 3 fig. *to* ~ *out,* proyectar, planear,
trazar el plan de. ¶ CONJUG.: pret. y p. p.:
mapped; ger. : *mapping.*
maple (mei·pøl) *s.* BOT. arce, *meple. 2 BOT. plátano falso. — 3 *adj.* de arce : ~ *sugar,* azúcar de
arce; ~ *syrop.* jarabe de arce.
mar (to) (mar) *tr.* estropear, echar a perder, destruir, dañar, desfigurar, mutilar. 2 aguar, estorbar, frustrar. 3 viciar, malear. ¶ CONJUG.: pret.
y p.p.: *marred;* ger. : *marring.*
marabou (mæ·rabu) *s.* ORNIT. marabú. 2 pluma de
marabú.
marabout (mæ·rabut) *s.* morabito [anacoreta, mahometano]. 2 marabuto, morabito [ermita].
maraca (mara·kø) *s.* MÚS. maraca.
maraschino (mæraski·nou) *s.* marrasquino : ~
cherries, cerezas confitadas en marrasquino.
marasmus (mæræ·smos) *s.* MED. marasmo.
Marathon (mæ·razan) *n. pr.* GEOGR. Maratón. — 2
s. DEP. Maratón.
maraud (to) (marod) *intr.* merodear, pecorear. —
2 *tr.* saquear, merodear en.
marauder (maro·dø') *s.* merodeador, pecoreador.
marauding (maro·ding) *s.* merodeo, pillaje. —
maravedi (mæravei·di) *s.* maravedí.
marble (ma·bøl) *s.* mármol. 2 canica, pita [bolita
con que juegan los niños]. 3 IMPR. platina, mesa
de imponer. 4 jaspeado. 5 *pl.* canicas [juego]. —
6 *adj.* de mármol; marmóreo: ~ *cutter,* marmolista; ~ *work,* marmolería, obra de mármol;
~ *works,* marmolería [taller].
marble (to) *tr.* jaspear.
marble-hearted *adj.* duro, empedernido, insensible.
marbled (ma·bøld) *adj.* jaspeado: ~ *leaves,* ENCUAD.
corte jaspeado, cantos jaspeados.
marbleize (to) (ma·rblaiŝ) *tr.* (EE. UU.) jaspear;
dar aspecto de mármol.
marbling (ma·bling) *s.* jaspeado, marmoración.
marbler (ma·blø')*s.* marmolista; jaspeador.
marbly (ma·bli) *adj.* marmóreo, marmoleño.
marc (ma') *s.* oruje.
marcasite (ma·caŝait) *s.* MINER. marcasita.

Marcel (ma·se·l) *n. pr.* Marcelo.
marcel o marcel wave *s.* ondulación marcel.
marcel o marcel-wave (to) *tr.* ondular [el pelo]
con ondulación marcel.
marcescent (ma·se·sønt) *adj.* BOT. marcescente.
March (ma·ch) *s.* marzo [mes].
march (ma·ch) *s.* marcha [acción de caminar, camino; curso, progreso] : *to steal a* ~ *upon so*
meone, adelantarse a uno, ganarle por la mano.
2 MIL., MÚS. marcha. 3 MIL. paso [que llevan las
tropas] : *slow* ~, paso lento. 4 marca [distrito
fronterizo].
march (to) *intr.* marchar [con paso regular, o
en formación]; andar [esp. con paso grave o majestuoso] : *to* ~ *in,* entrar; *to* ~ *off,* irse, marcharse; *to* ~ *out,* salir. 2 marchar, caminar [hacer camino]. 3 marchar [desenvolverse, progresar]. 4 *to* ~ *with,* lindar, limitar, ser fronterizo
con. — 5 *tr.* hacer marchar, poner en marcha [las
tropas, una formación]; hacer ir [a un sitio,
mandándolo de la fuerza] : *to* ~ *in,* hacer
entrar; *to* ~ *out,* hacer salir.
marcher (ma·chø') *s.* el que marcha o hace camino a pie. 2 habitante de una marca o región
fronteriza. 3 HIST. *Lord* ~, (Ingl.) jefe de las
fuerzas que defendían una marca.
marching (ma·ching) *s.* marcha [acción]. — 2
adj. en marcha, de marcha : ~ *order,* MIL. orden
o formación de marcha o desfile.
marchioness (ma·shønes) *f.* marquesa [título].
marchland (ma·chlænd) *s.* marca, región fronteriza.
marchpane (ma·chpein) *s.* mazapán.
marcid (ma·sid) *adj.* demacrado, extenuado.
marconigram (marcou·nigræm) *s.* marconigrama
Marcus (mæ·cøs) *n. pr. m.* Marcos.
Mardonius (mæ·dou·niøs) *n. pr. m.* Mardonio.
mare (me·r) *s.* yegua. 2 mula, asna.
mare's-nest *s.* fam. descubrimiento ilusorio, hallazgo que parece magnífico y resulta sin valor.
mare's-tail *s.* BOT. cola de caballo. 2 METEOR. cirro
o nube cirrosa [con aspecto de cola de caballo].
maremma (mære·mæ) *pl.,* -me (-mei) *s.* marisma.
mareograph (mæ·riogræf) *s.* mareógrafo.
margarate (ma·gareit) *s.* QUÍM. margarato.
Margaret (ma·garit) *n. pr.* Margarita.
margaric (mæ·gæ·ric) *adj.* QUÍM. margárico.
margarin (ma·garin) *s.* QUÍM. margarina. 2 MAR
GARINE.
margarine (ma·garin) *s.* margarina [producto alimenticio].
margarite (ma·rgarait) *s.* margarita, perla. 2 MINER.
margarita.
margay (ma·guei) *s.* ZOOL. maracayá, tigrillo.
marge (ma·rŷ) *s.* POÉT. margen, orilla.
margent (ma·rŷønt) *adj.* marginal. — 2 *s.* apostilla,
acotación.
Margery (ma·rŷøri) *n. pr.* Margarita.
margin (ma·rŷin) *s.* margen, borde, orilla. 2 margen
[de una página]. 3 límite [del que una cosa no
puede pasar]. 4 COM., ECON. margen. 5 sobrante,
exceso. 6 reserva [para futuras contingencias].
7 fianza o depósito [que pide el corredor al comprador en las operaciones de bolsa]. 8 recargo
que se pone a una prima de seguro para cubrir
ciertos gastos. — 9 *adj.* de margen o del margen :
~ *release,* tecla marginal o de escape [de una
máquina de escribir].
margin (to) *tr.* marginar, margenar, apostillar. 2
COM. depositar fondos como fianza para [ciertas
operaciones de bolsa].
marginal (ma·rŷinal) *adj.* marginal : ~ *note,* margen, apostilla, nota marginal.
marginalia (ma·rŷinei·lia) *s. pl.* apostillas, notas
marginales.
marginally (ma·rŷinali) *adv.* al margen.
marginate (to) (ma·rŷineit) *tr.* marginar.
marginate(d (ma·rŷineit(id) *adj.* marginado.
margrave (ma·greiv) *s.* margrave.
margraviate (ma·grei·vieit) *s.* margraviato.
marguerite (ma·guørit) *s.* BOT. margarita.
Marian (mæ·rian o me·rian) *adj.* mariano. 2 relativo a la reina María; partidario de la reina
María. — 3 *n. pr. f.* Mariana.
Marianne (meriæ·n) *n. pr. f.* Mariana.
Marie (mari·) *n. pr. f.* María.
marigold (mæ·rigould) *s.* BOT. maravilla, caléndula, flamenquilla. 2 BOT. clavelón.
marigraph (mæ·rigræf) *s.* mareógrafo.

marihuana, marijuana (marijua·nø) *s.* BOT. marihuana.

marimba (mari·mbæ) *s.* MÚS. marimba [especie de tímpano o xilófono].

marinade (mærinei·d) *s.* escabeche. 2 pescado o carne en escabeche.

marinade o **marinate (to)** (mæ·rineid o mæ·rineit) *tr.* escabechar o marinar [pescado o carne]. 2 COC. remojar en vino o vinagre con especies, etc.

marine (mari·n) *adj.* marino, marítimo : ~ *belt*, agua jurisdiccionales ; ~ *code*, código de señales marítimas ; ~ *insurance*, seguro marítimo ; ~ *league*, legua marina o marítima. 2 oceánico. 3 náutico, naval, de marina : *Marine Corps* (EE. UU.), cuerpo de infantería de marina. — *4 s.* marino ; soldado de marina : *tell that to the marines*, cuéntaselo a su abuela, cuéntaselo a su tía. 5 marina [buques] : *mercantile* o *merchant* ~, marina mercante. 6 PINT. marina.

mariner (mæ·rinø') *s.* marinero, marino, nauta : *mariner's compass*, brújula, compás, aguja de marear.

Mariolatry (mærio·latri) *s.* culto o adoración de la Virgen.

Marion (mæ·riøn) *n. pr. m.* Mariano. — 2 *n. pr. f.* Mariana.

marionette (mærione·t) *s.* marioneta, títere.

Marist (me·rist) *s.* ECLES. marista.

marital (mæ·rital) *adj.* marital, matrimonial.

maritime (mæ·ritim o mæ·ritaim) *adj.* marítimo : ~ *insurance*, seguro marítimo ; ~ *law*, código marítimo.

Marius (me·riøs) *n. pr. m.* Mario.

marjoram (ma·rɏøram) *s.* BOT. mejorana, almoraduj, amáraco.

Mark (ma·'c) *n. pr. m.* Marcos. 2 el Evangelio según san Marcos.

mark *s.* marca, señal : *trade* ~, marca de fábrica. 2 mancha, pinta, raya. 3 impresión, huella. 4 distintivo, característica. 5 síntoma, signo, indicio, prueba, muestra. 6 signo, símbolo : *interrogation* ~, signo o punto de interrogación, interrogante. 7 cruz [para firmar] : *to make one's* ~, firmar con una cruz. 8 rótulo, marbete. 9 VET. señal indicadora de la edad en el diente de un caballo, etc. 10 DEP. línea, raya de salida : *to toe the* ~, ponerse en la raya ; obrar como se debe. 11 marca, tamaño, calidad. 12 importancia, nota, distinción : *of* ~, de nota, importante [pers.] ; *to make one's* ~, distinguirse, hacerse célebre. 13 tipo, límite, altura, etc., requeridos : *to come up to the* ~, estar a la altura, ser completamente satisfactorio. 14 tanto [en algunos juegos]. 15 punto, nota, calificación [en una escuela, en un examen]. 16 blanco, hito [al que se tira] ; fin, propósito : *to hit the* ~, dar en el blanco ; *to miss the* ~, errar el tiro, fracasar ; *beside the* ~, errado ; fuera de propósito, que no viene al caso. 17 marco [moneda]. 18 marca [territorio].

mark (to) *tr.* marcar, señalar. 2 indicar [ser señal o indicio de]. 3 delimitar, señalar los límites de. 4 marcar, indicar [los precios]. 5 notar, observar, advertir, fijarse en, tomar nota : ~ *my words!*, ¡advierte lo que te digo! 6 caracterizar. 7 mostrar, manifestar. 8 puntuar, calificar [en un examen]. 9 marcar, tantear [señalar los tantos en el juego]. 10 FÚTBOL (Ingl.) marcar [un jugador a otro]. 11 *to* ~ *down*, anotar, apuntar, poner por escrito ; marcar a un precio más bajo, rebajar el precio de. 12 *to* ~ *out*, indicar, señalar ; designar, elegir, escoger ; separar con un guión o una raya ; cancelar, tachar ; subrayar. 13 *to* ~ *time*, MIL. marcar el paso ; fig. hacer tiempo ; trabajar en vano. — 14 *intr.* poner atención, advertir, reparar. 15 dar notas, calificar.

markdown (ma·'cdaun) *s.* precio rebajado.

marked (ma·'ct) *adj.* marcado, notable. 2 ~ *man*, hombre sospechoso ; hombre señalado como futura víctima o como objeto de venganza.

markedly (ma·'kidli) *adv.* marcadamente, notablemente.

marker (ma·'kø') *s.* marcador [pers. que marca]. 2 marcador, tanteador [persona que señala los tantos o aparato, cuadro, etc., para señalar los tantos, en el juego]. 3 ficha [de juego]. 4 mojón.

market (ma·'kit) *s.* mercado [en todas sus acepciones] ; plaza de abastos, plaza ; bolsa, mercado de valores : *black* ~, mercado negro, estraperlo ;

to bear the ~, jugar a la baja, maniobrar para hacer bajar los valores ; *to be in the* ~ *for*, estar dispuesto a comprar ; *to be on the* ~, estar en el mercado, estar en venta ; *to bull the* ~, jugar al alza, maniobrar para hacer subir los valores ; *to play the* ~, jugar a la bolsa. — 2 *adj.* de o para el mercado : ~ *basket*, cesta para la compra ; ~ *day*, día de mercado ; ~ *garden*, huerto [de hortalizas] ; ~ *hunter*, cazador de oficio ; ~ *place*, plaza del mercado ; ~ *price*, precio corriente ; ~ *stand*, banca o puesto en el mercado ; ~ *town*, población con mercado ; villa ; ~ *woman*, vendedora del mercado, placera ; verdulera.

market (to) *tr.* negociar, comprar o vender [en el mercado]. 2 llevar al mercado. 3 vender. — *4 intr.* hacer la compra [para el consumo diario]. 5 comerciar.

marketability (ma·'kitabi·liti) *s.* comercialidad.

marketable (ma·'kitabøl) *adj.* comerciable, negociable, vendible. 2 comercial [valor]. 3 de ley, de recibo, corriente.

marketeer (ma·'kiti·') *s.* vendedor del mercado, placero.

marketer (ma·'kitø') *s.* vendedor del mercado. 2 comprador en el mercado. 3 el que lleva géneros al mercado.

marketing (ma·'kiting) *s* compra o venta en el mercado. 2 compra [lo que se compra]. 3 producto para el mercado.

marketman (ma·'kitmæn), *pl.* -men (-men) *s.* vendedor del mercado.

marking (ma·'king) *s.* acción de marcar. 2 marca, señal, mancha, pinta. 3 coloración. 4 marchamo o marchamos de aduana. — 5 *adj.* de marcar, que marca : ~ *gauge*, gramil ; ~ *ink*, tinta de marcar ; ~ *iron*, hierro de marcar.

marksman (ma·'csmæn), *pl.* -men (-men) *s.* tirador [que tiene buena puntería].

marksmanship (ma·'smænship) *s.* puntería, buena puntería.

marl (ma·'l) *s.* marga.

marl (to) *tr.* AGR. margar, abonar con marga. 2 MAR. cubrir o atar con vueltas de cordel.

marlaceous (ma·'lei·shøs) *adj.* margoso.

marlin (ma·'lin) *s.* ICT. especie de aguja.

marline (ma·'lin) *s.* MAR. merlín.

marlinespike, marlinspike (ma·'linspaic) *s.* MAR. pasador.

marlpit (ma·'lpit) *s.* margal, marguera.

marly (ma·'li) *adj.* margoso.

marmalade (ma·'maleid) *s.* mermelada.

marmit (ma·'mit) *s.* marmita.

marmoration (ma·'more·shøn) *s.* marmoración.

marmoreal (ma·'mou·rial), **marmorean** (ma·'mou·rian) *adj.* marmóreo.

marmoset (ma·'mošet) *s.* ZOOL. tití.

marmot (ma·'rmot) *s.* ZOOL. marmota.

Maronite (ma·ronait) *s.* maronita.

maroon (maru·n) *adj.* castaño. — 2 *s.* BOT. castaña. 3 color castaño. 4 cimarrón. 5 persona abandonada o incomunicada en un lugar desierto.

maroon (to) *tr.* dejar abandonado, incomunicado, en un lugar desierto : *to get marooned*, encontrarse aislado, perdido.

marplot (ma·'plat) *s.* entrometido que estorba un plan, etc. ; aguafiestas.

marque (ma·'c) *s.* NAUT. corso : *letter of* ~, carta de marca, patente de corso.

marquee (ma·kɪ·) *s.* marquesina. 2 gran tienda de campaña.

marquess (ma·'cuis) *s.* MARQUIS.

marquetry (ma·'ketri), *pl.* -tries (-tris) *s.* marquetería, taracea.

marquis (ma·'cuis) *s.* marqués.

marquisate (ma·'cuisit) *s.* marquesado.

marquise (ma·'kiš) *s.* marquesa [mujer]. 2 MARQUEE. 3 engaste o piedra de forma ovalada [en una sortija].

marrer (ma·rø') *s.* estorbador, aguafiestas.

marriage (mæ·ridɏ) *s.* matrimonio : ~ *articles*, contrato matrimonial, capitulaciones ; ~ *licence*, permiso oficial para casarse ; ~ *portion*, dote ; ~ *rate*, nupcialidad ; *by* ~, por afinidad, político [pariente]. 2 casamiento, boda, nupcias, unión, enlace : ~ *broker*, casamentero. 3 maridaje. 4 en ciertos juegos de naipes, un rey y una reina del mismo palo.

marriageable (mæ·riɏabøl) *adj.* casadero ; núbil.

married (mæ·rid) *adj.* casado: ~ *couple,* matrimonio [marido y mujer]; *to get* ~, casarse. 2 unido, maridado. 3 de casado, matrimonial, conyugal: ~ *life,* vida de casados, vida conyugal; ~ *state,* estado matrimonial.

marron (marɔn) *s.* BOT. castaña. 2 color castaño. 3 PIROT. petardo. 4 *pl.* castañas confitadas.

marrow (mæ·rou) *s.* ANAT. médula, tuétano. 2 médula, meollo, substancia, esencia. 3 lo mejor, lo más escogido. 4 BOT. *marrow o vegetable* ~, calabacín.

marrowbone (mæ·rouboun) *s.* canilla, caña, hueso largo. 2 *pl.* fam. rodillas o sus huesos. 3 CROSS-BONES.

marrowfat (mæ·roufæt) *s.* BOT. guisante de semilla grande.

marrowish (mæ·rouiš) *adj.* meduloso.

marrowless (mæ·roulis) *adj.* sin médula.

marrowy (mæ·roui) *adj.* medular. 2 meolludo; enjundioso.

marry (to) (mæ·ri) *tr.* casar [unir en matrimonio, dar en matrimonio], desposar. 2 casarse con. 3 unir, juntar, maridar. 4 MAR. ayustar [dos cabos]. — 5 *intr.* casarse, maridar: *to* ~ *into,* emparentar con [una familia o linaje por medio del matrimonio].

marry! *interj.* ant. ¡canastos!, ¡a fe mía!

Mars (ma·š) *s.* MIT., ASTR. Marte.

Marseillais (ma·seye·) *adj.* y *s.* marsellés.

Marseillaise (ma·seye·š) *adj.* y *s.* marsellesa [mujer]. — 2 *s.* Marsellesa [himno francés].

Marseilles (ma·sei·lš) *n. pr.* GEOGR. Marsella.

marsh (ma·š) *s.* marjal, paúl, paular, pantano, humedal; *salt* ~, marisma. — 2 *adj.* de los marjales o pantanos, de las tierras húmedas: ~ *fever,* malaria, paludismo; ~ *gas,* gas de los pantanos, metano; ~ *harrier,* ORNIT. arpella; ~ *hen,* ORNIT. rascón, polla de agua; ~ *mallow,* BOT. malvavisco; ~ *marigold,* BOT. hierba centella; ~ *warbler,* ORNIT. arandillo.

marshal (ma·šal) *s.* MIL. mariscal. 2 maestro de ceremonias, bastonero, el que dirige una fiesta, procesión, etc. 3 (EE. UU.) alguacil. 4 (EE. UU.) jefe de policía [en algunas ciudades].

marshal (to) *tr.* ordenar, poner en orden: reunir [esp. los hechos o razones para una argumentación, etc.]. 2 formar [tropas]. 3 conducir con solemnidad o ceremonia. 4 guiar, dirigir, disciplinar. — 5 *intr.* formar, ponerse en orden. ¶ CONJUG. pret y p. p.: *marshaled* o *-lled;* ger.: *marshaling* o *-lling.*

marshaller (ma·šalɵr) *s.* arreglador, ordenador.

Marshalsea (ma·šalsɪ) *s.* ant. cárcel para los deudores en Londres.

marshalship (ma·šalship) *s.* mariscalía, mariscalato.

marshier (ma·shiɵr) *adj. comp.* de MARSHY.

marshiest (ma·siist) *adj. superl.* de MARSHY.

marshmallow (ma·shmælou) *s.* BOT. malvavisco. 2 pastilla o bombón de malvavisco.

marshy (ma·shi) *adj.* húmedo, pantanoso, lagunoso. 2 palustre.

marsupial (ma·siu·pial) *adj.* y *s.* ZOOL. marsupial.

Marsupialia (ma·siupeilia) *s. pl.* ZOOL. marsupiales.

marsupium (ma·siu·piɵm), *pl.* **-a** (-æ) *s.* ZOOL. bolsa [de la hembra de los marsupiales].

Marsyas (ma·siæs) *s.* MIT. Marsias.

mart (ma·t) *s.* emporio, centro comercial.

mart (to) *tr.* e *intr.* traficar, comerciar.

marteline (ma·tɵlin) *s.* martellina.

marten (ma·tɵn) *s.* ZOOL. marta. 2 ZOOL. garduña. 3 piel de marta.

Martha (ma·za) *n. pr. f.* Marta.

Martial (ma·shal) *n. pr. m.* Marcial.

martial *adj.* marcial, militar, bélico: ~ *law,* ley marcial, estado de guerra. 2 QUÍM. marcial.

martialness (ma·shalnis) *s.* marcialidad.

Martian (ma·shian) *adj.* y *s.* marciano.

Martin (ma·tin) *n. pr.* Martín.

martin *s.* ORNIT. variedad de golondrina. 2 ORNIT. *black* ~, vencejo, avión.

martinet (ma·tine·t) *s.* ordenancista. 2 MAR. apagapenol.

martingale (ma·tingueil) *s.* gamarra. 2 martingala [en el juego]. 3 MAR. moco de bauprés.

Martinique (ma·tini·c) *n. pr.* GEOGR. Martinica.

Martinmas (ma·tinmas) *s.* día de San Martín.

martlet (ma·tlet) *s.* MARTIN.

martyr (ma·tɵr) *s.* mártir.

martyr (to) *tr.* martirizar.

martyrdom (ma·tɵrdɵm) *s.* martirio.

martyred (ma·tɵrd) *adj.* mártir.

martyrize (to) (ma·tɵraiš) *tr.* martirizar. 2 hacer mártir. — 3 *intr.* hacerse mártir.

martyrological (ma·tɵrola·ỹical) *adj.* del martirologio.

martyrologist (ma·tɵrola·loỹist) *s.* escritor de martirologios.

martyrology (ma·tɵrola·loỹi) *s.* martirologio.

marvel (ma·vɵl) *s.* maravilla, prodigio. 2 maravilla, asombro. 3 BOT. marrubio.

marvel (to) *intr.* maravillarse, admirarse, asombrarse. 2 preguntarse.

Marvel-of-Peru *s.* BOT. dondiego [de noche].

marvel(l)ous (ma·vɵlɵs) *adj.* maravilloso, prodigioso, portentoso. 2 asombroso, increíble.

marvel(l)ously (ma·vɵlɵsli) *adv.* maravillosamente, asombrosamente.

marvel(l)ousness (ma·vɵlɵsnis) *s.* maravilla, extrañeza, singularidad.

Marxian (ma·ssian) *adj.* y *s.* marxista.

Marxism (ma·csišm) *s.* marxismo.

Marxist (ma·csist) *adj.* y *s.* marxista.

Mary (me·ri) *n. pr. f.* María.

marzipan (ma·šipæn) *s.* mazapán.

mascara (mæskæ·ra) *s.* tinte para las pestañas.

mascot (mæ·scot) *s.* mascota.

masculine (mæ·skiulin) *adj.* masculino, varonil, robusto. 2 hombruno. 3 GRAM. masculino. 4 ~ *rhyme,* rima aguda. — 5 *s.* GRAM. masculino [género]. 6 GRAM. palabra masculina.

masculinely (mæ·skiulinli) *adv.* varonilmente.

masculinity (mæskiuli·niti) *s.* masculinidad.

mash (mæsh) *s.* malta remojado [para elaboración de la cerveza]. 2 farro, mezcla de granos majados y amasados con agua [para el ganado]. 3 masa, pasta [de cosas majadas]. 4 fig. revoltijo, embrollo. 5 fig. conquista amorosa.

mash (to) *tr.* macerar [el malta]. 2 majar, hacer pasta, magullar, estrujar: *mashed potatoes,* patatas majadas, puré de patatas. 3 enamorar. — 4 *intr.* hacer cocos, hacer una conquista.

mashie (mæ·shi) *s.* cierto palo para jugar al golf.

mashy (mæ·shi) *adj.* majado, pastoso. — 2 *m.* MASHIE.

mask (mæsc) *s.* máscara, antifaz, careta, carátula: *to take off one's* ~, fig. quitarse la careta. 2 máscara [pers.]; disfraz; pretexto, lo que oculta o disimula. 3 mascarilla [vaciado de un rostro]. 4 FOT. máscara, desvanecedor. 5 FORT. cubierta de ramaje, etc., para ocultar una batería; abrigo provisional. 6 ARQ. mascarón. 7 cara [de un animal]. 8 mascarada.

mask (to) *tr.* enmascarar, poner máscara. 2 cubrir, disimular, ocultar, disfrazar. — 3 *intr.* ponerse careta. 4 disfrazarse, ir disfrazado.

masked (mæscd) *adj.* enmascarado, cubierto, disfrazado. 2 BOT. personada. 3 de máscaras: ~ *ball,* baile de máscaras.

masker (mæ·scɵr) *s.* máscara [pers.].

maskinonge (mæ·skinanỹ) *s.* ICT. especie de lucio propio de los lagos norteamericanos.

maslin (mæ·slin) *s.* mezcla de cereales, esp. de trigo y centeno.

masochism (mæ·šokišm) *s.* masoquismo.

masochist (mæ·šokist) *s.* masoquista.

masochistic (mæšoki·stic) *adj.* masoquista.

mason (mei·sɵn) *s.* albañil. 2 masón, francmasón. 3 ENTOM. ~ *bee,* abeja albañila; ~ *wasp,* avispa que construye celdas de barro.

Mason and Dixon's Line (di·csɵnš) *s.* frontera entre Pensilvania y Maryland, línea divisoria entre el Norte y el Sur de los Estados Unidos.

masoned (mei·sɵnd) *adj.* BLAS. mazonado.

masonic (meisa·nic) *adj.* masónico.

masonry (mei·sɵnri), *pl.* **-ries** (-ris) *s.* albañilería. 2 obra de albañilería; mazonería. 3 (con may.) masonería, francmasonería.

Masorah (mæ·sora) *s.* masora.

Masoretic(al (mæsore·tic(al) *adj.* masorético.

Masorite (mæ·sorait) *s.* masoreta.

masque (mæsc) *s.* mascarada; baile de máscaras. 2 ant. representación dramática.

masquerade (mæskɵrei·d) *s.* mascarada; comparsa de máscaras: ~ *ball,* baile de máscaras. 2 máscara [disfraz]. 3 fig. farsa.

masquerade (to) *intr.* tomar parte en una mas-

carada. 2 disfrazarse; querer aparecer como lo
que no se es.

masquerader (mæskørei̯dø') s. máscara [pers.]. 2
farsante [el que se presenta como lo que no es].

mass (mæs), pl. **masses** (mæ siš) s. masa [agrega-
ción, conjunto], congerie, mole: in ~, in the ~,
en masa, en conjunto. 2 montón, gran cantidad.
3 bulto, magnitud. 4 grueso [parte principal].
5 FÍS. masa. 6 pl. the masses, las masas. — 7 adj.
de masa o masas; másico: ~ meeting, gran mitin, mitin popular; ~ number, FÍS. número
másico; ~ production, fabricación o producción
en serie o en gran escala.

Mass o **mass** s. LITURG., MÚS. misa: High Mass,
misa mayor o cantada; Low Mass, misa rezada;
to hear ~, oír misa; to say ~, decir misa.

mass (to) tr. amasar, juntar, reunir en masa. —
2 intr. juntarse en masa; amontonarse, juntarse, reunirse.

massacre (mæ·sakør) s. matanza, mortandad, carnicería, destrozo. 2 asesinato [esp. de una persona indefensa].

massacre (to) tr. hacer una matanza de. 2 matar
atrozmente.

massacrer (mæ·sacrø') s. matador, asesino.

massage (masa·ỹ) s. amasamiento, masaje.

massage (to) tr. amasar, dar masaje a.

masseter (mæsi·tø') s. ANAT. masetero.

masseur (mæsø·') s. masajista [hombre]. 2 instrumento para dar masaje.

masseuse (mæsø·š) s. masajista [mujer].

massicot (mæ·sicat) s. masicote.

massier (mæ·siø') adj. comp. de MASSY.

massiest (mæ·siist) adj. superl. de MASSY.

massif (masi·f) s. masa [de vegetación]. 2 GEOGR.
macizo.

massive (mæ·siv) adj. macizo, voluminoso, sólido;
de gran masa. 2 pesadas, gruesas [facciones].
3 impresionante, imponente.

massy (mæ·si) adj. macizo, voluminoso, pesado.

mast (mæst) s. MAR. mástil, palo, árbol; mastelero: low ~, palo principal; made ~, palo compuesto; to spend a ~, perder un palo; before
the ~, como simple marinero. 2 mástil, poste.
3 RADIO. torre. 4 AGR. bellotas, hayucos, etc., alimento para los cerdos. — 5 adj. de mástil, para
el mástil; ~ hole, fogonadura; ~ hoop, garrucho.

mast (to) tr. MAR. arbolar. 2 MAR. colocar los mástiles de.

mastaba(h (mæ·staba) s. mastaba.

masted (mæ·stid) adj. arbolado. 2 de [tantos]
palos: three-masted, de tres palos.

master (mæ·stø') s. amo, patrón, dueño, señor. 2
señorito, señor [dicho por un criado]. 3 (Esc.)
tratamiento que se da al heredero de un vizconde o barón. 4 el que amaestra o vence a otro.
5 MAR. patrón o capitán [de un buque mercan-
te]. 6 maestro: schoolmaster, maestro de escuela; ~ builder, maestro de obras; contratista de obras; ~ mason, maestro albañil; masón
de grado tres; ~ mechanic, maestro mecánico;
~ of ceremonies, maestro de ceremonias; the
Master, el Maestro (Jesucristo); to make oneself
~ of, hacerse maestro en, llegar a dominar [una
materia, un arte, un instrumento, etc.]. 7 licenciado [en la universidad]: Master of Arts, licenciado en filosofía y letras; Master of Science, licenciado en ciencias. 8 jefe, director, rector. 9 título de ciertos cargos; Master of the horse, caballerizo mayor; Master of the ordnance, director
general de artillería o ingenieros. 10 obra de arte
de un maestro antiguo. — 11 adj. maestro; magistral, superior, de maestro; ~ clock, reloj magistral; ~ hand, mano maestra, pericia de maestro,
maestría; ~ key, llave maestra; ~ stroke, golpe maestro; ~ workman, maestro, capataz.

master (to) tr. dominar, señorear, vencer, subyugar, domar, sobreponerse a. 2 dominar [saber
o aprender a fondo; ejecutar con maestría];
ser maestro o perito en. — 3 intr. ser superior
en algo.

master-at-arms, pl. **masters-at-arms** s. MAR. sargento de marina encargado de la policía y de los
presos o arrestados.

masterdom (mæ·stø'døm) s. dominio, mando, imperio.

masterful (mæ·stø'ful) adj. imperioso, dominante,

autoritario. 2 fuerte, poderoso. 3 hábil, experto.
4 magistral, de maestro.

masterless (mæ·stø'lis) adj. indómito, ingobernable. 2 sin amo.

masterliness (mæ·stø'linis) s. maestría, destreza.

masterly (mæ·stø'li) adj. magistral, hábil, de maestro. — 2 adv. magistralmente, con maestría.

mastermind (mæ·stø'maind) s. cerebro director,
mente directora.

masterpiece (mæ·stø'pis) s. obra maestra, obra
cumbre.

mastersingers (mæ·stø'si·ngø'š) s. pl. MEISTER-
SINGERS.

mastership (mæ·stø'ship) s. dominio, superioridad, preem... ·:ncia. 2 magisterio. 3 maestría. 4
licenciatur.. ·] ·rado].

masterwork (mæ·stø·uø'k) s. obra maestra.

masterwort (mæstø·uø't) s. BOT. imperatoria. 2
BOT. angélica.

mastery (mæ·støri) s. dominio, poder, gobierno. 2
maestría, destreza. 3 dominio, conocimiento a
fondo. 4 superioridad, ventaja, victoria.

mastful (mæ·stful) adj. abundante en bellotas,
hayucos, etc. [bosque].

masthead (mæ·stjed) s. MAR. tope, espiga. 2 MAR.
vigía. 3 cabecera [de un periódico].

mastic (mæ·stic) s. almáciga, mástique. 2 BOT. almácigo, lentisco. 3 masilla. 4 cemento bituminoso.

masticate (to) (mæ·stikeit) tr. masticar, mascar.

mastication (mæstike·shøn) s. masticación, mascadura.

masticator (mæstikeitø') s. mascador. 2 masticador.

masticatory (mæ·sticatori), pl. **-ries** (-ris) adj. y
s. masticatorio.

mastiff (mæ·stif) s. mastín.

masting (mæ·sting) s. MAR. arboladura.

mastitis (mæstai·tis) s. MED. mastitis.

mastless (mæ·stlis) adj. MAR. desarbolado. 2 que
no produce bellotas, hayucos, etc. [bosque].

mastodon (mæ·stodan) s. mastodonte.

mastoid (mæ·stoid) adj. y s. ANAT. mastoides; ~
process, apófisis mastoides.

mastoiditis (mæstoidai·tis) s. MED. mastoiditis.

masturbate (to) (mæ·stø'beit) intr. masturbarse.

masturbation (mæstø'be·shøn) s. masturbación.

masurium (masiu·riøm) s. QUÍM. masurio.

mat (mæt) s. estera. 2 esterilla, baleo, ruedo, felpudo. 3 petate [para dormir]. 4 saco de estera.
5 tapetito o esterilla [para poner debajo de
una fuente caliente, etc.]. 6 lo que crece espeso
o enredado; greña. 7 MAR. pallete, empalletada.
8 orla de cartón [para hacer resaltar un dibujo,
pintura, etc.], paspartú. 9 matriz de estereotipia.
10 mate, deslustrado [de un metal, etc.]. 11
instrumento para deslustrar o matar el brillo.
— 12 adj. mate, sin lustre.

mat (to) tr. esterar. 2 enredar, enmarañar apelmazar [el pelo, la lana, etc.]. 3 matar el brillo
de, producir una superficie mate en [un metal].
— 4 intr. enredarse, enmarañarse hacerse una
greña, apelmazarse. ¶ CONJUG. pret. y p. p.:
matted; ger.: matting.

matador (mætædo·') s. espada, diestro [torero].
2 matador [naipe].

match (mæ·ch) s. fósforo, mixto, cerilla, *cerillo.
2 pajuela, mecha, cuerda. 3 compañero, pareja
[cosa que hace juego], igual [pers. o cosa igual
o semejante]: to have no ~, no tener igual. 4
adversario o contrincante temible, persona capaz
de vencer a otra, de competir o entendérselas
con otra: to be a ~ for, poder con, poder vencer; to meet one's ~, hallar la horma de su
zapato. 5 juego [de dos cosas que armonizan]:
to be a ~, hacer juego. 6 lucha o prueba deportiva, partida, partido, juego: even ~, partida
igual, empate, tablas. 7 casamiento; partido: to
be a good ~, ser un buen partido.

match (to) tr. casar [bien o mal]. 2 casar, hermanar, aparear, emparejar. 3 oponer [a otra una
pers. o cosa igual]. 4 igualar a, rivalizar con,
poder competir con. 5 igualar, proporcionar,
adaptar. 6 ajustar, ensamblar. 7 hacer juego con.
— 8 intr. casarse. 9 casar, hacer juego, armonizar.

matchable (mæ·chabøl) adj. que puede emparejarse, igualable, parejo. 2 adaptable, proporcionado.

matchbox (mæ·chbocs) s. fosforera, cerillera.

matchet (mæ·chøt) s. machete.

matching (mæ·ching) *adj.* igual, parejo, que hace juego con. — 2 *s.* apareamiento, pareo, emparejamiento, igualación, hermanamiento, clasificación.
matchless (mæ·chlis) *adj.* sin igual, sin par, sin rival, incomparable.
matchlessly (mæ·chlisli) *adv.* incomparablemente.
matchlessness (mæ·chlisnis) *s.* calidad de sin igual o incomparable.
matchlock (mæ·chlac) *s.* llave de mosquete. 2 mosquete.
matchmaker (mæ·chmeikø') *s.* casamentero..2 el que organiza luchas deportivas. 3 fabricante de fósforos.
matchmaking (mæ·chmeiking) *s.* actividad de casamentero. 2 organización de luchas deportivas. ? fabricación de fósforos.
matchmark (mæ·chma·c) *s.* señal que indica el orden o posición en que debe ponerse cada pieza al armar un artefacto.
matchmark (to) *tr.* poner señal en las piezas de un artefacto para indicar como debe armarse éste.
mate (meit) *s.* compañero, compañera, camarada. 2 consorte, marido, mujer. 3 macho, hembra [de una pareja de animales]. 4 MAR. segundo de a bordo, piloto, oficial [de un buque mercante]; oficial subalterno [de un buque de guerra]. 5 mate [en ajedrez].
mate (to) *tr.* casar, desposar. 2 aparear [animales]. 3 hermanar, igualar, adaptar. 4 dar jaque mate. 5 *fig.* contrarrestar, hacer impotente. — 6 *intr.* aparearse. 7 casar, hermanarse. 8 MEC. engranar.
maté (ma·tei) *s.* BOT. mate, té del Paraguay. 2 mate [infusión].
mateless (mei·tlis) *adj.* solo, sin compañero; desparejado.
mater (ma·tø') *s.* fam. madre.
material (mati·rial) *adj.* material. 2 físico, corpóreo. 3 materialista. 4 importante, trascendental, serio, grave. 5 esencial, indispensable. 6 pertinente, que hace al caso. — 7 *s.* material. 8 materia, ingrediente : *raw* ~, materia prima, primera materia. 9 tejido, tela, género. 10 *pl.* avíos, recado : *writing materials*, recado de escribir.
materialism (mati·riališ̃m) *s.* materialismo.
materialist (mati·rialist) *m.* materialista.
materialistic (matiriæ·listic) *adj.* materialista.
materiality (matiriæ·liti) *s.* materialidad, corporeidad. 2 importancia.
materialization (matiriališe·shøn) *s.* materialización.
materialize (to) (mati·rialaiš) *tr.* materializar. 2 hacer sensible, perceptible. 3 realizar, convertir en realidad. — 4 *intr.* materializarse. 5 hacerse visible o corpóreo, tomar forma, aparecer. 6 realizarse.
materially (mati·riali) *adv.* materialmente, físicamente, corpóreamente. 2 esencialmente. 3 notablemente.
materialness (mati·rialnis) *s.* MATERIALITY.
materia medica (mati·ria me·dica) *s.* MED. materia médica.
materiel (matirie·l) *s.* materiales, pertrechos. 2 MIL. material.
maternal (matø'·nal) *adj.* maternal. 2 materno.
maternally (matø'·nali) *adv.* maternalmente.
maternity (matø'·niti) *s.* maternidad. 2 casa de maternidad. — 3 *adj.* maternal, de maternidad : ~ *hospital*, casa de maternidad, clínica maternal.
maternize (to) (ma·tø'naiš) *tr.* maternizar.
matgrass (mæ·tgræs) *s.* BOT. esparto ; albardín. 2 nombre de otras plantas.
math (mæz) *s.* cosecha o siega del heno.
mathematic(al (mæzimæ·tic(al) *adj.* matemático.
mathematically (mæzimæ·ticali) *adv.* matemáticamente.
mathematician (mæzimati·shan) *s.* matemático.
mathematics (mæzimæ·tics) *s.* matemática, matemáticas.
Mathilda (mati·lda) *n. pr.* Matilde.
matico (mati·cou) *s.* BOT. matico.
Matilda (mati·lda) *n. pr.* Matilde.
matin (mæ·tin) *adj.* matinal, matutino. — 2 *s. pl.* LITURG. maitines.
matinal (mæ·tinal) *adj.* matinal, matutino.
matinée (mætinei·) *s.* TEAT. matiné, función de tarde. 2 chambra, peinador.
mating (mei·ting) *s.* hermanamiento. 2 apareamiento. 3 casamiento.
matrass (mæ·tras) *s.* QUÍM. matraz

matriarch (mei·tria·c) *s.* matriarca.
matriarchal (meitria·'cal) *adj.* matriarcal.
matriarchate (mei·tria·keit) *s.* matriarcado.
matriarchy (mei·tria·ki) *pl.* **-chies** (-kis) *s.* MATRIARCHATE.
matrices (mei·trisiš̃) *s. pl.* de MATRIX.
matricidal (meitrisai·dal) *adj.* matricida.
matricide (mei·trisaid) *s.* matricida. 2 matricidio.
matricula (matri·kiula) *s.* HIST. matrícula.
matriculate (matri·kiuleit) *adj.* matriculado.
matriculate (to) *tr.* matricular [esp. en una universidad]. — 2 *intr.* matricularse.
matriculation (matrikiule·shøn) *s.* acción de matricular o matricularse [esp. en una universidad].
matrimonial (mætrimou·nial) *adj.* matrimonial, conyugal, marital.
matrimonially (mætrimou·niali) *adv.* matrimonialmente.
matrimony (mæ·trimouni) *s.* matrimonio [casamiento, sacramento ; estado matrimonial]. 2 juego de naipes.
matrix (mei·trics) *pl.* **-trices** (-trisiš̃) o **-trixis** (-tricsiš̃) *s.* ANAT. matriz, útero. 2 matriz, molde. 3 ANAT. piel que queda cubierta por la uña. 4 BIOL. substancia intercelular. 5 ODONT. molde. 6 MINER. matriz, ganga.
matron (mei·trøn) *f.* matrona [madre de familia o viuda respetable]. 2 administradora o ama de llaves de una escuela, hospicio, etc. 3 mujer que tiene a su cargo el cuidado, orden y disciplina de mujeres y niños en una casa de baños, puesto de policía, etc.
matronal (meitrønal) *adj.* matronal.
matronly (mei·trønli) *adj.* matronal. 2 de alguna edad. 3 digna, respetable. 4 maternal.
matronymic (mætroni·mic) *adj.* pert. al nombre de la madre o derivado de él. — 2 *s.* nombre derivado del de la madre.
Matt (mæt) *n. pr.* abrev. de MATTHEW.
matte (mæt) *s.* METAL. mata. 2 deslustrado, tono mate.
matted (mæ·tid) *pret.* y *p. p.* de TO MAT. — 2 *adj.* esterado. 3 enredado, enmarañado [pelo, etc.]. 4 mate, deslustrado.
matter (mæ·tø') *s.* materia, substancia : *gray* ~, substancia gris. 2 materia, pus. 3 IMPR. original. 4 IMPR. tipo compuesto. 5 materia, asunto, tema, cuestión, cosa : *small* ~, cosa pequeña, de poca entidad, pequeñez ; ~ *of course*, cosa lógica, natural, corriente, de cajón ; ~ *of fact*, hecho cierto o positivo, realidad ; *to go into the* ~, entrar en materia ; *as a* ~ *of fact*, de hecho, en realidad, a decir verdad ; *for that* ~, *for the* ~ *of that*, en cuanto a eso, respecto a eso ; *in the* ~, al respecto ; *in the* ~ *of*, en cuanto a, en materia de. 6 motivo, ocasión : ~ *for complaint*, motivo de queja. 7 cosa, obra [cantidad, espacio, tiempo, etc., aproximados] : *a* ~ *of twenty years*, cosa de veinte años ; *in a* ~ *of*, en cosa de. 8 cosa que pasa u ocurre, mal, defecto, inconveniente, etc. : *what is the* ~?, ¿qué ocurre?; *what is the* ~ *with this?*, ¿qué tiene esto?, ¿qué defecto, inconveniente, etc., le encuentra usted a esto? : *what is the* ~ *with you?*, ¿qué le pasa?, ¿qué tiene usted? 9 importancia : *it is no* ~, no tiene importancia, no importa ; *no* ~ *how*, de cualquier modo, de cualquier modo posible ; *no* ~ [far, much, etc.]. por... que : *no* ~ *how much you ask*, por mucho que pida usted ; *no* ~ *when*, sea cuando sea [que], cuandoquiera que ; *no* ~ *where*, dondequiera que ; *what* ~?, ¿qué importa? 10 *pl.* la situación, el estado de cosas, las cosas : *to carry matters too far*, llevar las cosas demasiado lejos.
matter (to) *intr.* importar, hacer, ser de entidad o consecuencia : *it does not* ~, no importa, no le hace. 2 MED. supurar.
matterless (mæ·tø'lis) *adj.* fútil.
matter-of-fact *adj.* material, positivo. 2 positivista. 3 prosaico, de poca imaginación.
mattery (mæ·tøri) *s.* importante. 2 purulento.
Matthew (mæ·ziu) *n. pr.* Mateo.
Mathias (mætza·ias) *n. pr.* Matías.
matting (mæ·ting) *s.* estera ; esterado. 2 orla de cartón para un grabado, etc. ; paspartú. 3 MAR. empalletado. 4 superficie mate.
mattock (mæ·toc) *s.* AGR. zapapico, azadón de pico.
mattress (mæ·tres) *s.* colchón. 2 HIDR. defensa de ramas, varas y troncos entrelazados.

Matty (ma·ti) *n. pr.* dim. de MARTHA y MATHILDA.
maturant (mæ·churant o mæ·tiurant) *s.* MATU-RATIVE.
maturate (to) (mæ·chureit o mæ·tiureit) *tr. e intr.* madurar [esp. un tumor].
maturation (mætiure·shøn) *s.* maduración. 2 desarrollo, crecimiento.
maturative (mæ·chørativ o mæ·tiurativ) *adj.* madurante, madurativo. — 2 *s.* MED. madurativo.
mature (matiu·ø') *adj.* maduro [que está en sazón]. 2 que ha llegado a su completo desarrollo; adulto; juicioso; completo, perfecto, acabado. 3 maduro [reflexión, planes, etc.]. 4 COM. vencido, pagadero.
mature (to) *tr.* madurar, sazonar. 2 madurar [meditar]; llevar a la perfección. — 3 *intr.* madurar [sazonarse, crecer en juicio, etc.], mejorarse. 4 vencer [una deuda, plazo, etc.].
maturely (matiu·li) *adv.* maduramente.
matureness (matiu·'nis) *s.* madurez, sazón.
maturing (matiu·ring) *adj.* que está madurando, que se acerca a la madurez. 2 que está próximo a su vencimiento [deuda, plazo, etc.].
maturity (matiu·riti) *s.* madurez, 2 perfección. 3 vencimiento [de una deuda, plazo, etc.].
matutinal (matiu·tinal) *adj.* matutinal, matutino.
matweed (mæ·twid) *s.* BOT. esparto, albardín.
matzoth (ma·tsoz) *s. pl.* galletas de pan sin levadura.
matzoon (matsu·n) *s.* leche fermentada.
Maud (mod) *n. pr.* dim. de MATHILDA y de MAGDALEN.
maudlin (mo·dlin) *adj.* lacrimoso, sentimental, sensiblero. 2 calamocano, chispo y lloroso. — 3 *s.* BOT. agerato.
maugre, mauger (mo·gø') *prep.* ant. a pesar de.
maul (mol) *s.* mazo, machota.
maul (to) *tr.* aporrear, golpear, magullar. 2 maltratar, manejar rudamente.
maulstick (mo·lstic) *s.* tiento [de pintor].
maund (mo·nd) *s.* cesto, canastillo.
maunder (to) (mo·ndø') *intr. y tr.* mascullar, refunfuñar. — 2 *intr.* obrar o moverse como atontado. 3 divagar.
maunderer (mo·ndørø') *s.* gruñón, refunfuñador.
Maundy (mo·ndi) *s.* mandato, lavatorio [del jueves santo]. 2 ~ *Thursday*, jueves santo.
mauresque (mo·re·sc) *s.* MORESQUE.
Maurice (mo·ris) *n. pr.* Mauricio.
Mauritanian (moritei·nian) *adj. y s.* mauritano.
Mauritius (mori·shiøs) *n. pr.* GEOGR. Mauricio [Isla].
Mauser, mauser (mau·šø') *s.* máuser.
mausolean (mosol·ran) *adj.* propio de un mausoleo.
mausoleum (mosol·røm) *s.* mausoleo, mauseolo.
mauve (mou·v) *s.* color de malva.
maverick (mæ·vøric) *s.* (oeste de los EE. UU.) res sin marca de hierro. 2 becerro separado de su madre. 3 fig. disidente.
mavis (mei·vis) *s.* ORNIT. malvís. 2 ORNIT. cagaceite.
maw (mo) *s.* estómago. 2 cuajar [de los rumiantes]. 3 buche [de las aves]. 4 fauces; tragadero. 5 fig. apetito, voracidad.
mawkish (mo·kish) *adj.* tontamente sentimental, sensiblero, empalagoso. 2 nauseoso.
mawkishness (mo·kishnis) *s.* sentimentalismo empalagoso o tonto, sensiblería. 2 calidad de nauseoso.
maxilla (mæcsi·la) *s.* ANAT., ZOOL. hueso maxilar.
maxillar (mæ·csila'), **maxillary** (mæ·csileri) *adj. y s.* maxilar [hueso].
maxim (mæ·csim) *s.* máxima, sentencia, apotegma. 2 MÚS. máxima.
maximal (mæ·csimal) *adj.* máximo.
Maximillian (mæcsimi·lian) *n. pr.* Maximiliano.
maximize (to) (mæ·csimaiš) *tr.* llevar hasta el máximo; abultar, exagerar. 2 dar el mayor alcance posible [a una doctrina, una regla, etc.].
maximum (mæ·csimøm) *pl.* -mums o -ma (-ma) *s.* máximum, máximo.
May (mei) *s.* mayo [mes]. 2 fig. primavera [de la vida]. — 3 *adj.* de mayo: ~ *Day*, primero de mayo; fiesta del primero de mayo; ~ *lady* ~ *queen*, muchacha que preside la fiesta de mayo. 4 BOT. ~ *apple*, hierba americana de raíz venenosa y fruto ovoide. 5 BOT. ~ *blossom*, lirio de los valles. 6 ENTOM. ~ *bettle*, JUNE BEETLE. 7 ENTOM. ~ *fly*, efímera, cachipolla.

1) may *s.* BOT. acerolo, espino albar. 2 BOT. viburno.
2) may *v. aux.* poder [tener facultad, libertad, oportunidad o permiso: ser lícito, permitido, posible o contingente] : *you* ~ *sit down*, puede Vd. sentarse; *may I go?*, ¿puedo marcharme?; *if I* ~ *say so*, si me es lícito decirlo; *it* ~ *be*, ~ *be*, puede ser, acaso; *it* ~ *snow*, puede que nieve; *I* ~ *do it*, puedo hacerlo, puede que lo haga. 2 A veces indica deseo vivo y se traduce por «ojalá», «que», etc. o se omite el verbo en subjuntivo : ~ *it be so*, ojalá sea así; ~ *you have a good time*, que se divierta; ~ *you live happily*, viva Vd. feliz. 3 A veces se usa con elipsis del segundo verbo en frases como : *be the issue what it* ~, sea cual fuere el resultado; *come what* ~, venga lo que viniere. 4 A veces equivale, junto con el verbo, a un simple subjuntivo : *in order that you* ~ *warn him*, para que Vd. le avise. ¶ CONJUG.: pret.: *might*. | Es defectivo: carece de infinitivo, de participios y de gerundio.
3) may (to) *intr.* coger flores en mayo o en las fiestas de mayo. | Úsase sólo en las frases *to be maying, to go maying* o *amaying*.
Maya (ma·ia), **Mayan** (ma·ian) *adj. y s.* maya [de los mayas].
maybe (mei·bi) *adv.* acaso, quizá, tal vez.
Mayence (maya·ns) *n. pr.* GEOGR. Maguncia.
Mayflower (mei·flauø') *s.* flor de mayo. 2 BOT. espino blanco. 3 BOT. calta, hierba centella. 4 BOT. cardamina. 5 BOT. (EE. UU.) anémona; epigea rastrera.
mayhap (mei·jæp) *adv.* acaso, quizá, tal vez.
mayhem (mei·jem) *s.* DER. mutilación criminal.
maying (mei·ing) *s.* celebración de la fiesta de mayo.
mayonnaise (meionei·š) *s.* salsa mahonesa.
mayor (me·iø') *s.* alcalde, corregidor. 2 HIST. ~ *of the palace*, mayordomo de palacio.
mayoralty (me·ioralti) *s.* alcaldía, corregimiento.
mayoress (me·ioris) *f.* alcaldesa.
Maypole (mei·poul) *s.* mayo, árbol de mayo [palo adornado para las fiestas de mayo].
Maytide (mei·taid), **Maytime** (mei·taim) *s.* mes de mayo.
mayweed (mei·urd) *s.* BOT. manzanilla loca.
mazard (mæ·ša'd) *s.* BOT. cerezo silvestre.
mazarine (mæšari·n) *s.* color azul rojizo.
Mazdaism (mæ·šdaišm), **Mazdeism** (mæ·šdiišm) *s.* mazdeismo.
Mazdean (mæ·šdian o mæšdi·an) *adj.* mazdeísta.
maze (mei·š) *s.* laberinto, dédalo. 2 confusión, perplejidad : *to be in a* ~, estar confuso, perplejo.
maze (to) *tr.* enredar, intrincar. 2 aturdir, confundir, dejar perplejo.
mazurka (mašu·rka) *s.* mazurca.
mazy (mei·ši) *adj.* laberíntico, intrincado, embrollado. 2 perplejo.
me (mi) *pron. pers.* me, mí : *give it to* ~, démelo; *for* ~, para mí; *with* ~, conmigo. 2 fam. yo : *it is* ~, soy yo.
mead (mid) *s.* especie de aguamiel fermentada. 2 poét. MEADOW.
meadow (me·dou) *s.* prado, pradera. — 2 *adj.* de los prados o de las praderas. 3 ORNIT. ~ *lark*, alondra. 4 ZOOL. ~ *mouse*, campañol. 5 BOT. ~ *saffron*, cólquico.
meadowsweet (me·dousurt) *s.* BOT. ulmaria, reina de los prados.
meadowy (me·doui) *adj.* de pradera, pradoso. 2 parecido a un prado. 3 lleno de prados.
meager, meagre (mi·gø') *adj.* magro, flaco. 2 pobre, estéril, escaso, mezquino, insuficiente. 3 de vigilia.
meagerly, meagrely (mi·gø'li) *adv.* flacamente. 2 pobremente, escasamente.
meagerness, meagreness (mi·gø'nis) *s.* flacura. 2 pobreza, escasez.
meal (mil) *s.* harina gruesa. 2 (EE. UU.) harina de maíz. 3 polvo [de ciertas materias]. 4 comida [que se toma a una hora determinada].
mealier (mi·liø') *adj. comp.* de MEALY.
mealiest (mi·liest) *adj. superl.* de MEALY.
mealiness (mi·linis) *s.* calidad de harinoso o farináceo. 2 melosidad.
mealtime (mi·ltaim) *s.* hora de comer.
mealy (mi·li) *adj.* harinoso, farináceo. 2 polvoriento. 3 meloso [en el hablar].

mealy-mouthed *adj.* pacato, tímido. 2 meloso [en el hablar], falso, insincero.

mean (mɪn) *s.* bajo, humilde. 2 ordinario, inferior, basto, mediocre, insignificante, pobre, mezquino: *no* ~, bueno, excelente. 3 ruin, bajo, vil, despreciable, innoble indigno. 4 mezquino, tacaño, sórdido. 5 (EE. UU.) malo [de trabajar, etc.]; de mal humor; avergonzado, corrido; indispuesto. 6 medio, mediano, intermedio: ~ *noon*, ASTR. mediodía medio; ~ *sun*, ASTR. sol medio; ~ *term*, LÓG. término medio; ~ *time*, AST. tiempo medio; ~ *velocity*, velocidad media. — 7 *s.* medio [punto medio]. 8 MAT. medio [de una proporción], media: ~ *proportional*, media proporcional. 9 justo medio, moderación. 10 *pl.* medio, medios [de hacer, obtener, etc.]: *by all means*, por todos los medios posibles; de todos modos, a toda costa; sin falta; sí, por cierto, sin duda; *by any means*, sea como sea, por cualquier medio; *by fair means*, por medios lícitos; *by foul means*, por malos medios; *by means of*, por medio de, mediante; *by no means*, by no manner of means*, de ningún modo; *by some means*, de algún modo; *by this means*, por este medio, de este modo. | *Means*, en esta acepción, aunque siempre en forma de *pl.*, se usa y se construye como *pl.* y como *sing.* 11 *pl.* medios, recursos, posibles, bienes de fortuna: *man of means*, hombre rico, de posibles; *to live on one's means*, vivir uno de sus rentas.

mean (to) *tr.* significar, denotar, querer decir: *waht does this* ~?, ¿qué significa esto?; *what do you* ~?, ¿qué quiere Vd. decir? 2 pensar, proponerse, intentar, pretender, tener intención de: *he means it*, lo dice en serio, piensa hacerlo; *I did not* ~ *it*, o to do it, lo hice sin pensar, sin querer; *I* ~ *you no harm*, no pienso hacerle daño a Vd.; *I* ~ *you to go*, estoy resuelto a que vaya Vd.; *to* ~ *business*, ir en serio, hablar en serio, estar resuelto a hacer algo; *what do you* ~ *to do?*, ¿qué piensa Vd. hacer? 3 destinar, dirigir [de pensamiento, propósito o intención]: *his criticism was not meant for me*, su crítica no se dirigía a mí, o no iba para mí. 4 destinar [a un fin o uso], hacer [para un fin o uso]: *clothes are meant for use*, los vestidos se hacen para usarlos. — 5 *intr.* tener intención [buena, mala, etc.]: *he means well*, tiene buena intención; *to* ~ *well by* o *to*, querer bien, estar dispuesto a favorecer, ayudar, etc. [a uno]. ¶ CONJUG. pret. y p. p.: *meant*.

mean-born *adj.* de humilde cuna.

meander (mɪænˈdər) *s.* meandro. 2 laberinto, camino tortuoso. 3 TOP. ~ *line*, línea que marca el curso de un río, el contorno de un lago, etc.

meander (to) *intr.* serpentear. 2 andar sin objeto, errar, vagar.

meandering (mɪænˈdɔrɪŋ) *adj.* serpenteante, tortuoso.

meandrous (mɪænˈdrɔs) *adj.* sinuoso.

meaning (mɪˈnɪŋ) *s.* significación, significado, sentido, acepción. 2 intención, propósito, ánimo, designio, objeto. — 3 *adj.* significativo. 4 que intenta o se propone.

meaningful (mɪˈnɪŋful) *adj.* significante. 2 intencionado.

meaningless (mɪˈnɪŋlɪs) *adj.* sin sentido, vacío de sentido.

meaningly (mɪˈnɪŋlɪ) *adv.* significativamente. 2 con intención.

meanly (mɪˈnlɪ) *adv.* humildemente, pobremente, miserablemente, mal. 2 bajamente, ruinmente, vilmente. 3 mezquinamente, con tacañería. 4 mediocremente.

meanness (mɪˈnnɪs) *s.* humildad, pobreza. 2 ordinariez, mala calidad. 3 ruindad, bajeza, villanía. 4 mezquindad, tacañería, miseria.

mean-spirited *adj.* bajo, ruin.

meant (mɛnt) *pret.* y *p. p.* de TO MEAN.

meantime (mɪˈntaɪm), **meanwhile** (mɪˈnjuaɪl) *adv.* entretanto, mientras tanto. — 2 *m.* interin: *in the meantime*, en el interin, en el entretanto, mientras tanto, hasta entonces.

measled (mɪˈsɔld) *adj.* VET. infestado por cisticercos [animal o su carne].

measles *pl.* (usado como *sing.*) MED. sarampión: *German* ~, rubéola. 2 VET. cisticercosis. 3 (usado como *pl.*) cisticercos [en la carne de ciertos animales].

measly (mɪˈslɪ) *adj.* atacado del sarampión. 2 MEASLED. 3 fam. ruin, despreciable.

measurable (meˈȳɔrabøl) *adj.* mensurable. 2 moderado.

measurableness (meˈȳɔrabølnɪs) *adj.* mensurabilidad.

measurably (meˈȳɔrablɪ) *adv.* mensurablemente. 2 perceptiblemente.

measurability (meȳɔrabiˈlɪti) *s.* MEASURABLENESS.

measure (meˈȳøˈ) *s.* medida [expresión comparativa de las dimensiones o cantidades; lo que sirve para medir, unidad de medida; acción de medir]: *for good* ~, para completar la medida, de ñapa; *made to* ~, hecho a medida [vestido, etc.]; *to take someone's* ~, tomar la medida a uno [para un vestido, etc.]; fig. tomarle las medidas a uno [hacer entero juicio de lo que es]. 2 sistema de medidas. 3 tasa, límite, medida, moderación: *beyond* ~, *out of* ~, sobremanera, con exceso; *without* ~, sin medida, sin tasa. 4 cantidad, grado o extensión [de algo]: *in a great* ~, en gran manera; en gran parte; *in some* ~, en cierto grado, en cierto modo, hasta cierto punto. 5 medida, disposición, prevención: *to take measures*, tomar las medidas necesarias. 6 ritmo, cadencia, compás. 7 MÚS. compás: *common* ~, compás ordinario. 8 fig. baile: *to tread a* ~, bailar. 9 MÉTRICA metro; unidad métrica. 10 poét. canción, melodía. 11 ARIT. submúltiplo, divisor: *greatest common* ~, máximo común divisor. 12 *pl.* GEOL. capas, estratos.

measure (to) *tr.* medir; *to* ~ *one's length*, medir el suelo, caerse a la larga; *to* ~ *one's strength with*, medir uno las fuerzas con; *to* ~ *someone with one's eye*, medir a uno con la mirada, mirarle de arriba abajo; *to* ~ *swords*, desafiarse. 2 mensurar, aforar, apear. 3 ajustar, proporcionar. 4 recorrer [un país, una distancia]. 5 *to* ~ *off*, medir, señalar una medida. 6 *to* ~ *out*, medir, dar o distribuir según medida. — 7 *intr.* medir [tomar medidas]; tener tal o cual dimensión]. 8 *to* ~ *up to*, estar a la altura de, tener condiciones para [un cargo, etc.].

measured (meˈȳøˈd) *adj.* medido. 2 mesurado, lento, rítmico, acompasado. 3 moderado.

measureless (meˈȳøˈlɪs) *adj.* inconmensurable, ilimitado, infinito.

measurement (meˈȳøˈmønt) *s.* medición. 2 medida [de una cosa].

measurer (meˈȳøˈrøˈ) *s.* medidor, mensurador. 2 instrumento para medir.

measuring (meˈȳøˈrɪŋ) *s.* medición. — 2 *adj.* que mide o sirve para medir: ~ *glass*, probeta o vaso graduado. 3 ENTOM. ~ *worn*, geómetra [oruga].

meat (mɪt) *s.* carne [como alimento]: *cold* ~, fiambre; *chopped* o *minced* ~, picadillo; *roast* ~, asado; *stewed* ~, estofado de carne. 2 vianda, comida. 3 parte comestible encerrada en un caparazón, una cáscara, etc. 4 materia [para la reflexión, etc.]. — 5 *adj.* de carne, de la carne, para la carne: ~ *ball*, albóndiga; ~ *block*, tajo para cortar la carne; ~ *fly*, mosca de la carne, moscarda; ~ *grinder*, aparato para picar la carne; ~ *market*, carnicería; ~ *pie*, pastel de carne; ~ *safe*, fresquera; ~ *spit*, espetón, asador.

meathook (mɪˈtjuc) *s.* garabato de carnicero.

meatus (mieiˈtøs), *pl.* -**tuses** (tøšis) o -**tus** *s.* ANAT. meato.

meaty (mɪˈti) *adj.* carnoso. 2 jugoso, substancioso.

mechanio (micæˈnic) *adj.* mecánico, manual, perteneciente a los artesanos: ~ *arts*, artes mecánicas o manuales. 2 mecánico [de las máquinas]. — 3 *s.* obrero, artesano, menestral, mecánico.

mechanical (micæˈnical) *adj.* mecánico de máquinas: ~ *drawing*, dibujo lineal; ~ *engineer*, ingeniero mecánico, de máquinas; ~ *man*, robot; ~ *pencil*, portaminas; ~ *toy*, juguete mecánico. 2 maquinal, rutinario. 3 automático.

mechanically (micæˈnicali) *adv.* mecánicamente. 2 maquinalmente.

mechanicalness (micæˈnicalnis) *s.* mecanicidad, calidad de mecánico.

mechanician (mecaniˈshan) *s.* mecánico. 2 maquinista [que hace máquinas].

mechanics (micæˈnics) *s.* mecánica [parte de la física; arte de hacer y arreglar máquinas]. 2 mecánica [de un artefacto]; maquinaria. 3 detalles prácticos, técnica.

mechanism (me canišm) *s.* mecanismo. 2 operación o acción mecánica.

mechanist (me canist) *s.* mecanicista. 2 mecánico.

mechanistic (mecani stic) *s.* mecanicista : ～ *system* o *theory,* mecanicismo.

mechanization (mecaniše shøn) *s.* mecanización. 2 MIL. motorización. *3* maquinismo.

mechanize (to) (me canaiš) *tr.* mecanizar. 2 convertir en máquina. *3* MIL. motorizar. — *4 intr.* trabajar como mecánico.

mechanotherapy (mecanoze rapi) *s.* mecanoterapia.

Mechlin (me klin) *n. pr.* GEOGR. Malinas. 2 encaje de Malinas.

meconic (mica nic) *adj.* QUÍM. mecónico.

meconium (meco niøm) *s.* meconio, alhorre..

medal (me dal) *s.* medalla.

medallic (midæ lic) *adj.* numismático.

medallion (midæ liøn) *s.* medallón.

medal(l)ist (me dalist) *s.* numismático. 2 medallista. *3* el que ha ganado una medalla.

meddle (to) (me døl) *intr.* entrometerse, injerirse, meterse [en]; cominear. | Gralte. con *with* o *in.* — *2 ref. to* ～ *oneself with* o *in,* interesarse por, ocuparse de, enredar en.

meddler (me dlø') *s.* entremetido, refitolero.

meddlesome (me dølsøm) *adj.* entremetido, oficioso, manifacero.

meddlesomeness (me dølsømnis) *s.* oficiosidad, condición de entremetido.

meddling (me dling) *s.* entremetimiento, intromisión. — *2 adj.* entremetido, curioso, oficioso.

Mede (mi d) *adj.* y *s.* medo.

media (mi dia) *s.* ANAT. túnica media de un vaso.

mediæval (midi val) *adj.* medieval. 2 medioeval.

mediævalism (midi vališm) *s.* medievalismo.

mediævalist (midi valist) *s.* medievalista.

medial (mi dial) *adj.* medio [que está entre los extremos].

Median (mi dian) *adj.* meda, médico. — *2 s.* meda.

median *adj.* medio [que está en medio; que es el término medio de]. — *2 s.* GEOM. mediana.

mediastinum (midiæstai nøm) *s.* ANAT. mediastino.

mediate (mi dieit) *adj.* mediato. 2 intermedio.

mediate (to) *intr.* mediar, intermediar. 2 mediar, interponerse, intervenir. — *3 tr.* efectuar u obtener por mediación. *4* ser [una persona] el medio o conducto para [entregar un regalo, comunicar informes, etc.].

mediately (mi dieitli) *adv.* mediatamente.

mediation (midie shøn) *s.* mediación.

mediatize (to) (mi diætaiš) *tr.* mediatizar.

mediator (mi dieitø') *s.* mediador, medianero.

mediatorial (midiato rial) *adj.* mediador, de mediación ; relativo a la mediación.

mediatorship (mi dieitø'ship) *s.* oficio de mediador.

mediatress (mi dieitris), **mediatrix** (mi dieitrics) *f.* mediadora, medianera.

Medic (mi dic) *adj.* médico, medo [de Media].

medic (me dic) *s.* BOT. alfalfa, mielga. 2 fam. estudiante de medicina.

medicable (me dicabøl) *adj.* medicable.

medical (me dical) *adj.* médico, de medicina ; medicinal : ～ *attention,* asistencia médica ; ～ *corps,* cuerpo de sanidad ; ～ *examination,* reconocimiento médico ; ～ *examiner,* médico forense ; ～ *kit,* botiquín ; ～ *man,* médico ; ～ *jurisprudence,* medicina legal ; ～ *school,* escuela de medicina ; ～ *student,* estudiante de medicina ; ～ *treatment,* tratamiento médico, medicación.

medically (me dicali) *adv.* médicamente. 2 como médico, en calidad de médico.

medicament (medi camønt) *s.* medicamento.

medicamental (medicame ntal), **medicamentous** (medicame ntøs) *adj.* medicamentoso.

medicaster (me dicæstø') *s.* medicastro.

medicate (to) (me dikeit) *tr.* medicinar, tratar [a un enfermo]. 2 impregnar con una substancia medicinal.

medication (medike shøn) *s.* medicación. 2 medicamento. *3* impregnación con una substancia medicinal.

medicative (me dikeitiv), **medicinal** (medi sinal) *adj.* medicinal.

medicinally (medi sinali) *adv.* medicinalmente.

medicine (me disin) *s.* medicina, medicamento : *to take one's* ～, echar el pecho al agua ; hacer uno a la fuerza lo que no quisiera hacer. 2 medicina [ciencia y arte]. *3* (EE. UU.) entre los indios, poder, rito u objeto mágico, talismán.

— *4 adj.* medical, de medicamentos : ～ *cabinet,* armario botiquín ; ～ *kit,* botiquín [caja] ; ～ *dropper,* cuentagotas. 5 (EE. UU.) entre los indios, mágico, curativo : ～ *dance,* danza sagrada o ritual [de los pieles rojas] ; ～ *man,* hechicero, curandero.

medieval (midi val) *adj.* MEDIÆVAL.

medievalism (midi vališm) *s.* MEDIÆVALISM.

medievalist (midi valist) *s.* MEDIÆVALIST.

mediocre (mi diokø') *adj.* mediocre, mediano.

mediocrity (midia criti), *pl.* **-ties** (-tiš) *s.* mediocridad, medianía.

meditate (to) (me diteit) *tr.* proyectar, planear, proponerse : *to* ～ *a war,* planear una guerra. — *2 intr.* meditar, reflexionar.

meditater (meditei tø') *s.* meditador.

meditation (medite shøn) *s.* meditación, reflexión.

meditative (me diteitiv) *adj.* meditativo, contemplativo. 2 meditabundo. *3* que dispone a la meditación.

Mediterranean (meditørei nian) *adj.* y *s.* Mediterráneo : ～ *Sea,* mar Mediterráneo.

medium (mi diøm) *s.* medio, punto o grado medio : *just* ～, justo medio. 2 término medio : *at a* ～, uno con otro, por término medio. *3* medio, conducto ; instrumento, intermediario : *through the* ～ *of,* por medio de. *4* médium, medio [en espiritismo]. 5 BIOL., BACT. medio [elemento en que vive un ser]. *6* PINT. disolvente, aceite, agua, etc. [en que se deslíe un color]. *7 circulating* ～, moneda corriente [moneda acuñada o papel moneda]. — *8 adj.* mediano, medio, intermedio : ～ *fine,* entrefino. 9 COC. no muy cocido.

mediumistic (midiømi stic) *adj.* perteneciente o relativo a médiums espiritistas.

medlar (me dla') *s.* BOT. níspero. 2 níspola.

medley (me dli) *s.* mezcla, mezcolanza, batiburrillo, ensalada, mixtifori, miscelánea. 2 MÚS. popurri. — *3 adj.* mezclado, confuso.

medulla (medø la), *pl.* **-lae** (-li) *s.* ANAT., BOT. médula : ～ *oblongata,* ANAT. médula oblonga ; ～ *spinalis,* medula espinal.

medullary (me dølari) *adj.* medular.

medusa (mediu sa), *pl.* **-sas** o **-sae** (-si) *s.* ZOOL. medusa. 2 (con mayúsc.) MIT. Medusa.

meed (mid) *s.* poét. premio, galardón.

meek (mic) *adj.* manso, suave, apacible, humilde, dócil, sumiso, mego.

meekly (mi kli) *adv.* mansamente, humildemente, dócilmente.

meekness (mi cnis) *s.* mansedumbre, suavidad, humildad, docilidad.

meerschaum (mi ø'shom) *s.* espuma de mar. 2 pipa de espuma de mar.

meet (mit) *adj.* apropiado, conveniente, a propósito, idóneo. — *2 s.* FERROC. enlace. *3* reunión o concurso deportivo ; reunión de cazadores [para una cacería], de atletas [para una competición].

meet (to) *tr.* encontrar, hallar, encontrarse con, topar con. 2 tropezar con, chocar con. *3* combatir, pelear con, enfrentarse con. *4* conocer, ser presentado a : *I am pleased to* ～ *you,* tengo mucho gusto en conocerlo [a usted]. 5 reunirse con, entrevistarse con, verse con. *6* hacer frente a ; satisfacer, llenar [necesidades, requisitos deseos, etc.] ; pagar [deudas, letras, pagarés] ; cumplir [obligaciones] ; sufragar [gastos] ; cumplimentar [un pedido]. 7 refutar, responder a [una acusación, una objeción]. *8* llegar [al oído], aparecer [a la vista]. *9* enlazar [con otro tren, ómnibus, etc.]. *10 to go to* ～, ir a esperar o recibir [al que llega], salir al encuentro de. *11 to* ～ *half way,* salir al encuentro de ; partir el camino, partir la diferencia, hacer concesiones a. — *12 intr.* reunirse, juntarse, congregarse ; encontrarse, entrevistarse, verse : *till we* ～ *again,* hasta la vista, hasta más ver. *13* chocar, oponerse, pelear. *14* confluir. *15* enlazar [dos trenes, ómnibus, etc.]. *16 to* ～ *with,* encontrar, encontrarse con ; tener, sufrir [contrariedades, una desgracia, un accidente, etc.]. ¶ CONJUG. pret. y p. p. : *met.*

meeting (mi ting) *s.* reunión, junta, sesión, capítulo : ～ *of creditors,* junta o concurso de acreedores. 2 asamblea, mitin. *3* conferencia, entrevista. *4* encuentro. 5 duelo, desafío. *6* confluencia [de dos ríos]. 7 cruce, empalme [de caminos, etc.]. 8 unión, intersección. — *9 adj.* de reunión, encuentro, etc. : ~ *place*, lugar o punto de reunión.

meetinghouse (mɪˈtinɡjaus) *s.* capilla o templo protestante.

meetly (ˈmɪtli) *adv.* convenientemente.

meetness (ˈmɪtnis) *s.* propiedad, conveniencia, idoneidad.

Meg (meg) *n. pr.* dim. de MARGARET.

megacycle (ˈmegasaicøl) *s.* RADIO megaciclo.

megafog (ˈmegafag) *s.* aparato para transmisión de señales a los barcos en tiempo de niebla.

megalith (ˈmegaliz) *s.* megalito.

megalithic (megaliˈzic) *adj.* megalítico.

megalomania (megalomeiˈnia) *s.* megalomanía.

megalomaniac (megalomeiˈniæ) *adj.* megalomaníaco.

megaphone (ˈmegafoun) *s.* megáfono, bocina, portavoz.

megatherium (megaziˈriøm) *s.* PALEONT. megaterio.

megaton (ˈmegatøn) *s.* megatón.

megilp (miˈgilp) *s.* PINT. aceite secante.

megohm (ˈmegoum) *s.* megohmio.

megrim (ˈmɪgrim) *s.* jaqueca, migraña. 2 *pl.* malhumor, hipocondría.

mehala (meˈjala) *s.* mehala.

meistersingers (maiˈstøˈsiˈnɡøˈs) *s. pl.* maestros cantores.

melanaemia (melanɪˈmia) *s.* MED. melanemia.

melancholia (melancouˈlia) *s.* MED. melancolía.

melancholic (melancaˈlic) *adj.* y *s.* MED. melancólico.

melancholically (melancaˈlicali) *adv.* melancólicamente.

melancholy (meˈlancali) *s.* melancolía, tristeza, hipocondría. — 2 *adj.* melancólico.

Melanesia (melanɪˈsia) *n. pr.* GEOGR. Melanesia.

Melanesian (melanɪˈsian) *adj.* y *s.* melanesio.

mélange (meilaˈnỹ) *s.* mezcla.

melanin (ˈmelanin) *s.* BIOL. melanina.

melanite (ˈmelanait) *s.* MINER. melanita.

melanosis (melanouˈsis) *s.* MED. melanosis.

melanuria (melanuˈria), **melaniuresis** (melaniuˈrisis) *s.* MED. melanuria.

melaphyre (meˈlafai') *s.* GEOL. meláfido.

Melchior (ˈmeˈlkiø') *n. pr.* Melchor.

Melchisedec (melkiˈsedec) *n. pr.* Melquisedec.

Meleager (meliˈỹø') *n. pr.* MIT. Meleagro.

melee, mêlée (meiˈlei) *s.* refriega, reyerta.

Meliacea (milieiˈsii) *s. pl.* BOT. meliáceas.

meliaceous (milieiˈshøs) *adj.* meliáceo.

melic (ˈmelic) *adj.* mélico.

melilot (ˈmelilat) *s.* BOT. meliloto, trébol oloroso.

melinite (meˈlinait) *s.* melinita.

meliorate (to) (mɪˈlioreit) *tr.* mejorar [hacer mejor]. — 2 *intr.* mejorar, mejorarse.

melioration (milioreˈshøn) *s.* mejoramiento, mejora.

melissa (møliˈsa) *s.* BOT. melisa.

melliferous (meliˈførøs) *adj.* melífero.

mellifluence (meliˈfluøns) *s.* melifluidad.

mellifluent (meliˈfluønt), **mellifluous** (meliˈfluøs) *adj.* melifluo.

mellow (meˈlou) *adj.* maduro, sazonado, jugoso [fruto]. 2 tierno, blando, suave, pastoso, meloso. 3 suavizado por la edad o la experiencia [carácter de una persona]. 4 suave, no áspero ni ácido [vino]. 5 AGR. blando, margoso, fácil de trabajar [suelo]. 6 lleno, puro, suave [voz, sonido, color, luz] ; melodioso. 7 calamocano.

mellow (to) *tr.* madurar, sazonar. 2 ablandar, suavizar. — 3 *intr.* madurar, sazonarse. 4 suavizarse.

mellowly (meˈlouli) *adv.* blandamente, suavemente, dulcemente.

mellowness (meˈlounis) *s.* madurez, sazón. 2 blandura, suavidad, morbidez, pastosidad, melosidad.

mellowy (meˈloui) *adj.* MELLOW.

melodic (melaˈdic) *adj.* melódico.

melodics (melaˈdics) *s.* melódica.

melodious (melouˈdiøs) *adj.* melodioso.

melodiously (melouˈdiøsli) *adv.* melodiosamente.

melodiousness (melouˈdiøsnis) *s.* calidad de melodioso.

melodist (meˈlodist) *s.* compositor o cantor de melodías.

melodize (to) (meˈlodaiš) *tr.* hacer melodioso. — 2 *intr.* componer melodías.

melodrama (meˈlodrama) *s.* melodrama.

melodramatic (melodramæˈtic) *adj.* melodramático.

melodramatically (melodramæˈticali) *adv.* melodramáticamente.

melodramatist (melodramæˈmatist) *s.* autor de melodramas.

melody (meˈlodi) *pl.* **-dies** (-dis) *s.* melodía.

melomane (meˈlomein) *s.* melómano.

melomania (melomeiˈnia) *s.* melomanía.

melomaniac (melomeiˈniac) *s.* melómano.

melon (meˈløn) *s.* BOT. melón. 2 BOT. sandía, melón de agua.

melonist (meˈlønist) *s.* melonero, cultivador de melones y sandías.

melonry (meˈlønri) *s.* melonar.

melopoeia (melopiˈya) *s.* MÚS. melopeya.

Melpomene (melpaˈmini) *n. pr.* MIT. Melpómene.

melroze (meˈlrouš) *s.* miel rosada.

melt (melt) *s.* fusión, derretimiento. 2 substancia derretida. 3 METAL. hornada.

melt (to) *tr.* fundir, derretir, liquidar. 2 deshacer, disolver [una substancia]. 3 disipar, desvanecer. 4 ablandar, aplacar, enternecer : *to* ~ *a heart of stone*, fig. ablandar las piedras. 5 mezclar, confundir. — 6 *intr.* fundirse, derretirse, liquidarse. 7 deshacerse, disolverse : *to* ~ *in the mouth*, deshacerse en la boca. 8 disiparse, desvanecerse, desaparecer, evaporarse, gastarse. 9 ablandarse, enternecerse. 10 mezclarse, confundirse. 11 *to* ~ *away*, disiparse, desvanecerse. 12 *to* ~ *into*, convertirse gradualmente en ; *to* ~ *into tears*, deshacerse en lágrimas.

melter (meˈltø') *s.* fundidor, derretidor. 2 crisol.

melting (meˈlting) *s.* derretimiento, fusión, fundición. 2 ablandamiento. — 3 *adj.* fundente, que funde, que sirve para fundir : ~ *pot*, crisol ; fig. país o ciudad donde se juntan y confunden gentes de muchas proceedencias, razas, etc. 4 que se funde. 5 que se ablanda. 6 de fusión : ~ *point*, punto de fusión.

melton (meˈltøn) *s.* TEJ. melton.

member (meˈmbø') *s.* miembro [del cuerpo, de una ecuación, de un conjunto, etc.]. 2 miembro, socio, individuo. 3 diputado [de la Cámara de los Comunes (Ingl.) o de la de Representantes (EE. UU.)].

membered (meˈmbø'd) *adj.* que tiene miembros; dividido en miembros. 2 BLAS. membrado.

membership (meˈmbø'ship) *s.* calidad de miembro o socio. 2 sociedad, conjunto de socios; número de socios.

membranaceous (membraneiˈshøs) *adj.* membranáceo.

membrane (meˈmbrein) *s.* membrana. 2 PALEOG. hoja de pergamino.

membranous (meˈmbranøs) *adj.* membranoso. 2 MED. ~ *croup*, difteria.

memento (memeˈntou) *s.* memento. 2 recuerdo, memoria, recordatorio.

memo (meˈmou) *s.* abrev. de MEMORANDUM.

memoir (meˈmuar) *s.* memoria, informe, nota. 2 memoria [disertación; relación]. 3 *pl.* memorias [relación escrita].

memorabilia (memorabiˈlia) *s. pl.* cosas dignas de recordación.

memorable (meˈmorabøl) *adj.* memorable, memorando.

memorableness (meˈmorabølnis) *s.* calidad de memorable.

memorably (meˈmorabli) *adv.* memorablemente.

memorandum (memoræˈndøm), *pl.* **dums** o **da** *s.* memorándum. 2 nota, apuntación, apunte, minuta. — 3 *adj.* de notas o apuntes : ~ *book*, memorándum, mamotreto, agenda, libreta de apuntes. 4 ~ *clause*, cláusula [en una póliza de seguros] que exime de ciertas obligaciones al asegurador.

memorial (memoˈrial) *adj.* conmemorativo ~ *arch*, arco conmemorativo, arco de triunfo; *Memorial Day* (EE. UU.), día de recordación de los soldados muertos en campaña (30 de mayo). 2 mnemotécnico. — 3 *s.* monumento conmemorativo. 4 ECL. conmemoración. 5 recuerdo, memoria. 6 memorial, petición. 7 nota [diplomática]. 8 DER. nota, apuntamiento. 9 *pl.* memorias [escrito].

memorialist (memoˈrialist) *s.* el que escribe o firma un memorial. 2 autor de memorias.

memorialize (to) (memoˈrialaiš) *tr.* dirigir o presentar un memorial a. 2 conmemorar.

memorize (to) (meˈmoraiš) *tr.* aprender de memoria.

memory (meˈmori) *pl.* **-ries** (-ris) *s.* memoria, retentiva [facultad] : *to commit to* ~, confiar a la memoria; aprender de memoria. 2 memoria, recuerdo, recordación, remembranza : *in* ~ *of*, en memoria de ; *within my* ~, que yo recuerde o pueda recordar ; *within* ~ *of man,* que registra la historia. — *3 adj.* de memoria o recuerdo : ~ *book,* libro de recuerdos.

Memphian (me·mfian) *adj.* y *s.* menfita.

Memphis (me·mfis) *n. pr.* GEOGR. Menfis.

Memphite (me·mfit) *adj.* y *s.* menfita.

men (men) *s. pl.* de MAN : hombres.

menace (me·nis) *s.* amenaza.

menace (to) *tr.* e *intr.* amenazar.

menacing (me·nasing) *adj.* amenazador, amenazante.

menacingly (me·nasingli) *adv.* amenazadoramente.

menad *s.* MÆNAD.

menage (me·nāy) *s.* casa, hogar, familia. 2 economía doméstica, gobierno de la casa.

menagerie (mønæ·yori) *s.* colección zoológica, colección de animales; casa de fieras.

mend (me·nd) *s.* mejoría ; reforma : *to be on the* ~, ir mejorando. 2 remiendo, reparación.

mend (to) *tr.* arreglar, componer, reparar, remendar, remediar. 2 repasar, recoser, zurcir [la ropa]. *3* corregir, enmendar, reformar : *to* ~ *one's ways,* enmendarse. *4* mejorar. — *5 intr.* corregirse, enmendarse, reformarse. *6* mejorar, mejorarse ; restablecerse.

mendable (me·ndabøl) *adj.* reparable, componible ; enmendable.

mendacious (mendei·shøs) *adj.* mendaz, mentiroso ; falso.

mendaciously (mendei·shøsli) *adv.* mentirosamente.

mendacity (mendæ·siti) *pl.* **-ties** (-tis) *s.* mendacidad. 2 mentira, embuste.

mendaciousness (mendei·shøsnis) *s.* mendacidad.

Mendelian (mendi·lian) *adj.* mendeliano.

Mendelianism (mendi·lianišm), **Mendelism** (me·ndølišm) *s.* mendelismo.

mender (me·ndø') *s.* arreglador, componedor, reparador, remendón : ~ *of roads,* peón caminero. 2 enmendador, reformador.

mendicancy (me·ndicansi) *s.* mendicidad, mendiguez.

mendicant (me·ndicant) *adj.* y *s.* mendicante. 2 mendigo.

mendicity (mendi·siti) *s.* mendicidad.

mending (me·nding) *s.* compostura, reparación, remiendo. 2 repaso, recosido, zurcido [de la ropa]. — *3 pl.* repasos, etc., que se repasan o remiendan.

menfolk (me·nfouc) *s. pl.* hombres.

menhaden (menjei·døn), *pl.* **-den** *s.* ICT. especie de sábalo.

menhir (me·njir) *s.* menhir.

menial (mi·nial) *adj.* doméstico, servil, bajo. — *2 s.* criado, sirviente, lacayo.

meningeal (meni·nÿial) *adj.* meníngeo.

meninges (meni·nÿis) *s. pl.* ANAT. meninges.

meningitis (meninÿai·tis) *s.* MED. meningitis.

meninx (me·nincs), *pl.* **meninges** (meni·nÿis) *s.* ANAT. meninge.

meniscus (meni·scøs), *pl.* **meniscuses** (meni·scøseš) o **menisci** (meni·sai) *s.* ANAT., FÍS., ÓPT. menisco. 2 lúnula.

menisperm (me·nispø'm) *s.* BOT. menisperma.

Menispermaceæ (menispø'mei·sii) *s. pl.* BOT. menispermáceas.

menispermaceous (menispø'mei·shøs) *adj.* BOT. menispermáceo.

Mennonite (me·nønait) *adj.* y *s.* menonita.

menology (mena·loyi) *s.* menologio.

menopause (me·noupoš) *s.* FISIOL. menopausia.

menorrhagia (menorei·ÿia) *s.* MED. menorragia.

menses (me·nsiš) *s. pl.* menstruo, regla.

Menshevik (me·nshevic) *s.* menchevique.

Menshevism (me·nshevišm) *m.* menchevismo.

menstrual (me·nstrual) *adj.* menstrual.

menstruate (to) (me·nstrueit) *intr.* menstruar.

menstruation (menstrue·shøn) *s.* menstruación.

menstruous (me·nstruøs) *adj.* menstruoso.

menstruum (me·nstruøm), *pl.* **-ums** o **-a** *s.* QUÍM. menstruo.

mensurability (menshurabi·liti) *s.* mensurabilidad.

mensurable (me·nshurabøl) *adj.* mensurable..

mensural (me·nshural) *adj.* mensural.

mensuration (menshure·shøn) *s.* medición, medida, mensura. 2 cálculo de magnitudes geométricas.

mental (me·ntal) *adj.* mental, intelectual : ~ *deficiency,* deficiencia mental, debilidad mental ;

~ *aerangement,* trastorno mental, alienación ; ~ *reservation,* reserva o restricción mental ; ~ *test,* PSIC. prueba de inteligencia o capacidad mental.

mentality (mentæ·liti), *pl.* **-ties** (-tis) *s.* mentalidad.

mentally (me·ntali) *adv.* mentalmente.

menthol (me·nzol) *s.* QUÍM. mentol.

mentholated (me·nzoleitid) *adj.* mentolado.

mention (me·nshøn) *s.* mención : *to make* ~ *of,* hacer mención de, mencionar.

mention (to) *tr.* mencionar, mentar, nombrar : *don't* ~ *it.* no hay de qué [en respuesta a *thank you*] ; *not to* ~, por no decir nada de, sin contar, además de.

mentionable (me·nshønabøl) *adj.* mencionable.

mentor (me·ntø') *s.* mentor, guía.

menu (me·niu) *s.* lista de platos, minuta. 2 comida.

Mentz (me·nts) *n. pr.* Maguncia.

meow (mi·au) *s.* maullido, maúllo, miau.

meow (to) *intr.* TO MEW.

Mephistopheles (mefisto·filis) *n. pr.* Mefistófeles.

Mephistophelian (mefistofi·lian) *adj.* mefistofélico.

mephitic(al (mefi·tic(al) *adj.* mefítico.

mephitis (mefai·tis) *s.* vapor o exhalación fétida, nociva.

mercantile (mø·cantil) *adj.* mercantil, comercial, mercante : ~ *marine,* marina mercante.

mercantilism (mø·cantilišm) *s.* mercantilismo.

mercantilist (mø·cantilist) *adj.* y *s.* mercantilista.

Mercedarian (mø'sidæ·rian) *s.* mercedario.

Mercedes (mo·sidiš) *n. pr.* Mercedes.

mercenariness (mø·sønerinis) *s.* calidad de mercenario. 2 calidad de interesado, venalidad.

mercenary (mø·søneri) *adj.* mercenario, venal, interesado. — *2 s.* MIL. mercenario. *3* persona interesada, que sólo se mueve por el interés.

mercer (mø·sø') *s.* (Ingl.) comerciante en tejidos de s·da, sedero.

mercerization (mø'sørise·shøn) *s.* mercerización.

mercerize (to) (mø·'søraiž) *s.* mercerizar.

mercery (mø·'søri) *s.* comercio de tejidos de seda.

merchandise (mø·'chandaiš) *s.* mercadería, mercancía, géneros.

merchandise (to) *intr.* y *tr.* comerciar, traficar, negociar.

merchant (mø·'chant) *s.* mercader, comerciante, tratante, negociante, traficante. 2 tendero. — *3 adj.* mercante, mercantil, comercial : ~ *marine,* marina mercante ; ~ *tailor,* sastre que vende el género para los vestidos que hace ; ~ *vessel,* buque mercante.

merchantable (mø·'chantabøl) *adj.* comerciable, vendible ; corriente.

merchantman (mø·'chantmæn), *pl.* **-men** (-men) *s.* buque mercante.

merciful (mø·'siful) *adj.* misericordioso, clemente, piadoso, compasivo, humano, benigno.

mercifully (mø·'sifuli) *adv.* misericordiosamente, piadosamente.

mercifulness (mø·'sifulnis) *s.* misericordia, clemencia, piedad, compasión.

merciless (mø·'silis) *adj.* implacable, despiadado, cruel, inhumano.

mercilessly (mø·'silisli) *adv.* implacablemente, despiadadamente.

mercilessness (mø·'silisnis) *s.* rigor, falta de compasión, crueldad, inhumanidad.

mercurial (mø·'kiu·rial) *adj.* mercurial, mercúrico. 2 activo, vivo, despierto. 3 interesado, ladronesco. 4 veleidoso, volátil. 5 (con may.) ASTR., MIT. mercurial. — *6 s.* FARM. preparado mercurial.

mercurialism (mø·'kiu·riališm) *s.* MED. mercurialismo.

mercurialize (to) (mø·'kiu·rialaiš) *tr.* MED. someter a un tratamiento mercurial. 2 FOT. tratar con mercurio.

mercuric (mø·'kiu·ric) *adj.* QUÍM. mercúrico ; de m·rcurio.

mercury (to) (mø·|kiuraiš) *tr.* tratar o combinar con mercurio.

mercurous (mø·'kiu·røs) *adj.* QUÍM. mercurioso.

Mercury (mø·'kiuri) *n. pr.* ASTR., MIT. Mercurio : *Mercury's wand,* caduceo.

mercury *s.* QUÍM. mercurio, azogue, hidrargiro. 2 BOT. mercurial. — *3 adj.* de mercurio, mercúrico : ~ *chloride,* cloruro mercúrico, sublimado corrosivo ; ~ *fulminate,* fulminato mercúrico.

mercy (mø·'si) *s.* misericordia, clemencia, piedad, compasión : *to cry for* ~, pedir misericordia ; *for* ~!, *for* ~*'s sake!,* ¡ por piedad !, ¡ por compasión ! ; ~ *me!,* ¡ Ave María ! 2 merced, gracia. 3 merced [voluntad, arbitrio] : *at the* ~ *of,* a merced de, bajo el poder o arbitrio de. *4 Sisters of Mercy,* mercedarias. — *5 adj.* de misericordia, compasión, gracia, etc.: ~ *killing,* eutanasia; ~ *seat,* propiciatorio [de los judíos]; fig. el trono de Dios o de Jesucristo; ~ *stroke,* golpe de gracia.

mere (miˑøʹ) *adj.* mero, simple; puro, solo, no más que. — *2 s.* (Ingl.) lindero, límite. *3 ant.* mar, brazo de mar; laguna.

merely (miˑøʹli) *adv.* meramente, sólo, solamente, simplemente, puramente.

meretricious (meritriˑshøs) *adj.* meretricio. *2 fig.* chillón, llamativo; de oropel; de mal gusto.

meretriciously (meritriˑshøsli) *adv.* meretriciamente. *2* llamativamente, con mal gusto.

meretriciousness (meritriˑshosnis) *s.* calidad de meretricio. *2 mal* gusto.

merganser (møˑgæˑnsø) *s.* ORNIT. mergo, mergánsar.

merge (to) (møˑrȳ) *tr.* unir, confundir, combinar, fusionar. — *2 intr.* sumergirse, fundirse, confundirse, mezclarse, unirse, fusionarse. *3 to* ~ *into,* convertirse gradualmente en.

merger (møˑrȳø) *s.* unión, fusión [esp. de compañías o sociedades anónimas].

mericarp (meˑricæʹp) *s.* BOT. mericarpio.

meridian (miriˑdian) *adj.* ASTR., GEOGR., GEOM. meridiano: ~ *altitude,* altura meridiana; ~ *instrument,* anteojo meridiano; ~ *line,* línea meridiana; ~ *sailing,* navegación de norte a sur o viceversa. *2* meridiano [de la hora del mediodía]. *3 fig.* culminante, supremo. — *4 s.* ASTR., GEOGR., GEOM. meridiano. *5* altura meridiana. *6 fig.* cenit, apogeo, punto culminante.

meridional (miriˑdional) *adj. y s.* meridional. — *2 adj.* perteneciente al meridiano.

meringue (meræˑng) *s.* merengue.

merino (møriˑnou) *s.* merino [carnero, lana, paño]. — *2 adj.* merino. *3 de* merino.

meristem (meˑristem) *s.* BOT. meristemo.

merit (meˑrit) *s.* mérito. *2* merecimiento. *3* premio o castigo merecido. *4* punto [de premio]. *5 pl.* DER. *merits of the case,* méritos del proceso.

merit (to) *tr.* merecer; ser digno de.

merited (meˑritid) *adj.* merecido.

meritorious (meritoˑriøs) *adj.* meritorio, benemérito.

meritoriously (meritoˑriøsli) *adv.* meritoriamente.

meritoriousness (meritoˑriøsnis) *s.* calidad de meritorio.

merle (mø'l) *s.* ORNIT. poét. mirlo, merla. *2* color azul grisáceo.

merlin (møˑlin) *s.* ORNIT. esmerejón.

merlon (møˑløn) *s.* FORT. merlón.

mermaid (møˑmeid) *s.* MIT. sirena. *2 fig.* nadadora excelente.

merman (møˑmæn), *pl.* **-men** (-men) *s.* MIT. tritón. *2 fig.* nadador excelente.

Merovingian (meroviˑnȳian) *adj. y s.* merovingio.

merrier (meˑriø) *adj. comp.* de MERRY.

merriest (meˑriist) *adj. superl.* de MERRY.

merrily (meˑrili) *adv.* alegremente, regocijadamente, jovialmente.

merriment (meˑrimønt) *s.* alegría, regocijo, alborozo, hilaridad. *2* fiesta, diversión.

merry (meˑri) *adj.* alegre, gozoso, regocijado, divertido, jovial, festivo, juguetón: ~ *Christmas,* felices Navidades, felices Pascuas; *to make* ~, divertirse. *2* cómico, humorístico. *3* risueño, placentero.

merry-andrew *s.* bufón, truán, payaso.

merry-go-round *s.* tiovivo, caballitos. *2 fig.* giro o vuelta continua, remolino; serie ininterrumpida [de fiestas, etc.].

merrymaker (meˑrimeikø) *s.* persona que se divierte o toma parte en una diversión; fiestero, jaranero.

merrymaking (meˑrimeiking) *s.* alegría, diversión, fiesta, holgorio, jarana. — *2 adj.* que se divierte o toma parte en una diversión; alegre, jovial, fiestero, jaranero.

merrythought (meˑrizot) *s.* espoleta [de ave].

mescal (mescæˑl) *s.* mezcal [planta y bebida].

meseems (misiˑms) *impers. ant.* paréceme, tengo para mí.

mesencephalon (mesenseˑfalan) *s.* ANAT. mesencéfalo.

mesenteric (mesønteˑric) *adj.* mesentérico.

mesentery (meˑsønteri) *s.* ANAT. mesenterio.

mesh *s.* (mesh) malla [de red]. *2* red, tejido de

malla. *3* MEC. engranaje [acción de engranar]: *in* ~, engranado, endentado. *4 pl.* mallas, red, lazos, trampa.

mesh (to) *tr.* coger con red, enredar. *2* dar figura de red, hacer parecer una red. — *3 intr.* enredarse, enmallarse. *4* MEC. endentar, engranar, engargantar.

meshy (meˑshi) *adj.* de malla; reticular.

mesial (miˑsial) *adj.* medio [del medio]: ~ *plane,* plano medio del cuerpo.

meslin (meˑslin) *s.* tranquillón, comuña.

mesmeric (meˑmeˑric) *adj.* mesmeriano. *2* fascinador, irresistible.

mesmerism (meˑsmørizm) *s.* mesmerismo.

mesmerize (to) (meˑsmøraiš) *tr.* magnetizar, hipnotizar.

mesmerizer (meˑsmøraišør) *s.* magnetizador, hipnotizador.

mesoblast (meˑsoblæst) *s.* BIOL. mesoblasto.

mesocarp (meˑsocaʹp) *s.* BOT. mesocarpio.

mesocephal (meˑsosefal) *s.* mesocéfalo [pers.].

mesocephalic (mesosefæˑlic), **mesocephalous** (mesoˑsefaløs) *adj.* mesocéfalo.

Mesopotamian (mesopoteiˑmian) *adj. y s.* mesopotámico.

mesothoracic (mesozoræˑsic) *adj.* ZOOL. mesotorácico.

mesothorax (mesozoˑræcs) *s.* ZOOL. mesotórax.

Mesozoic (mesoˑsouˑic) *adj. y s.* GEOL. mesozoico.

mesquite (meskiˑt) *s.* BOT. mezquite.

mess (mes) *s.* plato [cantidad de vianda]: ~ *of potage,* fig. plato de lentejas, cosa sin valor. *2* bazofia, comistrajo. *3* enredo, lío, revoltijo; asco, suciedad: *to be in a* ~, estar en un lío, en un compromiso; *to get into a* ~, meterse en un lío; *to make a* ~ *of,* desarreglar, revolver, enredar, confundir, ensuciar, echar a perder, malograr por torpeza. *4* grupo de personas que regularmente comen juntos [esp. en el ejército o en la armada; mesa donde comen; mesa de oficiales. — *5 adj.* de MESS *4*: ~ *hall,* ~ *room,* comedor [de soldados u oficiales]; ~ *kit,* utensilios de mesa y cocina de un grupo y caja en que se llevan. *6* MIL. ~ *jacket,* chaqueta de uniforme usada por militares y marinos en actos de sociedad.

mess (to) *tr.* dar de comer, dar rancho a. *2* desarreglar, desordenar, embarullar, enredar, ensuciar, echar a perder. | A veces con *up.* — *3 intr.* comer regularmente con; pertenecer a un grupo de los que comen juntos. *4* revolver las cosas, enredar. *5 to* ~ *about in,* meterse en, enredar en.

message (meˑsidȳ) *s.* mensaje. *2* recado, mandado, parte, aviso. *3* comunicación o aviso de inspiración divina.

Messalina (misælaiˑna) *n. pr.* Mesalina.

messenger (meˑsenȳø) *s.* mensajero, propio. *2* mandadero, recadero. *3* heraldo, nuncio. *4* NAUT. virador.

Messiah (mesaiˑa) *s.* mesías.

Messianic (mesiæˑnic) *adj.* mesiánico.

Messianism (mesaiˑanizm) *s.* mesianismo.

messieurs (meˑsøʹš) *s. pl.* de MISTER, señores.

messiness (meˑsinis) *s.* enredo, suciedad.

Messinian (mesiˑnian) *adj. y s.* mesinés.

messmate (meˑsmeit) *s.* compañero de mesa [esp. en la marina].

messroom (meˑsrum) *s.* comedor [de soldados u oficiales].

messy (meˑsi) *adj.* desarreglado, enredado; sucio.

mestizo (mestiˑšou) *s.* mestizo.

met (met) *pret. y p. p.* de TO MEET.

metabolism (metæˑbolizm) *s.* BIOL. metabolismo. *2* ZOOL. metamórfosis.

metacarpal (metacaˑrpal) *adj.* metacarpiano.

metacarpus (metacaˑrpøs) *s.* ANAT. metacarpo.

metacenter, metacentre (metaseˑntø) *s.* metacentro.

metage (miˑtidȳ) *s.* peso o mediación oficial.

metagenesis (metaȳeˑnesis) *s.* BIOL. generación alternante.

metageometry (metaȳiaˑmetri) *s.* geometría no euclidiana.

metal (meˑtal) *s.* QUÍM., IMPR., BLAS. metal. *2* metal [aleación]. *3* materia, substancia [de que una cosa está hecha]; cualidad esencial; ánimo, temple. *4* vidrio en fusión. *5* FERROC. balasto. *6* material [grava, etc.] para firmes de carretera. *7* MAR. peso de los proyectiles que un buque

puede disparar en una andanada. — *8 adj.* de
metal, metálico.
metal (to) *tr.* cubrir o guarnecer de metal. 2 balastar [una línea férrea]. *3* madacamizar [una
carretera]. ¶ CONJUG.: pret. y p. p.: *metaled* o
metalepsis (metale·psis) *s.* RET. metalepsis.
-lled: ger.: *metaling* o *-lling.*
metallic (metæ·lic) *adj.* metálico. 2 puro [metal].
metalliferous (metali·føros) *adj.* metalífero.
metalline (me·talin) *adj.* metálico. 2 que tiene metal en disolución.
metallist (me·talist) *s.* metalario, metalista.
metallization (metalise·shøn) *s.* metalización.
metallize (to) (me·talaiš) *tr.* metalizar.
metallography (metala·grafi) *s.* metalografía.
metalloid me·taloid) *adj.* y *s.* QUÍM. metaloide.
metallotherapy (metaloze·rapi) *s.* metaloterapia.
metallurgic(al (metalø·ȳic(al) *adj.* metalúrgico.
metallurgist (me·talø·ȳist) *s.* metalúrgico.
metallurgy (me·talø·ȳi) *s.* metalurgia.
metalwork (me·taluø·c) *s.* metalistería.
metalworker (me·taluø·køˀ) *s.* metalista, metalario.
metamere (me·tamiˀ) *s.* ZOOL. metámero.
metamorphic (metamo·ˀfic) *adj.* metamórfico.
metamorphism (metamo·ˀfiŝm) *s.* GEOL. metamorfismo.
metamorphize (to) (metamo·ˀfaiš) *tr.,* **metamor**
phose (to) (metamo·ˀfouš) *tr.* metamorfosear.
metamorphosis (metamo·ˀfosis) *s.* metamórfosis.
metaphase (me·tafeiš) *s.* BIOL. metafase.
metaphor (me·taføˀ) *s.* RET. metáfora.
metaphoric(al (metaforic(al) *adj.* metafórico.
metaphorically (metafo·ricali) *adv.* metafóricamente.
metaphorist (me·taføˀist) *s.* el que usa de metáforas.
metaphrase (me·tafreiš) *s.* traducción literal.
metaphrast (me·tafrast) *s.* el que pone el verso en
prosa o al contrario.
metaphysic(al (metafi·ŝic(al) *adj.* metafísico.
metaphysically (metafi·ŝicali) *adv.* metafísicamente.
metaphysician (metafiŝi·shan) *s.* metafísico.
metaphysics (metafi·ŝics) *s.* metafísica.
metaplasm (me·taplaŝm) *s.* GRAM. metaplasmo. 2
BIOL. metaplasma.
metastasis (metæ·stasis) *s.* MED. metástasis. 2 FISIOL.
metabolismo. 3 cambio, transformación.
metatarsal (metata·ˀsal) *adj.* del metatarso.
metatarsus (metata·ˀsøs) *s.* ANAT. metatarso.
metathesis (metæ·zesis) *s.* GRAM. metátesis.
metathorax (metazo·ˀæcs) *s.* ZOOL. metatórax.
Metazoa (metaŝou·a) *s. pl.* ZOOL. metazoos.
metazoan (metaŝou·an) *s.* ZOOL. metazoo.
mete (to) (miːt) *tr.* medir. *2 to ~ out,* distribuir,
dar a proporción.
metempsychosis (metempsicou·sis) *s.* metempsícosis.
meteor (mi·tioˀ) *s.* meteoro. 2 bólido, estrella fugaz,
exhalación.
meteoric (miːtio·ric) *adj.* meteórico.
meteorism (mi·tiørism) *s.* MED. meteorismo.
meteorite (mi·tiørait) *s.* meteorito.
meteorize (to) (mi·tiøraiš) *tr.* MED. meteorizar. —
2 intr. evaporarse. 3 brillar fugazmente.
meteorological (mitiørola·ȳical) *adj.* meteorológico.
meteorologist (mitiøra·loȳist) *s.* meteorologista.
meteorology (mitiøra·loȳi) *s.* meteorología.
meteorous (mi·tiørøs) *adj.* meteórico.
meter (mi·tøˀ) *s.* medidor, mensurador. 2 contador [de agua, gas, etc.]. *3* METRE.
meterage (mi·tøridȳ) *s.* medición, medida [acto,
resultado]; coste de la medición.
methane (me·zein) *s.* QUÍM. metano.
methinks (mizi·ncs) *impers.* poet. me parece, pienso. ¶ CONJUG. pret.: *methought.*
method (me·zød) *s.* 2 técnica.
methodic(al (meza·dic(al) *adj.* metódico.
methodically (meza·dicali) *adv.* metódicamente.
Methodism (me·zødiŝm) *s.* metodismo [secta] *2*
(con min.) método, proceder metódico; afición
al método.
Methodist (me·zodist) *s.* metodista. 2 [con min.]
metódico, aficionado al método.
Methodistic (mezodi·stic) *adj.* metodista [de los
metodistas].
methodize (to) (me·zodaiš) *tr.* metodizar.
methodology (mezoda·loȳi) *s.* metodología.
methought (mizoˀt) *pret.* de TO METHINKS.

methyl (me·zil) *s.* QUÍM. metilo : *~ alcohol,* alcohol
metílico.
methylamine (mezilami·n) *s.* QUÍM. metilamina.
methylate (me·zileit) *s.* QUÍM. metilato.
methylate (to) *tr.* QUÍM. combinar con metilo o con
alcohol metílico.
methylene (me·zilin) *s.* QUÍM. metileno.
methylic (mezi·lic) *adj.* metílico.
meticulous (miti·kiuløs) *adj.* meticuloso, minucioso, escrupuloso.
metol (mitol) *s.* QUÍM. metol.
metonymical (metoni·mical) *adj.* metonímico.
metonymically (metoni·micali) *adv.* metonímicamente.
metonymy (meta·nimi) *s.* RET. metonimia.
metope (me·topi) *s.* ARQ. métopa.
metoposcopy (mitopa·scopi) *s.* metoposcopia.
metre (mɪ·tøˀ) *s.* metro [medida de longitud]. 2
metro [del verso]. 3 MÚS. ritmo.
metric(al (me·tric(al) *adj.* métrico : *metric system,*
sistema métrico; *metric ton,* tonelada métrica.
metrician (metri·shan), **metrist** (mɪ·trist) *s.* versificador, metrista.
metrify (to) (me·trifai) *tr.* metrificar, versificar.
metritis (mitrai·tis) *s.* MED. metritis.
metrology (metra·loȳi) *s.* metrología.
metronome (me·tronoum) *s.* metrónomo.
metronymic (mitrøni·mic) *adj.* y *s.* MATRONYMIC.
metropolis (metra·polis) *s.* metrópoli.
metropolitan (metropa·litan) *adj.* y *s.* metropolitano.
mettle (me·tøl) *s.* temple, brío, ánimo, valor, vivacidad, fuego : *to put one on his ~,* picar el amor
propio de uno, poner a prueba su valor, su temple; *on one's ~,* estimulado, en estado de hacer
todo el esfuerzo posible.
mettled (me·tøld), **mettlesome** (me·tølsøm) *adj.*
brioso, vivo, fogoso, ardiente.
mettlesomely (me·tølsømli) *adv.* briosamente, vivamente, fogosamente.
mettlesomeness (me·tølsømnis) *s.* brío, fogosidad,
vivacidad.
Meuse (miuˑš) *n. pr.* GEOGR. Mosa.
mew (miuˑ) *s.* maullido. 2 ORNIT. gaviota. 3 jaula
o muda [para las aves de caza que mudan sus
plumas]. *4* fig. escondite. *5 pl.* (construido como
singular) grupo de establos, caballerizas o garajes. — *6 interj.* ¡miau!
mew (to) *tr.* poner en la muda [a las aves de
caza]. 2 fig. enjaular, encerrar. — *3 intr.* hacer
la muda [las aves de caza]. 4 maullar, mayar.
mewing (miu·ing) *s.* muda [de las aves de caza].
2 maullido, maído. — *3 adj.* que muda [ave de
caza]. 4 maullador.
mewl (miu·l) *s.* llanto débil, gimoteo. 2 maullido.
mewl (to) *intr.* llorar, gimotear [como un niño].
2 maullar.
Mexican (me·csican) *adj.* y *s.* mejicano.
Mexico (me·csicou) *n. pr.* GEOGR. Méjico.
mezereon (meŝi·rion) *s.* BOT. laureola hembra.
mezzanine (me·šanin) *s.* ARQ. entresuelo.
mezzo-rilievo (me·dčou-rilie·vou) *s.* medio relieve.
mezzotint (me·dšotint), **mezzotinto** (medšoti·ntou)
s. mediatinta [grabado].
mezzo-soprano (me·dšo-sopra·nou) *s.* MÚS. mezzo
soprano.
mi (mi) *s.* MÚS. mi.
miaow (miau·) *s.* miau, maullido.
miaow (to) *intr.* maullar, mayar.
miasm(a (maiæ·šm(a) *s.* miasma.
miasmal (maiæ·šmal), **miasmatic** (maiæšmæ·tic)
adj. miasmático.
mica (mai·ca) *s.* MINER. mica. — *2 adj.* de mica :
~ schist, micacita.
micaceous (maikei·shøs) *adj.* micáceo.
mice (mai·s) *s. pl.* de MOUSE.
Michael (mai·køl) *n. pr.* Miguel.
Michaelmas (mi·kølmas) *s.* sanmiguelada, día de
San Miguel.
mickle (mi·cøl) *adj.* y *adv.* grande, mucho.
microbe (mai·croub) *s.* QUÍM. microbio.
microbial (maicrou·bial), **microbic** (maicrou·bic)
adj. microbiano.
microbicide (mai·croubisaid) *adj.* y *s.* microbicida.
microbiological (mai·crobaiola·ȳical) *adj.* microbiológico.
microbiologist (mai·crobaia·loȳist) *s.* microbiólogo.
microbiology (mai·crobaia·loȳi) *s.* microbiología.

microcephalic (maicrosefæ·lic). **microcephalous** (maicrouse·faløs) *adj.* microcéfalo.
microcephalism (maicrose·falĭšm) *s.* microcefalia.
micrococcus (maicroca·cøs) *s.* BACT. micrococo.
microcosm (mai·crocašm) *s.* microcosmo.
microfarad (mai·crofæræd) *s.* ELECT. microfaradio.
microfilm (mai·crofilm) *s.* microfilm.
microgamete (maicrogæ·mit) *s.* BIOL. microgameto.
micrographer (maicra·grafø') *s.* micrógrafo.
micrography (maicra·grafi) *s.* micrografía.
microhm (mai·croum) *s.* ELECT. microhmio.
micrometer (maicra·metø') *s.* micrómetro ; ～ *screw*, tornillo micrométrico.
micrometric(al (maicrome·tric(al) *adj.* micrométrico.
micrometry (maicra·metri) *s.* micrometría.
micromilimetre, ter (maicromi·limitø') *s.* micra, micrón, micromilímetro.
micromotion maicroumou·shon) *s.* movimiento de objetos muy pequeños amplificado por el microscopio.
micron (moi·cran) *s.* micra, micrón, micromilímetro.
Micronesia (maicroni·sha) *n. pr.* GEOGR. Micronesia.
Micronesian (maicroni·shan) *adj. y s.* micronesio.
micro-organism (maicroo·'ganišm) *s.* microorganismo.
microphone (mai·croufoun) *s.* micrófono.
microphotograph (maicrofou·tográef), **microphotography** (maicrofota·grafi) *s.* microfotografía.
microphyte (mai·crofait) *s.* micrófito.
micropyle (mai·cropail) *s.* BOT., ZOOL. micrópilo.
microscope (mai·croscoup) *s.* microscopio.
microscopic(al (maicrosca·pic(al) *adj.* microscópico.
microseism (mai·crosaišm) *s.* microsismo.
microspore (mai·crospo') *s.* BOT., ZOOL. microspora.
microtelephone (maicrote·lefoun) *s.* microteléfono.
microtome (mai·croutoum) *s.* micrótomo.
miction (mi·cshøn) *s.* micción
micturate (to) (mi·ctiureit) *intr.* orinar.
micturition (mictiuri·shøn) *s.* micción.
mid (mid) *adj.* medio, mitad [punto medio; que está en medio] : *in* ～ *ocean*, en mitad del océano | Ús. esp. en composición : *in mid-air*, en el aire; *mid-course*, media carrera, medio camino ; *mid-July*, mediados de julio.
midbrain (mid·brein) *s.* ANAT. mesencéfalo.
midday (mid·dei) *s.* mediodía [las doce]. — 2 *adj.* del mediodía.
middle (mi·døl) *adj.* medio, de en medio, mediano, intermedio : ～ *age*, mediana edad ; *Middle Ages*, Edad Media ; ～ *class*, clase media, burguesía ; ～ *distance*, PINT. segundo término ; DEP. de medio fondo [carrera] ; ～ *ear*, ANAT. oído medio ; *Middle East*, GEOGR. Oriente medio ; ～ *finger*, dedo cordial, de en medio o del corazón ; ～ *ground*, posición intermedia entre los extremos ; PINT. segundo término ; ～ *rail*, riel central conductor [en un ferrocarril eléctrico] ; ～ *term*, LÓG. término medio ; ～ *wall*, tabique, pared divisoria. — 2 *m.* medio, mediados, mitad, centro, corazón, parte media : *in the* ～ *of*, en medio de, a medio, a mediados de, a la mitad de ; ～ *of the road*, fig. posición intermedia. 3 cintura [del cuerpo humano]. 4 promedio. 5 FÚTBOL. cer·tro. 6 *pl.* AGR. lomos, caballones.
Middle-Age *adj.* medieval.
middle-aged *adj.* de mediana edad.
middle-class *adj.* de la clase media.
middleman (mi·dølmæn) *pl.*, **-men** (-men) *s.* intermediario. 2 COM. agente, corredor. 3 redactor de artículos [en un periódico].
middlemost (mi·dølmoust) *adj.* central, del medio, más cercano al centro.
middleweight (mi·dølueit) *adj.* DEP. de peso mediano o medio. — 2 *s.* DEP. peso medio.
middling (mi·dling) *adj.* mediano, regular, mediocre, pasadero. — 2 *adv.* fam. medianamente : *fairly* ～, así, así. — 3 *s. pl.* acemite. 4 agujas, alfileres, etc., de tamaño mediano ; artículos de calidad o precio mediano. 5 clase de algodón que sirve de base a las cotizaciones.
middlingly (mi·dlingli) *adv.* medianamente, regularmente, pasaderamente.
middy (mi·di) *s.* (fam.) guardia marina. 2 ～ *blouse*, marinera [blusa para mujeres y niños].
midge (mi·dy̆) *s.* ENTOM. cagachín ; mosca de agua. 2 enano.
midget (mi·dy̆it) *s.* enano, liliputiense. 2 chiquillo

vivaracho. 3 (EE. UU.) cagachín. 4 MAR. ～ *submarine*, submarino de bolsillo.
Midianite (mi·diænait) *s.* BIBL. madianita.
midiron (mi·daiø'n) *s.* cierto mazo de hierro para jugar al golf.
midland (mi·dland) *adj.* de tierra adentro, interior. 2 mediterráneo. — 3 *s.* interior, corazón [de un país] : *The Midlands*, región central de Inglaterra.
midleg (mi·dleg) *s.* media pierna. — 2 *adv.* hasta media pierna.
midmost (mi·dmoust) *adj.* MIDDLEMOST.
midnight (mi·dnait) *s.* medianoche. 2 oscuridad [de la noche]. — 3 *adj.* de la media noche, nocturno; oscuro : ～ *blue*, azul oscuro ; ～ *Mass*, misa del gallo ; ～ *sun*, sol de medianoche ; *to burn the* ～ *oil*, fig. quemarse las cejas.
midrib (mi·drrib) *s.* BOT. nervio central.
midriff (mi·drrif) *s.* ANAT. diafragma. 2 la región media del torso humano. 3 la parte del vestido femenino que deja cubierto o descubierto el medio torso.
mid-sea *s.* alta mar.
midship (mi·dship) *adj.* MAR. del medio o en medio del buque : ～ *beam*, bao maestro ; ～ *frame*, cuaderna maestra. — 2 *s. pl.* MAR. parte media del buque. 3 baos o cuadernas maestras.
midshipman (mi·dshipmæn) *pl.*, **-men** (-men) *s.* MAR. alférez alumno, guardia marina.
midships (mi·dships) *adv.* MAR. en la parte media del buque, hacia la parte media del buque.
midst (midst) *s.* centro, medio : *in our, your, their* ～, en medio de nosotros, de vosotros (o Vds.), de ellos ; *in the* ～ *of*, en medio de, entre, rodeado de ; en lo más recio de. — 2 prep. *midst* o '*midst*, poét. AMIDST.
midstream (mi·dstrim) *s.* el medio de una corriente o río.
midsummer (mi·dsømø') *s.* canícula, solsticio estival : *Midsummer Day*, día de San Juan.
midway (mi·dwei) *s.* medio camino ; mitad del camino. 2 avenida central [de una exposición, feria, etc.]. — 3 *adj.* situado a mitad del camino. — 4 *adv.* a medio camino, a mitad del camino : ～ *between*, equidistante de.
midweek (mi·dwic) *s.* mediados de la semana. 2 (con may.) miércoles [entre los cuáqueros]. — 3 *adj.* de mediados de la semana.
Midwest (mi·dwest) *s.* (EE. UU.) estados centrales de: norte.
midwife (mi·dwaif) *pl.*, **-wives** (waivš) *s.* partera, comadrona, matrona. — 2 *m. man* ～, comadrón.
midwife (to) *tr. e intr.* partear.
midwifery (mi·dwaifri) *s.* partería, obstetricia.
midwinter (mi·dwintø') *s.* solsticio hiemal, mitad del invierno, pleno invierno.
mien (mn) *s.* semblante, facha, aire, talante, porte, continente.
miff (mif) *s.* desavenencia, disgusto, enojo, pique.
miff (to) *tr.* disgustar, enojar, ofender. — 2 *intr.* ofenderse.
might (mai·t) *pret.* de MAY. — 2 poder, poderío, pujanza, fuerza, energía : *with* ～ *and main*, con todas sus fuerzas, a más no poder.
mightier (mai·tiø') *adj.* comp. de MIGHTY.
mightiest (mai·tiist) *adj.* superl. de MIGHTY.
mightily (mai·tili) *adv.* poderosamente. 2 fam. muchísimo.
mightiness (mai·tinis) *s.* poder, poderío. 2 fuerza, potencia. 3 grandeza, alta dignidad.
mightn't (mai·tønt) *contr.* de MIGHT NOT.
mighty (mai·ti) *adj.* poderoso. 2 potente, fuerte, vigoroso, eficaz. 3 extraordinario, admirable. 4 importante, grande, vasto, enorme, violento. — 5 *adv.* fam. muy, sumamente.
mignonette (miñone·t) *s.* BOT. reseda.
migraine (maigrei·n) *s.* migraña, jaqueca.
migrant (mai·grænt) *adj.* que efectúa una migración. — 2 *s.* persona, etc., que efectúa una migración ; animal o planta que pasa de una región a otra. 3 de paso [ave].
migrate (to) (mai·greit) *intr.* pasar de un lugar o país a otro ; emigrar.
migration (maigre·shøn) *s.* migración.
migratory (mai·gratori) *adj.* migratorio. 2 nómada.
mihrab (mra·b) *s.* mihrab.
Mike (maic) *n. pr.* dim. de MICHAEL.

mil (mil) s. unidad de medida para diámetros de alambre [milésima de pulgada]. 2 MIL. unidad de medida angular.

Milanese (milaniːs̆) n. pr. milanés.

milch (milsh) adj. que da leche : ~ cow, vaca lechera.

milcher (miˑlshø') s. vaca lechera.

mild (maiˑld) adj. apacible, blando, suave, dulce, benigno, indulgente. 2 manso, dócil. 3 flojo, leve, ligero, moderado, templado. 4 dúctil, fácil de trabajar, maleable : ~ steel, acero dúctil, que contiene menos de un 0'25 por ciento de carbono.

mildew (miˑldiu) s. AGR. mildew. 2 nombre de otros hongos parásitos que atacan a las plantas ; añublo. 3 moho [orgánico].

mildew (to) tr. e intr. AGR. atacar o ser atacado de mildew, o de otros hongos parásitos ; enmohecer, enmohecerse.

mildly (maiˑldli) adv. blandamente, suavemente, dócilmente. 2 con lenidad o indulgencia. 3 levemente, ligeramente, moderadamente.

mildness (maiˑldnis) s. apacibilidad, suavidad, benignidad. 2 lenidad, indulgencia. 3 mansedumbre. 4 flojedad, levedad, moderación. 5 templanza [del clima].

mile (maiˑl) s. milla [1.609 m.] : geographical, nautical o sea ~, milla náutica o marina [1.853 metros] ; ~ post, ~ stone, piedra miliaria ; mojón.

mileage (maiˑlidȳ) s. longitud o recorrido en millas. 2 AUTO. duración de un neumático, etc., calculada por las millas que recorre. 3 gastos de viaje que se abonan por millas. — 4 adj. FERROC. ~ book, carnet o billete semejante al kilométrico, pero contando por millas ; ~ indicator, AUT. cuentamillas, indicador de recorrido ; ~ ticket, FERROC. cupón o billete de una milla [en un MILEAGE BOOK].

Milesian (miliˑshian) adj. milesio. — 2 adj. y s. dic. de los primeros pobladores celtas de Irlanda. 3 irlandés.

milfoil (miˑlfoil) s. BOT. milenrama, aquilea.

miliary (miˑlieri) adj. miliar [parecido a un grano de mijo]. 2 MED. miliar.

militancy (miˑlitansi) s. belicosidad, combatividad, actitud belicosa.

militant (miˑlitant) adj. militante. 2 combatiente. 3 belicoso, combativo.

militarily (miˑliterili) adj. militarmente.

militarism (miˑlitariȳm) s. militarismo.

militarist (miˑlitarist) s. militarista.

militaristic (militariˑstic) adj. militarista.

militarize (to) (miˑlitaraiȳ) tr. militarizar.

military (miˑliteri) adj. militar : ~ law, código militar ; ~ man, militar, soldado ; ~ police, policía militar. 2 castrense. — 3 s. the ~, los militares, las tropas, el ejército, la milicia.

militate (to) (miˑliteit) intr. militar [combatir]. 2 militar [dicho de un hecho, circunstancia, etc.] : to ~ against, militar contra.

militia (miliˑsha) s. milicia, guardia nacional.

militiaman (miliˑshamæn) pl. -men (-men) s. miliciano.

milk (miˑlc) s. leche : ~ of human kindness, fig. compasión, humanidad. 2 BOT. látex. 3 jugo lechoso : ~ of almonds, leche de almendras ; ~ of lime, lechada de cal. — 4 adj. de leche o látex ; lácteo ; para la leche : ~ can, lechera [vasija] ; ~ crust, MED. lactumen ; ~ diet, régimen lácteo ; ~ duct, ANAT. conducto lactífero ; BOT. vaso lactífero ; ~ fever, MED. fiebre láctea ; ~ float (Ingl.), carro para repartir la leche ; ~ food, lacticinio ; ~ glass, vidrio de aspecto lechoso ; ~ leg, MED. flebitis puerperal ; ~ pail, colodra ; ordeñadero ; ~ punch, ponche de leche ; ~ shake (EE. UU.), batido de leche o leche y huevo ; ~ sugar, lactosa ; ~ tooth, diente de leche. 5 BOT. ~ thistle, cardo lechero ; ~ wetch, astrágalo, tragacanto. 6 ZOOL. ~ snake, cierta culebrilla norteamericana.

milk (to) tr. ordeñar. 2 fig. exprimir, explotar ; chupar, extraer. — 3 intr. dar leche.

milk-and-water adj. débil, vacilante [de carácter]. 2 insulso, ñoño.

milker (miˑlcø') s. ordeñador, ordeñadora. 2 animal o planta que da leche.

milkiness (miˑlkinis) s. lactescencia. 2 suavidad. 3 pusilanimidad.

milking (miˑlking) s. ordeño. — 2 adj. ordeñador : ~ machine, máquina ordeñadora.

milkmaid (miˑlcmeid) s. lechera ; criada de vaquería.

milkman (miˑlcmæn) pl. -men (-men) s. lechero.

milksop (miˑlcsap) s. sopa de leche. 2 fig. mantecón, marica, pusilánime.

milk-warm adj. tibio.

milkweed (miˑlkuid) s. BOT. vencetósigo.

milk-white adj. blanco como la leche.

milkwort (miˑlkuø't) s. BOT. polígala.

milky (miˑlki) adj. lechoso. 2 lácteo : Milky Way, ASTR. Vía Láctea. 3 fig. suave, apacible ; tímido, apocado. 4 fig. afeminado.

mill (mil) s. molino : to go through the ~, to put through the ~, fig. pasar o hacer pasar por una prueba, situación, etc., que da capacidad o experiencia ; entrenarse o entrenar rigurosamente. 2 fábrica, taller. 3 hilandería, fábrica de hilados ; fábrica de tejidos. 4 ingenio [de azúcar]. 5 aserradero. 6 MEC. fresadora. 7 prensa [para estrujar]. 8 volante [para acuñar]. 9 nombre de varias máquinas. 10 pop. pugilato, encuentro pugilístico. 11 (EE. UU.) milésima de dólar. — 12 adj. del molino, la fábrica, etc., o para ellos : ~ cinder, escoria de un horno de pudelar ; ~ dust, harija ; ~ finish, satinado del papel ; ~ hand, obrero de fábrica ; ~ horse, caballo de tahona ; ~ run, MILLRACE ; MIN. ensayo de molino ; producción de un molino o de un aserradero ; ~ wheel, rueda hidráulica, de molino. 13 ARQ. (EE. UU.) ~ construccion, tipo de construcción que, sin emplear materiales incombustibles, ofrece poco peligro de incendio, gracias a la disposición de sus elementos.

mill (to) tr. moler, triturar. 2 acordonar o acuñar [monedas]. 3 batanar [paños]. 4 aserrar [en aserradero]. 5 MEC. fresar. 6 producir, transformar [en fábrica o con máquinas]. 7 batir [hacer espumoso]. 8 pegar, dar una paliza a. — 9 intr. arremolinarse. 10 dar vueltas en círculo [el ganado, un rebaño]. 11 pop. luchar a puñetazos. 12 ser molido o descascarado en un molino, etc.

millboard (miˑlbo'd) s. cartón grueso para encuadernar.

millclapper (miˑlclæpø') s. cítola, tarabilla.

millcourse (miˑlco's) s. canal, caz [de molino].

milldam (miˑldæm) s. presa, represa [de molino o fábrica].

millenarian (mileneˑrian) adj. milenario. — 2 s. milenario [que creía en el milenarismo].

millenary (miˑleneri) adj. milenario. 2 que manda mil hombres. — 3 s. milenario.

millennial (mileˑnial) adj. perteneciente al milenio. 2 milenario [en que se cumplen mil años].

millennium (mileˑniøm) s. milenio.

millepede (miˑliprd) s. ZOOL. cardador [miriápodo].

miller (miˑlø') s. molinero. 2 pop. boxeador, púgil. 3 ENTOM. polilla blanca.

miller's-thumb s. ICT. coto.

millesimal (mileˑsimal) adj. y s. milésimo, -ma.

millet (miˑlit) s. BOT. mijo.

milliammeter (miliæˑmmitø') s. ELECT. miliamperímetro.

milliampere (miliampiˑør) s. ELECT. miliamperio.

milliard (miˑliard) s. mil millones.

milliare (miˑlie') s. miliárea.

milliary (miˑlieri) adj. miliar [piedra, columna, etcétera].

milligram, milligramme (miˑligræm) s. miligramo.

milliliter, millilitre (miˑlilitø') s. mililitro.

millimeter, millimetre (miˑlimitø') s. milímetro.

milliner (miˑlinø') s. modista de sombreros.

millinery (miˑlineri) s. artículos para sombreros de señora. 2 ocupación o tienda de la modista de sombreros : ~ department, sección de sombreros de señora [en una tienda].

milling (miˑling) s. molienda, moledura, moltura. 2 fabricación, transformación [en fábrica o con máquinas]. 3 acordonamiento, acuñación [de la moneda]. 4 batanado. 5 MEC. fresado. 6 movimiento en círculo [del ganado, de un rebaño]. — 7 adj. que sirve para moler, fabricar, acuñar, acordonar, batanar, fresar, etc. : ~ cutter, MEC. fresa ; ~ machine, fresadora.

million (miˑliøn) s. millón. 2 fig. the ~, el vulgo. — 2 adj. millón de. millones de : two ~ dollars, dos millones de dólares.

millionaire (miˑliøneø') s. millonario.

millionfold (miˑliønfould) adj. multiplicado por un millón. — 2 adv. un millón de veces.

millionth (mi·lønz) *adj.* y *s.* millonésimo.

millipede (mi·lipïd) *s.* MILLEPEDE.

millpond (mi·lpand) *s.* alberca o represa de molino.

millrace (mi·lreis) *s.* caz. saetín [canal de molino].

millstone (mi·lstoun) *s.* muela, piedra de molino. 2 fig. carga pesada.

millwork (mi·luø'c) *s.* obra de molino, fábrica o taller. 2 maquinaria de molino. 3 carpintería mecánica.

millwright (mi·lrait) *s.* constructor de molinos. 2 en una fábrica, el que monta los ejes, poleas, transmisiones, etc., y cuida de ellos.

milreis (mi·lreis) *s.* milreis.

milt (mi·lt) *s.* ANAT. bazo. 2 lecha [de los peces].

milt (to) *tr.* ICT. fecundar [las huevas].

milter (mi·ltø') *s.* pez macho.

Miltiades (miltaï·ædiš) *n. pr.* Milcíades.

Miltonian (miltou·nian), **Miltonic** (milta·nic) *adj.* miltoniano, de Milton.

mimbar (mi·mba') *s.* mimbar.

mime (maim) *s.* TEAT. mimo [farsa y farsante]. 2 payaso, bufón.

mimeograph (mi·miogræf) *s.* nombre registrado de una especie de ciclostilo o multicopista.

mimesis (mimi·rsis) *s.* RET. mimesis. 2 ZOOL., BOT. mimetismo. 3 MED. imitación de una enfermedad por otra.

mimetic(al (mime·tic(al) *adj.* mímico, imitativo.

mimetism (mi·mitišm) *s.* ZOOL., BOT. mimetismo.

mimic (mi·mic) *adj.* mímico. 2 imitativo, burlesco. 3 imitado, figurado. — **4** *s.* pantomimo, imitador, remedador.

mimic (to) *tr.* imitar, parecer. 2 imitar, remedar, contrahacer [esp. por burla]. ¶ CONJUG. pret. y p. p.: *mimicked;* ger.: *mimicking.*

mimically (mi·micali) *adv.* mímicamente, burlescamente.

mimicry (mi·micri) *pl.,* **-ries** (criš) *s.* mímica, imitación, remedo, monería, bufonada. 2 ZOOL. mimetismo.

mimographer (mima·grafø') *s.* mimógrafo.

mimosa (mimou·sa) *s.* BOT. mimosa, sensitiva.

Mimosaceæ (mimosei·sii) *s. pl.* BOT. mimosáceas.

mimosaceous (mimosei·šøs) *adj.* BOT. mimosáceo.

minacious (minei·šøs) *adj.* amenazador.

minaret (minare·t) *s.* alminar.

minatory (mi·natcri) *adj.* amenazador.

mince (mins) *s.* cosa picada o desmenuzada; picadillo. 2 afectación. — **3** *adj.* de picadillo: ~ *pie,* pastel relleno de carne picada y frutas.

mince (to) *tr.* cortar, desmenuzar; picar [carne]. 2 medir [las palabras]; andar con rodeos o contemplaciones [al hablar]: *not to* ~ *matters* hablar claro, no tener pelos en la lengua; *without mincing words,* sin rodeos, sin morderse la lengua. 3 atenuar, suavizar: *minced oath,* eufemismo que substituye un voto o juramento. 4 hacer o decir [algo] remilgadamente. — **5** *intr.* andar a pasos cortos, andar, hablar, etc., de un modo afectado o remilgado; melindrear.

mincemeat (mi·nsmit) *s.* carne picada, picadillo; carne picada con frutas, etc., para rellenar pasteles: *to make* ~ *of,* hacer picadillo, hacer pedazos.

mincemeat (to) *tr.* desmenuzar, cortar a pedacitos.

mincepie (mi·nspai) *s.* pastel relleno de carne picada con frutas, etc.

mincing (mi·nsing) *adj.* afectado, melindroso, remilgado.

mincingly (mi·nsingli) *adv.* con afectación, remilgadamente. 2 a pedacitos. 3 a pasitos.

mind (maind) *s.* mente, espíritu, entendimiento, juicio; *mind's eye,* ojos de la mente, imaginación; *sound* ~, mente sana; *to be in one's right* ~, estar en sus cabales, estar en su juicio; *to be on one's* ~, preocupar a uno [una cosa]; *to be out of one's* ~, estar fuera de juicio; *to go out of one's* ~, *to lose one's* ~, perder el juicio, volverse loco. 2 mentalidad. 3 espíritu, ánimo, estado de ánimo: *frame of* ~, *state of* ~, estado de ánimo, disposición, humor. 4 intención, propósito, voluntad, gana, deseo, inclinación, gusto: *to be in two minds,* dudar, vacilar, estar indeciso; *to have a* ~, o *half a* ~ *to,* tener ganas de, estar por [hacer una cosa]; *to know one's* ~, saber uno lo que quiere; *to make up one's* ~, resolverse, decidirse, tomar un partido; hacerse a la idea [de]; *to set one's* ~

on, desear vivamente; *to one's* ~, como uno quisiera, a gusto de uno. 5 pensamiento, mientes, memoria, recuerdo: *to bear in* ~, tener presente; *to bring,* o *call, to* ~, recordar, traer a la memoria o a las mientes; *to come to* ~, venir a la memoria o a las mientes; *to have in* ~, tener en el pensamiento; tener presente, acordarse de; *to keep in* ~, acordarse de, tener presente, tener en cuenta; *to pass out of* ~, caer en el olvido; *to put in* ~, recordar [hacer recordar]; *to read minds,* adivinar el pensamiento ajeno; *out of* ~, olvidado; inmemorial. 6 pensamiento, opinión, parecer: *to be of one* ~, estar de acuerdo, pensar igual [dos o más personas]; *to change one's* ~, mudar de opinión, de parecer; *to give someone a piece of one's* ~, decir a uno cuantas son cinco; *to speak one's* ~, decir uno lo que piensa; *of one* ~, unánimes; *with one* ~, unánimemente. 7 mención: *to make* ~, hacer mención.

8 *adj.* mental, del pensamiento, de la mente: ~ *cure,* psicoterapia [esp. la ejercida por curanderos]; ~ *reader,* adivinador del pensamiento; ~ *reading,* adivinación del pensamiento.

mind (to) *tr.* notar, observar. 2 considerar, tener en cuenta; mirar, fijarse en [lo que uno hace, etc.]; *to* ~ *one's P's and Q's,* tener uno mucho cuidado con lo que hace o dice; *mind,* fíjese usted. 3 dar importancia a, hacer caso, preocuparse de; tener inconveniente en; molestarle a uno [una cosa]: *do yo* ~ *the smoke?,* ¿le molesta el humo?; *I don't* ~, no tengo inconveniente. 4 obedecer, escuchar. 5 cuidar, vigilar; cuidar de, atender, ocuparse de: ~ *your own business,* métase en lo que le importa. 6 tener cuidado con: ~ *the step!,* ¡cuidado con el escalón! 7 recordar, acordarse de. 8 recordar, acordar [traer a la memoria de otro]. — **9** *intr.* atender, obedecer, hacer caso, preocuparse: *never* ~, no importa, no haga caso, no se preocupe. 10 tener cuidado: *mind!,* ¡cuidado!

minded (mai·ndid) *adj.* dispuesto, inclinado, intencionado [esp. en composición]: *high-minded,* magnánimo; *evil-minded,* mal intencionado, mal pensado.

minder (mai·ndø') *s.* cuidador, vigilante.

mindful (mai·ndful) *adj.* atento, cuidadoso, vigilante. 2 ~ *of,* atento a, que tiene presente, que recuerda, que hace caso de.

mindfully (mai·ndfuli) *adv.* atentamente, cuidadosamente.

mindfulness (mai·ndfulnis) *s.* atención, cuidado.

mindless (mai·ndlis) *s.* desprovisto de inteligencia, tonto, necio. 2 descuidado, negligente; que no recuerda o no tiene en cuenta.

mine (mai·n) *pron. pos.* mío, mías, míos, mías: *this hat is* ~, este sombrero es mío, o el mío; *your hat and* ~, su sombrero [de Vd.] y el mío; *what is* ~, lo mío; *a friend of* ~, un amigo mío. 2 *it is* ~ *to* [seguido de un inf.], a mí me toca, me incumbe, soy yo quien ha de: *it is* ~ *to say it,* a mí me toca decirlo. — **3** *adj. pos.* poét. mi, mis, mío, mía, míos mías. ‖ Delante del nombre sólo se usa cuando éste empieza con vocal o *h: mine eyes,* mis ojos.

mine (mai·n) *s.* MIN., FORT., MIL. mina. 2 MAR. mina submarina. 3 fig. mina [de noticias, etc.]. 4 (Ingl.) mineral [esp. de hierro]. — **5** *adj.* de mina o minas: ~ *detector,* detector de minas; ~ *field,* campo de minas; ~ *layer* o *sower,* buque portaminas o lanzaminas; ~ *sweeper,* MAR. dragaminas, barreminas; ~ *thrower,* mortero de trinchera.

mine (to) *tr.* minar, zapar. 2 fig. minar [destruir poco a poco]. 3 minar [poner minas en, sembrar de minas]. 4 extraer [mineral]; beneficiar [un filón, etc.]. — **5** *intr.* hacer minas, hacer trabajos de zapa. 6 trabajar en una mina; dedicarse a la minería.

miner (mai·nø') *s.* minero. 2 minador, zapador. 3 ZOOL. cavador.

mineral (mi·nøral) *adj.* mineral: ~ *cotton,* ~ *wool,* lana de escoria; ~ *green,* verde montaña [mineral y color]; ~ *kingdom,* reino mineral; ~ *line,* FERROC. línea dedicada al transporte de minerales [esp. de carbón]; ~ *oil,* aceite mineral; ~ *pitch,* asfalto, betún de Judea; ~ *water,* agua mineral. — **2** *s.* mineral [substancia inorgánica]. 3 MIN. mineral.

mineralization (minøralise·shøn) s. mineralización.
mineralize (to) (mi·nøralaiš) tr. mineralizar.
mineralizer (mi·nøralaišø') s. QUÍM., GEOL. mineralizador.
mineralogic(al (minørala ȳic(al) adj. mineralógico.
mineralogist (minøræ·loȳist) s. mineralogista.
mineralogize (to) (minøræ·loȳaiš) tr. recoger y estudiar minerales.
mineralogy (minøræ·loȳi) s. mineralogía.
minery (mai·nøri) s. distrito minero.
minever (mi·nivø') s. MINIVER.
mingle (to) (min·ngøl) tr. mezclar, mixturar. 2 preparar [mezclando]. 3 entremezclar, confundir. — 4 intr. mezclarse, confundirse. 5 to ~ with, juntarse con, andar con.
mingled (min·ngøld) adj. mezclado, mixto; confuso.
Minho (mai·ñou) n. pr. GEOGR. Miño.
miniaceous (miniei·shøs) adj. rojo, de color de minio.
miniate (to) (mi·nieit) tr. pintar con minio, pintar de rojo. 2 decorar con letras rojas, iluminar [un libro, etc.].
miniature (mi·niachø') s. miniatura: to paint in ~, miniar, pintar de miniatura. — 2 adj. de miniaturas: ~ painter, miniaturista.
miniature (to) tr. miniar, representar en miniatura. 2 reducir a pequeña escala.
minify (to) (mi·nifai) tr. empequeñecer, achicar, disminuir. ¶ CONJUG.: pret. y p. p.: minified.
minikin (mi·nikin) s. cosa o persona menuda, chiquitita. — 2 adj. pequeñito, chiquitito, diminuto. 3 mono, delicado; afectado, remilgado.
minim (mi·nim) s. FARM. medida para líquidos [casi una gota]. 2 fig. cosa menuda, insignificante, pizca, jota, mínima cantidad; persona muy pequeña o insignificante. 3 MÚS. mínima. 4 (con may.) mínimo [religioso]. — 5 adj. pequeñísimo, diminuto.
minimal (mi·nimal) adj. mínimo.
minimize (to) (mi·nimaiš) tr. disminuir, reducir al mínimo. 2 menospreciar, tener en poco.
minimum (mi·nimøm) s. mínimo, mínimum. — 2 adj. mínimo.
mining (mai·ning) s. minería, mineraje, laboreo de minas. 2 acción de minar, de poner minas. — 3 adj. minero, de mina o minas: ~ camp, colonia o campamento de mineros; ~ claim, pertenencia; ~ engineer, ingeniero de minas; ~ ship, buque portaminas o lanzaminas.
minion (mi·niøn) s. favorito, paniaguado, criado, seguidor servil. 2 esbirro: minions of the law, polizontes, carceleros, etc. 3 IMPR. miñona [tipo de letra]. — 4 adj. lindo, elegante, delicado. 5 querido.
minister (mi·nistø') s. ministro [en todas sus acepciones]: prime ~, primer ministro; ~ plenipotentiary, ministro plenipotenciario; ~ resident, ministro residente. 2 pastor protestante.
minister (to) tr. ant. administrar [un sacramento, una medicina, etc.]; dar, suministrar. — 2 intr. oficiar, ministrar. 3 servir, atender asistir auxiliar. 4 tender, contribuir.
ministerial (ministi·rrial) adj. ministerial: ~ benches, bancos de la Cámara de los Comunes ocupados por el Gobierno y los diputados ministeriales. 2 sacerdotal. 3 gubernativo. 4 que obra como agente, instrumento o medio.
ministerialism (ministi·rrialism) s. ministerialismo.
ministrant (mini·strant) s. ministrante. 2 oficiante.
ministration (ministre·shøn) s. administración, suministración. 2 servicio, ayuda, agencia, solicitud. 3 ministerio, ejercicio de un oficio eclesiástico.
ministry (mi·nistri) pl., **-tries** (-triš) s. ministerio, oficio, servicio, ayuda, intervención. 2 ministerio [departamento; cargo de ministro, su duración]: Air ~, Ministerio del Aire; ~ of Health, Ministerio de Sanidad. 3 ministerio [conjunto de ministros]. 4 cargo de ministro o pastor protestante. 5 clero, conjunto de ministros.
minium (mi·niøm) s. minio, azarcón.
miniver (mi·nivø') s. PELET. cierta piel blanca o blanca con pintas [esp. la usada en trajes de ceremonia]. 2 ZOOL. (Ingl.) armiño [cuando tiene la piel blanca].
mink (minc) s. ZOOL. visón. 2 piel de visón.
minnow (mi·nou) s. ICT. cierto pez pequeño de agua dulce.

minor (mai·nø') adj. menor [menos importante, de poca importancia], secundario, inferior: ~ orders, ECLES. órdenes menores; ~ surgery, cirugía menor; ~ Prophets, profetas menores. 2 segundo [de dos alumnos con el mismo nombre]: Jones ~, Jones segundo. 3 menor de edad. 4 de la minoría: ~ vote, voto de la minoría. 5 MÚS. menor: ~ key, tono menor; ~ third, tercera menor. 6 LÓG. menor: ~ premise, premisa menor. — 7 s. menor [de edad]. 8 menor, minorita [religioso]. 9 LÓG. menor. 10 MÚS. tono menor. 11 (EE. UU.) asignatura de importancia secundaria en un programa de estudios
Minorca (mino·rca) n. pr. GEOGR. Menorca.
Minorite (mai·norait) s. menor, minorita [religioso].
minority (maina·riti) pl., **-ties** (-tiš) s. minoridad, menoría, minoría, menor edad. 2 minoría [los menos]. — 3 adj. minoritario, de la minoría: ~ report, voto particular.
Minos (mai·nas) n. pr. MIT. Minos.
Minotaur (mi·noto') n. pr. MIT. Minotauro.
minster (mi·nstø') s. iglesia de monasterio. 2 basílica, catedral.
minstrel (mi·nstrel) s. trovador, juglar, ministril. 2 poét. vate, bardo. 3 (EE. UU.) cantor cómico que se tizna el rostro e imita a los negros.
minstrelsy (mi·nstrelsi) s. ejercicio del trovador, juglaría. 2 compañía de MINSTRELS.
mint (mint) s. casa de moneda, ceca. 2 fig. fábrica, mina; fuente inagotable, gran cantidad: a ~ of money, un dineral, un Potosí. 3 BOT. menta, hierbabuena. 4 pastilla o bombón de menta. — 5 adj. de la casa de moneda. 6 de menta: ~ camphor, mentol; ~ julep, refresco alcohólico aromatizado con hojas de menta; ~ sauce, salsa de menta con vinagre y azúcar. 7 nuevo, no usado: ~ postage stamps, FILAT. sellos nuevos, no usados.
mint (to) tr. acuñar [moneda]. 2 fig. fabricar, inventar [una palabra, una frase, etc.].
mintage (mi·ntidȳ) s. acuñación, cuño, braceaje. 2 coste de la acuñación. 3 monedaje. 4 moneda acuñada.
minter (mi·ntø') s. acuñador. 2 inventor [de palabras, frases, etc.].
minuend (mi·niuønd) s. ARIT. minuendo.
minuet (miniue·t) s. minué, minuete.
minus (mai·nøs) prep. y adj. menos (—): 7 minus 4, 7 menos 4; ~ sign, signo menos. 2 falto de, sin: he come back ~ a leg, volvió sin una pierna, con una pierna menos. — 2 adj. MAT., ELECT. negativo: ~ charge, carga negativa. 3 cóncavo: ~ lens, lente divergente. — 4 s. MAT. signo menos. 5 cantidad negativa. 6 falta, defecto, carencia.
1) **minute** (mainiu·t) adj. menudo, insignificante, pequeño, diminuto. 2 nimio, minucioso.
2) **minute** (mi·nit) s. minuto [división de la hora o del grado]: this very ~, ahora mismo; up to the ~, al corriente; de última hora. 2 momento, instante. 3 ARQ. división de un módulo. 4 minuta, nota, apuntamiento. 5 pl. acta [de una junta, etc.]. — 6 adj. de minuto: ~ glass, ampolleta que mide un minuto; ~ gun, cañonazos disparados de minuto en minuto [en señal de duelo o de alarma]; ~ hand, minutero; ~ mark, signo del minuto ('); ~ steak, filete delgado que se cuece de prisa; ~ wheel, RELOJ. rueda de los minutos. 7 de actas; de notas o apuntamientos. ~ book, libro de actas de o apuntamientos.
minute (to) tr. cronometrar. 2 minutar, anotar, apuntar; poner en el acta.
minutely (mainiu·tli) adv. minuciosamente; detalladamente, circunstancialmente. 2 (mi·nitli) de minuto en minuto. — 3 adj. que ocurre a cada minuto.
minuteman (mi·nitmæen) pl., **-men** (-men) s. (EE. UU.) HIST. miliciano de la Revolución.
minuteness (mainiu·tnis) s. minucia, menudencia, menudez. 2 minuciosidad.
minutia (miniu·sha), pl. **-tiae** (-shii) s. minucia, pequeño detalle. 2 pl. minucias, menudencias, pequeñeces.
minutiously (miniu·shøsli) adv. minuciosamente.
minx (mi·ncs) s. moza descarada, bribona. 2 ZOOL. marta.
Miocene (mai·osin) adj. GEOL. mioceno.
miracle (mi·rakøl) s. milagro: to a ~, perfectamente. 2 TEAT. auto [drama religioso]. — 3 adj.

de milagro o milagros: ~ *man,* ~ *worker,* taumaturgo; ~ *play,* auto [drama religioso]; ~ *monger,* milagrero; ~ *working,* taumaturgia.
miraculous (miræˈkiuløs) *adj.* milagroso. 2 maravilloso, prodigioso.
miraculously (miræˈkiuˈøsli) *adv.* milagrosamente.
miraculousness (miræˈkiuløsnis) *s.* calidad de milagroso.
mirage (miraˈȳ) *s.* espejismo, miraje.
mire (maiˈø') *s.* cieno, lodo, fango. 2 lodazal, cenagal.
mire (to) *tr.* encenagar, enlodar; hundir o atascar en el cieno. — 2 *intr.* hundirse en el cieno; atascarse, atollarse.
Miriam (miˈriam) *n. pr.* María.
mirific (miriˈfic) *adj.* mirífico.
miriness (maiˈrinis) *s.* calidad de cenagoso.
mirk (møˈc) *s.* MURK.
mirky (møˈki) *adj.* MURKY.
mirror (miˈrø') *s.* espejo, luna; ~ *plate,* luna. 2 fig. espejo, modelo, dechado. 3 ARQ. espejo.
mirror (to) *tr.* reflejar [una imagen]. — 2 *intr.* reflejarse, retratarse; mirarse [en un espejo o como en un espejo].
mirth (møˈz) *s.* alegría, regocijo, jovialidad, hilaridad.
mirthful (møˈzful) *adj.* alegre, regocijado, jovial.
mirthfully (møˈzfuli) *adv.* alegremente, regocijadamente.
mirthless (møˈzlis) *adj.* triste, melancólico.
miry (maiˈri) *adj.* cenagoso, lodoso, fangoso.
misadventure (misœdveˈtøns) *s.* desgracia, revés, contratiempo, percance.
misadvertence (misadveˈtøns) *s.* inadvertencia.
misadvise (to) (misadvaiˈŝ) *tr.* aconsejar mal.
misadvised (misadvaiˈŝd) *adj.* mal aconsejado.
misalliance (misalaiˈans) *s.* casamiento desigual, casamiento con una persona de clase inferior.
misanthrope (miˈsanzroup) *s.* misántropo.
misanthropic(al (misænzrraˈpic(al) *adj.* misantrópico.
misanthropist (misæˈnzropist) *s.* misántropo.
misanthropy (misæˈnzropi) *s.* misantropía.
misapplication (misæplikeˈshøn) *s.* mala aplicación, mal uso, mal empleo.
misapply (to) (misæplaiˈ) *tr.* usar o emplear mal; hacer mal uso de.
misapprehend (to) (misaprijeˈnd) *tr.* entender mal.
misapprehension (misaprijeˈnshøn) *s.* equivocación; mala inteligencia, concepto erróneo.
misappropriate (to) (misaprouˈprieit) *tr.* malversar. 2 distraer [fondos].
misappropriation (misaprouprieˈshøn) *s.* malversación o distracción de fondos.
misbecome (to) (misbicøˈm) *intr.* no estar bien, no sentar bien, no cuadrar.
misbecoming (misbicøˈming) *adj.* impropio, indigno; que sienta o cae mal.
misbegot(ten (misbigaˈt(øn) *adj.* ilegítimo, bastardo.
misbehave (to) (misbijeiˈv) *intr.* conducirse o portarse mal.
misbehaved (misbijeiˈvd) *adj.* que se porta mal. 2 malcriado, descortés.
misbehaviour (misbijeiˈviø') *s.* mala conducta o comportamiento. 2 descortesía.
misbelief (misbilrˈf) *s.* error, herejía, falsa creencia.
misbelieve (to) (misbilrˈv) *intr.* tener creencias erróneas. — 2 *tr.* no creer, no dar crédito a; no creer en.
misbeliever (misbilrˈvø') *s.* hereje, infiel. 2 incrédulo.
misbirth (misbøˈz) *s.* aborto, parto prematuro.
miscalculate (to) (miscæˈlkiuleit) *tr.* calcular mal.
miscalculation (miscælkiuleˈshøn) *s.* mal cálculo, error, cuenta equivocada.
miscall (to) (miscoˈl) *tr.* nombrar impropiamente; equivocar el nombre de.
miscarriage (miscæˈridȳ) *s.* aborto, malparto. 2 fracaso, malogro. 3 extravío. 4 desmán. 5 mala dirección o manejo.
miscarry (to) (miscæˈri) *intr.* abortar, malparir. 2 frustrarse, malograrse, perderse. 3 extraviarse [una carta].
miscellanea (miseleiˈnia) *s. pl.* miscelánea.
miscellaneous (miseleiˈniøs) *adj.* misceláneo, heterogéneo, diverso, vario.
miscellany (miˈseleini) *s.* miscelánea.

mischance (mischæˈns) *s.* desgracia, desdicha, mala suerte, fatalidad, percance.
mischarge (to) (mischaˈȳ) *tr.* cargar en cuenta indebidamente.
mischief (miˈschif) *s.* mal, daño, perjuicio; molestia, agravio: *to make* ~, enredar, meter cizaña. 2 travesura, diablura, picardía. 3 persona molesta o traviesa; diablillo.
mischief-maker *s.* enredador, chismoso, cizañero [pers.].
mischief-making *s.* acción de enredar o meter cizaña. — 2 *adj.* enredador, chismoso, cizañero.
mischievous (miˈschivøs) *adj.* malo, dañino, dañoso. 2 enredador, chismoso. 3 travieso, malicioso, juguetón.
mischievously (miˈschivøsli) *adv.* dañinamente, perversamente. 2 traviesamente, con travesura.
mischievousness (miˈschivøsnis) *s.* maldad, malicia. 2 picardía, travesura.
miscibility (misibiˈliti) *s.* calidad de miscible.
miscible (miˈsibøl) *adj.* miscible.
misconceive (to) (misconsiˈv) *intr.* formar un concepto erróneo; interpretar mal.
misconception (misconseˈpshøn) *s.* concepto erróneo, mala interpretación.
misconduct (miscaˈndøct) *s.* mala conducta, extravío. 2 mal manejo, dirección o administración.
misconduct (to) (miscondøˈct) *tr.* manejar, dirigir, o administrar mal. 2 *to* ~ *oneself,* conducirse o portarse mal.
misconstruction (misconstrøˈcshøn) *s.* error, mala interpretación.
misconstrue (to) (miscønstruˈ) *tr.* interpretar equivocadamente. 2 torcer el sentido de.
miscount (miscauˈnt) *s.* mal cálculo, error de cuenta.
miscount (to) *tr.* contar mal. — 2 *intr.* descontarse, equivocarse en la cuenta.
miscreant (miˈscriant) *s.* malandrín, bribón.
miscreated (miscrieiˈtid) *adj.* mal formado, contrahecho.
miscue (miskiuˈ) *s.* BILLAR. pifia. 2 fam. error, desacierto.
miscue (to) *intr.* BILLAR. pifiar. 2 TEAT. seguir mal al apunte, equivocarse de pie.
misdate (to) (misdeiˈt) *tr.* poner fecha equivocada; fechar falsamente.
misdeed (misdrˈd) *s.* fechoría, mala acción.
misdeem (to) (misdrˈm) *tr.* juzgar mal; pensar o suponer equivocadamente.
misdemean (to) (misdimiˈn) *intr.* portarse mal, llevar mala conducta.
misdemeanour (misdimiˈnø') *s.* mala conducta. 2 fechoría, mala acción. 3 DER. delito menos grave.
misdirect (to) (misdireˈct) *tr.* dirigir erradamente.
misdirection (misdireˈcshøn) *s.* dirección equivocada.
misdo (to) (misduˈ) *intr.* errar, obrar mal. 2 delinquir. ¶ CONJUG.: pret.: *misdid;* p. p.: *misdone.*
misdoer (misduˈø') *s.* malhechor, delincuente, el que obra mal.
misdoing (misduˈing) *s.* yerro. 2 mal obrar; mala acción; delito.
mise en scène (miš an sen) *s.* TEAT. aparato escénico; puesta en escena.
misemploy (to) (misemploˈi) *tr.* emplear mal.
miser (maiˈšø') *adj. y s.* mísero, avaro, tacaño, roñoso.
miserable (miˈšørabøl) *adj.* miserable, mísero. 2 desdichado, infeliz. 3 mezquino, pobre. 4 miserable, vil, despreciable. 5 que causa molestia o infelicidad. 6 lastimoso.
miserableness (miˈšørabølnis) *s.* miseria. 2 desdicha, desesperación.
miserably (miˈšørabli) *adv.* miserablemente; desdichadamente; lastimosamente.
Miserere (mišørˈri) *s.* LITURG. Miserere.
misericorde (mišøricoˈd) *s.* misericordia [puñal]. 2 misericordia, coma [de silla de coro].
miserliness (maiˈšø'linis) *s.* avaricia, tacañería, mezquindad.
miserly (maiˈšø'li) *adj.* avaro, tacaño, mezquino, roñoso.
misery (miˈšøri) *s.* miseria, lacería. 2 desdicha, infelicidad. 3 aflicción, pena, angustia, dolor, sufrimiento.
misfaith (misfeiˈz) *s.* falta de fe, incredulidad, desconfianza.

misfeasance (misfī·śans) s. acto legal realizado ilegalmente. 2 abuso de autoridad

misfire (misfai·ø') s. acción de fallar [un arma de fuego, el encendido de un motor, etc.].

misfire (to) *intr.* fallar [un arma de fuego, el encendido de un motor, etc.].

misfit (misfi·t) *adj.* que no sienta o ajusta bien. — 2 s. prenda que no sienta o no ajusta bien. 3 persona mal adaptada a su ambiente.

misfit (to) *tr.* e *intr.* no sentar o ajustar bien, no ser propio o a propósito. 2 no encajar.

misfortune (misfo·'chøn) s. infortunio, desdicha, desgracia, calamidad, revés, percance, desastre.

misgive (to) (misgui·v) *tr.* dar dudas recelos o temores [dic. del pensamiento o el corazón]. — 2 *intr.* recelar, temer. ¶ CONJUG. pret.: *misgave;* p. p. *misgiven.*

misgiving (misgui·ving) s mal presentimiento; recelo, duda, temor.

misgotten (misga·tøn) *adj.* mal adquirido. 2 ilegítimo, bastardo.

misgovern (to) (misgø·vø'n) *tr.* desgobernar, gobernar mal.

misgovernment (misgø·vørmønt) s. desgobierno, desbarajuste, mala administración.

misguidance (misgai·dans) s. dirección errada; error, extravío.

misguide (to) (misgai·d) *tr.* dirigir mal; aconsejar mal, desencaminar, descarriar, extraviar, engañar.

misguided (misgai·did) *adj.* errado. 2 mal aconsejado, descarriado.

mishandle (to) (misjæ·ndøl) *tr.* manejar mal; maltratar.

mishap (misjæ·p) s. mala suerte, desgracia. 2 percance, contratiempo. 3 desliz, tropiezo.

mishappen (to) (misjæ·pøn) *intr.* acontecer en mala hora.

mishear (misji·ø') *tr.* oir mal, trasoír. ¶ CONJUG. pret. y p. p. *misheard.*

mishmash (mi·shmæsh) s mezcla confusa, mezcolanza.

misinform (to) (misinfo·'m) *intr.* informar o enterar mal. 2 dar informes falsos.

misinformation (misinforme·shøn) s. noticia o informes falsos.

misinterpret (to) (misintø·'prit) *tr.* interpretar mal.

misinterpretation (misintø'prite·shøn) s. mala interpretación.

misjudge (to) (misȳø·dȳ) *tr.* juzgar mal, erróneamente o injustamente.

misjudgment (misȳø·dȳmønt) s. juicio equivocado o injusto.

mislay (to) (mislei·) *tr.* colocar fuera de su sitio; extraviar, perder; traspapelar. ¶ CONJUG. pret. y p. p.: *mislaid.*

mislead (to) (mislī·d) *tr.* desencaminar, descarriar, despistar. 2 inducir a error, engañar; seducir. ¶ CONJUG. pret. y p. p.: *misled.*

mismanage (to) (mismæ·nidȳ) *tr.* manejar o administrar mal.

mismanagement (mismæ·nidȳmønt) s. mala administración, desgobierno, desarreglo, desconcierto.

mismatch (to) (mismæ·ch) *tr.* desigualar, desajustar, deshermanar. 2 casar mal.

misname (to) (misnei·m) *tr.* nombrar equivocadamente o con un mal nombre.

misnomer (misnou·mø') s. nombre equivocado o impropio.

misogamist (misa·gamist) s. persona que tiene aversión al matrimonio.

misogamy (misa·gami) s. aversión al matrimonio.

misogynist (misa·ȳinist) s. misógino.

misogynous (misa·ȳinøs) *adj.* misógino.

misogyny (misa·ȳini) s. aversión a las mujeres.

misoneism (misoni·ism) s. misoneísmo.

misplace (to) (misplei·s) *tr.* poner fuera de su sitio; colocar mal. 2 extraviar, traspapelar.

misprint (mispri·nt) s. errata, error de imprenta.

misprint (to) *tr.* imprimir con erratas, hacer erratas en la impresión de.

misprision (mispri·ȳøn) s. DER. ocultación de delito; negligencia culpable.

misprize (to) (misprai·s) *tr.* despreciar, hacer poco caso de.

mispronounce (to) (mispronau·ns) *tr.* pronunciar mal.

mispronounciation (mispronønsie·shøn) s. pronunciación incorrecta.

misquotation (miscoute·shøn) s. cita falsa o equivocada.

misquote (to) (miscuou·t) *tr.* citar equivocadamente.

misrate (to) (misrei·t) *tr.* valuar, tasar mal.

misread (to) (misri·d) *tr.* leer mal.

misreport (misripo·'t) s. informe falso o erróneo.

misreport (to) *tr.* informar falsa o equivocadamente. 2 difamar, hablar mal de.

misrepresent (to) (misriprese·nt) *tr.* desfigurar, pervertir, tergiversar, falsear.

misrepresentation (misripresente·shøn) s. noticia o relación falsa; tergiversación; falsedad, embuste, chisme.

misrule (misru·l) s. desgobierno, mal gobierno. 2 desorden, confusión.

misrule (to) *tr.* desgobernar, gobernar mal.

Miss (mis) *pl.,* **Misses** (mi·sis) s. señorita [antepuesto al nombre]. 2 (con min.) señorita, joven. ‖ Ús. esp. en el deporte o en el comercio: *misses's shoes,* calzado para señoritas.

miss s. acción de errar el tiro, el blanco, el golpe, etc.; errada; fracaso, malogro: *a ～ is as good (o as bad) as a mile,* lo mismo da librarse (o errar) por poco que, por mucho. 2 falta, pérdida.

miss (to) *tr.* errar [el tiro, el golpe, el blanco; la vocación, etc.], no acertar con. 2 no ver, no oir, no comprender: *to ～ the point,* no ver la intención, no comprender el verdadero sentido: *I missed what you said,* se me escapó, o no oí, lo que dijo Vd. 3 perder [el tren, la ocasión, un goce, etc.]. 4 pasar por alto, omitir. 5 escapar, evitar: *he barely missed being killed,* por poco se mata o lo matan. 6 echar de menos, sentir la falta de; encontrar a faltar: *we missed you very much,* nos hizo Vd. mucha falta, lo echamos a Vd. mucho de menos. 7 to ～ *fire,* fallar [un arma]. 8 MAR. to ～ *stays,* faltar la virada, no virar. — 9 *intr.* marrar, errar el blanco. 10 fallar, fracasar, no surtir efecto, salir mal.

missal (mi·sal) s. LITURG. misal. 2 devocionario.

missel o **missel thrush** (mi·søl) s. ORNIT. cagaceite.

missend (to) (misse·nd) *tr.* enviar o dirigir mal. ¶ CONJUG. pret. y p. p): *missent.*

misshape (to) (misshei·p) *tr.* deformar, desfigurar, afear. ¶ CONJUG. p. p.: *mishaped o -shapen.*

misshapen (misshei·pøn) *adj.* mal formado, deformado, deforme, monstruoso.

missile (mi·sil) *adj.* arrojadizo. — 2 s. proyectil. 3 arma arrojadiza.

missing (mi·sing) *adj.* extraviado, perdido, que falta: *～ link,* ZOOL. supuesto tipo intermedio entre el hombre y el mono. 2 MIL. desaparecido. 3 *to be ～,* faltar, estar extraviado o perdido; haber desaparecido.

mission (mi·shøn) s. misión. 2 organización religiosa y benéfica. 3 MIL. salida de de uno o más aviones para un servicio o un ataque aéreo. — 4 *adj.* de misión, misional: *～ furniture,* muebles sencillos y sólidos hechos al estilo de los usados en las misiones californianas.

missionary (mi·shøneri) *adj.* misional. — 2 s. misionero. 3 misionario.

missioner (mi·shønø') s. misionero [esp. el que predica una misión].

missis (mi·sis) s. (pronunciación familiar de la palabra MISTRESS) señora; ama de casa. 2 esposa.

Mississipi (misisi·pi) *n. pr.* GEOGR. Misisipí.

missive (mi·siv) *adj.* misivo. — 2 s. carta, misiva.

Missouri (mišu·ri) *n. pr.* GEOGR. Misuri.

Missourian (mišu·rian) *adj.* del Misuri.

misspell (to) (misspe·l) *tr.* deletrear mal. 2 escribir con mala ortografía.

misspelling (misspe·ling) s. mal deletreo. 2 falta de ortografía.

misspend (to) (missp·end) *tr.* malgastar, malbaratar, derrochar.

misstate (to) (misste·t) *tr.* relatar o afirmar falsamente; desfigurar [un hecho].

misstatement (misste·tmønt) s. relación o aserción falsa o equivocada; error.

misstep (misste·p) s. paso en falso; desliz, tropiezo.

misstep (to) *intr.* dar un paso en falso; tropezar.

missus (mi·søs) s. MISSIS.

missy (mi·si), *pl.* **-sies** (-sis) s. fam. señorita.

mist (mi·st) s. niebla, vapor, calígine, calina, vaho.

vaharina; llovizna. 2 niebla, nube, confusión, obscurecimiento.

mist (to) *intr.* anublarse formarse niebla; llovizar. 2 anublarse; empañarse [los ojos]. — 3 *tr.* nublar, empañar, obscurecer.

mistakable (mistei·cabøl) *adj.* confundible.

mistake (mistei·c) *s.* equivocación, error, yerro, confusión : *to make a ~,* cometer una equivocación, equivocarse; *and no ~,* fam. sin duda alguna; *by ~,* por equivocación, por descuido. 2 IMPR. errata.

mistake (to) *tr.* equivocar; confundir, tomar [una pers. o cosa] por otra; entender mal, trabucar. — 2 *intr.* equivocarse, confundirse, engañarse. ¶ CONJUG. pret.: *mistook;* p. p.: *mistaken.*

mistaken (mistei·køn) p. p. de TO MISTAKE. — 2 *adj.* equivocado, errado, engañado : *to be ~,* estar equivocado. 3 erróneo, incorrecto.

mistakenly (mistei·kønli), **mistakingly** (mistei·kingli) *adv.* equivocadamente; erróneamente.

misteach (to) (mistᵣ·ch) *tr.* instruir o enseñar mal. ¶ CONJUG. pret. y p. p. *mistaught.*

Mister (mi·stø') *s.* Señor [tratamiento de cortesía usado delante del nombre].

mister (to) *tr.* tratar de MISTER.

misterm (to) (mistø·'m) *tr.* dar nombre equivocado.

mistimed (mistai·md) *adj.* inoportuno; extemporáneo, intempestivo.

mistiness (mi·stinis) *s.* caligine, obscuridad.

mistletoe (mi·søltou) *s.* BOT. muérdago, liga.

mistook (mistu·k) *pret.* p. p. de TO MISTAKE.

mistral (mi·stral) *s.* mistral [viento].

mistranslate (to) (mistrænslei·t) *tr.* traducir mal.

mistranslation (mistransle·shøn) *s.* traducción errónea.

mistreat (to) (mistrit) *tr.* maltratar.

mistreatment (mistri·tmønt) *s.* mal tratamiento; malos tratos.

mistress (mi·stris) *s.* ama, dueña, señora : *the Mistress of the Seas,* la señora de los mares [Inglaterra]. 2 señora de la casa. 3 directora [de una escuela]. 4 maestra [mujer que enseña; mujer diestra o versada en algo]. 5 querida, manceba. 6 cortejo, novia, mujer querida. 7 fam. señora, esposa. 8 (con may.) Señora [tratamiento de cortesía]. 9 *Mistress of the Robes,* camarera mayor [de una reina o princesa].

mistrial (mistrai·al) *s.* DER. juicio viciado de nulidad, por error de procedimiento, etc.

mistrust (mistrø·st) *s.* desconfianza, sospecha, recelo; suspicacia.

mistrust (to) *tr.* desconfiar, sospechar de, dudar de, recelar.

mistrustful (mistrø·stful) *adj.* desconfiado, que desconfía, receloso. 2 que causa desconfianza o recelo.

mistrustfully (mistrø·stfuli) *adv.* desconfiadamente.

mistrustfulness (mistrø·stfulnis) *s.* desconfianza, recelo, suspicacia.

mistrustingly (mistrø·stingli) *adv.* con desconfianza.

misty (mi·sti) *adj.* brumoso, nublado, caliginoso. 2 empañado. 3 confuso, vago, indistinto; ininteligible.

misunderstand (to) (misøndø'stæ·nd) *tr.* entender o interpretar mal, trasoir, tomar en sentido erróneo. ¶ CONJUG. pret. y p. p.: *misunderstood.*

misunderstanding (misøndø'stæ·nding) *s.* equivocación, error, engaño, idea equivocada, mala inteligencia, mala interpretación. 2 desavenencia, disensión.

misunderstood (misøndø'stu·d) pret. y p. p. de TO MISUNDERSTAND.

misusage (misyu·sidỹ) *s.* maltrato. 2 MISUSE.

misuse (misyu·s) *s.* abuso, mal uso, uso impropio; malversación [de fondos].

misuse (to) (misyu·s) *tr.* maltratar, tratar mal. 2 abusar de, usar o emplear mal. 3 malversar [fondos].

misword (to) (misuø·'d) *tr.* redactar mal.

mite (mai·t) *s.* ZOOL. ácaro. 2 pizca, mota; friolera, pequeñez. 3 criatura, enano. 4 *one's ~,* su grano de arena, su óbolo.

miter (mai·tø') *s.* MITRE.

miter (to) *tr.* TO MITRE.

mithridate (mi·zirideit) *s.* fam. mitridato.

mitigable (mi·tigueibøl) *adj.* mitigable. 2 atenuable, disminuible, moderable.

mitigant (mi·tigant) *adj.* mitigante, calmante, lenitivo.

mitigate (to) (mi·tigueit) *tr.* mitigar, disminuir, atenuar, suavizar, paliar.

mitigation (mitigue·shøn) *s.* mitigación.

mitigative (mi·tigueitiv) *adj.* y *s.* mitigativo, mitigatorio, lenitivo, paliativo.

mitigator (mi·tiguéitø') *s.* mitigador, paliador.

mitigatory (mi·tigatori) *adj.* y *s.* MITIGATIVE.

mitosis (mitou·sis) *s.* BIOL. mitosis.

mitrailleuse (mi·trayøs) *s.* ametralladora.

mitral (mai·tral) *adj.* mitral.

mitre (mai·tø') *s.* mitra. 2 CARP. inglete : *~ box,* caja de ingletes. 3 sombrerete, caballete [de chimenea]. 4 COST. escudete. 5 ~ sill, busco [de la esclusa]. —

mitre (to) *tr.* conferir una mitra a. 2 cubrir con mitra o caballete. 3 CARP. ingletear; unir a inglete; cortar a inglete.

mitred (mai·tø·d) *adj.* mitrado.

mitt (mit) *s.* mitón, confortante, maniquete. 2 guante sin división para los dedos, excepto para el pulgar. 3 guante de béisbol.

mitten (mi·tøn) *s.* MITT 1 y 2 : *a cat in mitten is no mouser,* gato con guantes no caza ratones. 2 *to get,* o *give, the ~,* recibir o dar calabazas. 3 *pl.* guantes de boxeo.

mittimus (mi·timøs) *s.* DER. auto de prisión. 2 fam. (Ingl.) despido : *to get one's ~,* ser despedido.

mix (mics) *s.* mezcla de ingredientes; proporciones de los ingredientes de una mezcla. 2 fam. ~ up, lío, embrollo, confusión. 3 fam. sarracina.

mix (to) *tr.* mezclar, mixturar, barajar. 2 mecer [un líquido]. 3 preparar, hacer, confeccionar, amasar [lo que se hace mezclando]. 4 aderezar [ensalada]. 5 juntar : *to ~ oneself,* juntarse con, meterse entre [otras personas]. 6 *to ~ up,* mezclar, entremezclar; confundir; *to be mixed up in* o *with,* participar, mojar en, tener que ver con [un asunto feo]. — 7 *intr.* mezclarse, barajarse, confundirse. 8 juntarse, tratarse, alternar : *not to ~ well,* no hacer buenas migas. 9 inmiscuirse, tomar parte. ¶ CONJUG. pret. y p. p.: *mixed* o *mixt.*

mixable (mi·csabøl) *adj.* mezclable.

mixed (mi·cst) *adj.* mezclado, barajado. 2 mixto: ~ *chorus,* coro mixto; ~ *marriage,* matrimonio entre personas de distintas razas o religiones : ~ *number,* número mixto; ~ *school,* escuela mixta : ~ *train,* tren mixto. 3 misceláneo, variado. 4 formado de gente muy distinta; poco selecto. 5 ~ *up,* confundido, aturdido [esp. por la bebida]; revuelto; envuelto, mezclado [en un asunto].

mixen (mi·csøn) *s.* estercolero, muladar.

mixer (mi·csø') *s.* mezclador. 2 fam. (EE. UU.) persona sociable : *to be a good ~,* ser sociable, adaptable; tener don de gentes. 3 máquina mezcladora, dispositivo mezclador.

mixing (mi·csing) *adj.* mezclador. — 2 *s.* mezcla, mezcladura, mezclamiento.

mixtilineal, mixtilinear (micstili·nial, -nia') *adj.* GEOM. mixtilíneo.

mixture (mi·cschø') *s.* mezcla, mixtura. 2 mezcla [tela]. 3 mezcolanza, mixtifori.

mizen, mizzen (mi·søn) *s.* MAR. mesana. — 2 *adj.* de mesana : ~ *shrouds,* jarcia de mesana; ~ *topmast,* sobremesana.

mizzenmast (mi·sønmæst) *s.* MAR. palo de mesana.

mizzle (to) (mi·søl) *intr.* lloviznar. 2 (pop.) largarse, huir, desaparecer.

mnemonic(al (nema·nic(al) *adj.* mnemotécnico.

mnemonics (nema·nics) *s.* mnemónica, mnemotecnia.

mnesic (ni·sic) *adj.* relativo a la memoria.

Moabite (mou·abait) *adj.* y *m.* moabita.

moan (mou·n) *s.* gemido, quejido, plañido, lamento. 2 murmullo [de las olas].

moan (to) *intr.* gemir, plañir, quejarse, lamentarse. — 2 *tr.* llorar, deplorar.

moanful (mou·nful) *adj.* plañidero, triste, quejumbroso.

moanfully (mou·nfuli) *adv.* tristemente, lamentablemente, con gemido o quejidos.

moat (mou·t) *s.* FORT. foso.

moat (to) *tr.* rodear con fosos.

mob (mab) *s.* populacho, chusma, canalla; turbamulta. 2 multitud, gentío, tropel. 3 pandilla. 4 toca o cofia de mujer.

mob (to) *tr.* agolparse alrededor de, rodear tumultuosamente. — *2 intr.* tumultuarse, alborotar. ¶ CONJUG. pret. y p. p. : *mobbed;* ger. : *mobbing.*

mobbish (ma·bish) *adj.* tumultuoso.

mobcap (ma·bcæp) *s.* toca o cofia de mujer.

mobile (mou·bil) *adj.* móvil, movible, movedizo. 2 inconstante, variable.

mobility (mobi·liti) *s.* movilidad. 2 inconstancia, instabilidad.

mobilization (mobiliše·shøn) *s.* mobilización. 2 conversión en muebles de los bienes raíces.

mobilize (to) (mou·bilaiš) *tr.* movilizar. 2 convertir en muebles los bienes raíces.

moccasin (ma·casin) *s.* mocasín, calzado usado por los indios y tramperos de América. 2 ZOOL. cierta serpiente venenosa.

Mocha (mo·ca) *n. pr.* GEOGR. Moca. 2 *s.* (con min.) moca [café]. 3 especie de cabritilla.

mock (mac) *adj.* ficticio, falso, imitado : ~ *turtle soup.* sopa de cabeza de ternera hecha a imitación de la de tortuga. 2 fingido, burlesco, irónico. 3 METEOR. ~ *moon,* paraselene; ~ *sun,* parhelio. 4 BOT. ~ *cypress,* mirabel; ~ *orange,* jeringuilla; ~ *privet,* labiérnago. — *5 s.* burla, befa, mofa, irrisión : *to make a* ~ *of,* reírse de, despreciar. 6 remedo, imitación.

mock (to) *tr.* mofar, mofarse de, burlarse de, befar, escarnecer, ridiculizar; reírse de. 2 burlar [las esperanzas, etc.], engañar. 3 imitar, remedar, contrahacer — *4 intr.* burlarse, mofarse : *to* ~ *at,* burlarse de, mofarse de.

mocker (ma·kø') *s.* mofador, escarnecedor.

mockery (ma·køri) *s.* burla, mofa, escarnio, befa. 2 remedo, imitación.

mock-heroic *adj.* épico-burlesco. — *2 s.* obra épico-burlesca.

mocking (ma·king) *adj.* burlón, mofador.

mockingbird (ma·kingbø'd) *s.* ORNIT. sinsonte.

mockingly (ma·kingli) *adv.* burlonamente, con mofa.

modal (mou·dal) *adj.* modal.

modality (modæ·liti) *s.* modalidad.

mode (mou·d) *s.* modo, manera, forma, método. 2 METAF., LÓG., MÚS. modo. 3 GRAM. modo [del verbo]. 4 forma particular; variedad, género, suerte. 5 moda, estilo, uso. 6 en una serie de datos estadísticos, el valor que ocurre con mayor frecuencia.

model (ma·døl) *s.* modelo. 2 patrón, plantilla. 3 diseño, muestra. 4 figurín. 5 dechado, ejemplo. 6 maniquí viviente. 7 terraja [para hacer molduras]. — *8 adj.* modelo, que sirve de modelo : ~ *school,* escuela modelo, escuela práctica aneja a una normal.

model (to) *tr.* modelar, formar, moldear. 2 trazar el diseño o patrón de. — *3 intr.* posar como modelo. ¶ CONJUG. pret. y p. p. : *modeled* o *-lled;* ger. : *modeling* o *-lling.*

model(l)ing (mo·deling) *s.* B. ART. modelado. — *2 adj.* modelador : ~ *board,* terraja [para hacer molduras].

model(l)er (mo·delø') *s.* modelador. 2 diseñador, trazador.

model(l)ist (mo·delist) *s.* modelista.

moderate (to) (ma·døreit) *tr.* moderar; templar; reprimir; calmar; morigerar. — *2 tr.* e *intr.* presidir [una reunión, etc.]. — *3 intr.* moderarse; calmarse.

moderately (ma·døritli) *adv.* moderadamente. 2 módicamente, razonablemente. 3 medianamente.

moderateness (ma·døritnis) *s.* moderación. 2 morigeración, templanza. 3 modicidad.

moderation (madøre·shøn) *s.* moderación : *in* ~, con moderación. 2 sobriedad, templanza. 3 mesura, comedimiento. 4 suavidad, lenidad. 5 presidencia [acto de presidir]. 6 *pl.* exámenes públicos para el grado de *Bachelor of Arts* [en Oxford].

moderator (ma·døreitø') *s.* moderador. 2 concordador, árbitro. 3 examinador [en ciertas universidades]. 4 presidente [de una reunión o asamblea]. 5 presidente [de una congregación presbiteriana]. 6 MEC. regulador.

modern (ma·dø'n) *adj.* moderno.

modernism (ma·dø'nišm) *s.* modernismo.

modernist (ma·dø'nist) *s.* modernista.

modernistic (madø'ni·stic) *adj.* modernista.

modernity (madø'niti) *s.* modernidad.

modernize (to) (ma·dø'naiš) *tr.* modernizar. — *2 intr.* modernizarse.

modest (ma·dest) *adj.* modesto, recatado, pudoroso, decoroso, decente. 2 modesto, humilde, sencillo. 3 moderado [no excesivo].

modestly (ma·destli) *adv.* modestamente. 2 decentemente.

modesty (ma·desti) *s.* modestia. 2 pudor, recato, decencia. — *3 adj.* ~ *piece,* bobillo [encaje].

modicum (ma·dicøm) *s.* poco, pequeña porción o cantidad.

modifiable (ma·difaiabøl) *adj.* modificable.

modification (madifike·shøn) *s.* modificación. 2 variación.

modificative (ma·difikeitiv·) *adj.* modificativo.

modificatory (ma·difikeitori) *adj.* modificatorio.

modifier (ma·difaiø') *s.* modificador. 2 GRAM. palabra modificativa.

modify (to) (ma·difai) *tr.* modificar. 2 moderar, templar, suavizar. — *3 intr.* modificarse, variar.

modillion (modi·lion) *s.* ARQ. modillón.

modish (mou·dish) *adj.* a la moda, hecho a la moda.

modist (mou·dist) *adj.* y *s.* el que sigue la moda.

modular (ma·diula') *adj.* del módulo o de la modulación.

modulate (to) (ma·diuleit) *tr.* modular. 2 entonar, cantar. 3 regular, ajustar. — *4 intr.* MÚS. modular.

modulation (madiule·shøn) *s.* modulación. 2 ARQ. determinación de las proporciones por medio de un módulo. 3 uso armonioso del lenguaje [esp. escrito].

modulator (ma·diuleitø') *s.* modulador.

module (ma·dyul) *s.* unidad de medida. 2 ARQ., HIDR., NUM. módulo.

modulus (ma·diuløs), *pl.* -li (-lai) *s.* MAT. módulo. 2 FÍS. coeficiente.

modus (mou·døs) *s.* modus [modo, manera] : ~ *vivendi,* modus vivendi.

mof(f)ette (mofe·t) *s.* mofeta [gas].

Mogul (mogø·l) *s.* mogol : *the Great* ~, el Gran Mogol. 2 (con min.) magnate, autócrata. 3 *pl.* naipes de superior calidad.

mohair (mou·jeø') *s.* pelo de cabra de Angora. 2 camelote hecho con este pelo.

Mohammed (moujæ·mid) *n. pr.* Mahoma.

Mohammedan (moujæ·midan) *s.* mahometano.

Mohammedanism (moujæ·midanišm) *s.* mahometismo.

Mohican (mo·jican) *s.* mohicano.

moiety (mo·ieti) *s.* mitad.

moil (moi·l) *s.* afán, fatiga, trabajo penoso. 2 confusión, tumulto.

moil (to) *intr.* afanarse, fatigarse, trabajar sin descanso.

moire, moiré (mua·', muarei·) *s.* muaré.

moist (moist) *adj.* húmedo, mojado. 2 aguanoso. 3 lluvioso.

moisten (to) (moi·søn) *tr.* humedecer, humectar, mojar, ligeramente. — *2 intr.* humedecerse.

moistener (mo·sønø') *s.* humedecedor, humectador.

moistening (mo·søning) *adj.* humectante.

moistness (mo·stnis) *f.* calidad de húmedo o mojado.

moisture (moi·schø') *s.* humedad. 2 sudor.

moke (mouc·) *s.* pop. asno. 2 (EE. UU.) negro.

molar (mou·la') *adj.* y *s.* molar : ~ *tooth,* diente molar. — *2 adj.* MED. relativo a una mola. 3 MEC., FÍS. relativo a la masa.

molary (mou·lari) *adj.* molar.

molasses (molæ·siš) *s.* melaza, melote.

mold, to mold, moldboard, molder, etc., MOULD, TO MOULD, MOULDBOARD, MOULDER, etc.

Moldavian (maldæ·vian) *adj.-s.* moldavo.

mole (mou·l) *s.* MED. mola. 2 lunar, mancha. 3 malecón, escollera, rompeolas; dársena. 4 ZOOL. topo. 5 piel de topo. 6 ENTOM. ~ *cricket,* cortón, grillotalpa, grillo cebollero o real.

molecular (mole·kiula') *adj.* molecular.

molecule (ma·likiul) *s.* molécula.

molehill (mou·ljil) s. topera, topinera. 2 montón de tierra, montículo. 3 (fig.) pequeño obstáculo, dificultad, etc.

moleskin (mou·lskin) s. piel de topo. 2 especie de fustán. 3 pl. pantalón u otra prenda de esta tela.

molest (to) (mole·st) tr. molestar, inquietar, vejar, oprimir. 2 faltar al respeto [a una mujer].

molestation (moleste·shøn) s. molestia, vejación.

molester (mole·stø') s. molestador, vejador.

Molinism (mo·linižm) s. molinismo.

Moll (mal) n. pr. dim. de MARY.

moll f. fam. mujer del hampa, compañera de un bandido 2 fam. ramera.

mollescent (møle·sønt) adj. molificativo.

mollient (ma·liønt) adj. molitivo.

mollifiable (ma·lifaiabøl) adj. molificable.

mollification (malifike·shøn) s. molificación. 2 mitigación. 3 ablandamiento, apaciguamiento.

mollifier (ma·lifaiø') s. molificador. 2 ablandador, apaciguador.

mollify (to) (ma·lifai) tr. molificar. 2 mitigar. 3 ablandar, 4 calmar, aplacar, apaciguar. ¶ CONJUG. pret. y p. p. : mollified.

mollusc (ma·løsk) s. ZOOL. molusco.

Mollusca (malø·ska) s. pl. ZOOL. moluscos.

molluscan (malø·scan) adj. y s. ZOOL. molusco.

Molly (ma·li) n. pr. dim. de MARY, Mariquita.

mollycoddle (ma·licadøl) s. marica, mantecón, niño mimado.

mollycoddle (to) tr. consentir, mimar.

Moloch (mou·lac) n. pr. MIT. Moloc [deidad semítica]. — 2 s. (con min.) ZOOL. moloc [saurio australiano].

molossus (mola·søs) s. METR. moloso.

molt, to molt, molting, MOULT. TO MOULT. MOULTING.

molten (mou·ltøn) p. p. irr. de TO MELT. — 2 adj. fundido, en fusión [metal]. 3 fundido [en molde].

moly (mou·li) s. BOT. ajo silvestre. 2 planta fabulosa.

molybdate (moli·bdeit) s. QUÍM. molibdato.

molybdenite (moli·bdønait) s. MINER. molibdenita.

molybdenum (moli·bdønøm) s. QUIM. molibdeno.

molybdic (moli·bdic) adj. QUÍM. molíbdico.

moment (mou·mønt) s. momento, instante, período, coyuntura: at any ~, de un momento a otro; for the ~, de momento, por el momento; in a ~, en un instante. 2 momento, importancia, peso, entidad, consecuencia. 3 MEC. momento : ~ of inertia, momento de inercia.

momental (mou·møntal) adj. momentáneo. 2 MEC. del momento.

momentarily (mou·mønterili) adv. momentáneamente. 2 instantáneamente.

momentariness (mou·mønterinîs) s. momentaneidad. 2 instantaneidad.

momentary (mou·mønteri) adj. momentáneo. 2 que ocurre a cada momento.

momently (mou·møntli) adv. a cada momento. 2 por momentos. 3 por un momento.

momentous (mome·ntøs) adj. importante, grave, trascendental.

momentously (mome·ntøsli) adv. gravemente, con importancia.

momentousness (mome·ntøsnis) s. importancia, gravedad.

momentum (mome·ntøm) s. ímpetu, impulso, velocidad adquirida. 2 MEC. cantidad de movimiento.

Momus (mou·møs) n. pr. MIT. Momo. 2 fig. persona criticona.

monachal (ma·nacal) adj. monacal.

monachism (ma·nakižm) s. monaquismo, monacato.

monad (ma·næd) s. mónada. 2 QUÍM. elemento o radical univalente. — 3 adj. relativo a la mónada; que consta de una mónada.

monadelphous (manade·lføs) adj. BOT. monadelfo.

monadism (ma·nædižm) s. monadismo.

monadology (manada·loŷi) s. monadología.

monarch (ma·na'c) s. monarca.

monarchial (mona·'kial), **monarchic(al** (mona·'kic(al) adj. monárquico.

monarchism (ma·na'kižm) s. régimen monárquico. 2 monarquismo.

monarchist (ma·na'kist) s. monárquico.

monarchy (ma·na'ki) s. monarquía.

monasterial (manaste·rial) adj. monasterial.

monastery (ma·nasteri) s. monasterio, convento.

monastic(al (monæ·stic(al) adj. monástico.

monastically (monæ·sticali) adv. monásticamente.

monasticism (monæ·stisižm) s. monacato, monaquismo.

Monday (mø·ndi) s. lunes.

monetary (mø·niteri) adj. monetario. 2 pecuniario.

monetize (to) (mø·nitaiš) tr. monetizar. 2 amonedar.

money (mø·ni) s. moneda, dinero : ~ of account, moneda imaginaria, moneda de cuenta : hard ~, metálico; ready ~, dinero contante o al contado; money's worth, algo que vale dinero, valor equivalente a lo que uno paga en dinero; to make ~, hacer dinero, ganar dinero, enriquecerse; to put out ~, poner dinero a ganancia; to take up ~, tomar dinero prestado; for ~, [en la bolsa] al contado. 2 lo que se usa como medio de cambio, pago, etc.: bank ~, efectos bancarios. — 3 adj. de moneda o dinero : ~ belt, cinto o faja para llevar dinero; ~ bill, ley de Hacienda; ~ broker, cambista; corredor de préstamos; prestamista; ~ changing, cambio de moneda; ~ order, giro postal; ~ scales, pesillo [balanza para la moneda].

money (to) tr. amonedar, acuñar. 2 convertir en dinero.

moneyage (mø·niidŷ) s. monedaje.

moneybag (mø·nibæg) s. talega, bolsa. 2 pl. fam. talegas, riqueza. 3 fam. ricacho.

money-changer s. cambista.

moneyed (mø·nid) adj. provisto de dinero. 2 adinerado, acaudalado, rico. 3 consistente en dinero. 4 debido a dinero.

moneyer (mø·niø') s. monedero, acuñador.

moneylender (mø·nilendø') s. prestamista.

money-maker s. el que hace dinero o acumula riqueza; pers. metalizada. 2 cosa con que se gana dinero.

money-making s. lucro, ganancia. 2 prosperidad. — 3 adj. lucrativo, provechoso.

monger (mø·ngø') s. tratante, traficante. | Entra en la composición de muchas voces.

Mongol (ma·ngøl) adj.-s. mogol, mongol.

Mongolia (mangou·lia) n. pr. GEOGR. Mogolia, Mongolia.

Mongolian (mangou·lian) adj.-s. mogol, mongol. mogólico, mongólico.

Mongolic (ma·ngalic) adj. mogólico, mongólico. — 2 s. mongol, mongólico [idioma].

mongoose (ma·ngus) s. ZOOL. mangosta.

mongrel (mø·ngrøl) adj. y s. mestizo. — 2 adj. mixto, mezclado, atravesado, cruzado. — 3 s. animal o planta cruzados; perro de raza indefinida.

monism (ma·nižm) s. monismo.

monist (ma·nist) s. monista.

monition (moni·shøn) s. aviso, consejo, advertencia, amonestación. 2 indicación, señal [de algo que amenaza].

monitor (ma·nito') s. amonestador, admonitor. 2 instructor. 3 MAR., ZOOL. monitor.

monitor (to) tr. amonestar, advertir. 2 RADIO. controlar [la señal]. 3 RADIO. escuchar [radiodifusiones con fines de censura, etc.].

monitory (ma·nitori) adj. monitorio, instructivo. — 2 s. ECLES. monitoria, monitorio.

monk (mø·nc) s. monje, fraile.

monkery (mø·nkøri) s. monasterio. 2 vida monástica, frailía. 3 cosa de fraile.

monkey (mø·nki) s. ZOOL. mono, mona, mico, simio: to play ~, hacer monerías. 2 fig. mono, mona [pers.]. 3 persona ridícula o engañada : to make a ~ of, tomar el pelo a. 4 (Ingl.) enojo: to get one's ~ up, montar en cólera : to put someone's ~ up, encolerizar a uno. 5 MEC. trinquete o fiador [del martinete]. 6 maza [del martinete]. 7 especie de alcarraza. 8 crisol para fundir vidrio. — 9 adj. de mono o que lo parece : ~ jacket, chaqueta ajustada de marinero; ~ nut, BOT. cacahuete; ~ trick, monada, monería. 10 MEC. ~ spanner, ~ wrench, llave inglesa.

monkey (to) tr. imitar, remedar. 2 intr. to ~ about, hacer monerías o payasadas. 3 to ~ with, enredar con.

monkeyshine (mø·nkishain) s. fam. (EE. UU.) monería, payasada.

monkhood (mø·ncjud) s monacato. 2 los monjes.

monkish (mø·nkish) adj. monacal; frailesco.

monk's-hood s. BOT. acónito, anapelo.

monobasic (manobei·sic) adj. QUÍM. monobásico.

monocarpellary (manoca·'peleri) adj. BOT. monocarpelar.

monoceros (mona·sørøs) s. monoceronte, unicornio. 2 ICT. pez espada; pez sierra.
monochlamydeous (manoclami·diøs) adj. BOT. monoclamídeo.
monochord (ma·noco'd) s. MÚS. monocordio.
monochromatic (manocrómæ·tic) adj. monocromático.
monochrome (ma·nocroum) adj. monocromo.
monocle (ma·nokøl) s. monóculo.
monocled (ma·nokøld) adj. con monóculo, que lleva monóculo.
monoclinal (manoclaι·nal) adj. GEOL. monoclinal.
monoclinic (manocli·nic) adj. CRIST. monoclínico.
monocotyledon (manocatilι·døn) s. BOT. monocotiledónea.
Monocotyledones (manocatilι·donis) s. pl. BOT. monocotiledóneas.
monocotyledonous (manocatilι·dønøs) adj. BOT. monocotiledóneo.
monocular (mona·kιula') monoculous (mona·kιuløs) adj. monóculo. 2 para un solo ojo.
monodactylous (manodæ·ctiløs) adj. ZOOL. monodáctilo.
Monodelphia (manode·lfia) s. pl. ZOOL. placentarios.
monodelphian (manode·lfian) adj. y s. ZOOL. placentario.
monody (ma·nodi) s. MÚS. monodia. 2 elegía.
monoecious (monι·shøs) adj. BOT. monoico.
monogamist (mona·gamist) s. monógamo.
monogamous (mona·gamøs) adj. monógamo.
monogamy (mona·gami) s. monogamia.
monogenesis (manoᵈe·nesis) s. monogenismo. 2 BIOL. reproducción asexual.
monogenism (mona·ᵈeniŝm) s. monogenismo.
monogenist (mona·ᵈenist) s. monogenista.
monogram (ma·nogræm) s. monograma.
monograph (ma·nogræf) s. monografía.
monographic (manogræ·fic) adj. monográfico.
monolith (ma·noliz) s. monolito.
monolithic (manoli·zic) adj. monolítico.
monologist (ma·nølogist) s. monologador. 2 monologuista.
monologize (to) (mona·loᵈaιŝ) intr. mono·ogar.
monologue (ma·nolag) s. monólogo; soliloquio.
monomania (manomeι·nia) s. monomanía.
monomaniac (manomeι·niæc) adj. y s. monomaníaco.
monometallism (manome·taliŝm) s. monometalismo.
monomial (monou·mial) adj. MAT. de un solo término. — 2 s. monomio.
monopetalous (manope·taløs) adj.. BOT. monopétalo.
monophase (ma·nofeιŝ) adj. ELECT. monofásico.
monophyllous (manofi·løs) adj. BOT. monofilo.
Monophysite (mona·fisait) s. monofisita.
monoplane (ma·noplein) s. monoplano.
monopolism (mona·poliŝm) s. práctica o sistema del monopolio.
monopolist (mona·polist) s. monopolista.
monopolistic (monapoli·stic) adj. monopolizador, de monopolio.
monopolize (to) (mo·napolaιŝ) tr. monopolizar.
monopolizer (mona·polaιŝø') s. monopolizador.
monopoly (mona·poli) s. monopolio.
monopteral (mona·ptøral) adj. ARQ. monóptero.
monorail (ma·noreιl) adj. de un solo riel. — 2 s. vía de un solo riel. 3 grúa móvil de un solo riel.
monorhymed (ma·noraιmd) adj. monorrimo.
monosaccharid(e (manosæ·køraid) s. QUÍM. monosacárido.
monosepalous (manose·paløs) adj. BOT. monosépalo.
monospermous (manospø··møs) adj. BOT. monospermo.
monostrophe (ma·nostrof) s. monóstrofe.
monosyllabic(al (manosilæ·bic(al) a. monosilábico.
monosyllable (mana·silæbøl) s. monosílabo.
monotheism (ma·noziŝm) s. monoteísmo.
monotheist (ma·noziιst) s. monoteísta.
monotheistic (manozii·stic) adj. monoteísta.
monotone (ma·notoun) adj. monótono. — 2 s. monotonía; unisonancia.
monotone (to) tr. cantar, recitar, etc., en un tono uniforme.
monotonous (mona·tonøs) adj. monótono.
monotonously (mona·tonøsli) adv. monótonamente.
monotony (mona·toni) s. monotonía. 2 unisonancia.
Monotremata (manotrι·mata) s. pl. ZOOL. monotremas.
monotreme (ma·notrιm) s. ZOOL. monotrema.
monotypal (ma·notaιpal) adj. MONOTYPIC.

monotype (ma·notaip) s. BIOL. representante único de un género, familia, etc. 2 IMPR. monotipia.
monotyper (ma·notaipø') s. MONOTYPIST.
monotypic (ma·notipic) adj. que consta de una sola especie, género, etc.
monovalent (manoveι·lønt) adj. QUÍM. monovalente, univalente.
monoxide (mana·csaid) s. QUÍM. monóxido.
Monseigneur (monseño·'), **Monsignor** (mansι·fiø') s. monseñor.
monsoon (mansu·n) s. monzón.
monster (ma·nstø') s. monstruo. — 2 adj. monstruo, enorme, extraordinario.
monstrance (ma·nstrans) s. LITUR. custodia, ostensorio.
monstrosity (manstra·siti), pl. -ties (-tiŝ) s. monstruosidad.
monstrous (ma·nstrøs) adj. monstruoso.
monstrously (ma·nstrøsli) adv. monstruosamente.
monstrousness (ma·nstrøsnis) s. monstruosidad, enormidad.
montane (ma·ntein) adj. montano, de los montes.
Montanism (ma·ntæniŝm) s. montanismo.
Montanist (ma·ntænist) s. montanista.
monte (ma·nti) s. monte [juego de naipes].
Montenegrin (mantini·grin) adj. y s. montenegrino.
month (mønz) s. mes: ~ of Sundays, fam. largo tiempo; today, o this day, ~, de hoy en un mes, dentro de un mes.
monthly (mø·nzli) adj. mensual: ~ allowance, pay, etc., mensualidad, mesada. 2 menstrual. — 3 adv. mensualmente. — 4 s. publicación mensual. 5 pl. regla, menstruo.
monticle (ma·ntikøl), **monticule** (ma·ntikiul) s. montículo.
monument (ma·niumønt) s. monumento. 2 (EE. UU.) sitio, monte, etc., reservado por el Estado como propiedad pública. 3 DER. lo que sirve como hito o mojón.
monumental (maniume·ntal) adj. monumental. 2 conmemorativo.
moo (mu) s. mugido.
moo (to) intr. mugir.
mood (mud) s. genio, talante. 2 humor, estado de espíritu, disposición: to be in no ~ for o to, no estar de humor para, no tener ganas de. 3 capricho. 4 GRAM., LÓG., MÚS. modo. 5 pl. accesos de mal humor
moodily (mu·dili) adv. con mal humor. 2 pensativamente. 3 caprichosamente.
moodiness (mu·dinis) s. mal humor, tristeza. 2 capricho, veleidad.
moody (mu·di) adj. malhumorado, mohino, irritable, triste, caviloso. 2 raro, caprichoso, variable, veleidoso.
moon (mu·n) s. luna [satélite: lunación]: new ~, luna nueva; full ~, luna llena; once in a blue ~, fig. muy raras veces. 2 luz de la luna. 3 ASTR. satélite. 4 media luna [cosa en forma de]. — 5 adj. lunar, de la luna; en forma de luna o media luna: ~ dial, reloj lunar; ~ knife, TEN. garatura. 6 BOT. ~ daisy, margarita, maya.
moon (to) intr. obrar como un lunático. 2 andar, mirar o pasar el tiempo absorto y distraído.
moonbeam (mu·nbιm) s. rayo de luna.
moon-blind adj. nictálope. 2 ciego intelectualmente.
moon-blindness s. nictalopía.
moon-calf s. bobo, tonto. 2 ant. monstruo. 3 MED. mola [tumor].
mooned (mu·nd) adj. lunado. 2 marcado, etc., con media luna.
moonfish (mu·nfish) s. ICT. pez luna.
moonless (mu·nlis) adj. sin luna.
moonlight (mu·nlait) s. luz de la luna. 2 escena iluminada por la luna. — 3 adj. iluminado por la luna; a la luz de la luna: ~ flitting, mudanza de domicilio que se hace de noche para no pagar los alquileres debidos. 4 loco, de lunático.
moonlit (mu·nlit) adj. iluminado por la luna.
moonraker (munreι·kø') s. tonto, estúpido.
moonrise (mu·nraιŝ) s. salida de la luna.
moonsail (mu·nseil) s. MAR. monterilla.
moonseed (mu·nsιd) s. BOT. cualquier planta menispermácea.
moonshade (mu·nsheid) s. sombra a la luz de la luna. 2 pantalla circular.
moonshine (mu·nshain) s. claridad de la luna. 2 cosa sin substancia; vana fantasía; música ce-

lestial. *3* (EE. UU.) licor, whisky, destilado clandestinamente. — *4 adj.* vano, vacío, inútil. *5* destilado clandestinamente.

moonshiner (mu·nshainǿ') *s.* (EE. UU.) destilador clandestino. *2* (EE. UU.) contrabandista de bebidas alcohólicas.

moonstone (mu·nstoun) *s.* MINER. variedad de ortosa· usada en joyería.

moonstruck (mu·nstrǿc) *adj.* lunático.

moonwort (mu·nuǿ't) *s.* BOT. hierba del nácar.

moony (mu·ni) *adj.* lunado. *2* claro o pálido como la luna. *3* abstraído, alelado, bobo.

moor (mu·') *s.* páramo, turbera, brezal, marjal. — *2 adj.* ORNIT. ∼ *buzzard*, especie de buzardo; ∼ *cock*, lagópodo macho; ∼ *hen*, lagópodo hembra; polla de agua.

Moor *s.* moro. *2* sarraceno. *3* musulmán [en la India].

moor (to) *tr.* MAR. amarrar, anclar [un buque]. *2* aferrar, arraigar, fijar en un sitio. — *3 intr.* MAR. echar las amarras, echar las anclas. *4* MAR. estar amarrado o anclado [un buque].

moorage (mu·ridỹ) *s.* MAR. amarraje.

moorfowl (mu·'faul) *s.* ORNIT. lagópodo de Escocia.

mooring (mu·ring) *s.* MAR. amarra, cable de amarrar. *2 pl.* MAR. amarradero, anclaje. — *3 adj.* de amarre, de amarrar : ∼ *berth*, amarradero; ∼ *buoy*, boya de amarre; ∼ *mast*, amarradero; ∼ *tower*, AER. torre de amarre para globos dirigibles.

moorish (mu·rish) *adj.* pantanoso, árido.

Moorish *adj.* moro, morisco. *2* ARQ. árabe.

moorland (mu·'land) *s.* paramera, marjal, brezal.

moory (mu·ri) *adj.* pantanoso. *2* moreno, atezado.

moose (mus) *s.* ZOOL. anta, alce americano.

moot (mut) *s.* discusión, controversia [como ejercicio]. — *2 adj.* discutible, en discusión. *3* que se discute como ejercicio.

moot (to) *tr* discutir, debatir [esp. como ejercicio].

mop (map) *s.* aljofifa, rodilla, estropajo, estregadera. *2* MAR. lampazo. *3* trozo de algodón hidrófilo. *4* greña cabello revuelto. *5* mueca.

mop (to) *tr.* aljofifar, fregar. *2* enjugar, limpiar [el sudor, etc.]. *3* MIL. to ∼ *up*, limpiar de enemigos [un terreno conquistado]; acabar con los restos dispersos [del enemigo]. — *4 intr.* hacer muecas : to ∼ *and mow*, hacer muecas o gestos. ¶ CONJUG. pret. y p. p.: *mopped;* ger.: *mopping.*

mopboard (ma·pbo'd) *s.* BASEBOARD.

mope (moup) *s.* persona abatida, desanimada, melancólica, apática. *2 pl.* murria, melancolía, aburrimiento.

mope (to) *t.* abatir, entristecer. — *2 intr.* andar abatido y quejumbroso, entregarse a la melancolía; aburrirse.

mope-eyed *adj.* corto de vista, cegato. *2* estúpido.

mopish (mou·pish) *adj.* abatido, quejumbroso, melancólico.

mopishly (mou·pishli) *adv.* abatidamente, melancólicamente.

mopishness (mou·pishnis) *s.* abatimiento, melancolía.

mopping-up *s.* MIL. operación de limpieza.

mopstick (ma·pstic) *s.* mango de aljofifa.

moquette (moke·t) *s.* moqueta.

mora (mou·ra) *s.* morra [juego].

moraine (morei·n) *s.* GEOL. morena.

morainic (morei·nic) *adj.* GEOL. relativo a una morena o formado por ella.

moral (ma·ral) *adj.* moral : ∼ *certainty*, certidumbre moral; ∼ *philosophy*, ética, filosofía moral; ∼ *sense*, sentido moral; ∼ *support*, apoyo moral. *2* virtuoso. *3* que tiene sentido moral. — *4 s.* moraleja, moralidad, enseñanza. *5 pl.* moral, ética. *6* moral [costumbres, conducta].

morale (mǿræ·l) *s.* moral [estado de ánimo].

moralism (ma·ralǐm) *s.* máxima moral. *2* enseñanza moral, inculcación de la moralidad; costumbre de moralizar. *3* práctica de la moral independientemente de la religión.

moralist (ma·ralist) *s.* moralista. *2* moralizador. *3* el que lleva una vida moral.

morality (mǿræ·liti) *pl.* **-ties** (-tiš) *s.* moralidad. *2* deducción o enseñanza moral, moraleja. *3* moral [ciencia]. *4* principios éticos [de un hombre, una doctrina]. *5* TEAT. antiguo drama moral alegórico.

moralization (ma·ralǐše·shǿn) *s.* moralización.

moralize (to) (ma·ralaǐš) *tr.* moralizar. *2* dar un

sentido moral a, deducir una moraleja de. — *3 intr.* moralizar [hacer reflexiones morales].

moralizer (ma·ralaǐšǿ') *s.* moralizador.

morally (ma·rali) *adv.* moralmente.

morass (mora·s) *s.* pantano, cenagal, marjal, tremedal. *2* fig. atolladero.

moratorium (mǿrato·riǿm), *pl.* **-riums** o **-ria** *s.* moratoria.

moratory (mo·ratori) *adj.* de moratoria.

Moravian (morei·vian) *adj.* y *s.* moravo.

moray (mourei·) *s.* ICT. morena.

morbid (mo·'bid) *adj.* mórbido, morboso, patológico.

morbidity (mo·'bi·diti), **morbidness** (mo·'bidnis) *s.* morbosidad, estado morboso, enfermedad. *2* morbididad.

morbific(al (mo·'bi·fic(al) *adj.* morbífico.

morbus (mo·'bǿs) *s.* morbo.

mordacious (mo·'dei·shǿs) *adj.* mordaz, cáustico.

mordacity (mo·'dæ·siti) *s.* mordacidad.

mordant (mo·'dant) *adj.* mordiente, corrosivo. *2* acre, punzante, mordaz. — *3 s.* mordente, mordiente.

mordent (mo·'dǿnt) *s.* MÚS. mordente.

more (mo·') *adj.* y *adv.* más : *any* ∼, ya no : ∼ *and* ∼, más y más, cada vez más; *at* ∼ *than*, en más de [con un numeral]; ∼ *by token*, a mayor abundamiento, por más señas; ∼ *or less*, más o menos; poco más o menos; ∼ *than*, más que; *neither*, o *no*, ∼ *nor less*, ni más ni menos, exactamente; *no* ∼, no más; ya no; se acabó; *once* ∼, otra vez; *so much the* ∼, tanto más; *the* ∼, más, todavía más; con mayor motivo; *the* ∼ ... *the better*, cuanto más ... mejor; *the* ∼ ... *the less*, cuanto más ... menos, mientras más ... menos; *the* ∼ *the merrier*, cuanto más mejor; cuantos más mejor; *the* ∼ ... *the more*, cuanto más ... más; mientras más ... más.

moreen (morri·n) *s.* filipichín.

morel (mo·rel) *s.* BOT. colmenilla, cagarria. *2* BOT. hierba mora, solano. — *3 adj.* moreno.

morello (more·lo) *s.* BOT. guindo. *2* color de mora.

moreover (morou·vǿ') *adv.* además, por otra parte, también.

Moresque (more·sc) *adj.* moro, morisco. *2* B. ART. árabe. — *3 s.* B. ART. estilo árabe.

morganatic (mo·'gǿnæ·tic) *adj* morganático.

morgue (mo·'g) *s.* depósito de cadáveres.

moribund (mo·ribǿnd) *adj.* moribundo.

morion (mou·riǿn) *s.* morrión [casco].

Morisco (mori·scou) *adj.* y *s.* morisco. — *2 s.* (con min.) danza morisca. *3* ARQ. estilo árabe.

Mormon (mo·'mǿn) *s.* mormón. — *2 adj.* mormónico.

Mormonism (mo·'mǿnǐm) *s.* mormonismo.

morn (mo·'n) *poét.* mañana; alba, amanecer; oriente.

morning (mo·'ning) *s.* mañana [primera parte del día; de la vida]: *good* ∼, buenos días; *early in the* ∼, muy de mañana, temprano; *to-morrow* ∼, mañana por la mañana. *2* alba, aurora, albores. *3* (con may.) MIT. Aurora. — *4 adj.* de mañana, de la mañana, del alba, matinal, matutino : ∼ *coat*, chaqué; ∼ *dress*, traje de casa [de mujer]; traje de chaqué; ∼ *gown*, bata; ∼ *performance*, matiné [función]; ∼ *star*, lucero del alba.

morning-glory *s.* BOT. dondiego de día.

Moro (mou·rou) *adj.* y *s.* mahometano filipino.

Moroccan (mora·kan) *adj.* y *s.* marroquí, marrueco.

morocco (mora·cou) *s.* marroquí, tafilete.

Morocco *n. pr.* GEOGR. Marruecos.

moron (mou·ran) *s.* atrasado mental.

morose (morou·s) *adj.* malhumorado, hosco, displicente, arisco. *2* moroso : ∼ *delectation*, delectación morosa.

morosely (morou·sli) *adv.* con mal humor.

moroseness (morou·snis), **morosity** (morou·siti) *s.* mal humor, displicencia.

Morpheus (mo·'fius) *n. pr.* MIT. Morfeo.

morphia (mo·'fia), **morphine** (mo·'fin) *s.* morfina : ∼ *addict*, morfinómano.

morphine (to) *tr.* dar morfina a.

morphinism (mo·'finǐm) *s.* MED. morfinismo.

morphinize (to) (mo·'finaǐš) *tr.* tratar con morfina.

morphinomania (mo·'finomei·nia) *s.* morfinomanía.

morphinomaniac (mo·'finomei·niæc) *adj.* morfinómano

morphological (moʹfolaɏical) *adj.* morfológico.
morphology (moʹfaloɏi) *s.* morfología.
morphosis (moʹfouˈsis) *s.* BIOL. morfosis.
Morris (maˈris) *n. pr.* Mauricio.
morris o **morris dance** *s.* danza grotesca, mojiganga.
morrow (moˈrou) *s.* mañana, día siguiente : *on the* ~, en el día de mañana, el día siguiente ; *to-morrow*, mañana ; *day after to-morrow*, pasado mañana. 2 ant. mañana [primera parte del día].
morse (moˈs) *s.* ZOOL. morsa.
Morse code *s.* TELEG. alfabeto Morse.
morsel (moˈsəl) *s.* bocado [comida]. 2 pedacito, poquito.
mort (moˈt) *s.* toque de la trompa de caza al morir la res. 2 fam. gran cantidad, gran número. 3 ICTIOL. salmón en su tercer año.
mortal (moˈtal) *adj.* mortal : ~ *remains*, restos mortales ; ~ *sin*, pecado mortal. 2 de la muerte. 3 a muerte. 4 letal, fatal. 5 grave, tremendo. 6 humano [del hombre]. — 7 *s.* mortal.
mortality (moˈtæliti) *s.* mortalidad. 2 humanidad, género humano ; naturaleza humana.
mortalize (to) (moˈtalaiš) *tr.* hacer mortal.
mortally (moˈtali) *adv.* mortalmente. 2 gravemente ; extremadamente. 3 humanamente.
mortar (moˈtar') *s.* mortero, almirez, pilón. 2 ARTILL. mortero. 3 PIROT. morterete. 4 mortero, argamasa.
mortarboard (moˈtaˈboˈd) *s.* ALBAÑ. esparavel. 2 birrete académico cuadrado.
mortgage (moˈguidɏ) *s.* hipoteca. — 2 *adj.* hipotecario : ~ *loan*, préstamo hipotecario.
mortgage (to) *tr.* hipotecar.
mortgageable (moˈguidɏabəl) *adj.* hipotecable.
mortgagee (moˈguiɏɪˈr) *s.* acreedor hipotecario.
mortgager (moˈguiɏɵˈr') *s.* deudor hipotecario.
mortician (moˈtiˈshan) *s.* UNDERTAKER 2.
mortiferous (moˈtifərɵs) *adj.* mortífero.
mortification (moˈtifikeˈshɵn) *s.* mortificación, humillación. 2 mortificación [doma de las pasiones]. 3 MED. mortificación.
mortify (to) (moˈtifai) *tr.* mortificar, humillar, herir los sentimientos de. 2 mortificar [castigar el cuerpo, domar las pasiones]. 3 MED. mortificar. — 4 *intr.* mortificarse. ¶ CONJUG. pret. y p. p. : *mortified*.
mortise (moˈtis) *s.* mortaja, cotana, muesca, caja, entalladura. — 2 *adj.* de mortaja, etc. ~ *lock*, cerradura embutida.
mortise (to) *tr.* hacer muescas o mortajas en, escoplear. 2 ensamblar, enmechar.
mortise-and-tenon joint *s.* CARP. ensambladura de caja y espiga.
mortmain (moˈtmein) *s.* DER. amortización, manos muertas.
mortuary (moˈchuæri) *adj.* mortuorio, funerario. — 2 *s.* depósito de cadáveres.
morula (moˈriula), *pl.* **-lae** (-li) *s.* BIOL. mórula.
Mosaic (moˈseiˈic) *adj.* mosaico [de Moisés].
mosaic *s.* mosaico [obra taraceada]. — 2 *adj.* mosaico [taraceado]. 3 que parece un mosaico, abigarrado. 4 musivo : ~ *gold*, oro musivo.
mosaicist (moˈseiˈisist) *s.* el que hace o vende mosaicos.
Mosaism (moˈseiišm) *s.* mosaísmo.
Moscow (maˈskau) *n. pr.* GEOGR. Moscú.
Moselle (moˈsel) *n. pr.* GEOGR. Mosela.
Moses (mouˈšiš) *n. pr.* Moisés.
Moslem (maˈslem) *adj.* y *s.* muslime, musulmán.
mosque (mask) *s.* mezquita.
mosquito (məskiˈtou), *pl.* **-toes** o **-tos** (-tous) *s.* ENTOM. mosquito, cénzalo, cínife *zancudo. — 2 *adj.* de mosquitos, para mosquitos : ~ *bar*, ~ *net*, mosquitero ; ~ *fleet*, fig. escuadra de barcos pequeños ; ~ *hawk*, ENTOM. caballito del diablo.
moss (mɔs) *s.* BOT. musgo, musco ; moho, verdín. 2 capa, incrustación, liquen, etc., de aspecto musgoso. 3 tremedal, marjal. — 4 *adj.* musgoso : ~ *agate*, MINER. ágata musgosa ; ~ *rose*, BOT. rosa musgosa.
moss (to) *tr.* cubrir de musgo. 2 quitar el musgo de. — 3 *intr.* criar musgo o moho.
moss-grown *adj.* musgoso [cubierto de musgo]. 2 fig. mohoso, anticuado.
mossback (mɔsˈbæc) *s.* fig. (EE. UU.) fósil [pers. de ideas anticuadas] ; reaccionario.
mossiness (moˈsinis) *s.* abundancia de musgo ; calidad de musgoso o mohoso.

mossy (moˈsi) *adj.* musgoso, mohoso.
most (mouˈst) *adj.* (superl. de MORE, MUCH, MANY) más : *see who can make* ~ *noise*, ved quién puede hacer más ruido. 2 los más, la mayoría, la mayor cantidad de ; muchos : ~ *men*, muchos hombres, la mayoría de los hombres ; *for the* ~ *part*, en su mayor parte, generalmente, en la mayoría de los casos. 3 mayor [en grado, intensidad, etc.] : *the* ~ *speed*, la mayor velocidad. — 4 *adv.* sumamente, en sumo o mayor grado, más, muy : *Most Reverend*, reverendísimo ; *the Most High*, el Altísimo, Dios ; *the* ~ *courageous men*, los hombres más valientes. 5 casi : ~ *finished*, casi acabado. — 6 *s.* [gralte. con *the*] lo más, lo sumo, los más, la mayor parte, el mayor valor : *to make the* ~ *of*, sacar el mejor partido de ; *at the* ~, *at* ~, a lo más, cuando más, a lo sumo.
mostly (mouˈstli) *adv.* en su mayor parte, principalmente ; generalmente ; casi, casi todo o todos.
mote (mout) *s.* mota o partícula de polvo : ~ *in another's eye*, fig. paja en el ojo ajeno. 2 TEJ. resto de pepita que queda en el algodón mal alijado ; manchita en el tejido debida a esta impureza. 3 junta, asamblea.
motel (mouˈtel) *s.* motel.
motet (moteˈt) *s.* MÚS. motete.
moth (mɔz) *s.* polilla. 2 ENTOM. pequeña mariposa nocturna. — 3 *adj.* de polilla, para la polilla : ~ *ball*, bola de alcanfor o de naftalina.
moth-eaten *adj.* apolillado. 2 fig. anticuado.
mother (mɵ.dɵˈr') *s.* madre [que da el ser] : *Mother's Day*, día de la madre ; *mother's mark*, antojo [mancha o lunar]. 2 madre [religiosa] : *Mother Superior*, superiora, madre superiosa. 3 tía [mujer de edad] : *Mother Hubbard*, protagonista de un cuento infantil ; fig. bata suelta de mujer. 4 madre [causa, fuente, origen]. 5 madre [del vino, etc.]. — 6 *adj.* madre ; materno ; natal : ~ *church*, la santa madre iglesia ; iglesia metropolitana ; ~ *country*, madre patria, país natal ; ~ *liquid*, ~ *liquor*, ~ *water*, QUÍM. aguas madres, residuo de una cristalización ; ~ *tongue*, lengua madre ; lengua materna o vernácula. 7 natural, nativo, ingénito : ~ *wit*, inteligencia natural ; chispa, ingenio.
mother (to) *tr.* adoptar, servir de madre. 2 reconocer por hijo. 3 confesarse autora de. 4 ser causa u origen de.
mother-in-law, *pl.* **mothers-in-law** *s.* madre política, suegra.
motherhood (mɵ.dɵˈjud) *s.* maternidad. 2 madres, conjunto de madres.
motherless (mɵ.doˈlis) *adj.* huérfano de madre.
motherliness (mo.dɵˈlinis) *s.* calidad de maternal. 2 afecto maternal.
motherly (mɵ.dɵˈli) *adj.* maternal, materno. — 2 *adv.* maternalmente.
mother-of-pearl *s.* nácar, madreperla. — 2 *adj.* nacarino, de madreperla.
motherwort (mɵ.dɵˈuoˈt) *s.* BOT. agripalma.
mothy (moˈzi) *adj.* lleno de polillas, apolillado.
motif (moutiˈf) *s.* MÚS., B. ART. motivo, tema.
motile (mouˈtil) *adj.* ZOOL., BOT. móvil, movible.
motility (moutiˈliti) *s.* FISIOL. movilidad ; contractilidad.
motion (mouˈshɵn) *s.* movimiento, moción : *to set in* ~, poner en movimiento. 2 curso, dirección del movimiento. 3 impulso : *of his own* ~, de su propio impulso. 4 meneo. 5 aire, manera de moverse. 6 seña, signo, ademán. 7 MEC juego, marcha, funcionamiento ; mecanismo. 8 MÚS. movimiento. 9 moción, proposición : *on the* ~ *of*, a propuesta de. 10 DER. pedimento. 11 *pl.* movimiento, actividades. — 12 *adj.* de movimiento : ~ *picture*, película cinematográfica.
motion (to) *intr.* hacer seña o ademán. — 2 *tr.* hacer seña o ademán [a uno] indicándole algo o invitándole, etc., a hacer algo.
motionless (mouˈshɵnlis) *adj.* inmóvil, inmoble, sin movimiento ; incapaz de moverse.
motion picture *s.* película [cinematográfica]. 2 *pl.* cine, cinematógrafo.
motion-picture *adj.* cinematográfico.
motivate (to) (mouˈtiveit) *tr.* motivar [dar motivo para]. 2 mover, impulsar, incitar.
motivation (moutiveˈshɵn) *s.* acción de motivar, motivo.
motive (mouˈtiv) *s.* motivo, causa, razón móvil. 2

B. ART., LIT., MÚS. tema, motivo. — *3 adj.* motor, motriz : ~ *power*, fuerza motriz.

motivity (moti·viti) *s.* movilidad, capacidad de moverse. *2* capacidad de producir movimiento.

motley (ma·tli) *adj.* abigarrado, multicolor, gayado, a cuadros. *2* mezclado, heterogéneo, diverso. *3* vestido de colorines. — *4 s.* abigarramiento, mezcolanza. *5* paño de varios colores. *6* traje de bufón.

motor (mou·tøᵣ) *s.* movedor, motor [el o lo que mueve]. *2* MEC. motor. *3* automóvil. — *4 adj.* ANAT., FISIOL. motor, motriz : ~ *nerve*, nervio motor. *5* de motor, de automóvil ; automóvil : ~ *coach*, autómnibus, autobús ; ~ *drive*, grupo motor [de una máquina] ; ~ *launch*, lancha automóvil ; ~ *oil*, aceite lubricante de motores ; ~ *spirit*, combustible para motores de explosión, gasolina ; ~ *ship*, motonave ; ~ *truck*, autocamión.

motor (to) *tr.* llevar en automóvil o avión. — *intr.* viajar, pasear o ir en automóvil.

motorboat (mou·to'bout) *s.* canoa automóvil, gasolinera.

motorcade (mou·tøᵣ'keid) *s.* caravana o desfile de automóviles.

motorcar (mou·tøᵣ'caᵣ) *s.* automóvil. *2* autocar. *3* (EE. UU.) coche motor.

motorcycle (mou·tøᵣ'saikøl) *s.* motocicleta.

motorcyclist (mou·tøᵣ'saiclist) *s.* motociclista.

motor-driven *adj.* movido por motor eléctrico.

motordrome (mou·tøᵣ'droum) *s.* autódromo.

motoring (mou·tøring) *s.* automovilismo.

motorist (mou·tøᵣist) *s.* motorista, automovilista.

motorize (to) (mou·tøraiš) *tr* motorizar.

motorman (mou·to'mæn), *pl.* **-men** (-men) *s.* conductor de tranvía o locomotora eléctrica.

motorway (mou·tøᵣuei) *s.* autopista.

mottle (ma·tøl) *s.* pinta, mancha, veta [de color]. *2* color moteado, veteado o jaspeado.

mottle (to) *tr.* manchar, motear, jaspear, vetear, abigarrar.

mottled (ma·tøld) *adj.* manchado, moteado, pintado, pintojo, jaspeado, veteado, abigarrado.

motto (ma·tou), *pl.* **-toes** o **tos** *s.* mote, empresa, lema, divisa. *2* máxima. *3* papel con versos para envolver dulces.

moufl(l)on (mu·flan) *s.* ZOOL. musmón.

mould (mou·ld) *s.* moho [orgánico], verdín. *2* tierra vegetal, suelo, humus, mantillo. *3* barro, materia [de que una cosa está hecha]. *4* molde, matriz, forma. *5* modelo, plantilla. *6* terraja [para hacer molduras]. *7* forma, hechura. *8* carácter, índole. *9* CARP., ARQ. moldura, grupo de molduras. *10* ~ *shot*, balines, posta.

mould (to) *tr.* amoldar. *2* moldear, formar, vaciar. *3* modelar. *4* amasar, dar forma [al pan, etc.]. *5* moldurar. *6* MAR. galibar. *7* AGR. cubrir con mantillo. — *8 intr.* tomar una forma. *9* enmohecerse, florecerse.

mouldable (mou·ldabøl) *adj.* amoldable. *2* moldeable.

mouldboard (mou·ldbo'd) *s.* vertedera [del arado].

moulder (mou·ldøᵣ) *s.* moldeador ; vaciador. *2* amasador. *3* plasmador.

moulder (to) *tr.* desmoronar, consumir, convertir en polvo. — *2 intr.* desmoronarse, consumirse, convertirse en polvo.

mouldier (mou·ldiøᵣ) *adj.* comp. de MOULDY.

mouldiest (mou·ldiist) *adj. superl.* de MOULDY.

mouldiness (mou·ldinis) *s.* moho, enmohecimiento, florecimiento.

moulding (mou·lding) *s.* CARP., ARQ. moldura. *2* amoldamiento, moldeado. *3* vaciado [acción, objeto]. — *4 adj.* para amoldar, moldear, etc. : ~ *board*, tabla para dar forma al pan ; ~ *cutter*, cuchilla de una máquina de hacer molduras ; ~ *machine*, CARP. máquina de hacer molduras ; FUND. máquina para hacer moldes ; ~ *sand*, arena de molde o de fundición.

mouldy (mou·ldi) *adj.* mohoso, enmohecido.

moulin (mulæ·n) *s.* GEOL. pozo casi vertical que forma el agua en un glaciar.

moulinage (mou·linaẏ) *s.* TEJ. retorcido y doblado de la seda.

moulinet (muline·t) *s.* ESGR. molinete. *2* MEC. tambor o cilindro [del cabrestante, etc.].

moult (mou·lt) *s.* MOULTING. *2* pluma, piel, etc., de que se desprenden los animales en la muda.

moult (to) *tr.* mudar [la pluma, la piel, etc.]. — *2 intr.* mudar, hacer la muda [un animal].

moulting (mou·lting) *s.* muda [de los animales].

mound (mau·nd) *s.* montón de tierra, montículo, terrero, túmulo. *2* terraplén, atrincheramiento. *3* testigo [en una excavación]. *4* bola de oro [emblema del soberano].

mound (to) *tr.* amontonar. *2* cercar, fortificar con terraplenes de defensa, atrincherar.

mount (ma·unt) *s.* monte, montaña. *2* terraplén, baluarte. *3* monta, montadura, manera de montar [a caballo, en bicicleta, etc.]. *4* montura, cabalgadura. *5* MIL. monta [toque]. *6* montura [de un objeto]. *7* varillaje [de abanico].

mount (to) *tr.* subir [una cuesta, etc.]. *2* subir, ascender o elevarse por. *3* subir, levantar, alzar, elevar, remontar. *4* montar o montarse en o sobre. *5* montar, cubrir, acaballar. *6* montar [poner a caballo, dar caballo]. *7* montar, armar, engastar, engarzar ; montar, pegar [fotografías, etc.]. *8* TEAT. poner en escena. *9* MAR. montar [tantos cañones]. *10* MIL. poner [una guardia, etc.] ; montar [la guardia]. — *11 intr.* subir, ascender, elevarse. *12* remontarse. *13* subir, aumentar. *14* subir, subirse, montar, montarse [en o sobre]. *15* ascender [una cuenta].

mountain (mau·ntin) *s.* montaña, monte : *to make a* ~ *out of a molehill*, exagerar un obstáculo, una dificultad, etc., hacer una montaña de ello. — *2 adj.* montañés, montés ; de montaña o montañas ; montañoso : ~ *artillery*, artillería de montaña ; ~ *chain*, cadena de montañas, cordillera ; ~ *climber*, alpinista, montañero ; ~ *dew*, fam. whisky de contrabando ; ~ *railroad* o *railway*, ferrocarril funicular o de cremallera ; ~ *range*, cordillera, sierra ; ~ *sickness*, mal de montaña ; ~ *side*, ladera o vertiente de montaña. *3* BOT. ~ *ash*, especie de serbal ; fresno de Tejas ; ~ *asp*, tiemblo norteamericano ; ~ *balsam*, nombre de varios abetos norteamericanos ; ~ *cowslip*, oreja de oso ; ~ *damson*, aceitillo ; ~ *parsley*, oreoselino, perejil de monte ; ~ *pine*, pino negro. *4* ORNIT. ~ *cock*, urogallo ; ~ *partridge*, ~ *quail*, perdiz de California. *5* ZOOL. ~ *goat*, especie de cabra montés, de cuernos pequeños y lisos, propia del NO. de América ; ~ *lion*, puma.

mountaineer (mauntiᵣ') *s.* montañés. *2* alpinista, montañero.

mountaineer (to) *intr.* dedicarse al alpinismo ; practicar el alpinismo.

mountaineering (mauntiᵣ·ring) *s.* alpinismo, montañismo.

mountainous (mau·ntinøs) *adj.* montañoso, montuoso. *2* enorme.

mountaintop (mau·ntintap) *s.* cumbre de la montaña.

mountebank (mau·ntibænc) *s.* charlatán, truhán, saltimbanqui.

mountebank (to) *intr.* hacer de charlatán.

mounted (mau·ntid) *adj.* montado.

mounter (mau·ntøᵣ) *adj.* montador. *2* el que sube.

mounting (mau·nting) *s.* subida, ascensión. *2* monta [acción]. *3* montaje. *4* montura, engaste, marco. *5* papel, cartulina [en que está pegada una fotografía, etc.]. — *6 adj.* para montar : ~ *block*, montadero, montador [poyo].

mourn (mou·rn) *tr.* deplorar, lamentar, llorar, sentir. — *2 intr.* lamentarse, dolerse, afligirse. *3 to* ~ *for*, estar de duelo, llevar luto por ; llorar a.

mourner (mou·ᵣnøᵣ) *s.* afligido, el que llora una pérdida. *2* enlutado. *3* el que lleva el duelo en un entierro o funeral. *4* plañidera.

mournful (mou·ᵣnful) *adj.* triste, lúgubre, lastimero, fúnebre, luctuoso. *2* triste, apesadumbrado, dolorido. *3* entristecedor.

mournfully (mou·ᵣnfuli) *adv.* tristemente ; fúnebremente.

mournfulness (mou·ᵣnfulnis) *s.* tristeza ; calidad de lúgubre, fúnebre o lastimero.

mourning (mou·ᵣning) *s.* aflicción, dolor, pesar, duelo. *2* lamento, llanto. *3* luto : *deep* ~, luto riguroso ; *to be in* ~, estar de luto ; *to go into* ~, ponerse de luto. — *4 adj.* triste, dolorido. *5* lúgubre, lamentoso, fúnebre. *6* de luto : ~ *band*, brazal de luto. *7* BOT. ~ *bride*, ~ *widow*, viuda.

mouse (mau·s), *pl.* **mice** (mais) *s.* ZOOL. ratón. *2* MAR. barrilete.

mouse (to) *intr* cazar ratones. *2* andar a la caza o al acecho ; husmear. — *3 tr.* jugar con [como el gato con el ratón] ; desgarrar ; hacer trizas. *4* buscar. *5* MAR. amarrar, hacer un barrilete en.

mouse-ear *s.* BOT. miosotis, raspilla. 2 BOT. vellosilla.

mousehole (mau·sjoul) *s.* ratonera [agujero].

mouser (mau·sø') *s.* perro o gato ratonero. 2 fig. husmeador. 3 fam. policía.

mousing (mau·šiṅg) *adj.* ratonero. 2 fisgón. — 3 *s.* caza de ratones. 4 husmeo.

mousetail (mau·steil) *s.* BOT. miosuro, cola de ratón.

mousetrap (mou·stræp) *s.* ratonera [trampa]. 2 fig. casita.

mousquetaire (muskøte·ø') *s.* mosquetero. 2 guante de mosquetero.

mousse (mus) *s.* COC. especie de crema batida.

mousseline (musli·n) *s.* muselina. 2 vidrio muselina.

moustache (møstæ·sh) *s.* MUSTACHE.

mouth (mau·z) *s.* ANAT. boca: *down in the ~,* alicaído, cariacontecido; *from ~ to ~,* de boca en boca; *to give ~,* proferir, expresar, hablar; *to keep one's ~ shut,* guardar silencio; *to make one's ~ water,* hacer que se le haga a uno agua la boca; *to stop the ~,* tapar la boca. 2 boca [entrada, abertura, orificio]. 3 tragante [de un horno de cuba]. 4 bocas, desembocadura [de un río]. 5 mueca, visaje. — 6 *adj.* de boca: *~ organ,* armónica; zampoña.

mouth (to) (mau·z) *tr.* decir, proferir, vocear, declamar. 2 coger con la boca; tomar en la boca. 3 comer, mascar. 4 acostumbrar [un caballo] al bocado. — 5 *intr.* hablar [con voz hueca], gritar, declamar. 6 desembocar [un río]. 7 hacer muecas o visajes.

mouthed (mau·zd) *adj.* que tiene boca o la tiene de cierto modo. | Ús. esp. en composición: *foulmouthed,* mal hablado; *hard-mouthed,* boquiduro.

mouther (mau·zø') *s.* orador que declama mucho. 2 pop. golpe o puñetazo en la boca.

mouthful (mau·zful) *s.* bocado [de comida]; lo que cabe en la boca. 2 pizca.

mouthless (mau·zlis) *adj.* desbocado, sin boca.

mouthing (mau·ziṅg) *s.* pronunciación afectada.

mouthpiece (mau·zpis) *s.* lo que forma la boca o boquilla [de una cosa]; lo que cubre o protege la boca. 2 MÚS. boquilla, embocadura, estrangul, tudel. 3 bocado, embocadura [del freno]. 4 bocal [de bota]. 5 portavoz, vocero [el que habla por otros].

mouthwash (mau·zuash) *s.* enjuague, enjuagadientes, colutorio.

mouthy (mau·zi) *a.* gritón. 2 ampuloso, pomposo.

movability (muvabi·liti) *s.* movilidad.

movable (mu·vabøl) *a.* movible, móvil, movedizo; locomovible. — 2 *s. pl.* muebles, mobiliario, enseres, efectos.

movableness (mu·vabølnis) *s.* MOVABILITY.

movably (mu·vabli) *adv.* de un modo movible.

move (muv) *s.* movimiento [acción de moverse]: *to get a ~ on,* menearse, darse prisa; *on the ~,* en marcha, en movimiento; de viaje. 2 cambio de sitio. 3 jugada [de damas, ajedrez, etc.]: *it is your ~,* usted juega. 4 paso, diligencia, trámite. 5 moción, propuesta.

move (to) *tr.* mover: *to ~ one's head,* mover la cabeza: *to ~ to laughter,* mover a risa; *to ~ to tears,* hacer llorar. 2 inducir, persuadir, inclinar. 3 menear. 4 remover, trasladar, mudar; poner [en otro sitio]. 5 conmover, enternecer. 6 excitar [un sentimiento]. 7 proponer [en una asamblea], *mocionar. 8 jugar [una pieza o peón, en ajedrez, damas, etc.]. 9 hacer mover, exonerar [el vientre]. — 10 *intr.* moverse; andar; *to ~ about,* moverse, ir de un lado a otro; *to ~ away,* irse, alejarse, apartarse; *to ~ forward,* adelantarse, avanzar; *to ~ off,* quitarse o apartarse de; *to ~ on,* seguir adelante, circular: *~ on!,* ¡circulen!; *to ~ round,* dar vueltas, girar, revolver; *to ~ to and fro,* ir de acá para allá. 11 irse, marcharse, partir; ponerse en marcha. 12 trasladarse, mudarse: *to ~ in,* entrar a habitar una casa; entrar; *to ~ out,* dejar una casa, etc.: salir. 13 MEC. andar, marchar, funcionar. 14 marchar, progresar. 15 obrar, entrar en acción. 16 jugar [hacer una jugada, en ajedrez, damas, etc.]. 17 *to ~ for,* pedir solicitar [de un tribunal], etc.].

moveable (mu·vabøl) *adj.* MOVABLE.

moveless (mu·vlis) *adj.* fijo, sin movimiento.

movement (mu·vmønt) *s.* movimiento [acción; manera de moverse]. 2 movimiento, actividad. 3 COM. circulación. 4 movimiento [político, etc.]. 5 movimiento [de una obra artística]. 6 MÚS. movimiento; tiempo. 7 MIL. marcha, evolución. 8 MEC. mecanismo [que mueve]; máquina [de reloj]. 9 MED. evacuación, deposición.

mover (mu·vø') *s.* movedor, motor: *prime ~,* principio motor, fuerza motriz. 2 promotor, promovedor. 3 proponente, autor de una moción. 4 el que se ocupa en el traslado de muebles. 5 AJEDREZ. problema en [tantas] jugadas. | Ús. en composición: *two-mover, three-mover,* problema en dos, en tres, jugadas.

movie (mu·vi) *s.* película [de cine]. 2 pl. *the movies,* el cine. — 3 *adj.* de cine: *~ film,* película, cinta; *~ screen,* pantalla de cine.

movie-goer *s.* fam. aficionado al cine.

movieland (mu·vilænd) *s.* fam. país de ensueño [del cine]. 2 fam. la región del Sur de California, como centro principal de la producción cinematográfica.

moving (mu·viṅg) *s.* movimiento, moción. 2 traslado. mudanza, cambio de domicilio. — 3 *adj.* móvil: *~ coil,* ELECT. bobina móvil; *~ picture,* MOTION PICTURE: *~ platform,* plataforma móvil [de correa sin fin]; *~ staircase* o *stairway,* escalera mecánica. 4 motor, motriz. 5 conmovedor. 6 que mueve, impulsa o excita: *~ spirit,* alma [de una empresa]. 7 de traslado o mudanza: *~ van,* carro o camión de mudanzas.

movingly (mu·viṅgli) *adv.* conmovedoramente, patéticamente.

1) **mow** (mau) *s.* montón de heno o de gavillas en un granero o cobertizo; parte del granero, hórreo o cobertizo donde se pone.

2) **mow** (mou) *s.* ant. mueca.

1) **mow (to)** (mau) *tr.* apilar o entrar en el granero o cobertizo [el heno, las gavillas, etc.].

2) **mow (to)** (mou) *tr.* segar, guadañar, dallar. — 2 *intr.* ant. hacer muecas. ¶ CONJUG. p. p.: *mowed* o *mown.*

mowburn (to) (mau·bø'n) *intr.* calentarse [el heno, el grano].

mower (mou·ø') *s.* segador, guadañador, dallador. 2 segadora o guadañadora mecánica; máquina para cortar el césped.

mowing (mou·iṅg) *s.* siega. 2 prado de guadaña. — 2 *adj.* que siega, para segar: *~ machine,* MOWER 2.

mown (mou·n) *p. p. irr.* de TO MOW, segado, guadañado.

moxa (ma·csa) *s.* MED. moxa.

Mozarab (mouše·rab) *adj.* y *s.* mozárabe.

Mozarabic (mouše·rabic) *adj.* mozárabe.

mozetta (møše·ta) *s.* ECLES. muceta.

mucedinous (miuse·diṇøs) *s.* parecido al moho.

much (møch) *adj.* mucho, mucha: *~ people,* mucha gente; *~ ado about nothing,* nada entre dos platos, mucho ruido para nada. — 2 *adv.* mucho, con mucho, en gran manera, muy: *as ~,* tanto, otro tanto; *I thought as ~,* fam. me lo figuraba; *as ~ as,* tanto como; *as ~ more,* otro tanto más; *how ~?,* ¿cuánto?; *however ~,* por mucho que; *~ as,* por más que, a pesar de; *~ the same,* casi lo mismo; *no matter how ~,* por mucho que; *not so ~,* no tan, no tanto; *so ~,* tanto; *so ~ as* siquiera; *so ~ the better,* so *~ the worse,* tanto mejor o peor; *too ~,* demasiado; *very ~,* muchísimo. — 3 *s.* mucho, gran cantidad; cosa extraordinaria, considerable: *~ of muchness,* casi lo mismo; *not ~ of,* de poca importancia o valor; *not ~ of a poet,* un poeta de poco valor; *to be ~ of,* ser todo; *he is ~ of a gentleman,* es todo un caballero; *to be not ~ to look at,* tener mala facha, ser poco imponente; *to make ~ of,* tener en mucho, festejar, dar importancia a.

muchness (mø·chnis) *s.* cantidad, demasía.

mucid (miu·sid) *adj.* viscoso, mucilaginoso.

mucilage (miu·silidȳ) *s.* mucílago.

mucilaginous (miusilæ·ȳiṇøs) *adj.* mucilaginoso.

mucin (miu·sin) *s.* BIOQUÍM. mucina.

muck (møc) *s.* estiércol húmedo, mantillo. 2 suciedad pegajosa; porquería. 3 desp. dinero, riqueza. 4 MIN. zafra.

muck (to) *tr.* AGR. estercolar, abonar. 2 limpiar [de estiércol o suciedad]. 3 fam. *to ~ up,* ensuciar. — 4 *intr.* pop. *to ~ about,* vagar, haraganear.

mucker (møˑkøʳ) *s.* fam. sujeto soez, grosero.
muck-heap, muck hill *s.* estercolero, muladar.
muckiness (møˑkinis) *s.* suciedad, porquería, inmundicia.
muckrake (to) (møˑkreic) *intr.* POL. andar escarbando para poner al descubierto vilezas y ruindades.
muckraker (møˑkreikøʳ) *s.* POL. el que anda escarbando para poner al descubierto vilezas y ruindades.
muckworm (møˑcuøˑm) *s.* gusano de muladar. 2 fig. golfo, pillete. 3 fig. avaro.
mucky (møˑki) *adj.* estercolizo. 2 puerco, sucio, asqueroso.
mucoid (miuˑcoid) *adj.* mucoso.
mucor (miuˑcøʳ) *s.* moco, mucosidad. 2 BOT. mucor.
mucosa (miuˑcousa), *pl.* **-sae** (-si) *s.* ANAT. mucosa.
mucosal (miukaˑsal) *adj.* de las mucosas.
mucosity (miucaˑsiti) *s.* mucosidad, viscosidad.
mucous (miuˑcøs) *adj.* mucoso : ~ *membrane,* membrana mucosa.
mucousness (miuˑkøsnes) *s.* MUCOSITY.
mucro (miuˑcrou) *s.* BOT., ZOOL. punta.
mucronate(d (miuˑcrouneit(id) *adj.* mucronato.
mucus (miuˑcøs) *s.* moco, mucosidad.
mud (mød) *s.* barro, lodo, fango, cieno, légamo : *to stick in the* ~, atollarse, enfangarse. 2 fig. fango : *to sling* ~ *at,* llenar de fango, difamar. — *3 adj.* de o del barro, lodo, etc., para el lodo, etc. : ~ *bath* baño de lodo; ~ *boat,* ~ *lighter,* gánguil, lancha de draga; ~ *dauber,* ~ *wasp,* avispa que hace nidos de barro; ~ *hen,* polla de agua americana; ~ *puppy,* nombre de varias salamandras americanas; ~ *scraper,* limpiabarros; ~ *turtle,* tortuga de agua dulce; ~ *volcano,* volcán de lodo; ~ *wall,* tapia.
mud (to) *tr.* enlodar, embarrar. 2 enturbiar, ensuciar.
muddier (møˑdiøʳ) *adj. comp.* de MUDDY.
muddiest (møˑdiist) *adj. superl.* de MUDDY.
muddily (møˑdili) *adv.* turbiamente.
muddiness (møˑdinis) *s.* calidad de lodoso. 2 turbieza, turbulencia. 3 suciedad.
muddle (møˑdøl) *s.* enredo embrollo, confusión, lío, desorden.
muddle (to) *tr.* enredar, embrollar, confundir. 2 enturbiar. 3 embriagar, entontecer, atontar. 4 malgastar, echar a perder estúpidamene. — 5 *intr.* hacerse un lío, enredar las cosas : *to* ~ *through,* hacer algo torpemente, salir del paso a duras penas.
muddle-head *s.* estúpido, atontado.
muddle-headed *adj.* estúpido, atontado.
muddy (møˑdi) *adj.* barroso, fangoso, lodoso, cenagoso, lúteo. 2 embarrado, enlodado. 3 que vive en el fango. 4 turbio, empañado. 5 confuso, obscuro. 6 estúpido, atontado.
muddy (to) *tr.* embarrar, enlodar, ensuciar. 2 enturbiar. 3 obscurecer, entontecer, turbar. ¶ CONJUG. pret. y p. p.: *muddied; ger.* : *muddying.*
Mudéjar (muˑdeiˑjaʳ) *a.* y *s.* mudéjar.
mudguard (møˑdgaʳd) *s.* alero, guardabarros, guardafango.
mudhole (møˑdjoul) *s.* bache u hoyo fangoso, atolladero.
mudsill (møˑdsil) *s.* madero puesto en el suelo como cimiento. 2 desp. (EE. UU.) descamisado.
muezzin (miueˑsin) *s.* almuecín, almuédano.
muff (møf) *s.* manguito [de piel]. 2 MEC. manguito. 3 torpeza, fracaso. 4 [en ciertos juegos] torpeza del que deja escapar la pelota al ir a cogerla. 5 fam. torpe, tonto. 6 ORNIT. curruca.
muff (to) *tr.* e *intr.* hacer algo torpemente, con desmaña. 2 dejar escapar la pelota [en ciertos juegos].
muffin (møˑfin) *s.* bollo o panecillo redondo y esponjoso. 2 platito de barro. — *3 adj.* ~ *cap,* gorra redonda; (Ingl.) gorro de cuartel de ciertos regimientos.
muffle (møˑføl) *s.* mufla. 2 cámara [en un horno] para cocer loza. 3 MITTEN. 4 funda; lo que envuelve. 5 lo que apaga el sonido; sonido apagado. 6 cuadernal. 7 ZOOL. hocico, morro.
muffle (to) *tr.* envolver, arrebujar, embozar, cubrir, tapar. 2 envolver con ropa la cabeza de [uno] para que no vea, oiga, grite, etc. 3 apagar, amortiguar [un sonido]. 4 poner algo a [una

campana, etc.] para amortiguar su sonido : *to* ~ *a drum.* enfundar o destemplar un tambor.
muffled (møˑføld) *adj.* envuelto, embozado. 2 cubierto o dispuesto para que no haga ruido : ~ *drum,* tambor enfundado, enlutado; ~ *oars,* remos envueltos en trapos. 3 apagado, sordo [ruido]. 4 ORNIT. calzada [paloma]. 5 hecho en una mufla.
muffler (møˑfløʳ) *s.* bufanda, tapaboca, embozo. 2 MEC. silenciador. 3 MÚS. apagador. 4 guante grueso; guante de boxeo.
mufti (møˑfti) *s.* muftí. 2 MIL. (Ingl.) traje de paisano.
mug (møg) *s.* jarro [para beber]. 2 pop. cara, jeta. 3 pop. (Ing.) primo, tonto. 4 fam. (Ingl.) empollón. 5 mueca, visaje.
mug (to) *tr.* fam. fotografiar [esp. a los criminales]. — 2 *intr.* (Ingl.) empollar [para un examen]. — 3 *tr.* e *intr.* hacer muecas.
muggier (møˑguiøʳ) *adj. comp.* de MUGGY.
muggiest (møˑguiist) *adj. superl.* de MUGGY.
mugginess (møˑguinis) *s.* calor húmedo, bochorno.
muggins (møˑguins) *s.* simple, bobo. 2 juego de naipes. 3 juego de dominó.
muggy (møˑgui) *adj.* húmedo, cargado, bochornoso, sofocante [aire, tiempo].
mug-house *s.* fam. cervecería, taberna.
mugwort (møˑgwøˑt) *s.* BOT. artemisa.
mugwump (møˑgwømp) *s.* pop. (EE. UU.) personaje. 2 POL. (EE. UU.) miembro de un partido que vota con entera independencia.
muir (miuˑiʳ) *s.* brezal, marjal.
mulatto (miulæˑto), *pl.* **mulattoes** *adj.* y *m.* mulato.
mulattress (miulæˑtris) *adj.* y *f.* mulata.
mulberry (møˑlberi) *s.* BOT. moral : *white* ~, morera. 2 mora [fruto]. 3 BOT. (Ingl.) zarza, zarzamora.
mulch (mølch) *s.* AGR. paja, hojas, etc., que se extienden alrededor de una planta para conservar la humedad y abrigar las raíces.
mulch (to) *tr.* extender paja, hojas, etc., alrededor de una planta para conservar la humedad y abrigar las raíces.
mulct (mølct) *s.* multa.
mulct (to) *tr.* multar. 2 privar [de].
mule (miuˑl) *s.* ZOOL. mulo, macho : *she-mule,* mula. 2 fig. mula [pers. terca y necia]. 3 BIOL. planta o animal híbridos. 4 cierta máquina de hilar. 5 babucha, pantuflo sin talón. — *6 adj.* de mulo o mula : ~ *boy,* mulero; ~ *chair,* artolas; ~ *driver,* mulatero. 7 BIOL. híbrido; ~ *canary,* canario cruzado de jilguero. 8 ZOOL. ~ *deer,* ciervo norteamericano de orejas largas. 9 MEC. ~ *pulley,* polea ajustable para guía de transmisión.
mule-jenny *s.* MULE [cierta máquina de hilar].
muleteer (miuletiʳ) *s.* mulero, mulatero.
muliebrity (miulieˑbriti) *s.* feminidad, condición de mujer.
mulish (miuˑlish) *adj.* terco, obstinado [como una mula]. 2 híbrido, estéril.
mull (møl) *s.* muselina clara. 2 (Esc.) cabo, promontorio]. 3 fam. confusión, lío; fracaso.
mull (to) *tr.* calentar [vino, etc.] con azúcar y especias. 2 fam. meditar, rumiar, revolver en la mente. 3 fam. confundir, enredar, echar a perder.
mullein (møˑlin) *s.* BOT. verbasco, gordolobo.
muller (møˑløʳ) *s.* moleta. 2 vasija para calentar el vino.
mullet (møˑlet) *s.* ICT. mújol, múgil. 2 ICT. *red* ~, salmonete.
mulligatawny (møligatoˑni) *s.* sopa de arroz y carne sazonada con *curry.*
mulligrubs (møˑligrøbs) *s. pl.* mal humor, abatimiento. 2 dolor de estómago.
mullion (møˑliøn) *s.* ARQ. mainel, montante, parteluz.
mullion (to) *tr.* ARQ. dividir [una ventana] con mainel o parteluz.
mullioned (møˑliønd) *adj.* ARQ. dividido por maineles o parteluces.
mulse (møls) *s.* vino mulso.
multangular (møltæˑnguilaʳ) *adj.* polígono.
multicapsular (mølticæˑpsiulaʳ) *adj.* BOT. pluricapsular.
multicellular (møltiseˑliulaʳ) *adj.* policelular.
multicoloured (møltícøˑløʳd) *adj.* multicolor, policromo.

multifarious (møltifeˈriøs) *adj.* múltiple, vario, variado, de varias clases.
multifariously (møltifeˈriøsli) *adv.* diversamente, variadamente.
multifariousness (møltifeˈriøsnis) *s.* multiplicidad, diversidad, variedad.
multifid (møˈltifid) *adj.* dividido en muchos lóbulos, etc.
multiflorous (møltifloˈrøs) *adj.* multifloro.
multifold (møˈltifould) *adj.* múltiple.
multiform (møˈltifoˈm) *adj.* multiforme.
multilateral (møltilæˈteral) *adj.* multilátero. 2 en que participan más de dos Estados.
multiloquent (møltiˈlocuent) *adj.* locuaz, parlero.
multimillionaire (møˈltimilioneˈ) *s.* multimillonario.
multinominal (møltinaˈminal) *adj.* que tiene muchos nombres. 2 MAT. polinomio.
multinucleated (møltiniuˈclieitid) *adj.* plurinucleado.
multipara (møltiˈpara) *f.* mujer multípara.
multiparous (møltiˈparøs) *adj.* multípara.
multipartite (møltiˈpartait) *adj.* de muchas partes; dividido en muchas partes.
multiped (møˈltiped) *adj.* de muchos pies o patas.
multiphase (møˈltifeiš) *adj.* ELECT. polifásico.
multiple (møˈltipøl) *adj.* múltiple, multíplice. — 2 *s.* múltiplo. 3 ELECT. sistema de más de dos conductores en paralelo : *in* ~, en paralelo, en derivación.
multiplex (møˈltiplex) *adj.* multíplice.
multipliable (møltiplaiˈabøl), **multiplicable** (møltiplicaˈbøl) *adj.* multiplicable.
multiplicand (møltiplicæˈnd) *s.* ARIT. multiplicando.
multiplicate (møltiˈplikit) *adj.* múltiple, multiplicado. 2 ZOOL. de muchos pliegues.
multiplication (møltiplikeˈshøn) *s.* multiplicación. — 2 *adj.* de multiplicar : ~ *table,* tabla de multiplicar.
multiplicative (møˈltiplikeitiv) *adj.* multiplicativo.
multiplicity (møltipliˈsiti) *s.* multiplicidad.
multiplier (møltiplaiøˈ) *s.* multiplicador. 2 máquina de multiplicar.
multiply (to) (møˈltiplai) *tr.* multiplicar. — 2 *intr.* multiplicarse. 3 extenderse, propagarse. ¶ CONJUG. pret. y p. p.: *multiplied.*
multiplying (møˈltiplaing) *adj.* multiplicador, de aumento : ~ *glass* o *lens,* lente de aumento; lente con varias facetas que da imágenes separadas.
multipolar (møltipouˈlaˈ) *adj.* multipolar.
multipresence (møltipreˈšens) *s.* ubicuidad.
multitude (møˈltitiud) *s.* multitud, muchedumbre. 2 multitud, vulgo.
multitudinous (møltitiuˈdinøs) *adj.* numeroso, numerosos, muchos. 2 multitudinario. 3 de muchos, compuesto o formado por muchos.
multivalent (møltiveiˈlønt) *adj.* QUÍM. polivalente.
multivalved (møltivæˈlvd) *adj.* ZOOL. polivalvo.
multilocular (møltilaˈkiulaˈ) *adj.* BOT. plurilocular.
multure (møˈlchøˈ) *s.* maquila [que se da por la molienda].
mum (møm) *s.* fam. mamá. 2 silencio ; *mum's the word,* punto en boca. 3 especie de cerveza. — 4 *adj.* callado, silencioso : *to keep* ~, callarse ; *to keep* ~ *about,* callar [una cosa]. — 5 *interj.* ¡chito!, ¡chitón!, ¡a callar!, ¡silencio!
mum (to) *intr.* disfrazarse, hacer pantomima. 2 (Ingl.) divertirse disfrazado en tiempo de Navidad.
mumble (to) (møˈmbøl) *tr.* e *intr.* mascullar, murmurar, musitar, barbotar, refunfuñar. 2 mascujar.
mumbler (møˈmbløˈ) *s.* mascullador.
mumbling (møˈmbling) *s.* acción de mascullar o mascujar.
mumblingly (møˈmblingli) *adv.* entre dientes, mascullando, refunfuñando.
Mumbo Jumbo (møˈmbou jøˈmbou) *s.* genio tutelar [entre los negros mandinga]. 2 fig. (con min.) coco, fetiche. 3 sortilegio ridículo; mojiganga.
mummer (møˈmøˈ) *s.* máscara [pers. disfrazada, esp. en tiempo de Navidad]. 2 bufón, histrión.
mummery (møˈmøri) *s.* momería, mojiganga, mascarada, disfraz.
mummification (mømifikeˈshøn) *s.* momificación.
mummify (to) (møˈmifai) *tr.* momificar. — 2 *intr.*

momificarse. ¶ CONJUG. pret. y p. p.: *mummified.*
mumming (møˈming) *s.* MUMMERY.
mummy (møˈmi) *s.* momia. 2 AGR. cera para injertos. 3 mamá [voz infantil].
mummy (to) *tr.* e *intr.* MUMMIFY.
mump (to) (mømp) *intr.* estar murrio, de mal humor. 2 mendigar. 3 TO MUMBLE.
mumper (møˈmpøˈ) *s.* mendigo.
mumpish (møˈmpish) *adj.* malhumorado.
mumps (mømps) *s.* murria, mal humor. 2 MED. paperas, parótida.
munch (to) (mønch) *tr.* mascar, ronzar; comer con ruido, con calma.
mundane (møˈndein) *adj.* mundano. 2 cósmico.
mundanity (miundaˈniti) *s.* mundanalidad.
mundificant (møndiˈficant) *adj.* y *s.* mundificativo.
mundify (to) (møˈndifai) *tr.* mundificar. ¶ CONJUG. pret. y p. p.: *mundified.*
mung bean (møng) *s.* BOT especie de alubia.
mungo (møˈngou) *s.* especie de paño hecho de lana regenerada. 2 MUNG BEAN.
municipal (miuniˈsipal) *adj.* municipal : ~ *road,* camino vecinal. 2 que tiene municipio [población]. — 3 *s.* habitante de un municipio. 4 magistrado municipal.
municipality (miunisipæˈliti) *s.* municipalidad, municipio.
municipalization (miunisipæliševˈshøn) *s.* municipalización.
municipalize (to) (miuniˈsipælaiš) *tr.* munipalizar.
munificence (miuniˈfisøns) *s.* munificencia.
munificent (miuniˈfisønt) *adj.* munificente.
munificently (miuniˈfisøntli) *adv.* munificamente.
muniment (miuˈnimønt) *s.* medio de defensa. 2 *pl.* DER. documentos o títulos que acreditan un derecho o propiedad.
munition (miuniˈshøn) *adj.* de municiones.
munition (to) *tr.* municionar. proveer.
munitions (miuniˈshøns) *s. pl.* municiones, pertrechos, provisiones.
munitioneer (miunishønrˈ) *s.* proveedor de municiones.
munitioner (miuniˈshonøˈ) *s.* el que hace municiones.
munjeet (mønʒiˈt) *s.* BOT. rubia de Oriente.
mural (miuˈral) *adj.* mural : ~ *crown,* corona mural; ~ *literature,* literatura de pasquín; ~ *painting,* pintura mural. 2 escarpado, vertical. — 3 *s.* pintura mural; decoración mural.
murder (møˈdøˈ) *s.* asesinato, homicidio : ~ *will out,* un crimen no puede ocultarse
murder (to) *tr.* asesinar, matar. 2 destruir, acabar. 3 asesinar, destrozar, estropear [hacer o ejecutar mal]. 4 matar [el tiempo].
murderer (møˈdøˈøˈ) *s.* asesino, homicida, matador.
murderess (møˈdøris) *s.* asesina, matadora.
murderous (møˈdørøs) *adj.* asesino, homicida. 2 sanguinario, cruel, bárbaro, salvaje. 3 mortífero, mortal, fatal.
murderously (møˈdørøsli) *adv.* sanguinariamente, con intención cruel.
murderousness (møˈrdørøsnis) *s.* instinto o intención sanguinaria, cruel.
mure (to) (miuˈøˈ) *tr.* TO IMMURE.
murex (miuˈrecs), *pl.* -rexes o -rices (-risiš) *s.* ZOOL. múrice.
muriate (miuˈrieit) *s.* QUÍM. muriato.
muriatic (miuriæˈtic) *adj.* QUÍM. muriático.
Muridae (miuˈridi) *s. pl.* ZOOL. múridos.
murk(y (møˈrk(i) *adj.* obscuro, lóbrego, sombrío, triste.
murmur (møˈmøˈ) *s.* murmullo, murmurio, susurro, rumor. 2 queja, murmuración, descontento.
murmur (to) *intr.* murmurar, murmurar, rumorrar. 2 quejarse, murmurar, refunfuñar : *to* ~ *at,* quejarse de. — 3 *tr.* susurrar, decir en voz baja.
murmurer (møˈmørøˈ) *s.* murmurador; refunfuñador, descontento.
murmuring (møˈmøring) *s.* murmullo, murmureo, murmurio. 2 murmuración, queja. — 3 *adj.* murmurante, susurrante.
murmuringly (møˈmøringli) *adv.* con murmurio. 2 quejumbrosamente.
murmurous (møˈmørøs) *adj.* rumoroso. 2 murmurante. 3 quejoso, murmurador.
murrain (møˈrin) *s.* VET. peste, fiebre aftosa, ántrax, etc. 2 cuero de animal enfermo.

murre (mø') s. ORNIT. pájaro niño.
murrey (mø·ri) adj. rojo obscuro. 2 morado.
murr(h)ine (mø·rin) adj. múrrino.
Musaceæ (miusei·sii) s. pl. BOT. musáceas.
muscadine (mø·scadin) s. moscatel [uva]. 2 (EE.
UU.) variedad de vid y de uva. 3 (EE. UU.) variedad de pera.
muscat (mø·scæt). muscatel (møscate·l) s. moscatel [vid, uva, vino]. 2 pasa moscatel.
muscid (mø·sid) adj. y s. ENTOM. múscido.
Muscidae (mø·sidi) s. pl. ENTOM. múscidos.
muscle (mø·søl) s. ANAT.· músculo. 2 fuerza
muscular.
muscled (mø·søld) adj. musculoso.
muscoid (mø·scoid) adj. muscoideo.
muscology (møsca·loγi) s. muscología.
muscosity (møsca·siti) s. calidad de musgoso.
muscose (mø·scous) adj. musgoso.
muscovado (møscovei·dou) adj. mascabado. — 2 s.
azúcar mascabado.
Muscovite (mø·scovait) adj. y s. moscovita. 2 s.
(con min.) MINER. moscovita.
Muscovy (mø·scovi) n. pr. GEOGR. Moscovia.
muscular (mø·skiular) adj. muscular. 2 musculoso,
vigoroso, fornido.
muscularity (møskiulæ·riti) s. calidad de musculoso.
musculature (møskiu·lachø') s. musculatura.
Muse (miu·s) s. MIT. Musa. 2 (con min.) musa
[que inspira; numen; poesía]. 3 meditación, abstracción.
muse (to) intr. meditar, reflexionar, cavilar, rumiar : to ~ on u over, meditar en, cavilar sobre.
2 estar o mirar absorto, distraído.
museful (miu·sful) adj. pensativo, absorto.
museless (miu·slis) adj. insensible a la poesía.
musette (miuse·t) s. MÚS. especie de gaita. 2 MIL.
musette o ~ bag, mochila pequeña.
museum (miusrøm) s. museo.
mush (møsh) s. gacha, masa blanda y espesa. 2
(EE. UU.) gachas de maíz. 3 sentimentalismo o
demostración de afecto empalagoso. 4 RADIO ruido
de fondo. 5 (EE. UU.) marcha a pie sobre la
nieve [esp. con perros]. 6 fam. paraguas.
mushroom (mø·shrum) s. BOT. seta, hongo. 2 cosa
en forma de hongo. — 3 adj. de hongo, abultado o hinchado en forma de hongo. 4 que aparece y se desarrolla rápidamente; embrión.
mushroom (to) intr. coger setas. 2 aplastarse [una
bala] como un hongo; abultarse o hincharse en
forma de hongo. 3 aparecer y desarrollarse rápidamente.
mushy (mø·shi) adj. blando, mollar, pulposo. 2
empalagosamente efusivo o sentimental.
music (miu·sic) s. música : to face the ~, fig.
afrontar las consecuencias; to set to ~, poner
en música. 2 oído musical, gusto por la música.
3 MIL. música, banda. — 4 adj. de música : ~
box, caja de música; ~ cabinet, musiquero;
~ drama, ópera; ~ hall, sala para espectáculos
de música ligera; café concierto; ~ paper, papel de pauta; ~ rack, atril.
musical (miu·sical) adj. musical, músico : ~ comedy, comedia musical, opereta. 2 armonioso,
melodioso, canoro. 3 que tiene aptitud para la
música.
musicale (miu·sica·l) s. velada musical, concierto
privado.
musically (miu·sica·li) adv. musicalmente; cano-
ramente, melodiosamente.
musicalness (miu·sicalnis) s. musicalidad.
musician (miusi·shan) s. músico.
musicographer (miusica·grafø') s. musicógrafo.
musicologist (miusica·loγist) s. musicólogo.
musicology (miusica·loγi) s. musicología.
musing (miu·sing) s. meditación, cavilación. — 2
adj. meditabundo, pensativo.
musk (møsc) s. almizcle. 2 olor o perfume de almizcle. 3 ZOOL. almizclero. — 4 adj. almizclero,
almizcleño. 5 ZOOL. ~ deer, almizclero [rumian-
te]; ~ ox, carnero almizclero; ~ rat, desmán;
~ weasel, civeta, gato de algalia. 6 BOT. ~
crowfoot, moscatelina, abelmosco; ~ melon,
·melón; ~ rose, rosa almizcleña; ~ seed, semilla
de abelmosco.
musk (to) tr. almizclar.
muskellunge (mø·skilønγ) s. ICT. sollo americano.
musked (mø·sct) adj. almizclado.

musket (mø·skit) s. mosquete; fusil. 2 ORNIT. gavilán macho.
musketeer (møskitɪ·') s. mosquetero; fusilero.
musketoon (møskitu·n) s. mosquetón [arma].
musketry (mø·skitri) s. mosquetería, fusilería. 2
tiro con mosquetes o fusiles.
muskiness (mø·skinis) s. olor de almizcle.
muskmelon (mø·scmeløn) s. BOT. melón.
muskrat (mø·skræt)·s. ZOOL. ratón almizclero, desmán. 2 ZOOL. roedor acuático de EE. UU. y el
Canadá.
musky (mø·ski) adj. almizclado, almizcleño.
Muslim (mø·slim) s. MOSLEM.
muslin (mø·slin) s. muselina. 2 percal. 3 MAR. lona,
trapo. — 4 adj. de muselina o percal : ~ glass,
vidrio muselina.
muss (møs) s. desorden, confusión. 2 pop. (EE. UU))
marimorena.
muss (to) tr. desordenar, desarreglar. 2 desgreñar.
3 arrugar, chafar, ensuciar.
mussel (mø·søl) s. ZOOL. mejillón.
mussier (mø·siø') adj. comp. de MUSSY.
mussiest (mø·siist) adj. superl. de MUSSY.
Mussulman (mø·sølman), pl. mans s. musulman.
mussy (mø·si) adj. fam. (EE. UU.) desordenado,
desarreglado; desgreñado; arrugado; sucio.
must (møst) s. mosto. 2 moho [orgánico]; ranciedad.
must (to) tr. enmohecer. — 2 intr. enmohecerse
— 3 aux. defect. [gralte. usado sólo en el pre-
sente] deber, haber de, tener que : I ~ go, he
de irme; it ~ not be, esto no debe ser, no se
ha de permitir. 4 deber de : he ~ be downstairs,
debe de estar abajo. 5 ser preciso, ser necesario,
ser menester, convenir. 6 A veces se usa con elisión del infinitivo que le sigue, esp. cuando éste
es go o algún equivalente suyo : I ~ away, he
de irme.
mustache (mø·stæ·sh) s. bigote, mostacho. 2 ZOOL.
cefo.
mustachio (mø·stæ·shiou) s. MUSTACHE[1].
mustang (mø·stæng) s. jaca medio salvaje de
Texas, Nueva Méjico, etc., *mustango.
mustard (mø·sta'd) s. BOT., COC. mostaza. 2 harina
de mostaza. — 3 adj. de mostaza : ~ gas, ipe-
rita, gas mostaza; ~ paper, ~ plaster, sinapismo; ~ pot, mostacera; ~ seed, mostaza [se-
milla]; mostacilla [munición].
Mustelidæ (møste·lidi) s. pl. ZOOL. mustélidos.
musteline (mø·stilin) adj. y s. mustélido.
muster (mø·stø') s. reunión [esp. para recuento, pasar lista, etc.]. 2 MIL., MAR. lista, revista, muestra, alarde : to pass ~, pasar revista; fig. ser
aceptado o aceptable. 3 muster, ~ book o ~ roll,
relación de los que pasan revista; rol de la
tripulación.
muster (to) tr. juntar, reunir. 2 MIL. reunir [para
pasar lista, revista, etc.]. 3 to ~ in, o into, service, alistar; to ~ out (of service), dar de baja.
4 to ~ up one's courage, revestirse de valor, cobrar ánimo. — 5 intr. reunirse, juntarse. 6 ascender, importar.
mustier (mø·stiø') adj. comp. de MUSTY.
mustiest (mø·stiist) adj. superl. de MUSTY.
mustiness (mø·stinis) s. moho [orgánico]; ranciedad.
musty (mø·sti) adj. mohoso, enmohecido. 2 pasado; rancio, trasnochado. 3 mustio, triste.
mutability (miutabi·liti) s. mutabilidad.
mutable (miu·tabøl) adj. mudable, inconstante,
veleidoso.
mutably (miu·tabli) adv. instablemente.
mutant (miu·tant) s. MAT. variable que sufre mutación. 2 BIOL. mutante.
mutate (to) (miu·teit) tr. mudar, alterar. — 2 intr.
mudarse, alterarse. 3 BIOL. sufrir mutación.
mutation (miute·shøn) s. mutación, mudanza, variación, cambio. 2 vicisitud.
mutatory (miu·tatori) adj. mudable.
mute (miu·t) adj. mudo. — 2 s. mudo. 3 empleado
de pompas fúnebres que asiste enlutado a un
entierro. 4 MÚS. sordina. 5 FONÉT. letra muda. 6
FONÉT. consonante oclusiva. 7 excremento de
aves, tullidura. 8 ant. jauría.
mute (to) tr. MÚS. poner sordina a. — 2 intr. y
tr. arrojar el excremento, tullir [las aves].
mutely (miu·tli) adv. mudamente.
muteness (miu·tnis) s. mudez, mutismo.
mutilate (to) (miu·tileit) tr. mutilar.

mutilate(d (miu·tileit(id) *adj.* mutilado.
mutilation (miutile·shøn) *s.* mutilación.
mutilator (miu·tileito') *s.* mutilador.
mutineer (miutinɪ·') *s.* amotinado, sedicioso. 2 amotinador.
mutinous (miu·tinøs) *adj.* rebelde, turbulento, indómito. 2 amotinado, insubordinado. 3 sedicioso, subversivo.
mutinously (miu·tinøsli) *adv.* amotinadamente. rebeldemente.
mutinousness (miu·tnøsnis) *s.* rebeldia.
mutiny (miu·tini) *s.* motin, amotinamiento, insubordinación, sedición.
mutiny (to) *intr.* amotinarse, insubordinarse, rebelarse. — 2 *tr.* amotinar, insubordinar. ¶ CONJUG. pret. y p. p.: *mutinied.*
mutism (miu·tiʃm) *s.* mutismo. 2 mudez.
mutt (møt) *s.* pop. tonto, bobo. 2 pop. perro, perro cruzado.
mutter (mø·tø') *s.* murmullo.
mutter (to) *tr.* e *intr.* murmurar, murmujear, barbotar, musitar, hablar o decir entre dientes; gruñir, refunfuñar. — 2 *intr.* hacer un ruido sordo y continuado.
mutterer (mø·tørø') *s.* murmurador; gruñón.
muttering (mø·tøring) *s.* murmullo, barboteo; gruñido. — 2 *adj.* murmurante; gruñón.
mutton (mø·tøn) *s.* carnero, carne de carnero. — 2 *adj.* de carnero: ~ *chop,* chuleta de carnero; ~ *chops,* fig. chuletas, patillas; ~ *fist,* manaza, mano basta y fuerte.
muttonfish (mø·tønfish) *s.* ICT. mojarra. 2 ICT. variedad de pagro.
muttonhead (mø·tønjed) *s.* zopenco.
muttony (mø·tøni) *adj.* acarnerado, aborregado, carneruno, de carnero.
mutual (miu·chual) *adj.* mutual, mutuo; recíproco; respectivo: ~ *aid,* apoyo mutuo; ~ *benefit society,* mutualidad; ~ *insurance,* seguro mutuo; *by* ~ *consent,* de común acuerdo.
mutualism (miu·chualism) *s* mutualismo.
mutualist (miu·chualist) *s.* mutualista.
mutuality (miuchuæ·liti) *s.* mutualidad. 2 reciprocidad. 3 interdependencia.
mutualize (to) (miu·chualaiʃ) *tr.* hacer mutuo.
mutually (miu·chuali) *adv.* mutuamente.
mutualness (miu·chualnis) *s.* MUTUALITY.
mutuary (miu·chuæri) *s.* mutuario.
mutule (miu·chul) *s.* ARQ. modillón de la cornisa dórica.
mutuum (miu·chuøm) *s.* mutuo [contrato].
muzzle (mø·søl) *s.* hocico, morro, jeta [de animal]. 2 bozal, frenillo [para la boca]. 3 boca [de un arma de fuego]. 4 máscara [para gases, etc.]. — 5 *adj.* de hocico, bozal o boca: ~ *ring,* anillo de la boca de un cañón; ~ *velocity,* velocidad inicial de un proyectil.
muzzle (to) *tr.* abozalar, embozalar [poner bozal a]. 2 amordazar, imponer silencio; atar [impedir la acción a]. — 3 *intr.* hocicar, hozar.
muzzle-loader *s.* arma de fuego que se carga por la boca.
muzzle-loading *adj.* que se carga por la boca [arma de fuego].
muzzy (mø·si) *adj.* abatido, triste. 2 atontado. 3 calamocano. 4 borroso.
my (mai) *adj. pos.* mi, mis: ~ *book,* mi libro; ~ *shoes,* mis zapatos. 2 con un sustantivo verbal se traduce ~ *doing it,* el que yo lo haga, lo haya hecho o lo hiciera. — 3 *interj.* oh, *my!,* ¡Ave María!, ¡caramba!
myalgia (maiæ·lʒia) *s.* MED. dolor muscular.
mycelium (misɪ·liøm) *s.* BOT. micelio.
Mycenaean (maisinɪ·an) *adj.* micénico.

mycologist (maica·loʒist) *s.* micólogo.
mycology (maica·loʒi) *s.* micología.
mycosis (mai·cousis) *s.* MED. micosis.
mydriasis (midrai·asis) *s.* MED. midriasis.
myelitis (maielai·tis) *s.* MED. mielitis.
myocarditis (maioca·dai·tis) *s.* MED. miocarditis.
myocardium (maioca·'diøm) *s.* ANAT. miocardio.
myography (maia·græfi) *s.* miografía.
myology (maia·loʒi) *s.* miología.
myoma (maiou·ma) *s.* MED. mioma.
myope (ma·ioup) *s.* miope.
myopia (maiou·pia) *s.* miopía.
myopic (maia·pic) *adj.* miope, corto de vista.
myops (mai·oups) *s.* miope.
myopy (mai·opi) *s.* miopía.
myosis (maiou·sis) *s.* MED. miosis.
myosotis (maiosou·tis) *s.* BOT. miosota, miositis, raspilla, nomeolvides.
myotic (maia·tic) *adj.* miótico.
myriad (mi·riad) *s.* miríada. — 2 *adj.* innumerable.
myriagram (mi·riagræm) *s.* miriagramo.
myrialiter, myrialitre (mi·rialitø') *s.* mirialitro.
myriameter, myriametre (mi·riamitø') *s.* miriámetro.
myriapod (mi·riapad) *s.* ZOOL. miriápodo, miriópodo.
Myriapoda (miriæ·poda) *s. pl.* ZOOL. miriápodos, miriópodos.
myrmidon (mø·'midøn) *s.* esbirro.
myrobalan (maira·balan) *s.* BOT. mirobálano.
myrrh (mør) *s.* mirra.
myrrhic (mø·ric) *adj.* mirrino.
myrrhine (mø·rin) *adj.* MURRHINE.
Myrtaceae (mø'tei·sii) *s. pl.* BOT. mirtáceas.
myrtaceous (mø'tei·shøs) *adj.* BOT. mirtáceo.
myrtiform (mø·'tifo'm) *adj.* mirtino.
myrtle (mø·'tøl) *s.* mirto, murta, arrayán: ~ *berry,* murtón. 2 (EE. UU.) vincapervinca.
myself (maise·lf) *pron.* yo, yo mismo: *I* ~ *did it,* yo mismo lo hice. 2 a mí, a mí mismo, me: *I said to* ~, yo me dije.
mystagogic (mistaga·ʒic) *adj.* mistagógico.
mystagogue (mi·stægag) *s.* mistagogo.
mysterious (misti·riøs) *adj.* misterioso.
mysteriously (misti·riøsli) *adv.* misteriosamente.
mysterioussness (misti·riøsnis) *s.* calidad de misterioso.
mysteri (mi·støri) *pl.* -ries (-riʃ) *s.* misterio. 2 arcano, enigma. 3 TEAT. auto, drama religioso.
mystio (mi·stic) *adj.* místico. 2 perteneciente a los antiguos misterios, a un rito o religión esotérica. 3 incomprensible, enigmático, misterioso. 4 mágico. — 5 *s.* místico.
mystical (mi·stical) *adj.* místico, simbólico, anagógico. 2 místico [de la mística].
mystically (mi·sticali) *adv.* misticamente.
mysticalness (mi·sticalnis) *s.* carácter místico.
mysticism (mi·stisism) *s.* misticismo.
mystification (mistifike·shøn) *s.* confusión, ofuscación, perplejidad. 2 engaño, superchería.
mystify (to) (mi·stifai) *tr.* envolver en misterio, obscurecer. 2 confundir, desconcertar, desorientar; engañar.
myth (miz) *s.* mito. 2 fábula, ficción.
mythical (mizi·cal) *adj.* mítico.
mythologic(al (mizola·ʒical) *adj.* mitológico.
mythologically (mizola·ʒicali) *adv.* mitológicamente.
mythologist (miza·loʒist) *s.* mitologista; mitólogo.
mythologize (to) (miza·loʒaiʃ) *intr.* explicar, interpretar o propagar mitos. — 2 *tr.* representar mitológicamente. 3 convertir en mito.
mythology (miza·loʒi) *s.* mitología.
myxedema (micsidɪ·ma) *s.* MED. mixedema.
Myxomycetes (micsomaisɪ·tiʃ) *s. pl.* BOT. mixomicetos.

N

N, n (en) *s.* N, n, decimocuarta letra del alfabeto inglés.

nab (to) (næb) *tr.* prender, agazapar, coger, echar el guante a.

nabob (nei·bab) *s.* nabab.

Nabuchodonosor (nabiucoda·nosø') *n. pr.* Nabucodonosor.

nacarat (næ·cærat) *s.* color nacarado, rosado.

nacelle (næse·l) *s.* AER. barquilla.

nacre (nei·kø') *s.* nácar. — *2 adj.* nacarado, nacarino.

nacred (nei·kø') *adj.* nacarado.

naoreous (nei·criøs) *adj.* nacarado, nacarino.

nacrine (nei·crin) *adj.* nacarino.

nadir (næi·dø') *s.* ASTR. nadir.

nævus (nɪ·vøs) *s.* MED. nevo, mancha.

nag (næg) *s.* jaca, cuartago. *2* jaco, rocín, caballejo.

nag (to) *tr.* encocorar, importunar [con reprensiones, críticas, etc.]. — *2 intr.* regañar, hallarlo todo mal : *to ~ at*, regañar, sermonear. ¶ CONJUG. pret. y p. p.: *nagged*; ger.: *nagging*.

nagor (nei·go') ZOOL. antílope del Senegal.

naiad (nei·yad) *s.* MIT. náyade.

naïf (na·ɪf) *adj.* ingenuo, candoroso.

nail (nei·l) *s.* ANAT., ZOOL. uña. *2* clavo ; punta ; tachón : *a ~ on one's coffin*, cosa que puede acortar la vida de uno ; *to hit the ~ on the head*, dar en el clavo ; *on the ~*, en el acto, en el instante, a toca teja ; *to the ~*, a la perfección. *3* medida de 2 ½ pulgadas. — *4 adj.* de o para las uñas o los clavos : *~ bed*, parte de la piel debajo de la uña ; *~ cleaner*, limpiauñas ; *~ clippers* o *cutters*, cortauñas ; *~ extractor*, *~ puller*, arrancaclavos, desclavador ; *~ file*, lima para las uñas ; *~ polish*, esmalte para las uñas ; *~ set*, botador, punzón ; *~ works*, fábrica de clavos.

nail (to) *tr.* clavar, enclavar [fijar, asegurar con clavos] ; *to ~ down*, *to ~ up*, clavar, sujetar con clavos ; condenar [una ventana, etc.] clavándola ; *to ~ one's colors to the mast*, fig. tomar una actitud resuelta, inflexible. *2* clavetear, adornar con clavos. *3* clavar, fijar [la atención, etc.] ; sujetar, asegurar ; agarrar, atrapar. *4 to ~ a lie*, acabar con una mentira. *5 to ~ to the counter*, demostrar o denunciar la falsedad o la vileza de [una cosa].

nailbrush (nei·lbrøsh) *s.* cepillo para las uñas.

nailer (nei·lø') *s.* fabricante de clavos. *2* el que clava [con clavos] : *to work like a ~*, trabajar con rapidez y energía.

nailery (nei·løri) *s.* fábrica de clavos.

nailing (nei·ling) *adj.* pop. muy bueno, de primera.

nainsook (nei·nsuk) *s.* nansú.

naissant (nei·sant) *adj.* BLAS. naciente.

naive, naïve (na·ɪv) *adj.* ingenuo, sencillo, cándido, inocente.

naïvely (na·ɪvli) *adv.* ingenuamente, cándidamente.

naïveté (naɪ·vetei) *s.* ingenuidad, sencillez, candor, inocencia.

naked (nei·kid) *adj.* desnudo, en cueros. *2* desnudo [sin cubrir ; desprovisto de hojas, etc. ; sin adornos o aditamentos] ; puro, simple : *the ~ truth*, la verdad pura o desnuda. *3* desenvainado [espada, etc.]. *4* puro, sin mezcla. *5* descubierto, sin defensa o protección. *6* desamueblada, sin muebles [habitación]. *7 with the ~ eye*, a simple vista

nakedly (nei·kidli) *adv.* desnudamente, con desnudez. *2* claramente, francamente. *3* considerado en sí mismo.

nakedness (nei·kidnis) *s.* desnudez. *2* falta de abrigo o protección. *3* desnudeces.

namable (nei·mabøl) *adj.* nombrable, que puede recibir nombre.

namby-pamby (næ·mbi-pæ·mbi) *adj.* afectado, melindroso, insípido, ñoño. — *2 s.* melindre, pamplina. *3* persona ñoña o sensiblera.

name (nei·m) *s* nombre : *Christian ~*, nombre de pila ; *family ~*, apellido ; *proper ~*, nombre propio ; *common*, o *class*, *~*, nombre común ; *general ~*, nombre genérico ; *what is your ~?*, ¿cómo se llama V.? ; *by ~*, por el nombre, de nombre ; *by*, o *of*, *the ~ of*, llamado ; *in the ~ of*, en nombre de. | *Name*, en el sentido de parte de la oración (nombre sustantivo, adjetivo, verbal, etc.) es desusado. V. NOUN. *2* fama, reputación, renombre, nombre : *bad ~*, mala reputación ; *to make a ~ for oneself*, hacerse un nombre, ganar fama. *3* apodo, mote : *to call names*, motejar, poner apodos, insultar. *4* familia, clan [los de un mismo nombre]. — *5 adj.* del nombre : *~ day*, días, día del santo, fiesta onomástica, *~ plate*, letrero o placa con el nombre [de uno].

name (to) *tr.* llamar, denominar, apellidar : *to be named*, llamarse. *2* nombrar [decir el nombre, hacer mención] : *above named*, arriba nombrado, arriba citado. *3* señalar, indicar, especificar, fijar, designar.

nameable *adj.* NAMABLE.

nameless (nei·mlis) *adj.* anónimo ; desconocido ; no nombrado o especificado : *he shall be ~*, no diremos su nombre. *2* sin nombre ; innominado. *3* obscuro, humilde. *4* indescriptible ; horrible, repulsivo.

namely (nei·mli) *adv.* a saber, esto es, es decir.

namesake (nei·mseic) *s.* tocayo, homónimo.

Nan (nan) *n. pr. dim.* de ANN.

Nancy (na·nsi) *n. pr. dim.* de ANN.

nandu (na·ndu) *s.* ORNIT. ñandú.

nanism (nei·nišm) *s.* enanismo.

nankeen (nænkɪ·n) *s.* TEJ. mahón, nanquín. *2 pl.* pantalones de nanquín.

Nankin, Nanking *n. pr.* GEOGR. Nankín, Nanquín.

nanny (na·ni) *s.* niñera [voz infantil]. *2 ~ goat*, fam. cabra [animal].

nap (næp) s. sueñecito, siesta : *to take a* ~, echar un sueñecito, una siesta; dormir un rato. 2 pelo [de un tejido] : *to raise a* ~ *on*, cardar, perchar; *against the* ~, a contrapelo. *3 pl.* tejidos que tienen pelo, como el paño, la franela, etc.
nap (to) *intr.* dormitar, descabezar el sueño, echar una siesta. 2 estar desapercibido: *to take someone napping*, coger a uno desapercibido. — *3 tr.* cardar, perchar, sacar pelo [a un tejido].
Napaea (napı·a) s. MIT., BOT. napea.
nape (neip) s. nuca, cogote, cerviz : ~ *of the neck*, nuca, cogote.
Naperian *adj.* NAPIERIAN.
napery (neı·pǝri) s. mantelería.
napha-water (na·fa-uotǝ') s. agua de azahar.
naphtha (næ·fza) s. nafta.
Naphtali (næ·ftǝlai) *n. pr.* Naftalí.
naphthaline (næ·fzalin) s. naftalina.
naphthol (næ·fzol) s. QUÍM. naftol.
Napierian (neipi·rian) *adj.* neperiano, de Néper.
napiform (nei·pifo'm) *adj.* BOT. en forma de nabo.
napkin (næ·pkin) s. servilleta : ~ *ring*, servilletero. 2 toalleta. 3 braga, pañal [de niño].
Naples (nei·pǝls) *n. pr.* GEOGR. Nápoles.
napless (næ·plis) *adj.* raído [paño, etc.].
Napoleon (napou·lion) *n. pr.* Napoleón. — 2 s. (con min.) napoleón [moneda]. 3 pastelillo de hojaldre y crema. 4 cierto juego de naipes.
Napoleonic (napoulia·nic) *adj.* napoleónico.
napped (næpt) *adj.* peludo, afelpado.
napper (næ·pǝ') s. el que echa una siesta. 2 perchador [de paños].
napping (næ·ping) s. TEJ. perchado. — 2 *adj.* de perchar : ~ *machine*, perchadora, máquina de perchar.
nappy (næ·pi) *adj.* peludo, velloso. 2 fuerte, con mucha espuma [bebida]. 3 calamocano, soñoliento.
Narbonne (na·bo·n) *n. pr.* GEOGR. Narbona.
narceine (na·'sim) s. QUÍM. narceína.
narcissism (na·si·sišm) s. narcisismo.
Narcissus (na·si·sǝs) *n. pr.* Narciso. — 2 s. [con min.] BOT. narciso.
narcosis (na·'cou·sis) s. MED. narcotismo [sopor].
narcotic (na·'cou·tic) *adj. y s.* narcótico.
narcotin(e (na·'cotin) s. QUÍM. narcotina.
narcotism (na·'cotišm) s. narcotismo.
narcotize (to) (na·'cotaiš) *tr.* narcotizar.
nard (na·'d) s. BOT. espicanardo, nardo índico; nardo. 2 ungüento de nardo.
nardine (na·'din) *adj.* nardino.
narghile (na·'guili) s narguile.
naris (nei·ris), *pl.* **nares** (nei·riš) s. ANAT. ventana de la nariz.
narrate (to) (næreı·t) *tr.* narrar.
narration (nære·shǝn) s. narración.
narrative (næ·rativ) *adj.* narrativo. — 2 s. narración, cuento, historia. 3 narrativa.
narrator (næreı·tǝ') s. narrador.
narratory (næ·ratori) *adj.* narratorio.
narratress, -trix (næreı·tris, -trics) *f.* narradora.
narrow (næ·rou) *adj.* estrecho, angosto : ~ *gauge*, FERROC. vía estrecha; ~ *pass*, paso estrecho, desfiladero, hoz. 2 limitado, reducido, restringido, corto, escaso : ~ *majority*, escasa mayoría. 3 estrecho, mezquino, tacaño. 4 iliberal, intolerante. 5 atento escrupuloso, riguroso. 6 que ocurre por poco margen, diferencia, espacio, etc. : ~ *escape*, ~ *squeak*, escapada difícil, por poco. 7 ~ *circumstances* mala situación de fortuna, apuro, estrechez. — 8 s. *pl.* parte estrecha de un río, estrecho, calle, etc. 9 desfiladero.
narrow (to) *tr.* estrechar, angostar. 2 reducir, limitar, encoger. 3 hacer los menguados [en la calceta]. — 4 *intr.* estrecharse, reducirse, encogerse. 5 menguar [haciendo calceta]. 6 EQUIT. andar con las patas muy juntas. 7 *to* ~ *down into*, reducirse a.
narrow-fisted (~-fi·stid) *a.* agarrado, tacaño.
narrow-gauge *adj.* FERROC. de vía estrecha.
narrow-hipped (~-hipt) *a.* escurrido, de caderas estrechas.
narrowing (næ·rouing) s. estrechamiento. 2 reducción, limitación, mengua, disminución. — 3 *adj.* que estrecha, reduce, encoge, etc., o que se estrecha, reduce, encoge, etc.
narrowly (næ·rouli) *adv.* estrechamente, angostamente. 2 reducidamente, escasamente, por poco. 3 mezquinamente.

narrow-minded *adj.* de miras estrechas; mezquino, iliberal, mojigato.
narrow-mindedness (-mai·ndidnis) *f.* falta de amplitud en las ideas, intolerancia.
narrowness (næ·rounis) s. estrechez, angostura. 2 limitación. 3 escasez, lo poco. 4 mezquindad. 5 estrechez, pobreza.
narrow-spirited, narrow-souled *adj.* NARROW-MINDED.
narthex (na·'zecs) s. ARQ. nártex.
narwhal (na·'rjual) s. ZOOL. narval.
nasal (nei·šal) *adj.* nasal : ~ *twang*, gangueo. — 2 s. letra nasal. 3 hueso nasal. 4 pieza de la armadura que protege la nariz.
nasality (neišæ·liti) s. sonido nasal.
nasalization (neišælise·shǝn) s. nasalización.
nasalize (to) (nei·šælaiš) *tr.* nasalizar.
nasally (nei·šali) *adv.* con sonido nasal.
nasard (næ·ša'd) s. MÚS. nasardo.
nascency (næ·sǝnsi) s. condición de naciente. 2 nacimiento, principio, origen.
nascent (næ·sǝnt) *adj.* naciente.
naseberry (nei·šberi) s. SAPODILLA.
nastily (na·stili) *adv.* suciamente, asquerosamente, cochinamente. 2 desagradablemente, mal, feamente, indecentemente.
nastiness (na·stinis) s. suciedad, asquerosidad. 2 obscenidad, indecencia. 3 mal genio. 4 mal gusto u olor. 5 condición de malo, peligroso, dañino, desagradable, repugnante.
nasturtium (næstǝ·shǝm) s. BOT. capuchina.
nasty (na·sti) *adj.* sucio, asqueroso, nauseabundo. 2 feo, indecente, grosero. 3 desagradable. 4 repugnante. 5 malo, peligroso: *a* ~ *fall*, una caída peligrosa. 6 avieso, intratable. 7 malo, tempestuoso [tiempo, mar, etc.].
natal (nei·tal) *adj* natal, nativo. 2 ANAT., ZOOL. glúteo, nalgar.
natality (neitæ·liti) s natalidad.
natant (nei·tant) *adj* BOT. flotante, que nada.
natation (nate·shǝn) s. natación.
natatorial (neitato·rial), **natatory** (nei·tatori) *adj.* natatorio.
natch (næ·ch) s. anca, solomo [de vaca].
nates (nei·tiš) s. *pl.* nalgas, nalgatorio.
Nathan (nei·zan) *n. pr.* Natán.
Nathaniel (nazæ·niǝl) *n. pr.* Nataniel.
nation (nei·shǝn) s. nación. 2 multitud, hueste.
national (næ·shǝnal) *adj.* nacional : ~ *anthem*, himno nacional; ~ *debt*, deuda pública. — 2 s. nacional [de un país]. 3 compatriota.
nationalism (næ·shǝnališm) s. nacionalismo.
nationalist (næ·shǝnalist) s. nacionalista.
nationality (næshǝnæ·liti) s. nacionalidad. 2 nación. 3 sentimiento nacional, patriotismo. 4 naturaleza, naturalidad.
nationalization (næshǝnališe·shǝn) s. nacionalización. 2 conversión en nación.
nationalize (to) (næ·shǝnalaiš) *tr.* nacionalizar. 2 naturalizar. 3 convertir en nación.
nationally (næ·shǝnali) *adv.* nacionalmente.
nationalness (næ·shǝnælnis) s. nacionalidad [condición de nacional].
native (nei·tiv) *adj.* nativo; natío : ~ *gold*, oro natío; ~ *silver*, plata nativa o virgen. 2 natal, nativo, patrio : ~ *country or land*, patria, país natal, tierra, terruño; ~ *soil*, suelo nativo, suelo patrio. 3 natural, indígena autóctono, del país. 4 vernáculo. 5 originario, oriundo. 6 primitivo, original. 7 natural, sencillo, sin afectación. — 8 s. natural [de un país], indígena; habitante. 9 animal o planta indígena. 10 producto nacional.
native-born *adj.* natural, indígena.
natively (nei·tivli) *adv.* por nacimiento o naturaleza. 2 naturalmente, originariamente.
nativeness (nei·tivnis) s. calidad de nativo o natural.
nativity (neiti·viti) s. nacimiento, natalicio, natividad. 2 ASTROL. horóscopo. 3 naturaleza [calidad de natural de un país]. 4 (con may.) Natividad [del Señor, etc.].
natron (nei·trǝn) s. natrón.
natterjack (næ·terǰac) s. ZOOL. variedad de sapo.
nattier (næ·tiǝ') *adj. comp.* de NATTY.
nattiest (næ·tiist) *adj. superl.* de NATTY.
natty (næ·ti) *adj.* elegante, pulido. 2 diestro, garboso.
natural (næ·ǯǝral) *adj.* natural : ~ *day*, ~ *history*, ~ *law*, ~ *religion*, ~ *son*, día, historia, ley, religión, hijo natural; ~ *person*, hombre, mu-

jer, niño, a distinción de persona jurídica. No tiene el sentido de natural o nativo de un país. 2 innato, nativo. 3 nato, de nacimiento; que tiene aptitud natural. 4 físico, real. 5 inferior, pert. a la naturaleza animal. 6 vocal [música]. 7 parecido [retrato, etc.]. — 8 *s.* carácter, forma o condición natural. 9 idiota, simple. *10* MÚS. becuadro; nota natural; tecla blanca.

naturalism (næ·chøralĭšm) *s.* naturalismo.

naturalist (næ·chørailĭst) *s.* naturalista.

naturalistic (næchørali·stic) *a.* naturalista.

naturality (næchøra·liti) *s.* naturalidad. 2 parecido [de un retrato, etc.].

naturalization (næchøralise·shøn) *s.* naturalización: ~ *papers*, carta de naturaleza. 2 aclimatación.

naturalize (to) (næchøralaiš) *tr.* naturalizar. 2 aclimatar. 3 familiarizar, habituar. 4 hacer más natural.

naturally (næ·chørali) *adv.* naturalmente.

naturalness (næ·chøralnis) *s.* naturalidad, sencillez.

nature (ne·chør) *s.* naturaleza, natura. 2 naturaleza, carácter, especie, laya, suerte: *in the ~ of*, como, de la naturaleza de. 3 natural, índole, genio, temperamento. 4 naturalidad, espontaneidad. 5 B. ART. natural: *from ~*, del natural. — 6 *adj.* de la naturaleza: ~ *study*, estudio de la naturaleza, historia natural.

natured (næ·chørd) *adj.* de tal o cual natural, genio, etc.: *good-natured*, afable, bondadoso; *ill-natured*, malcarado, avieso.

naught (not) *s.* cero. 2 nada : *to come to ~*, reducirse a nada, malograrse, frustrarse.

naughtier (no·tiør) *adj. comp.* de NAUGHTY.

naughtiest (no·tiist) *adj. superl.* de NAUGHTY.

naughtily (no·tili) *adv.* traviesamente, pícaramente, mal, desobedientemente.

naughtiness (no·tinis) *s.* desobediencia, travesura, maldad.

naughty (no·ti) *adj.* malo, desobediente, travieso, pícaro [esp. dicho de los niños o de sus acciones] : ~ *boy*, niño malo, picaruelo.

naumachy (no·maki) *s.* naumaquia.

nausea (no·shia) *s.* náusea, asco, basca.

nauseant (no·shiant) *adj.* nauseoso. — 2 *s.* substancia que produce náuseas.

nauseate (to) (no·shieit) *tr.* dar náuseas. 2 sentir asco o repugnancia de. — 3 *intr.* nausear, tener bascas.

nauseating (no·shieiting), **nauseous** (no·shøs) *adj.* nauseoso, nauseativo, nauseabundo, repugnante, asqueroso.

nauseously (no·shøsli) *adv.* asquerosamente, de un modo nauseabundo.

nauseousness (no·shøsnis) *s.* asquerosidad, condición de nauseabundo.

nautic(al (no·tic(al) *adj.* náutico, marino.

nautics (no·tics) *s.* náutica.

nautilus (no·tiløs) *s.* ZOOL. nautilo, argonauta.

naval (nei·val) *adj.* naval, de marina, de la armada: ~ *base* o *station*, base naval; apostadero; ~ *law*, código naval; ~ *officer*, oficial de la armada; (EE. UU.) capitán de puerto, ~ *vessel*, buque de guerra.

navarch (nei·va·c) *s.* HIST. navarca.

Navarre (næva·r) *n. pr.* GEOGR. Navarra.

nave (neiv) *s.* ARQ. nave. 2 cubo [de rueda]. 3 NAVEL.

navel (nei·vøl) *s.* ombligo. 2 centro, medio, parte central. 3 BOT. ~ *orange*, naranja de California, naranja de ombligo.

navel-shaped *adj.* umbilicado.

navelwort (nei·vøluø·t) *s.* BOT. cierta hierba comestible.

navew (nei·viu) *s.* BOT. colinabo. 2 BOT. rutabaga.

navicert (næ·visø·t) *s.* MAR. (Ingl.) pasavante, certificado de navegación que permite pasar por el bloqueo británico.

navicula (navi·kiula), *pl.* **-lae** (-li) *s.* BOT. navícula. 2 naveta [para el incienso].

navicular (navi·kiula') *adj.* ANAT. navicular.

navigability (nævigabi·liti) *s.* navegabilidad.

navigable (næ·vigabøl) *adj.* navegable. 2 dirigible [globo].

navigableness (næviga·bølnis) *s.* navegabilidad.

navigate (to) (næ·vigueit) *intr.* navegar. — 2 *tr.* navegar por. 3 gobernar [un buque o avión].

navigation (nævigue·shøn) *s.* navegación.

navigator (næ·vigueitø') *s.* navegante, navegador, mareante.

navvy (næ·vi) *s.* (Ingl.) peón, bracero. 2 máquina excavadora.

navy (nei·vi), *pl.* **-vies** (-viš) *s.* armada, flota, marina de guerra. — 2 *adj.* de la armada o la marina : ~ *blue*, azul marino; *Navy Board* (Ingl.), Almirantazgo; *Navy Department*, (EE. UU.), Ministerio de Marina; ~ *yard*, arsenal, astillero.

nawab (nauo·b) *s.* NABOB.

nay (nei) *adv.* no : *to say ~*, decir no; prohibir. 2 no sólo eso sino; es más; y aún. — 3 *s.* negación, negativa, prohibición. 4 voto en contra.

Nazarene (næ^zari·n) *adj.* y *s.* nazareno [de Nazaret; cristiano].

Nazarite (næ·šarait) *s.* nazareno [pers. consagrada al culto]. 2 nazareno [de Nazaret].

naze (ne^s) *s.* promontorio, cabo.

Nazi (na·tsi) *s.* naci.

Nazism (na·tsišm) *s.* nacismo.

neap (nip) *adj.* muerta [marea]. — 2 *s.* marea muerta.

Neapolitan (niapa·litan) *adj.* y *s.* napolitano.

near (nɪ·') *adj.* cercano, próximo, inmediato, contiguo : ~ *relation*, pariente cercano; *Near East*, próximo Oriente. 2 íntimo, cordial, estrecho. 3 que por poco ocurre : ~ *escape*, escapada por poco. 4 corto, directo [camino]. 5 cicatero, tacaño. 6 imitado, de imitación : ~ *seal*, imitación de piel de foca. 7 fiel, muy aproximada [versión. etc.]. 8 (EE. UU.) ~ *beer*, cerveza muy poco alcohólica. 9 izquierdo [hablando de vehículos o animales] : ~ *wheel*, rueda izquierda. — *10 adv.* cerca, próximamente. ~ *at hand*, cerca, a la mano; *to come, draw* o *go ~*, acercarse. 11 casi. a punto de. 12 aproximadamente. 13 económicamente, frugalmente. — 14 *prep.* cerca de.

near (to) *tr.* e *intr.* acercarse [a].

nearby (nɪ·'bai) *adv.* cerca, allí cerca, al lado. — 2 *prep.* cerca de, junto a. — 3 *adj.* próximo, cercano..

nearctic (nia·'tic) *adj.* GEOGR. neártico.

nearer (nɪ·rø') *adj. comp.* de NEAR.

nearest (nɪ·rist) *adj. superl.* de NEAR.

nearly (nɪ·'li) *adv.* cerca, cercanamente, a poca distancia. 2 de cerca. 3 íntimamente; estrechamente. 4 casi, poco más o menos. 5 aproximadamente, casi exactamente. 6 miserablemente, mezquinamente.

nearness (nɪ·'nis) *s.* cercanía, proximidad, propincuidad. 2 inminencia. 3 intimidad. 4 parecido. 5 mezquindad, economía.

nearsighted (nɪ·'saitid) *adj.* corto de vista, miope.

nearsightedness (nɪ·'saitidnis) *f.* vista corta, miopía.

neat (nɪt) *adj.* limpio, aseado, pulcro, ordenado. 2 esmerado, primoroso. 3 limpido, claro. 4 elegante [con sencillez], de buen gusto, lindo. 5 limpio [ejecutado con limpieza], hábil, diestro. 6 puro, sin mezcla; sin agua [licor]. 7 neto. 8 vacuno; ~ *cattle*, ganado vacuno. — 9 *s.* res vacuna, ganado vacuno : *neat's leather*, cuero de buey o vaca; *neat's tongue*, lengua de vaca.

'neath (nɪz) *adj.* aféresis de BENEATH.

neatherd (nɪ·tjø'd) *s.* vaquero.

neatly (nɪ·tli) *adv.* aseadamente, pulcramente. 2 nítidamente. 3 primorosamente. 4 elegantemente. 5 limpiamente. 6 diestramente.

neatness (nɪ·tnis) *s.* limpieza, aseo, pulcritud. 2 elegancia, buen gusto, primor. 3 nitidez. 4 limpieza, precisión, destreza.

neb (neb) *s.* pico [de ave, tortuga, etc.]. 2 fig. boca, cara, nariz.

Nebuchadnezzar (nebiukødne·^sa') *n. pr. m.* Nabucodonosor.

nebula (ne·biula) *s.* ASTR. nebulosa. 2 MED. nube [en el ojo]. 3 MED. enturbiamiento de la orina.

nebular (ne·biula') *adj.* rel. a las nebulosas. 2 nebuloso.

nebulosity (nebiula·siti) *s.* nebulosidad.

nebulous (ne·biuløs) *adj.* nebuloso, 2 vago, indeterminado.

necessaries (ne·seseriš) *s. pl.* lo necesario.

necessariness (ne·seserinis) *s.* condición de necesario.

necessary (ne·seseri) *adj.* necesario : *to be ~*, ser necesario, ser menester. 2 forzoso, obligado. 3 no voluntario. — 4 *s.* cosa necesaria; requisito.

necessitarian (nesesite·rian) *adj.* y *s.* fatalista, determinista.

necessitarianism (nesesite rianišm) *s.* fatalismo, determinismo.

necessitate (to) (nese siteit) *tr.* hacer necesario, indispensable, inevitable. 2 reducir a la necesidad de, obligar.

necessitous (nese sitøs) *adj.* necesitado, pobre. 2 difícil, apurado [pecuniariamente]. 3 necesario, obligado por la necesidad.

necessitousness (nese sitøsnis) *s.* necesidad, pobreza, indigencia.

necessity (nese siti), *pl.* -ties (-tiš) *s.* necesidad: *of* ~, por necesidad, forzosamente. | No tiene el sentido de evacuación corporal. 2 calidad de fatal, inevitable. 3 fatalismo, determinismo. 4 *pl.* artículos de primera necesidad. 5 requisitos indispensables.

neck (nec) *s.* cuello, pescuezo, garganta: *to break one's* ~, desnucarse; fig. matarse [trabajando]; *to wring the* ~ *of*, torcer el pescuezo a; ~ *and crop*, todo junto y a un tiempo; al momento; ~ *and* ~, lado a lado [en una carrera]; ~ *or nothing*, a toda costa; *in o on the* ~ *of*, inmediatamente después, luego de. 2 cuello [de una prenda, un cuerpo, una vasija, etc.]; degolladura, escotadura: *low* ~, escote. 3 gollete [de botella]. 4 MEC. gorrón de apoyo, muñón. 5 GEOGR. istmo; cabo; estrecho: desfiladero: ~ *of land*, lengua de tierra. 6 ARQ. collarino. 7 MÚS. mástil.

neck (to) *tr.* pop. torcer el cuello; acogotar. 2 pop. echar el brazo alrededor del cuello. 3 MEC. *to* ~ *down*, formar cuello en [un objeto].

neckband (ne cbænd) *s.* tirilla [de camisa].

neckcloth (ne cloz) *s.* pañuelo para el cuello; corbata, corbatín.

necked (ne ckit) *adj.* que tiene cuello o lo tiene de cierto modo: *bull-necked*, de cuello grueso; *short-necked*, de cuello corto.

neckerchief (ne kø chif) *s.* pañuelo para el cuello. 2 especie de pañoleta. 3 corbata, corbatín.

neck-hole *s.* cabezón [de una prenda].

necklace (ne klis), **necklet** (ne klit) *s.* collar, gargantilla.

neckline (ne klain) *s.* escotadura, escote.

neckpiece (ne cpis) *s.* boa, chal [de pieles]. 2 gorguera. 3 gorjal.

necktie (ne ctai) *s.* corbata.

neckwear (ne kue') *s.* prendas para el cuello [cuellos, corbatas, boas, etc.].

necrological (necrola yical) *adj.* necrológico.

necrologist (necra lo yist) *s.* autor de necrologías.

necrology (necra lo yi) *s.* necrología. 2 obituario.

necromancer (ne cromænsø') *s.* nigromante.

necromancy (ne cromænsi) *s.* necromancia, nigromancia.

necromantic (ne cromæntic) *adj.* nigromántico.

necropolis (necra polis) *s.* necrópolis.

necrophagous (necra fagøs) *adj.* necrófago.

necropsy (ne crapsi) *s.* MED. necropsia.

necrose (necrou s) *tr.* MED. necrosar. — 2 *intr.* MED. necrosarse.

necrosis (necrou sis), *pl.* -ses (-siš) *s.* MED. necrosis.

necrotic (necrou tic) *adj.* necrótico.

nectar (ne cta') *s.* néctar.

nectarean (necte rian), **nectareous** (necte riøs), *adj.* nectáreo, nectarino.

nectarial (necte rial) *adj.* BOT. pert. al nectario.

nectarine (ne ctarin) *adj.* nectarino. — 2 *s.* BOT. griñón, briñón.

nectary (ne ctari) *s.* BOT. nectario. 2 ENTOM. tubo secretor del pulgón.

Ned (ned), **Neddy** (ne di) *n. pr.* dim. de EDWARD y EDWIN.

neddy (ne di) *s.* asno, borrico.

née o **nee** (nei) *adj.* GAL. nacida. | Precede al apellido de soltera de la mujer casada: *Mrs. Smith*, ~ *Jones*, señora Jones de Smith.

need (nid) *s.* necesidad [aquello de que no se puede prescindir], carencia, falta; momento de apuro: *to stand in* ~ *of*, necesitar, tener necesidad de; *our needs*, nuestras necesidades; *at* ~, *at one's* ~, en caso de necesidad; *if* ~ *be*, si fuese menester; *in case of* ~, en caso de necesidad. 2 necesidad, pobreza: *to be in* ~, estar necesitado.

need (to) *tr.* necesitar, haber menester, requerir, exigir, pedir. — 2 *intr.* estar necesitado, hallarse en la indigencia. — 3 *impers.* ser necesario, ser menester, ser preciso, hacer falta, haber necesi-

dad de, haber para que. ¶ Cuando *need* rige a un infinitivo, en frases negativas o interrogativas, se usa sin la inflexión de 3.ª pers. y se suprime el *to* del infinitivo: *he need not fear*, no necesita temer, no tiene por qué temer.

needer (nı do') *adj.* necesitado.

needful (nı dful) *adj.* necesario, indispensable, preciso. 2 necesitado. — 3 *s.* lo necesario.

needfully (nı dfuli) *adv.* necesariamente, indispensablemente.

needfulness (nı dfulnis) *s.* necesidad, calidad de necesario.

needier (nı diø') *adj. compar.* de NEEDY.

neediest (nı diist) *adj. superl.* de NEEDY.

needily (nı dili) *adv.* pobremente.

neediness (nı dinis) *s.* necesidad, pobreza.

needle (nı døl) *s.* aguja [de coser, de media, de gancho, de gramófono, etc.; objeto en forma de aguja]; *magnetic* ~, aguja magnética; *to look for a* ~ *in a haystack*, o *a bottle of hay*, buscar una aguja en un pajar. 2 aguja [roca puntiaguda]. 3 ARQ. aguja [chapitel; obelisco]. 4 BOT. hoja acicular. 5 lengüeta, fiel [de balanza]. 6 estilo [de un reloj de sol]. 7 brújula, 8 fig. *the* ~, nerviosismo. — 9 *adj.* de aguja, para agujas: ~ *bar*, ~ *holder*, portaaguja [de una máquina de coser]; ~ *bath*, ducha en que el agua es proyectada contra el cuerpo en chorros muy finos; ~ *gun*, fusil de aguja; ~ *lace*, encaje a mano; ~ *point*, punta de aguja; cierta clase de bordado; encaje a mano; ~ *prick*, pinchazo de aguja; ~ *scratch*, el arañar de la aguja [en el fonógrafo]; ~ *valve*, MEC. válvula de aguja.

needlecase (nı dølkeis) *s.* alfiletero.

needlefish (nı dølfish) *s.* ICT. aguja.

needleful (nı dølful) *s.* hebra de hilo.

needler (nı dlø') *s.* agujero [que hace agujas].

needles (nı dølš) *s.* BOT. aguja de pastor.

needless (nı dlis) *adj.* innecesario, superfluo, ocioso, inútil.

needlessly (nı dlisli) *adv.* innecesariamente, inútilmente.

needlessness (nı dlisnis) *s.* superfluidad, inutilidad.

needlewoman (nı dølwumæn), *pl.* -women (-uimin) *f.* costurera.

needlework (nı døluø'c) *s.* costura. 2 labor o bordado de aguja.

needn't (nı dønt) *contr.* de NEED NOT.

needs (nids) *adv.* necesariamente, indispensablemente, de necesidad. | Gralte. con *must*: *if it must* ~ *be*, si es necesario que así sea, si es absolutamente preciso.

needy (nı di) *adj.* necesitado, menesteroso.

ne'er (neø') *adv.* contr. de NEVER.

ne'er-do-well *adj.* y *s.* haragán, holgazán, perdido; inútil [pers.].

nefandous (nifæ ndøs) *adj.* nefando.

nefarious (nife riøs) *adj.* nefario, inicuo, atroz, malo, malvado.

nefariously (nife riøsli) *adv.* inicuamente, atrozmente, con maldad.

nefariousness (nife riøsnis) *s.* calidad de nefario.

negate (to) (nıguei t) *tr.* negar. 2 anular, invalidar.

negation (nigue shøn) *s.* negación.

negative (ne gativ) *adj.* negativo. — 2 *s.* negativa, negación, denegación. 3 GRAM. negación, voz o partícula negativa. 4 FOT. negativo; prueba negativa. 5 ELECT. negativo. 6 MAT. término negativo.

negative (to) *tr.* negar, contradecir. 2 rechazar [una proposición]; votar en contra de. 3 neutralizar, contrarrestar. 4 poner el veto a.

negatively (ne gativli) *adv.* negativamente.

negativeness (ne gativnis), **negativity** (negati viti) *s.* calidad de negativo.

neglect (nigle ct) *s.* abandono, descuido, dejadez, negligencia, olvido, omisión, preterición. 2 frialdad, indiferencia, desdén. 3 desuso. 4 inobservancia.

neglect (to) *tr.* abandonar, descuidar, desatender, olvidar, omitir. 2 no hacer caso de, desdeñar, menospreciar, arrinconar, preterir.

neglecter (nigle ctø') *s.* el que abandona o descuida.

neglectful (nigle ctful) *adj.* descuidado, negligente, omiso, desaplicado; que no hace caso, que desatiende.

neglectfully (nigle ctfuli) *adv.* negligentemente, con descuido.

NEGACIÓN / EXPRESSING NEGATION

Construcción de la oración negativa

- Cuando el verbo es to be o to have; to dare o to need (como auxiliares), o alguno de los defectivos shall, will, can, may, must o ought, la negación se expresa poniendo not inmediatamente después del verbo: they are not here, no están aquí; he dared not come, no se atrevía a venir; John will not win the prize, Juan no ganará el premio; if I may not go, si no puedo ir.
  Observ.: El presente can not se escribe en una sola palabra: cannot.

- Cuando el verbo es otro cualquiera en tiempo simple, la negación se expresa por medio del auxiliar to do seguido de not; el verbo toma la forma invariable del infinitivo sin to: I do not see it, no lo veo; he does not play, él no juega; her father did not come, su padre no vino.
  En los tiempos compuestos no se usa do, does, did y se pone not inmediatamente después del auxiliar: he has not seen it, él no lo ha visto.
  Observ.: Con dare la negación puede expresarse también así, pero el verbo regido lleva to: they did not dare to come, no se atrevieron a venir.

- En las oraciones interrogativas, not se pone después del sujeto si éste es un pronombre y antes de él si es un nombre: do you not see it?, ¿no lo ve usted?; did not your brother win the prize?, ¿no ganó el premio su hermano?

- En el infinitivo y en el gerundio se antepone not al verbo: not to understand, no entender; not understanding, no entendiendo.

- En el imperativo se antepone do not al verbo: do not laugh, no rías (ría usted, rían ustedes, riáis); do not let them come, que no vengan.
  Observ.: En algunos casos, se emplean todavía las antiguas formas con not después del verbo: fear not, no temas (tema usted, teman ustedes, temáis); let them not come, que no vengan.

- En el lenguaje corriente not se contrae frecuentemente con do o con otros verbos: don't (do not); didn't (did not); aren't (are not); can't (cannot); isn't (is not); won't (will not); etc.

- Cuando el carácter negativo de la oración está determinado por palabras como never, no, nobody, nothing, nowhere, by no means, no se usa not ni el auxiliar to do: it is never too late, nunca es tarde; I have no time, no tengo tiempo; say nothing, no digas (diga usted, digan ustedes, digáis) nada.

---

neglectfulness (nigle·ctfulnis) *s.* negligencia, abandono, descuido, incuria, dejadez, desaliño.

négligé, negligee (negliÿei·) *s.* traje de casa; bata de mujer.

negligence (ne·gliÿens) *s.* negligencia. 2 LIT., B. ART. abandono, naturalidad.

negligent (ne·glÿønt) *adj.* negligente, descuidado; que no hace caso.

negligently (ne·glÿøntli) *adv.* negligentemente.

negligible (ne·gliÿibøl) *adj.* despreciable, insignificante, que puede no tenerse en cuenta.

negotiable (nigou·shiabøl) *adj.* negociable. 2 que puede ser pasado, salvado, superado.

negotiant (nigou·shiant) *s.* negociante.

negotiate (to) (nigou·shieit) *tr.* e *intr.* negociar. — 2 *tr.* administrar, gestionar. 3 fam. atravesar, saltar, salvar, superar [con habilidad, etc.] : *to ~ a fence*, saltar una valla; *to ~ a corner*, tomar bien una curva.

negotiation (nigoushie·shøn) *s.* negociación. 2 negocio, gestión.

negotiator (nigou·shietø') *m.* negociador.

Negress (ni·gris) *f.* negra [mujer].

Negrillo (nigri·lou), **Negrito** (nigri·tou) *s.* negro pigmeo de África y Oceanía.

Negro (ni·grou) *s.* negro [pers.]. — 2 *adj.* negro [de raza negra]. 3 de negro, de los negros.

Negroid (ni·groid) *adj.* negroide. — 2 *s.* persona de raza negroide.

Negroland (ni·groulænd) *n. pr.* GEOGR. Nigricia.

Negus (ni·gøs) *s.* Negus, emperador de Abisinia. 2 (con. min.) bebida caliente de vino, agua, azúcar, nuez moscada y limón.

Nehemiah (nijima·ia) *n. pr.* Neemías.

neigh (nei) *s.* relincho.

neigh (to) *intr.* relinchar.

neighbo(u)r (nei·bø') *s.* vecino. 2 amigo. 3 prójimo.

neighbo(u)r (to) *tr.* estar cercano o vecino a. 2 acercar. — 3 *intr.* vivir o estar situado cerca, ser vecino. 4 estar en buenas relaciones.

neighbo(u)rhood (nei·bø'jud) *s.* vecindad. 2 cercanías, inmediaciones. 3 vecindario. 4 *in the ~ of*, alrededor de, aproximadamente.

neighbo(u)ring (nei·børing) *adj.* vecino, próximo, adyacente. 2 rayano, cercano.

neighbo(u)rliness (nei·bø'linis) *s.* buena relación, buena vecindad, urbanidad, sociabilidad.

neighbo(u)rly (nei·bø'li) *adj.* urbano, atento; amistoso. — 2 *adv.* cortésmente; amistosamente.

neighing (nei·ing) *s.* relincho.

neither (ni·ðø') *adj.* ninguno de los dos; ni uno ni otro; ninguno, ningún : *~ accusation*, ni una ni otra acusación; *~ one of us*, ninguno de nosotros. — 2 *conj.* ni [solo o como correlativo de *nor*] : *~ I nor you*, ni yo ni usted. — 3 *adv.* tampoco, ni siquiera : *~ will I do it*, yo tampoco lo haré. — 4 *pron.* ninguno, ni uno ni otro, ni el uno ni el otro : *~ of them*, ninguno de ellos.

Nel (nel), **Nelly** (ne·li) *n. pr.* dim. de ELLEN y ELEANOR.

Nemathelminthes (nemazelmi·nzis) *s. pl.* ZOOL. nematelmintos.

nematocyst (ne·matøsist) *s.* ZOOL. nematocisto.

nematode (ne·matoud) *adj.* y *s.* ZOOL. nematodo.

Nemaean (nimi·an) *adj* nemeo.

Nemesis (ne·mesis) *s.* MIT. Némesis. 2 (con min.) justicia, venganza, justo castigo.

nenuphar (ne·niufa') *s.* BOT. nenúfar.

neo- (ni·o) *pref.* neo-.

Neo-Catholic (ni·o) *adj.* y *s.* neocatólico.

neoclassic(al (nioklæ·sic(al) *adj.* neoclásico.

neoclassicism (nioklæ·sisišm) *s.* neoclasicismo.

Neo-Latin *adj.* neolatino.

neolithic (nioli·zic) *a.* neolítico.

neologism (nia·loÿism) *s.* neologismo.

neomenia (nıomı·nia) s. neomenia.
neon (nı·an) s. neón: ~ lamp, ~ light, ~ tube, lámpara o tubo de neón.
neophyte (nı·ofait) s. neófito.
neoplasia (nıaplæ·sia) s. MED. neoplasia.
neoplasm (nı·oplæsm) s. neoplasma.
Neoplatonism (nıoplei·tonism) s. neoplatonismo.
Neoplatonic (nıopleita·nic) adj. neoplatónico.
neoteric (nıote·ric) adj. neotérico, moderno.
Neozoic (nıušou·ic) adj. GEOL. neozoico.
nepenthe(s (nıpe·nzi(s) s. BOT. nepente. 2 filtro para hacer olvidar las penas.
nephew (ne·fiu o ne·viu) s. sobrino.
nephology (nefa·loyi) s. tratado de las nubes.
nephoscope (ne·foscoup) s. instrumento para observar la dirección y velocidad de las nubes.
nephridium (nefrı·diøm) s. ZOOL. nefridio.
nephrite (ne·frait) s. MINER. piedra nefrítica; jade.
nephritic nefrı·tic) adj. y s. MED. nefrítico.
nephritis (nefrai·tis) s. MED. nefritis.
nephrotomy (nefra·tomi) s. CIR. nefrotomía.
nepotism (ne·potism) s. nepotismo.
Neptune (ne·ptiun) s. MIT., ASTR. Neptuno.
Neptunian (neptiu·nian) adj. neptuniano. — 2 s. neptunista.
Nereid (nı·rıid) s. MIT. Nereida.
nerita (nirai·ta) s. ZOOL. nerita.
neroli (nı·røli) adj. ~ oil, esencia de flor de naranjo.
Neronian (nirou·nian) a. neroniano.
nerval (nø·val) adj. ANAT. nérveo.
nervate (nø·veit) adj. BOT. nerviosa [hoja].
nervation (nø·ve·chøn), **nervature** (nø·vachu·) s. BOT. nervadura.
nerve (nø·v) s. ANAT. nervio: to strain every ~, hacer los mayores esfuerzos. 2 BOT. nervio, vena. 3 nervio, fuerza, vigor. 4 ánimo, sangre fría, resolución: to lose one's ~, perder la serenidad; acobardarse. 5 pop. desfachatez, atrevimiento. 6 pl. nervios, excitabilidad nerviosa: to get on one's nerves, poner nervioso, crispar los nervios. — 7 adj. de los nervios, nervioso: ~ cell, célula nerviosa; ~ centre, centro nervioso.
nerve (to) (nø·v) tr. vigorizar, fortalecer, dar fuerza. 2 alentar, dar valor.
nerved (nø·vd) adj. nervudo, nervoso. 2 BOT. nervioso.
nerveless (nø·rvlis) adj. enervado, débil, impotente. 2 acobardado. 3 sin nervios.
nerve-racking (ræ·king) adj. irritante, exasperante.
nervine (nø·vin) adj. nervino. — 2 s. tónico nervioso.
nervose (nø·vous) adj. nervioso. 2 nervioso.
nervosity (nø·va·siti) s. nervosidad.
nervous (nø·vøs) adj. nervudo. 2 nervioso, nervoso: ~ breakdown, crisis nerviosa; ~ prostration, agotamiento nervioso; ~ system, sistema nervioso. 3 vigoroso, enérgico. 4 tímido. 5 crítico, agitado, de nerviosismo.
nervously (nø·vøsli) adv. nerviosamente. nervosamente.
nervousness (nø·vøsnis) s. nervosidad, nerviosidad. 2 vigor, fuerza.
nervule (nø·viul) s. ANAT. nervezuelo.
nervure (nø·rviø·) s. ARQ. nervadura. 2 BOT., ENTOM. nervio.
nervy (nø·rvi) adj. vigoroso. 2 atrevido, audaz. 3 pop. descarado. 4 (Ingl.) nervioso, excitable.
nescience (ne·shiøns) s. nesciencia.
nescient (ne·shiønt) adj. nesciente.
ness (nes) s. cabo, promontorio. | Ús. como sufijo en nombres de lugar o de familia.
nest (nest) s. nido: it's an ill bird that fouls its own ~, nunca se ha de hablar mal de la propia patria, familia, etc. 2 nidal, ponedero. 3 nidada [de pajaritos]. 4 guarida, manida: ~ of thieves, cueva o guarida de ladrones. 5 juego de objetos que encajan uno dentro de otro mayor. 6 colmena [grupo de viviendas apiñadas]. 7 colección, serie, juego de cosas iguales o parecidas.
nest (to) intr. anidar. 2 nidificar. 3 buscar nidos. — 4 tr. poner en un nido o como en un nido. 5 poner [objetos] en serie graduada unos dentro de otros.
nest-egg s. nidal (huevo]. 2 gato [dinero]; ahorros; dote.
nestle (to) (ne·søl) tr. abrigar, proveer de nido. 2 recostar [una parte del cuerpo] como en un nido. 3 cuidar, mimar. — 4 intr. acurrucarse, re-

costarse [como en un nido]; apretarse [contra]. 5 abrigarse, esconderse, establecerse.
nestling (ne·stling) s. pollo que aún no ha abandonado el nido. 2 niño pequeño.
Nestor (ne·sto·) n. pr. Néstor. — 2 s. consejero prudente.
Nestorian (nesto·rian) adj. nestoriano.
Nestorianism (nesto·rianism) s. nestorianismo.
Nestorius (nesto·riøs) n. pr. Nestorio.
net (net) s. red. 2 malla, redecilla [tejido], tul. 3 redecilla, albanega. 4 COM. líquido. — 5 adj. reticular. 6 de punto de malla. 7 cogido con red; hecho con red: ~ fishing, pesca con red. 8 puro, sin mezcla. 9 COM. neto, líquido: ~ amount, importe líquido; ~ balance, saldo líquido; ~ profit, beneficio líquido; ~ weight, peso neto.
net (to) tr. tejer de malla; hacer malla o redecilla con. 2 cubrir con red. 3 enredar [coger con red]. 4 COM. producir u obtener [cierto beneficio líquido]. ¶ CONJUG. pret. y p. p.: netted; ger.: netting.
netful (ne·tful) s. redada.
nether (ne·đø·) adj. inferior, más bajo, de debajo: ~ limbs, miembros inferiores; ~ world, el infierno; el otro mundo.
Netherlander (ne·đø·lændø·) s. holandés.
Netherlands (the) (ne·đø·lænds) n. pr. Países Bajos. 2 Holanda.
nethermost (ne·đø·moust) adj. más bajo, inferior [en la situación más baja].
netmaker (ne·tmeikø·) s. redero, mallero.
netmaking (ne·tmeiking) s. confección de redes.
netted (ne·tid) adj. cubierto con red. 2 reticular; hecho de red; tejido en forma de red. 3 enredado, cogido con red.
netting (ne·ting) s. red, obra de malla. 2 alambrado. 3 MAR. jareta, ajedrez. 4 acción de hacer redes u obra de malla. 5 pesca con red.
nettle (ne·tøl) s. BOT. ortiga. 2 MED. ~ rash, urticaria. 3 BOT. ~ tree, almez, almezo.
nettle (to) tr. picar [con ortigas o como una ortiga]. 2 picar, irritar, provocar. — 3 intr. picarse, irritarse.
nettlesome (ne·tølsøm) adj. irritable. 2 irritante.
network (ne·tuø·c) s. red; obra de malla o redecilla; retículo. 2 FERROC., RADIO, etc. red, cadena, sistema.
neume (nıum) s. MÚS. neuma.
neural (niu·ral) adj. ANAT., ZOOL. nérveo; nervioso. 2 dorsal, espinal [en los vertebrados]: ~ axis, eje cerebroespinal; ~ canal, canal medular; ~ spine, espina dorsal.
neuralgia (niuræ·lyia) s. neuralgia.
neuralgic (niuræ·lyic) adj. neurálgico.
neurasthenia (niuræszı·nia) s. MED. neurastenia.
neurasthenic (niuræsze·nic) adj. y s. MED. neurasténico.
neuration (niure·shøn) s. ENTOM. nervadura.
neuritis (niurai·tis) s. MED. neuritis.
neurography (niura·grafi) s. neurografía.
neurologist (niura·loyist) s. neurólogo.
neurology (niura·loyi) s. neurología.
neuroma (niurou·ma) s. MED. neuroma.
neuron (niu·ran) s. ANAT. neurona.
neuropath (niu·ropæz) s. neurópata.
neuropathic(al (niuropæ·zic(al) adj. neuropático.
neuropathy (niura·pazi) f. neuropatía.
Neuroptera (niura·ptøra) s. pl. ENTOM. neurópteros.
neuropteran (niura·ptøran) adj. s. ENTOM. neuróptero.
neuropterous (niura·ptørøs) adj. neuróptero.
neurosis (niurou·sis) s. MED. neurosis.
neurotic (niura·tic) adj. y s. MED. neurótico. 2 que actúa sobre los nervios [substancia].
neurotome (niu·rotoum) s. CIR. neurótomo.
neurotomy (niura·tomi) s. CIR. neurotomía.
neuter (niu·tø·) adj. GRAM., BIOL. neutro. 2 neutral.
neutral (niu·tral) adj. neutral. 2 BIOL., QUÍM., ELECT. neutro. 3 gris, indefinido, medio, mediano. 4 PINT. neutro. — 5 s. neutral. 6 AUTO. punto muerto: in ~, en punto muerto.
neutrality (niutræ·liti) s. neutralidad. 2 calidad de neutro.
neutralization (niutralişe·shøn) s. neutralización.
neutralize (to) (niu·tralaiş) tr. neutralizar.
neutrally (niu·trali) adv. neutralmente.
neutron (niu·tran) s. FÍS. neutrón.

never (ne·vø') *adv.* nunca, jamás, en la vida, en mi vida : ~ *again*, nunca más. 2 de ningún modo, no, ni... siquiera : ~ *fear*, no hay cuidado, no tema ; ~ *mind*, no importa, déjelo, no se moleste usted ; no haga usted caso ; ~ *a cent*, ni un céntimo ; ~ *a whit*, ni pizca ; *be it* ~ *so little*, por poco, o pequeño, que sea ; ni siquiera un poco.

never-ceasing *adj.* incesante.

never-ending *adj.* perpetuo, eterno, continuo, de nunca acabar.

never-fading *adj.* inmarcesible.

never-failing *adj.* infalible. 2 inagotable.

nevermore (nevø'mo·') *adv.* nunca más, jamás, más, ninguna otra vez.

nevertheless (nevø'ðøle·s) *adv.* y *conj.* no obstante, sin embargo, a pesar de eso, con todo, empero, aun así.

new (niu·) *adj.* nuevo : *a* ~ *coat*, un abrigo nuevo ; *a* ~ *man*, un hombre nuevo, otro hombre ; ~ *learning*, renacimiento del saber ; doctrina de la reforma protestante, crítica bíblica moderna ; ~ *moon*, luna nueva ; *New Covenant, New Testament*, Nuevo Testamento ; *New Deal*, (EE. UU.) política social y económica del presidente F. D. Roosevelt ; *New Style*, CRONOL. estilo nuevo [modo de computar los años según la corrección gregoriana] ; *New World*, Nuevo Mundo ; *New Year*, año nuevo ; *New Year's* o *New Year's Day*, día de año nuevo ; *what is* ~?, ¿qué hay de nuevo? 2 tierno, fresco : ~ *bread*, pan tierno. 3 temprano, tempranero. 4 moderno. 5 reciente. 6 recién salido, llegado, etc. 7 ~ *arrival*, persona recién llegada. — 8 *adv.* recientemente, nuevamente.

newborn (niu·bo·n) *adj.* recién nacido. 2 vuelto a nacer, renacido.

New Britain *n. pr.* GEOGR. Nueva Bretaña.

newcomer (niu·cømø') *s.* recién venido ; recién llegado.

new-delivered *s.* recién parida.

newel (niu·øl) *s.* ARQ. nabo, bolo [de escalera]. 2 poste, pilar [con que termina la balaustrada o barandilla de una escalera].

New England *n. pr.* GEOGR. Nueva Inglaterra.

New Englander *s.* natural o habitante de Nueva Inglaterra.

newer (niu·ø') *adj.* comp. de NEW.

newest (niu·ist) *adj.* superl. de NEW.

newfangled (niufæ·ngøld) *adj.* nuevo, recién inventado, de última moda.

Newfoundland (niufau·ndlænd) *n. pr.* GEOGR. Terranova. 2 *s.* perro de Terranova.

Newfoundlander (niufau·dlandø') *s.* natural de Terranova. 2 buque de Terranova.

Newgate (niu·guit) *n. pr.* antigua cárcel de Londres.

New Guinea *n. pr.* GEOGR. Nueva Guinea.

newish (niu·ish) *adj.* bastante nuevo o reciente.

new-laid *adj.* fresco [huevo]. 2 recién puesto, colocado o tendido.

newly (niu·li) *adv.* nuevamente, recientemente, hace poco.

newness (niu·nis) *s.* novedad, calidad de nuevo.

New Orleans (o·'liønš) *n. pr.* GEOGR. Nueva Orleans.

news (niu·š) *s.* noticia, reporte, nueva, novedad, noticias, nuevas : *a piece of* ~, una noticia ; *no* ~ *is good* ~, cuando no hay noticias es señal de que nada malo ocurre ; *this is* ~ *to me*, esto es nuevo para mí, esto me coge de nuevas. | Gralte. se construye en sing. : *what is the* ~?, ¿qué noticias hay?, ¿qué hay de nuevo? 2 correo, portador de noticias. 3 prensa, periódicos. — 4 *adj.* de noticias, de prensa : ~ *agency*, agencia informativa ; ~ *beat*, anticipación de un periódico en dar una noticia ; ~ *correspondent*, corresponsal [de prensa] ; ~ *dealer*, vendedor de periódicos.

newsboy (niu·sboi) *s.* muchacho vendedor de periódicos.

newscast (niu·scæst) *s.* RADIO. noticiario.

newscaster (niu·scæstø') *s.* cronista de radio.

newsman (niu·smæn), *pl.* **-men** (-men) *s.* periodista, reportero, noticiero.

newsmonger (niu·smøngø') *s.* novelero, gacetista, portador de noticias, *paradisiero.

New South Wales *n. pr.* GEOGR. Nueva Gales del Sur.

newspaper (niu·speipø') *s.* diario, periódico. — 2

adj. de periódico, de prensa : ~ *clipping*, recorte de periódico ; ~ *serial*, folletín ; ~ *wrapper*, faja [de periódico].

newspaperman (niu·speipø'mæn), *pl.* **-men** (-men) *s.* periodista ; reportero, noticiero.

newsprint (niu·sprint) *s.* papel de periódico ; papel para periódicos.

newsreel (niu·sril) *s.* CINEM. noticiario, actualidades.

newsroom (niu·srum) *s.* gabinete de lectura de periódicos.

newstand (niu·stænd) *s.* quiosco de periódicos.

newsy (niu·si) *adj.* noticioso. — 2 *s.* muchacho vendedor de periódicos.

newt (niu·t) *s.* ZOOL. tritón.

Newtonian (niutou·nian) *adj.* neutoniano.

New York (~ yòrk) *n. pr.* GEOGR. Nueva York.

New Yorker (~ yò·'kø') *s.* neoyorquino.

New Zeland (~ zi·land) *n. pr.* GEOGR. Nueva Zelanda. — 2 *adj.* neocelandés.

New Zealander (~ zi·landø') *s.* neocelandés.

next (necst) *adj.* próximo, inmediato, contiguo, vecino ; siguiente, sucesivo ; futuro, venidero : ~ *month*, ~ *year*, el mes que viene, el año que viene ; ~ *week*, la semana próxima o entrante ; ~ *time*, la próxima vez, otra vez ; *the* ~ *day*, el día siguiente ; ~ *door*, la casa o la puerta de al lado ; ~ *door to*, en la casa de al lado de ; rayano en ; ~ *of kin*, pariente(s) más cercano(s) ; *the* ~ *best*, lo segundo en calidad, etc. ; *the* ~ *life*, la vida futura. 2 más próximo : *his* ~ *neighbour*, su vecino más próximo. — 3 *adv.* luego, después, a continuación, inmediatamente, en seguida : ~ *to*, junto, al lado de, inmediatamente después de ; casi, poco menos que : ~ *to impossible*, punto menos que imposible ; ~ *to nothing*, poquísimo, casi nada ; *what* ~?, ¿y luego qué?, ¿y qué más? — 4 *prep.* junto a, al lado de ; inmediato a, tocando a ; después de.

nexus (ne·csøs) *s.* nexo, lazo, vínculo.

nib (nib) *s.* ORNIT. pico. 2 punta, extremo. 3 punto [de la pluma]. 4 pluma [de metal para escribir]. 5 asa [de la guadaña]. 6 *pl.* granos de cacao o café.

nib (to) *tr.* sacar punta a, afilar la punta de. 2 cortar [la pluma].

nibble (ni·bøl) *s.* mordisco, bocadito. 2 roedura, ramoneo.

nibble (to) *tr.* e *intr.* mordiscar, roer, ramonear, comer a bocaditos. 2 picar [como el pez]. — 3 *intr. to* ~ *at*, criticar, satirizar.

niblick (ni·blic) *s.* DEP. uno de los palos del golf.

Nicaea (naisi·a) *n. pr.* GEOGR. Nicea.

Nicaraguan (nicæ·raguøn) *adj.* y *s.* nicaragüeño.

nice (nai·s) *adj.* fino, agudo, sutil. 2 exacto, preciso. 3 concienzudo, escrupuloso, puntilloso. 4 delicado, mirado, exigente. 5 delicado [que exige cuidado, tacto, etc.]. 6 refinado, pulcro, elegante. 7 esmerado, primoroso. 8 bueno, agradable ; delicioso, exquisito. 9 lindo, bonito. 10 decoroso, conveniente. 11 modesto, bien educado. 12 amable, considerado ; simpático.

Nice (nis) *n. pr.* GEOGR. Niza.

nicely (nai·sli) *adv.* sútilmente, finamente, delicadamente. 2 exactamente, con precisión. 3 amablemente. 4 bien, muy bien.

Nicene (nai·sin) *adj.* niceno.

niceness (nai·snis) *s.* finura. 2 amabilidad, gentileza. 3 lindeza. 4 delicadeza, exactitud, esmero.

nicety (nai·seti), *pl.* **-ties** (-tiš) *s.* finura, agudeza, sutilidad. 2 argucia, nimiedad. 3 exactitud, precisión : *to a* ~, con la mayor precisión, en su punto. 4 escrupulosidad, delicadeza, cuidado, esmero. 5 refinamiento, atildamiento, elegancia. 6 amabilidad. 7 *pl.* golosinas, manjares delicados.

niche (nich) *s.* nicho, hornacina.

Nicholas (ni·colas) *n. pr.* Nicolás.

Nick (nic) *n. pr. dim.* de Nicolás. 2 *Old* ~, el diablo.

nick *s.* muesca, entalladura, corte. 2 muesca [en una tarja, en la cabeza de un tornillo]. 3 mella, portillo, escotadura. 4 IMPR. cran [del tipo]. 5 punto crítico, momento oportuno, preciso : *at the* ~ *of time*, en el momento preciso, a punto, a tiempo. 6 en ciertos juegos, jugada ganadora.

nick (to) *tr.* hacer muescas en, cortar, mellar, desportillar. 2 tarjar. 3 acortar, mermar. 4 apodar ; llamar [con nombre familiar]. 5 (pop.) estafar, robar. 6 acertar ; coger o hacer oportunamente. — 7 *intr.* [dicho de una casta] cruzarse con otras mejorándolas. 8 *to* ~ *in*, ganar la delantera [en las carreras].

nickel (ni·køl) *s.* QUÍM. níquel. 2 fam. (EE. UU.) moneda de níquel de cinco centavos. — 3 *adj.* de níquel : ~ *bronze*, cuproníquel ; ~ *silver*, metal blanco ; ~ *steel*, acero níquel.

nickel-plate (to) *tr.* niquelar.

nickel-plated *adj.* niquelado.

nickel-plating *s.* niquelado, niqueladura.

nicknack (ni·cnæc) *s.* KNICKNACK.

nickname (ni·cneim) *s.* apodo, sobrenombre ; nombre familiar.

nickname (to) *tr.* apodar, apellidar.

nicotin(e (ni·cotin) *s.* nicotina.

nicotinic (nicoti·nic) *adj.* nicotínico.

nicotinism (ni·cotiniśm) *s.* MED. nicotismo.

nictate (to) (ni·cteit) *intr.* NICTITATE.

nictation (nicte·søn) *s.* NICTITATION.

nictitate (ni·ctiteit) *intr.* parpadear.

nictitation (nictite·shøn) *s.* nictitación, parpadeo.

nictitating (ni·ctiteiting) *adj.* nictitante.

nidificant (ni·dificant) *adj.* nidificante.

nidificate (to) (ni·difikeit) *intr.* nidificar.

nidification (nidifike·shøn) *s.* nidificación.

nidify (to) (ni·difai) *intr.* nidificar. ¶ CONJUG. pret. y p. p. : *nidified*.

nidus (nai·døs) *s.* nido [esp. de insecto, araña, etc.]. 2 centro o foco de infección. 3 ANAT. núcleo nervioso.

niece (nis) *f.* sobrina.

niello (nie·lou) *s.* niel ; nielado.

niello (to) *tr.* nielar.

nig (to) (nig) *tr.* recortar [la moneda]. 2 labrar [piedra] a pico.

Niger (nai·ẏø') *n. pr.* Níger [río]. 2 colonia del Níger.

niggard (ni·ga'd) *adj.* y *s.* tacaño, cicatero, mezquino, avaro, miserable.

niggard(li)ness (ni·ga'd(li)nis) *s.* tacañería, cicatería, mezquindad.

niggardly (ni·ga'dli) *adj.* tacaño, mezquino, miserable. — 2 *adv.* tacañamente, mezquinamente, miserablemente.

nigger (ni·gø') *s.* desp. negro, negra ; persona de color : ~ *in the woodpile*, fig. motivo oculto, gato encerrado. 2 fam. defecto mecánico.

niggerism (ni·gøriśm) *s.* sangre o carácter negro. 2 locución o giro propio de los negros.

niggle (ni·gøl) *adj.* demasiado minucioso. — 2 *s.* letra muy metida.

niggle (to) *tr.* pasar tiempo en minucias, pormenorizar, trabajar minuciosamente. — 2 *intr.* moverse, no parar. 3 ser meticuloso.

niggling (ni·gling) *adj.* demasiado minucioso. 2 muy metida [letra]. — 3 *s.* B. ART. minuciosidad.

nigh (nai) *adj., adv., prep.* ant. NEAR.

night (nait) *s.* noche : ~ *before night*, anteanoche ; *by* ~, *on* ~, por la noche ; *good* ~, buenas noches ; *last* ~, anoche ; *to-morrow* ~, mañana por la noche ; ~ *is coming*, se hace de noche ; *to make a* ~ *of it*, pasar toda la noche en una ocupación, diversión, etc. — 2 *adj.* de noche, nocturno : ~ *bell*, campanilla para llamar por la noche ; ~ *bird*, ave nocturna ; trasnochador ; ~ *blindness*, nictalopia ; ~ *chair*, sillico ; ~ *clothes*, camisón, pijama ; ~ *club*, cabaret, club nocturno ; ~ *commode*, ~ *stand*, mesita de noche ; ~ *dew*, sereno, relente ; ~ *heron*, ORNIT. martín del río, martinete ; ~ *key*, llavín ; ~ *latch*, cerradura de resorte ; ~ *lamp*, luz que se deja toda la noche ; ~ *light*, claridad nocturna ; luz de los faroles ; luz que se deja por la noche, mariposa, lamparilla ; ~ *life*, vida nocturna ; ~ *owl*, búho lechuza ; fam. trasnochador, noctámbulo ; ~ *piece*, B. ART. cuadro o escena nocturna ; ~ *school*, escuela nocturna ; ~ *watch*, guardia nocturna ; sereno ; vigilante o centinela de noche.

nightcap (nai·tcæp) *s.* gorro de dormir. 2 fig. nube sobre una montaña. 3 fig. bebida que se toma antes de acostarse.

nightdress (nai·tdres) *s.* camisa de dormir, camisón ; pijama.

nightfall (nai·tfol) *s.* anochecer, anochecida, caída de la tarde : *at* ~, al anochecer.

nightgown (nai·tgaun) *s.* camisón, bata de noche.

nighthawk (nai·tjoc) *s.* ORNIT. chotacabras norteamericana. 2 fam. trasnochador, noctámbulo.

nightingale (nai·tingueil) *s.* ORNIT. ruiseñor.

nightjar (nai·tẏa') *s.* ORNIT. chotacabras.

nightlong (nai·tlong) *adj.* de toda la noche. — 2 *adv.* toda la noche, durante toda la noche.

nightly (nai·tli) *adj.* nocturno, de noche. — 2 *adv.* por las noches ; todas las noches.

nightmare (nai·tme') *s.* pesadilla.

nightmarish (nai·tmerish) *adj.* angustioso [como una pesadilla].

nightshade (nai·tsheid) *s.* oscuridad de la noche. 2 BOT. hierba mora. 3 BOT. dulcamara. 4 BOT. *deadly* ~, belladona.

nightshirt (nai·tshø't) *s.* camisa de dormir.

nighttime (nai·ttaim) *s.* noche : *in the* ~, de noche. — 2 *adj.* nocturno.

nightwalker (nai·tuokø') *s.* noctámbulo ; nocherniego. 2 sonámbulo. 3 vago o ramera que callejea de noche ; ladrón nocturno.

nightward (nai·tua'd) *adj.* que ocurre o va hacia la noche, próximo a la noche.

night-watchman *s.* sereno ; vigilante nocturno.

nightwear (nai·tue') *s.* NIGHT CLOTHES.

nightwork (nai·tuø'c) *s.* trabajo nocturno.

nigrescence (naigre·søns) *s.* ennegrecimiento. 2 negrura, obscuridad [esp. de la tez].

nigrescent (naigre·sønt) *adj.* negruzco.

nigrification (nigrifike·shøn) *s.* ennegrecimiento.

nigrify (to) (ni·grifai) *tr.* ennegrecer. ¶ CONJUG. pret. y p. p. : *nigrified*.

nihilism (nai·jiliśm) *s.* nihilismo.

nihilist (nai·jilist) *s.* nihilista.

nihilistic (naijili·stic) *adj.* nihilista.

nihility (naiji·liti) *s.* estado de la nada, la nada.

nil (nil) *s.* nada, ninguno.

Nile (nai·l) *n. pr.* GEOGR. Nilo.

nilgai (ni·lgai) *s.* ZOOL. antílope de la India.

nill (to) *tr.* ant. no querer, negarse : *will he*, ~ *he*, quieras o no quieras, de grado o por fuerza. | Hoy se usa más *willy-nilly*.

Nilotic (naila·tic) *adj.* nilótico, del Nilo.

nimble (ni·mbøl) *adj.* ágil, ligero, vivo, activo, pronto, listo, dispuesto.

nimble-fingered *adj.* ligero de dedos.

nimble-footed *adj.* ligero de pies, veloz.

nimbleness (ni·mbølnis) *s.* agilidad, ligereza, viveza. 2 expedición, destreza, prontitud.

nimble-pinioned *adj.* de vuelo rápido.

nimble-witted *adj.* listo, despierto, inteligente.

nimbly (ni·mbli) *adv.* ágilmente, velozmente, diestramente, vivamente, prontamente.

nimbus (ni·mbøs) *s.* nimbo. 2 aureola.

nimiety (nimai·tei) *s.* exceso, redundancia.

nincompoop (ni·ncømpup) *s.* bobo, simple, badulaque, majadero.

nine (nai·n) *adj.* y *s.* nueve : ~ *o'clock*, las nueve ; *to the nines*, a la perfección. 2 *The Nine*, las Musas.

ninefold (nai·nfould) *adj.* y *s.* nónuplo. — 2 *adv.* nueve veces.

ninepence (nai·npens) *s.* nueve peniques.

ninepins (nai·npins) *s.* juego de bolos [con nueve bolos].

ninescore (nai·nscor) *adj.* y *s.* nueve veces veinte.

nineteen (naintr·n) *adj.* y *s.* diez y nueve.

nineteenth (nai·ntmz) *adj.* y *s.* décimonono. 2 diecinueve [del mes].

ninetieth (nai·ntiez) *adj.* y *s.* nonagésimo ; noventavo.

ninety (nai·nti) *pl.* **nineties** (-tiś) *adj.* y *s.* noventa. 2 *the nineties*, los años entre noventa y noventa y nueve.

Nineveh (ni·nivi) *n. pr.* GEOGR. Nínive.

Ninevite (ni·nivait) *adj.* y *s.* ninivita.

ninny (ni·ni) *pl.* **-nies** (-niś) *s.* bobo, simple, mentecato, papanatas.

ninth (nai·nz) *adj.* y *s.* noveno. 2 nueve [del mes].

ninthly (nai·nzli) *adv.* en noveno lugar.

niobium (naiou·biøm) *s.* QUÍM. niobio.

nip (nip) *s.* pellizco, dentellada, mordisco, picotazo. 2 trago ; porción pequeña ; pedacito. 3 pinchazo [dicho punzante]. 4 punzada [del viento frío]. 5 helada ; daño del frío en las plantas. 6 acción de coger o quedar cogido entre dos superficies, puntas, etc. 7 MAR. doblez, vuelta [en un cabo]. 8 *pl.* pinzas, alicates, cortaalambres.

nip (to) *tr.* pellizcar. 2 coger, asir, sujetar [entre dos superficies, puntas, etc.]. 3 mordiscar, picotear. 4 entumecer, helar, marchitar [el frío]. 5 coger, prender. 6 cortar : *to* ~ *in the bud*, cortar en flor; destruir en su comienzo. 7 *to* ~ *off*, despuntar; desmochar, podar. — 8 *intr.* andar ligero, apresurarse. — 9 *tr.* e *intr.* beber a tragos; empinar el codo. ¶ Conjug. pret. y p. p. : *nipped;* ger. : *nipping.*

nipa (nai·pa) *s.* bot. nipa.

nipper (ni·pø') *s.* boca, pinzas [de crustáceo]. 2 palá [diente del caballo]. 3 *pl.* pinzas, alicates, cortaalambres.

nipping (ni·ping) *s.* corte, punzada, mordedura. — 2 *adj.* que corta, despunta, etc. 3 mordaz, picante.

nipple (ni·pøl) *s.* anat. pezón, tetilla. 2 pezón de goma. 3 protuberancia. 4 chimenea [de arma de fuego]. 5 mec. tubo roscado de unión.

Nipponese (nipanni·s) *s.* nipón, japonés.

Nirvana, nirvana (ni'va·na) *s.* nirvana.

nit (nit) *s.* liendre.

niter (nai·tø') *s.* nitro, salitre. — 2 *adj.* de nitro : ~ *bed,* nitral.

nitid (ni·tid) *adj.* lustroso.

nitrate (nai·treit) *s.* quím. nitrato.

nitre (nai·tø') *s.* NITER.

nitrio (nai·tric) *adj.* nítrico.

nitride (nai·trid) *s.* quím. nitruro.

nitrification (naitrifike·shøn) *s.* nifrificación.

nitrify (to) (nai·trifai) *tr.* nitrificar. ¶ Conjug. pret. y p. p. : *nitrified.*

nitrite (nai·trait) *s.* quím. nitrito.

nitrobacteria (naitrobæcti·ria) *s. pl.* nitrobacterias.

nitrocellulose (naitrose·liulous) *s.* quím. nitrocelulosa.

nitrocotton (naitroca·tøn) *s.* algodón pólvora.

nitrogen (nai·troŷen) *s.* quím. nitrógeno, ázoe.

nitrogenize (to) (nai·troŷenaiš) *tr.* nitrogenar.

nitrogenous (naitra·ŷenøs) *adj.* nitrogenado, azoado.

nitroglicerin (naitrogli·sørin) *s.* nitroglicerina.

nitrometer (naitra·mitø') *s.* nitrómetro.

nitrosyl (naitrou·sil) *s.* quím. nitrosilo.

nitrous (nai·trøs) *adj.* nitroso.

nitty (ni·ti) *adj.* lendroso.

nitwit (ni·twit) *s.* fam. simple, bobo, papanatas.

nival (nai·val) *adj.* nevoso. 2 que vive en la nieve.

niveous (ni·viøs) *adj.* níveo.

nix (nics) *s.* mit. espíritu de las aguas. 2 nada, nadie. — 3 *adv.* no, ni por pienso.

nixie (ni·csi) *s.* mit. ondina.

no (nou) *adv.* no : ~ *longer,* ya no; ~ *more,* no más; ~ *more of this,* basta; no hablemos más de eso; *wheter or* ~, de un modo u otro; tanto si... como si no; *are you going?* — *No.,* ¡va Vd.? —*No.* 2 ningún, ninguna : *he has* ~ *friend,* no tiene ningún amigo; *by* ~ *means,* de ningún modo; *to* ~ *purpose,* sin objeto, en vano, inútilmente; ~ *one,* nadie; ~ *man's land,* tierra de nadie. — En muchos casos hay que traducir la frase entera, gralte. por una negativa con *no: there is* ~ *wine,* no hay vino; *it is* ~ *matter,* no importa. 3 Precedido de ciertas preposiciones equivale a «sin»: *to* ~ *purpose,* sin objeto; *with* ~ *money,* sin dinero. 4 En ciertas expresiones elípticas hay que suplir el verbo: *no admittance,* se prohibe la entrada; ~ *smoking,* se prohibe fumar; ~ *such thing,* no hay tal cosa.

Noachian (noei·kian) *adj.* relativo a Noé.

Noah (nou·a) *n. pr.* Noé. 2 *Noah's ark,* arca de Noé.

nob (nab) *s.* fam. cabeza, chola. 2 golpe en la cabeza. 3 pop. noble, persona de viso.

nobby (na·bi) *adj.* pop. elegante, vistoso; de gente rica.

nobiliary (nobi·lieri) *adj.* nobiliario.

nobility (nobi·liti) *s.* nobleza. 2 *the* ~, la nobleza, la aristocracia.

noble (nou·bøl) *adj.* noble : ~ *metals,* metales nobles; *of* ~ *descent,* linajudo, de noble alcurnia. 2 magnífico, majestuoso. — 3 *s.* noble, aristócrata. 4 noble [ant. moneda].

nobleman (nou·bølmæn), *pl.* **men** (-men) *s.* noble, aristócrata.

nobleness (nou·bølnis) *s.* nobleza [cualidad].

noblesse (noble·s) *s.* nobleza [noble nacimiento].

noblewoman (nou·bølwuman), *pl.* **-women** (-wi·min) *s.* mujer noble.

nobly (nou·bli) *adv.* noblemente. 2 magníficamente, espléndidamente. 3 ~ *born,* de noble nacimiento.·

nobody (nou·badi), *pl.* **-dies** (-diš) *pron.* nadie : ~ *else,* nadie más, ningún otro. — 2 *s.* nadie [pers. insignificante].

nocent (nou·sønt) *adj.* nocivo. 2, culpable, criminal.

nock (nac) *s.* muesca para la cuerda en el extremo de un arco [arma].

noctambulation (nactæmbiule·shøn), **noctambulism** (nactæ·mbiulišm) *s.* sonambulismo.

noctambulist (nactæ·mbiulist) *s.* sonámbulo.

noctiluca (nactiliu·ca) *s.* noctiluca [organismo fosforescente].

nocturn (na·ctø'n) *s.* liturg. nocturno.

nocturnal (nactø·'nal) *adj.* nocturno, nocturnal.

nocturne (no·ctø'n) *s.* mús. nocturno. 2 pint. escena nocturna.

nod (nad) *s.* inclinación de cabeza [en señal de asentimiento, saludo, etc.] ; reverencia. 2 cabeceo, cabezada [del que duerme sentado]. 3 sueñecito.

nod (to) *intr.* y *tr.* inclinar la cabeza [en señal de asentimiento, saludo, etc.]. — 2 *intr.* cabecear, dar cabezadas, dormitar. 3 estar descuidado. 4 oscilar [de arriba abajo]. 5 desaplomarse [una pared]. ¶ Conjug. pret. y p. p.: *nodded;* ger.: *nodding.*

nodal (nou·dal) *adj.* nodal. 2 anat. nodátil.

nodated (noudei·tid) *adj.* nudoso.

nodding (na·ding) *adj.* que cabecea o da cabezadas. 2 bot. colgante.

noddle (na·døl) *s.* mollera, cabeza.

noddy (na·di) *adj.* soñoliento. — 2 *s.* bobo, simple. 3 carruaje ligero de dos ruedas. 4 ornit. especie de golondrina de mar.

node (nou·d) *s.* nodo. 2 bulto, protuberancia, chichón. 3 bot. nudo. 4 teat. nudo, enredo. 5 nudo [punto de convergencia].

nodose (nou·dous) *adj.* nudoso.

nodosity (noda·siti) *s.* nudosidad.

nodular (na·diular) *adj.* nodular.

nodule (na·diul) *s.* nódulo.

noduled (na·diuld) *adj.* en forma de nódulo.

nodus (na·døs) *s.* nudo, enredo, complicación.

nog (nag) *s.* taco de madera. 2 mar. cabilla para escotas. 3 clavija. 4 cierta cerveza fuerte. 5 (EE. UU.) bebida hecha con huevo y ron u otro licor.

noggin (na·guin) *s.* tacita, copa. 2 pequeña cantidad [de un licor].

nogging (na·guing) *s.* mampostería con que se rellena un entramado.

nohow (nou·jau) *adv.* fam. de ninguna manera.

noise (noi·s) *s.* ruido; sonido. 2 ruido, barullo, clamor, alboroto, griteria. 3 rumor, fama. 4 *to make* ~, meter ruido; hablarse mucho [de una cosa].

noise (to) *tr.* esparcir, divulgar, rumorear. — 2 *intr.* hablar mucho a gritos; gritar, meter ruido.

noiseful (noi·sful) *adj.* ruidoso.

noiseless (noi·slis) *adj.* silencioso, callado, quedo, tranquilo.

noiselessly (noi·slisli) *adv.* silenciosamente, calladamente, chiticallando.

noiselessness (noi·slisnis) *s.* silencio, quietud.

noisily (noi·sili) *adv.* ruidosamente.

noisiness (noi·sinis) *s.* ruidosidad. 2 ruido, estrépito.

noisette (nuaše·t) *s.* variedad de rosa, cruce de la de China con la almizcleña. 2 *pl.* pedacitos de carne cocidos de cierto modo.

noisome (noi·søm) *adj.* nocivo, pernicioso, malsano, insalubre. 2 fétido, ofensivo, repugnante.

noisomely (noi·sømli) *adv.* perniciosamente. 2 ofensivamente, repugnantemente.

noisomeness (noi·sømnis) *s.* nocividad. 2 fetidez, fastidio, náusea.

noisy (noi·si) *adj.* ruidoso, clamoroso, estrepitoso, bullicioso.

nolition (noli·shøn) *s.* nolición.

nomad (nou·mæd) *adj.* y *s.* nómada.

nomadic (nomæ·dic) *adj.* nómada.

nomadism (nou·mædišm) *s.* nomadismo.

nomarch (na·ma'c) *s.* nomarca.

nomarchy (na·ma'ki) *s.* nomarquía.

nomenclator (nou·mencleito') *s.* nomenclador, nomenclátor. 2 clasificador [pers.]. 3 el que anuncia a los invitados, etc.

nomenclature (nou·mencleichør) *s.* nomenclatura.

nominal (na·minal) *adj.* nominal. 2 gram. substantivado, substantivo.

nominalism (na·minališm) *s.* nominalismo.

nominalist (na·minalist) *s.* nominalista.

nominally (na·minali) *adv.* nominalmente.

nominate (to) (na·mineit) *tr.* nombrar. 2 proponer [para un cargo], designar como candidato.
nomination (namine·shøn) *s.* nominación, nombramiento, propuesta : *to put* o *place in* ~, proponer o designar como candidato.
nominative (na·minativ) *s.* nominativo. 2 nombrado, propuesto.
nominator (na·mineitø') *s.* nominador 2 pers. a cuyo nombre se inscribe un caballo en las carreras.
nominee (namini·) *s.* nombrado, propuesto, candidato [para un cargo]. 2 titular [de una pensión, etc.].
nomology (noma·lcȳi) *s.* nomología.
non- (nan) partícula negativa que forma compuestos con los sentidos de *no, an, dis, falta de,* etc.
nonacceptance (nanæcse·ptans) *s.* no aceptación, rechazo.
nonage (na·nidȳ) *s.* minoridad, menor edad.
nonagenarian (nanayene·rian) *adj.* y *s.* nonagenario.
nonagesimal (nanaȳe·simal) *adj.* nonagésimo. — *2 s.* ASTR. nonagésimo.
nonagon (na·nagan) *s.* GEOM. eneágono.
nonaggression (nanagre·shøn) *s.* no agresión.
nonappearance (nanapi·rans) *s.* DER. incomparecencia, contumacia, rebeldía.
nonarrival (nanarai·val) *s.* falta de llegada o arribo.
nonary (na·nari) *adj.* y *s.* nónuplo. 2 MAT. de base nueve.
nonassessable (nanase·sabøl) *adj.* COM. que no paga dividendos pasivos [acción].
nonattendance (nanate·ndans) *s.* falta de asistencia, ausencia.
nonbreakable (nanbrei·cabøl) *adj.* irrompible.
nonce (nans) *s.* tiempo u ocasión determinada o presente : *for the* ~, por esta vez, por ahora, por el momento. — 2 adj. ~ *word,* palabra para el caso.
nonchalance (na·nshalans) *s.* indiferencia, abandono, indolencia.
nonchalant (na·nshalant) *adj.* indiferente, indolente.
noncombatant (nanca·mbatant) *adj.* y *s.* no combatiente.
noncommissioned (nankø·mishønd) adj. ~ *officer,* cabo, sargento, clase.
noncommital (nankømi·tal) *adj.* reservado, evasivo, que no se compromete, que no expresa asentimiento ni negativa. — 2 *s.* estado del que no se compromete o no se ha comprometido.
noncompliance (nankømplai·ans) *s.* incumplimiento, inobediencia.
non compos mentis (nan ca·mpos me·ntis) *adj.* DER. falto de juicio.
nonconducting (nankøndø·cting) adj. FÍS., ELECT. mal conductor; aislante.
nonconductor (nankøndø·cto') *s.* FÍS., ELECT. cuerpo no conductor o mal conductor; aislador.
nonconformist (nankønío·mist) *adj.* y *s.* disidente [esp. de la Iglesia Anglicana].
nonconformity (nankønío·miti) *s.* disconformidad. 2 disidencia de la Iglesia Anglicana.
nonconsent (nankønse·nt) *s.* falta de consentimiento.
nonco-operation (nancoapøre·shon) *s.* falta de cooperación. 2 POL. no colaboración, resistencia pasiva.
noncumulative (nankiu·miulativ) *adj.* no acumulable [interés].
nondelivery (nandili·vøri) *s.* ralta de entrega.
nondescript (na·ndiscript) *adj.* indefinible, difícil de clasificar, raro. — 2 *s.* objeto o persona difícil de clasificar.
none (nøn) *pron.* ninguno; nada : *I have* ~, no tengo ninguno; ~ *of,* ninguno de; nada de; ~ *of his business,* nada que le importe; ~ *of that,* nada de eso. 2 nadie. — 3 *adv.* no, de ningún modo : ~ *the less,* no menos; no obstante, sin embargo; *he was* ~ *the better* (o *the worse) for it,* no por ello se hallaba mejor (o peor), no salió mejor (o peor) librado a causa de ello; no ganó (o perdió) nada con ello. — 4 *s.* LITURG. nona.
noneffective (nanife·ctiv) *adj.* ineficaz. 2 MIL. no disponible, inhabilitado para el servicio activo.
nonelectric (nanile·ctric) *adj.* analéctrico.
nonentity (nane·ntiti) *s.* nada; no existencia. 2

cosa no existente. imaginaria. 3 nulidad, cero a la izquierda, persona o cosa sin valor.
nones (nou·nŝ) *s. pl.* nonas. 2 LITURG. nona.
nonessential (nanise·nshal) *adj.* no esencial.
nonesuch (nø·nsøch) *adj.* sin par, sin igual. — *2 s.* persona o cosa sin igual.
nonexecution (nanecsikiu·shøn) *s.* falta de ejecución, incumplimiento.
nonexistence (nanigŝi·støns) *s.* inexistencia.
nonexistent (nanigŝi·stønt) *adj.* inexistente.
nonfulfillment (nanfulfi·lmønt) *s.* incumplimiento.
nonintervention (nanintø've·nshøn) *s.* no intervención.
nonius (nou·niøs) *s.* nonio.
nonjuror (nanȳu·rø') *s.* el que no presta juramento. 2 (Ingl.) clérigo que no juró fidelidad al trono en 1688.
nonmetal (nanme·tal) *s.* QUÍM. metaloide.
nonpareil (nanpare·l) *adj.* sin par, sin igual incomparable. — *2 s.* persona o cosa excelente, incomparable. 3 cierta ave americana. 4 IMPR. nomparell.
nonpartisan (nanpa·rtiŝan) *adj.* POL. independiente.
nonpayment (nanpei·mønt) *s.* falta de pago.
nonperformance (nanpø'fo·'mans) *s.* falta de ejecución, incumplimiento.
nonplus (na·npløs) *s.* estado en que nada más puede decirse. 2 perplejidad, confusión, estupefacción.
nonplus (to) *t.* confundir, dejar perplejo. 2 aplastar, dejar sin palabra.
nonplus(s)ed (na·npløst) *adj.* confundido, estupefacto, pegado a la pared.
nonresident (nanre·ŝident) *adj.* y *s.* no residente.
nonresistance (nanriŝi·stans) *s.* falta de resistencia, obediencia pasiva.
nonsense (na·nsens) *s.* cosa sin sentido, absurdidad. 2 tontería, necedad, disparate, desatino. 3 tonterías, pamplinadas, música celestial. — *4 interj.* ¡bah!
nonsensical (nanse·nsical) *adj.* sin sentido, absurdo, disparatado, desatinado.
nonsensically (nanse·nsicali) *adv.* absurdamente, tontamente.
nonsensicalness (nanse·nsicalnis) *s.* absurdidad, tontería.
nonshatterable (nanshæ·tørabøl) *adj.* inastillable [vidrio].
nonskid (na·nskid), **nonskidding** (na·nski·ding) *adj.* antideslizante, antirresbaladizo.
nonstop (na·nstap) *adj.* directo. expreso, que no hace paradas intermedias.
nonstriated (nastrai·atid) *adj.* liso [músculo].
nonsuit (na·nsiut) *s.* DER. caducidad de la instancia; abandono de la acción.
nonsuit (to) *tr.* DER. absolver por caducidad de la instancia.
nontransferable (nantrænsfø·rabøl) *adj.* intransferible.
nonunion (nanyu·nion) *adj.* no sindicado [obrero].
noodle (nu·døl) *s.* tallarín; fideo. 2 simple, bobo, tonto, zote. 3 fam. cabeza.
nook (nuc) *s.* rincón. 2 lugar retirado y apacible. 3 escondrijo.
nook (to) *tr.* poner o esconder en un rincón.
noon (nun) *s.* mediodía [hora] : *high* ~, las doce en punto. 2 comida [del mediodía]. 3 punto culminante, apogeo. 4 ~ *of the night.* medianoche. — 5 *adj.* del mediodía.
noonday (nu·ndei) *s.* mediodía [las doce]. — 2 *adj.* del mediodía.
nooning (nu·ning) *s.* (EE. UU.) mediodía [las doce]; almuerzo, comida [del mediodía]; descanso o siesta del mediodía.
noontide (nu·ntaid), **noontime** (nu·ntaim) *s.* mediodía o medianoche. 2 punto culminante, apogeo.
noose (nus) *s.* lazo, nudo corredizo. gaza. 2 dogal.
noose (to) *tr.* lazar, coger con lazo o trampa. 2 ahorcar. 3 hacer un lazo o nudo corredizo en.
nopal (nou·pal) *s.* BOT. nopal, higuera chumba.
nopalry (nou·palri) *s.* plantación de nopales.
nor (no') *conj.* ni [correlativo de NEITHER o NOT] : *neither you,* ~ *I,* ni usted ni yo. 2 tampoco; pero no : ~ *I,* yo tampoco; ~ *was it all,* pero ello no era todo.
Nordic (no·'dic) *adj.* y *s.* nórdico.
noria (nou·ria) *s.* noria, cenia.
norland (no·'land) *s.* tierra o región del Norte.
norm (no·m) *s.* norma, pauta, regla, modelo, tipo.

norma (no·'ma) *s.* NORM. 2 norma [escuadra].

normal (no·'mal) *adj.* normal. — *2 s.* estado, condición, persona o cosa normal; lo normal. *3* escuela normal. *4* norma, tipo. *5* GEOM. normal.

normalcy (no·'malsi), **normality** (no·'mæ·liti) *s.* normalidad.

normalization (no·'malise·shøn) *s.* normalización.

normalize (to) (no·'malaiš) *tr.* normalizar; regularizar.

normally (no·'mali) *adv.* normalmente.

Norman (no·'man) *adj.* y *s.* normando.

Normandy (no·'mandi) *n. pr.* GEOGR. Normandía.

Norse (no's) *adj.* y *s.* escandinavo.

Norseman (no·'smæn), *pl.* **-men** (-men) *s.* antiguo escandinavo.

Norsk (no'sk) *adj.* y *s.* NORSE.

north (no'z) *s.* norte, septentrión [punto cardinal] : ~ *by east,* norte, cuarta nordeste; ~ *by west,* norte, cuarta noroeste. 2 poét. norte, cierzo [viento]. *3* norte [región]. *4* (con may.) parte norte de Inglaterra o de los Estados Unidos de América. — *5 adj.* septentrional, del norte : *North Africa,* el África del Norte; *North America,* Norteamérica, la América del Norte; *North Cape,* el Cabo Norte; *North Pole,* polo norte o ártico; *North Star,* estrella polar o del norte; ~ *wind,* norte, aquilón, septentrión, cierzo. — *6 adv.* al norte, hacia el norte.

northeast (no'zi·st) *adj* y *s.* nordeste.

northeaster (no'zi·stø') *s.* tempestad nordestal.

northeasterly (no'zi·stø·li), **northeastern** (no'zi·stø'n) *adj.* nordestal.

norther (no·'dø') *s.* viento del norte. 2 norteño.

northerly (no·'dø'li) *adj.* situado hacia el norte; que viene del norte; septentrional, boreal.

northern (no·'dø'n) *adj.* del norte; septentrional, boreal. *2* (EE. UU.) de los Estados del Norte.

northerner (no·'dø'nø') *s.* norteño, natural o habitante del norte, esp. (EE. UU.) de los Estados del Norte.

northermost (no·'dø'moust) *adj. superl.* de más al norte, más septentrional.

northing (no·'ding) *s.* MAR. derrota hacia el norte. *2* diferencia de latitud norte.

northland (no·'zlænd) *s.* tierra del norte, región del norte. *2* (con may.) región boreal. *3* Península escandinava.

Northman (no·'zmæn), *pl.* **-men** (-men) *s.* antiguo escandinavo.

Northumbrian (no'zu·mbrian) *adj.* y *s.* de Northumberland.

northward(s (no·'zwa'd(š) *adv.* hacia el norte.

northwest (no'zwe·st) *s.* noroeste, norueste; ~ *by north,* noroeste, cuarta norte; ~ *by west,* noroeste, cuarta oeste.

northwester (no'zwe·stø') *s.* viento noroeste; tempestad del noroeste.

northwesterly (no'zwe·stø'li) *adj.* del noroeste, hacia el noroeste.

northwestern (no'zwe·stø'n) *adj.* del noroeste.

Norway (no'rwei) *n. pr.* GEOGR. Noruega.

Norwegian (norwi·'ʸian) *adj.* y *s.* noruego.

nose (nouš) *s.* ANAT., ZOOL. nariz : ~ *of wax,* fig. persona o cosa fácil de influir o amoldar; *snub* ~, nariz roma; *to blow one's* ~, sonarse las narices; *to count noses,* contar personas; *to follow one's* ~, seguir en línea recta; *to lead by the* ~, manejar [a uno] a su antojo; *to poke, put* o *thrust one's* ~ *into,* entremeterse, meter las narices en; *to put someone's* ~ *out of joint,* suplantar a uno en el afecto de alguien; desbaratar los planes de uno; *to speak through the* ~, hablar por las narices, ganguear; *to turn up one's* ~ *at,* desdeñar, mirar con desprecio; *at,before* o *under, one's* ~, delante de las narices, en las barbas, de uno. *2* nariz, olfato : *to have a* ~ *for,* tener olfato para. *3* hocico, morro [de animal]. *4* nariz [de la retorta, el alambique, etc.] ; tobera; canuto [de fuelle] ; lanza [de manguera] ; pico [de cafetera, jarro, etc.]. *5* MAR. proa, roda, tajamar. *6* parte delantera [de avión]. *7* pop. chivato, confidente [de la policía]. — *8 adj.* de nariz, etc. : ~ *bag,* morral, cebadera; ~ *dive,* AVIA. picado, caída o descenso vertical o con gran inclinación.

nose (to) *tr.* oler, olfatear, husmear, rastrear : *to* ~ *around,* andar a la husma; *to* ~ *out,* descubrir, averiguar; vencer por poca diferencia. *2* encararse con. *3* oponerse, hacer frente a. *4* restregar la nariz contra. *5* decir gangueando. *6* MAR. *to* ~ *in* o *into,* avanzar, entrar [en un puerto, etc.] con mucho cuidado.

noseband (nou·šbænd) *s.* muserola, sobarba.

nosebleed (nou·šblid) *s.* epistaxis, hemorragia nasal. *2* BOT. milenrama.

nose-dive (to) *intr.* AVIA. picar, descender en picado.

nosegay (nou·šguei) *s.* ramillete [de flores].

noseless (nou·šlis) *adj.* desnarigado.

nosepiece (nou·špis) *s.* visera [del yelmo]. 2 muserola, sobarba. *3* portaobjetivo [de microscopio].

noser (nou·šø') *s.* golpe en la nariz. 2 viento que sopla de cara.

nosey (nou·ši) *adj.* fam. curioso, entrometido.

nosogeny (nosa·ʸini) *s.* MED. nosogenia.

nosography (nosa·grafi) *s.* nosografía.

nosological (nasola·ʸical) *adj.* nosológico.

nosology (nosa·loʸi) *s.* nosología.

nostalgia (nastæ·lʸia) *s.* nostalgia.

nostology (nasta·loʸi) *adj.* BIOL. estudio de los estados seniles.

Nostradamus (nastradei·møs) *n. pr.* Nostradamus. 2 fig. adivino.

nostril (no·stril) *s.* ventana de la nariz. 2 ollar.

nostrum (no·strøm) *s.* remedio o medicina secreta o de curandero. 2 específico.

not (nat) *adv.* no [acompañando al verbo, al adjetivo, al adverbio] : *he has* ~ *come,* no ha venido; *certainly* ~, no por cierto; *I think* ~, no lo creo, creo que no; *is it* ~?, ¿no es eso?; ~ *a little,* no poco; ~ *at all,* nada, de ningún modo; *de nada* [en respuesta a *thank you*]; ~ *but,* ~ *that.* no es que, no es decir que; ~ *even,* ni siquiera; ~ *guilty,* DER. no culpable, inocente; absuelto; ~ *half,* del todo, mucho; ~ *half so bad,* bastante bueno; ~ *to say,* por no decir; ~ *so much as,* ni siquiera; ~ *yet.* todavía no.

notability (noutabi·liti) *s.* notabilidad. 2 pers. de nota.

notable (nou·tabøl) *adj.* notable. 2 memorable. 3 hacendosa, capaz [mujer, ama de casa]. — *4 s.* notable, pers. de nota.

notableness (nou·tabølnis) *s.* notabilidad [calidad].

notably (nou·tabli) *adv.* notablemente.

not-at-home *adj.* ausente, que no está en casa, que no recibe.

notarial (note·rial) *adj.* notarial.

notarize (nou·taraiš) *tr.* autorizar ante notario. 2 dar fe notarial de.

notary (public) (nou·tari pø·blic) *s.* notario; escribano público.

notation (note·shøn) *s.* notación. 2 anotación. apunte. 3 numeración escrita. 4 acción de notar, observar.

notch (natch) *s.* muesca, entalladura, ranura, hendidura, mella. 2 (EE. UU.) paso, desfiladero. 3 fam. grado, escalón. 4 MAR. tojino. 5 ANAT. escotadura.

notch (to) *tr.* hacer muescas en, entallar, escoplear. 2 mellar, dentar. 3 tarjar. 4 cortar [separar cortando].

note (nou·t) *s.* nota. marca, señal; tono o cualidad característica. 2 melodía, canción; voz, acento; canto [del ave]. 3 signo [ortográfico]. 4 nota, distinción, calidad. 5 nota, apunte. anotación. 6 billete, esquela. 7 nota [oficial]. 8 nota, lista, cuenta. 9 acción de notar u observar; caso [que se hace] : *to take no* ~ *of,* no hacer caso de. 10 billete [de banco]. 11 cédula, vale, pagaré, abonaré : ~ *of hand, promissory* ~, pagaré. 12 MÚS. nota : *whole* ~, redonda; *half* ~, blanca; *quarter* ~, negra; *eight* ~, corchea, etc. — *13 adj.* de notas, cédulas, etc. : ~ *paper,* papel para esquelas, papel de cartas; ~ *broker,* corredor de letras, pagarés, etc.

note (to) *tr.* notar, observar, reparar. 2 distinguir, señalar, hacer notar. 3 notar, anotar. 4 asentar, registrar, apuntar. | Gralte. con *down.* 5 registrar un protesto [el notario].

notebook (nou·tbuc) *s.* agenda, memorándum, libro de memoria; libreta. 2 registro de pagarés.

noted (nou·tid) *adj.* nombrado, conocido, reputado, afamado, prestigioso, célebre, eminente.

notedness (nou·tidnis) *s.* celebridad, fama, reputación.

noteless (nou·tlis) *adj.* obscuro, desconocido. 2 MÚS. sin notas.

noteworthy (nou·twø'đi) *adj.* notable; digno de ser notado.

nothing (nø·zing) *s.* nada : ~ *but,* sólo, no más que ; ~ *doing,* nada que hacer ; ni por pienso ; ~ *else,* nada más, ninguna otra cosa ; ~ *to boast,* o *to speak, of,* no gran cosa, poca cosa ; *for* ~, sin motivo, inútilmente ; por nada, de balde ; *next to* ~, casi nada ; *that is* ~ *to me,* nada me importa eso ; *there is* ~ *for it but...,* no hay más remedio que... ; *to come to* ~, reducirse a nada ; aniquilarse ; fracasar, malograrse ; *to make* ~ *of,* no reparar en, no dar importancia a, no hacer caso de ; no sacar provecho de ; no entender, no sacar nada en limpio de ; *to say* ~ *of,* por no hablar de ; *to think* ~ *of,* no hacer caso de ; tener por fácil ; despreciar. 2 ARIT. cero. 3 nadería, insignificancia. — 4 *adv.* nada, en nada, de ningún modo, no ; ~ *daunted,* sin temor, sin acobardarse ; ~ *less,* no menos ; ~ *less than,* de todo punto ; ~ *like,* ni con mucho.

nothingness (nø·zingnis) *s.* nada ; la nada. 2 nonada, nadería, insignificancia.

notice (nou·tis) *s.* informe, aviso, advertencia. anuncio : *to give a short* ~, avisar a última hora, dar un corto plazo ; *on short* ~, con poco plazo, con poco tiempo de aviso ; *until further* ~, hasta nuevo aviso. 2 noticias, conocimiento, observación, atención, caso ; mención ; *to attract* ~, llamar o atraer la atención ; *to escape one's* ~, pasar inadvertido a uno ; *to take* ~ *of,* notar, observar ; hacer caso de ; *worthy of* ~, digno de atención, de mención. 3 atención, consideración, cortesía. 4 llamada [en un escrito]. 5 notificación, esp. de la voluntad de terminar una relación o contrato ; despido : *to give* ~, dar uno su despido. 6 artículo suelto, reseña.

notice (to) *tr.* notar, observar, advertir, reparar, echar de ver. 2 hacer mención de ; reseñar [un libro]. 3 reconocer, hacer caso de, tratar con atención o cortesía. 4 dar el despido.

noticeable (nou·tisabøl) *adj.* notable, reparable, visible, perceptible. 2 digno de atención.

noticeably (nou·tisabli) *adv.* notablemente ; perceptiblemente.

notification (noutifike·shøn) *s.* notificación, aviso.

notify (to) (nc·tifai) *tr.* notificar, comunicar, hacer saber. 2 informar, avisar. 3 requerir, citar. ¶ CONJUG. pret. y p. p. : *notified.*

notion (nou·shøn) *s.* noción. 2 idea, concepto, opinión, parecer, modo de ver, preocupación, teoría, creencia. 3 inclinación intención ; capricho : *to have a* ~ *to,* pensar, tener ganas de. 4 *pl.* (EE. UU.) novedades, mercería, artículos menudos, chucherías.

notional (nou·shønal) *adj.* nocional. 2 irreal. imaginario, ideal. 3 visionario, fantaseador, chiflado. 4 caprichudo.

notionalist (nou·shønalist) *s.* teorizante.

notionally (nou·shønali) *adv.* idealmente, imaginariamente.

notochord (nou·toco'd) *s.* ZOOL. notocordio.

notoriety (noutørai·eti) *s.* notoriedad [esp. la debida a cosas censurables].

notorious (noto·riøs) *adj.* notorio, conocido, famoso. | Us. gralte. en sentido peyorativo : *a* ~ *thief,* un conocido ladrón.

notoriously (notø·riøsli) *adv.* notoriamente.

notoriousness (notø·riøsnis) *s.* notoriedad, publicidad. 2 mala reputación.

no-trump (nou·trømp) *adj.* y *s.* NAIPES sin triunfo.

notus (nou·tøs) *s.* noto, austro.

notwithstanding (natuidstæ·nding) *adv.* no obstante, sin embargo, empero. — 2 *prep.* a pesar de, sin embargo de. — 3 *conj.* aun cuando, aunque, bien que ; por más que.

nougat (nu·gat) *s.* nuégado, guirlache.

nought (not) *s.* nada : *for* ~, por nada, sin motivo, inútilmente, de balde. 2 cero.

noumenon (nu·menøn) *s.* FILOF. nóumeno.

noun (naun) *s.* GRAM. nombre.

nourish (to) (nø·rish) *tr.* nutrir, alimentar. 2 sustentar, mantener. 3 abrigar, alentar, fomentar. — 4 *intr.* alimentar. 5 alimentarse.

nourisher (nø·rishø') *s.* nutridor, alimentador, fomentador.

nourishing (nø·rishing) *adj.* nutritivo, nutricio, alimentoso, substancioso.

nourishment (nø·rishmønt) *s.* nutrición, nutrimento. 2 alimento, sustento. 3 pábulo, fomento, pasto.

nova (nou·va) *pl.* **-væ** (-vi) o **-vas** *s.* ASTR. nova.

Nova Scotia (scou·sha) *n. pr.* GEOGR. Nueva Escocia.

Nova Scotian (scou·shan) *adj.* y *s.* neoescocés.

novation (novei·shøn) *s.* DER. novación.

novel (na·vøl) *adj.* nuevo [no conocido antes ; de una nueva clase]. 2 raro, poco usual. — 3 *s.* novela ; novelística. 4 *pl.* DER. novelas.

novelette (navøle·t) *s.* novela corta.

novelist (na·vølist) *s.* novelista.

novelistic (navøli·stic) *adj.* novelesco.

novelize (to) (na·vølaiŝ) *tr.* novelar.

novelty (na·vølti) *s.* novedad. 2 innovación. 3 *pl.* COM. novedades

November (nove·mbø') *s.* noviembre.

novena (novi·na) *s.* novena.

novenary (na·vineri) *adj.* de nueve. — 2 *s.* grupo de nueve. 3 novenario, novena.

novennial (nove·nial) *adj.* que ocurre cada nueve años o que dura nueve años.

novice (na·vis) *s.* novicio, novato, principiante. 2 REL. novicio. 3 neófito.

noviciate, novitiate (novi·shieit) *s* noviciado. 2 novicio.

novocaine (nou·vokein) *s.* novocaína.

now (nau) *adv.* ahora ; hoy día, actualmente, al presente : *but* ~, *just* ~, ahora mismo, hace poco : *he came just* ~, acaba de llegar ; *every* ~ *and then,* a cada rato ; a cada dos por tres ; *from* ~ *on,* de ahora en adelante ; ~ *and again,* ~ *and then,* de cuando en cuando, de vez en cuando ; *hcw* ~?, ¿cómo?, ¿qué tal? ; *until* ~, hasta ahora, hasta aquí. 2 entonces. — 3 *conj.* ahora, ahora bien, esto supuesto. 4 mas, pero. 5 *now... now,* ora... ora, ya... ya ; tan pronto... como. 6 ~ *that,* ya que, puesto que. 7 ~ *then,* ahora bien, pues bien ; y bien. — 8 *interj.* ¡vamos!, ¡ánimo!, ¡vaya! — 9 *adj.* de ahora, que existe ahora. — 10 *s.* ahora, actualidad, momento actual, momento presente.

nowadays (nau·adeiŝ) *adv.* hoy día, hoy en día, en nuestros días. 2 *adj.* de hoy día.

noway (nou·uei(ŝ) *adv.* de ningún modo.

nowhere (nou·jue') *adv.* en ninguna parte ; a ninguna parte : ~ *else,* en ninguna otra parte ; ~ *near,* ni con mucho. — 2 *s.* lugar que no existe.

nowhit (nou·juit) *adv.* en modo alguno.

nowhither (nou·juidø') *adv.* hacia ninguna parte.

nowise (nou·uaiŝ) *adv.* de ningún modo, en manera alguna, nada.

noxious (na·cshøs) *adj.* nocivo, perjudicial, dañino, pernicioso. 2 malsano.

noxiously (na·cshøsli) *adv.* nocivamente, dañinamente, perniciosamente.

noxiousness (na·cshøsnis) *s.* nocividad.

noyau (nuaio') *s.* aguardiente aromatizado con almendras de cereza o melocotón.

nozzle (na·ŝøl) *s.* lanza [de manguera] ; canuto [de fuelle] ; punta [de soplete] ; pitón [de vasija] ; alargadera. 2 nariz, pico, parte saliente. 3 (pop.) nariz [de pers.]. 4 ZOOL. hocico, nariz.

nuance (niu·ans) *s.* matiz.

nub (nøb) *s.* bulto, protuberancia. 2 terrón. 3 fam. (EE. UU.) meollo, lo más esencial.

nubbin (nø·bin) *s.* (EE. UU.) fruto o mazorca de maíz mal desarrollados. 2 (EE. UU.) tocón [de árbol] ; pedacito saliente.

Nubian (niu·bian) *adj.* y *s.* nubio : *Nubian Desert,* desierto de Nubia.

nubilate (to) (niu·bileit) *tr.* nublar, obscurecer.

nubile (niu·bil) *adj.* núbil.

nubility (niubi·liti) *s.* nubilidad.

nubilous (niu·biløs), **nubilose** (niu·bilous) *adj.* nubiloso, nuboso.

nuciferous (niusi·førøs) *adj.* BOT. que produce nueces.

nuclear (niu·cliar) *adj.* nuclear, nucleario : ~ *fission,* fisión nuclear.

nucleate (to) (niu·clieit) *tr.* e *intr.* formar núcleo.

nucleate(d (niu·clieit(id) *adj.* BIOL. nucleado.

nuclein (niu·cliin) *s.* BIOQUÍM. nucleína.

nucleolated (niu·clioleitid) *adj.* BIOL. nucleado.

nucleolus (niuclr·cløs) *s.* BIOL. nucléolo.

nucleus (niu·cliøs) *s.* núcleo.

nude (niud) *adj.* nudo, desnudo. 2 escueto. — 3 *s.* B. ART. desnudo.

nudge (nødŷ) *s.* codazo ligero.

nudge (to) *tr.* tocar con el codo [como señal, advertencia, etc.].

nudism (niu·diŝm) *s.* nudismo.

nudist (niu·dist) *s.* nudista. 2 B. ART. partidario del desnudo.

NUMERALES / NUMERALS

Algunas particularidades

Cardinales

- Los números compuestos de decenas y unidades (a partir de *veinte*) se expresan poniendo las unidades a continuación de las decenas, separadas por un guión: twenty-one (21); forty-six (46).

   También puede usarse la forma one and twenty o one-and-twenty (21), pero esto es menos corriente.

- Los números cien, ciento, mil, un millón, etc., se expresan así: a o one hundred; a o one thousand, a o one million. Generalmente se usa a para los números redondos y one con los demás: a hundred men, cien hombres; one hundred and sixty dollars, ciento sesenta dólares.

   A doscientos, trescientos, dos mil, tres mil, etc., corresponden two hundred, three hundred, two thousand, three thousand, etc.

- En los números compuestos se pone and entre las centenas y las decenas o entre las centenas y las unidades, si no hay decenas: five hundred and thirty-six (536); five hundred and six (506).

   Después de thousand sólo se pone and cuando le sigue un número inferior a cien: three thousand and fifty-two (3.052).

Ordinales

- Los ordinales (excepto los tres primeros: first, second, third) se forman añadiendo th a la forma del cardinal: four (cuatro), fourth (cuarto); seven (siete), seventh (séptimo).

   Al recibir la desinencia del ordinal, el cardinal queda modificado en los casos siguientes:

   —five y twelve cambian la v en f: fifth, twelfth.

   —eight pierde la t: eighth.

   —nine pierde la e: ninth.

   —twenty, thirty, etc., cambian la y en ie: twentieth, thirtieth, etc.

   En los números compuestos, sólo toma la forma de ordinal el último elemento: thirty-first, twenty-second, forty-third, fifty-eighth.

- Cuando el ordinal se aplica al nombre de un soberano se escribe con mayúscula y se le antepone el artículo: Henry the Fourth, Enrique cuarto; Pius the Twelfth, Pío doce.

---

nudity (niu·diti), *pl.* **-ties** (-tis) *s.* desnudez. 2 *pl.* desnudeces.

nugatory (niu·gatᵒri) *adj.* nulo, inválido, ineficaz, nugatorio. 2 fútil, sin valor.

nugget (nøᵍguit) *s.* MIN. pepita, palacra.

nuggety (nøᵍguiti) *adj.* MIN. en forma de pepitas; abundante en pepitas.

nuisance (niu·sans) *s.* daño, perjuicio, estorbo, molestia, fastidio, lata. 2 pers. o cosa molesta, fastidiosa; pelmazo, chinche. 3 *commit no* ~, se prohibe hacer aguas o echar inmundicias.

null (nøl) *adj.* nulo. 2 de ningún valor. 3 MAT. de valor cero. 4 *s.* obra torneada o repujada en forma de cuentas unidas.

null (to) *tr.* anular. 2 tornear o repujar en forma de cuentas unidas.

nullification (nølifike·shøn) *s.* anulación, invalidación.

nullify (to) (nø·lifai) *tr.* anular, invalidar.

nullity (nø·liti) *s.* nulidad. 2 acto o documento nulo.

Numantia (niumæ·nshæ) *n. pr.* GEOGR. HIST. Numancia.

Numantine (niumænti·n) *s.* numantino.

numb (nøm) *adj.* entumecido, adormecido, envarado, insensible. 2 entorpecido, torpe.

numb (to) *tr.* entumecer, adormecer, entorpecer, poner torpe.

number (nøᵐbøʳ) *s.* número [en todas sus acepciones]: *back* ~, número atrasado [de un periódico]; ~ *one*, fam. uno mismo; *to look out for* ~ *one*. mirar por sí mismo; *a* ~ *of*, varios, muchos; *out of* ~, innumerables, sin número. 2 entrega [de una publicación]. 3 informes, conocimientos [que permiten clasificar a una pers.]: *I have got your* ~, ya sé como es Vd. 4 *pl.* total. número completo [de los que pertenecen a un grupo, etc.]. 5 verso, versos. 6 aritmética, cálculo. 7 (con may.) Números [libro de la Biblia]. — 8 *adj.* de número: ~ *plate*, AUTO. placa de matrícula.

number (to) *tr.* numerar. 2 contar, computar. 3 contar [tener cierto número de años. etc.] 4 alcanzar, sumar, ascender a. 5 contar [poner en el número de].

numberer (nøᵐbørøʳ) *s.* numerador [que numera].

numbering (nøᵐbøring) *adj.* numerador: ~ *machine*, máquina numeradora; ~ *stamp*, numerador.

numberless (nøᵐbo·lis) *adj.* innumerable, innúmero, sin cuenta; un sinnúmero de, un sinfín de.

numbfish (nøᵐfish) *s.* ICT. torpedo, tremielga.

numbles (nøᵐbøls) *s.* MONT. entrañas de venado.

numbness (nøᵐnis) *s.* entumecimiento, entorpecimiento, envaramiento, adormecimiento, torpor, insensibilidad.

numen (niu·min) *s.* MIT. numen.

numerable (niu·mørabøl) *adj.* numerable, enumerable.

numeral (niu·møral) *adj.* numeral. 2 numérico. — 3 *s.* nombre o adjetivo numeral. 4 número, cifra, guarismo: *Arabic* ~, número arábigo; *Roman* ~, número romano.

numerally (niu·møralɪ) *adv.* numéricamente.

numerary (niu·møreri) *adj.* numerario.

numerate (to) (niu·møreit) *tr.* numerar, enumerar, contar.

numeration (niumøreʃøn) *s.* numeración.

numerator (niu·møreitøʳ) *s.* numerador [que numera]. 2 ARIT. numerador.

numeric(al (niume·ric(al) *adj.* numérico.

numerically (niume·ricali) *adv.* numéricamente.
numerosity (niumøra·siti) *s.* numerosidad. 2 ritmo, armonía.
numerous (niu·mørøs) *adj.* numeroso, numerosos, muchos. 2 numeroso, armonioso.
numerously (niu·mørøsli) *adv.* numerosamente, en gran número.
numerousness (niu·mørøsnis) *s.* numerosidad.
Numidian (niumi·dian) *adj.* y *s.* númida. — *2 adj.* numídico.
numismatic(al (niumišmæ·tic(al) *adj.* numismático.
numismatics (niumišmæ·tics) *s.* numismática.
numismatist (niumi·šmatist) *s.* numismático.
numismatology (niumišmæta·loŷi) *s.* numismática.
nummular (niu·miula') *adj.* monetario. 2 en forma de moneda.
nummulite (niu·miulait) *s.* ZOOL. numulita.
numskull (nø·mscøl) *s.* bodoque, tonto, zopenco, zote.
numskulled (nø·mscøld) *adj.* tonto, zopenco.
nun (nøn) *s.* monja, religiosa : *nun's veiling*, TEJ. velo de religiosa. 2 ORNIT. paloma de toca. 3 ORNIT. herrerillo, trepatroncos.
nunciature (nø·nshiechø') *s.* nunciatura.
nuncio (nø·nshiou) *s.* nuncio [apostólico].
nuncupative (nø·nkiupeitiv) *adj.* nuncupativo, nuncupatorio.
nunnery (nø·nøri) *s.* convento [de monjas]. 2 monjío.
nunnish (nø·nish) *adj.* monjil.
nuptial (nø·pshal) *adj.* nupcial : ~ *song*, epitalamio. 2 *s. pl.* nupcias, boda.
Nuremberg (nu·remberg) *n. pr.* GEOGR. Nuremberga.
nurse (nø's) *s.* ama [de cría], nodriza : *dry* ~, ama seca; *wet* ~, nodriza. 2 niñera, aya, * nana. 3 el que cría, sustenta o atiende. 4 fomentador 5 enfermero, enfermera. — *6 adj.* nodriza, de nodriza, enfermera, etc.; ~ *balloon*, globo nodriza; ~ *child*, hijo de leche.
nurse (to) *tr.* criar, lactar, amamantar. 2 alimentar, mantener; abrigar, acariciar; cuidar o cultivar con esmero. 3 abrazar [las rodillas, etc.]. 4 fomentar, dar alas. 5 cuidar [de un niño, a un enfermo]. 6 tratar, curar, cuidar [una enfermedad, una parte enferma]. — *7 intr.* mamar, amamantarse. 8 ser ama o niñera.
nursemaid (nø·'smeid) *f.* niñera.
nurser (nø·'sø') *s.* fomentador, promotor. 2 biberón.
nursery (nø·'søri) *s.* cuarto o aposento destinado a los niños : ~ *tales*, cuentos para niños. 2 plantel, almáciga, semillero. 3 criadero, vivero. 4 (fig) plantel, semillero. 5 ~ *school*, escuela de párvulos [primer grado de un jardín de la infancia].
nurseryman (no·'sørimæn), *pl.* **-men** (-men) *s.* dueño o empleado de un plantel o criadero.
nursing (nø·'sing) *s.* crianza, lactancia. 2 cuidado de un enfermo. — *3 adj.* de lactancia o para lactancia : ~ *bottle*, biberón. 4 para cuidado de enfermos : ~ *home*, clínica de reposo.
nursling (nø·'sling) *s.* niño de teta. 2 persona o cosa muy cuidada o atendida.
nurture (nø·'chø') *s.* nutrimento, alimentación. 2 crianza, educación. 3 fomento. 4 cuidado, tutela.

nurture (to) *tr.* nutrir, alimentar. 2 criar, educar. cuidar. 3 fomentar.
nut (nøt) *s.* BOT. nuez : *a hard* ~ *to crak*, fig. cosa difícil, hueso duro de roer. 2 BOT. fruto de semilla encerrada en cáscara más o menos dura, como almendra, avellana, piñón, cacahuete, etc. 3 pop. cabeza chola. 4 pop. individuo, tipo. 5 guillado, loco, estrafalario. 6 petimetre. 7 nuez [de la ballesta; del arco del violín]. 8 MÚS. ceja. 9 MEC. tuerca, hembra [de tornillo]. 10 piñón [de arma de fuego]. 11 *pl.* hulla, galleta, menuda. 12 *to be nuts on*, ser muy dado a. — *13 adj.* de nuez, piñón, etc. : ~ *pine*, pino piñonero.
nut (to) *intr.* coger nueces. ¶ CONJUG. pret. y p. p.: *nutted;* ger.: *nutting.*
nutant (niu·tant) *adj.* BOT. inclinado.
nutation (niute·shøn) *s.* nutación.
nut-brown *adj.* castaño, tostado, de color de avellana.
nutcracker (nø·tcrækø') *s.* cascanueces.
nutgall (nø·tgol) *s.* BOT. agalla.
nuthatch (nø·tjæch) *s.* ORNIT. ave del género *Sitta.*
nuthook (nø·tjuc) *s.* horquilla para coger nueces.
nutmeat (nø·tmit) *s.* carne de nuez.
nutmeg (nø·tmeg) *s.* nuez móscada. 2 BOT. ~ *tree*, mirística.
nutpecker (nø·tpekø') *s.* NUTHATCH.
nutria (niu·tria) *s.* ZOOL. coipo. 2 piel de coipo.
nutrient (niu·trient) *adj.* nutritivo. — *2 s.* alimento.
nutriment (niu·trimønt) *s.* nutrimento.
nutrimental (niutrime·ntal) *adj.* nutrimental, nutritivo.
nutrition (niutri·shøn) *s.* nutrición. 2 alimento.
nutritious (niutri·shøs), **nutritive** (niu·tritiv) *adj.* nutritivo, alimenticio.
nutshell (nø·tshel) *s.* cáscara de nuez o avellana : (fig.) *in a* ~, en poco espacio; en pocas palabras; en substancia.
nuttiness (nø·tinis) *s.* sabor de nueces.
nutty (nø·ti) *adj.* abundante en nueces. 2 que sabe a nueces. 3 sabroso, aromático. 4 pop. chiflado, loco. 5 pop. loco, entusiasta: ~ *about*, loco por.
nux-vomica (no·cs-va·mica) *s.* nuez vómica.
nuzzle (to) (nø·zøl) *intr.* husmear; hocicar, hozar. 2 arrimarse cómodamente, acurrucarse, acomodarse. — *3 tr.* tocar, empujar o restregar con la nariz. 4 poner un anillo en la nariz de [un cerdo].
Nyctaginaceæ (nictaŷinei·shiɪ) *s. pl.* BOT. nictagináceas.
nyctaginaceous (nictaŷinei·shøs) *adj.* BOT. nictagináceo.
nyctalope (ni·ctælop) *s.* nictálope.
nyctalopy (nictæ·lopi) *s.* nictalopia.
nylon (nai·lan) *s.* nilón. 2 *pl.* medias de nilón.
nymph (nimf) *s.* MIT., ZOOL. ninfa. 2 poet. ninfa [mujer hermosa]. 3 corriente, río.
nympha (ni·mfa) *s.* ZOOL. ninfa, crisálida.
nymphaea (ni·mfa) *s.* BOT. ninfea.
Nymphaeaceæ (nimfiei·siɪ) *s. pl.* ninfeáceas.
nymphean (nimfi·ran) *adj.* de las ninfas.
nymphomania (nimfomei·nia) *s.* MED. ninfomanía.
nystagmus (nista·gmøs) *s.* MED. nistagmo.

O

0, o (ou) s. O, o, decimoquinta letra del alfabeto inglés.

O prefijo de los nombres irlandeses.

o' abrev. de *of* en frases como : *o'clock, man o'war,* etcétera.

O! *interj.* ¡ oh! 2 *O that!,* ¡ojalá [que] !

oaf (ouf) s. simple, tonto, idiota; zafio. 2 criatura contrahecha. 3 ant. CHANGELING.

oafish (ou·fich) *adj.* simple, tonto.

oak (ouk) s. BOT. roble; cualquier árbol o arbusto del gén. *Quercus: chestnut* ~, roble albar; *cork* ~, alcornoque; *evergreen,* o *holm* ~, encina; *gall* ~, quejigo; *kermes* ~, coscoja; *Turkey* ~, rebollo. 2 roble [madera]. — 3 *adj.* de roble : ~ *apple,* ~ *gall,* ~ *nut,* agalla de roble; ~ *grove,* robledo, robledal; encinar; ~ *moss,* liquen que se cría en los robles, encinas, etc.

oaken (ou·køn) *adj.* de roble. 2 de hojas de roble. 3 roblizo, duro, fuerte.

oakling (ou·kling) s. roble joven.

oak-tanned *adj.* curtido con corteza de roble.

oakum (ou·køm) s. MAR. estopa.

oaky (ou·ki) *adj.* duro, fuerte. 2 abundante en robles o encinas.

oar (or) s. remo [instrumento] : *to boat,* o *unship, oars,* desarmar los remos; *to lie,* o *rest, on the oars,* cesar de remar; descansar; *to put in one's* ~, meter uno su cucharada, entrometerse; *to ship oars,* armar los remos. 2 cosa parecida a un remo : brazo, ala, aleta, etc. 3 remero. 4 remo [pena de galeras]. — 5 *adj.* de remo : ~ *blade,* pala de remo; ~ *stroke,* palada, golpe de remo.

oar (to) *intr.* remar, bogar. — 2 *tr.* mover a remo. 3 mover como un remo.

oarage (o·ridğ) s. palamenta, conjunto de remos.

oared (o·rd) *adj.* provisto de remos, o tantos remos : *four-oared,* de cuatro remos.

oar-footed (o·rfutid) *adj.* ZOOL. de pies adaptados al remo.

oarlock (o·r·lac) s. MAR. escálamo, tolete, horquilla.

oarsman (o·mæn), *pl.* **-men** (-men) *m.* remero.

oary (o·ri) *adj.* ZOOL. adaptado al remo.

oasis (oe·sis) s. oasis.

oast (ou·st) s. horno para secar lúpulo, malta o tabaco.

oat (out) s. BOT. avena. 2 pipiritaña. 3 *pl.* avena preparada como alimento : *rolled oats,* avena machacada; copos de avena. 4 (fig.) comida, alimento. 5 *wild oats,* calaveradas, excesos juveniles; *to sow one's wild oats,* calaverear, pasar las mocedades. — 6 m. adv. *off one's oats,* indispuesto, desganado.

oatcake (ou·tkeic) s. torta de avena.

oaten (ou·tøn) *adj.* avenáceo, de avena.

oath (ouz) s. juramento, jura : *to administer an* ~, *to put upon* ~, tomar o hacer prestar juramento; *to take an* ~, prestar juramento; *on,* o *upon* ~, bajo juramento. 2 juramento, voto, reniego.

oath-breaking s. violación de juramento, perjurio.

oatmeal (ou·tmil) s. harina de avena; grano de avena machacado 2 puches de avena.

obbligato (abliga·tou) s. MÚS. obligado.

obduracy (a·bdiurasi) s. dureza [de corazón] ; obduración, obstinación. impenitencia.

obdurate (a·bdiurit) *adj.* duro, empedernido, insensible. 2 inexorable, obstinado. 3 impenitente.

obdurately (a·bdiuritli) *adv.* obstinadamente, tercamente.

obdurateness (a·bdiuritnis) s. OBDURACY.

obedience (obi·diøns) s. obediencia.

obedient (obi·diønt) *adj.* obediente. 2 dócil.

obediently (obi·diøntli) *adv.* obedientemente; dócilmente.

obeisance (obei·sans) s. reverencia, cortesía [inclinación, saludo]. 2 respeto, deferencia, homenaje.

obelisk (a·belisc) s. obelisco [pilar]. 2 montaña, árbol, etc., en forma de obelisco. 3 IMPR. obelisco, obelo.

obelize (to) (a·belaiš) *tr.* marcar con obelisco u obelo.

obelus (a·beløs) s. IMPR. obelo.

obese (obi·s) *adj.* obeso, gordo.

obeseness (obi·snis), **obesity** (obi·siti) s. obesidad, gordura.

obey (to) (obei·) *tr.* obedecer. — 2 *intr.* ser obediente.

obeyer (obei·ø·) s. obedecedor.

obfuscate (to) (abfø·skeit) *tr.* ofuscar, obscurecer. 2 obcecar, cegar.

obfuscation (abføske·shon) s. ofuscación. 2 obcecación, ceguera.

obit (ou·bit) s. óbito. 2 funerales; oficio de aniversario. 3 nota necrológica.

obituary (obi·chueri) *adj.* obituario, necrológico. — 2 s. obituario. 3 nota necrológica.

object (a·bğect) s. objeto, cosa, lección de cosas. 3 espectáculo, cosa que mueve a lástima, risa, etc. 4 GRAM. complemento [directo o indirecto]. — 5 *adj.* de objeto o cosa : ~ *lesson.* lección de cosas, lección práctica. 6 BILLAR ~ *ball,* mingo. 7 ÓPT. ~ *glass,* ~ *lens,* objetivo.

object (to) (øbğe·ct) *tr.* objetar. 2 reprochar, hacer cargos. — 3 *intr.* oponerse, poner objeción, tener inconveniente, no gustarle a uno.

objectable (øbğe·ctabøl) *adj.* OBJECTIONABLE.

objectify (to) (øbğe·ctifai) *tr.* objetivar. ¶ CONJUG. pret. y p. p. : *objectified.*

objectification (øbğe·ctifike·shøn) s. objetivacion.

objection (øbğe·cshøn) s. objeción, reparo, tacha, inconveniente, 2 oposición [acción de oponerse].

objectionable (øbğe·cshønabøl) *adj.* recusable, inaceptable, poco grato. 2 censurable, reprobable. 3 molesto, inconveniente.

objective (øbğe·ctiv) *adj.* objetivo. 2 que expresa objeción. 3 dado a poner objeciones. 4 GRAM. relativo al complemento directo o indirecto : ~ *case,* acusativo o dativo. — 5 s. objetivo. 6 objeto,

COMPLEMENTOS DIRECTO E INDIRECTO / DIRECT AND INDIRECT OBJECTS

En inglés, el complemento directo se construye siempre sin preposición. El complemento indirecto suele llevar preposición.

En la construcción regular, el complemento directo va inmediatamente después del verbo y el complemento indirecto, después del directo: John has explained his conduct, Juan ha explicado su conducta; John has explained his conduct to Peter, Juan ha explicado su conducta a Pedro.

Cambios de lugar del complemento

Con ciertos verbos, como to allow, to answer, to bring, to do, to get, to give, to lend, to owe, to send, to show, to take, to teach, to tell, to write, etc., el complemento indirecto puede ir delante del directo. En este caso no lleva preposición: he gave his son a book, dio un libro a su hijo.

Pero cuando estos dos complementos son pronombres, el acusativo precede siempre al dativo: John gave it to him, Juan se lo dio.

El complemento directo va delante del verbo:

* Para dar mayor realce al complemento: he had two fine horses: the black one he gave to his son, the white one to his daughter, tenía dos hermosos caballos: el negro lo dio a su hijo; el blanco, a su hija.

* Cuando el complemento es un pronombre relativo o interrogativo: the man that (o whom) we saw, el hombre que vimos; what do you see?, ¿qué ve usted?

* Cuando va precedido de un adjetivo interrogativo: which road must I take?, ¿qué camino he de tomar?

* En las oraciones exclamativas precedidas de what: what nonsense you talk!, ¡qué tonterías dice usted!; what a beautiful book he has written!, ¡qué hermoso libro ha escrito!

Omisión del complemento directo

El complemento directo se omite frecuentemente cuando es un pronombre relativo: the man (that o whom) we were looking for, el hombre que buscábamos.

O-S

---

fin, meta, blanco. 7 GRAM. palabra, etc., en acusativo o dativo.
objectively (øbẏe·ctivli) adv. objetivamente.
objectiveness (øbẏe·ctivinis) s. objetividad.
objectivism (øbẏe·ctivišm) s. FIL. objetivismo.
objectivity (abẏecti·viti) s. objetividad.
objectivize (to) (øbẏe·ctivaiš) tr. objetivar.
objectless (a·bẏectlis) adj. sin objeto.
objector (øbẏe·ctø') s. objetante; el que se opone.
objurgate (to) (a·bẏø'gueit) tr. reprender, reconvenir, reprobar.
objurgation (abẏø'gue·shøn) s. reprensión, reconvención.
objurgatory (øbẏø·'gatori) adj. reprobatorio.
oblate (ablei·t) adj. y s. oblato, oblata. — 2 adj. GEOM. deprimido en sus polos.
oblation (able·shøn) s. oblación. 2 don hecho a la iglesia, oblata.
oblational (able·shønal), **oblatory** (a·blatori) adj. oblativo.
obligate (to) (a·bligueit) tr. obligar, constreñir, comprometer.
obligation (abligue·shøn) s. obligación: of ~, obligatorio de precepto. | No tiene el sentido de título, de una emisión. 2 deber, deuda. 3 favor, beneficio. 4 to be under ~, estar obligado a, deber favores a; to place, o put, under ~, obligar, imponer obligación; hacer favores.
obligatoriness (øbli·gatorinis) s. obligatoriedad.
obligatory (øbli·gatori) adj. obligatorio; forzoso.
oblige (to) (oblai·ẏ) tr. obligar, compeler, constreñir: to be obliged to, estar o verse obligado a. 2 complacer, agradar, servir, hacer un favor; poner en obligación o deuda [por un favor]: much obliged, muchas gracias, muy agradecido; you will greatly ~ me, me hará usted un gran favor, le agradeceré muchísimo.
obligee (ablïẏ̄i) s. DER. aquel con quien otro está obligado. 2 obligado [pers.].
obliger (oblai·ẏ̄ø') s. DER. el que obliga.

obliging (oblai·ẏing) adj. complaciente, servicial, obsequioso cortés.
obligingly (oblai·ẏingli) adv. complacientemente, obsequiosamente, cortésmente, amablemente.
obligingness (oblai·ẏingnis) s. atención, cortesía, amabilidad.
obligor (abligo·') s. DER. el que se obliga.
oblique (øbli·c) adj. oblicuo, torcido, inclinado, sesgado. 2 indirecto. 3 solapado, insincero, evasivo. doloso, siniestro. 4 colateral [pariente]. 5 GEOM., GRAM. oblicuo.
oblique (to) (øblai·c) intr. oblicuar. 2 torcerse.
oblique-angled adj. oblicuángulo.
obliquely (øbli·cli) adv. oblicuamente. 2 indirectamente, por rodeos.
obliqueness (øbli·cnis), **obliquity** (øbli·cuiti) s. oblicuidad. 2 rodeo, ambages. 3 falta de rectitud.
obliterate (to) (øbli·tøreit) tr. borrar, rayar, tachar, testar [lo escrito]; matar [un sello]. 2 destruir, borrar. 3 MED. obliterar.
obliteration (øblitøre·shøn) s. borradura, testadura; cancelación; extinción.
oblivion (øbli·viøn) s. olvido. 2 act of ~, amnistía.
oblivious (øbli·viøs) adj. desmemoriado. 2 olvidado [que olvida]. 3 abstraído, sin advertir, sin tener conciencia [de]. 4 que causa olvido.
obliviously (øbli·viøsli) adv. con olvido.
obliviousness (øbli·viøsnis) s. falta de memoria.
oblong (a·blong) adj. oblongo; rectangular. — 2 s. rectángulo, cuadrilongo.
obloquy (a·blocui) s. censura, reprobación, difamación. 2 deshonra, vilipendio.
obnoxious (øbna·cshøs) adj. ofensivo, molesto, odioso, detestable, aborrecible. 2 expuesto, sujeto a [daño, censura, etc.].
obnoxiously (øbna·cshøsli) adv. odiosamente.
obnoxiousness (øbna·cshøsnis) s. odiosidad.
oboe (ou·bou) s. MÚS. oboe [instrumento].
oboist (ou·boist) s. oboe [músico].
obol, obolus (a·bøl, -løs) s. óbolo [peso y moneda]

obovate (abou·veit) *adj*. BOT. trasovado.
obscene (absi·n) *adj*. obsceno. 2 sucio, asqueroso, repugnante.
obscenely (absi·nli) *adv*. obscenamente. 2 suciamente, asquerosamente.
obsceneness (absi·nnis), obscenity (abse·niti) *s*. obscenidad. 2 asquerosidad.
obscurant (abskiu·rant) *s*. obscurantista.
obscurantism (abskiu·rantišm) *s*. obscurantismo.
obscurantist (abskiu·rantist) *s*. obscurantista.
obscuration (abskiure·shøn) *s*. obscurecimiento.
obscure (øbskiu·ᵊ) *adj*. obscuro. 2 vago. indistinto. confuso. 3 de la obscuridad, de la noche, nocturno. 4 remoto, apartado.
obscure (to) *tr*. obscurecer; ofuscar. 2 anublar, entenebrecer; deslustrar. 3 ocultar, disimular. — 4 *intr*. obscurecerse. 5 ocultarse.
obscurely (øbskiu·ᵊli) *adv*. obscuramente. 2 confusamente.
obscureness (øbskiu·ᵊnis), obscurity (øbskiu·riti) *s*. obscuridad. 2 confusión, vaguedad. 3 humildad, bajeza.
obsecrate (to) (a·bsicreit) *tr*. obsecrar, rogar, invocar.
obsecration (absicre·shøn) *s*. obsecración. 2 cada uno de los ruegos de la letanía.
obsequial (øbsi·cuial) *adj*. ᵊuneral.
obsequies (a·bsicuis) *s. pl*. exequias, funerales, ritos fúnebres.
obsequious (øbsi·cuiøs) *adj*. obsequioso, servil, rendido, zalamero.
obsequiously (øbsi·cuiøsli) *adv*. obsequiosamente, servilmente.
obsequiousness (øbsi·cuiøsnis) *s*. servilismo, rendimiento.
observable (øbšø·ᵊvabøl) *adj*. observable; perceptible, visible. 2 acostumbrado, de rigor. 3 notable, digno de nota.
observably (øbšø·ᵊvabli) *adv*. perceptiblemente, visiblemente.
observance (øbšø·ᵊvans) *s*. observancia. 2 ceremonia, rito; práctica, uso, costumbre. 3 observación, atención.
observant (øbšø·ᵊvant) *adj*. atento, vigilante. 2 observante, obediente. 3 cuidadoso [de]. — 4 *s*. observante.
observation (øbšø·ᵊve·shøn) *s*. observación : *to keep under ~*, tener en observación, vigilar. 2 conclusión, reflexión. — 3 *adj*. de observación : *~ car* (EE. UU.), vagón con mirador.
observatory (øbšø·ᵊvatori) *s*. observatorio. 2 atalaya, mirador, miradero.
observe (to) (øbšø·ᵊv) *tr*. observar [examinar, contemplar, vigilar; advertir, reparar]. 2 observar, cumplir. 3 guardar, celebrar [una fiesta]. 4 decir, hacer notar. — 5 *intr. to ~ on* o *upon*, hacer observaciones o comentarios sobre.
observer (øbšø·ᵊvøᵊ) *s*. observador.
observing (øbšø·ᵊving) *adj*. observador, atento, cuidadoso. 2 observante.
observingly (øbšø·ᵊvingli) *adv*. cuidadosamente, atentamente.
obsess (to) (øbse·s) *tr*. obsesionar; causar obsesión.
obsession (øbse·shøn) *s*. obsesión.
obsessive (øbse·siv) *adj*. obsesivo.
obsidian (absi·dian) *s*. MINER. obsidiana.
obsidional (absi·dional) *adj*. obsidional.
obsolesce (to) (absole·s) *intr*. caer en desuso.
obsolescence (absole·søns) *s*. acción de caer en desuso; estado de lo que cae en desuso.
obsolescent (absole·sønt) *adj*. que se hace anticuado, que cae en desuso.
obsolete (a·bsolit) *adj*. anticuado, desusado, fuera de uso. 2 BIOL. atrofiado, ausente.
obsoleteness (a·bsolitnis) *s*. desuso. 2 BIOL. desarrollo rudimentario. ausencia.
obsoletism (a·bsoliti̇šm) *s*. voz desusada. 2 desuso.
obstacle (a·bstacøl) *s*. obstáculo. 2 embarazo, traba, impedimento, óbice. — 3 *adj*. de obstáculos : *~ race*, carrera de obstáculos.
obstetric(al (øbste·tric(al) *adj*. obstétrico.
obstetrician (øbstetri·shan) *s*. tocólogo.
obstetrics (øbste·trics) *s*. obstetricia, tocología.
obstinacy (a·bstinasi) *s*. obstinación. 2 porfía, terquedad. pertinacia, persistencia. 3 MED. rebeldía.
obstinate (a·bstinit) *adj*. obstinado. 2 terco, porfiado. 3 emperrado. 4 pertinaz, persistente. 5 MED. rebelde.

obstinately (a·bstinitli) *adv*. obstinadamente, tercamente, pertinazmene.
obstreperous (øbstre·pørøs) *adj*. estrepitoso, ruidoso, turbulento.
obstreperously (øbstre·pørøsli) *adv*. estrepitosamente, ruidosamente, turbulentamente.
obstruct (to) (øbstrø·ct) *tr*. obstruir. 2 atorar, atascar, cerrar. 3 entorpecer, dificultar, retardar, impedir, estorbar. 4 impedir la vista de.
obstructer (øbstrø·ctøᵊ) *s*. obstructor.
obstruction (øbstrø·cshøn) *s*. obstrucción. 2 obstáculo, embarazo, estorbo, impedimento.
obstructionism (øbstrø·cshønišm) *s*. obstruccionismo.
obstructionist (øbstrø·cshønist) *s*. obstruccionista.
obstructive (øbstrø·ctiv) *adj*. obstructivo, obstructor. 2 MED. opilativo. — 3 *s*. impedimento, estorbo.
obstructiveness (øbstrø·ctivnis) *s*. calidad de obstructivo.
obstructor (øbstrø·ctøᵊ) *s*. obstructor.
obstruent (o·bstruønt) *adj*. opilativo.
obtain (to) (øbtei·n) *tr*. obtener. alcanzar, conseguir, lograr, adquirir. 2 poseer, ocupar. 3 *intr*. prevalecer; ser general, estar en vigor o en boga.
obtainer (øbtei·nøᵊ) *s*. obtentor.
obtainment (øbtei·nmønt) *s*. obtención, consecución, logro.
obtrude (to) (øbtru·d) *tr*. presentar, imponer o introducir quieras que no. — 2 *intr*. y *ref*. entremeterse, intrusarse.
obtruder (øbtru·døᵊ) *s*. entremetido, intruso.
obtruncate (to) (øbtrø·nkeit) *tr*. truncar, desmochar.
obtruncation (øbtrønke·shøn) *s*. truncamiento, desmoche.
obtrusion (øbtru·ᵊžøn) *s*. entremetimiento, intrusión.
obtrusive (øbtru·siv) *adj*. entremetido, intruso, importuno, molesto.
obtund (to) (øbtø·nd) *tr*. embotar, amortiguar.
obturate (to) (a·btiureit) *tr*. obturar.
obturation (abtiure·shøn) *s*. obturación.
obturator (a·btiureitøᵊ) *adj*. y *s*. obturador.
obtusangular (øbtiusæ·nguiular) *adj*. obtusángulo.
obtuse (øbtiu·s) *adj*. obtuso, romo. 2 obtuso [tardo de comprensión]. 3 torpe, embotado [sentido]. 4 sordo [dolor]. 5 apagado, sordo [ruido]. 6 GEOM. obtuso.
obtuse-angled *adj*. GEOM. obtusángulo.
obtusely (øbtiu·sli) *adv*. obtusamente, estúpidamente. 2 sordamente.
obtuseness (øbtiu·snis) *s*. calidad de obtuso. 2 torpeza, estupidez. 3 enbotamiento.
obverse (a·bvøᵊs) *s*. anverso, frente. — 2 *adj*. del anverso. 3 de base más estrecha que la punta. 4 complementario.
obversion (abvøᵊ·shøn) *s*. acción de volver de frente un objeto.
obvert (to) (abvøᵊ·t) *tr*. volver de frente [un objeto].
obviate (to) (a·bvieit) *tr*. obviar, prevenir, evitar.
obvious (a·bviøs) *adj*. obvio, evidente, palmario. 2 sencillo, fácil de descubrir.
obviously (a·bviøsli) *adv*. obviamente, evidentemente.
obviousness (a·bviøsnis) *s*. claridad, evidencia.
oca (ou·ca) *s*. BOT. oca.
ocarina (acari·na) *s*. MÚS. ocarina.
ocasion (økei·ᵊyøn) *s*. ocasión, oportunidad, coyuntura, caso, circunstancia : *to improve the ~*, aprovechar la ocasión ; *as requires*, en caso necesario, para cuando llegue la ocasión ; *on ~*, en su oportunidad, a su debido tiempo ; *upon ~*, cuando se ofrece, ocasionalmente. 2 causa, motivo, origen, pie : *by ~ of*, a consecuencia de. 3 necesidad : *I have no ~ for*, no necesito, no me hace falta.
occasion (to) *tr*. ocasionar, causar, motivar, dar ocasión a.
occasionable (økei·ᵊyønabøl) *adj*. que se puede ocasionar.
occasional (økei·ᵊyønal) *adj*. ocasional. 2 incidental, fortuito. 3 poco frecuente. 4 alguno que otro.
occasionally (økei·ᵊyønali) *adv*. ocasionalmente, de vez en cuando, a veces, a ratos.
occasioner (økei·ᵊyønøᵊ) *s*. ocasionador, causante. 2 causa, motivo.
occident (a·csidønt) *s*. occidente, ocaso, oeste. — 2 *n. pr*. (con may.) Occidente [Europa y América].

occidental (acside·ntal) *adj.* y *s.* occidental.
occidentalism (acside·ntalism) *s.* occidentalismo.
occipital (acsi·pital) *adj.* y *s.* ANAT. occipital : ∼ *bone,* occipital, hueso occipital.
occiput (a·csipøt) *s.* ANAT. occipucio.
occlude (to) (aclu·d) *tr.* ocluir. 2 cerrar, tapar. 3 cerrar el paso a [la luz, etc.]. 4 QUÍM. absorber. — 5 *intr.* cerrar [los dientes].
occlusion (aclu·ȳøn) *s.* oclusión. 2 QUÍM. absorción [de gases].
occlusive (aclu·siv) *adj.* oclusivo.
occult (øcø·lt) *adj.* oculto [no manifiesto]. 2 oculto, secreto, esotérico, mágico, misterioso : ∼ *sciences,* ciencias ocultas.
occultation (acølte·shøn) *s.* ocultación [a la vista]. 2 retiro, desaparición, olvido.
occultism (øcø·ltism) *s.* ocultismo.
occultist (øcø·ltist) *s.* ocultista.
occultness (øcø·ltnis) *s.* calidad de oculto.
occupancy (a·kiupansi) *s.* DER. ocupación, toma de posesión.
occupant (a·kiupant) *s.* ocupante.
occupation (akiupe·shøn) *s.* ocupación [acción de ocupar]. 2 toma de posesión ; posesión, tenencia. 3 ocupación, trabajo, quehacer, tarea, empleo.
occupied (a·kiupaid) p. p. de TO OCCUPY. — 2 *adj.* ocupado : *to be* ∼ *with,* ocuparse en.
occupier (a·kiupaiø') *s.* ocupante, ocupador. 2 el que ocupa una finca como propietario o inquilino.
occupy (to) (a·kiupai) *tr.* ocupar. 2 emplear, invertir. 3 hacer uso de. ¶ CONJUG. pret. y p. p.: *occupied.*
occur (to) (øcø·') *intr.* hallarse, encontrarse [en un sitio]. 2 presentarse ; aparecer. 3 ocurrir, acaecer, suceder. 4 ECLES. ocurrir [una fiesta con otra]. 5 ocurrirse [venir a la imaginación].
occurrence (øcø·røns) *s.* ocurrencia, incidente, suceso, caso, lance, acaecimiento. 2 hecho de ocurrir : *to be of frequent* ∼, ocurrir o suceder con frecuencia.
ocurrent (øcø·rønt) *adj.* incidental.
ocean (ou·shæn) *s.* océano : ∼ *liner,* trasatlántico [buque]. 2 inmensidad, piélago.
Oceania (oushiæ·nia) *n. pr.* GEOGR. Oceanía.
Oceanian (oushiæ·nian) *adj.* y *s.* de la Oceanía.
oceanic (oushiæ·nic) *adj.* oceánico.
oceanographer (oushæna·grafø') *s.* oceanógrafo.
oceanographic (oushænogræ·fic) *a.* oceanográfico.
oceanography (oushæna·grafi) *s.* oceanografía.
ocellate(d (a·seleit(id) *adj.* ZOOL. ocelado.
ocellus (ose·løs), *pl.* **-lli** (-lai) *s.* ZOOL. ocelo.
ocelot (ou·selat) *s.* ZOOL. ocelote.
ocher (ou·kø') *s.* ocre : *red* ∼, almagre.
ocherous (ou·kørøs), **ochery** (ou·køri) *adj.* ocroso.
ochlocracy (øcla·crasi) *s.* oclocracia.
ochre (ou·kø') *s.* ocre.
ochreous (ou·criøs), **ochrous** (ou·crøs) *adj.* ocroso.
o'clock (ocla·c) *loc.* contr. de OF THE CLOCK : *what o'clock is it?,* ¿qué hora es? ; *it is three o'clock,* son las tres.
octagon (a·ctægon) *s.* octágono.
octagonal (actæ·gonal) *adj.* octágono, octagonal.
octahedral (actajr·dral) *adj.* octaédrico.
octahedron (actajr·drøn) *s.* octaedro.
octane (a·ctein) *s.* QUÍM. octano.
octangular (actæ·nguiular) *adj.* octangular.
octant (a·ctant) *s.* octante.
octastyle (a·ctastail) *adj.* ARQ. octóstilo.
octateuch (a·ctateuc) *s.* octateuco.
octave (a·cteiv) *s.* REL., MÚS., LIT. octava. 2 grupo o serie de ocho. 3 barril [del octavo de una pipa].
Octavian (actei·vian) *adj.* octaviano.
Octavius (actei·viøs) *n. pr.* Octavio.
octavo (actei·vou) *adj.* IMPR. en octavo. — 2 *s.* libro, etc., en octavo.
octennial (acte·nial) *adj.* que ocurre cada ocho años. 2 que dura ocho años.
octet (acte·t) *s.* MÚS. octeto.
octillion (acti·lion) *s.* (EE. UU.) unidad seguida de 27 ceros ; (Ingl.) unidad seguida de 48 ceros.
October (actou·bø') *s.* octubre.
octodecimo (actode·simou) *adj.* IMPR. en décimoctavo.
octogenarian (actoȳene·rian). **octogenary** (actaȳe·neri) *adj.* y *s.* octogenario, ochentón.
octonal (a·ctonal) *adj.* MAT. de ocho ; de base ocho, en series de ocho.

octonarian (actone·rian) *adj.* de ocho pies [verso].
octopod (a·ctopad) *adj.* y *s.* ZOOL. octópodo.
octopus (a·ctopøs) *s.* ZOOL. pulpo.
octoroon (actoru·n) *s.* ochavón, hijo de cuarterón y blanco.
octosyllabic (actosilæ·bic) *adj.* octosilábico, octosílabo.
octosyllable (actosi·labøl) *s.* octosílabo.
octroi (actrua·) *s.* fielato. 2 consumos [impuesto].
octuple (a·ctiupøl) *adj.* óctuplo.
ocular (a·kiular) *adj.* ocular ; visual. — 2 *s.* ÓPT. ocular.
oouarist (a·kiularist) *s.* constructor de ojos artificiales.
ocularly (a·kiularli) *adv.* ocularmente.
oculist (a·kiulist) *s.* oculista, oftalmólogo.
od (ad) *s.* fluido astral.
odalisk, odalisque (ou·dalisk) *f.* odalisca
odd (ad) *adj.* impar, non : ∼ *number,* número impar, non ; ∼ *or even,* juego de pares o nones. 2 suelto, solo, desapareado : ∼ *volume,* volumen suelto. 3 ocasional, no regular : ∼ *job,* chapuza, trabajo ocasional ; *at* ∼ *times,* a ratos perdidos. 4 sobrante, de más ; y tanto, y pico : ∼ *trick,* en el bridge, baza que se gana después de la sexta ; *thirty and* ∼, treinta y tantos ; *ten pounds* ∼, diez libras y pico ;' *the* ∼ *money,* el pico, lo que sobra. 5 singular, peculiar, único, raro, curioso, extraño, excéntrico, extravagante. 6 apartado : ∼ *corner,* rincón apartado.
oddity (a·diti) *s.* singularidad, peculiaridad, rareza, extrañeza, ridiculez. 2 ente raro.
oddly (a·dli) *adv.* extrañamente, singularmente, estrambóticamente. 2 MAT. ∼ *odd number,* producto impar de dos números impares.
oddments (a·dmønts) *s. pl.* cosa suelta, separada ; lo que queda ; pedazos, retales.
oddness (a·dnis) *s.* disparidad, singularidad, rareza, extravagancia.
odds (ads) *s. pl.* y *sing.* desigualdad, diferencia, disparidad [de condiciones, fuerzas, etc.]. ventaja, superioridad, exceso [de una cosa sobre otra] : *to fight against* ∼, luchar contra fuerzas superiores ; *it makes no* ∼, es igual, lo mismo da ; *by all* ∼, con mucho, sin duda. 2 ventaja [en el juego o en las apuestas] : *to give* ∼, dar ventaja ; *to give* ∼ *of three to one,* apostar a tres contra uno. 3 probabilidad, probabilidades [en favor o en contra]. 4 disensión, desavenencia : *to be at* ∼ *with,* estar reñido o de punta con ; *to set at* ∼, desavenir, malquistar. 5 ∼ *and ends,* retazos, trozos, restos, cosas sueltas, fragmentos diversos.
ode (oud) *s.* LIT. oda.
Odessa (ode·sa) *n. pr.* GEOGR. Odesa.
odeum (odi·øm) *s.* odeón.
odious (ou·diøs) *adj.* odioso, repugnante.
odiously (ou·diøsli) *adv.* odiosamente.
odiousness (ou·diøsnis) *s.* odiosidad.
odium (ou·diøm) *s.* odio, odiosidad. 2 oprobio, abominación.
odometer (oda·metø') *s.* odómetro.
odontalgia (odantæ·lȳia) *s.* odontalgia.
odontalgic (odantæ·lȳic) *adj.* odontálgico.
odontograph (oda·ntogræf) *s.* instrumento para trazar dientes de engranaje.
odontocete (oda·ntøsit) *adj.* y *s.* ZOOL. odontoceto.
odontoid (oda·ntoid) *adj.* ANAT., ZOOL. odontoideo.
odontologist (odanta·loȳist) *s.* odontólogo.
odontology (odanta·loȳi) *s.* odontología.
odontoscope (oda·ntoscoup) *s.* odontoscopio.
odor (ou·dø') *s.* ODOUR.
odoriferous (oudøri·førøs) *adj.* odorífero, oloroso.
odoriferously (oudøri·førøsli) *adv.* olorosamente.
odorous (ou·dørøs) *adj.* odorante, oloroso, fragante.
odorousness (ou·dørøsnis) *s.* aroma, fragancia.
odour (ou·dø') *s.* olor [bueno o malo]. 2 fragancia. 3 olor, fama, reputación, estima : ∼ *of sanctity,* olor de santidad ; *to be in bad* ∼ *with,* tener mala fama entre, no ser santo de la devoción de.
odourless (ou·dø'lis) *adj.* inodoro.
odyl(e (a·dil) *s.* OD.
Odyssey (a·disi) *s.* Odisea ; odisea.
œcumenical (ekiume·nical) *adj.* ecuménico.
œcumenicity (ekiumeni·siti) *s.* ecumenicidad.
Œdipus (e·dipøs) *n. pr.* MIT. Edipo.
œnological (inola·ȳical) *adj.* enológico.
œnology (ina·loȳi) *s.* enología.
œnometer (ina·metø') *s.* enómetro.

o'er (o·ǫ′) *contr.* de OVER.

œsophagus (isa·fagǫs), *pl.* **-fagi** (-faɏai) *s.* ANAT. esófago.

œstrum (i·strǫm) *s.* brama, celo. 2 deseo, impulso. frenesí.

œstrus (e·strǫs) *s.* ENTOM. tábano. 2 ŒSTRUM.

of (av) *prep.* En muchos casos se traduce por *de*; en otros, por *a, en, con, para, por.* etc., y, en otros, hay que dar distinto giro a la frase: *empty* ~. vacío de; *it is very kind* ~ *you,* esto es muy amable de su parte, es usted muy amable; *to rob someone* ~ *something,* robar algo a alguien; *to smell* ~, oler a; *to taste* ~, saber a; *to think* ~, pensar en; *to dream* ~ soñar en o con; ~ *an evening,* por la noche, algunas noches; *ten minutes* ~ *four,* diez minutos para las cuatro, las cuatro menos diez; *he* ~ *all men,* él precisamente, él más (o menos) que nadie; ~ *myself, himself,* etc.; solo; por mí mismo, por sí mismo, etc.; ~ *late,* últimamente, de algún tiempo a esta parte; ~ *old,* ~ *yore,* antiguo, de antaño, de otros tiempos; *all* ~ *them,* todos ellos o ellas. 2 Entra en muchas otras expresiones y locuciones que se dan en los correspondientes artículos de este Diccionario.

off (of) *adv.* lejos, a distancia, fuera; enteramente, del todo; indica alejamiento, ausencia, distancia, separación, disminución, privación, cesación: *a little way* ~, a poca distancia; *three miles* ~, a tres millas de distancia; *how far* ~ *is it?,* ¿cuánto hay de aquí allá?; *to be* ~, irse, marcharse, partir, salir; *be* ~!, ¡largo de aquí!, ¡salid!; *to have the afternoon* ~, tener la tarde libre; *to see someone* ~, ir a despedir a uno; *hands* ~!, ¡manos quietas!; *he had his shoes* ~, estaba descalzo; *hats* ~!, ¡descúbranse!, ¡quítense los sombreros!; *two per cent* ~ *for cash,* dos por ciento de descuento por pronto pago; *from* ~, de lejos; ~ *and on,* de vez en cuando, a intervalos, algunas veces; MAR. ahora cerca, ahora lejos [de]; *well* ~, rico, acomodado; *badly* ~, en mal estado pecuniario. 2 Modifica el sentido de los verbos, dándoles acepciones que se hallarán en los correspondientes artículos de este Diccionario.

3 *prep.* lejos de, fuera de; de o desde: ~ *the land,* lejos de tierra; ~ *the track.* fam. despistado; por los cerros de Úbeda; ~ *the key,* fuera de tono; ~ *one's chump* o *head,* chalado; ~ *one's feed,* indispuesto para comer; *the streets* ~ *the Strand,* las calles que arrancan del Strand. 4 MAR. frente a, a la altura de.

5 *adj.* apartado, alejado, ausente. 6 lateral: ~ *street,* calle lateral. travesía. 7 libre, de asueto: ~ *day,* día libre. 8 suspendido, interrumpido, parado, que ha cesado; abandonado, dejado sin efecto: *the* ~ *season,* la estación muerta; *the wedding is* ~, se ha deshecho la boda. 9 quitado, fuera, sin poner. 10 cerrado, cortado [el agua, la corriente, el vapor, el gas, etc.]; cerrada [llave, conmutador, etc.]. 11 equivocado, errado. 12 chalado. 13 más apartado del conductor; derecho, de la derecha [hablando de los animales de un tiro, de sus patas, de los lados o las ruedas de un vehículo]. 14 FÚTBOL ~ *side,* fuera de juego.

15 *interj.* ¡fuera!, ¡vamos! : ~ *with you,* ¡fuera de aquí!, ¡vete!, ¡largo de ahí! ; ~ *with his hat!,* ¡quitadle el sombrero!

offal (o·fal) *s.* desecho, desperdicio, piltrafas, sobras. 2 morralla; pescado invendible. 3 *sing.* y *pl.* despojos o desperdicios de reses muertas.

offcast (o·fcæst) *a.* desechado, de desecho. — 2 *s.* desecho. persona o cosa desechada.

off-colo(u)r (o·fcǫlǫ′) *adj.* desteñido. 2 en mal estado; indispuesto. 3 verde, atrevido, subido de color. 4 JOY. de mal color [diamante, etc.].

offence (ǫfe·ns) *s.* ofensa, agravio: *to take* ~, ofenderse; *no* ~, sin ofender a usted; no lo digo por ofender. 2 ofensa, ataque. 3 pecado; ocasión de pecado. 4 falta, infracción; delito, crimen, desaguisado.

offenceless (ǫfe·nslis) *adj.* inofensivo.

offend (to) (ǫfe·nd) *tr.* ofender. 2 atacar, acometer. 3 ant. escandalizar, hacer pecar. — 4 *intr.* pecar, infringir la ley, delinquir: *to* ~ *against,* faltar a; pecar contra.

offender (ǫfe·ndǫ′) *s.* ofensor, agraviador. 2 pecador, delincuente, transgresor.

offense *s.,* **offenseless** *adj.* OFFENCE, OFFENCELESS.

offensive (ǫfe·nsiv) *adj.* ofensivo. 2 perjudicial. 3 agresivo. 4 pecaminoso, delictuoso. — 5 *s.* ofensiva : *to take the* ~, tomar la ofensiva.

offensively (ǫfe·nsivli) *adv.* ofensivamente.

offensiveness (ǫfe·nsivnis) *s.* calidad de ofensivo. 2 nocividad.

offer (o·fǫ′) *s.* oferta, ofrecimiento. 2 promesa. 3 envite. 4 proposición, propuesta. 5 declaración, proposición de matrimonio. 6 intento, esfuerzo. 7 COM. oferta : *on* ~, en venta.

offer (to) (o·fǫ′) *tr.* ofrecer. 2 brindar. 3 presentar, proponer. 4 tratar de, intentar. 5 inferir, infligir. 6 sacrificar, inmolar. — 7 *intr.* hacer una ofrenda, un sacrificio. 8 ofrecerse. 9 declararse, hacer una proposición de matrimonio.

offerer (o·fǫrǫ′) *s.* ofrecedor, oferente.

offering (o·fǫring) *s.* ofrenda. 2 oblación, sacrificio. 3 ofrecimiento. 4 don, dádiva.

offertory (o·fǫ′tori) *s.* LITURG. ofertorio. 2 colecta [durante una función religiosa].

offhand (o·fjænd) *adv.* de improviso, de repente, sin preparación, sin detenerse a pensar; al descuido, con indiferencia, sin cumplidos. — 2 *adj.* dicho o hecho de improviso, sin preparación, al descuido, etc.; brusco.

offhanded (o·fjæ·ndid) *adj.* OFFHAND 2.

offhandedly (o·fjæ·ndidli) *adv.* OFFHAND 1.

offhandedness (o·fjæ·ndidnis) *s.* improvisación, premeditación.

office (a·fis) *s.* oficio, acción [en beneficio o daño de uno]: *good* ~, servicio, favor; *through the good offices of,* por medio o mediación de. 2 oficio, función, ejercicio, ministerio: *to do the* ~ *of,* servir de, hacer oficio de. 3 cargo, empleo [esp. público o de autoridad]: *to be in* ~, desempeñar un cargo; estar en el poder. 4 oficina, despacho, escritorio, bufete, agencia. 5 ministerio, departamento, negociado. 6 servicio [criados]. 7 oficio [rezo, función de iglesia]. 8 ceremonia, rito. 9 pop. informe, indicación. 10 *Holy Office,* Santo Oficio, Inquisición. 11 *pl.* exequias. 12 cocina y dependencias del servicio. — 13 *adj.* de oficio, cargo, oficina, etc.: ~ *boy,* meritorio; mandadero de oficina; ~ *building,* edificio para despachos; ~ *copy,* copia certificada; ~ *force,* personal de una oficina; ~ *hours,* horas de oficina; horas de consulta [de un médico]; ~ *seeker,* el que anda detrás de cargos y empleos; ~ *supplies,* artículos para escritorio; ~ *work,* trabajo de oficina.

officeholder (a·fisjouldǫ′) *s.* empleado público, funcionario, burócrata.

officer (a·fisǫ′) *s.* oficial, persona que tiene cargo público; funcionario; alto empleado; presidente, secretario, tesorero, etc., de una sociedad. 2 MIL., MAR. oficial; clase: *commissioned* ~, oficial, jefe, etc. de alférez para arriba; *non-commissioned, petty* o *warrant* ~, clase: cabo, sargento, suboficial, etc. 3 agente de policía, alguacil, ministril, etc. 4 pieza [de ajedrez].

official (ǫfi·shal) *adj.* oficial. 2 autorizado. — 3 *s.* el que tiene un cargo público o de gobierno; funcionario. 4 (Ingl.) provisor o juez eclesiástico.

officialdom (ǫfi·shaldǫm) *s.* funcionarios públicos; círculos oficiales.

officialism (ǫfi·shalism) *s.* burocracia. 2 formalismo; sistema o rutina oficiales.

officiality (ǫfi·shaliti) *s.* cargo, oficina del provisor o juez eclesiástico. 2 cosa oficial.

officially (ǫfi·shali) *adv.* oficialmente, de oficio.

officiant (ǫfi·shant) *s.* ECLE. oficiante, celebrante.

officiate (to) (ǫfi·shieit) *intr.* oficiar. — 2 *tr.* celebrar [un rito, etc.]. 3 suministrar.

officinal (ǫfi·sinal) *adj.* oficinal. — 2 *s.* medicamento oficinal.

officious (ǫfi·shǫs) *adj.* DIPLO. oficioso. 2 oficioso entrometido.

officiously (ǫfi·shǫsli) *adv.* oficiosamente.

officiousness (ǫfi·shǫsnis) *s.* oficiosidad.

offing (o·fing) *s.* mar afuera, alta mar; lejanía, lontananza : *in the* ~, a lo largo, mar afuera; en lontananza, en perspectiva.

offish (o·iish) *adj.* reservado, adusto, esquivo, arisco.

offlet (o·flet) *s.* cañería o conducto que da salida al agua o un fluido.

offprint (o·fprint) *s.* IMPR. tirada aparte de un artículo, párrafo, etc.; separata.

offscouring (o·fscauring), **offscum** (o·fscøm) s. hez, desecho. escoria, basura, residuo.

offset (o·fset) s. compensación, equivalente. 2 AGR. vástago lateral, acodo. 3 descendiente colateral. 4 ELECT. ramal. 5 GEOGR. estribo, estribación. 6 cosa que embellece o da realce. 7 ARQ. retallo. 8 SETOFF 7. 9 LITOGR. impresión que se hace para transportar un dibujo. 10 TOP. ordenada. 11 curvatura dada a una cañería, etc, para salvar un obstáculo. 12 (EE. UU.) terraplén, terraza. — 13 adj. fuera de lugar, desalineado. 14 MEC. no paralelos ni cruzados [ejes]. — 15 adj.-s. offset [procedimiento en que se imprime primero en una lámina de caucho y luego, con ésta, en el papel].

offset (to) tr. compensar, contrapesar, contrabalancear. 2 oponer. 3 TOP. medir por el procedimiento de ordenadas. 4 curvar o acodar [una cañería, etc.]. 5 ARQ. retallar. — 6 intr. hacer saliente, salir lateralmente. ¶ CONJUG. pret. y p. p.: offset; ger.: offsetting.

offshoot (o·fshut) s. rama, vástago, renuevo. 2 ramal, estribación. 3 descendiente o rama colateral.

offshore (o·fsho') adv. de la costa; a corta distancia de la costa. — 2 adj. que viene de la costa; terral [viento].

offspring (o·fspring) s. vástago, hijo, hijos, progenie, prole, descendencia. 2 fig. producto, resultado, fruto, consecuencia.

off-stage (o·fsteidȳ) a. TEAT. de fuera del escenario, de entre bastidores.

oft (o·ft) adj. y adv. poét. y dial. OFTEN.

often (o·føn) adv. a menudo, muchas veces, con frecuencia, frecuentemente: as ~ as, siempre que, tan a menudo como; as ~ as not, no pocas veces; how ~?, ¿cuántas veces?, ¿cada cuánto?; ~ and ~, repetidamente. — 2 adj. frecuente, repetido.

oftentimes (o·føntaimš) adv. OFTEN.

ogee (ouȳi·) s. ARQ. gola, cimacio.

ogival (oȳai·val) adj. ARQ. ojival.

ogive (o·ȳiv) s. ARQ. ojiva. 2 nervadura [de la bóveda gótica].

ogle (ou·gøl) s. mirada de amor o coquetería; mirada provocativa. 2 pop. ojo.

ogle (to) tr. e intr. mirar con coquetería, mirar amorosa o provocativamente; echar el ojo, comerse con los ojos, clavar los ojos en.

ogre (ou·gø') s. ogro.

ogreish (ou·grish) adj. de ogro.

ogress (ou·gris) f. ogro hembra, ogresa.

ogrish (ou·grish) adj. de ogro.

ogygian (ouȳi·ȳian) adj. prehistórico, de los tiempos primitivos.

oh! (o) interj. ¡oh!

ohm (oum) s. ELECT. ohm, ohmio.

ohmic (ou·mic) adj. óhmico.

ohmmeter (ou·mmitø') s ohmiómetro.

oho (ojou·) interj. ¡ajá! 2 irón. ¡oh!.

oidium (oi·diøm) s. BOT., AGR. oidio.

oil (oil) s. aceite; óleo: ~ of almonds, aceite de almendras; ~ of cedar, cedreleón; ~ of vitriol, aceite de vitriolo; to burn the midnight ~, quemarse las cejas; to paint in oil o oils, pintar al óleo; to pour ~ on the flame, echar leña al fuego; to pour, spread o throw ~ on the (troubled) waters, fig. calmar el enojo, poner paz. 2 petróleo: to strike ~, encontrar un yacimiento de petróleo; enriquecerse de pronto. 3 pl. fam. hule, encerado. 4 pintura o color al óleo. 5 BOLSA. petróleos. — 6 adj. de aceite, oleífero; de petróleo; para aceite o petróleo; al óleo: ~ bag o gland, BOT., ZOOL. glándula oleífera; ~ box, lata de aceite; FERROC. caja de aceite o grasa; ~ burner, quemador de petróleo; ~ cake, torta de orujo o de residuos de materias oleaginosas exprimidas; ~ car, vagón tanque para petróleo; ~ cruet, aceitera, alcuza; ~ cup, MEC. aceitera, copa de engrase; ~ engine, motor de explosión; ~ field, yacimiento petrolífero; ~ filler, llenador de aceite; ~ gas, gas de petróleo; ~ gauge, indicador de aceite, indicador de nivel de aceite; ~ groove, ranura de engrase; ~ jar, zafra; ~ meal, harina de orujo; ~ mill, ~ press, molino de aceite, almazara, trujal; ~ paint, ~ colour, color al óleo; ~ painting, pintura o cuadro al óleo; ~ pan, cubeta del aceite [en un motor]; ~ paper, papel encerado o

impermeable; ~ shop, aceitería; ~ tank, tanque de aceite o petróleo; ~ tanker, buque tanque petrolero; ~ well, pozo de petróleo. 7 ENTOM. ~ beetle, carraleja.

oil (to) tr. aceitar. 2 engrasar, lubrificar, untar. 3 hacer blando, untuoso. — 4 intr. hacerse oleoso. 5 tomar petróleo [como combustible].

oil-bearing adj. oleífero. 2 petrolífero.

oilbird (oi·lbø'd) s. ORNIT. guácharo.

oilcan (oi·lcæn) s. lata de aceite. 2 alcuza, aceitera.

oilcloth (oi·lcloz) s. hule, encerado. 2 linóleo.

oiler (oi·lø') s. aceitero. 2 engrasador. 3 aceitera [para engrasar]. 4 buque petrolero. 5 capa de hule.

oiliness (oi·linis) s. oleosidad, oleaginosidad, untuosidad.

oiling (oi·ling) s. aceitado, engrase, lubricación.

oilman (oi·lmæn), pl. -men (-men) s. aceitero; tratante en aceite o petróleo. 2 engrasador.

oilseed (oi·lsid) s. semilla oleaginosa; sésamo; pepita de algodón.

oilskin (oi·lskin) s. encerado, impermeable.

oilstone (oi·lstoun) s. piedra de amolar al aceite.

oilstone (to) tr. amolar con piedra y aceite.

oilstove (oi·lstouv) s. estufa o fogón de petróleo.

oily (oi·li) adj. aceitoso, oleoso, oleaginoso: ~ bean, sésamo. 2 untado, grasiento; resbaladizo. 3 untuoso. 4 zalamero, hipócrita.

ointment (oi·ntmønt) s. unto, untura, ungüento.

O. K., OK., okay (ou·kei) adj. bueno, conforme, que sirve. — 2 adv. bien, muy bien, está bien, visto bueno. — 3 s. visto bueno, aprobación.

O. K., OK., okay (to) tr. aprobar, dar el visto bueno.

okapi (oca·pi) s. ZOOL. ocapi [mamífero jiráfido africano].

okra (ou·cra) s. BOT. quimbombó.

old (ould) adj. viejo, anciano, añoso, añejo; antiguo; inveterado: ~ bachelor, solterón; ~ boy, fam. chico [expresión de afecto]; padre, maestro, amo; Old Boy, fam. el diablo; ~ clothes, ropa vieja, de desecho; ~ fogy, persona anticuada, chapada a la antigua; obscurantista; Old Glory (EE. UU.), la bandera nacional; ~ hand, persona práctica, experimentada; experto; perro viejo; Old Harry, Old Nick, Old One, fam. el diablo; ~ lady, anciana; ~ maid, solterona; fig. persona tímida, pusilánime; la mona [juego de naipes]; ~ man, viejo, anciano; fam. padre, marido, amo, patrón; TEAT. barba; ~ master, PINT. maestro antiguo; obra de un maestro antiguo; ~ salt, lobo de mar; ~ song, canción antigua; bagatela; Old Testament, Antiguo Testamento; ~ wife, vieja, vieja comadre; ~ wine, vino rancio, añejo; ~ wives' tale, cuento de viejas; Old World, Antiguo Mundo; Old Year's Day, último día del año; to be ~ enough, tener edad bastante, no ser niño; to grow ~, envejecer, hacerse viejo; añejarse; to make ~, avejentar, aviejar. 2 Úsase como expresión afectuosa: ~ country, ~ sod, madre patria, terruño. 3 de viejo: ~ age, vejez, ancianidad. 4 de edad, que tiene cierta edad: the baby is three months ~, el niño tiene tres meses; how ~ are you?, ¿qué edad tiene usted?, ¿cuántos años tiene usted? — 5 s. tiempo antiguo: of ~, de antaño; antaño, antiguamente mucho tiempo ha.

old-clothesman, pl. -men s. ropavejero.

olden (ou·ldøn) adj. poét. antiguo, de otros tiempos: ~ times, tiempos pasados o antiguos.

olden (to) intr. y tr. envejecer.

older (ou·dø') adj. comp. de OLD.

oldest (ou·ldist) adj. superl. de OLD.

old-established adj. establecido o reconocido desde hace tiempo.

old-fashioned adj. anticuado; pasado de moda; chapado a la antigua.

old-fog(e)yish (fou·guish) adj. atrasado, anticuado, chapado a la antigua.

oldish (ou·ldish) adj. algo viejo.

old-line adj. conservador, tradicionalista. 2 COM. antiguo, establecido desde hace muchos años.

old-looking adj. avejentado.

old-maidish (mei·dish) adj. de solterona; que parece de solterona; melindroso, remilgado.

oldness (ou·ldnis) s. vejez, vetustez, antigüedad. 2 envejecimiento.

old-school adj. a la antigua; de la vieja escuela.

oldster (ou·ldstø') s. fam. viejo, vieja. 2 (Ingl.) el que lleva cuatro años o más de guardia marina.

old-time adj. antiguo, anticuado. 2 de antaño, de otros tiempos.

old-timer s. antiguo residente. 2 antiguo concurrente. 3 veterano [en una · profesión]. 4 persona chapada a la antigua. 5 cosa anticuada.

old-womanish adj. de vieja.

old-world adj. del antiguo mundo. 2 prehistórico de los tiempos antiguos.

Olraceæ (olieï·shii) s. pl. BOT. oleáceas.

oleaceous (olieï·shøs) adj. BOT. oleáceo.

oleaginous (oliæ·ÿinøs) adj. oleaginoso, oleoso.

oleaginousness (oliæ·ÿinøsnis) s. oleaginosidad, oleosidad.

oleander (oliæ·ndø') s. BOT. adelfa.

oleaster (oliæ·stø') s. BOT. oleastro, acebuche.

oleate (ou·lieit) s. QUÍM. oleato.

olecranon (ole·cranan) s. ANAT. olécranon.

oleic (olɪ·ic) adj. QUÍM. oleico.

olein(e (ou·liin) s. QUÍM. oleína.

oleometer (olia·metø') s. oleómetro.

oleoresine (oliore·ŝin) s. oleorresina.

oleose (ou·lious), **oleous** (ou·liøs) adj. oleoso.

olfaction (alfæ·cshøn) s. olfacción.

olfactive (alfæ·ctiv) adj. olfativo.

olfactory (alfæ·ctori) adj. olfatorio.

olibanum (olɪ·banøm) s. olíbano.

olid (a·lid) adj. fétido.

oligarch (a·liga'c) s. oligarca.

oligarchic(al (aliga·'kic(al) adj. oligárquico.

oligarchy (a·ligarki) s. oligarquía.

oligist (o·liÿist) s. MINER. oligisto.

Oligocene (a·ligosin) adj. y s. GEOL. oligoceno.

oligoclase (a·ligocleis) s. MINER. oligoclasa.

olio (ou·liou) s. mezcla, miscelánea, baturrillo. 2 olla podrida.

olivaceous (alivei·shøs) adj. aceitunado.

olivary (a·liveri) adj. oliviforme.

olive (a·liv) s. BOT. olivo, aceituno. 2 oliva, aceituna : wild ~, acebuchina. — 3 adj. aceitunado. 4 de olivo u olivos : ~ branch, rama de olivo; fig. niño, hijo; ~ grove, olivar; ~ tree, olivo; wild ~ tree, acebuche. 5 de olivas : ~ oil, aceite de oliva; ~ press, lagar.

Oliver (a·livø') n. pr. Oliverio.

olivin(e (a·livin) s. MINER. olivino.

olla (a·la) s. olla,, puchero.

olla-podrida (podrɪ·da) s. olla podrida. 2 mezcolanza, mixtifori.

Olympia (oli·mpiæ) n. pr. Olimpia.

Olympiad (oli·mpiæd) s. olimpíada.

Olympian (oli·mpian), **Olympic** (oli·mpic) adj. olímpico : Olimpic games, juegos olímpicos.

Olympus (oli·mpøs) s. Olimpo.

omasum (omei·søm) s. ZOOL. omaso, libro [de los rumiantes].

omber, ombre (a·mbø') s. tresillo, juego del hombre.

omega (omɪ·ga) s. omega. 2 fig. fin.

omelet, omelette (a·mlit) s. tortilla de huevos.

omen (ou·min) s. agüero, presagio, pronóstico.

omen (to) tr. presagiar, augurar, ominar.

omened (ou·mind) adj. de agüero o presagio.

omental (ome·ntal) adj. omental.

omentum (ome·ntøm) s. ANAT. omento.

ominous (a·minøs) adj. ominoso, de mal agüero, amenazador. 2 presagioso.

ominously (a·minøsli) adv. ominosamente.

ominousness (a·minøsnis) s. calidad de ominoso.

omissible (omi·sibøl) adj. omisible.

omission (omi·shøn) s. omisión. 2 olvido, descuido.

omissive (omi·siv) adj. que omite; de omisión.

omit (to) (omi·t) tr. omitir. 2 dejar de, olvidar, pasar por alto.

omnibus (a·mnibøs) s. ómnibus. 2 receptáculo para cosas diversas. 3 el público en general. — 4 adj. que sirve para varios objetos; que comprende varios asuntos, obras, objetos, etc.; general, colecticio : ~ box, TEAT. palco grande de platea; ~ bar, ~ wire, ELECT. barra colectora; conductor general.

omnifarious (amnifæ·riøs) adj. de todas las clases o variedades, de todo género.

omnimodous (amnɪ·mødøs) adj. omnímodo.

omnipotence, omnipotency (amnɪ·potøns -si) s. omnipotencia.

omnipotent (amnɪ·potønt) adj. omnipotente. — 2 n. pr. the Omnipotent, el Omnipotente, Dios.

omnipresence (amnipre·ŝøns) s. omnipresencia, ubicuidad.

omnipresent (amnipre·ŝønt) adj. omnipresente, ubicuo.

omniscience, omnisciency (amni·shøns -si) s. omnisciencia.

omniscient (amni·shønt) adj. omnisciente.

omnium (a·mniøm) s. (Ingl.) agregado de los diversos títulos de la deuda. 2 suma, total; todo.

omnium-gatherum (amniømgæ·dørøm) s. fam. miscelánea, maremágnum. 2 reunión a la cual todo el mundo es invitado.

omnivorous (amni·vorøs) adj. omnívoro.

omoplate (ou·mopleit) s. ANAT. omóplato.

omphacin(e (a·mfasin) adj. onfacino.

omphalic (amfæ·lic) adj. ANAT. umbilical.

omphalism (a·mfaliŝm) s. POL. centralismo, centralización.

on (an) prep. Corresponde a muchas preposiciones españolas y forma locuciones cuyo sentido se encuentra en otros artículos de este Diccionario. Sus principales equivalencias son : en, sobre, encima de, a, de, con, contra, por, junto a, bajo, so : to agree ~ a price, convenir en un precio; to be ~ duty, estar de servicio; to bet ~ a horse, apostar a un caballo; to draw ~ one, COM. girar contra uno; bent ~, empeñado en; hung ~ a nail, colgado de un clavo; ~ all sides, ~ every side, por todos lados, por todas partes; ~ high, en alto; ~ his guard, en guardia; ~ his word, por su palabra; ~ horseback, a caballo; ~ increase, en aumento; ~ my part, de mi parte, por mi parte, en cuanto a mí; ~ my responsability, bajo mi responsabilidad; ~ pain of, bajo pena de, so pena de; ~ purpose, de propósito, adrede; ~ the contrary, al contrario, por el contrario; ~ the floor, ~ the wall, en el suelo, en la pared; ~ the offensive, a la ofensiva; ~ the north, al norte; ~ the road, en camino; ~ the table, sobre la mesa, encima de la mesa; ~ the Thames, junto al Támesis, sobre el Támesis; ~ the train, en el tren; ~ this condition, con esta condición. 2 Cuando precede a una fecha no se traduce : ~ the fourth of May, el cuatro de mayo; ~ Monday, el lunes. 3 Cuando precede a un gerundio se traduce por «en», seguido de un gerundio. o «al», seguido de un infinitivo : on reaching home, en llegando a casa. al llegar a casa; ~ seeing him, al verlo. 4 adv. encima, puesto, sobre sí : to have one's clothes ~, tener puesto el vestido, estar vestido. 5 adelante; progresivamente, continuando, sin cesar, sucesivamente : to go ~, seguir, proseguir, continuar; go ~!, ¡prosiga!, ¡continúe!; ¡marchen!, ¡adelante! : to play ~, seguir jugando; farther ~, más adelante; later ~, después, más tarde; ~ and ~, sin parar, sin cesar, continuamente; and so ~, etc., y así sucesivamente. 6 en marcha, en función, en operación : to turn ~ the water, steam, gas, etc., abrir [la llave de] el agua, el vapor, el gas, etc. 7 Modifica muchos verbos con significación que se hallará en el artículo correspondiente. 8 adj. puesto : the lid is ~, la tapa está puesta. 9 que está en marcha, que funciona, que ha empezado, que se está verificando : the fight is ~, la lucha ha empezado. 10 abierto [llave, interruptor, corriente, etc.] : the light is ~, la luz está encendida. 11 TEAT. que tiene un papel : he is ~ as Macbeth, tiene el papel de Macbeth. 12 interj. ¡adelante!, ¡vamos!

onager (a·naÿø') s. ZOOL., MIL. onagro.

onagra (anei·gra) s. BOT. onagra.

onanism (ou·naniŝm) s. onanismo.

once (uø·ns) adv. y s. vez, una vez : ~ and again, una y otra vez; de vez en cuando; ~ bit, twice shy, gato escaldado, del agua fría huye; ~ for all, de una vez para siempre, definitivamente; ~ in a way, ~ in a while, de vez en cuando; de tarde en tarde; ~ is enough, con una vez basta; ~ more, otra vez; ~ too often, una vez más de la conveniente, prudente o tolerado; all at ~, de súbito, de repente; at ~, a la vez; de una vez; al punto, en el acto, en seguida; for ~, una vez siquiera; últimamente, al fin; this ~, esta vez. 2 alguna vez, nunca : if ~, si alguna vez. si nunca. 3 en otro tiempo, otras veces : ~ upon a time was, érase una vez. — 4 adj. de otro tiempo, antiguo, que fué : a ~ friend of mine, uno que fue amigo mío. — 5 conj. una vez que, tan pronto como.

473

oncoming (a·ncømïng) *adj.* próximo, venidero, sucesivo. 2 que está en camino del éxito. — *3 s.* proximidad, aproximación, llegada.

ondometer (anda·metø′) *s.* ELECT. ondómetro.

one (uøn) *adj. num.* uno, una: ~ *half,* una mitad, la mitad: ~ *hundred,* ciento; *room* ~, habitación número uno. 2 primero: *chapter* ~, capítulo primero. 3 reemplaza al art. indefinido, esp. como correlativo de OTHER o ANOTHER: *from* ~ *side to the other,* de un lado a otro. 4 un solo, solo, único: *his* ~ *chance.* su única oportunidad: *at* ~ *stroke,* de un solo golpe o tirón. 5 uno [no dividido]: *the Church is* ~, la Iglesia es una. 6 uno, unido, identificado, idéntico, lo mismo: *with* ~ *accord,* unánimemente, de común acuerdo; *it is all* ~ *to me,* me es lo mismo, me da lo mismo. 7 el mismo, un mismo: *of* ~ *height,* de una misma talla o altura. 8 un, cierto, un tal: ~ *day,* un día; ~ *Mr. Smith,* un tal señor Smith. 9 (en composición) de un solo, de una sola: *one-piece,* de una pieza, de una sola pieza. — *10 pron.* uno, una: ~ *and all,* todos sin excepción; ~ *another,* el uno al otro, unos a otros: *I for* ~ *don't think so,* yo por lo menos no lo pienso así, yo soy uno de los que no lo piensan así; *no* ~, nadie; ~ *by* ~, uno a uno; uno por uno; uno tras uno. — *11 s.* uno. la unidad, el número uno. 12 una persona o cosa. | Gralte. no se traduce: *the little ones,* los pequeñuelos; *the* ~ *who,* el que, la que; *the white* ~, el blanco, la blanca; *the other* ~, el otro, la otra; *this* ~, éste, ésta. 13 la una [hora]: ~ *o'clock,* la una; *half past* ~, la una y media.

one-act *adj.* TEAT. en un acto. — *2 s.* TEAT. obra en un acto.

one-armed *adj.* manco, que sólo tiene un brazo.

one-bladed *adj.* de una sola hoja.

one-celled *adj.* unicelular.

one-day *adj.* de un día.

one-handed *adj.* manco, que sólo tiene una mano. 2 hecho o movido con una sola mano.

one-horse *adj.* de un solo caballo, tirado por un solo caballo. 2 pop. inferior; de poca importancia.

oneiric (onaï·ric) *adj.* onírico.

oneiromancy (onaï·romænsi) *f.* oniromancia.

one-legged *adj.* de una sola pierna o pata; unípede.

oneness (uan·nis) *s.* unicidad, singularidad. 2 identidad, uniformidad. 3 inmutabilidad, constancia. 4 unión, concordia.

onerous (a·nørøs) *adj.* oneroso, gravoso, molesto. 2 DER. oneroso.

oneself o **one's self** (uønse·lf) *pron.* se, sí, uno mismo. si mismo: *with* ~, consigo.

one-sided *adj.* de un solo lado; desigual; unilateral: injusto, parcial.

one-step *s.* cierto baile de salón.

one-story *adj.* de una sola planta o piso.

one-time *adj.* antiguo, que fue. — *2 adv.* antiguamente. en otros tiempos.

one-track *adj.* FERROC. de una sola vía. 2 fig. estrecha [mentalidad].

one-way *adj.* de una sola dirección.

ongoing (a·ngouïng) *adj.* que marcha, que va hacia adelante; que se está efectuando. — *2 s.* movimiento o marcha hacia adelante, progreso, continuación. 3 *pl.* acontecimientos.

onion (a·nyøn) *s.* BOT. cebolla. 2 pop. cabeza, chola. — *3 adj.* de cebolla: ~ *bed,* cebollar; ~ *seed,* cebollino.

onionskin (a·nyønskin) *s.* binza, tela de cebolla. 2 papel cebolla.

oniony (a·nyøni) *adj.* sazonado con cebollas. 2 que huele a cebolla.

onlooker (a·nlukø′) *s.* espectador, observador.

only (ou·nli) *adj.* solo, único; ~ *child,* hijo único. 2 singular, preeminente. 3 único adecuado o conveniente. — *4 adv.* sólo, solamente, únicamente, no más que: *not* ~ ... *but also,* no sólo ... sino también. 5 *if* ~, ojalá; si al menos, con sólo que. — *6 conj.* solo que, pero, si no fuera que.

only-begotten *adj.* unigénito.

onomancy (ou·nomænsi) *s.* onomancia.

onomastic (anomæ·stic) *adj.* onomástico.

onomatopœia (anomætopï·a) *s.* onomatopeya.

onomatopœic, onomatopoetic (anomætopï·ic, anomætopo·etic) *adj.* onomatopéyico.

onrush (a·nrøsh) *s.* embestida, arremetida, carga; fuerza impetuosa; movimiento impetuoso hacia adelante.

onset (a·nset) *s.* ataque, asalto. 2 arranque, irrupción, principio, comienzo.

onshore (ansho′) *adj.* de tierra; que se mueve o dirige hacia la tierra. — *2 adv.* a o hacia tierra.

onslaught (a·nslŏt) *s.* ataque furioso, arremetida violenta, asalto.

onto (a·ntu) *prep.* hacia, sobre.

ontogeny (anta·ỹeni) *s.* ontogenia.

ontologic(al (antola·ỹic(al) *adj.* ontológico.

ontologist (anta·loỹist) *s.* ontólogo.

ontology (anta·loỹ.) *s.* ontología.

onward (a·nwø′d) *adj.* que se mueve hacia adelante. 2 avanzado, progresivo.

onward(s (a·nwø′d(š) *adv.* adelante; hacia adelante, hacia el frente.

onyx (a·nics) *s.* MINER. onix, ónice. 2 MED. absceso en la cámara anterior del ojo.

oodles (u·dølš) *s. pl.* montones, la mar, gran cantidad.

oögonium (ouogou·niøm) *s.* BOT. oogonio.

oölite (ou·olait) *s.* GEOL. oolita.

oölitic (ouoli·tic) *adj.* oolítico.

oösphere (ou·osfi′) *s.* BOT. oosfera.

ooze (uš) *s.* fango, légamo, limo, cieno. 2 emanación, chorro suave.

ooze (to) *intr.* rezumarse, escurrirse. 2 escaparse, filtrarse, manar, fluir suavemente; irse, evaporarse. 3 llenarse [de sudor]. — *4 tr.* exudar, sudar; desprender.

oozy (u·ši) *adj.* legamoso, limoso, cenagoso.

opacity (opæ·siti) *s.* opacidad. 2 torpeza del entendimiento.

opal (ou·pal) *s.* MINER. ópalo.

opalesce (to) (opale·s) *intr.* tener reflejos [como el ópalo].

opalescence (opale·søns) *s.* opalescencia.

opalescent (opale·sønt) *adj.* opalescente.

opaline (ou·palain) *adj.* opalino.

opaque (opeï·c) *adj.* opaco. 2 obscuro, ininteligible. 3 torpe, obtuso.

opaquely (opeï·kli) *adv.* opacamente.

opaqueness (opeï·cnis) *s.* opacidad.

ope (to) (oup) *tr.-ref.* poét. abrir.

open (ou·pøn) *adj.* abierto: ~ *chain,* QUÍM. cadena abierta; ~ *circuit,* ELECT. circuito abierto; ~ *city,* ciudad abierta; ~ *door,* puerta abierta, libre acceso, libre oportunidad; DER. INTERN. puerta abierta; ~ *field,* campo abierto; ~ *house,* casa donde se recibe y se dan fiestas y reuniones; ~ *letter,* carta abierta; ~ *order,* MIL. orden abierto; ~ *port,* puerto abierto al comercio extranjero; puerto libre de hielos durante todo el año; *in the* ~ *air,* a cielo abierto, al aire libre; *with* ~ *arms,* con los brazos abiertos; *to cut* ~, abrir, cortar, hender; *to set,* o *throw,* ~, abrir. 2 raso, descubierto. 3 libre, expedito: *to keep the bowels* ~, tener el vientre libre. 4 descubierto [no protegido; no escondido o tapado], visible: ~ *car* o *carriage* coche descubierto; ~ *face,* esfera [de reloj] sin tapa; ~ *plumbing,* cañerías descubiertas. 5 expuesto [a]; susceptible [de]: ~ *to attack,* expuesto a ser atacado. 6 manifiesto, evidente, hecho a las claras; público, conocido; ~ *marks,* señales evidentes; ~ *secret,* secreto a voces. 7 franco, sincero; directo: ~ *face,* rostro franco; ~ *look,* mirada franca. 8 extendido, desplegado. 9 claro, ralo, calado; poroso. 10 pendiente, por decidir, no resuelto; discutible: ~ *question,* asunto discutible o pendiente. 11 accesible [a ideas, ruegos, etc.]. 12 generoso, liberal. 13 libre de hielos [río]. 14 benigno, templado, sin heladas [tiempo, estación]. 15 MAR. despejado, sin niebla. 16 ~ *court,* tribunal en funciones, tribunal en pleno; sesión de un tribunal. 17 ~ *season,* temporada de caza o pesca. 18 ~ *shop,* taller o fábrica que admite obreros asociados y no asociados. 19 ~ *water,* mar libre. 20 *it is* ~ *to you,* usted puede, usted tiene la libertad de.

21 *s.* claro, raso; lugar abierto: *in the* ~, al raso, a campo raso, al aire libre; en alta mar; abiertamente, al descubierto.

22 *interj.* ~ *sesame!,* ¡ábrete sésamo!

open (to) *tr.* abrir: *to* ~ *the ball,* abrir el baile; pop. ser el primero, el que empieza; *to* ~ *one's eyes,* abrir los ojos; *to* ~ *one's heart,* abrir su corazón, abrir su pecho, confiarse; ser generoso; *to* ~ *the mouth,* abrir la boca, hablar; revelar un secreto. 2 ofrecer a la vista. 3 decla-

rar, descubrir [sus sentimientos, etc.]. 4 ensanchar; hacer más comprensivo [el entendimiento]. 5 separar las fibras de, hacer menos compacto, abrir [el algodón, etc.]. 6 iniciar, empezar. 7 MAR. dar vista a. 8 to ~ out, abrir, destapar, desenvolver, desempaquetar; descubrir, revelar; desarrollar; agrandar [un orificio]. 9 to ~ up, descubrir [a la vista, al entendimiento]; abrir, hacer accesible [una región, etc.]; traer a discusión [un tema]. — 10 intr. abrirse. 11 descubrirse, aparecer a la vista. 12 confiarse, espontanearse, abrir su corazón; hablar claro, explicarse. 13 iniciarse, comenzarse. 14 abrir el juego. 15 to ~ into, dar acceso a, salir a. 16 to ~ on o upon, caer, dar a, mirar a; the window opens upon the garden, la ventana da al jardín. 17 to ~ up, aparecer a la vista, presentarse; empezar a hablar con naturalidd, rabar la reserva, el encogimiento. 18 to ~ with, empezar con.
open-air adj. al aire libre, que se hace al aire libre.
opener (ou·pønø') s. abridor : can ~, abrelatas. 2 TEJ. abridora.
open-eyed adj. alerta, vigilante. 2 con los ojos abiertos; hecho con los ojos abiertos. 3 asombrado.
open-faced adj. sin tapa [reloj]. 2 de rostro franco, abierto.
open-handed adj. liberal, generoso, dadivoso.
open-hearted adj. franco, sincero; generoso.
open-heartedness (ha·tidnis) s. franqueza, sinceridad. 2 generosidad, liberalidad.
opening (ou·pning) s. abertura, abrimiento, apertura. 2 abertura, entrada, brecha, boquete, portillo. 3 ARQ. vano, luz. 4 abra, bahía. 5 (EE. UU.) claro [en un bosque]. 6 comienzo, principio, inauguración. 7 TEAT. primera representación, estreno. 8 AJED. apertura. 9 oportunidad, coyuntura. — 10 adj. primero [que empieza] : ~ number, primer número [de un programa]; ~ price, primer curso o cotización [en la Bolsa]. 11 TEAT. de estreno : ~ night, noche de estreno.
openly (ou·pønli) adv. abiertamente, descubiertamente, francamente, públicamente.
open-minded adj. de espíritu abierto, despreocupado; razonable; asequible a razones, ideas, etc.
open-mouthed adj. con la boca abierta, boquiabierto. 2 ávido, voraz. 3 clamoroso. 4 ancho de boca.
openness (ou·pønnis) s. franqueza, sinceridad, claridad. 2 publicidad.
openwork (ou·pønuø'c) s. calado [obra calada]. 2 enrejado.
opera (a·pøra) s. MÚS. ópera : ~ bouffe, ópera bufa; ~ comique, ópera cómica, zarzuela. — 2 adj. de ópera : ~ cloak, salida de teatro [abrigo de señora]; ~ glasses, gemelos de teatro; ~ hat, clac; ~ house, teatro de la ópera; ~ singer, cantante de ópera.
operability (apørabi·liti) s. calidad de operable.
operable (a·pørabøl) adj. operable.
operate (to) (a·pøreit) tr. hacer funcionar, mover, manejar, dirigir, gobernar. 2 explotar. 3 producir, efectuar, llevar a cabo. — 4 intr. operar, obrar, producir efecto. 5 MIL., COM. operar. 6 CIR. operar : to ~ upon one for, operar a uno de.
operatee (a·pøratr') s. CIR. operado.
operatic(al (a·pøræ·tic(al) adj. operístico.
operating (a·pøreiting) adj. operante. 2 motor, impulsor, que hace funcionar. 3 de funcionamiento, de explotación : ~ expenses, gastos de funcionamiento, de explotación. 4 operatorio, de operación : ~ room, sala de operaciones, quirófano; ~ table, mesa de operaciones.
operation (apørei·shøn) s. operación. 2 acción, función, marcha, funcionamiento; vigencia : to be in ~, estar funcionando, en explotación; estar en vigor [una ley]. 3 manejo, maniobra, manipulación.
operative (a·pøreitiv) adj. operativo, eficaz, activo. 2 mecánico, manual. 3 CIR. operatorio, de operación. — 4 s. operario, obrero, artesano.
operator (a·pøreitø') s. operador, maquinista, mecánico, operario : linotype ~, linotipista; telephone ~, telefonista; telegraph ~, telegrafista. 2 CIR. operador, cirujano. 3 especulador [en Bolsa], corredor de Bolsa, bolsista. 4 (EE. UU.) explotador, empresario [de minas].
opercular (opø·kiula') adj. de opérculo, que tapa. — 2 s. ICT. opérculo.

operculate(d (opø·kiuleit(id) adj. operculado.
operculum (opø·kiuløm) s. opérculo.
operetta (apøre·ta) s. opereta.
operose (apørou·s) adj. trabajoso, penoso. 2 laborioso, diligente.
ophicleide (a·ficlaid) s. MÚS. figle.
Ophelia (ofi·lia) n. pr. f. Ofelia.
Ophidia (ofi·dia) s. pl. ZOOL. ofidios.
ophidian (ofi·dian) s. ZOOL. ofidio.
ophite (a·fait) s. PETR. ofita.
ophiuran (afiyu·ran) s. ZOOL. ofiuro.
Ophiuroidea (afiyuroi·dia) s. pl. ZOOL. ofiuroideos.
ophiuroidean (afiyuroi·dian) adj. y s. ZOOL. ofiuroideo.
ophthalmia (afzæ·lmia) s. MED. oftalmia.
ophthalmic (afzæ·lmic) adj. oftálmico.
ophthalmologic(al (afzælmola·ỹic(al) adj. oftalmológico.
ophthalmologist (afzælma·loỹist) s. oftalmólogo.
ophthalmology (afzælma·loỹi) s. oftalmología.
ophthalmoscope (afzæ·lmouscoup) s. oftalmoscopio.
ophthalmoscopy (afzælma·scopi) s. oftalmoscopia.
ophthalmy (afzæ·lmi) s. MED. oftalmía.
opiate (ou·pieit) s. opiato. 2 narcótico. — 3 adj. opiado. 4 narcótico, adormecedor.
opiate (to) tr. componer con opio. 2 narcotizar, adormecer.
opinable (opai·nabøl) adj. que se puede pensar o juzgar.
opine (o·pain) tr. e intr. opinar, juzgar, dar su opinión.
opinion (opi·niøn) s. opinión, parecer, dictamen, idea, concepto, fama, estimación : public ~, opinión pública. 2 buen concepto : to have no ~ of, no tener buen concepto de.
opinionable (opi·niønabøl) adj. opinable.
opinionate(d (opi·niøneit(id) adj. obstinado, terco, porfiado.
opinionatedness (opi·niøneitidnis) s. obstinación, terquedad.
opinionately (opi·niøneitli) adv. obstinadamente, porfiadamente.
opinionative (opi·niøneitiv) adj. doctrinal. 2 pertinaz, porfiado.
opinioned (opi·niønd) adj. presumido, obstinado.
opinionist (opi·niønist) s. opinante. 2 sectario.
opium (o·piøm) s. opio. — 2 adj. de opio : ~ joint, fumadero de opio. 3 BOT. ~ poppy, adormidera.
opobalsam (apobo·lsam) s. opobálsamo.
opodeldoc (apode·ldoc) s. FARM. opodeldoc.
opopanax (opa·panacs) s. BOT. pánace. 2 opopónaco, opopánax.
opossum (øpo·søm) s. ZOOL. zarigüeya, opósum, *sariga, *carachupa.
oppilate (to) (a·pileit) tr. MED. opilar.
oppilation (apile·shøn) s. opilación.
opponent (øpou·nønt) s. oponente, contrario, adversario, antagonista, contrincante. — 2 adj. opuesto [situado en frente]. 3 contrario, adverso; antagónico.
opportune (apørtiu·n) adj. oportuno, conveniente, a propósito.
opportunely (apø·tiu·nli) adv. oportunamente, a tiempo.
opportuneness (apø·tiu·nnis) s. oportunidad [calidad de oportuno].
opportunism (apø·tiu·nišm) s. oportunismo.
opportunist (apø·tiu·nist) s. oportunista.
opportunity (apo·tiu·niti) s. oportunidad; sazón, lugar, ocasión : ~ makes the thief, la ocasión hace el ladrón.
opposable (øpou·šabøl) adj. oponible. 2 resistible.
opposability (øpošæbi·liti) s. calidad de oponible.
oppose (to) (øpou·s) tr. oponer, contraponer. 2 oponerse a, luchar contra, resistir, contrarrestar, combatir, impugnar. 3 poner delante; exhibir. 4 estar de cara a.
opposed (øpou·šd) adj. opuesto, contrario, encontrado.
opposer (øpou·sø') s. opositor, oponente, adversario, antagonista. 2 opugnador.
opposite (a·pošit) adj. opuesto : ~ angles, ángulos opuestos; ~ leaves, BOT. hojas opuestas; the ~ sex, el sexo opuesto, el otro sexo. 2 frontero. 3 contrario; adverso. — 4 s. cosa opuesta o contraria : the ~, lo opuesto, lo contrario. — 5 prep. frente a, en frente de. — 6 adv. enfrente, en situación opuesta.
oppositely (a·pošitli) adv. enfrente, opuestamente.

oppositeness (a·pŏŝitnis) *s.* calidad de opuesto; situación opuesta.

opposition (apŏŝi·shøn) *s.* oposición. | No tiene el sentido de concurso de pretendientes. 2 resistencia [acción]. 3 aversión, repugnancia. 4 contrariedad, contradicción.

oppositional (apŏŝi·shønal) *adj.* de oposición; de la oposición.

oppositionist (aposi·shønist) *s.* oposicionista; de la oposición.

oppress (to) (øpre·s) *tr.* oprimir. 2 tiranizar. 3 agobiar, abrumar, abatir. 4 sofocar, ahogar [el calor, etc.].

oppression (øpre·shøn) *s.* opresión. 2 tiranía. 3 agobio; abatimiento. 4 peso, carga. 5 sofocación, ahogo, pesadez.

oppressive (øpre·siv) *adj.* opresivo, opresor. 2 tiránico. 3 abrumador, agobiador. 4 sofocante.

oppressively (øpre·sivli) *adv.* opresivamente. 2 tiránicamente. 3 abrumadoramente.

oppressiveness (opre·sivnis) *s.* calidad de opresivo; opresión, agobio.

oppressor (øpr·sø') *s.* opresor, tirano.

opprobrious (oprou·briøs) *adj.* oprobioso, ignominioso, infamante. 2 injurioso, ultrajante, vituperioso.

opprobriously (øprou·briøsli) *adv.* oprobiosamente, ignominiosamente. 2 injuriosamente.

opprobriousness (øprou·briøsnis) *s.* calidad de oprobioso, oprobio, ignominia.

opprobrium (øprou·briøm) *s.* oprobio, ignominia, deshonra, afrenta.

oppugn (to) (øpiu·n) *tr.* opugnar, combatir. 2 oponerse a.

oppugnant (øpø·gnant) *adj.* hostil, antagónico.

oppugner (øpiu·nø') *s.* opugnador.

opsonic (apso·nic) *adj.* BIOL. opsónico.

opsonin (a·psonin) *s.* BIOL. opsonina.

opt (to) (apt) *intr.* optar.

optative (a·ptativ) *adj.* optativo.

optic (a·ptic) *adj.* óptico [de la visión, del ojo]: ~ *nerve*, nervio óptico; ~ *thalamus*, tálamo óptico.

optical (a·ptical) *adj.* óptico [relativo a la visión, a la óptica]: ~ *axis*, CRIST. eje óptico; ~ *illusion*, ilusión óptica; ~ *telegraph*, telégrafo óptico.

optician (apti·shan) *s.* óptico.

opticist (a·ptiŝist) *s.* versado en óptica.

optics (a·ptics) *s.* óptica [ciencia].

optimism (a·ptimĭsm) *s.* optimismo.

optimist (a·ptimist) *s.* optimista.

optimistic (a·ptimistic) *adj.* optimista.

optimize (to) (a·ptimaiŝ) *intr.* ser optimista. — 2 tratar con optimismo.

optimum (a·ptimøm) *pl.* **-mums** o **-ma** *adj.* óptimo, más favorable. — 2 *s.* cantidad, grado, punto. etc., óptimos.

option (a·pshøn) *s.* opción [facultad de elegir]. 2 elección, decisión. 3 alternativa. 4 COM. opción.

optional (a·pshønal) *adj.* facultativo, discrecional.

optionally (a·pshonali) *adv.* discrecionalmente, a voluntad.

optometer (apta·metø') *s.* ÓPT. optómetro.

optometry (apta·metri) *s.* optometría.

opulence, opulency (a·piuløns, -si) *s.* opulencia.

opulent (o·piulønt) *adj.* opulento.

opulently (o·piuløntli) *adv.* opulentamente.

opuntia (opø·nshia) *s.* BOT. nopal, chumbera, tuna.

opus (o·pøs), *pl.* **opera** (a·pøra) *s.* opus, obra literaria o musical.

opuscle (opø·søl), **opuscule** (opø·skiul) *s.* opúsculo.

or *conj.* o, u. 2 alias, por otro nombre. 3 si no, de lo contrario, de otro modo. — 4 *s.* BLAS. oro.

orach (a·ræc) *s.* BOT. armuelle; orzaga.

oracle (a·racøl) *s.* oráculo.

oracular (oræ·kiular) *adj.* pert. o rel. al oráculo. 2 profético. 3 dogmático, positivo, magistral. 4 obscuro, ambiguo.

oracularly (oræ·kiularli) *adv.* como un oráculo.

oral (o·ral) *adj.* oral. — 2 *s.* examen oral.

orally (o·rali) *adv.* oralmente.

orange (a·rønȳ) *s.* BOT. naranja: *bitter* o *Seville* ~, naranja agria o amarga; *bergamot* ~, bergamota [lima]; *mandarin* ~, naranja mandarina. 2 BOT. naranjo. 3 color de naranja. — 4 *adj.* de naranja, anaranjado: ~ *blossom*, azahar, flor del naranjo; ~ *grove*, ~ *plantation*, naranjal, plantación o huerta de naranjos; ~ *grower* naranjero;

~ *juice*, zumo de naranja; ~ *pekoe*, té negro de Ceilán o de la India; ~ *peel*, cáscara de naranja; ~ *squeezer*, exprimidera; ~ *tree*, naranjo; ~ *wife*, vendedora de naranjas. 4 BOT. ~ *jessamine*, boj de China.

orangeade (arønȳei·d) *s.* naranjada.

orange-colo(u)red *adj.* anaranjado.

Orangeman (a·rønȳmæn), *pl.* **-men** (-men) *s.* orangista [partidario de Guillermo de Orange].

orangery (a·rønȳri) *s.* invernadero para naranjos.

orang-outang, orang-utan (orœ·ng-utæn) *s.* ZOOL. orangután.

orate (to) (orei·t) *intr.* y *tr.* perorar, discursear, arengar.

oration (ore·shøn) *s.* oración, discurso.

orator (a·ratø') *s.* orador.

Oratorian (arato·rian) *s.* filipense, oratoriano.

oratorical (arato·rical) *adj.* oratorio; retórico.

oratorically (arato·ricali) *adv.* oratoriamente.

oratorio (arato·riou) *s.* MÚS. oratorio.

oratory (a·ratori), *pl.* **-ries** (-ris) *s.* oratoria. 2 oratorio, capilla. 3 (con may.) Oratorio [congregación].

orb (Orb) *s.* orbe, esfera, globo. 2 astro. 3 círculo, rueda. 4 ASTR. orbe, órbita.

orb (to) (Orb) *tr.* redondear, dar forma de círculo. 2 cercar, rodear, englobar.

orbed (o·'bd) *adj.* redondo, circular, esférico.

orbicular (o'bi·kiula') *adj.* orbicular.

orbicularity (o'bikiula·riti) *s.* redondez, esfericidad.

orbicularly (o'bi·kiula'li) *adv.* orbicularmente.

orbicularness (o'bi·kiula'nis) *s.* ORBICUILARITY.

orbit (o·'bit) *s.* ANAT., ASTR. órbita.

orbital (o·'bital) *adj.* orbital. 2 orbitario.

orca (o·'ca) *s.* ZOOL. orca.

orcanet (o·'canet) *s.* BOT. orcaneta, onoquiles.

orcein (o·'sein) *s.* QUÍM. orceína.

orchard (o·'cha'd) *s.* huerto [de frutales]; pomar.

orchestic (o'ki·stic) *adj.* del baile. — 2 *s. pl.* baile, danza.

orchestra (o·'kistra) *s.* orquesta. 2 TEAT. platea: ~ *seat*, butaca de orquesta o de platea.

orchestral (o·'kistral) *adj.* de orquesta, instrumental.

orchestrate (to) (o·'kistreit) *tr.* MÚS. orquestar, instrumentar.

orchestration (o·'kistre·shøn) *s.* MÚS. orquestación; instrumentación.

orchid (o·'kid) *s.* BOT. orquídea.

Orchidaceae (o'kidei·sii) *s. pl.* BOT. orquidáceas,

orchidaceous (o'kidei·shøs) *adj.* orquidáceo.

orchil (o·'kil) *s.* BOT. urchilla.

orchis (o·'kis) *s.* ORCHID.

orchitis (o'cai·tis) *s.* MED. orquitis.

orcin(e (o·'sin) *s.* QUÍM. orcina.

ordain (to) (o'dei·n) *tr.* ordenar [ccnferir órdenes]. 2 ordenar, decretar, disponer, establecer, instituir; designar. 3 destinar, predestinar [Dios, el hado, etc.].

ordainer (o'dei·nø') *s.* ordenador.

ordainment (o'dei·nmønt) *s.* decreto [de Dios, el destino, etc.].

ordeal (o·'dial) *s.* ordalía. 2 prueba [penosa].

order (o·'dø') *s.* orden [disposición, método, regla, regularidad, concierto]; condición, estado [de las cosas], buen estado: ~ *of battle*, orden de batalla; ~ *of the day*, orden del día; *to put*, o *set*, *in* ~, ordenar, arreglar; *to preserve* ~ *in*, mantener el orden en; *in good* ~, en buen estado; *in* ~, en orden; por su orden; en regla; funcionando; *out of* ~, desordenado; descompuesto, estropeado. 2 orden [religiosa, militar, de caballería, etc.]: ~ *of knighthood*, orden de caballería; *Order of the Garter*, orden de la Jarretera; *Order of the Golden Fleece*, Orden del Toisón de Oro. 3 orden, clase, grado; clase social: *the higher orders*, la clase alta; *the lower orders*, la clase baja; *on that* ~, de ese orden, de esa clase; *on the* ~ *of*, del orden o de la clase de, a modo de. 4 MAT., H. NAT., ARQ. orden. 5 orden [sacramento]: *in orders, in holy orders*, que ha recibido órdenes, ordenado, clérigo; *to take orders*, ordenarse [de sacerdote]. 6 orden, mandato, precepto, instrucción: *sailing orders*, últimas instrucciones dadas al capitán de un buque; *sealed orders*, órdenes selladas; *by* ~ *of*, por orden de; *till further orders*, hasta nueva orden. 7 COM. orden: *to the* ~ *of*, a la orden de. 8 COM. pedido, encargo: *to give*, o *place, an* ~, hacer un pedido; *to* ~, por encargo, a la medida; a propósito, especialmente. *9* fig. tarea : *a big* ~, *a large* ~, una tarea peliaguda. *10* condecoración, insignia de una orden. *11* usanza, sistema, moda. *12* pase [para entrar]. *13 in* ~ *to*, para, a fin de; *in* ~ *that*, para que, a fin de que. *14 adj.* de pedido : ~ *book*, libro de pedidos : ~ *blank*, hoja de pedidos.

order (to) *tr.* ordenar, poner en orden, arreglar, regularizar. *2* ordenar, disponer, mandar : *to* ~ *around*, mandar para acá y para allá; dominar, mandar mucho [a uno]; *to* ~ *away*, despedir, decir [a uno] que se vaya; *to* ~ *in*, mandar entrar; mandar traer; *to* ~ *out*, mandar salir, echar; mandar llevar. *3* regular, dirigir, gobernar, manejar. *4* pedir, encargar [mercancías, un coche, la comida, etc.]; mandar hacer. *5* ECL. ordenar. *6* MIL. *Order arms!*, ¡descansen!

orderer (o'dǝrǝ') *s.* ordenador.

orderless (o'dǝ'lis) *adj.* desordenado, sin orden.

orderliness (o'dǝ'linis) *s.* orden, arreglo, método, 'regularidad.

orderly (o'dǝ'li) *adj.* ordenado, arreglado, metódico. *2* bien ordenado, disciplinado. *3* obediente, tranquilo. *4* MIL. de órdenes : ~ *book*, libro de órdenes; ~ *officer*, oficial de día. — *5 s.* MIL. ordenanza. *6* asistente, practicante [de hospital]. — *7 adv.* ordenadamente, en orden, regularmente.

ordinal (o'dinal) *adj. y s.* ordinal : ~ *numeral*, numeral ordinal. — *2 s.* ritual [libro].

ordinance (o'dinans) *s.* ordenación, arreglo, disposición. *2* ordenanza, orden, decreto. *3* rito, ceremonia del culto.

ordinarily (o'dinerili) *adv.* ordinariamente, por lo común.

ordinary (o'dineri), *pl.* **-ries** (-ris) *adj.* ordinario, usual, corriente, regular; inferior, común, vulgar : ~ *shares*, com. acciones ordinarias. — *2 adj. y s.* ordinario [juez, obispo, jurisdicción]. — *3 s.* comida a precio fijo; mesa redonda. *4* comedor, casa de comidas. *5* ordinario [de la misa]. *6* lo ordinario, normal, usual : *by* ~, de ordinario, ordinariamente; *out of the* ~, excepcional, extraordinario, inusitado. *7 in* ~, en ejercicio, residente, no extraordinario; de cámara.

ordinate (o'dineit) *adj.* ordenado, regular. — *2 s.* GEOM. ordenada.

ordination (o'dine·shǝn) *s.* ordenación, orden, disposición. *2* ECL. ordenación.

ordinee (o'dini·) *s.* ordenando.

ordnance (o'dnans) *s.* MIL. artillería, cañones, máquinas de guerra. *2* MIL. pertrechos, suministros : *Ordnance Department,* servicio de municionamiento.

ordonnance (o'donans) *s.* ordenación, disposición [de un conjunto]. *2* B. ART. composición. *3* orden, decreto.

ordure (o'diur) *s.* excremento, inmundicia, suciedad.

ore (ou') *s.* MIN. mineral, ganga, mena. *2* poét. metal precioso. — *3 adj.* de mineral : ~ *crusher*, ~ *stamp*, brocarte, triturador de mineral.

oread (ou'riæd) *s.* MIT. oréada.

organ (o'gan) *s.* órgano [lo que ejerce una función]. *2* órgano [de un partido, etc.]. *3* MÚS. órgano : *barrel* ~, organillo. — *4 adj.* de órgano u organillo : ~ *blower*, entonador; ~ *builder*, organero; ~ *grinder*, organillero; ~ *pipe*, cañón de órgano; ~ *stop*, registro del órgano.

organdy (o'gandi) *s.* organdí.

organic (o'gæ·nic) *adj.* orgánico; ~ *chemistry*, química orgánica; ~ *deposit*, GEOL. depósito orgánico; ~ *disease*, enfermedad orgánica; ~ *law*, ley orgánica.

organical (o'gæ·nical) *adj.* ORGANIC. *2* constitucional.

organically (o'gæ·nicali) *adv.* orgánicamente.

organicism (o'gæ·nisiš̌m) *s.* organicismo.

organicist (o'gæ·nisist) *s.* organicista.

organicistic (o'gæ·nisi·stic) *adj.* organicista.

organism (o'ganiš̌m) *s.* BIOL., FIL. organismo.

organist (o'ganist) *s.* organista.

organization (o'ganiše·shǝn) *s.* organización. *2* entidad, sociedad, organismo.

organize (to) (o'ganaiš̌) *tr.* organizar. *2* cantar a varias voces. — *3 intr.* organizarse.

organizer (o'ganai·šǝ') *s.* organizador.

organographic(al (o'ganogræ·fic)al) *adj.* organográfico.

organography (o'gana·grafi) *s.* organografía.

organotherapy (o'ganoze·rapi) *s.* opoterapia.

organzin(e (o'ganš̌in) *s.* torzal de seda.

orgasm (o'gæš̌m) *s.* orgasmo. *2* paroxismo, excitación emotiva.

orgeat (o'ȳæt) *s.* horchata; agua de cebada.

orgiastic (o'ȳiæ·stic) *adj.* orgiástico.

orgy (o'ȳi), *pl.* **orgies** *s.* orgía.

oriel (ou·riel) *s.* ARQ. mirador, cierro de cristales.

Orient (ou·rient) *s.* oriente, levante. *2* [con min.] oriente [de una perla]; perla de mucho brillo. — *3 adj.* naciente [sol]. *4* oriental. *5* brillante, lustroso; transparente.

orient (to) *tr.* orientar.

oriental (orie·ntal) *adj. y s.* oriental.

orientalism (orie·ntališ̌m) *s.* orientalismo.

orientalist (orie·ntalist) *s.* orientalista.

orientalize (to) (orie·ntališ̌) *tr.* orientalizar.

orientate (to) (ou·rienteit) *tr.* orientar. — *2 intr.* caer o mirar hacia el este.

orientation (oriente·shǝn) *s.* orientación.

orifice (a·rifis) *s.* orificio.

oriflame (a·riflæm) *s.* oriflama.

origan (a·rigan), **origanum** (a·riganǝm) *s.* BOT. orégano; mejorana.

Origen (a·riȳin) *n. pr.* Orígenes.

Origenism (a·riȳenism) *s.* origenismo.

origin (a·riȳin) *s.* origen. *2* linaje, extracción, nacimiento.

original (ori·ȳinal) *adj.* original : ~ *sin*, pecado original. *2* primitivo, prístino, primero. *3* de nacimiento, nato. — *4 s.* original. | No tiene el sentido de original de imprenta. *5* BOT., ZOOL. especie salvaje que ha dado origen a una variedad doméstica o cultivada. *6 pl.* aborígenes.

originality (oriȳinæ·liti) *s.* originalidad.

originally (ori·ȳinali) *adv.* originalmente. *2* originariamente.

originate (to) (ori·ȳineit) *tr.* originar, crear, producir. — *2 intr.* originarse, crearse, producirse, proceder, nacer, derivarse, dimanar, provenir, tener o traer su origen.

origination (oriȳine·shǝn) *s.* origen; acción de originar; creación, producción, invención.

originative (ori·ȳineitiv) *adj.* creador, productor.

originator (ori·ȳineitǝ') *s.* originador, creador, inventor, autor; causa primera.

orillon (ori·lon) *s.* FORT. orejón.

oriole (ou·rioul) *s.* ORNIT. oropéndola, oriol.

Orion (orai·ǝn) *n. pr.* MIT., ASTR. Orión.

orison (a·rišǝn) *s.* oración, plegaria.

Orkney Islands (o·cni) *n. pr.* GEOGR. Islas Orcadas.

orle (Orl) *s.* BLAS. orla. *2* ARQ. filete, anillo.

orlop (o·lap) *s.* MAR. sollado.

ormer (o·mǝ') *s.* ZOOL. oreja marina [molusco].

ormolu (o·molu) *s.* metal dorado, similor. *2* polvo para dorar.

ornament (o·namǝnt) *s.* ornamento, ornato, adorno, decoración. *2* ornamento, adorno [cosa que adorna]. *3* honra, gala [pers. que honra o enaltece]. *4* MÚS. adorno.

ornament (to) *tr.* ornamentar, ornar, adornar, decorar.

ornamental (o·name·ntal) *adj.* ornamental, decorativo. — *2 s.* cosa que adorna. *3* planta de adorno.

ornamentation (o·namente·shǝn) *s.* ornamentación, decorado, exornación.

ornamented (o·namentid) *adj.* ornado, adornado.

ornamentist (o·namentist) *s.* adornista.

ornate (o·nei·t) *adj.* adornado en exceso; recargado. *2* florido [estilo].

ornery (o·nǝri) *adj.* (EE. UU.) fam. ordinario, vulgar; terco, ingobernable, intratable.

ornithologic(al (o·nizalo·ȳic(al) *adj.* ornitológico.

ornithologist (o·niza·loȳist) *s.* ornitólogo.

ornithology (o·niza·loȳi) *s.* ornitología.

ornithomancy (o·nizomænsi) *s.* ornitomancia.

orobanche (arobæ·nki) *s.* BOT. orobanca.

orogenesis (aroȳe·nesis) *s.* orogénesis.

orogenic (aroȳe·nic) *adj.* orogénico.

orogeny (oraȳeni) *s.* orogénesis.

orographic(al (arogræ·fic(al) *adj.* orográfico.

orography (ora·grafi) *s.* orografía.

orology (ora·loȳi) *s.* orología.

orometer (ora·metǝ') *s.* barómetro de alturas.

orotund (ou·rotǝnd) *adj.* rotundo, sonoro, retumbante. — *2 s.* voz rotunda.

orphan (o'fan) *adj.* y *s.* huérfano : ~ *asylum,* orfanato.
orphan (to) *tr.* dejar huérfano.
orphanage (o'fanidy) *s.* orfandad. 2 orfanato. 3 los huérfanos [colect.].
orphanhood (o'fanjud) *s.* orfandad [estado]. 2 los huérfanos [colect.].
Orphean (o'fran) *adj.* órfico.
Orpheus (o'fiøs) *n. pr.* MIT. Orfeo.
Orphic (o'fic) *adj.* órfico.
orpiment (o'pimønt) *s.* oropimente.
orpin(e (o'pin) *s.* BOT. telefio.
Orpington (o'pingtøn) *s.* raza inglesa de gallinas.
orrery (o'røri) *s.* planetario.
orris (o'ris) *s.* galón de seda y oro. 2 BOT. lirio de Florencia.
orthochromatic (o'zocromæ·tic) *adj.* ortocromático.
othoclase (o'zocleis) *s.* MINER. ortoclasa, ortosa.
orthodoxe (o'zodacs) *adj.* y *s.* ortodoxo.
orthodoxness (o'zodacsnis) *s.* calidad o condición de ortodoxo.
orthodoxy (o'zodacsi) *s.* ortodoxia.
orthodromic (o'zodra·mic) *adj.* ortodrómico.
orthodromics, orthodromy (o'zodra·mics, o'za·dromi) *s.* MAR. ortodromia.
orthoëpic(al (o'zoe·pic(al) *adj.* ortoépico, ortológico, prosódico.
orthoëpy (o'zoepi) *s.* ortología, prosodia. 2 pronunciación correcta.
orthogenesis (o'zoye·nisis) *s.* ortogénesis.
orthognathous (o'za·gnazøs) *adj.* ortognato.
orthogonal (o'za·gonal) *adj.* ortogonal.
orthographer (o'za·grafø') *s.* ortógrafo.
orthographic(al (o'zogræ·fic(al) *adj.* ortográfico.
orthographically (o'zogræ·ficali) *adv.* ortográficamente.
orthographist (o'za·grafist) *s.* ortógrafo.
orthography (o'za·grafi) *s.* ortografía.
orthop(a)edia (o'zopi·dia), orthop(a)edy (o'zopidi) *s.* ortopedia.
orthop(a)edic (o'zopi·dic) *adj.* ortopédico.
orthop(a)edist (o'zopi·dist) *adj.* ortopédico, ortopedista.
orthophony (o'za·foni) *s.* ortofonía.
Orthoptera (o'za·ptøra) *s. pl.* ENTOM. ortópteros.
orthopteran (o'zo·ptøran) *adj.* y *s.* ENTOM. ortóptero.
orthopterous (o'zo·ptørøs) *adj.* ortóptero.
orthorhombic (o'zora·mbic) *adj.* CRIST. ortorrómbico.
orthotropism (o'za·trøpism) *s.* BOT. ortotropismo.
orthotropous (o'za·trøpøs) *adj.* BOT. ortótropo.
ortive (a·tiv) *adj.* ortivo.
ortolan (o'tolan) *s.* ORNIT. hortelano.
orts (o'ts) *s. pl.* sobras, desperdicios.
oryx (ou·rics) *s.* ZOOL. órix.
Osage orange (ou·seiy) BOT. árbol urticáceo americano que se emplea para formar setos.
oscillate (to) (a·sileit) *tr.* hacer oscilar. — 2 *intr.* oscilar. 3 vibrar. 4 fluctuar.
oscillating (a·sileiting) *adj.* oscilante. 2 fluctuante.
oscillation (asile·shøn) *s.* oscilación. 2 vibración. 3 fluctuación.
oscillator (a·sileitø') *s.* oscilador.
oscillatory (a·silatori) *adj.* oscilatorio, oscilante.
oscillograph (asi·logræf) *s.* oscilógrafo.
Oscines (a·sinis) *s. pl.* ORNIT. oscinas.
oscitation (asite·shøn) *s.* oscitancia.
oscular (a·skiular) *adj.* de la boca, del beso. 2 ZOOL. del ósculo.
osculate (to) (a·skiuleit) *tr.* besar. 2 GEOM. tocar por osculación.
osculation (askiule·shøn) *s.* GEOM. osculación.
osier (ou·yø') *s.* BOT. mimbrera ; sarga. 2 mimbre. — 3 *adj.* de mimbre ; de mimbreras.
osiery (ou·yøri) *s.* mimbreral. 2 objetos de mimbre.
Osmanli (asmæ·nli) *adj.* y *s.* osmanlí.
osmic (a·smic) *adj.* ósmico.
osmium (a·smiøm) *s.* QUÍM. osmio.
Osmond (o·smønd) *n. pr.* Osmundo.
osmose (a·smous) osmosis (asmou·sis) *s.* ósmosis.
osmotic(al (asma·tic(al) *adj.* osmótico.
osprey (a·sprei) *s.* ORNIT. halieto, osífraga, quebrantahuesos.
ossarium (osæ·riøm) *s.* osario.
osseous (a·siøs) *adj.* óseo.
Ossianic (asiæ·nic) *adj.* osiánico.
ossicle (a·sicøl) *s.* huesecillo.
ossification (asifike·shøn) *s.* osificación.

ossifrage (a·sifridy) *s.* OSPREY.
ossify (a·sifai) *tr.* convertir en hueso. — 2 *intr.* osificarse. ¶ CONJUG.: pret. y p. p.: *ossified;* ger.: *ossifying.*
ossuary (a·siueri) *s.* osario.
osteitis (astiai·tis) *s.* MED. osteítis.
Ostend (aste·nd) *n. pr.* GEOGR. Ostende.
ostensible (aste·nsibøl) *adj.* ostensible. 2 aparente.
ostensibly (aste·nsibli) *adv.* ostensiblemente; aparentemente.
ostensive (aste·nsiv) *adj.* ostensivo. 2 ostensible.
ostensorium (astenso·riøm), ostensory (aste·nscri) *s.* ostensorio, custodia.
ostent (a·stent) *s.* aire, aspecto, apariencia. 2 ostentación; alarde.
ostentation (astente·shøn) *s.* ostentación. 2 boato, pompa. 3 gala, alarde.
ostentatious (astentei·shøs) *adj.* ostentoso, pomposo.
ostentatiously (astentei·shøsli) *adv.* ostentosamente.
ostentatiousness (astentei·shøsnis) *s.* ostentación, vanidad, vanagloria.
osteoblast (a·stiobløest) *s.* ANAT. osteoblasto.
osteogenesis (astioye·nesis), osteogeny (astia·yeni) *s* osteogenia.
osteography (astia·grafi) *s.* osteografía.
osteolite (a·stiolait) *s.* PALEONT. osteolito.
osteological (astiola·yical) *adj.* osteológico.
osteologist (astia·loyist) *s.* osteólogo.
osteology (astia·loyi) *s.* osteología.
osteoma (astiou·ma) *s.* MED. osteoma.
osteomalacia (astiomalei·shia) *s.* MED. osteomalacia.
osteomyelitis (astiomaiølai·tis) *s.* MED. osteomielitis.
osteopath (a·stiopæz) *s.* osteópata.
osteopathic (astiopæ·zic) *adj.* osteopático.
osteopathist (astia·pazist) *s.* osteópata.
osteopathy (astia·pazi) *s.* osteopatía.
osteotomy (astia·tomi) *s.* CIR. osteotomía.
ostiary (a·stieri) *s.* ostiario.
ostiole (a·stioul) *s.* BOT., ZOOL. ostiolo.
ostler (a·slør) *s.* mozo de cuadra, palafrenero.
ostlery (a·sløri) *s.* hostería.
ostosis (astou·sis) *s.* FISIOL. osificación.
ostracism (a·strasism) *s.* ostracismo. 2 exclusión del trato social.
ostracize (a·strasaiz) *t.* condenar al ostracismo. 2 excluir del trato social.
ostrich (a·strich) *s.* ORNIT. avestruz. 2 ORNIT. (Am.) ñandú.
Ostrogoth (a·strogaz) *adj.* y *s.* ostrogodo.
otacoustic (otacu·stic) *adj.* otacústico. — 2 *s.* trompetilla, aparato acústico.
otalgia (otæ·lyia) *s.* MED. otalgia.
otalgic (otæ·yic) *adj.* otálgico.
other (ø·dø') *adj.* otro, otra, otros, otras : ~ *men,* otros hombres; *the* ~ *day,* el otro día, hace poco; *the* ~ *world,* el otro mundo; *every* ~ *day,* cada dos días, un día sí y otro no; *some* ~ *day,* otro día. — 2 *pr.* (pl. **others**) otro, otra, otros, otras: *from one side to the* ~, de un lado a otro; *each* ~, uno a otro; el uno al otro, los unos a los otros; *others would do it,* otros lo harían. — 3 *adv.* [con *than*] más que, otra cosa que: *I cannot do* ~ *than,* no puedo hacer más que, no puedo hacer otra cosa que; *I cannot but* ~ *than,* no puedo hacer otra cosa que, no puedo dejar de. ¶ *Other* se contrae con el artículo indefinido formando *another.*
otherness (ø·dø'nis) *s.* condición de ser otro. 2 lo que es otro. 3 diferencia, diversidad.
otherwise (ø·dø'uais) *adv.* otramente, de otro modo, de otra manera; ~ *called,* ~ *known as,* o simplemente *otherwise,* alias, por otro nombre; ~ *than,* más que, otra cosa que. 2 en otro caso, por otra parte, fuera de eso. — 3 *conj.* si no, de otro modo, de lo contrario.
Otho (ou·zou) *n. pr.* Otón.
otic (ou·tic) *adj.* ótico, auricular.
otiose (ou·shious) *adj.* ocioso.
otiosely (ou·shiousli) *adv.* ociosamente.
otioseness (ou·shiousnis) *s.* ociosidad.
otitis (outai·tis) *s.* MED. otitis.
otocyst (ou·tosist) *s.* ZOOL. otocisto.
otolith (ou·toliz) *s.* ANAT., ZOOL. otolito.
otologist (ota·loyist) *s.* otólogo.
otology (ota·loyi) *s.* otología.
otorrhea, otorrhœa (otor·a) *s.* MED. otorrea.
otoscope (ou·toscoup) *s.* otoscopio.
otoscopy (ota·scopi) *s.* otoscopia.

ottar (a'tar) *s.* esencia, aceite esencial : ～ *of roses,* esencia de rosas.

otter (o'tǝ^r) *s.* ZOOL. nutria, lutria, lataz. 2 nutria [piel]. 3 ENTOM. oruga perjudicial al lúpulo.

Ottoman (a'tomæn) *adj.* y *s.* otomano. — 2 *s.* (con min.) otomana [mueble]. 3 otomán [tejido]

ouch (auch) *s.* ant. montura, engaste ; broche, joya. — 2 *interj.* ¡ uy !, ¡ ay, ay !

ought (ot) *s.* y *adv.* algo, alguna cosa, cualquier cosa : *for* ～ *I know,* por lo que yo sé o entiendo.

ought *def.* y *aux.,* seguido gralte. de un infinitivo con *to.* Sólo se usa en la forma *ought* que se traduce gralte. por el pres. y el condicional de deber o haber que, y, a veces, de convenir, ser menester, ser necesario : *I* ～ *to write,* debo escribir o debería escribir ; *this shoe* ～ *to be mended,* habría que componer este zapato.

ounce (auns) *s.* onza [28.35 gr.]. 2 pequeña porción o cantidad. 3 onza de oro española. 4 ZOOL. onza.

our (a'uǝ^r) *adj.* nuestro, nuestra, nuestros, nuestras, de nosotros : ～ *father,* nuestro padre ; *Our Father,* el Padre Eterno ; el padrenuestro [oración] ; *Our Lady,* Nuestra Señora ; *in* ～ *midst,* enmedio de nosotros.

ours (a'uǝ^rz) *pron. pos.* el nuestro, la nuestra, los nuestros, las nuestras : *your room is larger than* ～, vuestra habitación es mayor que la nuestra. 2 A veces se traduce por el adjetivo : *a friend of* ～, un amigo nuestro ; *this is* ～, esto es nuestro.

ourang-outang (uræ·ng-u'tæng) *s.* ORANG-OUTANG.

ourself (aurse'lf) *pron.* nosotros mismos ; nos [cuando se usa el plural para una sola pers.].

ourselves (aurse'lvz) *pron.* nosotros mismos, nosotras mismas. 2 nos [reflexivo], a nosotros mismos. 3 *by* ～, solos, por nosotros mismos.

ousel (u'şǝl) *s.* OUZEL.

oust (to) (aust) *tr.* desalojar, desahuciar, echar fuera, expulsar.

ouster (au'stǝ^r) *s.* DER. desahucio ; desposeimiento.

out (aut) *adv.* fuera, afuera, hacia fuera, en el exterior, exteriormente ; *to go* ～, partir, salir, marcharse ; *a way* ～, una salida ; una escapatoria. 2 en alta voz, distintamente, claro, sin rodeos ; *speak* ～, hable claro, sin rodeos. 3 fuera de un cargo, del poder ; en las manos de uno ; en préstamo : *the Tories went* ～ *and the Whigs came in,* cayeron los torys y subieron los whigs ; *he put his money* ～ *at interest,* puso su dinero a interés. 4 completamente, enteramente ; hasta acabar o agotarse ; hasta la decisión o resolución : *the fuel has burned* ～, se ha quemado todo el combustible ; *to fight it* ～, decidirlo luchando. 5 en sociedad, en escena, en público : *to bring a young lady* ～, presentar a una joven en sociedad. 6 en partes [para distribuir] : *to serve* ～, distribuir, repartir. 7 en disensión, en desavenencia : *to fall* ～ *with one,* reñir con uno. 8 por, movido por [un sentimiento, etc.] : ～ *of fear,* por miedo ; ～ *of pity,* por compasión. 9 de, con [un recipiente] : *to drink* ～ *of the bottle,* beber de la botella. 10 Modifica muchos verbos formando acepciones que se encontrarán en los artículos correspondientes de este Diccionario. 11 *adj.* [como predicado o pospuesto al nombre] ausente, fuera de casa. 12 alejado, distante [de un centro, etc.]. 13 fuera de sitio, desencajado : *a chair with the bottom* ～, una silla con el asiento fuera. 14 colocada como criada [mujer]. 15 destituido, cesante. 16 dado, puesto [en arriendo, a préstamo] : ～ *at interest,* puesto a interés. 17 cortado, confuso, perdido [por haber olvidado su papel, lo que iba a decir, etc.]. 18 expedido, dictado [orden, mandato, etc.] : *a warrant is* ～ *against him,* hay una orden de detención contra él ; 19 que sufre pérdida o quebranto : *I am* ～ *a hundred dollars,* pierdo cien dólares. 20 en huelga. 21 agotado, gastado, consumido ; acabado ; cerrado, apagado, extinguido ; pasado, terminado, expirado : *the milk is* ～, se ha acabado la leche ; *the lights are* ～, las luces están apagadas ; *the time is* ～, el tiempo (o la hora) ha pasado ; el plazo ha expirado. 22 descubierto, publicado, aparecido : *the book is just* ～, el libro acaba de salir. 23 fuera de uso, que ya no está de moda. 24 desavenido, reñido, en malas relaciones. 25 equivocado, errado. 26 existente, conocido : *the worst player* ～, el

peor jugador que existe. 27 que ha perdido la habilidad, la destreza. 28 loco, desequilibrado. 29 que ha hecho su entrada en sociedad. 30 desusado, fuera de lo ordinario [tamaño, etc.]. 31 COM. a pagar.

32 Con sus sentidos de adverbio y de adjetivo, forma gran número de modos y locuciones, muchos de los cuales se encuentran en otros artículos de este Diccionario : ～ *and away,* de mucho, con mucho ; ～ *and* ～, completamente, enteramente ; abiertamente ; ～ *at the elbows,* roto por los codos ; ～ *at the heels,* con las medias rotas, desastrado ; ～ *for,* en campaña para ; en busca de ; en favor de ; ～ *of breath,* sin aliento, jadeante ; ～ *of date,* anticuado ; ～ *of doors,* fuera de casa, al aire libre ; ～ *of employment,* desocupado, sin empleo, sin trabajo ; ～ *of fashion,* pasado de moda, desusado ; ～ *of favour,* en desgracia ; ～ *of hand,* luego, al punto, inmediatamente ; ～ *of his wits,* fuera de sí, insensato ; ～ *of hope,* desesperanzado, sin esperanza ; ～ *of humour,* de mal humor ; ～ *of joint,* desbarajustado ; dislocado, desencajado ; ～ *of money,* sin dinero ; ～ *of patience,* con la paciencia agotada : *I am* ～ *of patience,* se me ha agotado la paciencia ; ～ *of place,* fuera de lugar, impropio ; desacomodado ; ～ *of print,* agotado [libro, edición] ; ～ *of the vertical,* desviado de la vertical, desaplomado ; ～ *of the way,* fuera del paso, donde no estorbe ; suprimido ; despachado, hecho, quitado de delante ; ～ *of this world,* extraordinario, excelente, del otro jueves ; ～ *of time,* fuera de compás ; ～ *of trim,* de mal humor. MAR. mal estivado ; ～ *of tune,* desentonado, desafinado, destemplado ; ～ *of work,* sin trabajo ; ～ *to win,* decidido a vencer ; *three* ～ *of four,* de cada cuatro, tres.

33 *prep.* fuera de, más allá de. 34 por [la puerta, ventana, etc.]. 35 *interj.* ¡ fuera ! 36 ～ *with it !,* ¡ fuera con ello !, ¡ hable, desembuche usted ! 37 *s.* exterior, parte de afuera. 38 esquina, ángulo, saliente. 39 cesante, dimisionario. 40 IMPR. olvido, omisión. 41 *pl.* POL. la oposición. 42 *at outs, on the outs with,* reñido o refiidos con.

out (to) *tr.* desposeer, desalojar, echar fuera, arrojar, expulsar. 2 extinguir, apagar. — 3 *intr.* salir. 4 descubrirse, divulgarse, manifestarse : *it will* ～, ello dirá ; lo que fuere sonará.

outact (autæ·ct) *tr.* exceder, sobrepasar. 2 excederse [en lo que se hace].

out-and-out *adj.* acérrimo, declarado : ～ *republican,* republicano acérrimo. 2 consumado, empedernido. 3 rotundo, categórico : ～ *refusal,* negativa rotunda.

outbalance (to) (autbæ·lans) *t.* pesar más que ; exceder en peso o efecto, sobrepujar, aventajar.

outbid (autbi·d) *tr.* mejorar, pujar, ofrecer más que [otro] en subasta, etc. ¶ CONJUG. pret. : *outbid;* p. p.: *outbid* o *outbidden.*

outbidder (autbi·dǝ^r) *s.* pujador.

outboard (autbo·^rd) *adv.* MAR. fuera o hacia fuera de la embarcación. — 2 *adj.* MAR. exterior, de fuera o de hacia fuera de la embarcación : ～ *motor,* motor exterior.

outbound (au'tbaund) *adj.* en viaje de ida, que sale, de salida.

outbrag (to) (au'tbræg) *tr.* sobrepujar en fanfarronadas.

outbrave (to) (au'tbreiv) *tr.* resistir, arrostrar, desafiar. 2 sobrepujar en valentía. 3 sobrepujar en el atavío, en apostura, en belleza.

outbreak (au'tbreic) *s.* erupción, brote. 2 arrebato ; explosión, estallido. 3 tumulto, motín, insurrección. 4 principio [de una guerra, una epidemia, etc.] : *at the* ～ *of the war,* al estallar la guerra.

outbreathe (to) (au'tbrez) *tr.* dejar sin aliento, agotar.

outbuilding (au'tbilding) *s.* construcción exterior, dependencia, accesoria, anejo [de un edificio].

outburst (au'tbǝ^rst) *s.* arranque, explosión, estallido : ～ *of laughter,* explosión de risas, risotada ; ～ *of indignation,* estallido de indignación.

outcast (au'tcæst) *adj.* desechado, inútil. — 2 *adj.* y *s.* desterrado, proscrito ; paria, excluido de la sociedad.

outclass (to) *tr.* exceder, sobrepujar, ser superior a

outcome (au'tcǝm) *s.* resultado, consecuencia, des enlace. 2 salida.

outcrop (au·tcrap) *s*. MIN. afloramento; crestón.
outcrop (to) (autcra·p) *intr*. MIN. asomar, aflorar.
outcry (au·tcrai), *pl*. **-cries** *s*. grito. 2 gritería, clamor, clamoreo, alboroto. 3 subasta, venta en almoneda.
outdare (to) (autde·ø') *tr*. ser más atrevido [que otro]. 2 dominar por la osadía; desafiar.
outdate (to) (autdei·t) *tr*. anticuar.
outdated (autdei·tid) *adj*. anticuado; pasado de moda.
outdistance (to) (autdi·stans) *tr*. adelantar, pasar delante de, dejar atrás.
outdo (to) (autdu·) *tr*. exceder, sobrepujar, eclipsar, vencer: *to ~ oneself*, superarse, excederse a sí mismo. ¶ CONJUG. pret.: *outdid*; p. p.: *outdone*.
outdoor (au·tdo') *adj*. de fuera de casa, al aire libre: *~ games*, juegos al aire libre. 2 que reside, se hace o tiene efecto fuera del local de una institución, etc.: *~ relief*, asistencia o socorro a domicilio.
outdoors (autdo·'š) *s*. el aire libre, el campo, la calle, el mundo de puertas afuera. — 2 *adv*. puertas afuera, fuera de casa, al aire libre, al raso.
outdweller (autdue·lø') *s*. el que vive fuera [de un límite o término].
outer (au·tø') *adj*. exterior, externo. — 2 *s*. círculo exterior de un blanco; tiro que da en él. 3 prenda de vestir exterior.
outerly (au·tø'li) *adv*. exteriormente, hacia fuera.
outermost (au·tø'moust) *adj*. extremo, más exterior.
outface (to) (autfei·s) *tr*. dominar, confundir, intimidar [con la mirada]. 2 arrostrar, desafiar, retar.
outfall (au·tfol) *s*. salida, desembocadura.
outfield (au·tfïld) *s*. campo abierto; campo contiguo. 2 campo [de pensamiento, de hechos] poco conocido o explorado. 3 DEP. campo y jugadores situados fuera del cuadro.
outfielder (au·tfïldø') *s*. [en baseball y criquet] jugador colocado fuera del cuadro.
outfit (au·tfit) *s*. equipo. 2 pertrechos, ajuar, avíos. 3 habilitación, apresto. 4 MAR. armamento.
outfit (to) *tr*. equipar, aviar, habilitar, armar. ¶ CONJUG. pret. y p. p.: *outfitted*; ger.: *outfitting*.
outfitter (au·tfitø') *s*. abastecedor, proveedor, equipador, habilitador. 2 vendedor de ropa hecha, camisero, etc.
outflank (to) (autflæ·nc) *tr*. MIL. flanquear; desbordar.
outflash (to) (autflæ·sh) *tr*. eclipsar, brillar más que.
outflow (au·tflcu) *s*. efusión, flujo, derrame, salida.
outflow (to) *intr*. salir, fluir, manar, correr hacia fuera.
outgeneral (to) (autȳe·nøral) *tr*. superar en estrategia; ser más listo que.
outgo (autgou·) *s*. salida, gasto, desembolso. 2 salida, efusión. 3 producto, resultado. 4 salida [por donde se sale].
outgo (to) *tr*. aventajar, adelantarse a.
outgoer (au·tgouø') *s*. el que sale, el que se va.
outgoing (au·tgouiŋ) *adj*. saliente, que sale, que va hacia fuera. — 2 *s*. salida.
outgrow (to) (autgrou·) *tr*. crecer más que; crecer o desarrollarse demasiado; hacerse demasiado grande para: *to ~ one's clothing*, crecer uno tanto que la ropa se le hace corta. 2 librarse de un defecto, enfermedad, etc., al crecer, desarrollarse, etc.: *he will ~ that*, eso se le pasará con los años o al crecer. ¶ CONJUG. pret.: *outgrew*; p. p.: *outgrown*.
outgrowth (au·tgrouz) *s*. excrecencia, nacencia. 2 resultado, consecuencia, producto, efecto.
outguard (au·tga'd) *s*. MIL. avanzada, guardia avanzada.
outhouse (au·tjaus) *s*. dependencia, anejo [de un edificio]. 2 retrete situado fuera de la casa.
outing (au·tiŋ) *s*. salida, paseo, jira, excursión; estancia en el campo.
outland (au·tlænd) *s*. tierra vecina no cultivada u ocupada.
outlander (au·tlændø') *s*. extranjero, forastero.
outlandish (autlæ·ndish) *adj*. extranjero, de aspecto extranjero; exótico. 2 extraño, raro, grotesco. 3 remoto, salvaje.

outlast (to) (autlæ·st) *tr*. durar más que; sobrevivir a.
outlaw (au·tlo) *s*. bandido, bandolero, forajido. 2 proscrito, fugitivo.
outlaw (to) *tr*. proscribir, poner fuera de la ley. 2 declarar ilegal.
outlawry (au·tlori), *pl*. **-wries** (-ris) *s*. proscripción, rebeldía.
outlay (au·tlei) *s*. desembolso, gasto, expendición, salida.
outlay (autlei·) *t*. desembolsar, gastar. 2 desplegar.
outlearn (to) (autlø·'n) *tr*. aprender más que otro.
outlet (au·tlet) *s*. salida; orificio o apertura de salida; desaguadero, desagüe; desembocadero; sangrador, tomadero. 2 acción de dar salida; medio de salida o expansión [de un sentimiento, la actividad, etc.]. 3 corriente que sale de un lago, un río, etc. 4 salida, mercado [para un producto].
outlie (to) (au·tlai) *intr*. extenderse. 2 acampar, dormir al raso. — 3 *tr*. extenderse o estar más allá de. 4 mentir más que.
outlier (au·tlaiø') *s*. el que duerme fuera, al raso. 2 el que vive fuera de donde tiene el negocio, la ocupación o la propiedad. 3 cosa separada del cuerpo principal.
outline (au·tlain) *s*. contorno, perfil. 2 bosquejo, esbozo, croquis, diseño. 3 plan, idea, esquema. 4 resumen, compendio; líneas generales de.
outline (to) *tr*. perfilar, contornar, delinear: *to be outlined against*, perfilarse o destacarse contra. 2 bosquejar, esbozar; trazar las líneas generales de.
outlive (to) (autli·v) *tr*. sobrevivir a; durar más que.
outlook (au·tluc) *s*. vigía, atalaya; vigilancia. 2 vista, perspectiva, panorama, aspecto. 3 actitud mental, punto de vista, concepto de la vida. 4 perspectivas, probabilidades.
outlook (to) (autlu·c) *tr*. turbar con la mirada, hacer bajar los ojos. — 2 *intr*. vigilar.
outlying (au·tlaiiŋ) *adj*. apartado, remoto; alejado del centro, exterior, circundante. 2 extraño, extrínseco.
outmaneuver, outmanœuvre (autmænu·vø') *tr*. maniobrar mejor que, vencer desplegando una mejor estrategia; obtener algo de uno con maniobras.
outmarch (to) (autma·'ch) *t*. dejar atrás.
outmatch (to) (autmæ·ch) *tr*. aventajar, mostrarse superior a.
outmeasure (to) (autme·ȳø') *tr*. exceder en medida.
outmoded (autmou·did) *adj*. pasado de moda, anticuado, de una moda antigua.
outmost (au·tmoust) *adj*. OUTERMOST.
outness (au·tnis) *s*. exterioridad.
outnumber (to) (autnø·mbø') *tr*. exceder en número, ser más que.
out-of-date *adj*. anticuado, pasado de moda
out-of-door *adj*. OUTDOOR.
out-of-print *adj*. agotado [libro, edición].
out-of-the-way *adj*. apartado, en sitio apartado, remoto, desviado, inaccesible. 2 poco usual, poco común, extraordinario.
out-of-work *adj*. desacomodado, sin trabajo.
outpass (to) *tr*. adelantar, dejar atrás, pasar más allá de.
outpatient (au·tpeishønt) *s*. enfermo ambulatorio, enfermo que recibe tratamiento en un hospital sin estar hospitalizado.
outport (au·tpo·t) *s*. puerto exterior. 2 puerto de exportación o de salida. 3 (Ingl.) cualquier puerto que no sea el de Londres.
outpost (au·tpoust) *s*. MIL. avanzada; puesto avanzado. 2 fortín [en las fronteras de la civilización].
outpour (autpo·') *s*. chorro, chorreo.
outpour (to) *tr*. verter a chorros, profusamente. — 2 *intr*. chorrear; caer, verterse, salir a chorros, profusamente.
outpouring (au·tporing) *s*. efusión; chorro.
output (au·tput) *s*. rendimiento, producción. 2 ELECT. salida; circuito de salida. 3 MEC. potencia, capacidad, efecto útil. 4 FISIOL. lo que es expelido del cuerpo como producto de la actividad metabólica.
outrage (au·treidȳ) *s*. ultraje, desafuero, atropello, daño; atrocidad. 2 violación.
outrage (to) *tr*. ultrajar, atropellar, maltratar. 2 violar.

outrageous (autrei·ȳøs) *adj.* ultrajante, injurioso, ofensivo. 2 violento, furioso. 3 desaforado, enorme, atroz; desenfrenado.

outrageously (autrei·ȳøsli) *adv.* ultrajosamente. 2 atrozmente.

outrageousness (autrei·ȳøsnis) *s.* calidad de ultrajante. 2 violencia, furia. 3 enormidad, atrocidad.

outran (autræ·n) *pret.* de TO OUTRUN.

outrange (to) (autre·nȳ) *tr.* superar, sobrepujar. 2 exceder en duración. 3 extenderse o pasar más allá de.

outrank (to) (au·trænc) *tr.* exceder o ser superior en grado, rango, posición o importancia.

outreach (to) (au·trıch) *tr.* pasar, pasar más allá de, exceder. 2 engañar, vencer en astucia, ser más listo que. 3 extender [la mano, etc.]. — 4 *intr.* extenderse, proyectarse, salir. 5 excederse.

out-relief *s.* asistencia o socorro a domicilio, fuera del hospital, asilo, etc.

outride (to) (autrai·d) *tr.* ganar la delantera [yendo a caballo o en coche]. 2 MAR. dejar atrás [la tempestad]. — 3 *intr.* cabalgar delante de un coche o junto a su estribo. ¶ CONJUG. pret.: *outrode*; p. p.: *outridden*.

outrider (autrai·dø') *s.* criado que cabalga al lado de un coche o delante de él. 2 ant. forrajeador; salteador.

outrigger (autri·gø') *s.* MAR. botalón, tangón, pescante. 2 madero saliente para sostener una polea, etc. 3 MAR. horqueta saliente que sirve de escálamo; embarcación equipada con ellas. 4 caballo de refuerzo que se engancha fuera de las varas.

outright (au·trait) *adj.* sincero, franco, directo. 2 completo, absoluto, rotundo. 3 hacia adelante [marcha]. — 4 *adv.* completamente. 5 abiertamente, sin tardanza, al momento.

outrival (to) (autrai·val) *tr.* sobrepujar en excelencia, ganar.

outroot (to) (autru·t) *tr.* desarraigar, arrancar de cuajo.

outrun (to) (autrø·n) *tr.* correr más que; aventajar, dejar atrás. 2 escapar a, evitar [corriendo]. — 3 *intr.* pasar, expirar. ¶ CONJUG. pret.: *outran*; p. p.: *outrun*.

outsail (to) (autsei·l) *tr.* MAR. ser más velero que [otro barco]. 2 pasar más allá de [navegando].

outsell (to) (autsə·l) *tr.* vender más, más caro o más aprisa que. ¶ CONJUG. pret. y p. p. : *outsold*.

outset (au·tset) *s.* comienzo, principio, salida : *at the* ~, al principio, de primero. 2 corriente producida por la marea baja.

outshine (to) (autshai·n) *intr.* brillar, lucir, resplandecer. — 2 *tr.* eclipsar, exceder en brillantez. ¶ CONJUG. pret. y p. p. : *outshone*.

outshipped goods (autshi·pt) *s. pl.* géneros dejados en tierra sin embarcar.

outshone (autshou·n) *pret.* y *p. p.* de TO OUTSHINE.

outshoot (autshu·t) *s.* saliente, vuelo. 2 ramal.

outshoot (to) *t.* ser mejor tirador que; tirar más lejos que. — 2 *intr.* salir, brotar, surgir más, sobresalir. ¶ CONJUG. pret. y p. p. : *outshot*.

outside (au·tsaid) *s.* exterior, parte externa, de fuera; superficie, haz : *on the* ~, por fuera. 2 apariencia. 3 lo más, lo sumo : *at the* ~, a lo más, a lo sumo, a todo tirar. 4 pasajero del exterior de un coche. — 5 *adj.* exterior, externo, de fuera. 6 superficial, aparente. 7 extraño, ajeno. 8 neutral. 9 extremo. 10 extraño a la ocupación normal de uno. — 11 *adv.* fuera, afuera, por fuera : ~ *of*, fuera de. — 12 *prep.* fuera de, más allá de; excepto.

outsider (autsai·dø') *s.* forastero. 2 extraño, profano [pers. extraña a determinada sociedad, profesión, grupo, etc.]. 3 intruso. 4 DEP. caballo que no figura entre los favoritos.

outskirt (au·tskø't) *s.* borde, orilla. 2 *pl.* alrededores, inmediaciones, cercanías, arrabales, afueras.

outspeak (to) (autspi·c) *tr.* hablar mejor, más tiempo, o más fuerte que. 2 decir claramente. — 3 *intr.* hablar claro. ¶ CONJUG. pret. : *outspoke*; p. p.: *outspoken*.

outspoken (au·tspou·køn) *p. p.* de TO OUTSPEAK. — 2 *adj.* claro, franco [dicho, o que habla, con claridad, sin reparos] ; boquifresco.

outspread (autspre·d) *s.* extensión, despliegue, difusión. — 2 *adj.* extendido; difundido.

outspread (to) *tr.* extender, desparramar, difun-

dir. — 2 *intr.* extenderse, desparramarse, difundirse.

outstand (to) (autstæ·nd) *tr.* resistir a. — 2 *intr.* salir, avanzar, hacer saliente, resaltar. 3 quedar pendiente.

outstanding (autstæ·nding) *adj.* salidizo, saliente. 2 destacado, descollante, notable, relevante, sobresaliente, principal. 3 que resiste. 4 pendiente, sin pagar, sin cobrar. — 5 *s.* saliente, proyección. 6 *pl.* cuentas pendientes.

outstare (to) (autste·') *tr.* mirar con descaro. 2 hacer bajar los ojos [a uno] mirándole de hito en hito.

outstart (au·tsta't) *s.* partida, salida. 2 principio, comienzo.

outstart (to) *intr.* partir, salir, ponerse en marcha. — 2 *tr.* coger la delantera a.

outstay (to) (outstei·) *tr.* quedarse más tiempo que [uno]. 2 quedarse más tiempo de lo que autoriza [la cortesía, el permiso que uno tiene, etc.].

outstretch (to) (autstre·ch) *tr.* extender, alargar.

outstrip (to) (autstri·p) *tr.* pasar, rezagar, dejar atrás. 2 aventajar, ganar.

outtalk (autto·c) *tr.* hablar más o mejor que.

outturn (auttø·n) *s.* producción; géneros producidos y entregados.

outvalue (to) (autvæ·liu) *tr.* valer más que.

outvie (to) (autvai·) *tr.* sobrepujar a.

outvote (to) (autvou·t) *tr.* tener más votos que; derrotar por mayoría de votos.

outwalk (to) (autwo·c) *tr.* andar más que; dejar atrás.

outwall (au·twol) *s.* pared o muralla exterior. 2 exterior, parte externa.

outward (au·twø'd) *adj.* exterior, externo, visible. 2 dirigido hacia fuera; que sale, de ida [tren, cargamento]. 3 aparente, superficial. 4 corporal, carnal. — 5 *adv.* afuera, hacia fuera : ~ *bound*, que sale, que va para afuera, para el extranjero. 6 exteriormente, visiblemente. 7 superficialmente. 8 corporalmente : — 9 *s.* el exterior; exterioridad. 10 el mundo material.

outwardly (au·twø'dli) *adv.* exteriormente; por fuera. 2 aparentemente, superficialmente.

outwardness (autwø'dnis) *s.* exterioridad.

outwards (autwø'ds) *adv.* OUTWARD.

outwatch (to) (autwa·ch) *tr.* vigilar o velar hasta la desaparición de.

outwear (to) (autwe·') *tr.* gastar; consumir, estropear con el uso. 2 durar más que. 3 olvidar, pasársele a uno [una pena, etc.], con el tiempo. ¶ CONJUG. pret. : *outwore*; p. p. : *outworn*.

outweigh (autwei·) *tr.* pesar más que. 2 preponderar sobre. 3 contrapesar.

outwit (to) (autwi·t) *tr.* burlar, engañar con astucia; ser más listo que. ¶ CONJUG. pret. y p. p. : *outwitted*; ger.: *outwitting*.

outwork (au·twø'c) *s.* FORT. obra exterior; obra accesoria.

outworn (autwo·n) *adj.* gastado, usado, ajado. 2 anticuado. 3 trillado, resobado.

ouzel (u·ṣøl) *s.* ORNIT. mirlo.

oval (ou·val) *adj.* oval, ovalado. 2 BOT. aovado. — 3 *s.* óvalo.

ovally (ou·vali) *adv.* en figura de óvalo, formando óvalo.

ovarian (ove·rian) *adj.* ovárico.

ovariotomy (overia·tomi) *s.* CIR. ovariotomía.

ovaritis (ovarai·tis) *s.* MED. ovaritis.

ovarium (ove·riøm), ovary (ou·vari) *s.* ANAT., ZOOL., BOT. ovario.

ovate (ou·veit) *adj.* aovado, ovado.

ovation (ovei·shøn) *s.* ovación.

oven (ø·vøn) *s.* horno, hornillo : *annealing* ~, carquesa.

over (ou·vø') *adv.* arriba, por encima. 2 al otro lado; de una mano a otra : *to sail* ~ *to England*, ir a Inglaterra [desde el otro lado del mar] ; *to go* ~ *to the enemy*, pasarse al enemigo; *to give* ~, *to hand* ~, entregar, dar; ~ *here*, acá; ~ *there*, allá. 3 enfrente. 4 al revés, trastornado. 5 a la vuelta, al dorso. 6 de ancho, a lo ancho, de un extremo a otro. 7 por encima del borde de : *to run* ~, salirse, derramarse. 8 enteramente, completamente, por toda su extensión o superficie : *all* ~, por todas partes, en toda su extensión, completamente. 9 más, de más, demasiado, excesivamente. 10 hacia afuera, fuera de la vertical. 11 en extremo. 12 ~ *again*, de nuevo, otra vez. *13* ~ *against*, enfrente de ; en contraste con. *14* ~ *and above*, además de ; fam. demasiado. *15* modifica muchos verbos formando acepciones que se hallarán en los artículos correspondientes de este Diccionario.

16 prep. sobre, encima de, por encima de : ~ *our heads*, sobre nuestras cabezas. *17* al otro lado de, allende ; a la vuelta de : ~ *the way*, al otro lado de la calle ; ~ *the seas*, allende los mares ; ~ *the leaf*, a la vuelta [de la hoja]. *18* arriba de, más de: ~ *a thousand*, más de mil. *19* a más de. *20* mientras, durante, durante todo : ~ *summer*, durante el verano ; *to stay* ~ *night*, pasar la noche. *21* a través de, a lo largo de, por [un espacio, camino, etc.] : ~ *the air*, por el aire ; *all* ~ *the city*, por toda la ciudad ; *all the world* ~, por todo el mundo. *22* de, con motivo de, a propósito de. *23* Como prefijo, equivale a sobre-, super-, trans-, ultra-, etc., o denota superioridad o exceso.

24 adj. superior, más alto. *25* que cubre. *26* excesivo, de más. *27* que ha llegado al otro lado. *28* terminado, acabado : *this is all* ~, esto ha pasado, se acabó.

29 s. [en el criquet] serie de saques.

overabound (to) (ouvørabau·nd) *intr.* sobreabundar, superabundar.

overabundance (ouvørabøndans) *s.* sobreabundancia, superabundancia.

overabundant (ouvørabøndant) *adj.* sobreabundante, superabundante.

overact (ouvøræ·ct) *tr.* exagerar [en lo que se hace].

over-and-over stitch *s.* COST. punto por encima.

1) **overage** (ou·vøridÿ) *s.* COM. exceso sobre la cantidad de géneros registrada como enviada o almacenada.

2) **overage** (ouvørei·dÿ) *adj.* que tiene más edad de la requerida o debida. *2* PSIC. retardado.

over-all *adj.* que lo abarca o incluye todo, cabal, completo, total.

overalls (ou·vørolš) *s. pl.* pantalones de trabajo, mono. *2* sobrerropa. *3* polainas impermeables.

overarch (ouvøra·ch) *tr.* abovedar.

overarm (ou·vøra·m) *adj.* DEP. hecho, tirado, etc., levantando el brazo más arriba del hombro : ~ *stroke*, brazada de natación a la marinera.

overawe (to) (ouvøro·) *tr.* intimidar, atemorizar, dominar por miedo.

overbalance (ouvø·bælans) *s.* exceso de peso o valor. *2* lo que sobrepasa o sobrepuja. *3* falta de equilibrio.

overbalance (to) (ouvørbæ·lans) *tr.* pesar más que, sobrepujar. *2* hacer perder el equilibrio.

overbear (to) (ouvø·be·ʳ) *tr.* agobiar, abrumar, oprimir. *2* dominar, tiranizar, imponerse con insolencia. *3* sobrepujar. — *4 intr.* dar demasiados frutos. ¶ CONJUG. pret. : *overbore*; p. p. *overborne*.

overbearing (ouvø·be·ring) *adj.* dominador, despótico, imperioso, altanero.

overbid (to) (ouvø·bi·d) *tr.* e *intr.* ofrecer más que, pujar. — *2 intr.* ofrecer demasiado. ¶ CONJUG. pret., descripción, *overbade, overbid*; p. p. *overbidden*; ger. : *overbidding*.

overblow (to) (ou·vø·blou) *tr.* disipar, esparcir; derribar o llevarse [el viento o como lo hace el viento]. *2* cubrir [una cosa la nieve o algo llevado por el viento]. — *3 intr.* pasar, disiparse. *4* MÚS. soplar demasiado fuerte en un instrumento. ¶ CONJUG. pret. : *overblew*; p. p. *overblown*.

overblown (ou·vø·bloun) *p. p.* de TO OVERBLOW. — *2 adj.* que ha florecido demasiado; demasiado abierta, marchita, pasada [flor]. *3* cubierto [de cosas traídas por el viento]. *4* lleno de cresa [carne].

overboard (ou·vø·bo·d) *adv.* MAR. por la borda. *2* MAR. al mar, al agua : *man* ~*!*, ¡ hombre al agua !

overboil (to) (ouvø·boi·l) *tr.* hervir o cocer demasiado.

overbold (ouvø·bou·ld) *a.* temerario. *2* atrevido, descarado.

overbore (ouvø·bo·ʳ) *pret.* de TO OVERBEAR.

overborne (ouvø·bo·ʳn) *p. p.* de TO OVERBEAR.

overbridge (ou·vø·bridÿ) FERROC. puente o paso superior.

overburden (ouvø·bø·døn) *s.* sobrecarga.

overburden (to) *tr.* sobrecargar. *2* abrumar, oprimir.

over-busy *adj.* muy ocupado o atareado, demasiado ocupado.

overcame (ouvø·kei·m) *pret.* de TO OVERCOME.

overcareful (ouvø·ke·ʳful) *adj.* demasiado cuidadoso.

overcast (ou·vø·cæst) *adj.* nublado, cerrado, cubierto, encapotado. *2* sombrío.

overcast (to) (ouvø·cæ·st) *tr.* anublar, obscurecer, entristecer. *2* COST. sobrehilar. *3* CIR. cicatrizar. *4* ENCUAD. hacer un doblez en una hoja suelta y coserla. — *5 intr.* nublarse. ¶ CONJUG. pret. y p. p. : *overcast*

overcasting (ouvø·cæ·sting) *s.* COST. sobrehilado.

overcautious (ouvø·co·šøs) *adj.* demasiado cauto o precavido.

overcharge (ou·vø·cha·ÿ) *s.* carga adicional ; carga excesiva. *2* recargo de precio ; precio exorbitante o superior al convenido.

overcharge (to) (ouvø·cha·ʳÿ) *tr.* sobrecargar, recargar. *2* abrumar [con gastos o impuestos], oprimir. *3* cobrar más de lo justo. *4* exagerar.

overcloud (to) (ouvø·clau·d) *tr.* cubrir de nubes, anublar ; obscurecer, entristecer. — *2 intr.* anublarse, nublarse.

overcoat (ou·vø·cout) *s.* sobretodo, gabán, abrigo; paletó.

overcoating (ou·vø·couting) *s.* paño o tela para abrigos.

overcome (to) (ouvø·cø·m) *tr.* vencer, domar, dominar, subyugar, triunfar de. *2* vencer, superar, salvar, allanar [obstáculos, dificultades, etc.]. *3* sobreponerse, hacerse superior a. *4* rendir, agotar, agobiar. — *5 intr.* ganar, vencer. *6* hacerse superior. ¶ CONJUG. pret. : *overcame*; p. p. *overcome*.

overconfidence (ouvø·ca·nfidøns) *s.* presunción, exceso de confianza.

overconfident (ouvø·ca·nfidønt) *adj.* presumido, demasiado confiado.

overcrowd (to) (ouvø·crau·d) *tr.* apiñar, atestar.

overcrowded (ouvø·crau·did) *adj.* apiñado, atestado.

overdevelop (ouvø·dive·lop) *tr.* desarrollar excesivamente. *2* FOT. revelar demasiado.

overdo (to) (ouvø·du·) *tr.* hacer [algo] demasiado, pasando de lo que es propio o natural; llevar al exceso; exagerar. *2* cocer demasiado. *3* fatigar, agotar, agobiar por exceso de trabajo. — *4 intr.* excederse, hacer más de lo necesario; trabajar o fatigarse demasiado. ¶ CONJUG. pret. : *overdid*; p. p. : *overdone*.

overdone (ouvø·dø·n) *p. p.* de TO OVERDO. — *2 adj.* coc. demasiado cocido, asado, etc.

overdose (ou·vø·dous) *s.* dosis excesiva.

overdose (to) (ouvø·dou·s) *tr.* dar una dosis excesiva.

overdraft (ou·vø·dræft) *s.* COM. sobregiro, giro en descubierto. *2* corriente de aire sobre un fuego, un horno.

overdraw (to) (ouvø·dro·) *intr.* y *tr.* sobregirar, girar en descubierto : *to* ~ *one's account*, girar en descubierto, librar un cheque o talón por más de lo que uno tiene abonado en cuenta. — *2 tr.* estirar demasiado. *3* exagerar [en la pintura, la descripción]. ¶ CONJUG. pret. : *overdrew*; p. p. : *overdrawn*.

overdress (ou·vø·dres) *s.* túnica ; prenda que se lleva sobre las demás.

overdress (to) (ouvø·dre·s) *tr.* adornar vestir con exceso. *2* coc. cocer o aderezar demasiado.

overdrive (to) (ouvø·drai·v) *tr.* arrear y fatigar a [los animales]. *2* abrumar de trabajo. *3* MEC. hacer funcionar a más de la capacidad o marcha normal.

overdue (ouvø·diu·) *adj.* COM. vencido y no pagado. *2* retrasado, que ya debiera haber llegado [buque, etc.].

overeat (ouvø·i·t) *intr.* comer con exceso, hartarse, atracarse.

overestimate (ouvø·re·stimiʋ) *s.* estimación, avalúo o presupuesto excesivo.

overestimate (ouvø·re·stimeit) *tr.* estimar, tasar, avaluar o presuponer por encima del valor real. *2* atribuir un valor excesivo, tener en más de lo justo, exagerar.

overexcite (to) (ouvø·recsai·t) *tr.* sobreexcitar.

overexcitement (ouvø·recsai·tmønt), **overexcitation** (ouvø·recsaite·shøn) *s.* sobrexcitación.

overexposure (ouvø·recspou·ÿøʳ) *s.* FOT. exceso de exposición.

overfeed (to) (ouvø'fɪ·d) *tr.* sobrealimentar, dar de comer con exceso.

overfeeding (ouvø'fɪ·ding) *s.* sobrealimentación.

overflow (ou vø'flou) *s.* inundación, avenida, diluvio. 2 desbordamiento, derrame, rebosamiento. 3 exceso, superabundancia. 4 rebosadero, aliviadero, descarga.

overflow (to) (ouvø'flou·) *tr.* inundar; sobrellenar. 2 salir de [los bordes]. — 3 *intr.* salir de madre, desbordarse, rebosar : *to ~ with joy*, rebosar de alegría.

overflowing (ouvø'flou·ing) *adj.* fuera de madre, desbordado. 2 rebosante. — 3 *s.* inundación, desbordamiento. 4 rebosamiento : *full to ~*, lleno a rebosar. 5 superabundancia.

overflowingly (ouvø'flou·ingli) *adv.* superabundantemente.

overfull (ou vø'ful) *adj.* demasiado lleno.

overgrow (to) (ouvø'grou·) *tr.* crecer en, cubrir [dic. de plantas, hierbas, etc., esp. cuando crecen sin cultivo]. 2 abrumar, oprimir. 3 crecer más que. — 4 *intr.* crecer, desarrollarse con exceso. 5 cubrirse de plantas, hierbas, etc. ¶ CONJUG. pret. : *overgrew*; p. p. : *overgrown*.

overgrown (ouvø'grou·n) p. p. de TO OVERGROW. — 2 *adj.* cubierto de plantas, hierbas, etc. 3 vicioso, exuberante. 4 anormalmente crecido o desarrollado : *~ boy*, muchacho demasiado crecido para su edad.

overgrowth (ou vø'grouz) *s.* lo que crece sobre un lugar o cosa. 2 crecimiento excesivo, exuberancia. 3 vegetación exuberante, maleza.

overhand (ou vø'jænd) *adj.* de arriba abajo [golpe]. 2 DEP. voleado por lo alto; dado con la palma de la mano hacia abajo o hacia el cuerpo [golpe a la pelota]. 3 COST. sobrehilado.

overhang (ou vø'jæng) *s.* proyección, parte que sobresale. 2 ARQ. alero; salidizo; vuelo.

overhang (to) (ouvø'jæng) *tr.* hacer saliente por encima de, volar, colgar sobre; caer a. 2 estar suspendido sobre; amenazar. 3 colgar, adornar con colgaduras. — 4 *intr.* hacer saliente. ¶ CONJUG. pret. y p. p. : *overhung*.

overhaul (ou vø'jol) *s.* MEC. repaso, recorrido, reparación.

overhaul (to) (ouvø'jo·l) *tr.* repasar, recorrer, trastejar, reparar, componer, remendar. 2 revisar. 3 registrar, examinar. 4 alcanzar, ir alcanzando [al que va delante].

overhauling (ouvø'jo·ling) *s.* repaso, recorrido, reparación. 2 revisión. 3 registro, examen. 4 alcance [acción de alcanzar o ir alcanzando al que va delante].

overhead (ouvø'je·d) *adv.* sobre la cabeza de uno, arriba, en lo alto, en el cielo, en el techo, en el piso de encima. 2 de cabeza, hasta la cabeza, cabeza y todo. — 3 *adj.* (ou vø'jed) situado o que pasa sobre la cabeza, en lo alto : *~ crossing*, cruce o paso superior; *~ railway*, (Ingl.) ferrocarril aéreo o elevado. 4 general, de conjunto : *~ expenses*, COM. gastos generales. — 5 *s.* COM. gastos generales.

overhear (to) (ouvø'jɪ·r) *tr.* oír [lo que no se dice para uno], oír por casualidad o espiando, acertar a oír. 2 volver a oír. ¶ CONJUG. pret. y p. p. : *overheard*.

overheat (to) (ouvø'ji·t) *tr.* acalorar. 2 sobrecalentar, recalentar.

overheating (ouvø'ji·ting) *s.* acaloramiento. 2 sobrecalentamiento, recalentamiento.

overhours (ou vø'auᵊs) *pl.* horas extraordinarias.

overhouse (ou vø'jaus) *adj.* que pasa por encima de los tejados [como los alambres telefónicos].

overindulge (ouvørindø·lȳ) *tr.* mimar demasiado. 2 entregarse con exceso a; tomar con exceso. — 3 *intr.* tratarse demasiado bien.

overindulgence (ouvørindø·lȳøns) *s.* indulgencia o mimo excesivo. 2 exceso [en el comer, beber, etc.].

overissue (ou vørisiu) *s.* COM. emisión excesiva.

overissue (to) (ouvørisiu·) *tr.* COM. emitir con exceso.

overjoy (to) (ouvø'joi·) *tr.* alborozar, llenar de gozo, enajenar de alegría.

overjoyed (ouvø'joi·d) *adj.* alborozado, jubiloso, enajenado de alegría.

overladen (ouvø'lei·døn) *adj.* sobrecargado.

overlaid (ouvø'lei·d) *pret.* y *p. p.* de TO OVERLAY.

overlain (ouvø'lei·n) *p. p.* de TO OVERLIE.

overland (ou vø'læ·nd) *adj.* y *adv.* por tierra, por vía terrestre.

overlap (ou vø'læp) *s.* parte que traslapa, cubre o cruza; solapo, traslapo.

overlap (to) (ouvø'læ·p) *tr.* e *intr.* traslapar, solapar, cruzar sobre, cubrir. — 2 *intr.* coincidir en parte [dos hechos]. — 3 *tr.* lamer [las olas]. ¶ CONJUG. pret. y p. p. : *overlapped*; p. a. *overlapping*.

overlay (ouvø'lei) *s.* cubierta, capa, chapa [que recubre]. 2 IMPR. alza, calzo. — 3 *pret.* de TO OVERLIE.

overlay (to) (ouvø'lei·) *tr.* cubrir, recubrir, dar una capa, dorar, platear, chapear, incrustar. 2 cubrir, obscurecer. 3 oprimir [con peso], abrumar. 4 echar un puente sobre. 5 IMPR. calzar. ¶ CONJUG. pret. y p. p. : *overlaid*.

overleaf (ouvø'lɪf) *adv.* al dorso, a la vuelta.

overleap (to) (ouvø'lɪ·p) *tr.* saltar por encima de. 2 saltar, omitir.

overlie (to) (ouvø'lai·) *tr.* descansar, yacer o estar sobre. 2 sofocar [a un niño] echándose encima de él. 3 COM. existir como garantía o derecho subordinado a otro. ¶ CONJUG. pret. : *overlay*; p. p. : *overlain*; ger. : *overlying*.

overlive (to) (ouvø'li·v) *tr.* sobrevivir. 2 vivir con demasiada actividad.

overload (ou vø'loud) *s.* carga excesiva, sobrecarga.

overload (to) (ouvø'lou·d) *tr.* cargar excesivamente. 2 sobrecargar.

overlook (ou vø'luc) *s.* punto de vista elevado, altura, atalaya. 2 mirada desde lo alto. 3 ojeada, examen general. 4 descuido, inadvertencia. 5 BOT. canavalia [planta leguminosa trepadora].

overlook (to) (ouvø'lu·c) *tr.* mirar desde lo alto. 2 dominar [estar más elevado]. 3 dar a, tener vista a. 4 examinar, inspeccionar, vigilar, cuidar de. 5 repasar, revisar, mirar por encima. 6 no notar, dejar de ver. 7 no hacer caso; pasar por alto, descuidar. 8 disimular, tolerar, perdonar.

overlooker (ouvø'lu·kø') *s.* sobrestante, celador, veedor.

overlord (ou vø'lo·d) *s.* jefe supremo.

overlord (to) (ouvø'lo·d) *tr.* señorear, dominar despóticamente.

overly (ou vø'li) *adv.* fam. muy, mucho, demasiado.

overlying (ouvø'lai·ng) ger. de TO OVERLIE.

overman (ouvø'mæ·n) *pl.* **-men** (-men) *s.* jefe, capataz, inspector. 2 juez, árbitro. 3 superhombre.

overmaster (to) (ouvø'mæ·stø') *tr.* señorear, dominar, subyugar.

overmatch (ou vø'mæch) *s.* el que puede más que otro. 2 lucha desigual.

overmatch (to) (ouvø'mæ·ch) *tr.* sobrepujar, superar, vencer.

overmeasure (to) (ouvø'me·ȳø') *tr.* dar excesivo valor o importancia.

overmuch (ou vø'møch) *adj.* y *adv.* demasiado.

overnice (ou vø'nai·s) *adj.* remilgado, dengoso, demasiado escrupuloso o exigente.

overniceness (ou vø'naisnis) *s.* remilgo, escrupulosidad o exigencia excesiva.

overnight (ouvø'nai·t) *adv.* en la noche anterior. 2 de noche, toda la noche : *to stay ~*, pasar la noche. 3 de la noche a la mañana. — 4 *s.* la noche anterior. — 5 *adj.* (ou vø'nait) de la noche anterior. 6 de noche, nocturno, de toda una noche : *~ train*, tren nocturno.

overpass (ou vø'pæs) *s.* paso elevado; puente o vía por encima de un ferrocarril, puente, etc.

overpass (to) (ou vø'pæ·s) *tr.* atravesar, pasar [al otro lado de], salvar. 2 infringir, transgredir. 3 sobrepujar, exceder. 4 pasar, adelantarse a. 5 no hacer caso, pasar por alto, desdeñar.

overpay (to) (ouvø'pei·) *tr.* pagar demasiado. 2 pagar o compensar con exceso. ¶ CONJUG. pret. y p. p. : *overpaid*.

overpeopled (ouvø'pɪ·pøld) *adj.* excesivamente poblado, superpoblado.

overplus (ou vø'pløs) *s.* exceso [sobre lo regular o normal].

overpopulation (ouvø'papiule·shøn) *s.* exceso de población.

overpower (to) (ouvø'pau·ø') *tr.* predominar, dominar, vencer, subyugar, oprimir. 2 abrumar, sofocar. 3 dar fuerza excesiva.

overpowering (ouvø'pau·øring) *adj.* dominador, dominante. 2 abrumador, arrollador, irresistible.

overpress (to) (ouvø'pre·s) *tr.* oprimir, aplastar. *2* abrumar, importunar.

overprize (to) (ouvø'praiŝ) *tr.* valuar en más de lo justo.

overproduction (ouvø'prøda·cshøn) *s.* sobreproducción.

overran (ouvø'ræ·n) *pret.* de TO OVERRUN.

overrate (to) (ouvø'rei·t) *tr.* valorar excesivamente.

overreach (ouvø'rɪ·ch) *s.* VET. alcanzadura.

overreach (to) *tr.* llegar o ir más allá de. alcanzar; sobresalir de, extenderse sobre. *2* ir más allá de lo necesario. *3* ser más listo o astuto que, engañar, estafar. *4* extender o estirar demasiado. *5* tirar alto. — *6 intr.* VET. alcanzarse. *7* MAR. dar una bordada excesiva. — *8 ref.* aventurarse más de lo que permiten las propias fuerzas; pretender demasiado; pasarse de listo.

override (to) (ouvø'rai·d) *tr.* recorrer. pasar sobre. *2* atropellar, pisotear. *3* dominar, supeditar, vencer. *4* anular, contrarrestar. *5* pasar por encima [de los derechos o los deseos de uno]; rechazar arbitrariamente; dar carpetazo a. *6* reventar [un caballo]. *7* cubrir, estar como a horcajadas sobre. *8 to ~ one's commission,* excederse, extralimitarse. ¶ CONJUG. pret.: *overrode;* p. p.: *overridden;* ger.: *overridding.*

overripe (ouvø'rai·p) *adj.* pasado de maduro, papandujo.

overrule (to) (ouvø'ru·l) *tr.* dominar, señorear, influir o prevalecer sobre, vencer. *2* gobernar, regir. *3* decidir en contra, revocar. — *4 intr.* prevalecer, predominar.

overrun (to) (ouvø'røn) *tr.* cubrir enteramente, inundar, invadir, infestar, asolar. *2* recorrer, pasar corriendo. *3* pasar por encima, atropellar. *4* correr más o mejor que. *5* huir, escapar de, desertar. *6* extenderse más allá de, exceder, traspasar los límites de: *to ~ one's time,* quedarse, hablar, etc., más tiempo del debido; *to ~ the constable,* gastar más de lo que se tiene, entramparse. *7* leer rápidamente. *8* IMPR. recorrer. — *9 intr.* desbordarse, rebosar. ¶ CONJUG. pret.: *overran;* p. p.: *overrun;* ger.: *overrunning.*

overrunner (ouvø'rønø') *s.* invasor.

oversaw (ouvø'so·) *pret.* de TO OVERSEE.

overscore (ou·vø'sco') *s.* BRIDGE exceso sobre lo declarado.

overscore (to) (ouvø'sco') *tr.* poner un tilde o raya sobre [una palabra o frase]. — *2 intr.* BRIDGE ganar más bazas que las declaradas.

overscrupulous (ouvø'scru·piuløs) *a.* demasiado escrupuloso.

oversea(s (ou·vø'sɪ·ŝ) *adv.* ultramar, allende los mares. — *2 adj.* ultramarino, de ultramar, de allende los mares; (Ingl.) colonial; extranjero.

oversee (to) (ouvø'sɪ·) *tr.* vigilar, superintender, inspeccionar, revisar, revistar. *2* no reparar en. ¶ CONJUG. pret.: *oversaw;* p. p.: *overseen.*

overseer (ou·vø'sɪø') *s.* celador, inspector, superintendente, veedor. *2* sobrestante, capataz.

oversell (to) (ouvø'se·l) *tr.* vender demasiado. *2* vender [efectos no disponibles; más de lo que se puede entregar]. *3* vender a mayor precio que otro. ¶ CONJUG. pret. y p. p.: *oversold.*

overset (to) (ouvø'se·t) *tr.* volcar, voltear, tumbar, derribar. *2* perturbar, trastornar. *3* desbaratar. *4* subvertir. — *5 intr.* volcarse, caer. ¶ CONJUG. pret. y p. p.: *overset;* ger.: *oversetting.*

overshade (to) (ouvø'shei·d) *tr.* sombrear, dar sombra a.

overshadow (to) (ouvø'shæ·dou) *tr.* asombrar, sombrear, obscurecer, eclipsar. *2* cubrir con su protección o influencia. *3* dominar [ser más alto].

overshoe (ou·vø'shu) *s.* (EE. UU.) chanclo, zapato de goma.

overshoot (to) (ouvø'shu·t) *tr.* pasar [el blanco], tirar por encima o más allá de. *2* tirar mejor que. *3* ir más allá de, exceder: *to ~ oneself, to ~ the mark,* pasar de la raya, excederse; pasarse de listo. *4* pasar rápidamente por encima o más allá de. — *5 intr.* pasar de raya. ¶ CONJUG. pret. y p. p.: *overshot.*

overshot (ouvø'sha·t) *p. p.* de TO OVERSHOOT. — *2 adj.* que no da en el blanco. *3* exagerado. *4* abigarrado. *5* pop. embriagado. *6* de impulsión por arriba [rueda hidráulica].

oversight (ou·vø'sait) *s.* descuido, omisión, inadvertencia. *2* vigilancia, atención, cuidado.

oversize (ou·vø'saiŝ) *s.* tamaño extra, tamaño mayor que el ordinario. — *2 adj.* de tamaño extra, de tamaño mayor que el ordinario.

overskirt (ou·vø'skø't) *s.* sobrefalda.

oversleep (to) (ouvø'slɪ·p) *tr.* dormir hasta pasada [cierta hora]. — *2 intr.* dormir demasiado, pegársele a uno las sábanas. ¶ CONJUG. pret. y p. p.: *overslept.*

oversleeves (ouvø'slɪvŝ) *s. pl.* mangotes.

oversold (ou·vø'sould) *pret.* y *p. p.* de TO OVERSELL.

overspread (to) (ouvø'spre·d) *tr.* desparramar, esparcir, extender. *2* extenderse sobre, cubrir. ¶ CONJUG. pret. y p. p.: *overspread.*

overstate (to) (ouvø'stei·t) *tr.* exagerar.

overstatement (ouvø'stei·tmønt) *s.* exageración.

overstay (ouvø'stei) *tr.* quedarse o estar más tiempo de lo que permite [una autorización, licencia, etc.]. *2* retener [valores de Bolsa] demasiado tiempo.

overstep (ouvø'ste·p) *tr.* pasar, transgredir: *to ~ the bounds,* pasar los límites, extralimitarse, propasarse. ¶ CONJUG. pret. y p. p.: *overstepped;* ger.: *overstepping.*

overstock (ou·vø'stac) *s.* surtido excesivo, exceso de existencias.

overstock (ou·vø'sta·c) *tr.* abarrotar: *to be overstocked with,* tener demasiadas existencias de.

overstrain (ou·vø'strein) *s.* tensión o tirantez excesivas.

overstrain (to) (ou·vø'strei·n) *tr.* tender, estirar o esforzar demasiado. *2* MEC. someter a una carga excesiva.

overstretch (to) (ouvø'stre·ch) *tr.* estirar demasiado.

overstrew (to) (ouvø'stru·) *tr.* desparramar, esparcir sobre.

overstrung (ouvø'strø·ng) *adj.* demasiado tirante. *2* muy sensible, excitable o impresionable. *3* de cuerdas cruzadas [piano].

overstuff (to) (ouvø'stø·f) *tr.* atestar, henchir o rellenar demasiado.

overt (ou·vø't) *adj.* abierto, visible, manifiesto, público.

overtake (to) (ouvø'tei·c) *tr.* alcanzar, atrapar. *2* pasar, dejar atrás. *3* sorprender, coger. ¶ CONJUG. pret.: *overtook;* p. p.: *overtaken.*

overtax (ouvø'tæ·cs) *tr.* sobrecargar de impuestos. *2* abrumar, exigir demasiado esfuerzo de, someter a un esfuerzo excesivo.

overthrew (ouvø'zru·) *pret.* de TO OVERTHROW.

overthrow (ou·vø'zrou) *s.* vuelco, derribo. *2* derrocamiento, deposición. *3* derrota, vencimiento. *4* ruina, destrucción. *5* trastorno. *6* subversión.

overthrow (to) (ouvø'zrou·) *tr.* volcar, tumbar, derribar, echar abajo. *2* derrocar, deponer. *3* demoler, destruir. *4* trastornar. *5* subvertir. *6* vencer. ¶ CONJUG. pret.: *overthrew;* p. p.: *overthrown.*

overthrown (ouvø'zrou·n) *p. p.* de TO OVERTHROW.

overtime (ou·vø'taim) *s.* tiempo suplementario; horas extraordinarias de trabajo. *2* pago por trabajo hecho en horas extraordinarias. — *3 adj.* y *adv.* fuera del tiempo estipulado, necesario, etc.; en horas extraordinarias.

overtire (to) (ouvø'tai·ø') *tr.* fatigar con exceso.

overtly (ou·vø'tli) *adv.* abiertamente, públicamente.

overtone (ou·vø'toun) *s.* MÚS. armónico.

overtop (to) (ouvø'ta·p) *tr.* dominar, descollar sobre, exceder en altura; sobresalir entre. *2* rebasar, pasar de. *3* cubrir, pasar por encima de. *4* eclipsar, obscurecer. *5* hacer más grande, pesado, etc., de arriba que de abajo. ¶ CONJUG. pret. y p. p.: *overtopped;* ger.: *overtopping.*

overtower (to) (ouvø'tau·ø') *tr.* dominar, elevarse por encima de.

overture (o·vø'chu') *s.* insinuación, proposición, propuesta [de paz, de amistad, de matrimonio, etc.]; declaración [de amor]. *2* preludio [de un poema]. *3* MÚS. obertura.

overturn (ou·vø'tø·n) *s.* vuelco, volteo. *2* derrocamiento. *3* trastorno, subversión. *4* COM. movimiento de mercancías.

overturn (ouvø'tø·n) *tr.* volcar, voltear, trabucar. *2* echar abajo, derribar, derrocar. *3* destruir. *4* trastornar, subvertir. — *5 intr.* volcar, trabucarse.

overturning (ouvø'tø·ning) *s.* OVERTURN.

overwatch (to) (ouvø'wo·ch) *tr.* fatigar con vigilias. *2* vigilar, velar, con exceso.

overweening (ouvø'wrning) *s.* presunción, arrogancia. — *2 adj.* presuntuoso, arrogante.
overweeningly (ouvø'wrningli) *adv.* arrogantemente.
overweigh (to) *tr.* pesar más que, preponderar sobre; prevalecer contra. *2* cargar excesivamente; oprimir, abrumar. — *3 intr.* pesar demasiado.
overweight (ou'vø'ueit) *s.* sobrepeso, carga excesiva. *2* preponderancia, superioridad. — *3 adj.* de peso excesivo o extraordinario.
overweight (to) (ouvø'uei't) *tr.* sobrecargar; abrumar con trabajo, etc. *2* pesar más que. *3* dar demasiada importancia a.
overwhelm (to) (ouvø'juelm) *tr.* cubrir, inundar, sumergir. *2* aplastar, arrollar, abrumar, oprimir. *3* abatir, confundir, anonadar.
overwhelming (ouvø'juelming) *adj.* aplastante, arrollador, abrumador, irresistible, poderoso, opresivo. — *2 s.* abrumamiento, anonadación.
overwork (ou'vø'uø'c) *s.* trabajo excesivo, exceso de trabajo. *2* trabajo hecho en horas extraordinarias.
overwork (to) (ouvø'uø'c) *tr.* hacer trabajar con exceso; fatigar el espíritu de, excitar. *2* abrumar de trabajo, aperrear. *3* trabajar demasiado [un objeto, etc.]. *4* trabajar o decorar la superficie de — *5 intr.* trabajar o afanarse demasiado. ¶ CONJUG. pret. y p. p.: *overworked* u *overwrought.*
overworn (ouvø'wo'n) *adj.* gastado, agotado por el trabajo. *2* raído por el uso.
overwrought (ouvø'rot) *adj.* demasiado trabajado o labrado. *2* recargado de adornos. *3* rendido por el trabajo excesivo. *4* sobrexcitado.
Ovid (a'vid) *n. pr.* Ovidio.
Ovidae (ou'vidi) *s. pl.* ZOOL. óvidos.
Ovidian (ovi'dian) *adj.* de Ovidio.
oviduct (ou'vidøct) *s.* ANAT., ZOOL. oviducto.
oviform (ou'vifo'm) *adj.* aovado. *2* parecido a un carnero.
Ovinae (ou'vini) *s. pl.* ZOOL. ovinos.
ovine (ou'vain) *adj. y s.* ZOOL. ovino.
oviparous (ou'viparøs) *adj.* ovíparo.
oviposit (to) (ouvipa'ŝit) *tr.* ENTOM. poner huevos.
ovipositor (ouvipa'ŝitø') *s.* ENTOM. oviscapto.
ovoid (ou'void), **ovoidal** (ouvoi'dal) *adj.* ovoide, aovado.
ovolo (ou'volou) *s.* ARQ. óvolo, cuarto bocel.
ovoviviparous (ouvovaivi'parøs) *adj.* BIOL. ovovivíparo.
ovule (ou'viul) *s.* BOT. óvulo. *2* huevecillo.
ovum (ou'vøm), *pl.* **ova** (ou'væ) *s.* BIOL. óvulo. *2* ARQ. óvalo.
owe (to) (ou) *tr.* deber; adeudar. *2 to ~ to,* ser deudor a o de; estar obligado a. — *3 intr.* deber, tener deudas.
owing (ou'ing) *ger.* de TO OWE: *to be ~ to,* ser debido, imputable o atribuible a. — *2* adj. y adv. *owing to,* debido a, causado por, por causa de.
owl (aul) *s.* ORNIT. búho, mochuelo, lechuza, *tecolote. *2* ORNIT. variedad de paloma.
owlet (au'let) *s.* polluelo del búho, de la lechuza. *2* ENTOM. ~ *moth,* mariposa nocturna.
owlish (au'lish) *adj.* de búho o lechuza.
own (oun) *adj.* propio, mismo, de uno, de la propiedad de uno. | Acompaña como intensivo a los posesivos: *his ~ mother,* su propia madre; *his ~ people,* los suyos; *my ~ self,* yo mismo; *written in his ~ hand,* escrito de su propio puño, de su puño y letra; *a house of his ~,* una casa suya, propia; *of one's ~ motion,* espontáneamente, motu propio; *he cooked his ~ food,* él mismo se hacía la comida; *this is my ~,* esto es mío; *to be one's ~ man,* ser dueño de sí mismo, no depender de nadie. *2* carnal, hermano: ~ *brother,* hermano carnal; ~ *cousin,* primo hermano. — *3 s.* lo suyo: *to come into his ~,* entrar en posesión de lo suyo; *to receive the honor merecido;* tener el éxito merecido; *to have nothing of one's ~,* no tener [uno] nada suyo; *to hold one's ~,* mantenerse firme, no cejar; *on one's ~,* con sus propios recursos; por su cuenta; por sí y ante sí.
own (to) *tr.* poseer, tener, ser dueño de: *owned by,* propiedad de. *2* reconocer, confesar. — *3 intr.* *to ~ to,* confesar; *to ~ up,* fam. confesar de plano.
owner (ou'nø') *s.* dueño, amo, propietario, poseedor, posesor.
ownerless (ou'nø'lis) *adj.* sin dueño, mostrenco.

ownership (ou'nø'ship) *s.* propiedad, pertenencia, posesión, dominio.
ox (acs), *pl.* **oxen** (a'csøn) *s.* ZOOL. buey. *2* ZOOL. ~ *antelope,* búbalo. — *3 adj.* de buey o bueyes: ~ *driver,* boyero; ~ *stall,* boyera, boyeriza.
oxacid (acsæ'sid) *s.* QUÍM. oxácido.
oxalate (ac'saleit) *s.* QUÍM. oxalato.
oxalic (acsæ'lic) *adj.* QUÍM. oxálico.
Oxalidaceae (acsælidei'sil) *s. pl.* BOT. oxalidáceas.
oxblood (a'csblød) *s.* color rojo obscuro.
oxbow (a'csbou) *s.* collera de yugo.
oxcart (a'csca't) *s.* carro o carreta de bueyes.
oxen (a'csøn) *s. pl.* de OX.
oxeye (a'csai) *s.* MAR., BOT. ojo de buey. *2* BOT. *oxeye* o ~ *daisy,* margarita mayor.
ox-eyed (a'csaid) *adj.* de ojos grandes.
oxfly (a'csflai) *s.* ENTOM. estro, tábano.
Oxford (a'csfo'd) *n. pr.* GEOGR. Oxford. *2* universidad de Oxford. — *3 s.* (con min.) oxford [tela]. *4* cierto estilo de zapatos. *5* color negro agrisado.
Oxfordian (acsfo'dian) *adj.* de Oxford.
oxgoad (a'csgoud) *s.* aguijada.
oxheart (a'csja't) *s.* cereza acorazonada, de color muy obscuro.
oxherd (a'csjø'd) *s.* boyero.
oxhide (a'csjaid) *s.* cuero de buey.
oxhouse (a'csjaus) *s.* boyera, boyeriza.
oxidable (a'csidabøl) *adj.* oxidable.
oxidant (a'csidant) *s.* oxidante.
oxidate (to) (a'csideit) *tr.* OXIDIZE.
oxidation (acside'shøn) *s.* oxidación.
oxide (a'csid) *s.* QUÍM. óxido.
oxidizable (a'csidaŝabøl) *adj.* oxidable.
oxidize (to) (a'csidaiŝ) *tr.* oxidar.
oxidizer (a'csidaiŝø') *s.* oxidante.
oxidizing (a'sidaiŝing) *adj.* oxidante: ~ *flame,* llama oxidante.
oxlip (a'cslip) *s.* BOT. planta primulácea.
Oxonian (acsou'nian) *adj. y s.* oxoniense [de Oxford, ciudad inglesa].
oxtail (a'csteil) *s.* cola o rabo de buey: ~ *soup,* sopa de rabo de buey.
oxtongue (a'cstøng) *s.* BOT. lengua de buey.
oxyacetylene (acsiase'tilin) *adj.* oxiacetilénico.
oxycyanide (acsisai'ænaid) *s.* QUÍM. oxicianuro.
oxygen (a'csiỹen) *s.* QUÍM. oxígeno.
oxygenate (to) (a'csiỹeneit) *tr.* oxigenar.
oxygenation (acsiỹene'shon) *s.* oxigenación.
oxygenizable (a'csiỹenaiŝabøl) *adj.* oxigenable.
oxygenize (to) (a'csiỹenaiŝ) *t.* oxigenar.
oxygenous (acsi'ỹenøs) *adj.* de oxígeno, oxigenado.
oxygon (a'csigan) *s.* triángulo oxigonio.
oxygonal (acsi'gonal), **oxygonial** (acsi'gonial) *adj.* oxigonio.
oxyhydrogen (acsijai'droỹin) *adj.* QUÍM. oxihídrico. — *2 m.* gas oxhídrico.
oxymel (a'csimel) *s.* oximel, ojimiel.
oxytone (a'csitoun) *adj. y s.* GRAM. oxítono, agudo.
oyer (ɔ'ỹø') *s.* DER. vista de una causa en virtud de un mandato o comisión de *oyer and terminer.* *2* DER. examen en vista pública de un instrumento que una de las partes está obligada a presentar. *3* *oyer and terminer,* mandato o comisión que antiguamente se daba a un juez o funcionario real para juzgar en ciertas causas.
oyes, oyez (ou'yes) *interj.* ¡oíd, oíd! [voz de los ujieres en los tribunales].
oyster (oi'stø') *s.* ostra; ostión, ostrón. *2* fig. persona muy callada. — *3 adj.* de ostra u ostras, ostrero: ~ *bed,* ostral, ostrero; ~ *culture,* ~ *farming,* ostricultura; ~ *farmer,* ostricultor; ~ *fork,* desbullador; ~ *house,* ostrería; ~ *knife,* cuchillo para abrir ostras; ~ *opener,* abridor de ostras; ~ *rake,* raño; ~ *soup,* sopa de ostras; ~ *white,* color blanco amarillento y brillante. *4* BOT. ~ *plant,* salsifí blanco; ~ *tree,* mangle.
oysterage (oistøri'dỹ) *s.* ostrero, banco de ostras.
oysterman (oi'stø'mæn), *pl.* **-men** (-men) *s.* ostrero [vendedor de ostras].
ozaena (oŝi'na) *s.* MED. ocena.
ozonation (ouŝone'shøn) *s.* ozonización.
ozone (ou'ŝoun) *s.* QUÍM. ozono. *2* fig. aire puro.
ozonic (oza'nic) *adj.* del ozono. *2* ozonizado.
ozonization (ouŝoniŝe'shøn) *s.* ozonización.
ozonize (to) (ou'ŝonaiŝ) *tr.* ozonizar.
ozonizer (ou'ŝonaiŝø') *s.* ozonizador.
ozonometer (ouŝona'metø') *s.* ozonómetro.
ozonoscope (ou'ŝonoscoup) *s.* ozonoscopio.
ozonous (ou'ŝonøs) *adj.* OZONIC.

P

P, p (pi) *s.* P, p, decimosexta letra del alfabeto inglés.
pa (pa) *s.* (fam.) papá.
pabulum (pæ̆biuløm) *s.* pábulo, pasto, alimento.
paca (pæ̆·ca) *s.* ZOOL. paca.
pace (peis) *s.* paso [del que anda; manera de andar] : *to keep ~ with*, ir al mismo paso que; ajustar el paso al de [otro] ; *to mend one's ~*, apretar el paso; *to put through one's paces*, fig. poner a prueba; hacer que uno muestre su habilidad, etc.; *to set the ~*, fig. dar el ejemplo. 2 paso, marcha [grado de celeridad]. 3 paso, andadura, portante [del caballo]. 4 paso [medida]. 5 estrado, tarima. 6 pasillo [de iglesia].
pace (to) *intr.* andar, pasear, andar con paso mesurado. 2 amblar. — 3 *tr.* recorrer o medir a pasos : *to ~ one's beat*, hacer uno su ronda, su recorrido; *to ~ the floor*, pasearse de un lado a otro de una habitación. 4 marcar o dirigir el paso de. 5 ejercitar en el paso.
paced (peist) *adj.* que tiene el paso de cierto modo : *slow-paced*, de paso lento.
pacemaker (peismeikø') *s.* el que lleva el paso o da el ejemplo. 2 el que establece la marcha; el que va en cabeza [en una carrera].
pacer (peisø') *s.* amblador. 2 el que lleva el paso o mide a pasos.
pacha (pasha·) *s.* bajá.
pachyderm (pæ̆kidø'm) *s.* ZOOL. paquidermo.
Pachydermata (pækidø'mata) *s. pl.* ZOOL. paquidermos.
pachydermatous (pækidø'matøs), **pachydermous** (pækidø'møs) *adj.* paquidermo.
pacific (pasi'fic) *adj.* pacífico. 2 GEOGR. *Pacific Ocean*. océano Pacífico.
pacificate (to) (pasi'fikeit) *tr.* pacificar.
pacification (pæsifike·shøn) *s.* pacificación, apaciguamiento.
pacificator (pæ·sifikeitø') *s.* pacificador, apaciguador. sosegador.
pacificatory (pæsi'ficatori) *adj.* pacificador, de pacificación.
pacifier (pæ·sifaiø') *s.* pacificador, apaciguador. 2 chupador, chupete [para niños].
pacifism (pæ̆sifižm) *s.* pacifismo.
pacifist (pæ̆sifist) *adj. y s.* pacifista.
pacifistic (pæsifi·stic) *adj.* pacifista.
pacify (pæ̆sifai) *tr.* pacificar, apaciguar, sosegar, calmar. ¶ CONJUG. pret. y p. p.: *pacified*.
pacing (pei·sing) *s.* paso, andadura, andar. 2 acción de recorrer a pasos.
pack (pæ̆c) *s.* lío, fardo, bala, paca. 2 paquete, mazo [de ciertas cosas] ; cajetilla [de cigarrillos]. 3 baraja de naipes. 4 hato, hatajo, sarta, colección : *a ~ of lies*, una sarta de mentiras. 5 cuadrilla, pandilla, banda. 6 manada, bandada [de lobos, buitres, etc.]. 7 jauría; equipo de perros. 8 cantidad empaquetada. 9 carga [de un animal o pers.]. 10 extensión de témpanos flo-

tantes. 11 cosmético que se deja en el rostro hasta que se seca. 12 material para envolver o embalar. — 13 *adj.* de paquete, de empaquetar, de carga : *~ animal*, acémila, bestia de carga; *~ artillery*, artillería de lomo o de montaña; *~ cloth*, narpillera; *~ needle*, aguja saquera; *~ train*, recua.
pack (to) *tr. e intr.* empacar, empaquetar, enfardar, embalar; envasar, enlatar. — 2 *tr.* hacer [el baúl, la maleta]. 3 amontonar, apiñar, embutir : *to be packed in*, estar muy apretados, estar como sardinas en banasta. 4 llenar, atestar, colmar, apretar. 5 cargar [una acémila, etc.]. 6 (EE. UU.) transportar, llevar [a cuestas o a lomo]. 7 MEC. guarnecer, empaquetar [una junta]. 8 MAR. frisar. 9 reunir, juntar [en jauría, baraja, mazo, etc.]. 10 preparar, formar de modo fraudulento [una baraja, un jurado, etc.]. 11 *to ~ down*, apretar, comprimir; apisonar. 12 *to ~ off*, despedir, enviar, mandar, despachar. 13 *to ~ up*, empaquetar. — 14 *intr.* reunirse, juntarse, amontonarse; formar manada, banda, cuadrilla. 15 formar una masa compacta, endurecerse, consolidarse. 16 poderse empaquetar, embalar, etc. 17 hacer el baúl, la maleta, el equipaje. 18 *to ~ away, to ~ off*, largarse. 19 *to ~ up*, hacer la maleta, el equipaje, empaquetar sus cosas [para irse], liar el petate.
package (pæ̆·kidž) *s.* paquete, fardo, bulto, atado, lío. 2 cajetilla [de cigarrillos]. 3 empaquetadura, embalaje, envase [acción].
package (to) *tr.* empacar, empaquetar.
packer (pæ̆·kø') *s.* empacador, empaquetador, embalador, envasador; manipulador. 2 empaquetadora [máquina]. 3 (EE. UU.) fabricante de conservas enlatadas.
packet (pæ̆·kit) *s.* paquete [fardo pequeño]. 2 mala, valija, correo. 3 MAR. *~ boat, ~ ship, ~ vessel* o simplte. *packet*, paquebote, paquete, buque correo.
packet (to) *tr.* empaquetar.
packing (pæ̆·king) *s.* empaque, empaquetadura, embalaje, envase. 2 MEC. empaquetadura, relleno, estopada. 3 MEC. guarnición de junta; anillo de válvula o émbolo. 4 ALBAÑ. enripiado. — 5 *adj.* de embalar, de empacar, de envolver, etc. : *~ box*, caja de embalaje; MEC. prensaestopa; *~ case*, caja de embalaje, envase; *~ house, ~ plant*, frigorífico; fábrica para envasar o enlatar comestibles; *~ leather*, MEC. cuero para empaquetadura; *~ needle*, PACK NEEDLE; *~ paper*, papel de envolver; *~ press*, prensa de embalar; *~ ring*, MEC. anillo de émbolo.
packman (pæ̆·cmæn), *pl.* **-men** (-men) *s.* buhonero. 2 portador de fardos.
packsack (pæ̆·csæc) *s.* barjuleta.
packsaddle (pæ̆·csædøl) *s.* albarda, basto, aparejo, enjalma.
packthread (pæ̆·czred) *s.* bramante, hilo de palomar.
pact (pæ̆ct) *s.* pacto, convenio, acuerdo.

pad (pæd) *s.* cojincillo, almohadilla; masa o paquete de algo blando para rellenar, acolchar, proteger, etc.; postizo, relleno, hombrera, caderillas, tontillo. *2* secatintas. *3* tampón [para entintar]. *4* ESGR. peto, plastrón. *5* taco [de calendario]; bloque [de papel]. *6* paquete [de algodón, lana, etc.]. *7* sillín [de caballería de tiro]. *8* BOT. hoja grande de planta acuática. *9* pie [de liebre, zorra, etc.]. *10* paso, pisada [de ruido amortiguado]. *11* MEC. parte de una herramienta donde se encaja una broca, etc. *12* pop. camino: *gentleman of the* ~, salteador. *13* pop. salteador. — *14 adj.* ~ *saddle*, albarda; ~ *saw*, serrucho de calar.

pad (to) *tr.* rellenar, emborrar, acojinar, acolchar; forrar [de algo blando]. *2* aumentar, hinchar [con elementos superfluos, partidas falsas, etc.]. *3* recorrer a pie: *to* ~ *it*, *to* ~ *the hoof*, pop. ir a pie. — *4 intr.* caminar [penosamente, con fatiga]. *5* ir a pie, vagabundear. *6* saltear [robar en los caminos]. ¶ CONJUG. pret. y p. p.: *padded;* ger.; *padding.*

padded (pædid) *adj.* acojinado, acolchado, relleno, rellenado, capitoné.

padding (pæding) *s.* relleno, acolchado. *2* borra, material para rellenar. *3* guata, * huata. *4* relleno [palabras, frases, etc., inútiles].

paddle (pædøl) *s.* canalete, zagual [remo]. *2* pala, moza [de lavandera]. *3* paleta [de rueda]. *4* AGR. aguijada, béstola. *5* paseo en embarcación de canalete. — *6 adj.* de paleta, etc : ~ *boat*, buque de ruedas; ~ *box*, caja que cubre la parte superior de una rueda de paletas; ~ *wheel*, rueda de paletas.

paddle (to) *tr.* mover, impulsar con canaleta o rueda de paletas: *to* ~ *one's own canoe*, fam. hacer su trabajo sin ayuda; bastarse a sí mismo. *2* golpear, revolver con pala. *3* fam. (EE. UU.) apalear, dar de palos. — *4 intr.* remar con canaleta o suavemente. *5* avanzar movido por rueda de paletas. *6* chapotear, guachapear. *7* andar vacilando, hacer pinitos.

paddle-wheel *adj.* de rueda de paletas: ~ *steamer*, vapor de ruedas.

paddock (pædɒc) *s.* dehesa, prado [junto a una casa o establo]. *2* cercado adjunto a un establo o hipódromo, donde se ejercitan o se tienen los caballos de carreras.

paddy (pædi) *s.* arroz; arroz en cáscara. *2* fam. (con may.) irlandés. — *3 adj.* de arroz : ~ *field*, arrozal. *4* blando, parecido a una almohadilla.

padlock (pædlac) *s.* candado [cerradura]. *2* (EE. UU.) cierre [por orden de la autoridad].

padlock (to) *tr.* cerrar con candado, echar el candado a. *2* (EE. UU.) cerrar por orden de la autoridad.

padre (pɑdræ) *s.* (India) cualquier sacerdote o ministro. *2* [entre soldados y marinos] capellán.

padstone (pædstoun) *s.* ARQ. piedra de apoyo, imposta.

Paduan (pæduan) *adj.* y *s.* paduano.

pæan (pran) *s.* canto de júbilo o alabanza.

pæderasty (pedøræsti) *s.* pederastia.

pagan (peigan) *s.* pagano, gentil, infiel.

paganish (peiganish) *adj.* pagano, gentílico.

paganism (peiganišm) *s.* paganismo.

paganize (to) (peiganaiš) *tr.* e *intr.* paganizar.

page (peiȳ) *s.* paje. *2* botones [de hotel]; criado joven; muchacho mandadero. *3* página; plana, carilla: *full* ~, a toda página.

page (to) *tr.* buscar [a uno] llamándole [en un hotel, club, etc.]. *3* paginar, foliar. *4* IMPR. *to* ~ *up*, o simplte. *to* ~, compaginar.

pageant (pæȳant) *s.* cabalgata, desfile, procesión [magníficos o solemnes]. *2* aparato, pompa. *3* gran espectáculo. *4* representación de un drama histórico local al aire libre. — *5 adj.* espectacular, ostentoso, fastuoso.

pageantry (pæȳantri), *pl.* **-tries** (-tris) *s.* pompa, aparato, espectáculo.

pagedom (peiȳøm), **pagehood** (peiȳjud), *s.* oficio de paje.

pager (peiȳø') *s.* IMPR. compaginador, ajustador.

paginate (to) (pæȳineit) *tr.* paginar, foliar.

pagination (pæȳineishøn), **paging** (peiȳing) *s.* paginación, foliación.

pagoda (pagoudə) *s.* pagoda. *2* BOT. nombre del baniano, la sófora y otros árboles.

pagurian (paguriæn) *s.* ZOOL. paguro.

paid (peid) *pret.* y *p. p.* de TO PAY. — *2 adj.* pagado, asalariado.

paid-up *adj.* terminado de pagar. *2* COM. liberada [acción].

paideutics (paidiutics) *s.* pedagogía.

paidology (paidaloȳi) *s.* paidología.

pail (peil) *s.* herrada, colodra, cubo, pozal. *2* MAR. balde.

pailful (peilful) *s.* [lo que cabe en un] cubo, colodra, herrada, etc.

paillasse (pæliɑs) *s.* jergón.

pain (pein) *s.* dolor, pena, sufrimiento [físico o moral]; aflicción, inquietud : *to be in* ~, estar sufriendo; tener dolores. *2* pena [castigo], en frases como : *on*, o *under*, ~ *of*, bajo pena de. *3* trabajo, molestia, esfuerzo. | Gralte. en pl. : *to be at pains, to take pains to*, tomarse el trabajo, la molestia de, esforzarse, esmerarse por. *4 pl.* dolores del parto.

pain (to) *tr.* doler, punzar. *2* causar dolor, atormentar, afligir, acongojar, angustiar.

pained (peind) *adj.* dolorido, apenado, afligido.

painful (peinful) *adj.* doloroso, *2* penoso, aflictivo, angustioso. *3* trabajoso, arduo, improbo, laborioso. *4* dolorido.

painfully (peinfuli) *adv.* dolorosamente, penosamente. *2* trabajosamente.

painfulness (peinfulnis) *s.* calidad de doloroso, penoso, trabajoso, etc.

painless (peinlis) *adj.* indoloro, sin dolor; sin pena. *2* fácil, sin trabajo.

painstaker (peinsteikø') *s.* trabajador, afanador.

painstaking (peinsteiking) *adj.* afanoso, industrioso, cuidadoso, concienzudo, esmerado. — *2 s.* esmero.

paint (peint) *s.* pintura [acción]. *2* pintura, color: *box of paints*, caja de pinturas o colores. *3* pintura, afeite, colorete. — *4 adj.* de pintura : ~ *tube*, tubo de pintura.

paint (to) *tr.* pintar [dar de color] : *to* ~ *the town red*, fig. ir de parranda, correr la tuna; *to* ~ *with*, pintar de o con; dar una capa de. *2* pintar [un cuadro; representar en pintura]. *3* MED. pintar. — *4 tr.* e *intr.* pintar o pintarse [el rostro]. — *5 intr.* pintar [practicar la pintura]. *6* PINT. servir de modelo.

paintbox (peintbacs) *s.* caja de colores, caja de pinturas.

paintbrush (peintbrøsh) *s.* brocha, pincel.

painter (peintø') *s.* pintor. *2* ASTR. *Painter's Easel*, caballete del pintor. *3* MAR. boza, amarra [del bote o lancha].

painting (peinting) *s.* pintura [acción, arte, oficio]. *2* pintura, color [que cubre o adorna un objeto]. *3* pintura, cuadro.

paintress (peintris) *f.* pintora.

painty (peinti) *adj.* lleno o manchado de pintura. *2* pintado sin arte, con demasiado color.

pair (peø') *s.* par, pareja. *2* yunta, mancuerna. *3* grupo, serie [de cosas iguales] : ~ *of stairs*. tramo de escalera. *4* POL. dos miembros de partidos contrarios, convenidos para no votar. *5 a* ~ *of scales*, unas balanzas; *a* ~ *of scissors*, unas tijeras; *a* ~ *of trousers*, unos pantalones.

pair (to) *tr.* aparear, unir en pareja, unir como novios, casar; juntar, asociar [dos cosas]; acoplar [animales]. *2* parear [poner de dos en dos]. — *3 intr.* aparearse, formar pareja; unirse, casarse. *4 to* ~ *off*, aparearse [POL. convenirse con uno de un partido opuesto para no votar. *5 to* ~ *with*, formar pareja con.

pajamas (paȳɑmas) *s. pl.* pijama.

pal (pæl) *s.* compañero, camarada. *2* compinche, cómplice.

pal (to) *intr.* hacerse o ser amigo o amigos, compañero o compañeros.

palace (pælis) *s.* palacio.

paladin (pæladin) *s.* paladín.

palæograph (peiliogræf) *s.* paleógrafo. *2* manuscrito antiguo.

palæographic(al (peiliogræfic(al) *adj.* paleográfico.

palæography (peiliagrafi) *s.* paleografía.

palæologist (peilialoȳist) *s.* paleólogo.

palæology (peilialoȳi) *s.* paleología.

palæolith (peilioliz) *s.* paleolito.

palæolithic (peiliolizic) *a.* paleolítico.

palæontologist (peiliantaloȳist) *s.* paleontólogo.

palæontology (peiliantaloȳi) *s.* paleontología.

Palæozoic (peiliozou·ic) *adj.* y *s.* paleozoico.
palæstra (pale·stra) *s.* palestra.
palafitte (pæ·lafit) *s.* palafito.
palankeen, palanquin (pælanki·n) *s.* palanquín.
palatable (pæ·latabøl) *adj.* sabroso, bueno, apetitoso. 2 agradable, aceptable.
palatal (pæ·latal) *adj.* y *s.* palatal. — 2 *adj.* palatino, paladial. — 3 *s.* ANAT. hueso palatino.
palatalize (to) (pæ·latalaiż) *tr.* palatalizar.
palate (pæ·lit) *s.* paladar.
palatial (palei·shal) *adj.* palaciego, suntuoso.
palatinate (palæ·tinit) *s.* palatinado. 2 GEOGR. the *Palatinate*, el Palatinado.
palatine (pæ·latain) *adj.* ANAT. palatino. 2 palatino, palaciego. — 3 *s.* palaciego. 4 conde palatino.
palaver (palæ·vøᵣ) *s.* conferencia o debate entre los indígenas o con los indígenas [en África]. 2 fig. conversación, palabrería, zalamería, embuste.
palaver (to) *intr.* charlar, discutir. — 2 *tr.* e *intr.* enlabiar, engatusar, lisonjear.
pale (pei·l) *adj.* pálido. 2 descolorido. 3 claro [color] : ~ *wine*, vino clarete. 4 débil, mortecino, apagado, desmayado, sin brillo. — 5 *s.* estaca. 6 estacada, palizada. 7 espacio cerrado; límites, esfera, gremio, seno : *the* ~ *of the Church*, el gremio o el seno de la Iglesia ; *beyond, outside o out the* ~ *of*, fuera de los límites, privilegios o protección de. 8 BLAS. palo.
pale (to) *intr.* palidecer, perder el color. — 2 *tr.* hacer palidecer, descolorir. 3 empalizar, cercar.
palea (pei·lia) *s.* BOT. ·glumilla. 2 BOT. bráctea [de flor compuesta].
paleface (pei·lfeis) *s.* rostro pálido, hombre blanco [entre los indios].
palely (pei·li) *adj.* pálidamente.
paleness (pei·lnis) *s.* palidez, descolorimiento.
paleograph, paleographic, paleography, etc. V. PALÆOGRAPH, PALÆOGRAPHIC, PALÆOGRAPHY, etc.
Palestine (pæ·listain) *n. pr.* GEOGR. Palestina.
Palestinian (pælesti·niøn) *adj.-s.* palestino.
palestra *s.* PALÆSTRA.
paletot (pæ·lito) *s.* paletó.
palette (pæ·let) *s.* PINT. paleta. 2 ~ *knife*, espátula.
palfrey (po·lfri) *s.* palafrén.
palfreyed (po·lfrid) *adj.* montado en palafrén.
palimpsest (pæ·limpsest) *s.* palimpsesto.
palindrome (pæ·lindroum) *s.* palabra que se lee lo mismo del derecho que del revés.
paling (pei·ling) *s.* palenque, estacada, palizada. 2 límites, ámbito. 3 estaca.
palingenesia (pælinȳeni·sia), **palingenesis** (pælinȳe·nesis) *s.* palingenesia.
palinode (pæ·linoud) *s.* palinodia.
palisade (pæ·lisei·d) *s.* palizada, estacada. 2 FORT. empalizada ; frisa. 3 *pl.* acantilado, línea de acantilados.
palisade (to) *tr.* empalizar.
palisander (pælisæ·ndøᵣ) *s.* palisandro.
palish (pei·lish) *adj.* algo pálido, paliducho.
pall (pol) *s.* paño mortuorio. 2 fig. féretro. 3 palio, capa [cosa que cubre u obscurece]. 4 palio [insignia]. 5 LITURG. palia, hijuela.
pall (to) *tr.* quitar el sabor a. 2 ahitar, empalagar. — 3 *intr.* perder la fuerza, el sabor : *to* ~ *on o upon*, cansar, dejar de gustar, hacerse insípido a.
palladium (pælei·diøm) *s.* paladión, garantía, salvaguardia. 2 QUÍM. paladio.
Pallas (pæ·las) *n. pr.* MIT. Palas.
pallbearer (po·lberøᵣ) *s.* portador de féretro ; el que va al lado del féretro.
pallet (pæ·let) *s.* ALBAÑ., PINT. paleta. 2 pincel plano para dorar. 3 paleta de reloj. 4 MEC. fiador de rueda, trinquete. 5 disco de bomba de rosario. 6 ENCUAD. herramienta para dorar lomos. 7 jergón, petate, lecho miserable.
pallete (pæ·lit) *s.* ARM. gocete.
palliasse (pæ·lia·s) *s.* PAILLASSE.
palliate (to) (pæ·lieit) *tr.* paliar. 2 mitigar. 3 excusar, disimular, encubrir.
palliation (pælie·shøn) *s.* paliación. 2 alivio. 3 excusa, excusación.
palliative (pæ·liativ) *adj.* y *s.* paliativo.
pallid (pæ·lid) *adj.* pálido ; desvaído.
pallidity (pali·diti), **pallidness** (pæ·lidnis) *s.* palidez.
pallium (pæ·liøm) *s.* palio [insignia]. 2 palio [del

traje griego]. 3 METEOR. capa [de nubes]. 4 ZOOL. manto.
pall-mall (pel·mel) *s.* mallo, palamallo [juego].
pallor (pæ·løᵣ) *s.* palidez.
palm (pam) *s.* palma [de la mano, de un guante] : *to grease the* ~, untar la mano. 2 palmo menor. 3 pala [de remo, de una cuerna, etc.]. 4 cara inferior de un esquí. 5 uña [de áncora]. 6 MAR. rempujo. 7 BOT. palmera, palma. 8 fig. palma, victoria, gloria, triunfo. 9 LITURG. rama de laurel, etc., usada en vez de la palma. — 10 *adj.* de palma o palmera : ~ *cabbage*, BOT. palmito ; ~ *grove*, palmar ; ~ *oil*, aceite de palma ; *Palm Sunday*, Domingo de Ramos ; ~ *tree*, palmera ; ~ *wine*, vino de palma.
palm (to) *tr.* tocar con la palma de la mano, manosear. 2 esconder [un naipe o dado] en la palma de la mano ; escamotear. 3 pop. untar la mano ; dar propina. 4 *to* ~ *something off on someone*, colocar, endosar algo a uno [con engaño o sin que él lo advierta].
palmaceous (pælmei·shøs) *adj.* BOT. palmáceo.
Palma-Christi (pælma cri·sti) *s.* BOT. palmacristi, ricino.
palmar (pæ·lma·ᵣ) *adj.* ANAT. palmar.
palmary (pæ·lmari) *adj.* digno de premio, preeminente, superior, principal.
palmate(d (pæ·lmeit·id) *adj.* palmado, palmeado.
palmer (pa·møᵣ) *s.* palmero, peregrino. 2 ·fullero. 3 prestidigitador, escamoteador. 4 palmeta. 5 ~ *worm*, cierta oruga velluda que destruye la hierba.
palmetto (pælme·tou) *s.* BOT. palmito, margallón. 2 BOT. palmera enana de hojas de abanico. 3 sombrero de palmito.
palmier ,pa·miøᵣ) *adj. comp.* de PALMY.
palmiest (pa·miist) *adj. superl.* de PALMY.
palmiferous (pælmi·førøs) *adj.* palmífero.
palmiped (pæ·lmiped) *adj.* ORNIT. palmípedo. 2 ZOOL. de pies palmeados.
palmist(er (pa·mist(øᵣ) *s.* quiromántico.
palmistry (pa·mistri) *s.* quiromancia.
palmitate (pæ·lmiteit) *s.* QUÍM. palmitato.
palmitic (pælmi·tic) *adj.* QUÍM. palmítico.
palmy (pa·mi) *adj.* abundante en palmas. 2 próspero, floreciente, glorioso.
Palmyra (pælmai·ra) *n. pr.* GEOGR. Palmira.
palp (pælp) *s.* ZOOL. palpo.
palpability (pælpabi·liti) *s.* palpabilidad.
palpable (pæ·lpabøl) *adj.* palpable, evidente.
palpableness (pæ·lpabølnis) *s.* PALPABILITY.
palpably (pæ·lpabli) *adv.* palpablemente.
palpate (to) (pæ·lpeit) *tr.* palpar, tentar.
palpation (pælpe·shøn) *s.* palpamiento, palpación.
palpebra (pæ·lpibra) *s.* ANAT. pálpebra, párpado.
palpebral (pæ·lpibral) *adj.* palpebral.
palpitate (to) (pæ·lpiteit) *intr.* palpitar, latir. — 2 *tr.* hacer palpitar.
palpitating (pæ·lpiteiting) *adj.* palpitante.
palpitation (pælpite·shøn) *s.* palpitación.
palpus (pæ·lpøs) *s.* ZOOL. palpo.
palsied (po·lsid) *adj.* paralítico, perlático. 2 vacilante, tembloroso.
palsy (po·lsi) *s.* MED. parálisis, perlesía. 2 ineficacia, apatía.
palsy (to) *tr.* paralizar. — 2 *intr.* paraliticarse, paralizarse ; temblar como un perlático.
palter (to) (po·ltøᵣ) *intr.* andar con rodeos o subterfugios, usar equívocos, engañar, jugar con. 2 regatear, discutir.
palterer (po·ltørøᵣ) *s.* falso, engañador, embrollador.
paltriness (po·ltrinis) *s.* bajeza, vileza, mezquindad, pobreza, futilidad, insignificancia.
paltry (po·ltri) *adj.* bajo, vil, ruin, mezquino, despreciable. 2 triste, pobre, fútil [sin valor].
paludal (paliu·dal) *adj.* palustre, palúdico.
paludamentum (paliudame·ntøm) *s.* paludamento.
paludic (paliu·dic) *adj.* palúdico.
paludism (pæ·liudiżm) *s.* MED. paludismo.
paly (pei·li) *adj.* poét. pálido, desvaído. 2 BLAS. palado.
pampas (pæ·mpaż) *s. pl.* pampa.
pampean (pæmpɪ·an) *adj.* y *s.* pampero.
pamper (to) (pæ·mpøᵣ) *tr.* mimar, consentir, regalar. 2 satisfacer desordenadamente.
pamperer (pæ·mpørøᵣ) *s.* mimador.
pampero (pæmpeɪ·rou) *s.* pampero. 2 viento pampero.
pamphlet (pæ·mflet) *s.* folleto.

pamphleteer (pæmfletɪ·ʳ) s. folletista, foliculario.
pan (pæn) s. cacerola, cazuela, cazo, caldero, paila; recipiente de poco fondo para varios usos: *earthen* ~, cazuela, barreño; *frying* ~, sartén. 2 fig. cráneo, sesera. 3 MIN. artesa, gamella. 4 espumero. 5 platillo [de balanza]. 6 cazoleta [de arma de fuego] : *to flash in the* ~, dar higa [un fusil]. 7 CARP. quicio. 8 trozo plano de hielo flotante. 9 capa dura y arcillosa debajo de suelo blando.
Pan n. pr. MIT. Pan: *Pan's pipes,* flauta de Pan.
pan (to) tr. cocer en cazuela; freír. 2 lavar en artesa [arenas o tierra auríferas]. 3 obtener [sal] en espumero. 4 pop. criticar, poner como nuevo. 5 *to* ~ *out,* verter o servir con cazuela, etc. ~ 6 intr. *to* ~ *out,* dar oro [la arena o la tierra]; fig. resultar; *to* ~ *out well,* dar resultado, tener éxito. ¶ CONJUG. pret. y p. p.: *panned;* ger.: *panning.*
panacea (pænasɪ·a) s. panacea, curalotodo.
panache (pænæ·sh) s. penacho, plumero, airón. 2 fig. fanfarronería.
panada (pana·da) s. panetela [papas].
Panama (pæ·nama o pænama·) n. pr. GEOGR. Panamá. — 2 adj. de Panamá: ~ *Canal,* Canal de Panamá; ~ *hat,* sombrero de jipijapa.
Pan-American adj. panamericano.
Pan-Americanism s. panamericanismo.
panary (pæ·nari) adj. relativo al pan.
pancake (pæ·nkeic) s. hojuela [fruta de sartén]; torta delgada cocida en la sartén o en una plancha, *panqueque, *tortilla. 2 AVIA. aterrizaje brusco, casi vertical. — 3 adj. plano. 4 *Pancake Day, Pancake Tuesday,* martes de Carnaval.
pancake (to) intr. AVIA. aumentar el ángulo de ataque al aterrizar, aterrizar de plano.
pancratic (pæncræ·tic) adj. pert. al pancracio; atlético, gimnástico. 2 ÓPT. ajustable. 3 que domina todas las materias o temas.
pancratium (pæncræ·shiǫm) s. pancracio.
pancreas (pæ·ncrias) s. ANAT. páncreas.
pancreatic (pæncriæ·tic) adj. pancreático: ~ *juice,* jugo pancreático.
pancreatin (pæ·ncriatin) s. pancreatina.
panda (pæ·nda) s. ZOOL. panda.
Pandanaceæ (pændanei·sii) s. pl. BOT. pandanáceas.
pandanaceous (pændanei·shǫs) adj. BOT. pandanáceo.
Pandean (pændɪan·) adj. de Pan: ~ *pipes,* flauta de Pan.
pandect (pæ·ndect) s. recopilación, código. 2 pl. (con may.) Pandectas.
pandemia (pændɪ·mia) s. MED. pandemia.
pandemic (pænde·mic) adj. pandémico. — 2 s. pandemia.
pandemonium (pændimou·niǫm) s. pandemónium.
pander (pæ·ndǫʳ) s. alcahuete, proxeneta, tercero, rufián.
pander (to) tr. alcahuetear, rufianear.
panderage (pæ·ndǫridy̆) s. alcahuetería.
panderess (pæ·ndǫris) s. alcahueta.
panderism (pæ·ndǫrism) s. PANDERAGE.
Pandora (pændo·ra) n. pr. MIT. Pandora: *Pandora's box,* caja de Pandora.
pandore (pændo·ʳ) s. MÚS. bandurria.
pandowdy (pændau·di), pl. -dies (-dĭš) s. cierto pastel de manzanas.
pane (pein) s. hoja de vidrio o cristal; cristal, vidrio [de ventana o vidriera]. 2 CARP. cuarterón, entrepaño. 3 trozo, sección [de pared, etc.]. 4 cara, lado, faceta. 5 boca [del martillo]. 6 AGR. cuadro [de tierra]. 7 FILAT. división de una hoja de sellos.
paned (peind) adj. que tiene vidrios o facetas.
panegyric (pæniy̆i·ric) adj. y s. panegírico.
panegyrical (pæniy̆i·rical) adj. panegírico.
panegyrist (pæniy̆i·rist) s. panegirista.
panegyrize (to) (pæ·niy̆iraiš) tr. panegirizar.
panel (pæ·nel) s. CARP., ARQ. panel, painel, cuarterón, tablero, entrepaño, artesón, compartimiento, sección. 2 sección [de una armazón, barandilla, etc., entre dos postes]; tramo [de puente]. 3 cristal, vidrio [de vidriera]. 4 COST. adorno de tela. 5 PINT. tabla. 6 almohadilla [de la silla de montar]. 7 ELECT. tablero, cuadro; sección [de un cuadro de distribución]. 8 IMPR., ARQ. recuadro. 9 cara [de una piedra labrada]. 10 AUTO. tablero. 11 AVIA. sección, cuadro [de un ala]. 12 lista de jurados, de médicos del seguro, de pers., de-

signadas para un servicio. 13 DER. jurado. — 14 adj. del panel, vidrio, tablero, etc.: ~ *board,* tablero de cortacircuitos; ~ *doctor,* (Ingl.) médico de seguros; ~ *house,* lupanar donde se roba por medio de postigos o puertas secretas; ~ *lights,* AUTO. luces del tablero.
panel (to) tr. formar tableros, paneles o artesones; artesonar. 2 poner cristales o vidrios en [una ventana o vidriera]. 3 COST. adornar con tiras de tela. 4 TO IMPANEL. ¶ CONJUG. pret. y p. p.: *paneled* o *-elled;* ger.: *paneling* o *-elling.*
paneless (pei·nlis) adj. sin cristales [ventana, etc.].
panel(l)ing (pæ·neling) s. entrepaños, cuarterones, tableros: revestimiento de madera. 2 artesonado.
panetela (pænǫte·la) s. panetela [cigarro].
panful (pæ·nful) s. contenido de una cazuela, cacerola, etc.; sartenada.
pang (pæng) s. punzada, dolor agudo, tormento, ansia, congoja: *pangs of conscience,* remordimientos; *death pangs,* ansias de la muerte.
Pan-German (pær·ȳǫ·man) adj. y s. pangermanista.
Pan-Germanism (pænȳǫ·manism) s. pangermanismo.
pangolin (pængou·lin) s. ZOOL. pangolín.
pan-handle s. mango de sartén, cacerola, etc. 2 (EE. UU.) parte estrecha del territorio de un estado que entra en el otro.
pan-handle (to) intr. mendigar por las calles.
pan-handler (pæ·njændlǫʳ) s. pop. mendigo, pordiosero.
panic (pæ·nic) adj. y s. pánico. — 2 s. BOT. panizo [*setaria itálica*]. 3 BOT. ~ *grass* o simplte. *panic,* mijo.
panicky (pæ·niki) a. pánico. 2 asustadizo.
panicle (pæ·nicǫl) s. BOT. panícula.
panic-stricken adj. aterrorizado, preso de pánico.
paniculate(d (pani·kiuleit·(id) adj. paniculado.
panification (panifike·shǫn) s. panificación.
Pan-Islamic adj. panislamista.
Pan-Islamism s. panislamismo.
panjandrum (pænȳæ·ndrǫm) s. joc. personaje, persona importante. 2 joc. ceremonia exagerada.
pannage (pa·nidy̆) s. montanera [pasto].
pannicle (pæ·nicǫl) s. BOT. panicula.
panniculus (pæni·kiulǫs) s. BIOL. panículo.
pannier (pæ·niǫʳ) s. cesta grande, cuévano. 2 cestón, gavión. 3 tontillo, caderilas. 4 ARQ. ornamento en figura de cesta. 5 pl. angarillas de mimbre.
pannikin (pæ·nikin) s. cacillo, cacerola pequeña. 2 vaso de hojalata.
panoplied (pæ·noplid) adj. armado de pies a cabeza.
panoply (pæ·nopli), pl. -plies (-pliš) s. panoplia [armadura]. 2 cosa que protege o que envuelve suntuosamente.
panoptic(al (pæna·ptic(al) adj. panóptico.
panopticon (pæna·ptican) s. panóptico.
panorama (pænora·ma) s. panorama.
panoramic (pænora·mic) a. panorámico.
Pan-Slavic (pænsla·vic) a. paneslavista.
Pan-Slavism (pænsla·višm) s. paneslavismo.
pansy (pæ·nši), pl. -sies (-šiš) s. BOT. pensamiento, trinitaria.
pant (pænt) s. jadeo, resuello. 2 palpitación. 3 resoplido [de una máquina de vapor].
pant (to) intr. jadear, resollar, anhelar. 2 palpitar. 3 *to* ~ *for* o *after,* desear con ansia, suspirar por. — 4 tr. decir jadeando.
Pantagruelian (pæntagrue·lian), **Pantagruelic** (pæntagrue·lic) adj. pantagruélico.
pantalets, pantalettes (pæntale·ts) s. pl. pantalones de mujer que asomaban por debajo de la falda.
pantaloon (pæntælu·n) s. bufón, gracioso. 2 viejo imbécil. 3 pl. pantalones, calzones.
pantechnicon (pænte·cnikǫn) s. (Ingl.) guardamuebles. 2 ~ *van,* camión de mudanzas.
panter (pa·ntǫr) s. el que jadea.
pantheism (pæ·nziišm) s. panteísmo.
pantheist (pæ·nziist) s. panteísta.
pantheistic(al (pænzii·stic(al) adj. panteísta, panteístico.
Pantheon (pæ·nziǫn) s. panteón.
panther (pæ·nzǫʳ) s. ZOOL. pantera; (EE. UU.) puma.
pantheress (pæ·nzǫris) s. pantera hembra.
pantherine (pæ·nzǫrin) adj. parecido a la pantera; de pantera.

panties (pǽntis) s. pl. bragas [de mujer].
pantile (pǽntail) s. teja de sección en S.
panting (pǽnting) adj. jadeante. 2 palpitante, trepidante. — 3 s. jadeo; palpitación.
pantingly (pǽntingli) adv. con jadeo o palpitación, sin resuello.
pantler (pǽntløʳ) s. panetero, despensero.
pantof(f)le (pǽntafǿl) s. pantufla.
pantograph (pǽntogræf) s. pantógrafo. 2 FERROC. ELECT. soporte articulado del trole.
pantometer (pǽntametøʳ) s. pantómetra.
pantomime (pǽntomaim) s. pantomima. 2 pantomimo.
pantomimic (pæntomíʹmic) adj. pantomímico.
pantomimist (pǽntomaiˑmist) s. pantomimo. 2 autor de pantomimas.
pantry (pǽntri), pl. -tries (-triš) s. despensa, repostería.
pants (pǽnts) s. fam. pantalones. 2 fam. calzoncillos. 3 pants (o pant) hanger, percha para pantalones.
pap (pǽp) s. papas, gachas, papilla. 2 grano [tumor], bulto. 3 pequeña elevación. 4 ant. pezón, tetilla.
papa (paˑpǿ o pǿpaˑ) s. papá. 2 pope.
papacy (peiˑpasi) s. papado. 2 adhesión al Papa.
papain (papeiˑin) s. QUÍM. papaína.
papal (peiˑpal) adj. papal; pontificio.
Papaveraceæ (papǽvǿreiˑsii) s. pl. BOT. papaveráceas.
papaveraceous (papǽvǿreiˑshøs), **papaverous** (papæˑvǿrøs) adj. papaveráceo.
papaw (papɔˑ) s. BOT. árbol americano cuyo fruto, del mismo nombre, sabe a banana. 2 PAPAYA.
papaya (peipaˑia) s. BOT. papayo. 2 papaya.
paper (peiˑpøʳ) s. papel [materia; hoja de papel]. 2 papel, escrito, documento, acta, comunicación, ensayo literario : on ~, por escrito; en el papel, sobre el papel, en teoria. 3 COM. papel [valor negociable]. 4 papel, periódico, diario. 5 papel, cartón, envoltorio, paquete [de ciertas cosas] : ~ of pins, papel o cartón de alfileres; ~ of tacks, paquete de tachuelas. 6 pl. papeles [documentos de identidad, etc.]. 7 papeles, cartas, apuntes, memorias, autos. 8 papillotes. — 9 adj. de papel, para papel : ~ case, papelera; ~ cigar, cigarrillo; ~ clip, sujetapapeles, sujetador, clip; ~ cone, cucurucho; ~ cup, vaso de papel; ~ currency, papel moneda; ~ cutter, cortapapel, plegadera, ENCUAD. guillotina; ~ file, archivador; ~ hanger, empapelador, papelista; ~ hanging, empapelado; ~ hangings, papeles pintados; ~ knife, cortapapel, plegadera; ~ machine, máquina para hacer papel continuo; ~ maker, ~ seller, papelero; ~ mill, fábrica de papel; ~ money, papel moneda; ~ nautilus, ZOOL. argonauta; ~ profits, COM. ganancias no realizadas todavía; ~ punch, perforadora o sacabocado para el papel; ~ ruler, pauta; pautador; ~ stainer, fabricante de papel pintado; ~ wedding, primer aniversario de la boda; ~ weight, pisapapeles.
paper (to) tr. empapelar. 2 poner por escrito. 3 pulir con papel de lija. 4 TEAT. dar billetes gratuitos.
paperboard (peiˑpøʹboʳd) s. cartón; cartulina.
paper-bound adj. ENCUAD. en rústica.
paper-faced adj. cubierto de papel. 2 de rostro pálido o delgado.
papery (peiˑpøri) adj. parecido al papel.
papess (peiˑpis) s. papisa.
papeterie (pǽpøtri) s. caja con recado de escribir. 2 una clase de papel de cartas.
papier-mâché (peiˑpøʹmashei·) s. cartón piedra. — 2 adj. de cartón piedra.
Papilionaceæ (papilioneˑsii) s. pl. BOT. papilionáceas.
papilionaceous (papilioneˑshøs) adj. papilionáceo.
Papilionidæ (papiliˑonidi) s. pl. ENTOM. mariposas.
papilla (papiˑla) s. ANAT. pezón. 2 ANAT., ZOOL., BOT. papila.
papillary (pæˑpilæri) adj. papilar.
papilloma (pæpilouˑma) s. MED. papiloma.
papion (pæˑpion) s. ZOOL. papión, zambo.
papist (peiˑpist) s. desp. papista, católico.
papistic(al (peipiˑstic(al) adj. desp. papista.
papistry (peiˑpistri) s. desp. papismo, catolicismo.
pap(p)oose (pǽpuˑs) s. niño indio [de Norteamérica].

pappose (pǽpous), **pappous** (pǽpøs) adj. BOT. provisto de vilano, de la naturaleza de un vilano.
pappus (pǽpos) s. BOT. vilano.
pappy (pǽpi), pl. -pies (-piš) s. fam. papá. — 2 adj. mollar, jugoso.
paprika (pæˑprica) f. pimentón.
Papuan (pæˑpiuan) adj. y s. papú.
papule (pæˑpiul) s. pápula.
papular (pæˑpiulaʹ), **papulous** (pæˑpiuløs) adj. papuloso; lleno de pápulas.
papyraceous (pæpireiˑshøs) adj. semejante al papiro o al papel.
papyrus (papaiˑrøs), pl. -ri (-rai) s. papiro [planta, papel, escrito].
par (paʹ) s. equivalencia, paridad, nivel; COM. par : at ~, a la par; above ~, con premio, sobre la par; to be on a ~ with, competir, ser igual a, correr parejas con; to feel above ~, sentirse mejor que de ordinario; ~ value, valor a la par, valor nominal.
parable (pæˑrabøl) s. parábola [narración].
parabola (paræˑbola) s. GEOM. parábola.
parabolic (paræbaˑlic) adj. GEOM. parabólico. 2 euclidiano : ~ geometry, geometría euclidiana.
parabolical (pærabaˑlic(al) adj. parabólico, alegórico, expresado con parábola.
parabolically (pærabaˑlicali) adv. parabólicamente.
paraboloid (pæræˑboloid) s. GEOM. paraboloide.
Paracelsus (pærøseˑlsøs) n. pr. Paracelso.
paracentesis (pærasentiˑsis) s. CIR. paracentesis.
parachute (pæˑrashut) s. paracaídas. 2 mecanismo para retardar el descenso.
parachutism (pæˑrashutiˑšm) s. paracaidismo.
parachutist (pæˑrashutiˑst) s. paracaidista.
Paraclete (pæˑraclit) n. pr. Paráclito, Paracleto.
parade (pareiˑd) s. boato, pompa, ostentación, fachenda; alarde, gala. 2 MIL. parada, revista. 3 desfile, procesión, cabalgata. 4 (Ingl.) paseo público; reunión de paseantes. — 5 adj. de parada, etc. : ~ ground, MIL. plaza de armas, campo de maniobras; ~ rest, MIL. en su lugar descanso.
parade (to) tr. exhibir, ostentar, alardear de, hacer desfilar. — 2 intr. exhibirse, pasearse. 3 formar en parada, desfilar.
paradigm (pæˑradaim) s. paradigma. 2 ejemplo.
paradisaic (pæradiseiˑic) adj. PARADISIACAL.
paradise (pæˑradais) s. paraíso, edén; cielo. 2 TEAT. paraíso. 3 pluma de ave del Paraíso. 4 ORNIT. ~ bird, ave del Paraíso.
paradisiacal (pæradisaiˑacal) adj. paradisíaco.
paradox (pæˑradacs) s. paradoja.
paradoxical (pærada·csical) adj. paradójico, paradojo.
paradoxically (pærada·csicali) adv. paradójicamente.
paraffin(e (pæˑrafin) s. parafina.
paraffin(e (to) tr. parafinar.
parage (paˑrid̄y) s. igualdad de sangre, dignidad, etc.
paragoge (pæragouˑȳi) s. GRAM. paragoge.
paragogic (pæragouˑȳic) adj. paragógico.
paragon (pæˑragan) s. modelo, ejemplar, dechado, tipo de perfección. 2 IMPR. parangona.
paragraph (pæˑragræf) s. párrafo, aparte. 2 suelto, artículo corto. 3 IMPR. calderón.
paragraph (to) tr. dividir en párrafos. 2 escribir o comentar en sueltos o artículos cortos.
paragrapher (pæˑragræføʳ) s. escritor de sueltos o artículos cortos.
Paraguay (pæˑragüei) n. pr. GEOGR. Paraguay.
Paraguayan (pæˑragüeian) adj. y s. paraguayano, paraguayo.
parakeet (pæˑrakɪt) s. ORNIT. periquito.
paraleipsis (pæralaiˑpsi) s. RET. paralipse.
parallactic(al (pæralæˑctic(al) adj. paraláctico.
parallax (pæˑralæcs) s. AST. paralaje.
parallel (pæˑralel) adj. paralelo : ~ bars, paralelas de gimnasia]; ~ motion, mecanismo de movimiento paralelo; MÚS. movimiento paralelo; ~ postulate, postulado de las paralelas o de Euclides; ~ sailing, navegación paralela; to run ~ to, ir, correr en dirección paralela a. — 2 s. línea o superficie paralelas. 3 paralelismo, semejanza, confomidad. 4 par, igual, semejante [pers. o cosa]. 5 paralelo [comparación]. 6 GEOGR. paralelo. 7 FORT. paralela. 8 IMPR. signo (‖). 9 ELECT. paralelo, derivación : in ~, en paralelo, en derivación.

parallel (to) *tr.* igualar, comparar, paralelar, parangonar. 2 hallar una cosa semejante a. 3 ser igual a, correr parejas con. 4 poner paralelo. 5 extenderse paralelamente a. ¶ CONJUG. pret. y p. p.: *paralleled* o *-lled;* ger.: *paralleling* o *-lling.* o caballeresco.

parallelepiped (pæraleløpai·pid) *s.* GEOM. paralelepípedo.

parallelism (pæ·ralelišm) *s.* paralelismo.

parallelly (pæ·raleli) *adv.* paralelamente.

parallelogram (pærale·lográm) *s.* GEOM. paralelogramo.

paralogism (paræ·loÿism) *s.* paralogismo.

paralogize (to) (paræ·loÿaiš) *intr.* paralogizar.

paralogy (paræ·loÿi) *s* paralogismo.

paralysis (paræ·lisis), *pl.* -ses (-siš) *s.* MED. parálisis, perlesía. 2 paralización, estancamiento.

paralytic (pærali·tic) *adj.* y *s.* paralítico.

paralyzation (pærališe·shøn) *s.* paralización.

paralyze (to) (pæ·ralaiš) *tr.* paralizar.

paralyzed (pæ·ralaišd) *a.* paralizado. 2 paralítico.

paralyzing (pæ·ralaišing) *a.* paralizador.

paramagnetic (pæramægne·tic) *a.* paramagnético.

paramecium (pærami·shiøm) *s.* ZOOL. paramecio.

parameter (paræ·metø') *s.* MAT. parámetro.

paramo (pa·ramou) *s.* páramo.

paramount (pæ·ramaunt) *adj.* superior, supremo, máximo, capital, principalísimo.

paramour (pæ·ramu') *s.* amante; cortejo, querido; querida, manceba. 2 ant. objeto del amor ideal o caballeresco.

paranoia (pærano·ia) *s.* MED. paranoia.

paranoiac (pærano·iæc), **paranoic** (pæranoi·ic) *adj.* y *s.* paranoico.

paranymph (pæ·ranimf) *s.* paraninfo, padrino de boda. 2 abogado, intercesor.

parapet (pæ·rapet) *s.* parapeto. 2 pretil, baranda, antepecho.

paraph (pæ·raf) *s.* rúbrica, signo.

paraphernalia (pæraførnei·lia) *s. pl.* DER. bienes parafernales. 2 avíos, enseres, aparatos, trastos; atavíos, galas.

paraphrase (pæ·rafreiš) *s.* paráfrasis.

paraphrase (to) *tr.* parafrasear.

paraphraser (pæ·rafreišø'), **paraphrast** (pæ·rafræst) *s.* parafraseador, parafraste.

paraphrastic (pærafræ·stic(al) *adj.* parafrástico.

paraplegia (pæraplr·ÿia) *s.* MED. paraplejía.

parasceve (pæ·rasiv) *s.* parasceve.

paraselene (pæraseli·ni) *s.* METEOR. paraselene.

parasite (pæ·rasait) *s.* parásito. 2 gorrón, gorrero.

parasitic(al (pærasi·tic(al) *a.* parásito, parasítico, parasitario.

parasitically (pærasi·ticali) *adv.* como parásito.

parasiticide (parasi·tisaid) *s.* parasiticida.

parasitism (pæ·rasaitišm) *s.* parasitismo.

parasitize (to) (pæ·rasitaiš) *tr.* parasitar.

parasitology (pærasaita·loÿi) *s.* parasitología.

parasol (pæ·rasol) *s.* sombrilla, parasol, quitasol.

parasympathetic (pærasi·mpaze·tic) *adj.* y *s.* ANAT., FISIOL. parasimpático.

parasynthesis (pærasi·nzisis) *s.* GRAM. parasíntesis.

parathyroid (pærazai·roid) *adj.* y *s.* ANAT. paratiroides.

paratrooper (pæ·ratrupø') *s.* MIL. paracaidista.

paratroops (pæ·ratrups) *s. pl.* MIL. tropas paracaidistas.

paratyphoid (pæratai·foid) *adj.* MED. paratifoide, paratífico: ~ *fever,* paratifoidea, paratifus.

paravane (pæ·ravein) *s.* MIL. aparato para destruir minas submarinas o para atacar submarinos.

parboil (to) *tr.* sancochar, cocer a medias. 2 sofocar, ahogar de calor.

parbuckle (pa·bøçøl) *s.* tiravira, cuerda que, sujeta por su punto medio, sirve para hacer subir o bajar barriles, etc. por un plano inclinado.

Parcæ (pa·si) *s. pl.* MIT. Parcas.

parcel (pa·søl) *s.* paquete, envoltorio, lío, atado. 2 hatajo, cuadrilla. 3 porción, cantidad. 4 parcela, lote: ~ *of ground* o *land,* lote de terreno, solar, parcela. 5 COM. lote, partida. 6 *pl.* DER. parte de una escritura que describe los límites de una finca. — 7 *adj.* y *adv.* medio, en parte, parcialmente. — 8 *adj.* de paquetes, para paquetes: ~ *net,* rejilla de equipajes; ~ *post,* servicio de paquetes postales.

parcel (to) *tr.* parcelar, partir, dividir: *to* ~ *out,* repartir. 2 empaquetar, envolver. 3 MAR.

aforrar. ¶ CONJUG. pret. y p. p.: *parceled* o *-celled;* ger.: *parceling* o *-celling.*

parcel(l)ing *s.* parcelación, división, distribución. 2 MAR. precintas.

parcenary (pa·søneri) *s.* herencia indivisa.

parcener (pa·sønø') *s.* DER. coheredero.

parch (to) (pa·ch) *tr.* tostar. 2 quemar, abrasar [el calor, el frío, la fiebre, la sed]: resecar; agostar, asolanar: *to be parched with thirst,* morirse o abrasarse de sed. — 3 *intr.* tostarse, abrasarse, resecarse, ahornagarse.

parchesi (pa·chr·ši) *s.* parchís [juego].

parching (pa·ching) *adj.* abrasador, ardiente.

parchment (pa·chmønt) *s.* pergamino; vitela.

pard (pa·d) *s.* pop. compinche, camarada.

pardon (pa·døn) *s.* perdón, gracia, remisión, venia: *I beg your* ~, usted perdone, dispense usted. 2 indulto, amnistía. 3 ECLES. indulgencia.

pardon (to) *tr.* perdonar, remitir. 2 indultar, amnistiar. 3 excusar, dispensar: ~ *me,* perdone, dispense.

pardonable (pa·dønabøl) *adj.* perdonable, excusable, dispensable.

pardonableness (pa·dønabølnis) *s.* calidad de perdonable.

pardonably (pa·dønabli) *adv.* perdonablemente.

pardoner (pa·dønø') *s.* perdonador.

pardoning (pa·døning) *adj.* perdonador, indulgente.

pare (to) (peø') *tr.* mondar, pelar [fruta, patatas, etc.]. 2 cortar, recortar, raer, raspar: *to* ~ *the nails,* cortar las uñas; *to* ~ *a horse hoof,* despalmar; *to* ~ *leather,* chiflar. 3 reducir [gastos, etc.]. 4 *to* ~ *off* o *away,* quitar [la piel, la cáscara, etc.], eliminar, suprimir [superfluidades, etc.].

parenchyma (pare·nkima) *s.* ANAT., BOT. parénquima.

parenchymatous (parenki·matøs), **parenchymous** (pare·nkimøs) *adj.* parenquimatoso.

parenesis (parøne·sis) *s.* parénesis.

parenetic(al (parøne·tic(al) *adj.* parenético.

parent (peø·rønt) *s.* padre o madre. 2 autor, causa, origen. 3 *pl.* padres. — 4 *adj.* paternal, maternal, de los padres. 5 madre, matriz, principal: ~ *house,* casa principal, casa matriz.

parentage (peø·røntiÿ) *s.* alcurnia, linaje, nacimiento, origen. 2 paternidad, maternidad, condición de padre o madre, ejercicio de sus funciones.

parental (pare·ntal) *adj.* paternal, maternal.

parentalism (pe·røntališm) *s.* paternalismo.

parenthesis (pare·nzesis), *pl.* -ses (-siš) *s.* paréntesis.

parenthetic(al (pærønze·tic(al) *adj.* parentético.

parenthood (peø·røntjud) *s.* calidad de padre o madre.

parentless (peø·røntlis) *adj.* huérfano, sin padres.

parer (peø·rø') *s.* mondador, pelador, raedor. 2 pujavante.

paresis (pærr·sis) *s.* MED. paresia. 2 FILOL. caída de elementos de una palabra.

paretic (pære·tic) *adj.* MED. parético.

parget (pa·ÿet) *s.* yeso, mortero, argamasa, enlucido.

parget (to) *tr.* ALBAÑ. enyesar, enlucir. 2 adornar con molduras de yeso. ¶ CONJUG. pret. y p. p.: *pageted* o *-getted;* ger.: *pargetin* o *-getting.*

parhelic (pa·ji·lic) *adj.* parhélico.

parhelion (pa·jr·liøn), *pl.* **parhelia** (-liæ) *s.* METEOR. parhelio.

pariah (pa·ria o parai·a) *s.* paria.

parietal (parai·øtal) *adj.* ANAT., BOT. parietal. 2 de la pared; interno. — 3 *s.* ANAT. parietal [hueso].

parietary (pæri·øteri) *s.* BOT. parietaria.

parietes (parai·øtis) *s. pl.* BIOL. paredes.

pari-mutuel (peri·miu·chuel) *s.* apuesta mutua [esp. en las carreras de caballos]. 2 aparato para registrar las apuestas mutuas.

paring (peø·ring) *s.* mondadura, peladura, raspadura, raedura, corte [acción]. 2 *pl.* mondaduras, raeduras, recortes, desperdicios: *cheese parings,* cortezas de queso. — 3 *adj.* que sirve para mondar, raer, etc.: ~ *knife,* chifla, descarnador; pujavante.

paripinnate (pæripi·neit) *adj.* BOT. paripinado.

Paris (pæ·ris) *n. pr.* MIT. Paris. 2 *n. pr.* GEOGR. París.

parish (pæ·riš) *s.* parroquia, feligresía. 2 subdivisión de un distrito; pueblo. — 3 *adj.* parroquial: ~ *church,* iglesia parroquial; ~ *clerk,* sacristán de parroquia; ~ *priest,* cura párroco; ~ *school,* escuela parroquial.

parishioner (pari·shønø') s. parroquiano, feligrés.
Parisian (pari·šian) adj. y s. parisiense.
parisyllabic (pærisilæ·bic) a. parisilábico, parisílabo.
parity (pæ·riti) s. paridad. 2 COM. cambio a la par.
park (pa·c) s. parque : national ~, parque nacional; ~ of artillery, parque de artillería. 2 (EE. UU.) terreno de pasto o cultivable entre bosques o montañas. 3 (Ingl.) pasto, apacentadero. 4 oyster ~, criadero de ostras.
park (to) tr. convertir en parque. 2 encerrar en un parque. 3 aparcar. 4 (EE. UU.) poner, dejar [en un sitio]. — 5 intr. aparcar, estacionarse [un vehículo].
parka (pa·'ca) s. chaqueta de piel, o camisa de lana, con capucho.
parking (pa·'king) s. estacionamiento, aparcamiento : no ~, prohibido el estacionamiento. 2 terreno dispuesto como un parque. 3 (EE. UU.) faja de césped con plantas, en el centro o a los lados de una carretera o vía pública : — 4 adj. de estacionamiento; ~ lot, ~ place, parque de estacionamiento; ~ meter, reloj de estacionamiento.
parkleaves (pa·'klivš) s. BOT. todabuena, todasana.
parkway (pa·'kuei) s. gran vía adornada con árboles y césped.
parky (pa·'ki) adj. pop. frío.
parlance (pa·'lans) s. conversación. 2 lenguaje, habla, fraseología.
parley (pa·'li) s. conversación, conferencia. plática, discusión. 2 parlamento [acción de parlamentar].
parley (to) intr. conversar, conferenciar, discutir. 2 parlamentar. — 3 tr. joc. hablar [un idioma].
Parliament (pa·'limønt) s. parlamento [asamblea, tribunal, órgano legislativo].
parliamentarian (pa'l.mønte·rian) s. parlamentario.
parliamentarily (pa'lime·ntarili) adv. parlamentariamente.
parliamentarism (pa'lime·ntarišm) s. parlamentarismo.
parliamentary (pa'lime·ntari) adj. y s. parlamentario.
parlo(u)r (pa·'lø') s. (Ingl.) sala de estar o de recibimiento. 2 (EE. UU.) sala de una casa comercial, etc., donde se recibe a los clientes; salón [de peluquería]; sala [de billares], etc. 3 salón reservado o de conversación [en un hotel, cervecería, club, etc.]. 4 locutorio, parlatorio. 5 FERROC. ~ car, coche salón.
parlo(u)rmaid (pa·'lø'meid) s. doncella, camarera.
Parmesan (pa·'mišan) adj. y s. parmesano : ~ cheese, queso de Parma.
Parnassian (pa'næ·sian) adj. del Parnaso, poético. — 2 s. poeta.
Parnassus (pa'næ·søs) s. parnaso.
parochial (parou·kial) adj. parroquial. 2 fig. limitado, local; mezquino, estrecho.
parodical (pæra·dical) adj. paródico.
parodist (pæ·rodist) s. parodista.
parody (pæ·rodi) s. parodia.
parody (to) tr. parodiar. ¶ CONJUG. pret. y p. p.: parodied.
parol (parou·l) adj. verbal, de palabra. 2 privada [escritura].
parole (parou·l) s. palabra de honor [esp. la de un prisionero]. 2 MIL. santo y seña.
parole (to) tr. poner en libertad bajo palabra de honor.
paronomasia (pæranomei·ŷia) s. paronomasia.
paronomastic (pæranomæ·stic) adj. paronomástico.
paronychia (pæroni·kia) s. MED. panadizo.
paronym (pæ·ronim) s. voz parónima.
paronymous (pæra·nimøs), **paronymic** (pæroni·mic) adj. parónimo.
paronymy (pæra·nimi) s. paronimia.
paroquet (pæ·roket) s. PARAKEET.
parotid (pæra·tid) adj. parotídeo. — 2 s. ANAT. parótida.
parotitis (pærata·tis) s. MED. parótida, paperas.
paroxysm (pæ·rocsišm) s. paroxismo. 2 convulsión, conmoción; acceso, arrebato.
paroxysmal (pærøcsi·smal) adj. paroxismal.
paroxytone (pæra·csitoun) adj. y s. GRAM. paroxítono, llano, grave.
parquet (pa·'keit) s. TEAT. platea 2 piso de taracea o mosaico de madera.

parquetry (pa·'ketri) s. taracea o mosaico de madera para pisos.
parr s. ICT. esguin, murgón.
parrakeet (pæ·rakit) s. PARAKEET.
parrel (pæ·røl) s. MAR. racamento.
parrhesia (parr·ŷia) s. RET. parresia.
parricidal (pærisai·dal) adj. parricida.
parricide (pæ·risaid) s. parricida. 2 parricidio.
parrot (pæ·røt) s. ORNIT. loro, cotorra, papagayo. 2 ICT. ~ fish, escaro; papagayo. — 3 adj. de papagayo : ~ disease, ~ fever, MED. psitacosis.
parrot (to) tr. repetir como un papagayo. 2 enseñar a repetir de memoria. — 3 intr. charlar como un loro.
parry (pæ·ri), pl. -rries (-riš) s. parada, quite, reparo.
parry (to) tr. e intr. parar, reparar, rechazar. quitar [un golpe, una estocada, etc.]. 2 evitar. eludir. ¶ CONJUG. pret. y p. p.: parried; ger.: parrying.
parrying (pæ·rīing) s. parada, quite.
parse (to) (pa's) tr. GRAM. analizar.
Parsee, Parsi (pa·'si) s. parsi.
Parseeism, Parsism (pa'si·šm) s. parsismo, mazdeismo.
parsimonious (parsimou·niøš) adj. parsimonioso, frugal, parco, mezquino, tacaño.
parsimoniously (pa'simou·niøsli) adv. parsimoniosamente, frugalmente, parcamente, tacañamente.
parsimoniousness (pa'simou·niøsnis), **parsimony** (pa·'simoni) s. parsimonia, frugalidad, parquedad, mezquindad.
parsing (pa·'sing) s. GRAM. análisis.
parsley (pa·'sli) s. BOT. perejil.
parsnip (pa·'snip) s. BOT. pastinaca, chirivía.
parson (pa·'søn) s. párroco, cura, sacerdote. 2 fam. parson's nose, obispillo [de ave].
parsonage (pa·'sonidŷ) s. rectoría, rectoral.
part (pa't) s. parte [porción, fracción, división, miembro, elemento; participación] : ~ and parcel, parte esencial, integrante o inseparable; ~ of the speech, parte de la oración; to take ~ in, tomar parte en, participar en; by parts, a partes, por partes; for my ~, por mi parte; for the most ~, en su mayor parte; in ~, en parte; on one's ~, por parte de uno; on the ~ of, por parte de. 2 interés, cuidado, obligación, deber, función : do your ~, haga usted cuanto esté de su parte, cumpla con su deber. 3 parte, partido [en una contienda, etc.] : to take the ~ of, tomar la defensa o el partido de, ponerse al lado de. 4 TEAT. parte, papel, 5 MÚS. parte. 6 MEC. pieza : spare parts, piezas accesorias, de recambio o repuesto. 7 (EE. UU.) raya [del cabello]. 8 in good, o ill, part, en buena, o mala, parte; sin molestarse u ofendiéndose. 9 pl. lugares, región, país : foreign parts, países extranjeros. 10 partes [del cuerpo de un animal]. 11 talento, dotes intelectuales. — 12 adj. y adv. parcial, parcialmente : ~ owner, condueño; ~ time, tiempo o jornada incompleta [esp. de trabajo]; ~ way, en parte, hasta cierto punto; to meet ~ way, hacer concesiones.
part (to) tr. dividir, cortar, romper. 2 desunir, separar, despartir, apartar. 3 repartir, distribuir. 4 to ~ the hair, partir el pelo, hacerse la raya. 5 to ~ company, separarse. — 6 intr. partirse, desunirse, separarse. 7 desprenderse, saltar. 8 partir, irse, marcharse; despedirse. 9 fig. morir. 10 to ~ from, despedirse de, dejar, decir adiós a. 11 to ~ with, desprenderse de, abandonar, separarse de.
partage (pa·'tidŷ) s. repartimiento. 2 parte, porción.
partake (to) (pa'tei·c) tr. compartir. 2 comer, beber. — 3 intr. to ~ in, participar en. 4 to ~ of, participar de, tener algo de; comer, beber. 5 will you ~?, ¿usted gusta? ¶ CONJUG. pret.: partook; p. p.: partaken.
partaker (pa'tei·kø') s. participante, partícipe.
parterre (pa'te·') s. parterre, cuadro de jardín. 2 TEAT. parte de la platea detrás de las lunetas.
parthenogenesis (pa'zinoŷe·nesis) s. BIOL. partenogénesis.
parthenogenetic (pa'zinoŷine·tic) adj. partenogenético.
Parthenon (pa·'zinan) n. pr. Partenón.
Parthian (pa·'zian) adj. y s. parto [de Partia] : ~ shaft, flecha del parto.

partial (pa'shal) *adj.* parcial : ~ *eclipse.* eclipse parcial. 2 inclinado, afecto, aficionado.

partiality (pa'shæ liti), *pl.* **-ties** (-tiš) *s.* parcialidad. 2 inclinación, predilección, preferencia.

partially (pa'shali) *adv.* parcialmente.

partibility (pa'tibi liti) *s.* divisibilidad.

partible (pa'tibøl) *adj.* partible, divisible.

participable (pa'ti sipabøl) *adj.* en que se puede participar.

participant (pa'ti sipant) *adj.* y *s.* participante, partícipe.

participate (to) (pa'ti sipeit) *intr.* y *tr.* participar [tomar o tener parte].

participation (pa'tisipe shøn) *s.* participación [acción de participar en].

participator (pa'ti sipeitø') *adj.* y *s.* partícipe.

participial (pa'tisi pial) *adj.* participial.

participle (pa'tisipøl) *s.* GRAM. participio : *present* ~, participio activo; *past* ~, participio pasivo.

particle (pa'ticøl) *s.* partícula. 2 pizca. 3 cláusula [de documento]. 4 MEC. punto material.

parti-colo(u)red *adj.* de varios colores, abigarrado.

particular (pa'ti kiula') *adj.* particular [individual, peculiar, privativo, privado, especial, extraordinario, notable]. 2 tomado individualmente, por separado, de por sí, en especial. 3 exacto, preciso, minucioso, detallado, esmerado. 4 escrupuloso, delicado, exigente, descontentadizo, quisquilloso. — 5 *s.* particular, particularidad, detalle, pormenor, circunstancia : *to go into particulars,* entrar en detalles. 6 caso particular. 7 pop. cosa propia o caracerística. 8 *in* ~, en particular, especialmente : en detalle.

particularism (pa'ti kiularišm) *s.* individualismo, exclusivismo. 2 particularismo.

particularity (pa'tikiulæ riti) *s.* particularidad, singularidad. 2 minuciosidad. 3 escrupulosidad.

particularize (to) (pa'ti kiularaiž) *tr.* particularizar, detallar, especificar.

particularly (pa'ti kiula li) *adv.* particularmente. 2 individualmente. 3 en detalle.

parting (pa'ting) *s.* separación, división. 2 rompimiento, rotura. 3 partida, marcha; separación, despedida. 4 raya, línea divisoria. 5 raya [del pelo]. 6 bifurcación : ~ *of ways,* bifurcación, cruce de caminos; *to come to the* ~ *of the ways,* llegar al momento de separarse, de que cada uno vaya por su lado o escoja su camino. — 7 *adj.* divisorio, de separación. 8 de partida o despedida, último; que declina [día].

partisan (pa'tišan) *adj.* partidario. 2 de partido. 3 de guerrilla. — 4 *s.* partidario, parcial, secuaz. 5 guerrillero. 6 partesana.

partisanship (pa'tišænship) *s.* adhesión ciega a un partido, partidismo.

partition (pa'ti shøn) *s.* partición. 2 división, separación. 3 tabique, mampara, barandilla, etc., que divide; linde, demarcación. 4 parte, porción, sección. 5 MÚS. partitura. — 6 *adj.* de separación : ~ *wall,* tabique, cerramiento.

partition (to) *tr.* partir, dividir, separar. 2 repartir, distribuir. 3 *to* ~ *off,* separar con un tabique.

partitive (pa'titiv) *adj.* y *s.* partitivo.

partitur (pa'titur), **partitura** (pa'titu ra) *s.* MÚS. partitura.

partizan (pa'tišæn) *adj.* y *s.* PARTISAN.

partly (pa'tli) *adv.* en parte, en cierto modo.

partner (pa'tnø') *s.* socio, consocio [en un negocio]. 2 compañero, colega. 3 aliado. 4 cómplice, compinche. 5 compañero [en el juego]. 6 pareja [en el baile]. 7 cónyuge, consorte. 8 aparcero.

partnership (pa'tnø ship) *s.* sociedad, compañía, asociación, consorcio [relación o estado de socio, etc.] : *articles of* ~, escritura de sociedad; ~ *in commendam,* ~ *en commandite,* sociedad comanditaria o en comandita. 2 aparcería.

partook (pa'tu c) *pret* de TO PARTAKE.

partridge (pa'tridӱ) *s.* ORNIT. perdiz : *young* ~, perdigón.

parturient (pa'tiu rint) *adj.* parturienta.

parturition (pa'tiuri shøn) *s.* parto, alumbramiento.

party (pa'ti), *pl.* **-ties** (-tiš) *s.* partido [político]. 2 partido, bando, facción, parcialidad. 3 partido, causa. 4 partida, reunión, tertulia, convite, fiesta; grupo de personas que viajan, cazan, se divierten, etc., juntas : *evening* ~, sarao; *hunting* ~, partida de caza, cacería. 5 MIL. destacamento, pelotón. 6 DER. parte. 7 parte [en un contrato, contienda, etc.] : ~ *in interest,* DER. parte

interesada, interesado. 8 individuo, sujeto. 9 interesado; partícipe : *to be a* ~ *to,* tener parte en, contribuir a. — 10 *adj.* de partido; de varios en común; que divide : ~ *line,* política o posición oficial de un partido político; línea divisoria entre dos fincas colindantes; ~ *line,* ~ *wire,* TELEF. línea común a varios abonados: ~ *man,* hombre de partido; ~ *wall,* pared medianera.

party-colo(u)red *adj.* PARTI-COLO(U)RED.

parvenu (pa'vøniu) *adj.* y *s.* advenedizo; nuevo rico.

parvis (pa'vis) *s.* ARQ. atrio.

pas (pa) *s.* precedencia [derecho]. 2 paso o figura de baile; baile.

paschal (pæ scal) *adj.* pascual : ~ *candle,* cirio pascual; ~ *lamb,* cordero pascual.

pasha (pasha) *s.* bajá.

pashalic (pasha lic) *a.* bajalato.

pasqueflower (pæ scflauø') *s.* BOT. pulsatila.

pasquin (pæ scuin) *s.* pasquín, escrito satírico.

pasquin (to) *tr.* pasquinar, satirizar.

pasquinade (pæscuinei d) *s.* pasquinada; pasquín.

pass (pas) *s.* paso [por donde se pasa]; pasaje, callejuela; estrecho, desfiladero, garganta; desembocadero. 2 paso, pasaje [acción de pasar]. 3 muerte, defunción. 4 paso [permiso de pasar]; pase, billete de favor; salvoconducto, pasaporte. 5 MIL. permiso. 6 aprobación [en un examen]. 7 pase [magnético]. 8 ESGR. estocada. 9 trance, situación. — 10 *adj.* ~ *bock,* libreta de banco; libreta donde se anotan los géneros vendidos al fiado.

pass (to) *intr.* pasar [moverse, trasladarse, andar; correr, extenderse; transcurrir; cesar, disiparse, desvanecerse, desaparecer; ocurrir, acaecer]. 2 morir. 3 pasar [de un punto o estado a otro; ser transferido]. 4 pasar [ser admitido, aprobado, tolerado]. 5 pasar [ser tenido por]. 6 pasar [en el juego]. 7 ESGR. dar una estocada. 8 ser cambiado [palabras, saludos, etc.]. 9 *to* ~ *across,* cruzar. 10 *to* ~ *along,* pasar de largo; pasar por [una calle, camino, etc.]. 11 *to* ~ *away,* fallecer, morir; pasar, irse, disiparse, desaparecer. 12 *to* ~ *by,* pasar por el lado o delante de, pasar de largo. 13 *to* ~ *for,* pasar por, ser tenido por. 14 *to* ~ *into,* pasar a; convertirse en. 15 *to* ~ *off,* pasar [una enfermedad, una tempestad, etc.], disiparse. 16 *to* ~ *on,* seguir adelante, continuar. 17 *to* ~ *upon,* formar juicio sobre, dictaminar sobre. 18 *to* ~ *out,* salir; desmayarse, perder el sentido; morir. 19 *to* ~ *over,* pasar al otro lado. 20 *to* ~ *through,* pasar por, a través de. 21 *to come to* ~, suceder, ocurrir. 22 *to let* ~, dejar pasar, no hacer caso de.

23 *tr.* pasar [atravesar, cruzar, ir al otro lado de; dejar atrás; trasponer]. 24 pasar por el lado de, cruzarse con : *to* ~ *each other,* cruzarse. 25 pasar, exceder, traspasar, pasar de. 26 pasar, sufrir; dejar sin protestar. 27 ser aprobado por o en [un cuerpo legislativo] ; pasar, aprobar [un examen]. 28 tomar un acuerdo]; aprobar [a un examinando; un proyecto de ley]. 29 pasar [llevar, conducir; hacer pasar al otro lado de, por encima de; dar, entregar, transferir]. 30 pasar por alto, omitir. 31 no pagar [un dividendo]. 32 pasar [un tiempo, el tiempo]. 33 pasar [hacer circular; hacer admitir una cosa por otra]. 34 dar, empeñar [la palabra]. 35 MED. evacuar. 36 proferir, expresar, emitir [juicios, criticas], dictar, pronunciar [sentencia, veredicto]. 37 pasar, colar, cerner. 38 *to* ~ *along* o *around,* pasar de uno a otro, hacer circular. 39 *to* ~ *away,* pasar, gastar [el tiempo, la vida, etc.]. 40 *to* ~ *by,* dispensar, perdonar, no hacer caso de; omitir. 41 *to* ~ *current,* ser corriente, aceptarse como bueno, pasar. 42 *to* ~ *muster,* pasar revista; pasar con éxito [por una inspección, examen, etc.], ser hallado satisfactorio, convencer. 43 *to* ~ *off,* pasar, hacer pasar [moneda falsa, etc.], hacer pasar [una pers. o cosa] como lo que no es. 44 *to* ~ *on,* alargar, entregar, pasar [algo] a otra persona o de unos a otros; endosar, hacer admitir. 45 *to* ~ *over,* pasar, traspasar, transferir; saltar, omitir, perdonar, ignorar. 46 *to* ~ *through,* pasar [hacer pasar] por o a través de. 47 (EE. UU.) fam. *to* ~ *up,* rechazar, no aceptar.

¶ CONJUG. pret. : *passed; p. p. : passed* o *past.*

passable (pæ·sabøl) *adj.* pasadero. 2 transitorio. 3 tolerable, regular, mediano.

passably (pæ·sabli) *adv.* pasaderamente, tolerablemente, medianamente.

passage (pæ·sidỹ) *s.* paso, pasaje, pasada, tránsito : *in* ~, al pasar, de paso. 2 paso, migración [de las aves] : *bird of* ~, ave de paso, ave pasajera. 3 paso, entrada, salida, conducto, pasadizo, pasillo. 4 MAR. travesía, viaje. 5 pasaje [de un buque]. 6 transcurso [del tiempo]. 7 aprobación [de un proyecto de ley]. 8 cambio, intercambio [de palabras, confidencias, golpes, etc.] ; lance, encuentro : ~ *at arms*, asalto, combate. 9 incidente, episodio. 10 pasaje, fragmento [de un libro, etc.]. 11 MED. evacuación intestinal.

passageway (pæ·sidỹuei) *s.* pasadizo, pasaje.

passant (pæ·sant) *adj.* BLAS. pasante.

passbook (pæ·sbuc) *s.* cartilla o libreta de banco. 2 libreta donde se anotan las ventas al fiado.

passementerie (pæsme·ntri) *s.* pasamanería.

passenger (pæ·senỹø') *s.* pasajero, viajero. 2 *foot* ~, viandante. — 3 *adj.* de pasajeros ; de paso : ~ *car*, FERROC., AUTO. coche de pasajeros ; ~ *office*, despacho de pasajes ; ~ *pigeon*, (EE. UU.) paloma silvestre de hábitos migratorios.

passe-partout (pæs-pa·tu) *s.* paspartú [marco de cartón o de vidrio y cartón]. 2 llave maestra.

passer(-by) *s.* transeúnte, viandante.

passerine (pæ·serin) *adj.* ORNIT. del orden de los pájaros. — 2 *s.* ORNIT. pájaro.

passibility (pæesibi·liti) *s.* pasibilidad.

passible (pæ·sibøl) *adj.* pasible.

Passifloraceæ (pæsiflorei·sii) *s. pl.* pasifloráceas.

passing (pæ·sing) *s.* paso, pasada. 2 transcurso [del tiempo]. 3 aprobación [de un estudiante, un proyecto de ley, etc.]. 4 tránsito, muerte. — 5 *adj.* que pasa, de paso. 6 corriente. 7 de tránsito o muerte : ~ *bell*, toque de difuntos. 8 pasajero, transitorio, efímero, momentáneo. 9 hecho o dicho de paso. 10 de aprobado. 11 de examen ; examinador. — 12 *adv.* mucho, sumamente. — 13 *ger.* de TO PASS. : *in* ~, de paso, al paso, al pasar, entre paréntesis.

passion (pæ·shøn) *s.* pasión. 2 cólera, ira : *to fly into a* ~, montar en cólera. 3 entusiasmo, vehemencia, fuego. 4 [con may.] Pasión [de N. S.] : *Passion play*, drama de la Pasión ; *Passion Week*, semana de Pasión.

passion (to) *tr.* apasionar.

passional (pæ·shonal) *a.* pasional. 2 emotivo. — 3 *s.* martirologio.

passionate (pæ·shønit) *adj.* apasionado. 2 vivo, ardiente, entusiasta, vehemente. 3 acalorado, colérico, arrebatado.

passionately (pæ·shønitli) *adv.* apasionadamente, ardientemente, vehementemente. 2 coléricamente.

passionateness (pæ·shønitnis) *s.* apasionamiento. 2 ardor, vehemencia, arrebatamiento.

passionflower (pæ·shønflauø') *s.* BOT. pasionaria [planta]. 2 BOT. granadilla [flor].

Passionist (pæ·shønist) *adj.* y *s.* pasionista [religioso].

passionless (pæ·shønlis) *adj.* frío, tranquilo, desapasionado.

passionlessly (pæ·shønlisli) *adv.* fríamente, desapasionadamente.

passive (pæ·siv) *adj.* pasivo. | No tiene el sentido de pasivo [haber] ni el de pasivo [participio]. 2 AVIA. sin motor. — 3 *s.* GRAM. voz pasiva. 4 *pl.* cosas o cualidades pasivas.

passively (pæ·sivli) *adv.* pasivamente.

passiveness (pæ·sivnis) *s.* pasividad.

passivity (pæsi·viti) *s.* pasividad. 2 GRAM. construcción o valor de la voz pasiva.

passkey (pæ·ki) *s.* llavín, llave maestra.

Passover (pæ·souvø') *s.* pascua de los hebreos.

passport (pæ·spo't) *s.* pasaporte. 2 salvoconducto.

password (pæ·suø'd) *s.* santo y seña, contraseña.

past (pæst) *adj.* pasado, pretérito, último, ex, que fue : ~ *time*, tiempo pasado, pretérito : *the* ~ *president*, el último presidente, el expresidente ; *for some years* ~, desde hace algunos años. 2 consumado : ~ *master*, maestro consumado, perito. 3 GRAM. pasivo [participio] ; pretérito [tiempo]. — 4 *s.* pasado [tiempo pasado]. 5 pasado, historia [de una pers.]. 6 GRAM. pretérito. 7 GRAM. ~ *perfect*, pluscuamperfecto. — 8 *prep.* después de ; pasado, más allá de ; más de o que ; fuera de ; sin ; fuera de los límites, posi-

bilidades, etc., de : ~ *bearing*, insoportable ; ~ *belief*, increíble ; ~ *cure*, incurable ; ~ *dispute*, incontestable, fuera de duda ; ~ *hope*, sin esperanza ; ~ *recovery*, desahuciado, sin remedio ; ~ *remedy*, irremediable ; ~ *the hour*, tarde ; ~ *the house*, más allá de la casa ; ~ *two o'clock*, más de las dos, pasadas las dos ; *half* ~ *three*, las tres y media ; *to be* ~ *forty*, tener más de cuarenta años. — 9 *adv.* por el lado, dejando atrás.

paste (peist) *s.* pasta, masa. 2 engrudo. 3 imitación de piedra preciosa : ~ *diamond*, diamante falso, de imitación. 4 *Italian* ~, pasta para sopa.

paste (to) *tr.* pegar [con engrudo, etc.], empastar, engrudar. 2 cubrir [de carteles o cosas pegadas]. 3 convertir en pasta.

pasteboard (peistbo'd) *s.* cartón. 2 mesa de empapelador. — 3 *adj.* de cartón.

pastel (pæ·støl) *s.* BOT. hierba pastel. 2 PINT. pastel. 3 matiz suave de un color. 4 LIT. ensayo breve. — 5 *adj.* suave, claro [matiz].

pastel(l)ist (pæ·stølist) *s.* PINT. pastelista.

paster (peistø') *s.* engrudador. 2 papel engomado.

pastern (pæ·stø'n) *s.* VET. cuartilla, cerruma.

pasteurization (pæstørise·shøn) *s.* pasterización.

pasteurize (to) (pæ·støraiš) *tr.* pasterizar.

pastil (pæ·stil), **pastille** (pæti·l) *s.* pastilla, tableta. 2 pastel [lápiz].

pastime (pæ·staim) *s.* pasatiempo, entretenimiento, distracción.

pastor (pæ·stø') *s.* pastor [esp. espiritual] ; párroco, clérigo. 2 ORNIT. variedad de estornino.

pastoral (pæ·støral) *adj.* pastoral. 2 pastoril. — 3 *s.* pastoral [carta pastoral]. — 4 báculo pastoral.

pastorate (pæ·størit), **pastorship** (pæ·stø·ship) *s.* cura de almas, curato ; condición o funciones del pastor espiritual.

pastry (peistri), *pl.* **-tries** (-triš) *s.* pastelería, pasteles, pastas, repostería. — 2 *adj.* de pastelería : ~ *cook*, pastelero, repostero ; ~ *shop*, pastelería [tienda].

pasturable (pæ·schurabøl) *adj.* pacedero.

pasturage (pæ·schuridỹ) *s.* pasto, pastura. 2 apacentamiento.

pasture (pæ·schør) *s.* pasto, pastura [hierba, terreno] ; dehesa, herbaje. — 2 *adj.* de pasto : ~ *ground*, terreno de pasto, dehesa, prado, pastizal.

pasture (to) *tr.* e *intr.* pastar, pacer, apacentarse. — 2 *tr.* pastar, apacentar, pastorear.

pasty (peisti) *adj.* pastoso. 2 fofo, pálido, descolorido. — 3 *s.* (Ingl.) pastel [de carne o pescado].

pat (pæt) *adj.* exacto, conveniente, pintiparado, bueno, cómodo, oportuno, a punto. 2 fijo, firme : *to stand* ~, mantenerse firme. — 3 *adv.* oportunamente, convenientemente, a propósito, de molde ; perfectamente : *to have* o *to know* ~, fam. saber al dedillo. — 4 *s.* golpecito, palmadita. 5 ruido de golpes o pasos ligeros. 6 pastilla o porción pequeña de mantequilla, etc.

pat (to) *tr.* dar golpecitos ; dar palmaditas a ; acariciar : *to* ~ *on the back*, dar palmaditas en la espalda ; elogiar, felicitar. 2 alisar o formar dando golpecitos o palmaditas. — 3 *intr.* andar con un trotecito ligero. ¶ CONJUG. pret. y p. p.: *patted*; ger.: *patting*.

patache (pætæ·sh) *s.* patache.

patagium (patei·ỹiøm), *pl.* **-a** (-æ) *s.* ZOOL. patagio.

Patagonian (pætagou·nian) *adj.* y *s.* patagón.

patch (pæ·ch) *s.* remiendo, parche. 2 parche [en el ojo, en una parte enferma]. 3 lunar postizo. 4 trozo, retazo. 5 mancha [de color]. 6 pedazo, mancha [de terreno]. 7 MED. placa [en las mucosas].

patch (to) *tr.* remendar, apedazar, componer. 2 poner lunares postizos en. 3 cubrir con manchas de color. 4 componer con fragmentos ; hacer [una labor] con retazos. 5 chafallar. 6 *to* ~ *up*, componer, arreglar [un asunto, una desavenencia, algo descompuesto]. — 7 *intr.* llenarse de manchas de color.

patcher (pæ·chø') *s.* remendón, chafallón.

patchouli (pæ·chuli) *s.* pachulí.

patchwork (pæ·chuø'c) *s.* centón, obra de retazos, mezcolanza. 2 chapucería. 3 conjunto de cuadros o manchas diversas [como el que ofrece un terreno visto desde lo alto].

patchy (pæ·chi) *adj.* lleno de remiendos. 2 fig. manchado, abigarrado.

pate (peit) *s.* fam. cabeza, sesera, coronilla.

paté (patei·) s. pastel o pasta de carne, etc.
pated (pei·tid) adj. que tiene cabeza o la tiene de cierto modo. | Ús. en composición : bald-pated, calvo.
patella (pate·la) s. ANAT. rótula, choquezuela. 2 ARQUEOL. cazoleta.
patellar (pate·la') adj. ANAT. rotular.
paten (pæ·ten) s. LITURG. patena.
patent (pæ·tønt) adj. patente, manifiesto, visible, descubierto. 2 abierto ; público. 3 patentado, priviligiado, con título. 4 de patente o patentes. 5 ~ leather, charol. 6 ~ medicine, específico. — 7 s. patente, privilegio exclusivo : ~ applied for, se ha solicitado patente. 8 patente, diploma, título. 9 cosa patentada. 10 pl. zapatos de charol.
patent (to) tr. patentar. 2 conceder privilegio o título.
patentable (pæ·tentabøl) adj. patentable.
patentee (pætentr·) s. el que obtiene una patente.
patentor (pa·tentø') s. el que otorga patente o privilegio exclusivo.
pater (pei·tø') s. padrenuestro. 2 pop. padre, papá.
patera (pæ·tøra) s. pátera.
paternal (patø·'nal) adj. paternal, paterno, patrio.
paternalism (patø·'nalim) s. gobierno paternal.
paternally (patø·'nali) adv. paternalmente.
paternity (patø·'niti) s. paternidad. 2 linaje, origen [por parte de padre].
paternoster (peitø'na·stø') s. padrenuestro, paternóster. 2 rosario ; cosa parecida a un rosario.
path (paz) s. camino, senda, vereda : bridle ~, camino de herradura ; cinder ~, pista de ceniza. 2 ruta, curso. trayectoria. 3 órbita [de un astro].
pathetic (paze·tic) adj. patético. 2 lastimoso. — 3 s. patetismo.
pathetical (paze·tical) adj. PATHETIC.
pathetically (paze·ticali) adv. patéticamente.
patheticalness (paze·ticalnis) s. patetismo.
pathfinder (pæ·zfaindø') s. explorador, el que descubre o abre nuevas rutas o caminos.
pathless (pa·zlis) adj. sin caminos, no transitado.
pathogene (pæ·zoÿin) s. microbio patógeno.
pathogenic (pæzoÿe·nic) adj. patógeno.
pathogeny (pæza·ÿeni) s. patogenia.
pathological (pæzola·ÿic(al) adj. patológico.
pathologist (paza·loÿist) s. patólogo.
pathology (paza·loÿi) s. patología.
pathos (pei·zas) s. patetismo, sentimiento ; cualidad de lo que conmueve.
pathway (pa·zuei) s. camino, senda.
patibulary (pati·biuleri) adj. patibulario.
patience (pei·shøns) s. paciencia, sufrimiento : to have no ~ with, no poder sufrir ; to try one's ~, probar la paciencia a uno. 2 solitario [juego]. 3 BOT. romaza.
patient (pei·shønt) adj. paciente. 2 asiduo, perseverante. 2 susceptible [de]. — 4 s. FIL., GRAM. paciente. 5 MED. paciente. enfermo.
patiently (pei·shøntli) adv. pacientemente.
patina (pæ·tina) s. pátina.
patly (pæ·tli) adv. PAT.
patness (pæ·tnis) s. conveniencia, oportunidad.
patois (pæ·tua) s. jerga, dialecto.
patrial (pei·trial) adj. de la patria de uno. 2 GRAM. gentilicio.
patriarch (pei·tria'c) s. patriarca.
patriarchal (peitria·'cal) adj. patriarcal.
patriarchate (pei·tria'keit), patriarchship (pei·tria'c-ship), patriarchy (pei·tria·ki) s. patriarcado.
patrician (patri·shan) adj. y s. patricio. 2 versado en patrística.
patriciate (patri·shieit) s. patriciado.
patricidal (pæ·trisaidal) adj. parricida.
patricide (pæ·trisaid) s. parricida. 2 parricidio.
Patrick (pæ·tric) n. pr. Patricio.
patrimonial (pæetrimou·nial) adj. patrimonial.
patrimony (pæ·trimoni) s. patrimonio.
patriot (pei·triot) s. patriota.
patrioteer (peitriotr·) s. fam. (Ingl.) patriotero.
patrioteer (to) intr. fam. (Ingl.) hacer el patriotero.
patriotic(al (peitria·tic(al) adj. patriótico.
patriotism (pei·triotim) s. patriotismo.
patristic(al (patri·stic(al) adj. patrístico.
patristics (patri·stics) s. patrística. — 2 adj. de patrología.
patrol (patrou·l) s. patrulla ; ronda. — 2 adj. de patrulla, de ronda, patrullero.
patrol (to) intr. y tr. patrullar, rondar. ¶ CONJUG. pret. y p. p. : patrolled; ger. : patrolling.
patrolman (patrou·lmæn), pl. -men (-men) s. ron-

dador ; vigilante de policía. guardia municipal, etcétera.
patrology (patra·loÿi) s. patrología.
patron (pei·trøn) adj. patrón. tutelar, patrocinador : ~ saint, santo patrón. — 2 s. patrón [santo]. 3 patrono, protector, amparador, patrocinador, mecenas. 4 parroquiano, cliente, favorecedor. 5 ECLES. patrono.
patronage (pei·trønidÿ) s. protección, patrocinio, amparo, auspicio : an air of ~, un aire de protección. 2 clientela. 3 ECLES. patronato, patronazgo.
patronal (pei·trønal) adj. patronal [del santo patrón].
patroness (pei·trønis) f. protectora, patrocinadora. 2 ECLES. patrona.
patronize (to) (pei·trønaiš) tr. proteger, patrocinar, amparar, favorecer, fomentar. 2 fam. ser concurrente o parroquiano de. 3 tratar con aire de protección, de superioridad.
patronizer (pei·trønaisø') s. patrocinador. 2 el que trata con aire de protección.
patronymic (pæetroni·mic) adj. y s. patronímico.
patten (pæ·ten) s. galocha, zueco, chanclo.
patter (pæ·tø') s. jerga, lenguaje. 2 charla, parleria. 3 sucesión de golpecitos o ruidos ligeros ; golpeteo, pasos.
patter (to) intr. hacer ruidos ligeros y acompasados [como los de la lluvia, pasos menudos, etc.]. 2 rezar de prisa. 3 charlar. 4 hablar en jerga.
pattern (pæ·tø'n) s. ejemplo, ejemplar, tipo. 2 modelo, muestra, dechado, pauta. 3 patrón, plantilla, escantillón. 4 modelo, forma, estilo. 5 dibujo, diseño, motivo [en tejidos, papeles, etc.]. 6 (EE. UU.) corte [de vestido].
pattern (to) tr. servir de ejemplo. 2 to ~ after, on o upon, hacer, modelar, a imitación de ; to ~ oneself after, imitar, seguir el ejemplo de.
patty (pæ·ti) s., pl. patties (pæ·tiš) s. pastelillo, empanada.
patulous (pæ·tiuløs) adj. abierto, extendido.
paucity (po·siti) s. poquedad, exigüidad, escasez, insuficiencia, corto número.
Paul (pol) n. pr. Pablo.
pauldron (po·ldrøn) s. espaldarón [de la armadura].
Paulina, Pauline (polai·na, poli·n) n. pr. Paulina.
Pauline (po·lin) adj. referente a San Pablo.
paulownia (polou·nia) s. BOT. paulonia.
paunch (ponch) s. panza, barriga. 2 ZOOL. panza [de los rumiantes]. 3 MAR. pallete.
paunchy (po·nchi) adj. panzudo, tripudo.
pauper (po·pø') s. pobre [pers.]
pauperism (po·pørim) s. pauperismo. 2 pobretería. 3 pobreza, indigencia.
pauperization (popørise·shøn) s. empobrecimiento.
pauperize (to) (po·pøraiš) tr. empobrecer, reducir a la pobreza.
pause (poš) s. pausa, interrupción, parada, descanso. 2 pausa, cesura. 3 MÚS. calderón, fermata. 4 vacilación, hesitación, irresolución. 5 respiro, tregua. 6 to give ~, dar tregua ; hacer dudar o vacilar, dar en qué pensar.
pause (to) intr. pausar, interrumpirse, cesar, detenerse, pararse callar. 2 vacilar, dudar. 3 esperar, aguardar.
pausingly (po·singli) adv. a pausas.
pavage (pæ·vidÿ) s. pavimentación, adoquinado. 2 impuesto para la pavimentación.
pavan (pæ·van) s. pavana.
pave (to) (pei·v) tr. pavimentar, solar, adoquinar, empedrar : to ~ the way for, allanar o facilitar el camino para, preparar el terreno para.
pavement (pei·vmønt) s. pavimento, suelo, piso, adoquinado.
paver (pei·vø'), pavier (pei·viø') s. empedrador, solador : paver's bettle, pisón. 2 ladrillo ; adoquín.
pavilion (pavi·lion) s. pabellón [tienda, dosel]. 2 ARQ. pabellón. 3 pabellón [de la oreja, de un brillante].
pavillon (paviyo·n) s. MÚS. pabellón [de trompeta, etc.].
paving (pei·ving) s. pavimento, pavimentación, empedrado, solado ; material para pavimentar. — 2 adj. de pavimentación : ~ stone, adoquín, ~ tile, baldosa, loseta.
pavis (pæ·vis) s. pavés.
pavonine (pæ·vonain) adj. de pavo real o parecido a él ; iridiscente.

paw (poˈ) *s.* garra, zarpa. 2 garra, mano, manaza.
paw (to) *tr.* manosear, sobar. 2 dar manotazos en. — 3 *tr.* e *intr.* arañar. 4 patear, piafar; herir con el pie delantero.
pawl (poˈl) *s.* MEC. lingüete, trinquete, retén, fiador; diente de encaje.
pawn (pon) *s.* peón [de ajedrez o damas]. 2 empeño [acción de empeñar] : ~ *ticket*, papeleta de empeño. 3 garantía, prenda : *in* ~, en prenda.
pawn (to) *tr.* empeñar [dejar en prenda]; pignorar : *to have pawned one's boots*, fig. estar empeñado hasta los ojos. 2 empeñar, arriesgar.
pawnbroker (poˈnbroukøˈ) *s.* prestamista [sobre prendas] : *pawnbroker's shop*, casa de préstamos o de empeños.
pawnbroking (poˈnbrouking) *s.* comercio del prestamista.
pawnee (poniˈ) *s.* el que presta sobre prendas, prestador.
pawner (poˈnøˈ) *s.* prendador.
pawnshop (poˈnshap) *s.* casa de empeños.
pax (pæcs) *s.* LITURG. paz.
pay (pei) *s.* paga, sueldo, salario : *in o on' the* ~ *of*, a sueldo o al servicio de. 2 pago, paga, recompensa, expiación. 3 pago, paga [acción]. 4 *good* ~, *bad* ~, buen pagador, mal pagador. 5 MIN. *pay* o ~ *dirt*, ~ *gravel*, tierra, arena, etc. que da buena cantidad de oro. — 6 *adj.* de paga o pago; que paga : ~ *clerk*, pagador; ~ *load*, carga que representan los sueldos y salarios en una fábrica o negocio; AVIA. carga productiva que puede transportar un avión; ~ *list*, ~ *roll*, nómina, lista de jornales o salarios.
pay (to) *tr.* e *intr.* pagar : *to* ~ *back*, devolver restituir ; *to* ~ *by instalments*, pagar a plazos; *to* ~ *cash*, *to* ~ *down in cash*, pagar al contado; *to* ~ *for*, pagar [lo que se compra]; recompensar; pagar, satisfacer, purgar, expiar; *to* ~ *full*, pagar totalmente; *to* ~ *off*, pagar y despedir [la tripulación de un buque, el personal de un taller, etc.]; saldar, pagar todo lo adeudado; desquitarse o vengarse de; *to* ~ *out*, pagar y despedir; ajustar las cuentas [a uno] ; saldar; pagar, desembolsar; *to* ~ *the piper*, pagar el pato; pagar los vidrios rotos; *to* ~ *through the nose*, pagar muy caro [comprando]; *to* ~ *up*, saldar, pagar todo lo adeudado. — 2 *tr.* costear, sufragar. 3 MAR. [con *out* o *away*] largar, lascar, filar. 4 hacer [una visita]. 5 rendir [homenaje]. 6 presentar, ofrecer [sus respetos]. 7 *to* ~ *attention*, prestar atención; rendir obsequios. 8 *to* ~ *a compliment*, dirigir un cumplido; echar una flor. 9 *to* ~ *court*, cortejar, hacer la corte. — 10 *intr.* compensar, ser provechoso. 11 MAR. virar a sotavento. ¶ CONJUG. pret. y p. p. : *paid*.
payable (peiˈabøl) *adj.* pagable, pagadero : *bills* ~, efectos a pagar. 2 reembolsable. 3 provechoso.
payday (peiˈdei) *s.* día de paga.
payee (peiˈ) *s.* portador, tenedor, persona a quien se debe pagar una letra, un cheque, etc.
payer (peiˈøˈ) *s.* pagador.
paying (peiˈing) *s.* pago, acción de pagar. 2 MAR. embreadura. — 3 *adj.* que paga : ~ *teller*, pagador [de un banco].
paymaster (peiˈmæstøˈ) *s.* pagador, contador; habilitado : *paymaster's office*, pagaduría.
payment (peiˈmønt) *s.* pago, paga : ~ *in advance*, pago por adelantado; ~ *in full*, saldo, pago total, finiquito; *to suspend* ~, hacer suspensión de pagos; *to present for* ~, presentar al cobro; *in part* ~, a buena cuenta; *on the* ~ *of*, mediante el pago de. 2 pago, recompensa.
pay-off (peiˈof) *s.* pago [de un sueldo, etc.] ; tiempo en que se paga. 2 fam. resultado final. 3 fam. día de ajustar cuentas.
pay-office *s.* pagaduría.
pea (pi) *s.* BOT. guisante, chícharo : *sweet* ~, guisante de olor. — 2 *adj.* de guisante o parecido a él : ~ *coal*, antracita muy menuda; ~ *green*, verde claro; ~ *soup*, sopa o puré de guisantes; fam. neblina espesa y amarillenta. 3 ~ *jacket*, chaquetón de marinero.
peace (pis) *s.* paz : ~ *of God*, la paz de Dios; tregua de Dios; ~ *be with you*, la paz sea con vosotros; *to make* ~, hacer la paz; *to make one's* ~ *with*, hacer las paces con; *at* ~, en paz. 2 orden público : *breach of* ~, alteración del orden público. 3 quietud, tranquilidad, sosiego, silencio: *to hold one's* ~, guardar silencio, callar. —

4 *interj* ¡paz!, ¡silencio! — 5 *adj.* de la paz, de paz; del orden : ~ *establishment* o *footing*, MIL. pie de paz; ~ *offensive*, ofensiva de paz; ~ *offering*, sacrificio propiciatorio; prenda de paz; ~ *officer*, policía, agente de orden público, guardia municipal; ~ *pipe*, pipa de la paz [entre los indios] ; ~ *terms*, condiciones de paz.
peaceable (piˈsabøl) *a.* pacífico, tranquilo, apacible.
peaceableness (piˈsabølnis) *s.* apacibilidad, tranquilidad, sosiego.
peaceably (piˈsabli) *adv.* pacíficamente, tranquilamente.
peacebreaker (piˈsbreikøˈ) *s.* alterador del orden público; alborotador.
peaceful (piˈsful) *adj.* pacífico, tranquilo, quieto, sosegado.
peacefully (piˈsfuli) *adv.* pacíficamente; tranquilamente.
peacefulness (piˈsfulnis) *s.* paz, tranquilidad, quietud, sosiego, calma.
peacemaker (piˈsmeikøˈ) *s.* pacificador, conciliador.
peacetime (piˈstaim) *s.* tiempo o período de paz. — 2 *adj.* de tiempo de paz.
peach (prch) *s.* BOT. pérsico, melocotón, durazno : ~ *tree*, pérsico, melocotonero, duraznero. 2 color de melocotón. 3 pop. persona o cosa excelente.
peach (to) *intr.* pop. delatar a un cómplice.
peachick (piˈshic) *s.* ORNIT. pollo del pavo real.
peachy (prchi) *adj.* amelocotonado. 2 fam. magnífico, estupendo, muy agradable.
peacock (piˈcac) *s.* ORNIT. pavón, pavo real. 2 ENTOM. ~ *butterfly*, pavón. 3 ICT. ~ *fish*, budión, gallito del rey.
peafowl (piˈfaul) *s.* ORNIT. pavo o pava real.
pea-gun *s.* cerbatana.
peahen (piˈjen) *s.* ORNIT. pava real.
peak (pic) *s.* pico, picacho, cumbre, cima. 2 cúspide. 3 punto máximo. 4 pico, punta [de una cosa]. 5 cresta [de onda]. 6 MAR. puño de pico [de la cangreja]; penol [de cangrejo]; uña [del ancla]. 7 MAR. racel. — 8 *adj.* máximo o de máximo [precio, actividad, velocidad, etc.] : ~ *load*, demanda máxima, carga máxima; *at* ~ *level*, en producción máxima, con el máximo de capacidad.
peak (to) *intr.* adelgazar. 2 *tr.* MAR. levantar, poner casi vertical.
peaked (prct o prkit) *adj.* puntiagudo, picudo, en punta. 2 ARQ. con caballete. 3 enjuto, delgado; afilado [nariz]. 4 flacucho, enfermizo.
peakish (piˈkish) *adj.* fam. delgaducho, flacucho.
peaky (piˈki) *adj.* puntiagudo. 2 que tiene picos o picachos.
peal (pil) *s.* repique [de campanas]. 2 estrépito, estruendo : ~ *of laughter*, carcajada, risotada; ~ *of thunder*, trueno.
peal (to) *tr.* e *intr.* repicar [las campanas]. 2 gritar, vocear. 3 sonar, resonar, retronar.
peanut (piˈnøt) *s.* BOT. cacahuete; *maní. — 2 adj.* de cacahuetes : ~ *brittle* o *candy*, especie de guirlache de cacahuetes; ~ *butter*, pasta hecha con cacahuetes recién tostados y agua; ~ *oil*, aceite de cacahuetes.
pear (peøˈ) *s.* BOT. pera; peral. 2 perilla [adorno en figura de pera]. — 3 *adj.* de pera o peras : ~ *orchard*, peraleda; ~ *tree*, peral [árbol]; ~ *wood*, peral [madera].
pearl (pøˈl) *s.* perla, margarita : *to cast pearls before swine*, echar margaritas a cerdos. 2 madreperla, nácar. 3 color de perla o nácar. 4 FARM., B. ART. perla. 5 perla [lágrima, gota, etc.]. 6 IMPR. perla [tipo de cuatro puntos]. — 7 *adj.* de perla o perlas, de nácar : ~ *button*, botón de nácar; ~ *diver*, ~ *fisher*, pescador de perlas; ~ *gray*, color perla o gris perla; ~ *oyster*, ~ *shell*, madreperla, ostra perlera; ~ *seed*, aljófar. 8 perlado : ~ *barley*, cebada perlada.
pearl (to) *tr.* perlar; aljofarar. 2 dar color de perla. — 3 *intr.* pescar perlas. 4 perlarse, formar gotas parecidas a perlas.
pearl-ash *s.* carbonato potásico.
pearl-coloured *adj.* perlino, de color de perla.
pearled (pøˈld) *adj.* perlado, aljofarado; adornado con perlas. 2 perlino.
pearlstone (pøˈlstoun) *s.* PETR. perlita, fonolita.
pearly (pøˈli) *adj.* perlino, nacarado. 2 aljofarado.
pearmain (peˈmein) *s.* BOT. pero.
pear-shaped *adj.* piriforme.

peart (pɪ't) *adj.* vigoroso, sano. 2 vivo, despierto.
peasant (peˈšant) *s.* labriego, labrador. 2 campesino, rústico; *guajiro, jíbaro. — *3 adj.* campesino.
peasantry (peˈšantri) *s.* paisanaje, gente del campo. 2 estado o condición de campesino.
peascod (pɪˈšcad) *s.* vaina de guisante.
pease (pɪš) *s. pl.* de PEA.
peat (pɪt) *s.* turba [materia]. — *2 adj.* de turba : ~ *bog* turbera; ~ *coal*, carbón de turba; ~ *moss*, musgo de pantano; turba; turbera.
peaty (pɪˈti) *adj.* turboso.
peavey (pɪˈvi) *s.* palanca con gancho, usada por los madereros.
pebble (peˈbəl) *s.* guija, guijarro, china. 2 pólvora gruesa. 3 cuero abollonado. 4 cristal de roca; lente de cristal de roca.
pebble (to) *tr.* enguijarrar. 2 granular, abollonar [el cuero, etc.]. 3 apedrear con guijarros.
pebbly (peˈbli) *adj.* guijarroso.
pecan (pɪcæn) *s.* BOT. pacana.
peccability (pecabiˈliti) *s.* fragilidad [moral].
peccable (peˈcabəl) *adj.* pecable.
peccadillo (pecadiˈlou) *s.* pecadillo, falta.
peccancy (peˈcansi) *s.* vicio, defecto. 2 pecado. 3 calidad de pecaminoso.
peccant (peˈcant) *adj.* pecante, pecador. 2 corrupto, vicioso. 3 incorrecto, defectuoso.
peccary (peˈcari) *s.* ZOOL. pécari, báquira.
peck (pec) *s.* medida de áridos [¼ de *bushel*]. 2 fam. montón, la mar [gran cantidad]. 3 picotazo, picotada.
peck (to) *tr.* picar, picotear. 2 picar, labrar [con instrumento puntiagudo]. 3 coger con el pico. — *4 intr. to* ~ *at*, picotear, coger con el pico; comiscar; regañar, censurar.
pecker (keˈkø') *s.* picoteador. 2 pico, zapapico. 3 ORNIT. pico verde.
peckish (peˈkish) *adj.* fam. hambriento. 2 apetitoso. 3 (EE. UU.) regañón, irritable.
pectin, pectine (peˈctin) *s.* pectina.
pectinate(d (peˈctineit(id) *adj.* pectinado.
pectineus (pectiˈniøs) *s.* ANAT. pectíneo [músculo].
pectoral (peˈctoral) *adj.* pectoral. 2 íntimo, ferviente. — *3 s.* pectoral [cruz; ornamento]. 4 FARM. pectoral. 5 ARM. peto.
pectose (peˈctous) *s.* pectosa.
peculate (to) (peˈkiuleit) *intr.* cometer peculado. — *2 tr.* desfalcar, malversar.
peculation (pekiuleˈšøn) *s.* peculado, desfalco, malversación.
peculator (peˈkiuleitø') *s.* peculador, malversador.
peculiar (pikiuˈlia') *adj.* peculiar, privativo, propio. 2 particular, especial. 3 singular, raro, extraño. — *4 s.* propriedad particular [de uno]. 5 privilegio, prerrogativa. 6 iglesia o parroquia no perteneciente a la jurisdicción del ordinario.
peculiarity (pikiuliæˈriti) *s.* peculiaridad, particularidad, singularidad. 2 individualidad.
peculiarize (to) (pikiuˈliaraiš) *tr.* particularizar, individualizar.
peculiarly (pikiuˈlia'li) *adv.* peculiarmente, particularmente.
peculium (pikiuˈliøm) *s.* DER. peculio.
pecuniarily (pikiuˈnierili) *adv.* pecuniariamente.
pecuniary (pikiuˈnieri) *adj.* pecuniario.
pecunious (pikiuˈniøs) *adj.* rico, adinerado.
pedagogic(al (pedagaˈyic(al) *adj.* pedagógico.
pedagogics (pedagaˈyics) *s.* pedagogía.
pedagogism (peˈdagayiẕm) *s.* pedagogismo; pedantismo.
pedagogue (peˈdagag) *s.* pedagogo. 2 pedante.
pedagogy (peˈdagouyi) *s.* pedagogía.
pedal (peˈdal) *s.* pedal. 2 bajo [de órgano]. — *3 adj.* de pie o de pedal : ~ *board* o *keyboard*, teclado de pie; ~ *brake*, freno de pie o de pedal.
pedal (to) *tr.* mover los pedales de. — *2 intr.* pedalear.
pedant (peˈdant) *s.* pedante.
pedantic(al (pidæˈntic(al) *adj.* pedantesco.
pedantism (peˈdantiẕm) *s.* pedantismo, pedantería.
pedantize (to) (peˈdantaiš) *tr.* convertir en pedante. — *2 intr.* pedantear.
pedantry (peˈdantri) *s.* pedantería.
pedate (peˈdeit) *adj.* ZOOL. que tiene pie o pies; parecido a un pie. 2 BOT. palmeado.
peddle (to) (peˈdøl) *tr.* vender de puerta en puerta : fig. *to* ~ *gossip*, propagar chismes. — *2 intr.* hacer de buhonero. 3 ocuparse de minucias.

peddler (peˈdlø') *s.* buhonero, vendedor ambulante, *pacotillero.
peddlery (peˈdløri) *s.* buhonería.
peddling (peˈdling) *adj.* pequeño, insignificante, baladí.
pederast (peˈdøræst) *s.* pederasta.
pederasty (peˈdøræsti) *s.* pederastia.
pedestal (peˈdestal) *s.* pedestal; peana, pie. 2 MEC. cojinete, soporte. 3 MÚS. cubeta [del arpa]. — *4 adj.* de pedestal o de pie; de soporte : ~ *box*, cojinete, chumacera; caja de engrase; ~ *lamp*, lámpara de pie; ~ *table*, velador.
pedestrian (pideˈstrian) *adj.* pedestre. — *2 s.* peatón, caminante; andarín.
pedestrianism (pideˈstrianiẕm) *s.* calidad de pedestre. 2 afición a andar; deporte de la marcha.
pedestrianize (to) *intr.* andar a pie, practicar la marcha.
pediatric (pidiæˈtric) *adj.* pediátrico.
pediatrics (pidiæˈtrics) *s.* pediatría.
pediatrician (pidiatriˈshan), **pediatrist** (pidiæˈtrist) *s.* pediatra.
pedicel (peˈdisel) *s.* BOT., ZOOL. pedicelo.
pedicellate (peˈdiseleit) *adj.* pedicelado.
pedicle (peˈdicøl) *s.* ANAT. pedículo.
pedicular (pidiˈkiular), **pediculous** (pidiˈkiuløs) *adj.* pedicular.
pedigree (peˈdigri) *s.* genealogía, linaje, ascendencia, árbol genealógico.
pediluvium (pediliuˈviøm) *s.* pediluvio.
pediment (peˈdimønt) *s.* ARQ. frontón. 2 CARP. remate de puerta.
pedimented (peˈdimøntid) *adj.* con frontón o remate.
pedipalpus (pedipæˈlpøs) *s.* ZOOL. pedipalpo.
pedlar, pedler (peˈdlø') *s.* PEDDLER.
pedlary (peˈdløri) *s.* PEDDLERY.
pedometer (pidaˈmitø') *s.* podómetro, cuentapasos. 2 instrumento para pesar y medir los niños.
peduncle (pidøˈncøl) *s.* ANAT., ZOOL., BOT. pedúnculo.
peduncular (pidøˈnkiula') *adj.* peduncular.
pedunculate(d (pidøˈnkiuleit(id) *adj.* pedunculado.
peek (pic) *s.* atisbo, atisbadura, mirada.
peek (to) *intr.* atisbar, espiar, mirar con disimulo.
peel (pɪl) *s.* piel, corteza, cáscara, hollejo, telilla [de fruta, etc.] : *orange* ~, corteza de naranja confitada. 2 pala [de horno; de remo]. 3 espito, colgador.
peel (to) *tr.* pelar, mondar, descortezar, deshollejar : fig. *to keep one's eye peeled*, tener los ojos muy abiertos, estar alerta. — *2 intr.* pelarse, descortezarse. 3 descascararse, desconcharse. 4 pop. desnudarse. 5 caerse, desprenderse [la piel, la corteza, etc.].
peeler (pɪˈlø') *s.* pelador, mondador, descortezador. 2 fam. polizonte.
peeling (pɪˈling) *s.* peladura, mondadura.
peen (pin) *s.* boca o punta [del martillo] : ~ *hammer*, martillo de punta o de dos bocas.
peep (pip) *s.* atisbo, ojeada; mirada a través de una rendija o abertura. 2 rendija o abertura por donde se mira, mirilla. 3 asomo : *at the* ~ *of the day*, al despuntar el día. 4 pío, piada, chirrido [de ave]; vocecita. 5 *peep* o ~ *sight*, alza [de fusil]. — *6 adj.* de atisbo, etc. : ~ *show*, mundonuevo.
peep (to) *intr.* atisbar, fisgar; mirar a hurtadillas, mirar por una rendija, o abertura. 2 asomar, mostrarse. *A veces con out.* 3 piar, pipiar. 4 chistar; *not to* ~, no chistar.
peeper (prpø') *s.* atisbador. 2 fam. ojo. 3 fam. espejo; ventana; gafas. 4 pollito [que pía].
peephole (pɪˈpjoul) *s.* atisbadero, mirilla, agujero o rendija por donde se mira.
peer (pɪr) *s.* par, igual, compañero. 2 par [noble].
peer (to) *tr.* elevar a la dignidad de par. 2 igualar, rivalizar con. — *3 intr.* mirar [atentamente, escrutadoramente]. 4 asomar, salir, aparecer.
peerage (pɪˈridɏ) *s.* dignidad de par. 2 cuerpo o catálogo de la nobleza.
peeress (pɪˈris) *f.* mujer de un par; mujer que tiene título de nobleza.
peerless (pɪˈlis) *adj.* sin par, incomparable.
peerlessly (pɪˈlisli) *adv.* sin igual, incomparablemente. | *Pide* strianism) *s.* calidad de incomparable.
peerlessness (pɪˈlisnis) *s.* calidad de incomparable.
peeve (pɪv) *s.* fam. enojo, inquina.
peeve (to) *tr.* irritar, poner de mal humor. — *2 intr.* irritarse. ponerse de mal humor.

peevish (pi·vish) *adj.* malhumorado, brusco, displicente. 2 quisquilloso, vidrioso; rencilloso, enojadizo. 3 obstinado, caprichoso.
peevishly (pi·vishli) *adv.* bruscamente, con mal humor. 2 obstinadamente.
peevishness (pi·vishnis) *s.* mal humor, brusquedad, displicencia, mal genio, quejumbre.
peewit (pi·uit) *s.* PEWIT.
peg (peg) *s.* clavija, estaquilla, espiga, taco, tarugo, sobina, saetín. 2 percha, colgadero. 3 MAR. cabilla. 4 pretexto, razón. 5 grado, escalón [en estimación, etc.] : *to take a person down a* ~, rebajar o humillar a alguien. 6 estaca, jalón. 7 MÚS. clavija. 8 fam. pie, pierna. 9 fam. diente. *10* (Ingl.) trago [de licor]. — *11 adj.* de estaca, clavija, etc. : ~ *ladder*, escalerón, espárrago; ~ *leg*, pierna de palo, pata de palo; ~ *top*, peón, peonza.
peg (to) *tr.* estaquillar, clavar, atarugar. 2 MÚS. enclavijar. 3 MAR. encabillar. 4 marcar los lindes de [con estacas]; jalonar. 5 limitar, restringir, fijar, estabilizar [precios, etc.]. 6 lanzar, arrojar. — *7 intr.* trabajar con ahinco, afanarse; andar de prisa. | Gralte. con *away, along, at, on.* ¶ CONJUG. pret. y p. p. : *pegged;* ger. : *pegging*
Peg (peg) *n. pr.* dim. de MARGARET.
Pegasus (pe·gasøs) *n. pr.* MIT. Pegaso.
pegbox (pe·gbacs) *s.* MÚS. clavijero [de guitarra, violín, etc.].
Peggy (pe·gui) *n. pr.* dim. de MARGARET.
pegmatite (pe·gmatait) *s.* PETR. pegmatita.
peg-top *adj.* de forma de trompo [pantalón o falda].
pejoration (piȳore·shøn) *s.* deterioro, depreciación.
pejorative (pi·ȳoreitiv) *adj.* peyorativo, despectivo.
pekan (pe·can) *s.* ZOOL. (EE. UU.) especie de marta.
Pekin (piki·n) *n. pr.* GEOGR. Pequín. — 2 *s.* (con min.) pequín [tela].
Pekinese (pi·kinis), **Pekingese** (pi·kinguis) *adj.* y *s.* pequinés.
pekoe (pi·cou) *s.* té negro de calidad superior.
pelage (pe·lidȳ) *s.* pelaje, pelo, lana [de un animal vivo].
pelagic (pelæ·ȳic) *adj.* pelágico.
Pelasgi (pilæ·sȳai) *s. pl.* pelasgos.
Pelasgian (pilæ·sȳian) *s.* pelasgo.
Pelasgic (pilæ·sȳic) *adj.* pelásgico.
pelerine (pe·lørin) *s.* manteleta, pelerina.
pelf (pelf) *s.* botín, despojo, cosa robada. 2 bienes, o dinero, mal adquiridos.
pelican (pe·lican) *s.* ORNIT. pelícano, alcatraz. 2 pulicán, gatillo [de dentista].
pelisse (peli·s) *s.* pelliza.
pellagra (pe·lægra) *s.* MED. pelagra.
pellagrous (pelæ·grøs) *adj.* pelagroso.
pellet (pe·lit) *s.* pelotilla, bolita. 2 píldora. 3 bala, perdigón. 4 bodoque.
pellet (to) *tr.* hacer bolitas o pelotillas con. 2 tirar bolitas a.
pellicle (pe·licøl) *s.* película, telilla.
pellicular (peli·kiula·) *adj.* pelicular.
pellitory (pe·litori) *s.* BOT. parietaria, cañarroya. 2 BOT. pelitre.
pell-mell (pelme·l) *adj.* confuso, tumultuoso. — 2 *adv.* revueltamente, atropelladamente, a trochemoche. — *3 s.* confusión, desorden.
pellucid (peliu·sid) *adj.* diáfano, transparente, claro, lúcido.
pellucidity (pellusi·diti), **pellucidness** (peliu·sidnis) *s.* diafanidad, transparencia.
Peloponnesus (pelopøni·søs) *n. pr.* GEOGR. Peloponeso.
Pelops (pi·laps) *n. pr.* MIT. Pélope.
pelt (pelt) *s.* pellejo, cuero, zalea. 2 golpe [de algo tirado o lanzado]. 3 golpear [de la lluvia]. 4 paso vigoroso, rápido : *at full* ~, a todo correr.
pelt (to) *tr.* apedrear; tirar, hacer llover [algo arrojadizo] sobre. 2 llenar [de golpes, injurias, etc.]. — *3 intr.* batir, caer con fuerza [la lluvia, el granizo, etc.]. 4 apresurarse.
pelta (pe·lta) *s.* pelta.
peltate·d (pe·lteid(id) *adj.* BOT. peltado.
pelting (pe·lting) *s.* apedreamiento, lluvia [de proyectiles, etc.]. — *2 adj.* que cae con fuerza, furioso : ~ *rain*, lluvia furiosa.
peltry (pe·ltri) *s.* peletería, pieles. 2 pellejos, corambre. 3 pellejo.
pelvic (pe·lvic) *adj.* ANAT. pelviano.

pelvis (pe·lvis) *s.* ANAT., ZOOL. pelvis.
pemmican (pe·mican) *s.* penmicán.
pemphigus (pe·mfigøs) *s.* MED. pénfigo.
pen (pen) *s.* pluma [para escribir], péñola : *quill* ~, pluma de ave; *fountain* ~, pluma fuente, pluma estilográfica; *slip of the* ~, error de pluma, lapsus cálami. 2 ORNIT. pluma naciente. *3* ORNIT. hembra del cisne. 4 corral; departamento [para encerrar ganado o exhibir animales] : *pig* ~, pocilga. 5 lugar reducido para encerrar o guardar personas o cosas. 6 pop. presidio. — *7 adj.* de pluma, para pluma, a la pluma : ~ *drawing*, dibujo a la pluma; ~ *name*, seudónimo; ~ *point*, pluma de metal [sin el mango] ; ~ *stroke*, plumada, plumazo; ~ *wiper*, limpiaplumas.
pen (to) *tr.* escribir, componer, pergeñar. 2 encerrar, acorralar. ¶ CONJUG. pret. y p. p. : *penned* o (en la segunda acepción) *pent;* ger. : *penning*.
penache (pena·sh) *s.* PANACHE.
penal (pi·nal) *adj.* penal : ~ *code*, código penal; ~ *servitude*, presidio, trabajos forzados. 2 penable. 3 sujeto a pena o castigo.
penalize (pi·nalaiš) *tr.* penar [imponer pena a], castigar, sancionar, multar.
penalty (pe·nalty), *pl.* **-ties** (-tiš) *s.* pena, castigo, sanción; multa; recargo [a un contribuyente moroso] : *on, o under,* ~ *of,* bajo pena de, so pena de. 2 DEP. penalti, castigo.
penance (pe·nans) *s.* penitencia : *to do* ~, hacer penitencia.
Penates (pinei·tiš) *s. pl.* MIT. Penates.
pence (pens) *s. pl.* de PENNY. | Ús. en composición.
penchant (pe·nchan o pansha·n) *s.* afición, inclinación, tendencia.
pencil (pe·nsil) *s.* lápiz; lapicero. 2 pincel fino. 3 pincel [modo de pintar]. 4 haz [de luz, de rayos]. *5 adj.* de lápiz o pincel : ~ *drawing*, dibujo al lápiz; ~ *holder*, portalápices, lapicero; ~ *sharpener*, afilalápices, sacapuntas.
pencil (to) *tr.* dibujar o escribir con lápiz. 2 pintar con pincel fino. ¶ CONJUG. pret. y p. p. : *penciled* o *-lled;* ger. : *pencilin* o *-lling*.
pend (to) (pend) *intr.* estar pendiente.
pendant (pe·ndant) *s.* cosa que cuelga o está pendiente de otra; colgante, pinjante, pendiente, arete, zarcillo; cadena, medallón. 2 araña, lámpara de suspensión. 3 pinjante. 4 objeto que hace juego o pareja con otro. 5 MAR. amante, amantillo; baticulo. — *6 adj.* PENDENT.
pendency (pe·ndensi) *s.* suspensión [estado de lo pendiente].
pendent (pe·ndent) *adj.* pendiente. 2 colgante, péndulo. 3 salidizo. 4 añadido, puesto [notas, anotaciones]. — *5 s.* PENDANT.
pending (pe·nding) *adj.* pendiente, colgante. 2 en suspenso, indeciso. — *3 prep.* durante, mientras, hasta.
pendragon (pendræ·gon) *s.* jefe de los antiguos bretones. 2 rey, dictador.
pendular (pe·ndiular) *adj.* pendular.
pendulate (to) (pe·ndiuleit) *tr.* oscilar [como el péndulo]. 2 fluctuar.
pendulous (pe·ndiuløs) *adj.* péndulo, colgante; suspendido. 2 vacilante, fluctuante.
pendulum (pe·ndiuløm) *s.* péndulo; péndola.
Penelope (pine·løpi) *n. pr.* Penélope.
penetrability (penitrabi·liti) *s.* penetrabilidad.
penetrable (pe·nitrabøl) *adj.* penetrable, accesible.
penetrancy (pe·nitransi) *s.* fuerza de penetración.
penetrant (pe·nitrant) *adj.* penetrante.
penetrate (to) (pe·nitreit) *tr.* e *intr.* penetrar. 2 imbuir : *to* ~ *one's mind with,* penetrarse de. 3 conmover. — *4 tr.* atravesar, perforar. — *5 intr.* ahondar, profundizar [en].
penetrating (pe·nitreiting) *adj.* penetrante. 2 agudo, perspicaz, sagaz.
penetration (penitre·shøn) *s.* penetración.
penetrative (pe·nitreitiv) *adj.* penetrativo. 2 perspicaz, sagaz.
penetrativeness (pe·nitreitivnis) *s.* aptitud para penetrar. 2 penetración, perspicacia.
penetrator (pe·nitreito·) *s.* penetrador.
penful (pe·nful) *s.* plumada [lo que coge la pluma].
penguin (pe·ngüin) *s.* ORNIT. pingüino. 2 fam. (Ingl.) mujer del servicio de aviación militar. 3 AVIA. aeroplano que no vuela y sólo sirve para la enseñanza.

penholder (pe·njouldø') *s.* portapluma, mango [de pluma].
penicillin (penisi·lin) *s.* penicilina.
peninsula (peni·nshiula) *s.* GEOGR. península.
peninsular (peni·nshiula') *adj.* y *s.* penisular: *Peninsular War*, guerra napoleónica de España y Portugal, guerra de la Independencia.
penis (pi·nis) *s.* ANAT. pene.
penitence, -cy (pe·nitøns, -si) *s.* penitencia, contrición, arrepentimiento.
penitent (pe·nitønt) *adj.* penitente, contrito, arrepentido. — 2 *s.* penitente. 3 arrepentido.
penitential (penite·nshal) *adj.* penitencial. 2 de arrepentimiento. — 3 *s.* libro de penitencias.
penitentially (penite·nshali) *adv.* de un modo penitente; por vía de penitencia.
penitentiary (penite·nshari) *adj.* penitencial. 2 penitenciario, penal. — 3 *s.* penitenciaría [tribunal]. 4 penitenciaria; casa de corrección; cárcel modelo. 5 ECLES. penitenciario.
penitently (pe·nitøntli) *adv.* con arrepentimiento o compunción.
penitentness (pe·nitøntnis) *s.* estado del penitente, arrepentimiento.
penknife (pe·n-naif), *pl.* **-nives** (-naivs) *s.* cortaplumas.
penman (pe·nmæn), *pl.* **-men** (-men) *s.* pendolista, calígrafo. 2 autor, escritor.
penmanship (pe·nmanship) *s.* escritura, caligrafía; letra [de una pers.]. 2 pluma [arte del escritor].
penna (pe·na) *s.* ORNIT. pena.
pennant (pe·nant) *s.* flámula, gallardete, banderola, grímpola: *broad* ~, gallardetón. 2 MAR. insignia. 3 DEP. bandera de campeón. 4 MAR. amante, amantillo.
pennate(d (pe·neit(id) *adj.* BOT. pinado. 2 BOT. y ZOOL. de figura de pluma. 3 alado.
penner (pe·nø') *s.* autor, escritor.
pennies (pe·nis) *s. pl.* de PENNY.
penniform (pe·nifo'm) *adj.* en forma de pluma.
penniless (pe·nilis) *adj.* pobre, sin dinero, sin blanca, sin fortuna; pelado, tronado.
pennilessness (pe·nilisnis) *s.* pobreza, indigencia.
pennon (pe·nøn) *s.* pendón, flámula, banderola. 2 ORNIT. ala, extremo del ala.
penninervate (peninø·'vit) *adj.* BOT. peninervia.
Pennsylvania (pensilvei·nia) *n. pr.* GEOGR. Pensilvania.
penny (pe·ni), *pl.* **pennies** o [en composición] **pence** (pens) *s.* penique; centavo [de dólar]: *two pennies*, dos monedas de un penique; *twopence*, moneda de dos peniques. 2 dinero: *to cost a pretty* ~, costar un dineral; *to turn an honest* ~, ganar algún dinero honradamente; *Peter* ~, dinero de san Pedro. 3 parte designada por un ordinal: *to pay the tenth* ~, pagar el uno por diez, el décimo. 4 pequeña cantidad. — 5 *adj.* de a penique, de poco valor: ~ *dreadful*, cuento de miedo, novela o periódico de horrores.
penny-a-liner *s.* gacetillero; escritorzuelo.
penny-in-the-slot *adj.* automático, estereotipado. 2 *penny-in-the-slot machine*, tragaperras.
pennyroyal (peniro·ial) *s.* BOT. poleo.
pennyweight (pe·niueit) *s.* escrúpulo [peso de 24 granos].
penny-wise *adj.* que sólo es prudente o ahorrativo en cosas sin importancia: *penny-wise and pound-foolish*, que escatima en lo pequeño y derrocha en lo grande.
pennyworth (pe·niuo'z) *s.* valor de un penique. 2 pequeña cantidad.
penologist (pina·loˇyist) *s.* penalista.
penology (pina·loˇyi) *s.* DER. estudio de las penas y del sistema penitenciario.
pensile (pe·nsil) *adj.* pensil, péndulo, colgante. 2 ORNIT. que hace nidos colgantes.
pensión (pe·nshøn) *s.* pensión, subvención, retiro, jubilación. 2 pensión, pupilaje. 3 pensión, casa de huéspedes.
pension (to (pe·nshøn) *tr.* pensionar, retirar, jubilar. | A veces con *off.* — 2 *intr.* vivir en pensión.
pensionary (pe·nshøneri) *adj.* pensionado. 2 a sueldo. — 3 *s.* pensionado, pensionista.
pensioner (pe·nshønø') *s.* pensionado. 2 retirado, jubilado. 3 MIL. inválido. 4 el que es mantenido por otro. 5 pensionista, pupilo. 6 asilado.
pensive (pe·nsiv) *adj.* pensativo, meditabundo, melancólico. 2 que favorece la meditación, la melancolía.

pensively (pe·nsivli) *adv.* pensativamente, melancólicamente.
pensiveness (pe·nsivnis) *s.* estado pensativo, melancólico.
penstock (pe·nstac) *s.* compuerta [de esclusa, etc.]. 2 paradera [del caz].
pent (pent) *adj.* encerrado, acorralado. 2 contenido, reprimido. | Gralte. con *up* o *in.* 3 ~ *roof*, tejado de una sola vertiente.
pentachord (pe·ntaco'd) *adj.* de cinco cuerdas. — 2 *s.* MÚS. pentacordio.
pentacle (pe·ntacøl) *s.* pentáculo.
pentad (pe·ntæd) *s.* grupo de cinco. 2 lustro [cinco años]. 3 METEOR. cinco días. 4 QUÍM. átomo pentavalente.
pentadactyl(e (pentadæ·ctil) *adj.* pentadáctilo.
pentadecagon (pentade·cagan) *s.* GEOM. pentedecágono.
pentagon (pe·ntagan) *s.* GEOM. pentágono. — 2 n. pr. *the Pentagon*, edificios del ministerio de la guerra en Washington.
pentagonal (pentæ·gonal) *adj.* pentagonal, pentágono.
pentagram (pe·ntagræm) *s.* MÚS. pentagrama. 2 pentáculo.
pentahedral (pentaji·dral) *adj.* pentédrico.
pentahedron (pentaji·drøn) *s.* GEOM. pentaedro.
pentahedrical (pentaji·dral) *adj.* pentaédrico.
pentamerous (pentæ·mørøs) *adj.* H. NAT. pentámero.
pentameter (pentæ·metø') *s.* MET. pentámetro.
pentane (pe·ntein) *s.* QUÍM. pentano.
pentapolis (pentæ·polis) *s.* pentápolis.
pentarchy (pe·nta·ki) *pl.* **-chies** (-kiš) *s.* pentarquía.
pentasyllabic (pentasilæ·bic) *a.* pentasílabo.
Pentateuch (pe·ntatiuc) *s.* Pentateuco.
pentavalent (pentavei·lønt) *adj.* QUÍM. pentavalente.
Pentecost (pe·ntico̊st) *s.* Pentecostés.
pentecostal (pe·nticostal) *adj.* de Pentecostés.
penthouse (pe·ntjaus) *s.* cobertizo, alpende. 2 tejadillo, colgadizo. 3 (EE. UU.) piso o habitación en la azotea.
pentode (pe·ntod) *s.* ELEC. pentodo.
pentose (pe·ntous) *s.* QUÍM. pentosa.
penult (pi·nølt) *adj.* penúltimo. — 2 *s.* penúltima sílaba.
penultimate (pinø·ltimit) *adj.* penúltimo. — 2 *s.* penúltima sílaba.
penumbra (pinø·mbra), *pl.* **-bræ** (-bri) o **-bras** *s.* ASTR., PINT. penumbra.
penumbral (pinø·mbral) *adj.* de la penumbra.
penurious (piniu·riøs) *adj.* pobre, estéril. 2 de penuria, de escasez. 3 cicatero, roñoso, mezquino.
penuriously (piniu·riøsli) *adv.* mezquinamente, miserablemente.
penuriousness (piniu·riøsnis) *s.* pobreza, escasez. 2 mezquindad, tacañería.
penury (pe·niuri) *s.* penuria, estrechez. 2 escasez, carestía.
peon (pi·on) *s.* [en la India y Ceilán] peón [soldado]; policía indígena; criado, mandadero.
peony (pi·oni) *s.* BOT. peonía, saltaojos.
people (pi·pøl) *s.* pueblo, raza, tribu, nación, grey. 2 pueblo [habitantes de un país, etc.], el público: *the common* ~, el pueblo, el vulgo, la plebe. 3 gente; personas: *the young* ~, los jóvenes, la gente joven; ~ *say*, dice la gente, se dice; *many* ~, mucha gente, muchas personas, muchos; *two* ~, dos personas. 4 gente de una familia: *my* ~, los míos, mi familia.
people (to (pi·pøl) *tr.* poblar. 2 colonizar.
pep (pep) *s.* pop. (EE. UU.) energía, animación, brío, arrestos, iniciativa: *to be full of* ~, tener mucha energía.
pep (to (pep) *tr.* animar: *to* ~ *up*, animar, estimular vigorizar. ¶ CONJUG. pret. y p. p.: *pepped;* ger.: *pepping*.
pepper (pe·pø') *s.* pimienta: *black* ~, pimienta negra; *long* ~, pimienta larga. 2 BOT. pimiento, ají, chile. 3 pimentón. — 4 *adj.* de pimienta o pimiento: *pimienta* ~ *caster*, ~ *pot*, pimentero [vasija]; ~ *mill*, pimentero de molinillo. 5 BOT. ~ *cress*, mastuerzo; ~ *plant*, pimiento [plantas]; ~ *tree*, pimentero falso, turbinto.
pepper (to *tr.* sazonar con pimienta. 2 salpimentar. 3 esparcir, salpicar. 4 acribillar.
pepperbox (pe·pø'bacs) *s.* pimentero [vasija].

peppercorn (pe·pø'co'n) s. grano de pimienta. 2 insignificancia, bagatela.
peppergrass (pe·pø'gras) s. BOT. mastuerzo.
peppermint (pe·pø'mint) s. BOT. menta, piperita. 2 pastilla o licor de menta.
pepperwort (pe·pø'wø't) s. BOT. mastuerzo.
peppery (pe·pøri) adj. picante. 2 mordaz. 3 fogoso; colérico, de mal genio.
peppy (pe·pi) adj. pop. (EE. UU.) brioso, enérgico.
pepsin(e (pe·psin) s. BIOQUÍM. pepsina.
peptic (pe·ptic) adj. péptico.
peptide (pe·ptaid) s. BIOQUÍM. péptido.
peptone (pe·ptoun) s. BIOQUÍM. peptona.
per (pø') prep. por, a : ~ annum, al año; ~ capita, por cabeza, por barba; ~ cent, por ciento; ~ diem por día; ~ se, por sí mismo, en sí mismo, esencialmente. 2 as per, según.
peradventure (peradve·nchø') adv. quizá, acaso, por ventura. — 2 s. duda, incertidumbre : beyond ~, fuera de duda.
perambulate (to) (pøræ·mbiuleit) tr. recorrer, atravesar, transitar por; visitar o inspeccionar andando. — 2 intr. andar, pasear.
perambulation (pørambiule·shøn) s. paseo, recorrido, visita de inspección.
perambulator (pøra·mbiuleitø') s. cochecito de niño. 2 odómetro de agrimensor.
perborate (pø'bou·reit) s. QUÍM. perborato.
percale (pø'kei·l) s. percal.
percaline (pø'cali·n) s. percalina.
perceivable (pø'sɪ·vabøl) adj. perceptible, inteligible.
perceivably (pø'sɪ·v) adv. perceptiblemente.
perceive (to) (pø'sɪ·v) tr. percibir [con los sentidos o el entendimiento], ver, distinguir, columbrar, comprender. 2 advertir, percatarse de.
percentage (pø'se·ntidȳ) s. tanto por ciento, porcentaje.
perceptibility (pø'se·ptibi·liti) s. perceptibilidad.
perceptible (pø'se·ptibøl) adj. perceptible, sensible, visible.
perceptibly (pø'se·ptibli) adv. perceptiblemente.
perception (pø'se·pshøn) s. percepción [con los sentidos, el entendimiento]. 2 DER. percibo.
perceptive (pø'se·ptiv) adj. perceptivo.
perceptively (pø'se·ptiv'li) adv. con percepción.
perceptivity (pø'septi·viti) s. calidad de perceptivo.
perch (pø'ch) s. ICT. perca. 2 pértica [medida]. 3 percha, alcándara. 4 percha o aparato de barras horizontales donde se cuelga el paño para examinarlo, percharlo, etc. 5 pértiga, palo. 6 sitio elevado.
perch (to) tr. emperchar. 2 encaramar. 3 examinar, perchar, etc. [paño o cuero] colgados en una percha o barra horizontal. — 4 intr. encaramarse, posarse [en percha, rama, etc.]; sentarse [en un sitio elevado].
perchance (pø'cha·ns) adv. acaso, tal vez, quizá.
Percheron (pø'shøran) adj. y s. percherón.
perchlorate (pø'clo·reit) s. QUÍM. perclorato.
perchloric (pø'clo·ric) adj. perclórico [ácido].
perchlorid(e (pø'clo·rid o -raid) s. QUÍM. percloruro.
percipient (pø'si·piønt) adj. y s. capaz de percepción. — 2 adj. de percepción.
percolate (to) (pø'coleit) tr. colar, trascolar, pasar, filtrar. 2 FARM. percolar. 3 trascolarse o filtrarse por; permear. — 4 intr. trascolarse, filtrarse.
percolation (pø'cole·shøn) s. coladura, filtración. 2 FARM. percolación.
percolator (pø'coleitø') s. filtro, colador. 2 cafetera filtradora o de filtro.
percuss (to) (pø'cø·s) tr. percutir, golpear, chocar con.
percussion (pø'cø·shøn) s. percusión. 2 golpe, choque. — 3 adj. de percusión : ~ cap, pistón, cápsula fulminante; ~ hammer, percusor; ~ instrument, instrumento de percusión.
percussive (pø'cø·siv) adj. percuciente, de percusión.
percutient (pø'kiu·shønt) adj. percuciente.
perdition (pø'di·shøn) s. perdición, ruina; condenación eterna. 2 infierno.
perdurable (pø'diurabøl) adj. perdurable.
perdurably (pø'diurabli) adv. perdurablemente.
peregrinate (to) (pe·rigrineit) intr. peregrinar, andar de un lado a otro.
peregrination (perigrine·shøn) s. peregrinación, viaje.

peregrin(e (pe·rigrin) adj. peregrino, migratorio. 2 extranjero, extraño, exótico. — 3 s. ORNIT. halcón.
Peregrine n. pr. Peregrín, Pelegrín.
peremptorily (pøre·mptorili) adv. perentoriamente, categóricamente. 2 autoritariamente.
peremptoriness (pøre·mptorinis) s. perentoriedad.
peremptory (pøre·mtori) adj. perentorio, terminante, absoluto, decisivo. 2 dogmático, magistral. 3 autoritario, imperioso.
perennial (pøre·nial) adj. perennal, perenne, perpetuo, continuo. 2 BOT. perenne, vivaz. — 3 s. planta perenne.
perenniality (pøreniæ·liti) s. perennidad.
perennially (pøre·niali) adv. perennemente.
perfect (pø'fict) a. perfecto. 2 acabado, consumado, completo. 3 BOT. completa [flor]. — 4 s. GRAM. tiempo perfecto.
perfect (to) (pø'fe·ct o pø'fict) tr. perfeccionar, acabar, completar, coronar, redondear. — 2 intr. perfeccionarse.
perfecter (pø'fe·ctø') s. perfeccionador.
perfectibility (pø'fectibi·liti) s. perfectibilidad.
perfectible (pø'fe·ctibøl) adj. perfectible.
perfection (pø'fe·cshøn) s. perfección : to ~, a la perfección. 2 perfeccionamiento.
perfective (pø'fe·ctiv) adj. perfectivo.
perfectly (pø'fectli) adv. perfectamente. 2 completamente.
perfectness (pø'fectnis) s. perfección.
perfervid (pø'fø·'vid) adj. muy férvido, ardiente.
perfidious (pø'fi·diøs) adj. pérfido, alevoso, fementido, infiel.
perfidiously (pø'fi·diøsli) adv. pérfidamente.
perfidiousness (pø'fi·diøsnis), **perfidy** (pø·'fidi) s. perfidia, alevosía, infidelidad.
perfoliate (to) (pø'fou·lieit) adj. BOT. perfoliada.
perforate (to) (pø·'foreit) tr. perforar, horadar. 2 taladrar, trepar.
perforating (pø'forei·ting) adj. perforador.
perforation (pø'fore·shøn) s. perforación. 2 línea de agujeros, calado.
perforator (pø·'foreitø') s. perforador, taladrador. 2 perforadora [máquina].
perforce (pø'fo·'s) adv. por fuerza, a la fuerza, forzosamente, necesariamente.
perform (to) (pø'fo·'m) tr. hacer, ejecutar, realizar, efectuar, llevar a cabo; cumplir, desempeñar, ejercer. — 2 intr. obrar, actuar. 3 desempeñar un papel, tocar un instrumento; hacer un ejercicio, etc. 4 funcionar [una máquina].
performable (pø'fo·'mabøl) adj. ejecutable, practicable.
performance (pø'fo·'mans) s. ejecución, cumplimiento, desempeño, realización. 2 obra, acción, hecho, hazaña. 3 función, representación teatral, concierto; actuación o trabajo de un artista, acróbata, etc.
performer (pø'fo·'mø') s. ejecutante, representante, actor, artista, acróbata; el que ejecuta o realiza algo.
perfume (pø·'fium o pø'fiu·m) s. perfume. 2 aroma, fragancia.
perfume (to) (pø'fiu·m) tr. perfumar, sahumar, embalsamar.
perfumer (pø'fiu·mø') s. perfumador. 2 perfumista.
perfumery (pø'fiu·møri), pl. -ries (-riš) s. perfumería. 2 perfumes.
perfunctorily (pø'fø·nctørili) adv. perfunctoriamente, sin interés, por encima, superficialmente, formulariamente.
perfunctoriness (pø'fø·nctorinis) s. calidad de lo que se hace sin interés, por encima, formulariamente.
perfunctory (pø'fø·nctori) adj. perfunctorio, hecho sin interés o sin cuidado, por encima; superficial, formulario.
perfuse (to) (pø'fiu·š) tr. rociar, bañar, cubrir, llenar. 2 introducir un líquido en [un órgano; esp. por conducto de los vasos sanguíneos].
perfusion (pø'fiu·ȳøn) s. perfusión, baño, aspersión.
pergameneous (pergamɪ·nios) adj. apergaminado.
pergola (pø·'gola) s. pérgola.
perhaps (pørje·ps) adv. quizás, tal vez, acaso, por ventura, como puede ser el caso.
peri (pɪ·ri) s. peri, hada.
perianth(ium (periæ·nz(iøm) s. BOT. periantio.
pericardiac (perica·'diæc), **pericardial** (perica·'dial), **pericardian** (perica·'dian), adj. pericardino.

pericarditis (perica'dai tis) *s*. MED. pericarditis.
pericardium (perica'diøm) *s*. ANAT. pericardio.
pericarp (perica'p) *s*. BOT. pericarpo.
pericarpial (perica'pial), **pericarpic** (perica'pic) *adj*. pericárpico.
periclass (pe riclæs) *s*. MINER. periclasa.
pericranium (pericrel niøm) *s*. ANAT. pericráneo.
peridot (pe ridat) *s*. MINER. peridoto.
perigee (pe ri͞yi) *s*. ASTR. perigeo.
perigon (pe rigan), **perigonium** (perigø niøm) *s*. BOT. perigonio.
perihelion (perijr lion) *s*. ASTR. perihelio.
peril (pe ril) *s*. peligro, riesgo, exposición.
peril (to) *tr*. exponer, arriesgar, poner en peligro. — *2 intr*. peligrar, correr peligro, estar en peligro.
perilous (pe riløs) *adj*. peligroso. 2 arriesgado, expuesto.
perilously (pe riløsli) *adv*. peligrosamente.
perilousness (pe riløsnis) *s*. calidad de peligroso.
perimeter (peri'mitø') *s*. perimetro.
perineal (perinr al) *adj*. perineal.
perineum (perinr øm) *s*. ANAT. perineo.
period (pi riod) *s*. período, época, era, tiempo. 2 período, ciclo. 3 MAT., MET., MÚS. período. 4 GRAM. período, cláusula. 5 hora [de clase]. 6 término, fin, conclusión. 7 punto final. 8 ORT. punto. 9 *pl*. período, menstruación.
periodic (piria dic) *adj*. periódico.
periodical (piria dical) *adj*. periódico. — *2 s*. publicación periódica, revista.
periodically (piria dicali) *adv*. periódicamente. 2 de vez en cuando.
periodicalness (piria dicalnis), **periodicity** (piriodi siti) *s*. periodicidad.
periœci (peri sai), *s*. *pl*. GEOGR. periecos.
periosteum (peria stiøm) *s*. ANAT. periostio.
periostitis (periastai tis) *s*. MED. periostitis.
peripatetic (peripate tic) *adj*. peripatético. 2 ambulante. — *3 s*. (con may.) peripatético.
Peripateticism (peripate tisiƨm) *s*. peripato. 2 (con min.) hábito de andar, de ir de un lado a otro.
peripeteia, peripetia (peri pesia) *s*. peripecia [mudanza repentina de situación].
peripheral (peri føral), **peripheric(al** (perifø ric(al) *adj* periférico.
periphery (peri føri) *s*. periferia.
periphrase (pe rifreiƨ) *s*. RET. perífrasis.
periphrase (to) *tr*. e *intr*. RET. perifrasear.
periphrasis (peri frasis) *s*. RET. perifrasis.
periphrastic(al (perifra stic(al) *adj*. perifrástico.
periplus (pe ripløs) *s*. periplo.
peripteral (peri ptøral) *adj*. períptero.
peripteros (peri ptørøs) *s*. ARQ. períptero.
perique (peri k) *s*. tabaco negro de Luisiana.
periscii (peri shiai) *s*. *pl*. GEOGR. periscios.
periscope (pe riscoup) *s*. periscopio.
periscopio (perisca pic) *adj*. periscópico.
perish (to) (pe rish) *intr*. perecer, fenecer, acabar, morir, desaparecer. 2 arruinarse, marchitarse, pasarse.
perishable (pe rishabøl) *adj*. perecedero. 2 deleznable, marchitable. 3 que puede pasarse, corromperse o averiarse.
perishableness (pe rishabølnis) *s*. calidad de perecedero; fragilidad.
Perissodactyla (pirisodæ ctilæ) *s*. *pl*. ZOOL. perisodáctilos.
perissodactyl(e (pirisodæ ctil) *s*. ZOOL. perisodáctilo.
perisperm (pe rispø'm) *s*. BOT. perispermo.
peristalsis (peristæ lsis) *s*. FISIOL. peristalsis.
peristaltio (periste ltic) *adj*. peristáltico.
peristole (peri støll) *s*. FISIOL. peristole.
peristyle (pe ristail) *s*. ARQ. peristilo.
perisystole (pedisi stoli) *s*. FISIOL. perisístole.
peritonaeal, peritoneal (peritonr al) *adj*. peritoneal.
peritonaeum, peritoneum (peritonr øm) *s*. ANAT. peritoneo.
peritonitis (peritonai tis) *s*. MED. peritonitis.
periwig (pe riuig) *s*. peluquin.
periwinkle (pe riuinkøl) *s*. BOT. vincapervinca. 2 ZOOL. margarita, litorina [caracol marino].
perjure (to) (pø'ʒø') *intr*. perjurar. — *2 tr*. *to ~ oneself*, perjurarse.
perjurer (pø'ʒørø') *s*. perjurador, perjuro.
perjury (pø ʒøri) *s*. perjurio.
perk (pø'c) *adj*. fachendoso, presumido, desenvuelto, 2 vivaracho, despierto.

perk (to) *tr*. vestir, ataviar, acicalar. 2 erguir, levantar [la cabeza, las orejas]. — *3 intr*. estirarse, erguirse; contonearse. *4 to ~ up*, reanimarse.
perky (pø'ki) *adj*. elegante, gallardo, presumido. 2 firme, categórico.
permanence (pø'manøns) *s*. permanencia, subsistencia, duración.
permanent (pø'manønt) *adj*. permanente, estable, fijo, duradero : *~ wave*, ondulación permanente.
permanently (pø'manentli) *adv*. permanentemente.
permanganate (pø'mæ nganit) *s*. QUÍM. permanganato.
permeability (pø'miabi liti) *s*. permeabilidad.
permeable (pø'miabøl) *adj*. permeable, penetrable.
permeate (to) (pø'mieit) *tr*. penetrar, atravesar, calar. 2 llenar, impregnar, difundirse o estar difundido por.
permeation (pø'mie shøn) *s*. penetración a través de los poros; impregnación.
Permian (pø'mian) *adj*. y *s*. GEOL. pérmico.
permissible (pø'rmi sibøl) *adj*. permisible, permitidero.
permissibly (pe'mi sibli) *adv*. de modo permisible.
permission (pø'mi shøn) *s*. permiso, permisión, licencia, venia. 2 MIL. permiso.
permissive (pø'mi siv) *adj*. permisivo. 2 permitido, consentido. 3 facultativo, no obligatorio.
permissively (pø'mi sivli) *adv*. permisivamente.
permit (pø mi t) *s*. permiso, licencia, pase. 2 COM. cédula de la Aduana. 3 CORR. marca de franqueo concertado.
permit (to) *tr*. permitir, autorizar, tolerar, consentir. — *2 intr*. *to ~ of*, admitir, sufrir. ¶ CONJUG. pret. y p. p.: *permitted;* ger.: *permitting*.
permittance (pø'mi tans) *s*. ELEC. capacidad electrostática.
permittivity (pø'miti viti) *s*. ELECT. capacidad específica de inducción.
permutable (pø'miu tabøl) *adj*. permutable.
permutation (pø'miute shøn) *s*. permutación. 2 cambio, transformación.
permute (to) (pø'miu t) *tr*. permutar. 2 cambiar, transformar.
permuter (pø'miu tø') *s*. permutador.
pern (pø'n) *s*. ORNIT. buharro.
pernicious (pø'ni shøs) *adj*. pernicioso : *~ anemia*, anemia perniciosa. 2 dañino, malvado.
perniciously (pø'ni shøsli) *adv*. perniciosamente.
perniciousness (pø'ni shøsnis) *s*. perniciosidad. 2 malignidad, maldad.
pernickety (pø'ni kiti) *adj*. fam. quisquilloso, meticuloso, difícil, delicado.
pernoctation (pø'nocte shøn) *s*. acción de pasar la noche. 2 vela de toda la noche.
perone (pe roni) *s*. ANAT. peroné.
perorate (to) (pe roreit) *intr*. perorar. — *2 tr*. declamar.
peroration (perore shøn) *s*. peroración.
peroxid(e (pøra csaid) *s*. QUÍM. peróxido : *~ of hydrogen*, agua oxigenada; *~ blonde*, rubia oxigenada.
perpend (pø'pe nd) *s*. ALBAÑ. perpiaño.
perpend (to) *tr*. ant. considerar, meditar.
perpendicular (pø'pendi kiula') *adj*. perpendicular. 2 vertical, a plomo. 3 muy pendiente, escarpado. — *4 s*. línea o plano perpendicular. 5 fam. (Ing.) comida que se toma de pie.
perpendicularity (pø'pendikiulæ riti) *s*. perpendicularidad. 2 verticalidad.
perpendicularly (pø'pendi kiula'li) *adv*. perpendicularmente. 2 verticalmente.
perpetrate (to) (pø'petreit) *tr*. perpetrar.
perpetration (pø'petre shøn) *s*. perpetración.
perpetrator (pø'petreitø') *s*. perpetrador.
perpetual (pørpe chual) *adj*. perpetuo : *~ calendar*, calendario perpetuo. 2 continuo, incesante : *~ check*, jaque continuo; *~ motion*, movimiento continuo. 3 BOT. perenne.
perpetually (pø'pe chuali) *adv*. perpetuamente; continuamente.
perpetuate (to) (pø'pe chueit) *tr*. perpetuar.
perpetuation (pø'pechue shøn) *s*. perpetuación.
perpetuity (pø'petiu iti) *s*. perpetuidad.
perplex (to) (pø'ple cs) *tr*. dejar o tener perplejo; confundir. 2 turbar, perturbar, aturdir, aturrullar. 3 complicar, enredar, embrollar, enmarañar.
perplexed (pø'ple cst) *adj*. perplejo, confuso. 2 tur-

bado, aturdido, aturrullado, preocupado. 3 complicado, intrincado, enredado, enmarañado.
perplexedly (pø'ple·csidli) adv. con perplejidad o confusión. 2 complicadamente.
perplexedness (pø'ple·csidnis), **perplexity** (pø'ple·csiti) s. perplejidad, duda, confusión. 2 dificultad, complicación. 3 enredo, enmarañamiento.
perquisite (pø'cuiṣit) s. gaje, obvención, emolumento, ad·hala, propina. 2 DER. bien adquirido [no heredado].
perron (pe'røn) s. ARQ. escalinata.
perroquet (pe·roket) s. PARAKEET.
perry (pe·ri) s. sidra de peras.
persecute (to) (pø'sikiut) tr. perseguir, molestar, vejar, oprimir. 2 perseguir, acosar.
persecution (pø'sikiu·shøn) s. persecución.
persecutive (pø'sikiutiv) adj. perseguidor.
persecutor (pø'sikiutø') s. perseguidor.
Perseus (pø'siøs) n. pr. MIT. Perseo.
perseverance (pø'sivi·rans) s. perseverancia; persistencia.
perseverant (pø·sivi·rant) adj. perseverante.
persevere (to) (pø'sivi·ø') intr. perseverar; persistir.
persevering (pø'sivi·ring) adj. perseverante, persistente; continuo.
perseveringly (pø'sivi·ringli) adv. con perseverancia.
Persian (pø'shan) adj. persa, persiano, pérsico : ~ blinds, o simplte. persians, persianas [celosias]; ~ Gulf, golfo Pérsico; ~ wheel, especie de noria. — 2 s. persa [pers., lengua]. 3 persiana [tela].
Persic (pø'sic) adj. pérsico.
persicary (pø'sikeri), pl. -ies (-iš) s. BOT. persicaria, duraznillo.
persicot (pø'sicou) s. licor hecho con almendras de melocotón, albérchigo, etc., maceradas en alcohol.
persiflage (pø'siflaẏ) s. burla, zumba.
persimmon (pø'si·møn) s. BOT. placaminero. 2 caqui; su fruto.
persist (to) (pø'si·st) intr. persistir; permanecer; continuar. 2 insistir, porfiar.
persistence (pø'si·støns), **persistency** (pø'si·stønsi) s. persistencia, constancia. 2 insistencia, porfía.
persistent (pø'si·stønt), **persisting** (pø'si·sting) adj. persistente. 2 constante, tenaz. 3 insistente.
persistently (pø'si·støntli) aɑv. persistentemente. 2 repetidamente.
persistive (pø'si·stiv) adj. persistente, tenaz.
person (pø'søn) s. persona : artificial, conventional o juristic ~, persona juridica; first, second o third ~, primera, segunda o tercera persona; in ~, en persona, personalmente; no ~, nadie. 2 BIOL. individuo.
personable (pø·'sønabøl) adj. bien parecido, bien apersonado.
personage (pø·'sønidẏ) s. personaje.
personal (pø'sønal) adj. personal : ~ pronoun, pronombre personal. 2 en persona, 3 relativo a pers. determinada, que incluye personalismo : to become ~, ponerse a hacer alusiones de carácter personal y ofensivo. 4 fisico, corpóreo [de una pers.]. 5 intimo, privado. 6 ~ estate, bienes muebles. 7 COM. ~ share, acción nominativa. — 8 s. nota de sociedad; noticia breve de interés personal [en un periódico].
personalism (pø'sønaliṣm) s. cualidad, carácter o influencia personal. 2 individualidad. 3 FIL. personalismo.
personality (pø'sønæ·liti), pl. -ties (-tiṣ) s. personalidad. 2 individualidad. 3 personalismo, alusión personal.
personalize (to) (pø·'sønalaiṣ) s. individualizar. 2 personificar. 3 personalizar.
personally (pø·'sønali) adv. personalmente.
personalty (pø·'sønalti) s. DER. bienes muebles [de uno].
personate (pø·'søneit) adj. fingido, representado. 2 BOT. personada.
personate (to) tr. TEAT. representar el papel de. 2 contrahacer, fingir, fingirse, hacerse pasar por, usurpar la personalidad de. 3 personificar. — 4 intr. TEAT. representar.
personation (pø'søne·shøn) s. representación [de un papel o personaje]. 2 personificación. 3 DER. usurpación de personalidad.
personator (pø·'søneitø') s. intérprete [de un papel]. 2 el que se hace pasar por otro.

personification (pø'sa·nifike·shøn) s. personificación. 2 RET. prosopopeya.
personify (to) (pø'sa·nifai) tr. personificar. ¶ CONJUG. pret. y p. p. : personified.
personnel (pø'sone·l) s. personal [de una oficina, fábrica, etc.], dependencia; mano de obra. — 2 adj. de personal : ~ director, jefe de personal.
perspective (pø'spe·ctiv) s. perspectiva. — 2 adj. de perspectiva. 3 B. ART. en perspectiva.
perspectively (pø'spe·ctivli) adv. con arreglo a la perspectiva.
perspicacious (pø'spikei·shøs) adj. perspicaz.
perspicaciously (pø'spikei·shøsli) adv. perspicazmente.
perspicaciousness (pø'spikei·shøsnis), **perspicacity** (pø'spicæ·siti) s. perspicacia, penetración.
perspicuity (pø'spikiu·iti) s. perspicuidad, claridad, lucidez.
perspicuous (pø'spi·kiuøs) adj. perspicuo, claro, lúcido.
perspicuously (pø'spi·kiuøsli) adv. perspicuamente, claramente.
perspicuousness (pø'spi·kiuøsnis) s. PERSPICUITY.
perspirable (pø'spai·rabøl) adj. transpirable.
perspiration (pø'spire·shøn) s. transpiración, sudor. 2 fam. trabajo puro.
perspirative (pø'spai·ratori) adj. sudorífico.
perspire (to) (pø'spai·ø') tr. e intr. transpirar, sudar, trasudar. — 2 tr. exhalar, exudar.
perspiring (pø'spai·ring) adj. sudado, sudante, sudoriento, sudoroso.
persuadable (pø'suei·dabøl) adj. persuadible.
persuade (to) (pø'suei·d) tr. persuadır, inducir, mover. 2 exhortar, tratar de convencer.
persuader (pø'suei·dø') s. persuasor, persuadidor. 2 fam. un arma, un garrote; las espuelas.
persuasibility (pø'suei·sibi·liti) s. calidad de persuadible.
persuasible (pø'suei·sibøl) adj. fácil de persuadir.
persuasion (pø'suei·ẏøn) s. persuasión. 2 persuasiva. 3 creencia. 4 credo, fe, religión, secta.
persuasive (pø'suei·siv) adj. persuasivo. — 2 s. cosa que persuade; incentivo; exhortación.
persuasiveness (pø'suei·sivnis) s. calidad de persuasivo.
pert (pø't) adj. petulante, insolente, atrevido, descarado. 2 vivo, alegre, desenvuelto.
pertain (to) (pø'tei·n) intr. pertenecer; corresponder, tocar, atañer, incumbir. 2 hacer relación, referirse.
pertaining (pø'tei·ning) adj. perteneciente, tocante, atinente, relativo [a].
pertinacious (pø'tinei·shøs) adj. pertinaz. 2 terco, porfiado. 3 permanente, duradero.
pertinaciously (pø'tinei·shøsli) adv. pertinazmente.
pertinaciousness (pø'tinei·shøsnis), **pertinacity** (pø'tinæ·siti) s. pertinacia. 2 terquedad.
pertinence (pø'tinøns), **pertinency** (pø'tinønsi) s. pertinencia. 2 oportunidad.
pertinent (pø'tinønt) adj. pertinente, que viene a propósito, oportuno, atinado.
pertinently (pø'tinøntli) adv. pertinentemente, oportunamente, atinadamente.
pertly (pø'tli) adv. petulantemente, insolentemente, descaradamente.
pertness (pø'tnis) s. petulancia, insolencia, descaro.
perturb (to) (pø'tø·'b) tr. perturbar, conturbar, agitar.
perturbation (pø'tø·be·shøn) s. perturbación, conturbación, agitación, conmoción. 2 ASTR. desviación.
perturbator (pø'tø·'beitø'), **perturber** (pø'tø·bø') s. perturbador, agitador.
pertuse (pertiu·s) adj. agujereado. 2 BOT. pertusa [hoja].
pertussis (pø'tø·sis) s. MED. tos ferina.
Peru (pøru·) n. pr. el Perú.
Perugia (peru·ẏa) n. pr. GEOGR. Perusa.
peruke (peru·c) s. peluca, peluquin.
perusal (peru·ṣal) s. lectura, lectura atenta.
peruse (to) (peru·ṣ) tr. leer, leer con cuidado, repasar.
Peruvian (peru·vian) adj. y s. peruano : ~ balsam, bálsamo del Perú; ~ bark, quina.
pervade (to) (pø'vei·d) tr. atravesar, penetrar, llenar, saturar, impregnar, difundirse o esparcirse por.

PRONOMBRE PERSONAL / PERSONAL PRONOUNS

Formas del pronombre personal

Personas	Oficio	Singular		Plural	
1.ª	sujeto complemento reflexivo	I me myself	masc. y fem.	we us ourselves	masc. y fem.
2.ª	sujeto complemento reflexivo	thou, you thee, you thyself, yourself	masc. y fem.	ye, you you yourselves	masc. y fem.
3.ª	sujeto	he (masc.) she (fem.) it (neut.)		they	todos los géneros
	complemento	him (masc.) her (fem.) it (neut.)		them	
	reflexivo	himself (masc.) herself (fem.) itself (neut.)		themselves	

Observaciones

- El pronombre complemento indirecto lleva la preposición **to**: she promised it **to me**, ella me la prometió.

  Sin embargo, con ciertos verbos, se puede omitir el **to** a condición de poner el complemento indirecto delante del directo: my father gave **me** this book, mi padre me dio este libro.

  Con **to tell** y **to answer**, se usa siempre esta última forma: he told **me** what had happened, me contó lo que había ocurrido.

- Después de los verbos seguidos de una partícula, el pronombre personal complemento directo se coloca entre el verbo y la partícula. Así a *he took off his coat* (se quitó el abrigo), corresponderá *he took it off*, se lo quitó.

- **All**, con un pronombre personal, se coloca después de éste; **all of**, delante: they **all**, **all of** them, todos, todos ellos o ellas.

- Después de las preposiciones **about, around, behind, with** y de las que indican movimiento, el inglés emplea el pronombre personal no reflexivo en vez del reflexivo: she brought her workbasket **with her**, ella trajo consigo su neceser de costura; he looked **behind him**, miró detrás de sí.

- El pronombre personal usado como antecedente de un relativo da las expresiones **he who** o **that, she who** o **that**, etc., equivalentes a las españolas *el que, aquel que, la que*, etc.

  Sin embargo, en el lenguaje moderno no se dice **they who** o **that**, sino **those who** o **that**, los que, aquellos que.

- **They** puede ser sujeto de una oración impersonal, como: **they** say that, dicen que, se dice que.

- Las formas reflexivas del pronombre personal se usan también para reforzar el pronombre sujeto: I saw it **myself**, yo mismo lo vi.

pervasion (pø'vei·ʒøn) s. penetración, impregnación, difusión.
pervasive (pø'vei·siv) adj. penetrante, penetrativo, que se difunde.
perverse (pø'vø·'s) adj. perverso, avieso. 2 pervertido, corrupto, corrompido. 3 maligno, molesto. 4 terco, indócil, que lleva la contraria.
perversely (pø'vø·'sli) adv. perversamente, aviesamente. 2 corrompidamente. 3 tercamente.
perverseness (pø'vø·'snis) s. perversidad, malicia, malignidad. 2 terquedad.
perversion (pø'vø·'shøn) s. perversión. 2 pervertimiento. 3 corrupción, alteración.
perversity (pø'vø·'siti) s. PERVERSENESS.
perversive (pø'vø·'siv) adj. perversivo.
pervert (pø'vø·'t) s. pervertido. 2 apóstata, hereje.
pervert (to) tr. pervertir, malear. 2 corromper, alterar, tergiversar, falsear, desnaturalizar. 3 hacer mal uso o aplicación de. — 4 intr. desviarse del camino recto. 5 caer en el error, la herejía.
perverted (pø'vø·'tid) adj. pervertido. 2 falseado, desnaturalizado. 3 desviado del camino recto.
perverter (pø'vø·'tø') s. pervertidor.
pervertible (pø'vø·'tibøl) adj. pervertible.
pervious (pø·'viøs) adj. penetrable, accesible. permeable : ～ to light, diáfano. 2 penetrable mentalmente, inteligible. 3 que penetra o invade.
perviousness (pø·'viøsnis) s. penetrabilidad, permeabilidad, inteligibilidad.
pesade (pisei·d) s. empinada [del caballo].
peskier (pe·skiø') adj. comp. de PESKY.
peskiest (pe·skiist) adj. superl. de PESKY.
pesky (pe·ski) adj. fam. (EE. UU.) molesto, pesado, cargante.
pessary (pe·sari), pl. -ries (-riš) s. CIR. pesario.
pessimism (pe·simižm) s. pesimismo.
pessimist (pe·simist) s. pesimista.
pessimistic(al (pesimi·stic(al) adj. pesimista.
pest (pest) s. peste, pestilencia, plaga. 2 pers. o bestia molesta, enojosa, cargante; peste, lata. 3 pl insectos nocivos.
pester (to) (pe·stø') tr. molestar, vejar, importunar, amolar, cargar.
pesthouse (pe·stjaus) s. hospital de apestados, lazareto.
pestiferous (pesti·førøs) adj. pestífero, pestilente. 2 apestado.
pestilence (pe·stiløns) s. peste, pestilencia.
pestilent (pe·stilønt) adj. pestilente, pernicioso. 2 molesto, cargante, travieso.
pestilential (pestile·nshal) adj. pestilencial, pestilente.
pestilently (pe·stiløntli) adv. pestíferamente.
pestle (pe·søl) s. mano de almirez, pistadero, majadero.
pestle (to) tr. majar, machacar, pistar, moler.
pet (pet) adj. querido, mimado, preferido, favorito. 2 que expresa afecto : ～ name, diminutivo o apelativo cariñoso. — 3 s. animal doméstico querido. 4 pers. o niño querido, mimado; cariño; favorito. 5 enojo, despecho, fanfurriña, berrinche : ～ to take ～ at, ofenderse de; to go away in a ～, irse enojado.
pet (to) tr. mimar, regalar, acariciar. — 2 intr. fam. acariciarse. ¶ CONJUG. pret. y p. p.: petted; ger.: petting.
petal (pe·tal) s. BOT. pétalo.
petaled (pe·tald) adj. provisto de pétalos.
petalism (pe·taližm) s. petalismo.
petaloid (pe·taloid) adj. petaloideo.
petalous (pe·taløs) adj. que tiene pétalos.
petard (peta·'d) s. petardo.
petardeer (peta·di·ø') s. petardero.
petaurist (peto·rist) s. ZOOL. falangero.
petcock (pe·tcac) s. MEC. llave, grifo de purga o de desagüe.
petechiae (piti·kiι) s. pl. MED. petequia.
petechial (piti·kial) adj. petequial.
Peter (pi·tø') n. pr. Pedro : Peter's pence, dinero de San Pedro. — 2 s. MAR. blue ～ o simplte. peter, bandera P del código internacional.
peter (to) intr. disminuir, gastarse, agotarse. | Gralte. con out.
petiolar (pe·tiola') adj. de peciolo.
petiolate (pe·tioleit) adj. peciolado.
petiole (pe·tioul) s. BOT. peciolo.
petit (pe·ti) adj. DER. pequeño; menor.
petition (piti·shøn) s. instancia, solicitud, petición, memorial, *ocurso. 2 ruego, súplica. 3 cosa pe-

dida o solicitada. 4 DER. petición, pedimento, demanda. 5 LÓG. ～ of the principle, petición de principio.
petition (to) tr. solicitar [en instancia o solicitud]. 2 suplicar, pedir, rogar. 3 dirigir una petición o memorial a.
petitionary (piti·shøneri) adj. petitorio. 2 LÓG. que incluye petición de principio.
petitioner (piti·shønø') s. solicitante, peticionario.
petitory (pi·titori) adj. petitorio.
Petrarch (pi·trarc) n. pr. Petrarca.
petrel (pe·trel) s. ORNIT. petrel.
petrifaction (petrifæ·cshøn) s. petrificación, fosilización. 2 fósil.
petrifactive (petrifæ·ctiv), **petrific** (petri·fic) adj. petrífico.
petrification (petrifike·shøn) s. petrificación.
petrify (to) (pe·trifai) tr. petrificar : to be petrified with fear, quedar paralizado de miedo. — 2 intr. petrificarse; fosilizarse. ¶ CONJUG. pret. y p. p.: petrified.
petrography (petro·grafi) s. petrografía.
petrol (pe·tral) s. (Ingl.) gasolina, bencina.
petrol (to) tr. proveer de bencina.
petrolatum (petrolei·tøm) s. petrolado, vaselina.
petroleum (pitrou·liøm) s. petróleo. — 2 adj. de petróleo, petrolero : ～ ether, nafta: ～ industry, industria petrolera.
petroleur (petrolø·') s. petrolero [incendiario].
petrolic (pitra·lic) adj. de petróleo.
petroliferous (pitroli·førøs) adj. petrolífero.
petrology (pitra·loʒi) s. petrología, petrognosia.
petronel (pe·trønel) s. ant. pistola de arzón.
Petronius (pitrou·niøs) n. pr. Petronio.
petrous (pe·trøs) adj. pétreo, petroso.
petticoat (pe·ticout) s. enaguas. 2 falda, basquiña, faldellín. *fustán : in petticoats, vestido de mujer; con faldas, femenino. 3 fig. faldas, mujer, muchacha. 4 ELECT. campana de aislador. — 5 adj. de mujer o mujeres, de faldas : ～ affair, asunto de faldas. 6 ELECT. de campana : ～ insulator, aislador de campanas.
pettier (pe·tiø') adj. comp. de PETTY.
pettiest (pe·tiist) adj. superl. de PETTY.
pettifog (to) (pe·tifag) tr. defender o argumentar como un picapleitos. 2 ser un picapleitos. 3 cominear.
pettifogger (pe·tifagø') s. leguleyo picapleitos, abogadillo, rábula, *tinterillo.
pettifoggery (pe·tifagøri), pl. -ries (-riš) s. triquiñuela, enredo de picapleitos, *tinterillada.
pettiness (pe·tinis) s. pequeñez, insignificancia, mezquindad.
petting (pe·ting) s. acción de mimar o acariciar; mimo; caricias.
pettish (pe·tish) adj. enojadizo, quisquilloso, áspero, malhumorado, regañón.
pettishly (pe·tishli) adv. ásperamente, con enojo o mal humor.
pettishness (pe·tishnis) s. mal humor, enojo, aspereza, mal genio.
pettitoes (pe·titous) s. manos de cerdo. 2 pies o dedos de los pies [de un niño].
petty (pe·ti) adj. pequeño, menor, insignificante, mezquino : ～ cash, dinero para gastos menores; ～ jury, jurado [de juicio o de hecho]; ～ larceny o theft, ratería, hurto; ～ prince, principillo. 2 inferior, subalterno : ～ officer, suboficial o clase de marina.
petulance (pe·chulans), **petulancy** (pe·chulansi) s. impaciencia, mal humor, mal genio.
petulant (pe·chulant) adj. enojadizo, quisquilloso, irritable, impaciente, áspero. 2 poc. us. petulante.
petulantly (pechulantli) adv. con impaciencia, mal humor o aspereza.
petunia (pitiu·nia) s. BOT. petunia.
pew (piu·) s. banco de iglesia. 2 pl. fig. la congregación, los fieles.
pewholder (piu·jouldø') s. el que tiene banco alquilado o de propiedad en una iglesia.
pewit (pi·uit) s. ORNIT. frailecillo. 2 ORNIT. laro, pájaro reidor.
pewter (piu·tø') s. peltre. 2 vasijas de peltre.
pewterer (piu·tørø') s. peltrero.
Phaedra (fi·dræ) s. MIT. Fedra.
Phaeton (fei·ton) n. pr. MIT. Faetón. — 2 s. (con min.) faetón. 3 AUTO. coche descubierto de turismo.

phagocyte (fæˈgosait) s. BIOL. fagocito.
phagocytize (to) (fæˈgositaiš) tr. BIOL. fagocitar.
phagocytosis (fægosaitouˈsis) s. BIOL. fagocitosis.
phalange (ˈtælæˈnỹ) s. ANAT., ZOOL., POL. falange.
phalangeal (falæˈnỹial) adj. falangiano.
phalanger (falæˈnỹø') s. ZOOL. falangero.
phalanges (falæˈnỹis) s. pl. de PHALANX.
phalangian (falæˈnỹian) adj. y s. ZOOL. falángido.
Phalangida (falæˈnỹidæ) s. pl. ZOOL. falángidos.
phalansterian (fælanstiˈrian) adj. y s. falansteriano.
phalanstery (fæˈlansteri) s. falansterio.
phalanx (fæˈlæncs), pl. phalanges s. MIL., ANAT., ZOOL. falange. 2 falansterio.
phallic (fæˈlic) adj. fálico.
phallus (fæˈløs) s. falo.
phanerogam (fæˈnørogæm) s. BOT. fanerógama.
Phanerogamia (fænørogueiˈmia) s. pl. BOT. fanerógamas.
phanerogamian, -gamic, -gamous (fænørogæˈmian, -gæˈmic, -raˈgamøs) adj. BOT. fanerógamo.
phantasm (fæˈntæšm) s. fantasma.
phantasma (ɪænˈtæˈšma) s. fantasma [visión quimérica].
phantasmagoria (fæntæšmagoˈria) s. fantasmagoría.
phantasmagorical (fæntæšmagoˈric(al) aaj. fantasmagórico.
phantasmal (fæntæˈsmal), phantasmic (fæntæˈsmic) adj. espectral, fantástico, irreal.
phantasy (fæˈntasi) s. fantasía, imaginación. 2 fantasía [producto de la imaginación].
phantom (fæˈntøm) s. fantasma, espectro, aparición. 2 ilusión óptica. 3 falsedad, imaginación engañosa. — 4 adj. fantasmal, fantástico, ilusorio, quimérico; fantasma.
Pharaoh (feˈrou o feiˈrou) s. faraón [de Egipto].
Pharaonic (feriaˈnic) adj. faraónico.
pharisaic(al (færiseiˈic(al) adj. farisaico.
pharisaically (færiseiˈicali) adv. farisaicamente.
pharisaism (fæˈriseiišm) s. fariseísmo.
Pharisee (fæˈrisi) s. fariseo.
pharmaceutic(al (faˈmasiuˈtic(al) adj. farmacéutico.
pharmaceutics (faˈmasiuˈtics) s. farmacia [ciencia, arte].
pharmaceutist (faˈmasiuˈtist), pharmacist (faˈmasist) s. farmacéutico, boticario.
pharmacognosy (faˈmacaˈgnosi) s. farmacognosia.
pharmacological (faˈmacolaˈỹical) adj. farmacológico.
pharmacologist (faˈmacaˈloỹist) s. farmacólogo.
pharmacology (faˈmacaˈloỹi) s. farmacología.
pharmacopœia (faˈmacopɪˈya) s. farmacopea.
pharmacopolist (faˈmacaˈpolist) s. farmacopola.
pharmacy (faˈmasi) s. farmacia.
pharos (feiˈros) s. MAR. faro.
pharyngeal (færiˈnỹial) adj. ANAT. faríngeo.
pharyngitis (færinỹaiˈtis) s. MED. faringitis.
pharyngoscope (fariˈngoscoup) s, faringoscopio.
pharynx (fæˈrincs) s. ANAT. faringe.
phase (feiš) s. fase : to be in ~, estar en fase. — 2 adj. de fase : ~ angle, ángulo de desfasamiento o de diferencia de fases; ~ lag o lagging, retraso de fase; ~ lead o leading, avance de fase.
phasis (feiˈsiš) s. ASTR. fase. 2 fase, aspecto.
pheasant (feˈšant) s. ORNIT. faisán.
pheasantry (feˈšantri) s. faisanería, criadero de faisanes.
phenacetin (finæˈsitin) s. FARM. fenacetina.
phenic (feˈnic) adj. fénico.
Phenicia (finiˈshia) n. pr. GEOGR. Fenicia.
Phenician (finiˈshan) adj. y s. fenicio.
phenix (fiˈnix) s. PHŒNIX.
phenol (fɪˈnol) s. QUÍM. fenol.
phenomenal (fenaˈminal) adj. fenoménico. 2 fenomenal.
phenomen(al)ism (fenaˈminališm) s. fenomenalismo.
phenomenology (fenaminaˈloỹi) s. fenomenología.
phenomenon (fenaˈminøn), pl. phenomena (-na) s. fenómeno.
phenyl (feˈnil) s. QUÍM. fenilo.
phenylene (feˈnilɪn) s. QUÍM. fenileno.
phew! (fiu·) interj. uf!
phi (fai o fi) s. phi [letra griega].
phial (faiˈal) s. redoma, frasco.
Phidias (fiˈdiæs) n. pr. Fidias.
Phil (fil) n. pr. abrev. de PHILEMON, PHILIP y PHILADELPHIA.
Philadelphia (filadeˈlfia) n. pr. GEOGR. Filadelfia.

Philadelphian (filadeˈlfian) adj. filadelfo, de Filadelfia.
philander (filæˈndø') s. galanteo, flirteo. 2 ant. enamorado, galanteador.
philander (to) intr. galantear, flirtear.
philanderer (filæˈndørø') s. galanteador, flirteador.
philanthropic(al (filanzraˈpic(al) adj. filantrópico.
philanthropist (filæˈnzropist) s. filántropo.
philanthropy (filæˈnzropi) s. filantropía.
philatelic(al (filateˈlic(al) adj. filatélico.
philatelist (filæˈtelist) s. filatelista.
philately (filæˈteli) s. filatelia.
philharmonic (filjaˈmaˈnic) adj. filarmónico.
Philip (fiˈlip) n. pr. Felipe. 2 Filipo.
Philippa (filiˈpa) n. pr. Felipa.
philippic (filiˈpic) adj. filípica.
Philippine (filipiˈn) adj. filipino.
Philippines (filipiˈnš) n. pr. GEOGR. Filipinas.
Philistine (filistiˈn) adj. y s. filisteo. 2 inculto, prosaico. 3 retrógrado, reaccionario.
philologic(al (filolaˈỹic(al) adj. filológico.
philologist (filaˈloỹist) s. filólogo.
philology (filaˈloỹi) s. filología.
philomel (fiˈlomel), philomela (filomɪˈla) s. poét. filomela, ruiseñor.
philopena (filopɪˈna) s. almendra doble que uno encuentra en los postres y comparte con otra persona; especie de juego de prendas que esto motiva; regalo que hace el que pierde.
philosophaster (filasofæˈstø') s. filosofastro.
philosopher (filaˈsofø') s. filósofo : philosopher's stone, piedra filosofal.
philosophic(al (filosaˈfic(al) adj. filosófico.
philosophically (filosaˈficali) adv. filosóficamente.
philosophism (filaˈsofišm) s. filosofismo.
philosophist (filaˈsofist) s. filosofastro.
philosophize (to) (filaˈsofaiš) intr. filosofar. — 2 tr. hacer filosófico; explicar filosóficamente.
philosophizer (filaˈsofaišø') s. filosofador.
philosophy (filaˈsofi) s. filosofía.
philter, philtre (fiˈltø') s. filtro, bebedizo.
philter o philtre (to) tr. hechizar con filtro.
phimosis (faimouˈsis) s. fimosis.
Phineas (fiˈnias) n. pr. Fineas.
phiz (fiš) s. pop. cara, facha, fisonomía.
phlebitis (flibaiˈtis) s. MED. flebitis.
phlebotomist (flibaˈtomist) s. flebotomiano, sangrador.
phlebotomize (to) (flibaˈtomaiš) tr. sangrar
phlebotomy (flibaˈtomi) s. MED. flebotomía.
phlegm (flem) s. flema [humor, mucosidad]. 2 QUÍM. flema. 3 flema, pachorra; calma, ecuanimidad.
phlegmasia (flegmeiˈỹia) s. MED. flegmasía.
phlegmatic(al (flegmæˈtic(al) adj. flemático.
phlegmon (fleˈgman) s. MED. flemón.
phlegmonous (fleˈgmanøs) adj. flemonoso.
phlogistic (floỹiˈstic) adj. flogístico.
phlogiston (floỹiˈstøn) s. flogisto.
phlyctena (flictɪˈna), pl. -næ (-ni) s. MED. flictena.
phobia (fouˈbia) s. fobia.
phoca (fouˈca) s. ZOOL. foca.
Phocian (fouˈsian) adj. y s. focense.
Phocis (fouˈsis) n. pr. GEOGR. HIST. La Fócida.
Phœbe (fɪˈbi) n. pr. MIT., ASTR. Febe. — 2 s. (con min.) ORNIT. phœbe o ~ bird, febe, aguador.
Phœbus (fiˈbøs) n. pr. MIT., POÉT. Febo.
Phœnicia (finrˈsha) n. pr. GEOGR. Fenicia.
Phœnician (finrˈshan) adj. y s. fenicio.
phœnix (fɪˈnics) s. fénix. 2 [con may.]. ASTR. Ave Fénix.
phonate (to) (fouˈneit) intr. articular sonidos.
phonation (foneiˈshøn) s. fonación.
phone (foun) s. fam. teléfono : to come, o to go, to the ~, acudir al teléfono, ponerse al aparato. 2 RADIO. auricular. — 3 adj. de teléfono, telefónico : ~ call, llamada telefónica.
phone (to) tr. e intr. fam. telefonear.
phoneidoscope (fonaiˈdoscoup) s. foneidoscopio.
phoneme (fouˈnim) s. fonema.
phonendoscope (foneˈndoscoup) s. MED. fonendoscopio.
phonetic(al (foneˈtic(al) adj. fonético.
phonetician (foneˈtishan) s. fonetista, fonólogo.
phonetics (foneˈtics) s. fonética, fonología.
phonetism (founeˈtišm) s. fonetismo.
phoney (founi) a. PHONY.
phonic (faˈnic) adj. fónico.

phonics (fa·nics) s. acústica; fonética. 2 sistema basado en los elementos fonéticos que se usa para enseñar a leer a los niños.
phonogram (fou·nogræm) s. fonograma. 2 reproducción fonográfica.
phonograph (fou·nogræf) s. fonógrafo.
phonograph (to) tr. reproducir por medio del fonógrafo.
phonographer (fona·grafør) s. pers. versada en fonografía, en el uso del fonógrafo.
phonographic(al (fonogræ·fic(al) adj. fonográfico.
phonographist (fona·grafist) s. PHONOGRAPHER·
phonography (fona·grafi) s. fonografía.
phonolite (fou·nolait) s. PETROG. fonolita.
phonologic(al (fonola·ʯic(al) adj. fonológico.
phonology (fona·loʯi) s. fonología.
phonometer (fona·metø') s. fonómetro.
phonometric (fonome·tric) a. fonométrico.
phonometry (fona·metri) s. fonometría.
phonoscope (fou·nŏscoup) s. Fís. fonoscopio.
phonotype (fou·notaip) s. IMPR. fonotipo.
phonotypy (fou·notaipi) s. IMPR. fonotipia.
phony (fou·ni), pl. -nies (-niš) s. fam. (EE. UU.) farsa, engaño; farsante. — 2 adj. fam. (EE. UU.) falso, imitado.
phosphate (fa·sfeit) s. QUÍM. fosfato.
phosphatize (fa·sfataiš) tr. fosfatar.
phosphaturia (fasfatiu·ria) s. MED. fosfaturia.
phosphene (fa·sfin) s. FISIOL. fosfeno.
phosphid(e (fa·sfaid) s. QUÍM. fosfuro.
phosphite (fa·sfait) s. QUÍM. fosfito.
Phosphor (fa·sfø') s. fósforo, lucero del alba.
phosphorate (to) (fa·sforeit) tr. combinar con fósforo.
phosphoresce (to) (fasfore·s) intr. fosforecer.
phosphorescence (fasfore·søns) s. fosforescencia.
phosphorescent (fasfore·sønt) adj. fosforescente.
phosphoric (fasfo·ric) adj. QUÍM. fosfórico.
phosphorite (fa·sforait) s. MINER. fosforita.
phosphoroscope (fasfa·roscoup) s. fosforoscopio.
phosphorous (fa·sforøs) adj. QUÍM. fósforoso.
phosphorus (fa·sforøs) s. QUÍM. fósforo. 2 substancia fosforescente. 3 [con may.] fósforo, lucero del alba.
phosphuret (fa·sfiurit) s. QUÍM. fosfuro.
phot (fat) s. Fís. fotio.
photic (fou·tic) adj. relativo a la luz.
photo (fou·tou) s. fam. fotografía, retrato.
photo (to) tr. fam. fotografiar.
photoactinic (foutcuæcti·nic) adj. fotoactínico.
photochemical (foutouke·mical) adj. fotoquímico.
photochemistry (foutouke·mistri) s. fotoquímica.
photochromy (fou·toucromi) s. fotocromía.
photocopy (fou·toucapi), pl. -pies (-piš) s. fotocopia.
photodrama (fou·toudramæ) s. drama cinematográfico.
photodynamic (fou·toudainæ·mic) adj. fotodinámico.
photoelectric (foutouile·ctric) adj. fotoeléctrico : ~ cell, célula fotoelécrica.
photoelectron (foutouile·ctran) s. FISIOQUÍM. fotoelectrón.
photoengrave (to) (foutouengrei·v) tr. fotograbar.
photoengraving (foutouengrei·ving) s. fotograbado.
photogen (foutou·ʯen) s. BIOL. organismo fotógeno.
photogenic (foutouʯe·nic) adj. fotógeno. 2 fotogénico.
photograph (fou·togræf) s. fotografía, retrato.
photograph (to) tr. e intr. fotografiar. — 2 intr. to ~ well, ser fotogénico.
photographer (fota·grafø') s. fotógrafo.
photographical (fotogræ·fical) adj. fotográfico.
photography (fota·grafi) s. fotografía [arte, procedimiento]. 2 reproducción minuciosa.
photogravure (foutograviu·r) s. fotograbado.
photokinetic (foutokine·tic) adj. fotocinético.
photolithograph (foutoli·zogræf) s. fotolitografía [lámina].
photolithograph (to) tr. fotolitografiar.
photolithographic (foutolizogræ·fic) adj. fotolitográfico.
photolithography (foutoliza·grafi) s. fotolitografía [arte].
photolysis (fota·lisis) s. fotólisis.
photomechanical (foutomicæ·nical) adj. fotomecánico.
photometry (fota·metri) s. fotometría.

photomicrography (foutomaicra·grafi) s. microfotografía.
photomontage (foutomanti·dY) s. FOT. fotomontaje.
photon (fou·tan) s. Fís. fotón.
photophobia (foutofou·bia) s. MED. fotofobia.
photophone (fou·tofoun) s. Fís. fotófono.
photoplay (fou·toplei) s. PHOTODRAMA.
photoprint (fou·toprint) s. fotocalco, fotocopia. 2 fototipografía.
photoprocess (fou·toprases) s. procedimiento· fotomecánico.
photorelief (foutorili·f) s. fotorelieve; fotografía en relieve.
photosphere (fou·tosfi') s. ASTR. fotosfera.
photosynthesis (foutosi·nzesis) s. BOT. fotosíntesis.
phototelegraphy (foutotile·grafi) s. fototelegrafía; telefotografía.
phototherapeutics (foutozerapiu·tics) s. MED. fototerapia.
phototropism (fouta·tropišm) s. BIOL. fototropismo.
phototype (fou·totaip) s. fototipo.
phototypography (foutotaipa·grafi) s. fototipografía.
photozincography (foutošinca·grafi) s. fotocincografía.
phrase (freiš) s. frase, expresión, locución, modo, modismo. 2 fraseología, estilo. 3 MÚS. frase.
phrase (to) tr. expresar [con palabras]. 2 llamar, nombrar. — 3 tr. e intr. frasear.
phraseology (freišia·loʯi), pl. -gies (-ʯiš) s. fraseología.
phrasing (frei·šing) s. fraseo.
phrenetic (frine·tic) adj. frenético. 2 delirante. 3 fanático.
phrenic (fre·nic) adj. ANAT., PSIC. frénico.
phrenitis (frenai·tis) s. MED. fiebre cerebral.
phrenologic(al (frenola·ʯic(al) adj. frenológico.
phrenologist (frena·loʯist) s. frenólogo.
phrenology (frena·loʯi) s. frenología.
phrenopathy (frena·pazi) s. frenopatía.
phrensied adj., phrensy s. FRENZIED, FRENZY.
Phrygia (fri·ʯia) n. pr. GEOGR. Frigia.
Phrygian (fri·ʯian) adj. y s. frigio.
phthisic(al (ti·sic(al) adj. tísico, hético. 2 asmático.
phthisis (zai·sis) s. tisis, hetiquez, consunción.
phycology (faika·loʯi) s. ficología.
phylactery (filæ·ctø'(i) s. filactería.
Phyllis (fi·lis) f. poét. zagala, pastora.
phyllode (fi·loud) s. BOT. filodio.
phyllomania (filomei·nia) s. BOT. filomanía.
phyllome (fi·loum) s. BOT. hoja, órgano foliar.
phyllotaxis (filotæ·csis) s. BOT. filotaxia.
phylloxera (filacsi·ra) s. filoxera.
phylum (fai·løm) s. BIOL. tipo [división del reino animal o vegetal].
physic (fi·šic) s. medicina, remedio. 2 purgante, purga.
physic (to) tr. medicinar, curar. 2 purgar.
physical (fi·šical) adj. físico : ~ therapy, fisioterapia; ~ training, educación física. 2 corporal, corpóreo : ~ exercises, ejercicios corporales.
physically (fi·šicali) adv. físicamente.
physician (fiši·shan) s. físico [versado en física]. 2 médico, doctor, facultativo.
physicism (fi·šišišm) s. FIL. fisicismo.
physicist (fi·šisist) s. físico [versado en física]. 2 fisicista.
physics (fi·šics) s. pl. física; filosofía natural.
physicochemical (fišicoke·mical) adj. fisicoquímico.
physicochemistry (fišicoke·mistri) s. fisicoquímica.
physiocracy (fišia·crasi) s. fisiocracia.
physiocrat (fi·šiocræt) s. fisiócrata.
physiocratic (fišiocræ·tic) adj. fisiocrático.
physiognomic(al (fišiágna·mic(al) adj. fisonómico.
physiognomist (fišia·gnomist) s. fisonomista, fisónomo.
physiognomy (fišia·gnomi) s. fisonomía.
physiographic(al (fišiogræ·fic(al) adj. fisiográfico.
physiography (fišia·grafi) s. fisiografía.
physiologic(al (fišiola·ʯic(al) adj. fisiológico.
physiologically (fišiola·ʯicali) adv. fisiológicamente.
physiologist (fišia·loʯist) s. fisiólogo.
physiology (fišia·loʯi) s. fisiología.
physiotherapy (fišiozera·rapi) s. fisioterapia.
physique (fiši·c) s. físico, figura [de una pers.]; constitución, fuerza [corpórea].
phytivorous (faiti·vørøs) adj. fitófago.
phytogeography (faitoʯia·grafi) s. fitogeografía.
phytography (faita·grafi) s. fitografía.

phytoid (fai·toid) *adj.* fitoide.
phytonomy (faitá·noumi) *s.* fitonomía.
phytophagous (faitá·fagøs) *adj.* fitófago.
phytotomy (faitá·tomi) *s.* BOT. fitotomía.
pi (pai) *s.* pi [letra griega]. 2 MAT. pi. 3 IMPR. pastel.
pi (to) *tr.* TO PIE.
piacular (paiæ·kiulaʳ) *adj.* expiatorio. 2 que requiere expiación.
piaffe (to) (piæf) *intr.* EQUIT. moverse el caballo como si trotase, pero sin avanzar ni retroceder; piafar.
piaffer (piæ·føʳ) *s.* acción de TO PIAFFE.
pia-mater (paia-mei·tøʳ) *s.* ANAT. piamadre, píamater.
pianism (piani·šm) *s.* MÚS. arreglo para piano. 2 técnica del piano.
pianissimo (piani·simou) *adv.* y *adj.* MÚS. pianísimo.
pianist (piæ·nist) *s.* MÚS. pianista.
piano (piæ·nou) *adj.* y *adv.* MÚS. piano. — 2 *s.* piano, pianoforte : *grand* ~, piano de cola ; *square* ~, piano de mesa ; *upright o cabinet* ~ piano vertical. — 2 *adj.* de piano : ~ *action*, mecanismo de piano ; ~ *player*, pianista ; pianola.
pianoforte (piæ·noufoʳt) *s.* MÚS. piano, pianoforte.
pianola (piænou·la) *s.* pianola.
piaster, piastre (piæ·støʳ) *s.* piastra. 2 peso duro.
piazza (piæ·ša) *s.* plaza. 2 pórtico, galería.
pibroch (pɪ·brac) *s.* música marcial o plañidera tocada con la gaita escocesa.
pica (pai·ca) *s.* MED. pica, malacia. 2 IMPR. lectura, cícero [tipo de 12 puntos].
picador (pi·cadøʳ) *s.* picador [de toros]. 2 fig. polemista ágil.
picamar (picama·ʳ) *s.* substancia oleosa obtenida de la destilación del alquitrán de madera.
Picard (pɪ·cøʳd) *adj.* y *s.* picardo.
Picardy (pi·ca·di) *n. pr.* GEOGR. Picardía.
picaresque (picare·sc) *adj.* picaresco.
picaroon (picaru·n) *s.* pícaro. 2 ladrón, bandolero. 3 pirata.
picayune (picayu·n) *s.* moneda de medio real. 2 fig. (EE. UU.) cosa de poco valor. — 3 *adj.* mezquino, insignificante, de poco valor.
piccadilly (picadi·li) *pl.* -lies (-liš) *s.* cuello de pajarita.
piccalilli (pi·calili) *s.* especie de encurtidos.
piccaninny (pi·canini) *s.* PICKANINNY.
piccolo (pi·colou) *s.* MÚS. flautín, requinto [instrumento].
piccoloist (pi·colouist) *s.* flautín [músico].
piceous (pɪ·siøs) *adj.* píceo. 2 inflamable.
pick (pic) *s.* pico [herramienta], zapapico. 2 MÚS. púa, plectro. 3 pinchazo. 4 acción de coger, recogida, recolección, cosecha. 5 cosecha [frutos, etc., recogidos]. 6 selección ; derecho a escoger. 7 flor, flor y nata, lo más escogido. 8 IMPR. manchita en un pliego. 9 TEJ. golpe o pasada [de lanzadera] : ~ *and* ~, alternación de pasadas de diferente color.
pick (to) *tr.* picar, agujerear ; romper [con pico, punzón, etc.]. 2 hacer [un agujero, etc.] : *to* ~ *a hole*, hacer un agujero, hallar una falta : *to* ~ *a hole in one's coat o jacket*, fig. revelar un defecto de una persona. 3 coger [flores, frutos, etc.] ; recoger, juntar. 4 limpiar, mondar, desplumar, pelar, hurgar : *to* ~ *a bone*, roer un hueso ; *to have a bone to* ~ *with*, fig. tener cuentas que ajustar con ; *to* ~ *a fowl*, pelar un ave ; *to* ~ *one's nose*, hurgarse las narices ; *to* ~ *one's teeth*, mondarse los dientes. 5 escoger, elegir, entresacar. 6 robar, hurtar, limpiar : *to* ~ *pockets*, limpiar bolsillos, ser ratero o carterista. 7 abrir con ganzúa, forzar [una cerradura]. 8 herir [las cuerdas de un instrumento]. 9 picar, picotear. 10 comer a bocaditos. 11 hallar [defectos]. 12 *to* ~ *a quarrel*, buscar pendencia. 13 *to* ~ *off*, arrancar, quitar ; ir escogiendo y derribando a tiros [enemigos, etc.] uno a uno. 14 *to* ~ *on*, escoger para algo desagradable. 15 *to* ~ *out*, escoger, entresacar ; arrancar, quitar ; coger el sentido de ; adornar [con colores que resalten]. 16 *to* ~ *over*, ir examinando y escogiendo. 17 *to* ~ *to pieces*, desmenuzar, analizar. 18 *to* ~ *up*, romper o extraer [con algo puntiagudo] ; coger [con los dedos, con aguja de hacer media, etc.] ; adquirir ; tomar ; hallar, encontrar [por casualidad] ; recoger [pasajeros ; a una pers.] ; captar [una emisión radiofónica, etc.] ;

aprender [con la práctica] ; recobrar [ánimo, vigor, etc.] ; arreglar [una habitación] ; improvisar [una comida] ; hacer conocimiento o entablar conversación con [uno] de un modo casual ; *to* ~ *up speed*, acelerar la marcha, ganar velocidad. 19 *intr.* ratear, hurtar. 20 *to* ~ *and choose*, escoger con cuidado. 21 *to* ~ *at*, tirar de ; picar, comer a bocaditos ; tomarla con, criticar, regañar, sermonear. 22 *to* ~ *on*, molestar, hostilizar ; regañar. 23 *to* ~ *up*, ir mejor, restablecerse ; cobrar carnes ; ganar velocidad.
pickaback (pi·cabæc), **pickapack** (pi·capæc) *adv.* fam. a cuestas, sobre los hombros.
pickaninny (pi·canini), *pl.* -nies (-niš) *s.* negrito niño negro. 2 muchacho, muchachito. — 3 *adj.* pequeño.
picax, picaxe (pi·cæcs) *s.* piqueta, zapapico.
picked (pict) *adj.* limpio, mondo. 2 escogido.
picker (pi·køʳ) *s.* mondador. 2 escardador. 3 escogedor. 4 cogedor, recolector [de fruta, algodón, etc.]. 5 ladrón. 6 instrumento para limpiar pequeños orificios. 7 TEJ. tacó [del telar]. 8 MEC. abridora [de fibras].
pickerel (pi·cabæc) *s.* ICT. variedad de lucio.
pickerelweed (pikørøluid) *s.* BOT. camalote.
picket (pi·kit) *s.* estaca, piquete [palo puntiagudo]. 2 MIL. piquete. 3 huelguista puesto de vigilancia cerca de una fábrica, etc. — 4 *adj.* de estacas o piquetes : ~ *fence*, estacada. 5 ~ *line*, línea o cordón de huelguistas puestos de vigilancia.
picket (to) *tr.* cercar con estacas. 2 estacar [un caballo]. 3 MIL. guardar [con piquete] ; poner de guardia. 4 vigilar, los huelguistas, las inmediaciones de [una fábrica, etc.]. — 5 *intr.* estar de vigilancia [uno o varios huelguistas].
picking (pi·king) *s.* acción y efecto de TO PICK ; recolección, cosecha ; arrancamiento ; limpia, monda ; escogimiento, selección ; robo, hurto ; acción de hallar [faltas], de hacer [agujeros], etc. 2 *pl.* desperdicios, desechos. 3 lo pillado o robado. 4 gajes, ganancias, beneficios.
pickle (pi·køl) *s.* salmuera, escabeche, adobo : *in* ~, en escabeche, en vinagre ; fig. en reserva : *to have a rod in* ~, tenérsela guardada a uno. 2 baño o solución para cromar pieles, limpiar metales, etc. 3 niño travieso. 4 *sad* ~, *sorry* ~, *nice* ~, apuro, aprieto, lío, enredo. 5 *pl.* encurtidos.
pickle (to) *tr.* encurtir, escabechar, adobar, poner en salmuera : *pickled cucumbers*, pepinillos encurtidos. 2 tratar o limpiar con baño químico. 3 dar apariencia de antiguo [a un cuadro].
picklock (pi·klac) *s.* ganzúa [garfio]. 2 ganzúa, ladrón.
pick-me-up *s.* fam. tónico, licor, bebida estimulante.
pickpocket (pi·cpakit), **pickpurse** (pi·cpøʳs) *s.* ratero, cortabolsas, carterista.
picksome (pi·csøm) *adj.* exigente, descontentadizo.
pickthank (pi·czænc) *s.* lagotero ; soplón.
pickup (pi·cøp) *s.* recogida. 2 cosa recogida, hallada, robada. 3 persona con quien se traba conocimiento por casualidad y sin que medie presentación. 4 AUTO. aceleración. 5 fam. mejoría, restablecimiento, recobro 6 camioneta para recoger o entregar mercancías. 7 ELECT. fonocaptor, pick-up. 8 PICK-ME-UP.
pickwick (pi·cwic) *s.* cigarro barato.
Pickwickian (picwi·kian) *adj.* relativo a Mr. Pickwick [personaje de Dickens] ; optimista. 2 ~ *sense*, sentido figurado, no literal.
picnic (pi·cnic) *s.* partida de campo, jira, comida al aire libre. 2 fam. cosa fácil, tortas y pan pintado.
picnic (to) *intr.* ir de jira, comer o merendar en el campo, al aire libre. ¶ CONJUG. pret. y p. p. : *picnicked* ; ger. : *picnicking*.
picot (pi·cou) *s.* puntilla [encaje].
picot (to) *tr.* adornar o guarnecer con puntillas.
picotee (picotɪ·) *s.* BOT. clavel moteado.
picrate (pi·creit) *s.* QUÍM. picrato.
picric (pi·cric) *adj.* QUÍM. pícrico.
Pict (pict) *s.* picto.
Pictish (pi·ctish) *adj.* picto.
pictograph (pi·ctogræf) *s.* representación pictográfica ; símbolo pictográfico.
pictographic (pi·ctogræfic) *adj.* pictográfico.

pictography (picta·grafi) s. pictografía.
pictorial (picto·rial) adj. pictórico. 2 gráfico, ilustrado. — 3 s. revista ilustrada.
picturable (pi·ckchurabøl) adj. que puede dibujarse o pintarse.
picture (pi·kchø') s. pintura, cuadro. 2 retrato, fotografía; dibujo, estampa, lámina, grabado. 3 cuadro. escena, conjunto : to be in the ~, estar en el cuadro, figurar en el asunto; to be out of the ~, no tener relación con el asunto, haber perdido su interés. 4 pintura, descripción 5 imagen [representación, semejanza]; imagen mental. 6 ÓPT. imagen. 7 cuadro [de hechos o circunstancias] : clinical ~, cuadro clínico. 8 película cinematográfica. 9 pl. the pictures, cinematógrafo; cinematografía. — 10 adj. de pintura, cuadro, etc.; de cine : ~ book, libro con láminas; ~ gallery, galería de pinturas. pinacoteca; ~ hat, sombrero duquesa; ~ house, ~ palace, cinematógrafo [edificio]; ~ page, página ilustrada [de un periódico; ~ post card, tarjeta postal ilustrada; ~ writing, pictografía.
picture (to) tr. pintar, dibujar, retratar. 2 describir. 3 imaginar : to ~ to oneself, imaginarse, representarse.
picturesque (pickchøre·sc) adj. pintoresco.
picturesqueness (pikchøre·scnis) s. calidad de pintoresco.
picturize (to) (pi·cchørais) tr. adaptar para el cine.
piddle (to) (pi·døl) intr. picar o pellizcar la comida. 2 tontear, bobear, malgastar el tiempo. 3 hacer pipí [espr. infantil].
piddling (pi·dling) adj. frívolo. baladí. insignificante. trivial.
pidgin English (pi·dȳin) s. inglés chapurrado que sirve como lengua franca en China.
pie (pai) s. pastel, empanada : to have a finger in the ~. fig. tener parte en una cosa; meter cucharada. 2 ORNIT. urraca, marica. 3 IMPR. pastel. — 4 adj. ~ crust, pasta de pastel o de empanada.
pie (to) tr. IMPR. empastelar.
piebald (pai·bøld) adj. pío, de color mezclado. 2 mezclado. heterogéneo. — 3 s. caballo pío. 4 mestizo.
piece (pis) s. pieza, trozo, pedazo, fragmento, cacho. retazo : ~ of ground, trozo de tierra, solar, parcela; to come to pieces, deshacerse, desarmarse : to cut to pieces, despedazar. desmenuzar; destrozar [un ejército]; to fall to pieces, caer en pedazos, arruinarse; to go to pieces. desvencijarse: fracasar [un negocio]; perder la salud: tener los nervios destrozados; to take to pieces, desarmar, desmontar; deshacer, refutar [punto por punto]. 2 pieza [de tela, de un juego; objeto individual] : ~ of furniture, mueble; a ~, the ~, each ~, every ~, por pieza, cada uno. 3 pieza [de artillería]; arma de fuego; ballesta : fowling ~, escopeta. 4 moneda. 5 PINT. cuadro. 6 composición literaria; obra de teatro. 7 MÚS. pieza. 8 tonel. barrica [de cierta capacidad]. 9 ejemplo, muestra, caso : ~ of advice, consejo; ~ of folly, locura [acto de]; ~ of news. noticia; ~ of work, trabajo; to give a ~ of one's mind, decir cuatro verdades. decir cuantas son cinco. 10 to be of a ~ with, ser lo mismo que, ser de la misma clase, índole, etc., que. — 11 m. adv. a ~, un poco.
piece (to) tr. apedazar, remendar; completar con trozos o piezas. | A veces con out. 2 unir, juntar, reunir en un todo. | A veces con together. 3 to ~ on, pegar, unir, poner [a]. 4 to ~ up. remendar, juntar. — 5 intr. fam. comer algo entre comidas.
piecemeal (pi·smīl) adj. hecho de trozos o pedazos. 2 hecho pedazos. 3 hecho poco a poco, por partes, gradualmente. — 4 adv. en pedazos. 5 poco a poco, de trozo en trozo, por partes, gradualmente.
piecework (pi·swø'k) s. trabajo hecho a destajo, a tanto por pieza.
pied (paid) adj. de varios colores, moteado, pinto, abigarrado.
Piedmont (pī·dmant) n. pr. GEOGR. Piamonte. 2 llanura del sureste de los EE. UU.
pieplant (pai·plænt) s. (EE. UU.) BOT. rapóntico, ruipóntico.
pier (pi·ø') s. pilar [para sostener]. 2 ARQ. estribo, machón, cadena. 3 muelle, embarcadero 4 ma-

lecón, rompeolas, espigón. 5 ARQ. entrepaño. — 6 adj. de entrepaño : ~ glass. espejo de cuerpo entero [que suele ponerse en un entrepaño]; ~ table, consola.
pierage (pi·ridȳ) s. muellaje.
pierce (to) (pi·'s) tr. atravesar, traspasar; taladrar, perforar, agujerear, acribillar, punzar. 2 penetrar, comprender, discernir. 3 conmover. 4 abrir [un agujero, paso, etc.]. — 5 intr. entrar, penetrar, internarse.
piercer (pi·'sø') s. taladrador, perforador. 2 taladro, punzón, aguijón.
piercing (pi·'sing) adj. agudo, penetrante. 2 punzante. 3 terebrante. 4 lastimero, conmovedor. — 5 s. perforación, agujereamiento. 6 abertura [de una calle, camino, etc.].
piercingly (pi·'singli) adv. penetrantemente.
piercingness (pi·'singnis) s. penetración. 2 sutileza, agudeza.
Pierian (paii·rian) adj. pierio.
Pierides (paii·ridīš) s. pl. Piérides.
pietism (paii·tīšm) s. pietismo. 2 mojigatería.
pietist (paii·tist) s. pietista. 2 mojigato.
piety (paii·ti), pl. **-ties** (-tiš) s. piedad [devoción, religiosidad] ; filial ~, piedad filial. 2 acto de piedad.
piezoelectric (paiišoile·ctric) adj. piezoeléctrico.
piezometer (paiisa·metø') s. Fís. piezómetro.
piffle (pi·føl) s. tontería, despropósito; palabrería.
piffle (to) intr. disparatar, decir tonterías.
pig (pig) s. ZOOL. cerdo, puerco, cochino, *chancho; gorrino, lechón; jabalí : to buy a ~ in a poke, fig. cerrar un trato a ciegas. 2 fig. cerdo, cochino [pers.]. 3 FUND. lingote, barra, tejo. 4 ZOOL. Guinea ~, conejillo de Indias. — 5 adj. en lingotes : ~ iron, ~ lead, hierro, plomo, en lingotes.
pig (to) intr. parir [la cerda]. 2 conducirse o vivir como cochinos. ¶ CONJUG. pret. y p. p. : pigged; ger. : pigging.
pigeon (pi·ȳøn) s. ORNIT. pichón, palomo, paloma. 2 fig. primo, incauto. — 3 adj. de paloma o para palomas : ~ blood, color granate; ~ breast, pecho en quilla, deformidad del pecho; ~ hawk, halcón palumbario; ~ house, ~ loft, palomar. 4 ~ English, PIDGIN ENGLISH.
pigeon (to) tr. pop. engañar, estafar. 2 enviar por medio de palomas.
pigeon-breasted adj. MED. de pecho en quilla.
pigeonfoot (pi·ȳønfut) s. BOT. pie de milano.
pigeon-hearted adj. tímido, cobarde.
pigeonhole (pi·ȳønjoul) s. hornilla [de palomar]. 2 casilla [de casillero]. 3 orificio [de una serie]. 4 rincón cómodo.
pigeonhole (to) tr. encasillar. 2 clasificar y guardar en la memoria. 3 relegar al olvido, archivar, dar carpetazo a.
pigeonry (pi·ȳønri) s. palomar.
pigeon-toed adj. de pies torcidos hacia dentro.
pigeon's-blood s. MINER. granate, piropo.
pigeonwing (pi·ȳønuing) s. ala de paloma, figura de danza o de patinaje en forma de ala de paloma.
piggery (pi·gøri), pl. **-ries** (-riš) s. zahurda. 2 ganado de cerda.
piggin (pi·guin) s. cubeta, balde.
piggish (pi·guiš) adj. de cerdo. 2 voraz, puerco, cochino.
piggishly (pi·guisli) adv. como un cerdo.
piggishness (pi·guishnis) s. voracidad. 2 porquería, cochinería.
piggy (pi·gui) adj. de cerdo, que parece de cerdo.
pig-headed adj. terco, testarudo.
pigmean (pigmī·an) adj. y s. PYGMEAN.
pigment (pi·gmønt) s. pigmento. 2 color, pintura, materia colorante.
pigmentary (pi·gmønteri) adj. pigmentario.
pigmentation (pigmønte·shøn) f. pigmentación.
pigmy (pi·gmi), pl. **-mies** (-miš) adj. y s. PYGMY.
pignon (pi·gnøn) s. BOT. piñón.
pignorate (to) (pi·gnoreit) tr. pignorar.
pignoration (pignore·shøn) s. pignoración.
pignut (pi·gnøt) s. BOT. pacanero. 2 BOT. pacana. 3 BOT. fruto o tubérculo de varias plantas.
pigpen (pi·gpen) s. pocilga, zahurda.
pigskin (pi·gskin) s. piel de cerdo. 2 fam. silla de montar. 3 fam. pelota, balón [de fútbol].
pigsty (pi·gstai) s. pocilga, zahurda.

pigtail (pi·g-teil) s. coleta [de pelo]. 2 especie de cigarro.
pike (paic) s. pica [arma]; garrocha; chuzo. 2 espontón. 3 camino de barrera; barrera; peazgo. 4 (EE. UU.) carretera. 5 ICT. lucio.
pike (to) tr. herir con pica. 2 clavar [como una pica]. — 3 intr. fam. to ~ out o off, irse; to ~ along, hacer su camino.
piked (paict) adj. puntiagudo. 2 que tiene púas, aguijones. etc.
pikeman (pai·cmæn), pl. -men s. piquero.
pikestaff (pai·cstæf) s. bastón o báculo herrado: plain as a ~, fig. evidente, obvio. 2 asta de pica.
pilar (pai·la') adj. piloso.
pilaster (pilæ·stø') s. ARQ. pilastra.
Pilate (pai·leit) n. pr. Pilatos.
pilchard (pi·lchø'd) ICT. sardina.
pile (pai·l) s. vello, pelo. pelaje. 2 pelo [de ciertos tejidos]. 3 pila, montón, rimero, hacina. 4 montón [gran cantidad]; caudal: to have made one's ~, tener el riñón cubierto. 5 hoguera, pira. 6 edificio grande, mole, masa de edificios. 7 ELECT. pila, batería. 8 NUMIS. reverso. 9 hoja [de hierba]. 10 estaca, pilote. 11 pl. MED. hemorroides, almorranas. — 12 adj. de estaca, pilote, etc.: ~ driver, máquina para arrancar pilotes; ~ driver, machina, martinete [para clavar estacas]; ~ dwelling, vivienda lacustre.
pile (to) tr. amontonar, apilar, hacinar, acumular. 2 cubrir, llenar, cargar. 3 clavar pilotes en, sostener con pilotes. 4 TEJ. formar pelo en. — 5 intr. amontonarse, acumularse. | A veces con up.
pileous (pai·liøs) adj. piloso.
pileus (pai·liøs) s. píleo.
pilework (pai·luø'k) s. pilotaje [de pilotes].
pilewort (pai·luø't) s. BOT. celidonia menor.
pilfer (to) (pi·lfø') tr. e intr. hurtar, ratear, sisar, apandar.
pilferage (pi·lføridȳ) s. ratería, hurto.
pilferer (pi·lførø') s. ratero, sisón. ladrón.
pilfering (pi·lføring) s. ratería, hurto.
pilgrim (pi·lgrim) s. peregrino, romero: viajero: pilgrim's staff, bordón de peregrino. 2 (EE. UU. y Col. Ing.) inmigrante recién llegado.
pilgrim (to) intr. peregrinar.
pilgrimage (pi·lgrimidȳ) s. peregrinación, peregrinaje, romería.
piliferous (paili·førøs) adj. peludo, velloso.
piliform (pai·lifo'm) adj. piliforme.
piling (pai·ling) s. PILEWORK.
pill (pill) s. píldora. 2 cosa molesta o desagradable. 3 posma. persona cargante. 4 ~ bug, ZOOL. cochinilla [crustáceo]. 5 pl. pop. billar. 6 pop. médico.
pill (to) tr. medicinar con píldoras.
pillage (pi·lidȳ) s. pillaje, saqueo, rapiña; extorsión. 2 botín [de un pillaje].
pillage (to) tr. pillar, saquear, entrar a saco, robar.
pillager (pi·lïȳø') s. pillador, saqueador, merodeador.
pillar (pi·la') s. pilar, columna, puntal, pie derecho: from ~ to post, de Ceca en Meca, de Herodes a Pilatos. 2 fig. pilar, sostén. 3 BIOL. columela.
pillared (pi·la'd) adj. sostenido por columnas.
pillbox (pi·lbacs) s. caja de píldoras. 2 MIL. fortín provisto de ametralladoras.
pillion (pi·lion) s. especie de silla de montar para mujer. 2 almohada para montar en grupa. 3 portaequipaje de motocicleta.
pilloried (pi·lorid) adj. empicotado.
pillory (pi·lori), pl. -ries (-riȘ) s. picota.
pillory (to) tr. empicotar. 2 exponer al desprecio o al ridículo. ¶ CONJUG. pret. y p. p.: pilloried.
pillow (pi·lou) s. almohada, cabezal. 2 almohadón, cojín. 3 mundillo [para hacer encaje]. 4 MEC. cojín, cojinete, dado. — 5 adj. de almohada, mundillo, cojín, etc.: ~ block, MEC. tejuelo, chumacera; ~·lace, encaje de bolillos; ~ sham, cubierta de adorno para almohada; ~ slip, funda de almohada.
pillow (to) tr. descansar, poner sobre una almohada o cosa parecida; sostener con almohadas; servir de almohada a.
pillowcase (pi·loukeis) s. funda de almohada.
pilose (pai·lous) adj. piloso.
pilosity (pailø·siti) s. vellosidad.
pilot (pai·løt) m. MAR. piloto; práctico: coast ~,

piloto o práctico de costa o cabotaje; port ~, harbour ~, práctico de puerto; sea ~, piloto de altura. 2 AVIA. piloto, aviador. 3 guía, consejero. 4 instrumento para corregir la desviación de una brújula. 5 FERROC. rastrillo, trompa, limpiavía [de locomotora]. 6 ICT. ~ fish, piloto [pez]. — 7 adj. de piloto; piloto, de guía: ~ balloon, globo piloto, globo de observación; ~ boat, lancha del práctico; ~ biscuit, ~ bread, galleta; ~ engine, FERROC. máquina piloto; ~ flag, bandera de demanda de práctico; ~ house, timonera; ~ lamp, ELECT. lámpara piloto; ~ light, lámpara piloto; mechero encendedeor [de una cocina de gas]; ~ plant, instalación piloto.
pilot (to) t. pilotar, pilotear. 2 guiar, dirigir, gobernar.
pilotage (pai·løtidȳ) s. MAR. pilotaje, practicaje. 2 MAR. oficina del práctico. 3 pilotaje [derechos].
pilotry (pai·løtri) s. pilotaje, náutica.
pilous (pai·løs) adj. piloso, peludo.
pimento (pime·ntou) s. BOT. pimienta. 2 BOT. pimentero.
pimiento (pimie·ntou) s. BOT. pimiento.
pimp (pimp) s. alcahuete, tercero, rufián, gancho.
pimp (to) intr. alcahuetear.
pimpernel (pi·mpø'nel) s. BOT. murajes. 2 BOT. pimpinela.
pimping (pi·mping) adj. pequeño, mezquino, insignificante. 2 enfermizo, enclenque.
pimple (pi·mpøl) s. grano, barro [en la piel].
pimply (pi·mpli) adj. granujiento, barroso.
pin (pin) s. alfiler: to be on pins and needles, estar en ascuas. 2 fig. pito, bledo: I don't care a ~, me importa un bledo. 3 prendedor, broche. 4 clavillo, clavija, chaveta, mecha, pasador, perno, espiga, estaquilla. 5 MEC. gorrón, muñón. 6 bolo [para jugar]. 7 firing ~, aguja de percusión, percutor [de un arma]. 8 larding ~, aguja de mechar. 9 pl. palos [del billar]. 10 fam. piernas [de pers.]. — 11 adj. de alfiler, clavillo, pasador, etc.: ~ connection, junta articulada; ~ money, dinero para alfileres; ~ wheel, rueda [de fuegos artificiales]; molinete [juguete]. rueda de engranaje con clavijas en vez de dientes. 12 BOT. ~ clover, ~ grass, pico de cigüeña; ~ oak, especie de carrasca de América.
pin (to) tr. prender [con alfileres]; clavar, fijar, sujetar, pegar: to ~ down. fijar, inmovilizar; hacer dar una respuesta definitiva; to ~ up, recoger y prender con alfileres; colgar [un dibujo, etc.]; fijar con chinches. 2 enclavijar, encabillar. 3 adornar con clavos, tachonar. 4 to ~ in, encerrar. 5 to ~ one's faith, hope. etc., on, upon o to, poner toda su confianza, etc. en. 6 to ~ something on someone, achacar algo a uno, culpar a uno de algo. ¶ CONJUG. pret. y p. p.: pinned; ger.: pinning.
pinacoid (pi·nacoid) s. CRIST. pinacoide.
pinafore (pi·nafo') s. delantal [de niño].
pinang (pinæ·ng) s. BOT. areca.
pinaster (pinæ·stø') s. BOT. pinastro, pino rodeno, aznacho.
pincase (pi·nkeis) s. alfiletero.
pince-nez (pa·nsnei) s. lentes [anteojos].
pincers (pi·nsø'ȘŠ) s. pl. tenazas, mordaza. 2 pinzas, tenacillas. 3 ZOOL. pinza, boca [de crustáceo]. 4 MIL. tenaza.
pinch (pinch) s. aprieto, apuro, necesidad. momento crítico: at a ~, si es menester, en caso de apuro. 2 opresión, punzada, dolor, tormento. 3 pellizco, repizco; apretón. 4 pulgarada, pequeña porción: ~ of snuff, toma o polvo de rapé.
pinch (to) tr. pellizcar; apretar [con pinzas, etc.] coger, estrujar [entre dos cuerpos duros]: to ~ one's finger in the door, cogerse el dedo en la puerta. 2 apretar, hacer daño [un zapato, etc.] ɔ oprimir, afligir. 4 robar, estafar. 5 estrechar, contraer, reducir, limitar, escatimar: to be pinched for money, andar corto de dinero; to ~ oneself, privarse de lo necesario. 6 tomar [rapé]. 7 adelgazar, demacrar. 8 prender, arrestar. 9 to ~ out, exprimir, hacer salir por presión. — 10 intr. economizar, ser mezquino o miserable.
pinchbeck (pi·nchbec) s. similor. — 2 adj. de similor. 3 de imitación, falso.
pinchers (pi·nchø's) s. pl. PINCERS.
pinchcock (pi·nchcac) s. pinza de presión.
pinchfist (pi·nchfist) s. avaro, roñoso.

pinchfisted (pɪ·nchfɪstɪd) *adj.* avaro, roñoso.
pinchpenny (pɪ·nchpeni) *adj.* y *s.* PINCHFIST, PINCH-FISTED.
pincushion (pɪ·ncushøn) *s.* acerico. 2 BOT. escabiosa. 3 BOT. bola de nieve.
Pindar (pɪ·ndæ') *n. pr.* Píndaro.
Pindaric (pɪndæ·ric) *adj.* pindárico.
pine (paɪn) *s.* BOT. pino. 2 madera de pino. — *3 adj.* de pino : ~ *bed,* lecho de hojas de pino; ~ *cone,* piña: ~ *needle,* pinocha; ~ *nut,* piña; piñón; ~ *tree,* pino; ~ *marten,* ZOOL. marta.
pine (to) *intr.* desfallecer, languidecer, descaecer, consumirse, marchitarse. | Gralte. con *away.* 2 lamentarse, afligirse, penar. *3 to* ~ *for* o *after,* anhelar, desear con vehemencia.
pineal (pɪ·nial) *adj.* pineal : ~ *body* o *gland,* glándula pineal.
pineapple (paɪ·næpøl) *s.* BOT. ananás, piña de América. 2 jugo de ananás.
pinery (paɪ·nri) *s.* plantación de ananás. 2 pinar.
pinfeather (pɪ·nfeðø') *s.* cañón [pluma que empieza a nacer].
pinfeathered (pɪ·nfeðø't) *adj.* que aún no tiene plumas.
pinfold (pɪ·nfould) *s.* corral o depósito donde se recoge el ganado extraviado.
pinfold (to) *tr.* encerrar [ganado] en el PINFOLD.
ping (ping) *s.* sonido de una bala al chocar.
ping-pong (pɪ·ng-ping) *s.* tenis de salón, ping-pong.
pinguid (pɪ·ngüid) *adj.* pingüe, craso, gordo.
pinhead (pɪ·njed) *s.* cabeza de alfiler. 2 insignificancia 3 bobo, tonto.
pinhole (pɪ·njoul) *s.* picadura de alfiler, agujerito. 2 orificio por donde pasa un perno, clavija, etc. 3 FOT. punto transparente en un negativo.
pining (paɪ·ning) *s.* acción de TO PINE. 2 sonido lamentoso de un instrumento. *3 pl.* poét. hojas secas o caídas.
pinion (pɪ·niøn) *s.* ORNIT. ala; parte extrema del ala; pluma o plumas remeras. 2 alón. 3 fam. brazo [de pers.]. 4 MEC. piñón.
pinion (to) *tr.* cortar o atar las alas. 2 sujetar los brazos de: atar, maniatar, esposar.
pinioned (pɪ·niond) *adj.* alado. 2 atado, maniatado.
pink (pink) *s.* BOT. clavel; clavellina. 2 color de rosa o rojizo. 3 (Ingl.) casaquín rojo de caza. 4 (Ingl.) cazador de zorros. 5 modelo, dechado. 6 el mayor grado o el mejor estado posible : *the* ~ *of health,* salud perfecta. 7 MAR. barco de popa estrecha. — *8 adj.* de color de rosa o rojizo. 9 fam. POL. rojillo, algo rojo.
pink (to) *tr.* COST. picar, calar, ojetear; recortar en forma dentada o festón. 2 herir ligeramente con arma blanca.
pinker (pɪ·nkø') *s.* el que hace picados o calados.
pinkeye (pɪ·nkai) *s.* MED. conjuntivitis purulenta, contagiosa. 2 VET. influenza [de los caballos].
pinking (pɪ·nking) *s.* picado, calado, recortadura en forma de dientes o festón. — *2 adj.* de picar, calar, etc. : ~ *iron,* hierro para picar festones; ~ *shears,* tijeras para recortar en forma de dientes.
pinkish (pɪ·nkish) *adj.* rosáceo, que tira a rosado.
pinky (pɪ·nki) *adj.* rosado, rosáceo.
pinna (pɪ·na) *s.* BOT. folíolo. 2 ZOOL. ala, aleta. 3 ANAT. oreja [pabellón].
pinnace (pɪ·nis) *s.* MAR. pinaza.
pinnacle (pɪ·nacøl) *s.* pináculo. 2 cima, cumbre, remate, fastigio.
pinnacle (to) *tr.* ARQ. poner pináculo a. 2 elevar, encumbrar.
pinnate(d (pɪ·neit(id) *adj.* BOT. pinnado.
pinnatifid (pɪnæ·tifid) *adj.* BOT. pinnatífido.
pinner (pɪ·nø') *s.* el que clava o asegura con agujas, clavijas, etc. 2 especie de cofia con caídas.
pinnigrade (pɪ·nigreid) *adj.* y *s.* ZOOL. pinípedo.
Pinnipedia (pɪnɪpɪ·dia) *s. pl.* ZOOL. pinípedos.
pinniped (pɪ·niped), **pinnipedian** (pɪnɪpɪ·dian) *adj.* y *s.* ZOOL. pinípedo.
pinnock (pɪ·nøc) *s.* ORNIT. herrerillo.
pinnule (pɪ·nul) *s.* pínula. 2 BOT. folíolo secundario. 3 ICT. pequeña aleta.
pin-oak (pɪ·nouc) *s.* BOT. especie de carrasca de América.
pinocle (pɪ·nøcøl) *s.* pinacle [juego de naipes].
pint (paint) *s.* pinta, cuartillo [medida].
pintail (pɪ·nteil) *s.* ORNIT. ánade de cola larga.
pintle (pɪ·ntøl) *s.* perno [del pernio]. 2 MAR. pinzote.

pinto (pɪ·ntou) *adj.* (EE. UU.) pinto, pintado. 2 pío [caballo].
pinwheel (pɪ·njuil) *s.* PIN WHEEL.
pinworm (pɪ·nuø'm) *s.* ZOOL. lombriz intestinal.
pioneer (paɪ·øni') *s.* MIL. zapador, gastador. 2 primer colonizador. 3 precursor, el que va delante preparando el camino para los demás [en cualquier orden de actividades]; pionero.
pioneer (to) *tr.* e *intr.* abrir camino; guiar; explorar, colonizar.
pious (paɪ·øs) *adj.* pío, piadoso. 2 fam. laudable, excelente.
piously (paɪ·øsli) *adv.* piamonte, piadosamente.
pip (pip) *s.* pepita, moquillo [de las aves]. 2 fam. dispepsia, catarro, sífilis; indisposición; mal humor. 3 BOT. pepita. 4 punto [de naipe, dado o dominó].
pip (to) *intr.* piar. — *2 tr.* ORNIT. romper [el cascarón].
pipe (paip) *s.* tubo, canuto; caño, cañería; tubería. 2 ANAT. conducto. 3 cañón [de órgano]. 4 chimenea [de volcán]. 5 caramillo, chirimía, flauta, zampoña : *pipes of Pan,* flauta de Pan. 6 MAR. silbato [de contramaestre]. 7 pítido; chillido; chirrido [de pájaro o insecto]; voz atiplada o aflautada. 8 pipa [para fumar]. 9 tallo [de lila y otras plantas]. 10 pipa, tonel. *11 pl.* tubería. 12 MÚS. gaita. — *13 adj.* de tubo, cañón, pipa, etc. : ~ *clamp,* ~ *fastener,* escarpiador; ~ *cleaner,* limpiapipas; ~ *dream,* pop. sueño, esperanza vana, castillo en el aire; ~ *fitter,* instalador de cañerías; ~ *fitting,* instalación de cañerías; ~ *fittings,* accesorios de cañería o tubería; ~ *line,* PIPELINE; ~ *wrench,* desvolvedor o llave para tubos. 14 BOT. ~ *tree,* lila; lauroceraso; saúco; jeringuilla.
pipe (to) *tr.* tocar [en el caramillo, la flauta, etc.]. 2 emitir con voz aguda. 3 conducir por medio de cañerías o tuberías. 4 MAR. mandar o llamar [con silbato]. 5 COST. adornar con vivos. 6 fam. *to* ~ *off,* imitar remedar. 7 *to* ~ *one's eye,* fam. soltar el trapo, echarse a llorar. — *8 intr.* cantar o hablar con voz aguda, chillar. 9 pitar. 10 FUND. endurecerse en forma de tubo. *11 to* ~ *down,* callar; bajar la voz. 12 fam. *to* ~ *off,* irse, largarse, morir. 13 fam. *to* ~ *up,* ponerse a tocar, a cantar, a hablar; arreciar [la tempestad, el viento].
pipefish (paɪ·pfish) *s.* ICT. aguja.
pipeline (paɪ·plain) *s.* tubería, conducción, oleoducto.
pipeline (to) *tr.* conducir por medio de un oleoducto. 2 proveer de oleoducto.
piper (paɪ·pø') *s.* gaitero. 2 caballo asmático. 3 pollo [de ave]. 4 fontanero.
Piperaceæ (pipørei·shii) *s. pl.* BOT. piperáceas.
piperaceous (pipørei·shøs) *a.* BOT. piperáceo.
pipestem (paɪ·pstem) *s.* cañón de pipa.
pipette (pipe·t) *s.* pipeta.
piping (paɪ·ping) *adj.* que toca el caramillo, la flauta, etc.; que silba. 2 agudo, chillón. 3 pacífico, tranquilo. — *4 adv.* ~ *hot,* muy caliente, hirviendo. — *5 s.* sonido del caramillo, la flauta, etc. 6 voz o sonido agudo; pitido, silbo. 7 fam. lloro; gemido. 8 cañería, tubería, conducción, canalización. 9 material para la fabricación de tubos. 10 COST. vivo, cordoncillo. 11 FUND. burbujas.
pipit (pɪ·pit) *s.* ORNIT. especie de alondra.
pipkin (pɪ·pkin) *s.* pucherito, ollita.
pippin (pɪ·pin) *s.* BOT. camuesa [manzana]. 2 pop. cosa o persona estupenda.
pipy (paɪ·pi) *adj.* tubular. 2 agudo, chillón.
piquancy (pɪ·cansi) *s.* lo picante [de una cosa].
piquant (pɪ·cant) *adj.* picante. 2 travieso, picaresco.
piquantly (pɪ·cantli) *adv.* picantemente.
pique (pic) *s.* pique, molestia, resentimiento, despecho : *in a* ~, resentido.
pique (to) *tr.* picar, ofender, herir, irritar. 2 picar [la curiosidad, etc.]; mover, estimular. 3 AVIA. atacar en picado. *4 to* ~ *oneself, on* o *upon,* picarse, enorgullecerse de. — *5 intr.* ser molesto o irritante. 6 AVIA. picar.
piqué (pikei·) *s.* TEJ. piqué. 2 labor de incrustación.
piquet (pike·t) *s.* juego de los cientos.
piracy (paɪ·rasi), *pl.* **-oies** (-siȝ) *s.* piratería. 2 robo, plagio; publicación fraudulenta.
pirate (paɪ·rit) *s.* pirata. 2 plagiario.
pirate (to) *intr.* piratear. — *2 tr.* robar, plagiar.

piratical (pairæ·tical) *adj.* pirático. 2 publicado ilegalmente, sin autorización [libro].

pirn (pœ·n) *s.* carrete, canilla. 2 hilo arrollado en la canilla.

pirogue (pirou·g) *s.* piragua, canoa.

pirouette (pirue·t) *s.* pirueta, girada [en la danza].

pirouette (to) *intr.* piruetear, girar.

Pisan (pi·šan) *adj.* y *s.* pisano.

piscatorial (piscato·rial), **piscatory** (pi·scatori) *adj.* piscatorio.

Pisces (pi·sišₛ) *s. pl.* ASTR. Piscis 2 ZOOL. peces.

pisciculture (pisicø·lchø') *s.* piscicultura.

pisciculturist (pisicø·lchørist) *s.* piscicultor.

pisciform (pi·sifo'm) *adj.* pisciforme.

piscina (pi·sina) *s.* piscina.

piscivorous (pisi·vørøs) *adj.* piscívoro.

pish (pish) *interj.* ¡ba!, ¡quita allá!

pish (to) *tr.* rechazar con desprecio.

pisiform (pi·sifo'm) *adj.* y *s.* pisiforme.

pismire (pi·smai') *s.* ANT.

piss (pis) *s.* vulg. orina.

piss (to) *intr.* vulg. orinar, mear.

pistachio (pista·chiou) *s.* BOT. alfóncigo, pistacho.

pistil (pi·stil) *s.* BOT. pistilo.

pistillary (pi·stilæri) *adj.* pistilar.

pistillate (pi·stileit) *adj.* pistilado.

pistol (pi·stol) *s.* pistola, revólver. — 2 *adj.* de pistola : ~ case, pistolera ; ~ shot, pistoletazo.

pistol (to) *tr.* tirar contra o herir con pistola.

pistole (pistou·l) *s.* doblón de oro.

pistoleer (pistolr·') *s.* pistolero.

piston (pi·støn) *s.* MEC. pistón, émbolo. 2 MÚS. pistón. — 3 *adj.* de pistón : ~ displacement, volumen movido en cada embolada ; parte de carrera recorrida por el pistón ; ~ pin, eje del émbolo ; ~ ring, aro del pistón ; anillo de empaquetadura del émbolo ; ~ rod, vástago del émbolo ; ~ stroke, embolada ; ~ travel, carrera del émbolo ; ~ valve, válvula formada por un pistón o movida por un pistón.

pit (pit) *s.* hoyo ; hoya, cárcava ; excavación, foso, pozo, abismo : sand ~, sitio de donde se extrae arena ; stone ~, cantera ; the ~ of the stomach, la boca del estómago. 2 cacaraña. 3 mina o pozo de mina [de carbón]. 4 reñidero de gallos, perros, etc. 5 cenicero [de horno u hogar]. 6 tina [de curtidor, tintorero o blanqueador]. 7 TEAT. parte posterior de la platea. 8 (EE. UU.) corro [de Bolsa]. 9 hueso [de ciertas frutas]. — 10 *adj.* de hoyo, pozo, mina, etc. : ~ coal, carbón de piedra, hulla, hornaguera ; ~ head, MIN. boca de pozo ; ~ eye, MIN. fondo de pozo.

pit (to) *tr.* poner o amontonar en un hoyo. 2 marcar con hoyos, cacarañar : pitted by smallpox, picado de viruelas. 3 deshuesar [una fruta]. 4 to ~ against, hacer luchar con, oponer a, poner en competencia, rivalidad, etc. con. — 5 *intr.* hacer hoyos. ¶ CONJUG. pret. y p. p. : pitted ; ger. : pitting.

pitapat (pi·tapæt) *s.* trip trap, sonido de un paso o trotecito ligero ; palpitación. — 2 *adj.* palpitante. — 3 *adv.* con paso o trotecito ligero ; con palpitación.

pitapat (to) *intr.* andar a un paso o trotecito ligero. 2 latir violentamente, palpitar [el corazón].

pitch (pich) *s.* pez, brea, betún, alquitrán ; resina. 2 echada, lanzamiento, tiro, alcance [en ciertos juegos]. 3 grado de inclinación o de elevación ; declive. 4 pendiente [de un tejado]. 5 término, extremo, grado, punto : highest ~, cumbre, pináculo, colmo ; to carry to too high a ~, ir demasiado lejos ; to the highest ~, a lo sumo. 6 MÚS. tono, diapasón : concert ~, diapasón normal. 7 FONÉT. tono. 8 MEC. paso de rosca, de hélice ; paso, distancia entre dos dientes de engranaje. 9 MAR. cabeceo, arfada. 10 ARQ. altura, flecha, relación entre la flecha y la luz [de un arco]. 11 tramo de escalera, su inclinación. — 12 *adj.* de pez, brea, inclinación, tono, etc. : ~ chain, cadena de engranaje ; ~ circle, ~ line, circunferencia primaria de una rueda dentada ; ~ pine, pino tea ; ~ pipe, diapasón ; ~ tree, árbol que da resina.

pitch (to) *tr.* empecinar, embrear, embetunar. 2 tirar, lanzar, arrojar, echar. 3 levantar [el heno, la paja, etc.] con el horcón. 4 clavar, plantar, fijar en tierra : to ~ a tent, armar o plantar una tienda de campaña. 5 poner, colocar. 6 fijar, determinar. 7 MÚS. graduar el tono, dar el dia-

pasón. 8 exponer [mercancías]. 9 escuadrar, cantear [una piedra]. 10 BEISBOL lanzar [la pelota] al batsman. 11 to ~ the bar, exagerar. — 12 *intr.* echarse o caer de cabeza, caer, inclinarse, bajar en declive. 13 acampar ; instalarse, establecerse. 14 MEC. engranar, endentar. 15 MAR. cabecear, arfar, hocicar. 16 to ~ about, agitarse, sacudirse. 17 fam. to ~ in, ponerse a comer ; poner manos a la obra. 18 to ~ into, acometer, arremeter contra, desatarse contra ; regañar, reprender. 19 to ~ on o upon, escoger.

pitch and toss *s.* especie de juego de la rayuela en el cual el que gana echa todas las monedas al aire y se queda con las que caen de cara.

pitch-black, pitch-dark *adj.* negro como la pez ; obscuro como boca de lobo.

pitchblende (pi·chblend) *s.* MINER. pechblenda.

pitched battle (picht) *s.* batalla campal.

pitcher (pi·chø') *s.* jarro, cántaro. 2 tirador, lanzador. 3 BÉISBOL el que lanza la pelota al batsman. 4 BOT. ~ plant, planta cazadora de insectos.

pitchfork (pi·chfo'c) AGR. horca, horquilla : to rain pitchforks, llover chuzos, llover a cántaros.

pitchfork (to) *tr.* AGR. amontonar o levantar con horca. 2 lanzar inconsideradamente.

pitchier (pi·chiø') *adj. comp.* de PITCHY.

pitchiest (pi·chiist) *adj. superl.* de PITCHY.

pitchines (pi·chinis) *s.* calidad de piceo. 2 color de pez ; obscuridad, negrura.

pitching (pi·ching) *adj.* inclinado, en declive. — 2 *s.* empecinamiento, embreadura. 3 lanzamiento, tiro. 4 caída ; acción de echarse o caer de cabeza. 5 MAR. cabeceo.

pitchstone (pi·chstoun) *s.* PETR. vidrio volcánico.

pitchy (pi·chi) *adj.* peceño, píceo. 2 empejuntado. 3 negro, obscuro. 4 profunda [obscuridad].

piteous (pi·tiøs) *adj.* lastimoso, lastimero.

piteously (pi·tiøsli) *adv.* lastimosamente.

piteousness (pi·tiøsnis) *s.* calidad de lastimoso.

pitfall (pi·tfol) *s.* trampa [para cazar] ; hoyo disimulado. 2 lazo, añagaza ; escollo, peligro insospechado.

pith (piz) *s.* BOT., ANAT. meollo, médula. 2 BOT. corazón. 3 fig. meollo, substancia, miga ; parte esencial o vital. 4 fuerza, vigor, energía.

pith (to) *tr.* quitar la médula [a una planta]. 2 atronar, descabellar [una res]. 3 matar destruyendo la médula espinal.

pithecanthrope (pizicæ·nzroup) *s.* PALEONT. pitecántropo.

pithily (pi·zili) *adv.* enérgicamente, fuertemente, concisamente.

pithiness (pi·zinis) *s.* energía, concisión.

pithy (pi·zi) *adj.* meduloso. 2 vigoroso. 3 expresivo, enérgico y conciso.

pitiable (pi·tiabøl) *adj.* lastimoso, compasible, lamentable. 2 pobre, miserable, despreciable.

pitiful (pi·tiful) *adj.* PITIABLE. 2 compasivo.

pitifully (pi·tifuli) *adv.* lastimosamente ; lamentablemente.

pitifulness (pi·tifulnis) *s.* calidad de lastimoso, etc. 2 compasión, piedad.

pitiless (pi·tilis) *adj.* despiadado, cruel, inhumano, duro de corazón.

pitilessly (pi·tilisli) *adv.* despiadadamente, cruelmente, sin compasión.

pitilessness (pi·tilisnis) *s.* crueldad, inhumanidad, dureza de corazón.

pitman (pi·tmæn), *pl.* -men (-men) *s.* aserrador de foso. 2 MIN. pocero.

pitpit (pi·tpit) *s.* ORNIT. pitpit.

piton (pito·n) *s.* estaca de hierro usada por los montañeros.

pittance (pi·tans) *s.* pitanza, ración, porción. 2 miseria, jornal o remuneración miserable, renta insuficiente, pequeña cantidad.

pitter (pi·tø') *s.* deshuesadora [de frutas].

pitter-patter *s.* golpeteo ligero y rápido ; chapaleteo [de la lluvia]. — 2 *adv.* con golpeteo ligero y rápido.

pituita (pitiuai·ta) *s.* pituita.

pituitary (pitiui·teri) *adj.* pituitario : ~ body, ~ gland, glándula pituitaria ; ~ membrane, membrana pituitaria.

pituitous (pitiui·tøs) *adj.* pituitoso.

pity (pi·ti) *s.* piedad, misericordia, compasión, conmiseración : to have, o to take, ~ on, compadecer, apiadarse de, tener piedad de ; for pity's sake,

¡por piedad!, ¡por Dios! 2 lástime : *it is a* ~, es lástima ; *what a* ~*!*, ¡qué lástima!

pity (to) *tr.* compadecer, lastimar, tener lástima o compasión de, apiadarse de. — 2 *intr.* tener lástima o compasión, enternecerse. ¶ CONJUG. pret. y p. p. : *pitied.*

pitying (pi·tiing) *adj.* compasivo.

pityriasis (pitiral·asis) *s.* MED. pitiriasis.

pivot (pi·vøt) *s.* espiga, eje, etc., sobre cuyo extremo gira algo; gorrón, muñón, pivote. 2 fig. eje, base, sostén ; punto fundamental. 3 MIL. guía. — 4 *adj.* de eje, gorrón, etc.; giratorio : ~ *chair*, sillón giratorio; ~ *gun*, ARTILL. cañón giratorio; ~ *hole*, rangua, tejuelo.

pivot (to) *tr.* montar sobre un eje, gorrón, etc. 2 proveer de eje, gorrón, etc. — 3 *intr.* girar sobre un eje, gorrón, etc.; *to* ~ *on*, girar sobre; depender de.

pivotal (pi·votal) *adj.* de la naturaleza de un gorrón o eje. 2 céntrico; fundamental.

pix (pix) *s.* PYX.

pixy, pixie (pi·csi), *pl.* -**ies** (-iš) *s.* (Ingl.) duende que hace extraviar a la gente.

pizzle (pi·šøl) *s.* vergajo.

placability (pleicabi·liti) *s.* placabilidad. 2 dulzura, clemencia.

placable (plei·cabøl) *adj.* placable, aplacable. 2 pacífico, apacible.

placableness (plei·cabølnis) *s.* PLACABILITY.

placard (plæ·ca'd) *s.* cartel, anuncio, letrero. 2 bando, edicto.

placard (to) *tr.* publicar o anunciar por medio de carteles. 2 fijar [un cartel]; fijar carteles en.

placate (plei·keit) *tr.* aplacar, apaciguar, conciliar.

placation (pleike·shøn) *s.* aplacamiento.

place (pleis) *s.* lugar, sitio, paraje; población; parte, punto; puesto, local : ~ *of business*, oficina, despacho ; ~ *of worship*, templo, iglesia ; *in no* ~, en ninguna parte. 2 lugar, sitio, puesto ; rango, dignidad ; plaza, espacio, cabida, asiento : *in the first* ~, en primer lugar ; *in the next* ~, luego, después; *in* ~ *of*, en lugar de, en vez de ; *out of* ~, fuera de lugar o de propósito, intempestivo, impropio ; *to give* ~, ceder el lugar; dar la preeminencia ; ser sucedido [por] ; *to hold one's* ~, no ceder ; no perder terreno ; *to know one's* ~, no tomarse libertades; ser respetuoso; *to take* ~, verificarse, tener efecto. ocurrir. 3 colocación, empleo, cargo; deber, incumbencia. 4 MIL. plaza, fortaleza. 5 plaza [en una población], calle corta. 6 mansión, quinta, finca. 7 pasaje [de un libro]. 8 posición de ganador o colocado [en las carreras de caballos]. 9 ARIT. cifra decimal.

place (to) *tr.* poner, colocar, situar, instalar, establecer, fijar; *to* ~ *before*, anteponer. 2 colocar, dar empleo, destinar. 3 invertir, poner [dinero] en un negocio o a rédito. 4 COM. colocar, vender. 5 acordarse bien de. — 6 *intr.* colocarse un caballo [en las carreras]. — 7 *ref.* colocarse, ponerse, situarse.

placeman (plei·smæn), *pl.* -**men** (-men) *s.* empleado público, funcionario, oficinista.

placement (plei·smønt) *s.* colocación, situación [acción, efecto]. — 2 *adj.* de colocaciones : ~ *agency*, ~ *office*, agencia de colocaciones.

placenta (plase·nta) *s.* ANAT. ZOOL. BOT. placenta.

placental (plase·ntal) *adj.* placentario. 2 provisto de placenta.

placentation (plæsente·shøn) *s.* placentación.

1) **placer** (plei·sø'¡) *s.* el que coloca.

2) **placer** (plæ·sø') *s.* MIN. placer; lavadero de oro.

placid (plæ·sid) *adj.* plácido, apacible, tranquilo, afable.

placidity (plasi·diti) *s.* placidez, apacibilidad, afabilidad.

placidly (plæ·sidli) *adv.* plácidamente, apaciblemente, dulcemente.

placidness (plæ·sidnis) *s.* PLACIDITY.

placing (plei·sing) *s.* colocación, instalación, etc.

placket (plæ·kit) *s.* abertura [de falda o enaguas]. 2 bolsillo [en una falda].

plagal (plei·gal) *adj.* MÚS. plagal.

plagiarism (plei·ÿiarišm) *s.* plagio.

plagiarist (plei·ÿiarist) *s.* plagiario.

plagiarize (to) (plei·ÿiaraiš) *tr.* e *intr.* plagiar.

plagiary (plei·ÿia'i), *pl.* -**ries** (-ris) *s.* plagiario. 2 plagio.

Plagiostomi (pleiÿia·stomai) *s. pl.* ICT. plagióstomos.

plagiotropism (pleiÿia·trøpišm) *s.* plagiotropismo.

plague (pleig) *s.* plaga. 2 peste, pestilencia : *bubonic* ~, peste bubónica. 3 calamidad. 4 *a* ~ *on* ..., al demonio ...

plague (to) *tr.* plagar; infestar. 2 atormentar, molestar, importunar.

plaguey, plaguy (plei·gui) *adj.* fam. enojoso, molesto.

plaguily (plei·guili) *adv.* fam. enojosamente, molestamente.

plaice (pleis) *s.* ICT. platija, acedía.

plaid (plæd) *s.* manta escocesa listada a cuadros. 2 tartán, tela escocesa. 3 muestra o diseño a cuadros. — 4 *adj.* listado a cuadros.

plain (plein) *adj.* llano, plano, raso, igual, liso. 2 claro, manifiesto, evidente : ~ *as a pikestaff*, claro como la luz. 3 franco, sincero; claro, sin ambages : ~ *dealing*, sinceridad, buena fe; ~ *speaking*, franqueza ; *to be* ~ *with one*, ser franco con uno, hablar claro a uno; *in* ~ *English*, en buen inglés, sin eufemismos. 4 simple, sencillo, corriente, común, humilde : ~ *food*, comida sencilla; ~ *people*, gente sencilla ; *gente humilde*; el común de las gentes. 5 feo, sin belleza, sin atractivo; ordinario, vulgar. 6 puro, sin mezcla : *the* ~ *truth*, la pura verdad. 7 acabado, rematado : ~ *fool*, tonto de capirote. 8 MÚS. ~ *chant*, ~ *song*, canto llano. 9 ~ *clothes*, vestido de paisano. 10 ~ *sailing*, navegación tranquila ; fig. cosa fácil, coser y cantar. — 11 *adv.* claro, claramente, sin ambigüedad. — 12 *s.* llano, llanura, planicie.

plain-clothes man *s.* detective, agente de policía secreta.

plain-dealing *adj.* sincero, que obra de buena fe.

plain-hearted *adj.* franco, sincero.

plain-heartedness *s.* franqueza, sinceridad.

plainly (plei·nli) *adv.* llanamente. 2 claramente, francamente, sinceramente. 3 sencillamente.

plainness (plei·nnis) *s.* llanura, igualdad. 2 sencillez, simplicidad ; franqueza, claridad. 3 fealdad, falta de atractivos; vulgaridad.

plain-spoken *adj.* claro, sincero. 2 francote, brusco.

plaint (plei·nt) *s.* poét. queja, lamento. 2 queja, protesta. 3 DER. querella, demanda.

plaintful (plei·ntful) *adj.* quejoso, lloroso.

plaintiff (plei·ntif) *s.* DER. demandante, actor.

plaintive (plei·ntiv) *adj.* lamentoso, lastimero, triste, elegíaco.

plaintively (plei·ntivli) *adv.* lastimeramente, tristemente.

plaintiveness (plei·ntivnis) *s.* calidad de lastimero, tristeza.

plait (plæt o plit) *s.* pliegue; plegado. 2 (plæt o pleit) trenza. 3 paja, etc., trenzados.

plait (to) (plæt o plit) *tr.* plegar [hacer pliegues en]; alechugar, encañonar. 2 (plæt o pleit) trenzar, tejer trenzando.

plaited (plæ·tid, plei·tid o pli·tid) *adj.* plegado, arrugado. 2 trenzado. 3 artero, artificioso.

plaiter (plæ·tø', plei·tø' o pli·tø') *s.* plegador. 2 trenzador.

plaiting (plæ·ting, plei·ting o pli·ting) *s.* plegadura, plegado. 2 trenzado.

plan (plæn) *s.* plano, planta, diseño, proyección, esquema, diagrama. 2 PERSP., ESC. plano. 3 plan, proyecto, intento, manera de proceder.

plan (to) *tr.* hacer el plano de. 2 planear, proyectar, planificar ; idear, discurrir, tramar. — 3 *intr.* hacer planes. 4 *to* ~ *on*, intentar, proponerse. ¶ CONJUG. pret. y p. p. : *planned*; ger. : *planning.*

planchet (plæ·nchit) *s.* cospel.

planchette (plænsh?·t) *s.* TOP. plancheta. 2 tabla de escritura espiritista.

plane (plei·n) *adj.* plano, llano. 2 GEOM. plano : ~ *angle*, ángulo plano; ~ *geometry*, geometría plana; ~ *surveying*, planimetría, topografía ordinaria; ~ *trigonometry*, trigonometría plana. 3 relativo al plano : ~ *table*, TOP. plancheta. 4 de aeroplano o avión : ~ *sickness*, mareo [del que viaja en avión]. — 5 *s.* plano [superficie plana]. 6 GEOM., MEC. plano : ~ *of projection*, plano de proyección, ~ *of sight*, plano visual. 7 AVIA. plano, ala, superficie de sustentación. 8 FERROC. plano inclinado. 9 fig. plano, nivel, grado. 10 aeroplano, avión. 11 BOT. *plane* o ~ *tree*, plátano [árbol]. 12 CARP. cepillo : *bench* ~, gar-

lopa; *jack* ~, garlopa de alisar; *rabbet* ~, guillame.
plane (to) *tr.* allanar, alisar. 2 CARP. acepillar. cepillar : *to* ~ *down*, adelgazar con cepillo o garlopa; *to* ~ *off* o *away*, quitar con cepillo o garlopa. 3 IMPR. palmear. — 4 *intr.* AVIA. volar; viajar en avión. 5 AVIA. planear.
planer (pleɪˈnøʳ) *s.* acepillador. 2 acepilladora mecánica. 3 IMPR. tamborilete.
planet (plæˈnit) *s.* ASTR. planeta. — 2 *adj.* de planeta, planetario. 3 MEC. planetario : ~ *gear*, engranaje planetario; ~ *wheel*, rueda planetaria.
planetarium (plæneteˈrɪøm) *s.* planetario.
planetary (plæˈneteri) *adj.* planetario. 2 mundano, terrestre. 3 errático, inconstante.
planetoid (plæˈnetoɪd) *s.* ASTR. planeta menor.
planet-stricken, planet-struck *a.* influido por los astros. 2 lleno de pánico.
planimeter (plæniˈmetøʳ) *s.* planímetro.
planimetry (plæniˈmetri) *s.* planimetría.
planing (pleɪˈnɪŋ) *s.* acepilladura, alisadura. — 2 *adj.* que acepilla : ~ *machine*, acepilladora mecánica.
planish (to) (plæˈnɪʃ) *tr.* allanar, aplanar, alisar, pulir.
planisphere (plæˈnɪsfɪøʳ) *s.* planisferio.
plank (plæŋk) *s.* tablón, plancha, tabla gruesa. 2 fig. lo que sostiene [cmo una tabla en el agua]. 3 POL. cada uno de los puntos o principios del programa de un partido. 4 coc. tabla gruesa de roble para asar carne.
plank (to) *tr.* entablar, entarimar, enmaderar. 2 MIN. encofrar. 3 coc. asar en una tabla. 4 fam. *to* ~ *down*, poner firmemente; poner o arrojar con violencia [sobre una mesa, etc.]. 5 fam. *to* ~ *down* o *out*, pagar.
planking (plæˈŋkɪŋ) *s.* entabladura, entarimado; forro. 2 tablaje, tablazón. 3 MIN. encofrado.
plankton (plæˈŋktøn) *s.* BIOL. plancton.
planned (plænd) *adj.* planeado, proyectado, planificado, etc. : ~ *economy*, economía dirigida.
planner (plæˈnøʳ) *s.* proyectista, planeador, trazador.
plano-concave (pleɪnocaˈnkeiv) *adj.* plano cóncavo.
plano-convex (pleɪnocaˈnvecs) *adj.* planoconvexo.
plant (plænt) *s.* BOT. planta, vegetal. 2 planta [vegetal joven], estaca, esqueje, rampollo. 3 equipo, instalación [de fábrica, etc.]. 4 fábrica, taller. — 5 *adj.* de plantas : ~ *house*, almáciga o plantel cubierto, invernáculo; ~ *louse*, pulgón; ~ *pathology*, patología vegetal.
plant (to) *tr.* plantar, sembrar. 2 plantar, colocar, fijar, poner. 3 fundar, establecer. 4 colonizar. 5 poblar. 6 implantar; engendrar [un sentimiento, etc.]; inculcar [doctrinas]. 7 fam. largar [golpes].
plantaginaceous (plæntaɣineˈʃøs) *adj.* BOT. plantagináceo.
plantain (plæˈntin) *s.* BOT. llantén, plantaina. 2 BOT. plátano, banano; banana.
plantar (plæˈnta') *adj.* plantar.
plantation (plænteˈʃøn) *s.* plantación; siembra. 2 plantación, plantío. 3 hacienda, ingenio. 4 ostral, ostrero. 5 [en Terranova] pesquería. 6 fundación, población, colonización.
planter (plæˈntøʳ) *s.* plantador; cultivador, hacendado. 2 colono, colonizador. 3 plantadora [máquina].
plantigrade (plæˈntigreid) *adj.* y *s.* plantígrado.
plantlet (plæˈntlet), **plantule** (plæˈntiul) *s.* BOT. plantita.
plaque (plæc) *s.* placa [decorativa, para incrustaciones, etc.]. 2 plato decorativo. 3 placa [condecoración]; broche. 4 MED. placa.
plaquette (plæketˈ) *s.* plaquita; pequeño bajo relieve en metal. 2 ANAT. plaqueta.
plash (plæʃ) *s.* chapaleteo. 2 mancha [de color]. 3 resplandor, fucilazo. 4 charco, lagunajo. 5 rama entretejida con otras.
plash (to) *tr.* e *intr.* chapalear. 2 PINT. manchar. 3 entretejer [ramas].
plashy (plæˈʃi) *adj.* pantanoso. 2 manchado.
plasm (plæzm), **plasma** (plæˈzma) *s.* ANAT. plasma. 2 BIOL. protoplasma. 3 MINER. plasma, prasma.
plasmatic (plæzmeˈtic), **plasmic** (plæzˈmic) *adj.* plasmático. 2 protoplásmico.
plaster (plæˈstøʳ) *s.* yeso; estuco, escayola, argamasa para enlucir : ~ *of Paris*, yeso. 2 FARM. parche, emplasto : *mustard* ~, sinapismo. — 3 *adj.*

de yeso, escayola, etc. : ~ *cast*, yeso [obra de escultura vaciada en yeso]; CIR. escayolado, vendaje enyesado; DENT. molde en yeso.
plaster (to) *tr.* ALB. enyesar, enlucir, revocar. 2 embadurnar. 3 tapar, remendar [como con yeso]. 4 AGR. enyesar. 5 poner emplastos, emplastar. 6 fijar. pegar [un cartel, etc.]; cubrir con carteles o anuncios : *to* ~ *down*, pegar.
plasterer (plæˈstørøʳ) *s.* yesero. 2 enlucidor, revocador, estuquista.
plastering (plæˈstøriŋ) *s.* enlucido, revoque, enyesado. 2 emplastadura.
plasterwork (plæˈstøˈuøʳc) *s.* enlucido, enyesado; yesería.
plastic (plæˈstic) *adj.* plástico : ~ *surgery*, cirugía plástica. — 2 *s.* plástico. 3 plástica. 4 *pl.* figuras modeladas.
plastically (plæˈsticali) *adv.* plásticamente.
plasticity (plæstiˈsiti) *s.* plasticidad.
plastid (plæˈstid) *s.* BIOL. plastidio.
plastron (plæˈstron) *s.* ARM., ZOOL. peto. 2 pechera [de camisa]. 3 ESGR. plastrón.
plat (plæt) *s.* plano, mapa [de una ciudad, etc.]. 2 parcela, solar. 3 trenza.
plat (to) *tr.* hacer el plano o mapa de; trasladar al papel. 2 trenzar, entretejer. ¶ CONJUG. pret. y p. p. : *platted;* per. : *platting*.
Platanaceæ (plætaneiˈsii) *s. pl.* BOT. platanáceas.
platanaceous (plætaneˈʃøs) *arj.* platanáceo.
platan(e (plæˈtan) *s.* BOT. plátano [árbol].
platband (plæˈtbænd) *s.* arriate. 2 ARQ. faja de la cornisa.
plate (pleit) *s.* placa, plancha, lámina, hoja, chapa : *armor* ~, armadura defensiva, blindaje. 2 metal en planchas. 3 lámina, grabado, ilustración. 4 ZOOL. placa, escudo, escama. 5 pieza [de la armadura]. 6 ELECT., FOT., BACT. placa. 7 IMPR. clisé, plancha [estereotípica, electrotípica, etc.]. 8 platina [de la máquina neumática]. 9 ELECT. elemento [de una pila]. 10 base o sostén [de dentadura postiza]. 11 vajilla [de oro, plata]; objetos plateados o chapados. 12 plato, platillo; fuente [vasija]. 13 plato, cubierto [comida que se sirve]. 14 bandeja, bacín [para hacer colecta]. 15 DEP. copa o placa [premio]. 16 CARN. falda de la res. — 17 *adj.* de placa, plancha, grabado, etc.; ~ *circuit*, ~ *current*, ~ *voltage*, RADIO circuito de placa, corriente de placa, tensión de placa; ~ *culture*, BACT. cultivo de bacterias en placa; ~ *frame*, PLATEHOLDER; ~ *girder*, viga de alma llena; ~ *glass*, vidrio o cristal cilindrado; ~ *mark*, sello del contraste; ~ *metal*, metal en planchas; ~ *paper*, papel para láminas o grabados; ~ *printing*, impresión de láminas con plancha; ~ *rack*, escurreplatos; FOT. bastidor para poner a secar las placas; ~ *tracery*, ARQ. tracería lisa.
plate (to) *tr.* planchear. 2 dorar, platear, niquelar, chapear [metales]. 3 armar, vestir con armadura. 4 batir [oro, plata, etc.]. 5 cultivar [bacterias] en placa. 6 IMPR. clisar.
plateau (plætou) *s.* GEOGR. mesa, meseta, altiplanicie. 2 plato o bandeja decorativos.
plated (pleiˈtid) *adj.* dorado, plateado, niquelado, chapeado. Ús. en composición : *gold-plated*, dorado, chapeado en oro. 2 plancheado. 3 hecho de hojas delgadas.
plateful (pleiˈtful) *s.* plato, fuente [su contenido].
plateholder (pleiˈtjouldøʳ) *s.* FOT. chasis, portaplacas.
platen (plæˈten) *s.* IMPR., MEC. platina. 2 rodillo [de la máquina de escribir].
plater (pleiˈtøʳ) *s.* dorador, plateador, chapeador. 2 caballo de carreras de segunda categoría.
platform (plæˈtfoʳm) *s.* plataforma, tablado, estrado, tribuna. 2 cadalso. 3 plataforma [de tranvía]. 4 FERROC. andén. 5 GEOGR. altiplanicie. 6 terraplén. 7 oratoria pública. 8 POL. programa, declaración de principios. 9 presidencia [de un mitin]. 10 plan [de acción, conducta, etc.]. — 11 *adj.* FERROC. ~ *car*, plataforma, batea. 12 ~ *scale*, báscula.
plating (pleiˈtiŋ) *s.* dorado, plateado, niquelado, chapeado; galvanoplastia. 2 blindaje. 3 BACT. cultivo en placa.
platinize (plæˈtinaiˌs) *tr.* platinar.
platinoide (plæˈtinoid) *adj.* semejante al platino. — 2 *s.* platinoide.
platinotype (plæˈtinotaip) *s.* FOT. platinotipia.

platinum (plǽ·tinøm) s. QUÍM. platino. — 2 adj. de platino, platinado : ~ blonde, rubia platinada.

platitude (plǽ·titiud) s. insulsez, trivialidad, vulgaridad, perogrullada, lugar común.

platitudinize (plætitiu·dinaiš) i. decir insulseces o vulgaridades.

platitudinous (plætitiu·dinøs) adj. insulso, trivial, sobado.

Plato (plei·tou) n. pr. Platón.

Platonic (plata·nic) adj. platónico : ~ love, amor platónico.

Platonism (plei·tonišm) s. platonismo.

Platonist (plei·tonist) s. platónico.

platoon (platu·n) s. MIL. sección. 2 pelotón, grupo.

platter (plǽ·tø') s. fuente, platel. 2 (EE. UU.) plato. 3 trenzador.

platyhelminth (plætije·lminz) s. ZOOL. platelminto.

platyrrhine (plǽ·tirain) adj. y s. ZOOL. platirrino.

plaudit (plo·dit) s. aplauso. 2 aprobación.

plausibility (plošibi·liti) s. especiosidad ; plausibilidad, bondad o credibilidad aparentes.

plausible (plo·šibøl) adj. especioso, aparentemente bueno, creíble.

plausibleness (plo·šibølnis) s. PLAUSIBILITY.

plausibly (plo·šibli) adv. aparentemente, creíblemente.

plausive (plo·siv) adj. laudatorio. 2 agradable.

play (plei) s. juego [acción o manera de jugar ; diversión, entretenimiento, deporte] ; broma, juguete : in ~, en chanza, de burlas ; full of ~, travieso, juguetón ; ~ upon words, juego de palabras, retruécano. 2 juego [por dinero]. 3 turno para jugar. 4 juego, movimiento, funcionamiento, acción, operación : to come into ~, entrar en juego. 5 espacio para moverse ; libertad de acción : to give full ~, dar juego libre, dar rienda suelta. 6 juego [de luz, de colores, etc.]. 7 asueto, 8 TEAT. representación, ejecución, desempeño. 9 TEAT. obra, comedia, drama, tragedia ; pantomima. 10 fair ~, juego limpio. 11 foul ~, juego sucio, perfidia, engaño.

play (to) tr. jugar [una partida o partido, una pieza, un naipe, etc.]. 2 jugar a [un juego] : to ~ cards, jugar a los naipes ; to ~ hide hand seek, jugar al escondite ; to ~ the game, fig. jugar limpio. 3 jugar con [un contrario]. 4 poner en acción, hacer jugar ; manejar ; valerse de, hacer uso de. 5 hacer ; causar : to ~ a joke, hacer una broma ; to ~ a trick on one, to ~ one a trick, hacer una mala jugada a uno ; engañarle ; to ~ havoc with, hacer estragos en. 6 fingir, hacer o hacerse el : to ~ the fool, hacerse el tonto ; to ~ the man, hacer el hombre. 7 TEAT. representar [una obra] ; hacer, desempeñar [un papel ; el papel de]. 8 TEAT. dar representaciones en [una localidad]. 9 apostar por [un caballo]. 10 hacer cansar o dejar que se canse [el pez cogido en el anzuelo]. 11 MÚS. tocar, tañer ; ejecutar : to ~ in, out, up, etc.. acompañar con música el movimiento o la acción de. 12 to ~ away, dilapidar, malgastar. 13 to ~ down, quitar importancia, no hacer caso de. 14 to ~ off, hacer, practicar ; poner en evidencia ; fingir ; terminar [un partido o juego aplazado] 15 to ~ out, agotar, cansar ; to be played out, estar agotado ; estar gastado o estropeado por el uso. 16 to ~ someone false, engañarle a uno. 17 to ~ the devil, o the mischief, with, desbaratar, trastornar, enredar, causar daño a. 18 to ~ the market, jugar a la Bolsa. 19 to ~ truant o the truant, hacer novillos.
20 intr. jugar, entretenerse, divertirse ; juguetear, retozar ; bromear. 21 MÚS. tocar : to ~ by ear o from ear, tocar de oído ; to ~ on an instrument, tocar un instrumento. 22 sonar [el instrumento]. 23 TEAT. representar. 24 obrar, conducirse : to ~ fair, jugar limpio, obrar lealmente ; to ~ fast and loose, obrar con doblez, no jugar limpio. 25 jugar, moverse, funcionar. 26 flotar, ondear. 27 correr [una fuente]. 28 to ~ into the hands of, obrar o arreglar las cosas en provecho de ; hacer el caldo gordo a. 29 to ~ on o upon, jugar con, tocar ligeramente ; caer, dar, temblar [la luz, etc.] sobre algo ; aprovecharse de, explotar, abusar de la credulidad, un sentimiento, etc., de. 30 to ~ to the gallery, obrar, hablar, etc., para la galería, buscando el aplauso del público. 31 to ~ up to, adular, halagar servilmente. 32 to ~ upon words, jugar del vocablo, hacer juegos de palabras.

playbill (plei·bil) s. TEAT. cartel, programa.

playboy (plei·boi) s. fam. joven rico y disipado, niño bonito.

playday (plei·dei) s. día de asueto.

player (plei·ø') s. jugador. 2 TEAT. actor, cómico, comediante, representante. 3 músico, tocador ; ejecutante. — 4 adj. ~ piano, pianola, piano mecánico.

playfellow (plei·felou) s. compañero de juegos.

playful (plei·ful) adj. juguetón, travieso, retozón ; chancero.

playfulness (plei·fulnis) s. condición de juguetón, etc.

playgoer (plei·gouø') s. persona que frecuenta los teatros.

playground (plei·graund) s. patio de recreo. 2 campo de deportes o de juego.

playhouse (plei·jaus) s. teatro, coliseo. 2 casita de juguete, casa de muñecas.

playing (plei·ing) adj. de juego, etc. : ~ card, naipe, carta ; ~ field, campo de deportes.

playlet (plei·lit) s. TEAT. pieza corta.

playmate (plei·meit) s. PLAYFELLOW.

playsome (plei·søm) adj. juguetón, retozón.

plaything (plei·zing) s. juguete [cosa, pers. etc., con que se juega].

playtime (plei·taim) s. hora o tiempo de recreo. 2 TEAT. hora de empezar la función.

playwright (plei·rait) s. autor dramático, dramaturgo, comediógrafo.

plea (plī) s. argumento, argumentación. 2 defensa, alegato. 3 excusa, disculpa, pretexto. 4 súplica, ruego. 5 proceso, litigio.

pleach (to) (plīch) tr. entretejer, trenzar [ramas, etc.].

plead (to) (plīd) tr. DER. defender en juicio. 2 alegar, argüir [en defensa, excusa, etc.] ; responder a una acusación.— 3 intr. pleitear, abogar : to ~ for, abogar por. 4 DER. manifestar el acusado, al empezar el juicio, si es culpable o no : to ~ guilty, confesarse culpable ; to ~ not guilty, declararse inocente. 5 to ~ with, rogar, suplicar, implorar. ¶ CONJUG. pret. y p. p.: pleaded; fam. plead o pled.

pleadable (plī·dabøl) adj. alegable [en pleito o defensa].

pleader (plī·dø') s. abogado ; defensor. 2 suplicante.

pleading (plī·ding) s. suplicante, implorante. — 2 s. alegación, defensa. 3 DER. informe. 4 súplica, imploración. 5 pl. alegatos.

pleadingly (plī·dingli) adv. con súplica o imploración.

pleasance (ple·šans) s. parque, jardín [de una mansión]. 2 ant. placer, gozo.

pleasant (ple·šant) adj. agradable, apacible, grato, placentero : ~ journey!, ¡ buen viaje !. ¡ feliz viaje ! 2 simpático, afable.

pleasantly (ple·šantli) adv. agradablemente, gratamente.

pleasantness (ple·šantnis) s. calidad de agradable. 2 agrado. 3 afabilidad.

pleasantry (ple·šantri) pl. -tries (-triš) s. broma, chanza, agudeza.

please (to) (plīš) tr. e intr. agradar, gustar, placer, satisfacer, dar gusto, halagar, complacer : to ~ oneself, darse gusto, hacer uno lo que le guste ; to be easy to ~, ser de buen contentar ; to be hard to ~, ser descontentadizo. — 2 intr. tener el gusto, servirse, querer, tener a bien : as God pleases, como Dios quiera ; as you ~, como Vd. quiera o guste ; if you ~, con el permiso de Vd. ; if you ~ o simplte. please, haga Vd. el favor, sírvase Vd.: pass me the salt ~, haga el favor de acercarme la sal ; ~ to be seated, sírvase tomar asiento. 3 to be pleased, complacerse, estar satisfecho : to be pleased to, tener gusto o satisfacción en, alegrarse de ; querer, tener a bien ; to be pleased with, gustarle a uno ; estar contento o satisfecho de.

pleasing (plī·šing) adj. agradable, grato, placentero. 2 afable, cortés.

pleasingly (plī·šingli) adv. agradablemente ; afablemente.

pleasingness (plī·šingnis) s. calidad de agradable ; afabilidad.

pleasurable (ple·yurabøl) adj. agradable, grato, deleitoso, festivo.

pleasurableness (ple·yurabølnis) s. calidad de agradable ; atractivo, deleite.

pleasurably (pleˑŷurabli) *adj.* agradablemente. gratamente.

pleasure (pleˑŷøʳ) *s.* placer, deleite, goce, gusto : *to take ~ in*, complacerse o deleitarse en, tener gusto en; *with great ~*, con mucho gusto, que me place. 2 gozo, satisfacción, alegría. 3 recreo, diversión. 4 gusto, voluntad, deseo, arbitrio: *what is your ~?*, ¿qué desea Vd.?, ¿en qué puedo servirle?; *at one's ~*, al gusto, voluntad o arbitrio de uno, como quiera o le plazca. — 5 *adj.* de placer, recreo, etc.: *~ boat*, embarcación de recreo; *~ ground*, parque o jardin de recreo; *~ lover*, *~ seeker*, el que busca el placer, el que anda tras los placeres; *~ trip*, viaje de placer.

pleat (plɪt) *s.* pliegue, doblez.

pleat (to) *tr.* plegar, hacer pliegues en.

pleating (plɪˑting) *s.* COST. plegado; plisado.

plebeian (plibɪˑan) *adj.* y *s.* plebeyo. — 2 *adj.* popular, vulgar

plebeianism (plibɪˑanism), **plebeanness** (plibɪˑanis) *s.* condición de plebeyo; vulgaridad.

plebiscitary (plebiˑsiteri) *s.* plebiscitario.

plebiscite (pleˑbisait) *s.* plebiscito.

plebs (plebs) *s.* plebe.

plectrum (pleˑctrøm) *s.* plectro.

pledge (pledŷ) *s.* prenda [señal, garantía], rehén, fianza, caución, empeño : *as a ~ of*, en prenda de. 2 promesa, compromiso : *to take, to sign the ~*, POL. comprometerse públicamente a seguir o no seguir cierta política. 3 brindis; persona por quien se brinda.

pledge (to) *tr.* dar en prenda o fianza, empeñar, comprometer : *to ~ one's word*, empeñar o dar su palabra. 2 prometer, comprometerse. 3 hacer prometer : *to ~ to secrecy*, exigir promesa de guardar el secreto. 4 brindar por. 5 beber a invitación de.

pledgee (pledŷɪ) *s.* el que recibe en prenda; depositario.

pledger (pleˑdŷ'øʳ) *s.* el que empeña o da prenda, prendador. 2 el que promete; el que brinda.

pledget (pleˑdŷit) *s.* CIR. compresa; tapón. 2 MAR. hilo de estopa.

Pleiad (plɪˑyad) *s.* pléyade.

Pleiades (plɪˑyadiš) *n. pr.* MIT., ASTR. Pléyadas; Pléyades.

Pleistocene (plaiˑstosin) *adj.* y *s.* GEOL. pleistoceno.

plenarily (plɪˑnarili) *adv.* plenamente, en pleno.

plenary (plɪˑnari) *adj.* pleno, lleno, completo. 2 plenario.

plenipotence (pleniˑpotøns) *s.* plenipotencia.

plenipotential (plenipoteˑnshal) *adj.* autorizado con pleno poder.

plenipotentiary (plenipoteˑnshieri) *adj.* y *s.* plenipotenciario.

plenish (to) *tr.* llenar. 2 equipar, amueblar.

plenitude (pleˑnitiud) *s.* plenitud, abundancia, plétora.

plenteous (pleˑntiøs) *adj.* PLENTIFUL.

plenteously (pleˑntiøsli) *adv.* abundantemente, copiosamente.

plenteousness (pleˑntiøsnis) *s.* abundancia.

plentiful (pleˑntiful) *adj.* abundante, copioso, profuso, pingüe, opulento. 2 fértil, feraz.

plentifully (pleˑntifuli) *adv.* abundantemente, copiosamente.

plentifulness (pleˑntifulnis) *s.* abundancia, copia. 2 fertilidad.

plenty (pleˑnti) *s.* copia, abundancia, profusión, llenura : *horn of ~*, cuerno de la abundancia; *~ of*, mucho, suficiente, de sobra.

plenum (plɪˑnøm) *s.* pleno [de una asamblea]. 2 espacio lleno.

pleochroism (pliaˑcroišm) *s.* CRIST. pleocroísmo.

pleonasm (plɪˑonæšm) *s.* pleonasmo, redundancia.

pleonastic(al (plionæˑstic(al) *adj.* pleonástico, redundante.

pleonastically (plionæˑsticali) *adv.* pleonásticamente.

plesiosaur (plɪˑsiosoʳ) *s.* PALEONT. plesiosauro.

plethora (pleˑzora) *s.* plétora.

plethoric(al (pleˑzoric(al) *adj.* pletórico.

pleura (pluˑra) *pl.* **-ræ** (-ri) *s.* ANAT., ZOOL. pleura.

pleural (pluˑral) *adj.* pleural.

pleurisy (pluˑrisi) *s.* MED. pleuresía; pleuritis.

pleuritic(al (pluriˑtic(al) *adj.* pleurítico.

pleurodont (pluˑrodant) *adj.* ZOOL. pleurodonto.

pleurodynia (plurodiˑnia) *s.* MED. pleurodinia.

pleuron (pluˑron) *s.* ZOOL. lado, costado.

pleuronectid (plurone·ctid) *adj.* y *s.* ICT. pleuronecto.

pleurotomy (pluraˑtomi) *s.* CIR. pleurotomía.

plexiform (pleˑcsifoʳm) *s.* plexiforme.

plexiglass (pleˑcsiglas) *s.* plexiglás.

plexus (pleˑcsøs), *pl.* **-uses** (-øsiš) o **-us** *s.* ANAT. plexo. 2 entrelazamiento, red.

pliability (plaiabiˑliti) *s.* flexibilidad, docilidad.

pliable (plaiˑabøl) *adj.* flexible, dócil [fácil de trabajar]. 2 doblegable, plegable, dúctil, manejable.

pliableness (plaiˑabølnis), **pliancy** (plaiˑansi) *s.* flexibilidad, docilidad, ductilidad.

pliant (plaiˑant) *adj.* flexible, cimbreño. 2 blando, dócil. 3 complaciente, obediente, adaptable.

pliantness (plaiˑantnis) *s.* PLIABLENESS.

plica (plaiˑca) *s.* MED. plica. 2 pliegue.

plicate(d (plaiˑkeit(id) *adj.* BOT., ZOOL. plegado, dispuesto en pliegues.

plication (plaikeˑshøn) *s.* plegadura, pliegue.

pliers (plaiˑøʳš) *s. pl.* alicates, tenazas: *flat-nose ~*, alicates planos; *punch ~*, sacabocados.

plight (plait) *s.* condición, estado; aprieto, apuro. 2 promesa, compromiso; palabra de matrimonio.

plight (to) *tr.* empeñar [la palabra, etc.]; prometer: *to ~ one's troth*, prometer fidelidad; dar palabra de casamiento. 2 atar por una promesa; prometer en matrimonio.

Plimsoll line (plɪˑmsal) *s.* MAR. línea Plimsoll, línea de carga máxima.

plinth (plinz) *s.* ARQ. plinto, orlo; zócalo.

Pliny (plɪˑni) *n. pr.* Plinio: *~ the Elder*, Plinio el Antiguo; *~ the Younger*, Plinio el Joven.

Pliocene (plaiˑsm) *adj.* y *s.* GEOL. plioceno.

plod (to) (plad) *intr.* afanarse, trabajar asiduamente. — 2 *intr.* y *tr.* andar o recorrer lentamente o pesadamente. ¶ CONJUG. pret. y p. p.: *plodded*; ger.: *plodding*.

plodder (plaˑdøʳ) *s.* el que se afana o trabaja mucho; el que trabaja con más aplicación que talento. 2 el que anda lenta o pesadamente.

plodding (plaˑding) *adj.* laborioso, que se afana. 2 que anda lenta o pesadamente. — 3 *s.* trabajo, ajetreo, laboriosidad. 4 marcha lenta o pesada.

plop (plap) *s.* plaf, ruido sordo de algo que cae en el agua, etc.

plop (to) *intr.* y *tr.* caer o dejar caer algo con ruido sordo, haciendo ¡plaf!

plot (plat) *s.* porción de terreno; cuadro, bancal; solar, parcela. 2 plano [de un terreno]; diagrama. 3 conspiración, complot, conjura. 4 plan, trama, intriga, maquinación, estratagema. 5 trama, enredo [de una obra literaria].

plot (to) *tr.* (EE. UU.) dividir [en cuadros o parcelas]. 2 trazar el plano de; hacer [una gráfica]. 3 tramar, urdir, fraguar. — 4 *intr.* conspirar, intrigar, maquinar. ¶ CONJUG. pret. y p. p.: *plotted*; ger.: *plotting*.

plotter (plaˑtøʳ) *s.* el que hace planos, o diagramas. 2 conspirador, conjurado. 3 tramador, maquinador.

plotting (plaˑting) *adj.* que traza o sirve para trazar planos, etc.: *~ paper*, papel cuadriculado; *~ scale*, regla graduada para levantar planos. 2 conspirador, intrigante, maquinador.

plough (plau) *s.* arado: *to put one's hand to the ~*, poner manos a la obra. 2 tierra arada, labrantío. 3 ENCUAD. ingenio 4 ASTR. el Carro, la Osa Mayor. — 5 *adj.* de arado, de arar: *~ beam*, cama del arado; *~ handle*, mancera, esteva; *~ tree*, esteva. 6 ENCUAD. del ingenio: *~ knife*, lengüeta; *~ press*, ingenio. 7 CARP. *~ plane*, guillame, cepillo de acanalar.

plough (to) *tr.* e *intr.* arar. — 2 *tr.* surcar; abrir surcos en. 3 desarraigar, cortar, etc., con un arado o como con un arado. — 4 *intr.* avanzar como el que ara.

ploughing (plauˑing) *s.* aradura, labranza.

ploughland (plauˑlænd) *s.* tierra labrantía.

ploughman (plauˑmæn), *pl.* **-men** (-men) *s.* arador, labrador. 2 campesino, rústico, gañán.

Plough-Monday *s.* primer lunes después de la Epifanía.

ploughshare (plauˑsheʳ) *s.* reja del arado.

ploughstaff (plauˑstæf) *s.* abéstola, aguijada.

ploughtail (plauˑteil) *s.* esteva, mancera.

ploughwright (plauˑrait) *s.* constructor de arados.

plover (plaˑvøʳ o ploˑvøʳ) *s.* ORNIT. nombre de varias aves, como el chorlito, la avefría, etc.

plow *s.*, **to plow** *tr.*, **plowing** *adj.* y *s.*, etc. (EE. UU.) PLOUGH, TO PLOUGH, PLOUGHING, etc.

pluck (plǫc) *s.* valor, denuedo, resolución, arrestos. 2 tirón, estirón. 3 lo que se arranca. 4 asadura [de un animal]. 5 (Ingl.) cate, calabazas [en un examen].

pluck (to) *tr.* coger, arrancar. 2 pelar, desplumar. 3 dar un tirón a. 4 puntear, herir las cuerdas de [una guitarra, etc.]. 5 pop. robar, despojar, desollar. 6 (Ingl.) catear, calabacear [en un examen]. 7 *to* ᴖ *up courage*, cobrar ánimo; hacer de tripas corazón. — 8 intr. *to* ᴖ *at*, tirar de.

pluckier (plǫ·kiø') *adj. comp.* de PLUCKY.

pluckiest (plǫ·kiist) *adj. superl.* de PLUCKY.

plucky (plǫ·ki) *adj.* valeroso, denodado.

plug (plǫg) *s.* tapón, botana, espita, espiche, taco, nudillo; pieza que entra en un agujero. 2 ARTILL. obturador. 3 macho [de grifo o llave]; cierre [de válvula]. 4 DENT. empaste. 5 ELECT. clavija de conexión o de enchufe; tapón. 6 AUTO. bujía. 7 cala [de melón]. 8 tableta [de tabaco]. 9 boca de agua. 10 fam. chistera, sombrero de copa. 11 fig. elogio incidental. 12 cosa inferior, deteriorada. 13 (EE. UU.) rocín, penco. 14 gajo. — 15 *adj.* de tapón, clavija, etc.: ᴖ *board*, conmutador de clavijas; ᴖ *fuse*, fusible de tapón, tapón fusible; ᴖ *tobacco*, tabaco prensado en tabletas.

plug (to) *tr.* atarugar, tapar, obturar. | Gralte. con *up*. 2 enclavijar, empernar. 3 DENT. empastar, orificar. 4 calar [un melón, etc.]. 5 ELECT. *to* ᴖ *in*, enchufar, conectar; insertar [una clavija]. 6 fam. disparar; golpear. 7 esforzarse en difundir [una canción]. — 8 intr. fam. *to plug* o *to* ᴖ *away*, afanarse, trabajar con ahinco. ¶ CONJUG.: pret. y p.p.: *plugged;* ger.: *plugging.*

plugger (plǫ·gø') *s.* el que ataruga, obtura, etc. 2 DENT. instrumento que empasta. 3 empollón [estudiante].

plug-in *adj.* enchufable.

plum (plǫm) *s.* BOT. ciruela. 2 BOT. ciruelo. 3 pasa [para guisar o para repostería]. 4 fam. (Ingl.) 100.000 libras esterlinas; fortuna. 5 fig. golosina, gollería, lo mejor; empleo o cargo muy provechoso; turrón. 6 fig. dividendo extraordinario. 7 color de ciruela o pasa. — 8 *adj.* de ciruela o pasa: ᴖ *cake*, bizcocho con pasas; ᴖ *pudding*, budín inglés con pasas; ᴖ *tree*, BOT. ciruelo.

plumage (plu·midẏ) *s.* plumaje [de ave; de adorno]. 2 fam. atavío, vestido de gala.

plumaged (plu·midẏd) *adj.* que tiene plumas.

plumagery (plu·miẏri) *s.* plumajería.

plumb (plǫm) *s.* ALBAÑ. plomada, plomo, perpendículo. 2 plomo [de la sonda, de la caña de pescar, etc.]. 3 pesa [de reloj]. 4 plomo, verticalidad: *in* ᴖ, a plomo, *out of* ᴖ, desaplomado. — 5 *adj.* vertical, recto. 6 fam. completo, absoluto. 7 de plomo o plomada: ᴖ *bob*, plomo de la plomada; ᴖ *line*, plomada; línea vertical; MAR. sonda; ᴖ *rule*, regla plomada. — 8 *adv.* a plomo, verticalmente. 9 fam. directamente; exactamente; inmediatamente; completamente.

plumb (to) *tr.* sondear, sondar. 2 ALBAÑ. aplomar. 3 plomar. 4 instalar cañerías en.

Plumbaginaceae (plǫmbæẏine·shii) *s. pl.* BOT. plumbagináceas.

plumbaginaceous (plǫmbæ·ẏine·shøs) *a.* BOT. plumbaginácea.

plumbaginous (plǫmbæ·ẏinous) *adj.* de plombagina o que lo parece.

plumbago (plǫmbei·gou) *s.* plombagina, grafito. 2 BOT. belesa.

plumbean (plǫ·mbian), **plumbeous** (plǫ·mbiøs) *adj.* plomizo. 2 plúmbeo.

plumber (plǫ·mø') *s.* plomero. 2 fontanero.

plumbery (plǫ·mberi) *s.* plomería; fontanería.

plumbic (plǫ·mbic) *adj.* plúmbico.

plumbing (plǫ·mbing) *s.* oficio de plomero o fontanero. 2 instalación o sistema de cañerías; fontanería. 3 acción de aplomar o sondear.

plumbless (plǫ·mlis) *adj.* insondable.

plumbum (plǫ·mbøm) *s.* QUÍM. plomo.

plume (plum) *s.* pluma [de ave]. 2 plumaje. 3 penacho, plumero. 4 fig. honor, galardón. 5 ZOOL. cola peluda. — 6 *adj.* de pluma o plumero: ᴖ *alum*, alumbre de pluma; ᴖ *grass*, BOT. carricera; ᴖ *moth*, ENTOM. alucita.

plume (to) *tr.* desplumar, pelar. 2 emplumar, empenachar. 3 alisar el plumaje de. — 4 ref. *tc* ᴖ

---

oneself, emperejilarse; *to* ᴖ *oneself on*, jactarse, vanagloriarse, enorgullecerse de.

plumed (plumd) *a.* emplumado, empenachado. 2 penachudo.

plumeless (plu·mlis) *adj.* implume. 2 fig. sin dinero.

plumicorn (plu·mico'n) *s.* ORNIT. pluma en forma de cuernecillo de ciertas aves estrigidas.

plumigerous (plumi·ẏørøs) *adj.* plumífero.

plumiped (plu·miped) *adj.* ORNIT. calzado. — 2 *s.* ave calzada.

plumist (plu·mist) *s.* plumista, plumajero.

plummet (plǫ·mit) *s.* plomo, plomada; plomo de la sonda. 2 fig. peso [que oprime].

plummet (to) *intr.* caer a plomo, verticalmente.

plumose (plu·mous). **plumous** (plu·møs) *adj.* plumoso, plúmeo.

plump (plǫmp) *adj.* regordete, rollizo, gordo. 2 fig. cuantioso. 3 brusco, franco, directo; rotundo, categórico. — 4 *adv.* a plomo. 5 de golpe, 6 directamente, bruscamente, sin ambages. — 7 *s.* caída brusca, pesada.

plump (to) *tr.* engordar, hinchar, rellenar. 2 soltar, dejar caer, tirar, arrojar. — 3 *intr.* engordar, ponerse rollizo; hincharse, llenarse. 4 caer a plomo. 5 dejarse caer pesadamente, desplomarse. 6 *to* ᴖ *for*, votar [un solo candidato, pudiendo votar dos].

plumper (plǫ·mpø') *s.* voto dado a un solo candidato.

plumpness (plǫ·mpnis) *s.* gordura; calidad de regordete o rollizo.

plumpy (plǫ·mpi) *adj.* regordete, rollizo.

plumula (plu·miula), **plumule** (plu·miul) *s.* BOT. plúmula. 2 ORNIT. pluma de plumón.

plumy (plu·mi) *adj.* plumoso, plúmeo.

plunder (plǫ·ndø') *s.* pillaje, rapiña, saqueo, robo, despojo. 2 botín [de pillaje, robo, etc.].

plunder (to) *tr.* tomar a viva fuerza, pillar, saquear, robar. 2 despojar, expoliar.

plunderer (plǫ·ndørø') *s.* pillador, saqueador, ladrón.

plunge (plǫnẏ) *s.* zambullida; chapuz, sumersión. 2 salto [de arriba abajo]. 3 acción de arrojarse [hacia adelante, en medio o debajo de]. 4 caída [de una ola; de una lluvia fuerte]. 5 lugar propio para zambullirse; piscina. 6 MAR. hocicada [de un buque]. 7 GEOL., MIN. buzamiento.

plunge (to) *tr.* zambullir, chapuzar; sumergir, hundir, meter; arrojar, precipitar. — 2 *intr.* zambullirse, sumergirse, echarse de cabeza; meterse, hundirse, arrojarse, lanzarse, precipitarse; abismarse. 3 descender bruscamente [un camino]. 4 MAR. hocicar [el buque].

plunger (plǫ·nẏø') *s.* buzo. 2 zambullidor. 3 MEC. émbolo; chupón; émbolo buzo. 4 jugador o especulador desenfrenado.

plunk (plǫnc) *s.* fam. sonido vibrante, como el de una cuerda punteada. 2 fam. golpe seco, ruido seco. 3 pop. (EE. UU.) dólar.

plunk (to) *tr.* MÚS. puntear [una cuerda]. 2 fam. arrojar, o dejar caer pesadamente. — 3 *intr.* MÚS. sonar [la cuerda punteada]. 4 sonar con ruido de golpe seco: caer con golpe seco, pesadamente.

pluperfect (plupø·'fict) *adj.* y *s.* GRAM. pluscuamperfecto.

plural (plu·ral) *adj.* y *s.* plural.

pluralism (plu·rališm) *s.* pluralidad. 2 pluralismo. 3 acumulación de cargos o empleos.

pluralist (plu·ralist) *s.* el que posee dos o más cargos o beneficios eclesiásticos.

plurality (pluræ·liti) *s.* pluralidad. 2 PLURALISM 2 y 3. 3 el mayor número, la mayoría. 4 mayoría de votos [en una elección].

pluralize (to) (plu·ralaiš) *tr.* pluralizar.

plurally (plu·rali) *adv.* en plural.

plus (plus) *prep.* más: *the debt* ᴖ *interest*, la deuda más el interés. 2 MAT. más. — 3 *adj.* MAT., ELECT. positivo. 4 adicional, extra, de más. 5 que gana o sale ganando [algo]: *to be* ᴖ *to come out* ᴖ *a hat*, ganar o salir ganando un sombrero. 6 ÓPT. convexo, de aumento. — 7 *adv.* ELECT. positivamente. — 8 *s.* MAT. el signo más. 9 plus, cosa añadida, de más. 10 ᴖ *fours*, pantalón de golf.

plush (plǫsh) *s.* TEJ. felpa, tripe, peluche. — 2 *adj.* de felpa, afelpado.

plushy (plǫ·shi) *adj.* afelpado.

Plutarch (plu·ta'c) *n. pr.* Plutarco.

PLURAL (Substantivos) / THE PLURAL OF NOUNS

Regla general

En inglés la desinencia del plural es una s que se añade a la forma propia del singular: bale, **bales**; chair, chairs.

Observ.: Los nombres terminados en **se**, **ce**, **ge** y **ze** ganan una sílaba en el plural porque la adición de la s hace que suene la e muda del singular.

Excepciones y casos particulares

* Toman **es** en el plural:
  —Los nombres terminados en o precedida de consonante: virago, **viragoes**; potato, **potatoes**.
  Sin embargo, los nombres de formación moderna o de origen extranjero hacen el plural en s: auto, **autos**; contralto, **contraltos**; dynamo, **dynamos**; memento, **mementos**; piano, **pianos**.
  —Los nombres terminados en **s**, **sh**, **ch** (con sonido de *ch*), **x** y **z**: brass, **brasses**; bush, **bushes**; wrench, **wrenches**; box, **boxes**; chintz, **chintzes**.
  Observ.: Los terminados en **ex** hacen el plural en **exes** o **ices**; los terminados en **ix** lo hacen en **ixes** o **ices**: vortex, **vortexes** o **vortices**; appendix, **appendixes** o **appendices**.

* Los nombres terminados en **f** o **fe** hacen el plural en **ves**: half, **halves**; knife, **knives**; wolf, **wolves**.
  —Se exceptúan: dwarf, gulf, safe, still-life, strife y los terminados en **ff**, **ief** y **oof**, que hacen el plural en s: dwarf, **dwarfs**; cliff, **cliffs**; belief, **beliefs**; roof, **roofs**. Sin embargo, *thief* hace **thieves**.
  —Algunos tienen un plural doble en **fs** y en **ves**, como: beef, **beefs** y **beeves**; hoof, **hoofs** y **hooves**; scarf, **scarfs** y **scarves**; wharf, **wharfs** y **wharves**.

* Los nombres terminados en **quy** o en **y** precedida de consonante hacen el plural cambiando la y en **ies**: colloquy, **colloquies**; cry, **cries**; oddity, **oddities**.
  —Sin embargo, los nombres propios terminados en y, con muy raras excepciones, hacen el plural en s: Henry, **Henrys**.

* Algunos nombres son invariables: **sheep** (carnero, carneros); **swine** (cerdo, cerdos). Otros tienen formas propias para el singular y para el plural: child, **children**; die, **dice**; foot, **feet**; man, **men**; mouse, **mice**; woman, **women**; tooth, **teeth**. Todos estos plurales se encuentran indicados en el cuerpo de este Diccionario.

---

plutarchy (plu·ta'ki), **plutocracy** (pluta·crasi) *s.* plutocracia.

pluteus (plu·tiøs) *s.* plúteo.

plutocratic (plutocræ·tic) *adj.* plutocrático.

plutocrat (plu·tocræt) *s.* plutócrata.

plutolatry (pluta·latri) *s.* culto del dinero.

Plutonian (plutou·nian) *adj.* y *s.* plutónico. 2 plutoniano.

Plutonic (pluta·nic) *adj.* plutónico: ~ *theory*, plutonismo.

Plutonism (plu·toni&m) *s.* plutonismo.

Plutonist (plu·tonist) *s.* plutonista.

plutonium (plutou·niøm) *s.* QUÍM. plutonio.

pluvial (plu·vial) *adj.* pluvial. — *2 s.* LITURG. capa pluvial.

pluviograph (pluviograf) *s.* pluviógrafo; pluviómetro registrador.

pluviometer (pluvia·metø') *s.* pluviómetro.

pluvious (plu·viøs) *adj.* lluvioso.

ply (plai) *s.* pliegue, doblez. 2 propensión, inclinación. 3 capa [de una tela, etc.]; cabo [de cuerda o hilo]; *two-ply*, de dos capas; de dos cabos.

ply (to) *tr.* plegar, doblar. 2 manejar, usar [con ardor]. 3 practicar, ejercer. 4 trabajar con diligencia en, aplicarse a. 5 importunar, acosar; instar, servir o propinar repetidamente: *to* ~ *with questions*, acosar con preguntas; *to* ~ *with wine*, hacer beber mucho. — 6 *tr.* e *intr.* hacer regularmente el recorrido o travesía de o entre. — 7 *intr.* afanarse, no parar; funcionar constantemente. 8 (Ingl.) tener su puesto [un faquín, un barquero, etc.]. *9* MAR. barloventear. 10 ant. doblegarse, ceder. ¶ CONJUG. pret. y p. p.: **plied**.

plywood (plai·wud) *s.* CARP. contrachapado.

pneumatic (niumæ·tic) *adj.* neumático: ~ *tire*, neumático. 2 de aire comprimido.

pneumatics (niumæ·tics) *s.* neumática.

pneumatology (niumata·lo&) *s.* neumatología.

pneumococcus (niumoca·cøs), *pl.* **-cocci** (-ca·csai) *s.* BACT. neumococo.

pneumogastric (niumigæ·stric) *adj.* ANAT. neumogástrico.

pneumograph (niu·mogræf) *s.* FISIOL. neumógrafo.

pneumonia (niumou·nia) *s.* MED. neumonía, pulmonía.

pneumonic (niumánic) *adj.* neumónico. 2 pulmoníaco.

pneumothorax (niumozo·ræcs) *s.* MED. neumotórax.

poach (to) (pouch) *tr.* invadir [un vedado]; robar [caza o pesca] de un vedado. 2 ganar [ventaja] deslealmente. 3 escalfar [huevos]. 4 pisotear, empapar, amasar, hacer una pasta de. — 5 *intr.* cazar o pescar furtivamente. 6 encenagarse [en un terreno]; atollarse [en un fangal].

poacher (pou·chø') *s.* cazador o pescador furtivo; el que roba caza o pesca de un vedado.

poaching (pou·ching) *s.* caza o pesca furtiva; robo de caza o pesca en un vedado.

poachy (pou·chi) *adj.* húmedo, aguanoso [suelo].

pochard (pou·cha'd) *s.* ORNIT. variedad de pato.

pock (pac) *s.* MED. viruela, pústula eruptiva.

pocket (pa·kit) *s.* bolsillo, faltriquera: *in* ~, con dinero, con ganancia; *out of* ~, con pérdida. 2 fig. bolsa, dinero. 3 bolsa [de papel, de red, etc.]. *4* MIL. bolsa. 5 ANAT. seno, bolsa. 6 BILLAR tronera. 7 cavidad, receptáculo. 8 hoyo, hondonada. *9* MIN. depósito de pepitas de oro. 10 callejón sin salida. *11* AVIA. bache, bolsa de aire. — *12 adj.* de bolsillo: ~ *battleship*, acorazado de bolsillo; ~ *clip*, sujetador [de lápiz.

estilográfica. etc.]; ~ *edition*, edición de bolsillo; ~ *handkerchief*, pañuelo de bolsillo; ~ *money*, dinero de bolsillo, para gastos particulares; ~ *pistol*, pistola de bolsillo; fig. frasco de bolsillo. *13* pecuniario. *14* secreto, reservado: ~ *veto* (EE. UU.) veto implícito que consiste en no firmar el Presidente una ley dentro del plazo legal, lo cual la invalida.

pocket (to) *tr.* embolsar, meter en el bolsillo. *2* tomar, embolsarse, apropiarse. *3* BILLAR. entronerar, meter en la tronera. *4* ocultar [el orgullo, el enojo]; tragarse [una injuria]. — *5 intr.* formar bolsas.

pocketbook (pa·kitbuc) *s.* librito de memorias. *2* billetero, cartera, portamonedas. *3* fig. dinero, recursos.

pocketful (pa·kitful) *s.* lo que cabe en un bolsillo o en una bolsa.

pocket-eyed *adj.* con bolsas debajo de los ojos.

pocketknife (pa·kitnaif), *pl.* **-nives** (naivš) *s.* cortaplumas; cuchillo plegable.

pockmark (pa·cma'c) *s.* hoyo de viruelas, cacaraña.

pock-marked (pa·cma'ct) *adj.* picado de viruelas, cacarañado.

pod (pad) *s.* BOT. vaina, cápsula, silicua. *2* ZOOL. bolsa, saco, capullo. *3* hueco o ranura para la broca en un berbiquí, etc. *4* fig. panza. *5* bandada [de aves], manada [de focas, etc.].

pod (to) *tr* coger [guisantes, etc.]. *2* desvainar. *3 tr.* e *intr.* reunir o reunirse en manadas. — *4 intr.* BOT. criar vainas. *5* hincharse. ¶ CONJUG. pret. y p. p.: *podded*; ger.: *podding*.

podagra (podæ·gra) *s.* MED. podagra, gota.

podagric (podæ·gric) *adj.* gotoso.

podgier (pa·dɥiɘ') *adj. comp.* de PODGY.

podgiest (pa·dɥiist) *adj. superl.* de PODGY.

podgy (pa·dɥi) *adj.* gordinflón, regordete.

podium (pou·diɘm) *s.* ARQ. podio. *2* ZOOL. pie. *3* BOT. sostén, pecíolo.

podometer (poda·metɘ') *s.* podómetro.

poem (pou·em o pou·im) *s.* poema. *2* fig. poesía.

poesy (pou·isi), *pl.* **-sies** (-siš) *s.* ant. poesía. *2* inspiración, genio poético.

poet (pou·et o pou·it) *s.* poeta, vate.

poetaster (pouetæ·stɘ') *s.* poetastro.

poetess (pou·etis) *f.* poetisa.

poetic(al (poue·tic(al) *adj.* poético.

poetically (poue·ticali) *adv.* poéticamente.

poetics (poue·tics) *s.* poética.

poetize (to) (poue·taiš) *tr.* poetizar.

poetry (po·etri) *s.* poesía. | No tiene el sentido de verso, poema. *2* poética.

pogrom (pou·gram) *s.* pogrom, asonada contra los judíos.

poh (pou) *interj.* ¡puf!, ¡bah!, ¡quia!

poignancy (poi·nansi) *s.* acerbidad. *2* calidad de agudo, penetrante, punzante, conmovedor.

poignant (poi·nant) *adj.* acerbo, picante. *2* agudo, penetrante, punzante. *3* mordaz, intencionado. *4* conmovedor.

poignantly (poi·nantli) *adv.* acerbamente. *2* agudamente. *3* mordazmente. *4* conmovedoramente.

point (point) *s.* punta [extremo, esp. agudo]: *at the* ~ *of the sword*, por la fuerza. *2* punta, buril, punzón, puñal; herramienta puntiaguda. *3* GEOGR. punta, lengua, promontorio; pico, picacho. *4* MAT., IMPR. punto. *5* punto [señal; lugar; momento, ocasión; unidad de tanteo, etc.; grado, situación, estado: ~ *of departure*, punto de partida; ~ *of support*, punto de apoyo; ~ *of view*, punto de vista; *the* ~ *of the jaw*, BOXEO punto flaco de la mandíbula inferior; *boiling* ~, punto de ebullición; *at the point of death*, en artículo de la muerte, próximo a morir; *on* o *upon the* ~ *of*, a punto de; *to a certain* ~, hasta cierto punto. *6* signo [de puntuación]. *7* punto final. *8* punto [de cáñamazo o de encaje]; encaje de aguja. *9* punto, cuestión, detalle, circunstancia: ~ *at issue*, punto en cuestión o en disputa, punto de que se trata; ~ *of honour*, punto o cuestión de honor; ~ *of law*, cuestión de derecho; ~ *of order*, cuestión de orden. *10* peculiaridad, rasgo característico. *11* punto, lo importante, lo esencial, el quid, lo que se trata de demostrar: *just the* ~, lo que importa. *12* fin, objeto, propósito: *to carry one's* ~, salirse con la suya. *13* punta, intención, chiste, agudeza: *not to see the* ~, no caer en la cuenta; no ver el chiste o la inten-

ción. *14* culminación, fin, conclusión. *15* momento crítico. *16* agujeta. *17* BOLSA entero. *18* ESGR. estocada. *19* MAR. cuarta. *20* grado [de escala]. *21* MIL. avanzadilla; pelotón que cubre la retaguardia. *22* MÚS. punto. *23* FERROC. aguja, cambiavía. *24 pl.* extremidades [de un caballo]. *25* Otros sentidos: *at all points*, enteramente, en todos sus aspectos, por todos lados; *beside the* ~, fuera de propósito, que no viene al caso; *in* ~, pertinente, a propósito; *in* ~ *of*, en materia de, por lo que toca a; *in* ~ *of fact*, de hecho; *to make a* ~ *of*, tener por principio o regla; *to come to the* ~, ir al grano; venir al caso; *to speak to the* ~, hablar atinadamente; ‣ ir al grano, dejarse de rodeos.

point (to) *tr.* aguzar, afilar, sacar punta a. *2* dar fuerza o intención [a lo que se dice]. *3* apuntar, dirigir, asestar, encarar: *to* ~ *one's finger at*, señalar con el dedo. *4* señalar, indicar, hacer notar u observar. | Gralte. con *out*. *5* GRAM. puntuar. *6* ALBAÑ. rellenar juntas; rejuntar. *7 to* ~ *off*, indicar con un punto o con puntos. — *8 intr. to* ~ *at*, *to* o *toward*, señalar, indicar, apuntar a o hacia; estar de cara a, estar dirigido hacia; tender a. *9* MED. madurar [un absceso]. — *10 tr.* e *intr.* parar, mostrar la caza [el perro].

point-blank (poi·ntblænc) *adj.* directo, hecho a quemarropa. *2* claro, categórico. — *3 adv.* directamente, a quemarropa. *4* clara, categóricamente.

pointed (poi·ntid) *adj.* puntiagudo, agudo, aguzado, picudo. *2* vivo, penetrante. *3* intencionado, mordaz, satírico. *4* directo, acentuado. *5* al caso, a propósito. *6* dirigido a un fin. *7* punteado. *8* ARQ. apuntado, ojival.

pointedly (poi·ntidli) *adv.* sutilmente, agudamente. *2* con intención, mordazmente, satíricamente. *3* claramente, categóricamente.

pointedness (poi·ntidnis) *s.* agudeza. *2* acrimonia, aspereza, mordacidad, intención.

pointer (poi·ntɘ') *s.* ARTILL. apuntador. *2* indicador, índice; manecilla [de reloj]; fiel [de balanza]. *3* puntero, buril. *4* FERROC. palanca de aguja. *5* perro de muestra, ventor; pachón, braco. *6* fam. indicación u observación útil. *7 pl.* ASTR. las dos estrellas del Carro que indican la polar.

pointing (poi·nting) *s.* aguzadura, afiladura. *2* señalamiento, indicación. *3* puntuación. *4* ALBAÑ. relleno de juntas. *5* puntería. *6* MED. maduración de un absceso.

pointless (poi·ntlis) *adj* obtuso, sin punta. *2* insubstancial, insípido.

pointsman (poi·ntsmæn), *pl.* **-men** (-men) *s.* (Ingl.) guardagujas.

poise (poiš) *s.* pesa [de romana o reloj]. *2* equilibrio, estabilidad. *3* aplomo, serenidad. *4* reposo, suspensión, indecisión. *5* aire, continente.

poise (to) *tr.* equilibrar, balancear. *2* llevar o sostener en equilibrio; suspender [en el aire]. *3* llevar [la cabeza de cierto modo]. *4* distribuir convenientemente el peso de. *5* contrapesar. — *6 intr.* posarse, estar suspendido, cernerse. *7* dudar.

poison (poi·šɘn) *s.* veneno, ponzoña, tósigo. — *2 adj.* venenoso, ponzoñoso, tóxico: ~ *gas*, gas tóxico. *3* BOT. ~ *ash*, ~ *ivy*, zumaque venenoso; ~ *hemlock*, cicuta; ~ *nut*, nuez vómica.

poison (to) *tr.* envenenar, emponzoñar. *2* corromper, inficionar.

poisoner (poi·šɘnɘ') *s.* envenenador.

poisoning (poi·šɘniŋ) *s.* envenenamiento, intoxicación, emponzoñamiento.

poisonous (poi·šɘnɘs) *adj.* venenoso, ponzoñoso, tóxico, deletéreo.

poisonousness (poi·šɘnɘsnis) *s.* venenosidad, toxicidad.

poitrel (poi·trel) *s.* ARM. peto.

poke (pouc) *s.* empujón, codazo. *2* hurgonada, hurgonazo; golpe dado con la punta del dedo, de un bastón, etc. *3* trangallo. *4* bolsa, saquito. *5* ICT. vejiga de aire. *6* papera [tumor]. *7* BOT. hierba carmín. *8* fam. perezoso; posma. — *9 adj.* ~ *bonnet*, capota [sombrero de ala abovedada].

poke (to) *tr.* picar, aguijonear, atizar, hurgar; dar un golpe con la punta del dedo, de un bastón, etc.: *to* ~ *the fire*, atizar el fuego; *to* ~ *a hole in*, hacer un agujero en. *2 to* ~ *into*, meter: *to* ~ *one's nose into*, meter la nariz en. *3 to* ~ asientos de un libro al libro mayor. *7* fam. in-

out, sacar, avanzar. *4 to* ~ *fun at,* burlarse de. — *5 intr.* hurgar [en]. *6* andar a tientas. *7* andar buscando, husmear, meterse [en]. *8* haronear, no hacer nada. *9* sobresalir, proyectarse.

pokeberry (pou·cberi), *pl.* **-ries** (-riš) BOT. baya de la hierba carmín. *2* BOT. hierba carmín.

poker (pou·kø') *s.* hurgón, atizador; espetón : *stiff as a* ~, tieso como un palo. *3* aguja o hierro para el pirograbado. *3* poker [juego]. *4* fam. duende. *5* fam. perezoso, tardón. — *6 adj.* de poker, etc. : ~ *face,* cara impasible, sin expresión; ~ *drawing,* pirograbado [arte]; ~ *picture,* pirograbado [obra].

pokeweed (pou·cwid) *s.* BOT. hierba carmín.

pokey, poky (pou·ki) *adj.* estrecho, mezquino, ahogado [cuarto]. *2* astroso, desaliñado. *3* lento, pesado. *4* soso, aburrido. *5* tonto.

polacre (pola·kø') *s.* MAR. polacra.

Poland (pou·land) *n. pr.* GEOGR. Polonia.

polar (pou·la') *adj.* polar : ~ *bear,* oso blanco; ~ *lights,* aurora boreal o austral; ~ *star,* estrella polar. — *2 s. pl.* MAT. coordenadas polares.

polarimeter (pouiari·metø') *s.* polarímetro.

Polaris (pole·ris) *s.* ASTR. la estrella polar.

polariscope (polæ·riscoup) *s.* ÓPT. polariscopio.

polarity (polæ·riti) *s.* polaridad.

polarization (poulariše·shøn) *s.* polarización.

polarize (to) (pou·larais) *tr.* polarizar.

polder (pou·ldø') *s.* polder, terrenos holandeses más bajos que el mar.

pole (poul) *s.* GEOM., GEOGR., ASTR., BIOL., ELECT. polo. *2* palo, pértiga, vara, asta. *3* poste [de telégrafo, etc.]. *4* barra [de cortina]. *5* lanza [de carruaje]. *6* balancín [de volatinero]. *7* TOP. jalón. *8* muestra de barbero. *9* bohordo [de la pita]. *10* percha [medida]. *11* (con may.) polaco; polaca. — *12 adj.* de polo; de palo, pértiga, etc. : ~ *bean,* BOT. judía trepadora; ~ *piece,* ELECT. pieza polar; ~ *pitch,* ELECT. distancia interpolar: ~ *vault,* salto con pértiga.

pole (to) *tr.* empujar con un palo. *2* llevar, sostener o armar con palos. — *3 tr. e intr.* impeler [un barco] con pértiga.

poleax(e (pou·læcs) *s.* hacha de combate o de abordaje. *2* hacha de matadero.

polecat (pou·lecæt) *s.* ZOOL. turón.

polemarch (pa·lima'c) *s.* polemarca.

polemic (pole·mic) *adj.* polémico [de la controversia]. — *2 s.* polemista disputador. *3* polémica [controversia].

polemical (pole·mical) *adj.* polémico [de la controversia].

polemics (pole·mics) *s.* polémica, dialéctica.

polemist (pa·lemist) *s.* polemista.

polemonium (palimou·niøm) *s.* BOT. polemonio.

polestar (pou·lsta') *s.* estrella polar. *2* fig. norte, guía. *3* fig. miradero [lo que atrae las miradas de todos].

police (poli·s) *s.* policía. — *2 adj.* de policía; policíaco; *policial : ~ *commissioner,* jefe de policía; ~ *court,* tribunal correccional; ~ *dog,* perro policía; ~ *headquarters,* jefatura de policía; ~ *state,* estado policía; ~ *station,* comisaría o delegación de policía.

police (to) *tr.* gobernar, mantener el orden en. *2* hacer vigilar o mantener en orden por la policía; guarnecer de policía. *3* MIL. asear y ordenar [un campamento, etc.].

policed (poli·st) *adj.* gobernado, organizado [país]. *2* provisto de policía.

policeman (poli·smæn), *pl.* **-men** (-men) *s.* policía; guardia de seguridad o urbano; *vigilante; *gendarme.

policewoman (poli·swumæn), *pl.* **-women** (-uimin) *s.* policía.

policlinic (palicli·nic) *s.* policlínica; dispensario anejo a un hospital.

policy (pa·lisi) *s.* prudencia, sagacidad; maña, trastienda. *2* política, línea de conducta, plan de acción. *3* póliza [de seguro]. *4* especie de lotería.

policyholder (pa·lisijouldø') *s.* asegurado, titular de una póliza de seguro.

poliomyelitis (paliomaiølai·tis) *s.* MED. poliomielitis, parálisis infantil.

poliorcetics (paliorse·tics) *s.* poliorcética.

Polish (pou·lish) *adj.* polaco, polonés. — *2 s.* polaco [lengua].

polish (pa·lish) *s.* pulimento, bruñido. *2* lustre, brillo, tersura. *3* acabado. *4* urbanidad, cultura. *5* barniz, betún, bola, lustre para los zapatos.

polish (to) *tr.* pulir, pulimentar, bruñir, satinar; lustrar. *2* acabar, perfeccionar. *3* educar, civilizar, refinar. — *4 intr.* recibir lustre o pulimento.

polished (pa·lisht) *adj.* pulido, bruñido. *2* educado, culto, elegante, refinado.

polishedness (pa·lishtnis) *s.* bruñidura, tersura. *2* educación, cultura, refinamiento.

polisher (pa·lishø') *s.* pulidor, bruñidor. *2 shoe* ~, limpiabotas.

polishing (pa·lishing) *s.* pulimento, bruñido. — *2 adj.* que pule, bruñe, lustra, etc., pulidor : ~ *bed,* pulidor mecánico, mesa de pulir; ~ *disk,* DENT. disco pulidor; ~ *iron,* plancha de abrillantar; ~ *wax,* cera de lustrar; ~ *wheel,* rueda de bruñir.

polite (polai·t) *adj.* político, cortés, urbano, fino, atento, bien educado. *2* culto, refinado.

politely (polai·tli) *adv.* cortésmente, atentamente. *2* cultamente.

politeness (polai·tnis) *s.* política, cortesía, urbanidad, buena crianza. *2* cultura, refinamiento.

politic (pa·litic) *adj.* hábil, sagaz, astuto, ladino. *2* político, prudente, conveniente. *3* POL. constitucional. *4 body* ~, cuerpo político.

political (poli·tical) *adj.* político [referente a la política]. *2* ~ *economy,* economía política. *3* ~ *geography,* geografía política.

politically (poli·ticali) *adv.* políticamente.

politicaster (poli·ticæstø') *s.* desp. politicastro.

politician (politi·shan) *s.* político. *2* estadista. *3* politicastro, politiquero.

politicize (to) (poli·tisaiš) *intr.* tomar parte en la política. — *2 tr.* dar carácter político a.

politicly (poli·ticli) *adv.* hábilmente, astutamente, prudentemente.

politics (pa·litics) *s. pl.* política [ciencia y arte de gobernar, actividad de los políticos].

polity (po·liti), *pl.* **-ties** (-tiš) *s.* constitución política; forma de gobierno. *2* comunidad, grupo organizado, estado.

polka (pou·lka) *s.* polca. — *2 adj.* ~ *dot,* cada uno de los topos o lunares regularmente distribuidos que forman el dibujo de una tela; dibujo así formado.

poll (pul) *s.* cabeza, cráneo. *2* cabeza [pers.]. *3* padrón [para una votación]. *4* votación; su resultado. *5* lista electoral. *6* cotillo [de martillo o destral]. *7 pl.* lugar donde se vota; colegio electoral. *8* comicios, urnas electorales. — *9 adj.* de cabeza, etc. : ~ *tax,* capitación.

poll (to) *tr.* empadronar, registrar. *2* consultar [por medio de voto]. *3* recibir y escrutar [los votos]. *4* dar [voto]. *5* obtener [votos]. *6* esquilar, trasquilar. *7* desmochar, descabezar, descopar. *8* descornar. — *9 intr.* votar en las elecciones.

pollack (pa·lac) *s.* ICT. especie de bacalao.

pollard (pa·la'd) *s.* árbol descopado. *2* res descornada. *3* salvado grueso.

pollard (to) *tr.* descopar. *2* descornar.

pollen (pa·len) *s.* BOT. polen.

pollex (pa·lics) *s.* ANAT. pólice, pulgar.

pollinate (pa·lineit) *tr.* BOT. fecundar con polen.

pollination (paline·shøn) *s.* BOT. polinización.

polling (pou·ling) *s.* votación; escrutinio [en unas elecciones]. — *2 adj.* de votación : ~ *boot,* ~ *place,* ~ *station,* sección o colegio electoral.

pollinic (pali·nic) *adj.* BOT. polínico.

polliwog (po·liuog) *s.* ZOOL. renacuajo.

pollock (pa·loc) *s.* POLLACK.

pollute (to) (pølu·t) *tr.* impurificar, ensuciar. *2* corromper, contaminar, viciar. *3* manchar, mancillar. *4* violar, profanar.

polluted (poliu·tid) *adj.* poluto, manchado, contaminado.

polluter (poliu·tø') *s.* ensuciador. *2* corruptor, contaminador. *3* mancillador. *4* profanador.

pollution (poliu·shøn) *s.* ensuciamiento. *2* corrupción, contaminación; infección [del agua]. *3* mancillamiento. *4* violación, profanación. *5* MED. polución.

Pollux (pa·løcs) *s.* ASTR. pólux.

Polly (pa·li) *n. pr.* Mariquita. *2* fam. (con min.) cotorra, lorito.

polo (pou·lou) *s.* polo [juego].

polonaise (palonei·s̆) s. polonesa [danza y música; prenda femenina].
polonium (polou·niøm) s. QUÍM. polonio.
poltroon (paltru·n) s. cobarde, collón, gallina.
poltroonery (paltru·nøri) s. cobardía.
poltroonish (paltru·nish) adj. pusilánime.
poly (pa·li) s. BOT. zamarrilla, polio.
polyandrous (paliæ·ndrøs) adj. poliándrico. 2 BOT. poliandro.
polyandry (pa·liændri) s. poliandria.
polyarchy (pa·lia'ki) f. poliarquía.
polybasic (palibei·sic) adj. QUÍM. polibásico.
Polybius (pali·biøs) n. pr. Polibio.
polycarpic (palica·'pic), **polycarpous** (palica·'pøs) adj. BOT. policárpico.
polychromatic (palicromæ·tic) adj. policromo.
polychrome (pa·licroum) adj. policromo. — 2 s. obra policroma.
polychrome (to) tr. policromar.
polychromic (palicrou·mic) adj. policromo.
polychromy (pa·licromi) s. policromía.
Polycletus (palicli·tøs) n. pr. Policleto.
policlinic (palicli·nic) s. policlínica. 2 hospital general.
Polydorus (palidou·røs) n. pr. Polidoro.
polygala (poli·gala) s. BOT. polígala.
Polygalaceæ (poligalæ·sii) s. pl. BOT. poligaláceas.
polygamist (poli·gamist) s. polígamo.
polygamous (poli·gamøs) adj. polígamo.
polygamy (poli·gami) s. poligamia.
poligenesis (paliye·nisis) s. poligenismo.
polyglot (pa·liglat) adj. y s. poligloto. 2 poliglota [biblia]. — 3 s. mezcla de lenguajes.
polyglottal (paligla·tal), **polyglottous** (pali·glatøs) adj. poligloto.
polygon (pa·ligan) s. GEOM. polígono.
Polygonaceæ (poligonei·shii) s. pl. BOT. poligonáceas.
polygonal (poli·gonal) adj. poligonal.
polygraph (pa·ligræf) s. polígrafo [escritor]. 2 multicopista. 3 MED. instrumento para registrar simultáneamente latidos o pulsaciones diferentes.
polygraphic (paligræ·fic) adj. poligráfico.
polygraphy (poli·grafi) s. poligrafía.
polyhedral (paliji·dral), **polihedric(al** (paliji·dric (al), **polyhedrous** (paliji·drøs) adj. poliédrico, poliedro.
polihedron (paliji·drøn) s. GEOM. poliedro.
polyhistor (paliji·stø'), **polymath** (pa·limaz) s. persona de conocimientos enciclopédicos.
polymathy (pali·mazi) s. polimatía.
polymer (pa·limø') s. QUÍM. polímero.
polymeric (palime·ric) adj. polímero, polimérico.
polymerism (poli·mørism̆) s. polimería.
polymerization (palimørise·shøn) s. polimerización.
polymerize (pa·limøraiŝ) tr. polimerizar. — 2 intr. palimerizarse.
polymorphic (palimo·'fic) adj. polimorfo.
polymorphism (palimo·'fism̆) s. polimorfismo.
polymorphous (palimo·'føs) adj. polimorfo.
Polynesia (palini·shia) n. pr. GEOGR. Polinesia.
Polynesian (palini·shian) adj. y s. polinesio.
polynomial (palinou·mial) adj. MAT. de varios términos. — 2 m. polinomio. 3 BOT., ZOOL. nombre científico compuesto de más de tres palabras.
polynuclear (paliniu·clia') adj. MED. polinuclear.
polyp (pa·lip) ZOOL., MED. pólipo.
polypary (pa·liperi) s. polipero.
polypetalous (palipe·taløs) adj. BOT. polipétalo.
polyphase (pa·lifeiŝ) adj. ELECT. polifásico.
Polyphemus (palifi·møs) n. pr. Polifemo.
polyphonic (palifa·nic) adj. polifónico.
poliphony (poli·foni) s. MÚS. polifonía.
polypite (pa·lipait) s. ZOOL. pólipo [de un polipero].
Polypodiaceæ (palipodiei·shii) s. pl. BOT. polipodiáceas.
polypodiaceous (palipodiei·shøs) adj. BOT. polipodiáceous.
polypody (pa·lipoudi) s. BOT. polipodio.
polypous (pa·lipøs) adj. poliposo.
polypus (pa·lipøs), pl. **-puses** (-pøsiŝ) s. ZOOL. pulpo. 2 MED. pólipo.
polysepalous (palise·paløs) adj. BOT. polisépalo.
polyspermus (palispø·'møs) adj. BOT. polispermo.
polysyllabic(al (palisilæ·bic(al) adj. BOT. polisílabo.
polysyllable (pa·lisilabøl) s.˙polisílabo.
polysyndeton (palisi·ndetan) s. RET. polisíndeton.
polytechnic (palite·cnic) adj. politécnico. — 2 s. escuela politécnica.

polytheism (pa·lizriŝm) s. politeísmo.
polytheist (pa·liziist) s. politeísta.
polytheistic (palizii·stic) adj. politeísta.
polyuria (paliyu·ria) s. MED. poliuria.
polyvalent (paliveiîlønt) adj. QUÍM., BACT. polivalente.
polyzoan (pališou·an) adj. y s. ZOOL. briozoo.
pom (pøm) s. fam. perro de Pomerania.
pomace (pø·mis) s. bagazo de manzanas.
pomaceous (pomei·shøs) adj. BOT. pomáceo.
pomade (pomei·d) s. pomada.
pomander (pou·mændø') s. bola de confecciones olorosas.
pomatum (pomei·tøm) s. pomada [esp. para el cabello].
pomatum (to) tr. untar con pomada.
pome (poum) s. BOT. pomo. 2 bola, globo [símbolo de soberanía].
pomegranate (pa·mgrænit) s. BOT. granada : ∽ tree, granado. 2 BOT. granado.
pomelo (pa·melou) s. BOT. toronja, pomelo.
Pomerania (pamerei·nia) n. pr. GEOGR. Pomerania.
Pomeranian (pamerei·nian) adj. y s. pomerano, pomeranio. — 2 s. perro de Pomerania.
pomfret (pa·mfrit) s. ICT. castañola.
pomiculture (pou·micølchur) s. pomicultura.
pomiferous (pomi·førøs) adj. pomífero.
pommel (pø·mel) s. pomo [de la espada]. 2 perilla [del arzón]. 3 cascabel [de cañón]. 4 culata redonda. 5 ARQ. bola, manzana.
pommel (to) tr. aporrear, dar golpes. ¶ CONJUG. pret. y p. p.: pommeled o -melled; ger.: pommeling o -melling.
pomologist (poma·loyist) s. pomólogo.
pomology (poma·lçŷi) s. pomología.
pomp (pømp) s. pompa, fausto, ostentación. 2 pompa [ceremonia, procesión, espectáculo].
pompadour (pa·mpado') s. copete [peinado].
Pompeian (pampei·an) adj. y s. pompeyano.
Pompeii (pampe·i) HIST. Pompeya.
pompelmous (pa·mpølmus) s. BOT. toronja, pamplemusa, pomelo.
Pompey (pa·mpi) n. pr. Pompeyo.
pompom o **pom-pom** (pa·mpam) s. cañón antiáereo automático, de tiro rápido. 2 pompón.
pompon (pa·mpan) s. pompón.
pomposity (pampa·siti), pl. **-ties** (-tiŝ) s. pomposidad. 2 maneras pomposas.
pompous (pa·mpøs) adj. pomposo, aparatoso. 2 hueco, vanidoso. 3 magnífico, brillante.
pompously (pa·mpøsli) adv. pomposamente.
pompousness (pa·mpøsnis) s. pomposidad.
poncho (pa·nchou) s. poncho.
pond (pand) s. estanque, alberca embalse, charca, pantano, represa. 2 (fam.) el océano.
pond (to) tr. embalsar, represar. — 2 intr. embalsarse, encharcarse.
ponder (to) (pa·ndø') tr. ponderar, pesar, estudiar, examinar. — 2 intr. meditar, reflexionar : to ∽ on o over, reflexionar acerca de.
ponderable (pa·ndørabøl) adj. ponderable [que se puede pesar].
ponderal (pa·nderal) adj. ponderal.
ponderer (pa·ndørø') s. ponderador [que pesa o examina].
ponderosity (pandøra·siti) s. ponderosidad. 2 pesadez.
ponderous (pa·ndørøs) adj. ponderoso, pesado. 2 importante, grave. 3 tedioso, cansado.
ponderously (pa·ndørøsli) adv. pesadamente.
ponderousness (pa·ndørøsnis) s. PONDEROSITY.
poney (pou·ni) s. PONY.
pongee (panỹi·) s. TEJ. especie de seda china.
poniard (pa·nia'd) s. puñal, almarada.
poniard (to) tr. apuñalar.
pontage (pa·ntidỹ) s. pontaje, pontazgo.
Pontederiaceæ (pantederiiei·shii) s. pl. BOT. pontederiáceas.
Pontic (pa·ntic) adj. póntico.
pontifex (pa·ntifecs) s. pontífice, sumo sacerdote.
pontiff (pa·ntif) s. HIST. ECLES. pontífice.
pontifical (panti·fical) adj. pontifical, pontificio : Pontifical States, Estados pontificios. — 2 s. edicto papal. 3 pl. pontifical [ornamentos, libro].
pontificate (panti·fikit) s. pontificado.
pontificate (to) (panti·fikeit) intr. pontificar.
pontil (pa·ntil) s. puntel.

Pontine Marshes (pa·ntin ma·'shis) s. *pl.* GEOGR. lagunas pontinas:
pontlevis (pantle·vis) s. puente levadizo. 2 EQUIT. repetido y peligroso encabritarse del caballo.
pontoneer, pontonier (pantø·ni') s. MIL. pontonero.
pontoon (pantu·n) s. pontón [para hacer puentes; barcaza]. 2 flotador [de hidroavión]. — 3 *adj.* de pontones : ~ *bridge*, pontón flotante, puente de barcas.
pony (pou·ni) s. *pl.* **-nies** (-niš) s. jaquita, caballito. 2 pop. caballo de carreras. 3 fam. (EE. UU.) clave o traducción empleada a escondidas para ayudarse en un examen. 4 cosa pequeña en su línea : automóvil pequeño; copita para licor; vasito de cerveza. — 5 *adj.* pequeño : ~ *engine*, (EE. UU.) pequeña locomotora de maniobras.
pony (to) *tr.* e *intr.* fam. (EE. UU.) traducir con clave o ayuda. 2 *to* ~ *up*, pop. (EE. UU.) pagar.
poodle (pu·døl) s. perro de lanas.
pooh (pu) *interj.* ¡bah!, ¡quia!, ¡uf!
pooh-pooh (to) (pu-pu) *tr.* desdeñar, quitar importancia. 2 hacer mofa de.
pool (pul) s. charco, charca. 2 balsa, rebalsa. 3 alberca, estanque, * tanque : *swimming* ~, piscina. 4 polla, puesta, platillo [en ciertos juegos]. 5 fondos en común; fusión de intereses o de empresas; combinación de fondos para especular. 6 trucos [juego]; cierto juego de billar. 7 MED. rebalsa.
pool (to) *tr.* formar una polla. 2 pagar a escote. 3 mancomunar [intereses, industrias, etc.]. — 4 *intr.* formar charco, rebalsarse.
poolroom (pu·lrum) s. (EE. UU.) sala de billar. 2 sala donde se hacen apuestas sobre el resultado de carreras, etc., verificadas en otros lugar.
poop (pup) s. MAR. popa. 2 MAR. toldilla. 3 pop. (Ingl.) bobo, inútil.
poop (to) *tr.* MAR. romper sobre la popa de [hablando de una ola]. 2 MAR. embarcar [agua] por la popa.
poor (pu·ø') *adj.* pobre : ~ *as a church mouse*, más pobre que una rata ; ~ *in spirit*, pobre de espíritu ; ~ *thing*, pobrecito, pobrecita. 2 de mala calidad, malo [en varios sentidos] : ~ *health*, mala salud ; ~ *nigth*, mala noche ; ~ *orator*, mal orador ; ~ *work*, mal trabajo. 3 escaso, mezquino, pequeño, insignificante. 4 estéril, poco fructífero. 5 flaco : ~ *horse*, penco, caballejo. 6 débil, abatido : ~ *spirits*, abatimiento. 7 enfermo, indispuesto, enfermizo. 8 viciado [aire]. 9 *pl.* the ~, los pobres. — 10 *adj.* de los pobres, para los pobres : ~ *box*, cepillo de limosnas para los pobres ; ~ *farm*, granja o finca sostenida por la caridad pública donde se recluye a los pobres ; ~ *law*, ley sobre los pobres ; ~ *rate*, contribución o impuesto para socorrer a los pobres.
poorhouse (pu·ø'jaus) s. hospicio, casa de caridad, asilo de pobres.
poorly (pu·ø'li) *adv.* pobremente. 2 mal, insuficientemente, inadecuadamente. 3 abyectamente. 4 ~ *off*, mal de dinero. — 5 *adj.* enfermo, indispuesto.
poormaster (pu·o'mæstø') s. (EE. UU.) inspector de beneficencia pública.
poorness (pu·ørnis) s. pobreza. 2 mala calidad. 3 escasez, insuficiencia. 4 esterilidad. 5 mal estado [de salud].
poor-spirited *adj.* abatido, cobarde.
pop (pap) s. chasquido, estallido, detonación, taponazo. 2 tiro [de pistola, rifle, etc.]. 3 pop. pistola. 4 bebida gaseosa. 5 (pop.) empeño [de un objeto]. 6 fam. (EE. UU.) papá.
pop (to) *tr.* hacer estallar o detonar : *to* ~ *corn*, hacer rosetas de maíz. 2 hacer saltar [un tapón]. 3 sacar, asomar, poner [de sopetón]. 4 soltar, espetar, largar, disparar : *to* ~ *the question*, declararse, pedir en matrimonio. 5 *to* ~ *off*, matar, despachar. 6 *to* ~ *out*, (una luz). — 7 *intr.* estallar, detonar ; saltar [un tapón]. 8 saltar [sobresalir]. 9 *to* ~ *in*, entrar, meterse [de sopetón]. 10 *to* ~ *off*, morir ; quedarse dormido. 11 *to* ~ *out*, salir [de sopetón]. 12 *to* ~ *up*, aparecer [de sopetón]. ¶ CONJUG. pret. y p. p. : *popped*; ger. : *popping*.
popcorn (pa·pco'n) s. rosetas de maíz.
Pope (pou·p) s. papa, pontífice. 2 [con min.] pope. 3 *pope's head* (Ingl.), escobón. 4 *pope's nose*, fam. obispillo [de ave].
popedom (pou·pdøm) s. papado.

popery (pou·pøri) s. desp. papismo, catolicismo.
pop-eyed *adj.* de ojos saltones.
popgun (pa·pgøn) s. cerbatana, taco, tirabala.
popinjay (pa·pinỹei) s. ORNIT. loro. papagayo. 2 ORNIT. picamaderos. 3 pisaverde, petimetre.
popish (pou·pish) *adj.* desp. católico romano.
poplar (pa·plar) s. BOT. álamo, chopo : *white* o *silver* ~, álamo blanco, pobo. 2 BOT. (EE. UU.) tulipanero.
poplin (pa·plin) s. TEJ. popelina.
popliteal (popli·tial) *adj.* ANAT. poplíteo.
popper (pa·pø') s. el o lo que produce un estallido. 2 utensilio donde se tuesta el maíz.
poppet (pa·pit) s. MEC. válvula de disco con movimiento vertical.
poppy (pa·pi) s. BOT. amapola. 2 BOT. adormidera : ~ *head*, cabeza de adormidera. 3 extracto de adormidera.
poppycock (pa·picac) s. fam. tontería de presumido, majadería.
populace (pa·piulis) s. pueblo, plebe, populacho.
popular (pa·piular) *adj.* popular. 2 corriente, general. 3 generalmente estimado ; simpático a muchos, que tiene muchas simpatías. 4 de moda, en boga : *to become* ~, ponerse de moda, generalizarse.
popularity (papiulæ·riti) s. popularidad ; estimación general.
popularization (papiularišə·shøn) s. vulgarización, divulgación.
popularize (to) (pa·piularaiš) *tr.* popularizar, vulgarizar, divulgar. 2 democratizar.
popularly (pa·piula'li) *adv.* popularmente.
populate (to) (pa·piuleit) *tr.* poblar. — 2 *intr.* propagarse, multiplicarse.
population (papiule·shøn) s. población, población. 2 población [habitantes].
populist (pa·piulist) s. populista.
populous (pa·piuløs) *adj.* populoso. 2 abundante [en casos, ejemplos, etc.].
populously (pa·piuløsli) *adv.* con mucha gente.
populousness (pa·piuløsnis) s. calidad de populoso.
porbeagle (po·'bigøl) s. ICT. nombre de una especie de tiburón.
porcelain (po·'sølin) s. porcelana [loza fina]. — 2 *adj.* de porcelana. 3 ZOOL. ~ *shell*, cauri.
porcelaneous (po·sølei·niøs) *adj.* de porcelana o parecido a ella.
porcelanite (po·'sølanait) s. PETROGR. porcelanita.
porch (po·'ch) s. porche, atrio, pórtico, soportal. 2 vestíbulo, entrada.
porcine (po·'sain) *adj.* porcuno, porcino.
porcupine (po·'kiupain) s. ZOOL. puerco espín.
pore (po·') s. poro.
pore (to) *intr.* *to* ~ *on*, *upon* u *over*, mirar fijamente, escudriñar, inspeccionar de cerca ; leer con atención ; reflexionar, meditar sobre.
porgy (po·'ỹi) s. *pl.* **-gies** (-ỹiš) ICT. pagro, pargo.
poricidal (porisai·dal) *adj.* BOT. poricida.
pork (po·'c) s. cerdo, carne de cerdo. 2 fig. bodoque, ignorante. — 3 *adj.* de cerdo : ~ *chop*, chuleta de cerdo.
porker (po·'kø') s. cerdo [esp. el que se engorda para la matanza].
pornograph (po·'nogræf) s. obra pornográfica. 2 pornógrafo.
pornographer (po·'na·grafø') s. pornógrafo.
pornographic (po·'nogræ·fic) *adj.* pornográfico.
pornography (po·'na·grafi) s. pornografía.
porosity (pora·siti) s. porosidad.
porous (po·'røs) *adj.* poroso, esponjoso.
porousness (po·'røsnis) s. POROSITY.
porphyritic/al (po·'firi·tic(al) *adj.* porfídico.
porphyry (po·'firi) s. PETROGR. pórfido.
porpoise (po·'pøs) s. ZOOL. marsopa, marsopla, puerco de mar. 2 pop. delfín, puerco marino.
porpoise (to) *intr.* dar zambullidas como una marsopa.
porraceous (pørei·shøs) *adj.* porráceo.
porridge (pa·ridỹ) s. gachas, puches, potaje.
porrigo (parai·gou) s. MED. nombre de varias enfermedades del cuero cabelludo.
porringer (pa·rinỹø') s. escudilla.
port (po·'t) s. puerto [de mar o río] : ~ *of call*, escala, puerto de arribada ; *free* ~, puerto franco : *to put into* ~, entrar en el puerto. 2 puerta, portal. 3 MAR. porta, portalón, cañonera. 4 MEC. abertura o lumbrera para el fluido en una válvula, cilindro, etc. 5 desveno [de ciertos boca-

Jos]. *6* MAR. babor : *hard-a-port*, a babor todo. *7* porte. aire, continente. *8* MIL. posición del fusil terciado. *9* vino de Oporto. — *10 adj.* de puerto, etc. : ~ *captain*, capitán de puerto; ~ *side*, babor, costado de babor; ~ *wine*, vino de Oporto.

port (to) *tr.* e *intr.* MAR. poner o virar a babor. — *2 tr.* portar, llevar. *3* MIL. llevar [el fusil] terciado.

portable (poˑ'tabøl) *adj.* portátil, manual. 2 traedizo. *3* de quita y pon.

portableness (poˑ'tabølnis) *s.* calidad de portátil o manual.

portage (poˑ'tidỹ) *s.* porte, transporte. 2 acción de llevar a cuestas una canoa, provisiones, etc., desde un río a otro o desde un punto a otro de un mismo río. *3* MAR. *mariner's* ~, pacotilla.

portal (poˑ'tal) *s.* portal, portada. 2 vestíbulo. — *3 adj.* ANAT. porta [vena].

portcrayon (poˑ'tcrei·øn) *s.* portalápiz, lapicero [de pintor].

portcullis (poˑ'tcøˑlis) *s.* FORT. rastrillo.

Porte (the) (poˑ't) *s.* la Puerta Otomana.

porte-cochère (poˑ't-cosheˑr) *s.* puerta cochera.

portemonnaie (poˑ'tmonei·) *s.* portamonedas.

portend (to) (poˑteˑnd) *tr.* anunciar, presagiar; pronosticar.

portent (poˑ'tent) *s.* presagio, augurio. 2 portento, prodigio.

portentous (poˑteˑntøs) *adj.* ominoso, presagioso, de mal agüero. 2 portentoso, prodigioso. *3* grave, solemne.

porter (poˑ'tø') *s.* portero : *porter's lodge*, portería, garita de portero. 2 portador ; faquín, mozo de cordel ; mozo de estación ; mozo de servicio [en un hotel]. *3* (EE. UU.) camarero [de coche cama]. *4* cerveza negra y floja.

porterage (poˑ'tøridỹ) *s.* ocupación de portero, faquín, mozo de estación, etc. 2 porte [precio].

porterhouse (poˑ'tø'jaus) *s.* cervecería ; bodegón. *2 porterhouse* o ~ *steak*, biftec de filete.

portfire (poˑ'fai') *s.* botafuego, lanzafuego.

portfolio (poˑ'tfouˑliou) *s.* carpeta, cartera. 2 fig. cartera, ministerio : *minister without* ~, ministro sin cartera. *3* cartera [de un banco, etc.].

porthole (poˑ'tjoul) *s.* MAR porta, portilla, portañola. 2 FORT. tronera.

portico (poˑ'ticou) *s.* ARQ. pórtico, atrio.

porticoed (poˑ'ticoud) *adj.* provisto de pórtico.

portière (poˑ'tier·') *s.* portier, antepuerta.

portion (poˑrshøn) *s.* porción, parte, cuota. 2 herencia, patrimonio, dote. *3* sino, suerte.

portion (to) *tr.* dividir, partir, distribuir. 2 dotar.

portionable (poˑ'shønabøl) *adj.* divisible, repartible.

portionless (poˑ'shønlis) *adj.* sin parte, dote o herencia.

Portland cement (pø'tlænd) *s.* cemento portland.

portliness (poˑ'tlinis) *s.* corpulencia. 2 porte majestuoso.

portlier (poˑ'tliø') *adj. comp.* de PORTLY.

portliest (poˑ'tliist) *adj. superl.* de PORTLY.

portly (poˑ'tli) *adj.* voluminoso, corpulento. 2 majestuoso, imponente.

Port Mahon (poˑ't majou·n) *n. pr.* GEOGR. Mahón.

portmanteau (poˑ'tmæntou) *s.* portamanteo, maleta, maletín. 2 ~ *word*, palabra formada por la unión de elementos de otras dos.

Porto Rico (poˑ'to ri·cou) *n. pr.* GEOGR. Puerto Rico.

Porto Rican (poˑ'to ri·can) *adj.* y *s.* portorriqueño.

portrait (poˑ'trit) *s.* retrato.

portraitist (poˑ'treitist) *s.* retratista.

portraiture (poˑ'trei·chu') *s.* retrato. 2 pintura, descripción. *3* acción o arte de retratar.

portray (to) (poˑ'trei·) *intr.* retratar.

portrayal (poˑ'trei·al) *s.* retrato. representación, descripción.

portress (poˑ'tris) *f.* portera [de convento].

Portugal (poˑ'chugal) *n. pr.* GEOGR. Portugal.

Portuguese (poˑ'chgui·š) *adj.* y *s.* portugués.

portulaca (poˑ'chulæ·ca) *s.* BOT. verdolaga.

pose (pouš) *s.* postura, actitud. 2 actitud afectada, afectación. fingimiento.

pose (to) *tr.* B. ART. colocar en cierta postura o actitud. 2 proponer, plantear [un problema, etc.] ; hacer, formular [una pregunta]. *3* confundir con preguntas difíciles. — *4 intr.* colocarse en cierta postura. 5 tomar una actitud afec-

---

tada ; fachendear : *to* ~ *as*, darse aire de, hacerse pasar por.

poser (pouˑšø') *s.* pregunta o problema difícil, pega. 2 ant. examinador. *3* el que toma actitudes afectadas ; comediante, fachendoso.

posit (to) (paˑšit) *tr.* LÓG. afirmar, proponer, sentar. 2 disponer, colocar.

position (poˑšiˑshøn) *s.* posición. 2 postura, actitud. *3* situación, ubicación. *4* colocación, empleo, puesto. *5* LÓG. proposición, tesis, afirmación ; lo que uno sostiene. *6 to be in a* ~ *to*, estar en condiciones o en situación de ; poder.

positive (paˑšitiv) *adj.* positivo. 2 absoluto [no relativo]. *3* afirmativo, categórico, dogmático. *4* explícito, formal, preciso, definido, rotundo. *5* indiscutible, indudable. *6* imperativo. 7 cierto, seguro [de lo que dice, etc.] ; terco, porfiado. — *8 s.* lo positivo, realidad, certeza. 9 GRAM. grado positivo. *10* ELECT. polo, placa, etc., positivos. *11* FOT. positivo, prueba positiva.

positively (paˑšitivli) *adv.* positivamente. 2 absolutamente. *3* categóricamente, terminantemente. *4* indudablemente.

positiveness (paˑšitivnis) *s.* positivismo [calidad de positivo]. 2 dogmatismo. *3* seguridad, certeza. *4* terquedad.

positivism (paˑšitivišm) *s.* positivismo. 2 dogmatismo. *3* seguridad, confianza , [de estar en lo cierto].

positivist (paˑšitivist) *s.* positivista.

positron (paˑšitran) *s.* FÍS. positrón.

posology (posaˑloỹi) *s.* posología.

posse (paˑsi) *s.* destacamento, partida [de gente armada] : ~ *comitatus*, paisanos que el cherif requiere para que le presten ayuda. 2 posibilidad, potencia : *in* ~, en potencia.

possess (to) (poˑšeˑs) *tr.* poseer. 2 tener, gozar de. *3* posesionar. *4* llenar [de un sentimiento, convicción, etc.]. *5* influir, convencer, persuadir. *6* informar, instruir, hacer saber. 7 dominar : *to* ~ *oneself*, dominarse, mantenerse ecuánime.

possessed (poˑšeˑst) *adj.* dueño ; que tiene, dotado. 2 poseído, poseso ; loco : *as one* ~, como un energúmeno, como un loco. *3* frío, dueño de sí mismo.

possession (poˑšeˑshøn) *s.* posesión. 2 propiedad, finca. *3* serenidad, dominio de sí mismo. *4 pl.* posesiones. *5* bienes.

possessive (poˑšeˑsiv) *adj.* posesional, posesivo. — *2 adj.* y *s.* GRAM. posesivo : ~ *case*, genitivo.

possessor (poˑšeˑsø') *s.* posesor, poseedor. 2 COM. portador.

possessory (poˑšeˑsøri) *adj.* posesorio.

posset (paˑsit) *s.* ponche de leche cuajada con vino, etc., y especias.

possibility (pasibiˑliti), *pl.* **-ties** (-tiš) *s.* posibilidad. 2 contingencia ; cosa posible.

possible (paˑsibøl) *adj.* posible : *as far as* ~, *as much as* ~, en lo posible, tanto como sea posible ; *as soon as* ~, cuanto antes. 2 aceptable, pasable. — *3 s.* lo posible : *to do one's* ~, hacer todo lo posible.

possibly (paˑsibli) *adv.* posiblemente, tal vez, quizá.

possum (paˑsøm) *s.* fam. OPOSSUM : *to act* o *play* ~, fig. hacerse el muerto ; fingirse ignorante, enfermo, etc.

post (poust) *s.* poste, pilar, pie derecho, montante. 2 poste de salida o de llegada [en las carreras] : *starting* ~, salida, poste de salida ; *winning* ~, llegada, poste de llegada. 2 MIL. puesto ; guarnición. *4* puesto, sitio [esp. el señalado a uno]. 5 puesto, empleo, cargo, plaza. *6* factoría [comercial]. 7 MIL. toque de retreta. *8* posta [para viajar]. 9 correo, estafeta, mala, valija, ordinario, propio : *by return of* ~, a vuelta de correo. — *10 adj.* de posta : ~ *chaise*, silla de posta ; ~ *coach*, ómnibus, diligencia ; ~ *horse*, caballo de posta ; ~ *road*, camino de posta. *11* de correos, postal : ~ *bag*, valija ; ~ *card*, tarjeta postal ; ~ *office*, servicio de correos, casa o administración de correos, estafeta. — *12 adv.* por la posta, de prisa, con rapidez.

post (to) *tr.* anunciar [por medio de carteles o anuncios expuestos al público] ; fijar, pegar [carteles, anuncios] : ~ *no bills*, se prohibe fijar carteles. 2 poner en lista [expuesta al público]. *3* estigmatizar, infamar. *4* apostar, situar. 5 enviar por correo, echar al correo. *6* COM. pasar los asientos de un libro al libro mayor. 7 fam. in-

POSESIVO (Adjetivo y pronombre) / POSSESSIVE ADJECTIVES AND PRONOUNS

Los adjetivos y pronombres posesivos ingleses son invariables por lo que se refiere a la cosa poseída. Sólo concuerdan con el nombre del posesor.

Adjetivos

Singular

1.ª persona:	my	mi, mis
2.ª persona:	thy	tu, tus*
3.ª persona:	his	su, sus [de él]
	her	su, sus [de ella]
	its	su, sus [de ello; de un animal o cosa en género neutro]

Plural

1.ª persona:	our	nuestro, nuestra, nuestros, nuestras
2.ª persona:	your	tu, tus; vuestro, vuestra; vuestros, vuestras; su, sus [de usted o ustedes]
3.ª persona:	their	su, sus [de ellos, de ellas, tanto para el masc. y el fem. como para el neutro]

Observaciones:

- Cuando el adjetivo posesivo se refiere a dos o más nombres de género diferente se pone en masculino: all the pupils, **boys** and **girls**, were there, **each** carrying **his** little present, todos los alumnos, niños y niñas, estaban allí llevando cada uno su pequeño regalo.

- Cuando no hay idea de posesión, suele substituirse el adjetivo posesivo por el genitivo con of: the remembrance **of it**, su recuerdo; the directions for the use **of them**, las instrucciones para su uso.

Pronombres

Singular

1.ª persona:	mine	el mío, la mía, los míos, las mías
2.ª persona:	thine	el tuyo, la tuya, los tuyos, las tuyas*
3.ª persona:	his	el suyo, la suya, los suyos, las suyas [de él]
	hers	el suyo, la suya, los suyos, las suyas [de ella]
	its own	el suyo, la suya, los suyos, las suyas [de un animal o cosa en género neutro]

Plural

1.ª persona:	ours	el nuestro, la nuestra, los nuestros, las nuestras
2.ª persona:	yours	el tuyo, la tuya, los tuyos, las tuyas; el vuestro, la vuestra, los vuestros, las vuestras; el suyo, la suya, los suyos, las suyas [de usted o de ustedes]
3.ª persona:	theirs	el suyo, la suya, los suyos, las suyas [de ellos, de ellas, tanto para el masc. y el fem. como para el neutro]

Observaciones:

- Cuando el pronombre posesivo va después del verbo **to be** puede traducirse también por el posesivo español sin artículo: this hat is **mine**, este sombrero es mío (o es el mío).

- El pronombre posesivo precedido de of equivale al adjetivo español *mío, tuyo*, etc., o *a uno de mis, de tus*, etc.: a friend **of mine**, un amigo mío, uno de mis amigos.

---

*El adjetivo posesivo **thy** y el pronombre **thine** sólo se usan en poesía, en la Biblia y en las oraciones. En el lenguaje corriente se usa **your** y **yours** para la segunda persona del singular, lo mismo que para la del plural.

formar, enterar, poner al corriente, poner al tanto. 8 cerrar, prohibir la entrada en [un terreno, etc.]. — *9 intr.* viajar por la posta. *10* EQUIT. montar a la inglesa.

postage (pou·stidỹ) *s.* porte de correos, franqueo: ~ *stamp*, sello de correos; *estampilla; *timbre.

postal (pou·stal) *adj.* postal: ~ *card*, tarjeta postal; ~ *convention*, convenio postal; ~ *order* o ~ *money order*, giro postal; ~ *savings bank*, caja de ahorros postal.

postbox (pou·stbacs) *s.* buzón de correos.

postboy (pou·stbœi) *s.* postillón. 2 cartero.

postdate (pou·stdeit) *s.* posfecha.

postdate (to) (poustdei·t) *tr.* posfechar.

postdiluvial, postdiluvian (poustdiliu·vial, -vian) *adj.* postdiluviano.

poster (pou·stǿ) *s.* cartel, anuncio. 2 fijador de carteles. 3 el que viaja por la posta o rápidamente. 4 caballo de posta. 5 expedidor [de una carta]. 6 correo, propio.

poster (to) *tr.* fijar carteles en.

poste restante (poust resta·nt) *s.* lista de correos.

posterior (pasti·riǿ) *adj.* posterior. 2 trasero. — *3 s. pl.* trasero, nalgas. *4* posterioridad, descendencia.

posteriority (pastiria·riti) *s.* posterioridad.

posteriorly (pasti·riǿ·li) *adv.* posteriormente.

posterity (paste·riti) *s.* posteridad. 2 descendencia.

postern (pou·stǿ·n) *s.* FORT. poterna. 2 postigo, puerta falsa.

postfix (pou·stfics) *s.* sufijo.

postfix (poustfi·cs) *tr.* añadir como sufijo.

postgraduate (poustgræ·dỹuit) *s.* estudiante que ha recibido un grado y hace estudios superiores. — *2 adj.* de estudios superiores, de estudiantes que han recibido un grado.

posthaste (pou·stjei·st) *s.* prisa, presteza, velocidad. — *2 adj.* apresurado, rápido. — *3 adv.* a toda prisa, rápidamente.

posthouse (pou·stjaus) *s.* posta, casa de postas.

posthumous (pa·stiumǿs o pa·schumǿs) *adj.* póstumo.

posthumously (pa·stiumǿsli o -chumǿsli) *adj.* póstumamente.

posticous (posti·kǿs) *adj.* BOT. posterior.

postil (po·stil) *s.* nota, apostilla.

postil (to) *tr.* apostillar.

postil(l)ion (pousti·lion) *s.* postillón.

postliminium (poustlimi·niǿn), **postliminy** (poustli·mini) *s.* DER. postliminio.

postman (pou·stmæn), *pl.* -men (-men) *s.* cartero.

postmark (pou·stma·c) *s.* sello de la oficina de correos [con fecha, hora y lugar de salida o de recibo]; matasellos.

postmaster (pou·stmæstǿ) *s.* maestro de postas. 2 administrador de correos: ~ *general*, director general de correos.

postmeridian (poustmǿri·dian) *adj.* postmeridiano, de la tarde.

post mortem (post mo·rtem) *adv.* después de la muerte. — *2 adj.* de después de la muerte: *post mortem examination* o simplte. *post mortem*, autopsia.

postmistress (pou·stmistris) *s.* administradora de correos.

postnatal (poustnei·tal) *adj.* postnatal.

postnuptial (poustnǿ·pshal) *adj.* posterior a la celebración del matrimonio.

post-obit (poustou·bit) *adj.* válido después de la muerte de una persona.

post-office *adj.* de correos: ~ *box*, apartado de correos, *casilla postal; ~ *branch*, estafeta o sucursal de correos.

postoperative (pousta·pǿreitiv) *adj.* postoperatorio.

postpaid (pou·stpeid) *adj.* con franqueo pagado.

postpalatal (poustpæ·latal) *adj. y s.* FONÉT. postpalatal.

postpone (to) (poustpou·n) *tr.* aplazar, diferir, suspender. 2 posponer, subordinar.

postponement (poustpou·nmǿnt) *s.* aplazamiento. 2 posposición.

postpose (to) (poustpou·s) *tr.* GRAM. posponer [una partícula, un genitivo, etc.].

postposition (poustpǿi·shǿn) *s.* posposición.

postpositive (poustpa·sitiv) *adj.* pospositivo.

postprandial (poustpræ·ndial) *adj.* de sobremesa: ~ *speech*, brindis.

postschool (pou·stcul) *adj.* postescolar.

postscript (pou·stscri·p) *s.* posdata. 2 epílogo; notas al fin de un libro.

posttonic (pou·stanic) *adj.* que sigue a la acentuada [sílaba].

postulant (pa·schulant) *s.* postulante. 2 el que pide el ingreso en una orden religiosa. 3 postulanta.

postulate (pa·schuleit) *s.* postulado.

postulate (to) *tr.* postular. 2 dar como cierto, existente o necesario.

postulation (paschule·shǿn) *s.* póstula, postulación. 2 acción de dar como cierto, existente o necesario; enunciado de una proposición que se da como cierta.

postulator (pa·schuleitǿr) *s.* postulador.

posture (pa·schur) *s.* postura, actitud, posición. 2 estado, situación. 3 disposición [de ánimo].

posture (to) *tr. e intr.* poner en o adoptar una postura o actitud.

postwar (pou·stuo·r) *s.* postguerra. — *2 adj.* de postguerra.

posy (pou·ỹi) *s.* ramillete [de flores]. 2 ant. mote o cifra en verso.

pot (pat) *s.* marmita, olla, puchero, pote, cacharro, jarro; su contenido: *to boil the* ~, *to make the* ~ *boil*, ganarse la vida; *to go to the* ~, fracasar, perderse, arruinarse; *to keep the* ~ *boiling*, ganarse la vida; mantener la actividad; *the* ~ *calls the kettle black*, dijo la sartén a la caldera: ¡quítate allá, culinegra!; *in (one's) pots*, borracho. 2 maceta, tiesto. 3 orinal, vaso de noche. 4 chimenea [sobre un tejado]. 5 puesta, polla [en el juego]. 6 fam. favorito [en las carreras]. — *7 adj.* de olla, puchero, pote, jarro, etc.: ~ *cheese*, requesón; ~ *companion*, compañero de taberna; ~ *garden*, huerto [de hortalizas]; ~ *lead*, grafito; ~ *roast*, carne asada en marmita; ~ *shot*, tiro a corta distancia, que no exige destreza; tiro traidor, contras las reglas del juego limpio.

pot (to) *tr.* cocer o estofar en marmita. 2 conservar en potes. 3 poner en macetas. 4 cazar para llenar el puchero. 5 fam. ganar, conseguir, embolsar. 6 disparar contra. 7 BILLAR meter en la tronera. — *8 intr.* beber, empinar el codo. 9 tirar, disparar. ¶ CONJUG. pret. y p. p.: *potted*, ger.: *potting*.

potable (pou·tabǿl) *adj.* potable.

potableness (poutabǿlnis) *s.* potabilidad.

potamic (potæ·mic) *adj.* de los ríos.

potamology (potæma·loỹi) *s.* potamología.

potash (pa·tæsh) *s.* QUÍM. potasa.

potassic (potæ·sic) *adj.* potásico.

potassium (potæ·siǿm) *s.* QUÍM. potasio. — *2 adj.* de potasio, potásico: ~ *bromide*, bromuro potásico; ~ *permanganate*, permanganato de potasio.

potation (pote·shǿn) *s.* potación, bebida. 2 trago.

potato (potei·tou) *s.* BOT. patata; *papa.* 2 BOT. *sweet* ~ o simplte. *potato*, batata, patata de Málaga, *camote; boniato. 3 fam. persona, tipo: *small* ~, cosa o persona insignificante, nulidad, nonada. — *4 adj.* de (la) patata: ~ *beetle* o *bug*, escarabajo o chinche de la patata; ~ *blight*, ~ *rot*, enfermedad de las patatas; ~ *chips*, patatas fritas a la inglesa; ~ *peeler*, ~ *slicer*, máquina para mondar o cortar patatas.

potatory (po·tatori) *adj.* de la bebida. 2 potable.

potbellied (pa·tbelid) *adj.* barrigón, panzudo, tripudo, ventrudo.

potbelly (pa·tbeli), *pl.* -lies (-liỹ) *s.* barriga, panza. 2 persona panzuda.

potboiler (pa·tbœilǿr) *s.* obra artística o literaria hecha de prisa, con el sólo objeto de ganarse la vida.

potboy (pa·tbœi) *s.* (Ingl.) mozo de taberna.

poteen (potrn) *s.* whisky casero o destilado clandestinamente.

potence (pou·tǿns) *s.* potencia, fuerza.

potency (pou·tǿnsi) *s.* potencia, poder. 2 fuerza, autoridad. 3 potencia [procreadora]. 4 fuerza [de un licor]; actividad [de un veneno]. 5 capacidad [de desarrollarse, etc.]. 6 fig. potencia [pers. de poder o autoridad].

potent (pou·tǿnt) *adj.* potente, poderoso. 2 eficaz.

potentate (pou·tǿnteit) *s.* potentado.

potential (pote·nshal) *adj.* potencial. 2 posible, en potencia. 3 eficaz, poderoso. — *4 s.* potencial.

5 GRAM. modo potencial. *6* cosa posible, en potencia.

potentiality (potønshiæ·liti) *s.* potencialidad. *2* potencia, posibilidad : *in* ~, en potencia.

potentialize (to) (pote·nshialaiš) *tr.* hacer potencial.

potentially (pote·nshali) *adv.* potencialmente, virtualmente.

potentilla (poutønti·la) *s.* BOT. potentila, cincoenrama.

potentiometer (potenšia·metø') *s.* ELECT. potenciómetro.

potently (pou·tøntli) *adv.* potentemente, poderosamente.

potentness (pou·tøntnis) *s.* potencia, poder, fuerza, eficacia.

pothanger (pa·tjæengø') *s.* llares.

pother (pa·dø') *s.* polvareda ; nube de polvo o de humo asfixiante. *2* barahúnda, alboroto, ruido, agitación.

pother (to) *tr.* preocupar, atormentar. *2* alborotar. — *3 i.* agitarse, alborotarse.

potherb (pa·tjø'b) *s.* hortaliza, verdura. *2* hierba empleada como condimento.

pothole (pa·tjoul) *s.* bache, hoyo redondo. *2* GEOL. marmita.

pothook (pa·tjuc) *s.* llares en forma de garabato. *2* garabato [en la escritura].

pothouse (pa·tjaus) *s.* cervecería ; taberna.

pothunter (pa·tjøntø') *s.* cazador que caza por el provecho y no por el deporte.

potiche (poti·sh) *s.* jarro decorativo con tapa y sin asa.

potion (pou·shøn) *s.* poción, pócima. *2* trago, toma [de medicina, etc.].

potlid (pa·tlid) *s.* tapadera o cobertera de olla, etc.

potluck (pa·tløc) *s.* comida sin preparación ni cumplidos ; lo que haya : *to take* ~, hacer penitencia, comer de lo que haya.

potpie (pa·tpai) *s.* pastel de carne cocido en marmita.

potpourri (patpu·ri o pou·puri) *s.* baturrillo, mezcolanza. *2* MÚS. popurrí. *3* tarro con una mezcla de pétalos de flor, para perfumar.

potsherd (pa·tshø'd) *s.* tiesto, casco [pedazo de vasija].

pottage (pa·tidÿ), *s.* menestra, potaje.

potted (pa·tid) *adj.* cocido y conservado en olla o tarro. *2* plantado en tiesto o maceta.

potter (pa·tø') *s.* alfarero, ollero : *potter's clay,* barro de alfarero ; *potter's field,* fig. cementerio de los pobres, hoyanca, fosa común ; *potter's wheel,* torno de alfarero.

potter (to) *intr.* ocuparse en fruslerías, entretenerse. *2* vagar, haraganear. — *3 tr. to* ~ *away,* pasar, malgastar [el tiempo].

pottery (pa·tøri) *s.* alfar, alfarería, ollería. *2* vasijas de barro. *3* cerámica.

pottle (po·tøl) *s.* medida de medio galón. *2* jarro [para vino, etc.]. *3* bebida alcohólica. *4* (Ingl.) cesto para frutas.

pot-valiant (pa·tvæliant) *adj.* valiente a fuerza de beber.

pouch (pauch) *s.* bolsa, saquito : *mail* ~, valija ; *tobacco* ~, petaca. *2* faltriquera. *3* cartuchera. *4* BOT. silícula. *5* abazón. *6* ANAT., ZOOL. bolsa, saco.

pouch (to) *tr.* embolsar. *2* tragar, engullir. *3* fruncir [los labios] ; hinchar [los carrillos]. *4* dar forma de bolsa. *5* aguantar, sufrir. — *6 intr.* hacer pucheros ; fruncir los labios. *7* formar bolsa.

poudrette (pudre·t) *s.* abono compuesto.

poujard (pula·'d) *s.* polla cebada.

poulpe (pulp) *s.* ZOOL. pulpo.

poult (poult) *s.* polluelo, pollo. *2* pavipollo.

poulterer (pou·ltørø') *s.* pollero, gallinero, recovero.

poultice (pou·ltis) *s.* cataplasma, bizma.

poultice (to) *tr.* bizmar, poner una cataplasma a.

poultry (pou·tri) *s.* pollería, aves de corral. — *2 adj.* de pollería : ~ *dealer,* pollero, recovero.

pounce (pauns) *s.* grasilla, arenilla. *2* polvo para estarcir. *3* garra, zarpa. *4* zarpazo. *5* salto súbito. — *6 adj.* de arenilla, etc. : ~ *bag,* cisquero ; ~ *box,* arenillero, salvadera.

pounce (to) *tr.* estarcir. *2* polvorear con grasilla, etc. *3* frotar, pulir [con polvos, piedra pómez, papel esmeril, etc.] ; apomazar. *4* calar, adornar con agujeros. *5* repujar. [oro o plata]. — *6 intr. to* ~ *in* o *into,* entrar de sopetón. *7 to* ~ *at,* *on* o *upon,* saltar encima de, abalanzarse sobre, atacar bruscamente ; dar un zarpazo a.

pouncet box (pau·nsit) *s.* cajita agujereada para perfumes.

pound (paund) *s.* libra [peso de 16 onzas]. *2* libra esterlina. *3* golpe, contusión. *4* golpazo. *5* corral de concejo, depósito público para el ganado. *6* prisión, encierro. *7* vivero de peces o área donde se pescan : ~ *net,* especie de cañal hecho con redes.

pound (to) *tr.* moler, majar, machacar. *2* apisonar. *3* golpear, aporrear. *4* (EE. EU.) vender en bolsa para hacer bajar el precio. *5* encerrar, acorralar. — *6 intr.* golpear. *7* latir con violencia [el corazón]. *8* trabajar duro. *9* andar, bailar, etc., pesadamente.

poundage (pau·ndidÿ) *s.* suma o impuesto, comisión, etc., de tanto por libra. *2* peso en libras.

poundcake (pau·ndkeic) *s.* coc. bizcocho en que entra una libra de cada ingrediente principal.

pounder (pau·ndø') *s.* golpeador, machacador. *2* mano de almirez ; almirez. *3* cosa, pez, etc., que pesa una libra. *4* en comp. indica cosa o pers. que pesa, vale o tiene de renta, un número de libras : *twelve-pounder,* cañón que tira balas de doce libras.

pound-foolish *adj.* gastador, derrochador.

pour (po·') *s.* vertimiento ; caída, lluvia.

pour (to) *tr.* verter, derramar, echar, escanciar, arrojar, emitir, efundir. *2* decir, cantar, expresar sin contención. — *3 intr.* fluir, correr, caer, descender. *4* salir a chorros. *5* ir o venir en gran número. *6* llover copiosamente, diluviar : *to* ~ *down,* llover a cántaros.

pourparler (pu·pa'lei·) *s.* conversación preliminar.

pourpoint (pu·'point) *s.* jubón acolchado, perpunte.

pout (paut) *s.* mohín, gesto [con los labios] ; puchero. *2* ICT. nombre de varios peces. *3 pl.* malhumor, berrinche.

pout (to) *intr.* hacer mohínes o pucheros ; mostrar mal humor. *2* salir, sobresalir. *3* hinchar el pecho [las aves].

pouter (pau·tø') *s.* persona que pone mal gesto. *2* ORNIT. *pouter* o ~ *pigeon,* paloma buchona.

poverty (pa·vø'ti) *s.* pobreza, indigencia.

poverty-stricken *adj.* muy pobre, indigente.

powder (pau·dø') *s.* polvo ; polvillo. *2* polvos. *3* pólvora. *4* fig. fuerza, energía. — *5 adj.* de polvo o polvos, para los polvos : ~ *box,* ~ *compact,* polvera ; ~ *puff,* borla [para los polvos], *cisne, *mota. *6* de pólvora, para la pólvora : ~ *flag,* MAR. bandera roja [señal de explosivos] ; ~ *flask,* polvorín, cebador ; ~ *magazine,* polvorín ; santabárbara ; ~ *mill,* fábrica de pólvora.

powder (to) *tr.* polvorear, espolvorear. *2* empolvar, poner polvos a. *3* pulverizar. — *4 intr.* empolvarse, ponerse polvos. *5* pulverizarse.

powdered (pau·dø'd) *adj.* pulverizado, en polvo : ~ *milk,* leche en polvo.

powdery (pau·døri) *adj.* pulverulento. *2* friable, desmenuzable. *3* polvoriento, polvoroso. *4* empolvado.

power (pau·ø') *s.* poder, facultad, virtud, capacidad : *to the best of one's* ~, lo más que uno pueda, cuando esté en el poder de uno. *2* poder, fuerza, pujanza, poderío. *3* poder, potestad, autoridad, imperio, dominio, influencia : *executive* ~, poder ejecutivo ; ~ *of the keys,* llaves de la Iglesia, poder y jurisdicción papal ; *in one's* ~, en poder de uno ; *the party now in* ~, el partido que está en el poder. *4* persona investida de autoridad : *the powers that be,* las autoridades constituidas. *5* DER. poder : ~ *of attorney,* poder, procuración. *6* facultad [física, intelectual o moral]. *7* potencia [estado soberano] : *the Great Powers,* las grandes potencias. *8* MAT. potencia. *9* MEC., FÍS. potencia, energía, fuerza mecánica, fuerza motriz. *10* ÓPT. potencia [de una lente]. *11 pl.* (con may.) potestades [espíritus angélicos].

12 adj. de potencia, fuerza o energía ; mecánico : ~ *amplifier,* RADIO. amplificador de potencia ; ~ *company,* compañía suministradora de energía ; ~ *duster,* AGR. máquina para esparcir polvos insecticidas ; ~ *loading,* AVIA. carga normal por caballo de fuerza ; ~ *plant,* instalación generadora de fuerza motriz, central eléctrica ; AUTO. grupo motor ; AVIA. grupo motopropulsor ; ~ *reactor,* reactor generador de energía ; ~ *shovel,* excavadora mecánica ; ~ *sta-*

tion, estación generadora de fuerza motriz; central eléctrica; ~ *transmission*, transmisión de energía; ~ *tube*, RADIO válvula de potencia; ~ *unit*, unidad motriz.
power (to) *tr.* accionar, impulsar. — 2 *intr.* picar o lanzarse verticalmente el avión sobre el blanco elegido.
powered (pau·ø'd) *adj.* MEC. movido, impulsado, accionado.
powerful (pau·ø'ful) *adj.* poderoso. 2 fuerte. 3 intenso, potente. 4 fam. grande, considerable.
powerfully (pau·ø'fuli) *adv.* poderosamente, fuertemente, potentemente.
powerfulness (pau·ø'fulnis) *s.* poder, fuerza, energía, eficacia.
powerhouse (pau·ø'jaus) *s.* estación generadora de energía. 2 central eléctrica.
powerless (pau·ø'lis) *adj.* impotente, ineficaz. 2 sin autoridad o capacidad [para un acto].
powwow (pau·uau) *s.* curandero o hechicero indio. 2 (EE. UU.) ceremonia india, conferencia de los indios o con los indios. 3 fig. reunión ruidosa, algarabía. 4 reunión, congreso, conferencia.
powwow (to) *intr.* entre los indios celebrar un POWWOW. 2 fig. conferenciar, deliberar. — 3 *tr.* curar con conjuros.
pox (pacs) *s.* MED. enfermedad que produce erupciones pustulosas [esp. en comp.] : *smallpox*, viruelas; *chickenpox*, viruelas locas. 2 MED. sífilis.
pozz(u)olana (patšola·na) *s.* puzolana.
practicability (præcticabi·liti) *s.* calidad de factible; viabilidad.
practicable (præ·cticabøl) *adj.* practicable, factible, hacedero, viable, transitable. 2 TEAT. practicable. 3 que se puede usar.
practicableness (præ·cticabølnis) *s.* PRACTICABILITY.
practicably (præ·cticabli) *adv.* posiblemente.
practical (præ·ctical) *adj.* práctico. 2 virtual. 3 de hecho, real. 4 positivista, prosaico. 5 ~ *joke*, broma, chasco. 6 ~ *politics*, politiquería.
practicality (præcticæ·liti), *pl.* -ties (-tiš) *s.* calidad de práctico. 2 cosa práctica. 3 espíritu práctico.
practically (præ·cticali) *adv.* prácticamente. 2 en la práctica. 3 virtualmente, en realidad, de hecho, casi, poco menos que.
practicalness (præ·cticalnis) *s.* calidad de práctico.
practice (præ·ctis) *s.* práctica. 2 costumbre : *to make a ~ of*, tener por costumbre. 3 ejercicio [para instrucción o disciplina]. 4 ejercicio [de una profesión]. 5 clientela. 6 artificio, artería, engaño, estratagema. 7 *in* ~, en práctica, en uso; prácticamente, de hecho; en buenas condiciones de destreza, etc., gracias a la práctica o ejercicio continuado; *out of* ~, en malas condiciones de destreza, etc., por falta de práctica o ejercicio.
practice (to) *tr.* e *intr.*, practiced *adj.*, practicer *s.* = TO PRACTISE, PRACTISED, PRACTISER.
practician (præcti·shøn) *s.* persona práctica. 2 PRACTITIONER.
practise (to) *tr.* e *intr.* practicar. 2 ejercitarse en. 3 ejercer [una profesión]. — 4 *tr.* ejercitar, instruir, adiestrar. 5 *to* ~ *with*, tratar, negociar con [esp. secretamente]. 6 *to* ~ *on* o *upon*, engañar, tratar de influir con astucia, corromper.
practised (præ·ctist) *adj.* práctico, versado.
practiser (præcti·sø') *s.* practicador. 2 PRACTITIONER. 3 intrigante, artero.
practising (præ·ctising) *adj.* en ejercicio [médico, abogado, etc.].
practitioner (præcti·shønø') *s.* el que ejerce una profesión [esp. médico o abogado] : *general* ~, médico de medicina general.
praefloration (priflore·shøn) *s.* BOT. prefloración.
praefoliation (prifolie·shøn) *s.* BOT. prefoliación.
praenomen (prinou·men) *s.* prenombre.
praetexta (prite·csta) *s.* pretexta.
praetor (pri·to') *s.* pretor.
praetorial (prito·rial) *adj.* pretorial.
praetorian (prito·rian) *adj.* pretoriano, pretorial, pretorio. — 2 *s.* pretoriano.
praetorium (prito·riøm) *s.* pretorio.
praetorship (pri·to'ship) *s.* pretura.
pragmatic (prægmæ·tic) *adj.* práctico; pragmático. 2 oficioso, entrometido. 3 aferrado a sus opiniones, dogmático. 4 pert. al pragmatismo. 5 ~ *sanction*, pragmática sanción. — 6 *s.* pragmática.
pragmatical (prægmæ·tical) *adj.* PRAGMATIC 1, 2 y 3.

pragmatism (præ·gmætišm) *s.* pragmatismo.
pragmatist (præ·gmætist) *s.* pragmatista.
pragmatistic (prægmæti·stic) *adj.* pragmatista.
Prague (preig) *n. pr.* GEOGR. Praga.
prairie (pre·ri) *s.* pradera, llanura, sábana. — 2 *adj.* de la pradera, etc. : ~ *chicken*, especie de chocha de Norteamérica; ~ *dog*, perro de las praderas de Norteamérica; ~ *schooner*, carromato o galera que se viaja por primera vez en el Oeste de los EE. UU.; ~ *wolf*, ZOOL. coyote.
praise (preiš) *s.* alabanza, loor, loa, elogio, encomio, aplauso. 2 celebridad, fama.
praise (to) *tr.* alabar, loar, elogiar, encomiar, aplaudir, ensalzar, glorificar.
praiseful (prei·šful) *adj.* laudatorio, encomiástico.
praiser (prei·šø') *s.* loador, ensalzador, alabador, aprobador.
praiseworthily (prei·šuø'dili) *adv.* laudablemente, loablemente.
praiseworthiness (prei·suø'dinis) *s.* calidad de laudable.
praiseworthy (prei·šuø'di) *adj.* laudable, loable, digno de encomio.
praline (pra·lin) *s.* almendra garapiñada.
pram (pram) *s.* (Ingl.) cochecito de niño.
prance (præns) *s.* cabriola, corveta, trenzado [del caballo].
prance (to) *intr.* cabriolar, corvetear, trenzar [el caballo]. 2 cabalgar o andar garbosamente, pavoneándose.
prancer (præ·nsø') *s.* caballo pisador o trenzador.
prandial (præ·ndial) *adj.* de la comida.
prank (prænc) *s.* travesura, retozo, pirueta, broma, jugarreta.
prank (to) *tr.* adornar con exceso, emperifollar. — 2 *intr.* emperifollarse. 3 travesear, retozar.
prankish (præ·nkish) *adj.* travieso, retozón.
prankster (præ·ncstø') *s.* persona traviesa, retozona; bromista.
prate (preit) *s.* charla, cháchara.
prate (to) *tr.* charlar, parlotear.
prater (prei·tø') *s.* hablador, charlatán.
pratincole (præ·tincoul) *s.* ORNIT. pratincola.
pratique (prati·c) *s.* MAR. libre plática.
prattle (præ·tøl) *s.* charla insustancial, cháchara, parloteo. 2 charla que imita la de los niños.
prattle (to) *intr.* charlar, chacharear, parlotear; hablar sin sentido, imitando a los niños. 2 murmurar [un arroyo, etc.].
prattler (præ·tlø') *s.* hablador, charlatán, parlanchín. 2 murmurador, parlero [arroyo, etc.].
pravity (præ·viti) *s.* pravedad.
prawn (pron) *s.* ZOOL. camarón, quisquilla. 2 ZOOL. langostino.
praxis (præ·csis) *s.* práctica, ejercicio. 2 ejemplo práctico, colección de ejemplos; crestomatía.
Praxiteles (præ·csiteliš) *n. pr.* Praxíteles.
pray (to) (prei) *tr.* e *intr.* rogar, pedir, suplicar, implorar. — 2 *intr.* orar, rezar. 3 Úsase como fórmula de cortesía en el sentido de «por favor», «hágame usted el favor», «sírvase», etc. : ~ *tell me*, haga el favor de decirme.
prayer (præ·') *s.* ruego, súplica, petición. 2 rezo, oración, plegaria : *Book of Common Prayer*, ritual de la Iglesia Anglicana; *the Lord's* ~, el padrenuestro; *to say one's prayers*, rezar, decir sus oraciones. 3 *pl.* preces. — 4 *adj.* de oración u oraciones, para orar : ~ *book*, devocionario; ~ *desk*, reclinatorio; ~ *meeting*, reunión para orar.
prayerful (præ·æ'ful) *adj.* piadoso, devoto.
prayerfulness (præ·æ'fulnis) *s.* devoción, afición a rezar.
prayerless (præ·æ'lis) *adj.* sin rezo. 2 que no reza.
praying (prei·ing) *adj.* orante, que reza. 2 ENTOM. ~ *mantis*, mantis religiosa, campanero. — 3 *s.* oración, plegaria.
preach (to) (prich) *tr.* e *intr.* predicar, sermonear. — 2 *tr.* exhortar.
preacher (pri·chø') *s.* predicador.
preachify (to) (pri·chifai) *intr.* fam. predicar molestamente, sermonear. ¶ CONJUG. pret. y p. p. : *preachified*.
preaching (pri·ching) *s.* predicación. 2 doctrina predicada. 3 sermón. — 4 *adj.* predicador : ~ *friar*, fraile predicador, dominico.
preachment (pri·chmønt) *s.* predica, sermón; arenga.

preachy (prɪ·chi) *adj.* aficionado a predicar, sermoneador.

preacquaint (to) (prɪacueɪ·nt) *tr.* comunicar o dar a conocer de antemano.

preadamic (prɪædæ·mic) *adj.* preadamita.

preadamite (prɪæ·damaɪt) *adj.* y *s.* preadamita.

preadamitic (prɪædamɪ·tic) *adj.* preadamítico.

preadmonish (to) (prɪædma·nish) *tr.* advertir de antemano.

preadmonition (prɪædma·nishɐn) *s.* advertencia previa.

preamble (prɪæ·mbɐl) *s.* preámbulo.

prearrange (to) (prɪareɪ·nȳ) *tr.* arreglar o disponer de antemano.

prearrangement (prɪareɪ·nȳmɐnt) *s.* arreglo previo.

prebend (pre·bɐnd) *s.* prebenda. 2 prebendado.

prebendal (pre·bɐndal) *adj.* de la prebenda.

prebendary (pre·bɐndæri) *s.* prebendado.

precarious (prike·riɐs) *adj.* precario. 2 incierto, inseguro. 3 gratuito, infundado. 3 peligroso, lleno de peligros.

precariously (prike·riɐsli) *adv.* precariamente. 2 gratuitamente, sin fundamento.

precariousness (prike·riɐsnis) *s.* condición de precario; incertidumbre; falta de fundamento.

precaution (prico·shɐn) *s.* precaución.

precaution (to) *tr.* advertir de antemano, poner en guardia.

precautionary (prico·shɐneri) *adj.* de aviso, de precaución.

precede (to) (prɪsɪ·d) *tr.* e *intr.* preceder. 2 tener derecho a preceder.

precedence (prese·dɐns o prɪsɪ·dɐns), **precedency** (-si) *s.* precedencia : *to have ～ of*, preceder, anteceder a ; *to take ～ of*, ser reconocido como superior a. 2 prioridad, anterioridad.

precedent (prɪsɪ·dɐnt) *adj.* precedente, antecedente, anterior, prior. — 2 *s.* (pre·sɐdɐnt) precedente. 3 DER. decisión judicial que forma jurisprudencia.

precedent (to) (pre·sɐdɐnt) *tr.* justificar o autorizar con un precedente.

precedented (pre·sɐdɐntid) *adj.* que tiene un precedente; justificado por un precedente.

preceding (prɪsɪ·ding) *adj.* precedente, que precede.

precentor (prise·ntɐ') *s.* ECL. chantre, capiscol ; director de los cantores.

precept (prɪ·sept) *s.* precepto. 2 DER. auto, mandato.

preceptive (prise·ptiv) *adj.* preceptivo. 2 didáctico.

preceptor (prise·ptɐr) *m.* preceptor, maestro, director de una escuela.

preceptorial (prise·ptorial) *adj.* de preceptor.

preceptory (prise·ptori) *adj.* preceptor. — 2 *s.* preceptoría, comunidad provincial de caballeros templarios.

preceptress (prise·ptris) *f.* preceptora, maestra.

precession (prise·shɐn) *s.* precedencia [acción]. 2 ASTR. precesión.

precinct (prɪ·sinkt) *s.* recinto ; interior de una casa, edificio, etc. 2 distrito, barriada. 3 *pl.* inmediaciones.

preciosity (prisia·siti) *pl.* **-ties** (-tis) *s.* LIT. preciosismo.

precious (pre·shɐs) *adj.* precioso [de gran valor], preciado. 2 caro, querido, amado. 3 exigente, delicado ; excesivamente refinado. 4 completo, perfecto, acabado : *a ～ rascal*, un perfecto bribón. 5 iron. malo, sin valor. — 6 *adv.* fam. mucho, muy : *～ little*, muy poco.

preciously (pre·shɐsli) *adv.* preciosamente. 2 extremadamente, muy.

preciousness (pre·shɐsnis) *s.* preciosidad.

precipice (pre·sipis) *s.* precipicio, despeñadero.

precipitable (prisi·pitabɐl) *adj.* QUÍM. precipitable.

precipitance (prisi·pitans), **precipitancy** (-si) *s.* precipitación.

precipitant (prisi·pitant) *adj.* precipitado. 2 arrebatado, temerario. — 3 *s.* QUÍM. precipitante.

precipitantly (prisi·pitantli) *adv.* precipitadamente.

precipitate (prisi·piteit) *adj.* precipitado, atropellado. 2 súbito, inesperado. — 3 *s.* QUÍM. precipitado.

precipitate (to) *tr.* precipitar, despeñar. 2 precipitar, apresurar, acelerar. 3 QUÍM. precipitar. 4 FÍS. y METEOR. condensar y convertir en lluvia. — 5 *intr.* precipitarse.

precipitately (prisi·piteitli) *adv.* precipitadamente.

precipitating (prisi·piteiting) *adj.* precipitante.

precipitation (prisipite·shɐn) *s.* precipitación. 2 derrumbamiento.

precipitator (prisi·piteitɐ') *s.* QUÍM. precipitante.

precipitous (prisi·pítɐs) *adj.* precipitoso, pendiente, escarpado. 2 que cae de prisa ; rápido, abrupto.

precise (prisaɪ·s) *adj.* preciso, bien determinado, claro, distinto, inequívoco. 2 preciso, exacto, justo ; mismo. 3 puntual, rígido, escrupuloso ; formal, ceremonioso.

precisely (prisaɪ·sli) *adv.* precisamente. 2 justamente, cabalmente. 3 formalmente, rígidamente.

preciseness (prisaɪ·snis) *s.* precisión, distinción, claridad. 2 rigidez [esp. en materia religiosa].

precisian (prisi·ȳan) *s.* rigorista ; formulista.

precision (prisi·ȳɐn) *s.* precisión, exactitud. — 2 *adj.* de precisión : *～ instrument*, instrumento de precisión.

precisive (prisaɪ·siv) *adj.* que distingue o separa. 2 preciso, definido.

preclude (to) (pricliud) *tr.* impedir, prevenir, estorbar : *to ～ all doubt*, hacer imposible, descartar, toda duda. 2 excluir, dejar fuera, cerrar.

preclusive (pricliu·siv) *adj.* preventivo, impeditivo (de). 2 que excluye.

precocius (pricou·shɐs) *adj.* precoz. 2 temprano.

precociousness (pricou·shɐsnis), **precocity** (prica·siti) *s.* precocidad.

precognition (prɪcagni·shɐn) *s.* precognición.

pre-Columbian (prɪcɐlɐ·mbiɐn) *adj.* precolombiano.

preconceit (prɪ·consit) *s.* prevención, preocupación.

preconceive (to) (prɪcɐnsiv) *tr.* preconcebir, formar opinión de antemano.

preconception (prɪcɐnse·pshɐn) *s.* prejuicio, preocupación, idea preconcebida.

preconcert (prɪca·nsɐ't) *s.* concierto o acuerdo previo.

preconcert (to) (prɪca·nsɐ't) *tr.* concertar de antemano.

preconization (prɪcɐni·ȳe·shɐn) *s.* preconización. 2 proclamación, publicación.

preconize (to) (prɪ·conaiȳ) *tr.* preconizar. 2 proclamar, pregonar.

pre-Conquest *s.* tiempo anterior a la conquista de Inglaterra por los normandos (1066). — 2 *adj.* anterior a esta conquista.

preconsign (to) (prɪconsai·n) *tr.* consignar antes.

precontract (prɪca·ntræct) *s.* contrato previo o anterior.

precontract (to) (prɪcontræ·ct) *tr.* contratar de antemano.

precool (pricu·l) *tr.* preenfriar. 2 enfriar [frutas, etc.] antes de embarcarlas.

precordial (prico·'dial) *adj.* ANAT. precordial.

precursive (pricɐ·'siv) *adj.* PRECURSORY.

precursor (pricɐ·'sɐ') *s.* precursor.

precursory (pricɐ·'sori) *adj.* precursor ; premonitorio.

predaceous, predacious (pridei·shɐs) *adj.* rapaz, de presa, de rapiña.

predate (to) (prɪdei·t) *tr.* antedatar. 2 atribuir fecha anterior a la verdadera. 3 preceder [en el tiempo].

predatory (pre·datori) *adj.* rapaz. 2 dañino [animal], de rapiña, de saqueo, de robo.

predecease (prɪdisɪ·s) *s.* DER. premoriencia.

predecease (to) *tr.* e *intr.* premorir.

predeceased (prɪdisɪ·st) *adj.* y *s.* DER. premuerto, premorfente.

predecessor (pre·disesɐ') *s.* predecesor, antecesor. 2 antepasado, abuelo.

predella (prede·la) *s.* predela.

predestinarian (pridestine·rian) *adj.* y *s.* fatalista.

predestinarianism (pridestine·rianiȳm) *s.* fatalismo. 2 calvinismo.

predestinate (pride·stinit) *adj.* y *s.* predestinado.

predestinate (to) (pride·stineit) *tr.* predestinar.

predestination (pridestine·shɐn) *s.* predestinación.

predestinator (pride·stineitɐr) *s.* predestinante.

predestine (to) (pride·stin) *tr.* predestinar.

predeterminate (prɪditɐ·'mineit) *adj.* predeterminado.

predetermination (prɪditɐ·'mine·shɐn) *s.* predeterminación.

predetermine (to) (prɪditɐ·'min) *tr.* predeterminar.

predial (prɪ·dial) *adj.* predial.

predicable (pre·dicabɐl) *adj.* que puede afirmarse [de]. — 2 *adj.* y *s.* LÓG. predicable.

predicament (pridi·camɐnt) *s.* predicamento [clase, categoría]. 2 condición, situación, estado. 3 apuro, aprieto, trance, situación desgraciada.

predicamental (pridicame·ntal) *adj.* predicamental.

predicant (pre·dicant) *adj.* de predicadores [orden]. — 2 *s.* PREDIKANT.
predicate (pre·dikit) *s.* LÓG., GRAM. predicado.
predicate (to) (pre·dikeit) *tr.* proclamar, afirmar. 2 predicar [en sermón, etc.]. 3 LÓG., GRAM. predicar.
predication (predike·shøn) *s.* afirmación, aserción. 2 LÓG., GRAM. predicación.
predicative (predi·kativ) *adj.* que expresa afirmación; que tiene carácter de predicado. 2 que predica o sermonea.
predict (to) (pridi·ct) *tr.* predecir, pronosticar, profetizar, vaticinar. 2 presagiar.
prediction (pridi·schøn) *s.* predicción, profecía, pronóstico, vaticinio.
predictive (pridi·ctiv) *adj.* que predice, profético.
predictor (pridi·ctø') *s.* vaticinador.
predikant (predika·nt) *s.* ministro protestante holandés [esp. en el África del Sur].
predilection (predile·cshøn) *s.* predilección, preferencia.
predispose (to) (pridispou·s) *tr.* predisponer. 2 disponer o legar de antemano.
predisposition (pridisposi·shøn) *s.* predisposición, prevención, propensión.
predominance (prida·minans), **predominancy** (-si) *s.* predominio, predominación. 2 superioridad, ascendiente.
predominant (prida·minant) *adj.* predominante.
predominate (to) (prida·mineit) *intr.* predominar, prevalecer. 2 mandar, gobernar.
pre-eminence (pri-e·minens) *s.* superioridad, supremacía.
pre-eminent (pri-e·minent) *adj.* preeminente, superior, supremo. 2 extraordinario, superlativo.
pre-empt (to) (pri·empt) *tr.* (EE. UU.) establecerse en tierras del Estado con derecho de prioridad. 2 apropiarse.
pre-emptible (pri-e·mptibøl) *adj.* sujeto a derecho de prioridad.
pre-emption (pri-e·mpshøn) *s.* derecho de prioridad.
pre-emptor (pri-e·mptø') *s.* el que se establece en una tierra con derecho de prioridad.
preen (to) (prin) *tr.* limpiar y componer [sus plumas, su pelaje] un animal. 2 componerse, acicalarse.
pre-engage (to) (pri-enguei·ỹ) *tr.* apalabrar; contratar de antemano.
pre-establish (to) (pri-istæ·blish) *tr.* establecer de antemano.
pre-exist (to) (pri-egži·st) *intr.* preexistir.
pre-existence (pri-egži·støns) *s.* preexistencia.
pre-existent (pri-egži·stønt) *adj.* preexistente.
prefabricate (to) (prifæ·brikeit) *tr.* prefabricar.
preface (pre·fis) *s.* prefacio, prólogo, preámbulo, exordio. 2 LITURG. prefacio.
preface (to) *tr.* prologar; comenzar. 2 decir a modo de introducción o de prólogo. 3 servir de introducción o preliminar a.
prefatory (pre·fatori) *adj.* de introducción, preliminar, dicho por vía de prólogo.
prefect (prī·fect) *s.* prefecto.
prefector(i)al (prīfecto·r(i)al) *adj.* prefectoral.
prefecture (prīfe·kchu') *s.* prefectura.
prefer (to) (prifø·') *tr.* preferir, anteponer. 2 promover, ascender, elevar, exaltar. 3 ofrecer, presentar. 4 recomendar. 5 DER. dar preferencia o prioridad. — 6 *intr.* escoger [entre]. ¶ CONJUG. pret. y p. p.: *preferred;* ger.: *preferring.*
preferable (pre·førabøl) *adj.* preferible.
preferableness (pre·førabølnis) *s.* calidad de preferible.
preferably (pre·førabli) *adv.* preferiblemente.
preference (pre·førøns) *s.* preferencia. 2 predilección. 3 cosa preferida. 4 promoción, ascenso. 5 DER. prioridad. — 6 *adj.* preferente, de preferencia : ~ *shares,* COM. acciones preferentes.
preferential (preføre·nshal) *adj.* preferente, de preferencia : ~ *voting,* votación en que el elector indica un segundo candidato para el caso de que aquel por quien vota no resulte elegido.
preferment (prifø·rmønt) *s.* ascenso, elevación, promoción, adelantamiento. 2 cargo, dignidad. 3 favorecimiento, apoyo. 4 DER. preferencia, prioridad.
prefiguration (prīfiguiure·shøn) *s.* prefiguración.
prefigurative (prī·figiiurativ) *adj.* que prefigura.
prefigure (to) (prīfi·guiø') *tr.* prefigurar. 2 prever, imaginar de antemano.
prefix (prī·fics) *s.* prefijo, afijo.

prefix (to) (prīfi·cs) *tr.* prefijar, anteponer.
prefloration (prīflore·shøn) *s.* BOT. prefloración.
prefoliation (prīfoulie·shøn) *s.* BOT. prefoliación.
preform (to) (prifo·'m) *tr.* formar con anterioridad.
preformation (prifo·me·shøn) *s.* formación anterior.
pregnable (pre·gnabøl) *adj.* expugnable.
pregnancy (pre·gnansi) *s.* preñez, embarazo. 2 fertilidad, fecundidad. 3 significado o fuerza latente, potencialidad. 4 cualidad de lo que está lleno de contenido, de posibles consecuencias.
pregnant (pre·gnant) *adj.* preñada, embarazada, encinta. 2 fértil, fecundo, abundante, copioso. 3 repleto, preñado, lleno. 4 importante, lleno de contenido, de posibles consecuencias. 5 poderoso, convincente, significativo.
pregnantly (pre·gnantli) *adv.* fecundamente, abundantemente.
preheat (to) (prīji·t) *tr.* calentar de antemano.
prehensible (prije·nsibøl) *adj.* capaz de ser asido o cogido.
prehensile (prije·nsil) *adj.* prensil.
prehension (prije·nshøn) *s.* prensión. 2 aprehensión [mental].
prehistoric(al (prījista·ric(al) *adj.* prehistórico.
prehistory (prīji·stori) *s.* prehistoria.
preignicion (prīigni·shøn) *s.* encendido anticipado [en un motor de explosión].
prejudge (to) (prīỹø·dỹ) *tr.* prejuzgar.
prejudg(e)ment (prīỹø·dỹmønt) *s.* acción de prejuzgar, prejuicio.
prejudice (pre·ỹudis) *s.* prejuicio, prevención, preocupación. 2 perjuicio, daño, detrimento : *to the ~ of,* en o con perjuicio de.
prejudice (to) *tr.* prevenir, predisponer, influir, hacer formar prejuicio. 2 perjudicar, dañar.
prejudicial (preỹudi·shal) *adj.* que induce a prejuicio. 2 perjudicial, nocivo. 3 DER. prejudicial.
prelacy (pre·lasi) *s.* prelacía, prelatura. 2 episcopado.
prelate (pre·lit) *s.* prelado.
prelatic(al (prilæ·tic(al) *adj.* prelaticio. 2 partidario del episcopado.
prelature (pre·lachø') *s.* prelatura. 2 episcopado.
prelect (to) (prile·ct) *intr.* disertar, hablar en público.
prelection (prile·cshøn) *s.* lección; conferencia.
prelector (prile·ctø') *s.* profesor, lector.
preliminarily (prili·minerili) *adv.* preliminarmente.
preliminary (prili·mineri), *pl.* **-ries** (-riš) *adj.* y *s.* preliminar. 2 *pl.* preliminares. 3 exámenes preliminares.
prelude (pre·liud) *s.* preludio. 2 prelusión, introducción.
prelude (to) *tr.* preludiar. 2 prefigurar. — 3 *intr.* entretenerse en preliminares.
preludial (priliu·dial) *adj.* preliminar, introductorio.
prelusion (priliu·shøn) *s.* prelusión.
prelusive (priliu·siv) *adj.* PRELUDIAL.
premature (prīmachurø') *adj.* prematuro.
prematurely (prīmachu·li) *adv.* prematuramente.
prematureness (primachu·rnis) *s.* calidad de prematuro.
prematurity (prīmachu·riti) *s.* calidad de prematuro. 2 madurez o sazón antes de tiempo. 3 precocidad.
premedical (prīme·dical) *adj.* preparatorio para el estudio de la medicina.
premeditate (to) (prīme·diteit) *tr.* premeditar. — 2 *intr.* reflexionar de antemano.
premeditatedly (prīme·diteitidli) *adv.* premeditadamente.
premeditation (prīmedite·shøn) *s.* premeditación.
premier (prī·miø') *adj.* primero, principal, el más antiguo. — 2 *s.* primer ministro.
première (premie·r) *s.* TEAT. estreno. 2 primera actriz.
premiership (prī·miø'ship) *s.* presidencia del consejo, cargo de primer ministro.
premise (pre·mis) *s.* LÓG. premisa. 2 cosa que se da por supuesta; condición existente anteriormente : *in the premises, in theses premises,* con referencia al asunto de que se trata. 3 *pl.* DER. parte de una escritura o título donde constan la fecha, los nombres, la descripción de la propiedad, el precio, etc. 4 local, establecimiento, casa, predio, etc. : *on the premises,* en el local, en la casa, en la finca.

PREPOSICIÓN / PREPOSITIONS

Traslado de la preposición

La preposición mediante la cual el verbo rige a un complemento se puede trasladar al final de la oración:

* En las oraciones interrogativas: whom are you speaking to? (o sea: to whom are you speaking?), ¿a quién habla usted?

* En las subordinadas que empiezan por un pronombre relativo: I did not know the man whom I was speaking with (o the man with whom I was speaking), yo no conocía al hombre con quien estaba hablando.

Esta construcción es obligatoria cuando el pronombre relativo es that, ya sea expreso o elíptico: he has the book (that) you are looking for, él tiene el libro que usted busca.

Omisión de la preposición

En algunas frases adverbiales o prepositivas y en ciertas expresiones, se omiten las preposiciones:

at: (at) every moment, en todo momento; (at) full speed, a toda velocidad; (at) that hour, entonces; (at) the next moment, un momento después; he looked (at) me in the face, me miró a la cara.

of: on board (of) the ship, a bordo del buque; (of) what use is this to me?, ¿de qué me sirve esto?

with: (with) tooth and nail, con dientes y uñas, encarnizadamente, desesperadamente.

---

premise (to) (pre mais̆) *tr.* sentar, establecer como premisas. 2 suponer preexistente; postular como una condición precedente. 3 exponer como una introducción.

premium (prī·mIøm) *s.* premio, galardón. 2 COM. premio, prima, interés: *at a ~*; con prima, por encima de la par; muy raro o valioso; muy solicitado.

premolar (prīmou·la'ᵣ) *adj.* y *s.* premolar [diente].

premonition (prīmonI·s̆øn) *s.* advertencia, aviso [de lo que va a suceder], prenuncio. 2 presentimiento, corazonada.

premonitor (prīmo·nItø') *s.* que advierte o previene.

premonitory (prima·nItorI) *adj.* premonitorio.

Premonstratensian (primanstrate·nsian) *adj.* y *s.* premonstratense.

prenatal (prīneI·tal) *adj.* prenatal.

prenotion (prīmou·s̆øn) *s.* prenoción.

prentice (pre·ntIs) *s.* fam. aprendiz.

preoccupancy (prīa·kiupansI) *s.* ocupación previa; acción o derecho de ocupar antes que otro. 2 preocupación, absorción, engolfamiento.

preoccupant (prīa·kiupant) *s.* el que ocupa antes que otro.

preoccupation (prīakiupe·s̆øn) *s.* preocupación. 2 prejuicio. 3 PREOCCUPANCY.

preoccupied (prīa·kiupaId) *adj.* preocupado [ocupado antes]. 2 absorto, abstraído, preocupado.

preoccupy (to) (prīa·kiupaI) *tr.* preocupar [ocupar antes que otro]. 2 preocupar, absorber la atención; predisponer.

preordain (to) (prīo'deIn) *tr.* preordinar.

preordination (prīo'dine·s̆øn) *s.* preordinación.

prepaid (prīpeI·d) *adj.* pagado por adelantado; con porte pagado.

preparation (prepare·s̆øn) *s.* preparación. 2 apresto, preparativo. 3 preparado, confección.

preparative (prepæ·ratIv) *adj.* preparativo, preparatorio, necesario como preparación. — 2 *s.* preparativo, apresto.

preparatively (prīpæ·ratIvI) *adv.* previamente, anticipadamente.

preparator (prīpe·ratø') *s.* preparador [de ejemplares de historia natural].

preparatorily (prīpæ·ratorIlI) *adv.* preparatoriamente.

preparatory (prīpæ·ratorI) *adj.* preparatorio. 2 que se prepara, que sigue un curso preparatorio. — 3 adv. *preparatory* to, antes de, como preparación para.

prepare (to) (prīpe·æ'ᵣ) *tr.* preparar. 2 prevenir, dis-
poner, aparejar, aprestar. 3 equipar, pertrechar. — 4 *intr.* prepararse, disponerse. 5 hacer preparativos.

preparedly (prīpe·rIdlI) *adv.* con preparación.

preparedness (prīpe·rIdnIs) *s.* estado de preparación.

preparer (prīpe·ærø') *s.* preparador.

prepay (to) (prīpeI·) *tr.* pagar por adelantado. 2 franquear [una carta]. ¶ CONJUG. pret. y p. p.: *prepaid*.

prepayment (prīpeI·mønt) *s.* pago adelantado. 2 franqueo.

prepense (prīpe·ns) *adj.* premeditado, deliberado: *with malice ~*, DER. maliciosa y premeditamente.

preponderance (prīpa·ndørans), **preponderancy** (-sI) *s.* preponderancia.

preponderant (prīpa·ndørant) *adj.* preponderante.

preponderate (to) (prepa·ndøreIt) *tr.* preponderar.

preponderation (prīpa·ndøres̆øn) *s.* PREPONDERANCE.

prepose (to) (prīpou·s̆) GRAM. anteponer.

preposition (prepos̆I·s̆øn) *s.* GRAM. preposición. 2 GRAM. anteposición.

prepositional (prepos̆I·s̆ønal) *adj.* GRAM. prepositivo.

prepositive (prīpa·s̆ItIv) *adj.* GRAM. antepuesto, prefijo. — 2 *s.* GRAM. partícula prepositiva.

prepositor (prīpo·s̆Itø') *s.* estudiante que tiene a su cargo la disciplina de otros.

prepossess (to) (prīpos̆e·s) *tr.* preocupar, tomar posesión antes. 2 imbuir [de una idea, sentimiento, etc.]. 3 predisponer favorablemente, causar buena impresión.

prepossessing (prīpos̆e·sing) *adj.* simpático, atractivo, que causa buena impresión.

prepossession (prīpos̆e·s̆øn) *s.* posesión u ocupación previa. 2 simpatía, preferencia, predisposición favorable; impresión favorable.

preposterous (prīpa·størøs) *adj.* prepóstero. 2 absurdo, descabellado, sin ton ni son; ridículo, grotesco.

preposterously (prīpa·størøslI) *adv.* absurdamente, descabelladamente, ridículamente.

preposterousness (prīpa·størøsnIs) *s.* absurdidad, ridiculez.

prepotence (prīpou·tøns), **prepotency** (-sI) *s.* prepotencia; predominio.

prepotent (prīpou·tønt) *adj.* prepotente, predominante.

preprandial (prīpræ·ndIal) *adj.* que ocurre o se hace antes de comer.

prepuce (pri·pius) *s.* prepucio.
pre-Raphaelite (pri·ræ·fielait) *s.* prerrafaelista.
Pre-Raphaelitism (pri·ræfielitišm) *s.* prerrafaelismo.
prerequisite (prire·cuišit) *adj.* previamente necesario, requerido. — *2 s.* requisito previo.
prerogative (prira·gativ) *aaj.* privilegiado. — *2 s.* prerrogativa, privilegio.
presage (pre·sidỹ) *s.* presagio, anuncio. 2 predicción, pronóstico. 3 presentimiento.
presage (to) (prisei·dỹ) *tr.* presagiar, anunciar. 2 predecir, pronosticar. 3 presentir.
presageful (prisei·dỹful) *adj.* presagioso, présago.
presanctified (prisæ·nctifaid) *s.* presantificado.
presbyope (pre·šbioup) *s.* MED. présbite.
presbyopia (prešbiou·pia) *s.* MED. presbicia.
presbyopic (prešbiou·pic) *adj.* présbite.
presbyopy (pre·šbioup) *s.* PRESBIYOPIA.
presbyter (pre·šbitøʳ) *s.* presbítero.
presbyterate (prešbi·tøreit) *s.* presbiterado. 2 conjunto de los presbíteros.
presbyterial (presbiti·rial) *adj.* presbiteral.
Presbyterian (presbiti·rian) *adj. y s.* presbiteriano.
Presbyterianism (presbiti·rianišm) *s.* presbiterianismo.
presbytery (pre·šbiteri), *pl.* **-ries** (-riš) *s.* presbiterio. 2 rectoría, casa rectoral. 3 sínodo de una iglesia presbiteriana.
preschool (pri·scu·l) *adj.* preescolar.
prescience (pri·shiens) *s.* presciencia.
prescient (pri·shient) *adj.* presciente.
prescind (to) (prisi·nd) *tr.* abstraer, separar [en el pensamiento]. — *2 intr. to ~ from,* prescindir, hacer abstracción de.
prescribe (to) (priscrai·b) *tr.* prescribir [ordenar; recetar]. — *2 tr. e intr.* DER. prescribir. — *3 intr.* mandar, dictar.
prescriptible (priscri·ptibøl) *adj.* prescriptible. 2 adquirible por prescripción.
prescription (priscri·pshøn) *s.* prescripción [orden, precepto, regla; receta]. 2 MED. remedio prescrito. 3 DER. prescripción.
prescriptive (priscri·ptiv) *adj.* que prescribe. 2 establecido por el uso, acostumbrado. 3 DER. determinado por la prescripción o basado en ella.
presence (pre·søns) *s.* presencia. : *~ of mind,* presencia de ánimo, serenidad; *in the ~ of,* en presencia de. 2 aire, porte. 3 cualidades personales, persona, personalidad. 4 persona de elevada dignidad; soberano. — *5* adj. *presence chamber,* salón de audiencias; salón donde recibe un soberano o una persona de elevada dignidad.
present (pre·sønt) *adj.* presente : *to ve ~,* estar presente; *to be ~ at,* estar presente en, asistir a, presenciar; *the ~ company excepted,* mejorando lo presente. 2 actual, corriente : *~ value, ~ worth,* valor actual. 3 GRAM. activo, de presente [participio]. — *4 adj. y s.* GRAM. presente [tiempo]. — *5 s.* presente [tiempo actual], la actualidad : *at ~,* al presente, actualmente, ahora; *jor the ~,* por el presente, por lo presente, por ahora. 6 asunto presente que se tiene entre manos. 7 MIL. posición de presenten armas. 8 presente, regalo, don, estrena. 9 *pl.* DER. las escrituras o documentos presentes: *know all men by these presents,* sepan todos por las presentes.
present (to) (prise·nt) *tr.* presentar: *to ~ a person to another,* presentar una persona a otra; *to ~ arms,* MIL. presentar armas; *to ~ itself,* presentarse, ofrecerse, surgir; *to ~ oneself,* presentarse, personarse. 2 ofrecer [un aspecto, sus respetos, etc.]. 3 mostrar, exponer; describir. 4 apuntar, asestar [un arma]. 5 ofrecer, regalar, obsequiar con : *to ~ a person with a thing,* regalar una cosa a una persona.
presentability (prešentabi·liti) *s.* calidad de presentable.
presentable (preše·ntabøl) *adj.* presentable.
presentation (prešente·shøn) *s.* presentación : *on ~,* COM. a presentación. 2 ECL. derecho de presentación o de patronato. 3 exhibición, representación. 4 OBST. presentación del feto. 5 obsequio, regalo. 6 ofrecimiento, entrega solemne, de un regalo u obsequio. 7 *the Presentation,* fiesta de la Candelaria. — *8 adj.* de regalo u obsequio : *~ copy,* ejemplar de regalo con dedicatoria.
present-day *adj.* actual, de hoy, del día.
presentee (prešenti) *s.* ECLES. presentado. 2 el que recibe un regalo.

presenter (priše·ntøʳ) *s.* presentador. 2 presentero. 3 el que hace un regalo.
presential (prišenshal) *adj.* relativo al presente. 2 GRAM. formado con la raíz del presente.
presentient (prišentiønt) *adj.* que presiente.
presentiment (prišentimønt) *s.* presentimiento.
presently (pre·søntli) *adv.* presentemente. 2 luego, dentro de poco, al poco rato.
presentment (prišentmønt) *s.* presentación. 2 exhibición. 3 aspecto. 4 retrato, imagen, representación. 5 indicación, sugestion. 6 DER. acusación.
preservable (prišø·ʳvabøl) *adj.* preservable, conservable.
preservation (prešøʳvesshøn) *s.* preservación. 2 conservación, mantenimiento.
preservative (prišøʳvativ) *adj.* preservativo, profiláctico. 2 conservativo. — *3 s.* preservativo; defensa. 4 substancia añadida a los productos que se ponen en conserva para que se mantengan.
preservatory (prišøʳvatori), *pl.* **-ries** (-riš) *s.* sitio para conservar. 2 asilo para mujeres pobres o sin trabajo.
preserve (prišøʳv) *s.* conserva, compota, confitura. 2 vedado, coto. — *3 adj.* de conservas, etc. : *~ jar,* bote o tarro de conservas o confituras.
preserve (to) (prišøʳv) *tr.* preservar, resguardar, proteger. 2 conservar, mantener; retener. 3 guardar, observar. 4 conservar [poner en conserva], curar, confitar.
preserved (prišøʳvd) *adj.* en conserva, confitado, en almíbar : *~ meat,* carne en conserva.
preserver (prišøʳvøʳ) *s.* preservador, conservador. 2 conservero; confitero.
preside (to) (prisai·d) *intr. to ~ at u over,* presidir: dirigir, gobernar. 2 estar en primer lugar, en lugar distinguido. — *3 tr.* dirigir, mandar.
presidency (pre·sidønsi), *pl.* **-cies** (-siš) *s.* presidencia.
president (pre·sidønt) *s.* presidente. 2 rector [de ciertas universidades].
presidentess (pre·sidøntis) *s.* presidenta.
presidential (prešide·nshal) *adj.* presidencial. 2 *~ year,* (EE. UU.) año de elecciones presidenciales.
presidentship (pre·sidøntship) *s.* presidencia [cargo, duración].
presider (prišai·døʳ) *s.* presidente, el que preside.
presidial (prišì·dial) *adp.* presidencial. 2 MIL. de un presidio o guarnición. 3 MIL. guarnicionado.
presiding (prišai·ding) *adj.* presidente, que preside: *~ officer,* presidente. — *2 s.* presidencia [acción de presidir].
presidium (prišì·diøm) *s.* presidium [órgano de gobierno soviético].
press (pres) *s.* multitud, tropel, muchedumbre. 2 apretura, apiñamiento. 3 empuje, presión, apretón. 4 pliegue [de una prenda planchada]. 5 prisa, apremio, presión; cúmulo de negocios. 6 prensa [máquina] : *to go to ~,* entrar en prensa; *in ~,* en prensa. 7 prensa [periódicos] : *to have a good o bad ~,* tener buena o mala prensa. 8 imprenta, estampa. 9 armario. 10 FOT. prensa. 11 MIL. leva, enganche. 12 MAR. *to carry a ~ of sail,* hacer fuerza de vela. — *13 adj.* de prensa, de imprenta, de enganche, etc. : *~ agent,* agente de publicidad; *~ box, ~ gallery,* tribuna de la prensa; *~ cutting, ~ clipping,* recorte de prensa; *~ conference,* conferencia de prensa, entrevista con los periodistas; *~ copy,* copia sacada en la prensa de copiar; *~ gang,* MIL. patrulla de enganche; *~ money,* prima de enganche; *~ proof,* IMPR. prueba de prensa.
press (to) *tr.* apretar, recalcar, oprimir, comprimir, pisar. 2 apiñar. 3 impeler. 4 prensar, planchar, laminar : *to ~ clothes,* alisar o planchar ropa. 5 estrujar, exprimir. 6 abrumar, angustiar. oprimir; apurar : *to be pressed for money,* estar apurado o necesitado de dinero. 7 compeler, obligar. 8 apresurar, dar prisa, apremiar. 9 instar, rogar. 10 insistir en, encarecer : *to ~ one's point,* insistir uno en su punto de vista o argumento, porfiar. 11 estrechar, acosar, perseguir, hostigar. 12 estrechar [en sus brazos]. 13 MIL. hacer leva de, enganchar : *to ~ into service,* enganchar [soldados]; fig. poner a trabajar. — *14 intr.* pesar, ejercer presión. 15 abrirse paso, avanzar, apiñarse, agolparse, embestir, arremeter : *to ~ on o forward* empujar hacia adelante, avanzar, arremeter. 16 influir en el ánimo. 17 instar; importunar. 18 urgir, apremiar.

pressboard (pres·bo'd) *s.* cartón prensado.
presser (pre·sø') *s.* prensador, aprensador, satinador. 2 planchador. 3 prensa [para la uva, etc.]. *4 presser* o ~ *foot,* prensatelas de una máquina de coser.
pressing (pre·sing) *adj.* urgente, apremiante, importante. 2 importuno. 3 de prensar o planchar : ~ *boards,* cartones de satinar; tablillas de encuadernar; ~ *iron,* plancha. — *4 s.* prensado, prensadura. *5* ~ *out,* expresión [acción de extraer el zumo, etc.]. *6* ~ *together,* apiñamiento.
pressman (pres·mæn), *pl.* **-men** (-men) *s.* prensador. 2 prensista. 3 (Ingl.) periodista.
pressmark (pres·ma'c) *s.* signatura [que indica el lugar de un libro en una biblioteca].
pressmark (to) *tr.* poner la signatura en un libro, etc.
pressroom (pres·rum) *s.* IMPR. sala de prensas.
pressure (pre·shør) *s.* presión. 2 prensadura. 3 apretón. *4* impulso, empuje. *5* fuerza que obliga. *6* urgencia, premura, apremio, *7* peso, aflicción, presión. *8* fuerza electromotriz. *9* ELECT. tensión. *10* tensión nerviosa. — *11 adj.* de presión, tensión, etc. : ~ *coil,* bobina de tensión; ~ *cooker,* autoclave; estufa de presión; ~ *gauge,* manómetro, indicador de presión; ~ *group,* POL. minoría que ejerce influencia sobre los legisladores o la opinión pública; ~ *tube,* QUÍM. probeta cerrada para reacciones a elevada presión.
presswoman (pre·swumæn), *pl.* **-women** (-ui·min) *s.* periodista [mujer].
presswork (pre·suø'k) *s.* trabajo de prensa. 2 IMPR. impresión, tirada. 3 CARP. encolado de chapas.
prestation (preste·shøn) *s.* prestación [servicio obligado].
prester (pre·stø') *s.* preste : ~ *John,* el Preste Juan.
prestidigitation (prestidiÿite·shøn) *s.* prestidigitación.
prestidigitator (prestidiÿitei·tø') *s.* prestidigitador.
prestige (pre·stiÿ) *s.* prestigio.
presto (pre·stou) *adv.* MÚS. presto. 2 pronto, rápidamente. — *3 adj.* pronto, rápido
presumable (prišiu·mabøl) *adj.* presumible. 2 de esperar, razonable.
presumably (prišiu·mabli) *adv.* presumiblemente, probablemente.
presume (to) (prišiu·m) *tr.* presumir, suponer, dar por sentado. 2 esperar, tener confianza de. 3 atreverse. — *4 intr.* presumir; obrar presuntuosamente. *5 to* ~ *on* o *upon,* abusar de; *to* ~ *to,* tomarse la libertad de.
presumedly (prisiu·mdli) *adv.* supuestamente.
presumer (prišiu·mø') *s.* el que presume. 2 persona presuntuosa.
presumption (prišø·mpshøn) *s.* presunción, suposición. 2 esperanza, confianza [gralte. desordenada]. 3 motivo para presumir o suponer. 4 presunción, orgullo, arrogancia, atrevimiento, desvergüenza.
presumptive (prišø·mptiv) *adj.* presuntivo, presunto, supuesto. 2 probable. 3 que da motivo para presumir o suponer.
presumptively (prišø·mptivli) *adv.* presuntivamente.
presumptuous (prišø·mpchuøs) *adj.* presuntuoso, arrogante. 2 atrevido, desenvuelto.
presumptuously (prišø·mpchuøsli) *adv.* presuntuosamente.
presumptuousness (prišu·mpchuøsnis) *s.* presunción, presuntuosidad, atrevimiento.
presuppose (to) (prisøpou·s) *tr.* presuponer [dar por sentado o por cierto].
presupposition (prisøpouši·shøn) *s.* presuposición.
pretence (prite·ns) *s.* pretensión. 2 presunción, ostentación, afectación. 3 fingimiento, simulación, apariencia, pretexto, capa : *under false pretences,* con engaño, con dolo; *under* ~ *of,* so pretexto o so capa de.
pretend (to) (prite·nd) *tr.* aparentar, fingir, simular, hacer como que; alegar falsamente : *to* ~ *to be,* fingirse, dárselas de, hacer o hacerse de. 2 intentar. — *3 tr.* e *intr.* pretender, reclamar aspirar a : *to* ~ *to,* pretender a.
pretended (prite·ndid) *adj.* fingido, supuesto, aparente.
pretendedly (prite·ndidli) *adv.* fingidamente, supuestamente, aparentemente.
pretender (prite·ndø') *s.* pretendiente [a un trono etc.]. 2 fingidor, hipócrita.
pretense (prite·ns) *s.* PRETENCE.

pretension (prite·nshøn) *s.* pretensión. 2 boato. 3 afirmación gratuita, pretexto.
pretentious (prite·nshøs) *adj.* pretencioso, aparatoso, ostentoso, de pretensiones; cursi. 2 ambicioso, vasto.
pretentiously (prite·nshøsli) *adv.* con presunción, ostentosamente, pomposamente.
pretentiousness (prite·nshøsnis) *s.* presunción. 2 ostentación, boato; cursilería.
preterit(e (pre·tørit) *adj.* pretérito, pasado. 2 GRAM. definido [pretérito]. — *3 s.* GRAM. pretérito definido.
preterition (pretøri·shøn) *s.* preterición.
pretermission (pritørmi·shon) *s.* pretermisión. 2 RET. preterición.
pretermit (to) (pritø·mi·t) *tr.* pretermitir, omitir, pasar por alto. 2 interrumpir, intermitir.
preternatural (pritø'næ·chural) *adj.* preternatural.
preternaturally (pritø'næ·churali) *adv.* preternaturalmente.
preternaturalness (pritø'næ·churalnis) *s.* calidad de preternatural.
pretext (pri·te·cst) *s.* pretexto.
pretext (to) *tr.* pretextar.
pretor (pri·tø') *s.* pretor.
pretorial (prito·rial), **pretorian** (prito·rian) *adj.* pretorial.
prettier (pri·tiø') *adj. comp.* de PRETTY.
prettiest (pri·tiist) *adj. superl.* de PRETTY.
prettify (to) (pri·tifai) *tr.* embellecer, adornar, acicalar. ¶ CONJUG. pret. y p. p. : *prettified.*
prettily (pri·tili) *adv.* lindamente, bonitamente. 2 agradablemente. 3 considerablemente. 4 bastante, pasablemente.
prettiness (pri·tinis) *s.* lindeza, gentileza, bonitura.
pretty (pri·ti) *adj.* lindo, bonito, bello, gentil; mono, gracioso, elegante. 2 agradable, interesante. 3 bueno, excelente [a veces irónicamente]. 4 regular, pasadero; considerable : *a* ~ *penny,* fam. un dineral, un buen pico. — *5 adv.* algo, un tanto, bastante : ~ *much,* casi; ~ *well,* bastante bien, medianamente.
pretty-pretty *s.* fam. chuchería.
prettyism (pri·tiišm) *s.* afectación de elegancia [en el estilo, etc.].
prevail (to) (privei·l) *intr.* prevalecer, triunfar : *to* ~ *against* o *over,* prevalecer sobre, triunfar de. 2 predominar, preponderar; reinar, estar en boga, ser general o corriente. 3 *to* ~ *on, upon* o *with,* influir, convencer, persuadir, inducir.
prevailing (privei·ling) *adj.* prevaleciente, predominante. 2 reinante, imperante, común, general, en boga : ~ *winds,* vientos dominantes. 3 eficaz, conmovedor.
prevalence (pre·valøns), **prevalency** (-si) *s.* predominio, preponderancia. 2 boga, uso o aceptación general.
prevalent (pre·valønt) *adj.* reinante, corriente, general, en boga. 2 poderoso. 3 victorioso, triunfante.
prevaricate (to) (privæ·rikeit) *intr.* usar de equivocos o argucias para engañar; deformar la verdad, mentir. 2 DER. prevaricar.
prevarication (priværike·shøn) *s.* tergiversación, mentira, subterfugio, superchería. 2 DER. prevaricación.
prevaricator (privæ·rikeitø') *s.* tergiversador, embustero. 2 prevaricador.
prevenient (privi·niønt) *adj.* previo, precedente. 2 preventivo; previsor.
prevent (to) (prive·nt) *tr.* prevenir, precaver, evitar. 2 impedir, estorbar. 3 anticiparse, adelantarse a. — *4 intr.* obstar.
preventative (prive·ntativ) *adj.* y *s.* PREVENTIVE.
preventer (prive·ntø') *s.* estorbador, evitador. 2 preventivo. 3 MAR. cabo, estay, perno o pieza auxiliar : ~ *stay,* contrastay.
preventible (prive·ntibøl) *adj.* evitable.
prevention (prive·nshøn) *s.* evitación, estorbo, embarazo, obstáculo, impedimento. 2 prevención, precaución, caución.
preventive (prive·ntiv) *adj.* impeditivo. 2 preventivo; profiláctico.
preventorium (privento·riøm) *s.* MED. preventorio.
preview (pri·viu) *s.* vista o inspección previa. 2 CINE. avance. 3 CINE. preestreno.
preview (to) *tr.* ver o inspeccionar de antemano.
previous (pri·viøs) *adj.* previo : ~ *question,* proposición que se presenta en una asamblea le-

gislativa para decidir por votación si se ha de poner término a un debate. 2 anterior, precedente. 3 fam. prematuro, anticipado. — 4 adv. ~ to, antes de.

previously (pri·viøsli) *adv.* previamente. 2 anteriormente, con antelación, de antemano, anticipadamente.

previousness (pri·viøsnis) *s.* anterioridad, prioridad.

previse (to) (privai·š) *tr.* prever, conocer de antemano.

prevision (privi·ȳøn) *s.* previsión, presciencia; pronóstico.

previsional (privi·ȳønal) *adj.* caracterizado por previsión.

prewar (pri·uoʳ) *adj.* de antes de la guerra.

prey (prei) *s.* presa, rapiña, pillaje, depredación: *bird of* ~, ave de rapiña. 2 presa, botín, despojo, víctima : *to fall a* ~ *to*, ser presa de.

prey (to) *intr.* cazar y devorar [la presa]. 2 rapiñar, pillar, robar, hacer presa. 3 destruir, consumir, remorder, preocupar, agobiar. | Con *on, upon* y, a veces, *at* : *to* ~ *upon one's mind,* preocupar, enloquecer.

Priam (prai·æm) *n. pr.* Príamo.

priapism (prai·apišm) *s.* MED. priapismo. 2 libertinaje.

pribble (pri·bøl) *s.* disputa o conversación tontas.

price (prais) *s.* precio; coste, costa : *cost* ~, precio de coste ; *full* ~, *selling* ~, precio de venta al por menor ; *set* ~, precio fijo; *at a* ~, muy caro o con mucho sacrificio; *at any* ~, a toda costa, a todo trance ; *to set a* ~ *on,* poner precio a ; *what is the* ~ *of this?*, ¿cuánto vale esto? 2 valor, valía, importe. 3 curso [en Bolsa] : *opening* ~, primer curso; *closing* ~, último curso. — 4 *adj.* de precios, coste, etc. : ~ *ceiling,* máximo de precios, precio tope ; ~ *control,* regulación o intervención de los precios ; ~ *current,* boletín de cotizaciones o precios corrientes ; ~ *list,* lista de precios ; ~ *tag,* ~ *ticket,* etiqueta, marbete [con el precio].

price (to) *tr.* apreciar, estimar, tasar, valuar, poner precio a. 2 fam. pedir el precio de. 3 *priced catalogue,* catálogo de precios.

price-fixing *s.* (Am.) tasación, fijación oficial de precios.

priceless (prai·slis) *adj.* inapreciable, inestimable, que no tiene precio.

prick (pric) *s.* pinchazo, punzada, picadura, alfilerazo. 2 punzada, resquemor, escrúpulo : *pricks of conscience,* remordimientos. 3 aguijón, púa. 4 estímulo, acicate. 5 punto, momento. 6 rastro [de la liebre]. 7 diana [de un blanco para tirar con arco]. — 8 *adj.* ~ *ear,* oreja aguzada, tiesa; ~ *punch,* punzón de acero.

prick (to) *tr.* pinchar, punzar, picar, agujerear; marcar con agujeritos. 2 hacer [agujeritos]. 3 aguijonear, espolear, impulsar, incitar. | Gralte. con *on* u *off.* 4 avivar, aguzar; enderezar. | Gralte. con *up* : *to* ~ *up one's ears,* aguzar los oídos o las orejas. 5 (Ingl.) mover [un bote] con percha. 6 seguir [la liebre] por sus huellas. 7 MAR. hacer una costura [en una vela]. 8 MAR. seguir [el rumbo] en la carta de marear. 9 *to* ~ *out* u *off,* trasplantar [de la almáciga]. — 10 *intr.* pinchar, punzar, escocer. 11 agriarse, torcerse. 12 galopar. 13 aguzarse, enderezarse.

pricker (pri·køʳ) *s.* punzón, aguijón. 2 espina, púa. 3 rueda dentada para hacer líneas de agujeros. 4 el que pica o aguijerea.

pricket (pri·kit) *s.* candelero con punta en que se clava la bujía. 2 ZOOL. gamo de uno o dos años.

pricking (pri·king) *s.* punzante. — 2 *s.* punzadura, picada, picadura, aguijoneadura.

prickle (pri·køl) *s.* pincho, púa, espina. 2 ardor, comezón.

prickle (to) *tr.* punzar, producir picazón. — 2 *intr.* sentir una punzada o picazón.

prickliness (pri·clinis) *s.* calidad de espinoso. 2 irritabilidad, susceptibilidad.

prickly (pri·cli) *adj.* espinoso, lleno de púas : *prickly pear,* BOT. chumbera; higo chumbo; ~ *poppy,* BOT. argemone. 2 que pica o causa picazón : ~ *heat,* erupción debida al calor. 3 irritable, susceptible.

pricktimber (pri·ctimbøʳ), **prickwood** (pri·cwud) *s.* BOT. bonetero. 2 BOT. cornejo.

pride (prai·d) *s.* orgullo : *to take* ~ *in,* enorgullecerse de. 2 dignidad, amor propio, respeto de sí mismo. 3 soberbia, altanería, altivez, engreimiento, arrogancia, desdén. 4 vanagloria. 5 pompa, aparato, esplendor, ostentación. 6 BLAS. *in his* ~, con la cola desplegada [pavo o pavo real]. 7 *pride of the morning,* niebla o chubasco al amanecer.

pride (to) *tr.* enorgullecer. 2 *to* ~ *oneself on* o *upon,* enorgullecerse, vanagloriarse de. — 3 *intr.* enorgullecerse, ensoberbecerse. | A veces con *it.*

prideful (prai·dful) *adj.* orgulloso. 2 altanero.

prier (prai·øʳ) *s.* escudriñador, inquiridor, curioso, fisgón, husmeador.

priest (prist) *m.* sacerdote. 2 presbítero.

priestcraft (pri·stcræft) *s.* maquinación o intriga atribuida a los sacerdotes.

priestess (pri·stis) *f.* sacerdotisa.

priesthood (pri·stjud) *s.* sacerdocio.

priestly (pri·stli) *adj.* sacerdotal.

priest-ridden *adj.* dominado por un sacerdote o por los sacerdotes.

prig (prig) *s.* pedante, presuntuoso; gazmoño; persona ofensivamente rígida o formalista. 2 pop. ladrón.

priggish (pri·guish) *adj.* pedantesco; presuntuoso; gazmoño, afectadamente rígido.

priggishness (pri·guishnis), **priggism** (pri·guišm) *s.* pedantería, presunción. 2 gazmoñería, rigidez afectada.

prim (prim) *adj.* relamido, etiquetero, estirado, afectadamente decoroso. 2 exageradamente ordenado, exacto o preciso.

prim (to) *tr.* cerrar [la boca], apretar, fruncir [los labios], con gesto estirado. — 2 *intr.* poner gesto estirado. — 3 *tr.* e *intr.* arreglar, vestir con severidad afectada.

primacy (prai·masi) *s.* primacía, supremacía. 2 primacía [dignidad de primado].

primaeval (praimi·val) *adj.* PRIMEVAL.

prima-facie (prai·ma fei·shii) lat. DER. *prima-facie evidence,* prueba suficiente para justificar la presunción de un hecho.

primage (prai·midȳ) *s.* MAR. capa, quintalada.

primal (prai·mal) *adj.* primero, prístino, original. 2 principal, fundamental.

primarily (prai·merili) *adv.* primariamente, en primer lugar; originalmente. 2 primariamente, principalmente, fundamentalmente.

primariness (prai·merinis) *s.* primacía, prioridad, supremacía.

primary (prai·meri), *pl.* **-ries** (-riš) *adj.* primario : ~ *coil,* ELECT. bobina primaria, bobina de inducción ; ~ *education,* primera enseñanza, enseñanza primaria ; ~ *election,* elección preliminar para designar candidatos; ~ *motion,* ~ *planet,* ASTR. movimiento primario, planeta primario; ~ *school,* escuela primaria. 2 primero, prístino; de origen; hecho en el primer momento, período, etc. : ~ *amputation,* CIR. amputación efectuada antes de que sobrevenga la inflamación; ~ *point,* COM. centro de distribución de productos agrícolas. 3 capital, principal, fundamental : ~ *accent,* acento principal. 4 elemental : ~ *colours,* colores elementales, colores del espectro solar. — 5 *s.* lo principal. 6 ELECT. circuito primario. 7 pluma primaria [de una ave]; ala delantera [de un insecto]. 8 planeta primario. 9 POL. (EE. UU.) elección preliminar o reunión de electores para designar candidatos; elección de compromisarios o delegados para una elección de segundo grado.

primate (prai·mit) *s.* el primero o superior. 2 primado. 3 ZOOL. primate.

primateship (prai·mitship) *s.* primacía, primado [dignidad del primado].

primatial (praimei·shal) *adj.* primacial.

prime (praim) *s.* prima [hora]. 2 principio, albor, alba, aurora, amanecer, primavera. 3 flor de mayor perfección, desarrollo, etc.; *the* ~ *of life,* la flor de la vida o de la edad, la edad viril. 4 el principal, el mejor [de un grupo]. 5 flor, crema, nata, lo mejor, lo más escogido. 6 MAT. número primo. 7 minuto [división de un grado]. 8 ESGR. prima. 9 signo (′), como en *a′.* — 10 *adj.* primero, primario, principal : ~ *conductor,* colector [de una máquina eléctrica] ; ~ *meridian,* primer meridiano ; ~ *minister,* primer ministro; ~ *mover,* fuente de energía o fuerza

motriz ; máquiña generadora de fuerza motriz ;
móvil primero o principal ; alma [de una empresa, etc.] ; ~ vertical, ASTR. vertical primario,
primer vertical. 11 superior, excelente, primoroso, de primera calidad o clase. 12 MAT. primo
[número] : relatively ~, primos entre sí. 13 marcado con (') : a prime, a prima. 14 ~ cost.
costo de fabricación o de producción [material
y trabajo únicamente].
prime (to) tr. cebar [una arma de fuego, una
bomba, etc.]. 2 preparar, imprimar, dar la primera mano de color, etc., a. 3 preparar, aleccionar, informar, instruir de antemano. 4 poner
el signo (') a. 5 pop. achispar. — 6 intr. acelerarse la marea. 7 arrastrar agua pulverizada con
el vapor [dicho de una caldera de vapor].
primely (praiˈmli) adv. fam. excelentemente.
1) **primer** (priˈmøʼ) s. abecedario, cartilla de lectura. 2 compendio [libro]. 3 IMPR. long ~, entredós [tipo de 10 puntos] ; great ~, texto [tipo
de 18 puntos].
2) **primer** (praiˈmøʼ) s. ARTILL. pistón, fulminante.
2 el que ceba una arma, etc. 3 imprimador.
primeval (praimiˈval) adj. primitivo, prístino ; original, primero.
primigenial (praimiˈʒiˈnial) adj. primogénito. 2
primigenio.
priming (praiˈming) s. preparación ; aleccionamiento. 2 ARTILL., MEC. cebo. 3 PINT. primera mano ; imprimación. — 4 adj. de imprimar ; de cebar :
~ tool, imprimadera ; ~ hole, ART. oído ;
~ tube, estopín.
primipara (praimiˈpæræ) s. primípara.
primiparous (praimiˈpærøs) adj. primeriza, pri-
mínara.
primitive (priˈmitiv) adj. primitivo. 2 primero,
prístino. 3 BIOL. inferior, poco evolucionado ;
rudimentario. — 4 s. B. ART. primitivo [artista].
primitively (priˈmitivli) adv. primitivamente.
primitiveness (priˈmitivnis) s. estado o carácter
primitivo.
primitivism (priˈmitiviʃm) s. primitivismo.
primitivist (priˈmitivist) adj. y s. primitivista.
primly (priˈmli) adv. con remilgo, tiesura, afectación o exceso de formalidad.
primness (priˈmnis) s. remilgo, tiesura, afectación.
exceso de formalidad.
primogenital (praimouˈʒeˈnital), **primogenitary** (prai-
mouˈʒeˈniteri) adj. de la primogenitura.
primogenitor (praimouˈʒeˈnitøʼ) s. antepasado.
primogeniture (praimouˈʒeˈnichøʼ) s. primogenitura.
primordial (praimoˈʼdial) adj. primordial. 2 original, primitivo. 3 inicial, rudimentario.
primordiality (praimoˈʼdiæˈliti) s. primordialidad. 2
carácter primitivo.
primp (primp) tr. vestir, arreglar. — 2 intr. vestirse o conducirse de un modo afectado.
primrose (priˈmrouʃ) s. BOT. vellorita, primavera. 2
nombre de otras plantas. 3 color amarillo verdoso claro. 4 inocente. — 5 adj. de color amarillo verdoso claro. 6 florido, gayo : ~ path, sendero florido ; vida dada a los placeres de los
sentidos. 7 Primrose Day, aniversario de la muerte de Disraeli [el 19 de abril].
Primulaceae (primiuleˈshii) s. pl. primuláceas.
primus (priˈmus) adj. primero.
prince (prins) s. príncipe ; ~ consort, marido de
la reina ; Prince of Darkness, príncipe de las
tinieblas ; Prince of the Church, príncipe de la
Iglesia ; ~ royal, príncipe h redero 2 Prínce
Albert, gabán largo y cruzado ; especie de zapatillas.
princedom (priˈnsdøm) s. principado.
princelet (priˈnslit) **princeling** (priˈnsling) s. principillo.
princelike (priˈnslaic) adj. de príncipe, principesco.
princeliness (priˈnslines) s. munificencia, nobleza,
magnificencia.
princely (priˈnsli) adj. principesco, digno de un
príncipe ; munífico ; noble, magnífico, regio.
princeps (priˈnseps) adj. príncipe [edición].
princess (priˈnsis) f. princesa ; ~ royal, hija mayor
de un soberano.
principal (priˈnsipal) adj. principal, primero, más
importante. 2 ARQ. maestro. 3 GRAM. principal. 4
GRAM. ~ part, forma verbal de la cual se derivan
otras. — 5 s. principal, jefe. 6 director o rector
de un colegio. 7 DER. principal, poderdante. 8
principal, capital [con relación a rédito]. 9 DER.

autor de un delito [a distinción de cómplice o
encubridor].
principality (prinsøpæˈliti) s. principado [territo-
rio, jurisdicción]. 2 pl. principados [espíritus an-
gélicos].
principally (priˈnsipali) adv. principalmente.
principalness (priˈnsipalnis) s. principalidad.
principate (priˈnsipeit) s. principado.
principle (priˈnsipøl) s. principio [causa, origen,
fundamento, razón]. 2 principio [verdad fundamental, regla, máxima, ley]. 3 QUÍM. principio.
4 carácter esencial, esencia. 5 dote o facultad natural. 6 in ~, en principio ; on ~, por principio.
principle (to) tr. imbuir o arraigar principios.
Ús. esp. en p. p. : high-principled, de principios
elevados, probo, honrado.
prink (to) (prink) tr. ataviar, adornar. — 2 intr.
ataviarse, adornarse. 3 limpiarse las plumas [un
pájaro].
print (print) s. impresión, huella, marca, sello. 2
sello, molde : butter ~, molde para mantequilla.
3 impresión, estampa ; tipo o letra de molde :
clear ~, impresión clara ; small ~, tipo menudo ;
in ~, publicado, en letra de molde ;
out of ~, agotado [edición, libro, etc.]. 4 impreso : folleto, periódico, etc.; edición. 5 lámina,
grabado, estampa. 6 TEJ. estampado, indiana. 7
pintado [del papel]. 8 FOT. impresión, prueba
positiva ; negativo sacado de un positivo. — 9 adj.
de impresión, huella, estampado, etc.: ~ seller,
estampero ; ~ shop, imprenta ; estampería ; ~
works, fábrica de estampados.
print (to) tr. e intr. imprimir, estampar : printed
by, impreso por, imprenta de ; printed matter,
impresos ; printed goods, estampados. — 2 tr.
IMPR. tirar, hacer la tirada de. 3 dar a la imprenta
o a la estampa, publicar. 4 escribir imitando la
letra de molde. 5 FOT. tirar [una prueba]. 6 imprimir o grabar [en la mente, en la memoria].
— 7 intr. publicar libros, artículos, etc.
printable (priˈntabøl) adj. imprimible. 2 publicable [libro, etc.].
printer (priˈntøʼ) s. impresor, tipógrafo, prensista,
minervista : printer's devil, aprendiz de impresor ; printer's ink, tinta de imprenta ; printer's
mark, pie de imprenta. 2 estampador. 3 FOT. aparato para tirar pruebas positivas.
printing (priˈnting) s. impresión, estampación, estampado. 2 imprenta, tipografía [arte]. 3 estampa, impreso. 4 FOT. impresión, arte de sacar copias o pruebas. — 5 adj. de impresión o estampación : ~ frame, prensa fotográfica ; ~ ink,
tinta de imprenta ; ~ office, imprenta [estable-
cimiento] ; ~ press, prensa de imprimir.
printless (priˈntlis) adj. que no deja huella. 2 que
no lleva huella o señal.
prior (praiˈøʼ) adj. anterior, precedente, previo. 2
que tiene prioridad. — 3 adv. prior to, antes de,
— 4 s. prior.
priorate (praiˈørit) s. priorato.
prioress (praiˈøris) f. priora.
priority (praiˈøriti) s. anterioridad, antelación. 2
prioridad.
priorship (praiˈøʼship) s. priorato [dignidad].
priory (praiˈøri) s. priorato [comunidad regida por
un prior].
prise (to) (praiʃ) tr. PRIZE 4.
prism (priʃm) s. GEOM., ÓPT. cristal, prisma. 2 ÓPT.
espectro solar. — 3 adj. ÓPT. prism binocular,
prismáticos.
prismatic (priʃmæˈtic) adj. prismático. 2 del espectro, que ofrece los colores del espectro. 3 colorido, brillante.
prismatical (priʃmæˈtical) adj. prismático.
prismoid (priˈʃmoid) s. GEOM. sólido parecido al
prisma.
prison (priˈʃøn) s. prisión, cárcel ; encierro. — 2 adj.
de prisión o encierro : ~ bird, JAILBIRD ; ~ camp,
campamento de prisioneros ; ~ cell, celda [de
cárcel] ; ~ fever, MED. tifo ; ~ house, cárcel ;
~ ship, pontón ; ~ term, condena [tiempo que
se cumple en una cárcel] ; ~ van, coche celular.
prison (to) tr. encarcelar.
prisoner (priˈʃnøʼ) s. preso ; prisionero. 2 prisoner's
base, rescate [juego de muchachos].
pristine (priˈstin) adj. prístino, primitivo.
pritchel (priˈchøl) s. botador, punzón.
prithee (priˈdi) contr. de I PRAY THEE, te ruego.

prittle-prattle (pri·tøl-præ·tøl) s. fam. charla, parloteo.
privacy (prai·vasi) s. retiro, aislamiento, soledad, intimidad; condición de estar solo o apartado de la vista del público. 2 retrete, habitación privada. 3 reserva, secreto, clandestinidad.
private (prai·vet) adj. privado, personal, particular, no público : ~ affair, asunto privado; ~ enterprise, empresa privada; ~ family, familia que no toma pupilos; ~ gentleman, caballero particular; ~ hearing, vista a puerta cerrada; ~ house, casa particular; ~ hospital, clínica; ~ office, gabinete o despacho particular; ~ school, escuela particular; ~ secretary, secretario particular; ~ theatricals, representación casera o de aficionados; ~ view, exposición a la que se asiste por invitación. 2 reservado, confidencial; secreto, excusado : ~ staircase, escalera secreta o excusada. 3 retirado, apartado, solo : they wish to be ~, quieren estar solos. 4 clandestino. 5 ~ parts, partes pudendas. 6 in ~, particularmente, en secreto. — 7 s. soldado raso. 8 pl. partes [pudendas].
privateer (praivati·ǿ') s. MAR. corsario. 2 buque corsario.
privateer (to) intr. MAR. hacer el corso.
privateering (praivati·ring) adj. MAR. corsario. — 2 s. MAR. corso.
privateersman (praivati·smæn), pl. -men (-men) s. corsario.
privately (prai·vitli) adv. privadamente, particularmente. 2 reservadamente, secretamente.
privateness (prai·vitnis) s. calidad de privado o particular. 2 reserva, secreto. 3 PRIVACY.
privation (praive·shøn) s. privación [carencia, ausencia; necesidad, apuro]. 2 privación, destitución [de un cargo]. 3 ECLES. suspensión.
privative (pri·vativ) adj. privativo [que causa o significa privación]. 2 negativo [no positivo]. — 3 s. GRAM. partícula privativa.
privatively (pri·vativli) adv. privativamente.
privativeness (pri·vativnis) s. carácter privativo o negativo.
privet (pri·vit) s. BOT. alheña, ligustro.
privilege (pri·vilidŷ) s. privilegio. 2 prerrogativa; inmunidad, exención. 3 derecho que la constitución garantiza al ciudadano. 4 inmunidad parlamentaria.
privilege (to) tr. privilegiar. 2 eximir, exceptuar.
privileged (pri·viliŷd) adj. privilegiado.
privily (pri·vili) adv. privadamente; secretamente.
privity (pri·viti) s. conocimiento de algo reservado. 2 conocimiento que supone conformidad.
privy (pri·vi) adj. privado. | Ús. sólo en denominaciones como : ~ council, consejo privado; ~ purse (Ingl.) fondos para los gastos personales del rey; funcionario de la casa real que los administra; ~ seal (Ingl.), sello privado o pequeño [del rey]. 2 oculto, secreto. 3 privy to, enterado, informado de, cómplice, partícipe en. - 4 s. excusado, retrete.
prize (praiŝ) s. premio, recompensa, galardón. 2 ventaja, privilegio. 3 premio [de lotería]. 4 presa, captura. 5 presa, botín, buque apresado. 6 decomiso, comiso. — 7 adj. de premio, que se hace por premio : ~ fight, combate de boxeo; ~ fighter, boxeador profesional; ~ fighting, boxeo profesional; ~ medal, medalla de premio; ~ money, premio en metálico; BOX. bolsa; ~ ring, cuadrilátero [de boxeo]; el boxeo profesional. 8 de presa o botín : ~ court, tribunal de presas marítimas; ~ crew, tripulación que lleva a puerto un buque apresado. 9 premiado, digno de premio.
prize (to) tr. apreciar, estimar, valuar, tasar. 2 tener en estima. 3 apresar [un buque]. 4 alzaprimar; abrir con palanca.
prizer (prai·ŝǿ') s. apreciador. 2 tasador, valorador.
pro (prou) prep. pro [por]; en pro de : ~ forma, por fórmula; COM. simulado; ~ rata, a prorrata; ~ tem, ~ tempore, interino; interinamente; ~ forma invoice, factura pro forma. — 2 s. pro, razón en favor : the pros and the cons, el pro y el contra. 3 voto afirmativo; persona que vota en favor. — 4 adj. y s. fam. profesional.
proa (prou·a) s. prao [embarcación malaya].
probabilism (pra·babiliŝm) s. probabilismo.
probabilist (pra·babilist) s. probabilista.

probability (prababi·liti) s. probabilidad : in all ~, con toda probabilidad. 2 verosimilitud.
probable (pra·babøl) adj. probable, fácil. 2 verosímil.
probably (pra·babli) adv. probablemente.
probang (prou·bæng) s. CIR. sonda esofágica.
probate (prou·beit) DER. prueba, justificación; esp. prueba legal de la validez de un testamento. 2 DER. copia auténtica de un testamento. 3 DER. competencia de un juez o tribunal en un juicio de testamentaría. — 4 adj. DER. testamentario : ~ court, tribunal encargado de probar la validez de los testamentos.
probation (probei·shøn) s. prueba, ensayo, experimento, examen. 2 probación; noviciado. 3 DER. libertad condicional o vigilada.
probational (probei·shønal), **probationary** (probei·shoneri) adj. de prueba; que está a prueba.
probationer (probei·shønør) s. el que está a prueba. 2 novicio. 3 aprendiz. 4 delincuente en libertad vigilada.
probationership (probei·shønør·ship) s. período de prueba; condición del que está a prueba.
probative (prou·bativ) adj. de prueba. 2 probatorio.
probatory (prou·batori) adj. probatorio.
probe (proub) s. CIR. tienta, sonda, cala. 2 exploración, investigación, sondeo.
probe (to) tr. CIR. tentar, sondar, explorar. 2 escudriñar, examinar a fondo, sondear. 3 penetrar, atravesar.
probity (prou·biti o pra·biti) s. probidad.
problem (pra·blem) s. problema.
problematic(al (pràblemæ·tic(al) adj. problemático. 2 enigmático.
problematically (pràblemæ·ticali) adv. problemáticamente.
Proboscidea (proubasi·dia) s. pl. ZOOL. proboscidios.
proboscidean, proboscidian (proubasi·dian) adj. y s. ZOOL. proboscidio.
proboscis (proba·sis) s. ZOOL. probóscide, trompa. 2 fam. trompa, nariz. 3 ENTOM. trompa.
procedural (prosi·dŷøral) adj. del procedimiento.
procedure (prosi·dŷǿ') s. proceder, conducta. 2 procedimiento. 3 marcha [de un proceso u operación]. 4 DER. procedimiento, actuación, tramitación.
proceed (to) (prosi·d) intr. proceder, continuar, proseguir; avanzar, seguir adelante. 2 proceder, dimanar, provenir, salir. 3 proceder, obrar; pasar o ponerse a : to ~ to business, poner manos a la obra, entrar en materia; ir al grano, a lo que importa; to ~ to blows, llegar a las manos. 4 (Ingl.) graduarse de. 5 DER. actuar, seguir un proceso o tramitación; proceder : to ~ against, proceder contra.
proceeding (prosi·ding) s. proceder, procedimiento. 2 procesión. 3 marcha, proceso. 4 acto, medida, diligencia, trámite; transacción. 5 pl. actas. 6 DER. actuaciones, autos, expediente.
proceeds (prou·sidŝ) s. pl. producto, beneficios, réditos.
procellous (prose·løs) adj. proceloso.
process (pra·ses) s. proceso, progreso, marcha, curso, transcurso : in ~ of time, andando el tiempo, con el tiempo. 2 proceso [serie de fenómenos, operaciones, etc.]; circunstancia de estar haciéndose, etc., una cosa : in ~ of construction, en construcción, construyéndose. 3 procedimiento, sistema, método de operación. 4 ANAT., ZOOL., BOT. apófisis, protuberancia, excrecencia, apéndice : coracoid ~, apófisis coracoides. 5 IMPR. procedimiento fotomecánico. 6 DER. auto, providencia, citación; proceso. — 7 adj. de proceso, procedimiento, citación, etc.: ~ server, portador de citaciones o notificaciones judiciales. 8 trabajado, fabricado, sintético, regenerado. 9 de procedimiento fotomecánico : ~ plate, placa fotográfica lenta, de mucho contraste y grano muy fino que se usa gralte. en los procedimientos fotomecánicos.
process (to) intr. ir en procesión. — 2 tr. procesar, citar. 3 fotograbar. 4 tratar, preparar por algún procedimiento especial; preparar [materias primas] para la industria o el mercado; cocer o esterilizar [fruta, etc.] mediante el vapor a presión; mejorar, regenerar industrialmente [ciertos productos].
processal (prose·sal) adj. DER. procesal.
procession (prose·shøn) s. procesión. 2 cortejo. des-

file; cabalgata. *3* marcha, curso. *4 the* ~, el progreso [de las ideas, modas, etc.].
processional (prose·shønal) *adj.* procesional. — *2 s.* procesionario. *3* cántico procesional.
processionary (prose·shøneri) *adj.* procesional. *2* ENTOM. ~ *moth*, procesionaria. — *3 s.* procesionario.
processionist (prose·shønist) *s.* el que toma parte en una procesión o desfile.
proclaim (to) (proclei·m) *tr.* proclamar. *2* promulgar. *3* pregonar. *4* proscribir, poner fuera de la ley. *5* prohibir por bando; someter [un lugar o distrito] a ciertas restricciones. *6* correr [las amonestaciones].
proclaimer (proclei·mø') *s.* proclamador.
proclamation (praclame·shøn) *s.* proclamación; publicación. *2* proclama, bando, edicto.
proclitic (procli·tic) *adj.* GRAM. proclítico.
proclivity (procli·viti), *pl.* **-ties** (-tiš) *s.* proclividad, propensión, inclinación.
proclivous (proclai·vøs) *adj.* inclinado hacia adelante.
proconsul (proca·nsøl) *s.* procónsul.
proconsular (proca·nsiular) *adj.* proconsular.
proconsulate (proca·nsiulit), **proconsulship** (proca·nsølship) *s.* proconsulado.
procrastinate (to) (procræ·stineit) *tr.* diferir, aplazar. — *2 intr.* pasar el tiempo en dilaciones, sin obrar, sin decidirse.
procrastination (procræstine·shøn) *s.* dilación, demora, retardo.
procrastinator (procræ·stineitø') *s.* pers. lenta, dada a las dilaciones.
procreant (prou·criant) *adj.* procreador, creador, fructífero.
procreate (to) (prou·crieit) *tr.* procrear.
procreation (proucrie·shøn) *s.* procreación.
procreative (prou·crieitiv) *adj.* procreador, de la procreación.
procreator (prou·crieitø') *s.* procreador.
Procrustean (proucrø·stian) *adj.* de Procusto.
proctor (pra·ctø') *s.* DER. especie de procurador o abogado que actúa en ciertos tribunales. *2* censor [de una universidad].
proctorship (pra·ctø'ship) *s.* cargo de PROCTOR.
procumbent (procø·mbent) *adj.* postrado, inclinado. *2* BOT. rastrero.
procurable (prokiu·rabøl) *adj.* asequible, proporcionable.
procuracy (pra·kiurasi) *s.* procuración; gestión, manejo de negocios.
procuration (prakiure·shøn) *s.* DER. procuración, mandato, poder. *2* alcahuetería. *3* negociación de préstamos : ~ *fee*, comisión sobre un préstamo.
procurator (pra·kiureitø') *m.* procurador, apoderado.
procuratorial (prakiurato·rial) *adj.* de procurador. *2* hecho por procuración.
procuratory (præ·kiuratori) *s.* procuración, poder.
procuratrix (prakiura·trics) *f.* procuradora.
procure (to) (prokiu·ø') *tr.* lograr, obtener, ganar, atraerse. *2* proporcionar. *3* ocasionar, causar; provocar. *4* procurar, gestionar. *5* obtener o proporcionar para un trato ilícito. — *6 intr.* alcahuetear, rufianear.
procurement (prokiu·ørmønt) *s.* obtención, logro, consecución. *2* solicitud, gestión, instigación.
procurer (prokiu·rø') *s.* alcahuete, tercero; rufián.
procuress (prokiu·ris) *f.* alcahueta.
Procyon (pro·sian) *s.* ASTR. Proción.
prod (prod) *s.* pincho, aguijón, aguijada. *2* pinchazo, picadura.
prod (to) (prod) *tr.* pungir, punzar, pinchar, picar, aguijonear. ¶ CONJUG. pret. y p. p.: *prodded;* ger.: *prodding.*
prodigal (pra·digal) *adj. y s.* pródigo : ~ *son*, hijo pródigo. — *2 adj.* abundante, profuso.
prodigalize (to) (pra·digališ) *tr.* prodigalidad. *2* despilfarro.
prodigalize (to) (pra·digališ) *tr.* prodigar. — *2 tr.* e *intr.* despilfarrar.
prodigally (pra·digali) *adv.* pródigamente.
prodigious (prodi·ÿøs) *adj.* prodigioso, portentoso. *2* enorme, tremendo, vasto, inmenso.
prodigiously (prodi·ÿøsli) *adv.* prodigiosamente. *2* enormemente.
prodigiousness (prodi·ÿøsnis) *s.* calidad de prodigioso, enorme o vasto.
prodigy (pra·diÿi) *s.* prodigio, portento, maravilla.

prodromal (pra·dromal), **prodromic** (prodra·mic) *adj.* MED. prodrómico.
prodrome (prou·droum) *s.* MED. pródromo.
produce (prodiu·s) *s.* producto, producción. *2* producto o productos agrícolas. *3* hijos, descendencia [de un animal].
produce (to) *tr.* presentar, exhibir, sacar, mostrar. *2* producir. *3* criar, generar, engendrar. *4* TEAT. presentar al público; poner en escena. *5* GEOM. extender, prolongar. — *6 intr.* producir, dar producto, dar frutos.
producer (prodiu·sø') *s.* productor : *producer's goods*, elementos de producción [materias primas, maquinaria, etc.]. *2* gasógeno, generador de gas pobre. *3* TEAT. director. *4* CINE. productor, el que dirige la producción de una película.
producible (prodiu·sibøl) *adj.* producible.
producibleness (prodiu·sibølnis) *s.* producibilidad.
producing (prodiu·sing) *adj.* productor, producente.
product (pro·døct) *s.* producto, producción. *2* resultado, efecto, fruto. *3* MAT., QUÍM. producto.
productile (prodø·ctil) *adj.* extensible, dúctil.
production (prodø·cshøn) *s.* producción. *2* alargamiento, prolongación, extensión. *3* TEAT. representación [de una obra]. — *4 adj.* de producción : ~ *cost*, coste de producción o fabricación.
productive (prodø·ctiv) *adj.* productivo. *2* productor. *3* creador, generador, fértil, fecundo.
productiveness (prodø·ctivnis), **productivity** (proudøcti·viti) *s.* productividad. *2* fertilidad, fecundidad.
proem (prou·em) *s.* proemio, prólogo.
proemial (prou·mial) *adj.* proemial.
profanation (prafane·shøn) *s.* profanación; prostitución.
profane (profei·n) *adj.* profano. *2* irreverente, sacrílego, blasfemo. — *3 s.* profano [no entendido].
profane (to) *tr.* profanar. *2* prostituir, envilecer.
profanely (profei·nli) *adv.* profanamente.
profaneness (profei·nnis) *s.* profanidad. *2* irreverencia.
profaner (profei·nø') *s.* profanador.
profanity (profæ·niti) *s.* profanidad. *2* irreverencia. *3* blasfemia, reniego; lenguaje blasfemo, irreverente. *4* ciencia o arte profano.
profess (to) (profe·s) *tr.* profesar [una ciencia o arte, oficio, etc.]. *2* profesar [una doctrina, una creencia, un sentimiento]; observar, practicar. *3* hacer profesión de, fingir. *4* declarar, manifestar, confesar : *to* ~ *oneself a Catholic*, declararse o decirse católico. — *5 intr.* profesar [en una orden]. *6* profesar [ser profesor].
professed (profe·st) *adj.* declarado, decidido. *2* ostensible. *3* alegado, supuesto. *4* profesado.
professedly (profe·sidli) *adv.* declaradamente, ostensiblemente. *2* confesadamente. *3* supuestamente.
profession (profe·shøn) *s.* profesión. *2* declaración, manifestación. *3* fe, religión, creencia; sistema religioso. *4* conjunto de los que pertenecen a una profesión. *5* TEAT. arte dramático; los actores en general.
professional (profe·shønal) *adj.* profesional. *2* de profesión. — *3 s.* profesional. *4* TEAT. actor, actriz. *5* profesional del deporte.
professionalism (profe·shønališm) *s.* profesionalismo.
professionally (profe·shønali) *adv.* profesionalmente, en calidad de profesional.
professionless (profe·shønlis) *adj.* sin profesión.
professor (profe·sø') *s.* el que profesa o declara. *2* profesor, catedrático, maestro.
professorate (profe·soreit) *s.* profesorado.
professorial (proufeso·rial) *adj.* de profesor.
professorship (profe·sø'ship) *s.* profesorado, cátedra.
proffer (pra·fø') *s.* oferta, ofrecimiento, proposición.
proffer (to) (pra·fø') *tr.* ofrecer, brindar, proponer. *2* hacer acción de.
proficiency (profi·shønsi) *s.* pericia, habilidad. *2* ant. adelanto, aprovechamiento.
proficient (profi·shønt) *adj.* perito, diestro, versado, fuerte. *2* ant. proficiente, aventajado.
profile (prou·fail) *s.* perfil, contorno. *2* perfil [postura] : *in* ~, de perfil. *3* perfil [sección vertical].
profile (to) *tr.* dibujar al perfil o de perfil; perfilar.
profit (pra·fit) *s.* provecho, ventaja, utilidad, lucro. *2* ganancia, beneficio, rendimiento : *clear* ~,

net ~, beneficio líquido; *gross* ~, beneficio bruto; ~ *and loss*, ganancias y pérdidas; ~ *sharing*, participación en los beneficios. *3* interés, renta.
profit (to) *tr.* servir, aprovechar, ser útil a. — *2 intr.* aprovecharse, sacar partido o utilidad, lucrarse, beneficiarse, ganar; adelantar, mejorar: *to* ~ *by*, aprovechar, sacar partido de, beneficiarse con.
profitable (pra·fitabøl) *adj.* provechoso, beneficioso, útil, productivo, fructuoso, lucrativo.
profitableness (pra·fitabølnis) *s.* carácter de provechoso, lucrativo, etc.; utilidad.
profitably (pra·fitabli) *adv.* provechosamente, útilmente, lucrativamente.
profiteer (prafiti·ǿr') *s.* el que se aprovecha. *2* explotador, logrero, acaparador, usurero.
profiteer (to) *intr.* usurear, lograr; aprovechar las circunstancias de un país, como por ej. una guerra, para obtener beneficios excesivos.
profitless (pra·fitlis) *adj.* infructuoso.
profitlessly (pra·fitlisli) *adv.* infructuosamente.
profligacy (pra·fligasi) *s.* libertinaje, desenfreno, disolución.
profligate (pra·fligueit) *adj.* y *s.* libertino, disoluto, calavera, perdido. *2* pródigo.
profound (profau·nd) *adj.* profundo. *2* hondo. *3* abstruso. *4* grande, extremo.
profoundly (profau·ndli) *adv.* profundamente, hondamente.
profoundness (profau·ndnis) *s.* profundidad [calidad de profundo].
profundity (profø·nditi) *s.* profundidad, hondura. *2* profundidad [dimensión]. *3* cosa abstrusa o profunda.
profuse (profiu·s) *adj.* profuso. *2* exuberante. *3* pródigo, generoso.
profusely (profiu·sli) *adv.* profusamente. *2* exuberantemente. *3* pródigamente.
profusion (profiu·ȳøn) *s.* profusión. *2* exuberancia. *3* prodigalidad; despilfarro.
prog (prog) *s.* (Ingl.) censor [de una universidad].
progenitive (proȳe·nitiv) *adj.* generativo.
progenitor (proȳe·nitǿr') *s.* progenitor.
progeniture (proȳe·nichǿr') *s.* progenitura.
progeny (pra·ȳeni) *s.* prole, descendencia, linaje, familia. *2* producto, resultado.
proglottid (progla·tid), **proglottis** (progla·tis) *s.* ZOOL. proglotis.
prognathism (pro·gnaziš̌m) *s.* prognatismo.
prognathous (pro·gnazøs) *adj.* prognato.
prognosis (pragnou·sis) *s.* prognosis, vaticinio. *2* MED. pronóstico.
prognostic (pragna·stic) *s.* pronóstico, presagio. *2* MED. síntoma determinante. — *3 adj.* de pronóstico o pronosticación, predictivo, profético.
prognosticable (pragna·sticabøl) *adj.* pronosticable.
prognosticate (to) (pragna·stikeit) *tr.* pronosticar. *2* presagiar.
prognostication (pragnastike·shøn) *s.* pronosticación. *2* pronóstico, presagio.
prognosticator (pragna·stikeitǿr') *s.* pronosticador.
program(me (pro·græm) *s.* programa. *2* plan. — *3* adj. *program music*, música descriptiva.
progress (prou·gres) *s.* progreso: *to make little* ~, progresar o adelantar poco. *2* progresos. *3* marcha, curso, carrera. *4* viaje, expedición.
progress (to) *intr.* progresar, adelantar, hacer progresos. *2* marchar, avanzar. *3* MÚS. pasar [de una nota o tono al siguiente]. — *4 tr.* hacer progresar.
progression (progre·shøn) *s.* progresión, avance, progreso; curso, marcha. *2* sucesión [de actos, incidentes, etc.]. *3* MAT., MÚS. progresión.
progressional (progre·shønal) *adj.* de progresión.
progressionist (progre·shønist) *s.* BIOL. evolucionista, transformista. *2* progresista.
progressist (progre·sist) *s.* progresista.
progressive (progre·siv) *adj.* progresivo.
progressively (progre·sivli) *adv.* progresivamente.
progressiveness (progre·sivnis) *s.* carácter progresivo.
prohibit (to) (prouji·bit) *tr.* prohibir, vedar. *2* privar, impedir.
prohibition (proujibi·shøn) *s.* prohibición. *2* (EE. UU.) prohibición de la fabricación y venta de bebidas alcohólicas. *3* DER. auto inhibitorio. — *4 adj.* (EE. UU.) antialcohólico; prohibicionista: ~ *law*, ley antialcohólica, ley seca; ~ *party*, partido prohibicionista.
prohibitionism (proujibi·shoniš̌m) *s.* prohibicionismo.

prohibitionist (proujibi·shønist) *adj.* y *s.* prohibicionista.
prohibitive (prouji·bitiv) *adj.* prohibitivo.
prohibitory (prouji·bitøri) *adj.* prohibitorio.
project (pro·ȳe·ct) *s.* proyecto, plan, traza, idea.
project (to) *tr.* proyectar, idear. *2* proyectar [sombra, etc.], arrojar, despedir. *3* GEOM. proyectar. *4* hacer salir o sobresalir, extender. — *5 intr.* volar, salir fuera, sobresalir, resaltar, destacarse.
projectile (proȳe·ctil) *adj.* proyectante. *2* arrojadizo. *3* ZOOL. protráctil. — *4 s.* proyectil.
projecting (proȳe·cting) *adj.* saledizo, voladizo.
projection (proȳe·cshøn) *s.* proyección. *2* lanzamiento, ecnamiento. *3* proyecto, planeamiento. *4* ARQ. proyectura, vuelo. *5* saledizo, extensión. — *6 adj.* de proyección: ~ *machine*, proyector cinematográfico.
projector (proȳe·ctǿr') *s.* proyectista, arbitrista. *2* proyector, aparato de proyecciones; dispositivo para proyectar.
projecture (proȳe·kchǿr') *s.* ARQ. proyectura, vuelo.
prolapse (prolæ·ps) *s.* MED. prolapso.
prolapse (to) *intr.* MED. prolapsarse.
prolapsus (prolæ·psøs) *s.* MED. prolapso
prolate (prou·leit) *adj.* extendido, alargado. *2* GEOM. alargado en el sentido del diámetro polar.
proleg (prou·leg) *s.* ENTOM. pie [de oruga].
prolegomenon (proulega·menan), *pl.* **-na (-na)** *s.* prolegómeno.
prolepsis (prole·psis) *s.* RET. prolepsis.
proletarian (proulete·rian) *adj.* y *s.* proletario.
proletarianism (proulete·rianišm) *s.* condición de proletario.
proletariat(e (proulete·ri æt) *s.* proletariado.
proliferate (to) (proli·fǿreit) *tr.* BIOL. producir [nuevas células, brotes, etc.] en rápida sucesión. — *2 intr.* proliferar. *3* multiplicarse abundantemente.
proliferation (prolifǿre·shøn) *s.* proliferación.
proliferous (proli·fǿrøs) *adj.* prolífero.
prolific(al (proli·fic(al) *adj.* prolífico. *2* fértil, fecundo.
prolifically (proli·ficali) *adv.* prolíficamente.
prolification (prolifike·shøn) *s.* generación; fecundidad. *2* BIOL. proliferación.
prolificness (proli·ficnis) *s.* fecundidad.
prolix (pro·lics) *adj.* prolijo, difuso, verboso. *2* pesado, latoso.
prolixity (proli·csiti) *s.* prolijidad.
prolixly (proli·csli) *adv.* prolijamente.
prolixness (proli·csnis) *s.* prolijidad.
prolocutor (prola·kiutǿr') *s.* portavoz; representante. *2* presidente [de ciertas asambleas]'.
prologize (to) (prou·logaiš̌) *tr.* prologar. — *2 intr.* escribir un prólogo.
prologue (prou·lag) *s.* prólogo. *2* TEAT. el que recita el prólogo de una obra.
prologuize (to) (prou·logaiš̌) *intr.* escribir un prólogo; pronunciar un exordio.
prolong (to) (prolo·ng) *tr.* prolongar, alargar, extender, continuar. — *2 intr.* dilatarse, entretenerse.
prolongation (prolongue·shøn) *s.* prolongación; continuación. *2 pl.* fam. pantalones.
prolonge (prola·nȳ) *s.* ARTILL. prolonga.
prolusion (proliu·ȳøn) *s.* ensayo preliminar. *2* prelusión, prolusión, introducción, preludio.
promenade (pramena·d) *s.* paseo [acción, lugar]. *2* parte con que empieza un baile de ceremonia. — *3 adj.* de paseo: ~ *concert*, concierto durante el cual la gente baila o pasea: ~ *deck*, MAR. cubierta de paseo.
promenade (to) *intr.* pasear, pasearse. — *2 tr.* pasear por. *3* pasear, exhibir en un paseo o como en un paseo.
promenader (pramena·dǿr') *s.* paseante.
Promethean (promi·zian) *adj.* de Prometeo.
Prometheus (promi·ziøs) *n. pr.* MIT. Prometeo.
prominence (pra·minøns), **prominency** (-si) *s.* prominencia, protuberancia, resalto. *2* eminencia, altura. *3* relieve, importancia, distinción, eminencia.
prominent (pra·minønt) *adj.* prominente, saliente: ~ *eyes*, ojos saltones. *2* visible, notable. *3* de relieve, de viso, conspicuo, eminente, sobresaliente, destacado, distinguido.
prominently (pra·minøntli) *adv.* prominentemente. *2* eminentemente.
promiscuity (pramiskiu·iti) *s.* promiscuidad.

promiscuous (prami·skiuøs) *adj.* promiscuo, mezclado, heterogéneo, indistinto. 2 atribuido, aplicado, dado, etc., indistintamente a varios.

promiscuously (prami·skiuøsli) *adv.* promiscuamente; sin distinción.

promiscuousness (prami·skiuøsnis) *s.* promiscuidad, mezcla, confusión.

promise (pra·mis) *s.* promesa, ofrecimiento, palabra dada: ~ *of marriage*, palabra de matrimonio; *to break one's* ~, faltar uno a su promesa, a la palabra dada. 2 promesa, augurio, esperanza. 3 promisión : *Land of* ~, Tierra de promisión. 4 cosa prometida.

promise (to) *tr.* e *intr.* prometer : *Promised Land*, Tierra prometida o de promisión. 2 presagiar, anunciar, dar motivo para esperar.

promisee (pramisi·) *s.* el que ha recibido una promesa.

promiser (pra·misø') *s.* prometedor.

promising (pro·mising) *adj.* prometiente. 2 prometedor, halagüeño, que promete.

promisor (pra·misø') *s.* prometedor.

promissory (pra·misOri) *adj.* promisorio. 2 COM. ~ *note*, pagaré, vale, abonaré.

promontoried (pra·møntOrid) *adj.* que tiene un promontorio.

promontory (pra·møntOri), *pl.* **-ries** (-riŝ) *s.* promontorio.

promote (to) (promou·t) *tr.* promover, adelantar, ascender. 2 promover, favorecer, fomentar, desarrollar, acrecentar. 3 fundar, organizar [una empresa], buscar capitales para ella.

promoter (promou·tø') *s.* promotor, promovedor. 2 organizador de empresas industriales, etc.

promotion (promou·shøn) *s.* promoción, ascenso, adelantamiento. 2 promoción, fomento.

promotive (proumou·tiv) *adj.* promovedor, promotor.

prompt (prampt) *adj.* pronto, presto, listo, expedito, puntual : ~ *payment*, pronto pago; *for* ~ *cash*, al contado. 2 activo, resuelto. 3 TEAT. del apuntador : ~ *box*, concha. — 4 *s.* plazo para pagar una factura : ~ *note*, albarán con aviso de la fecha de pago.

prompt (to) *tr.* mover, incitar, inducir, impulsar. 2 dictar, sugerir, soplar, apuntar. 3 TEAT. apuntar.

promptbook (pra·mptbuc) *s.* TEAT. apunte [manuscrito o libro].

prompter (pra·mptø') *s.* incitador, instigador. 2 TEAT. apuntador, consueta, traspunte.

promptitude (pra·mptitiud) *s.* prontitud, presteza. 2 puntualidad, diligencia.

promptly (pra·mptli) *adv.* prontamente, prestamente. 2 puntualmente.

promptness (pra·mptnis) *s.* PROMPTITUDE.

promulgate (to) (promø·lgueit) *tr.* promulgar, proclamar, publicar.

promulgation (promølgue·shøn) *s.* promulgación, proclamación.

promulgator (promølguei·tø') *s.* promulgador.

pronaos (pronei·as) *s.* ARQ. pronaos.

pronation (prone·shøn) *s.* pronación.

pronator (pro·neitø') *s.* ANAT. músculo pronador.

prone (prou·n) *adj.* prono, inclinado, propenso, dispuesto. 2 prono, boca abajo, postrado. 3 inclinado, pendiente.

proneness (prou·nnis) *s.* inclinación, propensión. 2 posición boca abajo, postración. 3 inclinación [de un terreno].

prong (prang) *s.* gajo, púa, diente, punta [de horca, tenedor, etc.]. 2 pitón [de asta]. 3 punta [de colmillo]. 4 horca, horcón : tenedor.

prongbuck (pra·ngbøc) *s.* ZOOL. antílope norteamericano.

pronged (pra·nÿd) *adj.* provisto de gajos o púas.

pronghorn (pra·ngjo'n) *s.* PRONGBUCK.

pronominal (prona·minal) *adj.* GRAM. pronominal.

pronoun (prou·naun) *s.* GRAM. pronombre.

pronounce (to) (pronau·ns) *tr.* pronunciar, articular [palabras, sonidos] ; pronunciar, dictar [sentencia]. 2 decir, proferir ; recitar. 3 declarar : *to* ~ *one a brave man*, declarar que uno es un valiente. — 4 *intr.* pronunciarse [en favor o en contra]. 5 hablar en tono magistral.

pronounceable (pronau·nsabøl) *adj.* pronunciable.

pronounced (pronau·nst) *adj.* pronunciado, marcado, fuerte, subido, decidido : ~ *opinions*, opiniones decididas.

pronouncement (pronau·nsment) *s.* juicio, opi-

nión. 2 declaración o anuncio oficial, solemne ; proclama, manifiesto.

pronouncing (pronau·nsing) *adj.* de pronunciación.

pronunciamiento (pronønŝiamie·nto) *s.* pronunciamiento militar.

pronunciation (pronønsie·shøn) *s.* pronunciación.

proof (pruf) *s.* prueba, demostración, comprobación. 2 prueba, ensayo, experimento : *to put to the* ~, poner a prueba. 3 cualidad o estado de lo probado : solidez, resistencia. 4 tubo de prueba. 5 graduación normal de los licores alcohólicos. 6 DER., MAT., IMPR., FOT. prueba. — 7 *adj.* de prueba o pruebas, usado para probar, ensayar o corregir : ~ *press*, instrumento para sacar pruebas de imprenta, grabado, etc.; ~ *sheet*, IMPR. pliego de prueba. 8 a prueba de, resistente a : *to be* ~ *against*, ser, o estar hecho, a prueba de, ser resistente o insensible a. | Ús. mucho en comp. : *waterproof*, a prueba de agua, impermeable. 9 de graduación alcohólica normal : ~ *spirit*, licor o mezcla alcohólica de graduación normal [gralte. 50 % de alcohol].

proof (to) *t.* probar, sacar prueba de. 2 hacer sólido, resistente, etc., por algún procedimiento industrial ; impermeabilizar.

proofing (pru·fing) *s.* impermeabilización. 2 substancia impermeabilizante.

proofless (pru·flis) *adj.* falto de prueba, no probado. 2 infundado.

proofreader (pru·fridø') *s.* IMPR. corrector de pruebas.

proofreading (pru·friding) *s.* IMPR. corrección de pruebas.

prop (prap) *s.* puntal, paral, tentemozo, escora ; palo, pilar, etc., que sostiene. 2 MIN. entibo. 3 AGR. rodrigón. 4 fig. sostén, apoyo, báculo. 5 TEAT. apócope de PROPERTY. 6 *pl.* fam. piernas.

prop (to) *tr.* apuntalar, sostener, apoyar. 2 ARQ. apear. 3 MIN. entibar. 4 MAR. escorar. 5 AGR. rodrigar. ¶ CONJUG. pret. y p. p. : *propped*; ger. : *propping*.

propaedeutic(al (propidiu·tic(al) *adj.* propedéutico. **propaedeutics** (propidiu·tics) *s.* propedéutica.

propagable (pra·pagabøl) *adj.* propagable.

propaganda (prapagæ·nda) *s.* propaganda.

propagandism (prapagæ·ndiŝm) *s.* arte y práctica de la propaganda.

propagandist (prapagæ·ndist) *s.* propagandista.

propagandize (prapagæ·ndaiŝ) *tr.* hacer propaganda de. 2 hacer propaganda en. — 3 *i.* hacer propaganda.

propagate (to) (pra·pagueit) *tr.* propagar. 2 esparcir, difundir. 3 transmitir a la descendencia. — 4 *intr.* propagarse.

propagation (prapague·shøn) *s.* propagación.

propagative (pra·pagueitiv) *adj.* propagativo.

propagator (pra·pagueitø') *s.* propagador.

propagatory (pra·pagatori) *adj.* propagatorio.

proparoxytone (propara·csitoun) *adj.* y *s.* GRAM. proparoxítono, esdrújulo.

propel (to) (prope·l) *tr.* propulsar, impeler, mover. ¶ CONJUG. pret y p. p. : *propelled*; ger. : *propelling*.

propellent (prope·lønt) *adj.-s.* propulsor, motor.

propeller (prope·lø') *s.* propulsor. 2 hélice [de buque o avión]. 3 MAR. buque de hélice. 4 AUTO. ~ *shaft*, eje de propulsión, eje cardán.

propensión (prope·nshøn) *s.* propensión, tendencia.

propensity (prope·nsiti) *s.* propensión, tendencia. 2 inclinación, afición. 3 disposición natural.

proper (pra·pø') *adj.* propio [de sí mismo ; característico, peculiar]. 2 propio, a propósito, apropiado, adecuado. 3 justo, exacto, correcto [en cuanto a su uso, aplicación, etc.]. 4 propiamente dicho, estricto. 5 GRAM. propio : ~ *adjective*, adjetivo derivado de un nombre propio ; ~ *name*, ~ *noun*, nombre propio. 6 MAT. propia [fracción]. 7 ASTR. propio [movimiento]. 8 correcto, decoroso, decente, conveniente ; exigente en cuestiones de decencia, decoro o etiqueta. 9 fam. irón. bueno, excelente. — 10 *s.* propio [de la misa].

properly (pro·pø'li) *adv.* propiamente : *more* ~, mejor dicho. 2 adecuadamente, convenientemente ; en debida forma, debidamente. 3 correctamente. 4 decorosamente. 5 pop. extremadamente ; muy bien.

properness (pro·pø'nis) *s.* propiedad ; corrección ; decoro.

propertied (pro·pø'tied) *adj.* que posee propiedad.

property (pro·pø'ti), *pl.* **-ties** (-tiš) *s.* propiedad [atributo, cualidad], peculiaridad. 2 propiedad [derecho; cosa objeto de dominio]. 3 propiedad, finca. 4 riqueza, fortuna, bienes, posesiones. efectos. 5 *pl.* TEAT. guardarropía, accesorios. — 6 *adj.* de propiedad, etc. : ~ *man*, TEAT. guardarropa, encargado de la guardarropía; ~ *owner*, propietario, hacendado, terrateniente.
prophecy (pra'fesi) *s.* profecía.
prophesy (**to**) (pra'fesai) *tr.* e *intr.* profetizar, predecir. — 2 *intr.* ant. explicar las Escrituras. ¶ CONJUG. pret. y p. p.: *prophesied*.
prophet (pra'fit) *s.* profeta.
prophetess (pra'fitis) *s.* profetisa.
prophetic(al (profe·tic(al) *adj.* profético.
propheticalness (profe·ticalnis) *s.* calidad de profético.
prophylactic (proufilæ·ctic) *adj.*/ profiláctico.
prophylaxis (proufilæ·csis) *s.* profilaxis.
propinquity (propi·ncuiti) *s.* propincuidad, proximidad, cercanía. 2 afinidad. 3 parentesco.
propitiable (propi·shiabøl) *adj.* propiciable.
propitiate (**to**) (propi·shieit) *intr.* propiciar.
propitiation (propishie·shøn) *s.* propiciación.
propitiator (propi·shieitø') *s.* propiciador.
propitiatory (propi·shiatori) *adj.* propiciatorio. — 2 *s.* propiciación. 3 propiciatorio.
propitious (propi·shøs) *adj.* propicio. 2 favorable, feliz.
propitiously (propi·shøsli) *adv.* propiciamente.
propitiousness (propi·shøsnis) *s.* calidad de propicio; favor, benignidad.
propolis (pra'polis) *s.* APIC. propóleos, cera aleda.
proponent (propou·nønt) *s.* proponedor, proponente.
proportion (propo·'shøn) *s.* proporción [relación, correspondencia, debidas] ; simetría, armonía, correlación : *in* ~, proporcionado, a proporción ; *in* ~ *as*, a medida que ; *in* ~ *to*, a medida de ; *out of* ~, desproporcionado. 2 proporción, tamaño. 3 MAT. proporción. 4 MAT. regla de tres. 5 parte que corresponde ; porción, cuota.
proportion (**to**) *tr.* proporcionar [una cosa a otra ; disponer con proporción o armonía].
proportionable (propo·'shønabøl) *adj.* proporcionado.
proportionableness (propo·'shønabølnis) *s.* proporcionalidad.
proportionably (propo·'shønabli) *adv.* proporcionadamente.
proportional (propo·'shønal) *adj.* proporcional : ~ *representation*, POL. representación proporcional. 2 proporcionado [a]. — 3 *s.* MAT. término de una proporción.
proportionalism (propo·'shønališm) *s.* POL. sistema de representación proporcional.
proportionality (propo·'shønæ·liti) *s.* proporcionalidad.
proportionally (propo·'shønali) *adv.* proporcionalmente.
proportionate (propo·'shønit) *adj.* proporcionado.
proportionate (**to**) (propo·'shøneit) *tr.* proporcionar, ajustar.
proportionately (propo·'shønitli) *adv.* proporcionadamente.
proportionless (propo·'shønlis) *adj.* desproporcionado.
proportionment (propo·'shønment) *s.* acción de proporcionar o ajustar. 2 proporción [estado].
proposal (propou·šal) *s.* propuesta, proposición ; presentación. 2 oferta. 3 declaración ; proposición de matrimonio. 4 plan o línea de conducta propuestos por uno.
propose (**to**) (propou·š) *tr.* proponer ; presentar. 2 proponerse, pensar, tener intención de. 3 ofrecer o proponer un brindis a. — 4 *intr.* declararse, hacer una petición de matrimonio.
proposer (propou·šø') *s.* proponedor, proponente.
proposition (prapoši·shøn) *s.* proposición, propuesta. 2 LÓG., MAT., RET. proposición. 3 MÚS. enunciación del tema. 4 fam. (EE. UU.) proyecto, asunto, cosa, negocio, problema ; ocupación, oficio ; artículo [de comercio] ; sujeto, tipo, individuo [con quien hay que tratar].
propositional (prapoši·shønal) *adj.* de la proposición o de su naturaleza.
propound (**to**) (propau·nd) *tr.* proponer. 2 presentar, plantear.
propounder (propau·ndø') *s.* proponedor.

propped (propt) *pret.* y *p. p.* de TO PROP.
propraetor, propretor (prouprɪ·tø') *s.* propretor.
proprietary (proprai·eteri) *adj.* propietario. 2 de propiedad. 3 COM. (EE. UU.) patentado, registrado [díc. especialmente de los específicos]. — 4 *s.* propietario, dueño. 5 propietarios [en general]. 6 propiedad [pertenencia ; finca].
proprietor (proprai·etø') *s.* propietario, dueño, amo.
proprietorial (proprai·etørial) *adj.* de propietario, de propiedad.
proprietorship (proprai·etø'ship) *s.* propiedad [dominio o derecho sobre una cosa].
proprietress (proprai·etris) *f.* propietaria.
propriety (proprai·eti) *s.* propiedad, cualidad de apropiado, adecuado. 2 corrección, decoro, decencia, conveniencia. 3 *pl.* reglas de la conducta, la educación, el trato social, etc.
props (props) *s. pl.* TEAT. guardarropía, accesorios. 2 encargado de la guardarropía.
propulsion (propø·lshøn) *s.* propulsión. 2 impulsión.
propulsive (propø·lsiv), **propulsory** (propø·lsori) *adj.* propulsor, impelente.
propylaeum (prapili·øm) *s.* ARQ. propíleo.
propylite (pra'pailit) *s.* PETROG. propilita.
pro rata (prou·rei·ta) *adj.* hecho a prorrata. — 2 *adv.* a prorrata, a proporción.
prorate (**to**) (prou·reit) *tr.* (EE. UU.) prorratear.
prorogation (prourogue·shøn) *s.* prórroga, dilación. 2 suspensión [de las sessiones del Parlamento].
prorogue (**to**) (prourou·g) *tr.* aplazar, suspender 2 (Ingl.) suspender las sesiones [del Parlamento]. — 3 *intr.* suspender sus sesiones [el Parlamento].
prosaic (proše·ic) *adj.* prosaico.
prosaically (proše·icali) *adv.* prosaicamente.
prosaism (prou·šiišm) *s.* prosaísmo.
prosaist (prou·šiist) *s.* prosista.
proscenium (prosɪ·niøm) *s.* TEAT. proscenio.
proscribe (**to**) (proscrai·b) *tr.* proscribir.
proscriber (proscrai·bø') *s.* proscriptor
proscription (proscri·pshøn) *s.* proscripción. 2 interdicción, restricción.
proscriptive (proscri·ptiv) *adj.* proscriptivo.
prose (prouš) *s.* prosa. 2 discurso pesado, lata. 3 persona latosa. 4 charla, plática. — 5 *adj.* de prosa : ~ *writer*, prosista. 6 en prosa. 7 prosaico.
prose (**to**) *tr.* escribir en prosa, poner en prosa 2 hacer pesado, latoso. — 3 *intr.* escribir en prosa. 4 escribir o hablar en estilo pesado.
prosect (**to**) (prose·ct) *tr.* disecar [preparar disecciones anatómicas].
prosector (prose·ctø') *s.* preparador de disecciones anatómicas.
prosecute (pra·sikiut) *tr.* proseguir, seguir, llevar adelante, continuar. 2 ejercer [una profesión o actividad]. 3 DER. procesar, enjuiciar, demandar, acusar. — 4 *intr.* DER. querellarse ; seguir pleito o causa ; ejercer el ministerio fiscal.
prosecution (prasikiu·shøn) *s.* prosecución, seguimiento. 2 DER. proceso, demanda, acusación. 3 DER. parte actora. 4 DER. ministerio fiscal.
prosecutor (pra·sikiutø') *s.* DER. actor, demandante ; acusador privado. 2 DER. *public* ~, fiscal.
prosecutrix (prasikiu·trics) *f.* DER. actora, acusadora.
proselyte (pra·sølait) *s.* prosélito.
proselyte (**to**) *tr.* e *intr.* convertir, hacer prosélitos.
proselytism (pra·sølitišm) *s.* proselitismo.
proselytize (**to**) (pra·šølitaiš) *tr.* e *intr.* TO PROSELYTE.
prosenchyma (prase·nkima) *s.* BOT., ZOOL. prosénquima.
proser (prou·zø') *s.* prosista, prosador. 2 escritor 1' orador pesado, fastidioso, latoso.
prosify (**to**) (prou·šifai) *tr.* poner en prosa. 2 hacer prosaico. — 3 *intr.* escribir en prosa.
prosily (prou·šili) *adv.* prosaicamente. 2 pesadamente, fastidiosamente.
prosiness (prou·šinis) *s.* calidad de prosaico. 2 pesadez, insulsez.
prosit (prou·sit) *interj.* (lat.) ¡salud!, ¡buen provecho!
proslavery (prouslei·vøri) *adj.* (EE. UU.) esclavista.
prosodiac (prasa·diac), **prosodial** (prasa·dial) *adj.* PROSODIC.

prosodian (prasa·dian) *adj.* PROSODIC. — 2 *s.* PRO-SODIST.
prosodic (prasa·dic) *adj.* métrico [relativo a la métrica].
prosodist (pra·sodist) *s.* el versado en métrica.
prosody (pra·sodi) *s.* métrica.
prosopopœia (prasopapr·ia) *s.* RET. prosopopeya.
prospect (pra·spect) *s.* perspectiva, vista, paisaje, panorama. 2 mirada a lo lejos, en el futuro. 3 expectativa, esperanza, probabilidad, perspectiva : *in* ~, en perspectiva, probable ; *man of good prospects,* hombre de porvenir. 4 cliente, comprador, etc., probable. 5 situación, orientación. 6 MIN. indicio de veta o venero. 7 MIN. oro, etc., obtenido de una muestra de mineral, arena, etc. 8 MIN. mina parcialmente explotada.
prospect (to) *tr.* explorar [terrenos] en busca de oro, petróleo ; *catear. — 2 intr.* prometer, dar buenas esperanzas [una mina]. 3 *to* ~ *for,* andar en busca de, buscar [esp. un yacimiento].
prospecting (pra·specting) *s.* MIN. exploración en busca de yacimientos, *cateo.
prospective (praspe·ctiv) *adj.* probable, posible, esperado, presunto, en perspectiva, futuro. 2 del futuro. — 3 *s.* vista, perspectiva.
prospector (pro·spectø') *s.* MIN. explorador, buscador ; *cateador.
prospectus (prospe·ctøs) *s.* prospecto, programa.
prosper (to) (pra·spø') *intr.* prosperar, medrar, florecer. — 2 *tr.* prosperar, favorecer.
prosperity (praspe·riti) *s.* prosperidad.
prosperous (pra·spørøs) *adj.* próspero, floreciente, afortunado. 2 propicio, favorable.
prosperously (pra·spørøsli) *adv.* prósperamente.
prosperousness (pra·spørøsnis) *s.* prosperidad.
prostate (pra·steit) *s.* ANAT. próstata.
prostatic (prostæ·tic) *adj.* prostático.
prosthesis (pra·szesis) *s.* CIR., GRAM. prótesis.
prostitute (pra·stitiut) *s.* prostituta. 2 persona corrompida, venal. — 3 *adj.* prostituido, corrompido, degradado, venal.
prostitute (to) *tr.* prostituir. — 2 *intr.* prostituirse.
prostitution (prastitiu·shøn) *s.* prostitución.
prostrate (pra·streit) *adj.* postrado, prosternado. 2 postrado, abatido ; humillado. 3 BOT. tendido.
prostrate (to) *tr.* postrar. 2 abatir. 3 demoler, derribar. 4 arruinar. — 5 *intr.* y ref. *to* ~ o *to* ~ *oneself,* postrarse, prosternarse.
prostration (prastrei·shøn) *s.* postración. 2 abatimiento, depresión.
prostyle (prou·stail) *s.* ARQ. próstilo.
prosy (prou·ši) *adj.* prosaico. 2 latoso, insulso, árido.
protagonist (protæ·gønist) *s.* protagonista. 2 portavoz, campeón, defensor [de una causa, etc.].
protasis (pra·tasis) *s.* GRAM. prótasis.
protean (prou·tian) *adj.* proteico, variable. — 2 *s.* QUÍM. derivado primario de una proteína.
protect (to) (prote·ct) *tr.* proteger.
protecting (prote·cting) *adj.* protector.
protection (prote·cshøn) *s.* protección. 2 salvoconducto, pasaporte, carta de seguridad. 3 EC. POL. proteccionismo.
protectionism (prote·cshønism) *s.* EC. POL. proteccionismo.
protectionist (prote·cshønist) *s.* EC. POL. proteccionista.
protective (prote·ctiv) *adj.* protector, protectorio : ~ *coloration,* BIOL. mimetismo. 2 EC. POL. protector, proteccionista : ~ *tariff,* tarifa o arancel de aduanas protector, proteccionista. — 3 *s.* protección, resguardo [cosa que protege].
protector (prote·ctø') *s.* protector. 2 cosa que protege : *chest* ~, peto de lana ; *point* ~, guardapuntas.
protectorate (prote·ctøreit) *s.* protectorado.
protectress (prote·ctris), **protectrix** (-trics) *s.* protectora, protectriz.
protégé (prouteyel·) *s.* protegido, ahijado, paniaguado.
proteic (prou·tiic) *adj.* QUÍM. proteico.
proteide (prou·tiid) *s.* QUÍM. substancia proteica.
proteiform (proutri·ifo'm) *adj.* proteico, próteiforme.
protein (prou·tiin) *s.* QUÍM. proteína.
pro tem(pore (pro te·m(pori) *adv.* por el momento, interinamente.
pro-tempore *adj.* interino.
protest (prou·test) *s.* protesta : *under* ~, haciendo

constar su protesta, protestando, con reservas ; *de mala gana.* 2 protestación. 3 DER. protesto.
protest (to) (prote·st) *tr.* protestar [declarar, afirmar, confesar]. 2 protestar de o contra ; recusar. 3 DER. protestar [una letra]. — 4 *intr.* protestar, hacer protestas.
Protestant (pra·tistant) *adj.* y *s.* protestante.
Protestantism (pra·tistantišm) *s.* protestantismo.
protestation (prateste·shøn) *s.* protesta [declaración]. 2 protestación.
protester (prote·stø') *s.* protestante [que protesta].
prothallium (prozæ·liøm) *s.* BOT. prótalo.
prothesis (pra·zesis) *s.* CIR., GRAM. prótesis.
prothonotary (proza·noteri) *pl.* **-ries** (-riš) *s.* protonotario.
prothonotariship (proza·noteriship) *s.* protonotariato.
prothorax (prozou·ræcs) *s.* ENTOM. protórax.
Protochordata (proutoco·rdæ·tæ) *s. pl.* ZOOL. protocordados.
protochordate (proutoco·rdit) *adj.* y *s.* ZOOL. protocordado.
protocol (prou·tocal) *s.* protocolo. 2 convenio entre patronos y obreros en que se establecen las bases para resolver los conflictos.
protocol (to) *tr.* protocolizar, protocolar. 2 inscribir en un convenio o protocolo.
protohistory (proutoji·stori) *s.* protohistoria.
protomartyr (proutoma·rtø') *s.* protomártir.
proton (prou·tan) *s.* FÍS. y QUÍM. protón.
protonema (proutonr·ma) *s.* BOT. protonema.
Protophyta (prouto·fitæ) *s. pl.* BOT. protofitas.
protophyte (prou·tofait) *adj.* y *s.* BOT. protofita.
protoplasm (prou·toplæšm) *s.* BIOL. protoplasma.
protoplasmal (proutoplæ·šmal), **protoplasmic** (proutoplæ·šmic) *adj.* protoplasmático.
prototype (prou·totaip) *s.* prototipo, arquetipo.
prototyp(ic)al (proutotai·p(ic)al) *adj.* prototípico.
protoxid (prota·csaid) *s.* QUÍM. protóxido.
Protozoa (prouto·šo·ua) *s. pl.* ZOOL. protozoos.
protozoan (prouto·šo·uan) *adj.* y *s.* ZOOL. protozoo, protozoario.
protract (to) (protræ·ct) *tr.* alargar, prolongar, dilatar [esp. en el tiempo]. 2 levantar o trazar [un plano] por medio del transportador. 3 ZOOL. sacar, extender hacia adelante.
protracted (protræ·ctid) *adj.* largo, prolongado.
protracter (protræ·ctø') *s.* PROTRACTOR.
protractile (protræ·ctil) *adj.* protáctil.
protraction (protræ·cshøn) *s.* alargamiento, prolongación, extensión. 2 demora. 3 TOP. trazado [de un plano] por medio del transportador.
protractive (protræ·ctiv) *adj.* que alarga o prolonga ; dilatorio.
protractor (protræ·ctø') *s.* prolongador. 2 transportador [instrumento]. 3 SAST. regla o molde. 4 ANAT. músculo extensor.
protrude (to) (protru·d) *tr.* sacar, hacer salir o sobresalir : *to* ~ *one's tongue,* sacar la lengua. — 2 *intr.* salir fuera, sobresalir.
protrusi(b)le (protru·sibøl) *adj.* que se puede sacar o extender hacia fuera.
protrusion (protru·ŷøn) *s.* acción de sacar fuera o hacer sobresalir. 2 proyección, parte saliente. 3 MED. protrusión.
protrusive (protru·siv) *adj.* saliente, protuberante, abultado. 2 que empuja hacia afuera.
protuberance (protiu·børans), **protuberancy** (-si) *s.* protuberancia, prominencia, bulto.
protuberant (protiu·børant) *adj.* prominente, saliente, abultado.
protuberate (to) (protiu·børeit) *intr.* sobresalir, abultar, formar protuberancia.
proud (praud) *adj.* orgulloso, soberbio, altanero, arrogante, engreído. 2 orgulloso, satisfecho, ufano : *to be* ~ *of,* enorgullecerse de, ufanarse de. 3 fogoso [caballo]. 4 hinchado, embravecido [mar, etc.]. 5 lujuriante. 6 grande, magnífico, espléndido, noble, bello. 7 MED. ~ *flesh,* carnosidad, bezo, tejido de granulación [en una herida].
proudly (prau·dli) *adv.* orgullosamente, altaneramente. 2 ufanamente.
provable (pru·vabøl) *adj.* probable, demostrable.
provableness (pru·vabølnis) *s.* calidad de demostrable.
prove (to) (pruv) *tr.* probar, demostrar, evidenciar, justificar. 2 probar, ensayar, experimentar, poner a prueba, comprobar. 3 probar o establecer la validez o autenticidad de : *to* ~ *a will,* DER. de-

clarar válido un testamento. 4 ARIT. hacer la prueba de. 5 IMPR. sacar una prueba de. — 6 intr. resultar, salir [bien, mal, un éxito, un fracaso, etc.] ; demostrar que se es [apto, etc.]. ¶ CONJUG. pret. : *proved;* p. p. : *proved* o *proven.*

proven (pru·vøn) a. probado, comprobado, demostrado.

provenance (prou·vønans) s. origen, procedencia.

Provencal (prouvansa·l) adj. y s. provenzal.

Provence (prouva·ns) n. pr. GEOGR. Provenza.

provender (pra·vøndø') s. pienso, forraje. 2 fam. provisiones, víveres.

provenience (provi·niøns) s. origen, procedencia.

prover (pru·vø') s. persona que prueba o saca pruebas.

proverb (pra·vø'b) s. proverbio, adagio, dicho, refrán, sentencia. 2 nombre, pers. o cosa proverbial o que es objeto de comentario, burla, encomio, etc., de la gente.

proverbial (provø·'bial) adj. proverbial. 2 sentencioso.

proverbialist (provø·'bialist) s. proverbista.

proverbially (provø·'biali) adv. proverbialmente.

provide (to) (provai·d) tr. proveer, abastecer, prevenir, habilitar, equipar : *to ~ with,* proveer de. 2 suministrar, proporcionar, dar, ofrecer. 3 estipular. — 4 intr. *to ~ for,* proveer a, tomar las medidas necesarias para; sufragar los gastos, cubrir las necesidades de ; dotar, colocar, proveer de fondos o medios de vida ; estipular. 5 *to ~ against,* prevenir, precaverse. 6 *the Lord will ~,* Dios proveerá.

provided (provai·did) adj. provisto, equipado, dotado : *~ school,* escuela municipal. 2 proporcionado, dado, heredado. — 3 conj. *provided that,* con tal que, siempre que, a condición de o que.

providence (pra·vidøns) s. providencia, previsión ; prudencia, economía. 2 providencia divina. 3 (con may.) la Providencia, Dios.

provident (pra·vidønt) adj. próvido, providente. previsor. 2 frugal, económico.

providential (provide·nshal) adj. providencial.

providentially (provide·nshali) adv. providencialmente.

providently (pra·vidøntli) adv. próvidamente. 2 prudentemente, económicamente.

provider (provai·dø') s. proveedor, abastecedor, provisor, suministrador.

province (pra·vins) s. provincia. 2 región, distrito. 3 esfera, campo [de actividad, etc.]. 4 departamento, obligación, competencia, incumbencia : *this is not my ~,* esto no es de mi incumbencia.

provincial (provi·nshal) adj. provincial. 2 provinciano, rústico. 3 estrecho, local. — 4 s. provincial. 5 provinciano.

provincialism (provi·nshalism) s. provincialismo.

provincialist (provi·nshalist) s. provincialista. 2 provinciano.

provinciality (provinshæ·liti) s. carácter provinciano.

provine (to) (provai·n) tr. AGR. acodar, amugronar.

provision (provi·ỹøn) s. provisión, prevención, preparativo. 2 provisión, aprovisionamiento. 3 medida, disposición, providencia : *till further ~ be made,* hasta más proveer ; *to make ~ for,* proveer a ; asegurar el porvenir de. 4 cláusula, estipulación, condición. 5 pl. provisiones, vituallas, bastimentos.

provision (to) tr. aprovisionar, abastecer.

provisional (provi·ỹønal) adj. provisional, provisorio, interino.

provisionality (provi·ỹøna·liti) s. condición de provisional.

provisionally (provi·ỹønali) adv. provisionalmente, interinamente, por el momento.

provisionment (provi·ỹønmønt) s. proveimiento.

proviso (provai·ŝou) s. estipulación, condición, requisito ; cláusula o artículo que lo establece.

provisor (provai·sø') s. religioso que cuida de la provisión, tesorería, etc., de la casa. 2 eclesiástico nombrado para una dignidad o cargo aún no vacante.

provisorily (provai·ŝorili) avd. provisoriamente. 2 condicionalmente.

provisory (provai·ŝori) adj. provisorio, provisional. 2 condicional.

provocation (pravoke·shøn) s. provocación. 2 excitación, estímulo. 3 cosa que irrita o exaspera.

provocative (prova·cativ) adj. provocativo. 2 excitante, estimulante. 3 irritante, exasperador.

provocativeness (prova·cativnis) s. calidad de provocativo, o excitador.

provoke (to) (provou·k) tr. provocar. 2 excitar, estimular, aguijar. 3 irritar, encolerizar. — 4 intr. ser irritante, causar enojo, excitar la cólera.

provoker (provou·kø') s. provocador. 2 persona o cosa que irrita o provoca la cólera.

provoking (provou·king) adj. provocativo. 2 irritante, exasperador.

provokingly (provou·kingli) adv. de un modo provocativo o irritante.

provost (pra·vøst) s. preboste. 2 prepósito, deán. 3 (Esc.) primer magistrado de una ciudad. 4 (Ingl.) director de un colegio.

provost-marshal (prou·vou ma·'shal) s. MIL. oficial encargado del orden y la policía militar.

provostship (pra·vøstship) s. prebostazgo.

prow (prau) s. proa. 2 MAR. tajamar. 3 parte delantera y aguda de ciertas cosas.

prowess (prau·is) s. valor, bizarría. 2 proeza, hazaña. 3 destreza.

prowl (to) (praul) tr. e intr. rondar [para robar, hacer presa, etc.], andar acechando, merodear, vagabundear.

prowler (prau·lø') s. rondador, merodeador, vagabundo.

proximal (prac·simal) adj. BOT., ZOOL. proximal.

proximate (pra·csimit) adj. próximo, inmediato.

proximately (pra·csimitli) adv. próximamente, inmediatamente.

proximity (pracsi·miti) s. proximidad, propincuidad.

proximo (pra·csimou) adv. del próximo mes, en el próximo mes.

proxy (pra·csi) s. procuración, poder, delegación : *to be married by ~,* casarse por poderes. 2 apoderado, delegado, representante, substituto.

prude (prud) s. remilgada, mojigata, gazmoña ; mujer afectadamente exigente en cosas de decoro, modestia, etc.

prudence (pru·døns) s. prudencia. 2 cordura, discreción, circunspección.

Prudence n. pr. Prudencia.

prudent (pru·dønt) adj. prudente. 2 cuerdo, discreto, circunspecto.

prudential (prude·nshal) adj. prudencial.

prudentially (prude·nshali) adv. prudencialmente.

prudently (pru·døntli) adv. prudentemente, cuerdamente.

prudery (pru·døri) s. remilgo, mojigatería, gazmoñería, pudibundez, escrupulosidad afectada en cosas de decoro, modestia, etc.

prudish (pru·dish) adj. remilgado, mojigato, gazmoño [en cosas de decoro, modestia, etc.].

prudishness (pru·dishnis) s. PRUDERY.

Prue (pru) n. pr. dim. de PRUDENCE.

prune (prun) s. ciruela pasa ; ciruela. 2 pop. bendito, simple.

prune (to) tr. podar, escamondar, mondar, recortar. 2 TO PREEN.

prunella (prune·la) s. TEJ. sempiterna, rompecoches.

prunelle (prune·l) s. ciruela pasa amarilla.

prunello (prune·lou) s. PRUNELLA. 2 PRUNELLE.

pruner (pru·nø') s. podador.

pruniferous (pruni·førøs) adj. que produce ciruelas.

pruning (pru·ning) s. poda, escamonda, monda. — 2 adj. que poda o sirve para podar : *~ knife,* podadera, podón ; *~ shears,* tijeras de podar.

prunt (prunt) s. ornamento de cristal aplicado a objetos de cristal.

prurience (pruiriøns), **pruriency** (-si) s. comezón, picazón, prurito. 2 deseo inmoderado. 3 sensualidad.

prurient (pru·riønt) adj. deseoso, anheloso. 2 lascivo, lujurioso.

prurigo (prurai·gou) s. MED. prurigo.

Prussian (prø·shan) adj. y s. prusiano : *~ blue,* azul de prusia.

Prussianism (prø·shanism) s. prusianismo ; militarismo imperialista y opresivo.

prussiate (prø·sieit) s. QUÍM. prusiato.

prussic (prø·sic) adj. prúsico.

pry (prai), pl. **pries** (priš) s. inspección, atisbo, fisgoneo, observación curiosa o impertinente. 2 curioso, fisgón, entremetido. 3 palanca, alzaprima.

pry (to) intr. espiar, acechar, husmear, fisgar, escu-

driñar, entremeterse. | Gralte. con *into*. — *2 tr.*
alzaprimar, apalancar : *to* ~ *apart,* separar ; *to* ~ *off* despegar ; *to* ~ *open,* abrir, forzar [con palanca o alzaprima], *3 to* ~ *out,* arrancar, extraer ; obtener con esfuerzo.
prying (prai·ing) *adj.* curioso, fisgón, entrometido. — *2 s.* acción del verbo TO PRY.
prytaneum (pritan·røm) *s.* pritaneo.
psalm (sam) *s.* salmo.
psalmbook (sa·mbuc) *s.* salterio, libro de salmos.
psalmist (sa·mist) *s.* salmista.
psalmody (sæ·lmodi), *pl.* -**dies** (-diš) *s.* salmodia.
psalter (so·ltø') *s.* salterio [libro; parte del breviario].
psalterium (solti·riøm) *s.* ZOOL. libro [de los rumiantes].
psaltery (so·ltøri) *s.* MÚS. salterio.
pseudo (siu·dou) *adj.* pseudo, seudo ; ~ *philosopher,* pseudo filósofo ; ~ *prophet,* pseudo profeta.
pseudo- *elemento de comp.* pseudo-, seudo-, como en *pseudomorphous,* pseudomorfo.
pseudonym (siu·donim) *s.* seudónimo.
pseudopod (siu·dopad), **pseudopodium** (siudopa·diøm) *s.* ZOOL. seudópodo.
pseudoscope (siu·doscoup) *s.* ÓPT. seudoscopio.
pshaw (šho) *interj.* ¡ bah !
psi (si) *s.* psi [letra griega].
Psittacidæ (sita·sidi) *s. pl.* ORNIT. psitácidos, sitácidos.
psittacism (si·tasišm) *s.* psitacismo.
psittacosis (sitacou·sis) *s.* MED. psitacosis.
psoas (sou·æs) *s.* ANAT. psoas [músculo].
psoriasis (sorai·asis) *s.* MED. psoriasis.
psychasthenia (saikaszï·nia) *s.* MED. psicastenia.
Psyche (sai·ki) *n. pr.* MIT., ASTR. Psique, Psiquis. — *2 s.* (con min.) psiquis, el alma.
psychiater (saikai·ætø') *s.* psiquiatra.
psychiatric(al (saikaiæ·tric(al) *adj.* psiquiátrico.
psychiatrist (saikai·ætrist) *s.* PSYCHIATER.
psychiatry (saikai·ætri) *s.* psiquiatría.
psychic(al (sai·kic(al) *adj.* psíquico, anímico. *2* sensible a las fuerzas psíquicas.
psychoanalysis (saicoanæ·lisis) *s.* psicoanálisis.
psychoanalyst (saicoæ·nalist) *s.* psicoanalista.
psychoanalize (saicoæ·nalaiš) *tr.* psicoanalizar.
psychologic(al (saicola·yïc(al) *adj.* psicológico.
psychologist (saica·loyïst) *s.* psicólogo.
psychology (saica·loyï) *s.* psicología.
psychometric (saicome·tric) *adj.* psicométrico.
psychometrics (saicome·trics), **psychometry** (saica·metri) *s.* psicometría.
psychopath (sai·copæz) *s.* psicópata.
psyopathic (saicopæ·zic) *adj.* psicopático.
psychopathology (saicopaza·loyï) *s.* psicopatología.
psycopathy (saica·pazi) *s.* psicopatía.
psychosis (saicou·sis), *pl.* -**ses** (-siš) *s.* MED. psicosis.
psychotherapy (saicoze·rapi) *s.* MED. psicoterapia.
psychrometer (saicra·mitø') *s.* psicrómetro.
ptarmigan (ta·'migøn) *s.* ORNIT. perdiz blanca.
pteridophyte (te·ridofait) *s.* BOT. pteridofita.
pterodactyl (terodæ·ctil) *s.* PALEONT. pterodáctilo.
Ptolemaic (talømei·c) *adj.* ptolemaico ; de Tolomeo ; ~ *system,* ASTR. sistema de Tolomeo.
Ptolemy (ta·lømi) *n. pr.* Tolomeo.
ptomain(e (tou·mein) *s.* ptomaína. — *2 adj.* ptomaínico.
ptyalin (tai·alin) *s.* BIOQUÍM. ptialina, tialina.
ptyalism (tai·ališm) *s.* ptialismo, tialismo.
pub (pøb) *s.* pop. (Ingl.) cervecería, taberna.
puberty (piu·bø'ti) *s.* pubertad.
pubes (piu·biš) *s.* ANAT. pubis, pubes [parte inferior del vientre].
pubescence (piube·søns) *s.* pubescencia, pubertad. *2* BOT. pelusa, vello.
pubescent (piube·sent) *adj.* pubescente. *2* púber.
pubic (piu·bic) *adj.* ANAT. pubiano.
pubis (piu·bis) *s.* ANAT. pubis [parte del hueso coxal].
public (pø·blic) *adj.* público : ~ *conveyance,* vehículo de servicio público ; ~ *enemy,* enemigo público ; ~ *health,* higiene pública, sanidad ; ~ *house,* posada, hostería ; (Ingl.) cervecería, taberna ; ~ *lands,* tierras nacionales o de dominio público ; ~ *law,* derecho público ; ~ *official,* funcionario público ; ~ *opinion,* opinión pública ; ~ *prosecutor,* DER. fiscal ; ~ *school,* escuela pública ; en Ingl. se da este nombre a ciertas instituciones que preparan a los jóvenes para el ingreso en la Universidad, como Eton,

Harrow, Rugby y Winchester ; ~ *servant,* funcionario público ; ~ *thoroughfare,* vía pública ; ~ *utility,* empresa de servicio público ; *public utilities,* acciones de una empresa de servicio público ; ~ *weal,* bien público ; ~ *works,* obras públicas ; *to make* ~, publicar, hacer público. *2* general, universal, internacional. — *3 s.* público : *in* ~, en público ; *into* ~, en la vida pública o de sociedad.
public-address system *s.* sistema amplificador de discursos.
publican (pø·blican) *s.* publicano. *2* (Ingl.) tabernero, hostelero, posadero.
publication (pøblike·shøn) *s.* publicación. *2* edición [acción de editar]. *3* promulgación. *4* notificación pública, edicto.
publicist (pø·blisist) *s.* publicista. *2* agente de publicidad.
publicity (pøbli·siti) *s.* publicidad. *2* notoriedad. — *3 adj.* de publicidad, publicitario ; ~ *bureau,* office, agencia de publicidad ; ~ *agent,* ~ *man,* agente de publicidad.
publicly (pø·blicli) *adv.* públicamente.
public-spirited *adj.* cívico, patriótico.
publish (to) (pø·blish) *tr.* publicar. *2* editar. *3* promulgar ; divulgar, difundir, propalar. *3 to* ~ *the banns,* correr las amonestaciones.
publisher (pø·blishø') *s.* publicador. *2* editor.
publishing (pø·blishing) *adj.* publicador, editor ; de publicaciones, editorial : ~ *house,* editorial, casa editorial o editora.
puccoon (pø·cun) *s.* BOT. planta tintórea americana.
puce (piu·s) *adj. y s.* color de pulga.
puck (pøc) *s.* duende. *2* ORNIT. chotacabras. *3* disco de caucho usado en el hockey sobre hielo.
puckball (pø·cbol) *s.* BOT. bejín.
pucker (pø·cø') *s.* arruga, pliegue, frunce, fruncido.
pucker (to) *tr.* arrugar, plegar [hacer pliegues en]. coger, fruncir.
puckered (pø·cø'd) *adj.* arrugado, fruncido.
puckish (pø·kish) *adj.* travieso.
pudding (pu·din) *s.* budin, pudín. *2* embuchado : *black* ~, morcilla, *morión. — 3 adj.* de budín : ~ *bag,* bolsa en que cuece el budín ; ~ *dish,* ~ *pan,* tartera ; ~ *face,* cara gorda e inexpresiva. *4* GEOL. ~ *stone,* pudinga.
puddle (pø·døl) *s.* charco, poza. *2* mezcla impermeable de arcilla y arena. *3* fig. confusión, lío.
puddle (to) *tr.* METAL. pudelar. *2* enlodar, enfangar, convertir en un lodazal. *3* ensuciar, enturbiar. *4* tapar, cubrir, impermeabilizar con una mezcla de arcilla y arena. *5* lavar mineral arcilloso.
puddling (pø·dling) *s.* pudelación. *2* amasado del barro, etc., para hacerlo impermeable. *3* PUDDLE 2. *4* MIN. lavado de mineral arcilloso. — *5 adj.* de pudelar : ~ *furnace,* horno de pudelar.
puddly (pø·dli) *adj.* lleno de charcos, encharcado, cenagoso.
pudency (piu·dønsi) *s.* recato, pudor.
pudenda (piude·nda) *s. pl.* partes pudendas.
pudge (pødy) *s.* fam. persona o cosa rechoncha, regordeta.
pudgy (po·dyï) *adj.* fam. rechoncho, regordete.
pudic (piu·dic) *adj.* púdico.
pudicity (piudi·siti) *s.* pudicicia, pudor.
pueblo (pue·blou) *s.* (EE. UU.) casa comunal o aldea de indios.
puericulture (piuørico·lchø') *s.* puericultura.
puerility (piuøri·liti) *s.* puerilidad.
puerilism (piuøri·lišm) *s.* infantilismo.
puerperal (piuø·'pøral) *adj. m.* puerperal.
puerperium (piuø'pri·øm) *s.* puerperio.
Puerto Rican (pue'tou ri·can) *adj. y s.* portorriqueño.
Puerto Rico (pue·'tou ri·cou) *n. pr.* GEOGR. Puerto Rico.
puff (pøf) *s.* soplo, resoplido, bufido ; ~ *of wind,* soplo, ráfaga de aire. *2* bocanada, fumarada, ventada. *3* coc. bollo : *cream* ~, bollo de crema. *4* COST. bollo, bullón. *5* colcha, edredón. *6* bulto, masa hinchada, abultada. *7* chupada [de cigarro, etc.]. *8* reclamo, bombo, elogio exagerado. *9 puff* o *powder* ~, borla [para empolvarse]. — *10 adj.* de soplo, de bollo, etc. : ~ *box,* polvera ; ~ *paste,* pasta de hojaldre ; ~ *sleeve,* COST. manga de bullón. *11* ZOOL. ~ *adder,* cierta víbora africana. — *12 interj.* ¡puf !, ¡ bah !

puff (to) *intr.* soplar, resoplar, jadear, dar bufidos, echar bocanadas o fumaradas : *to* ~ *at the pipe*, fumar, dar chupadas a la pipa; *to* ~ *down, in out, up*, etc., bajar, entrar, salir, subir etc., resoplando, jadeando, echando fumaradas, etc. 2 hablar con jactancia. 3 *to* ~ *up*, hincharse, inflamarse, ahuecarse. — 4 *tr.* echar [aliento, aire, humo, bocanadas] ; empujar, desvanecer, apagar, etc., con el soplo, el ímpetu del viento, etc.: *to* ~ *the clouds away*, disipar las nubes. 5 sofocar, hacer jadear. 6 hinchar, inflar, ahuecar. 7 COST. abollonar. 8 engreír, ensoberbecer. 9 bombear, dar bombo, alabar exageradamente. 10 empolvar [con borla].
puffball (pøˈfbɔl) *s.* BOT. bejín.
puffed (pøˈft) *adj.* COST. abollonado. 2 hinchado, inflado. 3 engreído. 4 sofocado, jadeante.
puffer (pøˈføʳ) *s.* soplador. 2 ponderador, bombeador. 3 jactancioso. 4 postor simulado [en una subasta]. 5 tren [en lenguaje infantil].
puffery (pøˈføri) *s.* bombo, propaganda; elogio servil.
puffier (pøˈfiøʳ) *adj. comp.* de PUFFY.
puffiest (pøˈfiist) *adj. superl.* de PUFFY.
puffily (pøˈfili) *adv.* hinchadamente. 2 jadeando.
puffin (pøˈfin) *s.* ORNIT. alca, frailecillo.
puffiness (pøˈfinis) *s.* hinchazón. 2 MED. tumescencia.
puffy (pøˈfi) *adj.* que sopla a intervalos. 2 jadeante, corto de resuello. 3 hinchado, inflado, fofo. 4 campanudo [estilo].
pug (pøg) *s.* barro amasado. 2 ZOOL. *pug* o ~ *dog*, perro pequeño y de nariz chata. 3 pop. púgil. — 4 *adj.* chata y respingona [nariz].
pug (to) *tr.* embarrar, tapar con barro o mortero. 2 amasar [barro].
pugh (piu) *interj.* ¡uf!, ¡quita!
pugilism (piuˈʒilišm) *s.* pugilismo, pugilato, boxeo.
pugilist (piuˈʒilist) *s.* pugilista, púgil, boxeador.
pugilistic (piuʒiliˈstic) *adj.* pugilístico.
pugnacious (pøgneiˈšøs) *adj.* pugnaz, belicoso.
pugnacity (pøgnæˈsiti) *s.* pugnacidad.
pug-nosed *adj.* de nariz respingona. 2 chato [perro].
puissance (piuiˈsans) *s.* poét. pujanza, poder.
puissant (piuˈsant) *adj.* pujante, fuerte.
puke (piuc) *s.* vómito, náusea. 2 vomitivo. 3 cosa o persona repugnante.
puke (to) *tr.* e *intr.* vomitar.
pulchritude (pøˈlcritiud) *s.* pulcritud, belleza.
pule (to) (piuˈl) *intr.* gemir, llorar [con voz débil].
puling (piuˈling) *adj.* gemidor. 2 infantil, pueril. 3 enfermizo, delicado.
pull (pul) *s.* tirón, estirón, sacudida, tracción. 2 tirador [botón, cordón, etc.]. 3 subida, cuesta, ascensión difícil ; esfuerzo [prolongado o penoso]. 4 atracción [fuerza que tira o atrae]. 5 trago, tiento. 6 chupada [a un cigarro, etc.]. 7 DEP. ejercicio de remos, boga, rato de remar. 8 ventaja, superioridad. 9 influencia, aldabas. 10 IMPR. prueba. 11 acto de refrenar un caballo para que no gane [en una carrera]. 12 DEP. golpe oblicuo a la pelota. — 13 *adj.* ELECT. ~ *switch*, interruptor de cadena.
pull (to) *tr.* tirar de, tirar hacia sí, halar, estirar, arrastrar. 2 arrancar, sacar, extraer. 3 coger [flores, frutos]. 4 pelar, desplumar [aves]. 5 romper, desgarrar. 6 torcer, distender [un músculo o tendón]. 7 beber, dar un tiento a. 8 halar [un remo] ; llevar a remo. 9 IMPR. sacar una prueba. 10 sorprender [un garito, etc.]. 11 DEP. refrenar un caballo para que no gane [en una carrera]. 12 DEP. dar un golpe oblicuo a la pelota. 13 (EE. UU.) prender [a uno]. 14 (EE. UU.) sacar [un arma]. 15 *to* ~ *a face*, hacer una mueca, poner cierta cara ; *to* ~ *a long face*, poner cara larga. 16 *to* ~ *apart, asunder* o *away*, separar o quitar con violencia, arrancar. 17 *to* ~ *back*, tirar hacia atrás, hacer recular o cejar. 18 *to* ~ *down*, derribar, demoler ; degradar ; bajar, hacer bajar ; reducir, rebajar ; debilitar, abatir. 19 *to* ~ *in*, halar, cobrar [una cuerda o cabo]. 20 *to* ~ *in pieces*, o *to pieces*, hacer trizas. 21 *to* ~ *off*, pop. llevar a cabo [con dificultad o esfuerzo] ; quitarse [el sombrero]. 22 *to* ~ *on*, ponerse [las medias, etc.]. 23 *to* ~ *oneself together*, recobrarse, serenarse. 24 *to* ~ *one's leg*, engañar, tomar el pelo a uno. 25 *to* ~ *out*, sacar, arrancar, extraer. 26 *to* ~ *round*, restablecer, devolver la salud. 27 *to* ~ *the trigger*, apre-

tar el gatillo. 28 *to* ~ *the wool over one's eyes*, engañar con falsas apariencias. 29 *to* ~ *through*, sacar de una dificultad o apuro; llevar a cabo. 30 *to* ~ *up*, arrancar, desarraigar ; contener, refrenar [un caballo] ; detener, parar; reprender. 31 *to* ~ *up stakes* (EE. UU.), liar los bártulos, mudarse.
32 *intr.* tirar con esfuerzo, tirar de una cuerda, dar un tirón, ejercer tracción [un motor, etc.] ; trabajar, esforzarse. 33 dar chupadas a la pipa. 34 echar un trago. 35 moverse, avanzar, arrancar [haciendo fuerza o por medios mecánicos]. 36 *to* ~ *apart*, romperse [por tracción]. 37 *to* ~ *for*, pop. apoyar, ayudar. 38 *to* ~ *in*, detenerse, pararse; entrar o llegar [un tren] a la estación. 39 *to* ~ *on*, tirar de. 40 *to* ~ *out*, partir, salir. 41 *to* ~ *round*, restablecerse. 42 *to* ~ *through*, salir de una dificultad o apuro. 43 *to* ~ *together*, ir a la una. 44 *to* ~ *up*, alcanzar a los demás o adelantarse [en las carreras] ; detenerse, pararse; arrimarse [un coche] a la acera.
pullback (puˈlbæc) *s.* acción de tirar hacia atrás. 2 rémora, estorbo.
puller (puˈløʳ) *s.* el que tira o arranca.
pullet (puˈlit) *s.* ZOOL. polla [gallina joven].
pulley (puˈli) *s.* polea, garrucha, motón ; sistema de poleas, aparejo. 2 MEC. polea de transmisión, tambor. 3 ANAT. tróclea. — 4 *adj.* de polea o poleas : ~ *wheel*, roldana.
Pullman car (puˈlmæn) *s.* FERROC. vagón Pullman.
pull-over *s.* pulóver, elástica, jersey.
pullulate (to) (pøˈliuleit) *intr.* pulular.
pulmonary (pøˈlmoneri) *adj.* pulmonar. 2 pulmonado.
pulmonate (pøˈlmonit) *adj.* pulmonado.
pulmonic (pølmaˈnic) *adj.* pulmonar. — 2 *s.* FARM. pectoral. — 3 *adj.* y *s.* MED. pulmoníaco.
pulmotor (pøˈlmoutøʳ) *s.* MED. pulmón de acero.
pulp (pølp) *s.* pulpa. 2 pasta [de papel]. 3 ANAT. bulbo [de diente].
pulpier (pølˈpiøʳ) *adj. comp.* de PULPY.
pulpiest (pølˈpiist) *adj. superl.* de PULPY.
pulpiness (pølˈpinis) *s.* calidad de pulposo.
pulpit (puˈlpit) *s.* púlpito. 2 clero. 3 tribuna, tarima.
pulpiteer (pulˈlpitir) *s.* predicador.
pulpiteer (to) *intr.* predicar, sermonear.
pulpous (pølˈpøs) *adj.* PULPY.
pulpousness (pølˈpøsnis) *s.* PULPINESS.
pulpwood (pøˈlpwud) *s.* madera para hacer pasta de papel ; madera hecha pasta [para hacer papel].
pulpy (pøˈlpi) *adj.* pulposo, carnoso, mollar.
pulque (puˈlki) *s.* pulque.
pulsate (to) (pøˈlseit) *intr.* pulsar, latir. 2 vibrar, estar lleno de vida, de actividad, etc. — 3 *tr.* agitar diamantes en una máquina para despojarlos de la tierra que llevan adherida.
pulsatile (pøˈlsatil) *adj.* pulsátil, pulsativo, latiente. 2 MÚS. de percusión.
pulsation (pølseˈšøn) *s.* pulsación, latido. 2 vida, vibración.
pulsative (pøˈlsativ) *adj.* pulsativo.
pulsator (pølseiˈtøʳ) *s.* MEC. lo que pulsa, late o golpea. 2 pulsómetro. 3 máquina en que se agitan los diamantes para despojarlos de la tierra que llevan adherida.
pulsatory (pøˈlsatori) *adj.* pulsante, pulsativo.
pulse (pøls) *s.* pulso. 2 latido, vibración, esfuerzo. 3 legumbres [garbanzos, lentejas, etc.].
pulse (to) *intr.* pulsar, latir. 2 vibrar.
pulseless (pølˈslis) *adj.* sin pulso.
pulsimeter (pølsiˈmitøʳ) *s.* pulsímetro.
pulsion (pøˈlšøn) *s.* impulsión.
pulsometer (pølsaˈmitøʳ) *s.* pulsómetro, bomba accionada por el vapor. 2 pulsímetro.
pultaceous (pølteiˈšøs) *adj.* pultáceo.
pulverizable (pøˈlvøraišabøl) *adj.* pulverizable.
pulverization (pølvøriseˈšøn) *s.* pulverización.
pulverize (to) (pøˈlvøraiš) *tr.* pulverizar.
pulverizer (pølˈvøraisøʳ) *s.* pulverizador.
pulverulence (pølveˈruløns) *s.* calidad de pulverulento o polvoriento.
pulverulent (pølveˈrulent) *adj.* pulverulento, polvoriento.
puma (piuˈma) *s.* ZOOL. puma.
pumice o **pumice stone** (pøˈmis) *s.* piedra pómez.
pumice (to) *tr.* apomazar.

pumiceous (piumi·shøs) *adj.* de piedra pómez o que lo parece.

pummel (pø·møl) *s.* POMMEL.

pummel (to) *tr.* TO POMMEL.

pump (pømp) *s.* MEC. bomba [para fluidos]: *air* ~, bomba de aire; máquina neumática; *bilge* ~, bomba de achique; *feed* ~, bomba de alimentación; *force* ~, bomba impelente; *hand* ~, bomba a mano; *suction* ~, bomba aspirante; *tire* ~, bomba de neumático. 2 fuente alimentada por una bomba. 3 *gasoline* ~, surtidor de gasolina. 4 *pl.* zapatos bajos de charol [para ir vestido de etiqueta o para bailar]. — 5 *adj.* de bomba: ~ *barrel* o *cylinder*, cuerpo de bomba; ~ *brake*, ~ *handle*, guimbalete, manubrio o brazo de bomba; ARTILL. freno o amortiguador hidráulico; ~ *dale*, MAR. dala; ~ *plunger*, émbolo, pistón.

pump (to) *tr.* impeler, lanzar, sacar, etc., con bomba o como con bomba. 2 sacar agua, aire, etc., de [con bomba]. 3 inyectar aire, hinchar [con bomba o fuelle]. 4 sacar, obtener [noticias, dinero, etc.] o sacarlos u obtenerlos de. 5 sondear, sonsacar. 6 *to* ~ *in*, inyectar [aire, etc.]. 7 *to* ~ *out*, sacar con bomba, achicar. 8 *to* ~ *up*, hinchar [un neumático, etc.]. — 9 *intr.* dar a la bomba. — 10 *tr.* e *intr.* mover o moverse de arriba abajo como el brazo de una bomba.

pumper (pø·mpø') *s.* el que acciona una bomba. 2 ganzúa, sonsacador. 3 (EE. UU.) pozo de petróleo donde hay que emplear la bomba.

pumpernickel (pø·mpø'nicøl) *s.* pan de centeno.

pumping (pø·mping) *adj.* de accionar la bomba, de sacar con bomba, etc.: ~ *engine*, bomba mecánica, bomba de vapor; ~ *jack*, aparato de transmisión para accionar una bomba en un pozo profundo.

pumpkin (pø·mpkin) *s.* BOT. calabaza; calabacera. 2 fam (EE. UU.) personaje; cosa importante.

pump-priming *s.* POL. (EE. UU.) ayuda económica del Estado al comercio, la industria, etc.

pun (pøn) *s.* retruécano, juego de palabras.

pun (to) *intr.* hacer retruécanos, jugar del vocablo.

punch (pønch) *s.* ponche. 2 puñada, puñetazo. 3 empuje, energía, vigor. 4 punzón; contrapunzón. 5 sacabocados, instrumento o máquina de taladrar. 6 embutidera. 7 CARP. *driving* ~, botador. — 8 *adj.* para el ponche: ~ *bowl*, ponchera; ~ *ladle*, cucharón para servir el ponche. 9 de marcar, perforar, etc.: ~ *pliers*, sacabocados; ~ *press*, máquina para cortar, taladrar, dar forma, etc., por medio de punzones, troqueles, moldes, etcétera.

punch (to) *tr.* picar, aguijar. 2 perforar, marcar, embutir, remachar, etc., con punzón, troquel, sacabocados, botador, etc. 3 golpear, apuñear, dar puñetazos a: ~ *bag*, balón de boxeo.

Punch *n. pr.* Polichinela: *Punch show*, espectáculo o función de títeres.

Punch-and-Judy show (pø·nchændỹø·di) *s.* PUNCH SHOW.

puncheon (pø·nchøn) *s.* pipa [para líquidos]. 2 punzón [para estampar]. 3 CARP. pie derecho.

puncher (pø·nchø') *s.* TELEGR. perforador. 2 (EE. UU.) vaquero.

punchinello (pønchine·lou) *s.* pulchinela; títere.

punchy (pø·nchi) *adj.* rechoncho.

punctilio (pønti·liou) *s.* puntillo, meticulosidad. 2 punto, detalle nimio.

punctilious (pønctili·øs) *adj.* puntilloso, mirado, nimio, meticuloso, etiquetero.

punctiliousness (pøncti·liøsnis) *s.* puntillo, meticulosidad, nimiedad, miramiento.

punctual (pø·nchual) *adj.* puntual, exacto. 2 preciso, determinado. 3 meticuloso. 4 sin extensión o duración.

punctuality (pønchuæ·liti) *s.* puntualidad, exactitud, formalidad.

punctually (pø·nchuali) *adv.* puntualmente, exactamente, religiosamente.

punctuate (to) (pø·nchueit) *tr.* puntuar. 2 interrumpir a intervalos. 3 acentuar, hacer resaltar.

punctuation (pønchue·shøn) *s.* GRAM. puntuación.

puncture (pø·nkchø') *s.* puntura, pinchazo, picadura. 2 CIR. punción. 3 ZOOL. hoyo parecido a un pinchazo. 4 AUTO. pinchazo [en un neumático].

puncture (to) *tr.* punzar, pinchar, agujerear, picar. 2 deshacer, desbaratar [un plan, etc.]. 3 fam. AUTO. sufrir un pinchazo en [un neumático].

punctured (pø·nchurd) *adj.* punzado, pinchado. 2 punzante [herida].

pundit (pø·ndit) *s.* sabio indio. 2 desp. sabihondo.

pungency (pø·nỹønsi) *s.* picante, punta, sabor. 2 acrimonia, acerbidad, mordacidad. 3 agudeza, viveza.

pungent (pø·nỹent) *adj.* picante. 2 acre, mordaz. 3 agudo, vivo, penetrante, pungente. 4 BOT. punzante, puntiagudo.

Punic (piu·nic) *adj.* púnico.

punier (piu·niø') *adj. comp.* de PUNY.

puniest (piu·niist) *adj. superl.* de PUNY.

puniness (piu·ninis) *s.* pequeñez, insignificancia.

punish (to) (pø·nish) *tr.* castigar, penar.

punishability (pønishabi·liti) *s.* calidad de punible o penable, penalidad.

punishable (pø·nchabøl) *adj.* punible, penable.

punishableness (pø·nishabølnis) *s.* PUNISHABILITY.

punisher (pø·nishø') *s.* castigador.

punishment (pø·nishmøn) *s.* castigo, punición, pena. 2 vapuleo.

punitive (piu·nitiv), **punitory** (piu·nitori) *adj.* de castigo.

punk (pønc) *s.* yesca; hupe. — 2 *adj.* zocato [fruto]. 3 pop. (EE. UU.) inferior, malo.

punka, punkah (pø·nca) *s.* (Ind.) abano, abanico colgante.

punster (pø·nstø') *s.* equivoquista.

punt (pønt) *s.* batea, barca plana [esp. la que se mueve con percha]. 2 MAR. plancha de agua. 3 DEP. puntapié dado al balón en el aire. 4 punto [que juega contra el banquero].

punt (to) *tr.* mover [una batea] con percha. 2 dar un puntapié; esp. al balón en el aire. 3 apuntar [contra el banquero]. — 4 *intr.* cazar, pescar o ir en batea [barca plana]. 5 apuntar [en el juego].

punter (pø·ntø') *s.* punto [que juega contra el banquero]. 2 el que usa o mueve una batea [barco plano].

punty (pø·nti) *adj., pl.* -ties (-tiš) *s.* puntel.

puny (piu·ni) *adj.* endeble, flaco, enfermizo, canijo. 2 pequeño, diminuto, insignificante.

pup (pøp) *s.* cachorro, cachorrito, perrito.

pup (to) *intr.* parir [la perra].

pupa (piu·pa) *pl.* -pae (-pi) *s.* ENTOM. ninfa, crisálida.

pupal (piu·pal) *adj.* de crisálida.

pupate (to) (piu·peit) *tr.* ENTOM. transformarse en crisálida.

pupil (piu·pil) *s.* discípulo, alumno. 2 DER. pupilo. 3 ANAT. pupila, niña del ojo.

pupilage (piu·pilidỹ) *s.* DER. pupilaje. 2 alumnado.

pupil(l)ar (piu·pila'), **pupil(l)ary** (piu·pileri) *adj.* pupilar.

puppet (pø·pit) *s.* títere, muñeco, monigote, maniquí. 2 juguete, instrumento [de otro]. — 3 *adj.* de títeres: ~ *man*, titiritero; ~ *show*, función de títeres.

puppy (pø·pi) *s., pl.* -pies (-piš) cachorro, perrito. 2 joven fatuo o casquivano; petimetre, monigote.

puppyish (pø·piish) *adj.* de perrito. 2 fatuo.

puppyism (pø·piišm) *s.* fatuidad.

purblind (pø·'blaind) *adj.* cegato. 2 ciego [mentalmente].

purblindness (pø·'blaindnis) *s.* ceguera, ofuscación.

purchasable (pø·'chasabøl) *adj.* comprable.

purchase (pø·'chis) *s.* compra, adquisición. 2 renta o producto: *sold at 20 years'* ~, vendido por precio equivalente a su renta o producto durante 20 años; fig. *his life is not worth a day's* ~, no le doy un día de vida. 3 MEC., MAR. acción de mover, tirar de, subir, etc., con algún medio mecánico; este mismo medio, como palanca, aparejo, cabrestante, maniobra, etc.

purchase (to) *tr.* comprar, adquirir. 2 mover, tirar de, subir, etc., por medio de palanca, aparejo, etc.

purchaser (pø·'chasø') *s.* comprador. 2 adquiridor, adquirente.

purchasing (pø·'chasing) *adj.* comprador, de compra. 2 adquisitivo: ~ *power*, poder adquisitivo de la moneda].

pure (piu·ø') *adj.* puro.

purebred (piu·'bre·d) *adj.* de pura raza.

purée (piurei·) *s.* COC. puré.
purely (piu·ø'li) *adv.* puramente. 2 meramente, simplemente.
pureness (piu·ørnis) *s.* pureza.
purfle (pø·'føl) *s.* orla.
purfle (to) *tr.* orlar.
purgation (pø·gue·shøn) *s.* purgación, purgamiento. 2 DER. purgación.
purgative (pø·'gativ) *adj.* purgativo. — 2 *adj.* y *s.* MED. purgante.
purgatorial (pø·gato·rial) *adj.* purgatorio; expiatorio. 2 del purgatorio.
purgatory (pø·'gatóri) *s.* purgatorio.
purge (pø·'y̆) *s.* purga, purgante. 2 purgación, purgamiento.
purge (to) *tr.* purgar, limpiar, purificar. 2 lavar [los pecados, etc.]. 3 DER., MED. purgar. — 4 *intr.* purgarse.
purger (pø·'y̆ø') *s.* purgador. 2 purga.
purging (pø·'y̆ing) *adj.* purgativo. 2 purgación, purificación. 3 diarrea.
purifiable (piurifai·abøl) *adj.* purificable, depurable.
purification (piurifike·shøn) *s.* purificación. 2 depuración.
purificative (piu·rificativ) *adj.* purificatorio.
purificator (piu·rifikei·tø') *s.* purificador [que purifica]. 2 LITUR. purificador.
purificatory (piuri·ficatori) *adj.* purificatorio.
purifier (piu·rifaiø') *s.* purificador [que purifica].
puriform (piu·rifo·m) *adj.* MED. en forma de pus.
purify (to) (piu·rifai) *tr.* purificar. 2 purgar, limpiar, expurgar, depurar. — 3 *intr.* purificarse. ¶ CONJUG. pret. y p. p.: *purified*.
purifying (piu·rifaiing) *s.* purificación. — 2 *adj.* purificante.
purism (piu·rišm) *s.* purismo.
purist (piu·rist) *s.* purista.
Puritan (piu·ritan) *adj.* y *s.* puritano.
puritanic(al (piurita·nic(al) *adj.* puritano.
Puritanism (piu·ritanišm) *s.* puritanismo.
purity (piu·riti) *s.* pureza.
purl (pø'l) *s.* murmullo, murmurio, del agua. 2 onda, rizo. 3 espiral o cordón de oro o plata. 4 cierto encaje antiguo [de oro o plata]; encaje antiguo. 5 borde u orla rizada. 6 cierto punto en la calceta. 7 cerveza aromatizada.
purl (to) *tr.* orlar, adornar con fleco o guarnición rizada; bordar con hilo de oro o plata. 2 hacer cierto punto en la calceta. — 3 *intr.* murmurar [los arroyos, etc.]. 4 ondular, arremolinarse.
purlieus (pø·'liuš) *s. pl.* alrededores, cercanías.
purlin(e (pø·'lin) *s.* ARQ. correa [de la armadura].
purloin (to) (pø·'loi·n) *tr.* hurtar, robar, substraer. 2 inutilizar.
purloiner (pø·'loi·nⁿ') *s.* ladrón.
purparty (pø·'pa'tı) *s.* DER. parte, división.
purple (pø·'pøl) *adj.* purpúreo, purpurino; morado, rojo. 2 imperial, regio. 3 brillante, magnífico. — 4 *s.* púrpura; carmesí [color]. 5 ZOOL. púrpura, múrice. 6 púrpura [tela; dignidad imperial, cardenalicia, etc.]. 7 MED. púrpura.
purple (to) *tr.* purpurar, teñir de púrpura.
purplish (pø·'plish), **purply** (pø·'pli) *adj.* purpurino, que tira a púrpura.
purport (pø·'po't) *s.* significado, sentido, tenor, substancia.
purport (to) (pø·'po·'t) *tr.* significar, implicar, querer decir, dar a entender. 2 querer, aparentar: *to ~ to be*, querer ser, aparentar ser.
purpose (pø·'pøs) *s.* propósito, fin, objeto, mira, intención, designio: *this serves our ~*, esto sirve para nuestro objeto, para el caso; *for what ~?*, ¿con qué fin?; *of set ~, on ~*, de propósito. 2 resolución, determinación. 3 efecto, resultado, uso, utilidad: *common purposes*, usos ordinarios; *to little ~*, para bien poco, con poco provecho o resultado; *to no ~*, inútilmente, en vano. 4 propósito, caso: *to the ~*, a propósito, al caso. 5 significación, sentido. — 6 *adj.* GRAM. final: *~ conjunction*, conjunción final.
purpose (to) *tr.* e *intr.* proponerse, intentar, proyectar, tener designio de.
purposeful (pø·'pøsful) *adj.* resuelto, determinado. 2 que tiene un sentido, fin u objeto.
purposeless (puø·'pøslis) *adj.* vago; sin propósito, sin fin determinado.
purposely (pø·'pøsli) *adv.* de propósito, adrede, de intento, expresamente.

purposive (pø·'pøsive) *adj.* dirigido a un fin o propósito. 2 intencional.
purpura (pø·'piura) *s.* MED. púrpura. 2 ZOOL. púrpura, múrice.
purpuric (pø·'piuric) *adj.* QUÍM. purpúrico. 2 MED. relativo a la púrpura.
purpurin(e (pø·'piurin) *s.* purpurina [colorante].
purr (pø') *s.* ronroneo [del gato]. 2 ronroneo, zumbido [del motor].
purr (to) *intr.* ronronear [el gato]. 2 ronronear, zumbar [el motor]. — 3 *tr.* expresar ronroneando, murmurando.
purse (pø's) *s.* bolsa, bolsillo, portamonedas. 2 bolsa [dinero ofrecido como premio, etc.]. 3 dinero recogido, colecta, derrama. 4 bolsa, caudal, tesoro, hacienda, dinero. 5 bolsa [recipiente, cosa en forma de bolsa]. — 6 *adj.* de la bolsa del dinero, que tiene bolsa o forma de bolsa: *~ bearer*, tesorero; *~ net o seine*, especie de traína; *~ pride*, orgullo del dinero; *~ strings*, cordones de la bolsa.
purse (to) *tr.* embolsar. 2 contraer, fruncir, arrugar [la frente, los labios]. — 3 *intr.* fruncirse, arrugarse.
purseful (pø·'sful) *adj.* contenido de una bolsa.
purse-proud *adj.* orgulloso de su dinero, envanecido por la opulencia.
purser (pø·'sø') *s.* MAR. contador, sobrecargo. 2 pagador.
pursiness (pø·'sinis) *s.* hinchazón. 2 engreimiento. 3 dificultad en la respiración, asma, ahogo.
purslane (pø·'slein) *s.* BOT. verdolaga.
pursuable (pø·'siu·abøl) *s.* proseguible.
pursuance (pø·'siu·ans) *s.* persecución, seguimiento. 2 prosecución. 3 cumplimiento, ejecución.
pursuant (pø·'siu·ant) *adj.* consiguiente. 2 conforme [a]. 3 que persigue. — 4 *adv.* de conformidad, de acuerdo [con], en cumplimiento [de]. — 5 *s.* perseguidor, seguidor.
pursue (to) (pø·'siu·) *tr.* seguir, perseguir, dar caza. 2 perseguir [un fin]. 3 seguir [un consejo, una línea de conducta, estudios, etc.]; dedicarse a. 4 seguir [con la vista o mentalmente]. — 5 *intr.* proseguir, continuar. 6 DER. (Esc.) demandar.
pursuer (pø·'siu·ø') *s.* seguidor, perseguidor. 2 pretendiente. 3 DER. (Esc.) demandante.
pursuit (pø·'siu·t) *s.* seguimiento, perseguimiento, caza, busca: *in ~ of*, en busca de, en pos de. 2 pretensión, empeño. 3 prosecución, continuación. 4 ejercicio [de una profesión], ocupación, actividad, tarea, estudio. — 5 *adj.* de persecución, etc.: *~ plane*, avión de caza.
pursuivant (pø·'suivant) *s.* perseverante.
pursy (pø·'si) *adj.* obeso. 2 asmático, corto de resuello. 3 engreído por el dinero.
purulence (piu·ruløns), **purulency** (-si) *s.* purulencia.
purulent (piu·rulønt) *adj.* purulento.
purvey (to) (pø·'vei) *tr.* proveer, surtir, abastecer, aprovisionar. 2 suministrar. — 3 *intr.* ser proveedor.
purveyance (pø·'vei·ans) *s.* provisión, abastecimiento, abasto, suministro.
purveyor (pø·'vei·ø') *s.* proveedor, abastece :or, suministrador.
purview (pø·'viu) *s.* esfera, extensión, alcance; límites de la jurisdicción o competencia de. 2 parte dispositiva de una ley, documento, etc.; su alcance, su objeto o intención.
pus (pøs) *s.* MED. pus, materia.
push (push) *m.* empujón, empellón. 2 impulsión, impulso, empuje. 3 embestida, arremetida. 4 esfuerzo. 5 avance [venciendo obstáculos]. 6 cornada, estocada; hurgonazo. 7 fam. apuro, aprieto, caso de necesidad, situación crítica: *at a ~*, en un apuro, en caso de necesidad. 8 aperturas, multitud apiñada. 9 fam. energía, acometividad. 10 pulsador. — 11 *adj.* que se aprieta, empuja, etc.: *~ button*, pulsador, botón eléctrico.
push (to) *tr.* empujar, empellar, impeler: *to ~ aside*, hacer a un lado, rechazar, apartar; *to ~ away*, alejar, rechazar, apartar; *to ~ back*, rechazar, echar atrás; atrasar [un reloj]; *to ~ in*, hacer entrar o penetrar, introducir, encajar [empujando]; *to ~ off*, apartar; *to ~ on*, aguijonear, apresurar; *to ~ oneself forward*, abrirse camino; entremeterse; *to ~ out*, empujar hacia fuera, echar. 2 apretar [un botón]. 3 llevar, extender [sus conquistas, etc.]. 4 proseguir. 5 pro-

mover, impulsar; activar. 6 obligar, apremiar,
apretar, estrechar; apurar [poner en un apuro].
— 7 *intr.* empujar. 8 dar una cornada o estocada.
9 avanzar [con ímpetu, contra obstáculos, etc.] :
to ~ *forward,* abrirse paso, avanzar. *10 to* ~ *off,*
desatracar, apartarse de la orilla, alejarse re-
mando; irse, salir; empezar. *11 to* ~ *out,* desatracar. — *12* interj. *push on!,* ¡adelante!

pushball (pu·shbøl) *s.* DEP. pelota de viento muy
grande y pesada; juego en que esta pelota se
usa.

pushcart (pu·shca't) *s.* carretilla de mano.

pusher (pu·shø') *s.* empujador. 2 fam. persona emprendedora. 3 AVIA. *pusher* o ~ *plane,* avión de
propulsión, avión que lleva la hélice en la parte
de atrás. 4 FERROC. *pusher* o ~ *locomotive,* locomotora auxiliar para ayudar a subir las pendientes pronunciadas; ~ *grade,* pendiente donde
es necesario el empleo de la locomotora auxiliar.

pushing (pu·shing) *adj.* impelente. 2 emprendedor,
enérgico; agresivo. 3 entremetido, oficioso.

pushpin (pu·shpin) *s.* juego de los alfileres, crucillo. 2 chinche [clavito].

push-pull *adj.* RADIO. de contrafase, simétrico, push-
pull.

pusillanimity (piusilani·miti) *s.* pusilanimidad.

pusillanimous (piusilæ·nimøs) *adj.* pusilánime.

puss (pus) *s.* minino, michito, gato : *Puss in
Boots,* el gato con botas. 2 fam. liebre. 3 chiquilla, mozuela. 4 pop. cara; gesto; boca. 5 ~
in the corner, juego de las cuatro esquinas.

pussy (pu·si) *s.* minino, michito. 2 chiquilla. 3 BOT.
candelilla del sauce americano llamado *pussy
willow.* 4 BOT. pie de liebre. 5 tala [juego y pali-
to]. 6 BOT. *pussy willow,* sauce americano de
amentos cilíndricos y sedosos. 7 ~ *in the corner,*
PUSS IN THE CORNER.

pussycat (pu·sicæt) *s.* gato, minino. 2 BOT. candelilla del PUSSY WILLOW.

pussyfoot (pu·sifut) *adj.* fam. cauteloso, evasivo
[proceder, política]. — 2 *adj.* y *s.* (EE. UU.) partidario de la prohibición de bebidas alcohólicas.
— 3 *s.* persona cautelosa, dada a las evasivas,
que no se compromete.

pussyfoot (pu·sifut) *intr.* fam. andar cautelosamente,
como los gatos. 2 fam. andarse con tiento, usar
de evasivas, no' comprometerse.

pustular (pø·schøla'), **pustulate** (pø schø̜leit) *adj.*
pustuloso.

pustulate (to) *intr.* cubrirse de pústulas, formar
pústulas.

pustulation (pøschøle·shøn) *s.* formación de pústulas.

pustule (pø·schøl) *s.* MED. pústula. 2 BOT., ZOOL.
pequeña excrecencia o bulto.

pustulous (pø·schøløs) *adj.* pustuloso.

put (put) *s.* acción del verbo TO PUT. 2 golpe, tiro,
lanzamiento. 3 cierto juego de naipes. 4 COM.
(EE. UU.) opción que una pers. adquiere, pa-
gando una prima a otra, de venderle, dentro de
cierto plazo una cantidad determinada de valores, grano, etc., por un precio determinado. —
5 to stay ~, estar quieto, en su lugar.

put (to) *tr.* poner, colocar, situar. 2 obligar, incitar. 3 echar [un macho a una hembra]. 4 hacer,
formular [una pregunta]. 5 proponer, presentar
[para ser discutido, etc.]. 6 exponer declarar;
expresar. 7 poner, suponer. 8 dar atribuir [un
significado, valor, etc.] : *to* ~ *a wrong construction on,* interpretar mal. 9 achacar [a una causa
o razón]. 10 dedicar [a un uso u objeto]. 11
someter [a una prueba etc.]. 12 DEP. arrojar,
lanzar. 13 TELEG. conectar. *14 to* ~ *about,* molestar, enojar; desconcertar; hacer volver, hacer cambiar de frente; MAR. hacer virar. *15 to*
~ *across,* transportar, pasar, al otro lado de;
llevar a cabo; hacer aceptar. *16 to* ~ *aside,* descartar; poner aparte; ahorrar [dinero]. *17 to*
~ *away,* guardar [en un cajón, armario, etc.];
ahorrar [dinero]; arrumbar, arrinconar; rechazar, repudiar; apartar. *18 to* ~ *back,* atrasar
[un reloj]; retardar; devolver, reponer, volver a poner [una
cosa donde estaba]; rechazar. *19 to* ~ *by,* guardar, ahorrar; apartar, desviar; descuidar; arrinconar. *20 to* ~ *down,* poner, dejar [en el suelo,
etc.]; empujar hacia abajo; sofocar, reprimir;
deprimir, abatir, humillar; degradar, deponer;
apuntar, anotar, registrar; rebajar, disminuir;
atribuir; hacer callar. *21 to* ~ *forth,* extender,

alargar; publicar, dar a luz; mostrar, ejercer,
emplear, poner en acción; presentar, proponer;
producir; echar [hojas, plumas, etc.]. *22 to* ~
forward, adelantar; presentar, proponer. *23 to*
~ *in,* poner, echar, meter, introducir en; decir
[en la conversación]; presentar; colocar [en un
empleo u oficio]; pasar, emplear [tiempo, en
hacer algo]; *to* ~ *in a word for,* interceder por,
hablar en favor de. *24 to* ~ *in an appearance,*
aparecer, ir, dejarse ver; DER. comparecer. *25 to*
~ *in mind,* recordar. *26 to* ~ *in one's oar,* meter
baza. *27 to* ~ *in,* o *into, practice,* poner en práctica, poner en uso, ejercitar, aplicar. *28 to* ~ *in
print,* imprimir. *29 to* ~ *in the shade,* eclipsar,
oscurecer. *30 to* ~ *into,* guardar en, meter dentro de; expresar en. *31 to* ~ *into effect,* poner
en práctica; poner en vigor. *32 to* ~ *in writing,*
poner por escrito. *33 to* ~ *it on,* exagerar. *34
to* ~ *off,* diferir, aplazar, dilatar; desechar,
apartar; quitar; quitarse, despojarse de; desviar, eludir; desconcertar. *35 to* ~ *on,* poner
sobre, encima de; sobreponer, añadir; ponerse
[ropa, etc.]; calzarse [zapatos, guantes, espuelas, etc.]; imponer, infligir; engañar; poner
a; incitar, instigar a; atribuir, imputar, achacar; fingir, disimular; dar, encender [la luz];
aplicar [el freno, vapor, etc.]; TEAT. poner en
escena. *36 to* ~ *on airs,* darse tono. *37 to* ~ *on
one's thinking cap,* ponerse a reflexionar. *38
to* ~ *on weight,* engordar. *39 to* ~ *oneself out
of the way,* molestarse, tomarse molestia o trabajo. *40 to* ~ *someone's nose out cf joint,* suplantar a uno [en el afecto de alguien]; desbaratar los planes de uno. *41 to* ~ *out,* sacar,
echar, despedir, expeler; alargar, extender;
exhibir, poner a la vista; publicar; gastar, invertir, colocar [dinero]; enviar, llevar,
dar a criar fuera [de casa]; eliminar [de una
competición]; echar [brotes, etc.]; plantar
[de semillero]; apagar [la luz, un fuego, etc.];
molestar, irritar, ofender; desconcertar, cortar; dislocar. *42 to* ~ *out, of action,* poner
fuera de combate. *43 to* ~ *out of countenance,*
avergonzar; desconcertar. *44 to* ~ *out of hope,*
desahuciar, quitar la esperanza. *45 to* ~ *out of
joint,* dislocar. *46 to* ~ *out of order,* descomponer; desordenar. *47 to* ~ *out of the way,* quitar
de enmedio; matar; poner [algo] donde no
estorbe; molestar. *48 to* ~ *over,* poner sobre
o por encima de; conducir, pasar al otro lado
de; suspender, aplazar; pop. llevar a cabo. *49
to* ~ *through,* completar, realizar; someter a,
hacer pasar por; hacer ejecutar, poner [a estudiar, etc.]; meter a través de, atravesar con;
poner en comunicación telefónica. *50 to* ~ *to,*
agregar, añadir; mezclar o combinar con; exponer o someter a; consignar, confiar; poner,
pegar; enganchar [un animal] a. *51 to* ~ *to
bed,* acostar, poner en la cama. *52 to* ~ *to death,*
matar; ajusticiar, ejecutar. *53 to* ~ *to flight,*
poner en fuga. *54 to* ~ *together,* reunir, juntar,
amontonar; armar, montar [un artefacto];
coordinar, arreglar. *55 to* ~ *to it,* poner en una
dificultad, poner en un aprieto. *56 to* ~ *to rights,*
poner en orden; componer, reconciliar. *57 to* ~
to sword, pasar a cuchillo. *58 to* ~ *to test o trial,*
poner a prueba. *59 to* ~ *to use,* utilizar, hacer
servir; sacar partido de. *60 to* ~ *to vote,* poner
a votación. *61 to* ~ *two and two* (o *this and
that) together,* atar cabos. *62 to* ~ *up,* levantar,
subir, izar; elevar; erigir; poner [a la venta,
a subasta]; guardar, ahorrar, atesorar; conservar, poner en conserva; proponer presentar
[como candidato]; alojar, dar posada; empaquetar, envolver; poner [en una cesta]; ofrecer
[dinero], como premio, apuesta, etc.; costear;
montar [un artefacto]; tramar, urdir, disponer
[junto con otros]; ofrecer [resistencia, excusas,
etc.]; aumentar, subir [el precio de]; envainar
[la espada]; TEAT. poner [en escena]. *63 to* ~
up to, incitar, instigar; enseñar, dar instrucciones a. *64 to* ~ *upon,* poner sobre, encima de:
atribuir, imputar a; engañar, abusar de. *65 to*
~ *upon oath,* hacer prestar juramento.

66 intr. ir, dirigirse. *67* MAR. seguir o hacer
rumbo. *68* MAR. *to* ~ *about,* cambiar de rumbo.
69 MAR. *to* ~ *back,* volver, regresar. *70* MAR. *to*
~ *forth,* zarpar. *71* MAR. *to* ~ *in, to* ~ *into port,*
arribar; tocar o entrar en un puerto. *71* MAR.

to ~ *off*, desatracar, alejarse de tierra. *72 to* ~ *out*, irse, largarse, salir; MAR. zarpar. *73* MAR. *to* ~ *to sea*, hacerse a la mar, hacerse a la vela, salir a la mar. *74 to* ~ *up*, alojarse, hospedarse, parar; detenerse [en combate]; presentarse [como candidato]. *75 to* ~ *up with*, aguantar, sufrir, resistir, tolerar; conformarse con.
¶ CONJUG. pret. y p. p.: *put*; ger.: *putting*.
putamen (piutei·men) *s.* BOT. hueso, cuesco.
putative (piu·tativ) *adj.* putativo.
puteal (piu·tial) *s.* brocal de pozo.
putlog (pu·tlag) *s.* ARQ. paral: ~ *hole*, mechinal.
put-off *adj.* desechado. *2* aplazado. — *3 s.* retraso, aplazamiento, dilatorias. *4* excusa, evasiva.
put-out *adj.* enojado, contrariado.
putrefaction (piutrĭfæ·cshøn) *s.* putrefacción, podrecimiento. *2* putridez.
putrefactive (piutrĭfæ·ctiv) *adj.* putrefactivo.
putrefiable (piutrifai·abøl) *adj.* que puede pudrirse
putrefy (to) (piu·trifai) *tr.* pudrir, podrecer, corromper. — *2 intr.* pudrirse, podrecerse, corromperse.
putrescence (piutre·søns) *s.* putrescencia.
putrescent (piutre·sønt) *adj.* putrescente.
putrescible (piutre·sibøl) *adj.* putrescible.
putrid (piu·trid) *adj.* pútrido. *2* apestoso. *3* corrompido, ponzoñoso [moralmente].
putridity (piutri·diti), **putridness** (piu·tridnis) *s.* putridez.
putt (pøt) *s.* GOLF. golpe suave que hace rodar la pelota hasta que se mete en el hoyo.
puttee (pø·ti o pøti·) *s.* polaina; banda arrollada a la pierna.
putter (pu·tø') *s.* ponedor, colocador. *2* uno de los palos del golf. *3* ~ *of questions*, el que hace preguntas.
putter (to) *intr.* TO POTTER.
putter-on *s.* incitador, instigador.
putting (pu·ting) *s.* acción del verbo TO PUT. — *2 adj.* GOLF. ~ *green*, terreno nivelado y cubierto de césped que rodea cada hoyo.
putty (pø·ti) *s.* masilla. — *2 adj.* ~ *knife*, espátula para enmasillar; ~ *powder*, cenizas de estaño.
putty (to) *tr.* enmasillar. ¶ CONJUG. pret. y p. p.: *puttied*.
puzzle (pø·§øl) *s.* embarazo, perplejidad. *2* enredo maraña, embrollo. *3* acertijo, enigma, problema, rompecabezas: *crossword* ~, crucigrama.
puzzle (to) *tr.* confundir, desconcertar, dejar perplejo. *2* enredar, embrollar. *3 to* ~ *out*, resolver, desenredar, descifrar. — *4 intr.* estar perplejo o confuso. *5 to* ~ *over*, tratar de descifrar o resolver, devanarse los sesos con.
puzzledom (pø·§øldom) *s.* condición de enigmático.
puzzleheaded (pø·§øljedid) *adj.* que tiene la cabeza llena de ideas confusas, desconcertado, aturdido.
puzzlement (pø·§ølmønt) *s.* perplejidad, confusión, embarazo.
puzzler (pø·§lø') *s.* lo que confunde o tiene perplejo. *2* resolvedor de enigmas, rompecabezas, etc.
puzzolan (pu·t§olæn) *s.* puzolana.
Pygmalion (pigmei·liøn) *n. pr.* Pigmalión.
pygmean (pigmi·an) *adj. y s.* pigmeo.
pigmy (pi·gmi), *pl.* **-mies** (-mis) *adj. y s.* pigmeo, enano.
pyjamas (piÿa·mæs) *s. pl.* pijama.
pylon (pai·lan) *s.* ARQ. pilón [de templo egipcio]

2 AVIA. torre o poste de señal. *3* ELECT. poste de conducción de fuerza en alta tensión.
pyloric (pailo·ric) *adj.* pilórico.
pylorus (pailo·røs) *s.* ANAT. píloro.
pyorrhea, pyorrhœa (paiorī·a) *s.* MED. piorrea.
pyralis (pi·ralis) *s.* piral, pirausta.
pyramid (pi·ramid) *s.* pirámide.
pyramid (to) *tr.* dar forma de pirámide a. *2* amontonar. — *3. intr.* tener forma de pirámide. *4* aumentar, acumularse. *5* en Bolsa, aumentar uno la extensión de sus operaciones al alza o a la baja, empleando el beneficio obtenido en cada una de ellas.
pyramidal (pirǽ·midal) *adj.* piramidal.
pyramidical (pirami·dical) *adj.* piramidal [en forma de pirámide].
pyramidist (pi·ramidist) *s.* el que se dedica al estudio da les pirámides de Egipto.
Pyramus (pi·ræmøs) *n. pr.* MIT. Píramo.
pyrargyrite (paira·ÿirait) *s.* MIN. plata roja.
pyre (pai·ø') *s.* pira, hoguera.
Pyrenean (pirini·an) *adj.* pirenaico.
Pyrenees (pi·rinī§) *n. pr.* GEOGR. Pirineos.
pyretio (paire·tic) *adj.* de la fiebre, febril.
pyretology (pireta·loÿi) *s.* MED. piretología.
pyrexia (paire·csia) *s.* MED. pirexia.
pyridine (pi·ridin) *s.* QUÍM. piridina.
pyriform (pi·rifo'm) *adj.* piriforme.
pyrite (pai·rait), o **pyrites** (pirai·tī§) *s.* MINER. pirita: *iron pyrites*, marcasita.
pyritic (pi·ri·tic), **pyritous** (pi·ritøs) *adj.* piritoso.
pyro (pai·ro) *s.* QUÍM. pirocelulosa. *2* QUÍM. ácido pirogálico.
pyroacetic (pairoasi·tic) *adj.* QUÍM. piroacético.
pyroacid (pairoœ·sid) *s.* QUÍM. ácido pirogenado.
pyrogallic (pairogœ·lic) *adj.* QUÍM. pirogálico.
pyrogenous (paira·ÿenøs) *adj.* pirógeno.
pyrognostic (pairogna·stic) *adj.* pirognóstico.
pyrography (paira·grafi) *s.* pirograbado.
pyroligneous (pairoli·gniøs) *adj.* piroleñoso.
pyrolusite (pairoliu·sait) *s.* MIN. pirolusita.
pyrolisis (paira·lisis) *s.* QUÍM. pirólisis.
pyromagnetic (pairomægne·tic) *adj.* piromagnético.
pyromancy (pai·romænsi) *s.* piromancia.
pyrometer (paira·metø') *s.* pirómetro.
pyrope (pai·ropi) *s.* MINER. piropo.
pyrophorus (paira·førøs) *s.* QUÍM. piróforo.
pyrotechnic(al (pairote·cnic(al) *adj.* pirotécnico.
pyrotechnics (pairote·cnics) *s.* PYROTECHNY.
pyrotechnist (pairote·cnist) *s.* pirotécnico.
pyrotechny (pirote·cni) *s.* uso del fuego en la ciencia y las artes. *2* pirotecnia.
pyroxene (pai·racsín) *s.* MINER. piroxena.
pyroxylin (paira·csilin) *s.* piroxilina.
pyrrhic (pi·ric) *adj.* pírrico. — *2 s.* pirriquio.
pyrrhonean (pirou·nian), **pyrrhonic** (pira·nic) *adj.* y *s.* pirrónico.
pyrrhonism (pi·roniŝm) *s.* pirronismo.
pyrrhonist (pi·ronist) *s.* pirrónico.
Pyrrhus (pi·røs) *n. pr.* Pirro.
Pythagoras (pizæ·gørøs) *n. pr.* Pitágoras.
Pythagorean (pizægorr·an) *adj.* y *s.* pitagórico.
Pythian (pi·zian) *adj.* pitio.
Pythias (pi·ziøs) *s.* MIT. Pitias.
python (pai·zan) *s.* ZOOL., MIT. pitón.
pythoness (pi·zønis) *f.* pitonisa.
pyx (pics) *s.* píxide, copón. *2* caja de la brújula.
pyxidium (picsi·diøm) *s.* BOT. pixidio.

Q

Q, q (kiu) *s.* Q. q, decimoséptima letra del alfabeto inglés.

quack (cuæc) *s.* graznido [del pato]. 2 curandero, matasanos, empírico; charlatán. — 3 *adj.* falso, de curandero o charlatán : ~ *doctor*, curandero, charlatán.

quack (to) *intr.* graznar, parpar. 2 echarlas de médico o de entendido, hacer el charlatán, charlatanear. — 3 *tr.* tratar o anunciar como un charlatán.

quackery (cuæ·køri), *pl.* **-ries** (-riš) *s.* curanderismo, charlatanismo.

quackish (cuæ·kish) *adj.* de charlatán.

quacksalver (cuæcsæ·lvø') *s.* curandero, charlatán.

quad (cuod) *s.* apóc. fam. de QUADRAT, QUADRUPLEX, QUADRUPLET, QUADRANGLE. 2 pop. (Ingl.) caballo. 3 fam. (EE. UU.) patio cuadrangular [de una universidad[.

quadra (cua·dra) *s.* ARQ. plinto. 2 ARQ. listel. 3 ARQ. recuadro.

quadragenarian (cuadrayine·rian) *adj.* y *s.* cuadragenario.

Quadragesima (cuadraye·sima) *s.* cuadragésima.

quadragesimal (cuadraye·simal) *adj.* cuadragesimal, cuaresmal.

quadrangle (cua·drængøl) *s.* cuadrángulo. 2 ARQ. patio cuadrado.

quadrangular (cuadræ·nguiula') *adj.* cuadrangular.

quadrans (cua·drans)· *s.* cuadrante [moneda romana].

quadrant (cua·drant) *s.* GEOM. cuadrante. 2 ASTR. cuadrante de altura. 3 cuadrángulo. 4 medida de 10.000 km. — 5 *adj.* de cuadrante : ~ *compass*, compás con arco graduado.

quadrantal (cuadræ·ntal) *adj.* del cuadrante o parecido a un cuadrante [de círculo]. — 2 *s.* cuadrantal.

quadrat (cuadræt) *s.* IMPR. cuadrado, cuadratín.

quadrate (cua·dreit) *adj.* y *s.* cuadrado. 2 ZOOL. cuadrado [hueso, cartílago]. — 3 *s.* MÚS. becuadro.

quadrate (to) *intr.* cuadrar, conformarse. — 2 *tr.* conformar [una cosa a otra].

quadratic (cuadræ·tic) *adj.* MAT. cuadrático; de segundo grado. — 2 *s.* MAT. ecuación de segundo grado.

quadratics (cuadræ·tics) *s.* parte del álgebra que trata de las ecuaciones de segundo grado.

quadrature (cua·drachu') *s.* MAT., ASTR. cuadratura.

quadrennial (cuadre·nial) *adj.* cuadrienal.

quadrennium (cuadre·niøm) *s.* cuadrienio.

quadriceps (cua·driseps) *s.* ANAT. cuadríceps.

quadrifid (cua·drifid) *adj.* BOT. hendido en cuatro partes.

quadriga (cuadrai·ga) *s.* cuadriga.

quadrilateral (cuadrilæ·tøral) *adj.* cuadrilátero.

quadriliteral (cuadrili·teral) *adj.* cuadriliteral.

quadrille (cuadri·l o cadri·l) *s.* cuadrilla [en un torneo]. 2 cuadrilla [de toreros]. 3 lanceros, ri-

godón, contradanza. 4 cuatrillo, cascarela [juego de naipes]. 5 cuadrícula.

quadrillion (cuadri·lion) *s.* cuatrillón [en EE. UU., unidad seguida de 15 ceros; en Ingl., unidad seguida de 24 ceros].

quadrinomial (cuadrinou·mial) *adj.* y *s.* MAT. cuadrinomio.

quadripartite (cuadripa·rtait) *adj.* cuatripartito.

quadrireme (cua·drirem) *s.* cuadrirreme.

quadrisyllabic (cuadrisilæ·bic) *adj.* cuadrisílabo, cuadrisilábico.

quadrivalent (cuadri·valent) *adj.* cuadrivalente.

quadrivium (cuadri·viøm) *s.* cuadrivio.

quadroon (cuadr·un) *s.* cuarterón [pers.].

Quadrumana (cuadru·mana) *s. pl.* ZOOL. cuadrúmanos.

quadrumane (cuadru·man) *s.* ZOOL. cuadrúmano.

quadrumanous (cuadru·manøs) *adj.* cuadrúmano.

quadruped (cua·druped) *adj.* y *s.* cuadrúpedo.

quadrupedal (cuadru·pedal) *adj.* cuadrúpedo.

quadruple (cua·drupøl) *adj.* cuádruple. — 2 *s.* cuádruplo.

quadruple (to) *tr.* cuadruplicar, cuatrodoblar. — 2 *intr.* cuadruplicarse.

quadruplet (cua·druplit) *s.* serie de cuatro. 2 bicicleta de cuatro asientos. 3 MÚS. cuatrillo. 4 *pl.* cuatro hijos de un mismo parto.

quadruplex (cua·druplex) *adj.* cuádruple. 2 TELEGR. cuádruplex.

quadruplicate (cuadru·plikit) *adj.* cuadruplicado.

quadruplicate (to) (cuadru·plikeit) *tr.* cuadruplicar.

quadruplicity (cuadrupli·siti) *s.* condición de cuádruple.

quadruply (cua·drupli) *adv.* al cuádruplo.

quaere (cui·ri) *v. usado en imper.* véase, averígüese.

quaestor (cue·stø') *s.* cuestor [romano].

quaestorship (cue·stø'ship) *s.* cuestura.

quaff (cuaf) *s.* trago, bebida.

quaff (to) *intr.* y *tr.* beber, beber a grandes tragos. 2 *to* ~ *oneself*, ponerse [en un estado] a fuerza de beber.

quag (cuæg) *s.* lugar pantanoso.

quagga (cuæ·ga) *s.* ZOOL. cuaga.

quaggier (cuæ·guiø') *adj. comp.* de QUAGGY.

quaggiest (cuæ·guiist) *adj. superl.* de QUAGGY.

quaggy (cuæ·gui) *adj.* pantanoso, cenagoso. 2 blando como lodo.

quagmire (cuæ·gmai') *s.* cenagal, tremedal, tembladal. 2 fig. atolladero.

quahog (cuo·jag) *s.* ZOOL. almeja de concha gruesa y abultada.

quail (cueil) *s.* ORNIT. codorniz : ~ *call*, ~ *pipe*, reclamo de codornices.

quail (to) *intr.* abatirse, acobardarse, descorazonarse. 2 cejar, ceder [por temor]. — 3 *tr.* abatir [el ánimo].

quailery (cuei·løri) *s.* lugar donde se crían codornices.

quailing (cuei·ling) *s.* abatimiento, descorazonamiento, amilanamiento. — *2 adj.* abatido, descorazonado, acobardado, amilanado.

quaint (cueint) *adj.* raro, singular, curioso, pintoresco, original; de un primor o gracia antiguos o anticuados. 2 elegante, afectado [estilo, lenguaje].

quaintly (cuei·ntli) *adv.* de un modo raro, curioso, original. 2 elegantemente, artísticamente.

quaintness (cuei·ntnis) *s.* rareza, singularidad. 2 elegancia, primor.

quake (cueic) *s.* temblor, estremecimiento. 2 terremoto.

quake (to) *intr.* temblar, estremecerse, trepidar. 2 agitarse convulsivamente.

Quaker (cuei·kø') *adj.* y *s.* cuáquero, cuákero. — 2 *s.* temblador.

Quakerdom (cuei·kø'døm) *s.* cuaquerismo.

Quakeress (cuei·køris) *f.* cuáquera, cuákera.

Quakerish (cuei·kørish) *adj.* de cuáquero.

Quakerism (cuei·køri&m) *s.* cuaquerismo.

quaking (cuei·king) *adj.* temblador, temblón; ~ *bog,* tremedal; ~ *grass,* BOT. tembladera, zarcillitos; cedacillo.

quakingly (cueiki·ngli) *adv.* con temblor.

quaky (cuei·ki) *adj.* temblón, tembloroso. 2 que tiembla como la gelatina, gelatinoso.

qualifiable (cua·lifaiabøl) *adj.* calificable.

qualification (cualifike·shøn) *s.* calificación. | No tiene el sentido de nota. 2 condición, requisito, calidad, cualidad. 3 aptitud, capacidad, idoneidad. 4 modificación, atenuación, mitigación, restricción, salvedad.

qualificator (cualifikei·tø') *s.* ECLES. calificador.

qualificatory (cua·lifikeitori) *adj.* calificativo. 2 que faculta o capacita.

qualified (cua·lifaid) *adj.* calificado, habilitado, apto, idóneo, competente. 2 modificado. 3 DER. limitado, restringido.

qualifier (cua·lifaiø') *s.* capacitador. 2 modificador. 3 GRAM. calificativo. 4 ECCLES. calificador.

qualify (to) (cua·lifai) *tr.* calificar, habilitar, autorizar, capacitar, hacer idóneo. 2 modificar, limitar, restringir. 3 atenuar, suavizar, templar, mitigar. 4 diluir [un licor]. 5 GRAM. calificar. — 6 *intr.* hacerse apto, capacitarse, habilitarse. 7 cumplir las formalidades necesarias para entrar a ejercer un cargo. ¶ CONJUG. pret. y p. p.: *qualified.*

qualifying (cua·lifaiing) *adj.* calificativo. 2 modificativo. 3 que capacita, autoriza o prepara.

qualitative (cua·liteitiv) *adj.* cualitativo.

quality (cua·liti), *pl.* **-ties** (-tis) *s.* calidad, cualidad: *in* ~ *of,* en calidad de. 2 clase. 3 excelencia: *it has* ~, es excelente. 4 propiedad, virtud. 5 habilidad, lo que uno sabe hacer. 6 ant. o vulg. *the* ~, la alta sociedad. — 7 *adj.* de calidad, de calidad superior: ~ *goods,* artículos o géneros de calidad superior.

qualm (cuam) *s.* ataque súbito de un mal, basca, desfallecimiento, angustia. 2 escrúpulo, remordimiento.

qualmish (cua·mish) *adj.* bascoso. 2 escrupuloso. 3 desazonado.

qualmishness (cua·mishnis) *s.* estado o condición de QUALMISH.

quandary (cua·ndari), *pl.* **-ries** (-ris) *s.* incertidumbre, perplejidad. 2 aprieto, brete.

quanta (cua·nta) *s. pl.* de QUANTUM.

quantify (to) (cua·ntifai) *tr.* fijar, medir o expresar la cantidad de.

quantitative (cua·ntiteitiv) *adj.* cuantitativo.

quantitatively (cua·ntiteitivli) *adv.* cuantitativamente.

quantity (cua·ntiti), *pl.* **-ties** (-tis) *s.* cantidad, cuantidad; cuantía; tanto. 2 MÉTR., MÚS. cantidad. 3 *sing.* o *pl.* gran cantidad, gran número. — *4 adj.* de cantidad, en gran cantidad: ~ *production,* producción en serie, en gran cantidad o escala.

quantivalence (cua·nfivaløns) *s.* QUÍM. valencia.

quantum (cua·ntøm), *pl.* **quanta** (cua·nta) *s.* tanto, cantidad. 2 FÍS. cuanto. quántum, unidad elemental de energía.

quarantine (cua·rantin o cuo·rantin) *s.* cuarentena [aislamiento]. 2 lazareto, estación de cuarentena. 3 aislamiento de enfermos infecciosos; prohibición de transportar animales, plantas o géneros que puedan ser vehículo de infección.

quarantine (to) *tr.* poner en cuarentena, aislar.

quarenden (cua·røndøn), **quarender** (cua·røndø') *s.* BOT. (Ingl.) variedad de manzana temprana.

quarrel (cua·røl) *s.* riña, reyerta, altercado, disputa, querella, desavenencia: *to have no* ~ *with,* no estar en desacuerdo con, no oponerse a. 2 causa que se disputa o defiende. 3 cuadrillo [saeta]. 4 diamante de vidriero. 5 cincel de cantero. 6 vidrio o loseta cuadrada o en figura de rombo.

quarrel (to) *intr.* reñir, pelear, altercar, disputar, contender. 2 romper, reñir, desavenirse. 3 estar disgustado [con], quejarse [de]. ¶ CONJUG. pret. y p. p.: *quarreled* o *-lled;* ger.: *quarreling* o *-lling.*

quarreller (cua·rølø') *s.* quimerista, disputador.

quarrelsome (cua·rølsøm) *adj.* pendenciero, peleón, rencilloso, irascible.

quarrelsomeness (cua·rølsømnis) *s.* calidad de pendenciero, genio pendenciero, irascibilidad.

quarrier (cua·riø') *s.* cantero, picapedrero.

quarry (cua·ri) *pl.* **quarries** (-ris) *s.* cantera, pedrera. 2 presa, caza [que se persigue]. 3 MONT. carnada. 4 vidrio, teja, etc. [cuadrada o en figura de rombo].

quarry (to) *tr.* extraer [piedra] de una cantera. 2 sacar laboriosamente [datos, etc.] de libros, etc. — 3 *intr.* trabajar en canteras. 4 buscar datos, documentos, etc. [en]. ¶ CONJUG. pret. y p. p.: *quarried.*

1) **quart** (cuo't) *s.* cuarto de galón [medida].

2) **quart** (ca't) *s.* ESGR. cuarta. 2 cuarta [en el juego de los cientos].

quartan (cuo·tan) *adj.* cuartanal. — *2 adj.* y *s.* MED. cuartana [fiebre]. — 3 *s.* cuarto [de una medida].

quarter (cuo·tø') *s.* cuarto, cuarta [cuarta parte]. 2 cuarto de quintal, de tonelada, de varias unidades de medida. 3 cuarto [de hora; de la luna; de un animal]. 4 (EE. UU. y Can.) moneda de veinticinco centavos. 5 MAR. cuarta. 6 MAR. cuadra de popa. 7 MAR. cuarto exterior [de la verga]. 8 trimestre, cuarta parte del año [esp. del escolar]. 9 parte, punto, dirección: *from all quarters,* de todas partes. 10 barrio, distrito, vecindad. 11 BLAS. cantón, cuartel. 12 cuartel, clemencia: *to give no* ~, no dar cuartel. 13 *pl.* puesto, cuartel, oficina; vivienda, alojamiento: *to take up quarters at,* establecerse o alojarse en. — 14 m. adv. *at close quarters,* muy cerca uno de otro; a las manos. — 15 *adj.* de cuarto o cuarta, etc.; del trimestre o cuarta parte del año: ~ *blanket,* gualdrapa, tapanca; ~ *cask,* cuarterola; ~ *day,* día en que principia o se paga un trimestre; ~ *note,* MÚS. negra; ~ *plate,* FOT. placa o fotografía de 3½ × 4½ pulgadas; ~ *point,* MAR. cuarto viento o rumbo de la brújula; ~ *round,* cuarto bocel; ~ *section* (EE. UU.), cuarto de milla cuadrada [160 acres]; ~*sessions,* tribunal inferior que se reúne cada trimestre; ~ *wind,* MAR. viento al anca o a la cuadra. 16 MEC. en ángulo recto: ~ *bend,* codo de 90°.

quarter (to) *tr.* cuartear, dividir en cuatro partes. 2 descuartizar. 3 BLAS. cuartelar. 4 hospedar, alojar. 5 MIL. acuartelar, acantonar. — 6 *intr.* alojarse. 7 marchar oblicuamente. 8 cuartear [subir en zigzag].

quarterage (cuo·tøridy) *s.* sueldo o paga trimestral. 2 MIL. acuartelamiento, cuarteles.

quarter-deck *s.* MAR. alcázar. 2 MAR. oficialidad y pasajeros. — 3 *adj.* del alcázar: ~ *ladder,* escala del alcázar.

quarter-decker *s.* MAR. fam. oficial más ordenancista que competente.

quartered (cuo·tø'd) *adj.* cuarteado [dividido en cuartos]. 2 BLAS. cuartelado. 3 aserrado a lo largo en cuartos [para que se vea la veta].

quarter-final *s.* DEP. cuarto de final.

quarterly (cuo·tø'li), *pl.* **-lies** (-lis) *s.* publicación trimestral. — 2 *adv.* en cuartos, por cuartos. 3 trimestralmente. — 4 *adj.* de cuarto. 5 trimestral: ~ *pay,* trimestre.

quartermaster (cuo·'tø'mæstø') *s.* MIL. oficial encargado del aprovisionamiento, etc., de un regimiento o batallón: ~ *general,* intendente del ejército. 2 MAR. cabo de mar. 3 MIL. (EE. UU.) *Quartermaster Corps.* Cuerpo de Intendencia.

quartern (cuo·tø'n) *s.* (Ingl.) cuarta [de varias medidas]. 2 cuartilla [de papel]. 3 veinticinco [cuarta parte de ciento]. *4 quartern* o ~ *loaf,* pan de cuatro libras.

quartersaw (tc) (cuo·'tø'so) *tr.* aserrar [un tronco] longitudinalmente en cuartos y luego en tablas. ¶ CONJUG. pret.: *quartersawed;* p. p.: *quartersawed* o *-sawn.*

quarterstaff (cuo·'tø'stæf), *pl.* -staves (-steivš) *s.* bastón largo y grueso usado antiguamente como arma.

quartet(te (cuo'te·t) *s.* grupo de cuatro. 2 MÚS. cuarteto.

quartile (cuo·'tail) *s.* ASTROL. cuadrado.

quarto (cuo·'tou) *adj.* IMPR. en cuarto. — *2 s.* libro en cuarto.

quartz (cuo'ts) *s.* MINER. cuarzo. — *2 adj.* de cuarzo, cuarzoso: ~ *glass,* vidrio de cuarzo; ~ *plate,* ELECT. placa de cuarzo; ~ *sand,* arena cuarzosa.

quartziferous (cuo'tsi·førøs) *adj.* cuarcífero.

quartzite (cuo·'tsait) *s.* MINER. cuarcita.

quartzose (cuo·'tsous), **quartzous** (cuo·'tsøs), **quartzy** (cuo·'tsi) *adj.* cuarzoso.

quash (to) (cuash) *tr.* aplastar, estrellar. 2 sofocar, reprimir. 3 DER. anular, invalidar; revocar.

quasi (cuei·sai) *adj.* cuasi, casi. | Ús. en expresiones como ~ *contract,* cuasicontrato; ~ *delict,* cuasidelito.

Quasimodo (cuei·simoudou) *s.* Cuasimodo, domingo de Cuasimodo.

quassia (cua·shia) *s.* BOT., FARM. cuasia.

quaternary (cuatø·'nari) *adj.* cuaternario. 2 MAT. de base cuatro. 3 MAT. de cuatro variables. — *4 s.* grupo de cuatro. 5 (con may.) GEOL. cuaternario.

quaternion (cuatø·'niøn) *s.* cuaternidad; cuatrinca. 2 pliego doblado en cuatro. 3 cuadrisílabo.

quaternity (cuatø·'niti) *s.* cuaternidad.

quatrain (cua·trein) *s.* POÉT. cuarteta; redondilla.

quatrefoil (cæ·tø'foil) *s.* grupo, flor, ornamento, etc., de cuatro hojas.

quattrocentist (cuatroche·ntist) *adj.* y *s.* cuatrocentista.

quattrocento (cuatroche·ntou) *s.* siglo XV, período del Renacimiento correspondiente al siglo XV.

quaver (cuei·vø') *s.* temblor [esp. en la voz]; estremecimiento, vibración. 2 MÚS. trémolo; trino. 3 MÚS. corchea.

quaver (to) *intr.* temblar, estremecerse, vibrar. 2 MÚS. trinar, gorjear. — *3 intr.* y *tr.* hablar, decir, etc., con voz trémula.

quavering (cuei·vøring) *adj.* trémulo, tembloroso. — *2 s.* temblor, vibración. 3 MÚS. trémolo; trino, gorjeo.

quaveringly (cuei·vøringli) *adv.* trémulamente.

quavery (cuei·vøri) *adj.* tembloroso, trémulo, vibrante.

quay (kI) *s.* muelle, desembarcadero, andén.

quean (cun) *f.* piruja, mujerzuela. 2 moza, muchacha.

queasiness (curšinis) *s.* propensión a la náusea. 2 delicadeza, melindre.

queasy (curši) *adj.* propenso a la náusea, bascoso. 2 nauseabundo. 3 difícil, delicado, exigente, escrupuloso, melindroso.

queen (cun) *s.* reina: ~ *dowager,* reina viuda; ~ *mother,* reina madre; ~ *regnant,* reina reinante; ~ *bee,* abeja reina; *Queen of Sheba,* reina de Saba; *queen's English,* inglés castizo; *Queen's speech,* discurso de la Corona. 2 naipe con una figura de reina que equivale al caballo. 3 dama o reina de ajedrez. 4 BOT. *Queen Anne's lace,* dauco, zanahoria silvestre. 5 BOT. ~ *of the meadow,* reina de los prados, ulmaria. 6 ~ *olive,* aceituna sevillana. 7 BOT. *queen's button,* ranúnculo de flor doble. 8 ARQ. ~ *post,* péndola. — *9 adj.* de reina: ~ *cell,* API. maestril.

queen (to) *tr.* nombrar o elegir reina. 2 gobernar como reina. 3 proveer de reina [una colmena]. 4 promover un peón [en ajedrez]. — *5 intr.* reinar [como reina].

queenliness (cur·nlinis) *s.* majestad de reina.

queenly (cur·nli) *adj.* regio, majestuoso, de reina, propio de una reina.

queenship (cur·nship) *s.* dignidad o poder de reina.

queer (cui·') *adj.* raro, extraño, singular, curioso, estrafalario: ~ *fish,* tipo raro, persona excéntrica. 2 excéntrico, tocado: ~ *in the head,* chiflado. 3 débil, indispuesto. 4 fam. dudoso, sospechoso. 5 pop. falso. — *6 s.* pop. moneda falsa.

queer (to) *tr.* ridiculizar. 2 pop. comprometer;

poner en mal lugar o situación. 3 pop. estropear, desbaratar : *to* ~ *the pitch for one,* estropearle a uno el negocio, hacerle perder la ocasión.

queerish (cui·rish) *adj.* algo raro.

queerly (cui·'li) *adv.* extrañamente. 2 sospechosamente.

queerness (cui·'nis) *s.* extrañeza, rareza, singularidad.

queest (cuist) *s.* ORNIT. paloma torcaz.

quell (to) (cuel) *tr.* reprimir, sofocar, sojuzgar, domar. 2 apaciguar, aquietar. 3 calmar, mitigar.

queller (cue·lø') *s.* sojuzgador. 2 mitigador.

quench (to) (cuench) *tr.* apagar, matar, extinguir, calmar [el fuego, la luz, la sed, una pasión]; ahogar, sofocar; templar el ardor de. 2 SIDER. templar, enfriar rápidamente.

quenchable (cue·nchabøl) *adj.* apagable, extinguible, mitigable.

quencher (cue·nchø') *s.* apagador. 2 pop. bebida, trago.

quenchless (cue·nchlis) *adj.* inextinguible, implacable. 2 irreprimible.

quenelle (køne·l) *s.* albondiguilla.

quercin (cuø·'sin) *s.* QUÍM. quercina.

quercine *adj.* de encinas o robles.

quercitron (cuø·'sitrøn) *s.* BOT. roble negro americano; su corteza.

querist (cui·rist) *s.* inquisidor, preguntador.

quern (cue·'n) *s.* molinillo para granos o especias.

querulous (cue·ruløs) *adj.* plañidero. 2 quejumbroso, quejicoso; pelilloso, quisquilloso.

querulously (cue·ruløsli) *adv.* plañideramente. 2 quejosamente.

querulousness (cue·ruløsnis) *s.* inclinación a quejarse.

query (cui·ri), *pl.* -ries (-riš) *s.* pregunta, cuestión. 2 duda. 3 signo de interrogación, interrogante.

query (to) *tr.* preguntar, inquirir. 2 interrogar. 3 poner en duda; marcar con signo de interrogación. — *4 intr.* hacer preguntas. 5 dudar, expresar una duda. ¶ CONJUG. pret. y p. p.: *queried.*

quest (cuest) *s.* busca, demanda : *in* ~ *of,* en demanda de. 2 pesquisa, indagación, averiguación.

quest (to) *intr.* y *tr.* buscar, perseguir. 2 indagar, averiguar.

question (cue·schøn) *s.* pregunta, demanda, interrogación. 2 DER. indagación, interrogatorio; cuestión de tormento : *to put to the* ~, dar tormento. 3 objeción, duda, debate, discusión : *to call in* ~, poner en duda, en tela de juicio; DER. recusar; DER. emplazar: *beyond* ~, fuera de duda, incuestionable, indiscutible; *no* ~, *out of* ~, indudablemente, indiscutiblemente, *without* ~, sin duda. 4 cuestión, asunto, caso [punto de que se trata, que se discute], proposición [que ha de discutirse en una asamblea] : *that is the* ~, esta es la cuestión, ahí está el quid; *the* ~ *is,* el caso es; *this is out of the* ~, esto es imposible, está descartado, no hay que pensar en ello; *what is the* ~?, ¿de qué se trata?; *beside the* ~, impertinente, ajeno al asunto; *in* ~, en cuestión, de que se trata, de referencia, de marras. — *5 adj.* de interrogación: ~ *mark,* ~ *stop,* signo de interrogación, interrogante.

question (to) *tr.* preguntar, examinar, interrogar. 2 oponerse, hacer objeciones a, recusar; discutir, poner en duda; dudar de, desconfiar de. — *3 intr.* hacer preguntas, indagar.

questionable (cue·schønabøl) *adj.* cuestionable, discutible, problemático. 2 dudoso, sospechoso.

questionably (cue·schønabli) *adv.* discutiblemente, problemáticamente. 2 dudosamente.

questionary (cue·schøneri) *s.* cuestionario.

questioner (cue·schønø') *s.* preguntador, interrogador, preguntón. 2 indagador.

questioning (cue·schøning) *s.* interrogatorio. 2 dudas, preguntas. — *3 adj.* interrogador. 4 de duda, que pone en duda o discute.

questioningly (cue·schøningli) *adv.* interrogadoramente.

questionless (cue·schønlis) *adj.* indudable, incuestionable. 2 que no pregunta. — *3 adv.* indudablemente.

questionnaire (cuescho ne·') *s.* cuestionario.

questor (cue·stø') *s.* cuestor.

quetzal (cue·tsal) *s.* ORNIT. quetzal.

queue (kiu·) *s.* coleta. 2 cola, hilera. 3 MÚS. cordal.

queue (to) *intr.* hacer cola. | A veces con *up.*

quibble (cui·bøl) s. sutileza; argucia, equívoco, subterfugio.
quibble (to) intr. sutilizar, valerse de argucias, equívocos o subterfugios; buscar escapatorias.
quibbler (cui·blø') s. sofista, equivoquista.
quick (cui·c) adj. vivo, animado. 2 vivo, presto, rápido, acelerado : ~ march, paso doble ; ~ time, paso redoblado. 3 vivo, pronto, diligente : to be ~ about o at, ser pronto o diligente en, despachar de prisa ; ~ on the draw o trigger, pronto, vivo, impetuoso, impulsivo. 4 despierto, agudo, perspicaz : ~ ear, oído fino ; ~ wit, inteligencia viva, despierta. 5 vivo, irritable : ~ temper, genio vivo. 6 vivo, intenso, ardiente : ~ fire, fuego vivo. 7 vivo, frío, penetrante 8 movedizo [suelo, arena, etc.]. 9 COM., MIN. que rinde o produce. 10 vivo [agua, fuente, corriente]. 11 COM. ~ assets, activo fácilmente realizable o convertible en efectivo. 12 BOT. ~ grass, grama. 13 ~ hedge, seto vivo. 14 ~ water, solución de nitrato de mercurio; parte de un río, etc., donde la corriente es fuerte. 15 ~ with child, embarazada, encinta. — 16 s. carne viva; lo vivo, lo más sensible, lo más hondo del alma : to cut o sting to the ~, herir en lo vivo. 17 plantas para seto. 18 vivo, viviente : the ~ and the dead, los vivos y los muertos. — 19 adv. vivamente, rápidamente, con presteza.
quick-acting adj. de acción rápida.
quick-change adj. que cambia rápidamente, de cambio rápido : ~ artist, TEAT. transformista ; ~ gear, MEC. engranaje de cambio rápido.
quicken (to) (cui·køn) tr. vivificar, dar vida, resucitar. 2 avivar, animar, excitar, aguzar, estimular. 3 apresurar, acelerar. 4 dar fuerza [a un licor, etc.]. — 5 intr. vivificarse, revivir. 6 avivarse, animarse, aguzarse. 7 apresurarse, acelerarse. 8 dar [el feto] la primera señal de vida.
quickener (cui·cønø') s. vivificador, avivador.
quickening (cui·cønin) s. vivificación, avivamiento. 2 apresuramiento. 3 primera señal de vida que da el feto.
quick-eyed adj. de ojos vivos.
quick-fire, quick-firing adj. ARTILL. de tiro rápido.
quicklime (cui·klaim) s. cal viva.
quickly (cui·kli) adv. vivamente, prontamente, con presteza, aprisa.
quickness (cui·cnis) s. vivacidad, presteza, prontitud, celeridad, actividad. 2 sagacidad, penetración ; agudeza [de ingenio].
quicksand (cui·csænd) s. arena movediza.
quickset (cui·cset) s. BOT. espino ; planta para setos. 2 seto vivo.
quickset (to) tr. cercar con seto vivo.
quick-sighted adj. perspicaz, rápido en ver o discernir.
quicksilver (cui·csilvø') s. mercurio, azogue.
quicksilver (to) tr. azogar [cubrir con azogue].
quickstep (cui·cstep) s. MÚS. paso doble, pasacalle. 2 MIL. paso redoblado.
quick-tempered adj. de genio vivo, irritable.
quick-witted adj. listo, despierto, perspicaz.
quickwork (cui·cwø'c) s. MAR. obra viva.
quid (cuid) s. mascada de tabaco. 2 rumia. 3 quid, esencia.
quiddity (cui·diti), pl. -ties (-tiš) s. quid, esencia, naturaleza. 2 sutileza, argucia. 3 nadería.
quidnunc (cui·dnønc) s. curioso, chismoso, correveidile, refitolero.
quiesce (to) (cuaie·s) intr. aquietarse, callarse, 2 GRAM. hacerse muda [una letra].
quiescence (cuaie·sens), quiescency (-si) s. quietud, reposo, silencio.
quiescent (cuaie·sent) adj. quieto, en reposo, callado. 2 GRAM. mudo. 3 ING. fijo, sin movimiento.
quiet (cuai·et) adj. quieto, inmóvil. 2 callado, quedo, silencioso : to be ~, callarse, estar callado, no hacer ruido. 3 tranquilo, sosegado, plácido, apacible, sereno. 4 sencillo, modesto; serio, no llamativo [color, vestido]. 5 COM. encalmado, inactivo [mercado, etc.]. 6 secreto, disimulado. 7 que se toma, disfruta, etc., en paz, con tranquilidad. — 8 s. quietud, reposo, silencio, sosiego, calma, paz, tranquilidad. 9 pop. on the ~, a la chita callando, a hurtadillas, en secreto.
quiet (to) tr. aquietar, apaciguar, sosegar, calmar, tranquilizar. — 2 intr. to ~ down, aquietarse, sosegarse.
quieting (cuai·eting) adj. aquietador.

quietism (cuai·etism) s. quietismo. 2 pasividad.
quietist (cuai·etist) s. quietista.
quietly (cuai·etli) adv. quietamente, sosegadamente, tranquilamente. 2 calladamente ; chiticallando. 3 sencillamente, sin ostentación.
quietness (cuai·etnis) s. quietud, sosiego, paz, reposo. 2 sencillez, modestia.
quietude (cuai·tiud) s. quietud, reposo, tranquilidad.
quietus (cuai·tøs) s. carta de pago, finiquito. 2 despido, destitución. 3 golpe decisivo; muerte.
quill (cuil) s. pluma [de ave] : to get one's quills up, amoscarse, encolerizarse. 2 cañón [de pluma]. 3 la pluma, la profesión literaria. 4 mondadientes de pluma. 5 púa [de puerco espín]. 6 cañón, lechuga [pliegue]. 7 canilla, broca, devanador, canutillo. 8 trozo [de canela]. — 9 adj. de pluma, de canutillo, etc. : ~ driver, fam. plumífero, cagatintas ; ~ embroidery, bordado de canutillo; ~ men, gente de pluma.
quill (to) tr. desplumar, pelar. 2 rizar, alechugar, encañonar. 3 encanillar.
quillet (cui·let) s. sutileza, distinción sutil. 2 canutillo.
quillon (kı·iøn) s. gavilán [de espada].
quilt (cuilt) s. colcha; cobertor acolchado, edredón.
quilt (to) tr. acolchar, acojinar. 2 meter [entre dos capas o partes]. 3 marcar [con rayas o costuras].
quilter (cui·ltø') s. acolchador; colchero.
quilting (cui·lting) s. colchadura. 2 piqué, tela acolchada. 3 MAR. cobertor hecho de cajeta. — 4 adj. de acolchar : ~ cotton, guata, algodón para acolchar.
quina (kı·na), quinaquina (kı·nakı·na) s. BOT. FARM. quina.
quinary (cuai·nari) adj. y s. quinario.
quinate (cui·neit) adj. BOT. de cinco hojuelas.
quince (cuins) s. BOT. membrillo : ~ tree, membrillo, membrillero [árbol].
quincentenary (cuinšē·nteneri) s. quinto centenario.
quincuncial (cuincø·nshal) adj. dispuesto al tresbolillo.
quincunx (cui·ncøncs) s. disposición al tresbolillo.
quindecennial (cuindise·nial) adj. quindenial.
quinidin(e (cui·nidin) s. QUÍM. quinidina.
quinin(e (cui·nin) s. QUÍM. quinina.
quinnat (cui·næt) s. ICT. (EE. UU.) salmón del Pacífico.
quinol (cui·noul) s. QUÍM. hidroquinona.
quinone (cuinou·n) s. QUÍM. quinona.
quinquagenarian (cui·ncuaĝene·rian) adj. y s. quincuagenario.
quinquagenary (cuincuaĝe·nari) adj. y s. cincuentenario.
Quinquagesima (cuincuaĝe·sima) s. Quincuagésima.
quinquefoliate(d (cuincuifou·lieit(id) adj. BOT. quinquefoliado.
quinquennial (cuincue·nial) adj. quinquenal. — 2 s. quinto aniversario.
quinquennium (cuincue·niøm) s. quinquenio.
quinquina (cuincua·na) s. quinaquina, quinquina.
quinsy (cui·nši) s. MED. angina [tonsilar].
quint (cuint) s. quinto [impuesto]. 2 MAR. goleta de cinco palos. 3 MÚS., NAIPES quinta. 4 MÚS. registro del órgano. 5 MÚS. prima [del violín].
quintain (cui·ntin) s. estafermo [figura].
quintal (cui·ntal) s. quintal : metric ~, quintal métrico.
quintan (cui·ntæn) adj. que ocurre cada cinco días. — 2 adj. y s. MED. cuartana [fiebre].
quintant (cui·ntant) s. ASTR. quintante.
quinte (cænt) s. ESGR. quinta.
quintessence (cuinte·søns) s. quinta esencia, quintaesencia.
quintessential (cuintese·nshal) adj. quintaesenciado, puro, típico.
quintet(te (cuinte·t) s. grupo de cinco. 2 MÚS. quinteto.
Quintilian (cuinti·lian) n. pr. Quintiliano.
quintillion (cuinti·lion) s. quintillón : (Ingl.) la unidad seguida de 30 ceros; (EE. UU.) la unidad seguida de 18 ceros.
quintuple (cui·ntiupøl) adj. y s. quintuplo. — 2 adj. formado por cinco.
quintuple (to) tr. quintuplicar. — 2 intr. quintuplicarse.

quintuplication (cuintiuplike·shøn) *s.* quintuplicación.

quip (cuip) *s.* pulla, sarcasmo. 2 ocurrencia, agudeza. 3 sutileza, equívoco.

quip (to) *intr.* mofarse, echar pullas. ¶ CONJUG. pret. y p. p. : *quipped;* ger. : *quipping.*

quipu, quippo (ki·pu) *s.* quipos.

quire (cuai·ʳ) *s.* mano [de papel]. 2 pliego [de un libro] : *in quires.* sin encuadernar. 3 folleto, cuaderno. .

quire (to) *tr.* formar manos de [papel]. — *2 tr.* e *intr.* TO CHOIR.

Quirinal (cui·rinal) *n. pr.* Quirinal.

quirk (cuøʳc) *s.* vuelta o curva brusca ; torcimiento, desviación. 2 rasgo [de pluma]. 3 sutileza, argucia. 4 pulla. 5 salida, ocurrencia. 6 arranque, capricho, rareza, peculiaridad. 7 mueca [con los labios]. 8 ARQ. hueco agudo a cada lado de una moldura redonda.

quirk (to) *tr.* torcer. 2 fustigar. 3 ARQ. formar un hueco agudo a cada lado de [una moldura redonda]. — *4 intr.* usar de sutilezas. 5 moverse a sacudidas.

quirt (cuøʳʦ) *s.* látigo [de montar], *cuarta.

quirt (to) *tr.* azotar con el látigo de montar.

quit (cuit) *adj.* absuelto, descargado. 2 libre, exento, quito : *to get ∽ of,* librarse de.

quit (to) *tr.* dejar, abandonar, dejar o dejarse de ; cesar, desistir de ; renunciar a : *to ∽ an employment.* dejar un empleo : *to ∽ jesting,* dejarse de bromas : *to ∽ work,* dejar el trabajo, parar. 2 abandonar, irse de, evacuar, desocupar [un lugar] : dejar, separarse de [una persona]. 3 librar, descargar. 4 pagar, satisfacer, saldar : *to ∽ scores,* saldar cuentas, quedar en paz. — *5 intr.* irse : *to give notice to ∽,* despedir a un inquilino, arrendatario, etc. 6 parar, dejar de trabajar o de hacer algo : abandonar una empresa. 7 fam. dejar uno su empleo. ¶ CONJUG. pret. y p. p. : *quitted;* ger. : *quitting.*

quitch o **quitch grass** (cuich) *s.* BOT. grama del Norte.

quitclaim (cui·tcleim) *s.* DER. renuncia, cesión.

quitclaim (to) *tr.* DER. renunciar ; ceder.

quite (cuait) *adv.* completamente, enteramente, totalmente, absolutamente, del todo. 2 realmente, verdaderamente, efectivamente, justamente : ∽ *so,* así es, en efecto. 3 fam. bastante, asaz, muy. 4 fam. ∽ *a.* ∽ *an,* grande excelente ; ∽ *a man,* todo un hombre. 5 fam. ∽ *a few,* ∽ *a lot,* ∽ *a number,* muchos.

quits (cuits) *adj.* e *interj.* desquitados, en paz : *to be ∽,* estar en paz, no deberse nada, haberse desquitado ; *to cry ∽,* declararse en paz con uno. — *2 s.* pago, desquite.

quittance (cui·tans) *s.* quitanza, finiquito, descargo. recibo. 2 pago, recompensa.

quitter (cui·tøʳ) *s.* el que fácilmente deja el trabajo, un empeño, etc. 2 (EE. UU.) el que abandona una causa, etc.; cobarde ; traidor.

quiver (cui·vøʳ) *s.* aljaba, carcaj. 2 vibración, temblor, estremecimiento.

quiver (to) *intr.* vibrar, temblar, estremecerse.

quivered (cui·vøʳd) *s.* armado con aljaba. 2 metido en aljaba.

quivering (cui·vøring) *adj.* tembloroso, trémulo, estremecido. — *2 s.* vibración, temblor, estremecimiento.

Quixote (cui·csøt) *s.* Quijote.

quixotic (cuicsa·tic) *adj.* quijotesco.

quixotically (cuicsa·ticali) *adv.* quijotescamente.

quixotism (cui·csøtišm) *s.* quijotismo. 2 quijotada.

quixotize (to) (cui·csøtaiš) *tr.* hacer quijotesco. — *2 intr.* hacer el quijote.

quixotry (cui·csøtri) *s.* quijotería, quijotismo.

quiz (cuiš) *s.* burla, broma, chanza. 2 burlón, guasión. 3 (EE. UU.) interrogatorio, examen [esp. de un alumno o clase].

quiz (to) *tr.* burlarse, chulearse de, embromar, ridiculizar. 2 mirar fijamente, con curiosidad, con burla : *quizzing glass,* fam. monóculo. 3 (EE. UU.) examinar, enseñar, haciendo preguntas. ¶ CONJUG. pret. y p. p. : *quizzed;* ger. : *quizzing.*

quizzical (cui·šical) *adj.* raro, estrambótico, cómico, gracioso. 2 burlón, zumbón.

quod (cuad) *s.* pop. cárcel, prisión.

quodlibet (cua·dlibet) *s.* cuodlibeto. 2 sutileza dialéctica. 3 MÚS. fantasía o miscelánea burlesca.

quodlibetic(al (cuadlibe·tic(al) *adj.* cuodlibético.

quoin (cuo·in) *s.* ARQ. piedra angular ; clave de arco en ángulo saliente. 2 ARQ. ángulo, esquina, rincón. 3 MEC., IMPR. cuña.

quoin (to) *tr.* acuñar, meter cuñas.

quoit (cuo·it) *s.* tejo, herrón. 2 *pl.* juego del tejo. | Se construye en singular.

quoit (to) *intr.* jugar al tejo. — *2 tr.* lanzar como un tejo.

quondam (cua·ndæm) *adj.* antiguo, de otro tiempo, que fue.

quorum (cuo·røm) *s.* quórum.

quota (cuo·ta) *s.* cuota, prorrata, cupo, contingente.

quotable (cuo·tabøl) *adj.* citable. 2 COM. cotizable.

quotation (cuote·shøn) *s.* citación [de un texto, etc.]. 2 cita [texto citado]. 3 COM. cotización. — *adj.* ∽ *marks,* comillas (").

quote (cuout) *s.* cita [texto citado]. 2 *pl.* comillas (").

quote (to) *tr.* citar [un texto, un autor]. 2 poner entre comillas. 3 COM. cotizar ; dar el precio de.

quoter (cuo·tøʳ) *s.* citador. 2 COM. cotizador.

quoteworthy (cuo·tuøʳði) *adj.* digno de citarse.

quoth (cuouz) *pret.* del verbo desusado TO QUETH : *quoth I,* dije yo ; *quoth he,* dijo él.

quotha (cuou·za) *interj.* ant. ¡de veras!, ¡vaya !

quotidian (cuoti·dian) *adj.* cotidiano, diario, ordinario. — *2 s.* MED. fiebre cotidiana.

quotient (cuou·shent) *s.* MAT. cociente, cuociente.

R

R, r (a') *s.* R, r, decimoctava letra del alfabeto inglés. *2 the three R's (reading, 'riting, 'rithmetic),* lectura, escritura y aritmética.
rabbet (ræ·bit) *s.* CARP. rebajo, espera, ranura, encaje. — *2 adj.* de rebajo, etc.: ~ *joint,* ensambladura a rebajo; ~ *plane,* guillame.
rabbet (to) *tr.* CARP. ensamblar a rebajo, encajar. *2* CARP. hacer un rebajo en.
rabbi (ræ·bai), **rabbin** (ræ·bin) *s.* rabí, rabino.
rabbinate (ræ·bineit) *s.* ministerio del rabino. *2* cuerpo de rabinos.
rabbinic(al (ræbi·nic(al) *adj.* rabínico.
rabbinism (ræ·binišm) *s.* rabinismo.
rabbinist (ræ·binist) *s.* rabinista.
rabbit (ræ·bit) *s.* ZOOL. conejo: *doe* ~, coneja; *young* ~, gazapo. *2* DEP. novicio, mal jugador. — *3 adj.* de conejo: ~ *hole,* conejera, gazapera; ~ *warren,* conejar.
rabbit-ear faucet *s.* grifo de cierre automático que se abre apretando, una hacia otra, dos aletas u orejas.
rabbit-foot *s.* pata de conejo. *2* amuleto, talismán.
rabbitmouthed (ræ·bitmauzd) *adj.* boquiconejuno.
rabbit's-mouth *s.* BOT. becerra.
rabbity (ræ·biti) *adj.* conejuno. *2* lleno de conejos.
rabble (ræ·bøl) *s.* populacho, chusma, gentuza, canalla. *2* multitud alborotada. *3* FUND. barra para revolver el metal fundido.
Rabelaisian (ræbøle·šian) *adj.* rabelesiano.
rabic (ræ·bic) *adj.* MED., VET. rábico.
rabid (ræ·bid) *adj.* MED., VET. rabioso, rábico. *2* furioso, violento; rabioso, furibundo, exaltado, fanático.
rabidity (ræbi·diti), **rabidness** (ræ·bidnis) *s.* rabia, furia, violencia.
rabies (rei·biš) *s.* MED., VET. rabia, hidrofobia.
raccoon (ræcu·n) *s.* ZOOL. mapache.
race (reis) *s.* raza: casta, estirpe, linaje: *human* ~, género humano. *2* prole, descendencia. *3* familia, tribu, gente, pueblo. *4* clase, calidad. *5* carrera, regata [pugna de velocidad]. *6* competencia, competición. *7* curso, carrera [de un astro, de la vida, etc.]. *8* corriente fuerte o rápida [de agua]. *9* canal, caz, saetín. *10* AVIA. aire que la hélice empuja hacia atrás. *11* MEC. canal, ranura [por donde rueda o se desliza una pieza]. *12* garganta [de polea]. *13* MEC. canal donde están las bolas en un cojinete o rodamiento. *14* sabor, fuerza, etc., peculiar de cada clase de vino. *15* raíz [de jenjibre]. — *16 adj.* racial, de raza: ~ *problem,* problema racial. *17* de carreras o regatas: ~ *boat,* embarcación para regatas; ~ *course,* hipódromo, pista de carreras, estadio; ~ *glass,* gemelos de carreras; ~ *horse,* caballo de carreras.
race (to) *intr.* correr, regatear, tomar parte [en una carrera, regata, etc.]. *2* correr, moverse, afluir rápidamente. *3* girar [el motor] a una velocidad excesiva. — *4 tr.* hacer correr de prisa.

5 competir con [en una carrera]. *6* hacer funcionar [un motor] a una velocidad excesiva.
raceme (ræsi·m) *s.* BOT. racimo [inflorescencia].
racemiferous (ræsømi·førøs) *adj.* BOT. que lleva racimos.
racemose (ræ·simous), **racemous** (ræ·simøs) *adj.* BOT. racimoso.
racer (rei·sø') *s.* corredor, carrerista. *2* caballo de carreras. *3* coche de carreras. *4* embarcación rápida, de regatas.
raceway (rei·suei) *s.* caz, saetín, canal [de una presa]. *2* ELECT. conducto para hilos eléctricos. *3* RACE 11.
Rachel (rei·chel) *n. pr.* Raquel.
rachialgia (reikiæ·lÿia) *s.* MED. raquialgia.
rachis (ræ·kis), *pl.* **-chides** (-kidiš) *s.* ANAT., ZOOL., BOT. raquis. *2* ástil [de pluma].
rachitic (ræki·tic) *adj.* raquítico.
rachitis (rækai·tis) *s.* MED. raquitis.
rachitism (ræ·kitišm) *s.* MED. raquitismo.
racial (rei·šal) *adj.* racial.
racier (rei·siø') *adj. comp.* de RACY.
raciest (rei·siist) *adj. superl.* de RACY.
racily (rei·sili) *adv.* de manera viva, picante.
raciness (rei·sinis) *s.* viveza, picante. *2* nariz [del vino].
racing (rei·sing) *s.* carrera; regata [pugna de velocidad]. — *2 adj.* de carreras o regatas.
racism (rei·sišm) *s.* racismo.
racist (rei·siist) *adj.* y *s.* racista.
rack (ræc) *s.* aparato de tortura. *2* fig. tormento, dolor, angustia: *on the* ~, en un potro. *3* armazón de barras, púas, etc. *4* rambla [para estirar los paños]. *5* astillero [para lanzas]; armero [para fusiles, etc.]. *6* espetera. *7* percha, cuelgacapas. *8* red para el equipaje [en los trenes]. *9* casillero. *10* morillos [de asador]. *11* baranda [de carro]. *12* cremallera: ~ *and pinion* engranaje de piñón y cremallera. *13* pesebre. *14* IMPR. rama. *15* CARN. costillas y espinazo [de una res]. *16* masa de nubes deshilachadas. *17* destrucción: *to go to* ~ *and ruin,* ir a parar a un estado de ruina total. *18* trote cochinero. — *19 adj.* de cremallera, etc.: ~ *railway,* ferrocarril de cremallera.
rack (to) *tr.* torturar. *2* atormentar, afligir. *3* tirar, despedazar, rasgar. *4* agobiar, oprimir con exacciones. *5* torcer el sentido de. *6* mover sobre cremalleras. *7 to* ~ *off,* extraer [vino, etc.] de las heces. *8 to* ~ *one's brains,* devanarse los sesos. — *9 intr.* correr [las nubes]. *10* andar al trote.
rackabones (ræ·cabouns) *s.* manojo de huesos, persona muy flaca; penco, jamelgo.
racket (ræ·kit) *s.* DEP. raqueta. *2* raqueta [para andar sobre la nieve]; calzado para andar sobre el fango. *3* alboroto, barahúnda, barullo, confusión: *to raise a* ~, armar un alboroto. *4* diversión, fiesta, holgorio, reunión alegre. *5* prueba, dificultad: *to stand the* ~, salir bien de

una prueba; afrontar las consecuencias de una acción. 6 pop. timo, engaño; sistema para sacar dinero con la aparente aquiescencia de las víctimas. 7 *pl.* raqueta [juego].

racket (to) *intr.* andar de fiestas y holgorios, de reuniones. 2 hacer barullo. — 3 *tr.* molestar, arruinar [con RACKET 6].

racketeer (ræˈkitrˈ) *s.* (EE. UU.) el que, solo o en combinación con otros, saca dinero a personas o empresas comerciales con amenazas de violencia o de perjuicios causados a sus intereses.

racketeer (to) *intr.* hacer de RACKETEER.

rackety (ræˈkiti) *adj.* ruidoso, bullicioso. 2 jaranero, disipado.

racking (ræˈking) *adj.* torturador. — 2 *s.* tortura, tormento. 3 ALBAÑ. acción de adentellar. 4 ALBAÑ. dientes o adarajas [de una pared].

rack-rent (ræˈkrent) *s.* arriendo o alquiler exorbitante.

rack-rent (to) *tr.* exigir un arriendo o alquiler exorbitante.

rackwork (ræˈcwøˈc) *s.* mecanismo de cremallera.

raconteur (ræcantøˈʳ) *s.* narrador, cuentista.

racoon (ræcuˈn) *s.* RACCOON.

racquet (ræˈkit) *s.* RACKET.

racy (reiˈsi) *adj.* que tiene el aroma, las cualidades o la excelencia de su clase o casta; natural, castizo, de buena cepa. 2 de raza. 3 vivo, animado, chispeante.

radar (reiˈdaˈ) *s.* ELECT. radar. — 2 *adj.* de radar: ～ *screen,* antena de radar.

raddle (ræˈdøl) *s.* cañizo. 2 seto de ramas. 3 ocre rojo, almagre.

raddle (to) *tr.* entretejer. 2 pintar con almagre. 3 dar mucho colorete.

radial (reiˈdial) *adj.* radial, radiado: ～ *engine,* motor radial, motor de cilindros en disposición radial.

radian (reiˈdian) *s.* GEOM. radián, ángulo cuyo arco es igual al radio.

radiance, radiancy (reiˈdians, -si) *s.* brillo, resplandor, fulgor, esplendor.

radiant (reiˈdiant) *adj.* FÍS. radiante: ～ *energy,* energía radiante. 2 radiante, radioso, resplandeciente, lleno de alegría. — 3 *s.* objeto radiante. 4 foco irradiador. 5 GEOM. línea radial.

radiantly (reiˈdiantli) *adv.* de manera radiante.

Radiata (reidieiˈta) *s. pl.* ZOOL. radiados.

radiate (reiˈdieit) *adj.* radiado, radial. — 2 *s.* ZOOL. radiado.

radiate (to) *tr.* e *intr.* radiar, irradiar. — 2 *tr.* exponer a una radiación; iluminar. 3 difundir. 4 radiar [por radio].

radiator (reiˈdieitøˈ) *s.* radiador. 2 RADIO. transmisor. 3 substancia radiactiva.

radical (ræˈdical) *adj.* radical [en todas sus acepciones]: ～ *sign,* MAT. signo radical. 2 esencial, fundamental. — 3 *s.* raíz, fundamento. 4 GRAM., QUÍM., POL. radical. 5 MAT. expresión o signo radical.

radicalism (ræˈdicaliẑm) *s.* radicalismo.

radically (ræˈdicali) *adv.* radicalmente. 2 esencialmente, fundamentalmente.

radicalness (ræˈdicalnis) *s.* calidad de radical.

radicant (ræˈdicant) *adj.* BOT. que echa raíces por el tallo. — 2 *s.* MAT. cantidad que lleva el signo radical.

radicate (to) (ræˈdikeit) *tr.* ant. hacer arraigar, establecer firmemente.

radication (ræˈdikeiˈʃøn) *s.* ant. arraigo, radicación.

radicle (ræˈdicøl) *s.* raicilla. 2 BOT. radícula, rejo.

radii (reiˈdiai) *s. pl.* de RADIUS.

radio (reiˈdiou) *s.* ELECT. radio [radiodifusión, radiograma, radiorreceptor]. — 2 *adj.* de radio: ～ *amateur,* ～ *fan,* radioaficionado; ～ *announcer,* locutor o anunciador de radio; ～ *beacon,* AVIA. radiofaro; ～ *compas,* MAR. radiobrújula. — ～ *control,* dirección o mando [de un mecanismo] por ondas hertzianas; ～ *frequency,* radiofrecuencia; ～ *link,* circuito radiotelefónico que conecta dos secciones de un circuito alámbrico; ～ *listener,* radioescucha, radioyente; ～ *network,* red o cadena de emisoras de radio; ～ *newscaster,* cronista de radio; ～ *receiver,* radiorreceptor; ～ *set,* aparato de radio [receptor o transmisor]; ～ *tube,* lámpara o válvula de radio, tubo termiónico; ～ *wave,* onda de radio, radioonda.

radioactive (reidiouæˈctiv) *adj.* radiactivo.

radioactivity (reidiouæctiˈviti) *s.* radiactividad.

radioamplifier (reidiouæˈmplifaiøˈ) *s.* amplificador de radio.

radiobroadcast (to) (reidioubroˈdcæst) *tr.* radiar, radiodifundir.

radiobroadcasting (reidioubroˈdcæsting) *s.* radiodifusión. — 2 *adj.* radiodifusor, de radiodifusión.

radioelement (reidioueˈlimønt) *s.* QUÍM. radioelemento.

radio-frequency *adj.* de radiofrecuencia.

radiogoniometer (reidiougouniaˈmitøˈ) *s.* radiogoniómetro.

radiogoniometry (reidiougouniaˈmetri) *s.* radiogoniometría.

radiogram (reiˈdiougræm) *s.* radiograma. 2 radiografía [imagen].

radiograph (reiˈdiougræf) *s.* radiografía [imagen]. 2 actinógrafo.

radiograph (to) *tr.* radiografiar. 2 radiotelegrafiar, mandar un radiograma a.

radiography (reidiaˈgrafi) *s.* radiografía [acto, procedimiento].

Radiolaria (reidioleˈria) *s. pl.* ZOOL. radiolarios.

radiolarian (reidioleˈrian) *adj.* y *s.* ZOOL. radiolario.

radiologist (reidiaˈloÿist) *s.* radiólogo.

radiology (reidiaˈloÿi) *s.* radiología.

radiometer (reidiaˈmitøˈ) *s.* radiómetro.

radiometry (reidiaˈmetri) *s.* radiometría.

radiophone (reiˈdioufoun) *s.* FÍS. radiófono. 2 aparato de radio.

radiophony (reidiaˈfoni) *s.* radiofonía.

radiophotography (reidioufotaˈgrafi) *s.* radiofotografía, transmisión de fotografías por radio.

radioscopy (reidiaˈscopi) *s.* radioscopia.

radiosonde (reiˈdiousand) *s.* radiosonda.

radiotelegraph (reidioteˈløgræf) *s.* telégrafo sin hilos.

radiotelegraph (to) *tr.* radiotelegrafiar.

radiotelegraphy (reidioteleˈgrafi) *s.* radiotelegrafía.

radiotelephone (reidioteˈlifoun) *s.* radioteléfono.

radiotelephone (to) *tr.* radiotelefonear.

radiotelephony (reidioteleˈfoni) *s.* radiotelefonía.

radiotherapy (reidiozeˈrapi) *s.* radioterapia.

radish (ræˈdish) *s.* BOT. rábano.

radium (reiˈdiøm) *s.* QUÍM. radio.

radiumtherapy (reidiømzeˈrapi) *s.* radiumterapia.

radius (reiˈdiøs) *s.* GEOM., ANAT. radio. 2 radio, rayo. 3 radio [de acción, de influencia, etc.; espacio circular]. 4 ZOOL. plano radial. 5 BOT. flor ligulada.

radix (reiˈdics) *pl.* **radices** (-siẑ) o **-dixes** (-dicsiẑ) *s.* raíz, origen. 2 MAT. base [de un sistema de numeración, etc.]. 3 ANAT. raíz [de un nervio].

radula (ræˈdiula) *pl.* **-la** (-li) *s.* ZOOL. rádula.

raff (ræf) *s.* RIFFRAFF.

raffia (ræˈfia) *s.* BOT. rafia.

raffish (ræˈfish) *adj.* canallesco, bajo, indigno. 2 disoluto, degenerado.

raffle (ræˈfol) *s.* rifa. 2 fam. desecho, broza.

raffle (to) *intr.* tomar parte en una rifa. — 2 *tr. to* ～ *off,* rifar, sortear.

raft (raft) *s.* balsa [flotante]. 2 almadía, armadía, jangada. 3 masa flotante [de algas, etc.].

raft (to) *tr.* transportar en balsa; recorrer o atravesar en balsa. — 2 *intr.* servir de balsa. 3 formar masa flotante. 4 formar bandada numerosa [las aves].

rafter (raˈftøˈ) *s.* ARQ. viga; par, asna, costanera. 2 almadiero.

raftsman (ræˈftsmæn) *pl.* **-men** (-men) *s.* almadiero, ganchero.

rag (ræg) *s.* trapo, harapo, jirón, trozo, arambel, pingajo, guiñapo: *to be in rags,* estar hecho jirones; ir andrajoso, vestido de harapos. 2 desp. pañuelo, cortina, bandera, vela, periódico, etc.; trapo, papelucho. 3 fig. persona o gente andrajosa, harapienta: ～ *tag and bobtail,* canalla, chusma. 4 borde o canto mellado. 5 risco. 6 piedra granulosa, piedra de amolar. 7 pizarra de techar, pulida sólo por una cara. 8 burla, broma. 9 RAGTIME. 10 RAGTIME. 11 *pl.* trapos o papeles rotos. — 12 *adj.* de trapo o trapos: ～ *baby,* ～ *doll,* muñeca de trapos; ～ *fair,* ～ *market,* feria o mercado de ropa usada; ～ *money,* fam. papel moneda; ～ *wool,* lana regenerada. 13 ～ *bolt,* perno arponado.

rag (to) *tr.* romper, hacer jirones. 2 reñir, regañar. 3 molestar con burlas o bromas. 4 trabajar [la piedra] toscamente. — 5 *intr.* alborotar. ¶ CONJUG. pret. y p. p.: *ragged;* ger.: *ragging.*

ragamuffin (ræ·gamøfi·n) s. zarrapastroso, pelagatos, golfo, granuja.

rage (reidȳ) s. rabia, ira, enojo, furor; arrebato de cólera. 2 furia, violencia, embravecimiento, encarnizamiento. 3 vehemencia, paroxismo, intensidad. 4 ardor, entusiasmo, avidez. 5 to be all the ~, estar en boga, estar de moda.

rage (to) intr. rabiar, enojarse, enfurecerse, encolerizarse. 2 hacer estragos. 3 reinar [una epidemia]. 4 arder furiosamente [el fuego].

ragged (ræ·guid) adj. roto, desgarrado, deshilachado. 2 andrajoso, harapiento. 3 desigual, áspero, escabroso, irregular; de borde mellado, dentado. 4 tosco, imperfecto.

raggedly (ræ·guidli) adv. andrajosamente. 2 hecho jirones u ofreciendo un contorno o superficie ásperos, irregulares.

raggedness (ræ·guidnis) s. desigualdad, aspereza, escabrosidad. 2 estado andrajoso.

raging (rei·ỹing) adj. rabioso, furioso, furibundo, bramador. 2 entusiasta, vehemente.

raglan (ræ·glæn) s. raglán.

ragman (ræ·gmæn), pl. -men (-men) s. trapero.

ragout (ræguˑ) s. coc. guisado.

ragpicker (ræ·gpikø') s. trapero.

ragstone (ræ·gstoun) s. (Ingl.) piedra dura o granulosa, piedra de amolar.

ragtag (ræ·gtæg) s. canalla, chusma.

ragtime (ræ·gtaim) s. música de ritmo sincopado.

ragweed (ræ·gwid) s. BOT. ambrosía. 2 (Ingl.) hierba cana, zuzón.

ragwort (ræ·guøˑ) s. BOT. hierba cana, zuzón.

raid (reid) s. correría, irrupción, incursión, ataque repentino. 2 entrada por sorpresa [de la policía, etc.]. en un local. 3 en Bolsa, maniobra de los operadores profesionales para hacer bajar los precios.

raid (to) tr. hacer una correría o incursión en. 2 invadir por sorpresa, entrar a la fuerza [la policía, etc.] en. 3 BOLSA to ~ the market, maniobrar para hacer bajar los precios.

raider (rei·dø') s. el que hace correrías, incursiones, etc.

rail (reil) s. barra horizontal o inclinada, pasamano, barandal; varal [de carro]. 2 barra de apoyo para los pies [en un bar]. 3 antepecho, guardalado, baranda, barandilla, barrera. 4 bance. 5 CARP. peinazo. 6 raíl, riel, carril: to run off the rails, descarrilar. 7 ferrocarril, vía férrea: by ~, por ferrocarril. 8 ORNIT. rascón, ralo acuático. 9 pl. BOLSA, ferrocarriles. — 10 adj. de barras, etc.: ~ fence, valla, barrera. 11 de carril o riel; de ferrocarril, ferroviario: ~ car, vagón de ferrocarril; vagón automóvil; ~ center, centro ferroviario; ~ chair, cojinete de riel; ~ guard, contracarril; rastrillo, limpiavía; ~ train, METAL. tren de laminadores para hacer rieles.

rail (to) tr. poner barandilla, cercar con valla, verja, etc. 2 transportar por ferrocarril. — 3 intr. to ~ at o against, injuriar de palabra, vituperar, hablar mal de, quejarse de.

railer (rei·lø') s. vituperador, maldiciente. 2 viajero [por tren].

railhead (rei·ljed) s. término de vía férrea en construcción. 2 parte superior del riel. 3 MIL. estación ferroviaria de víveres y municiones.

railing (rei·ling) s. baranda, barandilla, rastel, balaustrada, pretil, barrera, valla, reja, verja, enverjado. 2 pasamano [de escalera]. 3 FERROC. carriles, rieles [material]. 4 acción de injuriar o vituperar; lenguaje injurioso, vituperación. — 5 adj. injurioso, vituperioso.

raillery (rei·løri) s. burla, fisga, zumba. 2 bufonada.

railroad (rei·lroud) s. ferrocarril, vía férrea, camino de hierro. | Ús. esp. en los EE. UU. 2 pl. BOLSA ferrocarriles [valores]. — 3 adj. (EE. UU.) RAILWAY: ~ crossing, cruce de líneas, paso a nivel; ~ man, ferroviario; etc.

railroad (to) tr. proveer de ferrocarriles. 2 (EE. UU.) transportar por ferrocarril. 3 (EE. UU.) apresurar, atropellar; hacer aprobar [una ley, etc.] con precipitación. 4 (EE. UU.) pop. hacer encarcelar [a uno] mediante una falsa acusación. 5 IMPR. enviar [composición] a la máquina sin haberla corregido. — 6 intr. trabajar como ferroviario. 7 (EE. UU.) viajar en ferrocarril.

railway (rei·luei) s. ferrocarril, vía férrea, camino de hierro. | Ús. esp. en Ingl. 2 línea de carriles para trasladar o hacer correr algo sobre ruedas. 3 street ~, ferrocarril urbano, tranvía. — 4 adj. de ferrocarril, de vía férrea, ferroviario: ~ act, ley de ferrocarriles; ~ carriage, coche o vagón de ferrocarril; ~ junction, empalme; ~ man, ferroviario; ~ siding, apartadero; at ~ speed, muy de prisa. 5 MED. ~ spine, enfermedad de la médula espinal, debida generalmente a una concusión.

railway (to) tr. (Ingl.) proveer de ferrocarriles.

raiment (rei·mønt) s. ropa, indumento, vestidos, prendas de vestir.

rain (rein) s. lluvia. 2 tiempo lluvioso: ~ or shine, llueva o no llueva, con buen tiempo o con mal tiempo; the rains, la época de las lluvias. — 3 adj. de lluvia: ~ cloud, nube de lluvia; ~ gauge, pluviómetro; ~ glass, barómetro; ~ water, agua llovediza; ~-worm, lombriz de tierra.

rain (to) intr., impers. y tr. llover: it is raining, llueve; to ~ on, llover sobre; to ~ cats and dogs, to ~ pitchforks, llover chuzos, llover a cántaros; it never rains but it pours, siempre llueve sobre mojado.

rainband (rei·nbænd) s. faja obscura en la zona amarilla del espectro solar.

rainbow (rei·nbou) s. arco iris. 2 espectro solar.

raincoat (rei·ncout) s. impermeable, chubasquero.

raindrop (rei·ndrap) s. gota de lluvia.

rainfall (rei·nfol) s. aguacero. 2 lluvia, lluvias. 3 METEOR. precipitación acuosa.

rainier (rei·niø') adj. comp. de RAINY.

rainiest (rei·niist) adj. superl. de RAINY.

raininess (rei·ninis) s. estado lluvioso [del tiempo].

rainpour (rei·npoˑ) s. aguacero.

rainproof (rei·npruf) adj. impermeable, a prueba de lluvia.

rainproof (to) tr. impermeabilizar.

rainstorm (rei·nstoˑm) s. tempestad de lluvia.

rainy (rei·ni) adj. lluvioso, pluvioso: ~ day, día lluvioso; fig. día, o tiempo de posible necesidad: to save up for a ~ day, ahorrar dinero para el día de mañana; ~ season, época de las lluvias.

raise (reiš) s. aumento, alza, subida [de precio, salario, etc.]; aumento de sueldo, ascenso. 2 elevación artificial [de un terreno].

raise (to) tr. levantar, alzar, elevar; poner derecho, enhestar, enarbolar, erguir, erigir, construir. 2 levantar [polvo, la voz, los ánimos, falsos testimonios, etc.]. 3 levantar [hacer cesar]: to ~ a siege, levantar un sitio. 4 aumentar, elevar, subir [precios, salarios, etc.]. 5 elevar [la temperatura, el tono, etc.]. 6 elevar, engrandecer, exaltar, encumbrar, ascender. 7 despertar. 8 excitar, alborotar, levantar, sublevar. 9 suscitar, promover, originar, producir. 10 hacer concebir, dar lugar a. 11 prorrumpir en [gritos, etc.]: to ~ an outcry, prorrumpir en un griterío, armar un alboroto. 12 presentar, hacer [una objeción, etc.]. 13 establecer, instituir. 14 cultivar [plantas]; criar [animales]. 15 (EE. UU.) criar, educar. 16 hacer surgir o aparecer. 17 reunir, allegar, obtener; to ~ money on, empeñar o hipotecar [una cosa]. 18 levantar, reclutar [gente]. 19 leudar. 20 resucitar, vivificar: to ~ one from the dead, devolver la vida a uno. 21 evocar, llamar. 22 MAT. elevar [a una potencia]. 23 to ~ a check, a note, raspar y aumentar la cantidad de un cheque o pagaré. 24 to ~ Cain, hell, the devil, the mischief, etc., armar una marimorena, un alboroto, un jaleo. 25 to ~ one's hat, quitarse el sombrero [para saludar]. 26 ~ one's glass to, brindar por. 27 to ~ steam, poner la caldera a presión. 28 to ~ the nap of the cloth, sacar pelo al paño, percharlo, cardarlo.

raised (rei·šd) adj. levantado. 2 en relieve, de realce, que sobresale. 3 leudo [pan].

raiser (rei·šø') s. cultivador, productor; criador.

rasin (rei·šin) s. pasa [uva seca].

raising (rei·šing) s. acción de levantar, elevar, erigir, suscitar, criar, aumentar, etc.; levantamiento, elevación, erección, suscitación, cría, crianza, aumento, etc. 2 levantamiento, sublevación. 3 TEJ. perchado. — 4 adj. que levanta, se levanta, etc.: ~ machine, TEJ. máquina de perchar.

raison d'être (rei·šøn det') s. razón de ser.

raja(h (raˑja) s. rajá.

rake (reic) *s.* calavera, libertino, perdido. 2 AGR. rastro, rastrillo. 3 raqueta [de mesa de juego]. 4 rascador, raedera. 5 inclinación hacia popa [de un mástil, chimenea, etc.] ; inclinación hacia atrás, pendiente. 6 MAR. lanzamiento. 7 AVIA. inclinación del borde de un plano de sustentación respecto del plano de simetría. 8 GEOL., MIN. buzamiento.

rake·(to) *tr.* AGR. rastrillar. 2 raspar, rascar, raer, rozar : *to ~ out*, ahondar raspando. 3 recoger, barrer. 4 atizar, hurgar [el fuego]. 5 registrar, buscar en. 6 MIL. enfilar, barrer. 7 MÚS. rasguear. 8 *to ~ over the coals*, criticar severamente, poner como un trapo. 9 *to ~ together*, reunir, juntar, acumular. — 10 *intr.* buscar [en]. 11 pasar con rapidez o violencia. 12 inclinarse o estar inclinado hacia atrás, fuera de la vertical. 13 MAR. tener lanzamiento [un buque]. 14 llevar vida disoluta.

rakehell (rei·cjel) *s.* libertino, disoluto.

rake-off *s.* pop. (EE. UU.) tajada [dinero, comisión, etc.] que se obtiene ilícitamente.

raker (rei·kø') *s.* rastrillador. 2 AGR. rastrilladora mecánica. 3 raedera, rasqueta. 4 pop. cosa grande, extraordinaria.

raking (rei·king) *s.* AGR. rastrillaje. 2 reprimenda, filípica. — 3 *adj.* inclinado. 4 rápido, veloz.

rakish (rei·kish) *adj.* licencioso, disoluto, calavera. 2 airoso, gallardo, jacarandoso. 3 MAR. de mástiles inclinados; de aspecto velero.

rakishness (rei·kishnis) *s.* disolución, libertinaje. 2 calidad de airoso, jacarandoso. 3 MAR. inclinación [de los palos, etc.].

râle (ral) *s.* MED. estertor.

rally (ræ·li) *s.* unión, reunión [de tropas dispersas, de gente]. 2 recuperación, recobramiento, restablecimiento.

rally (to) *tr.* reunir y reorganizar [tropas dispersas]. 2 reunir, concentrar [gente, energías, etc.]. 3 reanimar, fortalecer. 4 ridiculizar ; dar zumba o matraca. — 5 MIL. reunirse, rehacerse. 6 juntarse, unirse [para una causa común] ; dar su apoyo. 7 decidirse a la acción. 8 reponerse, rehacerse, restablecerse, cobrar nueva vida. 9 recobrar firmeza [los precios, el mercado]. ¶ CONJUG. pret. y p. p.: *rallied*.

rally-paper *s.* deporte que consiste en una falsa caza en que unos jinetes deben descubrir a otro y darle alcance.

Ralph (rælf) *n. pr.* Rodolfo.

ram (ræm) *s.* ZOOL. morueco. 2 MIL. ariete. 3 ariete hidráulico. 4 MEC. martinete, pisón, émbolo percutor, pieza que golpea o aprieta. 5 MAR. espolón; buque con espolón. 6 ASTR. (con may.) Aries.

ram (to) *tr.* apisonar. 2 golpear con martinete, pisón, espolón, ariete, etc. 3 hacer chocar [contra]. 4 clavar, hundir, meter [a golpes o por la fuerza] ; atacar [un arma] ; apretar, atestar, henchir, atracar : *to ~ something down one's throat*, hacer tragar algo a uno. — 5 *intr.* chocar : *to ~ into*, dar contra, chocar con. ¶ CONJUG. pret. y p. p.: *rammed*, ger.: *ramming*.

Ramadan (ræ·madan) *s.* ramadán.

ramal (ræ·mal) *adj.* BOT. de una rama o procedente de ella.

ramble (ræ·mbøl) *s.* paseo, excursión, correría, correteo. 2 divagación.

ramble (to) *intr.* pasear, vagar, callejear, corretear. 2 divagar, andarse por las ramas. 3 extenderse libremente [una planta]. 4 discurrir, serpentear [un río].

rambler (ræ·mblø') *s.* paseador, callejero, vagabundo. 2 divagador. 3 BOT. rosal trepador.

rambling (ræ·mbling) *adj.* paseador, vagaroso. 2 que divaga o implica divagación, incoherente. 3 BOT. trepador rastrero, que crece libremente. 4 tortuoso, irregular [calle]. 5 grande y de planta irregular [casa].

rambunctious (ræmbø·ncshøs) *adj.* fam. (EE. UU.) bullicioso, alborotado, turbulento, ingobernable.

ramekin (ræ·møkin) *s.* especie de quesadilla.

ramie (ræ·mi) *s.* BOT. ramio.

ramification (ræmifike·shøn) ramificación, rama, ramal.

ramify (to) (ræ·mifai) *tr.* dividir en ramas o ramales. — 2 *intr.* ramificarse.

rammer (ræ·mø') *s.* pisón. 2 ARTILL. atacador. 3 baqueta, palillo, etc., para atacar o atestar. 4 MAR. espolón.

rammish (ræ·mish) *adj.* de morueco, carneruno, maloliente. 2 libidinoso.

ramose (rei·mous), **ramous** (rei·møs) *adj.* ramoso

ramp (ræmp) *s.* rampa, declive. 2 curva ascendente o descendente en la barandilla de una escalera. 3 salto o actitud agresiva.

ramp (to) (ræmp) *intr.* ARQ. elevarse o descender [un muro, etc.] a otro nivel. 2 tomar o tener la actitud de una bestia rampante [en el blasón]. 3 saltar o avanzar amenazadoramente ; encolerizarse, enfurecerse, bramar.

rampage (ræ·mpidÿ) *s.* alboroto, furia, agitación, cólera : *to go on a ~*, alborotarse, enfurecerse.

rampage (to) *intr.* alborotar, alborotarse, enfurecerse, ponerse como un loco.

rampancy (ræ·mpansi) *s.* exuberancia, superabundancia, exceso.

rampant (ræ·mpant) *adj.* exuberante, excesivo, desenfrenado. 2 fiero, violento. 3 general, extendido. 4 BLAS. rampante. 5 ARQ. por tranquil [arco].

rampart (ræ·mpa't) *s.* FORT. muralla, baluarte. 2 FORT. terraplén. 3 fig. defensa, amparo.

rampion (ræ·mpiøn) *s.* BOT. rapónchigo.

ramrod (ræ·mrad) *s.* baqueta [de fusil], atacador, roquete.

ramshackle (ræ·mshæcøl) *adj.* desvencijado. 2 destartalado, ruinoso. 3 desarreglado, desordenado.

ramson (ræ·mson) *s.* BOT. ajo de hojas anchas.

ramulose (ræ·miulous), **ramulous** (ræ·miuløs) *adj.* ramoso.

ran (ræn) *pret.* de TO RUN.

Randall (ræ·ndal), **Randolph** (ræ·ndalf) *n. pr.* Randolfo.

rance (ranš) *s.* mármol rojo veteado de blanco y azul.

ranch (rænch) *s.* rancho, hacienda ; *estancia.

ranch (to) *intr.* tener un rancho o estancia.

rancher (ræ·nchø'), **ranchman** (ræ·nchmæn), *pl.* **-men** (-men) *s.* ranchero, ganadero, vaquero.

rancid (ræ·nsid) *adj.* rancio, rancioso.

rancidity (rænsi·diti), **rancidness** (ræ·nsidnis), *s.* rancidez, ranciedad, rancio.

ranco(u)r (ræ·ncø') *s.* rencor, enemiga, inquina, encono.

rancorous (ræ·ncørøs) *adj.* rencoroso, malévolo.

rancorously (ræ·ncørøsli) *adv.* rencorosamente, malévolamente.

rand (rænd) *s.* calzo [del zapato]. — 2 *n. pr. the Rand*, importante distrito de minas auríferas en el Transvaal.

random (ræ·ndøm) *s.* azar, acaso : *at ~*, al azar, a la ventura, al buen tuntún. — 2 *adj.* ocasional, accidental, fortuito, impensado ; hecho o dicho al azar, al buen tuntún : *~ shot*, tiro hecho sin apuntar.

ranee (ræ·ni) *s.* RANI.

rang (ræng) *pret.* de TO RING.

range (reinÿ) *s.* fila, línea, hilera, ringlera : *~ of mountains, mountain ~*, cordillera, sierra, cadena de montañas. 2 GEOGR. cordillera, sierra. 3 correría, viaje. 4 extensión espacio, distancia [que recorre o cubre una cosa] ; recorrido. 5 esfera, campo [de una actividad, etc.]. 6 escala, gama, serie [de variaciones, grados, precios, etc.]. 7 extensión [de la voz]. 8 alcance [de un arma o proyectil] ; distancia : *at close ~*, a quema ropa, de cerca ; *within ~*, a tiro ; *within the ~ of*, al alcance de. 9 autonomía [de un buque o avión]. 10 extensión de pastos. 11 (EE. UU.) campo abierto. 12 ZOOL., BOT. habitación [de una especie]. 13 clase, orden. 14 campo de tiro. 15 ARTILL. línea de tiro. 16 línea [de dirección] : *in ~ with*, en línea con. 17 cocina económica. 18 MAR. *~ of cable*, bitadura. 19 *pl.* montañas, país montañoso. — 20 *adj.* : *~ finder*, ARTILL. telémetro ; *~ pole*, TOP. jalón ; *~ stove*, cocina portátil.

range (to) *tr.* alinear, poner en fila. 2 ordenar, arreglar, disponer, distribuir, clasificar. 3 recorrer, ir y venir por. 4 batir [el monte]. 5 MAR. pasar cerca de : *to ~ the coast*, costear. 6 pasear [la mirada, etc.] por. 7 ARTILL. tener [cierto alcance o medida de proyectiles]. — 8 *intr.* alinearse. 9 estar alineado o en línea [con]. 10 extenderse [en una dirección ; dentro de ciertos límites]. 11 tener igual grado, estar a la misma altura. 12 ZOOL., BOT. habitar [una re-

gión]. *13* variar, fluctuar [en cierta extensión].
14 MAR. *to* ~ *by*, pasar, dejar atrás. — *15 ref.*
to ~ *oneself*, ponerse al lado o de parte [de] ;
adherirse [a] ; sentar la cabeza ; casarse.
ranger (reí·nǿʳ) *s.* guardabosque. 2 batidor, montero. *3* perro ventor.
rani, -nee (rani·) *s.* rani, reina hindú. *2* esposa de
un rajá.
rank (ræŋk) *adj.* lozano, lujuriante, exuberante,
vicioso, espeso. *2* fértil. *3* rancio ; ofensivo [sa-
bor, olor]. *4* grosero [lenguaje, etc.]. *5* malo,
pútrido, insalubre. *6* puro, absoluto, extremado, insigne, acabado, de marca mayor. — *7 s.*
línea, hilera, fila. *8* rango, categoría, grado, clase, esfera. *9* MIL. graduación. *10* calidad, distinción, eminencia ; posición social elevada. *11* la
clase alta. *12* MIL. fila : *the ranks, the* ~ *and
file*, la tropa [a distinción de los oficiales] ; fig.
la gente menuda ; la gente de abajo ; *to break
ranks*, romper filas.
rank (to) *tr.* alinear, formar, poner en fila. *2* ordenar, arreglar, clasificar. *3* poner [en una categoría, en el número de]. *4* MIL. tener una categoría superior a. — *5 intr.* formar o marchar
en filas. *6* ocupar, tener [un lugar o categoría] ;
figurar o contarse entre : *to* ~ *above*, sobrepasar, ser de categoría superior a ; *to* ~ *high*, tener un alto grado o categoría ; ser tenido en
gran estima, sobresalir ; *to* ~ *second*, ser el segundo, tener el segundo lugar ; *to* ~ *with*, estar
al nivel de, tener la misma categoría que.
ranker (ræ·nkǿʳ) *s.* MIL. oficial patero, oficial
que ha ascendido desde soldado raso.
rankish (ræ·nkish) *adj.* algo rancio o de mal sabor u olor.
rankle (to) (ræ·ncǿl) *intr.* enconarse, ulcerarse, inflamarse, irritarse. *2* roer, escocer.
rankly (ræ·nkli) *adv.* lujuriantemente, espesamente. *2* con sabor u olor ofensivos.
rankness (ræ·nknis) *s.* lozanía, exuberancia, vicio,
exceso de vegetación ; fertilidad. *2* rancidez, sabor u olor ofensivos.
ransack (to) (ræ·nsæc) *tr.* registrar, explorar, escudriñar. *2* saquear, pillar.
ransom (ræ·nsǿm) *s.* rescate, redención.
ransom (to) *tr.* rescatar, redimir. *2* hacer pagar
rescate.
ransomless (ræ·nsǿmlis) *adj.* irredimible, sin rescate.
rant (rænt) *s.* lenguaje retumbante, declamación
sin sentido, monserga ; delirio.
rant (to) *intr.* declamar a gritos, hablar campa-
nudamente. *2* desbarrar, delirar ; enfurecerse.
ranter (ræ·ntǿʳ) *s.* orador retumbante ; vociferador, energúmeno.
ranula (ræ·niula) *s.* MED., VET. ránula.
Ranunculaceæ (ranǿnkiulei·sii) *s. pl.* BOT. ranuncu-
láceas.
ranunculaceous (ranǿnkiulei·shǿs) *adj.* ranunculáceo.
ranunculus (ranǿ·nkiulǿs) *s.* ranúnculo.
rap (ræp) *s.* golpe seco : ~ *on a door*, llamada a
una puerta ; ~ *on the knuckles*, golpe en los
nudillos ; reconvención. *2* crítica, censura. *3* madeja de 120 yardas. *4* fam. ardite, bledo : *I don't
care a* ~, no me importa un bledo. *5* fam. *to
take the* ~, pagar por un delito cometido, cumplir una condena.
1) **rap (to)** *tr.* e *intr.* golpear, dar un golpe seco :
to ~ *at a door*, llamar, *tocar a una puerta. —
2 tr. to* ~ *out*, proferir vivamente ; entre los
espiritistas, comunicar [algo] por medio de
golpecitos. *3* (EE. UU.) criticar duramente. ¶
CONJUG. pret. y p. p. : *rapped*; ger. : *rapping*.
2) **rap (to)** *tr.* arrebatar, llevarse. *2* arrebatar el áni-
mo de, enajenar, transportar. | Ús. principal-
mente el p. p. *rapt.*
rapacious (rapei·shǿs) *adj.* rapaz. *2* codicioso. *3*
voraz.
rapaciously (rapei·shǿsli) *adv.* con rapacidad.
rapaciousness (rapei·shǿsnis), **rapacity** (rapæ·siti)
s. rapacidad.
rape (reip) *s.* robo, rapiña ; rapto. *2* violación, estupro. *3* BOT. colza. *4* pl. orujo, brisa [de uvas].
— *5 adj.* de colza ; de orujo : ~ *oil*, aceite de
colza ; ~ *wine*, aguapié.
rape (to) *tr.* robar, raptar. *2* violar, estuprar.
rapeseed (rei·psiid) *s.* semillas de colza.
rap-full *adj.* hinchadas y ciñendo el viento [velas].

Raphael (ræ·fiel) *n. pr.* Rafael.
Raphaelesque (ræfiǿle·sc) *adj.* rafaelesco.
raphe (rei·fi) *s.* ANAT., BOT. rafe.
raphia (ra·fia) *s.* rafia [fibra].
rapid (ræ·pid) *adj.* rápido. *2* raudo. — *3 s.* rápido,
rabión.
rapid-fire *adj.* de tiro rápido. *2* fig. rápido, vivo.
rapidity (rapi·diti) *s.* rapidez.
rapidly (ræ·pidli) *adv.* rápidamente.
rapidness (ræ·pidnis) *s.* rapidez.
rapier (ræ·piǿʳ) *s.* estoque, espada angosta, espadín.
rapier-fish *s.* ICT. pez espada.
rapine (ræ·pin) *s.* rapiña, robo, pillaje.
rappee (ræpi·) *s.* rapé fuerte.
rapper (ræ·pǿʳ) *s.* golpeador. *2* llamador, aldabón.
3 supuesto espíritu que habla por medio de
golpes.
rapport (ræpo·t) *s.* relación, armonía, conformidad.
rapprochement (rapro·shman) *s.* acercamiento ; reconciliación.
rapscallion (ræpscæ·liǿn) *s.* golfo, bribón, canalla.
rapt (ræpt) *adj.* arrebatado, transportado, enajenado, absorto.
Raptores (ræptou·riS) *s. pl.* ORNIT. rapaces.
raptorial (ræptou·rial) *adj.* rapaz, de presa, de rapiña. *2* propio para asir y retener la presa.
rapture (ræ·pchǿʳ) *s.* rapto, arrebato, transporte,
éxtasis, enajenamiento, arrobamiento, deliquio.
2 expresión de entusiasmo.
rapturous (ræ·pchǿrǿs) *adj.* arrebatado, arrobado,
embelesado ; entusiasta.
rapturously (ræ·pchǿrǿsli) *adv.* con arrobamiento,
con transportes, con éxtasis.
rare (reæʳ) *adj.* raro [de poca densidad] ; ralo.
2 raro [poco común o frecuente, escaso] : ~ *bird*,
rara avis, mirlo blanco. *3* raro, insigne, excelente, peregrino. *4* coc. poco cocido, a medio
asar. *5* QUÍM. ~ *earth*, tierra rara.
rarebit (reæ·rbit) *s.* tostada de queso derretida en
cerveza.
raree-show (re·ri-shou) *s.* tutilimundi, mundonuevo.
rarefaction (rerifæ·cshǿn) *s.* rarefacción, enrarecimiento.
rarefiable (rerifa·iabǿl) *adj.* capaz de enrarecerse.
rarefy (to) (re·rifai) *tr.* rarefacer, rarificar, enrarecer. — *2 intr.* rarefacerse, rarificarse, enrarecerse. ¶ CONJUG. pret. y p. p. : *rarefied.*
rarely (reæ·li) *adv.* raramente, rara vez. *2* extraordinariamente, peregrinamente.
rareness (reæ·nis) *s.* rareza [cualidad], lo raro. *2*
superioridad, excelencia.
rareripe (re·raip) *adj.* temprano, precoz. — *2 s.*
fruta temprana.
rarity (re·riti) *s.* rareza, raridad. *2* tenuidad. *3* preciosidad, primor, excelencia. *4* rareza ; curiosidad [cosa].
rascal (ræ·scal) *s.* bribón, pillo, granuja, canalla,
bellaco, sinvergüenza.
rascality (ræscæ·liti) *s.* bribonería, bellaquería,
granujería. *2* bribonada, granujada.
rascallion (ræscæ·liǿn) *s.* RAPSCALLION.
rascally (ræ·scali) *adj.* bribonesco, de granuja, vil,
bajo, ruin. — *2 adv.* como un bribón, ruinmente.
rase (to) (reiS) *tr.* arrasar, demoler. *2* raer. *3* raspar,
borrar.
rash (ræsh) *adj.* irreflexivo, precipitado ; imprudente, atrevido, temerario. — *2 s.* salpullido,
erupción.
rasher (ræ·shǿʳ) *s.* lonja, magra.
rashly (ræ·shli) *adv.* precipitadamente, imprudentemente, temerariamente.
rashness (ræ·shnis) *s.* irreflexión, precipitación,
temeridad.
Rasores (rašou·riš) *s. pl.* ORNIT. gallináceas.
rasorial (rašou·rial) *adj.* ORNIT. gallináceo.
rasp (ræsp) *s.* escofina. *2* rallador. *3* sonido estridente. *4* raspamiento, sensación de raspamien-
to. *5* ronquera, carraspera.
rasp (to) *tr.* raspar, escofinar, raer, rallar : fig.
to ~ *the ear*, desgarrar los oídos ; *to* ~ *the
nerves*, irritar, excitar los nervios. *2* proferir con
voz ronca.
raspatory (ræ·spatori) *s.* CIR. legra.
raspberry (ræ·ǿberi), *pl.* **-ries** (-riŠ) *s.* BOT. frambuesa, sangüesa. *2* BOT. frambueso, sangüeso. *3*

fam. sonido de burla o desprecio que se produce haciendo vibrar la lengua entre los labios.

rasper (ræ·spøʳ) s. rallador, raspador.

rasping (ræ·sping) adj. raspante. 2 áspero, bronco. 3 irritante, desagradable. — 4 s. raspamiento.

rasure (rei·ʒøʳ) s. raspadura, borradura.

rat (ræt) s. ZOOL. rata : to smell a ~, sospechar algo malo ; oler una intriga, etc. ; to have, o see, rats, tener el delirium tremens ; estar chiflado. 2 (pop.) desertor, tránsfuga. 3 (pop.) esquirol [obrero]. 4 (EE. UU.) postizo para el pelo. — 5 adj. de rata ; ~ catcher, cazador de ratas ; ~ poison, veneno para las ratas ; ~ race, AVIA. cierto ejercicio aéreo ; furiosa competencia o rivalidad ; ~ trap, ratonera.

rat (to) intr. cazar ratas [esp. con perro]. 2 POL. volver casaca. 3 trabajar como esquirol o en condiciones no admitidas por el sindicato. — 4 tr. emplear esquiroles u obreros no sindicados en [una fábrica, etc.]. ¶ CONJUG. pret. y p. p. : ratted; ger. : ratting.

ratable (rei·tabøl) adj. sujeto a contribución. 2 valuable, que puede tasarse. 3 proporcional.

ratably (rei·tabli) adv. proporcionalmente.

ratafia (ræ·tafra) s. ratafía. 2 bizcochito almendrado.

ratan (ræ·tæ·n) s. RATTAN.

ratany (ræ·tani) s. BOT. ratania.

rat-a-tat (ræ·tætæ·t) interj. ¡ tap, tap !, ¡ tras, tras !

ratch (ræch) s. RATCHET. 2 perro de caza.

ratchet (ræ·chit) s. MEC. trinquete. 2 MEC. barra o cremallera de trinquete, rueda de trinquete ; mecanismo de trinquete. — 3 adj. de trinquete : ~ brace, berbiquí de trinquete ; ~ jack, cric o gato de cremallera ; ~ wheel, rueda de trinquete ; ~ wrench, llave de trinquete.

rate (reit) s. cantidad, grado, velocidad, etc., medidos por otra cosa tomada como unidad ; razón, proporción, tanto ; tipo [de interés, etc.] : market ~, tipo del mercado ; ~ of climb, AVIA. velocidad de ascenso ; ~ of exchange, cambio, tipo del cambio [de la moneda] ; at the ~ of, a razón de. 2 variación [de un reloj] por unidad de tiempo. 3 tarifa, precio, tasa, valor. 4 MAR. clase o clasificación [de un buque]. 5 clase, orden : first-rate, de primera, de primer orden ; muy bien. 6 modo, manera. 7 arbitrio, impuesto. 8 lo que se paga por el consumo de agua, gas, etc. — 9 m. adv. at any ~, al menos, de todos modos, sea como fuere ; at this, o at that ~, a este paso, de ese modo, siendo así.

rate (to) tr. valuar, tasar, apreciar. 2 poner precio. 3 clasificar. 4 considerar como, contar entre. 5 ajustar [un reloj], determinar su variación por unidad de tiempo. 6 imponer [un arbitrio, etc.]. 7 reñir, regañar, reprender. — 8 intr. valer, ser estimado o considerado : he rates high, se le tiene en gran estima ; he rates as the best, se le considera como el mejor.

rateable (rei·tabøl) adj. RATABLE.

ratepayer (rei·itpeiøʳ) s. (Ingl.) contribuyente.

rater (ræ·tøʳ) s. [en comp.] persona o cosa de determinada clase o categoría.

rather (ra·ðøʳ) adv. bastante, algo, un poco, un tanto : she is ~ pretty, ella es bastante bonita. 2 irón. muy. 3 mejor, de mejor gana, antes, más, más bien : I had ~, I would ~, me gustaría más, preferiría ; I would ~ not, preferiría no [hacerlo, tomarlo, etc.] ; ~ like a dream than, más como un sueño que. 4 antes bien, al contrario. 5 mejor dicho. — 6 m. adv. the ~, the ~ as, the ~ that, tanto más cuanto que. — 7 interj. ¡ claro!, ¡ ya lo creo!

rathskeller (ra·tskeløʳ) s. taberna o restaurante de sótano.

ratification (ræ·tifike·shøn) s. ratificación, confirmación.

ratifier (ræ·tifaiøʳ) s. ratificador.

ratify (to) (ræ·tifai) tr. ratificar, confirmar, revalidar.

rating (rei·ting) s. valuación, justiprecio. 2 clasificación ; grado, clase. 3 fijación de impuestos. 4 MEC. capacidad de trabajo ; límite de resistencia ; régimen [de una máquina]. 5 reprimenda, peluca.

ratio (rei·shiou) s. relación, proporción. 2 MAT. razón : direct ~, razón directa ; inverse ~, razón inversa.

ratiocinant (ræshia·sinant) adj. razonador, que raciocina.

ratiocinate (ræshia·sineit) adj. razonado.

ratiocinate (to) intr. raciocinar, razonar.

ratiocination (ræshiasine·shøn) s. raciocinación. 2 razonamiento, raciocinio.

ration (ræ·shøn) s. MIL. ración. 2 ración, cupo. — 3 adj. ~ book, ~ card, cartilla o tarjeta de racionamiento.

ration (to) tr. racionar. 2 poner a ración.

rational (ræ·shønal) adj. racional. 2 cuerdo, razonable. — 3 s. racional [ser ; ornamento].

rationale (ræshønæ·li) s. fundamento, razón. 2 exposición razonada.

rationalism (ræ·shønalism) s. racionalismo.

rationalist (ræ·shønalist) s. racionalista.

rationalistic(al (ræshønali·stic(al) adj. racionalista.

rationality (ræshønæ·liti) s. racionalidad. 2 calidad de razonable.

rationalization (ræshønalise·shøn) s. acción de hacer racional o explicable. 2 MAT. supresión de radicales. 3 COM., IND. racionalización.

rationalize (to) (ræ·shønalaiʒ) tr. hacer racional, buscar una explicación racional de. 2 MAT. hacer racional. 3 COM., IND. racionalizar.

rationally (ræ·shønali) adv. racionalmente.

rationalness (ræ·shønalnis) s. RATIONALITY.

rationing (ræ·shøning) s. racionamiento.

Ratisbon (ræ·tisban) n. pr. GEOGR. Ratisbona.

ratite (ræ·tait) adj. y s. ORNIT. corredora [ave].

ratlin(e (ræ·tlin), **ratling** (ræ·tling) s. MAR. flechaste. 2 cuerda para flechastes.

ratoon (ratu·n) s. AGR. serpollo. 2 retoño de caña de azúcar.

ratsbane (ræ·tsbein) s. arsénico.

rat's-tail adj. de cola de rata : ~ file, lima de cola de rata.

rattan (ræter·n) s. BOT. rota, roten, junco de Indias, junquillo, bejuco. 2 roten, junco [bastón].

ratted (ræ·tid) p. p. de TO RAT.

ratteen (rati·n) s. ratina.

ratter (ræ·tøʳ) s. cazador de ratas. 2 perro ratonero.

ratting (ræ·ting) ger. de TO RAT.

rattle (ræ·tøl) s. tableteo, matraqueo, ruido de golpes repetidos ; ruido de algo que rueda, es sacudido, etc. 2 fig. ruido, charla, parloteo. 3 estertor. 4 ZOOL. cascabel del crótalo ; ruido que hace. 5 sonajero. 6 matraca, carraca. 7 fig. parlanchín. 8 fig. persona frívola.

rattle (to) tr. hacer sonar como una matraca, sacudir, mover, hacer de prisa y con ruido. 2 decir, proferir rápidamente. | Gralte. con off. 3 desconcertar, agitar, aturrullar. 4 MAR. guarnecer de flechastes. — 5 intr. tabletear, matraquear, guachapear, repiquetear ; funcionar, moverse con ruido como de golpes repetidos. 6 rodar con ruido [un carruaje, etc.]. 7 temblar [la voz, los cristales]. 8 charlatanear, parlotear. 9 tener estertor. 10 to ~ away, ir hablando, parlotear ; alejarse [un carruaje, etc.] haciendo ruido.

rattlebox (ræ·tølbacs) s. sonajero. 2 fig. tarabilla, charlatán.

rattle-brained adj. RATTLE-HEADED.

rattled (ræ·tøld) adj. (fam.) desconcertado, turbado, aturrullado.

rattle-head s. hablador, parlanchín. 2 casquivano.

rattle-headed, rattle-pated adj. ligero de cascos, casquivano.

rattler (ræ·tløʳ) s. parlanchín, tarabilla. 2 (EE UU.) crótalo [serpiente]. 3 pop. algo muy bueno, sorprendente, rápido, etc.

rattle-skull s. RATTLE-HEAD.

rattlesnake (ræ·tølsneic) s. ZOOL. crótalo, serpiente de cascabel.

rattletrap (ræ·tøltræp) adj. destartalado, desvencijado. — 2 s. objeto desvencijado, carraca. 3 (pop.) parlanchín. 4 (pop.) la boca. 5 pl. retazos, chucherías.

rattling (ræ·tling) adj. ruidoso. 2 vivo, animado. 3 (pop.) muy bueno, rápido, etc.

raucity (ro·siti) s. ronquedad, bronquedad.

raucous (ro·cøs) adj. rauco, ronco, bronco.

ravage (ræ·vidʒ) s. estrago, destrozo, destrucción, ruina, asolamiento. 2 saqueo, pillaje.

ravage (to) tr. asolar, talar, arruinar, destruir, hacer estragos en. 2 saquear, pillar.

ravager (ræ·viʒøʳ) s. asolador, destructor. 2 saqueador, pillador.

rave (to) (reiv) intr. delirar, desvariar, disparatar. *2* declamar con violencia. *3* agitarse, enfurecerse. *4 to* ~ *after*, despepitarse por. *5 to* ~ *about* u *over*, deshacerse en elogios de, entusiasmarse con.

ravehook (rei·vjuc) *s*. MAR. descalcador.

ravel (ræ·vØl) *s*. RAVELING. *2* RAVELMENT.

ravel (to) *tr*. deshilar, destejer, deshacer. *2* desenredar, desenmarañar. | A veces con *off* u *out*. *3* poét. enredar, enmarañar. — *4 intr*. deshilarse, destorcerse, deshacerse. *5* desenredarse. *6* poét. enredarse. ¶ CONJUG. pret. y p. p.: *raveled* o *-elled;* ger.: *raveling* o *-elling*.

ravelin (ræ·vlin) *s*. FORT. revellín.

ravel(l)ing (ræ·vØling) *s*. hilacha, deshiladura.

ravelment (ræ·vØlmØnt) *s*. enredo, maraña.

raven (rei·vn) *s*. ORNIT. cuervo. — *2 adj*. negro y lustroso.

raven (to) *tr*. devorar. *2* apresar, rapiñar. — *3 intr*. comer vorazmente. *4* ir en busca de presa o botín.

ravening (ræ·vning) *s*. cuervo joven. *2* rapiña; rapacidad. — *3 adj*. rapaz. *4* voraz, devorador. *5* loco, rabioso.

ravenous (ræ·vnØs) *adj*. voraz. *2* hambriento, famélico. *3* rapaz.

ravenously (ræ·vnØsli) *adv*. vorazmente.

ravenousness (ræ·vnØsnis) *s*. rapacidad. *2* voracidad, glotonería.

ravin (ræ·vin) *s*. rapacidad. *2* rapiña. *3* presa, botín.

ravin (to) *tr*. TO RAVEN.

ravine (ravi·n) *s*. barranco, barranca, hondonada, quebrada; arroyada. *2* RAVIN.

raving (re·ving) *s*. delirio, desvarío. — *2 adj*. delirante, desvariado. *3* furioso, frenético: ~ *mad*, loco de atar.

ravingly (rei·vingli) *adv*. delirantemente.

ravioli (rævio·li) *s. pl*. ravioles.

ravish (to) (ræ·vish) *tr*. arrebatar, extasiar, entusiasmar, embelesar, encantar. *2* arrebatar, robar. *3* raptar, forzar, violar.

ravisher (ræ·vishØʳ) *s*. encantador, embelesador. *2* forzador, violador, estuprador.

ravishing (ræ·vishing) *adj*. arrebatador, embelesador, encantador.

ravishingly (ræ·vishingli) *adv*. de una manera encantadora.

ravishment (ræ·vishmØnt) *s*. éxtasis, transporte, embeleso, arrobamiento. *2* rapto; forzamiento, violación, estupro.

raw (ro) *adj*. crudo [sin cocer, sin preparar], en su estado natural, en bruto, en rama: ~ *cotton*, algodón en rama; ~ *material*, materia bruta o prima; ~ *silk*, seda cruda o en rama. *2* puro, sin diluir [aguardiente, etc.]. *3* sin pulir, sin acabar. *4* sin cultivo [tierra]. *5* tosco, sin refinamiento. *6* llagado, desollado, descarnado: ~ *flesh*, carne viva. *7* crudo, húmedo, frío [tiempo, viento]. *8* bisoño, novato, inexperto: ~ *hand*, tirón, novicio. *9* fam. injusto, severo: ~ *deal*, mala pasada. — *10 s*. carne viva, llaga, matadura; lo vivo. *11* persona inculta, animal sin desbravar; material en bruto. — *12 m*. adv. *in the* ~, en estado crudo o natural: al desnudo.

rawboned (ro·bound) *adj*. huesudo, esquelético, descarnado, demacrado.

rawhead (ro·jed) *s*. coco, espantajo.

rawhide (ro·jaid) *s*. cuero crudo, sin curtir. *2* látigo de cuero crudo. — *3 adj*. hecho de cuero crudo.

rawish (ro·ish) *adj*. algo crudo o inculto. *2* algo frío y húmedo [tiempo].

rawly (ro·li) *adv*. crudamente.

rawness (ro·nis) *s*. crudeza. *2* ignorancia, inexperiencia. *3* frío húmedo.

ray (rei) *s*. rayo [de luz, calor, etc.]: X *rays, Roentgen rays,* rayos X o de Roentgen. *2* luz [de la luna, de la razón, etc.]. *3* cada una de las líneas, etc., que parten de un mismo punto. *4* GEOM. radio. *5* BOT. lígula. *6* ICT. raya. — *7 adj*. de rayos: ~ *filter*, pantalla fotocrómica. *8* BOT. ~ *grass*, ballico.

ray (to) *tr*. irradiar. *2* marcar con líneas en disposición radiada. *3* exponer a una radiación. — *4 intr*. radiar, resplandecer. *5* extenderse en forma radiada.

Raymond (rei·mØnd) *n. pr*. Raymundo, Ramón.

rayon (rei·Øn) *s*. TEJ. rayón.

raze (to) (reiš) *tr*. arrasar, asolar, destruir. *2* rascar, rozar. *3* raspar, borrar. *4* afeitar.

razee (raši·) *s*. HIST. buque cuya altura se había rebajado quitándole puentes.

razee (to) *tr*. reducir, abreviar, cercenar. *2* HIST. rebajar la altura de un buque.

razor (rei·šØʳ) *s*. navaja de afeitar: *safety* ~, maquinilla de afeitar. *2* colmillo [de jabalí]. — *3 adj*. de navaja. para la navaja; ~ *blade*, hoja de navaja; hoja de afeitar; ~ *case*, navajero; ~ *strap*, ~ *strop*, suavizador [para la navaja]. *4* ZOOL. ~ *clam*, ~ *shell*, navaja [molusco].

razorback (rei·šØʳbæc) *s*. ZOOL. rorcual. *2* ZOOL. cerdo semisalvaje de la América del Norte. *3* sierra, cordillera.

razor-bill *s*. ORNIT. alca.

razz (ræš) *s*. (EE. UU.) burla, irrisión.

razz (to) *tr*. e *intr*. (EE. UU.) burlarse, mofarse [de].

razzia (ræ·šia) *s*. razzia.

razzle-dazzle (ræ·šØl-dæ·šØl) *s*. bullicio, confusión, aturdimiento, borrachera. *2* especie de tiovivo.

razzle-dazzle (to) *tr*. emborrachar, embriagar. *2* aturdir; deslumbrar.

're *contr*. fam. de ARE (pres. de TO BE).

re (rei) *s*. MÚS. re. — *2 prep*. COM., DER. acerca de, referente a.

reabsorb (to) (riæbso·ʳb) *tr*. reabsorber.

reabsorption (riæbsoʳ·pshØn) *s*. reabsorción.

reaccess (riæ·csis) *s*. MED. recidiva.

reach (rich) *s*. acción de alargar o extender [la mano, etc.] para coger o alcanzar. *2* alcance [distancia: capacidad de obtener, hacer, influir, etc.]; poder, posibilidad: *that is not within my* ~, esto no está a mi alcance, no está en mis manos; *out of* ~, fuera de alcance. *3* distancia, extensión. *4* tramo, sección. *5* extensión de tierra o agua; porción de un río entre dos recodos; porción de mar que se adentra en la tierra. *6* punta, promontorio. *7* viga [de coche]. *8* MAR. bordada.

reach (to) *tr*. alargar, extender, tender: *to* ~ *out one's hand*, alargar o tender la mano. *2* tocar, llegar a o hasta, alcanzar: *to* ~ *home*, llegar a casa; *to* ~ *the heart*, llegar al alma, tocar el corazón. *3* llegar a las manos, a oídos, noticia, etc., de. *4* alargar, dar. *5* largar, atizar [un golpe, etc.]. *6* mover, influir sobre. *7* alcanzar, obtener. *8* comprender. — *9 intr*. alargar el brazo, la mano, etc. [para tocar, alcanzar, etc.]. *10* extenderse, llegar, alcanzar [a o hasta]. *11* esforzarse: *to* ~ *after* o *for*, hacer esfuerzos para alcanzar. *12* MAR. ceñir el viento. *13 to* ~ *into*, meter la mano en, penetrar en.

reach-me-down (rich-mi-daun) *adj*. hecho [ropa]; de lance; de segunda mano.

reachable (rrchabØl) *adj*. asequible.

react (to) (riæ·ct) *intr*. reaccionar.

re-act (to) (ri·æ·ct) *tr*. volver a representar [una obra, una escena, etc.].

reactance (riæ·ctans) *s*. ELECT. reactancia.

reaction (riæ·cshØn) *s*. reacción.

reactionary (riæ·cshØneri) *adj*. y *s*. reaccionario.

reactionism (riæ·cshØnišm) *s*. reaccionarismo.

reactionist (riæ·cshØnist) *s*. reaccionario.

reactivate (to) (riæ·ctiveit) *tr*. reactivar.

reactive (riæ·ctiv) *adj*. reactivo.

reactivity (riæcti·viti) *s*. reactividad.

reactor (riæ·ctØʳ) *s*. FÍS., ELECT. reactor. *2* QUÍM. reactivo.

1) **read** (rid) *s*. lectura, tiempo que se pasa leyendo.

2) **read** (red) pret. y *p. p*. de TO READ. — *2 adj*. leído, instruido, versado: *well-read man*, hombre culto, erudito.

read (to) (rid) *tr*. leer. *2* interpretar: *it may be read several ways*, puede interpretarse de varios modos. *3* descifrar [señales, indicios, etc.]. *4* descubrir, hallar [un sentido, una idea, etc.] en lo que se lee. *5* aprender, estudiar. *6* indicar, registrar [díc. de un termómetro, un contador, etc.]. *7* IMPR. corregir [pruebas]. *8* poner en cierto estado leyendo: *to* ~ *one to sleep*, adormecer leyendo; *to* ~ *himself hoarse*, ponerse ronco leyendo. *9 to* ~ *one a lecture, a lesson*, reprender vivamente, echar una peluca. *10 to* ~ *out of*, expulsar de [una asociación, etc.]. *11 to* ~ *over*, recorrer, repasar [un escrito]. *12 to* ~ *through*, leer de cabo a rabo. — *13 intr*. leer: *to* ~ *between the lines*, leer entre líneas; *to* ~ *of* o *about*, leer acerca de, leer que; enterarse de [por la lectura]; *to* ~ *through one*, leerle a uno el pensamiento, adivinar sus intenciones. *14* estudiar, prepararse estudiando : *to* ~ *for the bar*, prepararse para el foro. *15* decir, rezar [un escrito o impreso] : *the passage reads thus*, el pasaje dice o reza así. *16* dar conferencias. *17* sonar, parecer [bien o mal] lo que se lee. *18* leerse [con gusto, con facilidad, etc.] : *it reads easily*, se lee con facilidad. ¶ CONJUG. pret. y p. p. : *read* (red).

readability (rıdabiˈliti) *s.* calidad de legible. *2* interés, amenidad [de un libro, etc.].

readable (rıˈdabøl) *adj.* legible, leíble. *2* ameno, interesante, entretenido [libro, etc.].

readableness (rrˈdabølnis) *s.* READABILITY.

reader (rrˈdøʳ) *s.* lector [que lee]. *2* recitador. *3* lector, profesor, conferenciante. *4* IMPR. corrector de pruebas. *5* libro de lectura.

readership (rrˈdøˈship) *s.* lectoría.

readily (reˈdili) *adv.* prontamente. *2* fácilmente, sin esfuerzo. *3* con placer, de buena gana.

readiness (reˈdinis) *s.* prontitud, expedición, facilidad, desembarazo : ~ *of speech*, facilidad de palabra ; ~ *of wit*, viveza de ingenio. *2* disposición, buena voluntad. *3 to be in* ~, estar listo, preparado.

reading (rıˈding) *s.* lectura, lección. *2* apertura [de un testamento]. *3* conferencia, disertación. *4* estudio. *5* interpretación [de un texto ; de un papel teatral, etc.]. *6* solución [de un enigma]. *7* estudio de los libros, educación literaria. *8* indicación [de un termómetro, un contador, etc.]. *9* leyenda [materia escrita]. *10* variante, versión. *11* cada una de las fases de la discusión de un proyecto de ley en el parlamento. — *12 adj.* de lectura : ~ *book*, libro de lectura ; ~ *desk*, atril, facistol ; ~ *glass*, lente para leer, vidrio de aumento, lupa ; ~ *glasses*, lentes o anteojos ; ~ *lamp*, lámpara de sobremesa ; ~ *room*, sala o gabinete de lectura.

readjust (to) (rıˌædjøˈst) *tr.* ajustar de nuevo ; readaptar. *2* IMPR. recorrer.

readjustment (rıadjøˈstmønt) *s.* reajuste ; readaptación. *2* IMPR. recorrido.

readmission (rıadmiˈshøn) *s.* readmisión.

readmit (to) (rıadmiˈt) *tr.* readmitir.

readmittance (rıadmiˈtans) *s.* READMISSION.

ready (reˈdi) *adj.* preparado, pronto, listo, dispuesto, aparejado : *to make* ~, preparar, disponer, aparejar, aprestar ; IMPR. imponer ; prepararse, disponerse, aprestarse. *2* dispuesto, inclinado, gustoso. *3* que está a punto de. *4* pronto, vivo, ágil, diestro, experto. *5* fácil : ~ *method*, método fácil. *6* pronto [que se hace en el acto] : ~ *payment*, pronto pago, pago inmediato ; ~ *retort*, réplica pronta. *7* a la mano, al alcance, utilizable, disponible ; contante, efectivo : ~ *money* o *cash*, dinero contante ; fondos disponibles. *8* ~ *reckoner*, baremo, libro de cálculos hechos. — *9 s.* pop. dinero contante, efectivo.

ready (to) *tr.* preparar, apercibir, aparejar, aprestar.

ready-made *adj.* ya hecho, confeccionado : ~ *clothes*, o *clothing*, ropa hecha.

ready-mixed *adj.* ya preparado [pintura, etc.].

ready-witted *adj.* de ingenio vivo, pronto.

reaffirm (to) (rıaføˈm) *tr.* reafirmar, reiterar.

reafforest (to) (rıafoˈrøst) *tr.* repoblar de árboles.

reafforestation (rıaforøsteˈshøn) *s.* repoblación forestal.

reagency (rieiˈʸønsi) *s.* acción reactiva.

reagent (rieiˈʸønt) *s.* QUÍM. reactivo.

real (rıˈal) *adj.* real, verdadero, efectivo, positivo, auténtico, genuino. *2* hecho a mano [encaje]. *3* sincero. *4* DER., FÍS. real : ~ *image*, imagen real. *5* DER. inmueble, raíz : ~ *property*, o ~ *estate*, bienes raíces ; fincas. — *6 s.* real [moneda española]. *7 the* ~, lo real, la realidad.

real-estate *adj.* inmobiliario ; de fincas : ~ *broker*, corredor de fincas.

realgar (rıæˈlgaʳ) *s.* rejalgar.

realism (rıˈalism) *s.* FIL., B. ART. realismo. *2* realismo, espíritu práctico, positivismo.

realist (rrˈalist) *s.* FIL., B. ART. realista. *2* hombre práctico, realista.

realistic (rıaliˈstic) *adj.* FIL., B. ART. realista. *2* práctico, realista.

reality (rıæˈliti) *pl.* -ties (-tiš) *s.* realidad : *in* ~, en realidad, de hecho.

realizable (rrˈalaišaˈbøl) *adj.* realizable. *2* comprensible, perceptible.

realization (rıaliˈšeˈshøn) *s.* realización. *2* comprensión, acción de comprender o darse cuenta.

realize (to) (rrˈalaiš) *tr.* comprender, ver, percibir claramente, darsé cuenta de, hacerse cargo de, sentir en toda su fuerza. *2* realizar, efectuar, llevar a cabo. *3* dar vida a, presentar como real. *4* realizar [vender, convertir en dinero]. *5* realizar [beneficios] ; alcanzar, obtener [un precio].

really (rrˈali) *adv.* realmente, verdaderamente, de veras.

realm (relm) *s.* reino. *2* campo, dominio, región.

realtor (rrˈaltøʳ) *s.* (EE. UU.) corredor de fincas [esp. el colegiado].

realty (rrˈalti) *s.* DER. bienes raíces.

ream (rim) *s.* resma. *2* gran cantidad.

ream (to) *tr.* MEC. escariar. *2* MEC. avellanar.

reamer (rrˈmøʳ) *s.* escariador. *2* avellanador.

reanimate (to) (rıæˈnimeit) *tr.* reanimar. — *2 intr.* reanimarse.

reap (to) (rıp) *tr.* segar, guadañar. *2* recoger, cosechar. *3* sacar, obtener [fruto, provecho, etc.]. — *4 intr.* cosechar, hacer la cosecha ; recibir uno el pago o fruto de sus acciones, etc.

reaper (rrˈpøʳ) *s.* segador. *2* segadora mecánica. *3* fig. *the Reaper*, la Muerte.

reaping (rrˈping) *s.* siega, cosecha. — *2 adj.* de siega, para segar : ~ *hook*, hoz ; ~ *machine*, segadora mecánica.

reappear (to) (rıapiˈʳ) *intr.* reaparecer.

reappearance (rıapiˈrans) *s.* reaparición.

reappoint (to) (rıapointˈ) *tr.* volver a nombrar o designar. *2* volver a fijar o señalar.

reappraise (to) (rıapreiˈš) *tr.* retasar.

reappraisement (rıapreiˈšmønt) *s.* retasa.

rear (rrˈøʳ) *adj.* trasero, zaguero, de atrás, de cola ; último, posterior ; ~ *admiral*, contralmirante ; ~ *axle*, eje trasero ; ~ *drive*, AUTO. tracción posterior ; ~ *guard*, MIL. retaguardia ; FERROC. guardafrenos de cola ; ~ *sight*, alza [de fusil, etc.] ; ~ *wheel*, rueda trasera. — *2 s.* trasera, zaga, espalda, parte de atrás ; fondo [de una sala, etc.] ; cola [de una fila] : *in the* ~, detrás, atrás, a la espalda ; *at a* cola ; *to bring up the* ~, cerrar la marcha. *3* MIL. retaguardia.

rear (to) *tr.* levantar, poner derecho, erguir. *2* levantar, elevar. *3* erigir. *4* criar, cultivar ; educar. *5* levantar [la voz, un griterío, un ejército]. — *6 intr.* empinarse, enarmonarse, encabritarse.

rearm (to) (rıaˈm) *tr.* MIL. rearmar. — *2 intr.* rearmarse.

rearmament (rıaˈmamønt), **rearming** (rıaˈming) *s.* rearme.

rearmost (rrˈøˈmoust) *adj.* último, postrimero, de más atrás.

rearrange (to) (rıareiˈnŷ) *tr.* volver a arreglar, disponer en un nuevo orden ; refundir.

rear-view mirror, rear-vision mirror *s* AUTO. retrovisor, espejo de retrovisión.

rearward (rrˈøˈuøˈd) *adj.* posterior, último. — *2 adv.* hacia atrás, hacia la cola. — *3 s.* retaguardia.

reascend (to) (rıaseˈnd) *tr. e intr.* subir o ascender de nuevo.

reason (rrˈšøn) *s.* razón, entendimiento. *2* razón [explicación, argumento, fundamento, causa, motivo] : ~ *of state*, razón de estado ; ~ *why*, el porqué ; *by* ~ *of*, por causa de. *3* razón, justicia ; cordura, buen sentido, moderación : *to bring to* ~, hacer entrar en razón ; *to listen to* ~, atender a razones, dejarse convencer ; *it stands to* ~, es razonable, es justo, es lógico ; *as* ~ *was*, como era de razón, de sentido común ; *in* ~, de razón ; *in* justicia, razonablemente. *4* razón, cuenta. *5* LÓG. premisa.

reason (to) *intr.* razonar, raciocinar, discurrir. *2* razonar [con uno]. — *3 tr.* discutir, debatir. *4* buscar [la razón, el porqué]. *5* inferir, concluir. *6* razonar, justificar. *7* persuadir, disuadir con razones. *8* discurrir o formular [un plan, etc.].

reasonable (rrˈšønabøl) *adj.* racional [ser]. *2* razonable. *3* prudencial. *4* módico, de precio módico.

reasonableness (rrˈšønabølnis) *s.* racionalidad. *2* calidad de razonable.

reasonably (rrˈšønabli) *adv.* razonablemente. *2* bastante, pasablemente.

reasoner (rrˈšønøʳ) *s.* razonador. *2* discutidor.

reasoning (rrˈšøning) *s.* razonamiento. — *2 adj.* razonador.

reasonless (rrˈšønlis) *adj.* irracional [privado de razón]. *2* sin razón o motivo. *3* desrazonable.

reassemble (to) (rīæsø·mbøl) *tr.* reunir, juntar, congregar de nuevo. 2 armar o montar de nuevo.

reassert (to) (rīæsø·t) *tr.* reafirmar; hacer valer de nuevo.

reassign (to) (rīæsai·n) *tr.* volver a asignar, destinar o repartir.

reassume (to) (rīæsiu·m) *tr.* reasumir [volver a tomar]. 2 volver a adoptar [una actitud, etc.]; a ocupar [un sitio]. 3 reanudar.

reassumption (rīæsømpshøn) *s.* reasunción.

reassurance (rīæshu·rans) *s.* confianza restablecida. 2 certeza, seguridad renovada, afirmación repetida. 3 COM. reaseguro.

reassure (to) (rīæshu·ø') *tr.* tranquilizar, devolver la confianza a; asegurar de nuevo. 2 COM. reasegurar.

reassuring (rīæshu·ring) *adj.* tranquilizador.

Reaumur (romiu·') *s.* termómetro o escala de Reaumur.

rebaptize (to) (rībæ·ptaiš) *tr.* rebautizar.

rebate (rībei·t) *s.* disminución, deducción, rebaja, descuento. 2 ARQ., CARP. rebajo, ranura. 3 CARP. guillame.

rebate (to) *tr.* disminuir, reducir, deducir, rebajar, descontar. 2 ant. embotar. 3 ARQ., CARP. hacer un rebajo o ranura en. — *4 intr.* hacer una rebaja.

rebatement (rībei·tmønt) *s.* rebaja, descuento.

rebeck (rī·bec) *s.* MÚS. rabel.

Rebecca, Rebekah (ribe·ca) *n. pr.* Rebeca.

rebel (re·bel) *adj.* y *s.* rebelde; insurgente.

rebel (to) (ribe·l) *intr.* rebelarse, sublevarse. ¶ CONJUG. pret. y p. p.: *rebelled;* ger.: *rebelling.*

rebellion (ribe·liøn) *s.* rebelión, sublevación.

rebellious (ribe·liøs) *adj.* rebelde. 2 insubordinado.

rebelliously (ribe·liøsli) *adv.* rebeldemente.

rebelliousness (ribe·liøsnis) *s.* rebeldía, insubordinación.

rebind (rī·baind) *s.* libro reencuadernado.

rebind (to) (rībai·nd) *tr.* reencuadernar. 2 volver a atar, a vendar. 3 COST. ribetear de nuevo. ¶ CONJUG. pret. y p. p.: *rebound.*

rebirth (rībø·'z) *s.* renacimiento, nuevo nacimiento.

reblossom (to) (rībla·søm) *intr.* reflorecer.

rebound (rībau·nd) *s.* rebote, resalto, resurtida, rechazo. 2 repercusión, eco, lo que se reproduce como un eco. 3 salto, bote. 4 TEJ. retroceso [de la lanzadera]. — *5 pret.* y *p. p.* de TO REBIND.

rebound (to) *intr.* rebotar, resaltar, resurtir. 2 resonar, repercutirse como un eco. 3 repercutir. 4 volver a adquirir actualidad o interés. 5 saltar [dar salto]. — *6 tr.* devolver, rechazar, reflejar.

rebounding (rībau·nding) *s.* rebote, rechazo. — *2 adj.* que rebota.

rebroadcast (rībro·dcæst) *s.* RADIO. retransmisión.

rebroadcast (to) *tr.* RADIO. retransmitir.

rebuff (ribø·f) *s.* sofión, repulsa, negativa, desaire.

rebuff (to) *tr.* dar un sofión a, desairar, repulsar, rechazar bruscamente.

rebuild (to) (rībi·ld) *tr.* reedificar, reinstaurar. ¶ CONJUG. pret. y p. p.: *rebuilt.*

rebuke (ribiu·k) *s.* reproche, censura, increpación, reprimenda, repulsa: *without ~,* intachable, irreprochable.

rebuke (to) *tr.* increpar, reprender, reñir, censurar. 2 ser un reproche para.

rebukingly (ribiu·kingli) *adv.* con increpación o reproche.

rebus (rī·bøs) *s.* jeroglífico.

rebut (to) (ribø·t) *tr.* contradecir, refutar, rebatir. 2 rechazar, repeler. ¶ CONJUG. pret. y p. p.: *rebutted;* ger.: *rebutting.*

rebuttal (ribø·tal) *s.* refutación.

rebutter (ribø·tø') *s.* DER. dúplica; el que la formula. 2 contradictor, refutador.

recalcitrance (ricæ·lsitrans) *s.* condición de recalcitrante.

recalcitrant (ricæ·lsitrant) *adj.* recalcitrante, obstinado, rebelde.

recalcitrate (to) (ricæ·lsitreit) *intr.* recalcitrar.

recalescence (rīcale·søns) *s.* METAL. recalescencia.

recall (rico·l) *s.* llamada [para hacer volver]. 2 retirada [de un embajador]. 3 recordación. 4 anulación, revocación: *beyond ~,* irrevocable. 5 MIL. llamada [a la tropa]. 6 POL. (EE. UU.) derecho de hacer cesar a uno en su cargo o mandato por votación popular.

recall (to) *tr.* llamar, hacer volver. 2 retirar [un embajador, unas palabras, etc.]. 3 hacer volver [a la vida]. 4 hacer revivir, resucitar. 5 recordar,

rememorar, acordarse de. 6 anular, revocar. 7 deponer, destituir.

recant (to) (ricæ·nt) *tr.* retractar, desdecirse de, abjurar. — *2 intr.* retractarse, desdecirse, cantar la palinodia.

recantation (ricænte·shøn) *s.* retractación, recantación, palinodia.

recanter (ricæ·ntø') *s.* el que se retracta.

recap (to) (ricæ·p) *tr.* recauchutar [neumáticos]. ¶ CONJUG. pret. y p. p.: *recapped;* ger.: *recapping.*

recapitulate (to) (rīcapi·chøleit) *tr.* e *intr.* recapitular, resumir.

recapitulation (rīcapichøle·shøn) *s.* recapitulación, resumen.

recapitulatory (rīcapi·chølatori) *adj.* de recapitulación.

recapping (ricæ·ping) *s.* AUTO. recauchutado, revestimiento de neumáticos.

recapture (ricæ·pchø') *s.* represa [de lo apresado].

recapture (to) *tr.* represar [recobrar lo apresado].

recast (to) (ricæ·st) *tr.* echar, lanzar de nuevo. 2 refundir. 3 reformar, rehacer. 4 calcular de nuevo. 5 TEAT. dar un nuevo reparto [a una obra]. ¶ CONJUG. pret. y p. p.: *recast.*

1) **recede (to)** (risī·d) *intr.* retroceder, recular, cejar. 2 retirarse, alejarse; inclinarse o desviarse hacia atrás. 3 desistir, desdecirse, volverse atrás.

2) **recede (to)** (risī·d) *tr.* ceder de nuevo, devolver a su anterior posesor.

receipt (risī·t) *s.* receta, fórmula. 2 recepción, recibo: *to acknowledge ~,* acusar recibo; *we are in ~ of your kind letter,* obra en nuestro poder su grata; *on ~ of,* al recibo de. 3 cobranza. 4 recibo, quitanza, carta de pago, recibí : *~ in full,* recibo por saldo de cuentas, finiquito. 5 *pl.* ingresos, entradas.

receipt (to) *tr.* poner el recibí en.

receivable (risī·vabøl) *adj.* recibidero, admisible. 2 cobradero; por cobrar : *bills ~,* cuentas por cobrar.

receive (to) (risī·v) *tr.* recibir : *received payment,* recibí. 2 tomar, aceptar, admitir. 3 acoger. 4 contener, tener cabida para. 5 percibir, cobrar. 6 comprar, receptar [géneros robados]. 7 TENIS volear la pelota.

receiver (risī·vø') *s.* receptor, recibidor. 2 DER. depositario, síndico, liquidador, administrador judicial. 3 cobrador, tesorero. 4 receptador [de géneros robados]. 5 ELECT., RADIO. receptor. 6 TELÉF. auricular. 7 receptáculo, recipiente [de ciertos aparatos]. 8 campana [de máquina neumática].

receivership (risī·vø'hip) *s.* DER. cargo de síndico o administrador judicial.

receiving (risī·ving) *s.* recepción. 2 cobranza. — *3 adj.* receptor, que recibe : *~ set,* RADIO receptor, aparato receptor; *~ station,* RADIO estación receptora; *~ teller,* cobrador [en la caja de un banco].

recency (rī·sensi) *s.* condición de reciente; novedad.

recense (to) (rise·ns) *tr.* revisar [un texto].

recension (rise·nshøn) *s.* revisión crítica. 2 texto revisado.

recent (rī·sent) *adj.* reciente. 2 moderno, nuevo.

recently (rī·sentli) *adv.* recientemente, recién.

recentness (rī·sentnis) *s.* RECENCY.

receptacle (rise·ptakøl) *s.* receptáculo, recipiente. 2 BOT. receptáculo. 3 ELECT. parte fija de un enchufe.

receptibility (riseptibi·liti) *s.* receptividad.

receptible (rise·ptibøl) *adj.* capaz de ser recibido. 2 receptivo.

reception (rise·pshøn) *s.* recepción. 2 admisión, aceptación; ingreso : *~ order,* orden autorizando el ingreso de un alienado en un manicomio. 3 recibimiento, acogida. — *4 adj.* de recepción, de recibo : *~ day,* día de recibo; *~ hall,* vestíbulo, recibimiento; *~ room,* sala o pieza de recibo.

receptionist (rise·pshønist) *s.* persona [gralte. una mujer] que atiende a las visitas en una oficina o despacho.

receptive (rise·ptiv) *adj.* receptivo.

receptiveness (rise·ptivnis), **receptivity** (risepti·viti) *s.* receptividad.

receptor (rise·ptø') *s.* DER. receptador, encubridor. 2 TELÉF. auricular. 3 RADIOTELEG. receptor.

recess (rise·s) *s.* hueco, entrada, depresión, nicho, alcoba. 2 suspensión, descanso. 3 vacación [esp. del Parlamento] ; recreo [escolar]. 4 retiro, lu-

gar apartado o recóndito : *in the inmost recesses of*, en lo más recóndito de.
recess (to) *tr.* retirar, poner en un hueco, nicho, etc. 2 hacer un hueco o entrada en. — *3 intr.* (EE. UU.) tomarse una vacación, un descanso.
recession (rise·shøn) *s.* retroceso, retirada. 2 parte que hace hueco o entrada. 3 procesión del clero que vuelve a la sacristía. 4 DER. retrocesión.
recessive (rise·siv) *adj.* que tiende a retroceder.
recharge (ri·cha·ỹ) *s.* recarga [acción de cargar de nuevo]. 2 carga de recambio. 3 nuevo cargo o acusación.
recharge (to) *tr.* recargar [cargar de nuevo]. 2 hacer nuevo cargo o acusación.
recheat (rich·t) *s.* MONT. toque de trompa para llamar a los perros.
recherché (røshershei·) *adj.* buscado, solicitado. 2 primoroso, excelente, refinado, atildado. 3 rebuscado, forzado.
recidivism (risi·divišm) *s.* reincidencia [en el delito].
recidivist (risi·divist) *s.* delincuente reincidente.
recipe (re·sipi) *s.* récipe, receta.
recipient (risi·piønt) *adj. y s.* receptor, recibidor.
reciprocal (risi·procal) *adj.* recíproco, mutuo. 2 GRAM. recíproco. 3 intercambiable, permutable. 4 que está en relación inversa. 5 alternativo, de vaivén. — *6* MAT. lo recíproco o inverso. 7 MAT. cociente de la unidad dividida por un número.
reciprocally (risi·procali) *adv.* recíprocamente. 2 mutuamente.
reciprocalness (risi·procalnis) *s.* reciprocidad. 2 mutua correspondencia.
reciprocate (to) (risi·prokeit) *tr.* reciprocar. 2 cambiar [dar o recibir recíprocamente]. 3 corresponder a, pagar [un afecto, un favor, etc.]. 4 MEC. dar movimiento alternativo o de vaivén a. — *5 intr.* ser recíproco o correspondiente. 6 corresponder a un cumplido, etc.; estar a la recíproca. 7 MEC. oscilar, tener movimiento alternativo o de vaivén.
reciprocating (risi·prokeiting) *adj.* MEC. alternativo, de vaivén; de movimiento alternativo : ~ *engine*, máquina de émbolo o de pistón.
reciprocation (risiprokei·shøn) *s.* reciprocación, reciprocidad. 2 intercambio; correspondencia, pago [de afecto, favores, etc.] 3 correspondencia, equivalencia. 4 MEC. movimiento alternativo o de vaivén.
reciprocity (risipra·siti) *s.* reciprocidad.
recision (risi·ỹøn) *s.* rescisión.
recital (risai·tal) *s.* relación, narración; enumeración. 2 recitación. 3 MÚS. recital.
recitation (resite·shøn) *s.* recitación, declamación. 2 acción de dar la lección; clase. 3 enumeración.
recitative (re·sitei·tiv o risai·tativ) *adj.* recitativo. — *2 s.* (resitati·v) MÚS. recitado.
recite (risai·t) *tr.* recitar. 2 declamar. — *3 tr.* dar o decir [la lección]. 4 referir, relatar, narrar, contar.
reciter (risai·tø') *s.* recitador. 2 narrador. 3 libro de fragmentos para recitar.
reck (rec) *tr.* preocuparse por, hacer caso de, tener en cuenta — *2 intr.* preocuparse. 3 poét. importar.
reckless (re·klis) *adj.* descuidado, indiferente; que no hace caso. 2 atrevido, temerario, precipitado, atolondrado, inconsiderado. 3 pródigo, derrochador.
recklessness (re·klesnis) *s.* indiferencia [al peligro, las consecuencias, etc.]. 2 atrevimiento, temeridad, imprudencia, precipitación, atolondramiento.
reckon (to) (re·cøn) *tr.* contar, computar, calcular. 2 considerar [como]; tener, reputar [por]; contar [entre]. 3 calcular, suponer, creer. — *4 intr.* to ~ *on* o *with*, contar con, tener en cuenta. 5 *to* ~ *without one's host*, no contar con la huéspeda; echar la cuenta sin la huéspeda. — *6 tr. e intr. to* ~ *up*, sumar.
reckoner (re·cønø') *s.* contador, calculador. 2 *ready* ~, baremo, libro de cálculos hechos.
reckoning (re·cøning) *s.* cuenta, cómputo, cálculo, suputación. 2 cuenta [de una posada]. 3 cuenta [que se da de la conducta]; ajuste de cuentas: *day of* ~, día de ajuste de cuentas; día del juicio final. 4 MAR. cálculo de la situación del buque; situación que da : *dead* ~, estima, punto de estima. 5 fig. *to be out of one's*

~, engañarse en sus cálculos o razonamientos.
reclaim (to) (riclei·m) *tr.* amansar, domesticar, civilizar. 2 poner en cultivo, hacer labrantío o utilizable [un terreno]; ganar [terreno] al mar. 3 salvar, poner a flote. 4 reformar, regenerar, redimir, corregir [a una pers.]. 5 volver a hacer útil, regenerar [una materia] : *reclaimed rubber*, caucho regenerado. 6 DER. reclamar, reivindicar.
reclaimable (riclei·mabøl) *adj.* amansable; civilizable. 2 salvable. 3 mejorable, que puede ponerse en cultivo. 4 regenerable.
reclamation (reclame·shøn) *s.* domesticación, civilización. 2 reformación, regeneración, enmienda [de una pers.]. 3 regeneración [de una materia]. 4 puesta en cultivo, desecación, etc. [de eriales, pantanos, etc.]. 5 DER. reclamación.
reclinate (re·clineit) *adj.* BOT. doblado o inclinado hacia abajo.
reclination (recline·shøn) *s.* reclinación.
recline (to) (riclai·n) *tr.* reclinar, recostar. — *2 intr.* reclinarse, recostarse; estar reclinado o recostado.
reclined (riclai·nd) *adj.* reclinado, recostado.
recluse (riclius) *adj.* retirado, solitario, encerrado. — 2 *s.* pers. que vive en el encierro, retirada del mundo; monje, eremita.
recluseness (riclius·nis), **reclusion** (riclu·sỹøn) *s.* reclusión, encierro; retiro, aislamiento, soledad, recogimiento.
reclusive (riclu·siv) *adj.* de retiro o aislamiento.
recognition (recøgni·shøn) *s.* reconocimiento. | No tiene el sentido de examen, registro. 2 agradecimiento. 3 atención, especial, caso [que se hace de uno], saludo amistoso.
recoznizable (recøgni·šabøl) *adj.* que puede ser reconocido.
recognizance (rica·gnišans) *s.* DER. promesa que se hace ante un tribunal o juez de realizar un acto determinado; suma que se consigna en garantía de su cumplimiento.
recognize (to) (re·cøgnaiš) *tr.* reconocer. | No tiene el sentido de examinar o registrar. 2 agradecer. 3 aceptar entre los suyos, conceder el saludo a.
recoil (ricoi·l) *s.* retroceso, reculada, reacción. 2 rebote, rechazo. 3 coz, culatazo [de un arma de fuego]. 4 movimiento de repugnancia, temor. horror, etc.
recoil (to) *intr.* retroceder, recular, cejar, retirarse. 2 dar coz o culatazo, *patear [un arma]. 3 sobrecogerse, retroceder [con repugnancia, temor, horror, etc.].
recoin (to) (ricoi·n) *tr.* resellar, acuñar de nuevo.
recoignage (ricoi·nidỹ) *s.* resello, nueva acuñación.
Recollect (re·cølect) *adj. y s.* ECLES. recoleto.
recollect (to) (recøle·ct) *tr. e intr.* recordar, acordarse.
re-collect, recollect (to) (rıcøle·ct) *tr.* volver a reunir o juntar, recoger, reunir. 2 recobrar. 3 *to* ~ *oneself*, reponerse, serenarse; pensarlo mejor. — *4 intr.* juntarse de nuevo, reunirse.
recollection (recøle·cshøn) *s.* recuerdo, memoria, recordación, reminiscencia. 2 recolección, recogimiento [espiritual].
Recollet (re·cøle·t) *adj. y s.* ECLES. recoleto.
recommence (to) (rıcøme·ns) *tr. e intr.* comenzar de nuevo.
recommencement (rıcøme·nsmønt) *s.* acción de comenzar de nuevo.
recommend (to) (recøme·nd) *tr.* recomendar. 2 alabar. 3 hacer aceptable, estimable. 4 encomendar [en las oraciones]. 5 aconsejar [como útil, etc.].
recommendable (recøme·nd&bøl) *adj.* recomendable. 2 aconsejable.
recommendation (recømende·shøn) *s.* recomendación. 2 consejo.
recommendatory (recøme·ndatori) *adj.* recomendatorio.
recommender (recøme·ndø') *s.* recomendante.
recommit (to) (rıcømi·t) *tr.* volver a cometer. 2 volver a enviar [un proyecto de ley] a una comisión. 3 volver a decretar la prisión de. 4 volver a confiar, a entregar. 5 volver a comprometer. ¶ CONJUG. pret. y p. p.: *recommitted*; ger.: *recommitting*.
recommitment (rıcømi·tmønt), **recommittal** (rıcømi·tal) *s.* nuevo envío [de un proyecto] a una comisión. 2 nuevo encarcelamiento. 3 nuevo compromiso.

recompense (re·cǿmpens) *s.* recompensa, premio, pago, retribución. 2 compensación, indemnización.

recompense (to) *tr.* recompensar, premiar, pagar, retribuir. 2 compensar, indemnizar, resarcir.

recompose (to) (rɪcǿmpou s) *tr.* tranquilizar, serenar de nuevo. 2 recomponer, rehacer.

recomposition (rɪcǿmposi·shǿn) *s.* recomposición.

reconcilable (re·cǿnsailabǿl) *adj.* reconciliable. 2 conciliable, compatible.

reconcile (to) (re·cǿnsail) *tr.* reconciliar : *to become reconciled*, reconciliarse [dos o más pers.]. 2 conciliar, compaginar, hacer compatible. 3 ajustar, arreglar [diferencias]. 4 hacer que [uno] se conforme o resigne : *to ~ oneself to*, conformarse con, resignarse a.

reconcilement (re·cǿnsailmǿnt) *s.* RECONCILIATION.

reconciler (recǿnsai·lǿ') *s.* reconciliador. 2 conciliador.

reconciliation (recǿnsilie·shǿn) *s.* reconciliación. 2 conciliación, compaginación.

reconciliatory (recǿnsi·liatori) *adj.* reconciliador.

recondite (re·cǿndait) *adj.* recóndito, secreto, oculto. 2 abstruso, profundo.

reconditeness (re·cǿndaitnis) *s.* reconditez.

recondition (to) (rɪcǿndi·shǿn) *tr.* reacondicionar, reajustar, reconstruir, renovar. 2 reeducar.

reconduct (to) (rɪcǿndǿ·ct) *tr.* volver a conducir o acompañar.

reconnaissance (rɪca·nisans) *s.* GEOL., TOPOGR. reconocimiento, exploración [de un terreno]. 2 MIL. reconocimiento.

reconnoitre (to) (recǿnoi·tǿ') *tr.* MIL., TOP. reconocer, explorar. — 2 *intr.* MIL., TOP. hacer un reconocimiento; batir el campo.

reconquer (to) (rɪca·nkǿ') *tr.* reconquistar.

reconquest (rɪca·ncuest) *s.* reconquista.

reconsider (to) (rɪcǿnsi·dǿ') *tr.* repensar. 2 volver a estudiar, a discutir.

reconsideration (rɪcǿnsidǿre·shǿn) *s.* nueva reflexión, estudio o discusión.

reconstitute (to) (rɪca·nstitiut) *tr.* reconstituir, rehacer.

reconstitution (rɪcǿnstitiu·shǿn) *s.* reconstitución.

reconstruct (to) (rɪcǿnstrǿ·ct) *tr.* reconstruir, reedificar; reconstituir.

reconstruction (rɪcǿnstrǿ·cshǿn) *s.* reconstrucción, reedificación, restablecimiento. 2 POL. (EE. UU.) reconstitución de los Estados segregados en 1867.

reconvene (to) *tr.* convocar, juntar o reunir de nuevo. — 2 *intr.* juntarse, reunirse de nuevo.

reconvention (rɪcǿnve·nshǿn) *s.* DER. reconvención.

reconvey (to) (rɪcǿnvei·) *tr.* devolver al punto de partida. 2 traspasar [a un propietario anterior].

record (rɪ·co'd) *s.* anotación, inscripción, registro. 2 partida, copia oficial. 3 acta, documento, relación, crónica, historia : *off the ~*, que no ha de constar en acta, etc., confidencial ; confidencialmente. 4 DER. expediente, autos. 5 hoja de servicios, antecedentes, historial. 6 rollo, disco [de fonógrafo, pianola, etc.] ; cinta [magnetofónica, de telégrafo receptor, etc.] ; grabación [en disco, etc.]. 7 DEP. récord, marca, plusmarca : *to beat* o *break the ~*, batir la marca. 8 *on* o *upon ~*, registrado, conocido, que registra la historia : *to go on ~ as*, darse a conocer como. 9 *fig. to keep to the ~*, ceñirse al asunto : *to travel out of the ~*, salirse del tema. 10 *pl.* archivo, protocolo. 11 fastos, anales, memorias. — 12 *adj.* el mejor, mayor, etc., que se conoce, nunca visto, extraordinario ; de récord, de marca : *~ breaker*, el o lo que bate o supera la marca. 13 de anotaciones, partidas, actas etc. : *~ office*, archivo, registro. 14 de discos, rollos, etc. : *~ changer*, cambiadiscos.

record (to) (rɪco'd) *tr.* anotar, apuntar, asentar, marcar ; inscribir, registrar. 2 protocolizar [documentos]. 3 fijar en la memoria. 4 grabar en disco fonográfico, etc. — 5 *tr.* e *intr.* cantar, gorjear [las aves].

recorder (rɪco'dǿ') *s.* archivero, registrador : *~ of deeds*, registrador de la propiedad. 2 DER. juez municipal con jurisdicción en lo criminal. 3 el que impresiona o graba discos, cintas magnetofónicas, etc. 4 aparato para impresionar discos. 5 MEC. indicador, contador, aparato registrador. 6 MÚS. especie de flauta.

recordership (rɪco'dǿ'ship) *s.* cargo de archivero, registrador, etc.

recording (rɪco·'ding) *adj.* anotador, registrador : *~ angel*, ángel que registra las acciones buenas y malas de los hombres; *~ secretary*, secretario de actas.

re-count (rɪ·caunt) *s.* recuento.

re-count (to) (rɪcau·nt) *tr.* recontar.

recount (to) (rɪcau·nt) *tr.* referir, relatar, contar, detallar.

recountal (rɪcau·ntal) *s.* relato.

recoup (rɪcu·p) *s.* reintegro, resarcimiento, desquite.

recoup (to) *tr.* DER. retener [a cuenta o para indemnizar]. 2 resarcirse o desquitarse de. 3 resarcir, compensar, indemnizar. — 4 *intr.* resarcirse, indemnizarse.

recourse (rɪco·'s) *s.* recurso, refugio, auxilio : *to have ~ to*, recurrir a, apelar a, valerse de. 2 COM. *without ~*, sin responsabilidad por parte del endosante.

re-cover (to) (rɪca·vǿ') *tr.* volver a cubrir o tapar.

recover (to) (rɪca·vǿ') *tr.* recobrar, recuperar. 2 resarcirse de. 3 curar, devolver las fuerzas, hacer volver en sí. 4 rescatar, librar. 5 volver a encontrar. 6 obtener [indemnización, etc.] por fallo judicial. — 7 *intr.* reponerse, recobrar la salud. 8 DER. ganar un pleito. — 9 *ref. to ~ oneself*, volver en sí, serenarse, reponerse, recobrar el equilibrio.

recoverable (rɪca·vǿrabǿl) *adj.* recuperable, recobrable.

recovery (rɪca·vǿri) *s.* recobro, recuperación. 2 cobranza. 3 restablecimiento ; mejoría, convalecencia : *past ~*, desahuciado, sin remedio. 4 DER. fallo o decisión favorable.

recreancy (re·criansi) *s.* cobardía, pusilanimidad. 2 deslealtad, apostasía.

recreant (re·criant) *adj.* y *s.* cobarde, pusilánime. 2 falso, desleal ; apóstata.

recreate (to) (re·crieit) *tr.* recrear, esparcir, divertir, deleitar. — 2 *intr.* recrearse, divertirse, deleitarse.

re-create (to) (rɪ-crieit) *tr.* recrear [crear de nuevo].

recreation (recrie·shǿn) *s.* recreación, recreo, esparcimiento.

re-creation (rɪ·crie·shǿn) *s.* nueva creación.

recreative (re·crieitiv) *adj.* recreativo.

recrement (re·crimǿnt) *s.* MED. recremento. 2 hez, escoria.

recrementitious (recrimǿnti·shǿs) *adj.* MED. recrementicio.

recriminate (to) (rɪcri·mineit) *tr.* recriminar.

recrimination (rɪcrimine·shǿn) *s.* recriminación.

recriminative (rɪcri·minativ) *adj.* que recrimina.

recriminator (rɪcri·mineitǿ') *s.* recriminador.

recriminatory (rɪcri·minatori) *adj.* de recriminación.

recross (to) (rɪcro·s) *tr.* repasar, volver a pasar o cruzar.

recrudesce (to) (rɪcriude·s) *intr.* recrudecer, recrudecerse.

recrudescence (rɪcriude·sens) *s.* recrudecimiento, recrudescencia.

recrudescent (rɪcriude·sǿnt) *adj.* recrudescente.

recruit (rɪcriu·t) *s.* recluta, novato. 2 repuesto, nueva provisión.

recruit (to) *tr.* reclutar, alistar. 2 reanimar, restablecer, devolver la salud, el vigor. 3 abastecer. — 4 *intr.* recobrarse, reponerse. 5 rehacerse, rehacer sus efectivos [un ejército].

recruital (rɪcru·tal) *s.* reclutamiento. 2 nueva provisión. 3 restablecimiento de la salud.

recruiter (rɪcru·tǿ') *s.* reclutador.

recruitment (rɪcru·tmǿnt) *s.* reclutamiento. 2 MIL. refuerzo.

rectal (re·ctal) *adj.* ANAT. rectal.

rectangle (re·ctængǿl) *s.* GEOM. rectángulo.

rectangled (re·ctæ·ngǿld) *adj.* rectángulo, rectangular. 2 dividido en rectángulos.

rectangular (re·ctæ·nguiula') *adj.* rectangular.

rectifiable (re·ctifaiabǿl) *adj.* rectificable. 2 corregible, enmendable.

rectification (rectifike·shǿn) *s.* rectificación, corrección, enmendación, enmienda. 2 GEOM., QUÍM., ELECT. rectificación.

rectifier (re·ctifaiǿ') *s.* rectificador.

rectify (to) (re·ctifai) *tr.* rectificar, corregir, enmendar. 2 GEOM., QUÍM., ELECT. rectificar. ¶ CONJUGACIÓN pret. y p. p. : *rectified*.

rectilineal (rectili·nial), **rectilinear** (rectili·nia') *adj.* rectilíneo.

rectitude (rec·titiud) *s.* rectitud. 2 corrección, exactitud.

recto (rec·tou) *s.* folio recto.

rector (rectø·ʳ) *s.* rector, párroco; [en la Iglesia Anglicana] el encargado de una parroquia con derecho a cobrar el diezmo. 2 rector [de una comunidad, de una universidad]. 3 (Esc.) director de una escuela secundaria.

rectoral (rec·tøral) *adj.* rectoral.

rectorate (rec·tørit) *s.* curato. 2 rectorado.

rectorial (rectou·rial) *adj.* rectoral, rector.

rectorship (rectø·ʳship) *s.* RECTORATE.

rectory (rec·tøri) *s.* rectoría. 2 curato, parroquia. 3 casa rectoral.

rectrix (rec·trics) *s.* timonera [pluma].

rectum (rec·tøm) *s.* ANAT. recto.

recumbency (ricø·mbensi) *s.* reclinación; reposo.

recumbent (ricø·mbent) *adj.* reclinado, recostado; yacente. 2 en reposo, inactivo.

recuperate (to) (rikiu·pøreit) *tr.* recuperar, recobrar. — 2 *intr.* restablecerse, convalecer. 3 reponerse, rehacerse.

recuperation (rikiupøre·shøn) *s.* recuperación, recobro. 2 restablecimiento [de la salud].

recuperative (rikiu·pørativ), **recuperatory** (rikiu·pøratori) *adj.* recuperativo.

recur (to) (ricø·ʳ) *intr.* volver [a un tema o asunto]. 2 volver a ofrecerse [a la mente, etc.]. 3 ocurrir de nuevo, repetirse [esp. periódicamente]. 4 recurrir [a].

recurrence (ricø·røns), **recurrency** (-si) *s.* repetición, reaparición [esp. periódica]. 2 recurso a.

recurrent (ricø·rønt) *adj.* que se repite o reaparece [esp. periódicamente]; periódico. 2 ANAT., BOT. recurrente.

recurvate (ricø·ʳveit) *adj.* RECURVED.

recurvature (ricø·ʳvei·chøʳ) *s.* encorvamiento hacia atrás o hacia arriba.

recurve (to) (ricø·ʳv) *tr.* recorvar. — 2 *intr.* recorvarse.

recurved (ricø·ʳvd), **recurvous** (ricø·ʳvøs) *adj.* recorvado. 2 ZOOL., BOT. encorvado hacia atrás o hacia arriba.

recusancy (rekiu·šansi) *s.* disidencia, desobediencia. 2 HIST. negativa de los católicos a asistir a los oficios de la Iglesia anglicana.

recusant (rekiu·šant) *adj.* y *s.* disidente, desobediente. — 2 *s.* HIST. católico que se negaba a asistir a los oficios de la Iglesia anglicana.

recusation (rekiuše·shøn) *s.* recusación.

red (red) *adj.* encarnado, colorado, rojo, escarlata; enrojecido, encendido, sanguíneo, sangriento: ~ *alga,* alga roja; ~ *ant,* hormiga roja; ~ *ball,* mingo [en el billar]; ~ *blood,* sangre roja, vigor, vitalidad; ~ *cedar,* cedro rojo; variedad de enebro americano; ~ *cabbage,* lombarda [col]; ~ *cell,* ~ *corpuscle,* hematíe, glóbulo rojo; ~ *cent,* fam. centavo; *not to be worth a ~ cent,* no valer un pito; ~ *chalk,* creta roja; ~ *clover,* BOT. trébol rojo; ~ *copper,* cuprita, óxido rojo de cobre; ~ *cross,* cruz de San Jorge; *Red Cross,* Cruz Roja; los cruzados; ~ *currant,* grosella; ~ *deer,* ciervo común; ~ *dogwood,* BOT. cornejo, sanguiñuelo; ~ *flag,* bandera roja [de la revolución social]; señal de peligro; cosa que provoca o enfurece; ~ *hat,* capelo [de cardenal]; (Ingl.) oficial de estado mayor; ~ *heat,* calor al rojo; ~ *herring,* arenque ahumado; fig. *to draw a ~ herring across the track,* introducir una cuestión interesante, pero fuera de propósito, para apartar la atención del asunto principal; ~ *lamp,* muestra luminosa de médico o farmacia; ~ *lead,* minio; ~ *light,* luz roja; señal de peligro o de interrupción del tráfico; ~ *liquor,* ~ *mordant,* acetato de alúmina; ~ *man,* indio norteamericano; ~ *mullet,* ICT. salmonete; ~ *ocher,* ocre rojo, almagre; ~ *pepper,* pimentón, ají, chile; ~ *rag,* trapo rojo; lo que excita o enfurece; *Red Sea,* Mar Rojo; ~ *silver,* plata roja; ~ *snow,* nieve enrojecida por las algas en las regiones árticas; ~ *squirrel,* ardilla roja de Norteamérica; ~ *tape,* balduque; fig. formalismo burocrático, expedienteo; ~ *wine,* vino tinto; *to see ~,* enfurecerse, ser sanguinario; *to turn ~,* ponerse colorado, sonrojarse.

2 *adj.* y *s.* POL. rojo, revolucionario. — 3 *s.* rojo, encarnado [color, colorante]; color de sangre.

redact (to) (ridæ·ct) *tr.* redactar, escribir. 2 rehacer, revisar [un artículo, etc.].

redaction (ridæ·cshøn) *s.* redacción [acción de redactar o escribir]. 2 nueva redacción; revisión.

redactor (ridæ·ctøʳ) *s.* redactor [que redacta].

redan (ridæ·n) *s.* fortificación en ángulo saliente.

red-bearded *adj.* barbirrojo.

redbird (re·dbø·d) *s.* ORNIT. nombre del pinzón real, del cardenal y de otros pájaros.

red-blooded *adj.* animoso. 2 fuerte, viril.

redbreast (re·dbrest) *s.* ORNIT. petirrojo, pechicolorado.

redbud (re·dbød) *s.* BOT. ciclamor de América.

redbug (re·dbøg) *s.* ENTOM. nigua.

redcap (re·dcæp) *s.* (EE. UU.) mozo de estación. 2 (Ingl.) pop. miembro de la policía militar. 3 ORNIT. jilguero.

redcoat (re·dcout) *s.* fam. (Ingl.) soldado.

redden (to) (re·døn) *tr.* enrojecer, enrojar, embermejar, teñir de rojo. — 2 *intr.* enrojecerse. 3 enrojecer, ruborizarse.

redder (re·døʳ) *adj. comp.* de RED.

reddest (re·dist) *adj. superl.* de RED.

reddish (re·dish) *adj.* rojizo, bermejizo, rúbeo, rubicundo.

reddishness (re·dishnis) *s.* coloración rojiza.

reddle (re·døl) *s.* RUDDLE.

redeem (to) (ridrm) *tr.* redimir, rescatar. 2 librar, salvar. 3 redimir [del pecado]. 4 redimir [una hipoteca, etc.], desempeñar; amortizar; 5 cumplir [una promesa, etc.]. 6 reparar, resarcir, compensar.

redeemable (ridɪmabøl) *adj.* redimible. 2 rescatable. 3 amortizable.

redeemer (ridrmøʳ) *s.* redentor, rescatador. 2 *The Redeemer,* el Redentor, el Salvador.

redeeming (redrming) *adj.* redentor, que redime o rescata. 2 que salva o atenúa: ~ *feature,* circunstancia atenuante.

redeliver (to) (ridili·vøʳ) *tr.* volver a entregar, devolver.

redemand (to) (ridimæ·nd) *tr.* volver a pedir o a preguntar.

redemption (ride·mpshøn) *s.* redención. 2 rescate, salvamento, liberación. 3 amortización [de una deuda]; desempeño. 4 cumplimiento [de una promesa, etc.].

redemptional (ride·mpshønal) *adj.* de redención.

redemptioner (ride·mpshønøʳ) *s.* emigrante que pagaba su pasaje con servicios personales. 2 el que se redime de deuda o servidumbre.

redemptive (ride·mptiv), **redemptory** (ride·mptori) *adj.* redentor, de redención.

Redemptorist (ride·mptørist) *s.* redentorista.

redescend (to) (ri·desend) *intr.* volver a bajar.

red-haired *adj.* pelirrojo.

red-handed *adj.* con las manos ensangrentadas. 2 con los manos en la masa, en flagrante.

redhead (re·djed) *s.* pelirrojo, pelirroja.

redheaded (re·djedid) *adj.* pelirrojo. 2 de cabeza roja. 3 colérico.

redhibition (redjibi·shøn) *s.* DER. redhibición.

redhibitory (redji·bitori) *adj.* DER. redhibitorio.

red-hot *adj.* candente, calentado al rojo, muy caliente. 2 acérrimo, muy entusiasta. 3 fresco, reciente [noticia, etc.].

redingote (re·dingout) *s.* especie de levita para señora.

redintegrate (redi·ntigreit) *adj.* reintegrado, restablecido, renovado.

redintegrate (to) *tr.* reintegrar, restablecer, renovar.

redintegration (redintigre·shøn) *s.* reintegración, restablecimiento, restauración, renovación.

redirect (rɪdire·ct) *adj.* DER. (EE. UU.) dic. del segundo interrogatorio del testigo por el abogado que lo presenta, después de las repreguntas del contrario.

redirect (to) (rɪdire·ct) *tr.* volver a dirigir.

rediscount (ridi·scaunt) *s.* COM. redescuento: ~ *rate,* tipo del redescuento.

rediscount (to) *tr.* COM. redescontar.

redistribute (to) (rɪdistri·biut) *tr.* volver a distribuir.

redistribution (rɪ·distribiu·shøn) *s.* nueva distribución.

red-letter *adj.* marcado con letra roja: ~ *day,* día de fiesta; día señalado, feliz, memorable.

redly (re·dli) *adv.* con color rojo.

redness (re·dnis) s. rojez, rojura, bermejura.
redolence (re·doløns), **redolency** (re·dolønsi) s. fragancia, perfume.
redolent (re·dolønt) adj. fragante, oloroso. 2 impregnado. 3 que recuerda o tiene algo [de una época, etc.].
redouble (to) (rɪdø·bøl) tr. reduplicar, redoblar, aumentar. 2 repetir, reproducir, reflejar. — 3 intr. redoblarse; doblarse, duplicarse. — 4 tr. e intr. BRIDGE recontrar.
redoubt (ridau·t) s. FORT. reducto.
redoubtable (ridau·tabøl) adj. temible, formidable.
redound (to) (ridau·nd) intr. redundar, resultar. 2 refluir, recaer.
redowa (re·dova) s. MÚS., DANZ. redova.
redpoll (re·dpoul) s. ORNIT. pajarel, pardillo.
redraft (rɪ·dræft) s. COM. resaca. 2 nuevo dibujo o borrador.
redraw (to) (rɪdro·) tr. COM. recambiar [girar letra de resaca]. 2 hacer nuevo dibujo o borrador.
redress (ri·dres) s. reparación, satisfacción, desagravio. 2 remedio; compensación. 3 corrección, enmienda.
redress (to) (ridre·s) tr. enderezar, deshacer, reparar [injusticias, agravios, etc.]. 2 resarcir, compensar, hacer justicia a, remediar. 3 corregir, enmendar. 4 AVIA. enderezar. 5 equilibrar [una balanza].
re-dress (to) (rɪ-dre·s) tr. e intr. vestir o vestirse de nuevo.
redresser (ridre·sø') s. enderezador, reparador, remediador.
redshirt (re·dshø't) s. fig. revolucionario, comunista.
redskin (re·dskin) s. indio piel roja.
redstreak (re·dstric) s. BOT. variedad de manzana roja y amarilla.
red-tape adj. burocrático, oficinesco, de expedienteo.
redtop (re·dtap) s. BOT. planta forrajera del Norte de América.
reduce (to) (ridiu·s) tr. reducir [disminuir, minorar, mermar]. 2 adelgazar. 3 rebajar, diluir. 4 bajar de grado o categoría, degradar. 5 reducir, someter, sojuzgar, obligar. 6 reducir [convertir]. 7 CIR., B. ART., QUÍM., MAT. reducir. 8 FOT. rebajar. — 9 intr. reducirse. 10 adelgazar, perder peso.
reducer (ridiu·sø') s. reductor. 2 FOT. líquido para rebajar. 3 MEC. manguito o tubo de reducción.
reducible (ridiu·sibøl) adj. reducible.
reducing (ridiu·sing) adj. reductor; de reducción.
reduction (redø·cshøn) s. reducción. 2 rebaja, disminución. 3 sometimiento, conquista. — 4 adj. de reducción. 5 ~ works, instalación donde se queman las basuras de una población.
reductive (ridø·ctiv) adj. reductor.
reduit (ridui·) s. FORT. obra central o retirada, dentro de otra.
redundance (ridø·ndans), **redundancy** (-si) s. redundancia, exceso, superabundancia. 2 pleonasmo.
redundant (ridø·ndant) adj. redundante, excesivo, superfluo, superabundante. 2 pleonástico. 3 copioso, exuberante.
redundantly (ridø·ndantli) adv. redundantemente, superfluamente.
reduplicate (ridiu·plikeit) adj. reduplicado, repetido.
reduplicate (to) tr. reduplicar, redoblar, repetir, multiplicar.
reduplication (ridiuplike·shøn) s. reduplicación, repetición.
reduplicative (ridiu·plicativ) adj. reduplicativo.
redwing (re·dwing) s. ORNIT. malvís, malviz.
red-winged adj. alirrojo.
redwood (re·dwud) s. árbol de madera roja o que da tinte rojo, como el palo brasil. 2 BOT. secoya, secuoya.
re-echo (to) (rɪe·cou) intr. responder, resonar, repercutir [como un eco].
reed (rɪd) s. BOT. caña; carrizo; junco. 2 caña [material]. 3 MÚS. caramillo, zampoña. 4 MÚS. lengüeta; instrumento de lengüeta. 5 MÚS. boquilla. 6 ARQ. baqueta, junquillo. 7 TEJ. peine. 8 poét. saeta, flecha. 9 (Ingl.) bálago [para techar]. 10 ZOOL. cuajar, abomaso. 11 fig. poesía pastoral. — 12 adj. de caña, carrizo, etc., que tiene caña : ~ mace, BOT. espadaña. 13 que vive entre las cañas : ~ bunting, ORN. especie de hortelano. 14 MÚS. de lengüeta : ~ organ, armonio ; ~ pipe, tubo o cañón de lengüeta. 15 TEJ. de peine : ~ space, ancho de peine.

reed (to) tr. techar con cañas. 2 MÚS. poner lengüeta [a un instrumento]. 3 TEJ. pasar [hilos] por el peine.
reedwork (rɪ·dwø'c) s. MÚS. lengüetería [del órgano].
reedy (rɪ·di) adj. de caña o que lo parece. 2 abundante en cañas. 3 de tono delgado y agudo.
reef (rɪf) s. arrecife, bajío, escollo. 2 MIN. filón, vena. 3 MAR. parte de vela que se recoge con una faja de rizos : to take in a ~, tomar un rizo; fig. proceder con cautela. — 4 adj. de REEF 3: ~ band, faja de rizos; ~ knot, nudo de rizos; ~ point, rizo.
reef (to) tr. MAR. arrizar, tomar rizos : to ~ one's sails, fig. recoger velas.
reefer (rɪ·fø') s. MAR. arrizador. 2 chaquetón de paño grueso. 3 pop. (EE. UU.) cigarrillo de marijuana.
reefy (rɪ·fi) adj. lleno de escollos.
reek (rɪc) s. vaho, vapor, humo, tufo, mal olor; atmósfera mal oliente.
reek (to) tr. exhalar, exudar, echar [vaho, vapor, humo, tufo, etc.]. 2 exponer a un vapor; ahumar. — 3 intr. humear, exhalar vaho, tufo, etc., oler mal : to ~ of, oler a. 4 salir, emanar [un vaho, humo, etc.].
reeky (rɪ·ki) adj. humeante; que echa vaho o tufo; maloliente.
reel (rɪl) s. aspa, aspadera, devanadera, argadijo; carrete, carretel, broca : fishing ~, carrete de la caña de pescar ; off the ~, seguidamente, sin interrupción ; fácil y prestamente. 2 rollo, carrete [de película cinematográfica]. 3 danza escocesa muy animada. 4 tambaleo.
reel (to) tr. aspar, devanar. 2 sacar [un pez] arrollando el hilo de la caña. 3 hacer dar vueltas a. — 4 intr. dar vueltas [la cabeza, etc.]. 5 tambalearse, bambolearse, vacilar, hacer eses.
re-elect (to) (rɪile·ct) tr. reelegir.
re-election (rɪ·ilecshøn) s. reelección.
re-eligible (rɪili·yibøl) adj. reelegible.
re-embark (to) (rɪimba·'c) tr. reembarcar.
re-embarkation (rɪimba·ke·shøn) s. reembarque.
re-enact (to) (rɪinæ·ct) tr. revalidar, promulgar de nuevo [una ley]. 2 volver a representar [un papel].
re-enactment (rɪinæ·ctmønt) s. revalidación, nueva promulgación [de una ley]. 2 nueva representación.
re-enforce (to) (rɪinfo·'s) tr. TO REINFORCE.
re-enforcement (rɪinfo·'smønt) s. REINFORCEMENT.
re-engage (to) (rɪinguei·y̆) tr. escriturar o contratar de nuevo.
re-engagement (rɪinguei·y̆mønt) s. renovación de un contrato, nuevo contrato. 2 MIL. nuevo combate.
re-enlist (to) (rɪinli·st) tr. reenganchar, volver a alistar. — 2 intr. reengancharse, alistarse de nuevo.
re-enlistment (rɪinli·stmønt) s. reenganche.
re-enter (to) (rɪe·ntø') tr. volver a entrar en, reingresar en. 2 volver a asentar o registrar. 3 GRAB. repasar con el buril.
re-entering (rɪe·ntøring) adj. entrante [ángulo].
re-entrance (rɪe·ntrans) s. reingreso, nueva entrada.
re-entrant (rɪe·ntrant) adj. RE-ENTERING.
re-entry (rɪe·ntri) s. RE-ENTRANCE.
re-establish (to) (rɪstæ·blish) tr. restablecer, establecer de nuevo, instaurar.
re-establishment (rɪstæ·blishmønt) s. restablecimiento, instauración.
reeve (to) (rɪv) tr. MAR. hacer pasar [un cabo] por una roldana, ollao, etc. 2 MAR. asegurar [un cabo, motón, etc.] en algo; asegurar con un cabo. 3 MAR. pasar con cuidado sobre, pasar rozando [un bajío, etc.]. — 4 intr. MAR. laborear.
re-examination (rɪigsæmine·shøn) s. reexaminación, revisión.
re-examine (to) (rɪigsæ·min) tr. reexaminar, revisar.
re-export (to) (rɪecspo·t) tr. reexportar.
re-exportation (rɪecspo·'te·shøn) s. reexportación.
refection (rife·cshøn) s. refacción, comida. 2 satisfacción del hambre o la sed.
refectory (rife·ctori) s. refectorio.
refer (to) (rifø·') tr. referir, remitir. 2 enviar, dirigir [una pers. o cosa a una pers. o lugar] para informes, examen, ayuda, etc.; someter al juicio o decisión de; pasar [a una comisión]. 3 refe-

rir, relacionar, atribuir. — *4 intr.* referirse, aludir : *referred to,* mencionado, a que se hace referencia. *5* remitirse. *6* dirigirse a, recurrir a, acudir a : ~ *to drawer* (R/D), COM. dirigirse al librador [nota de un banquero, suspendiendo el pago, etc., de un cheque o talón]. ¶ CONJUG. pret. y p. p. : *referred;* ger. : *referring.*

referable (re·førable) *adj.* referible, relacionable, atribuible.

referee (reførɪ·) *s.* DEP. árbitro, juez. *2* DER. árbitro, compromisario, componedor. *3* ponente, dictaminador.

referee (to) *tr.* arbitrar [juzgar como árbitro].

reference (re·førens) *s.* referencia, relación, respecto. *2* alusión, mención. *3* referencia, remisión; consulta. *4* pers. que da o puede dar informes de otra; estos informes; papel en que constan. *5* COM. referencias. *6* DER. arbitramento. — *7 adj.* de referencia, de consulta, etc. : ~ *library,* biblioteca de consulta : ~ *mark,* IMPR. llamada; ~ *work,* obra de consulta.

referendum (reføre·ndøm) *s.* referéndum.

referent (re·førønt) *adj.* referente.

referential (reføre·nshal) *adj.* de referencia.

referrible (rifø·ribøl) *adj.* REFERABLE.

refill (rɪ·fil) *s.* recambio de un producto para rellenar el envase especial con que se expende.

refill (to) (rɪfi·l) *tr.* rellenar [volver a llenar].

refine (to) (rifai·n) *tr.* refinar. *2* purificar, clarificar, acrisolar, afinar. *3* pulir, perfeccionar. — *4 intr.* refinarse, pulirse. *5* sutilizar. *6* refinar uno su estilo o lenguaje. *7 to* ~ *on* o *upon,* mejorar; aventajar, superar; discurrir sutilmente sobre.

refined (rifai·nd) *adj.* refinado. *2* pulido. *3* fino, culto.

refinedness (rifai·ndnis) *s.* refinamiento [condición o estado].

refinement (rifai·nmønt) *s.* refinamiento, buen gusto. *2* sutileza [en el razonamiento]. *3* finura, urbanidad, cultura. *4* afectación. *5* refinación; afinación, afino. *6* perfeccionamiento.

refiner (rifai·nø) *s.* refinador. *2* sutilizador.

refinery (rifai·nøri) *s.* refinería.

refining (rifai·ning) *s.* refinación. *2* afinación, afino.

refit (to) (rɪfi·t) *tr.* volver a equipar, aparejar o habilitar; reparar, renovar. ¶ CONJUG. pret. y p. p.: *refitted;* ger.: *refitting.*

reflect (to) (rifle·ct) *tr.* reflejar, reflectar. *2* hacer recaer en, traer consigo, dar : ~ *credit on one,* hacer honor a uno. *3* dirigir, volver. — *4 intr.* reflejarse. *5* reflexionar, meditar, pensar. *6 to* ~ *on* o *upon,* perjudicar, desprestigiar, desdorar, manchar.

reflected (rifle·ctid) *adj.* reflejado, reflejo. *2* ANAT. replegado.

reflecting (rifle·cting) *adj.* reflectante, reflector. *2* reflexivo.

reflection (rifle·cshøn) *s.* reflexión, reverberación. *2* reflejo, imagen. *3* reproche, censura, tacha, descrédito. *4* ANAT. repliegue. *5* acción refleja. *6* reflexión, consideración, meditación : *on* o *upon* ~, después de reflexionarlo, bien pensado.

reflective (rifle·ctiv) *adj.* reflexivo, meditativo. *2* reflexivo [de reflexión, que refleja]; reflejado. *3* GRAM. reflejo [verbo].

reflectively (rifle·ctivli) *adv.* reflexivamente.

reflector (rifle·ctø) *s.* reflector, reverbero. *2* telescopio de reflexión.

reflex (rɪ·flecs) *adj.* y *s.* reflejo. — *2 s.* acción refleja.

reflex (to) (rifle·cs) *tr.* doblar, encorvar o dirigir hacia atrás.

reflexed (rifle·cst) *adj.* BIOL. doblado o encorvado.

reflexible (rifle·csibøl) *adj.* reflexible.

reflexión (rifle·cshøn) *s.* REFLECTION.

reflexive (rifle·csiv) *adj.* reflexivo [de reflexión, capaz de reflexión]. *2* GRAM. reflexivo, reflejo.

reflexively (rifle·csivli) *adv.* reflexivamente.

refloat (to) (rɪ·flout) *tr.* volver a poner a flote. — *2 intr.* volver a flotar.

reflorescence (rɪflore·søns) *s.* acción de reflorecer.

reflourish (to) (rɪflø·rish) *intr.* reflorecer.

reflow (to) (rɪflou·) *intr.* refluir.

refluence (re·fluøns) *s.* reflujo.

refluency (re·fluønsi) (-si) *s.* reflujo.

refluent (re·fluønt) *adj.* refluente.

reflux (rɪ·fløx) *s.* reflujo.

reforest (to) (rɪfa·rist) *tr.* repoblar de árboles.

reforestation (rɪfariste·shøn) *s.* repoblación [de un bosque] ; repoblación forestal.

reform (rifo·m) *s.* reforma.

reform (to) *tr.* reformar, mejorar, corregir, enmendar ; convertir [hacer volver a la vida honrada] — *2 intr.* reformarse, corregirse, enmendarse.

re-form (to) (rrfo·m) *tr.* reformar, volver a formar, rehacer.

reformable (ri·fo·mæbøl) *adj.* reformable.

reformation (refo·me·shøn) *s.* reforma, reformación, corrección de costumbres. *2* (con may.) Reforma [religiosa].

re-formation (rɪfo·me·shøn) *s.* nueva formación.

reformative (rifo·mativ) *adj.* reformativo.

reformatory (rifo·matori), *pl.* -ries (-riš) *adj.* y *s.* reformatorio.

reformer (rifo·mø) *s.* reformador. *2* reformista.

reforming (rifo·ming) *adj.* reformador, reformatorio.

reformist (rifo·mist) *adj.* y *s.* reformista. — *2 s.* religioso reformado.

refract (to) (rifræ·ct) *tr.* ÓPT. refractar, refringir.

refracted (rifræ·ctid) *adj.* refractado.

refraction (rifræ·cshøn) *s.* ÓPT. refracción.

refractive (rifræ·ctiv) *adj.* refractivo, refringente, de refracción.

refractometer (rifræcta·metø) *s.* refractómetro.

refractor (rifræ·ctø) *s.* telescopio de refracción.

refractorily (rifræ·ctorili) *adv.* tercamente, rebeldemente.

refractoriness (rifræ·ctorinis) *s.* obstinación, terquedad, rebeldía.

refractory (rifræ·ctori) *adj.* refractario, terco, obstinado, díscolo, rebelde. *2* repropio [caballo]. *3* refractario, resistente. *4* MED. inmune.

refrain (rifrei·n) *s.* LIT., MÚS. estribillo. *2* fig. cantilena.

refrain (to) *tr.* refrenar, contener, detener. — *2 intr.* contenerse ; abstenerse.

reframe (to) (rɪfrei·m) *tr.* rehacer, reconstruir. *2* encuadrar de nuevo. poner nuevo marco a.

refrangibility (rifræɲibi·liti) *s.* refrangibilidad.

refrangible (rifræ·nɲibøl) *adj.* refrangible.

refresh (to) (rifre·sh) *tr.* refrescar. *2* orear. *3* renovar, restaurar. *4* reparar las fuerzas de, descansar. *5* vivificar, reanimar. *6* añadir combustible, etc., a. — *7 intr.* refrescarse, reanimarse reparar sus fuerzas. *8* refrescar [beber]. *9* MAR. aprovisionarse de nuevo.

refresher (rifre·shø) *s.* refrescador. *2* fam. bebida. *3* recordativo. *4* cursillo de vacaciones.

refreshing (rifre·shing) *adj.* refrescante, refrescador. *2* reparador [que restablece las fuerzas]. *3* renovador. *4* alentador.

refreshment (rifre·shmønt) *s.* refrescadura. *2* refresco, refrigerio ; piscolabis, tentempié. *3* renovación. *4* reparación de las fuerzas, descanso, esparcimiento. *5 pl.* refrescos.

refrigerant (rifriɟørant) *adj.* refrigerante, refrigerativo.

refrigerate (to) (rifriɟøreit) *tr.* refrigerar, helar.

refrigerating (rifriɟørating) *adj.* refrigerador, refrigerante, frigorífico : ~ *chamber* o *vault,* cámara frigorífica.

refrigeration (rifriɟøre·shøn) *s.* refrigeración, enfriamiento.

refrigerative (rifriɟørativ) *adj.* refrigerativo, refrescante.

refrigerator (rifriɟøreitø) *s.* refrigerador. *2* nevera, enfriadera. *3* QUÍM. refrigerante. *4* FERROC. ~ *car,* furgón frigorífico.

refrigeratory (rifriɟøratori) *adj.* refrigerante, refrigerativo. — *2 s.* corbato.

refringency (rifri·nɲønsi) *s.* refringencia.

refringent (rifri·nɟønt) *adj.* refringente.

refuel (to) (rifiu·øl) *tr.* e *intr.* reaprovisionar o reaprovisionarse de combustible.

refuge (re·fiuɟ) *s.* refugio, asilo, amparo, protección, albergue, guarida. *2* refugio, asilo [lugar, institución]. *3* recurso, remedio. *4* pretexto, excusa, escapatoria.

refugee (refiuɟɪ·) *s.* refugiado. *2* asilado.

refulgence (rifø·lɟøns), **refulgency** (-si) *s.* refulgencia. *2* brillo, esplendor.

refulgent (rifø·lɟønt) *adj.* refulgente. *2* brillante, esplendoroso, radiante.

refund (rɪ·fønd) *s.* reintegro, reembolso, amortización. *2* consolidación [de una deuda].

refund (to) (rifø·nd) *tr.* restituir, reintegrar, reembolsar, amortizar. *2* consolidar [una deuda].

refurbish (to) (rifø̈'bish) *tr.* volver a pulir. 2 renovar.
refusable (rifiu̇s̈abøl) *adj.* rehusable, rechazable. 2 denegable.
refusal (rifiu̇s̈al) *s.* rechazamiento. 2 negativa, denegación, repulsa, desaire. 3 opción, preferencia, oportunidad de aceptar o rechazar ofrecida a uno antes que a nadie más.
refuse (refiu̇s) *s.* desecho, desperdicio, sobras, bazofia, barreduras, basura. — 2 *adj.* desechado, de desecho.
refuse (to) (rifiu̇z) *tr.* rehusar, rechazar, desechar. 2 repulsar, denegar, negar. 3 negarse a, resistirse a, rehuir. 4 renunciar, abandonar. 5 negarse a saltar [el caballo].
refutable (rifiu̇tabøl) *adj.* refutable, impugnable.
refutal (rifiu̇'tal), **refutation** (refiutes̈hø̈n) *s.* refutación, impugnación.
refutatory (refiu̇'tatori) *adj.* refutatorio.
refute (to) (rifiu̇t) *tr.* refutar, impugnar, rebatir.
regain (to) (riguei̇n) *tr.* recobrar, recuperar. 2 volver a.
regal (ri̇'gal) *adj.* real, regio. — 2 *s.* mús. ant. organillo portátil.
regale (to) (riguei̇l) *tr.* regalar, agasajar, festejar. 2 recrear, deleitar. — 3 *ref.* regalarse.
regalement (riquei̇lmø̈nt) *s.* regalo, festejo, regalamiento.
regalia (ri̇guei̇lia) *s. pl.* regalías [del soberano]. 2 insignias reales. 3 insignias, distintivos. 4 atavío de gala : *in full* ~, de punta en blanco. 5 *sing.* cigarro de regalía.
regalism (ri̇'gæli̇s̈m) *s.* regalismo.
regality (ri̇gæ'liti), *pl.* **-ties** (-ti̇s̈) *s.* realeza, soberanía. 2 territorio de jurisdicción real.
regally (ri̇'gali) *adv.* regiamente.
regard (rigȧ'd) *s.* miramiento, consideración, cuidado, atención, caso : ~ *being had to,* atendido que, en vista de ; *with due* ~ *to,* sin menoscabo de ; *without* ~ *to,* sin considerar, sin hacer caso de. 2 estimación, afecto, respeto, veneración. 3 relación, respecto : *in* ~ *to, with* ~ *to,* con respecto a, respecto de, tocante a ; *in this* ~, a este respecto. 4 mirada. 5 *pl.* memorias, recuerdos, expresiones, afectos : *my best regards to,* afectuosos recuerdos de mi parte a.
regard (to) *tr.* mirar, contemplar. 2 reparar, observar. 3 mirar, considerar, tener en cuenta, hacer caso. 4 mirar o considerar [como], juzgar. 5 estimar, apreciar, respetar, venerar. 6 tocar a, respectar a, concernir, referirse a : *as regards,* tocante o por lo que toca a, en cuanto a.
regardful (rigȧ'dful) *adj.* atento, cuidadoso, mirado ; que tiene en cuenta o consideración. 2 respetuoso, considerado. 3 observante.
regardfully (rigȧ'fuli) *adv.* atentamente, 2 respetuosamente.
regarding (rigȧ'ding) *prep.* con relación a, en cuanto a, respecto de.
regardless (rigȧ'dlis) *adj.* descuidado, indiferente, que no hace caso : ~ *of,* sin hacer caso, haciendo caso omiso de, prescindiendo de, a pesar de.
regardlessly (rigȧ'dlisli) *adv.* descuidadamente, con indiferencia, sin hacer caso.
regardlessness (rigȧ'dlisnis) *s.* descuido, desatención, indiferencia.
regatta (rigȧæ'ta) *s.* dep. regata. 2 cierta tela de algodón a rayas.
regelate (to) (ri̇'ø̈lei̇t) *intr.* helarse de nuevo.
regency (ri̇'ø̈nsi), *pl.* **-cies** (-si̇s̈) *s.* regencia [gobierno del regente].
regeneracy (ri̇ye̱nø̈rasi) *s.* regeneración.
regenerate (ri̇ye̱nø̈rit) *adj.* regenerado. 2 reengendrado.
regenerate (to) (ri̇ye̱nø̈rei̇t) *tr.* regenerar. 2 reengendrar.
regeneration (ri̇ye̱nø̈res̈hø̈n) *s.* regeneración. 2 renacimiento [espiritual].
regenerative (ri̇ye̱nø̈rȧtiv) *adj.* regenerador, regenerativo : ~ *furnace,* horno de Siemens.
regenerator (ri̇ye̱nø̈rei̇tø̈') *s.* regenerador.
regent (ri̇'ø̈nt) *adj.* regente, gobernante. — 2 *s.* pol. regente. 3 miembro del Consejo de una Universidad.
regentship (ri̇'ø̈nship) *s.* cargo de regente.
regicidal (re̱'ye̱isai̇'dal) *adj.* regicida.
regicide (re̱'ye̱isai̇d) *s.* regicidio. 2 regicida.
regime (re̱ye̱i̇'m) *s.* régimen [político]. 2 sistema social. 3 med. régimen.

regimen (re̱'ye̱imø̈n) *s.* régimen [político, de lluvias, etc.]. 2 med., gram. régimen.
regiment (re̱'ye̱imø̈nt) *s.* mil. regimiento. 2 regimiento, gobierno.
regiment (to) (re̱'ye̱iment) *tr.* regimentar. 2 organizar, reglamentar.
regimental (re̱ye̱ime̱ntal) *adj.* del regimiento. — 2 *s. pl.* mil. uniforme.
Reginald (re̱'ye̱inald) *n. pr.* Reinaldos, Reginaldo.
region (ri̇'ye̱ø̈n) *s.* región.
regional (ri̇'ye̱ø̈nal) *adj.* regional.
regionalism (ri̇'ye̱ø̈nali̇s̈m) *s.* regionalismo.
register (re̱'ye̱istø̈') *s.* registro [libro, oficina] ; archivo, protocolo 2 inscripción, partida [en un registro]. 3 registro parroquial. 4 mar. matrícula. 5 (EE. UU.) certificado de nacionalidad [de un buque]. 6 cédula, albalá, registro de aduana. 7 registro [señal, cinta en un libro]. 8 índice [de libro]. 9 registro [de hornillo] ; regulador [de calorífero]. 10 mec. indicador, contador ; aparato registrador : *cash* ~, caja registradora. 11 mús., impr. registro. — 12 *adj.* de registro : ~ *book,* registro [libro] ; ~ *office,* oficina del registro civil ; agencia de colocaciones [esp. para el servicio doméstico] ; ~ *point,* impr. puntura.
register (to) *tr.* registrar, inscribir, matricular. 2 registrar, señalar, marcar [dic. de un termómetro, etc.]. 3 mar. matricular ; abanderar. 4 expresar, revelar [un sentimiento] : *to* ~ *fear,* expresar miedo. 5 certificar [una carta, etc.] ; facturar [el equipaje]. — 6 *intr.* registrarse, inscribirse, matricularse. 7 inscribirse en el censo electoral. 8 mar. matricularse, abanderarse. 9 impr. estar en registro.
registered (re̱'ye̱istø̈'d) *adj.* registrado, inscrito, matriculado : ~ *bond,* com. título nominativo ; ~ *letter,* carta certificada.
registrar (re̱'ye̱istrȧ') *s.* registrador ; archivero.
registration (re̱'ye̱istres̈hø̈n) *s.* registro, inscripción, empadronamiento, matrícula. 2 facturación [de equipajes]. 3 asiento, partida [de un registro].
registry (re̱'ye̱istri), *pl.* **-ties** (-tri̇s̈) *s.* registro, inscripción [acción]. 2 registro [oficina]. 3 partida [de un registro]. 4 auto., mar. matrícula. 5 patente de navegación. 6 ~ *office,* register office.
regius (ri̇'ye̱ø̈s) *adj.* real [del rey]. | Dic. del titular de ciertas cátedras.
reglet (re̱'glet) *s.* arq. filete. 2 impr. regleta.
regnal (re̱'gnal) *adj.* de reinado : ~ *day,* aniversario de la ascensión de un rey al trono ; ~ *year,* año de reinado.
regnant (re̱'gnant) *adj.* reinante. 2 dominante.
regorge (to) (rigo̱'ye̱) *tr.* vomitar, devolver.
regrate (to) (rigrei̇t) *tr.* hist. acaparar [esp. víveres] para lucrarse con su venta.
regress (ri̇'gres) *s.* retroceso. 2 astr. retrogradación.
regress (to) (rigres) *intr.* retroceder. 2 astr. retrogradar.
regression (rigre̱s̈hø̈n) *s.* regresión.
regressive (rigre̱s̈iv) *adj.* regresivo ; retrógrado.
regret (rigre̱t) *s.* pesar, pena, sentimiento. 2 compunción, remordimiento. 3 añoranza. 4 *pl. to send one's regrets,* enviar excusas al rehusar una invitación.
regret (to) *intr.* sentir, deplorar, lamentar, condolerse. 2 arrepentirse. 3 llorar, añorar. ¶ Conjug. pret. y p. p.: *regretted ;* ger.: *regretting.*
regretful (rigre̱'tful) *adj.* pesaroso.
regretfully (rigre̱'tfuli) *adv.* con pesar o sentimiento.
regrettable (rigre̱'tabøl) *adj.* sensible, lamentable, deplorable.
regrettably (rigre̱'tabli) *adv.* deplorablemente.
regular (re̱'guiula') *adj.* regular. | No tiene el sentido de mediano. 2 ordenado, metódico. 3 normal, corriente. 4 debidamente autorizado o constituido. 5 de línea [soldado]. 6 fam. acabado, consumado : *a* ~ *humbug,* un consumado farsante. — 7 *s.* ecles. regular. 8 soldado regular o de línea. 9 obrero permanente. 10 *pl.* mil. regulares, tropas regulares.
regularity (re̱guiula̱'riti) *s.* regularidad. 2 método, orden.
regularization (re̱guiulari̇s̈es̈hø̈n) *s.* regularización.
regularize (to) (re̱guiulari̇s̈) *tr.* regularizar.
regularly (re̱'guiulȧ'li) *adv.* regularmente.
regulate (to) (re̱'guiulei̇t) *tr.* regular, arreglar, reglamentar. 2 regular, ajustar. 3 regularizar.

regulation (reguiule·shøn) *s.* regulación. 2 reglamentación. 3 arreglo, método. 4 regla, orden. 5 *pl.* reglamento, ordenanzas, reglas establecidas. — 6 *adj.* de reglamento, reglamentario, ordinario, de ordenanza, de rigor.

regulative (re·guiulativ) *adj.* regulador, regulativo.

regulator (re·guiuleitø') *s.* regulador [que regula]. 2 MEC., ELECT. regulador. 3 registro [de un reloj]. 4 cronómetro regulador. — 5 *adj.* regulador, de regulación.

regulus (re·guiuløs) *s.* régulo, reyezuelo. 2 régulo, basilisco. 3 QUÍM., METAL., ASTR. régulo.

regurgitate (to) (rigø·'ÿiteit) *tr.* regurgitar.

regurgitation (rigø'ÿite·shøn) *s.* regurgitación.

rehabilitate (to) (rijabi·liteit) *tr.* rehabilitar.

rehabilitation (rijabilite·shøn) *s.* rehabilitación.

rehash (rri·jæsh) *s.* refundición. 2 fárrago.

rehash (to) (rrijæ·sh) *tr.* desp. recomponer; refundir.

rehearsal (rijø·'sal) *s.* ensayo [de una comedia, etc.]. 2 relación, enumeración. 3 repetición, recitación.

rehearse (to) (rijø·'s) *tr.* ensayar [una comedia, etc.]. 2 repasar [lo estudiado]. 3 repetir, recitar. 4 referir, contar.

reheat (to) (rijrt) *tr.* recalentar, volver a calentar. 2 recocer.

reheating (rijr·ting) *s.* recalentamiento; recocido.

reify (to) (rr·ifai) *tr.* materializar, hacer concreto, considerar como material o concreto [lo espiritual o abstracto].

reign (rein) *s.* reino, soberanía, dominio, predominio. 2 reinado.

reign (to) *intr.* reinar. 2 imperar, predominar; estar en boga.

reigning (rei·ning) *adj.* reinante. 2 imperante, predominante.

reignite (to) (rignai·t) *tr.* volver a encender. — 2 *intr.* volverse a encender.

reimburse (to) (rriimbø·'s) *tr.* reembolsar, reintegrar, indemnizar.

reimbursement (rriimbø·'smønt) *s.* reembolso, reintegro, indemnización.

reimpress (to) (rriimpre·s) *tr.* reimprimir.

reimpression (rriimpre·shøn) *s.* reimpresión.

rein (rein) *s.* rienda: *to draw* ~, tener la rienda, parar, detenerse; *to give* ~ o *the rein*, aflojar las riendas, dar rienda suelta. 2 sujeción, freno. 3 *pl.* riendas: *to take the reins*, tomar las riendas, la dirección.

rein (to) *tr.* guiar, gobernar [con las riendas]. 2 refrenar, contener. 3 gobernar, dirigir, llevar las riendas de. — 4 *intr.* obedecer a las riendas. 5 detener el caballo, moderar su marcha; pararse.

reincarnate (to) (rrinca·nei·t) *tr.* reencarnar.

reincarnation (rriinca·ne·shøn) *s.* reencarnación.

reindeer (rei·ndi') *s.* ZOOL. reno, rangífero, rengífero.

reindorse (to) (rriindo·'s) *tr.* COM. contraendosar.

reinforce (rriinfo·'s) *s.* refuerzo [parte que refuerza un objeto]. 2 ARTILL. releje.

reinforce (to) *tr.* reforzar. 2 armar [el cemento, el hormigón]: *reinforced concrete*, hormigón armado.

reinforcement (rriinfo·'smønt) *s.* refuerzo. 2 armadura [del cemento, el hormigón]. 3 *pl.* MIL. refuerzos.

reins (reinš) *s. pl.* ant. riñones. 2 entrañas, afectos.

reinsert (to) (rriinsø·'t) *tr.* insertar de nuevo.

reinstall (to) (rriinsto·l) *tr.* reinstalar, reponer, rehabilitar.

reinstallment (rriinsto·lmønt) *s.* reinstalación, reposición, rehabilitación.

reinstate (to) (rriinstei·t) *tr.* reinstalar, reponer, restablecer. 2 en los seguros contra incendios, reparar los daños.

reinstatement (rriinstei·tmønt) *s.* reinstalación, reposición, restablecimiento.

reinsurance (rriinshu·rans) *s.* COM. reaseguro.

reinsure (to) (rriinshu·') *tr.* COM. reasegurar.

reintroduce (to) (rriintrodiu·s) *tr.* volver a introducir.

reintroduction (rriintrodø·cshøn) *s.* nueva introducción.

reinvest (rriinve·st) *tr.* reinvertir.

reinvestigate (to) (rriinve·stigueit) *tr.* volver a investigar.

reinvestment (rriinve·stmønt) *s.* reinversión.

reinvigorate (to) (rriinvi·gøreit) *tr.* fortificar o vigorizar de nuevo, o volver el vigor a.

reissue (rri·shu) *s.* nueva publicación. 2 nueva emisión.

reissue (to) *tr.* volver a publicar. 2 volver a emitir. — 3 *intr.* volver a salir [una publicación, sello, etc.].

reiterate (to) (rri·tøreit) *tr.* reiterar, repetir.

reiteratedly (rri·tøreitidli) *adv.* reiteradamente, repetidas veces.

reiteration (rritøre·shøn) *s.* reiteración, repetición.

reject (rri·ÿect) *s.* desecho.

reject (to) (ri·ÿe·ct) *tr.* rechazar, rehusar, repeler, repudiar. 2 denegar, desoír. 3 desechar, descartar, arrinconar. 4 expeler, arrojar, vomitar.

rejectable (riÿe·ctabøl) *adj.* rechazable, desechable.

rejecter (riÿe·ctø') *s.* el que rechaza o desecha.

rejection (riÿe·cshøn) *s.* rechazamiento. 2 denegación. 3 acción de desechar, de descartar; exclusión. 4 desecho. 5 *pl.* excremento.

rejector (riÿe·ctø') *s.* REJECTER. 2 RADIO filtro.

rejoice (to) (riÿoi·s) *tr.* alegrar, regocijar. — 2 *intr.* alegrarse, regocijarse, gozarse, congratularse.

rejoicing (riÿoi·sing) *adj.* alegre, gozoso. — 2 *s.* alegría, gozo, regocijo, júbilo. 3 fiesta, festividad.

rejoin (to) (riÿoi·n) *tr.* reunirse con, volver a juntarse con, volver a la compañía de. — 2 *tr.* e *intr.* responder, replicar. 3 DER. duplicar.

rejoinder (riÿoi·ndø') *s.* respuesta, réplica. 2 DER. dúplica.

rejoint (to) (riÿoi·nt) *tr.* ALBAÑ. rejuntar.

rejuvenate (to) (riÿiu·vøneit) *tr.* rejuvenecer, remozar.

rejuvenation (riÿiuvøne·shøn) *s.* rejuvenecimiento, remozamiento.

rejuvenesce (to) (riÿiuvøne·s) *tr.* REJUVENATE. — 2 *intr.* rejuvenecerse, remozarse.

rejuvenescence (riÿiuvøne·sens), **rejuvenescency** (-si) *s.* rejuvenecimiento.

rekindle (to) (rriki·ndøl) *tr.* volver a encender. 2 reavivar.

relapse (rilæ·ps) *s.* recaída. 2 reincidencia [en un vicio, herejía, etc.]. 3 MED. recidiva. 4 relapso.

relapse (to) *intr.* recaer, reincidir [en un vicio, herejía, etc.]; volver [a un estado]. 2 MED. recaer.

relate (to) (rilei·t) *tr.* relatar, referir, contar. 2 relacionar [una cosa con otra]. — 3 *intr.* relacionarse [guardar relación]; referirse, concernir.

related (rilei·tid) *adj.* relatado, referido, contado. 2 relacionado, conexo. 3 emparentado, afín.

relatedness (rilei·tidnis) *s.* conexión, manera de estar relacionado.

relater (rilei·tø') *s.* relator, narrador.

relating (rilei·ting) *adj.* referente, concerniente.

relation (rile·shøn) *s.* relato, relación, narración. 2 relación [conexión, correspondencia, trato]. 3 relación, respecto: *in* ~ *to* o *with*, en relación con, respecto a. 4 parentesco, afinidad. 5 pariente, deudo, allegado. 6 *pl.* parientes, parentela.

relational (rile·shønal) *adj.* de relación. 2 de parentesco. 3 GRAM. que expresa relación.

relationship (rile·shønship) *s.* relación [entre cosas o pers.]. 2 parentesco.

relative (re·lativ) *adj.* relativo. 2 pertinente [a una cosa]. 3 que se tributa por medio de imágenes [culto]. — 4 *s.* GRAM. pronombre relativo. 5 pariente, deudo, allegado.

relatively (re·lativli) *adv.* relativamente.

relativeness (re·lativnis) *s.* relatividad; respecto.

relativism (re·lativizm) *s.* FIL., FÍS. relativismo.

relativist (re·lativist) *s.* relativista.

relativity (relati·viti) *s.* relatividad.

relax (to) (rilæ·cs) *tr.* relajar. 2 aflojar. 3 ablandar. 4 mitigar. 5 enervar, debilitar. 6 descansar, esparcir [el ánimo]. 7 aliviar el estreñimiento. — 8 *tr.* e *intr.* amainar. — 9 *intr.* relajarse. 10 ablandarse, ceder, cejar, remitir. 11 descansar, esparcirse. 12 aflojarse.

relaxation (rilacse·shøn) *s.* relajación, aflojamiento. 2 remisión, reducción. 3 mitigación, lenidad. 4 descanso, reposo, solaz, distracción, esparcimiento.

relay (rri·lei) *s.* parada, posta [caballerías; lugar]. 2 relevo, remuda, revezo, tanda. 3 ELECT. relevador, relé. 4 MEC. servomotor. 5 DEP. carrera de relevos. — 6 *adj.* de relevos, etc.: ~ *broadcast*, RADIO retransmisión; ~ *race*, DEP. carrera de relevos.

relay (to) *tr.* relevar, mudar [caballos, etc.] ; transmitir [por relevos] ; hacer correr [una noticia]. *2* RADIO retransmitir [lo difundido por otra emisora]. ¶ CONJUG. pret. y p. p. : *relayed.*

relay (to) (rɪleiˈ) *tr.* volver a colocar. ¶ CONJUG. pret. y p. p. : *relaid.*

release (rɪliˈs) *s.* libertad, soltura, excarcelación, liberación. *2* descargo, exoneración, remisión. *3* quita, finiquito. *4* DER. cesión ; escritura de cesión. *5* MEC. disparo, escape ; descarga. *6* permiso de publicación, representación o venta [a partir de una fecha determinada] de una obra, fotografía, disco, etc. ; la misma obra, fotografía, disco, etc.

release (to) *tr.* libertar, soltar, poner en libertad. *2* librar, descargar, relevar, aliviar. *3* DER. ceder, renunciar [un derecho, etc.]. *4* permitir [a partir de una fecha determinada] la publicación, representación o venta, de una obra, fotografía, disco, etc.

re-lease (to) (rɪliˈs) *tr.* arrendar de nuevo.

releasee (rɪliˈsiˈ) *s.* cesionario.

releasor (rɪliˈsøˈ) *s.* cesionista.

relegate (to) (reˈligueit) *tr.* relegar. *2* remitir [al juicio o decisión]. *3* confiar, delegar.

relegation (religueˈshøn) *s.* relegación.

relent (to) (rɪleˈnt) *intr.* ablandarse, aplacarse, ceder. *2* enternecerse ; condolerse. *3* mitigarse. — *4 tr.* aflojar, amainar, moderar.

relentless (rɪleˈntlis) *adj.* implacable, inexorable ; empedernido.

relentlessly (rɪleˈntlisli) *adv.* implacablemente.

relentlessness (rɪleˈnlisnis) *s.* inexorabilidad, rigor.

relevance (reˈlivans), **relevancy** (-si) *s.* pertinencia.

relevant (reˈlivant) *adj.* pertinente, aplicable, a propósito, que hace o viene al caso.

reliability (rilaiabiˈliti), **reliableness** (rilaiˈabølnis) *s.* calidad de confiable, fidedigno, seguro ; formalidad, veracidad, seguridad.

reliable (rilaiˈabøl) *adj.* confiable, digno de confianza, seguro, formal. *2* fidedigno, veraz.

reliance (rilaiˈans) *s.* confianza, seguridad.

reliant (rilaiˈant) *adj.* confiado [que confía].

relic (reˈlic) *s.* reliquia [de un santo, etc.]. *2* reliquia, vestigio. *3 pl.* restos, ruinas.

relict (reˈlict) *s.* viuda [de]. *2* superviviente [de una raza o especie]. *3 pl.* restos [mortales].

relief (rɪliˈf) *s.* ayuda, auxilio, socorro ; limosna : *indoor ~,* socorro dado en una casa de beneficencia ; *outdoor ~,* beneficencia domiciliaria ; *on ~,* socorrido, recibiendo socorro de la beneficencia pública. *2* alivio, consuelo. *3* relevación, aligeramiento. *4* descanso, solaz. *5* MIL. relevo. *6* relieve, realce, resalto : *high ~,* alto relieve ; *low ~,* bajo relieve. *7* DER. remedio, desagravio, reparación. — *8 adj.* de socorro, etc. : *~ train,* tren de socorro. *9* en relieve : *~ map,* mapa en relieve. *10* MEC. *~ valve,* válvula de seguridad.

relievable (rɪliˈvabøl) *adj.* consolable, aliviable. *2* que se puede socorrer.

relieve (to) (rɪliˈv) *tr.* relevar, remediar, auxiliar, socorrer. *2* consolar. *3* aliviar, mitigar. *4* descargar, exonerar : *to ~ nature,* hacer uno sus necesidades. *4* desahogar. *5* animar, romper la monotonía de. *6* MIL. relevar. *7* realzar, dar relieve a, hacer resaltar o destacar. *8* DER. reparar, hacer justicia.

relieving arch (rɪliˈving) *s.* ARQ. arco de descarga.

relievo (rɪliˈvou) *s.* B. ART. relieve.

relight (to) (rɪlaiˈt) *tr.* volver a encender.

religion (rɪliˈȝøn) *s.* religión.

religionary (rɪliˈȝøneri) *adj.* religioso. — *2 s.* religionario.

religioner (rɪliˈȝønøˈ), **religionist** (rɪliˈȝønist) *s.* fanático religioso.

religionism (rɪliˈȝønišm) *s.* religiosidad extremada ; fanatismo.

religiosity (rɪliȝiaˈsiti) *s.* religiosidad.

religious (rɪliˈȝøs) *adj.* religioso. *2* devoto, piadoso. *3* escrupuloso, fiel, concienzudo. — *4 s.* religioso.

religiously (rɪliˈȝøsli) *adv.* religiosamente. *2* exactamente, fielmente.

religiousness (rɪliˈȝøsnis) *s.* religiosidad, piedad.

relinquish (to) (rɪliˈncuish) *tr.* abandonar, dejar ; desistir de. *2* ceder, renunciar a.

relinquishment (rɪliˈncuishmønt) *s.* abandono, dejación, renuncia.

reliquary (reˈlicuæri) *s.* relicario. *2* DER. deudor de un saldo. — *3 adj.* de reliquia.

relish (reˈlish) *s.* buen sabor, gusto, paladar, dejo. *2* gusto, goce, fruición. *3* gusto [para apreciar]. *4* apetencia, inclinación. *5* condimento, sainete, entremés. *6* CARP. hombro de espiga.

relish (to) *tr.* saborear, paladear. *2* gustarle o agradarle a uno [una cosa] ; hacer [algo] con fruición. *3* apreciar [con gusto]. *4* sazonar, dar mejor sabor o sainete, condimentar. — *5 intr.* saber [bien], ser apetitoso. *6* gustar, agradar. *7* saber [a].

relishable (reˈlishabøl) *adj.* sabroso, apetitoso. *2* agradable.

reload (to) (rɪlouˈd) *tr.* recargar [volver a cargar].

relucent (rɪliuˈsønt) *adj.* reluciente, refulgente.

reluct (to) (rɪløˈct) *intr.* mostrar repugnancia ; resistirse.

reluctance (rɪløˈctans) *s.* repugnancia, aversión, disgusto, mala gana. *2* ELECT. reluctancia.

reluctant (rɪløˈctant) *adj.* reluctante, renuente, reacio.

reluctantly (rɪløˈctantli) *adv.* de mala gana, a regañadientes, con repugnancia.

relume (to) (rɪliuˈm) *tr.* encender, iluminar de nuevo.

rely (to) (rɪlaiˈ) *intr.* confiar, fiar : *to ~ on* o *upon,* confiar o fiar en, contar con, fiarse de.

remain (to) (rɪmeiˈn) *intr.* quedar, sobrar, restar, faltar : *to ~ undone,* quedar por hacer. *2* quedarse : *to ~ behind,* quedarse atrás, rezagarse. *3* permanecer, persistir, continuar.

remainder (rɪmeiˈndøˈ) *s.* resto, remanente, restante, sobrante, alcance *2* MAT. resta, residuo. *3* ejemplares de una edición que quedan sin vender. — *4 adj.* restante, que queda.

remainder (to) *tr.* entre editores, ceder una edición, o lo que queda de ella, por un precio reducido.

remains (rɪmeiˈns) *s. pl.* restos [mortales], cadáver. *2* sobras. *3* reliquias, ruinas. *4* obras póstumas ; obras [de un autor difunto].

remake (to) (rɪmeiˈc) *tr.* rehacer [volver a hacer].

remand (rɪmaˈnd) *s.* acción de mandar o consignar de nuevo, devolución. *2* DER. reencarcelamiento.

remand (to) *tr.* mandar o consignar [al punto de procedencia], devolver. *2* DER. mandar de nuevo a la cárcel.

remandment (rɪmaˈndmønt) *s.* REMAND.

remanent (reˈmanønt) *adj.* restante ; residual.

remark (rɪmaˈrc) *s.* observación [acción de observar o reparar]. *2* observación, nota, advertencia, dicho, comentario.

remark (to) *tr.* observar, advertir, notar, reparar. *2* observar, hacer notar, decir.

remarkable (rɪmaˈrcabøl) *adj.* observable, reparable. *2* notable. *3* considerable, extraordinario, señalado, insigne.

remarkably (rɪmaˈrcabli) *adv.* notablemente ; señaladamente.

remarker (rɪmaˈrcøˈ) *s.* el que observa o hace una observación, comentario, etc.

remarriage (rɪmæˈridȝ) *s.* segundas nupcias.

remarry (to) (rɪmæˈri) *tr.* e *intr.* volver a casar o casarse.

remediable (rɪmiˈdiabøl) *adj.* remediable, reparable ; curable.

remedial (rɪmiˈdial) *adj.* terapéutico, reparador.

remediless (reˈmidilis) *adj.* irremediable, irreparable ; incurable.

remedy (reˈmidi), *pl.* **-dies** (-diš) *s.* remedio : *it is past ~,* no tiene remedio ; *there is no ~ but,* no hay más remedio que.

remedy (to) *tr.* remediar. *2* curar. *3* arreglar, reparar, corregir. ¶ CONJUG. pret. y p. p. : *remedied.*

remember (to) (rɪmeˈmbøˈ) *tr.* recordar, acordarse de, rememorar. *2* tener presente, tener en cuenta. *3* hacer presente ; dar memorias o recuerdos : *~ me to him,* déle recuerdos de mi parte. — *4 intr.* acordarse, hacer memoria.

rememberable (rɪmeˈmbørabøl) *adj.* recordable.

remembrance (rɪmeˈmbrans) *s.* recuerdo, memoria, recordación, rememoración. *2* memoria, retentiva. *3* recuerdo [objeto]. *4 pl.* memorias, recuerdos.

remembrancer (rɪmeˈmbransøˈ) *s.* recordador. *2* (Ingl.) cierto funcionario de Hacienda o del Tribunal Supremo.

remind (to) (rɪmaiˈnd) *tr. to ~ of,* acordar, recordar [una cosa a uno], hacer presente.

reminder (rimai·ndø') s. recordativo, recordatorio, señal, advertencia.
remindful (rimai·ndful) adj. recordativo, rememorativo. 2 atento, cuidadoso, que tiene presente.
reminisce (remini·s) tr. recordar. — 2 intr. contar sus recuerdos. 3 entregarse a sus recuerdos.
reminiscence (remini·sens) s. reminiscencia, recuerdo. 2 hábito de hablar de sus recuerdos, de entregarse a sus recuerdos. 3 pl. memorias [de una pers.].
reminiscent (remini·sønt) adj. recordativo, rememorativo, evocador. 2 que recuerda vagamente. 3 entregado a sus recuerdos. 4 lleno de recuerdos.
remise (to) (rimai·s) tr. DER. ceder, transferir.
remiss (rimi·s) adj. remiso, flojo, descuidado, negligente.
remissibility (rimisibi·liti) s. calidad de remisible o perdonable.
remissible (rimi·sibøl) adj. remisible, perdonable.
remission (remi·shøn) s. remisión, perdón. 2 remisión, disminución [de intensidad]. 3 rebaja, reducción. 4 COM. remesa. 5 MED. remisión.
remissive (rimi·siv) adj. remisivo, que remite o disminuye.
remissly (rimi·sli) adv. remisamente, negligentemente.
remissness (rimi·snis) s. flojedad, negligencia, descuido.
remissory (rimi·sori) adj. remisorio.
remit (to) (rimi·t) tr. remitir, perdonar, condonar. 2 remitir, someter [a la decisión, etc.]; enviar, dirigir [una pers. a otra, etc.]; devolver [una causa] a un tribunal inferior. 3 remitir, aplazar, diferir. 4 restituir [a uno sus derechos, título, etc.]. — 5 tr. e intr. COM. remesar [dinero]. 6 remitir, disminuir, aflojar. — 7 intr. ceder, debilitarse, templarse. ¶ CONJUG. pret. y p. p.: remitted; ger.: remitting.
remittal (rimi·tal) s. remisión [de una pena]. 2 DER. envío o traslado [a otro tribunal].
remittance (rimi·tans) s. COM. remesa [de dinero], giro. — 2 adj. — man, emigrado que vive con el dinero que le envían de su país.
remittent (rimi·tønt) adj. remitente [que pierde intensidad]: ~ fever, fiebre remitente.
remitter (rimi·tø') s. remitente. 2 DER. restitución [de títulos, derechos, etc.].
remnant (re·mnant) s. remanente, resto, residuo, sobra. 2 vestigio, rastro. 3 retal, maula, saldo. 4 fragmento, astilla, etc.
remodel (to) (rima·døl) tr. modelar de nuevo, rehacer, reconstruir.
remonetization (rimanetiše·shøn) s. remonetización.
remonetize (to) (rima·nitaiš) tr. remonetizar.
remonstrance (rima·nstrans) s. protesta, reproche, queja, amonestación, reconvención; razonamiento para disuadir. 2 memorial, representación. 3 MONSTRANCE.
remonstrant (rima·nstrant) adj. que protesta, objeta o reconviene; de protesta, objeción o reconvención. — 2 s. el que protesta, objeta, etc.; peticionario, exponente.
remonstrate (to) (rima·nstreit) intr. hablar o sermonear [a uno] para protestar, objetar, quejarse, reconvenir o tratar de persuadir. — 2 tr. decir [en son de protesta, queja, reconvención, etc.] que.
remora (re·mora) s. ICT. rémora.
remorse (rimo·'s) s. remordimiento, compunción.
remorseful (rimo·'sful) adj. lleno de remordimientos, arrepentido.
remorseless (rimo·'slis) adj. implacable, cruel, desalmado.
remorselessly (rimo·'slisli) adv. implacablemente, despiadadamente.
remorselessness (rimo·'slisnis) s. crueldad, desalmamiento.
remote (rimou·t) adj. remoto, lejano, distante. 2 retirado, apartado. 3 extraño, ajeno. 4 abstraído. 5 retraído, inaccesible. 6 MEC. hecho a distancia : ~ control, mando o gobierno a distancia.
remotely (rimou·tli) adv. remotamente.
remoteness (rimou·tnis) s. calidad de remoto. 2 alejamiento, lejanía. 3 retraimiento.
remould (to) (rimou·ld) tr. moldear o modelar de nuevo, dar nueva forma.
remount (rima·nt) s. MIL. caballo de remonta : ~ cavalry, remonta.
remount (to) intr. y tr. volver a montar, volver

a subir. — 2 tr. volver a engastar [piedras], a montar o pegar [fotografías, etc.]. 3 MIL. remontar.
removability (rimuvabi·liti) s. calidad de movible o trasladable. 2 amovilidad.
removable (rimu·vabøl) adj. movible, trasladable; que se puede quitar. 2 amovible.
removal (rimu·val) s. acción de quitar o llevarse; remoción, levantamiento, traslado. 2 mudanza, cambio de domicilio. 3 separación, destitución. 4 eliminación, supresión, extirpación. 5 alejamiento, apartamiento. 6 asesinato. — 7 adj. de mudanzas, etc.: ~ van, carro o camión de mudanzas.
remove (rimu·v) s. cambio de lugar, traslado, mudanza. 2 distancia [que separa o aleja], grado, escalón, intervalo. 3 grado [de parentesco]. 4 ausencia. 5 plato, entrada [de una comida]. 6 paso o ascenso a una sección más adelantada [en una escuela].
remove (to) tr. remover, trasladar, mudar, cambiar. 2 alejar, apartar, quitar, sacar. 3 obviar, eliminar, extirpar, arrancar, hacer desaparecer. 4 quitar de enmedio; matar. 5 separar, destituir, deponer. — 6 intr. trasladarse, mudarse. 7 irse, desaparecer.
removed (rimu·vd) adj. apartado, distante : my first cousin once ~, mi primo segundo.
remover (rimu·vø') s. quitador. 2 el que traslada muebles.
remunerable (rimiu·nørabøl) adj. remunerable.
remunerate (to) (rimiu·nøreit) tr. remunerar, pagar, retribuir, compensar.
remuneration (rimiunøre·shøn) s. remuneración, pago, retribución.
remunerative (rimiu·nørativ) adj. remuneratorio. 2 remunerador, provechoso, lucrativo.
remunerativeness (rimiu·nørativnis) s. calidad de remunerador.
remunerator (rimiu·nøreitø') s. remunerador.
Remus (ri·møs) n. pr. MIT. Remo.
renaissance (rinesa·ns) s. renacimiento. 2 HIST. the Renaissance, el Renacimiento. — 3 adj. (con may.) del Renacimiento.
renal (ri·nal) adj. ANAT. renal.
Renard (re·na'd) s. REYNARD.
renascence (rinæ·sens) s. renacimiento.
renascent (rinæ·sent) adj. renaciente.
rencounter (rincau·untø') s. encuentro [casual]. 2 encuentro, choque, combate, riña, duelo; debate, disputa.
rencounter (to) tr. e intr. encontrar; topar, encontrarse con.
rend (to) (rend) tr. rasgar, desgarrar, rajar, hender, partir. 2 arrancar [los cabellos, las ropas]. 3 lacerar, destrozar. 4 desunir, dividir. — 5 intr. rasgarse, rajarse, dividirse. ¶ CONJUG. pret. y p. p.: rent.
render (re·ndø') s. DER. pago [esp. en servicios]. 2 ALBAÑ. primera capa de enlucido.
render (to) tr. dar, transmitir, entregar, rendir. 2 devolver, volver, pagar, restituir. 3 devolver [por reflexión], reflejar. 4 dictar [sentencia, etc.]. 5 hacer, administrar [justicia]. 6 rendir [tributo, homenaje, etc.]. 7 dar, prestar, hacer [ayuda, favor, etc.]. 8 volver, hacer, poner [en un estado] : to ~ useless, hacer inútil, inutilizar. 9 dar o rendir [cuenta]. 10 B. ART. representar, expresar, interpretar, ejecutar. 11 traducir, verter [a una lengua] : to ~ into, traducir o verter al. 12 derretir, clarificar o extraer derritiendo. 13 ALBAÑ. enlucir, dar la primera capa de enlucido a.
rendezvous (ra·ndøvu) s. cita [para encontrarse], reunión. 2 lugar de la cita.
rendezvous (to) tr. e intr. acudir, juntarse, reunirse.
rendition (rendi·shøn) s. rendición, entrega. 2 rendimiento, producto. 3 B. ART. representación, interpretación, ejecución. 4 traducción, versión.
René (renei·) n. pr. Renato.
renegade (re·nigueid), **renegado** (reniguei·dou) s. renegado, apóstata. 2 desertor, tránsfuga.
renege (rini·g) s. renuncio [en el juego de naipes].
renege (to) tr. negar, abandonar. — 2 intr. renunciar [en el juego de naipes]. 3 fam. engañar. 4 fam. volverse atrás, no cumplir lo prometido.
renew (to) (riniu·) tr. renovar. 2 regenerar. 3 revivir, resucitar. 4 repetir, hacer de nuevo. 5

reanudar. 6 COM. extender, prorrogar. — 7 *intr.* revivir; renovarse, reanudarse.
renewable (riniu·abøl) *adj.* renovable.
renewal (riniu·al) *s.* renovación, renuevo. 2 reanudación. 3 COM. prórroga.
reniform (re·nifo'm) *adj.* reniforme, arriñonado.
renig (to) (rini·g) *intr.* TO RENEGE.
renitency (reni·tønsi) *s.* renitencia.
renitent (reni·tønt) *adj.* renitente.
rennet (re·nit) *s.* cuajo, cuajaleche. — 2 *adj.* ~ *bag,* cuajar.
renominate (to) (rina·mineit) *tr.* volver a nombrar.
renomination (rinamine·shøn) *s.* nuevo nombramiento.
renounce (to) (rinau·ns) *tr.* renunciar, abandonar, abdicar. 2 renegar; abjurar. 3 repudiar, rechazar, desconocer; negarse a seguir, obedecer, etc. — 4 *tr.* e *intr.* en el juego de naipes, no servir [al palo que se juega] por no tener carta de él.
renouncement (rinau·nsmønt) *s.* renunciación, renunciamiento, renuncia.
renovate (to) (re·noveit) *tr.* renovar, rehacer. 2 regenerar, purificar. 3 revivir, revigorizar.
renovation (renove·shøn) *s.* renovación, renuevo. 2 regeneración.
renovator (re·noveitø') *s.* renovador.
renown (rinau·n) *s.* renombre, fama, nombradía.
renowned (rinau·nd) *adj.* renombrado, célebre, famoso.
rent (rent) *s.* renta, arrendamiento, arriendo, alquiler: (EE. UU.) *for* ~, se alquila, se arrienda. 2 rasgadura, rasgón, desgarrón. 3 hendedura, grieta, raja, cuarteadura. 4 cisma, división. — 5 *p. p.* de TO REND.
rent (to) *tr.* arrendar, alquilar [dar o tomar en arrendamiento]. 2 hacer pagar una renta: *to* ~ *his tenants low,* hacer pagar poco por el arriendo. 3 alquilarse, arrendarse.
rentable (re·ntabøl) *adj.* arrendable, alquilable.
rental (re·ntal) *s.* renta, arriendo, alquiler. 2 lista de arriendos y arrendatarios. 3 total de rentas. — 4 *adj.* de renta.
renter (re·ntø') *s.* rentero, arrendatario, inquilino.
rentier (rantiei·) *s.* rentista.
rent-roll *s.* RENTAL 2 y 3.
renunciation (rinønshie·shøn) *s.* renunciación, renuncia, renunciamiento.
reoccupy (to) (ria·kiupai) *tr.* volver a ocupar.
reopen (to) (riou·pøn) *tr.* volver a abrir. 2 reanudar [una discusión, etc.]. — 3 *intr.* volverse a abrir; reanudarse.
reorganization (rio'ganiše·shøn) *s.* reorganización.
reorganize (to) (rio'ganaiß) *tr.* reorganizar.
rep (rep) *s.* TEJ. reps. 2 pop. persona inmoral.
repaint (to) (ri·peint) *tr.* repintar.
repair (ripe·') *s.* reparación, restauración, remiendo, compostura, reparo, recorrido. 2 estado, buen estado: *in* ~, *in good* ~, en buen estado; *in bad* ~, en mal estado; *out of* ~, descompuesto. 3 punto de reunión, lugar que se frecuenta. — 4 *adj.* de reparaciones: ~ *ship,* buque taller; ~ *shop,* taller de reparaciones.
repair (to) *tr.* reparar, remendar, componer, recorrer, restaurar, renovar. 2 remediar, subsanar, curar, restablecer. 3 reparar [daños, injusticias, etc.]. — 4 *intr. to* ~ *to,* ir o acudir a; dirigirse a; refugiarse en.
repairable (ripe·rabøl) *adj.* reparable, remendable.
repairing (ripe·ring) *s.* reparación, remiendo, compostura. 2 ZAP. remonta.
repairer (ripe·rø') *s.* reparador, componedor; remendador. 2 restaurador.
reparable (re·parabøl) *adj.* reparable.
reparation (repare·shøn) *s.* reparación, satisfacción, desagravio, resarcimiento. 2 reparación, restauración.
reparative (ripæ·rativ) *adj.* y *s.* reparativo.
repartee (repa·ti·) *s.* respuesta o réplica pronta y aguda; agudeza. 2 discreteo.
repartee (to) *intr.* dar respuestas prontas y agudas.
repartition (ripa·ti·shøn) *s.* reparto, repartición, distribución. 2 segunda partición.
repass (to) (ripæ·s) *tr.* repasar [volver a pasar]. 2 volver a pasar delante de o a cruzarse con. 3 volver a aprobar una ley. — 4 *intr.* volver a pasar.
repast (ripæ·st) *s.* comida, refacción: *light* ~, refrigerio, colación.
repatriate (to) (ri·pei·triet) *tr.* repatriar.
repatriation (ri·peitrie·shøn) *s.* repatriación.

repay (to) (ripei·) *tr.* pagar, corresponder, pagar en la misma moneda. 2 pagar [lo que se debe]; restituir, reembolsar, compensar, resarcir, desquitar.
repayable (ripei·abøl) *adj.* reembolsable, compensable, resarcible.
repayment (ripei·mønt) *s.* pago, retorno, desquite.
repeal (ripi·l) *s.* abrogación, derogación, revocación, anulación, casación.
repeal (to) *tr.* abrogar, derogar, revocar, anular, casar.
repealable (ripi·labøl) *adj.* abrogable, revocable, anulable.
repealing (ripi·ling) *adj.* derogatorio, anulatorio.
repeat (ripi·t) *s.* repetición [acción; cosa repetida]. 2 MÚS. repetición [signo]. 3 TEAT. repetición, bisado.
repeat (to) *tr.* repetir, reiterar. 2 recitar. 3 repasar, ensayar. — 4 *intr.* repetir [lo que se ha comido]. 5 ser de repetición [un arma o un reloj]. 6 (EE. UU.) votar más de una vez en unas elecciones. 7 repetirse periódicamente. — 8 *ref.* repetirse.
repeatable (ripi·tabøl) *adj.* repetible.
repeatedly (ripi·tidli) *adv.* repetidamente, reiteradamente.
repeater (ripi·tø') *s.* repetidor. 2 reloj o arma de repetición. 3 (EE. UU.) elector que vota dos veces en la misma elección.
repeating (ripi·ting) *adj.* que repite, repetidor, de repetición: ~ *circle,* ASTR., TOP. círculo repetidor; ~ *watch,* reloj de repetición.
repel (to) (ripe·l) *tr.* repeler, rechazar, repulsar, resistir. 2 repugnar, causar aversión. 3 MED. repercutir.
restore (to) (risto·') *tr.* restaurar. 2 instaurar. 3 impermeable. 4 que aleja o ahuyenta. — 5 *adj.* y *s.* MED. repercusivo. — 6 *s.* cosa repelente. 7 tela impermeable.
repent (to) (ripe·nt) *intr.* arrepentirse. — 2 *tr.* arrepentirse de.
repentance (ripe·ntans) *s.* arrepentimiento.
repentant (ripe·ntant) *adj.* y *s.* arrepentido, penitente. — 2 *adj.* de arrepentimiento.
repenter (ripe·ntø') *s.* arrepentido.
repentingly (ripe·ntingli) *adv.* con pesar o arrepentimiento.
repeople (to) (ripi·pøl) *tr.* repoblar.
repercuss (to) (ripø'cø·s) *tr.* rechazar, reflejar.
repercussion (ripø'cø·shøn) *s.* repercusión. 2 rechazo, reflexión, reflujo, reverberación.
repercussive (ripø'cø·siv) *adj.* rechazado, reflejado. 2 rechazante, reflejante. 3 MED. repercusivo.
repertoire (repø'tua·') *s.* MÚS. TEAT. repertorio.
repertory (re·pø'tori) *s.* repertorio, inventario, lista, índice. 2 depósito; colección.
repetend (re·pitend) *s.* MAT. período de una fracción decimal.
repetition (repiti·shøn) *s.* repetición, reiteración. 2 redición. 3 repaso, estudio [de una lección, etc.]. 4 recitación. 5 relación, mención. 6 copia, reproducción.
repetitious (repiti·shøs) *adj.* redundante, lleno de repeticiones; fastidioso.
repine (to) (ripai·n) *intr.* quejarse, lamentarse, afligirse. 2 consumirse, decaer. — 3 *tr.* quejarse de, lamentar.
repiner (ripai·nø') *s.* el que se queja.
repining (ripai·ning) *s.* queja, descontento, pesar.
replace (to) (riplei·s) *tr.* reponer, devolver, volver a poner o colocar. 2 reemplazar, substituir. 3 restituir, reembolsar. 4 cambiar [una pieza o parte de un artefacto, etc.].
replaceable (riplei·sabøl) *adj.* reemplazable, substituible, cambiable.
replacement (riplei·smønt) *s.* reemplazo, substitución; cambio. 2 reposición, restitución. 3 pieza de recambio.
replant (to) (riplæ·nt) *tr.* replantar.
replenish (to) (riple·nish) *tr.* llenar, rellenar [llenar enteramente]. 2 rellenar, llenar de nuevo, reaprovisionar.
replenishment (riple·nishmønt) *s.* acción y efecto de llenar o rellenar. 2 reaprovisionamiento.
replete (ripli·t) *adj.* lleno, repleto. 2 gordo.
repleteness (ripli·tnis), **repletion** (reple·shøn) *s.* repleción, plenitud. 2 ahíto.
replevin (riple·vin) *s.* DER. reivindicación. 2 auto de desembargo.

replevin o **replevy (to)** (riple·vi) *tr.* DER. reivindicar, desembargar.

replica (re·plica) *s.* B. ART. réplica. *2* MÚS. repetición. *3* fig. persona o cosa muy semejante a otra.

replicate (re·plikit) *adj.* replegado, doblado soore sí mismo. *2* múltiple, repetido.

replication (replike·shøn) *s.* respuesta, réplica. *2* repercusión, eco. *3* copia, reproducción. *4* DER. réplica.

reply (riplai), *pl.* **-plies** (-plš) *s.* respuesta, contestación.

reply (to) *tr.* responder, contestar, reponer. *2* DER. replicar.

report (ripo·'t) *s.* voz, rumor, hablilla : *by* ~, según se dice. *2* opinión, fama, reputación. *3* noticia, reporte, reportaje, anuncio, información. *4* reseña [de un libro]. *5* relación, relato, parte, comunicado. *6* informe, dictamen, memoria. *7* denuncia o parte de mala conducta. *8* DER. apuntamiento ; relación de pleitos y causas. *9* detonación, estampido, tiro : ~ *of a gun.* cañonazo. *10* carga [de un cohete, etc.].

report (to) *tr.* relatar, referir, contar, dar cuenta o parte de ; manifestar. *2* repetir [lo que se ha oído]. *3* hacer información o reportaje de. *4* reseñar [un libro]. *5* dictaminar, informar sobre. *6* devolver [un proyecto de ley] a la cámara con el informe de la comisión. | Gralte. con *out.* *7* denunciar [a uno] a un superior. *8* propalar, rumorear : *it is reported,* se dice. *9* MAR. *to* ~ *a vessel,* anunciar la llegada de un buque. — *10 intr.* dar cuenta, hablar [de] : *to be reported of,* andar en lenguas. *11* dar noticias de sí mismo. *12* informar, dictaminar. *13* actuar de reportero. *14* presentarse [para prestar servicio, etc.].

reporter (ripo·'tø') *s.* reportero, noticiero, periodista. *2* informador. *3* DER. relator. *4* el que redacta las actas de una Cámara.

reporterism (ripo·'tørišm) *s.* reporterismo.

reportorial (ripo·to·rial) *adj.* reporteril.

repose (ripou·š) *s.* reposo. *2* descanso, sueño. *3* tranquilidad, paz, calma, sosiego. *4* compostura, gravedad. *5* LITURG. monumento.

repose (to) *tr.* descansar, reclinar. *2* descansar, dar descanso. *3* poner, depositar [la confianza, etc.]. — *4 ref.* reclinarse, recostarse, tenderse ; descansar. — *5 intr.* reposar, descansar. *6* descansar, tener confianza [en].

reposeful (ripou·šful) *adj.* sosegado, tranquilo.

reposit (to) (ripa·šit) *tr.* depositar, guardar. *2* reponer.

reposition (riposi·shøn) *s.* CIR. reducción. *2* reposición, reinstalación.

repository (repo·šitori), *pl.* **-ries** (-riš) *s.* repositorio, depósito, almacén. *2* gabinete [de una colección], museo. *3* persona a quien se confían penas, esperanzas, etc. *4* LITURG. monumento.

repossess (to) (ripoše·s) *tr.* recobrar, recuperar. *2* volver a poner en posesión de.

repossession (ripose·shøn) *s.* recobramiento, recuperación ; acto de volver a posesionarse.

repoussé (røpusei·) *adj.* repujado.

reprehend (to) (reprije·nd) *tr.* reprender, reñir, censurar.

reprehensible (reprije·nsibøl) *adj.* reprensible, censurable.

reprehensibleness (reprije·nsibølnis) *s.* calidad de reprensible.

reprehensibly (reprije·nsibli) *adv.* represiblemente.

reprehension (reprije·nshøn) *s.* reprensión. *2* reprobación, censura.

reprehensive (reprije·nsiv) *adj.* de represión.

represent (to) (reprise·nt) *tr.* representar [en todas sus acepciones]. *2* exponer, alegar, hacer presente. — *3 intr.* presentar objeciones, protestar.

re-present (to) (riprise·nt) *tr.* volver a presentar.

representable (reprize·ntabøl) *adj.* representable.

representation (reprizente·shøn) *s.* representación. No tiene el sentido de dignidad o autoridad. *2* súplica, protesta, razonamiento [en favor o contra]. *3* POL. *proportional* ~, representación proporcional.

re-presentation (riprizente·shøn) *s.* nueva presentación.

representative (reprize·ntativ) *adj.* representativo ; que representa. *2* típico, característico. — *3 s.* representante, gestor, apoderado, delegado. *4* ti-

po, símbolo. *5* (EE. UU.) diputado [miembro de la Cámara baja].

representatively (reprize·ntativli) *adv.* representativamente.

representativeness (reprize·ntativnis) *s.* calidad de representativo.

repress (to) (ripre·s) *tr.* reprimir, contener, refrenar, dominar, sofocar. *2* cohibir.

repression (ripre·shøn) *s.* represión.

repressive (ripre·siv) *adj.* represivo.

reprieve (ripri·v) *s.* suspensión de la ejecución de una sentencia ; indulto. *2* alivio de un dolor, alejamiento de un daño ; respiro, tregua.

reprieve (to) *tr.* suspender la ejecución [de un reo] ; indultar. *2* aliviar, librar temporalmente de una pena, dolor, o daño.

reprimand (re·primænd) *s.* reprimenda, reprensión, regaño.

reprimand (to) *tr.* reprender, reconvenir, reñir, regañar.

reprint (ripri·nt) *s.* reimpresión. *2* tirada aparte, separata.

reprint (to) *tr.* reimprimir.

reprisal (riprai·šal) *s.* represalia : *to make reprisals,* tomar represalias.

reprise (riprai·š) *s.* represa [de un buque, etc.]. *2* MÚS. repetición. *3 pl.* deducciones o cargas anuales.

reproach (riprou·ch) *s.* reproche, reprensión, censura : *above* ~, irreprochable, sin tacha. *2* tacha, baldón. *3* oprobio, vergüenza.

reproach (to) *tr.* reprochar, echar en cara, afear. *2* reprender, censurar.

reproachable (riprou·chabøl) *adj.* reprochable, censurable.

reproachableness (riprou·chabølnis) *s.* calidad de reprochable o censurable.

reproachful (riprou·chful) *adj.* de reproche o censura.

reproachfully (riprou·chfuli) *adv.* con reproche o censura.

reproachingly (riprou·chingli) *adv.* con reproche o censura.

reproachless (riprou·chlis) *adj.* irreprochable ; intachable.

reprobate (re·probeit) *adj. y s.* reprobado, réprobo. *2* malvado, vicioso, corrompido. — *3 adj.* de reprobación.

reprobate (to) *tr.* reprobar, condenar. *2* desaprobar.

reprobation (reprobe·shøn) *s.* reprobación, condenación, desaprobación.

reprobative (re·probetiv), **reprobatory** (re·probatori) *adj.* reprobador, reprobatorio.

reproduce (to) (riprodiu·s) *tr.* reproducir. *2* volver a producir, renovar. *3* volver a presentar, a exhibir. — *4 intr.* reproducirse, propagarse.

reproducer (riprodiu·sø') *s.* reproductor. *2* aparato reproductor [de sonidos, etc.].

reproducible (riprodiu·sibøl) *adj.* que se puede reproducir.

reproduction (riprodø·cshøn) *s.* reproducción. *2* reminiscencia. *3* B. ART. copia, facsímil.

reproductive (riprodø·ctiv) *adj.* reproductor.

reproof (ripru·f) *s.* reprobación, censura, reprensión, regaño.

reprovable (ripru·vabøl) *adj.* reprobable, reprensible, censurable.

reproval (ripru·val) *s.* REPROOF.

reprove (to) (ripru·v) *tr.* reprobar, reprender, desaprobar, censurar.

reprover (ripru·vø') *s.* reprobador, reprensor, censor.

reprovingly (ripru·vingli) *adv.* con reprobación.

reprovision (to) (riprovi·ŷøn) *tr.* reaprovisionar, aprovisionar de nuevo.

reptant (re·ptant) *adj.* BOT., ZOOL. rastrero, reptante.

reptile (re·ptil) *adj.* reptante, reptil. *2* rastrero, bajo, despreciable. — *3 s.* ZOOL. reptil. *4* fig. persona rastrera, vil.

Reptilia (repti·lia) *s. pl.* ZOOL. reptiles.

reptilian (repti·lian) *s.* ZOOL. reptil. — *2 adj.* de reptil ; de los reptiles.

reptilious (repti·liøs) *adj.* de reptil o que lo parece.

republic (ripø·blic) *s.* república.

republican (ripø·blican) *adj. y s.* republicano.

republicanism (ripø·blicanišm) *s.* republicanismo.

republicanize (to) (ripø·blicanaiš) *tr.* hacer republicano. *2* convertir en república.

republication (rıpøblike·shøn) s. nueva publicación o promulgación. 2 reedición. 3 renovación [de un testamento].

repudiable (ripiu·diabøl) adj. repudiable.

repudiate (to) (ripiu·dieit) tr. repudiar. 2 desconocer, rechazar, recusar. 3 negarse a reconocer o a pagar [una deuda].

repudiation (ripiudie·shøn) s. repudiación, repudio. 2 rechazamiento, recusación. 3 acción de negarse a reconocer o a pagar una deuda.

repudiator (ripiu·dieitø') s. el que repudia.

repugn (to) (ripø·gn) tr. e intr. repugnar.

repugnance (ripø·gnans), **repugnancy** (-si) s. repugnancia, aversión, resistencia. 2 repugnancia, oposición, contradicción, incompatibilidad.

repugnant (ripø·gnant) adj. repugnante. 2 hostil, reacio, renitente. 3 opuesto, contradictorio, incompatible.

repugnantly (ripø·gnantli) adv. con repugnancia.

repulse (ri·pøls) s. repulsión, rechazamiento. 2 repulsa, denegación, negativa, desaire.

repulse (to) tr. repulsar, rechazar, repeler. 2 desairar.

repulsion (ripø·lshøn) s. repulsión, rechazamiento. 2 repulsión, repugnancia. 3 Fís. repulsión.

repulsive (ripø·lsiv) adj. de repulsión, repelente. 2 repulsivo, repugnante. 3 que implica o expresa deseo de rehuir el trato.

repulsively (ripø·lsivli) adv. repulsivamente.

repulsiveness (ripø·lsivnis) s. calidad de repulsivo.

reputable (re·piutabøl) adj. de buena reputación, estimable, intachable, honrado, honroso, lícito.

reputably (re·piutabli) adv. honrosamente, honradamente.

reputation (repiute·shøn) s. reputación, fama, nombre. 2 buena reputación, nota, distinción, celebridad.

repute (ripiu·t) s. reputación, estimación, fama, crédito : of ill ~, de mala fama. 2 opinión común : by ~, al decir de la gente.

repute (to) tr. reputar, estimar, juzgar, considerar, tener por. | Esp. en pasiva : he is reputed to have, tiene fama de tener.

reputed (ripiu·tid) adj. reputado : ~ highly ~, bien reputado. 2 aceptado generalmente ; supuesto, putativo.

reputedly (ripiu·tedli) adv. según la opinión común ; según se cree.

request (ricue·st) s. ruego, petición, súplica, solicitud : at the ~ of, a petición, a instancias de. 2 demanda, salida, hecho de ser solicitado : in ~, en boga, pedido, buscado, solicitado.

request (to) tr. rogar, pedir, suplicar, solicitar, encargar.

requiem (rı·cuiem) s. LITURG. réquiem. 2 misa de réquiem.

requirable (ricuai·rabøl) adj. que se puede pedir o requerir, exigible.

require (to) (ricuai·') tr. e intr. requerir, pedir, demandar, exigir, necesitar.

requirement (recuai·'mønt) s. requisito, condición. 2 exigencia, necesidad. 3 demanda, requerimiento.

requirer (recuai·rø') s. requeridor, pedidor.

requisite (re·cuišit) adj. requerido, preciso, necesario, indispensable. — 2 s. requisito, cosa esencial o indispensable.

requisitely (re·cuišitli) adv. indispensablemente.

requisition (recuiši·shøn) s. demanda, requerimiento. 2 demanda [de extradición]. 3 requisición, requisa. 4 exigencia, necesidad, menester. 5 to put in, o into ~, poner a contribución, en servicio.

requisition (to) tr. requisar. 2 requerir.

requisitory (recui·šitori) adj. de requerimiento. 2 de requisa.

requital (ricuai·tal) s. paga, pago, torna, correspondencia, compensación, galardón, recompensa. 2 desquite, represalia.

requite·(to) (ricuai·t) tr. pagar, devolver, corresponder, compensar, galardonar, castigar. 2 pagar en la misma moneda.

rerail (to) (rireı·l) tr. volver a encarrilar [un vehículo].

reredos (rı·ørødøs) s. retablo [de altar]. 2 ARQ. trashoguero.

reroute (to) (rıru·t) tr. reencaminar.

resale (rısei·l) s. reventa.

resalute (to) (rısaliu·t) tr. volver a saludar.

rescind (to) (risi·nd) tr. rescindir, anular, abrogar.

rescindable (risi·ndabøl) adj. rescindible, anulable, abrogable.

rescission (risi·ȳøn) s. rescisión, anulación, abrogación.

rescissory (risiso·ri) adj. rescisorio, anulatorio, abrogatorio.

rescript (rıscri·pt) s. rescripto. 2 edicto, decreto.

rescuable (re·skiuabøl) adj. que se puede librar, rescatar o socorrer.

rescue (re·skiu) s. libramiento, liberación, rescate, salvamento, socorro : to go to the ~ of, ir a salvar, acudir en socorro de. 2 recobro [por la fuerza].

rescue (to) tr. librar, libertar, rescatar, salvar. 2 recobrar [por la fuerza].

rescuer (re·skiuø') s. libertador, rescatador, salvador.

research (risø·'ch) s. rebusca, búsqueda, escudriñamiento, indagación, investigación. 2 aptitud para la investigación.

research (to) tr. rebuscar, escudriñar, indagar, investigar.

researcher (risø·'chø') s. escudriñador. 2 investigador.

reseat (to) (rısı·t) tr. sentar de nuevo. 2 asentar de nuevo, restablecer. 3 poner asiento nuevo a.

resect (to) (risø·ct) tr. CIR. hacer la resección de.

resection (rise·cshøn) s. CIR. resección.

reseda (rısı·da) s. BOT. reseda. 2 color de reseda. — 3 adj. de color de reseda.

Resedaceæ (residei·si) s. pl. BOT. resedáceas.

resedaceous (residei·shøs) adj. resedáceo.

resell (rısı·l) tr. revender.

resemblance (rise·mblans) s. parecido, semejanza, similitud. 2 aspecto, apariencia.

resemblant (rise·mblant) adj. parecido, semejante.

resemble (to) (rise·mbøl) tr. parecerse, asemejarse a.

resent (to) (rise·nt) tr. resentirse, ofenderse de o por ; sentirse de, agraviarse por.

resentful (rise·ntful) adj. resentido, ofendido, agraviado. 2 propenso al resentimiento, rencoroso.

resentment (rise·ntmønt) s. resentimiento, queja, enojo.

reservation (resø'vei·shøn) s. reservación, reserva [acción de reservar]. 2 reserva, condición, salvedad : mental ~, reserva mental ; without ~, sin reserva, sin condiciones. 3 DER. derecho que se reserva uno respecto de una propiedad que cede. 4 terreno o sitio reservado, esp. (EE. UU.) extensión de· terreno reservado por el gobierno para indios, bosques, escuelas, etc.

reserve (risø·'v) s. reserva, repuesto, provisión guardada ; depósito. 2 refugio. 3 terreno reservado. 4 reserva, circunspección, discreción, sigilo : in o upon ~, reservado, callado. 5 frialdad, falta de cordialidad. 6 COM. reserva. 7 reservación, reserva, restricción, condición : without ~, sin reserva ; mental ~, reserva o restricción mental. 8 MIL. reserva, retén. 9 DEP. substituto. — 10 adj. de reserva : ~ bank (EE. UU.), banco de reserva. 11 MIL. de la reserva, reservista. 12 TEJ. ~ printing, estampación con reservas.

reserve (to) tr. reservar [guardar ; retener ; destinar]. 2 preservar, conservar. 3 retener o hacerse reservar [un asiento, etc.]. 4 DER. reservar, exceptuar.

reserved (risø·'vd) adj. reservado. 2 frío, poco efusivo.

reservedly (risø·'vidli) adv. reservadamente.

reservedness (risø·'vidnis) s. reserva, circunspección, sigilo.

reservist (risø·'vist) adj. y s. MIL. reservista.

reservoir (re·sø'vua') s. depósito [de agua, gas, provisiones, etc.]. 2 cubeta [de barómetro, etc.]. 3 alberca, estanque, aljibe, arca de agua. 4 embalse, presa. 5 fig. mina [de datos, saber, etc.].

reset (rı·set) s. acción de volver a poner o instalar, de volver a engastar o montar [una piedra, etc.] ; de volver a triscar [una sierra] ; de volver a componer [en imprenta], etc. ‖ Véase TO SET.

reset (to) (rıse·t) tr. volver a poner, a instalar ; volver a engastar o montar [una piedra, etc.] ; volver a triscar [una sierra] ; volver a componer [en imprenta], etc. ‖ Véase TO SET. ¶ CONJUG. pret. y p. p. : reset ; ger. : resetting.

reshape (to) (rishei·p) tr. reformar, volver a formar.

reship (to) (rishı·p) tr. e intr. reembarcar.

reshipment (rıshi·pmønt) s. reembarco, reembarque.

reside (to) (rišai·d) intr. residir.

residence (re·šidøns) s. residencia, morada, mansión. 2 residencia [período en que se reside, obligación de residir]. 3 casa, esp. la de gente rica o acomodada. 4 período de estudio [en un colegio o universidad]. 5 punto, etc., (n que reside una cosa.

residency (re·šidønsi), pl. **-cies** (-siš) s. residencia [de un agente o ministro diplomático; del representante de una potencia protectora en un protectorado o parte de él].

resident (re·šidønt) adj. residente. 2 no emigrante [ave]. 3 que reside o radica en, inherente. — 4 s. residente, morador, vecino. 5 ministro residente. 6 residente [gobernador de un protectorado o parte de él]. 7 médico que reside en un hospital [con categoría superior a la de un interno].

residential (rešide·nshal) adj. de residencia. 2 díc. del barrio o distrito destinado a viviendas, esp. para gente rica o acomodada.

residentiary (rešide·nshari) adj. residente, residencial. — 2 s. eclesiástico obligado a residir. 3 residente, morador.

residual (rıšı·diual) adj. residual, restante.

residuary (rıšı·diueri) adj. residual, restante. 2 DER. ~ legatee, heredero universal.

residue (re·šidiu) s. residuo, resto, sobrante, remanente. 2 DER. líquido de una herencia.

residuum (rıšı·diuøm) s. residuo, resto, sobras. 2 residuo [de una destilación, etc.]. 3 hez [de la población].

resign (to) (rišai·n) tr. dimitir, renunciar a, dejar, abandonar. 2 resignar, entregar: to ~ oneself, entregarse a; resignarse. — 3 intr. dimitir, retirarse. 4 resignarse, someterse, conformarse. 5 AJEDR. abandonar.

re-sing (rısai·n) tr. volver a firmar.

resignation (rešigne·shøn) s. dimisión, renuncia, dejación. 2 resignación, conformidad.

resigned (rišai·nd) adj. resignado, conforme.

resignedly (rišai·nidli) adv. resignadamente.

resignee (rišaini·) s. resignatario.

resigner (rišai·nø') s. dimitente, dimisionario. 2 resignante.

resile (to) (rišai·l) intr. retroceder, rebotar, tener elasticidad. 2 reaccionar o recobrarse fácilmente.

resilience (rıšı·liens), **resiliency** (-si) s. resalto, rebote. 2 resorte, elasticidad, fuerza elástica. 3 fig. elasticidad, capacidad para reaccionar o recobrarse, animación, viveza.

resilient (rıšı·lient) adj. elástico. 2 que reacciona o se recobra fácilmente; alegre, animado, vivo.

resin (re·šin) s. resina: gum ~, gomorresina.

resiniferous (resini·førøs) adj. resinífero.

resinoid (re·šinoid) adj. parecido a la resina. — 2 s. substancia resinosa; resina sintética.

resinous (re·šinøs) adj. resinoso.

resinousness (re·šinøsnis) s. calidad de resinoso.

resipiscence (resi·pisøns) s. reconocimiento del propio error, retorno al buen sentido.

resist (rıšı·st) s. [en el estampado, el grabado, etc.] substancia con que se cubre una superficie o parte de ella para preservarla de la acción de otra substancia, reserva: ~ printing, estampación con reservas.

resist (to) tr. e intr. resistir. | No tiene el sentido de tolerar, sufrir. — 2 tr. oponerse, resistirse a.

resistable (rıšı·stabøl) adj. resistible.

resistance (rıšı·stans) s. resistencia [acción y efecto de resistir o resistirse; capacidad para resistir]: to offer ~, oponer resistencia. 2 MEC., ELECT. resistencia. 3 BIOL. defensa. — 4 adj. de resistencia: ~ coil, ELECT. carrete de resistencia; ~ movement, movimiento de resistencia.

resistant (rıšı·stant) adj. resistente.

resister (rıšı·stø') s. el que resiste.

resistibility (rıšisti·biliti) s. calidad de resistible. 2 resistencia [capacidad para resistir].

resistible (rıšı·stibøl) adj. resistible.

resistive (rıšı·stiv) adj. resistivo. — 2 s. ELECT. cuerpo no conductor.

resistivity (rıšisti·viti) s. resistencia [esp. en sentido técnico].

resistless (rıšı·stlis) adj. que no resiste, indefenso. 2 irresistible.

resistor (rıšı·stø') s. ELECT. resistencia [que se intercala en un circuito].

resole (to) (rısou·l) tr. soletear. 2 remontar [el calzado].

resoluble (re·šoliubøl) adj. resoluble. 2 soluble.

resolute (re·šoliut) adj. resuelto, determinado, decidido. 2 firme, inflexible.

resolutely (re·šoliutli) adv. resueltamente, decididamente.

resoluteness (re·šoliutnis) s. resolución, determinación, denuedo, firmeza, tesón.

resolution (re·šoliushøn) s. resolución [acción y efecto de resolver o resolverse]. 2 propósito: good resolutions, buenos propósitos. 3 resolución, determinación, denuedo. 4 solución [de un problema, etc.]. 5 solución, disolución, liquefacción. 6 decisión, acuerdo, conclusión [de una asamblea, etc.]; propuesta [de acuerdo].

resolutory (re·šoliutori) adj. DER. resolutorio.

resolvable (rıšı·lvabøl) adj. resoluble.

resolve (rıšı·lv) s. resolución, decisión, acuerdo. 2 resolución, determinación o propósito.

resolve (to) tr. resolver [en todas sus acepciones]. 2 decidir, determinar [a uno a que haga algo]. 3 asegurar, convencer. 4 acordar [en una asamblea]. — 5 intr. resolverse, decidirse, proponerse: to ~ on o upon, resolverse por. 6 MED., MÚS. resolverse. 7 to ~ into, resolverse en, reducirse a.

resolved (rıšı·lvd) adj. resuelto. 2 acordado, decidido. 3 cierto, persuadido, convencido.

resolvedly (rıšı·lvidli) adv. resueltamente.

resolvent (rıšı·lvønt) adj. y s. resolvente. 2 MED. resolutivo. — 3 s. solución, arreglo.

resonance (re·šonans) s. resonancia. 2 resonación, retumbo.

resonant (re·šonant) adj. resonante, sonoro, retumbante.

resonate (to) (re·šoneit) intr. resonar.

resonator (re·šoneitø') s. resonador.

resorb (to) (riso·b) tr. resorber, reabsorber.

resorbent (riso·bønt) adj. que resorbe o reabsorbe.

resorcin (reso·sin) s. QUÍM. resorcina.

resorption (riso·pshøn) s. resorción.

resorptive (riso·ptiv) adj. de resorción o que la produce.

resort (rišo·t) s. recurso, medio, refugio: to have ~ to, recurrir, apelar a; as a last ~, como último recurso. 2 concurso, concurrencia. 3 lugar al que se acude o que se frecuenta: health ~, lugar de cura; sanatorio, balneario, estación termal, etc.; summer ~, punto de veraneo. 4 acción de visitar o frecuentar un lugar.

resort (to) intr. acudir, concurrir, frecuentar. 2 acudir, recurrir, apelar, echar mano de.

re-sort (to) (rısø·') tr. escoger, clasificar de nuevo.

resound (to) (rıšau·nd) intr. resonar, retumbar, repercutir, formar eco. 2 poét. ser celebrado. — 3 tr. repetir, devolver [el sonido]. 4 sonar o emitir de un modo resonante. 5 poét. cantar, celebrar.

re-sound (to) (rısau·nd) tr. volver a sonar o a tocar.

resource (riso·s) s. recurso, arbitrio, medio, expediente, remedio: without ~, sin remedio. 2 RESOURCEFULNESS. 3 pl. recursos [medios disponibles, fuentes de riqueza].

resourceful (riso·sful) adj. ingenioso, listo, fértil en recursos.

resourcefulness (riso·sfulnis) adj. ingenio, maña, aptitud o facilidad para discurrir recursos.

resourceless (riso·slis) adj. desprovisto de medios o recursos.

respect (rispe·ct) s. respeto, atención, consideración, estima. 2 preferencia, parcialidad: ~ of persons, acepción o aceptación de personas. 3 respecto, relación, referencia: to have ~ to, respectar, hacer relación a; in ~ of, en cuanto a; in ~ to, with ~ to, con respecto a, respecto de, en cuanto a; in that ~, bajo este respecto. 4 aspecto, particular, punto de vista: in some ~, de algún modo; in other respects, por otra parte, por lo demás; in all respects, bajo todos los puntos de vista. 5 ant. in ~ that, puesto que, ya que. 6 pl. respetos, saludos [que se mandan].

respect (to) tr. respetar. 2 considerar, estimar. 3 observar, guardar. 4 respectar, tocar, concernir, referirse a: as respects, por lo que respecta a, tocante a. 5 hacer acepción de [personas].

respectability (rispectabi·liti) s. respetabilidad, crédito.
respectable (rispe·ctabøl) adj. respetable. 2 estimable. 3 decente, presentable. 4 honroso. 5 correcto, que respeta las convenciones sociales. 6 pasable, bastante bueno.
respectableness (rispe·ctabølnis) s. RESPECTABILITY.
respectably (rispe·ctabli) adv. respetablemente. 2 decentemente. 3 con arreglo a las convenciones sociales.
respecter (rispe·ctø') s. respetador. 2 ~ of persons, aceptor o aceptador de personas.
respectful (rispe·ctful) adj. respetuoso.
respectfully (respe·ctfuli) adv. respetuosamente.
respectfulness (rispe·ctfulnis) s. calidad de respetuoso.
respecting (rispe·cting) prep. con respecto a, en cuanto a, relativamente a. 2 considerando, en vista de.
respective (rispe·ctiv) adj. respectivo. 2 de cada, de cada uno.
respectively (rispe·ctivli) adv. respectivamente.
respirable (rispai·rabøl) adj. respirable.
respiration (respire·shøn) s. respiración, respiro.
respirator (re·spireitø') s. respirador.
respiratory (rispai·ratori) adj. respiratorio. 2 MED. de las vías respiratorias.
respire (rispai·') tr. e intr. FISIOL., BOT. respirar. — 2 intr. resollar. 3 respirar [descansar, revivir, cobrar aliento].
respite (re·spit) s. respiro, tregua, descanso, intervalo, pausa; espera, prórroga.
respite (to) tr. dar treguas o respiro a. 2 suspender, diferir, aplazar.
resplendence (risple·ndøns), **resplendency** (-si) s. resplandor, brillo, esplendor.
resplendent (risple·ndønt) adj. resplandeciente, brillante, esplendoroso.
respond (rispa·nd) s. LITURG. respuesta, responsorio. 2 ARQ. pilastra que recibe la imposta de un arco.
respond (to) intr. responder, contestar. 2 responder, corresponder [a una acción, un estímulo]. 3 (EE. UU.) responder [de daños, etc.].
respondence (rispa·ndøns) s. respuesta, correspondencia.
respondent (rispa·ndønt) adj. y s. dic. del que responde; correspondiente. 2 DER. demandado.
respondentia (rispande·nshia) s. COM. contrato o préstamo a la gruesa.
response (rispa·ns) s. respuesta, contestación, réplica. 2 respuesta [a una acción, un estímulo].
responsibility (rispansibi·liti), pl. -ties (-tiš) s. responsabilidad. 2 solvencia.
responsible (rispa·nsibøl) adj. responsable : to be ~ for, ser responsable de; tener la culpa de, ser la causa u origen de. 2 digno de confianza, solvente. 3 autorizado, respetable. 4 de responsabilidad.
responsibleness (rispa·nsibølnis) s. responsabilidad.
responsibly (rispa·nsibli) adv. con responsabilidad.
responsions (rispa·nshøns) s. pl. disputa pública en una Universidad. 2 en Oxford, primer examen de un grado.
responsive (rispa·nsiv) adj. que responde o corresponde [a una acción, un afecto], sensible; obediente; que se interesa. 2 que se interesa.
responsiveness (rispa·nsivnis) s. correspondencia, simpatía; propensión a responder [a una acción, un afecto], sensibilidad; interés.
responsory (rispa·nsori) adj. LITURG. responsorio.
rest (rest) s. descanso, reposo : day of ~, día de descanso, domingo; without ~, sin descanso. 2 tregua, pausa. 3 inacción. 4 descanso, sueño; sueño eterno : to lay to ~, enterrar; to retire to ~, retirarse a descansar, acostarse. 5 paz, tranquilidad : to set one's mind at ~, tranquilizar a uno. 6 parada, detención. 7 posada, descansadero. 8 apoyo, soporte, base, estribo; portaherramienta [de torno, etc.]. 9 diablo [de billar]. 10 cuja [para la lanza]. 11 ristre. 12 MÚS. pausa, silencio. 13 MÉTR. cesura. 14 resto, restante : the ~, el resto, los demás, los otros. 15 saldo, superávit. 16 (Ingl.) reserva de beneficios. 17 com. inventario y balance. 18 TENIS rest. 19 at ~, en reposo, inactivo; tranquilo; dormido; descansando en paz [muerto]; terminado. — 20 adj. de descanso, reposo, etc.: ~ cure, cura

de reposo; ~ room, sala de descanso; retrete; TEAT. saloncito.
rest (to) intr. descansar, reposar, dormir; estar quieto, tranquilo, en reposo : to ~ from, descansar de. 2 cesar, parar. 3 yacer. 4 posarse, 5 descansar, apoyarse [en], cargar [sobre], estribar, basarse, fundarse [en]. 6 descansar, confiar [en]. 7 depender [de]. 8 quedar, permanecer : ~ assured, tenga usted la seguridad, pierda cuidado; it rests with you, en sus manos queda, a usted le toca. 9 DER. terminar la presentación de pruebas. — 10 tr. descansar, dar descanso a; dejar descansar; to ~ oneself, descansar, tomarse un descanso. 11 descansar, asentar, poner, apoyar, basar, fundar. — 12 tr. e intr. AGR. descansar [la tierra].
restaurant (re·storant) s. restaurante.
restaurateur (restoratø·') s. dueño de un restaurante.
restful (re·stful) adj. reposado, quieto, sosegado, tranquilo. 2 que da descanso, reparador.
restfully (re·stfuli) adv. reposadamente, tranquilamente.
restharrow (re·stjærou) s. BOT. gatuña.
resting (re·sting) s. reposo, descanso. — 2 adj. en reposo, inactivo. 3 que da descanso. 4 de descanso : ~ place, descansadero; última morada, tumba; meseta [de escalera].
restitute (to) (re·stitiut) tr. restituir.
restitution (restitiu·shøn) s. restitución, devolución. 2 restablecimiento, reintegración, reposición. 3 recobro, indemnización, compensación. 4 FÍS. retorno a un estado anterior [como el de un cuerpo elástico].
restitutive (resti·tiutiv) adj. restitutorio, devolutivo.
restive (re·stiv) adj. ingobernable, reacio. 2 repropio [caballo]. 3 inquieto, impaciente, alborotado, descontento.
restiveness (re·stivnis) s. indocilidad. 2 inquietud, impaciencia.
restless (re·stlis) adj. inquieto, intranquilo, desasosegado, agitado, impaciente. 2 inquieto, bullicioso, revoltoso, alborotadizo, levantisco. 3 insomne, desvelado. 4 donde no se halla descanso.
restlessness (re·stlisnis) s. inquietud, impaciencia, desasosiego. 2 agitación continua. 3 insomnio, desvelo.
restock (to) (rista·c) tr. reaprovisionar. 2 repoblar [un acuario, etc.].
restorable (risto·rabøl) adj. restaurable. 2 restituible.
restoration (ristore·shøn) s. restauración. 2 renovación, instauración. 3 restablecimiento, recobro. 4 restitución, devolución, reintegración. 5 TEOL. redención final. 6 (con may.) HIST. restauración.
restorative (risto·rativ) adj. y s. restaurativo. 2 reconstituyente.
restore (to) (risto·') tr. restaurar. 2 instaurar. 3 restablecer. 4 reconstruir, reedificar. 5 reponer [en el trono, etc.]. 6 restituir, devolver, reintegrar, retornar. 7 to ~ to life, devolver la vida a.
restorer (risto·rø') s. restaurador. 2 restituidor.
restrain (to) (ristre·in) tr. refrenar, contener, detener, reprimir, cohibir, coartar, impedir, estorbar. 2 restringir, limitar. 3 restriñir. 4 privar [de libertad], encerrar, encarcelar.
restrainable (ristre·inabøl) adj. refrenable, contenible, restringible.
restrainedly (ristre·inidli) adv. con contención o restricción.
restrainer (ristre·inø') s. el o lo que refrena, etc. 2 FOT. retardador.
restraint (ristre·int) s. refrenamiento, cohibición, restricción, freno, traba, cortapisa. 2 reserva, circunspección. 3 contención, moderación. 4 sujeción, privación de la libertad.
restrict (to) (ristri·ct) tr. restringir, limitar, ceñir. 2 someter a restricciones.
restriction (ristri·cshøn) s. restricción, limitación : mental ~, restricción mental.
restrictive (ristri·ctiv) adj. restrictivo.
restrictively (ristri·ctivli) adv. restrictivamente.
result (riso·lt) s. resultado. 2 consecuencia, efecto, fruto, resulta : as a ~ of, de resultas o consecuencia de.
result (to) intr. to ~ from, resultar, originarse, seguirse, inferirse. 2 to ~ in, dar por resultado,

venir a parar en, acabar o terminar en, conducir a.

resultant (riˈsøltant) *adj.* y *s.* resultante.

resulting (riˈsølting) *adj.* resultante, que resulta.

resumable (riˈsiumabøl) *adj.* reasumible. 2 reanudable. 3 resumible.

resume (to) (riˈsiuˈm) *tr.* reasumir, volver a tomar, a adoptar, a ocupar. 2 recobrar. 3 reanudar, continuar. 4 resumir, compendiar, recapitular.

résumé (reˈsiumeiˈ) *s.* gal. resumen, sumario, recapitulación.

resumption (riˈsømpshøn) *s.* reasunción. 2 recopro. 3 reanudación.

resumptive (riˈsømptiv) *adj.* que reasume o vuelve a tomar. 2 que resume.

resupinate (riˈsiuˈpineit) *adj.* BOT. en posición invertida.

resupine (risiupaiˈn) *adj.* supino, boca arriba.

resurface (to) (riˈsøˈfis) *tr.* volver a revestir, allanar, alisar, barnizar, etc.

resurge (to) (riˈsøˈy) *intr.* resurgir, renacer, reaparecer.

resurgence (riˈsøˈyøns) *s.* resurgimiento, reaparición, resurrección.

resurgent (riˈsøˈyønt) *adj.* que resurge, renaciente, renovado.

resurrect (to) (reˈsøreˈct) *tr.* e *intr.* resucitar. — 2 *tr.* desenterrar y robar [cadáveres].

resurrection (reˈsøreˈcshøn) *s.* resurrección; renacimiento. 2 exhumación y robo [de cadáveres]: ~ *man*, ladrón de cadáveres. 3 *the Resurrection*, la Resurrección [del Señor].

resurrectionist (reˈsøreˈcshønist) *s.* resucitador. 2 el que cree en la resurrección de la carne. 3 ladrón de cadáveres.

resurvey (riˈsøˈˈvei) *s.* nueva medición del terreno. 2 nuevo examen o estudio.

resurvey (to) *tr.* apear o medir de nuevo [un terreno]. 2 rever [examinar de nuevo].

resuscitate (to) (riˈsøsiteit) *tr.* resucitar, volver a la vida, reanimar, hacer revivir. — 2 *intr.* resucitar, revivir.

resuscitation (riˈsøsiteˈshøn) *s.* resurrección, renacimiento, restauración, renovación.

resuscitative (riˈsøˈsitativ) *adj.* resucitador.

resuscitator (riˈsøˈsiteitøˈ) *s.* resucitador.

ret (to) (ret) *tr.* enriar [cáñamo, lino, etc.]. 2 dañar o pudrir con la intemperie.

retable (riˈteiˈbøl) *s.* retablo.

retail (ˈriˈteil) *s.* detall, menudeo, venta al por menor: *at* ~, al por menor. — *by* ~, al por menor, de detall, detallista: ~ *price*, precio de venta al por menor; ~ *trade*, comercio al por menor.

retail (to) *tr.* detallar, vender al por menor, *menudear*.

retailer (riˈteiløˈ) *s.* detallista, tendero, vendedor al por menor.

retain (to) (riˈteiˈn) *tr.* retener, guardar, conservar, quedarse con. 2 detener, contener. 3 tomar o tener a su servicio. 4 ajustar los servicios de un abogado] pagándole honorarios por anticipado.

retainable (riˈteinabøl) *adj.* que se puede retener.

retainer (riˈteinøˈ) *s.* criado, dependiente, seguidor. 2 retenedor, mantenedor. 3 ajuste, empleo. 4 acción de ajustar los servicios de un abogado; igual a anticipo que se paga al ajustarlos. 5 Derechos [para el cobro de una deuda].

retaining (riˈteiniŋ) *adj.* de retención, de contención; anticipo que se paga al ajustarse los servicios de un abogado; ~ *wall*, muro de contención.

retake (to) (riˈteiˈk) *tr.* volver a tomar. 2 volver a fotografiar o filmar. ¶ CONJUG. pret.: *retook*; p. p.: *retaken*.

retaliate (riˈtælieit) *intr.* desquitarse, vengarse, tomar represalias. — 2 *tr.* devolver [un daño, un insulto, etc.].

retaliation (riˈtælieishøn) *s.* desquite, venganza, represalia. 2 pago, retorno, desagravio, satisfacción.

retaliative (riˈtæliativ), **retaliatory** (riˈtæˈliatori) *adj.* de represalia, de venganza, vengador.

retard (riˈtɑˈd) *s.* retardo, retraso, dilación, demora.

retard (to) *tr.* retardar, retrasar, atrasar, detener. 2 diferir, dilatar, demorar.

retardation (ritaˈdeshøn) *s.* retardación, retardo, retraso, atraso.

retardative (ritaˈdativ), **retardatory** (ritaˈdatori) *adj.* retardador, retardatriz.

retarder (ritaˈdøˈ) *s.* retardador.

retch (to) (rech) *intr.* arquear, basquear, nausear, tener náuseas. — 2 *tr.* vomitar.

rete (riˈti) *s.* ANAT. red, plexo.

retention (ritenshøn) *s.* retención. 2 retentiva, memoria.

retentive (ritentiv) *adj.* retentivo.

retentiveness (ritentivnis) *s.* retentiva.

retiarius (risieiˈriøs), *pl.* **-ri** (-rai) *s.* reciario.

reticence (reˈtisøns), **reticency** (-si) *s.* reserva, taciturnidad, silencio. 2 RET. reticencia.

reticent (reˈtisønt) *adj.* reservado, callado, poco comunicativo.

reticle (reˈticøl) *s.* ÓPT. reticulo, retícula.

reticular (ritiˈkiulaˈ) *adj.* reticular.

reticulate (to) (ritiˈkiuleit) *tr.* dar forma de red o reticulo. 2 proveer de reticula.

reticulated (ritiˈkiuleit(id) *adj.* reticulado.

reticulation (ritikiuleˈshøn) *s.* disposición reticular.

reticule (reˈtikiul) *s.* ridiculo [bolso]. 2 ÓPT. reticulo, retícula.

reticulum (ritiˈkiuløm) *s.* ANAT., ZOOL. reticulo.

retiform (reˈtifoˈm) *adj.* reticular.

retina (reˈtina) *s.* ANAT. retina.

retinue (reˈtiniu) *s.* comitiva, séquito, acompañamiento, criados, servidores [de un personaje].

retiral (ritaiˈral) *s.* retiro [acción de retirarse]. 2 COM. acción de retirar una letra.

1) **retire (to)** (ritaiˈ) *intr.* retirarse, apartarse, retroceder: *to* ~ *into oneself*, fig. encerrarse en su concha. 2 retirarse, recogerse. irse a acostar. 3 retraerse. 4 retirarse [de la vida activa, de un empleo, etc.]; jubilarse. — 5 *tr.* retirar, apartar. 6 sacar [tirando]. 7 COM. retirar [de la circulación, del mercado]; recoger. 8 retirar, jubilar.

2) **retire (to)** (ritaiˈ) *tr.* poner neumáticos nuevos o llantas nuevas a.

retired (ritaiˈrd) *adj.* retirado, apartado, solitario, aislado: ~ *life*, vida retirada, solitaria. 2 íntimo, secreto, recóndito. 3 retraído. 4 retirado, jubilado. 5 de retirado o jubilado: ~ *pay*, retiro [haber]; ~ *list*, nómina de oficiales retirados.

retiredly (ritaiˈdli) *adv.* retiradamente. 2 privadamente.

retiredness (ritaiˈdnis) *s.* retiro, apartamiento, soledad, recogimiento.

retirement (ritaiˈmønt) *s.* retiro [apartamiento, recogimiento; lugar retirado]. 2 retirada. 3 retraimiento. 4 retiro, jubilación.

retiring (ritaiˈriŋ) *adj.* retraído, reservado; tímido, modesto, discreto. 2 que se retira. 3 del retiro o de la jubilación: ~ *pension*, retiro, jubilación [haber].

retorsion (ritoˈshøn) *s.* RETORTION.

retort (ritoˈt) *s.* redargución. réplica mordaz. 2 QUÍM. retorta.

retort (to) *tr.* e *intr.* replicar. — 2 *tr.* retorcer, redargüir. 3 devolver [una ofensa, un insulto, etc.].

retorter (ritoˈtøˈ) *s.* el que replica o redarguye.

retortion (ritoˈshøn) *s.* retorcedura, retorsión. 2 represalia.

retouch (ritøˈch) *s.* retoque [corrección, última mano]. 2 FOT. retoque.

retouch (to) *tr.* retocar, limar, pulir. 2 FOT. retocar.

retoucher (ritøˈchøˈ) *s.* retocador.

retouching (ritøˈchiŋ) *s.* retocamiento.

retrace (to) (ritreiˈs) *tr.* desandar: *to* ~ *one's steps*, volver sobre sus pasos, retroceder. 2 seguir las huellas retrocediendo; buscar el origen de. 3 repasar [con los ojos, con la memoria], evocar. 4 repasar un trazado. 5 relatar, contar.

retract (to) (ritræct) *tr.* retractar, retirar; retractarse de. 2 retraer, encoger. — 3 *intr.* retractarse, desdecirse. 4 retraerse, encogerse.

retractable (ritræctabøl) *adj.* retractable. 2 retráctil.

retraction (ritræcteˈshøn) *s.* retractación. 2 acción de desdecirse.

retractile (ritræctil) *adj.* retráctil.

retractility (ritræctiˈliti) *s.* retractilidad.

retraction (ritræcshøn) *s.* retractación. 2 retracción, encogimiento [de un órgano retráctil].

retractive (ritræ·ctiv) *adj.* que sirve para producir retracción o encogimiento.

retractor (ritræ·ctøʳ) *s.* ANAT., ZOOL., CIR. retractor.

retread (rɪ·tred) *s.* neumático recauchutado.

retread (to) (rɪtre·d) *tr.* volver a pisar u hollar. 2 AUTO. recauchutar [neumáticos], renovar su superficie de rodadura. ¶ CONJUG. pret..: *retrod;* p. p.: *retrod* o *-trodden.*

retreading (rɪtre·ding) *s.* AUTO. recauchutado.

retreat (ritrɪ·t) *s.* retiro, retirada [acción de retirarse]. 2 retiro, aislamiento. 3 refugio, asilo. 4 retiro [ejercicio piadoso]. 5 MIL. retirada : *to beat a* ~, retirarse, batirse en retirada. 6 MIL. retreta [toque]. 7 ARQ. parte entrante o retirada, nicho.

retreat (to) *intr.* retirarse, retroceder, cejar, batirse en retirada. 2 refugiarse. 3 tener inclinación hacia atrás; estar alejado del plano frontal. — 4 *tr.* retirar, mover hacia atrás.

retreatant (ritrɪ·tant) *s.* ECLES. el que toma parte en un retiro.

retrench (to) (ritre·nch) *tr.* cercenar, acortar, reducir, disminuir. 2 cortar, quitar, suprimir. 3 atrincherar. — 4 *intr.* reducirse, economizar, vivir con economía.

retrenchment (ritre·nchmønt) *s.* cercenamiento, corte, reducción, disminución. 2 MIL. atrincheramiento, trinchera.

retribute (to) (retri·biut) *tr.* dar o hacer en correspondencia, pago o desquite.

retribution (retribiu·shøn) *s.* retribución, recompensa. 2 justo castigo, pago, pena merecida.

retributive (ritri·biutiv), **retributory** (ritri·biutori) *adj.* retributivo : *retributive justice,* justicia retributiva.

retrievability (ritrivabi·liti) *s.* posibilidad de recuperación.

retrievable (ritri·vabøl) *adj.* recobrable, recuperable; reparable, remediable.

retrievableness (ritri·vabølnes) *s.* RETRIEVABILITY.

retrieval (ritrɪ·val) *s.* recobro, recuperación. 2 posibilidad de recobro. 3 reparación. 4 cobra [en la caza].

retrieve (ritrɪ·v) *s.* RETRIEVAL. 2 acto de cobrar o recoger [un hilo, etc.].

retrieve (to) *tr.* recobrar, recuperar. 2 traer de nuevo a la memoria; volver a encontrar. 3 restablecer, rehacer, reparar, remediar. 4 desquitarse de [una pérdida, etc.]. 5 cobrar [la caza]. — 6 *intr.* cobrar la caza.

retriever (ritrɪ·vøʳ) *s.* perro cobrador. 2 perdiguero.

retroact (to) (retroæ·ct) *tr.* obrar retroactivamente, tener fuerza retroactiva.

retroaction (retroæ·cshøn) *s.* retroacción; fuerza retroactiva.

retroactive (retroæ·ctiv) *adj.* retroactivo.

retroactivity (retroæcti·viti) *s.* retroactividad.

retrocede (to) (re·trosid) *intr.* retroceder. — 2 *tr.* DER. hacer retroceso de.

retrocession (retrose·shøn) *s.* retrocesión, retroceso. 2 DER. retrocesión.

retrochoir (re·trocuaiʳ) *s.* ARQ. parte de una iglesia detrás del altar mayor.

retrod (rɪtra·d) *pret.* y *p. p.* de TO RETREAD.

retrodden (rɪtra·døn) *p. p.* de TO RETREAD.

retroflex (re·trofecs) *adj.* vuelto o doblado hacia atrás.

retroflexion (retrofle·csion) *s.* inflexión hacia atras. 2 MED. retroflexión.

retrogradation (retrograde·shøn) *s.* retroceso, marcha hacia atrás. 2 ASTR. retrogradación.

retrograde (re·trogreid) *adj.* retrógrado.

retrograde (to) *intr.* retroceder, marchar hacia atrás. 2 decaer, degenerar. 3 ASTR. retrogradar.

retrogress (to) (re·trogres) *intr.* retroceder.

retrogression (retrogre·shøn) *s.* retroceso, empeoramiento.

retrogressive (retrogre·siv) *adj.* regresivo.

retropulsión (retropø·lshøn) *s.* MED. retropulsión.

retrospect (re·trospect) *s.* mirada u ojeada retrospectiva : *in* ~, mirando hacia atrás, hacia el pasado.

retrospect (to) *tr.* pensar en o reflexionar sobre [cosas del pasado].

retrospection (retrospe·cshøn) *s.* acción de mirar hacia el pasado, de evocar el pasado.

retrospective (retrospe·ctiv) *adj.* retrospectivo.

retroussé (røtrusei·) *adj.* respingona [nariz].

retroversion (retrovø·shøn) *s.* retroversión.

retrovert (to) (retrovø·ʳt) *tr.* desviar [un órgano] hacia atrás.

retter (re·tøʳ) *s.* enriador.

retting (re·ting) *s.* enriado, enriamiento.

return (ritø·ʳn) *s.* vuelta, retorno, regreso : *by* ~ *of post,* a vuelta de correo. 2 vuelta. repetición, reaparición, llegada [de lo que ocurre regularmente] : *many happy returns (of the day),* feliz cumpleaños, que cumpla usted muchos más. 3 devolución, restitución ; reexpedición. 4 retorno, pago, torna, recompensa, retribución, correspondencia, desquite, cambio : *in* ~ *for,* a cambio de, a trueque de. 5 restablecimiento, reinstalación. 6 respuesta, réplica. 7 vuelta ; recodo. 8 ángulo [de moldura, marco, etc.]. 9 ganancia, beneficio, rédito, fruto. 10 relación, estado, informe, declaración : *income tax* ~, declaración de rentas. 11 vuelta [billete]. 12 resto [en el juego de pelota]. 13 ECON. tanto de producción por unidad de coste. 14 POLÍT. elección [de una persona como diputado]. 15 *pl.* cosas devueltas o reexpedidas. 16 tablas estadísticas, datos, resultados, etc. : *election returns,* resultado del escrutinio. — 17 *adj.* de vuelta o retorno, de reexpedición, de desquite, etc. : ~ *address,* señas del remitente [en una carta] ; ~ *conductor,* ELECT. conductor de retorno; ~ *game,* ~ *match,* DEP. partida, partido, combate, etc., de vuelta; ~ *stroke,* MEC. carrera de vuelta o de retroceso; ~ *ticket,* billete de vuelta, o de ida y vuelta; ~ *trip,* viaje de vuelta; *by* ~ *mail,* a vuelta de correo.

return (to) *intr.* volver, retornar, regresar. 2 volver [a un estado, una acción, un asunto] : *to* ~ *to one's muttons,* volver al asunto de que se trataba. 3 volver, reaparecer, presentarse de nuevo. 4 responder, reponer, replicar. 5 revertir. — 6 *tr.* devolver, restituir, retornar. 7 pagar, devolver, corresponder a, agradecer, dar en cambio: *to* ~ *a kindness,* corresponder a un favor, devolverlo; *to* ~ *good for evil,* devolver bien por mal. 8 dar [una respuesta, las gracias]. 9 dar, rendir, redituar, producir. 10 dar, pronunciar [un veredicto]. 11 dar oficialmente [un informe, lista, relación o estado]. 12 volver [los ojos, etc.]. 13 hacer que [una cosa] forme ángulo o recodo. 14 reflejar [la luz, el sonido]. 15 POL. (Ingl.) elegir [como diputado] ; anunciar como elegido.

returnable (ritø·nabøl) *adj.* restituible, que puede devolverse. 2 DER. que debe dictarse, pronunciarse o anunciarse.

returning (ritø·ning) *adj.* que vuelve, devuelve, etc. 2 POL. (Ingl.) ~ *officer,* funcionario que dirige las operaciones electorales y proclama los candidatos elegidos.

retuse (ri·tius) *adj.* BOT. achatado.

Reuben (ru·bin) *n. pr.* Rubén.

reunion (riyu·nion) *s.* reunión. 2 reconciliación.

reunionism (riyu·nionišm) *s.* partido que busca la reunión entre la Iglesia Católica y la Anglicana.

reunite (to) (riyunai·t) *tr.* reunir, volver a unir, reconciliar. — 2 *intr.* reunirse, reconciliarse.

revaccinate (rivæ·csineit) *tr.* revacunar.

revaccination (rivæcsine·shøn) *s.* revacunación.

revaluation (rivaliue·shøn) *s.* nueva valoración. 2 COM. revalorización.

revalue (to) (rivæ·liu) *tr.* revalorizar.

revamp (to) (rivæ·mp) *tr.* poner nueva empella [al calzado] ; remendar, componer. 2 renovar, poner a la moda, rehacer [con los mismos materiales].

reveal (ri·vɪl) *s.* ARQ. telar [de puerta o ventana].

reveal (to) *tr.* revelar, descubrir, manifestar.

revealed (rivɪ·ld) *adj.* revelado : ~ *religion,* revelada.

revealer (rivɪ·løʳ) *s.* revelador. | No tiene el sentido de revelador fotográfico.

revealing (rivɪ·ling) *adj.* revelador.

reveille (re·vøli) *s.* MIL. diana [toque].

revel (re·vøl) *s.* holgorio, jarana, francachela, fiesta; *farra.

revel (to) *intr.* jaranear, andar de parranda, tomar parte en fiestas u orgías; *farrear. 2 deleitarse, gozarse [en]. ¶ CONJUG. pret. y p. p.: *reveled* o *-elled; ger.: reveling* o *-elling.*

revelation (revøle·shøn) *s.* revelación. 2 (con may.) Apocalipsis. 3 *fam.* cosa excelente o deliciosa.

revel(l)er (re·vøløʳ) *s.* el que toma parte en una

fiesta o francachela; calavera, jaranero, juerguista.

revelry (re·vǿlri), *pl.* **-ries** (-riš) *s.* jarana, francachela, juerga, orgía.

revenant (revna·nt) *s.* aparecido, espectro. 2 el que vuelve tras una larga ausencia.

revenge (rive·nŷ) *s.* venganza, vindicta. 2 desquite.

revenge (to) *tr.* vengar, vindicar: *to be revenged, to ~ oneself,* vengarse. — 2 *intr. to ~ upon,* vengarse de o en [una pers.].

revengeful (rive·nŷful) *adj.* vengativo, vindicativo.

revengefully (rive·nŷfuli) *adv.* vengativamente.

revengefulness (rive·nŷfulnis) *s.* ansia de vengarse, encono.

revenue (re·veniu) *s.* renta, provento, rédito, ingresos. 2 rentas públicas, ingresos del Erario, de un municipio, etc.; departamento que cuida de su recaudación. — 3 *adj.* de la aduana, del fisco: ~ *cutter,* escampavía, guardacosta; ~ *officer,* aduanero, empleado de la aduana o del resguardo; ~ *agent* del fisco; ~ *stamp,* póliza, timbre, sello de impuesto.

reverberant (rivǿ·bǿrant) *adj.* reverberante. 2 repercusivo. 3 retumbante, resonante.

reverberate (to) (rivǿ·bǿreit) *tr.* reflejar [la luz, el calor, el sonido]. 2 tratar en horno de reverbero. — 3 *intr.* reverberar, reflejarse, resonar, retumbar, repercutir.

reverberation (rivǿbǿre·shǿn) *s.* reverberación, reflexión. 2 retumbo, eco, repercusión.

reverberator (rivǿ·bǿreitǿ) *s.* reverbero [cuerpo, farol].

reverberatory (rivǿ·bǿratori) *adj.* reverberador. 2 de reverbero.

revere (to) (rivr·) *tr.* reverenciar, venerar, honrar.

reverence (re·vrǿns) *s.* reverencia, respeto, veneración: *to pay ~ to,* rendir homenaje, respetar, reverenciar; *saving your ~,* con perdón de usted. 2 reverencia [saludo; tratamiento].

reverence (to) *tr.* reverenciar, venerar, acatar.

reverend (re·vrǿnd) *adj.* reverendo, venerable. 2 ECLES. reverendo [tratamiento]: *right ~,* ilustrísimo; *most ~,* muy ilustrísimo; reverendísimo. — 3 *s.* clérigo.

reverent (re·vrǿnt) *adj.* reverente. 2 humilde, respetuoso.

reverential (revǿre·nshal) *adj.* reverente, reverencial, respetuoso.

reverentially (revǿre·nshali) **reverently** (re·vrǿntli) *adv.* reverentemente, respetuosamente.

reverer (rivr·rǿ) *s.* venerador.

reverie (re·vǿri) *s.* ensueño, abstracción. 2 visión, fantasía.

revers (rǿvi·r), *pl.* **-vers** (-vi·š) *s.* vuelta, vista, solapa [de un vestido].

reversal (rivǿ·sal) *s.* inversión, trastrueque. 2 cambio completo [de la opinión, etc.]. 3 DER. revocación. 4 DER. reversión. 5 ÓPT. cambio de una zona obscura de un espectro en otra brillante y viceversa.

reverse (rivǿ·s) *s.* lo inverso, opuesto o contrario: *quite the ~,* todo lo contrario. 2 inversión, cambio completo. 3 revés [desgracia, derrota]. 4 reverso, revés, dorso, espalda. 5 ESGR. revés. 6 MEC. contramarcha, marcha atrás: *in ~,* en marcha atrás. — 7 *adj.* opuesto, contrario. 8 inverso, invertido: ~ *operation,* MAT. operación inversa. 9 MEC. de inversión, de contramarcha, de marcha atrás: ~ *curve,* FERROC. curva en S; ~ *gear,* marcha atrás [engranaje o mecanismo de marcha atrás]; ~ *pedal,* pedal de marcha atrás; ~ *turn,* AVIA. cambio de dirección hacia atrás.

reverse (to) *tr.* invertir, trastrocar, volver al revés, voltear, cambiar completamente. 2 MEC. invertir el movimiento de; dar contravapor; poner en marcha atrás. 3 DER. revocar, anular, abolir. 4 *to ~ the charges,* cobrar el telegrama a su destinatario o la comunicación telefónica al número llamado. — 5 *intr.* invertirse; moverse en sentido contrario. 6 volver a un estado anterior.

reversed (rivǿ·st) *adj.* invertido, vuelto.

reversely (rivǿ·sli) *adv.* inversamente, al revés.

reversibility (rivǿ·sibi·liti) *s.* calidad de reversible o invertible. 2 revocabilidad.

reversible (rivǿ·sibǿl) *adj.* reversible, invertible. 2 revocable. — 3 *s.* tejido de dos caras.

reversing (rivǿ·sing) *adj.* que invierte o cambia; de inversión, de contramarcha, de marcha atrás;

~ *lever,* palanca de inversión o retroceso; ~ *gear,* engranaje o mecanismo de marcha atrás.

reversion (rivǿ·shǿn) *s.* reversión. 2 inversión, cambio en sentido opuesto. 3 BIOL. atavismo. 4 derecho de sucesión; futuro goce o posesión.

reversionary (rivǿ·shǿnæri) *adj.* DER. de la naturaleza de la reversión. 2 BIOL. atávico.

reversioner (rivǿ·shǿnǿ) *s.* el que tiene derecho de reversión.

revert (to) (rivǿ·t) *intr.* DER. revertir. 2 volver [a un estado, condición, lugar o tema]; retroceder. 3 BIOL. saltar atrás. — 4 *tr.* volver o dirigir hacia atrás.

revertible (rivǿ·tible) *adj.* reversible.

revery (re·vǿri) *s.* REVERIE.

revest (to) (rive·st) *tr.* revestir [con ropajes]. 2 restablecer. — 3 *intr.* revertir.

revet (to) (ri·vet) *tr.* revestir [un muro, etc.]. ¶ CONJUG. pret. y p. p.: *revetted;* ger.: *revetting.*

revetment (rive·tmǿnt) *s.* ALB., FORT., ING. revestimiento. 2 muro de contención.

revictual (rivi·tǿl) *tr.* volver a avituallar. ¶ CONJUG. pret. y p. p.: *revictualed* o *-ualled;* ger.: *revictualing* o *-ualling.*

review (riviu·) *s.* revista, inspección, examen, repaso; ojeada general; análisis. 2 crítica, reseña [de una obra]. 3 revisión. 4 MIL. revista. 5 revista [periódico; espectáculo].

review (to) *tr.* rever. 2 revisar, repasar, volver a examinar. 3 criticar, hacer el juicio crítico o la reseña de; analizar. 4 MIL. revistar. — 5 *intr.* escribir críticas [de libros, etc.].

reviewer (riviu·ǿ) *s.* crítico, revistero. 2 revisor [que revé].

revile (to) (rivai·l) *tr.* ultrajar, denigrar, injuriar, denostar, vilipendiar.

revilement (rivai·lmǿnt) *s.* ultraje, contumelia, denuesto, vilipendio.

reviler (rivai·lǿ) *s.* denigrador, denostador, vilipendiador.

revilingly (rivai·lingli) *adv.* injuriosamente; afrentosamente.

revindicate (to) (rivi·ndikeit) *tr.* reivindicar.

revisable (rivai·sǿbǿl) *adj.* revisable.

revisal (rivai·sal) *s.* revisión; corrección.

revise (rivai·š) *s.* revisión. 2 IMPR. segunda prueba: *second ~,* tercera prueba.

revise (to) *tr.* revisar, repasar, releer [para corregir]. 2 corregir [pruebas, un texto]: *Revised Version,* traducción corregida o revisada de la Biblia.

reviser (revai·šǿ) *s.* revisor [de un texto]. 2 corrector [de pruebas].

revision (revi·žǿn) *s.* revisión, repaso. 2 IMPR. corrección [de pruebas].

revisit (to) (rivi·šit) *tr.* volver a visitar.

revisor (rivai·šǿ) *s.* REVISER.

revisory (rivai·šori) *adj.* revisor.

revitalize (to) (rivai·talaiš) *tr.* hacer revivir, dar nueva vida a, galvanizar.

revival (rivai·val) *s.* reavivamiento, restauración, restablecimiento, renacimiento, resurgimiento: *Revival of Learning,* Renacimiento humanístico. 2 despertar, nuevo fervor, nueva boga, nuevo interés: *religious ~,* despertar religioso. 3 TEAT. reposición [de obras antiguas].

revivalist (rivai·valist) *s.* predicador protestante que va de un lugar a otro para despertar la fe.

revive (to) (rivai·v) *tr.* reanimar, revivificar. 2 reavivar, despertar, excitar, avivar. 3 hacer revivir, restablecer, restaurar, renovar, resucitar. 4 despertar el recuerdo de. 5 TEAT. reponer [obras antiguas]. — 6 *intr.* volver en sí. 7 revivir, reanimarse, reflorecer, renacer, resurgir, resucitar.

reviver (rivai·vǿr) *s.* vivificador. 2 restaurador, resucitador.

revivification (rivivifike·shǿn) *s.* revivificación.

revivify (to) (rivi·vifai) *tr.* revivificar, reanimar, resucitar. 2 QUÍM. reactivar.

reviviscence (rivi·visens) *s.* reviviscencia.

revocability (rivocabi·liti) *s.* revocabilidad.

revocable (re·vocabǿl) *adj.* revocable.

revocableness (re·vocabǿlnis) *s.* revocabilidad.

revocation (revoke·shǿn) *s.* revocación, derogación.

revoke (rivou·c) *s.* renuncio [en el juego de naipes].

revoke (to) *tr.* revocar, derogar, abrogar, anular. 2 renunciar, cometer un renuncio [en el juego de naipes].

revolt (rivou·lt) s. revuelta, rebelión, sublevación, alzamiento, levantamiento.
revolt (to) intr. rebelarse, sublevarse, amotinarse, levantarse. 2 sublevarse, indignarse, sentir repugnancia. — 3 tr. sublevar, levantar. 4 sublevar, indignar, dar asco.
revolter (rivou·ltøʳ) s. sublevado, amotinado, rebelde.
revolting (rivou·lting) adj. indignante, irritante, odioso. 2 repugnante, nauseoso.
revolute (re·voliut) s. BOT. enrollado hacia atrás.
revolution (revoliu·shøn) s. revolución [en todas sus acepciones]. 2 ciclo [periodo de tiempo].
revolutionary (revoliu·shøneri) adj. y s. revolucionario.
revolutionism (revoliu·shønišm) s. revolucionarismo.
revolutionist (revoliu·shønist) s. revolucionario.
revolutionize (to) (revoliu·shønaiš) tr. revolucionar. — 2 intr. sufrir revolución.
revolvable (riva·lvabøl) adj. giratorio, rotatorio.
revolve (to) (riva·lv) tr. voltear; hacer girar, hacer rodar o dar vueltas. 2 revolver [en la mente], meditar. — 3 intr. rodar, girar, dar vueltas. 4 moverse en ciclos, ocurrir periódicamente.
revolver (riva·lvøʳ) s. revólver.
revolving (rivo·lving) adj. giratorio: ~ door, puerta giratoria; ~ storm, ciclón. 2 que vuelve o se renueva : ~ fund, fondo constituido para ciertos préstamos o inversiones que va manteniéndose con los reintegros de las cantidades prestadas o invertidas.
revue (riviu·) s. TEAT. revista.
revulsion (rivø·lshøn) s. MED. revulsión. 2 apartamiento, retroceso, reculada. 3 cambio repentino, reacción [esp. en los sentimientos o en las ideas].
revulsive (revø·lsiv) adj. y s. revulsivo, revulsorio.
reward (riuo·'d) s. premio, recompensa, galardón, remuneración, gratificación. 2 pago, merecido.
reward (to) tr. premiar, recompensar, galardonar, remunerar, gratificar, retribuir, pagar.
rewardable (riuo·'dabøl) adj. digno de premio; remunerable.
rewarder (riuo·'døʳ) s. premiador, remunerador.
rewarding (riuo·'ding) adj. remunerativo, provechoso.
reweigh (to) (rɪueɪ·) tr. repesar.
rewire (to) (rɪuaɪ·ʳ) tr. volver a atar con alambre. 2 cambiar el alambre o hilo conductor de; volver a instalar alambre conductor en. 3 volver a telegrafiar.
reword (to) (rɪuø'd) tr. expresar de otro modo; redactar de nuevo.
rewrite (to) (rɪraɪ·t) tr. volver a escribir. 2 refundir [un escrito]. 3 (EE. UU.) arreglar [lo escrito por otro] para su publicación.
Reynard (reɪ·na'd) s. ZOOL. zorro, raposo.
Reynold (re·nøld) n. pr. Reinaldo.
rhabdomancy (rab·domansi) s. rabdomancia.
Rhadamanthus (rædamæ·nzøs) n. pr. MIT. Radamanto.
Rhaetian (rɪ·shan) adj. y s. rético.
Rhaeto-Romanic (rɪtouromæ·nic) adj. y s. retorromano.
Rhamnaceæ (ræmneɪ·shɪɪ) s. pl. BOT. ramnáceas.
rhapontic (ræpa·ntic) s. BOT. rapóntico.
rhapsode (ræ·psod), **rhapsodist** (ræ·psodist) s. rapsoda. 2 autor de rapsodias.
rhapsodic(al (ræpsa·dic(al) adj. rapsódico. 2 muy entusiasmado.
rhapsodize (to) (ræ·psodaiš) tr. cantar o recitar como una rapsodia. — 2 intr. cantar o recitar rapsodias. 3 hablar con entusiasmo exagerado.
rhapsody (ræ·psodi) s. rapsodia. 2 expresión entusiástica, discurso incoherente y efusivo.
rhatany (ræ·tani) s. BOT. ratania.
rhea (rɪ·a) s. ORNIT. ñandú, avestruz americano.
rhenium (rɪ·nɪøm) s. QUÍM. renio.
Rhenish (re·nish) adj. renano. — 2 s. vino del Rin.
rheometer (rɪa·metøʳ) s. reómetro.
rheophore (rɪ·ofoʳ) s. ELECT. reóforo.
rheostat (rɪ·ostæt) s. ELECT. reóstato.
rhetoric (re·toric) s. retórica.
rhetorical (rɪta·rical) adj. retórico.
rhetorically (rɪta·ricali) adv. retóricamente.
rhetorician (rɪtarɪshan) s. retórico.
rheum (rum) s. MED. flujo o destilación de humores; resfriado, catarro. 2 poét. lágrimas. 3 pl. dolores reumáticos.

rheumatic (rumæ·tic) adj. y s. reumático.
rheumatism (ru·matišm) s. reumatismo, reuma.
rheumatoid (ru·matoid) adj. reumatoideo.
rheumides (ru·maids) adj. MED. reumátide.
rheumy (ru·mi) adj. catarroso. 2 legañoso, pitarroso. 3 fig. húmedo.
rhinal (raɪ·nal) adj. ANAT. nasal.
Rhine (rain) n. pr. GEOGR. Rin, Rhin.
Rhineland (raɪ·nlænd) n. pr. GEOGR. Renania.
Rhinelander (raɪ·nlændøʳ) s. renano.
rhinitis (řaɪnaɪ·tis) s. MED. rinitis.
rhinoceros (raɪna·søřøs) s. ZOOL. rinoceronte. 2 ORNIT. ~ hornbill, cálao rinoceronte.
rhinocerotic (raɪnosøra·tic) adj. del rinoceronte.
Rhinocerotidæ (raɪnosera·tidi) s. pl. ZOOL. rinoceróntidos.
rhinologist (raɪna·logist) s. rinólogo.
rhinoplastic (raɪnoplæ·stic) adj. CIR. rinoplástico.
rhinoplasty (raɪ·noplæsti) s. CIR. rinoplastia.
rhizocarpic (raɪšoca·'pic), **rhizocarpous** (raɪšoca·'pøs) adj. BOT. rizocárpeo.
rhizoma (raɪsou·ma), **rhizome** (raɪ·šoum) s. BOT. rizoma.
Rhizophoraceæ (raɪšoforeɪ·sɪɪ) s. pl. BOT. rizoforáceas.
Rhizopoda (raɪša·poda) s. pl. ZOOL. rizópodos.
rhizopod (raɪ·šopad) s. ZOOL. rizópodo.
Rhodanus (roudanøs) n. pr. GEOGR. Ródanó.
Rhodes (rou·dš) n. pr. GEOGR. Rodas.
Rhodesia (roudɪ·ya) n. pr. GEOGR. Rhodesia.
Rhodian (rou·dian) adj. y s. rodio [de Rodas].
rhodium (rou·dɪøm) s. QUÍM. rodio.
rhododendron (roudode·ndrøn) s. BOT. rododendro.
Rhodophyceæ (roudofɪ·sɪɪ) s. pl. BOT. rodoficeas.
rhodophyceous (roudofɪ·shøs) adj. BOT. rodoficea [alga].
rhomb (ramb) s. GEOM. rombo. 2 BLAS. losange.
rhombic (ra·mbic) adj. rombal. 2 CRIST. rómbico.
rhombohedron (rambohɪ·drøn) s. GEOM. romboedro.
rhomboid (ra·mboid) s. GEOM. romboide.
rhomboidal (rambo·idal) adj. romboidal.
rhombus (ra·mbøs) s. GEOM. rombo.
Rhone (roun) n. pr. GEOGR. Ródano.
rhotacism (rou·tasišm) s. rotacismo.
rhotacize (to) (rou·tasaiš) intr. cometer rotacismo.
rhubarb (riu·ba'b) s. BOT. ruibarbo. 2 BOT. rapóntico.
rhumb (røm) s. MAR. rumbo, cuarta.
rhyme (raim) s. LIT. rima. 2 LIT. consonante. 3 verso, poesía. 4 ritmo, medida. 5 without ~ or reason, sin ton ni son.
rhyme (to) tr. rimar. 2 poner en verso; componer [versos rimados]. — 3 intr. rimar [hacer rima]. 4 consonar, armonizar. 5 versificar.
rhymer (raɪ·møʳ) s. rimador, versista.
rhymester (raɪ·møstøʳ) s. coplero, poetastro.
rhythm (rizm) s. ritmo. 2 MED. periodicidad.
rhythmic(al (rɪ·zmic(al) adj. rítmico, acompasado, cadencioso.
rhythmically (rɪ·zmicali) adv. rítmicamente.
riant (raɪ·ant) adj. sonriente, risueño.
rialto (rɪæ·ltou) s. mercado, lonja. 2 (con may.) puente del Rialto [Venecia]. 3 centro teatral de Nueva York.
rib (rib) s. ANAT. costilla. 2 fig. costilla [esposa]. 3 BOT. costilla; nervio. 4 nervio [del ala de un insecto]. 5 MAR. costilla, varenga. 6 cordoncillo [de ciertos tejidos]. 7 varilla [de paraguas o abanico]. 8 ARQ. nervadura. 9 ARQ. cuchillo [de cimbra]. 10 surco. 11 caballón. 12 COST. vivo. 13 MEC. pestaña, aleta, reborde. 14 costilla [cosa en forma de costilla].
rib (to) tr. marcar o formar con costillas, surcos, cordoncillos o filetes. 2 poner las costillas o varengas. 3 afianzar con pestañas o rebordes. 4 COST. hacer un vivo en. 5 pop. embromar, tomar el pelo. ¶ CONJUG. pret. y. p. p. : ribbed; ger. : ribbing.
ribald (rɪ·bald) adj. grosero, obsceno, blasfemo. — 2 s. libertino, ribaldo. 3 pers. que habla o escribe groseramente.
ribaldry (rɪ·baldri) s. lenguaje grosero, obsceno o blasfemo.
riband (rɪ·band) s. cinta [esp. de condecoración].
ribbed (ribd) adj. que tiene costillas, nervios, rebordes o pestañas.
ribbing (rɪ·bing) s. costillaje. 2 varillaje. 3 nerviación, nervadura.
ribbon (rɪ·bøn) s. cinta, listón, galón, banda, tira.

faja. 2 plomo [de vidriera]. 3 pl. fam. riendas.
4 perifollos. — 5 adj de cinta, en forma de
cinta. 6 BOT. ~ grass, variedad de alpiste.
ribbon (to) tr. encintar [adornar con cintas]. 2
marcar con fajas. 3 hacer tiras. — 4 intr. extenderse como una cinta, serpentear.
Ribston pippin (ri·bston pi·pin) s. BOT. variedad
de manzana.
ribwort (ri·bwǫ̈t) s. BOT. variedad de llantén.
rice (rais) s. BOT. arroz. — 2 adj. de arroz, arrocero: ~ field, arrozal; ~ mill, molino arrocero;
~ paper, papel de arroz; papel de china.
rich (rich) adj. rico [en bienes]. 2 rico [abundante, bien provisto]. 3 rico, excelente, exquisito.
4 rico, valioso, costoso, suntuoso, magnífico. 5
graso, suculento, fuertemente sazonado. 6 muy
dulce, dulzarrón. 7 fértil, pingüe, opimo. 8 bello
[paisaje, etc.]. 9 fragante. 10 vivo, intenso [color]. 11 lleno y pastoso o melodioso [voz, sonido].
12 lleno de significado. 13 copioso, cuantioso, generoso. 14 cómico, divertido.
Rich n. pr. abrev. de RICHARD.
Richard (ri·cha·d) n. pr. Ricardo.
richard s. ricacho, plutócrata.
riches (ri·chis) s. pl. riqueza, opulencia.
richly (ri·chli) adv. ricamente, magníficamente. 2
abundantemente, copiosamente.
richness (ri·chnis) s. riqueza, opulencia, abundancia. 2 riqueza, suntuosidad, magnificencia. 3
primor, exquisitez. 4 fertilidad. 5 suculencia,
crasitud. 6 intensidad [del color]. 7 plenitud,
pastosidad, calidad melodiosa [de la voz del sonido].
rick (rik) s. niara, almiar, hacina.
rick (to) tr. amontonar, hacinar [grano, paja, etc.].
rickets (ri·kits) s. raquitis, raquitismo.
rickety (ri·kiti) adj. raquítico. 2 desvencijado. 3
ruinoso, vacilante.
ricksha (ri·csha), **rickshaw** (ri·csho) s. cochecito
chino o japonés de dos ruedas y tirado por uno
o más hombres.
ricochet (ricoshei·) s. rebote [de un proyectil, una
piedra]. 2 ARTILL. ~ fire, fuego de rebote.
ricochet (to) intr. rebotar. — 2 tr. atacar con fuego de rebote. ¶ CONJUG. pret. y p. p.: ricocheted
o -chetted; ger.: ricocheting o -chetting.
rictus (ri·ctǫs) s. rictus.
rid (to) tr. librar, desembarazar, zafar, limpiar, quitar de encima: to be ~ of, estar libre
de; to get ~ of, librarse, desembarazarse, deshacerse de, quitarse de encima; to be well ~ of,
salir bien de. 2 quitar, destruir. ¶ CONJUG. pret.
y p. p.: rid o ridded; ger.: ridding.
riddance (ri·dans) s. acción de librar o desembarazar. 2 libramiento o preservación de un mal,
peligro, etc.
ridden (ri·dǫn) p. p. de TO RIDE.
riddle (ri·dǫl) s. enigma, misterio, acertijo, adivinanza. 2 criba, harnero.
riddle (to) tr. resolver, descifrar. 2 cribar. 3 acribillar: to ~ with, acribillar a. — 4 intr. hablar enigmáticamente.
riddler (ri·dlǫ̈) s. el que propone enigmas o habla
enigmáticamente. 2 cribador.
ride (raid) s. paseo o viaje a caballo, en bicicleta,
en coche, etc. 2 camino de herradura.
ride (to) intr. cabalgar, montar; ir a hombros
de una persona; ir, pasear o viajar a caballo, en
bicicleta, en coche, etc.: to ~ and tie, ir por
turnos montados o a pie dos o más viajeros con
un solo caballo; to ~ for a fall, montar con peligro de caerse; obrar temerariamente o exponiéndose voluntariamente a un peligro; to ~
roughshod, fig. no reparar en obstáculos; dominar, tiranizar, imponerse. 2 flotar. 3 ir por el
espacio. 4 encabalgar, traslapar, estar encaballada o puesta una cosa sobre otra. 5 moverse o
girar sobre un eje, gorrón, etc.; marchar funcionar. 6 andar, marchar [el caballo montado,
el vehículo]. 7 ser [el suelo, un camino] bueno,
malo, duro, etc., para cabalgar o rodar sobre él.
8 MAR. to ~ at anchor, estar fondeado; estar anclado, seguro.
9 tr. montar, manejar [un caballo, una bicicleta, etc.]; ir montado en o sobre [una persona o cosa]. 10 guiar, conducir, ir en [un
vehículo]. 11 surcar [las olas]. 12 llevar montado, llevar a hombros o a cuestas. 13 correr
[una carrera]. 14 recorrer, atravesar, etc. [mon

tado o en vehículo] : to ~ a ford, pasar un vado
a caballo. 15 llevar, impeler, empujar. 16 criticar,
burlarse de, molestar con críticas y burlas. 17
oprimir, dominar, tiranizar. 18 cabalgar, cubrir
[el macho a la hembra]. 19 to ~ down, alcanzar
[a uno] yendo montado; echar el caballo encima a, pisotear, vencer; bajar [una barandilla,
etc.] montado a horcajadas en ella. 20 to ~ out,
sortear, capear, salir bien librado de [un temporal, una dificultad, etc.]. 21 to ~ over, atropellar; oprimir, pisotear; pasar por encima de.
22 to ~ shank's mare, fig. ir a pie, en el coche
de San Francisco. 23 to ~ the goat, fam. ser iniciado [en una sociedad secreta]. 24 (EE. UU.)
to ~ the line, cabalgar alrededor del rebaño para
volver a él las reses que se desmanan. ¶ CONJUG.
pret.: rode; p. p.: ridden; ger.: riding.
rider (rai·dǫ̈) s. caballero, jinete, amazona; picador; ciclista; el que va montado en algo. 2
cosa que va montada sobre otra; pilón [de romana]. 3 hojuela pegada a un documento. 4 aditamento. 5 cláusula añadida a un proyecto de ley.
6 MAR. sobreplán.
ridge (ridỹ) s. espinazo [de un cuadrúpedo]. 2
arista, elevación larga y estrecha. 3 cerro, loma,
cresta, cordillera. 4 AGR. caballón, lomo. 5 arruga, costurón. 6 caballete [de tejado]. 7 cordoncillo [de un tejido]. — 8 adj. de caballete, arista, etc.: ~ roof, tejado a dos aguas; ~ tile,
teja acanalada.
ridge (to) tr. dar forma de lomo o cresta. 2 AGR.
alomar. 3 arrugar, acanalar. — 4 intr. formar
lomo o cresta. 5 extenderse formando lomas. 6
tener lomos o arrugas; formar cordoncillo. 7 rizarse [el mar].
ridgeband (ri·dỹbænd) s. sufra.
ridgepiece (ri·dỹpis) s. ARQ. parhilera.
ridgepole (ri·dỹpoul) s. RIDGEPIECE. 2 palo horizontal que forma el lomo de una tienda de campaña.
ridgetree (ri·dỹtri) s. RIDGEPIECE.
ridgeway (ri·dỹuei) s. camino que sigue la cresta
de una montaña.
ridgy (ri·dỹi) adj. que tiene lomos o elevaciones.
2 que se eleva formando loma o sierra.
ridicule (ri·dikiul) s. ridículo, irrisión, burla, mofa: to turn to ~, ridiculizar, mofarse de.
ridicule (to) tr. ridiculizar, mofarse de, escarnecer,
poner en ridículo.
ridiculous (ridi·kiulǫs) adj. ridículo, risible, grotesco, estrambótico.
ridiculously (ridi·kiulǫsli) adv. ridículamente.
ridiculousness (ridi·kiulǫsnis) s. ridiculez, calidad
de ridículo.
riding (rai·ding) s. cabalgata; paseo a caballo o
en coche. 2 encaballamiento. 3 equitación, manejo. 4 avenida para jinetes [esp. en un bosque
o parque]. 5 MAR. fondeadero. 6 nombre de ciertas divisiones administrativas. — 7 adj. superpuesto. 8 de viaje, de montar, de equitación:
~ boots, botas de montar; ~ breeches, pantalones de montar; ~ coat, redingote; capote; ~
crop o whip, látigo de montar; ~ habit, traje
de amazona; ~ hood, capuchón de viaje; ~
horse, caballo de silla; ~ school, picadero. escuela de equitación.
rife (raif) adj. corriente, común, general, frecuente, abundante. 2 ~ with, lleno de; ~ in o of,
abundante en.
rifely (rai·fli) adv. abundantemente.
rifeness (rai·fnis) s. abundancia.
Riff (rif) n. pr. GEOGR. Rif. — 2 s. rifeño.
Riffian (ri·fian) adj. y s. rifeño.
riffle (ri·fǫl) s. (EE. UU.) rápido, rabión. 2 rizo
[del agua]. 3 MIN. ranura en el fondo de una
artesa para recoger el oro. 4 acción de peinar
la baraja.
riffle (to) tr. peinar [la baraja].
riffler (ri·flǫ̈) s. escofina encorvada.
riffraff (ri·fræf) s. canalla, chusma, gentuza, populacho. 2 desecho, desperdicio, barreduras. —
3 adj. ruin, vil.
rifle (rai·fǫl) s. rifle, fusil. 2 raya [del fusil]. 3
AGR. piedra de afilar guadañas. — 4 de rifle o
fusil; rayado: ~ groove, raya de rifle o fusil;
~ range, campo de tiro; tiro, alcance de fusil;
~ shot, tiro, disparo de rifle o fusil.
rifle (to) tr. pillar, saquear. 2 robar, llevarse. 3
rayar [un arma]. 4 disparar un rifle o fusil
contra.

rifleman (rai·fǫ́lmæn), *pl.* **-men** (-men) *s.* fusilero. 2 buen tirador de fusil o rifle.
rifler (rai·flǫ') *s.* saqueador, salteador.
rift (rift) *s.* hendedura, grieta, raja, rendija, abertura. 2 hendimiento, acción de rajar o partir. 3 disensión, desavenencia. 4 *fig. little ~ within the lute,* principio de locura; principio de disensión o desavenencia.
rift (to) *tr.* hender, rajar, dividir. — 2 *intr.* henderse, rajarse, abrirse, partirse.
rig (rig) *s.* MAR. aparejo. 2 equipo, aparejos, avíos, aparato, maquinaria. 3 avíos de pesca. 4 carruaje con sus caballos. 5 traje, atavío, disfraz. 6 timo, engaño, mala partida. 7 (Ingl.) BOLSA maniobra para hacer subir o bajar los precios.
rig (to) *tr.* MAR. aparejar, enjarciar. 2 equipar, preparar, disponer para su uso. 3 vestir, ataviar, disfrazar. 4 burlar, engañar. 5 arreglar o influir por medios fraudulentos : *to ~ the market,* maniobrar para hacer subir o bajar los precios.
rigadoon (rigadu·n) *s.* rigodón.
rigescent (riɏe·sǫnt) *adj.* que se envara o pone rígido.
rigescence (riɏe·sǫns) *s.* rigidez, entumecimiento.
rigger (ri·gǫ') *s.* MAR. aparejador. 2 buque que lleva cierto aparejo : *square-rigger,* buque de aparejo redondo.
rigging (ri·guing) *s.* MAR. aparejo, jarcia, cordaje, maniobra. 2 sistema de cuerdas y cables [de un aeróstato]. 3 equipo, instrumentos.
right (rait) *adj.* recto, derecho [no torcido]. 2 directo, en línea recta. 3 GEOM. recto [ángulo, cono, cilindro, línea, pirámide] : *at ~ angles,* en ángulo recto. 4 GEOM. rectángulo [triángulo]. 5 ASTR. recta [ascensión]. 6 recto, justo, equitativo, honrado. 7 exacto, correcto, no equivocado, verdadero, que está bien ; razonable, fundado. 8 que está en lo cierto, que tiene razón : *you are ~,* usted tiene razón. 9 bueno, conveniente, a propósito, propio, idóneo, adecuado, indicado, oportuno, que se necesita, que se busca, que debe ser : *the ~ time,* el tiempo oportuno ; *the ~ way,* la buena manera, la manera conveniente. 10 real, genuino, legítimo. 11 en buen estado [de salud, de ánimo], sano, cuerdo : *to be in one's ~ mind,* estar en sus cabales. 12 derecho, diestro [opuesto a izquierdo] : *~ hand,* mano derecha ; *~ wing,* ala derecha [de un ejército]. 13 POL. derecho, de la derecha : *the ~ wing,* el ala derecha, la derecha. 14 *the ~ side of a cloth,* el derecho o el haz de un paño o tejido.
15 *adv.* derecho, en derechura. 16 inmediatamente : *~ after,* a raíz de, inmediatamente después de ; *~ afterwards,* acto seguido. 17 exactamente, precisamente, mismo : *~ here,* aquí mismo ; *~ in Spain,* en España mismo ; *~ now,* ahora mismo ; *to hit ~ in,* dar de lleno en. 18 correctamente, bien. 19 rectamente, justamente, con razón : *~ or wrong,* con razón o sin ella, a tuertas o a derechas. 20 muy : *~ honorable,* muy honorable o respetable ; *~ reverend,* reverendísimo. 21 a la derecha : *~ and left,* a diestro y siniestro. 22 MIL. *~ about!,* ¡ derecha ! 23 fam. (EE. UU.) *~ along,* sin cesar, continuamente. 24 *~ away,* inmediatamente, en el acto, en seguida. 25 *~ off,* en seguida. 26 *~ on end,* directamente, sin desviarse, sin parar. 27 *to be ~,* o *all ~,* estar bien ; estar bien de salud.
28 *interj. all ~!,* ¡ está bien !, ¡ conformes !
29 *s.* lo recto, justo, debido o correcto ; verdad ; derecho, justicia, razón : *to be in the ~,* tener razón ; *by ~* o *by rights,* de derecho, por derecho ; propiamente. 30 derecho [facultad de hacer o exigir], título, prerrogativa : *~ of assembly,* derecho de reunión ; *~ of asylum,* derecho de asilo ; *~ of search, ~ of visit,* MAR. derecho de visita ; *~ of way,* derecho o preferencia de paso ; servidumbre de paso ; permiso u oportunidad para hablar, escribir, etc., antes que otros ; terreno ocupado por una vía férrea, una carretera o una línea eléctrica ; *rights of man,* derechos del hombre ; *to be within one's rights,* estar [uno] en su derecho ; *to have a ~,* tener derecho ; *in one's own ~,* por derecho propio. 31 derecho [de una tela, etc.]. 32 derecha, diestra [opuesto a izquierda] ; *on his ~,* a su derecha. 33 POL. derecha. 34 *to put, o set, to rights,* poner en orden, arreglar, componer ; reconciliar.

right (to) *tr.* hacer justicia a. 2 enderezar, ajustar, corregir, arreglar, ordenar : *to ~ a wrong,* enderezar o deshacer un entuerto. 3 MAR. adrizar.
rightabout o **rightabout-face** (rai·tabaut) *s.* vuelta a la derecha. 2 media vuelta. — 3 *adj. y adv.* a la derecha [movimiento, vuelta] ; que da, o se hace dando, media vuelta.
right-angled *adj.* rectangular, rectángulo.
righteous (rai·chǫs) *adj.* recto, justo. 2 honrado, virtuoso.
righteously (rai·chǫsli) *adv.* rectamente, justamente. 2 honradamente, virtuosamente.
righteousness (rai·chǫsnis) *s.* rectitud, justicia. 2 honradez, virtud.
righter (rai·tǫ') *s.* enderezador [de agravios, etc.].
rightful (rai·tful) *adj.* justo, equitativo, honrado ; legítimo. 2 apropiado, adecuado.
rightfully (rai·tfuli) *adv.* justamente, rectamente ; legítimamente.
rightfulness (rai·tfulnis) *s.* justicia, rectitud, honradez ; legitimidad.
right-hand *adj.* de la mano derecha ; derecho, de la derecha : *~ drive,* AUTO. conducción a la derecha ; *~ man,* fig. hombre de confianza, brazo derecho.
right-handed *adj.* que usa la mano derecha, que no es zurdo. 2 para la mano derecha. 3 mañoso, hábil. 4 dado o hecho con la derecha. 5 que rueda gira, etc., de izquierda a derecha : *~ screw,* tornillo que entra girando hacia la derecha.
rightly (rai·tli) *adv.* rectamente, justamente, honradamente. 2 adecuadamente, bien, como es debido. 3 correctamente, exactamente, sin error.
right-minded *adj.* recto, honrado.
rightness (rai·tnis) *s.* derechura. 2 rectitud, justicia. 3 corrección, exactitud ; propiedad.
right-wing *adj.* POL. derechista, de la derecha.
right-winger *s.* POL. derechista.
rigid (ri·ɏid) *adj.* rígido. 2 preciso, riguroso.
rigidity (riɏi·diti) *s.* rigidez.
rigidly (ri·ɏidli) *adv.* rígidamente.
rigidness (ri·ɏidnis) *s.* rigidez.
rigmarole (ri·gmaroul) *s.* charla incoherente, galimatías.
rigor (ri·gǫ') *s.* rigidez. 2 rigor, severidad, crueldad, dureza, inclemencia. 3 rigor, precisión, exactitud. 4 austeridad. 5 MED. rigor, escalofrío. 6 *~ mortis,* rigor de la muerte, rigidez cadavérica.
rigorism (ri·gǫrišm) *s.* rigorismo.
rigorist (ri·gǫrist) *s.* rigorista.
rigorous (ri·gǫrǫs) *adj.* riguroso, rigoroso.
rigorously (ri·gǫrǫsli) *adv.* rigurosamente, rigorosamente.
rigorousness (ri·gǫrǫsnis) *s.* rigor, rigurosidad, rigorosidad.
rigour (ri·gǫ') *s.* RIGOR 1, 2, 3 y 4.
rile (to) (rail) *tr. fam.* irritar, exasperar, sulfurar.
rill (ril) *s.* arroyuelo, riachuelo.
rill (to) *intr.* correr formando arroyuelo.
rillet (ri·lit) *s.* arroyuelo.
rillett(e)s (rile·ts) *s. pl.* picadillo de jamón, pollo, etc., con especias.
rim (rim) *s.* borde, orilla, margen, canto [esp. de algo curvo o circular]. 2 reborde, pestaña. 3 aro, cerco, llanta [de rueda]. 4 MAR. superficie [del mar].
rim (to) *tr.* proveer de un borde. 2 enllantar [una rueda]. 3 correr alrededor del borde o canto de ; rodear, cercar. ¶ CONJUG. pret. y p. p. : *rimmed;* ger. : *rimming.*
rime (raim) *s.* RHYME. 2 escarcha, helada. 3 grieta, hendedura. 4 peldaño, escalón.
rime (to) *tr. e intr.* TO RHYME. — 2 *tr.* cubrir de escarcha. — 3 *intr.* convertirse en escarcha ; cubrirse de escarcha.
rimer (rai·mǫ') *s.* RHYMER. 2 MEC. (Ingl.) escariador.
rimer (to) *tr.* MEC. (Ingl.) escariar.
rimester (rai·mstǫ') *s.* RHYMESTER.
rimose (rai·mous), **rimous** (rai·mǫs) *adj.* agrietado.
rimple (ri·mpǫl) *s.* arruga. 2 rizo, onda [en el agua, etc.].
rimple (to) (ri·mpǫl) *tr.* arrugar, plegar. 2 rizar, hacer ondear [el agua, etc.].
rimy (rai·mi) *adj.* helado, cubierto de escarcha.
rind (rai·nd) *s.* corteza. 2 cáscara, piel, hollejo [de fruta, etc.]. 3 pellejo [de pers. o animal].

rind (to) *tr.* descortezar. 2 pelar, mondar, deshollejar.

rinderpest (ri·nderpest) *s.* VET. peste bovina.

ring (ring) *s.* anillo. sortija, cintillo : *to ride, run* o *tilt at the* ~, correr sortija. 2 ajorca. 3 anilla, anillo. aro. cerco, virola. 5 arganeo. 6 ojera [en el ojo]. 7 QUÍM. cadena cerrada. 8 grafila. 9 circo, arena, liza, redondel. 10 BOXEO ring, cuadrilátero. 11 corro, rueda, círculo, circunferencia. 12 faja circular. 13 pandilla, camarilla. 14 corro de apuestas [en las carreras]. 15 sonido metálico, vibrante, resonante; clamor, estruendo : ~ *of shouts*, griterío. 16 campaneo, campanilleo, toque de campanas, sonido de un timbre : ~ *of telephone*, llamada de teléfono. 17 juego de campanas. 18 tono o tonillo especial : ~ *of defiance*, tono de desafío : — 19 *adj.* de anillo, etc.: anular : ~ *finger*, dedo anular ; ~ *gauge*, calibre para sortijas ; ~ *shake*, acebolladura.

1) **ring (to)** *tr.* rodear, cercar, circundar. 2 poner un anillo, anillos o anillas a. 3 quitar una tira circular a la corteza de [un árbol o rama]. 4 anillar. 5 exhibir en la pista de un circo. 6 (EE. UU.) cabalgar alrededor del [rebaño o ganado]. — 7 *intr.* moverse en círculo. 8 formar círculo o anillo ; ensortijarse. ¶ CONJUG. pret. y p. p.: *ringed*.

2) **ring (to)** *tr.* hacer sonar [un cuerpo metálico]. 2 tocar, tañer, repicar [campanas] ; tocar [un timbre o campanilla]. 3 anunciar, celebrar, etc. [con toque de campanas]. 4 repetir [ruidosa o vehementemente]. 5 TEAT. *to* ~ *down the curtain* o abs. *to* ~ *down*, tocar el timbre para que baje el telón ; bajar el telón. 6 *to* ~ *up*, tocar [un timbre o campanilla] ; *to* ~ *up on the telephone*, llamar por teléfono ; *to* ~ *up the curtain* u abs. *to* ~ *up*, TEAT. tocar el timbre para que suba el telón ; subir el telón ; fam. empezar [una acción, etc.]. — 7 *intr.* hacer sonar un timbre o campanilla, llamar : *to* ~ *for something*, llamar para pedir algo. 8 sonar, tañer, retiñir. 9 resonar. 10 zumbar [los oídos]. 11 *to* ~ *off*, terminar una llamada telefónica ; fam. cesar de hablar, etc. 12 *to* ~ *true*, sonar bien, sonar como legítimo o verdadero. ¶ CONJUG. pret.: *rang* o *rung*; p. p. : *rung*.

ring-around-a-rosy *s.* corro [juego].

ringbolt (ri·ngboult) *s.* MAR. perno con anillo, cáncamo.

ringdove (ri·ngdøv) *s.* ORNIT. paloma torcaz. 2 ORNIT. variedad de paloma parecida a la tórtola.

ringent (ri·ngønt) *adj.* que parece que ríe, de boca abierta. 2 BOT. de corola labiada muy abierta.

ringer (ri·ngø') *s.* campanero. 2 ELECT. dispositivo de llamada. 3 herrón o herradura metido en el clavo [en ciertos juegos]. 4 el que rodea o pone aros o cercos. 5 pers. o cosa sobresaliente en algo.

ringing (ri·nguin) *adj.* resonante, sonoro; retumbante. — 2 *s.* campaneo, repique; retintín. 3 zumbido [de oídos]. 4 anillamiento.

ringleader (ri·nglidø') *s.* cabecilla, jefe de banda.

ringlet (ri·nglit) *s.* anillejo, pequeño círculo. 2 sortija, rizo.

ringleted (ri·nglitid) *adj.* ensortijado.

ringmaster (ri·ngmæstø') *s.* director de pista [en un circo].

ring-shaped *adj.* circular, en forma de anillo.

ringside (ri·ngsaid) *s.* lugar inmediato al cuadrilátero de boxeo. 2 fig. lugar desde donde se puede ver algo de cerca.

ringster (ri·ngstø') *s.* fam. individuo de una pandilla o camarilla.

ringtail (ri·ngteil) *s.* ORNIT. especie de milano.

ringworm (ri·ngwø'm) *s.* MED. culebrilla. 2 ZOOL. cardador.

rink (rinc) *s.* pista de patinar, patinadero. 2 pista de hielo para jugar al *curling*.

rinse (to) (rins) *tr.* lavar con agua, aclarar, enjuagar.

rinser (ri·nsø') *s.* lavador.

rinsing (ri·nsing) *s.* lavado [con agua sola] ; acción de aclarar, enjuague. 2 *pl.* lavazas.

riot (rai·øt) *s.* tumulto, alboroto, motín, asonada, bullanga. 2 desenfreno, desorden, exceso. 3 tumulto, confusión, diversión bulliciosa. 4 orgía. 5 *to run* ~, desenfrenarse; crecer lujuriantemente [las plantas].

riot (to) *intr.* armar alborotos o motines o parti-

cipar en ellos. 2 entregarse al desenfreno. 3 ser exuberante. 4 moverse tumultuosamente. — 5 atacar [en tumulto o motín]. 6 pasar o consumir en el desenfreno.

rioter (rai·øtø') *s.* alborotador, amotinado. 2 desenfrenado, libertino.

riotous (rai·øtøs) *adj.* tumultuoso, sedicioso. 2 desenfrenado, desarreglado, disoluto. 3 alborotado, bullicioso.

riotously (rai·øtøsli) *adv.* tumultuosamente. 2 desenfrenadamente, disolutamente.

riotousness (rai·øtøsnis) *s.* desorden, alboroto, bullicio. 2 desenfreno, disolución.

riotry (rai·øtri) *s.* alboroto, motín. 2 amotinados, revoltosos.

rip (rip) *s.* rasgadura, rasgón, hendedura. 2 descosido. 3 agua revuelta por la confluencia de dos corrientes. 4 arrancaclavos. 5 fam. persona o cosa despreciable; jamelgo. — 6 *adj.* de rasgadura : ~ *cord*, AER. cabo o cuerda de rasgadura ; AVIA. cuerda de apertura del paracaídas ; ~ *panel*, AER. faja de rasgadura [de un aeróstato].

rip (to) *tr.* rasgar, romper, abrir, destripar; descoser, soltar. | Con *up, open* u *off*. 2 arrancar, cortar. | Gralte. con *out* o *away*. 3 buscar a fondo, sondear, descubrir. | Con *up*. 4 CARP. aserrar o partir al hilo. 5 *to* ~ *off*, quitar rasgando; arrebatar. 6 *to* ~ *out*, arrancar o sacar desgarrando ; arrancar o sacar con violencia. — 7 *intr.* desgarrarse, abrirse, partirse. 8 fam. ir a toda marcha. 9 fam. *to* ~ *out with an oath*, soltar un juramento. ¶ CONJUG. pret. p. p.: *ripped*; ger.: *ripping*.

riparian (raipe·rian) *adj.* ribereño, riberiego.

riparious (raipe·riøs) *adj.* BOT. y ZOOL. que vive o crece en los márgenes u orillas.

ripe (raip) *adj.* maduro, sazonado. 2 en sazón, a punto. 3 hecho, acabado. 4 perfecto, consumado. 5 avanzada [edad]. 6 MED. maduro [tumor, etc.]. 7 pronto, preparado, listo : *to be* ~ *for*, estar maduro, preparado, listo para. 8 rosado, colorado.

ripely (rai·pli) *adv.* maduramente. 2 en sazón.

ripen (to) (rai·pøn) *tr.* madurar, sazonar. 2 preparar, llevar a la perfección. — 3 *intr.* madurar, sazonarse. 4 prepararse ; acercarse a la perfección. 5 MED. madurar.

ripeness (rai·pnis) *s.* madurez, sazón.

ripening (rai·pøning) *s.* maduración. — 2 *adj.* que madura.

riposte (ripou·st) *s.* ESCR. respuesta. 2 réplica pronta y mordaz.

riposte (to) *intr.* ESGR. responder. 2 responder, replicar con viveza.

ripper (ri·pø') *s.* rasgador, destripador. 2 arrancaclavos. 3 pop. pers. o cosa notable.

ripping (ri·ping) *s.* rasgadura. 2 descosedura. — 3 *adj.* magnífico, estupendo, de órdago. 4 de desgarradura, etc.: ~ *cord*, ~ *panel*, RIP CORD, RIP PANEL ; ~ *iron*, MAR. descalcador.

ripple (ri·pøl) *s.* onda, rizo, escarceo [del agua]. 2 pliegue, ondulación. 3 murmullo [de las aguas]. 4 peine para desgargolar.

ripple (to) *intr.* rizarse, ondear [la superficie del agua, etc.]. 2 caer en ondas. 3 murmurar [el agua, etc.]. — 4 *tr.* rizar, hacer ondear, formar ondas en. 5 desgargolar [el lino, etc.].

riprap (ri·prræp) *s.* (EE. UU.) cimiento o refuerzo hecho de piedras echadas sin orden en el fondo del agua, etc.

riprap (to) *tr.* (EE. UU.) cimentar o reforzar con piedras echadas sin orden en el fondo del agua. etc. ¶ CONJUG. pret. y p. p.: *riprapped*; ger.: *riprapping*.

ripsaw (to) *tr.* aserrar [madera] al hilo.

Ripuarian (ripiua·rien) *adj.* ripuario.

rise (raiš) *s.* levantamiento, elevación, ascensión, subida. 2 resurrección. 3 salida de un astro. 4 pendiente, cuesta, rampa. 5 altura, eminencia : ~ *of ground*, elevación de terreno. 6 ING. peralte. 7 ARQ. montea, sagita [de un arco]. 8 tramo [de escalera]. 9 elevación [de la voz, del tono]. 10 crecida [de un río], subida [de la marea]. 11 altura [de una cosa sobre otra]. 12 elevación, encumbramiento; adelantamiento, ascenso. 13 aumento [de intensidad, fuerza, etc.]. 14 alza, subida [de precios, valores, la temperatura, etc.]. 15 (Ingl.) aumento de sueldo o salario. 16 nacimiento, manantial, fuente, causa, origen : *to give* ～ *to,* dar origen a, causar, provocar, motivar.

rise (to) *intr.* subir, ascender, elevarse, remontarse. *2* resucitar. *3* subir, crecer [las aguas]. *4* alcanzar [cierta altura]. *5* subir, hacer pendiente. *6* encumbrarse, medrar, mejorar de posición; ascender [en grado o dignidad]. *7* emplear todas sus fuerzas, etc., para afrontar [una dificultad, etc.] : *to* ～ *to the occasion,* ponerse o estar a la altura de las circunstancias. *8* levantarse, ponerse en pie. *9* levantarse [de la cama]. *10* levantar la sesión [una junta, etc.]. *11* ponerse derecho, erizarse. *12* levantarse, tomar las armas, sublevarse. *13* aumentar, crecer, hacerse más fuerte, más intenso, etc. *14* subir, encarecerse. *15* subir [la temperatura]. *16* hincharse [la masa del pan, etc.]. *17* elevarse [en el estilo, etc.]. *18* nacer, brotar, salir, originarse, emanar. *19* aparecer a la vista. *20* producirse, ocurrir, sobrevenir, suscitarse. *21* presentarse, ofrecerse [a la mente, etc.]. *22 to* ～ *to one's feet,* levantarse, ponerse en pie. *23 his stomach* o *his gorge rose,* se le revolvía el estómago. — *24 tr.* levantar, ver aparecer, ver [un ave, un pez, etc.]. *25 to* ～ *a ship,* ver aparecer un buque. ¶ CONJUG. pret. : *rose;* p. p. : *risen.*

risen *p. p.* de TO RISE.

riser (raiˈsøʳ) *s.* el que se levanta : *early* ～, madrugador. *2* rebelde, sublevado. *3* el o lo que levanta; cosa que sirve para elevar. *4* tubo ascendente. *5* ELECT. conductor que va de un piso a otro. *6* ARQ. contrahuella.

risibility (rišibiˈliti) *s.* risibilidad.

risible (riˈšibøl) *adj.* risible. *2* de la risa.

rising (raiˈšing) *s.* subida, elevación, ascensión. *2* levantamiento; solivio. *3* levantamiento, alzamiento, insurrección. *4* acto de levantar una sesión; de levantarse una persona. *5* resurrección, renacimiento. *6* ASTR. orto, salida. *7* levadura. *8* prominencia, protuberancia, grano, — *9 adj.* que sube, ascendente : ～ *tide,* flujo, marea ascendente. *10* pendiente, en cuesta. *11* creciente; cada vez más fuerte, intenso, etc. *12* saliente, naciente [astro]. *13* próspero, que se encumbra, que adquiere fama. *14* que crece [en años] : *the* ～ *generation,* la nueva generación. *15* FONÉT. creciente [diptongo].

risk (risc) *s.* riesgo, exposición, peligro, albur : *to run* o *take a* ～, correr un peligro, arriesgarse ; *at all risks,* a todo trance.

risk (to) *tr.* arriesgar, aventurar, exponer poner en peligro. *2* correr el riesgo de, exponerse a.

riskier (risˈkiøʳ) *adj. comp.* de RISKY.

riskiest (risˈkiist) *adj. superl.* de RISKY.

risky (risˈki) *adj.* arriesgado, aventurado, expuesto. *2* imprudente, temerario. *3* escabroso, [que está al borde de lo inconveniente o de lo inmoral].

risorial (raisoˈrial) *adj.* de la risa o que la causa.

rissole (riˈsoul) *s.* COC. especie de albóndiga. *2* bollito relleno.

rite (raiˈt) *s.* rito.

ritornel, ritornelle (ritøˈnel) *s.* MÚS. ritornelo.

ritual (riˈchual) *adj.* y *s.* ritual. *2* ceremonial.

ritualism (riˈchuališm) *s.* ritualismo.

ritualist (riˈchualist) *adj.* y *s.* ritualista. *2* rubriquista.

ritualistic (richualiˈstic) *adj.* del ritual. *2* ritualista.

ritually (riˈchuali) *adv.* según el ritual.

rivage (riˈviỹ) *s.* ribera, costa, playa.

rival (raiˈval) *adj.* opuesto, competidor. — *2 s.* rival, émulo, competidor.

rival (to) *tr.* competir, rivalizar con ; emular a. ¶ CONJUG. pret. y p. p. : *rivaled* o *-lled;* ger. : *rivaling* o *-lling.*

rivalry (raiˈvalri), *pl.* **-ries** (-riš) *s.* rivalidad, competencia. *2* emulación.

rive (to) (raiv) *tr.* rajar, hender, partir. — *2 intr.* henderse, partirse. ¶ CONJUG. pret. : *rived;* p. p. : *rived* o *riven.*

river (riˈvøʳ) *s.* río : *up* ～, *up the* ～, río arriba ; *down* ～, *down the* ～, río abajo. *2* diamante blanco muy puro. — *3 adj.* de río, fluvial : ～ *basin,* cuenca de río ; ～ *bed,* cauce, lecho, madre de río ; ～ *dragon,* cocodrilo ; ～ *front,* orilla del río, tierra ribereña ; ～ *horse,* hipopótamo.

riverain (riˈvørein) *adj.* y *s.* ribereño.

riverhead (riˈvøʳjed) *s.* fuente o nacimiento de un río.

riverine (riˈverin) *adj.* fluvial. *2* ribereño. — *3 s.* ribera [tierra cercana a un río].

riverside (riˈvøʳsaid) *s.* orilla o margen de un río; ribera. — *2 adj.* ribereño, de la orilla de un río.

rivet (riˈvit) *s.* roblón, remache. — *2 adj.* de remache : ～ *knob,* ～ *set,* embutidera.

rivet (to) *tr.* roblar, remachar. *2* unir con remache. *3* asegurar, afianzar. *4* fijar, clavar, atraer, absorber [la mirada, la atención, etc.].

riveter (riˈvitøʳ) *s.* remachador. *2* remachadora [máquina].

riveting (riˈviting) *s.* robladura, remache. *2* roblones o remaches.

riviere (riˈvie') *s.* collar de diamantes o piedras preciosas.

rivulet (riˈviulit) *s.* riachuelo, arroyo.

roach (rouch) *s.* ICT. cierto pez de agua dulce. *2* ENTOM. cucaracha. *3* MAR. alunamiento. *4* rocalla, guijo; terreno rocoso.

road (roud) *s.* carretera, camino : *high* ～, camino real ; *rule of the* ～, reglamento de la circulación ; MAR. reglamento para precaver abordajes; *to take to the* ～, ant. salir al camino [a robar]. *2* camino, vía, paso, curso, carrera, viaje : *to be on* o *upon the* ～, ir de camino; ir de pueblo en pueblo [una vijante, una compañía teatral, etc.]; *to get out of the* ～, quitarse de en medio; *to take the* ～, ponerse en camino; *in the* ～, estorbando el paso. *3* fam. ferrocarril, vía férrea. *4 sing.* o *pl.* rada, ensenada. — *5 adj.* de carretera, camino, etc. : ～ *agent,* salteador [en el Oeste americano] ; ～ *book,* guía de carreteras ; ～ *cart,* cochecito ligero de dos ruedas ; ～ *hog,* automovilista que no obedece las reglas del tráfico por carretera ; ～ *map,* mapa de carreteras ; ～ *mender,* peón caminero ; ～ *metal,* grava para firmes de carretera ; ～ *roller,* máquina apisonadora ; ～ *runner,* ORNIT. especie de cuclillo americano.

roadbed (rouˈdbed) *s.* firme de carretera. *2* FERROC. explanación, balasto.

roadhouse (roudˈjaus) *s.* parador o posada al borde del camino.

roadside (rouˈdsaid) *s.* orilla del camino. — *2 adj.* de la orilla del camino : ～ *inn,* parador, venta, mesón.

roadstead (rouˈsted) *s.* MAR. rada, fondeadero.

roadster (rouˈdstøʳ) *s.* automóvil abierto de turismo o de deporte. *2* caballo o bicicleta para ir por las carreteras. *3* el que anda por los caminos. *4* MAR. buque que puede fondear en las radas.

roadway (rouˈdwei) *s.* carretera, calzada.

roam (to) (roum) *intr.* rodar, vagar, errar, andar de una parte a otra. — *2 tr.* rodar, vagar por.

roamer (rouˈmøʳ) *s.* vagabundo, el que anda errante.

roan (roun) *adj.* roano, ruano, rosillo. — *2 s.* caballo roano o rosillo. *3* color roano o rosillo. *4* badana de este color.

roar (ro·ʳ) *s.* rugido, bramido. *2* estruendo : ～ *of laughter,* risotada. *3* grito ; griterío.

roar (to) *intr.* rugir, bramar. *2* tronar, hacer estruendo. *3* roncar [un motor]. *4* gritar, alborotar. *5* reír a carcajadas. — *6 tr.* gritar [decir a gritos]. *7 to* ～ *oneself hoarse,* gritar hasta ponerse ronco.

roarer (ro·røʳ) *s.* gritador, alborotador. *2* bramador.

roaring (ro·ring) *s.* rugido, bramido. *2* estruendo, griterío. *3* VET. ronquido. — *4 adj.* rugiente, bramador. *5* ruidoso. *6* alborotado. *7* tremendo, enorme. *8* próspero, animado [negocio, etc.].

roast (rouˈst) *s.* asado. *2* carne buena para asar : ～ *of beef,* carne de vaca para asar. *3* tueste, tostadura. *4* clase del café según esté más o menos tostado. *5* fig. crítica, burla, rechifla. *6* unión en que se come algo que se asa o tuesta : *to rule the* ～, fig. mandar, dominar. — *7 adj.* asado; tostado : ～ *beef,* rosbif ; ～ *meat,* asado, carne asada.

roast (to) *tr.* asar. *2* tostar. *3* METAL. calcinar. *4* fig. criticar, burlarse de, ridiculizar. — *5 intr.* asarse. *6* tostarse.

roaster (rouˈstøʳ) *s.* el que asa, asador. *2* tostador. *3* pollo o lechón propio para asarse.

roasting (rouˈsting) *s.* asación. *2* tostadura. *3* METAL.

calcinación. *4* ROAST. *4.* — *5 adj.* que asa o tuesta. *6* propio para ser asado o tostado.

rob (to) (rab) *tr.* robar, hurtar, pillar, saquear; quitar, privar : *to* ⁓ *someone of something*, robar o quitar algo a alguien; *to* ⁓ *Peter to pay Paul*, desnudar a un santo para vestir a otro. *2* robar [en el juego de naipes].

robber (ra·bø') *s.* ladrón : *highway* ⁓, salteador.

robbery (ra·børi) *s.* robo, latrocinio, pillaje, saqueo.

robe (roub) *s.* ropaje, traje talar, túnica; toga [de juez, letrado, etc.] : ⁓ *of state*, traje de ceremonia; *the* ⁓, *the long* ⁓, la Curia. *2* bata. *3* fig. manto, capa. *4* manta [de coche]. *5* MOD. corte de vestido con sus adornos. *6 pl.* vestido, traje [de mujer].

robe (to) *tr.* vestir, ataviar. — *2 intr.* vestirse, ataviarse, cubrirse.

Robert (ro·bø't) *n. pr.* Roberto.

robin (ra·bin) *s.* ORNIT. pechicolorado, petirrojo.

robin's-egg blue *s.* color azul verdoso.

roborant (ra·borant) *adj. y s.* MED. roborativo, tónico.

roborate (to) (ra·boreit) *tr.* roborar.

roborative (ra·borativ) *adj.* roborativo.

robot (rou·bøt) *s.* robot; autómata.

robust (robø·st) *adj.* robusto. *2* fuerte, sólido. *3* que requiere fuerza o vigor. *4* fortalecedor.

robustious (robø·schiøs) *adj.* robusto, vigoroso. *2* ruidoso, turbulento.

robustness (robø·stnis) *s.* robustez, fuerza, vigor.

roc (roc) *s.* rocho [ave fabulosa].

Rochelle (La) (roshe·l) *n. pr.* GEOGR. La Rochela.

rochet (ra·chit) *s.* ECLES. roquete.

rock (rac) *s.* roca, peña, peñasco; escollo : ⁓ *of ages*, fig. Cristo; la fe de Cristo; *in the rocks*, perdido, arruinado, sin un céntimo. *2* peñón : ⁓ *of Gibraltar*, peñón de Jibraltar. *3* defensa, sostén, refugio. *4* GEOL. roca. *5* fam. diamante, piedra preciosa. *6* ORN. paloma zurita. *7* acción de mecer o mecerse. — *8 adj.* de roca; de rocas, que vive en las rocas : ⁓ *bed*, fondo o lecho de roca; ⁓ *bass*, ICT. pez comestible parecido al papagayo; ⁓ *borer*, ZOOL. litófago [molusco] ; ⁓ *bottom*, fondo, cimiento, lo más profundo : ⁓ *candy*, azúcar cande; ⁓ *crystal*, cristal de roca; ⁓ *dove*, paloma zurita; ⁓ *drill*, taladro de mineros; ⁓ *oil*, petróleo; ⁓ *painting*, pintura rupestre; ⁓ *salt*, sal gema; ⁓ *water*, agua que mana de la roca, agua cristalina.

rock (to) *tr.* mecer, balancear, acunar, arrullar : *to* ⁓ *to sleep*, adormecer meciendo. *2* sosegar, aquietar. *3* hacer tambalear, estremecer. — *4 intr.* mecerse, balancearse, oscilar. *5* tambalearse. *6* mover el cuerpo adelante y atrás por efecto de una violenta agitación.

rock-bound *adj.* rodeado de rocas. *2* inaccesible.

rocker (ra·kø') *s.* el que mece o balancea. *2* mecedora. *3* columpio. *4* pie curvo de una cuna, una mecedora, un caballito, etc. *5* MEC. barra o palanca oscilante, balancín. *6* MEC. eje que oscila [en vez de girar] en sus cojinetes. *7* ELECT. soporte ajustable para las escobillas de una dínamo, etc. — *8 adj.* oscilante : ⁓ *arm*, brazo movido por un eje oscilante; ⁓ *cam*, leva que hace oscilar un eje; ⁓ *shaft*, ROCKSHAFT.

rocket (ra·kit) *s.* cohete. *2* BOT. oruga, roqueta : ⁓ *sauce*, oruga [salsa]. *3* BOT. juliana. — *4 adj.* cohete, de cohete, volante : ⁓ *apparatus*, MAR. aparato para lanzar cabos salvavidas por medio de cohetes; ⁓ *bomb*, MIL. bomba cohete o volante; ⁓ *launcher*, MIL. lanzacohetes; ⁓ *plane*, avión cohete.

rocket (to) *intr.* subir o elevarse como un cohete. — *2 tr.* bombardear o atacar con cohetes.

rockiness (ra·kinis) *s.* calidad de rocoso o roqueño.

rocking (ra·king) *adj.* mecedor; vacilante, oscilante : ⁓ *chair*, mecedora; ⁓ *horse*, caballo mecedor; ⁓ *valve*, válvula oscilante.

rock-ribbed (ra·kribd) *adj.* que tiene costillas de roca. *2* fuerte, firme, inflexible.

rockrose (ra·krouš) *s.* BOT. jara. *2* BOT. estepa. — *3 adj.* BOT. ⁓ *family*, cistáceas.

rockshaft (ra·cshæft) *s.* MEC. eje que oscila [en vez de girar] en sus cojinetes.

rockwork (ra·cuø'c) *s.* roca o gruta artificial.

rocky (ra·ki) *adj.* rocoso, roqueño, peñascoso, pedregoso, pétreo : *Rocky Mountains*, GEOGR. Montañas Rocosas. *2* fig. duro, endurecido.

rococo (rocou·cou) *adj. y s.* rococó.

rod (rad) *s.* vara [ramo cortado]. *2* raza, tribu, linaje. *3* varilla, barra [de cortina, etc.]. *4* varilla de virtudes. *5* vara [de autoridad o ceremonia] ; bastón de mando. *6* cetro. *7* poder, autoridad, opresión. *8* bastón [de paseo]. *9* vara [para azotar] : *to give the* ⁓, dar azotes. *10* corrección, castigo, disciplina. *11* látigo [de montar]. *12* caña [de pescar]. *13* vara o bastón para medir. *14* medida de 5 ½ yardas. *15* MEC. barra, vástago; tirante : *connecting* ⁓, biela. *16* ANAT. bastoncillo [de la retina]. — *17 adj.* de vara, caña, etc. : ⁓ *fishing*, pesca con caña.

rode (roud) *pret.* de TO RIDE.

rodent (rou·dønt) *adj. y s.* ZOOL. roedor.

rodeo (rou·diou o roude·iou) *s.* rodeo [del ganado; espectáculo de los vaqueros norteamericanos].

Roderic(k (ra·døric) *n. pr.* Rodrigo.

rodman (rou·dmæn), *pl.* **-men** (-men) *s.* TOP. portamira.

Rodolph(us (roda·lføs) *n. pr.* Rodolfo.

rodomontade (radomantei·d) *s.* bravata, baladronada, fanfarronada.

rodomontade (to) *intr.* bravear, baladronear, fanfarronear.

roe (rou) *s.* hueva. *2* ZOOL. corzo. *3* ZOOL. cierva, gama. *4* ZOOL. ⁓ *deer*, corzo.

roebuck (rou·bøc) *s.* ZOOL. corzo.

Roentgen rays (re·ntgøn) *s. pl.* rayos X o de Roentgen.

rogation (roguei·shøn) *s.* LITURG. letanía, rogativa. *2 pl.* rogaciones, letanías de los santos que se cantan en los días llamados *Rogation Days*, o sea los tres anteriores al de la Ascensión.

rogatory (rou·gatori) *adj.* rogatorio.

Roger (ra·yø') *n. pr.* Rogerio.

rogue (roug) *s.* pícaro, bribón, pillo, belitre, vago, tunante : *rogue's gallery*, colección policíaca de retratos de delincuentes. *2* fam. picaruelo, pillín, pers. traviesa. *3* caballo repropio. *4* elefante u otro animal fiero que vive separado del rebaño.

roguery (ro·guøri) *s.* bribonada, bellaquería, ruindad. *2* picardía, travesura.

roguish (ro·guish) *adj.* pícaro, bellaco, ruin. *2* travieso, retozón, burlón.

roguishly (ro·guishli) *adv.* bellacamente. *2* pícaramente, traviesamente.

roguishness (ro·guishnis) *s.* bellaquería. *2* travesura, picardía.

roil (to) (roil) *tr.* enturbiar, poner zurrapiento [un líquido]. *2* irritar, enojar.

roily (roi·li) *adj.* turbio, zurrapiento. *2* irritado, enojado.

roister (roi·stø') *s.* baladrón. *2* jaranero, calavera.

roister (to) *intr.* bravear, fanfarronear. *2* tomar parte en orgías o fiestas ruidosas.

roisterer (roi·størø') *s.* ROISTER.

Roland (rou·land) *n. pr.* Rolando.

role, rôle (roul) *s.* TEAT. papel, parte. *2* papel [función que uno cumple].

roll (roul) *s.* acción de enrollar; parte enrollada. *2* rollo [de papel, etc.]. *3* rollo, fajo [de billetes] ; cartucho [de moneda] ; dinero : *bank* ⁓, dinero disponible. *4* pergamino, documento. *5* lista, rol, nómina, catálogo, matrícula, registro : *to call the* ⁓, pasar lista. *6* bollo, rosca, panecillo, mollete : *french* ⁓, panecillo. *7* rodillo, cilindro. *8* maza [de trapiche]. *9* CIR. mecha. *10* ARQ. miembro redondeado; voluta. *11* retumbo [del trueno] ; tronar [del cañón] ; redoble [del tambor]. *12* trino [de ciertos pájaros]. *13* ondulación [del terreno]. *14* balanceo. *15* movimiento [de lo que rueda; de las olas], rodar, rodadura : ⁓ *of the waves*, oleaje. — *16 adj.* de rollo, de lista, etc. : ⁓ *call*, lista, acto de pasar lista; ⁓ *film*, FOT. película en carrete.

roll (to) *tr.* hacer rodar o girar. *2* mover, llevar o recorrer sobre ruedas, con movimiento fácil. *3* arrollar, enrollar; hacer un rollo o bola de. *4* liar [un cigarrillo] : *to* ⁓ *one's own*, pop. (EE. UU.) liar sus propios cigarrillos; arreglárselas bien solo. *5* revolver [en la mente, etc.]. *6* envolver, fajar. *7* laminar, cilindrar; alisar, allanar, pulverizar [con rodillo]. *8* alisar [las piedras] haciéndolas rodar sobre la arena, etc. *9* dar golpes repetidos en : *to* ⁓ *the drum*, redoblar [tocar redobles]. *10* pronunciar [la *rr*] con sonido vibrante. *11* cantar con quiebro o

trino. *12* mover [los ojos], ponerlos en blanco.
13 to ~ *up,* arrollar, enrollar; arremangar o subirse [las mangas]; acumular, amontonar [una fortuna]. *14* IMPR. entintar. — *15 intr.* rodar, girar. *16* ir, llegar [en carruaje]; ir como sobre ruedas. *17* revolverse, revolcarse. *18* ondular [tener ondulaciones]. *19* balancearse [un buque, el que anda]. *20* moverse [las olas; como las olas]. *21* arrollarse, hacerse una bola. *22* retumbar, tronar, resonar, retemblar. *23* redoblar [el tambor]. *24* trinar [ciertos pájaros]. *25* nadar [abundar en] : *to* ~ *in money,* nadar en posibles. *26* acumularse. *27* IMPR. extenderse [la tinta]. *28 to* ~ *about,* rodar, andar de acá para allá; *to* ~ *down.* bajar rodando; *to* ~ *in,* entrar rodando o balanceándose; avanzar formando olas [el agua]. *29 to* ~ *up,* enrollarse; llegar en carruaje; acumularse, amontonarse.
rolled (rould) *adj.* arrollado, enrollado. 2 alisado, allanado, laminado. 3 ~ *oats,* copos de avena.
roller (ro·lø') *s.* MEC. rodillo, cilindro, tambor. 2 rollo [de cocina, de pastelero]. 3 IMPR. rodillo 4 apisonadora, rulo [para allanar]. 5 cilindro [de rodamiento]. 6 bastón [sobre el que se arrolla un mapa, etc.]. 7 rueda o ruedecita [de patín, etc.]. 8 MAR. polín. 9 MAR. ola larga. *10* CIR. venda, faja. *11* canario que trina. *12* ORNIT. variedad de paloma; nombre de varias aves. — *13 adj.* de rodillos, de ruedas; etc. : ~ *bearing,* cojinete de rodillos; ~ *blind,* cortina o persiana de resorte; ~ *coaster,* montañas rusas; ~ *mill,* molino o trituradora de cilindros; ~ *skate,* patín de ruedas; ~ *towel,* toalla continua.
rollick (ra·lic) *s.* jovialidad. 2 jugueteo, diversión.
rollick (to) *intr.* juguetear, retozar, travesear.
rollicking (ra·liking) *adj.* jovial, juguetón, travieso, retozón.
rolling (rou·ling) *adj.* rodante, rodadero, que rueda; ~ *kitchen,* MIL. cocina rodante, de campaña; ~ *stock,* FERROC. material rodante; ~ *stone,* piedra que rueda; canto rodado : *a* ~ *stone gathers no moss,* fig. piedra movediza, nunca moho la cobija [dicho de los que cambian a menudo de residencia u ocupación]. 2 de ruedas : ~ *chair,* sillón de ruedas. 3 laminador, cilindrador, allanador : ~ *mill,* taller de laminar; laminador ; ~ *pin,* rollo de pastelero o de cocina; ~ *press,* calandria. 4 ondulado [terreno]. 5 que corre o se mueve formando olas. 6 que truena o retumba. 7 que aumenta o se acumula. 8 que se balancea, oscilante. 9 que corre o vuelve regularmente [años; estaciones]. *10* enrollado, abarquillado. — *11 s.* rodar, rodadura. *12* revuelco. *13* balanceo. *14* enrollamiento. *15* ondulación. *16* retumbo. *17* redoble [de tambor].
rolling-top desk *s.* escritorio norteamericano.
roly-poly (rou·li pou·li) *adj.* rechoncho, gordinflón. — *2 s.* persona gordinflona. 3 dominguillo, tentemozo. 4 budín en forma de rollo.
Romaic (roumei·ic) *adj.* romaico.
Roman (rou·man) *adj.* romano, romanesco : ~ *candle,* fuego artificial, especie de luz de bengala; ~ *catholic,* católico romano; ~ *law,* derecho romano; ~ *nose,* nariz aguileña; ~ *numeral,* número romano. 2 latina [lengua]. 3 fig. austero, frugal, honrado, valeroso. 4 católico romano. — *5 adj.* y *s.* IMPR. romana [letra]. — *6 s.* romano. 7 latín. 8 novela [esp. romántica].
Romance (romæ·ns) *adj.* romance, neolatino.
romance *adj.* caballeresco. — *2 s.* romance, novela; novela pintoresca o de aventuras : ~ *of chivalry,* libro de caballerías. 3 literatura novelesca o de aventuras. 4 lo novelesco; interés, emoción, drama, aventura; espíritu novelesco o de aventura; idilio amoroso. 5 novela, ficción, mentira. 6 MÚS. romanza.
romance (to) *intr.* escribir novelas. 2 contar novelas, mentiras. 3 pensar o hablar de un modo romántico o novelesco.
romancer (romæ·nsø') *s.* novelista. 2 embustero; visionario.
romancist (romæ·nsist) *s.* novelista.
Romanes (rou·manis) *s.* lenguaje de los gitanos.
Romanesque (romanes·c) *adj.* y *s.* ARQ. románico. — *2 adj.* (con min.) novelesco, imaginario.
Romanic (rouma·nic) *adj.* romance, románico, neolatino.

Romanism (rou·manišm) *s.* romanismo. 2 desp. catolicismo.
Romanist (rou·manist) *s.* romanista. 2 desp. católico romano.
Romanization (roumaiše·shøn) *s.* romanización.
Romanize (to) (rou·manaiš) *tr.* e *intr.* romanizar. — *2 tr.* catolizar. — *3 intr.* hacerse católico; adoptar las ideas de los católicos.
Romansh (rou·mænsh) *s.* romanche.
romantic(al (romæ·ntic(al) *adj.* romántico, fantástico, pintoresco.
romantically (romæ·nticali) *adv.* románticamente.
romanticism (romæ·ntišm) *s.* romanticismo.
romanticist (romæ·ntisist) *s.* autor romántico.
romanticize (romæ·ntisaiš) *tr.* hacer romántico. — *2 intr.* obrar, hablar o escribir de un modo romántico.
Romany (ra·mani) *adj.* y *s.* gitano.
Rome (roum) *n. pr.* GEOGR., HIST. Roma : ~ *was not built in a day,* no se ganó Zamora en una hora; *do in* ~ *as* ~ *does,* donde fueres, haz como vieres.
Romish (rou·mish) *adj.* desp. romano, católico.
romp (ramp) *s.* juego violento o bullicioso, retozo. 2 muchacha retozona; saltabardales.
romp (to) *intr.* jugar, correr, saltar, retozar, triscar.
rompers (ra·mpø's) *s. pl.* vestido holgado que se pone a los niños pequeños para que jueguen.
rompish (ra·mpish) *adj.* retozón.
Romulus (ra·miuløs) *n. pr.* Rómulo.
Ronald (ra·nald) *n. pr.* Ronaldo.
roncador (rancadou·') *s.* ICT. roncador.
rondeau (ra·ndou) *s.* LIT. rondel. 2 MÚS. rondó.
rondel (ra·ndel) *s.* LIT. rondel.
rondo (ra·ndou) *s.* MÚS. rondó.
rood (rud) *s.* cruz, crucifijo : ~ *screen,* verja o construcción que en algunas iglesias separa la nave del presbiterio; ~ *veil,* velo morado con que se cubre la cruz durante la Cuaresma. 2 medida de ¼ de acre. 3 medida de longitud [7 u 8 yardas].
roof (ruf) *s.* techo, techado, tejado, cubierta : *flat* ~, azotea. 2 techo, casa, habitación. 3 tejadillo [de coche]. 4 imperial [de diligencia]. 5 bóveda, cielo. 6 cielo [de la boca]. — *7 adj.* de techo, tejado, etc. : ~ *garden,* azotea jardín, azotea dispuesta para baile y diversión; ~ *tile,* teja; ~ *truss,* armadura de tejado.
roof (to) *tr.* cubrir, techar. 2 alojar, abrigar.
roofage (ru·fidy̆) *s.* material para techar.
roofer (ru·fø') *s.* techador. 2 tabla o madero para techar.
roofing (ru·fing) *s.* acción de techar o cubrir. 2 material para techar; techumbre. 3 techo, albergue. — *4 adj.* para techos o tejados, de techar.
roofless (ru·flis) *adj.* sin techo, destechado. 2 sin abrigo, sin hogar.
rooftree (ru·ftri) *s.* cumbrera, parhilera. 2 techo, tejado. 3 fig. techo, hogar.
rook (ruc) *s.* ORNIT. grajo, chova. 2 trampista, estafador. 3 torre, roque [de ajedrez].
rookery (ru·køri), *pl.* **-ries** (-riš) *s.* conjunto de grajos. 2 lugar donde anidan los grajos, las garzas, los pingüinos, etc.; lugar donde procrean las focas. 3 casa miserable o grupo de ellas donde vive mucha gente.
rookie, rooky (ru·ki) *s.* fam. quinto, novato.
rooky *adj.* habitado por grajos, garzas, etc.
room (rum) *s.* cuarto, pieza, aposento, habitación, sala : *front* ~, cuarto de delante; *back* ~, cuarto de detrás o interior. 2 espacio, lugar, sitio; cabida : *to make* ~, hacer sitio, abrir paso, despejar; *there is no* ~ *for more,* no hay espacio para más, no cabe más. 3 causa, motivo, razón : *there is no* ~ *for doubt,* no cabe duda. 4 tiempo, ocasión, oportunidad, posibilidad. — *5 adj.* de cuarto, de habitación : ~ *mate,* compañero de cuarto; ~ *service,* servicio en las habitaciones de un hotel.
room (to) *intr.* alojarse, ocupar una habitación. — *2 tr.* alojar, dar habitación.
roomful (ru·mful) *s.* los que llenan un aposento; cuanto cabe en él.
roominess (ru·minis) *s.* espaciosidad, holgura, amplitud.
rooming house (ru·ming) *s.* casa donde se alquilan habitaciones.
roomy (ru·mi) *adj.* espacioso, capaz, holgado, amplio.

roost (rust) *s.* percha [de gallinero] ; gallinero. *2* aves de corral que duermen juntas : *to rule the* ~, incorrecto por TO RULE THE ROAST. *3* lugar de descanso; alojamiento : *at* ~, en la percha [ave] ; acostado, retirado para descansar.
roost (to) *intr.* dormir o posarse [las aves en una percha]. — *2 tr.* albergar, dar posada.
rooster (ru·stø') *s.* gallo [ave].
root (rut) BOT., ANAT., MAT., FILOL., raíz : *cube* ~, raíz cúbica : *to take* ~, echar raíces, arraigar ; ~ *and branch*, por completo. *2* raíz, bulbo o tubérculo comestibles. *3* raíz [parte inferior, base, fundamento, causa, origen]. *4* tronco [de una raza o familia]. — *5 adj.* de raíz o raíces : ~ *beer*, bebida no alcohólica hecha de varias raíces ; ~ *hair*, BOT. pelo absorbente.
root (to) *intr.* y *tr.* hozar. *2* buscar, sacar, extraer [hozando, revolviendo]. — *3 tr.* arraigar, implantar. *4 to* ~ *up*, *cut* o *away*, desarraigar, extirpar ; arrancar, desterrar. — *5 intr.* arraigar, arraigarse, echar raíces. *6* pop. (EE. UU.) aclamar : *to* ~ *for*, aclamar como.
rooted (ru·tid) *adj.* arraigado.
rootlet (ru·tlit) *s.* raicilla.
rootstock (ru·tstac) *s.* BOT. rizoma. *2* fig. origen.
rooty (ru·ti) *adj.* lleno de raíces. *2* radicoso. — *3 s.* MIL. fam. pan.
rope (roup) *s.* cuerda, soga, maroma, cabo, cable ; relinga, estacha : *ropes of a ship*, jarcia, cordaje ; *to be at the end of one's* ~, haber agotado los recursos, estar en las últimas, no saber qué hacer ; *to know the ropes*, fam. conocer bien un asunto, etc. *2* cuerda, dogal. *3* (EE. UU.) reata. *4* (EE. UU.) lazo [cuerda]. *5* hilo sarta, ristra, horca ; guirnalda : ~ *of pearls*, hilo de perlas ; ~ *of cnions*, ristra de cebollas. — *6 adj.* de cuerda : ~ *ladder*, escala de cuerda ; ~ *railway*, ferrocarril aéreo, transbordador ; ~ *sandal*, alpargata ; ~ *yard*, cordelería ; ~ *yarn*, hilo de cuerda, filástica.
rope (to) *tr.* atar, atar o forrar con cuerda ; ensogar. *2* relingar. *3* (EE. UU.) enlazar [coger con lazo]. *4* fam. (EE. UU.) *to* ~ *in*, atraer, pescar, embaucar. *5 to* ~ *off*, cercar, rodear, cerrar o separar con cuerdas. — *6 intr.* hacer hebra [un licor].
ropedancer (rou·pdænsø') *s.* funámbulo, volatín : *ropedancer's pole*, balancín, chorizo.
ropemaker (rou·pmeikø') *s.* cordelero, soguero.
ropery (rou·pøri) *s.* cordelería.
ropewalk (rou·pwoc) *s.* atarazana [de cordelería].
ropewalker (rou·pwokø') *s.* funámbulo, volatín.
ropeway (rou·pwei) *s.* ferrocarril aéreo, transbordador.
ropier (rou·piø') *adj. comp.* de ROPY.
ropiest (rou·piist) *adj. superl.* de ROPY.
ropiness (rou·pinis) *s.* viscosidad, tenacidad.
ropy (rou·pi) *adj.* que hace hebra o madeja ; viscoso, glutinoso. *2* de cuerda, que parece cuerda.
roquet (roukei·) *s.* choque de dos bolas en el croquet.
roquet (to) *tr.* dar con la bola propia en la de otro [en el croquet].
rorqual (ro·cual) *s.* ZOOL. rorcual.
rosace (rou·šas) *s.* ARQ. rosetón [adorno].
Rosaceæ (roušæ·sii) *s. pl.* BOT. rosáceas.
rosaceous (roušei·shøs) *adj.* rosáceo.
rosaniline (roušæ·nilin) *s.* QUÍM. rosanilina.
rosary (rou·šari) *s.* rosario [rezo; sarta]. *2* rosario, serie, colección. *3* guirnalda. *4* macizo de rosales ; rosaleda. *5* fig. crestomatía.
rose (rouš) *s.* BOT. rosal. *2* BOT. rosa : *one hundred-leaved* ~, rosa de cien hojas ; ~ *of Jericho*, rosa de Jericó ; ~ *of Sharon*, rosa de Siria ; *war of the Roses*, guerra de las dos rosas ; *under the* ~, en secreto, bajo cuerda. *3* color de rosa. *4* adorno parecido a una rosa. *5* roseta, rallo [de regadera]. *6* ARQ. *rose* o ~ *window*, rosetón [ventana]. *7* MAR. rosa náutica. *8* MED. erisipela. — *9 adj.* de rosal, de rosa o rosas : ~ *beetle*, ~ *bug*, ~ *chafer*, insectos que dañan los rosales ; ~ *hip*, fruto del rosal ; ~ *leaf*, pétalo de rosa ; ~ *water*, agua de rosas. *10* rosa [diamante]. *11* BOT. ~ *apple*, pomarrosa ; ~ *geranium*, geranio de rosa ; ~ *laurel*, adelfa, laurel rosa ; variedad de rododendro ; ~ *mallow*, malva real, hibisco. — *12 pret.* de TO RISE.
Rose *n. pr.* Rosa.
roseate (rou·šiit) *adj.* rosado, róseo. *2* de color de rosa, optimista.

rosebay (rou·šbei) *s.* BOT. adelfa, baladre. *2* BOT. rododendro.
rosebud (rou·šbød) *s.* capullo de rosa, pimpollo. *2* fig. jovencita.
rosebush (rou·šbøsh) *s.* BOT. rosal.
rose-coloured *adj.* rosado, de color de rosa : *to see everything through* ~ *spectacles*, verlo todo de color de rosa.
rose-cut *adj.* tallado como un diamante rosa.
rosehead (rou·šjed) *s.* roseta de regadera.
rosemary (rou·šmeri) *s.* BOT. romero, rosmarino.
roseola (rouši·ola) *s.* MED. roseola.
roset (rou·šet) *s.* rosicler.
rosette (rou·še·t) *s.* rosa [cosa parecida a una rosa]. *2* lazo en forma de rosa, escarapela. *3* ARQ. rosetón, florón. *4* METAL. roseta.
rosewood (rou·šwud) *s.* palisandro ; palo de rosa.
Rosicrucian (roušicriu·shan) *s.* rosacruz, individuo de una sociedad secreta llamada Rosa Cruz.
rosied (rou·šid) *adj.* rosado o adornado con rosas.
rosily (rou·šili) *adv.* con color de rosa. *2* con optimismo, lisonjeramente.
rosin (ra·šin) *s.* colofonia.
Rosinante (rašinæ·nti) *n. pr.* Rocinante. — *2 s.* jamelgo.
rosolio (roso·lio), **rossolis** (rošøli) *s.* rosolí [licor].
roster (ra·stø') *s.* MIL. lista. *2* MIL. orden del día. *3* lista, nómina. *4* horario escolar.
rostral (ra·stral) *adj.* rostral.
rostrate (ra·streit) *adj.* rostrado.
rostrum (ra·strøm) *s.* ZOOL., BOT. rostro, pico, cosa en forma de punta. *2* MAR. rostro, espolón. *3* tribuna [de orador].
rosy (rou·ši) *adj.* rosado, sonrosado, róseo, de color de rosa. *2* sonrojado. *3* adornado con rosas. *4* florido. *5* risueño, lisonjero. *6* optimista.
rosy-fingered *adj.* de dedos rosados [dic. de la aurora].
rosy-hued *adj.* rosado, de color de rosa. *2* de tez rosada.
rot (rat) *s.* putrefacción, podre, podredumbre. *2* BOT. descomposición del tejido de las plantas causada por hongos, bacterias, etc. *3* VET. enfermedad parasitaria del ganado lanar que produce necrosis de los tejidos ; esp. la causada por la duela. *3* tontería, sandez. — *4 interj.* de disgusto, impaciencia, etc.
rot (to) *intr.* pudrirse, podrecerse. *2* corromperse, echarse a perder, malearse. *3* padecer la enfermedad llamada *rot*. *4* estar estancado. *5* ir a menos. — *6 tr.* pudrir. *7* enriar. *8* pop. embromar, dar vaya. ¶ CONJUG. pret. y p. p.: *rotted;* ger. : *rotting.*
rota (rou·ta) *s.* lista [de soldados o escolares]. *2* rota [tribunal de la curia romana].
Rotarian (rote·rian) *adj.* y *s.* rotario.
rotary (rou·tari) *adj.* giratorio, rotatorio ; de rotación : ~ *press*, IMPR. rotativa. *2 Rotary Club*, club rotario.
rotate (rou·teit) *adj.* radial, en forma de rueda. *2* BOT. de venas en disposición radial.
rotate (to) *intr.* rotar, rodar, girar. *2* turnar, alternar. *3* pasar por turno [un cargo o función] ; ser hecho por turno. — *4 tr.* hacer rodar, girar, dar vueltas. *5* hacer turnar o alternar.
rotation (route·shøn) *s.* rotación : ~ *of crops*, rotación de cultivos, rotación, alternación : *in* ~, *by* ~, por turno, alternativamente.
rotative (rou·tativ) *adj.* rotatorio. *2* que hace rodar. *3* que ocurre en series regulares.
rotator (routei·tø') *s.* lo que hace rodar. *2* MAR. hélice [de la corredera].
rotatory (rou·tatori) *adj.* rotatorio. *2* turnante.
rote (rout) *s.* rutina : repetición rutinaria ; estudio de memoria mecánica : *by* ~, de rutina, de memoria [sin comprender].
Rotifera (routi·føra) *s. pl.* ZOOL. rotíferos.
rotifer (rou·tifø') *s.*, **rotiferous** (routi·førøs) *adj.* ZOOL. rotífero.
rotiform (rou·tifo'm) *adj.* de figura de rueda.
rotogravure (rotograviu·') *s.* rotograbado.
rotor (rou·tø') *s.* MEC., ELECT. rotor.
rotten (ra·tøn) *adj.* podrido, putrefacto. *2* cariado. *3* hediondo, fétido. *4* corrompido, corrupto. *5* malo, abominable, sucio, desagradable, ofensivo ; fementido, inseguro.
rotten-egg (to) *tr.* apedrear con huevos podridos.
rottenness (ra·tønis) *s.* podredumbre, putridez, corrupción. *2* mala calidad o estado.

rottenstone (ra·tønstoun) *s.* tripoli.
rotter (ro·tø') *s.* pop. sinvergüenza, gandul, persona indeseable.
rotula (ro·tiula) *s.* rótula.
rotund (rotø·nd) *adj.* redondo, esférico; rechoncho. 2 rotundo [lenguaje].
rotunda (rotø·nda) *s.* ARQ. rotonda.
rotundity (rotø·nditi) *s.* redondez, esfericidad. 2 rotundidad. *3* masa o forma circular o esférica.
rouble (ru·bøl) *s.* RUBLE.
roué (ruei·) *s.* libertino.
Rouen (ru·en) *n. pr.* GEOGR. Ruán.
rouge (ruȳ) *s.* colorete, arrebol. 2 JOY. colcótar.
rouge (to) *tr.* pintar, dar de colorete. 2 arrebolar. — *3 intr.* pintarse, darse de colorete. *4* arrebolarse.
rough (røf) *adj.* áspero, rugoso, tosco, basto. 2 peludo, hirsuto, erizado, encrespado. *3* quebrado, escabroso, áspero [terreno]. *4* agitado, alborotado [mar]. *5* tempestuoso, borrascoso. *6* rudo, ordinario, inculto, tosco, grosero. 7 brusco. *8* en bruto, imperfecto, mal acabado, tosco, de preparación : ~ *coat,* primera capa [de enlucido, etc.]; ~ *copy,* borrador; ~ *diamond,* diamante en bruto; ~ *draft,* bosquejo; borrador; ~ *dressing,* desbaste; ~ *sketch,* boceto, bosquejo. *9* aproximativo, general : *at a* ~ *guess,* a ojo de buen cubero. *10* duro, severo; penoso, desagradable; rudo, violento : ~ *usage,* uso poco cuidadoso; maltrato; ~ *work,* violencia; obra que requiere violencia. *11* bronco, desapacible, discordante : ~ *music* (Ingl.), cencerrada. *12* áspero, raspante [vino]. — *13 s.* lo áspero, tosco, duro; estado tosco : *in the* ~, en bruto, sin pulimento. *14* matón, bravucón; persona brutal. *15* terreno escabroso. *16* piedra preciosa sin pulir. *17* ramplón [de herradura].
rough (to) *tr.* e *intr.* poner o ponerse áspero, rugoso, escabroso, etc. *2 to* ~ *o it,* vivir sin comodidades, hacer vida campestre. — *3 tr.* hacer o labrar toscamente. *4* tratar con dureza, molestar. *5 to* ~ *a horse,* MIL. demar un caballo; herrarlo de modo que no resbale.
roughage (rø·fidȳ) *s.* material tosco o grosero. 2 (EE. UU.) alimento o forraje difícil de digerir.
rough-and-ready *adj.* tosco o rudo, pero eficaz. 2 decidido, pronto, activo pero poco fino.
rough-and-tumble *adj.* desordenado, violento. 2 accidentado, borrascoso. — *3 s.* lucha o pelea violenta y sin sujeción a reglas.
roughcast (ro·cæst) *s.* modelo tosco, forma rudimentaria. 2 ALBAÑ. revoque tosco; mezcla o mortero grueso.
roughcast (to) *tr.* bosquejar. 2 ALBAÑ. revocar con mortero grueso. ¶ CONJUG. pret. y p. p.: *roughcast.*
roughdraw (to) (rø·fdro) *tr.* dibujar toscamente, bosquejar. ¶ CONJUG. pret.: *roughdrew;* p. p.: *roughdrawn.*
roughdress (to) (rø·fdres) *tr.* desbastar, dar [a la piedra] una superficie tosca.
roughdry (rø·fdrai) *adj.* lavado y seco, pero sin planchar.
roughdry (to) *tr.* secar [ropa] sin plancharla. ¶ CONJUG. pret. y p. p.: *roughdried.*
roughen (to) (rø·føn) *tr.* e *intr.* poner o ponerse áspero, rugoso o desapacible.
roughew (to) (ra·fjiu) *tr.* tallar o esculpir toscamente. ¶ CONJUG. pret.: *roughewed;* p. p.: *roughewn o -hewn.*
roughhouse (rø·fjaus) *s.* trapatiesta, alboroto.
roughing-in (rø·fing-i·n) *s.* ALBAÑ. primera capa de enlucido. 2 colocación de tubos, cañerías, etc., dentro de las paredes o debajo del suelo.
roughish (rø·fish) *adj.* algo áspero o tosco.
roughly (rø·fli) *adv.* ásperamente, rudamente, bruscamente. 2 toscamente, groseramente. *3* aproximadamente, en términos generales.
roughneck (rø·fnec) *s.* fam. patán. 2 matón, bruto, hombre brutal.
roughness (rø·fnis) *s.* aspereza, rudeza, tosquedad; escabrosidad. 2 dureza, severidad. *3* brusquedad, grosería. *4* estado tempestuoso o borrascoso. *5* calidad de aproximativo.
roughride (to) (rø·fraid) *tr.* e *intr.* domar caballos. *2* dominar, tiranizar, imponerse.
roughrider (rø·fraidø') *s.* desbravador o domador de caballos; hombre acostumbrado a montar caballos a medio domar. — *2 s. pl.* nombre de

un regimiento de voluntarios de caballería que tomó parte en la guerra entre España y los EE. UU.
roughshod (rø·fshad) *adj.* herrado con ramplones. *2* fig. *to ride* ~, no reparar en obstáculos; dominar, tiranizar, imponerse.
roulade (rula·d) *s.* MÚS. trino.
rouleau (rulou·) *s.* cartucho [de dinero]. 2 rollo, cucurucho. *3* MIL. fajina.
roulette (rule·t) *s.* ruleta [juego]. 2 roleta [de grabador].
Rouman (ru·man), **Roumanian** (rumei·nian) *adj.* y *s.* rumano.
Roumeliote (rumei·lout) *adj.* y *s.* rumeliota.
rounceval (rou·nsival) *s.* BOT. variedad de guisante.
round (rau·nd) *adj.* redondo [circular, esférico, cilíndrico, semicircular, curvo] : ~ *table,* mesa redonda; *Round Table,* Tabla Redonda; el Rey Arturo y los Caballeros de la Tabla Redonda; *to make* ~, redondear. 2 que se hace en corro, en círculo, en rueda : ~ *dance,* baile en corro; baile en que las parejas se mueven en círculo; ~ *robin,* memorial, protesta, etc., que lleva las firmas en rueda para que no se sepa quién fue el primer firmante. *3* rechoncho. *4* rotundo. *5* completo, cabal. *6* redondo [número]. *7* claro, fuerte [tono, voz]. *8* circular, redondo, de ida y vuelta : ~ *trip,* viaje redondo, de ida y vuelta. *9* grande, cuantioso, elevado [precio, suma], amplio, liberal. *10* desembarazado, rápido, vivo, veloz [ademán, movimiento, paso] : *to bring up with a* ~ *turn,* obligar a hacer una parada repentina. *11* claro, categórico; franco, sincero, liso, llano. *12* recto, justo, honrado. *13* redondilla [letra]. *14* ~ *iron,* hierro en barras redondas. *15* ~ *shot,* bala rasa.
16 s. círculo, orbe, esfera. *17* parte redonda o convexa; rodaja. *18* redondez, *19* corro, grupo. *20* baile en corro o en que las parejas se mueven en círculo. *21* circuito, recorrido, demarcación, vuelta, rodeo : *to go one's rounds,* hacer la ronda, recorrer su demarcación [un guardia, etc.]; hacer sus visitas [el médico, etc.]. *22* giro, rotación; ciclo, revolución periódica; serie [de sucesos, actos, etc.]; rutina : *the daily* ~, las ocupaciones ordinarias del día. *23* acto realizado por varias personas a la vez o sucesivamente : ~ *of applause,* salva de aplausos; ~ *of toasts,* ronda de brindis. *24* parte de una lucha o competición; mano, tirada, ronda, asalto. *25* en los naipes, vuelta [de todos los jugadores]. *26* peldaño [de escala]. *27* listón, travesaño [de silla]. *28* descarga, salva, andanada, disparo. *29* MIL. carga [de un cañón, etc.]; cartucho [con bala]. *30* MÚS. composición de que tres o cuatro voces se siguen en una especie de canon.
31 adv. alrededor, en derredor, por todos lados; siguiendo un círculo, circuito o ciclo: *to turn* ~, hacer girar o rodar; *to hand* ~ *the cigars,* pasar los cigarros; *to go* ~ andar alrededor, dar vueltas; *my head turns* ~, se me va la cabeza; *winter has come* ~ *again,* ha vuelto el invierno; *all the year* ~, todo el año. *32* ~ *about,* alrededor, por todos lados; del lado opuesto; de un modo indirecto; aproximadamente.
33 prep. alrededor de. *34* a la vuelta de : ~ *the corner,* a la vuelta de la esquina; *to go* ~ *the corner,* doblar la esquina.
round (to) *tr.* redondear. 2 envolver o girar alrededor de, cercar, rodear, dar vuelta a. *3* doblar [un cabo, una esquina]. *4* acabar, completar, perfeccionar. *5* MAR. *to* ~ *in,* halar. *6 to* ~ *off* u *out,* redondear, completar, acabar. *7 to* ~ *up,* MAR. halar, izar; (EE. UU.) rodear [el ganado]; recoger [pers. o cosas dispersas]. — *8 intr.* redondearse [tomar forma redonda]; llenarse, desarrollarse, perfeccionarse. *9* volverse, revolverse : *to* ~ *on,* volverse o revolverse contra. *10 to* ~ *out,* engordar; recobrar la salud. *11 to* ~ *to,* reponerse, recobrar las fuerzas; MAR. orzar. *12 to* ~ *up,* apelotonarse.
roundabout (rau·ndabaut) *adj.* indirecto, que da un rodeo; hecho con rodeos. *2* que envuelve, comprensivo. — *3 s.* rodeo, circunlocuio. *4* chaquetilla ajustada. *5* tiovivo.
roundel (rau·ndel) *s.* redondo, círculo. *2* corro,

danza en corro. 3 rodela. 4 bandeja o mesita redonda. 5 ARQ. ventana, nicho o panel circular. 6 BLAS. roel. 7 LIT. rondel. 8 ROUND 30.

roundelay (rau·ndǿlei) s. canción con estribillo. 2 danza en corro.

rounder (rau·ndǿ') s. redondeador. 2 fam. delincuente habitual. 3 fam. calavera, derrochador. 4 golpe dado con toda la fuerza. 5 pl. (Ingl.) juego de pelota parecido al beisbol.

round-faced adj. carirredondo.

roundhand (rau·ndjænd) s. letra redonda.

roundhead (rau·ndjed) s. (Ingl.) cabeza redonda [apodo que se daba a los puritanos].

round-headed adj. braquicéfalo. 2 de cabeza redonda. 3 repolludo. 4 de cabeza semiesférica [clavo, perno].

roundhouse (rau·ndjaus) s. MAR. camareta alta. 2 FERROC. casa de máquinas.

rounding (rau·nding) s. redondeamiento. 2 MAR. aforro de un cabo.

roundish (rau·ndish) adj. redondeado, casi redondo.

roundly (rau·ndli) adv. redondamente. 2 rotundamente. 3 francamente. 4 vivamente, vigorosamente. 5 completamente. 6 en general; en números redondos.

roundness (rau·ndnis) s. redondez. 2 rotundidad. 3 claridad, franqueza. 4 honradez. 5 viveza, severidad.

round-shouldered adj. cargado de espaldas.

roundsman (rau·ndsmæn), pl. **-men** (-men) s. (EE. UU.) policía que hace rondas de inspección. 2 (Ingl.) distribuidor de leche, pan, etc., a domicilio.

roundup (rau·ndøp) s. curvatura [hacia arriba]. 2 (EE. UU.) rodeo [del ganado]; recogida, redada; reunión [de viejos amigos, etc.].

roundworm (rau·ndwǿ'm) s. gusano nematelminto.

roup (rup) s. pepita [de las aves].

rouse (rauš) s. despertar, despertamiento. 2 MIL. (Ingl.) diana [toque].

rouse (to) tr. despertar. 2 desadormecer, despabilar, animar. 3 excitar, mover, provocar, suscitar. 4 agitar, soliviantar; levantar [la caza]. 5 MAR. halar, ronzar. — 6 intr. despertar, despertarse, animarse, moverse.

rouser (rau·šø') s. despertador, excitador. 2 fam. cosa sorprendente, admirable, estupenda. 3 pop. mentira, bola.

rousing (rau·sing) adj. animador, entusiasmador, entusiástico. 2 activo, animado. 3 vigoroso. 4 fam. estupendo.

Roussillon (rusillo·n) n. pr. GEOGR. Rosellón.

roust (to) (raust) tr. despertar, sacudir. — 2 intr. moverse con energía.

roustabout (rau·stabaut) s. (EE. UU.) peón, gañán, jornalero.

rout (raut) s. rota, derrota, fuga desordenada. 2 turbamulta, chusma. 3 alboroto, tumulto, agitación. 4 clamor, griterío. 5 séquito.

rout (to) tr. derrotar, arrollar, poner en fuga. 2 arrancar hozando. 3 to ~ out, poner al descubierto; hacer salir a la fuerza: to ~ one out of the bed, arrancar a uno de la cama. — 4 intr. huir a la desbandada. 5 hozar.

route (rut) s. ruta, camino, vía, curso, carrera, marcha. 2 itinerario. 3 MED. vía [de administración de un medicamento].

route (to) tr. dirigir o enviar por una ruta determinada.

routinary (rutɪ·nari) adj. rutinario.

routine (rutɪ·n) s. rutina, hábito. 2 práctica diaria o regular. — 3 adj. de rutina, acostumbrado, regular; rutinario.

routinism (rutɪ·nišm) s. rutina, práctica diaria.

routinish (rutɪ·nish) adj. rutinario.

routinist (rutɪ·nist) s. rutinario.

rove (rouv) s. vagabundeo, correría, paseo. 2 TEJ. mecha; mecha estirada. 3 arandela de remache.

rove (to) intr. vagar, errar, corretear. 2 piratear. — 3 tr. recorrer vagando o errando. 4 pasar por un ojete. 5 cardar [la lana]. 6 TEJ. estirar y torcer la mecha.

rover (rou·vø') s. vagabundo, el que vaga o corre por el mundo, el mar, etc. 2 veleta, inconstante. 3 individuo de cierta categoría de boy scouts. 4 ladrón, pirata. 5 en arquería, blanco lejano u ocasional: to shoot at rovers, disparar al tuntún.

roving (rou·ving) adj. errante, vagabundo. 2 TEJ. ~ frame, mechera en fino.

1) **row** (rau) s. riña, pendencia, pelotera, trapatiesta, alboroto, bochinche.

2) **row** (rou) s. fila, hilera, ringlera, línea, andana, ristra: in a ~, seguidos. 2 ALBAÑ. hilada. 3 hilera de casas que forman un conjunto arquitectónico. 4 remadura. 5 paseo en lancha o bote.

1) **row (to)** (rau) tr. fam. pelearse con. 2 reñir, dar una bronca a. — 3 intr. pelearse, armar camorra, alborotar.

2) **row (to)** (rou) intr. remar, bogar. — 2 tr. conducir o mover al remo. 3 tener una embarcación [cierto número de remos].

rowan (ro·uan) s. BOT. especie de serbal.

rowboat (rou·bout) s. bote o lancha de remos.

rowdy (rau·di) adj. y s. pendenciero, camorrista, quimerista, bravucón, alborotador. — 2 s. bruto, bergante.

rowel (rau·el) s. rodaja de espuela; cosa que se le parece por la forma. 2 VET. sedal.

rowel (to) tr. espolear. 2 VET. poner sedal.

rower (rou·ø') s. remero, bogador.

rowing (rou·ing) s. remadura; remo [deporte].

Rowland (rou·land) n. pr. Rolando.

rowlock (rou·lac) s. MAR. chumacera. 2 ALBAÑ. sardinel.

royal (roi·al) adj. real, regio. 2 magnífico, espléndido, principesco. 3 magnánimo, generoso. 4 excelente, estupendo. 5 QUÍM. noble. 6 BOT. ~ palm, palma real, palmiche. — 7 s. candil superior del asta del ciervo. 8 ciervo de ocho años o más. 9 tamaño de papel (19 × 24 pulgs. para escribir y 20 × 25 para imprenta). 10 MAR. sobrejuanete.

royalism (roi·ališm) s. realismo, monarquismo.

royalist (roi·alist) s. realista [partidario del rey].

royally (roi·ali) adv. regiamente.

royalty (roi·alti), pl. **-ties** (-tiš) s. realeza. 2 persona real. 3 las personas reales. 4 magnificencia, pompa. 5 munificencia. 6 dominio o prerrogativa real; regalía. 7 sing. y pl. participación, tanto por ciento; derechos [que se pagan a un autor o inventor].

rub (røb) s. restregón, friega, frote, fricción, roce. 2 sarcasmo, crítica acerba. 3 tropiezo, obstáculo, dificultad: there's the ~, ahí está la dificultad. el busilis.

rub (to) tr. estregar, restregar, fregar, refregar, frotar, friccionar, ludir, raspar. 2 bruñir, pulir. 3 irritar. 4 to ~ away, quitar frotando. 5 to ~ down, frotar de arriba abajo; almohazar; registrar [a uno] pasándole las manos por encima; rebajar frotando. 6 to ~ in, hacer penetrar por los poros frotando; encasquetar, machacar; to ~ it in, fam. repetir demasiado una cosa desagradable. 7 to ~ off, quitar frotando. 8 to ~ out, borrar; pop. (EE. UU.) liquidar, matar. 9 to ~ the wrong way, frotar a contrapelo, irritar, incomodar. 10 to ~ up, pulir; renovar, refrescar. — 11 intr. rozar. 12 pasar, penetrar, con fricción o dificultad. 13 ser desagradable o molesto. 14 to ~ along, on o through, ir tirando. 15 to ~ off, desaparecer con el frote, borrarse. ¶ CONJUG. pret. y p. p.: rubbed; ger.: rubbing.

rub-a-dub (røb-a-døb) s. tantarantán, rataplán; clamor continuo.

rubber (rø·bø') s. caucho, goma elástica, *hule: ~ hard, vulcanita. 2 goma para borrar. 3 frotador. 4 pulidor. 5 toalla o cepillo para frotar. 6 estropajo, aljofifa. 7 escofina. 8 cosa molesta, que irrita. 9 en ciertos juegos de naipes, partida entera o manga decisiva. 10 pl. chanclos de goma. — 11 adj. de goma elástica, caucho; que produce caucho, cauchero: ~ band, goma, banda de goma; ~ belt, correa de transmisión de tela y caucho; ~ bulb, pera de goma; ~ cloth, tela engomada; ~ eraser, goma de borrar; ~ heel, tacón de goma; ~ plant, ~ tree, árbol del caucho, cauchera; ~ plantation, cauchal; ~ stamp, sello o estampilla de goma; fig. el que imita o aprueba sin reflexionar las acciones de otros.

rubber-covered adj. engomado, cauchutado.

rubberize (to) (rø·børaiš) tr. engomar, cauchutar.

rubberneck (rø·bǿnec) s. fam. (EE. UU.) turista que quiere verlo todo.

rubberneck (to) intr. (EE. UU.) fam. estirar el cuello o volver la cabeza para ver.

rubber-stamp (to) *tr.* sellar o marcar con sello de goma. 2 estampillar [con la firma de una persona]. 3 *fig.* aprobar ciegamente.

rubbery (rø·børi) *adj.* elástico, que parece goma o caucho.

rubbing (rø·bing) *s.* friega, frote, fricción, estregamiento, roce.

rubbish (rø·bish) *s.* basura, desecho, desperdicio, broza, escombros, ripio. 2 *fam.* tonterías. — 3 *interj. fam.* ¡bah!, ¡tontería!

rubble (rø·bøl) *s.* ripio, cascote, cascajo. 2 mampuesto, piedra sin labrar : ~ *masonry,* mampostería.

rubblework (rø·bølwø'c) *s.* mampostería.

rubdown (rø·bdaun) *s.* fricción, masaje.

rube (rub) *s. fam.* campesino, rústico, aldeano.

rubefacient (rubifei·shønt) *adj.* y *s.* rubefaciente.

rubefaction (rubifæ·cshøn) *s.* rubefacción.

rubella (rube·la) *s.* MED. rubéola.

rubescence (rube·søns) *s.* rubicundez.

rubescent (rube·sønt) *adj.* rubicundo, erubescente, sonrojado.

Rubiaceae (rubiæ·sii) *s. pl.* BOT. rubiáceas.

rubican (ru·bican) *adj.* rubicán.

rubicel (ru·bisel) *s.* MINER. rubicela.

Rubicon (ru·bicøn) *n. pr.* GEOGR. Rubicón; *to cross the* ~, pasar el Rubicón.

rubicund (ru·bikønd) *adj.* rubicundo.

rubicundity (rubikø·nditi) *s.* rubicundez.

rubidium (rubi·diøm) *s.* QUÍM. rubidio.

rubied (ru·bid) *adj.* de color de rubí. 2 adornado con rubíes.

rubiginous (rubi·ȳinøs) *adj.* ruginoso. 2 BOT. añublado.

ruble (ru·bøl) *s.* rublo.

rubric (ru·bric) *adj.* rubro, rojo. 2 de la rúbrica. — 3 *s.* rúbrica.

rubrical (ru·brical) *adj.* de rúbrica.

rubrically (ru·bricali) *adv.* según la rúbrica.

rubricate (ru·brikeit) *adj.* marcado o impreso de color rojo.

rubricate (to) *tr.* marcar, iluminar o imprimir con color rojo. 2 poner rúbrica o epígrafe.

ruby (ru·bi), *pl.* **-bies** (-biš) *s.* MINER. rubí; ~ *spinel,* espinela, rubí espinela. 2 color de rubí. 3 IMPR. tipo de 5¼ puntos. — 4 *adj.* rojo, de color de rubí : ~ *silver,* MINER. plata roja.

ruby (to) *tr.* rubificar.

ruby-throat *s.* ORNIT. colibrí norteamericano. 2 especie de petirrojo asiático.

ruche (rush) *s.* COST. adorno de tul o encaje plegados, lechuguilla.

ruck (røc) *s.* arruga, fruncido. 2 DEP. el conjunto de los que quedan rezagados en una carrera. 3 *fig.* el vulgo, la masa; lo común.

ruck (to) *tr.* arrugar, ajar.

ruckle (to) (rø·køl) *tr.* arrugar, fruncir. — 2 *intr.* arrugarse.

rucksack (rø·csæk) *s.* mochila, morral.

ruction (rø·cshøn) *s. fam.* alboroto, tumulto.

rudd (rød) *s.* ICT. pez parecido a la carpa.

rudder (rø·dø') *s.* timón, gobernalle. 2 *fig.* timón [dirección, gobierno]. — 3 *adj.* del timón : ~ *pintles,* machos del timón; ~ *tackle,* aparejo del timón.

rudderhead (rø·dø'jed) *s.* MAR. cabeza del timón.

rudderhole (rø·dø'joul) *s.* MAR. limera.

rudderpost (rø·dø'poust) *s.* MAR. codaste. 2 madre del timón. 3 AVIA. eje del timón.

rudderstock (rø·dø'stac) *s.* MAR. madre del timón.

ruddier (rø·diø') *adj. comp.* de RUDDY.

ruddiest (rø·diist) *adj. superl.* de RUDDY.

ruddiness (rø·dinis) *s.* rojez, rubicundez.

ruddle (rø·døl) *s.* almagre. 2 color rojo.

ruddle (to) *tr.* marcar con almagre.

ruddy (rø·di) *adj.* rojo, rojizo, colorado, encendido, rubicundo. 2 ardiente, vívido. 3 *fam.* maldito, condenado.

rude (rud) *adj.* rudo. 2 tosco. 3 basto, grosero, áspero. 4 escabroso [terreno]. 5 desapacible [sonido]. 6 violento, furioso. 7 duro, penoso. 8 grande, fuerte. 9 chapucero, imperfecto, somero, aproximativo. 10 rústico, inculto. 11 inhábil, inexperto. 12 brusco, descortés. 13 brutal.

rudely (ru·dli) *adv.* rudamente, toscamente, groseramente, rústicamente.

rudeness (ru·dnis) *s.* rudeza. 2 tosquedad. 3 grosería, ordinariez. 4 brusquedad descortesía. 5

rusticidad, incultura, ignorancia. 6 violencia, brutalidad.

rudiment (ru·dimønt) *s.* rudimento.

rudimental (rudime·ntal) *adj.* rudimental.

rudimentarily (rudime·ntarili) *adv.* de un modo rudimentario.

rudimentary (rudime·ntari) *adj.* rudimentario.

rue (ru) *s.* BOT. ruda. 2 amargura, pesar, arrepentimiento. 3 decepción.

rue (to) *tr. e intr.* llorar, lamentar, sentir, pesarle a uno, arrepentirse.

rueful (ru·ful) *adj.* lamentable, lastimoso. 2 triste, lloroso, afligido. 3 compasivo. 4 terrible.

ruefully (ru·fuli) *adv.* tristemente.

ruefulness (ru·fulnis) *s.* tristeza, pesar. 2 compasión.

ruesome (ru·søm) *adj.* poét. triste, lastimoso.

rufescent (rufe·sønt) *adj.* rojizo.

ruff (røf) *s.* gorguera, cuello alechugado. 2 ZOOL., ORNIT. collar de pelo o pluma. 3 ORNIT. paloma que tiene un collar de pluma. 4 ORNIT. especie de gallineta. 5 orgullo, vanagloria. 6 enojo. 7 fallada, fallo [en el juego de naipes].

ruff (to) *tr.-intr.* alechugar. 2 fallar [en el juego de naipes].

ruffed (røft) *adj.* que lleva gorguera. 2 ZOOL. que tiene collar de pelo o pluma : ~ *grouse,* ORNIT. especie de perdiz norteamericana.

ruffian (rø·fian) *adj.* brutal, cruel, violento. — 2 *s.* hombre brutal, forajido, matón, asesino.

ruffianism (rø·fianišm) *s.* brutalidad, conducta brutal.

ruffian-like *adj.* grosero, brutal; de matón o forajido.

ruffle (rø·føl) *s.* lechuguilla, volante fruncido. 2 desazón, enojo, irritación. 3 rizo, ondulación, escarceo [en el agua]. 4 redoble [de tambor].

ruffle (to) *tr.* rizar, alechugar, fruncir [una tela]. 2 arrugar, ajar, descomponer, desordenar. 3 desazonar, irritar, molestar, incomodar, enfadar, hacer perder la calma. 4 encrespar, erizar. — 5 *tr. e intr.* tocar un redoble en [el tambor]; redoblar. — 6 *intr.* arrugarse, descomponerse; rizarse [el agua]. 7 irritarse, incomodarse, perder la calma. 8 *to* ~ *it,* fanfarronear.

rufous (ru·føs) *adj.* rufo, bermejo, leonado.

rug (røg) *s.* alfombra, alfombrilla, ruedo, felpudo. 2 (Ingl.) manta [de caballo, de viaje, etc.].

rugate (ru·gueit) *adj.* RUGOSE.

Rugby (football) (rø·gbi) *s.* DEP. rugby.

rugged (rø·guid) *adj.* rugoso, arrugado. 2 áspero, escabroso, fragoso. 3 bronco, desapacible. 4 desgreñado. 5 tosco, inculto. 6 severo, ceñudo, regañón. 7 rudo, descortés. 8 tempestuoso, borrascoso [tiempo]. 9 recio, robusto.

ruggedly (rø·guidli) *adv.* ásperamente. 2 broncamente. 3 toscamente. 4 rudamente. 5 reciamente.

ruggedness (rø·guidnis) *s.* aspereza. 2 escabrosidad [del terreno]. 3 tosquedad, rudeza.

rugose (ru·gous) *adj.* rugoso, arrugado.

rugosity (ruga·siti) *s.* rugosidad.

rugous (ru·gous) *adj.* rugoso.

ruin (ru·in) *s.* ruina. 2 destrucción. 3 perdición, degradación, deshonra. 4 *to bring one to* ~, arruinar, perder a uno; *to go to* ~, arruinarse, perderse, venir a menos. 5 *pl.* ruinas.

ruin (to) *tr.* arruinar. 2 derribar, destruir, desbaratar. 3 echar a perder, estropear. 4 seducir, perder. — 5 *intr.* arruinarse, perderse, decaer.

ruinate (to) (ru·ineit) *tr.* demoler, subvertir, derribar. 2 arruinar.

ruination (ruine·shøn) *s.* arruinamiento, destrucción, ruina, perdición.

ruinous (rui·nøs) *adj.* ruinoso. 2 fatal, funesto, pernicioso, desastroso. 3 lleno de ruinas.

ruinously (ru·inøsli) *adv.* ruinosamente.

ruinousness (ru·inøsnis) *s.* arruinamiento, estado ruinoso. 2 hecho de ser ruinoso o pernicioso.

rulable (ru·labøl) *adj.* gobernable, regulable. 2 conforme a regla.

rule (rul) *s.* regla, precepto, principio, máxima, ley, método, norma, pauta, práctica corriente : ~ *of three,* ~ *of proportion,* regla de tres o de proporción; ~ *of thumb,* regla empírica; método empírico; *hard and fast* ~, fórmula rígida; *to make it a* ~ *to,* hacerse una regla de, tener por norma; *as a* ~, por lo regular, por regla general. 2 regla [de una orden]. 3 reglamento, régimen : *rules and regulations,* reglamento; ~

of the road, reglamento de la circulación ; MAR. reglamento para precaver abordajes; *standing rules,* reglamento, estatutos [de una sociedad o corporación]. *4* fallo o decisión de un tribunal. *5* gobierno, soberanía, poder, mando, dominio, autoridad. *6* reinado. *7* regla [para trazar líneas]. *8* regla graduada [para medir]. *9* raya [en el papel]. *10* IMPR. filete, pleca.

rule (to) *tr.* gobernar, regir, dirigir, guiar : *to ~ the roast* o *the roost,* fig. mandar, dominar, tener vara alta; *to ~ with a rod of iron,* gobernar con mano de hierro. *2* establecer, decidir, fallar, ordenar. *3* regular, reglar. *4* dominar, contener, reprimir [pasiones, deseos]. *5* reglar, rayar, pautar. *6* tirar [líneas]. *7* ordenar, arreglar. *8 to ~ out,* excluir, no admitir; desechar. — *9 intr.* mandar, regir, gobernar, reinar, imperar : *to ~ over,* regir, gobernar, reinar sobre. *10* prevalecer, privar, estar en boga. *11* COM. mantenerse a un tipo; estar los precios, en general, altos, bajos, etc.

ruled surface *s.* GEOM. superficie reglada.

ruler (ru·lơ') *s.* gobernador, gobernante, príncipe, soberano. *2* rayador [de papel]. *3* regla [para trazar líneas].

ruling (ru·ling) *adj.* regidor, gobernante. *2* predominante, imperante : *~ price,* precio predominante o medio. *3* que sirve para rayar : *~ pen,* tiralíneas. — *4 s.* DER. decisión [de un juez o tribunal]. *5* rayadura, rayado.

rullion (rơ·liơn) *s.* zapato de cuero sin adobar.

rum (rơm) *s.* ron, aguardiente. — *2 adj.* extraño, singular. *3* duro, peligroso, difícil de dominar o vencer : *~ customer,* persona o animal con quien no se puede jugar.

Rumania (rumei·nia) *n. pr.* GEOGR. Rumania.

Rumanian (rumei·nian) *adj.* y *s.* rumano.

rumble (rơ·mbơl) *s.* rumor, ruido sordo y continuo, retumbo, estruendo. *2* rugido [de tripas]. *3* pescante para los criados detrás de la caja de un coche. *4 rumble* o *~ seat,* asiento plegable en la trasera en el automóvil.

rumble (to) *intr.* retumbar, rugir, hacer un ruido sordo y continuo, hacer estruendo. *2* avanzar o pasar con estruendo o ruido sordo. — *3 intr.* y *tr.* hablar o decir con voz grave y rumorosa. — *4 tr.* mover o hacer rodar con ruido.

rumbler (rơ·mblơ') *s.* lo que hace un ruido sordo y continuo.

rumbling (rơ·mbling) *adj.* retumbante, rumoroso, que hace un ruido sordo y continuo. — *2 s.* rumor, ruido sordo y continuo, retumbo, estruendo.

rumbustious (rơmbơ·shơs) *adj.* ruidoso, estrepitoso, alborotado, tumultuoso.

rumen (ru·min) *s.* panza [del estómago de los rumiantes].

rumgumption (rơmgơ·mshơn) *s.* (Esc.) agudeza, perspicacia.

ruminant (ru·minant) *adj.* y *s.* ZOOL. rumiante. — *2 adj.* meditativo, que rumia.

Ruminantia (rumina·nshia) *s. pl.* ZOOL. rumiantes.

ruminate (ru·mineit) *tr.* e *intr.* rumiar [masticar segunda vez]. *2* rumiar, reflexionar.

rumination (rumine·shơn) *s.* rumia, rumiadura. *2* reflexión, meditación.

ruminative (ru·minativ) *adj.* reflexivo, meditativo.

ruminator (ru·mineitơ') *s.* rumiador, meditador.

rumly (rơ·mli) *adv.* extrañamente, singularmente.

rummage (rơ·midỹ) *s.* búsqueda, registro, acción de buscar revolviendo. *2* cosas que se encuentran revolviendo. *3* trastorno, desorden, confusión. *4* ant. MAR. arrumazón, estiba. — *5 adj. ~ sale,* venta pública de objetos no reclamados; venta benéfica de prendas usadas.

rummage (to) *tr.* registrar, revolver buscando. *2 to ~ out* o *up,* hallar [revolviendo] ; sacar a la luz, desenterrar. *3* ant. MAR. arrumar, estibar. — *4 intr.* revolverlo todo en busca de algo.

rummager (rơ·miyơ') *s.* buscador, revolvedor.

rummer (rơ·mơ') *s.* vaso grande para beber.

rummier (rơ·miơ') *adj. comp.* de RUMMY.

rummiest (rơ·miist) *adj. superl.* de RUMMY.

rummily (rơ·mili) *adv.* extrañamente, singularmente.

rummy (rơ·mi) *adj.* extraño, singular. *2* del ron, relativo al ron. — *3 s.* pop. (EE. UU.) borracho; vendedor o destilador de bebidas alcohólicas. *4*

pop. tipo, individuo. *5* cierto juego de naipes.

rumo(u)r (ru·mơ') *s.* rumor, runrún, voz que corre.

rumo(u)r (to) *tr.* rumorear, propalar, divulgar : *it is rumo(u)red,* se rumorea, se dice, corre la voz.

rump (rơmp) *s.* ancas o cuarto trasero [de un animal]. *2* rabadilla, obispillo [de ave]. *3* culata [de vaca]. *4* cola, resto, lo que queda.

rumple (rơ·mpơl) *s.* pliegue, doblez, arruga ; arrugamiento, ajamiento.

rumple (to) *tr.* arrugar, chafar, apañuscar, ajar. *2* descomponer, desgreñar. — *3 intr.* arrugarse, ajarse.

rumpus (rơ·mpơs) *s.* fam. bulla, alboroto, ruido.

run (rơn) *s.* corrida, carrera [acción de correr]. *2* curso, marcha, tendencia. *3* descenso o caída rápidos. *4* movimiento, acción, etc., ininterrumpidos; serie, continuación [de actos, sucesos, etc.]. *5* TEAT. serie de representaciones de una obra. *6* racha [de suerte]. *7* demanda continua; esp. *~ on a bank,* afluencia extraordinaria de imponentes para retirar fondos. *8* lo que fluye, corre, sale, etc., en el curso de una operación. *9* operación [de una máquina, etc.] ; manejo, dirección : *to get the ~ of,* aprender el manejo de, hallar el secreto o el modo de. *10* duración, vida [de una cosa]. *11* recorrido, producción [en un tiempo u operación]. *12* hilo [del discurso]. *13* remonte de un río por los peces; arribazón. *14* clase, tipo, etc., usual o normal : *the ~, the common ~,* lo corriente; el común de las gentes. *15* terreno de pasto o para ejercitar animales. *16* longitud usada como medida de trabajo. *17* MAR. singladura. *18* lucha, competición. *19* carrera a pie. *20* viaje, paseo, excursión. *21* ruta o camino ordinarios. *22* libertad de andar por un sitio, de hacer uso de algo. *23* fuerza o habilidad para correr. *24* (EE. UU.) riachuelo. *25* extensión [de tierra o agua]. *26* MEC. corredera, tubo, caño [por donde corre algo]. *27* MIN. dirección, inclinación, buzamiento. *28* MÚS. carrerilla. *29* MAR. racel. *30* carrera [en unas medias]. *31* TEAT. rampa. *32 a ~ for one's money,* compensación por el esfuerzo hecho o por el dinero gastado; competición para lograr dinero, un premio, etc. *33 in the long ~,* a la larga, tarde o temprano. *34 on the ~,* huyendo, corriendo; en movimiento.

35 adj. fundido, vaciado en molde, derretido : *~ metal,* metal fundido. *36* fam. de contrabando. *37* agotado por haber corrido.

38 p. p. de TO RUN.

run (to) *intr.* correr [moverse, andar con rapidez ; apresurarse ; deslizarse ; pasar, transcurrir, volar] : *to ~ with the hare and hunt with the hounds,* fig. estar bien con los dos partidos a la vez. *2* girar, rodar. *3* remontar un río [los peces]. *4* correr, extenderse [hacia, hasta o por] ; llegar, alcanzar [hasta]. *5* pasar [a cierto estado] : *to ~ dry,* secarse [un pozo, etc.] ; *to ~ in debt* endeudarse ; *to ~ wild,* volverse salvaje, indómito ; crecer sin cultivo. *6* correr, fluir, manar, chorrear. *7* fundirse, derretirse. *8* correrse, mezclarse [los colores]. *9* supurar. *10* ir, dirigirse [tener cierta dirección]. *11* correr [los intereses]. *12* estar expresado, decir, rezar : *the song runs as follows,* la canción dice así. *13* circular. *14* ser, durante un periodo, de cierta clase, calidad, etc.; mantenerse a cierto precio o valor. *15* regir, estar vigente, tener fuerza. *16* funcionar, marchar, correr : *to ~ flat,* AUT. rodar desinflado; correr con un neumático desinflado. *17* hacer continuas demandas de fondos. *18* TEAT. representarse [una obra] seguidamente. *19* ofrecerse con insistencia a la mente; dar vueltas [el pensamiento] a una cosa. *20* pop. hacer de mandadero. *21* MAR. correr, navegar en popa. *22* POL. presentarse [para], ser candidato [a]. *23 to ~ about,* correr, andar de una parte a otra. *24 to ~ across,* atravesar corriendo ; encontrar, topar, dar con. *25 to ~ after,* perseguir, ir tras de. *26 to ~ against,* topar, chocar con ; ser contrario a, oponerse a. *27 MAR. to ~ aground, to ~ ashore,* encallar, embarrancar. *28 to ~ ahead,* correr delante ; llevar ventaja. *29 to ~ along,* correr a lo largo ; correr, ir ; *~ along!,* ¡lárgate! *30 to ~ around with,* andar o juntarse con ; tener relaciones con. *31 to ~*

away, huir, fugarse; desvocarse; dispararse [un motor]; *to ~ away with*, fugarse con; arrebatar, arramblar con, llevarse; *don't ~ away with the idea that*, no vayas a figurarte que. *32 to ~ behind*, correr detrás; quedarse atrás; atrasarse. *33 to ~ counter*, oponerse a, ir en contra de. *34 to ~ down*, bajar corriendo; escurrir, gotear [un líquido]; pararse, dejar de funcionar [un reloj, un aparato, etc.] por habérsele acabado la cuerda, el vapor, etc.; agotarse, debilitarse, decaer. *35* MAR. *to ~ foul* o *foul of*, chocar con, embestir, abordar. *36 to ~ in*, entrar; entrar al pasar. *37 to ~ in the blood, in the family*, estar en la sangre, venir de familia, de casta. *38 to ~ into*, precipitarse dentro de; chocar con, dar con, topar con; volverse, convertirse en; extenderse en. *39 to ~ off*, huir; derramarse, salirse; hacer una digresión; MEC. escaparse, salirse de; *to ~ off the rails, to ~ off the track*, descarrilar. *40 to ~ on*, seguir, continuar. *41 to ~ out*, salir; salirse, derramarse; expirar, terminar; acabarse, agotarse; extenderse; *to ~ out into*, extenderse [en digresiones, etc.]; *to ~ out of*, no tener más, acabársele a uno [una cosa]. *42 to ~ over*, rebosar, derramarse, desbordarse. *43 to ~ short*, ser escaso o insuficiente; *to ~ short of*, andar corto o escaso de. *44 to ~ through*, correr, pasar a través o por dentro de. *45 to ~ to seed*, granar, desmedrarse [una planta] dando semilla; agotarse, decaer, perder vitalidad. *46 to ~ true to form* o *type*, tener las cualidades, carácter, etc., propias de su naturaleza u origen; obrar como era de esperar. *47 to ~ up*, acudir; subir, aumentarse, crecer. *48 to ~ upon*, dar con; incurrir en; versar sobre; burlarse de. *49 to ~ with*, estar chorreando o empapado de, abundar en; juntarse con; estar de acuerdo con. *50 tr.* correr [un caballo]. *51* pasar [una cosa por el hueco de otra o por encima de ella]. *52* poner en cierto estado corriendo. *53* correr, cazar, perseguir. *54* recorrer, correr por. *55* correr [una carrera]. *56* hacer [un mandado]. *57* seguir [un rastro o pista; un camino o curso]: *things must ~ their course*, las cosas han de seguir su curso. *58* clavar, meter, introducir. *59* mover, hacer deslizar, disponer en cierta dirección; empujar, llevar, conducir. *60* apacentar [el ganado]; pacer el ganado en [un lugar]. *61* fundir, derretir, vaciar. *62* refinar, destilar. *63* tirar [una línea]. *64* pasar de contrabando o matute. *65* correr [un riesgo]. *66* competir, rivalizar con. *67* huir de. *68* echar, derramar, verter, manar. *69* regentar, dirigir, manejar, explotar [un negocio]. *70* conducir [un vehículo, una máquina]. *71* COST. bastear. *72* POL. presentar como candidato. *73* MIL. burlar [un bloqueo]. *74 to ~ a temperature*, tener fiebre. *75 to ~ down*, dar caza a; quebrantar, aplastar; derribar; echar a pique; atropellar [con un vehículo]; hablar mal de, difamar. *76 to ~ in*, IMPR. insertar; poner seguido, sin aparte. *77 to ~ into*, clavar, hundir: *to ~ into the ground*, meter en tierra, debajo del suelo; pop. (EE. UU.) llevar a un extremo, exagerar. *78 to ~ off*, verter [metal fundido]; escribir o pronunciar rápidamente; imprimir. *79 to ~ on*, IMPR. poner seguido, sin aparte. *80 to ~ out*, sacar, extender; agotar, desperdiciar. *81 to ~ over*, atropellar, pasar por encima; acabar; repasar, examinar de prisa. *82 to ~ the gauntlet*, pasar por baquetas. *83 to ~ through*, atravesar, traspasar [pasar de parte a parte]; examinar, tratar, etc., por encima, hojear; dilapidar. *84 to ~ to earth*, perseguir hasta su escondite; seguir hasta su punto de origen. *85 to ~ together*, cuajar, coagular. *86 to ~ up*, hacer subir [una cuenta]; pujar [en subasta]; erigir, edificar de prisa; sumar rápidamente; COST. repasar, remendar; MAR. izar [una bandera, vela, etc.].
¶ CONJUG. pret.: *ran;* p. p.: *run;* ger.: *running.*
runabout (rø·nabaut) *s.* vagabundo. 2 birlocho. 3 automóvil pequeño. 4 canoa automóvil ligera.
runagate (rø·naguéit) *s.* renegado; desertor. 2 vagabundo. 3 fugitivo.
runaway (rø·nawei) *adj. y s.* fugitivo. 2 desertor, tránsfuga. — *3 adj.* desbocado [caballo]. *4* DEP. ganado fácilmente. *5 ~ marriage*, casamiento que

sigue a una fuga. — *6 s.* fuga, escapatoria. *7* desbocamiento. *8* caballo desbocado.
runcinate (rø·nsineit) *adj.* BOT. con los lóbulos inclinados hacia la base [hoja].
rundle (rø·ndøl) *s.* peldaño, escalón. 2 rueda.
rundlet (rø·ndlet) *s.* barrilete, barrilejo.
run-down *adj.* agotado, debilitado, atropellado. 2 arruinado, ruinoso. 3 parado, sin cuerda [reloj]. 4 ELECT. descargada [batería].
rune (run) *s.* runa. 2 misterio; magia. 3 *pl.* poemas rúnicos.
rung (røng) *pret. y p. p.* de TO RING. — *2 s.* peldaño, escalón. 3 travesaño [de silla]. 4 rayo [de rueda]. 5 cabilla [de la rueda del timón]. 6 listón, barrote.
runic (ru·nic) *adj.* rúnico, runo.
runlet (rø·nlit) *s.* RUNDLET. 2 RUNNEL.
runnel (rø·nel) *s.* riachuelo, arroyo.
runner (rø·nø[r]) *s.* corredor [que corre]. 2 caballo de carreras. 3 mandadero, mensajero, correo. 4 HIST. (Ingl.) policía. 5 fam. viajante. 6 (EE. UU.) agente de un hotel, vapor, etc., que busca clientes. 7 pasador [de contrabando], contrabandista. 8 maquinista, operador. 9 buque rápido. 10 MEC. corredera. 11 anillo movible. 12 TEL. cursor. 13 volandera [muela]. 14 rueda móvil [de turbina]. 15 MAR. ostaga. 16 cuchilla [de patín]; patín [de trineo]. 17 AVIA. zapata de aterrizaje. 18 canal [para el metal fundido]. 19 alfombra de pasillo; tapete largo; camino de mesa. 20 carrera [en una media]. 21 BOT. estolón; sarmiento; planta rastrera. 22 BOT. judía enredadera.
runner-up, *pl.* **runners-up** *s.* pujador [en una subasta]. 2 DEP. el que pierde en el último momento [en una carrera, partida de golf, etc.]; jugador o equipo que queda en segundo lugar en un torneo.
running (rø·ning) *s.* carrera, corrida, curso. 2 acto de forzar un bloqueo. 3 fuerza o habilidad para correr. 4 fam. viaje, excursión, recorrido. 5 dirección, manejo. 6 marcha, funcionamiento. 7 lo que corre o mana; flujo. 8 supuración. 9 contrabando, matute. 10 *to be in*, o *out of, the ~*, tener o no tener esperanzas o posibilidades de ganar. 11 *to make*, o *take up, the ~*, llevar o ganar la delantera. — *12 adj.* corredor. 13 corriente: *~ expenses*, gastos corrientes; *~ water*, agua corriente. 14 corredizo: *~ knot*, nudo corredizo. 15 corrido, seguido: *~ hand*, letra corrida. 16 fluido, fácil [estilo]. 17 improvisado, preparado en el acto. 18 en marcha, que funciona. 19 (EE. UU.) *~ board*, estribo de auto o locomotora. 20 *~ gear*, ruedas y chasis de un vehículo. 21 MAR. *~ lights*, luces de situación. 22 MAR. *~ rigging*, cabos de labor. 23 IMPR. *~ title*, *~ head*, titulillo. — *24 adv.* seguido: *three times ~*, tres veces seguidas.
run-off *s.* agua de desagüe. 2 DEP. carrera final y decisiva. — *3 adj.* de desagüe. 4 final, decisivo.
runround (rø·nraund) *s.* (EE. UU.) panadizo.
runt (rønt) *s.* buey o vaca de una raza pequeña. 2 fig. animal enano. 3 fam. enano, redrojo. 4 paloma de una raza de gran tamaño.
runway (rø·nwei) *s.* lecho, madre, cauce. 2 senda; camino de rodadura. 3 AVIA. pista de aterrizaje. 4 TEAT. pasadera. 5 vía, ranura, etc., por donde se hace correr algo.
rupee (rupī) *s.* rupia.
Rupert (ru·pø[r]t) *n. pr.* Ruperto. 2 *Rupert's drops*, lágrimas de Batavia o de Holanda.
rupestrian (rupe·strian) *adj.* rupestre.
rupture (rø·pchø[r]) *s.* ruptura, rompimiento, rotura. 2 MED. hernia, quebradura. 3 ruptura, desavenencia.
rupture (to) *tr.* romper, abrir, reventar. 2 producir hernia. — *3 intr.* romperse, abrirse, reventar. 4 quebrarse, sufrir hernia.
rupturewort (ro·pchø[r]uø[r]t) *s.* BOT. herniaria.
rural (ru·ral) *adj.* rural, rústico: *~ free delivery*, reparto gratuito del correo en el campo. — *2 s.* rústico, campesino.
rurality (rura·liti) *s.* calidad de rural. 2 rusticidad.
rurally (ru·rali) *adv.* ruralmente.
rusa (rø·sa) *s.* gamo de las Indias Orientales.
ruse (rūs) *s.* ardid, astucia, artimaña.
rusé (rušé·) *adj.* astuto.
rush (røsh) *s.* movimiento o avance impetuoso; *with a ~*, de golpe, de repente; impetuosamente.

2 torrente, cúmulo, tropel, apretura, afluencia : *gold* ~, afluencia de gente a un nuevo campo aurífero. *3* prisa, precipitación : *there's no* ~ *about it,* no corre prisa. *4* ímpetu, empuje, furia. *5* ataque, embestida, asedio. *6* (EE. UU.) lucha, rebatiña [entre escolares]. *7* gran demanda [de una cosa]. *8* BOT. junco, junquera. *9* BOT. anea, espadaña. *10* fig. pito, bledo : *it is not worth a* ~, no vale un pito. — *11 adj.* de junco; de anea : ~ *candle,* vela de sebo y junco; ~ *mat,* estera de junco. *12* de prisa, de mucha afluencia, etc. : ~ *hour,* hora de mucho tránsito o movimiento. hora punta; ~ *order,* COM. pedido urgente.

rush (to) *intr.* arrojarse, abalanzarse, precipitarse : *to* ~ *forward,* avanzar, arrojarse con ímpetu; *to* ~ *in,* precipitarse dentro; *to* ~ *in upon,* sorprender; *to* ~ *out,* salir corriendo; *to* ~ *through,* hacer precipitadamente; arrojarse a [los peligros]. — *2 tr.* empujar o arrojar con violencia. *3* despachar con prontitud; apresurar, precipitar. *4* embestir, acometer. *5* derrotar, rechazar. *6* tomar por asalto. *7* asediar con atenciones. *8* en el fútbol americano, llevar el balón a través del campo contrario. *9* cubrir de anea o junco, hacer con anea o junco.

rush-bottomed *adj.* con asiento de anea.

rusher (rø·shø') *s.* embestidor. *2* persona enérgica, activa. *3* en el fútbol americano, el que lleva el balón a través del campo contrario.

rushlight (rø·shlait) *s.* vela de sebo y junco; su luz. *2* fig. luz débil.

rushy (rø·shi) *adj.* juncoso, juncino. *2* de anea o espadaña. *3*. abundante en juncos, anea o espadaña.

rusk (røsc) *s.* sequillo, galleta. *2* pan tostado al horno.

Russ (røsh) *adj.* y *s.* ruso.

russet (rø·sit) *adj.* bermejo. *2* burdo, tosco, casero. *3* de paño burdo. *4* curtido y sin colorear [cuero]. — *5 s.* color bermejo. *6* paño burdo. *7* cuero curtido y sin colorear. *8* BOT. variedad de manzana.

russety (rø·siti) *s.* bermejizo.

Russia (rø·shia) *n. pr.* GEOGR. Rusia. — *2 s. Russia leather* o simplte. *russia,* piel de Rusia.

Russian (rø·shan) *adj.* y *s.* ruso.

Russophile (rø·sofail) *adj.* y *s.* rusófilo.

Russophobe (rø·sofoub) *adj.* y *s.* rusófobo.

rust (røst) *s.* moho, orín, herrumbre. *2* inacción, ociosidad. *3* BOT. roya, añublo. — *4 adj.* rojizo [color].

rust (to) *tr.* enmohecer [oxidar; embotar]. *2* dar color rojizo o de herrumbre. — *3 intr.* enmohecerse, aherrumbrarse. *4* tomar color rojizo, de herrumbre. *5* enmohecerse [con el tiempo, la inacción]. *6* BOT. arroyarse.

rustic (rø·stic) *adj.* y *s.* rústico. *2* campesino. — *3 adj.* sencillo, campestre. — *4 s.* patán, grosero.

rustically (rø·sticali) *adv.* rústicamente.

rusticate (to) (rø·stikeit) *intr.* rusticar. — *2 tr.* enviar o desterrar al campo. *3* expulsar temporalmente de una universidad. *4* ALBAÑ. rebajar las juntas de los sillares.

rustication (røstike·shøn) *s.* rusticación.

rusticity (røsti·siti) *s.* rusticidad, rustiquez. *2* simplicidad. *3* grosería, rudeza.

rustier (rø·stiø') *adj. comp.* de RUSTY.

rustiest (rø·stiit) *adj. superl.* de RUSTY.

rustily (rø·stili) *adv.* con herrumbre o enmohecimiento.

rustiness (rø·stines) *s.* enmohecimiento.

rustle (rø·søl) *s.* susurro, crujido. *2* (EE. UU.) pop. lucha, esfuerzo, actividad febril.

rustle (to) *intr.* susurrar, crujir [las hojas, la seda, etc.]. *2* (EE. UU.) menearse, obrar con energía. — *3 tr.* hacer susurrar o crujir. *4* pop. (EE. UU.) obtener, manejar con energía; avivar. *5* robar [ganado].

rustler (rø·slø') *s.* planta cuyas hojas susurran. *2* pop. (EE. UU.) persona activa, emprendedora. *3* (en el O. de los EE. UU.) ladrón de ganado.

rustre (rø·slø') *s.* BLAS. rumbo.

rusty (rø·sti) *adj.* mohoso, herrumbroso, oriniento. *2* enmohecido [por la inacción]. *3* rojizo. *4* descolorido por el uso [ropa negra]. *5* ronca, cascada [voz]. *6* rancio, anticuado. *7* rancio [tocino].

rut (røt) *s.* brama, toriondez, celo [de los animales] : *in* ~, en celo. *2* carril, rodada, surco. *3* rutina, costumbre, sendero trillado : *to be in a* ~, hacer una cosa por rutina; ser esclavo de la rutina.

rut (to) *tr.* hacer carriles, rodadas o surcos en. — *2* estar en celo [el ciervo, etc.]. ¶ C.NJUG. pret. y p. p.: *rutted;* ger.: *rutting.*

rutabaga (rutabei·ga) *s.* BOT. naba.

Rutaceæ (rutei·shii) *s. pl.* BOT. rutáceas.

rutaceous (rutei·shøs) *adj.* rutáceo.

Ruth (ruz) *n. pr.* Rut.

ruth *s.* ant. compasión. *2* pena, tristeza.

Ruthenia (ruzi·nia) *n. pr.* GEOGR. Rutenia.

Ruthenian (ruzi·nian) *adj.* y *s.* rutenio [de Rutenia].

ruthenium (ruzi·niøm) *s.* QUÍM. rutenio.

ruthless (ru·zlis) *adj.* cruel, despiadado, inhumano, brutal.

ruthlessly (ru·zlisli) *adj.* cruelmente, inhumanamente, sin piedad.

ruthlessness (ru·zlisnis) *s.* crueldad, falta de piedad.

rutile (ru·til) *s.* MINER. rutilo.

ruttish (rø·tish) *adj.* en celo. *2* rijoso, lujurioso. *3* que hace rodadas o carriles.

rye (rai) *s.* BOT. centeno. *2* (EE. UU.) whisky de centeno. *3* BOT. ~ *grass,* ballico, césped inglés. — *4 adj.* de centeno : ~ *field,* centenal; ~ *straw,* paja centenaza.

ryot (rai·ot) *s.* labrador indio.

S

S, s (es) *s.* S, s, decimonona letra del alfabeto inglés.
's de, el de (signo del llamado caso posesivo o posesivo sajón) : *John's father,* el padre de Juan: *this hat is Peter's,* este sombrero es de Pedro o el de Pedro. 2 abrev. de IS, HAS y US : *he's there,* él está allí; *she's done it,* ella lo ha hecho; *let's go,* vámonos.
S *s.* ese, curva en forma de S. 2 barra, tubo, etc., en forma de S. — *3 adj.* en ese, en forma de S.
Sabaean (sabran) *adj.* y *s.* sabeo.
Sabaism (sa·baišm) *s.* sabeísmo, culto a los astros.
Sabbatarian (sæbate·rian) *adj.* y *s.* sabatario.
Sabbath (sæ·baz) *s.* día de descanso [sábado entre los judíos, domingo entre los cristianos]. 2 tiempo de descanso. 3 descanso, reposo.
Sabbatic(al (sæbæ·tic(al) *adj.* sabático; de descanso : *sabbatical year,* año sabático; (EE. UU.) año de licencia, concedido a un profesor universitario cada siete años.
sabbatize (to) (sæ·bataiš) *intr.* sabatizar, guardar el sábado. — *2 tr.* guardar [el sábado, una fiesta].
Sabella (sabe·la) *s.* ZOOL. sabela.
sabellian (sabe·lian) *adj.* y *s.* sabeliano. — *2 adj.* sabélico. — *3 s.* sabino, samnita.
saber (sei·bø') *s.* sable.
saber (to) *tr.* acuchillar, herir a sablazos.
Sabian (sei·bian) *adj.* y *s.* de una secta mencionada en el Corán. 2 sabeo.
Sabianism (sei·bianišm) *s.* sabeísmo.
sabine (sæ·bin) *adj.* y *s.* sabino.
sable (sei·bøl) *s.* ZOOL. marta cebellina. 2 su piel. 3 ZOOL. antílope negro. — *4 adj.* y *s.* BLAS. sable. 5 negro, obscuro. — *6 s. pl.* ropas de luto.
sabot (sæ·bou) *s.* zueco, almadreña.
sabotage (sæ·botaǰ) *s.* sabotaje.
sabotage (to) *tr.* sabotear.
saboteur (sæ·botø') *s.* saboteador.
sabre (sei·bø') *s.* SABER.
sabre (to) *tr.* TO SABER.
sabretache (sa·brøtash) *s.* MIL. portapliegos o escarcela del uniforme de caballería.
sabulous (sæ·biuløs) *adj.* sabuloso, arenoso.
saburra (sabø·ra) *adj.* MED. saburra.
sac (sæc) *s.* ANAT., ZOOL., BOT. saco, cavidad.
saccade (sækei·d) *s.* sofrenada. 2 MÚS. en el violín, golpe de arco que hace sonar varias cuerdas a la vez.
saccate (sæ·keit) *adj.* BIOL. en forma de saco. 2 enquistado.
saccharate (sæ·car(it) *s.* QUÍM. sacarato.
sacchariferous (sæcari·førøs) *adj.* sacarígeno.
saccharification (sacarifike·shøn) *s.* sacarificación.
saccharify (to) (sacarifai·) *tr.* sacarificar.
saccharimeter (sæcari·mitø') *s.* sacarímetro.
saccharimetry (sæcari·metri) *s.* sacarimetría.
saccharine (sæ·carin) *s.* QUÍM. sacarina.
saccharine *adj.* sacarino. 2 azucarado. — *3 s.* QUÍM. sacarina.

saccharometer (sæcara·mitø') *s.* sacarómetro.
saccharose (sæ·carous) *s.* QUÍM. sacarosa.
saccharous (sæ·carøs) *adj.* sacarino.
sacciform (sa·csifo'm) *adj.* BIOL. en forma de saco.
saccule (sa·kiul) *s.* BIOL. pequeño saco o bolsa. 2 ANAT. sáculo.
sacerdocy (sæ·sø'dosi) *s.* sacerdocio.
sacerdotal (sæsø'dou·tal) *adj.* sacerdotal. 2 clerical.
sacerdotalism (sæsø'dou·tališm) *s.* carácter y espíritu sacerdotal. 2 clericalismo.
sachem (sei·chem) *s.* cacique o jefe indio de Norteamérica.
sachet (sashei·) *s.* bolsita de polvos o perfumes, almohadilla para perfumar.
sack (sæc) *s.* saco, costal : *to hold the* ~, fig. quedarse con las manos vacías. 2 medida de capacidad. 3 saco, saqueo, pillaje : *to put to* ~, meter a saco. 4 botín. 5 saco, chaqueta holgada. 6 vino blanco generoso. 7 fam. *to give* o *get the* ~, despedir, ser despedido; dar o recibir calabazas. — *8 adj.* de sacos : ~ *race,* carrera de sacos [de personas metidas en sacos].
sack (to) *tr.* ensacar, meter en saco. 2 derrotar. 3 saquear, pillar. 4 despedir; dar calabazas.
sackbut (sæ·cbøt) *s.* MÚS. sacabuche.
sackcloth (sæ·ccloz) *s.* harpillera. 2 cilicio.
sacker (sæ·kø') *s.* ensacador. 2 saqueador.
sackful (sæ·cful) *s.* saco, costal [contenido, capacidad].
sacking (sæ·king) *s.* tela para sacos, harpillera.
sacque (sæc) *s.* saco, chaqueta holgada. 2 ant. bata [de mujer].
sacral (sa·cral) *adj.* ANAT. sacro. 2 ANTROP. sacro, sagrado [de los ritos religiosos].
sacrament (sæ·cramønt) *s.* sacramento. 2 sacramento del altar, eucaristía : *the Blessed* o *Holy Sacrament,* el Santísimo Sacramento. 3 juramento, compromiso solemne, compurgación.
sacramental (sæcrame·ntal) *adj.* sacramental. 2 sagrado [obligación]. 3 juramentado. 4 simbólico [de algo espiritual]. — *5 s. pl.* sacramentales.
sacramentally (sæcrame·ntali·) *adv.* sacramentalmente.
sacramentarian (sæcramente·rian) *adj.* y *s.* sacramentario. — *2 adj.* sacramental.
sacrarium (sæcrei·røm) *s.* sagrario.
sacred (sei·crid) *adj.* sagrado, sacro, santo : *Sacred College,* Sacro colegio, colegio de cardenales; ~ *music,* música sacra o sagrada. 2 inviolable.
sacredly (sei·cridli) *adv.* sagradamente, santamente.
sacredness (sei·cridnis) *s.* carácter sagrado, santidad. 2 inviolabilidad.
sacrifice (sæ·crifais) *s.* sacrificio. 2 inmolación. 3 víctima sacrificada. 4 COM. *to sell at a* ~, vender sin beneficio.
sacrifice (to) *tr.* sacrificar. | No tiene el sentido de matar reses para el consumo. 2 inmolar. 3 COM. vender sin beneficio. — *4 intr.* sacrificar [ofrecer **sacrificios**].

sacrificer (sæ crifai ^{s} g ^{r}) s. sacrificador.
sacrificial (sæcrifi shal) adj. de sacrificio, sacrificatorio, de la naturaleza del sacrificio.
sacrilege (sæ crilⁱy̆) s. sacrilegio.
sacrilegious (sæcrili ȳøs) adj. sacrílego.
sacrilegiously (sæcrili ȳøsli) adv. sacrílegamente.
sacring (sa cring) s. consagración [esp. en la misa]. — 2 adj. de la consagración : ~ bell, toque de campana a la Elevación ; campanilla de monaguillo. 3 ~ tablet, sacra.
sacrist (sei crist), **sacristan** (sæ cristan) s. sacristán.
sacristy (sæ cristi) s. sacristía.
sacroiliac (seicroi liæc) adj. ANAT. sacroilíaco.
sacrosanct (sæ crosænct) adj. sacrosanto.
sacrum (sei crøm) s. ANAT. sacro.
sad (sæd) adj. triste. 2 lúgubre, sombrío. 3 aciago, nefasto. 4 malo, pobre, de inferior calidad.
sadden (to) (sæ døn) tr. entristecer, contristar. 2 ensombrecer. — 3 intr. entristecerse. 4 ensombrecerse.
saddle (sæ døl) s. silla [de montar] : fig. to be in the ~, estar en el poder, tener el mando; estar listo, dispuesto. 2 sillín [de bicicleta, de moto, de caballería de varas]. 3 MEC. carro, cojinete, soporte, abrazadera abierta. 4 caballete [de poste]. 5 ARQ. zapata. 6 MAR. boca [de cangrejo]. 7 COC. lomo o cuarto trasero. 8 depresión, garganta [de montaña]. 9 cosa o parte en figura de silla de montar. — 10 adj. de silla o arzón : ~ blanket, mantilla [del caballo] : ~ gall, matadura; ~ horse, caballo de silla; ~ pad, baste; ~ maker, guarnicionero; ~ pistol, pistola de arzón. 11 en forma de silla de montar : ~ roof, techo a dos aguas. 12 de a caballo, montado.
saddle (to) tr. ensillar. 2 enalbardar. 3 montar [una caballería]. 4 to ~ with, cargar o hacer cargar con [algo oneroso, molesto, etc.].
saddlebacked (sæ dølbæct) adj. ensillado, de lomo hundido.
saddlebag (sæ dølbæg) s. alforja, bizazas [para caballerías] ; maletín de grupa.
saddlebow (sæ dølbou) s. arzón o fuste delantero.
saddlecloth (sæ dølcloz) s. mantilla [del caballo].
saddler (sæ dlø ^{r}) s. guarnicionero, talabartero. 2 MIL. encargado de las sillas de montar.
saddlery (sæ dløri) s. guarnicionería, talabartería, *lomillería. 2 guarniciones, arneses.
saddletree (sæ døltrɪ) s. fuste [de la silla de montar].
Sadducean (sadiusr an) adj. y s. saduceo.
Sadducee (sæ diusi) s. saduceo.
Sadduceeism (sæ diusiism) s. saduceísmo.
sad-iron (sæd-aiø ^{r} n) s. plancha [para la ropa].
sadism (sei dism) s. sadismo.
sadist (sei dist) s. sádico.
sadistic (seidi stic) adj. sádico.
sadly (sæ dli) adv. tristemente. 2 funestamente.
sadness (sæ dnis) s. tristeza. 2 melancolía.
safe (seif) adj. salvo, ileso, incólume : ~ and sound, sano y salvo. 2 seguro [exento de peligro o riesgo]. 3 seguro [sin posibilidad de error o fracaso] ; prudente. 4 seguro, confiable, leal. 5 ~ load, carga máxima. — 6 s. arca, caja de caudales, cofre fuerte. 7 alacena, despensa.
safe-conduct s. convoy, salvoconducto.
safeguard (sei fga ^{r} d) s. salvaguardia, resguardo, defensa. 2 escolta, guardia. 3 salvaguardia, salvoconducto.
safeguard (to) tr. salvaguardar, proteger.
safe-keeping s. guarda, custodia, depósito.
safely (sei fli) adv. seguramente, sin peligro, a salvo, con seguridad, felizmente, sin novedad.
safeness (sei fnis) s. seguridad [estado o condición]. 2 prudencia [de una conducta o proceder].
safety (sei fti) s. seguridad, resguardo, protección, salvamento; incolumidad : to reach ~, llegar a lugar seguro; in ~, con seguridad, sin peligro. 2 seguro [de un arma]. — 3 adj. de seguridad : ~ arch, ARQ. arco de descarga; ~ belt, salvavidas; cinturón de seguridad; ~ bolt, cerrojo o pasador de seguridad [que no puede descorrerse desde fuera] ; ~ curtain, TEAT. telón de seguridad, telón contra incendios; ~ factor, MEC. coeficiente de seguridad; ~ fuse, mecha de combustión lenta; ELECT. fusible; ~ island, ~ isle, burladero [en una calle] ; ~ lamp, lámpara de seguridad; ~ lock, cerradura de seguridad; seguro [de un arma] ; ~ match, fósforo

de seguridad, fósforo sueco; ~ pin, imperdible; ~ razor, maquinilla de afeitar; ~ stop, mecanismo de paro automático; ~ valve, válvula de seguridad; ~ zone, burladero o espacio reservado a los peatones [en una vía pública].
saffian (sæ fian) s. cuero de cabra o cordero curtido con zumaque y teñido con colores vivos.
safflower (sæ flauø ^{r}) s. BOT. alazor, cártamo.
saffron (sæ frøn) s. BOT. azafrán. — 2 adj. azafranado. 3 BOT. ~ thistle, alazor, cártamo.
sag (sæg) s. combadura, comba, pandeo, bolsa, hundimiento, depresión. 2 flecha [de un cable, cuerda, etc.]. 3 COM. baja [de precios]. 4 MAR. tendencia a sotaventarse.
sag (to) tr. combar, empandar. — 2 intr. combarse, empandarse. 3 hundirse, hacer bolsa [un techo] ; curvarse [una cuerda, cable, etc., suspendidos entre dos puntos]. 4 desaplomarse. 5 COM. bajar [los precios]. 6 ceder, caer, flojear, debilitarse. 7 MAR. sotaventarse. ¶ CONJUG. pret. y p. p.: sagged; ger.: sagging.
saga (sa ga) s. saga.
sagacity (saguei siti) s. sagacidad.
sagacious (saguei shøs) adj. sagaz.
sagaciously (saguei shøsli) adv. sagazmente.
sagaciousness (saguei shøsnis) s. sagacidad.
sagamore (sæ gamo ^{r}) s. jefecillo de ciertas tribus de indios.
sagapenum (sægapr nøm) s. sagapeno.
sage (seiȳ) s. BOT. salvia. 2 sabio, filósofo, hombre prudente: the seven sages, los siete sabios de Grecia. — 3 adj. sabio, cuerdo, prudente. 4 grave, solemne.
sagebrush (sei ȳbrøsh) s. BOT. artemisa.
sagely (sei ȳli) adv. sabiamente, cuerdamente, prudentemente.
sageness (sei ȳnis) s. sabiduría, cordura, prudencia.
saggar (sæ ga ^{r}) s. caja de arcilla refractaria para cocer porcelana fina.
Sagitta (sæ ȳi ta) s. ASTR. saeta.
sagittal (sæ ȳital) adj. sagital.
sagittaria (sæȳite ria) s. BOT. sagitaria, saetilla.
Sagittarius (sæȳite riøs) s. ASTR. Sagitario.
sagittate(d (sæ ȳiteit(id) adj. BOT., ZOOL. sagitado.
sago (sei gou) s. sagú [fécula]. 2 BOT. sago o ~ palm, sagú [planta].
saguaro (sagua rou) s. BOT. pitahaya.
Sahara (saje ra) n. pr. GEOGR. Sahara.
Saharan (saje ran), **Saharian** (saje rian) o **Saharic** (saje ric) adj. del Sahara, del desierto.
sahib (sa ib) s. señor [usado por los persas e hindúes, esp. con el nombre de un europeo].
said (sed) p. p. de TO SAY. — 2 adj. mencionado, citado. 3 DER. dicho, antedicho.
sail (seil) s. MAR. vela : fore-and-aft ~, vela de cuchillo; square ~, vela de cruz; to set ~, hacerse a la vela; under full ~, a todo trapo. 2 buque de vela. | En esta acepción no tiene desinencia de plural. 3 viaje o paseo en barco de vela. 4 aspa, brazo [de molino]. — 5 adj. de vela o para velas : ~ loft, lugar donde se hacen velas; ~ needle, aguja para coser velas; ~ yard, verga.
sail (to) intr. navegar : to ~ along the coast, costear; to ~ against the wind, navegar contra el viento; fig. ir contra la corriente; to ~ before the wind, navegar viento en popa; to ~ close to the wind o near the wind, ceñir el viento; fig. seguir la corriente; bordear lo ilícito; to ~ into, fam. atacar, criticar; regañar, sermonear. 2 darse a la vela. 3 viajar, pasear, [en buque, bote, etc.] ; ir embarcado. 4 deslizarse; moverse en el agua; correr por el aire, volar; moverse majestuosamente. — 5 tr. gobernar [una embarcación]. 6 navegar por, surcar. 7 hacer volar [una cometa].
sailable (sei labøl) adj. navegable.
sailboat (sei lbout) s. buque o barca de vela, velero.
sailcloth (sei lcloz) s. lona, brin. 2 toldo.
sailer (sei lø ^{r}) s. buque de vela : good ~, buque velero.
sailing (sei ling) s. navegación, náutica; deporte de vela : plain ~, fig. progreso fácil, coser y cantar. 2 salida, partida [de un buque]. 3 viaje o paseo en barco.— 4 adj. de vela, de navegación : ~ master, piloto; ~ orders, últimas instrucciones [dadas al capitán de un buque] ; ~ ship o vessel, buque de vela, velero.
sailmaker (sei lmeikø ^{r}) s. velero [que hace velas de barco] : sailmaker's palm, rempujo.

sailor (sei·lø') s. marinero. 2 marino. 3 sailor o ~ hat, canotié, sombrero de paja.

sainfoin (sei·nfoin) s. BOT. esparceta, pipirigallo.

saint (seint) s. santo, santa. 2 saint's day, día del santo, días [de una pers.]. — 3 adj. santo, san, santa [delante de un nombre]. | Gralte se escribe con mayúscula y se abrevia así: St.: St. Andrew's cross, cruz de San Andrés; St. Bernard dog, perro de San Bernardo; St. Elmo's fire, fuego de Santelmo; Cástor y Pólux; St. John's wort, hierba de San Juan, corazoncillo; St. Martin's summer, veranillo de San Martín; St. Valentine's Day, día de San Valentín [en que los novios se ofrecen felicitaciones y regalos]; Saint Vitus's dance, MED. corea, baile de San Vito.

saint (to) canonizar. — 2 intr. obrar como un santo. 3 to ~ it, hacer el santo.

sainted (sei·ntid) adj. santo, canonizado, bendito. 2 santo, virtuoso, piadoso.

sainthood (sei·ntjud), **saintliness** (sei·ntlinis) s. santidad.

saintly (sei·ntli) adv. santamente. — 2 adj. santo, pío, devoto.

saintship (sei·ntship) s. santidad, santería.

Saint-Simonian (seint-saimou·nian) adj. y s. sansimoniano.

Saint-Simonianism (seint-saimou·nianišm) s. sansimonismo.

saith (sez) forma arcaica de la 3.ª pers. del pres. de ind. de TO SAY.

sake (seic) s. causa, motivo, razón, amor, respeto o consideración [que mueva a hacer algo]. | Us. generalmente con un genitivo y precedido de for: for my ~, por mi causa; do it for my ~, hágalo usted por mí; for brevity's ~, en obsequio a la brevedad; for God's ~, por Dios, por el amor de Dios; for pity's ~, por piedad; ¡caramba!; for the ~ of the argument, por vía de argumento; art for art's ~, el arte por el arte.

saker (sei·kø') s. ORNIT., ARTILL. sacre.

Sal (sæl) n. pr. dim. de SARAH.

sal s. QUÍM., FARM. sal: sal ammoniac, sal amoníaco; ~ volatile. carbonato amónico.

salaam (salæ·m) s. zalema.

salaam (to) tr. e intr. hacer zalemas.

salability (seilabi·liti) s. calidad de vendible, facilidad de venta, salida.

salable (sei·labøl) adj. vendible.

salableness (sei·labølnis) s. SALABILITY.

salacious (salei·shøs) adj. salaz.

salaciously (salei·shøsli) adv. salazmente.

salaciousness (salei·shøsnis), **salacity** (salæ·siti) s. salacidad.

salad (sæ·lad) s. ensalada. — 2 adj. de o para la ensalada : ~ bowl, ensaladera; ~ dressing, salsa para la ensalada, salsa mayonesa; ~ oil, aceite de mesa. 3 fig. ~ days, días de juventud inexperta.

salal (sæ·lal) s. BOT. arbusto americano de bayas comestibles.

salam (sala·m) s. SALAAM.

salam (to) tr. TO SALAAM.

salamander (sæ·lamandø') s. ZOOL., MIT. salamandra. 2 COC. cierto utensilio para calentar o tostar. 3 salamander's wool, amianto.

salamandrine (sælamæ·ndrin) adj. salamandrino.

salangane (sa·længuein) s. ORNIT. salangana.

salariat (salei·riat) s. clase de los que, sin ser obreros, viven de un sueldo.

salaried (sæ·larid) adj. asalariado. 2 dotado con sueldo o salario.

salary (sæ·lari) s. salario, sueldo, paga.

sale (seil) s. venta; almoneda, subasta; liquidación: ~ by auction, almoneda, subasta; ~ on credit, venta al fiado; for ~, en venta, de venta; ~ and, o or, return, mercancías en depósito. 2 salida, despacho, demanda [de un género]. — 3 adj. de venta o ventas; para la venta, sobre la venta: sales agent, agente de ventas, representante; ~ price, precio de venta; ~ tax, impuesto sobre las ventas. 4 corriente, hecho, de confección, de serie.

saleable (sei·labøl) adj. SALABLE.

salep (sæ·lep) s. salep.

saleratus (sælerei·tøs) s. COC. bicarbonato de sosa o de potasa.

salesclerk (sei·lžclø'c) s. dependiente de tienda.

salesgirl (sei·ligø'l) s. vendedora, dependienta de tienda.

Salesian (sali·ỹan) adj. y s. salesiano

salesman (sei·lsmæn), pl. -men (-men) s. vendedor, dependiente de tienda. 2 viajante de comercio.

salesmanship (sei·lsmænship) s. arte de vender. 2 talento de vendedor.

salesroom (sei·lsrum) s. salón de ventas.

saleswoman (sei·lswuman), pl. -women (-uimin) s. vendedora, dependienta de tienda.

Salian (sei·lian) adj. y s. salio.

salic (sæ·lic) adj. sálico : ~ law, ley sálica.

Salicaceae (sælikei·sii) s. pl. BOT. salicáceas, salicíneas.

salicaceous (sælikei·shøs) adj. salicáceo, salicíneo.

salicetum (sælisi·tøm) s. salceda, salcedo, sauceda, saucedal.

salicin(e (sæ·lisin) s. QUÍM. salicina.

salicylate (sæ·lisileit) s. QUÍM. salicilato.

salicylic (sæ·lisilic) adj. QUÍM. salicílico.

salience, -cy (sei·liøns, -si) s. calidad de saliente; lo que sale, proyección. 2 relieve : to give ~ to, poner de relieve, hacer resaltar. 3 detalle, punto, etc., saliente o significativo.

salient (sei·liønt) adj. que brota o surte. 2 saliente, prominente. 3 saliente, notable. — 4 s. FORT., MIL. saliente.

saliferous (sali·førøs) adj. salífero.

salifiable (sæ·lifaiabøl) adj. salificable.

salification (sælifike·shøn) s. salificación.

salify (to) (sæ·lifai) tr. salificar. ¶ CONJUG. pret. y p. p.: salified.

saline (sei·lain) adj. salino. — 2 s. saladar. 3 salina. 4 substancia salina.

salineness (sæ·lainnis), **salinity** (sali·niti) s. salinidad.

salinous (se·lainøs) adj. salino.

saliva (salai·va) s. saliva.

salival (salai·val) adj. salival.

salivant (salai·vant) adj. y s. sialogogo.

salivary (sæ·liveri) adj. salival : ~ gland, glándula salival.

salivate (to) (sæ·liveit) tr. producir salivación. — 2 intr. salivar.

salivation (sælive·shøn) s. salivación.

salivous (salai·vøs) adj. salival, salivoso.

sallet (sæ·lit) s. celada [de la armadura].

sallow (sæ·lou) adj. pálido, amarillento, cetrino. — 2 s. BOT. variedad de sauce.

sallowness (sæ·lounis) s. palidez, color amarillento.

Sally (sæ·li) n. pr. dim. de SARAH.

sally, pl. -lies (-liš) s. MIL. salida, surtida. 2 excursión, paseo. 3 arranque, arrechucho, pronto, arrebato. 4 salida, ocurrencia, humorada. 5 ARQ. saliente, saledizo, vuelo.

sally (to) intr. salir, hacer una salida. 2 salir o avanzar con ímpetu. 3 to ~ forth, salir [para un viaje, excursión, etc.]. ¶ CONJUG. pret. y p. p.: sallied.

sally-port s. FORT. surtida, poterna.

salmagundi (sælmagø·ndi) s. salpicón. 2 baturrillo, mezcolanza.

salmi (sø·lmi) s. estofado de caza.

salmiac (sæ·lmiac) s. sal amoníaco natural.

salmon (sæ·møn) s. ICT. salmón. 2 color de salmón. 3 ICT. salmon trout, trucha de mar.

salol (sæ·loul) s. QUÍM. salol.

Salome (sæ·lomi) n. pr. Salomé.

Salomonic (sæloma·nic), **Salomonian** (sæloma·nian) adj. salomónico [de Salomón].

salon (sala·n) s. salón [pieza de recibir]. 2 salón [literario o artístico].

saloon (salu·n) s. salón [gran sala]. 2 cámara [de un vapor]. 3 (EE. UU.) taberna, bar. 4 shaving ~, peluquería. 5 FERROC. (Ingl.) ~ carriage, coche salón. 6 (Ingl.) ~ car, automóvil parecido al sedán.

saloop (sæ·lup) s. salep. 2 BOT. sasafrás.

salpa (sæ·lpa) s. ICT. salpa.

salsify (sæ·lsifi) s. BOT. salsifí.

salt (solt) s. QUÍM. sal: Epsom ~, sal de la higuera; Rochelle ~, tartrato de potasio y sodio. 2 sal [común] : fig. to eat one's ~, comer el pan de uno; to earn one's ~, ganar lo justo para vivir; to be worth one's ~, valer uno el pan que come; to take with a grain of ~, no creer del todo, considerar como exagerado. 3 salero [de mesa]. 4 sal [lo que preserva]. 5 sabor, picante, sainete. 6 sal, agudeza. 7 marisma, sala-

dar. *8* fam. persona de experiencia. *9* fam. *old*
~, marinero. *10 pl.* MED. sales. *11 smelling salts,*
sales aromáticas. — *12 adj.* de sal, para la sal;
salado, salobre, salino; curado con sal : ~ *box,*
salero [de cocina]; ~ *cedar,* BOT. taray; ~
garden, salina [junto al mar]; ~ *lick,* salegar,
lamedero; ~ *marsh,* marisma; ~ *meat,* carne
salada, cecina; ~ *mine,* salina, mina de sal;
caldera o saladar donde se obtiene la sal; ~ *pit,*
espumero; ~ *pork,* tocino salado; ~ *rheum,*
MED. eczema; ~ *shaker,* salero [de mesa]; ~
water, agua salada. *13* amargo [lágrimas, etc.].
14 picante, verde [cuento, etc.]. *15* fam. exagerada, cargada [cuenta, factura].
salt (to) *tr.* salar. *2* sazonar [con sal]. *3* salpresar.
4 dar sal [al ganado]. *5* amañar [una cosa];
poner subrepticiamente mineral [en una mina]
para darle apariencia de valor. *6* cargar precios
exagerados [en una factura]. *7 to* ~ *one's money
away,* ahorrar, guardar o colocar uno bien su
dinero. — *8 intr.* depositar sal [una solución].
saltant (sæ·ltant) *adj.* saltante.
saltation (sælte·shøn) *adj.* saltación, salto. *2* progreso o modificación por saltos.
saltatorial (sæ·ltatorial) *adj.* de salto. *2* ZOOL. saltador. *3* SALTATORY.
saltatory (sæ·ltatori) *adj.* perteneciente a la danza. *2* saltador, saltón. *3* que procede por saltos.
saltcellar (so·ltsela') *s.* salero [de mesa].
salted (so·ltid) *adj.* salado. *2* avezado, experimentado; perito.
salter (so·ltø') *s.* salador. *2* vasija para salar. *3*
preparador de sales o drogas; droguista.
saltern (so·ltø'n) *s.* salina.
salthouse (so·ltjaus) *s.* almacén de sal. *2* casa donde se hace sal.
saltier (sæ·lti') *s.* BLAS. sotuer.
saltigrade (sæ·ltigreid) *adj.* saltígrado.
salting (so·lting) *s.* saladura, salazón. *2* tierra que
inunda regularmente la marea. — *3 adj.* que
sirve para salar.
saltire (sæ·ltaiø') *s.* SALTIER.
saltish (so·ltish) *adj.* salobre, un poco salado.
saltless (so·ltlis) *adj.* soso, insulso, insípido.
saltmaker (so·ltmeikø') *s.* salinero.
saltness (so·ltnis) *s.* sabor de sal, salsedumbre.
saltpeter, saltpetre (soltpi·tø') *s.* nitro, salitre. *2*
nitrato de Chile, *caliche.
saltpetrous (soltpi·trøs) *adj.* salitroso.
saltus (sæ·ltøs) *s.* salto, solución de continuidad.
salt-water *adj.* de agua salada.
saltworks (so·ltwø'cs) *s.* salina.
saltwort (so·ltwø't) *s.* BOT. barrilla, sosa.
salty (so·lti) *adj.* salado. *2* salobre.
salubrious (saliu·briøs) *adj.* salubre, salutífero, saludable.
salubriously (saliu·briøsli) *adv.* saludablemente.
salubriousness (saliu·briøsnis), **salubrity** (saliu·bri-
ti) *s.* salubridad.
salutariness (sæ·liuterinis) *s.* condición de saludable.
salutary (sæ·liuteri) *adj.* saludable; salutífero. *2*
curativo, medicinal.
salutation (sæliute·shøn) *s.* saludo. *2* salutación.
3 bienvenida.
salutatory (sæliu·tatori) *adj.* de salutación. — *2 s.*
(EE. UU.) saludo, discurso de salutación. *3* GRAM.
vocativo.
salute (saliu·t) *s.* saludo [esp. el que se hace con
el ademán, la actitud, un beso]. *2* MIL., NAV.
saludo; salva.
salute (to) *tr. e intr.* saludar. *2* ant. besar. — *3
intr.* MIL. cuadrarse.
salutiferous (sæliuti·ferøs) *adj.* salutífero.
salvability (sælvabi·liti) *s.* posibilidad de salvarse
o ser salvado.
salvable (sæ·lvabøl) *adj.* que puede salvarse.
salvableness (sæ·lvabølnis) *s.* SALVABILITY.
Salvador (sæ·lvødo') *n. pr.* GEOGR. El Salvador.
Salvadoran, Salvadorian (sælvado·ran, -rian) *adj.*
y s. salvadoreño.
salvage (sæ·lvidẏ) *s.* salvamento. *2* derecho de salvamento. *3* lo que se salva de un naufragio,
fuego, etc.
salvage (to) *tr.* salvar [de un naufragio, ruina,
etcétera].
salvation (sælve·shøn) *s.* salvación. *2 Salvation
Army,* Ejército de Salvación [organización religiosa protestante].

Salvationist (sælve·shønist) *s.* miembro del Ejército de Salvación.
salve (sæv o sav) *s.* ungüento, pomada, emplasto.
2 remedio, consuelo, alivio. *3* fam. adulación.
4 salve, Salve Regina. — *5 interj.* ¡salve!
salve (to) *tr.* untar, curar con ungüento. *2* aquietar, calmar, aliviar. *3* salvar [un buque o su
cargamento].
salver (sæ·lvø') *s.* bandeja. *2* salvilla.
salvia (sæ·lvia) *s.* BOT. salvia.
salvo (sæ·lvou), *pl.* **-œs** (-øS) *s.* salvedad, excepción.
2 reserva mental. *3* pretexto, excusa. *4* salva [de
artillería, de aplausos].
salvor (sæ·lvø') *s.* pers. o buque que hace o ayuda a un salvamento; salvador.
Sam (Sæm) *n. pr.* fam. Samuel.
samara (sæ·møra) *s.* BOT. sámara.
Samaritan (samæ·ritan) *adj. y s.* samaritano. —
2 adj. caritativo. — *3 s.* persona caritativa.
sambar (sæ·mba') *s.* ZOOL. ciervo grande de Asia.
sambo (sæ·mbou) *s.* zambo [mestizo]. *2* (con may.)
negro, mulato.
sambuke (sæ·mbiuc) *s.* MÚS. sambuca; sacabuche;
gaita.
same (seim) *adj.* mismo, igual, idéntico : *the* ~
book, el mismo libro; *at the* ~ *time,* a la vez,
al mismo tiempo; no obstante; *in the* ~ *manner,*
del mismo modo. — *2* pron. *the* ~, lo mismo;
el mismo, la misma, los mismos, las mismas :
it is all the ~ *to me,* me es igual, me da lo
mismo; *much the* ~ *as,* casi como. — *3 adv.
the* ~, del mismo modo, igualmente. *4 all the*
~, a pesar de todo.
sameness (sei·mnis) *s.* igualdad, identidad. *2* parecido exacto. *3* monotonía, falta de variedad.
Samian (se·miæn) *adj. y s.* samio.
samlet (sæ·mlit) *s.* ICT. salmón joven.
Samnite (sæ·mnait) *adj. y s.* samnita.
Samnitic (sæmni·tic) *adj.* samnita.
Samoan (samou·an) *adj. y s.* samoano.
Samotrace (sæmotrei·s), **Samotracia** (sæmotrei·shia)
n. pr. GEOGR. Samotracia.
samovar (sæ·movar') *s.* samovar [utensilio ruso
para hacer el té].
Samoyed (sæ·moied) *adj. y s.* samoyedo.
samp (sæmp) *s.* (EE. UU.) maíz descortezado y
quebrantado; sopa o gachas hechas con él.
sampan (sæ·mpæn) *s.* MAR. sampán.
samphire (sæ·mfai') *s.* BOT. hinojo marino.
sample (sæ·mpøl) *s.* COM. muestra. *2* muestra
[para examinar o analizar], cala, cata. *3* especí-
men, ejemplo. — *4 adj.* de muestra o muestras :
~ *copy,* ejemplar de muestra; ~ *case,* muestrario.
sample (to) *tr.* sacar una muestra, probar, ensa-
yar, calar, catar. | A veces con *out.*
sampler (sæ·mplø') *s.* probador, catador, examinador de muestras. *2* utensilio para sacar muestras de una substancia. *3* dechado [labor].
Sam(p)son (sæ·m(p)søn) *n. pr.* Sansón.
Samuel (sæ·miuel) *n. pr.* Samuel.
sanative (sæ·nativ) *adj.* sanativo, curativo.
sanativeness (sæ·nativnis) *s.* calidad de curativo.
sanatorium (sænato·riøm) *s.* sanatorio.
sanatory (sæ·natori) *adj.* sano, curativo.
sanbenito (sænbeni·tou) *s.* sambenito [capotillo
o escapulario].
sanctification (sænctifike·shøn) *s.* santificación. *2*
consagración.
sanctifier (sæ·ntifaiø') *s.* santificador.
sanctify (to) (sæ·nctifai) *tr.* santificar. *2* consagrar, hacer sagrado. ¶ CONJUG. pret. y p. p.:
sanctified.
sanctimonious (sænctimou·niøs) *adj.* santurrón,
beato, mojigato.
sanctimoniously (sænctimou·niøsli) *adv.* con santurronería.
sanctimoniousness (sænctimou·niøsni), **sanctimony**
(sæ·nctimoni) *s.* santurronería, beatería, mojigatería.
sanction (sæ·ncshøn) *s.* sanción, ratificación, confirmación, aprobación, autorización. *2* sanción
[pena].
sanction (to) *tr.* sancionar, ratificar, confirmar,
aprobar, autorizar. *2* sancionar [penar].
sanctitude (sæ·nctitiud) *s.* santidad.
sanctity (sæ·nctiti), *pl.* **-ties** (-tiŠ) *s.* santidad. *2*
carácter sagrado, inviolabilidad. *3 pl.* objetos,
obligaciones, ritos, etc., sagrados.

sanctuary (sæ·nkchueri) *s.* santuario, templo. 2 asilo, refugio, sagrado : *to take* ~, refugiarse, acogerse a sagrado.

sanctum (sæ·nctøm) *s.* lugar sagrado. 2 estudio, despacho, etc., privado. 3 *sanctum sanctorum*, sanctasanctórum.

Sanctus (sæ·nctøs) *s.* LITURG. Sanctus : ~ *bell*, campanilla que toca a Sanctus.

sand (sænd) *s.* arena. 2 playa, arenal. | A veces en *pl.* 3 grano de arena [de un reloj] ; momento de la vida. 4 arena o suelo petrolífero. 5 pop. valor, aguante. 6 pop. dinero. 7 MED. arenas. — 8 *adj.* de arena o de la arena : ~ *bar*, barra de arena ; ~ *bath*, QUÍM., MED. baño de arena ; ~ *binder*, hierba o planta para fijar la arena ; ~ *dollar* (EE. UU.), especie de erizo de mar ; ~ *dune*, ~ *hill*, duna ; ~ *fly*, ENTOM. cagachín, jején ; ~ *grouse*, ORNIT. ganga ; ~ *hopper*, ZOOL. pulga de mar ; ~ *pit*, hoyo o sitio de donde se saca arena.

sand (to) *tr.* enarenar. 2 arenar. 3 cubrir de arena ; polvorear con arena ; mezclar con arena. 4 hacer encallar en la arena. 5 pulir con arena o papel de lija. | Gralte. con *down*.

sandal (sæ·ndal) *s.* sandalia. 2 alpargata. 3 SAN-DALWOOD.

sandalwood (sæ·ndalwud) *s.* BOT. sándalo [árbol; madera].

sandarac (sæ·ndaræc) *s.* sandáraca. 2 BOT. ~ *tree*, tuya articulada, alerce africano.

sandbag (sæ·ndbæg) *s.* saco de arena. 2 porra de arena [hecha con una taleguilla llena de arena].

sandbag (to) *tr.* tapar u obstruir con sacos de arena. 2 atacar o golpear con porra de arena. ¶ CONJUG. pret. y p. p.: *-bagged;* ger. : *-bagging.*

sandbank (sæ·ndbænc) *s.* banco de arena.

sandblast (sæ·ndblæst) *s.* chorro de arena para limpiar, grabar vidrio, etc.; instrumento para aplicarlo.

sandblast (to) *tr.* limpiar, grabar, etc., con chorro de arena.

sandbox (sæ·ndbacs) *s.* salvadera. 2 FERROC. arenero.

sandbox tree *s.* BOT. jabillo, árbol del diablo.

sanded (sæ·ndid) *adj.* arenoso. 2 envuelto en azúcar granulado. 3 del color de la arena.

sander (sæ·ndø') *s.* mecanismo para arenar. 2 soplador de arena. 4 lijador o máquina para lijar.

sanders (sæ·ndø's) *s.* BOT. sándalo rojo.

sandglass (sæ·ndglæs) *s.* reloj de arena.

Sandhurst (sæ·ndjø'st) *n. pr.* Sandhurst, población inglesa y escuela militar que hay en ella.

sandier (sæ·ndiø') *adj. comp.* de SANDY.

sandiest (sæ·ndiist) *adj. superl.* de SANDY.

sandiness (sæ·ndinis) *s.* naturaleza arenosa. 2 color rojizo del pelo.

sandpaper (sæ·ndpeipø') *s.* papel de lija.

sandpaper (to) *tr.* lijar.

sandpiper (sæ·ndpaipø') *s.* ORNIT. lavandera.

sandstone (sæ·nsdtoun) *s.* piedra arenisca.

sandstorm (sæ·ndsto'm) *s.* tempestad de arena.

sandwich (sæ·ndwich) *s.* emparedado, bocadillo. 2 combinación de dos cosas iguales con una distinta en medio. — 3 adj. ~ *man*, hombre que se pasea por las calles llevando dos cartelones de anuncio, uno delante y otro detrás.

sandwich (to) *tr.* poner entre dos pedazos de pan. 2 poner entre dos cosas iguales, intercalar.

sandy (sæ·ndi) *adj.* arenoso, arenisco. 2 que forma grano. 3 rufo, rojizo, de color de arena. 4 inestable. 5 pop. (EE. UU.) valiente.

Sandy *n. pr.* dim. de ALEXANDER.

sane (sein) *adj.* sano. 2 cuerdo. 3 razonable.

sanely (sei·nli) *adv.* sanamente. 2 cuerdamente.

saneness (sei·nnis) *s.* cordura.

sanforize (to) (sénføraiš) *tr.* sanforizar.

sang (sæng) *pret.* de TO SING.

sangaree (sængarr·) *s.* sangría [bebida].

sang-froid (san-frua) *s.* sangre fría.

Sangrail (sæ·ngreil), **Sangreal** (sæ·ngrial) *s.* grial.

sanguiferous (sængwi·førøs) *adj.* sanguífero.

sanguification (sængwifike·shøn) *s.* sanguificación.

sanguify (to) (sæ·ngwifai) *tr.* sanguificar. ¶ CONJUG. pret. y p. p. : *sanguified.*

sanguinariness (sæ·ngwinerinis) *s.* calidad de sanguinario.

sanguinary (sæ·ngwineri) *adj.* sanguinario, cruel. 2 sangriento [con efusión de sangre]. 3 sanguíneo, sanguinoso.

sanguine (sæ·ngwin) *adj.* sangriento, de color de sangre. 2 colorado, rubicundo. 3 sanguíneo. 4 sanguinario. 5 vehemente. 6 optimista, confiado, esperanzado. — 7 *s.* DIB. sanguina.

sanguinely (sæ·ngwinli) *adv.* ardientemente. 2 confiadamente, con optimismo.

sanguineness (sæ·ngwinnis) *s.* confianza, optimismo.

sanguineous (sangwi·niøs) *adj.* sanguíneo. 2 sanguinoso, sanguinolento. 3 sangriento, truculento. 4 pletórico [de sangre].

sanguinolent (sængwi·nolønt) *adj.* sanguinolento.

Sanhedrim, Sanhedrin (sæ·njidrim o -drin) *s.* sanedrín.

sanicle (sæ·nicøl) *s.* BOT. sanícula.

sanidine (sa·nidin) *s.* MINER. sanidina.

sanies (sei·niÄš) *s.* MED. sanies, icor.

sanify (to) (sæ·nifai) *tr.* sanear [dar condiciones de salubridad]. ¶ CONJUG. pret. y p. p. : *sanified.*

sanious (sei·niøs) *adj.* sanioso, icoroso.

sanitarian (sænite·rian) *adj.* y *s.* sanitario.

sanitarium (sænite·riøm) *s.* sanatorio.

sanitary (sæ·niteri) *adj.* sanitario, de sanidad : ~ *cordon*, cordón sanitario ; ~ *corps*, cuerpo de sanidad. 2 higiénico : ~ *napkin*, ~ *towel*, paño higiénico.

sanitate (to) (sæ·niteit) *tr.* higienizar, sanear.

sanitation (sænite·shøn) *s.* higienización, saneamiento.

sanity (sæ·niti) *s.* sanidad [estado sano]. 2 cordura, sano juicio, sensatez.

sanjak (sa·nyac) *s.* sanjacado.

sanjakbey (sa·nyacbei) *s.* sanjaco.

sank (sænc) *pret.* de TO SINK.

Sanscrit, Sanskrit (sæ·nscrit) *adj.* y *s.* sánscrito.

Santa Claus (sæ·nticlÃš) *n. pr.* San Nicolás, personaje que llena con regalos las medias o calcetines de los niños la víspera de Navidad.

Santalaceae (sæntalei·sii) *s. pl.* BOT. santaláceas.

santon (sæ·ntøn) *s.* santón.

santonica (sænta·nica) *s.* BOT. santónico.

santonin(e (sæ·ntonin) *s.* FARM. santonina.

sap (sæp) *s.* savia. 2 vigor, vitalidad. 3 pop. dinero. 4 sámago, albura. 5 fig. tonto, bobo. 6 FORT. zapa [excavación].

sap (to) *tr.* extraer la savia de; dejar sin savia. 2 zapar, minar. — 3 *intr.* MIL. hacer trabajos de zapa. 4 obrar bajo mano.

sapajou (sæ·payu) *s.* ZOOL. mono capuchino.

sapanwood (sæpæ·nwud) *s.* BOT. sapán, sibucao.

sapful (sæ·pful) *adj.* abundante en savia; lleno de savia.

saphead (sæ·pjed) *s.* tonto, bobo.

saphena (safi·na) *s.* vena safena.

saphenous (safi·nøs) *adj.* ANAT. safena.

sapid (sæ·pid) *adj.* sápido. 2 sabroso, agradable.

sapidity (sapi·diti), **sapidness** (sæ·pidnis) *s.* sapidez. 2 sabor, gusto.

sapience, sapiency (sei·piøns, -si) *s.* sapiencia, sabiduría.

sapient (se·piønt) *adj.* sabio.

sapiential (sepie·nshæl) *adj.* sapiencial. 2 sabio, prudente.

Sapindaceae (sæpindæ·sii) *s. pl.* BOT. sapindáceas.

sapless (sæ·plis) *adj.* sin savia, sin jugo; seco, estéril. 2 débil, sin vitalidad.

sapling (sæ·pling) *s.* arbolillo, renuevo. 2 joven, mozo.

sapodilla (sæpodi·la) *s.* BOT. chicozapote, zapotillo, *níspero.

saponaceous (sæponei·shøs) *adj.* saponáceo, jabonoso. 2 escurridizo.

saponifiable (sapa·nifaiabøl) *adj.* saponificable.

saponification (sapanifike·shøn) *s.* saponificación.

saponify (to) (sapa·nifai) *tr.* saponificar. — 2 *intr.* saponificarse.

saponin (sæ·pønin) *s.* QUÍM. saponina.

sapor (sei·pø') *s.* sabor.

saporific (sæpori·fic) *adj.* saporífero.

sapota (sapou·ta) *s.* SAPODILLA.

Sapotaceæ (sæpotei·sii) *s. pl.* BOT. sapotáceas.

sapote (sapou·tei) *s.* BOT. zapote. 2 BOT. chico zapote, zapotillo.

sapper (sæ·pø') *s.* MIL. zapador, gastador.

Sapphic (sæ·fic) *adj.* sáfico. — 2 *s.* verso sáfico.

sapphire (sæ·fai') *s.* zafir, zafiro. 2 color de zafiro.

sapphirine (sæ·firin) *adj.* zafíreo, zafirino.

Sappho (Šæ·fou) *n. pr.* Safo.

sappiness (sæ·pinis) *s.* abundancia de savia, jugosidad. 2 sentimentalismo ridículo.
sappy (sæ·pi) *adj.* lleno de savia; jugoso. 2 vigoroso. 3 juvenil, pueril, tonto. 4 ridículamente sentimental.
saprophyte (sæ·profait) *s.* BOT. planta saprofita.
saprophytic (sæprofi·tic) *adj.* BOT. saprofita.
sapsucker (sæ·psøkø') *s.* ORNIT. pequeño picamaderos norteamericano.
sapwood (sæ·pwud) *s.* BOT. albura, alburno. 2 CARP. sámago.
saraband (sæ·rabænd) *s.* zarabanda.
Saracen (sæ·rasen) *s.* sarraceno.
Saracenic (særase·nic) *adj.* sarraceno, sarracénico.
Saragossa (særaga·sa) *n. pr.* GEOGR. Zaragoza.
Sarah (se·ra) *n. pr. f.* Sara.
Saratoga trunk (særatou·ga) *s.* baúl grande de viaje.
sarbacane (sæ·bakein) *s.* cerbatana.
sarcasm (sæ·cæsm) *s.* sarcasmo.
sarcastic(al (sa·cæ·stic(al) *adj.* sarcástico.
sarcastically (sa·cæ·sticali) *adv.* sarcásticamente.
sarcenet (sa·snet) *s.* SARSENET.
sarcocarp (sa·coca·p) *s.* BOT. sarcocarpio.
sarcocele (sa·cøsil) *s.* MED. sarcocele.
sarcocolla (sa·coca·la) *s.* sarcocola.
sarcolemma (sa·cole·ma) *s.* ANAT. sarcolema.
sarcology (sa·ca·loỹi) *s.* sarcología.
sarcoma (sa·cou·ma) *s.* MED. sarcoma.
sarcomatous (sa·ca·matøs) *adj.* sarcomatoso.
sarcophagous (sa·ca·fagøs) *adj.* carnívoro.
sarcophagus (sa·ca·fagøs), *pl.* **-gi** (-ỹai) o **-guses** (-gøsiš) *s.* sarcófago.
sarcotic (sarca·tic) *adj. y s.* sarcótico.
sard (sa·d) *s.* MINER. sardio, sardónice.
Sardanapalian (sa·dænæpei·lian) *adj.* Sardanapalesco.
Sardanapalus (sa·dænæpei·løs) *n. pr.* Sardanápalo.
sardelle (sa·døl) *s.* ICT. especie de sardina.
sardine (sa·din) *s.* ICT. sardina. 2 JOY. sardio.
Sardinia (sa·din·nia) *n. pr.* GEOGR. Cerdeña.
Sardinian (sa·di·nian) *adj. y s.* sardo.
sardonic (sa·da·nic) *adj.* sardónico.
sardonyx (sa·donics) *s.* MINER. sardónica, sardónice.
sargasso (sa·gæ·sou) *s.* BOT. sargazo. 2 GEOGR. *Sargasso Sea,* Mar de los sargazos.
sari (sæ·ri) *s.* (Ind.) vestido principal de las mujeres indias.
Sarmatian (sa·mei·shian) *adj. y s.* sármata. — 2 *adj.* sarmático.
sarment (sa·mønt) *s.* BOT. sarmiento, vástago rastrero.
sarmentose (sa·me·ntøus), **sarmentous** (sa·me·ntøs) *adj.* BOT. sarmentoso.
sarmentum (sa·me·ntøm) *s.* SARMENT.
sarong (særo·ng) *s.* vestido malayo consistente en una tira con que se envuelve el cuerpo de la cintura abajo.
sarsa (sa·sa), **sarsaparilla** (sa·sapari·la) *s.* BOT. zarzaparrilla.
sarsenet (sa·snet) *s.* tela de seda para forros.
sartorial (sa·to·rial) *adj.* sartorio. 2 relativo al sastre, a su arte o a los vestidos para hombre.
sartorius (sa·to·riøs) *s.* ANAT. músculo sartorio.
sash (sæsh) *s.* faja, ceñidor, banda [de uniforme o de adorno]. 2 tira de seda, etc., que se lleva como turbante. 3 hoja o parte movible de una ventana o vidriera [esp. la que sube y baja entre correderas] : ~ *window,* ventana de guillotina.
sassafras (sæ·safrœs) *s.* BOT. sasafrás.
Sassenach (sa·sinach) *adj. y s.* (Esc. e Irl.) inglés.
sat (sæt) *pret. y p. p.* de TO SIT.
Satan (sei·tan) *n. pr.* Satán, Satanás.
satanic(al (seitæ·nic(al) *adj.* satánico.
satanically (seitæ·nicali) *adv.* satánicamente, diabólicamente.
satchel (sæ·chel) *s.* saco de mano, maletín. 2 cartapacio [para llevar los libros, etc.].
sate (to) (seit) *tr.* saciar, hartar. 2 hastiar.
sateen (sæti·n) *s.* satén de algodón.
sateless (sei·tlis) *adj.* insaciable.
satellite (sæ·telait) *s.* satelite.
satiable (sei·shiabøl) *adj.* saciable.
satiate (sei·shieit) *adj.* saciado, satisfecho, harto, ahito.
satiate (to) *tr.* saciar, satisfacer. 2 hartar, llenar, colmar, ahitar. — 3 *intr.* saciarse, hartarse.

satiation (seishie·shøn) *s.* acción de saciar; saciedad, hartura.
satiety (satai·øti) *s.* saciedad, hartura. 2 hastío.
satin (sæ·tin) *s.* TEJ. raso.
satinet (sæ·tinet) *s.* TEJ. rasete.
satinwood (sæ·tinwud) *s.* nombre de varios árboles que dan una madera fuerte, lustrosa, de color claro, usada en ebanistería. 2 esta madera : satín, doradillo.
satiny (sæ·tini) *adj.* parecido al raso, lustroso, satinado.
satire (sæ·tai') *s.* sátira.
satiric(al (sati·ric(al) *adj.* satírico [rel. a la sátira].
satirically (sati·ricali) *adv.* satíricamente.
satirist (sæ·tirist) *s.* escritor satírico.
satirize (to) (sæ·tiraiš) *tr.* satirizar.
satisfaction (sætisfæ·cshøn) *s.* satisfacción. | No tiene el sentido de presunción, vanagloria o confianza]. 2 compensación, pago.
satisfactorily (sætisfæ·ctørili) *adv.* satisfactoriamente.
satisfactoriness (satisfæ·ctørinis) *s.* calidad de satisfactorio.
satisfactory (sætisfæ·ctori) *adj.* satisfactorio. 2 suficiente, adecuado, ventajoso. 3 expiatorio.
satisfied (sæ·tisfaid) *pret. y p. p.* de TO SATISFY. — 2 *adj.* satisfecho, contento. 3 seguro, convencido. 4 pagado.
satisfy (to) (sæ·tisfai) *tr.* satisfacer. 2 contentar. 3 librar de duda, asegurar, convencer : *I am satisfied that,* estoy seguro de que. 4 compensar, pagar. ¶ CONJUG. pret. y p. p. : *satisfied.*
satrap (sei·træp) *s.* sátrapa. 2 tiranuelo.
satrapy (sei·trapi) *s.* satrapía.
saturable (sæ·churabøl) *adj.* saturable.
saturant (sæ·churant) *adj. y s.* saturante. — 2 *s.* QUÍM. substancia que neutraliza la acidez o la alcalinidad de otra. 3 MED. remedio para corregir la acidez de estómago.
saturate (to) (sæ·chureit) *tr.* saturar. 2 empapar; llenar, colmar. 3 imbuir. 4 QUÍM. neutralizar.
saturation (sæchure·shøn) *s.* saturación.
Saturday (sæ·tø·dei) *s.* sábado.
Saturn (sæ·tø·n) *n. pr.* MIT., ASTR. Saturno.
Saturnalia (sætø·nei·lia) *s. pl.* saturnales.
Saturnalian (sætø·nei·lian) *adj.* saturnal. 2 (con min.) licencioso.
Saturnian (sætø·nian) *adj.* saturnal, saturnio. — 2 *s.* supuesto habitante de Saturno.
saturnine (sæ·tø·nain) *adj.* saturnino, apático, taciturno, melancólico.
saturnism (sæ·tø·nišm) *s.* saturnismo.
satyr (sæ·tø') *s.* sátiro. 2 ENTOM. cierta mariposa.
satyriasis (sætirai·asis) *s.* satiriasis.
satyric (sati·ric) *adj.* satírico [rel. a los sátiros].
sauce (sos) *s.* salsa. 2 aderezo, condimento. 3 verduras [como acompañamiento]. 4 (EE. UU.) compota. 5 descaro, insolencia [de lenguaje].
sauce (to) *tr.* aderezar, sazonar, condimentar. 2 templar, suavizar. 3 desvergonzarse, insolentarse con, responder.
sauceboat (so·sbout) *s.* salsera.
saucebox (so·sbacs) *s.* persona impertinente, descarada [esp. un niño].
saucedish (so·sdish) *s.* platillo para servir compota.
sauceman (so·smæn), *pl.* **-men** (-men) *s.* (EE. UU.) verdulero.
saucepan (so·spæn) *s.* cacerola, cazuela.
saucer (so·sø') *s.* platillo [plato pequeño]. 2 ~ *eyes,* ojos grandes y redondos.
saucily (so·sili) *adv.* descaradamente, con impertinencia.
sauciness (so·sinis) *s.* descaro, descoco, impertinencia, atrevimiento.
saucisse (sosi·s) *s.* ARTILL., FORT. salchicha.
saucy (so·si) *adj.* descarado, respondón, impertinente, atrevido. 2 elegante.
sauerkraut (sau·craut) *s.* COC. chucruta, col fermentada [plato alemán].
Saul (sol) *n. pr.* Saulo. 2 Saúl.
saunders (sæ·ndø·s) *s.* SANDERS. 2 COC. plato de carne picada y puré de patata.
saunter (so·ntø') *s.* paseo; paso tranquilo [del que pasea].
saunter (to) *intr.* pasear; andar despacio y sin objeto; vagar.
sauntering (so·ntøring) *s.* paseo, correteo.
Sauria (so·ria) *s. pl.* ZOOL. saurios.
saurian (so·rian) *adj. y s.* saurio.

sausage (so·sidy̆) *s.* salchicha, salchichón, embutido. 2 fam. cierto globo cautivo de observación. 3 desp. alemán.
sauté (sou·tei) *adj.* COC. salteado.
sauté (to) *tr.* COC. saltear.
savable (sei·vab̆øl) *adj.* SAVEABLE.
savage (sæ·vidy̆) *adj.* salvaje. 2 inculto, rudo. 3 cruel, fiero, bárbaro, brutal, inhumano. 4 furioso, enfurecido. — 5 *s.* salvaje. 6 hombre brutal.
savagely (sæ·vidy̆li) *adv.* salvajemente, fieramente, brutalmente.
savageness (sæ·vidy̆nis), **savagery** (sæ·vidy̆ri) *s.* salvajismo. 2 barbarie, crueldad, ferocidad. 3 los salvajes. 4 las bestias salvajes.
savanna(h) (savæ·na) *s.* GEOGR. sabana, pradera.
savant (sæ·vant) *s.* hombre de letras o de ciencia.
save (seiv) *prep.* salvo, excepto, menos, a excepción de. — 2 *conj.* si no fuera, a no ser, a menos [que]; salvando.
save (to) *tr.* salvar, librar. 2 proteger, guardar, preservar : *God ~ the Queen!*, ¡Dios guarde a la Reina! 3 ahorrar, economizar; reservar, conservar. 4 ahorrar, evitar : *to ~ oneself the trouble*, ahorrarse la molestia o el trabajo. 5 eximir, dispensar. 6 *to ~ appearances*, guardar las apariencias. 7 *to ~ one's face*, salvar el prestigio, quedar bien. 8 *to ~ up*, ahorrar [dinero]. 9 *~ you*, Dios os guarde [saludo]. *10 ~ o bless the mark*, con perdón; ús. también como expresión de impaciencia. — *11 intr.* ahorrar. 12 durar, poderse guardar.
saveable (sei·vab̆øl) *adj.* salvable. 2 guardable, conservable.
save-all *s.* apuracabos. 2 delantal, mono. 3 MAR. pequeña vela adicional.
saveloy (sa·vøloi) *s.* especie de salchicha seca.
saver (sei·vø') *s.* salvador : *life ~*, salvavidas. 2 libertador. 3 ahorrador, economizador.
savin (sæ·vin) *s.* BOT. sabina.
saving (sei·ving) *adj.* salvador, que salva. 2 ahorrador, ahorrativo, económico. 3 que contiene salvedad o reserva. — 4 *s.* economía, ahorro. 5 salvedad, reserva. 6 *pl.* ahorros : *savings bank*, caja de ahorros. — 7 *prep.* salvo, excepto, exceptuando, salvando. 8 *~ o save your reverence*, con perdón de usted.
savingly (sei·vingli) *adv.* económicamente, parcamente.
savingness (sei·vingnis) *s.* economía, frugalidad.
savio(u)r (sei·viø') *s.* salvador. 2 *the Saviour*, el Salvador, el Redentor.
savo(u)r (sei·vø') *s.* sabor. 2 gusto, dejo. 3 olor; propiedad característica.
savo(u)r (to) *tr.* saborear, dar sabor, sazonar. 2 dar un olor. 3 saborear [percibir, apreciar con deleite] ; saber apreciar. — 4 *intr. to ~ of*, saber a, oler a; tener la naturaleza o las cualidades de, revelar, ser indicio de. | En este último sentido, ús. también como transitivo.
savo(u)rily (sei·vørili) *adv.* con gusto, sabrosamente.
savo(u)riness (sei·vørinis) *s.* sabor, buen gusto. 2 fragancia.
savo(u)ry (sei·vøri) *adj.* sabroso, apetitoso, delicado, agradable. 2 fragante — 3 *s.* (Ingl.) especie de entremés al final de la comida. 4 BOT. ajedrea.
Savoy (savoi·) *n. pr.* GEOGR. Saboya.
savoy *s.* BOT. variedad de col de hojas rizadas.
Savoyard (savoi·a'd) *adj.* y *s.* saboyano.
savvy, savvey (sæ·vi) *s.* pop. (EE. UU.) experiencia, agibílibus.
savvy o savvey (to) *tr.* pop. (EE. UU.) comprender, saber. ¶ CONJUG. pret. y p. p. : *savvied*.
saw (so) *s.* sierra [herramienta]. 2 dicho, refrán, proverbio. — 3 *adj.* de sierra, de aserrar : *~ cut*, corte de sierra; muesca hecha con la sierra; *~ pit*, hoyo de aserradero. *~ set*, triscador [instrumento]; *~ tooth*, diente de sierra. — 4 *pret.* de TO SEE.
saw (to) *tr.* e *intr.* serrar, aserrar. — 2 *tr.* hacer [algo] aserrando o como aserrando. — 3 *intr.* cortar [una sierra]. 4 serrarse, aserrarse [bien, mal, etc., una materia]. 5 fam. tocar el violín. ¶ CONJUG. p. p.: *sawed* y *sawn*.
sawback (so·bæc) *s.* cosa de dorso aserrado. 2 GEOGR. sierra.
sawbones (so·bouns) *s.* pop. cirujano.
sawbuck (so·bø̆c) *s.* SAWHORSE.

sawdust (so·dø̆st) *s.* serrín, aserraduras.
sawer (so·ø') *s.* aserrador, serrador.
sawfish (so·fish) *s.* ICT. pez sierra, priste.
sawhorse (so·jo's) *s.* CARP. caballete, cabrilla, burro.
sawings (so·ings) *s. pl.* aserraduras.
sawmill (so·mil) *s.* aserradero.
sawn (son) *p. p.* irreg. de TO SAW. — 2 *adj.* aserrado.
Sawney, Sawnie, Sawny (sø·ni) *s.* escocés; los escoceses.
sawney (so·ni) *adj.* tonto, simple. — 2 *s.* simplón.
saw-toothed *adj.* BOT. serrado, aserrado.
sawwort (so·uø't) *s.* BOT. serrátula.
sawyer (sei·øø') *s.* aserrador, serrador; chiquichaque.
sax (sæcs) *s.* martillo de pizarrero. 2 MÚS. saxofón.
saxatile (sæ·csatil) *adj.* saxátil. 2 perteneciente a las rocas.
saxhorn (sæ·csjø'n) *s.* MÚS. bombardino, bombardón.
saxicoline, saxicolous (sæcsi·colin, -løs) *adj.* saxátil.
saxifragaceous (sæcsifraguei·shiøs) *adj.* BOT. saxifragáceo.
saxifrage (sæ·csifridy̆) *s.* BOT. saxífraga.
Saxon (sæ·csøn) *adj.* y *s.* sajón. 2 anglosajón. 3 fam. inglés.
Saxony (sæ·csøni) *n. pr.* GEOGR. Sajonia.
saxophone (sæ·csofoun) *s.* MÚS. saxofón.
say (sei) *s.* dicho, afirmación, aserto; opinión, lo que uno tiene por decir : *to say out one's ~*, desembuchar, dar uno su opinión. 2 turno para hablar; voz, derecho de hablar : *to have a ~ in an affair*, tener voz en un asunto. 3 *the ~*, la última palabra, la autoridad decisiva. 4 TEJ. especie de sarga fina.
say (to) *tr.* decir : *to ~ good-bye*, decir adiós, despedir ; *to ~ mass*, decir misa; *to ~ in one's sleeve*, decir para su capote; *to go without saying*, caer de su peso; *I should ~ sol*, ¡ya lo creo! ; *it is said, they ~ that*, se dice, dicen que, dizque; *no sooner said than done*, dicho y hecho; *say*, digamos, por ejemplo; *so to ~*, por decirlo así; *that is to ~*, es decir, esto es, quiere decir; *to ~ nothing of*, sin contar, por no hablar de; *to ~ the least*, por lo menos; *you don't ~ sol*, ¡no es posible!, ¿de veras? | No tiene el sentido de convenir o armonizar. 2 recitar, rezar. 3 contar, referir : *to ~ a tale*, contar un cuento. — 4 *intr.* decir, hablar : *I say!*, ¡oiga!, ¡escuche!; *to ~ on*, seguir hablando. 5 *to have to ~ to*, o *with*, tener que ver con. ¶ CONJUG. pret. y p. p. : *said*.
saying (sei·ing) *s.* dicho, lo que se dice, aserto, relato. 2 dicho, sentencia, refrán, proverbio : *as the ~ is*, como suele decirse, como dice el refrán, como dijo el otro.
scab (scæb) *s.* MED. costra, postilla. 2 VET. roña, escabro. 3 AGR. escabro. 4 ant. hombre ruin, canalla. 5 pop. obrero no asociado, esquirol.
scabbard (scæ·ba'd) *s.* vaina, funda [de un arma].
scabbed (scæ·bd) *adj.* costroso, postilloso. 2 VET. roñoso.
scabbiness (scæ·binis) *s.* calidad de costroso o roñoso.
scabble (to) (scæ·bøl) *tr.* desbastar.
scabby (scæ·bi) *adj.* costroso, postilloso. 2 VET. roñoso. 3 ruin, vil.
scabies (skei·bīs) *s.* MED. sarna.
scabious (skei·biøs) *adj.* costroso, sarnoso. — 3 *s.* BOT. escabiosa.
scabrous (skei·brøs) *adj.* áspero, rugoso. 2 escabroso [en sentido moral. 3 difícil.
scabrousness (skei·brøsnis) *s.* aspereza, rugosidad. 2 escabrosidad. 3 dificultad.
scabwort (scæ·bwø't) *s.* BOT. énula campana.
scad (scæd) *s.* ICT. escombro. 2 ICT. alosa.
scaffold (scæ·fould) *s.* andamio. 2 tablado. 3 tribuna [al aire libre]. 4 cadalso, patíbulo.
scaffold (to) *tr.* construir andamios o tablados para. 2 poner en un tablado.
scaffolding (scæ·foulding) *s.* andamiaje. 2 armazón para varios usos. 3 andana [para gusanos de seda].
scagliola (scæliou·la) *s.* escayola, estuco.
scalar (skei·la') *adj.* MAT. escalar.
scalariform (skei·larifo'm) *adj.* BOT., ZOOL. de figura de escalera.
scal(l)awag (skei·laueg) *s.* res raquítica. 2 fam. pícaro, bribón, tuno. 3 desp. (EE. UU.) republicano del Sur, después de la guerra de Secesión.

1) **scald** (scold) s. escaldadura, quemadura.
2) **scald** o **skald** s. escaldo [poeta escandinavo].
scald (to) tr. escaldar. 2 abrasar, quemar. 3 atormentar. 4 calentar [un líquido] hasta casi hacerlo hervir.
scald-head s. MED. tiña; acores; usagre.
scale (sneil) s. platillo [de balanza] : to tip the scales, inclinar la balanza; to turn the scales, ser decisivo. 2 balanza, báscula, romana. 3 ASTR. [con may. y gralte. en pl.] Libra. 4 DEP. acción de pesar los jinetes en el hipódromo. 5 ZOOL., BOT., MED. escama. 6 escama, laminilla, hojuela. 7 película [que cubre]. 8 incrustación [en las calderas]; capa de sarro [en los dientes]. 9 partícula [que se desprende]. 10 cacha [de cuchillo]. 11 escalera, medio para subir. 12 escala [pitipié; serie graduada; proporción] : standard ~, escala normal; on a large ~, en gran escala, en grande; on a small ~, en pequeña escala, en pequeño; on a ~ of, a escala de. 13 MÚS. escala, gama. — 14 adj. de balanza, escama, escala, etc.: ~ beam, astil de balanza; especie de romana; ~ insect, ENTOM. cochinilla; insecto cóccido.
scale (to) tr. pesar [determinar el peso de; tener cierto peso]. 2 distribuir en partes o pesos iguales. 3 escamar, quitar las escamas. 4 descostrar, descascarar, desvainar, pelar, raer. 5 cubrir de escamas o costras; incrustar. 6 escalar, subir. 7 medir por escala; hacer a escala; disponer en escala. 8 to ~ down, rebajar o reducir según escala. — 9 intr. pesarse [en el hipódromo]. 10 soltar las escamas, descamarse. 11 desconcharse, descascararse, pelarse. 12 cubrirse de incrustaciones. 13 formar escalera, subir en escala.
scaled (skei·ld) adj. escamoso. 2 escamado [sin escamas]. 3 provisto de escala graduada. 4 arreglado a escala. 5 MIL. escalado.
scalene (skeil·rn) adj. GEOM., ANAT. escaleno.
scalenus (skeil·rnøs) s. ANAT. escaleno.
scaler (skei·lø') s. pesador, medidor. 2 escamador. 3 descascarador, desvainador. 4 instrumento para quitar el sarro, las incrustaciones, etc. 5 escalador.
scaliness (skei·linis) s. escamosidad.
scaling (skei·liŋ) s. escamadura. 2 escalamiento. 3 medición por escala. 4 disposición en escamas, imbricación. — 5 adj. de escalar; ~ ladder, escala de sitio o de asalto.
scall (scol) s. MED. tiña.
scalled (scold) adj. tiñoso. 2 costroso.
scallion (scæ·lion) s. BOT. chalote, ascalonia.
scallop (scæ·løp) s. ZOOL. venera, pechina. 2 concha de peregrino. 3 platito en forma de concha. 4 festón, onda, recorte.
scallop (to) tr. festonear, recortar en ondas, repicotear. 2 COC. cocer al horno [algo] aderezado con salsa, mantequilla, etc., y pan rallado. 3 COC. cocer [ostras] en su concha.
scalp (scæ·lp) s. cuero cabelludo. 2 parte de él que los indios de Norteamérica arrancan como trofeo. 3 piel de la cabeza y el cuello de un animal.
scalp (to) tr. arrancar la cabellera, el cuero cabelludo. 2 fig. criticar despiadadamente. 3 pelar, quitar la parte superior. 4 (EE. UU.) comprar y revender [acciones, billetes, localidades, etc.]. 5 (EE. UU.) privar [a uno] de su cargo o influencia política. — 6 intr. tropezarse [una caballería].
scalpel (scæ·lpel) s. CIR. escalpelo.
scalper (scæ·lpø') s. revendedor. 2 gubia de grabador.
scalping (scæ·lpiŋ) s. acción de arrancar la cabellera, pelar, etc. — 2 adj. que sirve para ello: ~ iron, CIR. legra; ~ knife, cuchillo que usaban los indios norteamericanos para arrancar cabelleras.
scaly (skei·li) adj. escamoso, que tiene escamas. 2 incrustado [caldera]. 3 hecho de escamas. 4 AGR. infestado por insectos cóccidos. 4 vil, ruin. 5 avaro. 6 AGR. ~ bark, escabro.
scammony (scæ·møni) s. BOT. escamonea.
scamp (scæmp) s. pícaro, bribón, tuno.
scamp (to) tr. hacer [el trabajo, una cosa] mal, de cualquier modo, superficialmente : frangollar, chapucear.
scamper (scæ·mpø') s. fuga, huida precipitada; carrera rápida. 2 frangollón, chapucero.

scamper (to) intr. correr o moverse precipitadamente. 2 huir, escaparse.
scamping (scæ·mpiŋ) s. [en el lenguage del sindicalismo obrero] saboteo del trabajo; conducta del obrero que, para obtener una ventaja personal, trabaja más que sus compañeros o más de lo establecido por el sindicato; acción del patrón que sonsaca los obreros de un competidor.
scan (to) (scæn) tr. escandir. 2 repasar, examinar detenidamente, escudriñar, escrutar. 3 TELEV. explorar. 4 pasar los ojos por.
scandal (scæ·ndal) s. escándalo. | No tiene el sentido de alboroto o tumulto. 2 oprobio, ignominia. 3 vergüenza, cosa escandalosa. 4 difamación, maledicencia.
scandalize (to) (scæ·ndalaiš) tr. escandalizar. 2 difamar, murmurar de.
scandalmonger (sæ·ndalmøngø') s. difamador, murmurador.
scandalous (scæ·ndaløs) adj. escandaloso. 2 deshonroso, oprobioso, vergonzoso. 3 difamatorio.
scandalously (scæ·ndaløsli) adv. escandalosamente. 2 ignominiosamente, vergonzosamente.
scandalousness (scæ·ndaløsnis) s. carácter escandaloso o difamador.
scandent (scæ·ndønt) adj. BOT. trepador.
Scandinavia (scændinei·via) n. pr. GEOGR. Escandinavia.
Scandinavian (scændinei·vian) adj. y s. escandinavo.
scanning (scæ·nniŋ) s. escansión. 2 examen atento, escrutinio.
scansion (scæ·nshøn) s. escansión.
Scansores (scænso·riš) s. pl. ORNIT. trepadoras.
scansorial (scænso·rial) adj. ORNIT. trepador.
scant (scænt) adj. escaso, corto, limitado, insuficiente, reducido, exiguo: ~ of, corto de, insuficientemente provisto de.
scant (to) tr. escatimar. 2 reducir, limitar, estrechar. — 3 intr. MAR. caer o disminuir [el viento].
scantily (scæ·ntili) adv. escasamente, parcamente, apenas. 2 ligeramente [con poca ropa].
scantiness (scæ·ntinis) s. escasez, cortedad, exigüidad, insuficiencia.
scantling (scæ·ntliŋ) s. pequeña cantidad, poco. 2 dimensiones [de un madero, piedra, etc.], escuadría, marco. 3 madero, cuartón. 4 conjunto de cuartones. 5 caballete [para un barril].
scanty (scæ·nti) adj. escaso, corto, insuficiente, pequeño, limitado, exiguo, estrecho. 2 mezquino, cicatero.
scape (skeip) s. BOT., ARQ. escapo. 2 astil [de pluma]. 3 ENTOM. artejo basilar de una antena.
scapegoat (skei·pgout) s. víctima propiciatoria, cabeza de turco; persona que paga por las culpas de otros.
scapegrace (skei·pgreis) s. pícaro, travieso, bribón. — 2 adj. incorregible.
scaphoid (scæ·foid) adj. escafoideo. — 2 adj. y s. ANAT. escafoides.
scapula (scæ·piula) s. ANAT., ZOOL. escápula.
scapular (scæ·piula') adj. escapular. — 2 s. escapulario. 2 CIR. vendaje que pasa por el hombro. 4 ANAT., ZOOL. escápula.
scapulary (scæ·piuleri) adj. escapular. — 2 s. escapulario. 3 hombrera [de uniforme].
scar (sca') s. cicatriz. 2 chirlo, costurón. 3 raya, rasguño. 4 peñasco, farallón, roca pelada. 5 parte desnuda de una ladera, un talud.
scar (to) tr. marcar con cicatriz, desfigurar. ¶ CONJUG. pret. y p. p.: scarred; ger.: scarring.
scarab (scæ·rab), **scarabaeus** (scærabi·øs) s. ENTOM. escarabajo sagrado.
scaramouch (scæ·ramauch o -mush) s. fanfarrón cobarde. 2 truhán, bribón.
scarce (ske·'s) adj. escaso, raro, contado : to make oneself ~, no dejarse ver mucho.
scarcely (ske·'sli) adv. escasamente, apenas, a duras penas, difícilmente. 2 apenas, no bien. 3 casi no, casi : ~ ever, raramente, casi nunca. 4 [en ciertos casos] no : you will ~ contend that, usted no discutirá que.
scarcement (ske·'smønt) s. ARQ. retablo.
scarceness (ske·'snis), **scarcity** (ske·'siti) s. escasez, penuria, carestía. 2 rareza, raridad.
scare (ske·') s. susto, espanto, sobresalto, alarma. 2 pánico [comercial].

scare (to) tr. asustar, espantar, amedrentar, alarmar. 2 to ~ away, espantar, ahuyentar. 3 to ~ up, levantar [la caza].

scarecrow (skeᵊ'crou) s. espantapájaros, espantajo. 2 esperpento.

scaremonger (skeᵊ'mᵊngᵊ') s. propagador de noticias alarmantes.

scarf (scaᵊ'f), pl. **scarfs** o **scarves** s. echarpe. 2 pañuelo [para la cabeza o el cuello] ; corbata, chalina. 3 bufanda. 4 banda, faja [de uniforme, etc.]. 5 tapete estrecho. 6 scarf o ~ joint, ensambladura a media madera.

scarf (to) tr. envolver, cubrir, adornar. 2 echarse encima [una prenda]. 3 ensamblar a media madera. 4 arrancar a tiras la piel o grasa [de una ballena].

scarfpin (scaᵊ'fpin) s. alfiler de corbata.

scarfskin (scaᵊ'fskin) s. ANAT. epidermis.

scarification (scæᵊrifikeᵊshᵊn) s. AGR., CIR. escarificación.

scarificator (scæᵊrifikeitᵊr) s. CIR. escarificador.

scarifier (scæᵊrifaiᵊr) s. CIR., AGR. escarificador.

scarify (to) (scæᵊrifai) tr. CIR., AGR. escarificar. 2 hacer cortes en la corteza de un árbol. 3 fig. flagelar, criticar duramente. ¶ CONJUG. pret. y p. p. : scarified.

scariose (skeiᵊrious), **scarious** (skeiᵊriᵊs) adj. BOT. escarioso.

scarlatina (scaᵊlatᵊrna) s. MED. escarlatina.

scarless (scaᵊ'lis) adj. sin chirlos o cicatrices; ileso.

scarlet (scaᵊ'lit) adj. de escarlata, rojo : ~ hat, capelo cardenalicio. 2 MED. ~ fever, escarlatina; ~ rash, roséola. 3 BOT. ~ bean, ~ runner, judía encarnada; ~ oak, coscoja. — 4 s. escarlata, grana. 5 vestido de color escarlata.

scarp (scaᵊp) s. escarpa, declive, pendiente. 2 FORT. escarpa.

scarp (to) tr. escarpar [un terreno].

scarred (scaᵊ'd), **scarry** (scaᵊri) adj. que tiene cicatrices o chirlos. 2 áspero, pelado [roca, etc.].

scart (scaᵊ't) s. rasguño, señal. 2 tacaño. 3 soplo [de aire] ; girón [de nube].

scart (to) tr. rasguñar, rascar. 2 grabar.

scarus (skeiᵊrᵊs) s. ICT. escaro.

scary (skeᵊri) adj. fam. medroso, asustadizo.

scat (scæt) interj. ¡zape!

scathe (skeid) s. daño, perjuicio, percance.

scathe (to) tr. dañar, perjudicar. 2 quemar, abrasar. 3 fustigar, criticar.

scatheless (skeiᵊdlis) adj. indemne, sano y salvo.

scathing (skeiᵊding) adj. acerbo, duro.

scatology (scataᵊloȳi) s. escatología [estudio de los excrementos].

scatter (to) (scæᵊtᵊr) tr. dispersar, poner en fuga. 2 disipar, desvanecer. 3 esparcir, desparramar, desperdigar, sembrar, difundir. — 4 intr. dispersarse, desparramarse, desperdigarse. 5 disiparse.

scatterbrain (scæᵊtᵊ'brein) s. y **scatterbrained** (scæᵊtᵊ'breind) adj. ligero de cascos, atolondrado.

scattered (scæᵊtᵊ'd) adj. disperso, esparcido, desparramado. 2 dividido. 3 desordenado. 4 extraviado [pensamiento]. 5 ralo.

scattering (scæᵊtᵊring) adj. que se dispersa. 2 disperso. 3 dividido, repartido. — 4 s. dispersion, esparcimiento, desperdigamiento. 5 cosa dispersa, desparramada.

scaup (scop) s. ORNIT. pato marino.

scauper (scoᵊpᵊ') s. gubia de grabador.

scavenge (to) (scæᵊviñȳ) tr. recoger la basura, barrer, limpiar. 2 MEC. expulsar [gases quemados].

scavenger (scæᵊviñȳᵊ') s. basurero, barrendero. 2 animal que se alimenta de carroña o basura.

scenario (sineᵊriou) s. TEAT. esquema de una obra con las indicaciones para su representación. 2 CINEM. guión.

scenarist (sineᵊrist) s. CINEM. guionista.

scend (send) s. MAR. arfada.

scend (to) intr. MAR. arfar.

scene (sin) s. escena [en todas sus acepciones] : to bring on ~, poner en escena; to make a ~, hacer una escena. 2 escenario. 3 TEAT. decorado : behind the scenes, entre bastidores. 4 TEAT. cuadro [de un acto]. 5 acción, suceso [de una serie]. 6 cuadro, panorama, perspectiva, vista, paisaje. — 7 adj. de escenario o decorado : ~ painter, pintor escenógrafo ; ~ shifter, tramoyista.

scenery (sıᵊnᵊri) s. escenario, paisaje, vista. 2 TEAT. decorado.

scene-shifter s. TEAT. tramoyista.

scenic (seᵊnic) adj. escénico. 2 de un escenario natural; pintoresco.

scenographer (sinaᵊgrafᵊr) s. escenógrafo.

scenographical (sinogræᵊfical) adj. escenográfico.

scenography (sinaᵊgræfi) s. escenografía.

scent (sent) s. olfato. 2 olor [bueno o malo] ; perfume, fragancia. 3 viento [de las piezas de caza]. 4 rastro, pista : to throw off the ~, despistar. 5 indicio, presentimiento. 6 perfume, esencia.

scent (to) tr. oler, olfatear, husmear, ventear. 2 sospechar. 3 perfumar ; comunicar un olor. — 4 intr. to ~ of, oler a.

scentless (seᵊntlis) adj. sin olfato. 2 sin olor, inodoro.

scepter (seᵊptᵊr) s. cetro [real].

sceptered (seᵊptᵊ'd) adj. que tiene o lleva cetro. 2 real, imperial.

sceptic, scepticism = SKEPTIC, SKEPTICISM.

sceptre s. SCEPTER.

sceptred adj. SCEPTERED.

schedule (skeᵊdiul) s. lista, catálogo, inventario, documento anexo. 2 horario, itinerario [de trenes, vapores]. 3 programa, plan de realización [por fechas o etapas].

schedule (to) tr. incluir en una lista, catálogo o inventario, catalogar, inventariar. 2 incluir en un horario, itinerario o programa; fijar el tiempo para. 3 añadir como anexo.

Scheldt (skelt) n. pr. GEOGR. Escalda.

schema (skrᵊma) s. esquema, diagrama, cuadro.

schematic (skmæᵊtic) adj. esquemático.

scheme (skim) s. esquema, bosquejo, diseño, cuadro. 2 plan, programa, proyecto, traza, designio. 3 ardid, intriga, artificio, maquinación. 4 sistema, disposición, arreglo, combinación.

scheme (to) tr. proyectar, idear, trazar, urdir, tramar. — 2 intr. formar planes o designios; intrigar.

scheme-arch s. ARQ. arco rebajado.

schemer (skrᵊmᵊ') s. proyectista. 2 tracista, maquinador, intrigante.

schemy (skiᵊmi) adj. fam. astuto, intrigante.

schiller (shiᵊlᵊ') s. brillo bronceado e iridiscente, propio de ciertos escarabajos y de ciertos minerales.

schism (sišm) s. cisma; escisión. 2 fracción o secta cismática.

schismatic (sišmæᵊtic) adj. y s. cismático.

schismatical (sišmæᵊtical) adj. cismático.

schismatize (si·šmatiš) tr. inducir al cisma. — 2 intr. tomar parte en un cisma.

schist (shist) s. GEOL. esquisto.

schistic (shiᵊstic), **schistose** (shiᵊstous), **schistous** (shiᵊstøs) adj. esquistoso.

schizocarp (skiᵊšocæᵊp) s. BOT. esquizocarpio.

schizomycete (skišomaisiᵊt) s. pl. BOT. esquizomicetos.

schizophrenia (skišofrᵊrnia) s. MED. esquizofrenia.

schizophrenic (skišofreᵊnic) adj. y s. esquizofrénico.

schnaps (shnæps) s. ginebra holandesa.

scholar (scaᵊlaᵊ') s. escolar, alumno, colegial, estudiante. 2 becario. 3 hombre docto, erudito, competente en alguna rama del saber : classical ~, humanista, latinista, helenista. 4 letrado, que sabe leer y escribir : to be no ~, tener poca instrucción.

scholar-like (scaᵊlaᵊ'-laik) adj. SCHOLARLY.

scholarly (scaᵊlaᵊ'li) adj. docto, erudito. — 2 adv. doctamente, sabiamente.

scholarship (scaᵊlaᵊ'ship) s. saber, ciencia, erudición. 2 educación literaria. 3 beca [para estudiar].

scholastic (scɔlæᵊstic) adj. y s. escolástico. — 2 de erudito, de docto, académico. 3 escolar, estudiantil.

scholasticism (scɔlæᵊstisišm) s. escolasticismo.

scholiast (scouᵊliæst) s. escoliasta.

scholium (scouᵊliᵊm), pl. **-lia** (-liᵊ) s. escolio.

school (scul) s. escuela. 2 clase [sesión], día de clase. 3 facultad [de una universidad]. 4 curso de equitación. 5 MIL. instrucción. 6 (Ingl.) edificio o sala para exámenes [en una universidad]. 7 banco [de peces]. 8 bandada, manada. — 9 adj. escolar : ~ age, edad escolar ; ~ year, año escolar ; ~ zone, zona escolar. 10 de escuela o escuelas; de instrucción o enseñanza : ~ board, junta de enseñanza. 11 de clase, lectivo : ~ day,

día de clase, día lectivo. *12* enseñado o aprendido en la escuela. *13* MAR. ~ *ship*, buque escuela.
school (to) *tr.* enviar a la escuela. 2 enseñar, instruir, educar. 3 amaestrar, adiestrar. 4 domar, disciplinar. 5 reprender. — 6 *intr.* ir en banco [los peces]. 7 *to* ~ *up*, reunirse [los peces] a flor de agua.
schoolbook (scuˑlbuc) *s.* libro escolar, libro de texto.
schoolboy (scuˑlboi) *s.* muchacho o niño de la escuela, colegial.
schooled (sculd) *adj.* adiestrado, disciplinado.
schoolfellow (scuˑlfelou) *s.* condiscípulo.
schoolgirl (scuˑlgøˑl) *s.* muchacha o niña de la escuela, colegiala.
schoolhouse (scuˑljaus) *s.* escuela [edificio].
schooling (scuˑling) *s.* instrucción, enseñanza, educación. 2 experiencia. 3 disciplina, adiestramiento. 4 precio de la escuela. 5 reprimenda.
schoolman (scuˑlmæn), *pl.* **-men** (-men) *s.* escolástico, erudito escolástico. 2 humanista.
schoolmaster (scuˑlmæˑstø) *s.* maestro de escuela. 2 director de una escuela.
schoolmate (scuˑlmeit) *s.* compañero de escuela, condiscípulo.
schoolsmistress (scuˑlmistris) *s.* maestra de escuela. 2 directora de una escuela.
schoolroom (scuˑlrum) *s.* aula, sala de clase.
schoolteacher (scuˑltıchø) *s.* maestro o maestra de escuela.
schoolyard (scuˑlya d) *s.* patio de escuela.
schooner (scuˑnø) *s.* MAR. goleta. 2 (EE. UU.) vaso grande para cerveza. 3 (Ingl.) medida para cerveza. 4 (EE. UU.) galera [carruaje] con toldo.
schorl (sho l) *s.* MINER. chorlo, turmalina.
schottische (shaˑtish) *s.* chotis.
sciatica (saiæˑtica) *s.* MED. ciática.
sciatic(al (saiæˑtic(al) *adj.* ANAT. ciático : *sciatic nerve*, nervio ciático.
science (saiˑøns) *s.* ciencia. 2 ciencias naturales.
scientific(al (saiøntiˑfic(al) *adj.* científico.
scientifically (saiøntiˑfcali) *adv.* científicamente.
scientist (saiˑøntist) *s.* hombre de ciencia ; investigador científico.
scimitar (siˑmita), **scimiter** (siˑmitø) *s.* cimitarra.
scintilla (sintiˑla) *s.* chispa, leve asomo o indicio.
scintillant (siˑntilant) *adj.* chispeante, centelleante.
scintillate (to) (siˑntileit) *intr.* centellear, chispear. — 2 *tr.* lanzar [chispas, destellos].
scintillation (sintileˑshøn) *s.* centelleo. 2 chispazo, destello.
sciolism (saiˑolism) *s.* erudición superficial.
sciolist (saiˑolist) *s.* erudito a la violeta, pseudo-erudito.
scion (saiˑøn) *s.* AGR. vástago, renuevo ; estaca, esqueje, injerto, púa. 2 vástago, descendiente.
scirrhosity (skiraˑsiti) *s.* MED. calidad de escirroso.
scirrhous (skiˑrøs) *adj.* MED. escirroso.
scirrhus (skiˑrøs) *s.* MED. escirro.
scissel (siˑsel) *s.* cizallas, recortes de metal.
scissile (saiˑsil) *adj.* que puede ser cortado.
scission (siˑshøn) *s.* corte, división, hendimiento. 2 escisión.
scissor (siˑsø) *s.* forma singular de *scissors*, usada en compuestos y combinaciones, como en : ~ *blade*, hoja de tijeras ; *scissor-fashion*, a modo de tijeras.
scissor (to) *tr.* cortar [con tijeras]. 2 poner en forma de tijeras.
scissors (siˑsø s) *s. pl.* tijeras.
scissure (siˑshø) *s.* cisura, cortadura, hendedura, ruptura. 2 escisión.
sciurine (saiuˑrin) *adj.* ZOOL. esciúrido.
Sclav, Sclavism, etc. = SLAV, SLAVISM, etc.
sclera (sclıˑra) *s.* ANAT. esclerótica.
sclerenchyma (sclireˑnkima) *s.* BOT. esclerénquima.
scleroderma (scliroudeˑma) *s.* MED. escleroderma.
scleroma (sclirouˑma) *s.* MED. escleroma.
sclerosis (sclirouˑsis) *s.* MED. esclerosis.
sclerotic (scliraˑtic) *adj.* escleroso. 2 ANAT. de la esclerótica. — 3 *s.* ANAT. esclerótica.
sclerotomy (scliraˑtomi) *s.* CIR. esclerotomía.
scobs (scobs) *s.* raeduras, limaduras.
scoff (scaf) *s.* mofa, burla, befa, escarnio. 2 hazmerreír.
scoff (to) *intr.* mofarse, burlarse, hacer befa o escarnio : *to* ~ *at*, mofarse de, befar, escarnecer, despreciar.

scoffer (scaˑfø) *s.* mofador, escarnecedor, despreciador.
scoffingly (scaˑfingli) *adv.* con mofa o escarnio.
scold (scould) *s.* regañón. 2 regañona, reñidora : *common* ~, arpía, mujer escandalosa, reñidora.
scold (to) *tr.* reñir, regañar. 2 *intr.* hablar airada o quejosamente.
scolder (scouˑldø) *s.* regañón.
scolding (scouˑlding) *s.* regaño, reprensión, trepe. — 2 *adj.* regañón ; que regaña o riñe. 3 de regaño o reprensión.
scolex (scouˑlecs), *pl.* **-leces** (-lisiš) *s.* ZOOL. escólex.
scoliosis (scouliouˑsis) *s.* MED. escoliosis.
scollop (scaˑløp) *s.* SCALLOP.
scollop (to) *tr.* TO SCALLOP.
scolopendra (scalopeˑndra) *s.* ZOOL. escolopendra, ciempiés.
scomber (scaˑmbø) *s.* ICT. escombro, caballa.
sconce (scons) *s.* abrigo, defensa, pantalla. 2 FORT. baluarte, fortín, reducto. 3 cabeza, seso, juicio. 4 anaquel o asiento fijo [esp. en el hogar o junto a él]. 5 multa. 6 candelabro de pared.
sconce (to) *tr.* fortificar con baluarte, proteger. 2 multar.
sconcheon (scaˑnchøn) *s.* ARQ. parte interior de un vano.
scone (scan) *s.* especie de bizcocho.
scoop (scup) *s.* cucharón grande, cazo. 2 pala de mano, cogedor, librador. 3 cuchara o cucharón [de excavadora, draga, etc.]. 4 achicador. 5 instrumento en forma de cuchara. 6 cucharada, palada. 7 hoyo, hueco, cavidad. 8 buena ganancia [esp. la conseguida rápidamente]. 9 [en la prensa] acto de dar una noticia antes que los demás ; la misma noticia. — *10 adj.* ~ *bonnet*, especie de capota en forma de cogedor que habían usado las mujeres. *11* ~ *net*, manga [red] ; red barredera. *12* ~ *wheel*, noria.
scoop (to) *tr.* sacar con pala o cuchara. 2 llevarse, obtener, sacar [ganancias, etc., esp. con una acción rápida]. 3 achicar, vaciar. 4 ahuecar, excavar. 5 [en la prensa] dar una noticia antes que [otro], adelantarse a [él].
scooper (scuˑpø) *s.* palero. 2 achicador. 3 excavador. 4 especie de gubia.
scoot (scut) *s.* fam. carrera precipitada.
scoot (to) *intr.* salir, correr, deslizarse [de pronto o velozmente]. 2 fam. largarse, tomar soleta.
scooter (scuˑtø) *s.* patinete. 2 embarcación de motor, rápida y de poco calado. 3 (EE. UU.) velero de fondo plano que puede deslizarse sobre el hielo. 4 motocicleta de tipo *Vespa*. 5 ORNIT. negreta.
scope (scoup) *s.* alcance [de un arma, etc.]. 2 campo, radio, esfera [de acción o aplicación], ámbito. 3 espacio, libertad, oportunidad [para obrar o desarrollarse] : *free* o *full* ~, ancho campo, libre expansión, rienda suelta. 4 longitud, extensión. 5 mira, designio.
scops owl (scaps) *s.* ORNIT. buharro.
scorbutic (scoˑbiuˑtic) *adj.* y *s.* MED. escorbútico.
scorbutical (scoˑbiuˑtical) *adj.* MED. escorbútico.
scorch (scoˑch) *s.* chamusco, socarrina, quemadura. 2 calor abrasador. 3 fam. carrera veloz en automóvil o bicicleta.
scorch (to) *tr.* chamuscar, socarrar. 2 abrasar, quemar. 3 resecar, agostar. 4 criticar acerbamente. — 5 *intr.* abrasarse, socarrarse, agostarse. 6 correr velozmente en automóvil o bicicleta.
scorcher (scoˑchø) *s.* fam. día muy caluroso. 2 reproche o censura acerba. 3 automovilista o ciclista que va a toda velocidad.
scorching (scoˑching) *adj.* ardiente, abrasador. 2 agostador. 3 fig. punzante.
score (sco) *s.* muesca, incisión, entalladura. 2 raya, señal. 3 DEP. línea de salida : *to go off at* ~, salir disparado ; empezar con brío, dispararse [hablando]. 4 muesca [en una tarja] ; raya [para llevar una cuenta]. 5 cuenta [de lo que se debe, etc.], deuda ; agravio : *to settle a* ~, saldar una cuenta, desquitarse de un agravio. 6 razón, motivo, consideración : *on that* ~, a este respecto ; *on the* ~ *of*, con motivo de, en consideración a. 7 veintena. 8 distancia de veinte yardas. 9 tanteo, número de puntos o tantos ganados [en el juego, deporte, etc.]. 10 calificación o valoración por puntos. *11* MÚS. partitura. *12 pl.* gran número. — *13 adj.* de marcar, de

tanteo, etc. : ~ *board,* marcador, cuadro indicador del tanteo.

soore (to) *tr.* marcar o señalar con rayas o muescas; rayar. 2 anotar, poner, en la cuenta. 3 azotar. 4 censurar, regañar. 5 contar, marcar, ganar, valer [puntos o tantos]. 6 alcanzar, obtener, lograr : *to ~ a point,* DEP. gánar un tanto; fig. apuntarse un tanto, obtener un triunfo; *to ~ a success,* lograr un éxito. 7 calificar, valorar [una prueba, un examen]. 8 MÚS. orquestar, instrumentar. 9 fam. *to ~ off,* apabullar, humillar. 10 ~ *out,* borrar, tachar. 11 *to ~ up,* llevar la cuenta de lo que debe uno. — 12 *intr.* hacer rayas o señales; llevar una cuenta. 13 marcar o anotar puntos o tantos. 14 ganar, vencer. 15 tener éxito.

scorer (sco·rø') *s.* marcador [el que marca los tantos] ; coime [de billar]. 2 el que gana tantos.

scoria (sco·ria), *pl.* **scoriæ** (sco·rii) *s.* escoria [metálica o volcánica.

scorification (scorifike·shøn) *s.* escorificación.

scorify (sco·rifai) *tr.* escorificar. ¶ CONJUG. pret. y p. p.: *scorified.*

scoring (sco·ring) *s.* raya, rayado. 2 MÚS. orquestación. 3 CINEM. guión sonoro.

scorn (sco·n) *s.* desdén, desprecio, menosprecio. 2 escarnio, ludibrio.

scorn (to) *tr.* desdeñar, despreciar, tener a menos. 2 insultar, escarnecer.

scorner (sco·nø') *s.* despreciador, desdeñador. 2 escarnecedor.

scornful (sco·nful) *adj.* desdeñoso, despreciativo, insolente.

scornfully (sco·nful) *adv.* desdeñosamente, despreciativamente.

scornfulness (sco·nfulnis) *s.* desprecio, desdén.

Scorpio (sco·piou) *s.* ASTR. Escorpión.

scorpioid (sco·pioid) *adj.* ZOOL., BOT. escorpioideo.

scorpion (sco·piøn) *s.* ZOOL. escorpión, alacrán. 2 escorpión [azote; máquina de guerra]. 3 aguijón, escritura. 4 ICT. ~ *fish,* escorpión, escorpina. 5 BOT. ~ *grass,* nomeolvides.

scorpionwort (sco·piønuø't) *s.* BOT. alacranera. 2 BOT. nomeolvides.

Scot (scat) *s.* escocés.

scotch (scach) *s.* corte, incisión, muesca, escopleadura. 2 calza, cuña. 3 obstáculo, impedimento. 4 raya para jugar a la coxcojilla.

scotch (to) *tr.* cortar, rayar, hacer muescas en. 2 herir ligeramente; inutilizar temporalmente. 3 calzar, poner cuñas. 4 estorbar, frustrar.

Scotch *adj.* y *s.* escocés: ~ *catch* o *snap,* figura rítmica : una semicorchea seguida de una corchea con doble puntillo; ~ *pine,* pino albar; ~ *reel,* especie de contradanza de movimiento muy vivo; ~ *terrier,* perro escocés; ~ *thistle,* cardo, emblema nacional de Escocia. — 2 *s.* whisky escocés: idioma escocés. 3 *The Scotch,* los escoceses, el pueblo escocés.

Scotchman (sco·chmæn), *pl.* **-men** (-men) *s.* escocés.

scoter (scou·tø') *s.* ORNIT. pato negro.

scot-free (sca·tfri) *adj.* impune.

scotia (scou·sha) *s.* ARQ. escocia, nacela.

Scotism (sco·tišm) *s.* escotismo.

Scotist (scou·tist) *s.* escotista.

Scotland (sco·tland) *n. pr.* GEOGR. Escocia. — 2 *adj.* de Escocia.

Scotland Yard *s.* cuartel u oficina central de la policía metropolitana de Londres; esta misma policía.

scotoma (scotou·ma) *s.* MED. escotoma.

Scotsman (sca·tsmæn), *pl.* **-men** (-men) *s.* escocés.

Scotticism (sca·tisišm) *s.* vocablo o giro propio de los escoceses. 2 predilección por lo escocés.

Scottish (sca·tish) *adj.* escocés [de Escocia o de los escoceses].

scoundrel (scau·ndrøl) *s.* granuja, bribón, canalla.

scoundrelism (scau·ndrølišm) *s.* pillería, canallería.

scour (scau·') *s.* acción limpiadora de una corriente rápida. 2 substancia usada para desgrasar tejidos. 3 *pl.* diarrea del ganado.

scour (to) *tr.* fregar, estregar; pulir. 2 limpiar, lavar [esp. con un chorro o corriente de agua]. 3 desgrasar [el paño]. 4 quitar [estregando o lavando]. 5 barrer, expulsar. 6 abrir [cauce] una corriente de agua. 7 purgar [dar una purga]. 8 recorrer o atravesar corriendo. 9 explorar, registrar, recorrer buscando. 10 batir [el monte].

scourer (scau·rø') *s.* limpiador, desgrasador. 2 purgante enérgico. 3 vagabundo. 4 ladrón nocturno.

soourge (sco·rȳ) *s.* látigo, azote, flagelo. 2 azote, plaga, calamidad : *the Scourge of God,* el azote de Dios (Atila).

scourge (to) *tr.* azotar, flagelar. 2 castigar, afligir, devastar, asolar.

soouring (scau·ring) *s.* fregado, lavado. 2 desengrase. 3 limpiaduras, hez, desecho.

scout (scau·t) *s.* MIL. explorador, batidor, escucha. espía. 2 buque de observación. 3 avión de reconocimiento. 4 muchacho explorador. 5 fam. *a good ~,* buena persona, buen muchacho.

scout (to) *tr.* e *intr.* explorar, reconocer, vigilar, espiar. 2 negarse a creer, rechazar como absurdo. 3 *to ~ at,* ridiculizar, burlarse de; rechazar con desdén. 4 *to ~ for,* ir en busca de.

scow (scau) *s.* MAR. (EE. UU.) chalana, barcaza. 2 fam. yate de regatas.

soowl (scaul) *s.* ceño, sobrecejo. 2 ceño, aspecto amenazador.

soowl (to) *intr.* mirar con ceño, poner gesto de severidad o enojo; enfurruñarse. 2 tener aspecto amenazador. — 3 *tr.* expresar, obligar, rechazar, etc., con el ceño o la mirada.

scrabble (scræ·bøl) *s.* garabatos, borrón, escrito o dibujo hecho de cualquier modo. 2 SCRAMBLE.

scrabble (to) *tr.* e *intr.* garabatear, borronear; emborronar papel. — 2 *tr.* *to'~ up, together* u *off,* arrebañar, recoger precipitadamente. — 3 *intr.* trepar, subir gateando. 4 *to ~ in,* arañar, escarbar [el suelo, etc.]. 5 *to ~ for,* esforzarse, luchar por recoger o ganar [algo].

scrag (scræg) *s.* cosa delgada y basta. 2 aleluya, cangallo, animal o persona flaca y huesuda. 3 pescuezo.

scrag (to) *tr.* pop. ahorcar, dar garrote, torcer el pescuezo a. ¶ CONJUG. pret. y p. p.: *scragged;* ger. : *scragging.*

scragged (scræ·guid) *adj.* flaco, descarnado. 2 desigual, escabroso.

scraggedness (scræ·guidnis), **scragginess** (scræ·guinis) *s.* flacura. 2 escabrosidad, aspereza.

scraggly (scræ·gli) *adj.* irregular, dentado. 2 hecho andrajos. 3 desgreñado.

scraggy (scræ·gui) *adj.* desigual, áspero, escabroso. 2 flaco, huesudo.

scramble (scræ·mbøl) *s.* lucha, arrebatiña. 2 acción de gatear o trepar.

scramble (to) (scræ·mbøl) *intr.* trepar, gatear. 2 avanzar trabajosamente. 3 andar a la arrebatiña; correr, empujarse, luchar [para conseguir algo]. 4 BOT. trepar. — 5 *tr.* arrebatar, recoger precipitadamente. 6 subir gateando. 7 mezclar, barajar. 8 coc. hacer un revoltillo [de huevos] : *scrambled eggs,* huevos revueltos.

scrambler (scræ·mblø') *s.* trepador. 2 el que anda a la arrebatiña. 3 BOT. enredadera.

scrap (scræp) *s.* fragmento, trozo, pedacito; mendrugo : ~ *of paper,* fig. papel mojado, convenio sin valor. 2 recorte. 3 *pl.* sobras, relieves, desperdicios, desechos, retales; chatarra. 4 *pork scraps,* chicharrones. — 5 *adj.* de desecho o desechos; viejo : ~ *heap* o *pile,* montón de los desechos; ~ *iron,* hierro viejo.

scrap (to) *tr.* desechar, descartar, echar a la basura. 2 derogar. 3 desguazar [un buque]. — 4 *intr.* pop. reñir, pelear.

scrapbook (scræ·pbuc) *s.* álbum de recortes.

scrape (screip) *s.* raspadura, raspada, raedura, rasguño. 2 ruido de raspar o rascar. 3 restregadura de pies. 4 reverencia que se hace echando un pie atrás. 5 lío, aprieto, apuro, berenjenal, situación desagradable. 6 riña.

scrape (to) *tr.* raspar, rascar, raer; arañar, rayar, escarbar. 2 quitar raspando o rascando; borrar. | Gralte. con *away, off* u *out.* 3 rebañar; recoger, reunir, amontonar poco a poco. | Gralte. con *together* o *up.* 4 restregar [los pies]. 5 desp. rascar [el violín, etc.]. 6 *to ~ acquaintance,* trabar conocimiento. 7 *to ~ down,* hacer callar o mostrar desagrado con ruido de pies. — 8 *intr.* hacer una reverencia echando un pie atrás: *to bow and ~,* mostrarse servil. 9 *to ~ along,* ir tirando; *to ~ through,* salir bien [esp. de un examen] por milagro.

scrapepenny (screi·ppeni) *s.* avaro tacaño.

scraper (screi·pø') *s.* raspador, rascador, raedera, rasqueta. 2 garatura. 3 pala [del fogón]. 4 limpiabarros. *5* desp. rascatripas. *6* desp. rapador, rapista. *7* persona codiciosa y tacaña.

scraping (scrǽ·ping) *adj.* raspante. *2* codicioso, tacaño. — *3 s.* raspadura, raedura, rascadura; ruido de raspar, rascar; restregamiento [de pies]. *4 pl.* raspaduras, raeduras. *5* cosas recogidas; ahorros.

scratch (scrǽch) *s.* arañazo, rasguño. *2* rascadura; acción de rascarse. *3* raya [surco en una superficie]. *4* tachón, borradura, tildón. *5* fam. garabato [escrito]: *a ~ of the pen,* una plumada. *6* peluquín, bisoñé. *7* BILLAR chiripa, bambarria. *8* DEP. línea de salida en una carrera: fig. *to start from ~,* empezar sin nada, desde el principio, sin ventaja. *9* fig. *the ~,* el momento justo, oportuno. *10* *up to the ~,* en forma, en buenas condiciones. — *11 adj.* borroneado, para borronear: *~ pad,* taco de hojas para apuntes. *12* casual, improvisado; allegadizo, heterogéneo. *13* DEP. sin ventaja. *14 ~ coat,* capa de base de un enlucido. *15 ~ wig,* peluquín, bisoñé.

scratch (to) *tr.* arañar, rasguñar. *2* rayar [una superficie]. *3* rascar, escarbar. *4* reunir, juntar [dinero, etc.]. *5* tachar, borrar, rayar. *6* garrapatear, borronear. *7 to ~ out one's eyes,* sacar los ojos a uno. — *8 intr.* raspear [la pluma].

scratchcat (scrǽ·chcæt) *s.* persona malévola, rencorosa.

scratcher (scrǽ·chə') *s.* arañador, rascador, escarbador.

scratchwork (scrǽ·chwə'c) *s.* esgrafiado.

scratchy (scrǽ·chi) *adj.* arañado, rasguñado, rayado, *2* que raspea [pluma]. *3* que parece hecho de garabatos.

scrawl (scrol) *s.* escrito garrapateado. *2 pl.* garabatos, garrapatos.

scrawl (to) *tr* garabatear, garrapatear, borronear. — *2 intr.* hacer garrapatos.

scrawler (scro·lə') *s.* borroneador.

scrawnier (scro·niə') *adj. comp.* de SCRAWNY.

scrawniest (scro·niist) *adj. superl.* de SCRAWNY.

scrawniness (scro·ninis) *s.* (EE. UU.) flacura.

scrawny (scro·ni) *adj.* (EE. UU.) flaco, huesudo.

screak (scric) *s.* chillido. *2* chirrido, rechinido, crujido.

screak (to) *intr.* chillar. *2* chirriar, rechinar, crujir.

scream (scrim) *s.* chillido, grito, alarido. *2* pitido [de locomotora]. *3* pop. persona o cosa ridícula, que hace morir de risa.

scream (to) *intr.* chillar, gritar, vociferar. *2* pitar [la locomotora]. *3* ser chillón, llamativo. — *4 tr.* expresar con chillidos o gritos.

screamer (scrī·mə') *s.* chillón, voceador. *2* ORNIT. chajá. *3* pop. persona o cosa notable, estupenda. *4* escrito o escritor divertido o truculento. *5* titular sensacional [en periódico].

screaming (scrī·ming) *s.* y *adj.* chillón, gritador. *2* muy cómico o divertido. *3* pop. estupendo.

scree (scri) *s.* (Ingl.) piedra, canto; montón de cantos. *2* GEOL. deyecciones.

screech (scrich) *s.* chillido, estridor. *2* alarido. *3* ululato. — *4 adj.* ORNIT. *~ hawk,* chotacabras; *~ martin,* vencejo; *~ owl,* especie de autillo.

screech (to) *intr.* chillar. *2* ulular.

screechy (scrī·chi) *adj.* chillón, agudo, estridente.

screed (scrid) *s.* tirada, diatriba, lista de agravios. *2* ALBAÑ. listón de separación.

screen (scrim) *s.* pantalla: *the ~,* la pantalla, el cine. *2* biombo, mampara, antipara, cancel, persiana. *3* alambrera, enrejado [de ventana, etc.]. *4* tablón de anuncios cubierto de una tela metálica. *5* albitana. *6* tabique bajo, murete o barandilla [de separación]. *7* reparo, abrigo, cosa que oculta: *smoke ~,* cortina de humo. *8* criba, harnero. *9* trama [para obtener fotograbados]. *10* FOT. filtro. — *11 adj.* de pantalla, etc.: *~ door,* puerta de tela metálica; *~ grid,* RADIO rejilla blindada; *~ plate,* FOT. placa con filtro de colores; *~ star,* estrella de la pantalla.

screen (to) *tr.* ocultar, encubrir, tapar. *2* abrigar, resguardar, proteger. *3* poner en un tablón de anuncios. *4* proyectar en una pantalla. *5* adaptar para el cine. *6* cribar.

screenings (scrī·nings) *s. pl.* granzas, residuos de criba.

screeve (to) (scriv) *intr.* pop. dibujar en las aceras para pedir limosna.

screever (scrī·və') *s.* el que dibuja en las aceras para pedir limosna.

screw (scru) *s.* tornillo, rosca; tuerca: *perpetual ~,* tornillo sin fin; *female ~,* tuerca; *a loose ~,* fig. un tornillo flojo; algo que no funciona bien. *2* tornillo [clavo]. *3* espiral o rosca de barrena, de sacacorchos, etc. *4* hélice [propulsor]. *5* vuelta de tornillo; presión, fuerza: *to put the screws on,* apretar los tornillos a. *6* pop. tacaño; vampiro. *7* fam. (Ingl.) paga, salario. *8* BILLAR efecto. — *9 adj.* de tornillo, rosca o hélice; roscado; para tornillos: *~ bolt,* perno roscado; *~ conveyor,* transportador de tornillo sin fin; *~ driver,* destornillador; *~ eye,* armella roscada; *~ gear,* engranaje de rueda con tornillo sin fin; *~ head,* cabeza de tornillo; *~ jack,* cric o gato de rosca; *~ key,* desvolvedor; *~ pin,* husillo; *~ plate,* *~ stock,* terraja; *~ propeller,* hélice [propulsor]; *~ stair,* escalera de caracol; *~ tap,* macho de aterrajar; *~ thread,* filete o rosca de tornillo; *~ wrench,* desvolvedor, llave inglesa.

screw (to) *tr.* atornillar. *2* apretar, forzar, oprimir. *3* torcer, retorcer. *4* estrujar [sacar dinero a uno]. *5* arrancar, sacar [dinero, informaciones, etc.]; sonsacar. | Gralte. con *out.* *6* BILLAR dar efecto. *7 to ~ down,* atornillar; apretar los tornillos; obligar a hacer una rebaja de precio. *8 to ~ in,* hacer entrar [una pieza] dándole vueltas como a un tornillo. *9 to ~ one's face into,* contraer las facciones [dándoles cierta expresión]. *10 to ~ out,* desatornillar; sacar, sonsacar. *11 to ~ up,* poner tirante [la cuerda de un instrumento, etc.]; fig. *to ~ up one's courage,* darse ánimo, cobrar ánimo. — *12 intr.* girar [como un tornillo]; volverse, retorcerse. *13* estrujar, oprimir. *14 to ~ into,* insinuarse, introducirse.

screwball (scru·bol) *adj.* y *s.* pop. excéntrico, estrafalario.

screwdriver (scrudri·və') *s.* destornillador.

screwed (scru·d) *p. p.* de TO *E*CREW. — *2 adj.* pop. borracho.

scribble (scri·bøl) *s.* escrito desmañado. *2* garabato, garrapato.

scribble (to) *tr.* escribir de prisa. *2* garrapatear, borronear.

scribbler (scri·blø') *s.* escribidor, escritorzuelo.

scribe (scraib) *s.* escriba. *2* escribiente. *3* amanuense, copista. *4* escritor, autor, periodista: *I am no great ~,* yo no escribo muy bien.

scribe (to) *tr.* marcar, rayar, trazar [con instrumento puntiagudo]. *2* CARP. cortar [una cosa] de modo que se ajuste a otra.

scriber (scrai·bø') *s.* punzón de trazar.

scrim (scrim) *s.* tejido ligero y basto de algodón o lino. *2 pl.* TEAT. sección transparente en un telón.

scrimmage (scri·midỹ) *s.* escaramuza, pelea, refriega, trapatiesta. *2* arrebatiña.

scrimp (scrimp) *adj.* corto, escaso, mezquino. — *2 s.* avaro.

scrimp (to) *tr.* escatimar. *2* proveer con escasez. — *3 intr.* cicatear.

scrimpy (scri·mpi) *adj.* escaso, mezquino. *2* tacaño, cicatero.

scrimshaw (scri·mshc) *s.* MAR. concha, diente de ballena, etc., grabado con dibujos caprichosos.

scrimshaw (to) *tr.* MAR. grabar conchas, dientes de ballena, etc., con dibujos caprichosos.

scrip (scrip) *s.* cédula, documento. *2* certificado provisional de subscripción a una emisión de acciones u obligaciones. *3* vale, abonaré. *4* ant. zurrón [de mendigo o caminante].

script (script) *s.* DER. instrumento original. *2* letra, escritura. *3* IMPR. letra grifa o cursiva. *4* TEAT. manuscrito. *5* CINEM. guión.

scriptural (scri·pchøral) *adj.* escrito; relativo a la escritura. *2* bíblico.

scripturally (scri·pchørali) *adv.* según la Sagrada Escritura.

Scripture (scri·pchø') *s.* Sagrada Escritura.

Scripturist (scri·pchørist) *s.* escriturario.

scrivener (scri·vnø') *s.* ant. plumista, escribiente; notario; corredor de cambios; prestamista.

scrofula (scra·fiula) *s.* MED. escrófula. *2* BOT. *~ plant,* escrofularia.

scrofulism (scra·fiulišm) *s.* MED. escrofulismo.

scrofulous (scra·fiuløs) *adj.* escrofuloso.

scroll (scroul) s. rollo [de papel o pergamıno, esp. escrito]. 2 escrito, borrador. 3 lista. 4 adorno en espiral o arrollado. 5 ARQ. voluta. 6 extremo curvo del clavijero del violín, etc. 7 rasgo, rúbrica. — 8 adj. en espiral o hélice, de caracol; para espirales, volutas, etc.: ~ saw, sierra de contornear.

scroll (to) tr. poner adornos en espiral o arrollados; adornar con volutas. 2 enrollar, dar forma de voluta o caracol. — 3 intr. enrollarse.

scrollwork (scrou·lu₀'ɋ) s. trabajo ornamental hecho a base de espirales, volutas, etc.

Scrophulariaceæ (scrafiuleriei·shiɪ) s. pl. BOT. escrofulariáceas.

scrotum (scrou·tøm) s. ANAT. escroto.

scrub (scrøb) adj. desmirriado, achaparrado: ~ oak, chaparro. 2 mezquino, inferior. 3 DEP. de aficionados, suplentes o gente allegadiza [carrera, partido, etc.]. 4 ~ woman, fregona. — 5 s. fregado, fregoteo. 6 aljofifa. 7 deportista aficionado o de poca clase. 8 azacán. 9 enano. 10 pelagallos. 11 monte bajo.

scrub (to) tr. fregar, estregar, aljofifar; limpiar [fregando o estregando]. ¶ CONJUG. pret. y p. p.: scrubbed; ger.: scrubbing.

scrubber (scrø·bø') s. fregador, estregador.

scrubbier (scrø·biø') adj. comp. de SCRUBBY.

scrubbiest (scrø·biist) adj. superl. de SCRUBBY.

scrubbing (scrø·bing) s. fregado, fregadura, estregón. — 2 adj. para fregar: ~ brush, cepillo para fregar.

scrubby (scrø·bi) adj. desmirriado, achaparrado, bajo, pequeño. 2 despreciable. 3 cerdoso, hirsuto; mal afeitado. 4 lleno de maleza.

scruff (scrøf) s. pescuezo, nuca, piel que cubre la nuca. | Llám. también ~ of the neck. 2 cuello [de la chaqueta]. 3 capa, superficie. 4 escoria.

scrummage (scrø·midȳ) s. RUGBY lucha para apoderarse del balón.

scrumptious (scrø·mshøs) adj. pop. delicioso, estupendo; elegante. 2 pop. exigente, delicado.

scrunch (scrønch) s. crujido.

scrunch (to) tr. e intr. TO CRUNCH.

scruple (scru·pøl) s. escrúpulo [duda, recelo]. 2 escrúpulo [peso]. 3 cantidad ínfima.

scruple (to) intr. tener escrúpulo. 2 escrupulizar. — 3 tr. tener escrúpulo en.

scrupler (scru·plø') s. pers. que tiene escrúpulos.

scrupulosity (scrupiula·siti) s. escrupulosidad.

scrupulous (scru·piuløs) adj. escrupuloso.

scrupulously (scru·piuløsli) adv. escrupulosamente.

scrupulousness (scru·piuløsnis) s. escrupulosidad.

scrutator (scrutei·tø') s. escrutador, escudriñador.

scrutineer (scrutinɪ·') s. escrutiñador.

scrutinize (to) (scru·tinaiš) tr. escrutar, escudriñar, examinar atentamente.

scrutinous (scru·tinøs) adj. curioso, escudriñador.

scrutiny (scru·tini) s. escrutinio, escudriñamiento, examen.

scud (scød) s. carrera rápida. 2 nubes tenues que corren velozmente. 3 salpicaduras de agua que lleva el viento.

scud (to) intr. correr, volar, deslizarse rápidamente: to ~ before the wind, correr viento en popa.

scuff (scøf) s. rayado, ajamiento. 2 arrastramiento de pies. 3 SCRUFF.

scuff (to) tr. arrastrar [los pies]. 2 pisar, esparcir, revolver, etc., con los pies. 3 ajar [con el uso]. — 4 intr. andar arrastrando los pies. 5 quedar rayado, ponerse áspero, ajarse [con el uso].

scuffle (scø·føl) s. lucha, riña [en que hay carreras y empujones]; sarracina; arrebatiña.

scuffle (to) intr. luchar, pelear [en confusión]; forcejear [unos con otros]; andar a la arrebatiña. 2 correr en confusión. 3 arrastrar los pies.

sculk (to) (scølc) intr. TO SKULK.

sculker (scø·lcø') s. SKULKER.

scull (scøl) s. MAR. espadilla; remo para cinglar. 2 remo de bote. 3 bote pequeño.

scull (to) tr. e intr. MAR. cinglar. — 2 tr. mover [un bote] a remo. — 3 intr. remar [en bote]. 4 patinar sobre el hielo sin levantar los pies.

sculler (scø·lø') s. remero de bote. 2 bote para un solo remero.

scullery (scø·løri) pl. -ries (-riš) s. fregadero, trascocina, dependencia de la cocina donde se friega, lava, etc.

scullion (scø·liøn) s. galopín de cocina, sollastre, lavaplatos: ~ wench, fregona. — 2 adj. bajo, servil [trabajo].

sculper (scø·lpo') s. SCAUPER.

sculpin (scø·lpin) s. ICT. especie de escorpina.

sculptor (scø·lptø') s. escultor.

sculptress (scø·ltris) s. escultora.

sculptural (scø·lpchural) adj. escultórico, escultural.

sculpture (scø·lpchø') s. escultura. 2 estatuaria, 3 cincelado.

sculpture (to) tr. esculpir, cincelar, entallar.

sculpturesque (scølpchøre·sc) adj. escultural, estatuario. 2 majestuoso.

scum (scøm) s. espuma, nata. 2 escoria, hez, desecho. 3 canalla, chusma.

scum (to) tr. espumar, despumar. 2 METAL. desnatar. — 3 intr. cubrirse de espuma.

scumble (scø·mbøl) s. PINT., DIB. suavización, veladura, esfumado.

scumble (to) tr. PINT., DIB. suavizar, velar, esfumar.

scummer (scø·mø') s. espumadera.

scummier (scø·miø') adj. comp. de SCUMMY.

scummiest (scø·miist) adj. superl. de SCUMMY.

scummy (scø·mi) adj. espumoso. 2 cubierto de escoria.

scup (scøp) s. ICT. (EE. UU.) especie de pagro.

scupper (scø·pø') s. imbornal.

scurf (scø·f) s. caspa; costra. 2 hez, escoria, chusma.

scurfiness (scø·'finis) s. estado casposo, costroso.

scurfy (scø·fi) adj. casposo, costroso.

scurrile (scø·ril) adj. SCURRILOUS.

scurrility (scøri·liti) s. chabacanería, grosería, indecencia, procacidad, insolencia.

scurrilous (scø·riløs) adj. chabacano, grosero, indecente, procaz, insolente, difamatorio.

scurrilously (scø·riløsli) adv. chabacanamente, groseramente, indecentemente, insolentemente.

scurrilousness (scø·riløsnis) s. SCURRILITY.

scurry (scø·rri) s. corrida, carrera [de pasos cortos y rápidos], fuga precipitada. 2 racha, ventolera, remolino.

scurry (to) intr. echar a correr [con pasos cortos y rápidos]; huir, escabullirse. — 2 tr. hacer correr, poner en fuga. ¶ CONJUG. pret. y p. p.: scurried.

scurvied (scø·'vid) adj. escorbútico.

scurvily (scø·'vili) adv. vilmente. 2 groseramente.

scurviness (scø·'vinis) s. vileza, ruindad. 2 grosería.

scurvy (scø·'vi) s. MED. escorbuto. — 2 adj. vil, ruin, despreciable, vergonzoso, indigno. 3 grosero. 4 BOT. ~ grass, coclearia.

scut (scøt) s. cola corta [esp. de liebre o ciervo]. 2 piel de conejo.

scutate (skiu·teit) adj. ZOOL. cubierto de placas o escamas óseas. 2 BOT. escutiforme, peltado.

scutch (scøch) s. agramadera, espadilla. 2 agramiza, estopa. 3 ALBAÑ. alcotana.

scutch (to) tr. agramar, espadar.

scutcheon (scø·chøn) s. ESCUTCHEON.

scutcher (scø·chø') s. agramador. 2 agramadera. 3 pieza de la trilladora.

scute (skiut) s. SCUTUM.

scutellate (skiu·veleit·(id) adj. ZOOL. escamoso; cubierto de placas o escudos.

scutiform (skiu·tifo'm) adj. escutiforme.

scuttle (scø·tøl) s. escotillón, trampa, abertura. 2 MAR. escotilla pequeña; respiradero, portilla. 3 cubo del carbón. 4 cesta plana. 5 AUTO. bóveda del tablero. 6 paso rápido; carrerita; huida o partida precipitada. — 7 MAR. ~ butt, tonel o pipa de agua para beber.

scuttle (to) tr. MAR. barrenar, dar barreno a [un buque]. — 2 intr. correr, andar apresurado; echar a correr, huir.

scutum (scø·tøm), pl. -ta (-tæ) s. ZOOL. escudo [placa o escama en forma de escudo]. 2 ANAT. rótula.

scythe (said) s. guadaña, dalle.

scythe (to) tr. guadañar.

scythed (sai·did) adj. armado de guadaña. 2 falcado.

Scythian (si·dian) adj. y s. escita.

sea (sɪ) s. mar; océano, golfo: Black Sea, Mar Negro; Red Sea, Mar Rojo; Yellow Sea, Mar Amarillo; Sea of Marmara, Mar de Mármara; Sea of Tiberias, lago de Tiberíades; the narrow seas, los estrechos o brazos de mar que separan

la Gran Bretaña de Irlanda y Francia; *beam* ~,
mar de través; *chopping* ~, *short* ~, mar picada; *ground* ~, mar de fondo o de leva; *head*
~, mar de proa; *high* ~, mar gruesa; *high*,
main u *open* ~, alta mar, mar ancha, piélago;
to follow the ~, ser marino o marinero; *to go
to* ~, embarcar; hacerse marino o marinero;
to put to ~, hacerse a la mar; *at* ~, en el mar;
fig. perdido, desconcertado, perplejo, confuso;
beyond ~ o *seas, beyond the* ~ o *the seas*, allende la mar, ultramar; fig. fuera de la jurisdicción de un estado; *by* ~, por mar; *by the* ~,
a orilla del mar; *half seas over*, fig. achispado,
calamocano. 2 oleaje, marejada. 3 oleada, ola
grande : *to ship a* ~, embarcar una ola. 4 dirección de las olas. 5 playa, orilla del mar. 6 *sing.*
y *pl.* mar, mares [gran extensión o cantidad].
  7 *adj.* del mar, de mar, marino; de las olas;
de la marina, naval : ~ *anchor*, MAR. ancla flotante; ~ *anemone*, anemone de mar; ~ *bank*,
orilla del mar; banco de arena; rompeolas;
~ *bass*, ICT. perca de mar; róbalo, lobina; ~ *bear*,
foca peluda; oso de mar; ~ *beef*, carne de ballena o marsopa; ~ *biscuit*, ~ *bread*, galleta de
barco; ~ *blue*, azul verdoso; ~ *boat*, buque para
la alta mar; chitón [molusco]; ~ *breach*, ruptura de un dique por el mar; ~ *bream*, ICT. besugo, pagel; ~ *brief*, ~ *letter*, patente de mar;
~ *calf*, ZOOL. becerro marino; ~ *captain*, capitán de buque mercante; ~ *card*, rosa náutica;
~ *chart*, carta de marear; ~ *cob*, ~ *gull*,
~ *mew*, ORNIT. gaviota; ~ *compass*, brújula, compás; ~ *cow*, ZOOL. manatí, vaca marina; morsa; ~ *cress*, BOT. salicor; ~ *cucumber*, ZOOL.
cohombro de mar; ~ *daffodil*, BOT. amormío;
~ *dog*, ICT. cazón; ZOOL. foca común; lobo de
mar; pirata; ~ *eagle*, ORNIT. halieto; ~ *egg*,
cuerpo sin espinas del erizo de mar; ~ *fire*,
fosforescencia del mar; ~ *food*, pescado de mar;
marisco; ~ *fowl*, ave marina; ~ *front*, paseo,
línea de edificios frente al mar; ~ *gate*, punto
de salida al mar; compuerta de marea; ~ *goose*,
ZOOL. delfín; barnacla; ~ *grape*, BOT. uvero
[árbol]; ZOOL. uva marina; ~ *green*, verdemar,
glauco; ~ *hare*, ZOOL. liebre marina, huevo de
pulpo; ~ *hedgehog*, ~ *urchin*, ZOOL. erizo de
mar; ~ *hog*, ZOOL. marsopa; ~ *horse*, ICT. caballo de mar; ZOOL. morsa; ~ *legs*, equilibrio
para andar por el barco; facultad de no ma-
rearse; ~ *level*, nivel del mar; ~ *lily*, ZOOL.
comátula, lirio de mar; ~ *lion*, ZOOL. león marino, otaria; ~ *mark*, MAR. marca; señal de la
marea alta; ~ *nettle*, ZOOL. acalefo, ortiga de
mar; ~ *onion*, BOT. cebolla albarrana; ~ *otter*,
ZOOL. lataz; ~ *pen*, pluma de mar [pólipo];
~ *pie*, pastel de carne y verduras; ~ *pig*, ZOOL.
delfín; morsa, vaca marina; ~ *pork*, potencia
naval; ~ *room*, espacio para maniobrar sin peligro; franquicia; libertad de movimiento; ~
rover, pirata, corsario; ~ *serpent*, serpiente marina; ~ *service*, servicio naval; ~ *star*, ZOOL.
estrellamar; estrella de mar; ~ *term*, voz náutica; ~ *trout*, ICT. baila, raño; ~ *unicorn*,
ZOOL. narval; ~ *wall*, rompeolas; ~ *water*, agua
de mar; ~ *wolf*, pirata; ZOOL. lobo marino.
seabeach (sí·bich) *s.* playa del mar.
sea-beat(en *adj.* batido por el mar, azotado por
las olas.
seaboard (sí·bo'd) *s.* costa, litoral. — 2 *adj.* costanero, litoral.
sea-born *adj.* nacido en el mar o del mar, marino.
sea-borne *adj.* transportado por mar.
seacoast (sí·coust) *s.* orilla del mar, costa, litoral.
seacraft (sí·cræft) *s.* buques de altura. 2 habilidad
en la navegación.
seadrome (sí·droum) *s.* aeródromo flotante.
seafarer (sí·fero') *s.* marinero, navegante.
seafaring (sí·fering) *s.* viaje por mar. 2 oficio o
vida del marino o marinero. — 3 *adj.* marinero,
navegante.
seafolk (sí·fouc) *s.* gente de mar.
sea-gate, sea-gait *s.* oleada larga.
seagirt (sí·go't) *adj.* rodeado por el mar.
seagoing (sí·gouing) *adj.* de altura [buque]. 2
propio para un buque de altura. 3 marinero, navegante.
seal (síl) *s.* ZOOL. foca; otaria. 2 sello, sigilo:
keeper of the seals, guardasellos; *to set one's
~ to*, sellar, aprobar; *under the hand and* ~

of, firmado y sellado por; *custom-house* ~,
marchamo. 3 timbre [para estampar]. 4 precinto. 5 sigilo, secreto. 6 lo que autentica o con-
firma; garantía, seguridad. 7 lo que impide la
entrada o salida de un gas o el aire en un tubo
o recipiente: *water* ~, sifón. 8 LITURG. piedra
que cierra el ara del altar. — 9 *adj.* de sello,
con sello; ~ *ring*, anillo con sello.
seal (to) *tr.* sellar, sigilar, precintar, marchamar :
to ~ *with sealing wax*, lacrar. 2 estampar [con
sello]. 3 sellar [comunicar un carácter]. 4 confirmar, ratificar; decidir irrevocablemente. 5 sellar, cerrar, tapar. 6 encerrar, aprisionar. 7 fijar,
empotrar, encastrar. 8 contrastar [pesos y me-
didas]. — 9 *intr.* cazar focas.
sealed (síld) *adj.* sellado, cerrado, secreto : ~ *book*,
libro cerrado; ~ *orders*, instrucciones secretas,
instrucciones que se dan en un pliego cerrado
que no se ha de abrir hasta un momento determinado.
sealer (sí·lo') *s.* sellador. 2 contraste [de pesos y
medidas]. 3 máquina para tapar. 4 cazador de
focas.
sealine (sí·lin) *s.* imitación de piel de foca hecha
con pieles de conejo de Australia y Nueva Zelanda.
sealing (sí·ling) *s.* selladura, sello; cerramiento.
2 marchamado, precintado. 3 caza de focas. —
4 *adj.* que sirve para sellar, cerrar, precintar,
etc.: ~ *tape*, cinta engomada para precintar;
~ *wax*, lacre.
sealskin (sí·lskin) *s.* piel de foca.
seam (sim) *s.* costura [serie de puntadas]. 2 adorno cosido. 3 grieta, juntura. 4 MAR. costura. 5
ALBAÑ. llaga. 6 costurón, cicatriz. 7 CIR. sutura.
8 arruga. 7 GEOL., MIN. capa o veta delgados.
seam (to) *tr.* coser; unir o adornar con costuras.
2 señalar con cicatrices o arrugas. — 3 *intr.*
arrugarse; abrirse, henderse.
seamaid (sí·meid) *s.* MIT. sirena.
seaman (sí·mæn), *pl.* -men (-men) *s.* marinero,
marino.
seamanly (sí·mænli), **seamanlike** (sí·mænlai·c) *adj.*
marinero, marinesco. — 2 *adv.* con pericia de
buen marinero.
seamanship (sí·manship) *s.* marinería, náutica;
pericia náutica, de buen marinero.
seaming (sí·ming) *s.* acción de hacer costuras. 2
adorno cosido. 3 relinga [de red].
seamless (sí·mlis) *adj.* inconsútil, sin costura.
seamstress (sí·mstris) *s.* costurera.
seamy (sí·mi) *adj.* que forma costura o cicatriz;
parecido a una costura o cicatriz. 2 señalado con
cicatrices. 3 peor: *the* ~ *side*, el lado peor. 4
deshonroso.
séance (se·ans) *s.* sesión [esp. de espiritismo].
seapiece (sí·pis) *s.* PINT. marina.
seaplane (sí·plein) *s.* AVIA. hidroplano.
seaport (sí·po't) *s.* puerto de mar.
seaquake (sí·cueic) *s.* maremoto.
sear (sí·o') *adj.* seco, marchito. 2 raído. 3 gastado,
cascado. — 4 *s.* chamusco, quemadura. 5 ARM.
muelle real.
sear (to) *tr.* secar, agostar, marchitar. 2 tostar,
chamuscar. 3 COC. soasar. 4 CIR. cauterizar. 5
marcar con hierro. 6 fig. endurecer, empedernir.
search (so'ch) *s.* busca, búsqueda: *in* ~ *of*, en
busca de. 2 registro, visita, reconocimiento:
for arms, cacheo; *right of* ~, MAR. derecho de
visita. 3 exploración [con un instrumento]. 4
examen, pesquisa, indagación, investigación. 5
penetración [del entendimiento]. — 6 *adj.* de
registro: ~ *warrant*, DER. orden o auto de registro domiciliario.
search (to) *tr.* e *intr.* buscar. 2 examinar, registrar, reconocer, explorar. 3 escudriñar, penetrar.
4 indagar, inquirir, investigar. 5 CIR. tentar. 6
MIL. distribuir o concentrar el fuego [en un
área]. 7 *to* ~ *after*, preguntar por, indagar, inquirir. 8 *to* ~ *into*, examinar, investigar. 9 *to*
~ *out*, descubrir buscando.
searcher (so'cho') *s.* buscador, escudriñador, indagador, investigador. 2 vista, inspector, registrador. 3 veedor. 4 CIR. tienta, cala, sonda. 5 ÓPT.
buscador.
searching (so'ching) *adj.* escrutador, penetrante.
2 completo, minucioso, severo. 3 que busca:
~ *party*, grupo de personas enviadas en busca
de otra u otras.

searchlight (søˑˈchlait) *s.* ELECT. proyector, reflector; faro, foco eléctrico.
seascape (sɪˈskeip) *s.* vista del mar. 2 PINT. marina.
seascapist (sɪˈskeipist) *s.* PINT. marinista.
seashore (sɪˈshoˑ) *s.* orilla o ribera del mar. 2 litoral, costa; playa.
seasick (sɪˈsic) *adj.* mareado [en el mar].
seasickness (sɪˈsicnis) *s.* mareo [en el mar].
seaside (sɪˈsaid) *s.* SEASHORE. 2 parte de una población que está próxima al mar. — 3 *adj.* costanero, litoral, de la costa o playa : ~ *pine*, pino marítimo o rodeno.
season (sɪˈzøn) *s.* estación [del año]. 2 estación, tiempo, temporada, época, momento : *dead, dull* u *off* ~, COM. estación muerta; *holiday* ~, tiempo de vacaciones; *hunting* ~, tiempo de caza; *close* ~, veda; *strawberries are in* ~. estamos en el tiempo de las fresas; *for a* ~, por una temporada. 3 sazón, tiempo oportuno, ocasión : *in due* ~, a su tiempo, en tiempo oportuno; *in* ~, a tiempo; a su tiempo; en sazón; *out of* ~, fuera de sazón, intempestivo; *in* ~ *and out of* ~, a todas horas, venga bien o mal, pegue o no pegue. — 4 *adj.* de temporada : ~ *ticket*, abono.
season (to) *tr.* sazonar. 2 aliñar, condimentar, aderezar. 3 imbuir, infundir. 4 moderar, templar. 5 habituar, acostumbrar, aclimatar. 6 curar, secar [la madera]. — 7 *intr.* sazonarse. 8 acostumbrarse. 9 curarse, secarse [la madera].
seasonable (sɪˈzønabøl) *adj.* oportuno, tempestivo, conveniente, a propósito. 2 propio de la estación.
seasonableness (sɪˈzønabølnis) *s.* oportunidad, tempestividad.
seasonably (sɪˈzønabli) *adv.* oportunamente, convenientemente.
seasonal (sɪˈzønal) *adj.* estacional; del tiempo, de la temporada. 2 de temporada.
seasoning (sɪˈzøning) *s.* sazonamiento. 2 condimento, aderezo, salsa, sainete. 3 aclimatación. 4 cura, desecación [de la madera]. 5 sazón, punto.
seat (sɪt) *s.* asiento [silla, banco, etc.; lugar en la mesa, en una junta, en un espectáculo, etc.] ; localidad : *to take a* ~, tomar asiento. 2 sillín [de bicicleta]. 3 trono. 4 asiento [de silla, etc.]. 5 postura [del que está sentado]. 6 asiento, lugar, sitio [donde está algo]; residencia, sede. 7 teatro [de la guerra]. 8 situación. 9 mansión, finca, quinta. 10 nalgas, asentaderas. 11 fondillos [de pantalón]. 12 MEC. asiento, base : ~ *of a valve*, asiento de una válvula.
seat (to) *tr.* sentar, asentar : *to* ~ *oneself*, sentarse. 2 acomodar en asientos; proveer de asientos. 3 tener asientos para : *the hall seats six hundred*, la sala tiene asientos para seiscientas personas. 4 poner asiento a [una silla]. 5 echar fondillos a [un pantalón]. 6 establecer, instalar. 7 asentar, fijar, poner firme. 8 MEC. ajustar [una válvula, etc.] en su asiento. 9 *to be seated*, estar sentado; estar situado.
seating (sɪˈting) *s.* acomodación en asiento. 2 acción de hacer o poner asientos. 3 material para tapizar muebles. 4 MEC. asiento, lecho. — 5 adj. ~ *capacity*, cabida de personas sentadas, número de asientos.
seaward (sɪˈuaˑd) *adv.* hacia el mar, mar adentro. — 2 *adj.* dirigido hacia el mar.
seaway (sɪˈuei) *s.* mar gruesa. 2 mar ancha, alta mar. 3 ruta marítima. 4 avance de un buque por el mar.
seaweed (sɪˈuid) *s.* alga marina.
seaworthiness (sɪˈuøˈdinis) *s.* buen estado de un buque para navegar.
seaworthy (sɪˈuøˈdi) *adj.* marinero [buque]; en buen estado para navegar.
sebaceous (sibeiˈshøs) *adj.* sebáceo.
sebacic (sibæˈsic) *adj.* QUÍM. sebácico.
sebesten (sibeˈstøn) *s.* BOT. sebestén.
seborrhœa (seborˈa) *s.* MED. seborrea.
seo (sec) *adj.* fam. segundo. 2 TRIGON. abreviación de SECANT. 3 seco [vino].
secant (sɪˈcænt) *adj.* y *s.* GEOM., TRIGON. secante.
seccotine (seˈcotin) *s.* secotina.
secede (to) (sisɪˈd) *intr.* separarse [de una comunión].
seceder (sisɪˈdø) *s.* el que se separa [de una comunión].

secernent (sisheˈnønt) *adj.* y *s.* FISIOL. secretor. — 2 *s.* órgano secretor. 3 medicamento que produce secreción.
secession (siseˈshøn) *s.* secesión, separación.
secessionism (siseˈshønišm) *s.* POL. secesionismo, separatismo.
secessionist (siseˈshønist) *s.* POL. secesionista, separatista.
seclude (to) (sicliuˑd) *tr.* apartar, separar, aislar : *to* ~ *oneself from society*, retirarse del trato de los demás, aislarse. 2 recluir, encerrar.
secluded (sicliuˈdid) *adj.* retirado, alejado, apartado. 2 aislado, solitario; de retiro : ~ *life*, vida de retiro.
seclusion (sicliuˈỹøn) *s.* retraimiento, apartamiento, aislamiento, clausura. 2 reclusión, encierro.
second (seˈcønd) *adj.* segundo : ~ *best*, el o lo mejor despues del o de lo primero; mediocre; ~ *cabin*, MAR. segunda clase; en segunda clase; ~ *hand*, ayudante de capataz; peón; segundo jugador [en el bridge] ; ~ *fiddle*, segundo violín; *to play* ~ *fiddle*, hacer un papel secundario; ~ *lieutenant*, segundo teniente; ~ *nature*, segunda naturaleza; ~ *self*, otro yo; ~ *sight*, doble vista, conocimiento de lo futuro; ~ *wind*, nuevo aliento; *at* ~ *hand*, indirectamente, por intermediario, de oídas; *every* ~ *day*, cada dos días; *on* ~ *thought o thougts*, después de reflexionar, pensándolo mejor. 2 secundario, subordinado. 3 inferior : *to be* ~ *to none*, no ser inferior a nadie. 4 de los segundos : ~ *hand*, segundero [de reloj]. — 5 *s.* segundo [en orden, en autoridad] ; ayudante. 6 padrino [en un duelo]. 7 sostenedor, defensor. 8 segundo [división del minuto]. 9 dos, día dos [en las fechas]. 10 AUTO., MÚS. segunda. 11 *pl.* segundas, mercancía de segunda calidad. — 12 *adv.* en segundo lugar.
second (to) (seˈcønd) *tr.* secundar, ayudar, favorecer, apoyar, apadrinar. 2 apoyar [una proposición presentada por otro].
secondarily (seˈcønderili) *adv.* secundariamente. 2 en segundo lugar.
secondariness (seˈcønderinis) *s.* calidad de secundario.
secondary (seˈcønderi) *adj.* secundario. 2 subordinado, auxiliar. 3 resultante, subsiguiente. 4 segunda [enseñanza] ; de segunda enseñanza o secundaria [escuela]. — 5 *s.* lugarteniente, ayudante, auxiliar. 6 ASTR. círculo secundario. 7 ASTR. planeta secundario, satélite. 8 ELECT. secundario. 9 ORNIT. remera secundaria. 10 ENTOM. ala posterior.
second-class *adj.* de segunda clase; inferior. — 2 *adv.* en segunda : *to travel* ~, viajar en segunda.
seconde (secoˈnd) *s.* ESGR. segunda.
seconder (seˈcøndø) *s.* el que secunda o apoya.
secondhand (seˈcøndjænd) *adj.* de segunda mano.
secondly (seˈcøndli) *adv.* en segundo lugar.
second-rate *adj.* de segunda clase; mediocre.
secrecy (sɪˈcresi), *pl.* **-cies** (-sɪš) *s.* secreto, sigilo, reserva : *in* ~, en secreto. 2 clandestinidad. 3 SECRETIVENESS.
secret (sɪˈcrit) *adj.* secreto : ~ *parts*, partes pudendas; ~ *service*, servicio secreto, policía secreta. 2 escondido, recóndito, íntimo. 3 callado, reservado. 4 retirado, encerrado, aislado. — 5 *s.* secreto : *open* ~, secreto a voces; *in* ~, privadamente, en secreto. 6 arcano, misterio. 7 LITUR. secreta.
secretaire (secreteˈ) *s.* escritorio [mueble].
secretarial (secriteˈrial) *adj.* de secretario. 2 para secretarios.
secretariat(e (secriteˈriit) *s.* secretaría. 2 secretariado.
secretary (seˈcriteri), *pl.* **-ries** (-riš) *s.* secretario, secretaria : *secretary's office*, secretaria [despacho]. 2 escritorio [mueble]. 3 ministro [del gobierno]. 4 *Secretary of State*, (EE. UU.) ministro de asuntos exteriores; (Ingl.) título de varios ministros : *Secretary of State for Foreign Affairs, for Home Affairs, for the Colonies, for the Dominions, for War, for Air*, ministro de asuntos exteriores, de la gobernación, de las colonias, de los dominios, de la guerra, del aire. 5 ORNIT. ~ *bird*, serpentario.
secretaryship (seˈcritriship) *s.* secretaría [cargo].
secrete (to) (sicrɪˈt) *tr.* esconder, ocultar recatar, encubrir. 2 FISIOL. secretar, segregar.

secretion (sicrɪ·shøn) s. ocultación. 2 FISIOL. secreción.

secretitious (sicriti·shøs) adj. producido por secreción, segregado.

secretive (sicrɪ·tiv) adj. callado, reservado. 2 FISIOL. secretorio.

secretiveness (sicrɪ·tivnis) s. reserva, inclinación a callar u ocultar.

secretly (sɪ·critli) adv. secretamente; a escondidas. 2 reservadamente. 3 en retiro o aislamiento.

secretness (sɪ·critnis) s. secreto, sigilo.

secretory (sicrɪ·tori) s. FISIOL. secretorio.

sect (sect) s. secta. 2 grupo, escuela, credo, partido, facción.

sectarian (secte·rian) adj. y s. sectario. 2 secuaz.

sectarianism (secte·rianišm) s. sectarismo.

sectary (sec·tari) s. sectario. 2 disidente.

sectile (se·ctil) adj. que puede cortarse.

section (se·cshøn) s. sección [acción de cortar; división, parte, grupo, etc.]. 2 trozo, tajada, esp. la muy fina cortada de una cosa para ser observada en el microscopio. 3 comarca, región. 4 barrio, distrito. 5 (EE. UU.) área de una milla cuadrada [división de las tierras públicas]. 6 compartimento. 7 sector [de una clase o comunidad]. 8 hemistiquio. 9 FERROC. tramo. 10 DIB., GEOM., MIL. sección. 11 H. NAT. grupo. 12 IMPR. párrafo [signo §]. 13 ~ cutter, micrótomo.

sectional (se·cshønal) adj. de la sección. 2 regional, local. 3 hecho de secciones o compartimientos. 4 parcial, incompleto.

sectionalism (se·cshønališm) s. localismo, regionalismo.

sectionally (secshø·nali) adv. en sección.

sector (se·ctø') ;s. sector. 2 compás de proporción. 3 instrumento astronómico cuyo limbo sólo abraza un sector de círculo.

sectorial (sectou·rial) adj. del sector, en forma de sector. 2 ZOOL. carnicera [muela].

secular (se·kiula') adj. secular. — 2 s. eclesiástico secular. 3 seglar, lego.

secularism (se·kiularišm) s. POL. laicismo.

secularity (sekiulæ·riti) s. calidad de secular. 2 calidad de seglar. 3 mundanalidad.

secularization (sekiulariše·shøn) s. secularización.

secularize (to) (se·kiularaiš) tr. secularizar.

secularly (se·kiula·li) adv. secularmente. 2 seglarmente.

secund (sɪ·cønd) adj. BOT., ZOOL. unilateral.

secundines (se·cøndins) s. pl. secundinas.

secundo (sɪ·cøndou) adv. en segundo lugar.

secure (sikiu·r) adj. seguro [libre de peligro o riesgo; que ofrece seguridad; firme, bien guardado; cierto; confiado; confiable]. 2 tranquilo, libre de cuidado.

secure (to) tr. asegurar, resguardar, guardar, proteger. 2 asegurar, afianzar. 3 asegurar, prender, encerrar. 4 garantizar. 5 obtener, lograr, adquirir, contratar, apoderase de.

securely (sikiu·'li) adv. seguramente. 2 firmemente. 3 tranquilamente, sin riesgo o cuidado.

secureness (sikiu·nis) s. seguridad. 2 ausencia de cuidado.

security (sikiu·riti), pl. **-ties** (-tiš) s. seguridad. 2 resguardo, protección, abrigo, salvaguardia. 3 firmeza, afianzamiento. 4 garantía, caución, prenda. 5 fiador, garante : to stand ~, salir fiador. 6 tranquilidad, confianza. 7 pl. COM. pagarés, bonos, acciones, obligaciones, valores, efectos : public securities, efectos públicos.

sedan (sidæ·n) s. silla de manos. 2 sedán [cierto tipo de automóvil cerrado].

sedate (sidei·t) adj. sereno, ecuánime. 2 tranquilo, sosegado. 3 reposado, juicioso, formal; grave, serio.

sedately (sidei·tli) adv. serenamente, reposadamente, seriamente.

sedateness (sidei·tnis) s. serenidad. 2 formalidad, seriedad.

sedative (se·dativ) adj. y s. MED. sedativo. 2 calmante, sosegador.

sedentariness (se·dønterinis) s. calidad de sedentario, vida sedentaria.

sedentary (se·dønteri) adj. sedentario.

sedge (sedȳ) s. BOT. castañuela; juncia; ácoro; chufa ; ~ cane, ácoro; ~ root, chufa [tubérculo]. 2 ORNIT. ~ bird, ~ warbler, curruca.

sedilia (sidɪ·lia) s. pl. asientos en el presbiterio para los oficiantes.

sediment (se·dimønt) s. sedimento. 2 heces, poso, borra. 3 QUÍM. depósito.

sedimental (sedime·ntal), **sedimentary** (sedime·ntari) adj. sedimentario.

sedimentation (sedimønte·shøn) s. sedimentación.

sedition (sidi·shøn) s. sedición.

seditionary (sidi·shøneri) adj. y s. sedicioso, alborotador.

seditious (sidi·shøs) adj. sedicioso, faccioso, rebelde, subversivo.

seditiously (sidi·shøsli) adv. sediciosamente, rebeldemente.

seditiousness (sidi·shøsnis) s. calidad de sedicioso.

seduce (to) (sidiu·s) tr. seducir, descaminar, corromper. 2 seducir [a una mujer]. 3 arrastrar, llevar [a algo malo o desastroso]. 4 invitar, tentar [a ir o dirigirse a].

seduceable (sidiu·sabøl) adj. SEDUCIBLE.

seducement (sidiu·smønt) s. seducción. 2 tentación, incentivo.

seducer (sidiu·sø') s. seductor.

seducible (sidiu·sibøl) adj. capaz de ser seducido.

seduction (sidø·cshøn) s. seducción. 2 atractivo.

seductive (sidø·ctiv) adj. seductivo, seductor, tentador.

seductress (sidø·ctris) f. seductora.

sedulity (sidiu·liti) s. asiduidad, perseverancia, diligencia, aplicación.

sedulous (se·diuløs) adj. asiduo, perseverante, aplicado, diligente, laborioso, incansable : to play the ~ ape, adquirir estilo literario por imitación.

sedulously (se·diuløsli) adv. asiduamente, diligentemente, incansablemente.

sedulousness (se·diuløsnis) s. SEDULITY.

see (sɪ) s. ECLES. sede, silla : Holy ~, Santa Sede.

see (to) tr. ver : to ~ a thing done, ver hacer una cosa; to ~ daylight, ver el cielo abierto; to ~ stars, ver las estrellas; to ~ the back of, no ver ya más, perder de vista, librarse de; to ~ the light o the ligth of the day, ver la luz del día, salir a luz; to ~ the point, comprender, ver el sentido o la intención de una cosa; to let ~, hacer, ver, dejar ver, mostrar; let me ~, déjeme ver, déjeme pensar; let's ~, veamos; I ~, ya veo; comprendo. 2 mirar, contemplar, observar. 3 examinar. 4 considerar, juzgar, tener por : to ~ fit, tener por conveniente, decidir, resolver. 5 acompañar, escoltar : to ~ one home, acompañar a uno a su casa; to ~ one off, ir a despedir a uno. 6 pasar, experimentar : to have seen service, haber servido [en el ejército]; estar gastado por el uso. 7 visitar a, tener relaciones con : to ~ company, recibir visitas; to ~ one another, verse, visitarse. 8 to ~ after, cuidar, cuidar de, buscar. 9 to ~ eye to eye, estar completamente de acuerdo. 10 to ~ into, examinar a fondo, penetrar, ver lo interior de. 11 to ~ out, oir, participar en trs., hasta el fin. 12 to ~ that, to ~ to it that, ver de, procurar que, cuidar de que. 13 to ~ through, penetrar, ver lo que hay detrás de; leer el pensamiento, calar las intenciones; to ~ a thing through, llevar a cabo una cosa; estar en una cosa hasta el fin; to ~ a person through a difficulty, ayudar a una persona a salir de una dificultad. 14 to ~ to, cuidar de, atender. 15 see, véase. 16 see!, ¡mira!, ¡mirad!, ¡ved! ¶ CONJUG. pret. : saw; p. p. : seen.

seed (sid) s. BOT. semilla, simiente, grano, pepita. 2 progenie, descendientes, generación. 3 origen, principio, germen. 4 excesiva madurez, decadencia : to go, o to run, to ~, granar, desmedrarse [una planta] dando semilla; agotarse, decaer, perder vitalidad. — 5 adj. de semilla o semillas, para sembrar : ~ bed, semillero; ~ corn, trigo o maíz para sembrar; ~ leaf, cotiledón; ~ oyster, ostra muy joven; ~ plant, planta fanerógama; ~ pod, vaina de semilla; ~ vessel, BOT. cápsula, cáscara, vaina, baga. 6 ~ pearl, aljófar.

seed (to) tr. sembrar. 2 despepitar, deshuesar. 3 desgranojar [el lino]. — 4 intr. sembrar, hacer la siembra. 5 granar.

seedball (sɪ·dbol), **seedbox** (sɪ·dbacs) s. BOT. cápsula.

seedcake (sɪ·dkeic) s. torta de semillas aromáticas.

seeder (sɪ·dø') s. sembradora [máquina]. 2 instrumento para despepitar. 3 pez que desova.

seediness (sɪ·dinis) s. BOT. condición de granado. 2 estado de lo gastado, decaído o andrajoso.

seedling (sɪ·dling) *s*. planta de semillero. 2 planta joven. 3 fig. semilla, germen.

seedsman (sɪ·dsmæn), *pl*. **-men** (-men) *s*. sembrador. 2 tratante en semillas.

seedplot (sɪ·dplat) *s*. semillero.

seedtime (sɪ·dtaim) *s*. sementera [tiempo].

seedy (sɪ·di) *adj*. granado. 2 gastado, viejo, decaído. 3 andrajoso, miserable.

seeing (sɪ·ing) *s*. vista, acción de ver : *worth seeing*, digno de verse. — 2 *adj*. vidente : *Seeing Eye dog*, perro amaestrado para guiar a un ciego. — 3 *conj*. visto que, puesto que, ya que.

seek (to) (sɪk) *tr*. buscar. 2 inquirir. 3 pedir, suplicar. 4 perseguir, ambicionar, pretender, aspirar a, solicitar, cortejar. 5 intentar, procurar, tratar de. 6 explorar, registrar. 7 *to ~ one's life*, querer matar a uno. — 8 *intr*. ant. acudir, dirigirse, recurrir. 9 *to ~ after*, buscar; perseguir, solicitar. 10 *~ for*, buscar, ir en busca de; ir preguntando por. 11 *to ~ out*, buscar, tratar de descubrir; buscar el trato o la compañía de. 12 *to be to ~*, faltar, no encontrarse; no ser sabido : *politeness is much to ~ among them*, falta mucho la cortesía entre ellos; *what is best I am still to ~*, aún no sé qué es lo mejor. ¶ CONJUG. pret. y p. p.: *sought*.

seeker (sɪ·kǝ^r) *s*. buscador, inquiridor, investigador : *~ after*, buscador de; investigador de.

seel (to) (sɪl) *tr*. tapar o coser los ojos, cegar. 2 fig. engañar.

seem (to) (sɪm) *intr*. parecer : *it seems to me*, me parece. 2 parecerle a uno : *I ~ to see him still*, me parece verlo todavía. 3 fingirse. 4 *to ~ as if* o *as though*, parecer que.

seeming (sɪ·ming) *adj*. aparente, especioso, fingido. 2 parecido. — 3 *s*. apariencia, parecer, catadura. 4 falsa apariencia.

seemingly (sɪ·mingli) *adv*. aparentemente, en apariencia, al parecer.

seemingness (sɪ·mingnis) *s*. apariencia, exterioridad, aparente plausibilidad.

seemlier (sɪ·mliǝ^r) *adj*. *comp*. de SEEMLY.

seemliest (sɪ·milist) *adj*. *superl*. de SEEMLY.

seemliness (sɪ·mlinis) *s*. decoro, decencia, bien parecer.

seemly (sɪ·mli) *adj*. decente, decoroso, correcto. 2 agradable [a la vista]; bien formado o proporcionado. — 3 *adv*. decentemente, correctamente.

seen (sɪn) *p. p*. de TO SEE.

seep (to) (sɪp) *intr*. (EE. UU. y Esc.) filtrar, rezumarse [un líquido]. 2 escurrirse [una cosa mojada].

seepage (sɪ·pidʒ) *s*. acción de rezumar, filtración. 2 lo que rezuma; agua o petróleo que sale en un sitio.

seer (sɪ·ǝ^r) *s*. profeta, vidente, adivino. 2 el que ve.

seeress (sɪ·ris) *s*. profetisa, vidente, adivina.

seerhand (sɪ·[·]jænd) *s*. turbante indio.

seesaw (sɪ·so) *s*. columpio de tabla. 2 movimiento de columpio, balanceo, oscilación, vaivén. — 3 *adj*. de balanceo, de vaivén.

seesaw (to) *intr*. columpiarse, balancearse, oscilar; tener un movimiento de vaivén o de sube y baja. 2 fig. vacilar, fluctuar.

seethe (to) (sɪð) *intr*. hervir [con el calor]. 2 fig. hervir, bullir, estar agitado. — 3 *tr*. hacer hervir, cocer. 4 empapar, macerar. 5 FARM. elijar. ¶ CONJUG. pret. : *seethed*, ant. *sod*; p. p. : *seethed* o *sodden*.

segment (se·gmǝnt) *s*. segmento.

segment (to) *tr*. segmentar. — 2 *intr*. segmentarse.

segmental (segme·ntal) *adj*. segmentario. 2 ARQ. escarzano [arco].

segmentary (segme·nteri) *adj*. segmentario. 2 segmentado.

segmentation (segmente·shǝn) *s*. segmentación.

segmented (segme·ntid) *adj*. segmentado, articulado.

segregate (se·grǝgueit) *adj*. segregado, separado, desagregado.

segregate (to) *tr*. segregar, separar, desagregar. — 2 *intr*. segregarse, separarse.

segregation (segrǝgue·shǝn) *s*. segregación, separación, desagregación.

seignior (sɪ·fiǝ^r) *s*. DER. señor.

seigniory (sɪ·fiǝri) *s*. señorío [dominio].

seignorage (sɪ·fioridʒ) *s*. señorío [dominio]. 2 derecho feudal; señoreaje.

Seine (sen) *n. pr*. GEOGR. Sena.

seine *s*. jábega, red barredera.

seine (to) *tr*. pescar con jábega o red barredera.

seism (sai·sǝm) *s*. seísmo, terremoto.

seismic (sai·smic) *adj*. sísmico.

seismograph (sai·smogræf) *s*. sismógrafo.

seismology (saisma·loyi) *s*. sismología.

seismometer (saisma·mitǝ^r) *s*. sismómetro.

seizable (sɪ·sǝbǝl) *adj*. embargable.

seize (to) (sɪs) *tr*. asir, coger, tomar, agarrar, empuñar. 2 confiscar, embargar, decomisar. 3 prender, capturar. 4 apoderarse de. 5 MAR. aferrar, amarrar. 6 fascinar, impresionar. 7 comprender bien. 8 aprovechar [una oportunidad]. 9 *to be seized with*, caer enfermo o tener un ataque [de algún mal]; apoderarse de uno, embargarle, sobrecogerle [un afecto o pasión]. 10 *to be seized of*, estar en posesión de. — 11 *intr*. MEC. agarrarse, atascarse, trabarse. 12 *to ~ on* o *upon*, apoderarse de, coger, agarrar.

seizer (sɪ·sǝ^r) *s*. agarrador. 2 DER. SEIZOR.

seizin (sɪ·sin) *s*. DER. posesión en dominio absoluto. 2 toma de posesión.

seizing (sɪ·sing) *s*. agarro, asimiento; captura. 2 MAR. trinca, ligadura.

seizor (sɪ·sǝ^r) *s*. DER. ejecutante. 2 el que toma posesión.

seizure (sɪ·ʒǝ^r) *s*. acción de coger o apoderarse de; toma, asimiento. 2 captura, aprehensión, detención; prendimiento, prisión. 3 embargo, secuestro; decomiso, comiso. 4 MED. ataque, acceso [de una enfermedad]; ataque de apoplejía. 5 MEC. atasco, trabamiento.

sej(e)ant (sɪ·ʒant) *adj*. BLAS. sentado.

Selachii (silei·kiai) *s. pl*. ICT. selacios.

selachian (silei·kian) *adj*. y *s*. ICT. selacio.

seldom (se·ldǝm) *adv*. raramente, rara vez, pocas veces.

select (sile·ct) *adj*. selecto, escogido, florido. 2 delicado, exigente [al escoger]. 3 que sólo admite cierta clase de personas [sociedad, grupo].

select (to) *tr*. escoger, elegir, seleccionar.

selection (sile·cshǝn) *s*. selección. 2 trozo escogido. 3 COM. surtido.

selective (sile·ctiv) *adj*. selectivo.

selectivity (sile·ctiviti) *s*. RADIO. selectividad.

selectman (sile·ctmæn), *pl*. **-men** (-men) *s*. concejal [en Nueva Inglaterra].

selectness (sile·ctnis) *s*. calidad de selecto.

selector (sile·ctǝ^r) *s*. escogedor, seleccionador. 2 ELECT. selector.

Selenite (se·linait) *s*. selenita [habitante de la luna]. 2 (con min.) MINER. selenita.

selenium (selr·niǝm) *s*. QUÍM. selenio.

selenographer (selina·grafǝ^r) *s*. selenógrafo.

selenography (selina·grafi) *s*. selenografía.

1) self (self) *adj*. mismo, idéntico. | Desusado excepto en *selfsame*. 2 de un solo o del mismo color, material, etc. 3 uniforme [color]. — 4 *pron*. fam. yo, mí.

2) self, *pl*. **selves** (se·lvs) *s*. yo; ser: *my other ~*, mi otro yo; *his former ~*, su ser anterior. 2 la identidad de algo considerado en abstracto : *she is beauty's ~*, ella es la belleza misma. 3 interés personal, egoísmo. 4 *one's ~*, uno mismo, sí mismo; *all by one's ~*, solo; sin ayuda de nadie.

-self, **-selves** *elemento de comp*. Se une a los pronombres personales, a algunos adjetivos posesivos y al pronombre *one* para formar pronombres reflexivos o para dar más fuerza a la expresión. V. *myself*, *yourself*, *himself*, *ourselves*, *yourselves*, etc.

self- *elemento de comp*. Con el sentido de auto-, de sí mismo, por sí mismo, hecho por uno mismo, etc., entra en gran número de compuestos.

self-abandoned *adj*. abandonado a sí mismo.

self-abashed *adj*. avergonzado, humillado por la conciencia de su propia falta.

self-abnegation *s*. abnegación.

self-absorption *s*. ensimismamiento.

self-acting *adj*. automático, de movimiento automático : *~ mule*, selfactina, ant. máquina de hilar.

self-actor *s*. máquina o aparato automático.

self-affected *adj*. amante de sí mismo, egoísta.

self-assertive *adj*. que se hace sentir. 2 que se impone; que hace valer sus derechos.

self-assured, self-reliant *adj*. seguro de sí mismo.

self-binder *s*. AGR. segadora agavilladora.

self-centered o **-centred** *adj.* concentrado en sí mismo, egocéntrico.
self-command *s.* dominio de sí mismo.
self-complacency *s.* satisfacción de sí mismo.
self-conceit *s.* presunción, vanidad, engreimiento.
self-conceited *adj.* presuntuoso, vanidoso, engreído.
self-concern *s.* interés personal. 2 preocupación de sí mismo.
self-confidence *s.* confianza en sí mismo.
self-confident *adj.* seguro de sí mismo.
self-conscious *adj.* consciente de sí mismo, de sus actos o estados; que no puede olvidar que se halla ante los demás; tímido, cohibido, embarazado; afectado.
self-consciousness *s.* conciencia de sí mismo; timidez, embarazo; afectación.
self-consequence *s.* sentimiento exagerado de la propia importancia, engreimiento.
self-consistent *adj.* consecuente [pers.].
self-contained *adj.* completo, independiente, autónomo, que contiene en sí todos sus elementos y accesorios. 2 callado, reservado. 3 sereno, dueño de sí mismo.
self-contradiction *s.* contradicción manifiesta.
self-control *s.* dominio de sí mismo. 2 gobierno propio, autonomía.
sel-criticism *s.* autocrítica.
self-deception, self-delusion *s.* propio engaño; vana ilusión.
self-defeating *adj.* contraproducente.
self-defence *s.* defensa propia.
self-denial *s.* abnegación.
self-destruction *s.* suicidio.
self-destructive *adj.* suicida.
self-determination *s.* POL. libre determinación.
self-devotion *s.* dedicación de sí mismo a un servicio o causa. 2 devoción a sí mismo.
self-educated *adj.* autodidacto.
self-effacement *s.* modestia.
self-esteem *s.* respeto de sí mismo, propia estimación. 2 presunción.
self-evident *adj.* evidente, patente, palmario, que se cae de su peso.
self-examination *s.* autocrítica, examen de conciencia.
self-excitation *s.* ELECT. autoexcitación.
self-existent *adj.* existente por sí mismo.
self-explanatory *adj.* que se explica por sí mismo.
self-expression *s.* expresión de la propia personalidad.
self-feeder *s.* el o lo que se alimenta automáticamente. 2 dispositivo automático para dar el pienso al ganado.
self-filling *adj.* de llenado automático.
self-governing *adj.* autónomo.
self-government *s.* autonomía. 2 democracia. 3 dominio de sí mismo.
self-heal *s.* BOT. sanícula.
self-help *s.* ayuda propia.
selfhood (se'lfjud) *s.* personalidad, individualidad. 2 egoísmo, egocentrismo.
self-ignition *s.* encendido automático.
self-importance *s.* sentimiento exagerado de la propia importancia; presunción, altivez.
self-induction *s.* ELECT. autoinducción.
self-indulgence *s.* satisfacción de los propios apetitos, falta de sobriedad, intemperancia, sibaritismo.
self-interest *s.* propio interés, egoísmo.
selfish (se'lfish) *adj.* interesado, egoísta.
selfishly (se'lfishli) *adv.* interesadamente, egoístamente.
selfishness (se'lfishnis) *s.* egoísmo.
self-knowledge *s.* conocimiento de sí mismo.
selfless *adj.* desinteresado, generoso.
self-loading *adj.* de carga automática.
self-locking *adj.* de cierre automático.
self-love *s.* amor propio, egoísmo.
self-made *adj.* hijo de sus propias obras: ~ *man*, hombre que se ha hecho una posición por su propio esfuerzo.
self-moving *adj.* automotor.
self-opinionated *adj.* pagado de sí mismo, presuntuoso. 2 terco.
self-portrait *s.* autorretrato.
self-possessed *adj.* sereno, dueño de sí mismo.
self-possession *s.* serenidad, sangre fría, aplomo, dominio de sí mismo.

self-preservation *s.* propia conservación. 2 instinto de conservación.
self-propelled *adj.* autopropulsado, de propulsión mecánica o automática.
self-registering *adj.* registrador [que registra automáticamente].
self-reliance *s.* confianza en sí mismo.
self-reliant *adj.* que confía en sí mismo.
self-reproach *s.* reproche que se hace uno a sí mismo.
self-respect *s.* respeto de sí mismo, propia estimación, dignidad, decoro.
self-restraint *s.* dominio de sí mismo, moderación, contención.
self-righteous *adj.* pagado de su propia rectitud, farisaico.
self-sacrifice *s.* sacrificio personal, abnegación.
selfsame (se'lfseim) *adj.* idéntico, mismísimo.
self-satisfied *adj.* satisfecho de sí mismo.
self-seeker *s.* egoísta.
self-seeking *adj.* egoísta.
self-service *adj.* donde el cliente se sirve él mismo [restaurante, tienda, etc.].
self-starter *s.* MEC. arranque automático. — 2 *adj.* de arranque automático.
self-styled *adj.* que se titula o llama a sí mismo.
self-sufficience, self-sufficiency *s.* capacidad de bastarse a sí mismo. 2 confianza desmedida en sí mismo, presunción.
self-sufficient *adj.* que se basta a sí mismo, suficiente en sí. 2 presuntuoso, orgulloso, arrogante.
self-suggestion *s.* autosugestión.
self-supporting, self-sustaining *adj.* que se gana la vida; que se mantiene con sus propios recursos.
self-taught *adj.* autodidacto.
self-thinking *adj.* que piensa por sí mismo, de pensamiento independiente.
self-will *s.* voluntariedad, obstinación.
self-willed *adj.* voluntarioso, obstinado.
self-winding *adj.* de cuerda automática [reloj].
self-worship *s.* egolatría.
sell (sel) *s.* fam. engaño, estafa.
sell (to) *tr.* vender, enajenar : *to ~ by auction, to ~ at the spear*, vender en subasta; *to ~ by bulk*, vender en globo, por un tanto alzado; *to ~ on trust*, vender al fiado; *to ~ oneself*, venderse [por dinero] ; *to ~ one's soul*, vender su alma al diablo; *to ~ out*, vender toda su existencia, liquidar; vender los bienes del deudor; agotar [una edición, etc.] ; vender [uno] a sus cómplices; *to ~ short*, COM. vender para una fecha futura lo que aún no se tiene. 2 hacer aceptar [una idea, etc.]. 3 pop. engañar. 4 vender, hacer traición. — 5 *intr.* vender : *to ~ off*, liquidar, venderlo todo. 6 venderse, tener salida [un artículo]. ¶ CONJUG. pret. y p. p. : *sold.*
sella turcica (se'la tu'sica) *s.* ANAT. silla turca.
seller (se'lø') *s.* vendedor. 2 cosa que se vende bien : *best ~*, libro de mayor venta.
selling (se'ling) *adj.* de venta. 2 que se vende bien, vendible. 3 vendedor, que vende : ~ *agent*, comisionista. — 4 *s.* venta [acción de vender].
sellout (se'laut) *s.* liquidación, realización. 2 pop. traición. 3 TEAT. función para la que están vendidas todas las localidades.
Seltzer o **Seltzer water** (se'ltsø') *s.* agua de Seltz, agua carbónica.
selvage (se'lvidy) *s.* orillo [del paño]. 2 orilla, orla, borde. 3 MIN. salbanda. 4 chapa lateral de la cerradura por donde sale el pestillo.
selves (selvs) *pl.* de SELF.
semantic (simæ'ntic) *adj.* semántico.
semantics (simæ'ntics) *s.* semántica.
semaphore (se'mafor) *s.* semáforo. 2 FERROC. disco de señales.
semaphoric(al (semafo'ric(al) *adj.* semafórico.
semasiology (simeisia'loyi) *s.* semasiología, semántica.
semblance (se'mblans) *s.* semejanza. 2 aspecto, forma, figura. 3 rostro, semblante. 4 imagen, retrato. 5 aparición, fantasma. 6 apariencia, simulacro.
semeiology (simaia'loyi), **semeiotics** (simaia'tics) *s.* semiología, semiótica.
semen (sɪ'men) *s.* FISIOL. semen. 2 BOT. semilla, simiente.

semester (sime stø') s. semestre. 2 semestre escolar.
semi- (se mi) *pref.* semi-.
semianual (semiæ niual) *adj.* semestral.
semibreve (se mibrɪv) s. MÚS. semibreve.
semicadence (semikei døns) s. MÚS. semicadencia.
semicentennial (semisente nial) *adj.* y s. cincuentenario.
semicircle (se misø'køl) s. semicírculo.
semicircled (se misø'cøld) *adj.* semicircular.
semicircular (semisø' kiula') *adj.* semicircular : ～ *arch.* arco de medio punto; ～ *canal*, ANAT. canal semicircular.
semicircunference (semisø'cø mførøns) s. semicircunferencia.
semicolon (semicou løn) s. ORTOGR. punto y coma.
semiconsonant (semica nsønant) s. semiconsonante.
semicylindrical (semisili ndrical) *adj.* semicilíndrico.
semidiameter (semidaiæ metø') s. semidiámetro.
semidouble (se midøbøl) *adj.* LITURG. semidoble.
semifinal (semifai nal) *adj.* y s. DEP. semifinal.
semifloret (semiflo ret), **semifloscule** (semifla skiul) s. BOT. semiflósculo.
semifloscular (semifla skiula'), **semiflosculous** (semifla skiuløs) a. BOT. semifloscular.
semifluid (semiflu id) *adj.* semifluido.
semiglobular (semigla biula') *adj.* semiesférico.
semilunar (semiliu na') *adj.* semilunar.
semimonthly (semimø nzli) *adj.* quincenal. — 2 s. (*pl.* **-lies**) publicación quincenal.
seminal (se minal) *adj.* seminal. 2 germinal, originador. 3 embrionario.
seminar (se mina' o semina ') s. seminario [en una Universidad].
seminarist (se minerist) s. seminarista. 2 estudiante que trabaja en un seminario; su profesor.
seminary (se mineri), *pl.* **-ries** (-riš) s. seminario, plantel. 2 SEMINAR. 3 colegio, academia. 4 ECLES. seminario. | Llám. también : *theological* ～.
semination (semine shøn) s. siembra, diseminación.
seminiferous (semini førøs) *adj.* seminífero.
seminification (seminifike shøn) s. BOT. reproducción por semilla.
semiofficial (semiofi shal) *adj.* oficioso.
semiology (simia loȳi). **semiotics** (simia tics) s. SEMEIOLOGY, SEMEIOTICS.
semipedal (simipe dal) *adj.* semipedal.
semiquaver (semicuei vø') s. MÚS. semicorchea.
Semiramis (sømi rømis) *n. pr.* Semíramis.
semirigid (semiri ȳid) *adj.* AER. semirrígido.
semispherical (semisfe rical) *adj.* semiesférico.
Semite (se mait) *adj.* y s. semita.
Semitic (simi tic) *adj.* semítico. — 2 s. semita. 3 lenguas semíticas.
semitone (se mitoun) s. MÚS. semitono.
semivowel (semivau øl) s. letra semivocal.
semiweekly (semiur kli) *adj.* bisemanal. — 2 s. publicación bisemanal. — 3 adv. bisemanalmente.
semola (se mola), **semolina** (semoli na) s. sémola.
sempitern\al (sempitø nal) *adj.* sempiterno.
sempstress (se mpstris) s. costurera.
sen (sen) s. sen [moneda japonesa].
senary (se nari) *adj.* senario. 2 séxtuplo. — 3 s. grupo de seis.
senate (se nit) s. senado. 2 claustro o junta de gobierno de ciertas universidades. — 3 adj. del senado : ～ *house*, senado [edificio].
senator (se natø') s. senador.
senatorial (senato rial) *adj.* senatorial.
senatorship (se natø'ship) s. senaduría.
senatus consultum (sinei tøs cønsø ltøm) s. senadoconsulto.
send (to) (send) *tr.* enviar, mandar, expedir, despachar, hacer llevar. 2 hacer servir [comida, bebida]. 3 lanzar, exhalar, despedir, echar, arrojar, emitir, difundir. 4 extender [las ramas, etc.]. 5 lanzar [un proyectil] ; largar [un golpe] ; clavar [un puñal, etc.]. 6 RADIO. transmitir. 7 to ～ *about one's business*, mandar a paseo. 8 to ～ *away*, despachar [un mensajero, etc.] ; despedir. 9 to ～ *back*, devolver, enviar de vuelta; volver a enviar. 10 to ～ *down*, enviar abajo, hacer bajar; suspender, expulsar [de un colegio]. 11 to ～ *forth*, exhalar, despedir; lanzar [un grito] ; producir ; exportar; publicar. 12 to ～ *in*, hacer entrar. 13 to ～ *in one's papers*, dimitir, renunciar. 14 to ～ *off*, enviar, despachar ; DEP. retirar del juego. 15 to ～ *out*, lanzar, despedir ;

enviar [una invitación] ; servir [un pedido]. 16 to ～ *up*, lanzar hacia arriba; enviar arriba, hacer subir; (EE. UU.) fam. condenar a prisión. 17 to ～ *word*, mandar o pasar recado; enviar a decir. — 18 intr. MAR. arfar. 19 MAR. ser empujado por las olas. 20 enviar recado o mensajero. 21 to ～ *for*, enviar a buscar, mandar por, hacer venir. ¶ CONJUG. pret. y p. p.: *sent*.
sender (se ndø') s. remitente, expedidor. 2 TELEGR.. RADIO. transmisor.
sending (se nding) s. envío, remesa. 2 TELEG. transmisión : ～ *key*, manipulador.
send-off (send-of) s. envío. 2 despedida afectuosa.
Senegalese (senigali š) *adj.* y s. senegalés.
senescence (sine søns) s. envejecimiento.
senescent (sine sønt) *adj.* que enveceje.
seneschal (se neshal) s. senescal.
senile (si nail o si nil) *adj.* senil.
senility (sini lity) s. condición de senil ; chochez. 2 senectud.
senior (sɪ niø') *adj.* mayor, primero, padre [calificando a la de más edad de dos personas que llevan el mismo nombre] | Suele ponerse después del nombre en la forma abreviada *Sr.* 2 de mayor edad, rango, categoría, etc.; más antiguo, decano. 3 (EE. UU.) del último curso de una facultad o universidad. 4 ～ *service* (Ingl.) la marina [en oposición al ejército]. — 5 s. anciano. 6 el que tiene más edad o es más antiguo que otro. 7 (EE. UU.) estudiante de último año. 8 (Ingl.) individuo de la Junta de Gobierno de un colegio. 9 (Ingl.) estudiante encargado de la disciplina de los demás.
seniority (sinia riti) s. mayor edad, categoría, etc.; antigüedad.
senna (se na) s. BOT. sen, sena.
sensation (sensei shøn) s. sensación : *to cause*, o *to make*, a ～, hacer sensación. 2 sensacionalismo, efectismo.
sensational (sensei shønal) *adj.* sensacional. 2 melodramático. 3 efectista.
sensationalism (sensei shønališm) s. sensacionalismo. 2 efectismo. 3 FIL. sensualismo.
sensationalist (sensei shønalist) s. aficionado al sensacionalismo. 2 el que gusta de hacer sensación; efectista. 3 FIL. sensualista.
sense (sens) s. sentido [corporal]. 2 mente, inteligencia. 3 juicio, cordura, buen sentido : *common* ～, sentido común. 4 sentido [significado, acepción, interpretación; razón de ser, finalidad] : *to make* ～, tener sentido, ser razonable [una cosa] ; *to make* ～ *out of*, entender, comprender, explicarse; *in a* ～, en cierto sentido. 5 sentido [de lo bello, del humor, etc.]. 6 GEOM. sentido. 7 percepción sensitiva, sensibilidad. 8 sensación, impresión, conciencia, sentimiento [de una cosa]. 9 *to be out of one's senses*, estar fuera de sí, estar loco. 10 *to come to one's senses*, volver en sí ; recobrar el buen sentido. — 11 adj. sensitivo, sensorial, de los sentidos, por los sentidos : ～ *organs*, órganos de los sentidos ; ～ *perception*, percepción sensitiva.
sense (to) *tr.* sentir [percibir por los sentidos]. 2 sentir, percibir intuitivamente, darse cuenta de, barruntar; comprender.
senseless (se nslis) *adj.* insensible, inerte, privado de sentido, sin conocimiento. 2 sin sentido, absurdo, disparatado, necio. 3 insensato, estúpido.
senselessly (se nslisli) *adv.* sin conocimiento. 2 absurdamente, insensatamente.
senselessness (se nslisnis) s. insensibilidad. 2 falta de sentido, absurdidad, tontería, estupidez.
sensibility (sensibi liti) s. sensibilidad. 2 finura, precisión [de un instrumento].
sensible (se nsibøl) *adj.* sensible. 2 perceptible. 3 cuerdo, razonable, juicioso, sensato. 4 *to be* ～ *of*, sentir, tener conciencia de, darse cuenta de. — 5 s. MÚS. sensible.
sensibleness (se nsibølnis) s. sensibilidad. 2 cordura, sensatez.
sensibly (se nsibli) *adv.* sensiblemente. 2 juiciosamente, cuerdamente, sensatamente, con sentido común.
sensitive (se nsitiv) *adj.* sensitivo, 2 sensible, impresionable. 3 sentido, susceptible, delicado. 4 sensorial. 5 sensible [instrumento, placa, etc.]. 6 MED., QUÍM., FOT. sensibilizado. 7 BOT. ～ *plant*, sensitiva.
sensitively (se nsitivli) *adv.* sensiblemente.

sensitiveness (se·nsitivnis) *s.* sensibilidad [de una persona, un instrumento, una placa, etc.]. 2 susceptibilidad. 3 delicadeza, precisión.

sensitivity (sensiti·viti), *pl.* **-ties** (-tiš) *s.* sensibilidad. 2 susceptibilidad.

sensitization (sensitiše·shøn) *s.* sensibilización

sensitize (to) (se·nsitaiš) *tr.* MED., QUÍM. FOT. sensibilizar. 2 hacer sensible.

sensitized (se·nsitaišd) *adj.* sensibilizado.

sensitizer (se·nsitaišơ') *s.* sensibilizador.

sensorial (senso·rial) *adj.* sensorio.

sensorium (senso·riøm), **sensory** (se·nsori) *s.* sensorio.

sensual (se·nshual) *adj.* sensual. 2 materialista.

sensualism (se·nshuališm) *s.* sensualismo. 2 sensualidad.

sensualist (se·nshualist) *s.* persona sensual. 2 sensualista.

sensuality (senshuæ·liti) *s.* sensualidad.

sensualize (to) (se·nshualaiš) *tr.* hacer sensual. 2 hacer perceptible a los sentidos. — 3 *intr.* volverse sensual. 4 dar forma sensible a las ideas.

sensually (se·nshuali) *adv.* sensualmente.

sensuous (se·nshuøs) *adj.* perteneciente a los sentidos o a los objetos sensibles. 2 que se dirige a los sentidos; lleno de imágenes. 3 voluptuoso.

sensuousness (se·nshuøsnis) *s.* calidad de SENSUOUS.

sent (sent) *p. p.* de TO SEND.

sentence (se·ntøns) *s.* sentencia, fallo, decisión; condena : *to serve a* ~, cumplir una condena. 2 dictamen, parecer. 3 sentencia, máxima, dicho. 4 GRAM. oración, período. 5 MÚS. frase.

sentence (to) *tr.* sentenciar, condenar. 2 dictaminar.

sentential (sente·nshal) *adj.* GRAM. de la oración.

sententious (sente·nshøs) *adj.* sentencioso. 2 conciso, enérgico, expresivo, lacónico.

sententiously (sente·nshøsli) *adv.* sentenciosamente. 2 concisamente.

sententiousness (sente·nshøsnis) *s.* estilo sentencioso o conciso.

sentience (se·nshiøns) *s.* sensibilidad [facultad de sentir]. 2 conciencia, percepción [de una cosa].

sentient (se·nshiønt) *adj.* sensible [capaz de sentir físicamente]. 2 sensitivo [que sirve a los sentidos]. 3 ~ *of,* consciente de. — 4 *s.* ser sensible. 5 mente; conciencia.

sentiment (se·ntimønt) *s.* sentimiento. | No tiene el sentido de pena. 2 sensibilidad. 3 afecto. 4 manera de sentir o de pensar, parecer, opinión, juicio. 5 concepto, frase, pensamiento; brindis. 6 sentido [de una expresión].

sentimental (sentime·ntal) *adj.* sentimental. 2 del sentimiento.

sentimentalism (sentime·ntališm) *s.* sentimentalismo.

sentimentalist (sentime·ntalist) *s.* persona sentimental

sentimentality (sentime·ntæliti), *pl.* **-ties** (-tiš) *s.* sentimentalismo.

sentimentalize (to) (sentime·ntalaiš) *tr.* hacer sentimental. 2 tratar sentimentalmente. — 3 *intr.* hacer el sentimental, afectar sentimiento.

sentimentally (sentime·ntali) *adv.* sentimentalmente.

sentinel (se·ntinøl) *s.* centinela : *to stand* ~, hacer centinela, estar de centinela.

sentry (se·ntri), *pl.* **-tries** (-triš) *s.* MIL. centinela : ~ *box,* garita de centinela; ~ *go,* servicio de centinela, guardia.

sepal (se·pal) *s.* BOT. sépalo.

separability (separabi·liti) *s.* condición de separable.

separable (se·parabøl) *adj.* separable.

separableness (se·parabølnis) *s.* SEPARABILITY.

separably (se·parabli) *adv.* de manera que se pueda separar.

separate (se·parit) *adj.* separado. 2 aparte; suelto. 3 distinto, diferente.

separate (to) (se·pareit) *tr.* separar. 2 apartar, escoger. 3 despegar, desprender. 4 desnatar [la leche]. — 5 *intr.* separarse. 6 despegarse, desprenderse.

separately (se·pareitli) *adv.* separadamente, por separado, aparte, de por sí.

separateness (se·pareitnis) *s.* calidad de separado ó distinto.

separation (separe·shøn) *s.* separación. 2 apartamiento. 3 punto o línea de división. 4 porción que se ha separado. 5 DER. divorcio, separación.

separatism (se·paratišm) *s.* disidencia. 2 separatismo.

separatist (se·paratist) *s.* disidente, cismático. 2 separatista.

separative (se·pareitiv) *adj.* separativo. GRAM. que expresa separación.

separator (se·pareitơ') *s.* separador. 2 apartador, escogedor. 3 máquina desnatadora.

separatory (se·paratori) *adj.* separativo. 2 QUÍM. ~ *funnel,* embudo de separación.

Sephardic (sifa·'dic) *adj.* sefardí, sefardita.

Sephardim (sifa·'dim) *s. pl.* sefardíes, sefarditas.

sepia (sɪ·pia) *s.* ZOOL. sepia, jibia. 2 sepia [color]. — 3 *adj.* de color de sepia; a la sepia.

sepoy (sɪ·poi) *s.* cipayo. 2 policía indio.

sepsis (se·psis) *s.* sepsia.

sept (sept) *s.* clan [esp. en Irlanda].

septa (se·pta) *s. pl.* de SEPTUM.

septæmia (septi·mia) *s.* SEPTEMIA.

septangle (se·ptængøl) *s.* heptágono.

septangular (septæ·nguiula') *adj.* heptagonal, heptágono.

September (septe·mbơ') *s.* septiembre.

septemia (septi·mia) *s.* MED. septicemia.

septenary (se·ptineri) *adj.* septenario. — 2 *s.* septena. 3 septenario. 4 septenio.

septennial (septe·nial) *adj.* sieteñal.

Septentrion (septe·ntriøn) *s.* ASTR. septentrión. 2 habitante del Norte.

septentrion·al (septe·ntriøn(al) *adj.* septentrional.

septet (septe·t) *s.* septeto.

septic (se·ptic) *adj.* séptico.

septicæmia (septisɪ·mia) *s.* SEPTICEMIA.

septicæmic (septisɪ·mic) *adj.* SEPTICEMIC.

septical (se·ptical) *adj.* séptico.

septicemia (septisɪ·mia) *s.* MED. septicemia.

septicemic (septisɪ·mic) *adj.* septicémico.

septicidal (septisai·dal) *adj.* BOT. septicida.

septillion (septi·liøn) *s.* septillón : (Ingl.) la unidad seguida de 42 ceros; (EE. UU.) la unidad seguida de 24 ceros.

septimal (se·ptimal) *adj.* del número siete.

septime (se·ptim) *s.* ESGR. séptima.

septimole (se·ptimoul) *s.* MÚS. septillo.

septuagenarian (sepchuæ·ẏene·rian) *adj.* y *s.* septuagenario.

septuagenary (sepchuæ·ẏeneri) *adj.* septuagenario.

Septuagesima (sepchuaẏe·sima) *s.* septuagésima.

septuagesimal (sepchuaẏe·simal) *adj.* septuagésimo.

septum (se·ptøm) *s.* BIOL. septo.

septuple (se·ptiupøl) *adj.* séptuplo.

septuple (to) *tr.* septuplicar. — 2 *intr.* septuplicarse.

sepulcher (se·pølkơ') *s.* SEPULCHRE.

sepulcher (to) *tr.* TO SEPULCHRE.

sepulchral (se·pølcral) *adj.* sepulcral.

sepulchre (se·pølkơ') *s.* sepulcro, tumba, sepultura.

sepulchre (to) *tr.* enterrar, sepultar.

sepulture (se·pølchu') *s.* sepultura. 2 entierro, inhumación.

sequacious (sicuei·shøs) *adj.* dócil, manejable; servil, rastrero. 2 lógico, consecuente.

sequel (sɪ·cuel) *s.* secuela. 2 consecuencia, inferencia, consecuencia lógica. 3 continuación, lo que sigue; tiempo que sigue.

sequela (sicuɪ·la) *s.* secuaz, prosélito; grupo de secuaces. 2 secuela. 3 conclusión, inferencia.

sequence (sɪ·cuøns) *s.* hecho de seguir una cosa a otra. 2 serie, sucesión, continuación. 3 consecuencia, secuela. 4 enlace lógico, ilación. 5 LITURG., CINEM. secuencia. 6 escalera, secansa [en los naipes].

sequent (sɪ·cuønt) *adj.* siguiente, subsiguiente.

sequential (sicue·nshal) *adj.* SEQUENT. 2 sucesivo consecutivo. 3 consiguiente.

sequester (to) (sicue·stơ') *tr.* separar, apartar, retirar. 2 DER. secuestrar, embargar. 3 confiscar. — 4 *intr.* DER. renunciar la [viuda] a intervenir en la liquidación de la herencia del marido.

sequester (sicue·stơ') *s.* SEQUESTRUM.

sequestered (sícue·stơred) *adj.* apartado, retirado, solitario.

sequestral (sicue·stral) *adj.* CIR. relativo al secuestro.

sequestrate (to) (sicue·streit) *tr.* DER. secuestrar comisar. 2 apartar, separar.

sequestration (sicuestre·shøn) s. separación, disyunción. 2 retiro, reclusión. 3 DER. secuestro, embargo, comisio. 4 ECLES. excomunión.
sequestrum (sicue·strøm) s. CIR. secuestro.
sequin (sicuin) s. cequi. 2 lentejuela.
sequoia (sicuo·ia) s. BOT. secoya [árbol gigantesco de California].
seraglio (siræ·liou) s. serrallo. 2 residencia del Sultán en Turquía.
serai (seri o sera·) s. caravasar. 2 SERAGLIO 2.
seraph (se·raf), pl. -aphs o -afim (-øfim) s. serafín.
seraphic(al (seræ·fic(al) adj. seráfico, angélico. 2 sublime. 3 puro.
seraphically (seræ·ficali) adv. seráficamente.
seraphine (se·rafin) s. MÚS. ant. organillo de salón.
Serb (sø·b) adj. y s. serbio.
Serbia (sø·'bia) n. pr. GEOGR. Servia.
Serbian (sø·'bian) adj. y s. serbio.
Serbo-Croatian (sø·'bo-crou·shan) adj. y s. servocroata.
sere (si·') adj. seco, marchito; gastado.
serein (sere·n) s. sereno, relente.
serenade (serenei·d) s. serenata. 2 fam. cencerrada.
serenade (to) tr. obsequiar con una serenata. — 2 intr. dar o tocar una serenata.
serene (sirr·n) adj. sereno, claro, despejado. 2 claro, brillante. 3 sereno, plácido, tranquilo. 4 tratamiento de ciertos príncipes : Most Serene, serenísimo. — 5 cielo sereno, mar tranquilo. 6 serenidad, tranquilidad.
serene (to) tr. serenar, tranquilizar.
serenely (sirr·nli) adv. serenamente, plácidamente.
sereneness (sirr·nnis) s. serenidad de ánimo, calma.
serenity (sire·niti) s. serenidad, bonanza. 2 tranquilidad, sosiego, apacibilidad. 3 serenidad, calma, sangre fría.
serf (sø·f) s. siervo. 2 esclavo.
serfage (sø·'fidȳ), serfdom (sø·'fdøm) s. servidumbre, esclavitud.
serge (sø·ȳ) s. TEJ. sarga.
sergeancy (sa·'yønsi), pl. -cies (-siš) s. SERGEANTCY.
sergeant (sa·'yønt) s. MIL. sargento : ~ major, sargento auxiliar del ayudante. 2 escudero. 3 ~ at arms, oficial que mantiene el orden en un cuerpo legislativo. 4 HIST. (Ingl.) ~ at law, abogado de primera clase.
sergeantcy (sa·'yøntsi), sergeantship (sa·'yøntship) s. sargentía, empleo de sargento.
serial (si·rial) adj. de serie, en serie; formando serie. 2 de orden [número, etc.] 3 consecutivo, sucesivo. 4 publicado por entregas; proyectado o radiado por episodios. — 5 s. obra que se publica por entregas. 6 CINEM., RADIO serial, película, novela, etc., que se da por episodios o capítulos.
seriality (si·rialiti) s. condición de SERIAL.
serially (si·riali) adv. en serie. 2 por entregas, por episodios o capítulos.
seriate (to) (si·rieit) tr. disponer en serie o sucesión.
seriate(d (si·rieit(id) adj. dispuesto en serie o sucesión.
seriatim (siriei·tim) adv. punto por punto, por su orden regular.
seric (se·ric) adj. de seda.
sericate (se·rikit), sericeous (seri·shøs) adj. de seda. 2 sedoso. 3 BOT. cubierto de vello sedoso.
seri(ci)cultural (seri(si)cø·lchøral) adj. sericícola.
seri(ci)culture (seri(si)cø·lchø·') s. sericicultura.
seri(ci)culturist (seri(si)cø·lchørist) s. sericicultor.
series (si·riš) s. serie [de cosas]. 2 MAT., ELECT. serie : in ~, ELECT. en serie. — 3 adj. ELECT. en serie.
series-wound adj. ELECT. arrollado en serie.
serin (se·rin) s. ORNIT. especie de canario.
serinette (serine·t) s. instrumento para enseñar a cantar a los pájaros.
seringa (seri·nga) s. BOT. jeringuilla. 2 BOT. siringa.
serio-comic(al (sirio-ca·mic(al) adj. jocoserio.
serious (si·riøs) adj. serio. 2 hecho o dicho en serio, verdadero, sincero.
seriously (si·riøsli) adv. seriamente, gravemente. 2 en serio.
seriousness (si·riøsnis) s. seriedad, formalidad. 2 gravedad, importancia.
serjeant (sa·'yønt) s. SERGEANT.
sermon (sø·'møn) s. sermón : funeral ~, oración fúnebre; Sermon on the Mount. Sermón de la Montaña.

sermoner (sø·'mønø·') s. predicador. 2 sermoneador.
sermonize (to) (sø·'mønai·š) intr. predicar, sermonear. 2 discursear dogmáticamente. — 3 intr. predicar sermones a. 4 sermonear, reprender.
sermonizer (sø·'mønaišø·') s. sermoneador.
seron (sirou·n), seroon (siru·n) s. sera, serón. 2
serosity (sira·siti) s. serosidad.
serotherapy (siroze·rapi) s. seroterapia, sueroterapia.
serotine (si·rotin) s. ZOOL. variedad de murciélago.
serotinous (sira·tinøs) adj. serondo, serotino.
serous (si·røs) adj. seroso.
serpent (sø·'pønt) s. ZOOL. serpiente, sierpe. 2 pers. astuta y traidora. 3 PIROT. buscapiés. 4 MÚS. serpentón. 5 ARTILL. serpentín. 6 ASTR. serpiente. 7 the Serpent, la serpiente, el diablo. — 8 adj. de serpiente : Serpent Bearer, ASTR. Serpentario.
serpent (to) intr. serpentear.
serpentine (sø·'pøntin) adj. serpentino. 2 sinuoso. 3 MINER. ~ marble o simplte. serpentine, serpentina.
serpentine (to) intr. serpentear.
serpiginous (sø·'pi·ȳinøs) adj. serpiginoso.
serpigo (sø·'pai·gou) s. MED. serpigo.
serpolet (sø·polet) s. BOT. serpol.
serpula (sø·'piula) s. ZOOL. sérpula [gusano].
serrate(d (se·reit(id) adj. dentado. 2 BOT. serrado.
serrature (se·rachø·') s. BIOL. estructura dentada o serrada.
serried (se·rid) adj. apretado, apiñado, espeso. 2 coherente y conciso [discurso].
serrulated (se·riuleitid) adj. denticulado.
serum (si·røm) s. suero. — 2 adj. de suero : ~ therapy, MED. seroterapia, sueroterapia.
servable (sø·'vabøl) adj. servible.
servant (sø·'vant) s. sirviente, criado : ~ girl, criada. 2 servidor. 3 siervo. 4 pl. servidumbre [los criados].
serve (sø·'v) s. servicio, saque [de la pelota en el tenis].
serve (to) tr. e intr. servir : to ~ as, servir de; to ~ for, servir de o para; to ~ in the army, servir en el ejército; to ~ one's country, servir a su patria; to ~ two masters, servir a dos señores. 2 COM. despachar [a los parroquianos]. 3 en ciertos juegos, sacar [la pelota]. — 4 tr. cumplir, llenar [un objeto, un fin]. 5 surtir, abastecer. 6 LITURG. ayudar, asistir. 7 manejar, hacer funcionar [un cañón]. 8 DER. dar cumplimiento a, ejecutar, notificar : to ~ a summons, entregar una citación; to ~ an execution, efectuar una ejecución o embargo. 9 cumplir [una condena]. 10 bastar, ser suficiente para. 11 tratar, portarse [bien o mal con uno]. 12 MAR. aforrar. 13 cubrir [el macho a la hembra]. 14 to ~ an office, desempeñar un cargo. 15 to ~ one an ill turn, a trick, hacer una mala pasada a uno. 16 to ~ one's turn, bastar, ser suficiente. 17 to ~ out, distribuir, repartir. 18 to ~ tables, descuidar lo espiritual por lo temporal. 19 to ~ time, cumplir una condena en presidio. 20 it serves me (you, him, etc.) right, me (te, le, etc.) está bien empleado, me lo tengo (te lo tienes, se lo tiene, etc.) merecido. — 21 intr. ser favorable, oportuno o conveniente.
server (sø·'vø·') s. servidor. 2 criado de mesa; mozo de comedor o de café. 3 ministro [que ayuda a misa]. 4 saque [en el tenis, etc.]. 5 bandeja. 6 pala, cuchara, tenedor, etc., para servir. 7 AGR. macho de cría.
Servia (sø·'via) n. pr. Servia.
Servian (sø·'vian) adj. y s. servio.
service (sø·'vis) s. servicio : active ~, MIL. servicio activo; mail ~, servicio de correos; table ~, servicio de mesa, vajilla; at your ~, servidor de usted; a la disposición de usted; in ~, funcionando; out of ~, descompuesto; sin acomodo, sin empleo; placed out at ~, puesto a servir, colocado como criado; to be of ~, ser útil, servir; to see ~, servir [esp. en el ejército o la marina]; to take into one's ~, tomar a su servicio; to take ~ with, entrar a servir a. 2 utilidad, ventaja. 3 favor, asistencia, ayuda. 4 desempeño de un cargo, función oficial. 5 función religiosa; oficio : funeral ~, funerales, exequias. 6 DER. cumplimiento de un mandato judicial; notificación; entrega de una citación. 7 saque [de la pelota]. 8 MAR. aforro. 9 cubrición. 10 saludos, respetos : my ~ to, mis respetos a. 11 BOT. service o ~ tree, serbal — 12 adj. del ser-

vicio, de servicio : ~ *entrance*, entrada para el servicio; ~ *record*, MIL. hoja de servicios; ~ *station*, AUTO. estación de servicio; taller de reparaciones. 13 del saque : ~ *line*, TENIS línea del saque o de servicio; línea de fondo. 14 de diario [uniforme]. 15 AVIA. ~ *ceiling*, techo utilizable, altura límite.

service (to) *tr.* instalar, conservar, reparar, suministrar lo necesario para; abastecer, surtir.

serviceable (sø'visabøl) *adj.* servible. 2 útil, provechoso. 3 duradero. 4 servicial.

serviceableness (sø'visabølnis) *s.* calidad de útil, provechoso, duradero. 2 calidad de servicial.

serviceably (sø'visabli) *adv.* útilmente. 2 servicialmente.

serviceberry (sø'visberi) *pl.* **-ries** (-riš) *s.* BOT. serba.

serviceman (sø'vismæn), *pl.* **-men** (-men) *s.* reparador, mecánico. 2 militar; marino.

servient (sø'viønt) *adj.* subordinado. 2 DER. sirviente [predio].

servile (sø'vil) *adj.* servil. 2 FILOL. no perteneciente a la raíz de la palabra.

servilely (sø'villy) *adv.* servilmente.

servileness (sø'vilnis), **servility** (sø'viliti) *s.* servidumbre, sujeción. 2 bajeza, servilismo.

serving (sø'ving) *adj.* que sirve, usado para servir : ~ *table*, trinchero. 2 MAR. para aforrar : ~ *mallet*, maceta de aforrar.

servitor (sø'vitø') *s.* servidor, asistente. 2 seguidor, secuaz.

servitude (sø'vitiud) *s.* servidumbre, esclavitud, sujeción. 2 vasallaje. 3 trabajo forzado. 4 DER. servidumbre.

Servo-Croatian (sø'vo crouei·shan) *adj.* y *s.* servocroata.

servomotor (sø'vomou·tø') *s.* servomotor.

sesame (se·sami) *s.* BOT. sésamo, ajonjolí, alegría. 2 *open* ~, ábrete sésamo.

sesamoid (se·samoid) *adj.* ANAT. sesamoideo.

sesquioxide (sescui·csaid) *s.* QUÍM. sesquióxido.

sesquipedal (sescui·pedal), **sesquipedalian** (sescui·pide·lian) *adj.* sesquipedal.

sessile (se·sil) *adj.* BOT., ZOOL. sésil.

session (se·shøn) *s.* sesión. 2 período de sesiones; legislatura. 3 período escolar. 4 tribunal inferior de la Iglesia presbiteriana. 5 (Ingl.) sala de justicia. 6 (Ingl.)' *petty sessions*, tribunal inferior constituido por dos o más jueces de paz.

sessional (se·shønal) *adj.* perteneciente a la sesión o período de sesiones.

sesterce (se·stø's) *s.* sestercio.

set (set) *s.* juego, servicio, surtido, colección, serie; tren, grupo : ~ *of chairs*, juego de sillas, sillería; ~ *of diamonds*, aderezo de diamantes; ~ *of dishes*, vajilla; ~ *of horses*, tiro o tronco de caballos; ~ *of studs*, botonadura; ~ *of teeth*, dentadura; *tea* ~, servicio o juego de té. 2 pollazón. 3 equipo, cuadrilla. 4 grupo, clase, gente, mundo, esfera : *the smart* ~, la gente de buen tono, el mundo distinguido. 5 DANZA grupo [de una cuadrilla]. 6 aparato o serie de ellos : *wireless* ~, aparato de radio, receptor. 7 puesta, ocaso. 8 dirección, curso. 9 tendencia, hábito. 10 forma, porte, actitud, posición, postura. 11 corte o manera de caer [de una prenda]. 12 traba [de una sierra]. 13 AGR. pie, estaca, bulbo, cebolla [para plantar]. 14 flor donde se empieza a formar el fruto. 15 TEAT., CINEM. decoración [montada]. 16 TENIS set. 17 IMPR. disposición y espaciado de la composición. 18 (Ingl.) madriguera. 19 endurecimiento [de la cola, etc.]; fraguado [de la cal, el yeso, etc.]. 20 adoquín. 21 grapa. 22 destajador [martillo].

23 *adj.* resuelto, determinado; empeñado, obstinado; inflexible. 24 puesto, colocado, situado. 25 engarzado, engastado, montado. 26 fijo, señalado, establecido, prescrito. 27 formal. 28 regular, arreglado. 29 estudiado, preparado : ~ *speech*, discurso embotellado. 30 intencionado, premeditado. 31 dispuesto de antemano; ~ *form*, formulario. 32 firme, persistente. 33 fijo, inmóvil, rígido, yerto. 34 hecho, formado, construido. 35 adornado, sembrado. 36 trabajo, fraguado. 37 estrechado, en un aprieto. 38 campal [batalla]. 39 ~ *up*, formado, hecho, construido; fam. engreído; establecido; montado, puesto a punto [aparato, máquina]; IMPR. compuesto.

40 *pret.* y *p. p.* de TO SET.

set (to) *tr.* sentar, asentar [poner sentado]. 2 poner a empollar. 3 poner [en varios sentidos] : *to* ~ *afloat*, poner a flote; hacer circular, esparcir; *to* ~ *agoing*, poner en marcha, en movimiento; dar impulso a; *to* ~ *a price on*, poner precio a; poner a precio; *to* ~ *at liberty*, *to* ~ *at large*, poner en libertad; *to* ~ *eyes on*, poner los ojos encima, ver, mirar; *to* ~ *free*, libertar, poner en libertad; *to* ~ *the table*, poner la mesa; *to* ~ *to work*, poner a trabajar. 4 dirigir, poner [la mente, el corazon, etc.]. 5 colocar, situar, instalar, establecer. 6 destinar, fijar, señalar, establecer, prescribir. 7 plantar, erigir. 8 dar, asignar [una tarea]. 9 preparar, alistar. 10 ajustar, arreglar, ordenar. 11 poner en hora [un reloj]. 12 llevar, empujar [dicho del viento, la corriente, etc.]. 13 azuzar; excitar [contra]; indisponer, enemistar. 14 entonar, dar el tono a. 15 afilar [una navaja, etc.]. 16 triscar [una sierra]. 17 plantar [un terreno]. 18 adornar, sembrar. 19 engarzar, engastar, montar. 20 dar, atribuir [valor, precio]. 21 estimar, apreciar, evaluar. 22 fijar, inmovilizar. 23 sujetar, apretar. 24 hacer obstinado o inflexible; endurecer. 25 solidificar, cuajar, coagular. 26 HORT. dar [fruto o semilla]. 27 mostrar [la caza] un perro. 28 poner en música; poner letra [a una música]. 29 MÚS. poner a tono. 30 MAR. desplegar [las velas]. 31 IMPR. componer [tipo]. 32 CIR. encajar [un hueso]. 33 GEOM. tirar [una línea]. 34 TEAT. montar [un decorado]. 35 armar, tender, poner [un lazo, una trampa]. 36 *to* ~ *about*, poner a hacer; fam. atacar. 37 *to* ~ *against*, indisponer, malquistar con; oponer, contraponer a; comparar, poner como equivalente de. 38 *to* ~ *ajar*, entornar, entreabrir. 39 *to* ~ *an example*, dar ejemplo. 40 *to* ~ *apart*, poner a un lado o aparte. 41 *to* ~ *aside*, poner o dejar a un lado, descartar, hacer caso omiso de; apartar, separar; reservar, ahorrar; anular, invalidar. 42 *to* ~ *at defiance*, desafiar; no hacer caso de. 43 *to* ~ *at ease*, tranquilizar. 44 *to* ~ *at naught*, despreciar, tener en nada, no hacer caso de. 45 *to* ~ *at odds*, enemistar, indisponer. 46 *to* ~ *at rest*, poner en reposo, sosegar; hacer cesar. 47 *to* ~ *at variance*, desavenir; poner en desacuerdo o en contradicción. 48 *to* ~ *back*, detener, estorbar; retrasar; hacer retroceder; atrasar [el reloj]. 49 *to* ~ *before*, poner delante o ante, exponer; anteponer. 50 *to* ~ *by*, reservar, guardar; estimar en. 51 *to* ~ *by the ears*, hacer reñir, enemistar. 52 *to* ~ *down*, sentar; situar; poner en tierra; bajar, poner más bajo; humillar; asentar, apuntar, anotar, poner por escrito; fijar, establecer, ordenar; considerar, estimar; atribuir, achacar. 53 *to* ~ *fast*, sujetar; consolidar; adelantar [un reloj]. 54 *to* ~ *fire to*, *to* ~ *on fire*, pegar fuego a, incendiar; encender, inflamar, irritar. 55 *to* ~ *forth*, promulgar, publicar; relatar, describir; exhibir, exponer, manifestar. 56 *to* ~ *forward*, hacer avanzar, adelantar; promover, fomentar; manifestar; adelantar [un reloj]. 57 *to* ~ *free*, libertar. 58 *to* ~ *great store by*, estimar en mucho, dar mucha importancia a. 59 *to* ~ *in order*, arreglar, ordenar, poner en orden; *to* ~ *one's house in order*, fig. arreglar sus asuntos; prepararse para la muerte. 60 *to* ~ *light*, o *little*, *by*, menospreciar, dar poca importancia a. 61 *to* ~ *off*, adornar, embellecer; hacer resaltar, realzar; ensalzar, alabar; comparar, contraponer; compensar; apartar, destinar, reservar; disparar, hacer estallar; hacer que [uno] haga una cosa : *to* ~ *one off laughing*, hacer soltar la carcajada a uno. 62 *to* ~ *off against*, contraponer, poner como equivalente de. 63 *to* ~ *on end*, poner de punta; erizar. 64 *to* ~ *one's cap at o for*, tratar de conquistar a [uno] para casarse con él. 65 *to* ~ *one's course for*, hacer rumbo a. 66 *to* ~ *one's face against, to*, etc., ponerse resueltamente contra, hacia, etc. 67 *to* ~ *one's hand to*, echar mano a; ponerse a, emprender; firmar, suscribir. 68 *to* ~ *one's heart on*, poner uno su esperanza en. 69 *to* ~ *one's jaws*, apretar las quijadas a. 70 *to* ~ *one's mind on*, aplicarse a; resolverse a. 71 *to* ~ *one's teeth*, apretar los dientes. 72 *to* ~ *one's teeth on edge*, dar dentera. 73 *to* ~ *out*, extender; exponer, relatar, describir; señalar, asignar, limitar; trazar, proyectar. 74 *to* ~ *over*, poner

a uno sobre, darle la dirección, el mando, la inspección de; traspasar, ceder. *75 to ~ right*, enderezar; rectificar, enmendar; poner en orden. *76* MAR. *to ~ sail*, hacerse a la vela. *77 to ~ store by*, dar importancia a. *78 to ~ the fashion*, dictar la moda. *79 to ~ the pace*, dar el ejemplo. *80* fig. *to ~ the river, the Thames o the world, on fire*, inventar la pólvora. | Ús. en expresiones negativas. *81 to ~ thinking*, hacer pensar, dar que pensar. *82 to ~ to rights*, poner en orden. *83 to ~ up*, subir, alzar, elevar; exaltar, ensalzar; plantar, erigir, levantar, fundar, establecer; montar, armar; poner a la vista; realzar; poner [como ejemplo]; animar, engreír; dar, lanzar [un grito]; alojar, aposentar; restablecer [la salud]; exponer, presentar, defender [una teoría, etc.]; poner [contra]; poner en venta, en subasta; MAR. tesar; IMPR. componer [tipo]. *84 to ~ up the drinks*, fam. convidar a beber. *85 to ~ upon* u *on*, atacar, acometer; incitar, azuzar.
86 intr. empollar huevos. *87* sentar, caer bien [una prenda]. *88* ponerse [un astro]; declinar, acabar. *89* apostar [hacer una apuesta]. *90* fluir, correr, moverse [en cierta dirección]. *91* tender, inclinarse. *92* dedicarse, aplicarse, ponerse [a]. *93* fraguar, cuajarse, solidificarse, endurecerse. *94* fijarse [un color]. *95* DANZA situarse [uno] enfrente de su pareja. *96* comenzar a desarrollarse [el fruto, etc.]; convertirse en fruto o semilla [la flor]. *97* estar de muestra [un perro]. *98* cambiar, deformarse. *99 to ~ about* [con un gerundio], ponerse a [hacer algo]. *100* AVIA *to ~ down*, aterrizar. *101 to ~ forth*, salir, ponerse en camino. *102 to ~ in*, comenzar, aparecer; hacerse durable; cerrar [la noche]; correr o soplar hacia tierra. *103 to ~ off*, salir, partir. *104 to ~ out for*, salir o partir para. *105 to ~ out to*, empezar a. *106 to ~ to*, ponerse a; *to ~ to work*, ponerse a trabajar, poner manos a la obra. *107 to ~ up*, principiar, aparecer; establecerse. *108 to ~ up for*, echarlas de, hacerse pasar por.
¶ CONJUG. pret. y p. p.: *set*; ger.: *setting*.
setaceous (siteis·hǫs) *adj.* cerdoso.
setback (se·tbæc) *s.* revés, contrariedad, retroceso. *2* MEC. mecanismo de retroceso. *3* ARQ. alejamiento de una parte del edificio con respecto a la línea de la fachada.
setdown (se·tdaun) *s.* reprimenda. *2* (EE. UU.) comida [que se hace sentado].
setiferous (siti·ferǫs) *adj.* que tiene cerdas.
setoff (se·tof) *s.* adorno. *2* relieve, realce. *3* compensación, contrapeso. *4* ARQ. saliente, retallo. *5* salida, partida; comienzo. *6* DER. contrarreclamación. *7* IMPR. tiznadura. *8* OFFSET 15.
seton (sɪ·tǫn) *s.* CIR. sedal.
setout (se·taut) *s.* arreglo, disposición. *2* equipo. *3* función, espectáculo. *4* ramal, bifurcación. *5* salida, partida; comienzo.
setose (sɪ·tous), **setous** (sɪ·tǫs) *adj.* cerdoso.
setscrew (se·tscru) *s.* tornillo de presión o de sujeción.
settee (setɪ·) *s.* banco [para sentarse]; sofá : *~ bed*, sofá cama, cama turca.
setter (se·tǫʳ) *s.* (en comp.) el que prepara, pone, ajusta, fija, coloca, monta, etc.: *typesetter*, cajista. *2* gancho [de estafador]. *3* confidente, espía [de la policía]. *4* cierto perro de muestra, perdiguero.
setting (se·ting) *s.* puesta, ocaso. *2* fraguado, endurecimiento. *3* engaste, montura. *4* marco, escenario [de una narración, etc.]; medio circundante, ambiente. *5* TEAT. presentación, decorado [de una obra]. *6* situación. *7* dirección [del viento, de una corriente]. *8* música [para un poema, etc.]. *9* pollazón. *10* asiento [de una máquina]. *11* IMPR. composición. *12* compostura [de huesos dislocados o rotos]. *13 ~ up*, establecimiento; montaje. — *14 adj.* poniente : *~ sun*, sol poniente. *15* de colocación, montaje, ajuste, etc.: *~ screw*, MEC. tornillo de ajuste.
settle (se·tǫl) *s.* escaño, arquibanco. *2* escalón, grada.
settle (to) *tr.* colocar, asentar, establecer. *2* fijar, afirmar, asegurar. *3* colonizar, poblar. *4* dar estado, colocar, casar. *5* hacer transitable [un camino]. *6* regular, ordenar. *7* arreglar, poner en orden. *8* ajustar [cuentas]; zanjar [una dispu-

ta]; decidir, resolver [un asunto]; acordar, fijar [una fecha]; convenir [un precio]. *9* pagar, liquidar, saldar. *10* liquidar [matar]; reducir al silencio, a la impotenca. *11* aplicar [la atención, el esfuerzo]: *to ~ oneself to*, aplicarse a, ponerse a. *12* calmar, sosegar, serenar, pacificar. *13* clarificar, hacer posar las heces de. *14 to ~ on* o *upon*, dar en dote, asignar como herencia, pensión, etc., a. — *15 intr.* posarse, asentarse, establecerse, fijar su residencia. *16* establecerse [en un empleo u ocupación]. *17* hacer asiento [un edificio]. *18* posarse [las heces]; clarificarse, reposarse [un líquido]. *19* ponerse transitable [un camino]. *20* fijarse, arraigar, tomar forma, etc., definitiva. *21* arreglar su vida; tomar estado, casarse. *22* instalarse, poner casa. *23* sosegarse, calmar, serenarse. *24 to ~ down*, hundirse lentamente [un buque]; asentarse; fijarse; posarse [un ave, un hidroavión]; cobrar juicio, sentar la cabeza; ponerse a. *25 to ~ on* o *upon*, decidirse, tomar una decisión respecto a *26 to ~ with*, pagar a [acreedores, etc.], liquidar o ajustar cuentas con ellos.
settle-bed *s.* banco cama.
settled (se·tǫld) *adj.* asentado. *2* fijo, establecido. *3* determinado, arraigado. *4* saldado. *5* poblado [de colonos]. *6* seguro [tiempo].
settledness (se·tǫldnis) *s.* estabilidad, permanencia, arraigo, estado fijo.
settlement (se·tǫlmǫnt) *s.* establecimiento, instalación. *2* colonización. *3* colonia, poblado. *4* en Oriente, barrio, etc., donde residen los extranjeros. *5* (Ingl.) asiento, domicilio. *6* centro de acción benéfica y social. *7* clarificación, sedimentación. *8* dote, asignación de bienes, pensión, etc. *9* asiento [que hace una obra]. *10* acomodo, empleo. *11* ajuste [de cuentas]. *12* arreglo, convenio. *13* pago, liquidación, finiquito.
settler (se·tlǫʳ) *s.* poblador, colono, colonizador. *2* establecedor, fundador. *3* arreglador, componedor [de disputas]. *4* liquidador. *5* fam. lo que liquida, acaba o concluye; golpe de gracia.
settling (se·tling) *s.* asentamiento, establecimiento. *2* ajuste [de cuentas]; decisión [de un asunto]; fijación [de una fecha], etc. *3* liquidación. *4* sosiego, pacificación. *5* sedimentación, clarificación. *6 pl.* heces, sedimento, poso.
set-to *s.* riña, lucha, combate, disputa.
setup (se·tǫp) *s.* cosa levantada o erigida. *2* posición, disposición, arreglo, organización. *3* (EE. UU.) aire, porte, postura [de una pers.]. *4* tren, equipo, etc., de aparatos o instrumentos. *5* pop. tarea, combate, etc., preparados de modo que el éxito sea fácil para uno; cosa de fácil realizar. *6* fam. (EE. UU.) invitación a beber.
setwall (se·twol) *s.* BOT. valeriana.
seven (se·vǫn) *adj.* y *s.* siete: *~ hundred*, setecientos; *~ o'clock*, las siete; *the ~ seas*, todos los mares del mundo, el mundo entero.
sevenfold (se·vǫnfould) *adj.* séptuplo. — *2 adv.* siete veces.
sevenscore (se·vǫnsco·ʳ) *adj.* y *s.* ciento cuarenta.
seventeen (se·vǫntɪn) *adj.* y *s.* diecisiete.
seventeenth (se·vǫntɪnz) *adj.* decimoséptimo. *2* diecisiete [del mes]. *3* diecisieteavo.
seventh (se·vǫnz) *adj.* séptimo. *2* siete [del mes]. — *3 s.* séptimo [séptima parte]. *4* MÚS. séptima.
seventhly (se·vǫnzli) *adv.* en séptimo lugar.
seventieth (se·vǫntiiz) *adj.* septuagésimo, setenta [ordinal]. — *2 adj.* y *s.* septuagésimo, setentavo [parte].
seventy (se·vænti), *pl.* -ties (-tiš) *adj.* y *s.* setenta.
sever (to) (se·vǫʳ) *tr.* separar, dividir, desunir, disociar. *2* seccionar, cortar, romper. — *3 intr.* separarse, desunirse. *4* partirse, romperse.
severable (se·vǫrabǫl) *adj.* separable.
several (se·vǫral) *adj.* varios, diversos, algunos. *2* diferente, distinto, separado; diferentes, distintos. *3* individual, particular. *4* respectivo, respectivos. — *5 pron.* algunos.
severally (se·vǫrali) *adj.* separadamente, individualmente; cada uno de por sí: *jointly and ~*, DER. solidariamente, in sólidum. *2* respectivamente.
severalty (se·vǫralti), *pl.* -ties (-tiš) *s.* DER. posesión individual o exclusiva [no compartida con otro].
severance (se·vǫrans) *s.* separación, división, partición. *2* ruptura [de relaciones, etc.].

severe (sivi·r) *adj.* severo, grave, austero. 2 severo, rígido, riguroso. 3 áspero, acerbo, agudo, cruel, duro, fuerte, recio. 4 riguroso [frío]. 5 arduo.
severely (sivi·li) *adv.* severamente. 2 acerbamente, cruelmente. 3 estrictamente, rigurosamente.
severeness (sivi·nis), **severity** (sive·riti) *s.* severidad. 2 gravedad, austeridad. 3 rigor, exactitud, rigorismo. 4 aspereza, agudeza, crueldad, rigor, dureza, inclemencia.
Sevillian (sivi·lian) *adj.* y *s.* sevillano.
Seville (sivi·l) *n. pr.* GEOGR. Sevilla.
sew (to) (sou) *tr.* e *intr.* coser. ¶ CONJUG. p. p.: *sewed* o *sewn*.
sewage (siu·idȝ) *s.* aguas de albañal o alcantarilla; aguas inmundas.
sewage (to) *tr.* AGR. abonar con aguas inmundas.
1) **sewer** (sou·ø') *s.* cosedor.
2) **sewer** (siu·ø') *s.* alcantarilla, cloaca, albañal, atarjea, sumidero. 2 HIST. maestresala.
sewer (to) *tr.* alcantarillar, proveer de alcantarillas. 2 desaguar por medio de alcantarillas.
sewerage (siu·øridȝ) *s.* desagüe de aguas inmundas. 2 alcantarillado; sistema de cloacas. 3 SEWAGE. 4 fig. lenguaje o pensamiento inmundo.
sewing (sou·ing) *s.* costura [acción de coser]. — 2 *adj.* de costura, de coser: ~ *basket*, cesta o canastilla de costura; ~ *bee* (EE. UU.), reunión de mujeres donde se cose; ~ *machine*, máquina de coser; ~ *press*, ENCUAD. telar; ~ *thread*, hilo de coser.
sex (seks) *s.* sexo: *the fair* ~, *the gentle* ~, el bello sexo; *the sterner* ~, *the stronger* ~, el sexo feo o fuerte; *te weaker* ~, el sexo débil. — 2 *adj.* sexual: ~ *appeal*, atracción sexual, atracción o encanto femenino.
sexagenarian (secsaȝene·rian) *adj.* y *s.* sexagenario; sesentón.
sexagenary (secsaȝe·yeneri) *adj.* sexagenario.
Sexagesima (secsaȝe·sima) *s.* sexagésima.
sexagesimal (secsaȝe·simal) *adj.* sexagesimal.
sexangled (se·csæ̃ngøld), **sexangular** (secsæ·ngiula') *adj.* sexagonal, hexagonal.
sexed (secst) *adj.* sexuado.
sexennial (secse·nial) *adj.* que dura seis años. 2 que acontece cada seis años.
sexless (se·cslis) *adj.* sin sexo, neutro.
sext (se·cst) *s.* ECLES. sexta [hora].
sextain (se·ctein) *s.* LIT. sextilla.
sextant (se·cstant) *s.* sextante. 2 GEOM. sexta parte del círculo.
sextet (secste·t) *s.* MÚS. sexteto. 2 LIT. sextilla. 3 grupo de seis.
sextile (se·cstil) *s.* ASTROL. sextil.
sextillion (secsti·liøn) *s.* sextillón : (Ingl.) la unidad seguida de 36 ceros; (EE. UU.) la unidad seguida de 21 ceros.
sextodecimo (secstode·simou) *adj.* y *s.* dieciseisavo.
sexton (se·cstøn) *s.* sacristán, campanero y enterrador.
sextuple (se·cstiupøl) *adj.* séxtuplo.
sexual (se·cshual) *adj.* sexual.
sexuality (secshuæ·liti) *s.* sexualidad.
sexualize (to) (se·cshualaiȝ) *tr.* atribuir sexo. 2 distinguir por el sexo.
sexually (se·cshuali) *adv.* sexualmente.
sgraffito (ȝgrafi·tou) *s.* B. ART. esgrafiado.
shabbily (shæ·bili) *adv.* andrajosamente. 2 mezquinamente.
shabbiness (shæ·binis) *s.* estado andrajoso, raído. 2 miseria, desaseo. 3 mezquindad.
shabby (shæ·bi) *adj.* raído, gastado, usado. 2 andrajoso, desharrapado, desaseado. 3 miserable, mezquino, tacaño. 4 ruin, vil, despreciable.
shabby-gentle *adj.* de señor tronado, cursi.
shack (shæc) *s.* (EE. UU. y Can.) cabaña, choza, casucha. 2 (EE. UU.) jamelgo.
shackle (shæ·cøl) *s.* grillete, grillo, esposa. 2 maniota, traba. 3 MEC. eslabón giratorio; estribo de sujeción. 4 FERROC. perno de enganche. 5 eslabón [de candado]. 6 traba, estorbo. 7 ~ *bolt*, perno de horquilla o de grillete. 8 *pl.* hierros, prisiones.
shackle (to) *tr.* encadenar, aherrojar, poner grilletes o esposas. 2 manear, trabar. 3 sujetar, enganchar. 4 embarazar, estorbar, poner trabas.
shad (shæd) *s.* ICT. sábalo.
shaddock (shæ·dic) *s.* BOT. toronja, pamplemusa.
shade (sheid) *s.* sombra [que dan los árboles, etc., sitio umbroso]; umbría. 2 sombra, retiro. 3

color obscuro. 4 PINT. sombra. 5 matiz, tinte; pequeña diferencia. 6 sombra, átomo, pizca. 7 sombra, espíritu, aparición, recuerdo. 8 abrigo, protección. 9 pantalla [de lámpara]. 10 campana, fanal [de vidrio]. 11 visillo, cortina, transparente. 12 visera, pantalla [para proteger los ojos]. 13 sombraje, toldo. 14 *pl.* sombras [de la noche]. 15 *the shades*, el infierno, el mundo de las sombras.
shade (to) *tr.* sombrear, dar sombra. 2 obscurecer. 3 PINT. sombrear. 4 resguardar de la luz. 5 matizar. 6 fundir los matices, los tonos, degradar. 7 proveer de pantalla. 8 entoldar. 9 abrigar, proteger, esconder, velar. — 10 *intr.* matizarse, modificarse, convertirse gradualmente.
shaded (shei·dad) *adj.* sombreado. 2 matizado. 3 resguardado, protegido.
shadeless (shei·dlis) *adj.* sin sombra.
shadily (shei·dili) *adv.* con sombra, en la sombra. 2 sospechosamente.
shadiness *adj.* calidad de sombreado, umbrío, umbroso. 2 carácter sospechoso.
shading (shei·ding) *s.* PINT. sombreado. degradación. 2 matización.
shadoof (sha·duf) *s.* cigoñal [para sacar agua].
shadow (shæ·dou) *s.* sombra, obscuridad. 2 sombra [de un objeto]. 3 PINT. sombra, adumbración. 4 sombra [defecto]; lo que ensombrece o entristece; semejanza; pizca, señal) : *not a ~ of doubt*, mi sombra de duda. 5 sombra, espectro, imagen, representación : *he is but the ~ of his former self*, no es más que una sombra de lo que había sido. 6 imagen [reflejada en el agua, en un espejo]. 7 sombra [compañero inseparable]. 8 gorrón, parásito. 9 espía, policía [que vigila a uno]. 10 sombra, abrigo, amparo : *under the ~ of*, a la sombra, al amparo de. 11 retiro, vida retirada. — 12 *adj.* de sombras : ~ *play*, sombras chinescas.
shadow (to) *tr.* sombrear, dar sombra a. 2 anublar, obscurecer, ensombrecer. 3 espiar, seguir, vigilar secretamente. 4 B. ART. sombrear, esbatimentar; matizar. 5 *to ~ forth* u *out*, indicar, bosquejar, representar vagamente, simbolizar.
shadowboxing (shæ·doubacsing) *s.* acción de ejercitarse en el boxeo con un adversario imaginario.
shadowy (shæ·doui) *adj.* umbroso, umbrío. 2 obscuro, tenebroso. 3 vago, indistinto. 4 espectral. 5 deleznable, ilusorio. 6 vagamente representativo, simbólico.
shady (shei·di) *adj.* sombreado, umbrío, umbroso. 2 sombrío. 3 sospechoso, equívoco, de dudosa moralidad. 4 *on the ~ side of fifty*, pasados los cincuenta años. 5 *to keep* ~, mantener oculto, secreto.
shaft (shæft) *s.* astil [de saeta, herramienta o pluma]. 2 asta [de lanza o bandera]. 3 lanza, saeta, dardo. 4 caña, fuste [de columna]. 5 MEC. árbol, eje. 6 lanza, vara [de carruaje]; vara [de silla de manos]. 7 BOT. tronco, tallo, vástago. 8 ARQ. aguja, obelisco. 9 chimenea [que sobresale del techo]. 10 pozo, tiro [de mina]. 11 conducto o pasaje en forma de pozo. 12 MAR. *air* ~, ventilador, manguera.
shafted (shæ·ftid) *adj.* provisto de astil, asta, eje, etc.
shafting (shæ·fting) *s.* MEC. juego de ejes y poleas; transmisiones. 2 transmisión por ejes y poleas.
shag (shæg) *s.* lana o pelo áspero y enredado. 2 TEJ. pelo áspero y largo. 3 TEJ. felpa. 4 enredijo. 5 aspereza, rudeza. 6 ORNIT. cuervo marino.
shag (to) *intr.* caer en greñas. — 2 *tr.* hacer greñudo, hirsuto, áspero o escabroso. ¶ CONJUG. pret. y p. p.: *shagged*; p. a.: *shagging*.
shagbark (shæ·gba'k) *s.* BOT. nogal americano.
shagged (shæ·guid) *adj.* peludo, hirsuto. 2 SHAGGY. 3 JAGGED.
shagginess (shæ·guinis) *s.* calidad de velludo, hirsuto o rugoso.
shaggy (shæ·gui) *adj.* lanudo, peludo, velludo, hirsuto. 2 afelpado. 3 áspero, rugoso. 4 desgreñado, desaseado. 5 rudo, tosco.
shagreen (shagri·n) *s.* lija, piel de lija. 2 TEN. zapa, piel de zapa; chagrín.
shah (sha) *s.* sha [título del soberano de Persia].
shake (sheik) *s.* meneo, sacudida, sacudimiento. 2 agitación, zarandeo, traqueteo. 3 temblor, estremecimiento. 4 apretón [de manos]. 5 fam. temblor de tierra. 6 pop. despido [de un em-

pleado]. 7 periquete, instante. 8 TON. duela. 9 MÚS. trino. 10 grieta [en una roca]. 11 acebolladura. 12 batido de leche. 13 pl. the shakes, enfermedad que da temblor; escalofríos de la fiebre intermitente; miedo. 14 to be no great shakes, no ser gran cosa, no valer mucho.
shake (to) tr. sacudir, menear. agitar, blandir: to ~ one's head, menear la cabeza; to ~ a stick o one's fist at, amenazar con un bastón, con el puño. 2 hacer temblar o retemblar. estremecer. 3 sacudir, sacudirse, librarse de; despojarse de; dar esquinazo a. Gralte. con off o out: to ~ off the dust from one's feet, sacudirse el polvo de los zapatos. 4 debilitar. 5 hacer vacilar o flaquear. 6 desalentar, amilanar. 7 sacudir, despertar. 8 estrechar [la mano]. 9 MÚS. hacer trinos [en una nota]. 10 to ~ a leg, pop. bailar; menearse, apresurarse. 11 to ~ down. vaciar, hacer bajar o caer sacudiendo; pop. sacar dinero [a uno]. 12 to ~ in o into, meter, introducir [una cosa] en, sacudiendo. 13 to ~ out, estirar, hacer salir, desplegar, con una sacudida. 14 to ~ to pieces, deshacer, romper, sacudiendo. 15 to ~ up, mezclar, aflojar, despertar, etc., sacudiendo; agitar, impresionar, afectar; reprender. — 16 intr. temblar, retemblar, estremecerse, temblequear. 17 vibrar, trepidar. 18 vacilar, tambalearse. 19 MÚS. trinar. 20 fam. estrechar o estrecharse las manos. 21 to ~ down, posar o dormir en un alojamiento improvisado. 22 to ~ in one's shoes, temblar de miedo. 23 to ~ with laughter, desternillarse de risa. ¶ CONJUG. pret.: shook; p. p.: shaken.
shakedown (shei·kdaun) s. cama improvisada. 2 acción de sacar dinero a uno.
shaken (sheikøn) p. p. de TO SHAKE. — 2 adj. sacudido, agitado. 3 debilitado. 4 acebollado.
shaker (shei·kø') s. temblador, temblón. 2 sacudidor, agitador. 3 coctelera. 4 salero [de tapa perforada]; espolvoreador. 5 (EE. UU.) miembro de una secta religiosa.
Shakespearian (sheikspi·rian) adj. relativo a Shakespeare.
shaking (shei·king) s. meneo, sacudimiento, traqueteo. 2 temblor, estremecimiento, trepidación. — 3 adj. temblador. 4 oscilante, vacilante. 5 tembloroso. 6 MED. acompañado de temblor.
shako (shæ·kou) s. chacó.
shaky (shei·ki) adj. trémulo, tembloroso. 2 inseguro, vacilante, poco firme, débil, ruinoso. 3 agrietado, hendido. 4 de solvencia dudosa; poco claro; que merece poco crédito.
shale (sheil) s. esquisto: ~ oil, especie de nafta extraída del esquisto bituminoso.
shall (shæl) aux. def. (con un inf. sin to). Forma el futuro y el potencial del segundo verbo. Al revés de lo que ocurre con to will, en las primeras personas, denota simple acción futura, posibilidad o contingencia, y en las segundas y terceras, voluntad, intención, permiso, mandato o amenaza: I shall go, yo iré; he shall go, tiene que ir; thou shalt not kill, no matarás (no has de matar). 2 Úsase también como signo del subjuntivo: when they shall come, cuando ellos vengan; if you should come, si usted viniese; should he know it, si él lo supiese. 3 La forma should sirve, además, para formar el potencial. V. SHOULD. ¶ CONJUG. Pres., 1.ª y 3.ª pers. sing.: shall; 2.ª pers.: shalt; pl.: shall. | Pret.: should. | Carece de infinitivo, imperativo y participios.
shalloon (shalu·n) s. cierta tela para forros.
shallop (shæ·løp) s. chalupa.
shallot (shala·t) s. BOT. chalote, ascalonia.
shallow (shæ·lou) adj. bajo, poco profundo, de poco fondo, vadoso. 2 superficial, frívolo. — 3 s. bajío; paraje vadoso. 4 (Ingl.) bandeja o carrito plano de vendedor ambulante.
shallow (to) tr. hacer menos profundo. — 2 intr. hacerse menos profundo.
shallow-bodied adj. MAR. de poco calado.
shallow-brained adj. ligero de cascos, tonto.
shallowness (shæ·lounis) s. poca profundidad. 2 superficialidad, ligereza de juicio, frivolidad.
shallowpate (shæ·loupeit) s. tonto, persona de pocos alcances.
shaly (shei·li) adj. esquistoso.
sham (shæm) s. fingimiento, simulación, falsedad, farsa, camama. 2 imitación, cosa falsa. 3 simulador, farsante. — 4 adj. fingido, simulado, su-

puesto: ~ battle, MIL. simulacro. 5 imitado, falso, postizo.
sham (to) tr. e intr. fingir, simular. ¶ CONJUG. pret. y p. p.: shammed; ger.: shamming.
shaman (sha·mæn) s. hechicero [entre los salvajes].
shamble (shæ·mbøl) s. paso torpe, vacilante.
shamble (to) intr. andar vacilando, tambalearse, arrastrar los pies. — 2 tr. arrastrar [los pies]. 3 matar, sacrificar [en el matadero].
shambles (shæ·mbølз) s. pl. (a veces construido como sing.) matadero, degolladero. 2 tablajería; mercado de carne.
shame (sheim) s. vergüenza [turbación, sentimiento], bochorno; pudor: to put to ~, avergonzar, fig. superar, aventajar. 2 vergüenza, deshonra, oprobio: it is a ~, es una vergüenza; for ~!, ~ on, upon, for o to you!, ¡qué vergüenza!
shame (to) tr. avergonzar, abochornar. 2 afrentar. deshonrar. 3 to ~ into, o out of, mover, impulsar a, por un sentimiento de vergüenza.
shamefaced (shei·mfeist) adj. tímido, vergonzoso; modesto, pudoroso. 2 avergonzado.
shamefacedly (shei·mfeistli) adv. vergonzosamente, con rubor o modestia.
shamefacedness (shei·mfeistnis) s. vergüenza, timidez, rubor, modestia.
shameful (shei·mful) adj. vergonzoso, ignominioso. 2 indecente, escandaloso.
shamefully (shei·mfuli) adv. vergonzosamente, ignominiosamente. 2 indecentemente.
shameless (shei·mlis) adj. desvergonzado, impudente, descarado, sin vergüenza.
shamelessly (shei·mlisli) adv. desvergonzadamente, descaradamente.
shamelessness (shei·mlisnis) s. desvergüenza, descaro, desfachatez, impudor.
shammer (shei·mø') s. simulador, fingidor.
shammy (shæ·mi), pl. -mies (-mis) s. CHAMOIS.
shampoo (shæmpu·) s. lavado [de la cabeza]. 2 champú. 3 frote con agua y jabón.
shampoo (to) tr dar champú a, lavar [la cabeza]. 2 frotar con agua y jabón.
shamrock (shæ·mrac) s. BOT. trébol: aleluya; mielga azafranada. 2 emblema de Irlanda.
shandygaff (shæ·ndygæf) s. mezcla de cerveza y otro líquido gaseoso. 2 mixtura, mezcolanza.
shanghai (sha·ngjai) tr. emborrachar a uno para embarcarle como marinero. 2 fig. llevar [a uno] con engaño o coerción.
shank (shænc) s. zanca, pierna. 2 caña [del caballo]; zanca [del ave]; tibia [de insecto]. 3 canilla [de la pierna]. 4 espinilla. 5 MEC. astil, vástago, espiga. 6 alacrán [de botón]. 7 caña [de ancla]. 8 tija [de llave]. 9 enfranque. 10 rama [de espuela]. 11 BOT. tronco. 12 IMPR. cuerpo [del tipo]. 13 parte recta del anzuelo. 14 cabo, extremo [de cuerda o cadena]. 15 fam. fin, parte final.
shanked (shænct) adj. que tiene, zancas, caña, etc.: long-shanked, zanquilargo.
shan't o sha'n't (sænt) abrev. fam. de SHALL NOT.
shanty (shæ·nti), pl. -ties (-tiз) s. cabaña, choza, casucha. 2 CHANTEY.
shape (sheip) s. forma, figura, hechura: in the ~ of, en forma o figura de: out of ~, deformado; fig. desarreglado, descompuesto. 2 conformación, talle. 3 forma, cuerpo: to take ~, tomar forma o cuerpo. 4 estado, condición: to be in bad ~, estar mal; to put into ~, arreglar, poner en orden. 5 forma, modo: in no ~, de ningún modo. 6 giro, aspecto. 7 forma, molde, patrón. 8 forma [de sombrero]. 9 figura, fantasma, aparición.
shape (to) tr. formar, dar forma. 2 modelar, forjar, tallar. 3 expresar. 4 ahormar. 5 amoldar, ajustar. 6 dirigir, ordenar [el curso, la conducta, etc.]: to ~ one's course, dirigir uno su rumbo. 7 disponer, idear, tramar. 8 concebir, figurarse. — 9 intr. salir, presentarse, ocurrir [de cierto modo]. 10 formarse, desarrollarse. | A veces con up. 11 amoldarse. adaptarse.
shaped (sheipd) adj. formado, en forma de: fan-shaped, en forma de abanico. 2 dirigido, determinado.
shapeless (shei·plis) adj. informe. 2 deforme, disforme. 3 sin dirección, sin objeto.
shapelessness (shei·plisnis) s. informidad. 2 deformidad.

shapeliness (shei·plinis) *s.* belleza [de forma], proporción, simetría.

shapely (shei·pli) *adj.* bien formado o proporcionado, simétrico. 2 de forma definida.

shaper (shei·pø') *s.* conformador. 2 máquina de tallar o estampar.

shaping (shei·ping) *adj.* que forma, modela, talla, etc. — 2 *s.* formación, creación.

shard (sha'd) *s.* tiesto, casco, fragmento. 2 ENTOM. élitro.

share (she·') *s.* parte, porción, cuota, cupo : *to fall to the ~ of*, caer o tocar en parte ; *to go shares*, entrar o ir a la parte ; *on shares*, a la parte, en aparcería ; ~ *crop (system)*, AGR. aparcería. 2 interés, participación. 3 COM. acción : *ordinary*, *preference ~*, acción ordinaria, preferente. 4 ANAT. pubis ; ingle ; horcajadura. 5 reja [de arado]

share (to) *tr.* dividir, distribuir, repartir : *to ~ out*, repartir, distribuir. 2 repartirse, compartir, participar con otros en ; usar en común. — 3 *intr.* participar, tener o tomar parte.

sharebone (she·'boun) *s.* ANAT. pubis [hueso].

sharecropper (she·'crapø') *s.* AGR. aparcero.

sharecropping (she·'craping) *s.* AGR. aparcería.

shareholder (she·ærjouldø') *s.* COM. accionista.

sharer (she·ærø') *s.* partícipe, copartícipe.

shark (sha'k) *s.* ICT. tiburón, marrajo. 2 estafador. 3 tiburón [pers. rapaz], usurero. 4 as [el que sobresale en algo].

shark (to) *intr.* estafar, petardear, vivir de la trampa.

sharp (sha'p) *adj.* agudo, aguzado, buido afilado, cortante, punzante. 2 puntiagudo. 3 _nguloso. 4 claro, distinto, bien marcado : ~ *features*, facciones bien marcadas, enjutas. 5 repentino, brusco : ~ *turn*, vuelta o recodo brusco. 6 abrupto, escarpado. 7 áspero, rascón, acre, cáustico. 8 agudo, estridente. 9 deslumbrador. 10 frío, vivo, penetrante, agudo, intenso, acerbo. 11 duro, severo, agrio, sarcástico. 12 fino, agudo [sentido]. 13 perspicaz, sagaz, listo, astuto. 14 vivo, enérgico. 15 empeñado, reñido. 16 ansioso, vehemente, ardiente. 17 violento, impetuoso. 18 grande [apetito]. 19 codicioso. 20 atento, vigilante. 21 MÚS. agudo ; demasiado alto. 22 MÚS. sostenido ; mayor, aumentado : *C* ~, do mayor : ~ *fifth*, quinta aumentada. 23 FONÉT. sordo. 24 ~ *practice*, práctica activa ; estafa, dolo. — 25 *adv.* SHARPLY : *look ~!*, ¡ojo alerta! 26 exactamente, en punto : *at three o'clock ~*, a las tres en punto. 27 MÚS. en tono demasiado alto. — 28 *s.* pop. experto, perito. 29 estafador, fullero. 30 aguja de coser muy fina. 31 punta de diamante [para cortar]. 32 MÚS. sostenido.

sharp (to) *tr.* engañar, estafar, robar. 2 MÚS. subir el tono de ; esp. elevar medio tono, marcar con sostenido. — 3 *intr.* cantar o tocar más alto que el tono debido.

sharp-edged *adj.* afilado, aguzado.

sharp-eyed *adj.* perspicaz, de mirada o vista penetrante.

sharpen (to) (sha'pøn) *tr.* afilar, aguzar, amolar, sacar punta, adelgazar. 2 aguzar [los sentidos, el apetito, el ingenio, etc.]. 3 hacer más áspero, acre, severo, intenso, vehemente, ansioso, etc. 4 agriar. 5 hacer distinto o marcado. 6 MÚS. TO SHARP. — 7 *intr.* aguzarse. 8 afilarse. 9 agriarse.

sharpener (sha'pønø') *s.* afilador, amolador, aguzador. 2 cortalápices. 3 *knife ~*, chaira, afilón.

sharper (sha'pø') *s.* SHARPENER. 2 estafador, timador, fullero.

sharp-featured *adj.* de facciones enjutas.

sharpie (shæ·'pi) *s.* (EE. UU.) barco de fondo plano con una o dos velas triangulares.

sharply (sha'pli) *adv.* agudamente, con filo o punta. 2 agudamente, vivamente. 3 ásperamente. 4 mordazmente. 5 repentinamente. 6 claramente, nítidamente. 7 exactamente, puntualmente.

sharpness (sha'pnis) *s.* agudeza, finura [de un sentido]. 2 perspicacia, astucia. 3 aspereza, acritud. 4 mordacidad. 5 nitidez, precisión. 6 viveza, intensidad. 7 violencia, rigor. 8 brusquedad. 9 inclemencia [del tiempo].

sharp-nosed *adj.* de nariz puntiaguda. 2 de olfato muy fino.

sharp-pointed *adj.* puntiagudo.

sharp-set *adj.* ávido, ansioso.

sharp-sighted *adj.* SHARP-EYED.

sharpshooter (sha·'pshutø') *s.* buen tirador, tirador certero.

sharp-witted *adj.* agudo, sutil, perspicaz.

shatter (shæ·tø') *s.* fragmento, astilla, añico. 2 estado de lo destrozado, trastornado, etc. : *nerves in a ~*, nervios destrozados.

shatter (to) *tr.* estrellar, romper, hacer astillas o añicos. 2 destrozar, destruir. 3 quebrantar [la salud] ; frustrar [las esperanzas] ; trastornar [el juicio]. — 4 *intr.* estrellarse, hacerse añicos, romperse, quebrantarse ; dar un estallido.

shatterbrain (shæ·tø'brein) *s.* loco, aturdido.

shatterbrained (shæ·tø'breind) *adj.* y *s.* loco, aturdido.

shatterproof (shæ·tø'pruf) *adj.* inastillable.

shattery (shæ·tøri) *adj.* quebradizo, friable.

shave (to) (sheiv) *s.* afeitado, rasura. 2 corte [de la hierba]. 3 CARP. cuchilla para alisar o desbastar. 4 rebanada fina ; viruta. 5 pop. (Ingl.) cuento, paparrucha, engaño. 6 COM (EE. UU.) descuento abusivo. 7 acción de pasar rozando. 8 escape [acción de escapar o salvarse] : *he had a close ~*, se escapó o se salvó de milagro.

shave (to) *tr.* afeitar, rasurar, rapar. 2 segar de raíz. 3 acepillar, desbastar, alisar, rascar ; cortar, rebanar finamente. 4 rozar [pasar rozando]. 5 fam. desollar, desplumar. — 6 *intr.* afeitarse, rasurarse. 7 ser duro en un trato ; estafar. — 8 *tr.* e *intr.* COM. cobrar un descuento abusivo.

shaveling (shei·vling) *s.* mozalbete. 2 desp. hombre rapado [cura, fraile, etc.]. 3 hipócrita.

shaver (shei·vø') *s.* barbero. 2 descollador [en un negocio] ; estafador. 3 fam. individuo ; jovencito, muchacho.

shaving (shei·ving) *s.* afeitada, rasura. 2 acepilladura ; lonja o rebanada fina :· *wood shavings*, acepilladuras. 3 *to a ~*, exactamente, con la mayor precisión. — 4 *adj.* de afeitar : ~ *brush*, brocha de afeitar ; ~ *dish*, bacía ; ~ *soap*, jabón de afeitar.

shaw (sho) *s.* poét. soto, bosquecillo.

shawl (shol) *s.* chal, pañolón, mantón.

shawm (shom) *s.* chirimía, dulzaina.

she (shi) *pron. f.* ella [en nominativo]. 2 (antepuesto a un pronombre relativo) la, aquella : ~ *who*, la que, aquella que. 3 (en composición) hembra ; *she-devil*, diablesa ; *she-ass*, borrica ; *she-cat*, gata. ¶ Toman este pronombre los buques y, modernamente, las naciones, los automóviles y las locomotoras.

sheading (shi·ding) *s.* división administrativa de la isla de Man.

sheaf (shif), *pl.* **sheaves** (shivš) *s.* haz, gavilla. 2 manojo, atado, lío. 3 roldana.

sheaf (to) *tr.* agavillar, reunir en haz.

shear (shi·') *s.* esquila, esquileo. 2 vellón, lana esquilada. 3 hoja de tijera. 4 MEC. cortadura, esfuerzo cortante ; esfuerzo que tiende a hacer deslizar una sobre otra dos capas o partes contiguas. — 5 *adj.* MEC. ~ *stress*, esfuerzo cortante.

shear (to) *tr.* cortar, esquilar, trasquilar. 2 tundir. 3 cizallar, cortar con cizallas. 4 recortar [una planta]. 5 MEC. romper por esfuerzo cortante. 6 fig. despojar, privar de. — 7 *intr.* MEC. romperse obedeciendo a un esfuerzo cortante. ¶ CONJUG. p. p. : *sheared* o *shorn*.

shearer (shi·rø') *s.* esquilador. 2 tundidor.

shears (shi·s) *s. pl.* tijeras grandes. 2 cizallas. 3 MEC. correderas de torno. 4 MEC. especie de cabria.

shearwater (shi·wotø') *s.* ORNIT. meauca.

sheatfish (shi·tfish) *s.* ICT. siluro.

sheath (shiz) *s.* vaina, funda, estuche, cubierta, envoltura. 2 BOT. vaina [de una hoja] ; espata, tusa. 3 cama [del arado].

sheathe (to) (shid) *tr.* envainar. 2 hundir, clavar. 3 poner funda o cubierta ; cubrir, forrar. 4 MAR. aforrar, embonar.

sheathing (shi·ding) *s.* forro exterior, cubierta, revestimiento. 2 MAR. aforro, embono. — 3 *adj.* de cubierta, de revestimiento ; ~ *board*, cartón de fibra o de yeso para revestimiento ; ~ *nails*, clavos de entablar.

sheathless (shi·dlis) *adj.* sin vaina.

sheave (shiv) *s.* roldana, polea. 2 rueda excéntrica.

sheave (to) *tr.* agavillar, reunir en haz.

shebang (shøbæ·ng) *s.* pop. (EE. UU.) equipo, artefacto, negocio, etc. : *the whole ~*, la totalidad, el todo.

sheebeen (shi·bin) *s.* (Esc., Irl.) taberna clandestina.

shed (shed) *s.* cobertizo, alpende; cadahalso, barraca, *galpón. 2 hangar. 3 refugio, madriguera. 4 divisoria de aguas. 5 TEJ. calada. 6 (en comp.) efusión, derramamiento: *bloodshed*, derramamiento de sangre.

shed (to) *tr.* verter, derramar: *to* ~ *blood*, derramar sangre. 2 lanzar, emitir, esparcir, difundir, despedir. 3 salpicar. 4 soltar, dejar caer; mudar [las plumas, la piel, etc.]: *to* ~ *leaves*, deshojarse. — 5 *intr.* hacer la muda. 6 deshojarse. ¶ CONJUG. pret. y p. p.: *shed;* ger.: *shedding.*

shedder (she·dø') *s.* derramador, esparcidor. 2 animal que muda la piel, las plumas, etc.

shedding (she·ding) *s.* derramamiento, efusión, difusión

sheen (shin) *s.* brillo, resplandor. 2 esplendor.

sheeny (shr·ni) *adj.* lustroso. 2 brillante, radiante.

sheep (ship) *s. sing.* y *pl.* ZOOL. carnero, oveja; carneros, ovejas: *to make sheep's eyes at*, fig. mirar lánguida y amorosamente. 2 rebaño, congregación de fieles. 3 papanatas, simplón. 4 persona tímida, vergonzosa. 5 cordera [mujer]. 6 badana. — 7 *adv.* de carnero u oveja, para carneros u ovejas: ~ *clipper*, esquilador de ovejas; ~ *dog*, perro de pastor; ~ *dung*, sirle, sirria; ~ *ranch*, hacienda de ganado lanar; ~ *t¹ck*, garrapata. 8 BOT. ~ *sorrel*, acederilla.

sheepcote (shr·pcout), **sheepfold** (shr·pfould) *s.* aprisco, redil.

sheephook (shr·pjuc) *s.* cayado de pastor.

sheepish (shr·pish) *adj.* tímido, vergonzoso, encogido. 2 avergonzado.

sheepishly (shr·pishli) *adv.* tímidamente, encogidamente.

sheepishness (shr·pishnis) *s.* timidez, cortedad.

sheepman (shr·pmæn), *pl.* **-men** (-men) *s.* ganadero, criador de ganado lanar. 2 pastor.

sheepshead (shr·psjed) *s.* COC. cabeza de cordero. 2 estúpido, papanatas. 3 ICT. sargo.

sheepshearer (shr·pshirø') *s.* esquilador. 2 esquiladora [máquina].

sheepshearing (shr·pshiring) *s.* esquila, esquileo.

sheepskin (shr·pskin) *s.* piel de cordero, zalea. 2 badana. 3 pergamino. 4 fam. (EE. UU.) diploma.

sheepwalk (shr·pwoc) *s.* dehesa carneril.

sheer (shir') *adj.* puro [solo, sin mezcla], mero: *by* ~ *force*, a pura fuerza. 2 completo, absoluto. 3 empinado, escarpado. 4 TEJ. fino, ligero, transparente. — 5 *adv.* completamente. 6 escarpadamente, perpendicularmente. 7 de golpe, de una vez. — 8 *s.* MAR. arrufadura. 9 desviación, cambio de rumbo, de dirección. 10 especie de cabria.

sheer (to) *intr.* desviarse, torcer, doblar: *to* ~ *off*, dejar, separarse o huir de [una persona molesta, que uno teme, etc.]. — 2 *tr.* desviar. 3 *to* ~ *one's way*, tomar un camino desviándose.

sheer-legs o **sheers** *s.* MEC. especie de cabria.

sheet (shit) *s.* hoja, lámina, plancha [de cualquier materia]. 2 hoja [de papel]; pliego [impreso]; carta; periódico. 3 sábana [de cama]. 4 mortaja. | Dic. también *winding* ~. 5 extensión [de agua]; cortina [de fuego, de lluvia, etc.]. 6 poét. vela [de barco]; *to be*, o *to have a* ~ *in the wind*, estar entre dos velas, estar achispado. 7 GEOL. capa. 8 MAR. escota. — 9 *adj.* en hojas, láminas o planchas: ~ *glass*, vidrio plano; ~ *iron*, hierro laminado; palastro; ~ *lightning*, fucilazo, relámpago difuso; ~ *metal*, metal en planchas; ~ *music*, música en hojas sueltas. 10 MAR. ~ *anchor*, ancla de la esperanza; fig. áncora de salvación.

sheet (to) *tr.* ensabanar. 2 amortajar. 3 disponer en capas. 4 MAR. asegurar con escotas. — 5 *intr.* caer, fluir, extenderse como una capa u hoja.

sheeting (shr·ting) *s.* lencería para sábanas. 2 disposición en capas. 3 acción de cubrir con planchas. 4 laminado. 5 HIDR., MIN. encofrado.

sheik (shik) *s.* jeque.

shekel (she·cøl) *s.* siclo. 2 *pl.* fam. dinero.

sheldrake (she·ldreik) *s.* ORNIT. variedad de pato. 2 ORNIT. mergánsar.

shelf (shelf), *pl.* **shelves** (shelvš) *s.* anaquel, entrepaño, tabla [de armario], poyata, repisa: *to put on the* ~, fig. guardar, archivar, arrinconar, olvidar. 2 saliente de roca. 3 bajío. 4 MAR. durmiente. 5 GEOL. roca subyacente.

shell (shel) *s.* ZOOL. concha, caparazón, carapacho: *to come out of one's* ~, fig. salir de su concha, hacerse comunicativo; *to retire into one's* ~,

meterse en su concha. 2 concha [materia]. 3 marisco. 4 cáscara, cascarón [de huevo]. 5 cáscara [de nuez, avellana, etc.]. 6 vaina [de legumbre]; silicua. 7 ZOOL. escama, placa. 8 cáscara, concha, caja, cubierta; esqueleto o armazón exterior. 9 forro o casco [de buque]. 10 guarnición [de la espada]. 11 pieza acopada o convexa; pieza hueca de paredes delgadas. 12 FUND. camisa [de horno]. 13 cilindro o cuerpo [de caldera]. 14 caja [de motón]. 15 MÚS. caja [de tambor, de banjo, etc.]. 16 cubilete [pastel]. 17 MAR. piragua; bote de regatas largo y estrecho. 18 cápsula [de cartucho]. 19 ARTILL. bomba, granada. 20 poét. la lira. — 21 *adj.* de concha, de cáscara, de bomba, etc.: ~ *button*, botón de concha; botón hueco de metal, cubierto o no de tela; ~ *comb*, peineta; ~ *crater*, ~ *hole*, cráter abierto por la explosión de una bomba; ~ *jacket*, especie de smoking ajustado y corto; prenda parecida a ésta usada por los militares; ~ *shock*, neurosis causada por la guerra en los soldados que han tomado parte en ella.

shell (to) *tr.* descascarar, desvainar, mondar, desgranar; romper [nueces, avellanas]; desbullar [ostras]. 2 encerrar en cáscara o cápsula. 3 ARTILL. bombardear. — 4 *intr.* soltarse de la cáscara o vaina; desgranarse. 5 descascararse, desconcharse. 6 coger conchas. 7 fam. *to* ~ *out*, aflojar la mosca.

shellac (shelæ·c) *s.* goma laca.

shellac (to) *tr.* barnizar con laca. ¶ CONJUG. pret. y p. p.: *shellacked;* ger.: *shellacking.*

shellbark (she·lba'c) *s.* nogal americano.

sheller (she·lø') *s.* descascarador, desvainador, desgranador. 2 descascaradora [máquina].

shellfire (she·lfai') *s.* cañoneo, bombardeo, fuego de granadas.

shellfish (she·lfish) *s.* marisco, mariscos [crustáceos, conchas].

shelling (she·ling) *s.* descascaramiento, desgrane. 2 bombardeo.

shellproof (she·lpruf) *adj.* a prueba de bomba.

shellwork (she·lu'c) *s.* obra de conchas.

shelly (she·li) *adj.* abundante en conchas, hecho de conchas. 2 conchudo, testáceo; parecido a la concha; quitinoso. 3 frágil.

shelter (she·ltø') *s.* resguardo, protección, abrigo, refugio, asilo: *to take* ~, refugiarse. 2 albergue, techo, hogar. 3 cubierta, caja [para proteger un objeto].

shelter (to) *tr.* resguardar, proteger, amparar, poner a cubierto, guarecer, abrigar. 2 albergar, acoger, refugiar. 3 encubrir, ocultar. — 4 *intr.* guarecerse, refugiarse, acogerse.

sheltered (she·ltø'd) *adj.* protegido, amparado, resguardado, etc.: ~ *trades*, ramos de la industria no expuestos a la competencia extranjera, como la construcción y el transporte interior.

shelterless (she·ltø'lis) *adj.* desamparado, sin hogar. 2 desabrigado, al descubierto.

sheltie (she·lti) *s.* jaca de Shetland.

shelve (to) (shelv) *tr.* proveer de estantes o anaqueles. 2 poner en un estante o anaquel. 3 fig. arrumbar, arrinconar, dejar a un lado, archivar, dar carpetazo. — 4 *intr.* hacer pendiente, estar en declive.

shelves (shelvš) *s. pl.* de SHELF.

shelving (she·lving) *s.* anaquelería, estantería. 2 acción de poner en anaqueles. 3 arrinconamiento, carpetazo. 4 declive. — 5 *adj.* inclinado, en declive.

shelvy (she·lvi) *adj.* con anaqueles. 2 voladizo, saledizo. 3 inclinado, en declive.

Sheol (shr·oul) *s.* infierno [de los hebreos].

shepherd (shep·ø'd) *s.* pastor [de ganado o espiritual]: *the Good Shepherd*, el Buen Pastor (Jesucristo); *shepherd's crook*, cayado de pastor; *shepherd's flute*, caramillo; *shepherd's pie*, pastel de carne picada y patatas majadas. 2 BOT. *shepherd's knot*, tormentila; *shepherd's purse*, bolsa de pastor. — 3 *adj.* de pastor: ~ *dog*, perro de pastor.

shepherd (to) *tr.* pastorear. 2 guiar [la grey espiritual].

shepherdess (she·pø'dis) *s.* pastora, zagala.

sherbet (shø'·bit) *s.* sorbete. 2 bebida refrescante.

sherd (shø'd) *s.* tiesto, casco, tejoleta.

sherif (sherr·f) *s.* jerife.

sheriff (sheˈrif) *s.* funcionario superior de un distrito, encargado de hacer cumplir la ley, ejecutar los mandatos judiciales y mantener el orden.
sheriffalty (sheˈrifalti), **sheriffship** (sheˈrifship), **sheriffwick** (sheˈrifuic) *s.* cargo y funciones de SHERIFF.
sheriffdom (sheˈrifdøm) *s.* jurisdicción del SHERIFF.
sherry (sheˈri) *s.* vino de Jerez. 2 ~ *cobbler,* refresco preparado con vino de Jerez. 3 ~ *brown,* cierto color rojo amarillento.
she's (shiš) *contr.* de SHE IS y de SHE HAS.
sheth (shez) *s.* dental [del arado].
shew (to) (shou) *tr.* e *intr.* (Ingl.) TO SHOW. ¶ CONJUG. pret.: *shewed;* p. p.: *shewn.*
shewbread (shouˈbred) *s.* panes de proposición.
shibboleth (shiˈboliz) *s.* palabra que sirve de santo y seña. 2 palabra, expresión, criterio, etc., que distingue a las personas de un partido, secta, nación, distrito o profesión.
shield (shrld) *s.* escudo, broquel, adarga. 2 escudo, defensa, protección, resguardo. 3 protector, defensor. 4 BLAS. escudo de armas. 5 ZOOL. escudo, placa; caparazón. 6 sobaquera [para resguardar del sudor].
shield (to) *tr.* escudar, amparar, resguardar, proteger, defender.
shield-bearer *s.* escudero.
shier (shaiˈøʳ) *adj. comp.* de SHY. — 2 *s.* caballo asustadizo.
shiest (shaiˈist) *adj. superl.* de SHY.
shift (shift) *s.* esfuerzo [para conseguir un fin]; medio, recurso, expediente: *to make (a) shift,* componérselas, ingeniarse [para], hallar el medio [de]; arreglarse, pasar [con o sin]. 2 ardid, artimaña, fraude. 3 evasiva, subterfugio. 4 ingenio, maña. 5 muda [de ropa]. 6 camisa [de mujer]. 7 tanda, turno [de obreros; de trabajo]. 8 desviación, cambio de dirección. 9 cambio, mudanza, sustitución, trastrueque; traslado. 10 uno de los cultivos en una rotación de ellos. 11 AUTOM. *gear* ~, cambio de marchas. — 12 *adj.* de cambio, etc.: ~ *key,* tecla o palanca de mayúsculas [en la máquina de escribir].
shift (to) *tr.* cambiar, mudar; desviar, cambiar de posición o dirección; mover, trasladar; transferir: *to* ~ *clothes,* mudarse de ropa; *to* ~ *gears,* AUTOM. cambiar la marcha; *to* ~ *the helm,* MAR. botar, cambiar el timón; *to* ~ *the blame,* echar [a otro] la propia culpa. 2 trasplantar. 3 pop. comer, beber. 4 *to* ~ *oneself,* menearse. 5 *to* ~ *off,* diferir, posponer; eludir [una dificultad]; librarse de. — 6 *intr.* cambiar, variar, mudar. 7 moverse, menearse, cambiar de sitio, trasladarse. 8 MAR. correrse [la estiba, el lastre]. 9 usar de subterfugios, evasivas o ardides; vivir de industria. 10 arreglárselas, componérselas. 11 escabullirse. 12 AUTOM. cambiar la marcha. 13 *to* ~ *about,* revolverse, girar. 14 *to* ~ *for oneself,* valerse o mirar por sí mismo.
shifter (shiˈftøʳ) *s.* el o lo que cambia o mueve algo: *scene-shifter,* TEAT. tramoyista. 2 el que usa de subterfugios.
shiftily (shiˈftili) *adv.* artificiosamente, con trampa o artificio.
shiftiness (shiˈftinis) *s.* calidad de mudable o movedizo. 2 artificio, astucia; carácter evasivo.
shifting (shiˈfting) *adj.* que cambia o mueve: ~ *engine,* locomotora de maniobras.
shiftless (shiˈftlis) *adj.* falto de recursos, de inventiva; inútil, perezoso.
shifty (shiˈfti) *adj.* mudable, voluble. 2 movedizo, inquieto. 3 industrioso, mañoso, astuto.
shikar (shiˈcaʳ) *s.* (India) caza; deporte.
shikara (shiˈcara) *s.* (India) torre o aguja de un templo.
shillalah, shillelah (shileiˈla) *s.* (Irl.) palo, cachiporra.
shilling (shiˈling) *s.* chelín [vigésima parte de la libra esterlina].
shilli-shalli o **shilly-shally** (shiˈli-shæˈli) *s.* irresolución, vacilación. 2 persona irresoluta. — 3 *adv.* con irresolución o vacilación.
shilli-shalli o **shilly-shally (to)** *intr.* vacilar, estar indeciso. 2 ocuparse en naderías.
shim (shim) *s.* MEC. cuña, plancha o tira delgada que sirve para hacer ajustar entre sí dos partes de una máquina.
shim (to) *tr.* MEC. ajustar o apretar [dos partes

de una máquina] con una cuña o plancha delgada.
shimmer (shiˈmøʳ) *s.* luz trémula, débil resplandor.
shimmer (to) *intr.* rielar, brillar débilmente, con luz trémula.
shimmery (shiˈmøri) *adj.* que luce con débil resplandor. 2 trémulo.
shimmy (shiˈmi) *s.* baile caracterizado por movimientos que imitan el temblor. 2 fam. camisa de mujer. 3 oscilación anormal o abaniqueo de las ruedas delanteras de un automóvil.
shimmy (to) *intr.* bailar el SHIMMY. 2 oscilar anormalmente las ruedas delanteras de un automóvil.
shin (shin) *s.* espinilla [de la pierna]: ~ *guard,* espinillera.
shin (to) *intr.* y *tr.* trepar: *to* ~ *up,* trepar pòr, subirse a. — 2 *intr.* fam. (EE. UU.) andar, correr; andar pidiendo dinero prestado, con prisas. — 3 *tr.* golpear [a uno] en la espinilla. ¶ CONJUG. pret. y p. p.: *shinned;* ger.: *shinning.*
shindig (shiˈndig) *s.* pop. (EE. UU.) juerga, fiesta con baile.
shindy (shiˈndi), *pl.* -dies (-diš) *s.* fam. alboroto, trapatiesta. 2 SHINDING.
shine (shain) *s.* brillo, resplandor, lustre, esplendor. 2 brillo, lustre [que se saca o se da]: *to give a* ~, sacar brillo, dar lustre. 3 buen tiempo, tiempo de sol. 4 pop. (EE. UU.) afición, simpatía: *to take a* ~ *to,* tomar simpatía a.
shine (to) *intr.* brillar, resplandecer, lucir, relucir, relumbrar. 2 brillar, sobresalir, distinguirse. 3 lucir o salir el sol; hacer sol o buen tiempo. — 4 *tr.* hacer brillar. 5 iluminar. 6 pulir, bruñir, lustrar; limpiar, dar bola [al calzado]. 7 *to* ~ *down,* eclipsar. ¶ CONJUG. pret. y p. p.: *shone.*
shiner (shaiˈnøʳ) *s.* pers. o cosa brillante. 2 sombrero de seda. 3 pop. moneda [esp. de plata u oro]. 4 pez plateado. 5 pop. ojo; ojo amoratado. 6 *pl.* zapatos de charol.
shingle (shiˈngøl) *s.* guijo, guijarros. 2 guijarro. 3 chilla, ripia [para techar], *tejamaní, *tejamaní. 4 fam. (EE. UU.) letrero de despacho, bufete o consultorio: *to hang out one's* ~, abrir despacho, bufete o consultorio. 5 pelo de mujer corto y en disminución.
shingle (to) *tr.* cubrir con ripia. 2 cortar el cabello dejándolo corto y en disminución. 3 cinglar [el hierro].
shingles (shiˈngølš) *s.* MED. zoster, zona.
shining (shaiˈning) *adj.* brillante, resplandeciente, refulgente, radiante, luciente, lustroso, luminoso. 2 fig. brillante, distinguido.
shinny (shiˈni), *pl.* -nies (-niš) *s.* especie de cachava [juego y palo].
shinny (to) *intr.* jugar al *shinny.* 2 (EE. UU.) *to* ~ *up,* trepar, subir.
Shinto (shiˈntou), **Shintoism** (shiˈntouišm) *s.* sintoísmo.
Shintoist (shiˈntouist) *adj.* y *s.* sintoísta.
shiny (shaiˈni) *adj.* brillante, luminoso. 2 claro, radiante. 3 lustroso. 4 raído.
ship (ship) *s.* MAR. buque, barco, nave, bajel, navío: ~ *of war,* buque de guerra; ~ *of the line,* navío de línea; *mercant* ~, buque mercante; ~ *of the desert,* fig. nave del desierto, camello; *ship's husband,* agente de un buque o empresa naviera; *ship's time,* hora local del buque. 2 nave aérea, aeroplano. — 3 *adj.* de buque, de nave: ~ *biscuit,* galleta; ~ *broker,* consignatario de buques; ~ *carpenter,* carpintero de ribera; ~ *chandler,* proveedor de buques; ~ *chandlery,* comercio de artículos navales; ~ *fever,* tifus; fiebre amarilla; ~ *timber,* madera para construcciones navales.
ship (to) *tr.* embarcar [poner o recibir a bordo]: *to* ~ *a sea,* embarcar una ola. 2 enviar, expedir, transportar [esp. por buque]. 3 armar [los remos, el timón, etc.]. 4 tomar como tripulante. 5 ponerse [una prenda]; echarse encima [una carga, etc.]. 6 mover, mudar de sitio. — 7 *intr.* embarcarse. 8 alistarse como marinero. 9 MAR. *to* ~ *in,* descansar, estribar. ¶ CONJUG. pret. y p. p.: *shipped;* ger.: *shipping.*
shipboard (shiˈpbøʹd) *s.* MAR. bordo: *on* ~ a bordo.
shipbuilder (shiˈpbildøʳ) *s.* constructor de buques; ingeniero naval.
shipbuilding (shiˈpbilding) *s.* arquitectura naval

shipload (shi·ploud) s. MAR. cargamento, cargazón; toda la carga que el buque puede llevar [de una cosa].

shipmaster (shi·pmæstø') s. MAR. patrón, capitán de buque.

shipmate (shi·pmeit) s. compañero de a bordo.

shipment (shi·pmønt) s. embarque, cargamento. 2 envío, remesa, expedición, consignación, partida.

shipowner (shi·pounø') s. naviero, armador.

shipper (shi·pø') s. COM. cargador, embarcador; expedidor, remitente.

shipping (shi·ping) s. embarque, envío, expedición. 2 buques, flota, tonelaje [de un puerto, país, etc.]. — 3 adj. de embarque, de expedición : ~ agent, consignatario de buques; ~ articles, contrata de marinero; ~ charges, gastos de embarque o de envío; ~ clerk, empleado encargado de la expedición de mercancías; ~ master, funcionario público que autoriza las contratas de los marineros; ~ room, sala de expediciones [en una fábrica, etc.].

shipplane (shi·pplein) s. avión de cubierta.

shipshape (shi·psheip) adj. en buen orden, bien arreglado.

shipway (shi·puei) s. grada de astillero. 2 canal navegable.

shipworm (shi·puø'm) s. ZOOL. broma, tiñuela.

shipwreck (shi·prec) s. naufragio. 2 buque náufrago. 3 desastre, ruina, destrucción.

shipwreck (to) tr. hacer naufragar, echar a pique. 2 arruinar. — 3 intr. naufragar. 4 arruinarse, fracasar.

shipwrecked (shi·prect) adj. náufrago, que ha naufragado; ~ person, náufrago; to be ~, naufragar.

shipwright (shi·prait) s. carpintero de ribera o de buque, calafate.

shipyard (shi·pya'd) s. MAR. astillero, arsenal, varadero.

shire (shai·') s. (Ingl.) distrito, condado.

shirk (shø'k) s. el que huye del trabajo, o de hacer algo; maula.

shirk (to) tr. eludir, evitar, evadir, esquivar, rehuir, desatender. — 2 intr. evadirse; huir del trabajo, de hacer algo; faltar a una obligación.

shirker (shø'·cø') s. SHIRK.

shirr (shø') s. COST. frunce, fruncido, gandujado. 2 hilo de goma tejido en una tela para hacerla elástica.

shirr (to) tr. COST. fruncir, gandujar. 2 COC. escalfar huevos en crema de leche. — 3 intr fruncirse, arrugarse.

shirt (shø't) s. camisa [de hombre] : to keep one's ~ on, fig. conservar la calma; to get one's ~ off, fig. encolerizar. 2 blusa camisera. 3 camisa [de horno]. — 4 adj. de camisa : ~ bosom, ~ front, pechera de camisa; ~ frill, chorrera; ~ sleeve, manga de camisa; in one's shirt sleeves, en mangas de camisa; ~ store, camisería; ~ tail, faldón de camisa.

shirtband (shø'·tbænd) s. tirilla [del cuello de la camisa].

shirting (shø'·ting) s. tela para camisas.

shirtmaker (shø'·tmeikø') s. camisero.

shirt-sleeve adj. fam. sencillo, directo, sin formalidades o ceremonia.

shirtwaist (shø'·tweist) s. blusa camisera.

shirty (shø'·ti) adj. pop. enfadado, enojado.

shist (shist) s. esquisto.

shittah-tree (shi·ta-tri) s. especie de acacia y su madera.

shiver (shi·vø') s. temblor, tiritón, escalofrío, estremecimiento. 2 cacho, pedazo, fragmento, astilla, brizna.

shiver (to) intr. temblar, tiritar, estremecerse, vibrar. 2 MAR. flamear [las velas]. 3 romperse, hacerse añicos, estallar. — 4 tr. hacer temblar, estremecer. 5 MAR. hacer flamear. 6 romper, hacer astillas o añicos, estrellar.

shivering (shi·vøring) s. temblor, calofrío, horripilación, estremecimiento. 2 añico, astilla, fragmento. 3 CERÁM. resquebrajamiento del barniz. — 4 adj. trémulo, tembloroso.

shivery (shi·vøri) adj. trémulo, tembloroso. 2 friolento, friolero. 3 friable, quebradizo.

shoal (shoul) s. bajo, bajío, banco de arena; sitio de poco fondo [en el mar, en un río]. 2 muchedumbre, multitud. 3 banco [de peces], cardume, cardumen. — 4 adj. poco profundo : ~ water, agua poco profunda.

shoal (to) intr. MAR. disminuir gradualmente en profundidad. 2 reunirse en gran número; formar cardume. — 3 hacer menos profundo. 4 to ~ her water, avanzar [una embarcación] por aguas cada vez menos profundas.

shoaliness (shou·linis) s. falta de profundidad; abundancia de bajíos.

shoaly (shou·li) s. vadoso, poco profundo. 2 lleno de bajíos.

shoat (shout) s. gorrino, cochinillo.

shock (shac) s. golpe, choque, encuentro, colisión. 2 conmoción, concusión, sacudida. 3 acceso, agitación súbita y violenta. 4 sobresalto, susto, impresión. 5 ofensa, escándalo, horror. 6 MED. choque. 7 hacina, tresnal; montón. 8 greña, maraña. — 9 adj. de choque, para choques : ~ absorber, amortiguador; ~ troops, tropas de choque. 10 greñudo, lanudo : ~ dog, perro de lanas.

shock (to) tr. chocar, ofender, escandalizar, horrorizar. 2 causar fuerte impresión, sobresaltar. 3 producir un choque nervioso. 4 MED. someter al choque eléctrico. 5 sacudir, conmover. 6 hacinar. — 7 intr. chocar.

shocker (sha·kø') s. pop. (Ingl.) cosa muy mala; historia truculenta, novela de folletín.

shock-headed adj. greñudo, de cabellera enmarañada.

shocking (sha·king) adj. chocante, ofensivo, repugnante, vergonzoso, escandaloso. 2 espantoso, horrible.

shod (shad) pret. y p. p. de TO SHOE.

shoddy (sha·di) s. lana de desecho o regenerada. 2 géneros ordinarios. 3 bambolla, vulgaridad presuntuosa. — 4 adj. de lana regenerada o de desecho. 5 falso, de imitación.

shoe (shu) s. zapato, bota, botina; calzado : in another's shoes, en lugar de otro, en el pellejo de otro : over, o up, to the shoes, engolfado, absorbido. 2 herradura : to cast a ~, desherrarse [un animal]; perder una herradura. 3 suela [de trineo]. 4 zapato [de ancla; de freno]; galga [de carruaje]. 5 llanta [de rueda]; cubierta [de neumático]. 6 azuche, contera, regatón. 7 canal para conducir el grano desde la tolva a la muela. — 8 adj. de zapato, de herradura, etc. : ~ blacking, betún para los zapatos; ~ buckle, hebilla de zapato; ~ lace, cordón o cinta de zapato; ~ mender, zapatero remendón; ~ polish, crema o betún para los zapatos; ~ shop, ~ store, zapatería.

shoe (to) tr. calzar [poner el calzado o proveer de él]. 2 herrar [a un animal]. 3 enllantar [una rueda]. 4 calzar [el ancla]. 5 poner azuche o regatón a. ¶ Conjug. pret. y p. p. : shod.

shoeblack (shu·blæc) s. limpiabotas.

shoehorn (shu·jo'n) s. calzador.

shoeing (shu·ing) s. calzado. 2 cubierta protectora. 3 acción de calzar, de herrar, etc. — 4 adj. de calzar, de herrar, etc.

shoeless (shu·lis) adj. descalzo, sin zapatos.

shoemaker (shu·meikø') s. zapatero.

soemaking (shu·meiking) s. zapatería, fabricación de calzado.

shoer (shu·ø') s. herrador.

shoeshine (shu·shain) s. brillo, lustre que se da a los zapatos. 2 limpiabotas.

shone (shon) pret. y p. p. de TO SHINE.

shoo (shu) interj. ¡so!, ¡oxe!; ¡fuera!

shoo (to) tr. oxear; ahuyentar.

shook (shuc) pret. de TO SHAKE. — 2 s. COM. paquete de duelas, de piezas de caja; de piezas de mueble, etc. 3 tresnal, montón [de haces].

shoot (shut) s. certamen de tiradores, tiro al blanco; tirada. 2 partida de caza : to go out for a ~, salir a tirar, ir de caza. 3 cacería [piezas cobradas]. 4 BOT. vástago, pimpollo, renuevo, retoño, grillo. 5 pitón [de cuerno]. 6 recial [de un río], rábión. 7 movimiento o avance rápido. 8 plano inclinado o canal para verter algo. 9 surtidor. 10 haz [de rayos]. 11 ARQ. empuje [de un arco]. 12 punzada [de dolor]. 13 paso [de animales].

shoot (to) tr. herir o matar [con un proyectil], *balear; fusilar, pasar por las armas : I'll be shot if..., que me ahorquen si... 2 disparar, tirar, lanzar, arrojar, despedir, echar. 3 vaciar, verter, precipitar : to ~ corn out of a sack, vaciar un costal de trigo. 4 sacar, proyectar, empujar hacia fuera. *5* recorrer, atravesar, traspasar rápidamente; pasar corriendo por. *6* echar [brotes, renuevos]. *7* echar, correr, descorrer [un cerrojo, un pestillo]. *8* tomar la altura [del sol, etc.]. *9* CARP. igualar, ajustar cepillando. *10* cazar en. *11* disparar [una instantánea], fotografiar, filmar. *12* DEP. chutar, disparar. *13* volar, hacer estallar, meter, clavar. *14* enviar despachar [precipitadamente]. *15* esmaltar, salpicar. *16* to ~ *down*, derribar a tiros. *17* to ~ *marbles*, jugar a las canicas. *18* to ~ *off*, descargar un arma; dicho de una bala de cañón, llevarse [un brazo, etc.]. *19* to ~ *one's bolt*, fig. hacer todo lo posible. *20* to ~ *out*, extender [sus ramas un árbol]. *21* to ~ *the moon*, fig. llevarse los muebles de noche, para no pagar al casero. *22* to ~ *the rapids*, bajar por los rápidos de un río. *23* to ~ *through*, atravesar, pasar de parte a parte. *24* to ~ *up*, erigir; entrar o pasar por [un lugar] disparando tiros. — *25 intr.* tirar, disparar, hacer fuego. *26* cazar [ir de caza]. *27* alcanzar [dicho de un arma]. *28* pasar, moverse rápidamente. *29* salir, sobresalir, proyectarse, extenderse, elevarse. *30* brotar, manar; salir en chorro. *31* brotar, retoñar, tallecer. *32* crecer, desarrollarse. *33* latir, punzar [un dolor]. *34* correr [un cerrojo]. *35* to ~ *ahead*, avanzar, lanzarse hacia adelante. *36* to ~ *at*, tirar a, disparar contra; apuntar, aspirar a, poner la mira en. *37* to ~ *forth*, brotar, salir; lanzarse, abalanzarse, salir disparado. *38* to ~ *over dogs*, cazar con perros. *39* to ~ *straight*, tirar bien; pop. hablar o proceder lealmente. *40* to ~ *up*, crecer, brotar [las plantas]; elevarse, alzarse. ¶ CONJUG. pret. y p. p.: *shot*.

shooter (shu'tø') *s.* tirador, cazador. *2* arma de fuego: *six-shooter*, revólver de seis tiros.

shooting (shu'ting) *s.* caza con escopeta. *2* acción de tirar o disparar; tiro, tiros, tiroteo. *3* acción de matar a tiros; fusilamiento. *4* CINEM. filmación, rodaje. *5* latido doloroso, punzada. — *6 adj.* de caza, de tiro: ~ *box* o *lodge* (Ingl.), pabellón de caza; ~ *gallery*, ~ *grounds*, campo de tiro al blanco [lugar]; ~ *match*, concurso de tiro al blanco; pop. (E.. UU.) conjunto, colección. *7* que sale, que brota; que pasa rápido: ~ *star*, estrella fugaz. *8* punzante: ~ *pains*, punzadas. *9* ~ *stick*, bastón asiento; IMPR. desacuñador.

shop (shap) *s.* tienda, comercio, almacén, taller; negocio, ocupación: *to come to the wrong* ~, equivocarse de persona, etc.; *to shut up* ~, cerrar la tienda; fig. dejar de hacer algo; *to talk* ~, hablar de negocios o de asuntos profesionales [fuera de sazón]; *all over the* ~, esparcido, en desorden. *2* fig. institución, establecimiento. *3* fig. la escuela, universidad, etc., de uno. — *4 adj.* de tienda, de taller. *5* del sindicato o asociación obrera: ~ *committee*, comité del sindicato; ~ *deputy*, o *steward*, delegado del sindicato; ~ *foreman*, jefe de taller.

shop (to) *intr.* comprar en tiendas: *to go shopping*, ir de compras, ir de tiendas. — *2 tr.* mandar [un auto, etc.] al taller de reparaciones. ¶ CONJUG. pret. y p. p.: *shopped*; ger.: *shopping*.

shopboard (shap'bo'd) *s.* mostrador de tienda.

shopboy (shap'boi) *s.* muchacho de tienda.

shopgirl (shap'gø'l) *s.* muchacha de tienda, dependienta.

shopkeeper (shap'kipø') *s.* tendero. *2* fam. género que no se vende.

shoplifter (shap'liftø') *s.* ratero de tiendas; mechera.

shoplifting (shap'lifting) *s.* ratería que se comete en una tienda.

shopman (shap'mæn), *pl.* **-men** (-men) *s.* tendero. *2* mancebo de tienda, dependiente.

shopping (shap'ing) *s.* compras, acción de ir de tiendas. — *2 adj.* de tiendas: ~ *district*, barrio comercial.

shopwalker (shap'pwokø') *s.* empleado de un comercio que vigila a los demás y atiende a los compradores.

shopwindow (shap'pwindou) *s.* escaparate de tienda; *vidriera.

shopwoman (shap'pwumæn), *pl.* **-women** (-uimin) *s.* tendera. *2* dependienta de tienda.

shore (sho') *s.* orilla [del mar, de un río, de un lago], costa, playa, ribera, grao: *in* ~, MAR. junto a tierra; *on* ~, en tierra. *2* puntal [para

sostener una pared, etc.]. *3* MAR. escora [puntal]. *4* MIN. entibo. — *5 adj.* de la tierra, costa, ribera, etc.: ~ *fast*, MAR. amarra; ~ *leave*, MAR. permiso para ir a tierra; ~ *line*, línea de la costa; línea de barcos costeros.

shore (to) *tr.* apuntalar, escorar, estibar. *2* desembarcar, llevar a la orilla. *3* servir de orilla a.

shoreless (sho'lis) *adj.* sin riberas, ilimitado.

shoreward (sho'uø'd) *adj.* que se dirige hacia la costa. — *2 adv.* hacia la costa.

shoring (sho'ring) *s.* apuntalamiento, puntales.

shorn (sho'n) *p. p.* de TO SHEAR. — *2 adj.* mocho.

short (sho't) *adj.* corto [de poca extensión, longitud, duración o entidad; que no llega o alcanza]: breve, reducido, escaso, poco: ~ *circuit*, ELECT. corto circuito; ~ *cut*, atajo; fig. modo más directo que el ordinario; ~ *notice*, poco tiempo para prepararse u obrar; ~ *shrift*, poco tiempo para confesarse [antes de morir]; fig. corto respiro; ~ *story*, cuento, novela corta; ~ *suit*, palo corto [en el juego de naipes]; ~ *time*, jornada [de trabajo] reducida; ~ *ton*, tonelada de 2.000 libras [907 kg.]; ~ *wave*, RADIO onda corta; *to give* ~ *shrift to*, *to make* ~ *work of*, despachar de prisa; *to grow* ~, acortarse, decrecer [los días]; hacerse corto; *a* ~ *way off*, a poca distancia; *a* ~ *time ago*, hace poco; *at*, o *on*, ~ *notice*, prontamente, con poco tiempo de aviso; *in a* ~ *time*, en poco tiempo; *al poco tiempo; on* ~ *term*, a corto plazo; *within a* ~ *time*, dentro de poco. *3* bajo [de poca estatura]. *3* ANAT. falsa [costilla]. *4* que hace un viaje o recorrido corto [viajero, tren] *5* flaca [memoria]. *6* acelerado [pulso]. *7* anhelosa [respiración]. *8* breve, sucinto; abreviado: ~ *division*, división abreviada, en que sólo se escriben las cifras del cociente; *to be* ~, para abreviar. *9* seco, brusco. *10* pronto [de genio]. *11* pagadero a corto plazo: ~ *money*, dinero prestado a corto plazo. *12* seco, sin diluir [licor]. *13* escaso, falto, desprovisto [de]; escaso, insuficiente: *to be* ~ *of*, estar falto o escaso de; *to run* ~, ser insuficiente; acabarse; *to run* ~ *of*, acabársele a uno algo. *14* COM. que vende o que se hace al descubierto: ~ *sale*, venta al descubierto; ~ *seller*, el que vende al descubierto. *15* quebradizo, friable. *16* FONÉT. breve. *17* *to be*, o *to come*, ~ *of*, estar lejos de, no alcanzar, no corresponder a.

18 adv. brevemente, cortamente; secamente, bruscamente; en seco: *to cut* ~, cortar la palabra, interrumpir bruscamente; abreviar; *to stop* ~, parar en seco. *19* sin alcanzar la longitud, distancia, objeto, etc., esperados: *to fall* ~, escasear, faltar; no alcanzar el blanco, el objeto, etc.; fracasar. *20* COM. al descubierto: *to sell* ~, vender al descubierto. *21* ~ *of*, excepto, si no, a menos que. *22 little* ~ *of*, poco menos que. *23 nothing* ~ *of*, solamente, sólo.

24 s. lo corto, lo breve: *for* ~, por brevedad, para abreviar; *in* ~, en pocas palabras, en resumen. *25* vocal breve. *26* MÚS. nota corta. *27* ELECT. corto circuito. *28* COM. venta al descubierto. *29* CINEM. película corta. *30* forma abreviada: ~ *for*, forma abreviada de. *31* *the* ~ *and the long*, el resumen, la substancia, el todo.

shortage (sho'tidy) *s.* escasez, falta, carestía. *2* falta, merma, déficit.

shortbread (sho'tbred) *s.* torta o galleta dulce y quebradiza que, a veces, lleva nuez o fruta cortada.

short-breathed *adj.* corto de resuello, asmático. *2* de corta duración.

shortcake (sho'tkeic) *s.* galleta quebradiza. *2* torta de frutas.

short-change (to) *tr.* no dar la vuelta o cambio debido. *2* fig. estafar, engañar.

shortcoming (sho'tcøming) *s.* defecto, falta, negligencia. *2* limitación, insuficiencia.

short-dated *adj.* a corta fecha.

shorten (to) (sho'tøn) *tr.* acortar, reducir, disminuir. *2* recortar, cercenar. *3* limitar, restringir, impedir. *4* hacer friable [la pastelería] con mantequilla, manteca, etc. — *5 intr.* acortarse, disminuir(se, decrecer, encogerse, abreviarse.

shortening (sho'tning) *s.* acortamiento, reducción, disminución. *2* cercenamiento. *3* abreviación. *4* coc. manteca o mantequilla con que se hacen hojaldres, y se hace friable la pastelería.

shorthand (shoʻtjænd) s. taquigrafía, estenografía. — 2 adj. taquigráfico.
short-handed adj. que carece del número suficiente de criados, operarios, marineros, auxiliares, etc.
short-horn s. ganado vacuno de cuernos cortos.
shortish (shoʻtish) adj. algo corto, algo pequeño.
short-legged adj. de piernas cortas.
short-lived (-laivd o -livd) adj. efímero, pasajero, de breve vida, de poca duración.
shortly (shoʻtli) adv. brevemente. 2 secamente, bruscamente. 3 pronto, luego, al instante, en breve : ~ before, poco antes ; ~ after, póco después.
short-necked adj. cuellicorto.
shortness (shoʻtnis) s. cortedad, pequeñez, brevedad. 2 deficiencia. 3 friabilidad.
short-nosed (-noušd) adj. chato, de nariz aplastada.
short-range adj. de poco alcance.
shorts (shoʻts) s. pl. pantalones cortos para deporte. 2 calzoncillos cortos. 3 acemite, moyuelo. 4 desechos, cortaduras.
short-sighted adj. corto de vista, cegato. 2 poco perspicaz.
short-sightedness (shoʻtsaiʻtidnis) s. cortedad de vista, falta de perspicacia.
short-stapled (shoʻtsteiʻpøld) s. TEJ. de hebra o fibra corta.
shortstop (shoʻstap) s. en el baseball, jugador que está entre la segunda base y la tercera.
short-tailed adj. rabicorto.
short-tempered adj. irascible, irritable, de mal genio.
short-term adj. COM. a corto plazo.
short-waisted adj. corto de talle.
short-wave adj. RADIO. de onda corta.
short-weigh (to) tr. engañar en el peso.
short-winded adj. corto de resuello.
short-witted adj. limitado, corto de alcances.
shot (shot) pret. y p. p. de TO SHOOT : ~ to pieces, estropeado, desvencijado ; I'll be ~, que me ahorquen. — 2 adj. tornasolado, matizado. 3 de balas, perdigones, etc., o para ellos : ~ cartridge, cartucho de perdigones ; ~ gauge, vitola para proyectiles ; ~ locker, MAR. caja o pañol de municiones ; ~ plug, tapabalazos. — 4 s. tiro, disparo, balazo, escopetazo ; saetazo : to take a ~ at, disparar un tiro a. 5 tiro, alcance [de un arma, etc.] ; distancia : within pistol ~, a tiro de pistola ; not by a long ~, ni por asomo, ni con mucho. 6 tirador : good ~, buen tirador. 7 proyectil ; bala, balas ; perdigón, perdigones ; flecha, bodoque : like a ~, como una bala. 8 bolita. 9 conjetura. 10 tentativa, probatura : to take a ~ at, probar a. 11 pop. inyección [de cocaína, etc.] ; trago [de licor]. 12 línea de fuego. 13 PESCA lance. 14 cuenta o parte que se paga ; escote : ~ free, libre de escote ; fig. sin castigo. 15 golpe, tacada, tirada, jugada [en el billar, etc.]. 16 fotografía, instantánea. 17 CINE. toma [de una escena]. 18 MIN. barreno. 19 movimiento rápido ; chorro. 20 punzada [de dolor]. 21 DEP. peso [para lanzar].
shotgun (shaʻtgøn) s. escopeta de caza.
shot-put s. DEP. lanzamiento.
should (shud) pret. de SHALL. Ús. como auxiliar : a) para formar el potencial de otros verbos, con la misma diferencia en su uso respecto de would que tiene shall respecto de will ; b) en ciertas formas de subjuntivo. 2 Ús. como defectivo con la significación de deber o haber de : you come at once, debería usted venir en seguida. 3 A veces corresponde a un presente de indicativo : so it should seem, así parece. ¶ V. SHALL. | V. el cuadro SUBJUNTIVO.
shoulder (shouʻldøʻ) s. hombro : to put one's ~ to the wheel, arrimar el hombro ; to turn, o to give the cold ~, tratar fríamente, volver la espalda ; ~ to ~, hombro a hombro, codo a codo ; straight from the ~, certeramente ; con toda franqueza. 2 codo [de cuadrúpedo]. 3 espaldilla [de cordero]. 4 parte saliente o que parece un hombro. 5 CARP. espaldón. 6 pl. espaldas : to have broad shoulders, fig. tener buenas espaldas ; over the shoulders, indirectamente, irónicamente. — 7 adj. del hombro o para el hombro, etc. : ~ belt, tahalí ; ~ blade, ~ bone, paletilla, escápula ; ~ knot, lazo en el hombro ; MIL. capona ; ~ loop

(EE. UU.), hombrera [de oficial] ; ~ mark (EE. UU), insignia del empleo que llevan en la hombrera los oficiales de la armada ; ~ strap, correa o tirante que pasa pór el hombro ; galón atravesado en la hombrerå.
shoulder (to) tr. echarse sobre las espaldas, cargar o ponerse al hombro ; llevar a hombros. 2 fig. cargar con, asumir, tomar sobre sí. 3 MIL. shoulder arms, armas al hombro. — 4 intr. dar empujones con el hombro, abrirse paso empujando con el hombro.
shout (shaut) s. grito, exclamación, griterío, aclamación : ~ of applause, aclamación.
shout (to) intr. y tr. gritar, vocear, dar gritos : to ~ at, hablar [a uno] gritando ; to ~ down, hacer sentar o hacer callar a gritos ; to ~ for joy, dar gritos de alegría. 2 vitorear, dar vivas.
shouter (shauʻtøʻ) s. gritador.
shouting (shauʻting) s. gritería, vocerío. 2 aclamación. — 3 adj. que grita, voceador.
shove (shøv) s. empujón, empellón. 2 empuje, impulso.
shove (to) tr. e intr. empujar, empellar, impeler, dar empujones : to ~ aside, echar a un lado, rechazar ; to ~ out, empujar hacia fuera, hacer salir. — 2 tr. fam. meter : to ~ it in the drawer, meterlo en el cajón. — 3 intr. avanzar dando empujones o a fuerza de remos : to ~ along, avanzar o abrirse paso dando empujones ; to ~ off, alejarse de la orilla, zarpar, partir ; fig. salir, irse.
shovel (shøʻvøl) s. pala [herramienta] : steam ~, máquina excavadora de vapor. 2 palada [lo que coge una pala]. 3 ~ hat o simplte. shovel, sombrero de teja.
shovel (to) tr. traspalar, mover con palas. 2 cavar con pala. 3 meter a paladas o verter o sufra a paladas. ¶ CONJUG. pret. y p. p. : shoveled o -elled ; ger. : shoveling o -elling.
shovelboard (shøʻvølboʻd) s. tabla o mesa para jugar a una especie de juego del tejo ; el juego mismo.
shovel(l)er (shøʻvøløʻ) s. palero.
show (shou) s. presentación, exhibición, exposición [acción] : ~ of hands, acción de levantar las manos para votar. 2 exposición [manifestación pública de productos, ejemplares, etc.]. 3 espectáculo, vista : to make a ~ of himself, exhibirse, ponerse en espectáculo. 4 espectáculo público, atracción ; representación, función ; sesión [de cine]. 5 barracón de feria. 6 demostración [de fuerzas, etc.]. 7 ostentación, pompa, aparato, prosopopeya ; alarde, gala : to make a fine ~, hacer gran papel ; to make a ~ of, hacer gala de. 8 ficción, fingimiento, apariencia, exterioridad : to give away the ~, dejar ver lo falso o aparente [de una cosa]. 9 señal, indicación, manifestación, muestra, prueba. 10 fam. oportunidad de obrar, de defenderse. 11 pop. negocio, empresa, organización, conjunto, etc. — 12 adj. de exhibición o exposición, de espectáculo, etc. : ~ bill, cartel, prospecto ; ~ boat, barco teatro ; ~ card, anuncio ; tarjetón de muestras ; ~ case, vitrina ; ~ girl, corista ; ~ window, escaparate [de tienda]. 13 fingido, aparente.
show (to) tr. mostrar, enseñar, exhibir, lucir, exponer, presentar. 2 sacar, asomar, dejar ver. 3 hacer ver, demostrar, probar. 4 revelar, descubrir, dar a conocer, manifestar. 5 enseñar, explicar. 6 indicar, señalar ; dar [muestra o señales de algo]. 7 B. ART. representar. 8 dar, poner [un drama, una película]. 9 guiar, introducir, acompañar : ~ him in, que pase, hágale entrar. 10 COM. arrojar [como resultado o saldo]. 11 to ~ a clean pair of heels, o the heels, huir, escapar. 12 to ~ fight, ofrecer lucha o resistencia. 13 to ~ forth, mostrar, manifestar ; publicar. 14 to ~ off, alardear o hacer ostentación de, lucir. 15 to ~ one's cards o hand, descubrir uno su juego. 16 to ~ one's colours, mostrar uno su verdadero carácter, opiniones, intenciones, etc. 17 to ~ one the door, enseñar a uno la puerta de la calle. 18 to ~ up, hacer subir [a uno] ; descubrir, desenmascarar, poner en evidencia. — 19 intr. mostrarse, aparecer, asomar, dar señal. 20 estar, sentar, cuadrar [bien, mal, etc.]. 21 TEAT. actuar. 22 TEAT. representarse. 23 to ~ down, extenderse, mostrar sus naipes. 24 to ~ off,

fachendear, lucirse, pavonearse. *25 to* ~ *up*, destacarse; presentarse, comparecer, dejarse ver. ¶ CONJUG. pret.: *showed;* p. p.: *shown* o *showed*.

showbread (shou·bred) *s.* SHEWBREAD.

showdown (shou·daun) *s.* fam. acción de extenderse o enseñar las cartas. *2* revelación o declaración concreta de hechos, intenciones, recursos, etc.

1) **shower** (shou·ǫr) *s.* el que muestra o exhibe.
2) **shower** (shau·ǫr) *s.* chubasco, chaparrón. *2* diluvio, lluvia, copia, abundancia. *3 shower* o ~ *bath*, ducha.

shower (to) *tr.* regar, mojar. *2* derramar, hacer llover, dar con abundancia. — *3 intr.* llover, chaparrear, caer chubascos; caer en profusión.

showeriness (shau·ǫrinis) *s.* calidad de lluvioso.

showerless (shau·ǫr·lis) *adj.* sin lluvia.

showery (shau·ǫri) *adj.* lluvioso. *2* lloroso, lacrimoso.

showily (shou·ili) *adv.* vistosamente. *2* ostentosamente.

showiness (shou·inis) *s.* vistosidad. *2* ostentación. *3* esplendor, magnificencia.

showing (shou·ing) *s.* exhibición. *2* ostentación, alarde. *3* manifestación, exposición [acción]. *4* proyección [de una película].

showman (shou·mæn), *pl.* -**men** (-men) *s.* director de espectáculos. *2* empresario de teatro, circo, etc.

shown (shoun) *p. p.* de TO SHOW.

showroom (shou·rum) *s.* sala de exposición. *2* sala de muestras.

showy (shou·i) *adj.* vistoso, ostentoso, lujoso, suntuoso. *2* chillón, llamativo.

shrank *pret.* de TO SHRINK.

shrapnel (shræ·pnel) *s.* ARTILL. shrapnel [granada de metralla].

shred (shred) *s.* tira, trozo largo. *2* jirón, andrajo, colgajo. *3* triza, fragmento, partícula.

shred (to) *tr.* hacer tiras, jirones o trizas. *2* desgarrar, cortar, desmenuzar. ¶ CONJUG. pret. y p. p.: *shredded* o *shred;* ger.: *shredding*.

shrew (shru) *s.* arpía, mujer de mal genio. *2* ZOOL. musaraña, musgaño.

shrewd (shrud) *adj.* sutil, agudo, sagaz, perspicaz, listo, astuto, ladino. *2* vivo, penetrante, cortante [aire, etc.].

shrewdly (shru·dli) *adv.* sutilmente, sagazmente, astutamente.

shrewdness (shru·dnis) *s.* agudeza, sutileza, sagacidad, astucia.

shrewish (shru·ish) *adj.* regañón, mal humorado.

shrewishly (shru·ishli) *adv.* regañosamente, de mal humor.

shrewishness (shru·shnis) *s.* mal genio.

shrewmouse (shru·maus) *s.* ZOOL. musaraña, musgaño.

shriek (shrik) *s.* chillido, grito agudo, alarido. *2* pitido [de locomotora].

shriek (to) *intr.* chillar, gritar. *2* pitar [la locomotora].

shrievalty (shri·valti) *s.* cargo, funciones o jurisdicción del SHERIFF.

shrift (shrift) *s.* confesión auricular. *2* confesión; reconocimiento. *3* absolución [de los pecados]. *4 to make short* ~ *of*, fam. despachar de prisa.

shrike (shraik) *s.* ORNIT. alcaudón, pega reborda.

srill (shril) *adj.* agudo, penetrante, estridente, chillón. *2* vivo, claro, brillante. *3* insistente.

shrill (to) *tr.* e *intr.* chillar.

shrillness (shri·lnis) *s.* agudeza, estridencia, calidad de estridente o chillón.

shrill-voiced *adj.* de voz chillona.

shrilly (shri·li) *adv.* chillonamente.

shrimp (shrimp) *s.* ZOOL. camarón, quisquilla. *2* desp. enano, hombrecillo.

shrine (shrain) *s.* urna, relicario, altar; sepulcro de santo. *2* capilla, templete. *3* templo, santuario [del arte, etc.].

shrine (to) *tr.* TO ENSHRINE.

shrink (shrink) *s.* contracción, encogimiento, disminución, merma. *2* acción de rehuir, de retirarse.

shrink (to) *intr.* encoger, contraerse. *2* acortarse, estrecharse. *3* disminuir, mermar. *4* encogerse, agacharse, retroceder [por miedo, horror, etc.]. *5* retirarse, apartarse, escabullirse. *6 to* ~ *from*, recular, estremecerse ante; huir, apartarse de; evitar, rehuir. *7 to* ~ *back*, retroceder. — *8 tr.* encoger, contraer, reducir, mermar. *9* marchitar. *10* preparar [las telas] para que no encojan. *11*

to ~ *on*, montar en caliente [una abrazadera, una llanta, etc.]. *12 to* ~ *up*, estrechar. ¶ CONJUG. pret.: *shrank* o *shrunk;* p. p.: *shrunk* o *shrunken*.

shrinkage (shri·nkidȳ) *s.* encogimiento, contracción, reducción, disminución. *2* COM. merma, pérdida, depreciación.

shrinkingly (shri·nkingli) *adv.* encogiéndose, acortándose. *2* retrocediendo; con miedo, horror, etc.

shrive (to) (shrai·v) *tr.* ant. confesar, oír en confesión. *2* imponer la penitencia a, dar la absolución a. — *3 intr.-ref.* confesarse. ¶ CONJUG. pret.: *shrived* o *shrove;* p. p.: *shrived* o *shriven*.

shrivel (to) (shri·vǫl) *tr.* arrugar, fruncir; encoger, mermar. *2* marchitar. — *3 intr.* arrugarse, avellanarse, resecarse, encogerse, encarrujarse. *4* marchitarse. *5* mermar, declinar, agotarse. *6* disiparse, desvanecerse. ¶ CONJUG. pret. y p. p.: *shiveled* o *-lled;* ger.: *shriveling* o *-lling*.

shriven (shri·vǫn) *p. p.* de TO SHRIVE.

shriver (shrai·vǫr) *s.* ant. confesor [que oye en confesión].

shriving (shrai·ving) *s.* ant. confesión [acción de confesarse o de oír en confesión].

shroud (shraud) *s.* mortaja, sudario. *2* manto, envoltura, abrigo, vestidura, cubierta [lo que envuelve, u oculta]. *3* MEC. anillo de refuerzo lateral de una rueda hidráulica o dentada. *4 pl.* MAR. obenques. *5* MAR. mostachos [del bauprés].

shroud (to) *tr.* amortajar. *2* envolver, cubrir, ocultar, velar.

shrove (shrouv) *pret.* de TO SHRIVE.

Shrove, Shrovetide (shrou·vtaid) *s.* carnaval, carnestolendas; *Shrove Sunday, Shrove Monday, Shrove Tuesday,* domingo, lunes, martes de Carnaval.

shrub (shrǫb) *s.* arbusto, mata. *2* licor hecho de jugo de frutas y aguardiente.

shrubbery (shrǫ·bǫri), *pl.* -**ies** (-iš) *s.* arbustos. *2* plantación o grupo de arbustos.

shrubby (shrǫ·bi) *adj.* arbustivo. *2* cubierto de arbustos. *3* raquítico, achaparrado. *4* despreciable.

shrug (shrǫg) *s.* encogimiento de hombros.

shrug (to) *tr.* encoger [los hombros]. *2* rechazar, expresar, etc., con un encogimiento de hombros. — *3 intr.* encogerse de hombros.

shrunk (shrǫnc) *pret.* y *p. p.* de TO SHRINK.

shrunken (shrǫ·nkǫn) *p. p.* de TO SHRINK. | Ús. principalmente como adjetivo.

shuck (shǫc) *s.* cáscara exterior, corteza, vaina, hollejo, zurrón, ruezno, perfolla. *2* (EE. UU.) concha [de ostra]. *3 not worth shucks,* que no vale un pito.

shuck (to) *tr.* descascarar, pelar, desvainar, deshollejar, desperfollar. *2* desbullar. *3* fam. quitar; echar; desechar.

shudder (shǫ·dǫr) *s.* temblor, estremecimiento.

shudder (to) *intr.* temblar, estremecerse [esp. de miedo, horror o repugnancia]. *2* tiritar.

shuffle (shǫ·fǫl) *s.* barajadura. *2* turno de barajar los naipes. *3* mezcla, confusión. *4* restregamiento de pies en el suelo; baile en que se hace. *5* andar del que arrastra los pies. *6* evasiva, equivoco, embuste.

shuffle (to) *tr.* barajar, revolver, desordenar. *2* meter, sacar [barajando]; introducir subrepticiamente [entre otras cosas]. *3* arrastrar, restregar [los pies]. *4* pasar, mover de un lado a otro. *5 to* ~ *up,* amontonar o hacer precipitadamente, de cualquier modo. — *6 intr.* barajar los naipes. *7* arrastrar o restregar los pies en el suelo. *8* hacer algo sin arte. *9* andar con evasivas, o embustes. *10 to* ~ *along,* arrastrar los pies, ir tirando. *11 to* ~ *off,* salir, desprenderse o zafarse de algo.

shuffler (shǫ·flǫr) *s.* el que anda con evasivas; embustero.

shun (to) (shǫn) *tr.* huir, rehuir, esquivar, eludir, evitar. *2* retraerse, apartarse de.

shunt (shǫnt) *s.* desviación. *2* FERROC. desvío. *3* ELECT. derivación, shunt. — *4 adj.* ELECT. en derivación, de derivación.

shunt (to) *tr.* desviar, poner a un lado. *2* FERROC. desviar, apartar. *3* ELECT. poner una derivación, o en derivación, shuntar. — *4 intr.* desviarse, torcer. *5* cambiar de pensamiento, de línea de conducta.

shunter (shø·ntø') s. FERROC. (Ingl.) guardaagujas.

shunt-wound adj. ELECT. de arrollamiento en derivación.

shut (shøt) p. p. de TO SHUT. — 2 adj. cerrado. 3 FONÉT. oclusivo.

shut (to) tr. cerrar. | No tiene el sentido de dar por terminado, ni el de cerrar una carta, un paquete, una procesión. 2 tapar, obstruir. 3 encerrar. 4 pillar, coger [el dedo, el vestido, etc., al cerrar una puerta, etc.]. 5 METAL. soldar. 6 to ~ down, bajar cerrando; parar el trabajo, cerrar [una fábrica]. 7 to ~ from, excluir. 8 to ~ in, encerrar. 9 to ~ off, separar; cortar o cerrar [el gas, la electricidad, el agua, etc.]; to ~ off from, aislar de, cortar la comunicación con; excluir. 10 to ~ out, impedir la entrada de, cerrar la puerta a; ocultar a la vista. 11 to ~ up, cerrar bien; cerrar [un abanico, etc.]; cerrar, obstruir; encerrar, aprisionar; terminar, concluir; fam. hace callar; to ~ up shop, cerrar la tienda, el negocio; desistir de una empresa. — 12 intr. cerrarse; cerrar. 13 to ~ close, cerrar bien. 14 to ~ down, cerrar [la noche]; bajar [la niebla]; to ~ down on o upon, fam.: reprimir, coartar, restringir. 15 to ~ off, colgar el receptor telefónico. 16 to ~ up, callarse; agotarse. ¶ CONJUG. pret. y p. p.: shut; ger.: shutting.

shutdown (shø·tdaun) s. cierre, paro, interrupción del trabajo [en una fábrica, etc.].

shut-in adj. y s. encerrado en su casa, en un hospital, etc. [pers.]. — 2 adj. propio del que está encerrado o aislado.

shutoff (shø·tof) s. lo que cierra [el gas, etc.]. 2 tiempo de veda.

shutout (shø·taut) s. DEP. triunfo en que el bando contrario no marca ningún tanto. 2 acción de impedir la entrada. 3 LOCKOUT.

shutter (shø·tø') s. cerrador. 2 postigo, persiana, contraventana; cierre metálico [de escaparate]. 3 cierre, obturador.

shuttle (shø·tøl) s. lanzadera. 2 shuttle o ~ train (EE. UU.), tren que va y viene entre dos sitios próximos.

shuttle (to) tr. hacer ir y venir. — 2 intr. ir y venir, hacer viaje de ida y vuelta.

shuttlecock (shø·tølcac) s. volante, rehilete.

shy (shai) adj. tímido, asustadizo. 2 vergonzoso, recatado. 3 retraído, esquivo, arisco. 4 cauteloso, desconfiado, prudente. 5 poco dispuesto [a hacer algo]; que escapa, rehuye o evita. 6 difícil, obscuro. 7 fam. (EE. UU.) falto, escaso; que le falta a uno: I am ~ a dollar, me falta un dólar; to be ~ on, estar falto de. — 8 s. huida, respingo [del caballo]. 9 movimiento de sobresalto. 10 tiro, echada; ensayo, prueba: to have a ~ at, tratar de alcanzar [con algo que se tira]; probar, hacer un ensayo o probatura en.

shy (to) intr. hacerse a un lado, retroceder [ante algo]; dar una huida, respingar [el caballo]: to ~ at, retroceder ante, asustarse de, respingar al ver; to ~ away, apartarse o alejarse asustado. 2 tr. evitar, eludir. 3 lanzar, arrojar. ¶ CONJUG. pret. y p. p.: shied.

shyer (shai·ø') s. caballo asustadizo.

Shylock (shai·lac) s. fig. usurero.

shyly (shai·li) adv. tímidamente. 2 con esquivez, reserva, desconfianza o cautela.

shyness (shai·nis) s. timidez. 2 vergüenza, recato. 3 esquivez, reserva.

shyster (shai·stø') s. (EE. UU.) leguleyo, picapleitos, trapisondista, abogado o político sin escrúpulos.

si s. MÚS. Si.

sialagogue (saiæ·lagag) s. MED. sialagogo.

Siamese (saiamī·s) adj. y s. siamés: ~ twins, hermanos siameses.

sib (sib) adj. y s. pariente. — 2 s. parentela.

Siberian (saibī·rian) adj. y s. siberiano.

sibilant (si·bilant) adj. sibilante. — 2 s. letra o sonido sibilante.

sibilate (to) (si·bileit) tr. pronunciar con s inicial.

sibilation (sibilei·shøn) s. calidad de sibilante. 2 sonido sibilante.

sibyl (si·bil) s. sibila. 2 adivina.

sibylline (si·bilain) adj. sibilino, sibilítico. 2 exorbitante.

sic (sic) adv. lat. sic.

sicamore (si·camo') s. SYCAMORE.

sicarian (sikei·rian) s. sicario.

siccate (to) (si·keit) tr. secar, desecar.

siccation (sike·shøn) s. desecación.

siccative (si·cativ) adj. y s. secante [que seca o deseca].

siccity (si·csiti) s. sequedad, aridez.

sice (sais) s. el número seis [en un dado]. 2 pop. seis peniques.

Sicilian (sisi·lian) adj. y s. siciliano, sículo: ~ Vespers, Vísperas sicilianas.

sick (sic) adj. enfermo, doliente, malo, indispuesto: the Sick Man of Europe, fig. Turquía, el imperio turco [en tiempos de los sultanes]. 2 de enfermo, de enfermedad: ~ bay, ~ berth, MAR. enfermería; ~ bed, lecho de enfermo; ~ flag, MAR. bandera amarilla; ~ insurance, seguro de enfermedad; ~ leave, licencia o permiso por enfermedad; ~ list, MIL. lista o relación de enfermos, lista de reconocimiento; on the ~ list, enfermo; ~ room, cuarto de enfermo; enfermería. 3 mareado, que tiene náuseas; acompañado de náuseas: to be ~ at the stomach, tener náuseas; ~ headache, jaqueca con náuseas. 4 anheloso; nostálgico: to be ~ for, suspirar por. 5 asqueado, cansado, fastidiado, harto. 6 angustiado, afligido: ~ at the heart, acongojado, angustiado. 7 malsano, corrompido, insalubre. 8 pálido, débil. — 9 s. enfermo. 10 the ~, los enfermos.

sick (to) tr. azuzar. 2 buscar. | Ús. en imperativo para azuzar a un perro: ~ him!, ¡búscale!

sicken (to) (si·cøn) tr. enfermar, poner enfermo. 2 dar asco o náuseas. 3 cansar, hartar, fastidiar; empalagar. 4 debilitar. — 5 intr. enfermar, ponerse enfermo. 6 nausear, tener asco. 7 cansarse, hartarse. 8 debilitarse. 9 estropearse [el tiempo]. 10 to ~ for, (Ingl.) tener los síntomas preliminares de una enfermedad.

sickening (si·køning) adj. nauseabundo, repugnante. 2 hastioso. 3 enfermo. 4 que enferma o que causa enfermedad.

sickish (si·kish) adj. indispuesto. 2 bascoso. 3 algo nauseabundo. 4 empalagoso.

sickle (si·cøl) s. hoz, segadera, segur.

sicklier (si·kliø') adj. comp. de SICKLY.

sickliest (si·kliist) adj. superl. de SICKLY.

sickliness (si·klinis) s. condición enfermiza. 2 insalubridad.

sickly (si·kli) adj. enfermizo, achacoso, enclenque. 2 malsano, insalubre. 3 débil, lánguido, pálido, descolorido.

sickness (si·cnis) s. enfermedad, mal, indisposición. 2 náusea, mareo. 3 hastío, cansancio. 4 palidez.

sick-nurse s. enfermera.

side (said) s. lado, costado, parte: by the ~ of, al lado de, junto a; on all sides, por todos lados o partes; on this ~ of, a este lado de; ~ by ~, lado a lado: pain in the ~, dolor en el costado; to split one's sides, desternillarse de risa; relations on his mother ~, parientes de parte de madre. 2 orilla, margen. 3 falda, ladera. 4 región, distrito. 5 cara [de una cosa]: right ó wrong ~ of a cloth, haz o envés de una tela. 6 plano [de la espada]. 7 GEOM. lado. 8 MAR. costado, borda, banda: to go over the ~, entrar o salir de un buque. 9 lado, aspecto. 10 lado, parte, partido, facción, bando: to take sides with, ponerse al lado o de parte de; tomar partido por. 11 BILLAR efecto. 12 ENCUAD. tapa. 13 fanfarronería. — 14 adj. lateral; de lado, oblicuo; incidental, secundario: ~ arms, armas que se llevan al cinto; ~ chain, QUÍM. cadena lateral; ~ cousin, pariente lejano; ~ dish, entremés; ~ door, puerta lateral, puerta excusada o falsa; ~ drum, MIL. tambor; ~ glance, mirada de soslayo; ~ graftage o grafting, injerto de escudete; ~ issue, cuestión secundaria, incidente; ~ light, luz lateral; ventana lateral; farol de situación; noticia, detalle o ilustración incidental; ~ line, línea lateral; negocio o actividad accesorios o suplementarios; DEP. línea que señala el límite lateral del campo; on the ~ lines, estar sin participar, sin tomar parte; ~ meat (EE. UU.), tocino salado; ~ show, función o exhibición secundaria; asunto de interés incidental; ~ step, paso que se da hacia un lado; estribo, escalón [para subir a un carruaje, embarcación, etc.]; ~ *table*, mesa auxiliar; trinchero; ~ *whiskers*, patillas, chuletas.

side (to) *tr.* ponerse, ir o estar al lado de. 2 apartar, echar a un lado. 3 ENCUAD. cubrir [las tapas]. — *4 intr.* estar por, ser partidario de; apoyar a, opinar con. | Gralte. con *with*.

sideboard (sai·dbo⁰d) *s.* aparador, copero, alacena.

sideburns (sai·dbø⁰nš) *s. pl.* patillas, chuletas.

sidecar (sai·dca⁰) *s.* sidecar, cochecito lateral de una motocicleta.

sideface (sai·dfeis) *s.* perfil, rostro de perfil.

sidelong (sai·dlong) *adj.* oblicuo, inclinado. 2 puesto de lado. 3 indirecto, de soslayo. — *4 adv.* lateralmente, oblicuamente; a lo largo. 5 de lado, de costado.

sidepiece (sai·dpis) *s.* pieza o parte lateral.

sidereal (saidi·rial) *adj.* sideral, sidéreo.

siderite (si·dørait) *s.* MINER. siderita, siderosa. 2 BOT. siderita.

siderosis (sidørou·sis) *s.* MED. siderosis.

siderurgical (sidørø·ỹical) *adj.* siderúrgico.

siderurgy (si·dørøỹi) *s.* siderurgia.

sidesaddle (sai·dsædøl) *s.* silla de montar de mujer [para montar a mujeriegas]. — *2 adv.* a asentadillas, a mujeriegas.

sideslip (sai·dslip) *s.* resbalamiento o patinamiento lateral [de un neumático]. *2* deslizamiento lateral [de un avión].

sideslip (to) *intr.* resbalar o patinar hacia un lado. 2 deslizarse [un avión] hacia un lado. ¶ CONJUG. pret. y p. p.: *sideslipped*; ger.: *sideslipping*.

side-step (to) *intr.* dar un paso hacia un lado, hacerse a un lado. — *2 tr.* esquivar, evitar, evadir.

sideswipe (sai·dsuaip) *s.* golpe dado oblicuamente.

sideswipe (to) *tr.* golpear o tocar oblicuamente.

sidetrack (sai·dtræc) *s.* FERROC. vía muerta, apartadero.

sidetrack (to) *tr.* FERROC. desviar, apartar. *2* fig. arrinconar.

sidewalk (sai·dwoc) *s.* acera, *banqueta, *vereda.

sideward(s (sai·dwø⁰dš) *adv.* de lado, hacia un lado.

sideways (sai·dueiš) *adj.* dirigido hacia un lado. 2 indirecto. — *3 adv.* de lado. 4 oblicuamente, con inclinación. 5 de soslayo, indirectamente.

side-wheel *adj.* MAR. de ruedas laterales [vapor].

side-wheeler *s.* vapor de ruedas laterales.

sidewise (sai·dwaiš) *adj.* y *adv.* SIDEWAYS.

siding (sai·ding) *s.* FERROC. apartadero, desvío. 2 adhesión a un partido, a una opinión. 3 tablas que forman el paramento en una casa de madera.

sidle (to) *intr.* andar de lado, con timidez o furtivamente; *to ~ up*, acercarse con timidez o furtivamente.

Sidonian (saidou·nian) *adj.* y *s.* sidonio.

sidy (sai·di) *adj.* fam. presuntuoso.

siege (siỹ) *s.* sitio, asedio, cerco: *to lay ~ to*, sitiar, cercar, asediar; poner sitio a; *to raise the ~*, levantar el sitio. — *2 adj.* de sitio: *~ artillery*, artillería de sitio.

Sienese (siøni·š), *pl.* **-ese** *adj.* y *s.* de Siena.

sienite (si·ønait) *s.* GEOL. sienita.

sienna (sie·na) *s.* tierra de Siena.

sierra (sie·ra) *s.* (EE. UU.) GEOGR. sierra. 2 ICT. (EE. UU.) pez parecido a la caballa.

siesta (sie·sta) *s.* siesta.

sieve (siv) *s.* cedazo, tamiz. 2 fig. hablador, boquirrubio. 3 (Ingl.) canasto [que sirve de medida].

sieve (to) *tr.* TO SIFT.

sift (to) (sift) *tr.* cerner, tamizar, cribar, garbillar. 2 examinar minuciosamente. 3 espolvorear, esparcir [a través de un cedazo]. 4 separar, entresacar. — *5 intr.* pasar a través de un cedazo; caer de un cedazo o como de un cedazo.

sifter (si·ftø⁰) *s.* cernedor, tamiz, harnero.

siftings (si·ftings) *s. pl.* cerniduras, granzas.

sigh (sai) *s.* suspiro.

sigh (to) *intr.* suspirar: *to ~ for*, suspirar por, anhelar, desear. — *2 tr.* decir suspirando. 3 lamentar. 4 *to ~ away*, pasar [un tiempo] suspirando.

sighingly (sai·ingli) *adv.* con suspiros.

sight (sait) *s.* vista, visión [sentido, órgano, acción de ver]: *to catch ~ of*, avistar, alcanzar a ver; *to come in ~*, asomar, aparecer;

to heave in ~, MAR. aparecer en el horizonte; *to lose ~ of*, perder de vista; *to put out of ~*, quitar de la vista, esconder; *eight days after ~*, COM. a ocho días vista; *at ~*, a primera vista; COM. a la vista; *by ~*, de vista; *in ~ of*, a la vista de; *on ~*, a primera vista; *out of ~*, fuera de la vista, que no está a la vista. 2 vislumbre, atisbo. 3 vista, escena, cuadro, espectáculo. 4 aspecto. 5 visión, adefesio, facha, horror. 6 abertura para mirar; pínula. 7 mira o alza [de un arma]. 8 concepto, opinión, parecer, punto de vista. 9 fam. *a ~ of*, la mar de, gran cantidad de. 10 *pl.* sitios o cosas interesantes [de un lugar]: *to see the sights*, visitar los sitios o cosas interesantes. — *11 adj.* visual. 12 COM. a la vista: *~ draft*, giro a la vista, letra a la vista. 13 *a* primera vista: *~ reading*, lectura a primera vista.

sight (to) *tr.* e *intr.* ver, mirar, observar. — *2 tr.* avistar, vislumbrar, alcanzar con la vista. 3 poner mira [a un arma]. 4 apuntar [un cañón, un fusil].

sighted (sai·tid) *adj.* vidente [que goza de vista]. 2 provisto de mira [arma]. 3 ajustado para cierto alcance [arma]. 4 (en comp.) de vista: *shortsighted*, corto de vista.

sightless (sai·tlis) *adj.* ciego [que no ve]. 2 invisible.

sightliness (sai·tlinis) *s.* vistosidad, belleza, hermosura.

sightly (sai·tli) *adj.* vistoso, hermoso, agradable a la vista. 2 que ofrece una bella perspectiva. — *3 adv.* vistosamente, bellamente.

sightseeing (sai·tsiing) *s.* turismo. 2 acto de visitar sitios o cosas interesantes.

sightseer (sai·tsiø⁰) *s.* turista. 2 pers. que visita sitios o cosas interesantes.

sigillate (si·ỹileit) *adj.* sigilada [cerámica].

sigillography (siỹila·grafi) *s.* sigilografía.

Sigismund (si·ỹismønd) *n. pr.* Sigismundo.

sigla (si·gla) *s.* sigla.

sigma (si·gma) *s.* sigma [letra griega].

sigmate (si·gmeit) *adj.* en forma de sigma.

sigmoid (si·gmoid) *adj.* sigmoideo.

sign (sain) *s.* signo; señal, seña; muestra, indicio, traza, síntoma: *minus ~*, signo menos; *plus ~*, signo más; *~ manual*, firma o rúbrica de propio puño; firma del soberano; *the ~ of the cross*, la señal de la cruz; *the signs of the times*, los signos del tiempo, las tendencias de la época; *to show signs of*, dar muestras o señales de, tener trazas de; *by signs*, por señas. 2 muestra, letrero. 3 rastro, vestigio. 4 ASTR. signo [del Zodíaco]. 5 presagio. — *6 adj.* de signos, señas, letreros, etc.: *~ language*, lenguaje de señas, dactilología; *~ painter*, pintor de muestras o letreros.

sign (to) *tr.* signar. 2 indicar con un signo. 3 hacer seña de. 4 firmar, suscribir: *to ~ on the dotted line*, firmar sin discutir, como cosa de *to ~ away*, *off* u *over*, firmar la cesión o trasrutina. 5 contratar [a un empleado, etc.]. 6 paso de. — *7 intr.* hacer señas, hablar por signos. 8 *to ~ off*, abandonar una pretensión; anunciar el fin de una emisión de radio. 9 *to ~ up*, fam. contratarse, firmar el contrato.

signal (si·gnal) *s.* señal [para indicar o advertir algo]; seña. 2 signo, indicio. — *3 adj.* señalado, insigne, notable, extraordinario, completo, ejemplar. 4 de señales, para señales: *~ beacon*, faro; *~ code*, código de señales; *~ corps*, *~ service*, MIL. servicio de señales o comunicaciones; *~ flag*, bandera de señales; *~ telegraph*, telégrafo óptico.

signal (to) *tr.* e *intr.* señalar, indicar, hacer señas. ¶ CONJUG. pret. y p. p.: *signaled* o *-nalled*; ger.: *-naling* o *-nalling*.

signalize (to) (si·gnalaiš) *tr.* señalar, distinguir, singularizar, hacer notable. 2 señalar [indicar, anunciar con una señal]. 3 describir [a uno] por sus señas personales.

signally (si·gnali) *adv.* señaladamente, notablemente.

signalman (si·gnalmæn), *pl.* **-men** (-men) *s.* FERROC. guardavía; encargado de hacer señales.

signalment (si·gnalmønt) *s.* filiación, señas personales.

signatory (si·gnatori), *pl.* **-ries** (-riš) *s.* y *adj.* signatario.

signature (si·gnachǿ') s. firma,· rúbrica. *2* marca,
sello. *3* IMPR., MÚS. signatura. *4* FARM. parte de
la receta que contiene las instrucciones para el
paciente. *5* RADIO notas de sintonía; notas que
anuncian un espacio o programa.
signboard (sai·nbo'd) s. letrero, muestra [de esta-
blecimiento].
signer (sai·nǿ') s. firmante.
signet (si·gnit) s. sello, signáculo, estampilla.
significance, significancy (significans, -i) s. significación, significado. *2* importancia, consecuencia. *3* calidad de significativo o expresivo.
significant (signi·ficant) *adj.* significante, significativo, expresivo, sugestivo. *2* importante. *3* ARIT.
significativa [cifra].
significantly (signi·ficantli) *adv.* significativamente, expresivamente.
signification (signifike·shǿn) s. significación, significado, sentido. *2* notificación.
significative (signi·fikeitiv) *adj.* significativo. *2* representativo, simbólico.
signify (to) (si·gnifai) *tr.* significar. *2* indicar, dar
a entender, manifestar, notificar. *3* representar,
denotar. — *4 intr.* importar, ser de consecuencia : *what does it ~?*, ¿qué importa? ¶ CONJUG.
pret. y p. p. : *signified.*
signpost (sai·npoust) s. poste indicador, poste o
pilar de guía, hito.
silage (sai·lidȳ) s. forraje conservado en silo.
silage (to) *tr.* ensilar.
silence (sai·lǿns) s. silencio : *to put to ~*, hacer
callar; *~ gives consent*, quien calla otorga; *i.,
~*, en silencio. *2* reserva, secreto. *3* olvido, obscuridad. — *4 interj.* ¡silencio!, ¡chis!
silence (to) *tr.* imponer silencio a, hacer callar. *2*
acallar, sosegar, aquietar. *3* atarugar. *4* MIL. apagar los fuegos de la artillería enemiga].
silencer (sai·lǿnsǿ') s. silenciador. *2* apagador [de
sonido]. *3* algo que no admite réplica o que
hace callar.
silent (sai·lǿnt) *adj.* silencioso, mudo, tácito : *~
movie, ~ picture*, CINE. película muda; *~ partner*,
COM. socio comanditario; *to be*, o *to keep*, *~*, callar, callarse; *be ~!*, ¡cállese usted! *2* callado,
taciturno. *3* sigiloso. *4* inactivo.
silentiary (sai·lenshiari) *adj.* silenciario, silenciero.
silently (sai·lǿntli) *adv.* silenciosamente. *2* calladamente, sigilosamente.
silentness (sai·lǿntnis) s. silencio.
Silesian (sail·rshan) *adj.* y *s.* silesio, silesiano.
silex (sai·lecs) s. MINER. sílex.
silhouette (silue·t) s. silueta.
silhouette (to) *tr.* representar o hacer aparecer
en silueta.
silica (si·lica) s. MINER. sílice.
silicate (si·likeit) s. QUÍM. silicato.
siliceous (sili·shǿs) *adj.* silíceo.
silicic (sili·sic) *adj.* silícico.
silicious (sili·shǿs) *adj.* silíceo.
silicle (si·licǿl) s. BOT. silícula.
silicon (si·licǿn) s. QUÍM. silicio.
silicosis (silicou·sis) s. MED. silicosis.
siliqua (si·licua) s. silicua [peso]. *2* BOT. silicua.
silique (sili·c) s. BOT. silicua.
silk (silk) s. seda [materia, hilo, tejido] : *raw ~*,
seda cruda o en rama; *waste ~*, borra de seda.
2 pl. sedería, géneros de seda. — *3 adj.* sedero, de
la seda : *~ industry*, industria sedera. *4* de seda;
sedoso, sedeño : *~ cotton*, seda vegetal; *~ culture*, sericultura; *~ gown*, toga de seda que
visten ciertos letrados de categoría superior; *~
grower*, sericultor; *~ growing*, sericultura; *~
hat*, sombrero de copa; *~ mercer*, mercero; *~
stocking*, media de seda; *~ thrower*, devanador
o torcedor de seda; *~ throwing*, torcedura de la
seda; *~ twist*, torzal; *all ~*, todo seda.
silkaline (si·lcalin) s. tejido de sedalina.
silk-cotton tree s. BOT. ceiba.
silken (si·lkǿn) *adj.* de seda. *2* sedoso, sedeño. *3*
suave y lustroso. *4* tierno, delicado. *5* meloso
[lenguaje]. *6* lujoso, muelle.
silkiness (si·lkinis) s. calidad de sedoso. *2* blandura, suavidad. *3* melosidad. *4* molicie.
silkman (si·lcmæn), *pl.* **-men** (-men) s. sedero, mercader de sedas.
silkweed (si·lkud) s. BOT. planta asclepiadácea. *2*
nombre de ciertas algas.
silkworm (si·lkuǿ'm) s. gusano de seda.

silky (si·lki) *adj.* de seda, sedoso, sedeño. *2* suave,
delicado. *3* lustroso. *4* BOT., ZOOL. cubierto de
vello, plumas, pelo, etc., sedosos.
sill (sil) s. umbral [de puerta]. *2* ARQ. solera, carrera. *3 window ~*, antepecho de ventana.
sillabub (si·labǿb) s. manjar de nata o leche cuajada con azúcar y vino o sidra.
siller (si·lǿ') s. (Esc.) plata, dinero.
sillier (si·liǿ') *adj. comp.* de SILLY.
silliest (si·liist) *adj. superl.* de SILLY.
sillily (si·lili) *adv.* tontamente.
silliness (si·linis) s. tontería, simpleza, estupidez,
absurdidad.
silly (si·li) *adj.* tonto, bobo, necio, simple, bendito. *2* absurdo, disparatado, estúpido. *3* rústico, sencillo.
silo (sai·lou) s. silo, silero.
silt (silt) s. cieno, fango, sedimento [de las
aguas].
silt (to) *tr.* e *intr.* obstruir u obstruirse con el
cieno, etc., que acarrean las aguas.
Silurian (siliu·rian) *adj.* y *s.* siluriano. *2* silúrico.
silvan (si·lvan) *adj.* y *s.* SYLVAN.
Silvan, Silvanus (silvei·nǿs) *n. pr.* Silvano.
silver (si·lvǿ') s. plata [metal; moneda]. *2* vajilla
o cubiertos de plata. *3* color de plata. — *4 adj.*
de plata; argentado, argentino, plateado; blanco, cano : *~ age*, edad de plata; *~ beater*, batihoja; *~ fir*, abeto, abeto blanco; *~ foil*,
~ leaf, hoja de plata, plata en hojas; *~ fox*,
zorro plateado; *~ gilt*, plata dorada; *~ gray*,
color de plata, color gris plateado; *~ lace*,
encaje o galón de plata; *~ lining*, borde blanco
de una nube; fig. circunstancia consoladora;
~ nitrate, nitrato de plata; *~ paper*, papel plateado; papel de estaño; papel de seda para
envolver géneros de plata; FOT. papel sensibilizado con sales de plata; *~ plate*, vajilla o cubiertos de plata o plateados; *~ plating*, plateado, plateadura; *~ screen*, pantalla plateada;
fig. la pantalla, el cine; *~ standard*, patrón
plata [monetario]; *~ voice*, voz argentina; *~
wedding*, bodas de plata; *~ weed*, BOT. argentina.
silver (to) *tr.* platear. *2* blanquear. *3* azogar [un
espejo]. — *4 intr.* volverse plateado.
silverfish (si·lvǿ'fish) s. ICT. nombre de varios peces
de color plateado. *2* ENTOM. lepisma.
silver-haired *adj.* cano, de cabellos blancos.
silveriness (si·lvǿrinis) s. blancura o brillo de plata.
silvering (silvǿ·ring) s. capa o baño de plata. *2* plateado, plateadura. *3* azogado [de un espejo].
silver-plated *adj.* plateado.
silversmith (si·lvǿ'smiz) s. platero, orfebre.
silver-tongued *adj.* de hablar elocuente y persuasivo.
silver-voiced *adj.* de voz argentina.
silverware (si·lvǿ'ue') s. plata labrada, objetos de
plata.
silvery (si·lvǿri) s. plateado, argentino
Silvester (silve·stǿ') *n. pr.* Silvestre.
silviculture (silvicǿ·lchǿ') s. silvicultura.
silviculturist (silvicǿ·lchǿrist) s. silvicultor.
Sim (sim) *n. pr.* dim. de SIMON.
Simeon (si·miǿn) *n. pr.* Simeón.
simian (si·mian) *adj.* simiesco. — *2 s.* ZOOL. simio.
similar (si·mila') *adj.* similar, semejante, parecido. *2* GEOM. semejante.
similarity (similæ·riti) s. similitud, semejanza.
similarly (si·mila'li) *adv.* semejantemente, parecidamente, de igual manera.
simile (si·mili) s. símil. — *2 adj.* MÚS. igual.
similitude (simi·litiud) s. similitud, parecido. *2*
símil, comparación, alegoría. *3* cosa igual. *4* imagen, semejanza.
similize (to) (si·milaiś) *tr.* asemejar, comparar. —
2 tr. e *intr.* describir con símiles o alegorías.
simioid (si·mioid) *adj.* parecido al mono.
simious (si·miǿs) *adj.* simiesco, de mono.
simitar (si·mita') s. cimitarra.
simlin (si·mlin) s. (EE. UU.) cierta calabaza.
simmer (si·mǿ') *tr.* hacer cocer a fuego lento. — *2 intr.* hervir con poco fuego; estar a
punto de hervir. *3 fig.* hervir [de ira, etc.].
Simon (sai·mǿn) *n. pr.* Simón.
simoniac (saimou·naiæc) *adj.* y *s.* simoníaco.
simoniacal (saimonai·acal) *adj.* simoníaco.
Simon Pure *adj.* auténtico, genuino, verdadero.
simoom, simoon (simu·n) s. simún [viento].
simper (si·mpǿ') s. sonrisa tonta o afectada.

simper (to) *intr.* sonreír tontamente o con afectación. — *2 tr.* expresar con una sonrisa tonta o afectada.

simperingly (si·mpøringli) *adv.* con sonrisa tonta o afectada.

simple (si·mpøl) *adj.* simple : ~ *eye*, ojo simple [de insecto] ; ~ *interest*, COM. interés simple ; ~ *leaf*, BOT. hoja simple ; ~ *machine*, máquina simple ; ~ *sentence*, GRAM. oración simple. *2* mero. *3* sencillo : ~ *life*, vida sencilla, vida que prescinde de lujos y complicaciones ; *in* ~ *beauty*, sin adornos. *4* llano [accesible, sin presunción]. *5* humilde [de humilde cuna o condición]. *6* insignificante, de poca monta. *7* ingenuo, inocente. *8* mentecato. *9* MAT. de primer grado [ecuación]. *10* MAT. incompleja [fracción]. *11* MEC. de simple expansión [máquina de vapor]. — *12 s.* simple, simplón, bobo. *13* cosa o idea simple. *14* FARM. simple. *15* ECLES. fiesta simple. *16* humilde [pers. de humilde cuna o condición].

simple-hearted *adj* sencillo, franco, sincero.

simple-minded *adj.* sencillo, ingenuo, cándido. *2* simple, tonto.

simple-mindedness (si·mpølmai·ndidnis) *s.* sencillez, ingenuidad. *2* simpleza, tontería.

simpleness (si·mpølnis) *s.* SIMPLICITY.

simpleton (si·mpøltøn) *s.* simplón, bobo, papanatas.

simpliciter (simpli·sitø') *adv.* simplemente, naturalmente.

simplicity (simpli·siti) *s.* simplicidad. *2* sencillez. *3* llaneza. *4* franqueza, ingenuidad. *5* simpleza, bobería.

simplification (simplifike·shøn) *s.* simplificación.

simplify (to) (si·mplifai) *tr.* simplificar. ¶ CONJUG. pret. y p. p. : *simplified.*

simplism (si·mpliŝm) *s.* simplismo.

simply (si·mpli) *adv.* simplemente. *2* meramente. *3* sencillamente. *4* tontamente.

simulacrum (simiulei·crøm), *pl.* **simulacra** (-cra) o **-crums** *s.* simulacro.

simulant (si·miulant) *adj.* que simula, imita o finge. *2* BIOL. en forma de. — *3 s.* simulador.

simulate (to) (si·miuleit) *tr.* simular, fingir, imitar.

simulated (si·miuleitid) *adj.* simulado, fingido.

simulation (simiule·shøn) *s.* simulación, fingimiento, imitación.

simulator (si·miuleitø') *s.* simulador.

simultaneity (simøltanriti) *s.* simultaneidad.

simultaneous (simøltei·niøs) *adj.* simultáneo.

simultaneously (simøltei·niøsli) *adv.* simultáneamente.

simultaneousness (simøltei·niøsnis) *s.* simultaneidad.

sin (sin) *s.* pecado, culpa. *2* falta, transgresión. — *3 adj.* del pecado o por el pecado [esp. en comp.] : *sin-oorn, sin-breed,* nacido del pecado ; ~ *offering,* sacrificio expiatorio.

sin (to) *intr.* pecar. *2* faltar, errar. — *3 tr.* cometer [un pecado]. *4* efectuar, conducir, causar, etc., pecando o por el pecado. ¶ CONJUG. pret. y p. p. : *sinned;* ger. : *sinning.*

Sinaitic (sainai·itic) *adj.* del Sinaí.

sinapism (si·napiŝm) *s.* sinapismo.

since (sins) *prep.* desde, después de [con sentido temporal]. — *2 adv.* desde entonces ; hace tiempo, ha : *ever* ~, desde entonces ; *how many years* ~ ?, ¿cuántos años ha? ; *long* ~, hace mucho tiempo ; *how long* ~?, ~ *when*?, ¿desde cuándo? — *3 conj.* desde que, después que. *4* ya que, puesto que, pues que, como, en vista de : ~ *it is so,* siendo así.

sincere (sinsi·') *adj.* sincero. *2* verdadero, real.

sincerely (sinsi·'li) *adv.* sinceramente.

sincereness (sinsi·'nis), **sincerity** (sinse·riti), *pl.* **-ties** (-tiŝ) *s.* sinceridad, franqueza. *2* sentimiento o expresión sinceros.

sinciput (si·nsipøt) *s.* ANAT. coronilla.

1) **sine** (sain) *s.* MAT. seno : *versed* ~, seno verso.

2) **sine** (sai·ni) *prep. lat.* sine : *sine qua non,* sine qua non.

sinecure (sai·nikiu') *s.* sinecura, prebenda, enchufe. *2* ECL. beneficio simple.

sinecurist (sai·nikiurist) *s.* el que tiene una sinecura.

sinew (si·niu) *s.* ANAT. tendón. *2* fuerza muscular. *3* energía, fibra, nervio, fortaleza.

sinew (to) *tr.* fortalecer.

sinewed (si·niud), **sinewy** (si·niui) *adj.* nervoso, nervudo. *2* fuerte, robusto, vigoroso.

sinful (si·nful) *adj.* pecador. *2* pecaminoso.

sinfully (si·nfuli) *adv.* pecaminosamente, pecando.

sinfulness (si·nfulnis) *s.* maldad, perversidad, condición de pecaminoso.

sing (to) (sing) *tr.* e *intr.* cantar : *to* ~ *false, to* ~ *out of tune,* desafinar ; *to* ~ *another tune,* bajar el tono ; *to* ~ *small,* adoptar un tono humilde, hácerse el chiquito ; *to* ~ *to sleep,* arrullar, adormecer cantando. — *2 tr.* proclamar, anunciar. *3* acompañar [a uno], pasar [un tiempo], etc., cantando. *4 to* ~ *out,* vocear, cantar o anunciar a gritos. — *5 intr.* gorjear [los pájaros]. *6* murmurar [el agua]. *7* silbar, zumbar [un proyectil, el viento]. *8* zumbar [los oídos]. *9 to* ~ *out,* cantar [delatar a un cómplice]. ¶ CONJUG. pret. : *sang* o *sung;* p. p. : *sung.*

singe (sinŷ) *s.* chamusco, chamusquina, socarra. *2* calor abrasador.

singe (to) *tr.* chamuscar, socarrar, sollamar. *2* quemar [las puntas del pelo]. *3* fig. perjudicar. ¶ CONJUG. ger. : *singeing.*

singeing (si·nŷeing) *adj.* chamuscador. *2* abrasador. — *3 s.* chamusco, socarra. *4* quemado [de las puntas del pelo].

1) **singer** (si·ngø') *s.* cantante, cantatriz ; cantor, cantora. *2* pájaro cantor.

2) **singer** (si·nŷø') *s.* sollamador. *2* máquina para sollamar.

Singhalese (singaliŝ) *adj.* y *s.* cingalés.

singing (si·nguing) *s.* canto [acción de cantar]. *2* zumbido. — *3 adj.* cantor, cantarín, sonoro, de canto : ~ *bird,* pájaro cantor ; ~ *book,* cuaderno de solfa ; ~ *master,* maestro de canto ; ~ *society,* orfeón, sociedad coral.

single (si·ngøl) *adj.* solo, único, singular : ~ *tax,* impuesto único ; *not a* ~, ni un, ni una. *2* soltero, célibe; de celibato : ~ *man,* ~ *woman,* soltero, soltera ; ~ *life,* vida de celibato. *3* simple, sencillo : ~ *block,* motón sencillo ; ~ *entry,* COM. partida simple. *4* individual, de o para uno solo ; hecho por uno solo o por uno por cada lado : ~ *room,* cuarto para uno solo ; ~ *combat,* singular combate. *5* de una sola [parte u órgano principal] ; de un solo [movimiento, etc.]. *6* honrado, sincero. *7* MAR. single. *8* ~ *file,* hilera, fila india; reata. — *9 s.* single. — *10 pl.* TENIS individuales [juego de].

single (to) *tr.* singularizar, distinguir, designar especialmente ; escoger, entresacar. | Gralte. con *out* o *from.* *2* reducir a uno solo. — *3 intr.* amblar.

single-acting *adj.* MEC. de simple efecto.

single-breasted *adj.* recta, que no cruza [chaqueta].

single-eyed *adj.* tuerto. *2* perspicaz. *3* sincero, abnegado.

single-foot *s.* paso de andadura.

single-handed *adj.* manco. *2* solo, sin ayuda. *3* que se hace o se usa por uno solo o con una sola mano.

single-hearted *adj.* sencillo de corazón ; honrado, sincero.

single-minded *adj.* ingenuo, sencillo, sin doblez. *2* de un solo propósito o idea.

singleness (si·ngølnis) *s.* unidad, singularidad. *2* sencillez, ingenuidad, sinceridad. *3* celibato.

single-phase *adj.* ELECT. monofásico.

single-pole *adj.* ELECT. unipolar.

single-seater *s.* coche, aeroplano, etc., de un solo asiento.

singlestick (si·ngølstic) *s.* ESGR. bastón.

singlet (si·nglit) *s.* camiseta [prenda].

singleton (si·ngøltøn) *s.* única carta de un palo [en el bridge].

singletree (si·ngøltrı) *s.* balancín [de carruaje].

singly (si·ngli) *adv.* individualmente, aisladamente, de uno en uno, uno a uno. *2* solo, sin compañía o ayuda.

singsong (si·ngsong) *s.* cadencia uniforme, sonsonete, tonillo. *2* (Ingl.) fam. reunión para cantar. — *3 adj.* monótono.

singular (si·nguiula') *adj.* singular [único, solo, raro, excelente, extraordinario]. *2* singular [combate]. *3* curioso, estrafalario. *4* individual. *5* GRAM. singular. *6 all and* ~, todos y cada uno. — *7 s.* GRAM. número singular.

singularity (singuiulæriti) *s.* singularidad. *2* individualidad. *3* peculiaridad.

singularization (singuiularise·shøn) s. singularización.
singularize (to) (si·nguiularaiš) tr. singularizar,
distinguir. 2 particularizar, individualizar.
singularly (si·nguiula'li) adv. singularmente, particularmente, separadamente.
singularness (si·nguiula'nis) s. SINGULARITY.
Sinio (si·nic) adj. y s. sinico, chino, chinesco.
sinister (si·nistø') adj. siniestro, izquierdo. 2 siniestro, avieso, funesto, aciago.
sinistrad (si·nistræd) adv. hacia el lado izquierdo.
sinistral (si·nistral) adj. siniestro, izquierdo. 2 zurdo. 3 ilegítimo, bastardo.
sinistrorse (si·nistro's) adj. BOT. sinistrorso.
sinistrous (si·nistrøs) adj. siniestro, avieso, aciago.
2 desgraciado. 3 siniestro, izquierdo.
sink (sinc) s. sumidero, sentina, vertedero, albañal. 2 fregadero. 3 depresión, hoyo. 4 área pantanosa.
sink (to) tr. hundir, sumir, sumergir, echar a
pique. 2 ahondar, excavar; grabar. 3 abrir [un
pozo]. 4 bajar [la voz, la mano, etc.]. 5 reducir,
disminuir, depreciar. 6 rebajar, degradar. 7 hundir, arruinar, destruir, consumir. 8 clavar, hundir : to ~ one's teeth into, clavar los dientes en.
9 perder de vista [bajo el horizonte]. 10 deprimir. 11 abatir [el ánimo]. 12 hacer desaparecer. 13 ignorar, dejar a un lado, prescindir de,
omitir, suprimir. — 14 intr. hundirse, sumergirse.
15 zozobrar, irse a pique. 16 bajar, descender. 17
desaparecer. 18 bajar, disminuir, menguar. 19
debilitarse, apagarse; declinar, decaer, ir a menos; perder las fuerzas, la salud. 20 ceder, caer;
dejarse caer : to ~ on one's knees, caer de rodillas. 21 abatirse. 22 bajarse [los ojos]. 23 engolfarse, embeberse. 24 penetrar. 25 grabarse [en
la memoria]. 26 convertirse [en algo peor]. 27
ARQ. asentarse, hacer asiento. 28 my heart sank
within me, se me cayeron las alas del corazón.
29 to ~ down, bajar, caer gradualmente; penetrar profundamente. 30 to ~ to sleep, caer
en el sueño. ¶ CONJUG. pret.: sank o sunk;
p. p.: sunk o sunken.
sinkable (si·ncabøl) adj. hundible, sumergible.
sinker (si·ncø') s. plomo [de caña de pescar].
2 grabador en hueco. 3 lo que deprime o hace
bajar. 4 el que realiza una acción de las expresadas por el verbo TO SINK.
sinkhole (si·nkjoul) s. agujero de desagüe. 2 sumidero. 3 fam. (EE. UU.) empresa donde se pierde el dinero.
sinking (si·nking) s. hundimiento, sumersión. 2
abertura [de un pozo, etc.]. 3 depresión. 4 abatimiento, desfallecimiento. — 5 adj. que se hunde, etc. : ~ spirit, abatimiento de ánimo. 6 COM.
~ fund, fondo de amortización.
sinless (si·nlis) adj. puro, libre de pecado.
sinlessness (si·nlisnis) s. impecabilidad.
sinner (si·nø') s. pecador, pecadora.
Sinn Fein (shin-fein) s. partido autonomista de
Irlanda.
Sinologist (saina·loÿist), **Sinologue** (sai·nolag) s.
sinólogo.
Sinology (saina·loÿi) s. sinología.
sinople (si·nøpøl) s. BLAS. sinople.
sinter (si·ntø') s. GEOL. toba, incrustación.
sinuate (si·niueit) adj. sinuoso, tortuoso. 2 BOT.
festoneado, ondeado.
sinuate (to) tr. formar sinuosidades o meandros,
serpentear.
sinuation (siniue·shøn) s. sinuosidad, meandro.
sinuosity (siniua·siti) s. sinuosidad, tortuosidad.
sinuous (si·niuøs) adj. sinuoso. 2 tortuoso.
sinus (sai·nøs) s. seno [curva]. 2 ZOOL., ANAT., seno,
cavidad. 3 GEOGR. seno, ensenada.
sinusoid (sai·nøsoid) s. GEOM. sinusoide.
sip (sip) s. sorbo.
sip (to) tr. e intr. beber a sorbos. 2 libar, chupar.
¶ CONJUG. pret. y p. p.: sipped; ger.: sipping.
siphon (sai·føn) s. Fís., ZOOL. sifón. — 2 adj. de
sifón : ~ bottle, botella de sifón; ~ pipe,
desagüe de sifón.
siphon (to) tr. conducir, sacar o vaciar con sifón.
— 2 intr. pasar por un sifón.
siphonage (sai·fønidÿ) s. desagüe o extracción por
sifón. 2 acción del sifón.
siphonal (sai·fønal), **siphonic** (sai·fønic) adj. de
sifón o en forma de él; mediante un sifón.

sipper (si·pø') s. bebedor, sorbedor. 2 paja para
sorber.
sippet (si·pit) s. sopita, sopa, tostada [que se
moja]. 2 trocito, pedacito.
sir (sør) s. señor, caballero [término de cortesía
para dirigirse a uno sin emplear su nombre]. 2
(Ingl.) tratamiento que se antepone al nombre
de pila de un caballero o baronet.
sircar (sø·'ca') s. (India) el gobierno, la autoridad
suprema. 2 (India) amo, señor [ús. como trata-
miento]. 3 (Bengala) criado o mayordomo.
sirdar (sø·da·') s. (India, Afganistán, etc.) jefe indígena; oficial superior; criado, portador de
palanquín. 2 (Egipto, Turquía) comandante en
jefe.
sire (sai·') s. señor [tratamiento del soberano]. 2
padre, abuelo, progenitor. 3 anciano. 4 fam. individuo. 5 animal padre, semental.
sire (to) tr. engendrar [hablando de animales].
siren (sai·ren) s. MIT. sirena. 2 buena cantatriz.
3 mujer seductora y peligrosa. 4 sirena [pito].
Sirenia (sairr·nia) s. pl. ZOOL. sirénidos.
sirenian (sairr·nian) adj. y s. sirénido.
Sirius (si·riøs) s. ASTR. Sirio.
sirkar (sø·'ca') s. SIRCAR.
sirloin (sø·'loin) s. solomillo, solomo.
sirocco (siro·co) s. siroco.
sirrah (si·ra) s. término despectivo usado para
dirigirse a uno con enojo, desprecio, etc.
sirup (si·røp) s. jarabe, jarope. 2 almíbar.
sirupy (si·røpi) adj. parecido al jarabe, almibarado.
sisal (si·sal) s. sisal, pita.
siskin (si·skin) s. ORNIT. lugano.
sissy (si·si) s. fam. hermanita; niñita. — 2 adj.
y s. afeminado.
sister (si·stø') f. hermana : Sister of Carity, Sister
of Mercy, hermana de la caridad. 2 sor, monja.
3 enfermera jefe; enfermera. — 4 adj. hermano,
gemelo [hablando de cosas] : ~ language, lengua hermana; ~ ships, barcos gemelos.
sister (to) tr. ser hermana de. 2 tratar como hermana.
sisterhood (si·stø'jud) s. hermandad [parentesco
de hermana]. 2 cofradía o comunidad de mujeres. 3 conjunto de hermanas.
sister-in-law s. hermana política, cuñada.
sisterly (si·stø'li) adj. propio de hermanas; cariñoso, fraternal.
Sistine (si·stin) adj. sixtino : ~ Chapel, Capilla Sixtina.
sistrum (si·strøm) s. MÚS. sistro.
sisymbrium (sisi·mbriøm) s. BOT. sisimbrio, jaramago.
Sisyphus (si·siføs) n. pr. MIT. Sísifo.
sit (to) (sit) tr. sentar, asentar [colocar en asien-
to] : to ~ oneself, sentarse, tomar asiento. 2
empollar [huevos]; poner [un ave] a empollar.
3 mantenerse sentado sobre, cabalgar, montar.
4 to ~ out, quedarse o aguantar hasta el fin
de; quedarse más tiempo que [otro]. — 5 intr.
sentarse, estar sentado : to ~ at table, estar
sentado a la mesa. 6 posarse o empollar [las
aves]. 7 estar, permanecer, estar situado. 8 colocarse [en cierta posición]; servir de modelo,
posar [ante un pintor, etc.]. 9 tener asiento [en
un cuerpo o tribunal]; reunirse, celebrar sesión [un cuerpo, un tribunal]; actuar [un juez].
10 descansar, apoyarse, pesar [sobre]. 11 sentar, caer, venir [bien o mal]. 12 mantenerse a
caballo. 13 tener una dirección [el viento]. 14
to ~ down, sentarse; fijarse, establecerse; acampar, empezar un sitio; to ~ down under, sufrir mansamente [un insulto, etc.]. 15 to ~ for,
representar [a un distrito] en el Parlamento;
examinarse para; posar, servir de modelo para;
to ~ for one's portrait, hacerse retratar. 16 to ~
in, tener asiento en. 17 to ~ in judgement, abro-
garse el derecho de juzgar a los demás, criticar.
18 to ~ on o upon, deliberar sobre, juzgar; tener asiento [en un cuerpo o tribunal]; fam.
hacer callar, reprender, poner en su lugar, desairar. 19 to ~ out, estar sin tomar parte [en
un juego, un baile, etc.]. 20 to ~ over, hacer,
tomar, etc. [algo] estando sentado; estar de
sobremesa tomando o haciendo [algo]. 21 fam.
to ~ still, estarse quieto. 22 fam. to ~ tight, mantenerse firme; esperar sin decir nada; estarse
quieto u escondido. 23 to ~ under, seguir las
clases, conferencias, etc., de. 24 to ~ up, sen-

tarse, incorporarse [el que está echado]; enderezar el cuerpo [el que está sentado]; velar, estar levantado [por la noche. ¶ CONJUG. pret. y p. p.: *sat;* ger.: *sitting.*

sitar (si·ta') *s.* guitarra oriental.

sit-down *adj.* que se hace, toma, etc., sentado. *2* ~ *strike,* huelga de brazos caídos.

site (sait) *s.* sitio, escenario [de algo]. *2* asiento, situación [de una población, edificio, etc.].

sited (sai·tid) *adj.* situado.

sitter (si·tø') *s.* el que se sienta o está sentado. *2* el que se pone ante un pintor, etc., para un retrato. *3* ave que empolla.

sitting (si·ting) *s.* acción o manera de sentarse o estar sentado. *2* asentada, sentada: *at one* ~, de una sentada. *3* sesión [ante un pintor, etc.]. *4* sesión [de un cuerpo], período de sesiones, legislatura. *5* empolladura; pollazón. *6* asiento [en un teatro, etc.]. — *7 adj.* sentado. *8* para sentarse: ~ *room,* sala, salón, estancia. *9* que tiene asiento en algún cuerpo. *10* BOT. sentado, sésil.

situate (si·chueit) *adj.* situado.

situation (sichue·shøn) *s.* situación. *2* posición, ubicación. *3* acomodo, colocación, empleo, puesto: *out of* ~, sin empleo, cesante.

sitz bath (sits) *s.* baño de asiento. *2* pila para el baño de asiento.

Siva (siva) *n. pr.* MIT. Siva.

six (sics) *adj.* y *s.* seis: ~ *hundred,* seis cientos; ~ *o'clock,* las seis; *at* ~ *and seven, at sixes and sevens,* manga por hombro, en desorden; en desacuerdo.

sixfold (si·csfould) *adj.* séxtuplo. *2* de seis clases. — *3 adv.* seis veces, seis veces más.

sixpence (si·cspøns) *s.* (Ingl.) moneda de plata de seis peniques.

sixpenny (si·cspeni) *adj.* de a seis peniques. *2* mezquino, de poco valor.

sixscore (si·csco') *adj.* ciento veinte.

sixshooter (si·cshutø') *s.* revólver de seis tiros.

sixteen (sixti·n) *adj.* y *s.* dieciséis.

sixteenth (si·cstmz) *adj.* y *s.* décimosexto, diecisieisavo: ~ *note,* MÚS. semicorchea. *2* dieciséis [día]. — *3 s.* dieciseisavo [parte].

sixth (si·csz) *adj.* y *s.* sexto: ~ *sense,* sexto sentido. *2* seis [día]: *the* ~ *of june,* el seis de junio. — *3 s.* sexto [sexta parte]. *4* MÚS. sexta.

sixthly (si·cszli) *adv.* en sexto lugar.

sixtieth (si·cstiiz) *adj.* y *s.* sexagésimo. *2* sesentavo.

sixty (si·csti) *adj.* y *s.* sesenta.

sizable (sai·šabøl) *adj.* regular, de buen tamaño; de tamaño adecuado o proporcionado.

sizar (sai·ša') *s.* (Ingl.) becario [estudiante].

size (saiš) *s.* medida, tamaño, magnitud, dimensión, volumen, cuerpo, capacidad. *2* estatura, talla [física o intelectual]. *3* tipo de medida. *4* forma [tamaño de un libro]. *5* número [de calzado, guantes, etc.]; talla [de vestido]; diámetro, calibre [de un tubo, alambre, etc]. *6* fam. situación, estado de cosas. *7* plaste. *8* sisa [de doradores]. *9* cola [del papel]. *10* TEJ. cola, goma, apresto. — *11 adj.* de medida, etc.: ~ *stick,* ZAP. cartabón.

size (to) *tr.* disponer o clasificar según tamaño. *2* medir el tamaño de. *3* apreciar, avaluar, justipreciar. *4* ajustar a un tamaño, medida, etc. *5* encolar, sisar, estofar, aparejar, aderezar. *6* *to* ~ *down,* disminuir gradualmente el tamaño de. *7* *to* ~ *up,* enfocar [un problema]; medir con la vista, formarse una idea de, juzgar. *8* *to* ~ *up to* o *with,* igualar, admitir comparación con.

sized (sai·šd) *p. p.* de TO SIZE. — *2 adj.* [en comp.] de tal o cual tamaño: *large-sized,* de gran tamaño.

sizer (sai·šør) *s.* el que clasifica según tamaño. *2* instrumento para clasificar según tamaño. *3* fam. algo grande. *4* encolador, engomador. *5* SIZAR.

siziness (sai·šines) *s.* viscosidad.

sizing (sai·ši) *adj.* viscoso, glutinoso.

sizy (sai·ši) *adj.* viscoso, glutinoso.

sizz (to) (siš) *intr.* chirriar, hacer un sonido sibilante.

sizzle (si·søl) *s.* sonido chirriante, como de siseo o de chisporroteo.

sizzle (to) *intr.* freírse, quemarse, chamuscarse produciendo chirrido. — *2 tr.* abrasar.

skald (sco·ld) *s.* escaldo.

skate (skeit) *s.* patín [para los pies]: *roller* ~, patín de ruedas. *2* patinaje, marcha sobre patines.

skate (to) *intr.* patinar [andar sobre patines]. — *2 tr.* recorrer sobre patines.

skater (skei·tø') *s.* patinador.

skating (skei·ting) *s.* patinaje. — *2 adj.* que patina; de patinaje: ~ *ring,* pista de patinaje.

skean (sken) *s.* ant. puñal o daga usado en Irlanda o Escocia.

skedaddle (to) (skidæ·døl) *intr.* fam. (EE. UU.) tomar soleta; huir a la desbandada.

skee (ski) *s.* SKI.

skeet (skit) *s.* MAR. bañadera. *2* cierta forma de tiro al plato.

skeg (skeg) *s.* MAR. talón de quilla.

skein (skein) *s.* madeja, cadejo, capillejo.

skeletal (ske·løtal) *adj.* de esqueleto.

skeleton (ske·løtøn) *s.* esqueleto, osambre, osamenta: ~ *at the feast,* fig. algo que viene a turbar el ánimo de los que se divierten; ~ *in the cupboard, family* ~, fig. hecho deshonroso o humillante que se oculta a los extraños. *2* esqueleto, armadura, armazón. *3* esbozo, esquema. — *4 adj.* en esqueleto o armazón, que sólo tiene los elementos esenciales: ~ *regiment,* regimiento que tiene completo o casi completo el cuadro, pero no tiene aún cubiertas la mayor parte de las plazas de soldado. *5* ~ *key,* llave maestra.

skeletonize (to) (ske·løtønaiš) *tr.* reducir a esqueleto. *2* reducir a sus partes esenciales; bosquejar.

skelp (skelp) *s.* tira de plancha metálica para hacer tubos.

skeptic (ske·ptic) *s.* escéptico.

skeptical (ske·ptical) *adj.* escéptico.

skeptically (ske·pticali) *adv.* escépticamente.

skepticism (ske·ptisišm) *s.* escepticismo.

sketch (ske·ch) *s.* boceto, esbozo, apunte, esquicio, bosquejo, diseño, croquis. *2* TEAT. pieza corta, esp. en la revista o el teatro de variedades. *3* MÚS. composición corta.

sketch (to) *tr.* esbozar, apuntar, bosquejar, diseñar, delinear, dibujar, hacer un croquis de. — *2 intr.* hacer apuntes o bosquejos. *3* TEAT. tomar parte en un *sketch.*

sketchily (ske·chili) *adv.* en esbozo o bosquejo; ligera o imperfectamente.

sketchiness (ske·chinis) *s.* forma abocetada; manera ligera o imperfecta.

sketchy (ske·chi) *adj.* abocetado, bosquejado, esbozado. *2* ligero, imperfecto, incompleto, fragmentario.

skew (skiu) *adj.* oblicuo, inclinado, torcido, sesgado, de través. *2* asimétrico. — *3 s.* oblicuidad, esviaje; curso, dirección o posición oblicuos. *4* mirada de soslayo; mirada bizca.

skew (to) *tr.* sesgar, torcer, poner de través. *2* torcer, tergiversar. — *3 intr.* tomar una dirección oblicua, torcer; volverse a un lado. *4* mirar de soslayo; bizcar.

skewback (skiu·bæc) *s.* ARQ. salmer, piedra de arranque.

skewer (skiu·ø') *s.* brocheta, broqueta. *2* fig. fam. espada, pincho. *3* HIL. huso [de la máquina de hilar].

skewer (to) *tr.* espetar; clavar.

ski (ski) *s.* esquí: ~ *jump,* salto con esquí; trampolín, pista de salto.

ski (to) *intr.* esquiar.

skid (skid) *s.* cada uno de los maderos, barras, etc., que se usan para hacer deslizar algo sobre ellos: *to be on the skids,* fig. ir fatalmente a la ruina, a un desastre. *2* patín, rodillo. *3* calzo. *4* varadera. *5* AVIA. patín. *6* traba, freno. *7* patinamiento, patinazo [de ruedas]: *non* ~, antideslizante. — *8 adj.* para el deslizamiento o contra él: ~ *chains,* AUTO. cadenas para impedir el deslizamiento; ~ *road,* arrastradero [para las maderas]; camino afirmado con maderas atravesados a intervalos.

skid (to) *tr.* hacer deslizar sobre maderos, polines, etc. *2* sostener con calzos. *3* proveer de varaderas. — *4 intr.* patinar [una rueda, un coche]. ¶ CONJUG. pret. y p. p.: *skidded;* ger.: *skidding.*

skier (ski·ø') *s.* esquiador.

skiff (skif) *s.* esquife, botecillo.

skiff (to) *intr.* navegar en esquife.

skiing (ski·ing) *s.* acción de esquiar, deporte del esquí.

skilful (ski·lful) *adj.* diestro, hábil, práctico, experto, ducho.
skilfully (ski·lfuli) *adv.* hábilmente, diestramente, mañosamente.
skilfulness (ski·lfulnis) *s.* habilidad, destreza, pericia.
skill (skil) *s.* conocimiento práctico, experiencia. 2 habilidad, destreza, pericia, maña. 3 arte, ciencia.
skilled (skild) *adj.* práctico, experimentado. 2 hábil, diestro, experto.
skil(l)less (ski·lis) *adj.* inexperto.
skillet (ski·lit) *s.* cazo, cacerola pequeña. 2 (EE. UU.) sartén.
skillful *adj.* SKILFUL.
skillfully *adv.* SKILFULLY.
skillfulness *s.* SKILFULNESS.
skim (skim) *s.* acción de espumar o desnatar. 2 espuma, nata. — 3 *adj.* desnatada [leche].
skim (to) *tr.* espumar, desnatar. 2 entresacar lo más importante de. 3 examinar superficialmente, echar una ojeada a; hojear [un libro]. 4 rasar, rozar [tocar ligeramente]. — 5 *intr.* cubrirse de espuma o nata. 6 *to ~ over*, rozar, pasar rozando; hojear [un libro]; echar una ojeada a; tocar ligeramente [una cuestión]. ¶ CONJUG. pret. y p. p.: *skimmed;* ger.: *skimming.*
skimmer (ski·mø·r) *s.* espumadera.
skimming (ski·ming) *s.* despumación.
skimp (to) (skimp) *tr.* escatimar. 2 chapucear, frangollar. — 3 *intr.* tacañear. 4 trabajar con poco cuidado.
skin (skin) *s.* ANAT. piel; pellejo; cutis: *to be only ~ and bones,* estar en los huesos; *to save one's ~,* fig. salvar el pellejo; *by the ~ of one's teeth,* fig. por poco, por un pelo; *out of one's ~,* con irreprimible alegría, entusiasmo, sorpresa, excitación, etc.; *soaked to the ~,* calado hasta los huesos; *stripped to the ~,* desnudo, en cueros. 2 piel [de animal con su pelo]. 3 pellejo, cuero, odre. 4 piel, cáscara, hollejo, vaina. 5 BOT. epidermis. 6 telilla, nata, cutícula, película. 7 forros [de un buque]. 8 fam. avaro, tacaño. 9 fam. pillo, tramposo. — 10 *adj.* de piel; de la piel, cutáneo: *~ disease,* dermatosis; *~ graft* o *grafting,* injerto cutáneo. 11 que desuella o despluma; fraudulento; *~ game,* fullería.
skin (to) *tr.* desollar, despellejar. 2 fig. estafar, timar, pelar: *to ~ alive,* desollar vivo [hacer pagar más de lo justo]. 3 pelar, mondar 4 *keep your eyes skinned,* esté usted alerta. — 5 *tr.-intr.* cubrir(se de piel. 6 despojar(se [de un jersey]. — 7 *intr.* cicatrizarse [con *over*]. 8 mudar la piel. 9 *to ~ out,* poder, escabullirse. ¶ CONJUG. pret. v p. p.: *skinned;* ger.: *skinning.*
skin-deep *adj.* superficial.
skinflint (ski·nflint) *s.* avaro, vampiro.
skink (skink) *s.* ZOOL. escinco.
skinless (ski·nlis) *adj.* sin piel. 2 de piel muy delgada.
skinner (ski·nø·r) *s.* pellejero. 2 desollador. 3 petardista, estafador.
skinniness (ski·ninis) *s.* flacura.
skinny (ski·ni) *adj.* membranoso. 2 flaco, descarnado. 3 mezquino, miserable, tacaño.
skin-tight *adj.* ajustado como un guante.
skip (skip) *s.* salto, brinco, cabriola. 2 salto, omisión.
skip (to) *intr.* saltar, brincar, triscar; andar saltando. 2 rebotar, botar. 3 largarse, escaparse. | Gralte. con *out* o *~.* — 4 *tr.* saltar [salvar de un salto]. 5 hacer rebotar. 6 escaparse de. 7 *to ~ rope,* saltar a la comba. — 8 *intr.* y tr. *to ~ over* o *to ~,* saltar, omitir, pasar por alto. ¶ pret. y p. p.: *skipped;* ger.: *skipping.*
skipper (ski·pø·r) *s.* saltador, brincador. 2 insecto o pez que salta. 3 gusanillo del queso. 4 MAR. patrón, capitán [de barco]: *skipper's daughters,* cabrillas [en el mar]. 5 capitán de un equipo [en ciertos deportes].
skippet (ski·pit) *s.* cajita redonda que protegía los sellos de un documento.
skipping (ski·ping) *s.* salto, acción de saltar. — 2 *adj. ~ rope,* comba, cuerda para saltar.
skippingly (ski·pingli) *adv.* a saltos.
skirmish (skø·'mish) *s.* escaramuza. 2 molinete o movimiento con un arma, un bastón, etc.
skirmish (to) *intr.* escaramuzar. 2 hacer esgrima, hacer molinetes, etc.

skirmisher (skø·'mishø·r) *s.* escaramuzador.
skirret (ski·ret) *s.* BOT. especie de chirivía.
skirt (skø·t) *s.* falda, saya; enaguas, refajo: *divided ~,* falda pantalón. 2 faldellín, tonelete. 3 faldón [de una prenda; de la silla de montar]. 4 CARN. carne del diafragma del buey o la vaca. 5 orilla, margen, borde. 6 lo que cuelga o está alrededor: *skirts of a town,* suburbios o alrededores de una población. 7 fam. faldas [mujer]. — 8 *adj.* de falda, etc.: *~ dance,* danza en que se hacen graciosos movimientos con una falda muy ancha y de colores vivos.
skirt (to) *tr.* e *intr.* bordear, ladear, rodear, circundar [andar por el borde o estar en él] : *to ~ along a coast,* costear. — 2 *tr.* escapar por poco a; bordear [el peligro].
skirting (skø·'ting) *s.* material para faldas. — 2 *adj.* que rodea, circunda, etc.: *~ board,* zócalo, rodapié, friso.
skit (skit) *s.* parodia; juguete o paso cómico; cuento, etc., satírico o burlesco. 2 pulla, sátira.
skit (to) *intr.* asustarse, dar un salto. 2 saltar, brincar, bailar. 3 *to ~ at,* burlarse de. — 4 *tr.* denigrar, ridiculizar, satirizar.
skitter (to) (ski·tø·r) *intr.* ir rozando el agua [un ave marina] al posarse o levantar el vuelo. 2 hacer deslizar el anzuelo sobre el agua [el pescador de caña].
skittish (ski·tish) *adj.* asustadizo, repropio [caballo]. 2 tímido. 3 retozón, frívolo, caprichoso, mudable, volátil.
skittishly (ski·tishli) *adv.* tímidamente. 2 caprichosamente.
skittishness (ski·tishnis) *s.* condición de asustadizo. 2 ligereza, desenvoltura. 3 volubilidad, inconstancia.
skittle (ski·tøl) *s.* bolo [para jugar]. 2 *pl.* [construido como *sing.*] juego de bolos.
skittle (to) *intr.* jugar a los bolos.
skive (scaiv) *s.* disco pulidor de diamantes.
skive (to) *s.* TEN. raspar, adelgazar; dividir en capas.
skiver (scai·vø·r) *s.* el que raspa o adelgaza cueros. 2 cuero dividido con cuchillo; badana. 3 TEN. cuchillo de adelgazar.
skua (skiu·a) *s.* ORNIT. especie de gaviota grande.
skulk (to) (scølc) *intr.* esconderse, andar escondido, acechar sin ser visto, moverse furtivamente. — 2 *tr.* e *intr.* huir del cumplimiento del deber, remolonear.
skulker (scø·lcø·r) *s.* el que se esconde. 2 remolón.
skull (scøl) *s.* cráneo; calavera : *~ and crossbones,* calavera y dos huesos cruzados [símbolo de la muerte]. 2 ANAT. coronilla. 3 cabeza, cerebro.
skullcap (scø·lcæp) *s.* casquete, gorro. 2 ANAT. coronilla. 3 BOT. hierba de la celada.
skunk (skønc) *s.* ZOOL. mofeta, *mapurite, *zorrillo, *zorrino, *chingue. 2 fig. persona repugnante; canalla. 3 (EE. UU.) derrota completa. 4 BOT. *~ cabbage,* hierba fétida, de la familia de las aráceas.
sky (scai) *pl.* **skies** *s.* cielo, firmamento, atmósfera, éter : *out of a clear ~,* inesperadamente, de repente; *under the open ~,* a cielo descubierto; *to praise to the skies,* poner en o sobre las nubes. 2 cielo [mansión celestial] : *in the skies,* transportado, en éxtasis. 3 color azul celeste. — 4 *adj.* del cielo, celeste: *~ blue,* azul celeste; *~ pilot,* sacerdote, misionero; piloto aviador.
sky-blue *adj.* de color azul celeste.
sky-clad *adj.* fam. desnudo.
skyed (scai·id) *adj.* azulado.
skyey (scai·i) *adj.* poét. del cielo, celeste, etéreo.
sky-high *adj.* y *adv.* tan alto como el cielo.
skylark (scai·la·c) *s.* ORNIT. alondra.
skylark (to) *intr.* retozar, triscar, juguetear, jaranear.
skylight (scai·lait) *s.* luz del cielo. 2 claraboya, lumbrera, tragaluz.
skyline (scai·lain) *s.* línea del horizonte; perfil que ofrecen en su conjunto los árboles, montes, edificios, etc., que se destacan contra el cielo.
skyrocket (scai·rakit) *s.* cohete volador.
skyrocket (to) *intr.* fam. subir como un cohete, brillar y desaparecer. 2 fam. ponerse [los precios] por las nubes. 3 aumentar enormemente [la producción, etc.].

skysail (scai·seil) s. MAR. periquito.
skyscape (scai·skeip), s. paisaje celeste.
skyscraper (scai·screipø') s. rascacielos. 2 MAR. periquito.
skyward(s (scai·ua'd(ŝ) adv. hacia el cielo. — 2 adj. dirigido hacia el cielo.
slab (slæb) s. tabla, plancha, losa, laja, lastra. 2 loncha, tajada o pedazo grueso. 3 costero [de tronco]. 4 MAR. parte floja de una vela.
slab (to) tr. cubrir de losas, planchas, etc. 2 aplanar [la superficie de]. 3 fam. aplicar en capa espesa.
slabber (to) (slæ·bø') intr. babear, salivar.
slabberer (slæ·børø') s. baboso.
slabbering (slæ·børing) s. babeo.
slabby (slæ·bi) adj. espeso, viscoso. 2 mojado.
slack (slæc) adj. flojo, laxo : ~ rope, cuerda floja. 2 débil, poco firme. 3 lento, tardo. 4 flojo, negligente, remiso, descuidado. 5 inactivo, encalmado : ~ season, época de calma; ~ water, agua mansa o represada; repunte de la marea. — 6 s. seno [de un cabo] : to take up the ~, atirantar, tesar. 7 flojedad, inactividad. 8 período de inactividad, época de calma. 9 cisco [carbón]. 10 pl. pantalones anchos.
slack (to) tr. aflojar, relajar. | Gralte. con off o out. 2 MAR. soltar, largar, tiramollar. 3 moderar, disminuir la marcha, la fuerza, la actividad de. | Gralte con up. 4 apagar [la cal]. — 5 intr. aflojar, amainar, ceder, remitir, cejar, flojear, entibiarse. 6 MAR. formar seno. 7 huir del trabajo, remolonear, estar ocioso, holgazanear. 8 to ~ off, declinar; cesar, detenerse.
slacken (to) (slæ·køn) tr. aflojar, relajar. 2 retardar, hacer más lento, moderar, disminuir. — 3 intr. descuidarse, ser descuidado, negligente, lento o perezoso.
slacker (slæ·kø') s. indolente, perezoso. 2 el que elude el cumplimiento de una obligación; el que se evade del servicio militar en tiempo de guerra.
slackly (slæ·kli) adv. flojamente.
slackness (slæ·cnis) s. flojedad, flojera.
slade (sleid) s. hondonada, barranco.
slag (slæg) s. escoria, grasa, moco [de metales]. 2 escoria [de volcán].
slain (slein) p. p. de TO SLAY.
slake (to) (sleic) tr. apagar, extinguir : to ~ one's thirst, apagar su sed. 2 mojar, refrescar. 3 moderar, reducir, calmar. 4 apagar [la cal]. — 5 intr. apagarse [la cal]. 6 apagar su sed. 7 desmenuzarse.
slam (slæm) s. portazo; golpe. 2 NAIPES bola, lance en que uno gana todas las bazas de un juego.
slam (to) tr. cerrar de golpe; soltar, poner, dejar caer, etc., dando un golpe : to ~ the door, dar un portazo; to ~ the door in one's face, dar con la puerta en las narices. 2 soltarle una fresca, una grosería [a uno]. 3 NAIPES ganar todas las bazas de un juego. — 4 intr. cerrarse con estrépito. 5 moverse, trabajar con fuerza y ruido. ¶ CONJUG. pret. y p. p.: slammed; ger.: slamming.
slander (slæ·ndø') s. calumnia, difamación, maledicencia.
slander (to) tr. calumniar, difamar, denigrar.
slanderer (slæ·ndørø') s. calumniador, difamador, maldiciente.
slandering (slæ·ndøring) s. calumnia, difamación, maledicencia. — 2 adj. calumniador, calumnioso.
slanderous (slæ·ndørøs) adj. calumniador, maldiciente. 2 calumnioso, difamatorio.
slanderously (slæ·ndørøsli) adv. calumniosamente.
slang (slæng) s. lenguaje popular o vulgar. 2 jerga, argot, caló, germanía. — 3 adj. vulgar, popular, de una jerga [expresión, etc.].
slang (to) tr. insultar, maltratar de palabra.
slangy (slæ·ngi) adj. de lenguaje vulgar o que lo usa. 2 vulgar, lleno de vulgarismos [lenguaje].
slant (slænt) s. sesgo, inclinación, oblicuidad. 2 plano inclinado, declive. 3 pulla, indirecta. 4 punto de vista. 5 ~ of wind, racha de viento favorable. — 6 adj. sesgado, oblicuo, inclinado, en declive.
slant (to) tr. sesgar, oblicuar, inclinar. — 2 intr. inclinarse, sesgarse.
slanting (slæ·nting) adj. y s. SLANT.
slantingly (slæ·ntingli), slantwise (slæ·ntuaiŝ) adv. oblicuamente, al sesgo, de través, en declive.

slap (slæp) s. palmada, manotazo, golpe de plano : ~ on the face, bofetón, bofetada; at a ~, de un golpe. 2 insulto, desaire. — 3 adv. de golpe y porrazo, de sopetón, directamente.
slap (to) (slæp) tr. pegar, abofetear, dar una bofetada, una palmada, un manotazo. 2 poner, meter, etc., con prisa o violencia. ¶ CONJUG. pret. y p. p.: slapped; ger.: slapping.
slapdash (slæ·pdæsh) adj. precipitado, chapucero, hecho de cualquier modo, hecho atropelladamente. — 2 s. trabajo hecho precipitadamente, de cualquier modo, atropelladamente; chapucería. — 3 adv. precipitadamente, impetuosamente, de cualquier modo, atropelladamente.
slash (slæsh) s. cuchillada, tajo, corte. 2 cuchillada [abertura en un vestido] : slashed sleeves, mangas acuchilladas. 3 latigazo. 4 claro o camino en un bosque cubierto de hojas y ramas secas; estas hojas y ramas.
slash (to) tr. acuchillar, dar cuchilladas y tajos; hacer un corte largo en. 2 fustigar. 3 hacer restallar [un látigo]. 4 acuchillar [un vestido]. 5 rebajar considerablemente [sueldos, precios, etc.].
slat (slæt) s. tablilla, listón.
slat (to) tr. MAR. gualdrapear [una vela]; dar golpes [un cabo] contra el mástil.
slate (sleit) s. pizarra, esquisto. 2 pizarra [para escribir] : to have a clean ~, fig. tener las manos limpias; to wipe the ~ clean, fig. empezar de nuevo. 3 pizarra [para techar], teja plana : ia have a ~ loose, fig. tener un tornillo flojo. 4 (EE. UU.) candidatura, lista de candidatos; programa de partido. 5 color de pizarra. — 6 adj. de pizarra; pizarreño; apizarrado : ~ pencil, pizarrín; ~ roof, empizarrado.
slate (to) tr. empizarrar, cubrir. 2 POL. (EE. UU.) designar como candidato; poner en lista o programa. 3 raer [las pieles]. 4 castigar; reprender, fustigar.
slater (slei·tø') s. pizarrero. 2 garatura. 3 crítico severo.
slattern (slæ·tø'n) adj. descuidado, desaliñado. — 2 s. mujer desaseada, pazpuerca.
slatterliness (slæ·tø'nlinis) s. desaliño.
slatternly (slæ·tø'nli) adv. desaliñadamente. — 2 adj. sucio, desaliñado.
slaty (slei·ti) adj. pizarreño, esquistoso.
slaughter (slo·tø') s. muerte, matanza, mortandad, carnicería. 2 sacrificio, *carneada [de reses].
slaughter (to) tr. matar, hacer una carnicería. 2 sacrificar, * carnear [reses].
slaughterer (slo·tørø') s. matador, asesino. 2 matarife, jifero.
slaughterhouse (slo·tø'jaus) s. matadero.
slaughterman (slo·tø'mæn), pl. -men (-men) s. matarife. 2 verdugo.
slaughterous (slo·tørøs) adj. mortífero, destructivo.
slaughterously (slo·tørøsli) adv. mortíferamente.
Slav (slæv) adj. y s. eslavo.
slave (sleiv) s. esclavo. — 2 adj. esclavo, de esclavos : ~ dealer, mercader de esclavos, negrero; ~ driver, capataz de esclavos, persona que agobia de trabajo a otra; ~ labour, trabajo de esclavos; ~ trade, trata de esclavos; ~ trader, mercader de esclavos, negrero.
slave (to) intr. trabajar como esclavo. — 2 tr. esclavizar.
slaveborn (slei·vbo'n) adj. nacido en la esclavitud.
slaveholder (slei·vjouldø') s. dueño de esclavos.
slaveholding (slei·vjoulding) adj. que posee esclavos. — 2 s. posesión de esclavos.
1) slaver (slei·vø') s. mercader de esclavos; negrero. 2 buque negrero.
2) slaver (slæ·vø') s. baba. 2 fig. adulación, halago empalagoso o servil.
slaver (to) intr. babear. 2 hablar sin sentido o de una manera empalagosa. — 3 tr. babosear.
slaverbit (slæ·v'bit) s. sabor [del freno].
slaverer (slæ·vørø') s. baboso. 2 adulador.
slavering (slæ·vøring) adj. baboso. — 2 s. baboseo.
slavery (slei·vøri) s. esclavitud, servidumbre. 2 los esclavos.
slavey (slei·vi) s. fam. criada, sirvienta.
Slavio (slæ·vic) adj. eslavo.
slavish (slei·vish) adj. servil. 2 bajo, abyecto. 3 esclavizado. 4 tiránico, opresivo.
slavishly (slei·vishli) adv. servilmente.
slavishness (slei·vishnis) s. servilismo.

Slavism (sla·vižm) *s.* eslavismo.
slavophil (sla·vofil) *adj.* y *s.* eslavófilo.
Slavonian (slavou·nian) *adj.* y *s.* esclavonio. 2 eslavo.
Slavonic (slavo·nic) *adj.* esclavonio. 2 eslavo.
slaw (slo) *s.* ensalada de col picada.
slay (slei) *s.* SLEY.
slay (to) *tr.* matar [quitar la vida]. ¶ CONJUG. pret. : *slew*; p. p. : *slain.*
slayer (slei·ø') *s.* matador, asesino.
sleave (slīv) *s.* seda en rama.
sleave (to) desenredar, desenmarañar.
sleaziness (slī·žines) *s.* textura débil y ligera.
sleazy (slī·ži) *adj.* ligero, tenue, delgado, de poco cuerpo.
sled (sled) *s.* narria, rastra, trineo [para llevar pesos].
sled (to) *tr.* transportar en rastra o trineo.
sledge (sledž) *s.* trineo, rastra, narria. 2 (Ingl.) sera o zarzo en que se llevaban los traidores al patíbulo. 3 *sledge* o ~ *hammer,* macho [martillo], acotillo.
sledge (to) *tr.* e *intr.* transportar o viajar en trineo. — 2 *tr.* golpear, batir con macho o acotillo.
sleek (slīc) *adj.* liso, bruñido, alisado, lustroso. 2 suave, meloso, zalamero, artero.
sleek (to) *tr.* pulir, bruñir, alisar, asear. | Gralte. con *up.* 2 hacer meloso o zalamero.
sleekness (slīk·nis) *s.* lisura, lustre. 2 suavidad, melosidad.
sleeky (slī·ki) *adj.* liso, lustroso. 2 suave, artero, taimado.
sleep (slīp) *s.* sueño [acto o gana de dormir]; descanso, reposo; muerte: ~ *that knows not breaking,* la muerte: *to go to* ~, dormirse; *to put to* ~, adormecer.
sleep (to) *intr.* dormir : *to* ~ *in,* dormir en la casa [un criado]; *to* ~ *out,* dormir fuera de casa; *to* ~ *like a top,* dormir como un lirón; *to* ~ *on* o *upon,* consultar con la almohada; descuidarse o no hacer caso de; *to* ~ *soundly,* dormir profundamente, dormir a pierna suelta; *to* ~ *away, to* ~ *on,* ir o seguir durmiendo. — 2 tr. *to* ~ *away* o *out,* pasar [un tiempo] durmiendo. 3 *to* ~ *one's liquor away, to* ~ *oneself sober,* dormir la mona. 4 *to* ~ *off a headache,* curarse una jaqueca durmiendo. 5 *to be slept in,* haber sido ocupada [una cama]. ¶ CONJUG. pret. y p. p. : *slept.*
sleeper (slī·pø') *s.* durmiente [pers.]. 2 persona que duerme el sueño eterno. 3 durmiente, carrera, vigueta. 4 traviesa [de vía férrea]. 5 FERROC. coche cama. 6 ZOOL. lirón.
sleepily (slī·pili) *adv.* con somnolencia, con pesadez.
sleepiness (slī·pinis) *s.* somnolencia, sueño, modorra, letargo.
sleeping (slī·ping) *adj.* durmiente, dormido. 2 de dormir, para dormir o hacer dormir : ~ *bag,* saco para dormir a la intemperie ; ~ *car,* FERROC. coche cama; ~ *draught,* ~ *potion,* bebida soporífera o narcótica. 3 MED. ~ *sickness,* enfermedad del sueño. 4 COM. ~ *partner,* socio comanditario.
sleepless (slī·plis) *adj.* insomne, desvelado. 2 sin sueño, sin dormir, pasado en vela.
sleeplessness (slī·plisnis) *s.* insomnio.
sleepwalker (slī·pwokø') *s.* sonámbulo.
sleepwalking (slī·pwcking) *s.* sonambulismo.
sleepy (slī·pi) *adj.* soñoliento, amodorrado. 2 dormido, aletargado. 3 soporífero; letárgico.
sleet (slīt) *s.* aguanieve, cellisca; granizo con agua.
sleet (to) *intr.* cellisquear.
sleety (slī·ti) *adj.* de cellisca, de granizo con agua.
sleeve (slīv) *s.* manga [de vestido] : *to hang on one's* ~, estar sujeto a la voluntad de otro; *to have up one's* ~, tener preparado, en reserva; *to laugh in* o *up, one's* ~, reírse con disimulo, para sus adentros; *to pin on one's* ~, colgar, atribuir, achacar [algo] a uno. 2 MEC. manguito, tubo, casquillo. 3 camisa [incandescente]. — 4 *adj.* de manga o para la manga, manguito, etc. : ~ *coupling,* junta de manguito; ~ *buttons,* ~ *links,* gemelos [de puño]; ~ *nut,* manguito de tuerca.
sleeveless (slīv·vlis) *adj.* sin mangas.
sleigh (slei·) *s.* trineo [carruaje]. — 2 *adj.* de trineo: ~ *bell,* cascabel.

sleigh (to) *intr.* ir o viajar en trineo. — 2 *tr.* transportar en trineo.
sleighing (slei·ing) *s.* paseo en trineo. 2 estado de la nieve o el hielo que permite ir en trineo.
sleight (slait) *s.* destreza, habilidad, maña. 2 ligereza, agilidad. 3 ardid, artificio, truco. 4 ~ *of hand,* juego de manos, prestidigitación, escamoteo; habilidad para ello.
slender (sle·ndø') *adj.* delgado, tenue, fino, esbelto. 2 ligero, leve, débil, baladí : ~ *hope,* leve esperanza. 3 corto, escaso, limitado : ~ *means,* medios escasos; ~ *wit,* entendimiento limitado. 4 pobre, frugal.
slenderly (sle·ndø'li) *adv.* delgadamente, tenuemente, ligeramente. 2 cortamente.
slenderness (sle·ndø'nis) *s.* delgadez, tenuidad, esbeltez. 2 cortedad, escasez.
slept (slept) *pret.* y *p. p.* de TO SLEEP.
sleuth (sliuz) *s.* sabueso. 2 (EE. UU.) detective.
sleuthhound (sliu·zjaund) *s.* sabueso [perro]. 2 sabueso, policía, detective.
slew (sliu) *pret.* de TO SLAY.
sley (slei) *s.* TEJ. peine, cárcel. 2 TEJ. batán [del telar].
slice (slais) *s.* rebanada, tajada, lonja, rodaja, rueda. 2 espátula, pala, estrelladera : *fish* ~, pala para el pescado.
slice (to) *tr.* rebanar, cortar en lonjas o tajadas. 2 tajar, cortar, dividir.
slicer (slai·sø') *s.* rebanadór. 2 máquina para cortar en lonjas. 3 rueda para cortar piedras preciosas.
slick (slic) *adj.* fam. diestro, suave, hecho con maña, sin tropiezos. 2 astuto, meloso. 3 liso, lustroso, aceitoso. 4 fam. puro, mero, absoluto. — 5 *s.* parte lisa o lustrosa: lugar aceitoso en el agua. — 6 *adv.* diestramente, astutamente. 7 directamente, exactamente, completamente.
slick (to) *tr.* alisar, pulir. — 2 *intr.* componerse, acicalarse. | Gralte. con *up.*
slicker (sli·kø') *s.* alisador. 2 (EE. UU.) impermeable holgado. 3 timador embaucador.
slide (slaid) *s.* resbalamiento, deslizamiento; resbaladura. 2 corrimiento o desprendimiento de tierras, rocas, etc. 3 MIN. dislocación, falla. 4 resbaladero, declive; plano o conducto inclinado. 5 anillo, pieza, etc., que opera deslizándose. 6 tapa corrediza. 7 MEC. corredera, cursor, guía, ranura. 8 portaobjetos [de microscopio]. 9 ÓPT. placa para proyectar. 10 MÚS. bomba [de trombón, etc.] 11 MÚS. adorno en escala, carrerilla. — 12 *adj.* que se desliza o tiene algo que se desliza : ~ *bolt,* pestillo, pasador; ~ *caliper,* pie de rey; ~ *rail,* FERROC. aguja, contracarril; ~ *rest,* MEC. soporte de corredera; carro portaherramienta [de torno]; ~ *rod,* vástago de la corredera [de la máquina de vapor]; ~ *rule,* regla de cálculo; ~ *trombon,* trombón de varas; ~ *valve,* corredera [de la máquina de vapor].
slide (to) *intr.* resbalar, deslizarse, correr ; patinar. 2 escurrirse, escabullirse, escaparse, huir. 3 cometer un desliz. ¤ pasar insensiblemente o gradualmente de un estado, etc., a otro: *to* ~ *into* o *to,* convertirse gradualmente en. 5 *to let* ~, dejar correr, no hacer caso o no ocuparse de. — 6 *tr.* hacer deslizar o resbalar; poner o meter diestra o disimuladamente. ¶ CONJUG. pret.: *slid;* p. p. : *slid* o *slidden;* ger. : *sliding.*
slider (slai·dø') *s.* deslizador. 2 MEC. corredera.
sliding (slai·ding) *s.* deslizamiento, resbalamiento. — 2 *adj.* que corre o se desliza ; corredizo, escurridizo, resbaladizo; variable, móvil; ~ *door,* puerta de corredera; ~ *knot,* nudo corredizo; ~ *place,* resbaladero, sitio resbaladizo; ~ *scale,* escala móvil [de impuestos, salarios, etc.]; regla de cálculo.
slight (slait) *adj.* ligero, leve. 2 pequeño, insignificante, escaso, superficial, baladí. 3 delgado, frágil, débil. — 4 *s.* desaire, desatención, feo, desprecio. 5 *to make* ~ *of,* despreciar, hacer poco caso de.
slight (to) *tr.* despreciar, menospreciar, desestimar, no hacer caso de. 2 desairar, desdeñar. 3 desatender, descuidar.
slighting (slai·ting) *s.* desprecio. — 2 *adj.* despreciativo.
slightingly (slai·tingli) *adv.* con desprecio.

slightly (slai·tli) *adv.* ligeramente, levemente. *2* escasamente. *3* negligentemente, descuidadamente.

slightness (slai·tnis) *s.* levedad, pequeñez, insignificancia.

slim (slim) *adj.* delgado, esbelto. *2* leve, pequeño, escaso, insuficiente. *3* fútil, baladí. *4* hábil, astuto, artero.

slime (slaim) *s.* limo, légamo, cieno, fango. *2* baba, babaza, mucosidad, viscosidad. *3* betún líquido.

slime (to) *tr.* enlodar, enfangar, enlegamar. *2* ensuciar con baba o viscosidad. *3* deslamar.

sliminess (slai·minis) *s.* viscosidad, limosidad.

slimly (sli·mli) *adv.* esbeltamente. *2* escasamente, insuficientemente. *3* astutamente.

slimy (slai·mi) *adj.* limoso, fangoso, viscoso, baboso, mucoso, pegajoso.

sling (sling) *s.* honda. *2* hondazo, golpe. *3* braga, eslinga, balso; cuerda o cadena para suspender algo. *4* CIR. cabestrillo. *5* portafusil; correa [para llevar algo a la espalda]. *6* (EE. UU.) bebida hecha de whisky o ron y agua con azúcar y limón. *7 pl.* MAR. *slings of the yard,* grátil de verga.

sling (to) *tr.* tirar con honda. *2* tirar, lanzar, arrojar. *3* embragar, eslingar, suspender, colgar, izar. *4* CIR. poner en cabestrillo. — *5 intr.* andar con paso elástico, balanceándose. *6* girar, oscilar. ¶ CONJUG. pret. y p. p.: *slung.*

slinger (sli·ngə') *s.* hondero.

slingshot (sli·ngshat) *s.* tirador [de goma].

slink (slinc) *intr.* andar furtivamente: *tc away,* escurrirse, escabullirse, deslizarse. *2* retirarse avergonzado. — *3 tr.* e *intr.* VET. abortar. ¶ CONJUG. pret. y p. p.: *slunk.*

slip (slip) *s.* resbalón, resbalamiento, deslizamiento: *there's many a ~ 'twixt the cup and the lip,* de la mano a la boca se pierde la sopa. *2* resbalón, desliz, falta, tropiezo, traspié, error, descuido, lapso: *~ of pen,* error de pluma, lapsus cálami; *~ of tongue,* lapsus linguæ. *3* escape, huida, esquinazo: *to give one the ~,* escaparse de uno, burlar su vigilancia, darle esquinazo. *4* AGR. esqueje, estaca, planton. *5* trailla [de perro]. *6* tira, listón, trozo estrecho. *7* papeleta, cédula, trozo de papel. *8* lengua [de tierra]. *9* IMPR. galerada. *10* muchacho o muchacha de cuerpo delgado o menudo; mocoso, mocosa. *11* funda [de mueble o almohada]. *12* combinación, viso [de mujer]; delantal [de niño]. *13* especie de bragas o calzoncillos de baño. *14* mono [de trabajo]. *15* grada [de astillero]. *16* (EE. UU.) embarcadero en rampa. *17* jareta [de cortina, etc.]. *18* GEOL. falla, dislocación. *19* MEC. dispositivo para soltar lo que está sujeto. *20* MEC. retroceso [de una correa sobre la polea o viceversa]. *21* ELECT. retroceso [del inducido]. *22 pl.* TEAT. espacio entre bastidores. — *23 adj.* que se desliza, que corre, que se pone, se quita, etc., fácilmente: *~ bolt,* pestillo, pasador; *~ cover,* funda [de mueble]; sobrecubierta [de libro]; *~ knot,* lazo o nudo corredizo; *~ stream,* AVIA. viento de la hélice.

slip (to) *intr.* resbalar, deslizarse, correr, pasar. *2* escurrirse, salir de su sitio. *3* resbalar, tener un desliz, equivocarse, errar. *4* escapar. *5* pasar sin ser visto o notado. *6* borrarse [de la memoria de uno]. *7 to ~ away* u *off,* escabullirse, huir, deslizarse. *8 to ~ by,* pasar inadvertido; pasar rápidamente. *9 to ~ down,* dejarse caer; descolgarse [por una cuerda, etc.]. *10 to ~ into,* introducirse, colarse. *11 to ~ out,* salir sin ser visto; salirse de su sitio, dislocarse. *12 to ~ over* [*something*], saltar, pasar [algo] por alto. *13 to ~ through one's fingers,* escurrirse de entre los dedos de uno; dejar uno escapar [una ocasión, etc.] *14 to ~ up,* fam. equivocarse; salir mal. *15 to let ~,* dejar escapar; *to let an opportunity ~,* dejar escapar o perder una oportunidad. — *16 tr.* deslizar, meter, introducir. *17* escaparse, zafarse o librarse de. *18* escapar a [la memoria, la observación, etc.]. *19* dejar escapar, soltar. *20* saltarse, pasar por alto; omitir; olvidar. *21* soltar [los perros]. *22* soltar, mudar [la piel]. *23* FERROC. desenganchar [un vagón]. *24* dislocarse [un hueso]. *25* soltar, desatar. *26* MAR. soltar, largar: *to ~ the cable,* largar el cable; fig. morir. *27* AGR. cortar esquejes o estacas de [una planta]. *28* VET. abortar. *29 to ~ a cog,* fig. equivocarse. *30 to ~*

in, introducir o meter [esp. con disimulo]. *31 to ~ off,* quitarse de encima, soltar; quitarse [una prenda] precipitadamente. *32 to ~ cn,* poner o ponerse [una prenda, etc.] precipitadamente. *33 to ~ one over on,* fam. pegársela [a uno]. *34 to ~ out,* sacar [esp. con disimulo]. ¶ CONJUG. pret. y p. p.: *slipped;* ger.: *slipping.*

slipboard (sli·pbo'd) *s.* corredera, tabla que corre.

slipcase (sli·pkeis) *s.* estuche [para libros].

slipknot (sli·pnot) *s.* lazo o nudo corredizo.

slip-on *s.* prenda de vestir que se pone por la cabeza o que se pone y quita con facilidad.

slippage (sli·pidŷ) *s.* MEC. pérdida de velocidad o rendimiento debida al resbalamiento.

slipper (sli·pə') *s.* zapatilla, chinela, babucha, pantufla. *2* delantal [de niño].

slippered (sli·pə'd) *adj.* con zapatillas.

slipperiness (sli·pərinis) *s.* calidad de resbaladizo, escurridizo, evasivo, etc.

slippery (sli·pəri) *adj.* resbaladizo, resbaloso. *2* escurridizo, huidizo. *3* inestable, incierto. *4* vago, evasivo. *5* poco seguro, indigno de confianza, informal. *6* licencioso. *7* BOT. *~ elm,* olmo americano y su corteza.

slippy (sli·pi) *adj.* SLIPPERY. *2 to look ~,* andar listo.

slipshod (sli·pshad) *adj.* en zapatillas, en chancletas. *2* descuidado, negligente, desaliñado.

slipslop (sli·pslap) *s.* aguachirle. *2* despropósito, dislate. *3* charla insustancial.

slipstream (sli·pstrim) *s.* AVIA. viento de la hélice.

slip-up *s.* error, equivocación.

slit (slit) *s.* abertura estrecha, hendedura, rendija, resquicio; corte, incisión.

slit (to) *tr.* hacer una hendedura en; hender, partir, rajar, cortar, dividir. *2* cortar [separar cortando]. ¶ CONJUG. pret. y p. p.: *slit;* ger.: *slitting.*

slither (to) (sli·de') *intr.* bajar, rodar, caer, deslizarse, arrastrarse. *2* pop. apresurarse.

sliver (slivə') *s.* raja, astilla, tira, brizna. *2* (EE. UU.) rodajita de pescado. *3* HIL. mecha, cinta: *~ plate,* guiamechas.

sliver (to) *tr.* rajar, partir, astillar, cortar en tiras o rodajas. *2* romperse, astillarse.

sliver-lap machine *s.* HIL. reunidora de cintas.

slobber (sla·bə') *s.* baba. *2* fig. sensiblería.

slobber (to) *intr.* babear. — *2 tr.* babosear. *3* chafallar, estropear [un trabajo].

slobberiness (sla·bərinis) *s.* baboseo.

sloe (slou) *s.* BOT. endrino. *2* endrina. — *3 adj.* endrino, negro.

slog (slag) *s.* golpe, porrazo.

slog (to) *tr.* pegar fuerte, aporrear. — *2 intr.* avanzar o trabajar con esfuerzo, afanarse.

slogan (slou·gan) *s.* grito de combate. *2* frase, sentencia que sirve para la propaganda o como lema o consigna de un partido, etc.

sloop (slup) *s.* MAR. balandra. *2* MAR. *~ of war,* corbeta.

slop (slap) *s.* lodo blando; líquido derramado; charco; suciedad líquida. *2 pl.* lavazas, agua sucia, desperdicios de cocina. | En aposición, se usa la forma del sing.: *~ basin,* *~ bowl,* *~ bucket,* barreño o cubo para el agua sucia. *3* bebida floja, aguachirle. *4* ant. calzas. *5* vestido holgado. *6* ropa hecha de calidad inferior. *7* MAR. vestidos y ropa de cama que se venden a los marinos.

slop (to) *tr.* derramar, verter [un líquido]; mojar, ensuciar. — *2 intr.* derramarse [un líquido]. *3 to ~ over,* estar o ponerse demasiado efusivo o sentimental. ¶ CONJUG. pret. y p. p.: *slopped;* ger.: *slopping.*

slope (sloup) *s.* cuesta, repecho, bajada, pendiente, declive, talud. *2* falda, ladera. *3* FORT. rampa, escarpa. *4* GEOGR. vertiente. *5* MIN., GEOL. buzamiento. *6* MIN. pozo inclinado. *7* inclinación [posición o dirección inclinada].

slope (to) *intr.* inclinarse, tomar una dirección oblicua. *2* estar en declive. *3* pop. salir de estampía, huir. — *4 tr.* inclinar, sesgar; dar una inclinación o declive. *5* MIL. *slope arms!,* ¡armas al hombro!

sloping (slou·ping) *adj.* inclinado, pendiente, clivoso. *2* deprimida [frente].

slopingly (slou·pingli) *adv.* en declive. *2* al sesgo.

sloppier (sla·piə') *adj. comp.* de SLOPPY.

sloppiest (sla·piist) *adj. superl.* de SLOPPY.

633

SLUSH (TO)

sloppiness (sla·pinis) *s.* condición de mojado y sucio. 2 estado lodoso. 3 desaliño.
sloppy (sla·pl) *adj.* sucio, mojado, encharcado, lodoso. 2 desaseado. 3 chapucero. 4 mal hecho [vestido].
slopshop (sla·pshap) *s.* bazar de ropa barata.
slosh (slash) *s.* lodo, fango. 2 caminos fangosos. 3 bebida o comida insustancial.
slosh (to) *intr.* andar chapoteando, pisar el fango, el agua; moverse o revolcarse en el agua o el fango haciéndolos saltar. — 2 *tr.* mover o lavar algo ruidosamente en un líquido.
slot (slat) *s.* hendedura, abertura; canal, ranura: ~ *machine,* tragaperras. 2 pista, rastro.
slot (to) *tr.* hacer una hendedura, una ranura en. 2 pasar por una hendedura.
sloth (slo͞oz) *s.* pereza, galbana, indolencia. 2 ZOOL. perezoso, perico ligero.
slothful (slo·zful) *adj.* perezoso, flojo, holgazán, indolente.
slothfully (slo·zfuli) *adv.* perezosamente, holgazanamente.
slothfulness (slo·zfulnis) *s.* pereza, holgazanería.
slouch (slauch) *s.* pers. desmañada, perezosa, floja. 2 actitud floja del cuerpo, con los hombros caídos y la cabeza baja. 3 inclinación, caída. 4 pereza. — 5 *adj.* caído, gacho: ~ *hat,* sombrero gacho.
slouch (to) *tr.* poner gacho. 2 bajar [el ala del sombrero]. — 3 *intr.* andar con la cabeza baja y los hombros caídos; tomar una actitud floja. 4 caer, colgar, estar gacho.
1) **slough** (slau) *s.* lozadal, cenagal [profundo]. 2 *fig. the Slough of Despond,* estado de degradación o de abatimiento extremos.
2) **slough** (sliu) *s.* (EE. UU.) marjal, pantano.
3) **slough** (slɵf) *s.* piel que muda la serpiente. 2 *fig.* hábito o costumbre que se abandona. 3 MED. costra, escara.
slough (to) *tr.* mudar la piel [la serpiente]. 2 echar de sí [una costra, etc]. 3 MED. roer, consumir, formando costra. 4 deshacerse [de un naipe]. — 5 *intr.* cubrirse de costras; formar costra. 6 desprenderse, caerse.
1) **sloughy** (slau·i) *adj.* fangoso, pantanoso.
2) **sloughy** (slɵ·fi) *adj.* MED. que forma costra o escama.
Slovak (slou·væc) *adj.* y *s.* eslovaco.
sloven (slɵ·ven) *adj.* desaseado. 2 inculto. — 3 *s.* pers. desaseada.
Slovene (slou·vin) *adj.* y *s.* esloveno.
slovenliness (slɵ·vɵnlinis) *s.* desaliño, desaseo, suciedad. 2 descuido, dejadez.
slovenly (slɵ·vɵnli) *adj.* desaliñado, desaseado, sucio, astroso. 2 descuidado, dejado. — 3 *adv.* desaliñadamente, descuidadamente.
slow (slou) *adj.* lento, tardo, pausado, despacioso, detenido: ~ *coach,* fam. indolente, perezoso; ~ *fire,* fuego lento; ~ *match,* mecha de combustión lenta; ~ *motion,* movimiento lento; CINEM. cámara lenta; ~ *time,* MIL. paso lento. 2 paulatino. 3 calmoso flemático, cachazudo. 4 lerdo, torpe, estúpido. 5 que atrasa, que marca menos de lo que ha de marcar [reloj, taxímetro, etc.]: *to be* ~, atrasar: *the clock is* 20' ~, el reloj atrasa veinte minutos. 6 atrasado [poco progresivo]. 7 falto de animación, aburrido. 8 encalmado [negocio, etc.]. — 9 *adv.* despacio, lentamente.
slow (to) *tr.* retardar, hacer más lento, aflojar [el paso]; reducir la marcha de. — 2 *intr.* hacerse más lento, ir más despacio. ¶ Gralte. con *up* o *down.*
slow-drying *adj.* de secado lento.
slowly (slou·li) *adv.* despacio, lentamente, pausadamente. 2 paulatinamente.
slow-motion *adj.* lento, de movimiento lento.
slowness (slou·nis) *s.* lentitud, tardanza, detención. 2 cachaza. 3 torpeza, pesadez.
slow-witted *adj.* lerdo, tardo, torpe.
slowworm (slou·uɵ′m) *s.* ZOOL. lución.
slub (slɵb) *s.* HIL. mecha que se estira.
slub (to) *tr.* HIL. estirar la mecha.
slubber (slɵ·bɵ′) *s.* HIL. estirador de mecha. 2 HIL. mechera en grueso. 3 HIL. mecha.
slubber (to) *tr.* manchar, obscurecer. 2 frangollar, chafallar.
slubbing (slɵ·bing) *s.* HIL. cinta de la mechera en grueso. — 2 *adj.* HIL. ~ *frame,* mechera en grueso.

sludge (slɵdɉ) *s.* lodo, cieno, impurezas. 2 MAR. trozos delgados de hielo nuevo que flotan en el mar.
sludgy (slɵ·dɉi) *adj.* cenagoso.
slue (sliu) *s.* giro, vuelta.
slue (to) *tr.* dar vuelta, hacer girar. — 2 *intr.* girar, torcer, volver, volverse. ¶ Gralte. con *round.*
slug (slɵg) *s.* ZOOL. babosa, limaza. 2 haragán. 3 animal o vehículo lento. 4 bala, posta. 5 (EE. UU.) trago [de licor]. 6 MIN. pepita. 7 IMPR. regleta, lingote; línea de linotipia. 8 fam. puñetazo.
slug (to) *tr.* pasar [un tiempo] ocioso. 2 cargar [con bala o posta]. 3 aporrear, dar puñetazos. — 4 *intr.* andar despacio; pasear. 5 deformarse [un proyectil].
sluggard (slɵ·ga′d) *adj.* lento, tardo, perezoso. — 2 *s.* haragán, holgazán, indolente.
sluggish (slɵ·guish) *adj.* flojo, perezoso, holgazán, indolente. 2 lento, tardo. 3 COM. encalmado, inactivo.
sluggishly (slɵ·guishli) *avd.* perezosamente, lentamente.
sluggishness (slɵ·guishnis) *s.* pereza. 2 lentitud, pesadez. 3 COM. calma, inactividad.
sluice (slius) *s.* acequia, caz, saetín. 2 boquera, bocacaz, buzón, paradera. 3 compuerta, tablacho. 4 esclusa; agua detenida por una compuerta, etc. 5 *fig.* salida. 6 *fig.* emoción, lágrimas, etc., contenidos. 7 lavadero de arenas auríferas. — 8 *adj.* ~ *gate,* compuerta; ~ *post,* brenca; ~ *valve,* compuerta; válvula o llave de compuerta.
sluice (to) *tr.* dar salida a, sacar, verter [por una compuerta]. 2 regar, limpiar, etc., abriendo una compuerta. 3 lavar [arenas auríferas]. 4 hacer bajar [maderos] por un canal o corriente de agua.
slum (slɵm) *s.* barrio o calle miserable; barrio bajo.
slum (to) *intr.* visitar los barrios miserables o bajos. ¶ CONJUG. pret. y p. p.: *slummed;* ger.: *slumming.*
slumber (slɵ·mbɵ′) *s.* sueño, sueño ligero. 2 adormecimiento, letargo, sopor, inactividad.
slumber (to) (slɵ·mbɵ′) *intr.* dormitar, dormir. 2 dormirse, descuidarse. 3 estar latente. — 4 *tr.* adormecer.
slumberous (slɵ·mbɵrɵs) *adj.* soñoliento. 2 dormido. 3 tranquilo, sosegado. 4 soporífero.
slummer (slɵ·mmɵ′) *s.* morador de un barrio miserable. 2 el que visita o frecuenta los barrios miserables.
slummock (to) (slɵ·mɵc) *intr.* tragar con avidez. 2 moverse o hablar de una manera torpe o incoherente.
slump (slɵmp) *s.* hundimiento, desplome. 2 caída, baja, bajón. 3 súbita disminución de la demanda, el interés, etc.
slump (to) *intr.* hundirse [en un terreno blando; al romperse el hielo, etc.]. 2 caer, desplomarse, dejarse caer. 3 dar un bajón [los precios, valores, etc.]; disminuir súbitamente [la demanda, el interés, etc.]. 4 aplastarse [una masa] por su propio peso. — 5 *tr.* dejar caer de golpe. 6 hacer bajar [los precios, etc.].
slung (slɵng) *pret.* y *p. p.* de TO SLING. 2 ~ *shot,* rompecabezas [arma].
slunk *pret.* y *p. p.* de TO SLINK.
slur (slɵ′) *s.* mancha, borrón, tacha. 2 detracción, calumnia, insinuación malévola. 3 obscurecimiento, cosa borrosa. 4 pronunciación indistinta. 5 IMPR. trozo repintado. 6 MÚS. ligadura.
slur (to) *tr.* manchar. 2 desdorar, rebajar, despreciar, calumniar. 3 ocultar, disfrazar. 4 obscurecer, hacer borroso. 5 pasar por encima de, pasar por alto. 6 comerse [letras, sílabas]. 7 MÚS. ligar [las notas]. 8 *intr.* borrarse, hacerse confuso. 9 IMPR. repintarse. 10 *to* ~ *through,* ejecutar rápidamente. ¶ CONJUG. pret. y p. p.: *slurred;* ger.: *slurring.*
slush (slɵsh) *s.* nieve a medio derretir, lodo, cieno. 2 *fig.* sentimentalismo empalagoso. 3 COC. desperdicios grasientos [esp. en un buque]. 4 grasa, etc., para evitar la oxidación. 5 ALBAÑ. mezcla para rellenar juntas. 6 sensibleria. 2 *slush* o ~ *fund* (EE. UU.) fondos para la corrupción política.
slush (to) *tr.* mojar, ensuciar, embarrar. 2 engrasar. 3 ALBAÑ. rellenar [juntas]. 4 fam. lavar

echando agua. — *5 intr.* chapotear. *6* derretirse [la nieve].

slushy (slø·shi) *adj.* fangoso. *2* fig. empalagosamente sentimental.

slut (sløt) *s.* pazpuerca. *2* mujerzuela. *3* ZOOL. perra.

sluttish (slø·tish) *adj.* puerco, desaseado, sucio, grosero.

sluttishly (slø·tishli) *adv.* desaseadamente, suciamente.

sluttishness (slø·tishnis) *s.* porquería, suciedad, desaseo.

sly (slai) *adj.* astuto, taimado, socarrón, falso. *2* travieso. *3* punta, algo [de una cualidad]. *4* secreto, furtivo; clandestino: *on the* ~, a hurtadillas, a escondidas, callandito, a la chiticallando.

slyboots (slai·buts) *s. pl.* [construido como sing.] camastrón, marrajo, mátalas callando.

slyly (slai·li) *adv.* astutamente. *2* disimuladamente. *3* a hurtadillas, callandito.

slyness (slai·nis) *s.* astucia, socarronería. *2* travesura. *3* disimulo, reserva.

smack (smæc) *s.* sabor, dejo, gustillo. *2* poquito, sorbo. *3* punta, algo [de una cualidad]. *4* tintura [noción superficial]. *5* ruido de chuparse los labios. *6* beso sonoro. *7* restallido, chasquido, golpe, manotazo. *8* MAR. lancha de pesca. — *9 adv.* de lleno, de golpe, violentamente: ~ *on the nose,* en las mismísimas narices.

smack (to) *intr. to* ~ *of,* tener un dejo o gustillo de; saber, oler a [tener parecido o visos de]. — *2 intr.* y *tr.* chasquear el látigo, chuparse los labios, besar sonoramente: *to* ~ *one's lips,* chuparse los labios, relamerse. — *3 tr.* beber chupándose los labios. *4* dar palmadas o manotazos a; juntar dando golpe.

smacker (smæ·kø') *s.* (EE. UU.) dólar. *2* (EE. UU.) golpe, bofetón.

smacking (smæ·king) *adj.* vivo, fuerte.

small (smol) *adj.* pequeño; chico, menudo, diminuto; insignificante: ~ *arms,* armas de fuego pequeñas [por oposición a artillería]; ~ *capital,* IMPR. versalita; ~ *change,* suelto, dinero menudo; ~ *coal,* cisco, carbón menudo, carbón de leña; ~ *fry,* freza; morralla; fig. gente menuda; gente sin importancia; ~ *matters,* menudencias; ~ *potatoes,* fam. persona o cosa de poca importancia; ~ *print,* IMPR. tipo pequeño; ~ *wares,* mercería, artículos menudos; *to feel* ~, sentirse pequeño o insignificante; *in a* ~ *way,* en pequeña escala, con poco capital o existencias; modestamente. *2 menor:* ~ *craft,* embarcaciones menores; ~ *game,* caza menor; ~ *hemlock,* BOT. cicuta menor. *3* bajo [de estatura]. *4* corto, escaso, exiguo, poco: *to* ~ *purpose,* para bien poco, con poco resultado. *5* minúscula [letra]. *6* humilde, modesto, bajo. *7* estrecho, mezquino. *8* flojo, diluido: ~ *beer,* cerveza floja; fig. persona o cosa de poca importancia; *to think no* ~ *beer of oneself,* estar engreído. *9* fino, delgado: ~ *intestine,* ANAT. intestino delgado; ~ *voice,* voz delgada, vocecita. *10* ~ *hours,* primeras horas de la madrugada. *11* ~ *talk,* charla, habladuría, frivolidades: — *12 s.* parte estrecha o delgada de una cosa: ~ *of the back,* la parte más estrecha de la espalda. *13* cosa o cantidad pequeña; lo pequeño: *by* ~ *and* ~, poco a poco; *in* ~, en pequeño. *14* pl. artículos menudos; mineral menudo. *15* calzones cortos. *16* primeros exámenes de Oxford. — *17 adv.* en un trozo o trozos pequeños: *to cut* ~, desmenuzar, picar. *18* en tono bajo, suave. *19* en pequeño, modestamente. *20* con desprecio: *to think* ~ *of,* tener en poco.

smallage (smo·lidy) *s.* BOT. apio silvestre.

smallclothes (smo·lclouðs) *s. pl.* calzones cortos. *2* ropa para niños. *3* ropa interior.

smaller (smo·lø') *adj. comp.* de SMALL; menor, más pequeño; más bajo, más corto, etc.

smallest (smo·list) *adj. superl.* de SMALL; el más pequeño, bajo, corto, etc.

smallish (smo·lish) *adj.* algo pequeño o bajo; pequeñito, bajito.

smallness (smo·lnis) *s.* pequeñez. *2* baja estatura. *3* bajeza, ruindad. *4* cortedad, insignificancia.

smallpox (smo·lpacs) *s.* MED. viruelas.

smalt (smolt) *s.* esmalte, esmaltín.

smart (sma·t) *adj.* vivo, punzante, picante, acerbo, cruel. *2* duro, fuerte, violento. *3* listo, hábil,

ingenioso, despierto, astuto, sagaz. *4* activo, diligente. *5* vivaracho. *6* vivo, animado. *7* agudo, sutil, gracioso, mordaz. *8* elegante, a la moda; bien cuidado, bien ordenado. *9* garrido. *10* distinguido, de buen tono: ~ *set,* gente de buen tono. *11* ~ *money,* multa; indemnización a un soldado u obrero. — *12 s.* punzada, escozor. *13* dolor, aflicción. *14* agudeza [en el discurso]. — *15 adv.* SMARTLY.

smart (to) *intr.* picar, escocer, resquemar, doler. *2* sufrir, padecer; pagar caro [una ofensa, etc.]. *3* sentir escozor en el ánimo, sentir pesar o remordimiento.

smarten (to) (sma·tøn) *tr.* poner elegante, embellecer, animar.

smartly (sma·tli) *adv.* vivamente. *2* hábilmente, con despejo. *3* agudamente, mordazmente. *4* con elegancia.

smartness (sma·tnis) *s.* viveza, agudeza. *2* despejo, habilidad. *3* sutileza, astucia. *4* elegancia.

smarty (sma·ti) *s.* (EE. UU.) el que las echa de agudo o gracioso.

smash (smæsh) *s.* rotura, rompimiento, destrozo. *2* choque [de trenes, etc.]. *3* fracaso, ruina, quiebra, bancarrota: *to go to* ~, arruinarse, quebrar. *4* golpe violento. *5* TENIS golpe dado a la pelota de arriba abajo. *6* bebida de aguardiente con agua, azúcar, menta, etc. — *7 adj.* ~ *hit,* éxito ruidoso, exitazo.

smash (to) *tr.* romper, destrozar, estrellar, aplastar. *2* destruir, arruinar, demoler. *3* lanzar con efecto destructor. *4* TENIS golpear la pelota por encima. — *5 intr.* romperse, destrozarse, hacerse añicos. *6* pasar rompiendo o destrozando. *7* fam. arruinarse, fracasar, hacer bancarrota.

smatter (smæ·tø') *s.* SMATTERING.

smatter (to) *tr.* hablar, conocer o estudiar superficialmente.

smatterer (smæ·tørø') *s.* el que sabe o estudia una cosa superficialmente.

smattering (smæ·tøring) *s.* barniz, tintura, conocimiento superficial o imperfecto.

smear (smi·') *s.* embadurnamiento, mancha. *2* BACT. frotis. *3* fig. mancha, desdoro.

smear (to) *tr.* embadurnar, untar, tiznar, embarrar, manchar, obscurecer. *2* fig. manchar, desdorar.

smeary (smi·ri) *adj.* graso, untuoso, pegajoso, viscoso. *2* sucio, manchado.

smell (smel) *s.* olfato [sentido]. *2* olor [aroma, perfume, tufo, hedor]. *3* olor, traza.

smell (to) *tr.* oler [percibir con el olfato]. *2* olfatear, husmear, ventear, inquirir, averiguar. | A veces *con out. 3* oler [adivinar]: *to* ~ *a rat,* sospechar algo malo, oler una intriga, etc. — *4 intr.* oler [exhalar olor o hedor]: *to* ~ *of,* oler a. *5 to* ~ *at a rose,* oler una rosa. ¶ CONJUG. pret. y p. p.: *smelled* o *smelt.*

smeller (sme·lø') *s.* oledor, husmeador. *2* el que huele o echa un olor. *3* fam. nariz.

smellfeast (sme·lfīst) *s.* gorrista, gorrón.

smelling (sme·ling) *s.* olfato. *2* olfacción; husmeo. *3* olor. — *4 adj.* que huele, oloroso; aromático: ~ *salts,* sales aromáticas; *foul-smelling,* hediondo. *5* para olores, para oler: ~ *bottle,* frasco de sales o perfumes.

smelt (smelt) *pret.* y *p. p.* de TO SMELL. — *2 s.* ICT. eperlano.

smelt (to) *tr.* fundir [minerales]. *2* extraer [metal] por fusión.

smelter (sme·ltø') *s.* fundidor de minerales.

smeltery (sme·lteri) *s.* fundición de minerales [fábrica].

smelting (sme·lting) *s.* fusión, fundición [de minerales]; extracción [del metal] por fusión. — *2 adj.* de fundición: ~ *furnace,* horno de fundición.

smew (smiu·) *s.* ORNIT. mergo.

smilaceous (smailakei·shøs) *adj.* BOT. esmilacáceo.

smile (smail) *s.* sonrisa. *2* aspecto agradable o risueño.

smile (to) *intr.* sonreír: *to* ~ *at, on* o *upon,* sonreír a; mostrarse favorable o halagüeño para. *2* sonreírse. *3* pop. (EE. UU.) beber [esp. con otros]. — *4 tr.* expresar, decir, recibir, etc., con una sonrisa: *to* ~ *asent,* asentir con una sonrisa.

smiling (smai·ling) *adj.* risueño, sonriente.

smilingly (smai·lingli) *adv.* con cara risueña, con una sonrisa, sonriendo.

smirch (smø'ch) *s.* borrón, mancha, tiznón.
smirch (to) *tr.* manchar, ensuciar, tiznar. deslucir. 2 mancillar, empañar. desdorar.
smirk (smø'k) *s.* sonrisa boba o afectada.
smirk (to) *intr.* sonreírse tontamente o con afectación.
smite (to) (smait) *tr.* golpear, herir, pegar. 2 aplastar, matar, asolar, destruir, castigar, afligir. 3 hacer chocar o golpear. 4 aturdir, sobrecoger. 5 apenar, conmover, impresionar. 6 remorder [la conciencia]. 7 prendar, enamorar, robar el corazón. — 8 *intr.* dar golpes. 9 *to* ~ *in, into, on,* etc., atravesar, penetrar, herir con fuerza repentina. ¶ CONJUG. pret.: *smote;* p. p.: *smitten.*
smith (smiz) *s.* forjador 2 el que trabaja en metales. | Ús. mucho en composición: *blacksmith,* herrero; *silversmith,* platero. 3 artífice creador.
smith (to) *tr.* forjar [metales].
smithereens (smiðorɪ·nš) *s. pl.* fam. añicos: *to break to* ~, hacer añicos.
smithery (smɪ·zøri) *s.* forja, herrería.
smithy (smɪ·zi), *pl.* -ies (-iš) *s.* herrería, taller de herrero.
smitten (smɪ·tøn) *p. p.* de TO SMITE.
smock (smac) *s.* camisa, bata, delantal [de mujer]. 2 ~ *frock* o simplte. *smock,* blusa [de obrero, de pintor, etc.].
smog (smag) *s.* niebla mezclada con humo.
smoke (smouc) *s.* humo: *cloud of* ~, humareda; *to end in* ~, volverse humo o agua de cerrajas. 2 columna de humo. 3 sahumerio; fuego para dar humo 4 acción de fumar: *to have a* ~, fumar. — 5 *adj.* de humo; para el humo: ~ *arch,* caja de humos; ~ *black,* negro de humo; ~ *helmet,* casco o careta contra el humo; ~ *room,* fumadero; ~ *screen,* cortina de humo.
smoke (to) *tr.* ahumar: *to* ~ *dry,* secar o curar al humo. 2 fumigar. 3 sahumar, incensar. 4 fumar. 5 oler, descubrir [una intriga, etc.]; sospechar de [uno], vigilarle. 6 *to* ~ *out,* atontar, ahuyentar con humo; desalojar, echar fuera. 7 *to* ~ *one's coat,* sacudir el polvo a uno. — 8 *intr.* humear, echar humo. 9 ir echando humo, levantando polvo, etc.; correr. 10 fumar.
smokebox (smou·cbacs) *s.* caja de humos.
smoke-dry (to) *tr.* secar o curar al humo.
smokehouse (smou·cjaus) *s.* local para ahumar carne, pescado, etc.
smokeless (smou·klis) *adj.* sin humo.
smoker (smou·kø') *s.* ahumador. 2 sahumador. 3 caja para ahumar abejas. 4 fam. vagón o compartimiento para fumadores. 5 reunión, tertulia en que se fuma.
smokestack (smou·cstæc) *s.* chimenea.
smoketight (smou·ctait) *s.* a prueba de humo.
smokiness (smou·kinis) *s.* fumosidad.
smoking (smou·king) *s.* acción de fumar: *no* ~ *allowed,* se prohíbe fumar. — 2 *adj.* humeante. 3 de fumar, para fumar: ~ *car* o *carriage,* vagón para fumadores; ~ *jacket,* batín; ~ *room,* cuarto para fumar, fumadero.
smoky (smou·ki) *adj.* humeante. 2 humoso. 3 ahumado.
smolder (to) (smou·ldø') *tr.* e *intr.* SMOULDER.
smolt (smoult) *s.* ICT. murgón, salmón pequeño.
smooch (to) (smuch) *intr.* ensuciar. 2 besuquear.
smooth (smuð) *adj.* liso, terso: ~ *muscle,* músculo liso. 2 llano, plano, igual, parejo. 3 uniforme, regular, sin variación. 4 libre, expedito. 5 fácil, fluido, terso. 6 blando, suave, agradable. 7 manso, tranquilo, plácido. 8 afable, cortés. 9 meloso, lisonjero, adulador. 10 suave [bebida]. 11 MÚS. ligado; en suave gradación. — 12 *adv.* SMOOTHLY.
smooth (to) *tr.* alisar. 2 allanar, igualar. 3 cepillar, pulir. 4 allanar [el camino], facilitar. 5 pulir, refinar. 6 suavizar, paliar. 7 calmar, aquietar, apaciguar. 8 *to* ~ *away,* quitar, hacer desaparecer [obstáculos, etc.] suavemente. 9 *to* ~ *one's brow,* desarrugar la frente.
smoothbore (smu·ðbo') *adj.* de ánima lisa [arma]. — 2 *s.* arma de ánima lisa.
smoother (smu·ðø') *s.* alisador, pulidor, planchador.
smooth-faced *adj.* barbilampiño. 2 liso. 3 afable, meloso.
smooth-grained *adj.* de grano o veta lisa.

smoothing (smu·ðing) *adj.* que alisa, cepilla, plancha, etc.; ~ *iron,* plancha; ~ *plane,* CARP. cepillo corto.
smoothly (smu·ðli) *adv.* lisamente, igualmente. 2 fácilmente. 3 suavemente, blandamente. 4 afable o melosamente.
smoothness (smu·ðnis) *s.* lisura, igualdad, tersura. 2 suavidad. 3 blandura, melosidad.
smooth-shaven *adj.* bien afeitado.
smooth-sliding *adj.* que se desliza suavemente y con igualdad.
smooth-spoken, smooth-tongued *adj.* meloso, lisonjero, adulador.
smote (smout) *pret.* de TO SMITE.
smother (smø·ðø') *s.* humareda, polvareda, niebla, etc., sofocantes. 2 confusión, tumulto. 3 ahogo, represión. 4 supresión, ocultación.
smother (to) *tr.* sofocar, ahogar, asfixiar. 2 sofocar, ahogar, apagar, reprimir. 3 cubrir, envolver. 4 coc. estofar. 5 ocultar, mantener secreto, echar tierra a. — 6 *intr.* ahogarse, asfixiarse. 7 estar contenido, reprimido.
smotheringly (smø·ðøringli) *adv.* de una manera sofocante. 2 de un modo latente, reprimido.
smothery (smø·ðøri) *adj.* sofocante, asfixiante.
smo(u)lder (smou·ldø') *s.* fuego sin llama; humo.
smo(u)lder (to) *intr.* arder sin llama, en rescoldo. 2 arder interiormente, estar latente, reprimido.
smudge (smødʒ) *s.* mancha, tiznón. 2 humareda sofocante. 3 (EE. UU.) fuego de humo para ahuyentar insectos.
smudge (to) (smødʒ) *tr.* manchar, tiznar. 2 embadurnar, restregar. 3 (EE. UU.) ahumar, ahuyentar con humo.
smudgy (smø·dʒi) *adj.* manchado, tiznado, holliniento. 2 borroso, confuso.
smug (smøg) *adj.* pulido, aseado bien vestido; de aspecto digno, decente. 2 satisfecho, pagado de sí mismo.
smuggle (to) (smø·gøl) *tr.* pasar, meter de contrabando o clandestinamente. — 2 *intr.* contrabandear, hacer contrabando.
smuggler (smø·glø') *s.* contrabandista. 2 buque contrabandista.
smuggling (smø·gling) *s.* contrabando.
smugly (smø·gli) *adv.* pulidamente, aseadamente. 2 con afectación o presunción.
smugness (smø·gnis) *s.* afectación y nimiedad en el vestir; presunción.
smut (smøt) *s.* suciedad, mancha, tiznajo, tiznón. 2 obscenidad, indecencia. 3 AGR. añublo, tizón.
smut (to) *tr.* ensuciar, manchar, tiznar. 2 mancillar, desdorar. 3 AGR. producir añublo. 4 AGR. quitar el tizón. — 5 *intr.* AGR. añublarse, atizonarse. ¶ CONJUG. pret. y p. p.: *smutted;* ger.: *smutting.*
smutch (smøch) *s.* mancha, tiznajo. 2 tizne, hollín.
smutch (to) *tr.* tiznar, manchar. 2 mancillar, desdorar.
smuttier (smø·tiø') *adj. comp.* de SMUTTY.
smuttiest (smø·tiist) *adj. superl.* de SMUTTY.
smuttily (smø·tili) *adv.* suciamente.
smuttiness (smø·tinis) *s.* suciedad. 2 obscenidad, indecencia.
smutty (smø·ti) *adj.* tiznado, holliniento. 2 humoso, obscuro. 3 obsceno, indecente. 4 BOT. atizonado, añublado.
Smyrna (smø·rna) *n. pr.* GEOGR. Esmirna.
snack (snæc) *s.* porción, parte: *to go snacks,* ir a la parte. 2 sorbo, bocadito, poquito. 3 piscolabis, tentempié, refrigerio. — 4 *adj.* ~ *bar,* bar o puesto donde se sirven bocadillos, piscolabis, etc.; cantina [de estación].
snaffle (-bit) (snæ·føl) *s.* bridón [brida pequeña].
snaffle (to) *tr.* enfrenar. 2 refrenar, contener, reprimir.
snag (snæg) *s.* tocón. 2 garrancho. 3 protuberancia; nudo [en la madera]. 4 raigón; sobrediente. 5 pitón [de cuerna]. 6 árbol, tronco o roca sumergidos. 7 obstáculo oculto o imprevisto: *to hit* o *to strike a* ~, tropezar con un obstáculo.
snag (to) *tr.* averiar, romper, etc., haciendo dar en un tronco sumergido, un garrancho, un clavo, etc. 2 cortar o desgajar dejando garranchos, nudos, tocones o troncos sumergidos. ¶ CONJUG. pret. y p. p.: *snagged;* ger.: *snagging.*

snagged (snægd), **snaggy** (snæ·gui) *adj.* nudoso, lleno de protuberancias. 2 lleno de tocones. 3 lleno de troncos o rocas sumergidos. 4 fig. lleno de obstáculos y dificultades.
snaggletooth (snæígøltuz) *s.* sobrediente.
snail (sneil) *s.* ZOOL. caracol [esp. el terrestre] ; babosa. 2 persona o cosa lenta. 3 zángano, holgazán. 4 cosa en forma de caracol. 5 BOT. ~ *clover,* variedad de mielga.
snake (sneic) *s.* ZOOL. culebra, serpiente : *rattle* ~, serpiente de cascabel; ~ *in the grass,* fig. peligro oculto, amigo traidor ; *to see snakes,* fig. tener el delirium tremens. 2 fig. serpiente [pers.]. 3 fig. cosa en forma de serpiente.
snake (to) *tr.* arrastrar, mover sinuosamente. 2 (EE. UU.) sacar estirando. — 3 *intr.* culebrear, serpentear.
snakeroot (snei·krut) *s.* BOT. serpentaria.
snakeskin (snei·cskin) *s.* piel de serpiente.
snakeweed (snei·cuɪd) *s.* BOT. serpentaria. 2 BOT. bistorta.
snaky (snei·ki) *adj.* serpentino. 2 serpenteante, tortuoso. 3 pérfido, traidor ; ponzoñoso. 4 lleno de culebras.
snap (snæp) *s.* chasquido, estallido, rotura súbita. 2 castañeta [con los dedos]. 3 bocado, mordisco, dentellada. 4 acción de asir o arrebatar. 5 broche o cierre de presión o resorte. 6 galletita. 7 energía, vigor, vida. 8 período corto [de frío, etc.]. 9 enchufe, canonjía ; ganga, cosa fácil. 10 observación o respuesta brusca, irritada. 11 fig. pito, bledo : *not to care a* ~, no importarle a uno un pito. — 12 *adj.* hecho de golpe, precipitadamente : ~ *judgment,* juicio o decisión precipitados ; ~ *shot,* disparo rápido, sin apuntar. 13 POL. hecho, tomado o aprobado por sorpresa, sin previo aviso. 14 que se cierra, ajusta, etc., de golpe, con resorte, a presión : ~ *bolt,* pestillo de golpe; ~ *fastener,* corchete de presión ; ~ *switch,* ELECT. interruptor de resorte.
snap (to) *intr.* morder, tirar bocados ; hablar bruscamente : *to* ~ *at,* tirar un bocado a ; morder; hablar o responder bruscamente a uno; aceptar prontamente [lo que se ofrece] ; asir [la ocasión] por los cabellos. 2 romperse, partirse con estallido. 3 cerrarse dando chasquido o golpe. 4 soltarse o soltar o soltarse una cosa tirante. 5 dar chasquido, estallar. 6 fallar [un arma]. 7 echar chispas, llamear. 8 *to* ~ *off,* soltarse, saltar ; abrirse de golpe. 9 *to* ~ *out of it,* fam. dejar un hábito, una costumbre, etc., haciendo un esfuerzo. 10 *to* ~ *shut,* cerrarse de golpe. — 11 *tr.* asir con los dientes ; agarrar, asir, arrebatar, robar. 12 aceptar, tomar, adquirir, etc., en el acto. 13 interrumpir, responder o expresar bruscamente, con acritud. 14 romper, partir, poner, cerrar, etc., con chasquido o estallido. 15 hacer chasquear. 16 FOT. hacer una instantánea de. 17 *to* ~ *off one's head* o *nose,* responder a uno con un sarcasmo o un bufido. 18 *to* ~ *one's fingers at,* hacer una castañeta a; burlarse de, despreciar. 19 *to* ~ *up,* comprar, tomar, etc., prontamente; interrumpir, cortar la palabra a. ¶ CONJUG. pret. y p. p.: *snapped;* ger.: *snapping.*
snapdragon (snæ·pdrægøn) *s.* BOT. becerra, dragón. 2 BOT. linaria. 3 ciertas tenazas de vidriero.
snapper (snæ·pø′) *s.* el que muerde o da bufidos ; persona brusca, gruñona. 2 FOT. el que hace instantáneas. 3 tralla [de látigo]. 4 cilindro de papel con dulces que explota cuando se tira de sus extremidades. 5 ICT. pez comestible del golfo de Méjico. 6 *pl.* castañuelas.
snapping (snæ·ping) *adj.* que tira bocados, que da chasquidos, etc.: ~ *turtle,* tortuga muy voraz de Norteamérica. 2 brusco, gruñón.
snappish (snæ·pish) *adj.* mordedor. 2 gruñón, irascible, agrio, mordaz.
snappishly (snæ·pishli) *adv.* agriamente, con aspereza; mordazmente.
snappishness (snæ·pishnis) *s.* carácter gruñón, irritable; aspereza, acritud.
snappy (snæ·pi) *adj.* SNAPPISH. 2| chispeante. 3 vivo, animado. 4 elegante. 5 rápido, súbito.
snapshot (snæ·pshat) *s.* FOT. instantánea. 2 disparo rápido, sin apuntar.
snapshot (to) *tr.* e *intr.* hacer una instantánea de; hacer instantáneas. ¶ CONJUG. pret. y p. p.: *snapshotted;* ger.: *snapshotting.*

snare (sne·′) *s.* lazo, armadijo. 2 celada, trampa, garlito, asechanza, red. 3 bordón [de tambor]. 4 CIR. lazo.
snare (to) *tr.* atrapar, coger en un lazo. 2 atraer a una celada, hacer caer en una trampa; enredar ; tender celadas o lazos a.
snarl (sna·′l) *s.* gruñido. 2 regaño. 3 enredo, maraña, confusión. 4 pelo enmarañado. 5 METAL. yunque para repujar.
snarl (to) *intr.* regañar, arrufarse. 2 gruñir, hablar con cólera, enseñar los dientes, reñir. 3 enredarse, enmarañarse. — 4 *tr.* expresar con gruñidos. 5 enredar, enmarañar. 6 repujar [metales] con cierto instrumento llamado *snarling iron.*
snarler (sna·′lø′) *s.* regañón, gruñón.
snarly (sna·′li) *adj.* gruñón, regañón, iracundo. 2 enredado, enmarañado.
snary (sne·ri) *adj.* enredoso, insidioso.
snatch (snæch) *s.* arrebatamiento, arrebatiña. 2 trozo, pedacito, fragmento. 3 breve período de tiempo, rato : *by snatches,* a ratos. 4 MAR. *snatch* o ~ *block,* pasteca.
snatch (to) *tr.* coger, tomar, agarrar súbita o precipitadamente; arrebatar, quitar, arrancar, robar. 2 *to* ~ *off,* quitar, quitarse precipitadamente. — 3 intr. *to* ~ *at,* tratar de agarrar o arrebatar.
snatcher (snæ·chø′) *s.* arrebatador, ladrón.
snatchingly (snæ·chingli) *adv.* precipitadamente.
snatchy (snæ·chi) *adj.* hecho a ratos, con interrupciones; discontinuo, intermitente.
snath(e (sneid), **snead** (snid) *s.* mango de guadaña.
sneak (snɪc) *s.* persona ruin, cobarde, solapada. 2 fam. soplón. 3 movimiento furtivo, escabullimiento. 4 *sneak* o ~ *thief,* ratero [esp. el que roba a través de las puertas y ventanas que encuentra abiertas]. — 5 *adj.* ~ *boat,* bote cubierto con ramas para cazar patos.
sneak (to) *intr.* entrar, salir o moverse furtivamente, deslizarse, escabullirse. | Con *in, out, past, round, off, away,* etc. y obrar con cobardía o solapadamente. 3 obrar rastreramente, arrastrarse; soplonear. — 4 *tr.* mover, sacar, meter, etc., furtivamente. 5 hurtar, ratear.
sneaker (sni·kø′) *s.* SNEAK 1. 2 ponchera. 3 copa [de coñac]. 4 *pl.* pop. (EE. UU.) zapatos silenciosos [gralte. de lona con suela de goma], zapatos de playa o gimnasia.
sneakiness (sni·kinis) *s.* SNEAKINGNESS.
sneaking (snɪ·king) *adj.* ruin, cobarde, bajo. 2 mezquino, pobre, despreciable. 3 furtivo, husmeador. 4 oculto, secreto [no confesado]. 5 vago [idea, sospecha].
sneakingly (snɪ·kingli) *adv.* furtivamente. 2 bajamente, servilmente.
sneakingness (snɪ·kingnis) *s.* ruindad, cobardía, bajeza, adulación rastrera.
sneakish (snɪ·kish) *adj.* SNEAKY.
sneaky (snɪ·ki) *adj.* solapado, furtivo. 2 ruin, cobarde, bajo.
sneck (sne·c) *s.* pasador, aldaba, colanilla : ~ *drawer,* fig. ladrón.
sneer (snɪ·′) *s.* risa, sonrisa, mirada, gesto o expresión burlona o despreciativa ; burla, mofa.
sneer (to) *intr.* reírse, sonreírse, mirar con burla o desprecio; burlarse, mofarse, tratar con desprecio. | Gralte. con *at.* — 2 *tr.* expresar o decir, con un gesto de desprecio. 3 *to* ~ *away,* quitar [la reputación, etc.] con burlas o mofas.
sneerer (snɪ·rø′) *s.* burlón, mofador, despreciador.
sneering (snɪ·ring) *adj.* burlón, despreciativo.
sneeringly (snɪ·ringli) *adv.* despreciativamente; con burla o mofa.
sneery (snɪ·ri) *adj.* burlón.
sneeze (sniȿ) *s.* estornudo.
sneeze (to) *intr.* estornudar : *to* ~ *into a basket,* fig. ser guillotinado. 2 *to* ~ *at,* despreciar. | Ús. en la expresión : *not to be sneezed at,* que no es de despreciar.
sneezeweed (sni·ȿuid), **sneezewort** (sni·ȿuø′t) *s.* BOT. cebadilla; nombre de otras plantas.
sneezing (sni·ȿing) *s.* estornudo. — 2 *adj.* estornutatorio.
snell (snel) *s.* hilo corto de tripa que une el sedal al anzuelo.
snick (snick) *s.* corte, tijeretazo. 2 ruido seco o metálico.

snick (to) *tr.* cortar. 2 pinchar, atravesar. 3 mover, sacar, etc., con ruido seco o metálico. 4 *to* ~ *and snee.* reñir a cuchilladas.

snick'-a-snee, snick-or-snee *s.* riña a cuchilladas.

snicker (sniˈkø') *s.* risita, risa ahogada.

snicker (to) *intr.* reír con risa ahogada o burlona. 2 relinchar suavemente.

snickersnee (snɪkø'snɪˈ) *s.* cuchillo, arma blanca; cuchillo de monte.

sniff (snif) *s.* olfateo, husmeo. 2 sorbo [por las narices]; resoplido de sospecha o desprecio.

sniff (to) (snif) *tr.* olfatear, husmear, oliscar, oler. — 2 *intr.* y *tr.* absorber ruidosamente el aire por la nariz; sorberse la moquita; dar un resoplido de sospecha o desprecio: *to* ~ *at,* husmear; mostrar desprecio por.

sniffle (to) *intr.* respirar por la nariz ruidosamente [como una pers. acatarrada]. 2 gimotear, hacer pucheros.

sniffy (sniˈfi) *adj. fam.* desdeñoso, estirado.

snifting-valve (sniˈfting) *s.* MEC. válvula de purga.

snigger (sniˈgø') *s.* SNICKER.

snigger (to) *intr.* TO SNICKER.

sniggle (to) (sniˈgøl) *intr.* y *tr.* pescar anguilas metiendo el anzuelo en su escondite. 2 atrapar, enredar.

snip (snip) *s.* incisión, corte, tijeretazo. 2 recorte, pedacito. 2 *fam.* persona pequeña o insignificante. 3 *fam.* sastre.

snip (to) *tr.* cortar, recortar [con tijeras o como con tijeras]. 2 hacer pedacitos. 3 *to* ~ *away, from, off,* cortar [separar cortando].

snipe (snaiˈp) *s.* ORNIT. agachadiza.

snipe (to) *intr.* tirar a las agachadizas. 2 tirar desde un sitio oculto: *to* ~ *at,* tirotear [el enemigo] desde un sitio oculto; paquear.

sniper (snaiˈpø') *s.* tiroteador, paco.

sniping (snaiˈping) *s.* tiroteo, paqueo.

snippet (sniˈpit) *s.* recorte, pedacito; pequeño fragmento.

snippier (sniˈpiø') *adj. comp.* de SNIPPY.

snippiest (sniˈpiist) *adj. superl.* de SNIPPY.

snippy (sniˈpi) *adj.* fragmentario; demasiado corto; hecho de fragmentos. 2 *fam.* desdeñoso, estirado. 3 *fam.* seco, brusco.

snipsnap (sniˈpsnæp) *s.* serie de tijeretazos. 2 diálogo o respuesta aguda, picante; discreteo.

snivel (sniˈvøl) *s.* moco, moquita. 2 acción de sorberse la moquita; gimoteo; pucheros.

snivel (to) *intr.* moquear. 2 sorberse la moquita; gimotear, hacer pucheros; lloriquear. ¶ CONJUG. pret. y p. p.: *sniveled* o *-elled;* ger.: *sniveling* o *-elling.*

snivel(l)er (sniˈvlø') *s.* lloraduelos, jeremías; persona afectadamente sensible o sentimental.

snively (sniˈvli) *adj.* llorón, lloroso. 2 mocoso.

snob (snab) *s.* el que por darse tono trata de imitar a los que le parecen superiores o busca su trato; esnob. 2 el que rehuye el trato de los que tiene por inferiores; orgulloso, presuntuoso. 3 (Ingl.) rompehuelgas; esquirol.

snobbery (snaˈberi) *s.* esnobismo. 2 orgullo, presunción.

snobbish (snaˈbish) *adj.* que adolece de esnobismo o de presunción.

snobbishly (snaˈbishli) *adv.* con esnobismo o presunción.

snobbishness (snaˈbishnis) *s.* SNOBBERY.

snood (snud) *s.* (Esc.) cinta o red para el cabello. 2 (Ingl.) SNELL.

snook (snuk) *s.* ICT. especie de róbalo. 2 *pop.* ademán de burla.

snoop (snup) *s.* entremetido, curioso, buscavidas.

snoop (to) *intr.* husmear, curiosear, fisgonear.

snooze (snuš) *s. fam.* sueñecito, siestecita.

snooze (to) *intr. fam.* dormitar, descabezar el sueño.

snore (sno·') *s.* ronquido [del que duerme, del mar, del viento].

snore (to) *intr.* roncar [el que duerme, el mar, el viento].

snorer (sno·rø') *s.* roncador.

snoring (sno·ring) *adj.* que ronca. — 2 *s.* ronquido, ronquidos.

snort (sno·t) *s.* resoplido, bufido.

snort (to) *intr.* resoplar, bufar. 2 reírse ruidosamente con ira o desprecio.

snot (snat) *s. vulg.* moco [de la nariz].

snotty (snaˈti) *adj. vulg.* mocoso [lleno de mocos]. 2 sucio, asqueroso.

snout (snaut) *s.* trompa [de elefante]. 2 hocico, jeta. 3 *fam.* nariz, narizota. 4 pitón, pitorro. 5 nariz [de alambique]. 6 lanza [de manguera]. 7 cañón [de fuelle]. 8 boca [de cañón]. 9 MAR. proa. 10 promontorio; roca saliente. 11 *fam.* parte delantera del automóvil. 12 ENTOM. ~ *beetle,* gorgojo.

snout (to) *tr.* proveer de pitorro, lanza, cañón, etc. 2 hozar.

snouted (snauˈtid) *adj.* hocicudo. 2 provisto de pitorro, etc. 3 en forma de hocico o pitorro.

snow (snou) *s.* nieve. 2 nevada, nevasca. 3 *pop.* cocaína. 4 *coc.* postre hecho con nata o claras de huevo batidos. — 5 *adj.* de nieve, para la nieve: ~ *field,* campo de nieve; ~ *flurry,* nevisca; ~ *ice,* hielo de nieve amontonada; hielo producido por la congelación del aguanieve; ~ *line,* ~ *limit,* límite de las nieves perpetuas. 6 ORNIT. ~ *bunting,* verderón de las nieves. — 7 n. pr. *Snow White,* Blancanieves.

snow (to) *intr.* nevar. — 2 *tr.* esparcir como nieve. 3 cubrir, obstruir, aprisionar, etc., con nieve. | Con *over, up, in, under.* 4 blanquear [el cabello].

snowball (snouˈbol) *s.* bola o pella de nieve. 2 juego de lanzar bolas de nieve. 3 BOT. bola de nieve, mundillo. 4 *irón.* negro [pers.].

snowball (to) *tr.* e *intr.* lanzar bolas de nieve. — 2 *intr.* crecer como una bola de nieve.

snowbird (snouˈbø'd) *s.* ORNIT. pinzón de las nieves.

snowblind (snouˈblaind) *adj.* cegado por el reflejo de la nieve.

snowblindness (snouˈblaindnis) *s.* ceguera causada por el reflejo de la nieve.

snowbound (snouˈbaund) *adj.* sitiado por la nieve.

snowbreak (snouˈbreic) *s.* deshielo de la nieve. 2 rotura de árboles por la nieve. 3 barrera de árboles plantados para detener el paso de la nieve acumulada.

snowcapped (snouˈcæpt) *adj.* coronado de nieve.

snowcraft (snouˈcræft) *s.* habilidad para viajar sobre la nieve.

snowdrift (snouˈdrift) *s.* nieve que lleva el viento, ventisca. 2 nieve acumulada, ventisquero.

snowdrop (snouˈdrap) *s.* BOT. campanilla blanca. 2 BOT. anémona.

snowflake (snouˈfleic) *s.* nevada, nevasca. 2 cantidad de nieve que cae.

snowflake (snouˈfleic) *s.* copo de nieve. 2 ORNIT. verderón de las nieves. 3 BOT. campanilla blanca.

snowplough, snowplow (snouˈplau) *s.* limpianieves, máquina barredora de nieve.

snowshoe (snouˈshu) *s.* raqueta para andar sobre la nieve.

snowslide (snouˈslaid), **snowslip** (snouˈslip) *s.* alud.

snowstorm (snouˈsto'm) *s.* tempestad de nieve.

snow-white *adj.* blanco como la nieve.

snowy (snouˈi) *adj.* nevoso; de nieve; nevado. 2 níveo. 3 puro, sin mancha.

snub (snøb) *s.* repulsa, desaire. 2 sofión, reprensión brusca. 3 *fam.* nariz chata. — 3 *adj.* chata, roma [nariz].

snub (to) *tr.* dar un sofión. 2 reprender, reñir. 3 desairar, despreciar, humillar. 4 *to* ~ *up,* parar, detener de repente [tirando de una cuerda, etc.].

snub-nosed *adj.* chato.

snuff (snøf) *s.* moco [de vela]. 2 desecho, cosa pasada de moda, inútil. 3 rapé, ofensa: *to take it in* ~, ofenderse. 4 inhalación. 5 polvo que se toma por la nariz; rapé. 6 *fam. up to* ~, que no se mama el dedo; en forma, en buenas condiciones.

snuff (to) *tr.* oler, inhalar, absorber por la nariz. 2 olfatear, husmear, ventear. 3 despabilar [una vela]. — 4 *intr.* TO SNIFF 2. 5 tomar rapé. 6 *fam. to* ~ *it* u *out,* morirse.

snuffbox (snøˈfbacs) *s.* tabaquera, caja de rapé.

snuffer (snøˈfø') *s.* despabilador [de velas]. 2 el que toma rapé. 3 *pl.* despabiladeras.

snuffiness (snøˈfinis) *s.* tufo o suciedad causada por el rapé.

snuffle (snøˈføl) *s.* respiración o inspiración ruidosa por la nariz. 2 gangueo. 3 *pl.* romadizo.

snuffle (to) *intr.* TO SNIFF 2. 2 respirar con la nariz obstruida. 3 ganguear.

snuffler (snøˈflø') *s.* el que ganguea.

snuffy (snøˈfi) *adj.* mal humorado; de mal genio. 2 sucio de rapé; tabacoso; desagradable.

snug (snøg) *adj.* cómodo, abrigado, seguro : *as ~ as a bug in a rug,* con toda comodidad. 2 confortable. 3 ajustado, apretado, compacto. 4 pequeñơ pero cómodo. 5 limpio, aseado. 6 regular, modesto. 7 acomodado. 8 escondido. 9 quieto, tranquilo, callado.

snug (to) *tr.* poner cómodo, abrigar; acomodar, recostar. 2 arreglar, asear. 3 hacer próspero. — 4 *intr.* y *tr. to ~ down,* acostarse; MAR. prepararse o preparar [un buque] para hacer frente a la tempestad.

snuggery (snøʹgøri) *s.* aposento cómodo. 2 sala de una taberna.

snuggle (to) (snøʹgøl) *intr.* y *tr.* arrimar, arrimarse, poner o ponerse juntos, cómodos, abrigados.

snugness (snøʹgnis) *s.* comodidad, abrigo, etc.

so (sou) *adv.* así, de este modo, de esta manera; eso, lo mismo [con valor pronominal] : *if ~,* si es así, de este modo; *if it be ~ that,* si fuese así, si fuese verdad que; *it is not ~,* no es así, no es cierto; *~ be it,* así sea, amén; *so so,* así, así, tal cual, medianamente; *I hope ~,* así lo espero; *I think ~,* así lo creo, eso creo yo; *quite ~, just ~,* eso mismo, ni más ni menos. 2 de modo, de manera : *~ that,* para que, a fin de que; de modo, de manera, de suerte que. 3 también, de igual modo. 4 tan, tanto : *~ good,* tan bueno. 5 tan [correlativo de *as*] : *it is not ~ good as,* no es tan bueno como. 6 y así, por lo cual, por tanto, por esta razón. — 7 *pron.* cosa así, poco más o menos : *a year or ~,* un año o cosa así; cosa de un año. — 8 *conj.* con tal que, siempre que. 9 para que. — 10 *adj.* de la cualidad, carácter, etc., antes mencionado. | A veces se traduce por «lo» : *if he is not very clever, at least he is more ~ than many men,* si no es muy listo, al menos lo es más que muchos hombres. — 11 *interj.* bueno, bien. 12 ¿eh? [con sorpresa y disentimiento]. — 13 Otras locuciones y frases : *and ~ forth, and ~ on,* etc., y así sucesivamente; *how ~?,* ¿cómo es eso?; *if ever ~ little,* por poco que sea; *is that ~?,* ¿es así?; ¿de veras?, ¡no me diga!; *~ far,* tan lejos; hasta aquí, hasta ahora, en esto; *~ far as ~ in ~ far as,* hasta, hasta donde; *~ far as one can remember,* hasta donde uno puede recordar, que uno recuerde; *~ far ~ good,* hasta ahí muy bien; *~ long,* abur; *~ long as,* mientras, con tal que; *~ many,* tantos; *~ much,* tanto; *~ much for,* eso en cuanto a, eso es todo o toda, he ahí; *~ much the better,* tanto mejor; *~ then,* con que, de modo que; así pues; *~ to say, ~ to speak,* por decirlo así.

soak (souk) *s.* remojo, empapamiento, remojón. 2 baño en que se remoja algo. 3 *fam.* borrachín. 4 *fam.* orgía, borrachera. 5 *pop.* golpe, puñetazo.

soak (to) *tr.* empapar, calar, mojar, remojar, poner en remojo : *to ~ through,* calar, poner hecho una sopa. 2 chupar, embeber, absorber. | Con *up* u *out.* 3 emborrachar, hacer beber. 4 *pop.* pegar, dar golpes. 5 *fam.* empeñar. — 6 *intr.* empaparse, estar en remojo. 7 *to ~ in, into o through,* penetrar, filtrarse, pasar [por los poros o intersticios]. 8 beber, empinar el codo.

soakage (souʹkidȳ) *s.* remojo. 2 merma [por absorción].

soaked (souʹkid) *adj.* empapado, mojado, calado : *~ to the skin,* calado hasta los huesos. 2 borracho.

soaker (souʹkøʹ) *s.* remojador. 2 borrachín. 3 chubasco.

soaking (souʹking) *s.* empapamiento, remojón.

soaky (souʹki) *adj.* empapado, mojado, calado.

so-and-so *s.* fulano, fulano de tal. 2 tal cosa.

soap (soup) *s.* jabón. 2 *fam.* lisonja, adulación. 3 *fam.* dinero. — 4 *adj.* de jabón : *~ boiler,* jabonero; *caldera para hacer jabón; ~ bubble,* pompa de jabón; **bombita; ~ dish,* jabonera; *~ earth,* esteatita, jabón de sastre; *~ flakes,* escamas de jabón; *~ opera,* novela radiofónica folletinesca o sentimental; *~ plant,* BOT. jabonera; jaboncillo.

soap (to) *tr.* jabonar, enjabonar; frotar con jabón. 2 dar jabón, adular.

soap(berry) tree *s.* BOT. jaboncillo.

soapstone (souʹpstoun) *s.* MINER. esteatita; jaboncillo, jabón de sastre.

soapsuds (souʹpsødz) *s. pl.* jabonaduras, espuma de jabón.

soapwort (souʹpuøʹt) *s.* BOT. jabonera.

soapy (souʹpi) *adj.* jabonoso, saponáceo. 2 lleno de jabón. 3 *fam.* untuoso, adulador.

soar (soʹ) *s.* vuelo, remonte.

soar (to) *intr.* elevarse, subir, remontarse, volar. 2 cernerse, mecerse [en el aire]. 3 AVIA. planear. 4 elevarse, elevar el espíritu. — 5 *tr.* elevarse, remontarse por o a través de.

sob (sab) *s.* sollozo. 2 suspiro [del viento, etc.]. — 2 *adj. fam.* lacrimoso, sentimental; *~ sister* (EE. UU.), mujer periodista que escribe artículos de un sentimentalismo cursi.

sob (to) *intr.* sollozar. — 2 *tr.* expresar con sollozos; decir sollozando.

sober (souʹbøʹ) *adj.* sobrio, moderado, templado. 2 sereno [que no está borracho]. 3 sereno, tranquilo, desapasionado, equilibrado. 4 serio, grave, cuerdo, sensato. 5 serio, discreto [color]. 6 puro, escueto : *in ~ earnest,* de veras, formalmente, con seriedad.

sober (to) *tr.* volver sobrio. 2 moderar, templar, amortiguar. 3 serenar, aquietar, ajuiciar, poner serio. | A veces con *down.* 4 serenar, quitar la borrachera. | Gralte. con *up.* — 5 *intr. to ~ down,* serenarse, sosegarse, ajuiciarse. 6 *to ~ up,* desemborracharse.

soberly (souʹbøʹli) *adv.* sobriamente. 2 serenamente. 3 seriamente; con colores serios.

soberness (souʹbøʹnes), **sobriety** (sobraiʹøti) *s.* sobriedad. 2 moderación. 3 sensatez. 4 serenidad. 5 seriedad, gravedad.

sobriquet (soubrikeiʹ) *s.* apodo, mote.

so-called *adj.* llamado, supuesto, pseudo.

sociability (soushabiʹliti) *s.* sociabilidad.

sociable (souʹshabøl) *adj.* sociable, tratable, conversable; comunicativo. 2 amistoso, familiar. — 3 *s.* confidente [sofá]. 4 coche abierto con dos asientos laterales. 5 (EE. UU.) tertulia.

sociableness (souʹshabølnis) *s.* sociabilidad.

sociably (souʹshabli) *adv.* sociablemente.

social (souʹshal) *adj.* social : *~ science,* sociología; *~ security,* seguro social; *~ service,* servicio social; *~ work,* asistencia social; estudio y mejoramiento de la vida de la clase pobre u obrera; *~ worker,* el que se dedica a la asistencia social. 2 de trato o conversación, de sociedad : *~ gathering,* reunión, tertulia, fiesta de sociedad. 3 sociable. 4 ZOOL. que vive formando colonias. — 5 *s.* tertulia, reunión.

socialism (souʹshalizm) *s.* socialismo.

socialist (souʹshalist) *adj.* y *s.* socialista.

socialistic (soushaliʹstic) *adj.* socialista.

sociality (soushiaʹliti) *s.* condición de social. 2 sociabilidad. 3 sentido social. 4 asociación, relación.

socialization (soushaliseʹshøn) *s.* socialización.

socialize (to) (souʹshalaiz) *tr.* socializar.

society (sosaiʹeti) *s.* sociedad. 2 asociación, comunidad. 3 compañía [los que acompañan]. 4 amigos, compañeros, relaciones. 5 compañía, relación, trato social : *to go into ~,* frecuentar la sociedad, cultivar el trato social. 6 buena sociedad, mundo distinguido.

Society Islands *n. pr.* GEOGR. Islas de la Sociedad.

Socinian (sosiʹnian) *adj.* y *s.* sociniano.

Socinianism (sosiʹnianizm) *s.* socinianismo.

sociological (soshiolaʹȳical) *adj.* sociológico.

sociologist (soshialoʹȳist) *s.* sociólogo.

sociology (soshialoʹȳi) *s.* sociología.

sock (sac) *s.* calcetín. 2 escarpín, sandalia. 3 *fig.* la comedia. 4 reja [del arado]. 5 *pop.* golpe, porrazo.

sockdolager (sacdouleiʹȳøʹ) *s. pop.* (EE. UU.) golpe o argumento decisivo.

socker (saʹkøʹ) *s.* fútbol asociación.

socket (saʹkit) *s.* hueco en que encaja una cosa : caja, encaje, casquillo, cubo, portalámparas, enchufe; mechero [de candelero]; cuenca [del ojo]; alvéolo [de diente].

socket-wrench *s.* MEC. llave de tubo o de vaso.

socle (saʹcøl) *s.* zócalo.

Socratic(al (socræʹtic(al) *adj.* socrático.

sod (sad) *s.* césped. 2 tierra trabada por la hierba o el césped; tepe; turba.

sod (to) *tr.* encespedar, cubrir de césped. ¶ CONJUG. pret. y p. p. : *sodded;* ger. : *sodding.*

soda (souʹda) *s.* QUÍM. soda, sosa. 2 QUÍM. *soda o ~ ash,* carbonato de sodio. 3 *soda o ~ water,* soda, agua carbónica. — 4 *adj.* de sosa; *~ plant,* BOT. barrilla; *~ lime,* mezcla de cal y sosa cáus-

tica. *5* de soda o agua carbónica : ~ *fountain*, depósito o fuente de agua carbónica o gaseosa; mostrador donde se sirven bebidas, helados, etc.
sodaic (soudei·c) *adj.* sódico.
sodality (sodæ·liti) *s.* asociación, unión. *2* cofradía, hermandad.
sodden (sa·dǝn) *p. p.* de TO SEETHE. — *2 adj.* mojado, empapado. *3* borracho. *4* estupidizado [por la embriaguez habitual]. *5* pesado, mal cocido [pan].
sodden (to) *tr.* mojar, empapar. — *2 intr.* mojarse, empaparse. *3* resultar pesado, mal cocido [el pan].
sodic (sou·dic) *adj.* QUÍM. sódico.
sodium (sou·diǝm) *s.* QUÍM. sodio. — *2 adj.* de sodio, sódico : ~ *carbonate*, carbonato sódico.
sodomite (sa·dǝmait) *s.* sodomita.
sodomy (sa·domi) *s.* sodomía.
soever (soe·vǝ·) *adv.* por mucho, por más que sea : *how great* ~, por grande que sea. *2* cualquiera que sea : *in any way* ~, de cualquier modo que sea. *3* en absoluto, en modo alguno.
sofa (sou·fa) *s.* sofá.
soffit (sa·fit) *s.* ARQ. sofito, paflón; intradós.
soft (soft) *adj.* blando, dúctil, maleable, flexible, pastoso, esponjoso, mollar, fofo. *2* blando, muelle, suave, delicado, mórbido. *3* de matices delicados o apagados. *4* melifluo. *5* dulce, grato. *6* tierno, sensible, compasivo. *7* manso, plácido, apacible, benigno, amoroso. *8* débil [de carácter], condescendiente. *9* flojo, perezoso. *10* debilitado, enervado [por la inacción, la molicie]; poco firme o resistente. *11* floja, no alcohólica [bebida]. *12* tierno [pan]. *13* dulce [hierro]. *14* dulce, no gorda [agua]. *15* bituminoso [carbón]. *16* FOT. débil. *17* COM. flojo, en baja. *18* FONÉT. suave, fricativa [c o g]. *19* ~ *coal*, hulla grasa. *20* FISIOL. ~ *palate*, paladar blando. *21* MÚS. ~ *pedal*, pedal celeste. *22* fig. ~ *soap*, halago, adulación. — *23* s. blandura, suavidad. *24* parte blanda o mollar. — *25 interj.* ¡despacio! ¡poco a poco!
soft-boiled *adj.* pasado por agua [huevo].
soften (to) (so·fǝn) *tr.* ablandar, reblandecer, molificar. *2* dulcificar, mitigar, templar, suavizar, amortiguar, aplacar, ablandar, enternecer. *3* bajar [la voz]. *4* enervar, debilitar, afeminar. — *5 intr.* ablandarse, reblandecerse. *6* dulcificarse, templarse, aplacarse. *7* enervarse, debilitarse.
softener (so·fnǝ·) *s.* ablandador, suavizador.
softening (so·fning) *s.* ablandamiento, reblandecimiento : ~ *of the brain*, MED. reblandecimiento cerebral. *2* dulcificación, suavización, aplacamiento. — *3 adj.* ablandador, suavizador, dulcificador, aplacador. *4* de ablandamiento.
soft-headed *adj.* de pocas luces, de pocos alcances.
soft-hearted *adj.* bondadoso, de buen corazón.
softish (so·ftish) *adj.* algo blando, blanducho.
softly (so·tli) *adv.* blandamente, suavemente, dulcemente. *2* callandito, quedito; poco a poco; bajito : *speak* ~, hable usted bajito.
softness (so·ftnis) *s.* blandura, ductilidad, maleabilidad, flexibilidad. *2* blandura, suavidad, dulzura, morbidez. *3* ternura. *4* delicadeza. *5* molicie. *6* debilidad de carácter; flojedad.
soft-soap (to) *tr.* fig. adular, halagar, enjabonar, dar jabón.
soggy (sa·gui) *adj.* mojado, empapado. *2* pesado y húmedo.
soho (soujou) *interj.* ¡hola! — *2 n. pr. Soho*, distrito de Londres, famoso por sus restaurantes.
soil (soil) *s.* tierra, terreno, suelo, tierra vegetal. *2* tierra, suelo, país. *3* suciedad. *4* mancha, borrón, baldón. *5* abono, estiércol. *6* pantano en que se refugia la caza. *7* fig. refugio : *to take* ~, refugiarse. *8* verde [para el ganado]. — *9 adj.* del suelo, de la suciedad, etc. : ~ *pipe*, tubo de desagüe sanitario.
soil (to) *tr.* ensuciar, manchar. *2* mancillar, empañar [la reputación]. *3* abonar, estercolar. *4* dar verde [al ganado]. — *5 intr.* ensuciarse. *6* revolcarse [como el cerdo]. *7* refugiarse en los pantanos [la caza].
soiling (soi·ling) *s.* verde [para el ganado].
soilure (soi·liu·) *s.* ensuciamiento. *2* suciedad. *3* mancha, baldón.
soirée (suarei·) *s.* reunión nocturna, sarao.
soja (sou·ya) *s.* BOT. soja.

sojourn (sou·yǝ·n) *s.* estancia, estada, permanencia [por una temporada].
sojourn (to) (sou·yǝ·n) *intr.* estar, permanecer, residir [por una temporada].
sojourner (sou·yǝ·nǝ·) *s.* el que está o reside por una temporada; transeúnte, visitante.
sol (sal) *s.* MÚS., QUÍM. sol. *2* sol [moneda del Perú]. *3* sueldo [ant. moneda francesa]. — *4 n. pr.* el sol, Febo.
solace (sa·lis) *s.* consuelo, alivio. *2* solaz.
solace (to) *tr.* consolar, confortar, aliviar. *2* solazar, divertir. *3 to* ~ *oneself*, consolarse; solazarse.
Solanaceae (salanei·sii) *s. pl.* BOT. solanáceas.
solanaceous (salanei·shǝs) *adj.* solanáceo.
solar (sou·la·) *adj.* solar [del sol] : ~ *salt*, sal obtenida por evaporación al sol; ~ *spot*, mancha solar; ~ *system*, sistema solar; ~ *telegraph*, heliógrafo, telégrafo solar; ~ *year*, año solar. *2* ANAT. ~ *plexus*, plexo solar.
solarium (sole·riǝm) *s.* solarium.
solarize (to) (sou·laraiš) *tr.* exponer al sol, insolar. *2* FOT. exponer al sol más tiempo del necesario.
solatium (sola·shiǝn) *s.* lo que alivia o compensa; compensación.
sold (sould) *pret.* y *p. p.* de TO SELL : ~ *out*, vendido, agotado.
solder (sa·dǝ·) *s.* soldadura [material para soldar].
solder (to) *tr.* soldar. *2* unir. — *2 intr.* soldarse.
solderer (sa·dǝrǝ·) *s.* soldador [pers.].
soldering (sa·dǝring) *s.* soldadura. — *2 adj.* de soldar : ~ *lamp*, soldador, lámpara de soldar.
soldier (sou·ldyǝ·) *s.* soldado. *2* militar. *3* guerrero.
soldier (to) *intr.* servir como soldado o militar. *2* fingir que se trabaja para escapar al castigo.
soldiering (sou·ldyǝring) *s.* vida o servicio militar.
soldierlike (sou·ldyǝ·laic), **soldierly** (sou·ldyǝ·li) *adj.* soldadesco, militar, marcial.
soldiery (sou·ldyǝri) *s.* profesión o ejercicio militar. *2* soldadesca, milicia, tropa.
sole (soul) *s.* planta [del pie]. *2* palma [del casco de las caballerías]. *3* suela [del zapato]. *4* suelo, fondo, base, solera. *5* ICT. lenguado. — *6 adj.* solo, único. *7* absoluto, exclusivo : ~ *agency*, ~ *right*, COM. exclusiva, exclusividad. *8* de suela : ~ *leather*, suela, cuero para suelas.
sole (to) *tr.* solar, echar suelas a.
solecism (sa·løsišm) *s.* solecismo. *2* incongruencia. *3* incorrección.
solecist (sa·løsist) *s.* el que comete solecismos.
solecistic(al (saløsi·stic(al) *adj.* que incluye solecismo. *2* incongruente. *3* incorrecto, inconveniente.
solecize (to) (sa·løsais) *intr.* cometer solecismos.
solely (sou·li) *adv.* solamente, únicamente, exclusivamente. *2* sólo, sin compañía.
solemn (sa·løm) *adj.* solemne. *2* grave, serio, sombrío.
solemnness (sa·lømnis) *s.* solemnidad, seriedad, gravedad.
solemnity (sale·mniti) *s.* solemnidad, pompa, gravedad, seriedad. *2* solemnidad, rito, ceremonia. *3* formalidad, requisito.
solemnization (salømniše·shǝn) *s.* solemnización. *2* celebración.
solemnize (to) (sa·lømnaiš) *tr.* solemnizar. *2* celebrar solemnemente.
solemnly (sale·mli) *adv.* solemnemente.
solen (sou·løn) *s.* ZOOL. solen [molusco].
solenoid (sou·lønoid) *s.* ELECT. solenoide.
sol-fa (to) *intr.* y *tr.* solfear.
solfatara (salfata·ra) *s.* solfatara.
solfeggio (salfe·ỹiou) *s.* solfeo.
solferino (salfiri·nou) *s.* solferino [color].
solicit (to) (soli·sit) *tr.* solicitar, pedir, pretender, buscar. *2* rogar, importunar. *3* inducir, excitar, incitar, tentar. *4* pedir, requerir [hacer necesario]. *5* gestionar, procurar. — *6 intr.* pedir. *7* actuar como procurador.
solicitation (solisite·shǝn) *s.* solicitación. *2* solicitud, ruego. *3* incitación, requerimiento, estímulo.
solicitor (soli·sitǝ·) *s.* DER. procurador o abogado que hace trabajos de despacho, pero no puede actuar en las vistas ante los tribunales superiores. *2* agente, corredor [que busca suscripciones, etc.]. *3* solicitante, pretendiente. *4* ~ *general*, (pl. *solicitors general*) (Ingl.) subfiscal

de la corona; (EE. UU.) subsecretario de justicia; procurador general [de un Estado].

solicitous (soli·sitøs) *adj.* solícito. 2 inquieto, preocupado. 3 ávido, deseoso, afanoso. 4 meticuloso.

solicitously (soli·sitøsli) *adv.* solícitamente, afanosamente. 2 con inquietud y preocupación.

solicitress (soli·sitris) *s.* solicitadora.

solicitude (soli·sitiud) *s.* solicitud, cuidado, afán. 2 inquietud, ansiedad. 3 *pl.* cuidados, preocupaciones.

solid (sa·lid) *adj.* sólido. 2 macizo, compacto. 3 duro, firme. 4 verdadero, real, efectivo. 5 robusto, vigoroso. 6 poderosa [razón]; bien fundado [motivo]. 7 sensato, de buen juicio. 8 serio, formal, solvente, de posición económica sólida. 9 serio, grave. 10 liso, de un solo tono. 11 continuo, seguido, entero : *a ~ hour* una hora entera. 12 unánime : *~ vote,* voto unánime; *to be ~ for,* estar unánimemente en favor de. 13 puro [oro, plata, etc.]. 14 MAT. sólido, cúbico; del espacio : *~ angle,* ángulo sólido; *~ foot,* pie cúbico; *~ geometry,* geometría del espacio. — 15 *s.* FÍS., GEOM. sólido. 16 ARQ. macizo.

solidarity (salidæ·riti) *s.* solidaridad.

solidary (sa·lideri) *adj.* solidario.

solidification (solidifike·shøn) *s.* solidificación.

solidify (to) (søli·difai) *tr.* solidificar. 2 consolidar, endurecer. — 3 *intr.* solidificarse, endurecerse, consolidarse, cristalizar.

solidity (soli·diti) *s.* solidez. 2 macizez, consistencia. 3 seriedad, solvencia. 4 sensatez. 5 GEOM. volumen.

solidly (sa·lidli) *adv.* sólidamente. 2 firmemente.

solidness (sa·lidnis) *s.* SOLIDITY.

solidungulate (salidønguiuleit) *adj.* ZOOL. solípedo.

solidus (sa·lidøs) *s.* sólido [moneda romana]. 2 trazo (/).

soliloquize (to) (soli·locuaiš) *intr.* soliloquiar.

soliloquy (soli·locui) *s.* soliloquio.

soliped (sa·liped) *s.* ZOOL. solípedo.

solitaire (sa·lite') *s.* solitario [diamante; juego]. 2 solitario, ermitaño.

solitarily (sa·literili) *adv.* solitariamente, en soledad.

solitariness (sa·literinis) *s.* soledad.

solitary (sa·literi) *adj.* solitario. 2 soledoso. 3 apartado, desierto. 4 solo, único; aislado. 5 *~ confinement,* incomunicación [de una persona]. — 6 *s.* solitario, ermitaño.

solitude (sa·litiud) *s.* soledad, apartamiento, retiro. 2 soledad [lugar solitario].

sollar (so·la') *s.* MIN. descanso.

solmization (salmiše·shøn) *s.* MÚS. solfa.

solo (sou·lou) *s.* MÚS. solo. 2 solo [juego]. 3 AVIA. *solo o solo flight,* vuelo de un aviador solo. — 4 *adj.* MÚS. solista. 5 hecho por uno solo.

soloist (sou·louist) *s.* MÚS. solista.

Solomon (sa·lomøn) *n. pr.* Salomón. 2 BOT. *Solomon's seal,* sello de Salomón.

Solomonic (saloma·nic) *adj.* salomónico.

Solon (so·løn) *n. pr.* Solón.

solstice (sa·lstis) *s.* ASTR. solsticio.

solstitial (salsti·shal) *adj.* solsticial.

solubility (saliubi·liti) *s.* solubilidad.

soluble (sa·liubøl) *adj.* soluble.

solubleness (sa·liubølnis) *s.* solubilidad.

solute (sa·liut) *s.* substancia disuelta.

solution (soliu·shøn) *s.* solución : *~ of continuity,* solución de continuidad. 2 resolución [acción de resolver]. 3 MAT. despeje.

solutive (sa·liutiv) *adj.* solutivo.

solvability (salvabi·liti) *s.* solubilidad, calidad de resoluble.

solvable (sa·lvabøl) *adj.* soluble, resoluble.

solvableness (sa·lvabølnis) *s.* SOLVABILITY.

solve (to) (salv) *tr.* resolver, aclarar, desentrañar. 2 solventar, solucionar. 3 resolver [un problema].

solvency (sa·lvønsi) *s.* solvencia.

solvent (sa·lvønt) *adj.* solvente, disolvente, disolutivo. 2 resolvente. 3 COM. solvente.

somatic(al (somæ·tic(al) *adj.* somático.

somatology (soumata·loǧi) *s.* somatología.

somber, sombre (sa·mbø') *adj.* obscuro, sombrío. 2 sombrío, lúgubre, tétrico, melancólico.

sombrero (sambre·rou) *s.* sombrero de fieltro de ala ancha [como el usado por los vaqueros americanos].

sombrous (sa·mbrøs) *adj.* sombrío.

some (søm) *adj.* un, algún, cierto, unos, algunos, varios, ciertos : *~ day,* un día, algún día, cierto día; *~ people,* algunas personas, ciertas personas; *some... or other,* uno, algún... u otro; algún : *~ way or other,* una manera u otra, alguna manera. 2 algo de, un poco de, una cantidad indeterminada de, cierto : *with ~ difficulty,* con cierta dificultad. | A veces no se traduce : *give me ~ bread,* déme usted pan o un poco de pan. 3 unos, cosa de : *~ thirty miles,* unas treinta millas. 4 pop. Ús. para encarecer el tamaño, la importancia, etc., de una persona o cosa : *this is ~ war!,* ¡esto es una guerra! — 5 *pron.* alguno, algunos. 6 parte, una parte una porción. — 7 *adv.* algo, un poco.

somebody (sø·mbadi) *s.* alguien, alguno : *~ else,* otro, algún otro, otra persona. 2 fig. alguien, persona importante.

someday (sø·mdei) *adv.* algún día [en el futuro].

somehow (sø·mjau) *adv.* de algún modo o manera. 2 *~ or other,* de un modo u otro; por alguna razón.

someone (sø·muøn) *s.* alguien, alguno.

somersault (sø·mø'solt), **somerset** (sø·mø'set) *s.* salto mortal : *to turn a ~,* dar un salto mortal.

somersault, somerset (to) *intr.* dar un salto mortal, dar saltos mortales.

something (sø·mzing) *s.* algo, alguna cosa : *~ else,* alguna otra cosa, otra cosa, algo más; *~ or other,* algo, alguna cosa. 2 persona o cosa de importancia. 3 *to be ~ of a,* tener algo de, ser un poco; tener importancia, no ser pequeño, fácil, etc.; *to be ~ of a poet,* tener algo de poeta, ser un poco poeta; *this is ~ of a difficulty,* esta no es pequeña dificultad.

sometime (sø·mtaim) *adv.* algún día, alguna vez, en algún momento : *~ in june,* durante el mes de junio. — 2 *adj.* antiguo, ex, que ha sido.

sometimes (sø·mtaims) *adv.* algunas veces, a veces, de vez en cuando.

somewhat (sø·mjuat) *s.* algo, alguna cosa, una parte, un poco. 2 fig. algo, persona o cosa de importancia. 3 *to be ~ of a,* tener algo de; ser un poco. — 4 *adv.* algo, algún tanto, un poco.

somewhere (sø·mjue') *adv.* en alguna parte; *~ else,* en alguna otra parte.

somite (sou·mait) *s.* ZOOL. segmento, metámero.

somnambulant (samnæ·mbiulant) *adj.* y *s.* somnámbulo, sonámbulo.

somnambulate (samnæ·mbiuleit) *intr.* y *tr.* andar o andar por [un sitio] en estado de so(m)námbulo.

somnambulism (samnæ·mbiulišm) *s.* somnambulismo, sonambulismo.

somnambulist (samnæ·mbiulist) *s.* somnámbulo, sonámbulo.

somniferous (samni·førøs) *adj.* somnífero, soporífero. 2 soñoliento.

somnific (samni·fic) *adj.* soporífero.

somniloquence (samni·locuøns), **somniloquism** (samni·locuišm) *s.* somnilocuencia.

somniloquist (samni·locuist) *s.* somnílocuo.

somnolence, somnolency (sa·mnoløns, -si) *s.* somnolencia, soñolencia.

somnolent (sa·mnolønt) *adj.* soñoliento. 2 soporífero.

son (søn) *s.* hijo; descendiente [varón] : *~ of a gun,* pop. miserable; pillastre; *~ of the soil,* labrador, campesino.

sonant (sou·nant) *adj.* sonante, sonoro. 2 FONÉT. fuerte, tónico.

sonar (sou·na') *s.* MAR. sonar [aparato].

sonata (sona·ta) *s.* MÚS. sonata.

sonatina (sonati·na) *s.* MÚS. sonatina.

song (song o sang) *s.* canto [acción o arte de cantar]. 2 MÚS. canción, canto, copla, cantar : *the Song of the Songs,* el Cantar de los Cantares; fig. *to sing the same ~,* repetir la misma cantinela. 3 poesía, verso. 4 canción, balada, poema lírico. 5 manera habitual de hablar, de reaccionar, etc. 6 ruido característico. 7 *an old ~,* a *mere ~,* una bagatela. — 8 *adj.* canoro, cantor : *~ bird,* ave canora, pájaro cantor. 9 ORNIT. *~ thrush,* malvís.

songful (so·ngful) *adj.* melodioso. 2 canoro.

songster (so·ngstø') *s.* cantor, cantante. 2 poeta. 3 pájaro cantor. 4 cancionero [libro de canciones].

songstress (so·ngstris) *s.* cantatriz, cantante.

soniferous (soni·fø̈røs) *adj.* sonante, sonoro.
son-in-law, *pl.* **sons-in-law** *s.* yerno.
sonnet (sa·nit) *s.* LIT. soneto.
sonnet (to) *intr.* componer sonetos. — 2 *tr.* cantar o celebrar en sonetos.
sonneteer (sanetɪ·') *s.* sonetista.
sonny (sa·ni) *s.* fam. hijito.
sonometer (sona·mitø̈') *s.* sonómetro.
sonority (sono·riti) *s.* sonoridad.
sonorous (sono·røs) *adj.* sonoro. 2 armonioso. 3 resonante, retumbante.
sonorously (sono·røsli) *adv.* sonoramente. 2 armoniosamente.
sonorousness (sono·røsnis) *s.* sonoridad.
sonship (sø̈·nship) *s.* filiación [parentesco de hijo].
soon (sun) *adv.* pronto, presto, luego; temprano : *as* ~ *as,* tan pronto como, luego que; ~ *after,* poco después, inmediatamente después; *how* ~?, ¿cuándo?; *too* ~, demasiado pronto, demasiado temprano. 2 prontamente. 3 más bien, de buena gana, antes [expresando deseo, preferencia o improbabilidad].
sooner (su·nø̈') *adv. comp.* de SOON : más pronto, más temprano; antes, mejor : ~ *or later.* tarde o temprano; *the* ~ *the better.* cuanto antes mejor; *I had* ~ *starve,* antes moriría de hambre; preferiría morir de hambre.
soonest (su·nist) *adv. superl.* de SOON : lo más pronto posible : *at the* ~, cuanto antes.
soot (sut) *s.* hollín. 2 color negro de hollín.
soot (to) *tr.* cubrir o manchar de hollín.
sooted (su·tid) *adj.* holliniento.
sooth (suz) *adj.* ant. verdadero, real, fiel. 2 poét. dulce, suave, delicioso. — 3 *s.* ant. verdad, realidad. 4 *by my* ~, por mi honor.
soothe (to) (su·ð) *tr.* aliviar, mitigar, suavizar, calmar. 2 sosegar, tranquilizar, apaciguar, aplacar. 3 complacer, agradar, halagar.
soother (su·ðø̈') *s.* aliviador. 2 apaciguador. 3 adulador.
soothing (su·ðing) *adj.* consolador, confortante, dulcificante, calmante, tranquilizador.
soothingly (su·ðingli) *adv.* con dulzura, con tono acariciador.
soothsayer (suz·zseiø̈') *s.* adivino. 2 ENTOM. campanero.
soothsaying (su·zseiing) *s.* adivinación.
sootier (su·tiø̈') *adj. comp.* de SOOTY.
sootiest (su·tiist) *adj. superl.* de SOOTY.
sootiness (su·tinis) *s.* fuliginosidad.
sooty (su·ti) *adj.* holliniento, fuliginoso. 2 tiznado, ennegrecido.
sop (sap) *s.* sopa [pan u otra cosa empapada en caldo, leche, etc.]. 2 dádiva para sobornar, conciliar, etc.
sop (to) *tr.* ensopar, empapar : *to* ~ *up,* absorber. — 2 *intr.* empaparse, mojarse.
Sophia (sofai·a) *n. pr.* Sofía.
sophism (sa·fiẑm) *s.* sofisma.
sophist (sa·fist) *s.* sofista.
sophister (sa·fistø̈') *s.* sofista. 2 (Ingl.) estudiante de Universidad en su segundo o tercer año de residencia.
sophistic(al (sofi·stic(al) *adj.* sofístico.
sophistically (sofi·sticali) *adv.* sofísticamente.
sophisticalness (sofi·sticalnis) *s.* calidad de sofístico.
sophisticate (sofi·stikeit) *adj.* SOPHISTICATED.
sophisticate (to) *tr.* sofisticar, alterar, adulterar, viciar, corromper. 2 hacer perder la naturalidad, la ingenuidad; hacer complicado, refinado, mundano.
sophisticated (sofi·stikeitid) *adj.* sofisticado, adulterado, viciado. 2 falto de espontaneidad, naturalidad o ingenuidad, artificial, artificioso, complicado, refinado, mundano, acostumbrado a las complicaciones de la vida.
sophistication (sofistikei·shøn) *s.* sofisticación, adulteración. 2 falta de espontaneidad, naturalidad o ingenuidad.
sophisticator (sofi·stikeitø̈') *s.* sofisticador.
sophistry (sa·fistri) *s.* sofistería, ergotismo, sofisma, argucia. 2 dialéctica.
Sophocles (ɛø̈·foklis) *n. pr.* Sófocles.
sophomore (sa·fomo') *s.* estudiante de segundo año.
sopor (sou·pø̈') *s.* sopor.
soporiferous (soupori·førøs) *adj.* soporífero, soporoso.

soporiferousness (soupori·førøsnis) *s.* virtud o calidad soporífera.
soporific (soupori·fic) *adj.* soporífero. — 2 *s.* MED. soporífero, narcótico.
soppy (sa·pi) *adj.* mojado, empapado. 2 pop. tontamente sentimental; enamorado, chalado.
soprano (sopra·nou) *s.* MÚS. soprano, tiple.
sora (sou·ra) *s.* ORNIT. ave zancuda de América.
sorb (so·'b) *s.* BOT. serbal, serbo; ~ *apple,* serba.
sorbet (sa·'bet) *s.* sorbete.
sorcerer (so·'sørø') *s.* hechicero, brujo, encantador.
sorceress (so·'søris) *s.* hechicera.
sorcery (so·'søri) *s.* hechicería, brujería, adivinación. 2 hechizo, sortilegio.
sordes (so·'diẑ) *s. pl.* MED. costra, pus, excreción. 2 desechos.
sordid (so·'did) *adj.* sórdido. 2 bajo, vil, despreciable. 3 codicioso, interesado.
sordidly (so·'didli) *adv.* sórdidamente. 2 vilmente.
sordidness (so·'didnis) *s.* sordidez. 2 bajeza, vileza.
sordine (so·'din) *s.* MÚS. sordina.
sore (so·') *adj.* penoso, doloroso, enojoso. 2 duro, violento. 3 grande, extremo : ~ *need,* necesidad extrema. 4 delicado, dolorido, enfermo, inflamado, llagado : ~ *eyes,* mal de ojos; ~ *throat,* mal de garganta. 5 sensible, irritable. 6 dolorido, apenado, pesaroso. 7 enojado, picado, resentido. — 8 *s.* parte lastimada del cuerpo; úlcera, llaga. 9 matadura. 10 causa de aflicción, espina; disgusto, pena. — 11 *adv.* SORELY.
sorely (so·'li) *adv.* penosamente. 2 sumamente, extremadamente, muy, mucho.
soreness (so·'nis) *s.* dolor, mal, pena. 2 estado de lo dolorido o lastimado. 3 amargura [de una pena].
sorghum (so·'gøm) *s.* BOT. sorgo, zahína. 2 (EE. UU.) melaza de sorgo.
sorites (sorai·tiẑ) *s.* LÓG. sorites.
sororicide (sora·risaid) *s.* asesino o asesinato de una hermana.
sorority (sora·riti) *s.* (EE. UU.) club o asociación de mujeres.
sorosis (sorou·sis) *s.* BOT. sorosis.
sorrel (sa·rel) *adj.* alazán, rojo canela. — 2 *s.* color o caballo alazán. 3 BOT. acedera, acetosa; romaza; acederilla. 4 BOT. *wood* ~, aleluya.
sorrily (sa·rili) *adv.* lastimosamente. 2 mal, malamente, pésimamente.
sorriness (so·rinis) *s.* pesar, pesadumbre; tristeza.
sorrow (sa·rou o so·rou) *s.* dolor, pesar, pesadumbre, pena, sentimiento, tristeza : *to my great* ~, con gran sentimiento mío. 2 contrición, arrepentimiento. 3 luto, duelo. 4 desgracia, infortunio, sinsabor.
sorrow (to) *intr.* afligirse, apesadumbrarse, sentir pena.
sorrowful (sa·rouful o so·rouful) *adj.* afligido, pesaroso, doliente, desconsolado. 2 doloroso, lamentable. 3 triste, melancólico : *a* ~ *song,* una canción triste.
sorrowfully (sa·roufuli o so·roufuli) *adv.* con aflicción, con pesar, con pena. 2 dolorosamente, luctuosamente, lastimeramente.
sorrowfulness (sa·roufulnis o so·roufulnis) *s.* pesar, aflicción, tristeza.
sorrowing (sa·rouing o so·rouing) *s.* aflicción, tristeza. 2 lamentación.
sorrowless (sa·roulis o so·roulis) *adj.* sin dolor, sin pena.
sorrow-stricken *adj.* agobiado de dolor.
sorry (sa·ri o so·ri) *adj.* afligido, pesaroso, triste, que siente o compadece : *I am* ~, lo siento; *I am* ~ *for him,* le compadezco. 2 arrepentido : *you'll be* ~ *for it,* le pesará, se arrepentirá usted de ello. 3 penoso, lastimoso. 4 triste, lúgubre, melancólico. 5 pobre, mezquino, ruin, despreciable. 6 malvado, malo.
sort (so·'t) *s.* clase, especie, suerte, calaña : *that* ~ *of men,* aquella clase de hombres; *all sorts of,* toda suerte de; *a* ~ *of,* una especie de; *a lawyer of a* ~, una especie de abogado; *a good* ~, una buena persona; *of sorts,* mezcla, heterogéneo; *of clase mediocre.* 2 modo, manera, forma : *after a* ~, *in a* ~, en cierto modo, hasta cierto punto. 3 *out of sorts,* desarreglado; indispuesto; de mal humor; IMPR. falto de alguna clase de tipo. 4 ~ *of,* algo, un tanto : ~ *of tired,* algo cansado.

sort (to) *tr.* ordenar, arreglar, clasificar, distribuir en grupos. 2 escoger, entresacar, separar. | A veces con *out.* — *3 intr.* juntarse, andar con. *4* acordar, concordar, convenir, armonizar.

sortable (so'tabøl) *adj.* separable, clasificable. 2 conveniente, acomodado, apto, a propósito.

sorter (so'tø') *s.* escogedor, clasificador, distribuidor.

sortie (so'tɪ) *s.* MIL. salida, surtida. 2 MIL. cada vuelo de un avión.

sortilege (so'tiliȳ) *s.* sortilegio.

sorting (so'ting) *s.* escogimiento, clasificación, distribución.

sorus (sou'røs), *pl.* **-ri** (-rai) *s.* BOT. soro.

S. O. S. (es ou es) *s.* S. O. S., llamada de auxilio.

so-so (sou'sou) *adj.* regular, mediano, pasadero. — *2 adv.* así, así, medianamente, tai cual.

sot (sat) *s.* borrachín.

sot (to) *tr.* malgastar en borracheras. 2 atontar. — *3 intr.* empinar el codo.

sottish (sa'tish) *adj.* atontado, embrutecido por el vicio de la bebida. 2 borracho.

sottishly (sa'tishli) *adv.* estúpidamente.

sottishness (sa'tishnis) *s.* estupidez, embrutecimiento.

soubrette (subre't) *s.* TEAT. graciosa, doncella.

soubriquet (sou'brikei) *s.* SOBRIQUET.

Soudan (sudæ'n) *n. pr.* GEOGR. Sudán.

Soudanese (sudani's) *adj.* y *s.* sudanés.

souffle (su'føl) *s.* MED. soplo [que se percibe auscultando].

sough (søf o sau) *s.* suspiro profundo. 2 murmullo, susurro [del viento].

sough (to) *intr.* suspirar, murmurar, susurrar. 2 respirar profundamente (durmiendo] : fig. *to ~ away,* morir.

sought (sot) *pret.* y *p. p.* de TO SEEK : ~ *after,* buscado, solicitado.

soul (soul) *s.* alma, espíritu. 2 alma, corazón, sensibilidad, afecto, nobleza, generosidad. 3 valor, energía, fervor, brio. *4* alma [lo que da vida o fuerza, esencia, principio vital; director, inspirador]. 5 personificación : *he is the ~ of honor,* es la personificación del honor, es el honor mismo. 6 alma [ser humano] : *every living ~,* todo bicho viviente, todo el mundo; *not a ~,* ni un alma; fam. *kind ~,* pers. bondadosa; *poor ~,* pobre, pobrecito. 7 *upon my ~,* por mi salud, en mi conciencia.

soul-corrupting *adj.* corruptor, que corrompe el alma.

souled (sould) *adj.* que tiene alma o la tiene de cierto modo.

soulful (sou'lful) *adj.* conmovedor, lleno de emoción o sentimiento o que los expresa; espiritual.

soulfully (sou'lfuli) *adv.* de un modo conmovedor o espiritual.

soulfulness (sou'lfulnis) *s.* calidad de conmovedor; sensibilidad, sentimiento, expresión emotiva; espiritualidad.

soulless (sou'lis) *adj.* desalmado, sin conciencia. 2 ruin, sin nobleza o grandeza de alma.

soul-pained *adj.* afligido.

sound (saund) *adj.* sano : ~ *of mind,* en su cabal juicio; *of ~ and disposing mind and memory,* DER. en pleno uso de sus facultades, en disposición de poder testar. 2 ileso, incólume, entero, completo, perfecto, cabal. 3 cuerdo, sensato. *4* bueno, fuerte : *a ~ beating,* una buena paliza. 5 robusto, vigoroso. 6 sólido, macizo. 7 sólido, firme, estable, seguro. 8 COM. solvente. 9 válido, legítimo, bien fundado. *10* honrado, leal, fiel. *11* ortodoxo. *12* profundo [sueño]. *13* de sonido, sonoro : ~ *effects,* RADIO, CINE. efectos sonoros; ~ *film,* ~ *picture,* película sonora; ~ *post,* MÚS. alma [del violín]; ~ *track,* CINEM. banda sonora; ~ *wave,* FÍS. onda sonora. — *14 adv.* sanamente. 15 vigorosamente. — *16 s.* son, sonido, tañido. 17 ruido. *18* MAR. sonda, escandallo. *19* MED. sonda, algalia. 20 sondeo. 21 brazo de mar, estrecho. 22 ICT. vejiga natatoria.

sound (to) *intr.* sonar. 2 hacer ruido. 3 resonar; esparcirse, divulgarse. *4* echar la sonda. 5 sumergirse [los peces, la ballena]. — *6 tr.* sonar, tocar, tañer, pulsar [un instrumento]. 7 tocar [un toque, etc., o avisar con un toque o tañido]. 8 cantar, entonar [alabanzas]. 9 probar por el sonido; auscultar. *10* MAR., CIR. sondar,

sondear; tentar. *11* sondear, tantear, probar, explorar.

Sound *n. pr.* GEOGR. Sund.

soundboard (sau'ndbo'd) *s.* SOUNDING BOARD.

sounder (sau'ndø') *s.* tañedor. 2 sondeador. 3 CIR. sonda, tienta. *4* ELECT. resonador.

sounding (sau'nding) *adj.* sonoro, sonante, resonante, retumbante : ~ *board,* tabla de armonía; secreto [del órgano]; tornavoz [de púlpito]. 2 que sondea : ~ *ballon,* globo sonda; ~ *lead,* MAR. escandallo; ~ *line,* sonda, sondaleza. — *3 s.* acción de sonar. *4* sondeo : *to take soundings,* hacer sondeos. 5 braceaje. 6 *pl.* paraje en el mar donde la sonda de mano alcanza el fondo : *in,* u *on, soundings,* en aguas poco profundas; cerca de la costa; *off soundings, out of soundings,* en aguas profundas; fig. en situación que excede los recursos de uno.

soundless (sau'ndlis) *adj.* mudo, silencioso, sin sonido. 2 insondable.

soundly (sau'ndli) *adv.* sanamente. 2 cuerdamente, sensatamente. 3 sólidamente, firmemente, seguramente. *4* vigorosamente. 5 *to sleep ~,* dormir profundamente, a pierna suelta.

soundness (sau'ndnis) *s.* sanidad [estado sano]. 2 cordura, buen juicio. 3 solidez, firmeza. *4* vigor, fuerza. 5 verdad, validez. 6 rectitud, integridad. 7 pureza de doctrina, ortodoxia.

soundproof (sau'ndpruf) *adj.* a prueba de sonido o ruido, antisonoro, aislado del sonido.

soup (sup) *s.* COC. sopa. 2 fig. *in the ~,* en apuros, en un aprieto. — *3 adj.* para sopa, de sopa : ~ *dish,* plato sopero; ~ *kitchen,* MIL. cocina de campaña; comedor de beneficencia; ~ *ladle,* cucharón; ~ *plate,* fuente honda para servir la sopa; ~ *spoon,* cuchara de sopa; ~ *tureen,* sopera.

sour (sau') *adj.* ácido, acedo, agrio. 2 rancio; fermentado. 3 cortada [leche]. *4* verde (fruta) : ~ *grapes,* uvas verdes; fig. están verdes. 5 agrio, áspero, desabrido, malhumorado, huraño, avinagrado. 6 amargo, doloroso. 7 frío y lluvioso [tiempo]. 8 BOT. ~ *cherry,* guindo; guinda; ~ *grass,* acedera. — *9 s.* substancia o bebida agria. *10* lo agrio, lo amargo, lo desagradable.

sour (to) *intr.* agriarse, acedarse, avinagrarse. 2 enranciarse, fermentar. 3 cortarse [la leche]. *4* corromperse [el jamón, etc.]. 5 malearse [la tierra]. — *6 tr.* agriar, acedar, avinagrar. 7 enranciar. 8 cortar [la leche]. 9 macerar [la cal]. *10* malear [la tierra]. *11* estropear, amargar. *12* irritar, indisponer los ánimos.

source (so's) *s.* fuente, manantial, venero. 2 fuente, causa, principio, origen, procedencia : *to have,* o *to know, from a good ~,* saber de buena tinta.

sourdine (surdi'n) *s.* MÚS. sordina. 2 ant. trompeta. 3 especie de espineta.

sourdough (sau'dou) *s.* levadura. 2 fam. explorador en el Canadá y Alaska.

sourish (sau'rish) *adj.* agrillo, agrete.

sourly (sau'li) *adv.* agriamente. 2 ásperamente.

sourness (sau'nis) *s.* acidez, acedía, agrura. 2 aspereza, desabrimiento.

soursop (sau'sap) *s.* BOT. guanábano; guanábana.

souse (saus) *s.* escabeche; encurtido; cabeza, manos u oreja de cerdo en vinagre. 2 zambullida, remojón. 3 pop. (EE. UU.) borrachín. — *4 adv.* de golpe, de cabeza.

souse (to) *tr.* escabechar, encurtir; adobar con vinagre. 2 zambullir; rociar, remojar, empapar. 3 inundar. *4* (EE. UU.) beber con exceso. 5 (EE. UU.) emborrachar. 6 golpear, pegar. — *7 intr.* mojarse, empaparse. 8 zambullirse, lavarse, bañarse. 9 (EE. UU.) emborracharse.

soutache (suta'ch) *s.* sutás.

soutane (suta'n) *s.* sotana.

south (sauz) *s.* sur, sud, mediodía. 2 [con may.] (EE. UU.) los Estados del Sur. — *3 adj.* del sur, meridional, austral : *South Africa, South America,* África, América, del Sur; *South African, South American,* sudafricano; sudamericano; *South Pole,* Polo Sur. — *4 adv.* al o hacia el sur.

southeast (sauzi'st) *adj.* y *s.* sudeste. — *2 adv.* hacia el sudeste, del sudeste.

southeaster (sauzi'stø') *s.* temporal o viento del sudeste.

southeasterly (sauzi'stø'li) *adj.* y *adv.* del sudeste.

southeastern (sauzi'stø'n) *adj.* del sudeste.

souther (sau'zø') *s.* temporal o viento del sur.

southerly (søḍø'li) *adj.* y *adv.* del sur.
southern (sø·ḍø'n) *adj.* del sur, meridional, austral. 2 ASTR. *Southern Cross,* Cruz del Sur.
southernmost (sø·ḍø'nmoust) *adj.* de más al sur, más meridional.
southernwood (sø·ḍø'nwud) *s.* BOT. abrótano.
southing (sau·zing) *s.* tendencia o curso hacia el sur. 2 diferencia de latitud sur.
southland (sau·zlænd) *s.* región o distrito meridional.
southlander (sau·zlændø') *s.* meridional.
southmost (sau·zmoust) *adj.* más meridional, que está más al sur.
southpaw (sau·zpo) *adj.* y *s.* DEP. zurdo.
southron (sø·ḍrøn) *s.* (Esc.) habitante del sur; inglés.
southward (sau·zuø'd) *adj.* situado hacia el sur. — 2 *adv.* al sur, hacia el sur.
southwest (sauzue·st) *adj.* y *s.* sudoeste.
southwester (sauzue·stø') *s.* temporal o viento del sudoeste. 2 (sau-we·stø') MAR. sueste.
southwesterly (sauzue·stø'li) *adj.* y *adv.* hacia el sudoeste, del sudoeste.
southwestern (sauzue·stø'n) *adj.* del sudoeste.
souvenir (suveni·') *s.* recuerdo.
sovereign (sø·vrin) *adj.* soberano. 2 supremo, sumo: ~ *pontiff,* sumo pontífice. 3 excelente, eficaz. — 4 *s.* soberano [monarca, príncipe]. 5 poder o estado soberano. 6 soberano, libra esterlina [moneda de oro].
sovereignly (sø·vrinli) *adv.* soberanamente, supremamente.
sovereignty (sø·vrinti) *s.* soberanía. 2 supremacía.
soviet (sou·viet) *s.* soviet. — 2 *adj.* soviético: *Soviet Union,* Unión Soviética.
sovietism (sou·vietišm) *s.* sovietismo.
sow (sau) *s.* ZOOL. cerda, puerca, marrana: *wild* ~, jabalina. 2 FUND. goa, galápago. — 3 ZOOL. ~ *bug,* cochinilla de humedad. 4 BOT. ~ *thistle,* cerraja.
sow (to) (sou) *tr.* sembrar: fig. *to* ~ *one's wild oats,* hacer locuras o travesuras juveniles; *to* ~ *the wind and reap the whirlwind,* sembrar vientos y recoger tempestades. 2 esparcir, desparramar. ¶ CONJUG. pret.: *sowed;* p. p.: *sown* o *sowed.*
sowbread (sau·bred) *s.* BOT. pamporcino.
sower (sou·ø') *s.* sembrador. 2 esparcidor, diseminador. 3 sembradera.
sowing (sou·ing) *s.* siembra, sementera, sembradura. 2 esparcimiento, diseminación. — 3 *adj.* para sembrar, de siembra: ~ *machine,* sembradera; ~ *time,* sementera, tiempo de sembrar.
sown (soun) p. p. de TO SOW.
soy (soi) *s.* BOT. soja [planta y semilla]. 2 cierta salsa china y japonesa.
soya (sou·ia) *s.* SOY 1. 2 ~ *bean,* SOYBEAN.
soybean (soi·bin) BOT. soja [planta y semilla].
spa (spa) *s.* balneario. 2 manantial de agua mineral.
space (speis) *s.* espacio. | No tiene el sentido de lentitud, tardanza. 2 trecho, distancia. 3 área, volumen, capacidad. 4 plaza, sitio, lugar. 5 tiempo, oportunidad. — 6 *adj.* del espacio; según el espacio. 7 para espacio: ~ *bar,* ~ *key,* espaciador, tecla de espacios [de la máquina de escribir, etc.].
space (to) *tr.* espaciar. 2 limitar en el espacio. 3 dividir en espacios. 4 IMPR. interlinear, regletear.
spaceless (speis·lis) *adj.* sin extensión.
spacial (spei·shal) *adj.* SPATIAL.
spacious (spei·shøs) *adj.* espacioso, amplio, ancho, vasto, extenso, dilatado. 2 amplio, comprensivo.
spaciously (spei·shøsli) *adv.* ampliamente, dilatadamente.
spaciousness (spei·shøsnis) *s.* espaciosidad, amplitud, extensión.
spadassin (spadæ·sin) *s.* espadachín.
spade (speid) *s.* laya, pala [para remover la tierra]; zapa: *to call a* ~ *a* ~, llamar al pan, pan y al vino, vino. 2 espada [de la baraja española]. 3 naipe de uno de los palos de la baraja inglesa.
spade (to) *tr.* layar, zapar, remover la tierra.
spadework (speid·duø'k) *s.* trabajo de laya. 2 trabajo preliminar, humilde y laborioso.
spadiceous (spadi·shøs) *adj.* castaño claro. 2 BOT. que tiene espádice; de la naturaleza del espádice.
spadille (spadi·l) *s.* espadilla, as de espadas.

spadix (spei·dics), *pl.* spadixes o -dices (spei·daisiš) *s.* BOT. espádice.
spado (spei·dou) *s.* eunuco.
Spahi (spa·ji) *s.* espahí.
Spain (spein) *n. pr.* GEOGR. España.
spall (spol) *s.* astilla.
spall (to) *tr.* romper, astillar [esp. piedra].
span (spæn) *s.* palmo, llave de la mano. 2 extensión, alcance. 3 trecho, espacio, lapso. 4 corto rato, instante. 5 luz [de un arco]; tramo, ojo [de puente]; distancia [entre dos pilares]. 6 tronco [de caballerías]. 7 (Afr. del S.) tiro [de bueyes]. 8 envergadura [de aeroplano]. 9 MAR. cabo sujeto por los extremos o por el medio. — 10 *adv.,* enteramente, completamente: ~ *clean,* completamente limpio. — 11 *pret.* ant. de TO SPIN.
span (to) *tr.* medir por palmos; medir [en general]. 2 atravesar, salvar, extenderse de un lado a otro de; echar, tender, un arco o puente sobre. 3 esparcir, extender. 4 alcanzar, abrazar, abarcar [en el espacio o en el tiempo]. 5 MAR. atar. — 6 *intr.* (EE. UU.) formar tronco [las caballerías]. 7 nadar [la ballena] saliendo a respirar a intervalos regulares. 8 moverse como la oruga geómetra. ¶ CONJUG. pret. y p. p.: *spanned;* ger.: *spanning.*
spandrel (spæ·ndrøl) *s.* ARQ. enjuta, embecadura. 2 en los sellos de correo, dibujo que ocupa el ángulo.
spangle (spæ·ngøl) *s.* lentejuela; bricho. 2 cosa brillante. 3 destello.
spangle (to) *tr.* adornar con lentejuelas o cosas brillantes: *spangled skies,* cielo estrellado. — 2 *intr.* destellar, centellear.
Spaniard (spæ·nia'd) *s.* español. 2 buque español. 3 BOT. arbusto de Nueva Zelanda.
spaniel (spæ·niøl) *s.* perro de caza de origen español.
Spanish (spæ·nish) *adj.* español, hispano, hispánico: ~ *Armada,* Armada invencible; ~ *bayonet,* yuca; ~ *broom,* retama; ~ *brown,* PINT. tierra de color pardo rojizo; ~ *cedar,* cedro rojo, antillano; ~ *fir,* BOT. pinsapo; ~ *fly,* ENTOM. cantárida; ~ *juice,* extracto de regaliz; ~ *leather,* cordobán; ~ *Main,* GEOGR. Tierra Firme; Mar del Caribe o su parte sur; ~ *mackerel,* ICT. caballa; ~ *March* o *Mark,* HIST. Marca Hispánica; ~ *pear,* aguacate; ~ *shawl,* mantón de Manila; ~ *sheep,* carnero merino; ~ *soap,* jabón de Castilla; ~ *toothpick,* BOT. biznaga; ~ *white,* yeso mate. — 2 *s.* lengua española o castellana. 3 *pl.* *the* ~, los españoles.
Spanish-American *adj.* y *s.* hispanoamericano.
Spanish-speaking *adj.* de habla española.
spank (spænk) *s.* golpe, palmada, nalgada.
spank (to) *tr.* zurrar, dar nalgadas. 2 hacer restallar [un látigo]; excitar [al caballo]. 3 preparar [para una acción, etc.]. — 4 *intr.* correr, moverse rápidamente.
spanker (spæ·nkø') *s.* el que da, o lo que sirve para dar, nalgadas. 2 pers. o cosa notable. 3 golpe que suena. 4 caballo veloz. 5 buen corredor. 6 MAR. cangreja de mesana.
spanking (spæ·nking) *s.* azote, nalgada, manotada. — 2 *adj.* rápido, veloz, vivo. 3 fresco [viento]. 4 pop. grande, hermoso, notable.
spanless (spæ·nlis) *adj.* que no se puede abarcar o medir.
spanner (spæ·nø') *s.* MEC. llave de tuerca: *adjustable* ~, llave inglesa. 2 medidor. 3 SPANWORM.
span-new *adj.* novecito, completamente nuevo.
spanworm (spa·nwø'm) *s.* ENTOM. oruga geómetra.
spar (spar) *s.* MINER. espato: *fluor* ~, espato fluor. 2 MAR. palo, mástil; verga; botalón. 3 berlinga, percha. 4 miembro lateral del ala de un aeroplano. 5 hurgonazo. 6 movimiento ofensivo o defensivo en el boxeo. 7 combate de boxeo. 8 riña de gallos con espolones cubiertos. 9 riña, pelea, disputa. — 10 *adj.* MAR. ~ *buoy,* baliza; ~ *deck,* cubierta superior de cierto tipo de buque para carga y pasajeros.
spar (to) *tr.* MAR. proveer de mástiles, vergas, botalones, etc. 2 adiestrar [los gallos] para la pelea. — 3 *intr.* luchar a puñadas, boxear [científicamente]. 4 luchar o herir con los espolones [los gallos]. 5 fam. altercar, disputar. ¶ CONJUG. pret. y p. p.: *sparred;* ger.: *sparring.*

spare (spe ǽ') *adj.* de reserva, de repuesto, de respeto, de recambio; sobrante, de sobra; libre, disponible : ~ *bed*, cama de sobra; ~ *cash*, ~ *money*, dinero disponible o de sobra; ~ *parts*, piezas de repuesto o de recambio; ~ *time*, tiempo libre, ratos perdidos, ratos de ocio. 2 flaco, enjuto, delgado. 3 escaso, sobrio, frugal. 4 mezquino, cicatero. — 5 *s.* cosa de repuesto o sobrante. 6 pieza de recambio. 7 DEP. suplente.

spare (to) *tr.* ahorrar, economizar, escatimar, evitar, excusar : *to be spared the labour*, ahorrarse el trabajo; *to ~ expense*, ahorrar gastos; ~ *the rod and spoil the child*, la letra con sangre entra. 2 privarse, prescindir de, pasar sin. 3 perdonar, hacer gracia de : *to ~ the life*, perdonar la vida. 4 no hacer daño, no maltratar, tratar con clemencia. 5 *to ~ oneself*, cuidarse, ahorrarse trabajo, molestias, etc. 6 *to have* [*something*] *to ~*, tener [algo] de sobra; *to have no time to ~*, no tener tiempo que perder. — 7 *intr.* ser parco, económico. 8 ser clemente. 9 *and to ~*, y no poco.

spare-built *adj.* delgado, enjuto.

sparely (spe'li) *adv.* económicamente; parcamente, escasamente.

spareness (spe'nis) *s.* economía, escasez, parquedad. 2 flacura, magrura.

sparer (spe rǿ') *s.* economizador.

sparerib (spe'rib) *s.* chuleta de cerdo casi descarnada.

sparge (to) (spa'ỹ) *tr.* salpicar, regar, rociar.

sparger (spa'ỹǿ') *s.* aparato para rociar.

sparing (spe'riŋ) *adj.* económico, parco, sobrio, frugal. 2 escaso, corto. 3 clemente.

sparingly (spe'riŋli) *adv.* económicamente, parcamente, frugalmente. 2 con escasez. 3 con clemencia. 4 rara vez.

sparingness (spe'riŋnis) *s.* economía, parquedad, frugalidad, parsimonia. 2 escasez. 3 clemencia.

spark (spa'c) *s.* chispa [partícula inflamada]; centella; chispa eléctrica; chispazo. 2 chispa [diamante pequeño]. 3 fig. chispa, partícula, átomo, pizca. 4 galán, lechuguino, pisaverde. 5 persona de genio vivo. 6 mujer bella y aguda. — 7 *adj.* de chispa o para chispas : ~ *arrester*, ELECT. parachispas; FERROC. sombrerete; ~ *coil*, ELECT. bobina de chispas, bobina de inducción; ~ *gap*, ELECT. distancia explosiva; ~ *lead*, avance al encendido [en el motor de explosión]; ~ *plug*, bujía [del motor]; fam. (EE. UU.) individuo de un grupo o equipo que estimula y da bríos a sus compañeros.

spark (to) *intr.* chispear, centellear; echar chispas. — 2 *intr.* y *tr.* (EE. UU.) pavonearse; galantear.

sparkle (spa'køl) *s.* chispa, destello; brillo, centelleo. 2 viveza, animación. 3 chispa [diamante pequeño]. 4 chispa, átomo, pizca; rastro, vislumbre.

sparkle (to) *intr.* chispear, destellar, centellear, relucir, brillar. 2 espumar [un vino]. — 3 *tr.* lanzar [en forma de chispas, de luz]. 4 revelar, manifestar [con el brillo, la animación]. 5 alegrar, animar.

sparkler (spa'kl̮ø') *s.* especie de fuego de artificio. 2 diamante; rubí. 3 pers. de ingenio vivo. 4 vino espumoso.

sparklet (spa'kl̮øt) *s.* centellita, chispita. 2 punto u objeto brillante; lentejuela. 3 sifón [botella y bebida].

sparkling (spa'kliŋ) *adj.* chispeante, centelleante, brillante. 2 vivo, animado. 3 espumoso [vino].

sparklingly (spa'clingli) *adv.* con brillo, con animación. 2 de una manera chispeante.

sparrow (spæ'rou) *s.* ORNIT. gorrión. 2 nombre de otros pájaros.

sparrowgrass (spe rougræs) *s.* BOT. espárrago.

sparrow-hawk *s.* ORNIT. gavilán, esparver.

sparry (spa'ri) *adj.* espático.

sparse (spa's) *adj.* esparcido, desparramado. 2 escaso, claro, ralo.

sparsely (spa'sli) *adv.* esparcidamente, aquí y allí, a grandes trechos; no espesa o densamente.

sparsity (spa'siti) *s.* raleza. 2 escasez, parquedad.

Sparta (spa'ta) *n. pr.* GEOGR. Esparta.

Spartacus (spa'teicøs) *n. pr.* Espartaco.

Spartan (spa'tan) *adj.-s.* espartano.

sparteine (spa'tein) *s.* QUÍM. esparteína.

sparterie (spa'tri) *s.* géneros de esparto.

spasm (spæ̃sm) *s.* MED. espasmo. 2 esfuerzo, emoción, movimiento, etc., súbitos o violentos; paroxismo.

spasmodic (spæsma dic) *adj.* espasmódico. 2 excitable. 3 intermitente.

spasmodically (spæsma dicali) *adv.* espasmódicamente. 2 con intermitencias.

spastic (spæ stic) *adj.* MED. espasmódico, espástico. 2 MED. tetánico.

spat (spæt) *pret.* y *p. p.* de TO SPIT. — 2 *s.* cría de las ostras, almejas, etc. 3 golpecito, palmada, sopapo. 4 golpear [de la lluvia]. 5 sonido de un impacto. 6 fam. disputa. 7 gota, salpicadura. 8 *pl.* botines [calzado].

spat (to) *intr.* y *tr.* desovar, soltar sus huevos [las ostras, almejas, etc.]. — 2 *tr.* dar una palmada, un golpecito. — 3 *intr.* fam. disputar, reñir. 4 batir [la lluvia]; sonar [el impacto de un proyectil]. ¶ CONJUG. pret. y *p. p.* : *spatted*; ger. : *spatting*.

spatchcock (spæ chcøc) *s.* ave que se mata, se prepara y se asa precipitadamente.

spatchcock (to) *tr.* matar, preparar y asar [un ave] precipitadamente. 2 interpolar, añadir [esp. algo que no guarda relación con el resto].

spate (speit) *s.* (Ingl.) aguacero, chaparrón. 2 (Ingl.) avenida, riada. 3 abundancia, exuberancia; torrente [de palabras]; fuerte emoción.

spate (to) *tr.* inundar.

spathaceous (spazei shøs) *adj.* BOT. que tiene espata. 2 de la naturaleza de la espata.

spathe (speið) *s.* BOT. espata.

spathic (spæ zic) *adj.* MINER. espático.

spatial (spei shal) *adj.* espacial, del espacio, relativo al espacio.

spatter (spæ tø') *s.* salpicadura, rociada. 2 chapoteo, acción de andar sobre el fango o el agua.

spatter (to) *tr.* salpicar, rociar, regar, enlodar, manchar. 2 difamar. 3 esparcir, derramar. — 4 *intr.* echar espurreando. 5 verterse o caer en gotas gruesas. 6 chapotear, andar sobre el fango o el agua.

spatterdashes (spæ tø'dæshiš) *s. pl.* polainas.

spatterdock (spæ tø'dac) *s.* BOT. nenúfar amarillo.

spatula (spæ chøla) *s.* espátula [instrumento].

spatulate (spæ chøleit) *adj.* espatulado.

spatule (spæ chøl) *s.* ZOOL. órgano o parte en forma de espátula o cuchara.

spavin (spæ vin) *s.* VET. esparaván.

spawn (spon) *s.* ICT. freza, huevas. 2 huevos de ostras, almejas, etc. 3 desp. producto, prole, fruto, resultado. 4 masa gelatinosa.

spawn (to) *tr.* e *intr.* frezar, desovar [los peces, ostras, almejas, etc.]. 2 desp. producir, engendrar. — 3 *intr.* propagarse, desarrollarse en abundancia.

spawner (spo nø') *s.* pez hembra. 2 el que recoge huevas.

spawning (spo niŋ) *s.* freza, desove. — 2 *adj.* ICT. que freza. 3 fértil, prolífico. 4 de desove : ~ *time*, desove [época].

spay (to) (spei) *tr.* castrar [las hembras de los animales].

speak (to) (SPIC) *intr.* hablar : *to ~ about*, hablar de; *to ~ for*, hablar por, hablar en nombre o a favor de; pedir, solicitar; encargar, apalabrar, reservar; *to ~ for itself*, hablar por sí mismo, ser evidente; *to ~ out* o *up*, hablar claro, con franqueza, explicarse; hablar en voz alta; *to ~ thick*, hablar tartajoso; *to ~ through the nose*, ganguear, hablar gangoso; *to ~ to*, hablar a; reprender; afirmar, decir, dar testimonio de; *to ~ to the point*, hablar sin rodeos, ir al grano; *to ~ well for*, decir mucho en favor de, honrar, demostrar el mérito o valor de; ~ *well of*, hablar bien de; *to ~ with*, hablar, conversar con; *to ~ without book*, fig. hablar de memoria, citar hechos de memoria; *so to ~*, por decirlo así. 2 sonar [un instrumento]. 3 llamar, hacer señales [un buque a otro]. — 4 *tr.* pronunciar. 5 proferir : *to ~ daggers*, proferir palabras hirientes, ofensivas. 6 hablar, decir, expresar : *to ~ one's mind*, decir lo que uno piensa; *to ~ sense*, decir cosas razonables, hablar con sentido; *to ~ volumes*, decir mucho, ser muy significativo. 7 declarar, proclamar. 8 alabar, celebrar. 9 hablar [una lengua]. 10 dirigirse [a uno]; ponerse en comunicación con

[un buque]. ¶ Conjug. pret.: *spoke;* p. p.: *spoken.*
speakable (spɪ'cabøl) *adj.* decible.
speakeasy (spɪ'kiši) *s.* fam. (EE. UU.) taberna clandestina.
speaker (spɪ'kø') *s.* el que habla. 2 orador; conferenciante. 3 presidente [de una asamblea, esp. (EE. UU.) de la Cámara de Representantes o (Ingl.) de la de los Comunes]. 4 radio locutor. 5 radio altavoz. 6 libro de declamación.
speakership (spɪ'kø'ship) *s.* presidencia de una asamblea legislativa.
speaking (spɪ'king) *adj.* parlante, que habla. 2 para hablar: ~ *tube,* tubo acústico. 3 que parece que está hablando : ~ *likeness,* retrato muy parecido. 4 que expresa o revela fuerza o carácter. 5 de habla: *English-speaking,* de habla inglesa. 6 *to be on* ~ *terms,* hablarse, tratarse. — 7 *s.* habla, acto de hablar, discurso. 8 declamación, oratoria.
spear (spɪ') *s.* lanza, azagaya, venablo. 2 fisga, arpón [para pescar]. 3 hierro [de lanza, etc.]. 4 tallo, caña [de hierba]; púa, espina [de erizo, etc.]. — 5 *adj.* bot. ~ *grass,* nombre de varias plantas. 6 ~ *side,* rama masculina [de una familia].
spear (to) *tr.* alancear. 2 atravesar con arpón. — 3 *intr.* bot. echar un tallo largo.
spearhead (spɪ''jed) *s.* moharra, punta de lanza. 2 fig. el que va delante en un ataque; ataque de vanguardia; cosa con que se abre brecha.
spearman (spɪ''mæn), *pl.* **-men** (-men) *s.* lancero.
spearmint (spɪ''mint) *s.* bot. variedad de menta.
spearwood (spɪ''wud) *s.* bot. variedades de eucalipto y de acacia australianas.
spearwort (spɪ''uø't) *s.* bot. ranúnculo.
special (spe'shal) *adj.* especial. 2 singular, extraordinario. 3 particular, peculiar, privativo, específico. 4 detallado. 5 correo ~ *delivery,* urgencia, envío urgente. — 6 *s.* tren, autobús, corresponsal, etc., especial. 7 carta urgente. — 8 *adv.* especialmente, particularmente.
specialism (spe'shalish) *s.* especialismo, especialización.
specialist (spe'shalist) *adj.* y *s.* especialista.
speciality (spe'shaliti) *s.* especialidad. 2 particularidad, señal o cualidad distintiva. 3 *pl.* detalles, pormenores.
specialize (to) (spe'shalaiš) *tr.* especializar. 2 detallar, particularizar. 3 endosar o barrar un cheque para que se pague a pers. determinada. — 4 *intr.* especializarse. 5 entrar en detalles.
specially (spe'shali) *adv.* especialmente. 2 singularmente, particularmente.
specialness (spe'shalnis) *s.* especialidad [calidad de especial].
specialty (spe'shalti) *s.* especialidad. 2 peculiaridad, detalle, circunstancia o cualidad distintiva. 3 der. cbligación o contrato escriturado.
specie (spɪ'shi) *s.* efectivo, metálico: ~ *payments,* pagos en metálico.
species (spɪ'shiš) *s.* especie [imagen mental: apariencia, aspecto]. 2 especie sacramental. 3 lóg., h. nat. especie. 4 especie, clase, género, suerte. 5 humanidad, género humano. 6 farm. polvos compuestos.
specific (spisi'fic) *adj.* específico: ~ *gravity,* peso específico. 2 expreso, formal, preciso, definido. 3 especificativo. 4 peculiar, característico. — 5 *s.* cosa específica. 6 detalle, peculiaridad. 7 med. específico.
specifical (spisi'fical) *adj.* specific.
specifically (spisi'ficali) *adv.* específicamente. 2 especificadamente, con exactitud y precisión.
specific(al)ness (spesi'fic(al)nis) *s.* calidad de específico.
specification (spisifike'shøn) *s.* especificación. 2 acción de hacer o hacerse específico. 3 descripción que acompaña a la solicitud de una patente de invención. 4 *pl.* presupuesto detallado de una obra; pliego de condiciones. 5 instrucciones, indicaciones, detalles técnicos.
specificity (spisifi'siti) *s.* calidad de específico.
specify (to) (spɪ'sifai) *tr.* especificar, detallar, particularizar. 2 estipular, prescribir.
specimen (spe'simen) *s.* espécimen, muestra, ejemplar. 2 fam. sujeto, individuo.
speciosity (spɪshia-siti) *pl.* **-ties** (-tiš) *s.* speciousness.

specious (spɪ'shøs) *adj.* especioso, aparente, engañoso.
speciously (spɪ'shøsli) *adv.* especiosamente.
speciousness (spɪ'shøsnis) *s.* calidad de especioso o aparente.
speck (spec) *s.* manchita, motita, lunar, punto. 2 maca [en la fruta]. 3 partícula, pizca, átomo.
speck (to) *tr.* manchar, motear. 2 macar.
speckle (spe'køl) *s.* speck *1.*
speckle (to) *tr.* manchar, motear, puntear, salpicar de manchitas, espolvorear, esmaltar.
specs (specs) *s. pl.* fam. gafas, anteojos, antiparras.
spectacle (spe'ctøcøl) *s.* espectáculo, exhibición: *to make a* ~ *of oneself,* ponerse en evidencia o en ridículo. 2 *pl.* gafas, anteojos, antiparras, espejuelos.
spectacled (spe'ctøcøld) *adj.* que lleva anteojos; que tiene manchas que lo parecen.
spectacular (spectæ'kiula') *adj.* espectacular. 2 sensacional, aparatoso.
spectator (spectei'tø') *m.* espectador.
spectatress (spectei'tris) *s.* espectadora.
specter (spe'ctø') *s.* espectro, aparición, fantasma, visión.
spectra (spe'ctra) *s. pl.* de spectrum.
spectral (spe'ctral) *adj.* espectral.
spectre (spe'ctø') *s.* specter.
spectroscope (spe'ctroscoup) *s.* espectroscopio.
spectroscopic(al (spectrosca'pic(al) *adj.* espectroscópico.
spectroscopy (spectra'scopi) *s.* espectroscopia.
spectrum (spe'ctrøm) *s.* espectro, aparición. 2 fís. espectro. — 3 *adj.* espectral: ~ *analysis,* análisis espectral.
specular (spe'kiula') *adj.* espejado. 2 med. hecho con ayuda del espéculo.
speculate (to) (spe'kiule'shøn) *intr.* especular, meditar, teorizar [sobre]. 2 com. especular.
speculation (spekiule'shøn) *s.* especulación. 2 meditación, análisis, reflexión. 2 teorización, teoría. 3 conjetura. 4 cierto juego de naipes. 5 com. especulación.
speculative (spe'kiuleitiv) *adj.* especulativo, contemplativo. 2 teórico. 3 com. especulador; de especulación.
speculatively (spe'kiuleitivli) *adv.* especulativamente. 2 teóricamente. 3 com. por especulación.
speculativeness (spe'kiuleitivnis) *s.* carácter especulativo.
speculator (spe'culeito') *s.* especulador, teórico. 2 com. especulador. 3 teat. revendedor de billetes.
speculum (spe'kiuløm) *s.* cir. espéculo. 2 ópt. espejo.
sped *pret.* y *p. p.* de to speed.
speech (spich) *s.* palabra, habla, lenguaje, manera de hablar. 2 idioma, dialecto. 3 cosa hablada, dicho, frase, discurso, percración, alocuc.ón, disertación: *King's o Queen's* ~, discurso de la Corona; *free* ~, pol. libertad de palabra. 4 teat. parlamento. 5 conversación. 6 son [de un instrumento].
speechcraft (spɪ'chcraft) *s.* arte de bien decir; gramática, lingüística.
speechification (spɪchifike'shøn) *s.* fam. discurso, perorata.
speechifier (spɪ'chifaiø') *s.* fam. orador.
speechify (to) (spɪ'chifai) *intr.* fam. discursear.
speechless (spɪ'chlis) *adj.* mudo, callado, silencioso 2 estupefacto, cortado, sobrecogido, sin habla.
speechlessness (spɪ'chlisnis) *s.* mudez.
speechmaker (spɪ'chmeikø') *s.* orador.
speed (spid) *s.* rapidez, prontitud, presteza, prisa, diligencia: *with all* ~, a toda prisa, lo más de prisa posible; *to make* ~, apresurarse, acelerarse. 2 marcha, andar, velocidad relativa: *full* ~, a toda velocidad, a escape, a todo correr. 3 ópt. máxima apertura relativa de una lente. 4 fot. mínimo de tiempo de exposición que puede dar un obturador. 5 fot. sensibilidad de una placa, un papel, etc. 6 pop. capacidad para una acción. 7 ant. éxito, prosperidad. — 8 *adj.* de marcha o velocidad: ~ *counter,* contador de velocidades; ~ *gauge,* ~ *indicator,* ~ *recorder,* cuentarrevoluciones, indicador de velocidades, velocímetro; ~ *gear,* auto. cambio de marchas; ~ *limit,* límite de velocidad, máxima velocidad permitida; ~ *record,* marca de velocidad. 9 rápido: ~ *scout,* avión rápido de reconocimiento.

speed (to) tr. prosperar, favorecer, ayudar. 2 desear buena suerte, buen viaje. 3 acelerar, apresurar, dar prisa, hacer correr : to ~ up, acelerar. 4 hacer aumentar la producción normal [de un obrero]. 5 despachar con celeridad. 6 arruinar, perder, matar. 7 MEC. ajustar a, o proyectar para, una velocidad determinada. — 8 intr. prosperar, tener buen éxito. 9 apresurarse, darse prisa, correr. 10 llevar una velocidad excesiva. ¶ CONJUG. pret. y p. p.: sped o speeded.
speedboat (spɪ́dbout) s. canoa automóvil.
speeder (spɪ́dǝ') s. el ǫ lo que imprime velocidad. 2 persona o cosa que va a gran velocidad. 3 automovilista que va a mayor velocidad de la permitida. 4 TEJ. mechera.
speedier (spɪ́diǝ') adj. comp. de SPEEDY.
speediest (spɪ́diist) adj. superl. de SPEEDY.
speedily (spɪ́dili) adv. rápidamente, velozmente. 2 de prisa, con prontitud.
speediness (spɪ́dinis) s. rapidez, celeridad. 2 prontitud, prisa, diligencia.
speeding (spɪ́diŋ) adj. veloz, rápido. — 2 s. acción de TO SPEED. 3 acción de llevar más velocidad de la permitida; exceso de velocidad.
speedometer (spɪdǝ́mitǝ') s. indicador de velocidad; taxímetro; odómetro.
speedster (spɪ́dstǝ') s. el que va a gran velocidad. 2 automóvil muy rápido de dos asientos.
speed-up s. aceleración, aumento de velocidad. 2 aumento de producción.
speedway (spɪ́dwei) s. autopista.
speedwell (spɪ́dwel) s. BOT. verónica.
speedy (spɪ́di) adj. rápido, veloz, ligero. 2 activo, pronto, diligente, expeditivo.
speiss (spais) s. mezcla de arseniuros metálicos que resulta de fundir ciertos minerales.
spelean (spiliːǝn) adj. troglodita.
speleology (spiliɔ́loji) s. espeleología.
spell (spel) s. hechizo, encanto, maleficio. 2 hechizo, fascinación : under a ~, hechizado, fascinado. 3 relevo, turno, tanda, revezo. 4 rato, período, temporada : by spells, por turnos; a ratos. 5 ataque, acceso [de una enfermedad, etc.]. 6 descanso, vacación. 7 (EE. UU.) trabajo gratuito que se hace para ayudar a otro.
spell (to) tr. hechizar, encantar. 2 relevar, reemplazar. 3 deletrear : to ~ backward, leer del revés; fig. interpretar mal, torcer el sentido de. 4 escribir con corrección otográfica. 5 formar [una palabra]. 6 significar, indicar, representar. 7 descifrar. 8 descubrir [por la reflexión, el estudio]. | A veces con out. — 9 intr. saber deletrear; escribir con buena ortografía. ¶ CONJUGACIÓN pret. y p. p.: spelled o spelt.
spellbind (to) (spelbaind) tr. hechizar, encantar, fascinar. ¶ CONJUG. pret. y p. p.: spellbound.
spellbinder (spelbaindǝ') s. orador persuasivo y arrebatador.
spellbound (spelbaund) pret. y p. p. de TO SPELLBIND. — 2 adj. hechizado, encantado, fascinado.
speller (spelǝ') s. deletreador. 2 abecedario, silabario, cartilla.
spelling (speliŋ) s. deletreo; ortografía. — 2 adj. de deletreo : ~ book, abecedario, silabario, cartilla.
spelt (spelt) p. p. de TO SPELL. — 2 s. BOT. espelta.
spelter (speltǝ') s. cinc, peltre.
spelt-wheat s. BOT. escanda, espelta.
spencer (spensǝ') s. MAR. vela cangreja a popa del palo mayor. 2 especie de chaqueta o chaquetilla.
Spencerian (spensiːriǝn) adj. de Herbert Spencer.
Spencerism (spensǝriẓm) s. sistema filosófico de Herbert Spencer.
spend (to) (spend) tr. gastar, expender. 2 consumir, agotar. 3 malgastar, disipar. 4 pasar, emplear [el tiempo]. 5 MAR. perder [un palo, una vela, etc.]. — 6 intr. gastar dinero, hacer gastos. 7 ser usado para comprar [el dinero]. 8 gastarse, consumirse, agotarse, disiparse. ¶ CONJUG. pret. y p. p.: spent.
spender (spendǝ') s. gastador [que gasta].
spendthrift (spendθrift) s. derrochador, malgastador, manirroto, pródigo.
spent (spent) pret. y p. p. de TO SPEND. — 2 adj. gastado, consumido, agotado, disipado.
sperm (spǝːm) s. esperma, semen. 2 espermatozoo. 3 fig. germen, semilla. 4 esperma de ballena.
5 adj. de esperma : ~ oil, aceite de esperma; ~ whale, cachalote.
spermaceti (spǝːmǝséti) s. esperma de ballena.
spermatic(al (spǝːmǽtic(al) adj. espermático.
spermatize (to) (spǝːmǝtaiẓ) intr. y tr. emitir esperma; fecundar con esperma.
spermatology (spǝːmǝtɔ́loji) s. espermatología.
Spermatophyta (spǝːmǝtɔ́fita) s. pl. BOT. espermatofitas.
spermatozoon (spǝːmǝtosóuǝn) s. BIOL. espermatozoo.
spermology (spǝːmɔ́loji) s. BOT. estudio de las semillas.
spew (to) (spiuː) tr. e intr. vomitar, arrojar.
spewer (spiúǝ') s. el que vomita.
spewing (spiúiŋ) s. vómito.
sphacelate (to) (sfǽseleit) tr. MED. mortificar, producir gangrena. — 2 intr. MED. esfacelarse.
sphacelation (sfǽseleshǝn) s. MED. mortificación, gangrena.
sphacelus (sfǽselǝs) s. MED. esfacelo.
sphagnous (sfǽgnǝs) adj. musgoso.
sphalerite (sfǽlǝrait) s. MINER. sulfuro de cinc nativo.
sphenoid (sfiːnoid) adj. esfenoidal. — 2 s. ANAT. esfenoides.
spheral (sfiːral) adj. esferal. 2 simétrico, completo, perfecto.
sphere (sfiːr) s. GEOM., GEOGR. ASTR. esfera. 2 globo, orbe. 3 astro. 4 poét. atmósfera, cielo. 5 esfera [de acción, social, etc.].
sphere (to) tr. colocar en una esfera o entre las esferas. 2 redondear. 3 completar. 4 rodear, abarcar.
spheric (sféric) adj. esférico.
spherical (sférical) adj. esférico. 2 globular, orbicular. 3 de las esferas, celeste, astral.
spherically (sférically) adv. esféricamente.
sphericalness (sféricalnis), **sphericity** (sfirísiti) s. esfericidad, redondez.
spherograph (sfiːrográf) s. esferógrafo.
spheroid (sfiːroid) s. esferoide.
spheroidal (sfiroídal) adj. esferoidal.
spherometer (sfirǝmétǝ') s. esferómetro.
spherule (sfériul) s. glóbulo.
sphincter (sfínctǝ') s. ANAT. esfínter.
sphinx (sfincs) s. MIT., ARQUEOL., ENTOM. esfinge. 2 fig. pers. enigmática.
sphygmic (sfígmic) adj. FISIOL. esfígmico, relativo al pulso.
sphygmograph (sfígmográf) s. esfigmógrafo.
spical (spaical), **spicate(d** (spaikeit(id) adj. puntiagudo, espinoso. 2 BOT., ZOOL. espiciforme; espigado.
spice (spais) s. especia. 2 sainete, picante, interés. 3 aroma, fragancia. 4 punta, algo, un poco.
spice (to) tr. condimentar o sazonar con especias. 2 salpimentar, sazonar, dar picante o interés a una cosa.
spicery (spaisǝri) s. especiería. 2 despensa. 3 aroma, picante.
spicier (spaisiǝ') adj. comp. de SPICY.
spiciest (spaisiist) adj. superl. de SPICY.
spicily (spaisili) adv. de una manera picante.
spick-and-span (spicǽndspǽn) adj. nuevo, flamante, fresco. 2 pulcro, acicalado, aseado, arreglado.
spicknel (spicnǝl) s. BOT. cierta hierba umbelífera.
spicula (spaikiula) s. espícula.
spicular (spaikiula') adj. en forma de espícula.
spicule (spaikiul) s. espícula. 2 BOT. espiguilla. 3 aguja del hielo, de la nieve.
spicy (spaisi) adj. sazonado con especias, picante, aromático. 2 fig. sabroso, picante. 3 vivo, pronto. 4 elegante, llamativo.
spider (spaidǝ') s. ZOOL. araña : spider's web, telaraña. 2 trébedes. 3 cazo o sartén con pies. 4 ZOOL. ~ crab, araña de mar. 5 ZOOL. ~ monkey, coaita, mono araña. — 6 adj. de araña : ~ line, hilo que forma el retículo de un instrumento óptico.
spiderwort (spaidǝ'uːt) s. BOT. planta de flores efímeras con estambres largos y filiformes.
spidery (spaidǝri) adj. parecido a una araña.
spiegeleisen (spiːgelaiẓn) s. ferromanganeso.
spiffy (spifi) adj. fam. guapo, elegante.
spif(f)licate (to) (spiflikeit) tr. pop. asombrar, confundir. 2 zurrar. 3 ahogar, matar.
spif(f)licated (spiflikeitid) adj. pop. borracho.

spigot (spi·gøt) *s.* espiche, botana, bitoque. *2* macho [de grifo o espita]. *3* enchufe [de tubo]. *4* (EE. UU.) grifo, espita.

spike (spaic) *s.* pincho, púa, espina; punta de hierro. *2* clavo grande, estaca, alcayata. *3* pop. bayoneta. *4* pitón [de ciervo joven]. *5* ICT. caballa joven. *6* BOT. espiga. *7* BOT. espliego; alhucema. *8* (EE. UU.) gotas [de licor].

spike (to) *tr.* clavar [con clavos grandes]. *2* clavar [un cañón]. *3* guarnecer con pinchos, con puntas de hierro. *4* atravesar, empalar. *5* acabar, poner fin a; inutilizar. *6* (EE. UU.) echar gotas de licor a [una bebida]. — *7 intr.* formar espiga.

spikelet (spai·klit) *s.* BOT. espiguilla.

spikenard (spai·cna'd) *s.* BOT. espicanardo. *2* nardo [confección aromática].

spiky (spai·ki) *adj.* puntiagudo. *2* erizado, armado de pinchos o púas.

spile (spail) *s.* tarugo, botana, espiche. *2* estaca, pilote. *3* (EE. UU.) tubo para sangrar un árbol.

spile (to) *tr.* abrir [un barril]; ponerle botana o espita. *2* poner estacas o pilotes.

spilikin (spi·likin) *s.* SPILLIKIN.

spiling (spai·ling) *s.* pilotaje [pilotes].

spill (spil) *s.* astilla, alegrador [para encender]. *2* clavija, bitoque. *3* derramamiento. *4* fam. vuelco, caída.

spill (to) *tr.* verter, derramar, esparcir. *2* contar, divulgar. *3* fam. despedir [de la silla de montar, de un vehículo]. *4* MAR. quitar viento a [una vela]. — *5 intr.* verterse, derramarse. *6* pop. cantar, hablar [revelar lo secreto]. ¶ CONJUG. pret. y p. p.: *spilled* o *spilt.*

spillikin (spi·likin) *s.* pajita [para jugar]. *2 pl.* juego de las pajitas.

spin (spin) *s.* giro, vuelta. *2* fam. paseo en coche o bicicleta. *3* AVIA. barrena.

spin (to) *tr.* e *intr.* hilar. — *2 tr.* tejer [fantasías, intrigas, etc.]; hacer, componer [una narración, un artículo]. *3* hacer girar, hacer dar vueltas, voltear. *4* hacer bailar [el trompo]. *5* extraer con centrifugadora. *6* dar forma [a una hoja de metal] apretándola mientras da vueltas en el torno. *7 to* ~ *a yarn,* fig. contar un cuento increíble. *8 to* ~ *out,* alargar, prolongar, extender; pasar, gastar [el tiempo, la vida] haciendo algo. *9* (Ingl.) suspender [en un examen]. — *10 intr.* dar vueltas, girar, rodar, pasar, rápidamente. *11* bailar [el trompo]. *12* MEC. girar en vacío, girar sin avanzar [una rueda, etc.]. *13* AVIA. descender en barrena. *14* manar, brotar, formando hilo. *15* (Ingl.) ser suspendido [en un examen]. ¶ CONJUG. pret. y p. p.: *spun;* (ant.) *pan;* ger.: *spinning.*

spinach (spi·nich) *s.* BOT. espinaca. *2* coc. espinacas [hojas de espinaca].

spinal (spai·nal) *adj.* espinal: ~ *anesthesia,* anestesia espinal; ~ *column,* espina dorsal, columna vertebral; ~ *cord,* ~ *marrow,* médula espinal.

spindle (spi·ndøl) *s.* huso [para hilar o de la máquina de hilar]. *2* BIOL. huso acromático. *3* BOT. raquis; eje [de inflorescencia]. *4* BOT. tallo largo. *5* MEC. árbol, eje, mandril, varilla. *6* caracol [de reloj]. *7* manga [de un eje de carruaje]. *8* balustre. *9* barra de picaporte. *10* BOT. ~ *tree,* bonetero. *11* ZOOL. ~ *shell,* caracol marino de figura fusiforme.

spindle (to) *intr.* crecer desproporcionadamente. *2* hacerse un tallo alto y delgado.

spindle-legged *adj.* zanquilargo, zanquivano.

spindlelegs (spi·ndøl-legš) *s. pl.* piernas largas. *2 sing.* persona zanquivana.

spindle-shanked *adj.* SPINDLE-LEGGED.

spindleshanks *s.* SPINDLELEGS.

spindle-shaped *adj.* ahusado, fusiforme.

spindrift (spi·ndrift) *s.* rocío, roción [del mar].

spine (spain) *s.* espinazo, espina dorsal. *2* fig. valor, energía. *3* fig. parte saliente y esquinada. *4* BOT. espina. *5* ZOOL. púa. *6* espina [de equinodermo; de la aleta de un pez]. *7* ENCUAD. lomo [de libro].

spinel (spine·l) *s.* MINER. espinela.

spineless (spai·nlis) *adj.* invertebrado. *2* fláccido, flojo; sin valor, sin energía. *3* sin espinas.

spinet (spi·nit) *s.* MÚS. espineta.

spinnaker (spi·nakø') *s.* MAR. spinnaker, vela que se emplea para aumentar la velocidad de un yate de regatas.

spinner (spi·nø') *s.* hilador, hilandero. *2* máquina de hilar. *3* SPINNERET. *4* en la pesca con caña, cebo artificial que da vueltas cuando es arrastrado sobre el agua. *5* narrador, cuentista.

spinneret (spi·nøret) *s.* ZOOL. hilera [de araña]; órgano hilador del gusano de seda.

spinney (spi·ni) *s.* bosquecillo, soto.

spinning (spi·ning) *s.* hila, hilado, hilatura [acción, operación, arte]. *2* hilado [hilo]. *3* giro rápido. *4* MEC. giro en vacío, giro [de una rueda, etc.] sin avanzar o trabajar. — *5 adj.* que hila, de hilar: ~ *jenny,* ~ *mule,* antigua máquina de hilar; ~ *machine,* máquina de hilar; máquina para forrar hilo eléctrico; ~ *mill,* fábrica de hilados; ~ *wheel,* torno para hilar. *6* que gira o da vueltas: ~ *top,* trompo, peonza. *7* rápido, veloz.

spinose (spai·nous) *adj.* espinoso [armado de espinas].

spinosity (spaina·siti) *s.* cosa espinosa. *2* dificultad, enredo.

spinous (spai·nøs) *adj.* espinoso.

Spinozism (spinou·šišm) *s.* espinosismo.

spinster (spi·nstø') *s.* solterona; soltera. *2* ant. hilandera.

spinstress (spi·nstris) *s.* hilandera.

spinule (spai·niul) *s.* BOT., ZOOL. espina o púa pequeña.

spiny (spai·ni) *adj.* espinoso. *2* punzante.

spiracle (spi·racøl) *s.* respiradero, abertura. *2* ZOOL. espiráculo.

spiral (spai·ral) *adj.* espiral. *2* helicoidal. *3* de caracol [escalera]. *4* en forma de chapitel o aguja. *5* ~ *wheel,* rueda dentada de dientes oblicuos. — *6 s.* GEOM. espiral; hélice; espira. *7* AVIA. vuelo en espiral. *8* FERROC. curva de transición o de ascenso.

spiral (to) *intr.* moverse en espiral; tomar forma espiral. *2* AVIA. volar en espiral.

spirally (spai·rali) *adv.* en espiral.

spirant (spai·rant) *s.* FON. consonante continua o fricativa.

spire (spai·') *s.* GEOM., ZOOL. espira. *2* GEOM. espiral. *3* anillo, rosca, vuelta [de una cosa enrollada]. *4* cima, cúspide, ápice. *5* ARQ. aguja, chapitel. *6* BOT. brizna [de hierba]; hoja o caña larga y estrecha.

spire (to) *tr.* elevarse [como un chapitel o aguja]; rematar en punta. *2* elevarse en espiral. *3* brotar, germinar, echar un tallo largo y delgado.

spirillum (spairi·løm) *s.* BACT. espirilo.

spirit (spi·rit) *s.* espíritu [principio de la vida: alma; ser o substancia inmaterial; realidad pensante; persona de cierta mentalidad o temperamento]: *a master* ~, un espíritu superior, una persona muy inteligente; *a ruling* ~, un espíritu dominador; *the poor in* ~, los pobres de espíritu; *in* ~, en espíritu; interiormente, en su interior. | *The Holy Spirit,* el Espíritu Santo. *2* aparecido, aparición, sombra, espectro. *3* espíritu, sentido, intención [opuesto a letra]. *4* espíritu [de clase, de una época, de una empresa, etc.]. *5* disposición o estado de ánimo, ánimo, humor, temple, temperamento. | A veces pl.: *to be in good spirits,* estar alegre, de buen humor; *to be in bad,* o *low, spirits,* estar triste, abatido. *6* ánimo, valor, denuedo, vivacidad, animación, entusiasmo, energía, ardor, fuego: *to break the* ~ *of,* desalentar; reprimir, domeñar; *to have a high* ~, tener el alma grande; ser altivo. *7* GRAM. GRIEGA espíritu. *8* viento, aura, soplo de aire. *9* espíritu [substancia extraída por destilación, etc.]: *motor* ~, gasolina; ~ *of salt,* espíritu de sal, ácido clorhídrico; ~, o *spirits, of turpentine,* aceite de trementina, aguarrás. *10* espíritu de vino, alcohol. | Gralte. en plural. *11* FARM. esencia. *12 pl.* bebida espirituosa, aguardiente, whisky, etc. *13 spirits* o *high spirits,* alegría, animación, viveza: *in spirits,* alegre, animado; *out of spirits,* triste, abatido. *14 animal spirits,* vivacidad, fogosidad, energía. — *15 adj.* del espíritu. *16* de los espíritus, espiritista: ~ *rapper,* espiritista, pers. aficionada a las prácticas espiritistas; ~ *rapping,* práctica del espiritismo, supuesta comunicación con los espíritus por medio de golpecitos. *17* de alcohol, de bebidas espirituosas: ~ *lamp,* lámpara de alcohol; ~ *level,* nivel de aire.

spirit (to) *tr.* alentar, animar. | A veces con *up.* *2* infundir cierto espíritu. *3 to* ~ *away* u *o//,* llevarse, raptar, escamotear, hacer desaparecer [como por encanto].

spirited (spi·ritid) *adj.* vivo, brioso, espiritoso, fogoso, arrebatado, lleno de vida, de fuego. 2 que tiene cierto espíritu, estado de ánimo, etc. | Gralte. en comp.: *hig-spirited*, de alma grande, magnánimo; *low-spirited*, abatido, desanimado.

spiritedly (spi·ritidli) *adv.* vivamente, briosamente, fogosamente, animosamente.

spiritedness (spi·ritidnis) *s.* viveza, brío, fuego, ardor, animación; valor.

spiritism (spi·ritiśm) *s.* espiritismo.

spiritist (spi·ritist) *s.* espiritista.

spiritless (spi·ritlis) *adj.* exánime, muerto. 2 abatido, desanimado 3 cobarde. 4 flojo, sin vigor, sin fuego, insípido.

spiritlessly (spi·ritlisli) *adv.* sin vigor, sin energía.

spiritlessness (spi·ritlisnis) *s.* abatimiento. 2 falta de vigor o energía.

spiritual (spi·richual) *adj.* espiritual: ~ *director*, director espiritual; ~ *father*, confesor. 2 mental, intelectual. 3 santo, puro. 4 religioso, piadoso. 5 eclesiástico. 6 inteligente, agudo, ingenioso. 7 espiritista. — *8 s.* cosa espiritual. 9 pers. religiosa. 10 eclesiástico. 11 canto religioso de los negros de los EE. UU.

spiritualism (spi·richualiśm) *s.* espiritualismo. 2 espiritualidad. 3 espiritismo.

spiritualist (spi·richualist) *adj.-s.* espiritualista. 2 espiritista.

spiritualistic (spirichuali·stic) *adj.* espiritualista, espiritista.

spirituality (spirichuæ·liti), *pl.* -ties (-tiś) *s.* espiritualidad. 2 espíritu, cosa incorpórea. 3 jurisdicción espiritual de la Iglesia. 4 *pl.* lo que un eclesiástico percibe por sus funciones.

spiritualization (spirichualiśe·shøn) *s.* espiritualización.

spiritualize (to) (spi·richualaiś) *tr.* espiritualizar.

spiritually (spi·richuali) *adv.* espiritualmente. 2 en espíritu.

spiritualty (spi·richualti) *s.* clero. 2 bienes espirituales o eclesiásticos.

spirituous (spi·richuøs) *adj.* espirituoso.

spirituousness (spi·richuøsnis) *s.* calidad de espirituoso.

spirivalve (spai·rivælv) *adj.* ZOOL. de concha en espiral.

spirochete (spai·rokit) *s.* BACT. espiroqueta.

spirometer (spairo·mitø') *s.* FISIOL. espirómetro.

spirt (spø·t) *s.* SPURT.

spirt (to) *tr.* TO SPURT.

spiry (spai·ri) *adj.* espiral, acaracolado. 2 piramidal, terminado en punta.

spit (spit) *s.* espetón, asador. 2 punta de tierra; banco de arena que sale de la costa. 3 saliva, salivazo, escupidera, escupitajo, esputo. 4 llovizna, nevisca. 5 especie de espuma segregada por ciertos insectos.

1) **spit (to)** *tr.* espetar, ensartar, empalar. ¶ CONJUG. pret. y p. p.: *spitted;* ger.: *spitting.*

2) **spit (to)** *tr.* escupir, esputar, expectorar. 2 echar, arrojar, despedir [de sí]. — *3 intr.* escupir. 4 llover o nevar a gotas o copos esparcidos. 5 hacer un ruido como el de escupir. 6 chisporrotear. ¶ CONJUG. pret. p. p.: *spat;* ger.: *spitting.*

spitball (spi·tbol) *s.* bolita de papel mascado.

spitbox (spi·tbacs) *s.* escupidera.

spitchcock (spi·chcac) *s.* COC. anguila abierta o cortada y cocida.

spitchcock (to) *tr.* cortar y cocer. 2 tratar sumariamente.

spite (spai·t) *s.* despecho, rencor, inquina, ojeriza, mala voluntad, resentimiento. 2 ~ *of, in* ~ *of*, a despecho de, a pesar de, no obstante.

spite (to) *tr.* molestar, mortificar, hacer rabiar.

spiteful (spai·tful) *adj.* rencoroso, maligno, malévolo.

spitefully (spai·tfuli) *adv.* rencorosamente, con inquina o despecho.

spitefulness (spai·tfulnis) *s.* despecho; rencor, malignidad, malevolencia.

spitfire (spi·tfai') *s.* lo que escupe fuego: volcán, cañón, etc. 2 persona violenta, irascible.

spitter (spi·tø') *s.* COC. el que espeta. 2 escupidor. 3 ZOOL. cervato, gamezno.

spitting (spi·ting) *s.* acción de escupir: *no* ~, se prohíbe escupir.

spittle (spi·tøl) *s.* saliva, salivazo, escupidura.

spittoon (spitu·n) *s.* escupidera.

spitz (spits) *adj.* de Pomerania [perro].

Spitzbergen (spitsbø·'guøn) *n. pr.* GEOGR. Spitzberg.

splanchnic (splæ·ncnic) *adj.* ANAT. esplácnico.

splanchnology (splæncna·loȳi) *s.* esplacnología.

splash (splæsh) *s.* salpicadura, rociada. 2 chapoteo. 3 pop. ostentación, fachenda. 4 mancha [de color]. 5 *to make a* ~, llamar la atención, hacer sensación.

splash (to) *tr.* salpicar, rociar, enlodar, manchar. 2 bañar, lavar, chapotear, humedecer. — *3 intr.* chapotear, chapalear. 4 esparcirse, levantarse o caer en salpicaduras o rociadas.

splashboard (splæ·sbo'd), **splasher** (splæ·shø') *s.* guardabarros, alero. 2 alza [de una presa].

splashy (splæ·shi) *adj.* cenagoso, lodcso, empantanado. 2 salpicado, manchado. 3 llamativo; sensacional.

splatter (splæ·tø') *s.* salpicadura, rociada. 2 tropel. 3 cúmulo, montón confuso.

splatter (to) (splæ·tø') *tr.* rociar, salpicar; chapotear.

splay (splei) *adj.* extendido, desplegado. 2 abocinado, capializado, con derrame. 3 ancho y llano. 4 tosco, pesado. — *5 s.* extensión, expansión. 6 ARQ. alféizar, derrame, capializo. 7 bisel, chaflán.

splay (to) *tr.* extender, desplegar. 2 dislocar [la espalda, etc.]. 3 inclinar, dar derrame, capializar, abocinar. 4 achaflanar.

splayfoot (splei·fut), **splayfooted** (spleifutid) *adj.* de pies planos o aplastados.

splaymouth (splei·mauz) *adj.* boquiancho.

spleen (splin) *s.* ANAT. bazo. 2 bilis, rencor, despecho, mal humor: *to vent one's* ~, descargar la bilis. 3 esplín, melancolía.

spleenful (spli·nful) *adj.* bilioso, colérico, regañón. 2 melancólico.

spleenwort (spli·nuø't) *s.* BOT. especie de culantrillo.

spleeny (spli·ni) *adj.* bilioso, irritable, enfadadizo. 2 melancólico.

splendent (sple·ndønt) *adj.* brillante, esplendoroso, resplandeciente. 2 ilustre.

splendid (sple·ndid) *adj.* espléndido, resplandeciente. 2 espléndido, magnífico, suntuoso. 3 ilustre, grande, glorioso. 4 excelente, estupendo.

splendidly (sple·ndidli) *adv.* espléndidamente, brillantemente, magníficamente.

splendiferous (splendi·førøs) *adj.* fam. espléndido, magnífico.

splendo(u)r (sple·ndø') *s.* brillo, resplandor, refulgencia. 2 esplendor, pompa, magnificencia, lustre, gloria.

splenetic (spline·tic) *adj.* esplénico [del bazo]. 2 enfermo del bazo. 3 bilioso, atrabiliario, rencoroso, malhumorado.

splenic (sple·nic) *adj.* ANAT. esplénico.

splenius (spli·niøs) *s.* ANAT. esplenio.

splenotomy (splina·tomi) *s.* CIR. esplenotomía.

splice (splais) *s.* junta, empalme; ayuste: *eye* ~ *gaza.* 2 pop. casamiento. — *3 aaj.* de unión o empalme: ~ *bar,* FERROC. eclisa, placa de empalme.

splice (to) *tr.* empalmar, ayustar. 2 unir, juntar. 3 pop. casar [unir en matrimonio]. 4 pop. *to* ~ *the main brace,* empinar, beber mucho.

splicing (splai·sing) *s.* unión, empalme, ayuste. — 2 *adj.* de empalmar o ayustar.

splint (splint) *s.* astilla. 2 tira de madera para tejer cestas, etc. 3 CIR. tablilla, férula. 4 VET. sobrehueso. 5 cierta clase de carbón.

splint (to) *tr.* CIR. entablillar.

splinter (spli·ntø') *s.* astilla, raja, esquirla. 2 rancajo. 3 cacho, añico. 4 CIR. tablilla.

splinter (to) *tr.* astillar, hacer astillas. 2 CIR. entablillar. — *3 intr.* astillarse, hacerse astillas.

splinter-bar *s.* balancín [de carruaje].

splintery (spli·nteri) *adj.* astilloso.

split (split) *s.* hendedura, raja, grieta, quebraja, división longitudinal. 2 división, cisma, rompimiento. 3 astilla, raja, fragmento. 4 marca [corte] en la oreja de una res. 5 despatarrada [en el baile]. 6 TEJ. claro [del peine]. 7 media botella [de agua carbónica]; media copa [de licor]. — *8 adj.* hendido, partido, rajado, dividido, roto: ~ *infinitive,* GRAM. infinitivo en que se interponen una o más palabras entre el *to* y la forma verbal; ~ *key,* ~ *pin,* chaveta hendida; ~ *peas,* guisantes secos, mondados y partidos; ~ *personality,* personalidad desdoblada; ~ *phase,* ELECT. fase partida; ~ *ring,* arandela partida.

split (to) tr. hender, partir, rajar, resquebrar, dividir, separar : to ~ hairs, hacer distinciones demasiado sutiles; to ~ one's sides, desternillarse de risa; to ~ the difference, partir la diferencia. 2 reventar, romper, destruir. 3 revelar [una información, un secreto]. — 4 intr. henderse, partirse, rajarse, resquebrarse. 5 estallar, romperse : to ~ upon a rock, estrellarse contra las rocas. 6 separarse, dividirse [en facciones o partidos]. ¶ CONJUG. pret. y p. p. : split o splitted; ger. : splitting.

splitting (spli·ting) adj. que raja o parte. 2 que hace desternillar de risa, muy cómico. — 3 s. hendimiento, división; desdoblamiento. 4 pl. hojas o piezas planas que resultan de dividir ciertos materiales.

splotch (splach) s. mancha, borrón.

splotch (to) tr. manch.ar, salpicar.

splotchy (spla·chi) adj. manchado, salpicado, lleno de borrones.

splurge (splø·ÿ) s. alarde, fachenda, ostentación.

splurge (to) intr. fachendear, hacer ostentación.

splutter (splø·tø') s. balbuceo, farfulla. 2 barullo. 3 tontería. 4 rociada, salpicadura, chisporroteo.

splutter (to) tr. e intr. balbucir, farfullar. 2 despedir algo como escupiendo. 3 echar rociadas o salpicaduras, chisporrotear.

splutterer (splø·tører) s. farfullador.

spoffish (spa·fish) adj. pop. bullidor, oficioso.

spoil (spoil) s. despojo, despojos, botín, presa. 2 saqueo, robo. 3 pl. despojos, sobras. 4 (EE. UU.) cargos públicos y sus gajes que se atribuye un partido : ~ system, práctica de premiar los servicios al partido con cargos públicos.

spoil (to) tr. despojar [privar de]. 2 saquear, pillar, robar. 3 dañar, estropear, echar a perder, deteriorar, inutilizar, ajar : to ~ all the fun, estropear la diversión, aguar la fiesta. 4 viciar, corromper, pudrir. 5 mimar, consentir, malcriar. — 6 intr. saquear, ir al saqueo. 7 dañarse, estropearse, echarse a perder, ajarse. 8 viciarse, corromperse, pudrirse. 9 pop. to ~ for, ansiar, anhelar. ¶ CONJUG. pret. y p. p. : spciled o spoilt.

spoilage (spoi·lidÿ) s. papel que se estropea al imprimir.

spoiler (spoi·lø') s. despojador, saqueador. 2 estropeador. 3 corruptor. 4 mimador, consentidor.

spoilsman (spoi·lšmæn), pl. -men (-men) s. (EE. UU.) partidario del reparto de los empleos públicos dentro del partido que tiene el poder. 2 el que obtiene un empleo como premio de los servicios que ha prestado al partido.

spoilt (spoilt) pret. y p. p. de TO SPOIL. — 2 adj. estrcpeado, echado a perder. 3 mimado, consentido.

spoke (spouc) pret. de TO SPEAK. — 2 s. rayo [de rueda]. 3 galga [freno] : to put a ~ in one's wheel, poner estorbos o trabas a uno. 4 escalón o travesaño [de escalera]. 5 cabilla [de la rueda del timón].

spoke (to) tr. enrayar. 2 trabar, frenar.

spoken (spou·køn) p. p. de TO SPEAK.

spokesman (spou·csmæn), pl. -men (-men) s. portavoz [el que habla en nombre de otros]. 2 orador.

spoliate (to) (spou·lieit) tr. e intr. expoliar, despojar, saquear, robar.

spoliation (spoulie·shøn) s. expoliación, despojo, saqueo, rapiña.

spoliator (spou·lieitø') s. expoliador, saqueador.

spondaic (spøndei·c) adj. espondaico.

spondee (spa·ndi) s. espondeo.

spondyl(e (spa·ndil) s. ANAT. espóndilo.

sponge (spønÿ) s. esponja : to pass the ~ over, correr un velo sobre, dar al olvido; to throw up, o in, the ~, arrojar la esponja; darse por vencido. 2 fig. gorrón, parásito. 3 fam. bebedor, borracho. 4 masa muy leudada. 5 terreno poroso. 6 ARTILL. lanada. — 7 adj. de esponja, con esponja, esponjoso : ~ bath, ducha o baño que se da con una esponja o un paño mojado; ~ cake, bizcocho muy ligero; ~ tree, BOT. aromo, *cují.

sponge (to) tr. mojar o lavar con esponja, borrar. 2 absorber, embeber, chupar. 3 sacar, exprimir : to ~ of, despojar de, chupar. 4 esponjar [la masa]. — 5 intr. esponjarse. 6 pescar esponjas.

7 to ~ on, comer, vivir, etc., a costa de: dar sablazos a.

sponger (spø·nÿø') s. el que lava con esponja. 2 pescador de esponjas. 3 parásito, gorrón, sablista.

sponginess (spø·nÿinis) s. esponjosidad.

spongiose (spø·nÿious), **spongious** (spø·nÿiøs) adj. esponjoso.

spongy (spø·nÿi) adj. esponjoso. 2 fungoso. 3 flojo, sin consistencia. 4 mojado, lluvioso.

sponsion (spa·nshøn) s. acción de salir fiador o responder por otro.

sponson (spa·nsøn) s. MAR. enjaretado. 2 barbeta lateral saliente [de un buque de guerra]. 3 plataforma triangular detrás o delante de la rueda de paletas [de un barco]. 4 cámara de aire en la borda de [una canoa].

sponsor (spa·nsø') s. fiador, garante, el que responde de otro o por otro. 2 padrino, madrina. 3 patrocinador; el que costea [para que le sirva de anuncio] un programa de radio o televisión.

sponsor (to) tr. salir fiador de, responder de [otro] o por [otro]. 2 apadrinar. 3 patrocinar. 4 costear, como propaganda comercial, [un programa de radio o televisión].

sponsorial (spa·nsørial) adj. perteneciente o relativo al garante, al padrino o al patrocinador.

sponsorship (spa·nsø'ship) s. fianza. 2 padrinazgo. 3 patrocinio.

spontaneity (spantanr·iti) s. espontaneidad.

spontaneous (spantei·niøs) adj. espontáneo.

spontaneously (spantei·niøsli) adv. espontáneamente.

spontaneousness (spantei·niøsnis) s. espontaneidad.

spontoon (spantu·n) s. espontón.

spoof (spuf) s. fam. engaño, burla, estafa.

spoof (to) tr. fam. engañar, estafar, burlarse de.

spoofer (spu·fø') s. fam. engañador, embaucador.

spook (spuk) s. fam. fantasma, aparición.

spooky (spu·ki) adj. fam. espectral, fantasmal. 2 embrujado, visitado por los fantasmas. 3 horripilante, de miedo.

spool (spul) s. carrete, canilla, carretel, bobina.

spool (to) (spul) tr. devanar en carrete, encanillar.

spoon (spun) s. cuchara : table ~, cuchara para sopa. 2 cosa parecida a una cuchara. 3 cierto bastón de golf. 4 pop. simple, bobo; chalado. — 5 adj. de cuchara, en forma de cuchara : ~ chisel, gubia; ~ hock, anzuelo de cuchara.

spoon (to) tr. cucharear, sacar con cuchara. 2 dar forma de cuchara. — 3 tr. e intr. pescar con anzuelo de cuchara. 4 ponerse tierno, acaramelado.

spoonbill (spu·nbil) s. ORNIT. cuchareta; espátula.

spoondrift (spu·ndrift) s. rocío de las olas.

spoonerism (spu·nørism) s. transposición de letras iniciales, como en blushing crow por crushing blow.

spoonful (spu·nful) s. cucharada.

spoonier (spu·niø') adj. comp. de SPO.NY.

spooniest (spu·niist) adj. superl. de SPOONY.

spoony (spu·ni) adj. amartelado, acaramelado, extremoso en sus demostraciones de afecto. — 2 s. galán acaramelado.

sporadic (spøræ·dic) adj. esporádico.

sporadicalness (spøræ·dicalnis) s. calidad de esporádico.

sporangium (spøræ·nÿiøm) s. BOT. esporangio.

spore (spor) s. BIOL. espora.

sporidium (spori·diøm) s. BOT. esporidio.

sporocarp (spo·roca'p) s. BOT. esporocarpio.

sporogonium (sporogou·niøm) s. BOT. esporogonio.

sporran (spø·ran) s. especie de escarcela de los montañeses de Escocia.

sport (spo't) s. deporte. 2 juego, diversión, entretenimiento, recreo, pasatiempo. 3 broma, burla, chanza : in ~, en broma; to make ~ of, reírse de, burlarse de. 4 irrisión, hazmerreír. 5 juguete [de uno, de las pasiones, del viento, etc.]. 6 deportista; aficionado a los deportes. 7 fam. jugador [que apuesta en los deportes]. 8 fam. amigo de diversiones. 9 fam. el que sabe perder; amigo, buen compañero. 10 BIOL. mutación; animal o planta que se desvía espontáneamente del tipo normal. — 11 adj. deportivo.

sport (to) tr. ostentar, lucir, hacer alarde de. — 2 intr. jugar, divertirse, retozar, holgar. 3 bromear, chancearse. 4 BIOL. experimentar una mutación, desviarse espontáneamente del tipo normal.

sportful (spo·'tful) *adj.* divertido. *2* juguetón. *3* bromista, chancero. *4* hecho en broma, por juego.

sportfulness (spo·'tfulnis) *s.* calidad de bromista, juguetón, divertido. *2* alegría, buen humor.

sporting (spo·'ting) *adj.* deportivo, relativo al deporte, al juego : ~ *man*, aficionado a los deportes o a apostar en ellos; jugador; ~ *page*, página deportiva [en un periódico]. *2* que requiere cualidades deportivas : honrado, leal, arriesgado.

sportive (spo·'tiv) *adj.* juguetón, retozón. *2* hecho en broma, por juego.

sportively (spo·'tivli) *adv.* de un modo juguetón o festivo.

sportiveness (spo·'tivnis) *s.* carácter retozón; retozo, broma.

sports (spo·'ts) *adj.* deportivo, de deporte, para deportes : ~ *car*, coche de deporte; ~ *clothes*, traje *sport*; ~ *news*, noticiario deportivo.

sportsman (spo·'tsmæn), *pl.* -men (-men) *m.* deportista; aficionado al deporte. *2* hombre leal, que juega limpio, que sabe perder.

sportsmanlike (spo·'tsmænslaic) *adj.* deportivo, propio de un deportista, leal, honrado.

sportsmanship (spo·'tsmænship) *s.* destreza en los deportes; afición a ellos. *2* deportividad.

sportswear (spo·'tsue·') *s.* ropa o trajes de deporte.

sportswoman (spo·'tswuman), *pl.* -women (-uimen) *s.* mujer deportista o aficionada al deporte.

sporty (spo·'ti) *adj. fam.* deportivo. *2* alegre, libertino, disipado. *3* vistoso, ostentoso, chillón.

sporulation (sporulei·shøn) *s.* BIOL. esporulación.

sporule (spo·rul) *s.* pequeña espora.

spot (spat) *s.* mancha, borrón, lunar, pinta, punto; maca. *2* mancha, mancilla, borrón, deshonor, tacha. *3* sitio, lugar, paraje, punto. *4* punto, pizca. *5* punto [instante preciso] : *on the* ~ *of five*, a las cinco en punto. *6 on o upon the* ~, allí, en el sitio mismo; en el acto, al punto, inmediatamente; puntual, alerta, despierto. *7 to put on the* ~, pegar un tiro a. *8 in spots*, aquí y allí, a intervalos; en algunos respectos. — *9 adj.* COM. entregado o pagado al acto, disponible, contante : ~ *cash*, dinero contante. *10* de mancha, sitio, etc. : ~ *remover*, quitamanchas; ~ *welding*, soldadura eléctrica por puntos.

spot (to) *tr.* manchar, ensuciar. *2* motear. *3* manchar, mancillar, desdorar, deshonrar. *4* marcar, señalar. *5* reconocer, descubrir, distinguir, divisar; observar, espiar; localizar. *6* plantar, colocar [una bola de billar]. *7* enfocar [un reflector]. *8* esparcir, situar a intervalos. *9* quitar manchas de. *10* dar [en un blanco]. *11* DEP. dar, conceder [como ventaja]. — *12 intr.* mancharse. ¶ CONJUG. pret. y p. p. : *spotted*; ger. : *spotting*.

spotless (spa·tlis) *adj.* limpio, sin mancha, inmaculado. *2* irreprochable, sin tacha.

spotlessness (spa·tlisnis) *s.* calidad de inmaculado.

spotlight (spa·tlait) *s.* reflector [de teatro], proyector de luz orientable; su luz. *2 fig.* vista o atención del público : *to be in the* ~, estar en situación visible, ser objeto de la atención del público. *3* AUTO. faro piloto o giratorio.

spotted (spa·tid) *adj.* manchado, moteado, pintado : ~ *fever*, fiebre eruptiva; meningitis cerebroespinal; tabardillo pintado, tifus exantemático.

spotter (spa·tø·') *s.* quitamanchas. *2* pop. (EE. UU.) detective, vigilante secreto. *3* entre ladrones, indicador.

spotty (spa·ti) *adj.* manchado, moteado. *2* irregular, falto de uniformidad.

spousal (spau·sal) *adj.* nupcial, matrimonial. — *2 s. pl.* nupcias, bodas.

spouse (spau·s) *s.* esposo; esposa; consorte.

spouseless (spau·slis) *adj.* soltero o viudo.

spout (spaut) *s.* caño, tubo, orificio [por donde sale un líquido]; espita, canilla; pico, pitón, pitorro [de vasija]; gárgola, canalón. *2* chorro. *3* fuente, surtidor. *4* chubasco, aguacero. *5* pop. casa de empeños : *up the* ~, empeñado, dejado en prenda; acabado, arruinado. *6* WATERSPOUT.

spout (to) *tr.* echar, arrojar [en chorro]. *2* declamar, recitar pomposamente. *3* poner espita o pitorro [a]. *4* pop. empeñar [un reloj, etc.]. — *5 intr.* chorrear, borbotar; surgir, brotar [un líquido]. *6* declamar, perorar.

sprag (spræg) *s.* calza o palo para trabar la rueda de un vehículo.

sprain (sprein) *s.* MED. torcedura, distensión, esguince.

sprain (to) *tr.* MED. torcer, distender : *to* ~ *one's ankle*, torcerse el tobillo.

sprang (spræng) *pret.* de TO SPRING.

sprat (spræt) *s.* ICT. especie de arenque pequeño. *2 fig.* redrojo [muchacho flaco]. *3 pop.* moneda de seis peniques.

sprawl (sprol) *s.* postura del que yace, cae o se arrastra con las extremidades extendidas. *2* acción de extender las extremidades extendidas.

sprawl (to) *intr.* yacer, caer, arrastrarse con las extremidades extendidas. *2* extenderse, desparramarse [una planta]. — *3 tr.* abrir, extender [los brazos, piernas, ramas, etc.].

spray (sprei) *s.* líquido pulverizado; rocío [del mar, de una cascada]. *2* rociada, aplicación de líquido pulverizado. *3* ramita, ramaje.

spray (to) *tr.* esparcir [un líquido] en gotas finas. *2* rociar, mojar [con líquido pulverizado]. — *3 intr.* pulverizarse [un líquido]. *4* extenderse [las ramas].

sprayer (sprei·ø·') *s.* pulverizador; rociador.

spread (spred) *pret.* y *p. p.* de TO SPREAD. — *2 adj.* extendido. *3* esparcido, difundido. *4* cubierto o untado. *5* puesta [mesa]. *6* JOY. de poco brillo [joya]. *7* ~ *eagle*, BLAS. águila explayada; cierta figura de patinaje; (EE. UU.) lenguaje altisonante o patriotero. — *8 s.* extensión [acción de extender]; despliegue, desarrollo. *9* extensión, amplitud. *10* extensión [de terreno, etc.]. *11* dispersión, difusión, propagación. *12* espacio intermedio, distancia, diferencia. *13* AVIA. envergadura. *14* cobertor [de cama]. *15* tapete [de mesa], mantel. *16* mantequilla, confitura, etc., con que se unta el pan. *17* mesa puesta; comida, comilona, festín.

spread (to) *tr.* extender, desplegar, desenvolver, alargar. *2* extender, esparcir, desparramar, dispersar, diseminar. *3* divulgar, publicar. *4* difundir, propagar. *5* emitir, exhalar. *6* ofrecer a la vista. *7* cubrir, extender sobre : *to* ~ *with*, cubrir o untar con, dar una mano de. *8* poner [la mesa], disponer, preparar. *9* abrir, separar. *10 to* ~ *abroad*, esparcir, divulgar, propagar. *11 to* ~ *oneself* (EE. UU.), echar el resto, ser generoso; tratar de impresionar; darse tono. — *12 intr.* extenderse, desplegarse, alargarse. *13* esparcirse, desparramarse, dispersarse. *14* difundirse, cundir, propagarse. *15* poner la mesa. *16* abrirse, separarse. ¶ CONJUG. pret. y p. p. : *spread*.

spread-eagle *adj.* (EE. UU.) patriotero [discurso, etc.].

spread-eagle (to) *tr.* extender, desparramar. — *2 intr.* (EE. UU.) hacer discursos patrioteros.

spread-eagleism *s.* (EE. UU.) oratoria patriotera.

spreader (spre·dø·') *s.* esparcidor, divulgador, propagador.

spreading (spre·ding) *adj.* que extiende, esparce, difunde, esparce.

spree (sprī) *s.* diversión, fiesta, juerga, parranda; *farra. *2* borrachera.

spree (to) *intr.* divertirse, ir de parranda. *2* emborracharse.

sprig (sprig) *s.* ramita; pimpollo, renuevo. *2* hita, espiga [clavo]. *3 fig.* jovencito.

sprig (to) *tr.* adornar con dibujos representando ramitas. *2* clavar con hitas o espigas.

spriggy (spri·gui) *adj.* lleno de ramitas.

sprightliness (sprai·tlinis) *s.* viveza, vivacidad, alegría, animación. *2* brío, agilidad, desenvoltura.

sprightly (sprai·tli) *adj.* vivo, alegre, animado. *2* brioso, ágil, desenvuelto.

spring (spring) *s.* primavera [estación]. *2* manantial, fuente, manadero. *3* origen, principio, comienzo. *4* causa, móvil, impulso. *5* salto, brinco, bote. *6* muelle, resorte, ballesta. *7* resorte, elasticidad, fuerza elástica. *8* vigor, energía. *9* reculada [de un cuerpo elástico]. *10* alabeo, combadura. *11* MAR. codera. *12* ARQ. arranque [de un arco]. — *13 adj.* primaveral, de primavera. *14* de fuente o manantial : ~ *water*, agua de manantial o de pie. *15* de muelle o muelles, elástico : ~ *back*, lomo flexible de los libros de contabilidad; ~ *coil*, resorte espiral; ~ *gun*, arma de fuego que se dispara cuando alguien pisa o toca un resorte unido a ella; ~ *latch* o *lock*, cerradura de golpe; ~ *mattress*, colchón de muelles. *16* ~ *tide*, marea viva, aguas vivas.

spring (to) *intr.* saltar, brincar; lanzarse, arrojarse, precipitarse, abalanzarse: *to* ~ *at*, abalanzarse a; *to* ~ *forth*, saltar o precipitarse fuera; *to* ~ *in*, precipitarse dentro; *to* ~ *on* o *upon*, arrojarse sobre, atacar; *to* ~ *to one's feet*, o *to* ~ *up*, levantarse de un salto. *2* salir o presentarse súbitamente. *3* surgir, brotar, manar [un líquido]. *4* dimanar, provenir. *5* nacer, brotar, crecer. *6* salir, emerger, aparecer, elevarse, levantarse, subir. | A menudo con *forth*, *out* o *up*. *7* ARQ. arrancar [un arco]. *8* ser elástico, moverse como por resorte. *9* torcerse, alabearse. *10* estallar [una mina]. *11* romperse, — *12 tr.* hacer saltar: *to* ~ *a horse*, hacer saltar un caballo; ponerlo al galope. *13* levantar [la caza]. *14* hacer brotar. *15* sacar, presentar, anunciar, dar [de sopetón]. *16* soltar un resorte; cerrar [lo que tiene resorte]; insertar, encajar [una cosa] forzándola o haciendo muelle. *17* poner muelles o resortes. *18* torcer, alabear. *19* forzar [un palo, una verga]. *20* romper, rajar. *21* hacer estallar [una mina]. *22* saltar [una valla, etc.]. *23* fam. (Ingl.) dar, gastar, ofrecer, pagar o sacar [dinero]. *24* emborrachar. *25* ALBAÑ. construir [un arco]. *26 to* ~ *a leak*, hacer agua [un barco]; empezar a gotear [un techo, una cañería]. ¶ CONJUG. pret.: *sprang* o *sprung*; p. p.: *sprung*.

springboard (spri·ŋgbo·'d) *s.* trampolín.

springbok (spri·ŋgboc) *s.* ZOOL. gacela del África del Sur.

springe (spriñ) *s.* lazo, trampa [para cazar].

springer (spri·ŋgø') *s.* saltador. *2* ojeador. *3* el que hace o ajusta muelles. *4* ARQ. imposta; sillar de arranque.

springhalt (spri·ŋgjolt) *s.* VET. cojera de caballo.

springiness (spri·ŋguinis) *s.* resorte, elasticidad.

springtide (spri·ŋgtaid) *s.* primavera [estación].

springy (spri·ŋgøl) *adj.* elástico. *2* abundante en fuentes o manantiales. *3* mojado, húmedo.

sprinkle (spri·ncøl) *s.* rociada; líquido u otra cosa esparcida en gotas, partículas, etc. *2* pizca, poco. *3* llovizna.

sprinkle (to) *tr.* rociar, salpicar, regar, espolvorear, asperjar. *2* esparcir, desparramar. *3* fam. bautizar por aspersión. *4* limpiar, purificar. — *5 impers.* lloviznar.

sprinkler (spri·nklø') *s.* rociador, regador. *2* regadera, carro o aparato para regar.

sprinkling (spri·nkliŋ) *s.* rociadura, aspersión. *2* pequeña cantidad que cae o se vierte en gotas o partículas; unas gotas, un poco. *3* pequeño número de pers. o cosas dispersas. — *4 adj.* de rociar, de riego.

sprint (sprint) *s.* carrera corta y rápida. *2* corto período de esfuerzo o trabajo intenso. *3* DEP. ~ *race*, carrera de recorrido corto en que hay que poner todo el esfuerzo desde el primer momento.

sprint (to) *intr.* correr a toda velocidad, esp. por un corto espacio.

sprinter (spri·ntø') *s.* DEP. corredor veloz, esp. en carreras cortas o en la parte final de una carrera.

sprit (sprit) *s.* MAR. verga de vela de abanico.

sprite (sprait) *s.* duende, elfo, trasgo.

spritsail (spri·tseil) *s.* MAR. vela de abanico. *2* MAR. cebadera.

sprocket (spra·kit) *s.* MEC. diente que engrana con una cadena. — *2 adj.* ~ *gear*, engranaje de rueda y cadena; ~ *wheel*, rueda que engrana con una cadena.

sprout (spraut) *s.* retoño, renuevo, vástago, brote, grillo. *2* vástago, descendiente. *3 pl. sprouts* o *Brussels sprouts*, coles de Bruselas.

sprout (to) *intr.* germinar, brotar, retoñar, grillarse, entallecer [de una cosa]. *2* echar renuevos. *3* crecer de prisa. — *4 tr.* hacer germinar o brotar. *5* quitar los grillos o brotes.

spruce (sprus) *adj.* pulcro, atildado, pulido, elegante, peripuesto. *2* remilgado. — *3* BOT. picea, abeto del Norte, abeto falso o rojo: ~ *fir*, pinabete.

spruce (to) *tr.* asear, componer, vestir con elegancia. | Gralte. con *up*.

sprucely (spru·sli) *adv.* pulcramente, atildadamente, elegantemente.

spruceness (spru·snis) *s.* pulcritud, atildamiento, elegancia.

sprue (spru) *s.* FUND. mazarota. *2* FUND. bebedero de un molde.

sprung (sprøŋg) *pret. y p. p.* de TO SPRING. — *2 adj.* roto, consentido. *3* provisto de muelles o resortes.

spry (sprai) *adj.* vivo, listo, ágil, activo, vigoroso.

spud (spød) *s.* laya larga y estrecha. *2* cuchillo para rascar la cera. *3* cosa corta y gruesa. *4* CIR. limpiaojos. *5* fam. patata. *6 pl.* pop. dinero.

spuddy (spiu·di) *adj.* regordete.

spue (spiu) *tr.* e *intr.* TO SPEW.

spume (spium) *s.* espuma. *2* espumarajo.

spume (to) *intr.* espumar, espumear. — *2 tr.* echar [como si fuera espuma].

spumescence (spiume·søns) *s.* calidad de espumoso.

spumescent (spiume·sønt) *adj.* espumeante. *2* parecido a la espuma.

spumous (spiu·møs) *adj.* espumoso, espumajoso.

spumy (spiu·mi) *adj.* cubierto de espuma, espumoso.

spun (spøn) *pret. y p. p.* de TO SPIN. — *2 adj.* hilado: ~ *glass*, vidrio hilado; cristal hilado; ~ *yarn*, MAR. meollar.

spun-out *adj.* prolongado, prolijo.

spunk (spønc) *s.* fam. coraje, valor, denuedo. *2* yesca. *3* fam. destello, chispa.

spunkier (spø·nkiø') *adj. comp.* de SPUNKY.

spunkiest (spø·nkiist) *adj. superl.* de SPUNKY.

spunky (spø·nki) *adj.* vivo, pronto. *2* valiente. *3* irritable, susceptible.

spur (spø') *s.* espuela: *to win one's spurs*, alcanzar distinción, hacerse un nombre. *2* aguijón, estímulo, acicate: *on the* ~ *of the moment*, impulsivamente, sin reflexionar. *3* espolón [de gallo]. *4* espolón, malecón. *5* espolón, estribación [de montaña]. *6* uña puntiaguda. *7* pincho. *8* gancho [de árbol]. *9* BOT. prolongación en punta del cáliz de ciertas flores. *10* cornezuelo [del centeno]. *11* MAR. escora [puntal]. *12* ARQ. riostra. — *13 adj.* ~ *gear*, ~ *gear wheel*, MEC. rueda dentada cilíndrica; ~ *stone*, guardacantón; ~ *timber*, MIN. ademe; ~ *track*, apartadero, vía muerta.

spur (to) *tr.* espolear, picar. *2* aguijar, estimular, incitar, impeler: *to* ~ *on*, animar, incitar a continuar, a seguir adelante. *3* poner o calzar espuelas. *4* desgarrar con espuela o espolón. — *5 intr.* picar espuelas, correr, apresurarse; seguir adelante. ¶ CONJUG. pret. y p. p.: *spurred*; ger.: *spurring*.

spurgall (spø·'gol) *s.* espoleadura.

spurgall (to) *tr.* herir con la espuela.

spurge (spø·'y) *s.* BOT. euforbio; lechetrezna, titímalo; tártago. *2* ~ *daphne*, lauréola hembra. *3* ~ *flax*, torvisco. *4* ~ *laurel*, adelfilla; lauréola hembra.

spurious (spiu·riøs) *adj.* espurio. *2* BOT. falso, aparente.

spuriously (spiu·riøsli) *adv.* de un modo espurio, falsamente.

spuriousness (spiu·riøsnis) *s.* condición de espurio; falsedad, adulteración; bastardía.

spurn (spø·'n) *s.* coz, puntapié. *2* desprecio; trato despreciativo.

spurn (to) *tr.* rechazar con desprecio, desdeñar, despreciar. *2* rechazar o echar a puntapiés.

spurnwater (spø·'wøtø') *s.* MAR. guardaaguas.

spurred (spø·'d) *adj.* con espuelas o espolones. *2* atacado por el cornezuelo [centeno].

spurrer (spø·rø') *s.* espoleador.

spurrier (spø·riø') *s.* el que hace espuelas.

spurry (spø·ri) *adj.* en forma de espuela o espolón. — *2 s.* BOT. espérgula.

spurt (spø·'t) *s.* chorretada, borbotón. *2* explosión, estallido [de una pasión]. *3* esfuerzo supremo. *4* súbito aumento de actividad, alza de precios, etc. *5* período, momento.

spurt (to) *intr.* salir en chorro; brotar, surgir. *2* estallar [una pasión]. — *3 tr.* arrojar en chorro. *4* espurriar.

sputter (spø·tø') *s.* rociada, esp. de saliva. *2* chisporroteo. *3* farfulla, barbulla.

sputter (to) *intr.* echar saliva al hablar. *2* chisporrotear. *3* farfullar, barbullar. — *4 tr.* despedir [gotas o partículas]. *5* decir farfullando.

sputterer (spø·tørø') *s.* el que echa saliva al hablar. *2* farfullador. *3* cosa que chisporrotea.

sputum (spiu·tøm) *pl.* **sputa** *s.* MED. esputo.

spy (spai) s. espía, espión. 2 espionaje, acecho, atisbo, observación, exploración.
spy (to) tr. espiar; acechar, atisbar. | A menudo con out. 2 observar, descubrir. 3 divisar, columbrar. 4 explorar, reconocer [un terreno]. — 5 intr. to ~ on o upon, espiar [a uno]. ¶ CONJUG. pret. y p. p. : spied.
spyboat (spai·bout) s. MAR. buque de reconocimiento.
spyglass (spai·glæs) s. catalejo, anteojo de larga vista.
spyhole (spai·joul) s. atisbadero.
squab (scuab) adj. regordete, rechoncho. 2 implume, recién salido de la cáscara. — 3 s. persona rechoncha. 4 pichón implume, pichoncillo. 5 cojín, almohadón. 6 sofá, otomana. — 7 adv. de golpe; a plomo.
squabble (scua·bøl) s. disputa, riña, pelotera, trapatiesta.
squabble (to) intr. disputar, reñir. 2 IMPR. empastelarse. — 3 tr. IMPR. empastelar.
squabbler (scua·blø') s. reñidor, pendenciero.
squabby (scua·bi) adj. rechoncho.
squad (scuad) s. MIL. (EE. UU..) escuadra; (Ingl.) pelotón, piquete : awkward ~, pelotón de los torpes. 2 grupo, cuadrilla, equipo.
squadron (scua·drøn) s. MAR. escuadra. 2 MIL. flota aérea; división de una flota aérea. 3 MIL. escuadrón. 4 grupo de hombres en formación.
squadron (to) tr. MIL. disponer en escuadrones o cuadros. 2 disponer en formación.
squalid (scua·lid) adj. escuálido, sórdido, sucio. 2 pobre, miserable. 3 repulsivo.
squalidity (scuali·diti), **squalidness** (scua·lidnis) s. SQUALOR.
squall (scuol) s. racha, grupada, chubasco, turbonada. 2 fam. disputa, alboroto. 3 chillido.
squall (to) impers. hacer rachas, caer chubascos. — 2 intr. y tr. chillar.
squaller (scuo·lø') s. chillador, chillón.
squally (scuo·li) adj. borrascoso.
squaloid (scua·loid) adj. ICT. escuálido.
squalor (scua·lø') s. escualidez, escualor, suciedad, sordidez, miseria.
squama (scuei·ma), pl. **-mæ** (-mi) s. BOT. y ZOOL. escama, escamilla.
squamate (scuei·meit) adj. escamoso, con escamas.
squamose (scuei·mdus), **squamous** (scuei·møs) adj. escamoso, lamelar.
squander (to) (scua·ndø') tr. derrochar, despilfarrar, malbaratar, malgastar, disipar.
squanderer (scua·ndørø') s. derrochador, despilfarrador, malgastador, manirroto, pródigo.
square (scue·') adj. cuadrado, cuadrangular. 2 en ángulo recto, a escuadra; escuadrado. 3 cuadrado [medida]; en cuadro : ~ measure, medida cuadrada o de superficie : two ~ feet, dos pies cuadrados; two feet ~, dos pies en cuadro. 4 MAT. cuadrada [raíz]. 5 ancho de espaldas, rehecho, fornido. 6 perfecto, exacto, justo. 7 leal, recto, honrado, equitativo : ~ dealing, honradez, buena fe; ~ all round, justo e imparcial para todos. 8 saldado, en paz : to be o get ~ with, estar en paz con; desquitarse. 9 igualados, empatados. 10 abundante, en regla [comida]. 11 rotundo, categórico, absoluto. 12 regular, suave [paso del caballo]. 13 MÚS. de ritmo regular. 14 MAR de cruz : ~ sail, vela de cruz o redonda; treo. 15 ~ bracket, IMPR. claudátor, paréntesis angular. 16 ~ dance, cuadrilla [baile]. 17 ~ iron, hierro cuadradillo. — 18 adv. honradamente. 19 de cara. 20 directamente. — 23 s. GEOM. cuadrado, cuadro. 24 MAT. cuadrado. 25 casilla, escaque. 26 cristal [de ventana]. 27 plaza [espacio abierto]. 28 manzana [de casas], *cuadra. 29 escuadra, cartabón. 30 ARQ. moldura cuadrada. 31 MIL. cuadro [formación]. 32 honradez, buena fe. 33 ~ of the circle, cuadratura del círculo. 34 by the ~, exactamente. 35 on the ~, a escuadra; honradamente, de buena fe; en condiciones de igualdad. 36 out of ~, fuera de escuadra; incorrectamente; irregular, desordenado.
square (to) tr. cuadrar [dar figura de cuadro]. 2 MAT. cuadrar [elevar al cuadrado]. 3 GEOM. cuadrar [una figura]. 4 escuadrar. 5 cuadrar, cuadricular. 6 medir en unidades cuadradas. 7 poner en ángulo recto : to ~ one's shoulders, enderezar los hombros, cuadrarse. 8 poner en

posición. 9 ajustar, saldar [cuentas]. 10 justificar : to ~ oneself, justificarse, sincerarse. 11 amoldar, ajustar, arreglar, regular. 12 pop. sobornar. 13 MAR. to ~ away, bracear a la cuadra; to ~ the yards, poner las vergas en cruz. 14 to ~ up, enderezar. — 15 intr. concordar, conformarse [una cosa con otra]. 16 equivaler a un cuadrado de cierto lado. 17 fam. pagar la cuenta. 18 fam. tomar una actitud pugilística. | Gralte. con off o up. 19 to ~ up, saldar cuentas, pagar; encararse con uno.
squared (scue·'d) adj. cuadrado. 2 escuadrado. 3 cuadriculado. 4 MAT. elevado al cuadrado.
squarely (scue·'li) adv. en cuadro, a escuadra. 2 honradamente, equitativamente; de buena fe. 3 firmemente. 4 derecho; de frente. 5 de lleno.
squareness (scue·'nis) s. forma cuadrada; en ángulo recto. 2 buena fe, equidad. 3 firmeza.
square-rigged adj. MAR. con aparejo de cruz.
square-toed (-tòud) adj. de punta ancha y corta [pie, zapato]. 2 fig. de ideas anticuadas.
squaring (scue·ring) s. acción de cuadrar; de escuadrar, de cuadricular. 2 cuadratura. 3 escuadreo. 4 ajuste, saldo, nivelación. 5 pendencia.
squarrose (scua·rous), **squarrous** (scua·røs) adj. H. NAT. áspero, escamoso.
squash (scua·sh) s. calabaza del gén. Cucurbita: winter ~, cidra cayote. 2 cosa blanda o inmatura. 3 pulpa, cosa machacada. 4 caída o golpe de un cuerpo blando y pesado. 5 ruido de andar sobre el fango. 6 apretura [de gente]. 7 fam. reunión muy concurrida. 8 cierto juego de pelota. 9 bebida con zumo de fruta : lemon ~, limonada.
squash (to) tr. aplastar, estrujar, machacar, despachurrar. 2 aplastar, sofocar, desconcertar. — 3 intr. caer pesadamente, aplastarse, despachurrarse. 4 apretarse, estrujarse.
squashy (scua·shi) adj. blando y húmedo. 2 aplastado; fácil de aplastar.
squat (scuat) adj. sentado en cuclillas, agachado. 2 rechoncho, achaparrado. — 3 s. postura del que está en cuclillas o agachado.
squat (to) intr. sentarse en cuclillas. 2 agacharse, acurrucarse, ...lebrarse. 3 establecerse como colonizador en tierras baldías o del Estado, sin título para ello; o bien (EE. UU. y Austr.) hacerlo legalmente para adquirir título de propietario.
squatter (scua·tø') s. colonizador intruso. 2 (EE. UU. y Austr.) el que se establece en tierras del Estado y las cultiva para adquirir título de propietario. 3 (Austr.) criador importante de ganado lanar.
squatty (scua·ti) adj. regordete, rechoncho.
squaw (scuo) s. india norteamericana [mujer, esposa, muchacha]. 2 ~ man, hombre blanco casado con una india norteamericana.
squawk (scuoc) s. graznido, chillido. 2 queja.
squawk (to) intr. graznar, chillar. 2 quejarse a gritos.
squeak (scur·c) s. chillido, chirrido, rechinido. 2 to have a narrow o close ~, escapar en una tabla, escapar o salvarse por un pelo.
squeak (to) intr. chillar, chirriar, rechinar. 2 hablar, cantar [confesar lo secreto, delatar].
squeaker (scur·kø') s. chillador. 2 lechón, gorrino.
squeal (scur·l) s. chillido, grito agudo. 2 fam. acto de hablar [traicionar un secreto], delación.
squeal (to) intr. chillar, lanzar gritos agudos. 2 fam. hablar [traicionar un secreto]; delatar a un cómplice.
squealer (scur·lø') s. chillador. 2 pichón. 3 nombre de varias aves. 4 fam. traidor, delator.
squeamish (scur·mish) adj. delicado, escrupuloso, remilgado, difícil, descontentadizo. 2 de estómago delicado, propenso a la náusea.
squeamishly (scur·mishli) adv. de una manera difícil, descontentadiza; con remilgo. 2 con náuseas.
squeamishness (scur·mishnis) s. carácter difícil, descontentadizo. 2 escrúpulo, remilgo. 3 tendencia a la náusea.
squeegee (scur·yi) s. rodillo o escobilla de goma para restregar y secar superficies mojadas.
squeeegee (to) tr. restregar con SQUEEGEE.
squeeze (scui·s) s. apretón, estrujón, apretujón, abrazo estrecho. 2 compresión, apretadura. 3 apretura. 4 fam. reunión concurrida. 5 jugo exprimido. 6 facsímil obtenido por presión sobre

materia plástica. 7 presión [para obligar a hacer algo] : *to put the* ~ *on*, apretar los tornillos a. 8 fam. *tight* ~, aprieto, apuro, brete.
squeeze (to) *tr.* apretar, comprimir. 2 estrujar, apretujar, prensar. 3 exprimir. 4 oprimir, agobiar, esp. con impuestos; sacar el jugo [a uno]. 5 sacar, obtener por presión. 6 obligar, estrechar. 7 *to* ~ *his way*, abrirse paso entre apreturas. 8 *to* ~ *in*, hacer entrar apretando. 9 *to* ~ *out*, hacer salir apretando; exprimir. 10 *to* ~ *through*, hacer pasar o atravesar apretando. — 11 *intr.* entrar, salir, pasar apretando o entre apreturas. | Con *in*, *into*, *out* o *through*.
squeezer (scur·šø') *s.* el que exprime. 2 lo que sirve para prensar o exprimir; exprimidera; prensacorchos. 3 METAL. *rotary* ~, forja giratoria.
squeezing (scur·šing) *s.* estrujón. 2 *pl.* jugo, etc., exprimido.
squelch (scuelch) *s.* aplastamiento, despachurro. 2 sonido que se produce al andar sobre el agua o el fango. 3 SQUELCHER [respuesta].
squelch (to) *tr.* aplastar, despachurrar. 2 hacer callar, desconcertar. 3 sofocar, acabar con. — 4 *intr.* ser vencido o desconcertado. 5 andar chapoteando sobre el agua o el fango.
squelcher (scue·lchø') *s.* persona o respuesta que hace callar o desconcierta.
squib (scuib) *s.* PIROT. carretilla, petardo; petardo que da higa. 2 escrito u observación sarcástica; pulla, sátira.
squib (to) *intr.* tirar carretillas o petardos. 2 sonar como un tiro. — 3 *intr.* y *tr.* escribir sátiras o sarcasmos; atacar con ellos. ¶ CONJUG. pret. y part.: *squibbed*; ger.: *squibbing*.
squid (scuid) *s.* ZOOL. calamar. 2 cebo artificial [para pescar].
squiffer (scui·fø') *s.* (Ingl.) pop. concertina.
squiffy (scui·fi) *adj.* pop. borracho.
squilgee (scui·lȳi) *s.* SQUEEGEE.
squilgee (to) *tr.* TO SQUEEGEE.
squill (scuil) *s.* BOT. escila, esquila, cebolla albarrana. 2 ZOOL. esquila, quisquilla, camarón.
squinch (scuinch) *s.* ARQ. pechina; arco en un ángulo.
squint (scuint) *s.* estrabismo; mirada bizca. 2 mirada de soslayo o furtiva. 3 desviación de lo corriente. 4 inclinación, tendencia. — 5 *adj.* estrábico [ojo]. 6 que mira de soslayo. 7 oblicuo. 8 indirecto.
squint (to) *intr.* bizcar. 2 mirar de soslayo o de través. 3 desviarse, inclinarse, tender. — 4 *tr.* torcer [la mirada]. 5 entornar [los ojos]. 6 mirar con un ojo entornado. 7 dirigir oblicuamente.
squint-eyed (-aid) *adj.* bizco, bisojo, estrábico. 2 desconfiado, avieso, que mira atravesado.
squinting (scui·nting) *s.* MED. estrabismo. — 2 *adj.* bizco, atravesado.
squire (scuai') *s.* escudero. 2 (Ingl.) hacendado, esp. el más importante de una localidad. 3 juez de paz. 4 fam. caballero [de una dama].
squire (to) *tr.* escoltar, acompañar [esp. a una dama].
squirehood (scuai·'jud) *s.* condición de SQUIRE.
squirm (scuø'm) *s.* retorcimiento, serpenteo.
squirm (to) *intr.* retorcerse, serpear, serpentear : *to* ~ *out of a difficulty*, salir con trabajo de un aprieto.
squirrel (scuø·rel) *s.* ZOOL. ardilla.
squirt (scuø't) *s.* chorretada, chisguete. 2 jeringazo. 3 jeringa. 4 estallido oratorio. 5 fam. jovenzuelo presuntuoso. — 6 *adj.* ~ *gun*, especie de jeringa de juguete.
squirt (to) *tr.* lanzar en chorrito. 2 jeringar. 3 rociar. — 4 *intr.* salir en chorro o como un chorro.
squirter (scuø·'tø') *s.* el que jeringa.
squirting (scuø·'ting) *adj.* que mana, jeringa, rocía, etc. : ~ *cucumber*, BOT. cohombrillo amargo, pepino del diablo.
stab (stæb) *s.* puñalada, estocada, cuchillada, pinchazo, golpe de punta.
stab (to) *tr.* e *intr.* herir, con arma blanca, apuñalar, pinchar. — 2 *tr.* clavar [un puñal, etc.].
stabber (stæ·bø') *s.* el que hiere con arma blanca; apuñalador.
stability (stabi·liti) *s.* estabilidad. 2 firmeza [de carácter, propósito, etc] ; constancia. 3 cosa estable.

stabilize (to) (stei·bilaiš) *tr.* estabilizar.
stabilizer (stei·bilaišø') *s.* estabilizador.
stable (stei·bøl) *adj.* estable. 2 sólido, firme. 3 constante, inmutable. — 4 *s.* establo, cuadra, caballeriza. 5 cuadra [de caballos de carreras].
stable (to) *tr.* poner o tener en el establo. — 2 *intr.* estar en el establo.
stableboy (stei·bølboi), **stableman** (stei·bølmæn) *s.* mozo de cuadra.
stableness (stei·bølnis) *s.* estabilidad.
stabling (stei·bling) *s.* guarda de caballos en un edificio; el edificio mismo.
stack (stæc) *s.* almiar. 2 pila, montón, rimero, hacina. 3 pabellón [de fusiles]. 4 chimenea [que sobresale de un edificio]. 5 cuba [de alto horno]. 6 montón, gran cantidad.
stack (to) *tr.* apilar, amontonar, hacinar. 2 poner [los fusiles] en pabellón.
stactometer (stacta·mitø') *s.* tubo cuentagotas.
stadholder (sta·tjoldø') *s.* STADTHOLDER.
stadia (stei·dia) *pl.* de STADIUM. — 2 *s. sing.* TOP. teodolito, taquímetro, etc. — 3 *adj.* taquimétrico : ~ *rod*, mira taquimétrica; ~ *hair* o *wire*, hilos taquimétricos.
stadium (stei·diøm) *s.* estadio.
stadtholder (stæ·tjouldø') *s.* estatúder.
staff (stæf), *pl.* **staves** (steivs) o **staffs** *s.* palo, pértiga, vara, barra. 2 báculo, bordón; báculo pastoral. 3 fig. báculo, sostén. 4 garrote, porra. 5 vara, bastón de mando. 6 asta [de bandera, lanza, etc.] ; por ext. lanza. 7 ALBAÑ. regla de medir. 8 TOP. mira, jalón. 9 CIR. guía, sonda acanalada. 10 MIL. estado mayor, plana mayor. 11 cuarto militar. 12 grupo de personas que ayudan a la dirección o participan en las funciones de una institución, establecimiento, etc.; personal, personal técnico o directivo, cuadro : ~ *of a newspaper*, redacción de un periódico; ~ *teaching* ~, cuadro de profesores. 13 MÚS. pentagrama. 14 material para la construcción hecho de yeso mezclado con cemento, fibra, etc. — 15 *adj.* de estado mayor, : ~ *officer*, oficial de estado mayor. 16 BOT. ~ *tree*, celastro.
staff (to) *tr.* proveer de personal técnico, o directivo.
stag (stæg) *s.* ZOOL. ciervo, venado. 2 macho de otros animales 3 toro castrado. 4 el que se suscribe una emisión de valores para negociar con ellos. 5 hombre que va solo a una reunión o fiesta. 6 pop. confidente, delator. — 7 *adj.* ENTOM. ~ *bettle*, ciervo volante. 8 fam. ~ *party*, ~ *dinner*, reunión o comida de hombres solos.
stage (stei·ȳ) *s.* TEAT. escenario, escena, tablas. 2 teatro [arte, profesión] : *to go on the* ~, dedicarse al teatro, hacerse actor o actriz. 3 escena, teatro, campo [de actividades u operaciones]. 4 piso, alto [de un edificio] : *the first* ~, el primer piso. 5 tablado, plataforma, andamio. 6 anaquel. 7 parada [de diligencia] ; casa de postas. 8 diligencia [coche], ómnibus. 9 etapa, jornada : *by easy stages*, por cortas etapas o jornadas; fig. por grados, gradualmente. 10 estadio, fase, estado, grado, etapa, período. 11 platina [del microscopio]. 12 RADIO. paso [de amplificación, etc.]. — 13 de escena, del escenario, escénico, teatral : ~ *box*, palco de proscenio : ~ *door*, puerta por donde entran los actores y los empleados del teatro; ~ *effect*, efecto escénico; efecto teatral; ~ *fright*, miedo al público, estado nervioso del que se presenta al público; ~ *manager*, director de escena; ~ *name*, nombre de teatro; ~ *whisper*, susurro en voz alta, destinado al oído de los espectadores. 14 de diligencia : ~ *driver*, mayoral de diligencia. 15 MICROSC. de la platina : ~ *micrometer*, micrómetro aplicado a la platina.
stage (to) *tr.* proveer de tablado. 2 exhibir al público. 3 poner en escena. 4 preparar, montar, organizar [algo] para que ocurra de un modo teatral.
stagecoach (stei·ȳcouch) *s.* diligencia [coche].
stagecraft (stei·ȳcræft) *s.* arte escénico. 2 arte del autor dramático.
stagehand (stei·ȳjænd) *s.* TEAT. tramoyista, metemuertos, metesillas.
stager (stei·ȳø') *s.* montador de tablados. 2 caballo de diligencia. 3 fig. *old* ~, persona de larga experiencia, veterano, perro viejo.

stage-struck *adj.* fascinado por el teatro, loco por el teatro.

staggard (stæ'ga'd) *s.* ciervo de cuatro años.

stagger (stæ'gø') *s.* tambaleo, vacilación.

stagger (to) *intr.* vacilar, tambalearse, temblar; hacer eses [al andar]. 2 vacilar, titubear, dudar, flaquear. — 3 *tr.* hacer vacilar. 4 causar vértigo. 5 asombrar, aturdir, asustar. 6 disponer alternadamente a uno y otro lado de una línea media. 7 escalonar [las horas de trabajo, etc.].

staggerer (stæ'gørø') *s.* golpe. 2 cosa que aturde o desconcierta; argumento o pregunta inesperada.

staggering (stæ'gøring) *adj.* vacilante. 2 que hace vacilar. 3 asombroso.

staggers (stæ'gø'̃s) *s.* VET. vértigo de los caballos.

staghound (stæ'gjaund) *s.* especie de sabueso grande.

staging (stei'ÿing) *s.* andamiaje. 2 tráfico en diligencias o coches de camino. 3 TEAT. puesta en escena.

Stagirite (stæ'ÿirait) *s.* estragirita.

stagnancy (stæ'gnansi) *s.* estancamiento, paralización [estado].

stagnant (stæ'gnant) *adj.* estancado, estantío. 2 paralizado.

stagnate (to) (stæ'gneit) *intr.* estancarse, detenerse, estar estancado; paralizarse.

stagnation (stægnei'shøn) *s.* estancamiento; detención, paralización.

stagnicolous (stægni'cøløs) *adj.* H. NAT. que habita en el agua estancada.

stagy (stei'ÿi) *adj.* teatral.

staid (steid) *adj.* grave, serio, formal, sentado, juicioso. 2 fijo, decidido.

staidly (stei'dli) *adv.* gravemente, juiciosamente.

staidness (stei'dnis) *s.* gravedad, seriedad, juicio.

stain (stein) *s.* mancha [de suciedad, pintura, etc.], mácula. 2 tinte, tintura [materia colorante]. 3 mancha, mancilla, borrón, deshonra.

stain (to) *tr.* manchar. 2 teñir; colorar: *stained glass*, vidrio de color. 3 mancillar, deshonrar. — 4 *intr.* manchar; mancharse.

stainer (stei'nø') *s.* el o lo que mancha o ensucia. 2 tintorero, pintor de papeles, etc. 3 *glass* ~, fabricante de vidrios de color.

stainless (stei'nlis) *adj.* limpio, inmaculado, sin mancha. 2 ~ *steel*, acero inoxidable.

stair (ste'̃) *s.* escalón, peldaño. 2 *pl.* escalera, tramo de escalera: *below stairs*, abajo, en el sótano o en la planta baja, en el departamento de la servidumbre. — 3 *adj.* de escalera: ~ *carpet*, alfombra de escalera; ~ *horse*, zanca de escalera; ~ *rod*, varilla para la alfombra de la escalera; ~ *well*, caja de escalera.

staircase (ste'̃keis) *s.* escalera [de edificio]; caja de escalera.

stairway (ste'̃æ'wei) *s.* escalera, paso en la escalera.

stake (steic) *s.* estaca, piquete, jalón, estaquilla; poste, pilote. 2 AGR. rodrigón. 3 telero. 4 hoguera [suplicio]. 5 tas, bigorneta. 6 apuesta, puesta [en el juego]. 7 premio [de una contienda]. 8 lo que está en juego o se arriesga en un asunto; interés: *to have a* ~ *in the futur of*, tener un interés en el porvenir de. 9 estado de lo que se arriesga o está en juego: *at* ~, en juego, comprometido, en peligro; *to have much at* ~, haber aventurado mucho, irle a uno mucho [en una cosa]. 10 ~ *boat*, bote anclado para marcar el trayecto en las regatas.

stake (to) *tr.* estacar [atar a una estaca]. 2 estacar [demarcar con piquetes o estacas]. | Con *off* u *out.* 3 rodrigar. 4 empalar. 5 apostar, aventurar, arriesgar, exponer: *to* ~ *(one's) all*, arriesgarlo todo, echar el resto, jugar el todo por el todo. 6 pop. financiar; dar o prestar dinero [a uno] para un negocio.

stalactic(al (stalæ'ctic(al) *adj.* estalactítico.

stalactite (stalæ'ctait) *s.* estalactita.

stalactitic(al (stælæcti'tic(al) *adj.* estalactítico.

stalagmite (stalæ'gmait) *s.* estalagmita.

stalagmitic(al (stalægmi'tic(al) *adj.* estalagmítico.

stale (steil) *adj.* pasado, evaporado, que ha perdido su fuerza, aroma o sabor. 2 viejo [pan]. 3 rancio [tocino, etc.]. 4 picado [vino]. 5 za-

patera [aceituna]. 6 gastado, trillado, socorrido, vulgar. 7 debilitado o invalidado por el desuso. 8 ~ *news*, noticia vieja, noticia sabida.

stale (to) *tr.* evaporar, hacer perder la fuerza, el aroma, el sabor; enranciar. 2 hacer que [algo] resulte gastado, trillado, vulgar. — 3 *intr.* perder la fuerza, el aroma, el sabor; enranciarse. 4 gastarse, perder la novedad.

stalemate (stei'lmeit) *s.* AJEDREZ tablas por rey ahogado. 2 fig. estancamiento, punto muerto.

stalemate (to) *tr.* AJEDREZ ahogar al rey [del adversario]. 2 estancar, paralizar.

staleness (stei'lnis) *s.* estado de lo pasado, evaporado o rancio. 2 condición de gastado, trillado.

stalk (stok) *s.* BOT. tallo, caña, troncho. 2 lo que se parece a un tallo: astil [de pluma]; pie [de copa]; chimenea, etc. 3 H. NAT. cabillo, pezón, pecíolo, pedúnculo. 4 paso majestuoso, altanero. 5 caza al acecho.

stalk (to) *tr.* andar majestuosamente, con arrogancia, taconear. 2 acercarse furtivamente a, espiar, acechar. 3 cazar, perseguir [la caza] al acecho, ocultándose.

stalking-horse (sto'king) *s.* bœzuelo, buey de cabestrillo. 2 máscara, capa, disfraz.

stall (stol) *s.* establo, cuadra. 2 pesebre. 3 compartimiento individual para un caballo, un buey, un automóvil, etc. 4 puesto, cajón, tabanco: *butcher's* ~, tabla de carnicero. 5 silla de coro. 6 banco de familia [en una iglesia]. 7 TEAT. luneta, butaca. 8 MIN. tajo de explotación. 9 AVIA. estado del aeroplano cuya velocidad ha disminuido hasta el punto de hacerlo ingobernable.

stall (to) *tr.* poner o tener en establo o cuadra. 2 poner, colocar, asignar un puesto a. 3 proveer de puestos, compartimientos, etc. 4 atascar, atollar. 5 parar, ahogar [un motor]. — 6 *intr.* estar en un establo. 7 atascarse, atollarse. 8 pararse, ahogarse [un motor]. 9 AVIA. perder velocidad [un aeroplano] hasta el punto de hacerse ingobernable.

stallage (sto'lidy) *s.* derecho de montar un puesto en una feria, etc.; alquiler que se paga por un puesto.

stall-fed *adj.* cebado o engordado en el establo.

stallion (stæ'liøn) *s.* caballo padre.

stalwart (sto'lua'̃) *adj.* fornido, forzudo. 2 valiente, resuelto. 3 leal, acérrimo. — 4 *s.* persona forzuda o valiente. 5 POL. partidario acérrimo.

stamen (stei'men) *s.* BOT. estambre.

stamina (stæ'mina) *s.* vitalidad, fibra, fuerza, vigor, resistencia.

staminal (stæ'minal) *adj.* BOT. de estambre o estambres. 2 vital; enérgico, vigoroso.

staminate (stæ'mineit) *adj.* BOT. estaminífero.

stamineous (stami'niøs) *adj.* STAMINAL.

stammer (stæ'mø') *s.* tartamudeo. 2 balbuceo, balbucencia.

stammer (to) *intr.* tartamudear. 2 balbucear, balbucir.

stammerer (stæ'mørø') *s.* tartamudo. 2 farfalloso.

stamp (stæmp) *s.* estampa, marca, huella, señal, impresión, sigilación. 2 sello, timbre [que se marca]; sello, póliza [que se pega]: *postage* ~, sello de correos. 3 sello [utensilio]. 4 estampilla. 5 cuño, troquel. 6 prensa [de imprimir]. 7 METAL. mazo de bocarte. 8 sello [carácter distintivo]. 9 carácter, género, suerte, calaña. 10 *pl.* pop. (EE. UU.) dinero, billetes. — 11 *adj.* de sello o timbre: ~ *act*, ley del timbre; ~ *duty* o *tax*, impuesto del timbre. 12 ~ *mill*, bocarte.

stamp (to) *tr.* estampar, imprimir, marcar, señalar, sellar. 2 distinguir, caracterizar. 3 sellar, timbrar, estampillar. 4 poner sello o póliza [a una carta, documento, etc.]. 5 estampar [en relieve]. 6 METAL. triturar, bocartear. 7 patear [golpear con los pies]; apisonar. 8 *to* ~ *one's foot*, patalear, dar patadas en el suelo. 9 *to* ~ *out*, apagar [pateando], sofocar, extirpar, borrar. — 10 *intr.* patear, patalear, piafar.

stampede (stæmpi'd) *s.* huida en desorden, en tropel, con pánico; *estampida. 2 éxodo repentino. 3 determinación repentina y unánime.

stampede (to) *intr.* huir o correr en desorden, en tropel, con pánico. 2 obrar súbitamente y por común impulso. — 3 *tr.* hacer huir o correr en desorden; asustar, dispersar.

stamper (stǽmpǿ') s. estampador. 2 impresor. 3 martinete; punzón, troquel. 4 trituradora, bocarte. 5 *pl.* pop. pies; zapatos.

stamping (stǽmping) s. selladura, timbrado. 2 estampación, impresión. 3 trituración. 4 pateo, pataleo. — 5 *adj.* ∼ *mill,* bocarte. 6 ∼ *grounds,* fam. lugar favorito, sitio frecuentado [por una persona].

stance (stæns) s. posición, postura. 2 GOLF. posición que se toma para golpear la pelota.

stanch (stanch) *adj.* estanco [que no hace aguas]. 2 fuerte, sólido, seguro. 3 firme, leal, constante, fiel.

stanch (to) *tr.* estancar, restañar. 2 contener, detener. — 3 *intr.* restañarse.

stanchion (stǽnshǿn) s. poste, puntal, montante, pie derecho. 2 MAR. candelero.

stanchion (to) *tr.* apuntalar, sostener.

stanchness (stǽnchnis) s. solidez, seguridad. 2 firmeza, constancia, lealtad, fidelidad.

stand (stænd) s. situación, posición, puesto, sitio. 2 parada, estación. 3 alto, parada, detención, pausa, término. 4 calma, estancamiento. 5 alto para defenderse o resistir : *to make a* ∼, detenerse y resistir; hacer frente; luchar. 6 tablado, tribuna, plataforma, andanada. 7 puesto [en un mercado, una exposición, etc.]; quiosco [de venta]. 8 lugar para los testigos en un tribunal : *to take the* ∼, declarar, deponer [en una vista]. 9 velador, estante, pie, soporte. 10 fig. base, fundamento : *to take one's* ∼ *on,* fundarse en; confiar en. 11 juego, equipo : ∼ *of arms,* armamento para un soldado.

stand (to) *intr.* estar o tenerse de pie o en pie. 2 ponerse en pie, levantarse; erguirse. 3 estar situado, hallarse. 4 tomar, tener [cierta posición o actitud]. 5 tener [cierta estatura o altura] : *to* ∼ *10 feet high,* tener 10 pies de alto. 6 estar, permanecer, quedarse. 7 durar, subsistir; continuar en vigor. 8 pararse, detenerse; estancarse, cesar. 9 vacilar, tener escrúpulo : *he will not* ∼ *at murder,* no vacilará ante el asesinato. 10 mantenerse firme, sostenerse, resistir. 11 cubrir [el sudor la frente]; asomarse [las lágrimas a los ojos]. 12 ser o servir [de padrino]. 13 salir [fiador]. 14 consistir. 15 ser compatible, conforme a : *it don't stands with honor,* no es compatible con el honor; *it stands to reason,* es razonable, es lógico. 16 presentarse [como candidato]. 17 descansar, estar sobre. 18 venir [de cierta dirección el viento]. 19 pop. costar [cierto precio]. 20 interesar, convenir. 21 parar [el perro]. 22 MAR. navegar [en cierta dirección], hacer rumbo. 23 *to* ∼ *alone,* estar solo, ser el único. 24 *to* ∼ *aloof,* mantenerse apartado, retraerse. 25 *to* ∼ *aside,* apartarse, mantenerse apartado. 26 *to* ∼ *at attention,* MIL. cuadrarse. 27 *to* ∼ *back,* retroceder, quedarse atrás. 28 *to* ∼ *back of,* ponerse detrás de, salir fiador de, respaldar a. 29 *to* ∼ *by,* estar o mantenerse cerca, estar presente, estar de mirón, quedarse allí; apoyar, defender, favorecer; atenerse a; MAR. estar o mantenerse listo; RADIO estar listo para la emisión o la recepción. 30 *to* ∼ *down,* pop. retirarse, dejar de tomar parte; insistir; MIL. salir de servicio. 31 *to* ∼ *fast,* no ceder, no cejar. 32 *to* ∼ *for,* representar, significar, simbolizar; estar en lugar de; estar por, sostener, apoyar; tolerar, aguantar; garantizar, salir fiador; pretender, presentarse como candidato u opositor a; MAR. hacer rumbo a. 33 *to* ∼ *forth,* adelantarse; salir, destacarse. 34 (EE. UU.) *to* ∼ *from under,* apartarse de lo que va a caer; retirar su apoyo a. 35 *to* ∼ *in,* costar, importar. 36 *to* ∼ *in (good) stead,* servir, ser útil. 37 *to* ∼ *in line,* hacer cola. 38 *to* ∼ *in need of,* necesitar, tener necesidad de. 39 *to* ∼ *in one's light,* quitarle la luz a uno. 40 MAR. *to* ∼ *inshore,* correr hacia la tierra. 41 *to* ∼ *in the way,* cerrar el paso, estorbar. 42 *to* ∼ *in with,* estar en buenas relaciones con, gozar del favor de. 43 *to* ∼ *off,* apartarse, mantenerse apartado, mantenerse a distancia. 44 MAR. *to* ∼ *off and on,* mantenerse cerca de la costa. 45 MAR. *to* ∼ *on,* continuar la ruta. 46 *to* ∼ *on o upon,* descansar, estar colocado sobre; depender de; insistir en; estar convencido de; interesar, concernir, tocar, incumbir. 47 *to* ∼ *on end,* ponerse de punta, erizarse [el pelo]. 48 *to* ∼ *on one's legs* o *feet,* man-

tenerse a sí mismo. 49 *to* ∼ *on tiptoe,* ponerse de puntillas. 50 *to* ∼ *out,* salir, sobresalir; resaltar, destacarse; persistir, mantenerse firme; resistir, durar; MAR. alejarse de tierra. 51 *to* ∼ *out of the way,* estar o hacerse a un lado, quitarse de en medio, no estorbar. 52 fam. *to* ∼ *pat,* mantenerse en sus trece, plantarse; oponerse a todo cambio. 53 *to* ∼ *still,* estarse quieto, no moverse, estancarse. 54 *to* ∼ *to,* aplicarse a, darle a; estar pronto, alerta; sostener [una causa, etc.]. 55 *to* ∼ *to one's guns, colo(u)rs,* etc., mantener sus posiciones, mantenerse en sus trece. 56 *to* ∼ *to reason,* ser de razón; ser lógico, ser justo. 57 *to* ∼ *up,* estar derecho; levantarse, ponerse en pie; resistir, durar; oponerse; pop. convidar a. 58 *to* ∼ *up for,* defender, justificar; abogar por, sacar la cara por; sostener, apoyar. 59 *to* ∼ *up to,* afrontar con éxito; cumplir [una obligación, la palabra]. 60 *to* ∼ *upon ceremony,* gastar ceremonias, gastar cumplidos. 61 ∼ *and deliver,* la bolsa o la vida.

62 *tr.* poner derecho, poner de pie. 63 sufrir, tolerar, aguantar; someterse a, soportar. 64 resistir, hacer frente a. 65 atenerse a; mantener [la palabra]. 66 pagar, costear, convidar a : *to* ∼ *treat,* pagar una convidada. 67 *to* ∼ *a chance,* tener probabilidad. 68 *to* ∼ *against the wall,* fusilar. 69 *to* ∼ *fire,* aguantar el fuego del enemigo; resistir el calor. 70 *to* ∼ *off,* rechazar, tener a raya; rehusar, negarse a. 71 *to* ∼ *on end o upon one end,* poner de punta, erizar; asentar sobre un extremo. 72 *to* ∼ *one's ground,* resistir, defender uno su posición, mantenerse firme.

¶ CONJUG. pret. y p. p.: *stood.*

standard (stǽnda'd) s. norma, criterio, pauta, regla, tipo [establecidos por la autoridad, el uso]; nivel, medida, etc. [considerados como normales o requeridos para un fin] : ∼ *of living,* nivel de vida; norma de vida; *to be up to* ∼, satisfacer las condiciones requeridas. 2 modelo, dechado. 3 marco [de pesas y medidas]. 4 ley [de la moneda]. 5 patrón [monetario]. 6 grado, clase [en ciertas escuelas]. 7 base, pie, sostén, pedestal; poste, pie derecho. 8 candelero alto. 9 estandarte, enseña, pendón. — 10 *adj.* ajustado a norma o medida establecidas; de ley; normal, corriente : ∼ *candle,* FÍS. bujía normal o patrón; ∼ *clock,* reloj magistral; ∼ *gauge,* FERROC. ancho de vía normal; ∼ *gold,* oro de ley; ∼ *keyboard,* teclado universal [de máquina de escribir]; ∼ *meter,* metro patrón; ∼ *pitch,* MÚS. diapasón normal; ∼ *price,* precio regulador; ∼ *time,* hora oficial. 11 de valor permanente, clásico : ∼ *author,* autor clásico. 12 en forma de estandarte.

standard-bearer s. MIL. portaestandarte, abanderado. 2 jefe [de un movimiento].

standardization (stænda'dìse'shǿn) s. reducción a un tipo establecido; unificación.

standardize (to) (stǽndardaiš) *tr.* reducir a un tipo establecido, unificar, regularizar. 2 contrastar, graduar [según tipo o patrón].

stand-by s. persona que está al lado de uno en una necesidad; persona o cosa con quien se puede contar. 2 cosa que se tiene a mano o dispuesta.

standee (stændí·) s. fam. espectador sin asiento, que está de pie.

stander (stǽ ndǿ') s. persona que está de pie. 2 resalvo.

stand-in s. fam. influencia, aldabas. 2 situación de favor. 3 CINE., TEAT. doble, substituto.

standing (stǽnding) *adj.* derecho, en pie, de pie, erecto : ∼ *crop,* cosecha en pie, sin cortar. 2 para estar de pie : ∼ *room,* espacio [esp. en un teatro] donde se está de pie. 3 parado, estancado : ∼ *water,* agua estancada. 4 establecido, estable, fijo, permanente, duradero : ∼ *army,* ejército permanente; ∼ *color,* color fijo, permanente; ∼ *committee,* comisión permanente; ∼ *rigging,* MAR. jarcia muerta, aparejo fijo. 5 constante, duradero. 6 DER. vigente. 7 que tiene base o pie. — 8 s. posición del que está en pie. 9 alto, parada. 10 situación, sitio, lugar. 11 reputación, crédito; posición social. 12 antigüedad [en el servicio]. 13 duración : *of long* ∼, antiguo, que existe desde hace tiempo.

standish (stǽ ndish) s. escribanía.

stand-off s. reserva, frialdad, indiferencia, alejamiento. 2 empate, tablas. — 3 adj. reservado, retraído, indiferente.

stand-offish adj. retraído, reservado, indiferente, frío, huraño.

standpat (stæ'ndpæt) adj. y s. fam. (EE. UU.) conservador, opuesto a todo cambio, esp. en política aduanera.

standpatter (stæ'ndpætø') s. fam. (EE. UU.) conservador, persona que se opone a todo cambio, esp. en política aduanera.

standpattism (stæ'ndpætiŝm) s. fam. (EE. UU.) conservadurismo, oposición a todo cambio, esp. en política aduanera.

standpipe (stæ'ndpaip) s. tubo vertical de depósito o alimentación de agua.

standpoint (stæ'ndpoint) s. punto de vista.

standstill (stæ'ndstil) s. alto, parada, detención, estacionamiento. 2 pausa, descanso.

stand-up adj. derecho, vertical : ~ collar, cuello recto. 2 que se hace o se toma de pie. — 3 s. cosa derecha, erguida. 4 resistencia, aguante, duración.

stanhope (stæ'njoup) s. especie de birlocho de un solo asiento.

stank (stænc) pret. de TO STINK.

stannary (stæ'nari), pl. -ries (-riŝ) s. mina de estaño.

stannate (stæ'neit) s. QUÍM. estannato.

stannel (stæ'nel) s. ORNIT. cernícalo.

stannic (stæ'nic) adj. QUÍM. estánnico.

stanniferous (stæni'førøs) adj. estannífero.

stanza (stæ'nŝa) s. estancia, estrofa. 2 ARQ. estancia.

stapes (stei'piŝ), s. ANAT. estribo.

staphylococcus (stæfiloca'cøs) s. BACT. estafilococo.

staple (stei'pøl) s. armella, grapa. 2 grapa para sujetar papeles. 3 MIN. pozo secundario. 4 mercado, emporio de comercio. 5 fig. fuente, depósito, arsenal. 6 producción o artículo principal [de un país, un mercado, etc.]. 7 base, elemento principal; tema principal. 8 materia prima, en bruto. 9 fibra, hebra [de materia textil]. 10 mechón [de lana]. — 11 adj. corriente, de uso o consumo general. 12 principal, primero. 13 establecido, arraigado [comercio]. 14 que se produce o vende en gran escala, al por mayor.

staple (to) tr. sujetar con armella. 2 sujetar [papeles] con grapa; coser con alambre. 3 clasificar hebras textiles según su longitud.

stapled (stei'pøld) adj. de fibra o hebra : long-stapled, de fibra larga; short-stapled, de fibra corta.

stapler (stei'plø') s. clasificador de lanas. 2 tratante al por mayor. 3 máquina para coser papeles con grapa.

star (sta') s. ASTR. estrella, astro; Star of Bethlehem, estrella de Belén. 2 estrella [figura de estrella; asterisco; lunar blanco en la frente de un animal] : Stars and Stripes, estrellas y rayas, nombre de la bandera de los EE. UU. 3 placa, gran cruz. 4 estrella, hado, destino. 5 estrella [artista excepcional]. — 6 adj. principal, sobresaliente. 7 de estrella o estrellas, estrellado : ~ aniseed, anís estrellado; ~ apple, BOT. caimito; Star Chamber, antiguo tribunal de Inglaterra; ~ connection, ELECT. conexión en estrella; ~ dust, ASTR. nebulosa, cúmulo estelar; ~ shell, MIL. bomba luminosa; ~ shower, lluvia de estrellas; ~ thistle, BOT. cardo estrellado.

star (to) tr. sembrar, tachonar de estrellas u objetos brillantes; adornar con estrellas. 2 marcar con asterisco. 3 CINE., TEAT. presentar como estrella. — 4 intr. brillar, resplandecer. 5 romperse en forma de estrella. ¶ CONJUG. pret. y p. p. : starred; ger. : starring.

starblind (sta'blaind) adj. medio ciego.

starboard (sta'bo'd) s. MAR. estribor. — 2 adj. de estribor. — 3 adv. a estribor.

starch (sta'ch) s. almidón, fécula. 2 tiesura, empaque. 3 pop. (EE. UU.) energía, vigor, actividad.

starch (to) tr almidonar. 2 dar tiesura.

starched (sta'cht) adj. almidonado. 2 tieso, grave, entonado.

starch(ed)ness (sta'ch(id)nis) s. almidonamiento, tiesura.

starcher (sta'chø') s. almidonador. 2 cosa almidonada.

starchier (sta'chiø') adj. comp. de STARCHY.

starchiest (sta'chiist) adj. superl. de STARCHY.

starchiness (sta'chinis) s. STARCHEDNESS.

starchmaker (sta'chmeikø') s. almidonero.

starchy (sta'chi) adj. amiláceo, de almidón. 2 almidonado. 3 tieso, entonado.

stare (ste') s. mirada fija, persistente, de hito en hito; encaro.

stare (to) tr. e intr. mirar, clavar la vista; mirar de hito en hito; mirar fijamente [con miedo, asombro, curiosidad, descaro, etc.] : to ~ down o to ~ out of countenance, desconcertar o avergonzar mirando fijamente. 2 to ~ one in the face, estar ante los ojos; saltar a la vista, ser evidente. — 3 intr. ser muy visible, brillante o llamativo. 4 erizarse [el cabello].

starer (ste'rø') s. el que mira con insistencia. 2 pop. impertinentes; gemelos de teatro.

starfish (sta'fish) s. ZOOL. estrellamar, estrella de mar.

stargaze (to) (sta'gueiŝ) intr. observar las estrellas. 2 estar distraído. 3 soñar despierto.

stargazer (sta'gueiŝø') s. astrónomo. 2 astrólogo. 3 fig. distraído, soñador.

stargazing (sta'gueiŝing) s. observación de las estrellas. 2 distracción, ensueño.

staring (ste'ring) adj. que mira fijamente. 2 vivo, chillón, llamativo. 3 visible, evidente, que salta a la vista.

stark (sta'k) adj. tieso, rígido, yerto. 2 duro, violento. 3 severo, inflexible. 4 desnudo [sin adornos o superfluidades]. 5 desierto, desolado. 6 puro, absoluto : ~ nonsense, pura tontería; ~ madness, locura completa. — 7 adv. rígidamente. 8 duramente, severamente. 9 completamente, enteramente : ~ mad, loco de remate.

starkly (sta'cli) adv. STARK.

stark-naked adj. en cueros, en pelota, completamente desnudo.

starless (sta'lis) adj. sin estrellas.

starlet (sta'lit) s. estrellita.

starlight (sta'lait) s. luz de las estrellas. — 2 adj. iluminado por las estrellas. 3 estrellada [noche].

starlike (sta'laic) adj. estrellado [de figura de estrella]. 2 brillante, resplandeciente; ilustre.

starling (sta'ling) s. ORNIT. estornino. 2 refuerzo de pilotes en los pilares de un puente.

star-of-Bethlehem s. BOT. leche de gallina.

starred (sta'd) adj. estrellado, adornado con estrellas. 2 que tiene buena o mala estrella. 3 CINE., TEAT. presentado como estrella.

starriness (sta'rinis) s. calidad de estrellado, lleno de estrellas.

starrier (sta'riø') adj. comp. de STARRY.

starriest (sta'riist) adj. superl. de STARRY.

starry (sta'ri) adj. estrellado, lleno de estrellas, estelífero. 2 estelar, sidéreo. 3 brillante, resplandeciente. 4 estrellado [de forma de estrella]. 5 alto, hasta las estrellas.

star-shaped adj. estrellado, de figura de estrella.

star-spangled (spæ'ngøld) adj. estrellado, tachonado de estrellas : Star-Spangled Banner, bandera estrellada [de los Estados Unidos].

start (sta't) s. sobresalto, repullo, respingo, bote. 2 susto : to give a ~, dar un susto. 3 impulso, arranque, capricho, carrera, etc., repentinos. 4 período breve de actividad o esfuerzo intermitente, salto, empujón : by starts, a saltos, a empujones, a ratos. 5 incidente raro, sorprendente. 6 salida, marcha, partida; principio, comienzo : to make a fresh ~, volver a empezar; at the ~, upon the ~, al principio. 7 impulso inicial : to give a ~ to, poner en marcha; ayudar [a uno] a establecerse, a emprender un negocio. 8 ventaja, delantera : to get the ~ of, coger la delantera a.

start (to) intr. moverse súbita y rápidamente, saltar : to ~ aside, echarse a un lado. 2 sobresaltarse, estremecerse, dar un salto, un repullo, un respingo; to ~ back, dar un respingo; to ~ in one's sleep, despertarse sobresaltado. 3 salir o parecer que sale [como los ojos de sus órbitas]. 4 salir, partir, ponerse en marcha, arrancar, empezar una carrera : to ~ after, salir en busca de; to ~ for, salir para; to ~ from, salir o arrancar de; to ~ out on a trip, emprender una excursión, un viaje. 5 comenzar, principiar, ponerse : to ~ into song, ponerse a cantar; to ~ with, en primer lugar, para empezar. 6 aflojarse, soltarse; moverse [un diente]; salir de su sitio [un madero]; abrirse [una costura]. *7 to* ~ *off*, partir, ponerse en marcha. *8 to* ~ *up*, levantarse, ponerse derecho súbitamente; aparecer de pronto; crecer rápidamente; comenzar a funcionar. — *9 tr.* levantar [la caza], desemboscar, hacer salir. *10* poner en marcha, en movimiento, hacer funcionar; dar la salida o señal de partida a. *11* dar el primer impulso o ayuda a; poner en marcha [un negocio]; hacer [que uno empiece a]: *this started me coughing*, esto me hizo toser. *12* empezar, comenzar, originar, iniciar, abrir, entablar, suscitar: *to* ~ *a subject*, sacar un tema [en la conversación, la discusión]. *13* poner en circulación [un rumor]. *14* emprender, poner, establecer [un negocio, etc.]. *15* aflojar, soltar, desencajar. *16* inscribir [un caballo] en una carrera. *17* MAR. abrir, empezar [un barril]. *18 to* ~ *off*, dar principio a. *19 to* ~ *up*, poner en marcha.

starter (sta'tø') *s.* iniciador, el que comienza o sale. *2* lo que comienza, aquello con que se comienza: *for a* ~, para empezar. *3* MEC. mecanismo de puesta en marcha, arranque, motor de arranque. *4* juez de salida; el que da la salida [en una carrera]. *5* vigilante de parada [de autobuses, trolebuses, etc.].

starting (sta'ting) *s.* principio, comienzo, primer momento; arranque, puesta en marcha, partida, salida. *2* sobresalto. — *3 adj.* que inicia o comienza; de partida, de salida, de arranque: ~ *crank*, AUTO. manivela de arranque; ~ *point*, punto de partida; ~ *post*, poste o línea de partida.

startle (to) (sta'tøl) *tr.* asustar, sobresaltar, sorprender, alarmar. — *2 intr.* sobresaltarse, saltar, moverse súbitamente.

startling (sta'tling) *adj.* alarmador, que causa sobresalto. *2* sorprendente.

startlingly (sta'rtlingli) *adv.* con sobresalto o sorpresa.

starvation (sta'vei'shøn) *s.* hambre, inanición, miseria, necesidad. — *2 adj.* de hambre, de miseria: ~ *wages*, salarios de hambre.

starve (to) (sta'v) *intr.* morir de hambre. *2* padecer hambre, miseria, necesidad: *to* ~ *for*, sufrir por falta de. — *3 tr.* matar de hambre, hambrear: *to* ~ *oneself*, privarse de lo necesario para vivir; *to* ~ *out*, MIL. rendir por hambre.

starveling (sta'vling) *s.* persona o animal extenuados por el hambre. — *2 adj.* hambriento, famélico.

starver (sta'vø') *s.* el que se muere de hambre. *2* el que mata de hambre.

starving (sta'ving) *adj.* hambriento, famélico.

starwort (sta'wø't) *s.* BOT. álsine, pamplina.

stasis (stei'sis) *s.* MED. éxtasis.

state (steit) *s.* estado, situación, condición: *married* ~, estado matrimonial; *single* ~, celibato; ~ *of siege*, estado de sitio; *in* ~ *of* o *to*, en estado de. *2* FÍS. estado. *3* POL. estado: *state's evidence* (EE. UU.), cómplice que declara para librarse del castigo. *4* fausto, pompa, aparato, ceremonia: *in* ~, con aparato, de gran ceremonia; *to lie in* ~, estar expuesto en la cámara mortuoria. *5* majestad, dignidad. — *6 adj.* de estado, del estado, estatal, público, político: ~ *affairs*, negocios públicos; *State Department*, *State Secretary* (EE. UU.), ministerio o ministro de relaciones exteriores; *State house* (EE. UU.), edificio de una cámara legislativa; ~ *line*, frontera [entre estados]; ~ *prison*, prisión de estado; *State prison* (EE. UU.), penal, penitenciaria; ~ *secret*, secreto de Estado; ~ *socialism*, socialismo de estado. — *7* (EE. UU.) perteneciente a uno de los Estados Unidos. *8* de gala, de ceremonia: ~ *room*, salón de ceremonias, salón de recepción [en un palacio].

state (to) (steit) *tr.* exponer, enunciar, contar, relatar, declarar, manifestar, decir, expresar. *2* consignar [en un escrito]. *3* formular [un principio, ley, etc.]. *4* enunciar, plantear [un problema]. *5* fijar, determinar.

statecraft (steit'craft) *s.* gobierno, arte de gobernar.

stated (stei'tid) *adj.* establecido, regular, fijo, determinado.

stateliness (steit'lnis) *s.* majestad, grandeza, nobleza, dignidad, pompa, ceremonia.

stately (stei'tli) *adj.* majestuoso, imponente. *2* magnífico. *3* elevado, sublime. *4* digno, pomposo, ceremonioso. *5* altanero.

statement (stei'tmønt) *s.* declaración, manifestación, afirmación. *2* exposición, relación, resumen, relato, informe, memoria. *3* estado, relación, cuenta; estado de cuentas. *4* planteo, enunciado [de un problema, ley, etc.].

stateroom (stei'trum) *s.* MAR. camarote. *2* FERROC. departamento individual con cama.

statesman (stei'tsmæn), *pl.* **-men** (-men) *s.* estadista, hombre de estado, repúblico.

statesmanlike (stei'tsmænlaik) *adj.* propio de un estadista; que tiene las cualidades de un estadista.

statesmanship (stei'tsmænship) *s.* calidad de estadista. *2* STATECRAFT.

stateswoman (stei'tswumøn), *pl.* **-women** (-uimen) *s.* mujer con cualidades de estadista.

static (stæ'tic) *s.* RADIO parásito o parásitos atmosféricos.

static(al (stæ'ti(al) *adj.* estático.

statics (stæ'tics) *s.* FÍS. estática.

station (ste'shøn) *s.* estación [de tren, tranvía, de radiodifusión, meteorológica, etc.]. *2* parada, apeadero. *3* BIOL. estación [de una especie]. *4* REL. estación. *5* puesto [militar; de un servicio]: *police* ~, delegación de policía. *6* MAR. apostadero. *7* sitio, puesto, lugar señalado, situación. *8* condición o posición social. — *9 adj.* de estación, puesto, etc.: ~ *house*, FERROC. estación; cuartelillo de policía; caseta de salvamento en la costa; ~ *master*, FERROC. jefe de estación.

station (to) *tr.* estacionar, situar, colocar, apostar.

stationary (stei'shøneri) *adj.* estacionario. *2* fijo: ~ *engine*, máquina fija.

stationer (stei'shøng') *s.* librero; vendedor de objetos de escritorio.

stationery (stei'shøneri) *s.* papelería, objetos de escritorio.

statism (stei'tišm) *s.* estatismo.

statist (stei'tist) *s.* estadista [perito en estadística]. *2* partidario del estatismo.

statistic (stæti'stic) *adj.* estadístico. — *2 s.* estadística [conjunto de hechos].

statistical (stæti'stical) *adj.* estadístico.

statistician (stæti'stishan) *s.* estadista [perito en estadística].

statistics (stæti'stics), **statistology** (stætista'loyi) *s.* estadística [ciencia].

statocyst (stæ'tøsist) *s.* ZOOL. estatocisto.

statolith (stæ'tøliz) *s.* ZOOL. estatolito.

stator (stei'tø') *s.* ELECT. estator.

statuary (stæ'tiueri) *adj.* estatuario. — *2 s.* estatuario, escultor. *3* estatuaria.

statue (stæ'tiu) *s.* estatua, imagen.

statuesque (stæ'tiuesc) *adj.* estatuario. *2* escultural.

statuette (stætiue't) *s.* statuilla, figurilla.

stature (stæ'chø') *s.* estatura, talla. *2* alzada [del caballo].

status (stei'tøs) *s.* estado legal. *2* estado, condición.

statutable (sta'tiutabøl) *adj.* STATUTORY. *2* conforme a la ley.

statute (stæ'chut) *s.* ley, decreto, ordenanza. *2* estatuto, reglamento. — *3 adj.* de leyes, ordenanzas, etc.: ~ *book*, colección legislativa; ~ *law*, derecho positivo. *4* prescrito, de ordenanza, reglamentario. *5* ~ *mile*, milla ordinaria.

statutory (stæ'chutori) *adj.* estatuido, establecido por la ley, legal.

staunch (stonch) *adj.* STANCH.

stave (steiv) *s.* duela [de tonel]. *2* palo, garrote. *3* ARQ. tabla [de cimbra]. *4* travesaño [de escalera]. *5* LIT. estrofa. *6* MÚS. pentagrama.

stave (to) *tr.* poner duelas a. *2* reventar, desfondar, abrir boquete en. | Gralte. con *in*. *3* quebrantar, vencer la fuerza o la resistencia de. *4 to* ~ *off*, mantener a distancia, alejar; diferir; parar, evitar. — *5 intr.* romperse, desfondarse. ¶ CONJUG. pret. y p. p.: *staved* o *stove*.

staves (steivs) *s. pl.* de STAFF y de STAVE.

stavesacre (stei'všeikø') *s.* BOT. estafisagria.

stay (stei) *s.* MAR. estay. *2* tirante, viento, riostra, codal. *3* sostén, soporte, sustentáculo. *4* puntal, estribo, tentemozo, entibo. *5* ballena o varilla [de corsé]. *6* freno, impedimento, obstáculo. *7* alto, parada, detención. *8* suspensión, espera: *at a* ~, en suspenso, encalmado. *9* suspensión judicial de un embargo o ejecución. *10* estancia.

estada, quedada, permanencia. *11* mansión, morada. *12* estabilidad, duración. *13* resistencia, aguante. *14 pl.* corsé, cotilla.

stay (to) *tr.* asegurar con estayes, vientos, riostras, etc. *2* sostener, apoyar. *3* apuntalar, acodalar, entibar. *4* fundar, basar. *5* resistir, soportar. *6* detener, parar, contener, impedir, frenar, reprimir. *7* diferir, retardar, suspender, aplazar. *8* DER. suspender [un embargo o ejecución]. *9* esperar, aguardar. *10* sosegar, apaciguar. *11 to ~ the stomach,* matar o entretener el hambre. — *12 intr.* estar de pie. *13* estarse quieto, parar, pararse. *14* quedarse, permanecer : *to ~ away,* estar ausente, no volver ; *to ~ in,* quedarse en casa, no salir ; *to ~ out,* quedarse fuera ; *to ~ put,* estar fijo, no moverse ; *to ~ up,* velar, no acostarse. *15* tardar, detenerse. *16* hospedarse, residir ; pasar [cierto tiempo en un lugar]. *17* resistir [tener resistencia]. ¶ CONJUG. pret. y p. p.: *stayed* (ant. *staid*); ger.: *staying.*

stay-at-home *adj.* y *s.* díc. de la persona casera.

staysail (stei·seil) *s.* MAR. vela de estay.

stead (sted) *s.* [precedido de *in*] sitio, lugar, vez ; servicio, utilidad : *in his ~, en su lugar ; in ~ of,* en lugar de, en vez de ; *to stand in ~,* o *in good ~,* servir, ser útil.

steadfast (ste·dfæst) *adj.* firme, fijo, inmóvil. *2* constante, invariable. *3* firme, resuelto.

steadfastly (ste·dfæstli) *adv.* fijamente, firmemente. *2* con constancia, con resolución.

steadfastness (ste·dfæstnis) *s.* fijeza, estabilidad. *2* inmutabilidad, constancia. *3* firmeza, resolución.

steadier (ste·diø·) *s.* el o lo que sostiene, afirma, estabiliza o regulariza. — *2 adj. comp.* de STEADY.

steadiest (ste·diist) *adj. superl.* de STEADY.

steadily (ste·dili) *adv.* firmemente. *2* invariablemente, continuamente, sin interrupción, regularmente.

steadiness (ste·dinis) *s.* firmeza, seguridad, estabilidad. *2* constancia, persistencia, regularidad. *3* juicio, morigeración.

steady (ste·di) *adj.* firme, seguro. *2* estable, invariable, constante, continuo, regular, uniforme. *3* tranquilo, sereno. *4* grave, formal, juicioso, morigerado. — *5 interj.* ¡ seguido! ; ¡ calma!, ¡ con tiento!

steady (to) *tr.* afianzar, sostener, fijar, asegurar. *2* dar firmeza, dar resolución. *3* tranquilizar, serenar. *4* ajuiciar. *5* hacer continuo, seguido, regular. — *6 intr.* afianzarse. *7* tomar un paso regular. *8* sentar la cabeza. | Gralte. con *down.*

steak (stek) *s.* tajada [para asar o freir], bistec.

steal (stil) *s.* hurto, robo.

steal (to) *tr.* e *intr.* hurtar, robar. *2* plagiar. — *3 tr.* mover, introducir, hacer algo disimuladamente o furtivamente : *to ~ a look,* mirar disimuladamente. *4* apoderarse de, apartar, distraer, insensiblemente. *5 to ~ a march on* o *upon,* sorprender, ganar por la mano a. — *6 intr.* moverse, pasar, deslizarse, etc., furtiva o insensiblemente : *to ~ along,* pasar, deslizarse sin hacer ruido ; *to ~ away,* o *~ off,* marcharse, alejarse a hurtadillas, escabullirse ; *to ~ down, up, forth* u *out, in* o *into,* bajar, subir, salir, entrar o meterse furtivamente ; *to ~ over,* ganar o invadir insensiblemente ; *to ~ upon,* aproximarse sin ruido u ocultándose ; sorprender.

stealing (sti·ling) *s.* hurto, robo.

stealingly (sti·lingli) *adv.* furtivamente, ocultamente, secretamente.

stealth (stelz) *s.* disimulo, cautela, secreto : *by ~,* a hurtadillas, a escondidas, con cautela.

stealthiness (ste·lzinis) *s.* calidad de furtivo.

stealthy (ste·lzi) *adj.* furtivo, secreto, escondido, disimulado, subrepticio. *2* que obra furtivamente.

steam (stīm) *s.* vapor [esp. de agua] : *to blow off ~,* o *let off ~,* dejar escapar vapor, descargar vapor ; fig. desahogarse ; soltar la lengua ; *to get up ~,* dar presión ; *~ is on,* hay presión ; *with all ~,* a todo vapor. *2* vaho. *3* fig. vigor, fuerza, energía. *4* guiso hecho al vapor. *5* vapor [buque] : *to travel by ~,* viajar en vapor. *6* marina de vapor. — *7 adj.* de vapor : *~ boiler,* caldera de vapor ; *~ box, ~ chest,* caja o cámara de vapor ; *~ dome,* cúpula de la caldera de una locomotora ; *~ engine,* máquina de vapor ; *~ fitter,* montador de instalaciones de vapor ; *~ gauge,* manómetro ; *~ hammer,* martinete a

vapor ; *~ heat* o *heating,* calefacción por vapor ; *~ roller,* apisonadora ; fig. fuerza arrolladora ; fam. dictadura u opresión [de una junta, un partido, etc.] ; *~ shovel,* pala o máquina excavadora de vapor.

steam (to) *tr.* evaporar, convertir en vapor. *2* secar, preparar, cocer, al vapor. *3* dar vapor. *4* transportar por vapor. *5* saturar de vapor, empañar con vapor. — *6 intr.* emitir vaho o vapor, vahear. *7* generar vapor. *8* evaporarse. *9 to ~ ahead,* avanzar por medio del vapor ; fig. hacer grandes progresos. *10 to ~ away,* salir [la locomotora, el buque de vapor]. *11 to ~ up,* ponerse a presión ; fig. animarse ; fig. emborracharse.

steamboat (stī·mbout) *s.* vapor [buque], esp. el de río o de cabotaje.

steamer (stī·mø·) *s.* vapor [buque]. *2* máquina, locomotora, bomba, etc., de vapor. *3* generador de vapor. *4* marmita o recipiente para cocer o tratar por el vapor. — *5 adj.* de buque de vapor, de viaje por vapor : *~ rug,* manta de viaje ; *~ trunk,* baúl de camarote.

steaming (stī·ming) *adj.* humeante, que despide vapor o vaho. *2 ~ hot,* muy caliente o caluroso.

steamship (stī·mship) *s.* vapor [buque], esp. el de travesía.

steamtight (stī·mtait) *adj.* hermético, a prueba de vapor.

stearic (stiæ·ric) *adj.* esteárico.

stearin (stiari·n) *s.* QUÍM. estearina.

steatite (stī·atait) *s.* esteatita, jaboncillo de sastre.

steed (stīd) *s.* corcel, caballo brioso. *2* joc. rocín. *3* joc. bicicleta, motocicleta.

steel (stīl) *s.* acero [metal]. *2* acero [puñal, espada] ; instrumento de acero. *3* armadura [defensiva]. *4* afilón, chaira. *5* eslabón [para sacar chispa]. *4* (EE. UU. y Can.) raíl ; vía férrea. *7* dureza, rigor ; frialdad ; duración, resistencia. — *8 adj.* de acero ; siderúrgico ; que parece de acero ; en acero : *~ engraving,* grabado en acero ; *~ industry,* industria siderúrgica ; *~ mill,* acería, fábrica de acero ; *~ wool,* estropajo metálico. *9* acerado, fuerte, duro, insensible.

steel (to) *tr.* acerar. *2* cubrir o armar de acero. *3* endurecer, fortalecer, acorazar, hacer insensible o resuelto : *to ~ oneself against,* fortalecerse contra.

steel-clad *adj.* cubierto o revestido de acero.

steeliness (stī·linis) *s.* dureza de acero.

steelwork (stī·luø·c) *s.* obra de acero ; partes o elementos de acero.

steelworks (stī·luø·cs) *s. pl.* acería, fábrica de acero.

steely (stī·li) *adj.* acerado, acerino. *2* duro, fuerte, firme, inflexible.

steelyard (stī·lya·d) *s.* romana.

steep (stīp) *adj.* empinado, pendiente, escarpado, precipitoso. *2* alto, elevado. *3* fam. extremo, arduo ; exorbitante. *4* rápido, precipitado [caída, ruina, etc.]. — *5 s.* cuesta, precipicio, despeñadero. *6* empapamiento, maceración. *7* baño o líquido para empapar.

steep (to) *tr.* empapar, impregnar, remojar. *2* poner en infusión, macerar. — *3 intr.* estar en remojo.

steeper (stī·pø·) *s.* remojador, macerador. *2* baño o recipiente para remojar o macerar.

steeping (stī·ping) *s.* remojo, maceración. — *2 adj.* que sirve para remojar o macerar.

steeple (stī·pøl) *s.* aguja, capitel, campanario.

steeplechase (stī·pølcheis) *s.* DEP. carrera [de caballos] de obstáculos.

steeplejack (stī·pøljæc) *s.* el que hace reparaciones en campanarios, chimeneas y otros sitios elevados.

steepness (stī·pnis) *s.* calidad de empinado, escarpado, pendiente.

steepy (stī·pi) *adj.* poét. escarpado, precipitoso.

steer (sti·) *s.* novillo castrado, buey.

steer *tr.* gobernar [una embarcación] ; guiar, conducir, pilotar [un vehículo mecánico] ; un avión]. *2* fig. guiar, dirigir, gobernar : *to ~ one's way,* dirigir sus pasos. — *3 intr.* gobernar, obedecer al timón. *4* manejarse, dirigirse, conducirse. *5 to ~ clear of,* navegar a distancia prudente de ; fig. evitar.

steerage (sti·ridȳ) *s.* gobierno, dirección. *2* MAR. proa. *3* MAR. rancho de la gente ; departamento de tercera o de proa ; alojamiento de los guar-

dia marinas: ~ *passenger,* pasajero de tercera o de proa.
steerageway (sti·ridǰ'wei) *s.* marcha conveniente para que el buque gobierne bien.
steering (sti·ring) *s.* dirección, gobierno [esp. de un buque o automóvil]. — *2 adj.* de dirección o gobierno: ~ *column,* AUTO. columna de dirección; ~ *commitee,* comité director o de iniciativas; ~ *gear,* dirección [mecanismo de dirección]; ~ *wheel,* MAR. rueda del timón; AUTO. volante; rueda directriz [de bicicleta, etc.].
steersman (sti·'smæn), *pl.* **-men** (-men) *s.* piloto, timonel, timonero.
steeve (stiv) *s.* MAR. especie de grúa. *2* MAR. elevación angular del bauprés.
steeving (sti·ving) *s.* STEEVE 2.
stein (stain) *s.* pichel para cerveza.
steinbok (stei·nbac) *s.* ZOOL. antílope africano.
stele (stili) *s.* ARQUEOL. estela.
stellar (ste·la') *adj.* estelar, astral, sidéreo. *2* estrellado [de figura de estrella]. *3* fig. sobresaliente.
stellate (ste·lit) *adj.* estrellado, radiado.
stelliferous (steli·fø'øs) *adj.* estelífero.
stelliform (ste·lifo'm) *adj.* esteliforme.
stellionate (ste·liøneit) *s.* DER. estelionato.
stellular (ste·liula') *adj.* estrellado, radiado. *2* que tiene manchas estrelladas.
stem (stem) *s.* BOT. tallo, tronco, troncho; vástago; pezón, cabillo, pedúnculo, peciolo. *2* tronco [de una familia]. *3* raíz [de una palabra]. *4* racimo [de plátanos]. *5* CARP. espiga. *6* MEC. vástago. *7* pie [de copa]. *8* cañón [de pipa, de pluma]. *9* árbol [de reloj]. *10* palo [de letra]. *11* rabillo [de una nota musical]. *12* MAR. roda; proa: *from* ~ *to stern,* de proa a popa; de cabo a rabo.
stem (to) *tr.* desgranar, despalillar, quitar los pedúnculos a. *2* ponerlos postizos para hacer ramilletes. *3* estancar, represar. *4* contener, refrenar. *5* apretar, atacar [para tapar una juntura, empaquetar, etc.]. *6* MAR. embestir por la proa; navegar contra [la corriente]. *7* resistir, oponerse a. *8 to* ~ *oneself, to* ~ *one's limbs,* plantarse firmemente. — *9 intr.* provenir, derivar, nacer. *10* detenerse, contenerse. ¶ CONJUG. pret. y p. p.: *stemmed;* ger.: *stemming.*
stemless (ste·mlis) *adj.* BOT. acaule.
stempel, stemple (ste·mpøl) *s.* MIN. estemple, ademe. *2* travesaño.
stemson (ste·msøn) *s.* MAR. contrarroda.
stem-winder *s.* remontuar [reloj].
stench (stench) *s.* hedor, tufo, peste.
stencil (ste·nsil) *s.* estarcido. *2* patrón, color o tinta para estarcir.
stencil (to) *tr.* estarcir.
stencil(l)er (ste·nsilø') *s.* estarcidor.
stenocardia (stenoca·'dia) *s.* MED. estenocardia.
stenograph (ste·nogræf) *s.* escrito taquigráfico. *2* máquina para escribir en taquigrafía.
stenograph (to) *tr.* taquigrafiar.
stenographer (stena·grafø') *s.* estenógrafo, taquígrafo.
stenographic (stenogræ·fic) *adj.* estenográfico, taquigráfico.
stenography (stena·grafi) *s.* estenografía, taquigrafía.
stenosis (stenou·sis) *s.* MED. estenosis.
Stentor (ste·ntø') *s.* MIT. Esténtor. *2* fig. persona de voz muy fuerte.
stentorian (stentø·rian) *adj.* estentóreo.
step (step) *s.* paso [del que anda o baila; manera de andar; acción, conducta]: *to keep* ~ *with,* llevar el mismo paso que; *to turn one's steps,* enderezar uno sus pasos, dirigirse; *to watch one's* ~, mirar lo que se hace, andarse con tiento, proceder con cautela; *in* ~, llevando el [mismo] paso; de acuerdo; ELECT. en fase; *out of* ~, no llevando el [mismo] paso; en desacuerdo; ELECT. en discordancia de fase; ~ *by* ~, paso a paso. *2* paso [en la marcha o el progreso]. *3* escalón, peldaño; umbral. *4* estribo [de coche]. *5* grado [de una escala]. *6* MIL. empleo inmediato al de uno: *to get one's* ~, ascender. *7* contrahuella. *8* huella, pisada: fig. *in one's steps,* siguiendo las huellas, el ejemplo, de uno. *9* paso, diligencia, medida, disposición: *to take steps to,* dar pasos, tomar medidas, para. *10* RADIO paso, elemento. *11* MAR. carlinga. *12* MÚS. intervalo de segunda. *13* ARQ. resalto. *14* MEC. rangua, tejuelo. *15* diente [de llave]. *16 pl.* es-

calera de mano. *17* gradería, escalinata, escalones de acceso a la puerta de entrada.
step- pref. que denota cierto parentesco de afinidad: ~ *brother,* hermanastro.
step (to) *intr.* dar un paso o pasos, andar, caminar: *to* ~ *after,* seguir, andar detrás de; *to* ~ *aside,* hacerse a un lado, apartarse; *to* ~ *back,* dar un paso o pasos atrás, retroceder; *to* ~ *down,* bajar; *to* ~ *forth,* avanzar; *to* ~ *in,* entrar; intervenir; meterse; *to* ~ *out,* salir; ~ *over,* atravesar, pasar a la otra parte; *to* ~ *up,* subir; elevarse. *2* andar a con paso lento, gracioso, grave o resuelto. *3* correr, ir de prisa. *4* fam. irse. | A veces con *off* o *along.* *5 to* ~ *on,* poner el pie encima, pisar, hollar; *to* ~ *on the gas,* pisar el acelerador. — *6 tr.* poner, sentar, plantar [el pie]. *7* bailar [un minué]. *8* medir por pasos. | A veces con *off* u *out.* *9* hacer dientes en [una llave]. *10* hacer escalones en. *11* escalonar. *12* MAR. plantar [un mástil]. *13 to* ~ *down,* bajar, reducir, disminuir, retardar, gradualmente. *14 to* ~ *up,* elevar, aumentar, acelerar. | CONJUG. pret. y p. p.: *stepped* o *stept;* ger.: *stepping.*
step-box *s.* MEC. rangua, tejuelo.
stepbrother (step·brødø') *s.* hermanastro.
stepchild (ste·pchaild), *pl.* **-children** (-childrøn) *s.* hijastro, hijastra, entenado, entenada.
stepdaughter (ste·pdotø') *s.* hijastra, entenada.
step-down transformer ELECT. transformador reductor.
stepfather (ste·pfadø') *s.* padrastro.
stephanite (ste·fanait) *s.* MINER. plata agria.
Stephen (sti·vøn) *n. pr.* Esteban.
step-in *adj.* que se pone por los pies [prenda de vestir].
step-ins *s. pl.* pantalones de mujer.
stepladder (ste·plædø') *s.* escala, escalera de mano.
stepmother (ste·pmødø') *s.* madrastra.
steppe (step) *s.* GEOGR. estepa.
stepping-stone (ste·ping-stoun) *s.* estriberón, pasadera. *2* montadero. *3* fig. escabel [para alcanzar algo; para medrar].
stepsister (ste·psistø') *s.* hermanastra.
stercoraceous (stø·'corei·shiøs) *adj.* estercolizo.
Sterculiaceae (sti·'kiuliei·sii) *s. pl.* BOT. esterculiáceas.
stere (sti·') *s.* estéreo, metro cúbico.
stereobate (ste·riobeit) *s.* ARQ. estereóbato.
sterochromy (ste·riocroumi) *s.* estereocromía.
stereographic(al (steriogræ·fic(al) *adj.* estereográfico.
stereography (steria·grafi) *s.* GEOM. estereografía.
stereometry (steria·metri) *s.* estereometría.
stereophonic (steriofa·nic) *adj.* estereofónico.
stereoscope (ste·rioscoup) *s.* estereoscopio.
stereoscopic (steriosca·pic) *a.* estereoscópico.
stereotomy (steria·tomi) *s.* estereotomía.
stereotype (ste·riotaip) *s.* IMPR. estereotipo, clisé. — *2 adj.* de estereotipia, estereotípico.
stereotype (to) *tr.* estereotipar, clisar.
stereotyper (ste·riotaipø') *s.* estereotipador.
stereotypic(al (sterioti·pic(al) *adj.* estereotípico.
stereotyping (ste·riotaiping) *s.* estereotipia.
stereotypist (ste·riotaipist) *s.* estereotipista.
stereotypography (ste·riotaipa·grafi) *s.* estereotipia.
sterile (ste·rail o -ril) *adj.* estéril, infecundo. *2* inútil, improductivo.
sterility (steri·liti) *s.* esterilidad.
sterilization (sterilise·shøn) *s.* esterilización.
sterilize (to) (ste·rilaiš) *tr.* esterilizar. *2* inutilizar, contrarrestar.
sterilizer (ste·rilaišø') *s.* esterilizador.
sterling (stø·'ling) *adj.* esterlina: *pound* ~, libra esterlina. *2* genuino, puro, de ley. — *3 s.* ant. moneda inglesa. *4* moneda legal de Inglaterra; ley de la moneda inglesa. *5* plata de ley.
stern (stø·'n) *adj.* duro, riguroso. *2* severo, rígido, austero. *3* torvo, ceñudo. *4* implacable. *5* firme, resuelto. *6* fuerte; macizo. — *7 s.* MAR. popa. *8* fam. rabo, parte trasera. *9* de popa: ~ *chase,* caza en que la nave perseguidora sigue la estela de la perseguida; ~ *chaser,* cañón de popa; ~ *fast,* codera; ~ *frame,* espejo de popa; ~ *sheets,* espacio a popa de un bote detrás de los remeros; asientos de popa; ~ *wheel,* rueda de paletas en la popa.
sternal (stø·'nal) *adj.* esternal.
sternly (stø·'nli) *adv.* severamente.
sternmost (stø·'nmoust) *adj.* popel.

sternness (stø·'nnis) s. severidad, rigor, austeridad.
sternpost (stø·'npoust) s. MAR. codaste.
sternson (stø·'nsøn) s. MAR. talón de quilla.
sternum (stø·'nøm) s. ANAT. esternón.
sternutation (stø'nute·shøn) s. estornudo.
sternutative (stø'nu·teitiv), sternutatory (stø'nu·tatori) adj. y s. estornutatorio.
sternward (stø·'nua'd) adv. MAR. hacia popa, hacia atrás.
sternway (stø·'nuei) s. MAR. marcha atrás [de un buque].
stertor (stø·'tø') s. estertor. 2 ronquido.
stertorous (stø·'tørøs) adj. estertoroso.
stet (stet) s. IMPR. vale. | Úsase en la corrección de pruebas para indicar que lo tachado sirve.
stethograph (ste·zogræf) s. MED. estetógrafo.
stethoscope (ste·zoscoup) s. MED. estetoscopio.
stethoscopic (stezosca'pic) adj. estetoscópico.
stethoscopy (steza·scopi) s. MED. estetoscopia.
stevedore (sti·vødo') s. estibador, cargador de muelle.
stew (stiu·) s. COC. estofado, guisado : fig. to be in a ~, tener mucho calor, achicharrarse; estar agitado, preocupado, apurado. 2 fam. empollón. 3 pl. burdel, lupanar.
stew (to) tr. estofar, guisar. — 2 intr. cocerse [el estofado] : to ~ in one's own juice, cocerse en su propia salsa. 3 ahogarse de calor, sudar. 4 preocuparse, apurarse.
steward (stiu·a'd) s. senescal, mayordomo de palacio. 2 mayordomo, administrador. 3 capataz. 4 despensero. 5 camarero [de buque o avión].
stewardess (stiu·a'dis) s. mayordoma, administradora. 2 camarera [de buque].
stewardship (stiu·a'dship) s. senescalía. 2 mayordomía.
stewed (stiud) adj. estofado, cocido : ~ fruit, compota de frutas; ~ meat, estofado [de carne].
stewpan (stiu·pæn) s. cazuela, cacerola.
stewpot (stiu·pat) s. olla.
St. Gotthard (seint ga·ta'd) n. pr. GEOGR. San Gotardo.
sthenia (szi·nia) s. MED. fuerza, actividad.
sthenic (szi·nic) adj. MED. excesivamente fuerte o activo.
stibial (sti·bial) adj. antimonial.
stibialism (sti·bialiśm) s. intoxicación por el antimonio.
stibium (sti·biøm) s. estibio, antimonio.
stich (stic) s. MÉTR. verso, línea.
stick (stic) s. palo, garrote, vara, bastón : walking ~, bastón de paseo. 2 vara [ramo sin hojas], trozo de leña, leño. 3 varilla, bastoncito, palito, barra. 4 batuta. 5 palillo [de escultor; de tambor]. 6 arco [de violín, contrabajo, etc.]. 7 MAR. fam. mástil. 8 trozo, porción, parte. 9 gotas [de licor]. 10 mueble, trasto. 11 fig. leño, bodoque [pers.]. 12 fam. individuo, tipo. 13 hurgonazo, estocada, pinchazo. 14 glutinosidad, pegajosidad, adhesión; cosa pegajosa. 15 obstáculo, estorbo. 16 detención, demora, vacilación, duda : at a ~, sin saber que hacer, perplejo. 17 IMPR. composing ~, o simplte. stick, componedor. 18 control ~, palanca de aeroplano. 19 pl. ramitas, chamarasca. 20 fig. las piernas.
stick (to) tr. clavar, hundir, hincar. 2 poner, fijar, meter, introducir; prender [con alfileres]. 3 pegar, adherir, encolar. 4 adornar o cubrir [de cosas clavadas o prendidas]. 5 pinchar, matar de una cuchillada. 6 picar, punzar. 7 atravesar, ensartar. 8 sacar, avanzar, asomar. | Con out o up: to ~ out one's chest, sacar el pecho. 9 fam. confundir, aturrullar. 10 pop. embaucar, dar el pego, engañar. 11 sufrir, tolerar. 12 IMPR. componer. 13 to ~ up, untar de algo pegajoso; intrigar, desconcertar; atracar, asaltar [para robar]; dar un sablazo a. — 14 intr. estar clavado, pegado; clavarse, fijarse, pegarse, adherirse. 15 aferrarse, afirmarse. 16 mantenerse fiel, no abandonar; tener apego o afecto; aplicarse, perseverar. | Gralte. con to. 17 salir, sobresalir, proyectarse. | Con from, out, up, through, etc. 18 atascarse, atollarse : to ~ in the mud, atascarse en el fango. 19 detenerse, fluctuar, vacilar : to ~ at, detenerse, tener escrúpulo de ; to ~ at everything, ahogarse en poca agua; to ~ at nothing, no detenerse por nada. 20 to ~ around, estar o quedarse por allí. 21 to ~ by, adherirse a, sostener, apoyar, estar al lado de; pegarse a [uno]. 22 to ~ close, mantenerse juntos. 23 to

~ in one's craw, ser indigesto. 24 to ~ out, salir, proyectarse; persistir; hacer huelga; resistir hasta el fin. 25 to ~ to one's guns, mantenerse firme. 26 to ~ up, salir, proyectarse hacia arriba; estar de punta, erizado; luchar. ¶ CONJUG. pret. y p. p. : stuck.
sticker (sti·kø') s. el que clava, hunde, fija, pega, etc. 2 fijador de carteles. 3 espina, aguijón. 4 cuchillo de tocinero. 5 goma, cola. 6 etiqueta, papel engomado. 7 persona adicta o perseverante. 8 COM. artículo que no tiene salida. 9 cosa peliaguda.
stickiness (sti·kinis) s. tenacidad, glutinosidad.
sticking (sti·king) adj. pegajoso, glutinoso, etc.: ~ plaster, esparadrapo, tafetán inglés.
stick-in-the-mud adj. y s. rancio, retrógrado; rutinario [pers.].
stickle (sti·cøl) intr. disputar, porfiar por menudencias.
stickleback (sti·kølbæk) s. ICT. espino.
stickler (sti·clø') s. porfiador. 2 persona muy empeñada en defender o invocar [una cosa]; partidario. 3 rigorista.
sticky (sti·ki) adj. pegajoso, viscoso, tenaz.
stiff (stif) adj. rígido, tieso. 2 duro, firme; almidonado. 3 envarado, entumecido, yerto, aterido. 4 espeso. 5 tenso, tirante. 6 recio, fuerte, grande : ~ gale, viento recio; ~ drink, gran trago. 7 arduo, penoso, difícil. 8 COM. alto, firme [precio, mercado]. 9 torpe, encogido. 10 tieso, estirado, afectado. 11 duro, severo. 12 terco, obstinado, pertinaz. 13 ~ neck, tortícolis; contumacia. — 14 s. fam. persona tiesa, estirada. 15 fam. cadáver. 16 fam. caballo que no corre.
stiffen (to) (sti·føn) tr. atiesar, dar rigidez o tiesura. 2 endurecer, dar firmeza. 3 COST. armar, reforzar. 4 envarar, entumir. — 5 intr. atiesarse, ponerse tieso, rígido. 6 endurecerse. 7 fortalecerse, subir de punto, adquirir firmeza. 8 envararse, entumirse, agarrotarse. 9 espesarse. 10 perder naturalidad. 11 obstinarse. 12 refrescar [el viento].
stiffener (sti·fnø') s. refuerzo, contrafuerte. 2 el o lo que atiesa, endurece, etc.
stiffly (sti·fli) adv. tiesamente, rígidamente. 2 tercamente. 4 torpemente.
stiff-necked adj. obstinado, testarudo. 2 estirado, entonado; cuellierguido.
stiffness (sti·fnis) s. tiesura, rigidez. 2 tirantez. 3 envaramiento. 4 MED. rigor. 5 fuerza, dureza, severidad. 6 espesor, densidad. 7 dureza [del estilo]. 8 obstinación.
stifle (stai·føl) s. ahogo, sofocación; atmósfera sofocante. 2 ZOOL. stifle o ~ joint, babilla de cuadrúpedo.
stifle (to) tr. ahogar, sofocar, asfixiar. 2 apagar. 3 suprimir, callar, ocultar. 4 hacer asfixiante la atmósfera de. — 5 intr. ahogarse.
stifling (stai·fling) s. ahogador, sofocante.
stigma (sti·gma) s. estigma [en todas sus acepciones]. 2 mancha, borrón, desdoro.
stigmata (sti·gmata) s. pl. de STIGMA, esp. en los sentidos de marca, señal, borrón y en el de estigma de una flor.
stigmatic (stigmæ·tic) adj. de la naturaleza del estigma. 2 marcado con estigma. 3 repulsivo, deforme.
stigmatize (to) (sti·gmataiś) tr. estigmatizar.
stile (stail) s. escalones de un portillo; portillo [en una valla]. 2 larguero, montante.
stiletto (stile·tou) s. estilete [puñal]. 2 punzón.
still (stil) adj. quieto, quedo, inmóvil : ~ water, agua mansa; ~ water runs deep, fig. no te fíes del agua mansa; to keep ~, estar quieto; to stand ~, detenerse, no moverse. 2 tranquilo, apacible, sosegado. 3 silencioso, mudo. 4 suave [voz, ruido] : ~ small voice, fig. la conciencia. 5 no espumoso [vino]. 6 muerto, inanimado : ~ life, naturaleza muerta. 7 de alambique o de destilación. — 8 adv. aún, todavía; ~ more, aún más, todavía más. 9 continuamente, sin cesar. — 10 conj. no obstante, sin embargo, a pesar de eso. — 11 s. silencio, quietud. 12 PINT. bodegón. 13 alambique, retorta. 14 destilería.
still (to) tr. acallar, hacer callar. 2 aquietar, calmar, apaciguar. 3 detener, parar. — 4 intr. calmarse, aquietarse.
stillage (sti·lidÿ) s. combo, caballete.
stillbirth (sti·lbø'z) s. MED. parto muerto.
stillborn (sti·lbo'n) adj. nacido muerto.

stillness (stí·inis) *s.* quietud, inmovilidad, silencio, calma, tranquilidad, sosiego.

stilly (stí·li) *adj.* silencioso, tranquilo. — *2 adv.* quietamente, silenciosamente.

stilt (stilt) *s.* zanco. 2 poste, pilar. 3 ARQ. sotabanco. 4 CERÁM. atifle. 5 ORNIT. cigoñuela. 6 esteva [del arado]. 7 *pl.* zancas, piernas.

stilt (to) (stilt) *tr.* levantar sobre zancos.

stilted (stí·ltid) *adj.* realzado, elevado. 2 altisonante, hinchado.

Stilton (stí·lton) *n. pr.* queso de Stilton.

stimulant (stí·miulant) *adj. y s.* estimulante. — *2 s.* bebida alcohólica.

stimulate (to) (stí·miuleit) *tr.* estimular. 2 incitar. *3* embriagar. — *4 intr.* servir de estímulo, ser estimulante.

stimulation (stimiule·shøn) *s.* acción de estimular; estímulo, aguijón.

stimulative (stí·miulativ) *adj.* estimulante. — *2 s.* estímulo, incentivo.

stimulator (stí·miuleitø') *s.* estimulador.

stimulus (stí·miuløs) *s.* estímulo, aguijón, incentivo. 2 BOT. aguijón; pelo punzante.

sting (sting) *s.* picada, picadura, punzada; mordedura [de serpiente]. 2 aguijón, estímulo. 3 escozor. 4 remordimiento [de conciencia]. 5 ZOOL., BOT. aguijón. 6 ICT. ~ *ray,* pastinaca.

sting (to) *tr. e intr.* picar, punzar, pinchar, pungir, mordicar; morder [la serpiente]. 2 escocer. 3 atormentar, carcomer, remorder [la conciencia]. 4 aguijonear, estimular. 5 *to* ~ *to the quick,* herir en lo vivo. ¶ CONJUG. pret. y p. p.: *stung.*

stingaree (sti·ngarɪ) *s.* ICT. pastinaca.

stinger (sti·ngø') *s.* el o lo que punza. 2 punzada, golpe doloroso. 3 ZOOL. aguijón.

stingily (sti·nÿili) *adv.* avaramente, cicateramente, tacañamente.

stingier (sti·nÿiø') *adj. comp.* de STINGY.

stingiest (sti·nÿiist) *adj. superl.* de STINGY.

stinginess (sti·nÿinis) *s.* avaricia, tacañería, cicatería, mezquindad.

stingless (sti·nglis) *adj.* sin púa o aguijón.

stingy (sti·nÿi) *adj.* avaro, tacaño, roñoso, cicatero, miserable. 2 mezquino, escaso.

stink (stinc) *s.* hedor, peste, corrupción. 2 *pl.* (Ingl.) entre estudiantes, química o ciencias naturales.

stink (to) *intr.* heder, oler mal, apestar. — *2 tr.* llenar de hedor. 3 pop. oler.

stinkard (sti·nca'd) *s.* cosa ọ persona hedionda.

stinkball (sti·ncbol) *s.* bomba asfixiante.

stinkbug (sti·ncbøg) *s.* ENTOM. chinche de jardín.

stinker (sti·nkø') *s.* cosa o persona hedionda. 2 fam. sujeto despreciable, canalla.

stinking (sti·nking) *adj.* hediondo, apestoso : ~ *camomile,* BOT. manzanilla hedionda; ~ *iris,* BOT. lirio hediondo.

stinkingly (sti·nkingli) *adv.* con hediondez.

stinkingness (sti·nkingnis) *s.* hediondez.

stinkpot (sti·nkpat) *s.* MIL., MAR. especie de alcancía cargada de materias hediondas y asfixiantes.

stint (stint) *s.* acción de escatimar; limitación, restricción : *without* ~, sin límite, sin escatimar, generosamente. 2 cuota o tarea asignada.

stint (to) *tr.* limitar, restringir, escatimar. 2 asignar una cuota o tarea. — *3 intr.* ser económico.

stinted (sti·nted) *adj.* limitado, restringido. 2 corto, escaso, mezquino.

stipe (staip) *s.* BOT. estipe; estípite. 2 ZOOL. pedúnculo.

stipel (stai·pel) *s.* BOT. estípula de un folíolo.

stipend (stai·pend) *s.* estipendio, sueldo.

stipendiary (staipe·ndieri) *adj. y s.* estipendiario, asoldado.

stipple (sti·pøl) *s.* B. ART., GRAB. picado, punteado, graneado.

stipple (to) *tr.* B. ART., GRAB. picar, puntear, granear.

stipple-graver *s.* GRAB. graneador [instrumento].

stippling (sti·pling) *s.* B. ART., GRAB. picado, punteado, graneado.

stiptic(al (sti·ptic(al) *adj.* estíptico.

stipulate (to) (sti·piuleit) *tr.* estipular. 2 especificar, detallar [una condición]. — *3 intr.* pactar, convenir.

stipulation (stipiule·shøn) *s.* estipulación, cláusula, artículo. 2 estipulación, pacto.

stipule (sti·piul) *s.* BOT. estípula.

stir (stø') *s.* movimiento, meneo, actividad. 2 agitación, conmoción, revuelo. 3 alboroto, disturbio.

stir (to) *tr.* mover, menear, bullir : *to* ~ *one's stumps,* darse prisa, apretar el paso. 2 agitar, revolver, batir, remover; mecer [líquidos]. 3 hurgar, atizar, avivar : *to* ~ *the fire,* atizar, avivar la lumbre. 4 perturbar, conmover, inflamar, animar, excitar, aguijonear. | Gralte. con *up.* 5 suscitar, promover, traer a discusión ; levantar, despertar, inspirar ; poner en movimiento. — *6 intr.* moverse, menearse, rebullir, agitarse. 7 estar en movimiento, en actividad. 8 fam. levantarse [por la mañana]. ¶ CONJUG. pret. y p. p.: *stirred;* ger.: *stirring.*

stirpiculture (sti·pcølchø') *s.* cría de razas especiales.

stirps (stø·'ps), *pl.* **stirpes** (stø·piš) *s.* estirpe; raza.

stirrer (stø·rø') *s.* el que se mueve o se levanta : *early* ~, madrugador. 2 agitador, excitador, despertador. 3 mecedor [de líquidos].

stirring (stø·ring) *adj.* activo, en movimiento. 2 levantado, despierto. 3 conmovedor, emocionante. 4 inspirador. 5 agitado : *a* ~ *life,* una vida agitada.

stirrup (sti·røp) *s.* estribo, estribera. 2 MEC. estribo [chapa de hierro]. 3 ZAP. tirapié. 4 MAR. estribo del marchapié. — *5 adj.* del estribo : ~ *cup,* trago de despedida; ~ *leather,* ~ *strap,* ación. 6 ANAT. ~ *bone,* estribo [del oído].

stitch (stich) *s.* COST. puntada. 2 punto [de costura, bordado, etc.]. 3 CIR. punto. 4 punzada [dolor] : fig. *to be in stitches,* desternillarse de risa. 5 fam. pizca, poquito. 6 trecho, distancia. 7 AGR. caballón.

stitch (to) *tr.* coser, unir o adornar con puntadas, pespuntar : *to* ~ *up,* remendar; CIR. dar puntos a. — *2 intr.* coser, bordar.

stitcher (sti·chø') *s.* cosedor, cosedora. 2 máquina para coser [ciertas cosas].

stitching (sti·ching) *s.* cosido, costura. 2 pespunte, pespunteado.

stithy (sti·di) *s.* yunque. 2 fragua.

stiver (stai·vø') *s.* moneda holandesa. 2 pizca, ardite.

stoat (stout) *s.* ZOOL. armiño [esp. con su pelaje de verano].

stoat (to) *tr.* coser o zurcir con puntadas invisibles.

stock (stac) *s.* BOT. tronco, tallo. 2 tronco [del cuerpo]. 3 tronco [pueblo]. 4 estirpe, linaje. 5 zoquete, leño, tajo. 6 fig. zote. 7 pilar, soporte. 8 acopio, provisión, surtido, existencias; material : *rolling* ~, FERROC. material rodante; ~ *in trade,* artículos que se venden, existencias [en una tienda o comercio]; fig. útiles, herramientas; recursos; *in* ~, en existencia; *out of* ~, vendido agotado. 9 TEAT. repertorio. 10 inventario : *to take* ~, hacer inventario. 11 interés, estima, aprecio : *to take* ~ *in, to set* ~ *by,* hacer caso, apreciar. 12 materias primas. 13 ganado, animales que se crían. 14 capital [de un negocio]; caudal. 15 COM. título, bono, obligación, acción; valores. 16 muebles, enseres. 17 mango [de látigo, de caña de pescar, etc.]. 18 manija [para broca, taladro, etc.]; berbiquí; caja [de cepillo o garlopa]. 19 cepo [del yunque, del ancla]. 20 caja [del fusil]; cola de la cureña [del cañón]. 21 cama [del arado]. 22 cabeza [del timón]. 23 MEC. terraja. 24 AGR. patrón [de injerto]. 25 corbatín, alzacuello. 26 col, berza. 27 BOT. alhelí. 28 baceta, monte [de la baraja]. 29 ZOOL. colonia. 30 *pl.* valores públicos. 31 MAR. picaderos de grada, basada; fig. *on the stocks,* en preparación. 32 cepo [castigo]. 33 VET. potro [máquina]. — *34 adj.* perteneciente o relativo a las existencias, a los valores públicos, al ganado, etc. : ~ *car,* FERROC. vagón para el ganado; ~ *company,* compañía o sociedad anónima; ~ *exchange,* Bolsa de valores; ~ *farm,* hacienda de ganado; ~ *market,* mercado de valores; ~ *purse,* fondo común; ~ *raising,* ganadería. 35 de uso o tipo corriente, de repertorio : ~ *company,* TEAT. compañía de repertorio. 36 común, usual, trillado, socorrido, estereotipado. 37 ORNIT. ~ *dove,* paloma torcaz.

stock (to) *tr.* tener en existencia, tener existencias de. 2 proveer, abastecer, surtir. 3 poblar [un estanque o río]. 4 sembrar [una tierra] de plantas vivaces. 5 almacenar, acopiar. 6 usar como pasto [una tierra]. 7 encepar.

stockade (stakei·d) s. empalizada, estacada, vallado.

stockade (to) tr. empalizar.

stockbreeder (stacbrɪ·dǿ') s. ganadero, criador de ganado.

stockbroker (sta·cbroukǿ') s. corredor de Bolsa, bolsista.

stockfish (sta·cfish) s. bacalao seco, pejepalo.

stockholder (sta·cjouldǿ') s. accionista.

Stockholm (sta·cjoulm) n. pr. GEOGR. Estocolmo.

stockier (sta·kiǿ') adj. comp. de STOCKY.

stockiest (sta·kiist) adj. superl. de STOCKY.

stockinet (stakine·t) s. tejido de punto.

stocking (sta·king) s. media, calceta : in one's stockings, in one's ~ feet, descalzo, con medias o calcetines pero sin zapatos. 2 fig. gato, dinero. 3 calzo [del caballo]. — 4 adj. de medias : ~ frame, ~ loom, telar de medias; ~ machine, máquina para tejer de punto; ~ weaver, mediero.

stockingless (sta·kinglis) adj. sin medias o calcetines; descalzo.

stockish (sta·kish) adj. estúpido.

stockjobber (sta·cɏabǿ') s. desp. (Ingl.) agente de corredores de Bolsa; (EE. UU.) bolsista, agiotista.

stockjobbing (sta·cɏabing) s. desp. negocio de Bolsa; agio.

stockman (sta·cmæn), pl. **-men** (-men) s. ganadero. 2 encargado de las existencias.

stockpile (sta·cpail) s. reserva o depósito de existencias.

stockpile (to) tr. acumular, reunir, almacenar. — 2 intr. hacer acopio de existencias.

stockroom (sta·krum) s. COM. almacén. 2 sala de exposición para los viajantes en los hoteles.

stock-still adj. completamente inmóvil.

stocktaking (sta·cteiking) s. inventario, acción de inventariar.

stocky (sta·ki) adj. rechoncho, rehecho. 2 achaparrado.

stodge (stadɏ) s. fam. mazacote [comida pesada]. 2 atiborramiento.

stodge (to) tr. e intr. to ~ off, atiborrar, atiborrarse.

stodgy (sta·dɏi) adj. pesado, indigesto. 2 soso, aburrido. 3 rollizo.

Stoic (stou·ic) s. estoico.

stoic(al (stou·ic(al) adj. estoico.

stoically (stou·icali) adv. estoicamente.

stoicism (stou·isiᵶm) s. estoicismo.

stoke (to) (stouc) tr. e intr. atizar [el fuego]. 2 cargar, alimentar [un horno u hogar].

stokehold (stou·cjould) s. MAR. cuarto de calderas. 2 puesto del fogonero.

stokehole (stou·cjoul) s. boca del hornò; puesto del fogonero. 2 cuarto de calderas.

stoker (stou·kǿ') s. fogonero.

stole (stoul) s. estola.

stole, stolen (stoul, stou·lǿn) pret. y p. p. de TO STEAL.

stolid (sta·lid) adj. estólido. 2 impasible, insensible, imperturbable.

stolidity (stoli·diti) s. estolidez. 2 impasibilidad, imperturbabilidad.

stolon (stou·lan) s. BOT. estolón.

stoma (stou·ma), pl. **-mata** (-mata) s. BOT. estoma.

stomach (stǿ·mac) s. ANAT. estómago. 2 incorr. vientre, barriga, abdomen. 3 apetito, deseo, inclinación, afición. 4 ánimo, valor. — 5 adj. de estómago : ~ ache, dolor de estómago; ~ pump, bomba estomacal.

stomach (to) tr. tragar [sin repugnancia]. 2 fig. tragar, digerir, sufrir, aguantar.

stomachal (stǿ·macal) adj. STOMACHIC.

stomacher (stǿ·makǿ') s. peto, estomaguero. 2 BOXEO golpe en el estómago.

stomachic (stǿmæ·kic) adj. y s. estomacal.

stomachless (stǿ·maclis) adj. desganado.

stomatitis (stomatai·tis) s. MED. estomatitis.

stone (stoun) s. piedra [materia o trozo de ella]; canto, china; stone's throw, tiro de piedra; to cast the first ~, lanzar la primera piedra; to leave no ~ unturned, no dejar piedra sin mover. 2 ARQ. sillar. 3 muela [para moler o amolar]. 4 piedra sepulcral, mojón, hito. 5 piedra preciosa. 6 MED. cálculo, piedra. 7 hueso, cuesco [de fruta]. 8 (Ingl.) peso de. 14 libras. 9 IMPR. platina, mármol. 10 ficha [de dominó]. 11 vulg. testículo. —

12 adj. de piedra : Stone Age, edad de piedra; ~ breaker, rompedor de piedras; trituradora de piedra; ~ bruise, magulladura producida por una piedra en la planta del pie; AUTO. rotura superficial de un neumático producida por una piedra: ~ coal, antracita; ~ cutter, ~ dresser, picapedrero, cantero; ~ gray, color gris azulado; ~ hammer, almádena; ~ oil, petróleo; ~ pit, ~ quarry, cantera. 13 de hueso o cuesco : ~ fruit, fruta de hueso. 14 ZOOL. ~ marten, garduña. 15 ORNIT. ~ curlew, alcaraván. 16 BOT. ~ pine, pino doncel, manso o piñonero.

stone (to) tr. apedrear, lapidar. 2 despedregar. 3 deshuesar [un fruto]. 4 revestir de piedra, fortificar con piedras.

stone-blind adj. completamente ciego.

stone-block pavement s. adoquinado.

stonebreak (stou·nbreik) s. BOT. saxífraga.

stone-broke adj. arruinado, sin un céntimo.

stone-cold adj. frío como una piedra.

stonecrop (stou·ncrop) s. BOT. uva de gato.

stoned (stou·nd) adj. que tiene piedra o piedras. 2 BOT. que tiene hueso. 3 deshuesado [fruto].

stone-deaf adj. completamente sordo.

stone-dumb adj. completamente mudo.

stoner (stou·nǿ') s. apedreador. 2 deshuesador [de frutos]. 3 persona que pesa, o caballo que puede llevar un peso de, tantos stone.

stonewall (stou·nɥol) adj. fuerte [como una muralla]. 2 obstinado. 3 resuelto.

stoneware (stou·nue') s. cacharros de barro vidriado.

stonework (stou·nuǿ'c) s. obra de sillería. 2 JOY. obra o trabajo de pedrería.

stoneworker (stou·nuǿ·kǿ') s. cantero, picapedrero.

stonier (stou·niǿ') adj. comp. de STONY.

stoniest (stou·niist) adj. superl. de STONY.

stony (stou·ni) adj. pedregoso. 2 de piedra, pétreo. 3 duro, insensible, empedernido.

stony-hearted adj. duro de corazón, insensible.

stood (stud) pret. y p. p. de TO STAND.

stool (stul) s. taburete, escabel, banqueta, banquillo. 2 sillico, retrete; to go to ~, hacer del cuerpo, exonerar el vientre. 3 cámara, deposición, excremento. 4 antepecho [de ventana]. 5 tocón o planta que echa renuevos o de la que se sacan esquejes; conjunto de estas plantas o sus renuevos. 6 cimillo. 7 cimbel, señuelo : ~ pigeon, palomo, que sirve de cimbel; gancho [pers. que atrae a otras]; confidente de la policía.

stool (to) intr. echar vástagos o renuevos. 2 hacer del cuerpo, exonerar el vientre.

stoop (stup) s. inclinación del cuerpo, de la cabeza, hacia adelante; encorvamiento, actitud del cargado de espaldas. 2 dignación; rebajamiento, humillación. 3 abatimiento [del ave de rapiña sobre su presa]. 4 (EE. UU.) escalinata de entrada. 5 STOUP.

stoop (to) intr. agacharse, doblar o encorvar el cuerpo. 2 andar encorvado, ser cargado de espaldas. 3 inclinarse, estar inclinado hacia abajo. 4 descender, bajar. 5 rebajarse; humillarse; someterse. 6 abatirse, lanzarse [sobre la presa]. — 7 tr. inclinar, encorvar, hacer bajar. 8 someter, abatir.

stoopingly (stu·pingli) adv. con inclinación hacia abajo.

stop (stap) s. alto, parada, estancia; paro, detención, cesación, fin; pausa, suspensión, interrupción : to make a ~, hacer alto, detenerse; to come to a ~, cesar, acabarse; dead ~, parada súbita; without a ~, sin parar, sin detenerse. 2 parada, estación, apeadero. 3 posada, parador. 4 obstrucción, obstáculo, impedimento, estorbo, represión, coto : to put a ~ to, atajar, poner fin a. 5 tapón, tarugo. 6 GRAM. punto : full ~, punto final. 7 callejón sin salida. 8 represa, dique. 9 MEC. tope, fiador. 10 MÚS. llave [de instrumento de viento]; registro [de órgano]; traste [de guitarra]. 11 FOT., ÓPT. diafragma. — 12 adj. de paro o parada; de obstrucción, tope, fiador, registro, etc.; ~ light, luz [señal] de parada; ~ sign, ~ signal, señal de alto o de parada; ~ valve, válvula de cierre, válvula reguladora; ~ watch, cronógrafo.

stop (to) tr. detener, parar, hacer cesar, poner fin a, paralizar. | Stop thief!, ¡al ladrón!, ¡cogedle! 2 cesar o dejar de. 3 interrumpir, suspender : *to ~ payment on a check* o *to ~ a check,* dar orden de suspender el pago de un cheque. *4* refrenar, contener, reprimir, atajar, cortar. poner coto a. *5* impedir, estorbar. *6* cerrar, tapar, cegar [una abertura, grieta, etc.], atascar, obstruir, interceptar : *to ~ the mouth,* tapar la boca, hacer callar. *7* empastar [una muela]. *8* estancar, represar. *9* parar [un golpe]. *10 to ~ up,* tapar, obstruir, atascar, rellenar, macizar. *11* MÚS. regular el tono de [un instrumento] pisando una cuerda o tapando un agujero. — *12 intr.* pararse, detenerse, parar, cesar ; hacer parada, hacer alto. quedarse algún tiempo : quedarse, no moverse : *to ~ doing something,* cesar de hacer algo ; *not to ~ at,* no pararse en, no mirar en ; *to ~ short,* pararse en seco ; quedarse cortado ; *to ~ over* (EE. UU.), hacer estancia en un punto durante un viaje ; (Ingl.) quedarse en el lado de la calle a donde se ha cruzado ; *to ~ up,* quedarse levantado, no irse a la cama. *13* parar, hospedarse. ¶ CONJUG. pret. y p. p. : *stopped* o *stopt;* p. a. : *stopping.*

stopcock (sta'pɔc) *s.* llave o espita de paso. *2* llave o macho [de un grifo].

stope (stoup) MIN. excavación subterránea de donde se extrae el mineral.

stope (to) *tr.* MIN. extraer [mineral] de una excavación subterránea.

stopgap (sta'pɡæp) *s.* lo que tapa una abertura. *2* recurso temporal, substitutivo.

stopover (sta'pouvø') *s.* parada temporal o intermedia [en un viaje]. — *2 adj.* FERROC. que permite detenerse en las estaciones intermedias [billete].

stoppage (sta'pidʒ) *s.* detención, cesación, interrupción. *2* obstrucción, atasco, interceptación. *3* retención [sobre una paga]. *4* COM. orden de suspensión de un pago. *5* MED. oclusión, estrangulación. *6* DER. *~ in transitu* o *in transit,* recobro de mercancías durante su transporte en caso de insolvencia del comprador.

stopper (sta'pø') *s.* tapón, taruɡo, obturador. *2* tapador. *3* parador, detenedor. *4* traba, estorbo. *5* MAR. boza. *6* MAR. estopor. *7* pasta para tapar agujeros.

stopper (to) *tr.* tapar, taponar, tapar con tapón, taruɡo, etc. *2* MAR. sujetar con boza o estopor.

stopping (sta'piŋ) *s.* acción de parar, detener, obstruir, etc. *2* material para cerrar o tapar [una abertura, grieta, etc.] ; empaste [de un diente]. — *3 adj.* de parada, detención, etc. : *~ place,* parada, escala, lugar de detención o descanso.

stopple (sta'pøl) *s.* tapón, taruɡo, bitoque, tapadero.

stopple (to) *tr.* tapar, taponar.

storage (sto'ridʒ) *s.* almacenamiento. *2* almacenaje. *3* espacio para almacenar. — *4 adj.* de almacenamiento : *~ battery,* ELECT. acumulador, batería de acumuladores ; *~ reservoir,* depósito de reserva o de abastecimiento.

storax (stou'ræcs) *s.* estoraque.

store (sto'ɹ) *s.* copia, abundancia ; acopio, provisión, repuesto. *2* tesoro : *to set (great) ~ by,* considerar como un tesoro, tener en mucha estima. *3* almacén, depósito : *in ~,* almacenado, en reserva. *4* (esp. EE. UU.) tienda, comercio : *~ department,* grandes almacenes ; *fruit ~,* frutería. *5 pl.* reservas, provisiones, pertrechos, bastimentos, municiones.

store (to) *tr.* proveer, abastecer, pertrechar, municionar. *2* guardar, acopiar, acumular, atesorar. | A veces con *up. 3* tener en reserva. *4* almacenar. — *5 intr.* proveerse, abastecerse.

storehouse (sto'jaus) *s.* almacén.

storekeeper (sto'krpø') *s.* guardalmacén. *2* jefe de depósito. *3* (esp. EE. UU.) tendero, almacenista. *4* MAR. pañolero.

storeroom (sto'rum) *s.* almacén. *2* despensa, bodega, cilla. *3* MAR. pañol de víveres.

storeship (sto'ship) *s.* MAR buque almacén : buque nodriza.

storey (sto'ri) *s.* ARQ. piso, alto, planta.

storiated (sto'rieitid) *adj.* adornado con representaciones de temas históricos.

storied (sto'rid) *adj.* STORIATED. *2* celebrado en la historia o la leyenda ; legendario. *3* de [tantos] pisos : *two-storied,* de dos pisos.

storiette (storie't) *s.* cuento, historieta.

stork (sto'k) *s.* ORNIT. ciɡüeña.

stork's-bill (sto'cs bil) *s.* BOT. pico de ciɡüeña ; ɡeranio.

storm (sto'm) *s.* tempestad, temporal, tormenta, borrasca : *a ~ in a teacup,* una tempestad en un vaso de agua. *2* lluvia [de objetos, de proyectiles]. *3* explosión, arrebato, frenesí. *4* conmoción, tumulto. *5* masa arremolinada. *6* MIL. ataque, asalto : *to take by ~,* tomar por asalto ; fig. arrebatar, entusiasmar. — *7 adj.* de tempestad, etc. : *~ door,* ɡuardapuerta, cancel ; *~ petrel,* ORNIT. petrel, ave de las tempestades ; *~ sail,* MAR. vela de temporal. *8* MIL. de asalto : *~ troops,* tropas de asalto o de choque.

storm (to) *tr.* tomar por asalto. *2* atacar, perturbar, promover alborotos en. — *3 intr.* haber tempestad. *4* rabiar, tempestear, alborotar.

stormbird (sto'mbø'd) *s.* ORNIT. petrel.

storminess (sto'minis) *s.* estado tempestuoso.

stormy (sto'mi) *adj.* tempestuoso, tormentoso, borrascoso. *2* violento, turbulento. *3* ORNIT. *~ petrel,* STORM PETREL.

story (sto'ri) *s.* historia [esp. de un suceso, de una vida] ; tradición, leyenda : *as the ~ goes,* según se dice, según cuenta la historia. *2* relato, narración, cuento, anécdota, novela, fábula, conseja : *to make a long ~ short,* para abreviar. *3* fam. chisme. embuste. *4* enredo, trama, argumento. *5* (EE. UU.) artículo de información periodística. *6* ARQ. piso, alto : *two-story house,* casa de dos pisos. — *7 adj.* de historia, cuento, etc. : *~ teller,* narrador, cuentista ; embustero.

story (to) *tr.* historiar. *2* adornar con escenas históricas. ¶ CONJUG. pret. y p. p. : *storied.*

stoup (stup) *s.* frasco, jarro. *2* pila del agua bendita.

stout (staut) *adj.* fuerte, recio. *2* firme, resistente, sólido. *3* robusto, fornido, ɡrueso, corpulento. *4* valiente, intrépido, resuelto, decidido. *5* firme, leal. *6* obstinado. — *7 s.* cerveza fuerte.

stouthearted (stau'tja'tid) *adj.* valiente, valeroso.

stoutly (stau'tli) *adv.* vigorosamente, recio. *2* resueltamente.

stoutness (stau'tnis) *s.* fuerza, viɡor, firmeza, solidez. *2* corpulencia. *3* valor, intrepidez.

stove (stouv) *s.* estufa ; hornillo. *2* cocina económica, de ɡas o de electricidad. *3* ant. comedor, sala de estar [calentada]. *4* horno de cerámica. *5* JARD. estufa, invernáculo.

stove pret. y *p. p.* de TO STAVE.

stovepipe (stou'vpaip) *s.* tubo que va de la cocina a la chimenea. *2* fig. chistera, sombrero de copa.

stow (to) (stou) *tr.* apretar, hacinar. *2* guardar, esconder. *3* meter, colocar, alojar. *4* atestar, abarrotar. *5* tener cabida para. *6* MAR. arrumar, arrimar, estibar. *7 to ~ [a thing] away,* guardar, esconder [una cosa], ponerla donde no estorbe. — *8 intr. to ~ away,* embarcarse clandestinamente, ocultarse en un buque o avión.

stowage (stou'idʒ) *s.* almacenaje. *2* MAR. arrumaje, estiba.

stowaway (stou'auei) *s.* polizón, llovido, pasajero clandestino. *2* cosa guardada ; escondrijo.

stower (stou'ø') *s.* estibador.

strabism (stræ'biʃm) *s.* STRABISMUS.

strabismal (strabi'ʃmal), **strabismic** (strabi'ʃmic) *adj.* estrábico.

strabismus (strabi'ʃmøs) *s.* MED. estrabismo.

Strabo (strei'hou) *n. pr.* Estrabón.

strabotomy (straba'tomi) *s.* CIR. estrabotomía.

straddle (stræ'døl) *s.* posición del que se esparranca o monta a horcajadas. *2* actitud equívoca, actitud del que no se compromete [entre dos partidos]. *3* COM. operación de bolsa con opción de compra y venta.

straddle (to) (stræ'døl) *intr.* esparrancarse, despatarrarse ; andar esparrancado. *2* estar a horcajadas. *3* estar situado alternativamente a uno y otro lado de una línea. *4* extenderse, desparramarse. — *5 tr.* montar o estar a horcajadas sobre. — *6 tr.* e *intr.* no comprometerse [entre dos partidos o soluciones] ; nadar entre dos aguas.

stradiot (stra'diat) *s.* estradiota.

Stradivarius (strædive'riøs) *n. pr.* Estradivario.

strafe (streif) *s. fam.* bombardeo violento. *2* ametrallamiento aéreo. *3* represión, castigo.

strafe (to) *tr fam.* bombardear violentamente. *2* ametrallar en vuelo bajo. *3* reprender, castigar.

straggle (to) (stræ'ɡøl) *intr.* rodar, andar perdido. *2* desviarse, extraviarse ; desbandarse, dispersarse, rezagarse. *3* extenderse, desparramarse ; estar disperso o esparcido.

straggler (stræˑglørˈ) *s.* paseante, vagabundo. *2* persona o soldado desbandado, descarriado, rezagado. *3* el que se aparta o desvía. *4* rama extendida. *5* objeto aislado.

straggling (stræˑgling) *adj.* extraviado, descarriado, perdido, rezagado. *2* extendido, desparramado, disperso, esparcido ; aislado.

straggly (stræˑgli) *adj.* desparramado, esparcido, desordenado.

straight (streit) *adj.* recto, derecho : ~ *line*, línea recta. *2* directo, en línea recta. *3* erguido, tieso. *4* lacio [pelo]. *5* seguido, no interrumpido. *6* correcto, exacto. *7* franco, sincero. *8* recto, justo, íntegro, honrado, leal. *9* serio, severo, riguroso : ~ *face*, cara seria. *10* acérrimo. *11* en orden, arreglado. *12* puro, sin mezcla : ~ *whisky*, whisky puro. *13* formando escalera [naipes] : ~ *flush*, esˑaˈera de color. *14* GEOM. ~ *angle*, ángulo de 180⁰. *15* COM. ~ *paper*, efecto negociable, firmado o endosado por una persona. — *16 adv.* directamente, en derechura, en línea recta. *17* continuamente. *18* erguidamente. *19* correctamente. *20* honradamente, sinceramente, francamente. *21* ~ *away*, en seguida, inmediatamente. *22* ~ *off*, inmediatamente, sin demora, sin vacilar. — *23 s.* recta ; plano. *24* escalera [en el póker].

straightaway (streiˑtauei) *adj.* derecho, directo, en línea recta. — *2 s.* derechera, camino recto ; recta, parte recta [de un camino].

straight-backed *adj.* de espalda recta. *2* fig. rígido, severo.

straightedge (streiˑtedȳ) *s.* regla [para tirar líneas].

straighten (streiˑtøn) *tr.* enderezar. *2* desalabear. *3* arreglar, poner en orden. *4* poner en el buen camino. — *5 intr. to* ~ *up*, enderezarse ; reformar uno su vida, costumbres, etc.

straightener (streiˑtønøˈ) *s.* enderezador, el o lo que endereza o pone en orden.

straightening (streiˑtøning) *s.* enderezamiento. *2* desalabeo.

straightforward (streitfoˑˈuaˈd) *adj.* recto, derecho. *2* honrado, íntegro. *3* franco, sincero.

straightforwad(s (streitfoˈuaˈd(š), **straighforwardly** (streitfoˈuaˈdli) *adv.* derechamente. *2* rectamente, honradamente. *3* francamente.

straight-lined *adj.* rectilíneo.

straightly (streiˑtli) *adv.* en línea recta, directamente, derechamente.

straight-out *adj.* fam. (EE. UU.) sincero, franco, sin disfraz ; acérrimo, firme, intransigente.

straightway (streiˑtuei) *adv.* inmediatamente, al instante, en seguida.

strain (strein) *s.* tensión, tirantez ; esfuerzo o trabajo excesivo ; exceso ; fatiga. *2* grado o intensidad extraordinarios. *3* interpretación violenta [de lo dicho o escrito]. *4* relajación, torcedura, esguince. *5* MEC. carga, esfuerzo. *6* MEC. torsión, deformación. *7* presión, fuerza. *8* estirpe, linaje, familia. *9* clase, suerte. *10* carácter, rasgo [racial o hereditario]. *11* vena, algo : ~ *of madness*, vena de loco. *12* tono, acento, estilo, modo. *13* MÚS. aire, tonada, melodía, frase, acorde. *14* LIT. estilo, estro.

strain (to) (strein) *tr.* extender, poner tirante, estirar demasiado. *2* aguzar, forzar [la vista, el oído, etc.] ; poner en tensión, someter a un esfuerzo ; sobreexcitar ; fatigar, abrumar. *3* lastimar o deteriorar por un esfuerzo o tensión excesivos ; distender, torcer, forzar, violentar [el sentido de]. *5* extremar : *to* ~ *courtesy*, extremar la cortesía. *6* constreñir. *7* apretar, estrechar [en un abrazo]. *8* MEC. forzar, torcer, deformar. *9* colar, trascolar, filtrar. *10 to* ~ *a point*, excederse, hacer una excepción o concesión especial. — *11 intr.* esforzarse : *to* ~ *at*, hacer grandes esfuerzos para, esforzarse en o para. *12* soportar un esfuerzo, padecer [una cosa material]. *13* pasar [por un filtro, colador, etc.].

strained (streiˑnd) *adj.* forzado [risa, etc.]. *2* tirante [situación, relaciones].

strainer (streiˑnøˈ) *s.* tensor. *2* coladero, colador, pasador, cedazo.

strait (streit) *adj.* estrecho, angosto ; ajustado, apretado : ~ *jacket*, camisa de fuerza. *2* restrin-

gido, limitado. *3* rígido, severo. *4* penoso, difícil, apurado. — *5 s.* GEOGR. estrecho. *6* paso estrecho. *7* aprieto, apuro, estrechez.

straiten (to) (streiˑtøn) *tr.* estrechar, angostar, contraer. *2* reducir, limitar, constreñir. *3* agobiar, apurar [a uno] la falta de recursos. — *4* estrecharse, angostarse.

straitened (streiˑtønd) *adj.* apurado : *in* ~ *circumstances*, en situación económica apurada, sin dinero, falto de recursos.

strait-laced *adj.* excesivamente rígido, mojigato.

straitly (streiˑtli) *adv.* estrechamente. *2* rígidamente, rigurosamente.

straitness (streiˑtnis) *s.* estrechez, estrechura. *2* rigidez, severidad. *3* apuro, escasez, penuria.

Straits Settlements (streits seˑtølmønts) *n. pr.* colonias británicas del Estrecho de Malaca.

strake (streic) *s.* tira, faja. *2* carril, rodada. *3* grieta [en el suelo]. *4* MAR. hilada, traca.

stramineous (straminiøs) *adj.* pajizo. *2* sin valor, insignificante.

stramonium (stramouˑniøm) *s.* BOT., FARM. estramonio.

strand (strænd) *s.* costa, playa, ribera. *2* hebra, cabo, ramal. *3* cuerda, cable, trenza. *4* hilera de perlas.

strand (to) *tr. e intr.* encallar, embarrancar en la costa. *2* dejar perdido, solo, aislado, sin recursos. | Ús. esp. en la voz pasiva. *3* romper un ramal de [una cuerda]. *4* torcer [formando cuerda o cable] ; trenzar : *stranded wire*, cable de alambre. *5* zurcir, remendar. — *6 intr.* deshacerse [una cuerda o trenza].

stranding (stræˑnding) *s.* DER. MAR. encalladura.

strange (streinȳ) *adj.* extraño, extranjero, foráneo. *2* ajeno, de otro, de otra clase. *3* desconocido [no conocido antes]. *4* extraño, raro, singular, peregrino, extraordinario : ~ *to say*, cosa rara, lo cual es extraño. *5* retraído, reservado, esquivo. *6* inexperto, poco familiarizado.

strangely (streiˑnȳli) *adv.* extrañamente, singularmente. *2* extraordinariamente.

strangeness (streiˑnȳnis) *s.* calidad de extraño, foráneo o desconocido. *2* extrañeza, rareza, singularidad, maravilla. *3* reserva, alejamiento, esquivez.

stranger (streiˑnȳøˈ) *s.* extraño, extranjero, forastero, desconocido. *2 to be a* ~ *to*, ignorar, desconocer ; ser desconocido. *3 you are a* ~, se vende usted muy caro ; no se le ve a usted nunca.

strangle (to) (stræˑngøl) *tr.* estrangular, dar garrote, asfixiar. *2* ahogar. — *3 intr.* ahogar, sofocar, reprimir. — *3 intr.* ahcgarse ; morir estrangulado.

strangler (stræˑngløˈ) *s.* estrangulador, ahogador. *2* cosa que ahoga o sofoca.

strangles (stræˑngøls) *s.* VET. estrangol. *2* VET. enfermedad infecciosa de las caballerías.

strangulate (to) (stræˑnguiuleit) *tr.* apretar, ahogar. *2* MED. estrangular.

strangulated (stræˑnguiuleitid) *adj.* MED., CIR. estrangulado.

strangulation (strænguiuleˑshøn) *s.* estrangulación.

strangury (stræˑnguiuri) *s.* MED. estranguria.

strap (stræp) *s.* correa, tira, faja, banda, cinta [esp. para atar o sujetar]. *2* correón, sopanda. *3* gamarra. *4* SASTR. trabilla. *5* ZAP. tirador. *6* fleje. *7* MAR. gaza. *8* afilón, suavizador [de navajas]. *9* BOT. lígula. *10* SHOULDER STRAP. — *11* *adj.* de tira, faja, etc.; en tiras o bandas : ~ *brake*, freno de cinta ; ~ *iron*, hierro en tiras, fleje, flejes.

strap (to) *tr.* atar, sujetar con correas o tiras. *2* fajar, precintar. *3* azotar con correas. *4* asentar el filo de [una navaja]. *5* adornar con tiras. *6* almohazar. ¶ CONJUG. pret. y p. p.: *strapped*; ger.: *strapping*.

strap-hanger *s.* fam. pasajero de tranvía, autobús, etc., que ha de estar de pie, agarrado a una correa, etc., para sostenerse.

strappado (strapeiˑdou) *s.* trato de cuerda. *2* azotaina, tunda.

strapper (stræˑpøˈ) *s.* mozo de cuadra. *2* pers. o cosa corpulenta, grande. *3* mentira colosal.

strapping (stræˑping) *adj.* robusto, fuerte : ~ *youth*, buen mozo, mocetón. — *2 s.* correaje. *3* azotaina. *4* adorno de tiras sobrepuestas.

Strasburg (stræˑšbøˈg) *n. pr.* GEOGR. Estrasburgo.

strata (streiˑta) *s. pl.* de STRATUM.

stratagem (stræ·taᵹem) *s.* estratagema, ardid.
stratal (strei·tal) *adj.* relativo al estrato.
strategic(al (strætɪ·ᵹic(al) *adj.* estratégico.
strategics (stratɪ·ᵹics) *s.* estrategia.
strategist (stræ·tiᵹist) *s.* estratega, estratégico.
strategus (stratɪ·ᵹøs) *s.* general de la ant. Grecia.
strategy (stræ·tiᵹi) *s.* estrategia.
strath (stræz) *s.* (Esc.) valle ancho y llano.
straticulate (stræti·kiuleit) *adj.* dispuesto en estratos delgados.
stratification (strætifikei·shøn) *s.* estratificación.
stratiform (stræ·tifoᵐ) *adj.* estratiforme.
stratify (to) (stræ·tifai) *tr.* estratificar. — *2 intr.* estratificarse. ¶ Conjug. pret. y p. p.: *stratified.*
stratigraphic(al (stratigræ·fic(al) *adj.* estratigráfico.
stratigraphy (strati·grafi) *s.* estratigrafía.
stratocracy (strata·crasi) *s.* despotismo militar.
stratosphere (stræ·tosfiᵉ) *s.* estratosfera.
stratum (strei·tøm) *s.* Geol., Anat. estrato. *2* capa, lecho, tonga. *3* estadio, nivel [de cultura].
stratus (strei·tus) *s.* Meteor. estrato.
straw (stro) *s.* paja: *the last ~,* fig. lo que faltaba, el golpe de gracia; *to break a ~,* fig. reñir, pelearse; *to catch at a ~,* fig. agarrarse a un clavo ardiendo. *2* bálago. *3* sombrero de paja. *4* comino, bledo, fruslería: *I don't care a ~,* me importa un comino. *5* señal, indicio. — *6 adj.* pajizo, de paja, relleno de paja: *~ bed,* jergón de paja; *~ hat,* sombrero de paja. *7* sin valor, falso, ficticio, simulado; no oficial: *~ bail,* caución o fianza simulados; *~ vote,* votación no oficial para explorar la opinión de los electores.
strawberry (stro·beri) *s.* Bot. fresa [planta]. *2* Bot. fresa [fruto], madroncillo, *frutilla. *3* Bot. *~ tree,* madroño.
strawboard (stro·boᵈd) *s.* cartón de paja.
straw-colo(u)red *adj.* pajizo, de color de paja.
strawy (stroi) *adj.* pajizo, de paja. *2* sin valor.
stray (strei) *adj.* descarriado, extraviado, perdido, errante. *2* apartado, suelto, aislado; sin relación con otra cosa, incidental. — *3 s.* pers. o animal descarriado, perdido. *4* descarrío. *5 pl.* Radio. perturbaciones no debidas a estaciones transmisoras.
stray (to) *intr.* desviarse. *2* descarriarse, extraviarse, perderse, errar, vagar, andar sin objeto. *3* salirse de sus límites.
streak (strɪc) *s.* raya, línea, lista, faja. *2* reguero. *3* rayo o raya [de luz]: *~ of lightning,* relámpago, rayo. *4* Min. vena, filón. *5* rastro, rasgo, un algo [en el carácter de una persona]. *6* Miner. color de las raspaduras de un mineral. *7* Mar. hilada, traca. *8* (EE. UU.) racha [de suerte].
streak (to) *tr.* rayar, listar, gayar. — *2 intr.* ir como un rayo; viajar velozmente.
streaky (strɪ·ki) *adj.* rayado, listado, abigarrado. *2* desigual, variable [pers., carácter, humor].
stream (strɪm) *s.* corriente: *against the ~,* contra la corriente. *2* río, riachuelo, arroyo, torrente: *down ~,* agua abajo, río abajo; *up ~,* agua arriba, río arriba. *3* torrente, raudal; flujo, chorro [de líquido, gas, luz, etc.]: *~ of words,* flujo de palabras; *~ of cars,* desfile de autos. *4* rayo [de luz, de sol]. *5* curso [de la historia, de la vida]. — *6 adj.* de corriente, río, etc.: *~ anchor,* anclote; *~ tin,* casiterita de los depósitos aluviales.
stream (to) *intr.* correr, fluir, manar, brotar, chorrear. *2* salir a torrentes, derramarse. *3* salir, pasar rápidamente, dejando un rastro de luz. *4* ondear, flotar, flamear, tremolar. *5* extenderse en una línea continua. *6 to ~ with tears, with sweat,* verter lágrimas; chorrear sudor. — *7 tr.* verter, derramar. *8* hacer ondear, tremolar. *9* lavar mineral [esp. estaño]. *10* Mar. *to ~ the buoy,* echar la boya del ancla.
streamer (strɪ·møᵉ) *s.* flámula, gallardete, banderola. *2* faja de luz de la aurora boreal. *3* cola [de un cometa]. *4* titulares de un periódico que ocupan todo el ancho de la página.
streamlet (strɪ·mlit) *s.* arroyuelo, riachuelo.
streamline (strɪ·mlain) *s.* línea que sigue una corriente o una vena líquida. *2* línea aerodinámica, perfil aerodinámico. — *3 adj.* aerodinámico.
streamline (to) *tr.* dar perfil aerodinámico a, hacer aerodinámico.
streamlined (strɪ·mlaind) *adj.* aerodinámico.

streamy (strɪ·mi) *adj.* surcado por ríos o arroyos. *2* que sale como un chorro; radiante. *3* ondeante.
street (strɪt) *s.* calle, vía pública: *high ~, main ~,* calle mayor; *cross ~,* travesía. *2* arroyo, calzada [de la calle]. — *3 adj.* de la calle, callejero: *~ Arab,* golfillo, pillete; *~ cleaner, ~ sweeper,* barrendero; barredera [máquina]; *~ lamp,* farol; *~ floor,* bajos, piso bajo; *~ organ,* organillo; *~ porter,* mozo de cuerda; *~ railway,* tranvía.
streetcar (strɪt·caᵉ) *s.* (EE. UU.) tranvía.
streetwalker (strɪt·twokøᵉ) *s.* transeúnte, paseante. *2* buscona, prostituta.
strength (strengz) *s.* fuerza, energía, vigor, robustez. *2* fortaleza, firmeza, solidez, consistencia. *3* poder, potencia, pujanza. *4* intensidad: *~ of a current,* Elect. intensidad de una corriente [expresada en amperios]. *5* vehemencia. *6* grado de concentración, cuerpo [de un líquido]. *7* validez, fuerza legal. *8* Ing. resistencia [de un material]. *9* Mil. fuerza [número, potencia militar]. *10 on ~ o upon the ~ of,* fundado, confiado en.
strengthen (to) (stre·ngzøn) *tr.* fortalecer, fortificar, robustecer, vigorizar. *2* consolidar. *3* confirmar, corroborar. *4* animar, alentar. *5* reforzar. — *6 intr.* fortalecerse. *7* reforzarse, hacerse más fuerte.
strengthener (stre·ngznøᵉ) *s.* fortalecedor. *2* reforzador.
strengthless (stre·ngzlis) *adj.* débil, sin fuerza.
strenuous (stre·niuøs) *adj.* estrenuo, enérgico, vigoroso, activo, ardiente, celoso. *2* arduo.
strenuously (stre·niuøsli) *adv.* enérgicamente, vigorosamente, activamente.
strenuousness (stre·niuøsnis) *s.* estrenuidad, energía, vigor, ardor, celo.
strepitous (stre·pitøs) *adj.* estrepitoso, clamoroso.
streptococcus (streptoca·cøs) *pl.* **streptococci** (streptoca·csai) *s.* Bact. estreptococo.
streptomycine (streptomai·sin) *s.* estreptomicina.
stress (stres) *s.* fuerza [que obliga], presión, coacción, urgencia: Mar. *by ~ of weather,* obligado por el temporal. *2* peso, importancia; fuerza, énfasis: *to lay ~ on,* dar importancia a, subrayar, insistir en, hacer hincapié en, dar énfasis a. *3* esfuerzo, tensión. *4* Mús., Pros. acento. *5* Mec. esfuerzo, trabajo, carga, tracción.
stress (to) *tr.* someter a un esfuerzo, una tensión un peso. *2* acentuar [prosódicamente]. *3* recalcar, subrayar, hacer hincapié en, dar énfasis a.
stretch (strech) *s.* extensión [acción de extender]. *2* estiramiento, dilatación. *3* tirantez, tensión. *4* estirón, esfuerzo: *~ of imagination,* esfuerzo de la imaginación. *5* alcance [de la razón, el entendimiento, etc.]. *6* capacidad de extensión o dilatación. *7* extensión o interpretación abusiva; exageración. *8* extensión, trecho, distancia, tirada, tirón: *at o on a ~* de un tirón. *9* lapso, intervalo. *10* curso, dirección. *11* paseo para estirar las piernas. *12* Map. bordada. *13* recta de un hipódromo o circuito de carreras: *home ~,* último trecho, recta de llegada.
stretch (to) *tr.* extender, alargar, tender: *the tree streched its branches,* el árbol extendía sus ramas. *2* estirar, atesar; distender. *3* ensanchar, dilatar. *4* violentar, forzar, extender abusivamente, llevar al extremo; exagerar. *5* pop. tumbar, derribar. *6 to ~ forth,* alargar, extender. *7 to ~ oneself,* tenderse; desperezarse. *8 to ~ one's legs,* fig. estirar las piernas. *9 to ~ cut,* estirar, alargar, tender; *to ~ one's hand,* alargar, tender la mano. *10 to ~ a point,* hacer una concesión [en una discusión o trato]. — *11 intr.* extenderse: *to ~ as far as,* extenderse o llegar hasta. *12* alargarse, dilatarse, dar de sí, estirarse, desplegarse. | Gralte. con *out.* *13* exagerar. *14* avanzar rápidamente, con energía; menearse. *15* echarse, tenderse, tumbarse. *16* desperezarse.
stretcher (stre·chøᵉ) *s.* tendedor. *2* estirador, atesador, tensor. *3* dilatador, ensanchador: *glove ~,* ensanchador de guantes, juanas. *4* Pint. bastidor [de una tela]. *5* montante [de toldo]. *6* viga, tirante, riostra. *7* travesaño [de mesa, silla]. *8* camilla, parihuelas. *9* Mar. travesaño en un bote para apoyar los pies el que rema. *10* Albañ. sillar o ladrillo puesto a soga. *11* fam. exageración, cuento, bola.
stretcher-bearer *s.* camillero.

stretching (stre·ching) *s.* extensión, tendedura, estiramiento, alargamiento, laminado. *2* acostamiento. *3* desperezo. *4* ALBAÑ. ~ *course,* hilada a soga.

strew (stru) *s.* porción de cosas esparcidas.

strew (to) *tr.* esparcir, desparramar, derramar. *2* esparcir, divulgar. *3* sembrar, salpicar, regar, espolvorear, cubrir [de cosas esparcidas]. ¶ CONJUG. pret. y p. p.: *strewed* o *strewn.*

stria (strai·a) *s.* estría.

striate (to) (strai·eit) *tr.* estriar.

striate(d (strai·eit(id) *adj.* estriado.

striation (strai·she̞n), **striature** (strai·acho̞ᵣ) *s.* estriadura.

stricken (stri·ke̞n) *p. p.* de TO STRIKE. — *2 adj.* golpeado, herido. *3* gastado, cascado: ~ *in years,* viejo, debilitado por los años. *4* rasada [medida].

strickle (stri·co̞l) *s.* rasero. *2* escantillón.

strict (strict) *adj.* estricto, absoluto, riguroso, exacto, escrupuloso. *2* rígido, severo. *3* BOT. tieso, rígido, erecto.

strictly (stri·ctli) *adv.* estrictamente, exactamente, rigurosamente. *2* rigidamente, severamente.

strictness (stri·ctnis) *s.* exactitud, puntualidad. *2* rigidez, rigor, severidad.

stricture (stri·kcho̞ᵣ) *s.* crítica, censura. *2* MED. estrechez, constricción.

stride (straid) *s.* paso largo, tranco, zancada. *2* paso [de un animal].

stride (to) *intr.* andar a trancos, a pasos largos. — *2 tr.* pasar, salvar de un tranco. *3* pasar más allá de. *4* recorrer a trancos, a paso largo. *5* montar a horcajadas. ¶ CONJUG. pret.: *strode;* p. p.: *stridden.*

stridency (strai·de̞nsi) *s.* estridencia.

strident (strai·de̞nt) *adj.* estridente.

stridently (strai·de̞ntli) *adv.* estridentemente.

stridor (strai·do̞ᵣ) *s.* estridor.

stridulate (to) (stri·diuleit) *intr.* chirriar [la cigarra, el grillo, etc.].

stridulation (stridiule·she̞n) *s.* chirrido.

stridulous (stri·diulo̞s) *adj.* chirriante, rechinante.

strife (straif) *s.* disputa, contienda, lucha, refriega. *2* competición, emulación; porfía.

Strigidae (stri·ỹidi) *s. pl.* ORNIT. estrígidas.

strike (straic) *s.* golpe. *2* huelga [de obreros] : *to go on* ~, declararse en huelga. *3* rasero. *4* macillo [del reloj]. *5* calidad [de la cerveza]. *6* descubrimiento de un filón, un yacimiento. *7* golpe de suerte; ganga. — *8 adj.* de huelga, etc.: ~ *breaker,* esquirol, el que substituye a un obrero en huelga.

strike (to) *tr.* golpear: *to* ~ *back,* devolver un golpe. *2* herir. *3* batir, tocar, chocar con, dar contra. *4* hacer chocar: *to* ~ *one's head against,* dar un cabezazo contra. *5* dar, asestar [un golpe]. *6* quitar, cortar, cercenar, hacer saltar de un golpe. | A veces con *off. 7* embadurnar. *8* atacar, castigar. *9* morder [la serpiente]. *10* encender [una cerilla]; sacar [fuego, chispa]. *11* producir [un efecto súbito, una emoción] : *to* ~ *blind,* dejar ciego, cegar; *to* ~ *dead* o *dumb,* dejar muerto, dejar mudo; confundir, asombrar; *to* ~ *all of a heap,* dejar atónito, turulato; *to* ~ *with horror,* horrorizar. *12* sorprender, llamar la atención; ocurrirse [una idea]; causar determinada impresión, parecer : *what struck me was...,* lo que me sorprendió fue; *an idea suddenly struck me,* una idea se me ocurrió de pronto; *how does it* ~ *you?,* ¿qué le parece? *13* acuñar, troquelar. *14* hundir, hacer penetrar : *to* ~ *root,* echar raíces. *15* tocar, indicar con sonidos: dar [la hora]. *16* MÚS. herir [una tecla, una cuerda], tocar [un instrumento de cuerda]. *17* hallar, descubrir, dar con: *to* ~ *a lead,* hallar un filón. *18* rasar, igualar, nivelar. *19* atraer; enamorar. *20* hacer [balance]; sacar [una cuenta]. *21* cerrar, hacer [un trato]; formar [una liga]. *22* bajar, arriar. *23* desarmar, desmontar : *to* ~ *camp,* levantar el campamento. *24* borrar, tachar, rayar. | Con *from, off* u *out. 25* tomar, adoptar [una postura, un papel]. *26* trazar [con un compás o cordel]. *27* IMPR. tirar, imprimir. | Con *off. 28* ALBAÑ. tapar [una junta]. *29 to* ~ *down,* derribar, tumbar. *30 to* ~ *home,* dar en lo vivo. *31 to* ~ *one's fancy,* antojársele a uno. *32 to* ~ *out,* producir, hacer salir, sacar [golpeando]; idear, discurrir. *33 to* ~ *someone for a loan,*

dar un sablazo. *34 to* ~ *up,* ponerse a tocar o cantar [algo]; *to* ~ *up a friendship,* trabar amistad.

35 intr. golpear, dar golpes; luchar; atacar. *36* chocar, tropezar, dar : *to* ~ *against,* chocar con, dar contra. *37* avanzar, ir adelante; partir, ir, echar [tomar una dirección] ; entrar. *38* meterse, introducirse, intervenir. *39* sonar; dar la hora. *40* declararse en huelga. *41* penetrar, llegar [hasta]. *42* estallar, declararse [una epidemia]. *43* arriar el pabellón. *44* picar [el pez]. *45* ELECT. producirse, saltar [una chispa]. *46* AGR. arraigar. *47* MAR. encallar, embarrancar. *48 to* ~ *at,* amagar un golpe, acometer. *49 to* ~ *in,* entrar o empezar de pronto; interrumpir. *50 to* ~ *into,* entrar en, echar por; ponerse a. *51 to* ~ *on,* ocurrirse [una idea]; hallar, tropezar con; impresionar [el ánimo, un sentido]. *52 to* ~ *out in* o *into,* tomar [una dirección, un rumbo]. *53 to* ~ *through,* traspasar, atravesar. ¶ CONJUG. pret. *struck;* p. p. : *struck* o *stricken.*

strikeblock (strai·cblac) *s.* CARP. cepillo bocel.

striker (strai·ko̞ᵣ) *s.* golpeador. *2* huelguista. *3* ayudante de herrero; ayudante en gral. *4* MIL. (EE. UU.) asistente *5* martillo [de campana, de reloj]. *6* percutor. *7* ~ *plate,* cerradero [de cerradura].

striking (strai·king) *adj.* notable, sorprendente, extraordinario. *2* manifiesto. *3* vivo, llamativo, que llama la atención. *4* que está en huelga. *5* percuciente.

string (string) *s.* cordón, cinta, cordel, bramante : *to have someone on a* ~, tener a uno sujeto. *2* hilo [con que se mueve una cosa] : *to pull the strings,* mover los hilos. *3* cuelga, ristra, sarta. *4* hilo [de perlas]. *5* cuerda [de un arco, de un instrumento] : *to have two strings to one's bow,* fig. tener más de un recurso. *6* hebra, fibra, nervio, tendón. *7* BILLAR raya de la cabaña. *8* contador [de billar, etc.]. *9* ARQ. zanca. *10* DEP. categoría [de jugadores]. *11 pl.* pop. embuste. *12* MÚS. cuerda, instrumentos de cuerda. — *13 adj.* de cuerda o cuerdas : ~ *instrument,* instrumento de cuerda. *14* BOT. ~ *beans,* judías tiernas; ~ *pea,* tirabeque.

string (to) *tr.* atar [con cinta, bramante, etc.], encordelar. *2* ensartar, enhebrar. *3* templar [un instrumento de cuerda]. *4* quitar las hebras. *5* poner tirante, en tensión. *6* fortalecer. *7* extender, alargar. *8* pop. tomar el pelo, engañar. *9 to* ~ *up,* poner en estado de gran tensión nerviosa; fam. ahorcar. — *10 intr.* formar hilo, estirarse. *11* marchar en hilera. *12* fam. *to* ~ *along,* quedar acorde o conforme [con otro]. — *13 tr.* e *intr.* extender o extenderse en línea, prolongar, prolongarse. | Gralte. con *out.* ¶ CONJUG. pret.: *strung;* p. p.: *strung* o *stringed.*

stringboard (stri·ngbo'd) *s.* zanca [de escalera].

stringcourse (stri·ngco's) *s.* ARQ. cordón.

stringed (stringd) *adj.* MÚS. de cuerda. *2* atado, con cinta, bramante, etc., encordelado.

stringency (stri·nỹensi) *s.* fuerza convincente. *2* severidad, rigor. *3* estrechez, penuria.

stringent (stri·nỹe̞nt) *adj.* convincente, concluyente. *2* rígido, severo, riguroso. *3* COM. escaso de dinero [mercado].

stringer (stri·ngo̞ᵣ) *s.* encordador. *2* ensartador. *3* zanca [de escalera]. *4* riostra; durmiente. *5* FERROC. soporte de carril en un puente.

stringless (stri·nglis) *adj.* sin cuerdas; sin fibras.

stringy (stri·ngui) *adj.* fibroso, filamentoso. *2* viscoso, correoso. *3* enjuto, nervudo. *4* alargado, estirado.

strip (strip) *s.* tira, lista, cinta, faja, listón. *2* MEC. banda. *3* despojo, desnudamiento. *4 pl.* tabaco desvenado.

strip (to) (strip) *tr.* despojar, desnudar, denudar, desguarnecer. *2* quitar, arrancar [lo que cubre] : *to* ~ *the bark from,* descortezar. *3* privar [de], robar, arrebatar. *4* raer, limpiar. *5* MAR. desaparejar, desmantelar. *6* ordeñar [hasta agotar]. *7* AGR. desgranar. *8* MIL. desarmar, desmontar [un arma]. *9* despalillar [tabaco]. *10* estropear la rosca [de un tornillo o tuerca]. — *11 intr.* desnudarse, despojarse. *12* soltarse, caer [la piel, la corteza]. ¶ CONJUG. pret. y p. p.: *stripped* y *stript;* ger.: *stripping.*

stripe (straip) *s.* raya, lista, gaya, franja, galón. *2* roncha, cardenal. *3* zurriagazo. *4* tipo, índole, clase.

stripe (to) *tr.* rayar, listar, gayar. 2 azotar.
striped (straipd) *adj.* rayado, listado.
striper (strai·pø') *s.* el que raya o lista. 2 (EE. UU.) en la marina, el que lleva galones.
striping (strai·ping) *s.* listas, franjas.
stripling (stri·pling) *s.* mozalbete, jovencito.
stripper (stri·pø') *s.* el que desnuda, descorteza, etc. 2 máquina para descortezar o pelar.
strip-tease *s.* espectáculo en que una artista se desnuda total o parcialmente.
stripy (strai·pi) *adj.* rayado, listado; que parece una tira o lista.
strive (to) (straiv) *intr.* esforzarse, hacer todo lo posible. 2 forcejear. 3 luchar, contender, batallar. ¶ CONJUG. pret.: *strove; p. p.: striven.*
striver (strai·vø') *s.* el que se esfuerza. 2 luchador.
strobile (stra·bil) *s.* BOT. estróbilo.
strode (stroud) *pret.* de TO STRIDE.
stroke (strouc) *s.* golpe, choque : *at a ~, at one ~,* de un golpe; inmediatamente. 2 carrera, movimiento de vaivén [de un émbolo, una pieza]; *~ of a piston,* embolada. 3 cada uno de los golpes o movimientos del que nada, patina, etc., brazada; bogada, golpe de remo. 4 DEP. remero de popa que da el ritmo a los demás. 5 palpitación, latido. 6 campanada [de un reloj, golpe de gong]; *on the ~ of two,* al dar las dos. 7 BILLAR jugada, tacada. 8 MED. ataque [de apoplejía, parálisis, etc.]. 9 acción o suceso súbito : *~ of lightning,* rayo; *~ of fortune,* golpe de fortuna. 10 golpe, desgracia. 11 esfuerzo, acto, hazaña, rasgo : *~ of wit;* rasgo de ingenio, agudeza. 12 trazo, raya, tilde, rasgo, pincelada, plumada : *~ of pen,* plumada; *~ of pencil,* pincelada. 13 *~ of the hand,* caricia con la mano.
stroke (to) (strouk) *tr.* frotar, suavemente, pasar suavemente la mano; acariciar; alisar : *to ~ one's hair the wrong way,* fig. irritar a uno. 2 ordeñar. 3 poner tilde o trazo. 4 COST. alisar [un plegado] con la aguja. 5 dar [el remero de popa] el ritmo a los demás remeros.
strokesman (strou·ksmæn), *pl.* -men (-men) *s.* STROKE 4.
stroll (stroul) *s.* paseo, paseíto, vuelta.
stroll (to) *intr.* pasear, pasearse [a pie]. 2 andar de un lugar a otro, esp. por profesión : *strolling musician,* músico ambulante. — 3 *tr.* pasear por.
stroller (strou·lø') *s.* paseante. 2 vagabundo. 3 cómico, músico o vendedor ambulante. 4 cochecito de niño; andaderas.
stroma (strou·ma) *s.* ANAT. estroma.
strong (strong) *adj.* fuerte : *~ box,* cofre fuerte, caja de caudales; *~ water,* ácido; agua fuerte; *by the,* o *with a, ~ arm* o *hand,* con mano fuerte, dura. 2 robusto, fornido, forzudo. 3 recio, sólido, resistente. 4 grande, poderoso, vivo. 5 enérgico, activo, eficaz. 6 enorme, notorio. 7 marcado, pronunciado. 8 firme, arraigado. 9 celoso, ardiente, acérrimo. 10 espirituoso [licor]; cargado [café, té]. 11 de fuerza [harina]. 12 rancio, de olor fuerte u ofensivo. 13 COM. firme, con tendencia al alza. 14 de cierta fuerza o número : *an army ten thousand ~,* un ejército de diez mil hombres. 15 *to be ~ for* o *against,* estar predispuesto en favor o en contra. — 16 *adv.* fuertemente; sumamente.
strong-bodied *adj.* corpulento, membrudo. 2 de mucho cuerpo : *~ wine,* vino de mucho cuerpo.
strong-handed *adj.* de mano fuerte; duro.
strong-headed *adj.* obstinado, testarudo.
stronghold (stro·ngjould) *s.* fortaleza, plaza fuerte.
strongish (stro·nguish) *adj.* algo fuerte.
strongly (stro·ngli) *adv.* fuertemente. 2 firmemente, sólidamente. 3 acérrimamente. 4 vehementemente.
strong-minded *adj.* de buen entendimiento. 2 despreocupado. 3 partidaria de la emancipación de la mujer.
strontia(n (stra·nshia(n) *s.* QUÍM. estronciana.
strontianite (stra·nshianait) *s.* MINER. estroncianita.
strontium (stra·nshiøm) *s.* QUÍM. estroncio.
strop (strap) *s.* afilón, suavizador [para navajas]. 2 MAR. estrobo.
strop (to) *tr.* asentar o suavizar el filo de [las navajas].
strophe (strou·fi) *s.* estrofa.
strove (strouv) *pret.* de TO STRIVE.

struck (strøc) *pret.* y *p. p.* de TO STRIKE. — 2 *adj.* herido, afectado, sorprendido, etc., por una cosa : *to be ~ by a thing,* sorprender a uno o llamarle la atención una cosa. 3 rasada [medida].
structural (strø·cchøral) *adj.* estructural. 2 ING. de construcción o construcciones : *~ iron, ~ steel,* hierro o acero en barras apropiadas para la construcción; *~ shape,* forma de las barras (o estas barras mismas) apropiadas para la construcción [barras en U, en doble T, etc.].
structurally (strø·cchørali) *adv.* estructuralmente; en cuanto a la estructura.
structure (strø·kchø') *s.* estructura. 2 hechura, textura. 3 construcción, edificio, fábrica, puente, máquina.
struggle (strø·gøl) *s.* esfuerzo, lucha, brega, pugna, forcejeo. 2 contienda, disputa, pelea.
struggle (to) *intr.* esforzarse, luchar, bregar, pugnar, forcejear, batallar.
struggler (strø·glø') *s.* luchador.
strum (to) (strøm) *tr.* arañar, aporrear, tocar sin arte [un piano, una guitarra, etc.]. 2 rasguear [la guitarra]. ¶ CONJUG. pret. y p. p.: *strummed;* ger.: *strumming.*
struma (stru·ma) *s.* MED. lamparones; bocio; paperas.
strummer (strø·mø') *s.* el que toca sin arte un piano, una guitarra, etc. 2 el que rasguea la guitarra.
strumous (stru·møs) *adj.* escrofuloso. 2 enfermo de bocio o relativo al bocio.
strumpet (strø·mpit) *s.* ramera.
strung *pret.* y *p. p.* de TO STRING.
strut (strøt) *s.* manera de andar orgullosa, afectada; contoneo, pavoneo. 2 CARP. jabalcón, tornapunta, riostra, pie derecho, ademe.
strut (to) *intr.* andar con aire orgulloso; contonearse, pavonearse. — 2 *tr.* recorrer, cruzar con aire orgulloso. ¶ CONJUG. pret. y p. p.: *strutted;* ger.: *strutting.*
struthious (stru·ziøs) *adj.* parecido o perteneciente a los avestruces.
strychnin(e (stri·cnin) *s.* QUÍM. estricnina.
stub (støb) *s.* tocón, cepa. 2 persona rechoncha. 3 zoquete. 4 garrón, tetón. 5 pequeña parte saliente. 6 fragmento, resto, cabo. 7 colilla [de cigarro]. 8 matriz [de talonario]. 9 FERROC. ramal corto. 10 *stub* o *~ pen,* pluma de escribir de pico truncado. — 11 *adj. ~ book,* libro talonario; *~ nail,* clavo corto y grueso; clavo viejo y roto.
stub (to) *tr.* arrancar, desarraigar. 2 limpiar de tocones. 3 gastar, truncar. 4 aplastar. 5 *to ~ one's toe,* tropezar [con un tocón, una piedra, etc.].
stubbed (støbd) *adj.* romo, mocho, truncado, aplastado con el pie. 2 lleno de tocones. 3 a modo de tocón. 4 robusto, fuerte. 5 áspero, grosero.
stubbiness (stø·binis) *s.* calidad de STUBBY.
stubble (stø·bøl) *s.* rastrojo. 2 barba sin afeitar. — 3 *adj.* de rastrojo : *~ field,* rastrojo, rastrojera.
stubborn (stø·bø'n) *adj.* obstinado, terco, porfiado; tenaz, inflexible, inquebrantable, irreductible. 2 difícil de trabajar o manejar.
stubbornly (stø·bø'nli) *adv.* obstinadamente. 2 irreductiblemente.
stubbornness (stø·bø'nnis) *s.* obstinación, terquedad, pertinacia, tesonería.
stubby (stø·bi) *adj.* lleno de tocones. 2 rechoncho. 3 grueso, corto y tieso; cerdoso.
stub-iron *s.* hierro para cañones de escopeta, hecho de clavos viejos.
stucco (stø·cou) *s.* estuco. — 2 *adj.* de estuco : *~ plasterer, ~ worker,* estucador, estuquista.
stucco (to) *tr.* e *intr.* estucar.
stuccowork (stø·couwø'c) *s.* obra de estuco.
stuck (støc) *pret.* y *p. p.* de TO STICK. — 2 *adj.* enamorado : *~ on,* enamorado de. 3 atascado : *to get ~,* atascarse.
stuck-up *adj.* fam. tieso, estirado, presuntuoso.
stud (stød) *s.* poste, montante [de tabique, de entramado]. 2 tachón, bollón, bullón, clavo de adorno; adorno de relieve. 3 MEC. espiga, gorrón, botón; perno. 4 refuerzo de eslabón. 5 pasador [botón]; gemelo [de camisa]. 6 yeguada, caballada, 7 (EE. UU.) semental, caballo padre. — 8 *adj. ~ bolt,* perno de tuerca. 9 *~ farm,* acaballadero, potrero. 10 *~ work,* entramado.

stud (to) *tr.* tachonar, clavetear. 2 fig. tachonar, adornar.
studbook (stø'dbuc) *s.* registro genealógico de caballos.
studding-sail (stø'ding-seil) *s.* MAR. ala o arrástradera.
student (stiu'dent) *s.* estudiante, alumno, escolar. 2 el que estudia algo, observador, investigador. — *3 adj.* de estudiante : ~ *lamp,* quinqué.
studhorse (stø'djo's) *s.* semental, caballo padre.
studied (stø'did) *p. p.* de TO STUDY. — *2 adj.* estudiado, premeditado.
studio (stiu'diou) *s.* estudio, taller [de un artista]. 2 CINEM., RADIO. estudio.
studious (stiu'diøs) *adj.* estudioso. 2 de estudio : *a* ~ *life,* una vida de estudio. 3 aplicado, asiduo, solícito, deseoso. *4* propicio al estudio.
studiously (stiu'diøsli) *adv.* estudiosamente, asiduamente.
studiousness (stiu'diøsnis) *s.* estudiosidad. 2 asiduidad, solicitud.
study (stø'di) *s.* estudio [acción de estudiar]. 2 objeto de estudio ; asignatura. 3 B. ART. estudio, bosquejo. *4* LIT. estudio, ensayo. 5 MÚS. estudio, ejercicio. *6* despacho, gabinete de trabajo. *7* cuidado, solicitud, desvelo, esfuerzo, empeño : *it shall be my* ~ *to please,* me esforzaré en agradar ; *to make a* ~ *of,* poner su empeño en. *8* meditación profunda : *in brown* ~, embebido en sus pensamientos, muy pensativo.
study (to) *tr.* e *intr.* estudiar. 2 meditar. 3 observar, examinar. *4* buscar [reflexionando] ; discurrir, idear.
stuff (støf) *s.* material, materia prima. 2 elemento, parte fundamental. 3 carácter, capacidad, aptitud, madera. *4* materia, substancia, género)s, artículo)s, producto)s : *food* ~, alimentos, materias alimenticias ; *garden* ~, hortalizas. 5 tela, paño, estofa. *6* cosas, chismes, cachivaches, muebles, baratijas, bártulos. *7* original [de un autor]. *8* CARP. madera, tablas : *thick* ~, tablones. *9* COC. relleno. *10* pócima, poción, medicina, mejunje. *11* lenguaje, discurso, proceder. *12* desecho, broza, ideas o sentimientos tontos, tonterías, pataratas. — *13 interj.* ¡ tontería !
stuff (to) *tr.* henchir, llenar, atestar. 2 rellenar, rehenchir, emborrar, empajar ; disecar [un animal]. 3 embutir, apretar, empaquetar ; meter de cualquier modo. *4* tapar, atarugar. 5 hartar, atiborrar, atracar [de comida]. — *6 intr.* atracarse, hartarse.
stuffed (støft) *adj.* henchido, relleno, disecado, etc. : ~ *shirt,* fig. (EE. UU.) fantasmón.
stuffiness (stø'finis) *s.* mala ventilación. 2 sofocación, bochorno.
stuffing (stø'fing) *s.* relleno, henchimiento, atestadura, rehenchimiento. 2 material para rellenar o emborrar. 3 COC. relleno. *4* MEC. empaquetado: ~ *box,* caja de empaquetado, prensaestopas.
stuffy (stø'fi) *adj.* mal ventilado, sofocante. 2 resfriado, con la nariz tapada. 3 fam. soso, aburrido. *4* fam. (EE. UU.) malhumorado. 5 fam. estirado, entonado.
stull (støl) MIN. entibo.
stultify (to) (stø'ltifai) *tr.* alegar o probar ser loco o no responsable. 2 hacer aparecer como absurdo, ridículo, ilógico. 3 deteriorar, invalidar, inutilizar. *4 intr.* mostrarse o actuar de manera ridícula.
stum (støm) *s.* mosto. 2 vino remostado.
stum (to) *tr.* remostar [el vino]. 2 echar antiséptico [al vino] para que no fermente.
stumble (stø'mbøl) *s.* tropiezo, tropezón, trompicón, traspié. 2 desliz.
stumble (to) *intr.* tropezar, dar un traspié : *to* ~ *on* o *upon,* tropezar con, contra o en. 2 equivocarse o embarullarse [al hablar]. 3 *to* ~ *at,* detenerse ante, tener escrúpulo de.
stumbler (stø'mblø') *s.* tropezador.
stumbling (stø'mbling) *s.* tropezadura, tropezón.
stumbling-block *s.* tropezadero, escollo ; causa de error ; piedra de escándalo. 2 tropiezo, obstáculo.
stumblingly (stø'mblingli) *adv.* dando tropiezos.
stumbling-stone *s.* STUMBLING-BLOCK.
stump (stømp) *s.* tocón, tueco, cepa. 2 muñón [de miembro cortado] ; raigón [de diente o muela]. 3 colilla [de cigarro]. *4* pequeña parte saliente. 5 tope [de cerradura]. *6* DIB. esfumino. *7* fam. (EE. UU.) reto, desafío [a hacer algo]. *8* ruido de pasos pesados. *9* POL. (EE. UU.) tribuna al aire libre ; discurso electoral. *10* POP.

pierna : *to stir one's stumps,* moverse, menearse. *11* uno de los tres postes del juego del críquet. *12* (EE. UU.) *to be up a* ~, estar en un brete. — *13 adj.* gastado, embotado. *14* que parece un muñón. *15* (EE. UU.) de oratoria electoral : ~ *speaker,* propagandista electoral.
stump (to) *tr.* cortar, mochar. 2 limpiar de tocones. 3 recorrer con pasos pesados. *4* tropezar. 5 fam. golpear el suelo con. *6* DIB. esfumar, esfuminar. *7* retar, desafiar [a hacer algo]. *8* (EE. UU.) obstaculizar, anular. *9* (EE. UU.) confundir, aplastar. *10* (EE. UU.) recorrer [un distrito, etc.] haciendo discursos electorales. — *11 intr.* andar pesadamente ; renquear, tropezar. *12* (EE. UU.) hacer discursos electorales.
stumpier (stø'mpiø') *adj. comp.* de STUMPY.
stumpiest (stø'mpiist) *adj. superl.* de STUMPY.
stumpy (stø'mpi) *adj.* tozo, rechoncho, cachigordo. 2 lleno de tocones.
stun (støn) *s.* aturdimiento. 2 golpe, impresión, sorpresa, etc., que aturde.
stun (to) *tr.* aturdir, atolondrar, dejar sin sentido. 2 atronar, asordar, ensordecer. 3 pasmar. ¶ CONJUG. pret. y p. p. : *stunned;* ger. : *stunning.*
stung (støng) *pret.* y *p. p.* de TO STING.
stunk (stønc) *pret.* y *p. p.* de TO STINK.
stunner (stø'nø') *s.* el o lo que aturde o atolondra. 2 fam. cosa pasmosa, estupenda ; mujer guapa.
stunning (stø'ning) *adj.* aturdidor. 2 fam. pasmoso, estupendo, pistonudo, magnífico.
stunt (stønt) *s.* falta de crecimiento o desarrollo. 2 animal, planta, etc., raquítico, achaparrado, que no ha crecido. 3 suerte o ejercicio de habilidad o destreza ; hazaña sensacional ; acrobacia aérea. *4* truco propagandístico.
stunt (to) *tr.* impedir el crecimiento o desarrollo ; achaparrar. — *2 intr.* quedarse raquítico, achaparrarse. 3 hacer suertes o ejercicios de habilidad o destreza. *4* hacer acrobacias con un aeroplano.
stunted (stø'ntid) *adj.* mal desarrollado, desmedrado, raquítico, enano. 2 achaparrado [árbol].
stupe (stiup) *s.* MED. compresa, fomento.
stupe (to) *tr.* MED. fomentar.
stupefacient (stiupifei'shønt) *adj.* y *s.* estupefaciente.
stupefaction (stiupifæ'cshøn) *s.* estupefacción, estupor, pasmo.
stupefactive (stiupifæ'ctiv) *adj.* y *s.* estupefactivo.
stupefied (stiu'pifaid) *adj.* estupefacto, atónito. 2 aturdido, atontado. 3 narcotizado.
stupefier (stiu'pefaiø') *s.* estupefactivo. 2 el o lo que aturde o atonta.
stupefy (to) (stiu'pefai) *tr.* causar estupor, aturdir, atontar, atolondrar, entorpecer. 2 dejar estupefacto, pasmar. — *3 intr.* atontarse, entorpecerse. ¶ CONJUG. pret. y p. p. : *stupefied.*
stupendous (stiupe'ndøs) *adj.* estupendo, asombroso, enorme.
stupendously (stiupe'ndøsli) *adv.* estupendamente.
stupendousness (stiupe'ndøsnis) *s.* calidad de estupendo o enorme.
stupeous (stiu'piøs) *adj.* estoposo.
stupid (stiu'pid) *adj.* y *s.* estúpido, tonto, necio. — *2 adj.* atontado, aturdido. 3 soso, aburrido, sin interés.
stupidity (stiupi'diti) *s.* estupidez, tontería, necedad.
stupidly (stiu'pidli) *adv.* estúpidamente.
stupidness (stiu'pidnis) *s.* STUPIDITY.
stupor (stiu'pø') *s.* estupor, letargo, aturdimiento, atontamiento.
stuporous (stiu'pørøs) *adj.* letárgico.
stupose (stiu'pous) *adj.* BOT., ZOOL. estoposo.
stupration (stiupre'shøn) *s.* estupro.
sturdier (stø'diø') *adj. comp.* de STURDY.
sturdiest (stø'diist) *adj. superl.* de STURDY.
sturdily (stø'dili) *adv.* robustamente, vigorosamente. 2 firmemente, resueltamente. 3 tenazmente.
sturdiness (stø'dinis) *s.* robustez, fuerza, vigor. 2 firmeza. 3 tenacidad.
sturdy (stø'di) *adj.* robusto, fornido, fuerte. 2 vigoroso. 3 resuelto, firme, inquebrantable, valeroso. *4* tenaz, obstinado, empedernido.
sturgeon (stø'jøn) *s.* ICT. esturión, sollo.
stutter (stø'tø') *s.* tartamudeo, tartajeo, farfulla.
stutter (to) *intr.* tartamudear, tartajear, farfullar.
stutterer (stø'tørø') *s.* tartamudo, farfulla.

stuttering (stø·tøring) s. tartamudeo. — 2 adj. balbuciente, tartamudo, tartajoso.
sty (stai), pl. **sties** (staiš) s. pocilga, zahurda. 2 lupanar. 3 MED. orzuelo.
Stygian (sti·ỹian) adj. estigio.
style (stail) s. estilo [para escribir] ; fig. pluma [de un autor]. 2 estilo, gnomon. 3 buril. 4 aguja [de fonógrafo]. 5 BOT. estilo. 6 ZOOL. púa, espícula. 7 estilo [de un autor, escuela, etc.]. 8 estilo, manera, modo, método. 9 moda ; tono, distinción, elegancia a la moda : to be in ~, estar de moda. 10 título, tratamiento. 11 nombre comercial, razón social. 12 CRON. Old ~, New ~, antiguo estilo, nuevo estilo.
style (to) tr. intitular, llamar, nombrar. 2 hacer o cortar a la moda. 3 COM. poner de moda.
stylet (stai·lit) s. estilete [puñal, punzón]. 2 CIR. estilete.
stylish (stai·lish) adj. elegante, a la moda.
stylist (stai·list) s. estilista. 2 el que aconseja respecto al estilo del vestido, los muebles, etc.
stylistic (stai·listic) adj. estilístico.
stylite (stai·lait) s. estilita.
stylize (stai·laiš) tr. estilizar.
stylobate (stai·lobeit) s. ARQ. estilóbato.
stylograph (stai·logræf) s. estilográfica.
stylographic (stailogræ·fic) adj. estilográfico : ~ pen, pluma estilográfica.
styloid (stai·loid) adj. ANAT. estiloides.
stylus (stai·løs) s. estilo, pluma [para escribir]. 2 aguja [de fonógrafo]. 3 punzón para calcar. 4 estilo, gnomon. 5 BOT. estilo. 6 ZOOL. espícula.
stymie (stai·mi) s. GOLF circunstancia de estar una pelota entre la del jugador y el hoyo.
stymie (to) tr. GOLF estorbar con una pelota situada entre la del jugador y el hoyo. 2 fig. frustrar.
styptic (sti·ptic) adj. y s. estíptico.
stypticity (stipti·siti) s. estipticidad.
styracaceous (stairakei·shøs) adj. BOT. estiracáceo.
styrax (stai·racs) s. BOT. estoraque.
Styx (stics) n. pr. MIT. Estigia.
suable (siu·abøl) adj. que puede ser perseguido en justicia.
suasion (suei·ỹøn) s. acción de convencer o persuadir, persuasión.
suasive (sueiš·iv) adj. persuasivo, suasorio.
suave (suav o sueiv) adj. suave, afable. 2 cortés, obsequioso, zalamero.
suavity (sua·viti) s. suavidad, afabilidad, dulcedumbre.
sub (søb) s. fam. subordinado, subalterno. 2 suplente, substituto. 3 submarino.
sub (to) tr. fam. atacar o hundir con submarino. 2 fam. to ~ for, substituir, reemplazar, hacer las veces de.
sub- pref. sub-, so-, vice-.
subacetate (søbæ·siteit) s. QUÍM. subacetato.
subaerial (søbeir.rial) adj. BOT. subaéreo.
subalpine (søbæ·lpain) adj. subalpino.
subaltern (søboltø·n) adj. y s. subalterno. — 2 adj. subordinado, dependiente.
subalternant (søboltø·nant) adj. LÓG. universal. — 2 s. LÓG. proposición universal.
subalternate (søbo·ltø·nit) adj. sucesivo, que sucede por turno. 2 subalterno, subordinado. — 3 s. LÓG. proposición particular opuesta a una universal.
subaqueous (søbei·cuiøs) adj. subacuático, submarino.
subarctic (søba·'tic) adj. subártico.
subaudible (søbo·dibøl) adj. no audible ; apenas audible.
subaudition (søbo·dishøn) s. acción de sobreentender. 2 palabras que se sobrentienden.
subbase (søb-bes) s. ARQ. miembro inferior de una base o más bajo que una base.
subbass (søb-beis) s. MÚS. registro grave del pedal.
subcarbonate (søbca·'bonit) s. QUÍM. carbonato básico.
subcellar (søbse·la') s. sótano inferior.
subchanter (søbchæ·ntø') s. sochantre.
subchasser (søbchei·sø') s. cazasubmarinos.
subclass (sø·bclæs) s. subclase.
subclavian (søbclei·vian) adj. ANAT. subclavio.
subcommittee (so·bcømiti) s. subcomisión.
subconscious (søbca·nshøs) adj. y s. subconsciente.
subconsciousness (søbca·nshøsnis) s. subconsciencia.

subcontract (søbca·ntræct) s. contrato que toma uno para realizar una parte de lo que otro tiene contratado.
subcontractor (søbcantræ·ctø') s. el que toma a su cargo parte de lo que otro tiene contratado.
subcostal (søbca·stal) adj. ANAT. subcostal.
subcutaneous (søbkiutei·niøs) adj. subcutáneo, hipodérmico.
subdeacon (søbdr·køn) s. subdiácono.
subdeaconship (søbdr·cønship) s. subdiaconato.
subdean (sø·bdran) s. vice-decano.
subdelegate (søbde·løgueit) s. subdelegado.
subdelegation (søbdeløgue·shøn) s. subdelegación.
subdititious (søbditi·shøs) adj. puesto secretamente en lugar de otra cosa.
subdivide (to) (søbdivai·d) tr. subdividir.
subdivision (søbdivi·ỹøn) s. subdivisión.
subdominant (søbda·minant) adj. y s. MÚS. subdominante.
subduable (søbdiu·abøl) adj. sojuzgable, dominable.
subdual (sø·bdiual) s. sojuzamiento, vencimiento. 2 sujeción.
subduct (to) (søbda·ct) tr. substraer, deducir. 2 retirar, quitar, sacar.
subduction (søbda·cshøn) s. substracción, resta. 2 sojuzgamiento, sujeción.
subdue (to) (søbdiu·) tr. sojuzgar, someter, dominar, reducir, vencer, aplastar. 2 'avasallar, cautivar. 3 domar, domeñar, amansar. 4 mitigar, amortiguar, suavizar ; hacer bajar [la fiebre] ; minorar la fuerza, la intensidad de : subdued light, luz suave, mortecina ; suduec· voice, voz baja. 5 subdued tone, tono sumiso ; voz baja ; color apagado.
subduer (søbdiu·ø') s. sojuzgador, conquistador. 2 domador, domeñador, amansador.
subeditor (søbe·ditø') s. subdirector de un periódico o de una de sus secciones.
suber (siu·bø') s. BOT. tejido suberoso.
subereous (siubi·riøs) adj. suberoso.
suberic (siube·ric) adj. QUÍM. subérico.
suberin (siu·børin) s. suberina.
suberose (siube·rous) adj. suberoso.
subfamily (søbfæ·mili) s. BIOL. subfamilia.
subhead (sø·bjed), **subheading** (søbje·ding) s. subtítulo.
subitaneous (subite·niøs) adj. súbito.
subjacent (søbjei·sønt) adj. subyacente.
subject (søbỹe·ct) adj. sometido, dominado, supeditado. 2 obediente, sumiso. 3 sujeto, expuesto, propenso. — 4 adj. y s. súbdito, vasallo. — 5 s. sujeto, asunto, materia, tema ; asignatura ; matter, materia [de que se trata]. 6 razón, ocasión, motivo. 7 GRAM., LÓG., FIL., PSIC. sujeto. 8 lo sometido a una operación o proceso. 9 ANAT. cadáver destinado a la disección.
subject (to) tr. sujetar, someter, subyugar, sojuzgar. 2 supeditar, subordinar. 3 someter [al juicio, consideración, etc., de uno ; a una acción u operación], exponer.
subjection (søbỹe·cshøn) s. sometimiento, sumisión, subyugación. 2 sujeción, supeditación, dependencia, servidumbre.
subjective (søbỹe·ctiv) adj. subjetivo.
subjectively (søbỹe·ctivli) adv. subjetivamente.
subjectiveness (søbỹe·ctivnis) s. SUBJETIVITY.
subjectivism (søbỹe·ctivišm) s. subjetivismo.
subjectivist (søbỹe·ctivista) s. subjetivista.
subjectivity (søbỹecti·viti) s. subjetividad.
subjoin (to) (søbỹoi·n) tr. añadir [esp. algo dicho o escrito].
subjugable (sø·bỹugueibøl) adj. subyugable.
subjugate (to) (sø·bỹugueit) tr. subyugar, sojuzgar, dominar, sujetar.
subjugation (søbỹugue·shøn) s. subyugación. 2 sujeción, servidumbre.
subjunct (sø·bjønct) s. GRAM. calificativo o determinativo de un calificativo o determinativo.
subjunctive (søbỹø·nctiv) adj. y s. GRAM. subjuntivo.
subkingdom (sø·bkingdøm) s. BIOL. subreino.
sublease (sø·blis) s. subarriendo.
sublease (to) tr. subarrendar.
sublessee (søblesi·) s. subarrendatario.
sublessor (søble·sø') s. subarrendador.
sublet (to) (søble·t) tr. subarrendar.
sublimate (sø·blimeit) s. QUÍM. sublimado, esp. sublimado corrosivo. — 2 adj. QUÍM. sublimado. 3 refinado, elevado.

SUBJUNTIVO / THE SUBJUNCTIVE MOOD

El inglés no tiene formas propias para el subjuntivo, excepto en el verbo to be, cuyo presente de subjuntivo es be y cuyo pretérito de subjuntivo es were para todas las personas del singular y del plural: whoever he be, quienquiera que sea; if I were in his place, si yo estuviese en su lugar; I wish that his father were here, quisiera que su padre estuviese aquí.

En todo otro caso, el inglés expresa el subjuntivo mediante: a) el infinitivo; b) una forma de indicativo; c) una forma compuesta con los auxiliares may o might y should.

Por regla general:

- Cuando la acción expresada por el subjuntivo es pensada como cierta, se usa el infinitivo o el indicativo: tell him to go away, dígale que se vaya; as you please, como usted quiera o guste; wait till he comes, aguarde hasta que él venga; as soon as dinner is ready, así que esté lista la comida.

- Cuando la acción es pensada como incierta, dudosa o simplemente deseada, se usa una forma compuesta con may, might o should.

May, might se usan:

—Para expresar la idea del verbo *poder*: however strong he might be, por fuerte que fuese.
—Para expresar un deseo, una orden: may he live long, que viva muchos años.
—En oraciones finales después de that, in order that, so that (para que, a fin de que): he went away that they might not find him in the house, se fue para que no le encontrasen en la casa; I tell it to you so that you may warn him, se lo digo para que usted le avise (o pueda avisarle).

Se usa should:

—Después de that (conjunción *que*): he seemed to expect that I should assent to this, parecía esperar que yo asintiese a esto; that I should be so unfortunate!, ¡que sea yo tan desgraciado!
—Después de conjunciones condicionales o concesivas, como if, though, even though, etc.: if he should come, si él viniese; though he should come, aunque él viniese.
—Después de lest: I shall keep your book lest you should lose it, guardaré tu libro para que no lo pierdas.

Observaciones:

- If puede omitirse en ciertos casos a condición de poner el sujeto detrás de should, had o were: should he know it, si él lo supiese; had I known it, si yo lo hubiese sabido; were I, in his place, si yo estuviese en su lugar.

- Después de for fear that se usa should en el presente y should o might en el pretérito: he is running away for fear that his father should punish him, huye por miedo de que su padre le castigue; he ran away for fear that his father should (o might) punish him, huyó por miedo de que su padre lo castigase.

---

sublimate (to) *tr.* QUÍM. PSICOAN. sublimar. 2 refinar, elevar.
sublimation (søblime·shøn) *s.* sublimación.
sublimatory (sø·blimatori) *adj.* sublimatorio.
sublime (søblai·m) *adj.* sublime. 2 grande, extremo. 3 poét. gozoso, jubiloso. 4 *Sublime Porte,* Sublime Puerta [Turquía]. — 5 *s. the* ~, lo sublime.
sublime (to) *tr.* sublimar [engrandecer, ensalzar]; refinar, purificar. 2 QUÍM. sublimar. — 3 *intr.* sublimarse.
sublimely (søblai·mli) *adv.* sublimemente.
sublimeness (søblai·mnis) *s.* SUBLIMITY.
sublimer (sø·blimø') *s.* sublimador.
subliminal (søbli·minal) *adj.-s.* PSIC. subliminal.
sublimity (søbli·miti) *s.* sublimidad. 2 cosa o persona sublime.
sublingual (søbli·ngual) *adj.* ANAT. sublingual.
sublunar (søbliu·na'), **sublunary** (søliu·nari) *adj.* sublunar, terrestre.
submarine (sø·bmarin) *adj.* y *s.* submarino.
submaxillary (søbmæ·csilari) *adj.* ANAT. submaxilar.
submediant (søbmɪdiant) *s.* MÚS. superdominante.
submerge (to) (søbmø·ỹ) *tr.* sumergir, zambullir, hundir, sumir. 2 inundar, anegar. — 3 *intr.* sumergirse, zambullirse, hundirse, sumirse.
submergence (søbmø·yøns) *s.* sumersión.
submergible (søbmø·ỹibøl) *adj.* sumergible. — 2 *s.* MAR. sumergible, submarino.
submerse (søbmø·s) *adj.* BOT. sumergido, que se desarrolla dentro del agua.
submerse (to) *tr.* TO SUBMERGE.
submersible (søbmø·sibøl) *adj.* y *s.* SUBMERGIBLE.
submersion (søbmø·shøn) *s.* sumersión.

submission (søbmi·shøn) *s.* sumisión, sometimiento, rendición. 2 obediencia, rendimiento, deferencia, humildad. 3 sometimiento [a la consideración, estudio, inspección, etc.]. 4 DER. compromiso [sometimiento a arbitraje]. 5 conformidad, resignación.
submissive (søbmi·siv) *adj.* sumiso, obediente, humilde, respetuoso.
submissively (søbmi·sivli) *adv.* sumisamente, humildemente.
submissiveness (søbmi·sivnis) *s.* sumisión, rendimiento, conformidad.
submit (to) (søbmi·t) *tr.* someter, remitir, dejar [al juicio, a la decisión, etc., de uno]. 2 ceder, rendir. 3 proponer, decir, afirmar [como opinión propia]. — 4 *intr.* y *ref.* someterse, rendirse, ceder, conformarse, resignarse. ¶ CONJUG. pret. y p. p.: *submitted;* ger.: *submitting.*
submultiple (søbmøl·tipøl) *s.* submúltiplo.
subnormal (søbno·mal) *adj.* subnormal, deficiente. — 2 *s.* MAT. subnormal.
suborder (søbo·dø') *s.* suborden.
subordinacy (søbo·dinasi) *s.* subordinación [calidad de subordinado].
subordinate (søbo·dinit) *adj.* subordinado, dependiente, subalterno, inferior, secundario. — 2 *s.* subordinado.
subordinate (to) (søbo·dineit) *tr.* subordinar. 2 supeditar.
subordinately (søbo·dinitli) *adv.* subordinadamente.
subordination (søbo·dine·shøn) *s.* subordinación.
suborn (to) (sø·bo·n) *tr.* sobornar.
subornation (søbo·ne·shøn) *s.* soborno.

suborner (søbᵒ·'nø') *s.* sobornador.
subpœna (søbpɪ·na) *s.* DER. citación, comparendo.
subpœna (to) *tr.* DER. citar, emplazar.
subpolar (søbpou·la') *adj.* subpolar.
subprefect (søbprɪˈfect) *s.* subprefecto.
subreption (søbreˈpshøn) *s.* DER. subrepción.
subreptitious (søbreˈptishøs) *adj.* DER. subrepticio.
subrogate (to) (sø·brougueit) *tr.* subrogar.
subrogation (søbrougueˈshøn) *s.* subrogación.
sub rosa (søb rouˈȳa) *adv.* en secreto, en confianza.
subscribe (to) (søbscraiˈb) *tr.* subscribir, firmar. 2 aprobar, ser partidario de. *3 to ~ ten dollars,* subscribirse por diez dólares. — *4 intr.* firmar. *5* subscribirse : *to ~ for,* subscribirse a. *6 to ~ to,* subscribir [mostrarse conforme con]; aprobar, aceptar.
subscriber (søbscraiˈbø') *s.* firmante. 2 suscriptor.
subscription (søbscriˈpshøn) *s.* firma. 2 documento firmado. *3* aprobación, consentimiento, apoyo. *4* subscripción. *5* cantidad subscrita.
subsection (søbseˈcshøn) *s.* subdivisión. 2 apartado [de un artículo de una ley].
subsellium (søbseˈliøm) *s.* misericordia, coma [de la silla de coro].
subsequence (sø·bsicuøns) *s.* subsecuencia.
subsequent (sø·bsicuønt) *adj.* subsecuente, subsiguiente; ulterior.
subsequently (sø·bsicuøntli) *adv.* subsiguientemente; ulteriormente.
subserve (to) (søbsø·'v) *tr.* servir en condición subordinada. 2 servir, ayudar, favorecer.
subservience, subserviency (søbsø·'viøns, -si) *s.* subordinación. 2 utilidad, ayuda. *3* condición de estar dispuesto a servir los fines de otro. *4* servilismo.
subservient (søbsø·'viønt) *adj.* subordinado. 2 útil. *3* servicial. *4* servil, rastrero.
subserviently (søbsø·'viøntli) *adv.* subordinadamente. 2 útilmente. *3* servicialmente. *4* servilmente.
subside (to) (søbsaiˈd) *intr.* menguar, disminuir; bajar [de nivel], posarse [un sedimento]. 2 hundirse. *3* calmarse, apaciguarse. *4* dejarse caer.
subsidence, subsidency (søbsaiˈdøns, -si) *s.* hundimiento, descenso, asiento. 2 desplome. *3* calma, apaciguamiento.
subsidiarily (søbsiˈdierili) *adv.* subsidiariamente.
subsidiary (søbsiˈdieri) *adj.* subsidiario. 2 tributario. *3* auxiliar, subordinado, secundario, incidental. — *4 adj. y s.* COM. filial.
subsidize (to) (sø·bsidaiš) *tr.* subvencionar.
subsidy (sø·bsidi) *s.* subvención, subsidio.
subsist (to) (søbsiˈst) *intr.* subsistir. 2 existir. *3* permanecer, continuar. — *4 tr.* mantener, sustentar, alimentar.
subsistence (søbsiˈstøns) *s.* subsistencia. 2 existencia. *3* mantenimiento, manutención, sustento. *4* inherencia.
subsistent (søbsiˈstønt) *adj.* subsistente. 2 inherente.
subsoil (sø·bsoil) *s.* subsuelo.
subsoil (to) *tr.* cavar o remover el subsuelo de la tierra.
subsolar (søbsouˈla') *adj.* que está bajo el sol, terrestre. 2 intertropical.
substance (sø·bstans) *s.* substancia [esencia, ser, entidad, realidad, lo esencial o más importante] : *in ~,* en substancia, en lo esencial. 2 substancia, materia. *3* substancia, enjundia, fuste. *4* material [de que una cosa está hecha]. *5* solidez. *6* masa, cantidad. *7* cuerpo, objeto material [opuesto a sombra, visión]. *8* hacienda, caudal, recursos.
substantial (søbstæ·nshal) *adj.* substancial. 2 substancioso. *3* verdadero, real, positivo. *4* sólido, grueso, fuerte, resistente, duradero. *5* importante, considerable, cuantioso, valioso, copioso. *6* corpóreo, material. *7* acomodado, rico. *8* solvente, de buena reputación. *9* virtual, en lo esencial : *to be in ~ agreement,* estar de acuerdo en lo esencial. — *10 s.* realidad, cosa existente. *11* parte esencial.
substantialism (søbstæ·nshalism) *s.* substancialismo.
substantiality (søbstænshiæˈliti) *s.* substancialidad. 2 corporeidad, materialidad. *3* solidez.
substantialize (to) (søbstæˈnshalaiš) *tr.* e *intr.* hacer o hacerse real, positivo.
substantially (søbstæ·nshali) *adv.* substancialmente. 2 sólidamente.

substantialness (søbstæ·nshalnis) *s.* calidad de substancial. 2 realidad. *3* fuerza, solidez, duración. *4* valor, importancia. *5* solvencia.
substantiate (to) (søbstæ·nshieit) *tr.* probar, establecer, demostrar, justificar, comprobar.
substantiation (søbstænshieˈshøn) *s.* prueba, demostración, comprobación. 2 prueba, testimonio.
substantival (søbstantaiˈval) *adj.* GRAM. substantivo [del substantivo o de su naturaleza].
substantivally (søbstantaiˈvali) *adv.* substantivamente.
substantive (sø·bstantiv) *adj.* substantivo. 2 real, positivo. *3* duradero, permanente. *4* esencial. *5* importante, considerable. *6* independiente, que tiene recursos propios. — *7 s.* GRAM. substantivo. *8* cosa independiente o substantiva.
substantively (sø·bstantivli) *adv.* esencialmente. 2 GRAM. substantivamente.
substitute (sø·bstitiut) *s.* substituto, suplente; lugarteniente. 2 substitutivo.
substitute (to) *tr.* substituir, reemplazar. 2 DER. subrogar.
substitution (søbstitiuˈshøn) *s.* substitución; suplencia, reemplazo. 2 lugartenencia. *3* DER. subrogación.
substratum (søbstreiˈtøm) *pl.* **substrata** (søbstreiˈta) *s.* substrato. 2 capa inferior, fundamento. *3* QUÍM., BIOL., BACTER. medio.
substructure (sø·bstrøkchø') *s.* ARQ. fundamento, cimientos; infraestructura.
subsume (to) (sø·bsium) *tr.* incluir [en una categoría, clase, etc.].
subsumption (søbsø·mshøn) *s.* inclusión [en una categoría, clase, etc.]; cosa incluida. 2 LÓG. premisa menor.
subtangent (søbtæ·nȳønt) *s.* GEOM. subtangente.
subtend (to) (søbteˈnd) *tr.* GEOM. subtender. 2 BOT. abrazar.
subtense (søbteˈns) *adj.* GEOM. subtensa.
subterfuge (sø·btø'fiuȳ) *s.* subterfugio, escapatoria.
subterranean (søbtereiˈnian) *adj.* subterráneo. 2 secreto. — *3 s.* subterráneo, cueva, sótano.
subterraneous (søbtereiˈniøs) *adj.* subterráneo.
subtile (sø·btil) *adj.* sutil. 2 penetrante. *3* astuto, artero, engañoso, artificioso.
subtilely (sø·btilis) *adv.* sutilmente.
subtileness (sø·btilnis), **subtility** (søbtiˈliti) *s.* sutileza, sutilidad.
subtilization (søbtilišeˈshøn) *s.* acción de sutilizar.
subtilize (to) (sø·btilaiš) *tr.* sutilizar. 2 refinar, sublimar, ensalzar. *3* aguzar [la mente, los sentidos]. — *4 intr.* sutilizar, alambicar.
subtilty (sø·btilti) *s.* sutileza, sutilidad. 2 alambicamiento. *3* agudeza. *4* argucia, sutileza.
subtitle (sø·btaitøl) *s.* subtítulo.
subtle (sø·tøl) *adj.* sutil, raro, fino, delicado, impalpable. 2 sutil, alambicado. *3* ingenioso, primoroso. *4* sutil, agudo, perspicaz. *5* astuto, artificioso, disimulado. *6* apto, hábil.
subtleness (sø·tølnis), **subtlety** (sø·tølti) 's. sutileza, sutilidad. 2 agudeza, penetración. *3* astucia, maña, artificio.
subtly (sø·tli) *adv.* sutilmente. 2 delicadamente. *3* artificiosamente.
subtract (to) (søbtræ·ct) *tr.* substraer, deducir, quitar. 2 MAT. restar.
subtraction (søbtræ·cshøn) *s.* substracción, deducción. 2 MAT. resta, substracción.
subtrahend (sø·btrajend) *s.* MAT. substraendo.
subtreasurer (søbtreˈȳørø') *s.* vicetesorero.
subtreasury (søbtreˈȳøri) *s.* vicetesorería.
subtropic(al (søbtraˈpic(al) *a.* subtropical.
subulate (siuˈbiuleit), **subuliform** (siuˈbiulifoˈm) *adj.* alesnado.
suburb (sø·bø'b) *s.* suburbio, arrabal. 2 *pl.* periferia, inmediaciones.
suburban (søbø·'ban) *adj. y s.* suburbano.
suburbanite (søbø·'banait) *s.* suburbano, arrabalero.
suburbicarian (søbøbikeˈrian) *adj.* suburbicario.
subvene (to) (søbvɪˈn) *intr.* subvenir. 2 proveer, hacer lo necesario.
subvention (søbveˈnshøn) *s.* subvención, ayuda.
subversion (søbveˈnshøn) *s.* subversión. 2 ruina, destrucción.
subversive (søbvø·'siv) *adj.* subversivo. 2 destructor.
subvert (to) (søbvø·'t) *tr.* subvertir. 2 destruir, arruinar.
subverter (søbvø·'tø') *s.* subversor. 2 destructor.

subvertible (søbvø'tibøl) *adj.* subvertible. 2 destruible.

subway (sø'bwei) *s.* paso o conducto subterráneo. 2 (EE. UU.) metropolitano, ferrocarril subterráneo.

succades (siu'keids) *s.* fruta confitada.

succedaneous (søcsidei'niøs) *adj.* sucedáneo, substitutivo, supletorio.

succedaneum (søcsidei'niøm) *s.* substituto. 2 sucedáneo.

succeed (to) (søcsi·d) *intr.* suceder [entrar en lugar de otro; entrar como heredero]. 2 suceder, sucederse, seguirse, seguir, venir después. 3 tener éxito, lograr su objeto, acertar; resultar, salir bien.

succeeder (søcsi·dø') *s.* sucesor.

succeeding (søcsi·ding) *adj.* subsiguiente, siguiente, futuro.

succentor (søcse·ntø') *s.* sochantre.

success (søcse·s) *s.* éxito, buen éxito, logro, triunfo. 2 persona o cosa que tiene éxito.

successful (søcse·sful) *adj.* que tiene éxito, airoso; afortunado, logrado. 2 próspero, venturoso.

successfully (søcse·sfuli) *adv.* felizmente, con buen éxito. 2 prósperamente.

successfulness (søcse·sfulnis) *s.* feliz éxito, buen suceso, prosperidad.

succession (søcse·shøn) *s.* sucesión. 2 seguida, serie, continuación : *in* ~, sucesivamente, uno tras otro.

successional (søcse·shønal) *adj.* relativo a la sucesión. 2 consecutivo.

successive (søcse·siv) *adj.* sucesivo. 2 ordenado, seriado.

successively (søcse·sivli) *adv.* sucesivamente.

successor (søcse·sø') *s.* sucesor.

succinate (søcsi·neit) *s.* QUÍM. succinato.

succinct (søcsi·nct) *adj.* sucinto. 2 conciso, breve. 3 seco, brusco.

succinctly (søcsi·nctli) *adv.* sucintamente, sumariamente.

succinctness (søcsi·nctnis) *s.* concisión, brevedad.

succinic (søcsi·nic) *adj.* QUÍM. succínico.

succinum (sø'csinøm) *s.* succino, ámbar.

succor, succor (to), succorer = SUCCOUR, SUCCOUR (TO), SUCCOURER.

succory (sø'cori) *s.* CHICORY.

succotash (sø'cotæsh) *s.* (EE. UU.) potaje de fríjoles y maiz tierno. — 2 *s.* sucursal. 3 monasterio dependiente de otro.

succour (sø·cø') *s.* socorro, ayuda, auxilio, asistencia. 2 socorredor. 3 refugio. 4 MIL. socorro, refuerzos.

succour (to) (sø·cø') *tr.* socorrer, dar socorro, ayudar, auxiliar.

succourer (sø·cørø') *s.* socorredor.

succuba (siu·kiuba), **succubus** (siu·kiubøs) *s.* súcubo. 2 demonio.

succulence, succulency (sø·kiuløns, -si) *s.* suculencia, jugosidad.

succulent (sø·kiulønt) *adj.* suculento, jugoso, zumoso.

succumb (to) (søcø·m) *tr.* sucumbir. 2 rendirse.

succumber (søcø·mbø') *s.* el que sucumbe.

succursal (siu·kiu'sal) *adj.* secundario, sufragáneo, sucursal. — 2 *s.* sucursal. 3 monasterio dependiente de otro.

succuss (to) (søkø·s) *tr.* sacudir, agitar.

succussion (søkø·shøn) *s.* sacudimiento.

such (søch) *a.* tal, tales, semejante, semejantes; así, como : ~ *love is rare*, tal amor, o un amor así, es raro; *tears* ~ *as angels weep*, lágrimas como las que lloran los ángeles. 2 ~ *a thing*, tal cosa, semejante cosa, algo, una cosa : *no* ~ *a thing*, no hay tal ; *there is* ~ *a thing as decency*, hay una cosa que se llama decencia, la decencia existe. 3 tal, cierto [no especificado] : ~ *and* ~ *thing*, tal y tal cosa. — 4 *pron.* tal, tales, éste, ésta, éstos, éstas : ~ *is the result*, tal es éste, es el resultado; *as* ~, como a tal. 5 ~ *as*, aquel, aquella, aquellos, aquellas que ; el, la los, las que; quien, quienes; cualquiera que. — 6 *adv.* tan : ~ *a good man*, un hombre tan bueno. 7 así, tal : ~ *is life*, así es la vida. 8 ~ *as it is* (~ *as they are*, etc.), tal cual, o como, es o está (son o están); aun siendo pequeños(s, mediocre(s, débil(es, etc.

suchlike (sø·chlaic) *adj.* vulg. tal, semejante, de esta clase, de esta índole. — 2 *prep.* vulg. cosas así, cosas semejantes.

suck (søc) *s.* succión, chupada. 2 mamada, tetada : *to give* ~, dar de mamar, amamantar. 3 fam. sorbo.

suck (to) *tr.* e *intr.* chupar, absorber, sorber, libar. 2 mamar. 3 MEC. aspirar. 4 *to* ~ *cut* o *up*, chupar, absorber, inhalar. 5 *to* ~ *dry*, dejar seco o enjuto, agotar.

sucker (sø·kø') *s.* mamón, chupón. 2 lechón, gorrinillo; cordero lechal. 3 ZOOL. ventosa; órgano chupador. 4 ICT. la rémora, la lamprea y otros peces. 5 émbolo, válvula [de bomba]. 6 tubo de succión o aspiración. 7 AGR. vástago, retoño, chupón. 8 fig. sanguijuela, parásito. 9 fig. primo, pagano. 10 caramelo para chupar. 11 fig. borrachín.

sucking (sø·cking) *s.* chupadura. — 2 *adj.* de teta. 3 lechal, mamantón, recental. 4 chupador : ~ *fish*, rémora; lamprea.

suckle (to) (sø·cøl) *tr.* amamantar, dar de mamar, lactar, criar. — 2 *intr.* lactar, mamar. amamantarse.

suckling (sø·kling) *s.* lactación. — 2 *adj.* y *s.* mamón, niño de teta. 3 mamantón, recental.

sucrose (siu·crous) *s.* QUÍM. sacarosa.

suction (sø·cshøn) *s.* succión. — 2 *adj.* de succión o aspiración : ~ *cleaner*, aspirador de polvo; ~ *hose*, manguera de alimentación; ~ *pipe*, tubo de aspiración; ~ *pump*, bomba aspirante.

suctorial (søcto·rial) *adj.* chupador.

Sudan (sudæ·n) *n. pr.* GEOGR. Sudán.

Sudanese (sudøn·š), *pl.* -ese *adj.* y *s.* sudanés.

sudarium (siudæ·riøm) *s.* sudadero [lienzo]. 2 lienzo con que la Verónica limpió el sudor de Cristo. 3 sudadero [de baño].

sudatorium (siudato·riøm) *s.* sudadero, baño turco.

sudatory (siu·datori) *adj.* sudatorio, sudorífico.

sudden (sø·døn) *adj.* súbito, repentino, inesperado, improviso : *all of a* ~, *on a* ~, *of a* ~, de pronto, de repente, de sopetón. 2 súbito, pronto [de genio] ; precipitado, violento. 3 improvisado.

suddenly (sø·dønli) *adv.* de súbito, de repente, de sopetón ; precipitadamente.

suddenness (sø·dønnis) *s.* calidad de súbito o repentino. 2 precipitación. 3 brusquedad.

sudor (siu·dø') *s.* sudor; exudación.

sudoriferous (siudori·førøs) *adj.* sudorífero.

sudorific (siudori·fic) *adj.* y *s.* sudorífico.

sudoriparous (siudori·parøs) *adj.* sudoríparo.

Sudra (su·dra) *s.* sudra [casta inferior de los hindús].

suds (søds) *s. pl.* jabonaduras; espuma.

sue (to) (siu·) *tr.* e *intr.* DER. demandar, poner pleito, entablar acción : *to* ~ *for damages*, demandar por daños y perjuicios. 2 pedir, rogar, solicitar, instar. | Con *to* o *for*. 3 hacer la corte, pretender.

suède (sueid) *s.* piel de Suecia. 2 tejido que la imita.

suet (siu·it) *s.* saín, sebo.

suety (siu·iti) *adj.* grasiento, seboso.

suffer (to) (sø·fø') *tr.* e *intr.* sufrir, padecer, experimentar, pasar : *you will* ~ *for it*: lo pagará, le pesará, se arrepentirá de ello ; *he suffered the same fate*, le cupo la misma suerte ; *to* ~ *from*, padecer de; padecer o quedar perjudicado por efecto de. — 2 *tr.* resistir, soportar, aguantar, conllevar. 3 sufrir, tolerar, permitir.

sufferable (sø·førabøl) *adj.* sufrible, soportable.

sufferance (sø·førans) *s.* tolerancia, consentimiento tácito : *on* ~, por tolerancia, por consentimiento tácito. 2 sufrimiento, paciencia, aguante : *it is beyond* ~, es más de lo que se puede aguantar. 3 (Ingl.) permiso especial de la aduana.

sufferer (sø·førø') *s.* sufridor, paciente, víctima : *fellow-sufferer*, compañero de infortunio.

suffering (sø·føring) *s.* sufrimiento, padecimiento, dolor, pena. — 2 *adj.* doliente, que sufre; enfermo. 3 sufrido.

Suffetes (siufe·tiš) *s. pl.* sufetes [magistrados de Cartago].

suffice (to) (søfai·s) *intr.* bastar, ser suficiente o bastante, alcanzar, llegar. — 2 *tr.* bastar a, ser suficiente para, satisfacer.

sufficiency (søfi·shønsi) *s.* calidad de suficiente, adecuado : *a* ~, lo bastante. 2 suficiencia, idoneidad, eficacia. 3 presunción. 4 medios suficientes, posición acomodada.

sufficient (søfi·shønt) *adj.* suficiente, bastante, adecuado, amplio. 2 apto. idóneo. 3 satisfactorio. 4 solvente. 5 acomodado.

sufficiently (søfi·shøntli) *adv.* suficientemente, bastante.

suffix (sø·fics) *s.* sufijo.

suffix (to) (søfi·cs) *tr.* añadir como sufijo.

suffocate (to) (sø·fokeit) *tr.* sofocar, asfixiar, ahogar, matar. — *3 intr.* ahogarse, asfixiarse.

suffocating (sø·fokeiting) *adj.* sofocante, sofocador, asfixiante.

suffocation (søfoke·shøn) *s.* sofocación, ahogamiento, asfixia.

suffocative (sø·fokeitiv) *adj.* sofocante, sofocador.

sufragan (sø·fragan) *adj. y s.* ECLES. sufragáneo. 2 auxiliar [obispo].

suffrage (sø·fridÿ) *s.* sufragio, voto. 2 ECLES. preces, sufragios.

suffragette (søfraÿe·t) *s.* sufragista [mujer].

suffragism (sø·fraÿism) *s.* sufragismo.

suffragist (sø·fraÿist) *s.* sufragista [partidario del voto femenino].

suffrutescent (su·frutøsønt) *adj.* BOT. sufrutescente.

suffruticose (søfru·ticous) *adj.* BOT. sufruticoso.

suffuse (to) (søfiu·s) *tr.* bañar, cubrir, teñir [de un fluido]. 2 difundir.

suffusion (søfiu·ÿøn) *s.* difusión, bano. 2 MED. sufusión.

Sufi (su·fi) *s.* sufi, sofí.

sugar (shu·ga') *s.* azúcar. — ~ *of milk,* azúcar de leche, lactina, lactosa. 2 melosidad, lisonja. 3 QUÍM. ~ *of lead,* acetato de plomo, sal de Saturno. — *4 adj.* de azúcar, para el azúcar: ~ *almond,* peladilla, almendra confitada; ~ *basin,* ~ *bowl,* azucarera, azucarero [vasija]; ~ *beet,* remolacha; ~ *candy,* azúcar cande; barra de caramelo; ~ *cane,* BOT. caña dulce o de azúcar, cañamiel; ~ *maple,* BOT. arce de azúcar; ~ *mill,* trapiche, ingenio; ~ *plantation,* cañaveral, ingenio de azúcar; ~ *syrup,* melado; ~ *tongs,* tenacillas [para el azúcar]. 5 BOT. ~ *pea,* tirabeque.

sugar (to) *tr.* azucarar, endulzar, confitar. — *2 intr.* cristalizarse, granularse, formar una capa de azúcar. 3 (EE. UU. y Can.) obtener el azúcar de arce.

sugar-coat (to) *tr.* confitar, escarchar, cubrir de azúcar. 2 fig. dorar, endulzar [lo desagradable o amargo].

sugar-coating *s.* capa de azúcar. 2 fig. dorado o endulzamiento [de lo desagradable o amargo]; acción de dorar la píldora.

sugared (shu·ga'd) *adj.* endulzado, azucarado, confitado. 2 meloso, almibarado.

sugarhouse (shu·ga'jaus) *s.* fábrica o refinería de azúcar.

sugarless (shu·ga·lis) *adj.* sin azúcar.

sugarplum (shu·ga·pløm) *s.* confite, bombón de azúcar.

sugary (shu·gari) *adj.* dulce, azucarado. 2 meloso, melifluo. 3 goloso.

sugarsweet (shu·ga·suit) *adj.* dulce azucarado.

sugarworks (shu·ga·ruø·cs) *s.* SUGARHOUSE.

suggest (to) (søgÿe·st) *tr.* sugerir, insinuar, indicar, proponer. 2 hacer pensar en, recordar. 3 servir de incentivo, tentar. 4 sugestionar.

suggestible (søgÿe·stibøl) *adj.* sugestionable. 2 sugerible.

suggestion (søgÿe·shøn) *s.* sugestión. 2 insinuación indicación, propuesta. 3 señal, indicio, pizca.

suggestive (søgÿe·stiv) *adj.* sugestivo.

suicidal (siuisai·dal) *adj.* suicida.

suicide (siu·isaid) *s.* suicidio : *to commit* ~, suicidarse. 2 suicida.

Suidae (siu·idi) *s. pl.* ZOOL. suidos.

suid (siu·id), **suidian** (siu·idian) *adj. y s.* ZOOL. suido.

suing (siu·ing) *s.* solicitación, diligencia. 2 sostenimiento de un pleito o demanda. 3 corte, galanteo.

suint (siu·nt) *s.* churre, grasa de la lana.

suit (siu·t) *s.* solicitación, petición, súplica. 2 cortejo, galanteo. 3 DER. demanda; pleito, litigio: *to bring a* ~, entablar un pleito. 4 terno, traje. 5 colección, juego, serie, surtido. 6 palc [de la baraja] : *to follow* ~, jugar del mismo palo; fig. seguir el ejemplo. 7 *in* o *out of* ~ *with,* en armonía o fuera de armonía con.

suit (to) *tr.* vestir, trajear. — *2 tr. e intr.* convenir, acomodar, ir o venir bien, sentar, cuadrar,

encajar, ser a propósito. 3 ajustarse, acomodarse, conformarse, casar, concordar. 4 contentar, agradar, satisfacer : ~ *yourself* haga usted lo que guste.

suitability (siutabi·liti) *s.* conformidad, conveniencia, condición de propio, adecuado, satisfactorio.

suitable (siu·tabøl) *adj.* propio, conveniente, apropiado, adecuado, a propósito, conforme, satisfactorio, debido.

suitableness (siu·tabølnis) *s.* SUITABILITY.

suitably (siu·tabli) *adv.* convenientemente, adecuadamente, satisfactoriamente, debidamente.

suitcase (siu·tkeis) *s.* maleta.

suite (suit) *s.* séquito, tren, acompañamiento, comitiva. 2 colección, serie, juego : ~ *of rooms,* o simplte. *suite,* serie de habitaciones, piso, apartamento. 3 muebles [de una habitación] : *bedroom* ~, dormitorio. 4 MÚS. suite.

suitor (siu·tø') *s.* DER. demandante, parte actora. 2 solicitante, pretendiente, aspirante. 3 pretendiente, galán.

sulcate(d (sø·lkeit(ed) *adj.* surcado, acanalado.

sulfate, sulfid, sulfur, sulfuric, etc. = (EE. UU.) SULPHATE, SULPHID, SULPHUR, SULPHURIC, etc.

sulk (sølk) *s.* enfurruñamiento, mal humor.

sulk (to) *intr.* estar enfurruñado, hosco, murrio de mal humor; encerrarse en un silencio malhumorado.

sulkier (sø·lkiø') *adj. comp.* de SULKY.

sulkiest (sø·lkiist) *adj. superl.* de SULKY.

sulkiness (sø·lkinis) *s.* enfurruñamiento, hosquedad, mal humor, descontento.

sulky (sø·lki) *adj.* enfurruñado, hosco, murrio, huraño, malhumorado. 2 lento, inactivo; sombrío [dic. de cosas]. 3 con ruedas y sólo un asiento para el conductor [máquina, arado, etc.]. — *4 s.* (pl. **-kies**) coche de dos ruedas y un sólo asiento.

sulla o **sulla clover** (su·la) *s.* BOT. zulla.

sullage (sø·lidÿ) *s.* basura; escoria.

sullen (sø·løn) *adj.* hosco, arisco, huraño, malhumorado, taciturno. 2 triste, sombrío, lúgubre. 3 lento [río, etc.].

sullenly (sø·lønli) *adv.* hoscamente, con mal humor. 2 sombríamente. 3 lentamente.

sullenness (sø·lønnis) *s.* hosquedad, mal humor, taciturnidad. 2 ceño, tristeza, lobreguez.

sully (sø·li) *s.* mancha, mancilla.

sully (to) *tr.* manchar, ensuciar, empañar. 2 mancillar, desdorar. — *3 intr.* mancharse, empañarse.

sulphate (sø·lfeit) *s.* QUÍM. sulfato.

sulphate (to) *tr.* sulfatar.

sulphide (sø·lfid) *s.* QUÍM. sulfuro.

sulphite (sø·lfait) *s.* QUÍM. sulfito.

sulphonal (sø·lfonal) *s.* QUÍM. sulfonal.

sulphur (sø·lfø') *s.* azufre. 2 poét. trueno, rayo, cañonazo. 3 pop. lenguaje excitado, inflamado. — *4 adj.* de azufre : ~ *dioxide,* anhídrido sulfuroso; ~ *trioxide,* anhídrido sulfúrico.

sulphur (to) *tr.* azufrar.

sulphurate (sø·lfiurit) *adj.* sulfurado, sulfúreo.

sulphurate (to) (sø·lfiureit) *tr.* sulfurar, azufrar.

sulphuration (sølfiure·shøn) *s.* sulfuración, azufrado.

sulphureous (sølfiu·riøs) *adj.* sulfúreo.

sulphuret (sø·lfiurit) *s.* QUÍM. sulfuro.

sulphuretted (sø·lfiuritid) *adj.* QUÍM. sulfurado.

sulphuric (sølfiu·ric) *adj.* sulfúrico.

sulphurous (sø·lførøs) *adj.* sulfuroso. 2 sulfúreo, azufrado. 3 sofocante. 4 inflamado. 5 infernal.

sulphurwort (sø·lfø'uø't) *s.* BOT. servato.

sulphury (sø·lføri) *adj.* sulfúreo, azufroso.

sulphydric (sølfjai·dric) *adj.* sulfhídrico.

sultan (sø·ltan) *s.* sultán, soldán.

sultana (søltæ·na) *s.* sultana.

sultanate (sø·ltaneit) *s.* sultanía, sultanato.

sultaness (sø·ltanis) *s.* sultana.

sultanic (sø·ltanic) *adj.* sultánico.

sultriness (sø·ltrinis) *s.* bochorno, calor sofocante, ardor.

sultry (sø·ltri) *adj.* bochornoso, sofocante. 2 tórrido, ardiente.

sum (søm) *s.* MAT. suma, adición. 2 cuenta, problema. 3 suma, cantidad : ~ *agreed upon,* cantidad convenida, tanto alzado. 4 suma, conjunto, agregado, total, resumen : ~ *total,* total, cifra; *in* ~, en suma. 5 suma, esencia, lo más importante : lo sumo.

sum (to) *tr.* sumar. | A veces con *up.* 2 resumir, compendiar. 3 *to* ~ *up,* recapitular. — *4 intr.*

montar, ascender [formar un total]. ¶ Conjug. pret. y p. p.: *summed;* ger.: *summing.*
sumac(h (su mæc) *s.* zumaque.
Sumatra (suma tra) *n. pr.* geogr. Sumatra.
sumless (sømlis) *adj.* innumerable.
summa (søma) *s.* suma [tratado].
summarily (sømarili) *adv.* sumariamente. *2* resumidamente.
summarize (to) (sømaraiš) *tr.* resumir, compendiar.
summary (sømari) *adj.* sumario, breve, sucinto, resumido. — *2 s.* sumario, resumen, compendio.
summation (sømei·shøn) *s.* suma, adición. *2* suma, total. *3* recapitulación, resumen.
summer (sømøʳ) *s.* estío, verano: Indian ~, St. Martin's ~, veranillo de San Martín. *2* arq. viga maestra, solera, cabio; dintel; sotabanco. *3 pl.* años [de una pers. joven y vigorosa]; edad viril. — *4 adj.* de verano, estival. veraniego: ~ fallow, barbecho de verano; ~ house, casa de campo para el verano; ~ resort, lugar de veraneo: ~ sausage, especie de salchichón o embutido ahumado; ~ school, escuela de verano; ~ time, hora de verano; ~ wheat, trigo tremés o tremesino.
summer (to) *intr.* veranear, pasar el verano: to ~ and winter, pasar todo el año; fig. proteger, querer, ser leal, etc., siempre.
summer-fallow (to) *tr.* barbechar en verano.
summerhouse (sømøʳjaus) *s.* glorieta, cenador.
summering (sømøring) *adj.* veraneante. — *2 s.* veraneo.
summersault (sømøʳsolt), **summerset** (sømøʳset) *s.* salto mortal.
summertide (sømøʳtaid), **summertime** (sømøʳtaim) *s.* estío, verano.
summertree (sømøʳtri) *s.* arq. viga maestra, solera.
summery (søməri) *adj.* veraniego, estival.
summit (sømit) *s.* cúspide, ápice, cima, cresta, cumbre, punta, tope. *2* pináculo, zenit.
summon (to) (sømøn) *tr.* llamar, hacer venir, reunir, convocar; evocar. *2* der. citar, emplazar. *3* requerir, intimar. *4* despertar, espolear. *5* hacer acopio de [valor, etc.].
summoner (sømønøʳ) *s.* llamador, emplazador, citador.
summons (sømønš) *s.* llamada. *2* convocación. *3* der. citación, compareando, emplazamiento. *4* mil. intimación [de rendición].
sump (sømp) *s.* sumidero. *2* mec. colector de aceite.
sumpter (sømptøʳ) *s.* acémila.
sumption (sømpshøn) *s.* lóg. premisa mayor de un silogismo.
sumptuary (sømpshueri) *adj.* suntuario.
sumptuous (sømpshuøs) *adj.* suntuoso. *2* espléndido, opíparo. *3* lujoso [que vive con lujo].
sumptuously (sømpshuøsli) *adv.* suntuosamente.
sumptuousness (sømpshuøsnis) *s.* suntuosidad, pompa.
sun (søn) *s.* sol (astro; luz o calor del sol; día]: to have a place in the ~, fig. ocupar su puesto en el mundo; from ~ to ~, de sol a sol; in the ~, al sol; under the ~, debajo del sol, en este mundo. *2* año solar. *3* liturg. custodia redonda. *4* pirot. rueda de cohetes. — *5 adj.* del sol, solar; expuesto al sol: ~ bath, baño de sol; ~ bittern, ave zancuda de América; ~ blind, toldo; ~ lamp, lámpara de radiación o de cuarzo; ~ parlour, ~ porch, habitación o galería encristalada donde da el sol; solana, carasol.
sun (to) (søn) *tr.* asolear, insolar: to ~ oneself, asolearse. *2* hacer salir, borrar, marchitar, etc., por la exposición al sol. — *3 intr.* asolearse, tomar el sol. ¶ Conjug. pret. y p. p.: *sunned;* ger.: *sunning.*
sunbeam (sønbim) *s.* rayo de sol.
sunbeamy (sønbimi) *adj.* alegre, radiante.
sunbeat (sønbit) *adj.* asoleado.
sunbonnet (sønbanit) *s.* sombrero de mujer para resguardarse del sol.
sunbright (sønbrait) *adj.* resplandeciente.
sunburn (sønbøʳn) *s.* quemadura del sol; bronceado, atezado.
sunburn (to) *tr.* e *intr.* quemar o quemarse, tostar o tostarse con el sol.
sunburnt (sønbøʳnt) *adj.* quemado, tostado o bronceado por el sol, atezado. *2* asoleado.
sunburst (sønbøʳst) *s.* salida del sol entre las nubes; rato de sol. *2* broche en figura de sol.
sundae (søndi) *s.* helado con frutas o nueces.

Sunda Islands (sønda) *n. pr.* geogr. Islas de la Sonda.
Sunday (søndi) *s.* domingo. — *2 adj.* del domingo, dominical; dominguero: ~ letter, letra dominical; ~ school, escuela dominical; ~ best, fam. trapitos de cristianar.
sunder (søndøʳ) *s.* separación, división: in ~, en dos, en trozos.
sunder (to) *tr.* separar, dividir, cortar. — *2 intr.* separarse; romperse.
sundew (søndiu) *s.* bot. cualquier planta droserácea.
sundial (søndaial) *s.* reloj de sol, cuadrante solar.
sundog *s.* parhelio.
sundown (søndaun) *s.* puesta del sol.
sundries (søndriš) *s. pl.* com. varios; géneros diversos.
sundry (søndri) *adj.* varios, diversos. *2* sendos. *3* all and ~, todos y cada uno.
sunfish (sønfish) *s.* ict. rueda.
sunflower (sønflauøʳ) *s.* bot. girasol, mirasol, gigantea, *acahual.
sung (søng) *pret.* y *p. p.* de to sing.
sunglasses (sønglæsiš) *s.* gafas para el sol.
sunglow (sønglou) *s.* resplandor de la aurora o del sol puesto.
sunk (sønc) *pret.* y *p. p.* de to sink.
sunken (sønkøn) *adj.* sumido; hundido.
sunless (sønlis) *adj.* sombrío; sin luz; nublado.
sunlight (sønlait) *s.* sol, luz del sol.
sunlike (sønlaic) *adj.* parecido al sol. *2* resplandeciente.
sunn o **sunn hemp** (søn) *s.* bot. cáñamo de Bengala.
Sunna(h (su na) *s.* Suna [ley tradicional de los mahometanos].
sunnier (søniøʳ) *adj. comp.* de sunny.
sunniest (søniist) *adj. superl.* de sunny.
sunny (søni) *adj.* soleado, lleno de sol: ~ day, día de sol. *2* radiante, resplandeciente. *3* alegre, risueño; favorable: ~ side, el lado bueno, el aspecto risueño o favorable. *4* it is ~, hace sol.
sunrise (sønraiš) *s.* salida del sol, amanecer. *2* poét. Oriente.
sunset (sønset) *s.* ocaso, puesta del sol; anochecida.
sunshade (sønsheid) *s.* parasol, quitasol, sombrilla. *2* toldo. *3* visera contra el sol.
sunshine (sønshain) *s.* sol [luz o calor del sol; espacio donde da el sol]; solana: in the ~, al sol. *2* rato de sol.
sunshiny (sønshaini) *adj.* lleno de sol, resplandeciente, luminoso. *2* alegre, risueño.
sunspot (sønspat) *s.* mácula, mancha solar. *2* lunar, defecto. *3* peca.
sunstroke (sønstrouc) *s.* med. insolación.
sunstruck (sønstrøc) *adj.* atacado de insolación.
sunward (sønnua'd) *adv.* hacia el sol.
sunwise (sønnuaiš) *adv.* como el sol, con el sol.
sup (søp) *s.* sorbo.
sup (to) *intr.* y *tr.* cenar. — *2 tr.* dar de cenar. *3* beber, tomar a sorbos.
super (siupøʳ) *adj.* fam. superior excelente. — *2 s.* com. cosa de superior calidad. *3* fam. teat. figurante, comparsa. *4* fam. superintendente.
superable (siupørabøl) *adj.* superable.
superableness (siupørabølnis) *s.* calidad de superable.
superabound (to) (siupørabau nd) *intr.* superabundar, sobreabundar.
superabundance (siupørabøndans) *s.* superabundancia, sobreabundancia, plétora.
superabundant (siupørabøndant) *adj.* superabundante, sobreabundante.
superabundantly (siupørabøndantli) *adv.* superabundantemente.
superadd (to) (siupøræ d) *tr.* añadir, sobreañadir.
superaddition (siupørædi shøn) *s.* sobreañadidura.
superannuate (siupøræ nyueit) *adj.* y *s.* retirado, jubilado. — *2 adj.* anticuado.
superannuate (to) *tr.* retirar, jubilar. *2* inhabilitar a causa de la edad. *3* anticuar. — *4 intr.* retirarse, jubilarse.
superannuated (siupøræ nyueitid) *adj.* superannuate.
superannuation (siupøræ nyueshøn) *s.* jubilación; inhabilitación.

superb (siupø·'b) *adj.* soberbio, magnifico, espléndido, majestuoso. 2 suntuoso. *3* de colores vistosos.

superbly (siupø·'bli) *adv.* soberbiamente, magníficamente. 2 suntuosamente.

supercargo (siupø'ca·'gou) *s.* MAR. sobrecargo.

supercharge (to) (siu·pø'cha·'ẏ) *tr.* sobrecargar. 2 MEC. sobrealimentar.

supercharger (siu·pø'cha·'ẏø') *s.* MEC. compresor de sobrealimentación.

superciliary (siupø'si·lieri) *adj.* ANAT. superciliar.

supercilious (siupø'si·liøs) *adj.* arrogante, altanero, desdeñoso. 2 exigente, reparón. *3* imperioso, despótico.

superciliously (siupø'si·liøsli) *adv.* arrogantemente, con altaneria, desdeñosamente. 2 exigentemente.

superciliousness (siupø'si·liøsnis) *s.* arrogancia, altaneria, altivez; exigencia.

supercooling (siupø'cu·ling) *s.* FÍS., QUÍM. superfusión.

superdominant (siupø'da·minant) *s.* MÚS. superdominante.

superelevation (siupø'elive·shøn) *s.* FERROC. peralte.

supereminence, supereminency (supøre·minøns, -si) *s.* supereminencia.

supereminent (siupøre·minønt) *adj.* supereminente.

supererogate (to) (siupøre·rogueit) *intr.* hacer más de lo que exige la estricta obligación.

supererogation (siupⱴrerogue·shøn) *s.* supererogación.

supererogatory (siupørera·gatori) *adj.* supererogatorio.

superexcellence (siupøre·csøløns) *s.* suma excelencia.

superexcellent (siupøre·csøllønt) *adj.* óptimo.

superfetation (siupø'fite·shøn) *s.* superfetación. 2 acumulación.

superficial (siupø'fi·shal) *adj.* superficial. 2 somero. *3* externo.

superficiality (siupø'fishiæ·liti) *s.* superficialidad. 2 exterioridad.

superficially (siupø'fi·shali) *adv.* superficialmente.

superficialness (siupø'fi·shalnis) *s.* SUPERFICIALITY.

superficiary (siupø'fiøshieri) *adj.* superficial. 2 DER. superficiario.

superficies (siupø'fi·shiɪš) *s.* superficie.

superfine (siu·pø'fain) *adj.* superfino.

superfineness (siupø'faɪ·nnis) *s.* calidad de superfino.

superfluity (siupø'flu·iti) *s.* superfluidad.

superfluous (siupø·'fluøs) *adj.* superfluo. 2 sobreabudante.

superfluously (siupø·'fluøsli) *adv.* superfluamente. 2 sobreabundantemente.

superfluousness (siupø·'fluøsnis) *s.* SUPERFLUITY.

superfortress (siu·pø'fo·'tris) *s.* AVIA. superfortaleza.

superfusion (siupø'fiu·ẏøn) *s.* SUPERCOOLING.

superheat (to) (siupø'ji·t) *tr.* calentar por encima del punto de ebullición, sobrecalentar.

superheterodyne (siupøre·tørodain) *adj.* y *s.* RADIO. superheterodino.

superhuman (siupø'jiu·man) *adj.* sobrehumano.

superimpose (to) (siupørimpou·š) *tr.* sobreponer, superponer.

superimposition (siupørimpoši·shøn) *s.* superposición.

superincumbent (siupø'incø·mbønt) *adj.* que pesa o carga sobre; superyacente. 2 pesado, gravoso. *3* que se ejerce desde arriba [presión].

superinduce (to) (siupørindiu·s) *tr.* sobreañadir.

superinduction (siupørindø·cshøn) *s.* sobreañadidura.

superintendence, superintendency (siupørinte·ndøns, -si) *s.* superintendencia, inspección, vigilancia, dirección.

superintendent (siupørinte·ndønt) *s.* superintendente, inspector, interventor, director. 2 capataz.

superior (siupi·riø') *adj.* y *s.* superior. 2 superiora. — *3 adj.* de superioridad, orgulloso, presuntuoso, desdeñoso. *4* IMPR. volado [letra, signo].

superioress (siupi·riøris) *s.* superiora.

superiority (siupiria·riti) *s.* superioridad.

superlative (siupø·'lativ) *adj.* superlativo. 2 supremo. *3* hiperbólico, exagerado, excesivo. — *4 s.* GRAM. superlativo. *5* el o lo más notable o eminente.

superlatively (siupø·'lativli) *adv.* superlativamente, en sumo grado.

superlativeness (siupø·'lativnis) *s.* excelencia. 2 exageración.

superman (siu·pø'mæn), *pl.* **-men** (**-men**) *s.* superhombre.

supermundane (siu·pø'møndein) *adj.* supramundano.

supernal (siupø·'nal) *adj.* superno, supremo, celestial.

supernatural (siupø'næ·chural) *adj.* y *s.* sobrenatural.

supernaturalism (siupø'næ·churalɪžm) *s.* calidad de sobrenatural. 2 creencia en lo sobrenatural.

supernaturally (siupø'næ·churali) *adj.* sobrenaturalmente.

supernumerary (siupø'niu·møreri) *adj.* supernumerario. 2 superfluo. — *3 s.* supernumerario. *4* TEAT· comparsa, figurante.

supernutrition (siupø'nøtri·shøn) *s.* sobrealimentación.

superphosphate (siupø'fa·sfeit) *s.* QUÍM. superfosfato.

superpose (to) (siupø'pou·š) *tr.* sobreponer, superponer.

superposition (siupø'poši·shøn) *s.* superposición.

supersaturate (to) (siupø'sa·chureit) *tr.* sobresaturar.

superscribe (to) (siupø'scraɪ·b) *tr.* sobrescribir.

superscription (siupø'scri·pshøn) *s.* sobrescrito.

supersede (to) (siupø'srd) *tr.* reemplazar, substituir, desalojar. 2 DER. sobreseer.

supersedeas (siupø'si·diæs) *s.* DER. auto de sobreseimiento o inhibición.

supersedure (siupø'srdiu') *s.* DER. sobreseimiento, inhibición.

supersensible (siupø'se·nsibøl) *adj.* suprasensible.

supersession (siupø'se·shøn) *s.* SUPERSEDURE.

supersonic (supø'sa·nic) *adj.* supersónico.

superstition (siupø'sti·shøn) *s.* superstición.

superstitious (siupø'sti·shøs) *adj.* supersticioso.

superstitiously (siupø'sti·shøsli) *adv.* supersticiosamente.

superstructure (siupø'strø·cchø') *s.* superestructura, parte de una obra, fábrica, etc., que se levanta sobre los cimientos, base, etc. 2 MAR. obra muerta. *3* FERROC. rieles, traviesas, etc., a distinción del firme o suelo.

supertax (siupø·'tæcs) *s.* impuesto suplementario o adicional.

supervene (to) (siupø'vɪ·n) *intr.* sobrevenir, supervenir, seguir.

supervenient (siupø'vɪ·niønt) *adj.* superveniente.

supervention (siupø've·nshøn) *s.* superveniencia.

supervise (to) (siupø'vai·š) *tr.* inspeccionar, revisar, intervenir, dirigir.

supervision (siupø'vi·ẏøn) *s.* inspección, revisión, intervención, dirección.

supervisor (siupø'vai·šø') *s.* inspector, interventor, director. 2 revisor [de una obra literaria].

supinate (to) (siu·pineit) *tr.* colocar en posición supina.

supination (siupine·shøn) *s.* supinación.

supinator (siupinei·tø') *adj.* y *s.* ANAT. supinador [músculo].

supine (siupai·n) *adj.* supino [tendido sobre el dorso, vuelto hacia arriba]. 2 poét. inclinado, pendiente. *3* indolente, negligente, desidioso. — *4 s.* GRAM. supino.

supinely (siu·painli) *adv.* en posición supina. 2 negligentemente, desidiosamente.

supineness (siupai·nnis) *s.* posición supina. 2 negligencia, desidia, flojedad.

supper (sø·pø') *s.* cena : Last Supper, Lord's Supper, la Última Cena, la Santa Cena; to have ~, cenar.

supper (to) *intr.* cenar. — 2 *tr.* dar de cenar, dar una cena.

supperless (sø·pø'lis) *adj.* sin cenar.

supplant (to) (søplæ·nt) *tr.* suplantar, desbancar. 2 reemplazar, substituir.

supplanter (søplæ·ntø') *s.* suplantador.

supplanting (søplæ·nting) *s.* suplantación.

supple (sø·pøl) *adj.* suave, flexible. 2 elástico, ágil, despierto. *3* dócil, complaciente, rastrero, servil.

supple (to) *tr.* suavizar, ablandar, dar flexibilidad. 2 reducir, aliviar. — 3 *intr.* hacerse flexible, dócil.

supplement (sø·plimønt) *s.* suplemento, complemento. 2 suplemento [de un periódico, de un libro]. *3* GEOM. suplemento.

supplement (to) *tr.* complementar. 2 completar, reforzar, ayudar.
supplemental (søplime·ntal), **supplementary** (søplime·ntari) *adj.* suplementario, complementario, adicional. 2 GEOM. suplementario.
suppleness (sø·pølnis) *s.* suavidad, flexibilidad. 2 docilidad, condescendencia; servilismo.
suppletory (sø·plitori) *adj.* supletorio.
suppliance (søplians) *s.* ruego, súplica.
suppliant (sø·pliant) *adj.* suplicante, deprecatorio. — 2 *s.* suplicante.
supppliantly (søpli·antli) *adv.* de modo suplicante; humildemente.
supplicant (sø·plicant) *adj.* y *s.* suplicante.
supplicate (to) (sø·plikeit) *tr.* e *intr.* suplicar, rogar. 2 orar [a Dios].
supplication (søplike·shøn) *s.* súplica, ruego. 2 plegaria.
supplicatory (sø·plicatori) *adj.* rogativo, deprecatorio, de súplica.
supplier (søplai·ø') *s.* suministrador, proveedor.
supply (søplai·), *pl.* **supplies** (-ais) *s.* suministro, provisión, abastecimiento. 2 repuesto, surtido. 3 COM. oferta, existencia en el mercado: ~ *and demand*, la oferta y la demanda. 4 ant. suplente, substituto. 5 *pl.* provisiones, pertrechos, víveres, materiales, subsistencias. — 6 *adj.* de suministro o abastecimiento: ~ *line*, MIL. línea o vía de abastecimiento.
supply (to) *tr.* suministrar, proporcionar, dar, facilitar. 2 proveer, abastecer, surtir. 3 suplir. 4 llenar [un vacío, una pausa]. 5 satisfacer [las necesidades, la demanda]. 6 servir [un cargo] como suplente.
support (sø·pø·'t) *s.* soporte, apoyo, sostén, puntal: *point of* ~, punto de apoyo; *in* ~ *of*, en apoyo de, en favor de. 2 ayuda, protección. 3 sustentación, sostenimiento. 4 prueba, justificación. 5 sustento, manutención. 6 TEAT. compañía o actor que trabaja con una estrella. 7 MIL. refuerzo, reserva.
support (to) *tr.* soportar, sostener, aguantar. 2 soportar, sufrir, resistir, tolerar. 3 sostener, apoyar, defender, proteger, amparar, favorecer. 4 probar, demostrar, confirmar, justificar. 5 mantener [en su ser, estado o acción]. 6 sostener, mantener, sustentar [pagar los gastos de; proveer de lo necesario]: ~ *a family*, mantener una familia: *to* ~ *oneself*, mantenerse. 7 TEAT. desempeñar [un papel]. 8 TEAT. trabajar con [una estrella].
supportable (sø·pø·'tabøl) *adj.* soportable, tolerable, llevadero. 2 sostenible, defendible.
supportably (sø·pø·'tabli) *adv.* de una manera soportable.
supporter (sø·pø·'tø') *s.* mantenedor, sostenedor. 2 defensor, partidario. 3 apoyo, sostén, sustentáculo. 4 tirante [para medias]. 5 sostén [prenda femenina]. 6 suspensorio. 7 BLAS. tenante.
supposable (søpou·sabøl) *adj.* de suponer, presumible, concebible.
suppose (to) (søpou·š) *tr.* suponer, dar por sentado, presumir; dar de barato: *supposing that*, suponiendo que, dado caso que. 2 creer, pensar, imaginar, figurarse: *I* ~ *so*, así lo creo. 3 suponer [requerir como condición]. 4 Ús. en imperativo para proponer algo: ~ *we went for a walk*, ¿y si fuéramos a dar un paseo?
supposed (søpou·šd) *adj.* supuesto, presunto.
supposedly (søpou·šdli) *adv.* supuestamente.
supposer (søpou·šø') *s.* suponedor.
supposition (søpoši·šøn) *s.* suposición, hipótesis.
suppositional (søpoši·šønal) *adj.* hipotético, conjetural.
supposititious (søpošiti·šøs) *adj.* supositicio, falso, ilegítimo. 2 hipotético.
supposititiousness (søpošiti·šøsnis) *s.* calidad de supositicio o de hipotético.
suppositive (søpa·sitiv) *adj.* supositivo. 2 supuesto.
suppository (søpa·sitori) *s.* MED. supositorio. — 2 *adj.* SUPPOSITITIOUS.
suppress (to) (søpre·š) *tr.* suprimir. 2 omitir. 3 reprimir, contener; ahogar, sofocar, acabar con, disolver. 4 callar; ocultar, impedir que sea conocido. 5 contener, detener [una diarrea, una hemorragia, etc.].
suppressible (søpre·sibøl) *adj.* suprimible. 2 reprimible. 3 contenible.
suppression (søpre·shøn) *s.* supresión, omisión. 2 represión, contención. 3 MED. suspensión.

suppressive (søpre·siv) *adj.* supresivo. 2 represivo. 3 contentivo.
suppressor (søpre·sø') *s.* supresor. 2 represor.
suppurate (to) (sø·piureit) *intr.* supurar.
suppuration (søpiure·shøn) *s.* supuración.
suppurative (sø·piurativ) *adj.* y *s.* supurativo.
supramundane (siupramø·ndein), **supranatural** (siupranæ·chural) *adj.* sobrenatural.
suprarenal (siuprarr·nal) *adj.* ANAT. suprarrenal: ~ *body, capsule* o *gland*, cápsula suprarrenal.
supremacy (siupre·masi) *s.* supremacía.
supreme (siuprr·m) *adj.* supremo, sumo, soberano: *Supreme Being*, Ser Supremo; ~ *commander*, jefe supremo, generalísimo; *Supreme Court*, Tribunal Supremo; ~ *moment*, momento supremo. 2 el primero, el más alto: ~ *work*, obra maestra. — 3 *s.* el más alto grado. 4 *the Supreme*, el Altísimo, Dios.
supremely (siuprr·mli) *adv.* supremamente, soberanamente. 2 sumamente.
sura (su·ra) *s.* sura.
surah (sura·) *s.* surá.
sural (siu·ral) *adj.* ANAT. sural.
surbase (sø·'beis) *s.* cornisa de pedestal.
surcease (sø·'sis) *s.* ant. cesación.
surcease (to) *intr.* ant. cesar, acabarse. 2 desistir o dejar de.
surcharge (sø·'cha·ȳ) *s.* sobrecarga [carga añadida o excesiva]. 2 recargo. 3 sobrecarga [de un sello].
surcharge (to) (sø·'cha·ȳ) *tr.* sobrecargar. 2 recargar.
surcingle (sø·'singøl) *s.* sobrecincha.
surcoat (sø·'cout) *s.* sobretodo, abrigo, gabán. 2 sobrevesta.
surculose (sø·'kiulous), **surculous** (sø·'kiuløs) *adj.* surculado, surculoso.
surd (sø·'d) *adj.* FONÉT. sordo. 2 MAT. irracional. — 3 *s.* FONÉT. sonido sordo. 4 MAT. cantidad irracional.
sure (shu·') *adj.* seguro [en sus varias acepciones]. 2 salvo. 3 en estado de no poder dañar. 4 cierto, convencido. 5 firme, estable. 6 indiscutible. 7 seguro de sí mismo. 8 *he is* ~ *to succeed*, tiene el éxito seguro. 9 *to be* ~, ciertamente, sin duda; ya se ve; estar seguro, asegurarse; ser cierto. 10 *to make* ~, asegurar, cerciorar; asegurarse, cerciorarse; contar con. 11 *I am* ~!, sí por cierto. 12 *be* ~ *and do it*, no deje de hacerlo; *be* ~ *to come*, no deje de venir. 13 *for* ~, de fijo, a punto fijo, con seguridad, con certidumbre. — 14 *adv.* ciertamente, con toda seguridad: ~ *enough*, sin duda, ciertamente, efectivamente.
sure-footed (sø·'d) *adj.* de pie firme, seguro.
surely (shu·'li) *adv.* ciertamente, con toda seguridad, sin duda.
sureness (shu·'nis) *s.* seguridad [calidad de seguro]. 2 certeza, confianza.
surety (shu·'ti), *pl.* **-ties** (-tiš) *s.* seguridad [calidad de seguro]. 2 certeza, confianza. 3 cosa segura o cierta: *of a* ~, de seguro, como cosa cierta; *to be a* ~, ser cosa segura o cierta. 4 seguridad, garantía, fianza. 5 fiador, garante: *to be, o to go,* ~ *for*, responder o salir fiador por.
suretyship (shu·'tiship) *s.* DER. seguridad, fianza. 2 condición de fiador.
surexcitation (sørecsite·shøn) *s.* MED. sobreexcitación.
surf (sø·'f) *s.* oleaje que rompe en la playa, rompiente, resaca.
surface (sø·'fis) *s.* superficie; cara. — 2 *adj.* de superficie; superficial: ~ *tension*, FÍS. tensión, superficial.
surface (to) *tr.* dar cierta clase de superficie a; alisar, igualar, pulir, barnizar. 2 hacer subir a la superficie. — 3 *intr.* subir a la superficie; emerger [un submarino].
surfacer (sø·'fisø') *s.* máquina de alisar o cepillar. 2 barnizador.
surfboard (sø·'fbo·d) *s.* DEP. esquí acuático.
surfboat (sø·'fbout) *s.* bote propio para resistir el embate de las olas.
surfeit (sø·'fit) *s.* exceso, sobreabundancia. 2 ahíto, empacho. 3 empalagamiento, empalago. 4 hartura. 5 VET. encebadamiento.
surfeit (to) *tr.* ahitar, hartar, saciar. 2 encebadar. 3 empalagar. — 4 *intr.* hartarse, atracarse; saciar sus apetitos.
surge (sø·ȳ) *s.* ola, oleada, oleaje. 2 ELECT. fluctuación de la tensión; sobretensión.

surge (to) *intr.* hincharse, agitarse, embravecerse [el mar, las olas]. 2 surgir, levantarse, salir, etc. como una ola, a oleadas; ondular. — *3 tr.* hacer mover como una ola. *4* MAR. largar, lascar.

surgeon (sø'ŷøn) *s.* cirujano. 2 médico [del ejército o de la armada] : ~ *general,* médico mayor; (EE. UU.) jefe de Sanidad militar o naval.

surgery (sø'ŷøri) *s.* cirugía. 2 sala de operaciones.

surgical (sø'ŷical) *adj.* quirúrgico.

surgy (sø'ŷi) *adj.* agitado; que se levanta en olas.

suricate (siu·rikeit) *s.* ZOOL. mamífero del Cabo, parecido a la mangosta.

surlier (sø·'liø') *adj. comp.* de SURLY.

surliest (sø'liist) *adj. superl.* de SURLY.

surlily (sø'lili) *adv.* rudamente, bruscamente, ásperamente, con desabrimiento, con mal humor.

surliness (sø'rlinis) *s.* rudeza, brusquedad, hosquedad, desabrimiento, mal genio, mal humor.

surloin (sø·'loin) *s.* solomillo.

surly (sø·'li) *adj.* rudo, brusco, desabrido, agrio, hosco, mal humorado, gruñón.

surmise (sø·mai·š) *s.* conjetura, suposición, barrunto, imaginación.

surmise (to) *tr.* conjeturar, suponer, presumir, barruntar, imaginar.

surmount (to) (sø'mau·nt) *tr.* vencer, superar. 2 coronar [estar situado sobre]. 3 subir, escalar, pasar. *4* sobrepujar.

surmountable (sø'mau·ntabøl) *adj.* vencible, superable.

surmullet (sø'mø·lit) *s.* ICT. salmonete.

surname (sø·'neim) *s.* apellido [nombre de familia]. 2 sobrenombre.

surname (to) *tr.* apellidar, llamar.

surpass (to) (sø'pæ·s) *tr.* sobrepujar, aventajar, ganar, superar, exceder.

surpassing (sø'pæ·sing) *adj.* superior, sobresaliente, excelente.

surplice (sø'plis) *s.* sobrepelliz.

surpliced (sø·'plist) *adj.* vestido con sobrepelliz.

surplus (sø·'pløs) *s.* sobrante, excedente, exceso. 2 superávit. — *3 adj.* sobrante, excedente, de sobra.

surplusage (sø·'pløsidŷ) *s.* sobrante, exceso. 2 superfluidades, cosas innecesarias.

suprisal (sø'prai·šal) *s.* SURPRISE.

surprise (sø'prai·š) *s.* sorpresa; *by* ~, por sorpresa. 2 extrañeza, asombro, novedad.

surprise (to) *tr.* sorprender. 2 extrañar, maravillar a. *3 to be surprised at,* sorprenderse de, maravillarse de.

surprising (sø'prai·šing) *adj.* sorprendente. 2 asombroso, pasmoso.

surprisingly (sø'prai·šingli) *adv.* sorprendentemente.

surrealism (sørr·ališm) *s.* surrealismo.

surrealist (sørr·alist) *adj. y s.* surrealista.

surrebut (to) (sø'ribø·t) *intr.* DER. triplicar.

surrebutter (sø'rebø·tø') *s.* DER. tríplica.

surrejoinder (sø'reŷoi·ndø') *s.* DER. contrarréplica.

surrender (søre·ndø') *s.* rendición, sumisión. 2 entrega, renuncia, abandono, dejación, cesión. 3 rescate [de una póliza de seguros].

surrender (to) *tr.* rendir, entregar. 2 abandonar, renunciar a, ceder. *3 to* ~ *oneself to,* entregarse a. — *4 intr.* rendirse, entregarse.

surreptitious (sørepti·šøs) *adj.* subrepticio, clandestino, fraudulento.

surreptitiously (søretpi·šøsli) *adv.* subrepticiamente.

surrey (sø·ri) *s.* especie de birlocho de dos asientos.

surrogate (sø·rogueit) *s.* substituto, delegado 2 substitutivo. 3 delegado de un juez eclesiástico. *4* (EE. UU.) juez de testamentarías.

surrogate (to) *tr.* subrogar, substituir, reemplazar.

surround (søra·und) *s.* lo que ciñe o rodea. 2 borde, orilla.

surround (to) *s.* rodear, cercar, circuir, circunvalar, circundar, ceñir. 2 MIL. cercar, sitiar; envolver. 3 circunnavegar. 4 inundar.

surrounding (søra·unding) *adj.* circundante, circunvecino, circunyacente. — *2 s.* acción de rodear, cerco. *3 pl.* alrededores, cercanías, contornos, inmediaciones. 4 ambiente, medio; personas que rodean a uno.

sursolid (sø'sa·lid) *s.* MAT. quinta potencia. — *2 adj.* MAT. de quinto grado.

surtax (sø·'tacs) *s.* impuesto suplementario; recargo.

surtax (to) *tr.* gravar con recargo o impuesto suplementario.

surtout (sø·'tu·) *s.* levitón, sobretodo.

surveillance (sø'vei·lans) *s.* vigilancia.

surveillant (sø'vei·lant) *adj. y s.* vigilante.

survey (sø'vei·) *s.* medición, apeo, deslinde, demarcación; plano [de un terreno]. 2 inspección, reconocimiento, examen, estudio. 3 vista, ojeada, perspectiva, esbozo general [de historia, literatura, etc.].

survey (to) *tr.* medir, apear, deslindar, demarcar [tierras]. 2 levantar el plano de [un terreno]. 3 inspeccionar, examinar, reconocer, registrar. *4* presentar, estudiar en conjunto, dar una ojeada general. — *5 intr.* realizar operaciones de agrimensura o topografía.

surveying (sø'vei·ng) *s.* agrimensura; topografía. — *2 adj.* de agrimensura o topografía.

surveyor (sø'vei·ø') *s.* agrimensor; topógrafo; *surveyor's chain,* cadena de agrimensor. 2 inspector. 3 (Ingl.) arquitecto [de una obra]. *4* vista [de aduanas].

surveyorship (sø'vei·ø'ship) *s.* ocupación o cargo de agrimensor o vista. 2 inspección [cargo].

survival (sø'vai·val) *s.* supervivencia. 2 resto, reliquia. *3* ~ *rate,* exceso de los nacimientos sobre las defunciones en un período dado.

survive (to) (sø'vai·v) *tr.* sobrevivir. 2 salir o quedar con vida.

survivor (sø'vai·vø') *s.* sobreviviente.

survivorship (sø'vai·vø'ship) *s.* supervivencia. 2 DER. derecho de un propietario en indiviso a entrar en posesión de la parte del que fallece.

Susan (su·šan) *n. pr.* Susana.

susceptibility (søsøptibi·liti) *s.* susceptibilidad. 2 sensibilidad, impresionabilidad. *3 pl.* sentimientos

susceptible (søse·ptibøl) *adj.* susceptible. 2 capaz [de tener o despertar un afecto]. 3 sensible, impresionable; enamoradizo.

susceptibly (søse·ptibli) *adv.* de manera susceptible.

susceptive (søse·ptiv) *adj.* susceptivo.

susi (su·si) *s.* tejido de algodón listado.

suspect (søspe·ct) *adj.* sospechoso. 2 dudoso. — *3 s.* sospechoso [pers.].

suspect (to) *tr.* sospechar, recelar. 2 presumir, barruntar. 3 sospechar, recelar o desconfiar de. *4 to* ~ *one of a theft,* suponer a uno culpable de un robo.

suspected (søspe·ctid) *adj.* sospechoso; de quien se sospecha.

suspectedly (søspe·ctidli) *adv.* en estado sospechoso.

suspend (to) (søspe·nd) *tr.* suspender, colgar. 2 suspender [interrumpir], dejar en suspenso, diferir, aplazar : *to* ~ *payment,* COM. hacer suspensión de pagos. 3 tener en espera, indeciso. *4* suspender, absortar. *5* suspender [de un cargo, privilegio, etc.]. — *6* COM. hacer suspensión de pagos. 7 dejar de obrar, dejar de funcionar.

suspended (søspe·ndid) *adj.* suspendido : ~ *animation,* muerte aparente.

suspender (søspe·ndø') *s.* suspendedor. 2 liga [para calcetín]. 3 ELECT. palomilla. *4* cesto u otra cosa suspendidos. *5 pl.* tirantes [de pantalón].

suspendible (søspe·nsibøl) *adj.* suspendible.

suspense (søspe·ns) *s.* suspensión, interrupción. 2 incertidumbre, ansiedad, espera, impaciencia. 3 estado indeciso. *4* DER. entredicho.

suspension (søspe·nshøn) *s.* suspensión : *in* ~, en suspensión. 2 cosa suspendida. 3 suspensión de pagos, quiebra. — *4 adj.* de suspensión, suspensivo : ~ *bridge,* puente colgante; ~ *points,* puntos suspensivos.

suspensive (søspe·nsiv) *adj.* suspensivo. 2 suspenso, indeciso

suspensory (søspe·nsori) *adj. y s.* suspensorio. — *2 adj.* suspensivo.

suspicion (søspi·šøn) *s.* sospecha. 2 recelo, desconfianza, duda. 3 pizca, átomo, sombra. *4* indicio.

suspicious (søspi·šøs) *adj.* sospechoso, receloso. 2 de sospecha. 3 suspicaz, desconfiado, escamado.

suspiciously (søspi·šøsli) *adv.* sospechosamente. 2 suspicazmente.

suspiciousness (søspi·šøsnis) *s.* recelo, suspicacia, desconfianza. 2 calidad de sospechoso.

suspiration (søspaire·šøn) *s.* suspiro.

suspire (to) (søspai·ʳ) *intr.* poét. suspirar. — *2 tr.* decir suspirando.

sustain (to) (søstei·n) *tr.* sostener, aguantar, sustentar. 2 sostener, mantener [en su ser, estado o acción]. 3 sostener, mantener, sustentar, alimentar. 4 aguantar, sufrir, experimentar [una desgracia, pérdida, daño, etc.]. 5 sostener, defender, probar, apoyar. 6 mús. sostener, prolongar.

sustainable (søstei·nabøl) *adj.* sostenible. 2 sustentable; defendible.

sustainer (søstei·nøˀ) *s.* sostenedor. 2 defensor. 3 sustentador, mantenedor.

sustenance (sø·stenans) *s.* sostenimiento. 2 sustentamiento, mantenimiento, sustento, manutención, subsistencia, alimentos, provisiones.

sustentation (søstente·shøn) *s.* sustentación. 2 sostenimiento. 3 mantenimiento, conservación. 4 alimento, manutención, subsistencia. 5 sostén, apoyo.

susurrate (to) (siusø·reit) *intr.* susurrar, murmurar.

susurration (siusøre·shøn) *s.* susurro.

sutler (sø·tløˀ) *s.* vivandero.

suttee (søtɪ·) *s.* (Ind.) viuda que se inmola en la pira funeraria de su marido. 2 (Ind.) acto de esta inmolación.

sutteism (søtɪ·ĭsm) *s.* (Ind.) práctica de inmolar la viuda en la pira funeraria del marido.

suttle (sø·tøl) *adj.* com. neto [peso]. — 2 *s.* peso neto.

sutural (siu·chural) *adj.* de la sutura, por la sutura.

suturation (siuchure·shøn) *s.* cosido, sutura.

suture (siu·chøˀ) *s.* sutura. 2 bot. rafe. 3 cosido, costura, unión.

suzerain (siu·sørin) *adj.* soberano. — 2 *s.* señor [del que otros son vasallos]. 3 estado soberano de otro.

suzerainty (siu·sørinti) *s.* soberanía, señoría [respecto al vasallo].

svelte (sve·lt) *adj.* esbelto.

swab (suab) *s.* estropajo. 2 mar. lampazo. 3 artill. escobillón. 4 cir. esponja de hilas. 5 fam. charretera de marino.

swab (to) *tr.* limpiar con estropajo. 2 mar. lampacear. 3 limpiar, enjugar.

swabber (sua·bøˀ) *s.* mar. lampacero. 2 swab.

Swabia (suei·bia) *n, pr.* geogr. Suabia.

Swabian (suei·bian) *adj.* y *s.* suabo.

swaddle (sua·døl) *s.* envoltura, faja, vendaje.

swaddle (to) *tr.* empañar, envolver [a un niño]. 2 fajar, vendar.

swaddling (sua·dling) *adj.* de fajar, de envolver : ~ *clothes,* pañales, mantillas.

swag (suæg) *s.* hato, lío de ropa. 2 b. art. festón, guirnalda. 3 tambaleo, vaivén. 4 pop. botín, saqueo, robo.

swagbellied (suæ·gbelid) *adj.* ventrudo, panzudo.

swage (suei·dჳ) *s.* borde acanalado, moldura. 2 metal. macho o punzón de estampar. 3 triscador [de sierras].

swage (to) *tr.* estampar o labrar [metales].

swagger (suæ·gøˀ) *s.* andar arrogante, contoneo. 2 fanfarronería, fanfarria, bravuconada, jactancia. — 3 *adj.* fam. elegante, a la moda.

swagger (to) *intr.* contonearse, fanfarrear, jactarse. — 2 *tr.* e *intr.* amenazar, intimidar.

swaggerer (suæ·gørøˀ) *s.* jactancioso, fanfarrón, bravucón, farfante, jaque, matasiete.

swain (suein) *s.* zagal. 2 enamorado.

swale (sueil) *s.* terreno húmedo y bajo.

swallow (sua·lou) *s.* ornit. golondrina. 2 ornit. vencejo. 3 ornit. variedad de paloma calzada. 4 tragadero, gaznate. 5 deglución, engullida, trago. 6 apetito. 7 abismo, sima. 8 ict. ~ *fish,* golondrina, golondrino.

swallow (to) *tr.* tragar, engullir, deglutir, beber. 2 tragar, tragarse [absorber, abismar]. 3 tragar, tragarse [dar crédito a ; aguantar, sufrir]. 4 retractar, retirar. 5 reprimir, contener [las lágrimas, la risa, etc.]. — 6 *intr.* tragar. 7 hacer un movimiento espasmódico con la garganta.

swallowtail (sua·louteil) *s.* cola de golondrina. 2 frac. 3 carp. cola de milano.

swallow-tailed (sua·louteild) *adj.* de cola ahorquillada. 2 carp. ensamblado a cola de milano. 3 ~ *coat,* frac.

swallowwort (sua·louwøˀt) *s.* bot. celidonia, golondrinera. 2 bot. vencetósigo.

swam (suæm) *pret.* de to swim.

swamp (suamp) *s.* pantano, marisma, marjal, ciénaga. 2 bot. ~ *oak,* nombre de varias encinas norteamericanas.

swamp (to) *tr.* atollar, empantanar, encenagar. 2 sumergir, hundir. 3 inundar, encharcar. 4 abrumar [de trabajo]. — 5 *intr.* empantanarse, encenagarse. 6 hundirse, irse a pique.

swampy (sua·mpi) *adj.* pantanoso, cenagoso.

swan (suan) *s.* ornit. cisne : *swan's down,* plumón de cisne ; especie de lanilla ; *black ~,* mirlo blanco. 2 ornit. ~ *goose,* pato chino. — 3 *adj.* fig. de cisne : ~ *song,* fig. canto del cisne. 4 natación ~ *dive,* salto del ángel.

swank (suænc) *s.* fam. fachenda, ostentación, elegancia llamativa. — 2 *adj.* fam. ostentoso, elegante.

swank (to) *intr.* fachendear.

swansdown (sua·nsdaun) *s.* muletón, paño de vicuña.

swanskin (sua·nskin) *s.* piel de cisne. 2 lanilla, bayeta fina.

swap (suap) *s.* fam. cambio, trueque, cambalache. — 2 *adv.* (Ingl.) vivamente.

swap (to) *tr.* e *intr.* fam. cambiar, permutar, cambalachear.

sward (suoˀd) *s.* césped, tierra herbosa.

sward (to) *tr.* encespedar. — 2 *intr.* cubrirse de hierbas.

swarm (suoˀm) *s.* enjambre. 2 jabardo [de abejas]. 3 multitud, gentío, hormigueo.

swarm (to) *intr.* enjambrar, jabardear. 2 pulular, hervir, bullir, hormiguear. 3 llegar en enjambre o multitud. 4 *to* ~ *with,* estar lleno, rebosar de. — 5 *tr.* enjambrar. 6 llenar de una multitud. — 7 *intr.* y *tr.* fam. trepar ; trepar por.

swart (suoˀt) *adj.* moreno, atezado, prieto. 2 poét. negro, siniestro, funesto, triste.

swarthiness (suoˀ·ðinis) *s.* atezamiento, color moreno, tez morena.

swarthy (suoˀ·ði) *adj.* moreno, atezado, tostado, prieto.

swash (suash) *s.* ruido o golpe del agua ; chapoteo, chorro. 2 golpe de una sustancia blanda. 3 ruido, alboroto, fanfarria. 4 espadachín, matasiete. 5 (EE. UU.) canalizo. — 6 *adj.* mec. ~ *plate,* placa oscilante.

swash (to) *intr.* hacer ruido [el agua]. 2 moverse, golpear, etc., haciendo ruido. 3 meter bulla. 4 fanfarronear. — 5 *tr.* echar haciendo ruido.

swashbuckle (sua·shbøkøl) *intr.* fanfarronear.

swashbuckler (sua·shbøcløˀ), **swasher** (sua·shøˀ) *s.* espadachín, fanfarrón, jaque, matasiete.

swashing (sua·shing) *adj.* ruidoso, violento. 2 fanfarronesco. 3 fanfarrón, valentón.

swashy (sua·shi) *adj.* (Ingl.) pastoso, lodoso, aguanoso. 2 insípido.

swastika (sua·stika) *s.* svástica.

swat (suat) *s.* golpazo, golpe abrumador.

swat (to) *tr.* golpear súbita y fuertemente ; matar [moscas].

swatch (suach) *s.* com. muestra ; muestrario.

swath (suað) *s.* guadañada. 2 camba [hierba segada]. 3 *to cut a* ~, hacer papel, causar impresión ; hacer ostentación.

swathe (sueið) *s.* faja, venda. 2 *pl.* pañales, mantillas.

swathe (to) *tr.* fajar, vendar, envolver, abrigar. 2 empañar, envolver [a un niño].

sway (suei) *s.* oscilación, vaivén, balanceo, cimbreo. 2 inclinación, desviación. 3 poder, imperio, predominio, influjo : *to hold* ~ *over,* gobernar, regir, dominar.

sway (to) *intr.* oscilar, mecerse, cimbrearse. 2 tambalear, flaquear. 3 inclinarse, ladearse, desviarse, torcerse, ceder. 4 pesar, influir. 5 dirigirse, encaminarse. — 6 *tr.* e *intr.* gobernar, dominar, regir. — 7 *tr.* mecer, hacer oscilar. 8 inclinar, desviar, ladear. 9 influir en. 10 empuñar, blandir. 11 mar. *to* ~ *up,* izar, guindar.

sweal (to) (suɪl) *tr.* quemar, chamuscar. 2 derretir. — 3 *intr.* derretirse.

swear (to) (sueˀ) *intr.* jurar [hacer o prestar juramento] : *to* ~ *by,* jurar por ; poner toda su confianza en. 2 jurar, renegar, echar maldiciones : *to* ~ *at,* maldecir ; *to* ~ *at each other,* bramar de verse juntos. 3 der. prestar testimonio, declarar. — 4 *tr.* jurar [afirmar o prometer con juramento] : *to* ~ *up and down,* fam. jurar y perjurar, jurar por todos los santos. 5 pronunciar [un juramento]. 6 tomar juramento, juramentar. | A veces con *in* o *into.* 7 *to* ~ *away one's life,* hacer perder la vida a uno con un falso juramento. 8 *to* ~ *off drinking,* jurar no beber más, renunciar a la bebida. ¶ Conjug. pret.: *swore;* p. p.: *sworn.*

swearer (sue·rø') *s.* jurador. 2 renegador.

sweat (suet) *s.* sudor : *to be in a* ~, estar sudando; estar lleno de inquietudd *by the* ~ *of his brow,* con el sudor de su frente; *running with* ~, chorreando sudor. 2 trasudor. 3 exudación. — *4 adj.* de sudor : ~ *gland,* ANAT. glándula sudorípara.

sweat (to) *intr.* y *tr.* sudar. 2 trasudar. 3 exudar. — *4 tr.* hacer sudar. 5 hacer eliminar con el sudor. 6 explotar; hacer trabajar en malas condiciones. 7 sacar dinero [a uno]. 8 producir con esfuerzo. 9 METAL. fundir, soldar, calentar hasta la fusión. *10* secar [al horno]; extraer [por el calor]. *11* TEN. apelambrar.

sweatband (sue·bænd) *s.* badana [del sombrero].

sweater (sue·tø') *s.* el que suda. 2 explotador [de obreros]. 3 suéter.

sweating (sue·ting) *s.* sudor, transpiración. 2 trasudor. 3 exudación. — *4 adj.* sudante, sudoroso. *5* de sudor, que hace sudar : ~ *fever,* fiebre palúdica ; ~ *room,* sudadero, lugar para sudar ; ~ *system,* explotación de los obreros.

sweatshop (sue·tshop) *s.* taller, fábrica, etc., donde se explota a los obreros.

sweaty (sue·ti) *adj.* sudado, sudoroso, sudoso. 2 duro, laborioso.

Swede (suid) *s.* sueco. 2 (con min.) nabo sueco.

Sweden (sui·døn) *n. pr.* GEOGR. Suecia.

Swedish (sui·dish) *adj.* sueco. — 2 *s.* idioma sueco.

sweep (suip) *s.* barrido, barredura, escobada. 2 barrendero. 3 deshollinador. 4 movimiento amplio o rápido en arco o círculo. 5 extensión, recorrido, alcance, vuelo, curso, carrera, golpe : *at a* ~, de un golpe. 6 curva, vuelta. 7 calzada curva para coches delante de una casa. 8 pared, escalera, saliente, etc., curvos. 9 serie [de edificios, de habitaciones]. *10* compás grande. *11* aspa [de molino]. *12* cigoñal [de pozo]. *13* remo largo que se maneja de pie. *14* cosa que se mueve rozando o barriendo. *15* MAR. cuerda para dragar. — *16* adj. ~ *net,* jábega, red barredera ; especie de red para cazar insectos.

sweep (to) *tr.* barrer, escobar. 2 limpiar, deshollinar. 3 pasar rápidamente por. 4 arrebatar, arrebañar, llevarse. 5 rastrear, dragar. 6 MÚS. rasguear, pulsar ; tocar [música] pulsando las cuerdas. 7 arrastrar [la cola]. 8 recorrer [con la vista, los dedos, etc.]; abarcar, alcanzar, dominar. 9 mover con amplio ademán. *10 to* ~ *away* u *of,* arrebatar, llevarse. *11 to* ~ *aside,* apartar o rechazar con un ademán desdeñoso o majestuoso. *12 to* ~ *one off his feet,* arrebatar, entusiasmar, convencer [a uno]. *13 to* ~ *the board o the table,* limpiar una mesa de juego, ganar todo el dinero. — *14 intr.* pasar rápidamente, con violencia. *15* arrastrar [dicho de una cola, un vestido]. *16* moverse o andar majestuosamente. *17* extenderse. *18* describir una curva. *19 to* ~ *down,* descender, abatirse rápidamente. ¶ Conjug. pret. y p. p.: *swept.*

sweeper (sui·pø') *s.* barrendero. 2 escoba mecánica. 3 *chimney* ~, deshollinador.

sweeping (sui·ping) *adj.* barredor. 2 arrebatador, irresistible. 3 amplio [ademán, curva]. 4 vasto, extenso, que lo abarca todo. 5 completo : ~ *victory,* victoria completa. 6 largo, que arrastra [cola, vestido]. — 7 *s.* barrido. 8 *pl.* barreduras.

sweepstakes (sui·psteics) *s. sing.* y *pl.* DEP. combinación en que una sola persona puede ganar todas las apuestas o en que éstas se dividen entre varios individuos. 2 carrera que decide de todas las apuestas.

sweet (suit) *adj.* dulce, azucarado. 2 dulce, grato [al oído, a la vista, al ánimo]. 3 suave, melodioso, armonioso; oloroso, fragante : ~ *herbs,* hierbas aromáticas. 4 dulce, afable, amable; bondadoso, encantador, agradable. 5 benigno, suave, apacible. 6 bello, hermoso lindo. 7 querido. 8 dulce [no salado]. 9 fresco [no rancio o pasado]. *10* fam. diestro, hábil. *11* fam. dócil, fácil de manejar o gobernar [buque, coche, etc.]. *12* irón. duro, severo, fuerte. *13 to be* ~ *on,* estar enamorado de. *14 to have a* ~ *tooth,* gustar de lo dulce, ser aficionado a los dulces. *15* BOT. ~ *apple,* manzana dulce; *anona;* ~ *basil,* albahaca; ~ *bay,* laurel; magnolia de Virginia; ~ *cherry,* cerezo; cereza; ~ *cicely,* perifollo oloroso; ~ *cistus,* jara; ~ *clover,* trébol oloroso; ~ *corn,* variedad de maíz; ~ *flag,* ~ *rush,*

ácoro; ~ *gum,* ocozol; liquidámbar; ~ *oil,* aceite comestible, aceite de oliva; ~ *pea,* guisante de olor; ~ *pepper,* pimiento dulce o morrón; ~ *potato,* batata, boniato, * camote; ~ *william,* minutisa. — *16 adv.* dulcemente, olorosamente, etc.: *to smell* ~, oler bien, tener buen olor. — *17 s.* dulzura. *18* fig. persona querida. *19 pl.* dulces, golosinas; vinos dulces.

sweetbread (sui·tbred) *s.* lechecillas o mollejas de ternera.

sweetbrier (sui·tbraiø') *s.* BOT. escaramujo, agavanzo.

sweeten (to) (sui·tøn) *tr.* endulzar, dulcificar, edulcorar. 2 suavizar, moderar, mitigar. 3 aplacar. 4 purificar. 5 embalsamar, perfumar. 6 fertilizar [el suelo]. 7 QUÍM. endulzar. — *8 intr.* endulzarse. 9 dulcificarse, suavizarse.

sweetener (sui·tnø') *s.* endulzador, dulcificador.

sweetening (sui·tning) *s.* endulzamiento, dulcificación. — 2 *adj.* dulcificante.

sweet-eyed *adj.* de ojos dulces.

sweetheart (sui·tja't) *s.* novia, prometida, querida, dulcinea. 2 novio, prometido, galán, querido, amador.

sweethearted (sui·tja'tid) *adj.* bondadoso.

sweeting (sui·ting) *s.* SWEETHEART. 2 manzana dulce, camuesa.

sweetish (sui·tish) *adj.* algo dulce.

sweetly (sui·tli) *adv.* dulcemente.

sweetmeat (sui·tmit) *s.* dulce, confitura, golosina.

sweetness (sui·tnis) *s.* dulzura, dulcedumbre. 2 suavidad, delicadeza, apacibilidad, bondad. 3 fragancia.

sweet-scented *adj.* perfumado.

sweet-smelling *adj.* odorífero, oloroso, fragante.

sweet-spoken *adj.* melifluo.

sweet-tempered *adj.* de carácter dulce.

sweet-tongued *adj.* melifluo.

sweet-toothed *adj.* goloso.

swell (suel) *s.* hinchazón, tumefacción. 2 bulto, protuberancia. 3 ola, oleaje; crecida. 4 eminencia redondeada, ondulación del terreno. 5 engrosamiento, aumento. 6 subida [de precios]. 7 MÚS. combinación de crescendo y diminuendo; signo (< >) que la indica. 8 MÚS. pedal de expresión. 9 fam. notabilidad, personaje. *10* fam. elegante, petimetre. — *11 adj.* fam. elegante, a la moda. *12* fam. magnífico, excelente. *13* MÚS. ~ *box,* caja de expresión [de un órgano]; ~ *pedal,* pedal de expresión.

swell (to) *tr.* hinchar, inflar, henchir, dilatar. 2 abultar, engrosar, aumentar, acrecentar. 3 aumentar la intensidad de [un sonido]. 4 inflar, engreír, envanecer. — 5 *intr.* hincharse, inflarse, abotagarse, dilatarse, henchirse. 6 engrosarse, aumentar, crecer, subir : *to* ~ *to a great amount,* elevarse a una fuerte suma. 7 abultar, formar saliente redondeado. 8 entumecerse, embravecerse [un río, el mar, etc.], agitarse. 9 aumentar de intensidad [un sonido]; sonar en crescendo [un instrumento]. *10* inflarse, hincharse, enorgullecerse, engreírse : *swelled head,* fam. presunción, engreimiento; *to have a swelled head,* estar engreído. *11* espetarse, hablar pomposamente. *12 to* ~ *out,* echar sus brotes [los árboles]; ampollarse, ahuecarse. ¶ Conjug. pret.: *swelled;* p. p.: *swelled* o *swollen.*

swelling (sue·ling) *s.* hinchazón. 2 tumefacción, turgencia, abotagamiento. 3 aumento, crecimiento, crecida. 4 bulto, chichón, protuberancia. — 5 *adj.* que se hincha, agitado : ~ *sea,* mar agitado. 6 abultado. 7 creciente. 8 hinchado, retumbante, pomposo.

swelter (sue·ltø') *s.* calor sofocante. 2 sudor copioso.

swelter (to) *tr.* sofocar, achicharrar [de calor]. — 2 *intr.* ahogarse de calor, achicharrarse; sudar la gota gorda.

swept (suept) *pret.* y *p. p.* de TO SWEEP.

swerve (sue'v) *s.* desviación, viraje. 2 vacilación.

swerve (to) *tr.* desviar, apartar, torcer. — 2 *intr.* desviarse, apartarse, separarse. 3 torcer [cambiar de dirección]. 4 vacilar, flaquear.

swift (suift) *adj.* veloz, rápido, raudo, ligero. 2 pronto, presto. 3 repentino. 4 vivo, activo, diligente. — 5 *adv.* poét. velozmente, rápidamente. — 6 *s.* ORNIT. vencejo, arrejaque. 7 ZOOL. lagartija. 8 corriente rápida [de un río]. 9 aspa [de molino]. *10* MEC. devanadera, carrete.

swifter (suiˑftøʳ) s. MAR. tortor. 2 falso obenque.
swft-footed adj. ligero, veloz, de paso rápido.
swiftly (suiˑftli) adv. velozmente, rápidamente, ligeramente, aprisa.
swiftness (suiˑftnis) s. velocidad, rapidez, ligereza, celeridad, prontitud.
swig (suig) s. fam. trago grande. 2 MAR. aparejo [polea].
swig (to) tr. e intr. beber a grandes tragos. — 2 tr. MAR. tesar, aballestar.
swill (suil) s. bazofia. 2 tragantada.
swill (to) tr. lavar [con agua], inundar [de agua]. 2 beber a grandes tragos. — 3 intr. emborracharse.
swim (suim) s. acción de nadar, nado : to go for a ~, ir a nadar, bañarse. 2' deslizamiento. 3 lugar que puede pasarse a nado. 4 ICT. vejiga natatoria. 5 espacio para nadar. 6 parte de un río, etc., frecuentada por los peces. 7 vahído, vértigo. 8 corriente de los sucesos, los negocios, etc. : to be in the ~, estar en auge, tener influencia, popularidad, etc.
swim (to) intr. nadar : to ~ against the stream, ir contra la corriente ; to ~ with the tide, seguir la corriente. 2 sobrenadar, flotar. 3 deslizarse, pasar o moverse suavemente. 4 dejarse ir o llevar. 5 tener vértigo o vahído ; írsele a uno [la cabeza] ; parecer que dan vueltas [las cosas]. 6 anegarse, estar lleno o llenarse [de]. — 7 tr. hacer nadar o flotar. 8 recorrer o pasar a nado. ¶ CONJUG. pret. : swam; p. p. : swum.
swimmer (suiˑmøʳ) s. nadador. 2 órgano natatorio.
swimmeret (suiˑmøret) s. ZOOL. pleópodo [de crustáceo].
swimming (suiˑming) adj. de la natación o para ella ; natatorio : ~ bladder, vejiga natatoria ; ~ place, nadadero ; ~ pool, piscina ; ~ suit, traje de baño. 2 que nada, nadador ; flotante. 3 lleno, inundado, arrasado [de agua o lágrimas] : eyes ~ with tears, ojos arrasados de lágrimas. 4 desvanecido, que tiene vértigo. — 5 s. natación. 6 vahído, vértigo.
swimmingly (suiˑmingli) adv. lisamente, sin tropiezo; prósperamente.
swindle (suiˑndøl) s. estafa, timo, petardo.
swindle (to) tr. estafar, timar, petardear.
swindler (suiˑndløʳ) s. estafador, timador, petardista, tramposo.
swine (suaiˑn) s. sing. y pl. ZOOL. cerdo, puerco, marrano, cochino; cerdos, puercos, marranos, cochinos; ganado de cerda : wild ~, jabalí. 2 estúpido. 3 cerdo, persona sensual. — 4 adj. de cerdo. 5 MED., VET. ~ pox, variedad de viruelas locas. 6 BOT. ~ thistle, SOW THISTLE.
swinebread (suaiˑnbred) s. BOT. trufa, criadilla de tierra. 2 BOT. pamporcino.
swineherd (suaiˑnjøʹd) s. porquero, porquerizo.
swinery (suaiˑnri) s. pocilga. 2 conjunto de cerdos.
swing (suing) s. balanceo, vaivén, oscilación [esp. de una cosa suspendida o que gira sobre un gozne, gorrón, eje, etc.] ; movimiento pendular o rítmico. 2 movimiento con que se da impulso a una cosa o se la blande o lanza. 3 impulso, ímpetu. 4 BOX. golpe de lado. 5 péndulo. 6 columpio, mecedor. 7 parte móvil de un puente giratorio. 8 respaldo articulado de una cámara fotográfica. 9 juego, movimiento, operación, marcha, carrera, curso, alcance : in full ~, en plena operación ; en su apogeo ; at full ~, a toda marcha. 10 recorrido, ida y vuelta. 11 período [de existencia, duración, acción, etc.]. 12 libertad de acción, libre curso. 13 MÚS., LIT. ritmo sostenido. — 14 adj. oscilante, de vaivén, giratorio, etc. : ~ back, SWING 8; ~ bar, CARR. balancín ; ~ boat, barquilla columpio ; ~ bridge, puente giratorio ; ~ music, música de ritmo repetido, con improvisaciones.
swing (to) tr. balancear, hacer oscilar, hacer girar. 2 blandir [un bastón, un arma]. 3 lanzar [con ímpetu]. 4 mecer, columpiar. 5 suspender, colgar; engoznar, sujetar [algo] de modo que pueda oscilar o girar. 6 (EE. UU.) manejar con éxito, hacer un éxito de. — 7 intr. balancearse, oscilar; columpiarse. 8 colgar [estar suspendido]. 9 ser ahorcado. 10 girar [sobre un gozne, gorrón, etc.]. 11 moverse describiendo una curva. 12 girar, dar vueltas [esp. bailando]. 13 MAR. bornear. 14 sonar [como una campana]. 15 fluctuar, vacilar. 16 venir, volver [a su vez]. 17 andar con aire, rítmicamente. 18 to ~ about,

volverse, dar media vuelta. 19 to ~ round the circle, completar un circuito ; POL. recorrer el distrito [un candidato] ; ir cambiando de opinión o partido pasando por toda la serie posible de ellos. ¶ CONJUG. pret. y p. p. : swung.
swinge (to) (suinɣ̃) tr. castigar, azotar.
swingeing (suiˑnɣ̃ing) adj. fam. grande, enorme, estupendo.
swinger (suiˑngøʳ) s. columpiador. 2 pop. cosa grande, estupenda.
swinging (suiˑnguing) s. balanceo, oscilación. 2 MAR. borneo. 3 RADIO. fluctuación de la intensidad de una onda; fading. — 4 adj. oscilante, colgante, giratorio, mecedor : ~ boôm, MAR. tangón ; ~ door, puerta de batientes oscilantes ; puerta giratoria ; ~ ring, anilla de gimnasia.
swingle (suiˑngøl) s. espadilla [para espadar]. 2 brazo corto del mayal.
swingle (to) tr. espadar, espadillar.
swingletree (suiˑngøltri) s. volea, balancín [de carruaje].
swinish (suaiˑnish) adj. porcuno. 2 cochino, grosero, bestial.
swinishly (suaiˑnishli) adv. cochinamente, bestialmente.
swinishness (suaiˑnishnis) s. marranería, bestialidad.
swipe (suaip) s. golpe fuerte. 2 trago grande. 3 guimbalete. 4 cigoñal [de pozo].
swipe (to) tr. dar o golpear fuerte. 2 hurtar, robar. — 3 intr. beber. 4 to ~ at, darle fuerte a.
swirl (suøʹl) s. remolino, torbellino, movimiento giratorio.
swirl (to) tr. hacer girar. — 2 intr. arremolinarse. 3 girar, dar vueltas.
swish (suish) s. silbido del látigo o el bastón al cortar el aire. 2 frufú; susurro, susurrido.
swish (to) tr. golpear, dar latigazos. — 2 intr. silbar [el látigo, el bastón] al cortar el aire. 3 producir un frufrú, un susurro; crujir [las sedas, las hojas, etc.].
Swiss (suis) adj. y s. suizo, suiza. 2 BOT. ~ chard, acelga.
switch (suich) s. vara flexible, verdasca; látigo, azote ; *chicote. 2 latigazo, verdascazo. 3 trenza de pelo postizo, añadido. 4 cambio. 5 FERROC. agujas, desvío, *cambiavía. 6 ELECT. conmutador, interruptor. 7 desviación de un tren por medio de las agujas; de una corriente eléctrica por medio de un conmutador. — 8 adj. de cambio, agujas, etc. : ~ engine, FERROC. locomotora de maniobras ; ~ lever, FERROC. palanca de las agujas ; ~ line, MIL. línea o trinchera de enlace; ~ plate, ELECT. placa de interruptor ; ~ tender (EE. UU.), guardagujas, *cambiavía.
switch (to) tr. azotar, fustigar, dar latigazos a. 2 cambiar, desviar. 3 FERROC. desviar por medio de las agujas. 4 ELECT. desviar [una corriente], operar con un conmutador o interruptor : to ~ on, conectar ; dar, encender [la luz] ; to ~ off, desconectar ; apagar [la luz]. 5 fam. dar un tirón a : to ~ out, arrancar, quitar de un tirón. — 6 intr. cambiar de métodos, de lugar, de palo en un juego de naipes, etc.
switchback (suiˑchbæc) s. camino o vía férrea en zigzag para subir una pendiente. 2 montaña rusa. — 3 adj. de desarrollo en zigzag [camino, vía férrea].
switchboard (suiˑchbɔʹd) s. ELECT., TELÉF. cuadro de distribución.
switchman (suiˑchmæn), pl. -men (-men) s. guardagujas.
Switzer (suiˑtš̃øʳ) s. suizo. 2 guardia suizo.
Switzerland (suiˑtš̃øʹlænd) n. pr. GEOGR. Suiza.
swivel (suiˑvøl) s. pieza o eslabón giratorios. 2 TEJ. mecanismo para limitar el recorrido de la lanzadera en el telar. — 3 adj. giratorio : ~ chair, silla o sillón giratorios ; ~ door, puerta giratoria ; ~ hook, gancho giratorio ; ~ joint, junta o unión articulada ; ~ gun, cañoncito fijo que se puede hacer girar horizontal y verticalmente.
swivel (to) intr. y tr. girar o hacer girar [esp. sobre la pieza que sujeta].
swollen (suoˑløn) p. p. de TO SWELL. — 2 adj. hinchado : ~ with pride, hinchado de orgullo. 3 henchido. 4 crecido [río, etc.]
swoon (suwˑn) s. desmayo, desvanecimiento, desfallecimiento, síncope.
swoon (to) intr. desmayarse, desvanecerse, desfallecer, perder el sentido.

swoop (swu·p) *s.* descenso súbito, calada [del ave de rapiña] ; ataque, arremetida. *2 at one* ~, de un golpe.

swoop (to) *tr.* barrer, arrebatar, cortar de un golpe. | Gralte. con *away, off, up.* 2 caer sobre [la presa] y agarrarla. | Gralte. con *up.* — *3 intr.* caer, precipitarse, arrojarse [sobre].

swop (sua·p) *s.* SWAP.

swop (to) *tr.* e *intr.* TO SWAP.

sword (so'd) *s.* espada [arma] : *to be at swords' points*, estar a matar ; *to put to the* ~, pasar a cuchillo ; *to fire and* ~, a sangre y fuego. 2 símbolo del poder. 3 fig. poder militar, gobierno del sable. — *4 adj.* de la espada ; de espada : ~ *arm*, brazo derecho ; ~ *belt*, talabarte, biricú, cinturón ; ~ *cane*, bastón estoque ; ~ *hilt*, puño de la espada ; ~ *law*, ley marcial ; ley del más fuerte. 5 BOT. ~ *lily*, estoque.

swordfish (so'dfish) *s.* ICT. pez espada.

swordplay (so'dplei) *s.* manejo de la espada, esgrima.

sword-shaped *adj.* ensiforme.

swordsman (so'dsmæn), *pl.* **-men** (-men) *s.* tirador de espada ; buena espada. 2 militar.

swore (suo') *pret.* de TO SWEAR.

sworn (suo'n) *p. p.* de TO SWEAR. — *2 adj.* jurado : ~ *enemy*, enemigo jurado ; ~ *statement*, declaración jurada.

swot (suat) *s.* fam. (Ingl.) trabajo duro. 2 fam. empollón.

swot (to) *intr.* (Ingl.) trabajar de firme ; empollar [estudiar mucho].

swum (suǫm) *p. p.* de TO SWIM.

swung (suǫng) *pret.* y *p. p.* de TO SWING.

Sybarite (si·barait) *s.* sibarita.

sybaritic(al (sibari·tic(al) *adj.* sibarítico.

sybaritism (si·baraitiš̃m) *s.* sibaritismo.

sycamore (si·camo') *s.* BOT. sicómoro. 2 BOT. (EE. UU.) plátano falso.

sycon (sai·cǫn) *s.* ZOOL. sicón.

syconium (saicou·niǫm) *s.* BOT. sicono.

sycophancy (si·cofansi) *s.* adulación, servilismo ; parasitismo.

sycophant (si·cofant) *s.* adulador ; parásito. 2 HIST. sicofanta.

sycophantic (sicofæ·ntic) *adj.* adulatorio, servil. 2 adulador ; chismoso.

syenite (sai·enait) *s.* PETR. sienita.

syenitic (saieni·tic) *adj.* sienítico.

syllabary (si·labari) *s.* silabario.

syllabic(al (silæ·bic(al) *adj.* silábico.

syllabically (silæ·bicali) *adv.* por sílabas.

syllabicate (to) (silæ·bikeit) *tr.* dividir en sílabas, formar sílabas. 2 silabear.

syllabication (silæbike·shǫn), **syllabification** (silæbifike·shǫn) *s.* división en sílabas, formación de sílabas ; silabeo.

syllabify (to) (silæ·bifai) *tr.* silabear. ¶ CONJUG. pret. y p. p. : *syllabified.*

syllabize (to) (silæ·baiš̃) *tr.* TO SYLLABICATE.

syllable (si·labǫl) *s.* sílaba. 2 palabra monosílaba.

syllabus (si·labǫs) *s.* sílabo. 2 sumario, compendio, resumen.

syllepsis (sile·psis) *s.* GRAM. silepsis.

sylleptic(al (sile·ptic(al) *adj.* que envuelve silepsis.

syllogism (si·loyiš̃m) *s.* LÓG. silogismo.

syllogistic(al (siloyi·stic) *adj.* silogístico.

syllogistically (siloyi·sticali) *adv.* silogísticamente.

syllogize (to) (si·loyaiš̃) *intr.* silogizar.

sylph (silf) *s.* silfo. 2 sílfide. 3 mujer esbelta y graciosa.

sylva (si·lva) *s.* selva. 2 descripción de los árboles de una región. 3 silva [colección].

sylvan (si·lvan) *adj.* selvático. 2 rústico, hecho de árboles o troncos. — *3 s.* (con may.) MIT. Silvano. 4 (con min.) rústico, leñador.

Sylvester (silve·stǫ') *n. pr.* Silvestre.

symbiosis (simbiou·sis) *s.* BIOL. simbiosis.

symbol (si·mbǫl) *s.* símbolo. 2 signo, emblema, representación.

symbol (to) *tr.* TO SIMBOLIZE.

symbolic(al (simba·lic(al) *adj.* simbólico.

symbolically (simba·licali) *adj.* simbólicamente.

symbolism (si·mbǫliš̃m) *s.* simbolismo.

symbolist (si·mbǫlist) *s.* simbolista.

symbolistic (simbǫli·stic) *adj.* simbolista.

symbolization (simbǫliše·shǫn) *s.* simbolización.

symbolize (to) (si·mbǫlaiš̃) *tr.* simbolizar.

symbology (simba·loyi) *s.* estudio de los símbolos. 2 arte de expresar con símbolos.

symmetrical (sime·trical) *adj.* simétrico.

symmetrically (sime·tricali) *adv.* simétricamente.

symmetrician (simitri·shan), **symmetrist** (si·mitrist) *s.* el que busca la simetría.

symmetrize (to) (si·mitraiš̃) *tr.* hacer simétrico.

symmetry (si·mitri) *s.* simetría. 2 proporción, armonía, conformidad.

sympathetic (simpaze·tic) *adj.* simpático. : ~ *ink*, tinta simpática. 2 simpatizante. 3 compasivo, que siente con los demás ; comprensivo, benévolo, afectuoso. 4 favorablemente dispuesto. 5 afín, concordante, armónico. 6 ANAT. ~ *nervous system*, gran simpático.

sympathetically (simpaze·ticali) *adj.* con simpatía. 2 compasivamente, comprensivamente. 3 en concordancia o armonía.

sympathize (to) (si·mpazais̃) *intr.* simpatizar. 2 tener simpatía fisiológica o patológica. 3 compadecerse, condolerse, acompañar en un sentimiento. 4 comprender [por afinidad de sentimiento] ; sentir con los demás. 5 convenir, concordar, armonizarse. 6 congeniar.

sympathy (si·mpazi) *s.* simpatía. 2 compasión, conmiseración, lástima, condolencia. 3 comprensión, benevolencia, favor. 4 afinidad, concordancia, armonía. 5 pésame, expresión de condolencia.

symphonic (simfa·nic) *adj.* sinfónico. 2 armonioso. 3 homófono.

symphonious (simfou·niǫs) *adj.* acordado, armonioso.

symphonist (si·mfonist) *s.* sinfonista.

symphony (si·mfoni) *s.* sinfonía. 2 consonancia, armonía.

symphysis (si·mfisis) *s.* ANAT. sínfisis.

symposiac (simpou·s̃iæc) *adj.* perteneciente a los banquetes y convites.

symposium (simpou·s̃iǫm) *s.* simpósium, banquete, reunión, donde se habla y discute. 2 conferencia, discusión. 3 colección de opiniones sobre un tema.

symptom (si·mptǫm) *s.* síntoma.

symptomatic(al (simptǫmæ·tic(al) *adj.* sintomático.

symptomatically (simptǫmæ·ticali) *adv.* sintomáticamente.

symptomatology (simptǫmata·loyi) *s.* sintomatología.

synæresis (sine·risis) *s.* sinéresis.

synagogue (si·nagag) *s.* sinagoga.

synalepha (sinali·fa) *s.* sinalefa.

synarthrosis (sina·zrou sis) *s.* ANAT. sinartrosis.

syncarpous (sinca·'pǫs) *s.* BOT. sincárpico.

synchromesh (si·ncramesh) *adj.* AUTO. sincronizado [engranaje, cambio de marchas]. — *2 s.* AUTO. cambio de marchas sincronizado.

synchronal (si·ncronal), **synchronic(al** (sincra·nic(al) *adj.* SYNCHRONOUS.

synchronism (si·ncronis̃m) *s.* sincronismo. 2 coetaneidad.

synchronization (sincronis̃e·shǫn) *s.* sincronización.

synchronize (to) (si·ncronais̃) *tr.* e *intr.* sincronizar.

synchronizer (si·ncronais̃ǫ') *s.* sincronizador.

synchronous (si·ncronǫs) *adj.* sincrónico. 2 coetáneo, simultáneo.

synclinal (sinclai·nal) *adj.* GEOL. sinclinal.

syncopate (to) (si·ncopeit) *tr.* GRAM., MÚS. sincopar.

syncopated (si·ncopeitid) *adj.* sincopado.

syncopation (sincope·shǫn) *s.* GRAM., MÚS. síncopa.

syncope (si·ncopi) *s.* GRAM., MÚS. síncopa. 2 MED. síncope.

syncretic (sincre·tic) *adj.* sincrético.

syncretism (si·ncritis̃m) *s.* sincretismo.

syncretize (to) (si·ncritais̃) *tr.* conciliar o tratar de conciliar [doctrinas distintas].

syndic (si·ndic) *s.* síndico.

syndicalism (si·ndicalis̃m) *s.* sindicalismo.

syndicalist (si·ndicalist) *adj.* y *s.* sindicalista.

syndicat (sendica·) *s.* sindicato obrero.

syndicate (si·ndikit) *s.* sindicatura. 2 asociación para explotar un negocio ; sindicato financiero, trust. 3 empresa distribuidora de artículos, fotografías, etc., para los periódicos.

syndicate (to) (si·ndikeit) *tr.* sindicar, asociar. 2 vender [artículos, fotografías, etc.] a varios periódicos para su publicación simultánea. — *2 intr.* sindicarse.

syndication (sindike·shǫn) *s.* sindicación.

syndrome (si·ndrǫmi) *s.* MED. síndrome.

syne (sain) *adv.* (Esc.) hace tiempo, tiempo atrás.
synecdoche (sine·cdoki) *s.* RET. sinécdoque.
syneresis (sine·risis) *s.* sinéresis
synergy (si·nø'ỹi) *s.* sinergia.
syngenesis (sinỹe·nisis) *s.* BIOL. singénesis.
synod (si·nod) *s.* ECLES., ASTR. sínodo.
synodal (si·nodal), **synodic(al** (sina·dic(al) *adj.* sinodal, sinódico.
synonym (si·nonim) *s.* sinónimo.
synonymize (to) (sina·nimaiš) *tr.* proveer de sinónimos. — *2 intr.* usar sinónimos.
synonymous (sina·nimøs) *adj.* sinónimo.
synonymy (sina·nimi) *s.* sinonimia.
synopsis (sina·psis) *s.* sinopsis.
synoptic(al (sina·ptic(al) *adj.* sinóptico.
synovia (sinou·via) *s.* ANAT. sinovia.
synovial (sinou·vial) *adj.* sinovial.
synovitis (sinovai·tis) *s.* MED. sinovitis.
syntactic(al (sintæ·ctic(al) *adj.* sintáctico.
syntax (si·ntæcs) *s.* GRAM. sintaxis. 2 orden o disposición ordenada, armónica.
synthesis (si·nzesis) *s.* sintesis. 2 CIR. reunión de partes divididas.
synthesize (to) (si·nzešaiš) *tr.* SYNTHETIZE.
synthetic(al (sinze·tic(al) *adj.* sintético.
synthetically (sinze·ticali) *adv.* sintéticamente.
synthetize (to) (si·nzetaiš) *tr.* sintetizar.
syntonic (sinta·nic) *adj.* sintónico.
syntonization (sintonise·shøn) *s.* RADIO. sintonización.
syntonize (to) (si·ntonaiš) *tr.* RADIO. sintonizar.
syntony (si·ntoni) *s.* RADIO. sintonía.
sypher (to) (sai·fø') *tr.* CARP. machihembrar.
syphilis (si·filis) *s.* MED. sífilis.
syphilitic (sifili·tic) *adj. y s.* sifilítico.
syphilographer (sifila·grafø') *m.* sifiliógrafo.

syphilography (sifila·grafi) *s.* sifilografía.
syphon (sai·fon) *s.* SIPHON.
Syracusan (siracu·san) *adj. y s.* siracusano.
Syracuse (si·rakius) *n. pr.* GEOGR. Siracusa.
Siriac (si·ræc) *adj. y s.* siríaco.
Syria (si·ria) *n. pr.* GEOGR. Siria.
Syrian (si·rian) *adj. y s.* sirio.
syringa (siri·nga) *s.* BOT. lila. 2 BOT. jeringuilla.
syringe (si·rinỹ) *s.* jeringa, clíster. 2 jeringa hipodérmica.
syringe (to) *tr.* jeringar. 2 inyectar [con jeringa].
syringotomy (siringa·tomi) *s.* CIR. siringotomía.
syrinx (si·rincs) *s.* ORNIT. siringe. 2 ANAT. trompa de Eustaquio. 3 siringa, zampoña.
syrtis (sø·'tis) *s.* sirte; arena movediza.
syrup (si·røp) *s.* jarabe. 2 almíbar.
system (si·stem) *s.* sistema. 2 método, orden. 3 red [de ferrocarriles o sistemas de transporte]. 4 GEOL. formación. 5 cuerpo humano. 6 el ánimo, el espíritu [de uno]. 7 *this* ~, el universo, el mundo.
systematic(al (sistemæ·tic(al) *adj.* sistemático. 2 taxonómico.
systematically (sistemæ·ticali) *adv.* sistemáticamente.
systematization (sistematise·shøn) *s.* sistematización.
systematize (to) (si·stemataiš) *tr.* sistematizar. 2 organizar
systemic (siste·mic) *adj.* ANAT. FISIOL. del sistema general, del cuerpo en su conjunto.
systole (si·stol) *s.* FISIOL. sístole. 2 METR. acortamiento de una sílaba.
systolic (sista·lic) *adj.* sistólico.
systyle (si·stail) *s.* ARQ. sístilo.
syzygy (si·ỹiỹi) *s.* ASTR. sicigia.

T

T, t (ti) *s.* T, t, vigésima letra del alfabeto inglés : *to a T,* fig. exactamente, perfectamente.
T *s.* cosa en forma de T. — *2 adj.* en forma de T, en T : *T iron,* hierro en T ; *T square,* te [regla].
't *contrac.* de IT.
ta (ta) *s.* en lenguaje infantil, gracias.
tab (tæb) *s.* pequeño saliente, pestaña. 2 parte que cuelga [en un vestido de mujer o de niño]. 3 pata [de vestido]. 4 oreja [de zapato]. 5 herrete [de cordón]. 6 marbete. 7 fam. cuenta : *to keep ~,* llevar cuenta.
tabard (tæ·ba'd) *s.* tabardo.
tabaret (tæ·baret) *s.* cierta tela para tapizar.
Tabasco sauce (tabæ·scou) *s.* nombre registrado de una salsa hecha con pimientos.
tabbinet (tæ·binit) *s.* TEJ. tabinete.
tabby (tæ·bi) *s.* TEJ. tabí. 2 gato o gata [esp. los de piel atigrada]. 3 fig. mujer chismosa. 4 especie de argamasa. — *5 adj.* atigrado.
tabefaction (tæbefæ·cshøn) *s.* consunción.
taberdar (tæ·bø'da') *s.* alumno del Queen's College de Oxford.
tabernacle (tæ·bø'næcøl) *s.* tabernáculo. 2 templo, santuario. 3 ARQ. templete.
tabes (tei·bīs) *s.* MED. tabes.
tabetic (tabe·tic), **tabid** (tæ·bid) *adj.* relativo a la tabes; que la padece.
tablature (tæ·blachu') *s.* cierta notación musical antigua. 2 ANAT. división por paredes. 3 PINT. tabla. cuadro. 4 cuadro, representación mental.
table (tei·bøl) *s.* mesa [mueble, comida; los que se sientan a una mesa] : *~ d'hôte,* mesa redonda ; cubierto [de fonda] ; *billiard ~,* mesa de billar ; *under the ~,* completamente borracho. 2 junta, comité. 3 tabla, plancha, placa, losa. 4 tablero [de juego] : *to turn the tables* volverse la tortilla ; hacer cambiar la suerte. 5 ARQ. tablero. 6 PERSP. tabla. 7 mesa [de una piedra preciosa] : *~ diamond,* diamante tabla. 8 GEOGR. meseta. 9 GEOL. estrato horizontal. 10 en quiromancia, palma de la mano. 11 tabla [índice, lista, cuadro] ; cuadro sinóptico : *~ of contents,* tabla de materias ; índice ; *the tables of the law,* las Tablas de la Ley. — *12 adj.* de mesa : *~ board* (EE. UU.), pupilaje sin la habitación ; *~ cover,* tapete de mesa ; *~ linen,* mantelería ; *~ service,* vajilla, servicio de mesa ; *~ stone,* dolmen ; *~ talk,* conversación de mesa, sin transcendencia ; *~ tennis,* tenis de mesa o de salón.
table (to) *tr.* poner sobre la mesa. 2 poner en forma de tabla o índice. 3 dejar [un asunto] sobre la mesa, dar carpetazo. 4 CARP. acoplar, ensamblar.
tableau (tæ·blou), *pl.* **-bleaux** *s.* cuadro vivo.
tablecloth (tei·bølcloz) *s.* mantel [de mesa]. 2 tela para manteles.
tableland (tei·bølænd) *s.* GEOGR. meseta.
tablespoon (tei·bølspun) *s.* cuchara de sopa.
tablespoonful (tei·bølspunful) *s.* cucharada [grande].

tablet (tæ·blit) *s.* tabla, tableta, tablilla. 2 placa, lápida : *votive ~,* ex-voto. 3 taco, bloc [de papel]. 4 FARM. tableta, pastilla, comprimido.
tableware (tei·bølue') *s.* objetos para el servicio de mesa.
tablier (tablie') *s.* delantal [de mujer].
tabling (tei·bling) *s.* MAR. jareta o vaina.
tabloid (tæ·bloid) *adj.* comprimido, condensado, breve, conciso. — *2 s.* tableta, comprimido. 3 periódico ilustrado, sensacionalista, de noticias resumidas.
taboo (tabu·) *s.* tabú. — *2 adj.* declarado tabú, prohibido, proscrito, no aceptado [por la tradición, el uso social, etc.].
taboo (to) *tr.* declarar tabú, prohibir, proscribir.
tabor (tei·bø') *s.* tamboril.
taborer (tei·børø') *s.* tamborilero.
tabour (tei·bø') *s.* TABOR.
tabo(u)ret (tæbore·t) *s.* MÚS. tamboril. 2 taburete. 3 bastidor [de bordar].
tabourine (tæ·burin) *s.* MÚS. tamboril. 2 MÚS. pandero, adufe.
tabret (tæ·brit) *s.* MÚS. tamborilete.
tabu (tabu·) *s.* TABOO.
tabu (to) *tr.* TO TABOO.
tabular (tæ·biula') *adj.* tabular.
tabulate (to) (tæ·biuleit) *tr.* disponer en forma de tabla o cuadro.
tabulated (tæ·biuleitid) *adj.* plano por su parte superior. 2 formado por capas paralelas. 3 dispuesto en forma de tabla o cuadro.
tabulation (tæbiule·shøn) *s.* distribución en tablas o cuadros.
tabulator (tæ·biuleitø') *s.* tabulador.
tacamahac (tæcamajæ·c) *s.* tacamaca [árbol ; resina]. 2 (EE. UU.) álamo balsámico.
tachometer (taca·metø') *s.* tacómetro [contador de velocidad].
tachygrapher (tæki·grafø') *s.* taquígrafo.
tachygraphic(al (tækigræ·fic(al) *adj.* taquigráfico.
tachygraphy (tæki·grafi) *s.* taquigrafía.
tachylyte (tæ·kilait) *s.* PETROG. basalto vítreo.
tachymeter (tæki·metø') *s.* taquímetro.
tacit (tæ·sit) *adj.* tácito.
tacitly (tæ·sitli) *adv.* tácitamente.
taciturn (tæ·sitø'n) *adj.* taciturno.
taciturnity (tæsitø·'niti) *s.* taciturnidad.
tack (tæc) *s.* tachuela. 2 hilván. 3 MAR. amura [cabo]. 4 MAR. bordada ; virada. 5 movimiento en zigzag. 6 rumbo, línea de conducta, política. 7 (Ingl.) adición a un proyecto de ley. 8 adhesividad [del barniz, etc.].
tack (to) *tr.* clavar con tachuelas. 2 hilvanar, pegar, unir, añadir. — *3 tr. e intr.* MAR. virar, cambiar de bordada ; *to ~ down wind,* dar bordadas, voltejear. — *4 intr.* seguir una marcha zigzagueante. 5 cambiar de política, de línea de conducta.
tackle (tæ·køl) *s.* equipo, aparejos, avíos : *fishing ~,* avíos de pescar. 2 arreos [de caballo]. 3 MAR. jarcia, maniobra ; motonería, poleame. 4 apa-

rejo [sistema de poleas] : ~ *block*, motón de aparejo; ~ *fall*, tira de aparejo. 5 agarro, forcejeo. *6* en el fútbol americano, atajo y agarrada; atajador. *7* en el fútbol asociación, marcaje.

tackle (to) *tr.* atar, asegurar. *2* enganchar [un caballo]. *3* asir, agarrar, forcejear con. *4* luchar, entendérselas con; acometer [una empresa]; atacar, resolver [un problema, una dificultad]. *5* FÚTBOL. atajar, marcar.

tackler (tǽclɵ') *s.* TEJ. contramaestre de telares. *2* FÚTBOL el que ataja o marca a un contrario.

tackling (tǽcling) *s.* MAR. jarcia, maniobra. *2* guarniciones [del caballo de tiro].

tact (tæct) *s.* tacto, discreción, tino, tiento, diplomacia.

tactful (tǽctful) *adj.* que tiene tacto, hecho con tacto, prudente, diplomático.

tactic(al (tæctic(al) *adj.* táctico.

tactician (tæctíshan) *s.* táctico.

tactics (tǽctics) *s. pl.* táctica.

tactile (tǽctil) *adj.* táctil. *2* tangible, palpable.

tactility (tæctíliti) *s.* calidad de tangible.

tactless (tǽctlis) *adj.* falto de tacto, indiscreto; hecho con poco tacto, impolítico.

tactual (tǽcchual) *adj.* táctil.

tadpole (tǽdpoul) *s.* ZOOL. renacuajo.

tael (teil) *s.* tael.

ta'en (teín) *contr.* de TAKEN. | Ús. en poesía.

tænia (tírnia) *s.* ARQ., ZOOL. tenia. *2* ANAT. tira, faja.

taffeta (tǽfita), **taffety** (tǽfiti) *s.* TEJ. tafetán. — *2 adj.* de tafetán. *3* delicado. *4* florido [estilo].

tafferel, taffrail (tǽfreil) *s.* MAR. coronamiento.

taffy (tǽfi) *s.* especie de caramelo hecho con melaza o azúcar moreno. *2* fam. (EE. UU.) coba, lisonja, halago. *3* (con may.) fam. galés.

tafia (teifia) *s.* especie de ron de la India.

tag (tæg) *s.* herrete. *2* marbete, etiqueta. [esp. el ᴓ la que se ata]. *3* tirador [de zapato]. *4* punta [del rabo o cola]. *5* cabo, resto. *6* trozo, cinta, etc. que cuelga; pingajo, colgajo. *7*,mechón [de lana o pelo]. *8* rasgo [en la escritura]. *9* aditamento. *10* estribillo [de una canción]. *11* TEAT. pie. *12* frase o expresión trillada que se añade al discurso para producir un efecto. *13* juego de muchachos parecido al marro. *14 the* ~ *and rag, the* ~, *rag and bobtail*, el populacho, la chusma. — *15 adj.* de herrete, etiqueta, etc. : ~ *day* (EE. UU.), día de cuestación [en que se hace una cuestación por las calles, poniendo una etiqueta [insignia] o una flor en el ojal del donante].

tag (to) *tr.* poner herretes a. *2* poner marbete o etiqueta a. *3* atar, unir. *4* seguir de cerca, pisar los talones, perseguir. — *5 intr. to* ~ *after*, seguir, andar detrás de [uno]. ¶ CONJUG. pret. y p. p.: *tagged*; ger.: *tagging*.

Tagal (tagaʹl), **Tagala** (tagaʹla), **Tagalog** (tagaʹlag) *s.* tagalo.

tagger (tǽgɵ') *s.* el que pone herretes o marbetes. ⟋*2* atador. *3* el que persigue en el juego del TAG. *4 pl.* metal en planchas delgadas.

tagrag (tǽgræg) *s.* pingajo. *2 the* ~ *and bobtail*, el populacho, la chusma.

tagtail (tǽgteil) *s.* ZOOL. lombriz. *2* sicofante, parásito.

Tagus (teigɵs) *n. pr.* GEOGR. Tajo.

Tahitian (tajìrtian) *adj.* y *s.* tahitiano.

tail (teil) *s.* cola, rabo : *to turn* ~, volver la espalda, mostrar los talones; *at the* ~, *in the* ~, *detrás* [de uno]; *with his* ~ *between his legs*, con el rabo entre las piernas. *2* cola [parte posterior]; cabo, apéndice, trenza, coleta. *3* cola [de cometa, de vestido, de sillar]. *4* cola, fila [de personas]. *5* séquito, acompañamiento. *6* pie [de página]. *7* palo [de letra]. *8* MÚS. IABITO [de nota]. *9* SAST. faldón. *10* LIT. estrambote. *11* DER. limitación de propiedad. *12 pl.* cruz [de moneda]; *heads or tails*, cara o cruz. *13 pl.* fam. frac. — *14 adj.* de cola, trasero; de faldones : ~ *coat*, frac; ~ *end*, cola, parte de atrás; conclusión, final; ~ *fin* AVIA. plano de deriva de cola; ~ *gunner*, AVIA. artillero de cola; ~ *lamp*, ~ *light*, farol trasero, farol de cola; ~ *skid*, AVIA. patín de cola; ~ *wind*, viento de cola; viento en popa.

tail (to) *tr.* proveer de cola. *2* añadir, agregar. *3* seguir ir detrás. *4* unir, sujetar [por la cola o el extremo], empotrar. *5* quitar las puntas o rabos a. *6* tirar de la cola a. *7* DER. gravar con una limitación. — *8 intr.* formar cola o hilera, extenderse o moverse en fila. *9 to* ~ *off, out*,

away, down, etc., dispersarse, desvanecerse, irse apagando ᴓ disminuyendo.

tailage (teiʹlidÿ) *s.* derecho, tributo.

tailboard (teiʹlbo'd) *s.* tabla articulada en la trasera de un carro.

tailed (teild) *adj.* que tiene cola, de cola [esp. en composición] : *fork-tailed*, de cola ahorquillada; *long-tailed*, de cola larga. *2* rabón.

tailing (teiʹling) *s.* cola [última parte]. *2* ARQ. cola, entrega [de sillar]. *3 pl.* residuos, restos. *4* moyuelo.

tailor (teiʹlɵ') *s.* sastre.

tailor (to) *tr.* entallar [un traje]. *2* proveer de trajes, vestir. — *3 intr.* ser sastre.

tailoress (teiʹlɵris) *s.* sastra, sastresa.

tailoring (teiʹlɵring) *s.* sastrería [arte, oficio].

tailor-made *adj.* de sastrería, hecho por sastres. *2* de hechura sastre.

tailpiece (teiʹlpis) *s.* cola, apéndice. *2* MÚS. cordal. *3* MÚS. coda. *4* IMPR. florón, culo de lámpara.

tailrace (teiʹlreis) *s.* socaz. *2* cauce de salida del agua de una turbina o rueda hidráulica.

tain (ten) *s.* hojalata delgada; hoja de estaño.

taint (teint) *s.* punta [de alguna mala cualidad]. *2* mancha, mácula, infección, corrupción, contaminación.

taint (to) *tr.* manchar, inficionar, corromper, contaminar, viciar. — *2 intr.* inficionarse, corromperse, contaminarse, viciarse. *3* pasarse [la carne].

taintless (teiʹntlis) *adj.* puro, incorrupto, sin mancha.

take (teic) *s.* toma, tomadura. *2* redada. *3* recaudación, entrada, ingresos. taquilla [dinero que entra o se recauda]. *4* CINE. porción de una película que se filma de una vez. *5* IMPR. cantidad de original que se compone de una vez. *6* arriendo. *7* atractivo, encanto. *8* fam. canción, espectáculo, etc., que tiene éxito.

take (to) *tr.* tomar. *2* coger, asir, agarrar. *3* apoderarse, posesionarse de. *4* apresar, capturar, prender, hacer prisionero; cazar, atrapar. *5* escoger. *6* coger, sorprender : *to* ~ *unawares*, coger desprevenido. *7* coger, pillar [una enfermedad]. *8* atacar, acometer, asaltar [a uno una enfermedad, una emoción, un deseo, etc.] : *to be taken ill*, caer enfermo. *9* dar [un golpe]. *10* atraer, encantar, hechizar, prendar : *to be taken with*, estar prendado de. *11* inferir, deducir. *12* comprender, entender; interpretar, suponer : *I* ~ *it that*, supongo que. *13* sacar, quitar, llevarse. *14* quitar [privar de]; robar. *15* quitar, restar, substraer. *16* cobrar, percibir. *17* aceptar, recibir, admitir. *18* absorber, aspirar. *19* ocupar [espacio, tiempo]. *20* pedir, requerir [hacer necesario]; necesitar. *21* llevar, conducir. *22* hallar [gusto, placer, etc.]. *23* considerar [como]; tener [por]. *24* asumir. *25* adoptar, emplear. *26* aprovechar [una oportunidad]. *27* saltar, salvar [una barrera, un obstáculo]. *28* anudar [un relato]. *29* someterse a, sufrir : *to* ~ *an examination*, sufrir, pasar un examen. *30* sacar [una fotografía, un dibujo, una copia]; fotografiar. *31* asestar, dirigir, disparar, echar : *to* ~ *a look*, echar una mirada. *32* prestar o tomar [juramento]. *33* dar [un paseo, una vuelta, un paso, un salto, etc.]; hacer [un viaje]. *34* hacer [ejercicio]. *35* forma locuciones equivalentes a un verbo reflexivo : *to* ~ *cold*, resfriarse; *to* ~ *fright*, asustarse; *to* ~ *offence*, ofenderse; *to* ~ *pity on*, apiadarse, compadecerse de; *to* ~ *shame*, avergonzarse; *to* ~ *refuge*, refugiarse. *36 to* ~ *aback*, confundir, desconcertar. *37 to* ~ *account of*, o *to* ~ *into account*, tomar en cuenta, hacer caso. *38 to* ~ *a chance*, aventurarse, correr un riesgo. *39 to* ~ *action*, actuar; tomar medidas; DER. proceder [contra]. *40 to* ~ *a liking to*, *to* ~ *a fancy to*, aficionarse a. *41 to* ~ *amiss*, llevar a mal, echar a mala parte. *42* ~ *apart*, desarmar, desmontar [un artefacto]. *43 to* ~ *asunder*, separar, desunir. *44 to* ~ *away*, quitar, sacar, llevarse. *45 to* ~ *back*, recobrar; devolver; retractar, desdecirse de. *46 to* ~ *breath*, descansar, tomar aliento. *47 to* ~ *care*, cuidar; tener cuidado. *48 to* ~ *charge*, encargarse, tomar el mando. *49 to* ~ *down*, bajar, descolgar; desarmar, demoler; tragar; abatir, humillar; IMPR. distribuir; escribir, tomar nota de; retirar [una apuesta]; fam. debilitar, postrar. *50 to* ~ *effect*, surtir efecto; entrar en vigencia. *51 to* ~ *fire*, encen-

derse; enardecerse, encolerizarse. *52 to ~ for*, tomar por, considerar equivocadamente; *to ~ for granted*, dar por sentado. *53 to ~ ground*, MIL. extenderse; MAR. tocar fondo, encallar. *54 to ~ heart*, cobrar ánimo. *55 to ~ heed*, hacer caso. *56 to ~ hold of*, asir, agarrar; tomar, apoderarse de, posesionarse de. *57 to ~ in*, entrar, hacer entrar; dejar entrar, admitir [el agua, etc.]; recibir [como huésped], acomodar; tomar [un trabajo] en casa; estar suscrito a [un periódico]; observar, tomar nota, fijarse en; entender; reducir, contraer, achicar; recoger [una vela]; abarcar, comprender, incluir; visitar [durante un viaje]; cercar; engañar, embaucar. *58 to ~ in hand*, emprender, tomar en mano, tomar por su cuenta. *59 to ~ in o to pieces*, desarmar, descomponer; analizar. *60 to ~ into one's head*, ponérsele a uno en la cabeza. *61 to ~ leave*, despedirse. *62 to ~ lodgings*, hospedarse. *63 to ~ notice of*, observar, reparar, tomar nota de; tratar con atención, hacer caso de. *64 to ~ off*, quitarse [una prenda]; quitar; matar; rebajar, descontar; llevarse; retirar del servicio; distraer; beber; sacar [copias]; retratar; remedar, parodiar. *65 to ~ on*, echar [carnes]; tomar a bordo; tomar, adoptar, asumir, arrogarse; emprender; tomar [a su servicio]; admitir como socio. *66 to ~ one at his word*, creer, tomar en serio lo que uno dice. *67 to ~ out*, quitar, sacar; restar, deducir; arrancar, extraer; sacar fuera; llevar [a comer, a paseo]; sacar, obtener. *68 to ~ over*, tomar el gobierno o la dirección de. *69 to ~ pains*, esmerarse, esforzarse. *70 to ~ place*, suceder, efectuarse, tener efecto. *71 to ~ root*, arraigar. *72 to ~ short*, sorprender, coger desprevenido. *73 to ~ the chair*, presidir. *74 to ~ the field*, entrar en campaña; DEP. saltar al campo. *75 to ~ the floor*, tomar la palabra. *76 to ~ to heart*, tomar a pechos. *77 to ~ to task*, reprender, regañar. *78 to ~ up*, alzar, levantar; recoger; tomar [para usarlo]; subir, elevar; tomar [un pasajero]; emprender; reanudar; adoptar, hacer suyo; posesionarse de; tomar [como asociado; bajo la protección de uno]; ocupar, absorber, llenar; coleccionar, reunir; cobrar, recaudar; prender, arrestar; COST. recoger, fruncir; comprar, tomar prestado; reprender, reprochar; aceptar; pagar, liquidar; apretar, poner tirante; detener, parar. *79 to ~ up quarters*, alojarse, hospedarse. *80 to ~ up oneself*, tomar a su cargo, asumir, encargarse de. *81 to ~ wind*, divulgarse, ser conocido. *82 intr.* arraigar [una planta]. *83* prender [la vacuna, el fuego]. *84* hacer efecto, ser eficaz. *85* tener éxito, dar golpe, cuajar. *86* pegar, adherirse. *87* picar [el pez]. *88* ir, partir, salir. *89* ser de buen o mal retratar. *90 to ~ after*, salir a, parecerse a; ser como; imitar a, seguir el ejemplo de. *91 to ~ ill*, caer enfermo. *92 to ~ off*, salir, partir de súbito; alzar el vuelo; despegar [el avión]. *93 to ~ on*, alborotarse, encolerizarse, quejarse, hacer alharacas; darse tono. *94 to ~ with*, juntarse con; prendarse de. *95 to ~ to*, dedicarse, entregarse a; retirarse a, refugiarse en. *96 to ~ to one's bed*, enfermar, caer en cama. *97 to ~ to one's heels*, huir. *98 to ~ up with*, aceptar, resignarse a; entrar en relaciones con.
¶ CONJUG.. pret.: took; p. p.: taken.
takedown (tei·cdaun) *adj.* desmontable. — *2 s.* desarmadura, desmontadura. *3* fusil desmontable. *4* fig. engaño, humillación.
take-in *s.* fam. fraude, engaño. *2* fam. estafador. *3* entrada, ingresos.
taken (tei·køn) *p. p.* de TO TAKE.
take-off *s.* rebaja, descuento. *2* remedo, parodia, caricatura. *3* acción de dejar el suelo [al saltar o alzar el vuelo]; despegue [del aeroplano]; recorrido de despegue. *4* punto de partida; base de operaciones. *5* raya desde donde se salta.
taker (tei·køʳ) *s.* tomador.
take-up *s.* MEC. atesador. *2* TEJ. enjulio.
taking (tei·king) *s.* toma. *2* captura. *3* entrada en posesión. *4* embargo, secuestro. *5* recepción, aceptación. *6* aprieto, brete. *7* agitación, congoja. *8* afecto, inclinación. *9 pl.* recaudación, ingresos. — *10 adj.* encantador, atractivo, seductor. *11* fam. contagioso.

talaria (talei·ria) *s. pl.* talares.
talbot (to·lbøt) *s.* perro de San Huberto.
talc (tælc) *s.* MINER. talco.
talc (to) *tr.* tratar con talco; aplicar talco a.
talcose, talcous, talcky, talcoid (talcous, -øs, -i, -oid) *adj.* talcoso.
talcum (tæ·lcøm) *s.* MINER. talco. — *2 adj.* de talco: ~ *powder*, polvos de talco.
tale (teil) *s.* cuento, fábula, conseja. *2* LIT. cuento, novela corta. *3* relato, narración, informe. *4* cuento, mentira. *5* cuento, chisme, habilla: *to tell tales out of school*, revelar secretos. *6* cuenta, cómputo. *7* número, total.
talebearer (teil·berøʳ) *s.* chismoso, soplón.
talebearing (teil·bering) *adj.* chismoso, soplón. — *2 s.* chismografía, soplonería.
talent (tæ·lønt) *s.* talento [moneda]. *2* talento, aptitud, capacidad, don. *3* persona de talento o habilidad; artista. *4 ~ money*, prima que se da un deportista profesional cuando gana.
talented (tæ·løntid) *adj.* talentoso, hábil, capaz, dotado.
talentless (tæ·løntlis) *adj.* sin talento.
taler (ta·løʳ) *s.* tálero.
tales (teiliš) *s.* DER. auto de llamamiento de jurados suplentes. *2 pl.* lista de jurados suplentes.
talesman (tei·lšman) *s.* DER. jurado suplente.
taleteller (teil·teløʳ) *s.* cuentista, narrador de cuentos. *2* chismoso, soplón, enredador.
talion (tæ·liøn) *s.* talión.
talionic (tælia·nic) *adj.* del talión.
taliped (tæ·liped) *adj.* y *s.* zopo [de los pies].
talipes (tæ·lipiš) *s.* pie de piña.
talipot (tæ·lipat) *s.* BOT. cierta palmera de Ceilán. *2* almidón que se saca de ella.
talisman (tæ·lisman) *s.* talismán.
talismanic (tælismæ·nic) *adj.* talismánico.
talk (tok) *s.* habla [acción de hablar]. *2* conversación, plática, coloquio. *3* discurso, conferencia. *4* rumor, habilla. *5* tema de conversación, comidilla: *to be the ~ of the town*, ser el tema de todas las conversaciones, ser la comidilla del pueblo. *6* charla, parloteo. *7* fam. habla, lenguaje.
talk (to) *intr.* hablar: *to ~ about*, hablar de; *to ~ away, to ~ on*, ir hablando; *to be talked about o of*, ser objeto de crítica; *to ~ at somebody*, hablar mal a alguien de un tercero que está presente; *to ~ back*, replicar insolentemente; *to ~ for talking's sake*, hablar por hablar; *to ~ to*, hablar a; reprender; *to ~ down*, ponerse al alcance de [su auditorio]; *to ~ up*, hablar claro, recio; alabar. *2* charlar, parlotear. — *3 tr.* hablar de: *to ~ business*, hablar de negocios. *4* hablar [una lengua]. *5* hablar, decir: *to ~ nonsense*, decir tonterías. *6 to ~ into*, convencer, persuadir, inducir; *to ~ out of*, disuadir; sonsacar; *to ~ out a bill*, hacer obstrucción a un proyecto de ley. *7 to ~ away*, pasar [un tiempo] hablando. *8 to ~ over*, examinar, discutir [una cosa].
talkative (to·cativ) *adj.* hablador, locuaz.
talkatively (to·cativli) *adv.* locuazmente.
talkativeness (to·cativnis) *s.* locuacidad, charlatanería.
talked-about *adj.* de que se habla, sonado.
talkee-talkee (to·ki-to·ki) *s.* fam. chapurreo. *2* fam. cháchara.
talker (to·køʳ) *s.* hablador, orador. *2* parlanchín.
talkie (to·ki) *s.* película hablada. *2 pl.* cine hablado.
talking (to·king) *adj.* parlante. *2* hablador, parlanchín, parlero. *3* hablado [cine, película].
talking-to *s.* fam. reprensión, rapapolvo.
tall (tol) *adj.* alto [de gran talla]; espigado, talludo. *2* alto [árbol, mástil, etc.]. *3* fam. altisonante, exagerado. *4* fam. extraordinario, increíble. *5 ~ hat*, sombrero de copa.
tallage (tæ·lidỹ) *s.* tributo señorial o real.
tallboy (to·lboi) *s.* mueble con cajones, especie de cómoda. *2* tubo de metal para cubrir lo alto de una chimenea. *3* copa de pie alto.
tallness (to·lnis) *s.* altura, estatura.
tallow (tæ·lou) *s.* sebo. — *2 adj.* de sebo: ~ *candle*, ~ *dip*, o simplte. *tallow*, vela de sebo; ~ *chandler*, velero [que hace velas de sebo]. *2* BOT. ~ *tree*, árbol del sebo.
tallow-face *s.* persona de rostro muy pálido.
tallow (to) *tr.* ensebar.
tallowy (tæ·loi) *adj.* seboso, sebáceo. *2* grasiento.
tally (tæ·li), *pl.* -lies (-liš) *s.* tarja [para llevar una cuenta]. *2* cuenta [que se lleva]: *to keep*

~, llevar la cuenta; ~ *system*, venta al fiado.
3 marbete, etiqueta. 4 unidad de cuenta. 5 copia, imagen, duplicado.
tally (to) *tr.* llevar la cuenta : *to* ~ *up*, contar, sumar. 2 hacer concordar o corresponder. 3 distinguir con marbete o etiqueta. — *4 intr.* cuadrar, concordar, corresponder. 5 tallar [en ciertos juegos]. ¶ CONJUG. pret. y p. p. : *tallied*.
tallyho (talijuˑ) *interj.* grito del cazador. — *2 s.* cierto coche de cuatro caballos.
tallyho (to) *tr.* excitar [a los perros].
tallyman (tæˑlimæn) *m.*, **tallywoman** (tæˑliwumæn) *f.* tendero o tendera que vende a tarja o al fiado.
talma (tæˑlma) *s.* talma.
Talmud (tæˑlmœd) *s.* Talmud.
Talmudic(al (tælmœˑdic(al) *adj.* talmúdico.
Talmudist (tæˑlmœdist) *s.* talmudista.
talon (tæˑlœn) *s.* garra. 2 monte [de la baraja]. 3 ARQ. talón [moldura].
taloned (tæˑlœnd) *adj.* que tiene garras.
talpa (taˑlpa) *s.* MED. talpa.
1) **talus** (teiˑlœs), *pl.* **-li** (-lai) *s.* ANAT. astrágalo. 2 tobillo.
2) **talus**, *pl.* **-luses** (-lœsiš) *s.* talud.
tamable (teiˑmabœl) *adj.* domable, domesticable.
tamal(e (tamaˑl(i) *s.* tamal [plato de Méjico].
tamandua (tamanduaˑ) *s.* ZOOL. tamanduá, oso hormiguero.
tamarack (tæˑmaræc) *s.* BOT. alerce americano.
tamarind (tæˑmarind) *s.* BOT. tamarindo.
tamarisk (tæˑmarisc) *s.* BOT. tamarisco, tamariz, taray.
tamasha (tamaˑsha) *s.* (Ind.) espectáculo. 2 agitación, alboroto.
tambour (tæˑmbuˑ) *s.* MÚS. FORT. tambor. 2 ARQ. tambor; cancel. 3 *tambour* o ~ *frame*, tambor de bordar.
tambour (to) *tr.* bordar en tambor.
tambourin (tæˑmburin) *s.* tamboril.
tambourine (tæmbœriˑn) *s.* pandero, pandereta, adufe.
tame (teim) *adj.* manso, dócil, tratable, sumiso. 2 amansado, domado, domesticado. 3 moderado. 4 BOT. cultivado [no silvestre]. 5 soso, insípido, insulso, aburrido.
tame (to) *tr.* domar, domeñar, domesticar, desbravar, amansar. 2 abatir, quitar los bríos. 3 suavizar [los colores]. — *4 intr.* domarse, domesticarse, amansarse.
tameless (teiˑmlis) *adj.* indomado, indomable.
tamely (teiˑmli) *adv.* mansamente, dócilmente, sumisamente.
tameness (teiˑmnis) *s.* domestiquez, mansedumbre, sumisión, timidez. 2 insulsez.
tamer (teiˑmœˑ) *s.* domador, amansador.
Tamerlane (tæˑmœˑlœn) *n. pr.* Tamerlán.
taming (teiˑming) *s.* doma, amansamiento.
tamis (tæˑmis) *s.* tamiz, cedazo.
tamkin (tæˑmkin) *s.* ARTILL. tapabocas.
tam-o'-shanter (tæmoshæˑntœˑ) *s.* boina escocesa.
tammy (tæˑmi), *pl.* **-mies** (-miš) *s.* boina escocesa. 2 especie de estameña.
tamp (to) (tæmp) *tr.* atacar [un barreno; la pipa]. 2 apisonar; llenar apretando.
tampan (tæˑmpan) *s.* ZOOL. ácaro venenoso del África del Sur.
tamper (tæˑmpœˑ) *s.* atacador; pisón.
tamper (to) *intr.* intrigar; usar de soborno. 2 *to* ~ *with*, meterse en, enredar, jugar con ; tocar, intervenir estropeando, alterando, falsificando; sobornar, corromper [a un testigo, etc.].
tamperer (tæˑmpœrœˑ) *s.* aficionado, entrometido.
tamping (tæˑmping) *s.* atacadura. 2 apisonamiento. — *3 adj.* de apisonar o atacar : ~ *iron*, pisón metálico; ~ *stick*, atacadera.
tampion (tæˑmpiœn) *s.* ARTILL. tapaboca.
tampon (tæˑmpon) *s.* CIR. tapón. 2 MÚS. maza [de bombo].
tampon (to) *tr.* CIR. taponar.
tamponade (tæˑmponeid), **tamponage** (tæˑmponidȳ), **tamponment** (tæˑmponmœnt) *s.* CIR. taponamiento.
tam-tam (tæm-tæm) *s.* tambor chino, gong, batintín.
tan (tæn) *s.* tanino. 2 casca [para curtir]. 3 tostadura, bronceado [del cutis]. 4 color tostado o de canela. — *5 adj.* tostado, de color de canela. 6 de curtir : ~ *vat*, noque.

tan (to) *tr.* curtir, adobar [las pieles]. 2 curtir, tostar, atezar [el cutis]. 3 fam. zurrar, azotar. ¶ CONJUG. pret. y p. p. : *tanned;* p. a. : *tanning.*
tanager (tæˑnȳœˑ) *s.* ORNIT. tángara.
Tanagra (tæˑnagra) *s.* tanagra.
tanbark (tæˑnbaˑc) *s.* TEN. casca.
tandem (tæˑndœm) *s.* tándem. 2 carruaje tirado o tiro formado por caballos enganchados uno tras otro. 3 juego de cosas o partes puestas una tras otra. — *4 adj.* colocado uno tras otro. — *5 adv.* uno tras otro.
tang (tæng) *s.* dejo, sabor. 2 olor vivo. 3 sonido vibrante, tañido. 4 punzada, aguijonazo. 5 espiga [de una herramienta]. 6 punta, púa. 7 cierta alga marina.
tang (to) *intr.* sonar, retiñir. — *2 tr.* dar un dejo o sabor. 3 hacer sonar o retiñir.
tangency (tæˑnȳœnsi) *s.* tangencia.
tangent (tæˑnȳœnt) *adj. y s.* tangente : *to fly off* o *go off at a* ~, salirse bruscamente del tema; tomar súbitamente otro rumbo, etc.
tangential (tænȳeˑnshal) *adj.* tangencial.
Tangerine (tænȳœriˑn) *adj. y s.* tangerino. — *2 s.* (con min.) mandarina [naranja].
tangibility (tænȳibiˑliti) *s.* tangibilidad.
tangible (tæˑnȳibœl) *adj.* tangible, palpable.
tangibly (tæˑnȳibli) *adv.* palpablemente.
Tangier (tanȳiˑœˑ) *n. pr.* GEOGR. Tánger.
tangle (tæˑngœl) *s.* enredo, maraña, embrollo, complicación. 2 confusión, perplejidad. 3 BOT. cierta alga marina.
tangle (to) *tr.* enredar, enmarañar, embrollar. 2 confundir. — *3 intr.* enredarse, enmarañarse, embrollarse. 4 confundirse.
tanglefoot (tæˑngœlfut) *s.* substancia para cazar moscas. 2 fam. (EE. UU.) whisky, bebida fuerte.
tanglesome (tæˑngœlsœm) *adj.* enredado, enmarañado.
tangly (tæˑngli) *adj.* enredado, enmarañado. 2 cubierto de algas.
tango (tæˑngou) *s.* tango [baile].
tango (to) *intr.* bailar el tango.
tangram (tæˑngrœm) *s.* rompecabezas chino.
tank (tænc) *s.* tanque, depósito, aljibe, cisterna, alberca: *swimming* ~, piscina. 2 MIL. tanque. — *3 adj.* tanque, de tanque o depósito : ~ *car*, vagón cisterna; ~ *engine*, ~ *locomotive*, locomotora-tender; ~ *ship*, ~ *steamer*, buque cisterna.
tanka (tæˑnca) *s.* LIT. combinación métrica japonesa.
tankage (tæˑnkidȳ) *s.* almacenaje en tanques o aljibes. 2 capacidad de un tanque o aljibe. 3 AGR. residuos animales usados como abono.
tankard (tæˑnka'd) *s.* jarro con tapa para beber.
tanker (tæˑnkœˑ) *s.* MAR. buque cisterna. 2 carro cuba, camión cisterna.
tannage (tæˑnidȳ) *s.* curtido, curtimiento.
tannate (tæˑneit) *s.* QUÍM. tanato.
tanned (tænd) *p. p.* de TO TAN. — *2 adj.* curtido. 3 atezado, bronceado, tostado por el sol.
tanner (tæˑnœˑ) *s.* curtidor, noquero. 2 pop. moneda de seis peniques.
tannery (tæˑnœri) *s.* tenería, curtiduría.
tannic (tæˑnic) *adj.* QUÍM. tánico.
tannin (tæˑnin) *s.* QUÍM. tanino.
tanning (tæˑning) *s.* curtimiento, curtido. 2 bronceado, tostado [del cutis]. 3 fig. paliza, tunda. — *4 adj.* curtiente.
tansy (tæˑnsi), *pl.* **-sies** (-siš) *s.* BOT. tanaceto, hierba lombriguera.
tantalization (tæntališœshœn) *s.* acción de atormentar, esp. mostrando lo inasequible.
tantalize (to) (tæˑntalaiš) *tr.* atormentar, exasperar, mostrando lo inasequible; hacer padecer el suplicio de tántalo.
tantalum (tæˑntalœm) *s.* QUÍM. tantalio.
Tantalus (tæˑntœlœs) *n. pr.* Tántalo.
tantamount (tæˑntamaunt) *adj.* equivalente : *to be* ~ *to*, equivaler a.
tantivy (tæntiˑvi) *adj.* rápido, veloz. — *2 adv.* velozmente. — *3 s.* galope rápido, movimiento impetuoso.
tantrum (tæˑntrœm) *s.* ataque de mal humor, berrinche, pataleta, rabieta. 2 antojo, capricho.
Taoism (taˑuišm) *s.* taoismo.
tap (tæp) *s.* grifo, espita, canilla; agujero o caño para sacar líquido : *beer on* ~, cerveza del barril. 2 tapón, tarugo, bitoque. 3 bebida sacada del barril. 4 calidad o clase [de vino, cerveza, etc.]

5 mostrador de taberna, bar. 6 fam. petición de dinero, sablazo. 7 ELECT. toma, derivación. 8 ZAP. remiendo en la suela, media suela. 9 MEC. macho de aterrajar. 10 golpecito, palmada. 11 pl. MIL. silencio, toque de apagar las luces. — 12 adj. ~ dance, zapateado. 13 ~ water, agua del grifo.

tap (to) tr. poner espita o canilla a; abrir [un barril]; horadar para sacar líquido. 2 sacar [líquido] horadando. 3 pinchar [un absceso]. 4 sangrar [un árbol]. 5 extraer o sacar algo de. 6 pedir o sacar dinero, dar un sablazo [a uno]. 7 ELECT. derivar [una corriente]. 8 hacer una acometida en [una conducción de gas, agua, etc.]. 9 hacer una conexión con [una línea telefónica o telegráfica para interceptar comunicaciones]. 10 ponerse en comunicación con; establecer un negocio, etc., en [un distrito o comarca]. 11 aterrajar [una tuerca]. 12 golpear ligeramente. 13 horadar, perforar; abrir [un agujero]. 14 ZAP. remendar las suelas de, poner medias suelas a. — 15 intr. dar golpecitos o palmadas : to ~ at a door, llamar a una puerta. 16 zapatear; bailar un zapateado. ¶ CONJUG. pret. p. p.: tapped o tapt; ger.: tapping.

tape (tei·p) s. cinta, cintilla, galón : adhesive ~, esparadrapo; cinta adherente; red ~, balduque; fig. expedienteo, formalismo. 2 cinta de papel o de metal. — 3 adj. de cinta : ~ line, ~ measure, cinta para medir, cinta métrica; ~ recorder, aparato magnetofónico de cinta.

tape (to) tr. atar o envolver con cinta. 2 medir con cinta. 3 registrar en cinta magnetofónica.

taper (tei·pØ') s. candela, velilla, cerilla; cirio. 2 afilamiento. disminución gradual de anchura o grueso en un objeto largo; objeto que la presenta; aguja, chapitel. 3 disminución gradual de actividad, fuerza, etc. — 4 adj. cónico, piramidal; afilado, que disminuye gradualmente.

taper (to) tr. disminuir gradualmente. — 2 intr. adelgazarse, afilarse, ahusarse, estrecharse gradualmente hasta rematar en punta; ir cesando. | A veces con off.

taperness (tei·pØ'nis) s. disminución, afilamiento.

tapestry (tæ·pistri), pl. -tries (-triš) s. tapiz, colgadura, tapicería. 2 tela para tapizar. 3 papel que imita la tapicería.

tapestry (to) tr. tapizar; colgar. 2 representar en tapicería.

tapeworm (tei·pØ'm) s. ZOOL. tenia, solitaria.

taphole (tæ·pjoul) s. piquera [de alto horno].

taphouse (tæ·pjaus) s. taberna, bar.

tapioca (tæpiou·ca) s. tapioca.

tapir (tei·pØ') s. ZOOL. tapir, danta.

tapis (tæ·pi) s. tapete : on the ~, sobre la mesa, sobre el tapete.

tappet (tæ·pet) s. MEC. leva; alzaválvulas.

tapping (tæ·ping) ger. de TO TAP. — 2 s. CIR. paracentesis.

taproom (tæ·prum) s. sala o fumadero de taberna; taberna, bar.

taps (tæps) s. MIL. toque de apagar las luces.

tapster (tæ·pstØ') s. mozo de taberna.

tar (ta·r) s. alquitrán, brea, pez líquida. 2 fam. marinero. — 3 adj. de alquitrán o brea, alquitranado, embreado : ~ paper, papel o cartón alquitranado; ~ soap, jabón de brea; ~ water, agua de alquitrán.

tar (to) tr. alquitranar, embrear; untar o marcar con pez : to ~ and feather, emplumar [como castigo]. ¶ CONJUG. pret. y p. p.: tarred; ger.: tarring.

tarantella (tærante·la) s. tarantela [baile y música].

tarantula (tæræ·nchula) s. ZOOL. tarántula.

tarboosh (ta·brØsh) s. especie de fez.

tarbrush (ta·brØsh) s. brocha para el alquitrán : fig. a touch of the ~, algo de sangre india o negra.

tardigrade (ta·digreid) adj. y s. ZOOL. tardígrado.

tardily (ta·dili) adv. lentamente. 2 tardíamente.

tardiness (ta·dinis) s. lentitud, cachaza, tardanza, morosidad. 2 calidad de tardío.

tardy (ta·di) adj. lento, tardo. 2 retrasado, moroso : to be ~, retrasarse, estar retrasado. 3 tardío.

tare (te·r) s. COM. tara. 2 BOT. arveja, algarroba. 3 BIBL. cizaña.

tare (to) tr. COM. destarar.

tarente (tare·ntei) s. ZOOL. salamanquesa.

Tarentum (taræ·ntØm) n. pr. GEOGR. Tarento.

targe (tæ·ỹ) s. tarja, escudo.

target (ta·guit) s. blanco [al que se tira]; objetivo. 2 blanco, objeto [de críticas, burlas, etc.]. 3 escudo, rodela. 4 FERROC. placa indicadora de la posición de las agujas. 5 TOP. tablilla corredera de la mira. 6 FÍS. foco de emisión [de rayos X]. — 7 adj. de blanco, etc.; al blanco : ~ practice o shooting, tiro al blanco.

tariff (tæ·rif) s. tarifa. 2 arancel [de aduanas]. 3 derecho de aduana. — 4 adj. arancelario, aduanero : ~ protection, protección arancelaria.

tariff (to) tr. tarifar.

tarlatan (ta·latan) s. TEJ. tarlatana.

tarn (ta·n) s. lago pequeño entre montañas.

tarnish (ta·nish) s. deslustre, empañadura, mancha.

tarnish (to) tr. empañar, deslustrar, deslucir. 2 empañar, manchar, deshonrar. — 3 intr. empañarse, deslucirse, perder el lustre; enmohecerse.

tarpaulin (ta·po·lin) s. tela embreada, encerado. 2 chaqueta o sombrero embreados, impermeables. 3 fam. marinero.

Tarpeian (ta·pr·an) adj. tarpeya [roca].

tarpon (ta·pan) s. ICT. pez del Golfo de Méjico.

tarpot (ta·pat) s. caldero del alquitrán. 2 fam. marinero.

tarradiddle (ta·radidØl) s. fam. mentira, embuste. 2 fam. embustero.

tarragon (tæ·ragon) s. BOT. estragón.

tarred (ta·d) adj. alquitranado, embreado : ~ with the same brush, fig. con los mismos vicios, defectos, etc.; otro que tal.

tarry (ta·ri) adj. alquitranado, embreado. 2 píceo, negro, sucio.

tarry (to) (tæ·ri) intr. tardar, demorarse, detenerse, entretenerse. 2 permanecer, quedarse, esperar. ¶ CONJUG. pret. y p. p.: tarried.

tarsal (ta·sal) adj. ANAT., ZOOL. tarsal.

tarsometatarsus (ta·someta·sØs) s. ORNIT. tarsometatarso.

tarsus (ta·sØs) s. ANAT., ZOOL. tarso.

tart (ta·t) adj. acre, ácido, asperillo, agridulce, picante. 2 áspero, agrio; cáustico, mordaz. — 3 s. tarta; pastel de frutas. 4 fam. mujerzuela.

tartan (ta·tan) s. tartán. 2 MAR. tartana.

tartar (ta·ta') s. tártaro [del mosto] : cream of ~, crémor tártaro. 2 tártaro, sarro [de los dientes]. 3 cualquier incrustación.

Tartar adj. y s. tártaro [de Tartaria]. 2 (con min.) persona violenta, intratable. 3 to catch a ~, hallar la horma de su zapato.

Tartarean (ta·te·rian) adj. poét. tartáreo.

tartar sauce (ta·ta') s. COC. salsa tártara.

tartareous (ta·te·riØs), **tartaric** (ta·tæ·ric) adj. tartárico, tártrico.

tartarize (to) (ta·taraiš) tr. tartarizar.

tartarous (ta·tarØs) adj. de tártaro, tartaroso.

Tartarus (ta·tarØs) s. MIT. Tártaro, el infierno.

Tartary (ta·tari) n. pr. GEOGR. Tartaria.

tartlet (ta·tlit) s. tarta o pastel pequeño.

tartly (ta·tli) adv. agriamente, ásperamente.

tartness (ta·tnis) s. acidez, agrura. 2 acerbidad, aspereza, acrimonia.

tartrate (ta·treit) s. QUÍM. tartrato.

tasco (tæ·scou) s. talque.

task (tæsk) s. tarea, labor, trabajo, quehacer, faena. 2 to take to ~, reprender, censurar. 3 task de tarea : ~ force, MIL., NAV. fuerzas reunidas para una misión especial.

task (to) tr. atarear, señalar tarea. 2 abrumar, fatigar [con trabajo]. 3 poner a prueba. 4 acusar, tachar [de].

tasker (ta·skØ'), **taskmaster** (tæ·scmæstØ') s. el que da o señala tareas.

tassel (tæ·sØl) s. borla, campanilla [adorno]. 2 cinta que sirve de señal en un libro. 3 BOT. inflorescencia en forma de borla.

tassel (to) tr. adornar con borlas. ¶ CONJUG. pret. y p. p.: tasseled o tasselled; ger.: tasseling o tasselling.

tassel(l)ed (tæ·sØld) adj. adornado con borlas.

tastable (tei·stabØl) adj. gustable. 2 sabroso.

taste (teist) s. gusto [sentido]. 2 gusto, sabor. 3 gusto, inclinación, afición : to have a ~ for, tener afición a, gustar de. 4 gusto [discernimiento de lo bello, armónico, etc.; manera indicadora de él] : in good ~, de buen gusto; in poor o bad ~, de mal gusto; man of ~, hombre de gusto. 5 bocadito, sorbo, cata : to take a ~ of,

probar. 6 muestra, prueba. 7 pizca, un poco, algo. — 8 *adj.* del gusto, gustativo : ~ *bud*, ANAT. papila gustativa.
taste (to) *tr.* gustar, saborear, paladear. 2 probar, catar. 3 gustar, experimentar. — 4 *intr.* tener cierto sabor o gusto : *to ~ · acid*, tener sabor ácido; *to ~ of garlic*, saber a ajo. 5 *to ~ of*, probar, catar; experimentar, gozar, conocer, participar ·de.
tasteful (teiˈstful) *adj.* de gusto, de buen gusto, elegante. 2 ant. sabroso.
tastefully (teiˈstfuli) *adv.* con gusto, con buen gusto; elegantemente
tastefulness (teiˈstfulnis) *s.* gusto, buen gusto, elegancia.
tasteless (teiˈstlis) *adj.* insípido, desabrido, soso, insulso. 2 de mal gusto, falto de gusto.
tastelessly (teiˈstlisli) *adv.* insípidamente, sosamente. 2 sin gusto.
tastelessness (teiˈstlisnis) *s.* insipidez. 2 falta de gusto.
taster (teiˈstøˈ) *s.* probador, catador. 2 pipeta; catavino. 3 muestra, prueba.
tastier (teiˈstiøˈ) *adj. comp.* de TASTY.
tastiest (teiˈstiist) *adj. superl.* de TASTY.
tasting (teiˈsting) *s.* acto de gustar, probar, etc.; degustación.
tasty (teiˈsti) *adj.* de buen gusto. 2 fam. sabroso, gustoso.
tat (to) (tæt) *intr.* hacer encaje de frivolité.
Tatar (taˈtaˈ) *s.* tártaro [de Tartaria].
tatou (tatuˈ) *s.* ZOOL. tato, tatú [armadillo].
tatter (tæˈtøˈ) *s.* harapo, andrajo, jirón, arambel, guiñapo, *hilacho.
tatterdemalion (tætøˈdimeiˈliøn) *s.* zarrapastrón roto, pelagatos.
tattered (tæˈtøˈd) *adj.* roto, desgarrado, hecho jirones, deshilachado. 2 andrajoso, harapiento.
tatting (tæˈting) *s.* encaje de frivolité.
tattle (tæˈtøl) *s.* charla, parloteo. 2 chismorreo, habladuría.
tattle (to) *intr.* charlar. 2 chismorrear, comadrear. 3 soplonear. — 4 *tr.* descubrir, revelar [charlando].
tattler (tæˈtløˈ) *s.* hablador. 2 chismoso. 3 soplón. 4 pop. despertador; reloj de bolsillo. 5 ORNIT. especie de chorlito.
tattoo (tæˈtuˈ) *s.* retreta [toque; fiesta]. 2 tabaleo, tamborileo. 3 tatuaje [dibujo].
tattoo (to) *tr.* tatuar. — 2 *intr.* tocar retreta. 3 tabalear, tamborilear.
tattooage (tæˈtuˈid̄y) *s.* tatuaje.
tau (tau) *s.* tau [letra griega]. 2 tao.
taught (tot) *pret. y p. p.* de TO TEACH.
taunt (tont) *s.* reproche insultante, mofa, sarcasmo, insulto, improperio, provocación. — 2 *adj.* MAR. alto.
taunt (to) *tr.* reprochar con insulto, mofarse de, insultar, provocar.
taunter (tonˈtøˈ) *s.* mofador, insultador, provocador.
taunting (tonˈting) *adj.* insultante, de mofa o provocación.
tauntingly (tonˈtingli) *adv.* en tono insultante, de mofa o provocación.
taunt-masted *adj.* MAR. de mástiles altos, de mucha guinda.
tauriform (toˈrifoˈm) *adj.* de forma de toro.
taurine (toˈrin) *adj.* taurino [de toro]. 2 ASTR. relativo a Tauro.
tauromachy (toraˈmøki) *s.* tauromaquia. 2 B. ART. representación de una corrida de toros.
Taurus (toˈrøs) *n. pr.* ASTR. Tauro.
taut (tot) *adj.* tirante, tenso, tieso : *to haul o pull ~*, tesar, atesar. 2 rígido, severo. 3 listo, preparado.
tauten (to) (toˈtøn) *tr.* atirantar, tesar, poner tenso. — 2 *intr.* ponerse tirante, tenso.
tautness (toˈtnis) *s.* tirantez, tensión.
tautog (toˈtaˈg) *s.* pez de la costa atlántica de los EE. UU.
tautologic(al (totolaˈȳic) *adj.* tautológico.
tautologize (to) (toˈtaˈloȳaiš) *intr.* repetir en diferentes palabras.
tautology (toˈtaˈloȳi) *s.* RET. tautología.
tavern (tæˈvøˈn) *s.* taberna. 2 hotel, mesón, posada.
taw (to) *s.* canica, bola. 2 raya desde donde se lanzan las canicas.
taw (to) *tr.* curtir [pieles] en blanco.

tawdrily (toˈdrili) *adv.* charramente, llamativamente.
tawdriness (toˈdrinis) *s.* charrería.
tawdry (toˈdri) *adj.* charro, chillón, llamativo
tawer (toˈøˈ) *s.* curtidor en blanco.
tawny (toˈni) *adj.* moreno, tostado, atezado. ‹ leonado. 3 ORNIT. ~ *owl*, autillo.
tax (tæcs) *s.* impuesto, tributo, contribución : *income ~*, impuesto de utilidades. 2 carga, obligación pesada, esfuerzo gravoso. — 3 *adj.* de impuestos o contribuciones, tributario : ~ *collector*, recaudador de impuestos; ~ *list*, lista de contribuyentes; ~ *rate*, tipo [tanto por ciento] de impuesto.
tax (to) *tr.* DER. tasar. 2 imponer tributo, gravar. 3 abrumar, fatigar, abusar de : *to ~ one's patience*, abusar de la paciencia de uno. 4 reprobar, censurar. 5 tachar, acusar : *to ~ with a crime*, acusar de un delito.
taxable (tæˈcsabøl) *adj.* imponible; sujeto a tributación.
Taxaceae (tæcseˈsiiˈ) *s. pl.* BOT. taxáceas.
taxation (tæcseˈshøn) *s.* imposición de contribuciones o impuestos. 2 tributo, impuesto; tributación. 3 DER. tasación [de costas].
tax-exempt *adj.* exento de impuesto.
taxer (tæˈcsøˈ) *s.* exactor. 2 acusador.
tax-free *adj.* TAX-EXEMPT.
taxgatherer (tæˈcsgæðørøˈ) *s.* TAX COLLECTOR.
taxi (tæˈcsi) *s.* taxi, taxímetro [coche].
taxi (to) *tr. e intr.* llevar o ir en taxi. 2 hacer correr [un avión] o correr [el avión] por tierra o sobre el agua.
taxicab (tæˈcsicæb) *s.* TAXI.
taxidermal (tæcsidøˈmal), **taxidermic** (tæcsidøˈmic) *adj.* taxidérmico.
taxidermist (tæcsidøˈmist) *s.* taxidermista.
taxidermy (tæˈcsidøˈmi) *s.* taxidermia.
taximeter (tæˈcsiˈmitøˈ) *s.* taxímetro.
taxonomic (tæcsonaˈmic) *adj.* taxonómico.
taxonomy (tæcsaˈnomi) *s.* taxonomía.
taxpayer (tæˈcspeiøˈ) *s.* contribuyente.
tea (tiˈ) *s.* té [planta, sus hojas; su infusión; reunión en que se toma té]. 2 refacción de la tarde o prima noche. 3 infusión medicinal. — 4 *adj.* de té, para el té : ~ *ball*, bolsita de tela o bola perforada para hacer el té; ~ *board*, bandeja para el té; ~ *caddy*, ~ *canister*, bote para té; ~ *cosy*, cubretetera; ~ *dance*, té bailable; ~ *party*, té, reunión en que se toma té; ~ *rose*, rosa de té; ~ *set*, servicio de té; ~ *wagon*, TEACART.
tea (to) *intr.* fam. tomar el té. — 2 *tr.* fam. dar té.
teacart (tiˈcaˈt) *s.* carrito para el té, mesita de té con ruedas.
teach (to) (tich) *tr.* enseñar, instruir, aleccionar. 2 enseñar, profesar [una materia, etc.]. 3 dirigir [una clase, una escuela]. — 4 *intr.* enseñar, ejercer la enseñanza, ser maestro.
teachable (tiˈchabøl) *adj.* enseñable. 2 susceptible de enseñanza; dócil.
teacher (tiˈchøˈ) *s.* maestro, maestra, profesor, profesora, preceptor, institutriz.
teaching (tiˈching) *s.* enseñanza, instrucción, doctrina. — 2 *adj.* docente.
teacup (tiˈcøp) *s.* taza de té. 2 taza para té.
teacupful (tiˈcøpful) *s.* taza de té [contenido].
teahouse (tiˈjaus) *s.* salón de té.
teak (tic) *s.* BOT. teca [árbol].
teakettle (tiˈcetøl) *s.* tetera.
teakwood (tiˈcwud) *s.* teca [madera].
teal (til) *s.* ORNIT. trullo.
team (tim) *s.* tiro [de animales]; atelaje, tronco, pareja, yunta. 2 (EE. UU.) carruaje, camión. 3 grupo, equipo, cuadrilla. 4 DEP. equipo. 5 manada, bandada.
team (to) *tr.* enganchar, uncir, enyugar. 2 acarrear, transportar [en carro]. — 3 *intr.* guiar un tiro, una yunta, etc. 4 *to ~ up*, juntarse, formar equipo.
teammate (tiˈmmeit) *s.* compañero de equipo.
teamster (tiˈmstøˈ) *s.* conductor [de un tiro, una yunta, etc.]; tronquista.
teamwork (tiˈmuøˈc) *s.* trabajo de equipo.
teapot (tiˈpat) *s.* tetera.
teapoy (tiˈpoi) *s.* mesita de adorno o para el té.
1) tear (tiˈˈ) *s.* lágrima : *in tears*, llorando, afligido; *to burst into tears*, romper a llorar; *to move to tears*, hacer llorar, mover a llanto. 2 llanto, aflicción. — 3 *adj.* de lágrimas, lacrimal, lacri-

mógeno : ～ *bomb,* bomba lacrimógena ; ～ *gas,* gas lacrimógeno ; ～ *sac,* ANAT. saco lacrimal.
2) **tear** (te･ˈ) *s.* rotura, desgarro, rasgadura. 2 desgarrón. 3 paso rápido, precipitación, furia, rabia. 4 pop. (EE. UU.) juerga. *5 wear and* ～, desgaste.
tear (to) *tr.* romper, rasgar, desgarrar, despedazar. 2 arrancar, separar con violencia : *to* ～ *apart,* deshacer, separar, apartar; *to* ～ *off* o *away,* arrancar, desmembrar; *to* ～ *one's beard* o *hair,* mesarse la barba o los cabellos; *to* ～ *oneself away,* arrancarse de un lugar, irse contra su voluntad. 3 abrir [rompiendo o desgarrando]. 4 *to* ～ *down,* desarmar, demoler, derribar. *5 to* ～ *up,* arrancar, desarraigar; romper en pedazos. — *6 intr.* rasgarse. 7 moverse, obrar con precipitación, furia o violencia : *to* ～ *around,* andar rápido o furioso de un lado a otro; *to* ～ *away,* irse, alejarse precipitadamente. ¶ CONJUG. pret. : *tore;* p. p. : *torn.*
teardrop (tɪˈdrap) *s.* lágrima.
tearful (tɪˈful) *adj.* lloroso.
tearless (tɪˈlis) *adj.* sin lágrimas.
tease (tɪːs) *s.* importunidad, broma continua, vaya. 2 embromador.
tease (to) *tr.* fastidiar, molestar, importunar, embromar, dar vaya. 2 estimular. 3 cardar, peinar, rastrillar [lana o lino] ; cardar [paño]. *4 to* ～ *up,* ir mejorando por medio de pequeños cambios.
teasel (tɪːˈsəl) *s.* BOT. cardencha. 2 carda.
teasel (to) *tr.* cardar [paño].
teasel(l)er (tɪːˈslɵˈ) *s.* cardador [de paño].
teaser (tɪːˈsɵˈ) *s.* cardador [de paño]. 2 embromador. 3 ELECT. excitador de una dinamo. 4 fam. cosa atractiva, tentadora.
teaspoon (tɪːˈspun) *s.* cucharilla, cucharita.
teaspoonful (tɪːˈspunful) *s.* cucharadita.
teat (tɪt) *s.* pezón [de teta] ; teta.
teazel *s.,* **teazel (to)** *tr.* TEASEL, TO TEASEL.
teaz(e)ler *s.* TEASEL(L)ER.
technic (teˈcnic) *adj.* técnico. — 2 *s.* tecnicismo.
technical (teˈcnical) *adj.* técnico; ～ *term,* tecnicismo.
technicality (tecnicæˈliti) *s.* calidad de técnico. 2 tecnicismo. 3 detalle técnico. 4 sutileza, distinción de carácter técnico.
technically (teˈcnicali) *adv.* técnicamente.
Technicolo(u)r (teˈcnicalɵˈ) *s.* FOT., CINE tecnicolor.
technician (teˈcnishan) *s.* técnico.
technics (teˈcnics) *s.* doctrina de las artes.
technique (tecniˈc) *s.* técnica.
technocracy (tecnaˈcrasi) *s.* tecnocracia.
technological (tecnolaˈȳical) *adj.* tecnológico.
technologist (tecnaˈloȳist) *s.* perito en tecnología.
technology (tecnaˈloȳi) *s.* tecnología.
techy (teˈchi) *adj.* TETCHY.
tectonic (tectaˈnic) *adj.* arquitectónico. 2 BIOL., GEOL. tectónico, estructural.
tectonics (tectaˈnics) *s.* arquitectura, construcción. 2 GEOL. características estructurales.
Ted *n. pr.* abrev. de THEODORE y EDWARD.
ted (to) *tr.* esparcir o dar vuelta a la yerba segada, henear.
tedder (teˈdɵˈ) *s.* esparcidor de hierba. heneador.
Teddy (teˈdi) *n. pr.* de THEODORE y EDWARD.
Teddy-bear *s.* osito de trapo.
Te Deum (tɪ drøm) *s.* LITURG. tedéum.
tedious (tɪˈdiøs) *adj.* tedioso, fastidioso, pesado, aburrido, latoso.
tediously (tɪˈdiøsli) *adv.* fastidiosamente, aburridamente.
tediousness (tɪˈdiøsnis) *s.* tedio, fastidio, aburrimiento ; pesadez.
tedium (tɪˈdiøm) *s.* TEDIOUSNESS. 2 período molesto, fastidioso.
tee (tɪ) *s.* pieza en forma de T. 2 en ciertos deportes, meta. 3 GOLF montoncito desde donde se lanza la pelota. 4 punto exacto, preciso : *to a* ～, exactamente.
tee (to) *tr.* GOLF poner [la pelota] sobre un TEE. 2 GOLF *to* ～ *off,* dar golpe a la pelota en el TEE; comenzar.
teem (to) (tɪm) *tr.* producir, engendrar. — 2 *intr. to* ～ *with,* abundar en, hervir en, rebosar de, estar lleno de.
teeming (tɪˈming) *adj.* lleno, rebosante, abundante. 2 prolífico, fecundo.
teen age (tɪn) *s.* edad de los trece a los diecinueve años.
teen-ager (tɪrˈneiȳɵˈ) *s.* joven de 13 a 19 años de edad.

teens (tɪnʃ) *s. pl.* números cuyos nombres terminan en TEEN. 2 edad de los trece a los diecinueve años : *to be in one's* ～, no haber cumplido los veinte años.
teeny (tɪˈrni) *adj.* fam. pequeñito, menudo, diminuto.
teepee (tɪˈpi) *s.* TEPEE.
teetee (tɪˈti) *s.* ZOOL. titi.
teeter (tɪˈtøˈ) *s.* balance, vaivén.
teeter (to) *intr.* balancearse, columpiarse. 2 vacilar, andar vacilando.
teeth (tɪz) *s. pl.* de TOOTH : *to cast,* o *throw, in one's* ～, echar en cara, arrojar a la cara ; *in the* ～ *of,* contra, desafiando; *to the* ～, completamente.
teethe (to) (tɪd) *intr.* endentecer, echar los dientes.
teething (tɪˈding) *s.* dentición.
teetotal (tɪtouˈtal) *adj.* perteneciente a la abstinencia de bebidas alcohólicas ; que la practica, abstemio. 2 fam. total, completo, entero.
teetotal(l)er (tɪtouˈtalɵˈ) *s.* abstemio.
teetotalism (tɪtouˈtalɪʃm) *s.* abstinencia completa de bebidas alcohólicas.
teetotum (tɪtouˈtøm) *s.* perinola.
tegmen (teˈgmin) *s.* ANAT. techo de la caja del tímpano. 2 ENTOM. élitro. 3 BOT. tegumento interior de una semilla.
tegument (teˈguiumønt) *s.* tegumento.
tegumentary (teguiumeˈntari) *adj.* tegumentario.
teil o **teil-tree** (tɪl) *s.* BOT. tilo.
telamon (teˈlamøn) *s.* ARQ. telamón, atlante.
telecast (teˈlicæst) *s.* transmisión por televisión.
telecast (to) *tr.* transmitir por televisión, televisar.
telecommunication (teˈlicømiunikeˈshøn) *s.* telecomunicación.
telegram (teˈligræm) *s.* telegrama.
telegraph (teˈligræf) *s.* telégrafo. 2 telegrama. — 3 *adj.* de telégrafo, telegráfico : ～ *money order,* giro telegráfico ; ～ *operator,* telegrafista ; ～ *pole,* poste de telégrafo.
telegraph (to) *tr.* e *intr.* telegrafiar.
telegrapher (tileˈgrafɵˈ) *s.* telegrafista.
telegraphese (teligrafiˈʃ) *s.* lenguaje o estilo telegráfico.
telegraphic (teligræˈfic) *adj.* telegráfico.
telegraphically (teligræˈficali) *adv.* telegráficamente.
telegraphist (tileˈgrafist) *s.* telegrafista.
telegraphy (tileˈgrafi) *s.* telegrafía.
Telemachus (tileˈmakøs) *n. pr.* MIT. Telémaco.
telemechanics (telimicæˈnics) *s.* telemecánica.
telemeter (tileˈmetøˈ) *s.* telémetro.
telemetry (tileˈmetri) *s.* telemetría.
teleologic(al (tiliolaˈȳical) *adj.* teleológico.
teleology (tiliaˈloȳi) *s.* teleología.
teleost (teˈliast) *adj.* ICT. teleósteo.
Teleostei (teleoˈstiai) *s. pl.* ICT. teleósteos.
telepathic (telipæˈzic) *adj.* telepático.
telepathy (tileˈpazi) *s.* telepatía.
telephone (teˈlifoun) *s.* teléfono. — 2 *adj.* de teléfono, telefónico : ～ *booth,* locutorio, cabina telefónica ; ～ *call,* llamada o comunicación telefónica ; ～ *directory,* guía telefónica ; ～ *exchange,* central telefónica ; ～ *girl,* telefonista ; ～ *message,* telefonema.
telephone (to) *tr.* e *intr.* telefonear.
telephonic(al (telifaˈnic(al) *adj.* telefónico.
telephonist (teˈlifounist) *s.* telefonista.
telephony (tileˈfoni) *s.* telefonía.
telephotograph (telifouˈtogræf) *s.* telefotografía [imagen].
telephotography (telifotaˈgrafi) *s.* telefotografía [procedimiento].
telescope (teˈliscoup) *s.* telescopio.
telescope (to) *intr.* enchufarse, entrar, empotrarse [una cosa en otra]. — 2 *tr.* hacer entrar o empotrarse [una cosa en otra]. 3 acortar, simplificar.
telescopic(al (teliscaˈpic(al) *adj.* telescópico.
telethermometer (telizøˈmameˈtøˈ) *s.* teletermómetro.
teletype (teˈlitaip) *s.* teletipo.
teletype (to) *tr.* transmitir por teletipo.
teleview (to) (teˈliviu) *tr.* e *intr.* ver por televisión.
televiewer (teˈliviuøˈ) *s.* espectador de televisión.
televise (to) (teˈlivaiʃ) *tr.* televisar.
television (teˈliviȳøn) *s.* televisión.
telic (teˈlic) *adj.* que tiende hacia un fin. 2 GRAM. final.
tell (to) (tel) *tr.* contar, numerar. 2 contar, referir, relatar, narrar : *that to the marines,* cuén-

teselo a su tía; a otro perro con este hueso. 3 decir, expresar, manifestar, explicar : *to* ~ *someone off* o *where to get off*, fig. decir a uno cuántas son cinco, cantárselas claras ; *to* ~ *one's*, o *its, own tale*, no necesitar explicación ; *to* ~ *volumes*, decir mucho, ser significativo. 4 mandar, ordenar. 5 descubrir, revelar, delatar. 6 distinguir, conocer, reconocer, decidir, determinar. 7 adivinar, predecir. 8 MIL. *to* ~ *off*, destacar [para un servicio]. — 9 *intr.* hacerse sentir, producir efecto. 10 aparecer, notarse, dejarse ver [en la salud, etc.]. 11 delatar. | Gralte. con *on*. 12 *to* ~ *of*, contar, referir ; revelar ; hablar de. ¶ CONJUG. pret. y p. p. : *told*.

teller (te·lø') *s.* narrador, relator. 2 escrutador de votos. 3 *receiving* ~, *paying* ~, cobrador, pagador [de la caja de un banco]. 4 golpe, observación, etc., que hace efecto.

telling (te·ling) *adj.* que hace efecto, eficaz, notable. — 2 *s.* acción o manera de decir o contar : *there is no* ~, no es posible decir o prever, ¡ quién sabe !

telltale (te·lteil) *adj.-s.* chismoso, indiscreto, soplón. — 2 *s.* indicador, contador, reloj de vigilancia. 3 MAR. axiómetro. — 4 *adj.* indicador, revelador, delator.

tellurian (teliu·rian) *s.* habitante de la Tierra. — 2 *adj.* telúrico [de la Tierra].

tellurion (teliu·riøn) *s.* planetario.

tellurium (teliu·riøm) *s.* QUÍM. telurio.

telophase (te·løfeiš) *s.* BIOL. telofase.

telpherage (te·lføridý) *s.* transporte automático, esp. por teleférico.

temerarious (temøre·riøs) *s.* temerario.

temerity (time·riti) *s.* temeridad.

temper (te·mpø') *s.* temple [del metal, un cristal, etc.]. 2 punto [de una mezcla]. 3 índole, natural, genio. 4 humor, temple. 5 mal genio, irritación, cólera : *to keep one's* ~, contenerse, dominarse. 6 calma, ecuanimidad, serenidad : *to lose one's* ~, perder la calma, encolerizarse. 7 constitución, complexión. 8 temperamento [según la medicina antigua].

temper (to) *tr.* templar, moderar, suavizar, mitigar. 2 atemperar. 3 ajustar, acomodar. 4 MÚS. templar, acordar. 5 mezclar. 6 poner en su punto, dar cierta consistencia. 7 templar [el metal, el cristal, etc.]. — , 8 *intr.* ponerse en su punto, ablandarse.

tempera (te·mpera) *s.* PINT. temple.

temperament (te·mpøramønt) *s.* constitución, composición, estado, consistencia. 2 temperamento, carácter, disposición. 3 MÚS. temperamento.

temperamental (tempørame·ntal) *adj.* temperamental, complexional. 2 muy sensible, emotivo o excitable [pers.].

temperance (te·mpørans) *s.* templanza, temperancia, sobriedad ; abstinencia de bebidas alcohólicas : ~ *hotel*, hotel donde no se sirven bebidas alcohólicas ; ~ *league*, liga antialcohólica.

temperate (te·mpørit) *adj.* templado, sobrio, morigerado, abstemio. 2 templado, moderado. 3 templado [clima, país] : *Temperate Zone*, GEOGR. zona templada. 4 templado [ni frío ni caliente].

temperately (te·mpøritli) *adv.* templadamente, moderadamente.

temperateness (te·mpøritnis) *s.* templanza, moderación, temperancia.

temperature (te·mpørachu') *s.* temperatura.

tempered (te·mpø'd) *adj.* templado, moderado, suavizado. 2 de genio o disposición : *bad-tempered*, de mal genio. 3 templado [metal, cristal].

tempering (te·mpøring) *adj.* atemperante, templador, moderador. — 2 *s.* temperación, templadura.

tempest (te·mpist) *s.* tempestad, temporal, tormenta, borrasca.

tempest (to) *tr.* agitar. — 2 *intr.* moverse con agitación, tempestear.

tempestuous (tempe·schuøs) *adj.* tempestuoso, borrascoso, proceloso.

tempestuously (tempe·schuøsli) *adv.* tempestuosamente.

tempestuousness (tempe·schuøsnis) *s.* carácter tempestuoso.

Templar (te·mpla') *s.* templario. 2 (con. min.) abogado o estudiante de leyes que habita en el Temple de Londres.

template (te·mplit) *s.* TEMPLET 2.

temple (te·mpøl) *s.* templo. 2 ANAT. sien. 3 brazo [de anteojos]. 4 TEJ. templazo. 5 (con may.) nom-

bre de dos edificios de Londres que ocupan el lugar que perteneció a los templarios.

templet (te·mplit) *s.* templete. 2 patrón, plantilla, escantillón, gálibo.

tempo (te·mpo) *s.* MÚS. tiempo, movimiento. 2 ritmo.

temporal (te·mporal) *adj.* ANAT. temporal. 2 temporal, secular. 3 temporal [del tiempo, transitorio]. 4 GRAM. temporal. — 5 *s.* ANAT. hueso temporal.

temporality (tempøræ·liti) *s.* temporalidad. 2 *pl.* ECLES· temporalidades.

temporally (te·mporali) *adv.* temporalmente, transitoriamente.

temporalty (te·mporalti) *s.* propiedad secular. 2 los seglares.

temporarily (te·mporerili) *adv.* temporáneamente, transitoriamente.

temporariness (te·mporerinis) *s.* calidad de temporal o transitorio.

temporary (te·mporeri) *adj.* temporal, temporáneo, temporario, pasajero, transitorio, provisional, interino.

temporize (to) (te·mporaiš) *intr.* adaptarse al tiempo, a la ocasión, contemporizar, ganar tiempo ; no comprometerse.

temporizer (te·mporaišø') *s.* contemporizador ; que da tiempo al tiempo.

tempt (to) (tempt) *tr.* tentar, instigar, inducir, atraer. 2 poner a prueba. 3 provocar la ira de.

temptable (te·mptabøl) *adj.* capaz de dejarse tentar.

temptation (tempte·shøn) *s.* tentación. 2 incentivo.

tempter (te·mptø') *m.* tentador.

tempting (te·mpting) *adj.* tentador, atractivo.

temptingly (te·mptingli) *adv.* de un modo tentador.

temptress (te·mtris) *s.* tentadora.

ten (ten) *adj.* y *s.* diez : ~ *o'clock*, las diez ; *tenfive*, las diez y cinco. — 2 *s.* decena. 3 fam. billete de diez dólares o libras.

tenable (te·nabøl) *adj.* defendible, sostenible.

tenace (te·næs) *s.* tenazas [en el juego de naipes].

tenacious (tinei·shøs) *adj.* tenaz. 2 aferrado, pertinaz, terco. 3 glutinoso, pegajoso.

tenaciously (tinei·shøsli) *adv.* tenazmente, con tesón.

tenaciousness (tine·shøsnis) *s.* tenacidad. 2 tesonería, pertinacia.

tenacity (tinæ·siti) *s.* tenacidad. 2 tesón.

tenaculum (tinæ·kiuløm) *s.* CIR. tenáculo.

tenail(le (tinei·l) *s.* FORT. tenaza.

tenancy (te·nansi) *pl.* **-cies** (-siš) *s.* tenencia, arriendo, inquilinato.

tenant (te·nant) *s.* inquilino, arrendatario. 2 residente, morador.

tenant (to) *tr.* arrendar, alquilar. 2 tener en arriendo o alquiler. 3 albergar, tener cabida para [hablando de una casa].

tenantable (te·nantabøl) *adj.* habitable.

tenantless (te·nantlis) *adj.* por arrendar o alquilar. 2 deshabitado.

tenantry (te·nantri) *pl.* **-tries** (-triš) *s.* arriendo, inquilinato. 2 arrendatarios, inquilinos.

tench (tench) *s.* ICT. tenca.

tend (to) (tend) *tr.* cuidar, tener cuidado de, atender, guardar, vigilar. 2 *intr.* tender [a un fin] ; contribuir, conducir. 3 propender. 4 ir, dirigirse [a o hacia]. 5 MAR. bornear. 6 *to* ~ *on* o *upon*, atender, servir a.

tendance (te·ndans) *s.* cuidado, atención, guarda.

tendency (te·ndønsi) *pl.* **-cies** (-siš) *s.* tendencia. 2 propensión, proclividad. 3 dirección, inclinación.

tendentious (te·ndønshøs) *adj.* tendencioso.

tender (te·ndø') *adj.* tierno, blando, mollar. 3 tierno [de poco tiempo] : ~ *age*, tierna edad. 4 frágil, delicado. 5 dolorido. 6 tierno, afectuoso, amoroso. 7 compasivo, indulgente, sensible. 8 delicado, escrupuloso. 9 delicado, espinoso. 10 susceptible, sentido. 11 cuidadoso [de temeroso [de hacer algo malo, etc.]. — 12 *s.* ofrecimiento, oferta, proposición. 13 DER. oferta formal de pago. 14 dinero con que se paga : *legal* ~, moneda corriente, de curso legal. 15 cuidador, guarda. 16 FERROC. ténder. 17 MAR. escampavía, lancha auxiliar, falúa. 18 MAR. (EE. UU.) buque almacén [de la armada].

tender (to) *tr.* ofrecer, presentar. 2 DER. ofrecer en pago. 3 enternecer, ablandar, poner tierno. — 4 *intr.* hacer una oferta para un contrato. 5 ablandarse.

tenderfoot (te·ndø'fut), *pl.* **tenderfoots** o **tenderfeet** *s.* novato, inexperto, poco habituado a los rigores o exigencias de un clima o de una vida.

tender-hearted (te·ndø'ja'tid) *adj.* de corazón tierno, sensible, compasivo.

tenderling (te·ndø'ling) *s.* persona delicada, mimada. 2 niño pequeño. 3 pitón [de ciervo].

tenderloin (te·ndø'loin) *s.* coc. filete. 2 (EE. UU.) barrio de una ciudad que es centro de la vida nocturna.

tenderly (te·ndø'li) *adv.* tiernamente. 2 muellemente. 3 delicadamente. 4 cautelosamente.

tenderness (te·ndø'nis) *s.* terneza, ternura, suavidad, delicadeza. 2 debilidad, fragilidad. 3 afecto, compasión, benignidad. 4 sensibilidad. 5 dolorimiento.

tendinous (te·ndinøs) *adj.* tendinoso. 2 nervudo.

tendon (te·ndøn) *s.* tendón.

tendril (te·ndril) *s.* BOT. zarcillo, tijereta. 2 rizo [de pelo].

tendrilled (te·ndrilid) *adj.* BOT. provisto de zarcillos.

Tenebrae (te·nibri) *s. pl.* LITURG. oficio de tinieblas.

tenebrous (te·nibrøs) *adj.* poét. tenebroso.

tenement (te·nimønt) *s.* habitación, vivienda; piso, apartamento; ~ *house* o simplte. *tenement,* casa de vecindad. 2 DER. posesión, propiedad.

tenementary (tenime·ntari) *adj.* DER. arrendable.

tenesmus (tønesmøs) *s.* MED. tenesmo, pujo.

tenet (te·nit) *s.* principio, dogma, credo.

tenfold (te·nfould) *adj.* décuplo. — 2 *adv.* diez veces.

tennis (te·nis) *s.* tenis. — 2 *adj.* de tenis: ~ *ball,* pelota de tenis; ~ *court,* pista de tenis; ~ *player,* tenista.

tenon (te·nøn) *s.* CARP. espiga, almilla.

tenon (to) *tr.* CARP. ensamblar a espiga y mortaja. 2 CARP. despatillar.

tenor (te·nø') *s.* tenor, substancia, contenido, significado [de un escrito o discurso]. 2 tenor, carácter, naturaleza. 3 tendencia, dirección, curso, método. 4 MÚS. tenor. — 5 *adj.* MÚS. de tenor. 6 adaptado a la voz de tenor [dic. de ciertos instrumentos].

tenor (to) *intr.* cantar de tenor.

tenotomy (tina·tomi) *s.* CIR. tenotomía.

tenpenny (te·npeny) *adj.* de diez peniques; que vale diez peniques.

tenpins (te·npins) *s.* (EE. UU.) juego de bolos [con 10 bolos].

tense (tens) *adj.* tenso; tirante, tieso. 2 dramático, emocionante. — 3 *s.* GRAM. tiempo [de verbo].

tenseness (te·nsnis) *s.* tirantez, tensión.

tensibility (tensibi·liti) *s.* capacidad de ponerse tirante o tenso.

tensible (te·nsibøl) *adj.* capaz de tensión.

tensile (te·nsil) *adj.* TENSIBLE. 2 relativo a la tensión: ~ *strength,* MEC. resistencia a la tracción.

tensimeter (tensi·metø') *s.* Fís. manómetro.

tension (te·nshøn) *s.* tensión. 2 atirantamiento. 3 tirantez. 4 esfuerzo mental; intensidad de sentimiento, ansiedad, nerviosismo. 5 tirantez de relaciones [entre países, etc.]. 6 regulador del hilo en una máquina de coser.

tensive (te·nsiv) *adj.* tensor.

tenson, -zon (te·nsøn) *s.* POES. tensón, tenzón.

tensor (te·nso') *s.* tensor. 2 ANAT. músculo tensor.

ten-strike *s.* jugada en que se derriban los diez bolos de un golpe. 2 acto o golpe decisivo.

tent (tent) *s.* tienda [para alojamiento], tienda de campaña, pabellón. 2 cabaña. 3 fig. morada, habitación. 4 CIR. lechino, tapón. — 5 *adj.* de tienda: ~ *bed,* lecho de campaña; cama con cielo arqueado; ~ *cloth,* lona, tela.

tent (to) *intr.* acampar o vivir en tiendas. — 2 *tr.* alojar en tiendas. 3 CIR. poner un lechino a [una herida].

tentacle (te·ntacøl) *s.* ZOOL. tentáculo, tiento.

tentacular (tentæ·kiula') *adj.* tentacular.

tentaculate (tentæ·kiuleit) *adj.* tentaculado.

tentative (te·ntativ) *adj.* tentativo. 2 que tiene carácter de ensayo o prueba; provisional, hipotético. — 3 *s.* tentativa, ensayo, prueba, tanteo.

tented (te·ntid) *adj.* entoldado. 2 alojado en una tienda. 3 provisto de tienda. 4 en forma de tienda.

tenter (te·ntø') *s.* el que vive en tiendas. 2 el que cuida de algo [en una fábrica]. 3 máquina para estirar el paño; rambla. 4 TENTERHOOK.

tenter (to) *tr.* estirar, enramblar [el paño].

tenterhook (te·ntø'juk) *s.* cada uno de los clavos o puntas con que se mantiene estirado el paño o cualquier otra cosa : *on tenternooks,* fig. muy nervioso o inquieto, en ascuas.

tenth (tenz) *adj.* y *s.* décimo, deceno. — 2 *adj.* décima [parte]. 3 diez [día] : *the* ~ *of May,* el diez de mayo. — 4 *s.* décimo, décima parte. 5 diezmo. 6 MÚS. décima.

tenthly (te·nzli) *adv.* en décimo lugar.

tentmaker (te·ntmeikø') *s.* constructor de tiendas.

tentwort (te·ntuø't) *s.* BOT. culantrillo blanco.

tenuirostral (tenuira·stral) *adj.* ORNIT. tenuirrostro.

tenuity (teniu·iti) *s.* tenuidad. 2 raridad [de un fluido]. 3 debilidad [de un sonido]. 4 pobreza, escasez.

tenuous (te·niuøs) *adj.* tenue. 2 fino, sutil. 3 raro [fluido]. 4 insignificante.

tenuousness (te·niuøsnis) *s.* TENUITY.

tenure (te·niu') *s.* tenencia, posesión, pertenencia. 2 ~ *of office,* ejercicio de un cargo o puesto; ~ *rights* o *right of* ~, inamovilidad [de un funcionario].

teocalli (tiocæ·li) *s.* teocali.

tepee (ti·pi) *s.* tienda de los indios norteamericanos.

tepefaction (tepifæ·cshøn) *s.* templadura, entibiamiento.

tepefy (to) (te·pifai) *tr.* entibiar. — 2 *intr.* entibiarse. ¶ CONJUG. pret. y p. p. : *tepefied.*

tepid (te·pid) *adj.* tibio.

tepidity (tipi·diti) *s.* tibieza.

tepidly (te·pidli) *adv.* tibiamente.

tepidness (te·pidnis) *s.* TEPIDITY.

teratologic(al (teratola·yic(al) *adj.* teratológico.

teratology (terata·loyi) *s.* teratología. 2 historia fantástica de prodigios y monstruos.

terbium (tø'·biøm) *s.* QUÍM. terbio.

terce (tø's) *s.* TIERCE.

tercel (te·'sel) *s.* ORNIT. terzuelo.

tercentenary (tø'se·ntøneri) *adj.* de tres siglos. — 2 *s.* tercer centenario.

tercet (te·'set) *s.* LIT. terceto. 2 MÚS. tresillo.

terebene (te·ribøn) *s.* QUÍM. terebeno.

terebinth (te·ribinz) *s.* BOT. terebinto.

terebinthinate (to) (teribi·nzineit) *tr.* impregnar de trementina.

terebinthine (teribi·nzin) *adj.* del terebinto. 2 de trementina o parecido a ella.

terebrate (to) (te·ribreit) *tr.* taladrar. — 2 *intr.* fam. ser un latoso.

teredo (teri·dou) *s.* ZOOL. broma [molusco].

Terence (te·røns) *n. pr.* Terencio.

Teresa (tere·sa) *n. pr.* Teresa.

terete (teri·t) *adj.* cilíndrico.

tergal (tø'·gal) *adj.* ZOOL. dorsal. — 2 *s.* tergal [materia textil].

tergiversate (to) (te·'yivø'seit) *intr.* usar de evasivas y subterfugios. 2 renegar, apostatar, abandonar una causa.

tergiversation (te·'yivø'se·shøn) *s.* evasiva, subterfugio. 2 apostasía, deserción de una causa.

tergiversator (te·'yivø'sato') *adj.* y *s.* el que usa de evasivas y subterfugios. 2 renegado, apóstata, desertor.

term (tø'm) *s.* término, plazo, tiempo, período, duración. 2 período de sesiones de un tribunal. 3 trimestre o período de clases de una Universidad o escuela. 4 período por el cual se hace un arrendamiento. 5 tiempo fijado para el pago de rentas, intereses, etc. 6 término, plazo : *in set terms,* en términos escogidos. 7 LÓG., MAT., ARQ. término. 8 ant. término, límite. 9 *pl.* condiciones, estipulaciones, obligaciones impuestas. 10 COM. facilidades de pago. 11 términos o relación mutua : *to be in good terms,* estar en buenos términos, en buenas relaciones, llevarse bien; *to be in visiting terms,* visitarse. 12 acuerdo, arreglo : *to bring to terms,* traer a un arreglo, obligar a ceder; *to come to terms,* decidirse a un arreglo, ceder. 13 *not on any terms,* por ningún concepto, a ningún precio.

term (to) *tr.* nombrar, llamar.

termagancy (tø'·magansi) *s.* carácter turbulento, pendenciero.

termagant tø'·magant) *adj.* turbulento, pendenciero, reñidor. — 2 *s.* fiera, furia, arpía, mala pécora.

termer (tø'·mø') *s.* el que cumple una condena en la cárcel.

terminable (tø'·minabøl) *adj.* limitable.

terminal (tø'minal) *adj.* terminal, extremo, final. 2 relativo al término o período de tiempo. — 3 *s.* término, extremo, final. 4 ARQ. coronamiento. 5 ELECT. borne, terminal, toma de corriente. 6 estación terminal.

terminate (to) (tø'mineit) *tr.* limitar. 2 terminar, acabar, concluir, poner fin a. — 3 *intr.* terminar, acabar, ser término, ser fin.

termination (tø'mine·shøn) *s.* terminación, fin, remate, conclusión, acabamiento. 2 GRAM. terminación, desinencia. 3 limitación, límite.

terminative (tø'minetiv) *adj.* terminativo. 2 terminante, definitivo, absoluto.

terminator (tø'mineitø') *s.* terminador. 2 ASTR. límite de iluminación [de la luna o un planeta].

terminer (tø'minø') *s.* DER. vista, audiencia.

terminological (tø'minola·ɟical) *adj.* terminológico.

terminology (tø'mina·loɟi) *s.* terminología.

terminus (tø'minøs) *s.* término, final. 2 estación terminal. 3 mojón, hito. 4 ARQ. término. — 5 *n. pr.* MIT. Término.

termite (tø'mait) *s.* ENTOM. termite, hormiga blanca.

termless (tø'mlis) *adj.* ilimitado, inacabable. 2 incondicional. 3 indescriptible.

tern (tø'n) *s.* ORNIT. golondrina de mar. 2 terno [en la lotería]. — 3 *adj.* ternario.

ternary (tø'nari) *adj.* ternario. 2 triple. — 3 *s.* terno [grupo de tres].

ternate (tø'neit) *adj.* BOT. trifoliado.

terpene (tø'pin) *s.* QUÍM. terpeno.

terpin (tø'pøn) *s.* QUÍM. terpina.

terpinol (tø'pinal) *s.* QUÍM. terpinol.

Terpsichore (tø'psi·køri) *n. pr.* MIT. Terpsícore.

Terpsichorean (tø'psikøri·an) *adj.* de Terpsícore, coreográfico.

terra (te'rra) *s.* tierra [en ciertas denominaciones] : ~ *alba*, nombre de varias substancias minerales; ~ *cotta*, terracota; ~ *firma*, tierra firme; ~ *incognita*, tierra desconocida; ~ *japonica*, tierra japónica.

terrace (te'ris) *s.* terraza, rellano, bancal, parata. 2 terraza, terrado, azotea. 3 balcón, galería abierta. 4 hilera de casas sobre un terreno elevado. 5 GEOL. terraza.

terrace (to) *tr.* disponer en terrazas, terraplenar. 2 proveer de terraza.

terrain (te'rein) *s.* terreno, campo [de batalla, de actividad, etc.]. — 2 *adj.* terreno, terrestre.

terramycin (terama·sin) *s.* FARM. terramicina.

terrane (te'rein) *s.* GEOL. formación.

terranean (teræ·nian), **terraneous** (teræ·niøs) *adj.* terrestre.

terrapin (te'rapin) *s.* ZOOL. tortuga acuática comestible de América.

terraqueous (terei·cuiøs) *adj.* terráqueo.

terrene (teri·n) *adj.* terreno, terrenal, mundano. 2 térreo.

terreplein (te'plein) *s.* FORT. plataforma.

terrestrial (tere·strial) *adj.* terrestre, terreno, sublunar.

terret (te'rit) *s.* portarriendas.

terrible (te'ribøl) *adj.* terrible, tremendo.

terribleness (te'ribølnis) *s.* terribilidad.

terribly (te'ribli) *adv.* terriblemente.

terricolous (teri·køløs) *adj.* terrícola.

terrier (te'riø') *s.* terrier [perro]. 2 fam. (Ingl.) soldado del ejército territorial. 3 descripción o catálogo de fincas o heredades.

terrific (teri·fic) *adj.* terrífico, terrorífico, espantoso. 2 fig. terrible, tremendo.

terrify (to) (te'rifai) *tr.* aterrar, aterrorizar, espantar.

terrigenous (teri·ɟenøs) *adj.* terrígeno.

terrine (teri·n) *s.* vasija de barro o loza que generalmente se vende con algún manjar que se ha preparado en ella.

territorial (terito·rial) *adj.* territorial.

territoriality (teritoriæ·liti) *s.* territorialidad.

territory (te'ritori) *s.* territorio. 2 región, distrito. 3 campo, dominio, esfera.

terror (te'rø') *s.* terror.

terrorist (te'rørist) *s.* terrorista. 2 alarmista.

terrorize (to) (te'røraiʃ) *tr.* aterrorizar. 2 dominar por el terror o la violencia.

terse (tø's) *adj.* terso, conciso, limpio [estilo, lenguaje].

tersely (tø'li) *adv.* concisamente.

terseness (tø'snes) *s.* tersura, concisión.

tertian (tø'shan) *adj.* y *s.* MED. terciana. — 2 *s.* medida para vino.

tertiary (tø'shieri) *adj.* terciario. — 2 *s.* ORNIT. pluma terciaria. 3 ECLES. terciario [miembro de una orden tercera]. 4 (con may.) GEOL. terciario.

tertiate (to) (tø'shieit) *tr.* ARTILL. medir el espesor de [las piezas].

terzet (te'se·t) *s.* LIT. terceto. 2 TERZETTO.

terzetto (te'ʃe·tou) *s.* MÚS. terceto, trío.

tessela (tese·la) *s.* tesela pequeña.

tessellate (to) (te'søleit) *tr.* cubrir con mosaico; taracear.

tessellated (te'søleit·id) *adj.* teselado.

tessellation (tesøle·shøn) *s.* mosaico.

tessera (te'søra), *pl.* **-ae** (-i) *s.* tesela. 2 tesera.

tessitura (tesitu·ra) *s.* MÚS. tesitura.

test (test) *s.* copela. 2 ensayo en la copela. 3 prueba, ensayo, ensaye, toque, examen : *to put to the* ~, probar, poner a prueba. 4 medio de prueba, piedra de toque, tipo de comparación. 5 QUÍM. reacción [para el análisis]; reactivo. 6 PSIC., EDUC. serie de preguntas o ejercicios para medir la aptitud, inteligencia, etc.; test. 7 ZOOL. concha. 8 BOT. tegumento de una semilla. 9 (con may.) *Test* o *Test Act*, ley que exigía para el ejercicio de cargos públicos cierto juramento que incluía una profesión de fe anglicana. — 10 *adj.* de prueba, ensayo, etc.: ~ *fly*, AVIA., vuelo de prueba, vuelo experimental; ~ *match*, DEP. eliminatoria; ~ *paper*, QUÍM. papel reactivo; ~ *pilot*, AVIA. piloto de pruebas; ~ *pit*, calicata; ~ *tube*, tubo de ensayo; probeta; ~ *type*, ÓPT. serie de letras para probar la vista.

test (to) *tr.* examinar, probar, ensayar, comprobar, hacer la prueba de, poner a prueba.

testa (te'sta), *pl.* **-tae** (-ti) *s.* ZOOL. concha. 2 BOT. tegumento.

testable (te'stabøl) *adj.* que se puede probar o ensayar. 2 DER. que se puede legar. 3 DER. capaz para testar.

Testacea (testei·sir) *s. pl.* ZOOL. testáceos.

testacean (testei·shan) *adj.* y *s.* ZOOL. testáceo.

testaceous (testei·shøs) *adj.* ZOOL. testáceo.

testacy (te'stasi) *s.* DER. estado o circunstancia de haber testado.

testament (te'stamønt) *s.* testamento. 2 *Old Testament*, Antiguo Testamento; *New Testament*, Nuevo Testamento.

testamental (testame·ntal) *adj.* testamentario.

testamentary (testame·ntari) *adj.* testamentario. 2 relativo al Antiguo o al Nuevo Testamento.

testamur (testa·miu') *s.* en las Universidades inglesas, certificado de aptitud.

testate (te'steit) *adj.* testado.

testator (testei·tø') *s.* DER. testador.

testatrix (testei·trics) *s.* DER. testadora.

tested (te'stid) *adj.* probado, ensayado.

tester (te'stø') *s.* probador, ensayador. 2 QUÍM. reactivo. 3 pabellón de cama. 4 baldaquín, dosel.

testicle (te'sticøl) *s.* testículo.

testicular (testi·kiula') *adj.* testicular.

testiculate (testi·kiuleit) *adj.* BOT. en forma de testículo.

testification (testifike·shøn) *s.* testificación.

testifier (te'stifaiø') *s.* testigo, testificador.

testify (to) (te'stifai) *tr.* testificar, atestar, atestiguar, testimoniar. — 2 *intr.* servir de testigo, dar testimonio : *to* ~ *to*, dar testimonio de. ¶ CONJUG. pret. y p. p.: *testified*.

testily (te'stili) *adv.* con irritación, mal genio o mal humor.

testimonial (testimou·nial) *adj.* testimonial. 2 que sirve de testimonio de agradecimiento, admiración, etc. — 3 *s.* certificado de buena conducta, aptitud, etc. 4 testimonio de admiración, respeto, agradecimiento, etc., ofrecido a una persona o a su memoria; homenaje.

testimony (te'stimoni), *pl.* **-nies** (-niʃ) *s.* testimonio, testificación, atestación, fe : *in* ~ *whereof*, en fe de lo cual. 2 las tablas de la Ley. 3 la divina revelación, las Escrituras.

testiness (te'stinis) *s.* irritabilidad, susceptibilidad, mal humor, mal genio.

testis (te'stis) *s.* ZOOL. testículo.

teston (te'støn) *s.* testón [moneda].

testudinate (testiu·dineit) *adj.* como una concha de tortuga; arqueado, abovedado. — 2 *s.* ZOOL. quelonio, tortuga.

testudineous (testiu·diniøs) *adj.* testudíneo.

testudo (testiu·dou) *s.* testudo. 2 MED. talpa.
testy (te·sti) *adj.* irritable, susceptible, quisquilloso, enojadizo, malhumorado, regañón.
tetanic (titæ·nic) *adj.* MED. tetánico.
tetanus (te·tanøs) *s.* MED. tétano.
tetany (te·tani) *s.* MED. tetania.
tetchier (te·chiø') *adj. comp.* de TETCHY.
tetchiest (te·chiist) *adj. superl.* de TETCHY.
tetchy (te·chi) *adj.* quisquilloso, enojadizo.
tête-à-tête (teit-a-teit) *adv.* cara a cara, a solas
[dos personas]. — 2 *adj.* privado, confidencial.
— 3 *s.* entrevista a solas. 4 confidente [mueble].
tether (te·đø') *s.* cuerda, ramal, cadena, correa
[con que se tiene atado un animal]. 2 fig. extensión [de la autoridad]; recursos, etc. [de
uno] : *at the end of one's ~*, habiendo acabado las fuerzas, los recursos.
tether (to) *tr.* atar, estacar [a un animal].
tetrachord (te·braco'd) *s.* MÚS. tetracordio.
tetrad (te·træd) *s.* grupo de cuatro. 2 QUÍM. átomo
o elemento tetravalente.
tetragon (te·tragon) *s.* GEOM. tetrágono, cuadrilátero.
tetragonal (tetræ·gonal) *adj.* tetragonal.
tetragrammaton (tetragræ·matøn) *s.* tetragrámaton.
tetrahedral (tetraji·dral) *adj.* tetraédrico.
tetrahedron (tetraji·drøn) *s.* GEOM. tetraedro.
tetralogy (tetræ·loɥi) *s.* tetralogía.
tetrameral (tetræ·møral), tetramerous (tetræ·mørøs)
adj. BOT., ZOOL. tetrámero.
tetrameter (tetræ·metø') *adj. y s.* tetrámetro.
tetrarch (ti·tra'c) *s.* tetrarca.
tetrarchate (ti·tra'keit), tetrarchy (ti·trarki) *s.*
tetrarquía.
tetrastich(al (tetra·stic(al) *adj.* tetrástico.
tetter (te·tø') *s.* herpe; empeine; serpigo.
Teucrian (tiu·crian) *adj. y s.* teucro.
Teuton (tiu·tøn) *s.* teutón.
Teutonic (tiuta·nic) *adj. y s.* teutónico.
Teutonism (tiu·tønišm) *s.* cultura teutona. 2 creencia en la superioridad de los teutones.
tewel (tiu·el) *s.* tobera [de forja].
Texan (te·csan) *adj. y s.* tejano.
Texas (te·csøs) *n. pr.* GEOGR. Tejas.
text (tecst) *s.* texto. 2 tema [de un discurso, etc.].
3 edición crítica. 4 ~ *hand,* carácter de letra
muy grueso.
textbook (te·cstbuc) *s.* libro de texto. 2 libreto [de
ópera]. 3 libro con espacios para anotaciones.
textile (te·cstil) *adj.* textil. — 2 *s.* tejido. 3 materia textil.
textorial (tecsto·rial) *adj.* textorio.
textual (te·cschual) *adj.* textual.
textualism (te·cschuališm) *s.* rígida adhesión a la
letra del texto [esp. de la Sagrada Escritura].
textualist (te·cschualist) *s.* textualista.
textually (te·cschuali) *adv.* textualmente.
texture (te·cschu') *s.* textura. 2 tejido, obra tejida.
3 BIOL. tejido.
textureless (te·cschu'lis) *adj.* amorfo.
Thaddeus (zæ·diøs) *n. pr.* Tadeo.
thalamus (zæ·lamøs) *s.* tálamo.
thalassotherapy (zalæsoze·rapi) *s.* talasoterapia.
thaler (ta·lø') *s.* tálero.
Thalia (zalai·a) *n. pr.* MIT. Talía.
thallium (zæ·liøm) *s.* QUÍM. talio.
thallophyte (zæ·lofait) *s.* BOT. talofita.
thallophyitic (zælofi·tic) *adj.* BOT. talófita.
thallus (zæ·løs) *s.* BOT. talo.
thalweg (ta·lveic) *s.* vaguada.
Thames (temš) *n. pr.* GEOGR. Támesis : *not to set
the ~ on fire,* fig. no haber inventado la pólvora.
than (đæn) *conj.* que [después de adjetivos o
adverbios de grado comparativo o que expresen
diversidad] : *it is softer ~ velvet,* es más suave
que el terciopelo; *more often ~ usual,* más a
a menudo que de costumbre; *nothing else ~,*
nada más que. 2 en ciertas expresiones, equivale
a : de, de lo que, del que, de la que, de los que,
de las que : *more ~ two,* más de dos; *more ~
once,* más de una vez; *he is more clever ~ you
think,* es más listo de lo que usted se figura. 3
Con *whom* y *which* forma expresiones que hay
que traducir libremente : *my father, ~ whom
no one knew better this trade,* mi padre, que
conocía este oficio mejor que nadie.
thanage (zei·nidɥ) *s.* condición y dignidad de
THANE.

thane (zein) *s.* entre los antiguos anglo-sajones,
noble de elevada categoría, con funciones militares cerca del rey o de un gran señor.
thank (to) (zæŋc) *tr.* dar gracias, agradecer : *I ~
you; ~ you,* gracias; *I will ~ you to,* le agradeceré que; *to have oneself to ~ for,* tener la
culpa de, ser responsable de; *~ heaven!,* |gra-
cias a Dios!
thankful (zæ·ncful) *adj.* agradecido.
thankfully (zæ·ncfuli) *adv.* con agradecimiento,
con gratitud.
thankfulness (zæ·ncfulnis) *s.* agradecimiento, gratitud, reconocimiento.
thankless (zæ·nclis) *adj.* desagradecido. 2 ingrato :
a ~ task, una tarea ingrata.
thanklessness (zæ·nclisnis) *s.* desagradecimiento,
ingratitud.
thanks (zæncs) *s. pl.* gracias [testimonio de agra-
decimiento] : *many ~,* muchas gracias. 2 ~ *to,*
gracias a; debido a.
thanksgiving (zæncsgui·ving) *s.* acción de gracias.
2 (EE. UU.) *Thanksgiving Day,* día de acción de
gracias [cuarto jueves de noviembre].
thankworthy (zæ·ncwø'đi) *adj.* digno de agradecimiento, meritorio.
that (đæt) *adj.* ese, esa, aquel, aquella : *~ way,*
aquel camino, por aquel camino, por allí; *~ one,*
ése, ésa, aquél, aquélla. — 2 *pron. dem.* ése,
ésa, eso, aquello, aquel, aquella, aquello : *~ is ~,* eso
es lo que hay; no hay más que hablar; asunto
concluido; *~ is, ~ is to say,* eso es, es decir,
a saber; *and all ~,* y todo eso; y lo demás;
upon ~, sobre eso o aquello; luego; *to put this
and ~ together,* atar cabos. 3 a veces se traduce
por el, la, lo : *~ of, ~ from,* el de, la de; *~
which,* el que, la que, lo que. 4 *at ~,* así, como
está; aun así, aunque fuera así, a pesar de eso,
de todos modos. — 5 *pron. rel.* que, en que,
donde : *the money ~ you gave me,* el dinero
que me diste; *it is at London ~,* es en Londres
donde. — 6 *conj.* que, para que, a fin de que :
not but ~, no es que, no es decir que; *save ~,*
salvo que; *so ~,* para que, a fin de que, de suerte que. 7 cuando : *it is today ~,* hoy es cuando.
— 8 *adv.* así, tan : *~ far,* tan lejos; *~ long,*
así de largo; tanto tiempo; *~ is how,* así es
como. 9 ahí : *come out of ~!,* |fuera de ahí!,
|márchate!
thatch (zæch) *s.* techo de paja, cañas, etc.
thatch (to) *tr.* techar o cubrir con paja, cañas,
etc. : *thatched roof,* techo de paja, cañas, etc.
thatcher (zæ·chø') *s.* techador.
thaumaturge (zo·matøɥ) *s.* taumaturgo.
thaumaturgic(al (zomatø·ɥic(al) *adj.* taumatúrgico.
thaumaturgist (zo·matøɥist) *s.* taumaturgo.
thaumaturgy (zo·matøɥi) *s.* taumaturgia.
thaw (zo) *s.* deshielo, derretimiento. 2 tiempo del
deshielo.
thaw (to) *tr.* deshelar, derretir. 2 hacer perder la
reserva, la frialdad. — 3 *impers.* deshelar : *it
thaws,* deshiela. — 4 *intr.* deshelarse, derretirse. 5 fig. ablandarse; perder la frialdad, la reserva.
the (đi o đø) *art.* el, la, lo, los, las. — 2 *adv.* cuanto, mientras, tanto [precediendo a un compara-
tivo] : *~ more ...,* cuanto más; cuanto más o mientras más ..., más o tanto más; *~ more ..., ~ less,*
cuanto más o mientras más ..., menos o tanto
menos. A veces no se traduce : *so much ~
better,* tanto mejor.
theater, theatre (zi·atø') *s.* teatro : *~ of war,* teatro de la guerra. — 2 *adj.* de teatro : *~ attenuant,*
acomodador; *~ usherette,* acomodadora.
Theatine (zi·atin) *s.* teatino.
theatric (ziæ·tric) *adj.* teatral.
theatrical (ziæ·trical) *adj.* teatral. — 2 *s.* representación, comedia. 3 *pl.* funciones teatrales,
teatro [esp. de aficionados]. 4 fig. teatro, modo
teatral de conducirse.
theatrically (ziæ·tricali) *adv.* teatralmente.
Thebaid (zibai·d) *n. pr.* GEOGR. Tebaida.
Theban (zi·ban) *adj. y s.* tebano.
Thebes (zibš) *n. pr.* GEOGR. Tebas.
theca (zi·ca) *s.* BOT. teca [mitad de la antera];
esporangio [de helecho]; esporogonio [de
musgo].
thee (đi) *pron.* te, a ti [caso oblicuo de THOU].
theft (zeft) *s.* robo, hurto, latrocinio.

theine (zɪ·in) *s.* QUÍM. teína.

their (ðe·ʳ) *adj.* su, sus [de ellos o ellas].

theirs (ðe·ʳs) *pron. pos.* suyo, suya, suyos, suyas [de ellos, de ellas] ; el suyo, la suya, los suyos, las suyas [de ellos, de ellas] : *that house is theirs,* aquella casa es suya o la suya [de ellos o ellas] ; *this friend of theirs,* este amigo suyo [de ellos o ellas].

theism (zɪ·ism) *s.* teísmo. 2 MED. alteración producida por el abuso del té.

theist (zɪ·ist) *s.* teísta.

theistic(al (zɪ·i·stic(al) *adj.* teísta.

them (ðem) *pron.* [sin prep.] los, las, les [acusativo o dativo de THEY] : *I love* ~, los o las amo; *he gave* ~ *a book,* les dio un libro. 2 [con prep.] ellos, ellas : *to* ~, a ellos, a ellas. 3 fam. aquellos, aquellas, los, las : *for* ~ *that o for* ~ *who,* para aquellos o aquellas que, para los o las que, para quienes.

thematic (zimæ·tic) *adj.* temático.

theme (zɪm) *s.* tema, asunto, materia. 2 tema, composición [ejercicio o trabajo escolar]. 3 GRAM., MÚS. tema.

Themistocles (zemi·støcliš) *n. pr.* Temístocles.

themselves (ðemse·lvš) *pron. pl.* se [como reflexivo], sí : *they wash* ~, ellos se lavan ; *to* ~, a sí mismos o mismas. 2 ellos mismos, ellas mismas. 3 Úsase en aposición después de un nombre o pronombre : *they* ~, ellos mismos, sólo ellos.

then (ðen) *adv.* entonces, en aquel tiempo: *by* ~, en aquel tiempo, a la sazón; *from* ~ *on,* desde entonces, de allí en adelante; ~ *and there,* en aquel mismo instante, en el acto, allí mismo; *until* ~ hasta entonces. 2 luego, en seguida, después. 3 entonces, en tal caso, siendo así, luego, por consiguiente. 4 además. 5 *but* ~, pero es que, pero hay que pensar que, si bien es cierto que, pero por otra parte. | A veces el *then* no se traduce : *he won fame, but* ~ *fame is ephemeral,* ganó fama, pero la fama es efímera. 6 *and* ~, con esto, y además; y entonces, y luego. 7 *and what* ~?, ¿y qué más?, ¿y qué resultó o resultará?, y ¿qué pasó o pasará? — 8 *adj.* de entonces, de aquel tiempo.

thenar (zɪ·na') *s.* ANAT. palma de la mano o planta del pie. — 2 *adj.* palmar. 3 plantar.

thence (ðens) *adv.* de allí, desde allí. 2 desde entonces, desde aquel tiempo, de allí en adelante 3 de ahí, por lo tanto, por eso, por esa razón.

thenceforth (ðe·nsfo·ʳz) *adv.* desde entonces, de allí en adelante.

thenceforward (ðensfo·ʳua'd) *adv.* desde entonces, en adelante.

Theo (zɪ·o) *n. pr.* dim. de THEODORE.

Theobald (zɪ·obold) *n. pr.* Teobaldo.

theobromine (zɪobrou·min) *s.* QUÍM. teobromina.

theocracy (zɪa·crasi) *s.* teocracia.

theocratic(al (zɪoucræ·tic(al) *adj.* teocrático.

theodicy (zɪa·disi) *s.* teodicea.

theodolite (zɪa·dolait) *s.* TOP. teodolito.

Theodora (zɪødo·ra) *n. pr.* Teodora.

Theodore (zɪ·ødo·ʳ) *n. pr.* Teodoro.

Theodoric (zɪa·doric) *n. pr.* Teodorico.

Theodosius (zɪodou·šøs) *n. pr.* Teodosio.

theogony (zɪa·goni) *s.* teogonía.

theologian (zɪolou·ǰan) *s.* teólogo.

theological (zɪola·ǰical) *adj.* teológico. 2 teologal : ~ *virtues,* virtudes teologales.

theologically (zɪola·ǰicali) *adv.* teológicamente.

theologize (to) (zɪa·loǰaiš) *tr.* hacer teológico. — 2 *intr.* teologizar.

theologue (zɪ·olag) *s.* fam. estudiante de teología.

theology (zɪa·loǰi) *s.* teología.

Theophilus (zɪa·filøs) *n. pr.* Teófilo.

theorbo (zɪo·bou) *s.* MÚS. tiorba.

theorem (zɪ·orem) *s.* teorema.

theoretic (zɪore·tic) *s.* teoría, teórica. 2 teórico.

theoretic(al (zɪore·tic(al) *adj.* teórico.

theoretically (zɪore·ticali) *adv.* teóricamente.

theorics (zɪa·rics) *s.* teórica.

theorist (zɪ·orist) *s.* teórico.

theorize (to) (zɪ·oraiš) *intr.* teorizar.

theory (zɪ·ori) *s.* teoría.

theosophic(al (zɪosa·fic(al) *adj.* teosófico.

theosophist (zɪa·sofist) *s.* teósofo.

theosophy (zɪa·sofi) *s.* teosofía.

therapeutic(al (zerapiu·tic(al) *adj.* terapéutico.

therapeutics (zerapiu·tics) *s.* terapéutica.

therapeutist (zerapiu·tist) *s.* terapeuta.

therapy (ze·rapi) *s.* terapia, terapéutica.

there (ðe·ʳ) *adv.* allí, allá, ahí : ~ *he is,* ahí está, helo ahí ; ~ *you are,* fig. eso es todo ; ahí estamos ; ahí está el busilis; *I have been* ~ *before, I lived* ~ *some years,* fam. estoy al cabo de la calle; *who goes* ~?, ¿quién va?, ¿quién vive? 2 este, esta : ~ *is my opinion,* esta es mi opinión. 3 *there* forma con *to be* el verbo impersonal *there be* que corresponde al castellano *haber* en su uso impersonal, con la diferencia de que en inglés el verbo concuerda con el nombre a que se refiere : ~ *is,* ~ *are,* hay ; ~ *was* ~ *were,* había, hubo. 4 Ús. con otros verbos para dar fuerza a la frase : ~ *came a man,* vino un hombre. — 5 *interj.* ¡ eh!, ¡ toma!, ¡ vaya!, ¡ mira ! 6 *there!, there!,* ¡ vamos!, ¡despacito!, ¡cálmate !

thereabout(s (ðe·rabauts) *adv.* por allí, cerca de allí. 2 cosa así, poco más o menos, aproximadamente. 3 acerca de ello.

thereafter (ðeræ·ftø') *adv.* después de esto, de allí en adelante. 2 por lo tanto, en consecuencia.

thereat (ðeræ·t) *adv.* allí, ahí. 2 en esto, entonces, en aquel punto.

thereby (ðe·ʳbai) *adv.* por allí, allí cerca. 2 con esto, en relación con esto. 3 así, por este medio, de este modo; en consecuencia de esto.

therefor (ðe·fo·ʳ) *adv.* por esto. 2 para esto. 3 en pago de esto, a causa de esto.

therefore (ðe·ʳfo·ʳ) *adv.* por esto, por esta razón, por lo tanto, por consiguiente, por ende.

therefrom (ðe·fram) *adv.* de allí, de allá, de eso, de aquello.

therein (ðøri·n) *adv.* allí dentro. 2 en esto, eso, en aquello.

thereinafter (ðerinæ·ftø') *adv.* después, más adelante [en un libro, escrito o discurso].

thereinbefore (ðerinbifo·ʳ) *adv.* anteriormente, antes, más arriba [en un libro, escrito o discurso].

thereinto (ðerintu·) *adv.* dentro de esto, de él, de ello.

thereof (ðera·v) *adv.* de eso, de aquello, de ello.

thereon (ðera·n) *adv.* encima, encima de ello, sobre ello. 2 luego, en seguida.

thereout (ðerau·t) *adv.* fuera de allí, allí fuera.

Theresa (zøre·sa) *n. pr.* Teresa.

thereto (ðe·tu·) *adv.* a aquello, a ello. 2 además.

theretofore (ðe·tufo·ʳ) *adv.* hasta entonces.

thereunder (ðerøndø') *adv.* debajo de eso o ello. 2 menos de o que.

thereunto (ðerøntu·) *adv.* THERETO.

thereupon (ðerøpo·n) *adv.* sobre esto, sobre ello. 2 encima, encima de. 3 por lo tanto, por consiguiente. 4 inmediatamente, al instante, en esto.

therewith (ðe·ʳwid) *adv.* con eso, con ello. 2 luego, inmediatamente. 3 entonces.

therewithal (ðe·ʳwiðol) *adv.* además. 2 al mismo tiempo.

theriaca (zɪrai·aca) *s.* triaca, teriaca.

theriac(al (zɪrːæ·c(al) *adj.* triacal, teriacal.

therm (zø·m) *s.* FÍS. unidad térmica.

thermæ (zø·mi) *s. pl.* termas [de los romanos].

thermal (zø·ʳmal) *adj.* termal. 2 térmico.

thermic (zø·ʳmic) *adj.* térmico.

thermidor (zø·ʳmido·ʳ) *s.* termidor.

thermion (zø·ʳmiøn) *s.* FÍS. termión.

thermionic (zø·ʳmia·nic) *adj.* FÍS. termiónico : ~ *valve,* válvula o lámpara termiónica.

thermobarometer (zø·ʳmobara·mitø') *s.* termobarómetro.

thermobattery (zø·ʳmobæ·tøri) *s.* ELECT. batería termoeléctrica.

thermocautery (zø·ʳmoco·tøri), *pl.* -**ries** (-riš) *s.* CIR. termocauterio.

thermochemical (zø·ʳmoke·mical) *adj.* termoquímico.

thermochemistry (zø·ʳmoke·mistri) *s.* termoquímica.

thermodynamic (zø·ʳmodainæ·mic) *adj.* termodinámico.

thermodynamics (zø·ʳmodainæ·mics) *s.* termodinámica.

thermoelectric (zø·ʳmoile·ctric) *adj.* termoeléctrico.

thermoelectricity (zø·ʳmoilectri·siti) *s.* termoelectricidad.

thermogenesis (zø·ʳmoǰe·nisis) *s.* FISIOL. termogénesis.

thermograph (zø·ʳmogræ·f) *s.* termógrafo [termómetro registrador continuo].

thermology (zø'ma·loўi) s. termología.
thermomagnetism (zø'momæ·gnitiśm) s. termo-magnetismo.
thermometer (zø'mo·mitø') s. termómetro.
thermometric(al (zø'mome·tric(al) adj. termométrico.
thermometry (zø'ma·metri) s. termometría.
thermonuclear (zermoniu·clia') adj. termonuclear.
Thermopylae (zø'ma·pilr) s. pl. GEOGR. Termópilas.
thermos bottle o **flask** (zø·'mos) s. botella termos.
thermoscope (zø·'moscoup) s. termoscopio.
thermosiphon (zø'mosai·føn) s. termosifón.
thermostat (zø·'mostæt) s. termostato.
thermostatic (zø'mostæ·tic) adj. termostático.
thermotherapy (zø'moze·rapi) s. termoterapia.
thesaurus (zeso·røs) s. tesoro, diccionario.
these (ðiś) adj. y pron. pl. de THIS : estos, estas; éstos, éstas.
Theseus (zi·siøs) n. pr. Teseo.
thesis (zr·sis), pl. -ses (-siś) s. tesis.
Thespian (ze·spian) adj. trágico, dramático. — 2 s. fam. actor trágico o dramático.
Thessalonian (zesalou·nian) adj. y s. tesalonicense, tesalónico.
Thessalonica (zesalonai·ca) n. pr. GEOGR. Tesalónica, Salónica.
Thessaly (ze·sali) n. pr. GEOGR. Tesalia.
theurgic (ziø·ўi·c) adj. teúrgico.
theurgist (zr·øўist) s. teúrgo.
theurgy (zi·ø'ўi) s. teúrgia.
thew (ziu·) s. músculo, tendón. 2 pl. fuerza muscular. 3 energía, resolución.
they (ðei) pron. pl. de HE, SHE, IT : ellos, ellas [en nominativo]. 2 forma oraciones impersonales : ~ say, dicen, se dice.
Thibetan (zi·betan) adj. y s. tibetano.
thick (zic) adj. espeso, grueso, recio, corpulento : two inches ~, de dos pulgadas de espesor. 2 espeso, tupido, denso, impenetrable, macizo, apretado, nutrido, lleno : ~ with, lleno de. 3 espeso, consistente. 4 seguido, continuado, en rápida sucesión. 5 neblinoso, brumoso, aneblado, de niebla. 6 profunda [oscuridad]. 7 negra [noche]. 8 torpe, obtuso. 9 duro [de oído]. 10 ronco, gutural, estropajoso, confuso [voz, pronunciación, etc.]. 11 fam. íntimo, muy amigo. 12 fam. excesivo, exagerado, abusivo. — 13 adv. THICKLY. | Úsase mucho en composición. — 14 s. grueso, espesor. 15 lo más espeso, grueso, denso, recio, duro, intenso, etc. : the ~ of the crowd, lo más apretado del gentío; the ~ of the fihgt, lo más reñido del combate. 16 through ~ and thin, a través de toda suerte de dificultades, hasta el fin, resueltamente, incondicionalmente.
thick-bodied adj. grueso, corpulento.
thicken (to) (zi·køn) tr. espesar, engrosar, aumentar, reforzar. — 2 intr. espesarse, engrosarse, aumentar, hacerse más denso, complicarse, enturbiarse. 3 enronquecerse, hacerse confusa [la voz].
thickener (zi·cnø') s. substancia espesativa.
thickening (zi·cning) s. espesamiento, engrosamiento. — 2 adj. espesativo.
thicket (zi·kit) s. soto, espesura, maleza, matorral, *manigua.
thick-headed adj. estúpido; testarudo.
thickish (zi·kish) adj. algo espeso, grueso o denso.
thick-knee s. ORNIT. alcaraván.
thick-lipped adj. bezudo.
thickly (zi·kli) adv. espesamente, densamente : ~ settled, muy poblado. 2 seguidamente, en rápida sucesión. 3 to speak ~, hablar de un modo estropajoso, gutural, confuso.
thick-necked adj. cervigudo, de cuello grueso.
thickness (zi·cnis) s. espesor, espesura, grueso, grosor. 2 densidad, cuerpo, consistencia, apretamiento. 3 parte más gruesa, espesa, etc. 4 capa [de una materia].
thick-set adj. denso, plantado espeso. 2 grueso, rechoncho.
thickskin (zi·cskin) s. cara dura, persona sin vergüenza.
thick-skinned adj. de piel gruesa, paquidermo. 2 duro, insensible; de cara dura.
thick-skulled adj. lerdo, torpe, duro de mollera.
thief (zif). pl. **thieves** (zivś) s. ladrón, ratero. — 2 ~ tube, pipeta, bombillo.
thieve (to) (ziv) intr. robar, hurtar.
thievery (zi·vøri) s. robo, latrocinio.

thievish (zi·vish) adj. ladrón, rapaz. 2 furtivo.
thievishly (zi·vishli) adv. rapazmente. 2 furtivamente.
thigh (zai) s. ANAT. muslo.
thighbone (zai·boun) s. ANAT. fémur.
thill (zil) s. limonera [de carruaje].
thimble (zi·mbøl) s. dedal. 2 MEC. anillo de gaza; anillo o manguito que refuerza un orificio, sirve de guía, etc. 3 MAR. guardacabo. 4 BOT. digital, dedalera. 5 BOT. ~ berry, frambuesa americana.
thin (zin) s. delgado, fino, tenue. 2 flaco, enjuto, seco : to grow ~, enflaquecer. 3 claro, ralo. 4 claro, poco espeso, raro, enrarecido. 5 débil, flojo, aguado. 6 ligero, transparente. 7 escaso, corto, pequeño, mezquino, pobre. 8 poco inteligente o agudo; pobre de inventiva. 9 flaco [argumento], dudoso, poco convincente. 10 poco poblado o concurrido. 11 débil, agudo [voz, sonido] : ~ voice, vocecita. 12 apagado [color]. 13 AGR. delgado, pobre [suelo]. 14 FOT. débil. 15 pop. to have a ~ time, pasarlo mal.
thin (to) tr. adelgazar. 2 enflaquecer. 3 aclarar, entresacar, poner ralo, enrarecer. 4 aguar. 5 despoblar, hacer menos numeroso. — 6 intr. adelgazarse. 7 aclararse, hacerse menos espeso, menos numeroso. 8 ralear, hacerse escaso. ¶ CONJUG. pret. y p. p. : thinned; ger. : thinning.
thine (ðain) pron. tuyo, tuya, tuyos, tuyas; el tuyo, la tuya, los tuyos, las tuyas. — 2 adj. tu, tus. | Ús. sólo delante de vocal.
thing (zing) s. cosa : not a ~, nada; no such a ~, nada de eso; the funniest ~, lo más divertido; to do the right ~, hacer lo justo, lo más conveniente; above all things, sobre todas las cosas, sobre todo, muy especialmente; as things stand, tal como están las cosas; for one ~, entre otras cosas. 2 obra literaria o artística; asunto, negocio : a good ~, un buen asunto, un buen negocio. 3 fam. persona : poor ~!, poor little ~!, ¡pobre!, ¡pobrecito!, pobrecita! 4 trapo, vestido. 5 the ~, lo conveniente, lo necesario, la que se desea, la cuestión; lo que está de moda, lo elegante. 6 pl. cosas, efectos, artículos, bártulos.
thingumbob (zi·ngømbab), **thingummy** (zi·ngømmi) s. cosa cuyo nombre no se recuerda.
think (to) (zink) tr. e intr. pensar [meditar, reflexionar, imaginar, considerar, recordar; creer, suponer, formar juicio de] : to ~ better cf, formar una opinión más favorable de; pensar mejor [una cosa]; to ~ fit, good o proper, resolver, decidir, hallar conveniente; as you ~ fit, cómo usted guste, como le parezca mejor; to ~ nothing of, tener en muy poco, no dar importancia; considerar muy fácil; to ~ of, pensar en, acordarse, recordar; to ~ out loud, pensar en voz alta [una cosa]; to ~ over, reflexionar, pensar bien [una cosa]; to ~ with, estar de acuerdo con; to ~ well o ill of, tener en buen o mal concepto; I ~ so, así lo pienso, eso creo yo; I should ~ not, no lo creo; I thought as much, me lo figuraba; to my way of thinking, a mi modo de ver. 2 pensar [formar ánimo de, intentar]. — 3 tr. juzgar, conceptuar, considerar : I ~ him a good man, le considero un buen hombre. 4 discurrir, idear, urdir. | Gralte. con out o up. 5 poner en cierto estado a fuerza de pensar. ¶ CONJUG. pret. y p. p. : thought.
thinker (zi·nkø') s. pensador.
thinking (zi·nking) s. pensamiento, meditación, reflexión; pensar : way of ~, manera de pensar. 2 juicio, concepto : to my ~, en mi concepto. — 3 adj. pensante, que piensa. 4 de pensar : to put on one's ~ cap, reflexionar, meditar.
thinly (zi·nli) adv. delgadamente. 2 flacamente. 3 esparcidamente, con poca densidad o espesor.
thinness (zi·nnis) s. delgadez, finura, tenuidad. 2 delgadez, flacura, falta de carnes. 3 raleza, raridad, falta de espesor, de consistencia; flojedad [de un líquido]. 4 pobreza, escasez, cortedad. 5 ligereza, transparencia. 6 debilidad, agudeza [de la voz]. 7 flaqueza [de un argumento]; calidad de dudoso o poco convincente.
third (zø'd) adj. y s. tercero, tercera [ordinal de THREE] : ~ class, tercera clase; ~ degree, interrogatorio de un preso hecho con mucha insistencia y dureza; ~ state, estado llano; ~ person, tercero [pers.]; GRAM. tercera persona. — 2 adj. tercera [parte]. — 3 s. tercio [tercera

parte]. *4* tercer lugar [en situación, categoría, etc.]. *5* MÚS., AUTO. tercera.

third-class *adj.* de tercera clase, de tercera.

thirdly (zø·'dli) *adv.* en tercer lugar.

thirst (zø·'st) *s.* sed.

thirst (to) *intr.* tener o padecer sed. *2 to ~ after* o *for*, tener sed de, tener ansia o anhelo de. — *3 tr.* tener sed de. *4* hacer padecer sed.

thirster (zø·'stø') *s.* sediento.

thirsting (zø·'sting) *s.* sed. — *2 adj.* sediento.

thirstingly (zø·'stingli) *adv.* con sed, con ansia.

thirsty (zø·'sti) *adj.* sediento : *to be ~*, tener sed.

thirteen (zø·'tɪ·n) *adj.* y *s.* trece : *~ hundred*, mil trescientos.

thirteenth (zø·'tɪ·nz) *adj.* décimotercio. *2* trezavo. *3* trece : *Louis the ~*, Luis XIII; *on the ~ of november*, el trece de noviembre.

thirtieth (zø·'tiiz) *adj.* trigésimo. *2* treinta : *the ~ street*, la calle treinta.

thirty (zø·'ti) *adj.* y *s.* treinta.

this (ðis), *pl.* **these** *adj.* este, esta. — *2 pron.* éste, ésta, esto : *~ and that*, esto y aquello; *misses This and That*, las señoritas tal y cual. *3* aplicado a un número de años, personas, etc., tomado como conjunto, se usa en singular : *this twenty years*, estos veinte años.

thisness (zi·snis) *s.* realidad objetiva de una cosa.

thistle (zi·søl) *s.* BOT. cardo. *2* flor del cardo, emblema nacional de Escocia. *3* ORNIT. *~ finch*, jilguero. *4* (con may.) orden escocesa del Cardo. — *5 adj.* de cardo : *~ ball*, cabezuela del cardo; *~ beard*, papo del cardo.

thistledown (zi·søldaun) *s.* papo del cardo.

thistly (zi·sli) *adj.* lleno de cardos. *2* espinoso.

thither (ði·ðø') *adv.* allá, hacia allá : *hither and ~*, acá y allá. *2* a este fin, punto o resultado. — *3 adj.* de allá, situado en la parte de allá.

tho' (ðou) *conj.* abr. de THOUGH.

thole (zoul) *s.* MAR. escálamo, tolete. *2* asidero del mango de la guadaña.

tholepin (zou·lpin) *s.* MAR. escálamo, tolete.

Thomas (ta·mas) *n. pr.* Tomás.

Thomism (tou·miźm) *s.* thomismo.

Thomist (tou·mist) *adj.* y *s.* tomista.

thong (zang) *s.* correa, túrdiga, tira de cuero, *guasca.

thoracic (zoræ·sic) *adj.* torácico.

thorax (zo·ræcs), *pl.* **thoraxes** (zo·ræcseš) o **thoraces** (-sisź) *s.* ANAT., ZOOL. tórax.

thorium (zo·riøm) *s.* QUÍM. torio.

thorn (zo·n) *s.* espina, púa, pincho. *2* fig. espina, pesadumbre : *~ in the side*, cosa que produce una molestia o inquietud constante : *to be on thorns*, estar en ascuas. *3* BOT. espino; abrojo. — *4 adj.* de espinas, espinoso : *~ apple*, BOT. fruto del espino; BOT. estramonio; *~ broom*, BOT. aulaga; *~ crown*, corona de espinas.

thorn (to) *tr.* pinchar, herir, molestar. *2* cercar con espinos.

thornback (zo·nbæc) *s.* ICT. raya espinosa. *2* ZOOL. centolla.

thornless (zo·nlis) *adj.* sin espinas.

thorny (zo·ni) *adj.* espinoso, lleno de espinas. *2* espinoso, arduo.

thorough (zø·rou) *adj.* completo, cumplido, total, entero, acabado. *2* consumado, perfecto. *3* esmerado, cuidadoso. *4* MÚS. *~ bass*, bajo continuo; contrapunto. *5 ~ brace*, sopanda, correón.

thoroughbred (zø·roubred) *adj.* de pura raza, casta o sangre. *2* bien nacido, distinguido. — *3 s.* animal de pura sangre. *4* pers. bien nacida, distinguida.

thoroughfare (zø·roufe') *s.* vía pública, pasaje; camino. *2* paso, tránsito : *no ~*, no se pasa; prohibido el paso.

thoroughgoing (zø·rougouing) *adj.* completo, esmerado, celoso, acérrimo.

thoroughly (zø·rouli) *adv.* completamente, enteramente. *2* concienzudamente, detenidamente, a fondo.

throughness (zø·rounis) *s.* calidad de completo o cabal. *2* minuciosidad, escrupulosidad, detenimiento.

thoroughpaced (zø·roupeist) *adj.* EQUIT. instruido en todos los pasos. *2* perfecto, completo, acabado. *3* acérrimo.

thoroughwax (zø·'ouwæcs), **thoroughwort** (zo·rouwø·t) *s.* BOT. eupatorio.

thorpe (zo·p) *s.* aldea, caserío.

those (ðouš) *adj.* y *pron. pl.* de THAT : esos, esas, aquellos, aquellas; ésos, ésas, aquéllos, aquéllas : los, las : *~ that*, *~ which*, *~ who*, aquellos o aquellas que, los o las que, quienes; *~ of*, los de, las de.

thou (ðau) *pron.* tú. | Úsase sólo en poesía o en estilo sublime y entre cuáqueros o en lenguaje dialectal.

thou (to) *tr.* tutear.

though (ðou) *conj.* aunque, aun cuando, si bien, bien que; sin embargo. *2 as ~*, como si.

thought (zot) *pret.* y *p. p.* de TO THINK : *to be well ~ of*, tener buena fama, estar bien conceptuado. — *2 s.* pensamiento, reflexión, meditación, cogitación : *to be lost in ~*, estar abstraído; *beyond ~*, inimaginable, inconcebible; *on second ~*, pensándolo mejor, después de pensarlo bien. *3* pensamiento [cosa pensada], idea, intención : *the ~ strikes me*, se me ocurre la idea; *to have ~* o *thougts of*, tener pensamiento o intención de. *4* consideración, caso, atención, cuidado : *to give it no ~*, no pensar en ello, no hacerle caso, no darle importancia; *want of ~*, inadvertencia, descuido. *5* un poco, algo. — *6 adj.* de pensamiento : *~ reading*, adivinación del pensamiento; *~ transference*, transmisión del pensamiento.

thoughtful (zo·tful) *adj.* reflexivo, meditativo. *2* pensativo, meditabundo. *3* atento, considerado. *4* solícito, cuidadoso. *5* previsor.

thoughtfully (zo·tfuli) *adv.* reflexivamente, de un modo pensativo o meditativo. *2* con atención, con consideración, solícitamente. *3* con previsión.

thoughtfulness (zo·tfulnis) *s.* reflexión. *2* consideración, atención, cuidado, solicitud. *3* previsión.

thoughtless (zo·tlis) *adj.* irreflexivo, atolondrado, inconsiderado, descuidado, incauto. *2* impróvido.

thoughtlessly (zo·tlisli) *adv.* irreflexivamente, atolondradamente, inconsideradamente, descuidadamente, negligentemente.

thoughtlessness (zo·tlisnis) *s.* irreflexión, atolondramiento, ligereza, indiscreción. *2* descuido, inadvertencia.

thousand (zau·sand) *adj.* mil. — *2 s.* mil, millar : *a ~*, *one ~*, mil; *~ and one*, mil y uno, mil y una, un millar de; un sinfín de; *by the ~*, por millares; a millares.

thousandfold (zau·sandfould) *adj.* multiplicado por mil. — *2 adv.* mil veces más.

thousandth (zau·šandz) *adj.* y *s.* milésimo. — *2 s.* milésima.

Thrace (zres) *n. pr.* GEOGR. Tracia.

Thracian (zre·shan) *adj.* y *s.* tracio.

thrall (zrol) *s.* siervo, esclavo. *2* cautivo. *3* esclavitud, servidumbre.

thrall (to) *tr.* esclavizar, avasallar.

thral(l)dom (zro·ldøm) *s.* esclavitud, servidumbre.

thrash (to) (zræsh) *tr.* trillar, desgranar : *fig. to ~ out a matter*, ventilar un asunto. *2* golpear, batir, zurrar, apalizar; derrotar completamente. *3* batir [mover con fuerza]. — *4 intr.* dar golpes [en]. *5* revolcarse, agitarse. *6* MAR. barloventear con viento fresco.

thrasher (zræ·shø') *s.* trillador, desgranador. *2* trillo, trilladora; máquina para desgranar. *3* apalizador. *4* ORNIT. especie de malvis americano. *5* ICT. *thrasher* o *~ shark*, zorra de mar, especie de tiburón.

thrashing (zræ·shing) *s.* trilla, desgranamiento. *2* zurra, paliza. — *3 adj.* de trillar o desgranar : *~ floor*, era; *~ machine*, trilladora.

thrasonical (zreisa·nical) *adj.* jactancioso.

thread (zred) *s.* hilo : *the ~ of life*, el hilo de la vida; *to hang on a ~*, pender de un hilo. *2* fibra, hebra, filamento, hilillo. *3* línea muy fina. *4* MEC. filete [de rosca o tornillo].

thread (to) *tr.* enhebrar, enhilar, ensartar. *2* pasar o hacer pasar por o entre : *to ~ one'way through*, pasar o abrirse paso por o entre. *3* penetrar en, atravesar. *4* (Ingl.) proteger con una red. *5* MEC. labrar la rosca de [un tornillo]. — *6 intr.* pasar, correr, deslizarse. *7* COC. formar hilos [el almíbar, etc.].

threadbare (zre·dbe') *adj.* raído, gastado. *2* fig. manido, trillado, gastado.

threadworm (zre·dwø·m) *s.* ZOOL. gusano nematodo, esp. la filaria.

threat (zret) *s.* amenaza. *2* amago.

threaten (to) (zre·tøn) *tr.* e *intr.* amenazar. 2 amagar.
threatener (zre·tnø') *s.* amenazador.
threatening (zre·tøning) *s.* amenaza. — 2 *adj.* amenazador, que amenaza.
threateningly (zre·tøningly) *adv.* amenazadoramente.
three (zrɪ) *adj.* y *s.* tres : ~ *hundred*, trescientos; ~ *o'clock*, las tres. — 2 *adj.* de tres : ~ *deep*, cn tres hileras o filas.
three-cleft *adj.* BOT. trífido.
three-colo(u)r *adj.* tricolor; tricromo.
three-cornered *adj.* triangular. 2 de tres picos. 3 que comprende un grupo de tres.
three-decker *s.* navío de tres puentes. 2 construcción de tres pisos. 3 novela en tres volúmenes, novela muy larga.
threefold (zrɪ·fould) *adj.* triplo, triple. tresdoble. — 2 *adv.* tres veces más.
three-leaved *adj.* BOT. trífilo.
three-legged *adj.* de tres pies.
three-lobed *adj.* trilobulado.
three-parted *adj.* tripartito.
threepence (zrɪ·pens) *s.* tres peniques. 2 moneda de tres peniques.
threepenny (zrɪ·peni) *adj.* de a tres peniques, barato, despreciable.
three-phase *adj.* ELECT. trifásico.
three-ply *adj.* triple. 2 de tres capas. — 3 *s.* tablero contrachapado de tres capas.
three R's (a·ʳs) *s. pl.* lectura, escritura y aritmética.
threescore (zrɪ·scoʳ) *adj.* y *s.* sesenta.
threesome (zrɪ·søm) *adj.* en que participan tres personas. — 2 *s.* cosa [esp. partida de golf] en que participan tres personas.
three-square file *s.* lima triangular.
three-way *adj.* de tres pasos, vías o direcciones : ~ *cock*, grifo o llave de tres vías; ~ *switch*, ELECT. conmutador de tres direcciones; ~ *valve*, válvula de paso triple.
threnody (zre·nodi) *s.* treno.
thresh (to) (zresh) *tr.* e *intr.* TO THRASH 1, 2 y 5. 2 *to* ~ *over*, ir repitiendo [una cosa].
thresher (zre·shøʳ) *s.* TRASHER 1, 2 y 5.
threshing (zre·shing) *adj.* THRASHING.
threshold (zre·should) *s.* ARQ. umbral, tranco, 2 fig. umbral, entrada, puerta, principio.
threw (zru) *pret.* de TO THROW.
thrice (zrais) *adv.* tres veces.
thrift (zrift) *s.* economía, frugalidad. 2 medro, crecimiento, desarrollo vigoroso.
thriftily (zri·ftili) *adv.* económicamente, frugalmente.
thriftiness (zri·ftinis) *s.* economía, frugalidad.
thriftless (zri·ftlis) *adj.* manirroto, impróvido.
thrifty (zri·fti) *adj.* económico, ahorrativo, frugal, próvido. 2 industrioso. 3 próspero, floreciente. 4 que crece vigorosamente.
thrill (zril) *s.* vibración, temblor. 2 estremecimiento, escalofrío [de placer, horror, etc.], emoción, excitación. 3 pop. historia, etc., espeluznante.
thrill (to) (zril) *tr.* hacer vibrar o temblar. 2 estremecer [de placer, horror, etc.], dar escalofríos, emocionar, excitar. — 3 *intr.* temblar, vibrar, estremecerse.
thriller (zri·løʳ) *s.* persona o cosa que entusiasma, conmueve o hace estremecer; cuento de miedo, historia espeluznante.
thrilling (zri·ling) *adj.* entusiasmador, conmovedor, que hace estremecer, escalofriante, espeluznante.
thrive (zraiv) *intr.* crecer, engordar, 2 adelantar, prosperar, tener éxito, florecer. ¶ CONJUG. pret.: *throve* o *thrived;* p. p.: *thrived* o *thriven.*
thriving (zrai·ving) *adj.* próspero, floreciente.
thrivingly (zrai·vingli) *adv.* prósperamente.
thro' (zru) *adv.* y *prep.* abrev. de THROUGH.
throat (zrou·t) *s.* garganta, gola, cuello, gaznate: *a sore* ~, dolor de garganta; *to cut the* ~, degollar. 2 fig. voz: *to shout at the top of his* ~, gritar a voz en cuello; *to clear one's* ~, carraspear, aclarar la voz. 3 fig. garganta, cuello, angostamiento. 4 fig. boca, fauces, entrada, abertura, paso. 5 *cintura* [de chimenea]. 6 ARQ. goterón [de cornisa].
throatband (zrou·bænd) *s.* ahogadero [de la brida o cabezada].
throatier (zrou·tiøʳ) *adj. comp.* de THROATY.

throatiest (zrou·tiist) *adj. superl.* de THROATY.
throating (zrou·ting) *s.* THROAT 6.
throatwort (zrou·tuøʳt) *s.* BOT. campanilla.
throaty (zrou·ti) *adj.* gutural, ronco.
throb (zrab) *s.* latido, pulsación, palpitación, vibración.
throb (to) *intr.* latir, pulsar, palpitar, vibrar. ¶ CONJUG. pret. y p. p.: *throbbed;* ger.: *throbbing.*
throe (zrou) *s.* angustia, agonía, dolor: *throes of childbirth,* dolores del parto; *throes of death,* agonía [de la muerte].
thrombocyte (zra·mbosait) *s.* FISIOL. trombocito.
thrombosis (zrambou·sis) *s.* MED. trombosis.
thrombus (zra·mbøs), *pl.* -**bi** (-bai) *s.* MED. trombo.
throne (zroun) *s.* trono. 2 *pl.* tronos [coro de ángeles].
throne (to) *tr.* entronizar, exaltar. — 2 *intr.* estar en el trono, ocupar el trono.
throng (zrong) *s.* muchedumbre, gentío, multitud, hueste, caterva, tropel.
throng (to) *intr.* apiñarse, agolparse, venir o pasar en tropel. — 2 *tr.* apiñar, apretar. 3 atestar, llenar de bote en bote. 4 estrujar [entre muchos].
throstle (zra·søl) *s.* cierta máquina de hilar. 2 ORNIT. zorzal.
throttle (zra·tøl) *s.* garganta, gaznate, garguero. 2 gollete [de botella]. 3 MEC. *throttle* o ~ *valve,* válvula de estrangulación, válvula reguladora; regulador [de locomotora]; acelerador de automóvil.
throttle (to) *tr.* ahogar, estrangular. 2 MEC. *to* ~ *down,* disminuir la marcha o la velocidad de; cortar, reducir [el vapor, etc.]. — 3 *intr.* ahogarse, asfixiarse.
through (zru) *prep.* por, a lo largo de, a través de, por entre, en medio de. 2 por medio de, por conducto de, gracias a. 3 por, a causa de. 4 ~ *design,* adrede. — 5 *adv.* de un lado a otro, de parte a parte, a través, de cabo a cabo, hasta el fin, completamente, enteramente: *to be wet* ~, estar empapado, estar calado hasta los huesos; *to carry* ~, llevar a cabo; ~ *and* ~, de cabo a cabo; minuciosamente; en todos sentidos. 6 directamente [sin hacer paradas o trasbordos]. — 7 *adj.* directo, continuo: ~ *ticket,* billete directo; ~ *train,* tren directo. 8 que ofrece paso, libre, expedito. 9 que atraviesa. 10 *to be* ~ *with,* haber acabado [una cosa] o con [una cosa]; no querer ocuparse más [de ella].
throughout (zru·aut) *prep.* por todo, en todo, durante todo, a lo largo de, desde el principio hasta el fin de. — 2 *adv.* por todas partes, en todas partes, en todo, en todos los respectos, desde el principio hasta el fin.
throve (zrouv) *pret.* de TO THRIVE.
throw (zrou) *s.* lanzamiento, tiro, tirada, echada: *within a stone's* ~, a tiro de piedra. 2 lance [de dados], jugada. 3 MEC. golpe, carrera, recorrido, embolada. 4 MIN., GEOL. valor del desplazamiento del terreno en una falla. 5 fam. echarpe, chal; cobertor.
throw (to) *tr.* lanzar, tirar, arrojar, echar, despedir. 2 derribar, echar al suelo. 3 impeler, empujar. 4 despojarse de, soltar, perder: *to* ~ *a shoe,* perder una herradura. 5 dirigir [una mirada]. 6 poner [en un estado, condición, situación]. 7 echarse encima, ponerse precipitadamente [una prenda]. 8 disponer, formar, expresar. 9 torcer [hilo]. 10 parir [un animal]. 11 AGR. dar [una cosecha]. 12 perder adrede [una carrera, un juego]. 13 jugar [un naipe], descartarse de [naipes]. 14 formar [en el torno de alfarero]. 15 *to* ~ *about,* esparcir. 16 *to* ~ *a bridge across* u *over,* tender o construir un puente sobre. 17 *to* ~ *a scare into,* amedrentar, aterrorizar. 18 ~ *away,* tirar, arrojar, desechar; malgastar, despediciar. 19 *to* ~ *a wet blanket,* o *cold water, on,* aguar [la fiesta], estropear [un plan, etc.]. 20 *to* ~ *back,* devolver; replicar; rechazar; retardar, detener. 21 *to* ~ *by,* desechar, arrinconar. 22 *to* ~ *down,* derribar, echar por tierra; trastornar, destruir. 23 *to* ~ *down the gauntlet,* arrojar el guante. 24 *to* ~ *in,* introducir, insertar, intercalar; inyectar; añadir, dar además de lo convenido. 25 *to* ~ *in one's teeth,* dar en rostro o desafiar con. 26 MEC. *to* ~ *in the clutch,* embragar. 27 MEC. *to* ~ *into gear,* hacer engranar, conectar. 28 *to* ~ *off,* quitarse, despojarse de; sa-

cudirse, despedir; librarse de; abandonar; rebajar, descontar; dar comienzo a; improvisar, hacer con facilidad' [versos, discursos, etc.]; MEC. desconectar, desembragar. 29 *to ~ oneself at*, tratar de conquistar [a un hombre para marido]. 30 *to ~ open*, abrir de par en par. 31 *to ~ out*, echar fuera; proferir; lanzar, dar [gritos]; insinuar; expeler, desechar, esparcir, exhalar, despedir, emitir; desconcertar [a uno]. 32 MEC. *to ~ out of gear*, desengranar, desconectar. 33 MEC. *to ~ out the clutch*, desembragar. 34 *to ~ over* u *overboard*, echar por la borda, abandonar. 35 *to ~ the helve after the hatchet*, echar la soga tras el caldero. 36 *to ~ together*, reunir, juntar. 37 *to ~ up*, echar al aire; elevar, levantar; abandonar, renunciar, dimitir; construir precipitadamente; echar en cara repetidamente; hacer destacar; fam. vomitar. 38 intr. jugar a los dados. 39 *to ~ back*, parecerse a un antepasado; retroceder a un estado o tiempo anterior. 40 fam. *to ~ up*, vomitar. ¶ CONJUG. pret.: *threw*; p. p.: *thrown*.

throwback (zrou·bæc) s. salto atrás, retroceso. 2 BIOL. reversión, atavismo. 3 CINE. escena retrospectiva.

thrower (zrou·ø') s. lanzador, tirador. 2 torcedor [de hilo]. 3 alfarero.

throwing (zrou·ing) s. lanzamiento, echada, tiro.

thrown (zroun) p. p. de TO THROW.

throwoff (zrou·of) s. comienzo de una cacería. 2 reducción, descuento. 3 MEC. desconectador automático.

throwster (zrou·stø') s. torcedor de seda. 2 jugador de dados.

thrum (zrøm) s. TEJ. cadillos. 2 fleco, borla. 3 hilo basto. 4 teclep, rasgueo, cencerreo, ruido monótono.

thrum (to) tr. adornar con flecos. 2 teclear, rasguear, producir un ruido monótono. — 3 intr. sonar monótonamente. ¶ CONJUG. pret. y p. p.: *thrummed*; ger.: *thrumming*.

thrush (zrøsh) s. ORNIT. tordo; zorzal; malvís. 2 MED. boquera, ubrera. 3 VET. inflamación en el pie o en el casco.

thrust (zrøst) pret. y p. p. de TO THRUST. — 2 s. golpe de punta, estocada, hurgonazo, aguijonazo, lanzada, puñalada, cornada. 3 empujón, empellón. 4 arremetida, acometida. 5 empujones, apreturas. 6 MEC., ARQ. empuje, presión, impulso. 7 MIN. derrumbe. — 8 adj. MEC. de empuje, de presión: *~ bearing*, cojinete axial, de empuje o de presión; *~ block*, soporte de empuje con anillos.

thrust (to) tr. empujar, impeler: *to ~ aside*, empujar a un lado, rechazar, desechar; *to ~ forward*, empujar hacia adelante, echar adelante; *to ~ on*, empujar, impulsar, excitar; *to ~ out*, echar fuera, sacar: *to ~ out the tongue*, sacar la lengua. 2 meter, introducir; hincar, clavar: *to ~ in*, introducir, intercalar; *to ~ the nose*, u *one's nose*, *into*, meter las narices en. 3 extender [sus ramas, raíces, etc.]. 4 *to ~ through*, apuñalar, atravesar. 5 *to ~ together*, comprimir, apretar. 6 *to ~ upon*, imponer, hacer aceptar. — 7 ref. *to ~ oneself on* o *upon*, imponer su compañía a, tratar de hacerse recibir o aceptar por. — 8 intr. meterse, introducirse, abrirse paso. 9 empujar, apiñarse. 10 *to ~ at*, aguijonear, pinchar, tirar una estocada, dar cuchilladas, hurgonazos, etc., a. ¶ CONJUG. pret. y p. p.: *thrust*.

thud (zød) s. golpe, porrazo. 2 baque, golpe sordo.

thud (to) intr. moverse o golpear con golpe sordo. ¶ CONJUG. pret. y p. p.: *thudded*; ger.: *thudding*.

thug (zøg) s. miembro de una secta de fanáticos asesinos de la India. 2 por ext. asesino, criminal.

thuja (zu·ja) s. BOT. tuya.

thulium (ziu·liøm) s. QUÍM. tulio.

thumb (zøm) s. pulgar: *to twiddle one's thumbs*, hacer girar los pulgares uno alrededor de otro; estar ocioso; *thumbs down*, con el pulgar vuelto hacia abajo [señal de desaprobación]; *thumbs up*, con el pulgar vuelto hacia arriba [señal de aprobación]; *under one's ~*, bajo el poder o influencia de uno. — 2 adj. del pulgar o que se maneja con él: *~ nut*, tuerca de mariposa o de orejetas.

thumb (to) tr. hojear [con el pulgar]. 2 apulgarar. 3 manejar, tocar, ejecutar torpemente, sin arte.

thumbnail (zø·mneil) s. uña del pulgar. 2 fig. cosa pequeña. — 3 adj. pequeño, en miniatura.

thumbscrew (zø·mscru) s. tuerca o tornillo de cabeza prismática o labrada. 2 empulgueras.

thumbstall (zø·mstol) s. dedal o dedil para el pulgar.

thumbtack (zø·mtæc) s. chinche [clavito].

thump (zømp) s. golpe, porrazo, trastazo, baque, golpe sordo.

thump (to) tr. e intr. golpear, golpetear, aporrear, pegar. — 2 tr. meter, encasquetar [a golpes o como a golpes]. 3 MÚS. *to ~ out*, tocar aporreando. — 4 intr. latir fuerte, dar porrazos. 5 andar con pasos resonantes.

thumper (zø·mpø') s. golpe fuerte. 2 pop. cosa grande, extraordinaria.

thunder (zø·ndø') s. trueno. 2 tronido, estruendo, tronar. 3 fig. rayo, excomunión.

thunder (to) impers. e intr. tronar: *it thunders*, truena, está tronando. 2 retumbar, moverse o avanzar con estrépito o retumbo. — 3 tr. proferir como un trueno; lanzar, fulminar [censuras, excomuniones, etc.]. 4 golpear repetidamente. 5 expresar con aplausos, estrépito, etc.

thunderbolt (zø·ndø'boult) s. rayo, centella. 2 fulminación, censura. 3 piedra de rayo.

thunderclap (zø·ndø'clæp) s. trueno gordo, estallido.

thundercloud (zø·ndø'claud) s. nube cargada de electricidad. 2 fig. cosa que amenaza.

thunderer (zø·ndørø') s. tronador, fulminador. 2 MIT. *the Thunderer*, Júpiter, Júpiter tonante.

thunderhead (zø·ndø'jed) s. METEOR. cúmulo [que se deshace en lluvia acompañada de truenos].

thundering (zø·ndøring) adj. atronador; estrepitoso. 2 fam. enorme, extraordinario. — 3 adv. fam. muy, mucho, enormemente.

thunderous (zø·ndørøs) adj. atronador, estruendoso, tonante.

thundershower (zø·ndø'shouø') s. chubasco con truenos.

thunderstorm (zø·ndø'sto'm) s. tronada.

thunderstrike (to) (zø·ndø'straic) tr. fulminar, herir con rayo. 2 aturdir, dejar estupefacto, anonadar, aterrar. ¶ CONJUG. pret.: *thunderstruck*; p. p.: *thunderstruck*, *thunderstricken*.

thunderstruck (zø·ndø'strøc) pret. y p. v. de THUNDERSTRIKE. — 2 adj. aturdido, atónito, estupefacto.

thundrous (zø·ndrøs) adj. THUNDEROUS.

thurible (ziu·ribøl) s. turíbulo.

thurifer (ziu·rifø') s. turiferario, turibulario.

thuriferous (ziuri·førøs) adj. turífero.

thurification (ziurifike·shøn) s. turificación.

Thuringia (ziuri·nÿia) n. pr. GEOGR. Turingia.

Thuringian (ziuri·nÿian) adj. y s. turingio.

Thursday (zø·'sdi) s. jueves.

1) **thus** (døs) adv. así, tal, de este modo, de esta suerte, sic: *~ it is*, así es; *~ to speak*, por decirlo así. 2 hasta este punto, a ese grado, tanto, tan: *~ far*, hasta aquí, hasta ahora, hasta hoy; *~ much*, basta, no más, baste eso. 3 siendo así, por lo tanto.

2) **thus** (zøs) s. incienso [gomorresina].

thuya (zu·ya) s. BOT. tuya.

thwack (zuæc) s. golpe, trastazo [con algo plano o pesado].

thwack (to) tr. golpear [con algo plano o pesado]; pegar, zurrar. 2 aplastar. 3 meter a golpes.

thwaite (zu·eit) s. tierra roturada.

thwart (zuo't) s. MAR. banco de bogar. — 2 adj. tranversal, atravesado, oblicuo.

thwart (to) tr. desbaratar, frustrar, estorbar, impedir, contrariar, contrarrestar.

thy (dai) adj. pos. tu, tus. | Úsanse con THOU.

thylacine (zai·lasin) s. ZOOL. marsupial de Tasmania, parecido a un lobo.

thyme (tai·m) s. BOT. tomillo.

Thymelæaceae (taimiliei·shii) s. pl. BOT. timeleáceas.

thymelæaceous (taimiliei·shøs) adj. timeleáceo.

thymol (tai·moul) s. QUÍM. timol.

thymus (tai·møs) s. ANAT. timo [glándula].

thymy (tai·mi) adj. lleno de tomillo; que huele a tomillo.

thyroid (zai·roid) adj. y s. ANAT. tiroides [glándula; cartílago]. — 2 adj. tiroideo: *~ extract*, FARM. tiroidina.

thyrse (zø's) s. BOT. tirso.

thyrsus (zø·'søs) *s.* tirso [atributo de Baco]. 2 BOT. tirso.

thyself (ðai·self) *pron.* tú mismo, ti mismo. | Úsase con THOU.

tiara (taie·ra o tia·ra) *s.* tiara. 2 diadema.

Tiber (tai·bø') *n. pr.* GEOGR. Tíber.

Tibet (tibe·t) *n. pr.* GEOGR. Tíbet.

Tibetan (tibe·tan) *adj.* y *s.* tibetano.

tibia (ti·bia), *pl.* **-ae** (-I) o **-as** *s.* ANAT., ENTOM., MÚS. tibia.

tibial (ti·bial) *adj.* de la tibia.

tic (tic) *s.* MED. tic. 2 reacción mental habitual o involuntaria.

tick (tic) *s.* ZOOL. garrapata. 2 ENTOM. rezno. 3 *fig.* persona molesta. 4 tela de colchón o almohada; terliz cutí. 5 fam. colchón. 6 golpecito, palmadita. 7 tictac, sonido acompasado; latido; clic. 8 *fig.* momento, segundo. 9 punto, marca, señal. 10 fam. crédito, fiado: *to buy on* ~, comprar al fiado.

tick (to) *intr.* hacer tictac; hacer un clic; latir [el corazón]. 2 pop. llegar [una fecha]; caer [un plazo, una renta]. 3 comprar o vender al fiado. — 4 *tr.* marcar con puntos o señales. 5 señalar, marcar [hablando del reloj, un taxímetro, etc.]. 6 fam. anotar en la cuenta de uno.

ticker (ti·kø') *s.* teleimpresor, teletipo. 2 fam. reloj de bolsillo. 3 fam. corazón.

ticket (ti·køt) *s.* billete, boleto, entrada, localidad, pase; papeleta, talón, ticket: ~ *of admission*, entrada, localidad; ~ *of leave* (Ingl.), libertad condicional concedida a un penado; *lotery* ~, billete de lotería; *pawn* ~, papeleta de empeño; *season* ~, abono de temporada; *that's the* ~, fam. esto es lo que se necesita. 2 marbete, etiqueta. 3 albarán [papel en una ventana o balcón]. 4 POL. (EE. UU.) candidatura [lista de candidatos]; programa [de un partido]. — 5 *adj.* de billetes, etc.: ~ *gate*, FERROC. salida donde se recogen los billetes; ~ *office*, despacho de billetes o localidades; ~ *scalper*, revendedor de billetes; ~ *window*, taquilla, ventanilla.

ticket (to) *tr.* rotular, marcar. 2 proveer de billete.

ticket-of-leave man *s.* (Ingl.) penado en libertad condicional.

ticking (ti·king) *s.* tictac [de reloj]. 2 TEJ. terliz; cutí.

tickle (ti·køl) *s.* cosquillas. 2 toque ligero. — 3 *adj.* inestable. 4 delicado, difícil.

tickle (to) *tr.* hacer cosquillas, cosquillear. 2 agradar, halagar; regalar [los oídos]: *tickled to death*, fam. contentísimo. 3 divertir. 4 dar ligeros toques a; mover, hacer, etc., con ligeros toques. 5 estimular, aguijonear. 6 *fig.* pegar, castigar. 7 coger [truchas] con la mano. 8 *to* ~ *the palm of*, untar la mano de. — 9 *intr.* tener cosquillas.

tickler (ti·clø') *s.* el o lo que hace cosquillas. 2 fam. problema difícil; cuestión delicada. 3 fam. correa o bastón para castigar. 4 libro o registro de efectos a pagar. 5 ELECT. ~ *coil*, bobina de regeneración.

tickling (ti·cling) *s.* cosquillas, cosquilleo. 2 deseo. — 3 *adj.* que hace cosquillas. 4 halagador.

ticklish (ti·clish) *adj.* cosquilloso. 2 picajoso, susceptible. 3 inestable, inseguro, variable. 4 delicado, difícil, crítico.

ticklishness (ti·clishnis) *s.* calidad de cosquilloso, susceptibilidad. 2 calidad de inseguro, delicado, difícil, crítico.

tick-tack (tic-tac) *s.* tictac. 2 especie de chaquete [juego].

tidal (tai·dal) *adj.* de la marea o de la corriente, o dependiente de ellas · ~ *harbour*, puerto de grandes mareas; ~ *wave*, aguaje, ola de marea; ola grande u oleada que acompaña un terremoto, etc.; *fig.* desbordamiento, ola, conmoción popular. 2 navegable sólo en pleamar. 3 periódico.

tidbit (ti·dbit) *s.* TITBIT.

tide (tai·d) *s.* marea; corriente: *high* o *full* ~, pleamar, plenamar; culminación, auge; *ebb* o *low* ~, marea menguante; bajamar; *rising* ~, marea creciente; *to go against the* ~, ir contra la corriente; *to go with the* ~, seguir la corriente. 2 flujo [de la marea]. 3 curso, marcha; *to turn the* ~, cambiar el curso [de]; hacer cambiar las cosas. 4 tiempo, ocasión: *time and*

~, oportunidad, tiempo y sazón. 5 *pl.* aguas [mareas]: *equinoctial tides*, aguas mayores; *neap tides*, aguas muertas; *spring tides*, aguas vivas. — 6 *adj.* de la marea o la corriente: ~ *gate*, compuerta de marea; paso estrecho donde la marea corre a gran velocidad; ~ *gauge*, mareógrafo.

tide (to) *tr.* hacer flotar, llevar [la marea o con la marea]. 2 durar, cubrir [cierto tiempo]; superar, ayudar a superar [una dificultad], sostener. | Gralte. con *over*. — 3 *intr.* navegar o flotar con la marea. 4 *to* ~ *on* u *onward*, seguir, continuar.

tideless (tai·dlis) *adj.* sin marea.

tidemark (tai·dma'c) *s.* señal que deja la marea.

tidesman (tai·dsmæn), *pl.* **-men** (-men) *s.* aduanero de puerto.

tidewaiter (tai·dweitø') *s.* TIDESMAN. 2 obrero portuario que remolca las embarcaciones en ciertos momentos de la marea. 3 el que espera su oportunidad.

tidewater (tai·dwotø') *s.* aguaje; agua que inunda la playa en la marea alta. 2 playa, litoral. — 3 *adj.* costanero.

tideway (tai·dwei) *s.* canal de marea.

tidier (tai·diø') *adj. comp.* de TIDY.

tidiest (ti·diist) *adj. superl.* de TIDY.

tidily (tai·dili) *adv.* aseadamente, ordenadamente.

tidiness (tai·dinis) *s.* aseo, pulcritud, orden.

tidings (tai·dings) *s. pl.* noticias, nuevas.

tidy (tai·di) *adj.* aseado, limpio, decente, pulcro, ordenado. 2 fam. regular, bueno [bastante grande]. — 3 *s.* cubierta de respaldo. 4 cajón o receptáculo para retazos y cosas sueltas; *street* ~, cesto para los papeles en la vía pública.

tidy (to) *tr.* asear, arreglar, poner en orden.

tie (tai) *s.* cinta, cuerda, cordón, cadena, etc., para atar. 2 cordón de zapato. 3 nudo, lazo, ligamento, ligadura. 4 corbata, corbatín. 5 lazo, vínculo, unión. 6 MÚS. ligadura. 7 MAR. ostaga. 8 ARQ. tirante. 9 FERROC. traviesa. 10 empate. 11 *pl.* zapatos bajos. — 12 *adj.* de unión, etc.: ~ *bar*, ING. tirante; FERROC. barra transversal de las agujas; ~ *beam*, ARQ. tirante [de armadura]; ~ *block*, MAR. reclame; ~ *rod*, varilla de tensión; AUTO. barra de acoplamiento de dirección.

tie (to) *tr.* atar. 2 amarrar, trincar. 3 liar, ligar, anudar. 4 unir, enlazar, encadenar. 5 hacer [un nudo o lazo]: *fig. to* ~ *the knot*, casar; casarse, contraer matrimonio. 6 obligar, constreñir. 7 *to* ~ *down*, sujetar. 8 *to* ~ *up*, atar, amarrar; liar, envolver; inmovilizar, paralizar; vincular [la propiedad]; obstruir, embotellar. — 9 *tr.* e *intr.* empatar. ¶ CONJUG. pret. y p. p.: *tied*; ger.: *tying* o *tieing.*

1) **tier** (tai·ø') *s.* atador. 2 banda, ligadura. 3 delantal de niño.

2) **tier** (ti·') *s.* fila, hilera, ringlera [esp. cuando están unas sobre otras]; capa, tonga. 2 capa social. 3 MAR. andana. 4 ARQ. antena de varios hilos, uno sobre otro. 5 TEAT. fila de palcos.

tier (to) *tr.* disponer en hileras o capas. — 2 *intr.* formar hileras o capas.

tierce (ti·'s) *s.* tercerola [barril]. 2 tercera, secansa [en los naipes]. 3 MÚS. tercera. 4 ESGR. tercia. 5 tercia [hora canónica].

tiercet (ti·'set) *s.* TERCET.

tie-up *s.* enlace, conexión. 2 contubernio. 3 paro, paralización [debida a una huelga u a otras perturbaciones]. 4 embotellamiento [del tráfico].

tiff (tif) *s.* enfado, enojo. 2 pique, disgusto, desavenencia. 3 traguito, sorbo.

tiff (to) *intr.* estar enojado, de mal humor. 2 reñir, desavenirse. — 3 *tr.* pop. beber a sorbos o a traguitos.

tiffany (ti·fani) *s.* gasa de seda.

tiffin (ti·fin) *s.* almuerzo [del mediodía]; colación, merienda.

tige (tidʒ) *s.* ARQ. fuste [de columna]. 2 BOT. tallo.

tiger (tai·gø') *s.* ZOOL. tigre. 2 ZOOL. jaguar. 3 tigre [pers. cruel]. ~ *cat*, ZOOL. gato cerval; gato doméstico atigrado. 5 ENTOM. ~ *beetle*, cicindela. 6 BOT. ~ *flower*, flor de la maravilla; ~ *lily*, tigridia.

tiger-eye *s.* MINER. ojo de gato.

tigerish (tai·gørish) *adj.* de tigre. 2 lleno de tigres. 3 feroz, sanguinario.

tiger's-eye *s.* TIGER-EYE.

tight (tait) *adj.* bien cerrado, hermético, impermeable, estanco. 2 inmóvil, tieso. 3 apretado. 4 ajustado, estrecho. 5 tirante, tenso. 6 COM. escaso, difícil de obtener. 7 COM. retraído [mercado]. 8 enérgico, capaz, listo. 9 duro, fuerte, severo. 10 fam. tacaño. 11 DEP. cerrado, prudente; igualado [juego]. 12 apurado, difícil [situación, etc.] : ~ *place*, ~ *squeeze*, ~ *spot*, apuro, aprieto. 13 pop. borracho. — 14 *adv.* apretadamente; firmemente, tiesamente : *to hold* ~, sujetar firmemente : *agarrarse bien.*

tighten (to) (tai·tøn) *tr.* tupir, cerrar herméticamente, hacer estanco, impermeabilizar. 2 apretar, estrechar : *to* ~ *one's belt*, apretarse el cinturón, comer poco, economizar. 3 estirar, atirantar, atesar. — 4 *intr.* tupirse, cerrarse, impermeabilizarse, apretarse, atirantarse.

tightener (tai·tøneʳ) *s.* atirantador, tensor.

tight-fisted *adj.* fam. agarrado, tacaño.

tight-fitting *adj.* muy ajustado.

tight-laced *adj.* fam. severo, estricto, formal.

tight-lipped *adj.* callado, taciturno.

tightly (tai·tli) *adv.* herméticamente, impermeablemente. 2 apretadamente, estrechamente. 3 tensamente, tiesamente. 4 fuertemente, firmemente. 5 con tacañería.

tightness (tai·tnis) *s.* impermeabilidad. 2 apretamiento, estrechez. 3 tirantez, tensión. 4 tacañería.

tightrope (tai·troup) *s.* cuerda tirante [de volatinero] : ~ *walker*, volatinero, equilibrista.

tights (taits) *s. pl.* calzas ajustadas. 2 traje de malla [de los gimnastas, etc.].

tightwad (tai·tuad) *adj.* pop. (EE. UU.) cicatero.

tigress (tai·gris) *s. f.* tigresa.

tigrine (tai·grin) *adj.* atigrado.

tigrish (tai·grish) *adj.* TIGERISH.

tike (taik) *s.* TYKE.

tilaka (ti·laca) *s.* marca que llevan los hindús en la frente.

tilbury (ti·lbøri) *s.* tilburí.

Tilda (ti·lda) *n. pr.* fam. Matilde.

tile (tai·l) *s.* teja; losa, baldosa, baldosín; azulejo : *to have a* ~ *loose*, fig. faltarle a uno un tornillo. 2 caño o canal de barro cocido o cemento; atanor. 3 fig. sombrero de copa. — 4 *adj.* de tejas, baldosas, etc.: ~ *floor*, embaldosado; ~ *kiln*, tejar, tejería ; ~ *roof*, tejado [de tejas].

tile (to) *tr.* tejar. 2 embaldosar. 3 azulejar. 4 poner cañería de barro o cemento en.

tiler (tai·løʳ) *s.* techador, retejador. 2 solador, embaldosador. 3 tejero. 4 azulejero. 5 tejar.

Tiliaceae (tiliei·sii) *s. pl.* BOT. tiliáceas.

tiling (tai·ling) *s.* acción de tejar. 2 embaldosado. 3 tejado [cubierta de tejas]. 4 tejas, baldosas, azulejos, caños, en general.

till (til) *prep.* hasta : ~ *now*, hasta ahora ; ~ *then*, hasta entonces. — 2 *conj.* hasta que. — 3 *s.* cajón o gaveta para el dinero.

till (to) *tr. e intr.* arar, labrar, cultivar.

tillable (ti·labøl) *adj.* arable, cultivable, labrantío.

tillage (ti·liÿ) *s.* labranza, labor, cultivo. 2 tierra cultivada o cultivable.

tiller (ti·løʳ) *s.* labrador, agricultor, cultivador. 2 MAR. caña [del timón]. 3 palanca, manija. 4 resalvo, retoño. — 5 *adj.* MAR. ~ *chain* o *rope*, guardín.

tiller (to) *intr.* retoñar. — 2 *tr.* echar [retoños].

tilt (tilt) *s.* inclinación, ladeo; declive : *to give a* ~ *to*, inclinar, ladear. 2 justa, torneo. 3 lanzada, golpe. 4 altercado, disputa. 5 velocidad : *at full* ~, a toda velocidad. 6 toldo, entalamadura. — 7 *adj.* ~ *cart*, volquete; ~ *hammer*, martinete de báscula; ~ *boat*, embarcación con toldo.

tilt (to) *tr.* inclinar, ladear. 2 verter, volcar, vaciar. 3 dar lanzadas, acometer. 4 forjar con martinete de báscula. 5 entoldar. — 6 *intr.* inclinarse, ladearse, volcarse, estar inclinado. 7 justar. 8 *to* ~ *at*, atacar, acometer.

tilter (ti·ltøʳ) *s.* justador. 2 vertedor de carbón.

tilth (tilz) *s.* labranza, cultivo. 2 tierra cultivada. 3 capa cultivable [del suelo].

tilting (ti·lting) *adj.* inclinado; que se mueve arriba y abajo, oscilante. 2 de justa o torneo. — 3 *s.* inclinación, ladeo. 4 justa, torneo; acción de justar.

tiltyard (ti·ltyaʳd) *s.* liza, lugar de una justa.

Tim (tim) *n. pr.* dim. de TIMOTHY.

timbal (ti·mbal) *s.* MÚS. timbal.

timbale (ti·mbal) *s.* coc. timbal.

timber (ti·mbøʳ) *s.* madera [de construcción o carpintería] ; maderaje, maderamen : *round* ~, madera en rollo ; *squared* ~, madera escuadrada. 2 madero, viga. 3 MAR. cuaderna, miembro. 4 bosque, monte, árboles maderables : *standing* ~, árboles en pie. 5 armazón. 6 clase, calidad, tipo. 7 poét. leño, nave. — 8 *adj.* de madera, de bosque, maderable, maderero : ~ *forest*, bosque maderable; ~ *line*, límite de la vegetación arbórea; ~ *merchant*, maderero; ~ *wolf*, ZOOL. lobo gris del Norte de América ; ~ *yard*, depósito, almacén o taller de maderas. 9 MAR. ~ *hitch*, vuelta de braza.

timber (to) *tr.* enmaderar.

timbered (ti·mbøʳd) *adj.* enmaderado. 2 arbolado. 3 macizo.

timbering (ti·mbøring) *s.* MIN. entibación.

timberland (ti·mbøʳlænd) *s.* tierra de bosques maderables.

timbre (ti·mbøʳ) *s.* FONÉT., MÚS., BLAS. timbre.

timbrel (ti·mbrel) *s.* MÚS. pandero, pandereta, adufe.

time (taim) *s.* tiempo. | No tiene el sentido de estado de la atmósfera : *the* ~ *to come*, el futuro, lo venidero; ~ *out of mind*, tiempo inmemorial; *to bide one's* ~, esperar, tomarse tiempo; *to have a good* ~, pasarlo bien, divertirse; *to kill the* ~, engañar o matar el tiempo; *to pass the* ~ *away*, pasar el tiempo, entretenerse; *to pass the* ~ *of the day*, saludarse [darse los buenos días, las buenas tardes, las buenas noches]; *to take* ~, tardar; necesitar tiempo; *to take one's* ~, tomarse tiempo, no darse prisa; *to waste* ~, perder el tiempo; *against* ~, contra el reloj; *at that* ~, a la sazón, entonces, en aquel tiempo *at the same* ~, al mismo tiempo; *sin embargo; at the same* ~ *as*, o *that*, al mismo tiempo que, a medida que; *at this* ~, al presente, ahora; *behind* ~, atrasado, retrasado; *behind the times*, anticuado, retardatario; *between times*, en los intervalos; *for some* ~ *past*, de algún tiempo a esta parte; *for the* ~ *being*, por ahora, de momento; *in a day's* ~, en un día; *in due* ~, a su tiempo, en su día; *in good* ~, a tiempo; pronto; *in no* ~, en muy poco tiempo, en un santiamén; *in old times, in times of yore*, en otros tiempos, antaño, antiguamente; *in cur times*, en nuestros tiempos; *in the day* ~, de día; *in the night* ~ de noche; *in the course of* ~, andando el tiempo; *in* ~, a tiempo; con el tiempo, andando el tiempo; *on* ~ (EE. UU.), puntualmente; COM. a plazos; *out of* ~, fuera de tiempo, de sazón; *this* ~ *a twelvemonth*, de aquí a un año. 2 hora, momento : ~ *to go to bed*, hora de acostarse; *his* ~ *is come*, le ha llegado la hora; *it is high* ~ *to*, ya es hora de que; *tell me the* ~, dígame qué hora es; *what* ~ *is it?*, ¿qué hora es?; *at any* ~, a cualquier hora o momento, siempre. 3 duración de la vida, del servicio militar, de un aprendizaje, de una condena : *to do* ~, fam. cumplir una condena. 4 término normal o previsto de la vida, del embarazo de la mujer, de un período de trabajo, etc. 5 hora de llegada o salida [de un tren]. 6 COM. prórroga, espera, plazo. 7 vez : *at a* ~, a la vez; *at no* ~, ninguna vez, nunca; *at times*, a veces; *every* ~, cada vez; *from* ~ *to* ~, de vez en cuando; *many times*, muchas veces; ~ *about*, alternadamente, por turnos. 8 MÚS. compás, tiempo : *to keep* ~, seguir o llevar el compás; *out of* ~, fuera de compás.

9 *adj.* de tiempo, hora, etc. : ~ *bomb*, bomba de explosión retardada; ~ *clock*, reloj registrador; ~ *exposure*, FOT. exposición, pose; ~ *fuse*, espoleta de tiempos; ~ *signal*, señal horaria; ~ *switch*, ELECT. interruptor de reloj; ~ *zone*, GEOGR. huso, horario.

time (to) *tr.* escoger el momento, adaptar a un tiempo u ocasión. 2 regular, poner a la hora. 3 contar y medir el tiempo que dura una cosa, cronometrar. 4 MÚS. llevar el tiempo o compás.

timecard (tai·mca·d) *s.* tarjeta registradora de la hora de llegada o salida. 2 horario.

timed (well) (tai·mid) *adj.* oportuno.

timeful (tai·mful) *adj.* oportuno.

time-hono(u)red *adj.* de antigua reputación, consagrado, tradicional.

timekeeper (tai·mkɪpøʳ) s. reloj, cronómetro. 2 marcador de tiempo. 3 el que lleva el registro del tiempo que trabajan los obreros. 4 cronómetrador.
timeless (tai·mlis) adj. eterno, interminable. 2 independiente del tiempo. 3 que no siente el tiempo. 4 intempestivo; prematuro.
timeliness (tai·mlinis) s. oportunidad.
timely (tai·mli) adv. oportunamente. 2 temprano. — 3 adj. oportuno, conveniente. 4 temprano. 5 que ocurre a su debido tiempo.
timepiece (tai·mpɪs) s. reloj [cualquier máquina o artificio para medir el tiempo].
timer (tai·møʳ) s. contador de tiempo. 2 MEC. regulador o distribuidor del encendido, del movimiento de los pistones, etc.
timesaver (tai·mseivøʳ) s. ahorrador de tiempo.
timesaving (tai·mseiving) adj. ahorrador de tiempo.
timeserver (tai·msøʳvo') s. persona acomodaticia, oportunista.
timeserving (tai·msøʳving) adj. acomodaticio, oportunista.
timetable (tai·mteibøl) s. horario, itinerario, guía [de trenes, etc.].
timework (tai·m-wøʳk) s. trabajo a jornal o por horas.
timeworn (tai·muøʳn) adj. viejo, gastado por el tiempo. 2 anticuado.
timid (ti·mid) adj. tímido. 2 medroso.
timidity (timi·diti) s. timidez.
timidly (ti·midli) adj. tímidamente.
timidness (ti·midnis) s. TIMIDITY.
timing (tai·ming) s. medición o cuenta del tiempo. 2 MEC. regulación o distribución [del encendido, del movimiento de los pistones, etc.]. 3 habilidad para escoger el mejor momento. 4 MÚS. sentido del compás. — 5 adj. de registro, regulación o distribución del tiempo.
timocracy (taima·crasi), pl. -cies (-sĭš) s. timocracia.
timocratic(al (taimocræ·tic(al) adj. timocrático.
timorous (ti·møʳøs) adj. temeroso, medroso, tímido, asustadizo.
timorously (ti·møʳøsli) adv. temerosamente, tímidamente.
timorousness (ti·møʳøsnis) s. temor, timidez.
Timothy (ti·mozi) n. pr. Timoteo.
timothy grass (ti·mozi gras) s. BOT. cierta planta forrajera.
timpano (ti·mpænou), pl. -ni (-nɪ) s. MÚS. atabal, tímpano.
tin (tin) s. QUÍM. estaño. 2 lata, hojalata. 3 objeto de estaño u hojalata; lata, bote. 4 pop. dinero. — 3 adj. de estaño u hojalata; estañado: ~ can, lata, bote; ~ foil, hoja de estaño; ~ plate, hojalata; ~ pot, jarro de estaño u hojalata; ~ wedding, décimo aniversario del casamiento. 6 de lata o bote: ~ opener (Ingl.), abrelatas.
tin (to) tr. estañar, cubrir con estaño. 2 enlatar.
tincal (ti·ncal) s. atíncar.
tinctorial (ti·ncto·rial) adj. tintóreo.
tincture (ti·nkchoʳ) s. tintura, color, tinte. 2 BLAS. metal o color. 3 FARM. tintura. 4 fig. tinte, algo, rastro, dejo, gustillo.
tincture (to) tr. teñir, colorar, tinturar.
tindalo (ti·ndalou) s. BOT. tindalo.
tinder (ti·ndø') s. yesca, mecha [para encender].
tinderbox (ti·ndøʳbacs) s. yesquero. 2 persona inflamable.
tine (tain) s. púa, punta, diente, gajo.
tinea (ti·nia) s. MED. tiña. 2 MED. culebrilla.
ting (ting) s. tintín.
ting (to) tr. hacer tintinear. — 2 intr. tintinear.
ting-a-ling (tingøli·ng) s. tilín, tilín.
tinge (tinỹ) s. tinte, matiz. 2 punta, algo, dejo.
tinge (to) tr. teñir, matizar, colorar. 2 comunicar un sabor, cualidad, etc. ¶ CONJUG. ger.: tingeing o tinging.
tingle (ti·ngøl) s. hormigueo, picazón, cosquilleo, estremecimiento, excitación, vibración.
tingle (to) intr. hormiguear, picar. 2 sentir cosquilleo, estremecerse, excitarse, vibrar. 3 sonar en los oídos; zumbar [los oídos]. 4 estar lleno de [interés, de animación], ser estimulante. — 5 tr. producir hormigueo, picar, cosquillear. 6 estremecer, hacer vibrar, excitar.
tinker (ti·nkøʳ) s. calderero remendón [esp. ambulante]. 2 chafallón, chapucero. 3 remiendo.
tinker (to) tr. e intr. desabollar, remendar vasijas de metal; hacer de calderero ambulante. 2 chafallar, arreglar torpemente. 3 to ~ at, hacer [algo] chapuceramente.

tinkle (ti·nkøl) s. tintineo, campanilleo. 2 MÚS. sonido de una cuerda pulsada.
tinkle (to) intr. retiñir, tintinear, sonar. 2 zumbar [los oídos]. 3 hacer sonar o retiñir.
tinkler (ti·nclø') s. fam. campanilla.
tinkling (ti·nkling) s. TINKLE.
tinman (ti·nmæn), pl. -men (-men) s. hojalatero, estañero.
tinned (tind) adj. estañado [cubierto de estaño]. 2 enlatado [envasado en latas] : ~ goods, conservas alimenticias enlatadas.
tinner (tɪnøʳ) s. minero de estaño. 2 hojalatero, estañero. 3 enlatador, envasador en latas.
tinning (ti·ning) s. estañadura, estañado.
tinny (ti·ni) adj. de estaño, abundante en estaño. 2 metálico. 3 de hojalata, de relumbrón. 4 que sabe a hojalata [conserva].
tin-pan alley s. barrio (esp. de New York) donde se publica música popular. 2 conjunto de compositores de música popular.
tin-pot adj. pobre, inferior, de mala calidad.
tinsel (ti·nsøl) s. TEJ. lama [de oro o plata]. 2 oropel, talco, brocho. 3 fig. oropel, relumbrón. — 4 adj. de oropel, de relumbrón.
tinsel (to) tr. adornar con oropel. ¶ CONJUG. pret. y p. p.: tinseled o -selled; ger.: tinseling o -selling
tinsmith (ti·nsmiz) s. hojalatero.
tint (tint) s. tinte, matiz. 2 color claro.
tint (to) tr. teñir, colorar, matizar.
tintinnabulate (tintinæ·biuleit) adj. acampanado.
tintinnabulate (to) intr. tintinear, campanillear.
tintinnabulation (tintinæbiule·shøn) s. tintineo, campanilleo.
tintinnabulum (tintinæ·biuløm) s. campanilla.
tintype (ti·ntaip) s. FOT. ferrotipo.
tinware (ti·nueʳ) s. objetos de hojalata.
tinwork (ti·nuøʳc) s. hojalatería.
tiny (tai·ni) adj. pequeñito, chiquito, diminuto.
tip (tip) s. extremo, punta, ápice; yema [del dedo] : at the tips of one's fingers, al dedillo; at u on the ~ of one's tongue, en la punta de la lengua; from ~ to toe, de pies a cabeza. 2 casquillo, contera, virola, herrete. 3 suela [del taco de billar]. 4 ZAP. puntera. 5 propina, gratificación. 6 aviso, informe secreto o confidencial. 7 golpecito, palmadita. 8 inclinación, vuelco. 9 vertedero [de tierras, etc.].
tip (to) tr. inclinar, ladear, voltear, volcar, verter : to ~ over, derribar, hacer caer. 2 poner casquillo, contera, puntera, etc.; guarnecer el extremo de. 3 dar propina a, gratificar. 4 dar aviso o informe secreto o confidencial a : fam. to ~ off, avisar a uno. 5 pop. dar, entregar, hacer : to ~ one the wink, avisar con un guiño, advertir. 6 dar un golpecito. 7 to ~ one's hat, tocarse el sombrero. 8 pop. to ~ off, beber de un trago. — 9 intr. ladearse, inclinarse, volcarse. | A veces con over. 10 dar propina. ¶ CONJUG. pret. y p. p.: tipped; ger.: tipping.
tipcart (ti·pca't) s. carro de vuelco, volquete.
tipcat (ti·pcæt) s. tala [juego].
tip-off s. fam. aviso, informe secreto.
tippet (ti·pet) s. palatina, esclavina. 2 ORNIT. collar [de plumas].
tipple (ti·pøl) s. bebida, licor. 2 (EE. UU.) mecanismo de volquete.
tipple (to) tr. e intr. beber, beborrotear, libar : tippling house, taberna, bodegón.
tippler (ti·plø') s. bebedor.
tipsiness (ti·psinis) s. ch'spa, embriaguez.
tipstaff (ti·pstaf) s. var↓ [de alguacil, etc.]. 2 alguacil.
tipster (ti·pstø') s. el que da informes confidenciales [esp. sobre la Bolsa o las carreras].
tipstock (ti·pstac) s. caña [del fusil].
tipsy (ti·psi) adj. calamocano, chispo, ebrio. 2 de ebrio. 3 vacilante; ladeado.
tiptoe (ti·ptou) s. punta de un dedo o de los dedos de los pies. — 2 adv. tiptoe u on ~, de puntillas; alerta; con expectación. — 3 adj. alerta, expectante, ansioso. 4 cauteloso [paso].
tiptoe (to) intr. andar de puntillas.
tiptop (ti·ptap) s. lo más alto, lo mejor : the tiptops, fam. la clase alta, la gente encumbrada. — 2 adj. excelente, de primera. 3 que se halla en el mejor estado de salud, humor, etc.

tip-top table *s.* mesa con tablero levadizo.
tipula (ti·piula) *s.* ENTOM. típula.
tirade (ti·reid) *s.* andanada, diatriba, invectiva. 2 tirada [de versos, etc.].
tire (tai·ʳ) *s.* CARR. llanta, calce: *pneumatic* ~, neumático. 2 delantal. 3 atavío. 4 diadema. 5 cansancio. — *6 adj.* de llanta, neumático, etc.: ~ *chain*, AUTO. cadena para impedir el deslizamiento; ~ *gauge*, indicador de presión para neumáticos; ~ *pump*, bomba para hinchar neumáticos; ~ *rack*, portaneumático.
tire (to) *tr.* cansar, fatigar: *to* ~ *out*, extenuar de fatiga. 2 aburrir, fastidiar. 3 CARR. poner llanta. — *4 intr.* cansarse, fatigarse, aburrirse.
tired (tai·ʳd) *adj.* provisto de llantas o neumáticos. 2 cansado, fatigado: ~ *out*, extenuado de fatiga. 3 de cansancio. 4 aburrido.
tiredness (tai·ʳdnis) *s.* cansancio, fatiga, lasitud.
tireless (tai·ʳlis) *adj.* incansable, infatigable. 2ʰ sin llanta o neumático.
tiresome (tai·ʳsøm) *adj.* cansado, pesado, molesto, fastidioso, enfadoso, tedioso.
tiresomeness (tai·ʳsømnis) *s.* calidad de cansadó, pesado, enfadoso; pesadez, aburrimiento.
tiring (tai·ring) *adj.* cansado, pesado.
tiro (tai·ro) *s.* TYRO.
tirocinium (tairosi·niøm) *s.* tirocinio.
Tirol (ti·rol) *n. pr.* TYROL.
'tis (tiš) *abrev.* de IT IS.
tisane (tiša·n) *s.* tisana.
tissue (ti·shu) *s.* tisú, gasa. 2 tejido, entrelazamiento: ~ *of lies*, tejido de mentiras. 3 BIOL. tejido. — *4 adj.* de tisú o de tejido: ~ *paper*, papel de seda.
tissue (to) *tr.* tejer, entretejer. 2 tejer a modo de tisú.
tit (tit) *s.* jaca, caballejo. 2 ORNIT. paro 3 pezón [de teta]. 4 golpe: ~ *for tat*, golpe por golpe.
Titan (tai·tan) *n. pr.* Titán.
titanic (taitæ·nic) *adj.* titánico, gigantesco. 2 QUÍM. titánico.
titanium (taitei·niøm) *s.* QUÍM. titanio.
titbit (ti·tbit) *s.* bocado regaladó, golosina; trozo escogido.
titer (tai·tøʳ) *s.* TITRE.
tithable (tai·ðabøl) *adj.* que puede sujetarse al pago de diezmo.
tithe (taið) *s.* diezmo. 2 décima parte. 3 pizca. — *4 adj.* décima [parte].
tithe (to) *tr.* diezmar [pagar el diezmo de].
tither (tai·ðøʳ) *s.* diezmero.
tithing (tai·ðing) *s.* colecta o pago de diezmos. 2 diezmo. 3 (Ingl.) decena de vecinos.
tithingman (tai·ðingmæn), *pl.* **-men** (-men) *s.* (Ingl.) cabeza de decena [de vecinos].
titi (titi·) *s.* ZOOL. titi.
titillate (to) (ti·tileit) *intr.* titilar. — *2 tr.* causar titilación. 3 cosquillear, excitar agradablemente, causar placer.
titillation (titile·shøn) *s.* titilación. 2 cosquilleo; excitación o sensación agradable.
titivate (to) (ti·tiveit) *tr.* ataviar, componer. — *2 intr.* ataviarse, componerse.
titlark (ti·tla·c) *s.* ORNIT. pitpit.
title (tai·tøl) *s.* título, epígrafe. 2 título, nombre, denominación. 3 título [subdivisión de una ley o reglamento]. 4 inscripción, monumento. 5 título [nobiliario, de distinción]; nobleza [condición de noble]. 6 DEP. título de campeón. 7 DER. derecho de propiedad: ~ *by occupancy*, derecho de propiedad adquirido por ocupación. — *8 adj.* de título, relativo al título, que tiene título: ~ *bearer*, título, noble [pers.]: ~ *page*, portada [de un libro]; ~ *part*, ~ *rôle*, TEAT. papel o personaje cuyo nombre sirve de título a la obra 9 DER. ~ *deed*, instrumento que acredita el derecho de propiedad, título de propiedad.
title (to) *tr.* titular, intitular. 2 llamar, denominar. 3 conferir un título a.
titled (tai·tøld) *adj.* titulado, que tiene título: ~ *person*, título, noble [pers.].
titleless (tai·tøl-lis) *adj.* sin título.
titling (ti·tling) *s.* acción de titular; título [de una obra]. 2 ORNIT. gorrión silvestre.
titmouse (ti·tmaus) *s.* ORNIT. paro.
titrate (to) (tai·treit o ti·treit) *tr.* QUÍM. titular.
titration (taitre·shøn o titre·shøn) *s.* QUÍM. determinación del título de.
titre (tai·tøʳ) *s.* QUÍM. título.

titter (ti·tøʳ) *s.* TITTERING.
titter (to) *intr.* reír con risa ahogada o disimulada.
titterer (ti·tørøʳ) *s.* el que ríe con risa ahogada, reidor.
tittering (ti·tøring) *s.* risa ahogada o disimulada, risita.
tittle (ti·tøl) *s.* tilde, punto, vírgula. 2 partícula, ápice.
tittle-tattle (ti·tøltætøl) *s.* charla, chismorreo.
tittle-tattle (to) *intr.* charlar, chismear, chismorrear.
tittle-tattler (ti·tøltætløʳ) *s.* charlatán, chismoso.
tittup (ti·tøp) *s.* brinco, cabriola, retozo.
tittup (to) *intr.* moverse vivamente, brincar, cabriolar, retozar.
titubation (titiube·shøn) *s.* MED. titubeo, tambaleo.
titular (ti·chulaʳ) *adj.* perteneciente al título. 2 honorario, nominal. 3 ECLES. titular. — *4 s.* titular. 5 santo patrón [de una iglesia].
titulary (ti·chuleri) *adj.* TITULAR. — *2 s.* titular. 3 lista de títulos puesta detrás de un nombre.
Titus (tai·tøs) *n. pr.* Tito.
to (tu) *adv.* hacia una posición o estado determinados; hacia un estado normal, de contacto, de reposo, de conformidad, de aplicación al asunto de que se trata, etc.: *to come* ~, volver en sí; *to lie* ~, ponerse a la capa; *to pull the door* ~, entornar la puerta; *to put the horses* ~, enganchar los caballos. 2 *to and fro*, de un lado a otro, de acá para allá. — *3 prep.* a, en dirección a, hacia: *I go* ~ *town*, voy a la ciudad; *turn* ~ *the right*, vuelva hacia la derecha. 4 a [en la mayor parte de sus restantes usos]: *give it* ~ *your friend*, délo a su amigo; *it belongs* ~ *my father*, pertenece a mi padre; *it clings* ~ *the rock*, se agarra a la roca; *I prefer this* ~ *that*, prefiero esto a aquello; *he began* ~ *speak*, empezó a hablar; *from man* ~ *man*, de hombre a hombre; *face* ~ *face*, cara a cara; *facing* ~ *the south*, de cara al sur; *close* ~ *the garden*, inmediato al jardín; *disagreeable* ~ *the taste*, desagradable al paladar. 5 para, indicando intención, finalidad, destino, adecuación, acción interior: *he came* ~ *help*, vino para ayudar o a ayudar; *I am ready* ~ *go out*, estoy dispuesto para salir o a salir; *means* ~ *an end*, medios para un fin; *born* ~ *the purple*, nacido para la púrpura; *a room* ~ *myself*, una habitación para mí solo; *he thought* ~ *himself*, pensó para sí. 6 para, en opinión de. 7 para con, en comparación con: *duty* ~ *humanity*, deber para con la humanidad; *his sorrows are nothing* ~ *mine*, sus penas no son nada en comparación con las mías. 8 de [en varios usos]: *friend* ~ *the poor*, amigo de los pobres; *heir* ~ *a duke*, heredero de un duque; *doctor* ~ *the king*, médico del rey; *victim* ~ *smallpox*, víctima de las viruelas; *witness* ~ *a good character*, testimonio de buena reputación; *wounded* ~ *death*, herido de muerte. 9 en, en frases como: *from house* ~ *house*, de casa en casa; *from time* ~ *time*, de cuando en cuando. 10 hasta: ~ *the end*, hasta el fin; ~ *this day*, hasta hoy; ~ *the last penny*, hasta el último penique. 11 sobre, acerca de: *that is all there is* ~ *it*, eso es todo lo que hay sobre ello. 12 al son de, con acompañamiento de, en harmonía con: *to dance* ~ *a tune*, bailar al son de una tonada. 13 expresando mandato, obligación o acción futura, equivale a que o de: *he was ordered* ~ *withdraw*, se le mandó que se retirase; *I will have* ~ *go*, tendré que irme o habré de irme. 14 *to* es el signo del infinitivo que generalmente no se traduce: *she loves* ~ *dance*, le gusta bailar; ~ *err is human*, de humanos es errar. 15 otros usos: *to let*, por o para alquilar; *bills* ~ *be paid*, cuentas por pagar; *ten* ~ *one*, diez a uno, diez contra uno; ~ *a man*, todos, sin excepción; *frightened* ~ *death*, muerto de susto; *the next* ~ *him*, el que le sigue; *a quarter* ~ *five*, las cinco menos cuarto; *known* ~ *him*, conocido por él o de él; *not* ~ *my knowledge*, no que yo sepa; *ambassador* ~ *the Holy See*, embajador cerca de la Santa Sede; *to drink* ~, brindar por; *what's this* ~ *me?*, ¿qué me importa eso?; *I believe him* ~ *be honest*, le tengo por honrado; *I called him* ~ *me*, le llamé a mi lado; *I have been* ~ *the dentist*, he ido a casa del dentista.

toad (toud) *s.* ZOOL. sapo, escuerzo. 2 persona o cosa odiosa.

toadeater (tou·dī·tə') *s.* parásito, pegote, gorrón adulador y servil.

toadflax (tou·dflæcs) *s.* BOT. linaria.

toadstone (tou·dstoun) *s.* MINER. estelión.

toadstool (tou·dstul) *s.* BOT. seta [esp. la venenosa], bejín.

toady (tou·di), *pl.* **-ies** (-iš) *s.* adulador servil.

toady (to) *tr.* e *intr.* adular servilmente. ¶ CONJUG. pret. y p. p.: *todied.*

to-and-fro *adj.* alternativo, de vaivén, de idas y venidas. — 2 *s.* vaivén; idas y venidas.

toast (toust) *s.* tostada, pan tostado: *to have one on* ~, pop. tener uno [a otro] a su merced; engañarle, estafarle. 2 sopas de pan tostado: *milk* ~, leche con pan tostado. 3 ~ *water,* agua panada. 4 brindis. 5 persona por quien se brinda.

toast (to) *tr.* tostar. 2 brindar por. — 3 *intr.* tostarse. 4 calentarse. 5 brindar.

toaster (tou·stə') *s.* tostador. 2 el que brinda o propone un brindis.

toasting (tou·sting) *s.* tueste, tostadura. — 2 *adj.* para tostar: ~ *fork,* tenedor para tostar.

toastmaster (tou·stmæstə') *s.* el que dirige los brindis en un banquete.

tobacco (tobæ·cou) *s.* BOT. tabaco, nicociana. 2 tabaco [hoja preparada]: *cut* ~, picadura; *long-cut* ~, hebra; *chewing* ~, tabaco para mascar. — 3 *adj.* de tabaco, para tabaco: ~ *field,* tabacal; ~ *pipe,* pipa para fumar; ~ *pouch,* bolsa para el tabaco, petaca.

tobaccoism (tobæ·couišm) *s.* MED. tabaquismo.

tobacconist (tobæ·kønist) *s.* fabricante de tabaco. 2 tabaquero, vendedor de tabaco, estanquero.

tobacconize (to) (tobæ·kønaiš) *tr.* impregnar de tabaco, fumigar con tabaco.

tobine (to·bin) *s.* cierta tela de seda.

toboggan (toba·gan) *s.* tobogán [carrito o asiento]. 2 descenso rápido, caída vertical [de precios, etc.]. — 3 *adj.* de tobogán: ~ *slide,* tobogán, pista para deslizarse.

toboggan (to) *intr.* deslizarse por un tobogán, por una pendiente. 2 caer rápidamente [los precios, etc.].

Toby (tou·bi) *n. pr.* Tobías. — 2 *s.* jarro o pichel en figura de hombre con sombrero de tres picos

toccata (tøca·ta) *s.* MÚS. tocata.

toco (ta·cou) *s.* pop. reprensión, castigo, paliza.

tocologist (toca·loyist) *s.* tocólogo.

tocology (toca·loyi) *s.* tocología.

tocsin (ta·csin) *s.* campana o toque de alarma o rebato.

today, to-day (tu·dei) *adv.* hoy, 2 hoy en día, actualmente. — 3 *s.* el día de hoy, la actualidad.

toddle (ta·døl) *s.* paso corto y vacilante, como el de un niño; pinito.

toddle (to) (ta·døl) *intr.* andar con paso corto y vacilante, hacer pinitos. 2 pop. pasear. 3 (EE. UU.) bailar.

toddler (ta·dlə') *s.* el que hace pinitos; niño pequeño.

toddy (ta·di), *pl.* **-dies** (-diš) *s.* vino de palmera. 2 ponche.

to-do (tu·du) *s.* ruido, bullicio, agitación, alboroto.

tody (tou·di) *s.* ORNIT. ave americana muy pequeña, especie de papamoscas.

toe (tou) *s.* dedo del pie: *great* ~, dedo gordo del pie; *to be on one's toes,* estar alerta, despabilado; *to turn up one's toes,* fam. morir; *toes up,* fam. muerto. 2 uña, pesuño. 3 punta del pie, del calzado, de la media. 4 parte saliente o refuerzo del pie de una cosa. — 5 *adj.* del dedo del pie, de la punta o para la punta del pie, etc.: ~ *clip,* pieza unida al pedal de la bicicleta, donde encaja la punta del pie; ~ *dance,* baile sobre la punta de los pies, baile clásico; ~ *dancer,* bailarín o bailarina clásicos; ~ *piece,* ZAP. puntera.

toe (to) *tr.* tocar con la punta del pie: *to* ~ *the line,* estar o ponerse en la línea de partida; fig. obrar como se debe, estar a la altura; sujetarse a una regla, disciplina, etc.; *to keep* one *~* *the line,* meter en cintura. 2 dar un puntapié a. 3 poner punta o puntera [a una media, zapato, etc.]. 4 CARP. clavar oblicuamente. — 5 *intr.* andar con las puntas de los pies en deter-

minada dirección: *to* ~ *in,* andar con las puntas de los pies hacia adentro.

toecap (tou·cæp) *s.* ZAP. puntera, capellada.

toenail (tou·neil) *s.* uña de un dedo del pie.

toff (ta·f) *s.* pop. elegante; persona distinguida.

toffe, toffy (to·fi o ta·fi) *s.* TAFFY.

tog (tag) *s.* fam. prenda de vestir, trapo.

tog (to) *tr.* acicalar, componer. — 2 *intr.* y *ref.* acicalarse, componerse. | Gralte. con *up.*

toga (tou·ga) *s.* toga [romana].

together (tugue·ðə') *adv.* junto [en su totalidad], juntos, reunidos, juntamente; de consuno, de acuerdo, en armonía: *the family* ~, [toda] la familia junta· *all his brothers* ~, todos sus hermanos juntos; *to come* ~, reunirse, juntarse; *to get* ~, reunir, juntar; reunirse; ponerse de acuerdo; *to live* ~, vivir juntos. 2 junto, a una: ~ *with,* junto con, a una con. 3 en junto, en conjunto: *taken* ~, tomados en su conjunto. 4 uno a otro, uno con otro, unos a otros, unos con otros. | A veces no se traduce: *to set friends by the ear* ~, hacer reñir a los amigos; *to sew* ~, coser, unir [dos o más cosas] cosiéndolas. 5 al mismo tiempo, simultáneamente. 6 sin interrupción, de seguida: *for hours* ~, [durante] horas seguidas. 7 de una manera coherente, con unión de las partes, con dominio sobre sí mismo: *the story hangs* ~, la historia tiene coherencia; *to pull oneself* ~, recobrarse, serenarse.

toggery (ta·gøri) *s.* fam. ropa, vestidos, trapos.

toggle (to·gøl) *s.* MAR. cazonete. 2 fiador atravesado. 3 palanca acodillada. — 4 *adj.* MEC. ~ *bolt,* tornillo de fiador; ~ *joint,* junta acodillada; ~ *switch,* ELECT. interruptor de palanca.

toil (toil) *s.* trabajo, faena, labor, esfuerzo, fatiga, sudor, afán. 2 *pl.* red, lazo: *spider's toils,* tela de araña.

toil (to) *intr.* trabajar asiduamente, afanarse, esforzarse, atrafagar. 2 avanzar o moverse con esfuerzo. — 3 *tr.* coger, enredar [en redes o lazos].

toilet (toi·lit) *s.* acto de vestirse; tocado, peinado, arreglo o aseo de la persona. 2 (EE. UU.) tocador, cuarto de aseo, cuarto de baño; excusado, retrete. 3 CIR. cura postoperatoria. — 4 *adj.* de vestido o aseo, de tocador: ~ *articles,* artículos de tocador; ~ *paper,* papel higiénico; ~ *powder,* polvos de tocador; ~ *set,* juego de tocador; ~ *soap,* jabón de tocador; ~ *table,* tocador [mueble]; ~ *vinegar,* vinagrillo cosmético.

toiletry (toi·løtri), *pl.* **-ries** (-riš) *s.* artículos de tocador.

toilette (toi·let) *s.* tocador [mueble]. 2 aseo, peinado, compostura [esp. de la mujer]. 3 traje, atavío [de mujer].

toilful (toi·lful) *adj.* laborioso, trabajoso.

toilsome (toi·lsøm) *adj.* laborioso, trabajoso, cansado, fatigoso, penoso.

toilsomely (toi·lsømli) *adv.* trabajosamente, fatigosamente.

toilsomeness (toi·lsømnis) *s.* calidad de laborioso, trabajoso o penoso.

toilworn (toi·luo'n) *adj.* rendido o agotado por la fatiga.

token (tou·køn) *s.* señal, signo, indicio, síntoma, muestra, prueba, prenda, recuerdo: *as a* ~ *of,* en señal o en prenda de; *by this* ~, *by this same* ~, *more by* ~, por la misma razón; además, por más señas. 2 distintivo, rasgo característico. 3 presagio; signo divino o milagroso. 4 moneda, ficha. 5 IMPR. tirada de 250 impresiones. — 6 *adj.* de señal: ~ *money,* moneda de valor intrínseco inferior al nominal; ~ *payment,* señal, pago parcial en señal de reconocimiento de la deuda.

Tokio, Tokyo (tou·kiou) *n. pr.* GEOGR. Tokio.

tola (tou·la) *s.* unidad de peso en la India.

tolbooth (tou·lbuz) *s.* (Esc.) prisión, cárcel.

told (tould) *pret.* y *p. p.* de TO TELL.

Toledan (tol·dan) *adj.* toledano.

Toledo (tol·dou) *n. pr.* GEOGR. Toledo.

tolerable (ta·lørabøl) *adj.* tolerable, sufrible, soportable. 2 pasadero, mediano, medianamente aceptable.

tolerableness (ta·lørabølnis) *s.* calidad de tolerable o de pasadero.

tolerably (ta·lørabli) *adv.* tolerablemente. 2 medianamente, así así.

tolerance (ta·lørans) *s.* tolerancia.

tolerant (taˈlørant) *adj.* tolerante.
tolerate (to) (taˈløreit) *tr.* tolerar.
toleration (taløreˈshøn) *s.* tolerancia [esp. en materia religiosa].
tolerationism (taløreˈshønišm) *s.* tolerantismo.
toll (toul) *s.* tañido o doble de·campanas. 2 peaje, pontazgo, portazgo, derecho, tributo. 3 fig. número· de bajas o víctimas [en una batalla, un siniestro, etc.] : *to take a heavy* ⌇, costar caro [en bajas, víctimas, etc.]. 4 maquila [porción del molinero]. 5 precio de transporte por ferrocarril. 6 precio de una conferencia telefónica interurbana. — 7 *adj.* de peaje, pontazgo, derecho, tributo, etc.: ⌇ *bar,* ⌇ *gate,* barrera de peaje o portazgo; ⌇ *bridge,* puente donde se paga pontazgo; ⌇ *call,* conferencia telefónica interurbana; ⌇ *collector,* peajero, portazguero; cobrador de derechos; artefacto para contar los que pasan por un torniquete.
toll (to) *tr.* tañer, tocar [la campana] acompasadamente. 2 señalar o llamar con toque de campana; doblar por : *to* ⌇ *the hour,* dar la hora; *to* ⌇ *the passing bell,* doblar, tocar a muerto. 3 atraer, incitar. — 4 *intr.* doblar, sonar [la campana]. — 5 *tr.* e *intr.* cobrar o pagar peazgo, pontazgo, derecho, tributo, etc.
tollable (touˈlabøl) *adj.* sujeto al pago de derecho o tributo.
tollbooth (touˈlbuz) *s.* TOLBOOTH.
toller (touˈløʳ) *s.* campanero. 2 campana que dobla. 3 TOLLMAN.
tollgate (touˈlgueit) *s.* barrera de peaje o portazgo.
tollgatherer (touˈlgæðørøʳ) *s.* peajero, pontazguero.
tollhouse (touˈljaus) *s.* casa o caseta del peazgo o pontazgo.
tollkeeper (touˈlkipøʳ) o **tollman** (touˈlmæn), *pl.* -men (-men) *s.* TOLLGATHERER.
tol-lol(ish) (tal-laˈl(ish) *adj.* fam. pasadero, bastante bueno.
tolu (toluˈ) *s.* bálsamo de Tolú.
toluene (taˈlium) *s.* QUÍM. tolueno.
toluic (taˈliuic) *adj.* QUÍM. toluico.
toluidine (toluiˈdin) *s.* QUÍM. toluidina.
Tom (tam) *n. pr.* abrev. de THOMAS. 2 *Tom Thumb,* Pulgarcito.
tom *s.* macho de algunos animales : ⌇ *cat,* gato; ⌇ *turkey,* pavo.
tomahawk (taˈmajoc)· *s.* hacha de guerra de los indios norteamericanos : *to bury the* ⌇, fig. hacer la paz; olvidar rencores; *to dig up the* ⌇, fig. declarar la guerra, hacer la guerra.
tomato (tomaˈtou o tomeiˈtou) *s.* BOT. tomate.
tomb (tum) *s.* tumba, sepulcro, túmulo, mausoleo. 2 LITURG. ara [de altar].
tombae (taˈmbæc) *s.* aleación de cinc y cobre.
tomblike (tuˈmlaic) *adj.* como la tumba, sepulcral.
tombola (taˈmbøla) *s.* tómbola.
tombolo (taˈmbolou) *s.* GEOL. tómbolo.
tomboy (taˈmboi) *s.* muchacha retozona, traviesa.
tombstone (tuˈmstoun) *s.* lápida o piedra sepulcral.
tomcat (taˈmcæt) *s.* ZOOL. gato.
tomcod (taˈmcad) *s.* ICT. pez parecido al bacalao, pero muy pequeño.
tome (toum) *s.* tomo, volumen.
tomentose (tomeˈntous), **tomentous** (tomeˈntøs) *adj.* tomentoso.
tomentum (tomeˈntøm) *s.* BOT. tomento.
tomfool (tamfuˈl) *s.* necio, mentecato. 2 bufón, payaso.
tomfoolery (tamfuˈløri), *pl.* -ies (-iš) *s.* tontería, necedad. 2 payasada. 3 chuchería.
Tommy (toˈmi), *pl.* -mies (-miš) *n. pr.* dim. de THOMAS. 2 *Tommy Atkins* o *tommy,* soldado inglés. 3 (con min.) gato [animal].
tommyrot (toˈmirat) *s.* pop. tontería, música celestial.
tomnoddy (taˈmnadi), *pl.* -dies (-diš) *s.* tonto, mentecato.
to-morrow o **tomorrcw** (tumaˈrou) *adv.* mañana. — 2 *s.* día de mañana.
tompion (taˈmpion) *s.* TAMPION. 2 LITOGR. almohadilla para entintar.
tomtit (taˈmtit) *s.* ORNIT. paro.
tom-tom (taˈm tam) *s.* gong, batintín. 2 tambor primitivo, tam-tam.
ton (tøn) *s.* tonelada : *long* ⌇, o simplte. *ton,* tonelada· de 2.240 libras [es la usada más comúnmente en Inglaterra y equivale a 1.016 kg.); *short* ⌇, tonelada de 2.000 libras (es la usada

más comúnmente en EE. UU., Canadá, Africa del Sud, etc., y equivale a 907 kg): *metric* ⌇, tonelada métrica; *register* ⌇, tonelada de arqueo.
tonal (touˈnal) *adj.* MÚS. tonal.
tonality (tounæ·liti) *s.* tonalidad.
tone (toun) *s.* sonido [vocal o musical]; voz. 2 MÚS. tono [grado de elevación; intervalo]. 3 acento, tono [inflexión o entonación particular]. 4 entonación, tonillo, sonsonete. 5 PINT., MED. tono. 6 tono, carácter o cualidad dominante; nivel moral; estado [de espíritu]. — 7 *adj.* de sonido, tono, etc.; ⌇ *colo(u)r,* MÚS. timbre; ⌇ *control,* RADIO. regulación del sonido; ⌇ *deafness,* sordera musical; ⌇ *poem,* poema sinfónico.
tone (to) *tr.* dar tono a; dar un tono, inflexión o color particular a. 2 modificar el tono o color de. 3 *to* ⌇ *down,* bajar el tono de; suavizar, templar, moderar. 4 *to* ⌇ *up,* elevar el tono de; vigorizar, fortalecer, reforzar. — 5 *intr.* tomar un tono, color o matiz; armonizar con. 6 *to* ⌇ *down,* bajar de tono; disminuir, moderarse, suavizarse. 7 *to* ⌇ *up,* subir de tono, fortalecerse.
tongs (tangš) *s. pl.* tenacillas, pinzas, alicates : *coal* ⌇, *fire* ⌇, tenazas de chimenea; *sugar* ⌇, tenacillas para el azúcar.
tongue (tøng) *s.* ANAT. lengua : *to hold·one's* ⌇, callar; *to speak with one's* ⌇ *in one's cheek,* hablar sin sinceridad, burlarse de uno. 2 palabra, habla; lengua, lenguaje. 3 ladrido del perro en la caza : *to give* ⌇, ladrar, empezar a ladrar. 4 lengua [cosa en figura de lengua]. 5 GEOGR. lengua [de tierra]. 6 hebijón, clavillo [de hebilla]. 7 badajo [de campana]. 8 MÚS., CARP. lengüeta : ⌇ *and groove,* ranura y lengüeta. 9 fiel [de balanza]. 10 espiga [de espada, cuchillo, etc.]. 11 lanza [de coche]. — 12 *adj.* de lengua, etc. : ⌇ *twister,* trabalenguas.
tongue (to) *tr.* reñir, refiir, reprender. 2 dar voz o expresión a. 3 CARP. engargolar. 4 lamer. — 5 *intr.* hablar, charlar. 6 salir [como una lengua de tierra]; echar lenguas de fuego, llamear. 7 ladrar [el perro en la caza].
tongue-and-groove joint *s.* CARP. ensambladura de ranura y lengüeta.
tongued (tøngd) *adj.* que tiene lengua : *foultongued,* mal hablado. 2 que tiene lengüeta.
tongue-lashing *s.* fam. represión áspera.
tongueless (tønglis) *adj.* sin lengua. 2 mudo, sin habla.
tongue-tie *s.* MED. impedimento en el habla por cortedad del frenillo.
tongue-tie (to) *tr.* trabar la lengua. 2 amordazar, hacer callar.
tongue-tied *adj.* que tiene impedimento en el habla. 2 mudo, cortado, tímido.
tonic (taˈnic) *adj.* tónico, tonificante, vigorizador. 2 MÚS., FONÉT., PROS. tónico : ⌇ *accent,* acento tónico. — 3 *s.* MED. tónico. 4 MÚS. tónica, dominante.
tonicity (touniˈsiti) *s.* tonicidad.
to-night, tonight (tunaiˈt) *s.* esta noche.
tonish (touˈnish) *adj.* elegante, a la moda.
tonite (touˈnait) *s.* tonita [explosivo].
tonka bean (taˈnca) *s.* BOT. haba tonca; sarapia, [derecho]. 3 peso en toneladas.
tonnage (tøˈnidy̆) *s.* tonelaje, arqueo. 2 tonelaje
tonneau (tøˈnou) *s.* parte saliente de un automóvil donde están situados los asientos traseros.
tonner (tøˈnøʳ) *s.* vapor de [tantas] toneladas : *a thousand* ⌇, vapor de mil toneladas.
tonsil (taˈnsil) *s.* ANAT. tonsila, amígdala.
tonsil(l)itis (tansilaiˈtis) *s.* MED. amigdalitis, angina.
tonsorial (tansoˈrial) *adj.* barberil.
tonsure (taˈnshøʳ) *s.* tonsura.
tontine (taˈntin) *s.* tontina.
Tony (touˈni) *n. pr.* dim. de ANTHONY.
too (tu) *adv.* demasiado, demasiadamente, excesivamente. 2 fam. mucho : *I am* ⌇ *glad,* me alegro mucho. 3 también, asimismo, además. 4 ⌇ *many,* demasiados, demasiadas. 5 ⌇ *much,* demasiado; demasiadamente; *to be* ⌇ *much for one,* ser demasiado para uno; no poder uno con, no poder uno aguantar más; parecer a uno increíble. 6 *it is* ⌇ *bad,* es una lástima : ⌇ *bad!,* ¡qué lástima! 7 *a little* ⌇, expresión que no puede traducirse sin variar el giro : *a little* ⌇ *heavy,* de un peso ligeramente excesivo, un poco

más pesado de lo conveniente, necesario, tolerado, etc.

took (tuc) *pret.* de TO TAKE.

tool (tul) *s.* instrumento, herramienta, apero, utensilio. 2 *fig.* instrumento [pers. de que se vale otra]. — *3 adj.* de instrumentos o herramientas : ~ *bag,* herramental ; ~ *box,* ~ *chest,* caja de herramientas ; ~ *kit,* juego de herramientas ; ~ *steel,* acero de herramientas.

tool (to) *tr.* e *intr.* labrar o trabajar con herramientas. 2 ENCUAD. relevar. — *3 tr.* proveer de herramientas o utillaje. 4 *fam.* guiar [un vehículo] ; llevar en vehículo. — *5 intr. fam.* pasear en vehículo.

tooler (tu·lø') *s.* cincel ancho de picapedrero.

tooling (tu·ling) *s.* labra de la piedra. 2 repujado, tallado, grabado a mano. 3 ornamentación a fuego de las cubiertas de un libro.

toon (tun) *s.* BOT. árbol de la India, de madera roja.

toot (tut) *s.* sonido de trompa, bocinazo ; silbido [de la locomotora, de un ave, etc.] ; pitido.

toot (to) *tr.* e *intr.* tocar o sonar [la trompa de caza, la bocina, el silbato], pitar : *to* ~ *one's own horn,* alabarse, cantar uno sus propias alabanzas. — *2 intr.* silbar [un ave]. — *3 tr.* proclamar, pregonar, gritar.

tooth (tuz), *pl.* **teeth** (tiz) *s.* ANAT. diente, muela : *canine* ~, diente canino, cõlmillo ; *molar* ~, diente molar, muela ; *false teeth,* dientes postizos ; *set of teeth,* dentadura ; *to the teeth,* hasta los dientes ; *to one's teeth,* abiertamente ; *from the teeth outwards,* de dientes afuera, en apariencia ; *in spite of one's teeth,* contra el mandato, la voluntad, etc., de uno, a pesar de uno ; ~ *and nail,* furiosamente, desesperadamente. 2 diente [de sierra, de rueda, de hoja, etc.], púa, gajo ; punta, resalto, roca puntiaguda. 3 ALBAÑ. adaraja. 4 apetito, gusto, afición : *to have a sweet* ~, ser aficionado a las golosinas. 5 rugosidad, aspereza [de una superficie]. 6 *pl.* fuerza que amenaza, obliga u hace oposición : *in the teeth of the wind,* contra la fuerza del viento. — *7 adj.* de los dientes, para los dientes, dentífrico : ~ *decay,* caries dental ; ~ *edge,* dentera ; ~ *paste,* pasta o crema dentífrica ; ~ *powder,* polvos dentífricos.

tooth (to) *tr.* dentar. 2 endentar, engranar. 3 morder, roer.

toothache (tu·zeik) *s.* dolor de muelas.

toothbrush (tu·zbrøsh) *s.* cepillo para los dientes.

toothed (tuzt) *adj.* dentado, serrado. 2 en *comp.,* de dientes : *fine-toothed,* de dientes finos.

toothful (tu·zful) *s.* bocado o trago.

toothing (tu·zing) *s.* acción de dentar ; dientes hechos en una cosa. 2 ALBAÑ. adarajas.

toothless (tu·zlis) *adj.* desdentado.

toothpick (tu·zpic) *s.* mondadientes, palillo.

toothshell (tu·zshel) *s.* ZOOL. molusco de concha parecida a un colmillo de elefante.

toothsome (tu·zsøm) *adj.* sabroso, apetitoso.

toothsomeness (tuzsømnis) *s.* calidad de sabroso.

toothwort (tu·zuo't) *s.* BOT. dentaria.

toothy (tu·zi) *adj.* dentado. 2 dentudo. 3 mordedor ; voraz. 4 *fam.* sabroso.

tootle (tu·tøl) *s.* flauteado.

tootle (to) *tr.* tocar suavemente o continuamente la flauta. 2 producir un sonido flauteado.

too-too (tu-tu) *adv.* excesivamente. — *2 adj.* extremado. 3 acérrimo.

top (tap) *s.* parte o superficie superior, lo alto, cima, cumbre, remate, pináculo, coronamiento, tejado, cabeza, tope, punta, cúspide, ápice : *the* ~ *of a page,* la cabeza de una página ; *the* ~ *of a tree,* la cima o la copa de un árbol ; *the* ~ *of the water,* la superficie del agua ; *the* ~ *of the world,* fig. el polo norte ; *from* ~ *to bottom,* de arriba abajo ; *on (the)* ~ *of,* encima de, sobre ; *on* ~, fig. con bien, con éxito ; *over the* ~, MIL. al ataque, saliendo de las trincheras ; *filled up to the* ~, lleno hasta la tope. 2 auge, culminación, punto más alto, último grado : *at the* ~ *of one's voice,* a voz en cuello. 3 cabeza, primer puesto : *at the* ~, a la cabeza, en primer puesto. 4 ANAT. cabeza, coronilla : *from* ~ *to toe,* de pies a cabeza. 5 copa [de árbol]. 6 tablero [de mesa]. 7 tejadillo o capota [de coche]. 8 imperial [de tranvía, autobús, etc.], baca [de diligencia]. 9 MAR. cofa. 10 tapa, cubierta. 11

copete, tupé. 12 trompo, peón : *whip o whipping* ~, peonza : *to sleep like a* ~, dormir como un leño. 13 lo más selecto, la flor. 14 *pl. fam.* (Ingl.) aristócratas, gente rica. — *15 adj.* superior, primero, principal, alto, de arriba, por arriba : ~ *boots,* botas altas con vueltas ; botas de librea ; ~ *dog,* pop. el gallito, el amo, el vencedor ; ~ *hat,* sombrero de copa, chistera ; ~ *notch,* fam. colmo, disloque ; *the* ~ *drawer,* el cajón de arriba ; fig. la clase alta. 16 MAR. de arriba, de la cofa : ~ *block,* motón del virador de los masteleros. 17 máximo : *at* ~ *speed,* a máxima velocidad, a toda velocidad.

top (to) *tr.* descabezar, desmochar. 2 cubrir, coronar. 3 acabar, rematar, redondear. 4 exceder, sobrepujar, aventajar. 5 dominar. 6 mejorar. 7 subir o llegar a la cima de. 8 tener [cierta talla o estatura]. 9 *to* ~ *off,* acabar, rematar, terminar, completar, poner el detalle final ; MAR. embicar, inclinar [una verga]. — *10 intr.* sobresalir, ser excelente. 11 predominar. ¶ CONJUG. pret. y p. p.: *topped;* ger.: *topping.*

topaz (tou·pæš) *s.* MINER. topacio : *smoky* ~, topacio ahumado ; *oriental* ~ topacio oriental. 2 ORNIT. especie de colibrí.

topcoat (ta·pcout) *s.* abrigo, gabán ; abrigo de entretiempo.

top-dress (to) *tr.* AGR. abonar [un suelo] echándole el abono encima, sin enterrarlo.

top-dressing *s.* AGR. abono superficial de un suelo.

tope (tou·p) *s.* (Ind.) bosquecillo. 2 templete budista.

tope (to) *intr.* beber con exceso. 2 beber de un trago.

topee (tou·pi) *s.* salacot.

toper (tou·pø') *s.* borrachín.

topful (ta·pful) *adj.* lleno hasta el borde.

topgallant (tapgæ·lant) *s.* MAR. juanete. 2 fig. lo más alto. — *3 adj.* MAT. de juanete : ~ *mast,* mastelero o mastelerillo de juanete ; ~ *sail,* juanete. 4 fig. superior, sobresaliente.

toph (touf) *s.* GEOL. toba.

tophaceous (toufe·shøs) *adj.* tobáceo, toboso.

top-heavy *adj.* demasiado pesado o grande por arriba. 2 mal proporcionado, mal distribuido. 3 COM. capitalizado por encima de su valor real. 4 que tiene un exceso de personal directivo.

tophus (tou·føs) *s.* MED. tofo, nodo. 2 sarro [de los dientes].

topi (tou·pi) *s.* TOPEE.

topic (ta·pic) *s.* asunto, materia, tema. 2 *pl.* tópicos, lugares comunes.

topic(al (ta·pic(al) *adj.* tópico. 2 perteneciente al tema o asunto. 3 referente a los asuntos del día. 4 MED. local.

topically (ta·picali) *adv.* localmente.

topknot (ta·pnat) *s.* moño alto. 2 tupé, copete ; moño [de plumas, etc.]. 3 pop. cabeza, cabellera.

topman (ta·pmæn), *pl.* **-men** (-men) *s.* aserrador de arriba. 2 MAR. gaviero.

topmast (ta·pmæst) *s.* MAR. mastelero.

topmost (ta·pmoust) *adj.* más alto [de todos] : *the* ~, el más alto ; el de arriba de todo.

topographer (topa·grafø') *s.* topógrafo.

topographic(al (tapogræ·fic(al) *adj.* topográfico.

topography (topa·grafi) *s.* topografía.

toponymy (topa·nimi) *s.* toponimia.

topper (ta·ppø') *s.* fam. sombrero de copa. 2 tapa, cubierta ; lo que está o se pone encima. 3 persona o cosa excelente.

topping (ta·ping) *s.* lo que cubre o corona ; copete, moño. 2 descabezamiento, desmochadura. — *3 adj.* alto, elevado. 4 eminente, distinguido, empingorotado. 5 excelente, de primera. 6 en buena salud. 7 (EE. UU.) tiránico, mandón.

topple (to) (to·pøl·) *tr.* hacer caer, derribar, volcar. 2 inclinar, hacer vacilar. — *3 intr.* tambalearse, caer, venirse abajo, arrojarse de cabeza. | Gralte. con *down* u *over.*

toprail (ta·preil) *s.* MAR. barandilla de cofa.

topsail (ta·pseil) *s.* MAR. gavia.

top-shell *s.* ZOOL. trompo [molusco].

topsoil (ta·psoil) *s.* capa superior del suelo [a distinción del subsuelo].

topsy-turvy (ta·psi-tø'vi) *adv.* lo de arriba abajo, al revés, patas arriba, en confusión. — *2 adj.* invertido, trastornado, revuelto, desordenado. — *3 s.* desbarajuste, confusión.

toque (touc) *s.* toca [sombrero]. *2* ZOOL. macaco de la India.

tor (tᵒʳ) *s.* tolmo, tormo.

Torah (touˑra) *s.* Tora [libro de la ley de los judíos].

torch (toˑch) *s.* hacha, antorcha. *2* linterna eléctrica de bolsillo. *3* aparato para emitir llama, soldador. *4* BOT. nombre de varias plantas. — *5 adj.* de antorchas : ~ *holder,* hachero, tedero; ~ *race,* carrera de antorchas.

torchbearer (toˑchberᵊʳ) *s.* portador de antorcha. *2* fig. el que guarda y transmite las luces del saber, la civilización, etc.

torchlight (toˑchlait) *s.* luz de antorchas. *2* ~ *procession,* retreta, desfile de portadores de antorchas.

tore (toˑʳ) *pret.* de TO TEAR. — *2 s.* ARQ. toro, torés.

toric (taˑric) *adj.* tórico : ~ *lens,* lente tórica.

torment (toˑment) *s.* tormento, tortura, angustia, pena.

torment (to) (toˑment) *tr.* atormentar, torturar. *2* agitar. *3* molestar, inquietar. *4* violentar, tergiversar, hacer poco natural.

tormenter (toˑmentᵊʳ) *s.* TORMENTOR.

tormentil (toˑmentil) *s.* BOT. tormentila.

tormentor (toˑmentᵊʳ) *s.* atormentador. *2* molestador.

tormentress (toˑmentris) *s.* atormentadora. *2* molestadora.

torn (tøˑn) *p. p.* de TO TEAR. — *2 adj.* roto, rasgado, desgarrado.

tornadic (toˑneiˑdic) *adj.* de tornado.

tornado (toˑneiˑdou), *pl.* **-does** (-døˑs) o **-dos** (-douˑs) *s.* tornado. *2* manga de viento.

torpedo (toˑprˑdou), *pl.* **-does** (-døˑs) *s.* MIL. torpedo. *2* automóvil abierto de forma de torpedo. *3* cartucho explosivo. *4* ICT. torpedo, tremielga. — *5 adj.* de torpedos : ~ *boat,* torpedero; ~ *tube,* tubo lanzatorpedos.

torpedo (to) *tr.* torpedear. *2* destruir, desbaratar.

torpedoing (toˑprˑdouing) *s.* torpedeamiento.

torpedoist (toˑprˑdouist) *s.* torpedista.

torpid (toˑpid) *adj.* tórpido. *2* aletargado, adormecido, entorpecido. *3* torpe, inactivo, apático, indiferente. *4* entumecido, helado.

torpidity (toˑpiˑditi), **torpidness** (toˑpidnis) *s.* aletargamiento, entorpecimiento, embotamiento. *2* inactividad, apatía, indiferencia.

torpor (toˑpøʳ) *s.* MED. estupor. *2* adormecimiento, entorpecimiento, lentitud, apatía.

torque (toˑc) *s.* torques, collar. *2* MEC. impulso rotativo; momento o fuerza de torsión; par de fuerzas : *engine* ~, par motor; *gyroscopic* ~, par giroscópico; *propeller* ~, par de hélice.

torrefaction (tarifeˑcshøn) *s.* torrefacción.

torrefy (to) (taˑrifai) *tr.* tostar, torrar. ¶ CONJUG. pret. y p. p.: *torrefied.*

torrent (taˑrønt) *s.* torrente. *2* raudal, agolpamiento.

torrential (toreˑnshal) *adj.* torrencial.

torrid (taˑrid) *adj.* tórrido. *2* ardiente, inflamado.

torridity (toriˑditi), **torridness** (taˑridnis) *s.* calidad de tórrido.

torsade (toˑseiˑd) *s.* torzal; cordón torcido.

torsion (toˑshøn) *s.* torsión. — *2 adj.* de torsión : ~ *balance,* balanza de torsión.

torsional (toˑshonal) *adj.* de torsión.

torso (toˑsou) *s.* torso. *2* fragmento [de una obra de arte].

tort (toˑt) *s.* DER. acto contra el cual puede ejercerse una acción civil.

torticollis (toˑticaˑlis) *s.* torticolis.

tortile (toˑtil) *adj.* torcido, enrollado. *2* susceptible de ser torcido.

tortoise (toˑtøs) *s.* ZOOL. tortuga. *2 tortoise* o ~ *shell,* concha, carey.

tortoise-shell *adj.* de concha o carey.

tortuosity (toˑchuaˑsiti) *s.* tortuosidad.

tortuous (toˑchuøs) *adj.* tortuoso, torcido, sinuoso. *2* tortuoso, solapado.

tortuousness (toˑchuøsnis) *s.* TORTUOSITY.

torture (toˑchuˑʳ) *s.* tortura, tormento, martirio. *2* violencia, tergiversación [de un texto].

torture (to) (toˑchuˑʳ) *tr.* torturar, martirizar. *2* violentar, torcer, tergiversar. *3* obtener por medio del tormento.

torturer (toˑchurøʳ) *s.* atormentador; verdugo.

torus (toˑrøs) *s.* ARQ. toro, torés. *2* BOT. receptáculo.

Tory (toˑri) *s.* POL. (Ingl.) tory, conservador.

Toryism (toˑriišm) *s.* (Ingl.) doctrina del partido conservador; conservadurismo.

tosh (tash) *s.* fam. (Ingl.) tonterías, música celestial.

toss (tos) *s.* sacudimiento, zarandeo, meneo, cabeceo, balanceo; agitación. *2* lanzamiento [acción]. *3* tiro [distancia]. *4* cara o cruz, azar.

toss (to) *tr.* sacudir, zarandear, menear, agitar, llevar de un lado a otro. *2* agitar, desasosegar. *3* lanzar, arrojar, mover o levantar vivamente, echar al aire : *to* ~ *in a blanket,* mantear; *to* ~ *aside,* echar a un lado; *to* ~ *off,* beber de un trago; hacer o despachar sin esfuerzo : *to* ~ *up, to in,* tirar la esponja, darse por vencido. *4* hablar mucho de, traer en boca; discutir, estudiar dar vueltas a [un asunto]; hojear [un libro]. *5 to* ~ *up* o simplte. *to toss,* echar al aire [una moneda]; *to* ~ *up for,* echar a cara o cruz. — *6 intr.* moverse, agitarse; cabecear, balancearse [un buque]; mecerse; revolverse [en la cama]; andar de un lado para otro. *7* moverse con ademán vivo o desdeñoso.

toss-up *s.* cara y cruz. *2* probabilidad incierta.

tot (tat) *s.* chiquitín, niño, niña. *2* abrev. de TOTAL. *3* fam. suma [operación]. *4* fam. copita, traguito.

tot (to) *tr.* e *intr.* sumar. | Gralte. con *up.* ¶ CONJUG. pret. y p. p.: *totted;* ger.: *totting.*

total (touˑtal) *adj.* total : ~ *eclipse,* eclipse total; ~ *war,* guerra total. *2* global. *3* completo, absoluto : ~ *abstinence,* completa abstinencia de bebidas alcohólicas. — *4 s.* total, todo.

total (to) *tr.* sumar, ascender a, formar un total de.

totalitarian (toutæliˑtiˑrian) *adj.* y *s.* totalitario.

totalitarianism (toutæliteˑrianišm) *s.* totalitarismo.

totality (toutæˑliti) *s.* totalidad.

totalization (toutæliˑzeˑshøn) *s.* totalización.

totalizator (toutæˑlizeitøʳ) *s.* aparato totalizador.

totalize (to) (touˑtalaiš) *tr.* reunir en un todo. — *2 tr.* e *intr.* totalizar, sumar.

totalizer (touˑtalaišøʳ) *s.* TOTALIZATOR.

totally (touˑtali) *adv.* totalmente.

tote (to) (tout) *tr.* (EE. UU.) acarrear, transportar. *2* llevar en brazos o a cuestas.

totem (touˑtøm) *s.* tótem.

totemism (touˑtømišm) *s.* totemismo.

t'other (tøˑðøʳ) *abrev.* vulg. de THAT OTHER y THE OTHER.

totter (to) (taˑtøʳ) *intr.* temblar, vacilar, tambalearse; amenazar ruina. *2* vacilar [al andar].

tottering (taˑtøring) *adj.* vacilante, tambaleante. *2* ruinoso.

totteringly (taˑtøringli) *adv* de un modo vacilante, tambaleándose.

toucan (tucæˑn) *s.* ORNIT. tucán.

touch (tøch) *s.* toque, tocamiento, palpamiento, tiento. *2* MED. palpación. *3* pulsación [de un instrumento; de la máquina de escribir]. *4* toque, golpecito. *5* roce, contacto. *6* tacto [sentido]; impresión táctil]. *7* contacto, proximidad, comunicación, relación, intimidad : *in* ~ *with,* en contacto, en comunicación con; al corriente de; *out of* ~ *with,* sin contacto o comunicación con; sin información o noticia de. *8* toque [del oro o la plata]. *9* examen, prueba, piedra de toque. *10* toque, pincelada, detalle. *11* rasgo, sello, señal, huella. *12* sombra, ápice, algo. *13* mano, ejecución [del artista]. *14* habilidad, fuerte [de uno]. *15* indicación, insinuación. *16* fam. robo; sablazo. *17* — *and go,* continuo cambio de tema [en el discurso, etc.]; condición o situación crítica, peligrosa. — *18 adj.* táctil; de tacto, toque, etc.: ~ *body,* ~ *corpuscle,* ANAT. corpúsculo táctil; ~ *method,* método de escribir a máquina sin mirar el teclado.

touch (to) *tr.* tocar, tentar, palpar, manosear. *2* tocar [entrar en contacto, llegar a una cosa con la mano o un instrumento; poner las manos en; comer, beber, ocuparse de, etc.]. | A veces lleva como complemento el nombre de aquello con que se toca: *he touched his hand to his hat,* se llevó la mano al sombrero. *3* rozar, tropezar con. *4* dañar [esp. en pasiva] : *fruit touched by the frost,* fruta dañada por la helada. *5* MÚS. tocar, pulsar. *6* tocar [tratar superficialmente de]. *7* tocar, inspirar, aguijonear, conmover, enternecer, impresionar, afligir, irritar. *8* ofender, herir. *9* alcanzar, llegar a. *10* adi-

vinar, acertar. *11* tocar a, concernir a, importar a. *12* igualar, poderse comparar con. *13* delinear, esbozar; retocar. *14* teñir, colorear ligeramente. *15* pop. robar; pedir dinero, dar un sablazo a: *to ~ one for ten pounds*, sacarle a uno diez libras, darle un sablazo de diez libras. *16 to ~ off*, hacer un rápido esbozo; esbozar rápidamente; describir, representar con exactitud; acabar, completar; hacer estallar; cortar una conversación telefónica. *17 to ~ up*, corregir, pulir, retocar; espolear, estimular.
18 intr. imponer las manos para curar. *19* tocar, tocarse, estar contiguo. *20 to ~ at, on, to o upon*, tocar; estar tocando a; acercarse a, frisar en, rayar en. *21 to ~ on o upon*, tocar ligeramente [un punto, un tema]. *22* MAR. *to ~ at a port*, tocar, hacer escala en un puerto.
touchable (tø·chabøl) *adj.* tocable, tangible.
touch-and-go *adj.* hecho de prisa, incompleto. *2* crítico, difícil, peligroso.
touchback (tø·chbæc) *s.* en el rútbol americano, acción de tocar el suelo con el balón detrás de la propia meta.
touchdown (tø·chdaun) *s.* en el fútbol americano, acción de tocar el suelo con el balón detrás de la meta del adversario. *2* AVIA. aterrizaje.
touchhole (tø·chjoul) *s.* oído [de un cañón]
touchier (tø·chiø') *adj.* *comp.* de TOUCHY.
touchiest (tø·chiist) *adj.* *superl.* de TOUCHY.
touchily (tø·chili) *adv.* susceptiblemente.
touchiness (tø·chinis) *s.* susceptibilidad, quisquillosidad, irritabilidad.
touching (tø·ching) *prep.* tocante a, por lo que toca a, en cuanto a, acerca de. — *2 adj.* patético, conmovedor, enternecedor.
touchingly (tø·chingli) *adv.* conmovedoramente, patéticamente, tiernamente.
touchline (tø·chlain) *s.* en el fútbol americano, límite lateral del campo.
touch-me-not *s.* tema prohibido. *2* persona orgullosa o que hay que evitar. *3* BOT. balsamina.
touchstone (tø·chstoun) *s.* piedra de toque.
touchwood (tø·chwud) *s.* yesca, hupe.
touchy (tø·chi) *adj.* susceptible, quisquilloso, irritable. *2* delicado, vidrioso. *3* delicado, sensible [parte del cuerpo]. *4* QUÍM. explosivo, inflamable.
tough (tøf) *adj.* fuerte, duro, vigoroso. *2* resistente. *3* tenaz, terco, empedernido. *4* duro, correoso. *5* duro, penoso. *6* arduo, difícil. *7* mala [suerte]. *8* (EE. UU.) malvado, pendenciero. — *9 s.* (EE. UU.) hombre duro, malvado, pendenciero; matón.
toughen (to) (tøfn) *tr.* e *intr.* endurecer o endurecerse. *2* hacer o hacerse correoso.
toughish (tø·fish) *adj.* algo duro.
toughly (tø·fli) *adv.* tenazmente.
toughness (tø·fnis) *s.* endurecimiento, dureza, resistencia. *2* correosidad. *3* tenacidad.
Toulon (tula·n) *n. pr.* GEOGR. Tolón.
Toulouse (tulu·s) *n. pr.* GEOGR. Tolosa.
toupee (tupí·) *s.* peluquín, bisoñé.
toupet (tupei·) *s.* TOUPEE. *2* tupé, copete. *3* cabellera.
tour (tu·') *s.* viaje, excursión, vuelta, gira: *the grand ~*, viaje por los principales países de Europa. *2* circuito, recorrido. *3* turno.
tour (to) *tr.* recorrer [un país, etc.]. — *2 intr.* viajar por, dar la vuelta a. *3* hacer un viaje de turismo, viajar por placer.
Touraine (ture·n) *n. pr.* GEOGR. Turena.
touring (tu·ring) *s.* turismo. — *2 adj.* de turismo, turístico : *~ car*, turismo, coche de turismo.
tourism (tu·rišm) *s.* turismo.
tourist (tu·rist) *s.* viajero, turista. — *2 adj.* de turistas, turístico.
tourmalin(e (tu·'malin) *s.* MINER. turmalina.
tournament (tu·'namønt) *s.* torneo, justa. *2* certamen, concurso. *3* batalla.
tournay (tu·'nei) *s.* cierta clase de tapicería.
tourney (tu·'ni) *s.* torneo, justa.
tourney (to) *intr.* justar, tomar parte en un torneo.
tourniquet (tu·'niket) *s.* CIR. torniquete.
tousle (tau·šøl) *s.* maraña [del cabello], greña.
tousle (to) *tr.* despeinar, desgreñar; alborotar [los cabellos]. *2* tirar de aquí y de allí, maltratar.
tousy (tau·si) *adj.* fam. desgreñado, enmarañado, hirsuto, tosco.

tout (taut) *s.* corredor, gancho, el que anda buscando clientes, pedidos, votos, etc. *2* DEP. espía que obtiene y vende informes relativos al estado y movimientos de los caballos que se adiestran para las carreras.
tout (to) *tr.* e *intr.* andar buscando clientes, pedidos, votos, etc.: *to ~ for orders*, andar buscando pedidos. *2* espiar para obtener y vender informes relativos al estado y movimientos de los caballos que se adiestran para las carreras.
tow (tou) *s.* estopa [para hilar]; hilo de estopa. *2* remolque [acción; lo que va remolcado]: *to take in ~*, remolcar, llevar a remolque; *in ~*, a remolque, detrás o bajo la protección de uno. *3* remolque [cabo], cadena de remolque; sirga. *4* remolcador.
tow (to) *tr.* reducir a estopa. *2* remolcar, atoar, llevar a remolque.
towage (tou·idÿ) *s.* remolque [acción]. *2* derechos de remolque.
toward (to·'d o tu·uo'd) *prep.* hacia, en dirección a, rumbo a. *2* hacia, cerca de, alrededor de. *3* para. *4* con, para con. *5* respecto a. — *6 adj.* inminente. *7* en curso, que se está llevando a cabo. *8* favorable. *9* dócil, complaciente.
towardly (to·'dli o tu·wo'dli) *adj.* complaciente, afable, bondadoso. *2* favorable, oportuno.
towards (to·'dš o tu·uo'dš) *prep.* TOWARD.
towboat (tou·bout) *s.* remolcador.
towel (tau·øl) *s.* toalla, paño de manos. — *2 adj.* para toallas : *~ horse*, *~ rack*, toallero.
towel(l)ing (tau·øling) *s.* género para toallas.
tower (tau·ø') *s.* torre, torreón. *2* campanario. *3* fortaleza, baluarte, defensa. *4* MIL. bastida.
tower (to) *intr.* descollar, sobresalir. *2* elevarse, remontarse.
towered (tau·ø'd) *adj.* guarnecido de torres. *2* con campanario.
towering (tau·øring) *adj.* alto, elevado. *2* que se remonta. *3* sobresaliente, grande. *4* exorbitante. *5* desapoderado, violento.
towery (tau·øri) *adj.* guarnecido de torres. *2* alto, elevado.
towhead (tou·jed) *s.* persona de cabello rubio pajizo.
towheaded (tou·jedid) *adj.* de cabello rubio pajizo.
towhee (tau·ji) *s.* ORNIT. especie de pinzón.
towing (tou·ing) *s.* remolque, ataoje. — *2 adj.* de remolque : *~ service*, AUTO. servicio de remolque.
towline (tou·lain) *s.* cuerda o cabo de remolque; sirga. *2* MAR. estacha.
town (tau·n) *s.* población, ciudad, villa, pueblo; (EE. UU.) municipio : *the ~ and the country*, la ciudad y el campo. *2* (sin artículo) la metrópolis, la capital; el centro de los negocios, de la actividad [en una población]. *3 man about ~*, hombre que frecuenta los círculos elegantes, los clubs y reuniones nocturnas. — *4 adj.* de la ciudad o del municipio : *~ clerk*, secretario municipal; *~ council*, ayuntamiento; *~ crier*, pregonero; *~ hall*, casa de ayuntamiento; *~ house*, casa de la ciudad, en la ciudad; *~ planning*, urbanismo.
townhouse (tau·njaus) *s.* (Ingl.) casa del ayuntamiento.
town(s)folk (tau·n(s)fouc) *s.* vecinos de una población.
township (tau·nship) *s.* municipio, concejo, distrito municipal. *2* (EE. UU.) unidad de extensión de terrenos públicos de unas seis millas en cuadro.
townsman (tau·nsmæn) *pl.* **-men** (-men) *s.* habitante de una población, ciudadano. *2* concludadano. *3* donde hay universidad, vecino de la población, a distinción de los universitarios.
townspeople (tou·nspïpøl) *s.* TOWNSFOLK.
towntalk (tau·ntoc) *s.* hablillas de una población; el o lo que es objeto de ellas.
towpath (tou·pæz) *s.* camino de sirga.
towrope (tou·roup) *s.* TOWLINE.
towsle (tau·šøl) *s.* TOUSLE.
towsle (to) *tr.* TO TOUSLE.
tox(a)emia (tacsi·mia) *s.* MED. toxemia.
toxic (ta·csic) *s.* tóxico.
toxic(al (ta·csic(al) *adj.* tóxico, venenoso. *2* intoxicado, envenenado.
toxicity (tacsi·siti) *s.* toxicidad.
toxicological (tacsicola·ÿical) *adj.* toxicológico.
toxicologist (tacsica·loÿist) *s.* toxicólogo.

toxicology (tacsica·lo̯i) *s.* toxicología.
toxin(e (ta·csin) *s.* toxina. 2 ponzoña.
toy (toi) *s.* juguete. 2 chuchería, fruslería, bujería. 3 cosa dicha, escrita, etc., por juego o diversión; entretenimiento. — *4 adj.* de juguetes. 5 de juguete, pequeñito : ~ *dog,* perrito muy pequeño; ~ *soldier,* soldadito [de plomo, etc.].
toy (to)· *intr.* jugar, juguetear, divertirse, estar de broma.
toyish (toi·ish) *adj.* de juguete, pequeñito. 2 frívolo, insubstancial, fútil. 3 juguetón.
toyishness (toi·ishnis) *s.* fruslería, puerilidad.
toyman (toi·mæn), *pl.* -men (-men) *s.* juguetero.
toyshop (toi·shap) *s.* juguetería, tienda de juguetes.
trace (treis) *s.* huella, pisada, rastro. 2 vestigio, reliquia, señal, indicio. 3 pizca. 4 (EE. UU.) senda, sendero. 5 trazo, línea [esp. la marcada por un aparato registrador]. 6 FORT. planta. 7 GEOM. traza. 8 tirante, tiro [de los arreos] : *to kick over the traces,* rebelarse.
trace (to) *tr.* trazar, delinear, esbozar, escribir. 2 calcar. 3 registrar mediante líneas [hablando de un aparato]. 4 adornar con líneas o tracería. 5 rastrear, seguir la pista de. 6 inferir, buscar el origen o la forma primitiva de, reconstruir; investigar, seguir paso a paso, descubrir, encontrar; atribuir una causa u origen a : *to* ~ *back to,* reseguir hasta [un punto anterior o pasado]; hacer remontar a. — *7 intr.* ir, seguir un camino.
traceable (trei·sabøl) *adj.* que puede ser seguido, rastreado, investigado. 2 atribuible, imputable.
tracer (trei·sø') *s.* trazador. 2 calcador. 3 tiralíneas. 4 punzón para calcar o repujar. 5 rastreador. 6 persona encargada de buscar los objetos extraviados; demanda que se hace para ello [esp. en los transportes]. 7 MIL. cohete adherido a un proyectil para marcar su trayectoria. 8 MIL. ~ *bullet,* bala trazante.
tracery (trei·søri) *s.* ARQ. tracería.
trachea (trei·kia) *s.* ANAT., ZOOL., BOT. tráquea.
tracheal (trei·kial) *adj.* traqueal.
tracheotomy (trekia·tomi) *s.* CIR. traqueotomía.
trachoma (tracou·ma) *s.* MED. tracoma.
trachomatous (tracou·matøs) *adj.* tracomatoso.
trachyte (træ·cait) *s.* PETROG. traquita.
tracing (trei·sing) *s.* trazado. 2 calco. 3 señal hecha por un aparato registrador. 4 descubrimiento, rastreo. — *5 adj.* de trazar, de calcar, etc. : ~ *paper,* papel de calcar.
track (træc) *s.* rastro, pista, pisadas, huellas, carril, rodada, reguero, estela : *to be in the* ~ *of,* rastrear, ir siguiendo la pista de; *to keep* ~ *of,* llevar la cuenta de, no perder de vista. 2 señal, vestigio. 3 camino trillado, senda, vereda. 4 curso, trayecto; proceder, línea de conducta. 5 DEP. pista. 6 vía [de tren, tranvía, etc.]: *double* ~, doble vía; *to jump the* ~, descarrilar, salirse del carril. 7 banda [de tractor de oruga]. 8 AUTOM. ancho de rueda a rueda. 9 *off the* ~, descarrilado, fuera de camino, despistado. — *10 adj.* DEP. de *sports,* deportes de pista.
track (to) *tr.* rastrear, seguir la pista, perseguir : *to* ~ *down,* llegar a descubrir [el origen, el escondite, etc., de]. 2 trazar, trillar [un camino]. 3 recorrer, atravesar. 4 (EE. UU.) dejar un rastro de pisadas, barro, etc., en. 5 sirgar.
trackage (træ·kidȝ) *s.* FERROC. vías. 2 remolque. 3 acción de sirgar.
tracker (træ·kø') *s.* rastreador, perseguidor. 2 sirgador. 3 remolcador.
trackless (træ·clis) *adj.* sin rastro o huellas. 2 sin caminos. 3 sin vías.
trackway (træ·cuei) *s.* senda, vereda. 2 FERROC. vía.
tract (træct) *s.* área, terreno, región, espacio, trecho. 2 duración, período [de tiempo]. 3 FISIOL. aparato, sistema. 4 LITURG. tracto. 5 hoja, folleto, opúsculo [esp. político o religioso].
tractable (træ·ctabøl) *adj.* dócil, manejable, complaciente, tratable.
tractableness (træ·ctabølnis) *s.* docilidad, afabilidad.
tractably (træ·ctabli) *adv.* dócilmente, afablemente.
tractate (træ·cteit) *s.* tratado, opúsculo, ensayo.
tractile (træ·ctil) *adj.* dúctil.
tractility (trecti·liti) *s.* ductilidad.

traction (træ·cshøn) *s.* tracción. 2 transporte por tren, tranvía, etc.; servicio público de transportes. 3 atracción. 4 FISIOL. contracción. 5 MEC. adherencia, fricción adhesiva. — *6 adj.* de tracción, etc.: ~ *engine,* locomotora o máquina de tracción.
tractive (træ·ctiv) *adj.* de tracción.
tractor (træ·ctø') *s.* tractor. 2 máquina de tracción o arrastre. 3 aeroplano de hélice delantera. 4 CIR. tenáculo. — *5 adj.* tractor, de tracción : ~ *plough,* arado mecánico; ~ *propeller,* AVIA. hélice de tracción; hélice delantera.
Tracy (tra·si) *n. pr.* dim. de THERESA.
trade (treid) *s.* profesión, ocupación, medio de vida; oficio, arte mecánica. 2 gremio. 3 comercio, tráfico, trato, negocio : *Board of the Trade,* Junta de Comercio. 4 parroquia, clientela. 5 convoy de buques mercantes. 6 *the trades* o *the trade winds,* los vientos alisios. — *7 adj.* de comercio, oficio, etc.: ~ *agreement,* convenio comercial; pacto entre los patronos y los obreros asociados; ~ *mark,* marca de fábrica; ~ *name,* nombre comercial; nombre registrado [de un producto]; razón social; ~ *school,* escuela de artes y oficios, escuela industrial; ~ *union,* asociación de obreros, sindicato; ~ *unionism,* sindicalismo; ~ *unionist,* obrero sindicado; sindicalista.
trade (to) *intr.* comerciar, traficar, negociar, tratar : *to* ~ *in,* tratar en; *to* ~ *on,* explotar, aprovecharse de. 2 fam. comprar, proveerse. — *3 tr.* comerciar o tratar en; vender; trocar, cambiar. *to* ~ *in,* dar como parte del pago; dar [un objeto] en pago de otro; *to* ~ *off,* deshacerse [de algo] haciendo un trueque.
trader (trei·dø') *s.* comerciante, mercader, tratante, traficante, negociante. 2 buque mercante.
tradesfolk (trei·dsfouc) *s.* tenderos, gente del comercio. 2 artesanos; gentes del oficio.
tradesman (trei·dsmæn), *pl.* -men (-men) *s.* comerciante, mercader, tendero : *tradesmen's entrance,* puerta de servicio. 2 artesano.
tradespeople (trei·dspɪpøl) *s. pl.* TRADESFOLK.
trading (trei·ding) *s.* comercio, tráfico. — *2 adj.* comercial, mercantil; negociante; ~ *post,* factoría; ~ *stamp,* cupón prima.
tradition (tradi·shøn) *s.* tradición.
traditional (tradi·shønal) *adj.* tradicional.
traditionalism (tradi·shønalism̌) *s.* tradicionalismo.
traditionalist (tradi·shønalist) *s.* tradicionalista.
traditionally (tradi·shonali) *adv.* tradicionalmente.
traditionary (tradi·shøneri) *adj.* tradicional. — *2 s.* tradicionalista.
traduce (to) (tradiu·s) *tr.* difamar, calumniar. 2 corromper traduciendo.
traducer (tradiu·sø') *s.* difamador, calumniador.
traffic (træ·fic) *s.* tráfico, comercio, intercambio. 2 trato, familiaridad. 3 tráfico, circulación. 4 transporte, acarreo. 5 géneros, mercancías. — *6 adj.* del tráfico : ~ *control,* regulación del tráfico; ~ *indicator,* AUTO. indicador de virada; indicador de cambio de dirección; ~ *jam,* embotellamiento, congestión del tráfico; ~ *light,* luz del tráfico, semáforo; ~ *manager,* COM. jefe de expediciones; FERROC. jefe de tráfico.
traffic (to) *intr.* comerciar, traficar. 2 tener trato o familiaridad. 3 conspirar. — *4 tr.* vender. ¶ CONJUG. pret. y p. p.: *trafficked;* ger.: *trafficking.*
trafficator (træ·fikeitø') *s.* TRAFFIC INDICATOR.
trafficker (træ·fikø') *s.* traficante.
tragacanth (træ·gacænθ) *s.* BOT. tragacanto, adraganto. 2 goma adragante.
tragedian (traȝi·dien) *s.* trágico [autor]. 2 actor trágico.
tragedienne (traȝidie·n) *s.* actriz trágica.
tragedy (træ·ȝidi) *s.* tragedia.
tragic(al (træ·ȝic(al) *adj.* trágico.
tragically (træ·ȝicali) *adv.* trágicamente.
tragicalness (træ·ȝicalnis) *s.* calidad de trágico.
tragicomedy (træȝica·mødi) *s.* tragicomedia.
tragicomic(al (træȝica·mic(al) *adj.* tragicómico.
tragus (trei·gøs) *s.* ANAT. trago.
trail (treil) *s.* cola [de vestido, cometa, etc.]. 2 planta rastrera. 3 rastro, huella, pista. 4 reguero. 5 estela [de luz]. 6 senda, sendero, trocha. — *7 adj.* de cola, arrastre, rastro, senda, etc.: ~ *blazer,* el que señala o abre senda o cami-

no; ~ *bridge*, ~ *ferry*, barca para pasar un río, guiada por andarivel; ~ *car*, AUTO. remolque [coche; ~ *rope*, remolque [cuerda]; cuerda que cuelga de un globo aerostático y le sirve de freno.

trail (to) *tr.* arrastrar, llevar arrastrando: *to* ~ *the anchor*, MAR. garrar. 2 llevar tras de sí o consigo. *3* alargar, hacer durar. *4* enganchar [un vagón, remolque, etc.]. *5* rastrear, seguir la pista de. *6* ir detrás de. *7* dejar [un rastro]; formar o señalar [una senda] a fuerza de pasar por un sitio; pisar [la piedra, etc.] hasta formar una senda. — *8 intr.* arrastrar, ir arrastrando. *9* arrastrarse. *10* rezagarse. *11* andar, moverse, penosa o pesadamente. *12* extenderse [un camino, etc.]. *13* dejar rastro. *14* *to* ~ *off*, desviarse; disminuir, perderse, ir desapareciendo.

trailer (trei·lø') *s.* remolque [coche]; cochehabitación que va remolcado por un auto. *2* cosa que arrastra; planta rastrera. *3* rastreador, cazador, perseguidor. *4* rezagado. *5* CINEM. trozos de una película que se exhiben como anuncio de ella.

trailing (trei·ling) *adj.* pendiente, colgante, que arrastra. *2* BOT. rastrero. *3* MEC. trasero: ~ *wheel*, rueda trasera. *4* AVIA. ~ *edge*, borde de salida.

train (trei·n) *s.* FERROC. tren: *down* ~, tren descendente; *up* ~, tren ascendente; *fast* ~, rápido, tren rápido; *slow* ~, tren correo u ómnibus; *through* ~, tren directo; *goods* ~, mercancías, tren de mercancías. *2* tren [conjunto de instrumentos, máquinas, etc.], fila, procesión, cabalgata, recua. *3* séquito, comitiva. *4* reguero [de pólvora]. *5* serie, cadena, encadenamiento, orden, curso [de sucesos, pensamientos, etc.]. *6* cola [de vestido, de cometa, de ciertas aves]; cauda. *7* MEC. juego, tren. *8* MAR. jábega. *9* buen orden o estado de preparación. — *10 adj.* de tren, etc.: ~ *oil*, aceite de ballena o de otro animal marino.

train (to) *tr.* adiestrar, amaestrar, disciplinar, enseñar, educar. *2* DEP. entrenar. *3* AGR. poner en espaldera. *4* apuntar, dirigir [un cañón, un telescopio, etc.]. — *5 intr.* adiestrarse, formarse, ejercitarse, entrenarse. *6* (EE. UU.) tratarse o juntarse con.

trainband (trei·nbænd) *s.* antigua milicia inglesa.

trainbearer (trei·nberø') *s.* el que sostiene la cola de un vestido; caudatario.

trained (trei·nd) *adj.* adiestrado, amaestrado, enseñado, educado, preparado; ~ *nurse*, enfermera con título.

trainee (treinı·) *s.* persona que se adiestra o entrena. *2* MIL. recluta, quinto, soldado bisoño.

trainer (trei·nø') *s.* adiestrador, amaestrador, domador. *2* DEP. entrenador, preparador. *3* AVIA. avión de prácticas, de entrenamiento. *4* AGR. espaldera.

training (trei·ning) *s.* adiestramiento, instrucción, preparación, educación, formación, disciplina. *2* DEP. entrenamiento. — *3 adj.* de adiestramiento, etc.: ~ *camp*, campamento de instrucción militar; ~ *school*, escuela práctica; ~ *ship*, buque-escuela.

trainload (trei·nloud) *s.* FERROC. tren [carga de todo un tren].

trainman (trei·nmæn), *pl.* **-men** (-men) *s.* FERROC. ferroviario.

trait (treit) *s.* toque, pincelada. *2* rasgo, peculiaridad. *3* rasgo, facción.

traitor (trei·tø') *adj.* y *s.* traidor.

traitorous (trei·tørøs) *adj.* traidor, desleal, pérfido, alevoso.

traitorously (trei·tørøsli) *adv.* traidoramente, pérfidamente.

traitorousness (trei·tørøsnis) *s.* traición, perfidia.

traitress (trei·tris) *s.* traidora.

traject (traʒe·ct) *s.* trayectoria. *2* paso, cruce [de un río, etc.].

traject (to) *tr.* lanzar, arrojar, hacer pasar por encima o a través.

trajection (traʒe·chøn) *s.* acción y efecto de hacer pasar a través que se pasa o medio.

trajectory (traʒe·ctori) *s.* trayectoria.

tralatition (tralati·shøn) *s.* RET. traslación, metáfora.

tralatitious (tralati·shøs) *adj.* traslaticio.

tram (træm) *s.* (Ingl.) tranvía. *2* vagoneta [de mina]. *3* carril, riel plano. *4* TRAMMEL *3 y 4*.

tram (to) *intr.* ir en tranvía. — *2 tr.* transportar en tranvía o vagoneta.

tramcar (træ·mca') *s.* tranvía. *2* vagoneta [de mina].

trammel (træ·mel) *s.* trasmallo, red. *2* llares [de chimenea]. *3* compás de varas. *4* instrumento para trazar elipses. *5* traba, maniota. *6* fig. traba, impedimento, estorbo.

trammel (to) *tr.* coger con red o trasmallo. *2* trabar [el caballo]. *3* sujetar. *4* trabar, impedir, estorbar, embarazar.

tramontane (trama·ntein) *adj.* tramontano. — *2 s.* extranjero.

tramp (træmp) *s.* viajero a pie, viandante. *2* vagabundo, vago. *3* caminata, viaje o excursión a pie. *4* marcha pesada; ruido de pisadas. *5* MAR. *tramp* o ~ *steamer*, vapor volandero. — *6 adj.* vagabundo, ambulante.

tramp (to) *intr.* andar, pisar [esp. con paso fuerte, con fuerza]. *2* viajar a pie, vagabundear. — *3 tr.* pisar, pisotear, apisonar. *4* andar por o recorrer a pie.

tramper (træ·mpø') *s.* vagabundo. *2* buen andador, persona aficionada a dar largos paseos.

trample (træ·mpøl) *s.* pisoteo. *2* ruido de pisadas. *3* atropello.

trample (to) *tr.* hollar, pisar, pisotear. — *2 intr.* patular, pisar fuerte. *3* *to* ~ *on* o *upon*, pisotear, ajar, maltratar, atropellar, conculcar.

trampler (træ·mplø') *s.* pisador. *2* pisoteador, *3* andarín.

tramway (træ·muei) *s.* (Ingl.) tranvía; línea de tranvías. *2* transbordador, funicular aéreo.

trance (trɑns) *s.* rapto, éxtasis, arrobamiento, enajenamiento, ensimismamiento. *2* catalepsia; estado hipnótico.

tranced (trɑ·nsd) *adj.* extasiado, enajenado. *2* quieto, inmóvil.

tranquil (træ·ncuil) *adj.* tranquilo, sosegado, apacible.

tranquillize (to) (træ·ncuilaiš) *tr.* tranquilizar, sosegar, aquietar.

tranquillity (træncui·liti) *s.* tranquilidad, sosiego, paz, calma.

tranquilly (træ·ncuili) *adv.* tranquilamente, sosegadamente.

transact (to) (trænšæ·ct) *tr.* llevar a cabo, hacer, conducir, tramitar, despachar [un negocio]. — *2 intr.* negociar, tener tratos, pactar.

transaction (trænšæ·cshøn) *s.* despacho, tramitación, negociación. *2* COM. transacción, trato, negocio, operación. *3* DER. transacción, arreglo. *4 pl.* actas, memorias, trabajos [de una sociedad docta].

transactor (trænšæ·ctø') *s.* negociador, gestor.

transalpine (trænšæ·lpin o -pain) *adj.* transalpino, trasalpino.

transatlantic (trænšætlæ·ntic) *adj.* transatlántico, trasatlántico: ~ *liner*, vapor transatlántico.

transcend (to) (trænse·nd) *tr.* sobrepujar, sobrepasar, superar, exceder; ir más allá de [los límites o facultades]. — *2 intr.* FIL., TEOL. transcender, trascender. *3* descollar, sobresalir.

transcendence, transcendency (trænse·ndens -si) *s.* excelencia, superioridad. *2* FIL. transcendencia, trascendencia.

transcendent (trænse·ndønt) *adj.* sobresaliente, excelente, extraordinario. *2* FIL., TEOL. transcendente, trascendente.

transcendental (trænsønde·ntal) *adj.* FIL. transcendental, trascendental. *2* sobrenatural, sobrehumano. *3* fam. abstracto, idealista, etéreo, visionario.

transcendentalism (trænsønde·ntališm) *s.* transcendentalismo, trascendentalismo.

transcendentalize (trænsønde·ntalaiš) *tr.* sobrenaturalizar, idealizar.

transcendently (trænsø·ndentli) *adv.* excelentemente. *2* sumamente, superlativamente.

transcontinental (trænscantine·ntal) *adj.* transcontinental.

transcribe (to) (trænscrai·b) *tr.* transcribir, trascribir. *2* RADIO. grabar en disco.

transcriber (trænscrai·bø') *s.* transcriptor.

transcript (træ·nscript) *s.* copia, traslado, trasunto, imitación. *2* transcripción [de taquigrafía]. *3* certificado de estudios.

transcription (trænscri·pshøn) s. transcripción. 2 copia. 3 RADIO. reproducción de un programa preparado al efecto. ,

transcriptive (trænscri·ptiv) adj. perteneciente a la transcripción, a la copia.

transept (træ·nsept) s. ARQ. crucero, transepto.

transfer (trænsfø') s. transferencia, traslado, transporte, transbordo. 2 DER. transferencia, traspaso, cesión. 3 COM. transferencia, giro telegráfico. 4 cosa o persona trasladada. 5 calco. 6 LITOGR. reporte.

transfer (to) tr. transferir, trasladar, transportar, transbordar, cambiar. 2 DER. transferir, traspasar, ceder. 3 calcar. 4 LITOGR. reportar. ¶ CONJUG. pret. y p. p.: transferred; ger.: transferring.

transferable (trænsfø·rabøl) adj. transferible. 2 trasladable.

transferee (trænsførr·) s. cesionario. 2 persona trasladada.

transference (trænsfø·røns) s. transferencia, traslado.

transferor, transferrer (trænsfø·rø') s. transferidor, cesionista. 2 trasladador.

transfiguration (trænsfiguiure·shøn) s. transfiguración.

transfigure (to) (trænsfi·guiu') tr. transfigurar. 2 idealizar. 3 transformar, metamorfosear.

transfix (to) (trænsfi·cs) tr. traspasar, atravesar.

transfixion (trænsfi·cshøn) s. transfixión.

transform (to) (trænsfo·'m) tr. transformar, metamorfosear, transmudar. 2 convertir, cambiar [esp. en lo espiritual]. — 3 intr. transformarse.

transformable (trænsfo·'mabøl) adj. transformable.

transformation (trænsfo·'me·shøn) s. transformación, metamórfosis. 2 cambio, conversión [esp. en lo espiritual].

transformative , (trænsfo·'mativ) adj. transformativo.

transformer (trænsfo·'mø') s. transformador, metamorfoseador. 2 ELECT. transformador.

transformism (trænsfo·'mišm) s. BIOL. transformismo.

transformist (trænsfo·'mišt) s. transformista.

transfuse (to) (trænsfiu·š) tr. transfundir. 2 infundir, instilar.

transfusion (trænsfiu·ʒøn) s. transfusión.

transgress (to) (trænsgre·s) tr. transgredir, trasgredir, infringir, quebrantar, violar. 2 traspasar los límites de. — 3 intr. quebrantar la ley, pecar; propasarse, extralimitarse.

transgressing (trængre·sing) adj. transgresor, infractor, quebrantador.

transgression (trænsgre·shøn) s. transgresión, delito, falta, pecado. 2 extralimitación.

transgressor (trænsgre·sø') s. transgresor, infractor, quebrantador.

tranship (to) (træ·nship) tr. TRANSSHIP.

transience, transiency (træ·nshøns, -si) s. transitoriedad; calidad de pasajero o momentáneo.

transient (træ·nshønt) adj. transitorio, pasajero; rápido, momentáneo. 2 transeúnte, migratorio. 3 que pasa de uno a otro. 4 mudable, variable, inestable. 5 transcendente, no inmanente. — 6 s. transeúnte, viajero de paso. 3 ELECT. corriente momentánea.

transiently (træ·nshøntli) adv. transitoriamente, temporalmente, de paso.

transientness (træ·nshøntnis) s. naturaleza transitoria o pasajera.

transistor (trænsi·stø') s. ELECT. transistor.

transistorized (trænsi·stø·raišd) adj. transistorizado.

transire (transai·ri) s. guía de aduanas para buques de cabotaje.

transit (træ·nsit) s. tránsito, paso, pasaje. 2 tránsito, muerte. 3 transferencia, transporte. 4 ASTR., TOP. tránsito.

transit (to) tr. e intr. ASTR., TOP. pasar [por].·

transition (trænsi·shøn) s. transición. 2 mudanza, cambio, paso. 3 período de transición, de cambio.

transitional, transitionary (trænši·shønal, -neri) adj. de transición.

transitive (træ·nsitiv) adj. de transición. 2 FIL. transcendente. — 3 adj. y s. GRAM. transitivo.

transitively (træ·nsitivli) adv. de modo transitivo.

transitorily (træ·nsitorili) adv. transitoriamente.

transitoriness (træ·nsitorinis) s. transitoriedad.

transitory (træ·nsitori) adj. transitorio, pasajero, temporáneo.

translatable (trænslei·tabøl) adj. traducible. 2 trasladable.

translate (to) (trænslei·t) tr. traducir, trasladar, verter. 2 descifrar, interpretar. 3 cambiar, transformar. 4 (Ingl.) fam. reformar, rehacer [vestidos, etc.]. 5 quitar, remover. 6 arrebatar al cielo. 7 trasladar [un cadáver] de una sepultura a otra. 8 ECLES. trasladar [un obispo] de una sede a otra. 9 MEC. mover, hacer correr. 10 TELEG. retransmitir.

translation (trænsle·shøn) s. traducción, versión. 2 traslado, remoción. 3 B. ART. copia, interpretación.

translator (trænsleitø') s. traductor, intérprete. 2 (Ingl.) remendón [de vestidos, zapatos, paraguas, etc.]. 3 TELEGR. repetidor.

transliterate (to) (trænsli·tøreit) tr. transcribir en caracteres de otra lengua.

translucence, translucency (trænsliu·søns, -si) s. translucidez.

translucent (trænsliu·sønt), **translucid** (trænsliu·sid) adj. translúcido, trasluciente. 2 que penetra e ilumina.

translunary (trænsliu·nari) adj. etéreo.

transmarine (trænsmari·n) adj. transmarino, trasmarino.

transmigrant (trænsmai·grant) adj. y s. transmigrante.

transmigrate (to) (trænsmai·greit) intr. transmigrar.

transmigration (trænsmaigre·shøn) s. transmigración.

transmigrator (træ·nsmaigreitø') s. transmigrador.

transmigratory trænsmai·gratori) adj. transmigratorio.

transmissibility (trænsmisibi·liti) s. transmisibilidad.

transmissible (trænsmi·sibøl) adj. transmisible.

transmission (trænsmi·shøn) s. transmisión. 2 AUTO. cambio de marchas. — 3 adj. de transmisión : ∼ gear, engranaje de transmisión.

transmissive (trænsmi·siv) adj. de transmisión. 2 transmisible.

transmit (to) (trænsmi·t) tr. transmitir. 2 enviar, remitir.

transmittal (trænsmi·tal) s. transmisión, envío.

transmitter (trænsmi·tø') s. transmisor.

transmitting (trænsmi·ting) adj. de transmisión, transmisor : ∼ set, RADIO. aparato transmisor; ∼ station, emisora.

transmogrify (to) (trænsma·grifai) tr. joc. cambiar, transformar [rápidamente, como por encanto]. ¶ CONJUG. pret. y p. p.: transmogrified.

transmutability (trænsmiutabi·liti) s. transmutabilidad.

transmutable (trænsmiu·tabøl) adj. transmutable.

transmutably (trænsmiu·tabli) adv. de modo transmutable.

transmutation (trænsmiute·shøn) s. transmutación, trasmudación.

transmute (to) (trænsmiu·t) tr. transmutar, trasmudar.

transmuter (trænsmiu·tø') s. transmutador.

transoceanic (trænsoshiæ·nic) adj. transoceánico.

transom (træ·nsøm) s. CARP. traviesa, travesaño, durmiente. 2 ARQ. dintel, puente. 3 montante [ventana]. 4 ARTILL. telera. 5 MAR. yugo.

transpacific (trænspasi·fic) adj. transpacífico.

transpadane (trænspei·dein) adj. transpadano.

transparence (trænspe·røns) s. transparencia, trasparencia.

transparency (trænspe·rønsi) s. transparencia. 2 pintura, dibujo, etc., hechos para ser vistos por transparencia.

transparent (trænspe·rønt) adj. transparente, trasparente, diáfano. 2 claro, inteligible. 3 franco, ingenuo.

transpierce (to) (transpi·'š) tr. traspasar, atravesar.

transpiration (trænspire·shøn) s. transpiración.

transpire (to) (transpai·') tr. e intr. transpirar, traspirar, sudar. — 2 tr. exhalar. — 3 intr. exhalarse, rezumarse, brotar. 4 transpirar traslucirse. 5 acaecer, suceder.

transplant (to) (trænsplæ·nt) tr. trasplantar.

transplantable (trænspla·ntabøl) adj. trasplantable.

transplantation (trænsplante·shøn) s. trasplante.

transplanter (trænspla·ntø') s. trasplantador.

transpontine (trænspa·ntain) *adj.* de la parte de Londres al sur del Támesis. 2 de melodrama malo.
transport (træ·nspo·t) *s.* transporte, transportación, acarreo. 2 transporte [buque]. *3* transporte, transportamiento, rapto, éxtasis. *4* deportado [a una colonia penitenciaria].
transport (to) (trænspo·t) *tr.* transportar, acarrear. 2 transportar, enajenar. 3 deportar [esp. a una colonia penitenciaria].
transportable (trænspo·tabøl) *adj.* transportable. 2 que se puede deportar o castigar con deportación.
transportation (trænspo·te·shøn) *s.* transporte, acarreo, sistema de transporte. 2 (EE. UU.) coste del transporte; billete, pasaje. 3 deportación [esp. a una colonia penitenciaria].
transporter (trænspo·tø') *s.* transportador, porteador.
transporting (trænspo·ting) *adj.* transportador, de transporte. 2 arrebatador, enajenador.
transposal (trænspou·sal) *s.* transposición, trasposición.
transpose (to) (trænspou·s) *tr.* transponer, trasponer [mudar el orden o la posición relativa de]. 2 MÚS. transportar.
transposition (trænspoši·shøn) *s.* transposición, 2 MÚS. transporte.
transship (to) (trænshi·p) *tr.* MAR. transbordar.
transshipment (trænshi·pmønt) *s.* MAR. transbordo.
trans-Siberian (trænsaibi·rian) *adj.* y *s.* transiberiano.
transubstantiate (to) (trænsøbstæ·nshieit) *tr.* transubstanciar. — 2 *intr.* transubstanciarse.
transubstantiation (trænsøbstænshie·shøn) *s.* transubstanciación.
transudation (trænsiude·shøn) *s.* resudación, acción de rezumar o rezumarse.
transude (to) (trænsiu·d) *intr.* resudar, rezumar, rezumarse.
transvase (to) (transvei·s) *tr.* transvasar.
transversal (trænsvø·'sal) *adj.* transversal. — 2 *s.* GEOM. línea transversa.
transversally (trænsvø·'sali) *adv.* transversalmente.
transverse (trænsvø·'s) *adj.* transverso, travesero. — 2 *adv.* transversalmente. — *3 s.* GEOM. eje mayor de una elipse.
transversely (trænsvø·'sli) *adv.* transversalmente.
trap (træp) *s.* trampa, armadijo, cepo. 2 red, lazo, celada, garlito. 3 bombillo, sifón [de depósito o desagüe]; válvula [de sumidero]; aparato para dejar pasar una materia reteniendo otra. *4* coche ligero de dos ruedas. 5 automóvil abierto de dos asientos. *6* máquina para lanzar el plato [en el tiro al plato]. *7* MÚS. instrumento de percusión. *8* pop. (Ingl.) policía, detective. 9 pop. la boca: *to shut one's* ~, cerrar la boca, callar. *10* escalerilla portátil. *11 pl.* equipaje, bártulos, *tarecos. *12* TRAPROCK. — *13 adj.* de trampa, etc.: ~ *door*, trampa [puerta]; escotillón; MIN. puerta de ventilación; *fam.* siete [en un vestido].
trap (to) *tr.* entrampar, coger en la trampa; hacer caer en un lazo, en el garlito. 2 poner trampas o lazos en. 3 proveer de sifón o válvula. *4* lanzar con TRAP *6*. 5 armar, cubrir con caparazón [al caballo]. — *6 intr.* cazar con trampa o lazo. ¶ CONJUG. pret. y p. p.: *trapped;* ger.: *trapping.*
trapan (træpæ·n) *s.* TREPAN.
trapeze (trapi·s) *s.* trapecio [de gimnasta]. 2 GEOM. trapecio.
trapezing (trapi·sing) *s.* ejercicios en el trapecio.
trapezist (trapi·sist) *s.* gimnasta de trapecio, trapecista.
trapezium (trapi·šiøm) *s.* GEOM. trapezoide; trapecio. 2 ANAT. trapecio [hueso].
trapezius (trapi·šiøs) *s.* ANAT. trapecio [músculo].
trapezoid (træpišoi·d) *s.* GEOM. trapecio; trapezoide.
trapezoidal (træpišoi·dal) *adj.* trapecial, trapezoidal.
trappean (træpi·an) *adj.* GEOL. basáltico.
trapper (træ·pø') *s.* trampero, cazador de pieles.
trappings (træ·pingš) *s. pl.* jaeces, caparazón, gualdrapa. 2 adornos, atavíos. 3 apariencias, signos externos.
Trappist (træ·pist) *s.* trapense.
Trappistine (tra·pistin) *s.* monja de una orden afiliada a la de la Trapa. 2 (con min.) licor hecho por los trapenses.

trappy (tra·pi) *adj.* lleno de trampas. 2 engañador. *3* de paso corto y vivo [caballo].
traprock (træ·prac) *s.* GEOL. roca volcánica, basalto.
trash (træsh) *s.* bagazo, hojarasca, basura, broza, desecho, zupia. 2 trastos, cosa inútil. *3* tontería, patarata. *4* persona inútil, despreciable; cualquiera. 5 chusma, gentuza. *6* collar, cuerda, trailla [para sujetar a un perro]. 7 traba, estorbo.
trash (to) *tr.* quitar la broza. 2 podar, escamondar. 3 desechar como inútil. *4* contener [al perro] con la trailla. 5 estorbar, embarazar, retardar.
trashier (træ·shiø') *adj. comp.* de TRASHY.
trashiest (træ·shiist) *adj. superl.* de TRASHY.
trashy (træ·shi) *adj.* inútil, malo, despreciable.
trauma (tro·ma) *s.* MED. trauma, herida.
traumatic (tromæ·tic) *adj.* traumático.
traumatism (tro·matišm) *s.* MED. traumatismo.
travail (træ·veil) *s.* afán, fatiga, trabajo. 2 dolor, angustia. 3 parto, dolores del parto.
travail (to) *intr.* trabajar, afanarse. 2 sufrir, padecer. 3 estar de parto.
travel (træ·vøl) *s.* viaje, camino. 2 MEC. curso, carrera, recorrido. 3 tráfico, movimiento de viajeros. *4 pl.* libro o literatura de viajes. — *5 adj.* de viajes: ~ *agency*, ~ *bureau*, agencia de viajes o de turismo.
travel (to) *intr.* viajar. 2 MEC. moverse, trasladarse. 3 propagarse [la luz, el sonido, etc.]. — *4 tr.* viajar por, recorrer.
travel(l)ed (træ·vøld) *adj.* que ha viajado mucho; experimentado. 2 frecuentado, recorrido por los viajeros.
travel(l)er (træ·vølø') *s.* viajero, viajador: *fellow* ~, compañero de viaje; POL. persona que simpatiza o colabora con los comunistas; *traveler's check*, cheque de viaje o de viajero. 2 viajante: *commercial* ~, viajante de comercio. 3 MEC. carro, pieza o mecanismo que corre de un punto a otro [esp. para llevar o trasladar algo].
travel(l)ing (træ·vøling) *adj.* de viaje, para viajar; viajante: ~ *expenses*, gastos de viaje; ~ *salesman*, viajante. 2 MEC. móvil, que va y viene, que corre: ~ *crane*, grúa puente, grúa de caballete móvil.
travelog (træ·vølog), **travelogue** (træ·vølag) *s.* conferencia sobre un viaje o expedición.
travel-soiled, travel-stained *adj.* sucio o manchado por haber viajado.
travel-worn *adj.* fatigado por el viaje.
traversable (træ·vø'sabøl) *adj.* atravesable. 2 DER. negable, contestable.
traverse (træ·vø's) *s.* travesaño, travesero. 2 barrera, división; compartimiento. 3 cruce, paso, pasaje. *4* ARQ. galería transversal. 5 MEC. movimiento transversal o lateral. *6* GEOM. línea transversal. 7 MAR. bordada, ruta oblicua. 8 camino en zigzag [para una pendiente]. 9 TOP. rodeo de una poligonal o línea quebrada. 10 FORT. través. *11* DER. negación [de un hecho alegado]. 12 contrariedad, obstáculo, revés. — *13 adj.* atravesado, cruzado, transversal, travesero: ~ *circle*, ARTILL. carril circular sobre el que corren las ruedas de un cañón giratorio; ~ *flute*, MÚS. flauta travesera; ~ *line*, TOP. poligonal, línea quebrada; ~ *table*, MAR. tabla de diferencias; TRAVERSER. — *14 adv.* de través, en sentido transversal.
traverse (to) *tr.* cruzar, atravesar, recorrer. 2 examinar, estudiar cuidadosamente. 3 contrariar, oponerse a, estorbar, frustrar. *4* mover transversal o lateralmente. 5 DER. negar [un hecho alegado]. — *6 intr.* atravesarse. 7 moverse de un lado a otro, ir y venir. 8 girar, dar vueltas.
traverser (træ·vø'sø') *s.* FERROC. plataforma móvil para cambios de vía.
travesty (træ·visti), *pl.* **-ties** (-tiš) *s.* disfraz. 2 parodia.
travesty (to) *tr.* disfrazar. 2 parodiar. ¶ CONJUG. pret. y p. p.: *travestied.*
trawl (trol) *s.* especie de jábega o red barredera. 2 *trawl* o ~ *line*, palangre.
trawl (to) *tr.* pescar con jábega, pescar rastreando. 2 pescar con palangre.
trawler (tro·lø') *s.* jabeguero. 2 barco para la pesca con jábega. 3 palangrero.
trawling (tro·ling) *s.* pesca con jábega, pesca rastreando.

tray (tre) *s.* bandeja, batea, salvilla, azafate. 2 cajón o cubeta [de baúl o maleta]. 3 vasija plana o de bordes bajos. 4 FOT. cubeta.
treacherous (tre·chørøs) *adj.* traidor, traicionero, pérfido, infiel. 2 falso, engañoso.
treacherously (tre·chørøsli) *adv.* traidoramente, alevosamente.
treacherousness (tre·chørosnis) *s.* calidad de traidor, pérfido, engañoso; falsía, perfidia.
treachery (tre·chøri), *pl.* **-ies** (-iš) *s.* traición. 2 deslealtad, perfidia, alevosía, felonía.
treacle (trɪ·cøl) *s.* melado. 2 fig. melosidad.
tread (tred) *s.* paso, pisada, pisa. 2 huella, rastro, rodada. 3 huella [del peldaño]; pieza de metal o caucho puesta sobre el peldaño para aminorar el desgaste o el ruido. 4 parte de la suela del zapato que toca en el suelo. 5 superficie de rodadura de la rueda o el neumático. 6 parte del riel que pisa la rueda. 7 distancia transversal entre las ruedas de un vehículo o los pedales de una bicicleta. 8 VET. tropezadura. 9 ORNIT. pisa. 10 galladura. 11 chalaza. 12 MAR. longitud de quilla.
tread (to) *tr.* pisar, hollar : *to ～ the boards,* TEAT. pisar las tablas. 2 pisotear, patear, aplastar : *to ～ under foot,* pisotear, despreciar ; destruir. 3 pisar, prensar, estrujar [frutas] ; trillar [la mies]. 4 andar, recorrer, seguir [un camino] ; andar, dar [unos pasos] : *to ～ a measure,* bailar. 5 ORNIT. pisar ; gallear. — 6 *intr.* pisar, andar, bailar ; *to ～ in the footsteps of,* seguir las pisadas o el ejemplo de ; *to ～ on* o *upon,* pisar, pisotear ; *to ～ on air,* fig. estar muy contento ; *to ～ on eggs,* fig. andar con mucho cuidado ; *to ～ on one's corns* o *toes,* fig. molestar, ofender a uno ; *to ～ on the heels of,* pisar los talones a, seguir de cerca. ¶ CONJUG. pret. : *trod ;* p. p. : *trodden* o *trod.*
treadle (tre·døl) *s.* cárcola, pedal. 2 galladura. 3 chalaza.
treadmill (tre·dmil) *s.* rueda de escalones con que se mueve una máquina [esp. la empleada ant. en las cárceles como castigo]. 2 especie de noria. 3 rutina fatigosa, tráfago.
treason (trɪ·søn) *s.* traición : *high ～,* alta traición.
treasonable (trɪ·sønabli) *adj.* traidor, traicionero.
treasonableness (trɪ·sønabølnis) *s.* calidad de traidor.
treasonably (trɪ·sønabli) *adv.* traidoramente.
treasure (tre·ȳør) *s.* tesoro. 2 preciosidad. 3 valor [de una cosa]. — 4 *adj.* de tesoro : *～ house,* casa donde se guarda un tesoro ; fig. tesoro [de noticias, recuerdos, etc.].
treasure (to) *tr.* atesorar. 2 guardar como un tesoro.
treasurer (tre·ȳørør) *s.* tesorero.
treasurership (tre·ȳørøship) *s.* tesorería [cargo].
treasure-trove (trouv) *s.* DER. tesoro hallado.
treasury (tre·ȳurɪ) *s.* tesoro, erario, hacienda. 2 tesorería [oficina]. 3 tesoro [libro o opúsculo]. 4 (Ingl.) *Treasury* y (EE. UU.) *Treasury Department,* ministerio de hacienda. — 5 *adj.* del tesoro : *～ bond,* bono del tesoro.
treat (trɪt) *s.* agasajo, obsequio, banquete, merienda o fiesta a la que se convida : *to stand ～,* pagar la convidada ; convidar a beber, etc. 2 regalo, solaz, placer, deleite.
treat (to) *tr.* tratar [un tema, una materia, una substancia, un paciente]. 2 tratar [conducirse respecto a, dar cierto trato a]. 3 convidar, invitar, obsequiar, agasajar, regalar. — 4 *intr.* tratar, negociar : *to ～ for peace,* negociar la paz. 5 *to ～ of,* tratar de [un tema].
treatise (trɪ·tis) *s.* tratado [libro u opúsculo].
treatment (trɪ·tmønt) *s.* trato, tratamiento [manera de tratar]. 2 MED., QUÍM., IND. tratamiento. 3 materia con que se trata ; abono [de las tierras].
treaty (trɪ·tɪ) *s.* tratado, convenio. — 2 *adj.* de tratado o convenio : *～ port,* puerto abierto por convenio al comercio extranjero.
treble (tre·bøl) *adj.* triple, triplo, tríplice : *～ block,* cuaderna de tres ojos. 2 MÚS. de tiple, atiplado. 3 agudo, chillón [voz, sonido]. — 4 *s.* MÚS. tiple.
treble (to) *tr.* triplicar, tresdoblar. — 2 *intr.* triplicarse. 3 cantar de tiple. 4 hablar con voz aguda, chillona.
trebly (trebli) *adv.* triplemente.

trebuchet (tre·biushet), **trebucket** (tre·biukeṭ) *s.* trabuco [máquina de guerra]. 2 pesillo [balanza].
trecentist (treishe·ntist) *s.* trecentista.
trecento (treishe·nto) *s.* el siglo XIV.
tree (trɪ) *s.* BOT. árbol : *fruit ～,* árbol frutal ; *～ of heaven,* árbol del cielo ; *～ of life,* árbol de la vida, tuya ; *～ of the knowledge of good and evil,* árbol de la ciencia del bien y del mal ; *up a tree,* fam. entre la espada y la pared, en un aprieto. | En composición puede designar, también, un arbusto : *rose ～,* rosal. 2 palo, pieza de madera [esp. en composición] : *shoe ～,* horma de zapato. 3 *～ of the Cross,* árbol de la Cruz. 4 *family ～, genealogical ～,* árbol genealógico. — 5 *adj.* arborescente, arbóreo : *～ fern,* helecho arborescente ; *～ frog,* rana arbórea.
tree (to) *tr.* obligar a [una pers. o animal] a refugiarse en un árbol. 2 fam. acorralar, poner en un aprieto. 3 poner [un zapato] en la horma. — 4 *intr.* refugiarse en un árbol.
treeless (trɪ·les) *adj.* pelado, sin árboles.
treenail (trɪ·neil) *s.* CARP. espiga, clavija.
treetop (trɪ·tap) *s.* cima, copa [de árbol].
trefoil (trɪ·foil) *s.* BOT. trébol, trifolio. 2 ARQ. trébol. — 3 *adj.* ARQ. trebolado [arco].
treillage (treɪ·lidȳ) *s.* enrejado, varaseto.
trek (trec) *s.* (Áf. del S.) viaje, expedición, migración [esp. en carromato].
trek (to) *tr.* tirar [de una carga]. — 2 *intr.* viajar, emigrar en carromatos. ¶ CONJUG. pret. y p. p.: *trekked ;* ger.: *trekking.*
trellis (tre·lis), **trelliswork** (tre·lisuø'c) *s.* enrejado, varaseto, espaldar, espaldera. 2 glorieta, emparrado.
trematode (tre·matoud) *adj.* y *s.* ZOOL. trematodo.
tremble (tre·mbøl) *s.* temblor, estremecimiento. 2 BOT. (EE. UU.) álamo temblón.
tremble (to) *intr.* temblar. 2 temblequear, tiritar. 3 estremecerse, trepidar, vibrar, vacilar. — 4 *tr.* decir con voz trémula.
trembler (trø·mblø') *s.* temblador. 2 cuáquero. 3 ELECT. vibrador automático.
trembling (tre·mbling) *s.* temblor. — 2 *adj.* temblante, tembloroso, trémulo. 3 BOT. *～ poplar, ～ tree,* álamo temblón.
tremblingly (tre·mblingli) *adv.* trémulamente.
tremendous (trime·ndøs) *adj.* tremendo, terrible, formidable. 2 tremendo [muy grande].
tremendously (trime·ndøsli) *adv.* tremendamente.
tremolo (tre·molou) *s.* MÚS. trémolo.
tremor (tre·mø') *s.* tremor, temblor, estremecimiento. 2 vibración.
tremulant (tre·miulant) *adj.* trémulo, tembloroso.
tremulate (to) (tre·miuleit) *intr.* temblar. — 2 *tr.* hacer temblar.
tremulous (tre·miuløs) *adj.* trémulo, tembloroso. 2 palpitante. 3 tímido, medroso.
tremulously (tre·miuløsli) *adv.* trémulamente.
trench (trench) *s.* foso, zanja, surco. 2 MIL. trinchera. — 2 *adj.* de foso, trinchera, etc. : *～ back,* dolor de espalda acompañada de rigidez ; *～ coat,* trinchera [abrigo impermeable] ; *～ fever,* MED. fiebre de las trincheras ; *～ warfare,* guerra de trincheras.
trench (to) *tr.* cortar, surcar ; abrir surcos o zanjas en. 2 avenar [un terreno]. 3 atrincherar. — 4 *intr.* hacer surco, abrir cauce. 5 atrincherarse. 6 *to ～ on* o *upon,* usurpar, invadir, infringir ; bordear, frisar en, rayar en.
trenchant (tre·nchant) *adj.* cortante. 2 tajante, bien definido. 3 mordaz, incisivo. 4 agudo, penetrante, perspicaz.
trencher (tre·nchø') *s.* el que abre zanjas, fosos o trincheras. 2 trinchante, trinchador. 3 trinchero, plato trinchero. 4 viandas, comida, placeres de la mesa. — 5 *adj.* de mesa. 6 que come en la mesa de otro.
trencherman (tre·nchø'mæn), *pl.* **-men** (-men) *s.* hombre comedor. 2 compañero de mesa, parásito.
trend (trend) *s.* dirección, rumbo, curso, giro. 2 inclinación, tendencia.
trend (to) *intr.* dirigirse, tender, inclinarse, tomar un curso o dirección.
Trent (trent) *n. pr.* GEOGR. Trento.
Trentine (tre·ntin) *adj.* y *s.* tridentino.
trepan (tripæ·n) *s.* CIR. trépano. 2 MEC. taladro.
trepan (to) *tr.* CIR. trepanar. 2 MEC. taladrar.
trepanation (trepane·shøn) *s.* CIR. trepanación.

trephine (trifai n) *s.* CIR. trépano.
trephine (to) *tr.* CIR. trepanar.
trepidation (trepide shøn) *s.* trepidación, temblor. *2* sobresalto, alarma, agitación, azoramiento, perturbación.
trespass (tre spas) *s.* transgresión, infracción, quebrantamiento. *2* delito, culpa, pecado. *3* invasión, translimitación, intrusión.
trespass (to) *intr.* infringir la ley, un reglamento; violar un derecho; delinquir, pecar: *to ~ against,* o *upon,* infringir, violar; delinquir o pecar contra. *2 to ~ on,* o *upon,* invadir, traspasar los límites de, entrar sin derecho en los dominios de otro, en lo privado; entrometerse, usurpar. *3* abusar : *to ~ on someone's hospitality,* abusar de la hospitalidad de uno; *to ~ on someone's patience,* abusar de la paciencia de uno.
trespasser (tre spasə') *s.* transgresor, violador de la ley. *2* pecador. *3* invasor, intruso.
tress (tres) *s.* trenza [de pelo]; rizo, bucle. *2 pl.* cabellera, cabellos abundantes.
tressed (trest) *adj.* trenzado. *2* de cabellos o cabellera : *golden-tressed,* de cabellos de oro.
trestle (tre søl) *s.* caballete, asnilla. *2* pie o bastidor de mesa. *3* TRESTLEWORK. — *4 adj.* de caballetes : *~ bridge,* puente de caballetes.
trestletree (tre søltri) *s.* MAR. bao [del palo].
trestlework (tre sølwø'c) *s.* obra de caballetes y riostras para sostener un puente, un viaducto, un andamio, etc.
Treves (trivš) *n. pr.* GEOGR. Tréveris.
trews (trius) *s. pl.* ant. pantalones de los escoceses.
trey (trei) *s.* tres [en naipes, dados y dominó]. *2* grupo de tres.
triad (trai æd) *s.* tríada. *2* QUÍM. elemento o radical trivalente. *3* MÚS. acorde de tres notas. — *4 adj.* QUÍM. trivalente.
triadic (trai ædic) *adj.* trino. *2* formado por grupos de tres. *3* LÓG. de tres términos. *4* QUÍM. trivalente.
triage (tria ỹ) *s.* COM. tría *2* triache, desperdicios de granos de café.
trial (trai al) *s.* prueba, ensayo, examen, experimento : *to give a ~,* probar, poner o tomar a prueba; *on ~,* a prueba; *~ and error,* método de tanteos. *2* probatura, esfuerzo, tentativa. *3* prueba, aflicción, desgracia. *4* DER. juicio, vista de una causa. — *5 adj.* de prueba, de ensayo : *~ balance,* COM. balance de comprobación; *~ balloon,* globo de exploración, globo sonda; anuncio que se hace para explorar la opinión pública; *~ trip,* viaje de prueba. *6* DER. de juicio o vista : *~ jury,* jurado [en un proceso].
trialism (trai ališm) *s.* unión de tres estados.
triangle (trai æŋgøl) *s.* GEOM., MÚS. triángulo : *acute-angled ~,* triángulo acutángulo; *obtuse-angled ~,* triángulo obtusángulo; *right-angled ~,* triángulo rectángulo. *2* objeto triangular. *3* trípode formado por tres palos, de cuyo vértice se suspende una polea o una balanza. *4* escuadra [de dibujo]. *5* (con may.) ASTR. triángulo.
triangled (trai æŋgøld), **triangular** (traiæ nguiula') *adj.* triangular; triangulado.
triangularly (traiæ nguiula'li) *adv.* triangularmente.
triangulate (to) (traie nguiuleit) *tr.* triangular.
triangulation (traiæŋguiule shøn) *s.* triangulación.
Triassic (traiæ sic) *adj.* y *s.* GEOL. triásico.
tribal (trai bal) *adj.* tribal.
tribalism (trai bališm) *s.* organización o vida tribal; espíritu de tribu.
tribasic (traibei sic) *adj.* QUÍM. tribásico.
tribe (traib) *s.* tribu. *2 fig.* clase, grupo, gremio. *3* bandada [de aves].
tribesman (trai bsmæn), *pl.* -**men** (-men) *s.* miembro de una tribu.
tribrach (trai bræc) *s.* tribraquio.
tribulation (tribiule shøn) *s.* tribulación.
tribunal (traibiu nal) *s.* tribunal. *2* juzgado.
tribune (tri biun) *s.* tribuno. *2* defensor del pueblo; demagogo. *3* tribuna.
tribuneship (tribiunship) *s.* tribunado.
tribunicial, tribunitial (tribiuni shal) *adj.* tribunicio.
tributary (tri biuteri) *adj.* y *s.* tributario. — *2 adj.* subordinado. *3* de la naturaleza del tributo.
tribute (tri biut) *s.* tributo. *2* homenaje, obsequio, elogio, encomio.

trice (trais) *s.* momento, instante : *in a ~,* en un instante, en un abrir y cerrar de ojos.
trice (to) *tr.* MAR. izar y amarrar o trincar.
tricennial (traise nial) *adj.* tricenal.
triceps (trai seps) *adj.* y *s.* ANAT. tríceps.
trichina (tricai na) *s.* ZOOL. triquina.
trichinosis (trikinou sis) *s.* MED. triquinosis.
trichinous (tri kinøs) *adj.* triquinoso.
trichloride (traiclo raid) *s.* QUÍM. tricloruro.
trichord (trai co'd) *s.* MÚS. de tres cuerdas.
trichotomy (traica tomi) *s.* tricotomía.
tricipital (traisi pital) *adj.* tricípite.
trick (tric) *s.* treta, ardid, estratagema, maña, trampa, engaño, manganilla. *2* burla, travesura. *3* acción [gralte. mala o estúpida] : *dirty ~,* mala pasada, jugarreta; *fool's ~,* bobada, estupidez. *4* suerte [de destreza], juego de manos, truco, ilusión : *~ of eyesight,* ilusión óptica. *5* manera, medio, arte, habilidad. *6* cosa, resultado [que se persigue] : *to do the ~,* servir, resolver el problema; dar en el clavo. *7* hábito, costumbre, vicio. *8* característica, peculiaridad, rasgo, fisonomía. *9* baza [en el juego de naipes]. *10* turno, guardia [de servicio]; MAR. guardia del timonel. *11 to play tricks,* hacer suertes; hacer travesuras; jugar, burlarse. *12 to be up to one's old tricks,* hacer de las suyas.
trick (to) *tr.* engañar, estafar, burlar, embaucar. *2* inducir con engaño. *3 to ~ out* o *up,* vestir, ataviar, engalanar. — *4 intr.* engañar, hacer trampas.
tricker (tri cø') *s.* TRICKSTER.
trickery (tri cøri) *s.* engaño, dolo, fraude, superchería, malas artes.
trickier (tri kiø') *adj. comp.* de TRICKY.
trickiest (tri kiist) *adj. superl.* de TRICKY.
trickish (tri kish) *adj.* engañoso, falso, trapacero. *2* mañoso, habilidoso.
trickle (tri køl) *s.* goteo, chorrillo, hilillo [de líquido].
trickle (to) *intr.* gotear, escurrir, caer o salir en un hilillo. *2* moverse, ir o salir de uno en uno. — *3 tr.* dejar caer gota a gota o en un hilillo.
trickster (tri cstø') *s.* trampista, petardista, chanchullero, embaucador.
tricksy (tri csi) *adj.* adornado, ataviado. *2* artificioso, engañoso. *3* tramposo, artero, marrullero. *4* travieso, juguetón.
tricky (tri ki) *adj.* falso, trapacero. *2* engañoso. *3* vicioso [animal]. *4* delicado, vidrioso. *5* complicado, intrincado. *6* habilidoso.
triclinic (traicli nic) *adj.* CRIST. triclínico.
triclinium (traicli niøm), *pl.* -**a** (-a) *s.* triclinio.
tricolo(u)r (trai cølø'), *adj.* tricolor. — *2 s.* bandera tricolor.
tricot (tri cou) *s.* tejido de punto.
tricuspid (traicø spid) *adj.* tricúspide : *~ valve,* ANAT. válvula tricúspide.
tricycle (trai sicøl) *s.* triciclo.
trident (trai dønt) *s.* tridente. *2* arrejaque, fisga [para pescar].
tridentate (trai denteit) *adj.* tridente.
Tridentine (traide ntin) *adj.* tridentino.
triduo (tri duo), **triduum** (tri duøm) *s.* triduo.
tried (traid) *pret.* y *p. p.* de TO TRY. — *2 adj.* probado, experimentado. *3* fiel, seguro, de confianza.
triennial (traie nial) *adj.* trienal.
triennium (traie niøm) *s.* trienio.
trier (trai ø') *s.* probador, ensayador. *2* juez, censor, examinador. *3* instrumento para probar o examinar. *4* prueba, toque.
Triest (tri est) *n. pr.* Trieste.
trifallow (to) (trai fælou) *tr.* AGR. terciar.
trifid (trai fid) *adj.* BOT. trífido.
trifle (trai føl) *s.* fruslería, friolera, bagatela, zarandaja, baratija, nadería, menudencia, insignificancia. *2* cierto plato de dulce. *3* variedad de peltre. — *4 adv. a ~,* un poco, algo, ligeramente.
trifle (to) *intr.* bromear, burlar, chancearse, hablar u obrar con ligereza o frivolidad. *2* holgar. *3 to ~ with,* jugar, juguetear, burlar con; burlarse de [uno], engañarlo. — *4 tr. to ~ away,* malgastar [el tiempo, etc.].
trifler (trai flø') *s.* persona frívola.
trifling (trai fling) *adj.* fútil, insignificante, ligero. *2* frívolo.
trifoliate(d (traifou lieit) *adj.* BOT. trifoliado.
triforium (traifo riøm), *pl.* -**a** (-a) *s.* ARQ. triforio.

triform (trai·fo'm) *adj.* triforme.
trifurcate'd (traifo·'keit(·d) *adj.* trifurcado.
trig (trig) *adj.* arreglado, aseado. 2 acicalado, peripuesto. 3 exacto, metódico; estirado. 4 sano, firme. — 5 *s.* calzo.
trig (to) *tr.* calzar, o trabar [una rueda]. 2 *to* ~ *up* o *out,* acicalar, ataviar. ¶ CONJUG. pret. y p. p.: *trigged;* ger.: *trigging.*
trigeminal (traiȳe·minal) *adj.* y *s.* ANAT. trigémino.
trigeminous (traiȳe·minøs) *adj.* trigémino.
trigger (trɪ·gø') *s.* gatillo, disparador. 2 MEC. fiador. 3 gancho para trabar una rueda. — 4 *adj.* de disparo, de gatillo: ~ *mechanism,* mecanismo de disparo.
triglyph (trai·glif) *s.* ARQ. tríglifo.
trigon (trai·gan) *s.* GEOM. trígono, triángulo.
trigonal (tri·gonal) *adj.* triangular.
trigonometric(al (trigonome·tric(al) *adj.* trigonométrico.
trigonometry (trigona·metri) *s.* trigonometría.
trihedral (traijɪ·dral) *adj.* GEOM. triedro.
trihedron (traijɪ·drøn) *s.* GEOM. ángulo triedro.
trike (traik) *s.* pop. triciclo.
trilateral (trailæ·tøral) *adj.* trilátero.
trilingual (traili·ngual) *adj.* trilingüe.
triliteral (traili·tøral) *adj.* trilítero.
trill (tril) *s.* FONÉT. vibración de un órgano vocal contra otro; sonido que produce. 2 MÚS. trino. 3 quiebro, gorjeo, gorgorito.
trill (to) *tr.* pronunciar con vibración [por ej., la *r*]. 2 cantar con trinos. — 3 *intr.* trinar, gorjear; gorgoritear. 4 gotear [caer gota a gota].
trillion (tri·liøn) *s.* (Ingl.) trillón. 2 (EE. UU.) billón.
trilobate'd (trailou·beit(id), **trilobed** (trai·loubd) *adj.* trilobulado.
trilobite (trai·lobait) *s.* PALEONT. trilobites.
trilocular (traila·kiulø') *adj.* trilocular.
trilogy (tri·loȳi) *s.* trilogía.
trim (trim) *adj.* bien arreglado, en buen orden, en buen estado. 2 de líneas precisas, armónicas; bien proporcionado. 3 pulcro, aseado, acicalado. — 4 *s.* orden, disposición, condición, estado: ~ *of the hold,* MAR. disposición de la estiba; ~ *of the sails,* MAR. orientación de las velas; *to put a house in good* ~, poner una casa en orden; *to be in good* ~ *for,* estar en buenas condiciones para. 5 atavío, adorno, aderezo, acabado. 6 traje, vestido. 7 franja, ribete, guarnición. 8 recortes, cortaduras. 9 AUTO. accesorios interiores de la carrocería. 10 MAR. disposición de un buque para navegar; asiento.
trim (to) *tr.* arreglar, ajustar, disponer, adaptar: *to* ~ *the sails,* MAR. orientar las velas. 2 cortar, recortar [arreglar cortando], atusar, podar; mondar: *to* ~ *the hair,* cortar, arreglar el pelo; *to* ~ *off,* cortar [lo que sobra]. 3 CARP. alisar, desbastar. 4 ENCUAD. desvirar. 5 despabilar [una luz]. 6 reponer los carbones [de una lámpara]. 7 pulir, adornar, ribetear, galonear, guarnecer. 8 igualar, afinar, equilibrar [pesos]: *to* ~ *the hold,* MAR. estibar. 9 fam. reprender, castigar. 10 fam. ganar, vencer [en el juego]. *11 to* ~ *up,* adornar, componer, poner en orden; fam. vencer, derrotar. — *12 intr.* mantenerse en equilibrio, mantenerse neutral; nadar entre dos aguas; obrar según las circunstancias. 13 MAR. estar bien orientado o equilibrado [un buque]. ¶ CONJUG. pret. y p. p.: *trimmed;* ger.: *trimming.*
trimerous (tri·mørøs) *adj.* trímero.
trimester (trai·mestø') *s.* trimestre.
trimestr(i)al (trai·mestr(i)al) *adj.* trimestral.
trimeter (tri·metø') *adj.* trímetro.
trimly (tri·mli) *adv.* en buen orden.
trimmed (tri·md) *pret.* y *p. p.* de TO TRIM. — 2 *adj.* arreglado. 3 adornado, guarnecido. 4 MAR. equilibrado. 5 fam. derrotado, vencido.
trimmer (tri·mø') *s.* cortador, arreglador; máquina de recortar. 2 guarnecedor, ribeteador. 3 MAR. estibador. 4 el que nada entre dos aguas; pastelero, oportunista. 5 fam. represor; reprensión, repulsa. 6 ARQ. brochal. 7 RADIO. condensador de compensación.
trimming (tri·miŋ) *s.* arreglo, ajuste. 2 corte, arreglo [del pelo, de la barba]. 3 poda. 4 desbastadura. 5 MAR. adorno, aderezo. 6 COST. guarnición, orla, ribete, franja, galón, pasamanería. 7 reprensión, paliza. 8 *pl.* adornos, accesorios. 9 recortes, cortaduras.

trimness (tri·mnis) *s.* arreglo, buen orden. 2 aseo, compostura.
trinal (trai·nal) *adj.* trino.
trine (train) *adj.* trino, triple. — 2 *s.* tríada. 3 MÚS. acorde de tres notas. 4 (con may.) Trinidad.
tringle (tri·ngøl) *s.* vara de cortina. 2 ARQ. listel.
Trinitarian (trinite·rian) *adj.* y *s.* trinitario. 2 que cree en la Trinidad. — 3 *adj.* (con min.) ternario.
trinity (tri·niti) *s.* trinca, trío. 2 (con may.) Trinidad.
trinket (tri·nkit) *s.* joya, dije, brinquillo. 2 baratija, chuchería.
trinomial (trinou·mial) *adj.* en nomenclatura taxonómica, que consta de tres nombres. 2 MAT. de tres términos. — 3 *s.* MAT. trinomio. 4 BOT., ZOOL. nombre de tres términos.
trio (tri·ou) *s.* trinca, terno, trío. 2 MÚS. trío, terceto.
triode (trai·oud) *s.* RADIO. triodo, tubo de tres electrodos.
triolet (trai·olet) *s.* combinación métrica de ocho versos con dos rimas.
trioxide (traia·csaid) *s.* QUÍM. trióxido.
trip (trip) *s.* viaje corto, excursión. 2 viaje, travesía [de un buque]. 3 paso vivo, movimiento ágil o vivo de los pies. 4 tropezón, traspié. 5 tropiezo, desliz. 6 zancadilla. 7 MEC. acción de soltar o disparar una pieza o mecanismo; trinquete, fiador, escape, disparo. 8 MAR. bordada.
trip (to) *intr.* andar ligero, saltar, brincar. 2 hacer un viaje o excursión. 3 tropezar, dar un traspié: *to* ~ *over,* tropezar en. 4 tener un desliz, un descuido, equivocarse. — 5 *tr.* ejecutar ágilmente [un baile o movimiento]. 6 hacer tropezar, hacer caer, echar la zancadilla a. 7 obstaculizar. 8 coger en falta, en error. 9 MEC. soltar, disparar. 10 MAR. levar [el ancla]; inclinar [una verga]. ¶ CONJUG. pret. y p. p.: *tripped;* ger.: *tripping.*
tripartite (trai·pa'tait) *s.* tripartito.
tripartition (traipa'ti·shøn) *s.* tripartición.
tripe (traip) *s.* COC. tripas, callos. 2 fig. cosa sin valor; tontería. 3 TEJ. tripe.
tripeman (trai·pmæn), *pl.* **-men** (-men) *s.* tripero, tripicallero.
tripery (trai·pøri) *s.* tripería.
trip-hammer *s.* martillo pilón, martinete de fragua.
triphthong (tri·fzaŋ) *s.* triptongo.
tripinnate (trai·pineit) *adj.* BOT. tripinado.
triplane (trai·plein) *s.* AVIA. triplano.
triple (tri·pøl) *adj.* triple, triplo, tresdoble: ~ *crown,* tiara [del papa].
triple (to) *tr.* triplicar, tresdoblar.
triple-expansion *adj.* de triple expansión.
triplet (tri·plit) *s.* trinca, terno. 2 cada uno de los tres hermanos nacidos de un parto. 3 bicicleta para tres. 4 MÚS. tresillo. 5 LIT. terceto. 6 ÓPT. combinación de tres lentes.
triplex (trai·plecs) *adj.* triple, tríplice. 2 MEC. de triple efecto.
triplicate (tri·plikit) *adj.* triplo, triplicado. — 2 *s.* triplicado: *in* ~, por triplicado.
triplicate (to) (tri·plikeit) *tr.* triplicar.
triplication (triplike·shøn) *s.* acción de triplicar.
triplicity (tripli·siti) *s.* triplicidad.
triply (tri·pli) *adv.* tres veces.
tripod (trai·pad) *s.* trípode.
Tripoli (tri·poli) *n. pr.* GEOGR. Trípoli.
tripoli *s.* tripol, trípoli.
Tripolitan (tripa·litan) *adj.* y *s.* tripolitano.
tripos (trai·pas), *pl.* **-ses** (-se's o si's) *s.* en la Universidad de Cambridge, examen para la reválida y graduación.
tripper (tri·pø') *s.* (Ingl.) excursionista, turista. 2 saltarín. 3 tropezador. 4 MEC. disparador.
tripping (tri·piŋ) *s.* paso vivo, baile ligero. 2 tropezón, traspié. 3 MAR. acción de levar el ancla. — 4 *adj.* ágil, ligero, vivo. 5 MEC. que sirve para soltar o disparar.
trippingly (tri·piŋli) *adv.* con agilidad y ligereza.
triptych (tri·ptic) *s.* B. ART. tríptico.
triptyque (tripti·c) *s.* AUTOM. tríptico.
trireme (trai·rim) *s.* trirreme.
Trisagion (trɪsei·guion) *s.* trisagio.
trisect (to) (traise·ct) *tr.* trisecar.
trisection (traise·cshøn) *s.* trisección.
trismus (trai·smøs) *s.* MED. trismo.
trispast (trais·past) *s.* trispasto.

tristful (tri·stful) *adj.* triste, melancólico.
Tristram (tri·stram) *n. pr.* Tristán.
trisulcate (traisu·lkit) *odj.* trisulco.
trisulphid(e (traisø·lfid) *s.* QUÍM. trisulfuro.
trisyllabic(al (traisilæ·bic(al) *adj.* trisílabo.
trisyllable (traisi·labøl) *s.* palabra trisílaba.
trite (trait) *s.* gastado, trillado, trasnochado, trivial, estereotipado.
tritely (trai·tli) *adv.* trivialmente.
triteness (trai·tnis) *s.* vulgaridad, trivialidad, cosa gastada o trillada.
triton (trai·tøn) *s.* MIT., ZOOL. tritón. 2 ZOOL. cierto caracol marino.
tritone (trai·toun) *s.* MÚS. trítono.
triturable (tri·chørabøl) *adj.* triturable.
triturate (to) (tri·chøreit) *tr.* triturar.
trituration (trichøre·shøn) *s.* trituración.
triumph (trai·ømf) *s.* triunfo, victoria. 2 júbilo, exultación [por un éxito o victoria]. 3 *pl.* gritos de júbilo.
triumph (to) *intr.* triunfar [recibir el triunfo]. 2 triunfar, vencer. 3 exultar ostensiblemente; gozarse : *to ~ over*, gozarse en la derrota o el mal de.
triumphal (traiø·mfal) *adj.* triunfal.
triumphant (traiø·mfant) *adj.* triunfante. 2 victorioso.
triumphantly (traiø·mfantli) *adv.* triunfalmente, triunfantemente; victoriosamente.
triumpher (trai·ømfø') *s.* triunfador.
triumvir (traiø·mvø') *s.* triunviro.
triumvirate (traiø·mvireit) *s.* triunvirato.
triune (trai·un) *adj.* TEOL. trino y uno. — 2 *s.* tríada. 3 (con may.) Trinidad.
trivet (tri·vit) *s.* trébedes, trípode.
trivial (tri·vial) *adj.* trivial [del trivio]. 2 trivial, fútil, insignificante, frívolo, vulgar.
triviality (triviæ·liti) *s.* trivialidad, futilidad, frivolidad, insignificancia.
trivially (tri·viali) *adv.* trivialmente, frívolamente.
trivialness (tri·vialnis) *s.* TRIVIALITY.
trivium (tri·viøm) *s.* trivio [las tres artes liberales].
triweekly (traiwr·kli) *adj.* trisemanal.
troat (trout) *s.* bramido del ciervo cuando está en celo.
troat (to) *intr.* bramar [el ciervo].
trocar (trou·ca') *s.* CIR. trocar.
trochaic(al (trokei·ic(al) *adj. y s.* trocaico.
trochanter (trocæ·ntø') *s.* ANAT., ENTOM. trocánter.
troche (trou·ki) *s.* FARM. trocisco, pastilla.
trochee (trou·ki) *s.* troqueo.
trochid (trou·kid) *s.* ZOOL. trompo [molusco].
trochlea (tra·clia) *s.* ANAT. tróclea.
trochlear (tra·clia'), **trochleate** (tra·clieit) *adj.* ANAT., BOT. troclear.
trochoid (trou·coid) *adj.* ZOOL. en forma de trompo. 2 ANAT. que gira sobre un eje. 3 trocoideo. — 4 *s.* GEOM. trocoide.
trod (trad) *pret. y p. p.* de TO TREAD.
trodden (tra·døn) *p. p.* de TO TREAD.
troglodyte (tra·glodait) *s.* troglodita. 2 ZOOL. mono antropoide.
trogon (trou·gan) *s.* ORNIT. ave de la familia del quetzal.
troika (troi·ca) *s.* troica.
Trojan (trou·ỹan) *adj. y s.* troyano. — 2 *s.* persona valiente, esforzada : *like a ~*, enérgicamente, esforzadamente.
troll (troul) *s.* canción cantada por varias voces que van turnando. 2 repetición, rutina. 3 sedal y anzuelo rotatorios. 4 carrete de la caña de pescar. 5 MIT. gnomo; gigante.
troll (to) *tr.* cantar por turno las partes de una canción. 2 cantar ruidosamente. 3 cantar, celebrar. 4 recitar sonora o rápidamente. 5 hacer circular [el vaso, la botella, etc.]. 6 hacer rodar. 7 pescar con caña arrastrando el anzuelo casi a flor de agua desde un bote en movimiento. 8 pescar en. — 9 *intr.* voltear, girar, dar vueltas. 10 andorrear, corretear. 11 cantar alegremente. 12 hablar de trivialidades.
trolley (tra·li) *s.* polea del trole. 2 tranvía eléctrico. 3 carrito, carretilla. 4 carrito aéreo. — 5 *adj.* de la polea del trole, de trole : *~ bus*, trolebús; *~ car*, tranvía eléctrico; *~ line*, línea de tranvías; *~ pole*, trole; *~ wire*, cable conductor [del tranvía eléctrico].
trolleyman (tra·limæn), *pl.* **-men** (-men) *s.* conductor de tranvía.

trolling (trou·ling) *s.* modo de pescar con caña arrastrando el anzuelo casi a flor de agua, desde un bote en movimiento.
trollon (tra·løp) *s.* pazpuerca. 2 mujerzuela, gorrona.
trombone (tra·mboun) *s.* MÚS. trombón [instrumento].
trombonist (tra·mbounist) *s.* trombón [músico].
trompe (tramp) *s.* trompa [de forja].
trona (tro·næ) *s.* MINER. trona.
troop (trup) *s.* tropa, cuadrilla, banda, tropel, turba, muchedumbre. 2 bandada, manada. 3 compañía [de actores]. 4 MIL. escuadrón [de caballería]. 5 *pl.* tropas, soldados.
troop (to) *intr.* atroparse, ir en grupo, en tropel : *to ~ away, to ~ off*, alejarse, retirarse en tropel: *to ~ together, to ~ up*, atroparse, formar grupo. 2 marchar, avanzar, etc., formando parte de un grupo o multitud. — 3 *tr.* atropar, agrupar.
trooper (tru·pø') *s.* soldado de caballería; su caballo. 2 MAR. transporte de tropas [buque]. 3 (EE. UU. y Austr.) policía montado.
troopial (tru·pial) *s.* TROUPIAL.
troopship (tru·pship) *s.* buque transporte [de tropas].
tropæolaceous (tropiolei·shøs) *adj, y s.* BOT. tropeoleácea.
trope (troup) *s.* RET. tropo.
trophic (tra·fic) *adj.* trófico.
trophied (trou·fid) *adj.* adornado con trofeos.
trophy (trou·fi), *pl.* **-phies** (-fiš) *s.* trofeo.
tropic (tra·pic) *adj.* tropical. 2 BIOL. del tropismo. — 3 *adj. y s.* ASTR., GEOGR. trópico.
tropical (tra·pical) *adj.* tropical. 2 RET. trópico.
tropically (tra·picall) *adv.* metafóricamente.
tropism (trou·pišm) *s.* BIOL. tropismo.
tropological (trapola·ỹical) *adj.* tropológico.
tropology (tropa·loỹi) *s.* tropología.
troposphere (tra·posfi') *s.* troposfera.
trot (trat) *s.* trote : *at a ~*, al trote. 2 niño, niña. 3 TROTLINE.
trot (to) *intr.* trotar. — 2 *tr.* hacer trotar : *to ~ out*, hace trotar un caballo para probarlo; fig. exhibir [una pers. o cosa]. 3 pasar o recorrer al trote.
trotline (tra·tlain) *s.* especie de palangre para pescar en los ríos.
troth (troz) *s.* fe, fidelidad; verdad, veracidad : *in ~, in verdad*; *to plight one's ~*, empeñar su fe; dar palabra de casamiento. 2 ant. esponsales.
trotter (tra·tø') *s.* trotador, trotón. 2 mandadero, mensajero. 3 coc. pie, mano [de carnero, cerdo, etc.].
troubadour (tru·bado') *s.* trovador.
trouble (trø·bøl) *s.* turbación, perturbación. 2 disturbio, desorden, agitación. 3 inquietud, desazón. 4 pena, congoja, disgusto, trabajo, aflicción, cuita, apuro, dificultad : *to be in ~*, pasar penas, estar en un apuro; *to be looking for ~*, buscarse un disgusto, buscar camorra; *to get in ~*, ganarse una represión, un castigo. 5 molestia, incomodidad, engorro. 6 inconveniente : *that's the ~*, aquí está el inconveniente, el busilis. 7 molestia, trabajo, pena [que se toma uno] : *to go to the ~ to, to take the ~ to*, molestarse en, tomarse la molestia de; *it is not worth the ~*, no vale la pena. 8 avería, accidente [en un mecanismo] : *to shoot ~*, localizar averías. 9 MED. afección, desarreglo, trastorno : *lung ~*, afección pulmonar. 10 *what is the ~?*, ¿qué hay?, ¿qué sucede? — 11 *adj.* de avería, etc. : *~ shooting*, MEC. localización de defectos o averías.
trouble (to) *tr.* turbar, perturbar, disturbar. 2 revolver, agitar, enturbiar : *to fish in troubled waters*, pescar en río revuelto. 3 conturbar, inquietar, desazonar, afligir, atribular. 4 incomodar, molestar, importunar, pedir, rogar. 5 alterar la salud : *to be troubled with*, padecer de. — 6 *intr. y ref.* preocuparse, apurarse. 7 molestarse, tomarse trabajo o molestia.
troublemaker (trø·bølmeikø') *s.* agitador, alborotador.
troubler (trø·blø') *s.* perturbador, inquietador.
troublesome (trø·bølsøm) *adj.* trabajoso, penoso, molesto, gravoso, oneroso. 2 dificultoso, pesado, fatigoso. 3 enojoso, molesto, incómodo, importuno, fastidioso, embarazoso. 4 inquieto, impertinente, travieso.

troublesomely (trǿ·bølsømli) *adv.* molestamente, enfadosamente.

troublesomeness (trǿ·bølsømnis) *s.* calidad de penoso, molesto, fastidioso; chinchorrería, impertinencia.

troublous (trǿ·bløs) *adj.* turbado, afligido. 2 inquieto, agitado, revuelto, tempestuoso. 3 turbador, inquietante.

trough (trǿf) *s.* comedero; abrevadero. 2 artesa, gamella, dórnajo, batea, cubeta. 3 seno o depresión entre dos olas, montañas, etc. 4 METEOR. área alargada de baja presión barométrica. 5 *eaves* ~, canalón de tejado.

trounce (to) (trauns) *tr.* zurrar, castigar. 2 reprender. 3 derrotar.

troupe (trup) *s.* TEAT. compañía.

trouper (tru·pǿ') *s.* miembro de una compañía teatral. 2 actor veterano.

troupial (tru·pial) *s.* ORNIT. turupial, trupial.

trouser (trau·šǿ') *s.* pernera [de pantalón]. 2 pl. *trousers* o *pair of trousers,* pantalones, calzones : *to wear the trousers,* llevar los pantalones [la mujer]. — 3 *adj.* de pantalón.

trousering (trau·sǿring) *s.* paño o género para pantalones.

trousse (trus) *s.* estuche de instrumentos [esp. el del cirujano].

trousseau (trusou·) *s.* ajuar de novia.

trout (traut) *s.* ICT. trucha. 2 COC. plato o guiso de truchas. | Siempre sing. en este sentido.

trover (trou·vǿ') *s.* DER. repetición.

trow (to) (trau o trou) *tr.* ant. creer, suponer.

trowel (trau·ǿl) *s.* ALBAÑ. trulla, llana, paleta, palustre. 2 JARD. desplantador.

trowel (to) *tr.* extender, alisar o aplicar con llana o palustre.

Troy (troi) *n. pr.* GEOGR. Troya.

troy, troy-weight *s.* sistema de pesos para oro, plata y drogas medicinales cuya unidad es la libra de 12 onzas [373 gramos].

truancy (tru·ansi) *s.* acción o costumbre de hacer novillos; ociosidad, apartamiento del deber.

truant (tru·ant) *s.* novillero [que hace novillos], tunante, holgazán : *to play* ~, hacer novillos; *capear la escuela. — 2 adj.* ocioso; que hace novillos; de novillos u ociosidad; perezoso, errabundo.

truant (to) *intr.* hacer novillos; no trabajar, holgazanear, vagar.

truce (trus) *s.* tregua.

truck (trǿc) *s.* carretilla [carro de mano]. 2 rueda pequeña y fuerte. 3 carro grande, camión, camión automóvil, furgón. 4 FERROC. (Ingl.) batea, vagón de plataforma. 5 FERROC. juego de ruedas de movimiento autónomo. 6 perilla [de un mástil o de un asta de bandera]. 7 MAR. vertello. 8 cambio, trueque, trata. 9 efectos para trocar o vender. 10 (EE. UU.) hortalizas, verduras para el mercado. 11 artículos sin valor, desecho. — 12 *adj.* de carretilla, de camión, de cambio, etc.: ~ *driver,* camionero; ~ *farm,* ~ *garden* (EE. UU.), huerto [de verduras] ; ~ *system,* sistema de pago de salarios en especie.

truck (to) *tr.* trocar, cambiar, traficar, vender. 2 pagar los salarios en especie. 3 acarrear, transportar en camión o carretilla.

truckage (trǿ·kidɣ) *s.* acarreo, camionaje.

trucker (trǿ·kǿ') *s.* carretero, camionero. 2 (EE. UU.) hortelano, verdulero.

truckle (trǿ·cǿl) *s.* ruedecita. 2 ~ *bed,* carriola [cama].

truckle (to) *intr.* rodar sobre ruedecitas. 2 arrastrarse, someterse servilmente a la voluntad de otro.

truckman (trǿ·cmæn) *pl.* **-men** (-men) *s.* carretero, camionero. 2 chamarilero.

trucks (trǿcs) *s. sing.* y *pl.* trucos [juego].

truculence (trǿ·kiulǿns) *s.* truculencia, crueldad.

truculent (trǿ·kiulǿnt) *adj.* truculento, bárbaro, cruel, feroz.

trudge (trǿdɣ) *s.* caminata; marcha penosa.

trudge (to) *intr.* andar, caminar [esp. con fatiga o esfuerzo]. — 2 andar por, recorrer [esp. con fatiga o esfuerzo].

trudgen o **trudgen stroke** (trǿ·dɣǿn) *adj.* cierto modo de nadar.

true (tru) *adj.* verdadero, cierto, seguro, positivo, real : ~ *course,* MAR. rumbo verdadero; ~ *ribs,* ANAT. costillas verdaderas; ~ *time,* tiempo solar verdadero; *it is* ~, es cierto, es verdad; *to come* ~, realizarse, verificarse. 2 verídico, veraz. 3 sincero, fiel, leal, constante, seguro, fidedigno : ~ *love,* amor fiel, constante. 4 exacto, fiel, correcto, debido, como debe ser : ~ *copy,* copia fiel; ~ *to life,* conforme con la realidad. 5 bien ajustado, a plomo, a nivel. 6 puro, legítimo, genuino, propio, natural. 7 constante [viento]. — 8 *adv.* TRULY.

true (to) *tr.* arreglar, corregir, rectificar, poner en la posición debida. | Gralte. con *up.*

true-blue *adj.* fiel, constante, leal. 2 patriótico; conservador.

true-born *adj.* legítimo, verdadero, de nacimiento.

true-bred *adj.* de casta legítima.

true-hearted *adj.* sincero, leal.

truelove (tru·lav) *s.* fiel amante. 2 amado, amada : ~ *knot,* TRUE-LOVER'S KNOT.

true-lover's knot *s.* cierto lazo simétrico, símbolo del mutuo amor.

trueness (tru·nis) *s.* veracidad, sinceridad. 2 fidelidad, exactitud.

truffle (trǿ·fǿl) *s.* BOT. trufa; criadilla de tierra.

truffled (trǿ·fǿld) *adj.* trufado, guarnecido con trufas.

truism (tru·iŝm) *s.* verdad manifiesta; perogrullada.

trull (trǿl) *s.* mujerzuela, ramera.

truly (tru·li) *adv.* verdaderamente, realmente, en verdad, en realidad. 2 sinceramente. 3 fielmente. 4 exactamente, correctamente, debidamente. 5 legítimamente. 6 *yours (very) truly,* su afectísimo o su seguro servidor.

trump (trǿmp) *s.* NAIPES triunfo; palo de triunfo : *no* ~, sin triunfo. 2 fam. gran persona, persona excelente. 3 poét. trompeta, trompetazo. — 4 *adj.* NAIPES de triunfo : ~ *card,* triunfo [naipe del palo de triunfo]; fig. valioso recurso.

trump (to) *tr.* triunfar, fallar, jugar triunfo. 2 confundir, vencer. 3 *to* ~ *up,* inventar, forjar.

trumpery (trǿ·mperi) *pl.* **-ies** (-iš) *s.* hojarasca, oropel, relumbrón. 2 broza, desecho; vaciadedes, tonterías. 3 ant. engaño, fraude. — 4 *adj.* de oropel o de relumbrón; sin valor; necio, tonto.

trumpet (trǿ·mpit) *s.* trompeta, clarín. 2 sonido de la trompeta. 3 barrito, berrido [del elefante]. 4 zumbido [del mosquito]. 5 *ear* ~, trompetilla acústica. 6 *speaking* ~, bocina, portavoz. — 7 *adj.* de trompeta; en forma de trompeta : ~ *blast,* trompetazo; ~ *creeper,* ~ *vine,* BOT. especie de enredadera americana ; ~ *flower,* BOT. plantas cuyas flores tienen forma de trompeta; ~ *honeysuckle,* BOT. madreselva americana ; ~ *shell,* caracola.

trumpet (to) *tr.* pregonar a son de trompeta. 2 tocar [en la trompeta]; gritar, decir gritando. 3 abocardar. — 4 *intr.* trompetear. 5 berrear [el elefante].

trumpeter (trǿ·mpitǿ') *s.* trompetero, trompeta. 2 pregonero. 3 ORNIT. agamí.

trumpet-shaped *adj.* abocardado, atrompetado, de forma de trompeta.

truncal (trǿ·ncal) *adj.* del tronco [del árbol o del cuerpo].

truncate (trǿ·nkeit) *adj.* truncado.

truncate (to) *tr.* truncar, troncar. 2 mutilar.

truncated (trǿn·keit(i)d) *adj.* truncado. 2 mutilado. 3 abreviado.

truncation (trǿnke·shǿn) *s.* truncamiento, tronca.

truncheon (trǿ·nchǿn) *s.* garrote, porra, cachiporra, clava. 2 bastón de mando. 3 porra de policía. 4 rama cortada para injerto.

truncheon (to) *tr.* golpear con cachiporra.

trundle (trǿ·ndǿl) *s.* ruedecilla [esp. de mueble]. 2 movimiento o ruido de lo que rueda. 3 MEC. linterna de engranaje; cualquiera de sus barras. 4 carretilla de ruedas pequeñas. 5 *trundle* o ~ *bed,* carriola [cama].

trundle (to) *tr.* hacer rodar o girar. — 2 *intr.* rodar. 3 ir sobre ruedas.

trundleshot (trǿ·ndǿlshat) *s.* ARTILL. palanquetas.

trunk (trǿnc) *s.* tronco [de árbol; del cuerpo; de una familia]. 2 FERROC. línea principal. 3 tronco [conducto o canal principal]. 3 FERROC. línea principal. 4 cofre, baúl, mundo; portaequipaje [del automóvil]. 5 trompa de elefante. 6 fuste [de columna]. 7 MEC. vástago tubular de émbolo. 8 conducto de tablas o planchas [para ventilación, descarga, etc.]; tolva. 9 MAR. tambucho. 10 vivero de peces. 11

pl. calzas. *12* pantalones cortos de deporte, taparrabo. — *13 adj.* troncal, principal : ~ *line* (EE. UU. y Can.), línea principal de transporte o comunicación. *14* TELÉF. interurbano : ~ *call*, conferencia interurbana ; ~ *line*, línea interurbana. *15* MEC. ~ *engine*, máquina con émbolo de vástago tubular. *16* ~ *hose*, calzas, trusas.

trunkfish (trø·ncfish) *s.* ICT. pez cofre.

trunnion (trø·fiøn) *s.* ARTILL. muñón. *2* MEC. pieza parecida de un cilindro, convertidor, etc.

truss (trøs) *s.* INGEN. armazón o armadura de sostén, viga de celosía ; combinación de vigas, barras y riostras que forman una armazón indeformable. *2* ARQ. modillón. *3* ARM. farseto. *4* BOT. grupo terminal y apretado de flores. *5* MAR. troza. *6* CIR. braguero. *7* atado, lío, paquete. *8* (Ingl.) 36 libras de paja o 60 de heno.

truss (to) *tr.* atar, liar. *2* recoger, empaquetar. *3* COC. sujetar con broqueta [esp. las alas de un ave a su cuerpo] ; fig. atar [una pers.] de modo que los brazos le queden pegados al cuerpo. *4* ARQ., ING. sostener con armazón ; reforzar con riostras. *5* armar [un tonel]. *6* MAR. aferrar [una vela]. *7* ant. ahorcar. ¶ Ús. a veces con *up*.

trust (trøst) *s.* confianza, fe [en una pers. o cosa] ; esperanza. *2* pers. en quien se confía. *3* depósito, cargo, cuidado, guarda, custodia : *in* ~, confiado, en depósito, en administración. *4* DER. fideicomiso. *5* cosa confiada ; deberes que supone la confianza depositada. *6* COM. crédito : *to sell on* ~, vender a crédito. *7* trust, asociación de empresas, combinación monopolista. — *8 adj.* de depósito, fideicomiso, etc.: *Trust Company*, Banco de depósitos ; compañía fideicomisaria.

trust (to) *tr.* confiar en, tener confianza o fe en. *2* creer, dar crédito. *3* confiar [algo] al cargo, custodia, etc., de alguno. *4* confiar, esperar [que]. *5* COM. hacer crédito a, fiar a. — *6 intr.* confiar, tener confianza, esperar : *to* ~ *to* o *unto*, confiar en. *7* COM. fiar, vender a crédito.

trustee (trøsti·) *s.* fideicomisario, fiduciario, síndico, depositario ; administrador legal. *2* *University trustees*, miembros del patronato o consejo de una universidad ; *board of trustees*, patronato, consejo.

trusteeship (trø·stiship) *s.* cargo de fideicomisario, fiduciario o administrador legal.

truster (trø·stø') *s.* el que confía o cree. *2* el que fía.

trustful (trø·stful) *adj.* confiado.

trustfully (trø·stfuli) *adv.* confiadamente.

trustfulness (trø·stfulnis) *s.* confianza.

trustily (trø·stili) *adv.* fielmente, lealmente. *2* confiadamente.

trustiness (trø·stinis) *s.* fidelidad, lealtad; probidad. *2* confianza.

trustless (trø·stlis) *adj.* que no merece confianza o crédito.

trustworthiness (trø·stuø'dinis) *s.* confiabilidad, fidelidad, integridad, crédito.

trustworthy (trø·stuø'di) *adj.* fiable, confiable, fidedigno, seguro.

trusty (trø·sti) *adj.* fiel, leal, honrado, fidedigno. *2* firme, fuerte, seguro. *3* confiado. — *4 s.* persona honrada, digna de confianza. *5* (EE. UU.) preso digno de confianza y que goza de ciertos privilegios.

truth (truz) *s.* verdad : *in* ~, a la verdad, en verdad ; *of a* ~, de verdad, en verdad, en realidad. *2* exactitud, realidad. *3* veracidad. *4* fidelidad, constancia.

truthful (tru·zful) *adj.* veraz, verídico. *2* verdadero, exacto.

truthfulness (tru·zfulnis) *s.* veracidad, sinceridad. *2* verismo, realismo.

truthless (tru·zlis) *adj.* falso; fementido.

truthlessness (tru·zlisnis) *s.* falsedad.

try (trai), *pl.* **tries** (traiš) *s.* prueba, ensayo. *2* tentativa. — *3 adj.* de prueba, etc.: ~ *square*, escuadra de comprobación.

try (to) *tr.* probar a, intentar, tentar, tratar de, procurar. *2* probar, ensayar, hacer la prueba de, comprobar : *to* ~ *on*, probarse [una prenda de vestir] ; *to* ~ *one's hand*, hacer la prueba, probar [lo que uno puede hacer] ; *to* ~ *one's luck*, probar fortuna. *3* poner a prueba, afligir, exasperar, cansar, fatigar : *to* ~ *someone's patience*, poner a prueba la paciencia de uno. *4* DER. juz-

gar, enjuiciar [a uno] ; ver [una causa o litigio]. *5* decidir, resolver [mediante prueba o juicio]. *6* CARP., MEC. ajustar, acabar. *7 to* ~ *out*, probar, someter a prueba; purificar, refinar [una materia] derritiéndola o hirviéndola. — *8 intr.* probar, esforzarse, hacer lo posible. *9* MAR. capear. *10 to* ~ *and*, *to* ~ *to*, probar a, tratar de. ¶ CONJUG. pret. y p. p.: *tried*.

trying (trai·ing) *adj.* de prueba. *2* penoso, de trabajos o tribulaciones. *3* molesto, irritante, fatigoso.

tryout (trai·aut) *s.* prueba [que se hace de una persona o cosa].

trypanosome (tri·panosøm) *s.* ZOOL. tripanosoma.

trysail (trai·seil) *s.* MAR. vela de temporal.

tryst (trist o traist) *s.* cita [para encontrarse]. *2* lugar de cita o reunión.

tryst (to) *tr.* dar una cita. — *2 intr.* citarse. *3* acudir a una cita.

trysting place *s.* lugar de cita.

Tsar (sar) *s.* zar.

Tsarevitch (tsa·rivich) *s.* zarevich.

Tsarina (tsari·na) *s.* zarina.

tsetse (tse·tsi) *s.* ENTOM. tsetsé : ~ *fly*, mosca tsetsé.

tub (tøb) *s.* tina, dornajo, batea, cubo z bañera, baño. *3* fam. baño [que se toma en bañera o tina]. *4* cufiete, barrilito. *5* fam. carraca [buque viejo y lento].

tub (to) *tr.* poner en tina. *2* lavar o bañar en tina, cubo o bañera. — *3 intr.* fam. bañarse [en tina o bañera]. ¶ CONJUG. pret. y p. p.: *tubbed;* ger.: *tubbing*.

tuba (tiu·ba) *s.* MÚS. tuba.

tubage (tiu·bidɣ) *s.* CIR. intubación.

tubbier (tø·biø') *adj. comp.* de TUBBY.

tubbiest (tø·biist) *adj. superl.* de TUBBY.

tubbing (tø·bing) *s.* baño, lavado.

tubby (tø·bi) *adj.* en forma de cubo, rechoncho.

tube (tiu·b) *s.* tubo : *inner* ~, cámara de neumático. *2* caño, cañuto. *3* ANAT. conducto, tubo. *4* RADIO. lámpara, válvula. *5* túnel subterráneo. *6 tube* o ~ *railway*, metro, ferrocarril subterráneo. — *7 adj.* de tubo, tubular : ~ *saw*, sierra tubular.

tube (to) *tr.* proveer de tubos. *2* entubar, meter en tubo, conducir por tubos. *3* dar forma de tubo. — *4 intr.* viajar en metro.

tuber (tiu·bø') *s.* BOT. tubérculo. *2* ANAT. tuberosidad.

tubercle (tiu·bø'cøl) *s.* ANAT., ZOOL., MED. tubérculo. *2* BOT. raíz tuberosa.

tubercular (tiubø·'kiula') *adj.* tuberculoso, parecido a un tubérculo. — *2 adj.* y *s.* tuberculoso.

tuberculate (tiubø·'kiuleit) *adj.* lleno de tubérculos o excrecencias.

tuberculine (tiubø·'kiulin) *s.* tuberculina.

tuberculize (tiubø·|kiulaiš) *tr.* MED. tuberculizar.

tuberculosis (tiubø·'kiuløu·sis) *s.* MED. tuberculosis.

tuberculous (tiubø·'kiuløs) *adj.* MED. tuberculoso.

tuberose (tiu·børoš) *s.* BOT. tuberosa, nardo.

tuberosity (tiubørø·siti) *s.* tuberosidad.

tuberous (tiu·børøs) *adj.* tuberoso.

tubing (tiu·bing) *s.* tubería, material para tubos. *2* instalación de tubos, canalización.

tubular (tiu·biula') *adj.* tubular.

tubulate(d (tiu·biuleit(id) *adj.* provisto de tubos. *2* tubular.

tubule (tiu·biul) *s.* tubito.

tubulous (tiu·biuløs) *adj.* tubuloso.

tuck (tøc) *s.* alforza, pliegue, cogido. *2* corte [en un escrito]. *3* ENCUAD. tapa con cartera. *4* MAR. parte inferior de la popa. *5* fam. (EE. UU.) vida, energía. *6* pop. buena comida, golosinas; apetito.

tuck (to) *tr.* alforzar, recoger, arremangar, sobarcar. | Gralte. con *up*. *2* envolver, arropar. | Con *in, up*, etc. *3* meter : *to* ~ *in*, remeter bien [la ropa de la cama, etc.] ; pop. engullir ; *to* ~ *under one's arm*, meter debajo del brazo ; *to* ~ *away*, esconder ; *to* ~ *one's tail*, meter el rabo entre las piernas, quedar confuso o avergonzado.

tucker (tø·kø') *s.* alforzador. *2* cuello, canesú.

tucker (to) *tr.* fam. (EE. UU.) *to* ~ *out*, cansar, fatigar.

Tuesday (tiu·šdi) *s.* martes.

tufa (tiu·fa) *s.* toba, tufo.

tufaceous (tiufei·shøs) *adj.* tobáceo, toboso.

tuff (tøf) s. toba, tufo.

tuft (tøft) s. penacho, cresta, moño, copete, tupé, tufo. 2 mechón, borla. 3 pera, perilla [de barba]. 4 manojo; grupo, macizo [de plantas]; mata espesa. 5 nudo de basta [de colchón].

tuft (to) tr. empenachar. 2 adornar con borlas. 3 bastear [un colchón].

tufted (tøftid), **tufty** (tøfti) adj. copetudo, penachudo, acopetado; cespitoso.

tufthunter (tøftjøntø') s. zalamero, adulón.

tug (tøg) s. tirón, estirón; lucha, forcejeo: ~ of war, juego de la cuerda; lucha decisiva, esfuerzo supremo. 2 tirante [guarnición]; cuerda [para arrastrar]. 3 remolcador.

tug (tøg) tr. tirar de, arrastrar. 2 halar, remolcar. — 3 intr. tirar con fuerza, trabajar con esfuerzo, luchar.

tugboat (tøgbout) s. remolcador.

tugger (tøgø') s. el que da tirones. 2 MIN. pequeño elevador portátil.

tuille (toil) s. ARM. faldar.

tuition (tiuishøn) s. enseñanza, educación, instrucción. 2 precio de la enseñanza.

tule (tule) s. BOT. junco de América. 2 BOT. espadaña.

tulip (tiulip) s. BOT. tulipán. 2 BOT. ~ tree, tulípero.

tulipwood (tiulipwud) s. madera de tulípero. 2 palo de rosa [árbol y madera].

tulle (tul) s. tul.

tulwar (tiulwø') s. cimitarra india.

tumble (tømbøl) s. caída, tumbo, vuelco, volvereta. 2 desorden, confusión.

tumble (to) intr. voltear, dar volteretas, saltar. 2 caerse, derrumbarse; dejarse caer. 3 hundirse, desplomarse, venirse abajo. 4 correr, precipitarse. 5 ondular, moverse de un lado a otro, agitarse [como las olas]. 6 revolverse, revolcarse. 7 to ~ down, caerse, desplomarse. 8 to ~ in, acostarse. 9 to ~ into, on o upon, tropezar con, dar con, encontrar. 10 to ~ out, fam. levantarse [de la cama]. 11 to ~ to, comprender, entender, percatarse. — 12 tr. hacer caer, derribar, tumbar. 13 volcar. 14 lanzar, arrojar. 15 revolver [buscando o examinando]. 16 desarreglar, trastornar; arrugar los vestidos de, desgreñar. 17 zarandear, empujar de un lado a otro. 18 secar, pulir, etc., en un tambor giratorio. 19 to ~ over, trastornar, volcar.

tumblebug (tømbølbøg) s. ENTOM. escarabajo pelotero.

tumble-down adj. destartalado, ruinoso. — 2 edificio ruinoso.

tumbler (tømblø') s. vaso [para beber], cubilete. 2 volteador, saltabanco, volatinero. 3 tentemozo, dominguillo. 4 tambor giratorio [para secar ropa, pulir metales, etc.]. 5 rodete [de cerradura]. 6 piñón [de escopeta]. 7 ORNIT. pichón volteador. 8 ~ cart, carro cuba.

tumbly (tømbli) adj. ruinoso. 2 revuelto, desordenado, enmarañado.

tumbrel, tumbril (tømbrøl) s. carro, carreta, chirrión. 2 carro de artillería.

tumefacient (tiumifeishønt) adj. que produce tumefacción.

tumefaction (tiumifæcshøn) s. tumefacción.

tumefy (to) (tiumifai) tr. hinchar, producir tumefacción. — 2 intr. hincharse. ¶ CONJUG. pret. y p. p.: tumefied.

tumescence (tiumesøns) s. intumescencia.

tumescent (tiumesønt) adj. intumescente.

tumid (tiumid) adj. hinchado, tumefacto, túmido. 2 prominente, abultado. 3 lleno, henchido. 4 pomposo, hinchado [estilo].

tumidity (tiumiditi), **tumidness** (tiumidnis) s. hinchazón.

tummy (tiumi) s. fam. estómago.

tumo(u)r (tiumø') s. MED. tumor.

tumo(u)rous (tiumørøs) adj. tumoroso.

tumular (tiumiula'), **tumulary** (tiumiulari) adj. tumulario.

tumult (tiumølt) s. tumulto.

tumultuarily (tiumølchuerili) adv. tumultuariamente.

tumultuariness (tiumølchuerinis) s. turbulencia.

tumultuary (tiumølchueri) adj. tumultuario.

tumultuous (tiumølchuøs) adj. tumultuoso.

tumultuously (tiumølchuøsli) adv. tumultuosamente.

tumultuousness (tiumølchuøsnis) s. tumulto, turbulencia, estado tumultuoso.

tumulus (tiumiuløs) s. túmulo [montecillo].

tun (tøn) s. tonel, cuba. 2 tanque de fermentación de la cerveza. 3 cantidad de cerveza fermentada de una vez.

tun (to) tr. entonelar, encubar. 2 llenar [un tonel]. 3 envasar, beber.

tuna (tuna) s. BOT. tuna, higo chumbo. 2 ICT. atún.

tunable (tiunabøl) adj. afinable, templable. 2 armonioso, melodioso. 3 afinado, agradable.

tunably (tiunabli) adv. armoniosamente; afinadamente.

tundra (tøndra) s. tundra.

tune (tiun) s. melodía, canción, aire, tañido, son: to the ~ of, siguiendo o cantando [un aire o canción]; fam. por la suma de. 2 entonación característica en el habla: to change one's ~, to sing a different ~, bajar el tono, mudar de tono, cambiar de actitud. 3 MÚS. tono [grado de elevación]. 4 MÚS. afinación: in ~, afinado, templado; out of ~, desafinado, destemplado, desentonado. 5 concordancia, armonía. 6 estado de espíritu o disposición conveniente.

tune (to) tr. templar, afinar, acordar, entonar. 2 cantar, expresar con música, poner música. 3 armonizar, ajustar, adaptar. 4 RADIO. to ~ in, sintonizar. 5 to ~ up, acordar [instrumentos]; poner a punto [un motor]. — 6 intr. cantar. 7 afinar, entonar. 8 armonizar.

tuneful (tiunful) adj. armonioso, melodioso, canoro.

tuneless (tiunlis) adj. disonante, discordante. 2 mudo [que no suena o canta].

tuner (tiunø') s. afinador, templador. 2 ajustador. 3 RADIO. sintonizador; circuito de sintonización.

tungsten (tøngstøn) s. QUÍM. tungsteno, volframio.

tungstite (tøngstait) s. MIN. tungstita, volframina.

tunic (tiunic) s. túnica [vestidura]; blusa, guerrera. 2 ANAT., ZOOL., BOT. túnica.

Tunicata (tiunikeita) s. pl. ZOOL. tunicados.

tunicate(d (tiunikeit(id) adj. y s. ZOOL. tunicado. — 2 adj. BOT. provisto de túnica o túnicas.

tuniole (tiunicøl) s. túnicela.

tuning (tiuning) s. MÚS. afinación, templadura. 2 RADIO. sintonización. — 3 adj. que sirve para afinar: ~ fork, diapasón; ~ hammer, ~ key, llave de afinador. — 4 RADIO. de sintonización: ~ coil, bobina sintonizadora; ~ condenser, condensador de sintonización; ~ dial, cuadrante; ~ knob, botón de sintonía o de sintonización.

Tunis (tunis) n. pr. GEOGR. Túnez [ciudad].

Tunisian (tunishan) adj. y s. tuneci, tunecino.

tunnage (tønidʒ) s. TONNAGE.

tunnel (tønøl) s. túnel. 2 MIN. galería, socavón. 3 tubo, cañón [de chimenea].

tunnel (to) tr. abrir un túnel a través de o debajo de; excavar. 2 to ~ one's way, abrirse paso haciendo túnel o galería, descubrir. — 3 intr. abrir túnel o galería. ¶ CONJUG. pret. y p. p.: tunneled o -lled; ger.: tunneling o -lling.

tunny (tøni), pl. **-nies** (-niš) s. ICT. atún.

tup (tøp) s. morueco, carnero. 2 mazo del martinete.

tuppence (tøpøns) s. TWOPENCE.

tuque (tiuc) s. gorro de punto de los canadienses.

Turanian (tiurelniæn) adj. y s. turanio.

turban (tø'ban) s. turbante.

turbaned (tø'band) adj. cubierto con turbante.

turbary (tiu'bæri) s. turbera.

turbid (tø'bid) adj. turbio, túrbido, turbulento.

turbidity (tø'biditi), **turbidness** (tø'bidnis) s. turbieza, turbiedad, turbulencia.

turbinal (tø'binal), **turbinate(d** (tø'bineit(id) adj. ANAT., ZOOL., BOT. espiral. 2 en forma de trompo. — 3 s. ZOOL. concha espiral o en forma de trompo.

turbine (tø'bin) s. MEC. turbina.

turbit (tø'bit) s. ORNIT. variedad de paloma.

turbith (tø'biz) s. TURPETH.

turbodynamo (tø'boudai·namou) s. turbodínamo.

turbojet (tø'bouŷet) s. turborreactor; motor o avión de turborreacción.

turbomotor (tø'boumoutø') s. turbomotor.

turbo-propeller, turbo-prop s. AVIA. de turbinahélice.

turbot (tø'bot) s. ICT. rodaballo, rombo.

turbulence, turbulency (tø'biuløns, -si) s. turbulencia, alboroto, tumulto.

turbulent (tø'biulønt) *adj.* turbulento, agitado, tumultuoso, tempestuoso. *2* levantisco, revoltoso.
turbulently (tø·rbiuløntli) *adv.* turbulentamente, agitadamente.
Turcoman (tø·'comæn), *pl.* -men (-men) *s.* TUR-KOMAN.
tureen (tiurrn) *s.* sopera. *2* salsera.
turf (tø·f), *pl.* **turfs** o **turves** (tø·'viš) *s.* césped; tepe, gallón. *2* turba. *3 the* ~, el hipódromo, su pista; las carreras de caballos. — *4 adj.* del hipódromo, de las carreras de caballos.
turf (to) *tr.* encespedar.
turfiness (tø·'finis) *s.* abundancia de césped o turba.
turfman (tø·rfmæn), *pl.* -men (-men) *s.* aficionado a las carreras de caballos.
turfy (tø·rfi) *adj.* de césped; abundante en césped o turba. *2* perteneciente o relativo a las carreras de caballos.
turgescence, turgescency (tø·ye·søns, -si) *s.* turgencia, hinchazón. *2* fig. hinchazón, pomposidad.
turgescent (tø·ye·sønt) *adj.* turgente, hinchado.
turgid (tø·ỹid) *adj.* turgente, hinchado. *2* turgente, ampuloso, pomposo.
turgidity (tø·ỹi·diti), **turgidness** (tø·'ỹidnis) *s.* turgencia. *2* hinchazón, ampulosidad.
turion (tiu·riøn) *s.* BOT. turión.
Turk (tø·c) *s.* turco, otomano. *2* musulmán. *3* fig. persona bárbara y cruel.
Turkestan (tø·kø·stan) *n. pr.* GEOGR. el Turquestán.
Turkey (tø·ki) *n. pr.* GEOGR. Turquía.
turkey *s.* ORNIT. pavo, gallipavo, *guajalote : ~ cock*, ~ *gobber,* pavo; fig. persona vanagloriosa; ~ *hen,* pava. *2* ORNIT. ~ *buzzard,* aura, gallinazo, *zopilote.
Turkish (tø·rkish) *adj.* turco turquesco, turquí : ~ *bath,* baño turco; ~ *blue,* azul turqui; ~ *towel,* toalla rusa. *2* ANAT. ~ *saddle,* silla turca. — *3 s.* idioma turco.
turkois (tø·'cois) *s.* TURQUOISE.
Turkoman (tø·'comæn), *pl.* -men (-men) *s.* turcomán.
Turk's-cap lily *s.* BOT. martagón.
Turk's-head *s.* escobón, deshollinador.
turmaline (tu·'malin) *s.* TOURMALIN.
turmeric (tø·'meric) *s.* BOT. cúrcuma : ~ *paper,* papel de cúrcuma.
turmoil (tø·'moil) *s,* tumulto, agitación, alboroto, confusión, barahúnda.
turmoil (to) *tr.* agitar, inquietar, trastornar.
turn (tø·n) *s.* vuelta, giro, revolución. *2* vuelta [de una cosa arrollada sobre otra], circunvolución. *3* vuelta, paseo : *to take a* ~, dar una vuelta, un paseo. *4* recodo, revuelta. *5* mudanza, cambio, variación, desviación, torcimiento : ~ *of life,* FISIOL. menopausia; *to take a* ~ *for the better,* o *worse,* mejorarse o empeorarse. *6* viraje. *7* sobresalto, impresión. *8* aspecto, sesgo, giro, curso : *to take another* ~, tomar otro sesgo, cambiar de aspecto. *9* forma, hechura, estilo, pergeño ; manera de ser : ~ *of mind,* natural, inclinación, mentalidad. *10* giro [de la frase]. *11* acción, comportamiento [respecto de otra pers.] : *friendly* ~, *good* ~, favor, servicio; *bad* ~, *ill* ~, mala pasada, jugarreta, trastada. *12* turno, vez, tanda, revez : *to take turns,* turnarse ; *by turns,* por turno ; *it is your* ~, a usted le toca. *13* momento, ocasión : *at every* ~, a cada momento, a cada paso. *14* objeto, conveniencia, utilidad : *it will serve his* ~, ello le servirá, favorecerá sus miras. *15* aplicación temporal a una actividad. *16* acto de destreza, artificio, estratagema. *17* aptitud, inclinación, genio, carácter : *to have a* ~ *for,* tener aptitud para. *18* MÚS. grupeto. *19 to a* ~, a punto. — *20 adj.* de giro, etc. : ~ *indicator,* AVIA. indicador de giro.
turn (to) *tr.* volver, dar vuelta a. *2* voltear, dar vueltas a, hacer rodar. *3* revolver [en la mente]. *4* tornear [labrar al torno]. *5* formar, moldear, hacer, componer, pergeñar. *6* volver, dirigir, encaminar : *to* ~ *one's back (on),* volver la espalda (a); *to* ~ *one's steps,* dirigir uno sus pasos. *7* volver del revés : *to* ~ *one's coat,* fig. volver casaca, pasarse al partido contrario. *8* remover [la tierra]. *9* trastornar, revolver : *to* ~ *the brain of,* trastornar el juicio a; *to* ~ *the stomach,* revolver el estómago, dar asco, dar náuseas. *10* mover, desviar, apartar. *11* encau-

zar, dirigir. *12* disuadir, torcer, hacer mudar de propósitos, sentimientos, etc. *13* aplicar, destinar, adaptar. *14* transferir. *15* volver [a uno contra otro]. *16* verter, echar. *17* rechazar, hacer retroceder, expulsar. *18* ganar [dinero] : *to* ~ *an honest penny,* ganar dinero honradamente. *19* doblar [un cabo, una esquina], rebasar, dar la vuelta a : *to* ~ *the corner,* doblar la esquina; fig. empezar a mejorar, a tener éxito; *to* ~ *the flank of,* MIL. rebasar el flanco de, flanquear, envolver. *20* mudar, cambiar, transformar, convertir. *21* poner [pálido, enfermo, etc.]. *22* verter, traducir, trasladar. *23* agriar, cortar [un líquido]. *24* encorvar, doblar, torcer. *25* embotar. *26 to* ~ *a deaf ear,* no querer oír, hacerse sordo, hacer oídos de mercader. *27 to* ~ *adrift,* lanzar a la deriva, abandonar. *28 to* ~ *a hand,* ponerse, aplicarse [a un trabajo] ; mover una mano, hacer el menor esfuerzo. *29 to* ~ *around,* dar vuelta o la vuelta; hacer girar. *30 to* ~ *aside,* desviar; hacer a un lado. *31 to* ~ *away,* despedir, echar; desviar. *32 to* ~ *back,* volver atrás; devolver. *33 to* ~ *bridle,* volver grupas, retroceder [el que va montado]. *34 to* ~ *down,* plegar, doblar; poner boca abajo; bajar [el gas]; rechazar [no aceptar]. *35 to* ~ *in,* entregar; volver o doblar hacia dentro; replegar. *36 to* ~ *into,* convertir en. *37 to* ~ *loose,* soltar, dejar en libertad; (EE. UU.) disparar. *38 to* ~ *off,* despachar, despedir; desviar; distraer; hacer; cerrar [una llave o espita, el agua, el gas, etc.]; tornear. *39 to* ~ *on,* abrir [una llave o espita]; dar [la luz, el gas, etc.]; poner, abrir [la radio]. *40 to* ~ *out,* echar, expulsar, arrojar; echar o poner a pacer [los animales]; producir, hacer; volver del revés; apagar [la luz]; cerrar [la radio]; vaciar; volver o torcer hacia fuera; vestir, equipar. *41 to* ~ *over,* volcar, trastornar, invertir; revolver; hojear; revolver en la mente; manejar [dinero]; traspasar, transferir; volver una hoja : *to* ~ *over a new leaf,* enmendarse, empezar una vida nueva. *42 to* ~ *tail,* volver la espalda, huir. *43 to* ~ *the scale(s* o *balance,* hacer caer la balanza, pesar; decidir, ser decisivo. *44 to* ~ *the tables,* volver las tornas. *45 to* ~ *to account, advantage* o *profit,* aprovechar, sacar partido de. *46 to* ~ *up,* levantar, volver o doblar hacia arriba; arremangar; subir [el cuello]; desenterrar, encontrar; subir, abrir más la llave de [la luz]; poner más fuerte [la radio]; acortar [un vestido]; tender boca arriba; *to* ~ *up one's nose at,* desdeñar, hacer ascos a. *47 to* ~ *upside down,* trastornar, volcar.
48 intr. girar, rodar, dar vueltas, voltear : *my head turns,* se me va la cabeza. *49* volverse [volver el cuerpo, el rostro] : *to* ~ *short,* dar media vuelta. *50* desviarse, torcer, virar; *to* ~ *to the right,* torcer a la derecha. *51* dirigirse, tomar una dirección. *52* cambiar, mudar [en sentido contrario]. *53* volverse, convertirse, ponerse, hacerse : *to* ~ *pale,* ponerse pálido, palidecer. *54* mudar de actitud, de opinión, etc.; volver casaca. *55* pasar [a otro tema]. *56* volverse [contra]. *57* estribar, depender. *58* girar, versar [sobre]. *59* recaer, redundar. *60* dedicarse, darse a. *61* apartar la vista, la atención. *62* caer [la balanza]. *63* agriarse, torcerse, cortarse [un líquido]. *64* revolverse [el estómago]. *65* torcerse, doblarse. *66 to* ~ *about* o *around,* volver la cara, volverse; dar una vuelta. *67 to* ~ *aside,* desviarse. *68 to* ~ *away,* desviarse, alejarse; volver la cara, la espalda. *69 to* ~ *back,* volverse, retroceder. *70 to* ~ *from,* apartarse de; huir de. *71 to* ~ *in,* entrar; doblarse hacia dentro; recogerse, irse a la cama, acostarse. *72 to* ~ *into,* entrar en; volverse, convertirse en. *73 to* ~ *off,* desviarse, torcer. *74 to* ~ *on,* estribar en, depender de; girar, versar sobre; volverse contra. *75 to* ~ *out,* levantarse [de la cama]; salir a la calle; dejarse ver; estar vuelto o dirigido hacia fuera; suceder, acontecer; resultar, salir : *to* ~ *out badly,* salir mal; *to* ~ *out right,* acabar bien; *to* ~ *out well,* salir bien. *76 to* ~ *over,* dar vueltas, revolverse; volcar [un vehículo]. *77 to* ~ *round,* volverse, dar media vuelta, cambiar de frente; cambiar de opinión o partido. *78 to* ~ *to.* tender, dirigirse a; ponerse, aplicarse a; acudir, recurrir a; volverse hacia;

redundar en; convertirse en. *79 to* ~ *turtle,* volverse patas arriba; MAR. zozobrar. *80 to* ~ *up,* levantarse, estar vuelto hacia arriba; acontecer, suceder; aparecer de pronto, reaparecer. *81 to* ~ *upside down,* volcarse, zozobrar.

turnabout (tø·'nabaut) *s.* media vuelta. *2* cambio de casaca. *3* POL. radical, reformista. *4* (EE. UU.) tiovivo. *5* VET. torneo, modorra.

turnbuckle (tø·'nbøkøl) *s.* tensor roscado, tornillo tensor. *2* tarabilla [para una ventana].

turncoat (tø·'ncout) *s.* POL. desertor, renegado, tránsfuga.

turndown (tø·'ndaun) *adj.* doblado hacia abajo, vuelto [cuello, etc.]. *2 s.* rechazamiento.

turned-up *adj.* vuelto o doblado hacia arriba. *2* respingona [nariz].

turner (tø·'nø') *s.* tornero, torneador. *2* gimnasta, volteador.

turnery (tø·'nøri) *s.* tornería.

turning (tø·'ning) *s.* giro, vuelta. *2* viraje. *3* revuelta, recodo, ángulo, esquina. *4* tornería, torneo, trabajo al torno. *5* hechura, estilo; pergeño. *6 pl.* torneaduras. *7* piezas torneadas. — *8 adj.* giratorio. *9* ~ *point,* punto crucial o decisivo, crisis; TOP. punto de cambio [en la nivelación].

turnip (tø·'nip) *s.* BOT. nabo. *2* BOT. colinabo. *3* pop. reloj de bolsillo. *4* pop. tipo, sujeto. *5* pop. tonto.

turnkey (tø·'nki) *s.* carcelero, llavero de cárcel.

turnout (tø·'naut) *s.* salida a paseo. *2* reunión, concurrencia. *3* fam. (Ingl.) huelga [de obreros]; huelguista. *4* cruce, bifurcación [de caminos]. *5* FERROC. apartadero, desviadero. *6* producción [de una fábrica, etc., en un tiempo determinado]. *7* carruaje [con su cochero, lacayos, etc.]. *8* acabado, presentación. *9* traje, atavío, atuendo. *10* limpieza a fondo.

turnover (tø·'nouvø') *adj.* doblado o vuelto hacia abajo. — *2 s.* vuelco. *3* voltereta. *4* vuelta, parte doblada sobre otra. *5* empanadilla. *6* coc. estrelladera, pala. *7* cambio completo. *8* reorganización, cambio [de personal]. *9* movimiento, entradas y salidas [de personas, animales, etc., en un lugar]. *10* COM. giro, movimiento. *11* COM. ciclo de compra y venta, período durante el cual unas mercancías son vendidas y hay que reponerlas. *12* número de personas que se emplean en un tiempo dado para cubrir las bajas de un personal. *13* producción [de una mina, máquina, etc.].

turnpike (tø·'npaic) *s.* barrera o camino de portazgo. *2* (EE. UU.) gran autopista de peaje.

turnplate (tø·'npleit) *s.* FERROC. (Ingl.) placa giratoria.

turnscrew (tø·'nscru) *s.* destornillador.

turnsole (tø·'nsoul) *s.* BOT. heliotropo. *2* BOT. girasol.

turnspit (tø·'nspit) *s.* perro o persona que da vueltas al asador.

turnstile (tø·'nstail) *s.* torniquete [en un paso].

turnstone (tø·'nstoun) *s.* ORNIT. revuelvepiedras.

turntable (tø·'nteibøl) *s.* FERROC. placa giratoria. *2* disco giratorio del microscopio o del fonógrafo.

turpentine (tø·'pentain) *s.* trementina : *oil* o *spirits of* ~, esencia de trementina, aguarrás; ~ *tree,* terebinto, pino, abeto, alerce.

turpeth (tø·'pez) *s.* BOT. turbit; raíz de turbit. *2* FARM. ~ *mineral,* turbit mineral.

turpitude (tø·'pitiud) *s.* torpeza, vileza, depravación.

turps (tø·'ps) *s.* aguarrás.

turquoise (tø·'coi·s) *s.* MINER. turquesa. *2* ~ *blue,* azul turquesa.

turret (tø·rit) *s.* torrecilla. *2* MAR., AVIA. torre blindada. *3* FERROC. parte central de la cubierta de un vagón.

turret (to) *tr.* proveer de torrecillas o torres blindadas.

turreted (tø·ritid) *adj.* provisto de torrecillas o torres blindadas. *2* TURRICULATE.

turriculate (tøri·kiulit) *adj.* H. NAT. turriculado.

turtle (tø·'tøl) *s.* ZOOL. tortuga [esp. de mar]. *2* ORNIT. tórtola. — *3 adj.* de tortuga : ~ *shell,* carey.

turtledove (tø·'tøldøv) *s.* ORNIT. tórtola.

Tuscan (tø·scan) *adj. y s.* toscano.

Tuscany (tø·scani) *n. pr.* GEOGR. Toscana.

tush (tøsh) *s.* TUSK. — *2 interj.* ¡bah!

tusk (tøsc) *s.* colmillo, defensa [de elefante, jabalí, morsa, narval, etc.].

tusked (tøsct) *adj.* provisto de colmillos o defensas.

tusker (tø·skø') *s.* elefante o jabalí de largos colmillos.

tusky (tø·ski) *adj.* TUSKED.

tussive (ta·siv) *adj.* MED. de la tos.

tussle (tø·søl) *s.* lucha, pelea. *2* discusión, agarrada.

tussle (to) *intr.* luchar, pelear, forcejear.

tussock (tø·soc) *s.* mechón, penacho. *2* macizo de hierba espesa.

tut (tøt) *interj.* ¡bah!, ¡vamos!, ¡basta!

tutelage (tiu·tølidÿ) *s.* tutela. *2* enseñanza, instrucción.

tutelar (tiu·tøla') *adj.* tutelar.

tutelary (tiu·tøleri), *pl.* -ies (-iš) *s.* divinidad tutelar. *2* santo tutelar. *3* genio tutelar. — *4 adj.* tutelar.

tutenag (tiu·tønag) *s.* cinc en bruto.

tutor (tiu·tø') *s.* preceptor, ayo. *2* en las universidades, profesor encargado de vigilar los estudios, la disciplina, etc., de un número de alumnos. *3* tutor, curador.

tutor (to) *tr.* enseñar, instruir. *2* ser tutor de. *3* disciplinar, dominar. — *4 intr.* ser preceptor, dar lecciones particulares.

tutorage (tiu·tøridÿ) *s.* oficio o función de preceptor. *2* tutoría.

tutoress (tiu·tøris) *s.* institutriz, profesora. *2* tutora.

tutorial (tiu·tø'rial) *adj.* preceptoral. *2* tutelar, de tutor.

tutorship (tiu·tø'ship) *s.* preceptoría. *2* cargo de *tutor* en una universidad. *3* tutoría.

tutsan (tø·tsan) *s.* BOT. todasana, todabuena.

tutty (tø·ti) *s.* atutía, tucía.

tuwhit (tujui·t), **tuwhoo** (tuju·) *s.* grito del búho.

tuwhit, tuwhoo (to) *intr.* gritar [el búho].

tuxedo (tuksi·dou) *s.* (EE. UU.) traje de esmoquing : ~ *coat,* esmoquing.

tuyere (tuye·') *s.* tobera, alcribís.

twaddle (tua·døl) *s.* charla, palabreo, palabrería. *2* tonterías, disparates.

twaddle (to) *intr.* charlar, parlotear, decir tonterías.

twain (tue·in) *adj. y s.* poét. dos, un par : *in* ~, en dos.

twang (tuæ·ng) *s.* sonido vibrante, como de una cuerda punteada. *2* gangueo, tonillo nasal.

twang (to) *tr.* puntear [una cuerda, un instrumento]. *2* disparar [una flecha]. *3* pronunciar con tonillo nasal. — *4 intr.* producir un sonido vibrante; sonar [una cuerda]. *5* ganguear, hablar por la nariz.

'twas (tuø·š) *contr.* de IT WAS, fue.

tweak (tur·c) *s.* pellizco retorcido.

tweak (to) *tr.* dar un pellizco retorcido.

tweed (tuid) *s.* TEJ. cierto paño de lana o mezcla y de más o más colores. *2 pl.* ropa hecha de este paño. — *3 adj.* hecho de este paño.

tweedle (tur·døl) *s.* sonido agudo del violín.

tweedle (to) *intr. y tr.* cantar, silbar. *2* tocar un instrumento. — *3 tr.* engatar.

tweedledee (tur·døldi) *s.* rascatripas. *2* instrumento chillón.

tweedledum (tur·døldøm) *s.* Ús. en la frase : *it is* ~ *and tweedledee,* llámelo usted hache, lo mismo da una cosa que otra.

'tween (tum) *prep.* aféresis de BETWEEN, entre.

tweeny (tui·ni) *s.* criada que ayuda a la camarera y a la cocinera.

tweet (tuit) *s.* pío, gorjeo [de pájaro].

tweet (to) *intr.* piar, gorjear [los pájaros].

tweezers (tui·sø'š) *s. pl.* pinzas [para coger objetos menudos]. *2* tenacillas [para arrancar el pelo].

twelfth (tuelfz) *adj.* duodécimo, doceno, doce. — *2 adj. y s.* duodécimo, dozavo. — *3 s.* doce [del mes]. *4* MÚS. duodécima.

Twelfth-day *s.* TWELFTHTIDE.

Twelfth-night *s.* víspera del día de Reyes, noche de Reyes.

Twelfthtide (tue·lfztaid) *s.* día de Reyes, Epifanía.

twelve (tuelv) *adj. y s.* doce : ~ *o'clock,* las doce.

twelvemo (tue·lvmou) *adj. y s.* ENCUAD. duodécimo, en dozavo.

twelvemonth (tue·lvmanz) *s.* año, doce meses.

twentieth (tue·ntiiz) *adj.* y *s.* vigésimo, veintavo. — *2 adj.* veinte [capítulo, etc.]. — *3 s.* veinte [del mes].

twenty (tue·nti) *adj.* y *s.* veinte.

twenty-one *s.* veintiuna [juego].

'twere (tuø') *contr.* de IT WERE, fuere o fuese.

twibil(l (tuai·bil) *s.* hacha de dos filos. 2 especie de zapapico.

twice (tuai·s) *adv.* dos veces. 2 el doble; doblemente : ～ *as much,* ～ *as many,* el doble.

twice-told *adj.* repetido. 2 trillado, sabido.

twiddle (tui·døl) *s.* jugueteo. 2 vuelta, giro.

twiddle (to) *tr.* jugar, entretenerse con. 2 hacer dar vueltas [esp. a los pulgares para entretenerse]. — *3 intr.* entretenerse, estar ocioso, ocuparse en naderías. 4 temblar, vibrar, girar.

twig (tuig) *s.* BOT. ramita, vástago. 2 varita, vergueta ; varita de virtudes. 3 ANAT. pequeña ramificación. 4 ELECT. pequeño ramal.

twig (to) *tr.* pegar con una ramita o varita. 2 fam. entender, comprender el sentido o la intención de ; echar de ver, notar, darse cuenta de. ¶ CONJUG. pret. y p. p. : *twigged;* ger. : *twigging.*

'twil (tuil) *contr.* de IT WILL.

twilight (tuai·lait) *s.* crepúsculo, lubricán : *at* ～, entre dos luces. 2 luz débil, vislumbre. — *3 adj.* crepuscular, débilmente iluminado, obscuro, sombrío. 4 MED. ～ *sleep,* narcosis parcial obstétrica.

twill (tuil) *s.* tela cruzada o asargada. 2 cruzado, asargado [de una tela].

twill (to) *tr.* TEJ. cruzar, asargar.

twilled (tuild) *adj.* TEJ. cruzado, asargado.

twin (tuin) *s.* gemelo, mellizo, *cuate. 2 RADIO. antena de dos hilos. 3 pl. ASTR. Géminis. — *4 adj.* gemelo : ～ *beds,* camas gemelas ; ～ *brothers,* hermanos gemelos ; ～ *sisters,* hermanas gemelas. 5 doble, de dos ; ～ *engine,* máquina de dos cilindros.

twin (to) *intr.* parir gemelos. 2 nacer gemelo. — *3 tr.* hacer igual o gemelo. 4 juntar, emparejar, unir [dos cosas].

twin-cylinder *adj.* MEC. de dos cilindros, de cilindros gemelos.

twine (tuain) *s.* cordel, bramante, guita, *mecate. 2 enroscadura, vuelta, torcimiento. 3 abrazo. 4 entrelazamiento, enredo.

twine (tuai·n) *tr.* torcer, retorcer [hilos, hebras, etc., juntos] ; tejer. 2 enroscar. 3 enlazar, abrazar, ceñir. — *4 intr.* entrelazarse. 5 enroscarse. 6 serpentear.

twin-engined *adj.* AVIA. bimotor.

twinge (tuiny̆) *s.* punzada, dolor agudo. 2 remordimiento.

twinge (to) *tr.* punzar, causar dolor agudo. — *2 intr.* sentir una punzada, un dolor agudo.

twinkle (tui·nkøl) *s.* titilación, centelleo, destello. 2 parpadeo, pestañeo ; guiño. 3 momento, instante.

twinkle (to) *intr.* titilar, centellear, destellar, chispear. 2 parpadear, pestañear ; guiñar. 3 aparecer a intervalos al moverse rápidamente. — *4 tr.* hacer centellear. 5 hacer parpadear.

twinkling (tui·nkling) *s.* TWINKLE : *in a* ～, *in the* ～ *of an eye,* en un abrir y cerrar de ojos. — *2 adj.* centelleante. 3 parpadeante.

twin-motor *adj.* AVIA. bimotor.

twin-screw *adj.* MAR. de dos hélices, de doble hélice.

twirl (tuø'l) *s.* giro o vuelta rápidos ; molinete. 2 remolino. 3 rasgo [hecho con la pluma].

twirl (to) *tr.* hacer girar o dar vueltas rápidamente. 2 retorcer, ensortijar. — *3 intr.* girar rápidamente. 4 retorcerse, enroscarse.

twist (tuist) *s.* torsión, torcedura, torcimiento. 2 enroscadura, vuelta. 3 tirón [que se da torciendo]. 4 contorsión, quiebro. 5 flexión, desviación. 6 efecto [que se da a la pelota]. 7 sesgo, inclinación ; propensión, tendencia, manera de ser. 8 torzal, cordoncillo. 9 curva, recodo, vuelta. 10 rosca [de pan], pan retorcido. 11 rollo [de tabaco].

twist (to) *tr.* torcer, retorcer. 2 enroscar. 3 arrollar, enrollar : *to* ～ *one round one's finger,* fig. tener dominado a uno. 4 retortijar. 5 entrelazar, trenzar. 6 tejer [una historia]. 7 ceñir, rodear. 8 estrujar, oprimir [torciendo] ; atormentar. 9 doblar, doblegar. 10 torcer, pervertir [un texto]. 11 dar efecto [a una pelota]. — *12 intr.* torcerse, retorcerse. 13 enroscarse, retortijarse, enca-

rrujarse, arrollarse, ensortijarse. *14* serpentear. *15* dar vueltas.

twister (tui·stø') *s.* torcedor [que tuerce]. 2 torcedero. 3 salto mortal en que se tuerce el cuerpo. 4 DEP. pelota que lleva efecto.

twisting (tui·sting) *s.* torsión, torcedura, retorcimiento. 2 enroscadura. 3 entrelazamiento, entretejido. 4 serpenteo. — *5 adj.* que tuerce, retuerce, se enrosca, etc. 6 serpenteante. 7 de torcer : ～ *machine,* máquina de torcer.

twit (to) (tuit) *tr.* reprochar, echar en cara. ¶ CONJUG. pret. y p. p. : *twitted;* ger. : *twitting.*

twitch (tuich) *s.* crispamiento, temblor, contracción nerviosa. 2 tirón, sacudida. 3 VET. acial. 4 BOT. ～ *grass,* grama del norte.

twitch (to) *tr.* tirar de, dar un tirón a. 2 arrancar. — *3 intr.* crisparse, moverse convulsivamente, contraerse espasmódicamente. 4 *to* ～ *at,* tirar de, dar pequeños tirones.

twite (tuai·t) *s.* ORNIT. variedad de jilguero.

twitter (tui·tø') *s.* gorjeo, piar [de los pájaros]. *2* charla alegre. 3 risa ahogada. 4 temblor, agitación, inquietud.

twitter (to) *intr.* gorjear, piar. 2 reír con risa ahogada. 3 temblar, agitarse.

twitting (tui·ting) *adj.* de repoche ; burlón.

'twixt (tuicst) *contr.* de BETWIXT.

two (tu) *adj.* y *s.* dos : ～ *hundred,* doscientos ; ～ *o'clock,* las dos ; ～ *of a kind,* tal para cual ; *to put* ～ *and* ～ *together,* atar cabos ; *in* ～, en dos ; ～ *by* ～, *by twos,* in twos, dos a dos, de dos en dos, a pares. — *2 adj.* de dos [esp. en composición].

two-by-four *adj.* de dos [pulgadas, pies, etc.] por cuatro. 2 fam. pequeño, insignificante.

two-colo(u)r *adj.* de dos colores, bicromático ; tirado a dos colores.

two-cycle *adj.* MEC. de dos tiempos.

two-decker *s.* MAR. navío de dos puentes.

two-edged *adj.* de dos filos.

two-faced *adj.* de dos caras. 2 doble, falso.

twofold (tu·fould) *adj.* doble, duplo. 2 doble [formado por dos]. — *3 adv.* doble, doblemente.

two-four *adj.* MÚS. de dos por cuatro.

two-handed *adj.* de dos manos, para las dos manos. 2 ambidextro. 3 fuerte, violento.

two-headed *adj.* bicéfalo, de dos cabezas.

two-legged *adj.* de dos pies o patas. 2 bípedo.

two-masted *adj.* MAR. de dos palos.

two-part *adj.* de dos partes.

twopence (tu·pøns) *s.* dos peniques. 2 moneda de dos peniques.

two-penny *adj.* de dos peniques, del valor de dos peniques. 2 despreciable, de tres al cuarto.

two-phase *adj.* ELECT. bifásico.

two-ply *adj.* de dos cabos o hilos. 2 de dos tramas o telas ; de dos capas.

two-seater *s.* coche, aeroplano, etc., de dos asientos.

two-sided *adj.* de dos lados. 2 falso, hipócrita.

twosome (tu·søm) *adj.* de dos personas. — *2 s.* juego o baile de dos personas.

two-step *s.* especie de paso doble [baile y música].

two-stroke *adj.* MEC. de dos tiempos : ～ *engine,* motor de dos tiempos.

two-throw *adj.* ELECT. de dos direcciones [interruptor, etc.].

two-way *adj.* de dos sentidos o direcciones ; de dos pasos : ～ *switch,* ELECT. conmutador de dos direcciones ; ～ *valve,* MEC. válvula de dos pasos. 2 de tránsito en dos direcciones [calle, etc.].

two-wheeler *s.* vehículo de dos ruedas.

twyer (tuai·ø') *s.* tobera [de forja].

Tyburn (tai·bø'n) *s.* lugar de Londres donde ant. se ejecutaba a los reos.

tycoon (taicu·n) *s.* señor feudal del Japón. 2 fig. magnate [de la industria, etc.].

tying (tai·ing) *gerund.* de TO TIE.

tyke (taic) *s.* fam. perro, gozque. 2 fam. muchacho travieso. 3 fam. tipo, sujeto.

tymp (timp) *s.* METAL. timpa.

tympan (ti·mpan) *s.* MÚS. tambor. 2 ARQ. tímpano, témpano. 3 IMPR. tímpano. 4 ANAT. membrana tensa.

tympanic (timpæ·nic) *adj.* ANAT., MED. timpánico : ～ *membrane,* tímpano.

tympanist (ti·mpanist) *s.* MÚS. timbalero, el que toca los timbales.

tympanites (timpanai·tı̆s) *s.* MED. timpanitis.

tympanitis (timpanai tis) *s.* MED. inflamación del tímpano.

tympanum (ti mpanøm) *s.* ANAT., ZOOL. tímpano. *2* ARQ. tímpano, témpano. *3* TELEF. diafragma.

type (taip) *s.* tipo, símbolo, signo, emblema. *2* tipo [modelo ideal, ejemplo característico; conjunto de rasgos característicos]. *3* H. NAT. tipo. *4* NUMIS. figura. *5* IMPR. tipo, letra. — *6 adj.* de tipo, que sirve como tipo : ~ *cutter,* grabador de punzones para tipos de imprenta; ~ *founder,* fundidor de tipos de imprenta; ~ *foundry.* fundición tipográfica; ~ *metal.* metal de imprenta.

type (to) (taip) *tr.* representar, ser el tipo de. *2* mecanografiar. *3* MED. determinar el grupo o tipo [de una sangre].

typescript (tai pscript) *s.* material escrito a máquina. *2* tipo de imprenta que imita la escritura a mano.

typesetter (tai psetø') *s.* IMPR. cajista, tipógrafo. *2* IMPR. máquina de componer.

typesetting (tai pseting) *s.* IMPR. composición. — *2 adj.* IMPR. de componer, que compone.

typewrite (to) (tai prait) *tr.* mecanografiar, escribir a máquina. ¶ CONJUG. pret. : *-wrote;* p. p. : *-written.*

typewriter (tai praitø') *s.* máquina de escribir. *2* mecanógrafo, fa; dactilógrafo, fa.

typewriting (tai prai ting) *s.* mecanografía. *2* escrito hecho a máquina.

typhic (tai fic) *adj.* tífico. *2* tifoideo.

typhoid (tai foid) *adj.* tifoideo. — *2 s.* fiebre tifoidea.

typhoon (taifu n) *s.* METEOR. tifón.

typhous (tai føs) *adj.* MED. tífico.

typhus (tai føs) *s.* MED. tifo, tifus.

typical (ti pical) *adj.* típico; característico.

typically (ti picali) *adv.* típicamente; característicamente.

typicalness (ti picalnis) *s.* calidad de típico o característico.

typified (ti pifaid) *pret.* y *p. p.* de TO TYPIFY.

typify (to) (ti pifai) *tr.* representar, simbolizar. *2* prefigurar. *3* ser el tipo o ejemplo de. ¶ CONJUG. pret. y p. p. : *typified.*

typist (tai pist) *s.* mecanógrafo, fa; dactilógrafo, fa.

typographer (taipa grafø') *s.* tipógrafo, impresor.

typographic(al (taipogræ fic(al) *adj.* tipográfico.

typographically (taipogræ ficali) *adv.* tipográficamente.

typography (taipa grafi) *s.* tipografía, imprenta.

tyrannic(al (tiræ nic(al) *adj.* tiránico, despótico, arbitrario.

tyrannically (tiræ nicali) *adv.* tiránicamente.

tyrannicide (tiræ nisaid) *s.* tiranicidio. *2* tiranicida.

tyrannize (to) (ti ranais) *tr.* tiranizar. — *2 intr.* obrar con tiranía.

tyrannous (ti ranøs) *adj.* TIRANNICAL.

tyrannously (ti ranøsli) *adv.* TYRANNICALLY.

tyranny (ti røni) *s.* tiranía, despotismo. *2* acto tiránico. *3* severidad, rigor, inclemencia.

tyrant (tai rant) *s.* tirano, déspota.

Tyre (tai) *n. pr.* GEOGR. Tiro.

tyre *s.* (EE. UU.) llanta, neumático.

Tyrian (ti rian) *adj.* y *s.* tirio, de Tiro : ~ *dye,* púrpura de Tiro, múrice.

tyro (tai rou) *s.* tirón, aprendiz, novicio, principiante.

Tyrol (the) (ti rol) *n. pr.* GEOG. el Tirol.

Tyrolese (tiroli s) *adj.* y *s.* tirolés.

Tyrolienne (tirolie n) *s.* tirolesa [danza].

Tyrrhene (ti rin), *pl.* **Tyrrheni** (-nai) *adj.-s.* etrusco. — *2 adj.* tirreno.

Tyrrhenian (tiri nian) *adj.* tirreno : ~ *Sea,* Mar Tirreno.

Tzar (šar) *s.* zar.

Tzarevitch (ša rivich) *s.* zarevitz.

Tzarina (šari na) *s.* zarina.

tzetze (tše tši) *s.* TSETSE.

tzigane (tši gan) *s.* cíngaro, zíngaro.

U

U, u (yu) *s.* U, u, vigésima primera letra del alfabeto inglés. 2 cosa en forma de U. — *3 adj.* en U, en forma de U : *U bolt,* perno en U.
ubiety (yubaìiti) *s.* ubicación.
ubiquitarian (yubicuiteˑrian) *adj. y s.* ubiquitario.
ubiquitary (yubiˑcuiteri) *adj.* ubicuo. — *2 s.* ubiquitario.
ubiquitous (yubiˑcuitøs) *adj.* obicuo, omnipresente.
ubiquity (yubiˑcuiti) *s.* ubicuidad, ubiquidad, omnipresencia.
U-boat *s.* submarino alemán en la Guerra Europea.
udasi (udæˑsi) *s.* mendigo religioso en la India.
udder (øˑdø') *s.* ZOOL. ubre, teta.
udometer (yudaˑmetø') *s.* udómetro, pluviómetro.
ugh (øg) *interj.* ¡uf!, ¡puf!, ¡fu!.
uglily (øˑglili) *adv.* feamente. 2 repugnantemente. 3 amenazadoramente.
ugliness (øˑglinis) *s.* fealdad, deformidad. 2 fiereza. 3 calidad de repugnante, odioso, horrible. 4 fam. (EE. UU.) mal genio.
ugly (øˑgli) *adj.* feo, mal parecido, horroroso, horrible. 2 odioso, repugnante, repulsivo. 3 desagradable, malo, avieso, amenazador. 4 fiero, temible. 5 fam. (EE. UU.) regañón, de mal genio, pendenciero.
uhlan (uˑlan) *s.* MIL. ulano.
ukase (yukeˑs) *s.* ucase.
Ukraine (yuˑcrein) *n. pr.* GEOGR. Ucrania.
Ukrainian (yucreiniˑan) *adj. y s.* ucranio, ucraniano.
ulcer (øˑlsø') *s.* úlcera, llaga.
ulcerate (to) (øˑlsøreit) *tr.* ulcerar, llagar. 2 corromper, dañar. — *3 intr.* ulcerarse.
ulcerated (øˑlsøreitid) *adj.* ulcerado, llagado.
ulceration (ølsøreˑshøn) *s.* ulceración.
ulcerative (øˑlsøreitiv) *adj.* ulcerativo.
ulcered (oˑlsø'd) *adj.* ulcerado, llagado.
ulcerous (øˑlsørøs) *adj.* ulceroso.
ulcerousness (øˑlsørøsnis) *s.* estado ulceroso.
ulema (ulømaˑ) *s.* ulema. 2 cuerpo o colegio de los ulemas.
uliginose (yuliˑȳinous), **uliginous** (yuliˑȳinøs) *adj.* uliginoso.
ullage (øˑlidȳ) *s.* COM. merma [de un tonel, un saco, etc.].
Ulmaceae (ølmeiˑsii) *s. pl.* BOT. ulmáceas.
ulmaceous (ølmeiˑshøs) *adj.* BOT. ulmáceo.
ulmic (øˑlmic) *adj.* QUÍM. úlmico.
ulmin (øˑlmin) *s.* QUÍM. ulmina.
ulna (øˑlna) *s.* ANAT. cúbito. 2 ana [medida].
ulnar (øˑlna') *adj.* ANAT. cubital.
ulster (øˑlstø') *s.* ruso [abrigo].
ulterior (ølti·riø') *adj.* ulterior.
ulteriorly (ølti·riø'li) *adv.* ulteriormente.
ultima (øˑltima) *s.* última sílaba.
ultimate (øˑltimit) *adj.* último, final. 2 fundamental, esencial, elemental. 3 MEC. máximo.
ultimately (øˑltimitli) *adv.* finalmente, al fin; a la larga. 2 esencialmente.
ultimateness (øˑltimitnis) *s.* ultimidad.

ultimatum (øltimeiˑtøm) *s.* ultimátum.
ultimo (øˑltimou) *adv.* del mes próximo pasado (abr. *ult.*).
ultimogeniture (øltimoȳeˑnichø') *s.* sistema por el cual hereda el último hijo.
ultra- (øˑltra) *pref.* ultra-.
ultra *adj.* exagerado, extremo. 2 fanático, acérrimo. — *3 s.* extremista, exaltado.
ultraism (øˑltraišm) *s.* exageración en las opiniones esp. políticas o religiosas; extremismo, radicalismo.
ultraist (øˑltraist) *s.* extremista, radical; partidario de medidas extremas.
ultramarine (øltramariˑn) *adj.* ultramarino. — *2 s.* azul ultramaro o de ultramar.
ultramicroscope (øltramaiˑcroscoup) *s.* ultramicroscopio.
ultramicroscopic (øltramaicroscaˑpic) *adj.* ultramicroscópico.
ultramontane (øltramaˑntein) *adj. y s.* ultramontano.
ultramontanism (øltramaˑntanišm) *s.* ultramontanismo.
ultramundane (øltramaˑndein) *adj.* ultramundano.
ultranationalism (øltranashøˑnališm) *s.* nacionalismo exaltado.
ultrarapid (øltraræˑpid) *adj.* ultrarrápido.
ultrared (øˑltrared) *adj.* ultrarrojo.
ultratropical (øˑltratraˑpical) *adj.* de más allá de los trópicos. 2 más que tropical [temperatura].
ultraviolet (øltravaiˑolit) *adj.* ultravioleta.
ultravirus (øltravaiˑrøs) *s.* ultravirus.
ultromotivity (øltroumotiˑviti) *s.* facultad del movimiento espontáneo.
ululant (øˑliulant) *adj.* ululante.
ululate (to) (øˑliuleit) *intr.* ulular, aullar.
ululation (øliuleˑshøn) *s.* ululato. 2 aullido.
Ulysses (yuliˑsis) *n. pr.* Ulises.
umbel (øˑmbel) *s.* BOT. umbela.
umbellate(d (øˑmbeleit(id) *adj.* umbelífero, de forma de umbela, dispuesto en umbela.
umbellifer (øˑmbeliˑfø') *s.* BOT. umbelífera.
Umbelliferae (øˑmbeliˑferi) *s. pl.* BOT. umbelíferas.
umbelliferous (øˑmbeliˑførøs) *adj.* umbelífero.
umber (øˑmbø') *s.* PINT. tierra de sombra. 2 ICT. tímalo. — *3 adj.* de color pardo oscuro.
umber (to) *tr.* dar color pardo oscuro.
umbilical (øˑmbiˑlical) *adj.* umbilical : ~ *cord,* cordón umbilical. 2 central. 3 por parte de madre [pariente].
umbilicate (øˑmbiˑlikit) *adj.* umbilicado.
umbilicus (øˑmbiˑlicøs), *pl.* **-ci** (-sai) *s.* ombligo. 2 ZOOL. depresión en el centro de una concha de caracol.
umbiliform (øˑmbiˑlifo'm) *adj.* umbilicado [de figura de ombligo].
umbo (øˑmbou), *s.* cazoleta de broquel.
umbra (øˑmbra), *pl.* **-brae** (-bri) *s.* sombra; cosa que hace sombra. 2 fantasma. 3 rastro, vestigio.

4 ASTR. cono de sombra [en un eclipse]. *5* ASTR. núcleo [de las manchas solares].

umbrage (ǿmbridȳ) *s.* sombra, umbría. *2* follaje [que da sombra]. *3* ofensa, pique, resentimiento: *to take ~ at,* resentirse por.

umbrage (to) *tr.* sombrear, dar sombra a. *2* picar, ofender.

umbrageous (ømbreȳøs) *adj.* sombrío, umbrátil, umbroso, umbrío. *2* receloso, resentido.

umbrageousness (ømbreiȳøsnis) *s.* umbrosidad. *2* propensión a recelar o a resentirse.

umbrella (ømbrela) *s.* paraguas. *2* quitasol, sombrilla. *3* ZOOL. umbrela. — *4 adj.* de paraguas, etc.: ~ *stand,* paragüero [mueble].

Umbrian (ømbrian) *adj. y s.* de la Umbría.

umbriferous (ømbrǐ·ferøs) *adj.* umbroso.

umbrous (ø·mbrøs) *adj.* umbrátil, umbroso.

umpirage (ø'mpairidȳ) *s.* arbitraje, arbitramiento.

umpire (ø·mpaiʳ) *s.* árbitro, juez árbitro, amigable componedor. *2* DEP. árbitro.

umpire (to) *tr.* e *intr.* arbitrar [juzgar como árbitro].

un- (øn) *pref.* que denota contrariedad, oposición, negación, privación y equivale en muchos casos a des-, in-, no, sin, etc.

unabased (ønabei·st) *adj.* no envilecido.

unabashed (ønabe·sht) *adj.* no avergonzado. *2* desenvuelto, descarado.

unabated (ønabei·tid) *adj.* completo, cabal. *2* no abatido.

unabbreviated (ønabri·vieitid) *adj.* sin abreviar, íntegro, completo.

unable (ønei·bøl) *adj.* incapaz, inhábil, impotente, imposibilitado. *2 to be ~ to,* no poder, serle a uno imposible [hacer una cosa].

unability (øneibi·liti) *s.* INABILITY.

unabridged (ønabri·ȳd) *adj.* sin abreviar, íntegro, completo.

unabsolved (ønæbsø·lvd) *adj.* no absuelto.

unaccented (ønæ·csentid) *adj.* sin acento, no acentuado.

unacceptable (ønæcse·ptabøl) *adj.* inaceptable.

unaccessible (ønæcse·sibøl) *adj.* inaccesible.

unaccommodating (ønæca·modeiting) *adj.* poco complaciente, poco servicial.

unaccompanied (ønæca·mpanid) *adj.* solo, sin acompañamiento.

unaccomplished (ønæcø·mplisht) *adj.* imperfecto, inacabado. *2* sin gracia, sin habilidades o educación.

unaccountable (ønæcau·ntabøl) *adj.* inexplicable, extraño, misterioso. *2* no responsable; irresponsable.

unaccountably (ønæcau·ntabli) *adv.* inexplicablemente, de un modo raro. *2* sin responsabilidad.

unaccounted-for (ønæcáun·tid) *adj.* no explicado.

unaccustomed (ønæcø·stømd) *adj.* desacostumbrado, insólito, inusitado. *2* inhabituado, poco acostumbrado.

unacknowledged (ønæcna·lidȳd) *adj.* no reconocido. *2* no declarado. *3* sin contestar, por contestar [carta].

unacquainted (ønæcuei·ntid) *adj.* ignorante [de], inexperto [en], poco familiarizado [con].

unacquired (onæcuai·ø'd) *adj.* no adquirido, natural.

unadaptability (ønædaptabi·liti) *s.* inadaptabilidad.

unadaptable (ønæda·ptabøl) *adj.* inadaptable.

unaddressed (ønædre·st) *adj.* sin dirección [carta, etc.].

unadorned (ønado·'nd) *adj.* no adornado, sencillo, liso, sin adornos.

unadulterated (ønadø·ltereitid) *adj.* puro, genuino, natural, sin adulteración.

unadventurous (ønadvø·nchørøs) *adj.* poco amigo de aventuras o de arriesgarse; tímido, prudente, circumspecto.

unadvisable (ønadvai·sabøl) *adj.* que no es de aconsejar; poco cuerdo o prudente.

unadvised (ønædvai·ṡd) *adj.* sin consejo o consulta de nadie. *2* imprudente, indiscreto. *3* inconsiderado, precipitado, irreflexivo.

unadvisedly (ønædvai·sidli) *adv.* imprudentemente, inconsideradamente, irreflexivamente.

unaffected (ønæfe·ctid) *adj.* sencillo, natural, inafectado, libre de afectación; ingenuo, sincero, franco. *2* impasible, inalterado. *3* no afectado [por una enfermedad].

unaffectedly (ønæfe·ctidli) *adv.* naturalmente, sin afectación; sinceramente.

unaffectedness (ønæfe·ctidnis) *s.* sencillez, naturalidad, sinceridad.

unaffectionate (ønæfe·cshønit) *adj.* sin afecto o cariño; desapegado.

unaided (onei·did) *adj.* sin ayuda.

unalienable (ønalienei·bøl) *adj.* inalienable.

unallayed (ønælei·d) *adj.* no calmado o apaciguado.

unallowable (ønælau·abøl) *adj.* inadmisible; no permisible.

unalloyed (ønæloi·d) *adj.* puro, sin mezcla.

unalterable (øno·ltørabøl) *adj.* inalterable, inmutable.

unalterably (øno·ltørabli) *adv.* inalterablemente.

unaltered (øno·ltø'd) *adj.* inalterado.

unambitious (ønambi·shøs) *adj.* falto de ambición, modesto.

un-American (øn ame·rican) *adj.* contrario al modo de ser de los americanos.

unamiable (ønei·miabøl) *adj.* poco amistoso, hostil.

unanimate (øna·nimeit) *adj.* inanimado. *2* poco animado.

unanimity (yunani·miti) *s.* unanimidad.

unanimous (yunæ·nimøs) *adj.* unánime. *2* de acuerdo.

unanimously (yunæ·nimøsli) *adv.* unánimemente. *2* de común acuerdo.

unanimousness (yunæ·nimøsnis) *s.* unanimidad.

unannounced (ønanau·nst) *adj.* sin ser anunciado. *2* de improviso.

unanswerable (ønæ·nsørabøl) *adj.* incontrovertible, incontestable, indisputable.

unanswerably (ønæ·nsørabli) *adv.* indisputablemente.

unanswered (ønæ·nsø'd) *adj.* por contestar, no contestado. *2* no correspondido.

unappalled (ønapo·ld) *adj.* no espantado o aterrado; impertérrito.

unappealable (ønapi·labøl) *adj.* inapelable.

unappreciated (ønapri·shieitid) *adj.* no apreciado; mal comprendido.

unapprehensive (ønapreje·nsiv) *adj.* desprevenido, incauto, que no recela. *2* torpe en comprender. *3* ignorante, no sabedor.

unapproachable (ønaprou·chabøl) *adj.* inaccesible, inabordable.

unappropriate(d (ønaprou·pieit(id) *adj.* no concedido o aplicado [crédito, fondos]. *2* libre, baldío.

unapproved (ønapru·vd) *adj.* no aprobado, desaprobado.

unapt (ønæ·pt) *adj.* poco inclinado, poco propenso. *2* inadecuado, impropio. *3* inepto, incapaz, lerdo, torpe.

unargued (ønæ·'guiud) *adj.* no discutido. *2* incontrovertido.

unarmed (øna·'md) *adj.* desarmado, inerme, indefenso. *2* H. NAT. inerme.

unartful (øna·'tful) *adj.* ingenuo, sin malicia o astucia.

unartistic (øna'ti·stic) *adj.* nada artístico, poco artístico.

unasked (ønæ·skt) *adj.* no pedido o solicitado. *2* no llamado, no invitado, sin ser llamado o invitado.

unaspirated (ønæ·spireitid) *adj.* no aspirada [letra].

unassailable (ønæsei·labøl) *adj.* inexpugnable.

unassisted (ønasi·stid) *adj.* sin ayuda, sin auxilio.

unassuming (ønæsiu·ming) *adj.* modesto, sin presunción.

unattached (ønatæ·cht) *adj.* suelto, despegado. *2* libre, sin compromiso. *3* no asignado o atribuido. *4* DER. no embargado. *5* libre, que no pertenece a ningún colegio [estudiante de universidad]. *6* MIL. de reemplazo.

unattackable (ønata·cabøl) *adj.* inatacable.

unattainable (ønatei·nabøl) *adj.* inasequible.

unattempted (ønate·mptid) *adj.* no intentado.

unattended (ønate·ndid) *adj.* no acompañado, solo.

unattractive (ønatræ·ctiv) *adj.* poco atractivo.

unau (yu·nou) *s.* ZOOL. perezoso.

unauthorized (øno·zoraiṡd) *adj.* no autorizado, sin título o autorización.

unavailable (ønavei·labøl) *adj.* no utilizable, no disponible. *2* agotado [libro].

unavailing (ønavei·ling) *adj.* inútil infructuoso, vano, ineficaz.

unavoidable (ønavoi·dabøl) *adj.* inevitable, ineludible. *2* que no se puede anular.

unavoidably (ønavoi·dabli) *adv.* inevitablemente.

unaware (ønaue·ʳ) *adj.* desprevenido, ignorante [de una cosa] ; que no recela o hace caso [de ella]. — *2 adv.* poét. UNAWARES.

unaware(s (ønave·æʳ(š) *adv.* sin premeditación, inadvertidamente. *2* impensadamente, inopinadamente, repentinamente, de improviso·: *to catch* ↶, coger desprevenido.

unbacked (ønbæ·ct) *adj.* sin ayuda, sin apoyo. *2* sin respaldo. *3* sin que se apueste por él. *4* sin domar, cerril [potro].

unbalance (to) (ønbæ·lans) *tr.* desequilibrar, trastornar.

unbalanced (ønbæ·lanst) *adj.* desequilibrado. *2* chiflado, destornillado. *3* COM. no balanceado; no saldado.

unballast (to) (ønbæ·last) *tr.* MAR. deslastrar.

unbaptized (ønbæptai·šd) *adj.* no bautizado. *2* pagano.

unbar (to) (ønba·ʳ) *tr.* desatrancar, quitar la barra de.

unbark (to) (ø·nba·ʳk) *tr.* descortezar [un árbol].

unbarrel (to) (ønbæ·røl) *tr.* desembarrilar.

unbearable (ønbe·rabøl) *adj.* insufrible, insoportable, inaguantable.

unbeaten (ønbi·tøn) *adj.* no pisado o frecuentado. *2* invicto, imbatido.

unbecoming (ønbica·ming) *adj.* que sienta o cae mal. *2* impropio. *3* indecente, indecoroso.

unbecomingly (ønbica·mingli) *adv.* impropiamente, indecorosamente.

unbefitting (ønbefi·ting) *adj.* impropio, que no sienta bien.

unbefriended (ønbifre·ndid) *adj.* sin amigos o parientes; sin nadie que le apoye.

unbegotten (ønbiga·tøn) *adj.* no concebido o engendrado. *2* increado.

unbeknown (ønbinou·n) *adj.* fam. no conocido, no sabido. — *2 adv.* sin conocerlo o saberlo [uno] : ↶ *to me*, sin saberlo yo.

unbelief (ønbilr·f) *s.* incredulidad, escepticismo.

unbeliever (ønbilr·vøʳ) *s.* incrédulo, descreído, escéptico. *2* irreligioso, infiel.

unbelt (to) (ønbe·lt) *tr.* desceñir. — *2 intr.* quitarse el cinturón.

unbend (to) (ønbe·nd) *tr.* enderezar, desencorvar. *2* aflojar, soltar. *3* relajar, descansar, sólazar. *4* MAR. desenvergar. *5* MAR. zafar, desmatalingar. — *6 intr.* enderezarse. *7* ablandarse, humanizarse. *8* descansar, solazarse. ¶ CONJUG. pret. y p. p. : *unbent* o *-bended*.

unbending (ønbe·nding) *adj.* inflexible.

unbias(s)ed (ønbai·ast) *adj.* libre de prejuicios, imparcial.

unbid(den (ønbi·d(øn) *adj.* no invitado. *2* no solicitado, espontáneo.

unbind (to) (ønbai·nd) *tr.* desatar, desligar. *2* desamarrar, soltar. *3* desvendar. — *4 intr.* desatarse, desligarse. ¶ CONJUG. pret. y p. p. : *unbound.*

unblamable (ønblei·mabøl) *adj.* irreprochable.

unbleached (ønbli·cht) *adj.* crudo, sin blanquear.

unblemished (ønble·misht) *adj.* puro, perfecto, inmaculado.

unblenched (ønble·ncht) *adj.* no acobardado. *2* sin mancha.

unblended (ønble·ndid) *adj.* no mezclado. *2* puro, sin mezcla.

unblessed, unblest (ønble·st) *adj.* no bendecido; no consagrado. *2* malo, maldito. *3* desgraciado.

unblushing (ønblø·shing) *adj.* que no se ruboriza. *2* sin rubor, desvergonzado.

unbodied (ønbø·did) *adj.* incorpóreo. *2* sin forma.

unbolt (to) (ønbou·lt) *tr.* desclavar [lo sujetado con pernos]. *2* abrir [corriendo el cerrojo]; desatrancar. *3* exponer, explicar.

unborn (ønbo·ʳn) *adj.* no nacido, por nacer, futuro.

unbosom (to) (ønbu·søm) *tr.* revelar, confesar, descubrir [uno sus pensamientos o secretos]. *2* ↶ *oneself*, abrir su pecho, desahogarse.

unbottomed (ønbø·tømd) *adj.* sin fondo. *2* insondable. *3* infundado.

unbound (ønbau·nd) *pret.* y *p. p.* de TO UNBIND. — *2 adj.* desatado, suelto. *3* sin encuadernar.

unbounded (ønbau·ndid) *adj.* ilimitado, infinito. *2* libre, sin freno.

unbowed (ønbau·d) *adj.* no inclinado; no humillado o vencido.

unbrace (to) (ønbrei·s) *tr.* desabrochar, aflojar. *2* debilitar. *3* descubrir, revelar.

unbraid (to) (ønbrei·d) *tr.* destrenzar, destejer. *2* desembrollar.

unbran (to) (ø·nbran) *tr.* separar [el salvado] de la harina, cerner.

unbreakable (ønbrei·cabøl) *adj.* irrompible.

unbreathed (ønbri·đd) *adj.* no comunicado a otro.

unbred (ønbre·d) *adj.* malcriado, grosero.

unbridle (to) (ønbrai·døl) *tr.* desembridar. *2* soltar, dar rienda suelta a.

unbridled (ønbrai·døld) *adj.* desenbridado. *2* desenfrenado, licencioso, violento.

unbrotherly (ønbrø·đøʳli) *adj.* impropio de un hermano, poco fraternal.

unbroken (ønbrou·køn) *adj.* entero, intacto. *2* inviolado. *3* continuo, ininterrumpido. *4* indomado, indómito. *5* no labrado o cultivado [suelo].

unbuckle (to) (ønbø·cøl) *tr.* deshebillar, desatar, desabrochar.

unbuild (to) (ønbi·ld) *tr.* demoler, arrasar.

unburden (to) (ønbø·ʳdøn) *tr.* descargar [quitar un peso] ; aliviar.

unburied (ønbe·rid) *adj.* insepulto.

unburned, unburnt (ønbø·ʳnt) *adj.* sin cocer o quemar.

unbury (to) (ønbe·ri) *tr.* desenterrar, exhumar.

unbusinesslike (ønbi·šnislaic) *adj.* contrario a la práctica mercantil. *2* inexperto en los negocios. *3* poco práctico.

unbutton (to) (ønbø·tøn) *tr.* desabotonar, desabrochar.

uncage (to) (ønkei·đȳ) *tr.* desenjaular.

uncalled-for (ønco·ld) *adj.* no requerido, innecesario, gratuito. *2* inmerecido.

uncancelled (øncæ·nsøld) *adj.* no anulado. *2* no tachado o borrado. *3* sin matar [sello de correos].

uncanny (øncæ·ni) *adj.* misterioso, extraño, pavoroso, sobrenatural, del mundo de los fantasmas, duendes, etc.

uncap (to) (øncæ·p) *tr.* descubrir, destapar, quitar el casquillo. — *2 intr.* descubrirse [para saludar].

uncared-for (ønke·ʳd) *adj.* descuidado, abandonado, desatendido.

uncareful (ønke·ʳful) *adj.* descuidado, negligente. *2* despreocupado.

uncase (to) (ønkei·s) *tr.* desenfundar, desenvainar; sacar de una caja o estuche. *2* MIL. desplegar [la bandera]. *3* descubrir, revelar.

unceasing (ønsi·sing) *adj.* incesante.

unceasingly (ønsi·singli) *adv.* sin cesar, incesantemente, continuamente.

unceremonious (ønserimou·niøs) *adj.* hecho sin ceremonia. *2* familiar, llano, a la pata la llana. *3* descortés, brusco.

uncertain (ønsø·ʳtøn) *adj.* incierto, dudoso, inseguro, problemático. *2* vago, indeterminado. *3* poco seguro o confiable. *4* precario. *5* variable, inconstante. *6* poco seguro [de un hecho o de la verdad de una cosa]. *7* indeciso, irresoluto.

uncertainly (ønsø·ʳtønli) *adv.* inciertamente, inseguramente.

uncertainty (ønsø·ʳtønti) *s.* incertidumbre, duda. *2* vaguedad, indeterminación. *3* inseguridad. *4* calidad de precario. *5* inestabilidad, inconstancia. *6* indecisión.

uncertificated (ønsø·ʳtifikitid) *adj.* sin título o diploma.

unchain (to) (ønchei·n) *tr.* quitar la cadena a, desencadenar.

unchallenged (ønchæ·lønȳd) *adj.* no discutido o puesto en tela de juicio. *2* no desafiado o retado. *3* sin que le detengan, sin que le den el quién vive.

unchangeable (ønchei·nȳabøl) *adj.* inmutable, invariable, inalterable.

unchangeableness (ønchei·nȳabølnis) *s.* inmutabilidad, estabilidad.

unchangeably (ønchei·nȳabli) *adv.* inmutablemente, invariablemente.

unchanged (ønchei·nȳd) *adj.* inalterado, igual.

unchanging (ønchei·nȳing) *adj.* inmutable, inalterable, uniforme.

uncharitable (ønchæ·ritabøl) *adj.* poco caritativo, falto de caridad, duro.

uncharitableness (ønchæ·ritabølnis) *s.* falta de caridad, dureza.

uncharitably (ønchæ·ritabli) *adv.* con falta de caridad, duramente.

unchaste (ønchei·st) *adj.* incasto, deshonesto, impúdico, lascivo, incontinente.

unchastity (ønchei·stiti) *s.* deshonestidad, impureza, lascivia, incontinencia.

unchecked (ønche·ct) *adj.* desenfrenado. 2 libre, sin que nada o nadie lo contenga. 3 COM. no confrontado, cotejado o comprobado.

unchristened (øncri·sønd) *adj.* no bautizado. 2 sin nombre.

unchristian (øncri·sshan) *adj.* poco cristiano. 2 anticristiano. 3 pagano, bárbaro, incivilizado.

unchurch (to) (ønchø·'ch) *tr.* expulsar o excluir de la Iglesia, excomulgar.

uncial (ø·nshal) *adj.* uncial.

unciform (ø·nsifo'm) *adj.* unciforme.

uncinate (ø·nsineit) *adj.* ganchudo.

uncircumcised (ønsø·'kømsaisd) *adj.* y *s.* incircunciso.

uncivil (ø·nsivil) *adj.* incivil, descortés. 2 salvaje, no civilizado. 3 falto de civismo.

uncivilized (ønsivilai·šd) *adj.* salvaje, bárbaro, tosco, inculto.

uncivilly (ønsi·vili) *adv.* incivilmente, descortésmente.

unclad (ønclæ·d) *adj.* no vestido, desnudo.

unclaimed (ønclei·md) *adj.* no reclamado.

unclasp (to) (ønclæ·šp) *tr.* desabrochar, abrir el broche de.

unclassifiable (ønclæsifai·abøl) *adj.* inclasificable.

uncle (ø·ncøl) *s.* tio. 2 fam. prestamista. 3 *Uncle Sam*, el tío Sam [los Estados Unidos].

unclean (ønclr·n) *adj.* sucio, desaseado. 2 inmundo. 3 impuro [en sentido ritual]. 4 sucio [moralmente], obsceno.

uncleanliness (ønclæ·nlinis) *s.* suciedad, desaseo.

uncleanly (ønclæ·nli) *adj.* sucio, desaseado. 2 inmundo. 3 impuro, obsceno.

uncleanness (ønclr·nnis) *s.* suciedad. 2 impureza, obscenidad.

uncloak (ønclou·c) *tr.* quitar la capa o el abrigo a. 2 descubrir, desembozar. — 3 *intr.* quitarse la capa o el abrigo.

unclog (øncla·g) *tr.* desembarazar, desobstruir. ¶ CONJUG. pret. y p. p.: *unclogged*; ger.: *unclogging*.

uncloister (to) (øncloi·stø') *tr.* exclaustrar.

unclose (to) (ønclou·š) *tr.* abrir. 2 descubrir, revelar.

unclothe (ønclou·ð) *tr.* quitar la ropa a, desnudar.

unclouded (ønclau·did) *adj.* claro, despejado, sin nubes.

unco (ø·ncou) *adj.* fam. singular, raro, extraordinario. — 2 *adv.* fam. extraordinariamente, muy.

uncock (to) (ønca·c) *tr.* desmontar [un arma de fuego].

uncoil (to) (øncoi·l) *tr.* desarrollar, desenrollar.

uncoined (øncoi·nd) *adj.* no acuñado. 2 natural [no artificial].

uncollected (øncøle·ctid) *adj.* disperso. 2 sin cobrar, no cobrado. 3 perturbado, desconcertado.

uncollectible (øncøle·ctibøl) *adj.* incobrable.

uncombed (øncou·md) *adj.* despeinado, sin peinar.

uncomfortable (øncø·mfø'tabøl) *adj.* penoso, incómodo, desagradable, molesto. 2 incómodo, molesto, embarazado; que no se siente bien.

uncomfortableness (øncø·mfø'tabølnis) *s.* incomodidad, malestar, molestia, pena. 2 desagrado.

uncomfortably (øncø·mfø'tabli) *adv.* incómodamente, molestamente, penosamente.

uncommercial (øncome·'shal) *adj.* opuesto a los principios del comercio; impropio de un comerciante. 2 no relacionado con el comercio.

uncommon (ønca·møn) *adj.* poco común o frecuente, insólito, raro, notable extraordinario, excepcional.

uncommonly (ønca·mønli) *adv.* insólitamente. 2 extraordinariamente, notablemente.

uncommunicated (øncomiu·nikeitid) *adj.* no comunicado. 2 que no ha comulgado.

uncommunicative (øncomiu·nikeitiv) *adj.* reservado, poco comunicativo.

uncompleted (ønkømplr·tid) *adj.* incompleto, inacabado.

uncomplimentary (øncamplime·ntari) *adj.* poco halagüeño o amable; ofensivo; desfavorable.

uncomplying (øncømplai·ing) *adj.* poco complaciente. 2 índócil.

uncompromising (øncampromai·šing) *adj.* inflexible, firme, intransigente, que no hace concesiones.

unconcern (ønkønsø·'n) *s.* falta de interés, despreocupación; indiferencia, frialdad, desapego.

unconcerned (ønkønsø·'nd) *adj.* indiferente, frío, desinteresado. 2 no interesado.

unconcernedly (ønkønsø·'nidli) *adv.* con indiferencia, sin interés, sin preocuparse.

unconcluded (ønkøncliu·did) *adj.* inconcluso.

unconditional (ønkøndi·shønal) *adj.* incondicional.

unconditionally (ønkøndi·shønali) *adv.* incondicionalmente.

unconditioned (ønkøndi·shønd) *adj.* no condicionado. 2 FIL. ilimitado, infinito, absoluto.

unconfined (ønkønfai·nd) *adj.* no encerrado, limitado o restringido; libre, sin trabas.

unconfirmed (ønkønfø·'md) *adj.* no confirmado.

unconformable (ønkønfo·'mabøl) *adj.* no conforme, proporcionado o correspondiente.

unconformity (ønkønfø·'miti), *pl.* **-ties** (-tiš) *s.* disconformidad, contradicción, incompatibilidad. 2 GEOL. falta de continuidad en la estratificación.

uncongenial (ønkønǰi·nial) *adj.* incompatible. 2 antipático, desagradable. 3 impropio, inadecuado.

uncongeniality (ønkønǰiniæ·liti) *s.* incompatibilidad. 2 calidad de antipático o desagradable. 3 falta de adecuación.

unconnected (ønkøne·ctid) *adj.* inconexo. 2 sin parientes o relaciones. 3 incoherente. 4 ELECT. desconectado, desenchufado.

unconquerable (ønca·nkørabøl) *adj.* inconquistable, invencible, indomable.

unconscionable (ønca·nshønabøl) *adj.* injusto, irrazonable. 2 desmedido, excesivo. 3 sin conciencia, sin escrúpulos.

unconscionably (ønca·nshønabli) *adv.* sin razón. 2 desmedidamente. 3 inmoralmente, sin conciencia.

unconscious (ønca·nshøs) *adj.* inconsciente. 2 desmayado, privado, sin conocimiento, sin sentido. 3 ignorante, no sabedor o que no se percata [de una cosa]. 4 inanimado. — 5 *s.* *the ~*, lo inconsciente.

unconsciously (ønca·nshøsli) *adv.* inconscientemente. 2 sin saberlo.

unconsciousness (ønca·nshøsnis) *s.* inconciencia. 2 desmayo. 3 falta de conocimiento o percepción.

unconsenting (øncønse·nting) *adj.* que no consiente.

unconstitutional (øncannstitiu·shønal) *adj.* inconstitucional, anticonstitucional.

unconstitutionality (øncanstitiushønæ·liti) *s.* carácter inconstitucional.

unconstitutionally (øncanstitiu·shonali) *adv.* inconstitucionalmente.

unconstrained (øncønstrei·nd) *adj.* espontáneo, natural. 2 libre, voluntario.

uncontaminated (ønkøntæ·mineitid) *adj.* incontaminado.

uncontrollable (ønkøntrou·labøl) *adj.* ingobernable, indomable, irrefrenable.

uncontrolled (ønkøntrou·ld) *adj.* libre, sin freno.

unconventional (ønkønve·nshønal) *adj.* libre de trabas o reglas; que no se sujeta a convenciones o costumbres, despreocupado; original.

unconventionality (ønkønvenshønæ·liti) *s.* proceder del que no se sujeta a convenciones o costumbres, despreocupación. 2 originalidad.

unconverted (ønkønvø·'tid) *adj.* no convertido.

unconvincing (øncønvi·nsing) *adj.* que no convence, poco convincente.

uncord (to) (ønco·'d) *tr.* desatar, quitar o aflojar las cuerdas de.

uncork (to) (ønko·'c) *tr.* descorchar, destapar.

uncorrected (ønkøre·ctid) *adj.* no corregido, sin corregir.

uncorrupted (ønkørø·ptid) *adj.* incorrupto.

uncouple (to) (ønkø·pøl) *tr.* desacoplar, desconectar. 2 soltar [los perros de la traílla].

uncouth (øncu·z) *adj.* tosco, grosero. 2 rudo, rústico, inculto. 3 torpe, desmañado. 4 raro, extraño.

uncouthly (øncu·zli) *adv.* toscamente, rudamente. 2 singularmente.

uncouthness (øncu·znis) *s.* tosquedad, grosería, rudeza. 2 extrañeza, singularidad.

uncover (to) (ønkø·vø') *tr.* destapar, descubrir. 2 desabrigar, desarropar. 3 poner al descubierto, revelar. — 4 *intr.* descubrirse. 5 desabrigarse.

uncowl (to) (øncau·l) *tr.* quitar la capucha o la cogulla a.
uncreated (øncriei·tid) *adj.* increado.
uncross (to) (øncro·s) *tr.* descruzar.
uncrown (to) (øncrau·n) *tr.* destronar.
unction (ø·ncshøn) *s.* unción, ungimiento : *extreme* ~, extremaunción. 2 untamiento, untadura. 3 untura, ungüento. 4 lenitivo. 5 unción, fervor. 6 efusión, entusiasmo o fervor poco sinceros; hipocresía.
unctuous (ø·nkchuøs) *adj.* untuoso. 2 suave, agradable. 3 graso [suelo]. 4 lleno de unción; meloso, de suavidad fingida o engañosa, zalamero.
unctuousness (ø·nkchuøsnis) *s.* untuosidad. 2 hipocresía.
uncultivated (ønkø·ltiveitid) *adj.* inculto, yermo, baldío. 2 inculto, sin cultura, rústico.
uncurl (to) (ønkø·l) *tr.* desrizar, desenroscar.
uncut (ønkø·t) *adj.* sin cortar. 2 sin tallar, en bruto. 3 sin acortar o cercenar, íntegro.
undamaged (øndæ·miȳd) *adj.* indemne, ileso.
undated (øndei·tid) *adj.* sin fecha. 2 sin acontecimientos dignos de mención.
undaunted (øndo·ntid) *adj.* impávido, impertérrito, intrépido. 2 no atemorizado.
undauntedly (øndo·ntidli) *adv.* impávidamente, intrépidamente, sin arredrarse.
undauntedness (øndo·ntidnis) *s.* impavidez, intrepidez, arrojo.
undecagon (ønde·cagan) *s.* endecágono, undecágono.
undeceivable (øndisɪ·vabøl) *adj.* que no se puede engañar.
undeceive (to) (øndisɪ·v) *tr.* desengañar, desimpresionar, sacar de un engaño o error.
undecided (øndisai·did) *adj.* no decidido o resuelto. 2 indeciso, fluctuante.
undecipherable (øndisai·førabøl) *adj.* indescifrable.
undeclinable (øndiclai·nabøl) *adj.* indeclinable. 2 inevitable.
undefeated (øndifɪ·tid) *adj.* invicto.
undefensible (øndife·nsibøl) *adj.* indefendible.
undefiled (øndifai·ld) *adj.* impoluto, limpio, libre de mancha.
undefinable (øndifai·nabøl) *adj.* indefinible.
undefined (øndifai·nd) *adj.* indefinido.
undeniable (øndinai·abøl) *adj.* innegable, indiscutible, irrefragable. 2 excelente.
undeniably (øndinai·abli) *adv.* innegablemente, indiscutiblemente.
under (ø·ndø') *prep.* bajo, debajo de, so : ~ *the table*, debajo de la mesa ; ~ *bail*, bajo fianza ; ~ *pretence of*, bajo o so pretexto de. 2 de menos de ; en menos de, dentro ; menos de, inferior o de grado inferior a : *all weights* ~ *two pounds*, todos los pesos de menos de dos libras ; ~ *an hour*, en menos de una hora, dentro de una hora ; *he is now something* ~ *fifteen*, tiene ahora poco menos de quince años ; *no one* ~ *an admiral would do*, nadie inferior a un almirante serviría. 3 en tiempo de, durante el reinado de. 4 conforme a, según : ~ *the terms of the contract*, conforme a las condiciones del contrato. 5 bajo la dirección o enseñanza de : *he studied physics* ~ *N.*, estudió física con N. 6 a o en, en frases como : ~ *the care of*, al cuidado de ; ~ *full steam*, bajo vapor ; ~ *discussion*, en discusión, que se discute ; ~ *repair*, en reparación ; ~ *the necessity of selling*, en la necesidad de vender. 7 denota inclusión bajo un epígrafe, en una categoría, división, etc. : *items* ~ *this head*, artículos comprendidos bajo este epígrafe ; *classified* ~ *Hymenoptera*, clasificado entre los himenópteros. 8 Otros usos : ~ *arms*, MIL. formados y equipados ; sirviendo en el ejército ; ~ *cover*, al abrigo, a cubierto ; dentro de un sobre ; ~ *the cover of*, al abrigo, al amparo de ; ~ *one's nose*, fam. en las barbas de uno ; ~ *restraint*, sujeto, refrenado ; ~ *sail*, navegando, con las velas desplegadas ; ~ *the breath*, en voz baja, en un susurro ; ~ *the hand and seal of*, firmado y sellado por ; ~ *way*, en camino ; en marcha ; *to be* ~ *age*, ser menor de edad ; *to be* ~ *obligation to*, deber favores a. — 9 *adv.* abajo, debajo, más abajo. 10 en situación de subordinación o sujeción : *to keep the passions* ~, mantener refrenadas las pasiones. 11 Otros sentidos : *to go* ~, hundirse, arruinarse ; *to snow* ~, cubrir de nieve ; *his estimates fell*

far ~, sus cálculos resultaron cortos. — *12 adj.* inferior. *13* subalterno, subordinado. *14* bajo [de tono].
under- (ø·ndø') *pref.* que denota inferioridad, subordinación, orden posterior, atenuación, etc., y que en muchos casos corresponde al español *sub-*.
underage (ø·ndøreiȳ) *adj.* menor de edad. 2 de edad inferior a la requerida.
underbid (to) (ø·ndø'bid) *tr.* ofrecer menos que [otro]. ¶ CONJUG. pret. y p. p. : *underbid;* ger. : *underbidding.*
underbill (to) (ønde·bi·l) *tr.* COM. facturar por menos del valor real.
underbody (ø·ndø'badi) *s.* parte inferior del cuerpo de un animal o de la caja de un vehículo. 2 parte sumergida de un buque.
underbred (øndø'bre·d) *adj.* que no es de pura raza. 2 tosco, vulgar.
underbrush (ø·ndø'brøsh) *s.* maleza [de un bosque].
undercarriage (ø·ndø'cæridȳ) *s.* soporte o armazón inferior. 2 AVIA. tren de aterrizaje.
undercharge (to) (ø·ndø'cha·ȳ) *tr.* cargar o hacer pagar menos de lo necesario o debido. 2 ARTILL. cargar insuficientemente.
underclothes (ø·ndø'cloudš), **underclothing** (øndø'clou·ding) *s.* ropa interior.
undercover (øndø'cø·vø') *adj.* secreto, subrepticio. 2 empleado como confidente o espía.
undercurrent (ø·ndø'cørønt) *s.* corriente que pasa debajo de otra. 2 tendencia oculta. 3 ELECT. corriente de intensidad menor que la de un tipo determinado. — *4 adj.* que corre bajo la superficie ; secreto, oculto.
undercut (ø·ndø'cøt) *adj.* cortado por debajo. — *2 s.* corte dado o hecho por la parte de abajo. 3 solomillo. 4 TENIS, BOXEO golpe dado por debajo o de abajo arriba.
undercut (to) *tr.* cortar o vaciar por debajo, socavar. 2 ofrecer mejores precios o salarios [que otro]. 3 aceptar [precios o salarios] más bajos que los corrientes. 4 TENIS, BOXEO golpear por debajo o de abajo arriba. ¶ CONJUG. pret. y p. p. : *undercut;* ger. : *undecutting.*
underdevelopment (ø·ndø'dive·løpmønt) *s.* desarrollo incompleto. 2 FOT. revelado insuficiente.
underdo (to) (ø·ndø'du·) *tr.* hacer menos de lo posible o necesario. — *2 tr.* hacer [algo] imperfectamente. 3 coc. asar poco, medio asar. ¶ CONJUG. pret. : *underdid;* p. p. : *underdone.*
underdog (ø·ndø'dog) *s.* el que pierde [en una contienda]. 2 fig. víctima de una injusticia social ; de una persecución : *the underdogs*, los desvalidos, los de abajo.
underdone (ø·ndø'døn) *adj.* coc. poco asado, a medio asar.
underdose (ø·ndø'dou·s) *s.* dosis corta o insuficiente.
underdress (øndø'dre·s) *s.* ropa que se lleva debajo de otra.
underdress (to) *intr.* vestirse menos de lo conveniente. 2 vestirse demasiado sencillamente para lo que requiere la ocasión.
underestimate (ø·ndøre·stimit) *s.* apreciación o estimación demasiado baja, menosprecio. 2 presupuesto demasiado bajo.
underestimate (to) (øndøre·stimeit) *tr.* menospreciar, desestimar, apreciar en menos de lo justo, tener en poco. 2 valuar o calcular en menos del valor real.
underexpose (to) (øndørecspou·š) *tr.* FOT. dar poca exposición a.
underexposure (øndørecspou·ȳø') *s.* FOT. exposición insuficiente.
underfed (øndø'fe·d) *pret.* y *p. p.* de TO UNDERFEED.
underfeed (to) (øndø'fɪ·d) *tr.* alimentar insuficientemente, desnutrir. ¶ CONJUG. pret. y p. p. : *underfed.*
underfilling (ø·ndø'fi·ling) *s.* cimientos [de un edificio].
underfoot (ø·ndø'fut) *adv.* bajo los pies. 2 en sujeción. 3 en secreto. — *4 adj.* pisoteado, oprimido.
underfur (ø·ndø'fu·') *s.* pelo corto y suave que, debajo de otro más largo y áspero, tienen algunos animales.
undergarment (ø·ndø'ga·mønt) *s.* prenda de uso interior.

undergo (to) (øndø'gou) *tr.* sufrir, padecer, aguantar, sobrellevar. *2* experimentar, pasar por; ser sometido a. ¶ CONJUG. pret.: *underwent;* p. p.: *undergone.*

undergraduate (øndø'græ·diuit). *s.* estudiante de universidad que aún no ha recibido grado; estudiante de bachillerato.

underground (øndø'graund) *adj.* subterráneo. *2* propio para ser usado bajo tierra. *3* secreto: ～ *movement,* POL. movimiento clandestino, de resistencia. — *4 s.* sótano, subterráneo. *5* subsuelo. *6* metro, ferrocarril subterráneo. — *7 adv.* bajo tierra. *8* en secreto, ocultamente.

undergrove (øndø'grou·v) *s.* soto bajo.

undergrown (ø·ndø'grou) *intr.* crecer debajo de algo o desde debajo.

undergrown (ø·ndø'groun) *adj.* pequeño, raquítico, que no ha crecido lo suficiente. *2* cubierto de maleza.

undergrowth (ø·ndø'grouz) *s.* maleza, matas, hierbas [del bosque]. *2* crecimiento imperfecto.

underhand (øndø·nd) *adv.* DEP. con la mano más baja que el codo. *2* bajo mano, por bajo cuerda, clandestinamente. — *3 adj.* DEP. hecho con la mano más baja que el codo. *4* secreto, clandestino.

underhanded (øndø'jæ·ndid) *adj.* secreto, clandestino, disimulado, solapado.

underlay (øndø'lei·) *s.* ZAP. refuerzo [en una suela]. *2* IMPR. alza. *3* pieza que realza o sostiene. *4* forro de una prenda de seda. *5* corriente o tendencia oculta. *6* MIN. buzamiento.

underlay (to) *tr.* reforzar por debajo. *2* IMPR. calzar. *3* realzar [una cosa] poniéndole algo debajo. ¶ CONJUG. pret. y p. p.: *underlaid.*

underlayer (øndø'lei·ø·) *s.* remendón [zapatero]. *2* estrato debajo de otro.

underlease (ø·ndø'lis) *s.* subarriendo.

underlet (to) (øndø'lei·t) *tr.* subarrendar, subalquilar.

underlie (to) (øndø'lai) *tr.* estar debajo de. *2* ser la base, fundamento o sostén de. *3* ocultarse bajo el exterior de. ¶ CONJUG. pret.: *underlay;* p. p.: *underlain;* ger.: *underlying.*

underlife (øndø'laif) *s.* vida oculta. *2* nivel inferior de vida.

underline (ø·ndø'lain) *s.* línea puesta debajo.

underline (to) (øndø'lai·n) *tr.* subrayar. *2* rodear de una línea de otro color.

underlinen (øndø'li·nen) *s.* ropa interior.

underling (øndø'ling) *s.* subordinado. *2* fam. hombre vil, despreciable.

underload (ø·ndø'loud) *s.* carga insuficiente.

underload (to) *tr.* cargar poco, aplicar una carga insuficiente.

underlying (øndø'lai·ing) *adj.* subyacente. *2* fundamental.

undermine (to) (øndø'mai·n) *tr.* minar, socavar, zapar, descalzar. *2* fig. minar [la salud, etc.].

underminer (øndø'mai·nø·) *s.* minador. *2* enemigo oculto.

undermost (ø·ndø'moust) *adj.* el más bajo. *2* ínfimo. — *3 adv.* debajo de todo.

underneath (øndø'ni·z) *adv.* debajo, por debajo. — *2 prep.* debajo de, bajo.

undernourish (to) (øndø'nø·rish) *tr.* alimentar insuficientemente.

undernourishment (øndø'nø·rishmønt) *s.* alimentación insuficiente, desnutrición.

underpaid (ø·ndø'peid) *adj.* mal pagado.

underpants (ø·ndø'pænts) *s.* (EE. UU.) PANTS.

underpass (ø·ndø'pæs) *s.* paso inferior.

underpay (øndø'pei·) *s.* retribución mezquina.

underpay (to) *tr.* pagar poco, pagar mal. ¶ CONJUG. pret. y p. p.: *underpaid.*

underpin (to) (øndø'pi·n) *tr.* ALBAÑ. socalzar, apuntalar por la base. *2* sostener, mantener, justificar. ¶ CONJUG. pret. y p. p.: *underpinned;* ger.: *underpinning.*

underplot (ø·ndø'plat) *s.* acción secundaria en una obra teatral. *2* trama secreta.

underprivileged (øndø'pri·viliĵd) *adj.* menesteroso, desheredado.

underprize (to) (øndø'prai·š) *tr.* apreciar en menos de su valor, desestimar.

underprop (to) (øndø'pra·p) *tr.* apuntalar por debajo. *2* sostener.

underproduction (ø·ndø'proda·cshøn) *s.* producción insuficiente, baja producción.

underrate (ø·ndø'reit) *s.* precio o estimación inferior a la normal. — *2 adj.* inferior.

underrate (to) *tr.* desestimar, menospreciar, valorar demasiado bajo.

underrun (to) (øndø'rø·n) *tr.* correr por debajo de. *2* MAR. resacar. ¶ CONJUG. pret.: *underran;* p. p.: *underrun;* ger.: *underrunning.*

underscore (øndø'sco·') *s.* línea que subraya.

underscore (to) *tr.* tirar una línea por debajo de. *2* subrayar.

undersea (ø·ndø'si) *s.* parte del mar debajo de la superficie. — *2 adj.* submarino.

undersea o **-seas** *adv.* debajo de la superficie del mar.

undersecretary (øndø'se·croteri) *s.* subsecretario.

undersell (to) (øndø'se·l) *tr.* vender a bajo precio, malbaratar. *2* vender a menos precio que. ¶ CONJUG. pret. y p. p.: *undersold.*

underset (to) (øndø'se·t) *tr.* apuntalar, sostener, apoyar. ¶ CONJUG. pret. y p. p.: *underset;* ger.: *undersetting.*

undershirt (ø·ndø'shø·t) *s.* camiseta.

undershot (ø·ndø'shat) *adj.* impulsada por debajo [rueda hidráulica]. *2* que tiene saliente la mandíbula inferior.

undersign (to) (øndø'sai·n) *tr.* firmar, subscribir. *2 the undersigned,* el infrascrito, el abajofirmado.

undersized (ø·ndø'sai·šd) *adj.* pequeño, de estatura o tamaño menor que los normales.

underskirt (ø·ndø'skø·t) *s.* enagua. *2* refajo.

underspread (ø·ndø'spred) *adj.* extendido o esparcido debajo.

understairs (øndø'ste·'s) *adj.* situado debajo de la escalera, en el sótano. *2* de escalera abajo, de la servidumbre. — *3 s.* el sótano.

understand (to) (øndø'stæ·nd) *tr.* entender, comprender: *to give one to* ～, dar a entender a uno; hacerle comprender, decirle claramente; *to* ～ *each other,* entenderse, ir de acuerdo; *that is understood,* esto está entendido, por supuesto. *2* entender en: *to* ～ *finance,* entender en cuestiones de hacienda. *3* ser sabedor de, tener entendido. *4* conocer, penetrar. *5* sobreentender: *the verb is understood,* el verbo está sobreentendido. *6* significar, expresar [hablando de una palabra]. *7* estar debajo de. ¶ CONJUG. pret. y p. p.: *understood.*

understandable (øndø'stæ·ndabøl) *adj.* comprensible.

understanding (øndø'stæ·nding) *s.* inteligencia, comprensión, conocimiento [de una cosa]. *2* entendimiento, inteligencia [facultad]. *3* modo de ver o entender. *4* inteligencia, armonía, acuerdo: *good* ～, buena inteligencia, buena armonía; *to come to an* ～, convenirse, llegar a un acuerdo. — *5 adj.* inteligente, entendedor, perito. *6* comprensivo.

understandingly (øndø'stæ·ndingli) *adv.* de una manera inteligente o comprensiva. *2* con conocimiento de causa.

understate (to) (øndø'stei·t) *tr.* decir menos de lo que hay.

understatement (øndø'stei·tmønt) *s.* exposición o declaración incompleta, en que se dice menos de lo que realmente hay.

understood (øndø'stud) *pret.* y *p. p.* de TO UNDERSTAND.

understudy (ø·ndø'stødi), *pl.* **-dies** (-diš) *s.* TEAT. sobresaliente, suplente, substituto.

understudy (to) *tr.* aprender [un papel] para poder suplir a otro actor. *2* aprender el papel de [otro actor] para poderle suplir. ¶ CONJUG. pret. y p. p.: *understudied.*

undertake (to) (øndø'tei·k) *tr.* emprender, acometer, intentar. *2* tomar por su cuenta, a su cargo; comprometerse a, encargarse de. *3* responder de, asegurar. ¶ CONJUG. pret.: *undertook;* p. p.: *undertaken.*

undertaker (ø·ndø'teikø·) *s.* empresario, contratista. *2* empresario de pompas fúnebres, dueño de una funeraria.

undertaking (øndø'tei·king) *s.* empresa [acción de emprender, cosa que se emprende]. *2* contrata. *3* funeraria, empresa de pompas fúnebres. *4* DER. promesa, garantía.

undertenant (øndø'te·nant) *s.* subarrendatario.

undertone (ø·ndø'toun) *s.* voz baja. *2* color apagado. *3* color visto a través de otros y que los modifica.

undertook (øndø'tuk) *pret.* de TO UNDERTAKE.
undertow (ø'ndø'tou) *s.* MAR. resaca; corriente que se produce debajo de las olas que llegan a la playa.
undertread (to) (øndø'tre·d) *tr.* pisar, pisotear. 2 subyugar, oprimir.
undervaluation (øndø'valiue·shøn) *s.* valuación por debajo del valor real.
undervalue (to) (øndø'væ·liu) *tr.* valuar por debajo del valor real.
underwater (øndø'uo·tø') *adj.* subacuático. 2 que se usa debajo del agua.
underwear (ø·ndø'ue·') *s.* ropa interior.
underweight (ø·ndø'ueit) *s.* peso inferior al requerido o normal. 2 falta de peso. 3 cosa o individuo que pesa menos de lo normal. — 4 *adj.* falto de peso, de peso escaso.
underwent (ø·ndø'uent) *pret.* de TO UNDERGO.
underwood (ø·ndø'wud) *s.* maleza [del bosque]. 2 tallar [monte que se renueva].
underwork (øndø'uø·'c) *s.* obra hecha debajo [como sostén]. 2 trabajo inferior o subordinado.
underwork (to) *tr.* e *intr.* trabajar [una cosa] menos de lo necesario. — 2 *tr.* trabajar por menos precio que [otro].
underworld (ø·ndø'uø·'ld) *s.* este mundo. 2 los profundos. 3 mundo subterráneo o submarino. 4 H. NAT. el mundo de la vida inferior. 5 la otra parte del mundo. 6 el hampa, los bajos fondos de la sociedad.
underwrite (to) (øndø'rai·t) *tr.* escribir debajo de. 2 subscribir [firmar, mostrarse de acuerdo, confirmar]. 3 COM. asegurar. 4 suscribir [una emisión de acciones, bonos, etc.]. 5 describir o retratar de manera inadecuada. ¶ CONJUG. pret.: *underwrote*; p. p.: *underwritten*.
underwriter (øndø'rai·tø') *s.* el que firma o suscribe. 2 COM. asegurador. 3 COM. suscritor de una emisión de acciones, bonos, etc.
undescribable (øndescrai·babøl) *adj.* INDESCRIBABLE.
undeserved (øndišø·'vd) *adj.* inmerecido.
undeservedly (øndišø·'vidli) *adv.* inmerecidamente.
undeserving (øndišø·'ving) *adj.* desmerecedor, inmeritorio, indigno.
undesignedly (øndišai·nidli) *adv.* sin propósito, sin intención, involuntariamente.
undesigning (øndišai·ning) *adj.* sencillo, sin astucia, sincero, de buena fe.
undesirable (øndišai·rabøl) *adj.* indeseable, poco deseable.
undetected (øndite·ctid) *adj.* no descubierto.
undetermined (øndite·'mind) *adj.* indeterminado, vago, incierto. 2 no decidido o resuelto. 3 indeciso, irresoluto.
undeveloped (øndive·løpt) *adj.* rudimentario, no desarrollado. 2 por explotar [tierras, etc.]. 3 FOT. sin revelar.
undeviating (øndr·vieiting) *adj.* directo, sin rodeos; invariable, siempre igual.
undevout (øndivau·t) *adj.* indevoto.
undid (øndi·d) *pret.* de TO UNDO.
undies (ø·ndiš) *s. pl.* fam. ropa interior femenina.
undifferentiated (øndi·førensieitid) *adj.* no diferenciado.
undigested (øndiže·stid) *adj.* no digerido.
undignified (øndi·gnifaid) *adj.* poco digno o decoroso. 2 falto de seriedad, de gravedad.
undiluted (øndiliu·tid) *adj.* puro, sin diluir.
undiminished (øndimi·nisht) *adj.* no disminuido.
undine (øndi·n) *s.* ondina.
undirected (øndire·ctid) *adj.* sin guía. 2 sin dirección, sin señas.
undiscernible (øndišø·'nibøl) *adj.* imperceptible, invisible.
undisciplined (øndi·siplind) *adj.* no sujeto a disciplina; falto de corrección o de instrucción. 2 rebelde, indócil, indisciplinado.
undiscovered (øndiscø·vø'd) *adj.* no descubierto, por descubrir.
undisguised (øndisgai·šd) *adj.* sin disfraz, franco, manifiesto, no disimulado.
undismayed (øndismei·d) *adj.* firme, impertérrito, perseverante, que no ha perdido el ánimo o el valor.
undisposed (øndispou·šd) *adj.* poco inclinado o dispuesto. 2 COM. no vendido, no invertido.
undisputed (øndispiu·tid) *adj.* que no se disputa. 2 indiscutible, incontestable.
undissolvable (øndiša·lvabøl) *adj.* indisoluble.

undistinguishable (øndisti·ngüishabøl) *adj.* indistinguible.
undisturbance (øndistø·'bans) *s.* quietud, sosiego.
undisturbed (øndistø·'bd) *adj.* quieto, tranquilo. 2 impasible, sereno.
undivided (øndivai·did) *adj.* entero, firme, unido, continuo, no dividido. 2 indiviso. 3 no compartido con otros.
undo (to) (øndu·) *tr.* abrir, desatar, desliar, soltar, desabrochar: *to ~ a door,* abrir una puerta; *to ~ one's hair,* soltarse el cabello. 2 desenredar, resolver. 3 deshacer. 4 desarmar, desmontar. 5 anular, contrarrestar, desvirtuar, reparar. 6 destruir, arruinar, perder. ¶ CONJUG. pret.: *undid*; p. p.: *undone*.
undock (to) (ønda·c) *tr.* MAR. sacar del dique.
undoing (øndu·ing) *s.* destrucción, pérdida, ruina.
undone (øndø·n) *p. p.* de TO UNDO. — 2 *adj.* desatado, desliado, desabrochado: *to come ~,* desatarse soltarse, desabrocharse 3 sin hacer, por hacer: *to leave ~,* dejar de hacer, dejar por hacer. 4 perdido, arruinado: *to be ~,* estar perdido o arruinado.
undoubted (øndau·tid) *adj.* cierto, indudable, fuera de duda, indiscutido.
undoubtedly (øndau·tidli) *adv.* indudablemente.
undraw (to) (øndro·) *tr.* abrir, descorrer [una cortina, etc.]. ¶ CONJUG. pret.: *undrew*; p. p.: *undrawn*.
undrawn (øndro·n) *adj.* no sacado, no extraído. 2 sin abrir [tonel]. 3 no ordeñado. 4 no dibujado. 5 COM. no girado.
undreamed (øndrı·md), **undreamt** (øndre·mt) *adj.* no soñado, inimaginable. | A menudo con *of*.
undress (øndre·s) *s.* traje de casa, deshabillé. 2 vestido de calle [no de etiqueta ni ceremonia]. 3 MIL. traje de diario, de cuartel.
undress (to) *tr.* desnudar, desvestir. 2 vestir a la ligera. 3 CIR. desvendar, quitar el vendaje. — 4 *intr.* desnudarse.
undressed (øndre·st) *adj.* no aderezado o preparado. 2 sin curtir. 3 sin alisar o cepillar [madero]; en rama, en bruto. 4 despeinado, desaliñado. 5 de trapillo. 6 vestido con traje de calle. 7 que no requiere vestido de etiqueta o ceremonia.
undrew (øndru·) *pret.* de TO UNDRAW.
undrinkable (øndrinka·bøl) *adj.* que no se puede beber.
undue (øndiu·) *adj.* indebido, excesivo, desmedido. 2 impropio. 3 ilegal, injusto. 4 COM. no vencido.
undulant (ø·ndiulant) *adj.* ondulante, ondulante. 2 MED. ~ *fever,* fiebre de Malta, fiebre mediterránea.
undulate (ø·ndiuleit) *adj.* ondulado, ondeado.
undulate (to) *intr.* ondular, ondear. 2 fluctuar. — 3 *tr.* hacer ondear o fluctuar. 4 ondular.
undulating (ø·ndiuleiting) *adj.* ondeante, ondulante, undoso. 2 ondulatorio.
undulation (øndiule·shøn) *s.* ondulación, ondeo, onda.
undulatory (ø·ndiulatori) *adj.* ondulatorio, undoso.
unduly (øndiu·li) *adv.* indebidamente, excesivamente. 2 ilegalmente, injustamente.
undutiful (øndiu·tiful) *adj.* que falta a sus deberes; desobediente, insumiso, irrespetuoso.
undyed (øndai·d) *adj.* no teñido, sin teñir.
undying (øndai·ing) *adj.* imperecedero, eterno.
unearned (ønø·nd) *s.* no ganado; inmerecido: ~ *increment,* plusvalía.
unearth (to) (ønø·z) *tr.* desenterrar.
unearthly (ønø·'zli) *adj.* no terrenal. 2 sobrenatural, supernatural. 3 terrible, espantoso. 4 extraño, raro.
uneasily (ønı·šili) *adv.* intranquilamente, desasosegadamente, con inquietud. 2 incómodamente, penosamente.
uneasiness (ønı·šinis) *s.* intranquilidad, inquietud, desasosiego, desazón. 2 malestar, incomodidad.
uneasy (ønı·ši) *adj.* intranquilo, inquieto, ansioso, desasosegado. 2 molesto, incómodo. 3 torpe, cohibido. 4 desagradable, de trato difícil.
uneatable (ønı·tabøl) *adj.* incomible.
unedifying (øne·difaiing) *adj.* poco edificante.
uneducated (øne·diukeitid) *adj.* inculto, indocto, sin instrucción.
unemployed (ønimploi·d) *adj.* desocupado, ocioso. 2 sin trabajo, parado. 3 no empleado.
unemployment (ønimploi·mønt) *s.* desocupación, falta de trabajo, paro: ~ *insurance,* seguro contra el paro obrero.

unencumbered (ønencømbø'd) *adj.* libre de gravamen, saneado. 2 libre de trabas.

unending (øne·nding) *adj.* inacabable, interminable, perpetuo, eterno. 2 MAT. ~ *decimal,* fracción decimal inexacta.

unendurable (ønendiu·rabøl) *adj.* insufrible, insoportable.

unengaged (ønenguei·ŷd) *adj.* libre, no comprometido, desocupado.

unenlightened (ønenlai·tønd) *adj.* no ilustrado, no instruido, ignorante.

unenvied (øne·nvid) *adj.* no envidiado.

unequal (øni·cual) *adj.* desigual, diferente, dispar. 2 desproporcionado. 3 irregular, falto de uniformidad. 4 insuficiente, ineficaz. 5 falto de fuerzas, capacidad, recursos, etc., para algo; impotente, incapaz.

unequalled (øni·cuald) *adj.* inigualado, sin par, incomparable.

unequally (øni·cuali) *adv.* desigualmente.

unequivocal (ønicui·vocal) *adj.* inequívoco.

unequivocally (ønicui·vocali) *adv.* inequívocamente.

unerring (ønø·ring) *adj.* infalible. 2 certero, seguro.

unessential (øne·nshal) *adj.* no esencial, de poca importancia, sin importancia. — 2 *s.* cosa no esencial, sin importancia.

unethical (øne·zical) *adj.* contrario a las normas establecidas para la conducta profesional.

uneven (øni·vn) *adj.* desigual, desnivelado, escabroso, irregular, accidentado. 2 de longitud diferente. 3 impar, non.

unevenly (øni·vønli) *adv.* desigualmente.

unevenness (øni·vønnis) *s.* desigualdad, desnivel, escabrosidad, aspereza. 2 irregularidad, intercadencia.

uneventful (øneve·ntful) *adj.* exento de acontecimientos notables; tranquilo.

unexampled (ønegšæ·mpøld) *adj.* sin ejemplo, único, sin precedentes, sin par.

unexcelled (ønecse·ld) *adj.* no sobrepujado.

unexceptionable (ønecse·pshønabøl) *adj.* irrecusable. 2 intachable, irreprochable.

unexceptional (ønecse·pshønal) *adj.* ordinario, usual, corriente. 2 que no admite excepción.

unexhausted (ønegzo·stid) *adj.* inexhausto.

unexpected (ønecspe·ctid) *adj.* inesperado, impensado, imprevisto, inopinado. 2 repentino.

unexpectedly (ønecspe·ctidli) *adv.* inesperadamente, de repente, de improviso.

unexpectedness (ønecspe·ctidnis) *s.* calidad de inesperado.

unexperienced (ønecspi·riønst) *adj.* inexperto. 2 no experimentado.

unexplained (ønecsplei·nd) *adj.* inexplicado.

unexplored (ønecsplo·'d) *adj.* inexplorado.

unexplosible (ønecsplo·sibøl) *adj.* inexplosible.

unexposed (ønecspou·śd) *adj.* FOT. no expuesto.

unexpressive (ønecspre·siv) *adj.* inexpresivo.

unextinguishable (ønecsti·ngüishabøl) *adj.* inextinguible.

unfading (ønfei·ding) *adj.* inmarcesible. 2 RADIO. que no se desvanece.

unfailing (ønfei·ling) *adj.* inagotable. 2 cierto, seguro, indefectible. 3 infalible.

unfair (ønfe·') *adj.* injusto, desleal, de mala fe. 2 abusivo. 3 doble, falso.

unfairly (ønfe·'li) *adv.* injustamente, deslealmente, de mala fe.

unfairness (ønfe·'nis) *s.* injusticia, falta de equidad. 2 deslealtad, mala fe.

unfaithful (ønfei·zful) *adj.* infiel [falto de fidelidad]; infidente. 2 infiel, inexacto. 3 fementido. 4 infiel [no cristiano].

unfaithfully (ønfei·zfuli) *adv.* infielmente. 2 deslealmente.

unfaithfulness (ønfei·zfulnis) *s.* infidelidad. 2 infidencia. 3 deslealtad.

unfaltering (ønfo·ltøring) *adj.* resuelto, firme, inquebrantable.

unfalteringly (ønfo·ltøringli) *adv.* resueltamente, sin vacilar.

unfamiliar (ønfami·lia') *adj.* poco familiar, poco conocido, desconocido. 2 que no conoce una cosa, que está poco familiarizado con ella.

unfashionable (ønfe·shønabøl) *adj.* no ajustado a la moda, que no la sigue. 2 vulgar, poco elegante.

unfasten (to) (ønfæ·søn) *tr.* abrir, desatar, desligar, desabrochar, desenganchar, desprender, soltar, aflojar.

unfatherly (ønfa·ðø'li) *adj.* indigno o impropio de un padre.

unfathomable (ønfæ·ðømabøl) *adj.* insondable. 2 sin fondo. 3 impenetrable, inescrutable.

unfavo(u)rable (ønfei·vørabøl) *adj.* desfavorable, contrario, adverso. 2 feo, repulsivo.

unfavo(u)rably (ønfei·vørabli) *adv.* desfavorablemente.

unfeasible (ønfi·žøbøl) *adj.* impracticable, no hacedero.

unfeathered (ønfe·ðø'd) *adj.* implume.

unfed (ønfe·d) *adj.* falto de alimento, no alimentado; sin comer.

unfeeling (ønfi·ling) *adj.* insensible, incompasivo, duro, cruel. 2 insensible, inanimado.

unfeelingly (ønfi·lingli) *adv.* cruelmente. 2 insensiblemente.

unfeigned (øndfei·nd) *adj.* verdadero, real, sincero, no fingido.

unfeignedly (ønfei·nidli) *adv.* sinceramente, sin fingimiento.

unfelt (ønfe·lt) *adj.* no percibido o sentido.

unfertile (ønfø·'tail) *adj.* infecundo, estéril.

unfetter (to) (ønfe·tø') *tr.* quitar los hierros a. 2 desmanear. 3 desencadenar, libertar.

unfettered (ønfe·tø'd) *adj.* libre, sin cadenas, sin trabas.

unfilial (ønfi·lial) *adj.* indigno o impropio de un hijo.

unfinished (ønfi·nisht) *adj.* inacabado, incompleto. 2 pendiente [asunto]. 3 TEJ. sin acabar, tal como sale del telar.

unfit (ønfit) *adj.* incapaz, inepto, poco a propósito o que no está en condiciones para hacer una cosa. 2 inadecuado, impropio. 3 inservible, inútil. 4 mal ajustado. 5 en malas condiciones físicas.

unfit (to) *tr.* incapacitar, inhabilitar. ¶ CONJUG. pret. y p. p.: *unfitted;* ger.: *unfitting.*

unfitness (ønfi·tnis) *s.* incapacidad, ineptitud, insuficiencia. 2 impropiedad. 3 malas condiciones físicas.

unfitting (ønfi·ting) *adj.* impropio. 2 indecoroso.

unfix (to) (ønfi·cs) *tr.* desfijar, desprender; *to ~ the bayonet,* desarmar la bayoneta.

unfixed (ønfi·cst) *adj.* desprendido, suelto. 2 errante, voluble. 3 dudoso, irresoluto.

unflagging (ønflæ·guing) *adj.* persistente, incansable.

unfledged (ønfle·dŷd) *adj.* ORNIT. implume. 2 fig. novel, inexperto.

unflinching (ønfli·nching) *adj.* firme, resuelto.

unfold (to) (ønfou·ld) *tr.* desplegar, desdoblar, extender, abrir. 2 desenvolver, desarrollar. 3 descubrir, revelar, exponer, explicar. — 4 *intr.* abrirse, desplegarse, extenderse.

unfolding (ønfou·lding) *s.* despliegue. 2 desarrollo.

unfordable (ønfo·'dabøl) *adj.* invadeable.

unforeseen (ønfo·'sm) *adj.* imprevisto.

unforgettable (ønfo'gue·tabøl) *adj.* inolvidable.

unforgiving (ønfo'gui·ving) *adj.* implacable, rencoroso, que no perdona.

unformed (ønfo·'md) *adj.* informe. 2 amorfo, inorgánico. 3 embrionario.

unfortunate (ønfo·'chønit) *adj.* y *s.* infortunado, desgraciado, desdichado, desventurado, infeliz. — 2 *adj.* desafortunado. 3 infausto, aciago.

unfortunately (ønfo·'chonitli) *adv.* infelizmente. 2 desgraciadamente, por desgracia.

unfortunateness (ønfo·'chønitnis) *s.* infortunio, desventura.

unfounded (ønfau·ndid) *adj.* infundado, sin fundamento, gratuito, vano.

unfreedom (ønfrr·døm) *s.* sujeción, falta de libertad.

unfrequented (ønfricue·ntid) *adj.* poco frecuentado, solitario.

unfrequently (ønfricue·ntli) *adv.* raramente, rara vez, pocas veces, poco.

unfriended (ønfre·ndid) *adj.* sin amigos, desamparado.

unfriendliness (ønfre·ndlinis) *s.* falta de amistad, malquerencia, hostilidad.

unfriendly (ønfre·ndli) *adj.* poco amistoso, hostil, enemigo. 2 desfavorable, perjudicial.

unfruitful (ønfru·tful) *adj.* estéril, infecundo. *2* improductivo, infructífero, infructuoso.
unfruitfully (ønfru·tfuli) *adv.* infructuosamente.
unfruitfulness (ønfru·tfulnis) *s.* esterilidad. *2* infructuosidad.
unfulfilled (ønfulfi·ld) *adj.* incumplido.
unfurl (to) (ønfø·'l) *tr.* desplegar, extender. *2* MAR. desaferrar.
unfurnished (ønfø·'nisht) *adj.* desamueblado. *2* desprovisto.
ungainliness (ønguei·nlinis) *s.* torpeza, falta de gracia, falta de garbo.
ungainly (ønguei·nli) *adj.* desgarbado, desgalichado, desmañado, torpe, sin gracia. — *2 adv.* torpemente, sin gracia.
ungarnished (ønga·'nishd) *adj.* no guarnecido. *2* sin adornos.
ungarrisoned (øngǽ·risønd) *adj.* MIL. desguarnecido, sin guarnición.
ungear (to) (øngur·') *tr.* MEC. desengranar.
ungenerous (ønȳe·nørøs) *adj.* poco generoso; mezquino.
ungenial (ønȳi·nial) *adj.* poco cordial, brusco. *2* poco favorable o propicio. *3* antipático, desagradable.
ungentle (ønȳe·ntøl) *adj.* rudo, brusco, duro.
ungentlemanlike, ungentlemanly (ønȳe·ntølmanlaic, -li) *adj.* impropio c indigno de un caballero; incorrecto; descortés.
ungird (to) (øngø·'d) *tr.* desceñir, desfajar. *2* descinchar.
unglazed (ønglei·šd) *adj.* sin vidrios. *2* sin vidriar. *3* sin satinar. *4* deslustrado.
ungloved (ønglø·vd) *adj.* sin guantes.
unglue (to) (ungliu·) *tr.* despegar [lo pegado]. *2* desencolar. *3 fig.* abrir [los ojos, etc.].
ungodliness (ønga·dlinis) *s.* impiedad, irreligión. *2* maldad, perversidad.
ungodly (ønga·dli) *adj.* impío. *2* malvado. *3* profano. *4 fam.* atroz, enorme.
ungovernable (øngø·vø'nabøl) *adj.* ingobernable, indomable.
ungraceful (øngrei·sful) *adj.* desairado, desgarbado, torpe, falto de gracia.
ungracious (øngrei·shøs) *adj.* brusco, poco afable, desabrido. *2* desagradable.
ungraciously (øngrei·shøsli) *adv.* bruscamente, sin afabilidad, con desabrimiento.
ungraciousness (øngrei·shøsnis) *s.* aspereza, falta de afabilidad, desabrimiento.
ungrammatical (øngrammæ·tical) *adj.* antigramatical, incorrecto.
ungrateful (øngrei·tful) *adj.* ingrato, desagradecido. *2* ingrato, desagradable.
ungratefully (øngrei·tfuli) *adv.* con ingratitud. *2* ingratamente, desagradablemente.
ungratefulness (øngrei·tfulnis) *s.* ingratitud, desagradecimiento.
ungrounded (øngrau·ndid) *adj.* infundado, inmotivado. *2* ELEC. no conectado con la tierra, sin toma de tierra.
ungrudgingly (øngro·dȳingli) *adv.* de buena gana, con gusto; sin quejarse.
ungual (ø·nguiual) *s.* uña, garra, pezuña. — *2 adj.* unguiculado.
unguarded (ønga·'did) *adj.* no guardado, desguarnecido, indefenso. *2* desprevenido, descuidado. *3* imprudente, indiscreto.
unguardedly (ønga·'didli) *adv.* descuidadamente, sin tomar precauciones.
unguent (ø·ngwønt) *s.* ungüento, unto.
unguiculate (øngui·kiuleit) *adj.* y *s.* ZOOL. unguiculado.
unguided (øngai·did) *adj.* no dirigido, sin guía.
unguis (ø·ngüis) *s.* ANAT. unguis.
ungula (ø·nguiula), *pl.* -læ (-lī) *s.* ZOOL., BOT. uña. *2* GEOM. cilindro o cono cortados por un plano oblicuo a la base.
ungulate (ø·nguiuleit) *adj.* y *s.* ungulado.
unhabituated (ønabi·tiueitid) *adj.* no acostumbrado.
unhair (to) (ønje·') *tr.* CURT. apelambrar.
unhallow (to) (ønjæ·lou) *tr.* profanar.
unhallowed (ønjæ·loud) *adj.* no consagrado. *2* profano, impío. *3* malvado. *4* profanado.
unhand (to) (ønjæ·nd) *tr.* soltar [lo asido].
unhandy (ønjæ·ndi) *adj.* torpe, desmañado. *2* incómodo, de mal manejar.

unhang (to) (ø·njæng) *tr.* descolgar, desprender. *2* quitar las colgaduras de. ¶ CONJUG.: pret. y p. p.: *unhung.*
unhappily (ønjæ·pili) *adv.* infelizmente. *2* desgraciadamente, por desgracia.
unhappiness (ønjæ·pinis) *s.* infelicidad, desgracia, desdicha, infortunio.
unhappy (ønjæ·pi) *adj.* infeliz, desgraciado, desdichado, infortunado, desventurado. *2* desafortunado. *3* poco oportuno o acertado. *4* infausto, aciago, malhadado. *5* triste.
unharbo(u)red (ønja·'bø'd) *adj.* sin puerto ni abrigo, desamparado.
unharmed (ønja·'md) *adj.* ileso, incólume, sano y salvo.
unharmonious (ønja·mou·niøs) *adj.* inarmónico.
unharness (to) (ønja·'nis) *tr.* desarmar, despojar de la armadura. *2* desenjaezar, desguarnecer; desenganchar.
unhealthful (ønje·lzful) *adj.* malsano, insalubre.
unhealthfulness (ønje·lzfulnis) *s.* insalubridad.
unhealthiness (ønje·lzinis) *s.* mala salud. *2* insalubridad.
unhealthy (ønje·lzi) *adj.* enfermo, enfermizo, achacoso. *2* malsano, insalubre. *3 fam.* contrario al bienestar de uno.
unheard (ønjø·'d) *adj.* no oído; sin que se le haya oído. *2* ~ *of*, inaudito, nunca oído, extraño, sin ejemplo; desconocido, obscuro.
unheeded (ønjr·did) *adj.* desatendido, sin que se le haga caso, inadvertido.
unheeding (ønjr·ding) *adj.* desatento, descuidado, distraído.
unhesitating (ønje·šiteiting) *adj.* resuelto, que no vacila. *2* hecho sin vacilar, rápido, pronto.
unhesitatingly (ønje·šiteitingli) *adv.* sin vacilar, prontamente.
unhewn (ønjiu·n) *adj.* sin desbastar; en rollo.
unhinge (to) (ønjl·nȳ) *intr.* desgoznar, desgonzar; desquiciar [sacar del quicio]. *2 fig.* trastornar [el juicio], desequilibrar.
unhitch (to) (ønji·ch) *tr.* descolgar, desatar. *2* desenganchar [animales].
unholily (ønjou·lili) *adv.* profanamente, impíamente.
unholiness (ønjou·linis) *s.* profanidad, impiedad.
unholy (ønjou·li) *adj.* profano [no sagrado]. *2* profano, impío, perverso.
unhook (to) (ønju·c) *tr.* desenganchar, desabrochar, desaferrar. *2* descolgar [de un gancho]. — *3 intr.* desengancharse, desabrocharse, descolgarse.
unhoped-for (ønjou·pt) *adj.* no esperado, inesperado.
unhorse (to) (onjo·'s) *tr.* desarzonar, desmontar [derribar del caballo]. *2* dejar sin caballo. *3* desenganchar los caballos de [un carruaje]. — *4 intr.* desmontar [bajar del caballo].
unhung (ønjø·ng) *pret.* y *p. p.* de TO UNHANG.
unhurt (ønjø·'t) *adj.* ileso, indemne.
uniaxial (yuniæ·csial) *adj.* uniáxico.
unicameral (yunicæ·møral) *adj.* unicameral.
unicellular (yunise·liula') *adj.* unicelular.
unicity (yuni·siti) *s.* unicidad.
unicolo(u)r (yu·nicølø') *adj.* unicolor, monocromo.
unicorn (yu·nico'n) *s.* unicornio. *2* ZOOL. ~ *fish,* narval.
unification (yu·nifike·shøn) *s.* unificación.
unifier (yu·nifaiø') *adj.* unificador.
uniflorous (yuniflo·røs) *adj.* BOT. uniflora.
unifoliate (yunifo·lieit) *adj.* BOT. unifoliado.
uniform (yu·nifo'm) *adj.* uniforme. *2* semejante, concorde, consonante. *3* consecuente, constante [en sus opiniones, conducta, etc.]. — *4 s.* uniforme.
uniformity (yunifo·'miti) *s.* uniformidad.
uniformly (yu·nifo·'mli) *adv.* uniformemente.
uniformness (yu·nifo'mnis) *s.* uniformidad.
unify (to) (yu·nifai) *tr.* unificar, unir. — *2 intr.* unificarse, unirse. ¶ CONJUG. pret. y p. p.: *unified.*
unifying (yu·nifai·ing) *adj.* unificador.
unigenital (yunīȳe·nital) *adj.* unigénito.
unilateral (yunilæ·tøral) *adj.* unilateral.
unimaginable (ønimæ·ȳinabøl) *adj.* inimaginable.
unimpaired (ønimpe·'d) *adj.* intacto, incólume, inalterado.
unimpeachable (ønimpr·chabøl) *adj.* intachable, irreprensible, irreprochable. *2* irrecusable.

unimportant (ønimpoˈtant) *adj.* insignificante, sin importancia.

unimproved (ønimpruˈvd) *adj.* no adelantado, no mejorado. 2 yermo, inculto. 3 sin urbanizar. 4 no aprovechado.

uninflammable (øninflæˈmabøl) *adj.* no inflamable.

uninformed (øninfoˈmd) *adj.* ignorante, indocto. 2 no informado.

uninhabitable (øninjæˈbitabøl) *adj.* inhabitable.

uninhabited (øninjæˈbitid) *adj.* inhabitado, desierto, despoblado.

uninjured (øniˈnȳøˈd) *adj.* ileso, indemne, incólume, sin daño.

uninstructed (øninstrøˈctid) *adj.* indocto. 2 que no ha recibido aviso o instrucciones.

uninsured (øninshuˈd) *adj.* COM. no asegurado.

unintelligent (øninteˈliȳønt) *adj.* poco inteligente.

unintelligibility (øninteliȳibiˈliti) *s.* calidad de ininteligible.

unintelligible (øninteˈliȳibøl) *adj.* ininteligible.

unintentional (øninteˈnshønal) *adj.* hecho sin intención, no intencionado, involuntario.

uninterested (øniˈntørestid) *adj.* desinteresado [que no se toma interés], indiferente, distraído, apático.

uninteresting (øninˈtøreˈsting) *adj.* poco interesante, falto de interés, soso.

unintermittting (øninˈtøˈmiˈting) *adj.* continuo, incesante.

uninterrupted (øninˈtørøˈptid) *adj.* ininterrumpido, continuo, incesante.

uninterruptedly (øninˈtørøˈptidli) *adv.* ininterrumpidamente, continuamente.

uninvited (øninvaiˈtid) *adj.* no invitado, sin invitación. 2 fig. imprevisto.

union (yuˈfiøn) *s.* unión. 2 junta, juntura. 3 MEC. conexión, tubo de unión, etc.: *pipe* ~, manguito. 4 liga, confederación, asociación, mancomunidad: *the Union,* los Estados Unidos de América. 5 (Ingl.) asociación o sindicato obrero. 6 (Ingl.) círculo para estudiantes en una universidad. 7 unión matrimonial. 8 TEJ. tejido hecho de dos o más materias. 9 emblema de la unión en una bandera o pabellón. — *10 adj.* de unión, relativo a la asociación, al sindicato, etc.: ~ *card,* carnet del sindicato; certificado de que un taller sólo emplea obreros sindicados; *Union flag, Union Jack,* bandera o pabellón nacional de la Gran Bretaña; ~ *shop,* fábrica o taller donde sólo trabajan obreros sindicados; ~ *suit,* traje interior de una sola pieza.

unionism (yuˈfiønišm) *s.* doctrina de los partidarios de una unión política. 2 espíritu de unión. 3 (Ingl.) principios y sistema de las asociaciones o sindicatos obreros; adhesión a ellos.

unionist (yuˈfiønist) *s.* unionista. 2 (Ingl.) miembro de una asociación o sindicato obrero.

unionization (yuˈfiøniˈšeˈshøn) *s.* sindicación [obrera].

unionize (to) (yuˈfiønaiš) *tr.* asociar, sindicar [a los obreros]. — *2 intr.* asociarse, sindicarse [los obreros].

uniparous (yuniˈparøs) *adj.* unípara.

unipersonal (yunipøˈsønal) *adj.* unipersonal.

unipolar (yunipouˈlaˈ) *adj.* unipolar.

unique (yuniˈc) *adj.* único, solo. 2 sin igual, extraordinario. 3 extraño, raro.

uniquely (yuniˈkli) *adv.* únicamente.

uniqueness (yuniˈcnis) *s.* unicidad.

unisexual (yuniseˈcshual) *adj.* unisexual.

unison (yuniˈsøn) *adj.* unísono, unísono. — *2 s.* MÚS. unísono, unisonancia. 3 unión, acuerdo, armonía. 4 *in* ~, al unísono.

unisonance (yuniˈsønans) *s.* unisonancia.

unisonous (yuniˈsønøs) *adj.* unísono. 2 de la misma naturaleza, consonante, concordante.

unit (yuˈnit) *s.* unidad. 2 MEC., ELECT. grupo. — *3 adj.* unitario, de la unidad, por unidad: ~ *price,* precio unitario; ~ *volume,* volumen unidad. 4 ARIT. de las unidades: ~ *figure,* cifra de las unidades.

Unitarian (yuniteˈrian) *s.* unitario [partidario del unitarismo].

Unitarianism (yuniteˈrianišm) *s.* unitarismo.

unitary (yuniˈteri) *adj.* unitario [relativo a la unidad, que propende a ella].

unite (to) (yunaiˈt) *tr.* unir. 2 juntar, asociar. — *3 intr.* unirse. 4 juntarse, asociarse. 5 obrar de acuerdo, concertarse.

united (yunaiˈtid) *adj.* unido: *United States,* Estados Unidos. 2 conjunto, común.

unitedly (yunaiˈtidli) *adv.* unidamente; juntamente, de acuerdo, a una.

uniter (yunaiˈtøˈ) *s.* unidor.

unitive (yuˈnitiv) *adj.* unitivo.

unity (yuˈniti) *s.* unidad. 2 unión, concierto, armonía. 3 continuidad [de propósito o acción].

univalence (yuniˈvaløns) *s.* QUÍM. univalencia.

univalent (yuniˈvalønt) *adj.* QUÍM. univalente.

univalve (yuniˈvælv) *adj.* univalvo. — *2 s.* ZOOL. molusco univalvo.

univalved (yuniˈvæˈlvd) *adj.* univalvo.

universal (yunivøˈsal) *adj.* universal: ~ *joint,* MEC. articulación universal. 2 general [de todos].

Universalism (yunivøˈsališm) *s.* universalismo.

Universalist (yunivøˈsalist) *s.* universalista.

universality (yunivøˈsæˈliti) *s.* universalidad, generalidad.

universalize (to) (yunivøˈsalaiš) *tr.* universalizar.

universally (yunivøˈsali) *adv.* universalmente, generalmente.

universe (yuˈnivøˈs) *s.* universo, mundo.

university (yunivøˈsiti), *pl.* **-ties** (-tiš) *s.* universidad. — *2 adj.* universitario.

univocal (yuniˈvocal) *adj.* unívoco.

unjoin (to) (ønȳoiˈn) *tr.* desunir. 2 desensamblar, desarticular.

unjointed (ønȳoiˈntid) *adj.* desunido; desarticulado, desencajado.

unjudged (ønȳøˈdȳd) *adj.* no juzgado, pendiente de juicio, no decidido, en litigio.

unjust (ønȳøˈst) *adj.* injusto, inicuo. 2 pecador: *the just and the* ~, justos y pecadores.

unjustifiable (ønȳøstifaiˈabøl) *adj.* injustificable, inexcusable. 2 injustificado.

unjustified (ønȳøstifaid) *adj.* injustificado.

unjustly (ønȳøˈstli) *adv.* injustamente.

unkempt (ønkeˈmpt) *adj.* desaliñado. 2 desgreñado, despeinado, desmelenado. 3 tosco, sin pulir.

unkind (øncaiˈnd) *adj.* duro, cruel, falto de bondad. 2 adusto, seco, poco amable.

unkindliness (øncaiˈndlinis) *s.* dureza, aspereza, rigor, crueldad; falta de benevolencia, de cariño, de amabilidad.

unkindly (øncaiˈndli) *adj.* UNKIND. — *2 adv.* duramente, ásperamente, con poca bondad, cariño o amabilidad.

unkindness (øncaiˈndnis) *s.* dureza, aspereza, falta de bondad. 2 trato duro, acción cruel o despiadada.

unking (to) (ønkiˈng) *tr.* destronar. 2 privar de rey.

unkingly (ønkiˈngli) *adj.* indigno o impropio de un rey.

unknit (to) (ønniˈt) *tr.* deshacer [medias o labor de calceta]. 2 desfruncir [el entrecejo]. ¶ CONJUG. pret. y p. p.: *unknit* o *unknitted.*

unknown (ønnauˈn) *adj.* desconocido, ignorado, no sabido: ~ *quantity,* cantidad desconocida, incógnita; ~ *soldier,* soldado desconocido; ~ *to me,* sin mi conocimiento, sin saberlo yo. 2 ignoto. 3 extraño. 4 incalculable, indecible.

unlace (to) (ønleiˈs) *tr.* desenlazar, desatar. 2 aflojar el vestido, desnudar.

unlade (to) (ønleiˈd) *tr.* MAR. descargar.

unladylike (ønleiˈdilaik) *adj.* impropio de una dama. 2 poco femenino.

unlatch (to) (ønlæˈtch) *tr.* abrir, levantar el picaporte o el pestillo de.

unlawful (ønloˈful) *adj.* ilegal, ilícito, ilegítimo.

unlawfully (ønloˈfuli) *adv.* ilegalmente, ilícitamente, ilegítimamente.

unlawfulness (ønloˈfulnis) *s.* ilegalidad, ilicitud, ilegitimidad.

unlay (to) (ønleiˈ) *tr.* destorcer, descolchar [un cabo].

unlearn (to) (ønløˈn) *tr.* desaprender, olvidar. 2 desenseñar; enseñar lo contrario de [lo aprendido].

unlearned (ønløˈnd) *adj.* inculto, indocto, ignorante, iletrado. 2 no aprendido, ignorado. 3 natural, instintivo.

unleavened (ønleˈvønd) *adj.* ázimo, cenceño, sin levadura.

unless (ønleˈs) *conj.* a menos que, a no ser que, como no sea, no siendo. 2 salvo, excepto, si no es.

unlettered (ønle·tø'd) *adj.* iliterato. *2* no marcado con letras, sin rotular.
unlevelled (ønle·vøld) *adj.* desnivelado.
unlicensed (ønlai·senst) *adj.* no autorizado, sin
permiso o licencia.
unlighted (ønlai·tid) *adj.* no iluminado. *2* no encendido.
unlike (ønlai·c) *adj.* desemejante, diferente, distinto. — *2 adv.* diferentemente, otramente, de
diferente modo que. — *3 prep.* a diferencia de.
unlikelihood (ønlai·klijud), **unlikeliness** (ønlai·kli-
nis) *s.* improbabilidad. *2* inverosimilitud.
unlikely (ønlai·kli) *adj.* improbable, remoto. *2* incierto, inseguro, de fracaso probable. *3* inverosímil. — *4 adv.* improbablemente.
unlikeness (ønlai·knis) *s.* disimilitud, desemejanza.
2 copia o parecido poco exacto.
unlimber (to) (ønli·mbø') *tr.* ARTILL. quitar el
avantrén [a un cañón]. *2* fig. preparar para la
acción. — *3 intr.* prepararse para la acción.
unlimited (ønli·mitid) *adj.* ilimitado. *2* vago, indefinido.
unlined (ønlai·nd) *adj.* sin forrar, sin forro. *2*
liso, sin arrugas. *3* sin rayar.
unlink (to) (ønli·nc) *tr.* deseslabonar.
unliquidated (ønli·cuideitid) *adj.* COM. no liquidado, pendiente de pago.
unload (to) (ønlou·d) *tr.* descargar [un buque,
una bestia, mercancías, etc.]. *2* descargar, exonerar, aligerar. *3* descargar [quitar la carga de
un arma]. *4* (EE. UU.) entre bolsistas, deshacerse de, vender en grandes cantidades.
unlock (to) (ønla·c) *tr.* abrir [una puerta, cajón,
etc.]. *2* abrir, dejar abierto. *3* descubrir, revelar. *4* liberar, desatar, destrabar. *5* IMPR. desapretar [las formas].
unlooked-for (ønlu·ct) *adj.* inesperado, inopinado.
2 no deseado.
unloose(n (ønlu·s(øn) *tr.* desatar, aflojar, soltar. —
2 intr. aflojarse, deshacerse.
unluckily (ønlø·kili) *adv.* desgraciadamente, por
desgracia. *2* infaustamente.
unluckiness (ønlø·kinis) *s.* mala suerte, desgracia.
unlucky (ønlø·ki) *adj.* desafortunado, infortunado, desgraciado, desdichado, de mala suerte. *2*
funesto, nefasto, infausto, aciago. *3* siniestro,
de mal agüero.
unmade (ønmei·d) *pret.* y *p. p.* de TO UNMAKE. —
2 adj. increado, no hecho.
unmaidenly (ønmei·dønli) *adj.* impropio de una
doncella.
unmailable (ønmei·labøl) *adj.* que no puede en-
viarse por correo.
unmake (to) (ønmei·k) *tr.* deshacer, destruir, aniquilar. *2* deponer, destituir, hacer perder [a
uno] su rango o posición.
unman (to) (ønmæ·n) *tr.* desguarnecer de hombres.
2 dejar sin tripulación [un buque]. *3* castrar,
capar. *4* acobardar, desanimar, afeminar.
unmanageable (ønmæ·niɏabøl) *adj.* inmanejable,
ingobernable, indomable.
unmanly (ønmæ·nli) *adj.* impropio o indigno de
un hombre. *2* falto de las cualidades de un hombre. — *3 adv.* inhumanamente. *4* sin energía viril.
unmannered (ønmæ·nø'd) *adj.* mal criado, brusco,
descortés, grosero.
unmannerliness (ønmæ·nø'linis) *s.* mala crianza,
incivilidad, grosería.
unmannerly (ønmæ·nø'li) *adj.* mal criado, mal educado, impolítico, descortés, grosero. — *2 adv.* descortésmente, groseramente.
unmarketable (ønma·'kitabøl) *adj.* invendible, incomerciable.
unmarriageable (ønmæ·riɏabøl) *adj.* incasable.
unmarried (ønmæ·rid) *adj.* soltero, soltera, célibe,
mozo, moza.
unmask (to) (ønmæ·sk) *tr.* desenmascarar, quitar
la careta. *2* descubrir, mostrar. — *3 intr.* quitarse la careta.
unmast (to) (ønmæ·st) *tr.* MAR. desarbolar.
unmatched (ønmæ·cht) *adj.* único, sin par. *2* desapareado.
unmeaning (ønmr·ning) *adj.* sin significación, vacío de sentido. *2* inexpresivo.
unmeant (ønme·nt) *adj.* involuntario.
unmeasurable (ønme·ɏørabøl) *adj.* inmensurable,
incomensurable.
unmeasured (ønme·ɏø'd) *adj.* vasto, ilimitado,
enorme. *2* incontenible.

unmentionable (ønme·nshønabøl) *adj.* que no se
puede mencionar, infando. *2 pl.* fam. pantalones, calzones, prendas íntimas.
unmerchantable (ønmø·'chantabøl) *adj.* invendible, incomerciable.
unmerciful (ønmø·'siful) *adj.* implacable, inclemente, despiadado, riguroso, cruel.
unmercifully (ønmø·'sifuli) *adv.* implacablemente, despiadadamente, cruelmente, sin misericordia.
unmercifulness (ønmø·'sifulnis) *s.* inclemencia,
crueldad, rigor, inhumanidad.
unmerited (ønme·ritid) *adj.* inmerecido.
unmew (to) (ønmiu·) *tr.* soltar, dejar libre.
unmindful (ønmai·ndful) *adj.* que olvida, que no
atiende o considera : *to be* ~ *of* (o *that*), olvidar,
no tener en cuenta, no considerar (que).
unmindfulness (ønmai·ndfulnis) *s.* desatención, negligencia, descuido.
unmistakable (ønmistei·kabøl) *adj.* inequívoco, inconfundible, claro, evidente.
unmitigated (ønmi·tiguiteid) *adj.* no mitigado, duro. *2* acabado, perfecto, de tomo y lomo [con
nombres que expresan vicios].
unmixed, unmixt (ønmi·cst) *adj.* puro, sin mezcla.
2 simple, sencillo.
unmodified (ønmo·difaid) *adj.* no modificado.
unmolested (ønmole·stid) *adj.* tranquilo, no mo-
lestado.
unmoor (to) (ønmu·') *tr.* MAR. desamarrar.
unmoral (ønma·ral) *adj.* amoral; independiente
de la moral.
unmotherly (ønmø·dø'li) *adj.* indigno o impropio
de una madre.
unmounted (ønmau·ntid) *adj.* no montado, sin
montar. *2* de a pie.
unmoved (ønmu·vd) *adj.* firme, inmoble, en el
mismo sitio. *2* impasible, frío, indiferente. *3*
inflexible, inexorable.
unmusical (ønmiu·ṡical) *adj.* poco aficionado a la
música. *2* que no tiene oído musical. *3* poco
armonioso.
unmuzzle (to) (ønmø·ṡøl) *tr.* quitar el bozal a.
unnamed (ønnei·md) *adj.* innominado, sin nombre.
unnatural (ønnæ·chøral) *adj.* no natural, antinatural. *2* anormal, monstruoso. *3* desnaturalizado,
inhumano. *4* artificial, afectado, forzado.
unnaturally (ønnæ·chørali) *adv.* antinaturalmen-
te. *2* anormalmente. *3* desnaturalizadamente. *4*
afectadamente, forzadamente.
unaturalness (ønnæ·chøralnis) *s.* calidad de antinatural o desnaturalizado. *2* calidad de afectado o forzado.
unnavigable (ønnæ·vigabøl) *adj.* innavegable.
unnecessarily (ønne·seserili) *adv.* sin necesidad,
inútilmente.
unnecessariness (ønne·seserinis) *s.* calidad de innecesario, inutilidad, superfluidad.
unnecessary (ønne·seseri) *adj.* innecesario, inútil,
superfluo, excusado.
unneedful (ønni·dful) *adj.* innecesario.
unnegotiable (ønnigo·shabøl) *adj.* que no se puede negociar.
unneighbo(u)rly (ønnei·bø'li) *adj.* impropio de un
buen vecino; adusto, descortés, poco amable o
servicial con los vecinos. — *2 adv.* de una manera impropia de un buen vecino.
unnerve (to) (ønnø·'v) *tr.* enervar, acobardar, debilitar. *2* hacer perder la serenidad.
unnoticed (ønnou·tist) *adj.* inadvertido, desadvertido, no observado.
unnumbered (ønnø·mbø'd) *adj.* innumerable; sin
número.
unobjectionable (ønøbɏe·cshønabøl) *adj.* al que no
se puede oponer reparo, intachable.
unobservant (ønøbsø·'vønt) *adj.* que no observa.
unobserved (ønøbṡø·'vd) *adj.* desapercibido.
unobserving (ønøbsø·'ving) *adj.* UNOBSERVANT.
unobstructed (ønøbstrø·ctid) *adj.* libre, expedito,
sin obstrucción.
unobtainable (ønøbtei·nabøl) *adj.* inalcanzable, inasequible.
unobtrusive (ønøbtru·siv) *adj.* modesto, discreto.
unoccupied (øna·kiupaid) *adj.* desocupado, vacante, vacío. *2* desocupado [sin ocupación].
unoffending (ønøfe·nding) *adj.* inocente, inofensivo.
unofficial (ønøfi·shal) *adj.* no oficial; oficioso.

unopened (ønou pønd) *adj.* sin abrir [esp. libro, revista].

unorganized (øno 'ganaišd) *adj.* no organizado, desorganizado. 2 inorgánico.

unorthodox (øno 'zodacs) *adj.* no ortodoxo, heterodoxo.

unostentatious (ønastentei shøs) *adj.* sencillo, llano, modesto, no ostentoso.

unostentatiously (ønastentei shøsli) *adv.* sin ostentación.

unowned (ønou nd) *adj.* sin dueño. 2 no confesado o reconocido.

unoxidizable (ønacsidai šabøl) *adj.* inoxidable.

unpacified (ønpæ sifaid) *adj.* no pacificado.

unpack (to) (ønpæ c) *tr.* desempaquetar, desembalar, desenfardar; deshacer, sacar las cosas de [baúles, maletas, etc.]. — 2 *intr.* deshacer los bultos o maletas.

unpaid (ønpei d) *adj.* no pagado, no presentado al cobro, sin pagar, por pagar, pendiente : ~ *bills*, cuentas o efectos a pagar. 2 no pagado [que sirve sin paga].

unpalatable (ønpæ latabøl) *adj.* ingustable, desagradable al gusto. 2 malo de aceptar o tragar.

unparalleled (ønpæ raleld) *adj.* sin paralelo, único, sin par, sin igual.

unpardonable (ønpa 'dønabøl) *adj.* imperdonable, inexcusable.

unpardonably (ønpa 'dønabli) *adv.* imperdonablemente.

unparliamentary (ønpa'lime ntari) *adj.* poco parlamentario; contrario a los usos parlamentarios.

unpatriotic (ønpætria tic) *adj.* poco patriótico, antipatriótico.

unpaved (ønpei vd) *adj.* sin empedrar, desempedra.do.

unpeg (to) (ønpe g) *tr.* desenclavijar, desclavar, abrir.

unpeople' (to) (ønpi pøl) *tr.* despoblar.

unperceived (ønpø'si vd) *adj.* inadvertido.

unpin (to) (ønpi n) *tr.* quitar los alfileres o clavijas; desprender, desenclavijar.

unpleasant (ønple šnt) *adj.* desagradable, ingrato, enfadoso, molesto.

unpleasantly (ønple šantli) *adv.* desagradablemente.

unpleasantness (ønple šantnis) *s.* desagrado, enfado, disgusto, molestia. 2 fam. desavenencia.

unpleasing (ønpli šing) *adj.* desagradable, ofensivo, molesto.

unploughed, unplowed (ønplau d) *adj.* inculto, sin arar.

unpolished (ønpa lisht) *adj.* áspero, tosco. 2 sin pulir : ~ *diamond*, diamante en bruto. 3 mate. 4 basto, rudo, descortés.

unpolite (ønpolai t) *adj.* mal educado, descortés.

unpoliteness (ønpolai tnis) *s.* mala educación, descortesía.

unpolluted (ønpøllu tid) *adj.* impoluto, limpio, puro.

unpopular (ønpa piula') *adj.* impopular. 2 que no goza de simpatías [en un mundo o esfera].

unpopularity (ønpapiulæ riti) *s.* impopularidad. 2 pocas simpatías [de que goza uno].

unpractical (ønpræ ctical) *adj.* poco práctico.

unpractised (ønpræ ctist) *adj.* inexperto, imperito. 2 no practicado.

unprecedented (ønpre sidentid) *adj.* sin precedente, sin ejemplo, nuevo, nunca visto, inaudito.

unprejudiced (ønpre judist) *adj.* imparcial, libre de prejuicios.

unpremeditated (ønprime diteitid) *adj.* impremeditado, indeliberado.

unprepared (ønpripe 'd) *adj.* no preparado, desprevenido, desapercibido. 2 hecho sin preparación.

unpreparedness (ønpripe ridnis) *s.* falta de preparación, desprevención, desapercibimiento.

unprepossessing (ønpripøše sing) *adj.* poco atractivo; antipático.

unpresentable (ønpriše ntabøl) *adj.* impresentable.

unpretending (ønprite nding), **unpretentious** (ønprite nshøs) *adj.* modesto, sencillo, sin pretensiones.

unprincipled (ønpri nsipøld) *adj.* falto de principios, sin escrúpulos, sin conciencia.

unproductive (ønproda ctiv) *adj.* improductivo.

unprofessional (ønprofe shønal) *adj.* no profesional.

unprofitable (ønpra fitabøl) *adj.* improductivo, inútil, nada provechoso o lucrativo.

unpromising (ønpra mising) *adj.* que no promete gran cosa, que da poca esperanza.

unpronounceable (ønpronau nsabøl) *adj.* impronunciable.

unpropitious (ønpropi shøs) *adj.* desfavorable, adverso, poco propicio.

unprosperous (ønpra spørøs) *adj.* impróspero, desafortunado.

unprotected (ønprote ctid) *adj.* sin protección, indefenso. 2 desvalido.

unproved (ønpru vd), **unproven** (ønpru vn) *adj.* no probado o demostrado, por probar, por demostrar.

unprovided (ønproval did) *adj.* desproveído, desprovisto. 2 desprevenido. 3 ~ *for*, no provisto de bienes o medios de subsistencia.

unprovoked (ønprovou ct) *adj.* no provocado. 2 sin motivo, sin provocación.

unpublished (ønpø blisht) *adj.* inédito. no publicado.

unpunished (ønpø nisht) *adj.* impune, sin castigo.

unqualified (øncua lifaid) *adj.* inhábil, incapaz, incompetente, impropio. 2 absoluto, categórico, sin reservas ni restricciones; no modificado o condicionado; completo, entero.

unqueenly (øncurnli) *adj.* indigno o impropio de una reina.

unquenchable (øncue nchabøl) *adj* inextinguible, inapagable, insaciable.

unquestionable (øncue schønabøl) *adj.* incuestionable, indisputable, indiscutible, indudable. 2 irreprochable.

unquestionably (øncue schønabli) *adv.* indiscutiblemente, indudablemente, sin disputa.

unquestioned (øncue schønd) *adj.* incontestable, no discutido. 2 no interrogado o examinado.

unquiet (øncuai et) *adj.* inquieto, desasosegado, agitado, turbado. 2 nada silencioso.

unquietly (øncuai etli) *adv.* inquietamente con desasosiego. 2 nada silenciosamente.

unquietness (øncuai etnis) *s.* inquietud, desasosiego, agitación. 2 falta de silencio.

unravel (to) (ønræ vøl) *tr.* desenredar, desenmarañar, desembrollar. 2 aclarar, explicar, descifrar. 3 desatar o desenredar el nudo de un drama, etc. 4 deshacer, deshilar. — 5 *intr.* desenredarse, desenmarañarse. ¶ CONJUG. pret. y p. p.: *unraveled* o *-elled;* ger.: *unraveling* o *-elling.*

unread (ønre d) *adj.* no leído, por leer. 2 iliterato, indocto.

unready (ønre di) *adj.* no listo o preparado. 2 desprevenido.

unreal (ønrral) *adj.* irreal, ilusorio, imaginario. 2 inmaterial, incorpóreo.

unreality (ønrraliti), *pl.* **-ties** (-tiš) *s.* irrealidad. 2 cosa ilusoria o imaginaria.

unrealizable (ønrralaišabøl) *adj.* irrealizable. 2 que no se puede advertir o comprender.

unreasonable (ønrrsønabøl) *adj.* irrazonable, desrazonable. 2 irracional. 3 inmoderado, exorbitante.

unreasonableness (ønrrsønablnis) *s.* falta de razón, absurdidad. 2 exorbitancia.

unreasonably (ønrršønabli) *adv.* irrazonablemente, desatinadamente. 2 irracionalmente. 3 inmoderadamente, exorbitantemente.

unrecognizable (ønre cognaišabøl) *adj.* desconocido, imposible de reconocer.

unreconcilable (ønre cønsailabøl) *adj.* irreconciliable. 2 inconciliable, incompatible.

unreconciled (ønre cønsaild) *adj.* no reconciliado.

unrecoverable (ønrico vørabøl) *adj.* irrecuperable. 2 irreparable. 3 incurable.

unrecovered (ønrico vø'd) *adj.* no recuperado.

unrecorded (ønreco 'did) *adj.* no inscrito, registrado, archivado o protocolizado. 2 no mencionado en los anales. 3 no grabado [en disco de gramófono o en cinta magnetofónica].

unreeve (to) (ønri v) *tr.* MAR. despasar.

unrefined (ønrifai nd) *adj.* no refinado. 2 en bruto. 3 inculto, rudo.

unreflecting (ønrifle cting) *adj.* irreflexivo.

unregenerate (ønriye nørit) *adj.* no regenerado.

unrelenting (ønrile nting) *adj.* inexorable, implacable, inflexible. 2 que no cede o disminuye, tenaz.

unreliable (ønrilai abøl) *adj.* no confiable, de poca confianza. 2 inseguro. 3 informal.

unrelieved (ønrelɪˑvd) adj. no aliviado, no mitigado. 2 no socorrido, sin socorro. 3 MIL. no relevado.

unreligious (ønrilɪˑÿøs) adj. irreligioso [sin religión].

unremitting (ønrimiˑting) adj. incesante, constante. 2 sostenido, incansable.

unremittingly (ønrimiˑtingli) adv. incesantemente, sin descanso.

unrepentant, unrepented, unrepenting (ønripeˑntant, -ɪd, -ing) adj. impenitente.

unrequired (ønrecuaiˑˑd) adj. innecesario. 2 no pedido o deseado.

unreserved (ønrišøˑvd) adj. no reservado, franco, abierto. 2 absoluto, ilimitado, incondicional, sin reservas ni restricciones.

unreservedly (ønrišøˑvidli) adv. francamente. 2 sin reserva, absolutamente.

unresisted (ønrišɪˑstid) adj. no resistido.

unresisting (ønrišiˑsting) adj. que no resiste, que no ofrece resistencia.

unresolved (ønrišøˑlvd) adj. no resuelto, sin solución. 2 irresoluto.

unrespited (ønreˑspitid) adj. sin tregua, sin suspensión.

unresponsive (ønrispaˑnsiv) adj. que no responde [esp. a un sentimiento]; frio, desinteresado, insensible.

unrest (ønreˑst) s. inquietud, desasosiego.

unrestrained (ønristreiˑnd) adj. libre, desenfrenado. 2 suelto, desembarazado. 3 ilimitado.

unrewarded (ønriuøˑrdid) adj. no premiado, no recompensado.

unriddle (to) (ønriˑdøl) tr. resolver, descifrar, desembrollar, aclarar.

unrig (to) (ønriˑg) tr. MAR. desaparejar. 2 fam. desnudar.

unrighteous (ønraiˑchøs) adj. malo, perverso, pecaminoso. 2 injusto, inicuo.

unrighteously (ønraiˑchøsli) adv. perversamente. 2 injustamente, inicuamente.

unrighteousness (ønraiˑchøsnis) s. perversidad, maldad. 2 injusticia, iniquidad.

unrip (to) (ønriˑp) tr. abrir, rajar. 2 arrancar [lo que cubre]. 3 descubrir, revelar.

unripe (ønraiˑp) adj. verde, en agraz. 2 prematuro. 3 que aún no está en sazón.

unripeness (ønraiˑpnis) s. falta de madurez.

unrivalled (ønraiˑvald) adj. sin rival, sin igual, sin par.

unrivet (to) (ønriˑvit) tr. desroblar. 2 desatar, soltar.

unrobe (to) (ønrouˑb) tr. desnudar. — 2 intr. desnudarse.

unroll (to) (ønrouˑl) tr. desenrollar, desenvolver, desplegar. — 2 intr. abrirse, desenrollarse.

unromantic (ønromæˑntic) adj. poco romántico, prosaico.

unroof (to) (ønruˑf) tr. destechar.

unroot (to) (ønruˑt) tr. desarraigar, extirpar.

unruffled (ønrøˑføld) adj. tranquilo, sereno.

unruled (ønruˑld) adj. sin rayar [papel]. 2 sin gobierno.

unruliness (ønruˑlinis) s. indocilidad, rebeldía. 2 turbulencia.

unruly (ønruˑli) adj. indócil, díscolo, ingobernable, desobediente, indómito, irrefrenable. 2 inmanejable. 3 turbulento, levantisco, sin ley.

unsaddle (to) (ønsæˑdøl) tr. desensillar. 2 desarzonar, derribar del caballo.

unsafe (ønseiˑf) adj. inseguro, peligroso.

unsafely (ønseiˑfli) adv. peligrosamente.

unsaid (ønseˑd) adj. no dicho, por decir : to leave ~, no decir, callar.

unsal(e)able (ønseiˑlabøl) adj. invendible.

unsalted (ønsoˑltid) adj. no salado, sin salar.

unsatisfactory (ønsætisfæˑctori) adj. que no satisface, poco satisfactorio, inaceptable.

unsatisfied (ønsæˑtisfaid) adj. no satisfecho. 2 descontento. 3 no convencido. 4 no harto, con hambre.

unsatisfying (ønsæˑtisfaiing) adj. que no satisface. 2 que no sacia.

unsaturated (ønsæˑchøreitid) adj. no saturado.

unsavo(u)riness (ınseiˑvørinis) s. insipidez. 2 mal gusto, mal olor.

unsavo(u)ry (ønseiˑvøri) adj. insípido, soso, desabrido, de mal gusto. 2 mal oliente. 3 malo, desagradable.

unsay (to) (ønseiˑ) tr. desdecirse de.

unscathed (ønskæˑdid) adj. indemne, ileso.

unscientific (ønsiøntiˑfic) adj. poco científico; inexacto.

unscreened (ønscrɪˑnd) adj. no protegido o abrigado. 2 ELECT. descubierto.

unscrew (to) (ønscruˑ) tr. destornillar, desatornillar.

unscrupulous (ønscruˑpiuløs) adj. poco escrupuloso, inmoral.

unscrupulously (ønscruˑpiuløsli) adv. sin escrúpulos, sin conciencia.

unseal (to) (ønsɪˑl) tr. abrir, desellar.

unsealed (ønsɪˑld) adj. abierto, desellado, sin sello.

unsearchable (ønsøˑrchabøl) adj. inescrutable.

unseasonable (ønsiˑšønabøl) adj. intempestivo, inoportuno, inconveniente. 2 prematuro, tardío, fuera de tiempo o sazón.

unseasonableness (ønsiˑšønabølnis) s. inoportunidad.

unseasonably (ønsiˑšønabli) adv. intempestivamente, inoportunamente, fuera de tiempo o sazón.

unseasoned (ønsiˑšønd) adj. no sazonado, inmaturo. 2 inoportuno. 3 verde [madera].

unseat (to) (ønsɪˑt) tr. quitar de un asiento. 2 desarzonar. 3 privar de asiento en un cuerpo legislativo. 4 echar abajo [un ministerio].

unseaworthy (ønsɪˑvøˑdi) adj. MAR. sin condiciones marineras; que no se halla en estado de navegar.

unseemly (ønsɪˑmli) adj. impropio, indecoroso. — 2 adv. impropiamente, indecorosamente.

unseen (ønsɪˑn) adj. no visto, inadvertido. 2 invisible, oculto.

unselfish (ønseˑlfish) adj. altruista, generoso, abnegado, desinteresado.

unself(ish)ness (ønseˑlfishnis) s. altruismo, generosidad, abnegación, desinterés.

unsensitized (ønseˑnsitaišd) adj. FOT. no sensibilizado, sin sensibilizar.

unserviceable (ønsøˑrvisabøl) adj. inútil, inservible.

unset (ønseˑt) adj. no fijado, establecido o colocado. 2 no plantado. 3 vago, indeterminado. 4 no engastado o engarzado.

unset (to) (ønseˑt) tr. desengastar, desengarzar. 2 descomponer, descoyuntar.

unsettle (to) (ønseˑtøl) tr. desfijar, desquiciar, descomponer, desarreglar. 2 trastornar, agitar, alterar, conmover, perturbar, desequilibrar.

unsettled (ønseˑtøld) adj. desordenado, desarreglado, descompuesto. 2 trastornado, intranquilo, inquieto, agitado, perturbado, desequilibrado. 3 turbio, revuelto. 4 inestable, variable. 5 errante, sin residencia fija. 6 inhabitado, no colonizado. 7 incierto, irresuelto, indeterminado. 8 COM. por pagar, no liquidado, pendiente.

unsew (to) (ønsouˑ) tr. descoser.

unsex (to) (ønseˑcs) tr. hacer poco femenino; quitar [a una mujer] las condiciones y atributos propios de su sexo.

unshackle (to) (ønshæˑkøl) tr. destrabar, desencadenar, libertar.

unshaded (ønsheiˑdid) adj. no sombreado, sin sombra.

unshak(e)able (ønsheiˑcabøl) adj. firme, inalterable.

unshaken (ønsheiˑkøn) adj. firme, inalterado, no conmovido.

unshapely (ønsheiˑpli) adj. feo, mal formado, desproporcionado.

unshapen (ønsheiˑpøn) adj. informe. 2 deforme, disforme.

unshaven (ønsheiˑvøn) adj. sin afeitar.

unsheathe (to) (ønshrˑd) tr. desenvainar, sacar.

unshell (ønsheˑl) adj. descascarar.

unsheltered (ønsheˑltøˑd) adj. desabrigado, sin abrigo, sin protección. 2 sin asilo, sin casa.

unship (to) (ønshiˑp) tr. MAR. desembarcar, descargar. 2 MAR. desmontar, desarmar, quitar de su lugar o posición : to ~ the rudder, desmontar el timón; to ~ the oars, desarmar los remos.

unshod (ønshaˑd) adj. descalzo. 2 desherrado, sin herraduras.

unshorn (ønshoˑn) adj. intonso; sin esquilar.

unshrinkable (ønshriˑncabøl) adj. inencogible.

unshriven (øˑnsrivøn) adj. no confesado, sin confesión.

unshroud (to) (ønshrou·d) *tr.* descubrir, revelar, exponer.

unsight (ønsai·t) *adj.* no visto, sin mirar, sin examinar. | Ús. esp. en la frase : ~, *unseen,* sin verlo, sin examinarlo.

unsightliness (ønsai·tlinis) *s.* fealdad, deformidad.

unsightly (ønsai·tli) *adj.* feo, deforme.

unsisterly (ønsi·stø°li) *adj.* impropio de una hermana, poco fraternal.

unsized (ønsai̇s̄d) *adj.* sin apresto. 2 sin cola [papel].

unskilled (ønski·ld) *adj.* UNSKILLFUL. 2 que no requiere habilidad.

unskillful (ønski·lful) *adj.* torpe, inhábil, inexperto, imperito. 2 ~ labo(u)rer, peón, bracero, obrero no especializado.

unskillfully (ønski·lfuli) *adv.* torpemente, sin arte, con poca habilidad.

unskillfulness (ønski·lfulnis) *s.* torpeza, desmaña, inhabilidad, impericia.

unskin (to) (ønski·n) *tr.* desollar.

unslaked (ønslei·kid) *adj.* inextinguido o apagado.

unsling (to) (ønsli·ng) *tr.* descolgar [lo que se llevaba colgado]. ¶ CONJUG. pret. y p. p. : *unslung.*

unsociable (ønsou·shabøl) *adj.* insociable, huraño, reservado.

unsociableness (ønsou·shabølnis) *s.* insociabilidad.

unsociably (ønsou·shabli) *adv.* insociablemente.

unsocial (ønsou·shial) *adj.* insocial, huraño.

unsoiled (ø·nsoild) *adj.* sin mancha, limpio, impoluto.

unsold (ønsou·ld) *adj.* no vendido, por vender.

unsolder (to) (ønsa·ldø°) *tr.* desoldar. 2 desunir, separar.

unsoldierlike, unsoldierly (ønsou·lȳø°laic, -li) *adv.* poco militar o marcial. 2 impropio de un militar.

unsolicited (ønsoli·sitid) *adj.* no solicitado, no buscado.

unsolvable (ønsa·lvabøl) *adj.* insoluble, irresoluble.

unsolved (ønsa·lvd) *adj.* sin resolver, por resolver.

unsophisticated (ønsofi·stikeitid) *adj.* puro, no sofisticado. 2 ingenuo, natural, sencillo. 3 inexperto.

unsought (ø·nsot) *adj.* no buscado, no solicitado.

unsound (ønsau·nd) *adj.* enfermo, enfermizo, achacoso. 2 defectuoso, incorrecto, erróneo, falso, heterodoxo. 3 malo, pernicioso [moralmente], corrompido, podrido. 4 insano, perturbado, demente. 5 inseguro, poco firme, poco sólido. 6 rajado, hendido. 7 ligero, agitado [sueño].

unsoundness (ønsau·ndnis) *s.* mala salud. 2 calidad de incorrecto, erróneo, heterodoxo. 3 maldad, perniciosidad [moral]. 4 perturbación [mental]. 5 inseguridad, poca firmeza, poca solidez. 6 agitación [del sueño].

unsparing (ønspe·ring) *adj.* liberal, generoso, profuso. 2 implacable, despiadado; cruel.

unsparingly (ønspe·ringli) *adv.* generosamente, profusamente. 2 implacablemente, despiadadamente.

unspeakable (ønspi·cabøl) *adj.* inefable, indecible. 2 atroz, execrable. 3 mudo.

unspeakably (ønspi·cabli) *adv.* inefablemente, indeciblemente. 2 atrozmente.

unspecialized (ønspe·shalais̄d) *adj.* no especializado. 2 BIOL. no adaptado a una función.

unspecified (ønspe·sifaid) *adj.* no especificado o detallado.

unspent (ønspe·nt) *adj.* no gastado, no disipado. 2 inexhausto.

unspoilt (ø·nspoilt) *adj.* intacto, no dañado, no estropeado, no echado a perder. 2 no consentido, no mimado.

unspotted (ønspa·tid) *adj.* limpio, inmaculado.

unstable (ønstei·bøl) *adj.* inestable. 2 inconstante, variable, mudable. 3 fluctuante, vacilante. 4 poco sólido.

unstableness (ønstei·bølnis) *s.* inestabilidad. 2 inconstancia.

unstaid (ønstei·d) *adj.* poco grave, serio o formal. 2 inestable. 3 mudable vacilante.

unstained (ønstei·nd) *adj.* limpio, sin mancha, inmaculado.

unstamped (ønstæ·mpt) *adj.* sin sellar. 2 sin franquear [carta].

unstarch (to) (ønsta·rch) *tr.* desalmidonar.

unsteadily (ønste·dili) *adv.* inseguramente. 2 con fluctuación, irregularmente. 3 inconstantemente.

unsteadiness (ønste·dinis) *s.* inseguridad, inestabilidad. 2 fluctuación. 3 inconstancia, inconsecuencia; vacilación, falta de firmeza.

unsteady (ønste·di) *adj.* inseguro, vacilante, inestable, movedizo. 2 fluctuante. 3 inconstante, irregular, sin continuidad. 4 veleidoso.

unsteel (to) (ønsti·l) *tr.* ablandar, desarmar.

unstitch (to) (ø·nsti·ch) *tr.* descoser.

unstinted (ønsti·ntid) *adj.* liberal, generoso, no escatimado.

unstop (to) (ønsta·p) *tr.* destapar, descorchar. 2 desobstruir, abrir. — 3 *intr.* abrirse, quedar expedito.

unstrained (ønstrei·nd) *adj.* natural, no forzado.

unstring (to) (ønstri·ng) *tr.* desensartar. 2 desencordar. 3 aflojar. 4 desensartar. 5 debilitar, aturdir. ¶ CONJUG. pret. y p. p. : *unstrung.*

unstudied (ønstø·did) *adj.* no estudiado, no aprendido. 2 natural, no afectado.

unsubstantial (ønsøbstæ·nshal) *adj.* etéreo, incorpóreo. 2 fantástico, irreal. 3 flojo, inconsistente.

unsuccessful (ønsøcse·sful) *adj.* infructuoso, desafortunado, desgraciado. 2 fracasado, sin éxito, sin suerte.

unsuccessfully (ønsøcse·sfuli) *adv.* infructuosamente, desafortunadamente, sin éxito.

unsuccessfulness (ønsøcse·sfulnis) *s.* infortunio, desgracia, falta de éxito, fracaso.

unsufferable (ønsø·førabøl) *adj.* insoportable, insufrible.

unsuitability (ønsiutabi·liti) *adj.* impropiedad, falta de adecuación, incongruencia.

unsuitable (ønsiu·tabøl), **unsuited** (ønsiu·tid) *adj.* impropio, inadecuado, poco apropiado o conveniente. 2 incongruente, incompatible, desproporcionado.

unsung (ønsø·ng) *adj.* no cantado.

unsupplied (ønsø·plaid) *adj.* no provisto, no abastecido.

unsupported (ønsøpo·tid) *adj.* sin apoyo, sin sostén.

unsure (ønshu·°) *adj.* inseguro. 2 incierto, dudoso, precario.

unsurmountable (ønsø°mau·ntabøl) *adj.* insuperable, invencible.

unsurpassed (ønsø°pa·st) *adj.* excelente, insuperado.

unsuspected (ønsøspe·ctid) *adj.* insospechado. 2 que no es objeto de sospecha.

unsuspecting (ønsøspe·cting), **unsuspicious** (ønsøspi·shøs) *adj.* confiado, descuidado, que no sospecha, que no recela.

unswerving (ønsøø°·ving) *adj.* firme, inmutable, resoluto.

unsworn (ønsuo·n) *adj.* no juramentado.

unsymmetrical (ønsime·trical) *adj.* asimétrico, falto de armonía, desproporcionado.

unsympathetic (ønsimpaze·tic) *adj.* incompasivo, falto de conmiseración. 2 indiferente, frío; que no comparte los sentimientos de otro.

unsystematic(al (ønsistømæ·tic(al) *adj.* poco sistemático, falto de sistema o de método.

untactful (øntæ·ctful) *adj.* falto de tacto, imprudente, indiscreto.

untainted (øntei·ntid) *adj.* impoluto, no manchado, no inficionado.

untamable (øntei·mabøl) *adj.* indomable.

untamed (øntei·md) *adj.* indomado, indómito, cerril, bravío.

untarnished (ønta·rnisht) *adj.* no empañado, limpio, sin mancha.

untasted (øntei·stid) *adj.* sin probar, no gustado.

untaught (ønto·t) *adj.* no aprendido, no enseñado, natural, espontáneo. 2 sin instrucción.

untenable (ønte·nabøl) *adj.* insostenible.

untenanted (ønte·nantid) *adj.* desarrendado, desalquilado, desocupado, vacío.

untested (ønte·stid) *adj.* no probado, no puesto a prueba.

unthankful (ønzæ·encful) *adj.* ingrato, desagradecido.

unthankfully (ønzæ·ncfuli) *adv.* ingratamente, desagradecidamente.

unthinkable (ønzi·nkabol) *adj.* inconcebible.

unthinking (ønzi·nking) *adj.* irreflexivo. 2 descuidado, desatento. 3 irracional, instintivo.

unthought-of (ønzo·t) *adj.* inimaginado. 2 impensado, inesperado.

unthoughtful (ønzo·tful) *adj.* irreflexivo, inconsiderado.

unthread (to) (ønzreˑd) *tr.* desenhebrar, desensartar. 2 aflojar, desunir. 3 atravesar, abrirse paso a través de.
untidily (øntaiˑdili) *adv.* desaseadamente, desaliñadamente, en desorden.
untidiness (øntaiˑdinis) *s.* desaliño, desaseo, desarreglo, desorden.
untidy (øntaiˑdi) *adj.* desaliñado, desaseado, sucio, desarreglado, desordenado.
untie (to) (øntaiˑ) *tr.* desatar, desligar, desliar, desamarrar, desanudar. 2 deshacer [un nudo]. 3 aflojar, soltar, zafar. 4 desatar, resolver. — 5 *intr.* desatarse, deshacerse, aflojarse.
until (øntiˑl) *prep.* hasta [con sentido temporal]. — 2 *conj.* hasta que.
untile (to) (øntaiˑl) *tr.* destejar. 2 desembaldosar.
untilled (øntiˑld) *adj.* inculto, baldío.
untimely (øntaiˑmli) *adj.* intempestivo, extemporáneo, inoportuno, prematuro. — 2 *adv.* intempestivamente, inoportunamente, fuera de sazón, prematuramente, antes de tiempo.
untired (øntaiˑrd) *adj.* fresco, descansado.
untiring (øntaiˑring) *adj.* incansable, infatigable.
unto (øntu) *prep.* poét. y ant. hacia, a, hasta, contra, en.
untold (øntouˑld) *adj.* no dicho, contado o narrado : *to leave* ~, callar, dejar en el tintero. 2 secreto, no revelado. 3 no informado o enterado. 4 incontable, incalculable, vasto.
untouchable (øntøˑchabøl) *adj.* intangible. — 2 *s.* intocable [individuo de una casta inferior en la India].
untouched (øntøˑcht) *adj.* intacto, íntegro. 2 frío, impasible, no conmovido.
untoward (øntoˑaˑrd) *adj.* indócil, ingobernable, testarudo, inmanejable. 2 torpe, desairado. 3 inconveniente, indecoroso, incómodo, enojoso, molesto, enfadoso. 4 funesto, contrario, adverso.
untowardness (øntoˑaˑdnis) *s.* indocilidad, testarudez. 2 torpeza, desaire. 3 inconveniencia, incomodidad, molestia. 4 adversidad.
untraceable (øntreiˑsabøl) *adj.* que no se puede rastrear, seguir o averiguar.
untractable (øntræˑctabøl) *adj.* indócil, insumiso, testarudo.
untrained (øntreiˑnd) *adj.* no ejercitado o adiestrado, inexperto; indisciplinado. 2 MIL. bisoño, sin instrucción.
untrammelled (øntræˑmøld) *adj.* sin trabas. 2 libre, desembarazado.
untransferable (øntrænsføˑrabøl) *adj.* intransferible.
untranslatable (øntrænsleiˑtabøl) *adj.* intraducible.
untravelled (øntræˑvøld) *adj.* no transitado, inexplorado, virgen. 2 que no ha visto mundo, provinciano.
untried (øntraiˑd) *adj.* no probado, no ensayado, no experimentado. 2 DER. todavía no vista [causa].
untrim (to) (øntriˑm) *tr.* desguarnecer, desadornar. 2 desordenar.
untrimmed (øntriˑmd) *adj.* desguarnecido, sin adornos. 2 sin cortar, sin arreglar.
untrod (den (øntraˑd(øn) *adj.* no pisado, no hollado, virgen.
untroubled (øntrøˑbøld) *adj.* quieto, sosegado, tranquilo. 2 no perturbado. 3 claro, transparente.
untrue (øntruˑ) *adj.* contrario a la verdad, falso, inexacto, mentiroso, engañoso. 2 falsa [nota]. 3 infiel, desleal, pérfido. 4 poco honrado.
untruly (øntruˑli) *adv.* falsamente.
untrustworthy (øntrøˑstuoˑdi) *adj.* inconfidente, que no merece confianza, poco seguro.
untrusty (øntrøˑsti) *adj.* infiel, poco seguro.
untruth (øntruˑz) *s.* falsedad, error. 2 mendacidad. 3 infidelidad, deslealtad, traición.
untruthful (øntruˑzful) *adj.* falso, mentiroso.
untune (to) (øntiuˑn) *tr.* MÚS. desafinar, desacordar. 2 RADIO. desintonizar.
untutored (øntiuˑtøˑd) *adj.* inculto, que no ha recibido instrucción. 2 ingenuo, sencillo.
untwine (to) (øntuaiˑn) *tr.* destorcer, desenlazar, desenmarañar, desenroscar.
untwist (to) (øntuiˑst) *tr.* destorcer, desenrollar, desenroscar.
unused (øñuˑsd) *adj.* no usado. 2 no hecho, acostumbrado o habituado. 3 desusado, inusitado.
unusual (øñuˑyual) *adj.* extraordinario, excepcional, raro, insólito, no acostumbrado.

unusually (øñuˑyuali) *adv.* excepcionalmente. 2 desacostumbradamente.
unutterable (ønøˑtørabøl) *adj.* impronunciable. 2 indecible.
unutterably (ønøˑtørabli) *adv.* indeciblemente.
unvaccinated (ønvæˑcsineitid) *adj.* no vacunado, sin vacunar.
unvalued (ønvæˑliud) *adj.* no valorado o apreciado; menospreciado.
unvanquished (ønvæˑncuisht) *adj.* invicto.
unvarnished (ønvaˑrnisht) *adj.* sin barnizar. 2 desnudo, sin adornos.
unvarying (ønveˑriing) *adj.* invariable, constante, uniforme.
unveil (to) (ønveiˑl) *tr.* quitar el velo a, descubrir, revelar. — 2 *intr.* quitarse el velo, descubrirse.
unventilated (ønveˑntileitid) *adj.* ahogado, sin ventilación.
unviolated (ønvaiˑoleitid) *adj.* inviolado, intacto.
unvoiced (ønvoiˑsd) *adj.* mudo [no expresado en palabras].
unvouched (ønvauˑchd) *adj.* no garantizado.
unwalled (ønwoˑld) *adj.* abierto, sin muros, sin murallas.
unwarily (ønweˑrili) *adv.* descuidadamente, incautamente, sin precaución, imprudentemente.
unwariness (ønweˑrinis) *s.* descuido, falta de precaución.
unwarlike (ønwoˑlaic) *adj.* pacífico.
unwarned (ønwoˑrnd) *adj.* no avisado. 2 desprevenido.
unwarrantable (ønwaˑrantabøl) *adj.* insostenible, injustificable, inexcusable, indisculpable.
unwarrantably (ønwaˑrantabli) *adv.* de modo insostenible o injustificable.
unwarranted (ønwaˑrantid) *adj.* injustificado. 2 no autorizado. 3 sin garantía.
unwary (ønweˑri) *adj.* descuidado, desprevenido, incauto. 2 imprudente, irreflexivo.
unwashed (ønwoˑsht) *adj.* sucio, sin lavar. 2 que no se baña : *the great* ~, el pueblo, las clases bajas.
unwatered (ønwoˑtøˑd) *adj.* no regado, de secano, árido. 2 puro, no aguado.
unwavering (ønweˑvøring) *adj.* que no tiembla o vacila; firme, determinado, resuelto.
unwearied (ønwrˑrid) *adj.* infatigable.
unweave (to) (ønwiˑv) *tr.* destejer, destramar, deshacer. 2 explicar, aclarar. ¶ CONJUG. pret.: *unwove;* p. p.: *unwove* o *unwoven.*
unwed (ded (ønweˑd(id) *adj.* solo, soltero.
unwelcome (ønweˑlcøm) *adj.* mal acogido, mal recibido. 2 desagradable, inoportuno, indeseable.
unwell (ønweˑl) *adj.* enfermo, indispuesto, achacoso. 2 fam. que tiene la regla o menstruo.
unwept (ønweˑpt) *adj.* no llorado, no lamentado. 2 no vertidas [lágrimas].
unwholesome (ønjouˑlsøm) *adj.* enfermo. 2 insalubre, malsano. 3 dañino, pernicioso, nocivo.
unwieldily (ønwiˑldili) *adv.* embarazosamente, engorrosamente. 2 torpemente.
unwieldiness (ønwiˑldinis) *s.* engorro, pesadez.
unwieldy (ønwiˑldi) *adj.* pesado, difícil de manejar, embarazoso, engorroso. 2 torpe, desmañado. 3 rebelde, ingobernable.
unwilling (ønwiˑling) *adj.* reacio, renuente, mal dispuesto : *to be* ~ *to,* no querer, no estar dispuesto a.
unwillingly (ønwiˑlingli) *adv.* de mala gana, a regañadientes, con repugnancia.
unwillingness (ønwiˑliingnis) *s.* renuencia, repugnancia, mala gana.
unwind (to) (ønwaiˑnd) *tr.* devanar. 2 desenrollar. 3 desenredar, desenmarañar, desenvolver. ¶ CONJUG. pret. y p. p.: *unwound.*
unwise (ønwaiˑs) *adj.* imprudente, poco cuerdo, desjuiciado, indiscreto, necio, desatinado. 2 ignorante, tonto.
unwisely (ønwaiˑsli) *adv.* imprudentemente, neciamente, indiscretamente.
unwitnessed (ønwiˑtnøsid) *adj.* sin testigos.
unwitting (ønwiˑting) *adj.* inconsciente, que no se percata, distraído, que no atiende. 2 inconsciente, indeliberado.
unwittingly (ønwiˑtingli) *adv.* inconscientemente, sin saberlo.
unwomanly (ønwuˑmanli) *adj.* impropio de una mujer.

unwonted (ønwønˑtid) *adj.* desusado, desacostumbrado, inusitado, raro, poco común. 2 no acostumbrado o habituado.

unwooded (ønwuˑdid) *adj.* sin árboles.

unworkable (ønwøˑcabøl) *adj.* inexplotable [mina, etc.].

unworkmanlike (ønwøˑcmanlaic) *adj.* desmañado, chapucero.

unworldly (ønwøˑldli) *adj.* no mundano, no terrenal, espiritual.

unworn (ønwoˑn) *adj.* nuevo, no llevado, sin estrenar. 2 no usado o gastado.

unworthily (ønwøˑðili) *adv.* indignamente.

unworthiness (ønwøˑðinis) *s.* indignidad, desmerecimiento.

unworthy (ønwøˑði) *adj.* indigno, desmerecedor.

unwounded (ønwuˑndid) *adj.* ileso.

unwove(n (ønwouˑv(øn) *pret.* y *p. p.* de TO UNWEAVE.

unwrap (to) (ønræˑp) *tr.* desenvolver [quitar lo que envuelve], desabrigar. ¶ CONJUG. pret. y p. p.: *unwrapped* o *-wrapt.*

unwrinkle (to) (ønriˑnkøl) *tr.* desarrugar.

unwritten (ønriˑtøn) *adj.* no escrito : ~ *law*, ley no escrita, derecho consuetudinario; derecho [reconocido por la costumbre en ciertos pueblos] de vengarse personalmente del seductor de la esposa o de la hija. 2 en blanco. 3 oral, tradicional.

unwrought (ønroˑt) *adj.* en bruto, no trabajado : ~ *wax*, cera virgen.

unyielding (ønyiˑlding) *adj.* inflexible, firme, inexorable. 2 terco, reacio.

unyoke (to) (ønyøuˑc) *tr.* desuncir, separar, desunir. — 2 *intr.* libertarse de un yugo.

up (øp) *adv.* hacia arriba, arriba, en lo alto, en o hacia una posición superior : *to point* ~, apuntar hacia arriba; ~ *above*, arriba, más arriba; ~ *and* ~, cada vez más arriba, subiendo y subiendo. 2 en o hacia una posición derecha, en pie : *to draw oneself* ~, enderezarse; *to get* ~, levantarse. 3 en o hacia el norte. 4 en o hacia el fondo, el punto más alejado; TEAT. en o hacia el foro. 5 en o hacia el centro más importante, la dirección, la oficina principal, etc. 6 en o hacia un estado de mayor actividad, fuerza, excitación, resolución, etc. : *to stir* ~, excitar, avivar. 7 en o hacia un estado de perfección, acabamiento, conocimiento, competencia, etc. 8 en o hacia un estado de evidencia; manifestación o aparición. 9 a la altura, a la par de. 10 enteramente, completamente, hasta el límite : *to burn* ~, quemar del todo; *to drink it* ~, beberlo todo. 11 de cara, en contacto, en proximidad : *to knock* ~ *against*, topar con; *close* ~ *to*, tocando a. 12 ante, en manos de : *to yield* ~, entregar, rendir. 13 a un lado, en reserva : *to lay* ~, guardar, acumular. 14 hasta : ~ *to now*, hasta ahora; ~ *to date*, hasta la fecha; al día, al corriente. 15 ~ *and down*, arriba y abajo, subiendo y bajando, acá y acullá, por todas parte, de un lado a otro. 16 ~ *from the ground, from the ground* ~, por todos los trámites o fases, hasta el menor detalle; completamente. 17 *up*, con estos y otros sentidos modifica gran número de verbos formando locuciones que se encontrarán en los artículos respectivos.

18 *prep.* subido a, en o a lo alto de; hacia arriba de, a lo largo de [subiendo]; hacia el interior de: *to climb* ~ *a tree*, subirse un árbol; ~ *a tree*, subido en un árbol; fig. en apuros; ~ *the river*, río arriba; ~ *the street*, calle arriba; ~ *the country*, hacia el interior del país. 19 contra la dirección de : ~ *the wind*, contra el viento.

20 *adj.* de arriba, dirigido hacia arriba, ascendente : ~ *train*, tren ascendente. 21 alto, levantado, derecho, empinado, en pie : *the sun is* ~, el sol está alto, sobre el horizonte; *only the frame is* ~, sólo el armazón está en pie. 22 levantado [no acostado]. 23 vuelto hacia arriba. 24 en estado de actividad, excitado. 25 levantado, sublevado : *to be* ~ *in arms*, levantarse en armas; *the boers are* ~, los boers se han levantado. 26 que está en curso, en marcha : *what is* ~?, ¿qué ocurre? ¿qué pasa? 27 bien situado, adelantado. 28 que se halla en el grado deseado. 29 igualado [con otro]. 30 entendido, competente, impuesto, enterado : ~ *in heraldy*, entendido en heráldica; ~ *on the news*, enterado de las noticias. 31 capaz, dispuesto : ~ *to anything*, capaz de todo, dispuesto para todo. 32 acabado, agotado, dispuesto, terminado : *the paper is* ~, se acabó el papel; *it is all* ~, todo se acabó; *time is* ~, ha pasado el tiempo, expiró el plazo; ha llegado la hora. 33 ofrecido, presentado, propuesto : ~ *for sale*, ofrecido para la venta; ~ *for alderman*, propuesto para regidor. 34 que está haciendo, se propone o está tramando [algo] : *to be* ~ *to one's old tricks*, hacer uno de las suyas. 35 que toca, corresponde, etc. : *to be* ~ *to one*, tocarle a uno, depender de o ser asunto de uno. 36 fam. ~ *against*, abocado a. 37 ~ *against it*, ante un obstáculo insuperable, apurado, en un aprieto. 38 *hard* ~, apurado, a la cuarta pregunta.

39 *s.* cuesta, pendiente. 40 movimiento o curso ascendente. 41 tren ascendente. 42 persona en situación próspera o elevada. 43 alza [de precios]. 44 ~ *and down*, fluctuación, ondulación. 45 *ups and downs*, altibajos, vaivenes; subidas y bajadas.

46 *interj.* ¡arriba!, ¡aúpa!, ¡sus! 47 ~ *there!*, ¡alto ahí!

48 *up* prefijado a verbos, substantivos y adjetivos, forma compuestos cuyo significado equivale al que tendría el segundo elemento seguido de *up*.

49 *up and*, seguido de un verbo, indica que se inicia bruscamente la acción indicada por el verbo.

up (to) *tr.* levantar, elevar. — 2 *intr.* subir, elevarse. 3 cobrar fuerza o ánimo.

up-a-daisy! *interj.* fam. ¡upa!

up-and-coming *adj.* fam. (EE. UU.) listo, activo, emprendedor.

up-and-doing *adj.* fam. emprendedor.

up-and-down *adj.* de arriba abajo y de abajo arriba, que se mueve o se dirige alternativamente arriba y abajo. 2 derecho, vertical. 3 desigual, accidentado. 4 (EE. UU.) rotundo, categórico.

up-and-up *s.* ascenso, progreso : *on the* ~, progresando, mejorándose; francamente, sin engaño.

upas (yuˑpas) *s.* BOT. antiar. 2 upas [veneno]. 3 ponzoña.

upbraid (to) (øpbreiˑd) *tr.* reconvenir, reprender, regañar. 2 reprochar, afear.

upbraiding (øpbreiˑding) *s.* reconvención, reproche.

upbring (to) (øpbriˑng) *tr.* criar, educar.

upbringing (øpbriˑnging) *s.* educación.

upburst (øpbøˑst) *s.* reventón, estallido. 2 borbollón, erupción.

upcast (øpcæˑst) *adj.* lanzado o dirigido hacia arriba. — 2 *s.* acción de lanzar o dirigir hacia arriba. 3 MIN. pozo de ventilación ascendente.

upcountry (øpcøntri) *s.* fam. interior [del país]. — 2 *adj.* del interior [del país]. — 3 *adv.* en el interior, hacia el interior, tierra adentro.

upgrade (øpgreid) *s.* cuesta, pendiente. 2 ascenso, adelantamiento. — 3 *adj.* pendiente, en cuesta. 4 ascendente. — 5 *adv.* subiendo, cuesta arriba.

upgrowth (øpgrouz) *s.* crecimiento, desarrollo. 2 lo que crece o ha crecido.

upheaval (øpjrˑval) *s.* solevamiento, levantamiento [esp. de la corteza terrestre]. 2 trastorno, conmoción, cataclismo.

upheave (to) (øpjrˑv) *tr.* solevar, levantar. — 2 *intr.* solevarse, levantarse.

uphill (øpjil) *adv.* cuesta arriba. — 2 *adj.* pendiente, en cuesta; que sube, ascendente. 3 empinado. 4 penoso, trabajoso, dificultoso. — 6 *s.* cuesta, pendiente, subida.

uphold (to) (øpjouˑld) *tr.* levantar; mantener derecho. 2 sostener, apoyar. 3 mantener, defender. ¶ CONJUG. pret. y p. p.: *upheld.*

upholder (øpjouˑldør) *s.* sostenedor, defensor. 2 sostén, apoyo.

upholster (to) (øpjouˑistør) *tr.* tapizar y emborrar [muebles]. 2 tapizar, colgar [habitaciones].

upholsterer (øpjouˑlstørør) *s.* tapicero.

upholstery (øpjouˑlstøri) *s.* tapicería; colgaduras.

upkeep (øpkip) *s.* conservación, manutención, entretenimiento.

upland (øplænd) *s.* meseta, altiplanicie, tierra alta. — 2 *adj.* de las tierras altas. 3 de tierra adentro. — 4 *adv.* tierra adentro, en el interior.

uplander (øplændør) *s.* habitante o natural de las tierras altas o del interior.

uplift (øpli·ft) s. levantamiento, elevación.
uplift (to) tr. levantar, elevar [poner más alto].
2 elevar, mejorar [moral, social o intelectualmente].
upmost (ø·pmoust) adj. UPPERMOST.
upon (øpa·n) prep. sobre, encima. | En este sentido se diferencia de on en que supone cierto movimiento : he leaped ~ his horse, saltó sobre su caballo; put the book ~ the table, pon el libro sobre la mesa. 2 a, en el momento de, inmediatamente después de : ~ receipt, al recibo, a vuelta de correo; ~ the first opportunity, a la primera oportunidad. 3 contra : to turn ~ him, volverse contra él. 4 corresponde a varias preposiciones españolas, según los casos : ~ this terms, con estas condiciones; to live ~ grass, alimentarse de yerba; he has nothing to live ~, no tiene con qué vivir; to depend ~ one, depender de uno; depend ~ it, cuente con ello, esté seguro de ello; ~ my honour, por mi honor, a fe mía; ~ pain of, so o bajo pena de; ~ what ground?, ¿con qué fundamento? 5 no se traduce cuando precede a una fecha o a algunos gerundios : ~ the tenth June, el diez de junio; ~ seeing this, viendo esto. 6 upon forma muchas locuciones que se encontrarán en su lugar correspondiente.
upper (ø·pø') adj. comp. de UP : superior, alto, más elevado, de encima, de arriba : ~ berth, litera alta; ~ case, IMPR. caja alta; ~ classes, la clase alta ; las clases de tercero o cuarto año [en las Universidades, etc.]; Upper Chamber o House, Cámara alta ; Upper Egypt, Alto Egipto; ~ hand, superioridad, ventaja, dominio; ~ lip, labio superior; the ~ ten, o the ~ ten thousand, fam. la clase alta, la aristocracia; ~ works, MAR. obra muerta. 2 dirigido hacia arriba. — 3 s. litera o cama alta. 4 pala y caña del zapato : on one's uppers, con las suelas gastadas; fig. tronado, sin blanca; apurado. 5 pl. botines.
upper-case adj. IMPR. de caja alta.
upperclassman (ø·pø'clæ·smæn), pl. -men (-men) s. estudiante de tercero o cuarto año.
uppercut (ø·pø'cøt) s. BOXEO. golpe dirigido hacia arriba.
uppercut (to) tr. e intr. BOXEO golpear de abajo arriba. ¶ CONJUG. pret. y p. p. : uppercut; ger. : uppercutting.
uppermost (ø·pø'moust) adj. el más alto o elevado; supremo, predominante. 2 el de encima de todo. — 3 adv. en lo más alto; en primer lugar : to say whatever comes ~, decir uno lo primero que le pasa por la cabeza.
uppish (ø·pish) adj. fam. orgulloso, arrogante.
uppishly (ø·pishli) adv. orgullosamente.
uppishness (ø·pishnis) s. orgullo, arrogancia.
upraise (to) (øprai·š) tr. levantar, elevar. 2 erigir.
upright (ø·prait) adj. derecho, erguido, recto, vertical, enhiesto : ~ piano, piano vertical; ~ projection, ARQ. elevación, alzado, proyección vertical. 2 recto, justo, equitativo, íntegro, probo, honrado. — 3 s. verticalidad. 4 montante, pieza vertical. 5 piano vertical. 6 pl. FÚTBOL. postes.
uprightly (ø·praitli) adv. verticalmente. 2 rectamente, justamente, honradamente.
uprightness (ø·praitnis) s. verticalidad. 2 rectitud, integridad, probidad.
uprise (øprai·š) s. levantamiento, ascensión. 2 salida [del sol]. 3 pendiente enhiesta. 4 levantamiento, insurrección.
uprise (to) intr. levantarse [de la cama; de entre los muertos]; ponerse en pie]. 2 levantarse, sublevarse. 3 elevarse, ascender. 4 salir [un astro]. 5 aparecer, empezar a existir. 6 crecer, aumentar [un sonido]. CONJUG. pret. : uprose; p. p. : uprisen.
uprisen (øpri·šøn) p. p. de TO UPRISE.
uprising (øprai·šing) s. levantamiento, solevantamiento. 2 subida, cuesta. 3 salida [de un astro]. 4 aparición. 5 levantamiento, insurrección, revuelta.
uproar (ø·pro') s. gritería, batahola, barahúnda, alboroto, tumulto. 2 rugido.
uproarious (øpro·riøs) adj. estruendoso, ruidoso, bullicioso. 2 tumultuoso.
uproot (to) (øpru·t) tr. desarraigar, extirpar.
uprose (ø prou·š) pret. de TO UPRISE.
upset (øpse·t) adj. volcado, tumbado. 2 trastornado, desarreglado, descompuesto, turbado. 3 in-

dispuesto [malo]. 4 desbaratado. 5 ~ price, precio inicial en una subasta. — 6 s. vuelco. 7 trastorno. 8 desorden. 9 indisposición.
upset (to) tr. volcar, tumbar. 2 trastornar. descomponer, desarreglar, desordenar. 3 turbar, alterar, conmover, hacer perder la serenidad. 4 contrariar, desbaratar. 5 indisponer, poner enfermo. 6 MEC. acortar forjando. — 7 intr. volcar. 8 MAR. zozobrar.
upshot (ø·pshat) s. resultado final, conclusión, resumen.
upside (ø·psaid) s. lado o parte superior : ~ down, lo de arriba abajo, al revés, patas arriba, en desorden.
upstairs (øpste·'š) adv. arriba, a o en el piso de arriba. — 2 adj. de arriba. — 3 s. piso o pisos de arriba.
upstanding (øpstæ·nding) adj. derecho, de pie, en pie. 2 erguido. 3 recto, honrado.
upstart (øpsta·'t) adj. y s. advenedizo, encumbrado rápidamente. 2 presuntuoso. — 3 adj. de advenedizo.
upstay (øpstei·) tr. sostener, apoyar.
upstream (øpstrī·m) adv. aguas arriba, río arriba.
upstroke (ø·pstrouc) s. trazo de pluma que va de abajo arriba. 2 MEC. carrera ascendente.
uptake (ø·pteic) s. levantamiento [acción de levantar]. 2 entendimiento, comprensión. 3 MEC. tubo o conducto ascendente.
upthrow (ø·pzrou) s. lanzamiento hacia arriba, levantamiento.
upthrust (ø·pzrøst) s. GEOL. solevantamiento.
up-to-date adj. que llega hasta la fecha, al corriente. 2 moderno, del día, al día; de última moda.
up-to-the-minute adj. moderno, de actualidad. 2 que está completamente al día.
uptown (ø·ptaun) adj. de la parte alta de la ciudad. 2 (EE. UU.) del barrio alejado de negocios. — 3 adv. en o hacia la parte alta de la ciudad. 4 (EE. UU.) en o hacia el barrio alejado de los negocios.
upturn (ø·ptø'n) s. alza [de precios]. 2 mejoramiento.
upturn (to) (øptø·'n) tr. volver hacia arriba. 2 revolver, trastornar, volcar.
upturned (øptø·'nd) adj. vuelto hacia arriba. 2 revuelto, trastornado. 3 volcado. 4 remangado. 5 respingada [nariz].
upward (ø·pua'd) adj. dirigido hacia arriba, ascendente. 2 situado arriba.
upward(s (ø·pua'd(s) adv. hacia arriba, para arriba, arriba. 2 más : ~ of, más de; fourscore and ~, ochenta y más.
uræmia (yurī·mia) s. (Ingl.) uremia.
Ural (yu·ral) adj. de los Urales. 2 GEOGR. Ural Mountains, Montes Urales.
Urania (yurei·nia) n. pr. MIT. Urania.
uranic (yuræ·nic) adj. uranio, celeste. 2 QUÍM. uránico.
uranite (yu·ranait) s. MINER. uranita.
uranium (yurei·niøm) s. QUÍM. uranio.
uranography (yurana·græfi) s. uranografía.
uranometry (yurana·metri) s. uranometría.
Uranus (yu·ranøs) s. ASTR. Urano.
urate (yu·reit) s. QUÍM. urato.
urban (ø·'ban) adj. urbano [de la ciudad].
Urban n. pr. Urbano.
urbane (ø'bei·n) adj. urbano, cortés.
urbanity (ø'bæ·niti) s. urbanidad, cortesía, refinamiento. 2 fineza.
urceolate (ø·'sioleit) adj. BOT. urceolado.
urchin (ø·'chin) s. pilluelo, granuja, bribonzuelo, rapaz. 2 ZOOL. erizo : sea ~, erizo de mar.
urea (yu·ra) s. QUÍM. urea.
uremia (yurī·mia) s. (EE. UU.) uremia.
ureter (yuri·tø') s. ANAT. y ZOOL. uréter.
urethra (yurī·zra) s. ANAT., ZOOL. uretra.
urethral (yurī·zral) adj. uretico.
urethroscope (yurī·zroscoup) s. uretroscopio.
urethrotome (yurī·zrotoum) s. uretrótomo.
urethrotomy (yurizra·tomi) s. CIR. uretrotomía.
urge (ø·'ǯ) s. impulso. 2 ganas, deseo, estímulo.
urge (to) tr. encarecer, insistir en. 2 alegar. 3 presentar con instancia, solicitar, proponer, recomendar. 4 instar, apremiar, rogar, importunar. 5 mover, estimular, incitar, aguijonear. 6 impulsar, impeler, empujar. 7 apresurar, acelerar. 8 excitar, avivar, intensificar. — 9 intr.

presentar argumentos o pretensiones. *10* apremiar, estimular.

urgency (ø·'ÿønsi) *s.* urgencia. 2 insistencia. 3 instancia, apremio. *4* impulso, fuerza [que impele]. 5 deseo.

urgent (ø·'ÿønt) *adj.* urgente. 2 insistente, apremiante. *3* importuno. *4* fuerte [que impele o empuja].

urgently (ø·'ÿøntli) *adv.* urgentemente. 2 insistentemente, apremiantemente.

urger (ø·'ÿø') *s.* presentador, solicitador. 2 apremiador, acuciador.

Uriah (yurai·ə) *n. pr.* Urías.

uric (yu·ric) *adj.* QUÍM. úrico.

urinal (yu·rinal) *s.* orinal. 2 urinario, mingitorio.

urinary (yu·rineri) *adj.* urinario : ~ *tract*, vías urinarias.

urinate (to) (yu·rineit) *intr.* orinar, mear.

urination (yurine·shøn) *s.* micción.

urinative (yu·rinativ) *adj.* MED. diurético.

urine (yu·rin) *s.* orina, orines.

urinose (yu·rinous), **urinous** (yu·rinøs) *adj.* de orina, parecido a la orina.

urn (ø'n) *s.* urna. 2 jarrón. 3 tetera o cafetera con hornillo y grifo.

urnful (ø·'nful) *adj.* lo que cabe en una urna.

Urodela (yurodi·la) *s. pl.* ZOOL. urodelos.

urodelan (yurodi·lan) *adj. y s.* ZOOL. urodelo.

urology (yura·loÿi) *s.* urología.

urologist (yura·loÿist) *s.* urólogo.

uropod (yu·ropod) *adj.* ZOOL. urópodo.

uropygium (yuropi·ÿiøm) *s.* ORNIT. rabadilla.

uroscopy (yura·scopi) *s.* uroscopia.

Ursa (ø·'sa) *s.* ASTR. Osa : ~ *Major*, Osa mayor; ~ *Minor*, Osa menor.

Ursidæ (ø·'sidi) *s. pl.* ZOOL. úrsidos.

ursiform (ø·'sifo'm) *adj.* de figura de oso.

ursine (ø·'sin) *adj.* osuno. 2 peludo.

Ursuline (ø·'siulin) *n. pr.* Ursulina.

Urticaceæ (ø'tikei·sii) *s. pl.* BOT. urticáceas.

urticaceous (ø'tikei·shøs) *adj.* urticáceo.

urticant (ø·'ticant) *adj.* urticante.

urticaria (ø'tike·ria) *s.* MED. urticaria.

urticate (to) (ø·'tikeit) *tr.* producir picazón; flagelar con ortigas. 2 azotar, fustigar.

urubu (ø·rubu) *s.* ORNIT. urubú.

Uruguayan (yurugüi·an) *adj. y s.* uruguayo.

us (øs) *pron.* [sin prep.] nos [acusativo o dativo de WE] : *our mother loves* ~, nuestra madre nos quiere; *he gave* ~ *a book*, él nos dio un libro. 2 [con prep.] nosotros, nosotras : *to* ~, a nosotros, a nosotras.

usable (yu·šabøl) *adj.* que se puede usar.

usage (yu·sidÿ) *s.* trato, tratamiento. 2 uso, usanza, costumbre. 3 uso [acción de usar]. *4* utilidad, provecho.

usance (yu·šans) *s.* COM. plazo de gracia, establecido por el uso, para el pago de ciertos efectos comerciales.

use (yus) *s.* uso, empleo, goce, aprovechamiento : *to make* ~ *of*, hacer uso de, servirse de; *in* ~, en uso; *out of* ~, desusado, pasado de moda. 2 utilidad, servicio, objeto, aplicación, provecho, ventaja : *to put to* ~, utilizar, aprovechar, sacar partido de; *of no* ~, inútil, que no sirve; *it is no* ~ *to labour*, es inútil, de nada sirve esforzarse; *what is the* ~ *of it?*, ¿para qué sirve?, ¿qué objeto tiene?, ¿qué ventaja tiene? 3 ocasión de usar, necesidad : *to have no (further)* ~ *for*, no necesitar; no querer saber nada o nada más de; tener en poco. *4* práctica, hábito, costumbre, uso, usanza, estilo. 5 DER. uso.

use (to) *tr.* usar, emplear, gastar. 2 usar, hacer uso de, servirse o valerse de. 3 hacer, practicar. *4* ocupar, emplear [tiempo]. 5 tratar [bien, mal, etc.]. 6 acostumbrar, habituar : *to be used*, estar acostumbrado. 7 soler ir o andar por. 8 *to* ~ *up*, gastar, consumir, agotar. — 9 *intr.* soler, acostumbrar. | Ús. gralte. en pretérito y a veces no se traduce, pero en este caso se cambia el infln. del segundo verbo por un pretérito imperfecto : *he used to go to town every Monday*, él solía ir a la ciudad (o iba a la ciudad) todos los lunes.

useable (yu·šabøl) *adj.* USABLE.

used (yusd) *adj.* usado. 2 usual, acostumbrado. 3 acostumbrado, habituado : ~ *to*, acostumbrado a.

useful (yu·sful) *adj.* útil. 2 conveniente, provechoso, beneficioso.

usefully (yu·sfuli) *adv.* útilmente. 2 provechosamente.

usefulness (yu·sfulnis) *s.* utilidad.

useless (yu·slis) *adj.* inútil. 2 inservible. 3 vano, infructuoso, ócioso. *4* inepto.

uselessly (yu·slisli) *adv.* inútilmente, vanamente, infructuosamente.

uselessness (yu·slisnis) *s.* inutilidad.

user (yu·šø') *s.* usador. 2 consumidor.

usher (ø·shø') *s.* ujier, portero, introductor. 2 TEAT. acomodador. 3 pertiguero. *4* heraldo. 5 (Ingl.) ayudante de escuela.

usher (to) *tr.* introducir, anunciar, guiar, acompañar, conducir. | A veces con *in*. 2 servir de prefacio. 3 dar principio a, inaugurar.

usherette (ø·shøret) *s.* TEAT. acomodadora.

usquebaugh (ø·scuibau) *s.* whisky o aguardiente de Escocia o Irlanda.

ustion (ø·schøn) *s.* ustión.

ustulation (øschule·shøn) *s.* acción de quemar. 2 FARM. desecación o torrefacción de una substancia húmeda a fin de pulverizarla.

usual (yu·ÿual) *adj.* usual, habitual, acostumbrado, ordinario, de costumbre; *as* ~, como de costumbre, como de ordinario. 2' ordinario, corriente, natural.

usually (yu·ÿuali) *adv.* usualmente, habitualmente, ordinariamente, corrientemente.

usualness (yu·ÿualnis) *s.* calidad de usual, ordinario, corriente.

usucapt (to) (yu·šiucæpt) *tr.* DER. usucapir.

usucapion (yušiukei·piøn), **usucaption** (yusiucæp·shøn) *s.* DER. usucapión.

usufruct (yu·šiufrøct) *s.* usufructo.

usufructuary (yusiufrø·cchueri) *adj. y s.* usufructuario.

usurer (yu·ÿørø') *s.* usurero.

usurious (yuÿu·riøs) *adj.* usurario.

usuriously (yuÿu·riøsli) *adv.* usurariamente.

usuriousness (yuÿu·riøsnis) *s.* calidad de usurario.

usurp (to) (yušø·'p) *tr.* usurpar. 2 invadir, apoderarse de.

usurpation (yušø'pe·shøn) *s.* usurpación.

usurper (yušø·'pø') *s.* usurpador.

usurpingly (yušø·'pingli) *adv.* con usurpación, injustamente.

usury (yu·ÿuri) *s.* usura.

ut (ut) *s.* MÚS. ut, do.

utensil (yute·nsil) *s.* utensilio. 2 útil, herramienta : *farming utensils*, aperos de labranza.

uterine (yu·tørin) *adj.* uterino.

uterus (yu·tørøs) *s.* ANAT., ZOOL. útero.

utilitarian (yutilite·rian) *adj.* utilitario. — 2 *adj. y s.* utilitarista.

utilitarianism (yutilite·rianišm) *s.* FIL. utilitarismo.

utility (yuti·liti) *s.* utilidad, ventaja, provecho. 2 instrumento, accesorio. 3 empresa de servicio público [agua, gas, electricidad, etc.]. *4* TEAT. ~ *man*, racionista.

utilizable (yutilai·šabøl) *adj.* utilizable, aprovechable.

utilization (yutiliše·shøn) *s.* utilización, aprovechamiento.

utilize (to) (yu·tilaiš) *tr.* utilizar, emplear, aprovechar, explotar.

utmost (ø·tmoust) *adj.* sumo, extremo; más grande, mayor, más alto, más distante [en sentido superl.], último. — 2 *s.* lo más posible, lo sumo : *to the* ~, hasta más no poder; *he did his* ~, hizo cuanto pudo.

utopia, Utopia (yutou·pia) *s.* utopía.

utopian, Utopian (yutou·pian) *adj.* utópico. — 2 *s.* utopiano. 3 utopista.

utricle (yu·tricøl) *s.* ANAT., BOT. utrículo.

utricular (yutri·kiula') *adj.* utricular.

utter (ø·tø') *adj.* absoluto, completo, total. 2 categórico, terminante. 3 extremo, extraordinario.

utter (to) *tr.* pronunciar, articular, proferir. 2 dar, lanzar [un grito]. 3 decir, expresar, manifestar. *4* revelar, divulgar. 5 emitir, poner en circulación. 6 expender [moneda falsa].

utterable (ø·tørabøl) *adj.* que se puede pronunciar o proferir.

utterance (ø·tœrans) *s.* pronunciación, articulación, emisión [de sonidos, palabras, etc.]. 2 acción de proferir. 3 expresión, manera de hablar, lenguaje. *4* declaración, discurso.

utterer (ø·tørø') *s.* el que pronuncia o profiere. 2 emisor, divulgador.

utterly (øtø'li) *adv*. absolutamente, completamente, enteramente, totalmente, del todo.
uttermost (øtø'moust) *adj*. y *s*. UTMOST.
utterness (øtø'nis) *s*. calidad de absoluto, completo, extremo.
uvate (yu·veit) *s*. uvate.
uvea (yu·via) *s*. ANAT. úvea.
uveous (yu·viøs) *adj*. de la úvea.

uvula (yu·viula) *s*. ANAT. úvula.
uvular (yu·viula') *adj*. uvular.
uxorial (øxo·rial) *adj*. uxorial.
uxoricidal (øxorisi·dal) *adj*. uxoricida.
uxoricide (øxo·risaid) *s*. uxoricidio. 2 uxoricida.
uxorious (øxo·riøs) *adj*. gurrumino.
uxoriously (øxo·riøsli) *adv*. con gurrimina.
uxoriousness (øxo·riøsnis) *s*. gurrumina.

V

V, v (vi) s. V, v. vigésima segunda letra del alfabeto inglés. 2 pieza en forma de V. 3 fam. (EE. UU.) billete de cinco dólares. 4 V, cifra romana.
vacancy (vei·cansi), *pl.* **-cies** (-siš) s. ocio, inactividad, vagar. 2 vacación [de un empleo], vacante, vacancia; vacatura : *to fill a* ~, cubrir una vacante. 3 vacío, hueco, laguna. 4 vacuidad.
vacant (vei·cant) *adj.* vacante. 2 vacío, desocupado, libre. 3 despreocupado. 4 ocioso, de ocio, de descanso. 5 ligero, irreflexivo, estúpido. 6 inexpresivo, vago. 7 distraído. 8 sin vida, sin animación, quieto. 9 DER. yacente.
vacate (to) (vei·keit) *tr.* dejar vacante. 2 dejar [un cargo]. 3 evacuar, desocupar, dejar vacío. 4 distraer de. 5 anular, invalidar, revocar. — 6 *intr.* fam. irse. 7 vacar, dedicarse.
vacation (veikei·shøn) s. vacación, descanso respiro. 2 asueto. 3 vacaciones : *to be on* ~, estar de vacaciones. 4 vacación [de un empleo], vacante. 5 DER. anulación, revocación.
vacationist (veikei·shønist) s. el que está de vacaciones.
vaccinate (to) (væ·csineit) *tr.* vacunar.
vaccination (væcsine·shøn) s. vacunación.
vaccinator (væ·csineitø') s. vacunador.
vaccine (væ·csin) *adj.* vacuno. 2 de vacuna : ~ *point*, lanceta para vacunar; ~ *therapy*, vacunoterapia. — 3 s. vacuna.
vaccinia (væcsi·nia) s. VET. viruela, vacuna.
vacillate (to) (væ·sileit) *tr.* vacilar, titubear. 2 fluctuar.
vacillating (væ·sileiting) *adj.* vacilante.
vacillation (væsile·shøn) s. vacilación, titubeo. 2 fluctuación.
vacuity (vakiu·iti), *pl.* **-ties** (-tiš) s. vacío. 2 hueco, blanco, laguna. 3 extensión monótona. 4 vaciedad. 5 ociosidad. 6 inanidad. 7 ausencia [de ideas. emociones, etc.]; vaguedad, falta de expresión.
vacuo (væ·kiuou) s. vacío. | Ús. en la expr.: *in* ~, en el vacío.
vacuole (væ·kiuol) s. BIOL. vacuola.
vacuous (væ·kiuøs) *adj.* vacuo, vacío. 2 inane. 3 estúpido. 4 insulso. 5 ocioso, frívolo.
vacuum (va·kiuøm) s. vacío, vacuo. — 2 *adj.* de vacío : ~ *bottle* o *flask*, termos; ~ *brake*, freno neumático, freno de vacío : ~ *cleaner*, aspirador de polvo, aspirador eléctrico; ~ *pump*, bomba de vacío; ~ *tank*, AUTO. aspirador de gasolina, nodriza; ~ *tube*, ELECT. tubo o lámpara de vacío.
vade mecum (vei·di mi·køm) s. vademécum, manual.
vagabond (væ·gaband) *adj.* errabundo, errático, nómada, vagabundo. 2 de vagabundo. — 3 s. vagabundo; vago, pelafustán : *to play the* ~, vagabundear.
vagabondage, vagabondism (væ·gabandidÿ, -dišm) s. vagabundeo. 2 vagancia.
vagabondize (to) (væ·gabondaiš) *intr.* vagabundear.

vagary (vague·ri), *pl.* **-ries** (riš) s. capricho, extravagancia, antojo, extravío, vagabundeo.
vagina (vaÿai·na) s. ANAT. vagina. 2 BOT. vaina [de hoja]. 3 ARQ. estípite.
vaginal (væ·ÿinal) *adj.* vaginal.
vaginate (væ·ÿineit) s. BOT. envainado.
vagitus (væÿai·tøs) s. primer vagido del recién nacido.
vagrancy (vei·gransi), *pl.* **-cies** (-siš) s. vagabundeo, vagancia. 2 extravío, capricho, extravagancia.
vagrant (vei·grant) *adj.* vagabundo, vagaroso, errante, errático, nómada. — 2 s. vago, vagabundo.
vagrantly (vei·grantli) *adv.* erráticamente.
vague (veig) *adj.* vago, indefinido, indistinto, borroso. 2 incierto, dudoso.
vaguely (vei·gli) *adv.* vagamente.
vagueness (vei·gnis) s. vaguedad.
vagus (vei·gøs), *pl.* **-gi** (-ÿai) s. ANAT. vago, nervio vago, nervio neumogástrico.
vain (vei·n) *adj.* vano [sin substancia, sin fundamento], fútil. 2 vano, inútil, infructuoso : *in* ~, en vano. 3 tonto, ignorante. 4 vano, vanidoso, presuntuoso, envanecido.
vainglorious (veinglo·riøs) *adj.* vanaglorioso, vano, jactancioso.
vaingloriously (veinglo·riøsli) *adv.* vanagloriosamente, con jactancia.
vaingloriousness (veinglo·riøsnis), **vainglory** (veinglo·ri) s. vanagloria, jactancia.
vainly (vei·nli) *adv.* vanamente, con presunción. 2 vanamente, inútilmente, en vano.
vainness (vei·nnis) s. vanidad. 2 futilidad. 3 inutilidad.
vair (ve·') s. vero [piel]. 2 BLAS. veros.
Val (væl) *n. pr.* dim. de VALENTINE.
valance (væ·lans) s. cenefa colgante, doselera, gotera, sobrepuerta.
1) vale (veil) s. poét. valle, cañada : *this* ~ *of tears*, este valle de lágrimas.
2) vale (vei·li) *interj.* ¡adiós!
valediction (væledi·csøn) s. adiós, despedida.
valedictorian (væledictø·rian) s. alumno que hace el discurso de despedida a fin de curso.
valedictory (vælidi·ctori) *adj.* de despedida. — 2 s. discurso de despedida a fin de curso.
valence (vei·løns) s. QUÍM. valencia.
Valenciennes (vælønsie·nš) *n. pr.* GEOGR. Valenciennes. — 2 s. encaje de Valenciennes.
valency (vei·lønsi) s. VALENCE.
Valentine (væ·løntain) *n. pr.* Valentín.
valentine s. tarjeta amorosa o jocosa enviada a una persona del sexo contrario el día de San Valentín. 2 novio o novia [esp. los escogidos el día de San Valentín].
valerian (valr·rian) s. BOT., FARM. valeriana.
Valerianaceae (valrianei·sii) s. *pl.* BOT. valerianáceas.
valerianate (valr·rianeit) s. QUÍM. valerianato.
valeric (valr·ric) *adj.* valeriánico.

valet (vǽ·lit o vǽ·lei) s. criado, camarero, ayuda de cámara. 2 planchador de trajes [en un hotel]. 3 *valet de chambre*, ayuda de cámara.
valetudinarian (vælitiudine·rian) s. valetudinario. — 2 *adj.* de valetudinario.
valetudinary (vælitiu·dineri) *adj.* valetudinario.
valiant (vǽ·liant) *adj.* valiente, valeroso.
valiantly (vǽ·liantli) *adv.* valientemente, valerosamente.
valiantness (vǽ·liantnis) s. valentía, valor.
valid (vǽ·lid) *adj.* válido. 2 valedero. 3 eficaz.
validate (to) (va·lideit) *tr.* validar. 2 probar la validez de; confirmar, legalizar.
validity (vali·diti) s. validez.
validly (vǽ·lidli) *adv.* válidamente.
validness (vǽ·lidnis) s. validez.
valise (vali·s) s. maleta, valija; *petaca.
Valkyrie (vǽlkiri) s. valquiria.
valley (vǽ·li) s. GEOGR. valle, cuenca, hoya. 2 depresión, surco. 3 ARQ. lima hoya.
valor (vǽ·lø') s. VALOUR.
valorous (vǽ·lørøs) *adj.* valeroso, valiente, esforzado.
valorously (vǽ·lørøsli) *adv.* valerosamente.
valour (vǽ·lø') s. valor, valentía, ánimo, fortaleza.
valuable (vǽ·liuabøl) *adj.* valioso, costoso, preciado, precioso, estimable. 2 rico, de gran precio. — 3 s. *pl.* joyas, objetos de valor.
valuableness (vǽ·liuabølnis) s. valor, precio.
valuably (vǽ·liuabli) *adv.* valiosamente.
valuation (væliue·shøn) s. valuación, valoración, avalúo, tasación. 2 estimación, apreciación. 3 valor, valía.
valuator (vǽliuei·tø') s. avaluador, tasador.
value (vǽ·liu) s. valor [de una cosa]; precio, mérito, estimación, aprecio : *to the ~ of*, por valor de. 2 monta, entidad, importancia. 3 utilidad. 4 valor, significación [de una palabra]. 5 MÚS., PINT. valor.
value (to) *tr.* valorar, valuar, tasar, preciar, estimar, apreciar. 2 dar valor, tener en mucho, hacer caso de, considerar.
valueless (vǽ·liulis) *adj.* sin valor, insignificante, despreciable.
valuer (vǽ·liuø') s. avaluador.
valval, valvar (vǽ·lval, -a') *adj.* BIOL. valvar.
valvate (vǽ·lveit) *adj.* que tiene valvas. 2 BOT. que se tocan por los bordes [pétalos, hojas].
valve (vælv) s. MEC. válvula, ventalla, chapaleta: *ball ~*, válvula esférica; *blow-off ~*, válvula de descarga o de evacuación; *cut-off ~*, válvula de cortavapor; *safety ~*, válvula de seguridad; *slide ~*, válvula de corredera. 2 ANAT. válvula. 3 BOT. ventalla. 4 ZOOL. valva. 5 RADIO. válvula, lámpara. 6 compuerta [de canal, presa, etc.]. — 7 *adj.* de válvula, etc.: *~ box*, *~ chest*, caja de distribución [de la máquina de vapor]; *~ gear*, mecanismo de distribución [de la m. de vapor]; *~ lift* o *lifter*, levantaválvulas; *~ seat*, asiento de la válvula; *~ stem*, vástago de válvula; *~ travel*, carrera de la válvula.
valved (vǽ·lvid) *adj.* ZOOL. valvado.
valvular (vǽ·lviula') *adj.* valvular.
valvule (vǽ·lviul) s. valvulilla.
vambrace (vǽ·mbreis) s. avambrazo.
vamoose (to) (vamu·s) *intr.* pop. (EE. UU.) largarse, poner pies en polvorosa, tomar las de Villadiego. — 2 *tr.* irse de, dejar.
vamp (væmp) s. ZAP. pala, empella. 2 remiendo. 3 arreglo literario. 4 MÚS. acompañamiento improvisado. 5 fam. vampiresa, coqueta, mujer fatal. 6 fam. (EE. UU.) bombero voluntario.
vamp (to) s. poner pala nueva [a un zapato]; remendar, componer. | Gralte. con *up*. 2 hacer [una obra literaria] uniendo trozos y retazos. 3 MÚS. acompañar improvisando, improvisar [un acompañamiento]. 4 pop. conquistar, embaucar [una mujer a un hombre]; coquetear con. — 5 *intr.* improvisar. 6 coquetear, hacer de mujer fatal.
vamper (vǽ·mpø') s. remendón.
vampire (vǽ·mpai') s. vampiro [espectro; pers.]. 2 vampiresa. 3 ZOOL. *vampire* o *~ bat*, vampiro [murciélago]. 4 TEAT. escotillón.
vampirism (vǽ·mpairišm) s. vampirismo.
van (væn) s. carromato, galera. 2 carro de mudanzas; camión. 3 (Ingl.) furgón, furgón de equipajes. 4 vanguardia.
vanadate (vǽ·nadeit) s. QUÍM. vanadato.

vanadic (vanæ·dic) *adj.* QUÍM. vanádico.
vanadium (vanei·diøm) s. QUÍM. vanadio.
Vandal (vǽ·ndal) *adj.* y s. vándalo [del pueblo vándalo]. — 2 s. (con min.) vándalo [destructor].
vandalic (vænda·lic) *adj.* vandálico.
vandalism (vǽ·ndališm) s. vandalismo.
Vandyck, Vandyke (vandai·k) *adj.* de Van Dyck, a lo Van Dyck : *~ beard*, barba puntiaguda; *~ collar*, valona [cuello]. — 2 s. cuadro de Van Dyck.
vane (vein) s. veleta, giraldilla. 2 MAR. grímpola. 3 aspa [de molino]. 4 paleta, álabe [de hélice, rueda, etc,]. 5 barbas [de la pluma]. 6 pínula. 7 TOP. tablilla corredera [de mira].
vanguard (vǽ·nga'd) s. vanguardia.
vanguardism (vǽ·nga'dišm) s. vanguardismo.
vanilla (vani·la) s. BOT. vainilla.
vanillism (vani·lišm) s. enfermedad que se contrae manejando la vainilla.
vanish (to) (vǽ·nish) *intr.* desaparecer, desvanecerse, disiparse, esfumarse.
vanishing (vǽ·nishing) s. desaparición, desvanecimiento. — 2 *adj.* que desaparece, de desaparición : *~ point*, punto de desaparición; PERSP, punto de la vista.
vanity (vǽ·niti), *pl.* -**ties** (-tiš) s. vanidad, envanecimiento, presunción. 2 vanidad, inutilidad, futilidad, cosa vana. — 3 *adj.* de vanidad, etc.; *~ box*, *~ case*, o simplte. *vanity*, pólvera, caja con espejo, polvos, brocha, etc.; *~ table*, tocador [mueble].
vanquish (to) (vǽ·ncuish) *tr.* vencer, derrotar. 2 conquistar. 3 vencer, dominar, rendir, subyugar.
vanquishable (vǽ·ncuishabøl) *adj.* vencible.
vanquisher (vǽ·ncuishø') s. vencedor.
vantage (vǽ·ntidž) s. ventaja, superioridad. 2 oportunidad o situación favorable. 3 TENIS ventaja. 4 *to the ~*, además, por añadidura. — 5 *adj.* de ventaja : *~ ground*, posición ventajosa.
vapid (vǽ·pid) *adj.* evaporado, flojo, desabrido. 2 soso, insípido, insulso.
vapidity (væpi·diti), **vapidness** (vǽ·pidnis) s. insipidez, insulsez.
vapor (vei·pø') s. VAPOUR.
vapor (to) *intr.* y *tr.* TO VAPOUR.
vaporation (væpøre·shøn) s. vaporación.
vaporer (vei·pørø') s. fanfarrón.
vaporish (vei·pørish) *adj.* vaporoso. 2 histérico.
vaporizable (vei·pøraišabøl) *adj.* que se puede vaporizar.
vaporization (veipøriše·shøn) s. vaporización.
vaporize (to) (vei·pøraiš) *tr.* vaporizar. 2 volatilizar. 3 evaporar. — 4 *intr.* vaporizarse. 5 discurrir pomposamente.
vaporizer (vei·pøraisø') s. vaporizador. 2 pulverizador.
vaporose (vei·pørous) *adj.* vaporoso, volátil.
vaporosity (vei·pørøsiti) s. vaporosidad.
vaporous (vei·pørøs) *adj.* vaporoso, lleno de vapores, calinoso, brumoso. 2 vaporoso, etéreo, vano, quimérico, fantástico. 3 vago, nebuloso.
vapour (vei·pø') s. vapor, gas. 2 humo, vaho, exhalación, hálito, niebla ligera. 3 FARM. vaho, inhalación. 4 cosa transitoria o insubstancial, humo. 5 fantasía, idea fantástica. 6 fanfarria. — 7 *adj.* de vapor: *~ bath*, baño de vapor; *~ heat*, calefacción a vapor.
vapour (to) *intr.* evaporarse, exhalarse, vahear, exhalar vapor. 2 fanfarronear, escribir o hablar pomposamente. — 3 *tr.* evaporar. 4 exhalar.
vapo(u)ry (vei·pøri) *adj.* vaporoso, calinoso. 2 melancólico, hipocondríaco.
vapulate (to) (vei·piulet) *tr.* vapulear.
vapulation (veipiule·shøn) s. vapulación, vapuleo.
vapulatory (vei·piulatori) *adj.* vapulatorio.
varec (vei·ric) s. alga marina; barrilla que de ella se obtiene.
variability (veriabi·liti) s. variabilidad.
variable (ve·riabøl) *adj.* variable : *~ condenser*, condensador variable. 2 inconstante, mudable. — 3 s. cosa variable. 2 MAT. variable. 5 GRAM. palabra o parte variable.
variableness (ve·riabølnis) s. VARIABILITY.
variably (ve·riabli) *adv.* variablemente.
variance (ve·rians) s. variación, cambio, desviación. 2 diferencia, discrepancia. 3 desavenencia, desacuerdo, disensión, disputa. 4 *at ~*, en discrepancia, en desacuerdo; desavenidos, de punta.

variant (ve·riant) *adj.* variante, variable, mudable. *2* distinto, diferente. *3* que se separa del tipo, norma, etc. *4* que constituye una variante. *5* discrepante. — *6 s.* variante.
variation (verie·shøn) *s.* variación, cambio, modificación, alteración. *2* ASTR., BIOL., MÚS. variación. *3* AJED. variante. *4* GRAM. inflexión.
varicated (væ·rikeitid) *adj.* varicoso [que tiene varices].
varication (værike·shøn) *s.* formación de varices. *2* MED. variz, varice.
varicella (værise·la) *s.* MED. varicela.
varicocele (væ·ricosil) *s.* MED. varicocele.
varicolo(u)red (ve·ricølø·d) *adj.* multicolor, abigarrado, vario, variado.
varicose (væ·ricous) *adj.* varicoso. *2* para las varices.
varicosed (væ·ricousd) *adj.* varicoso [que tiene varices].
varicosity (værica·siti), *pl.* -ties (-tiš) *s.* estado varicoso. *2* variz.
varied (ve·rid) *adj.* vario, variado.
variegate (to) (ve·rigueit) *tr.* abigarrar, jaspear, vetear, matizar, pintorrear. *2* dar variedad a.
variegated (ve·rigueitid) *adj.* abigarrado, jaspeado, veteado, matizado, pintorreado, variado.
variegation (verigue·shøn) *s.* abigarramiento, jaspeado, veteado, matizado.
variety (varai·iti), *pl.* -ties (-tiš) *s.* variedad, diversidad. *2* surtido. *3* BIOL., MINER. variedad. *4* TEAT. variedades: ~ *show,* espectáculo de variedades.
variform (varai·fo·m) *adj.* diversiforme.
variola (varai·ola) *s.* MED. viruela.
variolite (ve·riolait) *s.* PETROGR. variolita.
varioloid (ve·rioloid) *s.* MED. varioloide.
variolous (varai·oløs) *adj.* varioloso. *2* picado de viruelas.
variometer (veria·mitø·) *s.* ELECT. variómetro.
various (ve·riøs) *adj.* vario, diverso, diferente. *2* vario, variable, inconstante. *3* variado, abigarrado. — *4 pron.* (EE. UU.) varios, algunos.
variously (ve·riøsli) *adv.* variamente.
varix (ve·rics), *pl.* **varices** (ve·risiš) *s.* MED. variz.
varlet (va·'lit) *s.* ant. lacayo, paje, mozo de espuelas. *2* ant. bribón.
varletry (va·'litri) *s.* chusma, canalla.
varmint (va·'mint) *s.* y *adj.* fam. listo, astuto. — *2 s.* fam. VERMIN. *3* DEP. (Ingl.) aficionado con habilidad de profesional.
varnish (va·'nish) *s.* barniz. *2* charol. *3* CERÁM. vidriado.
varnish (to) *tr.* barnizar; charolar. *2* CERÁM. vidriar. *3* fig. disimular, encubrir, paliar.
varnisher (va·'nishø·) *s.* barnizador; charolista. *2* paliador, encubridor.
varnishing (va·'nishing) *s.* barnizado, acción de barnizar. — *2 adj.* que barniza; de barnizar: ~ *day,* barnizado [de una exposición de pinturas].
varsity (va·'siti), *pl.* -ties (-tiš) *s.* fam. universidad. *2* DEP. equipo de primera categoría que representa a una universidad. — *3 adj.* universitario.
vary (to) (ve·ri) *tr.* variar, cambiar, modificar. *2* variar, diversificar, dar variedad a. — *3 intr.* variar, cambiar. *4* discrepar, diferenciarse. *5* desviarse, apartarse. *6* variar [la aguja magnética]. *7* MAT. variar.
varying (ve·riing) *adj.* variante; variable.
vasal (væ·sal) *adj.* BIOL. vascular [de los vasos].
vascular (væ·skiula·) *adj.* vascular.
vascularity (væskiula·riti) *s.* vascularidad.
vasculose (væ·skiulous) *adj.* vasculoso.
vase (veis) *s.* jarrón; florero; jarro.
vaseful (vei·sful) *s.* lo que cabe en un jarro o jarrón.
vaseline (væ·selin) *s.* vaselina.
vasoconstricting (væsoconstri·cting) *adj.* FISIOL. vasoconstrictor.
vasomotor (væsomou·tø·) *s.* FISIOL., ANAT. vasomotor.
vassal (væ·sal) *s.* vasallo. *2* siervo, esclavo. — *3 adj.* vasallo. *4* tributario. *5* de vasallo, servil.
vassalage (væ·selidŷ) *s.* vasallaje. *2* territorio tenido en vasallaje.
vast (væst) *adj.* vasto. *2* anchuroso. *3* inmenso, enorme, numeroso, intenso, atroz. — *4 s.* vastedad, inmensidad.

vastly (væ·stli) *adv.* inmensamente, enormemente, muy, mucho, en sumo grado.
vastness (va·stnis) *s.* vastedad, inmensidad.
vasty (va·sti) *adj.* vasto, inmenso.
vat (væt) *s.* tina, cubo grande, tanque: *tanner's* ~, noque. *2* artesa de lavar minerales. *3* medida de capacidad.
Vatican (væ·tican) *n. pr.* Vaticano.
vaticide (væ·tisaid) *s.* matador o muerte de un profeta.
vaticinal (væti·sinal) *adj.* vatídico, profético.
vaticinate (to) (væti·sineit) *intr.* vaticinar, profetizar.
vaticination (vætisine·shøn) *s.* vaticinio.
vaudeville (vou·dvil) *s.* espectáculo de variedades. *2* especie de zarzuela. *3* canción popular satírica.
Vaudois (vo·duas) *adj.* y *s.* valdense.
vault (volt) *s.* ARQ. bóveda, cúpula. *2* sótano, cueva, bodega, cripta; tumba o panteón subterráneo: *bank* ~, caja fuerte o depósito de un banco. *3* caverna, cráter. *4* bóveda celeste, firmamento. *5* ANAT. bóveda. *6* salto [esp. sobre algo o apoyándose en las manos, en una pértiga, etc.].
vault (to) *tr.* abovedar. *2* cubrir [como una bóveda]. — *3 tr.* e *intr.* saltar por encima, montarse sobre, dar salto [esp. apoyándose en las manos, en una pértiga, etc.], voltear.
vaulted (vo·ltid) *adj.* abovedado. *2* que tiene sótano.
vaulter (vø·ltø·) *s.* saltador, volteador.
vaunt (vont) *s.* jactancia, vanagloria, alarde, ostentación, bravata.
vaunt (to) *intr.* jactarse, vanagloriarse, fanfarronear. — *2 tr.* jactarse de, alardear de, blasonar de, hacer gala de, ostentar.
vaunter (vo·ntø·) *s.* jactancioso, blasonador, fanfarrón.
vaunting (vo·nting) *s.* VAUNT. — *2 adj.* jactancioso.
vauntingly (vo·ntingli) *adv.* con jactancia.
veal (vil) *s.* ternera [carne]. — *2 adj.* de ternera: ~ *chop,* ~ *cutlet,* chuleta de ternera; ~ *pie,* pastel de ternera.
vectitation (vectite·shøn) *s.* vectación.
vector (ve·ctø·) *s.* MAT. radio vector. *2* BIOL. organismo transmisor de gérmenes patógenos.
vectorial (vecto·rial) *adj.* vector.
Veda (vei·da) *s.* Veda.
vedette (vide·t) *s.* MIL. centinela o escucha a caballo. *2* MAR. descubridor, lancha de reconocimiento, escampavía.
veer (to) (vi·') *intr.* virar, girar, variar, desviarse; ser variable. *2* METEOR. cambiar [el viento]. *3* MAR. virar de borcada. — *4 tr.* cambiar el rumbo o la dirección de. *5* MAR. *to* ~ *away,* soltar, largar, lascar; *to* ~ *and haul,* lascar y halar.
veering (vi·ring) *s.* virada.
veery (vi·ri) *s.* ORNIT. tordo americano.
vegetable (ve·ŷitabøl) *adj.* vegetal: ~ *horsehair,* crin vegetal; ~ *ivory,* marfil vegetal, tagua; ~ *kingdom,* reino vegetal; ~ *marrow,* calabacín; ~ *mo(u)ld,* tierra vegetal, mantillo; ~ *sulphur,* azufre vegetal. *2* sedentario, monótono. *3* de hortalizas o verduras: ~ *garden,* huerto; ~ *market,* mercado de verduras, verdulería. — *4 s.* vegetal, planta. *5* legumbre, hortaliza: *green vegetables,* verduras.
vegetability (veŷitabi·liti) *s.* vegetabilidad.
vegetal (ve·ŷital) *adj.* vegetal.
vegetaline (ve·ŷitalin) *s.* vegetalina.
vegetarian (veŷite·rian) *adj.* y *s.* vegetariano.
vegetarianism (veŷite·rianism) *s.* vegetarianismo.
vegetate (to) (ve·ŷiteit) *intr.* vegetar.
vegetation (veŷite·shøn) *s.* vegetación. *2* vida monótona, vegetante.
vegetative (ve·ŷitetiv) *adj.* vegetativo.
vehemence (vi·jimøns) *s.* vehemencia. *2* impetuosidad, furia, violencia, intensidad.
vehement (vi·jimønt) *adj.* vehemente. *2* impetuoso, furioso, violento, intenso.
vehemently (vi·jimøntli) *adv.* vehementemente. *2* impetuosamente, violentamente, intensamente.
vehicle (vi·jicøl) *s.* vehículo. *2* FARM. excipiente.
vehicular (viŷi·kiula·) *adj.* perteneciente o relativo al vehículo.
veil (vei·l) *s.* velo: *beyond the* ~, en el otro mundo; *to draw a* ~ *over.* echar un velo por encima; *to take the* ~, tomar el velo, profesar. *2* disfraz, pretexto. *3* claustro, vida religiosa [de la mujer]. *4* FOT. veladura.

veil (to) tr. velar [cubrir con velo]. 2 velar, tapar, ocultar, disimular. 3 obscurecer, hacer borroso. — 4 intr. tomar el velo.
veiling (vei·ling) s. velo; material para velos.
veilless (veil·lis) adj sin velo.
vein (vei·n) s. ANAT., ZOOL. vena. 2 BOT. vena, nervio. 3 ENTOM. nervio [de ala]. 4 vena, veta [de la piedra, la madera, etc.]. 5 MIN. vena, veta, capa, filón. 6 vena [de agua]. 7 pelo, hendedura, defecto. 8 humor, disposición, aptitud, inclinación.
vein (to) tr. cubrir de venas. 2 vetear, jaspear.
veined (vei·nd) adj. que tiene venas o nervios; venoso. 2 veteado, jaspeado.
veinstone (vei·nstoun) s. MIN. ganga.
veiny (vei·ni) adj. venoso, veteado.
velar (vi·la') adj. ANAT., FONÉT. velar.
velatura (velatu·ra) s. PINT. veladura.
veld, veldt (velt) s. en Africa del Sur, extensión de tierras cubiertas de hierba, arbustos o maleza.
velitation (velite·shøn) s. disputa ligera, escaramuza.
velleity (veli·iti) s. volición imperfecta. 2 deseo o esperanza leve.
vellicate (to) (ve·likeit) tr. MED. velicar. 2 pellizcar, pinchar. 3 cosquillear. — 4 intr. titilar.
vellication (velike·shøn) s. MED. titilación, contracción espasmódica.
vellum (ve·løm) s. pergamino, vitela. 2 membrana.
velocipede (vila·sipid) s. velocípedo.
velocity (vila·siti) s. velocidad. 2 celeridad, rapidez.
velodrome (vi·lodroum) s. velódromo.
velours (velu·') s. tela o felpa aterciopelada. — 2 adj. aterciopelado.
veloutine (velutin) s. tela de lana aterciopelada que forma cordoncillo.
velum (vi·løm) s. pl. **-la** (-la) s. BOT., ANAT. cubierta membranosa. 2 ANAT. velo del paladar.
velure (vøliu·') s. terciopelado. 2 cepillo de pana para sombreros de copa.
velure (to) tr. cepillar [sombreros] con cepillo de pana.
velvet (ve·lvit) s. terciopelo, velludo. 2 ZOOL. vellosidad. 3 pop. ganancia, ventaja : to play o to be on the ~, jugar o especular con dinero ganado; estar en situación segura, agradable, ventajosa. — 4 adj. de terciopelo, aterciopelado.
velveteen (velvøti·n) s. pana, velludillo.
velvety (ve·lviti) adj. aterciopelado. 2 suave.
venal (vi·nal) adj. venal.
venality (vinæ·liti) s. venalidad.
venatic (vinæ·tic) adj. venatorio. 2 aficionado a la caza o que vive de ella.
venation (vinei·shøn) s. BOT., ENTOM. nervadura. 2 venación.
vend (to) (vend) tr. vender [esp. como vendedor ambulante]. 2 publicar, divulgar.
Vendean (vendi·an) adj. y s. vendeano.
vendee (vendi·) s. DER. comprador.
vender (ve·ndø') s. vendedor [esp. el ambulante].
vendible (ve·ndibøl) adj. vendible. 2 venal. — 3 s. pl. géneros en venta.
vending (ve·nding) s. venta, acción de vender. — 2 adj. que vende : ~ machine, máquina expendedora, tragaperras.
vendor (ve·ndo') s. vendedor.
vendue (vendiu·) s. almoneda, subasta, *venduta.
veneer (vøni·') s. hoja para chapear, chapa. 2 revestimiento. 3 fig. relumbrón, apariencia.
veneer (to) tr. chapear, enchapar. 2 revestir. 3 disfrazar, encubrir.
veneering (veni·ring) s. chapeado; material para chapas.
venerability (venørabi·liti) s. calidad de venerable.
venerable (ve·nørabøl) adj. venerable. 2 venerando.
venerableness (ve·nørabølnis) s. VENERABILITY.
venerably (ve·nørabli) adv. venerablemente.
venerate (to) (ve·nøreit) tr. venerar, reverenciar, honrar.
veneration (venøre·shøn) s. veneración, reverencia.
venerative (ve·nøreitiv) adj. de veneración.
venerator (ve·nøreitø') s. venerador.
venereal (vini·rial) adj. venéreo.
venery (ve·nøri) s venus, deleite sensual. 2 ant. montería; caza mayor.
Venetia (vini·sha) n. pr. GEOGR. Venecia [comarca].
Venetian (vini·shan) adj. y s. veneciano : ~ blind, persiana; ~ chalk, esteatita, jaboncillo.
Venezuelan (veniśui·lan) adj. y s. venezolano.

vengeance (ve·nẏæns) s. venganza, vindicta. 2 with a ~, con furia, con violencia, con toda su alma; extremadamente; con creces.
vengeful (ve·nẏful) adj. vengativo.
venial (vi·nial) adj. venial.
veniality (vmiæ·liti) s. venialidad.
venially (vi·niali) adv. venialmente.
venialness (vi·nialnis) s. VENIALITY.
Venice (ve·nis) n. pr. GEOGR. Venecia [ciudad].
venire (venai·ri) s. DER. auto de convocación del jurado.
venison (ve·niśøn) s. venado, carne de venado.
venom (ve·nøm) s. veneno. 2 ponzoña, malignidad, rencor.
venomous (ve·nømøs) adj. venenoso, ponzoñoso. 2 malévolo, rencoroso.
venomously (ve·nømøsli) adv. venenosamente.
venomousness (ve·nømøsnis) s. venenosidad.
venous (vi·nøs) adj. venoso : ~ blood, sangre venosa.
vent (vent) s. pequeña abertura, agujero. 2 abertura, paso [para dar salida al aire, un gas, un fluido] ; escape, ventosa, respiradero, tronera, lumbrera. 3 oido, fogón [de un arma]. 4 FUND. bravera. 5 ZOOL. ano; abertura de cloaca. 6 salida, libre curso, expansión, desahogo : to give ~ to, dar expresión, salida o libre curso a, desahogar, descargar.
vent (to) tr. dar expresión, salida o libre curso a, dejar escapar; desahogar, descargar, desfogar : to ~ one's anger, desahogar uno su cólera.
ventail (ve·nteil) s. ventalla [de casco].
venter (ve·ntø') s. vientre, abdomen. 2 ANAT., ZOOL. parte abultada; cavidad.
venthole (ve·ntjoul) s. orificio de escape. 2 respiradero [en un tonel]. 3 atabe. 4 ARTILL. oido, fogón.
ventiduct (ve·ntidøct) s. tubo o conducto de ventilación.
ventilate (to) (ve·ntileit) tr. ventilar, airear. 2 purificar, oxigenar. 3 dar a conocer, publicar. 4 ventilar, discutir. 5 ant. ahechar, aventar [granos].
ventilation (ventile·shøn) s. ventilación. 2 discusión.
ventilator (ve·ntileitø') s. ventilador. 2 abano. 3 el que ventila o discute.
ventose (ve·ntous) adj. ventoso, flatulento.
ventral (ve·ntral) adj. ventral. 2 abdominal.
ventricle (ve·ntricøl) s. ANAT., ZOOL. ventrículo.
ventricular (ventri·kiula') adj. ventricular.
ventriloquism (ventri·locuiśm) s. ventriloquia.
ventriloquist (ventri·locuist) s. ventrilocuo.
ventriloquy (ventri·locui) s. VENTRILOQUISM.
ventripotent (ventri·poutønt) adj. barrigudo. 2 glotón.
venture (ve·nchø') s. ventura, albur, azar, riesgo : at a ~, sin apuntar, a la ventura, al azar. 2 especulación, empresa incierta o arriesgada. 3 lo que se arriesga en una especulación o empresa. 4 género que se embarca para negociar con él.
venture (to) tr. aventurar, arriesgar. 2 atreverse a, emprender. — 3 intr. aventurarse, arriesgarse; atreverse : to ~ at, on o upon, probar ventura en, arriesgarse en.
venturer (ve·nchurø') s. aventurero. 2 especulador.
venturesome (ve·nchu'søm) adj. atrevido, osado, emprendedor. 2 aventurado, azaroso.
venturesomely (ve·nchu'sømli) adv. atrevidamente, arrojadamente. 2 peligrosamente.
venturesomeness (ve·nchu'sømnis) s. carácter aventurero, temeridad, arrojo. 2 riesgo.
venturous (ve·nchurøs) adj. osado, atrevido, temerario. 2 arriesgado, azaroso, peligroso.
venturously (ve·nchurøsli) adv. osadamente. 2 peligrosamente.
venturousness (ve·nchurøsnis) s. osadía, temeridad. 2 peligro, riesgo.
venue (ve·niu) s. sitio o lugar de una acción. 2 posición adoptada por uno en un debate. 3 DER. jurisdicción donde han ocurrido los hechos que se han de juzgar. 4 ant. ESGR. pase.
venule (ve·niul) s. ANAT. venilla.
Venus (vi·nøs) n. pr. ASTR., MIT. Venus. 2 fig. encanto, gracia.
Venus'-comb s. BOT. aguja de pastor o de Venus. 2 ZOOL. molusco del género murex.
Venus's-flytrap s. BOT. atrapamoscas, dionea.

Venus's-navelwort *s.* BOT. cierta planta borraginácea.
veracious (virei·shøs) *adj.* veraz. 2 verídico.
veracity (viræ·siti) *s.* veracidad.
veranda(h (viræ·nda) *s.* pórtico, galería, balcón corrido y cubierto.
veratrine (ve·ratrin) *s.* FARM. veratrina.
verb (vø·b) *s.* GRAM. verbo : fig. *the principal* ~, la cosa, parte o factor principal.
verbal (vø·bal) *adj.* GRAM. verbal : ~ *noun*, substantivo verbal. 2 verbal [de la palabra]. 3 verbal, oral. 4 de viva voz. 5 literal. — 6 *s.* GRAM. substantivo verbal.
verbalism (vø·balism) *s.* verbalismo. 2 palabrería.
verbalist (vø·balist) *s.* verbalista.
verbalize (to) (vø·balais) *tr.* convertir [un nombre, etc.] en verbo. — 2 *intr.* gastar muchas palabras, ser verboso.
verbally (vø·bali) *adv.* verbalmente. 2 literalmente.
verbatim (vø·bei·tim) *adv.* literalmente, al pie de la letra. — 2 *s.* relación, traducción, etc., exacta o literal.
verbena (vø·bi·na) *s.* BOT. verbena.
verbiage (vø·biidჳ) *s.* verbosidad, palabrería. 2 manera de expresarse.
verbose (vø·bou·s) *adj.* verboso. 2 difuso, prolijo.
verboseness (vø·bou·snis), verbosity (vø·ba·siti) *s.* verbosidad, palabrería.
verdancy (vø·dansi), *pl.* -cies (-siš) *s.* verdor. 2 fig. inocencia, sencillez, ingenuidad.
verdant (vø·dant) *adj.* verde [planta, campo, etc.]. 2 fam. ingenuo, sencillo.
verd antique (vø·dænti·c) *s.* mármol o pórfido veteado de verde.
verdict (vø·dict) *s.* veredicto. 2 opinión, dictamen.
verdigris (vø·digris) *s.* verdete. 2 cardenillo, verdín.
verdin (vø·din) *s.* ORNIT. paro de Texas, California y Méjico.
verditer (vø·ditø') *s.* PINT. verdete.
verdure (vø·ჳu') *s.* verde, verdura, verdor [de la vegetación]. 2 verdor, vigor, lozanía. 3 aroma o sabor vivo y agradable. 4 B. ART. verdura.
verge (vøჳ) *s.* borde, margen, orilla, límite, proximidad : *on o upon the* ~ *of*, al borde de, a punto de, a dos dedos de, en vísperas de. 2 círculo, anillo. 3 ámbito, esfera, alcance. 4 (Ingl.) ant. jurisdicción del mayordomo de Palacio. 5 vara, bastón [insignia]. 6 vergueta, varilla. 7 fuste [de columna]. 8 árbol de volante de reloj. 9 fam. reloj.
verge (to) *intr.* estar próximo, estar al borde, tocar, rayar, lindar : *to* ~ *on*, tocar a, estar al borde de, rayar en. 2 inclinarse, dirigirse, acercarse, extenderse [a o hacia]. 3 pasar de un estado a otro, convertirse.
verger (vø·ჳø') *s.* alguacil de vara, macero. 2 pertiguero.
veridical (viri·dical) *adj.* verídico.
verifiable (verifai·aჳøl) *adj.* verificable, comprobable.
verification (verifai·keshøn) *s.* verificación, comprobación, demostración.
verify (to) (ve·rifai) *tr.* verificar, comprobar, cerciorarse de, probar, demostrar. 2 justificar, acreditar. 3 cumplir [una predicción, una promesa]. 4 DER. afirmar bajo juramento. ¶ CONJUG. pret. y p. p.: *verified;* ger. : *verifying.*
verily (ve·rili) *adv.* verdaderamente, en verdad.
verisimilar (verisi·mila') *adj.* verosímil, verisímil.
verisimilitude (verisimi·litiud) *s.* verosimilitud.
verism (ve·rism) *s.* verismo.
veritable (ve·ritaჳøl) *adj.* verdadero.
verity (ve·riti), *pl.* -ties (-tiš) *s.* verdad, realidad.
verjuice (vø·ჳus) *s.* agraz. 2 agrazada. 3 acritud, aspereza [de carácter].
vermeil (vø·mil) *s.* plata o bronce sobredorados. 2 barniz que se aplica a los objetos dorados. 3 granate, rojo, anaranjado.
vermian (vø·mian) *adj.* parecido a un gusano. 2 ANAT. del vermis.
vermicelli (vø·mise·li o -che·li) *s.* fideos.
vermicidal (vø·mai·sai·dal) *adj.* vermicida.
vermicide (vø·misaid) *s.* vermicida.
vermicular (vø·mi·kiula') *adj.* vermicular. 2 vermiforme.

vermiculate (vø·mi·kiuleit) *adj.* adornado con dibujos vermiformes. 2 tᴏrtuoso, sofístico. 3 agusanado, comido por los gusanos.
vermiculate (to) *tr.* adornar con dibujos vermiformes. 2 agusanar. 3 hacer comer por los gusanos.
vermiculation (vø·mikiule·shøn) *s.* movimiento vermicular. 2 agusanamiento. 3 dibujo u ornamentación vermiforme.
vermiculose (vø·mi·kiulous), vermiculous (vø·mi·kiuløs) *adj.* vermicular.
vermiform (vø·mifo·m) *adj.* vermiforme.
vermifugal (vø·mi·fiugal) *adj.* vermífugo.
vermifuge (vø·mifiuჳ) *s.* vermífugo.
vermillion (vø·mi·liøn) *s.* bermellón. 2 rojo, carmín.
vermilion (to) *tr.* enrojar, teñir de rojo.
vermin (vø·min) *s.* bicho, sabandija. 2 bichos, sabandijas, en general. 3 alimañas.
verminate (to) (vø·mineit) *intr.* infestar de bichos o sabandijas.
vermination (vø·mine·shøn) *s.* infestación o multiplicación de sabandijas.
verminous (vø·minøs) *adj.* verminoso. 2 infestado de bichos o sabandijas.
vermis (vø·mis) *s.* ANAT. vermis.
verm(o)uth (vø·muz) *s.* vermut.
vernacular (vø·næ·kiula') *adj.* vernáculo. 2 local, indígena. 3 popular [no literario]. — 4 *s.* lenguaje vernáculo o, por ext., profesional.
vernacularism (vø·næ·kiularišm) *s.* voz o modismo vernáculo.
vernal (vø·nal) *adj.* vernal. 2 primaveral. 3 BOT. ~ *grass,* grama de olor.
vernation (vø·neshøn) *s.* BOT. vernación, prefoliación.
vernier (vø·niø') *s.* vernier, nonio.
veronal (ve·rønal) *s.* veronal.
Veronese (veroni·s) *adj.* y *s.* veronés.
Veronica (vira·nica) *n. pr.* Verónica. 2 la Santa Faz. 3 (con min.) BOT. verónica.
verrucose (ve·rucous), verrucous (ve·rucøs) *adj.* verrugoso.
Versailles (ve·sai o ve·se·lš) *n. pr.* GEOGR. Versalles.
versant (ve·sant) *s.* GEOGR. vertiente. — 2 *adj.* versado. 3 ocupado [mentalmente] en.
versatile (vø·satil) *adj.* BOT., ZOOL. versátil. 2 versátil, voluble, inconstante. 3 vario, universal, de conocimientos variados, de múltiples aptitudes.
versatileness (vø·satilnis), versatility (vø·sati·liti) *s.* versatilidad. 2 variedad de conocimientos, aptitudes, etc.
verse (vø·s) *s.* LIT. verso. 2 estrofa, copla. 3 versículo.
verse (to) *intr.* versificar, hacer versos. 2 familiarizarse, versarse. — 3 *tr.* decir o celebrar en verso.
versed (vø·st) *adj.* versado, instruido. 2 MAT. verso : ~ *sine,* seno verso.
versemaker (vø·smeikø') *s.* versificador.
versemaking (vø·smeiking) *s.* versificación.
verseman (vø·smæn), *pl.* -men (-men) *s.* poeta, versista.
versemonger (vø·smønჳø') *s.* coplero, poetastro.
versicle (vø·sicøl) *s.* versículo. 2 verso corto.
versicolo(u)r (vø·sicølø'), versicolo(u)red (vø·sicølø'd) *adj.* multicolor ; cambiante.
versification (vø·sifike·shøn) *s.* versificación.
versificator (vø·sifikeitø'), versifier (vø·sifai·ø') *s.* versificador.
versify (to) (vø·sifai) *tr.* e *intr.* versificar.
version (vø·shøn) *s.* versión.
verso (vø·sou) *s.* reverso. 2 folio verso, página par. 3 tapa posterior [de un libro].
verst (vø·st) *s.* versta.
versus (vø·søs) *prep.* DER.. DEP. contra.
vert (vø·t) *s.* BLAS. sinople.
vertebra (vø·tibra), *pl.* -bræ (-bri) o -bras *s.* vértebra. 2 *pl.* espinazo.
vertebral (vø·tibral) *adj.* vertebral. 2 vertebrado.
Vertebrata (vø·tibrei·ta) *s. pl.* ZOOL. vertebrados.
vertebrate (vø·tibreit) *adj.* y *s.* ZOOL. vertebrado. — 2 bien construido.
vertebrated (vø·tibreitid) *adj.* vertebrado.
vertebration (vø·tibre·shøn) *s.* división en vértebras o segmentos. 2 firmeza, solidez.
vertex (vø·tecs) *s.* vértice. 2 cima, cumbre, cúspide, ápice. 3 ASTR. cenit.

vertical (vø'tical) *adj.-s.* vertical.
verticality (vø'ticæ·liti) *s.* verticalidad.
vertically (vø'ticali) *adv.* verticalmente.
verticil (vø'tisil) *s.* BIOL. verticilo.
verticillate (vø'ti·sileit) *adj.* verticilado.
verticity (vø'ti·siti) *s.* verticidad.
vertiginous (vø'ti·ÿinøs) *adj.* vertiginoso.
vertiginously (vø'tiÿinøsli) *adv.* vertiginosamente.
vertigo (vø'tigou) *s.* vértigo.
vervain (vø'vein) *s.* BOT. verbena.
verve (vø'v) *s.* estro, inspiración, brío, entusiasmo, energía.
very (ve·ri) *adj.* mismo, idéntico : *at the ~ moment,* en aquel mismo instante. 2 verdadero, exacto, absoluto, puro, mero, solo : *the ~ copy,* la copia exacta ; *the ~ truth,* la pura verdad ; *the ~ thought of,* la mera idea de. *3 the very* puede equivaler a hasta, aun : *the ~ rats have quitted it,* hasta las ratas lo han abandonado. — *4 adv.* muy, sumamente : *~ well,* muy bien. *5 ~ much,* mucho, muchísimo ; muy. ¶ *very* modifica adjetivos, adverbios y participios usados como adjetivo ; pero no verbos ni participios usados predicativamente, los cuales requieren el empleo de *very much.*
vesania (visei·nia) *s.* MED. vesania.
vesica (visai·ca) *s.* ANAT. vejiga.
vesical (ve·sical) *adj.* vesical.
vesicant (ve·sicant) *adj.* vesicante. — *2 s.* vejigatorio.
vesicate (to) (ve·sikeit) *tr.* MED. ampollar, avejigar.
vesication (vesike·shøn) *s.* acción de producir ampollas.
vesicatory (ve·sicatori) *adj. y s.* vejigatorio.
vesicle (ve·sicøl) *s.* vesícula, vejiguilla.
vesicular (visi·kiula') *adj.* vesicular.
vesiculate (visi·kiuleit) *adj.* vesiculoso.
Vespasian (vespei·ÿan) *n. pr.* Vespasiano.
Vesper (ve·spø') *n. pr.* Véspero, lucero de la tarde. — *2 s.* (con min.) atardecer, anochecer. *3* campana que llama a vísperas. *4 pl.* LITURG. vísperas. — *5 adj.* vespertino.
vespertine (ve·spø'tin) *adj.* vespertino.
vespiary (ve·spieri) *s.* avispero [de avispas].
vessel (ve·søl) *s.* vasija, vaso. *2* barco, buque, nave, embarcación. *3* ANAT. ZOOL., BOT. vaso.
vest (vest) *s.* chaleco. *2* camiseta de punto ; chaqueta [de mujer]. *3* vestido, vestidura. *4* casaca antigua. — *5 adj.* de chaleco, etc. : *~ pocket,* bolsillo del chaleco.
vest (to) *tr.* vestir, revestir. *2* revestir [de o con poder, facultades, etc.], investir. Con *with.* *3* poner en posesión [de uno] ; dar, atribuir, conceder, conferir. | Gralte con *in.* *4* cercar, rodear. — *5 intr.* vestirse, revestirse. *6* pasar, tocar, recaer, corresponder [un título, derecho, propiedad, etc.]. *7* DER. adquirir validez.
Vesta (ve·sta) *n. pr.* MIT., ASTR. Vesta.
vestal (ve·stal) *s.* vestal. *2* virgen, monja. — *3 adj.* de vestal. *4* casto, virginal.
vested (ve·stid) *adj.* vestido, revestido. *2* DER. establecido, consumado : *~ interests,* intereses creados.
vestibular (vesti·biula') *adj.* ANAT. vestibular.
vestibule (ve·stibiul) *s.* vestíbulo ; zaguán, recibimiento. *2* FERROC. pasillo cubierto entre dos coches. *3* ANAT. vestíbulo [del oído].
vestige (ve·stiÿ) *s.* vestigio.
vestigial (vesti·ÿial) *adj.* BIOL. rudimentario.
vesting (ve·sting) *s.* tela para chalecos.
vestment (ve·stmønt) *s.* vestidura, vestido. *2* vestidura sagrada, ornamento.
vest-pocket *adj.* en miniatura, de bolsillo.
vestry (ve·stri) *s.* sacristía. *2* junta que administra los asuntos de una parroquia anglicana o episcopal protestante.
vestryman (ve·strimæn), *pl.* **-men** (-men) *s.* miembro del VESTRY 2.
vesture (ve·schu') *s.* vestidura, vestido, hábito, ropaje, capa.
Vesuvius (visiu·viøs) *n. pr.* GEOGR. Vesubio.
vet (to) (vet) *tr. fam.* reconocer y tratar [animales]. — *2 intr. fam.* hacer de veterinario.
vetch (vech) *s.* BOT. arveja, algarroba, veza.
vetchling (ve·chling) *s.* BOT. almorta.
veteran (ve·tøran) *s. y adj.* veterano.
veterinarian (vetørine·rian) *s.* veterinario, albéitar.
veterinary (ve·tørineri) *adj.* veterinario : *~ science,* veterinaria ; *~ surgeon,* veterinario.

veto (vi·tou) *s.* veto.
veto (to) *tr.* poner el veto a. *2* vedar, prohibir.
vetoist (vi·touist) *s.* el que aplica el veto.
vex (to) (vecs) *tr.* vejar, molestar, incomodar, hostigar, mortificar, irritar, exasperar. *2* disgustar, desazonar. *3* afligir, acongojar. *4* agitar, turbar. *5* discutir, disputar [esp. en pasiva] : *vexed point,* punto discutido.
vexation (vecse·shøn) *s.* molestia, incomodidad, mal trato. *2* chinchorrería. *3* disgusto, desazón, irritación, enojo.
vexatious (vecsei·shøs) *adj.* molesto, incómodo, enfadoso, enojoso, cargante, irritante. *2* penoso, pesado, aflictivo.
vexatiously (vecse·shøsli) *adv.* molestamente, enojosamente.
vexatiousness (vecse·shøsnis) *s.* molestia, incomodidad. *2* calidad de molesto, irritante, enojoso, cargante, penoso, etc.
via (vai·a) *prep.* vía, por la vía de, por.
viability (vaiabi·liti) *s.* viabilidad.
viable (vai·abøl) *adj.* viable [que puede vivir].
viaduct (vai·adøct) *s.* viaducto.
vial (vai·al) *s.* redoma, frasco, ampolleta.
viand (vai·and) *s.* vianda, comida. *2 pl.* provisiones, vituallas.
viatic (vaiæ·tic) *adj.* del camino, del viaje.
viaticum (vaiæ·ticøm) *s.* HIST., ECLES. viático.
vibrant (vai·brant) *adj.* vibrante.
vibrate (to) (vai·breit) *tr.* vibrar. *2* blandir. *3* lanzar, arrojar. *4* marcar o medir con oscilaciones [como un péndulo]. — *5 intr.* vibrar, cimbrar. *6* oscilar. *7* palpitar, trepidar. *8* fluctuar.
vibratile (vai·bratil) *adj.* vibrátil.
vibrating (vai·breiting) *adj.* vibrante. *2* oscilante. *3* trepidante. *4* fluctuante.
vibration (vaibre·shøn) *s.* vibración. *2* oscilación. *3* palpitación, trepidación. *4* fluctuación.
vibrative (vai·brativ) *adj.* VIBRATORY.
vibrator (vai·breitø') *s.* vibrador.
vibratory (vai·bratori) *adj.* vibratorio.
vibrion (vi·brian) *s.* BACTER. vibrión.
viburnum (vaibø'nøm) *s.* BOT. viburno ; mundillo.
vicar (vi·ca') *s.* vicario. *2* en la iglesia anglicana, párroco que cobra sueldo y no diezmos.
vicarage (vi·cariÿ) *s.* vicaria, vicariato. *2* casa del VICAR 2.
vicarial (vike·rial) *adj.* vicarial. *2* delegado, substituto.
vicariate (vike·rieit) *s.* vicariato.
vicarious (vaike·riøs) *adj.* delegado, hecho o que obra por delegación o representación. *2* hecho o sufrido por cuenta o en beneficio de otro.
vicarship (vi·ca·ship) *s.* vicariato.
1) **vice** (vais) *s.* vicio [hábito inmoral o pernicioso]. *2* vicio [libertinaje, depravación]. *3* vicio, defecto, falta, imperfección, deformidad. *4* vicio, resabio [en un animal]. *5* VISE. *6 fam.* substituto, suplente.
2) **vice** (vai·si) *prep.* en lugar de, en vez de, sucediendo a.
vice- (vais) *pref.* vice-, como en *vice-admiral,* vicealmirante ; *vice-chancellor,* vicecanciller, vicecancelario ; *vice-consul,* vicecónsul ; *vice-president,* vicepresidente, etc.
vicegerency (vaisÿi·rensi) *s.* lugartenencia, vicaría.
vicegerent (vaisÿi·rent) *adj. y s.* lugarteniente, vicario : *~ of God,* Vicario de Dios, el Papa.
vicennial (vaise·nial) *adj.* vicenal.
viceregal (vaisri·gal) *adj.* virreinal.
viceroy (vai·sroi) *s.* virrey.
viceroyalty (vaisroi·alti) *s.* virreinato.
vice versa (vai·sivø'sa) *adv.* viceversa.
vicinage (vi·siniÿ) *s.* vecindad ; vecindario.
vicinal (vi·sinal) *adj.* vecino, adyacente. *2* vecinal.
vicinity (visi·niti) *s.* vecindad, cercanía, proximidad. *2* alrededores, contornos.
vicious (vi·shøs) *adj.* vicioso, depravado. *2* vicioso, defectuoso, incorrecto. *3* resabiado. *4* malévolo, maligno, sañudo, rencoroso. *5* quebrado, montañoso [terreno]. *6 ~ circle,* círculo vicioso.
viciously (vi·shøsli) *adv.* viciosamente. *2* malignamente.
viciousness (vi·shøsnis) *s.* vicio, depravación. *2* resabio. *3* malignidad, saña.
vicissitude (visi·situd) *s.* vicisitud. *2* cambio, mudanza. *3* alternación regular.

vicissitudinous (visisitiu·dinøs) *adj.* vicisitudinario. 2 lleno de vicisitudes.
Vicky (vi·cki) *n. pr.* dim. de VICTORIA.
victim (vi·ctim) *s.* víctima. 2 interfecto.
victimize (to) (vi·ctimai꒳) *tr.* hacer víctima, sacrificar. 2 estafar, embaucar. .
viotor (vi·ctø') *m.* vencedor, triunfador. — 2 *n. pr.* Víctor.
Victoria (victo·ria) *n. pr.* Victoria. — 2 *s.* (con min.) BOT. victoria, ninfea gigantea. 3 victoria [coche].
Victorian (victo·rian) *adj.* victoriano [de la reina Victoria]. — 2 *s.* persona que vivió, escribió, etc., en la época victoriana.
victorious (victo·riøs) *adj.* victorioso. 2 triunfal. 3 de victoria.
victoriously (victo·riøsli) *adv.* victoriosamente. 2 triunfalmente.
victory (vi·ctori) *s.* victoria, triunfo.
victress (vi·ctris) *s.* vencedora, triunfadora.
victual (to) (vi·tøl) *tr.* avituallar. — 2 *intr.* avituallarse. 3 comer, alimentarse. ¶ CONJUG. pret. y p. p.: *victualed* o *-lled;* ger.: *victualing* o *-lling.*
victual(l)er (vi·tølø') *s.* abastecedor, proveedor. 2 hostelero.
victual(l)ing (vi·tøling) *s.* abastecimiento. — 2 *adj.* abastecedor; de abastecimiento.
victuals (vi·tøls) *s. pl.* vitualla, víveres.
vicugna, vicuña (vicu·ña) *s.* ZOOL. vicuña.
vide (vai·di) *voz lat.* vide, véase.
videlicet (vide·liset) *adv.* a saber.
video (vi·diou) *s.* televisión. — 2 *adj.* de televisión o relativo a ella.
vie (to) (vai) *tr.* emular, competir, rivalizar. ¶ CONJUG. pret. y p. p.: *vied;* ger.: *vying.*
Vienna (vie·na) *n. pr.* GEOGR. Viena [de Austria].
Viennese (vieni꒳) *adj.* y *s.* vienés.
view (viu·) *s.* vista, inspección, contemplación, consideración; mirada, ojeada, vistazo: *to take a ~ of,* 'ver, examinar; *at first ~,* a primera vista; *at one ~,* de una mirada; *in ~ of,* en vista de. 2 visión: *field of ~,* campo de visión. 3 alcance de la vista, vista: *in ~ of,* a la vista de; *on ~,* a la vista, expuesto a la vista. 4 vista, panorama, escena, perspectiva. 5 modo de ver, opinión, parecer, idea, punto de vista, aspecto. 6 mira, intento, deseo, esperanza: *with a ~ to,* con miras a. 7 DIB. proyección. 8 DER. inspección judicial. — 9 *adj.* de vista, etc.: *~ finder,* FOT. visor.
view (to) *tr.* ver, mirar, contemplar. 2 examinar, inspeccionar, reconocer. 3 considerar, examinar mentalmente.
viewer (viu·ø') *s.* mirador, espectador. 2 inspector. 3 TELEV. telespectador, televidente.
viewless (viu·lis) *adj.* invisible. 2 que no expresa opiniones o conceptos.
viewpoint (viu·point) *s.* punto de vista.
vigesimal (vai꒳e·simal) *adj.* vigésimo. 2 vigesimal.
vigil (vi·ỹil) *s.* vigilia, desvelo, vela, velación. 2 vigilancia. 3 ECLES. vigilia.
vigilance, vigilancy (vi·ỹilans, -si) *s.* vigilancia, atención, cautela. 2 desvelo, insomnio.
vigilant (vi·ỹilant) *adj.* vigilante, atento, cuidadoso, alerta. 2 (EE. UU.) *~ committee,* junta de vigilancia, junta de ciudadanos que se encargaba de perseguir a los delincuentes en regiones donde la organización oficial parecía insuficiente.
vigilantly (vi·ỹilantli) *adv.* con vigilancia, atentamente.
vigilante (viỹilæ·nti) *s.* (EE. UU.) individuo de un VIGILANT COMMITTEE.
vignette (viñe·t) *s.* IMPR. viñeta, marmosete. 2 FOT., GRAB. viñeta. 3 bosquejo literario.
vignette (to) *tr.* adornar con viñetas. 2 hacer un retrato en viñeta.
vignettist (viñe·tist) *s.* viñetista.
vigor (vi·gø') *s.* VIGOUR.
vigorous (vi·gørøs) *adj.* vigoroso. 2 fuerte, enérgico. 3 lozano.
vigorously (vi·gørøsli) *adv.* vigorosamente, enérgicamente. 2 lozanamente.
vigorousness (vi·gørøsnis) *s.* vigorosidad. 2 fuerza, energía. 3 lozanía.
vigour (vi·gø') *s.* vigor. | No tiene el sentido de fuerza de obligar de las leyes o duración de las costumbres. 2 fuerza, energía. 3 robustez, lozanía, verdor.

viking (vai·king) *s.* vikingo, antiguo pirata escandinavo.
vile (vai·l) *adj.* vil, bajo, ruin, perverso. 2 malo, pésimo de mala calidad.
vilely (vai·li) *adv.* vilmente, bajamente, perversamente.
vileness (vai·lnis) *s.* vileza, bajeza, abyección.
vilification (vilifike·shøn) *s.* vilipendio, denigración, difamación. 2 envilecimiento.
vilifier (vi·lifaiø') *s.* denigrador, difamador. 2 envilecedor.
vilify (to) (vi·lifai) *tr.* vilipendiar, rebajar, denigrar, difamar. 2 envilecer. ¶ CONJUG. pret. y p. p.: *vilified.*
villa (vi·la) *s.* villa, quinta, hotel.
village (vi·lidỹ) *s.* lugar, aldea, pueblo.
villager (vi·liỹø') *s.* lugareño, aldeano.
villain (vi·løn) *s.* bellaco, bribón, canalla, malvado. 2 rústico, plebeyo. 3 malo, traidor [de un drama o novela].
villainous (vi·lønøs) *adj.* villano, ruin, vil, canallesco. 2 malo, detestable.
villainously (vi·lønøsli) *adv.* vilmente, ruinmente.
villainousness (vi·lønøsnis) *s.* villanía, vileza, perversidad.
villainy (vi·løni) *pl.* **-nies** (-ni꒳) *s.* villanía, vileza, maldad, infamia.
villa(i)nage (vi·lønidỹ) *s.* villanía [condición de villano].
villanous (vi·lønøs) *adj.* VILLAINOUS..
villany (vi·løni) *s.* VILLAINY.
villeggiatura (vileỹa·tu·ra) *s.* veraneo; retiro o permanencia en el campo.
villein (vi·lin) *s.* villano, pechero.
ville(i)nage (vi·linidỹ) *s.* villanía [condición de villano].
villose (vi·lous) *adj.* VILLOUS.
villosity (vila·siti) *s.* vellosidad.
villous (vi·løs) *adj.* velloso. 2 BOT. pubescente.
villus (vi·løs) *pl.* **-lli** (-lai) *s.* ANAT., BOT. vello.
vim (vim) *s.* fam. fuerza, vigor, energía.
viminal (vi·minal), **vimineous** (vimi·niøs) *adj.* ramoso, mimbroso.
vinaceous (vainei·shøs) *adj.* vinoso. 2 vinario.
vinaigrette (vineigre·t) *s.* frasco para sales o esencias. 2 coc. vinagreta.
vinca (vi·nca) *s.* BOT. vincapervinca.
Vincent (vi·nsønt) *n. pr.* Vicente.
vincible (vi·nsibøl) *adj.* vencible.
vinculum (vi·nkiuløm) *s.* vínculo. 2 ANAT. ligamento.
vindicable (vi·ndicabøl) *adj.* vindicable, defendible. 2 reivindicable.
vindicate (to) (vi·ndikeit) *tr.* vindicar, justificar. 2 mantener, defender. 3 reivindicar.
vindication (vindike·shøn) *s.* vindicación, defensa, justificación.
vindicative (vi·ndicativ) *adj.* vindicativo, justificativo.
vindicator (vi·ndikeitø') *s.* vindicador, defensor.
vindicatory (vi·ndicatori) *adj.* vindicatorio.
vindictive (vindi·ctiv) *adj.* vindicativo, vengativo.
vindictively (vindi·ctivli) *adv.* vindicativamente; por venganza.
vindictiveness (vindi·ctivnis) *s.* carácter vengativo.
vine (vai·n) *s.* BOT. planta rastrera o enredadera. 2 vid, parra. — 3 *adj.* de vid, parra o enredadera: *~ bettle,* coleóptero que ataca a la vid; *~ branch,* sarmiento, pámpano; *~ grower,* viticultor; *~ fretter, ~ louse,* pulgón; *~ pest,* filoxera; *~ leaf,* pámpana, hoja de parra.
vine-clad (vai·n·clad) *adj.* cubierto de viñas. 2 cubierto de plantas rastreras o enredaderas.
vinedresser (vai·ndresø') *s.* viñador.
vinegar (vi·niga') *s.* vinagre: *toilet ~,* vinagrillo de tocador.
vinegarer (vi·nigarør) *s.* vinagrero.
vinegarish, vinegary (vi·nigarish, -ri) *adj.* vinagroso. 2 avinagrado, agrio.
vinery (vai·nøri) *s.* invernadero para las vides. 2 masa de enredaderas.
vineyard (vi·nya'd) *s.* viña, viñedo.
vinic (vai·nic o vi·nic) *adj.* QUÍM. vínico.
viniculture (vi·nikølchø') *s.* vinicultura.
vinicultural (vinikø·lchøral) *adj.* vinícola.
viniculturist (vinikø·lchørist) *s.* vinicultor.
viniferous (vaini·ferous) *adj.* vinífero.
vinification (vinifike·shøn) *s.* vinificación.
vinose (vai·nous), **vinous** (vai·nøs) *adj.* vinoso. 2 vínico. 3 de color de vino. 4 borracho.

vintage (vi·ntidȝ) s. vendimia. 2 cosecha [de vino]. 3 vino [esp. de calidad].

vintager (vi·ntiȝøʳ) s. vendimiador, cosechero.

vintner (vi·ntnøʳ) s. vinatero, tratante en vinos.

viny (vai·ni) adj. de vides o enredaderas; parecido a ellas, abundante en ellas. 2 sarmentoso.

vinyl (vi·nil) s. QUÍM. vinilo.

viol (vai·ol) s. MÚS. viola antigua. 2 MAR. virador.

viola (viou·la) s. MÚS. viola, alto.

violable (vai·olabøl) adj. violable.

violaceous (vaiolei·shøs) adj. violáceo, violado.

violate (to) (vai·oleit) tr. violar, quebrantar, infringir. 2 violar, profanar. 3 violar [a una mujer]. 4 herir, perjudicar, interrumpir.

violation (vaiolei·shøn) s. violación. 2 infracción.

violator (vai·oleitøʳ) s. violador. 2 infractor, transgresor.

violence (vai·oløns) s. violencia. 2 ímpetu, ardor, vehemencia. 3 profanación. 4 daño, ultraje.

violent (vai·olønt) adj. violento. 2 impetuoso, furioso. 3 grande, extremo, intenso, agudo, fuerte.

violently (vai·oløntli) adv. violentamente. 2 impetuosamente, con fuerza. 3 intensamente.

violescent (vai·olesønt) adj. que tira a violado.

violet (vai·olit) s. BOT. violeta. 2 color de violeta. — 3 adj. violado, de color de violeta.

violin (vaioli·n) s. MÚS. violín.

violinist (vaioli·nist) s. violinista.

violoncellist (violanche·list) s. violoncelista.

violoncello (violanche·lou) s. MÚS. violoncelo, violonchelista.

viper (vai·pøʳ) s. ZOL. víbora. 2 persona mala o traidora. 3 BOT. ∼ grass, escorzonera.

viperine, viperish, viperous (vai·pørin, -ish, -øs) adj. viperino.

virago (virei·gou), pl. -gœs (-gøs) s. virago, marimacho. 2 arpía, mujer regañona.

vire (vɪ·ʳ) s. vira [saeta].

vireo (vi·riou) s. ORNIT. víreo u oropéndola de América.

virescent (vaire·sønt) adj. verdoso.

Virgil (vø·ȝil) n. pr. Virgilio.

Virgilian (vøȝi·lian) adj. virgiliano.

virgin (vø·ȝin) s. virgen, doncella; the Virgin, la Santa Virgen. 2 ASTR. virgo. — 3 adj. virgen: ∼ forest, selva virgen; ∼ soil, tierra virgen. 4 virginal, casto, puro, inmaculado. 5 primero, inicial. 6 nativo [azufre, etc.]. 7 de primera extracción [metal]. 8 ∼ birth, TEOL. parto virginal de María; virginidad de María; ZOOL. partogénesis.

virginal (vø·ȝinal) adj. virgen, intacto. 2 virginal, virgíneo. — 3 s. MÚS. virginal, especie de espineta. | Dic. también virginals. 4 (con may.) libro de oficios marianos.

virginhood (vø·ȝinjud) s. virginidad.

Virginia (vøȝi·nia) n. pr. Virginia. — 2 adj. de Virginia.

Virginian (vøȝi·nian) adj. y s. virginiano.

virginity (vøȝi·niti) s. virginidad, doncellez.

virgin's-bower s. BOT. clemátide.

Virgo (vø·gou) s. ASTR. Virgo.

viridescent (viride·søn) adj. verdoso.

viridity (viri·diti) s. verdor [color verde].

virile (vi·ril) adj. viril, masculino, varonil. 2 dominante.

virility (viri·liti) s. virilidad.

virole (virou·l) s. BLAS. virol.

virose (vai·rous) adj. virulento, ponzoñoso. 2 fétido.

virtu (vø·tu) s. afición a las curiosidades u objetos de arte. 2 curiosidades, objetos de arte. 3 calidad artística. 4 estudio de las bellas artes.

virtual (vø·chual) adj. virtual.

virtuality (vø·chuæ·liti) s. virtualidad.

virtually (vø·chuali) adv. virtualmente.

virtue (vø·chu) s. virtud: by o in ∼ of, en virtud de; to make a ∼ of necessity, hacer de la necesidad virtud. 2 valor, arrojo. 3 pl. virtudes [espíritus angélicos].

virtuosity (vø·chua·siti), pl. -ties (-tiš) s. virtuosismo, maestría. 2 gusto por las curiosidades u objetos de arte.

virtuoso (vø·chuou·sou), pl. -sos o -si (-si) s. B. ART. virtuoso. 2 entendido en curiosidades u objetos de arte; aficionado a ellos; anticuario, coleccionista.

virtuous (vø·chøs) adj. virtuoso [que practica la virtud o inspirado por ella]. 2 poderoso, eficaz.

virtuously (vø·chøsli) adv. virtuosamente.

virtuousness (vø·chuøsnis) s. virtud [condición de virtuoso].

virulence (vi·riuløns) s. virulencia. 2 encono, malignidad.

virulent (vi·riulønt) adj. virulento. 2 ponzoñoso, mortal. 3 enconado, violento.

virulently (vi·riuløntli) adv. virulentamente, malignamente.

virus (vai·røs) s. virus.

visa (vi·ša) s. visado, visto bueno.

visa (to) tr. visar, refrendar. ¶ CONJUG. pret. y p. p.: visaed; ger.: visaing.

visage (vi·sidȝ) s. rostro, semblante, cara, faz. 2 aspecto, apariencia.

visaged (vi·šiȝd) adj. de rostro, cara o semblante. Esp. en comp.: pale-visaged, de semblante pálido.

vis-a-vis (vi ša vi) s., adj. y adv. cara a cara, frente a frente. — 2 prep. frente a; respecto de; comparado con. — 3 s. el o lo que está enfrente. 4 confidente [mueble].

viscera (vi·søra) s. pl. vísceras.

visceral (vi·søral) adj. visceral.

viscid (vi·sid) adj. viscoso, pegajoso, glutinoso.

viscidity (visi·diti) s. viscosidad, pegajosidad.

viscose (vi·scous) s. viscosa.

viscosity (visca·siti) s. viscosidad.

viscount (vai·caunt) s. vizconde.

viscountess (vai·cauntis) s. vizcondesa.

viscountship (vai·cauntship) s. vizcondado.

viscous (vi·scøs) adj. viscoso.

viscus (vi·scøs) s. víscera [sing. de VISCERA].

vise (vais) s. torno, tornillo [de banco].

visé (visei·) s. VISA.

visé (to) tr. TO VISA. ¶ CONJUG. pret. y p. p.: viseed; ger.: viseing.

visibility (viši·biliti) s. visibilidad.

visible (vi·šibøl) adj. visible.

visibleness (vi·šibølnis) s. visibilidad.

visibly (vi·šibli) adv. visiblemente.

Visigoth (vi·šigaz) s. visigodo.

Visigothic (viši·ga·zic) adj. visigótico.

vision (vi·ȝøn) s. vista [sentido]. 2 visión [acción o facultad de ver, cosa vista; ilusión]. 3 visión, aparición, fantasma. 4 revelación, inspirada ó profética. 5 mirada breve. 6 atisbo.

visionary (vi·ȝøneri) adj. y s. visionario. — 2 adj. ilusorio, imaginario, quimérico. 3 impracticable, utópico.

visit (vi·sit) s. visita, visitación: right of ∼, MAR. derecho de visita. 2 lugar que se visita. 3 registro, reconocimiento. 4 fam. conversación.

visit (to) tr. visitar. 2 afligir, castigar [con una desgracia, calamidad, etc.]. 3 [hablando de enfermedades, desgracias, etc.] venir, acometer. 4 aparecerse. 5 presentarse, ofrecerse [a la mente, etc., de uno].

visitable (vi·šitabøl) adj. visitable. 2 sujeto a inspección. 3 propio para recibir visitas.

visitant (vi·šitant) s. visitante.

visitation (višite·shøn) s. visita, visitación. 2 inspección. 3 TEOL. consuelo o trabajo que Dios envía. 4 aflicción, calamidad, castigo. 5 afluencia extraordinaria de aves u otros animales a un lugar. 6 (con may.) Visitación [de la Virgen].

visitatorial (višitato·rial) adj. de visita o inspección.

visiting (vi·šiting) adj. que visita [esp. como profesional]. 2 de visita: ∼ card, tarjeta de visita.

visitor (vi·šitøʳ) s. visita, visitante. 2 visitador.

visor (vi·šøʳ) s. VIZOR.

visor (to) tr. TO VIZOR.

vista (vi·sta) s. vista, panorama, perspectiva. 2 ARQ. corredor o espacio interior que ofrece una amplia vista.

visual (vi·ȝual) adj. visual. 2 óptico. 3 visible. — 4 s. visual.

visuality (viȝuæ·liti) s. visibilidad. 2 imagen mental; idea, vislumbre.

visualization (viȝuælize·shøn) s. acción de hacer o hacerse visible. 2 acción de representarse en la mente; imagen mental.

visualize (to) (vi·ȝuælais) tr. hacer visible. 2 representarse en la mente. 3 concebir, planear. — 4 intr. hacerse visible.

visually (vi·ȝuali) adv. visualmente.

vitaceous (vaitei·shøs) adj. BOT. vitáceo.

vital (vai·tal) adj. vital. 2 esencial, fundamental. 3 lleno de vida, vigoroso. 4 vigorizador. 5 fatal,

mortal. 6 demográfico : ~ *statistics*, estadística demográfica.
vitalism (vai·talĭšm) s. vitalismo.
vitalist (vai·talist) s. vitalista.
vitality (vaitæ·liti) s. vitalidad. 2 animación, vigor.
vitalize (to) (vai·talaiš) tr. ·vivificar. 2 animar, reanimar.
vitally (vai·tali) adv. vitalmente, esencialmente, fundámentalmente.
vitals (vai·tals) s. pl. partes u órganos vitales, vísceras.
vitamin(e (vai·tæmin) s. QUÍM. vitamina. — 2 adj. de vitaminas : ~ *deficiency*, MED. carencia de vitaminas, avitaminosis.
vitaminize (to) (vai·taminaiš) tr. vitaminar.
vitelline (vite·lin) adj. vitelino.
vitellus (vite·løs) s. BIOL. vitelo.
vitiate (to) (vi·shieit) tr. viciar, dañar, corromper. 2 viciar, invalidar. — 3 intr. viciarse, corromperse.
vitiation (vishie·shøn) s. corrupción. 2 invalidación.
viticultural (viticø·lchøral) adj. vitícola.
viticulture (viticø·lchø') s. viticultura.
viticulturist (viticø·lchørist) s. viticultor.
vitreous (vi·trիøs) adj. vitreo : ~ *electricity*, electricidad vítrea; ~ *humo(u)r*, ANAT. humor vítreo. 2 vidrioso. 3 de color verde botella.
vitreousness (vi·trիøsnis) s. vidriosidad.
vitrifaction (vitrifæ·cshøn) s. yitrificación.
vitrifiable (vitrifai·abøl) adj. vitrificable.
vitrification (vitrifike·shøn) s. vitrificación.
vitriform (vi·trifɔ'm) adj. vitreo.
vitrify (to) (vi·trifai) tr. vitrificar. ¶ CONJUG. pret. y p. p.: *vitrified*.
vitriol (vi·triol) s. vitriolo : *oil of* ~ o simpte. *vitriol*, aceite de vitriolo. 2 virulencia, causticidad.
vitriolate(d (vi·trioleit·id) adj. vitriolado.
vitriolic (vitria·lic) adj. vitriólico. 2 fig. ferozmente cáustico ọ mordaz.
Vitruvian (vi·trøvian) adj. de Vitrubio.
vituline (vi·chulin) adj. de becerro.
vituperable (vaitiu·pørabøl) adj. vituperable.
vituperate (to) (vaitiu·pøreit) tr. vituperar. 2 denostar.
vituperation (vaitiupøre·shøn) s. vituperación, vituperio. 2 denuesto.
vituperator (vaitiu·pøreitø') s. vituperador.
Vitus's dance (St.) (seint vai·tøsiš dæns) s. MED. corea, baile de San Vito.
vivacious (vaivei·shøs) adj. vivaz, vivaracho, vivo, alegre, animado. 2 vivaz [que vive mucho].
vivaciousness (vaivei·shøsnis), **vivacity** (vaivæ·siti) s. vivacidad, viveza, animación.
vivandiere (vivandie·') s. cantinera, vivandera.
vivarium (vaive·riøm), **vivary** (vai·vari) s. espacio, gralte. cerrado con cristales, donde se tienen plantas o animales.
viva voce (vai·va vou·si) adv. de viva voz, de palabra.
Viverridae (vaive·ridɾ) s. pl. ZOOL. vivérridos.
viverrine (vaive·rin) adj. y s. vivérrido.
vives (vaivs) s. pl. VET. adivas.
vivid (vi·vid) adj. vívido. 2 vivo, intenso, fuerte. 3 vivo, animado. 4 gráfico [que expresa vivamente].
vividly (vi·vidli) adv. vivamente.
vividness (vi·vidnis) s. viveza, intensidad, fuerza, brillo.
vivification (vivifike·shøn) s. vivificación.
vivify (to) (vi·vifai) tr. vivificar. 2 avivar, animar. ¶ CONJUG. pret. y p. p.: *vivified*.
viviparous (vaivi·parøs) adj. vivíparo.
vivisect (to) (vi·visect) tr. hacer la vivisección de.
vivisection (vivise·cshøn) s. vivisección.
vivisectionist (vivise·cshønist) s. partidario de la vivisección. 2 vivisector.
vixen (vi·csøn) s. ZOOL. zorra, raposa. 2 arpía, mujer colérica.
viz (viš) abrev. de VIDELICET, a saber. | Gralte. se lee *namely* o *to wit*.
vizier, vizir (viši·') s. visir, gran visir.
vizor (vi·søʼ) s. 2 fig. máscara, disfraz.
vizor (to) tr. cubrir con visera. 2 cubrir, disimular.
vizored (vi·šo'd) adj. con visera; provisto de visera.
vocable (vou·cabøl) adj. vocablo, voz, término.
vocabulary (vocæ·biuleɾi) s. vocabulario. 2 léxico.
vocal (vou·cal) adj. vocal : ~ *cords*, cuerdas vocales; ~ *music*, música vocal. 2 oral. 3 vocálico. 4 FONÉT. que suena, que no es mudo. 5 fig. ha-

blador, elocuente : *to be* ~, hablar, expresarse. 6 insistente, clamoroso. — 7 s. FONÉT. vocal, sonido vocal.
vocalic (vocæ·lic) adj. vocálico.
vocalise (vocali·š) s. MÚS. ejercicio de vocalización.
vocalism (vou·calĭšm) s. vocalismo. 2 MÚS. vocalización.
vocalist (vou·calist) s. vocalista, cantor, cantatriz.
vocalization (voucalĭše·shøn) s. articulación, pronunciación. 2 FONÉT. acción de convertir en vocal o de hacer sonoro [un sonido]. 3 MÚS. vocalización.
vocalize (to) (vou·calaiš) tr. articular, pronunciar. 2 cantar. 3 expresar. 4 FONÉT. convertir en vocal; hacer sonoro [un sonido]. — 5 intr. MÚS. vocalizar.
vocally (vou·cali) adv. vocalmente. 2 oralmente.
vocation (vokei·shøn) s. vocación. 2 oficio, profesión, carrera, empleo.
vocational (vokei·shønal) adj. de la vocación. 2 profesional. 3 de artes y oficios. 4 de orientación profesional.
vocative (va·cativ) adj. vocativo.
vociferate (to) (vosi·føreit) intr. vociferar, gritar, clamorear.
vociferation (vosifører·shøn) s. vociferación, grito, clamor.
vociferous (vosi·førøs) adj. vocinglero, clamoroso.
vociferously (vosi·førøsli) adv. a gritos, desaforadamente.
vodka (va·dca) s. vodka.
vogue (voug) s. moda; boga [aceptación] : *in* ~, de moda, en boga.
voice (vois) s. voz [del hombre, de los animales, etc.]. 2 habla, palabra, expresión. 3 voz, opinión, voto, sufragio : *with one* ~, por unanimidad. 4 el que habla. 5 GRAM. voz [del verbo] : *active* ~, *passive* ~, voz activa, voz pasiva.
voice (to) tr. expresar, decir, anunciar, proclamar, rumorear; interpretar, hacerse eco de. 2 MÚS. regular el tono de; templar o acordar [un instrumento]. 3 FONÉT. vocalizar; hacer sonoro.
voiced (voist) adj. que tiene voz. 2 dicho, expresado. 3 FONÉT. vocal, sonoro.
voiceful (voi·sful) adj. que tiene voz. 2 sonoro, rumoroso, clamoroso.
voiceless (voi·slis) adj. sin voz. 2 sin voto. 3 mudo, silencioso. 4 FONÉT. sordo.
void (void) adj. vacío, hueco. 2 desocupado, vacante. 3 desprovisto, falto. 4 vano, inútil, ineficaz. 5 DER. nulo, inválido, írrito. — 6 s. vacío, hueco, claro, laguna. 7 vacío, vacuo; sensación de vacío.
void (to) tr. vaciar, desocupar, evacuar. 2 echar fuera, arrojar, expeler. 3 quitar [la mesa]. 4 anular, invalidar.
voidable (voi·dabøl) adj. vaciable, evacuable. 2 anulable.
voidance (voi·dans) s. vaciamiento, evacuación. 2 ECLES. vacancia. 3 DER. anulación.
voider (voi·dø') s. vaciador. 2 anulador.
voidness (voi·dnis) s. vacío, vacuidad. 2 invalidez, nulidad.
voile (voil) s. TEJ. espumilla.
volant (vo·lant) adj. volador. 2 ágil, ligero.
volar (vou·læ') adj. palmar o plantar [de la palma de la mano ọ de la planta del pie].
volatile (va·latil) adj. volátil. 2 alegre, animado. 3 voluble, mudable. 4 pasajero, fugaz.
volatileness (va·latilnis), **volatility** (valati·liti) s. volatilidad. 2 volubilidad, voltariedad. 3 fugacidad.
volatilization (valatilise·shøn) s. volatilización.
volatilize (to) (va·latilaiš) tr. volatilizar, volatizar. — 2 intr. volatilizarse.
volcanic (valcæ·nic) adj. volcánico.
volcano (valkei·nou) s. volcán.
vole (voul) s. ZOOL. rata de agua; rata de campo; campañol. 2 bola [en el juego de naipes].
volition (voli·shøn) s. volición; voluntad.
volitional (voli·shønal) adj. de la volición.
volitive (va·litiv) adj. volitivo.
volley (va·li) s. descarga, andanada. 2 lluvia [de flechas, piedras, balas, etc.]. 3 DEP. voleo [de la pelota].
volley (to) tr. lanzar una descarga, una lluvia de. 2 DEP. volear [la pelota]. — 3 intr. ser lanzado en descarga, volar. 4 rugir, tronar [varios cañones juntos].
volleyball (va·libol) s. DEP. pelota de voleo.

volplane (va·lplein) s. vuelo planeado.
volplane (to) intr. planear, volar planeando.
volt (voult) s. ELECT. volt, voltio.
voltage (vou·ltidȳ) s. ELECT. voltaje, tensión. — 2 adj. de voltaje o tensión : ~ drop, caída de voltaje o tensión ; ~ regulator, regulador de tensión.
voltaic (valtei·ic) adj. voltaico : ~ arc, arco voltaico ; ~ pile, pila de Volta.
Voltairian (valte·rian) adj. y s. volteriano.
Voltairianism (valte·rianiŝm) s. volterianismo.
voltaism (va·ltaiŝm) s. galvanismo.
voltameter (valtæ·metø') s. ELECT. voltámetro.
voltammeter (voultæ·mitø') s. voltamperimetro.
voltmeter (vou·ltmitø') s. ELECT. voltimetro.
volubility (valiubi·liti) s. ZOOL., BOT. volubilidad. 2 verbosidad, afluencia, facundia.
voluble (va·liubøl) adj. ZOOL., BOT. voluble. 2 verboso, afluente, facundo.
volubly (va·liubli) adv. con verbosidad o afluencia.
volume (va·lium) s. volumen, tomo, libro. 2 GEOM., MÚS. volumen. 3 volumen, bulto, masa, suma, cantidad : to speak volumes, hablar mucho ; ser muy significativo. 4 pl. anillo, onda, voluta [de humo, etc.].
volumetric (voliume·tric) adj. volumétrico.
volumetry (voliu·metri) s. volumetría.
voluminous (voliu·minøs) adj. voluminoso. 2 de poca densidad. 3 ondulado, sinuoso. 4 copioso, prolijo.
voluminously (voliu·minøsli) adv. voluminosamente. 2 copiosamente. 3 en muchos tomos.
voluminousness (voliu·minøsnis) s. volumen. 2 prolijidad.
voluntarily (valønte·rili) adv. voluntariamente. 2 espontáneamente.
voluntariness (valønte·rinis) s. voluntariedad.
voluntary (va·lønteri) adj. voluntario. 2 espontáneo. 3 libre [que goza de libre albedrío]. — 4 s. voluntario. 5 acto, don o contribución voluntarios. 6 ECLES. solo de órgano.
voluntaryism (va·lønteriŝm) s. voluntarismo.
volunteer (valønti·') adj. voluntario, espontáneo. 2 de voluntarios. 3 silvestre, que crece espontáneamente. — 4 s. voluntario.
volunteer (to) tr. ofrecer, dar voluntariamente. — 2 intr. ofrecerse voluntariamente ; contribuir voluntariamente. 3 servir como voluntario, sentar plaza.
voluptuary (volø·pchueri) s. voluptuoso, sibarita.
voluptuous (volø·pchuøs) adj. voluptuoso, sensual.
voluptuously (volø·pchuøsli) adv. voluptuosamente.
voluptuousness (volø·pchuøsnis) s. voluptuosidad, sensualidad.
volute (voliu·t) adj. enroscado, en espiral. — 2 s. voluta, espiral. 3 ZOOL. espira [de una concha].
volvulus (vo·lviuløs) s. MED. vólvulo, íleo
vomer (vou·mø') s. ANAT. vómer.
vomica (va·mica) s. MED. vómica.
vomit (va·mit) s. vómito. 2 vomitivo, emético.
vomit (to) tr. e intr. vomitar. — 2 tr. hacer vomitar. — 3 intr. salir vomitando.
vomiting (va·miting) s. vómito. — 2 adj. que vomita o hace vomitar.
vomitive (va·mitiv) adj. vomitivo, emético.
vomitory (va·mitóri) adj. y s. vomitorio, vomitivo. — 2 s. ARQ. vomitorio.
voodoo (vu·du) s. brujería, magia [esp. la de los negros de los EE. UU. y de las Antillas]. 2 brujo negro.
voodoo (to) tr. hechizar, embrujar, conjurar [según las prácticas del VOODOO].
voodooism (vu·duiŝm) s. creencias y prácticas del VOODOO
voracious (vorei·shøs) adj. voraz. 2 glotón. 3 insaciable, ávido.
voraciously (vorei·shøsli) adv. vorazmente ; ávidamente.
voracity (voræ·siti) s. voracidad. 2 glotonería. 3 avidez.
vortex (vo·'tecs), pl. **-texes** o **-tices** (-tisiŝ) s. vórtice. 2 vorágine, torbellino.
vortical (vo·'tical) adj. vortiginoso.
vorticella (vo·tise·la) s. ZOOL. vorticela.
vortiginous (vo·'tiȳinøs. adj. vortiginoso.
votaress (vou·taris) s. mujer que cumple un voto. 2 adepta, adicta, devota, partidaria.
votary (vou·tari) adj. consagrado o dedicado por un voto ; votivo. — 2 s. persona dedicada o con-

sagrada por un voto. 3 adepto, adicto, devoto, seguidor, partidario.
vote (vou·t) s. voto, votación, sufragio : ~ of confidence, voto de confianza ; to put to the ~, poner a votación. 2 voto, [derecho de votar].
vote (to) tr. votar, votar por o a favor de. 2 to ~ down, rechazar o derrotar por votación ; to ~ in, elegir por votación. — 3 intr. votar [dar uno su voto].
voter (vou·tø') s. votante. 2 elector.
voting (vou·ting) s. votación, acción de votar. — 2 adj. de votación, de votar ; electoral : ~ machine, máquina registradora de votos ; ~ trust, delegación del derecho de voto que hace en ciertas personas un grupo de accionistas.
votive (vou·tiv) adj. votivo.
vouch (to) (vauch) tr. testificar, atestiguar, certificar, asegurar, dar fe de. 2 garantizar, responder de, salir fiador por. — 3 intr. to ~ for, dar fe de, dar testimonio de.
voucher (vøu·chø') s. garante, fiador. 2 documento justificativo, justificante, comprobante, resguardo, cargareme, recibo, descargo.
vouchsafe (to) (vauchsei·f) tr. otorgar, conceder, permitir ; dignarse dar. 2 dignarse [dar, hacer, etc.].
vouge (vuȳ) s. guja [arma].
voussoir (vusua·') s. ARQ. dovela.
vow (vau) s. voto, promesa solemne : to take vows o the vows, pronunciar sus votos. 2 afirmación solemne. 3 voto, deseo ; súplica.
vow (to) tr. hacer voto o promesa de, votar. 2 consagrar, dedicar. 3 afirmar solemnemente ; jurar.
vowel (va·uel) adj. y s. GRAM. vocal.
vowel o vowelize (to) (va·uelaiŝ) tr. GRAM. vocalizar. 2 poner vocales.
vox (vacs) s. MÚS. voz : ~ angelica, ~ humana, voz celeste, voz humana [registros del órgano].
voyage (voi·idȳ) s. viaje por mar, o por el aire, travesía. 2 viaje redondo de un buque. 3 ant. viaje en general.
voyage (to) intr. viajar, navegar. — 2 tr. recorrer o cruzar [un mar] viajando.
voyager (voi·iȳø') s. viajero, pasajero.
V-shaped adj. en forma de V.
Vulcanian (vølkei·nian) adj. vulcanio.
Vulcanism (vø·lcaniŝm) s. vulcanismo.
Vulcanist (vø·lcanist) s. vulcanista.
vulcanite (vø·lcanait) s. vulcanita, ebonita.
vulcanization (vølcøniŝe·shøn) s. vulcanización.
vulcanize (to) (vø·lcanaiŝ) tr. vulcanizar.
vulgar (vø·lga') adj. vulgar. 2 ordinario, común, corriente : ~ fraction, MAT. fracción común. 3 ordinario, grosero, de mal gusto, chocarrero. — 4 s. the ~, el vulgo, el pueblo bajo. 5 lenguaje vernáculo.
vulgarian (vølguei·rian) adj. persona vulgar. 2 nuevo rico.
vulgarism (vø·lgariŝm) s. vulgarismo. 2 vulgaridad, grosería.
vulgarity (vølgæ·riti) s. vulgaridad. 2 grosería, chocarrería, mal gusto.
vulgarization (vølgarize·shøn) s. vulgarización.
vulgarize (to) (vø·lgaraiŝ) tr. vulgarizar. 2 adocenar.
vulgarly (vø·lga·li) adv. vulgarmente. 2 ordinariamente, groseramente.
vulgarness (vø·lga·nis) s. VULGARITY.
Vulgate (vø·lgueit) s. Vulgata.
vulnerability (vølnørabi·liti) ·s. calidad de vulnerable.
vulnerable (vø·lnørabøl) adj. vulnerable.
vulnerableness (vø·lnørabølnis) s. VULNERABILITY.
vulnerary (vø·lnøræri) adj. vulnerario. — 2 s. medicamento vulnerario.
vulpine (vø·lpain o -pin) adj. vulpino, zorruno. 2 astuto, taimado.
vulture (vø·lchu') s. ORNIT. buitre, cóndor.
Vulturidae (vølchu·ridi) s. pl. ORNIT. vultúridos.
vulturine (vø·lchurin) adj. buitrero, de buitre.
vulturous (vø·lchurøs) adj. de buitre, rapaz.
vulva (vø·lva) s. ANAT. vulva.
vulvar (vø·lva') adj. vulvario.
vying (vai·ing) ger. de TO VIE. — 2 adj. que rivaliza o compite.
vyngly (vai·ingli) adv. con rivalidad o competencia, rivalizando.

W

W, w (dǿ·bǿliu) s. W, w, vigésima tercera letra del alfabeto inglés.
wabble (ua·bǿl) s. WOBBLE.
wabble (to) *intr.* TO WOBBLE.
wabbly (ua·bli) *adj.* WOBBLY.
wacke (uæ·kǿ) s. roca parecida a la arenisca.
wad (uad) s. porción de borra, pelote, algodón, etc., para rellenar, acolchar, forrar, etc. 2 guata. 3 taco [para atacar u obstruir]. 4 fam, (EE. UU.) fajo de billetes; dinero, ahorros, riqueza. 5 mineral de manganeso y cobalto o sílice.
wad (to) *tr.* apelotonar. 2 emborrar, rellenar, acolchar, forrar. 3 atacar [un arma de fuego]; tapar, obstruir [una abertura]. ¶ CONJUG. pret. y p. p.: *wadded*; ger.: *wadding*.
wadding (ua·ding) s. relleno, borra, pelote, guata, algodón en rama. 2 entretela, entreforro. 3 taco [para atacar].
waddle (ua·dǿl) s. anadeo. 2 marcha torpe o vacilante.
waddle (to) *intr.* anadear, nanear. 2 andar o móverse con marcha torpe o vacilante.
wade (to) (ueid) *intr.* andar sobre terreno cubierto de agua, sobre el lodo, la nieve, la arena, etc.; avanzar en medio o través de algo, o venciendo una resistencia. | Gralte. con *in* o *through*. 2 aparecer [el sol o la luna] entre nubes o a través de la niebla. 3 *to ~ in* o *into*, atacar, embestir, emprender resueltamente. — 4 *tr.* atravesar, vadear.
wadeable (uei·dabǿl) *adj.* vadeable.
wader (uei·dǿʳ) s. el que realiza alguna de las acciones expresadas por el verbo TO WADE. 2 el que vadea. 3 ORNIT. ave zancuda.
wading bird (uei·ding bǿ'd) s. ORNIT. ave zancuda.
wafer (uei·fǿʳ) s. hostia, oblea. 2 barquillo, suplicación. 3 pieza delgada, parche. 4 MEC. disco delgado usado como válvula, ventalla o diafragma.
wafer (to) *tr.* pegar o cerrar con oblea.
wafery (uei·fǿri) *adj.* delgado y ligero, parecido a una oblea.
waffle (ua·fǿl) s. COC. especie de barquillo plano : ~ *iron*, barquillero [molde].
waft (uaft) s. mecedura, fluctuación, ondeo. 2 soplo, ráfaga [de aire o de olor]. 3 señal hecha con la bandera o con la mano. 4 MAR. bandera de señales.
waft (to) *tr.* mecer, hacer flotar, ondear. 2 llevar o enviar por el agua o el aire. — 3 *intr.* mecerse, flotar, ir flotando.
waftage (ua·ftidǖ) s. conducción, transporte [por el aire o el agua].
wafture (wa·fchǿʳ) s. fluctuación, ondeo. 2 WAFTAGE.
wag (uæg) s. meneo. 2 movimiento de cabeza. 3 bromista, gracioso, guasón. 4 individuo, tipo. 5 *to play the ~*, [entre los escolares] hacer novillos.
wag (to) *tr.* sacudir, mover, menear : *to ~ the tail*, menear la cola; *to ~ the tongue*, hablar.

— 2 *intr.* moverse de un lado a otro, oscilar, balancearse, vacilar. 3 moverse, menearse : *his tongue wags incessantly*, su lengua no para un minuto. 4 pasar, deslizarse. 5 fam. irse. ¶ CONJUG. pret. y p. p.: *wagged*; ger.: *wagging*.
wage (ueidǖ) s. paga, jornal, sueldo, salario. | Ús. gralte. en plural. — 2 *adj.* de salario, etc.: ~ *earner*, obrero, jornalero, asalariado; ~ *scale*, escala de salarios.
wage (to) *tr.* emprender, sostener, empeñar, hacer : *to ~ war*, hacer guerra. 2 CERÁM. hacer [la masa].
wager (uei·ǖǿʳ) s. apuesta : *to lay a ~*, hacer una apuesta, apostar. 2 contendiente. 3 HIST. prueba [juicio de Dios] : ~ *of battle*, prueba del duelo; ~ *of law*, prueba de la compurgación.
wager (to) *tr.* apostar [una cantidad, etc.]. — 2 *intr.* hacer una apuesta.
wagerer (uei·ǖǿrǿʳ) s. apostador.
waggery (uæ·ǖǿri), *pl.* **-ies** (-iš) s. jocosidad, travesura. 2 broma, guasa, bufonada.
waggish (uæ·guish) *adj.* jocoso, chancero, jugetón, retozón.
waggishness (uæ·guishnis) s. espíritu o carácter chancero, juguetón, retozón.
waggle (uæ·gǿl) s. meneo, oscilación, balanceo.
waggle (to) *tr.* menear, mover de un lado a otro. — 2 menearse, moverse de un lado a otro.
Wagnerian (vagni·rian) *adj.* wagneriano.
wag(g)on (uæ·gǿn) s. carreta, carromato, galera, furgón, camión. 2 FERROC. vagón de mercancías. 3 cochecillo de niño. 4 carrito para el té.
wag(g)onage (uæ·gǿnidǖ) s. porte, carretaje. 2 conjunto de furgones.
wag(g)oner (uæ·gǿnǿʳ) s. carretero, carromatero, cosario. 2 ASTR. Auriga.
wag(g)onet(te (uægone·t) s. especie de faetón, carricoche.
wagtail (uæ·gteil) s. ORNIT. aguzanieves, motacila, nevatilla, pizpita.
waif (uei·f) s. cosa robada y soltada por el ladrón. 2 cosa encontrada o sin dueño. 3 cosa o fragmento que llevan el viento o el agua. 4 persona o animal extraviados; niño abandonado; golfillo, granuja.
wail (uei·l) s. lamento, lamentación, gemido, lloro.
wail (to) *tr.* lamentar, deplorar, llorar. — 2 *intr.* lamentarse, gemir, llorar.
wailful (uei·lful) *adj.* lloroso, lastimero, plañidero. 2 afligido, desconsolado.
wailing (uei·ling) s. WAIL.
wain (uei·n) s. poét. o ant. carreta, carro, carruaje: *the Wain*, ASTR. el Carro, la Osa Mayor.
wainscot (uei·nscot) s. entabladura o revestimiento interior de una pared; zócalo o friso de madera, arrimadero, alfarje. 2 (Ingl.) roble para ebanistería. — 3 *adj.* de roble, revestido de roble.
wainscot (to) *tr.* entablar, enmaderar, revestir de madera.

wainscoting (uei·nscating) *s.* entabladura [de una pared], alfarje.

waist (uei·st) *s.* cintura, talle. 2 parte estrecha o media de ciertas cosas; garganta. 3 cinto, cinturón. 4 corpiño, jubón. 5 MAR. combés. 6 enfranque [del calzado].

waistband (uei·stbænd) *s.* pretina, cintura, cinturón.

waistcloth (uei·stcloz) *s.* pampanilla. 2 *pl.* MAR. empavesadas.

waistcoat (uei·scout o -cøt) *s.* chaleco. 2 justillo.

wait (uei·t) *s.* espera, plantón. 2 pausa, detención, demora. 3 tiempo en que una dama o gentilhombre está de servicio. 4 *to lie in* ~, estar al acecho, en emboscada; acechar. 5 *pl.* ant. músicos del municipio. 6 ronda de cantores de nochebuena.

wait (to) *intr.* esperar, aguardar : *to* ~ *for,* esperar, aguardar [a uno]; esperar [algo o a que suceda algo]. 2 estar aguardando órdenes, servir; ser criado, ser mozo o camarero de hotel, restaurante, etc.: *to* ~ *at table,* servir a la mesa. 3 *to* ~ *on·o upon,* atender, servir; estar de servicio cerca [de alguien]; servir [a la mesa]; despachar [a un parroquiano]; visitar, ir a ver, presentar sus respetos a; acompañar, escoltar a; seguirse, ser consecuencia o resultado de. — 4 *tr.* esperar, aguardar. 5 fam. hacer esperar, diferir.

waiter (uei·tø') *s.* el que espera o atiende. 2 el que visita o presenta sus respetos. 3 camarero, camarera, mozo [de café o restaurante]. — 4 *s.* bandeja.

waitering (uei·tøring) *s.* servicio u ocupación de camarero o camarera.

waiting (uei·ting) *s.* espera. 2 servicio. 3 *gentleman in* ~, gentilhombre de cámara. — 4 *adj.* de espera, de servicio : ~ *room,* antesala, sala de espera; ~ *maid,* ~ *woman,* doncella [de una señora]; ~ *man,* ayuda de cámara.

waitress (uei·tris) *s.* camarera [de café o restaurante]. 2 criada que sirve a la mesa.

waive (to) (uei·v) *tr.* renunciar, abandonar, abstenerse de. 2 desaprovechar. 3 dejar a un lado, prescindir de. 4 diferir, dejar para otro momento.

waiver (uei·vø') *s.* DER. renuncia, abandono. 2 acción de apartar del pensamiento, de dejar sin estudio o discusión.

wake (uei·c) *s.* MAR. estela, aguaje. 2 rastro, huella : *in the* ~ *of,* detrás de, siguiendo inmediatamente a. 3 vela, velación. 4 velatorio.

wake (to) *intr.* despertar, despertarse; despabilarse. | A veces con *up.* 2 resucitar. 3 velar [no dormir]. 4 estar de velorio. 5 vigilar. — 6 *tr.* despertar. 7 excitar. 8 resucitar. 9 velar [un muerto]. 10 *to* ~ *up,* llamar o despertar [al que duerme]. ¶ CONJUG. pret.: *waked* o *woke;* p. p.: *waked* o *woken.*

wakeful (uei·cful) *adj.* desvelado, insomne. 2 vigilante, alerta. 3 despertador.

wakefully (uei·cfuli) *adv.* desveladamente. 2 con vigilancia.

wakefulness (uei·cfulnis) *s.* desvelo, insomnio, vigilia. 2 vigilancia.

waken (to) (uei·køn) *intr.* despertar, despertarse. — 2 *tr.* despertar. 3 excitar, provocar [a la acción.

wake-robin *s.* BOT. (Ingl.) aro, alcatraz. 2 (Ingl.) cierta orquídea. 3 (EE. UU.) planta del género *trillium.*

waking (uei·king) *s.* despertar. 2 vela, vigilia. 3 velatorio. — 4 *adj.* despierto. 5 que despierta. 6 alerta, vigilante. 7 de vela o vigilia.

Walachia (ualei·kia) *n. pr.* GEOGR. Valaquia.

Walachian (ualei·kian) *adj.* y *s.* válaco.

wale (ueil) *s.* cardenal, roncha, verdugo. 2 caballón, lomo, elevación larga y estrecha. 3 TEJ. relieve, cordoncillo. 4 MAR. cinta. 5 madero, tablón.

wale (to) *tr.* levantar roncha en; azotar. 2 TEJ. formar cordoncillo en. 3 asegurar o proteger con madero o tablón.

Wales (ueils) *n. pr.* GEOGR. Gales.

walk (uok) *s.* paso del que camina o pasea. 2 paseo, caminata : *to go for a* ~, ir o salir a paseo; *to take a* ~, dar un paseo. 3 peregrinación, viaje. 4 modo de andar. 5 paso [de un cuadrúpedo]. 6 paseo, alameda, calle de árboles, pórtico, acera; sitio para andar o pasear o donde uno suele pasear. 7 recorrido habitual [de un vendedor, un guardia, etc.]. 8 conducta, porte, método de vida.

9 esfera de acción, ocupación, vocación, estado [de uno]. 10 ~ *of life,* condición social; profesión, ocupación.

walk (to) *intr.* andar, caminar, marchar, ir a pie : *to* ~ *after,* ir detrás [de uno], seguirle; *to* ~ *away,* irse, marcharse; *to* ~ *back,* volver, volverse atrás; *to* ~ *down,* bajar; desgastar andando; andar más o más tiempo [que uno]; *to* ~ *forth,* salir; *to* ~ *in,* entrar, *to* ~ *off,* librarse, quitarse [un dolor de cabeza, etc.] andando; *to* ~ *off with,* llevarse, cargar con, robar; *to* ~ *on air,* estar muy contento o ufano, *to* ~ *out,* salir; declararse en huelga; *to* ~ *up,* subir; *to* ~ *up to,* acercarse a. 2 pasear, pasearse : *to* ~ *with,* o *to* ~ *out with,* salir con [una joven] como novio o cortejo; *to go walking,* ir de paseo, dar un paseo. 3 ir al paso [una caballería]. 4 aparecer [fantasmas, espectros, duendes]; andar, moverse [un sonámbulo]. 5 obrar, conducirse, portarse. 6 fam. irse, marcharse. 7 *to* ~ *into,* arremeter contra; comer con ansia, devorar. — 8 *tr.* andar, pasear por; recorrer; hacer [un recorrido] : *to* ~ *his round,* hacer uno su recorrido, su ronda; *to* ~ *the boards,* TEAT. pisar las tablas, ser actor; *to* ~ *the chalk,* demostrar uno a la policía que no está borracho andando sin desviarse entre dos rayas trazadas con tiza; fig. portarse correctamente; *to* ~ *the floor,* pasearse arriba y abajo de una habitación; *to* ~ *the hospitals,* ser estudiante de medicina; *to* ~ *the plank,* MAR. andar por un tablón atravesado sobre la borda hasta caer al mar; dejar forzosamente un cargo. 9 poner en cierto estado andando o haciendo andar : *to* ~ *one off his legs,* rendir de fatiga a uno haciéndole andar. 10 medir a pasos. 11 hacer andar o pasear; sacar a paseo. 12 llevar [una caballería] al paso. 13 fam. (EE. UU.) *to* ~ *Spanish,* hacer lo que otro quiere, pasar por el aro, pasar por el tubo, ser despedido. 14 *to* ~ *up,* ojear, levantar [la caza].

walkable (uo·cabøl) *adj.* transitable.

walkaway (uo·cauei) *s.* fam. victoria fácil.

walker (uo·kø') *s.* paseante, caminante, peatón.

walkie-talkie (uo·ki to·ki) *s.* RADIO. transmisor-receptor portátil.

walking (uo·king) *s.* paso, modo de andar. 2 paseo a pie. 3 *pl.* [estado de los caminos para andar por ellos]. — 4 *adj.* de paseo; para andar, que anda, ambulante : ~ *cane,* ~ *stick,* bastón; ~ *delegate,* delegado visitador de un sindicato obrero; ~ *gentleman,* ~ *lady,* TEAT. actor, actriz que desempeña papeles poco importantes pero que requieren buena presencia; ~ *papers,* ~ *ticket,* fam. despido [de un empleo o cargo]. 5 MEC. que oscila o va y viene : ~ *beam,* balancín, biela.

walkout (uo·caut) *s.* salida. 2 fam. (EE. UU.) huelga [de obreros].

walkover (uo·kouvø') *s.* pan comido, victoria fácil.

wall (uol) *s.* pared, muro, tapia, seto : *partition* ~, tabique; *pared medianera, medianería; to drive* o *push to the* ~, poner entre la espada y la pared, poner en un aprieto; *to go to the* ~, verse obligado a ceder o a rendirse; verse en apuros; hacer bancarrota; *to take the* ~, tomarse la acera, tomarse la mejor parte; *walls have ears,* las paredes oyen; *with one's back to the* ~, acorralado, luchando sólo contra muchos. 2 muralla. 3 pared o costado de una vasija o cavidad. 4 GEOL., MIN. roca que limita un yacimiento. — 5 *adj.* de pared o muralla, de espaldera : ~ *bracket,* palomilla; ~ *clock,* reloj de pared; ~ *creeper,* ORNIT. pico murario; ~ *fruit,* fruta de espaldera; ~ *hanging,* colgadura; ~ *louse,* ENTOM. chinche; ~ *paper,* papel pintado [para empapelar]; ~ *pellitory,* BOT. parietaria; ~ *plate,* ARQ. carrera, solera; ~ *rock,* GEOL., MIN. roca que limita un yacimiento; ~ *tree,* árbol frutal en espaldera.

wall (to) *tr.* emparedar, tapiar. 2 cercar, murar. 3 amurallar. 4 separar con pared.

wallaby (ua·labi), *pl.* -bies (-biš) *s.* ZOOL. especie de canguro pequeño.

Wallachia (ualei·kia) *n. pr.* GEOGR. Valaquia.

Wallachian (ualei·kian) *adj.* y *s.* válaco.

walla(h (uo·la) *s.* (Anglo-Ind.) persona o cosa empleada en, o relacionada con, algo : *punkah* ~, criado que mueve el PUNKAH.

wallaroo (ualaru·) *s.* ZOOL. especie de canguro grande.

wallboard (uo·lbo'd) *s.* plancha o cartón de fibra comprimida para revestir paredes.

wallet (ua·lit) *s.* mochila, zurrón, alforja. 2 bolsa de cuero. 3 cartera [de bolsillo], monedero.

walleye (uo·lai) *s.* ojo [de un caballo, etc.] con el iris muy pálido. 2 ojo con la córnea opaca. 3 ojo desviado hacia afuera. 4 estrabismo divergente. 5 MED. leucoma.

walleyed (uo·laid) *adj.* que tiene WALLEYE.

wallflower (uo·lflauø') *s.* BOT. alhelí. 2 fam. mujer que «come pavo» en un baile.

Walloon (ualu·n) *adj. y s.* valón.

wallop (ua·løp) *s.* golpe o puñada fuerte; fuerza o habilidad para asestarlos. 2 fam. zurra, tunda.

wallop (to) *tr.* pegar, zurrar. 2 dar un golpe fuerte.

walloping (ua·løping) *s.* tunda, zurra, paliza. — 2 *adj.* grande, tremendo.

wallow (ua·lou) *s.* revuelco, revolcadura. 2 revolcadero. 3 encenagamiento [en un vicio].

wallow (to) *intr.* revolcarse [en el agua, en el fango, en la arena, etc.]. 2 nadar [en la abundancia]. 3 estar encenagado [en un vicio].

wallower (ua·louø') *s.* el que se revuelca. 2 MEC. linterna.

wallsend (uo·lsend) *s.* cierta clase de carbón.

Wall-Street *s.* calle de Nueva York, centro financiero de la ciudad. 2 fig. Bolsa de Nueva York.

wallwort (uo·luø't) *s.* BOT. planta que crece en los muros o junto a ellos; parietaria, cañarroya.

walnut (uo·lnøt) *s.* BOT. nuez [del nogal]. 2 BOT. nogal. — 3 *adj.* de nuez ; ~ *shell*, cáscara o cascarón de nuez ; ~ *tree*, nogal [árbol] ; ~ *wood*, nogal [madera].

walrus (uo·lrøs) *s.* ZOOL. morsa.

Walter (uo·ltø') *n. pr.* Gualterio.

waltz (uo·lts) *s.* vals.

waltz (to) *intr.* valsar. 2 dar vueltas rápidas. — 3 *tr.* hacer valsar.

waltzer (uo·lsø') *s.* valsador, valsadora.

wampum (ua·mpøm) *s.* cuentas hechas de conchas que usaban los indios americanos como moneda y como adorno. 2 pop. dinero.

wan (uan) *adj.* pálido, descolorido. 2 lánguido, triste, enfermizo. 3 obscuras [aguas].

wand (uand) *s.* vara, vergueta. 2 varita de virtudes. 3 vara [insignia]. 4 batuta. 5 caduceo.

wander (ua·ndø') *s.* paseo, correría.

wander (to) *intr.* errar, vagar, rodar, corretear, pasear : *to* ~ *away*, extraviarse, perderse. 2 desviarse, apartarse. 3 delirar. 4 divagar. 5 correr [un rumor]. — 6 *tr.* recorrer. 7 pasar [un tiempo] errando o vagando.

wanderer (ua·ndørø') *s.* el que va errante, paseante, vagabundo, viajero. 2 extraviado. 3 transgresor.

wandering (ua·ndøring) *s.* correteo, viaje, paseo. 2 extravío, aberración. 3 delirio. 4 divagación. — 5 *adj.* errante, errático, vagabundo : ~ *cell*, ANAT. leucocito ; ~ *Jew*, judío errante ; ~ *kidney*, MED. riñón flotante. 6 extraviado, descaminado. 7 delirante. 8 que divaga.

wanderlust (ua·ndørløst) *s.* afición a la vida errante; ansia de viajar.

wanderoo (uanderu·) *s.* ZOOL. mono de Ceilán.

wane (uei·n) *s.* mengua, disminución, acabamiento. 2 declinación, decadencia. 3 marchitamiento. 4 menguante [de la luna]. 5 *to be on the* ~, ir disminuyendo, acabándose o desapareciendo; estar en decadencia.

wane (to) *intr.* menguar, disminuir, decrecer. 2 declinar, decaer. 3 marchitarse.

wangle (to) (uæ·ngøl) *tr.* fam. sacar u obtener con maña, astucia o superchería. 2 fam. arreglar, amañar, falsear [cuentas, etc.]. 3 sacudir, menear. 4 *to* ~ *into*, inducir a uno con maña, astucia, etc., a [hacer algo]. — 5 *intr. to* ~ *through*, salir con maña de [un apuro, dificultad, etc.].

waning (uei·ning) *s.* WANE. — 2 *adj.* menguante.

wanly (ua·nli) *adv.* con palidez, débilmente.

wanness (ua·nnis) *s.* palidez. 2 languidez, descaecimiento.

wannish (ua·nish) *adj.* algo pálido o macilento.

want (uant o uont) *s.* falta, necesidad, carencia, escasez : *for* ~ *of*, por falta de. 2 necesidad, indigencia, miseria : *to be in* ~, pasar necesidad ; *to die of* ~, morir de miseria. 3 deseo, anhelo.

want ad *s.* fam. anuncio clasificado.

want (to) *tr.* necesitar, tener falta o necesidad de. 2 estar desprovisto, carecer de. 3 querer, desear, anhelar. 4 buscar, reclamar : *wanted by the police*, buscado o reclamado por la policía. 5 exigir, requerir. 6 *it wants five minutes to three*, faltan cinco minutos para las tres. — 7 *intr.* pasar o sufrir necesidad. 8 *to* ~ *for*, necesitar, desear, echar de menos.

wantage (ua·ntdy o uo·ntidy) *s.* falta, déficit, merma.

wanter (ua·ntø' o uontø') *s.* necesitado.

wanting (ua·nting o uo·nting) *adj.* falto, defectuoso, deficiente, escaso. 2 necesitado. 3 que falta : *to be* ~, faltar.

wanton (ua·ntøn) *adj.* alegre, juguetón, retozón, travieso. 2 irreflexivo, caprichoso. 3 lascivo, salaz. 4 licencioso, disoluto. 5 desconsiderado, brutal, insensible, inhumano. 6 injustificado, inexcusable, inmotivado, arbitrario. 7 lujuriante, exuberante. 8 pródigo, desmedido, desenfrenado. — 9 *s.* libertino. 10 mujer disoluta. 11 persona frívola. 12 niño o animal juguetón.

wanton (to) *intr.* juguetear, jugar, retozar. 2 llevar una vida frívola o disoluta. 3 portarse desconsiderada o brutalmente. 4 crecer o ser exuberante. — 5 *tr.* malgastar, derrochar.

wantonly (ua·ntønli) *adv.* retozonamente. 2 licenciosamente. 3 desenfrenadamente. 4 injustificadamente, sin motivo. 5 brutalmente, perversamente. 6 con exuberancia.

wantonness (ua·ntønnis) *s.* retozo, picardía. 2 licencia, libertinaje, impudicia. 3 brutalidad. 4 exuberancia.

wapiti (ua·piti) *s.* ZOOL. gran ciervo de la América del Norte.

war (uo') *s.* guerra : ~ *of nerves*, guerra de nervios ; ~ *to the death*, guerra a muerte ; *to be at* ~, estar en guerra ; *to be on the* ~ *path*, fig. adoptar una conducta hostil ; *to carry the* ~ *into the enemy's country*, fig. pasar de la defensa al ataque ; *to go to* ~, declarar la guerra ; ir a la guerra. 2 arte de la guerra. 3 milicia, armas [profesión militar] : *articles of* ~, código militar o naval. — 4 *adj.* de guerra, de la guerra, guerrero, bélico : ~ *baby*, hijo de soldado nacido durante la guerra ; fig. industria o comercio nacidos de la guerra o favorecidos por ella ; ~ *bonnet*, casco de plumas de ciertos indios norteamericanos ; ~ *bride*, esposa de guerra ; ~ *club*, maza de guerra ; ~ *criminal*, criminal de guerra ; ~ *cry*, grito de guerra ; ~ *dance*, danza guerrera ; *War Department* (EE. UU.), ministerio de la guerra ; ~ *effort*, esfuerzo bélico ; ~ *footing*, pie de guerra ; ~ *god*, dios de la guerra ; ~ *head*, cabeza del torpedo donde van los explosivos ; fig. veterano ; ~ *horse*, corcel de guerra o de batalla ; fig. veterano ; ~ *loan*, empréstito de guerra ; ~ *lord*, señor de la guerra o de los ejércitos ; jefe guerrero ; ~ *memorial*, monumento a los caídos ; *War Office* (Ingl.), ministerio de la guerra ; ~ *paint*, pintura con que se embadurnaban los indios americanos para guerrear ; ~ *risk insurance*, seguro contra el riesgo de guerra ; ~ *whoop*, grito de guerra [esp. el de los pieles rojas].

war (to) *intr.* guerrear, estar en guerra. ¶ CONJUG. pret. y p. p. : *warred* ; ger. : *warring*.

warble (uo·bøl) *s.* trino, gorjeo, quiebro. 2 canto, canción.

warble (to) *tr.* e *intr.* cantar con trinos y gorjeos ; trinar, gorjear. 2 murmurar [un arroyo, etc.]. 3 vibrar.

warbler (uo·blø') *s.* gorjeador. 2 pájaro cantor. 3 nombre de la curruca.

warbling (uo·bling) *s.* canto, gorjeo. — 2 *adj.* canoro, gorjeador. 3 murmurioso.

ward (uo'd) *s.* vigilancia, guarda, custodia. 2 protección, defensa. 3 tutela. 4 pupilo, persona bajo tutela. 5 barrio, cuartel, distrito [de una población]. 6 sala, cuadra [de hospital]. 7 ala, sección [de una cárcel]. 8 ESGRIM. guardia, posición defensiva. 9 guarda [de llave o cerradura]. 10 ant. guardia, guardián. — 11 *adj.* fam. (EE. UU.) ~ *heeler*, edecán de un cacique político.

ward (to) *tr.* guardar, proteger, defender, preservar. 2 *to* ~ *off*, resguardarse de, parar, detener, evitar, desviar.

warden (uoʻdøn) *s.* vigilante, guardián, custodio. *2* conserje. *3* celador, inspector, capataz, jefe. *4* alcaide. *5* director [de ciertos colegios]. *6* (Ingl.) individuo de una Junta inspectora de caminos, canales y puentes. *7* mayordomo, obrero o fabriquero [de una parroquia]. *8* capitán [de un puerto]. *9* HIST. jurado [en ciertos gremios]. *10* nombre de varios cargos palatinos, administrativos y ejecutivos.

wardenship (uoʻdønship) *s.* cargo de WARDEN ; conserjería; inspección, celaduría; alcaidía.

warder (uoʻdøʼ) *s.* guarda, guardián, conserje. *2* (Ingl.) carcelero. *3* defensa, baluarte.

wardmaid (uoʻdmeid) *s.* camarera de hospital.

wardmote (uoʻdmout) *s.* (Ingl.) junta o consejo de vecinos de un barrio.

Wardour Street (uaʻdøʼ) *s.* calle de Londres donde están los anticuarios.

wardrobe (uoʻdroub) *s.* armario, guardarropa, ropero. *2* TEAT. guardarropía. *3* vestuario, ropa. — *4 adj.* para la ropa : ~ *trunk*. baúl ropero o perchero.

wardroom (uoʻdrum) *s.* MAR. cámara de oficiales [en un buque de guerra]. *2* MIL. (Ingl.) cuarto de guardia.

wardship (uoʻdship) *s.* tutela, tutoría. *2* DER. pupilaje.

ware (ueʻæʼ) *s. sing.* o *pl.* géneros, artículos, mercancías, productos. *2* vajilla, cacharrería de barro, loza o porcelana. ¶ Úsase mucho en comp. : *earthenware*, vasijas de barro; *glassware*, cristalería; *hardware*, quincallería; *ironware*, ferretería.

ware (to) *tr.* tener cuidado con, abstenerse de. | Ús. esp. en frases imperativas.

warehouse (ueʻjaus) *s.* almacén, depósito. *2* guardamuebles.

warehouseman (weʻjausmæn), *pl.* -men (-men) *s.* almacenero, guardalmacén. *2* almacenista.

wareroom (ueʻrum) *s.* tienda, almacén [de venta].

warfare (uoʻfeøʼ) *s.* guerra, lucha. *2* arte militar.

warfare (to) *intr.* guerrear, combatir.

warfarer (uoʻferøʼ) *s.* guerrero, soldado.

warily (ueʻrili) *adv.* cautamente, cautelosamente, astutamente.

wariness (ueʻrinis) *s.* cautela, precaución, prudencia, circunspección.

warlike (uoʻlaic) *adj.* bélico, belicoso, guerrero, militar, marcial.

warlock (uoʻlac) *s.* ant. brujo, hechicero.

warm (uoʻm) *adj.* caliente, cálido, caluroso : ~ *front*, METEOR. frente caliente; *to be* ~, tener calor; *it is* ~, hace calor, se está caliente; *to make* ~, calentar; *to keep* ~, conservar caliente. *2* acalorado. *3* ardiente, vivo, activo, celoso, fogoso, apasionado, arrebatado, violento : ~ *temper*, genio vivo, fogoso. *4* caluroso, ferviente. *5* tierno, afectuoso, cordial. *6* agradable, placentero. *7* cómodo, confortable. *8* fam. acomodado, rico. *9* duro, penoso, arduo, peligroso. *10* reciente, fresco. *11* fig. que se quema, que está cerca del objeto buscado. *12* en condiciones de tener éxito. *13* de abrigo [ropa]. *14* PINT. cálido [color].

warm (to) *tr.* calentar. *2* caldear. *3* abrigar. *4* animar, encender, enardecer, enfervorizar, acalorar. *5 to* ~ *over* o *up*, recalentar [la comida]. *6 to* ~ *up*, hacer más amistoso o expresivo. — *7 intr.* calentarse. *8* animarse, enardecerse, enfervorizarse, acalorarse. *9 to* ~ *up.* irse animando, interesando, enardeciendo, acalorando, etc.; calentarse haciendo ejercicio; acelerarse gradualmente. *10 to* ~ *to* o *toward*, *to* ~ *up to*, cobrar afecto a, sentir compasión de.

warm-blooded *adj.* ardiente, apasionado, entusiasta. *2* ZOOL. de sangre caliente.

warm-hearted *adj.* de buen corazón; afectuoso.

warming (uoʻming) *adj.* que calienta; para calentar : ~ *pad*, esterilla eléctrica; ~ *pan*, calentador de cama.

warmish (uoʻmish) *adj.* algo caliente o caluroso.

warmly (uoʻmli) *adv.* calurosamente. *2* acaloradamente. *3* ardientemente, afectuosamente, cordialmente.

warmth (uoʻmz) *s.* calor moderado. *2* calor, celo, ardor, afecto, cordialidad, entusiasmo, viveza.

warn (to) (uoʻn) *tr.* avisar, advertir, prevenir, apercibir, poner en guardia. *2* amonestar, aconsejar, exhortar. *3* notificar, ordenar, dar orden de dejar un lugar, desahuciar. *4 to* ~ *off*, prohibir el

paso, la entrada, etc. — *5 intr.* servir de escarmiento.

warner (uoʻnøʼ) *s.* avisador, amonestador.

warning (uoʻning) *s.* aviso, advertencia, anuncio *2* amonestación. *3* lección, escarmiento. *4* despido [por ej., entre propietario e inquilino].

warp (uoʻp) *s.* urdimbre. *2* hilo de urdimbre. *3* MAR. espía [cabo]. *4* torcedura, torcimiento, comba, alabeo, deformación. *5* aberración mental, prejuicio. *6* GEOL., AGR. sedimento, tarquín. — *7 adj.* de la urdimbre, para la urdimbre : ~ *beam*, enjulio, plegador de urdimbre.

warp (to) *tr.* TEJ. urdir. *2* MAR. espiar, remolcar. *3* torcer, retorcer, combar, alabear, deformar. *4* prevenir [el ánimo], deformar [la mente] : torcer el sentido [de un texto]; desviar, extraviar. *5* AGR. fertilizar con tarquín. — *6 intr.* torcerse, retorcerse, combarse, alabearse, bornearse. *7* desviarse, apartarse de su curso. *8* MAR. espiarse, ser remolcado, ir a remolque.

warpage (uoʻpidẏ) *s.* MAR. espía. *2* derecho que se paga en algunos puertos.

warpath (uoʻpæz) *s.* senda·que siguen los indios americanos para atacar al enemigo : *to be on the* ~, fam. estar en guerra, estar buscando pendencia.

warper (uoʻpøʼ) *s.* urdidor. *2* urdidera.

warping (uoʻping) *s.* alabeo, combadura, deformación. *2* MAR. espía. *3* urdidura; urdimbre. — *4 adj.* TEJ. de urdir : ~ *machine*, ~ *frame*, urdidera, urdidor, máquina de urdir.

warplane (uoʻplein) *s.* avión de guerra, avión militar.

warrant (uaʻrant) *s.* autorización, poder : ~ *of attorney*, poder, procuración. *2* orden, mandamiento, libramiento. *3* patente, despacho. *4* DER. orden de prisión, registro, etc. *5* comprobante, documento justificativo. *6* com. certificado de depósito, warrant. *7* MIL. (EE. UU.) nombramiento de clase o asimilado. *8* garantía, seguridad. *9* derecho, razón, justificación, fundamento. *10* autoridad, apoyo, sanción. — *11 adj.* de WARRANT : ~ *officer*, MIL. (EE. UU.) clase o asimilado del ejército o de la marina.

warrant (to) *tr.* autorizar. *2* garantizar. *3* responder de, asegurar, certificar, atestiguar, confirmar. *4* justificar.

warrantable (uaʻrantøbøl) *adj.* garantizable. *2* justificable.

warrantableness (uaʻrantøbølnis) *s.* calidad de justificable. *2* certeza, seguridad.

warrantably (uaʻrantøbli) *adv.* justificadamente.

warrantee (uaʻranti) *s.* persona en favor de la cual se establece una garantía.

warranter, warrantor (uaʻrantøʼ) *s.* garante.

warranty (uaʻranti), *pl.* -ties (-tiš) *s.* garantía, seguridad. *2* autoridad, autorización.

warren (uaʻrin) *s.* vedado. *2* conejar, vivar de conejos. *3* lugar donde habita mucha gente. *4* laberinto de calles.

warrener (uaʻrinøʼ) *s.* conejero. *2* conejo de vivar. *3* el que vive como los conejos.

warrior (uoʻriøʼ) *s.* guerrero, soldado.

Warsaw (uoʻso) *n. pr.* GEOGR. Varsovia.

wart (uoʻt) *s.* verruga, excrecencia. *2* ZOOL. ~ *hog*, facóquero, jabalí sudafricano.

wartime (uoʻtaim) *s.* tiempo de guerra. — *2 adj.* de tiempo de guerra.

wartweed (uoʻtuid) *s.* BOT. titímalo, lechetrezna. *2* BOT. celidonia.

warty (uoʻti) *adj.* verrugoso, averrugado.

warworn (uoʻuoʻn) *adj.* devastado por la guerra.

wary (ueʻri) *adj.* cauto, cauteloso, prudente, circunspecto, precavido : *to be* ~ *of*, guardarse, desconfiar de.

was (uaš o uøš) *pret.* de TO BE.

wash (uash) *s.* lavado, lavatorio, ablución. *2* colada; ropa lavada o para lavar. *3* lavazas. *4* aguachirle. *5* charla insípida. *6* agua de tocador, enjuague, loción. *7* pincelada grande. *8* baño, capa. *9* PINT. lavado. *10* rompimiento, acción, ruido, chapaleo, etc. [de las olas o el agua]. *11* conmoción producida en el agua o el aire por el paso de una embarcación, un aeroplano, etc. *12* tierra bañada por el agua; parte poco profunda de un río, estuario, etc. *13* marjal. *14* tierra arrastrada por el agua, aluvión. *15* tierra o arena aurífera o diamantífera [que se lava]. *16* ARQ. vierteaguas. *17* (Ingl.) estuario. *18* WASH SALE. — *19 adj.* de lavado, para lavar, lavable, etc. : ~ *ball*, jabón de tocador; ~ *leather,* gamuza. *20* COM. ~ *sale,* venta ficticia de valores para influir sobre su cotización.

wash (to) *tr.* lavar : *to* ~ *one's hands of,* lavarse las manos de, desentenderse de. *2* limpiar, purificar. *3* bañar, regar. *4* lamer [las aguas]. *5* mover, impulsar, desembarazar, etc., por la acción del agua. *6* barrer, arrastrar, llevarse [el agua]. *7* dar un baño o capa a. *8 to* ~ *away, off* o *out,* quitar lavando, lavar, borrar, hacer desaparecer; derrubiar; llevarse [el agua o un golpe de mar]. *9 to* ~ *down,* hacer bajar por la acción del agua; regar [una comida] con vino, etc. — *10 intr.* lavar. *11* lavarse. *12* ser resistente al lavado, no perder el color al ser lavado. *13* lavar el mineral. *14* baldear. *15* correr, fluir, batir, chapalear [el agua] en las olas. *16* flotar, ser llevado o arrastrado por el agua en las olas. *17* gastarse, desprenderse, desintegrarse por la acción del agua. | Gralte. con *away* u *off.* *18* fig. colar, ser creído, resistir el examen. *19 to* ~ *up,* lavarse cara y manos; lavar los platos.

washable (uaˑshabøl) *adj.* lavable.
washbasin (uaˑshbeisin) *s.* WASHBOWL.
washboard (uaˑshbo'd) *s.* tabla de lavandera. *2* rodapié, friso, zócalo [de madera]. *3* MAR. falca.
washbowl (uaˑshboul) *s.* jofaina, palangana.
washcloth (uaˑshcloz) *s.* paño [para lavarse].
washday (uaˑshdei) *s.* día de la colada.
washed (uasht) *pret.* y *p. p.* de TO WASH.
washed-out *adj.* desteñido, descolorido. *2* fig. agotado, sin fuerzas.
washed-up *adj.* pop. agotado, sin fuerzas. *2* pop. rechazado, fracasado.
washer (uaˑshø') *s.* lavador. *2* lavadora, máquina de lavar. *3* MEC. arandela, volandera, disco de cuero, goma, etc.
washerwoman (uaˑshø'wumæn), *pl.* -**women** (uimin) *s.* WASHWOMAN.
washery (uaˑshøri) *s.* lavadero [de minerales, hulla, lana, etc.].
washhouse (uaˑshjaus) *s.* lavadero.
washing (uaˑshing) *s.* lavado, lavamiento. *2* baldeo. *3* MIN. lave. *4* baño, capa. *5* lamedura [de las olas]; desgaste, erosión [por el agua]. *6* colada, ropa lavada o para lavar. *7* MIN. oro, etc., obtenido lavando. *8* MIN. tierra, arena que lavada da oro, etc., en cantidad satisfactoria. — *9 adj.* de lavar, que lava, de lavado : ~ *day,* día de lavado o de colada; ~ *machine,* lavadora, máquina de lavar; ~ *powder,* polvos detergentes, polvos para lavar.
washout (uaˑshaut) *s.* hundimiento o derrumbe causado por el agua; derrubio. *2* fam. desilusión, fracaso.
washrag (uaˑshræg) *s.* paño para lavarse. *2* rodilla, paño de cocina.
washroom (uaˑshrum) *s.* cuarto de aseo. *2* retrete, lavabo [en un restaurante, etc.].
washstand (uaˑshtænd) *s.* lavabo, palanganero; (EE. UU.) lugar donde se lavan los coches.
washtub (uaˑshtøb) *s.* tina de lavar; cubo de la colada.
washwoman (uaˑshwumæn), *pl.* -**women** (-uimin) *s.* lavandera.
washy (uaˑshi) *adj.* aguado. *2* mojado. *3* flojo, débil. *4* insulso.
wasn't (uaˑsønt) *contr.* de WAS NOT.
wasp (uasp) *s.* ENTOM. avispa : *wasp's nest,* avispero.
waspish (uaˑspish) *adj.* de avispa. *2* de cintura de avispa. *3* irascible, irritable, gruñón.
waspishly (uaˑspishli) *adv.* ásperamente, con mal humor.
waspishness (uaˑspishnis) *s.* irritabilidad, mal genio, mal humor.
wassail (uaˑsøl) *s.* ant. expresión de buenos deseos al ofrecer una copa; brindis. *2* ant. gaudeamus, francachela, fiesta en que se bebía; cerveza o vino con especias que se bebían en esta fiesta.
wassail (to) *intr.* ant. tomar parte en una fiesta en que se bebía.
wast (uast) *2.ª pers. sing. pret. de ind.* de TO BE. | Ús. cuando se usa THOU.
wastage (ueiˑstidy) *s.* merma, desgaste. *2* gasto inútil, derroche, desperdicio.
waste (ueist) *adj.* desierto, desolado. *2* yermo, inculto, baldío. *3* devastado, arruinado : *to lay* ~, asolar, arruinar. *4* inútil, desechado; que se

pierde : ~ *paper,* papel de· desecho; papeles mojados; ~ *products,* desperdicios; ~ *silk,* borra de seda. *5* sobrante, superfluo *6* triste, sombrío. *7* monótono, aburrido. *8* que sirve para los desechos o lo sobrante : ~ *basket,* cesto para papeles o desechos; ~ *pipe,* desaguadero, tubo de desagüe. — *9 s.* extensión, inmensidad [esp. desolada o sombría]. *10* erial, desierto. *11* devastación, asolamiento, destrucción, estrago, daño. *12* gasto inútil, despilfarro, derroche. *13* merma, pérdida, desgaste, consunción, disipación. *14* líquido sobrante. *15* desechos, despojos, desperdicios, basura, aguas sucias. *16* MIN. escombrera. *17* profusión, abundancia. *18 to go to* ~, perderse, malgastarse, desperdiciarse.
waste (to) *tr.* devastar, asolar, arruinar, destruir, echar a perder. *2* gastar, consumir, comer, mermar, agotar. *3* debilitar, enflaquecer. *4* malgastar, desperdiciar, derrochar, despilfarrar, disipar. — *5 intr.* gastarse, consumirse, desgastarse, usarse; debilitarse, demacrarse. | A veces con *away.* *6* malgastar, derrochar, ser pródigo.
wasteful (ueiˑstful) *adj.* asolador. *2* destructivo, ruinoso. *3* malgastador, pródigo, manirroto.
wastefully (ueiˑstfuli) *adv.* destructivamente. *2* pródigamente, despilfarradamente. *3* antieconómicamente.
wastefulness (ueiˑstfulnis) *s.* gasto inútil. *2* prodigalidad.
wasteness (ueiˑstnis) *s.* desolación,· desierto.
waster (ueiˑstø') *s.* devastador. *2* disipador, malgastador. *3* fam. disoluto; vago, inútil. *4* cosa inútil, defectuosa.
wasting (ueiˑsting) *s.* devastación. *2* despilfarro, derroche. *3* desgaste, consunción, agotamiento. — *4 adj.* devastador. *5* consumidor, destructor, agotador. *6* que se desgasta o consume.
wastrel (ueiˑstrøl) *s.* desperdicio, desecho. *2* gastador, pródigo. *3* vago, vagabundo, inútil, golfo, perdido.
wasty (ueiˑsti) *adj.* vacío, desolado. *2* que tiene mucho desperdicio.
watch (uach) *s.* reloj de bolsillo. *2* vela, vigilia. *3* velatorio. *4* vigilancia, observación, cuidado : *to keep* ~, velar, vigilar; *on the* ~, alerta, sobre aviso, a la espera; de vigilancia, de centinela. *5* centinela, vigilante, sereno, atalaya, vigía. *6* guardia [grupo que vigila o está de servicio] : *port* ~, MAR. guardia de babor; *starboard* ~, MAR. guardia de estribor. *7* MAR., MIL. cuarto, guardia, servicio. *8* momento o intervalo en que uno está despierto durante la noche : *in the watches of the night,* mientras uno está despierto en la cama. — *9 adj.* de reloj, para el reloj : ~ *chain,* cadena de reloj, leontina; ~ *charm,* dije; ~ *glass,* cristal de reloj; MAR. ampolleta de media hora; ~ *guard,* cadena o cinta de reloj; ~ *pocket,* bolsillo para el reloj; relojera; ~ *strap,* pulsera. *10* de vela o vigilia : ~ *night,* noche vieja; oficio de noche vieja [esp. entre los metodistas]. *11* de guardia, vigilancia, etc.; para centinela, vigilante, etc. : ~ *box,* garita; ~ *fire,* hoguera encendida durante la noche [en un campamento, etc.]; ~ *house,* portería [de una fábrica; casa del guarda; puesto de policía.
watch (to) *intr.* velar [estar despierto]. *2* velar, vigilar, estar alerta, hacer centinela; tener cuidado : *to* ~ *out for,* estar a la mira de; guardarse de, tener cuidado con; *to* ~ *over,* velar, velar por; cuidar de; vigilar, inspeccionar, superentender; *watch out!,* ¡cuidado!, ¡ojo! *3* estar cerrada [una flor]. *4 to* ~ *for,* esperar, estar a la espera de. — *5 tr.* vigilar, observar, atisbar, contemplar, tener cuidado con : *to* ~ *one's step,* tener cuidado, andarse con tiento; *watched pot never boils,* quien espera desespera. *6* esperar, aguardar. *7* seguir, espiar. *8* guardar, custodiar.
watchdog (uaˑchdog) *s.* perro guardián. *2* fig. guardián fiel.
watcher (uaˑchø') *s.* velador [que vela]. *2* observador. *3* vigilante. *4* el que vela a un enfermo. *5* interventor [en unas elecciones].
watchful (uaˑtchful) *adj.* desvelado; en vela. *2* atento, vigilante, en guardia, cuidadoso.
watchfully (uaˑtchfuli) *adv.* desveladamente. *2* atentamente, con vigilancia, alerta.
watchfulness (uaˑtchfulnis) *s.* desvelo. *2* vigilancia, cuidado.

watching (uaˑching) *s.* vigilia, desvelo. 2 vigilancia.

watchmaker (uaˑchmeikøˑ) *s.* relojero.

watchmaking (uaˑchmeiking) *s.* relojería, construcción de relojes.

watchman (uaˑchmæn), *pl.* **-men** (-men) *s.* vigilante, sereno, guardián.

watchtower (uaˑchtauæˑ) *s.* atalaya, garita, torre de observación. 2 MAR. faro.

watchword (uaˑchwøˑd) *s.* MIL. santo y seña, contraseña, consigna.   )

watchwork (uaˑchwøˑc) *s.* mecanismo de reloj o de relojería.

water (uoˑtøˑ) *s.* agua [líquido; extensión de agua, mar, lago, río, etc.] : *fresh* ~, agua dulce; *high* ~, *low* ~, marea alta, marea baja; nivel más alto o más bajo de un río o lago; *running* ~, agua viva, agua corriente; *salt* ~, agua salada; *still* ~, agua mansa, agua estancada; *still* ~ *runs deep*, no te fíes del agua mansa; *table* ~, agua de mesa o mineral; *to back* ~, ciar; *to bring the* ~ *to one's mouth*, hacer que a uno se le haga agua la boca; *to get into hot* ~, fig. meterse en un lío, ganarse un sofión o una reprimenda; *to hold* ~, retener el agua; fig. ser bien fundado; *to pour* o *throw coⅼd* ~ *on*, fig. echar un jarro de agua fría; desanimar; *above* ~, a flote, fuera de la dificultad o el apuro; *by* ~, por agua, por mar, por barco; *in deep* ~ o *waters*, en mala situación, en apuros; *in smooth* ~, marchando bien, sin dificultades; *like* ~, como agua, pródigamente. 2 río, riachuelo. 3 agua [disolución, infusión, destilación] : *lavander* ~, agua de lavándula. 4 FISIOL. linfa. 5 orina : *to make* ~, orinar. 6 brillo, limpidez [de una piedra preciosa] ; fig. grado de excelencia, clase : *of the first* ~, de la mejor calidad o clase, de primera. 7 aguas, visos, reflejos. 8 PINT. acuarela. 9 MAR. agua, vía de agua : *to make* ~, hacer agua. 10 *pl.* inundación. 11 aguas [inmediatas a una costa; manantial de aguas minerales].
12 *adj.* de agua, acuático, hidráulico, para el agua, para ir por el agua : ~ *back*, caja de agua caliente [en una estufa] ; ~ *ballast*, MAR., AVIA. lastre de agua; ~ *bath*, baño de agua; baño de María; ~ *bearing*, MEC. cojinete lubricado con agua; ~ *bird*, ave acuática; ~ *bottle*, bolsa o botella para agua; vasija para recoger muestras acuáticas; ~ *brash*, MED. pirosis, ardor de estómago; ~ *butt*, barrica para el agua; pilón, pila [de fuente, etc.] ; ~ *carriage*, transporte por agua; conducción de agua; ~ *carrier*, aguador; cañería o depósito para el abastecimiento de agua; nube de lluvia; barco, etc., para el transporte por agua; ~ *channel*, cuneta; ~ *clock*, reloj de agua, clepsidra; ~ *closet*, retrete con descarga de agua; ~ *colo(u)r*, acuarela, aguada; color para la acuarela; ~ *column*, columna de agua, indicador del nivel de agua; FERROC. depósito de agua para alimentación de locomotoras; ~ *cure*, hidroterapia; ~ *dog*, perro nadador, acostumbrado a entrar en el agua; perro de aguas; fam. marinero viejo; ~ *engine*, máquina hidráulica; bomba de incendios; ~ *flower*, flor acuática; ~ *front*, ribera, orilla; calle, paseo o barrio en la orilla del mar o de un río; ~ *gap*, garganta o abertura entre montañas por donde pasa una corriente de agua; ~ *gate*, compuerta, paradera; ~ *gauge*, indicador de nivel de agua; ~ *gilding*, dorado al destemple; ~ *glass*, vaso para beber] ; globo de cristal para tener ciertas plantas en agua; reloj de agua; vidrio soluble; ~ *hammer*, martillo de agua; ~ *head*, HIDR. carga hidrostática; ~ *heater*, calentador de agua; aparato de calefacción por agua; ~ *hole*, charco, poza; manantial en el desierto; ~ *ice*, sorbete; hielo que se forma directamente en el agua; ~ *jacket*, MEC. camisa de agua; ~ *jug*, jarro, aguamanil; ~ *level*, nivel del agua; nivel de agua; ~ *line*, MAR. línea de agua o de flotación; orilla del agua; ~ *meter*, contador de agua, reómetro; ~ *mill*, molino de agua, aceña; ~ *nymph*, náyade; BOT. nenúfar; ~ *ordeal*, HIST. prueba del agua [en el juicio de Dios] ; ~ *parting*, divisoria de aguas; ~ *pipe*, cañería de agua; ~ *plane*, hidroavión; ~ *polo*, DEP. waterpolo, polo acuático; ~ *pot*, jarro, aguamanil; regadera; ~ *power*, fuerza o energía hidráulica; ~ *rate* o *tax*, lo que se paga por el servicio de agua;

~ *seal*, cierre hidráulico; ~ *sports*, deportes acuáticos; ~ *spring*, fuente, manantial de agua; ~ *sprite*, ondina; ~ *supply*, provisión o abastecimiento de agua; ~ *table*, vierteaguas; ING. nivel superior del subsuelo acuífero; ~ *tower*, arca de agua, cambija; torre de agua para incendios; torre de elevación de agua; ~ *trough*, abrevadero; ~ *wagon*, MIL. carro o furgón del agua; fig. *on the* ~ *wagon*, sin tomar bebidas alcohólicas; ~ *wave*, ondulación al agua [en el peinado] ; ~ *wheel*, rueda hidráulica; turbina; rueda de paletas; ~ *wings*, nadaderas. 13 BOT. ~ *cress*, berro; ~ *fennel*, enante; ~ *germander*, escordio, ajote; ~ *hemlock*, cicuta; enante; ~ *lily*, nenúfar, ninfea; ~ *parsnip*, berrera; ~ *plantain*, alisma. 14 ENTOM. ~ *beetle*, escribano de agua; ~ *bug*, chinche de agua; ~ *skipper*, ~ *strider*, tejedor, zapatero. 15 ORNIT. ~ *fowl*, ave acuática; ~ *hen*, lagopodo hembra; polla de agua; ~ *ouzel*, tordo de agua. 16 ZOOL. ~ *buck*, cierto antílope africano; ~ *buffalo*, búfalo común; carabao; ~ *flea*, pulga de agua; ~ *moccasin*, serpiente de agua venenosa; ~ *rat*, rata de agua; rata almizclada; ~ *snake*, culebra de agua; ~ *spider*, araña acuática.

water (to) *tr.* regar, bañar, rociar, mojar, humedecer. 2 proveer de agua. 3 abrevar, llevar a beber [el ganado]. 4 aguar, diluir con agua; bautizar [el vino]. 5 dar aguas o visos [a una tela]. 6 COM. *to* ~ *the stock*, aumentar el número de las acciones sin aumentar el capital. — 7 *intr.* chorrear agua o humedad. 8 verter agua, lágrimas, etc., llenarse de agua, lágrimas, etc. : *his eyes* ~, le lloran los ojos; *my mouth waters*, se me hace la boca agua. 9 abrevarse. 10 tomar agua [una locomotora]. 11 MAR. hacer aguada.

waterage (uoˑtøridⅉ) *s.* (Ingl.) barcaje.

water-borne *adj.* flotante. 2 transportado por agua. 3 transmitido por el agua.

water-cooling *s.* refrigeración por agua.

watercourse (uoˑtøˑcoˑs) *s.* corriente de agua, río, arroyo. 2 lecho de un río. 3 vaguada.

watercraft (uoˑtøˑcræft) *s.* embarcación, embarcaciones. 2 destreza para la navegación, el remo, la natación o cualquier otro deporte acuático.

watercress (uoˑtøˑcres) *s.* BOT. berro.

watered (uoˑtøˑd) *adj.* regado, abundante en agua. 2 aguado, diluido. 3 que tiene aguas : ~ *silk*, muaré. 4 damasquino [acero].

waterer (uoˑtørøˑ) *s.* regador, mojador. 2 aguador. 3 el que hace visos en las telas, etc.

waterfall (uoˑtøˑfol) *s.* cascada, catarata, saltó de agua.

waterfowl (uoˑtøˑfaul) *s.* ave acuática; aves acuáticas.

wateriness (uoˑtørinis) *s.* acuosidad, humedad, aguanosidad.

watering (uoˑtøring) *s.* riego, irrigación, regadura. 2 provisión o uso de agua; aguada. 3 acción de aguar, dilución. 4 acción de abrevar [a los animales]. 5 hecho de llenarse de lágrimas los ojos; lagrimeo. — 6 *adj.* que riega o humedece; para regar, mojar bañar, etc. : ~ *can* o *pot*, regadera; ~ *cart*, carro de regar; ~ *place*, abrevadero; aguada; balneario, lugar de baños; ~ *trough*, abrevadero.

waterish (uoˑtørish) *adj.* acuoso, aguanoso. 2 húmedo. 3 obscurecido por el vapor. 4 insípido.

water-laid *adj.* torcido hacia la izquierda [cable]

water-logged (uoˑtøˑlogd) *adj.* inundado, anegado, lleno de agua. 2 empapado.

waterman (uoˑtøˑmæn), *pl.* **-men** (-men) *s.* barquero. 2 el que cuida del agua o de dar agua. 3 DEP. remero.

watermark (uoˑtøˑmaˑc) *s.* señal indicadora del nivel del agua. 2 filigrana [en el papel].

watermelon (uoˑtøˑmeløn) *s.* BOT. sandía, melón de agua.

waterplane (uoˑtøˑplein) *s.* superficie del agua. 2 hidroplano.

waterproof (uoˑtøˑpruf) *adj.* impermeable. — 2 *s.* tela o abrigo impermeable.

waterproof (to) *tr.* impermeabilizar.

watershed (uoˑtøˑshed) *s.* GEOGR. divisoria de aguas. 2 GEOGR. cuenca; vertiente.

waterside (uoˑtøˑsaid) *s.* borde u orilla del agua, litoral.

waterspout (uo to'spaut) s. manga, tromba marina. 2 turbión. 3 boquilla, tubo, etc., por donde sale el agua. 4 bajada de aguas [de un tejado].

watertight (uo to'tait) adj. estanco, hermético : ~ compartment, compartimiento estanco.

waterway (uo to'uei) s. canal o río navegable. 2 canalizo. 3 paso para el agua.

waterworks (uo to'uo'cs) s. sing o pl. obras hidráulicas. 2 instalación o sistema de abastecimiento de agua. 3 fuente, juegos de agua.

waterworn (uo to'uo'n) adj. gastado o pulimentado por la acción del agua.

watery (uo tori) adj. acuoso, ácueo, aguanoso. 2 seroso. 3 lloroso. 4 bañado por las aguas. 5 húmedo. 6 claro [líquido]. 7 evaporado, insípido.

watt (uat) s. ELECT. vatio.

wattage (ua tidȝ) s. ELECT. número de vatios.

watt-hour (uat) pl. **watt-hours** s. ELECT. vatio hora.

wattle (ua tol) s. zarzo. 2 sebe. 3 barbas [de ave]. 4 barba [de pez].

wattle (to) tr. cubrir o cercar con zarzos. 2 tejer, entretejer, entrelazar.

wattmeter (ua tmito') s. ELECT. vatímetro.

waul (to) (uol) intr. TO WAWL.

wave (ueiv) s. ola : beating of the waves, embate de las olas; cold ~, ola de frío. 2 onda : sound ~, onda sonora; long ~, medium ~, short ~, RADIO. onda larga, onda media, onda corta. 3 ondulación. 4 bationdeo. 5 temblor, oscilación. 6 aguas, visos. 7 ademán, movimiento, señal [con la cabeza, la mano, una bandera, etc.]. — 8 adj. de olas, ondas, etc.: ~ band, RADIO. banda de ondas; ~ length, RADIO. longitud de onda; ~ motion, FÍS. ondulación, movimiento ondulatorio; ~ train, FÍS. tren de ondas; ~ winding, ELECT. arrollamiento ondulado.

wave (to) intr. flotar, ondear, ondular, flamear. 2 hacer señales. 3 vacilar, titubear; ser inconstante. 4 desviarse. — 5 tr. blandir, agitar, tremolar. 6 mover [haciendo señales]; indicar, señalar [con un ademán, agitando algo]: to ~ good-bye, hacer adiós; to ~ aside, apartar, dejar a un lado, desechar. 7 ondular. 8 formar aguas [en una tela].

waved (ueivd) adj. ondeado, ondulado. 2 que tiene aguas o visos.

waveless (uei vles) adj. sin olas, tranquilo.

wavelet (uei vlit) s. ola u onda pequeña.

waver (uei vø') s. WAVERING 1. 2 ondulador [de pelo]. 3 tenacillas para ondular.

waver (to) intr. ondear, oscilar, temblar. 2 tambalearse. 3 vacilar, titubear, fluctuar. 4 flaquear, ceder.

waverer (uei vørø') s. persona irresoluta, indecisa.

wavering (uei vøring) s. ondeo, oscilación, temblor. 2 vacilación, irresolución. ~ 3 adj. ondeante, oscilante, trémulo. 4 vacilante, indeciso, irresoluto.

waveringly (uei vøringli) adv. con vacilación o irresolución.

wavier (ueiíviø') adj. comp. de WAVY.

waviest (uei viist) adj. superl. de WAVY.

wavy (uei vi) adj. ondoso, ondulante, undívago. 2 ondulado.

wawl (to) intr. gritar, chillar, maullar.

wax (uæcs) s. cera : to fit like ~, venir bien y ajustado. 2 objeto de cera. 3 cerumen. 4 cerote. 5 fam. rabieta, berrinche. — 6 adj. de cera, céreo, encerado: ~ bean, BOT. variedad de judía de vaina amarilla; ~ cake, pan de cera; ~ candle, vela, cirio, bujía; ~ cloth, encerado; ~ doll, muñeca de cera; persona inexpresiva; ~ end, hilo encerado; ~ palm, palmera que da la cera de palma; ~ paper, papel encerado o parafinado; ~ taper, velita, candela, cerillo; ~ tree, árbol de la cera.

wax (to) tr. encerar. — 2 intr. crecer, aumentar. 3 pasar de un estado a otro, hacerse, volverse, ponerse: to ~ old, envejecer.

waxchandler (uæ'cschændlø' s. cerero.

waxen (uæcsøn) adj. de cera; encerado. 2 parecido a la cera; plástico; impresionable.

waxer (uæ csø') s. encerador.

waxwing (uæ csuing) s. ORNIT. cierto pájaro americano.

waxwork (uæ csuø'c) s. obra o figura de cera. 2 pl. colección o museo de figuras de cera.

waxy (uæ csi) adj. céreo, ceroso. 2 pegajoso. 3 blando, plástico, flexible.

way (uei) s. vía, camino, senda, calle, canal, conducto: across the ~, over the ~, al otro lado, en el otro lado, enfrente, en la acera de enfrente. 2 camino, viaje, rumbo, ruta, curso, vía, dirección, sentido: ~ dcwn, bajada; ~ up, subida; to come one's ~, venir hacia uno, serle deparado a uno, caerle en suerte a uno; to go one's ~, seguir uno su camino; irse, partir; to go someone's ~, ir en la misma dirección que otro, acompañarle, seguirle; to go out of the ~, extraviarse; to go out of one's ~, to put oneself out of the ~, fig. excederse de lo usual o debido, molestarse, tomarse molestia [para hacer algo]; to lead the ~, ir delante, ir o entrar el primero; enseñar el camino; to look the other ~, mirar a otro lado, desviar la mirada; to lose one's ~, extraviarse; to show the ~, enseñar el camino; to take one's ~ to o towards, dirigirse hacia; all the ~, todo el camino; on the ~, de paso, al pasar; de camino; on the ~ to, en camino hacia; con rumbo a; that ~, por allí; the other ~ around, al revés; this ~, por aquí. 3 paso [espacio o libertad para avanzar, pasar, etc.]: ~ in, entrada; ~ through, paso, pasaje; ~ out, salida; right of ~, derecho o servidumbre de paso; to be in the ~, hallarse al paso, estorbar, incomodar, ser un estorbo; to force one's ~, abrirse paso por fuerza; to get out of the ~, quitarse de en medio; quitarse de encima [un trabajo, etc.]; to keep out of the ~, esconderse, ocultarse, evitar el encontrarse con uno; to make one's ~, abrirse paso; hacer carrera; to make ~, abrir paso, abrir camino; make ~!, ¡paso!; to put out of the ~, quitar del paso, poner [una cosa] donde no estorbe; desembarazarse de, matar. 4 oportunidad, libertad, facilidad [de hacer algo]: to put one in the ~ of, dar a uno oportunidad de. 5 espacio, distancia, trecho: a good ~, a long ~, un buen trecho; a long ~ off, muy lejos, a larga distancia. 6 marcha, progreso, avance, adelantamiento: to lead the ~, abrir la marcha; to make no ~, no progresar, no avanzar. 7 modo, manera; estilo: any ~, de cualquier modo o manera, de todos modos, como se quiera; in a ~, en cierto modo; in his own ~, a su manera; in no ~, de ningún mcdo; in this ~, de este modo, así; no ~, nada, en ningún modo. 8 medio, expediente, arbitrio: ways and means, medios y arbitrios. 9 punto, lado, aspecto, respecto: every ~, de todos lados, por todas partes; in a ~, por un lado, en un aspecto; in every ~, en todos sus aspectos. 10 comportamiento, sistema de vida, línea de conducta, hábito, uso, costumbre: it is nct my ~ to, yo no acostumbro a. 11 ramo de comercio, oficio, ocupación: he is in the grocery ~, se dedica al comercio de comestibles. 12 estado, condición: in a bad ~, mal, en mal estado [esp. de salud]. 13 voluntad, propósito: to have one's ~, hacer uno lo que quiere, salirse con la suya. 14 esfera o campo de observación. 15 escala, proporción, importancia: in a big ~, en gran escala; in a small ~, modesto, modestamente, en pequeña escala. 16 impulso recibido. 17 MAR. marcha, andar, velocidad [de un buque]: to gather ~, ganar velocidad; to lose ~, perder velocidad; to get under ~, levar, zarpar, hacerse a la vela; under ~, en marcha, navegando; fig. empezado, haciéndose. 18 pl. maneras, peculiaridades, modo de ser [de una pers.]. 19 MAR. anguilas [de grada]. 20 to be in the family ~, estar encinta. 21 to have a ~ with, tener atractivo o poder de persuasión con; manejar bien a [una pers. o personas]. 22 to go a long ~ towards, contribuir mucho a. 23 by ~ of, por la vía de, pasando por; por vía de, a modo de, en lugar de, en guisa de, a título de, con. 24 by the ~, a propósito, dicho sea de paso; al lado del camino; de paso, durante el camino. 25 once in a ~, de vez en cuando. 26 out of the ~, fuera de camino, extraviado; fuera de orden; escondido; a un lado, donde no estorba o estorbe; impropio, inconveniente; poco común, extraordinario, original: it is nothing out of the ~, no tiene nada de extraordinario.

27 adj. de camino, de ruta, de tránsito, etc.: ~ station, FERROC. estación intermedia, apeadero; ~ tren, tren tranvía.

waybill (uei·bil) *s.* hoja de ruta. 2 lista de pasajeros. 3 itinerario.

wayfarer (uei·ferø') *s.* caminante. 2 viajero.

wayfaring (uei·fering) *adj.* caminante, que va de viaje. 2 BOT. ~ *tree*, viburno.

waylaid (ueilei·d) *pret.* y *p. p.* de TO WAYLAY.

waylay (to) (ueilei·) *tr.* aguardar emboscado, acechar. 2 sorprender, asaltar, detener en el camino [esp. para robar o matar]. ¶ CONJUG. pret. y p. p.: *waylaid.*

waylayer (ueilei·ø') *s.* el que acecha, sorprende o detiene en el camino.

waymark (uei·ma'c), **waypost** (uei·poust) *s.* hito o poste indicador.

wayside (uei·said) *s.* orilla o borde del camino. — 2 *adj.* que está junto al camino, de al lado del camino.

wayward (uei·va'd) *adj.* díscolo, desobediente, voluntarioso. 2 adverso, contrario. 3 irregular, vacilante.

waywardly (uei·va'dli) *adv.* díscolamente. 2 adversamente.

waywardness (uei·va'dnis) *s.* desobediencia, indocilidad, voluntariedad.

we (ui) *pron. pers. pl.* de I; nosotros, nosotras.

weak (uic) *adj.* débil, flojo, flaco; *the* ~ *side* o *point*, el lado o punto débil, el flaco; ~ *market*, mercado flojo; ~ *tea*, té flojo. 2 enclenque, delicado, canijo. 3 frágil, endeble, baladí; pobre, poco convincente [razón, argumento]. 4 poco resistente, inseguro. 5 ineficaz, impotente. 6 falto de experiencia o pericia. 7 simple, necio. 8 pobre, escaso. 9 GRAM., FONÉT. débil. 10 GRAM. dic. de los verbos que forman el p. p. con *ed, et,* o *t* y de los nombres y adjetivos cuyas desinencias son las más cortas de las que corresponden a su grupo.

weaken (to) (ui·køn) *tr.* debilitar, enervar. 2 enflaquecer. 3 relajar. 4 disminuir, atenuar. — 5 *intr.* debilitarse. 6 flaquear, desfallecer. 7 atenuarse.

weakening (ui·køning) *adj.* debilitante, enervante. — 2 *s.* debilitación, enervamiento.

weak-eyed *adj.* de vista débil.

weakfish (ui·cfish) *s.* ICT. pez norteamericano comestible.

weak-handed *adj.* de manos débiles. 2 desalentado. 3 escaso de personal o de mano de obra.

weak-headed *adj.* de cabeza débil. 2 de poca inteligencia.

weak-hearted *adj.* pusilánime.

weak-kneed *adj.* débil de rodillas. 2 falto de energía, irresoluto.

weakling (ui·kling) *adj.* WEAKLY. — 2 *s.* persona débil, canija, encanijada.

weakly (ui·kli) *adj.* débil, enclenque, enfermizo. — 2 *adv.* débilmente. 3 defectuosamente.

weak-minded *adj.* pobre de espíritu. 2 simple, mentecato.

weakness (ui·cnis) *s.* debilidad, flaqueza. 2 flojedad. 3 fragilidad, endeblez. 4 languidez, decaimiento. 5 inconsistencia, futilidad. 6 falta, defecto. 7 lado débil.

weal (uil) *s.* cardenal, verdugón. 2 bien, salud, prosperidad: *public* ~, bien público.

weald (uild) *s.* poét. campiña, campo abierto. 2 cierta región de Inglaterra.

wealth (uelz) *s.* riqueza. 2 fortuna, caudal. 3 opulencia. 4 copia, abundancia.

wealthier (ue·lziø') *adj. comp.* de WEALTHY.

wealthiest (ue·lziist) *adj. superl.* de WEALTHY.

wealthily (ue·lzili) *adv.* opulentamente.

wealthiness (ue·lzinis) *s.* riqueza, opulencia.

wealthy (ue·lzi) *adj.* rico, adinerado, opulento. 2 rico, abundante.

wean (to) (uin) *tr.* destetar. 2 *to* ~ *away from*, apartar gradualmente [de un afecto, deseo, hábito, etc.].

weaning (ui·ning) *s.* destete.

weanling (ui·nling) *adj.* recién destetado. — 2 *s.* niño o animal recién destetado.

weapon (ue·pøn) *s.* arma [para atacar o defenderse]. 2 garra, pico, espolón, aguijón, púa [cualquier medio de defensa de un animal o vegetal].

weaponed (ue·pønd) *adj.* armado.

weaponless (ue·pønlis) *adj.* desarmado, inerme.

wear (ue·') *s.* uso [de ropa, calzado, etc.]: *for everyday* ~, de uso diario; *for summer* ~, de verano: *the worse for* ~, gastado por el uso, usado. 2 moda, boga, lo que se lleva: *serges are*

now *in general* ~, las sargas están de moda, o se llevan mucho, ahora. 3 ropa, vestidos: *foot* ~, calzado. 4 gasto, desgaste: ~ *and tear*, uso, desgaste o deterioro debido al uso. 5 duración, resistencia.

wear (to) *tr.* llevar, traer puesto, usar [sobre la persona]: *to* ~ *gloves*, llevar guantes; *to* ~ *sword*, llevar o ceñir espada; *to* ~ *one's heart on one's sleeve*, fig. llevar el corazón en la mano: *to* ~ *the breeches*, llevar los calzones [la mujer]. 2 llevar o gastar [bigote, barba, etc.]. 3 llevar de cierto modo, color, etc. [el vestido, el pelo]; gastar, calzar (prendas, guantes, calzado, de cierto número). 4 mostrar, exhibir; tener [cierto aire o aspecto]: *to* ~ *a face of joy*, tener el semblante alegre. 5 gastar, consumir, desgastar, deteriorar. 6 agotar, fatigar, debilitar, cansar. 7 hacer, abrir [un agujero, etc.] con el roce, desgastando. 8 MAR. llevar, enarbolar [un pabellón]. 9 *to* ~ *away*, gastar, consumir. 10 *to* ~ *down*, gastar, consumir, desgastar por el roce; vencer la fuerza o resistencia de. 11 *to* ~ *on* o *upon*, llevar encima, traer puesto. 12 *to* ~ *out*, gastar, desgastar, romper con el uso; agotar, acabar con; cansar, fatigar; durar más que. — 13 *intr.* gastarse, consumirse, decaer. 14 pasar [un tiempo]. 15 durar, resistir al uso: *it wears well*, es duradero, dura mucho. 16 *to* ~ *away*, gastarse, consumirse; pasar, decaer. 17 *to* ~ *off*, usarse, gastarse; borrarse; disiparse, desaparecer. 18 *to* ~ *on*, ir pasando [un tiempo]. 19 *to* ~ *out*, gastarse; inutilizarse. 20 *to* ~ *thin*, adelgazarse; perder fuerza, interés, etc. ¶ CONJUG. pret.: *wore;* p. p.: *worn*.

wearable (ue·rabøl) *adj.* que se puede llevar o usar. — 2 *s. pl.* ropas, vestidos.

wearer (ue·rø') *s.* el que lleva, gasta o usa [alguna cosa].

wearied (ui·rid) *pret.* y *p. p.* de TO WEARY. — 2 *adj.* cansado, fatigado, agotado. 3 aburrido, fastidiado.

wearier (ui·riø') *adj. comp.* de WEARY.

weariest (ui·riist) *adj. superl.* de WEARY.

weariless (ui·rilis) *adj.* no cansado. 2 incansable.

wearily (ui·rili) *adv.* con cansancio.

weariness (ui·rinis) *s.* cansancio, fatiga. 2 aburrimiento.

wearing (ue·ring) *s.* uso. 2 desgaste, deterioro. 3 duración, resistencia. 4 paso, decurso [del tiempo]. — 5 *adj.* de uso: ~ *apparel*, ropa de uso, prendas de vestir. 6 desgastador. 7 fatigoso.

wearisome (ui·risøm) *adj.* cansado, fatigoso. 2 pesado, aburrido, fastidioso.

wearisomely (ui·risømli) *adv.* fatigosamente. 2 pesadamente, aburridamente.

wearisomeness (ui·risømnis) *s.* fatiga, cansancio. 2 aburrimiento, fastidio, pesadez.

weary (ui·ri) *adj.* cansado, fatigado, laso, rendido. 2 abrumado, triste, afligido. 3 cansado, aburrido, fastidiado, hastiado. 4 pesado, fatigoso, fastidioso.

weary (to) *tr.* cansar, fatigar, abrumar. 2 cansar, aburrir, fastidiar, molestar. — 3 *intr.* cansarse, fatigarse. 4 cansarse, aburrirse. 5 hacerse pesado, aburrido. ¶ CONJUG. pret. y p. p.: *wearied;* ger.: *wearying*.

weasand (ui·sand) *s.* ant. gaznate, pescuezo.

weasel (ui·søl) *s.* ZOOL. comadreja.

weather (ue·dø') *s.* tiempo [estado de la atmósfera]: *it is fine* ~, hace buen tiempo; *how is the* ~?, ¿qué tiempo hace?; ~ *permitting*, si el tiempo lo permite. 2 mal tiempo, temporal, viento: *under the* ~, pop (EE. UU.) enfermo; en situación apurada; chispo, calamocano. 3 cambio meteorológico, vicisitud de la suerte. | Ús. más en pl. 4 MAR. dirección de donde viene el viento, barlovento, lado de barlovento. — 5 *adj.* relativo al tiempo o al temporal; atmosférico, meteorológico: *Weather Bureau* (EE. UU.), Dirección del Servicio Meteorológico; ~ *chart*, ~ *map*, mapa meteorológico; ~ *forecast(ing*, pronóstico del tiempo; ~ *glass*, barómetro; ~ *prophet*, pronosticador del tiempo; ~ *report*, boletín meteorológico; ~ *station*, estación meteorológica; ~ *strip*, burlete; ~ *vane*, veleta, giraldilla, grímpola. 6 MAR. de barlovento: ~ *gauge*, situación a barlovento; fig. situación de ventaja o superioridad; ~ *side*, costado de barlovento.

weather (to) *tr.* orear, secar al aire, exponer a la intemperie. 2 aguantar [el temporal]; resistir, salir bien [de dificultades o adversidades]. | A veces con *out*. 3 MAR. ganar el barlovento de : *to ~ a point*, doblar una punta a barlovento; fig. ganar una ventaja. 4 dar inclinación a [tablas, tejas, etc., para verter el agua]. — 5 *intr.* sufrir la acción de la intemperie, curtirse en la intemperie. 6 durar, resistir.

weather-beaten *adj.* trabajado por el temporal. 2 curtido por la intemperie.

weather-bound *adj.* detenido por el mal tiempo.

weathercock (ueˈðøˈcac) *s.* veleta, giraldilla. 2 veleta [pers.], cosa mudable.

weathering (ueˈðorin) *s.* acción de los agentes atmosféricos; desgaste, alteración que produce. 2 ARQ. inclinación de un alféizar.

weatherly (ueˈðøˈli) *adj.* MAR. de bolina, de barlovento. 2 bueno para navegar de bolina.

weatherman (ueˈðøˈmæn), *pl.* -men (-men) *s.* hombre del tiempo, meteorólogo.

weathermost (ueˈðøˈmoust) *adj.* que está más a barlovento.

weatherproof (ueˈðøˈpruf) *adj.* a prueba de intemperie o de mal tiempo. 2 inatacable por los agentes atmosféricos.

weather-wise *adj.* experto en prever los cambios de tiempo. 2 *fig.* experto en prever las mudanzas de la opinión, etc.

weave (uiv) *s.* TEJ. tejido, textura, ligado.

weave (to) *tr.* tejer. 2 hilar [la araña, un insecto]. 2 trenzar, entrelazar, entretejer. 3 urdir, tramar. 4 *to ~ one's way*, avanzar o abrirse paso zigzagueando. — 5 *intr.* tejer. ¶ CONJUG. pret. : *wove;* p. p. : *woven* o *wove*.

weaver (urˈvøˈ) *s.* tejedor, tejedora. 2 tramador. 3 ENTOM. araña tejedora.

weaverbird (urˈvøˈbøˈd) *s.* ORNIT. pájaro que teje un nido colgante.

weaving (urˈving) *s.* tejido. tejedura, textura.

web (ueˈb) *s.* tejido, tela, obra tejida. 2 tela [de araña] : *spider's ~*, telaraña. 3 red, cadena, conexión, enredo ; trama, lazo. 4 ANAT. membrana. 5 ZOOL. membrana interdigital. 6 barbas [de una pluma]. 7 ING. alma [de un rail, una viga, una rueda, etc.] ; hoja [de sierra] ; paletón [de llave]. 8 rollo [de papel continuo].

webbed (uebd) *adj.* unido por una membrana; palmeado, palmado.

webbing (ueˈbing) *s.* tejido, red. 2 tela fuerte de cáñamo para cinchas, riendas, etc. 3 cincha.

webfoot (weˈbfut), *pl.* -feet (-fit) *s.* ORNIT. pie palmeado. 2 palmípedo.

web-footed *adj.* ORNIT. palmípedo.

we'd (uid) contr. de WE HAD, WE SHOULD y WE WOULD.

wed (to) (ued) *tr.* casarse con. 2 casar [unir o dar en matrimonio]. 3 unir, asociar íntimamente. — 4 *intr.* casarse. ¶ CONJUG. pret. y p. p. : *wedded* o *wed;* ger. : *wedding*.

wedded (ueˈdid) pret. y *p. p.* de TO WED. — 2 *adj.* casado. 3 conyugal. 4 unido, adicto : *~ to an idea*, aferrado a una idea.

wedding (ueˈding) *s.* casamiento, boda, nupcias, unión, enlace. 2 aniversario de la boda : *paper ~*, el primer aniversario; *straw ~*, el segundo; *candy ~*, el tercero; *leather ~*, el cuarto; *wooden ~*, el quinto; *floral ~*, el séptimo; *tin ~*, el décimo; *linen ~*, el duodécimo; *crystal ~*, el decimoquinto; *china ~*, el vigésimo; *silver ~*, bodas de plata; *pearl ~*, el trigésimo aniversario; *coral ~*, el trigésimo quinto; *emerald ~*, el cuadragésimo; *ruby ~*, el cuadragésimo quinto; *golden ~*, bodas de oro; *diamond ~*, bodas de diamante. 3 *adj.* de boda, nupcial : *~ cake*, pastel de boda; *~ dress*, traje de boda; *~ march*, marcha nupcial; *~ ring*, anillo nupcial; *~ trip*, viaje de boda.

wedge (uedɥ) *s.* cuña, calza, calce, alzaprima ; fig. *~ entering ~*, medio de entrar, de abrir brecha. 2 GEOM. prisma triangular. 3 ZOOL. *~ shell*, coquina.

wedge (to) *tr.* acuñar, meter cuñas, apretar con cuñas, partir o separar con cuña. 2 clavar, encajar o aprisionar [como una cuña]. — 3 *intr.* entrar o clavarse [como una cuña].

wedge-shaped *adj.* cuneiforme.

wedlock (ueˈdlac) *s.* matrimonio [ceremonia, estado].

Wednesday (ueˈnɜdi) *s.* miércoles.

wee (ui) *adj.* fam. pequeño, chiquito : *a ~ bit*, un poquito, un poquitín.

weed (uid) *s.* hierba, yerbajo, mala hierba, cizaña. 2 lo que crece en abundancia perjudicial o inútil. 3 planta marina o de agua dulce. 4 fam. tabaco. 5 hábito [de religiosa] ; vestido de luto. | Gralte. en pl. : *widow's weeds*, luto de viuda. 6 gasa de luto.

weed (to) *tr.* escardar, desyerbar, limpiar ; arrancar las malas hierbas. 2 quitar, extirpar, suprimir ; limpiar de [lo superfluo o perjudicial].

weeder (urˈdøˈ) *s.* escardador, desyerbador. 2 sachador, escardillo.

weedhook (urˈdjuk) *s.* gancho para desyerbar.

weedy (urˈdi) *adj.* lleno de yerbajos o malas yerbas ; parecido a un yerbajo. 2 algoso. 3 flaco, desgarbado.

week (uic) *s.* semana : *~ about*, una semana sí y otra no; *~ in, ~ out*, semana tras semana; *this day ~*, de hoy en ocho días ; hace ocho días. — 2 *adj.* de semana : *~ end*, fin de semana.

weekday (urˈcdei) *s.* cualquier día de la semana excepto el domingo; día laborable.

week-end *adj.* de fin de semana.

week-end (to) *intr.* pasar el fin de semana [esp. de excursión o en el campo].

week-ender *s.* el que va a pasar el fin de semana de excursión, en el campo, etc.

weekly (urˈcli) *adj.* semanal, hebdomadario : *~ paper* o *simplte. weekly*, publicación semanal, semanario. — 2 *adv.* semanalmente, por semana.

ween (to) (uin) *intr.* ant. suponer, creer, pensar, imaginar.

weep (to) (uip) *intr.* llorar : *to ~ for*, llorar a: llorar por o de. 2 destilar, gotear. 3 tener [un árbol] las ramas flexibles y péndulas. — 4 *tr.* llorar, lamentar. 5 llorar, verter [lágrimas]. 6 expresar llorando. 7 *to ~ one's eyes*, o *heart, out*, hartarse de llorar. ¶ CONJUG. pret. y p. p. : *wept*.

weeper (urˈpøˈ) *s.* llorador, llorón. 2 plañidera. 3 festón de musgo pendiente de un árbol. 4 gasa o señal de luto. 5 *pl.* velo de viuda.

weeping (urˈping) *s.* llanto, lloro, lágrimas. — 2 *adj.* plañidero, llorón. 3 BOT. llorón : *~ willow*, sauce llorón.

weepingly (urˈpingli) *adv.* llorosamente, con llanto.

weever (urˈvøˈ) *s.* ICT. *greater ~*, dragón marino ; *lesser ~*, pez del mismo género que el anterior pero más pequeño.

weevil (urˈvøl) *s.* ENTOM. gorgojo.

weft (ueft) *s.* TEJ. hilo de trama, trama. 2 tejido. 3 velo [de humo, niebla, etc.].

weigh (to) (uei) *tr.* pesar [determinar el peso de] : *to ~ out*, pesar y distribuir. 2 pesar, ponderar, examinar ; comparar. 3 sopesar, sospesar. 4 contrapesar. 5 MAR. levar [un ancla] : *to ~ anchor*, levar anclas. 6 *to ~ down*, pesar más que; doblar bajo un peso; abrumar, agobiar. 7 *to ~ up*, hacer subir [con un contrapeso]. — 8 *intr.* pesar [tener peso] ; ser importante, hacer fuerza en el ánimo). 9 pesarse : *to ~ in* o *out*, pesarse [un jockey antes o después de la carrera]. *10* MAR. levar anclas. *11 to ~ down*, hundirse por su propio peso. *12 to ~ on* o *upon*, pesar sobre, gravar, ser gravoso, oprimir.

weighable (ueiˈabøl) *adj.* ponderable [que se puede pesar].

weighed (ueiˈd) *adj.* pesado. 2 probado, experimentado.

weigher (ueiˈøˈ) *s.* pesador.

weighing (ueiˈing) *s.* peso [acción de pesar] ; pesada. — 2 *adj.* que pesa : *~ machine*, báscula.

weight (ueit) *s.* peso, pesantez, gravedad. 2 peso [de una cosa] : *standard ~*, peso legal o normal; *to be worth its ~ in gold*, valer su peso en oro; *to make one's o the ~*, hablando de jockey o boxeadores, tener el peso requerido; *to put on ~*, ganar peso, engordar; *by ~*, al peso. 3 unidad de peso. 4 sistema de pesos. 5 pesa. 6 peso, carga. 7 peso, importancia, fuerza, autoridad, influencia : *of ~*, de peso, de importancia; *to carry* o *have ~*, tener peso, hacer fuerza. 8 pisapapeles.

weight (to) *tr.* cargar o agobiar con peso ; hacer pesado, dar más peso a, aumentar el peso de, sobrecargar. 2 asignar un peso o valor relativo a.

weightier (ueitiøˈ) *adj. comp.* de WEIGHTY.

weightiest (ueiˈtiist) *adj. superl.* de WEIGHTY.

weightily (uei·tili) *adv.* pesadamente. 2 fuertemente, con gran fuerza.

weightiness (uei·tinis) *s.* ponderosidad, pesadez. 2 peso, importancia.

weightless (uei·tlis) *adj.* ligero, ingrávido, sin peso.

weightlessness (uei·lisnis) *s.* ingravidez.

weighty (uei·ti) *adj.* pesado, ponderoso, de mucho peso. 2 de peso, importante, serio, grave. 3 pesado, abrumador. 4 corpulento.

weir (ui') *s.* azud, presa [en un río]. 2 cañal, encañizada.

weird (ui'd) *adj.* sobrenatural, como del otro mundo, fantástico, misterioso, horripilante. 2 raro, extraño. 3 *The Weird Sisters,* las tres brujas en el «Mackbeth» de Shakespeare; (Esc.) las Parcas.

weirdness (ui·'dnis) *s.* calidad de sobrenatural, fantástico, etc.; rareza, extrañeza.

welcome (ue·lcøm) *adj.* bien venido, bien acogido, bien recibido. 2 grato, agradable, oportuno : ~ *rest,* descanso agradable u oportuno. 3 *you are* ~, no hay de qué, de nada [en respuesta a *thank you*]. 4 *you are* ~ *here,* está usted en su casa. 5 *you are* ~ *to it,* está a su disposición; irón. buen provecho le haga; *you are* ~ *to your opinions,* piense usted lo que quiera. — 6 *s.* bienvenida, buena acogida — 7 *interj.* ¡ bien venido!

welcome (to) *s.* dar la bienvenida. 2 acoger con agasajo. 3 recibir con gusto, aceptar.

welcomeness (ue·lcømnis) *s.* calidad de bien recibido. 2 afabilidad.

welcomer (ue·lcømø') *s.* el que da la bienvenida; el que recibe con gusto.

welcoming (ue·lcøming) *adj.* que da la bienvenida. 2 de bienvenida. 3 acogedor.

weld (ueld) *s.* soldadura, unión. 2 BOT. gualda.

weld (to) *tr.* soldar [esp. a martillo]. 2 unir íntimamente, unificar. — 3 *intr.* soldarse.

welder (ue·ldø') *s.* soldador.

welding (ue·lding) *s.* soldadura. — 2 *adj.* de soldar, para soldar : ~ *torch,* lámpara de soldar.

welfare (ue·lfe') *s.* bienestar, bien, salud. — 2 *adj.* de bienestar, etc.; social, de beneficencia : ~ *work,* obra social o beneficencia.

welkin (ue·lkin) *s.* poét. cielo, firmamento : *to make the* ~ *ring o roar,* atronar el espacio.

we'll (uil) contrac. de WE SHALL y WE WILL.

well (uel) *s.* fuente, manantial, venero. 2 pozo [de agua, de petróleo, etc.]. 3 MAR. pozo; caja de bombas; pozo de un barco de pesca. 4 aljibe, cisterna. 5 ARQ. [caja de escalera o ascensor]. 6 cavidad, depósito; caja para equipajes [en un vehículo]; vaso [de tintero]; depósito [de estilográfica]. 7 parte baja [en un salón de sesiones]. 8 (Ingl.) sitio para los letrados [en un tribunal]. — 9 *adj.* de pozo, de manantial, etc. : ~ *borer,* ~ *driller,* pocero; perforadora para abrir pozos; ~ *drilling,* abertura de pozos.

well *adj.* bien hecho, satisfactorio, agradable, conveniente, ventajoso, bueno, sano, saludable, dichoso, afortunado, apto, adecuado. | Ús. gralte. como predicado y, en muchos casos, equivale al adverbio castellano «bien» : *all is* ~, bien, no hay novedad; *is your father* ~?, ¿está bien su padre?; *the sport is* ~ *for boys,* el deporte es bueno para los muchachos; *it's not* ~ *to anger him,* no conviene enojarle; *he looks* ~, tiene buen aspecto; ~ *is he* ~, dicho aquel; *very* ~, muy bien; ~ *and good,* enhorabuena, bien está, santo y bueno. — 2 *adv.* bien, felizmente, favorablemente, bastantemente, completamente, del todo : ~ *done* bien hecho; coc. bien asado; ~ *done!,* ¡bravo!, ¡bien hecho!; ~ *enough,* bastante bien, suficientemente bien; ~ *off,* próspero, acomodado; *as* ~, también igualmente: *as* ~ *as,* así como, tanto como; ~ *then,* pues bien, conque; *he his* ~ *over sixty,* tiene bien cumplidos los sesenta años. — 3 *interj.* ¡bien!, ¡bueno!, ¡vaya!

well (to) *intr.* manar, brotar, fluir. — 2 *tr.* manar, derramar, verter.

well-accomplished *adj.* completo, consumado. 2 muy bien educado, lleno de perfecciones.

welladay (ue·ladei) *interj.* ant. ¡ay de mí!

well-aimed *adj.* certero, bien dirigido.

well-appointed *adj.* bien amueblado, bien provisto, bien equipado.

well-balanced *adj.* bien equilibrado. 2 fig. equilibrado, cuerdo, sensato.

well-behaved *adj.* de buena conducta. 2 atento, cortés.

well-being *s.* bienestar.

well-beloved *adj.* muy querido; muy respetado.

wellborn (ue·lbo'n) *adj.* bien nacido, noble, cortés. 2 de buena familia.

well-bred *adj.* bien educado, bien criado.

well-browned *adj.* coc. bien dorado.

well-disposed *adj.* bien dispuesto, favorable.

well-doer *s.* el que obra bien. 2 el que hace buenas obras.

well-doing *adj.* benéfico. 2 próspero. — 3 *s.* buenas obras, beneficencia. 4 prosperidad.

well-favo(u)red *adj.* agraciado, bien parecido.

well-found *adj.* bien provisto, bien equipado.

well-founded *adj.* bien fundado.

well-groomed *adj.* atildado, bien vestido.

wellhead (ue·ljed) *s.* fuente, manantial, venero.

wellhole (ue·ljoul) *s.* caja u ojo de escalera. 2 boca de pozo.

well-informed *adj.* bien enterado. 2 culto, ilustrado.

well-kept *adj.* bien cuidado, bien atendido.

well-known *adj.* conocido, bien conocido; familiar.

well-mannered *adj.* cortés, urbano, de buenos modales.

well-meaning *adj.* bienintencionado.

well-nigh *adv.* casi, cerca de, poco más o menos.

well-off *adj.* próspero, acomodado.

well-ordered *adj.* bien arreglado, bien ordenado.

well-read *adj.* leído, docto, erudito.

well-reputed *adj.* reputado, prestigioso.

well-set-up *adj.* apuesto, bien formado.

well-spoken *adj.* bien dicho. 2 bienhablado, urbano.

wellspring (ue·lspring) *s.* fuente, manantial.

well-suited *adj.* apropiado, adecuado, conveniente.

well-thought-of *adj.* bien mirado.

well-timed *adj.* oportuno.

well-to-do *adj.* acomodado, próspero : *the* ~, los ricos.

well-turned *adj.* bien formado, bien hecho. 2 bien pergeñado.

well-wisher *s.* bienqueriente, que desea bien a otro.

well-worded *adj.* bien expresado, bien dicho.

well-worked *adj.* bien planeado; bien desarrollado.

well-worn *adj.* gastado, raído. 2 fig. trillado.

Welsh (uelsh) *adj.* galés. — ~ *onion,* cebolleta; ~ *rabbit* o *rarebit,* tostada cubierta de queso derretido en cerveza. — 2 *s.* idioma galés. 3 pl. *the* ~, los galeses.

welsh (to) *tr.* fam. ocultarse por no pagar [dic. de un corredor de apuestas en las carreras]. 2 eludir el cumplimiento de una obligación.

Welshman (ue·lshmæn), *pl.* **-men** (-men) *s.* galés [persona].

welt (uelt) *s.* COST. ribete, vivo, dobladillo. 2 ZAP. vira. 3 CARP. tapajuntas, refuerzo. 4 roncha, verdugón. 5 verdugazo.

welt (to) *tr.* ribetear, dobladillar. 2 ZAP. poner viras a. 3 CARP. tapar con listón. 4 levantar ronchas; zurriagar.

welter (ue·ltø') *s.* revolcamiento. 2 oleaje. 3 agitación, conmoción, tumulto. 4 masa agitada.

welter (to) *intr.* revolcarse. 2 encenagarse. 3 hincharse [las olas]. 4 agitarse, embravecerse. 5 MAR. balancearse, zozobrar.

welterweight (ue·ltø'ueit) *s.* DEP. peso «welter».

wen (uen) *s.* lobanillo, lupia.

wench (uench) *s.* muchacha, jovencita. 2 moza, criada. 3 ant. ramera, coima.

wend (to) (uend) *tr.* dirigir, encaminar : *to* ~ *one's way,* dirigir sus pasos. — 2 *intr.* dirigirse, ir, pasar, viajar.

wenny *adj.* de la naturaleza de un lobanillo o que lo tiene.

Wensleydale (uenslii·deil) *s.* carnero inglés de lana larga.

went (uent) *pret.* de TO GO.

wept (uept) *pret.* y *p. p.* de TO WEEP.

we're (ui') contr. de WE ARE.

were (uø') *pret.* de *ind.* y *sing* y *pl.* de *subj.* de TO BE: *we* ~, nosotros éramos, estábamos, fuimos o estuvimos; *if I* ~, si yo fuera, fuese, estuviera o estuviese; *if you* ~, si vosotros fuerais, fueseis, estuvierais o estuvieseis; *if it* ~ *not so,* si así no fuese. 2 *as it* ~. por decirlo así; como si fuese. 3 *there were,* había, hubo [en pl.].

wer(e)wolf (uǿ'wulf) s. pers. que, según la creencia popular, se transformaba en lobo.

wert 2.* *pers. sing. pret. ind.* y *subj.* de TO BE. Ús. sólo en estilo elevado y poético.

Wesleyan (ue·slian) *adj.* y *s.* wesleyano, metodista.

west (uest) s. oeste, occidente, poniente, ocaso. 2 ~ *northwest*, oesnoroeste; ~ *southwest*, oessudoeste. — 3 *adj.* occidental, del oeste : *West End*, barrio aristocrático de Londres, al oeste de Charing Cross; *West Indies*, las Antillas; *West India, West Indian*, antillano; *West Point*, escuela militar de los Estados Unidos. — 4 *adv.* al oeste, en el oeste o hacia el oeste.

wester (ue·stø') s. viento o temporal del oeste.

wester (to) *intr.* girar o moverse hacia el oeste.

westering (ue·stǿring) *adj.* que gira o se dirige hacia el oeste. — 2 s. movimiento o curso hacia el oeste.

westerly (ue·stǿli) *adj.* occidental, del oeste. 2 que va hacia el oeste; que viene del oeste. — 3 *adv.* hacia el oeste. 4 viniendo del oeste.

western (ue·stø'n) *adj.* occidental, de occidente, del oeste : *western civilization*, civilización occidental; *Western Empire*, Imperio de Occidente; ~ *life*, vida del Oeste. 2 dirigido al oeste; que viene del oeste. — 3 *s.* novela, cuento o película de la vida del Oeste [de los EE. UU.].

westerner (ue·stø'nø') s. natural o habitante del oeste.

westernmost (ue·stø'nmoust) *adj.* el más occidental.

westing (ue·sting) *s.* WESTERING.

Westphalia (uestfei·lia) *n. pr.* GEOGR. Vestfalia.

Westphalian (uestfei·lian) *adj.* y *s.* vestfaliano.

westward (ue·stwa'd) *adj.* que se dirige o está hacia el oeste; que mira al oeste. — 2 *s.* el Occidente [regiones, países].

westwardly (ue·stwa'dli) *adj.* WESTWARD 1. 2 del oeste [viento]. — 3 *adv.* WESTWARDS.

westwards (ue·stwa'ds) *adv.* hacia el oeste.

wet (uet) *adj.* mojado; ~ *blanket*, fig. aguafiestas, jarro de agua fría, el o lo que mata la alegría, el entusiasmo, etc. 2 húmedo : ~ *cell*, ELECT. pila húmeda; ~ *process*, QUÍM. vía húmeda. 3 humedecido. 4 lluvioso. 5 que crece en terreno húmedo. 6 fam. sediento, de bebidas; *to make a ~ night of it*, pasarse la noche bebiendo. 7 (EE. UU.) antiprohibicionista. 8 COM. ~ *goods*, líquidos envasados; fam. vino, licor, aguardiente. 8 ~ *nurse*, ama de cría. 9 MED. ~ *pack*, tratamiento que consiste en envolver al enfermo en toallas mojadas. — 10 *s.* humedad, líquido que moja, tiempo lluvioso. 11 (EE. UU.) antiprohibicionista.

wet (to) *tr.* mojar : *to ~ one's whistle*, fam. mojar el gaznate, beber. 2 humedecer, humectar. 3 remojar [celebrar bebiendo]. ¶ CONJUG. pret. y p. p. : *wet* o *wetted*; ger. : *wetting*.

wether (ue·dø') s. carnero castrado.

wetness (ue·tnis) s. humedad.

wetted (ue·tid) *pret.* y *p. p.* de TO WET.

wetting (ue·ting) *s.* mojada, mojadura, remojo. 2 humectación.

wettish (ue·tish) *adj.* algo mojado o húmedo.

whack (uæc) *s.* fam. sonido de un golpe; golpe que suena. 2 pop. prueba, probatura, tentativa. 3 pop. estado, condición : *in fine ~*, en buen estado, en buen orden. 4 pop. porción, participación.

whack (to) *tr.* fam. golpear, pegar, dar golpes que suenan. 2 repartir [distribuir en partes].

whacker (uæ·kø') s. golpeador. 2 (EE. UU.) ganadero. 2 fam. cosa grande [esp. mentira].

whacking (uæ·king) *aaj.* fam. enorme, desmesurado.

whale (ueil) *s.* ZOOL. ballena, cachalote : *baleen ~*, ballena; *sperm ~*, cachalote. 2 fig. (EE. UU.) cosa enorme, extraordinaria : *a ~ at tennis*, un as de tenis; *a ~ of a difference*, una diferencia enorme. — 2 *adj.* de ballena : ~ *fin*, ballena [lámina]; ~ *fishing*, pesca de la ballena; ~ *oil*, grasa de ballena.

whale (to) *tr.* golpear, zurrar, apalizar. — 2 *intr.* ir a la pesca de la ballena.

whaleback (ueil·bæc) s. ola, tumbo o cosa abultada como el lomo de una ballena. 2 barco de carga de cubierta cerrada y convexa.

whaleboat (ueil·bout) s. MAR. barco ballenero [embarcación menor].

whalebone (ueil·lboun) s. ballena [lámina]. 2 ballena [de corsé].

whaler (ueil·lø') s. ballenero. 2 buque ballenero. 3 WHALEBOAT.

whalery (ueil·lri) s. pesca de la ballena.

whaling (ueil·ling) s. pesca de la ballena. 2 vapuleo, paliza. — 3 *adj.* extraordinario, enorme. 4 de ballenero : ~ *gun*, cañón para lanzar arpones; ~ *master*, patrón de un buque ballenero.

whang (juæng) s. golpe fuerte, que resuena. 2 (Esc.) cuero fuerte.

whang (to) *tr.* golpear con fuerza. 2 apalizar zurrar.

wharf (juo·f), *pl.* **wharfs** o **wharves** (juo·vš) s. muelle, embarcadero, desembarcadero.

wharfage (juo·fidỹ) s. muellaje.

wharfinger (juo·finyø') s. dueño o encargado de un muelle.

what (juat) *adj.* y *pron. interr.* qué : ~ *town is that?*, ¿qué población es aquella?; ~ *a man!*, ¡qué hombre!; ~ *happy times!*, ¡qué tiempos tan felices!; ~ *is this?*, ¿qué es esto?; ~ *else?*, ¿qué más?; ~ *for?*, ¿para qué? 2 A veces tiene el sentido de «¿y qué?», «¿qué importa?», «¿qué dice, diría, piensa o pensaría usted?», etc.; ~ *about ...?*, ¿qué le parece ...?; ¿qué hay de ...?; ~ *if ...?*, ¿y qué si ...?, ¿y qué importa que ...?; ¿y si ...?, ¿qué pasaría si...?; ~ *of ...?*, ¿qué diría o pensaría usted de ...?; ~ *of this?*, ¿qué resulta de esto?, ¿qué importa esto?; ~ *though ...?*, ¿y aunque ...?, ¿qué importa si ...? 3 cuál : ~ *is his name?*, ¿cuál es su nombre?, ¿cómo se llama? — 4 *pron. rel.* lo que : ~ *followed*, lo que siguió; ~ *is ~*, lo que hay, la cosa exacta. 5 *and ~ not*, y qué sé yo qué más. — 6 *adj. rel.* el, la, los, las ... que, cuanto, cuantos, cuantas : *take ~ money you need*, tome el dinero que (o cuanto dinero) necesite. — 7 *adv.* parte, en parte, entre : ~ *with drink and ~ with fright*, parte por estar bebido y parte por el miedo que tenía; entre la bebida y el miedo. — 8 *conj.* que : *but ~*, fam. que no; *there is not a day but ~ it rains*, no hay día que no llueva. — 9 *interj.* ¡eh!, ¡qué!

whatabouts (jua·tabauts) *s. pl.* cosas que tienen ocupado a uno.

whate'er (juate·') *pron.* y *adj.* poét. WHATEVER.

whatever (juate·vø') *pron.* cualquier cosa que, sea lo que sea, cuanto, todo lo que : ~ *you do, take care*, haga lo que haga, tenga cuidado. 2 fam. qué [interrogativo] : ~ *do you want?*, ¿qué quiere usted? — 3 *adj.* cualquiera, de cualquier clase que sea, de ninguna clase, en absoluto : ~ *be the issue*, cualquiera que sea el resultado; *no food ~*, ninguna clase de comida; nada de comida.

whatnot (jua·tnat) *s.* cosa, chisme, cosa cualquiera. 2 estante, rinconera.

what's-his-name *s.* fam. fulano, fulano de tal.

whatsoever (juatsoe·vø') *pron.* y *adj.* WHATEVER.

wheal (juil) *s.* haba, roncha.

wheat (juit) *s.* BOT. trigo : *bearded ~*, trigo aristado; *beardless* o *bald ~*, trigo mocho o chamorro. — 2 *adj.* de trigo, triguero : ~ *field*, trigal; ~ *belt*, región triguera. 3 BOT. ~ *grass*, grama del norte.

wheatear (juiti̇ø') s. ORNIT. coliblanco, pájaro del norte de Europa, Asia y América.

wheaten (juitøn) *adj.* de trigo. 2 de color de trigo.

wheedle (to) (juidøl) *tr.* halagar, engaitar, engatusar, sonsacar. 2 conseguir por medio de halagos.

wheedler (juidlø') s. engaitador, engatusador.

wheel (juil) *s.* rueda [de carro, de reloj, etc.] : *steering ~*, rueda del timón; volante de automóvil; ~ *and axle*, cabria; *on wheels*, sobre ruedas. 2 rodaja, disco, polea. 3 rodezno. 4 torno [de alfarero o de hilar]. 5 PIROT. rueda. 6 rueda [suplicio]: *to break upon the ~*, enrodar. 7 MAR. rueda [del timón]; timonel; guardia del timonel. 8 fam. bicicleta. 9 estribillo [de una canción]. 10 giro, revolución. 11 MIL. conversión. 12 órbita, ámbito. — 13 *adj.* de ruedas, de figura de rueda, del timón; que gira : ~ *animalcule*, ZOOL. rotífero; ~ *base*, batalla [de un carruaje]; ~ *barometer*, barómetro de cuadrante; ~ *chair*, silla de ruedas; ~ *horse*, caballo de varas; ~ *rope*, guardín; ~ *seat*, manga [de

eje de carruaje]; ~ *track*, carril, rodada; ~
window, ARQ. rosa, rosetón.
wheel (to) *tr.* mover, llevar sobre ruedas; hacer
rodar; acarrear, transportar. 2 volver, hacer girar.
3 hacer o ejecutar dando vueltas. 4 poner ruedas a. 5 labrar en el torno de alfarero. — 6 *intr.*
girar, rodar, dar vueltas. 7 MIL. girar, efectuar
una conversión. 8 cambiar de rumbo, de opinión.
| A veces con *about* o *around*. 9 ir en bicicleta.
10 rodar, marchar fácilmente.
wheelbarrow (juı·lbarou) *s.* carretilla de mano.
wheeled (juıld) *adj.* que tiene ruedas. 2 de [tan-
tas] ruedas.
wheeler (juı·lǿ') *s.* rodador, girador. 2 caballo de
varas. 3 carretillero. 4 carruaje o buque de ruedas: *four-wheeler*, carruaje de cuatro ruedas. 5
fam. ciclista, motociclista.
wheelhouse (juı·ljaus) *s.* MAR. timonera.
wheeling (juı·ling) *s.* rodaje, transporte sobre ruedas. 2 paseo en bicicleta. 3 estado de un camino
para el tránsito rodado. 4 giro, rotación. 5 MIL.
vuelta, conversión.
wheelman (juı·lmæn), *pl.* **-men** (-men) *s.* el que
hace ruedas. 2 ciclista. 3 MAR. timonero, timonel.
wheelrace (juı·lreis) *s.* cárcavo.
wheelwork (juı·luǿ·k) *s.* MEC. rodaje, engranaje de
ruedas.
wheelwright (juı·lrait) *s.* carretero, aperador, carpintero de carros.
wheeze (juı·š) *s.* jadeo, silbido de la respiración
fatigosa. 2 TEAT. morcilla. 3 pop. chiste, broma,
etc., gastados.
wheeze (to) *intr.* jadear, respirar produciendo un
silbido. — 2 *tr.* decir con respiración jadeante.
wheeziness (juı·šinis), **wheezing** (juı·šing) *s.*
WHEEZE I.
wheezy (juı·ši) *adj.* asmático, jadeante, de respiración ruidosa.
whelk (juelk) *s.* ZOOL. buccino, caracol de mar. 2
pápula, pústula, grano.
whelky (jue·lki) *adj.* papuloso, granujiento.
whelm (to) (juelm) *tr.* anegar, tragar, sumergir,
destruir. 2 sobrepujar, subyugar.
whelp (juelp) *s.* cachorro. 2 desp. mozalbete, granuja. 3 MAR. costilla [de cabrestante]. 4 MEC.
diente [para engranar].
whelp (to) *intr.* parir [la perra o un animal car-
nicero].
when (juen) *adv.* y *conj.* cuando, al tiempo que,
en cuanto, así que: *since* ~?, ¿desde cuándo?,
¿de cuándo acá? 2 en cuyo momento, y entonces. 3 en que: *the moment* ~, el momento en
que. 4 estando, mientras, en caso de: ~ *asleep*,
estando dormido, mientras dormía; ~ *in doubt*,
en caso de duda. 5 aunque, a pesar de que. —
6 *pron.* un momento, una ocasión en que: *I
don't remember* ~ *I didn't have to wait*, no recuerdo una ocasión en que no haya tenido que
esperar.
whence (juens) *adv.* de donde, de qué lugar, fuente, causa, origen, etc. 2 de donde, de ahí, por
consiguiente, por cuya razón, por lo cual.
whencesoever (jue·nssoe·vǿ') *adv.* de dondequiera
que; de cualquier causa, origen, etc., que.
whene'er (juene·') *adv.* y *conj.* WHENEVER.
whenever (juene·vǿ'), **whensoever** (juensoe·vǿ') *adv.*
cuando quiera que, siempre que, en cualquier
tiempo que o que sea, todas las veces que.
where (jue·') *adv.* y *conj.* donde, en donde, adonde, por donde, de donde. — 2 *pron.* donde.
whereabout (jue·rabaut) *adv.* dónde, en qué lugar;
adónde, hacia dónde. 2 poco más o menos.
whereabouts (jue·rabauts) *s.* paradero.
whereas (juerǽ·š) *conj.* considerando que, visto
que, puesto que, siendo así que. 2 mientras que,
al paso que, cuando por el contrario.
whereat (juerǽ·t) *adv.* a que o hacia que, a lo
cual. 2 ¿por qué?
whereby (jue·bai·) *adv.* por donde, por medio de
lo cual o de que, con lo cual, con que. 2 ¿por
qué?, ¿por qué medio?, ¿cómo?
where'er (juere·') *adv.* WHEREVER.
wherefore (jue·'fo') *adv.* ¿por qué? 2 por lo que,
por lo cual, porque. 3 por eso, por consiguiente.
— 4 *s.* porqué, causa, razón, motivo.
wherefrom (jue·'fram) *adv.* de donde, del cual.
wherein (jueri·n) *adv.* donde, en donde, en lo cual,
en que. 2 ¿en qué?

whereinto (jueri·ntu) *adv.* dentro de lo cual o
que, en lo que, en lo cual, donde.
whereof (juera·v) *adv.* de donde. 2 de lo cual, de
que. 3 de quien, de quienes. 4 ¿de qué?
whereon (juera·n) *adv.* donde, sobre lo cual, sobre
que, en que. 2 a lo cual. 3 ¿en qué?
wheresoe'er (jue·'soe·ǿ'), **wheresoever** (jue·soe·vǿ')
adv. dondequiera, en cualquier parte que, dondequiera que o que sea.
whereto (jue·'tu·), **whereunto** (juerǿntu·) *adv.* a lo
cual, a que. 2 ¿adónde?, ¿a qué fin?
whereupon (juerǿpa·n) *adv.* entonces, después de
lo cual, inmediatamente, así que sucedió esto.
2 sobre que, en que.
wherever (juere·vǿ') *adv.* dondequiera que, adondequiera que, por dondequiera que.
wherewith (jue·'wid) *adv.* con que, con lo cual. 2
¿con qué? — 3 *pron.* con que, de que, medios
para.
wherewithal (jue·'wi·dal) *adv.* y *pron.* WHEREWITH.
— 2 *s. the* ~, medios, dinero [para algo].
wherry (jue·ri), *pl.* **-ries** (-riš) *s.* nombre de varios
botes o barcas. 2 cierto barco de poco calado;
chalana.
wherry (to) *tr.* pasar o transportar en bote o
chalana.
whet (juet) *s.* afiladura, amoladura, aguzadura.
2 filo [cortante]. 3 aguijón, estímulo. 4 aperitivo.
whet (to) *tr.* afilar, amolar. 2 excitar, estimular,
aguzar: *to* ~ *the appetite*, aguzar o abrir el
apetito.
whether (jue·dǿ') *conj.* si: *I don't know* ~ *he
will be there*, yo no sé si él estará allí; *ask* ~
he is going or not, pregunta si se va o no. 2 sea,
sea que, ora, ya, tanto si... (como): ~ *we go
or not*, tanto si vamos como si no vamos; ~ *you
will or not*, que quieras que no quieras. 3 ~ *or
no*, en todo caso, de todas maneras.
whetstone (jue·tstoun) *s.* piedra de afilar, amoladera. 2 aguijón, estímulo.
whetter (jue·tǿ') *s.* amolador, afilador. 2 estimulante.
whew (jiu) *interj.* ¡eh!, ¡uf!, ¡cáspita!
whey (juei·) *s.* suero [de la leche].
wheyey (juei·i), **wheyish** (juei·iš) *adj.* seroso.
which (juich) *adj.* y *pron. interrog.* ¿qué?, ¿cuál?,
¿cuáles?: ~ *house is that?*, ¿qué casa es aquella?; ~ *way?*, ¿por qué camino?, ¿por dónde?;
~ *is the reason?*, ¿cuál es la razón?; ~ *is best,
to live or to die?*, ¿qué es mejor, vivir o morir?;
~ *is* ~, quién, o cuál, es el uno y quién, o cuál,
es el otro. — 2 *pron. rel.* lo que, lo cual: *all of* ~,
all ~, todo lo cual; *and,* ~ *is worse*, y, lo cual
es peor. 3 que, el cual, los o las cuales [con referencia o cosas]: *the letter* ~ *you wrote*, la
carta que escribía usted; *a matter of* ~ *he
knew little*, un asunto del cual estaba poco enterado; *both of* ~, los cuales, que [refiriéndose
a dos]. 4 cualquiera que; el, los, etc., que: *take
~ you will*, tome el que quiera. — 5 *adj. rel.*
Hay que traducirlo libremente: *three days,
during* ~ *time*, tres días, durante los cuales.
whichever (juiche·vǿ'), **wichsoever** (juichsoe·vǿ')
pron. y *adj.* cualquiera, cualesquiera, quienquiera; el que.
whidah-bird (jui·da-bǿ·d) *s.* ORNIT. viuda.
whiff (juif) *s.* soplo [de aire]. 2 vaharada, bocanada, fumarada, hálito, tufo; olor o hedor repentino. 3 fumada, chupada [al tabaco]. 4 ráfaga, un algo. 5 fam. instante. 6 bandera [con
que se hacen señales]. 7 ~ *of grapeshot*, descarga de metralla.
whiff (to) *tr.* echar, exhalar [humo, olor, etc.];
fumar [tabaco]. 2 llevar o disipar con el soplo.
— 3 *intr.* soplar; echar humo, olor, etc.
whiffle (jui·fǿl) *s.* soplo [de aire].
whiffle (to) *tr.* soplar, exhalar, disipar, desvanecer. 2 agitar, tremolar. — 3 *intr.* soplar a rá-
chas [el viento]. 4 cambiar de rumbo, de opinión; vacilar, fluctuar. 5 usar de subterfugios.
6 silbar, jadear.
whiffler (jui·flǿ') *s.* veleta, el que cambia frecuentemente de opinión. 2 charlatán. 3 holgazán,
ocioso.
whiffletree (jui·fǿltri) *s.* CARR. volea, balancín.
Whig (juig) *adj.* y *s.* POL. (Ingl.) liberal, del partido liberal. 2 (EE. UU.) partidario de la independencia en 1776. 3 (EE. UU.) de un partido,
predecesor del actual partido republicano.

Whiggery (juiˈgøri), **Whiggism** (juiˈguišm) s. principios y prácticas de los *Whigs* ingleses.

while (juail) s. rato, tiempo: *a little* ~, *a short* ~, un ratito; *a little* ~ *ago*, hace poco; *a long* ~, largo rato, largo tiempo; *all this* ~, todo este tiempo, todo este rato; *at whiles*, a ratos; *between whiles*, de vez en cuando, a intervalos; *for a* ~, por algún tiempo; *in a* ~, *within a* ~, dentro de poco; *the* ~, entretanto, mientras tanto; *to be worth* ~, o *one's* ~, valer la pena. — 2 *conj.* mientras, mientras que, al mismo tiempo que. 3 aun, aun cuando, si bien.

while (to) *tr.* pasar, entretener, distraer [el tiempo, el aburrimiento, etc.]. | Gralte. con *away*.

whilom (juaiˈløm) *adj.* poét. antiguo, que fue. — 2 *adv.* poét. antiguamente, en otro tiempo; a veces.

whilst (juaiˈlst) *conj.* mientras, mientras que.

whim (juiˈm) s. antojo, capricho, fantasía, genialidad, humorada, chifladura. 2 MIN. malacate.

whimbrel (juiˈmbrøl) s. ORNIT. especie de zarapito.

whimper (juiˈmpøʳ) s. gemido, gimoteo, plañido, lloriqueo.

whimper (to) *intr.* gemir, gimotear, plañir, lloriquear. — 2 *tr.* decir o expresar gimoteando.

whimperer (juiˈmpørøʳ) s. el que gime o gimotea.

whimpering (juiˈmpøring) s. gimoteo, lloriqueo. — 2 *adj.* gemidor, agimoteador.

whimsey (juiˈmši) s. capricho, antojo, fantasía. 2 MIN. malacate.

whimsical (juiˈmšical) *adj.* caprichoso, antojadizo. 2 caprichoso, fantástico, raro, cómico, extravagante.

whimsicality (juimšicæˈliti), *pl.* -ties (-tiš) s. capricho, fantasía, rareza, extravagancia, singularidad, comicidad.

whimsically (juiˈmšicali) *adv.* caprichosamente, fantásticamente, de un modo raro.

whimsicalness (juiˈmšicalnis) s. WHIMSICALITY.

whimsy (juiˈmši) s. WHIMSEY.

whin (juin) s. roca basáltica. 2 BOT. árgoma, aulaga, tojo.

whine (juaiˈn) s. gemido, plañido, gimoteo, quejido lastimoso.

whine (to) *intr.* gemir, plañir, quejarse, gimotear. — 2 *tr.* expresar gimiendo. 3 hacer gemir.

whiner (juiˈnøʳ) s. el que gime. 2 pers. quejumbrosa; llorón.

whining (juaiˈning) s. WHINE. — 2 *adj.* gemidor, gimoteador.

whinny (juiˈni) s. relincho [esp. suave].

whinny (to) *intr.* relinchar [esp. suavemente].

whinstone (juiˈnstoun) s. WHIN 1.

whip (juip) s. látigo, fusta, zurriago, azote; ~ *and spur*, a uña de caballo. 2 latigazo. 3 sacudida. 4 cochero, conductor de caballos. 5 coc. batidor. 6 coc. huevos batidos con nata, leche, etc. 7 flexibilidad. 8 fam. dinero a escote [esp. para beber]. 9 movimiento rápido en arco de círculo. 10 MAR. gallardete. 11 MAR. tecle, andarivel. 12 POL. (Ingl.) miembro de una Cámara encargado de velar por los intereses y la disciplina de su grupo. 13 CAZA. montero encargado de los perros. — 14 *adj.* de látigo, etc.: ~ *hand*, mano derecha, mano del látigo; fig. dominio, mando, ventaja; ~ *top*, peonza. — 15 AGR. ~ *graft*, graftage o *grafting*, injerto a la inglesa.

whip (to) *tr.* fustigar, zurriagar, azotar, dar latigazos a; zurrar, dar una paliza. 2 fam. batir, derrotar, ganar, vencer. 3 coc. batir [huevos, nata, etc.]: *whipped cream*, nata batida. 4 mover, asir, meter, sacar, quitar, etc., bruscamente, vivamente, con presteza. | Con *away*, *into*, *off*, *out*, etc. 5 sacudir [una alfombra, etc.]. 6 envolver [un cabo, palo, etc.] con cuerda o cordel. 7 COST. sobrecoser. 8 reunir, juntar, mantener juntos [para alguna acción]. | Gralte con *in*. 9 *to* ~ *away*, arrebatar, llevarse. *10 to* ~ *off*, ahuyentar a latigazos; sacar, quitar con presteza; despachar prontamente. *11 to* ~ *on*, poner o ponerse [algo] rápidamente. *12 to* ~ *out*, arrebatar, sacar, quitar con presteza; desenvainar, desenfundar. *13 to* ~ *up*, agarrar, coger de repente; arreglar, preparar o hacer de prisa; MAR. izar con tecle. — 14 *intr.* moverse, obrar, volverse, ir, pasar, etc., rápida o súbitamente: *to* ~ *down*, bajar volando; *to* ~ *out*, zafarse, escaparse; *to* ~ *up*, subir corriendo. 15 ondear, restallar. *16* pescar echando repetidamente

el anzuelo al agua. ¶ CONJUG. pret. y p. p.: *whipped* o *whipt*; ger.: *whipping*.

whipcord (juiˈpcoʳd) s. tralla [de látigo]. 2 hilo de tripa, catgut. 3 cierta tela fuerte de estambre.

whipgraft (to) (juiˈpgræft) *tr.* injertar a la inglesa.

whiplash (juiˈp-læsh) s. cuerda o tralla de látigo.

whiplash (to) *tr.* fustigar, azotar.

whipper (juiˈpøʳ) s. azotador; batidor. 2 flagelante. 3 izador.

whippersnapper (juiˈpøʳsnæpøʳ) s. arrapiezo. 2 mequetrefe.

whippet (juiˈpit) s. perro de una raza inglesa, muy corredora. 2 MIL. especie de carro de asalto ligero.

whipping (juiˈping) s. azotamiento, flagelación, vapuleo, paliza. 2 cuerda o cordel con que se envuelve un cabo, bastón, etc. — 3 *adj.* de azotar, para azotar, etc.: ~ *post*, poste al que se ataba al reo para azotarlo; ~ *top*, peonza.

whippletree (juiˈpøltri) s. CARR. volea, balancín.

whippoorwill (juiˈpuˈuil) s. ORNIT. chotacabras americana.

whipsaw (juiˈpsǫ) s. sierra para cortar los maderos a lo largo.

whipstaff (juiˈpstæf) s. MAR. pinzote. 2 mango de látigo.

whipster (juiˈpstøʳ) s. WHIPPERSNAPPER. 2 azotador.

whipstitch (juiˈpstich) s. sobrecostura.

whipstitch (to) *tr.* sobrecoser.

whipstock (juiˈpstac) s. mango de látigo.

whir (juøʳ) s. zumbido; aleteo.

whir (to) *intr.* zumbar, rehilar. 2 moverse, volar, girar con zumbido. — 3 *tr.* hacer volar o girar con zumbido. ¶ CONJUG. pret. y p. p.: *whirred*; ger.: *whirring*.

whirl (juøˈl) s. giro, rotación, vuelta o volteo rápidos; remolino, confusión. 2 espiral [de humo].

whirl (to) *intr.* girar, dar vueltas, voltear, voltejear, volverse, ir, pasar, rápidamente; remolinar. 2 *my head whirls*, se me va la cabeza. — 3 *tr.* hacer girar, voltear. 4 arremolinar.

whirlbone (juøˈlboun) s. rótula, choquezuela.

whirligig (juøˈliguig) s. perinola. 2 tiovivo. 3 fig. torbellino. 4 ENTOM. girino.

whirlpool (juøˈpul) s. vorágine, vórtice, olla, remolino de agua.

whirlwind (juøˈluind) s. torbellino, remolino de viento.

whirr (juøʳ) s. WHIR.

whirr (to) *tr.* TO WHIR.

whish (juish) s. zumbido [como el de una varilla que corta el aire]. — 2 *interj.* ¡zas! 3 ¡chitón! — 4 *adj.* silencioso.

whish (to) *intr.* TO SWISH. 2 TO WHIZ.

whisk (juisc) s. movimiento rápido, ligero [como el del que barre o roza algo]; *with a* ~ *of the broom*, de un escobazo; *in o with a* ~, en un santiamén. 2 escobilla, cepillo, manojo de heno o paja. 3 coc. batidor. 4 panoja [de mijo].

whisk (to) *tr.* barrer, arrastrar, cepillar. 2 mover, llevar, arrebatar: *to* ~ *out of sight*, escamotear, esconder de prisa. 3 coc. batir. — 4 *intr.* moverse rápidamente.

whisker (juiˈskøʳ) s. patilla: barba: *side whiskers*, patillas. 2 pelo [de la barba]. 3 *pl.* bigotes [del gato y de otros animales]. 4 MAR. mostachos [del bauprés].

whiskered (juiˈskøʳd) *adj.* patilludo, barbudo, bigotudo.

whiskey s. WHISKY.

whisky (juiˈski), *pl.* -kies (-kiš) s. whisky. — 2 *adj.* de whisky.

whisper (juiˈspøʳ) s. susurro, murmullo, cuchicheo.

whisper (to) *intr.* y *tr.* susurrar, murmurar, cuchichear, secretear; hablar o decir al oído; hablar en secreto con; apuntar, sugerir.

whisperer (juiˈspørøʳ) s. susurrador, cuchicheador.

whispering (juiˈspøring) s. susurración, susurro, murmullo, cuchicheo, secreteo, rumor, sugestión. — 2 *adj.* susurrador, murmurador, murmurioso. 3 cuchicheador.

whist (juiˈst) s. juego de naipes entre cuatro jugadores. — 2 *interj.* ant. ¡chitón!

whistle (juiˈsøl) s. silbato, pito, chiflato: *to pay for one's* ~, fig. pagar caro un capricho. 2 fam. gaznate: *to wet one's* ~, mojar el gaznate, beber. 3 silbido, pitido, chiflido, silbo.

whistle (to) *intr.* silbar, pitar, chiflar : *to* ~ *for*, llamar con un silbido; pedir o buscar en vano. — 2 *tr.* silbar [una canción]. *3* llamar o avisar con un silbido. *3* hacer silbar [un proyectil]. *4 to* ~ *down the wind*, gastar la saliva inútilmente.

whistler (jui·slø') *s.* silbador.

whit (jui·t) *s.* pizca, nada, bledo : *not a* ~, ni pizca ; *I care not a* ~, no me importa un bledo.

Whit *adj.* WHITSUN.

white (juait) *adj.* blanco; albo : ~ *alloy*, metal blanco; ~ *ant*, ENTOM. hormiga blanca ; ~ *bron-ze*, bronce claro, bronce rico en estaño; ~ *coal*, hulla blanca; ~ *corpuscle*, FISIOL. glóbulo blanco ; ~ *crop*, cereal, mies ; ~ *damp*, gas venenoso de las minas de carbón; ~ *elephant*, elefante blanco; fig. carga, estorbo, cosa que no produce utilidad y que resulta embarazosa o difícil de mantener ; ~ *feather*, pluma blanca, símbolo de cobardía; *to show the* ~ *feather*, mostrar cobardía; ~ *flag*, bandera blanca ; ~ *friar*, carmelita; ~ *gold*, oro blanco, aleación de oro que imita al platino; ~ *heat*, temperatura al rojo blanco; estado al rojo [de las pasiones, etc.] ; *White House*, Casa Blanca, residencia del Presidente de los EE. UU. ; ~ *iron*, fundición blanca; hojalata; ~ *lead*, albayalde, cerusa; ~ *lie*, fig. mentirilla, mentira inocente ; ~ *list*, lista blanca; [en la Bolsa de Nueva York] lista oficial de las transacciones efectuadas; ~ *magic*, magia blanca; ~ *matter*, ANAT. substancia blanca ; ~ *meat*, carne blanca; ~ *metal*, metal blanco; ~ *monk*, monje cisterciense ; ~ *oak*, BOT. roble albar; cierto roble americano; ~ *paper*, papel blanco o en blanco; (Ingl.) informe oficial; ~ *pepper*, pimienta blanca; ~ *pine*, BOT. especie de pino albar de Norteamérica ; ~ *plague*, peste blanca, tuberculosis; ~ *poplar*, BOT. álamo blanco; *White Russia*, GEOGR. Rusia Blanca; ~ *sauce*, salsa blanca ; *White Sea*, GEOGR. Mar Blanco; ~ *slave*, mujer que es objeto de la trata de blancas; ~ *slavery*, trata de blancas; ~ *vitriol*, QUÍM. vitriolo blanco ; ~ *wine*, vino blanco. 2 cano. *3* pálido, lívido, descolorido. *4* rubio [trigo]. *5* puro, inmaculado. *6* inocuo, inocente. *7* feliz, propicio. *8* en blanco.

9 s. color blanco, blancura. *10* pureza, inocencia. *11* blanco [parte blanca, espacio en blanco]. *12* blanco [del ojo]. *13* clara [de huevo]. *14* vestido blanco. *15* blanco, blanca [pers.]. *16* AJED., DAM. las blancas. *17* *Spanish* ~, yeso mate. *18 pl.* flores blancas, leucorrea. *19* flor de harina.

white (to) *tr.* e *intr.* TO WHITEN.

whitebait (juai·tbeit) *s.* arenques pequeños; boquerones.

white-bearded *adj.* barbicano.

whitebeam (juai·tbīm) *s.* BOT. mostellar.

whitecap (juai·tcæp) *s.* MAR. cabrilla. 2 (EE. UU.) individuo de una junta que se arroga funciones de vigilancia y aplica la ley de Lynch.

whitefish (juai·tfish) *s.* ICT. pez parecido al salmón. 2 ZOOL. ballena blanca.

white-footed *adj.* patialbo, patiblanco; manialbo, maniblanco.

white-handed *adj.* de manos blancas. 2 de manos limpias, inocente, puro.

white-hot *adj.* calentado al rojo blanco.

white-livered *adj.* cobarde. 2 envidioso.

whiten (to) (juai·tøn) *tr.* blanquear, emblanquecer. *2* platear. — *3 intr.* emblanquecerse, volverse blanco, blanquear.

whitener (juai·tnø') *s.* blanqueador.

whiteness (juai·tnis) *s.* blancura, albura, palidez. *3* pureza, inocencia.

whitening (juai·tning) *s.* blanqueo; emblanquecimiento. *2* enjabelgadura; lechada.

whitethorn (juai·tzo'n) *s.* BOT. espino blanco.

whitewash (juai·tuash) *s.* preparación para blanquear, lechada. 2 blanquete, afeite. *3* fig. artículo, libro, veredicto, información, etc., con que se encubren los vicios o faltas de uno o de algo.

whitewash (to) *tr.* blanquear, enjalbegar, encalar. *2* encubrir los vicios o faltas de uno o de algo. *3* fam. (Ingl.) salvar al que ha hecho quiebra mediante artificios legales. *4* fam. (EE. UU.) dejar zapatero en el juego.

whitewasher (juai·tuashø') *s.* blanqueador, enjalbegador.

whitewashing (juai·tuashing) *s.* blanqueo, enjalbegadura. *2* jalbegue, lechada. *3* fig. encubrimiento, cohonestación.

whitewood (juai·twud) *s.* nombre de varios árboles de madera blanca o de color blanco, entre ellos el tulípero. 2 madera de estos árboles.

whither (jui·dø') *adv.* adónde, a qué parte, a qué punto, fin o resultado. 2 adonde, al lugar o punto donde.

whithersoever (jui·dø'soe·vø') *adv.* adondequiera que.

whiting (juai·ting) *s.* caliza pulverizada que se emplea para blanquear, blanco de España. 2 ICT. especie de merluza. *3* ICT. ~ *pout*, faneca.

whitish (juai·tish) *adj.* blanquecino, blancuzco.

whitishness (juai·tishnis) *s.* color blanquecino.

whitleather (jui·tledø') *s.* piel curtida en blanco.

whitlow (jui·tlou) *s.* MED. panadizo.

whitlowwort (jui·tlouwø't) *s.* BOT. nevadilla, sanguinaria menor.

Whitsun (jui·tsøn) *adj.* de Pentecostés; del domingo o de la semana de Pentecostés.

Whitsunday (jui·tsøndei) *s.* domingo de Pentecostés.

Whitsuntide (jui·tsøntaid) *s.* Pascua de Pentecostés.

whittle (jui·tøl) *s.* ant. cuchillo, cuchilla.

whittle (to) *tr.* dar forma, sacar pedazos, sacar punta [a un trozo de madera] con el cuchillo. 2 fig. reducir, cercenar, rebajar, destruir poco a poco. | Gralte. con *away* o *down*.

whity (juai·ti) *adj.* blanquecino.

whiz (juiš) *s.* zumbido; sonido entre zumbido y silbido. 2 pop. (EE. UU.) trato, ajuste. *3* pop (EE. UU.) persona muy capaz, fenómeno; cosa excelente.

whiz (to) *intr.* zumbar, silbar, rehilar, ir zumbando por el aire : *to* ~ *by*, rehilar; pasar como una flecha. — 2 *tr.* mover o hacer girar rápidamente. ¶ CONJUG. pret. y p. p.: *whizzed;* ger.: *whizzing.*

whiz-bang *s.* bala de tiro rápido cuyo zumbido se oye al mismo tiempo que su explosión.

whizz (jui·š) *s.* WHIZ.

whizz (to) *intr.* y *tr.* TO WHIZ.

whizz-bang *s.* WHIZ-BANG.

whizzing (jui·šing) *s.* zumbido, silbido. — 2 *adj.* que zumba o silba, que pasa zumbando o silbando.

who (ju) *pron. rel.* quien, quienes, que, el que, los que, las que [refiriéndose a pers. y gralte. como sujeto]. 2 *he* ~, el que, quien. — *3 pron. interr.* ¿quién?, ¿quiénes?

whoa (juou) *interj.* ¡so!, ¡cho!

whoever (jue·vø') *pron. rel.* quienquiera que, cualquiera que, quien, el que, la que. — 2 *pron. interr.* fam. ¿quién?

whole (joul) *adj.* todo, entero, completo, total : *the* ~ *story*, toda la historia; ~ *brother*, ~ *sister*, hermano, hermana carnal ; ~ *note*, MÚS. semibreve, redonda ; ~ *number*, número entero; ~ *rest*, MÚS. silencio de semibreve; *made out of* ~ *cloth*, fig. sin fundamento, falso, imaginario. 2 *enterizo*. *3* íntegro, intacto, sano, ileso. — *4 s.* todo, total, totalidad, conjunto : *as a* ~, en conjunto; *on the* ~, *upon the* ~, en general, en conjunto; por la mayor parte.

whole-hearted *adj.* sincero, cordial. 2 hecho de veras, con ganas.

wholeness (jou·lnis) *s.* totalidad, integridad.

wholesale (jou·lseil) *adj.* COM. al por mayor ; que vende al por mayor : ~ *dealer*, mayorista. 2 extenso, general : ~ *slaughter*, matanza, hecatombe. — *3 s.* venta al por mayor : *by* ~, al por mayor. — *4 adv.* al por mayor, por mayor.

wholesale (to) *tr.* vender al por mayor.

wholesaler (jou·lseilø') *s.* comerciante al por mayor, mayorista.

wholesome (jou·lsøm) *adj.* sano, saludable, salutífero. 2 beneficioso, favorable. *3* sano [en buena salud], cuerdo. *4* edificante.

wholesomely (jou·lsømli) *adv.* saludablemente.

wholesomeness (jou·lsømnis) *s.* calidad de sano; salud, sanidad, salubridad.

whole-wheat *adj.* integral, de todo el trigo : ~ *bread*, pan integral.

wholly (jou·li) *adv.* totalmente, enteramente, del todo, completamente. 2 en todo su conjunto. *3* exclusivamente.

whom (jum) *pron.* (caso oblicuo de WHO) quien, quienes; que, el que, la que, etc.; el cual, la cual, etc. [precedidos de preposición].

whomever (jume·vø'), **whomsoever** (jumsoe·vø') (caso oblicuo de WHOEVER) quienquiera que, quienesquiera que [precedidos de preposición].

whoop (jup) *s.* grito, chillido, alarido. 2 silbido del búho. 3 MED. gallo [inspiración ruidosa propia de la tos ferina].

whoop (to) *intr.* gritar, chillar, vocear, dar alaridos. 2 silbar [el búho]. 3 inspirar ruidosamente después de un acceso violento de tos [esp. de tos ferina]. — 4 *tr.* expresar, llamar, excitar, insultar, alabar, etc., a gritos o con vehemencia. 5 pop. *to ~ it up*, alborotar, armar un alboroto.

whooping cough (ju·ping) *s.* MED. tos ferina.

whop (to) (juap) *tr.* zurrar, dar una paliza a. — 2 *intr.* (EE. UU.) dejarse caer.

whopper (jua·pø') *s.* fam. cosa enorme. 2 mentira colosal.

whopping (jua·ping) *adj.* fam. enorme, colosal.

whore (jo·') *s.* prostituta, ramera, puta.

whore (to) *intr.* putañear, fornicar. 2 BIBL. adorar dioses falsos. — 3 *tr.* prostituir.

whorish (jo·rish) *adj.* putesco.

whorl (juø'l) *s.* tortera [del huso]. 2 espiral, circunvolución. 3 BOT. verticilo. 4 ZOOL. espira [de caracol].

whorled (juø'ld) *adj.* verticilado.

whortleberry (juø·'tølberi) *s.* BOT. arándano. 2 BOT. variedad de gayuba.

who's (juš) *contr.* de WHO IS.

whose *pron.* (genitivo de WHO y WHICH) cuyo, cuya, cuyos, cuyas, del que, de la que, de los que, de las que, de quien, de quienes: *~ book is this?*, ¿de quién es este libro? Sólo en muy contados casos y para evitar la pesadez del estilo, se usa, en vez de *of which*, con referencia a cosas inanimadas o abstractas.

why (juai) *adv.* y *conj.* ¿por qué?, ¿cómo?; por qué, por el cual, por lo cual, por que, por ... que: *~ did you come?*, ¿por qué has venido?; *I don't know ~ he left*, no sé por qué se ha ido; *the reason ~*, la razón por la cual; *that is ~*, es por eso que. — 2 *interj.* ¡bien!, ¡cómo!, ¡toma!, ¡qué! ¡ca! 3 A veces se traduce por «sí»: *~, that is not true!*, ¡sí eso no es verdad! 4 A veces es un simple expletivo y no se traduce: *~, certainly*, ciertamente, por supuesto. — 5 *s.* porqué, causa, razón.

wick (uic) *s.* pábilo, mecha, torcida.

wicked (ui·kid) *adj.* malo, malvado, perverso, inicuo, impío. 2 maligno, mal intencionado. 3 ofensivo, desagradable, horrible. 4 malo [tiempo]. 5 fiero [animal]. 6 travieso, revoltoso.

wickedly (ui·kidli) *adv.* malvadamente, perversamente, inicuamente.

wickedness (ui·kidnis) *s.* maldad, perversidad, iniquidad. 2 mal, vicio, pecado, impiedad.

wicker (ui·kø') *s.* mimbre, varita flexible: *~ basket*, cesto de mimbres. 2 tejido de mimbres. — 3 *adj.* de mimbres, de cestería, recubierto de mimbres.

wickerwork (ui·kø'uo'k) *s.* tejido de mimbres, obra de cestería.

wicket (ui·kit) *s.* postigo, portillo, portezuela, cancilla, ventanilla. 2 compuerta [de canal o presa]. 3 DEP. meta, los tres palos que forman la meta; turno de cada jugador con el palo [en el cricquet].

wide (uai·d) *adj.* ancho [que tiene anchura]. 2 del ancho de, de ancho: *two feet ~*, de dos pies de ancho. 3 anchuroso, espacioso, holgado. 4 amplio, dilatado, vasto, extenso, variado. 5 apartado, alejado, desviado, divergente. 6 muy abierto. 7 liberal, comprensivo. — 8 *adv.* ampliamente, extensamente; por un gran espacio: *far and ~*, por todas partes, extensamente. 9 lejos, a distancia: *the ball went ~*, la pelota pasó lejos, desviada. 10 incoherentemente, difusamente. 11 muy [en ciertas expresiones]: *~ apart*, muy separado, muy distante; *~ open*, muy abierto, abierto de par en par.

wide-awake *adj.* muy despierto, despabilado. 2 alerta, vigilante. — 3 *s.* *~ hat* o simplte. *wide-awake*, cierto sombrero de fieltro de ala ancha.

wide-breasted *adj.* de pecho ancho.

wide-eyed *adj.* con los ojos abiertos. 2 asombrado. 3 cándido, inocente.

wide-honoured *adj.* honrado en todas partes.

widely (uai·dli) *adv.* extensamente. 2 muy mucho, ampliamente, holgadamente. 3 lejos, a gran distancia.

wide-mouthed *adj.* boquiancho, abocardado. 2 boquiabierto.

widen (to) (uai·døn) *tr.* ensanchar, ampliar, dilatar, extender. — 2 *intr.* ensancharse, extenderse.

widener (uai·dnø') *s.* ensanchador.

wideness (uai·dnis) *s.* anchura, amplitud, extensión.

widespread (uai·dspred) *adj.* extendido [alas, brazos, etc.]. 2 muy extendido o difundido; general, extenso.

widgeon (ui·dÿøn) *s.* ORNIT. cierto pato silvestre.

widow (ui·dou) *s.* viuda: *widow's pension*, viudedad; *widow's mite*, óbolo de la viuda, limosna que da un pobre.

widow (to) *tr.* dejar viuda o viudo. 2 privar de algo precioso, de un ser querido; desolar.

widowed (ui·doud) *adj.* viudo, viuda.

widower (ui·douø') *s.* viudo.

widowhood (ui·doujud) *s.* viudez.

width (uidz) *s.* anchura, ancho.

wield (to) (uild) *tr.* manejar, esgrimir, empuñar. 2 ejercer [poder, autoridad].

wieldy (ui·ldi) *adj.* manejable.

wife (uaif) *pl.* **wives** (uaivš) *s.* esposa, mujer. 2 ama de casa. 3 la hembra [en una pareja de animales].

wifehood (uai·fjud) *s.* estado de la mujer casada.

wifeless (uai·flis) *adj.* sin mujer.

wifely (uai·fli) *adj.* de esposa; propio de una esposa.

wig (uig) *s.* peluca, peluquín. 2 fam. (Ingl.) juez. 3 reprimenda. — 4 *interj.* *my ~!*, ¡oh!, ¡caramba!

wigan (ui·gan) *s.* tela gruesa de algodón que se usa como refuerzo.

wigged (uigd) *adj.* con peluca.

wigging (ui·guing) *s.* fam. peluca, represión.

wiggle (ui·gøl) *tr.* meneo. 2 culebreo.

wiggle (to) *tr.* menear [la cola, los dedos, etc.]. — 2 *intr.* menearse, culebrear.

wiggler (ui·glø') *s.* persona o cosa que menea o se menea. 2 larva de mosquito.

wight (uait) *s.* joc. sujeto, tipo, individuo.

wigmaker (ui·gmeikø') *s.* peluquero [que hace pelucas]

wigwag (ui·gwæc) *s.* comunicación con banderas.

wigwag (to) *tr.* mover de un lado a otro. 2 comunicar con banderas. — 3 *intr.* moverse de un lado a otro. 4 hacer señales con banderas. ¶ CONJUG. pret. y p. p.: *wigwagged*; ger.: *wigwagging*.

wigwam (ui·gwam) *s.* tienda o cabaña de ciertos indios norteamericanos. 2 joc. casa, habitación. 3 pop. (EE. UU.) edificio para reuniones políticas.

wild (uai·ld) *adj.* salvaje, montaraz, silvestre [animal, planta]: *~ ass*, onagro; *~ basil*, clinopodio; *~ boar*, jabalí; *~ carrot*, dauco, zanahoria silvestre; *~ duck*, pato salvaje; *~ fig*, cabrahigo; *~ fowl*, aves de caza; *~ goat*, cabra montés; *~ goose*, ánsar, ganso bravo; *~ hazel*, nochizo; *~ oats*, avena loca, ballueca; fig. mocedades, excesos de la juventud; *~ olive*, acebuchina; *~ olive tree*, acebuche. 2 cimarrón. 3 inculto, sin cultivo, desierto, inhabitado, despoblado, solitario. 4 salvaje [no civilizado]. 5 bravo, indómito, fiero, feroz. 6 turbulento, alborotado, borrascoso. 7 violento, impetuoso. 8 fogoso. 9 furioso. 10 desenfrenado, libre, desarreglado, desordenado. 11 impaciente, ansioso. 12 atronado, alocado. 13 extraño, extravagante, estrafalario, disparatado, descabellado, loco, insensato. 14 desviado, que no da en el blanco. 15 *adv.* WILDLY. 16 sin gobierno, sin freno: *to go ~*, volver al estado primitivo; desencadenarse. — 17 *s.* desierto, yermo, selva, tierra virgen.

wildcat (uai·ldcæt) *s.* ZOOL. gato montés. 2 fig. luchador feroz. 3 empresa o negocio arriesgados, poco seguros. 4 (EE. UU.) locomotora suelta, sin tren. 5 pozo [de petróleo] de exploración. — 6 *adj.* poco seguro, arriesgado, de poca confianza; fantástico, quimérico. 7 ilícito [negocio, etc.]. 8 no autorizado: *~ strike*, huelga no autorizada por el sindicato.

wilder (ui·ldø') *tr.* poét. despistar, confudir, desconcertar. — 2 *intr.* extraviarse.

wilderness (uĭ·ldǿ'nis) *s.* tierra inculta, desierto, soledad. 2 extensión, inmensidad. 3 masa, multitud.

wild-eyed *adj.* con la mirada extraviada, como un loco.

wildfire (uĭ·ldfai') *s.* fuego griego : *to spread like* ~, difundirse rápidamente. 2 fuego fatuo. 3 fucilazo.

wild-goose *adj.* quimérico, inútil : ~ *chase*, búsqueda o empresa inútil, quimérica.

wilding (uai·lding) *s.* planta silvestre o cimarrona. 2 manzano silvestre, manzana silvestre. — 3 *adj.* salvaje, silvestre, inculto.

wildly (uai·ldli) *adv.* en estado salvaje, sin cultivo. 2 salvajemente, furiosamente, locamente, desatinadamente, etc.

wildness (uai·ldnis) *s.* selvatiquez. 2 rusticidad. 3 brutalidad, ferocidad. 4 extrañeza, extravagancia. 5 desvarío, locura. 6 travesura.

wile (uai·l) *s. pl.* ardid, maña, treta, engaño. 2 astucia, artificio.

wile (to) *tr.* seducir, atraer, inducir, sonsacar. 2 engañar, engatusar. 3 *to* ~ *away*, pasar, entretener [el tiempo].

wilful (ui·lful) *adj.* voluntarioso, testarudo. 2 repropio. 3 voluntario, intencionado, premeditado.

wilfully (ui·lfuli) *adv.* voluntariosamente, obstinadamente. 2 voluntariamente, intencionadamente.

wilfulness (ui·lfulnis) *s.* obstinación, terquedad. 2 voluntariedad, intención, premeditación.

Wilhelmina (uiljelmĭ·na) *n. pr.* Guillermina.

wilily (uai·lili) *adv.* engañosamente, con astucia, arteramente.

wiliness (uai·linis) *s.* astucia, artificio, artería.

will (uil) *s.* voluntad [potencia del alma] : ~ *power*, fuerza de voluntad. 2 voluntad, deseo, determinación, intención : *good* ~, buena voluntad ; *ill* ~, mala voluntad, malquerencia, enemiga ; *thy* ~ *be done*, hágase tu voluntad ; *to have one's* ~, salirse con la suya ; *with a* ~, con toda la voluntad, con toda el alma. 3 albedrío : *free* ~, libre albedrío. 4 voluntad, discreción : *at* ~, a voluntad, a discreción. 5 poder, arbitrio. 6 apetito, pasión. 7 DER. testamento : *to make one's* ~, hacer testamento.

1) **will (to)** *tr.* querer, determinar, ordenar, mandar. | Cuando va seguido de un infinitivo, éste conserva la partícula *to: he* ~ *to come,* quiere venir. 2 obligar por imposición, sugestión o hipnotismo. 3 legar, dejar en testamento : *he willed his state to his brother,* dejó su hacienda a su hermano. 4 disponer [en testamento] : *I will my state to be divided among my children,* dispongo que mi hacienda se divida entre mis hijos. ¶ CONJUG. pret. y p. p. : *willed*; ger. : *willing.* | Pres. de INDIC. : I *will,* thou *willest,* he *wills* o *willeth*; we, you, they *will.*

2) **will** *tr.* e *intr.* querer, desear, anhelar, gustar : *what* ~ *you?,* ¿qué quiere o qué desea usted? ; *if you* ~, si usted quiere; *go when you* ~, vaya cuando guste. Como *tr.* úsase casi exclusivamente en la forma *would* con significación de presente, pretérito o futuro de subjuntivo : *I would not that you* ..., no quisiera que usted...; ~ *(to) God,* plegue a Dios, pluguiera a Dios, ojalá. 2 *aux.* (con un infinitivo sin *to*). Forma el futuro y el potencial del segundo verbo. En las primeras personas, denota especialmente voluntad, intención, promesa o amenaza; en las segundas y terceras, simple acción futura, posibilidad o contingencia : *I* ~ *not do it,* no lo haré, no quiero hacerlo; *it* ~ *be very pleasant,* será muy agradable; *should he meet me, he would know me at once,* si me encontrase me conocería en seguida. 3 A veces se usa en las segundas y terceras personas con el sentido de querer : *if you* ~ *go, thɛn go,* si quieres ir, ve. 4 A veces indica que la acción del segundo verbo es habitual, frecuente o persistente y se traduce por soler, acostumbrar o se traduce libremente : *he would take nightly walks,* solía dar paseos nocturnos; *she will sit for hours at the window,* se pasa las horas sentada a la ventana; *children* ~ *be children,* los niños siempre son niños. ¶ CONJUG. pret. y p. p. : *would.* | Presente : *will,* excepto la segunda pers. : *thou wilt.* | Carece de INFIN. e IMPER.

willed (uild) *pret.* y *p. p.* de TO WILL [1]. — 2 *adj.* de voluntad [esp. en composición] : *ill-willed,*

malévolo; *self-willed,* obstinado, terco; *strong-willed,* de voluntad fuerte, enérgico, inflexible.

willful *adj.,* **willfully** *adv.,* **willfulness** *s.* = WILFUL, WILFULLY, WILFULNESS.

William (uĭ·liam) *n. pr.* Guillermo.

Willie (uĭ·li) *n. pr.* dim. de WILLIAM.

willing (uĭ·ling) *adj.* deseoso, dispuesto, inclinado, pronto. 2 gustoso, complaciente. 3 activo, diligente, obediente. — 4 *ger.* de TO WILL : *God* ~, Dios mediante.

willingly (uĭ·lingli) *adv.* voluntariamente, de buena gana, con gusto.

willingness (uĭ·lingnis) *s.* buena voluntad, buena gana, gusto, complacencia.

will-o'-the-wisp *s.* fuego fatuo. 2 BOT. alga de color azul.

willow (uĭ·lou) *s.* BOT. sauce. 2 BOT. mimbrera. 3 TEJ. diabla, diablo, abridora [máquina]. 4 BOT. (EE. UU.) ~ *oak,* roble de hojas parecidas a las del sauce. 5 BOT. ~ *poplar,* álamo negro.

willow (to) *tr.* TEJ. limpiar o cardar con diabla.

willowish (uĭ·louish) *adj.* parecido al sauce o al mimbre.

willowy (uĭ·loui) *adj.* abundante en sauces o mimbres. 2 mimbreño, cimbreño, flexible, esbelto, juncal.

willy-nilly (uĭ·li-nĭ·li) *adj.* irresoluto. 2 obligado, obligatorio. — 3 *adv.* velis nolis, de buen o mal grado, de grado o por fuerza.

wilt (uilt) 2.ᵃ *pers. del pres de ind.* de TO WILL [2].

wilt (to) *tr.* marchitar, secar, ajar. 2 debilitar, acobardar. — 3 *intr.* marchitarse, agostarse, secarse. 4 languidecer, descaecer. 5 acobardarse.

wily (uĭ·li) *adj.* astuto, artero, marrullero.

wimble (uĭ·mbøl) *s.* berbiquí, barrena, taladro.

wimple (uĭ·mpøl) *s.* toca, grifón.

wimple (to) *tr.* cubrir con toca o grifón. 2 plegar [hacer pliegues en]. 3 ondular, rizar [la superficie del agua]. — 4 *intr.* caer en pliegues. 5 rizarse [la superficie del agua].

win (uin) *s.* fam. triunfo, éxito.

win (to) *tr.* ganar, obtener, alcanzar, conquistar, lograr, granjearse. 2 persuadir, atraer, convencer, ganar el afecto de : *to* ~ *over,* traer a la propia opinión, partido, etc. — 3 *intr.* vencer, triunfar, ganar. 4 *to* ~ *on* o *upon,* ganar influencia sobre ; conquistar. 5 *to* ~ *out,* triunfar, salirse con la suya. ¶ CONJUG. pret. y p. p. : *won;* ger. : *winning.*

wince (uĭ·ns) *s.* acción de cejar, encogerse, retroceder ; respingo. 2 devanadera de tintorero.

wince (to) *intr.* cejar, retroceder, encogerse, temblar, acobardarse [ante una dificultad, un golpe, el dolor, etc.] ; dar un respingo, respingar.

winch (uĭ·nch) *s.* manubrio, cigüeña. 2 torno de engranaje [para elevar pesos] ; montacargas. 3 carrete [de caña de pescar].

1) **wind** (uind, *en poesía* uaind) *s.* viento, aire : ~ *aft,* viento de popa ; ~ *on end* o *ahead,* viento de proa ; *to cast to the* ~, *to the winds* o *to the four winds,* esparcir, arrojar ; abandonar, dejar de tener en cuenta ; *to get* o *have the* ~ *up,* asustarse, ponerse nervioso; encolerizarse ; *to have the* ~ *of,* estar a barlovento de; ganar por la mano; tener la ventaja o superioridad respecto de ; *to keep the* ~, navegar de bolina ; *to raise the* ~, allegar dinero, causar agitación ; despertar sospechas ; *to sail close to the* ~, ceñir el viento; administrar económicamente ; rozar lo vulgar, indiscreto o indecoroso; *against* o *up the* ~, contra el viento ; *before the* ~, viento en popa; *between* ~ *and water,* en la línea de flotación; en sitio delicado o peligroso; *by the* ~, ciñendo el viento; *in,* o *into, the wind's eye* o *the teeth of the* ~, de cara al viento; *under the* ~, a sotavento. 2 viento, rumbo, punto cardinal. 3 viento [olor que deja la caza] : *to get the* ~ *of* o *to get* ~ *of,* fig. oler, tener noticia de; *something is in the* ~, algo pasa, algo se trama. 4 aliento, respiración, resuello. 5 flato, flatulencia, ventosidad : *to break* ~, ventosear. 6 BOXEO boca del estómago. 7 *sing.* y *pl.* MÚS. instrumento de viento. 8 *adj.* de viento; relativo al viento : ~ *band,* charanga ; ~ *instrument,* instrumento de viento ; ~ *sleeve,* ~ *sock,* manga de viento.

2) **wind** (uaind) *s.* mecanismo para devanar. 2 planta enredadera. 3 devanado; espiral, vuelta, sinuosidad.

1) **wind (to)** (uind) *tr.* e *intr.* ventear, husmear, olfatear. — 2 *tr.* orear, airear, ventilar. 3 quitar el resuello. 4 dejar que recobre el aliento [un caballo]. 5 regular el aire [de un órgano]. ¶ CONJUG. pret. y p. p.: *winded*.

2) **wind (to)** (uaind) *tr.* soplar.˙2 tocar, hacer sonar [un instrumento de viento]. ¶ CONJUG. pret. y p. p.: *wound*, raramente *winded*.

3) **wind (to)** (uaind) *tr.* devanar, ovillar, encanillar. 2 arrollar, enrollar, envolver, retorcer, ensortijar, entortijar: *to ~ someone around one's fingers*, fig. manejar o gobernar a uno. 3 hacer seguir un camino sinuoso: *to ~ one's way*, ir, o pasar, haciendo curvas y rodeos; serpentear. 4 torcer; manejar, dirigir, gobernar. 5 introducir solapadamente. 6 dar cuerda a. 7 atirantar. 8 izar, elevar [con máquina]. 9 volver [un caballo] a la izquierda. 10 *to ~ off*, desenrollar, desovillar. 11 *to ~ up*, devanar, ovillar; dar cuerda a; atirantar; excitar; templar [las cuerdas de un instrumento]; izar, elevar [con máquina]. — 12 *intr.* arrollarse enrollarse, enroscarse. 13 serpear, serpentear, culebrear. 14 introducirse solapadamente. 15 alabearse. — 16 *tr.* e *intr.* MAR. virar en redondo [una nave anclada]. 17 *to ~ up*, acabar, concluir, finalizar; COM. liquidar [uno sus negocios]. ¶ CONJUG. pret. y p. p.: *wound* (en términos náuticos, *winded*).

windage (ui·ndidȳ) *s.* ARTILL. viento [huelgo entre la bala y el ánima del cañón]. 2 ARTILL. desvío de un proyectil por efecto del viento; fuerza del viento para desviar el proyectil. 3 MEC. fricción del aire.

windbag (ui·ndbæg) *s.* saco de aire. 2 fam. el pecho. 3 fam. palabrero, charlatán.

wind-blown *adj.* llevado o desarreglado por el viento.

wind-bound *adj.* MAR. detenido por vientos contrarios.

windbreak (ui·ndbrec) *s.* abrigo o protección contra el viento.

winded (ui·ndid) *adj.* venteado. 2 sin aliento, sin resuello, jadeante, sofocado. 3 *short ~*, corto de resuello; *long ~*, de buenos pulmones; interminable, prolijo.

winder (ui·ndə⁰) *s.* devanador. 2 argadillo, devanadera; carrete. 3 llave para dar cuerda. 4 BOT. enredadera. 5 ARQ. escalón de abanico.

windfall (ui·ndfol) *s.* fruta caída del árbol por la fuerza del viento. 2 árbol despojado por el viento. 3 fig. ganga, suerte, ganancia o herencia inesperada.

windflower (ui·ndflauə⁰) *s.* BOT. anémona, anémone.

windgall (ui·ndgol) *s.* VET. aventadura.

windiness (ui·ndinis) *s.* ventosidad [calidad de ventoso]. 2 flatulencia. 3 hinchazón. 4 vanidad, presunción. 5 verbosidad.

winding (uai·nding) *s.* arrollamiento, enroscamiento, devanado, ovillado, bobinado. 2 vuelta, espira [de una cosa arrollada]. 3 vuelta, revuelta, recodo, recoveco, sinuosidad, tortuosidad. 4 ELECT. arrollamiento. 5 alabeo. 6 MÚS. adorno, variación improvisada. 7 ~ *up*, acción de dar cuerda, de atirantar; liquidación, conclusión. — 8 *adj.* sinuoso, tortuoso, serpentino. 9 enrollado, que envuelve: ~ *sheet*, mortaja, sudario. 10 en espiral: ~ *stairs*, escalera de caracol. 11 flexible. 12 mejora revolver o devanar: ~ *frame*, devanadera; ~ *machine*, bobinadora.

windjammer (ui·ndj̄æmə⁰) *s.* MAR. fam. buque de vela; tripulante de un buque de vela. 2 fam. trompeta [soldado]. 3 fam. palabrero, charlatán.

windlass (ui·ndlas) *s.* torno [para elevar pesos]; malacate. 2 MAR. molinete.

windless (ui·ndlis) *adj.* encalmado, sin viento. 2 sin resuello.

windmill (ui·ndmil) *s.* molino de viento. 2 molinete [juguete]. 3 AVIA. turbina de aire.

window (ui·ndou) *s.* ventana; *bay ~*, mirador, cierro de cristales; *rose ~*, rosetón. 2 puerta vidriera. 3 ventanilla. 4 escaparate [de tienda]. 5 parte transparente [de ciertos sobres]. — 6 *adj.* de ventana o escaparate: ~ *blind*, persiana, cortina, postigo, contraventana; ~ *case*, ~ *frame*, marco de ventana; ~ *dresser*, decorador de escaparates; ~ *dressing*, decoración y arreglo de escaparates; fig. falseamiento de los hechos de una situación política, financiera, etc., para darles un aspecto favorable; ~ *envelope*, sobre

con una parte transparente; ~ *glass*, cristal de ventana; ~ *sash*, bastidor de una ventana de guillotina; ~ *screen*, sobrevidriera, alambrera; ~ *seat*, asiento interior al pie de una ventana; ~ *shade*, transparente, visillo; ~ *shutter*, contraventana, postigo; ~ *sill*, antepecho, repisa de ventana.

windowed (ui·ndoud) *adj.* que tiene ventanas.

windowless (ui·ndoulis) *adj.* sin ventana.

windowpane (ui·ndoupein) *s.* cristal o vidrio de ventana. 2 ICT. (EE. UU.) especie de platija.

window-shop (to) *intr.* ir a ver los escaparates de las tiendas.

windpipe (ui·ndpaip) *s.* tráquea, gaznate.

windrow (ui·ndrou) *s.* línea de hojas, polvo, etc., amontonados por el viento. 2 montón largo de heno, mies, etc., que se deja en el campo para que se seque.

windrow (to) *tr.* amontonar en línea el heno, la mies, etc.

windsail (ui·ndseil) *s.* MAR. manguera [de ventilación]. 2 aspa [de molino de viento].

windscreen (ui·ndscrin), **windshield** (ui·ndshild) *s.* AUTO. parabrisas: ~ *wiper*, limpiaparabrisas.

windstorm (ui·ndstoˑm) *s.* ventarrón, viento impetuoso.

windup (uai·ndøp) *s.* liquidación, arreglo; conclusión, final, desenlace. — 2 *adj.* de liquidación; de conclusión, de final, de desenlace. 3 de cuerda [mecanismo].

wind-up *s.* fam. estado de excitación, ansiedad, etc.

winward (ui·ndua') *s.* barlovento: *to sail to the ~*, barloventear. — 2 *adj.* de barlovento: ~ *tide*, marea contraria al viento: *Windward Islands*, Islas de Barlovento. — 3 *adj.* hacia barlovento.

windy (ui·ndi) *adj.* ventoso, borrascoso, de viento, expuesto al viento: *it is ~*, hace viento. 2 tempestuoso, agitado. 3 mudable. 4 ventoso, flatulento. 5 movido por el aire; que da aire. 6 verboso, ampuloso, hinchado. 7 palabrero. 8 vano, inconsistente. 9 pop. cobarde.

wine (uain) *s.* vino: *currant ~*, vino de grosellas; *Port ~*, vino de Oporto; *red ~*, vino tinto; *small ~*, vinillo; *sparkling ~*, vino espumoso; *to be in ~*, estar ebrio, borracho, calamocano. — 3 *adj.* vinoso, de vino, para el vino: ~ *apple*, cierta manzana encarnada; ~ *bag*, odre, pellejo; ~ *card*, lista de vinos; ~ *cellar*, bodega; ~ *cooler*, enfriadera; ~ *merchant*, vinatero, tratante en vinos; ~ *press*, prensa para uvas, lagar; ~ *red*, color rojo de vino; ~ *taster*, catavinos; ~ *vault*, cueva, bodega.

wine (to) *tr.* e *intr.* convidar u obsequiar con vino. — 2 *intr.* beber vino.

winebibber (uai·nbibø⁰) *s.* bebedor de vino.

wine-colo(u)red *adj.* de color de vino, rojo obscuro.

wineglass (uai·nglæs) *s.* copa para vino.

winegrower (uai·ngrouø⁰) *s.* viticultor, vinicultor.

winegrowing (uai·ngrouing) *s.* viticultura, vinicultura. — 2 *adj.* viticultor, vinicultor.

winery (uai·nøri) *pl.* **-ries** (-riš) *s.* lugar donde se hace vino: bodega, lagar.

winesap (uai·nsæp) *s.* manzana roja de invierno.

wineskin (uai·nskin) *s.* odre, pellejo.

wing (uing) *s.* ala [para volar]: *on*, o *upon, the ~*, volando; yendo de un lado a otro, viajando; con un pie en el estribo, partiendo: *under the ~ of*, bajo la protección de. 2 vuelo [acción o manera de volar]: *to make ~ to*, volar hacia; *to take ~*, alzar el vuelo. 3 ala [cosa parecida a un ala]. 4 ala, lado, costado. 5 BOT., ARQ., FORT., MIL. ala. 6 MEC. aleta, oreja. 7 alero [de coche]. 8 TEAT. bastidor. — 9 *adj.* de ala, para las alas, etc.: ~ *case*, ENTOM. élitro; ~ *chair*, poltrona con orejeras; ~ *collar*, cuello de pajarita; ~ *nut*, tuerca de orejas.

wing (to) *tr.* llevar sobre las alas. 2 ejecutar por medio de las alas. 3 dar o prestar alas a. 4 impeler. 5 volar a través de, hender o pasar volando. 6 MIL. proteger, flanquear. 7 herir en el ala o en el brazo. 8 fig. dañar, incapacitar, inhabilitar. — 9 *intr.* volar, irse. 10 alear.

winged (uingd o ui·nguid) *adj.* alado, alígero. 2 veloz. 3 elevado, sublime. 4 herido del ala; fam. herido, muerto. 5 lleno de pájaros.

wingless (ui·nglis) *adj.* sin alas. 2 áptero. 3 sin pájaros.

winglet (ui·nglit) *s.* alita.

wingspread (ui·ngspred) *s.* ORNIT. envergadura.

wink (uink) s. parpadeo, pestañeo, abrir y cerrar de ojos. 2 guiño, guiñada. 3 sueño corto : *I didn't sleep a* ~, no he podido pegar los ojos; *to take forty winks*, echar una siestecita, descabezar el sueño. 4 relámpago, destello.

wink (to) *intr.* pestañear, parpadear, abrir y cerrar los ojos o un ojo. 2 hacer un guiño o guiños. 3 centellear, destellar, dar luz trémula, vacilar. 4 *to* ~ *at*, hacer la vista gorda, pasar por alto, tolerar, disimular. — 5 *tr.* guiñar [un ojo].

winker (ui·nkø') s. guiñador. 2 anteojera [de caballo]. 3 *pl.* fam. ojos; pestañas. 4 fam. anteojos, lentes. 5 luces intermitentes [de un coche].

winkle (ui·nkøl) s. ZOOL. margarita, litorita [caracol marino].

winner (ui·nø') s. ganador. 2 vencedor.

winning (ui·ning) s. triunfo. 2 ganancia, lucro, conquista; acción de ganar; ~ *back*, recobro, desquite. 3 *pl.* ganancias. — 4 *adj.* triunfante, victorioso, ganador; ganancioso; de victoria: ~ *post*, poste de llegada [en una carrera]; ~ *side*, partido triunfante; ~ *suit*, en el bridge, corazones o picas. 5 atractivo, encantador, persuasivo.

winnow (ui·nou) s. aventamiento, ahecho. 2 aventadora.

winnow (to) *tr.* aventar, ahechar, despajar. 2 cerner, analizar, escoger, seleccionar. 3 esparcir [al viento o por el viento]. 4 batir [el aire] con las alas; recorrer volando. — 5 *intr.* aventar, ahechar el grano. 6 pasar volando, volar.

winnower (ui·nouø') s. aventador. 2 aventadora [máquina].

winnowing (ui·nouing) s. aventamiento, ahecho. 2 *pl.* granzas, tamo. — 3 *adj.* de aventar : ~ *machine*, aventadora [máquina].

winsome (ui·nsøm) *adj.* agradable, atractivo, simpático, encantador, seductor.

winter (ui·ntø') s. invierno. — 2 *adj.* de invierno, invernal, invernizo, hibernal, hiemal : ~ *cherry*, BOT. alquequenje, vejiga de perro; ~ *clothes*, ropas de invierno; ~ *quarters*, cuarteles o residencia de invierno; ~ *resort*, lugar o población de invierno [propia para pasar el invierno]; ~ *rose*, BOT. eléboro negro; ~ *savoury*, BOT. hisopillo; ~ *season*, invierno, invernada; ~ *sleep*, sueño invernal; ~ *solstice*, solsticio de invierno; ~ *sweet*, BOT. orégano.

winter (to) *intr.* invernar, pasar el invierno. — 2 *tr.* guardar, alimentar, etc., durante el invierno. 3 marchitar, consumir.

winterer (ui·ntørø') s. el que invierna. 2 el que guarda animales que invernaron.

winter-beaten *adj.* maltratado o curtido por el invierno.

winterberry (ui·ntø'beri) s. BOT. acebo americano.

wintergreen (ui·ntø'grin) s. BOT. (Ingl.) planta del gén. *Pyrola.* 2 BOT. (EE. UU.) planta del gén. *Gaultheria.*

wintering (ui·ntøring) s. invernada.

winterish (ui·ntørish) *adj.* invernizo.

winterless (ui·ntø'lis) *adj.* sin invierno.

winterly (ui·ntø'li) *adj.* WINTRY.

wintertide (ui·ntø'taid) s. poét. invierno.

wintriness (ui·ntrinis) s. calidad de invernal o invernizo. 2 frialdad, frío, tristeza.

wintry (ui·ntri) *adj.* de invierno. 2 invernal, invernizo, hibernal, hiemal. 3 frío, tempestuoso. 4 blanco. 5 helado, triste. 6 viejo.

winy (uai·ni) *adj.* vinoso, de vino. 2 embriagado.

winze (uinš) s. MIN. pozo de comunicación.

wipe (uai·p) s. limpión, limpiadura. 2 golpe, revés, manotazo. 3 pop. pañuelo [de bolsillo].

wipe (to) *tr.* limpiar, secar, enjugar, restregar : *to* ~ *away one's tears*, limpiarse las lágrimas; *to* ~ *one's boots on*, fig. pisotear, tratar con indignidad. 2 quitar, lavar, hacer desaparecer, borrar, cancelar, extirpar, exterminar, aniquilar, destruir. Con *away, o out: to* ~ *out a score*, desquitarse; *to* ~ *off the slate*, borrar una cuenta. 3 pasar [la mano, un trapo, etc.] por. — 4 *intr. to* ~ *at*, asestar un golpe, un revés, etc., a.

wiper (uai·pø') s. el que enjuga o limpia. 2 trapo, paño, toalla, etc. [para enjugar]. 3 pop. pañuelo [de bolsillo]. 4 pop. golpe, revés, manotazo. 5 ELECT. contacto deslizante. 6 baqueta [para limpiar el fusil]. 7 MEC. frotador. 8 MEC. excéntrica, leva, álabe.

wire (uai') s. alambre. 2 hilo o cuerda de alambre. 3 cuerdas del piano, del arpa.. 4 lazo o trampa de alambre. 5 red de alambre. 6 alambrado. 7 telégrafo eléctrico. 8 telegrama. 9 *pl.* hilos [con que se mueve una cosa] : *to pull the wires*, mover los hilos. — 10 *adj.* de alambre o relativo a él : ~ *brush*, cepillo metálico; ~ *cutter*, cortaalambres; ~ *edge*, filván; ~ *entanglement*, FORT. alambrada; ~ *fence*, alambrado; ~ *gauge*, calibrador de alambres; ~ *gauze*, gasa de alambre, tela metálica muy fina; ~ *glass*, vidrio armado con tela metálica; ~ *nail*, alfiler o punta de París; ~ *netting*, tela metálica; ~ *recorder*, magnetófono; ~ *recording*, grabación en cinta magnetofónica; ~ *rope*, cordón o cable metálico; ~ *screen*, alambrera, tela metálica; ~ *tapping*, conexión telegráfica o telefónica establecida subrepticiamente para interceptar mensajes; ~ *walker*, volatinero, equilibrista; ~ *wheel*, rueda con rayos de alambre; cepillo metálico rotatorio.

wire (to) *tr.* proveer de alambres, de conducción eléctrica. 2 atar, cercar, armar, etc., con alambres. 3 coger con lazo de alambre. — 4 *tr.* e *intr.* telegrafiar.

wiredraw (to) (uai·dro) *tr.* tirar [metales]. 2 alargar, prolongar, hacer durar. 3 alambicar, sutilizar. ¶ CONJUG. pret.: *wiredrew;* p. p.: *wiredrawn.*

wiredrawer (uai·dro·ø') s. tirador [de metales].

wiredrawing (uai·droing) s. tirado [de metales].

wire-haired *adj.* de pelo áspero [perro].

wireless (uai·lis) *adj.* ELECT. inalámbrico, sin hilos; de telegrafía o telefonía sin hilos : ~ *operator*, radiotelegrafista. 2 (Ingl.) de radio, radiofónico : ~ *set*, aparato de radio; ~ *station*, emisora de radio. — 3 s. telegrafía, telefonía, sin hilos. 4 (Ingl.) radio, radiotelefonía. 5 (Ingl.) aparato de radio.

wireless (to) *tr.* e *intr.* comunicar o transmitir por radiotelegrafía o radiofonía.

wirephoto (uai·fou·tou) s. telefoto.

wirepuller (uai·pulø') s. el que mueve los hilos: titiritero; intrigante político.

wirepulling (uai·puling) s. manejo de los hilos; influencia secreta, intrigas políticas.

wirespun (uai·spøn) *adj.* muy largo y fino. 2 demasiado sutil o alambicado.

wirework (uai·uø'c) s. enrejado, alambrado.

wireworm (uai·uø'm) s. ENTOM. larva de ciertos escarabajos.

wiring (uai·ring) s. acción del verbo TO WIRE. 2 ELECT. sistema e instalación de hilos y cables de distribución; conducción [eléctrica]. 3 AVIA. alambrado.

wiry (uai·ri) *adj.* de alambre; como alambre. 2 resistente, delgado y fuerte, nervudo. 3 vibrante [sonido]. 4 débil, pero sostenido [pulso].

wisdom (ui·sdøm) s. sabiduría, sapiencia. 2 prudencia, cordura, juicio, buen sentido, discreción, sagacidad : ~ *tooth*, muela cordal o del juicio. 3 máxima, apotegma.

wise (uaiš) *adj.* cuerdo, prudente, juicioso, sensato, discreto, de buen entendimiento: *a word to the* ~ *is enough*, al buen entendedor pocas palabras. 2 astuto, sutil. 3 fam. enterado, noticioso : *he came away as* ~ *as he went*, se fue sin haberse enterado de nada; *to get* ~ *to*, enterarse, percatarse de. 4 sabio, docto: *the* ~ *men*, los tres reyes magos; los siete sabios de Grecia; ~ *guy* (EE. UU.), sabelotodo. — 5 s. modo, manera [en modismos y en composición] : *in any* ~, de cualquier modo; *in no* ~, de ningún modo, absolutamente; *likewise*, también, del mismo modo; *sidewise*, de lado.

wiseacre (uoi·šeikø') s. sabihondo, necio presumido, tonto, bobo.

wisecrack (uai·šcræk) s. fam. (EE. UU.) agudeza, chiste, bufonada.

wisehead (uai·šjed) s. prudente, sabio.

wisely (uai·šli) *adv.* sabiamente, prudentemente, juiciosamente, sagazmente.

wish (uish) s. deseo, anhelo: *to make a* ~, pensar algo que se desea; ~ *is father to thought*, el pintar como el querer. 2 súplica, ruego.

wish (to) *tr.* desear, anhelar, ansiar, querer: *to* ~ *one good morning*, dar los buenos días a uno; *to* ~ *one happines*, hacer votos por la felicidad de uno; *I* ~ *you joy*, sea la enhorabuena; que se divierta; *I ~ it were true!*, ¡ojalá fuese verdad! 2 A veces implica ruego o mandato: *I ~ you to go now*, vaya usted ahora. — 3 intr. *to ~ for* o *after*, desear, anhelar.

wishbone (ui·sboun) *s.* espoleta' [de ave].

wisher (ui·sho̧') *s.* deseador.

wishful (ui·shful) *adj.* deseoso, anheloso, ansioso, ganoso, ávido. *2 ~ thinking*, creencia inspirada por el deseo, castillos en el aire.

wishfully (ui·shfuli) *adv.* ansiosamente, con anhelo, ardientemente.

wishy-washy (ui·shi-ua·shi) *adj.* pálido, débil, ñoño, insípido. 2 flojo, aguado [liquido].

wisp (uisp) *s.* mechón. 2 manojito, puñado. 3 trozo de papel u otra cosa retorcida. 4 trocito, jirón, pizca. 5 fuego fatuo. 6 bandada [de ciertos pájaros]. 7 escobilla.

wisp (to) *tr.* cepillar, restregar. 2 retorcer, hacer un manojo.

wist (uist) *pret.* de TO WIT.

wistful (uis·tful) *adj.* anhelante, ansioso, ávido. *2* pensativo, tristón.

wistfully (ui·stfuli) *adv.* ansiosamente, con anhelo. 2 pensativamente.

wistfulness (ui·stfulnis) *s.* deseo, anhelo, avidez. 2 estado pensativo.

wit (uit) *s.* agudeza, ingenio, gracejo, sal, chispa: *ready ~*, viveza de ingenio. 2 ingenio [pers. ingeniosa o aguda], gracioso, chistoso, conceptista. 3 burla o sátira aguda. 4 entendimiento, cacumen, talento, imaginación, inventiva: *to be at one's wit's end*, no saber qué hacer o decir. 5 buen sentido: *mother ~*, sentido común. 6 *pl.* juicio, razón, equilibrio mental: *to be out of one's wits*, estar fuera de juicio, estar loco; *to have*, o *to keep*, *one's wits about one*, conservar la presencia de ánimo; *to loose one's wits*, perder el juicio. 7 ingenio, habilidad, industria: *to use one's wits*, valerse de su ingenio; *to live by one's wits*, vivir de su ingenio, ser caballero de industria.

wit (to) *tr.* ant. saber. | Ús. actualmente en la frase: *to ~*, a saber, es decir. ¶ CONJUG. pret. y p. p.: *wist*; *ger.*: *witting*.

witch (uich) *s.* bruja, hechicera. 2 bruja [mujer fea y vieja]. 3 mujer encantadora. 4 BOT. *~ elm*, olmo escocés; *~ hazel*, serbal; carpe; (EE. UU.) hamamelis.

witch (to) *tr.* hechizar, encantar, maleficiar, embrujar. 2 hechizar, cautivar.

witchcraft (ui·chcræft) *s.* brujería, hechicería, encantamiento. 2 encanto, fascinación.

witchery (ui·cho̧ri) *s.* WITCHCRAFT. 2 conjunto de mujeres hechiceras.

witching (ui·ching) *adj.* encantador. 2 brujesco. *3 the ~ time of night*, la medianoche.

with (uiḓ) *prep.* con, en compañía de, para con. 2 con [indicando modo, instrumento, etc.]. *3* con, contra: *to struggle ~*, luchar con o contra. 4 Expresa otras relaciones y hay que traducirlo, según los casos, por: a, de, en, entre, etc.: *identical ~*, idéntico a; *with all speed*, a toda prisa; *charged ~*, acusado de; *filled ~*, lleno de; *ill ~*, enfermo de; *smitten ~*, enamorado de; *the one ~ the black beard*, el de la barba negra; *to part ~*, separarse de; *to abound ~*, abundar en; *to get a post ~ a firm*, obtener un empleo en una casa; *it was customary ~ the Greeks*, era costumbre entre los griegos; *the tide is ~ us*, la marea nos es favorable; *what do you want ~ me?*, ¿qué me quieres?; *~ that*, con esto, dicho esto, en esto, y luego; *away ~ you!*, ¡fuera de aquí!, ¡anda!

withal (uiḓo·l) *adv.* además, además de esto, también. 2 al mismo tiempo. 3 por otra parte, con todo, sin embargo. — *4 prep.* con [puesto después del término o que se refiere].

withdraw (to) (uiḓro·) *tr.* retirar. | No tiene el sentido de retirar en imprenta. 2 apartar, separar, quitar, sacar de. 3 descorrer [una cortina]. 4 distraer [de una ocupación]. *5 to ~ a statement*, retractarse. — *6 intr.* retirarse, apartarse, separarse. 7 retirarse, irse. ¶ CONJUG. pret.: *withdrew*; p. p.: *withdrawn*.

withdrawal (uiḓro·al) *s.* retiro, retirada. 2 recogida. 3 retractación.

withdrawing (uiḓro·ing) *s.* retirada. — *2 adj.* que se retira para retirarse: *~ room*, ant. DRAWING ROOM.

withdrawn (uiḓro·n) *p. p.* de TO WITHDRAW.

withdrew (uiḓru·) *pret.* de TO WITHDRAW.

withe (uaiḓ) *s.* mimbre, junco, vencejo. 2 MEC. mango flexible.

withheld (ui·djeld) *pret.* y *p. p.* de TO WITHOLD.

wither (to) (ui·do̧') *tr.* marchitar, secar, poner mustio, ajar. 2 consumir, enflaquecer, debilitar. 3 sonrojar. — *4 intr.* marchitarse, secarse, ajarse. 5 consumirse, enflaquecer, debilitarse.

withered (ui·do̧'d) *adj.* marchito, mustio, seco, arrugado, consumido. 2 macilento, lacio.

withers (ui·do̧'ş) *s. pl.* cruz [de un cuadrúpedo].

withhold (to) (ui·djould) *tr.* detener, retener, contener, impedir. 2 suspender [un pago]. 3 retirar, negar, rehusar. ¶ CONJUG. pret. y p. p.: *withheld*.

within (uiḓi·n) *prep.* dentro de, dentro de los límites de: *~ myself*, dentro de mí; *~ an hour*, dentro de una hora; *to keep expenses ~ one's income*, mantener los gastos dentro de los límites de los ingresos. 2 a o a menos de [cierta distancia]: *~ a short distance*, a poca distancia; *~ five miles*, a menos de cinco millas. 3 al alcance de: *~ hearing*, al alcance del oído, de la voz. 4 en: *~ my power*, en mi poder. 5 casi, cerca de: *~ an ace of*, a punto de, en un tris que. — *6 adv.* dentro, adentro, en o al interior: *from ~*, desde dentro, de adentro. 7 por dentro: *white ~*, blanco por dentro; *ragging ~*, rabiando por dentro. 8 en la casa, en la habitación.

without (uiḓau·t) *prep.* sin: *it goes ~ saying*, no hay que decir, dicho se está. | Construido al final de la frase equivale a: sin ello, sin la cosa mencionada anteriormente. 2 falto de. 3 fuera de: *~ my reach*, fuera de mi alcance. — *4 adv.* fuera, en el exterior, afuera, hacia fuera. 5 por fuera, de la parte de afuera, exteriormente. — *6 conj.* fam. si no, a menos que.

withstand (to) (ui·dstænd) *s.* resistir, aguantar, soportar. 2 oponerse a, hacer resistencia a. — *3 intr.* hacer resistencia u oposición. ¶ CONJUG. pret. y p. p.: *withstood*.

withy (ui·ḓi) *s.* BOT. mimbrera. 2 mimbre. — *3 adj.* mimbreño, delgado, flexible, ágil.

witless (ui·tlis) *adj.* necio, tonto. mentecato.

witling (ui·tling) *s.* necio. 2 patoso, el que presume de ingenioso sin serlo.

witness (ui·tnis) *s.* testigo [pers.]: *to be a ~ of*, ser testigo de, presenciar. 2 testimonio, atestación, testigo, prueba: *to bear ~ to*, dar testimonio de, atestiguar: *to call to ~*, apelar al testimonio de, tomar por testigo; *in ~ whereof*, en fe de lo cual.

witness (to) *tr.* dar testimonio de, testificar, atestar, atestiguar; dar fe de: *witnessed before me*, atestado ante mí. 2 presenciar, ver, ser espectador de. 3 mostrar, demostrar, probar, evidenciar. — *4 intr.* dar testimonio, declarar.

witted (ui·tid) *adj.* ingenioso, inteligente. 2 Forma compuestos como: *dull-witted*, tonto; *quick-witted*, perspicaz.

witticism (ui·tisişm) *s.* agudeza, rasgo de ingenio, chiste, ocurrencia, donaire.

witticize (to) (ui·tisaiş) *intr.* expresarse ingeniosamente, decir agudezas, hacer chistes.

wittily (ui·tili) *adv.* ingeniosamente, agudamente, donosamente.

wittiness (ui·tinis) *s.* ingenio, agudeza, gracia, gracejo.

wittingly (ui·tingli) *adv.* a sabiendas, de propósito, adrede.

witty (ui·ti) *adj.* ingenioso, agudo, chistoso, ocurrente. 2 satírico, sarcástico.

wive (to) (uaiv) *intr.* casarse, tomar esposa. — *2 tr.* tomar por esposa, casarse con. 3 casar, dar esposa a.

wivern (uai·vo̧'n) *s.* BLAS. dragón alado.

wives (uai·vs) *s. pl.* de WIFE.

wizard (ui·şa'd) *s.* brujo, hechicero, mago, adivino, nigromante. — *2 adj.* hechicero, mágico.

wizardry (ui·şa'dri) *s.* hechicería, magia.

wizen (ui·şøn) *adj.* marchito, mustio. 2 seco, delgado, arrugado, acartonado.

wizen (to) *tr.* marchitar, secar, arrugar, encoger. — *2 intr.* marchitarse, secarse, arrugarse, acartonarse.

wizened (ui·şønd) *adj.* WIZEN.

woad (uoud) *s.* BOT. y TINT. glasto, pastel.

woad (to) *tr.* teñir con pastel.

wobble (ua·bøl) s. bamboleo, tambaleo, vacilación, temblor.

wobble (to) intr. balancearse, bambolear, tambalear, vacilar, temblar. 2 cambiar, ser inconstante.

wobbly (ua·bli) adj. que se bambolea o tambalea, vacilante.

wo(e (uou) s. dolor, pena, pesar, aflicción, infortunio. 2 calamidad, desastre. — 3 interj. ¡ay! : ~ is me!, ¡ay de mí!

wo(e)begone (uou·bigon) adj. abrumado de penas; miserable, triste, desolado.

wo(e)ful (uou·ful) adj. triste, afligido, desdichado. 2 lastimero, doloroso. 3 calamitoso, funesto, desastroso. 4 ruin, pobre [de mala calidad].

wo(e)fully (uou·fuli) adv. miserablemente, tristemente, funestamente, desastrosamente.

wold (uould) s. llanura; campiña ondulada.

wolf (wulf), pl. **wolves** (wulvš) s. ZOOL. lobo : to cry ~, gritar «¡al lobo!», dar falsa alarma ; to have a ~ by the ears, ver las orejas al lobo; to have a ~ in the stomach, tener hambre, tener un apetito voraz ; to keep the ~ from the door, ponerse a cubierto del hambre, de la miseria ; to see a ~, perder la voz. 2 ASTR. lobo. 3 ENTOM. larva dañina de ciertos coleópteros y polillas. 4 persona cruel y rapaz. — 5 adj. lobo, de lobo, lobero : ~ cub, lobezno; ~ dog, perro lobo; ~ fish, pez muy voraz del Pacífico y del N. del Atlántico.

wolf (to) tr. fam. engullir.

wolfhound (wul·fjaund) s. mastín, perro lobero.

wolfish (wu·lfish) adj. lobuno; lupino, de lobo. 2 feroz, voraz.

wolfram (wu·lfran) s. QUÍM., MINER. volframio, tungsteno.

wolframite (wu·lframait) s. MINER. volframita.

wolfsbane (wu·lfsbein) s. BOT. acónito.

wolf's-milk s. BOT. lechetrezna.

wolverene, wolverine (wulvøri·n) s. ZOOL. carcayú, glotón americano. 2 habitante de Michigan (EE. UU.).

wolves (wulvš) s. pl. de WOLF.

woman (wu·mæn), pl. **women** (ui·min) s. mujer : ~ of the street, prostituta ; ~ of the world, mujer de mundo. 2 criada, sirvienta. 3 Ús. adjetivamente con ciertos nombres para indicar sexo femenino : ~ writer, escritora ; ~ voter, electora, votante femenino. — 4 adj. femenino, mujeril, de mujer ; de las mujeres : ~ modesty, modestia femenina ; ~ hater, misógino.

womanhood (wu·manjud) s. estado o condición de mujer. 2 feminidad. 3 el sexo femenino.

womanish (wu·manish) adj. femenino, femenil, mujeril, mujeriego. 2 afeminado.

womanize (to) (wu·manaiš) tr. afeminar. — 2 intr. afeminarse.

woman-killer s. pop. castigador, conquistador, Don Juan.

womankind (wu·mankaind) s. las mujeres, el sexo femenino. 2 las mujeres de una familia o grupo.

womanlike (wu·manlaic) adj. WOMANLY.

womanliness (wu·manlinis) s. feminidad, carácter femenino.

womanly (wu·manli) adj. femenino, femenil; propio de la mujer. 2 mujeril, propio de la mujer adulta. — 3 adv. como mujer.

womb (wum) s. útero, matriz. 2 fig. madre. 3 seno, entrañas.

women (ui·min) s. pl. de WOMAN.

won (uøn) pret. y p. p. de TO WIN.

wonder (uø·ndø') s. admiración, asombro, pasmo, sorpresa, extrañeza : for a ~, cosa extraña; no ~, no es de extrañar, no es mucho [que]. 2 incertidumbre, perplejidad. 3 portento, milagro, prodigio, maravilla : the seven wonders of the world, las siete maravillas del mundo ; to do wonders, hacer maravillas.

wonder (to) tr. desear saber, preguntarse [con una oración como complemento] : I ~ if it will rain, me pregunto si va a llover, no sé si lloverá. | A veces no se traduce y su sentido se expresa en forma de pregunta : I ~ what he wants, ¿qué debe de querer? ; ¿qué querrá? — 2 intr. sentir duda y curiosidad. 3 extrañarse, sorprenderse, asombrarse, maravillarse : to ~ at, extrañarse de, sorprenderse de, maravillarse de.

wonderer (uø·ndørø') s. el que se admira o sorprende. 2 el que duda o se pregunta.

wonderful (uø·ndø·ful) adj. admirable, maravilloso, asombroso, pasmoso, portentoso, prodigioso.

wonderfully (uø·ndø·fuli) adv. admirablemente, maravillosamente, asombrosamente, prodigiosamente.

wondering (uø·ndøring) s. asombro, maravilla. 2 perplejidad, curiosidad, duda. — 3 adj. asombrado, maravillado. 4 perplejo, dudoso.

wonderland (uø·ndø·lænd) s. mundo de lo fantástico y maravilloso; país de las maravillas; reino de las hadas.

wonderment (uø·ndø·mønt) s. admiración, asombro. 2 milagro, maravilla. 3 lo admirable o maravilloso [de una cosa].

wonderstricken (uø·ndø·strikøn), **wonderstruck** (uø·ndø·strøc) adj. asombrado, pasmado, atónito, espantado.

wonder-worker s. el que hace prodigios o maravillas.

wondrous (uø·ndrøs) adj. sorprendente, asombroso, maravilloso, portentoso.

wondrously (uø·ndrøsli) adv. asombrosamente.

wont (uønt) adj. acostumbrado, sólito : to be ~, soler, acostumbrar. — 2 s. costumbre, hábito, uso.

wont (to) intr. acostumbrar, soler. — 2 tr. acostumbrar, habituar. ¶ CONJUG. pret. : wont; p. p. : wont o wonted.

won't contr. de WILL NOT.

wonted (uø·ntid) adj. acostumbrado, usual, ordinario. 2 (EE. UU.) habituado.

woo (to) (wu) tr. cortejar, galantear, pretender [a una mujer]. 2 solicitar, suplicar. 3 buscar, perseguir [tratar de obtener]. — 4 intr. cortejar.

wood (wud) s. bosque, selva, monte : to take to the woods, andar a monte, irse al monte ; he cannot see the ~ for the trees, los árboles no le dejan ver el bosque. 2 madera, palo, leña : cabinet-maker's ~, madera de ebanistería ; fire ~, leña [para el fuego] ; small ~, chasca, leña menuda. — 3 adj. de los bosques : ~ ant, hormiga leonada, hormiga de los bosques ; ~ grouse, urogallo ; ~ ibis, tántalo [ave] ; ~ louse, porqueta, cochinilla de humedad ; ~ nymph, napea, orea, oréade, ninfa de los bosques ; ~ pigeon, paloma torcaz ; ~ sorrel, acederilla ; ~ thrush, tordo norteamericano. 4 de madera, de la madera, para la madera : ~ alcohol, alcohol metílico ; ~ acid, ácido pirolefioso ; ~ borer, larva, molusco, etc., que taladra la madera ; ~ carver, tallista ; ~ carving, talla en madera ; ~ engraving, grabado en madera ; ~ pavement, tarugo [adoquín de madera] ; ~ pulp, pulpa de madera [para hacer papel] ; ~ rasp, escofina ; ~ screw, tornillo de metal para madera ; ~ turner, tornero en madera ; ~ turning, tornería en madera.

wood (to) tr. cubrir con árboles o bosque; plantar de árboles. 2 proveer de leña. 3 apuntalar con madera. — 4 intr. proveerse de leña.

woodbine (w·dbain) s. BOT. madreselva. 2 BOT. jazmín amarillo.

woodchuck (wu·dchøc) s. ZOOL. marmota de Norteamérica.

woodcock (wu·dcac) s. ORNIT. chocha, becada.

woodcraft (wu·dcræft) s. conocimiento y práctica de todo lo referente a los bosques y a la vida en ellos, esp. los propios de los cazadores, tramperos, etc., de los grandes bosques. 2 arte de trabajar la madera.

woodcut (wu·dcøt) s. grabado en madera.

woodcutter (wu·dcøtø') s. leñador. 2 grabador en madera.

wooded (wu·did) adj. arbolado, cubierto de bosques.

wooden (wu·døn) adj. de madera, de palo, hecho de madera : ~ horse, caballo de madera, caballo de Troya ; ~ shoe, zueco ; ~ spoon, cuchara de palo. 2 vago, sin expresión [mirada, etc.]. 3 embotado, torpe; tieso, tosco, sin gracia.

wooden-headed adj. torpe, estúpido.

woodenness (wu·dønnis) s. torpeza, estupidez.

woodenware (wu·dønuer) s. objetos de madera.

woodiness (wu·dinis) s. calidad leñosa.

woodland (wu·dlænd) s. monte, bosque, selva. — 2 adj. del bosque, selvático.

woodlander (wu·dlændø') s. habitante del bosque.

woodless (wu·dlis) adj. sin árboles, sin bosques.

woodman (wu·dmæn), pl. **-men** (-men) s. leñador. 2 (Ingl.) guardabosque. 3 habitante del bosque :

cazador, trampero, etc. *4* carpintero, carretero, aperador.

woodpecker (wu·dpekø') *s.* ORNIT. pico, picamaderos, picaposte, pájaro carpintero.

woodpile (wu·dpail) *s.* pila de leña, leñera.

woodruff (wu·drøf) *s.* BOT. asperilla.

woodshed (wu·dshed) *s.* leñera.

woodsman (wu·dŝman) *s.* habitante del bosque cazador, trampero, etc.

woodshop (wu·dshap) *s.* carpintería.

wood-wind instruments *s. pl.* MÚS instrumentos de viento de madera.

woodwork (wu·duø'c) *s.* enmaderamiento, maderaje. *2* obra de carpintería o ebanistería.

woody (wu·di) *adj.* cubierto de bosques, arbolado, selvoso. *2* leñoso. *3* de madera.

woodyard (wu·dya'd) *s.* depósito de maderas, aserradero.

wooer (wu·ø') *s.* cortejador, galanteador, pretendiente.

woof (wuf) *s.* TEJ. trama. *2* tejido, textura.

wooing (wu·ing) *s.* cortejo, galanteo.

wool (wul) *s.* lana: *all* ~, pura lana, todo lana; *coarse* ~, lana burda; ~ *fleece*, lana de vellón; *knitted* ~ punto de lana; *to dye in the* ~, teñir [la lana] en rama; fig. imbuir profundamente; *to pull the* ~ *over one's eyes*, fam. engañar; *much cry and little* ~, mucho ruido para nada; *against the* ~, a contrapelo. *2* cabello crespo [esp. el de los negros]. — *3 adj.* de lana, lanar; para la lana: ~ *ball*, ovillo de lana; ~ *bearing*, lanar; ~ *card*, ~ *comb*, carda, peine [para lana]; ~ *comber*, peinador de lana; ~ *clip*, producción anual de lana; ~ *stapler*, lanero, tratante en lanas; escogedor o clasificador de lanas.

woold (to) (wuld) *s.* MAR. reatar, trincar.

wooled (wuld) *adj.* lanudo. *2* de lana [esp.' en composición]: *long-wooled*, de lana larga.

woolfell (wu·lfel) *s.* piel con su lana.

woolgatherer (wu·lgæðørø') *s.* fig. distraído; soñador, visionario.

woolgathering (wu·lgæðøring) *s.* acción de fantasear; distracción; vanos pensamientos, locas fantasías. — *2 adj.* distraído, fantaseador, soñador, visionario.

woolgrower (wu·lgrouø') *s.* criador de ganado lanar.

woolgrowing (wu·lgrouin) *s.* cría de ganado lanar.

woollen (wu·løn) *adj.* de lana, lanero; hecho de lana: ~ *draper*, pañero, comerciante en paños; ~ *dyer*, tintorero de lana; ~ *mill*, fábrica de paños. *2* vestido con lana hilada en casa; vulgar. — *3 s.* paño o tejido de lana [a distinción de estambre].

woolliness (wu·linis) *s.* calidad de lanudo. *2* lanosidad, vellosidad.

woolly (wu·li) *adj.* de lana. *2* lanudo, lanoso. *3* lanífero. *4* copeso. *5* crespo [cabello]. *6* borroso, confuso. *7* tomada [voz]. *8* aborregado [cielo]. — *9 s.* jersey u otra prenda de lana.

woolman (wu·lmæn), *pl.* -men (-men) *s.* lanero, tratante en lanas.

woolpack (wu·lpæc) *s.* fardo de lana. *2* ola espumosa. *3* cúmulo [nube].

woolsack (wu·lsæc) *s.* saco de lana. *2* (Ingl.) asiento del Lord Canciller o Presidente de la Cámara de los lores; dignidad de Lord Canciller.

woolsey (wu·lsi) *s.* tejido de lino o algodón y lana.

woozy (wu·ŝi) *adj.* fam. confuso, ofuscado; turbado, vaguido.

word (wø'd) *s.* palabra, vocablo, dicción, voz, término; cosa dicha: *man of few words*, hombre taciturno, de pocas palabras; *mark my words*, recuerde lo que le digo; *the last* ~, la última palabra; *in a* ~, en una palabra; *in other words*, en otros términos; *in so many words*, literalmente, francamente, sin ambages; ~ *for* ~, palabra por palabra. *2* palabra [expresión oral o escrita]: *in* ~, de palabra; *by* ~ *of mouth*, oralmente, verbalmente, de viva voz. *3* conversación, u observación breve, dos palabras: *to have a* ~ *with*, hablar dos palabras con; *to put in a good* ~ *for*, decir dos palabras en favor de, recomendar. *4* dicho, sentencia, adagio. *5* palabra [empeño, promesa, seguridad]: ~ *of honour*, palabra de honor; *to be as good as one's* ~, ser hombre de palabra, cumplir lo prometido; *to keep one's* ~, cumplir su palabra.

to pledge oneself on his ~, dar su palabra; *to take one at his* ~, tomar la palabra a uno; *take my* ~ *(for it)*, créame usted; *on o upon my* ~, palabra de honor; a fe mía. *6* aviso, recado, mensaje, noticia: *to bring* ~, traer la noticia; *to leave* ~, dejar dicho, dejar recado; *to send* ~, mandar aviso, enviar a decir. *7* contraseña, santo y seña. *8* orden, voz de mando. *9 the Word*, el Verbo, Cristo. *10 pl.* letra [de una canción]. *11* disputa, unas palabras: *to have words*, tener palabras, disputar. *12 big words, high words*, palabras mayores. — *13 adj.* de palabra o palabras: ~ *order*, GRAM. orden de las palabras en la oración.

word (to) *tr.* expresar [con palabras], formular, redactar.

wordage (wø'didẙ) *s.* palabras, palabreo.

wordbook (wø'dbuc) *s.* diccionario, lexicón. *2* MÚS. libreto.

wordiness (wø'dinis) *s.* verbosidad, palabrería.

wording (wø'ding) *s.* expresión [en palabras]; redacción, estilo, fraseología.

wordless (wø'dlis) *adj.* sin palabras, mudo.

wordy (wø'di) *adj.* verbal. *2* verboso, difuso.

wore (uo') *pret.* de TO WEAR.

work (wø'c) *s.* trabajo, labor, obra, tarea, faena; ocupación, empleo; operación, funcionamiento; *piece of* ~, trabajo, obra; *press* ~, IMPR. tirada; *to make short* ~ *of*, concluir o despachar prontamente; *at* ~, trabajando, ocupado; en operación, en funcionamiento; *hard at* ~, muy atareado; *out of* ~, sin trabajo, sin empleo. *2* obra [literaria, artística, musical]. *3* COST. labor, costura. *4* bordado. *5* FORT. obra, trabajo. *6* MEC. trabajo. *7* obra, acto, acción. *8 pl.* fábrica, taller, establecimiento industrial. *9* obras [públicas o de ingeniería]. *10* rodaje, maquinaria [de un artefacto]. — *11 adj.* de trabajo, de labor. Ús. mucho en composición.

work (to) *intr.* trabajar; laborar; *to* ~ *at*, trabajar en; *to* ~ *against*, trabajar contra, oponerse a. *2* obrar, hacer su efecto, surtir efecto, ser eficaz, dar resultado. *3* funcionar, marchar. *4* fermentar. *5* MEC. moverse [por estar mal encajado]. *6* avanzar, progresar, salir, subir, bajar, etc., con lentitud o esfuerzo. | Gralte. con una preposición o adverbio: *to* ~ *loose*, o *free*, escaparse, soltarse, aflojarse; *to* ~ *round*, volverse lentamente; *to* ~ *through*, penetrar o atravesar a fuerza de trabajo, salir al otro lado de. *7* moverse nerviosamente, agitarse. *8 to* ~ *in* o *into*, entrar o penetrar en, insinuarse en. *9 to* ~ *off*, irse o separarse poco a poco. *10 to* ~ *on* o *upon*, trabajar en, obrar sobre; excitar, sublevar, enternecer; tratar de influir. *11 to* ~ *out*, salir, resultar [bien o mal], tener [buen o mal] éxito; resolverse; DEP. entrenarse. *12* MAR. *to* ~ *to windward*, navegar contra el viento, barloventear. *13 to* ~ *up*, subir, elevarse [a una condición, superior].

14 tr. trabajar, labrar, tallar, manufacturar. *15* formar, crear, componer, fabricar, preparar, producir, causar, hacer, obrar. *16* explotar [una mina, una patente, etc.]. *17* hacer trabajar. *18* manejar, hacer funcionar, poner en movimiento. *19* MAR. maniobrar. *20* mover nerviosamente, no tener quieto. *21* hacer fermentar. *22* obrar sobre, influir, inducir. *23* excitar, inflamar: *to* ~ *oneself into a rage*, irse excitando hasta enfurecerse. *24* poner poco a poco en cierto estado. *25* desarrollar sus actividades en [un distrito]. *26* bordar. *27* resolver [un problema]. *28* IMPR. imprimir, tirar. *29 to* ~ *down*, hacer bajar. *30 to* ~ *in*, clavar, hacer entrar; intercalar. *31 to* ~ *into*, introducir con maña. *32* fam. *to* ~ *it*, arreglar las cosas, darse trazas. *33 to* ~ *off*, quitar, eliminar gradualmente; fam. hacer pasar [una cosa] por lo que no es; deshacerse de, librarse de. *34 to* ~ *one's way*, abrirse camino. *35 to* ~ *out*, realizar, acabar [con esfuerzo o trabajo]; resolver [un problema]; urdir [un plan]; borrar [las culpas, etc.]; agotar [una mina]. *36 to* ~ *up*, excitar, inflamar; gastar [trabajando]; elaborar [un plan, un argumento]; lograr, adquirir [con esfuerzo].

¶ CONJUG. pret. y p. p.: *worked* o *wrought*.

workability (uø'cabi·liti) *s.* condición de explotable, laborable.

workable (uø·'cabøl) *adj.* explotable, laborable. 2 factible, viable. 3 que puede trabajar o funcionar.

workableness (uø·'cabølnis) *s.* WORKABILITY.

workaday (uø·'cadei) *adj.* de diario, cotidiano. 2 prosaico.

workbag (uø·'bæg) *s.* saco de labor.

workbasket (uø·'cbæskit), **workbox** (uø·'cbacs) *s.* cestita o estuche de labor, neceser, costurero.

workday (uø·'cdei) *s.* día laborable. 2 jornada [de trabajo]. — 3 *adj.* WORKADAY.

worker (uø·'kø') *s.* hacedor, productor, causante. 2 obrero, operario. 3 el que trabaja [una materia]. 4 ENTOM. abeja u hormiga obrera. 5 TEN. garatura.

workfellow (uø·'cfelou) *s.* compañero de trabajo.

workfolk (uø·'fouc) *s.* obreros, operarios.

workhouse (uø·'kjaus) *s.* (Ingl.) hospicio. 2 (EE. UU.) casa de corrección, taller penitenciario.

working (uø·'king) *s.* trabajo. 2 funcionamiento, operación, movimiento, juego. 3 explotación, laboreo [de minas]. 4 fermentación. 5 cálculo, resolución [de un problema]. 6 IMPR. impresión, tirada. — 7 *adj.* de trabajo : ~ *clothes*, traje de trabajo ; ~ *day*, día laborable, jornada [de trabajo] ; ~ *hours*, horas de trabajo. 8 trabajador, que trabaja : ~ *ant*, ~ *bee*, hormiga, abeja obrera o neutra ; ~ *class*, clase obrera. 9 activo, laborioso. 10 práctico, suficiente, eficaz [para un fin] : ~ *majority*, mayoría suficiente. 11 MEC. motor : ~ *cylinder*, cilindro motor. 12 MEC. de régimen : ~ *speed*, velocidad de régimen. 13 que sirve de guía, regla o modelo : ~ *drawing*, plano ; ARQ. montea. 14 que se mueve o contrae nerviosamente [rostro, facciones]. 15 COM. ~ *capital*, capital líquido o circulante.

working-day *adj.* de diario. 2 vulgar. 3 aperreado.

workingman (uø·'kingmæn), *pl.* **-men** (-men) *s.* obrero, trabajador.

workingwoman (uø·'kingwmæn), *pl.* **-women** (-uimin) *s.* obrera, trabajadora.

workman (uø·'cmæn), *pl.* **-men** (-men) *s.* obrero, trabajador, oficial. 2 artesano. 3 artífice.

workmanlike (uø·'cmanlaic), **workmanly** (uø·'cmanli) *adj.* primoroso, bien hecho, bien acabado.

workmanship (uø·'cmanship) *s.* hechura factura, ejecución, trabajo, mano de obra. 2 arte o habilidad en el trabajo.

workmaster (uø·'cmastø') *s.* capataz, maestro de taller.

workout (uø·'caut) *s.* prueba, ensayo. 2 DEP. ejercicio de entrenamiento.

workroom (uø·'krum), **workshop** (uø·'shap) *s.* taller, obrador.

workwoman (uø·'wumæn), *pl.* **-women** (-uimin) *s.* obrera, trabajadora.

world (uø·'ld) *s.* mundo. | No tiene el sentido de baúl mundo : *the* ~ *beyond*, el otro mundo, la otra vida ; *all the* ~, todo el mundo ; *all the* ~ *and his wife*, fam. todo bicho viviente ; *against the* ~, contra toda oposición ; *for all the* ~, por nada del mundo ; cabalmente, exactamente, bajo todos conceptos ; ~ *without end*, por los siglos de los siglos, para siempre jamás. — 2 *adj.* del mundo ; mundano ; mundial, universal : ~ *map*, mapa mundi ; ~ *power*, potencia mundial ; *the World War*, la Guerra Mundial.

worldliness (uø·'ldlinis) *s.* mundanalidad.

worldling (uø·'ldling) *s.* persona mundana.

worldly (uø·'ldli) *adj.* mundano, mundanal. 2 terreno, terrenal. 3 seglar, secular. — 4 *adv.* mundanamente.

worldly-minded *adj.* mundano, carnal, apegado a las cosas del mundo.

worldly-mindedness *s.* mundanidad.

worldly-wise *adj.* que tiene mucho mundo.

world-weary *adj.* cansado o hastiado del mundo.

world-wide *adj.* mundial, universal.

worm (uø·'m) *s.* gusano, lombriz. 2 fig. gusano [pers.]. 3 oruga. 4 polilla, carcoma, coco, gorgojo. 5 cosa que roe interiormente : *the* ~ *of conscience*, el gusano de la conciencia. 6 barrena, rosca de barrena. 7 ARTILL. sacatrapos. 8 serpentín : *still* ~, serpentín de alambique. 9 MEC. rosca de tornillo ; tornillo sin fin. — 10 *adj.* de gusano, oruga, etc. ; vermífugo : ~ *tea*, tisana vermífuga. 11 MEC. de rosca o tornillo : ~ *gear*, engranaje de tornillo sin fin ; ~ *wheel*, rueda que engrana con un tornillo sin fin.

worm (to) *tr.* efectuar, obtener, etc., por modo tortuoso : *to* ~ *one's way*, serpentear, arrastrarse como un gusano ; *to* ~ *into*, insinuarse, introducirse ; *to* ~ *out*, quitar, sacar, arrancar mañosamente, sonsacar. 2 carcomer, roer. 3 limpiar de gusanos o lombrices ; descocar [un árbol]. 4 MAR. forrar [un cable]. — 5 *intr.* buscar gusanos, pescar con gusano. 6 moverse, introducirse, insinuarse lenta o tortuosamente.

worm-eat (to) *tr.* agujerear, carcomer, roer.

worm-eaten *adj.* agusanado, comido de gusanos ; carcomido ; apolillado.

wormhole (uø·'mjoul) *s.* picadura o agujero de gusano, carcoma, etc.

wormier (ø·'miø') *adj. comp.* de WORMY.

wormiest (uø·'miist) *adj. superl.* de WORMY.

wormil (uø·'mil) *s.* larva del moscardón.

wormseed (uø·'msid) *s.* BOT. santónico.

wormwood (uø·'mwud) *s.* BOT. ajenjo.

wormy (uø·'mi) *adj.* agusanado, gusaniento, lleno de gusanos. 2 humilde, bajo, rastrero.

worn (uø·'n) *p. p.* de TO WEAR. — 2 *adj.* gastado, usado, raído ; cansado, agotado, consumido. A veces con *out.* 3 vulgar, trivial, trillado.

worried (uø·'rid) *adj.* angustiado, inquieto, intranquilo, preocupado, atormentado, abrumado.

worrier (uø·'riø') *s.* pesimista ; aprensivo ; persona que se preocupa. 2 persona que molesta.

worriment (uø·'rimønt) *s.* fam. inquietud, preocupación, tormento.

worry (uø·'ri) *s.* cuidado, inquietud, ansiedad, preocupación, apuro ; molestia, tormento. 2 mordedura, desgarro.

worry (to) *tr.* inquietar, preocupar, afligir, apurar. 2 molestar, importunar, acosar. 3 acosar a mordiscos ; morder, desgarrar ; asir con los dientes y sacudir. 4 manosear ; arrugar, arañar, golpear. 5 *to* ~ *one's way*, avanzar con esfuerzo tenaz. 6 *to* ~ *out*, resolver, hallar solución a. — 7 *intr.* afligirse, atormentarse, inquietarse, preocuparse, apurarse, desazonarse. ¶ CONJUG. pret. y p. p.: *worried.*

worse (uø·'s) *adj.* [comp. de BAD, ILL o EVIL] : peor, más malo, más enfermo, en peor situación, en peor estado. 2 inferior, de mala calidad. — 3 *adv.* [comp. de BADLY o ILL] peor : ~ *and* ~, cada vez peor ; ~ *than ever*, peor que nunca ; *from bad to* ~, de mal en peor ; *to become, get o grow* ~, empeorarse, ponerse peor, ir peor ; *to be* ~ *off*, estar peor, ser menos feliz ; *to make* ~, empeorar. — 4 *s.* lo peor : *for the* ~, en mal ; *to change for the* ~, empeorar. 5 la peor parte : *to have the* ~, llevar la peor parte. 6 desventaja, derrota : *to put to the* ~, derrotar.

worsen (uø·'søn) *tr.* empeorar. — 2 *intr.* empeorar, empeorarse.

worship (uø·'ship) *s.* culto, adoración. 2 veneración, respeto. 3 *Your Worship*, vuestra señoría, su señoría, usía, tratamiento que se da a ciertos magistrados y personas de dignidad.

worship (to) *tr.* rendir culto a, adorar. 2 venerar, reverenciar, respetar. 3 idolatrar [querer mucho]. — 4 *intr.* orar, adorar, hacer actos de culto. ¶ CONJUG. pret. y p. p.: *worshiped* o *-shipped*; ger.: *worshiping* o *-shipping*.

worshipful (uø·'shipful) *adj.* adorable. 2 venerable, respetable, honorable, distinguido. | Us. como tratamiento : ~ *sirs*, honorables señores ; *Worshipful Master* (entre los francmasones), venerable. 3 adorador, que adora o expresa adoración.

worshipfully (uø·'shipfuli) *adv.* adorablemente, venerablemente. 2 con adoración, o veneración, respetuosamente.

worship(p)er (uø·'shipø') *s.* adorador. 2 fiel [que asiste a un acto religioso].

worship(p)ing (uø·'shiping) *s.* culto, veneración. — 2 *adj.* adorante, adorador.

worst (uø·'st) *adj.* [superl. de BAD, ILL o EVIL] peor [en sentido absoluto] : *the* ~, el peor. — 2 *adv.* [superl. de BADLY o ILL] peor, pésimamente, en el peor de los estados, de la peor manera posible. — 3 *s.* lo peor : *the* ~ *is yet to come*, aún falta lo peor ; *the* ~ *(of it) is*, lo malo es, lo peor es ; *to do one's* ~, hacer todo el mal que uno pueda ; *to get the* ~ *of it*, llevar la peor parte, ser derrotado ; *to make the* ~ *of*, ver el peor partido de ; *at the* ~, en el peor estado o condición ; *en the peor de los casos* ; *if the* ~ *comes to (the)* ~, si sucede lo peor.

worst (to) *tr.* vencer, 'derrotar, triunfar de.
1) **worsted** (uø·'stid) *adj.* vencido, derrotado.
2) **worsted** (wu·stid) *s.* TEJ. estambre, lana peinada. *2* tejido de estambre. — *3 adj.* de estambre; de lana pura : ~ *yarn,* hebra o hilo de estambre.
wort (uø't) *s.* infusión de malta para hacer cerveza. *2* cerveza nueva. *3* [en composición] planta o hierba.
worth (uø'z) *s.* valor, valía, precio, equivalencia en dinero : *twopence* ~ *of,* dos peniques de; *to get one's money* ~ *out of,* sacar provecho de [una cosa] por todo el valor de lo que cuesta. *2* valor, valía, mérito, excelencia, virtud. *3* utilidad, importancia. *4* riqueza, caudal. — *5 adj.* que vale o pósee : *to be* ~, valer; poseer [por valor de cierta cantidad]; *to be* ~ *while,* valer la pena, merecer; *for what it may be* ~, por lo que pueda valer. *6* digno, merecedor, que vale la pena de : *to be* ~ *doing,* valer la pena de hacerse; *to be* ~ *seeing,* ser digno de verse.
worthily (uø·'ðili) *adv.* merecidamente, dignamente. *2* honorablemente.
worthiness (uø·'ðinis) *s.* valor, valía, mérito, excelencia, dignidad.
worthless (uø·'zlis) *adj.* sin valor, inútil, despreciable. *2* indigno.
worthlessness (uø·'zlisnis) *s.* falta de valor o de mérito, inutilidad. *2* indignidad.
worthy (uø·'ði) *adj.* valioso, apreciable, estimable, excelente, digno, benemérito, meritorio. *2* digno, merecedor, acreedor. *3* eminencia, persona ilustre, héroe, personaje, notable. *4* fam. individuo, tipo.
would (wud) *pret. y subj.* de TO WILL. ¶ V. lo que decimos en el artículo correspondiente a éste verbo.
would-be *adj.* pretenso, supuesto, seudo, titulado, presumido de. *2* aspirante, que quisiera ser.
1) **wound** (uaund) *pret. y p. p.* de TO WIND.
2) **wound** (wund) *s.* herida, llaga, lesión : *incised* ~, herida incisa: *punctured* ~, herida penetrante, puntura. *2* daño, ofensa, detrimento.
wound (to) *tr.* herir, llagar, lastimar. *2* ofender, agraviar, dañar.
wounded (wu·ndid) *,adj.* herido, lastimado. — *2 s.* herido; heridos.
wounding (wu·nding) *adj.* hiriente. — *2 s.* heridas.
woundwort (wu·nduø't) *s.* BOT. vulneraria.
wove (uouv) *pret. y p. p.* de TO WEAVE.
woven (uou·vøn) *p. p.* de TO WEAVE.
wrack (ræc) *s.* naufragio, ruina : *to go to* ~, arruinarse, correr a su perdición. *2* restos de un naufragio, pecio. *3* desecho, zupia. *4* alga [que se recoge en la playa]. *5* celajes, nubes tenues.
wrack (to) *tr.* hacer naufragar. *2* arruinar, perder.
wraith (reiz) *s.* fantasma, espectro, sombra, aparecido.
wrangle (ræ·ngøl) *s.* disputa, altercado, pelotera, riña ruidosa. *2* discusión, controversia.
wrangle (to) *intr.* disputar, altercar, reñir a gritos, alborotar, chillar. — *2 tr. e intr.* discutir, debatir. — *3 tr.* obtener a fuerza de discutir. *4* pasar [tiempo] riñendo o discutiendo.
wrangler (ræ·nglø') *s.* pendenciero, quimerista. *2* discutidor, argumentador. *3* en la Universidad de Cambridge, graduado sobresaliente en matemáticas.
wrangling (ræ·ngling) *s.* disputa, altercado, alboroto. *2* discusión.
wrap (ræp) *s.* envoltura. *2* abrigo, manto, capa, manta, chal. *3 pl.* prendas de abrigo.
wrap (to) *tr.* cubrir, envolver; enrollar, arrollar. *2* ocultar. *3* poner envolviendo o arropando: arropar o envolver con. — *4 intr.* enroscarse, tapar, cubrir. | Con *round, over,* etc. — *5 tr. e intr. to* ~ *up,* envolver(se, arropar(se, embozar(se, cubrir, ocultar; *to be wrapped up in,* estar envuelto o arrollado en, estar absorto en, estar prendado de. ¶ CONJUG. pret. y p. p.: *wrapped* o *wrapt;* ger.: *wrapping.*
wrappage (ræ·pidȳ) *s.* envolvimiento. *2* envoltura. *3* ropaje.
wrapper (ræ·pø') *s.* envolvedor. *2* cubierta, envoltura, funda, carpeta; papel [que envuelve]. *3* sobrecubierta [de libro]. *4* faja [de periódico]. *5* FILAT. timbre de correos estampado en una faja. *6* capa [de cigarro]. *7* (Ingl.) manta de viaje. *8* bata, salto de cama, peinador. *9* camiseta [esp. de mujer]. *10* envoltura, pañal.

wrapping (ræ·ping) *s.* cubierta, envoltura, carpeta. *2* faja [de periódico].
wrasse (ras) *s.* ICT. labro; durdo *(Labrus bergylta);* tordo de mar *(Labrus mixtus).*
wrath (ræz) *s.* cólera, ira, rabia, furor.
wrathful (ræ·zful) *adj.* colérico, airado, iracundo, rabioso, furioso.
wrathfully (ra·zfuli) *adv.* airadamente, furiosamente, con cólera.
wreak (ric) *s.* venganza, cólera. *2* castigo.
wreak (to) *tr.* descargar [un golpe, etc.]; desahogar, satisfacer. *2* infligir. *3* vengar. *4* tomar [venganza]. *5* aplicar, dedicar.
wreath (riz) *s.* corona, guirnalda, festón. *2* trenza. *3* anillo, espiral.
wreathe (to) *tr.* enroscar, entrelazar, entretejer. *2* disponer en guirnalda; tejer [coronas o guirnaldas]. *3* enguirnaldar. *4* ceñir, rodear, coronar. *5* torcer. *6 face wreathed in smiles,* rostro sonriente. — *7 intr.* entrelazarse, entretejerse. *8* enroscarse. *9* elevarse [el humo, etc.] formando anillos o espirales. *10* extenderse en círculo.
wreathy (ri·ði) *adj.* enroscado, en espiral, ensortijado. *2* enguirnaldado, coronado.
wreck (rec) *s.* naufragio. *2* choque o descarrilamiento [de un tren]. *3* ruina, destrucción, destrozo. *4* buque naufragado o perdido; restos de un naufragio, pecio. *5* ruina [cosa arruinada] : *to be a* ~, estar hecho una ruina. *6 to go to* ~, naufragar, perderse, arruinarse.
wreck (to) *tr.* hacer naufragar, echar a pique. *2* arruinar, destruir, destrozar, hacer fracasar. *3* hacer chocar o descarrilar [un tren]. — *4 intr.* naufragar, zozobrar, irse a pique. *5* arruinarse, perderse; fracasar. *6* raquear.
wreckage (re·kidȳ) *s.* naufragio, ruina. *2* restos de naufragio, pecio. *3* ruinas, escombros.
wrecker (re·kø') *s.* el que hace naufragar; arruinador. *2* raquero. *3* el que trabaja en el salvamento de buques náufragos. *4* WRECKING CAR.
wrecking (re·king) *adj.* que hace naufragar. *2* arruinador, destructor. *3* relativo a los naufragios, choques, etc.: ~ *car,* AUTO. camión de auxilio; FERROC. furgón de auxilio.
wren (ren) *s.* ORNIT. reyezuelo. *2* mujer perteneciente al servicio auxiliar femenino de la Armada.
wrench (rench) *s.* torcimiento, torsión. ? tirón, sacudida [que tuerce, descoyunta o arranca]. *3* torcedura, esguince. *4* MEC. desvolvedor, llave : *monkey* ~, llave inglesa. *5* MEC. sistema de fuerzas que producen un movimiento de rotación.
wrench (to) *tr.* torcer, retorcer, tirar de [torcerlo], arrancar. *2* arrebatar. *3* torcer, dislocar, desencajar : *to* ~ *one's foot,* torcerse o dislocarse el pie. *4* torcer [el sentido de una frase, etc.].
wrest (rest) *s.* torcimiento, torsión, violencia, esfuerzo violento. *2* tirón [torciendo]. *3* MÚS. martillo, templador : ~ *pin,* clavija [de piano o arpa]; ~ *box,* ~ *plank,* clavijero [de piano].
wrest (to) *tr.* torcer, retorcer. *2* arrancar. *3* arrebatar, usurpar. *4* tergiversar, violentar, pervertir, falsear.
wrester (re·stø') *s.* tergiversador, falseador.
wrestle (to) (re·søl) *intr.* luchar a brazo partido. *2* luchar, contender. *3* esforzarse. *4* disputar.
wrestler (re·slø') *s.* luchador.
wrestling (re·sling) *s.* lucha. *2* DEP. lucha grecorromana.
wretch (rech) *s.* miserable, desventurado, desdichado. *2* miserable, canalla; persona vil, despreciable.
wretched (re·chid) *adj.* infeliz, cuitado, desgraciado, desdichado. *2* miserable. *3* calamitoso, funesto. *4* malo [de mala calidad], ruin, mezquino. *5* vil, despreciable, perverso.
wretchedly (re·chidli) *adv.* miserablemente, desdichadamente. *2* mal. *3* vilmente, ruinmente.
wretchedness (re·chidnis) *s.* miseria, desventura. *2* vileza, bajeza, perversidad, ruindad.
wriggle (ri·gøl) *s.* WRIGGLING.
wriggle (to) *tr.* retorcer, menear, hacer colear. *2* introducir meneando o solapadamente. — *3 intr.* retorcerse. *4* serpentear, culebrear, undular, colear : *to* ~ *away,* alejarse culebreando; *to* ~ *into,* insinuarse en; *to* ~ *out of,* escaparse, deslizarse, escurrirse [culebreando o retorciéndose].
wriggling (ri·gling) *s.* retorcimiento, enroscadura, culebreo, serpenteo, coleadura.

wright (rait) *s.* artífice, artesano. | Ús. gralte. en composición : *shipwright*, carpintero de ribera o de buque, calafate ; *wheelwright*, carretero, aperador, carpintero de carros.

wring (to) (ring) *tr.* torcer, retorcer : *to ~ the neck of*, torcer el pescuezo a ; *to ~ one's features into a smile*, sonreír, componer el rostro en una sonrisa. 2 estrujar, exprimir, escurrir. | Gralte. con *out*. 3 arrancar. | Con *out* o *from*: *to ~ money from*, arrancar dinero a. 4 estrechar, apretar. 5 punzar, atormentar, angustiar. 6 torcer, tergiversar. ¶ Conjug. pret. y p. p. : *wrung*.

wringer (ri ngo') *s.* torcedor. 2 estrujador, exprimidor, escurridor.

wrinkle (ri ncol) *s.* arruga, surco. 2 fam. capricho, novedad : *the latest ~*, la última novedad. 3 fam. noticia o informe confidencial. 4 fam. maña, traza.

wrinkle (to) *tr.* arrugar, hacer arrugas : *to ~ one's brow*, arrugar o fruncir las cejas. — 2 *intr.* arrugarse, hacer arrugas. 3 contraerse [las facciones].

wrinkled (ri ncold) *adj.* arrugado. 2 rugoso.

wrinkly (ri ncli) *adj.* arrugado, lleno de arrugas.

wrist (rist) *s.* ANAT. muñeca : *~ watch*, reloj de pulsera. 2 puño [de una prenda]. 3 MEC. muñón, eje de articulación.

wristband (ri stbænd) *s.* puño, tirilla del puño [de una prenda]. 2 brazalete, pulsera.

wristfall (ri stfol) *s.* vuelillo.

wristlet (ri stlit) *s.* mitón. 2 pulsera de reloj.

writ (rit) *s.* escrito, escritura : *The Holy Writ*, la Sagrada Escritura. 2 DER. auto, mandamiento, decreto, provisión, orden escrita.

write (to) (rait) *tr.* e *intr.* escribir : *to ~ a good hand*, hacer o tener buena letra ; *to ~ back*, contestar por carta, por escrito ; *to ~ down*, anotar, apuntar, poner por escrito ; *to ~ for*, escribir pidiendo ; *to ~ in*, insertar [en un escrito] ; *to ~ off*, escribir de corrido ; deducir o cancelar [en una cuenta] ; *to ~ oneself*, calificarse de, tomar el título o calidad de ; firmarse ; *to ~ out*, redactar ; copiar, trasladar ; escribir entero [sin abreviar] ; *to ~ up*, describir extensamente por escrito ; hacer una completa relación de ; poner al día ; bombear, dar bombo. 2 describir. 3 decretar, ordenar. 4 contratar [un negocio]. ¶ Conjug. pret. : *wrote*; p. p. : *written*.

writer (rai to') *s.* escritor, autor, literato, articulista. 2 pendolista, escribiente.

write-up *s.* bombo, escrito encomiástico. 2 descripción, narración [escrita]. 3 crónica [en la prensa].

writhe (to) (raið) *tr.* torcer, retorcer [el cuerpo, etc.]. — 2 *intr.* serpentear, culebrear. 3 retorcerse, contorcerse. 4 retorcerse de dolor o angustia ; sufrir.

writing (rai ting) *s.* escritura, letra : *in one's own ~*, de su puño y letra ; *to commit to ~*, poner por escrito, confiar al papel. 2 redacción, composición ; acción de escribir. 3 escrito, manuscrito, documento, artículo, obra. 4 composición musical. — 5 *adj.* de escribir ; para escribir : *~ book*, cuaderno de escritura ; *~ desk*, escri-

torio, pupitre ; *~ machine*, máquina de escribir ; *~ pad*, bloque de papel ; *~ paper*, papel para escribir ; *~ set*, recado de escribir.

written (ri ton) *p. p.* de TO WRITE.

wrong (rong) *adj.* malo, inmoral, pecaminoso, injusto, que no está bien. 2 erróneo, equivocado, incorrecto, defectuoso ; inconveniente, inoportuno ; que no es el que corresponde, se adapta, etc. ; que no es el que debería ser o como debería ser : *to take the ~ glove*, tomar un guante en lugar de otro ; *to take the ~ side of the street*, ir uno por el lado contrario al que le corresponde ; *in the ~ place*, mal colocado, fuera de lugar. 3 *the ~ side of a fabric*, el revés de una tela. 4 *to be ~*, ser malo, ser injusto, no tener razón, estar equivocado ; ser un error. 5 *to be ~ with*, pasar algo a : *what is ~ with*, ¿qué tiene?, ¿qué le pasa? ; ¿qué pasa con?, ¿de qué mal o defecto adolece? — 6 *adv.* mal, al revés, equivocadamente : *to go ~*, descaminarse ; resultar mal. — 7 *s.* agravio, injusticia, entuerto, sinrazón, daño, perjuicio. 8 mal, pecado, mala acción. 9 culpa. 10 error, equivocación, falta de razón : *to be in the ~*, no tener razón, estar equivocado. 11 *to do ~*, obrar mal ; causar perjuicio.

wrong (to) *tr.* agraviar, ofender, perjudicar, hacer mal a, ser injusto con. 2 calumniar. 3 *to ~ of*, privar injustamente de.

wrongdoer (rongduo') *s.* el que obra mal ; malhechor.

wrongful (rongful) *adj.* injusto, inicuo. 2 perjudicial. 3 ilegítimo, ilegal.

wrongfully (rongfuli) *adv.* injustamente, sin razón.

wrongheaded (rongjedid) *adj.* obstinado en el error, terco. 2 disparatado, desatinado.

wrongly (rongli) *adv.* injustamente. 2 mal. 3 erróneamente, equivocadamente.

wrongness (rongnis) *s.* injusticia. 2 maldad. 3 calidad de erróneo o equivocado ; inexactitud.

wrote (rout) *pret.* de TO WRITE.

wroth (roz) *adj.* enojado, furioso, exasperado.

wrought (rot) *pret.* y *p. p. irreg.* de TO WORK. — 2 *adj.* trabajado, labrado, obrado, forjado, manufacturado. 3 adobada [piel]. 4 hilada [seda]. 5 *~ iron*, hierro dulce o forjado.

wrought-up *adj.* sobreexcitado ; fuertemente estimulado.

wrung (rong) *pret.* y *p. p.* de TO WRING.

wry (rai) *adj.* torcido, doblado, ladeado : *~ face*, gesto, mueca ; *~ mouth*, boca torcida. 2 de desagrado, de disgusto. 3 deformado, tergiversado.

wry (to) *tr.* torcer, desviar, volver. 2 retorcer. ¶ Conjug. pret. y p. p. : *wried*.

wryly (rai li) *adv.* torcidamente.

wryneck (rai nec) *s.* MED. tortícolis. 2 ORNIT. torcecuello.

wryness (rai nis) *s.* torcimiento.

Wurtemburg (vu tembo'g) *n. pr.* GEOGR. Wurtemberg.

wych-elm (uich-elm) *s.* WITCH ELM.

wych-hazel (uich-ješl) *s.* WITCH HAZEL.

wye (uai) *s.* i griega. 2 cosa en forma de Y.

X

X, x (ecs) *s.* X, x, vigésimo cuarta letra del alfabeto inglés.
xanthein(e (šæ·nzein) *s.* QUÍM. xanteína, janteína.
xanthic (šæ·nzic) *adj.* QUÍM. xántico, jántico.
xanthin(e (šæ·nzin) *s.* QUÍM. xantina, jantina.
Xanthipe (šænzi·pi) *n. pr.* Jantipa. — 2 *s.* fig. esposa regañona.
xanthophyl(l (šæ·nzofil) *s.* QUÍM. xantofila, jantofila.
xanthous (šæ·nzøs) *adj.* ETN. mogol. 2 ETN. blondo.
Xavier (šæ·viø') *n. pr.* Javier.
xebec (ši·bec) *s.* MAR. jebeque.
xenon (ši·nan) *s.* QUÍM. xeno, xenón.
xenophobe (še·nofoub) *adj.* xenófobo.
xenophobia (šenofou·biæ) *s.* xenofobia.
Xenophon (še·ngføn) *n. pr.* Jenofonte.
xerophil(e (ši·rofil) *adj.* BOT. xerófilo.
xerophthalmia (širafzæ·lmia), **xerophthalmy** (širafzæ·lmi) *s.* MED. xeroftalmía.
xerophyte (ši·rofait) *s.* BOT. planta xerófila.

xiphias (ši·fias) *s.* ICT. jifia.
xiphoid (ši·foid) *adj.* ANAT. xifoideo. — 2 *adj.* y *s.* xifoides.
Xmas (cri·smas) *s.* abrev. de CHRISTMAS.
X ray (i·cs-rei) *s.* rayos X.
X-ray *adj.* radiográfico.
X-ray (to) *tr.* MED. hacer la radiografía o la radioscopia de. 2 aplicar los rayos X a.
xylem (šai·lem) *s.* BOT. leño [parte del tallo].
xylocarpous (šailoca·pøs) *adj.* BOT. de fruto leñoso.
xylogen (šai·loỹin) *s.* BOT. XYLEM.
xylograph (šai·logræf) *s.* grabado en madera.
xylographer (šaila·grafø') *s.* grabador en madera.
xylographic(al (šailogræ·fic(al) *adj.* xilográfico.
xylography (šaila·grafi) *s.* xilografía.
xylol (šai·lol) *s.* QUÍM. xileno.
xylophagous (šaila·fagøs) *adj.* xilófago.
xylophone (šai·lofoun) *s.* xilófono, xilórgano.
xyster (ši·stø') *s.* CIR. legra.

Y

Y, y (uai) *s.* Y, y, vigésimo quinta letra del alfabeto inglés. — 2 *s.* MEC. puntal de horquilla. 3 FERROC. Y para cambio de marcha. — 4 *adj.* en Y, de forma de Y; de horquilla.
yacal (ya·cal) *s.* BOT. yacal.
yacht (yot) *s.* MAR. yate.
yacht (to) *intr.* viajar o correr en yate. 2 manejar un yate.
yachting (yo·ting) *s.* navegación en yate.
yacht(s)man (yo·t(s)mæn), *pl.* **-men** (-men), **yachter** (yo·tø') *s.* dueño de un yate. 2 marinero especializado en tripular yates.
yagua (ya·gua) *s.* BOT. yagua.
yah (yaa) *interj.* ¡bah!, ¡uf!
yahoo (yaíu·) *s.* bruto, hombre brutal.
yak (yæc) *s.* ZOOL. yak [buey del Asia].
yam (yæm) *s.* MAR. ñame.
yank (yænc) *s.* fam. (EE. UU.) tirón, sacudida. — 2 *adj.* y *s.* (con may.) yanqui.
yank (to) *tr.* fam. (EE. UU.) dar un tirón; sacar de un tirón.
Yankee (yæ·nki) *adj.* y *s.* (EE. UU.) yanqui, natural de Nueva Inglaterra; habitante de los Estados del Norte. 2 yanqui, norteamericano; ∼ *Doodle*, canción popular de los norteamericanos.
Yankeedóm (yæ·nkidøm) *s.* los yanquis. 2 la tierra de los yanquis.
Yankeeism (yæ·nkiišm) *s.* yanquismo.
yap (yæp) *s.* ladrido corto, gañido 2 fig. parloteo.

yap (to) *intr.* ladrar con ladrido corto. 2 fig. parlotear.
yapp (yap) *s.* encuadernación de cubierta flexible, doblada en los bordes.
yard (ya·d) *s.* yarda [medida ingl. de longitud = 0'914 m.]. 2 MAR. verga. 3 patio, corral, cercado, terreno: *back* ∼, corral, patio trasero; *lumber* ∼, depósito o almacén de maderas; *navy* ∼, arsenal; *rope* ∼, cordelería. 4 terreno que rodea a un edificio.
yard (to) *tr.* acorralar [encerrar en corral]. 2 almacenar, guardar, reunir [en patio o depósito].
yardarm (ya·da'm) *s.* MAR. penol.
yardstick (ya·dstic), **yardwand** (ya·duand) *s.* vara de medir [de una yarda].
yarn (ya·n) *s.* hebra, hilo, hilado, hilaza: *hemp* ∼, hilaza o hilo de cáñamo; *rope* ∼, filástica, meollar. 2 narración romántica o extraordinaria; cuento o historia increíble: *to spin a* ∼, contar un cuento.
yarrow (yæ·rou) *s.* BOT. milenrama, milhojas, aquilea.
yashmak (yæ·shmac) *s.* velo de las mujeres mahometanas.
yataghan (yæ·tagæn) *s.* yatagán.
yaupon (yo·pøn) *s.* BOT. especie de acebo americano.
yaw (yo) *s.* MAR. guiñada. 2 AVIA. desviación con respecto a la línea de vuelo. 3 desviación, curso errático.

yaw (to) *intr.* MAR. guiñar. 2 AVIA. desviarse de la línea de vuelo. 3 desviarse, moverse en zigzag. — 4 *tr.* desviar de su rumbo.

yawl (yol) *s.* MAR. yola. 2 bote pequeño [de un buque].

yawn (yon) *s.* bostezo. 2 abertura, boquete, hueco.

yawn (to) *intr.* bostezar. 2 abrir la boca [con avidez]. 3 ansiar, desear. 4 estar o quedar boquiabierto. 5 abrirse, estar abierto, formar una abertura.

yawner (yo nø') *s.* bostezador.

yawning (yo ning) *adj.* bostezante. 2 boquiabierto. 3 abierto. — 4 *s.* bostezo.

yaws (yoš) *s. pl.* MED. frambesia.

yclept (aicle pt) *adj.* ant. llamado, nombrado.

1) **ye** (yı) *pron.* ant. vosotros, os.

2) **ye** (dı) ant. grafía para el artículo THE.

yea (yei) *adv.* sí, ciertamente, verdaderamente. 2 y es más, y no sólo eso, sino.— 3 *s.* sí [consentimiento, voto afirmativo]. 4 cosa cierta. 5 ~ *and nay.* ambigüedad, vacilación.

yea-and-nay *adj.* ambiguo, equívoco, vacilante. 2 cuáquero. 3 que no tiene opinión propia. 4 por sí o no [votación].

yean (to) (yın) *intr.* parir [la cabra o la oveja].

yeanling (yı nling) *s.* cabritillo, corderillo.

year (yı') *s.* año : *leap* ~, año bisiesto; *fiscal* ~, año económico; *school* ~, año escolar; ~ *of grace,* año de gracia; *by the* ~, al año, por años; *every other* ~, cada dos años; *of late years,* en estos últimos años; *once a* ~, una vez al año; ~ *in,* ~ *out,* año tras año. 2 años, edad : *man in years,* hombre de edad; *to grow in years,* envejecer.

yearbook (yı 'buc) *s.* anuario.

yearling (yı 'ling) *adj.* primal, añal, añojo. — 2 *s.* niño, potro, planta, etc., de un año.

yearly (yı 'li) *adj.* anual. — 2 *adv.* anualmente, una vez al año, cada año, de año en año.

yearn (yø'n) *intr.* anhelar: *to* ~ *for* o *after,* anhelar, suspirar por. 2 sentir lástima, compasión o ternura.

yearning (yø 'ning) *s.* anhelo, deseo ardiente. 2 ternura.

yeast (yıst) *s.* levadura. 2 espuma, giste. 3 fermentación, agitación, tumulto.

yeasty (yı sti) *adj.* de levadura. 2 fermentante. 3 cubierto de espuma, espumoso. 4 agitado. 5 ligero, frívolo.

Yeddo (ye dou) *n. pr.* GEOGR. Yedo.

yelk (yek) *s.* YOLK.

yell (yel) *s.* grito, alarido, aullido. 2 grito salvaje o de guerra. 3 grito peculiar que sirve de distintivo a un grupo.

yell (to) *intr.* gritar, dar alaridos, aullar, vociferar. 2 dar un vítor. — 3 *tr.* expresar o decir a gritos.

yellow (ye lou) *adj.* amarillo : ~ *bark,* ~ *cinchona,* calisaya; ~ *boy,* fam. (Ingl.) moneda de oro; ~ *fever,* fiebre amarilla; ~ *flag,* pabellón amarillo; ~ *indigo,* añil silvestre; ~ *jacket,* avispa americana; ~ *jasmine,* jazmín; *jazmín amarillo;* ~ *mahogany,* caoba del Brasil; ~ *peril,* peligro amarillo; ~ *race,* raza amarilla; ~ *spot,* ANAT. mácula lutea. 2 de raza amarilla. 3 mulato : ~ *boy,* ~ *girl* (EE. UU.) mulato, mulata. 4 bilioso, celoso, envidioso, melancólico. 5 de cobarde o traidor; vil, ruin. 6 sensacionalista : ~ *press,* prensa sensacionalista. 7 vestido de amarillo. — 8 *s.* color amarillo. 9 yema [de huevo]. 10 persona de raza amarilla.

yellow (to) *tr.* poner amarillo. — 2 *intr.* amarillecer.

yellowbird (ye loubø'd) *s.* ORNIT. jilguero americano. 2 ORNIT. oropéndola.

yellowish (ye louish) *adj.* amarillento.

yellowishness (ye louishnıs) *s.* color amarillento.

yellowness (ye lounıs) *s.* amarillez.

yellowwood (ye louwud) *s.* nombre de varios árboles de madera amarillenta; esta misma madera.

yelp (yelp) *s.* latido, gañido, ladrido.

yelp (to) *intr.* latir, gañir, ladrar. 2 gritar [el pavo salvaje]. 3 quejarse, criticar, pedir [como ladrando]. — 4 *tr.* expresar a gritos.

yelping (ye lping) *s.* gañido.

yen (yen) *s.* yen [moneda japonesa].

yeoman (you mæn), *pl.* **-men** (-men) *s.* hombre libre; labrador acomodado. 2 hidalgo que servía

en una casa real o noble. 3 ~ *of the guard,* alabardero de palacio. 4 miembro de una antigua milicia. 5 MAR. pañolero, guardalmacén. 6 (EE. UU.) subalterno de marina.

yeomanry (you manri) *s.* HIST. conjunto de los labradores acomodados. 2 HIST. burguesía. 3 ant. milicia voluntaria de caballería para la defensa territorial. 4 guardia del rey.

yes (yes) *adv.* sí. — 2 *s.* sí [respuesta afirmativa].

yester- (ye stø') prefijo que indica proximidad anterior en el tiempo.

yesterday (ye stø'dei) *s.* y *adv.* ayer.

yesternight (ye stø'nait) *s.* y *adv.* anoche, la noche pasada.

yet (yet) *adv.* todavía, aún : *as* ~, todavía, hasta ahora, hasta aquí; *not* ~, todavía no, aún no; *try* ~ *one more,* pruebe otro todavía. 2 más : *tarry* ~ *a day,* quédese un día más. — 3 *conj.* aun así, aunque así sea, no obstante, sin embargo, con todo, pero, empero.

yew (yu) *s.* BOT. tejo.

Yiddish (yi dish) *s.* yiddish [dialecto judío].

yield (yıld) *s.* producto, rendimiento, rédito, producción, cosecha. 2 rendición. 3 ING. acción de ceder o deformarse [una cosa sometida a la acción de una fuerza] : ~ *point,* límite aparente de elasticidad; punto de deformación permanente.

yield (to) *tr.* producir, rendir, dar, redituar. 2 exhalar, despedir. 3 dar de sí. 4 rendir, entregar, ceder : *to* ~ *the breath, the ghost, the life,* rendir el alma, morir. 5 devolver, restituir. 6 renunciar a [una opinión, etc.]. 7 otorgar, dar : *to* ~ *consent,* dar consentimiento, consentir. 8 reconocer [como cierto], conceder. 9 *to* ~ *up,* entregar, ceder; abandonar; devolver. — 10 *intr.* dar fruto o utilidad, rendir. 11 ceder, renunciar a la resistencia u oposición, rendirse, someterse. 12 sujetarse, conformarse. 13 ceder, deferir. 14 consentir, asentir. 15 ceder [a una fuerza o presión], doblegarse, flaquear.

yielding (yı lding) *adj.* productivo, que rinde. 2 dúctil, complaciente, condescendiente. 3 flojo, blando.

yieldingly (yı ldingli) *adv.* con condescendencia o deferencia. 2 flojamente.

yieldingness (yı ldingnıs) *s.* facilidad en ceder, condescendencia.

yodel (you døl) *s.* modo de cantar de los tiroleses. 2 canción cantada de este modo.

yodel (to) *tr.* cantar, como los tiroleses, modulando la voz desde el tono natural al falsete y viceversa.

yoga (you ga) *s.* yoga.

yogi (you gui) *s.* yogi [asceta de la India].

yoke (youc) *s.* yugo [para uncir; para los vencidos]. 2 yugada. 3 yunta, pareja [de bueyes, etc.]. 4 fig. yugo [opresión, esclavitud, sujeción, coyunda] : *to throw off the* ~, sacudir el yugo. 5 yugo [de campana]. 6 MEC. pieza de unión; horquilla. 7 culata [de imán]. 8 ARQ. tirante, traviesa. 9 pinga o balancín [para llevar pesos]. 10 MAR. arco de los guardines del timón. 11 horca [que se pone a los animales]. 12 hombrillo [de la camisa].

yoke (to) *tr.* uncir, acoyundar. 2 acoplar, unir, casar. 3 enganchar [una caballería]. 4 sujetar, sojuzgar. — 5 *intr.* estar unido, asociado.

yoke-elm *s.* BOT. carpe.

yokefellow (you cfelou) *s.* compañero de trabajo o sujeción; consorte, esposo, esposa.

yokel (you køl) *s.* rústico, patán.

yolk (youc) *s.* yema [de huevo]. 2 churre [de la lana].

yon (yan), **yond** (yand) *adj.* y *adv.* YONDER. 2 lejos, más allá.

yonder (ya ndø') *adj.* aquel, aquella, aquellos, aquellas. 2 *the* ~, el, la, los, las, más alejados, los de más allá. — 3 *adv.* allí, allá, allí, acullá, más allá.

yore (yo') *s.* otro tiempo, antaño : *of* ~, de otro tiempo, de antaño, en otro tiempo, antaño, antiguamente.

yorker (yo 'kø') *s.* cierto lance del juego de cricquet.

yorkist (yo 'kist) *adj.* y *s.* de la casa de York. 2 partidario del duque de York en la Guerra de las dos Rosas.

you (yu) *pron.* de 2.ª *pers. sing.* y *pl.* tú, usted, vosotros, ustedes. 2 te, a ti; le, a usted; os, a vosotros; les, a ustedes. 3 *for* ~, para ti, usted, vosotros o ustedes. 4 Úsase también como pron.

indefinido : *so sudden as to make* ～ *jump,* tan súbito que le hace saltar a uno.

young (yøng) *adj.* joven : ～ *child,* niño, niño pequeño; ～ *lady,* señorita; *a* ～ *man,* un joven; *a* ～ *woman,* una joven; *the* ～ *people,* la juventud, la gente joven; *her* ～ *ones,* sus niños, sus hijitos; *to look* ～, parecer joven. 2 mozo, juvenil. 3 nuevo, tierno, verde : ～ *leaves,* hojas nuevas, tiernas. 4 nuevo, reciente; que se halla en los comienzos de su curso, desarrollo, etc. : ～ *moon,* luna nueva; *the night is* ～, la noche todavía empieza, está poco adelantada. 5 novicio, inexperto. — 6 s. *the* ～, los jóvenes. 7 hijuelos, cría [de los animales]. 8 *with* ～, encinta, preñada.

younger (yøngø') *adj. comp.* de YOUNG : más joven, menor. 2 *Pliny the* ～, Plinio el joven.

youngest (yønguist) *adj. superl.* de YOUNG : el más joven. 2 *the* ～ *hand,* el que es mano en el juego.

youngish (yønguish) *adj.* jovencito, tierno. 2 juvenil.

youngling (yøngling) *s.* niño, jovencito. 2 animal o planta joven.

youngster (yøngstø') *s.* muchacho, muchacha, joven, niño, niña. 2 animal joven.

younker (yønkø') *s.* muchacho, joven, mozalbete. 2 fam. niño.

your (yu') *adj. pos.* tu, tus, vuestro, vuestra, vuestros, vuestras; su, de usted, de ustedes.

yours (yu·æ's) *pron. pos.* el tuyo, la tuya, los tuyos, las tuyas; el vuestro, la vuestra, los vuestros, las vuestras; el, la, los, las, de usted o ustedes; el suyo, la suya, los suyos, las suyas [de usted o ustedes] : *you have my book and I have yours,* usted tiene mi libro y yo tengo el suyo; *what's mine is* ～, lo que es mío es de usted; *you and*

～, usted y los suyos. 2 A veces se traduce por el adjetivo : *a friend of* ～, un amigo suyo [de usted]; *this pen is* ～, esta pluma es suya [de usted]. 3 la suya [su carta de usted]. 4 *I am* ～, estoy a su disposición [de usted]. 5 ～ *faithfully;* ～ *sincerely,* ～ *(very) truly,* su seguro servidor; su afectísimo, etc. [en las cartas].

yourself (yu'sel·f) *pron. pers.* tú, ti, usted, tú mismo, usted mismo; te, se [reflexivos] : *for* ～, para ti, para usted; *hide* ～ *here,* escóndete o escóndase usted aquí; *you yourself saw it,* usted mismo lo vio.

yourselves (you'se·lvš) *pron.* pl. de YOURSELF : vosotros, ustedes; vosotros mismos, ustedes mismos; os, se.

youth (yuz) *s.* juventud, mocedad, adolescencia. 2 primer período de existencia o crecimiento. 3 joven, mozalbete. 4 *sing.* y *pl.* la juventud, los jóvenes.

youthful (yu·zful) *adj.* joven. 2 mozo, juvenil. 3 fresco, vigoroso. 4 temprano, nuevo.

youthfully (yu·zfuli) *adv.* de manera juvenil.

youthfulness (yu·zfulnis) *s.* juventud. 2 frescura, vigor. 3 carácter juvenil.

you've (youv) *contr.* de YOU HAVE.

yowl (yaul) *s.* aullido, alarido.

yowl (to) *intr.* aullar, gritar.

ytterbium (itø·rbiøm) *s.* QUÍM. iterbio.

yttria (i·tria) *s.* QUÍM. itria.

yttrium (i·triøm) *s.* QUÍM. itrio.

yucca (yø·ca) *s.* BOT. yuca.

Yugoslav (yu·gouslav) *adj.* y *s.* yugoeslavo.

Yugoslavia (yu·gousla·via) *n. pr.* Yugoeslavia.

yulan (yu·lan) *s.* BOT. magnolia china.

yule (yul) *s.* Navidad; Pascua de Navidad : ～ *log,* nochebueno [leño].

yuletide (yu·ltaid) *s.* Pascua de Navidad, Navidades.

Z

Z, z (ši) *s.* Z, z, vigésimo sexta y última letra del alfabeto inglés.

Zaccheus (šæki·øs) *n. pr.* Zaqueo.

Zachary (šæ·cari) *n. pr.* Zacarías.

zaffer, zaffre (šæ·fø') *s.* MINER. zafre.

Zambesi (šæmbrsi) *n. pr.* GEOGR. Zambeze.

zany (še·ni) *s.* bufón, truhán. 2 simplón.

Zanzibar (šænši·ba') *n. pr.* GEOGR. Zanzíbar. 2 Zanguebar.

Zanzibari (šanši·bari) *adj.* y *s.* de Zanzíbar o de Zanguebar.

zeal (šll) *s.* celo, ardor, fervor, entusiasmo.

Zealand (šr·land) *n. pr.* GEOGR. Zelandia.

zealot (še·lot) *s.* entusiasta o partidario acérrimo; fanático.

zealotry (še·lotri) *s.* fanatismo.

zealous (še·løs) *adj.* celoso, ardiente, fervoroso, entusiasta.

zealously (še·løsli) *adv.* celosamente, con ardor.

zebec (ši·bec) *s.* XEBEC.

Zebedee (še·bidr) *n. pr.* Zebedeo.

zebra (šr·bra) *s.* ZOOL. cebra.

zebrine (še·brin) *adj.* de cebra o parecido a ella. 2 cebrado.

Zebu (šr·biu) *n. pr.* GEOGR. Cebú.

zebu *s.* ZOOL. cebú.

zed (šed) *s.* (Ingl.) zeda, zeta, ceda [letra Z].

zedoary (še·doæri) *s.* BOT. cedoaria.

Zelanian (šile·nian) *adj.* y *s.* zelandés.

zenana (šena·na) *s.* harén indio.

Zend-Avesta (šend-avesta) *s.* zendavesta.

zenith (šr·niz) *s.* zenit, cenit. 2 culminación, apogeo. — 3 *adj.* cenital.

zenithal (ši·nizal) *adj.* cenital.

Zeno (ši·nou) *n. pr.* Zenón.

zephyr (še·fø') *s.* céfiro [viento; tela]. 2 chal de céfiro o gasa. 3 (Ingl.) camiseta muy fina para deportes.

Zeppelin (še·pælin) *s.* zepelín.

zero (ši·rou) *s.* cero : *below* ～, bajo cero; ～ *hour,* MIL. hora del ataque. 2 nada.

zest (šest) *s.* bizna de nuez. 2 luquete' [de limón o naranja]. 3 sabor, sainete. 4 deleite, gusto, entusiasmo.

zest (to) *tr.* dar gusto o sabor, aromatizar.

zeta (šr·ta) *s.* zeta [letra griega].

zeugma (šiu·gma) *s.* RET. zeugma.

Zeus (šius) *n. pr.* Zeus, Júpiter.

zibet (ši·bet) *s.* ZOOL. civeta, gato de algalia.

zigzag (šigzag) *s.* zigzag. — 2 *adj.* en zigzag.

zigzag (to) *intr.* zigzaguear.

zinc (šinc) *s.* QUÍM. cinc, zinc : *flowers of* ～, flores de cinc; ～ *white,* blanco u óxido de cinc.

zinc (to) *tr.* cubrir de zinc, galvanizar.

zincite (ši·nksait) *s.* MINER. cincita.

zin(c)ky (ši·nki) *adj.* de cinc.

zincograph (ši·ncogræf) *s.* cincograbado.

zincograph (to) *intr.* grabar en cinc. 2 imprimir con cincograbado.

zincographer (šincogræ·fø') *s.* grabador en cinc.

zincographic (šincogræ·fic) *adj.* cincográfico.

zincography (šinca·grafi) *s.* cincografía.

zincotype (ši·ncotaip) *s.* cincotipia.

zincous (ši·ncøs) *adj.* de cinc.

zingaro (ši·nguerou) *s.* cíngaro.

Zion (šai·øn) *n. pr.* Sion.

Zionism (šai·ønižm) *s.* sionismo.

Zionist (šai·ønist) *s.* sionista.

zip (šip) *s.* silbido, zumbido [de una bala]. 2 fam. energía, vigor.

zip (to) *intr.* silbar o zumbar [como una bala].
zipper (si·pø') *s.* cierre relámpago, abrochador corredizo, cremallera.
zircon (šø'·can) *s.* MINER. circón.
zirconium (šø'·cu·niøm) *s.* QUÍM. circonio.
zither(n (ši·zø'·(n) *s.* MÚS. cítara.
zoanthropy (šoæ·nzroupi) *s.* zoantropía.
zocle (šo·cøl) *s.* SOCLE.
zodiac (šou·diæc) *s.* ASTR. zodíaco. 2 circuito.
zodiacal (šoùdai·acal) *adj.* zodiacal.
zoea (šoι·a) *s.* ZOOL. zoea.
zoetrop (šoui·trop) *s.* zootropo.
zoic (šou·ic) *adj.* zoico [de la vida animal].
zoilism (šoi·lišm) *s.* crítica maligna.
zoilist (šoi·list) *s.* zoilo [crítico maligno].
zona (šou·na) *s.* zona, faja. 2 MED. zona.
zonal (šou·nal) *adj.* perteneciente o relativo a la zona.
zone (šoun) *s.* GEOGR. zona. No tiene el sentido de erupción. 2 círculo, circuito; cinturón.
zone (to) *tr.* abrazar; incluir en una zona; dividir en zonas.
zoned (šound) *adj.* que lleva cinturón. 2 dividido en zonas. 3 marcado con fajas.
zonule (šo·niul) *s.* zona, faja, anillo pequeño.
zoo (šu) *s.* parque zoológico; colección zoológica.
zoochemistry (šouoke·mistri) *s.* bioquímica de los animales.
zoogenous (šoua·ÿenøs) *adj.* MED. de origen animal.
zoogeography (šouoÿia·grafi) *s.* zoogeografía.
zoographer (soua·grafø') *s.* zoógrafo.
zoographic(al (šuougræ·fic(al) *adj.* zoográfico.
zoography (šoua·grafi) *s.* zoografía.
zooid (šou·oid) *adj.* y *s.* zooide.
zooidal (šou·oidal) *adj.* zooidal.
zoolater (šoua·latø') *s.* zoólatra.
zoolatrous (šoua·latrøs) *adj.* zoólatra.
zoolatry (šoua·latri) *s.* zoolatría.
zoolite (šou·olait) *s.* GEOL. zoolito.
zoological (šouola·ÿical) *adj.* zoológico.

zoologist (šoua·laÿist) *s.* zoólogo.
zoology (šoua·loÿi) *s.* zoología.
Zooloo (šu·lu) *adj.* y *s.* ZULU.
zoom (to) (šum) *intr.* AVIA. elevarse rápidamente. 2 fam. aumentar.
zoomorphysm (šouomo·'fišm) *s.* zoomorfismo.
zoophagan (šoua·fagan) *s.* animal zoófago.
zoophagous (šoua·fagøs) *adj.* zoófago.
Zoophyta (šou·ofita) *s. pl.* ZOOL. zoófitos.
zoophyte (šou·ofait) *s.* zoófito.
zoosperm (šou·ospø'm) *s.* zoospermo.
zoospore (šou·ospo') *s.* zoospora.
zootechny (šou·otecni) *s.* zootecnia.
zootomist (šoua·tomist) *s.* zootomista.
zootomy (šoua·tomi) *s.* zootomía.
zoril (šø·ril) *s.* ZOOL. mofeta africana.
Zoroaster (šouroæ·stø') *n. pr.* Zoroastro.
Zoroastrian (šouroæ·strian) *adj.* zoroástrico.
Zoroastrianism (šouroæ·strianišm) *s.* zoroastrismo.
zoster (ša·stø') *s.* MED. zoster, zona.
Zouave (šuav) *s.* zuavo: ~ *jacket*, chaqueta de señora parecida a la de los zuavos.
zounds (šaunds) *interj.* ¡por vida de!
Zulu (šu·lu) *adj.* y *s.* zulú.
Zululand (šu·lulænd) *n. pr.* Zululandia.
zwieback (sur·bæc) *s.* especie de pan retostado.
Zwinglian (šui·nglian) *adj.* y *s.* zuingliano.
zygoma (šaigou·ma) *s.* ANAT. pómulo, cigoma.
zygomatic (šaigomæ·tic) *adj.* ANAT. cigomático : ~ *arch*, arco cigomático.
zygomorphic (šaigomo·'fic), **zygomorphous** (šaigomo·'føs) *adj.* cigomorfo.
zygophyllaceous (šaigofilei·shøs) *adj.* BOT. cigofiláceo.
zygospore (sai·gospo') *s.* zigospora.
zygote (šai·gout) *s.* BIOL. cigoto, zigoto.
zymic (šai·mic) *adj.* címico [de la fermentación]
zymogen (šai·moÿøn) *s.* BIOQUÍM. cimógeno.
zymosis (šaimou·sis) *s.* MED. cimosis.
zymotic (šaima·tic) *adj.* cimótico.

IDIOMS AND EXPRESSIONS / MODISMOS Y EXPRESIONES

A

A boca llena
Openly, plainly

A bordo
On board

A buena hora
On time

A buen santo te encomiendas
To bark up the wrong tree

A buen seguro
Certainly, very probably

A cada momento
Continually, frequently

A cada paso
At every turn (or step)

A cada rato
Each time, all the time

A cambio de
In exchange for

A campo raso
In the open

A campo traviesa
Cross-country

A casa
Home

A causa de
On account of

A ciegas
Blindly

A (or de) ciencia cierta
With certainty

A contrapelo
Against the grain

¿A cuánto(s) estamos?
What is the date?

A deshora(s)
At all hours, unexpectedly; at an untimely moment

A despecho de
In spite of, despite

A duras penas
With great difficulty, hardly, scarcely

A escape
Rapidly, at full speed

A escondidas
On the sly, undercover

A escondidas de
Without the knowledge of

A eso de
At about

A espaldas de
Behind one's back

A estas alturas
At this point or juncture

A falta de
For want of, lacking

A fin de cuentas
After all, in the final analysis

A fin de que
In order that, so that

A fines de
Late, towards the end of a period (week, etc.)

A flor de
Flush with

A fondo
Fully, thoroughly

A fuerza de
By force of, by dint of

A gatas
On all fours, crawling

A guisa de
Like, in the manner of

A hurto
On the sly, stealthily

A instancias de
At the request of

A la antigüita
Old-fashioned

A la buena (mala)
Willingly (unwillingly)

A la buena de Dios
Without malice, without plan, at random

A la carrera
In haste, on the run

A la fuerza
By force

A la larga
In the long run

A la moda
Up to date, in the latest fashion

A la noche
Tonight, at night

A la postre
At last, when all is said and done

A la redonda (or en redondo)
All around, round about

A la sazón
Then, at that time

A la ventura
Aimlessly, haphazardly, at random

A la verdad
In truth, in earnest, truly

A la vez
Together, at the same time

A la vista de
In plain view of

A la voluntad
At will, as you like

A la vuelta de
Around the corner, on returning

A la vuelta de la esquina
Around the corner

A la vuelta de los años
Within a few years

A lado de
Beside

A las claras
Clearly, openly, frankly, publicly

A las mil maravillas
Beautifully, wonderfully well

A lo largo (de)
Along, alongside of, lengthwise, at full length

A lo lejos
In the distance

A lo más
At most, at worst

A lo mejor
Perhaps, maybe

A lo sumo
At most

A los cuatro vientos
In all directions

A los pocos meses
After a few months

A (la) manera de
Like, in the style of

A mano
By hand, at hand, handmade

A mar de
A lot of, lots of

A más no poder
To the utmost, full blast

A más tardar
At the very latest

A más ver (or hasta más ver)
Goodbye

A mediados de
About the middle of the (day, week, etc.), during the (week, etc.)

A medida que
As, in proportion to

A medio camino
Halfway (to a place)

A medio hacer
Incomplete, half-done

A menos que
Unless

A menudo
Often

A merced de
At the mercy (or expense) of

A mi entender
In my opinion, as I understand it

A mi modo de ver
In my opinion

¡A mí qué!
What's that to me? So what!

A montones
In abundance, heaps

A ninguna parte
Nowhere

A no ser que
Unless

A ojo
By sight, by guess

A ojos cerrados
Blindly

A ojos vistas
Visibly, clearly; before one's eyes

A oscuras (or a obscuras)
In the dark

A partir de
As of, beginning on

A partir de hoy
From today on

A pedir de boca
Exactly as desired, to one's heart's content

A pesar de (todo)
In spite of (everything)

A pesar de que
In spite of the fact that

A pie
On foot, by foot

A piedra y lodo
Shut tight

A pie(s) juntillas
With both feet together; believe strongly

A poco
Shortly after

A pocos pasos
At a short distance

A porfía
In competition

A primera luz
At dawn

A principios de
Towards, early in, about the first of (day, week, etc.)

A propósito
By the way, apropos; on purpose

A prueba de
—proof, safe against

A puerta cerrada
Secretly, behind closed doors

A punto fijo
With certainty

A pura fuerza
By sheer force

A puros gritos
By just shouting

A que
I bet...(not a real wager)

¡A que no!
I bet you don't!

¿A qué viene eso?
What is the point of that?

A quema ropa (or a quemarropa)
Very close, point blank, without warning

A raíz de
Soon after, close to

A ras de (or al ras con)
Flush (or even) with

A ratos
From time to time, at times

A ratos perdidos
In (at) odd or spare moments

A rienda suelta
Free rein, violently, swiftly

A saber
Namely, that is

A sabiendas
Knowingly, consciously

A salvo
Safe, unharmed

A sangre fría
In cold blood

A secas
Plain, alone, simply, to the point

A semejanza de
Like, as

A su (debido) tiempo
In due course or time

A tiempo
On time, in time

A tientas
Blindly

A toda costa
By all means, at whatever cost

A toda hora
At any time, at all times

A toda prisa
At greatest speed

A toda vela
Under full sail, at full speed

A todas luces
By all means, any way you look at it

A todo correr
At full speed

A todo trance
At all costs

A todo trapo
Under full sail, speedily

A traición
Deceitfully, treacherously

A través de, al través de
Across, through

A última hora
At the last moment

A una brazada
At arm's length

A una voz
Unanimously

A un tiempo
At one (the same) time

A veces
At times

A ver (si)
Let's see (if)

A vista de
Within view, in the presence of

A vistas
On approval

A voluntad
At will

A vuelo de pájaro
As the crow flies

Abrir paso
To make way, to clear the way

Acabar de
To have just (done something)

Acabar por
To end up by (doing something)

Acerca de
About, with regard to

Acordar con
To be on good terms with

Acostarse con las gallinas
To go to bed early

¿Adónde va?
Where are you going?

Adondequiera que
Wherever

Agachar las orejas
To hang one's head

Aguantar el chubasco
To weather the storm

Águila o pico
Heads or tails

Águila o sello
Heads or tails

Aguzar las orejas (los oídos)
To prick up one's ears

¡Ahí está el detalle!
That's the point!

Ahogarse en poca agua
To worry about nothing

Ahora bien
Now then, well now, however

Ahora es cuando
Now is the time; now is your chance

Ahora mismo
Right now, at once

Al aire libre
In the open air, outdoors

Al azar
By chance, at random

Al cabo (de)
Finally or after

Al caer de la noche
At nightfall

Al centavo
Just right, to the letter

Al contado
Cash

Al contrario
On the contrary

Al cuidado de
In care of

Al derecho
Right side out

Al (or en) derredor
Around

Al descubierto
Openly

Al día
Per day

Al día siguiente
On the following day

Al filo de (las cinco)
At about (5 o'clock)

Al fin
At the end, at last

Al fin de cuentas
In any case

Al fin y al cabo
In short, at last, anyway

Al frente de
In front of

Al habla
Within speaking distance; speaking! (in answering a telephone)

Al igual
Equally

Al instante
At once

Al lado (de)
At one's side, near at hand, next to

Al menos (or a lo menos)
At least, at the least

Al menudeo (or al por menor)
At retail, in small quantities

Al mismo tiempo
At the same time

Al oído
Confidentially

Al otro día
On the following day

Al otro lado de
On the other side of

Al pan, pan y al vino, vino
Call a spade a spade

Al parecer
Apparently

Al pelo
Perfectly, agreed, just right

Al pie de la letra
Literally, to the letter

Al (or a) poco rato
In a short while, soon after

Al presente
Now, at present

Al principio
At first

Al punto
At once

Al raso
In the open air

Al (or en) rededor
Around, about

Al remo
At hard labor

Al revés
Backwards, wrong side out, in the opposite way

Al sereno
In the night air

Al sesgo
On the bias, diagonally, obliquely

Al soslayo
On the bias, slanting, obliquely

Al tanteo
Hit or miss, by guess

Al través de
Through, throughout

Al trote
Quickly

Algo por el estilo
Similar, something of the sort

Algo sordo
Hard of hearing

Algo tarde
Rather late

Algún otro
Somebody else, some other

Alrededor de
Around about, more or less

Alzar el codo
To drink too much

Allá a las quinientas
Once in a blue moon

¡Allí está el toque!
There is the heart of the matter!

Amante de
Fond of

Amigo de
Fond of (friend of)

Amor propio
Self-esteem, pride, vanity

Andar a gatas
To creep, crawl

Andar agitado
To be out of sorts

Andar bien
To keep good time (e.g., a watch), to work well,
to be right

Andar (or ir) de parranda (or de fiesta en fiesta)
To go on a spree

Andarse con rodeos
To beat around the bush

Andarse el tiempo
Meantime, as time goes on

Andarse por las ramas
To beat around the bush

Ante todo
Especially, first of all, above all

Antes de que
Before

Antes hoy que mañana
The sooner the better

Antes que
Rather than

Año antepasado
Year before last

Año entrante
Next year

Año bisiesto
Leap year

Aparte de eso
Besides that, aside from that

Aprender de memoria
To learn by heart

Aprendiz de todo y oficial de nada
Jack of all trades

Aprovechar la ocasión
To take advantage of the situation

Aquí cerca
Around (near) here

Aquí mismo
Right here

Arranque de cólera
Fit of anger

Así así
So-so

Así como
Just as, the same as, as well as

Así de largo
That long

Así es que
So that, as soon as

Así está bien
This will do (be OK)

Así nada más
Just plain, just as is

Así pues
So then, therefore

Así que
So that, as soon as, so, therefore

¡Así se hace!
Well done!, Bully for you!

Así y todo
In spite of that, even so, anyhow

Atrás de
Behind, in back of

Aun así
Even so

Aun cuando
Even if, even though

Aún no
Not yet

Ayer mismo
Just yesterday

Ayer por la tarde
Yesterday afternoon

Azotar el aire
To work in vain

B

Bailar a secas
To dance without music

Baja el radio
Turn down the radio

Bajo techo
Indoors

Barrios bajos
Slums

Beber a pulso
To gulp down

Bien arreglado
Neatly dressed

Bien asado
Well-done (well-cooked)

Bien cocido
Well-done (well-cooked)

Bien me lo merezco
It serves me right

Bien parecido
Good-looking

Bien peinado
Well-groomed, trim

Bien que
Although

Boca abajo
Face down, prone

Boca arriba
Face up, supine

Bromas aparte
All joking aside

Buen mozo
Handsome man

¡Buen provecho!
Good appetite! Enjoy your meal!

Buen rato
Pleasant (or long) time

Buen tipo
Good fellow

Burlarse de
To make fun of

Buscarle tres (cuatro) pies al gato
To look for trouble

Buscar una aguja en un pajar
To look for a needle in a haystack

C

Cada cual (or cada uno)
Each one

¿Cada cuánto tiempo?
How often?

Cada dos días
Every other day

Cada uno
Apiece

Cada vez menos
Less and less

Caer bien
To fit well, to be becoming, to please

Caer enfermo
To fall ill

Caer en gracia
To please

Caer en la cuenta
To realize, to get the point

Caer mal
To fit badly, displease

Caliente de cascos
Hot-headed

¡Cállate la trompa!
Shut up!

Calle abajo
Down the street

Calle arriba
Up the street

Callejón sin salida
Blind alley, dead end

Cambiar de tema
To change the subject

Caminar con pies de plomo
To go cautiously

Camino de
On the way to, on the road to

Camino trillado
Beaten path

Cara a cara
Face to face

Cara o cruz
Heads or tails

Cargar con
To carry away, assume responsibility

Cargar con el muerto
To get the blame unjustly

Carne de gallina
Goosebumps

Casarse con
To marry (someone)

Casi nunca
Hardly ever

Castañetear con los dedos
To snap one's fingers

Cerca de
Near to, close to

Cerrarse el cielo
To become overcast, cloudy

Cifrar la esperanza en
To place one's hope in

Claro que no
Of course not, certainly not

Claro que sí
Of course, naturally

Colmo de la locura
Height of folly

Como a costumbre
At about

Como de costumbre
As usual

Como dijo el otro
As someone said, as the saying goes

Como Dios manda
According to Hoyle (the rules)

Como en
In about

Como mínimo
At least

Como no
Unless

¡Cómo no!
Of course, why not!

Como por ensalmo
As if by magic, in a jiffy

Como que
Since, inasmuch as

Como quiera que
Since, inasmuch as

Como quiera que sea
At any rate

Como si
As if

Como si fuera
As if it were

Como siempre
As usual, like always

Como sigue
As follows

Como último recurso
As a last resort

Como una seda
As smooth as silk, soft as silk

Como visita de obispo
Once in a blue moon

Con anticipación
In advance

Con delirio
Madly

Con el propósito de
With the aim of

Con (or en or por) extremo
Very much, extremely

Con fuerzas para...(la tarea)
Equal to...(the task)

Con la lengua de corbata (or con la lengua de pechera)
Out of breath, with tongue hanging out

Con motivo de
With the idea of, because of, on the occasion of, on account of

¿Con qué cara?
How can I (one) have the nerve?

¡Con razón!
No wonder!

Con respecto a
With regard to

Con rumbo a
In the direction of

Con tal (de) que
Provided that, so that

Con tiempo
In advance, in good time

Con todo (or con todos) los obstáculos
In spite of that

Conciliar el sueño
To get to sleep

Confiar en
To trust, rely on

Conforme a
In accordance with

Conocer de vista
To know by sight

Consigo mismo
To oneself

Conspirar contra una persona
To frame someone

Consultar con la almohada
To sleep on it

Contar con
To reckon with, rely on, count on

Contra viento y marea
Against all odds, come hell or high water, come what may

Convenirle a uno
To be to one's advantage

Correr por cuenta de uno
To be one's own affair, to be up to oneself

Correr riesgo
To take a chance, to risk

Corrida del tiempo
Swiftness of time

Cortar el hilo
To break the thread of a story, to interrupt

Corto de oído
Hard of hearing

Corto de vista
Nearsighted

Cosa de
Approximately, about

Costar trabajo
To be very difficult

Costar un ojo de la cara
To cost an arm and a leg, be very expensive

Cruzarse con
To meet

Cualquier cosa
Anything at all

Cualquiera (or cualesquiera) de los dos
Either of the two

Cuando más tarde
At the latest

Cuando menos
At least

Cuando quiera
Whenever

Cuanto antes
As soon as possible

Cuatro letras
A few lines

Cuatro palabras
A few words

Cuento alegre
Spicy story

Cuento chino
Cock and bull story

Cueste lo que cueste
At any cost

Cumplir años
To have a birthday

Cumplir su palabra
To keep one's word

CH

Chueco o derecho
Hit or miss, happy-go-lucky

D

Dado caso
Supposing

Dado el caso que
Provided that

Dar a
To face, look towards, give to

Dar a conocer
To make known

Dar a entender
To pretend

Dar alas a
To embolden, give courage

Dar aliento
To encourage

Dar al traste con
To ruin, destroy

Dar al través con
To ruin, destroy

Dar ánimo
To cheer up

Dar atención
To pay attention

Dar batería
To raise a rumpus, to work hard

Dar calabazas
To reject, to jilt

Dar caza
To pursue, track down

Dar cima
To complete, carry out

Dar coba
To flatter, play up to, softsoap

Dar cuenta de
To give a report on

Dar de comer
To feed, be fed

Dar disgustos a
To cause distress or grief to

Dar el pésame por
To extend condolences to or for

Dar el visto bueno
To approve, OK

Dar en
To hit or to hit upon

Dar en cara
To reproach, blame

Dar en el clavo
To hit the nail on the head

Dar en (or dar con) el chiste
To guess right, hit the nail on the head

Dar en tierra con alguien
To overthrow someone

Dar esquinazo
To "ditch," avoid meeting someone

Dar fe de
To vouch for

Dar fin (a)
To complete

Dar gato por liebre
To cheat or swindle

Dar grasa
To polish (shoes)

Dar guerra
To make trouble

Dar la hora
To strike the hour

Dar la lata
To annoy

Dar la mano
To help, shake hands

Dar la noticia
To break the news

Dar la razón
To agree, to be of same opinion

Dar la razón a una persona
To admit a person is right

Dar (or darse) la vuelta
To turn (to turn around)

Dar largas
To postpone or delay, or give someone the run around

Dar las espaldas a
To turn one's back on

Dar las gracias
To give thanks, to thank

Dar lástima (de)
To arouse pity or sorrow

Dar lo mismo
To make no difference

Dar los recuerdos
To give regards

Dar lugar a
To give cause for

Dar lustre
To polish

Dar marcha atrás
To back up

Dar mucha pena
To cause sorrow, to be disconcerting

Dar parte
To inform

Dar pie
To give opportunity (or occasion to)

Dar por
To consider as

Dar por descontado
To take for granted

Dar por hecho
To take for granted, to consider as done

Dar por sabido
To take for granted

Dar por sentado
To take for granted

Dar por supuesto
To take for granted

Dar prestado
To lend

Dar propina
To tip (give a gratuity)

Dar que hacer
To cause extra work

Dar rabia
To anger

Dar razón
To inform, give account

Dar realce
To enhance, emphasize

Dar sepultura
To bury

Dar un paseo
To take a walk or ride

Dar un paseo en barco
To go for a sail

Dar un paso
To take a step

Dar un pisotón
To step hard upon

Dar un portazo
To slam the door

Dar un salto (or dar saltos)
To leap, jump

Dar un traspié
To trip, stumble

Dar un vistazo a
To glance over, peruse

Dar una cita
To make an appointment

Dar una fiesta
To give (throw) a party

Dar una pasada por
To pass by, walk by

Dar una pisada
To step (stomp) on (upon)

Dar una satisfacción
To apologize

Dar una vuelta
To take a stroll

Dar uno en la tecla
To hit the nail on the head, find the right way to do something

Darle a uno mala espina
To arouse one's suspicion

Darle lo mismo
It makes no difference

Darse aires a
To put on airs

Darse cuenta de (que)
To realize (that), to notice

Darse de baja
To drop out

Darse farol
To show off, put on airs

Darse la mano
To shake hands

Darse por vencido (or me doy)
To give up (or I give up)

Darse prisa
To hurry

Darse tono
To put on airs

Darse un tropezón
To trip, stumble

Darse un encontrón
To collide with, bump into each other

Darse un resbalón
To slip

Dárselas de
To pose as

De acuerdo con
In accordance with

De ahí en adelante
From then on

De ahí que
Hence

De ahora en adelante
From now on, in the future

De algún modo
Somehow

De algún tiempo para acá
For some time now

De alguna manera
Somehow

De arriba abajo
From top to bottom

De aquel tiempo en adelante
From that time on

De aquí en adelante
From now on

De aquí para allá
To and fro, back and forth

De broma
Jokingly, in jest

De buen tomo y lomo
Bulky, important

De buen tono
In good taste, stylish

De buen ver
Good-looking

De buena cepa
Of good stock or quality

De buena fe
In good faith

De buena gana (or de buen grado)
Willingly, gladly

De buena ley
Of good quality

De buenas a primeras
All of a sudden, unexpectedly, on the spur of the moment

De burla
In jest

De cabo a rabo
From beginning to end

De camino (or de camino real)
On the way

De canto
On edge

De copete
High rank, important, proud

De corrida
Without stopping

De cualquier modo
At any rate

De cuando en cuando
Sometimes, occasionally

De día
By day, before dark

De dientes afuera
Insincerely

¡De dónde!
Nonsense!

De dos caras
Two-faced

De dos en dos
By twos, two by two

De dos sentidos
Two-way

De ese modo (or de esa manera)
In that way

De espaldas
On one's back, supine

De este modo (or de esta manera)
In this way

De etiqueta
Formal

De golpe
Suddenly

De gorra
At another's expense

De grado en grado
By degrees

De hecho
In fact

De hilo
Without stopping

De hoy en adelante
From now on

De hoy en ocho días
One week from today

De hoy en quince días
Two weeks from today

De improviso
Unexpectedly

De lado
Tilted, oblique, sideways

De la noche a la mañana
Overnight

De lejos
From a distance

De lo contrario
If not, otherwise

De lo lindo
Wonderfully, very much, to the utmost

De mal en peor
From bad to worse

De mal grado
Reluctantly, unwillingly

De mal gusto
In poor taste

De mal temple
In a bad humor

De mala fe
In bad faith, deceitfully

De mala gana
Unwillingly

De mala suerte
Unlucky

De manera que
So that

De marca
Of excellent quality

De memoria
By heart

De moda
In vogue, stylish

De modo que
So what?, so that, and so

De momento
For the time being

De nada
Don't mention it; you're welcome

De ningún modo
By no means

¡De ninguna manera!
By no means!, I should say not!

De noche
By (at) night

De nuevo
Again, once again

De ocasión
Reduced price, a bargain

De (or al) oído
By ear

De oídos
Rumor, hearsay

De ordinario
Ordinary, usual

De otro modo
Otherwise

De palabra
By word of mouth

De par en par
Wide open

De parte a parte
Through, from one side to the other

De parte de
On behalf of, in favor of

De paso
In passing, at the same time, by the way, in transit

De pie
Standing

De pilón
To boot, besides, in addition

De poca monta
Of little value or importance

De poquito
In small amounts

De por sí
Separately, by itself

De prisa
Quickly

De pronto
At once, suddenly

De propósito
On purpose

De punta
On end

De puntillas (or de puntas)
On tiptoes

De punto
By the minute

De pura casualidad
By pure chance

De rebote
On the rebound, indirectly

De relieve
In relief, outstanding, prominent

De remate
Absolutely, without remedy

De repente
Suddenly, all of a sudden

De repuesto
Spare, extra

De resultas
As a result, consequently

De rigor
A "must," it must

De rodillas
On one's knees

De seguida
Continuously, without interruption

De segunda mano
Secondhand

De seguro
For certain, for sure

De sobra
More than enough, unnecessary

De sol a sol
Sunrise to sunset

De soslayo
Slanting, sideways

De subida
On the way up

De súbito
Suddenly

De suerte que
So that, and so, in such a way

De su (propia) cosecha
Of one's own making or invention

De suyo
Naturally, by nature

De tarde en tarde
From time to time, now and then, once in a blue moon

De tejas abajo
Here below, in this world

De todas maneras
Anyway, at any rate

De todos modos
At any rate, in any case, anyhow, by all means

De tránsito
In transit, on the way, passing through

De través
Across

De un golpe
All at once

De un modo u otro
Somehow, in some way or other

De un momento a otro
At any moment

De un salto
Quickly

De un solo sentido
One way (e.g., one-way street)

De un tirón
All at once

De una pieza
Solid, of one piece

De una tirada
All at once, in one fell swoop

De una vez
At once, at one time, at one stroke, once and for all

De una vez por todas
Once and for all

De uno en uno
One at a time

De unos
Of about

De uso
Secondhand

De veras (¿De veras?)
Really, in truth, in earnest (really?, is that so?)

De verdad (¿De verdad?)
Truly, truthfully (really?, is that so?)

De vez en cuando
Now and then, occasionally

De vicio
As a (bad) habit

De viva voz
By word of mouth

De (buena) voluntad
Willingly, with pleasure

De vuelta
Again

Debajo de
Under, beneath

Debe de ser
It must be, it probably is

Decir para sí
To say to one's self

Decir para su coleto (or capote)
To say to one's self

Dejar a uno plantado
To "stand someone up," leave someone in the lurch

Dejar caer
To drop

Dejar de
To stop

Dejar de asistir
To drop out

Dejar de la mano
To leave, abandon

Dejar dicho
To leave word

Dejar en las astas del toro
To leave in the lurch

Dejar en paz
To let be, to leave alone

Dejar saber
To let on, pretend

Dejar tranquilo
To leave alone

Dejarse de cuentos
Come to the point, stop beating around the bush

Dejarse de rodeos
Stop the excuses, stop beating around the bush

Del mismo modo
Of the same sort, in the same way

Del próximo pasado
Of last month

Del todo
Wholly, at all

Delante de
In front of

Dentro de
Inside of, within

Dentro de poco
In a little while

Dentro de un momento
In a short time

Dentro de una semana
Within a week

Desayunarse con la noticia
To hear a piece of news early or for the first time

Descabezar el sueño
To take a nap

Desde ahora
From now on

Desde el principio
All along, from the beginning

Desde entonces
Since then, ever since

Desde hace
Dating from, over a period of...

Desde lejos
From a distance, from afar

Desde luego
Actually, of course, at once

Desde que
Since

Desde un principio
From the beginning

Desempeñar un papel
To play a part

Despedirse de
To say goodbye to

Después de eso
Thereafter

Después de todo
After all

Detrás de
Behind, in back of

Devanarse los sesos
To rack one's brain

Día de raya
Payday

Día de semana (or día de trabajo)
Weekday

Día hábil
Weekday, workday

Día tras día
Day after day

Días de antaño
Days of old

Días de semana
Weekdays

Dicho y hecho
Sure enough, no sooner said than done

Dificultar el paso
To obstruct, impede

Digno de
Well worth it

Digno de confianza
Reliable, trustworthy

Dinero contante y sonante
Ready (or hard) cash

Dinero menudo
Change (re money)

Doblar a la esquina
To turn the corner

Dolerle a uno la garganta
To have a sore throat

Dolor de cabeza
Headache

Donde no
Otherwise, if not

Dondequiera que (or por dondequiera que)
Wherever

Dormir a pierna suelta
To sleep soundly

Dormir la mona
To sleep it off

Dormir la siesta
To take an afternoon nap

E

Echar a correr (or echarse a correr)
To begin running (to run away)

Echar(se) a perder
To spoil, to ruin

Echar a pique
To sink

Echar al olvido
To forget on purpose

Echar de menos
To miss

Echar de ver
To notice, to observe

Echar en cara
To reproach, blame

Echar espumarajos
To froth at the mouth, to be very angry

Echar flores
To throw bouquets, to flatter, to compliment

Echar la casa por la ventana
To spare no expense, squander everything

Echar la culpa a
To blame

Echar la garra
To arrest, grab

Echar la llave
To lock the door

Echar la uña
To steal

Echar la zarpa
To grasp, to seize

Echar leña al fuego
To add fuel to the fire

Echar mano
To seize

Echar pajas
To draw lots

Echar papas
To fib

Echar por tierra
To knock down, demolish

Echar raíces
To take root, become firmly fixed

Echar suertes
To draw lots

Echar un piropo
To compliment, flatter

Echar un sueño
To take a nap

Echar (or soltar) un terno
To say a bad word, to swear, curse

Echar un trago
To take a drink

Echar una cana al aire
To go out for a good time or fling

Echar (una carta) al correo
To mail (a letter)

Echar una siesta
To take a nap

Echarle la bendición a una cosa
To give something up for lost

Echarse a
To begin to (do something)

Echarse al coleto
To drink down, devour

Echarse para atrás
To back out, go back on one's word

El caso es
The fact is

El común de las gentes
The majority of the people, the average person

El cuento del tío
Deceitful story told to get money

El de
The one with

El día menos pensado
When least expected, unexpectedly

El gusto es mío
The pleasure is mine

El más reciente
The latter

El mismísimo hombre
The very man

El mismo que (or lo mismo que)
The same as

El pro y el contra
Pro and con

El que
The one who, the one which

El sol poniente
The setting sun

El tren llegó con (x) minutos de retraso
The train was (x) minutes late

El uno al otro
Each other

El uno o el otro (or uno u otro)
Either, one or the other

Empeñar la palabra
To promise, pledge

Empinar el codo
To drink (too much)

En abonos
On installments

En absoluto
Absolutely *(not)*

En adelante
In the future, from now on

En alguna otra parte
Somewhere else

En alguna parte
Somewhere

En ambos casos
In either case

En aquel tiempo (en aquel entonces)
At that time, in those days

En balde
In vain

En breve
Shortly

En broma
In jest, as a joke

En buen romance
In plain language

En cambio
On the other hand

En casa
At home, indoors

En caso afirmativo
If so

En caso de
In the event of

En caso de que
In case of (that)

En concreto
Concretely, to sum up

En conformidad con
In compliance with

En conjunto
As a whole

En contra de
Against, opposed to

En cualquier caso
Anyway

En cuanto
As soon as

En cuanto a
As for, with regard to

En curso
In progress

En descubierto
Uncovered, unpaid

En días pasados
In days gone by

En efecto
In fact, indeed, really

En el acto
Right away, at once

En el extranjero
Abroad, out of the country

En el fondo
At bottom, at heart, in substance

En el momento preciso
In the nick of time

En el quinto infierno (or los quintos infiernos)
Very far away

En el sigilo (or silencio) de la noche
In the dead of the night

En especial
Especially, in particular

En espera de
Awaiting

En fecha a próxima
At an early date

En fin
In short, finally, in conclusion

En fragante
In the act

En grande
On a large scale

En grueso
In bulk, by wholesale

En junto (or en conjunto)
All together, in all

En la actualidad
At the present time

En libertad
Free

En lo futuro
In the future

En lo más crudo del invierno
In the dead of winter

En lo sucesivo
Hereafter, in future

En lontananza
In the distance, in the background

En lugar de
Instead of, in place of

En manga de camisa
In shirtsleeves

En marcha
In progress

En muchos puntos
In many respects

En (or al) ninguna parte
Nowhere

En obsequio de
In honor of, for the sake of

En otros términos
In other words

En parte
Partly

En particular
Especially

En pleno día
In broad daylight

En pleno rostro (or en plena cara)
Right on the face

En poder de
In the hands of

En prenda de
As proof of, as a pledge

En pro de
On behalf of

En pro y en contra
For and against

En punto
On the dot, sharp

En rama
Crude, raw

En realidad
As a matter of fact

En regla
In order

En resolución
In brief

En resumen
Summing up, in brief

En resumidas cuentas
In short, after all

En rigor
In fact, in reality

En rueda
In turn, in a circle

En salvo
In safety, out of danger

En sazón
Ripe, in season

En secreto
Secretly

En seguida
At once, right now

En señal de
In proof of, in token of

En serio
Seriously

En sueños
In one's sleep

En tal caso
In such a case

En tanto que
While

En todas partes
Everywhere

En todo caso
In any event

En un credo
In a jiffy, in a minute

En un chiflido
In a jiffy, in a second

En un improviso
In a moment

En un salto
Quickly

En un santiamén
Instantly, in the twinkling of an eye

En un soplo
In a jiffy, in a second

En vela
On watch, without sleep

En verdad
Really, truly

En vez de
Instead of

En vigor
In force, in effect

En vista de que
Since, in view of

En voz alta
Aloud, loud voice

En voz baja
In a low voice, whispering

Encargarse de
To take charge of

Encima de
On, upon

Encogerse de hombros
To shrug one's shoulders

Encontrarse con
To come across, to meet

Enfrentarse con
To confront, meet face to face

Enredarse con
To have an affair with

Entablar una conversación
To start a conversation

Entre azul y buenas noches
Undecided, on the fence

Entre bastidores
Behind the scenes, offstage

Entre la espada y la pared
Between the devil and the deep blue sea

Entre paréntesis
By the way

Entre semana
During the week

Entre tanto
Meanwhile, all the while, at the same time

Es cierto
It's true

Es decir
That is to say, in other words

Es (la) hora de (partir)
It is time for, it is time to (go)

Es lo de menos
It makes no difference, that's the least of the trouble

Eso corre prisa
That is urgent

Eso es
That is it, that's right

¡Eso es el colmo!
That is the limit!

Eso es harina de otro costal
That's a horse of a different color

Eso estriba en que
The basis for it is that

Eso no tiene quite
That can't be helped

Eso sí
That was (or is) true

Esperar en alguien
To place hope (or confidence) in someone

Esperar todo el santo día
To wait the whole blessed day

Está de más
It is unnecessary, superfluous

Está por hacer
It is yet to be done

Estamos a mano
We are even, quits

Estar a buen recaudo
To be safe

Estar a cargo de
To be in charge of

Estar a gusto
To be contented or comfortable

Estar a la altura de
To be equal to (a task)

Estar a la mira de
To be alert for, on the lookout for

Estar a punto de
To be about to

Estar al cabo de
To be well-informed, up-to-date

Estar al corriente de
To be informed, to be up-to-date

Estar afecto a
To be fond of

Estar afilando con (or afilar con)
To flirt with

Estar (or ponerse) ancho
To swell with pride

Estar arreglado
To be in order

Estar bien
To be all right, OK. Ex.: Está bien. (It is) all right, (it's) OK

Estar bien de salud
To be in good health

Estar bruja
To be broke

Estar con el agua al cuello
To be in big trouble

Estar de acuerdo
To agree

Estar de bote en bote
To be crowded, be completely filled up

Estar de buen humor (or de buen genio)
To be in a good mood

Estar de conformidad con
To be in compliance with

Estar de duelo
To mourn, be in mourning

Estar de luto
To be in mourning

Estar de malas
To be out of luck

Estar de mal humor (or de mal genio)
To be in a bad mood

Estar (or quedar) de non
To be left alone, without a partner or companion

Estar de paso
To be passing through

Estar de prisa
To be in a hurry

Estar de regreso
To be back

Estar de sobra
To be in the way

Estar de turno
To be on duty

Estar de vacaciones
To be on vacation

Estar de (or estar en) vena (para)
To be in the mood (for)

Estar de venta
To be on sale

Estar de viaje
To be traveling, on the road

Estar de vuelta
To be back

Estar desahogado
To be well off

Estar dispuesto
To be willing

Estar en buen uso
To be in good condition (re a thing)

Estar en camino
To be on the way

Estar en curso
To be going on, be under way

Estar en las mismas
To be in the same boat

Estar en las nubes
To daydream

Estar en las últimas
To be on one's last legs, to be at the end of one's rope, out of resources

Estar en pañales
To be in infancy, to possess scant knowledge

Estar en peligro
To be in danger

Estar en pugna con
To be opposed to, to be in conflict with, to be against

Estar en todo
To have a finger in everything

Estar en un aprieto
To be in a jam, to be in trouble

Estar en un error
To be wrong, to be mistaken

Estar encargado de
To have charge of, to be in charge of

Estar entre la espada y la pared
To be between the devil and the deep blue sea

Estar (or andar) escaso de dinero
To be just about out of money, be short of money

Estar fuera de la casa
To be out of the house, away from home

Estar fuera de la ley
To be against the law

Estar harto de
To be fed up with

Estar hasta los topes
To be filled up

Estar hecho un costal de huesos
To be very thin, nothing but skin and bones

Estar hecho una sopa
To be sopping wet, soaked through

Estar mal templado
To be in a bad humor

Estar muy metido en
To be deeply involved in

Estar para
To be about to

Estar peor que antes
To be worse off

Estar por
To be in favor of

Estar ras con ras
To be flush, perfectly even

Estar regular
To feel OK

Estar salado
To be unlucky; to be witty, salty

Estar sobre sí (...sobre aviso)
To be on the alert, cautious

Estar torcido con
To be on unfriendly terms with

Estar uno en sus cabales
To be in one's right mind

Estar uno hasta el copete
To be stuffed, fed up

Estar uno hasta la coronilla
To be fed up, satisfied

Estarse parado
To stand still

Estirar la pata
To die

Estrechar la mano (a)
To shake hands, grasp (or squeeze) a hand

Explicar una cátedra
To teach a course

F

Falta de conocimientos
Lack of instructions

Falta de saber
Lack of instructions

Faltar a clase
To cut class

Faltar a su palabra
To break one's word

Faltar poco
To be almost time

Faltarle a uno un tornillo
To have little sense, "to have a screw loose"

Fijarse en
To notice, pay attention to

Formar parte de
To be a part (or member) of

Forzar la entrada
To break into

Frente a
In front of

Fruncir el ceño
To frown, scowl

Fruncir el entrecejo
To wrinkle one's brow

Fruncir las cejas
To frown, knit the eyebrows

Fuera de broma
All joking aside

Fuera de lo corriente
Unusual, out of the ordinary

Fuera de propósito
Irrelevant

Fuera de sí
Beside oneself

G

Ganar para comer
To earn a living

Ganar tiempo
To save time

Ganarse la vida
To make one's living

Gente de baja estofa
Low-class people, rabble

Guardar cama
To stay in bed, to be confined in bed

Guardar rencor
To bear or hold a grudge

Guardar silencio
To keep silent

Gusano de la conciencia
Remorse

H

Había una vez (or érase que se era; érase una vez; y va de cuento)
Once upon a time

Hablar al alma
To speak frankly

Hablar al caso
To speak to the point, or in plain language

Hablar alto (or en voz alta)
To speak loudly

Hablar en secreto
To whisper

Hablar para sus adentros
To talk to oneself

Hablar por los codos
To talk too much, chatter constantly

Hace (dos, tres, etc.) años
(Two, three, etc.) years ago

Hace buen (mal) tiempo
It is good (bad) weather

Hace caso omiso
It (he, etc.) ignores

Hace mucho que no (juego, etc.)
It's been a long time since (I played, etc.)

Hace mucho tiempo
Long ago

Hacer alto
To stop

Hacer arreglos
To make arrangements

Hacer buen papel
To make a good showing

Hacer burla de
To make fun of

Hacer caso a (or hacer caso de)
To take into account, pay attention to

Hacer caso omiso de
To ignore

Hacer cocos
To make eyes at, flirt

Hacer cola
To form a line, wait in line

Hacer como si
To act as if

Hacer cuco a
To fool, make fun of

Hacer de
To act as

Hacer de nuevo
To do again, to do over

Hacer deducciones precipitadas
To jump to conclusions

Hacer destacar
To emphasize

Hacer ejercicio
To take exercise

Hacer el favor de
Please

Hacer el (or hacer un) papel
To play a role

Hacer el ridículo
To be ridiculous, act a fool

Hacer escala (en)
To stop over at

Hacer falta
To lack, be in need of

Hacer favoritismos en prejuicio de
To discriminate against

Hacer frente (a)
To face

Hacer gala de
To boast of

Hacer garras
To tear to pieces

Hacer gestos
To make faces at

Hacer gracia
To amuse, to make laugh

Hacer juego
To match

Hacer la corte
To court, woo

Hacer la zanguanga
To feign illness

Hacer las maletas
To pack, get ready to leave

Hacer las paces
To make up after a quarrel

Hacer lo posible
To do one's best

Hacer mal papel
To make a poor showing

Hacer mala obra
To hinder, interfere

Hacer mella
To make a dent or impression, to cause pain or worry

Hacer memoria
To remember, recollect

Hacer muecas
To make faces

Hacer otra vez
To do over

Hacer pedazos
To break into pieces

Hacer pinta
To play hooky, cut class

Hacer por escrito
To put in writing

Hacer preguntas (or hacer una pregunta)
To ask questions, to ask a question

Hacer presa
To seize

Hacer puente
To take a long weekend

Hacer rajas
To slice, to tear or cut into strips

Hacer rostro
To face

Hacer rumbo a
To head (or sail) towards

Hacer sombra
To shade, cast a shadow

Hacer su agosto
To make hay while the sun shines

Hacer teatro
To show off

Hacer trizas
To tear to pieces, to shred

Hacer un pedido
To place an order

Hacer un trato
To make a deal

Hacer un viaje
To go on a journey

Hacer una mala jugada
To play a mean trick

Hacer una perrada
To play a mean trick

Hacer una plancha
To make a ridiculous blunder

Hacer una visita
To pay a visit

Hacer vida
To live together

Hacerle daño a uno
To hurt or harm someone

Hacerse a
To get used to

Hacerse a la derecha
To pull over to the right

Hacerse a un lado
To step aside, move over

Hacerse amigo
To make friends with

Hacerse cargo
To take charge, to be responsible for

Hacerse de rogar
To be coaxed, to let oneself (or want to) be coaxed

Hacerse duro
To resist stubbornly

Hacerse el desentendido
To pretend not to notice

Hacerse el sordo
To pretend not to hear, turn a deaf ear

Hacerse el tonto
To play dumb, to act the fool

Hacerse entender
To make oneself understood

Hacerse ilusiones
To fool oneself

Hacerse noche
To grow late, get late in the evening

Hacerse tarde
To get late

Hacerse un lío
To get tangled up, become confused

Hacerse uno rajas
To wear oneself out

Hacia adelante
Forward

Hacia atrás
Backward

Hasta aquí (or hasta ahí)
Up to now, so far

Hasta cierto punto
In a way, up to a point

¿Hasta dónde?
How far?

Hasta más no poder
To the limit, utmost

Hasta el tope
Up to the top

Hasta la fecha
Up to date, up to now

Hasta que
Until

Hasta que se llene
Until full

Hay gato encerrado
There is more than meets the eye

Hay moros en la costa
Something is wrong; the coast is not clear; little pitchers have big ears

Hay que
One must, it is necessary to

He aquí
Behold, here is...

Hecho y derecho
Mature, full-fledged, grown up

Hincarse de rodillas
To kneel down

Hoy (en) día
Nowadays

I

Ida y vuelta
Round trip

Idas y venidas
Comings and goings

Igual que
The same as

Impedir el paso
To block the door, to obstruct the way

Ímpetu de ira
Fit of anger

Inaplicable al caso
Irrelevant

Incurrir en el odio de
To incur the hatred of

Incurrir en un error
To fall into (or commit) an error

Ingresar en
To join (a club, etc.)

Ir a caballo
To ride horseback

Ir a medias (or ir a la mitad)
To go halves (50-50)

Ir a pie
To walk, to go on foot

Ir al centro
To go downtown

Ir al grano
To get down to cases, come to the point

Ir corriendo
To be running

Ir de compras
To go shopping

Ir de jarana
To go on a spree

Ir de pesca
To go fishing

Ir de vacaciones
To go on vacation

Ir del brazo
To go arm in arm

Ir entendiendo
To begin to understand

Ir para atrás
To back up

Irse (or andar) a la deriva
To drift, be adrift

Irse abajo
To fall down

J

Juego de palabras
Pun, play on words

Juego limpio
Fair play

Juego sucio
Foul play

Jugar limpio
To play fair

Jugarle una mala partida
To play a bad trick on one

Junto a
Near to, or next to

Junto con
With, along with

L

La comidilla de la vecindad
The talk of the town

La cosa no cuajó
The thing did not jell (or work well)

La cuestión palpitante
The burning question

La gota que derrama el vaso
The last straw, the straw that broke the camel's back

La mayoría (de)
The majority (of), most of

La mayor parte (de)
The majority (of), most of

La mera idea de
The very thought of

La mera verdad
The real truth

La rutina diaria
The daily grind

La verdad clara y desnuda
The whole truth, the plain and simple truth

Lado flaco
Weak side

Largas uñas
A thief

¡Largo de aquí!
Get out of here!

Largos años
A long time, many years

Lavarse las manos de
To wash one's hands of

Levantar a pulso
To lift (something heavy) with the hand

Levantar la mesa
To clear the table

Levantarse de malas (or levantarse con las malas, or levantarse con el santo de espaldas)
To get up on (or out of) the wrong side of the bed

Ligero de cascos (or alegre de cascos)
Featherbrained

Limpio de polvo y paja
Net, entirely free, clear profit

Lo antes posible
The earliest possible

Lo de menos
Of little importance, the least of it

Lo expuesto
What has been said

Lo más pronto posible
As soon as possible

Lo menos posible
As little as possible

Lo mismo da
It makes no difference

Lo que
That which

Lo que hizo
Which caused

Lo recién llegado
A new arrival

Lo siento mucho
I'm very sorry

Loco de remate
Stark raving mad

Los (las) demás
The others, the rest of them

Los que
Those which, those who, the ones

Luego que
As soon as

LL

Llamar al pan pan, y al vino vino
Call a spade a spade

Llamar por teléfono
To call on the telephone

Llegar a saber
To come to know

Llegar a ser
To become, to get to be

Llenar un vacío
To bridge a gap

Lleno de bote en bote
Full to the brim

Llevar a cabo
To carry through, to accomplish

Llevar a efecto
To carry out

Llevar cuentas
To keep accounts

Llevar el compás
To beat time

Llevar la contra
To oppose, to object to

Llevar la cuenta (or llevar cuenta de)
To keep track of

Llevar puesto
To wear

Llevar ventaja
To have the lead, to be ahead

Llevarse adelante
To carry out

Llevarse bien (con)
To get along well with

Llevarse un chasco
To be disappointed

Llover a cántaros
To rain cats and dogs (pitchforks)

Llover sobre mojado
To come one after another (bad luck, misfortune)

M

Mal genio
Bad temper

Mal mandado (or muy mandado)
Ill-behaved

Mal sufrido
Impatient

Malas tretas
Bad tricks, bad habits

Mandar una bofetada
To slap

Mandar una pedrada
To throw a stone

Mañana Dios dirá
Tomorrow is another day

Mañana por la mañana (temprano)
Tomorrow morning (early)

Mañana por la noche
Tomorrow night

Mañana por la tarde
Tomorrow afternoon

Más acá
Closer

Más acá de
This side of, before you get to

Más adelante
Farther on, later on

Más ahorita
Right now

Más allá (de)
Beyond, farther away

Más aún
Furthermore, what is more

Más bien
Rather

Más bien que
Rather than

Más de
More than

Más de una vez
More than once

Más pesado que una mosca
Pesky as a fly

Más que
More than

Más que nadie
More than anyone

Más que nunca
More than ever

Más vale...
It is better...

Más vale tarde que nunca
Better late than never

Matar dos pájaros de un tiro
To kill two birds with one stone

Matar el gusano
To satisfy a need or desire (hunger, etc.)

Me entró miedo
I became afraid

Me hace falta
I need it

Me lloran los ojos
My eyes water

Media cuchara
A mediocre person

Medio sordo
Hard of hearing

Medir las calles
To walk the streets, be out of a job

Mejor dicho
Better yet, rather

Memoria de gallo
Poor memory

Menor de edad
A minor (person)

Menos de (or menos que)
Less than

Menos mal
At least

Merecer la pena
To be worthwhile

Meter la pata
To put one's foot in one's mouth

Meterse con
To pick a quarrel or fight with

Meterse de por medio
To intervene, meddle in a dispute

Meterse en un lío
To get oneself in a mess

Mientras más...menos
The more...the less...

Mientras tanto
Meanwhile

Mil gracias
A thousand thanks

Mirada de soslayo
Side glance

Mirar con el rabo del ojo
To look out of the corner of one's eye

Mirar por alguien
To take care of someone

Mirar por encima
To glance at

Mirar por encima del hombro
To look down on; despise

Molestarse en (con)
To bother about

Muchas subidas y bajadas
Many ups and downs, much going up and down

Mudar de casa
To move (change residence)

Muy a menudo
Very often

Muy de mañana
Very early in the morning

Muy trabajador
Hard-working

N

Nacer de pie (or pies)
To be born lucky

Nada de eso
Nothing like that

Nada de particular
Nothing unusual

Nada en absoluto
Nothing at all

Nada más
Just, only

Negarse a (contestar)
To refuse to (answer)

Ni con mucho
Not by far, not by a long shot, far from

Ni esto ni aquello
Neither this nor that

Ni mucho menos
Not by any means, not anything like it

Ni siquiera
Not even, even though

Ni yo tampoco
Nor I either

Ningún otro
Nobody else

No cabe duda (que)
There is no doubt (that)

No caer bien
To displease, (with direct object) not to fit well

No da abasto a
To be unable to cope with

No dar pie con bola
To make a mistake, not to get things right

No darse cuenta
Not to realize

No despegar los labios
Not to say a word, not to open one's mouth

¡No diga!
Is that so? You don't say!

No es asunto mío (suyo, etc.)
It's none of my (your, etc.) business

No es mucho que
It is no wonder that

No estar de humor
To be out of sorts, not in a laughing mood

No estoy de acuerdo
I disagree

¡No faltaba más!
That's the last straw! Why, the very idea!

No hallar vado
To find no way out

No hay de que
You're welcome; don't mention it

No hay más remedio que
There's no other way but to; there's nothing to do except

No hay para que
There's no need to

No hay prisa
There's no hurry

No hay que darle vueltas
There's no way around it; there are no two ways about it

¡No importa!
Never mind!

No irle ni venirle a uno
To make no difference to one

No le hace
It doesn't matter, it makes no difference

No más que
Only

No le haga caso
Pay no attention to him

No me da la gana
I don't want to

No nos debemos nada
We are even (quits)

No obstante
Notwithstanding, nevertheless

No pararse en pelillos
Not to bother about trifles

No poder con
Not to be able to stand, endure, control, carry

No poder con la carga
Not to be able to lift the load, not equal to the burden

No poder más
To be exhausted, "all in"

No poder menos de
Not to be able to help... Ex.: No puede menos de hacerlo;
he can't help doing it

No quedar otro recurso
No way out, no alternative

No querer hacerlo
To be unwilling to do it

No saber ni papa (de eso)
To know absolutely nothing (about that)

No saber una (or ni) jota
Not to know anything

No se dé usted prisa
Don't hurry

¡No se ocupe!
Never mind! Don't worry!

¡No se preocupe usted!
Don't worry!

No se trata de eso
That's not the point; that's not the question

No sea que
Or else, because

No ser cosa de juego
Not to be a laughing matter

No ser ni chicha ni limonada
To be worthless, neither fish nor fowl

No servir para nada
To be good for nothing

No sólo...sino también
Not only...but also

No tan a menudo
Not so often

No tener alternativa (or elección)
To have no alternative, no way out

No tener entrañas
To be cruel

No tener nada que ver con
To have nothing to do with

No tener pelillos en la lengua
To speak frankly

No tener razón
To be wrong

No tener remedio
To be beyond help or repair

No tener sal en la mollera
To be dull, stupid

No tenga usted cuidado
Don't worry about it; forget it

No tiene remedio
It can't be helped; it is hopeless

No tiene vuelta de hoja
There's no two ways about it

No vale la pena
It's not worthwhile

No vale un pito
Not worth a straw

No vale una cuartilla
Not worth a penny

No ver la hora de
To be anxious to

No viene al cuento (or no viene al caso)
It is not opportune, or to the point

O

O sea que
That is to say

O si no...
Or else...

Oír decir que
To hear that

Oír hablar de
To hear about

Oler a
To smell like

Optar por
To choose, decide upon

¡Otra, otra!
Encore!

Otra vez
Again

P

Pagado de sí mismo
To be pleased with oneself

Pagar el pato
To be the scapegoat, get the blame

Pagarse de
To be proud of, or boast of

¡Palabrita de honor!
Word of honor, honestly; no kidding?

Para mis adentros
To myself

Para que
In order that

¿Para qué?
What for? For what use?

Para (or por) siempre (+ jamás)
Forever (forever and ever)

Para todos lados
To right and left, on all sides

Para unos fines u otros
For one purpose or another

Para variar
For a change

Parar en seco
To stop short or suddenly

Parar mientes en
To consider, reflect on

Pararse en pelillos
To split hairs

Parece mentira
It seems to be impossible

Parecido a
Like, similar to

Pasado de moda
Out of style, out of date

Pasado mañana
Day after tomorrow

Pasar a mejor vida
To die

Pasar como un relámpago
To flash by

Pasar de la raya
To overstep bounds, take undue liberties

Pasar de moda
To go out of style

Pasar el rato
To while away time

Pasar la noche en claro (or en blanco)
Not to sleep a wink

Pasar lista
To call the roll

Pasar por alto
To omit, overlook

Pasar revista a
To review, to go over carefully

Pasar un buen rato
To have a good time

Pasarse sin
To do without

Pasear a pie
To take a walk

Pasear en coche
To go for a drive (by auto)

Pata de gallo
Crow's foot wrinkles

Patas arriba
Upside down

Pecar de bueno
To be too good

Pecar de oscuro
To be very unclear, too complicated

Pedir prestado
To borrow

Pegar de soslayo
To glance, to hit at a slant

Pegar fuego
To set afire

Pegar un chasco
To play a trick, surprise, disappoint

Pegar un salto
To take a jump

Pegar un susto
To give a scare

Pensar en
To intend, to think about

Peor que
Worse than

Peor que peor
That is even worse

Perder cuidado
Not to worry

Perder de vista
To lose sight of

Perder el juicio
To lose one's mind, go crazy

Perder el tiempo
To lose time

Perder la razón
To lose one's mind

Perder la vista
To go blind

Perder prestigio
To lose face

Perderse de vista
To vanish, to be lost from view, to drop out of sight

Pesarle a uno
To be sorry for someone, to regret

Picar en
To dabble in

Picar muy alto
To aim very high

(X) Pies de altura (or de alto)
(X) Feet tall

(X) Pies de largo
(X) Feet long

Pillar una mona
To get drunk

Pintar venado
To play hooky

Pintarle un violín
To break one's word

Planchar el asiento
To be a wallflower

Poca cosa
Not much

Poco a poco
Gradually, little by little

Poco después (de)
Shortly thereafter

Poco para las (tres)
To be nearly (3) o'clock

Poco rato
Very soon

Poner a buen recaudo
To place in safety

Poner adelantado
To set forward (e.g., a clock)

Poner al corriente
To inform, to bring up to date

Poner casa
To set up housekeeping

Poner defectos
To find fault with

Poner el grito en el cielo
To complain loudly, to ''hit the ceiling''

Poner en claro
To clear up, to clarify

Poner en conocimiento
To inform

Poner en duda
To question, to doubt

Poner en el cielo
To praise, extol

Poner en juego
To set in motion, to coordinate

Poner en limpio
To make a clean copy, to recopy

Poner en marcha
To get going

Poner en razón
To pacify

Poner en ridículo
To humiliate, make a fool of

Poner faltas
To find fault with

Poner la luz, (el radio, etc.)
To turn on the light (radio, etc.)

Poner la mesa
To set the table

Poner la mira
To fix one's eyes on, aim at

Poner por las nubes
To praise to the skies

Poner por obra
To undertake, put into practice

Poner todo de su parte
To do one's best

Poner una queja
To file a complaint

Ponerse a
To begin, start

Ponerse bien
To get well

Ponerse colorado
To blush

Ponerse de acuerdo
To come to an agreement

Ponerse de pie
To get to one's feet

Ponerse de rodillas
To kneel

Ponerse duro
To resist stubbornly

Ponerse en
To reach

Ponerse en camino
To set out (on a trip, etc.)

Ponerse en contra de
To oppose, be against

Ponerse en marcha
To start, start out

Ponerse en pie
To get up, or rise

Por acá (or por aquí)
This way, over here

Por accidente
By accident

Por adelantado
In advance

Por ahí (or por allá)
Over there, about that

Por ahora
For the time being, for now

Por algo
For some reason; that's why

Por allí
That way

Por amor de
For the sake of

Por aquí
This way

Por aquí cerca
Around here, in this vicinity

Por arriba
Above

Por casualidad
By chance, by accident

Por completo
Completely

Por (or en) consecuencia de
Therefore, consequently

Por consiguiente
Consequently, therefore

Por de (or por lo) pronto
For the present

Por delante
Ahead

Por dentro
On the inside

Por desgracia
Unfortunately

Por despecho
Out of spite

Por detrás
From the rear

Por día
By the day

¿Por dónde?
Where, through, which? Which way?

Por el estilo
Such as that, of that kind

Por el (or por la or por lo) presente
For the present

Por encima de
On top of

Por encima de todo
Above all

Por ende
Hence, therefore

Por entre
Among, between

Por esa razón
For that reason, that is why

Por escrito
In writing

Por eso
For that reason, therefore

Por extenso
In detail, at length

Por favor
Please

Por fin
At last, finally

Por fuera
From the outside, on the outside

Por hoy
At present

Por instantes
Continually, moment to moment

Por la mañana (or por la tarde, etc.)
In the morning (afternoon, etc.)

Por la mitad
In half, in the middle

Por la noche (or en la noche)
At night, in the evening

Por las buenas o por las malas
Whether one likes it or not

Por las nubes
Sky-high

Por lo común
Generally

Por lo cual
Therefore

Por lo demás
Moreover, as for the rest (of us), aside from this

Por lo general
Usually, generally

Por lo menos
At least

Por lo pronto
For the time being

Por lo regular
Usually, as a rule

Por lo que
Because of which

Por lo que pueda tronar
Just in case

Por lo tanto
Therefore

Por lo visto
Apparently, by the looks of, evidently

Por más que
However much

Por medio de
By means of

Por menudo
In detail, retail

Por mi parte
As far as I'm concerned

Por motivo
On account of

Por mucho que
No matter how much

Por ningún lado
Nowhere

Por ningún motivo
Under no circumstances, no matter what

Por otra parte
On the other hand

Por otro lado
On the other hand (or side)

Por poco
Almost, nearly. Ex.: **Por poco se muere;** he almost died

Por primera vez
For the first time

¿Por qué?
Why?

Por rareza
Seldom

Por regla general
As a general rule, usually

Por separado
Separately

Por si acaso
In case, just in case

Por sí solo
By oneself

Por su cuenta
All by himself (oneself)

Por su mano
By oneself

Por supuesto
Of course

Por término medio
On an average

Por (or a or en) todas partes
All over, everywhere

Por toda suerte de penalidades
Through thick and thin

Por todo el mundo
All over the world

Por todo lo alto
Not sparing expense

Por todos lados
All over, everywhere, all sides

Por última vez
For the last time, finally

Por último
Finally, at last

Porque si no
Otherwise

Preguntar por
To ask about

Prender el fuego
To start the fire

Prender fuego a
To set fire to

Preocuparse de
To take care of

Preocuparse por
To worry about, to be concerned about or for

Presencia de ánimo
Presence of mind, serenity

Prestar atención
To pay attention

Profundamente dormido
Fast asleep

Prohibida la entrada
No trespassing

Prohibido el paso
No trespassing, keep out

Prohibido estacionarse
No parking

Puede ser que
It may be that

Pues bien
Now then, well then, all right then

Pues mire
Well, look

Pues que(?)
Since, so what?

Puesta del sol
Sunset

Puesto que
Although, since

Q

¡Qué barbaridad!
What nonsense! What an atrocity!

¡Qué batingue!
What a mess!

¡Qué de!
What a lot! How much!

¡Qué desgracia!
How unfortunate!

¡Qué divino!
What a beauty!

¡Qué gusto!
What a pleasure! I am delighted!

¿Qué haces?
What's the matter? What is it?

¿Qué hay?
What's the matter?

¿Qué hay de malo con eso?
What's wrong with that? So, what's so bad about that?

¿Qué hay de nuevo?
What's new(s)?

¿Qué hora es? (or ¿qué horas son?)
What time is it?

¡Qué horror!
How awful!

¿Qué hubo?
How goes it? What's up?

¡Qué lástima!
Too bad! What a pity!

¿Qué le pasa (a Ud.)?
What's the matter with you?

Que le vaya bien
Good luck

Que lo pase bien
Have a good day, etc.

¿Qué mosca te ha picado?
What's eating you?

¡Qué nombrecito!
What a tonguetwister!

¿Qué pasa?
What's up? What's going on?

¿Qué pasó?
What happened?

¿Qué quiere decir?
What does it mean?

¡Que se divierta!
Have a good time

¿Qué tal?
Hello! How are you?

¿Qué tiene de malo?
What's wrong with…?

Quebrarse uno la cabeza
To rack one's brain

Quedar bien (con)
To come out well, to get along well (with)

Quedar contento con
To be pleased with

Quedar en
To agree (to)

Quedar entendido que
To be understood, agreed to

Quedarle bien
To be becoming

Quedarse con (re una cosa)
To keep, to take (e.g., I'll take it.)

Quedarse en la casa
To stay in

Quejarse de
To complain of

Quemarse hasta el suelo
To burn down

Quemarse las pestañas (or las cejas)
To burn the midnight oil, study hard

Querer decir
To mean, signify

¿Quién sabe?
Who knows? I don't know

¿Quién te mete, Juan Copete?
Mind your own business. What's it to you?

Quieras que no
Whether you wish or not

Quiere llover
It is trying (is about) to rain

Quince días
Two weeks

¡Quita allá!
Don't tell me that!

Quitar la mesa
To clear the table

Quitarse uno un peso de encima
To be relieved of, to be a load off one's mind

Quitarse de una cosa
To give up (or get rid of) something

¡Quítese de aquí!
Get out of here!

R

Rabiar por
To be very eager to (or for)

Rara vez (or raras veces)
Seldom

Ratos perdidos
Leisure hours

Recibir noticias (de)
To hear from

Recuerdos a
Regards to...

Rechinar los dientes
To gnash one's teeth

Reírse para sus adentros
To laugh up one's sleeve

Remolino de gente
Throng, crowd

Repetidas veces
Over and over again, various times

Repetir de carretilla
To rattle off, repeat mechanically

Resarcirse de
To make up for

Respecto a
With regard to, concerning, about

Reunión de confianza
Informal gathering or party

Reventar de risa
To burst with laughter

Romper a
To start to

Romper el alba
To dawn

Romperse los cascos
To rack one's brain

Rosario de desdichas
Chain of misfortunes

Rozarse con alguien
To have connections (or dealings) with someone

S

Saber a
To taste like

Saber de memoria
To know by heart

Sacar a bailar
To ask to dance

Sacar a uno de quicio
To exasperate someone

Sacar el cuerpo
To dodge

Sacar en claro (or en limpio)
To deduce, conclude

Salida de pie de banco
Silly remark, nonsense

Salida del sol
Sunrise

Salir a
To resemble, take after

Salir a gatas
To crawl out of a difficulty

Salir al encuentro de
To go out to meet, to oppose, take a stand against

Salir bien
To be successful, to come out well

Salir de
To leave, depart

Salir del paso
To get out of a difficulty

Salir fiador de
To vouch for

Salir ganando
To win, to come out ahead

Salir mal
To fail, to come out poorly

Salirse con la suya
To have one's own way

Saltar a la vista
To be obvious

Saltar a tierra
To disembark, to land

Saltar las trancas
To lose patience, lose one's head

Salvar el pellejo
To save one's skin

Sano y salvo
Safe and sound

Santo y bueno
Well and good

Se aguó la fiesta
The party was spoiled

Se conoce (que)
It is obvious

Se dice
It is said, they say

Se ha acabado
It is all over

Se prohibe (fumar)
It is forbidden (to smoke); no (smoking)

Se solicita
Wanted

Se suena que
It is rumored that

Se ve que
It is obvious that

Se venció el plazo
The time limit expired

Seguir las pisadas
To follow in the footsteps (of), emulate

Según y conforme (or según y como)
Exactly as, just as, that depends

Seguro que están
I bet they are

Seguro que sí
Of course

Sentar bien a
To fit well

Sentarle bien
To be becoming

Sentarse en cuclillas
To squat

Sentir en el alma
To be terribly sorry, to regret very much

Sentirse destemplado
Not to feel well, to feel feverish

Ser aficionado a
To be a fan, a buff

Ser como un puño
To be close-fisted

Ser conocedor
To be a judge of

Ser de carne y hueso
To be only human

Ser de rigor
To be indispensable, to be required by custom

Ser de (or ser para) ver
Worth seeing

Ser duro de mollera
To be stubborn

Ser fuerza
To be necessary

Ser gente
To be cultured, socially important

Ser huésped en su casa
To be seldom at home

Ser oriundo de
To hail from, come from

Ser piedra de escándalo
To be the object of scandal

Ser plato de segunda mesa
To play second fiddle

Ser tan fuerte como un león
To be as strong as a horse

Ser tempranero
To be an early riser

Ser un cero a la izquierda
To be of no account

Ser un erizo
To be irritable; a grouchy person

Servir de
To serve, act as, be used as

Servir la mesa
To wait table

Servir para
To be good for, used for

Si acaso
If at all

Si alguna vez
If even

Si bien
Although

Si mal no recuerdo
If I remember correctly

Si me hace el favor
If you would do me the favor

Si no
Or else

Si no fuera por
Except for

Si no fuera porque
Except for

Siempre que
Whenever, provided that, as long as

Siempre y cuando
Provided

Sin ceremonia
Informal

Sin comentarios
No comment

Sin contar
Exclusive of

Sin disputa
Without question

Sin embargo
However, nevertheless

Sin falta
By all means, without fail, without fault

Sin fin
An infinite quantity

Sin hacer caso de
Regardless of

Sin igual
Unequaled

Sin novedad
As usual (to be well, in good health)

Sin par
Peerless, without equal

Sin que
Without

Sin qué ni para qué
Without rhyme or reason

Sin querer
Unwillingly

Sin rebozo
Openly, frankly

Sin recurso
Without remedy, without appeal

Sin remedio
Unavoidable, without help

Sin reserva
Unreserved, frankly

Sin sentir
Without realizing, inadvertently, unnoticed

Sin ton ni son
Without rhyme or reason

Sino que
But

Sobradas veces
Repeatedly, many times

Sobre manera
Excessively

Sobre mi palabra
Upon my honor

Sobre que
Besides, in addition to

Sobre seguro
Without risk

Sobre todo
Especially, above all

Soltar el hervor
To come to a boil

Soltar la rienda
To let loose, act without restraint

Sonar a
To sound like, seem like

Soñar con (or soñar en)
To dream of

Soñar despierto
To daydream

Su punto flaco
His weakness, her weak side

Subidas y bajadas
Ups and downs

Subir al tren
To get on the train

Subir de punto
To increase, get worse

Subirse de tono
To put on airs

Suceda lo que suceda
Come what may, no matter what

Sudar la gota gorda
To sweat profusely, work hard, sweat blood, have a bad time

Suerte negra
Very bad luck

Suma atención
Close attention

Supuesto que
Supposing that, since

Surtir efecto
To come out as desired or expected, to give good results

T

Tal como (or tales como)
Such as

Tal cual
Such as, so-so, fair

Tal para cual
Two of a kind

Tal vez
Maybe, perhaps

Tal vez sea que
It may be that

Tan pronto como
As soon as

Tanto...como
As much...as

Tanto mejor
So much the better

Tanto peor
So much the worse

Tardar en
To be long in, take a long time (in doing)

Tarde o temprano
Sooner or later

Tener a la vista
To have in sight

Tener a raya
To keep in bounds, hold in check

Tener al corriente
To keep up-to-date (informed, posted)

Tener...años
To be...years old

Tener buena cara
To look well

Tener cabida con alguien
To have influence with someone

Tener calor
To be hot

Tener celos
To be jealous

Tener confianza con
To be on intimate terms with

Tener cosquillas
To be ticklish

Tener cuidado (con)
To take care, watch out (for)

Tener deseos de
To want to, to be eager to

Tener el pico de oro
To be eloquent

Tener en cuenta
To consider, to take into account

Tener en la mente
To have in mind

Tener en la punta de la lengua
To have on the tip of one's tongue

Tener en mucho
To esteem highly

Tener en poco a
To hold in low esteem

Tener entendido que
To understand that...

Tener éxito
To be successful

Tener frío
To be cold

Tener gana(s) de
To feel like

Tener gancho
To be attractive, alluring

Tener gracia
To be funny

Tener gusto en
To be glad to

Tener hambre
To be hungry

Tener la bondad de
To be good enough to

Tener la costumbre de
To be used (accustomed) to...

Tener la culpa
To be to blame

Tener la intención de
To intend or mean to

Tener la lengua larga
To have a big mouth

Tener la pena de
To have the misfortune to

Tener la vida en un hilo
To be in great danger

Tener lástima de
To feel sorry for, take pity on

Tener lugar
To take place

Tener miedo
To be afraid

Tener mucho copete
To be arrogant, haughty

Tener murria
To be sulky, to have the blues

Tener para sí
To think, to be of the opinion

Tener por
To believe, judge, consider, to take for a...

Tener presente (de or que)
To bear in mind

Tener prisa
To be in a hurry

Tener probabilidad
To stand a chance

Tener que
To have to (do something)

Tener que ver (con)
To have to do with

Tener razón
To be right

Tener roce con
To have contact with a person

Tener sed
To be thirsty

Tener sueño
To be sleepy

Tener suerte
To be lucky

Tener tiempo libre
To have time off

Tener vergüenza
To be ashamed

Tenerle tirria a una persona
To have a dislike for (or grudge against) a person

Tenerse en pie
To keep one's feet

Tirar de
To pull

Tirar las riendas
To restrain, tighten the reins

Tirarse una plancha
To put oneself in a ridiculous situation

Tocar de oído
To play by ear

Tocar en lo vivo
To hurt to the quick, hit a nerve, touch a sore spot

Tocar por fantasía
To play by ear

Tocarle a uno
To be one's turn

Tocarle a uno la suerte
To be one's turn, to fall to one's lot, to be lucky

Tocarse el sombrero
To tip one's hat

Toda clase de
All kinds of

Todas las veces (que)
Every time, whenever

Todavía no
Not yet

Todo el año
All year round

Todo el día
All day

Todo el mundo
Everybody

Todo el que
Everybody who

Todo el tiempo
All the time

Todo hombre
Everyone

Todo lo contrario
Exactly the opposite

Todo lo demás
Everything else

Todo lo posible
All that is possible

Todo sigue bien
All goes well

Todos los días
Every day

Tomar a broma
To take as a joke

Tomar a pecho(s)
To take to heart, to take seriously

Tomar a risa
To laugh off, take lightly

Tomarle el pelo
To tease, pull one's leg

Tomar el rábano por las hojas
To put the cart before the horse, to misinterpret or misconstrue

Tomar el sol
To sunbathe

Tomar en cuenta
To consider, take into account

Tomar en serio
To take to heart

Tomar la delantera
To take the lead

Tomar por cierto
To take for granted

Tomar por su cuenta
To attend to personally

Tomar tiempo libre
To take time off

Tomarlo con calma
To take it easy

Tonto de capirote
Dunce, plain fool

Traer puesto
To wear, to have on

Transporte de locura
Fit of madness

Tras de
Behind, after, beside

Tratar con
To have dealings with

Tratar de
To try to; to treat, to deal with

Tratar en
To deal in

Tratarse de
To be a question of

¡Trato hecho!
It's a deal!

Tronar los dedos
To snap one's fingers

Tropezar con
To meet, come across, encounter

U

Un buen pasar
Enough to live on

Un día sí y otro no
Every other day

Un día sí y un día no
Every other day

Un hervidero de gente
A swarm of people

Un no sé qué
Something indefinable

Un nudo en la garganta
A lump in the throat

Un rato desagradable
A hard time

Un tanto
Somewhat

Una buena carcajada
A hearty laugh

Una infinidad de
A large number of

Una mala pasada
A mean trick

Una negativa rotunda
A flat denial

Una negativa terminante
A flat denial

Una que otra vez
Once in a while

Una y otra vez
More than once, over and over again

Unas cuantas (or unos cuantos)
A few

Uno a la vez
One at a time

Uno por uno
One by one

Unos a otros
Each other

Unos pocos
A few

V

Valer la pena
To be worthwhile. Ex.: No vale la pena, it's not worth the trouble

Valer más
To be better

Valer por
To be worth

Valerse de
To make use of

Varias veces
Several times

Venir a las manos
To come to blows

Venir a menos
To decline

Venir a parar
To turn out to be, to end up (as)

Venir a (or al) pelo
To come at the right moment, to suit perfectly, to be opportune

Venir a ser
To turn out to be

Venir bien
To suit

Venir en
To agree to

Venir sobre
To fall upon

Venirse abajo
To fall down, collapse, fail

Ver de (or ver que)
To try to, see to it that

Verse obligado a
To be obliged to or forced to

Visto que
Whereas, considering that

Vivir de sus uñas
To live by stealing

Voltear la espalda
To turn one's back

Volver a
To do...again

Volver a las andadas
To fall back into old habits

Volver corriendo
To hurry back

Volver en sí
To come to, regain consciousness

Volver loco
To drive crazy

Volver por
To return for, to defend

Volverse atrás
To go back, back out, go back on one's word

Volverse loco
To go crazy

Y

Y así sucesivamente
And so on, et cetera

Y pico
(A) little more

¿Y qué?
So what?

¿Y si?
What if...?

Ya es hora de
It's time to

Ya es tarde
It's too late now

Ya mero
Very soon, just about to...

¡Ya lo creo!
I should say so! Yes, of course

Ya no
No longer

Ya no sopla
To be no good, of no use as...

Ya que
Since, although

Ya se acabó
It is all over

Ya se ve
Of course; it is clear

Ya voy
I am coming

MODISMOS Y EXPRESIONES / IDIOMS AND EXPRESSIONS

A

About
Acerca de, al (or en) rededor, alrededor de, cosa de, respecto a

About that
Por ahí, por allá

About the first of...
A principios de...

About the middle of...
A mediados de

Above
Por arriba

Above all
Ante todo, por encima de todo, sobre todo

Abroad
En el extranjero

Absolutely
De remate

Absolutely (not)
En absoluto

Accomplish
Llevar a cabo

According to Hoyle; according to the rules
Como Dios manda

Across
A través de, de través

Act a fool
Hacer el ridículo, hacerse el tonto

Act as
Hacer de, servir de

Act as if
Hacer como si

Actually
Desde luego

Act without restraint
Soltar la rienda

Add fuel to the fire
Echar leña al fuego

Admit a person is right
Dar la razón a una persona

After (in position)
Tras de

After a few months (etc.)
A los pocos meses

After all
A fin de cuentas, después de todo, en resumidas cuentas

Again
De nuevo, de vuelta, otra vez

Against
En contra de

Against all odds
Contra viento y marea

Against the grain
A contrapelo

Agree
Dar la razón, estar de acuerdo, quedar en

Agree to
Quedar en, venir en

Ahead
Por delante

Aim at
Poner la mira

Aimlessly
A la ventura

Aim very high
Picar muy alto

A little more
Y pico

All along
Desde el principio

All around
A la redonda, en redondo

All at once
De un golpe, de un tirón, de una tirada

All by oneself (himself)
Por su cuenta

All day
Todo el día

All goes well
Todo sigue bien

All joking aside
Bromas a un lado, fuera de broma

All kinds of
Toda clase de

All of a sudden
De buenas a primeras, de repente

All over
En todas partes, por todas partes, por todos lados

All that is possible
Todo lo posible

All the time
A cada rato, todo el tiempo

All the while
Entre tanto

All together
En conjunto, en junto

All year round
Todo el año

Almost
Por poco

Alone
A secas

Along, alongside of
A lo largo (de)

Along with
Junto con

Aloud
En voz alta, voz alta

Although
Bien que, puesto que, si bien, ya que

Among
Por entre

Amuse
Hacer gracia

And so
De modo que, de suerte que

And so on
Y así sucesivamente

Anger, to make angry
Dar rabia

Annoy
Dar la lata

Anyhow
Así y todo, de todos modos

Anything at all
Cualquier cosa

Anyway
Al fin y al cabo, de todas maneras, en cualquier caso

Any way you look at it
A todas luces

Apiece
Cada uno

Apologize
Dar una satisfacción

Apparently
Al parecer, por lo visto

Approve
Dar el visto bueno

Approximately
Cosa de

Apropos
A propósito

Around (about)
Al derredor, en derredor, al rededor, en rededor, alrededor de

Around here
Aquí cerca, por aquí cerca

Around the corner
A la vuelta de, a la vuelta de la esquina

Arouse one's suspicions
Darle a uno mala espina

Arouse pity (or sorrow)
Dar lástima (de)

Arrest
Echar la garra

As
A medida que, a semejanza de, según y conforme, según y como

As a general rule
Por regla general; por lo general

As a last resort
Como último recurso

As a matter of fact
En realidad

As a result (of)
A consecuencia de, de resultas

As a rule
Por lo regular

As a whole
En conjunto

As far as I'm concerned
Por mi parte

As follows
A continuación, como sigue

As for
En cuanto a

As for the rest (of us)
Por lo demás

Aside from that
Aparte de eso

Aside from this
Por lo demás

As if
Como si

As if by magic
Como por ensalmo

As if it were
Como si fuera

As I understand it
A mi entender

Ask about
Preguntar por

Ask a question (or questions)
Hacer una pregunta (preguntas)

Ask to dance
Sacar a bailar

As little as possible
Lo menos posible

As long as
Siempre que

As much as
Tanto como

As of
A partir de

As proof of
En prenda de

As smooth as silk
Como una seda

As soon as
Así es que, así que, en cuanto, luego que, tan pronto como

As soon as possible
Cuanto antes, lo más pronto posible

Assume responsibility
Cargar con

As the crow flies
A vuelo de pájaro

As the saying goes
Como dijo el otro

As time goes on
Andarse el tiempo

As usual
Como de costumbre, como siempre, sin novedad

As well as
Así como

As you like
A la voluntad

At about
A eso de, como a costumbre

At about…(time)
Al filo de…

At all
Del todo

At all costs
A toda costa, a todo trance

At all hours
A deshora(s)

At all times
A toda hora

At an early date
En fecha a próxima

At another's expense
De gorra

At an untimely moment
A deshora(s)

At any cost
Cueste lo que cueste

At any moment
De un momento a otro

At any rate
Como quiera que sea, de cualquier modo, de todas
maneras, de todos modos

At any time
A toda hora

At arm's length
A una brazada

At a short distance
A pocos pasos

At bottom
En el fondo

At every turn
A cada paso

At first
Al principio

At full length
A lo largo (de)

At full speed (or greatest speed)
A escape, a toda prisa, a toda vela, a todo correr

At hand
A mano

At hard labor
Al remo

At heart
En el fondo

At home
En casa

At last
A la postre, al fin, al fin y al cabo, por fin, por último

At (the) least
Al menos, a lo menos, como mínimo, menos mal, por
lo menos

At length
Por extenso

At most
A lo más, a lo sumo

At once
Ahora mismo, al instante, al punto, de pronto, de una
vez, desde luego, en el acto, en seguida

At one stroke
De una vez

At one time
A un tiempo, de una vez

At present
Al presente, por hoy

At random
A la buena de Dios, a la ventura, al azar

Attend to personally
Tomar por su cuenta

At that time
A la sazón, en aquel tiempo

At the end
Al fin

At the last moment
A última hora

At the mercy of
A merced de

At the most
A lo sumo

At the present time
En la actualidad

At the request of
A instancias de

At the same time
A la vez, al mismo tiempo, de paso, entre tanto

At the very latest
A más tardar

At this point or juncture
A estas alturas

At times
A ratos, a veces

At whatever cost
A toda costa

At will
A la voluntad, a voluntad

At worst
A lo más

At your service
A sus órdenes, servidor de usted

Average person
El común de las gentes

Avoid someone
Dar esquinazo

Awaiting
En espera de

B

Back and forth
De aquí para allá

Back out
Echarse para atrás, volverse atrás

Back up
Dar marcha atrás, ir para atrás

Backward(s)
Al revés, hacia atrás

Bad habits
Malas tretas

Bad temper
Mal genio

Bark up the wrong tree
A buen santo te encomiendas

Be a buff
Ser aficionado a

Be about to
Estar a punto de, estar para

Be a fan of
Ser aficionado a

Be afraid
Tener miedo

Be against
Estar en pugna con, ponerse en contra de

Be agreed to
Quedar entendido que

Be ahead
Llevar ventaja

Be alert
Estar a la mira de, ponerse chango

Be all right, OK
Estar bien

Be alluring
Tener gancho

Be a load off one's mind
Quitarse uno un peso de encima

Be an early riser
Ser tempranero

Be anxious to
No ver la hora de

Be a part of
Formar parte de

Be a question of
Tratarse de

Bear or hold a grudge
Guardar rencor

Bear in mind
Tener presente (de lo que)

Be arrogant
Tener mucho copete

Be ashamed
Tener vergüenza

Be as strong as a horse
Ser tan fuerte como un león

Beat around the bush
Andarse con rodeos, andarse por las ramas

Beaten path
Camino trillado

Be at the end of one's rope or resources
Estar en las últimas

Beat (or mark) time
Llevar el compás

Be attractive
Tener gancho

Beautifully
A las mil maravillas

Be a wallflower
Planchar el asiento

Be away from home
Estar fuera de casa

Be back
Estar de regreso, estar de vuelta

Be becoming
Caer bien, quedarle bien, sentarle bien

Be beyond help or repair
No tener remedio

Be born lucky
Nacer de pie (...de pies)

Be broke
Estar bruja

Because
No sea que

Because of
Con motivo de

Because of which
Por lo que

Be cautious
Estar sobre sí, estar sobre aviso

Be close-fisted
Ser como un puño

Be coaxed
Hacerse del rogar

Become
Llegar a ser

Become confused
Hacerse un lío

Become effective
Entrar en vigor (e.g., a law)

Be contented
Estar a gusto

Be courageous
Tener puños

Be crowded
Estar de bote en bote

Be cruel
No tener entrañas

Be cultured
Ser gente

Be deeply involved in
Estar muy metido en

Be disappointed
Llevarse un chasco

Be disconcerting
Dar mucha pena

Be dull
No tener sal en la mollera

Be eager to
Tener deseos de

Be eloquent
Tener el pico de oro

Be equal to (a task)
Estar a la altura de

Be exhausted
No poder más

Be fed
Dar de comer

Be fed up
Estar uno hasta el copete, estar uno hasta la coronilla

Be fed up with
Estar harto de

Be filled up
Estar hasta los topes

Be flush (even with)
Estar ras con ras

Be fond of
Estar afecto a

Be forced to
Verse obligado a

Before
Antes de que

Before dark
De día

Beforehand
Con tiempo

Before one's (very) eyes
A ojos vistas

Be funny
Tener gracia

Begin
Echarse a, ponerse a, romper a

Beginning on
A partir de

Begin running
Echar(se) a correr

Begin to understand
Ir entendiendo

Be glad to
Tener gusto en

Be good for
Servir para

Be good for nothing
No servir para nada

Be haughty
Tener mucho copete

Behind
Atrás de, detrás de, tras de

Behind closed doors
A puerta cerrada

Behind one's back
A espaldas de

Behind the scenes
Entre bastidores

Behold
He aquí

Be in a bad mood
Estar mal templado, estar de mal humor, mal genio

Be in a good mood
Estar de buen humor, buen genio

Be in a hurry
Estar (or andar) de prisa, tener prisa

Be in a jam
Estar en un aprieto

Be in big trouble
Estar con el agua al cuello

Be in charge of
Estar a cargo de, estar encargado de

Be indebted to
Estar en deuda con

Be indispensable
Ser de rigor

Be in favor of
Estar por

Be in good condition (a thing)
Estar en buen uso

Be in good health
Estar bien de salud, sin novedad

Be in great danger
Tener la vida en un hilo

Be in infancy
Estar en pañales

Be in mourning
Estar de duelo, estar de luto

Be in need of
Hacer falta

Be in one's right mind
Estar uno en sus cabales

Be in order
Estar arreglado

Be in the mood (for)
Estar de (o en) vena (para)

Be in the same boat
Estar en las mismas

Be in the way
Estar de sobra

Be in trouble
Estar en un aprieto

Be irritable (or a grouchy person)
Ser un erizo

Be jealous
Tener celos

Be a judge of
Ser conocedor

Be just about out of money
Estar (or andar) escaso de dinero

Be left alone
Estar de non, quedar de non

Believe
Tener por

Believe strongly
A pie(s) juntillas

Be long (in doing)
Tardar en

Below
A continuación

Be lucky
Tener suerte, tocarle a uno la suerte

Be mistaken
Estar en un error

Be nearly...(o'clock)
Faltar un poco para las...(horas)

Beneath
Debajo de

Be necessary
Ser fuerza

Be obliged to
Verse obligado a

Be obvious
Saltar a la vista

Be of no account
Ser un cero a la izquierda

Be of no use
Ya no sopla

Be of the opinion
Dar la razón, tener para sí

Be on duty
Estar de turno

Be one's own affair
Correr por cuenta de uno

Be one's turn
Tocarle a uno, tocarle a uno la suerte

Be on good terms with
Acordar con

Be on intimate terms with
Tener confianza con

Be only human
Ser de carne y hueso

Be on one's last legs
Estar en las últimas

Be on the alert for
Estar a la mira de, estar sobre sí, estar sobre aviso

Be on the lookout for
Estar a la mira de

Be on unfriendly terms with
Estar torcido con

Be on vacation
Estar de vacaciones

Be opportune
Venir a (or al) pelo

Be opposed to
Estar en pugna con

Be out of a job
Medir las calles

Be out of luck
Andar de malas, estar de malas, tener la de malas

Be out of resources
Estar en las últimas

Be out of sorts
Andar agitado, no estar de humor

Be out of the house
Estar fuera de la casa

Be passing through
Estar de paso

Be perfectly even
Estar ras con ras

Be pleased with
Quedar contento con

Be pleased with oneself
Pagado de sí mismo

Be proud of (or vain about) something
Pagarse de algo

Be a question of
Tratarse de

Be relieved of
Quitarse uno un peso de encima

Be required by custom
Ser de rigor

Be responsible for
Hacerse cargo de

Be ridiculous
Hacer el ridículo

Be right
Andar bien; tener razón

Be safe
Estar a buen recaudo

Be satisfied
Estar uno hasta la coronilla

Be seldom at home
Ser huésped en su casa

Be short of money
Estar (or andar) escaso de dinero

Beside
A lado de, tras de

Beside oneself
Fuera de sí

Besides (to boot)
Además de, de pilón, sobre que

Beside that
Aparte de eso

Be sleepy
Tener sueño

Be soaked through
Estar hecho una sopa

Be sorry for someone
Pesarle a uno

Be stubborn
Ser duro de mollera

Be stuffed
Estar uno hasta el copete

Be stupid
No tener sal en la mollera

Be successful
Salir bien, tener éxito

Be sulky
Tener murria

Be terribly sorry
Sentir en el alma

Be the scapegoat
Pagar el pato

Be the object of scandal
Ser piedra de escándalo

Be thirsty
Tener sed

Be ticklish
Tener cosquillas

Be to blame
Tener la culpa

Be too complicated
Pecar de oscuro

Be too good
Pecar de bueno

Be to one's advantage
Convenirle a uno

Better late than never
Más vale tarde que nunca

Better yet
Mejor dicho

Between
Por entre

Between the devil and the deep blue sea
Entre la espada y la pared

Be unable to cope with
No da abasto a

Be understood
Quedar entendido que

Be unlucky
Estar salado

Be unwilling to do it
No querer hacerlo

Be up to date
Estar al cabo de, estar al corriente de, estar en corriente

Be up to oneself
Correr por cuenta de uno

Be used as
Servir de

Be used for
Servir para

Be used (or accustomed) to…
Tener la costumbre de…

Be very angry
Echar espumarajos

Be very eager to (or for)
Rabiar por

Be very difficult
Costar trabajo

Be very thin
Estar hecho un costal de huesos

Be very unclear
Pecar de oscuro

Be a wallflower
Planchar el asiento

Be well
Sin novedad

Be well-informed
Estar al cabo de, estar al corriente de, estar en corriente

Be well off
Estar desahogado

Be willing
Estar dispuesto

Be witty or salty
Estar salado

Be worse off
Estar peor que antes

Be worth
Valer por

Be worthless
No ser ni chicha ni limonada

Be worthwhile
Merecer la pena, valer la pena

Be wrong
Estar en un error, no tener razón

Be…years old
Tener…años

Beyond
Más allá (de)

Blame
Dar en cara, echar en cara, echar la culpa a

Blindly
A ciegas, a ojos cerrados, a tientas

Block the door
Impedir el paso

Blush
Ponerse colorado

Boast of
Hacer gala de, pagarse de

Borrow
Pedir prestado

Bother about
Molestarse en

Brand as (or accuse)
Motejar de

Break into
Forzar la entrada

Break into pieces
Hacer pedazos

Break one's word
Faltar a su palabra, pintarle un violín

Break the news
Dar la noticia

Break the thread of a story
Cortar el hilo

Bridge a gap
Llenar un vacío

Bring up to date
Poner al corriente

Bulky
De buen tomo y lomo

Bully for you!
¡Así se hace!

Bump into each other
Darse un encontrón

Burn down
Quemarse hasta el suelo

Burning question
La cuestión palpitante

Burn the midnight oil
Quemarse las pestañas (or las cejas)

Burst with laughter
Reventar de risa

Bury
Dar sepultura

But
Sino que

By all means
A toda costa, a todas luces, de todos modos, sin falta

By chance
Al azar, por casualidad

By dint of
A fuerza de

By ear
Al oído, de oído

By foot
A pie

By force (of)
A fuerza (de), a la fuerza

By guess
A ojo, al tanteo

By hand
A mano

By heart
De memoria

By itself
De por sí

By just shouting
A puros gritos

By means of
Por medio de

By mistake
Por equivocación, por descuido

By no means
De ningún modo, de ninguna manera, ni modo

By oneself
Por sí solo, por su mano

By pure chance
De pura casualidad

By sheer force
A pura fuerza

By sight
A ojo

By the looks of
Por lo visto

By the minute
De punto

By the roots
De raíz

By the way
A propósito, de paso, entre paréntesis

By twos
De dos en dos

By word of mouth
De palabra, de viva voz

C

Call a spade a spade
Al pan, pan y al vino, vino; llamar al pan pan y al vino vino

Call on the phone (telephone)
Llamar por teléfono

Call the roll
Pasar lista

Carry away
Cargar con

Carry out
Dar cima, llevar a efecto, llevarse adelante

Carry through
Llevar a cabo

Cast a shadow
Hacer sombra

Catch cold
Coger catarro, coger un resfriado

Catch fire
Coger fuego

Cause distress or grief to
Dar disgustos a

Cause extra work
Dar que hacer

Cause pain or worry
Hacer mella

Cause sorrow
Dar mucha pena

Cents off
Rebaja de...centavos

Certainly
A buen seguro

Certainly not
Claro que no

Chain of misfortunes
Rosario de desdichas

Change one's mind
Cambiar de idea (...opinión, ...pensamiento)

Change the subject
Cambiar de tema

Chatter constantly
Hablar por los codos, hablar a chorros

Cheat (in a bargain or exchange)
Dar gato por liebre

Cheer up
Dar ánimo

Choose
Optar por

Clarify
Poner en claro

Clearly
A las claras, a ojos vistas

Clear the table
Levantar la mesa, quitar la mesa

Clear the way
Abrir paso

Clear up
Poner en claro

Close attention
Suma atención

Closer
Más acá

Close to
A raíz de, cerca de

Coast is not clear, the
Hay moros en la costa

Cock and bull story
Cuento chino

Collide with
Darse un encontrón

Collapse
Venirse abajo

Come across (someone or something)
Encontrarse con, tropezar con

Come at the right moment
Venir a (or al) pelo

Come from
Ser oriundo de

Come hell or high water
Contra viento y marea

Come one after another (bad luck or misfortunes)
Llover sobre mojado

Come out ahead
Salir ganando

Come out as desired
Surtir efecto

Come out poorly
Salir mal

Come out well
Quedar bien, salir bien, surtir efecto

Come to (regain consciousness)
Volver en sí

Come to a boil
Soltar (or alzar) el hervor

Come to an agreement
Ponerse de acuerdo

Come to blows
Venir a las manos

Come to know
Llegar a saber

Come to pass
Llegar a suceder, ocurrir

Come to the point
Dejarse de cuentos, ir al grano

Come what may
Contra viento y marea, suceda lo que suceda

Comings and goings
Idas y venidas

Complain loudly
Poner el grito en el cielo

Complain of
Quejarse de

Complete
Dar cima, dar fin (a)

Completely
De raíz, por completo

Compliment
Echar flores, echar un piropo

Concerning
Respecto a

Confidentially
Al oído

Confront
Enfrentarse con

Consciously
A sabiendas

Consequently
De resultas, en consecuencia de, por consecuencia de, por consiguiente

Consider
Parar mientes en, tener en cuenta, tener por, tomar en cuenta

Consider as
Dar por

Consider as done
Dar por hecho

Considering that
Visto que

Continually
A cada momento, por instante

Continuously
De seguida

Coordinate
Poner en juego

Cost an arm and a leg
Costar un ojo de la cara

Count on
Contar con

Crawl (or creep)
Andar a gatas

Crawling
A gatas

Crawl out of a difficulty
Salir a gatas

Cross-country
A campo traviesa

Crowd
Hervidero de gente, remolino de gente

Crowded
De bote en bote

Crow's feet (wrinkles)
Pata de gallo

Crude
En rama

Curse
Echar ternos, soltar un terno

Cut class
Faltar a (la) clase, hacer pinta

Cut into strips
Hacer rajas

D

Dabble in
Picar en

Daily grind
La rutina diaria

Dance without music
Bailar a secas

Dating from
Desde hace

Day after day
Día tras día

Daydream
Estar en las nubes, soñar despierto

Days of old
Días de antaño

Dead end
Callejón sin salida

Deal in
Tratar en

Deal with
Tratar de

Deceitfully
A traición, de mala fe

Deceitful story told to get money
El cuento del tío

Decide upon
Optar por

Decline
Venir a menos

Delay
Dar largas

Demolish
Echar por tierra

Depart
Salir de

Despite
A despecho de

Destroy
Dar al traste con, dar al través con

Devour (eat up or drink down)
Echarse al coleto

Diagonally
Al sesgo

Die
Estirar la pata, pasar a mejor vida

Disappoint
Pegar un chasco

Displease
Caer mal, no caer bien

Ditch (avoid)
Dar esquinazo

Do...again
Hacer...de nuevo, volver a...

Dodge the issue
Evadir el tema

Don't worry
¡No se ocupe!, ¡No se preocupe usted!

Don't worry about it
No tenga usted cuidado

Do one's best
Hacer lo posible, poner todo de su parte

Do over
Hacer de nuevo, hacer otra vez, volver a hacer

Doubt
Poner en duda

Do without
Pasarse sin, prescindir de

Draw lots
Echar pajas, echar suertes

Dream of
Soñar con (or en)

Drift
Andar a la deriva, irse a la deriva

Drink too much
Alzar el codo, empinar el codo

Drive someone crazy
Volver loco a uno

Drop
Dejar caer

Drop out (of)
Darse de baja, dejar de asistir, retirarse (de)

Drop out of sight
Perderse de vista

Dunce
Tonto de capirote, zopenco

During the week
A mediados de la semana, entre semana

E

Each one
Cada cual, cada uno

Each other
El uno al otro, unos a otros

Each time
A cada rato, cada vez

Earliest possible, the
Lo antes posible

Early in (a period of time)
A principios de

Earn a living
Ganar para comer, ganarse la vida

Either
El uno o el otro, uno u otro

Either of the two
Cualesquiera (or cualquiera) de los dos

Emphasize
Dar realce, hacer destacar

Encore!
¡Otra, otra!

Encounter
Tropezar con

Encourage
Dar aliento, dar alas a

Endanger
Poner al tablero, poner en peligro

End up as
Venir a parar

End up by (doing something)
Acabar por

Enhance
Dar realce

Enjoy your meal!
¡Buen provecho!

Equally
Al igual

Equal to or up to
Con fuerzas para, estar a la altura de

Especially
Ante todo, en especial, en particular, sobre todo

Esteem highly
Tener en mucho, poner en (or sobre) las nubes

Et cetera
Y así sucesivamente

Even if
Aun cuando

Even so
Así y todo

Even though
Aun cuando, ni siquiera

Even with (flush)
Al ras con, a ras de

Ever since
Desde entonces

Everybody
Todo el mundo

Everybody who
Todo el que

Every day
Todos los días

Everyone
Todo hombre

Every other day
Cada dos días, un día sí y otro no, un día sí y un día no

Everything else
Todo lo demás

Every time
Todas las veces (que)

Everywhere
A todas partes, en todas partes, por todas partes, por todos lados

Evidently
Por lo visto

Exactly as
Según y como, según y conforme

Exactly as desired
A pedir de boca

Exactly the opposite
Todo lo contrario

Exasperate (someone)
Sacar (a uno) de quicio

Except for
Si no fuera por, si no fuera porque

Excessively
Sobre manera

Exclusive of
Sin contar

Extend condolences to or for
Dar el pésame por

Extra
De repuesto

Extremely
Con (or en or por) extremo

F

Face
Dar a, hacer frente (a), hacer rostro

Face to face
Cara a cara

Fail
Dejar de, salir mal, venirse abajo

Fair (or such as it is)
Tal cual

Fair play
Juego limpio

Fall back into old habits
Volver a las andadas

Fall down
Irse abajo, venirse abajo

Fall ill
Caer enfermo, ponerse enfermo

Fall to one's lot
Tocarle a uno la suerte

Fall upon
Venir sobre

Far from
Ni con mucho

Farther away
Más allá de

Farther on
Más adelante

Fast asleep
Profundamente dormido

Featherbrained
Alegre de cascos, ligero de cascos

Feed
Dar de comer

Feel feverish
Sentirse destemplado

Feel like
Tener gana(s) de

Feel OK
Estar regular

Feel sorry for
Tener lástima de

Feign illness, to
Hacer la zanguanga

Few, a
Unas cuantas, unos cuantos

Few lines, a
Cuatro letras

Few words, a
Cuatro palabras

Fib
Echar papas

Finally
Al cabo, en fin, por fin, por última vez, por último

Find fault with
Poner defectos, poner faltas

Find no way out
No hallar vado

First of all
Ante todo

Fit badly
Caer mal

Fit of anger
Arranque de cólera, ímpetu de ira

Fit of madness
Transporte de locura

Fit well
Caer bien, sentar bien a

Fix one's eyes on
Poner la mira

Flash by
Pasar como un relámpago

Flat denial
Una negativa rotunda, una negativa terminante

Flatter
Dar coba, dar jabón (a), echar flores, echar un piropo

Flirt (with)
Afilar con, coquetear, hacer cocos

Flush with
A flor de, al ras con, a ras de

Follow in the footsteps (of)
Seguir las pisadas

Fond of
Amante de, amigo de

Fool, to
Hacer cuco a

Fool oneself
Hacerse ilusiones

Foot the bill
Pagar los gastos

For a change
Para variar

For and against
En pro y en contra

For certain
De seguro

Forever
Para siempre, por siempre

For example
Por ejemplo

Form a line
Hacer cola

For now
Por ahora

For one purpose or another
Para unos fines u otros

For some reason
Por algo

For some time now
De algún tiempo para acá

For sure
De seguro

For that reason
Por esa razón, por eso

For the first time
Por primera vez

For the last time
Por última vez

For the present
Por de pronto, por lo pronto, por el (or la or lo) presente

For the sake of
En obsequio de, por amor de

For the time being
De momento, por ahora, por el momento, por lo pronto

For want of
A falta de

Forward
Hacia adelante

Foul play
Juego sucio

Frame someone
Conspirar contra una persona

Frankly
A las claras, sin rebozo, sin reserva

Free
En libertad

Free rein
A rienda suelta

Frequently
A cada momento, a menudo, con mucha frecuencia

Frighten
Dar horror

From a distance
De lejos, desde lejos

From afar
Desde lejos

From bad to worse
De mal en peor

From beginning to end
De cabo a rabo

From now on
De ahora en adelante, de aquí en adelante, de hoy en adelante, desde ahora, en adelante

From one side to the other
De parte a parte

From that time on
De aquel tiempo en adelante, de aquel entonces

From the beginning
Desde el principio

From then on
De ahí en adelante

From the outside
Por fuera

From the rear
Por detrás

From time to time
A ratos, de tarde en tarde

From today on
A partir de hoy

From top to bottom
De arriba abajo

Full-fledged
Hecho y derecho

Full to the brim
Lleno de bote en bote

Fully
A fondo

Furthermore
Más aún

G

Generally
Por lo común, por lo general

Get along well with
Llevarse bien con, quedar bien con

Get down to cases
Ir al grano

Get drunk
Pillar una mona

Get going
Poner en marcha

Get late
Hacerse tarde

Get late in the evening
Hacerse noche

Get lost!
¡Vete a bañar!

Get married
Contraer matrimonio

Get oneself in a mess
Meterse en un lío

Get out of a difficulty
Salir del paso

Get out of here!
¡Largo de aquí!, ¡Quítese de aquí!

Get ready to leave
Hacer las maletas

Get tangled up
Hacerse un lío

Get the blame
Pagar el pato

Get the blame unjustly
Cargar con el muerto

Get the point
Caer en la cuenta

Get to one's feet
Ponerse de pie

Get to sleep
Conciliar el sueño

Get up
Ponerse de pie, ponerse en pie

Get up on the wrong side of the bed
Levantarse de malas, levantarse con las malas, levantarse
con el santo de espaldas

Get well
Ponerse bien

Get worse
Subir de punto

Give account
Dar razón

Give a party
Dar una fiesta

Give a report on
Dar cuenta de

Give a scare
Pegar un susto

Give cause for
Dar lugar a

Give courage
Dar alas a

Give good results
Surtir efecto

Give it up
Darlo por abandonado

Given name
Nombre de bautismo, nombre de pila

Give opportunity (or occasion) to
Dar pie

Give regards
Dar los recuerdos

Give someone the run around
Dar largas

Give something up for lost
Echarle la bendición a una cosa

Give thanks
Dar las gracias

Give to
Dar a

Give up
Darse por vencido

Give up (or get rid of) something
Quitarse de una cosa

Gladly
Con mucho gusto, de buena gana, de buen grado, de
(buena) voluntad

Glance at
Mirar por encima

Glance off
Pegar de soslayo

Glance over
Dar un vistazo a

Gnash one's teeth
Rechinar los dientes

Go arm in arm
Ir del brazo

Go back
Volverse atrás

Go back on one's word
Echarse para atrás, volverse atrás

Go blind
Perder la vista

Go cautiously
Caminar con pies de plomo

Go crazy
Perder el juicio, volverse loco

Go halves
Ir a medias, ir a la mitad

Go jump in the lake!
¡Vete a bañar!

Good-looking
Bien parecido, de buen ver

Good luck
Que le vaya bien

Go on a journey
Hacer un viaje

Go on a spree
Andar (or ir) de parranda, andar (or ir) de fiesta en fiesta,
ir de jarana

Go on foot
Ir a pie

Go on vacation
Ir de vacaciones

Goosebumps
Carne de gallina

Go out for a good time or fling
Echar una cana al aire

Go out of style
Pasar de moda

Go out to meet
Salir al encuentro de

Go over carefully
Pasar revista a

Go over like a lead balloon
Caer mal, caer gordo

Go shopping
Ir de compras

Go to bed early
Acostarse con las gallinas

Grab
Echar la garra

Gradually
Poco a poco

Grasp
Echar la zarpa

Grow late
Hacerse noche

Grown up
Hecho y derecho

Guess right
Dar en (or con) el chiste

H

Hail from
Ser oriundo de

Half done
A medio hacer

Halfway (to a place)
A medio camino

Hang one's head
Agachar las orejas

Haphazardly
A la ventura

Happy-go-lucky
Chueco o derecho

Hard cash
Dinero contante y sonante

Hardly
A duras penas

Hardly ever
Casi nunca

Hard of hearing
Algo sordo, corto de oído, medio sordo

Hard time
Un rato desagradable

Hard-working
Muy trabajador

Have a bad time
Sudar la gota gorda

Have a big mouth
Tener la lengua larga

Have a birthday
Cumplir años

Have a finger in everything
Estar en todo

Have a good day
Que lo pase bien

Have a good time
Pasar un buen rato

Have (an illness)
Estar con (una enfermedad)

Have a screw loose
Faltarle a uno un tornillo

Have contact (or a lot to do) with a person
Tener roce con alguien

Have dealings with
Tratar con

Have a dislike for someone
Tenerle tirria a una persona

Have influence with someone
Tener cabida con alguien

Have in mind
Tener en la mente

Have in sight
Tener a la vista

Have just (done something)
Acabar de

Have little sense
Faltarle a uno un tornillo

Have nothing to do with
No tener nada que ver con

Have no way out
No tener alternativa (or elección)

Have on
Traer puesto

Have one's own way
Salirse con la suya

Have on the tip of one's tongue
Tener en la punta de la lengua

Have the blues
Tener murria

Have the lead
Llevar ventaja

Have the misfortune to
Tener la pena de

Have time off
Tener tiempo libre

Have to (do something)
Tener que…

Have to do with
Tener que ver con

Heads or tails
Águila o pico, águila o sello, cara o cruz

Head toward
Hacer rumbo a

Heaps
A montones

Hear about
Oír hablar de

Hear news early or for the first time
Desayunarse con la noticia

Hear from
Recibir noticias de

Hearsay
De oídos

Hear that
Oír decir que

Hearty laugh
Una buena carcajada

Height of folly
El colmo de la locura

Help
Dar la mano

Help yourself
Sírvase usted

Hence
De ahí que, por ende

Here!
A sus órdenes

Hereafter
En lo sucesivo

Here below
De tejas abajo

Hinder
Hacer mala obra

Hit (upon)
Dar en

Hit a nerve
Tocar en lo vivo

Hit at a slant
Pegar de soslayo

Hit or miss
Al tanteo, chueco o derecho

Hit the ceiling
Poner el grito en el cielo

Hit the nail on the head
Dar en el clavo, dar en (or con) el chiste, dar uno en
la tecla

Hold in check
Tener a raya

Hold in low esteem
Tener en poco a

Honestly!
¡Palabrita de honor!

Horrify
Dar horror

Hot-headed
Caliente de cascos

How awful!
¡Qué horror!

How can I (one) have the nerve?
¿Con qué cara?

How do you like…?
¿Qué le parece…?

How do you say…?
¿Cómo se dice…?

However
Ahora bien, sin embargo

However much
Por más que

How far?
¿Hasta dónde?

How goes it? (or how is it going?)
¿Qué hubo?

How often?
¿Cada cuánto tiempo?

How should I know?
¿Qué sé yo?

How unfortunate!
¡Qué desgracia!

Humiliate
Poner en ridículo

Hurry
Darse prisa

Hurry back
Volver corriendo

Hurt or harm someone
Hacerle daño a uno

Hurt to the quick
Tocar en lo vivo

I

I bet… (not a real wager)
A que…

I bet they are…
Seguro que están

I bet you don't!
¡A que no!

If at all
Si acaso

If even
Si alguna vez

If I remember correctly
Si mal no recuerdo

If not
De lo contrario, donde no

I forgot to tell you
Se me pasó decirte

If so
En caso afirmativo

Ignore
Hacer caso omiso de

Ill-behaved
Mal mandado, muy mandado

Impatient
Mal sufrido

Impede
Dificultar el paso

Important
De buen tomo y lomo, de copete

In a bad humor
De mal temple

In about
Como en

In abundance
A montones

In accordance with
Conforme a, de acuerdo con

In addition to
Además de, a más de, sobre que

In advance
Con anticipación, con tiempo, de antemano, por
adelantado

Inadvertently
Sin sentir

In a jiffy
Como por ensalmo, en un credo, en un chiflido, en
un soplo

In a little while
Dentro de poco

In all
En junto, en conjunto

In all directions
A los cuatro vientos

In a loud voice
En voz alta

In a low voice
En voz baja

In a minute
En un credo

In a moment
En un improviso

In a month of Sundays
Como visita de obispo

In any case
Al fin de cuentas, de todos modos

In any event
En todo caso

In a second
En un chiflido, en un soplo

In a short time
Dentro de un momento

In a short while
A (or al) poco rato, dentro de poco

Inasmuch as
Como que, como quiera que

In a way
Hasta cierto punto

In back of
Atrás de, detrás de

In bad faith
De mala fe

In brief
En resolución, en resumen

In broad daylight
En pleno día

In case
Por si acaso

In case of (that)
En caso de (que)

In cold blood
En sangre fría

In competition
A porfía

Incomplete
A medio hacer

In compliance with
En conformidad con, estar de conformidad con

In conclusion
En fin

In conflict with
Estar en pugna con

Increase
Subir de punto

In days gone by
En días pasados

Indeed
En efecto

In detail
Por extenso, por menudo

Indirectly
De rebote

Indoors
Bajo techo, en casa

In due course or time
A su (debido) tiempo

In earnest
A la verdad, de veras

In either case
En ambos casos

In exchange for
A cambio de

In fact
De hecho, en efecto, en rigor

In favor of
De parte de

Inform
Dar parte, dar razón, poner al corriente, poner en conocimiento

Informal
Sin ceremonia

Informal gathering or party
Reunión de confianza

In front of
Al frente de, delante de, frente a

In good faith
De buena fe

In good taste
De buen tono, de buen gusto

In good time
Con tiempo

In half
Por la mitad

In haste
A la carrera

In honor of
En obsequio de

In jest
De broma, de burla, en broma

In many respects
En muchos puntos

In my opinion
A mi entender, a mi modo de ver

In (at) odd moments
A ratos perdidos

In one fell swoop
De una tirada

In one's sleep
En sueños

In order
En regla

In order that
A fin de que, para que

In other words
En otros términos, es decir

In particular
En especial

In passing
De paso

In place of
En lugar de

In plain language
En buen romance

In plain view (of)
A la vista (de)

In poor taste
De mal gusto

In the presence of
A vista de

In progress
En curso, en marcha

In proof of
En señal de

In proportion to
A medida que

In safety
En salvo

In season
En sazón

In shirtsleeves
En mangas de camisa

In short
Al fin y al cabo, en fin, en resumidas cuentas

Inside of
Dentro de

Insincerely
De dientes afuera

In small quantities
Al menudeo, al por menor, de poquito

In some way or other
De un modo u otro

In (at) spare moments
A ratos perdidos

In spite of
A despecho de, a pesar de

In spite of everything
A pesar de todo

In spite of that
Así y todo, con todo, con todos los obstáculos

In spite of the fact that
A pesar de que

Instantly
En un santiamén

Instead of
En lugar de, en vez de

In such a case
En tal caso

In such a way
De suerte que

Intend or mean to
Pensar en, tener la intención de

Interfere
Hacer mala obra

Interrupt
Cortar el hilo

Intervene
Meterse de por medio

In that way
De esa manera, de ese modo

In the act
En fragante

In the background
En lontananza

In the dark
A oscuras, a obscuras

In the dead of the night
En el sigilo (or silencio) de la noche, en las altas horas

In the dead of winter
En lo más crudo del invierno

In the direction of
Con rumbo a

In the distance
A lo lejos, en lontananza

In the evening
En la noche, por la noche

In the event of
En caso de

In the final analysis
A fin de cuentas

In the future
De ahora en adelante, en adelante, en lo futuro, en lo sucesivo

In the hands of
En poder de

In the latest fashion
A la moda

In the long run
A la larga

In the manner of
A guisa de

In the middle
Por la mitad

In the morning (afternoon, etc.)
Por la mañana (la tarde, etc.)

In the nick of time
En el momento preciso

In the night air
Al sereno

In the open
A campo raso

In the open air
Al aire libre, al raso

In the opposite way
Al revés

In the same way
Del mismo modo

In the style of
A (la) manera de

In the twinkling of an eye
En un abrir y cerrar de ojos, en un santiamén

In this vicinity
Por aquí cerca

In this way
De esta manera, de este modo

In this world
De tejas abajo

In those days
En aquel tiempo, en aquel entonces

In time
A tiempo

In transit
De paso, de tránsito

In truth
A la verdad, de veras

In turn
En rueda

In vain
En balde

In view of
En vista de que

In vogue
De moda

In writing
Por escrito

Irrelevant
Fuera de propósito, inaplicable al caso

I should say not!
¡De ninguna manera!

I should say so!
¡Ya lo creo!

Is that so?
¿De veras?, ¿de verdad?, ¡no diga!

It can't be helped
No hay remedio, no tiene remedio

It doesn't matter
No le hace, no tiene importancia

It is all over
Ha pasado, ha terminado, se ha acabado, ya se acabó

It is all right
Está bien

It is better...
Más vale...

It is clear
Ya se ve

It is forbidden
Se prohibe

It is good (bad) weather
Hace buen (mal) clima

It is hopeless
No tiene remedio

It is necessary to
Hay que

It is not worth the trouble
No vale la pena

It is no wonder that
No es mucho que

It is obvious
Se conoce (que)

It is obvious that
Se ve que

It is rumored that
Se suena que

It is said
Se dice

It is time for
Es (la) hora de

It is time to go
Es (la) hora de partir

It is unnecessary (superfluous)
Está de más

It is yet to be done
Está por hacer

It makes no difference
Darle lo mismo, es lo de menos, lo mismo da, no le hace

It may be that
Puede ser que, tal vez sea que

It must
De rigor

It must be
Debe de ser

It must be true
Ha de ser verdad

It probably is
Debe de ser

It's a deal!
¡Trato hecho!

It's almost time
Falta poco

It's been a long time since (I played)
Hace mucho que no (juego)

It seems to be impossible
Parece mentira

It seems to me that
Me parece que

It serves me right
Bien me lo merezco

It's none of your (my) business
No es asunto suyo (mío)

It's not important
No tiene importancia

It's not opportune (not to the point)
No viene al caso, no viene al cuento

It's not worthwhile
No vale la pena

It's time to...
Ya es hora de...

It's too late now
Ya es tarde

It's true
Es cierto

It won't be long now
Ya mero, ya merito

J

Jack of all trades
Aprendiz de todo y oficial de nada

Jilt
Dar calabazas

Join (a club, etc.)
Ingresar en

Jokingly
De broma

Judge
Tener por

Jump
Dar un salto, dar saltos

Jump to conclusions
Hacer deducciones precipitadas

Just
Nada más

Just about to
Ya mero

Just as
Así como, según y como, según y conforme

Just as is
Así nada más

Just in case
Por lo que pueda tronar, por si acaso

Just plain
Así nada más

Just right
Al centavo, al pelo

Just yesterday
Ayer mismo

K

Keep (something)
Quedarse con (una cosa)

Keep accounts
Llevar cuentas

Keep good time (a watch)
Andar bien

Keep in bounds
Tener a raya

Keep one's feet
Tenerse en pie

Keep one's word
Cumplir (con) su palabra

Keep out!
¡Prohibido el paso!

Keep silent
Guardar silencio

Keep track of
Llevar la cuenta, llevar cuenta de

Keep up to date, informed, posted
Tener al corriente

Kick out
Dar de baja

Kill two birds with one stone
Matar dos pájaros de un tiro

Kneel
Ponerse de rodillas

Kneel down
Hincarse de rodillas

Knit the eyebrows
Fruncir las cejas

Knock down
Echar por tierra

Know absolutely nothing (about that)
No saber ni papa (de eso)

Know by heart
Saber de memoria

Know by sight
Conocer de vista

Know how to (sew, dance, etc.)
Saber (coser, bailar, etc.)

Knowingly
A sabiendas

L

Lack
Hacer falta

Lacking
A falta de

Lame excuse
Disculpa pobre

Large number of
Una infinidad de

Last month
El mes pasado

Last straw
La gota que derrama el vaso

Last week
La semana pasada

Last year
El año pasado

Late
A fines de

Later on
Más adelante

Latter
El más reciente

Laugh at
Reírse de

Laugh off
Tomar a risa

Laugh up one's sleeve
Reírse para sus adentros

Leap year
Año bisiesto

Learn by heart
Aprender de memoria

Least of it
Lo de menos

Leave
Dejar de la mano; salir de

Leave alone
Dejar en paz, dejar tranquilo

Leave (someone) in the lurch
Dejar (a uno) plantado, dejar en las astas del toro

Leave word
Dejar dicho

Leisure hours
Ratos perdidos

Lend
Dar prestado

Lengthwise
A lo largo (de)

Less and less
Cada vez menos

Less than
Menos de, menos que

Let be
Dejar en paz

Let loose
Soltar la rienda

Let on
Dejar saber

Let oneself be coaxed
Hacerse del rogar

Let's see (if)
A ver (si)

Like
A guisa de, a (la) manera de, a semejanza de, parecido a

Like always
Como siempre

Literally
Al pie de la letra

Little by little
Poco a poco

Little more
Y pico

Little pitchers have big ears
Hay moros en la costa

Live by stealing
Vivir de sus uñas

Live together
Hacer vida

Long ago
Hace mucho tiempo

Long time
Largos años

Look
Pues, mire

Look down on
Mirar por encima del hombro

Look for a needle in a haystack
Buscar una aguja en un pajar

Look for trouble
Buscarle tres (or cuatro) pies al gato

Look out of the corner of one's eye
Mirar con el rabo del ojo

Look towards
Dar a

Look well
Tener buena cara

Lose face
Perder prestigio

Lose one's head
Saltar las trancas

Lose one's mind
Perder el juicio, perder la razón

Lose patience
Saltar las trancas

Lose sight of
Perder de vista

Lose time
Perder el tiempo

Lots of
A mar de

Loud voice
En voz alta

Lump in the throat
Un nudo en la garganta

M

Madly
Con delirio

Mail (a letter)
Echar (una carta) al correo

Majority of
La mayoría (de), la mayor parte (de)

Majority of the people
El común de las gentes

Make a deal
Hacer un trato

Make a dent
Hacer mella

Make a fool of
Poner en ridículo

Make a good showing
Hacer buen papel

Make a mistake
No dar pie con bola

Make an appointment
Dar una cita

Make a poor showing
Hacer mal papel

Make a ridiculous blunder
Hacer una plancha

Make arrangements
Hacer arreglos

Make eyes at
Hacer cocos

Make faces
Hacer gestos, hacer muecas

Make friends with
Hacerse amigo de

Make fun of
Burlarse de, hacer cuco a, hacer burla de

Make good
Tener buen éxito

Make hay while the sun shines
Hacer su agosto

Make known
Dar a conocer

Make laugh
Hacer gracia

Make no difference
Dar lo mismo, no irle ni venirle a uno

Make oneself understood
Hacerse entender

Make one's living
Ganarse la vida

Make trouble
Dar guerra

Make up
Inventar, imaginar

Make up (after a quarrel)
Hacer las paces

Make up for
Resarcirse de

Make use of
Valerse de

Make way for
Abrir paso para

Many years
Largos años

Match, to
Hacer juego

Mature
Hecho y derecho

Maybe
A lo mejor, tal vez

Mean (intend)
Querer decir

Meantime
Andarse el tiempo

Mean trick
Una mala pasada

Meanwhile
Entre tanto, mientras tanto

Measure
Tomar una providencia

Meddle
Meterse de por medio

Mediocre person
Media cuchara

Meet
Cruzarse con, encontrarse con, tropezar con

Meet face to face
Enfrentarse con

Mind your own business!
¿Quién te mete, Juan Copete?

Minor (in age)
Menor de edad

Misconstrue or misinterpret
Tomar el rábano por las hojas

Miss
Echar de menos

Moment to moment
Por instante

More or less
Alrededor de

Moreover
Por lo demás

More than
Más de, más que

More than anyone
Más que nadie

More than enough
De sobra

More than ever
Más que nunca

More than once
Más de una vez, una y otra vez

Most of
La mayoría de, la mayor parte de

Mourn
Estar de duelo

Move over
Hacerse a un lado

N

Namely
A saber

Naturally
Claro que sí

Near at hand
Al lado (de)

Nearly
Por poco

Neatly dressed
Bien arreglado(a)

Neither fish nor fowl
No ser ni chicha ni limonada

Neither this nor that
Ni esto ni aquello

Never mind
¡No importa!, ¡no se ocupe!

Nevertheless
No obstante, sin embargo

Next to
Al lado de, junto a

No... (smoking, eating, etc.)
Se prohibe... (fumar, comer, etc.)

Nobody else
Ningún otro

No comment
Sin comentarios

No kidding!
¡Palabrita de honor!

No longer
Ya no

No matter how much
Por mucho que

No matter what
Por ningún motivo, suceda lo que suceda

Nonsense
¡De dónde!; salida de pie de banco

No parking
Prohibido estacionarse

Nor I either
Ni yo tampoco

No sooner said than done
Dicho y hecho

Not by a long shot
Ni con mucho

Not by any means
Ni mucho menos

Not by far
Ni con mucho

Not equal to the burden
No poder con la carga

Not even
Ni siquiera

Nothing at all
Nada en absoluto

Nothing like that
Nada de eso

Nothing unusual
Nada de particular

Notice
Darse cuenta de, echar de ver, fijarse en

Not in a laughing mood
No estar de humor

Not much
Poca cosa

Not only...but also
No sólo...sino también

No trespassing
Prohibida la entrada, prohibido el paso, se prohibe entrar (pasar)

Not so often
No tan a menudo

Not to be a laughing matter
No ser cosa de juego

Not to bother about trifles
No pararse en pelillos

Not to feel well
Sentirse destemplado

Not to fit well
No caer bien

Not to get things right
No dar pie con bola

Not to know anything
No saber una (or ni) jota

Not to my knowledge
No que yo sepa

Not to open one's mouth
No despegar los labios

Not to realize
No darse cuenta

Not to say a word
No despegar los labios

Not to sleep a wink
Pasar la noche en claro (or en blanco)

Not to worry
Perder cuidado

Notwithstanding
No obstante

Not worth a red cent
No vale una cuartilla

Not worth a straw
No vale un pito

Not yet
Aún no, todavía no

Now
Al presente

Nowadays
Hoy (en) día

Now and then
De tarde en tarde, de vez en cuando

No way out
No quedar otro

No way out of it
No hay tu tía

Nowhere
A ninguna parte, en (or a) ninguna parte, por ningún lado

No wonder!
¡Con razón!

Now then
Ahora bien, pues bien

O

Object to
Levantar la contra

Obstruct (the way)
Dificultar (el paso), impedir (el paso)

Occasionally
De cuando en cuando, de vez en cuando

Of about
De unos

Of age
Mayor de edad

Of course
Claro que sí, ¿cómo no?, desde luego, por supuesto, seguro que sí, ya se ve

Of course not
Claro que no

Of last month
Del próximo pasado

Of little value or importance
De poca monta, lo de menos

Of one piece
De una pieza

Of one's own making or invention
De su (propia) cosecha

Often
A menudo

Of that kind
Por el estilo

Of the same sort
Del mismo modo

OK (to approve)
Dar el visto bueno

Omit
Pasar por alto

On (upon)
Encima de

On account of
A causa de, con motivo de, por motivo

On a large scale
En grande

On all fours
A gatas

On all sides
Para todos lados

On an average
Por término medio

On approval
A vistas

On behalf of
De parte de, en pro de

Once again
De nuevo

Once and for all
De una vez, de una vez por todas

Once in a blue moon
Allá a las quinientas, como visita de obispo, de tarde en tarde

Once in a while
Una que otra vez

Once upon a time
Había una vez, érase que se era, érase una vez, y va de cuento

One at a time
De uno en uno, uno a la vez

One by one
Uno por uno

On edge
De canto

One must
Hay que

On end
De punta

One of these (fine) days
Un día de estos

One or the other
El uno o el otro, uno u otro

One way
De un solo sentido

One week from today
De hoy en ocho días

On foot
A pie

Only
Nada más, no más que

Only yesterday
Ayer mismo

On one's back
De espaldas

On one's knees
De rodillas

On purpose
A propósito, de propósito

On returning
A la vuelta de

On the contrary
Al contrario, por el contrario

On the dot
En punto

On the fence
Entre azul y buenas noches

On the following day
Al día siguiente, al otro día

On the inside
Por dentro

On the lookout for
Estar a la mira de

On the occasion of
Con motivo de

On the other hand
En cambio, por otra parte, por otro lado

On the other side of
Al otro lado de

On the outside
Por fuera

On the rebound
De rebote

On the road to
Camino de

On the run
A la carrera

On the sly
A escondidas, a hurto

On the spur of the moment
De buenas a primeras

On the way
De camino, de tránsito, (estar) en camino

On time
A buena hora, a tiempo

On tiptoes
De puntillas, de puntas

On top of
Por encima de

On vacation
De vacaciones

On watch
En vela

Openly
A boca llena, a las claras, al descubierto, sin rebozo

Oppose
Llevar la contra, ponerse en contra de, salir al encuentro de

Opposed to
En contra de

Ordinary
De ordinario

Or else
No sea que, o si no, si no

Others
Los (las) demás

Otherwise
De lo contrario, de otro modo, donde no, porque si no

Out of breath
Con la lengua de corbata, con la lengua de pechera

Out of danger
En salvo

Out of date
Pasado de moda

Out of sorts
No estar de humor

Out of spite
Por despecho

Out of style
Pasado de moda

Out of the country
En el extranjero

Out of the ordinary
Fuera de lo corriente

Over and over again
Repetidas veces, una y otra vez

Over a period of (time)
Desde hace

Over here
Por acá, por aquí

Overlook
Pasar por alto

Overnight
De la noche a la mañana

Overstep the bounds
Pasar de la raya

Over there
Por ahí, por allá

Overthrow someone
Dar en tierra con alguien

P

Pacify
Poner en razón

Pack
Hacer las maletas

Partly
En parte

Pass by
Dar una pasada por

Passing through
De tránsito

Pay attention (to)
Dar atención, fijarse en, hacer caso (a or de), prestar atención

Pay a visit
Hacer una visita

Pay by cash
Pagar al contado

Payday
Día de raya

Peerless
Sin par

Perchance
Por ventura

Per day
Al día

Perhaps
A lo mejor, tal vez

Pesky as a fly
Más pesado que una mosca

Pick a fight or quarrel with
Meterse con

Place hope in someone
Esperar en alguien

Place in safety
Poner a buen recaudo

Place one's hope in
Cifrar la esperanza en

Plain
A secas

Plain and simple truth
La verdad clara y desnuda

Plain fool
Tonto de capirote

Plainly
A boca llena

Play a bad (or mean) trick (on someone)
Hacer una mala jugada, hacer una perrada, jugarle una mala partida

Play a part
Desempeñar un papel

Play a role
Hacer el (or un) papel

Play a trick
Pegar un chasco

Play by ear
Tocar de oído, tocar por fantasía

Play dumb
Hacerse el tonto

Play fair
Jugar limpio

Play hooky
Hacer pinta, pintar venado

Play on words
Juego de palabras

Play second fiddle
Ser plato de segunda mesa

Play up to (someone)
Dar coba a (alguien)

Please (make contented)
Caer bien, caer en gracia, dar gusto

Pledge
Empeñar la palabra

Point blank
A quema ropa, a quemarropa

Poor memory
Memoria de gallo

Pose as
Dárselas de

Praise (to the skies)
Poner en el cielo, poner por las nubes

Presence of mind
Presencia de ánimo

Present!
¡A sus órdenes!

Pretend
Dar a entender, dejar saber

Pretend not to hear
Hacerse el sordo

Pretend not to notice
Hacerse el desentendido

Pretend to be dead
Hacerse muerto

Prick up one's ears
Aguzar las orejas (or los oídos)

Pride
Amor propio

Proud
De copete

Provided
Siempre y cuando

Provided that
Con tal (de) que, dado el caso que, siempre que

Publicly
A las claras

Pull
Tirar de

Pull one's leg
Tomarle el pelo

Pull over to the right
Desviarse hacia la derecha, hacerse a la derecha

Pun
Juego de palabras

Pursue
Dar caza

Put into practice
Poner por obra

Put in writing
Hacer por escrito

Put on airs
Darse aires a, darse farol, darse tono, subirse de tono

Put oneself in a ridiculous situation
Tirarse una plancha

Put one's foot in one's mouth
Meter la pata

Put the cart before the horse
Tomar el rábano por las hojas

Q

Quarrel with
Meterse con

Question
Poner en duda

Quickly
Al trote, de prisa, de un salto, en un salto

R

Rabble
Gente de baja estofa

Rack one's brain
Devanarse los sesos, quebrarse uno la cabeza, romperse los cascos

Rain cats and dogs
Llover a cántaros

Rain or shine
Que llueva o no

Raise a rumpus
Dar batería

Rapidly
A escape

Rather
Más bien, mejor dicho

Rather late
Algo tarde

Rather than
Antes que, más bien que

Rattle off
Repetir de carretilla

Reach
Ponerse en

Realize (that)
Caer en la cuenta, darse cuenta de (que)

Really
De veras, en efecto, en verdad

Real truth, the
La mera verdad

Reckon with
Contar con

Reflect on (think about)
Parar mientes en

Regardless of
Sin hacer caso de

Regards to
Recuerdos a

Regret
Pesarle a uno

Regret very much
Sentir en el alma

Reject
Dar calabazas

Reliable
Digno de confianza

Reluctantly
De mal grado

Rely on
Confiar en, contar con

Remember (or recollect)
Hacer memoria

Remorse
Gusano de la conciencia

Repeatedly
Sobradas veces

Repeat mechanically
Repetir de carretilla

Reproach
Dar en cara, echar en cara

Resemble
Salir a

Resist stubbornly
Hacerse duro, ponerse duro

Rest of them, the
Los (las) demás

Restrain
Tirar las riendas

Return for
Volver por

Right away
En el acto

Right here
Aquí mismo

Right now
Ahora mismo, en seguida, más ahorita

Right side out
Al derecho

Ripe
En sazón

Rise
Ponerse en pie

Risk
Correr riesgo, poner al tablero

Round about
A la redonda, en redondo

Ruin
Dar al traste con, dar al través con, echar(se) a perder

Rumor
De oídos

Run away
Echar(se) a correr

S

Safe
A salvo

Safe against
A prueba de

Safe and sound
Sano y salvo

Same as, the
El (or lo) mismo que, igual que

Satisfy a need or desire
Matar el gusano

Save one's skin
Salvar el pellejo

Save time
Ganar tiempo

Say a bad word
Echar (or saltar) un terno

Say goodbye to
Despedirse de

Say to oneself
Decir para sí

Scarcely
A duras penas

Scowl
Fruncir el ceño

Secondhand
De segunda mano, de uso

Secretly
A puerta cerrada, en secreto

Seem like
Sonar a

See to it that
Ver de, ver que

Seize
Echar la zarpa, echar mano, hacer presa

Seldom
Por rareza, rara vez, raras veces

Self-esteem
Amor propio

Separately
De por sí, por separado

Serenity
Presencia de ánimo

Seriously
En serio

Serve
Servir de

Serve as
Oficiar de

Set forward (e.g., a clock)
Poner adelantado

Set in motion
Poner en juego

Set out (on a trip, etc.)
Ponerse en camino

Set the table
Poner la mesa

Set up housekeeping
Poner casa

Several times
Varias veces

Shake hands (with)
Dar la mano, darse la mano, estrechar la mano (a)

Sharp (on time)
En punto

Shortly
En breve

Shortly after
A poco

Shortly thereafter
Poco después de

Show off
Darse farol, hacer teatro

Shred
Hacer trizas

Shrug one's shoulders
Encogerse de hombros

Shut tight
A piedra y lodo

Sideways
De lado, de soslayo

Signify
Querer decir

Silly remark
Salida de pie de banco

Similar
Algo por el estilo, parecido a

Simply
A secas

Since
Como que, como quiera que, desde que, en vista de que, pues que, puesto que, supuesto que, ya que

Since then
Desde entonces

Sky high
Por las nubes

Slam the door
Dar un portazo

Slanting
Al soslayo, de soslayo

Slap
Mandar una bofetada

Sleep it off
Dormir la mona

Sleep on it
Consultar con la almohada

Sleep soundly
Dormir a pierna suelta

Slice
Hacer rajas

Slip
Darse un resbalón

Slowly
A la larga

Smell like
Oler a

Snap one's fingers
Castañetear con los dedos, tronar los dedos

So
Así que

So far
Hasta aquí, hasta ahí

Soft (or smooth) as silk
Como una seda

Softsoap or flatter (someone)
Dar coba a, dar jabón a

Somebody else
Algún otro

Someday
Algún día

Somehow
De algún modo, de alguna manera, de un modo u otro

Something indefinable
Un no sé qué

Something is wrong
Hay moros en la costa

Something of the sort
Algo por el estilo

Sometime
Algún día, algún tiempo, alguna vez

Sometimes
Algunas veces, de cuando en cuando

Somewhat
Un tanto

Somewhere
En alguna parte

Somewhere else
En alguna otra parte

So much the better
Tanto mejor

So much the worse
Tanto peor

Soon after
A raíz de, al (or a) poco rato

Sooner or later
A la corta o a la larga, tarde o temprano

Sooner the better, the
Antes hoy que mañana

So-so
Así así, tal cual

So that
A fin de que, así es que, así que, con tal (de) que, de manera que, de modo que, de suerte que

So then
Así pues

Sound like
Sonar a

So what?
¡A mí que!, ¿de modo que?, ¿pues que?, ¿y que?

Spare (extra)
De repuesto

Spare no expense
Echar la casa por la ventana

Speak frankly
Hablar al alma, no tener pelillos en la lengua

Speaking! (in answering a telephone)
Al habla

Speak loudly
Hablar alto, hablar en voz alta

Speak to the point
Hablar al caso

Speedily
A todo trapo

Spicy story
Un cuento alegre

Split hairs
Pararse en pelillos

Spoil
Echar(se) a perder

Stand a chance
Tener probabilidad

Standing
De pie

Stand someone up
Dejar a uno plantado

Stand still
Estarse parado

Stark raving mad
Loco de remate

Start to
Ponerse a, ponerse en marcha, romper a

Start a conversation
Entablar una conversación

Start a fire
Prender el fuego

Start out
Ponerse en marcha

Stay in
Quedarse en la casa

Stay in bed
Guardar (la) cama

Stealthily
A hurto

Step aside
Hacerse a un lado

Step hard upon
Dar un pisotón

Stomp or step on
Dar una pisada

Stop (smoking, etc.)
Dejar de (fumar, etc.)

Stop beating around the bush
Dejarse de cuentos, dejarse de rodeos

Stop over at
Hacer escala en

Stop short (or suddenly)
Parar en seco

Stop the excuses
Dejarse de rodeos

Straw that broke the camel's back
La gota que derrama el vaso

Strike the hour
Dar la hora

Study hard
Quemarse las pestañas (or las cejas)

Stumble
Dar un traspié, darse un tropezón

Stylish
De buen tono, de moda

Succeed
Tener éxito

Such as
Tal como, tales como, tal cual

Such as that
Por el estilo

Suddenly
De golpe, de pronto, de repente, de súbito

Suit
Venir bien

Suit perfectly
Venir a (or al) pelo

Summing up
En resumen

Superfluous
Está de más

Supposing
Dado caso, supuesto que

Sure enough
Dicho y hecho

Surprise
Pegar un chasco

Swarm of people
Un hervidero de gente, un remolino de gente

Swear (curse)
Echar un terno, soltar un terno

Sweat blood
Sudar la gota gorda

Sweat profusely
Sudar la gota gorda

Swell with pride
Estar (or ponerse) ancho

Swiftly
A rienda suelta

Swiftness of time
Corrida del tiempo

Swindle
Dar gato por liebre

T

Take (something)
Quedarse con (una cosa)

Take a chance
Correr riesgo

Take a drink
Echar un trago

Take advantage of the situation
Aprovechar la ocasión

Take after (someone)
Salir a

Take a jump
Pegar un salto

Take a long time (in doing something)
Tardar en (hacer algo)

Take a long weekend
Hacer puente

Take an afternoon nap
Dormir la siesta

Take a nap
Descabezar el sueño, echar un sueño, echar una siesta

Take a stand against
Salir al encuentro de

Take a step
Dar un paso, tomar una providencia

Take a stroll
Dar una vuelta

Take a walk
Pasear a pie

Take a walk or ride
Dar un paseo

Take care
Tener cuidado (con)

Take care of
Preocuparse de

Take care of someone
Mirar por alguien

Take charge (of)
Encargarse (de), hacerse cargo (de)

Take exercise
Hacer ejercicios

Take for a...
Tener por...

Take for granted
Dar por descontado, dar por hecho, dar por sabido (or sentado or supuesto), tomar por cierto

Take into account
Hacer caso a (or de), tener en cuenta, tomar en cuenta

Take it easy
Tomarlo con calma

Take lightly
Tomar a risa

Take pity on
Tener lástima de

Take place
Tener lugar

Take root
Echar raíces

Take seriously
Tomar a pecho(s)

Take the lead
Tomar la delantera

Take time off
Tomar tiempo libre

Take to heart
Tomar a (or en) pecho(s), tomar en serio

Take undue liberties
Pasar de la raya

Talk of the town
La comidilla de la vecindad

Talk too much
Hablar por los codos

Talk to oneself
Hablar para sus adentros

Tear into strips
Hacer rajas

Tear to pieces
Hacer garras, hacer trizas

Tease
Tomarle el pelo

Thank (or give thanks)
Dar las gracias

That can't be helped
Eso no tiene quite

That depends
Según y conforme, según y como

That is
A saber

That is a horse of a different color
Eso es harina de otro costal

That is even worse
Peor que peor

That is it
Eso es

That is the limit!
¡Eso es el colmo!

That is to say
Es decir, o sea que

That is urgent
Eso corre prisa

That is why
Por algo, por esa razón

That long
Así de largo

That's not the point (or the question)
No se trata de eso

That's right
Eso es

That's the last straw!
¡No faltaba más!

That's the least of the trouble
Es lo de menos

That's the point
¡Ahí está el detalle!

That was (is) true
Eso sí

That way
Por allí

That which
Lo que

The coast is not clear
Hay moros en la costa

The fact is
El caso es

The more...the less
Mientras más...mientras menos

Then
A la sazón

The ones
Los que

Thereafter
Después de eso

There are no two ways about it
No hay que darle vueltas, no tiene vuelta de hoja

Therefore
Así pues, así que, por (or en) consecuencia de, por consiguiente, por ende, por eso, por lo cual, por lo tanto

There is more than meets the eye
Hay gato encerrado

There is no doubt (that)
No cabe duda (que)

There is no way around it
No hay que darle vueltas

There is the heart of the matter!
¡Allí está el toque!

There's no hurry
No hay prisa

There's no need to
No hay para qué

There's no other way but to...
No hay más remedio que...

There's nothing to do except...
No hay más remedio que...

The same as
Así como, el (or lo) mismo que

They say
Se dice

Think (be of the opinion)
Tener para sí

Think about
Pensar en

Think not
Creer que no

Think so
Creer que sí

This side of
Más acá de

This way
Por acá, por aquí

This will do
Así está bien

Thoroughly
Por completo

Those which (or those who)
Los (or las) que

Thousand thanks, a
Mil gracias

Throng (of people)
Remolino de gente

Through or throughout
A través de, al través de, de parte a parte, por conducto de, por donde

Through thick and thin
Por toda suerte de penalidades

Throw a party
Dar una fiesta

Throw a stone
Mandar una pedrada

Tilted
De lado

Tip (give a gratuity)
Dar propina

Tip one's hat
Tocarse el sombrero

To and fro
De aquí para allá

To boot
De pilón

Together
A la vez

Tomorrow afternoon
Mañana por la tarde

Tomorrow is another day
Mañana Dios dirá

Tomorrow morning
Mañana por la mañana, mañana temprano

Tomorrow night
Mañana por la noche

To myself
Para mis adentros

Tonight
A la noche, por la noche

Too bad!
¡Qué lástima!

To oneself
Consigo mismo

To one's heart's content
A pedir de boca

To the letter (just right)
Al centavo, al pie de la letra

To the limit
Hasta más no poder

To the point
A secas, de perlas

To the utmost
A más no poder, de lo lindo, hasta más no poder

Touch a sore spot
Tocar en lo vivo

Towards (a period of time)
A principios de

Towards the end of (a period of time)
A fines de

Track down
Dar caza

Train was *x* minutes late
El tren llegó con *x* minutos de retraso

Treacherously
A traición

Treat (deal with)
Tratar de

Trip (or stumble)
Dar un traspié, darse un tropezón

Truly or truthfully
A la verdad, de veras, de verdad, en verdad

Trust
Confiar en

Trustworthy
Digno de confianza

Try to (attempt)
Tratar de, ver de, ver que

Turn (around)
Dar(se) la vuelta

Turn a deaf ear
Hacerse el sordo

Turn one's back (on)
Dar las espaldas (a), voltear la espalda

Turn out to be
Venir a parar, venir a ser

Turn the corner
Doblar a la esquina

Turn the page
Darle vuelta a la hoja

Two by two
De dos en dos

Two-faced
De dos caras

Two of a kind
Tal para cual

Two-way
De dos sentidos

Two weeks from today
De hoy en quince días

U

Unanimously
A una vez

Unavoidable
Sin remedio

Uncovered
En descubierto

Undecided
Entre azul y buenas noches

Under
Debajo de

Undercover
A escondidas

Understand that...
Tener entendido que...

Undertake
Poner por obra

Under the table (underhanded)
Bajo cuerda

Unequaled
Sin igual

Unexpectedly
A deshora(s), de buenas a primeras, de improviso, el día menos pensado

Unfortunately
Por desgracia

Unharmed
A salvo

Unless
A menos que, a no ser que, como no

Unlucky
De mala suerte

Unnecessary
De sobra

Unnoticed
Sin sentir

Unpaid
En descubierto

Unreserved
Sin reserva

Until
Hasta que

Unusual
Fuera de lo corriente

Unwillingly
A la mala, de mal grado, de mala gana, sin querer

Upon
Encima de

Upon my honor
Sobre mi palabra

Ups and downs
Subidas y bajadas

Upside down
Patas arriba

Up to a point
Hasta cierto punto

Up to date
A la moda, hasta la fecha

Up to now
Hasta aquí, hasta ahí, hasta la fecha

Up to the top
Hasta el tope

Usual
De ordinario

Usually
Por lo general, por lo regular, por regla general

V

Vanish
Perderse de vista

Vanity
Amor propio

Various times
Repetidas veces

Very bad luck
Suerte negra

Very close
A quema ropa, a quemarropa

Very early in the morning
Muy de mañana

Very far away
En el quinto infierno

Very much
Con (or en or por) extremo, de lo lindo

Very often
Con mucha frecuencia, muy a menudo

Very probably
A buen seguro

Very soon
Poco rato, ya mero

Very thought of, the
La mera idea de

Violently
A rienda suelta

Visibly
A ojos vistas

Vouch for
Dar fe de, salir fiador de

W

Wait in line
Hacer cola

Wait table
Servir la mesa

Wait the whole blessed day
Esperar todo el santo día

Walk
Ir a pie

Walk by
Dar una pasada por

Walk the streets
Medir las calles

Wanted
Se solicita

Want to
Tener deseos de

Wash one's hands of
Lavarse las manos de

Watch out (for)
Tener cuidado (con)

Weakness (or weak side)
Lado flaco, punto flaco

Wear
Llevar puesto, traer puesto

Wear oneself out
Hacerse uno rajas

Weather the storm
Aguantar el chubasco

Week before last
La semana antepasada

Weekday(s)
Día(s) de semana, día de trabajo, día hábil

Weekend
El fin de semana

Welcome
Dar la bienvenida

Well and good
Santo y bueno

Well done!
¡Así se hace!

Well-done (well-cooked)
Bien asado, bien cocido

Well-groomed
Bien peinado

Well now
Ahora bien

Well then
Pues bien

Well worth it
Digno de

What a mess!
¡Qué batingue!

What an atrocity!
¡Qué barbaridad!

What a pleasure!
¡Qué gusto!

What does it mean?
¿Qué quiere decir?, ¿qué significa?

What do you think of it?
¿Qué le parece?

What for?
¿Para qué?

What happened?
¿Qué pasó?

What has been said
Lo expuesto

What if...?
¿Y si...?

What is it?
¿Qué haces?

What is it about?
¿De qué se trata?

What is it good for?
¿Para qué sirve?

What is more
Más aún

What is the date?
¿A cuánto(s) estamos?

What is the point of that?
¿A qué viene eso?

What is the use of it?
¿Qué ventaja tiene?

What nonsense!
¡Qué barbaridad!

What's eating you?
¿Qué mosca te ha picado?

What's it to you?
¿Quién te mete, Juan Copete?

What's going on?
¿Qué pasa?

What's new?
¿Qué hay de nuevo?

What's so bad about that?
¿Qué hay de malo con eso?

What's that to me?
¿A mí qué?

What's the difference?
¡Qué más da!

What's the matter with you?
¿Qué le (or te) pasa?

What's up?
¿Qué hubo?, ¿qué pasa?

What's wrong with...?
¿Qué tiene de malo...?

What's wrong with that?
¿Qué hay de malo con eso?

What time is it?
¿Qué hora es?, ¿qué horas son?

When all is said and done
A la postre

Whenever
Cuando quiera, siempre que, todas las veces (que)

When least expected
El día menos pensado

Whereas
Visto que

Wherever
Adondequiera que, dondequiera que, por
dondequiera que

Whether one likes it or not
Por las buenas o por las malas

Whether you wish or not
Quieras que no, quiera o no

While
En tanto que

While away the time
Pasar el rato

Whisper
Hablar en secreto

Whispering
En voz baja

Whole truth, the
La verdad clara y desnuda

Wholly
Del todo

Wide open
De par en par

Willingly
A la buena, con mucho gusto, de buena gana, de buen
grado, de (buena) voluntad

Win
Salir ganando

With
Junto con

With both feet together (or on the ground)
A pie(s) juntillas

With certainty
A (or de) ciencia cierta, a punto fijo

With great difficulty
A duras penas

Within
Dentro de

Within a few years
A la vuelta de los años

Within a week
Dentro de una semana

Within speaking distance
Al habla

Within view
A vista de

With no confidence
De mala fe

Without
Sin que

Without a plan
A la buena de Dios

Without equal
Sin par

Without fail
Sin falta

Without help
Sin remedio

Without interruption
De seguida

Without question
Sin disputa

Without realizing
Sin sentir

Without remedy
De remate, sin recurso

Without rhyme or reason
Sin qué ni para qué, sin ton ni son

Without risk
Sobre seguro

Without sleep
En vela

Without stopping
De corrida, de hilo

Without the knowledge of
A escondidas de

Without warning
A quema ropa, a quemarropa

With pleasure
De (buena) voluntad

With regard to
Acerca de, con respecto a, en cuanto a, respecto a

With the aim of
Con el propósito de

With the idea of
Con motivo de

With tongue hanging out
Con la lengua de corbata, con la lengua de pechera

With your permission
Con permiso

Wonderfully
De lo lindo

Wonderfully well
A las mil maravillas

Word of honor!
¡Palabrita de honor!

Workday
Día hábil

Work hard
Dar batería, sudar la gota gorda

Work in vain
Azotar el aire

Work well
Andar bien

Worry about
Preocuparse por

Worry about nothing
Ahogarse en poca agua

Worse than
Peor que

Worth seeing
Ser de ver, ser para ver

Wrinkle one's brow
Fruncir el entrecejo

Wrong side out
Al revés

Y

Year before last
Año antepasado

Years ago
Hace años

Yes, of course
Ya lo creo

Yesterday afternoon
Ayer por la tarde

You don't say!
¡No diga!

You're welcome
De nada, no hay de que

SPANISH-ENGLISH
ESPAÑOL-INGLÉS

REMARKS

For ease of reference, the reader should note the following:

- Within each entry, the word or group of words corresponding to each of the meanings of the Spanish word constitutes a separate numbered subentry.

- Examples of usage, phrases, and idioms are included in each entry immediately following the meaning of the word to which they correspond.

- Examples of usage, phrases, and idioms are given in a fixed sequence within each item of the entry: word groups not containing a verb; expressions containing a verb; phrases or locutions (adverbial, prepositional, etc.).

- Expressions, phrases, etc. that do not directly correspond to a specific meaning of the word are numbered separately within the entry.

- Words given as equivalents of the main entry are clarified further, when necessary, by synonyms and definitions enclosed in brackets.

- Abbreviations indicate meaning and usage in specific subject areas and geographical regions, as well as in grammar. See "Abbreviations Used in This Dictionary."

- The letters *ch* and *ll*, which are distinct letters in the Spanish alphabet, are listed as such.

In addition to the explanations of grammar within individual entries, certain points of grammar have been explained in greater detail in special grammar notes. These notes treat specific instances of Spanish grammar that have proven most troublesome to English-speaking readers (e.g., direct and indirect object pronouns, the subjunctive). For a complete listing of these notes see page 789. (An asterisk in one of the grammar notes signals a reference to another note on a related subject.)

An asterisk in the body of an entry indicates that the word it precedes is used only in the Americas.

In order to assist the reader, reference sections on a variety of topics are included in this dictionary. Idioms and expressions—both Spanish-to-English and English-to-Spanish—can be found in the center of the dictionary, following page 779.

The appendices include:

- Abreviaturas más usadas en inglés
- Abbreviations Most Commonly Used in Spanish
- False Cognates and "Part-Time" Cognates
- Business Correspondence in Spanish / La carta comercial en español
- Monetary Units / Unidades monetarias
- Weights and Measures / Pesas y medidas
- Numbers / Numerales
- Temperature / La temperatura
- Abbreviations of the States of the United States of America / Abreviaturas de los estados de los Estados Unidos de América
- Geographical Names: English-Spanish / Nombres geográficos: Inglés-Español
- Nombres geográficos: Español-Inglés / Geographical Names: Spanish-English
- Maps/Mapas

ABBREVIATIONS USED IN THIS DICTIONARY

abs.	absolute
ACC.	accounting
ACOUST.	acoustics
adj.	adjective
adv.	adverb
AER.	aeronautics
AGR.	agriculture
ALG.	algebra
Am.	Spanish America
ANAT.	anatomy
Ang.	Anglicism
ANTHROP.	anthropology
ARCH.	architecture
ARCHEOL.	archeology
Arg.	Argentina
ARITH.	arithmetic
ARM.	armor; arms
art.	article
ARTILL.	artillery
ASTR.	astronomy
ASTROL.	astrology
aug.	augmentative
AUTO.	automobile
aux.	auxiliary verb
BACT.	bacteriology
BIB.	Bible; Biblical
BILL.	billiards
BIOCHEM.	biochemistry
BIOL.	biology
BOOKBIND.	bookbinding
BOOKKEEP.	bookkeeping
Bol.	Bolivia
BOT.	botany
BUILD.	building
BULLF.	bullfighting
BUTCH.	butcher
C. Am.	Central America
Can.	Canary Islands
cap.	capitalized
CARP.	carpentry
CHEM.	chemistry
Chi.	Chile
CHRON.	chronology
CINEM.	cinematography
Col.	Colombia
coll.	colloquial
collect.	collectively
COM.	commerce
comp.	comparative
COND.	Conditional
conj.	conjunction
CONJUG.	Conjugation
contempt.	contemptuous
COOK.	cooking
cop.	copulative verb
C. Ri.	Costa Rica
CRYST.	crystallography
Cu.	Cuba
def.	defective; definite
DENT.	dentistry
dial.	dialectal
dim.	diminutive

DIP.	diplomacy
DRAW.	drawing
Ec.	Ecuador
ECCL.	ecclesiastic
ECON.	economics; economy
EDUC.	education
ELEC.	electricity
El S.	El Salvador
EMBRYOL.	embryology
ENG.	engineering
ENGR.	engraving
ENTOM.	entomology
EXCH.	exchange
exclam.	exclamatory
f.	feminine; feminine noun
FALCON.	falconry
F. ARTS.	fine arts
FENC.	fencing
FEUD.	feudal system
fig.	figuratively
FISH.	fishing
FORT.	fortifications
FOUND.	foundry
Fut.	Future
Gal.	Gallicism
GARD.	gardening
GEOG.	geography
GEOL.	geology
GEOM.	geometry
GER.	Gerund
GILD.	gilding
GLASSM.	glassmaking
GRAM.	grammar
Guat.	Guatemala
GUN.	gunnery
GYM.	gymnastics
HER.	heraldry
HIST.	history
HIST. GEOG.	historical geography
Hond.	Honduras
HOROL.	horology
hum.	humorous
HUNT.	hunting
HYDR.	hydraulics
ICHTH.	ichthyology
IMMUN.	immunology
imper., IMPER.	imperative
imperf.	imperfect
impers.	impersonal verb
indef.	indefinite
INDIC.	Indicative
INDUS.	industry
INF.	Infinitive
INSUR.	insurance
interj.	interjection
interrog.	interrogative
intr.	intransitive
iron.	ironic
irr., irreg.	irregular

JEW.	jewelry
JOURN.	journalism
Lat.	Latin
LIT.	literature
LITURG.	liturgy
LOG.	logic
m.	masculine; masculine noun
MACH.	machinery
MAG.	magnetism
MAS.	masonry
MATH.	mathematics
MECH.	mechanics
MED.	medicine
METAL.	metallurgy
METEOR.	meteorology
Mex.	Mexico
MIL.	military
MIN.	mining
MINER.	mineralogy
MUS.	music
MYTH.	mythology
n.	noun
NAT. HIST.	natural history
NAUT.	nautical
NAV.	naval; navy
neut.	neuter
not cap.	not capitalized
NUMIS.	numismatics
obs.	obsolete
OBST.	obstetrics
OPT.	optics
ORD.	ordnance
ORN.	ornithology
PAINT.	painting
PALEONT.	paleontology
Pe.	Peru
pers., pers.	person; personal
PETROG.	petrography
PHARM.	pharmacy
PHIL.	philosophy
PHILAT.	philately
PHILOL.	philology
PHONET.	phonetics
PHOT.	photography
PHREN.	phrenology
PHYS.	physics
PHYSIOL.	physiology
P. I.	Philippine Islands
PREHIS.	prehistory
pl.	plural

poet.	poetic
POET.	poetry
POL.	politics
poss.	possessive
POST.	postal service
p. p.	past participle
prep.	preposition
Pres.	Present
pres. p.	present participle
Pret.	preterit
P. Ri.	Puerto Rico
PRINT.	printing
pr. n.	proper noun
pron.	pronoun
PROS.	prosody
prov.	provincial
RADIO.	radio; broadcasting
ref.	reflexive verb
reg.	regular
REL.	religion
RHET.	rhetoric
RLY.	railway; railroad
S. Am.	South America
scorn.	scornful
SEW.	sewing
SHOEM.	shoemaking
SUBJ.	Subjunctive
superl.	superlative
SURG.	surgery
SWIM.	swimming
TAN.	tannage
TELEG.	telegraphy
TELEPH.	telephone
TELEV.	television
THEAT.	theater
THEOL.	theology
TOP.	topography
tr.	transitive verb
TRANSP.	transportation
Ur.	Uruguay
usu.	usually
V.	Vide; See
Ve.	Venezuela
VET.	veterinary
vulg.	vulgar
WEAV.	weaving
W. I.	West Indies
ZOOL.	zoology

VOWELS

Letter	Approximate sound
a	Like *a* in English *far, father,* e.g., **casa, mano.**
e	When stressed, like *a* in English *pay,* e.g., **dedo, cerca.** When unstressed, it has a shorter sound like in English *bet, net,* e.g., **estado, decidir.**
i	Like *i* in English *machine* or *ee* in *feet,* e.g., **fin, salí.**
o	Like *o* in English *obey,* e.g., **mona, poner.**
u	Like *u* in English *rule* or *oo* in *boot,* e.g., **atún, luna.** It is silent in **gue** and **gui,** e.g., **guerra, guisado.** If it carries a diaeresis (**ü**), it is pronounced (see Diphthongs), e.g., **bilingüe, bilingüismo.** It is also silent in **que** and **qui,** e.g., **querer, quinto.**
y	When used as a vowel, it sounds like the Spanish **i**, e.g., **y, rey.**

DIPHTHONGS

Diphthong	Approximate sound
ai, ay	Like *i* in English *light,* e.g., **caigo, hay.**
au	Like *ou* in English *sound,* e.g., **cauto, paular.**
ei, ey	Like *ey* in English *they* or *a* in *ale,* e.g., **reina, ley.**
eu	Like the *a* in English *pay* combined with the sound of *ew* in English *knew,* e.g., **deuda, feudal.**
oi, oy	Like *oy* in English *toy,* e.g., **oiga, soy.**
ia, ya	Like *ya* in English *yarn,* e.g., **rabia, raya.**
ua	Like *wa* in English *wand,* e.g., **cuatro, cual.**
ie, ye	Like *ye* in English *yet,* e.g., **bien, yeso.**
ue	Like *wa* in English *wake,* e.g., **buena, fue, bilingüe.**
io, yo	Like *yo* in English *yoke,* without the following sound of *w* in this word, e.g., **región, yodo.**
uo	Like *uo* in English *quote,* e.g., **cuota, oblicuo.**
iu, yu	Like *yu* in English *Yule,* e.g., **ciudad, triunfo, yunta.**
ui	Like *wee* in English *week,* e.g., **ruido, bilingüismo.**

TRIPHTHONGS

Triphthong	Approximate sound
iai	Like *ya* in English *yard* combined with the *i* in *fight,* e.g., **estudiáis.**
iei	Like the English word *yea,* e.g., **estudiéis.**
uai, uay	Like *wi* in English *wide,* e.g., **averiguáis, guay.**
uei, uey	Like *wei* in English *weigh,* e.g., **amortigüéis, buey.**

CONSONANTS

Letter	Approximate sound
b	Generally like the English *b* in *boat, bring, obsolete,* when it is at the beginning of a word or preceded by *m*, e.g., **baile, bomba.** Between two vowels and when followed by *l* or *r*, it has a softer sound, almost like the English *v* but formed by pressing both lips together, e.g., **acaba, haber, cable.**
c	Before *a, o, u,* or a consonant, it sounds like the English *c* in *coal,* e.g., **casa, saco, cuba, acto.** Before *e* or *i*, it is pronounced like the English *s* in *six* in American Spanish and like the English *th* in *thin* in Castillian Spanish, e.g., **cerdo, cine.** If a word contains two *c*s, the first is pronounced like *c* in *coal,* and the second like *s* or *th* accordingly, e.g., **acción.**
ch	Like *ch* in English *cheese* or *such,* e.g., **chato, mucho.**
d	Generally like *d* in English *dog* or *th* in English *this,* e.g., **dedo, digo.** When ending a syllable, it is pronounced like the English *th*, e.g., **usted, libertad.**
f	Like *f* in English *fine, life,* e.g., **final.**
g	Before *a, o,* and *u;* the groups *ue* and *ui;* or a consonant, it sounds like *g* in English *gain,* e.g., **gato, gorra, aguja, guerra, guitar, digno.** Before *e* or *i*, like a strongly aspirated English *h,* e.g., **general, región.**
h	Always silent, e.g., **hoyo, historia.**
j	Like *h* in English *hat,* e.g., **joven, reja.**
k	Like *c* in English *coal,* e.g., **kilo.** It is found only in words of foreign origin.
l	Like *l* in English *lion,* e.g., **libro, límite.**
ll	In some parts of Spain and Spanish America, like the English *y* in *yet;* generally in Castillian Spanish, like the *lli* in English *million;* e.g., **castillo, silla.**
m	Like *m* in English *map,* e.g., **moneda, tomo.**
n	Like *n* in English *nine,* e.g., **nuevo, canto, determinación.**
ñ	Like *ni* in English *onion* or *ny* in English *canyon,* e.g., **cañón, paño.**
p	Like *p* in English *parent,* e.g., **pipa, pollo.**
q	Like *c* in English *coal.* This letter is only used in the combinations *que* and *qui* in which the *u* is silent, e.g., **queso, aquí.**
r	At the beginning of a word and when preceded by *l, n,* or *s,* it is strongly trilled, e.g., **roca, alrota, Enrique, desrabar.** In all other positions, it is pronounced with a single tap of the tongue, e.g., **era, padre.**
rr	Strongly trilled, e.g., **carro, arriba.**
s	Like *s* in English *so,* e.g., **cosa, das.**
t	Like *t* in English *tip* but generally softer, e.g., **toma, carta.**
v	Like *v* in English *mauve,* but in many parts of Spain and the Americas, like the Spanish **b,** e.g., **variar, mover.**
x	Generally like *x* in English *expand,* e.g., **examen.** Before a consonant, it is sometimes pronounced like *s* in English *so,* e.g., **excepción, extensión.** In the word **México,** and in other place names of that country, it is pronounced like the Spanish **j.**
y	When used as a consonant between vowels or at the beginning of a word, like the *y* in English *yet,* e.g., **yate, yeso, hoyo.**
z	Like Spanish **c** when it precedes *e* or *i,* e.g., **zapato, cazo, azul.**

GRAMMAR NOTES

A

A, a *f.* A, a, the first letter of the Spanish alphabet: *a por a y be por be*, point by point, minutely
a *prep.* to, to indicate. a) indirect object: *dáselo a Pedro*, give it to Peter; b) action, activity: *voy a jugar*, I am going to play; *echó a correr*, he started to run; c) distance, time, etc. between two things: *de aquí a Londres*, from here to London; *de diez a doce*, from ten to twelve; d) motive: *¿a qué fin?*, to what end?; e) accord: *a mi gusto*, to my taste; *a mi pesar*, to my regret. 2 to, on, at [direction, situation, place]: *a la derecha*, to (on, at) the right; *a Oriente*, to the East; *a bordo*, on board; *a la mesa*, at table; *a la ventana*, at the window. 3 at, on [time, moment]: *a la una*, at one o'clock; *a la vista*, at sight; *a la mañana siguiente*, on the next morning; *a su llegada*, on his arrival. 4 at [rate, price]: *a tres comidas por día*, at three meals a day; *a dos pesetas la libra*, at two pesetas a pound. 5 on [manner, way of doing]: *a caballo*, on horseback; *a pie*, on foot. 6 by, to indicate a) means, manner: *a fuerza de*, by dint of; *a la fuerza*, by force; *poco a poco*, little by little; b) distribution or proportion: *al año*, by the year; *tres a tres*, three by three; c) instrument: *a mano*, by hand. 7 up to [limit]: *con el agua al cuello*, up to the neck in water. 8 in [time, situation]: *a poco*, in a little while (or presently); *a oscuras*, in the dark; *a tiempo*, in time. 9 if, had, but: *a no haberlo afirmado usted*, if you had not asserted it, or had you not asserted it; *a no ser por José*, but for Joseph. 10 style, fashion, in, in accordance with, after, after the fashion of, like: *a la inglesa*, English style, after the English fashion; *a ley de Castilla*, after the Castilian law; *a lo caballero*, in a gentlemanly manner, like a gentleman; *a lo loco*, like a madman; recklessly, wildly. 11 after, at the end of [a time]: *a la semana*, *a los ocho días*, at the end of a week, a week after, eight days after; *a los pocos meses*, a few months after [or later]. 12 It is also used in many idioms with different equivalents: *a condición de que*, on condition that; *a instancias mías*, at my request; *a la verdad*, truly; *a lo que parece*, as it seems; *a no ser que*, unless; *a trueque*, in exchange; *a voluntad*, at will; etc. 13 Generally speaking, it is not translated when used with a direct object of a verb: *César venció a Pompeyo*, Cæsar defeated Pompey; *veo a Pedro*, I see Peter. See DIRECT OBJECT diagram. 14 It coalesces with the article *el*, forming *al*: *al niño*, to the child; *al cabo*, *al fin*, at last; *al contrario*, on the contrary; *al menos* (or, *a lo menos*) at least; *al otro lado*, on the other side; *al principio*, at the beginning, at first. 15 *al* is used before the infinitive of verbs governed by others verbs to indicate the moment in which the action is done, and then it is translated by on, upon, as: *al llegar yo*, on my arrival; *al oírlo*, upon hearing it; *al salir él*, as he was leaving.
Aaron *pr. n.* Aaron.

aarónico, -ca *adj.* aaronic(al.
aaronita *adj.* aaronitic. — *2 adj. & n.* Aaronite.
ababol *m.* AMAPOLA.
abacá *m.* abacá, Manila hemp. 2 stuff made of Manila hemp.
abacería *f.* grocer's shop, retail grocery, grocery store.
abacero, ra *m. & f.* grocer, retail grocer.
abacial *adj.* abbatial.
ábaco *m.* ARCH. abacus. 2 abacus [calculating frame]. 3 MIN. washing trough.
abacorar *tr.* (W. I., Ven.) to pursue close; to subject.
abad *m.* abbot.
abada *f.* RINOCERONTE.
abadejo *m.* codfish. 2 ORN. kinglet, golden-crested wren. 3 ENTOM. blister beetle, Spanish fly.
abadengo, ga *adj.* abbatial. — *2 m.* abbatial states.
abadernar *tr.* NAUT. to fasten with short ropes.
abadesa *f.* abbess.
abadía *f.* abbey. 2 abbacy. 3 abbotship.
abadiato *m.* ABADÍA.
abajadero *m.* downhill, slope.
abajamiento *m.* lowering, bringing down. 2 humiliation.
abajar *intr. & tr.* BAJAR.
abajeño, ña *adj.* (Mex.) lowland. — *2 n.* (Mex.) lowlander.
abajera *f.* (Arg.) horse blanket.
abajino, na *n.* (Chi.) inhabitant of the northern territories.
abajo *adv.* down: *boca ~*, face down, upside down; *cuesta ~*, downhill; *del rey ~*, from the king down; *hacia ~*, downwards; *muy ~*, low down; *río ~*, downstream. 2 below, under, beneath: *el hombre que está abajo*, the man below; *la cara de ~*, the under surface; *por la parte de ~*, underneath; *~ de*, less than. — *3 interj.* down with!
abalanzar *tr.* to balance [a scale]. 2 to hurl. — *3 ref.* to plunge, fall, throw oneself, rush impetuously: *abalanzarse sobre*, to fall upon.
abalaustrado, da *adj.* BALAUSTRADO.
abaldonar *tr.* to debase, degrade. 2 to affront, insult.
abaleador, ra *m. & f.* grain cleaner.
abalear *tr.* to clean or separate [grain] from chaff after winnowing.
abaleo *m.* cleaning of the grain after winnowing.
abalicé, abalice, etc,, *pret., subj. & imper.* of ABALIZAR.
abalizamiento *m.* buoy-laying. 2 AER. airways marking.
abalizar *tr.* to buoy, buoy off, lay buoys in. — *2 ref.* NAUT. to take bearings.
abalorio *m.* glass bead. 2 glass beads, beadwork.
abaluartar *tr.* ABASTIONAR.
aballestar *tr.* NAUT. to tauten [a rope].
abanar *tr.* to ventilate with a hanging fan.
abanderado *m.* colour bearer, colour sergeant, standard-bearer, ensign.

abanderamiento *m.* registry of a ship.
abanderar *tr.* to register [a ship].
abandericé, abanderice, etc., *pret., subj. & imper.* of ABANDERIZAR.
abanderizar *tr.* to divide into parties or factions.
abandonadamente *adv.* carelessly, negligently.
abandonado, da *adj.* abandoned, forsaken. 2 forlorn. 3 negligent, slovenly.
abandonamiento *m.* ABANDONO.
abandonar *tr.* to abandon, leave, forsake. 2 to give up. — 3 *intr.* CHESS, DRAUGHTS to resign. — 4 *ref.* to give oneself up (to). 5 to despair, to give in. 6 to neglect oneself, to neglect one's interests or duties.
abandono *m.* abandonment [in every sense save freedom from constraint]. 2 forlornness. 3 CHESS, DRAUGHTS resigning.
abanicamiento *m.* ABANIQUEO.
abanicar *tr.* to fan. — 2 *ref.* to fan oneself.
abanicazo *m.* blow with a fan.
abanico *m.* fan [instrument] : *en* ~, fan-shaped ; fan-like ; *extenderse en* ~, to fan out. 2 coll. sabre, saber. 3 NAUT. derrick, crane. 4 MIN. ventilator.
abaniqué, abanique, etc., *pret., subj. & imper.* of ABANICAR.
abaniqueo *m.* fanning.
abaniquería *f.* fan shop, fan factory.
abaniquero *m.* fanmaker.
abano *m.* hanging fan ; punkah.
abanto *m.* ORN. Egyptian vulture. — 2 *adj.* timid [bull].
abaratamiento *m.* cheapening [making or becoming cheap].
abaratar *tr.* to cheapen, lower the price of. — 2 *ref.* to cheapen, become cheap, fall in price.
abarca *f.* a brogue or sandal worn by peasants.
abarcador, ra *adj.* clasping, embracing. — 2 *m. & f.* clasper, embracer. 3 (Am.) monopolizer.
abarcadura *f.*, **abarcamiento** *m.* grasping, embracing, comprising.
abarcar *tr.* to clasp, grasp, embrace. 2 to take in, contain, include, cover, comprise. 3 fig. to undertake too many things at once : *quien mucho abarca, poco aprieta,* grasp all, lose all. 4 (Am.) to buy up, corner, monopolize.
abarloar *tr.* to bring [a ship] alongside a wharf or another ship.
abarqué, abarque, etc., *pret., subj. & imper.* of ABARCAR.
abarquero, ra *adj.* maker or seller of ABARCAS.
abarquillado, da *adj.* curled up, warped, curved, turned up at the edges.
abarquillamiento *m.* curling up, warping, curving, turning up at the edges.
abarquillar *tr. & ref.* to curl up, warp, curve, turn up at the edges.
abarracar *intr. & ref.* to encamp in huts or shanties.
abarraganado, da *adj.* living in concubinage.
abarraganamiento *m.* concubinage.
abarraganarse *ref.* to enter into concubinage.
abarrajar *tr.* to attack, to defeat, rout. 2 ABARRAR. — 3 *ref.* (Per.) to become a ruffian.
abarrancadero *s.* heavy road. 2 precipice. 3 gorge, ravine. 4 difficult or hopeless business.
abarrancar *tr.* to ravine. — 2 *ref.* to fall into a ravine. — 3 *intr. & ref.* to become embarrassed, to come to a standstill. 4 NAUT. to run aground.
abarranqué, abarranque, etc., *pret., subj. & imper.* of ABARRANCAR.
abarraqué, abarraque, etc., *pret., subj. & imper.* of ABARRACAR.
abarrar *tr.* to hurl. 2 to beat with a stick.
abarrisco *adv.* together, in all.
abarrotar *tr.* to bar, strengthen with bars. 2 NAUT. to stow the cargo. 3 to cram, pack ; to overstock. 4 CARDS to finesse.
abarrote *m.* NAUT. stopgap, small package for stowing or filling up. 2 *pl.* (Am.) groceries : *tienda de abarrotes,* grocer's shop, *grocery store.
abarrotería *f.* (Am.) grocer's shop, *grocery store.
abarrotero, ra *m. & f.* (Am.) grocer.
abastamiento *m.* supplying with stores, provisions, etc.; catering.
abastar *tr.* to provision, supply.
abastardar *intr.* BASTARDEAR.

abastecedor, ra *m. & f.* purveyor, supplier, victual(l)er : ~ *de buques,* ship-chandler.
abastecer *tr.* to provision, purvey, supply. ¶ CONJUG. like *agradecer.*
abastecimiento *m.* providing, provision, purveyance. 2 *pl.* provisions, supplies.
abastero *m.* (Cu., Chi.) purveyor of livestock, fruit or vegetables.
abastezco, abastezca, *irr.* V. ABASTECER.
abastionar *tr.* to fortify with bastions.
abasto *m.* purveyance, supply [of provisions] : *plaza de abastos,* public market. 2 abundance. 3 *dar* ~ *a,* to be sufficient for ; to be able to attend to.
abatanar *tr.* WEAV. to full, beat, beetle [cloth].
abate *m.* abbé.
abatidamente *adv.* dejectedly.
abatido, da *adj.* dejected, depressed, despondent, dispirited, crestfallen, downhearted, downcast. 2 low, weakened. 3 humbled, fallen, lowered. 4 abject, mean. 5 COM. depreciated.
abatidura *f.* swooping down [of a bird of prey].
abatimiento *m.* dejection, depression, low spirits, discouragement. 2 abjectedness. 3 humiliation. 4 lowness, prostration. 5 NAUT., AER. drift, leeway.
abatir *tr.* to bring down, knock down, throw down, overthrow. 2 NAUT. to lower [a sail]. 3 to strike [a flag, a tent]. 4 to depress, discourage, dishearten. 5 to humble. — 6 *intr.* NAUT. AER. to drift, to have leeway. — 7 *ref.* to humble oneself. 8 to be depressed, discouraged, disheartened. 9 [of a bird of prey] to swoop down.
abayado, da *adj.* BOT. baccate, berrylike.
abazón *m.* ZOOL. cheek pouch.
abdicación *f.* abdication.
abdicar *tr.* to abdicate, to renounce.
abdiqué, abdique, etc., *pret., subj. & imper.* of ABDICAR. .
abdomen *m.* abdomen.
abdominal *adj.* abdominal.
abducción *f.* LOG., PHYSIOL. abduction.
abductor *adj.* ANAT. abducent. — 2 *m.* ANAT. abductor, abducent muscle.
abecé *m.* A B C : *no saber el* ~, to be an ignoramus. 2 abecedary, primer.
abecedario *m.* alphabet. 2 abecedary, primer.
abedul *m.* BOT. birch, birch tree.
abeja *f.* ENTOM. bee, honeybee : ~ *machiega, maesa, maestra* or *reina,* queen bee ; ~ *obrera,* worker, working bee ; ~ *albañila,* mason bee ; ~ *carpintera,* carpenter bee.
abejar *m.* apiary.
abejarrón *m.* ENTOM. bumblebee.
abejaruco *m.* ORN. bee eater.
abejera *f.* apiary. 2 BOT. balm, balm mint.
abejero *m.* beekeeper. 2 ABEJARUCO.
abejita, -jita, -juela *f.* dim. little bee.
abejón *m.* ENTOM. drone. 2 ENTOM. bumblebee. 3 a rustic game.
abejorro *m.* ENTOM. bumblebee. 2 ENTOM. cockchafer.
abejuno, na *adj.* relating to bees.
abelmosco *m.* BOT. abelmosk ; amber seed.
abellacado, da *adj.* knavish.
abellacarse *ref.* to degrade oneself, become a knave.
abellotado *adj.* acorn-shaped.
abemoladamente *adv.* softly, sweet-soundingly.
abemolar *tr.* to sweeten, mellow [the voice]. 2 MÚS. to flat.
abencerraje *m.* Abencerraje [one of a famous Moorish family of Granada].
abenuz *m.* ÉBANO.
aberenjenado, da *adj.* eggplant-shaped. 2 eggplant-coloured.
aberración *f.* aberration [going astray, deviation]. 2 OPT., ASTR. aberration.
aberrar *intr.* to aberrate.
abertal *adj.* applied to soil easily cracking with drought. — 2 *m.* open, fenceless [field].
abertura *f.* opening, aperture, hole, slit, crack, gap, chasm, vent. 2 cove, inlet, small bay. 3 frankness.
abestiado, da *adj.* beast-like.
abestiarse *ref.* to become brutal, stupid, besotted.
abéstola *f.* ARREJADA.
abetal *m.* fir wood or grove.
abete *m.* hook for holding cloth while shearing it. 2 ABETO.
abetinote *m.* fir rosin.
abeto *m.* BOT. fir, silver fir : ~ *rojo* or *falso,* spruce,

spruce fir; ~ *balsámico*, balsam fir; ~ *del Canadá*, hemlock.
abetunado, da *adj.* bitumen-like, bituminous.
abey *m.* BOT. a hardwood tree of the West Indies. *2* BOT. ~ *macho*, JACARANDA.
abiar *m.* ALBIHAR.
abiertamente *adv.* openly, declaredly, frankly.
abierto, ta *p. p.* of ABRIR; opened. *2* open : *campo* ~, open country; *carta abierta*, open letter; *ciudad abierta*, unfortified town; *cuenta* ~, COM. open account. *3* sincere, frank.
abietíneo, a *adj.* BOT. abietineous. — *2 f. pl.* BOT. Abietineæ.
abigarrado, da *adj.* variegated; motley, many-coloured.
abigarrar *tr.* to variegate, motley; to paint with various ill-matched colours.
abigeato *m.* LAW cattle stealing.
abigeo *m.* LAW cattle thief.
ab intestato *adv.* intestate.
abintestato *m.* LAW settlement of an intestate.
abiótico, ca *adj.* abiotic.
abirritación *f.* MED. abirritation.
abirritante *adj. & m.* MED. abirritant.
abirritar *tr.* MED. abirritate.
abisal *adj.* abyssal.
abiselado, da *adj.* BISELADO.
abiselar *tr.* BISELAR.
Abisinia *pr. n.* Abyssinia.
abisinio, a *adj. & n.* Abyssinian.
abismado, da *adj.* absorbed, buried, deep, lost, sunk [in thought, grief, etc.].
abismal *adj.* abysmal, abyssal.
abismar *tr.* to plunge into an abyss. *2* to depress. — *3 ref.* to plunge, be plunged [into]; to be buried or sunk [in thought, grief, etc.].
abismo *m.* abysm, abyss, gulf. *2* Abyss, the infernal regions.
abitadura *f.* NAUT. bitting.
abitar *tr.* NAUT. to bitt.
abitón *m.* NAUT. large bitt.
abizcochado, da *adj.* biscuit-like.
abjuración *f.* abjuration; recantation.
abjurar *tr.* to abjure, forswear.
ablación *f.* SURG. ablation.
ablandabrevas *m. & f.* good-for-nothing, ne'er-do-well.
ablandador, ra *adj.* softening, mollifying. — *2 m. & f.* softener, mollifier.
ablandahigos *m. & f.* ABLANDABREVAS.
ablandamiento *m.* softening. *2* mollification.
ablandante *adj.* softening. *2* mollifying.
ablandar *tr.* to soften. *2* to mollify. *3* to loosen [the bowels]. *4* to mitigate, appease [temper, anger]; to melt : ~ *las piedras*, to melt a heart of stone. *5* to soften up [by bombing]. — *6 intr. & ref.* [of weather] to moderate. — *7 ref.* to soften, become soft. *8* to become appeased, relent, melt.
ablandativo, va *adj.* mollifying, softening.
ablandecer *tr.* to soften. ¶ CONJUG. like *agradecer*.
ablandezco, ablandezca, etc., *irr.* V. ABLANDECER.
ablativo *m.* GRAM. ablative.
ablegado *m.* ablegate.
ablepsia *f.* ablepsia.
ablución *f.* ablution.
abnegado, da *adj.* self-denying.
abnegación *f.* self-denial.
abnegar *tr.* to renounce. — *2 ref.* to deny oneself, to sacrifice oneself. ¶ CONJUG. like *acertar*.
abniego, abniegue, etc., *irr.* V. ABNEGAR.
abobado, da *adj.* silly, stupid. *2* stupefied.
abobamiento *m.* silliness; stupefaction.
abobar *tr.* to make silly. — *2 ref.* to become silly. — *3 tr. & ref.* EMBOBAR.
abocado *adj.* dry-sweet [wine].
abocamiento *m.* bringing near. *2* pouring from one vessel to another. *3* meeting, interview. *4* NAUT. entering a port, a strait, a channel, etc.
abocar *tr.* to mouth, seize with the mouth. *2* to cause to approach, bring near: ~ *la artillería*, to bring the guns to bear; *verse abocado a*, to be on the verge of. *3* to pour from one vessel to another. — *4 intr.* NAUT. to enter the mouth of a channel, a strait, etc. — *5 ref.* to meet by agreement, have an interview.
abocardado, da *adj.* bell-mouthed [said esp. of firearms].

abocardar *tr.* to widen or expand the mouth of [a hole, tube, etc.]; to ream. *2* to trumpet.
abocetado, da *adj.* sketchy, rough, roughly outlined.
abocetar *tr.* to sketch in or out, to make a rough sketch of.
abocinamiento *m.* trumpet shape; flare, flaring.
abocinado, da *adj.* trumpet-shaped. *2* ARCH. splayed [arch]. *3* droop-headed [horse].
abocinar *tr.* to shape like a trumpet, to flare [a tube]. — *2 intr.* coll. to fall on one's face.
abochornado, da *p. p.* of ABOCHORNAR. — *2 adj.* stifled with heat. *3* flushed, blushing, ashamed.
abochornar *tr.* to overheat. *2* to shame, put to the blush. — *3 ref.* to blush, be ashamed. *4* AGR. to wilt from excessive heat.
abofeteador, ra *m. & f.* buffeter, slapper.
abofetear *tr.* to buffet, cuff, slap in the face. *2* to insult.
abogacía *f.* profession of a barrister or lawyer, [the] bar, [the] law.
abogada *f.* a female barrister or lawyer. *2* the wife of a barrister or lawyer. *3* advocatress, mediatrix.
abogadear *intr.* to play the lawyer [used contemptuously].
abogado *m.* advocate, lawyer, barrister, counsel, counsellor : ~ *de secano*, quack lawyer; ~ *del diablo*, Devil's advocate. *2* advocate, intercessor.
abogar *intr.* to plead in favour [of]; to intercede; ~ *por*, to advocate, back.
abohetado, da *adj.* ABOTAGADO.
abolengo *m.* ancestry, descent, lineage. *2* inheritance.
abolición *f.* abolition, abrogation.
abolicionismo *m.* abolitionism.
abolicionista *adj. & n.* abolitionist.
abolir *tr. & def.* to abolish, abrogate. ¶ The only moods and persons used are those having *i* in their terminations.
abolsado, da *adj.* baggy, bagged, purse-shaped, pursed up.
abolsarse *ref.* to become purse-shaped, to bag.
abollado *adj.* dented, battered, bumped. — *2 m.* puffing, puffed trimming. *3* embossment.
abolladura *f.* dent, bruise, bump.
abollar *tr.* to dent, batter, bruise, bump.
abollón *m.* ABOLLADURA.
abollonar *tr.* to emboss, to raise bosses on.
abomaso *m.* VET. abomasum, abomasus.
abombado, da *adj.* convex, bulging out. *2* coll. deafened, stunned. *3* (Am.) tainted, becoming putrid.
abombar *tr.* to curve, bulge, make convex. *2* coll. to deafen, stun. — *3 ref.* (Am.) to get drunk. *4* (Am.) to taint, become putrid.
abominable *adj.* abominable. *2* very bad.
abominablemente *adv.* abominably. *2* very badly.
abominación *f.* abomination.
abominar *tr.* to abominate. *2* to detest, abhor.
abonable *adj.* payable. *2* COM. creditable.
abonado, da *m. & f.* subscriber; *commuter, season-ticket holder. — *2 adj.* apt, capable.
abonador, ra *m. & f.* guarantor, surety. *2* cooper's auger.
abonamiento *m.* ABONO 1.
abonanzar *intr.* [of the weather] to calm, clear up.
abonar *tr.* to approve, *approbate. *2* to guarantee, indorse, back, answer for. *3* to better, improve. *4* to fertilize, manure [soil]. *5* COM. to credit [place to the credit of]; to discount; to compensate; to pay. — *7 tr. & ref.* to subscribe; to buy a season-ticket or a commutation ticket for.
abonaré *m.* COM. credit note.
abono *m.* approbation, justification. *2* endorsement, security, guarantee. *3* payment *4* COM. discount, allowance. *5* COM. credit [in an account]. *6* fertilizer, manure. *7* subscription, season-ticket, *commutation ticket.
aboqué, aboque, etc., *pret., subj. & imper.* of ABOCAR.
aboquillar *tr.* to provide with a mouthpiece. *2* to make bell-shaped or funnel shaped.
abordable *adj.* approachable, accessible.
abordador *m.* NAUT. boarder.
abordaje *m.* NAUT. collision. *2* NAUT. the act of boarding a ship.
abordar *tr.* NAUT. to board [a ship]. *2* to run foul of, to collide with [a ship]. *3* to approach

accost. *4* to undertake, tackle, enter upon [a business, matter, problem, etc.]. — *5 intr.* NAUT to put into a port, to land.

abordo *m.* ABORDAJE.

aborigen *adj.* aboriginal.

aborígenes *m. pl.* aboriginals, aborigines.

aborlonado, da *adj.* (Chi., Col.) ACANILLADO.

aborrachado, da *adj.* high-coloured red.

aborrajarse *intr.* [of wheat] to dry prematurely.

aborrascarse *ref.* [of weather] tó become stormy.

aborrecedor, ra *m. & f.* abhorrer, hater, detester.

aborrecer *tr.* to abhor, hate, detest. *2* of birds, to desert [their brood or nest]. *3* to bore, weary, annoy. ¶ CONJUG. like *agradecer.*

aborrecible *adj.* hateful, detestable.

aborreciblemente *adv.* detestably.

aborrecido, da *adj.* abhorred, hated, detested. *2* bored, weary.

aborrecimiento *m.* abhorrence, detestation, hate, dislike. *2* boredom.

aborregarse *ref.* to become dappled with small fleecy clouds : *cielo aborregado,* mackerel sky. *2* to grow stupid.

aborrezco, aborrezca, etc., *irr.* V. ABORRECER.

abortamiento *m.* ABORTO.

abortar *intr.* to abort, miscarry, have a miscarriage. *2* BIOL. to abort. *3* to fail, come to naught. — *4 tr.* to give birth to [something monstrous].

abortivamente *adv.* abortively.

abortivo, va *adj.* abortive. — *2 m.* an abortive medicine.

aborto *m.* abortion, miscarriage. *2* monster. *3* fig. failure.

abortón *m.* abortion of a quadruped *2* skin of an untimely-born lamb.

aborujar *tr.* to make lumps. — *2 ref.* to become lumpy. *3* ARREBUJARSE.

abotagado, da *adj.* swollen, bloated.

abotagamiento *m.* bloating, swelling.

abotagarse, abotargarse *ref.* to become bloated, swollen.

abotinado adj. *zapato* ~, button boot.

abotonador *m.* buttonhook.

abotonar *tr.* to button, button up. — *2 intr.* to bud. — *3 ref.* to button up [one's coat].

abovedado, da *adj.* vaulted, fornicate(d.

abovedar *tr.,* to vault, cove, make vault-shaped.

aboyar *tr.* to lay down buoys. — *2 intr.* to float.

abozalar *tr.* to muzzle. .

abra *f.* small bay, cove, haven. *2* dale, valley. *3* fissure, cleft [in the ground]. *4* (Col.) leaf [of a door]. *5* (Am.) clearing [in the jungle].

abracadabra *m.* abracadabra.

abracé, abrace, etc. *pret., subj. & imper.* of ABRAZAR

abracijo *m.* coll. ABRAZO.

Abrahán *pr. n.* Abraham.

abrasadamente *adv.* ARDIENTEMENTE.

abrasador, ra *adj.* burning. scorching, very hot.

abrasamiento *m.* burning, scorching. *2* burning [with love, desire, etc.].

abrasante *adj.* ABRASADOR.

abrasar *tr.* to burn, sear, scorch. *2* [of cold or frost] to nip [a plant]. *3* to burn [as with thirst], to parch. *4* fig. to squander. — *5 ref.* to swelter, to feel or be very hot. *6* AGR. to be nipped [by cold]. *7 abrasarse de o en,* to burn, be burning, be on fire with [thirst, love, impatience, etc.].

abrasilado, da *adj.* brazil-wood coloured.

abrasión *f.* abrasion.

abrazadera *f.* clasp, clamp, cleat, brace. *2* band [of a gun]. *3* PRINT. brace, bracket. — *4* adj. *sierra* ~, frame saw.

abrazador, ra *adj.* embracing.

abrazamiento *m.* embracing.

abrazar *tr.* to embrace, hug, clasp, encircle. *2* to include, comprise. *3* to accept, follow. *4* to undertake. *5* to espouse [a cause]. *6* to take up [a career]. *7* to adopt [an opinion, a religion]. *8* to take in, to cover [ground]. — *9 ref.* to embrace, hug, hug each other ; to cling [to].

abrazo *m.* hug, embrace, clasp.

ábrego *m.* south wind.

abrelatas *m.* can or tin opener.

abrenuncio *lat. interj.* far be it from me ; fie !

abrepuño *m.* ARZOLLA.

abrevadero *m.* drinking trough. *2* watering place for livestock.

abrevador *m.* one who waters livestock. *2* ABREVADERO *2.*

abrevar *tr.* to water [livestock]. *2* to soak [skins] for tanning. — *3 ref.* to drink.

abreviación *f.* abbreviation. *2* abridgement. *3* shortening. *4* hastening, acceleration.

abreviadamente *adv.* briefly, in short.

abreviador, ra *adj.* abridging. — *2 m.* abridger, abbreviator. *3* ECCL. abbreviator.

abreviaduría *f.* ECCL. office of an abbreviator.

abreviamiento *m.* abbreviation.

abreviar *tr.* to abridge, abbreviate, shorten. *2* to shorten, hasten, speed up.

abreviatura *f.* abbreviation : *en* ~, in abbreviation.

abribonarse *ref.* to become a scamp, a rascal.

abridero, ra *adj.* [of a fruit] easily opened, freestone. — *2 m.* freestone peach.

abridor *m.* freestone peach ; freestone peach tree. *2* opener : ~ *de láminas,* engraver. *3* grafting knife. *4* (Am.) ESCARPIDOR. *5 pl.* earrings for newly born girls.

abrigadero *m.* sheltered place for ships.

abrigador, ra *adj.* (Mex., Pe.) that covers or protects well, very warm. — *2 s.* (Mex.) concealer [of a crime].

abrigaño *m.* place sheltered from the wind. *2* AGR. matting for protecting plants.

abrigar *tr.* to cover, wrap, warm [protect from the cold]. *2* to shelter, to protect, to aid. *3* to entertain, harbour, cherish [fears, hopes, etc.]. — *4 ref.* to wrap oneself up. *5* to take shelter.

abrigo *m.* protection against the cold, keeping warm : *ropa de* ~, warm clothing. *2* shelter, refuge, cover : *al* ~ *de,* sheltered from. *3* protection, aid. *4* overcoat, wrap. *5* NAUT. haven.

abrigué, abrigue, etc., *pret., subj. & imper.* of ABRIGAR.

abril *m.* April : ~, *aguas mil,* April showers. *2* springtime of life, early youth. *3 pl.* years of early youth, teens : *dieciocho abriles,* sweet eighteen.

abrileño, ña *adj.* [pertaining to] April, like April.

abrir *tr.* to open, unfasten, uncover, unlock, unseal : ~ *con ganzúa,* to pick [a lock]. *2* to open [the eyes, the hand, the heart, a book, etc.]. *3* to cut or tear open ; to split, crack. *4* to engrave. *5* to open, make, build [a hole, a buttonhole, a road, a canal] ; to dig [a trench] ; to bore [a hole, a well]. *6* to cut the pages of [a book]. *7* to open, begin, start, inaugurate ; to float [a loan]. *8* to head, lead [a procession, etc.] : ~ *la marcha,* to lead. *9* ~ *paso,* to make way, to clear the way. — *10 tr. & ref.* to spread out, fan out ; to unfold. — *11 ref.* to open [be opened]. *12* to split, crack [be split, cracked] ; to burst open. *13* [of a chasm, etc.] to yawn. *14* [of flowers] to open up, blossom. *15* to open out, to separate [like soldiers on the march]. *16* to open up, confide, unbosom oneself. *17* NAUT. *abrirse una vía de agua en,* to spring a leak. ¶ *p. p.: abierto.*

abrochador *m.* buttonhook.

abrochadura *f.,* **abrochamiento** *m.* buttoning, clasping, lacing, buckling, fastening.

abrochar *tr. & ref.* to button, clasp, buckle ; to fasten with hooks and eyes. *2* (Chi., Ec.) to chastise, reprehend. — *3 ref.* (Chi.) to grapple, to come to blows.

abrogación *f.* abrogation, repeal.

abrogar *tr.* to abrogate, repeal [an act, a bill, etc.].

abrogué, abrogue, etc., *pret., subj. & imper.* of ABROGAR.

abrojal *m.* ground covered with caltrops or starthistles.

abrojín *m.* CAÑADILLA.

abrojo *m.* BOT. caltrop. *2* BOT. star-thistle. *3* MIL. caltrop, crowfoot. *4* thorny tip of scourge. *5 pl.* hidden rocks in the sea. *6* fig. difficulties.

abroma *m.* BOT. devil's-cotton.

abromado, da *adj.* NAUT. hazy, foggy. *2* eaten by shipworms.

abromarse *ref.* to be eaten by shipworms.

abroncar *tr. & ref.* to vex, bore, annoy. *2* pop. to dress down, dress off, scold severely.

abroquelado, da *p. p.* of ABROQUELAR. — *2 adj.* BOT. shield-shaped.

abroquelar *tr.* NAUT. to boxhaul. *2* to shield. — *3 ref.* to shield oneself.

abrótano *m.* BOT. abrotanum, southernwood

795

abrotoñar *intr.* to sprout, bud, germinate.
abrumado, da *adj.* overwhelmed, overcome.
abrumador, ra *adj.* overwhelming, crushing. 2 oppressive, fatiguing.
abrumar *tr.* to overwhelm, crush. 2 to oppress, weary, fatigue. — *3 ref.* [of the weather] to become foggy.
abrupto, ta *adj.* abrupt, steep, craggy.
abrutado, da *adj.* brutish, beast-like.
abruzo, za *adj. & n.* Abruzzian.
absceso *m.* MED. abscess.
abscisa *f.* GEOM. abscissa.
abscisión *f.* abscission.
absentismo *m.* absenteeism.
absentista *adj. & n.* absenteeist.
ábside *m.* or *f.* ARCH. apse, apsis.
absidiola *f.* ARCH. apse chapel.
absidiolo *m.* ARCH. apsidiole.
absintio *m.* AJENJO.
absintismo *m.* MED. absinthism.
absolución *f.* absolution. 2 LAW acquittal. 3 LAW ～ de la demanda, finding for the defendant.
absoluta *f.* dogmatic assertion. 2 coll. release from the army, discharge.
absolutamente *adv.* absolutely.
absolutismo *m.* POL. absolutism.
absolutista *adj. & n.* absolutist.
absoluto, ta *adj.* absolute [complete, unqualified, unconditional, without restriction]. 2 absolute, despotical, dictatorial. 3 GRAM. absolute. — *4 m.* lo ～, the absolute. 5 en ～, absolutely, by no means, at all.
absolutorio, ria *adj.* absolutory, absolving.
absolvederas *f. pl.* coll. readiness to absolve.
absolvente *adj.* absolving.
absolver *tr.* to absolve. 2 to acquit. ¶ CONJUG. like *mover.*
absorbencia *f.* absorbency.
absorbente *adj. & m.* absorbent. — *2 adj.* absorbing, engrossing.
absorber *tr.* to absorb. 2 to imbibe, drink in. 3 to engross. ¶ p. p.: *absorbido* [regular]; *absorto* [irreg.].
absorbible *adj.* absorbable.
absorción *f.* absorption.
absortar *tr.* to cause rapture; to amaze.
absorto, ta *irreg. p. p.* of ABSORBER; absorbed, engrossed. — *2 adj.* amazed, ecstatic. 3 absorbed in thought.
abstemio, mia *adj.* abstemious. — *2 m. & f.* abstainer, teetotal(l)er.
abstención *f.* abstention, refraining, forbearance.
abstencionismo *m.* POL. abstentionism, nonparticipation.
abstencionista *adj. & n.* abstentionist.
abstenerse *ref.* to abstain, refrain, forbear. ¶ CONJUG. like *tener.*
abstengo, abstenga, etc., *irreg.* V. ABSTENERSE.
abstergente *adj.* MED. abstergent.
absterger *tr.* MED. to absterge.
absterjo, absterja, *pres. subj. & imper.* of ABSTERGER.
abstersión *f.* MED. abstersion.
abstersivo, va *adj.* MED. abstersive.
abstinencia *f.* abstinence.
abstinente *adj.* abstinent.
abstracción *f.* abstraction. 2 *hacer ～ de,* to leave aside.
abstractivo, va *adj.* abstractive.
abstracto, ta *adj.* abstract: *en ～,* in the abstract.
abstraer *tr.* to abstract. — *2 intr. & ref.* to become oblivious of, leave aside. — *3 ref.* to become abstracter; to be lost in thought. ¶ CONJUG. like *traer.*
abstraído, da *p. p.* of ABSTRAER. — *2 adj.* abstracted, lost in thought.
abstraigo, abstraiga, abstraje, etc., *irr.* V. ABSTRAER.
abstruso, sa *adj.* abstruse.
abstuve, abstuviste, etc., *irreg.* V. ABSTENERSE.
absuelto, ta *irreg. p. p.* of ABSOLVER; absolved, acquitted.
absuelvo, absuelva, etc., *irreg.* V. ABSOLVER.
absurdamente *adv.* absurdly.
absurdidad *f.* absurdity.
absurdo, da *adj.* absurd, nonsensical, senseless. — *2 m.* absurdity, nonsense: *reducción al ～,* reductio ad absurdum.
abubilla *f.* ORN. hoopoe.
abuchear *tr.* to boo, hoot.

abucheo *m.* booing, hooting.
abuela *f.* grandmother: *cuénteselo a su ～,* fig. tell that to the marines; *no tiene ～, se le ha muerto la ～,* he is continually praising himself. 2 old woman.
abuelastra *f.* step grandmother.
abuelastro *m.* step grandfather.
abuelo *m.* grandfather. 2 ancestor. 3 old man. 4 *pl.* grandparents.
abuhardillado, da *adj.* garret-like.
abuje *m.* (Cu., P. Ri.) a tick attacking human beings.
abulense *adj. & n.* AVILÉS.
abulia *f.* abulia.
abúlico, ca *adj.* abulic.
abultadamente *adv.* largely. 2 with exaggeration.
abultado, da *adj.* bulky, bulgy, large, big, massive. 2 exaggerated.
abultamiento *m.* swelling, protuberance. 2 enlarging, exaggeration.
abultar *tr.* to augment, enlarge, increase. 2 to exaggerate. — *3 intr.* to bulge, be bulky.
abundamiento *m.* abundance. 2 *a mayor ～,* moreover, furthermore, by the same token, in confirmation.
abundancia *f.* abundance, plenty: *cuerno de la ～,* horn of plenty.
abundante *adj.* abounding, abundant, copious, plenteous, plentiful.
abundantemente *adv.* abundantly, plentifully.
abundar *intr.* to abound [be plentiful]: *lo que abunda no daña,* you can't have too much of a good thing. 2 to abound, have in abundance, teem, be rich: *este país abunda en trigo,* this country abounds, or is rich, in wheat. 3 ～ *en una opinión, idea, etc.,* to adhere to, or have, an opinion, idea, etc.
abundosamente *adv.* abundantly, plentifully.
abundoso, sa *adj.* ABUNDANTE.
abuñolado, da *p. p.* of ABUÑUELAR. — *2 adj.* ABUÑUELADO.
abuñolar *tr.* ABUÑUELAR.
abuñuelado, da *adj.* turned over [eggs]. 2 fritter-shaped.
abuñuelar *tr.* to turn [eggs] over in frying. 2 to shape like a fritter.
¡abur! *interj.* ¡AGUR!
aburar *tr.* to burn, scorch.
aburelado, da *adj.* BURIELADO.
aburguesarse *ref.* to become bourgeois, become middle-class.
aburrado, da *adj.* like a donkey. 2 rude, boorish. 3 (Mex.) kept for breeding mules [brood-mare].
aburrición *f.* coll. ABURRIMIENTO.
aburrido, da *p. p.* of ABURRIR. — *2 adj.* bored, weary. 3 boring, tedious, weary, irksome, tiresome.
aburridor, ra *adj.* boring, annoying.
aburrimiento *m.* boredom, weariness, tediousness.
aburrir *tr.* to annoy, bore, tire, weary. 2 to hazard, to spend. — *3 ref.* to be bored, grow tired or weary.
aburujar *tr.* to clot, make into lumps. — *2 ref.* to become ·lumpy. 3 ARREBUJARSE.
abusar *intr.* to go too far, to abuse. 2 ～ *de,* to abuse [misuse, make bad use of]; to take advantage, of profit unduly by; to impose upon.
abusión *f.* abuse [misuse, bad use]. 2 absurdity. 3 superstition.
abusionero, ra *adj.* superstitious.
abusivamente *adv.* abusively.
abusivo, va *adj.* abusive [implying misuse].
abuso *m.* abuse [misuse, bad use, immoderate use; corrupt practice]. 2 ～ *de confianza,* breach of faith or trust; taking an unfair advantage.
abusón, na *adj.* inclined to take an unfair advantage of circumstances.
abyección *f.* abjection, abjectness.
abyecto, ta *adj.* abject, base, servile.
acá *adv.* here, over here, hither, this way, this side: *ven ～,* come here; *y allá,* or *acullá,* here and there; *de ～ para allá,* hither and thither; *más ～,* nearer; *para ～,* hither, here; *por ～,* here, hereabouts. 2 *desde entonces ～,* since that time; *¿de cuándo ～?,* since when?
acabable *adj.* finishable.
acabadamente *adv.* completely, perfectly.
acabado, da *adj.* finished. 2 complete, perfect, consummate, absolute, arrant, out-and-out. 3

spent, exhausted; worn out, ruined. 4 ~ de
hacer, freshly done. — 5 *m.* last touch, touching
up. 6 F. ARTS. finish. 7 WEAV. finishing process;
finish.

acabador, ra *m. & f.* finisher.

acabalar *tr.* to complete.

acaballadero *m.* place where horses cover mares;
stud-farm. 2 time when horses cover mares.

acaballado, da *adj.* horsy, like a horse.

acaballar *tr.* to cover [a mare].

acaballerado, da *adj.* appearing to be a gentleman.
2 esteeming oneself a gentleman.

acaballerar *tr.* to treat like a gentleman. — 2 *ref.*
to become gentlemanlike.

acaballonar *tr.* AGR. to ridge.

acabamiento *m.* finish, finishing, completion, consummation. 2 end, death.

acabar *tr.* to finish, end, conclude, complete. 2
to make, achieve. 3 to consume, exhaust. 4 to
finish, kill. — 5 *intr.* to end, finish, terminate :
~ *en punta,* to end in a point, to taper. 6
to die. 7 (Ec.) to skin alive, disparage. 8 ~ *con,*
to obtain; to use up, exhaust; to finish, put
an end to, destroy, wipe out, exterminate. 9 ~ *de,*
to have just : *acaba de salir,* he has just come
out; *acabado de salir de,* [just] fresh from.
10 ~ *por,* to end by, to finally; *acabó por
ceder* he ended by giving in, he finally gave in.
11 *¡acabáramos!,* at last! — 12 *ref.* to end, be
finished, be over. 13 to die. 14 to grow feeble
or less. 15 to become exhausted, run out : *se
acaba el pan,* the bread is running out; *se me
acabó la tinta,* I've run out of ink; *se me ha
acabado la paciencia,* my patience is exhausted;
¡se acabó!, it is all up.

acabellado, da *adj.* light-brown coloured.

acabestrillar *intr.* to go fowling with a stalking
horse or ox.

acabildar *tr.* to unite persons for some purpose
or action.

acabóse *m.* coll. limit, end; *ser el* ~, to be the
limit, to be the end.

acacia *f.* BOT. acacia.

acacianos *m. pl.* Acacians.

acacharse *ref.* AGACHARSE.

acachetar *tr.* BULLF. to finish [the bull] with a
short dagger.

acachetear *tr.* to cuff, to slap.

academia *f.* academy. 2 special school. 3 F. ARTS.
academy figure.

académicamente *adv.* in an academic sense or
manner.

académico, a *adj.* academic, academical. 2 it is
said of official studies, titles, degrees, etc. — 3
m. academic. 4 academician.

acaecedero, ra *adj.* possible, that may happen.

acaecer *impers.* to happen, come to pass. ¶ CONJUG.
like *agradecer.*

acaecimiento *m.* happening, event, occurrence.

acaezca, etc., *irr.* V. ACAECER.

acahual *m.* BOT. Mexican sunflower. 2 BOT. (Mex.)
grass, weeds.

acairelar *tr.* CAIRELAR.

acajú *m.* (Am.) acajou, cashew tree.

acalabrotar *tr.* NAUT. to make a cable-laid rope.

acalambrarse *ref.* to get a cramp.

acalefo *adj.* ZOOL. acalephan. — 2 *m.* ZOOL. aca-
leph, acalephe, acalephan. 3 *pl.* ZOOL. Acalephæ.

acalenturarse *ref.* to become feverish.

acalia *f.* MALVAVISCO.

acaloradamente *adv.* warmly, heatedly, excitedly.

acalorado, da *p. p.* of ACALORAR. — 2 *adj.* heated,
excited, fiery.

acaloramiento *m.* heat, ardour, excitement.

acalorar *tr.* to warm, heat [with work or exercise].
2 to excite, inflame. — 3 *ref.* to get overheated.
4 to grow or become warm, heated, passionate,
excited.

acaloro *m.* ACALORAMIENTO.

acallantar *tr.* ACALLAR.

acallar *tr.* to silence, hush, still, quiet. 2 to
appease.

acamar *tr.* [of rain or wind] to lay [plants] flat.
— 2 *ref.* [of plants] to be laid flat [by rain or
wind].

acamastronarse *intr.* (Pe.) to become sly, crafty.

acambrayado, da *adj.* cambric-like.

acamellado, da *adj.* camel-like.

acamellonar *intr.* (Mex., C. Am.) AGR. to ridge
[land].

acampamento *m.* CAMPAMENTO.

acampanado, da *adj.* bell-shaped, flaring.

acampanar *tr.* to shape like a bell.

acampar *intr. & tr.* to camp, encamp; to pitch
tents.

acampo *m.* pasture-ground.

acanalado, da *adj.* blowing through a narrow
place [wind]. 2 channeled, grooved, fluted,
striate(d, canaliculate(d.

acanalador *m.* grooving plane.

acanaladura *f.* ARCH. flute, stria, striation.

acanalar *tr.* to shape like a gutter. 2 to groove,
flute, gutter, chamfer, striate, corrugate.

acanallado, da *adj.* base, rabble-like.

acanallar *tr. & ref.* ENCANALLAR.

acandilado, da *adj.* peaked, pointed, shaped like
a three-cornered hat. 2 erect.

acanelado, da *adj.* cinnamon-coloured or flavoured.

acanillado, da *adj.* uneven [cloth].

acantáceo, a *adj.* BOT. acanthaceous. — 2 *f. pl.*
BOT. Acanthaceæ.

acantilado, da *adj.* sheer, cliffy, clifty. 2 [of sea
floor] stepped. — 3 *m.* cliff, bluff.

acantilar *tr. & ref.* to cast a ship on a cliff. — 2
tr. to deepen a spot in the coast.

acanto *m.* BOT. acanthus, brankursine, bear's-
breech, prickly thistle. 2 ARCH. acanthus.

acantonamiento *m.* cantonment.

acantonar *tr.* to canton, quarter [troops].

acantopterigio, a *adj. & m.* ICHTH. acanthopterygian. — 2 ICHTH. acanthopterygious. — 3 *m.
pl.* ICHTH. Acanthopterygii.

acañaverear *tr.* to torture with pointed reeds.

acañonear *tr.* to cannonade.

acaparador, ra *adj.* monopolizer; one who corners.

acaparamiento *m.* monopolizing, cornering.

acaparar *tr.* to monopolize. 2 COM. to corner [a
stock or commodity].

acaparrarse *ref.* to strike a bargain.

acaparrosado, da *adj.* copperas-hued.

acápite *m.* (Am.) separate paragraph.

acaponado, da *adj.* capon-like.

acaracolado, da *adj.* spiral-shaped.

acaraira *f.* (Cu.) a bird of prey.

acaramelado, da *p. p.* of ACARAMELAR. — 2 overpolite; spoony, oversweet.

acaramelar *tr.* to cover with caramel. — 2 *ref.*
to get over-polite, spoony, oversweet.

acarar *tr.* CAREAR.

acardenalar *tr.* to bruise; to beat black and blue.
— 2 *ref.* to become covered with black-and-blue
marks.

acareamiento *m.* confronting. 2 facing, braving.

acarear *tr.* CAREAR. 2 to confront, face, brave.

acariciador, ra *adj.* caressing, fondling. — 2 *m.
& f.* caresser, fondler.

acariciar *tr.* to caress, fondle. 2 to stroke, brush
lightly. 3 to cherish [hopes, etc.].

acarnerado, da *adj.* having a sheeplike head
[horse].

ácaro *m.* ZOOL. mite, acarus : ~ *de la sarna,* itch
mite; ~ *del queso,* cheese mite.

acarpo *adj.* BOT. acarpous.

acarralar *tr.* WEAV. to shrink or skip a thread in
a web. — 2 *ref.* WEAV. [of a thread] to shrink
up.

acarrarse *intr.* to flock together in search of
shade.

acarreadizo, za *adj.* conveyable, transportable.

acarreador, ra *m. & f.* carrier, porter, hauler, transporter.

acarreamiento *m.* ACARREO.

acarrear *tr.* to carry, cart, haul, transport. 2 to
cause, occasion. — 3 *ref.* to bring upon oneself.

acarreo *m.* carriage, cartage, haulage. 2 *de* ~,
transported; alluvial : *tierras de* ~, alluvium.

acartonado, da *adj.* cardboard-like. 2 dried up,
wizened [with age].

acartonarse *ref.* to dry and stiffen, to become
cardboard-like. 2 to dry up, become wizened
[with age].

acasamatado, da *adj.* casemated. 2 casemate-like.

acasanate *m.* ORN. (Mex.) a black bird very harmful
to maize fields.

acaserarse *ref.* (Chi., Pe.) to become a regular
customer of [a shop].

acaso *m.* chance, accident. — 2 *adv.* by chance.

by accident; perchance, maybe, perhaps, per adventure : *por si* ~, just in case; in case it should happen.
acastañado, da *adj.* reddish-brown.
acastorado, da *adj.* like beaver's fur.
acatable *adj.* worthy of obedience and respect.
acatadamente *adv.* obediently and respectfully.
acataléctico, acatalecto *adj.* & *n.* PROS. acatalectic.
acatalepsia *f.* MED. acatalepsy.
acatamiento *m.* obedience and respect.
acatante *adj.* obedient and respectful.
acatar *tr.* to obey and respect.
acatarrado, da *adj.* MED. having a cold.
acatarrar *tr.* to give a cold. 2 (Mex.) to bother, annoy. — *3 ref.* to catch a cold.
acato *m.* ACATAMIENTO.
acatólico, ca *adj.* & *n.* acatholic.
acaudalado, da *adj.* rich, opulent, wealthy.
acaudalar *tr.* to accumulate, acquire [money, knowledge, etc.].
acaudillador, ra *adj.* leading, commanding. — *2 m.* leader, commander [of troops, of men].
acaudillamiento *m.* leadership; command [of troops, of men].
acaudillar *tr.* to lead, command [troops, men].
acaule *m.* & *f.* BOT. acaulescent.
Acaya *pr. n.* Achaia, Achæa.
acceder *intr.* accede, agree, consent.
accesibilidad *f.* accessibility.
accesible *adj.* accessible.
accesión *f.* acceeding. 2 accessory. 3 LAW. accession. 4 MED. stage [in intermittent fever]. 5 sexual intercourse.
accésit *m.* accessit.
acceso *m.* access [approach, means of approach; entry, etc.]. 2 MED. access, attack, fit : ~ *de tos,* fit of coughing. 3 access, outburst [of anger, etc.]. 4 sexual intercourse.
accesoria *f.* outbuilding, outhouse.
accesoriamente *adv.* accessorily.
accesorio, a *adj.* accessory [said of things]; secondary : *obras accesorias,* FORT. outworks. — *2 m.* accessory [thing].
accidentado, da *adj.* & *n.* overcome by a fit; the victim of an accident. — *2 adj.* stormy, agitated, full of incidents. 3 broken, uneven, rough. 4 GEOG. accidented.
accidental *adj.* accidental [nonessential, casual, fortuitous]. 2 acting [doing duty temporarily]. — *3 m.* MUS. accidental.
accidentalmente *adv.* accidentally.
accidentarse *ref.* to be seized with a fit or sudden illness.
accidente *m.* accident, chance, contingency. 2 accident, mishap : ~ *de trabajo,* industrial, occupational or work accident. 3 fit [producing unconsciousness, convulsions, etc.]. 4 MUS. accidental. 5 LOG., PHIL., GRAM., GEOG. accident.
Accio *pr. n.* Actium.
acción *f.* action, act : ~ *de gracias,* thanksgiving, act of thanksgiving; *mala* ~, bad or evil act; *en* ~, in action, at work; *entrar en* ~, to enter into action; *coger,* or *ganar, a uno la* ~, to beat one to it; to forestall someone in his purpose. 2 action, operation, effect : CHEM. ~ *de presencia,* catalysis. 3 attitude. 4 gesticulation, action [of an actor or speaker]. 5 COM. share, *stock; ~ liberada,* vendor's share, free share. 6 PHYS. action, interaction. 7 LAW lawsuit, legal action. 8 THEAT. action, plot. 9 F. ARTS pose, attitude. 10 ~ *de guerra,* engagement, battle.
accionado *m.* ACCIÓN 4.
accionar *tr.* to gesticulate, gesture. 2 MECH. to move, drive, operate, work.
accionista *m.* & *f.* shareholder, stockholder.
acebadamiento *m.* ENCEBADAMIENTO.
acebadar *tr.* & *ref.* ENCEBADAR.
acebal, acebedo *m.,* **acebeda** *f.* plantation of holly trees.
acebo *m.* BOT. holly tree.
acebollado, da *adj.* shaken, cup-shaken, ring-shaken [wood].
acebolladura *f.* shake, cup shake, ring shake [in wood].
acebuchal *adj.* pertaining to oleasters or wild olive trees. — *2 m.* grove of oleasters or wild olive trees.
acebuche *m.* BOT. oleaster, wild olive tree.

acebucheno, na *adj.* ACEBUCHAL. 2 *olivo* ~, a degenerated olive tree.
acebuchina *f.* wild olive [fruit].
acecinar *tr.* to salt and dry [meat]. — *2 ref* [of people] to dry up, shrivel [with age].
acechadera *f.,* **acechadero** *m.* lurking or spying place.
acechador, ra *adj.* spying. — *2 m.* & *f.* spy, hidden watcher, lurker.
acechamiento *m.* ACECHO.
acechanza *f.* lurking, spying, stealthy persecution.
acechar *tr.* to lurk, to watch stealthily. 2 to lie in wait, look out for.
aceche *m.* copperas.
acecho *m.* lurking, spying, stealthy watch. 2 laying in wait : *al* ~, in wait, on the lookout, on the watch.
acechón, na *m.* & *f.* ACECHADOR. 2 *hacer la acechona,* coll. ACECHAR.
acedamente *adv.* acidly, bitterly, sourly.
acedar *tr.* to acidify, sour. 2 to sour, embitter. — *3 ref.* to sour [become sour or acid].
acedera *f.* BOT. sorrel, sorrel dock.
acederaque *m.* BOT. azedarach, china tree, bead tree.
acederilla *f.* BOT. sheep sorrel, wood sorrel.
acederón *m.* BOT. a species of sorrel.
acedía *f.* acidity, sourness. 2 sourness of temper. 3 heartburn. 4 PLATIJA.
acedo, da *adj.* acid, acetous, sour, tart. 2 sour, crabbed, harsh, disagreeable.
acefalía *f.* acephalia.
acéfalo, la *adj.* acephalous. — *2 m.* ZOOL. acephal.
aceitada *f.* spilled oil. 2 cake kneaded with oil.
aceitar *tr.* to oil.
aceitazo *m.* unrefined olive oil.
aceite *m.* olive oil, salad oil : ~ *virgen,* crude olive oil. 2 oil : ~ *de ballena,* whale oil; ~ *de cacahuete,* peanut oil; ~ *de colza,* colza oil, rape oil; ~ *de hígado de bacalao,* cod-liver oil; ~ *de linaza,* linseed oil; ~ *de soja,* soja-bean, or soya-bean, oil; ~ *de vitriolo,* oil of vitriol; ~ *esencial* or *volátil,* essential oil; ~ *mineral,* mineral oil; ~ *secante,* siccative oil; *echar* ~ *al fuego,* fig. to add fuel to the flames.
aceitera *f.* oil can. 2 MEC. oil cup. 3 ENTOM. oil beetle. 4 woman who sells oil. 5 *pl.* cruet, cruet-stand.
aceitería *f.* olive-oil shop.
aceitero, ra *adj.* [pertaining to] oil. — *2 m.* & *f.* olive-oil dealer.
aceitillo *m.* name of several American trees. 2 (Am.) hair-oil.
aceitón *m.* ACEITAZO.
aceitoso, sa *adj.* oily, oleaginous; greasy.
aceituna *f.* olive [fruit] : ~ *de la Reina,* queen olive; ~ *manzanilla,* manzanilla olive; ~ *zapatera,* stale olive.
aceitunado, da *adj.* olive, olivaceous.
aceitunero, ra *m.* & *f.* olive dealer. 2 olive picker. — *3 m.* olive storeroom.
aceituní *m.* an ancient oriental fabric. 2 ARCH. a kind of arabesque work.
aceitunil *adj.* ACEITUNADO.
aceitunillo *m.* BOT. West Indian hardwood tree of the storax family.
aceituno *m.* BOT. olive tree. 2 ~ *silvestre,* ACEITUNILLO.
acelajado, da *adj.* showing clouds of various hues.
aceleración *f.* acceleration. 2 haste.
aceleradamente *adv.* acceleratedly, speedily, hastily.
acelerador, triz *adj.* accelerating. 2 accelerative. — *3 m.* ANAT., AUTO. accelerator.
aceleramiento *m.* ACELERACIÓN.
acelerar *tr.* to accelerate, hasten, quicken, speed up, hurry. — *2 ref.* to accelerate [move or act faster].
aceleratriz *f. adj.* accelerative [power].
acelga *f.* BOT. chard, swiss chard, spinach beet.
acémila *f.* mule, pack mule.
acemilar *adj.* pertaining to pack mules or muleteers.
acemilero, ra *adj.* pertaining to the muleteers's trade. — *2 m.* muleteer.
acemita *f.* bran bread.
acemite *m.* bran with a little flour.
acendrado, da *adj.* pure, stainless.
acendramiento *m.* purifying. 2 purity, stainlessness.
acendrar *tr.* to purify, to free from blemish. 2 to fine, refine [metals].
acensar *tr.* ACENSUAR.

ACCENTUATION/ACENTUACIÓN
Rules of accentuation

All words in Spanish (except adverbs ending in -mente) only have one stressed syllable. The stressed syllable is sometimes indicated by a written accent.

In words with no written accent, the ending of the word determines the placement of stress.

- Words that end in a consonant (except *n* or *s*) stress the last syllable: pared, añil,capaz.
  —The final y as part of a diphthong is treated as a consonant: carey, Paraguay.

- Words that end in a vowel or in *n* or *s* stress the next to the last (penultimate) syllable: casa, pasan, libros.

Note: Adverbs ending in -mente retain the original stress (and written accent) of the root word as well as stress the first syllable of the adverbial ending: claramente, difícilmente, últimamente.

The written accent is used in the following cases:

- Words that end in a vowel or the consonants *n* or *s* and that stress the last syllable: café, talón, anís.

- Words that end in a consonant (except *n* or *s*) and that stress the next to the last syllable: árbol, quídam.

- All words that stress the third from the last (antepenultimate) syllable: párvulo, máximo, ánimo.

Note: Verbs having unstressed pronouns attached to them preserve the written accent when they ordinarily carry one: llevóme, apuréla.

Other uses of the written accent
- The written accent is used to distinguish between two words with the same spelling but different meanings or functions:

él (pronoun)	el (article)
tú (pronoun)	tu (possessive adjective)
mí (pronoun)	{ mi (possessive adjective)
	{ mi (musical note)
sí (adverb) }	
si (pronoun) }	si (conjunction)
sé (of the verb *ser*) }	
sé (of the verb *saber*) }	se (reflexive pronoun)
más (adverb)	mas (conjunction)
dé (of the verb *dar*)	de (preposition)
té (noun)	te (pronoun)
éste }	este }
ése } (pronouns)	ese } (adjectives)
aquél }	aquel }
sólo (adverb)	solo (adjective)

- The written accent is also used in the following cases:
  —Quién, cuál, cúyo, cuánto, cuán, cuándo, cómo, and dónde in interrogative and exclamatory sentences.

  —Qué, cúyo, cuándo, cómo, and porqué used as nouns: sin qué ni para qué, el cómo y el cuándo.

  —Quién, cuál, and cuándo having a distributive sense: quién mas, quién menos.

  —Aún when it is interchangeable with todavía: no ha llegado aún.

  —The vowels *i* and *u* are accented when they are preceded or followed by another vowel and form a separate stressed syllable: llovía, baúl.

  —The conjunction o takes an accent when it comes between two arabic numerals to avoid mistaking it for zero (0): 3 ó 4.

---

acensuador *m.* CENSUALISTA.
acensuar *tr.* to tax [a property].
acento *m.* accent; stress : ~ *agudo, grave, circunflejo.* acute. grave. circumflex accent : ~ *ortográfico,* written accent; ~ *prosódico,* stress accent. 2 accent [local or national mode of pronunciation; modulation of the voice]. 3 accent, intensity. 4 accents, speech.

acentuado *p. p.* of ACENTUAR. — 2 *adj.* accented. 3 accentuated. emphasized. emphatic. prominent.
acentuación *f.* accentuation.
acentuar *tr.* to accent. 2 to accentuate. to emphasize.
aceña *f.* water mill. 2 AZUD *1.*
aceñero *m.* water-mill keeper.
acepar *intr.* to root, take root.

acepción *f.* acceptation [meaning]. 2 ~ *de personas*, respect of persons.
acepilladora *f.* planer, planing machine.
acepilladura *f.* brushing [of clothes]. 2 planing, shaving. 2 *pl.* shavings.
acepillar *tr.* to brush [clothes, etc.] 2 to plane, smooth [wood, metals]. 3 coll. to polish, to smarten [a person].
aceptabilidad *f.* acceptability, acceptableness.
aceptable *adj.* acceptable, admissible.
aceptablemente *adv.* acceptably, tolerably.
aceptación *f.* acceptance : *falta de* ~, COM. non-acceptance. 2 approbation. 3 ~ *de personas*, ACEPCIÓN DE PERSONAS.
aceptador, a *m. & f.* accepter, acceptant. 2 acceptor.
aceptante *adj.* accepting. — 2 *m. & f.* ACEPTADOR.
aceptar *tr.* to accept, admit, receive ; to take up [with]. 2 to approve of. 3 COM. to accept, honour [a bill].
acepto, ta *adj.* acceptable, agreeable, pleasing.
acequia *f.* irrigation canal or ditch. 2 (Pe.) brook.
acequiar *intr.* to build irrigations canals.
acequiero *m.* irrigation-canal tender.
acera *f.* sidewalk, pavement. 2 side of a street : *vive en la otra* ~, he lives across the street, on the other side of the street. 3 ARCH. stone face or facing stone [of a wall].
aceráceo, a *adj.* BOT. aceraceous. — 2 *f. pl.* BOT. Aceraceæ.
aceración *f.* acieration ; steeling.
acerado, da *adj.* steel, made of steel ; steely. 2 sharp, incisive, mordant.
acerar *tr.* to acierate. 2 to steel.
acerbamente *adv.* harshly, bitterly.
acerbidad *f.* acerbity, harshness, bitterness, cruelty.
acerbo, ba *adj.* harsh to the taste. 2 harsh, sharp, bitter, cruel.
acerca de *adv.* about, concerning, touching, with regard to.
acercamiento *m.* approach, approximation. 2 rapprochement, drawing together.
acercar *tr.* to bring or place near or nearer ; to move close, to draw up. 2 to approximate ; to draw together. — 3 *ref.* to approach, to come [go or draw] near ; to come up to, to gain upon.
ácere *m.* ARCE.
acería *f.* steel works.
acerico, acerillo *m.* pincushion.
acerino, na *adj.* poet. steely.
acero *m.* steel. 2 sword, pointed or edged weapon. 3 *pl.* spirit, courage. 4 coll. appetite : *buenos, valientes aceros*, good appetite.
acerola *f.* azarole [fruit].
acerolo *m.* BOT. azarole tree.
acerqué, acerque, etc., *pret., subj. & imper.* of ACERCAR.
acérrimamente *adv.* strongly, staunchly.
acérrimo, ma *adj.* very acrid. 2 very strong, utter [enemy], staunch, stalwart [friend, supporter].
acerrojar *tr.* to bolt [fasten or lock with a bolt].
acertadamente *adv.* rightly, fitly, appositely.
acertado, da *adj.* right, fit, proper, opportune ; successful, well-aimed, apposite.
acertador, ra *m. & f.* good guesser or accurate hitter.
acertar *tr.* to hit [the mark]. 2 to hit upon, find. 3 to guess right ; to divine. 4 to do well, right ; to succeed in. — 5 *intr.* to happen, chance : *yo acertaba a estar allí*, I chanced to be there. 6 AGR. to thrive, take root. ¶ CONJUG. INDIC. Pres. : *acierto, aciertas, acierta, acertamos, acertáis, aciertan.* | SUBJ. Pres. : *acierte, aciertes, acierte, acertemos, acertéis, acierten.* | IMPER. : *acierta, acierte, acertemos, acertad, acierten.*
acertijo *m.* riddle ; conundrum.
aceruelo *m.* small pack-saddle. 2 ACERICO.
acervo *m.* heap [of grain, etc.]. 2 common property, funds, rights, etc., of a group or community.
acescencia *f.* acescence.
acescente *adj.* acescent.
acetábulo *m.* acetabulum.
acetato *m.* CHEM. acetate.
acético, ca *adj.* CHEM. acetic.
acetificación *f.* acetification.
acetificar *tr.* to acetify.
acetileno *m.* CHEM. acetylene : *gas* ~, acetylene gas.
acetilo *m.* CHEM. acetyl.
acetímetro *m.* acetimeter, acetometer.

acetín *m.* BOT. the common barberry.
acetona *f.* CHEM. acetone.
acetosa *f.* ACEDERA.
acetosidad *f.* acetosity.
acetosilla *f.* ACEDERILLA.
acetoso, sa *adj.* acetose, acetous.
acetre *m.* small bucket. 2 holy-water vessel, aspersorium.
acezar *intr.* JADEAR.
acezo *m.* JADEO.
acezoso, sa *adj.* JADEANTE.
aciago, ga *adj.* ill-fated, unlucky, sad, ominous.
acial *m.* VET. barnacles, twitch [for horses]. 2 (Cent. Am.) whip.
aciano *m.* BOT. bluet, bluebottle, cornflower.
acíbar *m.* BOT. aloe. 2 aloes. 3 bitterness, displeasure.
acibarar *tr.* to put aloes into. 2 to embitter.
aciberar *tr.* to grind very fine. pulverize.
acicalado, da *p. p.* of ACICALAR. — 2 *adj.* well-groomed ; trim, neat. — 3 *m.* ACICALADURA.
acicalador, ra *adj.* burnishing, polishing. 2 dressing, embellishing, adorning, trimming. — 3 *m. & f.* polisher, burnisher. 4 dresser, adorner, trimmer. — 5 *m.* burnishing tool.
acicaladura *f.*, **acicalamiento** *m.* burnishing. 2 dressing, embellishing, adorning, trimming.
acicalar *tr.* to burnish, polish. 2 to dress, trig, embellish, trim, polish. — 3 *ref.* to embellish oneself, *to doll up.
acicate *m.* a long one-pointed spur. 2 spur, prick stimulus.
acíclico, ca *adj.* acyclic.
aciculado, da *adj.* aciculate(d.
acicular *adj.* acicular, needle-shaped.
aciche *m.* brick hammer.
acidez *f.* acidity, sourness.
acidia *f.* laziness, sloth, indolence.
acidificación *f.* acidification.
acidificar *tr.* to acidify.
acidifique, acidifique, etc., *pret., subj. & imper.* of ACIDIFICAR.
acidimetría *f.* acidimetry.
acidímetro *m.* acidimeter.
acidioso, sa *adj.* lazy, slothful, indolent.
ácido *adj.* acid, sour, tart. 2 harsh, mordant. — 3 *adj. & m.* CHEM. acid.
acidorresistente *adj.* BIOL. acid-fast.
acidular *tr.* to acidulate.
acídulo, la *adj.* acidulous.
1) **acierto** *m.* good aim, hit. 2 good guess. 3 wisdom, prudence. 4* ability, address, dexterity : *con* ~, rightly, successfully.
2) **acierto, acierte**, etc., *irreg.* V. ACERTAR.
ácigos *adj.* ANAT. azygous [vein].
aciguatarse *ref.* to become poisoned by eating certain Mexican fish.
acijado, da *adj.* copperas-coloured.
acije *m.* ACECHE.
acímboga *f.* AZAMBOA.
ácimo, ma *adj.* ÁZIMO.
acimut *m.* ASTR. azimuth.
acimutal *adj.* azimuthal.
acinesia *f.* MED. akinesia.
ación *f.* stirrup leather or strap.
acionera *f.* (Arg.) stirrup-strap holder.
acirate *m.* raised earthen boundary. 2 CABALLÓN. 3 walk betwen two rows of trees.
acitara *f.* zither. 2 rail of a bridge.
acitrón *m.* candied citron. 2 (Mex.) candied stalk of the Mexican bishop's-weed.
aclamación *f.* acclamation : *por* ~, unanimously. 2 acclaim, acclamatory shout.
aclamador, ra *m. & f.* acclaimer, applauder.
aclamar *tr.* to acclaim, cheer, hail, applaud. 2 to acclaim, proclaim.
aclaración *f.* explanation, elucidation. 2 rinsing.
aclarador, ra *adj.* explanatory.
aclarar *tr.* to clear, make clear, clarify. 2 to thin, thin out. 3 to rinse. 4 to clear, sharpen [faculties, etc.]. 5 to make plain, explain, elucidate. 6 NAUT. to disentangle. — 7 *intr.* [of weather] to clear up. 8 to brighten, to dawn. — 9 *ref.* to become clear, to brighten up.
aclaratorio, ria *adj.* explanatory, that makes clear.
aclimatación *f.* acclimatization, acclimation.
aclimatar *tr.* to acclimatize, acclimate. — 2 *ref.* to acclimatize, become used to.
aclínico, ca *adj.* aclinic.

aclocar *intr.-ref.* to brood, to become broody. — 2 *ref.* ARRELLANARSE. ¶ CONJUG. like *contar.*
acloqué *pret.* of ACLOCAR.
aclueco, aclueque, etc., *irr.* V. ACLOCAR.
acmé *f.* MED. acme.
acné *f.* MED. acne.
acobardamiento *m.* cowing, daunting, overawing, disheartening; loss of courage.
acobardar *tr.* to cow, daunt, overawe, dishearten. — 2 *ref.* to be daunted, to lose courage.
acobijar *tr.* AGR. to mulch.
acobijo *m.* AGR. mulch.
acobrado, da *adj.* COBRIZO 2.
acoceador, ra *adj.* that kicks, kicking.
acoceamiento *m.* kicking.
acocear *tr.* to kick. 2 fig. to ill-treat, trample upon.
acocotar *tr.* ACOGOTAR.
acocote *m.* (Mex.) long gourd used in extracting the juice of the maguey.
acocharse *ref.* to crouch, stoop down.
acochinar *tr.* to murder, slaughter like a pig. 2 coll. to intimidate, daunt, cow. 3 DRAUGHTS to corner.
acodado, da *adj.* elbow-shaped, elbowed, cranked.
acodadura *f.* AGR. layerage.
acodalamiento *m.* propping, staying.
acodalar *tr.* ARCH. to prop, stay.
acodar *tr.-ref.* to lean or rest the elbow upon. — 2 *tr.* AGR. to layer [propagate by layers]. 3 to check surface flatness of stone or timber. 4 ACODALAR.
acoderamiento *m.* NAUT. bringing the broadside to bear.
acoderar *tr.* NAUT. to bring the broadside to bear.
acodiciar *tr.* to awaken a desire for. — 2 *ref.* to covet, become covetous.
acodillar *tr.* to bend into an elbow or angle.
acodo *m.* AGR. layer [shoot bent down and covered with soil]. 2 AGR. laying [of shoots] : *multiplicar por ~*, to propagate by layers.
acogedizo, za *adj.* gathered promiscuously.
acogedor, ra *adj.* welcoming, inviting, cozy. — 2 *m. & f.* harbourer, protector.
acoger *tr.* to receive, admit, take into one's house or company. 2 to shelter, protect. 3 to admit, accept [ideas, opinions, etc.]. 4 to receive, hail [with pleasure, regret, etc.]. — 5 *ref.* to take refuge (in), to resort (to). 6 *acogerse a*, to use as a pretext; to claim the benefit of.
acogeta *f.* cover, refuge, shelter, harbour.
acogida *f.* reception; hospitality : *dar buena ~*, to receive favourably. 2 harbour, refuge, asylum. 3 acceptance, approval. 4 com. *dar ~ a una letra*, to honour a draft. 5 affluence, afflux [of water, etc.].
acogido, da *p. p.* of ACOGER. — 2 *m. & f.* inmate [in a home or asylum].
acogimiento *m.* ACOGIDA 1, 2 & 3.
acogollar *tr.* to cover up [plants]. — 2 *intr.* [of plants] to sprout, bud.
acogombrar *tr.* ACOHOMBRAR.
acogotar *tr.* to kill by a blow on the nape. 2 to fell somebody by seizing him by the scruff of the neck. 3 to overpower, vanquish, cow.
acohombrar *tr.* APORCAR.
acojinamiento *m.* MACH. cushioning.
acojinar *tr.* to quilt. 2 MACH. to cushion.
acolada *f.* accolade.
acolar *tr.* HER. to join [two coats of arms] under one crest.
acolchado, da *p. p.* of ACOLCHAR. — 2 *m.* quilting.
acolchar *tr.* to quilt. 2 CORCHAR.
acolitado *m.* acolythate; order of acolyte.
acólito *m.* acolyte.
acología *f.* acology.
acollador *m.* NAUT. lanyard.
acollar *tr.* AGR. to heap up earth around the base of a trunk. 2 NAUT. to caulk. 3 NAUT. to haul by the lanyards. ¶ CONJUG. like *contar.*
acollarado, da *adj.* ZOOL. collared, ring-necked.
acollarar *tr.* to collar, put a collar on [an animal]. 2 to fasten dogs together by the collar.
acollonar *tr. & ref.* ACOBARDAR.
acombar *tr.* COMBAR.
acomedido, da *adj.* (Am.) obliging, complying.
acomedirse *ref.* (Am.) to volunteer, offer oneself.
acometedor, ra *adj.* aggressive. 2 enterprising. — 3 *m. & f.* aggressor, assailant. 4 enterpriser.
acometer *tr.* to attack, assail, charge, go at, set

upon, pitch into, rush on. 2 to undertake. 3 [of fear, sleep, a fit, an illness] to seize, overtake : *le acometió el miedo*, he was seized by fear.
acometida *f.* attack, assault. 2 intake [of a power line or pipe].
acometimiento *m.* ACOMETIDA 1. 2 discharge conduit [into main or sewer].
acometividad *f.* aggressiveness.
acomodable *adj.* adjustable, adaptable. 2 suitable.
acomodación *f.* accommodation.
acomodadamente *adv.* commodiously, comfortably. 2 suitably.
acomodadizo, za *adj.* accommodating, obliging; adaptable, pliable.
acomodado, da *adj.* convenient, fit, apt. 2 well off, well-to-do. 3 moderate [in price].
acomodador, ra *m. & f.* THEAT. usher, usherette.
acomodamiento *m.* transaction, agreement. 2 convenience.
acomodar *tr.* to adjust, accommodate, adapt. 2 to take in, lodge. 3 to supply, equip. 4 to mould, harmonize, make conform with. 5 to refer, apply. 6 to reconcile, to make agree. 7 to place, settle, usher. 8 to suit, fit. — 9 *ref.* to come to an arrangement. 10 to install oneself. 11 to conform to, to adapt oneself.
acomodaticio, cia *adj.* adaptable, pliable.
acomodo *m.* employment, situation, place. 2 lodgings. 3 (Chi.) trimming, ornament.
acompañado, da *adj.* accompanied 2 frequented.
acompañador, ra *adj.* accompanying, attending. — 2 *m. & f.* accompanier, attendant.
acompañamiento *m.* accompaniment; attendance. 2 retinue, train, cortege. 3 MÚS. accompaniment. 4 THEAT. supernumeraries.
acompañanta *f.* female companion or attendant; chaperon. 2 MUS. woman accompanist.
acompañante *m.* accompanier, attendant, companion. 2 MUS. accompanist.
acompañar *tr.* to keep company. 2 to accompany, go with, attend, squire, escort. 3 to join, enclose. 4 MUS. to accompany. 5 to help, favour : *el físico no le acompaña*, his physical appearance doesn't help him. 6 to share [feelings] with, sympathize with. — 7 *ref.* to join, be accompanied. 8 MUS. to accompany oneself.
acompasadamente *adv.* rhythmically.
acompasado, da *adj.* rythmic, measured. 2 leisurely [in speech or action].
acompasar *tr.* COMPASAR.
acomplexionado, da *adj.* COMPLEXIONADO.
acomunarse *ref.* to confederate, league.
aconchabarse *ref.* CONCHABARSE.
aconchar *tr.* to push to safety. 2 NAUT. to drive shorewards. — 3 *ref.* to take shelter. 4 NAUT. to lie on the broadside, to list over.
acondicionado, da *p. p.* of ACONDICIONAR. — 2 *adj.* of [good, bad] disposition [persons]. 3 in [good, bad] condition [things]. 4 adapted, fitted. 5 conditioned : *aire ~*, conditioned air; *con aire ~*, air-conditioned.
acondicionamiento *m.* conditioning : *~ de aire*, air conditioning.
acondicionar *tr.* to adapt to a purpose, to fit, condition, prepare, arrange. — 2 *tr.-ref.* to give or to acquire a certain quality or condition.
acongojadamente *adv.* distressfully, with anguish.
acongojar *tr.* to distress, to anguish.
acónito *m.* BOT. aconite, monk's-hood, wolf's-bane.
aconsejable *adj.* advisable.
aconsejador, a *adj. & n.* adviser.
aconsejar *tr.* to advise, counsel. — 2 *ref.* to take advice : *aconsejarse con*, to take advice with, to consult.
aconsonantar *tr.* to rhyme [to make a word rhyme with another]. 2 to use rhymes in prose. — 3 *intr.* to rhyme [to accord in rhyme].
acontecedero, ra *adj.* which may happen, possible.
acontecer *impers.* to happen, occur, come about, come to pass, befall. ¶ CONJUG. like *agradecer.*
acontezca, etc. *irr.* V. ACONTECER.
acontecimiento *m.* event, happening, occurrence.
acopado, da *adj.* shaped like the top of a tree. 2 VET. cup-shaped [hoof].
acopar *intr.* [of trees] to branch, to sprout branches. — 2 *tr.* to trim [a tree] to a crown. 3 NAUT. to cup, hollow.
acopetado, da *adj.* tufted.
acopiador, a *adj. & n.* gatherer, storer.

acopiamiento *m.* ACOPIO.
acopiar *tr.* to gather, store up, stock.
acopio *m.* gathering, storing. 2 store, stock, supply.
acopladura, da *adj.* coupled, adjusted, fitted. 2 CARP. scarfed.
acopladura *f.,* **acoplamiento** *m.* coupling, joining.
acoplar *tr.* to couple; to join, connect, yoke. 2 to fit together. — *3 tr.-ref.* to pair, mate. *4* to become intimate.
acoquinamiento *m.* intimidation, cowing.
acoquinar *tr.* to intimidate, cow, dishearten. — *2 ref.* to lose courage, become disheartened.
acoracé, acorace, etc., *pret., subj. & imper.* of ACORAZAR.
acorar *tr.* to afflict, distress. — *2 ref.* to be distressed.
acorazado, da *adj.* ironclad, armoured : *crucero* ∿, armoured cruiser. — *2 m.* battleship.
acorazamiento *m.* armouring.
acorazar *tr.* to armour [ships, forts, etc.].
acorazonado, da *adj.* heart-shaped, cordate.
acorchado, da *adj.* spongy, corky.
acorchamiento *m.* shrivelling, corkiness.
acorcharse *vr.* to shrivel, to become corklike.
acordadamente *adv.* by common consent. 2 with mature deliberation.
acordado, da *p. p.* of ACORDAR. 2 wise, judicious, pondered.
acordar *tr.* to resolve, decide, agree upon. 2 to reconcile. 3 MÚS. to attune, make accordant, 4 PAINT. to harmonize [tones]. — *5 intr.* to agree, to correspond. — *6 ref.* to come to an agreement. 7 to remember, recall, recollect : *acordarse de una cosa,* to remember a thing; *si mal no me acuerdo,* if I am not mistaken, if my memory does not fail me. ¶ CONJUG. like *contar.*
acorde *adj.* agreeing; coincident in opinion. 2 conformable, consonant. 3 MÚS. attuned, in harmony. — *4 m.* MÚS. chord.
acordelar *tr.* to measure with a cord. 2 to mark with cords.
acordemente *adv.* by common consent.
acordeón *m.* accordion.
acordeonista *m. & f.* accordionist.
acordonado, da *adj.* surrounded by a cordon of men. 2 cord-shaped. 3 (Mex.) lean [animal].
acordonamiento *m.* milling [of a coin]. 2 surrounding [by a cordon of men].
acordonar *tr.* to lace, to tie with a string. 2 to mill, knurl [coins]. 3 to surround with a cordon of men, to draw a cordon round.
acores *m. pl.* MED. achores, scald head.
acornar, acornear *tr.* to horn [butt or gore with the horns].
ácoro *m.* BOT. sweet flag. 2 ∿ *bastardo,* yellow iris.
acorralamiento *m.* corralling, penning, enclosing. 2 cornering. 3 intimidation.
acorralar *tr.* to corral, pen, shut cattle in or up. 2 to bring or drive at bay, to corner, surround. 3 to intimidate, cow.
acorrer *tr.* to help, succour. 2 to run to. — *3 ref.* to take shelter, to seek refuge or protection.
acortamiento *m.* shortening, reduction.
acortar *tr.* to shorten, diminish, reduce, lessen, abridge. — *2 ref.* to shorten [become short or shorter], 3 fig. to ask or say too little.
acorvar *tr.* ENCORVAR.
acosador, a *m. & f.* close pursuer, hounder, persecutor.
acosamiento *m.* close pursuit, harassing, hounding, persecution.
acosar *tr.* to pursue closely, to hound. 2 to persecute, harass, worry.
acoso *m.* ACOSAMIENTO.
acostado, da *adj.* abed, in bed. 2 lying down. 3 HER. accosted. *4* HER. couchant.
acostar *tr.* to put to bed; to lay down, to stretch. 2 NAUT. to put alongside. — *3 intr.* to lean, have a list. *4* to reach the coast. — *5 ref.* to go to bed : *acostarse con las gallinas,* to go to bed early; *hora de acostarse,* bed-time. ¶ CONJUG. like *contar.*
acostumbradamente *adv.* customarily.
acostumbrado, da *adj.* accustomed, used. 2 usual, habitual, customary.
acostumbrar *tr.* to accustom, habituate, inure. — *2 ref.* to get accustomed, to get used to. — *3 intr.* to use to, be used to, be in the habit of, be wont to.

acotación *f.* annotation, marginal note. 2 stage directions [for a play]. 3 ACOTAMIENTO. *4* TOPelevation marked on a map.
acotamiento *m.* boundary mark, landmark.
acotar *tr.* to limit, to set bounds to, to preserve [ground]. 2 to delimitate, restrict. 3 to cut off top branches [of trees] ; to lop off. *4* to accept, choose, admit, adopt. *5* TOP. to mark elevations on [a map]. — *6 ref.* to take refuge within another jurisdiction.
acotiledóneo, a *adj.* acotyledonous. — *2 f.* acotyledon.
acotillo *m.* sledge hammer.
acoyundar *tr.* to yoke [oxen].
acracia *f.* acracy.
ácrata *adj. & n.* anarchist.
acre *adj.* acrid, tart, pungent. 2 acrimonious, tart. — *3 m.* acre [English measure].
acrecencia *f.* ACRECENTAMIENTO. 2 LAW accretion [gain to an heir].
acrecentamiento *m.* increase, augmentation, growth.
acrecentar *tr.* to increase, augment. 2 to advance, to exalt. — *3 ref.* to increase [become greater].
acrecer *tr.* to increase. — *2 intr.* to acquire by accretion. ¶ CONJUG. like *agradecer.*
acrecimiento *m.* increase. 2 ACRECENCIA 2.
acreditado, da *p. p.* of ACREDITAR. — *2 adj.* of good repute, well-known.
acreditar *tr.* to accredit, authorize. 2 to make credible, to prove to be. 3 to bring fame or credit. *4* ACC. to credit. — *5 ref.* to win credit or fame ; to gain reputation.
acreditativo, va *adj.* crediting, proving.
acreedor, ra *adj.* deserving, worthy : ∿ *a,* worthy of. 2 ACC. favourable [balance]. — *3 m.* COM. creditor.
acremente *adv.* acrimoniously, tartly.
acrezco, acrezca, etc. *irr.* V. ACRECER.
acribador *adj.* screener, sifter.
acribadura *f.* screening, riddling, sifting. 2 *pl.* screenings, riddlings, siftings.
acribar *tr.* to screen, riddle, sift.
acribillar *tr.* to riddle [to pierce with many holes]. 2 to harass, pepper, plague, pester.
acriminación *f.* crimination, accusation.
acriminador, a *m. & f.* accuser.
acriminar *tr.* to criminate, accuse, charge with. 2 to exaggerate [a crime, a fault].
acrimonia *f.* acridity. 2 acrimony, acrimoniousness. 3 sharpness [of pain].
acriollarse *ref.* (Am.) [of Europeans, North Americans, etc.] to adopt native or creole ways.
acrisolado, da *adj.* proven, unblemished.
acrisolar *tr.* to purify [metals] in the crucible. 2 to purify, refine, purge. 3 to ascertain, prove [truth, virtue, etc.].
acristianar *tr.* to christianize. 2 to christen, to baptize.
acritud *f.* acridity. 2 acrimony.
acroamático, ca *adj.* acroamatic.
acrobacia *f.* acrobacy : ∿ *aérea,* aerobatics.
acróbata *m. & f.* acrobat.
acrobático, ca *adj.* acrobatic.
acrobatismo *m.* acrobacy, acrobatics.
acromático, ca *adj.* achromatic.
acromatismo *m.* achromatism.
acromatizar *tr.* to achromatize.
acromatopsia *f.* MED. achromatopsia.
acromio, acromión *m.* ANAT. acromion.
acrónico, ca *adj.* acronical, acronycal.
acrópolis *f.* acropolis.
acróstico *adj. & m.* acrostic.
acrostolio *m.* NAUT. acrostolium, acroterium.
acrotera *f.* ARCH. acroterium.
acta *f.* minutes [of a meeting, etc.]. 2 certificacate of election. 3 statement of facts : ∿ *notarial,* legalized statement; *levantar* ∿, to draw up a statement. *4 pl.* records, proceedings, transactions [of a scientific society]. 5 *actas de los mártires,* acta martyrum. 6 *libro de actas,* minute book.
actea *f.* YEZGO.
actínico, ca *adj.* actinic.
actinio *m.* CHEM. actinium.
actinometría *f.* actinometry.
actinométrico, ca *adj.* actinometric.
actinómetro *m.* actinometer.

actinomorfo, fa *adj.* actinomorphic, actinomorphous.
actitud *f.* attitude. 2 posture, position, pose.
activamente *adv.* actively.
activar *tr.* to activate. 2 to hasten, speed up, quicken.
actividad *f.* activity : *en* ~, in activity, in operation ; *en plena* ~, in full swing. 2 liveliness, energy. 3 *pl.* activities.
activo, va *adj.* active. — 2 *m.* COM. assets. 3 *en activo*, in active service.
acto *m.* act, action, deed : *en el* ~, at once ; ~ *continuo* or *seguido*, immediately afterwards. 2 ceremony, meeting, public function. 3 act [of a play]. 4 THEOL. act [of Faith, Hope, Contrition, etc.]. 5 *pl.* ECCL. records [of a council]. 6 *Actos de los Apóstoles*, Acts of the Apostles.
actor *m.* actor, stage player. 2 actor [one who takes part]. 3 LAW. plaintiff, claimant [man].
actora *f.* plaintiff, claimant [woman]. — 2 *adj.* LAW *parte* ~. the claimant or the prosecution.
actriz *f.* actress.
actuación *f.* action [of any agent], performance. 2 *pl.* LAW proceedings.
actuado, da *adj.* skilled, experienced.
actual *adj.* present [now existing, of the present time], current. of the day. 2 THEOL. actual [grace, sin, etc.].
actualidad *f.* present [time] : *en la* ~, at present, at the present time, nowadays. 2 the state of being present, current, of the day : *perder* ~, [of news, affairs, etc.] to lose interest, get stale ; *ser de* ~, or *de gran* ~, to be of great importance at the moment ; to be the topic of the day. 3 current events. 4 *pl.* CINEM. newsreel.
actualizar *tr.* to make or bring up-to-date.
actualmente *adv.* at present. now, nowadays.
actuar *tr.* to put into action. — 2 *intr.* to act, to perform acts, to behave [in a way proper to one's nature or profession] : ~ *de*, to act as. 3 LAW to perform judicial acts. 4 ~ *sobre*, to act on or upon.
actuario *m.* clerk of a court of justice. 2 ~ *de seguros*, actuary.
acuadrillar *tr.* to band, to unite in a band or gang. 2 to lead a band or gang. — 3 *ref.* to band together.
acuantiar *tr.* to determine the amount or worth of a thing.
acuarela *f.* PAINT. water colour, aquarelle.
acuarelista *m. & f.* aquarellist, painter in water colours.
acuario *m.* aquarium. 2 ASTR. Aquarius.
acuartelado, da *adj.* HER. quartered. — 2 *p. p.* of ACUARTELAR.
acuartelamiento *m.* confinement of troops to barracks in an emergency. 2 quartering of troops in barracks.
acuartelar *tr.* to quarter [troops]. 2 to confine troops to barracks in wait for an emergency. 3 to quarter [to divide]. 4 NAUT. to flat in [sails]. — 5 *ref.* [of troops] to take quarters.
acuático, ca or **acuátil** *adj.* aquatic. 2 *deportes acuáticos*, water sports.
acubado, da *adj.* pail or bucket-shaped.
acucia *f.* diligence, haste. 2 longing, eagerness.
acuciador, ra *adj.* pressing, urging. 2 coveting. — 3 *m. & f.* urger. 4 coveter.
acuciamiento *m.* stimulation, urge, incitation, goading. 2 longing.
acuciante *adj.* pressing, urging.
acuciar *tr.* to stimulate, urge, incite, goad, hasten. 2 to long for.
acuciosamente *adv.* diligently, eagerly, hurriedly. 2 longingly.
acucioso, sa *adj.* diligent, eager. 2 longing for.
acuclillado, da *adj.* squatting, crouching.
acuclillarse *ref.* to squat, to crouch.
acucharado, da *adj.* spoon-like.
acuchillado, da *p. p.* of ACUCHILLAR. — 2 *adj.* schooled by bitter experience. 3 slashed.
acuchillar *tr.* to knife, stab, put to the sword. 2 to slash [a garment].
acudimiento *m.* aid, assistance.
acudir *intr.* to go or come to : ~ *a una llamada*, to answer a call ; ~ *a una cita*, to keep an appointment. 2 to frequent. 3 to come or go to the aid, assistance or rescue [of]. 4 to have

recourse [to], to resort [to]. 5 EQUIT. to obey, to answer the pull of the rein.
acueducto *m.* aqueduct.
acuello, acuelle, etc., *irr.* V. ACOLLAR.
ácueo, a *adj.* aqueous.
acuerdo *m.* agreement, understanding, accord, concurrence, pact, convention ; *de* ~, agreed ; *de* ~ *con*, in agreement with, in keeping with, in accordance with ; *de común* ~, with one accord, by mutual agreement ; *estar de* ~, to agree, to come to an understanding ; *poner de* ~, to make concur or agree, to conciliate, to harmonize ; *ponerse, quedar de* ~, to agree, to come to an agreement ; *ir de* ~, to act in unison, to be in league. 2 resolution : *tomar un* ~, to pass a resolution. 3 resolve. 4 advice, sense. 5 opinion. 6 PAINT. harmony, accord. 7 *estar uno en su* ~, or *fuera de su* ~, to be, or not to be, in one's proper senses ; *volver uno en su* ~, to regain one's senses.
acuerdo, acuerde, etc., *irr.* V. ACORDAR.
acuesto, acueste, *irr.* V. ACOSTAR.
acuitadamente *adv.* grievingly, distressingly.
acuitar *tr.* to distress, afflict, grieve.
acular *tr.* to back [a horse, a cart, etc.] against. 2 to corner [somebody]. 3 NAUT. to back into a shoal.
acullá *adv.* yonder, over there, there : *acá y* ~, here and there.
acuminado, da *adj.* BOT. acuminate.
acumulación *f.* accumulation, gathering.
acumulador, a *adj.* accumulating. — 2 *m. & f.* accumulator. — 3 *m.* MACH., ELECT. accumulator ; storage battery.
acumular *tr.* to accumulate. 2 to impute, to lay at the door [of someone].
acunar *tr.* to rock, cradle [a child].
acuñación *f.* coinage, mintage, striking [of coins or medals].
acuñador, a *m. & f.* coiner, minter.
acuñar *tr.* to coin, mint, strike [coins or medals]. 2 to wedge [insert wedges].
acuosidad *f.* wateriness.
acuoso, sa *adj.* watery. aqueous.
acupuntura *f.* SURG. acupuncture.
acure *m.* ZOOL. (Col., Ven.) guinea pig.
acurrucarse *ref.* to huddle up, to cuddle, nestle.
acusación *f.* accusation, charge, impeachment.
acusado, da *adj.* accused. — 2 *m. & f.* accused, defendant.
acusador, a *adj.* accusing. — 2 *m. & f.* accuser : ~ *privado*, prosecutor.
acusante *adj.* accusing. — 2 *m. & f.* accuser.
acusar *tr.* to accuse, to charge with, to impeach, prosecute, indict. 2 to denounce. 3 to aknowledge [receipt]. 4 at cards, to announce that one holds certain scoring cards. — 5 *ref.* to acknowledge one's faults or sins, confess.
acusativo *m.* GRAM. accusative.
acusatorio, ria *adj.* accusatory.
acuse *m.* the act of ACUSAR 4. 2 ~ *de recibo*, acknowledgment of receipt.
acusetas *m.* (Col., C. Ri.) ACUSETE.
acusete *m.* (Chi., Guat., Pe.) sneak, talebearer, telltale.
acusón, na *adj.* sneak, talebearer, telltale.
acústica *f.* PHYS. acoustics.
acústico, ca *adj.* acoustic.
acutángulo *adj.* GEOM. acute-angled.
acutí *m.* AGUTÍ.
achacar *tr.* to impute, ascribe.
achacosamente *adv.* ailingly, infirmly.
achacoso, sa *adj.* sickly, ailing, unhealthy, infirm.
achachay *m.* (Col.) a children's game.
achaflanar *tr.* to chamfer, bevel.
achagrinado, da *adj.* shagreened.
achampañado, da *adj.* champagne-like [wine].
achantarse *ref.* to submit, be daunted. 2 to hide dur.ng danger, to duck.
achaparrado, da *adj.* low and spreading. 2 stumpy, stubby [person].
achaparrarse *ref.* [of trees] to grow low and spreading.
achaque *m.* weakness, infirmity, indisposition. 2 weakness, ingrained defect, foible. 3 matter, subject. 4 excuse, pretext, pretense.
achaquiento, ta *adj.* ACHACOSO.
achares *m. pl.* coll. [amorous] jealousy : *dar* ~, to make jealous.

acharolado, da *adj.* polished, varnished, with a patent leather finish.

acharolar *tr.* to polish, varnish, japan, give a patent leather finish.

achatamiento *m.* flattening.

achatar *tr.* to flatten. — *2 ref.* to become flat.

achicado, da *adj.* diminished. 2 childish.

achicador, ra *adj.* diminishing. — *2 m. & f.* diminisher. — *3 m.* NAUT. bailer, scooper.

achicadura *f.*, **achicamiento** *m.* diminution, reduction. 2 humiliation.

achicar *tr.* to diminish, make small, belittle. 2 to bail, bale, scoop [water]. 3 to humiliate, to cow. 4 (Col.) to kill. 5 (Chi.) to imprison. — 6 *ref.* to grow smaller, to shrink. 7 to humble [oneself]; to climb down.

achicopalarse *ref.* (Mex.) to lose courage.

achicoria *f.* BOT. chicory.

achicharradero *m.* inferno, hot place, place where the heat is oppressive.

achicharrar *tr.* to burn in cooking. 2 to swelter, scorch with heat. 3 to annoy, bother. — *4 ref.* to swelter, be scorched, be exposed to an oppressive heat.

achichinque *m.* MIN. scooper.

achiguarse *ref.* (Arg., Chi.) to bulge, to belly out. 2 to grow a belly or paunch.

achinar *tr.* ACOCHINAR.

achinelado, da *adj.* slipper-shaped.

achiote *m.* BIJA.

achique *m.* NAUT., MIN. bailing, baling, scooping.

achira *f.* BOT. achira.

achispado, da *adj.* tipsy, fuddled.

achispar *tr.* to fuddle, to make tipsy. — *2 ref.* to get tipsy.

achocadura *f.* knocking against a wall.

achocar *tr.* to throw or knock (somebody) against a wall. 2 to strike, to wound [with a stone, a cudgel, etc.]. 3 coll. to hoard [money].

achocharse *ref.* to begin to dote, to enter one's dotage, to start becoming a dotard.

acholado, da *adj.* (Am.) cholo-coloured.

acholar *tr.* (Chi., Pe.) to abash. 2 to intimidate.

achote *m.* BIJA.

achubascarse *ref.* to get showery.

achucuyarse *ref.* (C. Am.) to be disheartened.

achuchar *tr.* AZUZAR. 2 to crush [by a blow or weight]. 3 to push [a person] violently.

achucharrar *tr.* (Am.) ACHUCHAR 2 and 3. — *2 ref.* (Mex.) to be daunted.

achuchón *m.* push, squeeze. 2 fit.

achulado, da *adj.* jaunty, cocky.

achulaparse, achularse *ref.* to become or get jaunty or cocky.

achura *f.* (Arg.) haslet [of cattle].

adacilla *f.* BOT. a variety of sorghum.

adagio *m.* adage, proverb, saying. — *2 adv. & m.* MUS. adagio.

adaguar *intr.* [of cattle] to drink.

adala *f.* DALA.

adalid *m.* leader, chief.

adamado, da *adj.* effeminate, womanish, delicate [man]. 2 elegant graceful [person]. 3 applied to a vulgar woman having ladylike ways.

adamantino, na *adj.* adamantine.

adamarse *ref.* [of a man] to become effeminate, womanish, delicate.

adamascado, da *adj.* WEAV. damasked.

adamascar *tr.* WEAV. to damask.

adámico, ca *adj.* GEOL. adamic.

adamismo *m.* Adamitism.

adamita *adj.* Adamitic. — *2 m. & f.* Adamite.

Adán *m. pr. n.* Adam.

adán *m.* coll. slovenly man.

adaptable *adj.* adaptable.

adaptación *f.* adaptation, adaption, fitting, accommodation.

adaptado, da *adj.* adapted, suited, fitting.

adaptador, ra *adj.* adapting. — *2 m. & f.* adapter.

adaptar *tr.* to adapt, fit, adjust, suit, accommodate. — *2 ref.* to be or become adapted, to adapt oneself, to fit, to suit.

adaraja *f.* ARCH. toothing.

adarce *m.* salt crust, dry sea froth.

adarga *f.* oval or heart-shaped leather shield.

adargar *tr.* to shield. 2 to defend, to protect. — *3 ref.* to shield or protect oneself.

adarme *m.* ancient Spanish weight [179 centigrams]. 2 whit, jot : *ni un* ~, not a whit or jot; *por adarmes*, very sparingly.

adarvar *tr.* to rampart. 2 to stun, bewilder.

adarve *m.* FORT. walk behind the parapet on top of wall. 2 rampart.

adatar *tr.* COM. to credit.

adaza *f.* BOT. sorghum.

adecenamiento *m.* grouping or dividing by tens.

adecenar *tr.* to group or divide by tens.

adecentar *tr.* to tidy. 2 to make decent. — *3 ref.* to tidy oneself.

adecuación *f.* adequation. 2 adequacy, adequateness, fitness, suitableness.

adecuadamente *adv.* adequately, fitly, suitably.

adecuado, da *adj.* adequate, fit, suitable, appropriate.

adecuar *tr.* to fit, adapt, accommodate, make suitable.

adefagia *f.* adephagia.

adefesio *m.* nonsense, absurdity. 2 ridiculous attire. 3 scarecrow, fright, ridiculous person.

adehala *f.* bonus, extra, gratuity.

adehesamiento *m.* turning land into pasture.

adehesar *tr.* to turn [land] into pasture.

Adela *pr. n.* Adela.

Adelaida *pr. n.* Adelaide.

adelantadamente *adv.* beforehand.

adelantado, da *adj.* anticipated : *por* ~, in advance. 2 advanced. 3 proficient, well advanced. 4 precocious; early [fruit or plant]; fast [clock or watch]. 5 bold, forward. — *6 m.* an appellation formerly given to the governor of a frontier province.

adelantamiento *m.* advance, advancing. 2 advancement, furtherance, betterment, promotion, preferment. 3 progress, improvement, growth. 4 the dignity of the ADELANTADO and the district of his jurisdiction.

adelantar *tr.* to advance, move forward. 2 to quicken, hasten. 3 to advance, pay in advance. 4 to set [the clock] forward, advance. 5 to advance, further, better, promote. — *6 tr. & ref.* to overtake, outstrip, distance, gain on or upon, leave behind, get ahead of, excel. — *7 ref.* to be in advance of [time]. — *8 intr. & ref.* [of a clock or watch] to be fast. — *9 intr.* to make progress, get better, improve.

adelante *adv.* forward, ahead, onward, farther on : *ir* ~, *pasar* ~, to go on or further; *de tres libras en* ~, from three pounds up. 2 *en* ~, *de hoy or de aqui en* ~, henceforth, in or for the future; *más* ~, later on; some other time. — *3 interj.* forward!, onward!, go on!, go ahead!, carry on!; I understand; come in!

adelanto *m.* advance. 2 progress, improvement. 3 COM. advance payment.

adelfa *f.* BOT. oleander, rosebay.

adelfilla *f.* BOT. spurge laurel.

adelgazador, a *adj.* thinning, reducing, that makes thin or slender.

adelgazamiento *m.* making thin or slender. 2 thinness, slenderness.

adelgazar *tr.* to thin, make thin, attenuate. 2 fig. to purify, refine. 3 fig. to subtilize. — *4 intr.* to become thin or slender. 5 to taper off.

Adelina *pr. n.* Adeline.

Adelita *pr. n.* dim. of ADELA.

adema *f.* ADEME.

ademador *m.* mine carpenter.

ademán *m.* gesture, attitude : *en* ~ *de*, in the attitude of, showing an intention of, about to; *hacer* ~ *de*, to make a move to, to make as if. 2 *pl.* manners.

ademar *tr.* MIN. to provide with spur timbers or brattice.

además *adv.* moreover, over and above, besides, further, furthermore, yet, too, as well. 2 ~ *de*, beside, besides, in addition to.

ademe *m.* MIN. strut, stemple, spur timber. 2 MIN. brattice.

adenia *f.* MED. adenia.

adenitis *f.* MED. adenitis.

adenoma *f.* MED. adenoma.

adenopatía *f.* MED. adenopathy.

adenoso, sa *adj.* adenoid.

adentellar *tr.* to bite, to set one's teeth in. 2 to leave a toothing in [a wall].

sea or at sea; *tierra* ~, inland. — *2 m. pl.* inward

adentro *adv.* within, inside, in : *mar* ~, out to

ADJECTIVES/ADJETIVOS

The adjective in Spanish is a variable part of speech and must agree in gender and number with the noun it qualifies: libro **pequeño**, casa **pequeña**; libros **pequeños**, casas **pequeñas**.

Some adjectives, however, have the same ending for both masculine and feminine genders: hombre **fiel**, mujer **fiel**; hombres **fieles**, mujeres **fieles**.

Placement of the adjective

Predicate adjectives usually follow the verb: la nieve es **blanca**, the snow is white.

Nevertheless, the order of the sentence can be reversed for emphasis or in some fixed expressions: ¡**buena** es ésta!, that is a good one!; ¡**bueno** está lo bueno!, leave well enough alone.

Adjectives that directly modify a noun may either precede or follow it.

Special cases

- Adjectives that express a natural quality or a quality associated with a person or thing are placed before the noun: el **fiero** león, la **blanca** nieve.

- Indefinite, interrogative, and exclamative adjectives; the adjectives **medio, buen, mal, poco, mucho,** and **mero;** and adjectives expressing cardinal numbers are placed before the noun: **algún** día, some day; ¿**qué** libro prefiere usted?, which book do you prefer?; ¡**qué** hermosa vista!, what a beautiful view!; **medio** siglo, half a century; **buen** trabajo, good work; **mal** tiempo, foul weather; **poco** dinero, little money; **mucho** espacio, much space; una **mera** fórmula, a mere form; **dos** hombres, two men.

  Alguno, when placed after a noun, has a negative sense: no hay remedio **alguno,** there is no remedy.

- Some adjectives change meaning or connotation when they precede or follow a noun: un **simple** hombre, a mere man; un hombre **simple,** a simpleton.

- Some adjectives change in form when used before a noun. **Grande** may be shortened to **gran** when used in the sense of extraordinary or distinguished: un **gran** rey, a great king; una **gran** nación, a great nation.

- The masculine adjectives **alguno, ninguno, bueno, malo, primero,** and **tercero** drop the final **o** when placed before a noun: **algún** día, some day; **ningún** hombre, no man; **primer** lugar, first place; **tercer** piso, third floor.

- The masculine adjective **Santo** is shortened to **San** before all names of saints except Tomás, Toribio, and Domingo: **San** Juan, Saint John; **Santo** Tomás, Saint Thomas.

See *POSESIVO.

Comparative degree

The English comparatives—*more...than, less...than,* and adjective + *er than*—are expressed in Spanish as **más...que, menos...que:** Pedro es **más** (or **menos**) atlético **que** Juan, Peter is more (or less) athletic than John; María es **más** rica **que** Anita, Mary is richer than Anita.

In a comparative expression, when **que** is followed by a verb or a number, it is replaced by **de lo que** and **de,** respectively: esto es más difícil **de lo que** parece, this is more difficult than it seems; hay más **de** diez personas, there are more than ten people.

The English comparatives, *as...as* and *so...as,* are expressed in Spanish as **tan...como:** mi casa es **tan** hermosa **como** la de usted, my house is as beautiful as yours; mi casa no es **tan** hermosa **como** la de usted, my house is not so beautiful as yours.

Superlative degree

The English superlatives—*the most* (or *the least*)...*in* or *of* and adjective + *est...in* or *of*—are expressed in Spanish as **el más** (or **el menos**)...**de:** el barrio **más** populoso **de** la ciudad, the most populous quarter in the town; la mujer **más** alta **del** grupo, the tallest woman in the group; el hombre **menos** valiente **del** regimiento, the least brave man of the regiment.

The absolute superlative is formed by placing **muy** before the adjective or by adding the ending **-ísimo** to the adjective: **muy** excelente, **excelentísimo,** most excellent.

Adjectives ending in a vowel drop the vowel and add **-ísimo:** grande, **grandísimo,** alto, **altísimo.**

Adjectives ending in **co** or **go,** change **c** to **qu** and **g** to **gu** and add **-ísimo:** poco, **poquísimo;** largo, **larguísimo.**

Adjectives ending in **io** drop the ending and add **-ísimo:** limpio, **limpísimo.**

Adjectives containing an accented diphthong—**ie** or **ue**—change **ie** to **e** and **ue** to **o** and add **-ísimo:** valiente, **valentísimo;** fuerte, **fortísimo.**

Adjectives ending in **ble** change this ending to **bilísimo:** amable, **amabilísimo.**

Some adjectives have special forms for the comparative and superlative degrees: bueno, mejor, óptimo; malo, peor, pésimo; grande, mayor, máximo; pequeño, menor, mínimo.

All these forms are listed in the corresponding entries of this dictionary.

mind or thoughts : *en sus adentros,* within himself ; *decir para sus adentros,* to say to oneself. — *3 interj.* come in ! ; let's go in !

adepto *m.* adept, initiated. *2* adherent, follower·

aderezado, da *p. p.* of ADEREZAR. — *2 adj.* favourable, suitable.

aderezamiento *m.* dressing, seasoning. *2* adornment, embellishment.

aderezar *tr.* to adorn, embellish, dress. *2* to cook. *3* to season. *4* to arrange, prepare. *5* to repair. *6* to prepare, mix [drinks], to blend [wines]. *7* to dress [salad]. *8* to size [stuffs]. *9* to direct. — *10 ref.* to adorn, embellish oneself. *11* to be directed [to].

aderezo *m.* dressing, adornment. *2* cooking, seasoning. *3* preparation, arrangement. *4* sizing [stuffs]. *5* size, sizing [for stuffs]. *6* set of jewelry. *7* trappings [of a horse].

adestrado, da *adj.* ADIESTRADO. *2* HER. having a dexter charge or bearing.

adestrador, a *adj. & m.* ADIESTRADOR.

adestramiento *m.* ADIESTRAMIENTO.

adestrar *tr.* ADIESTRAR.

adeudar *tr.* to owe. *2* to be dutiable. *3* ACC. to debit, to charge. — *4 intr.* EMPARENTAR. — *5 ref.* ENDEUDARSE.

adeudo *m.* debt. *2* customs duty. *3* ACC. debit, charge.

adherencia *f.* adhesion [sticking together]. *2* BOT., PHYS., MED. adhesion. *3* adhesiveness. *4* connection, relationship.

adherente *adj.* adherent, adhesive. *2* adherent, attached. — *3 m. pl.* equipment, accessories.

adherido, da *p. p.* of ADHERIR. — *2 m. & f.* adherent, follower·

adherir *intr. & ref.* to adhere, to stick (to). — *2 ref.* to adhere to [a person, party or opinión]. ¶ CONJUG. like *hervir.*

adhesión *f.* adhesion [sticking together]. *2* adherence, adhesion [firm attachement, fidelity]. *3* adhesion [concurrence, assent]. *4* PHYS. adhesion.

adhesividad *f.* adhesiveness.

adhesivo, va *adj.* adhesive, emplastic.

adhiero, adhieres, etc., *irr.* V. ADHERIR.

adiabático, ca *adj.* PHYS. adiabatic.

adiado, da *adj.* appointed [day].

adiamantado, da *adj.* diamantine.

adiar *tr.* to fix a date.

adición *f.* addition [act. instance of adding; anything added] ; addendum. *2* MATH. addition. *3* LAW aditio [of heirship].

adicional *adj.* additional.

adicionar *tr.* to add [something] to, to make additions to [a thing].

adicto, ta *adj.* attached, devoted, staunch. — *2 m.* supporter, follower.

adiestrado, da *adj.* trained, skilled.

adiestrador, a *adj.* training, drilling. — *2 m. & f.* trainer, driller, instructor.

adiestramiento *m.* training, drilling, schooling, teaching.

adiestrar *tr.* to train, drill, school, instruct, teach, guide. — *2 ref.* to train oneself, practise ; to become skilled.

adietar *tr.* to diet [regulate the food of].

adinamia *f.* MED. adynamia.

adinerado, da *adj.* rich, wealthy, affluent, well-to-do.

adintelado, da *adj.* ARCH. straight [arch].

adiós *interj.* good-by or -bye !, farewell !, adieu !. *2* (Am.) you don't say !

adipocira *f.* adipocere.

adiposidad *f.* adiposity.

adiposis *f.* MED. adiposis.

adiposo, sa *adj.* adipose.

adipsia *f.* MED. adipsia.

adir *tr.* LAW. to accept [an heirship].

aditamento *m.* addition, addendum, annex, additament.

adiva *f.* ADIVE.

adivas *f. pl.* VET. vives.

adive *m.* ZOOL. corsac.

adivinación *f.* divination, foretelling, foreseeing, prediction, guess, guessing.

adivinador, a *m. & f.* guesser, diviner.

adivinaja *f.* ACERTIJO.

adivinamiento *m.* ADIVINACIÓN.

adivinanza *f.* ADIVINACIÓN. *2* ACERTIJO.

adivinar *tr.* to foresee, foretell, predict, augur. *2* to divine, guess *3* to solve [a riddle].

adivino, na *m. & f.* diviner, soothsayer, fortuneteller.

adjetivación *f.* adjectiving, adjectival use.

adjetivadamente *adv.* GRAM. in an adjectival sense.

adjetival *adj.* GRAM. adjectival.

adjetivamente *adv.* adjectively.

adjetivar *tr.* to adjective, give adjectival value to. *2* to apply adjectives to.

adjetivo, va *adj.* adjective. *2* adjectival. — *3 m.* GRAM. adjective.

adjudicación *f.* awarding, adjudgment. *2* knocking down [at auction].

adjudicador, ra *m. & f.* awarder.

adjudicar *tr.* to adjudge, award, assign. *2* to knock down [at auction]. — *3 ref.* to appropriate, take to oneself.

adjudicatario, ria *m. & f.* awardee.

adjunción *f.* adjunction.

adjuntar *tr.* (Am.) to enclose [send enclosed] ; send with another thing.

adjunto, ta *adj.* adjunct. joined. *2* enclosed [in a letter, etc.]. — *3 m. & f.* adjunct [associate]. — *4 m.* GRAM. adjunct, adjective. *5* addition, additament.

adjutor, ra *m. & f.* helper, assistant.

adminículo *m.* adminicle. *2 pl.* articles carried for emergency use.

administración *f.* administration, administering [of a Sacrament, a remedy, justice, etc.]. *2* stewardship. *3* office of an administrator, manager, steward, etc. *4 en ~,* in trust; *por ~,* by the Government, the management, etc. [not by a contractor]. *5 ~ de Correos,* Post Office ; *~ militar,* Commissariat.

administrador, a *m. & f.* administrator, manager, steward. *2 ~ de aduanas,* chief customhouse officer, *collector of customs; *~ de Correos,* Postmaster; *~ de fincas,* estate agent.

administrar *tr.* to administer, manage. *2* to serve an office. *3* to administer [a Sacrament, a remedy, justice, etc.].

administrativamente *adv.* administratively.

administrativo, va *adj.* administrative.

admirable *adj.* admirable. *2* wonderful.

admirablemente *adv.* admirably, wonderfully, excellently.

admiración *f.* admiration. *2* wonder, astonishment. *3* exclamation mark (¡ !).

admirado, da *adj.* wondering, astonished.

admirador, ra *m. & f.* admirer.

admirar *tr.* to astonish, surprise, strike with admiration. *2* to admire. — *3 ref.* to marvel, be astonished, surprised : *admirarse de,* to wonder at, be surprised at.

admirativamente *adv.* admiringly.

admirativo, va *adj.* admirative; of admiration; of wonder. *2* astonished.

admisible *adj.* admissible, allowable.

admisión *f.* admission.

admitir *tr.* to admit [in every sense except «to acknowledge»]. *2* to accept. *3* to allow, suffer, admit of : *no ~ dilación,* to admit of no delay.

admonición *f.* admonition, admonishment, warning. *2* reprehension.

admonitor *m.* admonisher. *2* admonitor, admonitioner.

adnato, ta *adj.* BOT., ZOOL. adnate.

adobado *m.* pickled meat [esp. pork].

adobador, a *m. & f.* dresser, preparer.

adobar *tr.* to dress, prepare. *2* to pickle, souse [meat]. *3* to cook. *4* to tan and dress [hides].

adobasillas *m.* chair-mender.

adobe *m.* unburnt brick dried in the sun, adobe.

adobera *f.* mould for ADOBES. *2* (Chi.) cheese mould. *3* (Mex.) brick-shapéd cheese.

adobería *f.* adobe-yard. *2* TENERÍA.

adobo *m.* dressing, preparing; tanning. *2* sauce for seasoning or pickling. *3* mixture for dressing skins or cloth.

adocenado, da *adj.* common, ordinary, vulgar.

adocenar *tr.* to dozen. — *2 ref.* to become common, ordinary, vulgar.

adoctrinamiento *m.* indoctrination, teaching, instruction.

adoctrinar *tr.* to indoctrinate, teach, instruct.

adolecente *adj.* ill, suffering. — *2 m. & f.* patient, sick person.

adolecer *intr.* to be ill. 2 ~ *de*, to suffer from, to have [a specified defect, vice etc.]. — *3 ref.* CONDOLERSE. ¶ CONJUG. like *agradecer.*
adolescencia *f.* adolescence.
adolescente *adj.* & *n.* adolescent.
adolezco, adolezca, etc., *irr.* V. ADOLECER.
Adolfo *pr. n.* Adolphus.
adolorado, da; adolorido, da *adj.* DOLORIDO.
Adonai *pr. n.* Adonai.
adonde *adv.* where. — *2 interr.* where?, whither?, where ... to? *3* DONDE.
adondequiera *adv.* wherever, wheresoever, anywhere.
adónico, adonio *adj.* adonic. — *2 m.* adonic verse.
Adonis *m.* Adonis.
adopción *f.* adoption.
adopcionismo *m.* adoptionism.
adopcionista *adj.* adoptionist.
adoptable *adj.* adoptable.
adoptador, ra, adoptante *adj.* adopting. — *2 m. & f.* adopter.
adoptar *tr.* to adopt [never in the parliamentary or public meeting sense of to adopt a resolution, a report]. 2 to embrace [an opinion]. 3 to take [an attitude, a decision].
adoptivo, va *adj.* adoptive.
adoquín *m.* paving stone. 2 fig. blockhead.
adoquinado, da *adj.* paved with paving stones. — *2 m.* paving [with paving stones]. 3 stone-block pavement; pavement.
ador *m.* time for watering land [where water is officially distributed].
adorable *adj.* adorable.
adoración *f.* adoration, adoring : ~ *de los Reyes*, Epiphany. 2 worship, worshipping. 3 great love.
adorador, ra *adj.* adoring. — *2 m. & f.* adorer. 3 worshipper. *4* lover.
adorar *tr.* to adore. 2 to worship. 3 to love to excess, to idolize. — *4 intr.* ~ *en una persona o cosa*, to adore, worship a person or thing.
adoratorio *m.* American Indian shrine. 2 portable retable.
adoratriz *f.* nun of an order for the relief of reformed prostitutes.
adormecedor, ra *adj.* soporiferous, lulling, allaying.
adormecer *tr.* to make sleepy or drowsy, to lull to sleep. 2 to lull, allay. — *3 ref.* to drowse, fall asleep. 4 to grow benumbed. 5 to persist [in vice]. ¶ CONJUG. like *agradecer.*
adormecido, da *adj.* dozing, sleeping. 2 benumbed.
adormecimiento *m.* drowsiness, slumber. 2 numbness.
adormezco, adormezca, etc., *irr.* V. ADORMECER.
adormidera *f.* BOT. opium poppy. 2 poppy-head.
adormilarse *ref.* to drowse.
adormir *tr.* & *ref.* ADORMECER.
adormitarse *ref.* ADORMILARSE.
adornado, da *adj.* adorned, ornamented.
adornador, ra *adj.* adorning. — *2 m. & f.* adorner, decorator.
adornamiento *m.* adornment, embellishment.
adornante *adj.* adorning.
adornar *tr.* to adorn, beautify, grace, ornament, decorate, embellish, deck, bedeck, garnish. 2 to endow [with accomplishments].
adornista *m.* decorator.
adorno *m.* adornment, ornament, decoration, embellishment, garnishment, garniture, trimming. *2* BALSAMINA 2.
adosar *tr.* to back against, lean against. *2* HER. to place back to back.
adquiero, adquiera, etc., *irr.* V. ADQUIRIR.
adquirente; adquiridor, ra; adquiriente *adj.* acquiring. — *2 m. & f.* acquirer.
adquirir *tr.* to acquire. 2 to obtain, to buy. ¶ CONJUG. INDIC. Pres.: *adquiero, adquieres, adquiere;* adquirimos, adquirís, *adquieren.* | SUBJ. Pres.: *adquiera, adquieras, adquiera;* adquiramos, adquiráis, *adquieran.* | IMPER.: *adquiere, adquiera;* adquiramos, adquirid, *adquieran.*
adquisición *f.* acquisition; acquirement.
adquisidor, a *adj.* ADQUIRENTE.
adquisitivo, va *adj.* LAW acquisitive.
adragante *adj.* *goma* ~, tragacanth [gum].
adraganto *m.* TRAGACANTO.
adrales *adv.* hurdles on the sides of cart.
adrede *adv.* purposely, on purpose.
adredemente *adv.* ADREDE.
adrenalina *f.* CHEM. adrenaline.
Adrián *pr. n.* Adrian.

adrián *m.* bunion. 2 magpie's nest.
Adriano *pr. n.* Adrian.
Adrianópolis *pr. n.* GEOGR. Adrianople.
Adriático *pr. n.* GEOGR. Adriatic Sea.
adrizar *tr.* NAUT. to right, set upright.
adscribir *tr.* to attribute, assign, ascribe. 2 to attach, or appoint [a person] to a service.
adscrito, ta *p. p.* of ADSCRIBIR.
adscripción *f.* attachment, appointment.
adscripto, ta *p. p.* ADSCRITO.
aduana *f.* customhouse : *agente de aduanas*, customhouse broker; *arancel de aduanas*, tariff; *derecho de aduanas*, custom, duty.
aduanar *tr.* to put through [goods] at the customhouse, to pay duty on.
aduanero, ra *adj.* pertaining to the customs or to the customhouse. — *2 m.* customhouse officer.
aduar *m.* douar. 2 gipsy camp. 3 American Indian ranch.
adúcar *m.* floss silk. 2 floss-silk fabric. 3 dupion.
aducción *f.* ZOOL. adduction.
aducir *tr.* to adduce. cite, allege, offer as a proof. ¶ CONJUG. like *conducir.*
aductor *adj.* & *m.* ANAT. adductor.
adueñarse *ref.* ~ *de*, to seize, take possession of.
adufe *m.* timbrel, tambourine.
adufero, ra *m.* & *f.* tambourine-player.
aduja NAUT. rope-coil, fake.
adujar *tr.* NAUT. to coil, fake. — *2 ref.* NAUT. fig. to curl oneself up in a small space.
aduje, adujiste, etc., *irr.* V. ADUCIR.
adulación *f.* adulation, flattery.
adulador, ra *adj.* adulating, flattering. — *2 m. & f.* adulator, flatterer.
adular *tr.* to adulate, flatter : ~ *servilmente*, to fawn upon.
adulatorio, ria *adj.* adulatory, flattering.
adulete *adj.* (Am.) ADULÓN.
adulo *m.* (Am.) ADULACIÓN.
adulón, na *m.* & *f.* adulator, gross flatterer, fawner. toady.
adúltera *f.* adulteress.
adulteración *f.* adulteration.
adulterado, da *adj.* adulterated, sophisticated.
adulterador, a *adj.* adulterating. — *2 m. & f.* adulterator.
adulterante *adj.* adulterating.
adulterar *tr.* to adulterate, corrupt, sophisticate. — *2 intr.* to commit adultery.
adulterinamente *adv.* in an adulterous manner.
adulterino, na *adj.* adulterine [begotten in adultery, pertaining to adultery]. 2 adulterine. spurious.
adulterio *m.* adultery.
adúltero, ra *adj.* adulterous. 2 adulterine, counterfeit, spurious. — *3 m.* adulterer. *4 f.* adulteress.
adulto, ta *adj.* & *n.* adult, grown-up.
adulzar *tr.* to soften [metals]. 2 ENDULZAR.
adulzorar *tr.* & *ref.* to soften, assuage.
adumbración *f.* PAINT. adumbration, shade.
adunar *tr.* to unite, join. 2 to unify. — *3 ref.* to join, concur.
adunco, ca *adj.* aduncous, bent, curved.
adunia *adv.* abundantly.
adustez *f.* gloominess, sulleness. sternness.
adusto, ta *adj* burnt, hot. 2 gloomy, sullen, stern, severe.
aduzco, aduzca, etc., *irr.* V. ADUCIR.
advenedizo, za *adj.* foreign. — *2 m. & f.* foreigner, stranger, newcomer. 3 upstart, parvenu.
advengo, advenga, etc., *irr.* V. ADVENIR.
advenidero, ra *adj.* VENIDERO.
advenimiento *m.* advent, arrival, coming : *esperar el santo* ~, to wait for something that is long in coming. 2 accesion [to the throne].
advenir *intr.* to come to, arrive. ¶ CONJUG. like *venir.*
adventicio, cia *adj.* adventitious.
adverbial *adj.* adverbial.
adverbialmente *adv.* adverbially.
adverbio *m.* GRAM. adverb.
adversamente *adv.* adversely.
adversario, ria *m.* & *f.* adversary, opponent, enemy; foe.
adversativo, va *adj.* GRAM. adversative.
adversidad *f.* adversity.
adverso, sa *adj.* adverse, contrary, unfavorable. 2 adverse, opposite.
advertencia *f.* admonition, warning, advice. 2 fore-

ADVERBS / ADVERBIOS

Adverbs ending in -mente

Some adverbs are formed by adding -mente to the end of an adjective: fiel, **fielmente**. If the adjective can change gender, -mente is added to the feminine form: rico, rica, **ricamente**.

Placement of the adverb

Generally, when the adverb is qualifying an adjective or another adverb, it immediately precedes the word it qualifies: un libro **bien** escrito, a well-written book; tan **lindamente** ilustrado, so beautifully illustrated.

When the adverb modifies a verb, it may precede or follow the verb: **mañana** llegará mi padre or mi padre llegará **mañana**; my father will arrive tomorrow.

The negative adverb is always placed before the verb: **no** conozco a este hombre, I don't know this man; **no** lo conozco, I don't know him.

When a direct or indirect object pronoun precedes the verb, the adverb cannot separate the pronoun from the verb: **ayer** la vi or la vi **ayer**, I saw her yesterday; **no** lo entiendo, I don't understand it. The adverb usually never separates an auxiliary verb from the principal verb: ha vencido **fácilmente** a su adversario, he has easily defeated his opponent.

Note: When a word is qualified by two or more adverbs that end in -mente, only the last adverb has the ending -mente, the others retain the adjective form: ella habló **clara, concisa** y **elegantemente**; she spoke clearly, concisely, and elegantly.

Comparative and superlative degrees

Adverbs can also be expressed in comparative and superlative degrees: **más claramente**, more clearly; **clarísimamente**, very clearly or most clearly.

---

word [in a book]. 3 notice, warning. 4 awareness, knowledge.

advertidamente *adv.* deliberately, advisedly.

advertido, da *p. p.* of ADVERTIR. — 2 *adj.* capable, knowing, clever.

advertimiento *m.* ADVERTENCIA 1.

advertir *tr.* to notice, observe, perceive, realize; to be or become aware of or that. 2 to advise, inform, instruct, recommend; to warn. 3 to admonish. 4 to point out [direct attention or notice to]. ¶ CONJUG. like *discernir*.

advienes, adviene, etc., *irr.* V. ADVENIR.

adviento *m.* ECCL. advent.

advierto, advierta, etc., *irr.* V. ADVERTIR.

advine, adviniste, etc., *irreg.* V. ADVENIR.

advocación *f.* distinguishing name under which a church, altar, saint, etc., is known or venerated.

adyacente *adj.* adjacent, adjoining.

adyuvante *adj.* adjuvant.

aeración *f.* aeration.

aéreo, rea *adj.* aerial. 2 air : *correo* ~, air mail. 3 airy, ethereal, insubstantial.

aerífero, ra *adj.* aeriferous.

aerificar *tr.* to aerify, gasify.

aeriforme *adj.* aeriform.

aerobio, a *adj.* aerobic, aerobious. — 2 *m.* aerobe.

aerodinámica *f.* aerodynamics.

aerodinámico, ca *adj.* aerodynamic.

aeródromo *m.* aerodrome.

aerofagia *f.* MED. aerophagia, aerophagy.

aerofaro *m.* AER. aerial beacon.

aerofobia *f.* MED. aerophobia.

aeróforo, ra *adj.* AERÍFERO.

aerografía *f.* aerography.

aerohidroplano *m.* aerohydroplane.

aerolito *m.* aerolite.

aerología *f.* aerology.

aeromecánica *f.* aeromechanics.

aeromancía *f.* aeromancy.

aerometría *f.* aerometry.

aerómetro *m.* aerometer.

aeromóvil *m.* airship or airplane.

aeronato, ta *adj.* born in a plane during a flight.

aeronauta *m.* aeronaut.

aeronáutica *f.* aeronautics.

aeronáutico, ca *adj.* aeronautic(al.

aeronave *f.* airship.

aeroplano *m.* aeroplane, airplane.

aeropostal *adj.* air-mail.

aeropuerto *m.* airport.

aeroscopia *f.* aeroscopy.

aeroscopio *m.* aeroscope.

aerostación *f.* aerostation.

aerostática *f.* aerostatics.

aerostático, ca *adj.* aerostatic.

aerostato *m.* aerostat, air balloon.

aerostero *m.* MIL. soldier in an aeronautic corps.

aeroterapia *f.* aerotherapeutics.

afabilidad *f.* affability, pleasantness, graciousness, courtesy.

afabilísimo, ma *adj.* superl. of AFABLE.

afable *adj.* affable, gracious, courteous.

afablemente *adv.* affably, graciously.

afabulación *f.* moral of a fable.

áfaca *f.* BOT. a kind of vetchling.

afamado, da *adj.* famous, renowned.

afamar *tr.* to make famous, give fame to.

afán, *pl.* **-nes** *m.* toil, labour. 2 anxiety, eagerness, ardour, solicitude; desire.

afanadamente *adv.* AFANOSAMENTE.

afanar *tr.* to harass, worry. 2 vulg. to steal, pilfer. — 3 *intr.* to drudge. — 4 *ref.* to work eagerly, toil, labour, strive, struggle : *afanarse por*, to strive to.

afaníptero, ra *adj.* ENTOM. aphanipterous. — 2 *m. pl.* Aphaniptera.

afanita *f.* ANFIBOLITA.

afanosamente *adv.* toilsomely. 2 eagerly, solicitously.

afanoso, sa *adj.* toilsome, laborious. 2 eager, anxious, desirous.

afarallonado, da *adj.* steep, cliffy.

afasia *f.* MED. aphasia.

afeador, ra *adj.* disfiguring, making ugly. 2 blaming, censuring. — 3 *m. & f.* blamer, censurer.

afeamiento *m.* disfiguring, making ugly. 2 blaming, reproaching.
afear *tr.* to disfigure, deface, make ugly. 2 to blame, censure, reproach.
afeblecerse *ref.* to grow feeble or delicate.
afección *f.* affection, inclination, leaning. 2 MED. affection, trouble, disease.
afeccionarse *ref.* to grow fond.
afectación *f.* affectation, affectedness. 2 affecting, 3 impression, emotion.
afectadamente *adv.* with affectation.
afectado, da *p. p.* of AFECTAR. — 2 *adj.* affected, unnatural. 2 feigned, false. 4 affected, impressed, moved. 5 affected, afflicted : *estar ~ del corazón*, to have heart trouble.
afectador, ra *adj.* affecting.
afectar *tr.* to make a show of. 2 to feign, to pretend to have or feel. 3 to annex, attach. 4 to affect, impress, move ; to influence ; to concern. 5 LAW to encumber. 6 MED. to affect. — 7 *ref.* to be affected, impressed, moved.
afectivo, va *adj.* affective.
afecto, ta *adj.* attached, fond. 2 LAW ~ *a*, subject to [some charge or encumbrance]. — 3 *m.* affection, love, attachment, fondness, care. 4 affect, feeling, passion.
afectuosamente *adv.* affectionately, fondly.
afectuosidad *f.* affectionate disposition ; affectionateness.
afectuoso, sa *adj.* fond, affectionate, loving ; kind.
afeitar *tr.* to shave [with a razor]. 2 to beautify, put cosmetics on. 3 to trim [a garden plant ; a horse's tail or mane]. — 4 *ref.* to shave oneself. 5 to put on cosmetics, to make up.
afeite *m.* cosmetics, paint, rouge, make-up.
afelio *m.* ASTR. aphelion.
afelpado, da *adj.* plushy, velvety.
afelpar *tr.* to weave as plush or velvet.
afeminación *f.* effeminacy.
afeminadamente *adv.* effeminately.
afeminado, da *p. p.* of AFEMINAR. — 2 *adj.* effeminate, ladylike.
afeminamiento *m.* effemination, effeminacy.
afeminar *tr.* to effeminate. — 2 *ref.* to effeminate [become effeminate].
aferente *adj.* PHISIOL. afferent.
aféresis *f.* GRAM. aphæresis, apheresis.
aferradamente *adv.* obstinately.
aferrado, da *p. p.* of AFERRAR. — 2 *adj.* clinging, holding fast [to an opinion or purpose].
aferramiento *m.* grasping, seizing, grappling. 2 NAUT. furling. 3 clinging, sticking [to an opinion or purpose], obstinacy, tenacity.
aferrar *tr.* to grasp, seize, grapple. 2 NAUT. to furl 3 NAUT. to moor, anchor. — 4 *ref. aferrarse a*, to take hold of ; to hold fast to, cling to, stick to, persist obstinately in : *aferrarse a una opinión*, to stick to an opinion. 5 NAUT. [of boats] to grapple.
aferruzado, da *adj.* angry, frowning.
afervorizar *tr. & ref.* ENFERVORIZAR.
afestonado, da *adj.* festooned.
Afganistán *pr. n.* GEOG. Afghanistan.
afgano, na *adj. & n.* Afghan.
afianzamiento *m.* guarantee, guaranteeing [act of standing surety for someone]. 2 making firm, strengthening. 3 fastening, securing.
afianzar *tr.* to stand surety for. 2 to make firm or fast, to prop, to strengthen. — 3 *ref.* to become firm or fast, to steady oneself, to catch hold [of] to hold fast [to].
afición *f.* fondness, liking, leaning. 2 ardour, wholeheartedness. 3 hobby. 4 coll. *la ~*, the fans, the public.
aficionadamente *adv.* fondly. 2 wholeheartedly.
aficionado, da *m. & f.* amateur. 2 fan, devotee.
aficionar *tr.* to give a liking for. — 2 *ref.* to grow fond of, to take a liking to, to acquire a taste for.
afidávit *m.* affidavit.
afijo, ja GRAM. affixed. — 2 *m.* GRAM. affix.
afiladera *f.* whetstone. — 2 adj. *piedra ~*, whetstone.
afilado, da *adj.* sharp, keen, pointed. 2 taper, slender [fingers].
afiladura *f.* sharpening, grinding, whetting.
afilador, ra *adj.* sharpening, whetting. — 2 *m.* tool grinder or sharpener, whetter. 3 knife-grinder [he who grinds]. 4 AFILÓN.

afilamiento *m.* sharpness [of the face or nose], tapering [of fingers].
afilar *tr.* to sharpen, grind, whet, hedge, point ; to taper. 2 (Am.) to make love to, to woo. — 3 *ref.* [of features] to sharpen, grow thin ; [of fingers] to taper.
afiliación *f.* affiliation, joining a society, a party, etc.
afiliado, da *adj. & n.* affiliate, member, adherent.
afiliar *tr.* to affiliate, associate. — 2 *ref. afiliarse a*, to affiliate with, to join [a society or party].
afiligranado, da *adj.* filigree, filigreed. 2 delicately made. 3 delicate, slender, thin.
afiligranar *tr.* to filigree, to make filigree work. 2 to give an exquisite finish.
áfilo, la *adj.* BOT. aphylous.
afilón *m.* strop, razorstrop. 2 steel, knife-sharpener.
afín *adj.* contiguous, adjacent. 2 kindred, related, allied. — 3 *m. & f.* relative by marriage.
afinación *f.* perfecting, finishing touch. 2 MUS. tune ; tuning [of instruments].
afinadamente *adv.* MUS. in tune. 2 delicately.
afinado, da *p. p.* of AFINAR. — 2 *adj.* well finished, perfected. 3 MUS. in tune, well-tuned.
afinador *m. & f.* finisher. 2 piano-tuner. 3 tuning key or hammer.
afinadura *f.* AFINACIÓN.
afinamiento *m.* AFINACIÓN. 2 FINURA.
afinar *tr.* to perfect, to put the finishing touch to. 2 to polish, refine [a person]. 3 to trim [weights, binding of books]. 4 to refine, try [metals]. 5 MÚS. to tune. 6 to sing in tune. 7 to make more exact, to adjust. 8 to sharpen [the senses, one's aim]. 9 (Chi.) to finish, conclude. — 10 *ref.* to become refined, polished. 11 to be or become more exact.
afincar *intr. & ref.* FINCAR.
afine *adj.* AFÍN.
afinidad *f.* affinity [relationship by marriage]. 2 affinity, analogy, resemblance. 3 BIOL., CHEM. affinity.
afino *m.* refining, trying [of metals].
afirmación *f.* affirmation, assertion.
afirmadamente *adv.* firmly.
afirmado, da *p. p.* of AFIRMAR. — 2 *m.* roadbed.
afirmador, ra *m. & f.*, **afirmante** *adj. & n.* affirmant.
afirmar *tr.* to make firm, to firm, secure, steady. 2 to affirm, assert, contend, say. 3 (Chi.) to give [a blow]. — 4 *ref.* to steady oneself, to lean [upon], to cling [to] : *afirmarse en los estribos*, to plant one's feet firmly in the stirrups. 5 to maintain firmly : *afirmarse en lo dicho*, to confirm one's statement.
afirmativa *f.* affirmative, affirmative proposition.
afirmativamente *adv.* affirmatively.
afirmativo, va *adj.* affirmative, affirming.
afistular *tr.* to render fistulous. — 2 *ref.* to become fistulous.
aflato *m.* afflatus [wind ; inspiration].
aflautado, da *adj.* fluted, flutelike.
aflechado, da *adj.* arrow-shaped.
aflicción *f.* affliction, grief, sorrow, distress.
aflictivo, va *adj.* afflictive, grievous, distressing.
aflicto, ta *irr. p. p.* of AFLIGIR.
afligido, da *adj.* afflicted, sorrowing, grieving.
afligimiento *m.* AFLICCIÓN.
afligir *tr.* to afflict. 2 to distress, grieve. — 3 *ref.* to grieve, repine, sorrow, be distressed.
aflijo, aflija, etc., *pres., subj. & imper.* of AFLIGIR.
aflojadura *f.*, **aflojamiento** *m.* slackening, relaxation, loosening.
aflojar *tr.* to slacken, slack, loose, loosen, relax, ease, let out. 2 coll. to pay up, fork out, stump up. — 3 *intr.* to slack, slacken, relent, let up, abate, weaken. — 4 *ref.* to slacken, loosen, relax [to become slack, loose, relaxed]. — 5 *interj. ¡afloja!*, draw it mild !
aflorado, da *p. p.* of AFLORAR. — 2 *adj.* made of the finest flour [bread].
afloramiento *m.* MIN. outcrop, outcropping.
aflorar *intr.* MIN. to outcrop, crop out.
afluencia *f.* affluence, inflow, influx, flowing to, rush. 2 affluence, abundance, plenty. 3 fluency, volubility.
afluente *adj.* inflowing. 2 fluent, voluble. — 3 *m.* affluent, tributary stream.
afluir *intr. ~ a.* to flow in, into, to or towards ; to

congregate in; [of a stream] to discharge into.
¶ CONJUG. like *huir*.
aflujo *m.* MED. afflux, affluxion.
afluyo, afluyó, afluya, etc., *irr.* V. AFLUIR.
afollador *m.* (Mex.) bellows blower.
afollar *tr.* to blow [with bellows]. 2 to fold like bellows. — *3 ref.* MAS. to blister.
afondar *tr.* to sink, founder. — *2 intr.-ref.* to sink, founder, go under.
afonía *f.* MED. aphonia.
afónico, ca *adj.* aphonic.
áfono, na *adj.* PHONET. aphonic.
aforador *m.* gauger; appraiser.
aforamiento *m.* gauging; apraisement.
aforar *tr.* to appraise [goods] for the purpose of taxation. 2 to gauge [a stream, a vessel, etc.]. 3 to lease [land].
aforismo *m.* aphorism.
aforístico, ca *adj.* aphoristic(al, aphorismatic.
aforo *m.* AFORAMIENTO. 2 capacity [of a theatre, cinema, etc.].
aforrar *tr.* FORRAR. 2 NAUT. to serve [a rope]. — *3 ref.* to put on heavy underclothing. 4 to line one's stomach.
aforro *m.* FORRO. 2 NAUT. serving [of a rope].
afortunadamente *adv.* luckily, fortunately.
afortunado, da *adj.* lucky, fortunate, happy, successful.
afrailar *tr.* to cut away the branches of [a tree].
afrancesado, da *adj.* frenchified. — *2 adj. & n.* supporting the French; French-supporter [during the Peninsular War].
afrancesamiento *m.* frenchification. 2 francophilism [during the Peninsular War].
afrancesar *tr.* to frenchify, gallicize. — *2 ref.* to become a supporter of the French [during Peninsular War].
afrecho *m.* SALVADO.
afrenta *f.* affront, outrage, dishonour, disgrace.
afrentador, ra *adj.* affronting, outraging. — *2 m. & f.* affronter, outrager.
afrentar *tr.* to affront, outrage, dishonour, disgrace. — *2 ref.* to be affronted, to feel ashamed.
afrentosamente *adv.* affrontingly, ignominiously.
afrentoso, sa *adj.* ignominious, outrageous.
afretar *tr.* NAUT. to scrub the bottom of a boat or ship.
África *pr. n.* GEOG. Africa.
africanista *m.* africanist.
africano, na *adj.* African.
áfrico *adj.* african. — *2 m.* ÁBREGO.
afrisonado, da *adj.* resembling a Frisian draught-horse.
afro, afra *adj.* AFRICANO.
afrodisíaco *adj. & m.* aphrodisiac.
afronitro *m.* aphronitrum.
afrontado, da HER. face to face.
afrontamiento *m.* confrontation, confronting, facing.
afrontar *tr.* to put face [to]; to bring face to face. 2 to confront, face.
afta *f.* MED. aphta.
afuera *adv.* out, outside. 2 outward. — *3 interj.* out of the way! — *4 f. pl.* outskirts, environs [of a town].
afufa *f.* coll. flight, escape : *estar sobre las afufas,* to be arranging to escape; *tomar las afufas,* to flee, run away.
afufar *intr.-ref.* to run away, to flee. 2 *afufarlas,* to flee, disappear.
afufón *m.* coll. AFUFA.
afusión *f.* affusion.
afuste *m.* gun-carriage.
agabachar *tr.* to frenchify. — *2 ref.* to become frenchified.
agachadiza *f.* ORN. snipe : *hacer la* ~, to crouch down, conceal oneself.
agachar *tr.* to lower, bend down [a part of the body] : fig. ~ *las orejas,* to hang one's head. — *2 ref.* to stoop; to duck, cower; to crouch, squat [as a partridge]. 3 (Am.) to give in, yield. 4 (Am.) *agacharse con* [*algo*], to make away with, to steal.
agachona *f.* (Mex.) a wading bird.
agalbanado, da *adj.* GALBANOSO.
agalerar *tr.* NAUT. to tip [an awning].
agáloco *m.* BOT. agalloch, aloes wood.
agalla *f.* BOT. gall, gall-nut. 2 ~ *de ciprés,* cypress nut. 3 tonsil. 4 gill [of a fish]. 5 each side of a

bird's head. 6 BOT. (Cu.) wild shrub used in dyeing. 7 (Ec.) QUIZQUE. 8 *pl.* MED. sore throat, tonsilitis. 9 screw-thread of a boring road. 10 coll. courage : *tener agallas,* to have courage, have guts; (Am.) to be astute, cunning; to be greedy or stingy.
agállico *adj.* CHEM. gallic.
agallón *m.* large gall-nut. 2 hollow silver bead. 3 large wooden bead of a rosary. 4 GALLÓN 2
agallonado, da *adj.* ARCH. ornamented with ecchinus.
agalludo, da *adj.* (Arg. Chi., P. Ri.) bold, daring, courageous. 2 (Chi.) covetous, stingy.
agalluela *f.* dim. of AGALLA.
agamí *m.* ORN. agami, trumpeter.
agamitar *tr.* to imitate the voice of a young fallow deer.
agamuzado, da *adj.* GAMUZADO.
agangrenarse *ref.* GANGRENARSE.
ágape *m.* agape. 2 banquet, feast.
agarbado, da *adj.* GARBOSO.
agarbanzado, da *adj.* chick-pea coloured.
agarbarse *ref.* to stoop, bend down.
agarbillar *tr.* AGR. to sheaf, sheave.
agareno, na *adj. & n.* Mohammedan.
agárico *m.* BOT. agaric.
agarrada *f.* altercation, wrangle, tussle.
agarradero *m.* hold, handle, grip. 2 protection, patronage, pull. 3 NAUT. anchorage.
agarrado, da *adj.* close-fisted, stingy, niggardly.
agarrador *m.* flatiron holder.
agarrafar *tr.* to grapple [in a scuffle].
agarrar *tr.* to seize, take; to clutch, grab, grasp, grip, grapple. 2 to catch [a cold, an illness]. 3 to get, to obtain. — *4 ref.* to seize, clutch, grab, take hold of each other. 5 *agarrarse a,* to take hold of, hold on, cling to, catch at : *agarrarse a un clavo ardiendo,* fig. to catch at a straw.
agarro *m.* clutch, grasp, grip.
agarrochar, agarrochear *tr.* to prick [the bull] with a pike.
agarrón *m.* (Am.) pull, tug. 2 (Am.) AGARRADA.
agarrotar *tr.* to tighten the ropes that bind [a bale, etc.]. 2 to hold tight, to press tightly. 3 to garrotte. 4 to oppress. — *5 ref.* to stiffen.
agasajar *tr.* to fête, to make much of. 2 to regale, entertain, feast.
agasajo *m.* attention shown, affectionate reception. 2 gift, treat, refreshment.
ágata *f.* agate.
agavanza *f.* BOT. hip [the fruit of the dog rose].
agavanzo *m.* BOT. dog rose, hip rose, hip tree. 2 AGAVANZA.
agave *m.* BOT. agave, century plant.
agavillar *tr.* to sheave [bind in sheaves]. 2 to band, collect in bands. — *3 ref.* to band together.
agazapar *tr.* coll. to nab, seize [a person]. — *2 ref.* to crouch, squat [as a rabbit].
agencia *f.* diligence, activity. 2 agency, agent's office. 3 agency, branch, bureau. 4 (Chi.) pawn shop.
agenciar *tr.* to take steps to obtain, to negotiate. — *2 tr. & ref.* to manage to get.
agencioso, sa *adj.* diligent, active.
agenda *f.* note-book, memorandum book.
agente *m.* agent. 2 ~ *de cambio y bolsa,* stockbroker; ~ *de negocios,* business agent; ~ *de policía,* plain-clothes man or officer; ~ *fiscal* revenue officer.
agerasia *f.* agerasia.
ágerato *m.* BOT. sweet maudlin.
agestado, da (bien or **mal)** *adj.* well or ill featured.
agibílibus *m.* ability to look out for oneself, industry, smartness. 2 smart person.
agible *adj.* feasible, practicable.
agigantado, da *adj.* gigantic. 2 uncommon, extraordinary : *a pasos agigantados,* very swiftly, by leaps and bounds.
agigantar *tr.* to enlarge, aggrandize. 2 to exaggerate.
ágil *adj.* agile, nimble, limber, quick.
agilidad *f.* agility, nimbleness, quickness.
agilitar *tr.* to render agile, nimble.
ágilmente *adv.* agilely, nimbly, quickly.
agio, agiotaje *m.* agio. 2 agiotage, stockjobbing. 3 abusive speculation.
agiotador, agiotista *m.* agioter, stockjobber.
agitable *adj.* agitable.

agitación *f.* agitation, flurry, flutter, excitement, turmoil.
agitador, ra *adj.* agitating; stirring. — *2 m.* agitator.
agitanado, da *adj.* gypsy-like.
agitar *tr.* to agitate; to flurry; excite. 2 to shake, to stir; to wave: ~ *el pañuelo*, to wave one's handkerchief. — *3 ref.* to be agitated, flurried, flustered, in a ferment.
aglomeración *f.* agglomeration, crowding, crowd.
aglomerado, da *adj. & m.* agglomerate. — *2 m.* briquette [for fuel].
aglomerar *tr.* to agglomerate, to heap. — *2 ref.* to agglomerate [be agglomerated]; to crowd, throng.
aglutinación *f.* agglutination.
aglutinante *adj.* agglutining, agglutinative: *lengua* ~, agglutinative language. 2 SURG. adhesive plaster, sticking-plaster. 3 cementing material.
aglutinar *tr.* to agglutinate. — *2 ref.* to adhere, stick together, cement, be agglutinated.
agnación *f.* agnation.
agnado, da *adj. & m.* agnate.
agnaticio, cia *adj.* agnatic(al.
agnición *f.* DRAMA. recognition.
agnocasto *m.* SAUZGATILLO.
agnosticismo *m.* agnosticism.
agnóstico, ca *adj.* agnostic(al. — *2 m. & f.* agnostic.
Agnusdéi *m.* Agnus Dei. 2 ancient Spanish coin.
agobiar *tr.* to bow down; to weigh down. 2 to bow down [with care, age, etc.], to overburden, overwhelm [with work, etc.]. — *3 ref.* to be or become bowed down.
agobio *m.* burden, oppression, exhaustion, fatigue.
agogía *m.* MIN. water outlet.
agolpamiento *m.* crowding, thronging.
agolpar *tr.* to crowd together. — *2 ref.* to crowd, throng [come in numbers, press together]; to rush [to].
agonal *adj.* agonistic(al. — *2 m.* agonium. 3 *pl.* agonia.
agonía *f.* agony, death agony, death throes, pangs of death. 2 agony, anguish. 3 violent desire.
agónico, ca *adj.* dying, in the death agony. 2 pertaining to the death agony.
agonioso, sa *adj.* eager, pressing.
agonista *m. & f.* agonist.
agonística *f.* agonistics.
agonístico, ca *adj.* agonistic(al.
agonizante *adj.* dying. — *2 m. & f.* dying person. — *3 m.* monk who assists dying persons.
agonizar *intr.* to be in the death agony, be dying. — *2 tr.* to importune, press, hurry. 3 to assist dying persons.
agora *adv.* vulg. AHORA.
ágora *f.* agora.
agorafobia *f.* MED. agoraphobia.
agorar *tr.* to predict superstitiously. 2 to predict evil on little or no foundation. ¶ CONJUG. like *contar*.
agorero, ra *adj.* ominous, of evil omen [bird]. — *2 m. & f.* diviner, fortuneteller. 3 a prophet of evil. 4 a believer in omens.
agorgojarse *ref.* [of grains, seeds] to get weeviled.
agostadero *m.* summer pasturage.
agostamiento *m.* parching, drying up [plants].
agostar *tr.* to parch, dry up [plants]. — *2 intr.* to pasture in summer time. — *3 ref.* [of plants] to be parched, dried up.
agostero *m.* harvest-worker.
agostizo, za *adj.* coming in August. 2 born in August [animal]. 3 liable to parch [plant].
agosto *m.* August. 2 harvest time; harvest, reaping: *hacer uno su* ~, to feather one's nest.
agotable *adj.* exhaustible.
agotamiento *m.* exhaustion.
agotar *tr.* to exhaust, to drain off, use up, work out, sell out, tire out. — *2 ref.* to be exhausted, to exhaust oneself; to run out, peter out; to sell out, become sold out.
agracejina *f.* BOT. barberry [fruit].
agracejo *m.* unripened grape or olive. 2 BOT. barberry [tree]. 3 a Cuban tree.
agraceño, ña *adj.* resembling verjuice.
agracera *f.* verjuice cruet.
agraciado, da *adj.* graceful, well-favoured, genteel. 2 having [a gift etc.] bestowed on him; winner [of a lottery prize].
agraciar *tr.* to grace, adorn. 2 to bestow [on], to favour [with].

agracillo *m.* AGRACEJO 2.
agradabilísimo, ma *adj.* superl. of AGRADABLE.
agradable *adj.* agreeable. pleasant, pleasing, enjoyable, acceptable, palatable.
agradablemente *adv.* agreeably, pleasantly.
agradamiento *m.* AGRADO.
agradar *tr.* *to* please, be agreeable to; to suit, gratify: *esto me agrada*, I like this. — *2 ref.* to like, to be pleased with. 3 to like each other.
agradecer *tr.* to acknowledge [a favour]; to thank for, be grateful for. ¶ CONJUG. INDIC. Pres.: *agradezco*, agradeces, etc. | SUBJ. Pres.: *agradezca, agradezcas, agradezca; agradezcamos, agradezcáis, agradezcan*. | IMPER.: agradece, *agradezca; agradezcamos*, agradeced, *agradezcan*.
agradecido, da *adj.* acknowledged [favour]. 2 grateful, thankful, obliged.
agradecimiento *m.* gratitude, thankfulness.
agradezco, agradezca, etc., *irr.* V. AGRADECER.
agrado *m.* affability, amiableness, graciousness. 2 pleasure, liking: *esto no es de su agrado*, this is not to his liking, this has not his approval.
agramadera *f.* brake, breaker [for dressing flax or hemp].
agramado *m.* braking [flax or hemp].
agramador, ra *m. & f.* braker. — *2 f.* AGRAMADERA.
Agramante (campo de) *m.* babel, a scene of noise and confusion.
agramar *tr.* to brake [flax or hemp].
agramilar *tr.* to dress or trim bricks with a scutch. 2 to paint a wall to resemble bricks.
agramiza *f.* scutch, flax or hemp tow.
agrandamiento *m.* enlargement, aggrandizement.
agrandar *tr.* to enlarge, aggrandize, greaten, magnify. — *2 ref.* to enlarge [grow larger].
agranujado, da *adj.* pimply; granulated. 2 rascally; urchin-like.
agrario, ria *adj.* agrarian.
agravación *f.* aggravation. 2 getting worse.
agravador, ra *m. & f.* aggravator.
agravamiento *m.* AGRAVACIÓN.
agravante *adj.* aggravating. | It never has the English sense of provoking, exasperating. 2 aggravative.
agravar *tr.* to aggravate [increase the gravity of]; to make worse or heavier. 2 to burden with taxes. 3 to exaggerate the gravity of. — *4 ref.* to become more grave. 5 [of a patient] to get worse.
agravatorio, ria *adj.* aggravative.
agraviadamente *adv.* in an offended manner.
agraviador, a *m. & f.* offender, wronger.
agraviante *adj.* offending, offensive.
agraviar *tr.* to offend, outrage. 2 to injure, hurt, wrong. — *3 ref.* to be offended, to take umbrage.
agravio *m.* grievance, offence, outrage, insult. 2 hurt, injury, harm, wrong.
agravioso, sa *adj.* offensive, insulting.
agraz *m.* unripe grape: *en* ~, fig. unseasonably, prematurely. 2 grape verjuice. 3 AGRAZADA. 4 MAROJO. 5 fig. bitterness, sorrow.
agrazada *f.* drink made of grape verjuice.
agrazar *intr.* to taste sour. — *2 tr.* to vex.
agrazón *m.* wild grape; grape that never ripens. 2 gooseberry bush. 3 annoyance, sorrow, vexation.
agrecillo *m.* AGRACEJO 2.
agredir *tr. & def.* to assail, assault, attack ¶ The only moods and persons used are those having *i* in their terminations.
agregación *f.* aggregation, addition, joining, attaching.
agregado, da *adj.* joined, added, attached. — *2 m.* aggregate, collection. 3 annex. 4 attaché. 5 (Arg., Col.) tenant farmer.
agregar *tr.* to join, add; to aggregate, unite. 2 to attach [a person] to an office, staff, etc. — *3 ref.* to join, to attach oneself.
agremiar *tr.* to organize into a guild or tradesmen's union. — *2 ref.* to join a tradesmen's union; to form a tradesmen's union.
agresión *f.* aggression, assault, attack.
agresivamente *adv.* aggressively.
agresividad *f.* aggressiveness.
agresivo, va *adj.* aggressive.
agresor, ra *adj.* aggressing. — *2 m. & f.* aggressor, assailant, assaulter.
agreste *adj.* rustic, agrestic. 2 wild [fruit, flower, etc.]. 3 rude, uncultured, uncouth.
agrete *adj.* sourish.

agriamente *adv.* sourly, tartly. 2 harshly, bitterly, severely.
agriar *tr.* to sour [make sour]. 2 to exasperate, embitter. — *3 ref.* to sour, turn sour.
agriaz *m.* BOT. China tree.
agrícola *adj.* agricultural. — *2 m. & f.* agriculturist.
agricultor, ra *m. & f.* agriculturist, farmer.
agricultura *f.* agriculture.
agridulce *adj.* bittersweet.
agriera *f.* (Am.) heartburn.
agrietado, da *adj.* cracked, fissured, chapped.
agrietamiento *m.* cracking, fissuring, chapping.
agrietar *tr.* to crack, fissure, chap. — *2 ref.* to crack, fissure, chap [burst open in cracks].
agrifolio *m.* ACEBO.
agrilla *f.* ACEDERA.
agrillarse *ref.* GRILLARSE.
agrillo, lla *adj.* sourish, acidulous.
agrimensor *m.* land surveyor.
agrimensura *f.* survey, land surveying.
agrimonia *f.* BOT. agrimony.
agrio, gria *adj.* sour, acrid, acid. crab. 2 bitter [orange]. 3 rough, steep, abrupt. 4 tart, sharp, ungracious; crabbed. 5 brittle, unmalleable [metal]. 6 PAINT. harsh. — *7 m.* acid juice. 8 *pl.* acid or bittersweet fruits; citrus fruits [lemons, oranges, etc.].
agripalma *f.* BOT. motherwort.
Agripina *pr. n.* Agrippina.
agrisado, da *adj.* grayish.
agrisetado, da *adj.* resembling GRISETA 1.
agro, gra *adj.* AGRIO. — *2 m.* [cultivated] land, field.
agronomía *f.* agronomics, agronomy.
agronómico, ca *adj.* agronomic(al.
agrónomo *m.* agronomist.
agropecuario, ria *adj.* concerning agriculture and cattle raising: *riqueza agropecuaria,* land and cattle wealth.
agrumar *tr.* to clot, coagulate. — *2 ref.* to clot [become clotted].
agrupación *f.* grouping. 2 groupment, group, union, association. 3 cluster.
agrupar *tr.* to group. 2 to cluster, bunch. — *3 ref.* to group, cluster, bunch up [gather in a group or bunch], to crowd together.
agrura *f.* sourness, acidity [of things]. 2 acid juice. 3 acid or bittersweet fruit trees [lemon tree, orange tree, etc.].
agua *f.* water [liquid, body of water, sea, lake, stream, etc.] : ~ *bendita,* holy water; ~ *carbónica,* soda water; ~ *corriente,* running water; ~ *cruda,* hard water; ~ *de cepas,* fig. wine; ~ *delgada,* soft water; ~ *de nieve,* melted snow water; ~ *de pie,* running water, spring water; ~ *de Seltz,* Seltzer, Seltzer water; ~ *de socorro,* emergency baptism; ~ *dulce,* fresh water; ~ *estancada,* stagnant water; ~ *gorda,* hard water; ~ *llovediza,* ~ *lluvia,* rain water; ~ *manantial,* spring water; ~ *mansa,* still water; ~ *mineral,* mineral water; ~ *muerta,* stagnant water; ~ *pesada,* heavy water; ~ *salada,* salt water; ~ *termal,* hot-spring water; ~ *viva,* running water; *¡hombre al ~!,* man overboard!; *ahogarse en poca ~,* fig. to be troubled with little cause; *bailarle el ~ a uno, bailar el ~ delante a uno,* fig. to do anything to please someone; *coger ~ en cesto,* or *en harnero,* fig. to labour in vain; *correr el ~ por donde solía* fig. [of persons or matters] to return to their old cusoms or state; *echar ~ en el mar,* fig. to carry coals to Newcastle, to do something useless; *echarse uno al ~,* fig. to make up one's mind to do something hazardous; *estar con el ~ al cuello,* fig. to be in deep water, to be in danger; *estar entre dos aguas,* fig. to be undecided; to be on the fence; *guárdate del ~ mansa,* fig. still waters run deep; *hacerse una cosa ~,* or *una ~, en la boca,* fig. to melt in one's mouth; *llevar uno el ~ a su molino,* fig. to arrange matters for one's own advantage; *nadie diga,* or *nadie puede decir, de esta ~ no beberé,* don't be too sure that the same thing won't happen to you, or that you won't do that very thing; *tan claro como el ~,* obvious, manifest, plain as a pikestaff; ~ *abajo,* or *aguas abajo,* downstream; ~ *arriba,* or *aguas arriba,* upstream; *como ~,* abundantly; *sin decir ~ va,* fig. inconsiderately. 2 water [solution, in-

fusion, destillation. etc.] : ~ *de azahar,* orange-flower water; ~ *de borrajas,* or *cerrajas,* fig. unsubstantial thing; ~ *de Colonia,* Cologne, Cologne water, eau-de-Cologne; ~ *de rosas,* rose water; ~ *fuerte,* aqua fortis, nitric acid; AGUA-FUERTE; ~ *oxigenada,* hydrogen peroxide; ~ *regia,* aqua regia; ~ *rosada,* scented water; *bañarse en ~ rosada,* fig. to rejoice at someone's good or bad fortune; *volverse ~ de cerrajas,* fig. to fail, to come to nothing. 3 rain : ~ *nieve,* sleet; ~ *viento,* wind and rain; *meterse en ~,* [of day or weather] to become rainy. 4 slope of a roof : *tejado a dos aguas,* double-sloping roof. 5 NAUT. water, leakage : ~ *de pantoque,* bilge water; *via de ~,* leak; *hacer ~,* to make water, to leak. 6 tears. 7 water, saliva : *se me hace ~ la boca,* fig. my mouth waters. 8 *pl.* tide, tides [in the sea] : *aguas de creciente,* rising tide; *aguas de menguante,* ebb tide; *aguas mayores,* equinoctial tides; *aguas menores,* ordinary tides; *aguas muertas,* neap tides; *aguas vivas,* spring tides. 9 waters : *aguas jurisdiccionales,* territorial waters. 10 water [of a precious stone]. 11 water [lustrous pattern in silk, metals, etc.]. 12 water, urine : *aguas mayores,* evacuation of the bowels; *aguas menores,* urine.
aguacatal *m.* plantation of avocadoes.
aguacate *m.* BOT. avocado, alligator pear [tree and fruit]. 3 a pear-shaped emerald.
aguacatillo *m.* an American lauraceous tree.
aguacero *m.* rainstorm, heavy shower.
aguacibera *f.* water used for irrigating ground sown when dry.
aguacha *f.* foul, stagnant water.
1) **aguachar** *m.* pool, puddle.
2) **aguachar** *tr.-ref.* ENAGUACHAR.
aguacharnar *tr.-ref.* ENAGUAZAR.
aguachento, ta *adj.* (Am.) too watery [fruit].
aguachirle *f.* inferior wine. 2 weak liquor; unsubstantial thing.
aguada *f.* watering place [place where water may be obtained]. 2 NAUT. supply of drinking water : *hacer ~,* to water, take fresh water. 3 flood in a mine. 4 PAINT. water colour.
aguaderas *f. pl.* frame for carrying water-pitchers on horses.
aguadero, ra *adj.* water, for water; waterproof [cloak]. — *2 m.* watering place [for animals].
aguadija *f.* serosity.
aguado, da *adj.* watered, waterish [diluted with water]. 2 abstemious, teetotaller.
aguador, ra *m. & f.* water carrier.
aguaducho *m.* stall for selling water. 2 freshet, flood. 3 ACUEDUCTO. 4 NORIA.
aguadulce *m.* (C. Rl.) AGUAMIEL 1.
aguadura *f.* VET. founder. 2 VET. abscess in the hoofs of horses.
aguafiestas *m. & f.* kill-joy, marplot.
aguafuerte *f.* etching; etched plate.
aguafuertista *m. & f.* etcher.
aguagoma *f.* gum water.
aguaicar *tr.* (Bol., Pe.) to fight [many against one].
aguaitacamián *m.* ORN. a Cuban heron.
aguaitar *tr.* (Am.) to spy, watch.
aguajaque *m.* fennel gum.
aguajas *f. pl.* VET. scratches.
aguaje *m.* AGUADERO 2. 2 NAUT. spring tide; tidal wave. 3 sea stream or current. 4 wake [of a ship]. 5 (Ec., Guat.) heavy shower.
aguají *m.* ICHTH. a fish of the Caribbean Sea. 2 a Cuban sauce.
agualotal *m.* (Am.) AGUAZAL.
aguamala *f.* MEDUSA 1.
aguamanil *m.* pitcher, ewer. 2 wash-basin. 3 washstand.
aguamanos *m.* water for washing the hands. 2 AGUA-MANIL 1.
aguamar *m.* AGUAMALA.
aguamarina *f.* aquamarina, aquamarine.
aguamelado, da *adj.* soaked in hydromel.
aguamiel *f.* hydromel. 2 (Am.) water sugared with cane. 3 (Mex.) juice of the American aloes.
aguanieve *f.* sleet.
aguanieves *f.* AGUZANIEVES.
aguanosidad *f.* serous humours.
aguanoso, sa *adj.* waterish, watery [abounding in water or moisture].
aguantable *adj.* bearable, supportable.
aguantar *tr.* to restrain, hold back, repress, con-

trol. 2 to bear, endure, suffer, sustain, support, stand, brook, abide, resist : ~ *la mecha*, to be patient. 3 to swallow [an affront, etc.]. 4 NAUT. to haul tight. — 5 *ref.* to restrain oneself, to be silent.

aguante *m.* patience, endurance. 2 fortitude, firmness.

aguañón *adj. maestro* ~, builder of hydraulic works.

aguapié *m.* small wine.

aguar *tr.* to water, water down [dilute with water]. 2 to spoil, mar [fun, pleasure]. — 3 *ref.* to be spoiled, marred. 4 to be flooded with water. 5 VET. [of horses] to become ill from drinking water when perspiring.

aguará *m.* ZOOL. a South-American fox.

aguardada *f.* awaiting, wait.

aguardar *tr.* to wait, to await or wait for. 2 to expect. 3 to grant time [to a debtor]. — 4 *intr.* to stay, hold on, stop. 5 ~ *a*, to wait, to wait for.

aguardentería *f.* shop for the sale of spirits.

aguardentero, ra *m. & f.* retailer of spirits.

aguardentoso, sa *adj.* mixed with spirits. 2 harsh, hoarse [voice].

aguardiente *m.* spirit, firewater : ~ *de caña*, rum.

aguardillado, da *adj.* garret-like.

aguardo *m.* ACECHO. 2 hiding place for a hunter.

aguarrás *m.* turpentine, oil of turpentine.

aguasal *f.* SALMUERA.

aguasarse *ref.* (Am.) to become yokel-like.

aguasol *m.* (Am.) maize stubble.

aguatarse *ref.* (Am.) ENAGUACHARSE.

aguatero, ra *m. & f.* (Am.) water carrier.

aguatocha *f.* NAUT. pump.

aguaturma *f.* BOT. Jerusalem artichoke.

aguaverde *m.* ZOOL. green jellyfish.

aguaviento *m.* rainy wind.

aguavientos, *pl.* -tos *m.* BOT. Jerusalem sage.

aguavilla *f.* GAYUBA.

aguaza *f.* VET. water from a swelling.

aguazal *m.* fen, swamp.

aguazar *tr.* ENCHARCAR.

aguazo *m.* a kind of gouache painting.

aguazul, aguazur *m.* ALGAZUL.

agüé, aguce, etc., *pret., subj. & imper.* of AGUZAR.

agudamente *adv.* acutely, sharply. 2 wittily.

agudeza *f.* acuteness, sharpness, acuity, keenness. 2 perspicacity, penetration, subtlety. 3 wit, esprit, smartness. 4 witticism, sally.

agudizar *tr.* to render more acute. — 2 *ref.* to become more acute, to worsen.

agudo, da *adj.* acute, sharp, sharp-pointed. 2 acute, sharp, keen [pain]. 3 acute, sharp, high, high-pitched, high-keyed; shrill [sound, tone]. 4 sharp, perspicacious, acute, subtle. 5 witty, smart, clever, ingenious. 6 acute [angle; accent; disease]. 7 GRAM. accented on the last syllable; oxytone [word].

Águeda *f. pr. n.* Agatha.

agüera *f.* irrigation trench.

1) **agüero** *m.* augury, prediction. 2 sign, omen : *pájaro de mal* ~, bird of ill omen.

2) **agüero, agüere**, etc., *irr.* V. AGORAR.

aguerrido, da *adj.* inured to war; veteran.

aguerrir *tr. & def.* to inure to war. ¶ The only moods and persons used are those having *i* in their terminations.

aguijada *f.* goad, prick [spiked stick]. 2 plough-staff, plowstaff.

aguijador, ra *adj.* goading, spurring, stimulating. — 2 *m. & f.* goader, spurrer, stimulator.

aguijadura *f.* goading, spurring, stimulating.

aguijar *tr.* to goad, spur, prick. 2 to incite, stimulate. — 3 *intr.* to quicken one's steps.

aguijón *m.* point of a goad : *dar coces contra el* ~, to kick against the pricks. 2 ZOOL., BOT. sting. 3 one-pointed spur. 4 fig. spur, goad, stimulus.

aguijonazo *m.* thrust with a goad or prick; sting.

aguijoneador, ra *adj.* goading, inciting. — 2 *m. & f.* goader.

aguijonear *tr.* to goad, prick. 2 to sting. 3 to incite, stimulate.

águila *f.* ORN. eagle : ~ *barbuda*, lammergeyer, bearded vulture; ~ *blanca*, a South-American sea-eagle; ~ *cabdal, caudal* or *real*, golden eagle, royal eagle; ~ *imperial*, imperial eagle; *ser un* ~, fig. to be very clever. 2 eagle [emblem; coin]. 3 ICHTH. eagle ray. 4 (cap.) ASTR. Eagle.

aguileña *f.* BOT. columbine.

aguileño, ña *adj.* aquiline. 2 hawk-nosed.

aguililla *adj.* (Am.) swift-paced [horse].

aguilita *m.* (Mex.) police officer.

aguilón *m. aug.* of ÁGUILA. 2 jib of a crane. 3 ARCH. gable angle.

aguilucho *m.* eaglet.

aguinaldo *m.* Christmas box, Christmas gift.

agüista *m.* resorter to a spa.

aguja *f.* needle : ~ *colchonera*, quilting, tufting needle; ~ *espartera*, pack needle; ~ *de pancho*, crochet needle or hook; ~ *de hacer calceta*, knitting needle; ~ *de mechar*, ~ *mechera*, larding needle or pin; *buscar una* ~ *en una pajar*, to look for a needle in a haystack. 2 bodkin; hatpin. 3 watch hand. 4 pointer, index. 5 style [of a dial, of a phonograph]. 6 etching needle. 7 firing pin. 8 NAUT. compass [called also ~ *de bitácora* o *de marear*] : *conocer la* ~ *de marear*, fig. to know one's way about. 9 ARCH. spire, steeple, broach. 10 a long mince pie. 11 ICHTH. gar, garfish, needlefish. 12 BOT. Lady's-comb, Venus's-comb, devil's-darning-needle [called also ~ *de pastor* or *de Venus*]. 13 switch rail. 14 *pl.* RLY. switch, point switch. 15 fore ribs [of an animal]. 16 VET. distemper of horses affecting the legs, neck and throat.

agujazo *m.* prick with a needle.

agujereado, da *adj.* pierced, bored, perforated. 2 full of holes.

agujerear *tr.* to pierce, bore, perforate, puncture.

agujero *m.* hole. 2 needle maker or seller. 3 ALFILETERO.

agujeruelo *m. dim.* of AGUJERO.

agujeta *f.* costume point, tagged lace. 2 *pl.* pains from overexercise. 3 tip given to a postillion.

agujetero *m.* (Am.) needle case.

agujón *m. aug.* of AGUJA. 2 ICHTH. an Antillan gar.

aguosidad *f.* lymph, serosity.

aguoso, sa *adj.* ACUOSO.

¡agur! *interj.* coll. good-bye!, farewell!

agusanamiento *m.* maggotiness, grubbiness, worminess.

agusanarse *ref.* to get or become maggoty, grubby or wormy; to become worm-eaten.

Agustín *pr. n.* Augustin, Austin.

agustiniano, na *adj.* Augustinian.

agustino, na *adj. & n.* Augustinian, Austin [friar]. 2 *pl.* Augustines.

aguti *m.* ZOOL. (Arg., Par.) agouti.

aguzadero, ra *adj.* whetting, sharpening : *piedra aguzadera*, whetstone. — 2 *m.* place where wild boars sharpen their tusks.

aguzado, da *adj.* sharp-edged or -pointed, keen.

aguzador, ra *adj.* sharpening. — 2 *m.* sharpener.

aguzadura *f.*, **aguzamiento** *m.* sharpening, whetting.

aguzanieves *f.* ORN. wagtail.

aguzar *tr.* to sharpen, point, whet [make pointed or keen-edged]. 2 to spur, goad, estimulate. 3 to sharpen [the wits, the senses]. 5 to whet [make keen, eager]. 5 to prick up [one's ears].

aguzonazo *m.* HURGONAZO.

¡ah! *interj.* oh!, ha!

ahebrado, da *adj.* threadlike, filamentous.

ahechador, a *m. & f.* sifter of grain.

ahechaduras *f. pl.* riddlings or siftings of grain.

ahechar *tr.* to riddle, sift [grain].

ahecho *m.* riddling [of grain].

ahelear *tr.* to embitter. — 2 *intr.* to taste bitter.

ahelgado, da *adj.* HELGADO.

aherrojamiento *m.* chaining, putting in irons.

aherrojar *tr.* to chain, iron, fetter, put in irons. 2 to oppress, hold in subjection.

aherrumbrar *tr.* to impart the taste or the colour of iron to. — 2 *ref.* to acquire the taste or the colour of iron. 3 [of iron, etc.] to rust.

ahervorarse *ref.* [of stored grains] to become heated, ferment.

ahí *adv.* there, in that place : *de* ~ *que*, hence; *por* ~, somewhere around; that way, over there; *por* ~ *por* ~, more or less; ~ *donde le ve*, though he doesn't look it, though you'd never think or imagine it.

ahidalgado, da *adj.* gentlemanly.

ahigado, da *adj.* brave, courageous. 2 liver-coloured.

ahijada *f.* goddaughter.

ahijado *m.* godchild, godson. 2 protégé.

ahijar *tr.* to adopt [a person]. 2 to impute. — 3 *intr.* to procreate. 4 AGR. to bud, shoot out.

ahilar *intr.* to go in single file. — 2 *ref.* to faint [from hunger]. 3 to grow thin [from illness]. 4 [of wine] to turn ropy. 5 [of plants] to grow weak, become etiolated; [of trees] to grow slender.

ahilo *m.* act, fact and effect of AHILAR.

ahincadamente *adv.* hard, eagerly, earnestly.

ahinco *m.* eagerness, earnestness, ardour, effort.

ahitar *tr.* to surfeit, cloy, satiate, pall — 2 *ref.* to gorge oneself, to get cloyed.

ahitera *f.* continued surfeit or indigestion.

ahito, ta *adj.* cloyed, surfeited, gorged, full. 2 weary, bored, disgusted. — 3 *m.* surfeit, indigestion.

ahobachonado, da *adj.* lazy.

ahocicar *intr.* NAUT. to pitch or plunge, to dip the bows under. 2 (Cu.) to give in, cease arguing. — 3 *tr.* to rub a cat or dog's nose in the place he has fouled. 4 to oblige an opponent in an argument to acknowledge defeat.

ahocinarse *ref.* [of a stream] to run into gullies.

ahogadero *m.* a kind of halter or hangman's rope. 2 stifling place, place difficult to breathe in. 3 throatlatch, throatband.

ahogadizo, za *adj.* [of fruits] not easily swallowed. 2 [of wood] heavier-than-water.

ahogado, da *adj.* choked, suffocated, stifled, smothered : *mate* ~, smothered mate [in chess]. 2 drowned. 3 close, stuffy, ill-ventilated. — 4 *m. & f.* drowned person.

ahogador, ra *adj.* suffocating, choking, stifling. — 2 *m. & f.* stifler; drowner.

ahogamiento *m.* suffocation, choking, stifling. — drowning.

ahogar *tr.* to choke, stifle, smother, suffocate. 2 to drown, strangle. 3 to quench, extinguish. 4 to oppress, crush, overwhelm. — 5 *ref.* to choke, stifle, suffocate, smother [be suffocated, etc.]. 6 to be drowned, to drown oneself : *ahogarse en poca agua*, to be troubled with little cause.

ahogo *m.* anguish, oppression, suffocation. 2 pinch, straitened circumstances, financial difficulties.

ahoguijo, ahoguío *m.* constriction of the chest.

ahondar *tr.* to deepen [a hole or cavity]; to excavate. — 2 *intr.-tr.* to go deep into, to penetrate.

ahonde *m.* deepening.

ahora *adv. & conj.* now; ~ *mismo*, just now, right now, this instant; *por* ~, for the present; *hasta* ~, hitherto, until now; ~ *bien*, now, now then. — 2 *conj.* whether ... or.

ahorcado, da *m. & f.* hanged man, hanged woman.

ahorcadura *f.* hanging [execution or death by hanging].

ahorcajarse *ref.* to sit astride.

ahorcar *tr.* to hang [kill by hanging]. 2 to give up [books, studies] : ~ *los hábitos*, to give up clerical life. — 3 *ref.* to hang [oneself].

ahorita *adv.* (Am.) instantly, this very minute.

ahormar *tr.* to adjust or shape on a mould; to block [a hat], to last [a shoe]. 2 fig. to bring to reason. — 3 *ref.* to become adjusted or shaped.

ahornagamiento *m.* AGR. parching.

ahornagarse *ref.* [of soil & plants] to become parched or scorched.

ahornar *tr.* ENHORNAR. — 2 *ref.* to be scorched in the oven without being baked through.

ahorquillado, da *adj.* forked, furcate.

ahorquillar *tr.* AGR. to stay, prop up [with a forked pole]. 2 to fork [give a forklike shape].

ahorrado, da *adj.* saving, economical, thrifty. 2 HORRO 2.

ahorrador, a *adj.* saving, economical, thrifty. — 2 *m. & f.* emancipator. 3 economizer, thrifty person.

ahorrar *tr.* to save, economize; to put or lay by, spare. 2 to enfranchise, emancipate [a slave]. — 3 *tr.-ref.* to spare, to spare oneself [trouble, labour, etc.].

ahorrativa *f.* AHORRO 1.

ahorrativo, va *adj.* saving, thrifty, parsimonious.

ahorro *m.* saving, economy. 2 savings : *caja de ahorros*, savings bank.

ahoyadura *f.* digging of holes.

ahoyar *intr.* to dig holes.

ahuate *m.* (Hond., Mex.) prickling hair [of sugar cane, etc.].

ahuchador, ra *m. & f.* hoarder.

ahuchar *tr.* to hoard up.

ahuecador, ra *adj.* hollowing. 2 loosening, fluffing.

ahuecamiento *m.* hollowing. 2 loosening [making less dense or compact]. 3 swelling with pride, puffing up.

ahuecar *tr.* to hollow; to inflate, puff out. 2 to loosen [make less dense or compact], to fluff. 3 to make [the voice] hollow or pompous. 4 fig. ~ *el ala*, to go; *¡ahueca!*, get out of here! — 5 *ref.* to swell with pride, to become puffed up.

ahuehué, ahuehuete *m.* BOT. ahuehuete.

ahuequé, ahueque, etc., *pret., subj. & imper.* of AHUECAR.

ahuesado, da *adj.* bone-coloured. 2 bone-hard.

ahulado, da *m.* (Am.) waterproof cloth.

ahumado, da *adj.* smoked, smoky. — 2 *f.* smoke signal from coast, or high places.

ahumar *tr.* to smoke [blacken, cure, etc., with smoke]; to fill with smoke. — 2 *intr.* to smoke [emit smoke]. — 3 *ref.* to get smoky, to be smoked. 4 fig. to get drunk.

ahusado, da *adj.* spindle-shaped, fusiform.

ahusar *tr.* to give a spindle shape to. — 2 *ref.* to taper at both ends.

ahuyentador, ra *adj.* scaring or driving away. — 2 *m. & f.* one who scares or drives away.

ahuyentar *tr.* to drive away, to scare away, to put to flight. — 2 *ref.* to flee.

aijada *f.* AGUIJADA.

ailanto *m.* BOT. ailanthus.

aindiado, da *adj.* (Am.) Indian-like.

aína *adv.* soon. 2 easily. 3 nearly.

airadamente *adv.* angrily, irefully.

airado, da *adj.* angry, irate, wrathful. 2 loose, depraved [life].

airamiento *m.* anger, wrath.

airar *tr.* to anger, irritate. — 2 *ref.* to get angry.

aire *m.* air [fluid, atmosphere, wind] : ~ *acondicionado*, conditioned air; *con* ~ *acondicionado*, air-conditioned; *acondicionamiento de* ~, air conditioning; ~ *colado*, cold draught; ~ *comprimido*, compressed air; ~ *puro*, clean air; ~ *viciado*, foul air; *azotar el* ~, fig. to labour in vain; *beber los aires por*, fig. to sigh or long for or after; to be madly in love with; *cortarlas*, or *matarlas*, *uno en el* ~, fig. to be quick-witted; *darle a uno el* ~ *de alguna cosa*, to get wind of something; *disparar al* ~, to fire off [arms] in the air; *echar al* ~, to uncover some part of the body; *estar en el* ~, to be in the air; *fundar en el* ~, fig. to build on insufficient foundations; *hacer* ~ *a uno*, to fan someone; *hacerse* ~, to fan oneself; *herir el* ~ *con voces, lamentos*, etc., to lament loudly; *mudar de aires*, to go for a change, to move to a more healthy place or region; *mudarse uno a cualquier* ~, to be fickle, of a changeable mind; *ofenderse del* ~, to be very touchy; *ser una cosa* ~, [of a thing] to be vain, unsubstantial; *tomar el* ~, to take the air, take a walk; *tomar los aires*, to be away from one's ordinary residence for health's sake; *al* ~ *libre*, in the open air, outdoors; *en el* ~, fig. quickly, in a moment; in the air, undecided; *por el* ~ or *por los aires*, fig. swiftly, rapidly, speedily. 2 appearance, mien, air, airs : *tener* ~ *de salud*, to have a healthy appearance; *darse aires de sabio*, to put on the airs of a wise man. 3 resemblance : *darse un* ~ *a*, to resemble, to have a resemblance to. 4 pace, gait [of a horse]. 5 humour, temper : *de buen* (or *mal*) ~, in good (or bad) humour, in a pleasant (or peevish) manner. 6 ease, dexterity. 7 elegance, grace, gracefulness [in carriage or demeanour]. 8 vigour, violence; *dar con* ~, or *de buen* ~, to strike violently. 9 MUS. movement. 10 MUS. air, melody. 11 JEW. *montado al* ~, in open setting.

aireación *f.* VENTILACIÓN.

airear *tr.* to air, to ventilate. — 2 *ref.* to take the air; to refresh oneself.

airecico, airecillo, airecito *m.* air, gentle breeze.

airón *m.* ORN. European heron. 2 ORN. crest of feathers. 3 aigrette, panache, crest. — 4 *adj.* very deep [well].

airosamente *adv.* gracefully, lively.

airosidad *f.* grace, liveliness [in carriage, or deportment].

airoso, sa *adj.* airy, windy [place]. 2 graceful,

lively [in carriage or deportment]. *3 salir* ~, to acquit oneself well; to be successful.

aislacionismo *m.* isolationism.

aisladamente *adv.* isolatedly, singly, separately.

aislado, da *adj.* isolate(d, separated, solitary. *2* insulate(d.

aislador, ra *adj.* isolating; insulating. — *2 m.* PHYS., ELEC. isolator, insulator.

aislamiento *m.* isolation; insulation. *2* loneliness; seclusion.

aislar *tr.* to isolate, insulate; to enisle. — *2 ref.* to become isolated. *3* to isolate or seclude oneself.

aité *m.* BOT. a wild tree of Cuba.

¡ajá! *interj.* aha!, that is right!

ajabeba *f.* moorish flute.

ajada *f.* a garlic sauce.

ajamiento *m.* withering, fading, crumpling, rumpling.

ajamonarse *ref.* [of a woman] to grow plump and buxon.

ajaquecarse *ref.* to have a headache.

1) **ajar** *m.* garlic field.

2) **ajar** *tr.* to crumple, rumple, ruffle, spoil, wither, fade. — *2 ref.* to become crumpled, spoiled or withered.

ajaraca *f.* ARCH. a moorish knot or ornament.

ajarafe *m.* tableland. *2* AZOTEA.

ajaspajas *f. pl.* trifle.

aje *m.* ACHAQUE 1. *2* BOT. a plant of the yam family. *3* (Hond.) a kind of cochineal.

ajea *f.* BOT. kind of mugwort.

ajear *tr.* [of a pursued partridge] to cry.

ajebe *m.* JEBE.

ajedrea *f.* BOT. savory, savoury.

ajedrecista *m. & f.* chess player.

ajedrez *m.* chess [game].

ajedrezado, da *adj.* checkered, chequered.

ajenabe *m.* JENABE.

ajengibre *m.* JENGIBRE.

ajenjo *m.* BOT. wormwood, absinthium. *2* absinth, absinthe [liquor].

ajeno, na *adj.* another's, alien, strange. *2* alien, foreign [to], inconsistent [with], improper [of]. *3* ignorant [of]. *4* ~ *de cuidados*, free from care. *5* ~ *de sí*, detached.

ajenuz *m.* ARAÑUELA 2.

ajeo *m.* cry of a pursued partridge.

ajete *m.* BOT. young garlic. *2* wild leek. *3* garlic sauce.

ajetrearse *ref.* to get tired out; to hustle, bustle, fuss.

ajetreo *m.* fatigue; hustle, bustle, fuss.

ají *m.* (Am.) chili, chili pepper. *2* chili sauce.

ajiaceite *m.* a garlic and oil sauce.

ajiaco *m.* (Am.) chili sauce. *2* a dish of boiled meat and vegetables, seasoned with chili.

ajilimoje, ajilimójili *m.* a kind of pepper sauce. *2 pl.* coll. appendages.

ajimez *m.* arched mullioned window.

ajipuerro *m.* BOT. wild leek.

ajizal *m.* (Am.) chili plantation.

ajo *m.* BOT. garlic: *harto ae ajos*, ill-bred. *2* garlic clove. *3* garlic sauce. *4* secret affair: *andar en el* ~, to have a finger in the pie. *5* PALABROTA. *6* BOT. ~ *chalote*, shallot; ~ *porro*, or *puerro*, leek.

ajobar *tr.* to carry on the back.

ajobilla *f.* ZOOL. a triangular sea-shell.

ajobo *m.* carrying on the back. *2* heavy burden.

ajofaina *f.* JOFAINA.

ajolote *m.* ZOOL. axolotl.

ajomate *m.* a green filamentous alga.

ajonje *m.* a kind of birdlime. *2* AJONJERA.

ajonjera *f.* BOT. carline thistle. *2* BOT. ~ *juncal*, gum succory.

ajonjero *m.* BOT. carline thistle.

ajonjolí *m.* BOT. sesame [plant & seeds].

ajonuez *m.* sauce of garlic and nutmeg.

ajoqueso *m.* dish seasoned with garlic and cheese.

ajorca *f.* ring bracelet, anklet, bangle.

ajornalar *tr.* to hire [a person] by the day. — *2 ref.* to hire oneself out by the day.

ajote *m.* ESCORDIO.

ajuagas *f. pl.* VET. scratches.

ajuanetado, da *adj.* JUANETUDO.

ajuar *m.* household furniture. *2* trousseau.

ajudiado, da *adj.* Jewish; Jewlike.

ajuiciado, da *adj.* sensible, wise.

ajuiciar *tr. & intr.* to make or become sensible or judicious.

ajumado, da *adj.* drunk, intoxicated.

ajustadamente *adv.* justly, rightly.

ajustado, da *p. p.* of AJUSTAR. — *2 adj.* just, right. *3* tight, close-fitting.

ajustador, ra *adj.* adjusting, adapting. — *2 m.* a kind of close-fitting waistcoat.. *3* MEC. adjuster, fitter. *4* PRINT. pager.

ajustamiento *m.* adjustment, adaptation.

ajustar *tr.* to adjust, adapt, fit. *2* to regulate. *3* to fit tight, to tighten. *4* to close, strike [a bargain]; to make [an agreement]; to arrange [a marriage]; to adjust [the pace]. *5* to reconcile. *6* to settle [accounts]. *7* to fix, agree upon [a price]. *8* to hire, engage. *9* PRINT. to page, make up. — *10 intr.* to fit [tight]. — *11 ref.* to adjust oneself to, to conform to. *12* to hire oneself. *13* to come to an agreement.

ajuste *m.* adjustment, fitting, fit. *2* agreement, contract. *3* reconciliation. *4* settlement. *5* hire, engagement. *6* PRINT. paging, make up.

ajusticiado, da *adj. & n.* executed [person].

ajusticiar *tr.* to execute, put to death.

al contraction of *a* and *el:* to the; at or at the [foll. by a masc. noun]. *2* When used with an infinitive to indicate coexistence or moment of action, it is equivalent to «on» [foll. by ger.], «at» [foll. by noun], «about», «on the point of», etc.: ~ *verlo*, on seeing it; ~ *amanecer*, at daybreak; *está* ~ *llegar*, he is about to arrive.

ala *f.* wing [of a bird, an insect, a bat] : *ahuecar el* ~, coll. to beat it, to go away; *arrastrar el* ~, to woo, court; *cortar las alas*, to clip the wings; *volar con sus propias alas*, to stand on one's own feet. *2* AER. wing, plane, aerofoil : ~ *en flecha*, swept-back wing; ~ *portabombas*, bomb-wing; ~ *volante*, flying wing; *perfil de* ~, aerofoil section. *3* ARCH., BOT., FORT., MIL., NAVY wing. *4* ANAT. ala, wing [of the nose] ; auricle [of the heart] : *caérsele a uno las alas* or *las alas del corazón*, to be dismayed or discouraged, to lose heart. *5* brim [of a hat]. *6* flap [of a table]. *7* blade [of a propeller]. *8* NAUT. studding sail. *9* BOT. elecampane. *10* file, row, line. *11* eaves. *12 pl.* courage, boldness : *dar alas a*, to embolden.

Alá *pr. n.* Allah.

alabado *m.* motet in praise of the Blessed Sacrament.

alabador, ra *adj.* praising, extolling, commending. *2 m. & f.* praiser, extoller, commender.

alabamiento *m.* praising, extolling, commending.

alabancero, ra *adj.* flatterer.

alabancioso, sa *adj.* boastful, vainglorious.

alabandina *f.* MINER. alabandine, alabandite.

alabanza *f.* praise, commendation, eulogy, encomium.

alabar *tr.* to praise, commend, celebrate, extol, eulogize, applaud. — *2 intr.* (Mex.) to sing the motet ALABADO. — *3 ref.* to praise oneself. *4* to boast.

alabarda *f.* halberd.

alabardado, da *adj.* halberd-shaped.

alabardero *m.* halberdier, halberdman. *2* THEAT. clapper, claqueur.

alabastrado, da *adj.* alabastrine, alabaster-like.

alabastrina *f.* thin alabaster sheet.

alabastrino, na *adj.* alabastrine, alabastrian, alabaster.

alabastrita *f.* MINER. alabaster [gypsum variety].

alabastro *m.* MINER. alabaster : ~ *oriental*, oriental alabaster; ~ *yesoso*, alabaster [gypsum variety]. *2* alabastrum.

álabe *m.* drooping branch of a tree. *2* side mat [in carts]. *3* float, floatboard, paddle, vane [of a water wheel]; cam [on wheel of fulling mill].

alabear *tr.* to warp, camber. — *2 ref.* to warp, camber [have a camber].

alábega *f.* ALBAHACA.

alabeo *m.* warp, warping, camber.

alacena *f.* cupboard, closet.

alacrán *m.* ZOOL. scorpion. *2* ring of the bit of a bridle. *3* shank, the fastening ring in a metal button. *4* ENTOM. ~ *cebollero*, mole cricket.

alacranado, da *adj.* bitten by a scorpion. *2* tainted with some vice or disease.

alacranera *f.* BOT. scorpionwort.

alacridad *f.* alacrity, cheerful readiness.

alacha *f.*, **alache** *m.* HALECHE.

alada f. wing stroke or beat.
aladares m. pl. hair on the temples.
aladica f. ALUDA.
aladierna f., **aladierno** m. BOT. alatern, alaternus, buckthorn.
alado, da adj. winged, pinioned [having wings]. 2 fig. feathered, winged, swift. 3 BOT. alate.
aladrar tr. ARAR.
aladrero m. MIN. timberman. 2 ploughmaker, plowmaker.
aladro m. ARADO.
aladroque m. ICHTH. anchovy.
álaga f. a kind of wheat.
alagadizo, za adj. easily flooded.
alagar tr. to make puddles or lakes in.
alagartado, da adj. resembling a lizard's skin; variegated.
alajú m. paste made of almonds, nuts, etc., with bread, spices and honey.
alalimón m. a children's game.
alama f. BOT. a fodder plant.
alamar m. frog [ornamental braiding]. 2 fringe, tassel.
alambicadamente adv. with subtility.
alambicado, da p. p of ALAMBICAR. — 2 adj. distilled. 3 parsimoniously given. 4 subtle, fine-drawn. 5 limited [price].
alambicamiento m. distillation. 2 subtility. 3 limitation [of prices].
alambicar tr. to distil, rectify. 2 to investigate closely. 3 to subtilize, fine-draw [thoughts, language]. 4 to limit [prices].
alambique m. still [apparatus], alembic. por ~, sparingly.
alambor m. ARCH. slanting face of an ashlar or beam. 2 FORT. scarp.
alamborado, da adj. ARCH. having a slanting face [said of hewn stone]. 2 FORT. scarped.
alambrado, da adj. wired [[fenced with wires]. — 2 f. FORT. wire entanglement. — 3 m. wire screen; wire cover; wire fence.
alambrar tr. to fence with wire, to put a wire fence round.
alambre m. wire [metallic thread].
alambrera f. wire screen. 2 wire cover.
alameda f. poplar grove. 2 avenue, mall, shaded public walk.
alamín m. clerk formerly appointed to inspect weights and measures. 2 an old-time surveyor of buildings. 3 LAW person appointed to decide on issue of fact in causes about irrigation matters.
álamo m. BOT. poplar: ~ blanco, abele, white poplar; ~ negro, black poplar; ~ alpino, líbico o temblón, aspen, quaking ash, quaking asp, trembling poplar or tree.
alamparse ref. to crave after, long for, be very fond of.
alamud m. long square bolt for door or window.
alancear tr. to lance, to spear. 2 ZAHERIR.
alandrearse ref. [of silkworms] to become dry, stiff and blanched.
alangieas f. pl. BOT. Alangiaceæ.
alano, na adj. belonging to the Alani. — 2 adj. & m. designating a kind of wolfhound. — 3 m. pl. Alani.
alantoides adj. ANAT. allantoid. — 2 m. allantoid, allantois.
alanzar tr. ALANCEAR. — 2 intr. to throw lances.
alaqueca f., **alaqueque** m. CORNALINA.
alar m. eaves. 2 horse-hair snare for partridges.
alárabe adj. & n. ÁRABE.
alarbe adj. & n. ÁRABE. — 2 m. boor, unmannerly man.
alarde m. display, ostentation. 2 obs. review of soldiers.
alardear intr. to make a display or ostentation, to boast.
alardoso, sa adj. ostentatious.
alargadera f. CHEM. adapter. 2 lengthening bar, tube, etc.
alargador, ra adj. lengthening.
alargamiento m. lengthening; protracting, protraction.
alargar tr. to lengthen, draw out, elongate, extend, prolong, protract, stretch out. 2 to increase, augment [wages, a ration, etc.]. 3 to reach, extend, put forth [as a limb]. 4 to reach for something and hand it to another; to hand, pass. 5 to pay out [a rope]. — 6 ref. to

lengthen, grow longer; to get long. 7 to exceed, to go too far [in praising, giving, etc.]. 8 NAUT. [of the wind] to veer aft.
alarguez m. BOT. barberry; aspalathus.
alaria f. potter's finishing tool.
Alarico pr. n. Alaric.
alarida f. clamour, outcry.
alarido m. yell, howl, scream. 2 a moorish battle cry.
alarifazgo m. office of an ALARIFE.
alarife m. ancient architect or builder. 2 (Am.) a clever person.
alarije adj. designating a variety of red grape.
alarma m. MIL. alarm. 2 alarm [warning or aprehension of danger] : timbre de ~, alarm bell; ~ aérea, air alarm.
alarmante adj. alarming.
alarmar tr. to call to arms. 2 to alarm, arouse, startle.
alarmista m. & f. alarmist, scaremonger.
alaroz m. frame of a doorscreen.
a látere (Lat.) a latere.
alastrar tr. to throw back [the ears]. 2 NAUT. to ballast. — 3 ref. [of a bird, a rabbit, etc.] to squat, lie flat.
alaterno m. ALADIERNA.
alatinadamente adv. according to the Latin language.
alatrón m. AFRONITRO.
alavanco m. LAVANCO.
alavense & **alavés, sa** adj. of Álava. — 2 m. & f. native or inhabitant of Álava.
alavesa f. a short lance.
alazán, na adj & n. sorrel [horse].
a'azano, na adj. & n. ALAZÁN.
alazo m. wing stroke.
alazor m. BOT. safflower, saffron thistle, bastard saffron.
alba f. dawn, break of the day : al ~, at daybreak. 2 beginning, dawn. 3 ECCL. alb.
albacara f. wall tower.
albacea m LAW testamentary executor. — 2 f. LAW testamentary executrix.
albaceazgo m. LAW executorship.
albacetense & **albaceteño, ña** adj. of Albacete. — 2 m. & f. native or inhabitant of Albacete.
albacora f. ICHTH. albacore, albicore [a kind of tunny]. 2 BOT. early, large fig.
albada f. ALBORADA.
albahaca f. BOT. sweet basil.
albahaquero m. flowerpot. 2 a stand for flowerpots.
albahaquilla f. BOT. ~ de Chile, a Chilean leguminous shrub; ~ de río, wall pellitory.
albaida f. BOT. a leguminous plant.
albalá m. & f. royal letters patent. 2 voucher.
albanega f. an old-time cap or hair net. 2 net for catching rabbits or partridges.
albanés, sa adj. & n. Albanian.
albañal, albañar m. drain, sewer.
albañil m. mason, bricklayer.
albañilería f. masonry.
albaquía f. balance due, remnant.
albar adj. white [plant or tree].
albarán m. white paper in window implying that the place is to let. 2 voucher. 3 delivery note.
albarazado, da adj. variegated. 2 designating a variety of grape. 3 affected with white leprosy. 4 (Mex.) of extremely mixed blood.
albarazo m. white leprosy.
albarca f. ABARCA.
albarcoque m. ALBARICOQUE.
albarcoquero m. ALBARICOQUERO.
albarda f. pack saddle: ~ sobre ~, fig. unnecessary repetition. 2 ALBARDILLA 6.
albardado, da adj. having a different coloured skin at the back [animal].
albardán m. jester, merry-andrew.
albardar tr. ENALBARDAR.
albardería f. pack-saddle shop or trade.
albardero m. pack-saddle maker.
albardilla f. small saddle for breaking in colts. 2 coping. 3 flatiron handle-pad. 4 a pad on the eyes of shears. 5 water-carriers's cushion. 6 COOK. bard.
albardín m. BOT. hooded matweed.
albardinar m. ground covered with hooded matweeds.
albardón m. a large pack-saddle for riding.
albardonería f. ALBARDERÍA.
albardonero m. ALBARDERO.

albarejo *adj.* CANDEAL.
albareque *m.* a fishing net.
albaricoque *m.* BOT. apricot.
albaricoquero *m.* BOT. apricot tree.
albarillo *m.* BOT. white apricot. 2 tune on the guitar.
albarizo, za *adj.* whitish [soil]. — 2 *m.* tract of whitish soil.
albarrada *f.* dry wall and terrace built upon it. 2 earth fence.
albarrana *adj. & f.* BOT. *cebolla* ~, squill. — 2 *adj.* FORT. *torre* ~, projecting tower [in a wall].
a¹barranilla *f.* BOT. squill.
albarraz *m.* BOT. stavesacre.
albatros *m.* ORN. albatross.
albayaldado, da *adj.* painted with ceruse.
albayalde *m.* ceruse, white lead.
albazano, na *adj.* dark chestnut [horse].
albazo *m.* (Am.) early-morning serenade. 2 MIL. (Am.) action fought at dawn.
albear *intr.* to whiten, show white.
albedrío *m.* free will : *libre* ~, free will. 2 will, pleasure : *al* ~ *de uno*, at one's pleasure, as one likes. 3 LAW unwritten custom.
albéitar *m.* farrier, veterinarian, veterinary surgeon.
albeitería *f.* farriery.
albellón *m.* ALBOLLÓN.
albéntola *f.* fishing-net for small fish.
alberca *f.* pond, pool, millpond, water reservoir.
albérchiga *f.,* **albérchigo** *m.* BOT. peach-tree. 2 peach [fruit].
alberchiguero *m.* BOT. peach tree.
albergador, ra *adj.* harbouring. — 2 *m. & f.* harbourer, lodger.
albergar *tr.* to house, shelter, lodge, harbour. — 2 *ref.* to take shelter ; to lodge, harbour.
albergue *m.* housing, shelter, lodging, cover, harbour, refuge. 2 lair, den [of wild beasts]. 3 orphanage, home.
albergué, albergue, etc., *pret., subj. & imper.* of ALBERGAR.
alberguería *f.* inn. 2 poorhouse.
albero *m.* a tract of whitish soil. 2 dishcloth.
alberquero *m.* tender of a water reservoir.
Alberto *pr. n.* Albert.
albicante *adj.* whitish, whitening.
albigense *adj.* albigensian. — 2 *m. pl.* Albigenses.
albihar *m.* MANZANILLA LOCA.
albillo, lla *adj. & n.* designating a variety of grape and its wine.
albín *m.* MINER. bloodstone, hematite. 2 a carmine pigment.
albina *f.* sea-water pool ; salt left in it.
albinismo *m.* albinism, albinoism.
albino, na *adj.* albinic. — 2 *m.* albino. — 3 *f.* albiness.
Albión *pr. n.* GEOG. Albion.
albita *f.* MINER. white feldspar.
albitana *f.* GARD. fence for plants. 2 NAUT. apron or inner post [in small boats].
albo, ba *adj.* poet. white.
alboaire *m.* dutch-tile work in a chapel or vault.
albogue *m.* pastoral flute. 2 small cymbal.
alboguear *tr.* to play the ALBOGUE.
albohol *m.* BOT. the lesser bindweed. 2 a frankeniaceous plant.
albollón *m.* outlet : drain, sewer.
albóndiga, albondiguilla *f.* COOK. ball of forcemeat, godiveau.
albor *pl.* **-res** *m.* whiteness. 2 *pl.* dawn, morning, beginning.
alborada *f.* dawn, break of day. 2 MIL. action fought at dawn. 3 reveille. 4 aubade.
albórbola *f.* merry shouting.
alborear *intr.* [of the day] to dawn.
alborga *f.* a sandal made of esparto.
albornía *f.* a glazed cup-shaped vessel.
alborno *m.* ALBURNO.
albornoz *m.* burnoose, burnous. 2 bathing gown.
alboronía *f.* dish of tomatoes, eggplants, pumpkins, and sweet peppers.
alborocé, alboroce, etc., *pret., subj. & imper.* of ALBOROZAR.
alboroque *m.* treat stood by buyer or seller after closing a deal.
alborotadamente *adv.* in a disorderly manner. 2 noisily.
alborotadizo, za *adj.* easily agitated, excitable.
alborotado, da *adj.* hasty, thoughtless, rash.

alborotador, ra *adj.* inciting to riot. — 2 *m. & f.* agitator, rioter. 3 noisy person.
alboratapueblos *m.* agitator. 2 gay noisy person, boisterous individual.
alborotar *tr.* to disturb, agitate, excite. 2 to incite to riot. 3 ALBOROZAR. — 4 *intr.* to make a racket, to shout. — 5 *ref.* [of the sea] to get rough. 6 to become agitated, to get excited. 7 to riot.
alboroto *m.* uproar, noise. 2 excitement, agitation. 3 disturbance, disorder. 4 tumult, riot. 5 *pl.* (Guat., Hond.) honey-coated popcorns.
alborozadamente *adv.* joyfully.
alborozado, da *adj.* rejoicing, joyful, jubilant.
alborozador, a *adj.* gladdening, cheering, rejoicing, exciting, mirth-provoking.
alborozar *tr.* to gladden, cheer, exhilarate, overjoy. — 2 *ref.* to jubilate, exultate.
alborozo *m.* joy, joyfulness, exhilaration, exultance.
albotín *m.* TEREBINTO.
albricias *f. pl.* a reward for good news. — 2 *interj.* joy!, joy!
albudeca *f.* bad melon or watermelon.
albufera *f.* lagoon, salt lake by the sea.
albugíneo, a *adj.* albugineous.
albugo *m.* MED. albugo, leucoma. 2 white spot in the nails.
albuhera *f.* ALBUFERA. 2 pond, cistern.
álbum *m.* album.
albumen *m.* BOT. albumen.
albúmina *f.* BIOCHEM. albumin.
albuminar *tr.* to albumenize or -minize.
albuminoide *m.* BIOCHEM. albuminoid.
albuminoideo, a *adj.* albuminoid.
albuminoso, sa *adj.* albuminous.
albuminuria *f.* MED. albuminuria.
albur *m.* chance, venture, hazard : *correr el* ~, to run the risk or the chance. 2 ICHTH. bleak.
albura *f.* whiteness. 2 white [of an egg]. 3 BOT. alburnum, sapwood.
alburno *m.* alburnum, sapwood. 2 ICTH. whitefish, lavaret.
alca *f.* ORN. auk, razorbill.
alcabala *f.* an ancient excise.
alcabalero *m.* gatherer of ALCABALAS.
alcacel, alcacer *m.* green barley. 2 barley field.
alcací, alcacil *m.* ALCAUCIL.
alcachofa *f.* BOT. artichoke. 2 cardoon or thistle head. 3 (Am.) box, buffet. 4 rose, strainer on a water intake.
alcachofado, da *adj.* shaped like an artichoke. — 2 *m.* dish of artichokes.
alcachofal *m.* artichoke plantation.
alcachofera *f.* BOT. artichoke [plant]. 2 woman who sells artichokes.
alcachofero, ra *adj.* designating plants that grow artichoke-like heads. — 2 *m.* seller of artichokes.
alcadafe *m.* tub under casks to catch drippings.
alcahaz *m.* large cage for birds.
alcahazada *f.* number of birds in an ALCAHAZ.
alcahazar *tr.* to shut up birds in the ALCAHAZ.
alcahueta *f.* procuress, bawd, go-betwen.
alcahuete *m.* procurer, pander, pimp, go-between. 2 screener, concealer. 3 THEAT. entr'acte curtain.
alcahuetear *tr. & intr.* to procure, pander, bawd, pimp. — 2 *intr.* to act as a screen or concealer [for something dishonourable].
alcahuetería *f.* bawdry, pimping, pandering. 2 screening, concealing.
alcaico *adj.* alcaic.
alcaide *m.* governor, warden, keeper of a castle or jail.
alcaidesa *f.* wife of a castle or jail warden.
alcaidía *f.* governorship, wardenship [of a castle or jail].
alcalaíno, na *adj. & n.* of Alcalá de Henares, A. de los Gazules or A. la Real.
alcalareño, ña *adj. & n.* of Alcalá de Guadaira, A. del Río or A. del Valle.
alcaldada *f.* abusive action of an ALCALDE or person in authority.
alcalde *m.* Mayor, Lord Mayor : ~ *de barrio,* a Mayor's delegate in a town quarter ; *tener el padre* ~, to have a friend at court. 2 dancing leader [in some dances]. 3 a game at cards.
alcaldesa *f.* Mayoress.
alcaldía *f.* Mayoralty. 2 the Mayor's office.
alcalescencia *f.* alkalescence or -cy.
alcalescente *adj.* alkalescent.

álcali *m.* CHEM. alkali.
alcalificable *adj.* alkalifiable.
alcalígeno, na *adj.* alkaligenous.
alcalímetro *m.* alkalimeter.
alcalinidad *f.* alkalinity.
alcalino, na *adj.* alkaline.
alcalización *f.* alkalization, alkalinization.
alcalizar *tr.* to alkalize, alkalinize.
alcaloide *m.* CHEM. alkaloid.
alcaloideo, a *adj.* alkaloidal.
alcaller *m.* potter.
alcallería *f.* pottery.
alcamonías *f. pl.* aromatic seeds for seasoning.
alcana *f.* BOT. ALHEÑA.
alcance *m.* pursuit, overtaking : *dar ~,* to overtake ; *seguir el ~ a,* MIL. to pursue ; *ir a,* or *en, los alcances de,* to be on the point of attaining [something] ; *irle a uno a,* or *en, los alcances,* to spy or keep watch on someone. 2 reach : *al ~ de uno,* within one's reach ; *fuera del ~ de uno,* out of one's reach. 3 scope, range [of missile, etc.] ; import, consequence ; *de gran ~,* far-reaching. 4 unfavourable balance, balance due. 5 stop press [news]. 6 capacity, intellect, understanding : *cortos alcances,* meagre intellect. 7 *buzón de ~,* POST. late collection post-box.
alcancé, alcance, etc., *pret., subj. & imper.* of AL-CANZAR.
alcancía *f.* child's bank, money box. 2 earthen ball stuffed with ashes or flowers thrown in an ancient game. 3 MIL. fire-pot.
alcanciazo *m.* blow with an ALCANCÍA.
alcándara *f.* perch [for falcons].
alcandía *f.* ZAHINA.
alcandora *f.* beacon, signal fire. 2 an old-time kind of gown or shirt.
alcanfor *m.* camphor. 2 BOT. camphor tree.
alcanforada *f.* BOT. a camphor-scented shrub.
alcanforado, da *adj.* camphorated.
alcanforar *tr.* to camphorate.
alcanforero *m.* BOT. camphor tree.
alcantarilla *f.* culvert [under a road]. 2 sewer, drains.
alcantarillado *m.* sewage, sewerage [system of sewers].
alcantarillar *tr.* to make sewers in.
alcantarillero *m.* sewerman.
alcantarino, na *adj. & n.* of Alcántara. — *2 m.* knight of Alcántara.
alcanzadizo, za *adj.* easily reached.
alcanzado, da *adj.* in debt. 2 short of, lacking in.
alcanzadura *f.* VET. attaint.
alcanzar *tr.* to overtake, catch up with, come up to. 2 to reach [touch, take, seize]. 3 to reach [with a missile]. 4 [of the eye, the ear, etc.] to reach to. 5 to be contemporaneous with or contemporary of ; to have lived during or have seen [some specified time or happening]. 6 to get, obtain, attain. 7 to grasp, understand. 8 COM. to find [one] debtor of. — *9 intr.* [of a weapon] to carry. 10 to reach, arrive [to]. 11 to suffice, be sufficient [to or for]. 12 *~ a ver,* to make out, descry, see ; *~ a oír,* to hear. — *13 ref.* VET. [of horses] to overreach, interfere. 14 *no se me alcanza,* I don't understand.
alcaparra *f.* BOT. caper [plant]. 2 caper [bud].
alcaparrado, da *adj.* dressed with capers.
alcaparral *m.* caperfield.
alcaparro *m.* BOT. caper [plant].
alcaparrón *m.* caper berry.
alcaparrosa *f.* CAPARROSA.
alcaraván *m.* ORN. thick-knee, stone curlew.
alcaravea *f.* BOT. caraway.
alcarceña *f.* YERO.
alcarraza *f.* water vessel of porous earthenware for cooling the water by evaporation.
alcarreño, ña *adj. & n.* of La Alcarria.
alcarria *f.* high, barren land.
alcartaz *m.* CUCURUCHO.
alcatifa *f.* fine carpet or rug.
alcatraz *m.* CUCURUCHO. 2 BOT. cuckoopint, wake-robin. 3 ORN. white pelican. 4 gannet.
alcaucil *m.* BOT. artichoke. 2 wild artichoke.
alcaudón *m.* ORN. butcherbird, shrike.
alcayata *f.* ESCARPIA.
alcazaba *f.* a fortified enclosure within a walled town.
alcázar *m.* fortress. 2 royal palace. 3 NAUT. quarter-deck.

alcazuz *m.* licorice, liquorice.
alce *m.* ZOOL. elk ; moose. 2 cutting [at cards]. 3 PRINT. gathering for binding.
alcé, alce, etc., *pret., subj. & imper.* of ALZAR.
alción *m.* ORN. kingfisher. 2 ZOOL. alcyon. 3 ASTR. Alcyone.
alcionarios *m. pl.* ZOOL. Alcyonaria.
alcionio *m.* alcionic polypary
alcista *f.* bull [stock speculator].
alcoba *f.* alcove [recess for bed], bedroom. 2 case for the tongue of a balance.
alcocarra *f.* grimace, grin.
alcohol *m.* alcohol : *~ amílico,* amyl alcohol ; *~ metílico,* methyl alcohol. 2 kohl. 3 GALENA.
alcoholado, da *adj.* CHEM. alcoholized. 2 of a darker colour around the eyes [animal]. — *3 m.* CHEM. alcoholate.
alcoholar *tr.* CHEM. alcoholize. 2 to blacken [the lashes, eyebrows, etc.] with kohl.
alcoholato *m.* CHEM. alcoholate.
alcoholaturo *m.* CHEM. alcoholature.
alcoholicé, alcoholice, etc., *pret., subj. & imper.* of ALCOHOLIZAR.
alcohólico, ca *adj. & n.* alcoholic.
alcoholímetro *m.* alcoholimeter, alcohometer.
alcoholismo *m.* alcoholism.
alcoholización *f.* alcoholization.
alcoholizado, da *adj.* alcoholized. 2 suffering from alcoholism. — *2 m. & f.* sufferer from alcoholism.
alcoholizar *tr.* to alcoholize.
alcor *m.* hill, hillock.
alcorán *m.* Alcoran.
alcoránico, ca *adj.* Alcoranic.
alcoranista *m.* Alcoran expounder or scholar.
alcornocal *m.* plantation of cork oaks.
alcornoque *m.* cork oak, cork tree. 2 fig. blockhead, dolt.
alcornoqueño, ña *adj.* pertaining to the cork tree.
alcorque *m.* cork-soled clog. 2 hollow for water around a tree.
alcorza *f.* sugar and starch paste, sugar icing.
alcorzar *tr.* to ice [cakes] with ALCORZA.
alcotán *m.* ORN. lanner.
alcotana *f.* bricklayer's pickaxe.
alcoyano, na *adj.* of Alcoy. — *2 m. & f.* native or inhabitant of Alcoy.
alcrebite *m.* sulphur.
alcribis *m.* tuyère.
alcubilla *f.* ARCA DE AGUA.
alcurnia *f.* lineage, ancestry, parentage, blood, descent, extraction.
alcuza *f.* can for oil used in kitchen.
alcuzada *f.* canful [amount that an ALCUZA holds].
alcuzcuz *m.* couscous.
aldaba *f.* knocker [of a door]. 2 bolt, crossbar. 3 wall hitching ring. 4 *tener buenas aldabas,* to have a pull.
aldabada *f.* knock, knocking [at the street door]. 2 warning.
aldabazo *m.* heavy knock [at the street door].
aldabear *intr.* to knock [at the street door].
aldabeo *m.* knocking [at the street door].
aldabilla *f.* latching hook, fastening hook.
aldabón *m.* large knocker. 2 large handle [of a chest, coffer, etc.].
aldabonazo *m.* ALDABADA. 2 ALDABAZO.
aldea *f.* hamlet, village.
aldeanamente *adv.* in country or village fashion 2 rustically.
aldeaniego, ga *adj.* of a hamlet ; rustic.
aldeano, na *adj.* of a hamlet. 2 villagey, rustic. — *3 m. & f.* villager, countryman, countrywoman.
Aldebarán *m.* ASTR. Aldebaran.
aldehído, da *m. & f.* CHEM. aldehyde.
aldehuela *f.* hamlet, small village.
aldeorrio, aldeorro *m.* miserable little hamlet.
aldino, na *adj.* Aldine.
aldorta *f.* ORN. a crested wading bird.
aleación *f.* alloyage. 2 alloy [of metals].
aleador *m.* alloyer.
alear *intr.* to flutter, flap the wings [or the arms]. 2 to recover from sickness or fatigue. — *3 tr.* to alloy [metal].
aleatorio, ria *adj.* aleatory, contingent, uncertain.
alebrarse, alebrastarse, alebrestarse, alebronarse *ref.* [of a rabbit] to squat. 2 to cower.
aleccionamiento *m.* teaching, instruction, lesson.
aleccionar *tr.* to teach, instruct, drill, coach.

alecrín *m.* ICHTH. tiger shark. 2 BOT. an American verbenaceous tree.
alectoria *f.* alectoria.
alechugado, da *adj.* plaited, fluted, frilled : *cuello* ∼, ruff.
alechugar *tr.* to plait, flute, frill, curl like a lettuce leaf.
aleda *adj. cera* ∼, propolis, bee glue.
aledaño, ña *adj.* bordering, adjacent, annexed to. — 2 *m. pl.* borders, surroundings.
alefriz *m.* NAUT. rabbet in keel, stem and sternpost for planking.
alegación *f.* allegation, plea, argument.
alegamar *tr.* to fertilize [land] with mud or silt. — 2 *ref.* [of land] to become covered with silt.
alegar *tr.* to allege, quote, adduce, plead, profess, urge. 2 (Am.) to argue, dispute.
alegato *m.* plea, pleading. 2 reasoned allegation.
alegoría *f.* allegory, emblem.
alegóricamente *adv.* allegorically.
alegórico, ca *adj.* allegoric(al, allegoristic.
alegorizar *tr.* to allegorize.
alegrador, a *adj.* cheering, gladdening, brightening. — 2 *m. & f.* cheerer, brightener. — 3 *m.* slip of paper to light cigars, etc.
alegrar *tr.* to cheer, gladden, make merry, joyful. 2 to brighten, enliven. 3 to incite [the bull]. 4 LEGRAR. 5 NAUT. to ream, widen [a hole]. — 6 *ref.* to be glad. 7 to rejoice, cheer, jubilate. 8 coll. to get tipsy.
alegre *adj.* glad, joyful. 2 gleeful, cheerful, of good cheer, jovial, jolly, merry, light-hearted, mirthful. 3 beaming, bright, gay. 4 tipsy. 5 light, bold; wanton : *cuento* ∼, spiced tale; *vida* ∼, wanton life. 6 risky, reckless. 7 ∼ *de cascos*, light-headed.
alegremente *adv.* merrily, cheerily, gaily, joyfully. 2 recklessly, thoughtlessly.
alegreto *adj., adv. & m.* MUS. allegretto.
alegría *f.* joy, pleasure. 2 glee, merriment, mirth, gaiety. 3 brightness. 4 BOT. sesame. 5 *pl.* rejoicings, public festivals. 6 Andalusian song and dance.
alegro *adj., adv. & m.* MUS. allegro.
alegrón *m.* a sudden intense joy. 2 flash, transitory blaze.
alegué, alegue, etc., *pret., subj. & imper.* of ALEGAR.
alejamiento *m.* removal to a distance, distance, absence. 2 withdrawal, estrangement, aloofness.
Alejandra *pr. n.* Alexandra.
Alejandría *pr. n.* GEOG. Alexandria.
alejandrino, na *adj.* Alexandrine.
Alejandro *pr. n.* Alexander.
alejar *tr.* to remove to a distance, to move away, to put away [from]. 2 to separate, estrange. — 3 *ref.* to go away, move away : *alejarse de*, to go away from, to leave ; to move away from.
alejur *m.* ALAJÚ.
Alejo *pr. n.* Alexis.
alelamiento *m.* bewilderment. 2 stupidity.
alelar *tr.* to bewilder. 2 to stupefy. — 3 *ref.* to become bewildered or stupefied.
alelí *m.* ALHELÍ.
aleluya *f.* or *m.* hallelujah. 2 joy. — 3 *m.* Easter time. 4 *f.* each picture of a kind of rhymed picture story. 5 poor verses, doggerel. 6 bad painting, daub. 7 BOT. wood sorrel.
alemán, a *adj. & n.* German. — 2 *m.* German language.
alemana, alemanda *f.* allemande [a dance].
Alemania *pr. n.* GEOG. Germany.
alemanisco, ca *adj.* Germanic.
alentada *f.* long uninterrupted breath : *de una* ∼, without interruption, without drawing a breath, at one go.
alentadamente *adv* bravely.
alentado, da *adj.* brave, courageous, spirited, valiant.
alentador, a *adj.* encouraging, cheering, heartening, comforting. — 2 *m. & f.* encourager.
alentar *intr.* to breathe. — 2 *tr.* to encourage, nerve, cheer, cheer up, comfort. — 3 *ref.* to take courage. ¶ CONJUG. like *acertar*.
Alenzón *pr. n.* GEOG. Alençon : *punto de* ∼, Alençon lace.
alepín *m.* a light wool fabric.
alerce *m.* BOT. larch tree.
alergia *f.* allergy.

alérgico, ca *adj.* allergic.
alero *m.* eaves, projecting part of a roof. 2 splasher, mudguard [of a carriage].
alerón *m.* AER. aileron.
alerta *adv.* on the watch, watchfully, alertly : *estar* ∼, to be on the watch or on the alert. — 2 *interj.* attention !, look out !, be watchful ! — 3 *m.* watchword, sentinel's call.
alertamente *adv.* watchfully.
alertar *tr.* to put on guard or on the alert ; to alert.
alerto, ta *adj.* watchful, careful.
alerzal *m.* larch grove.
alesna *f.* LESNA.
alesnado, da *adj.* awl-shaped. 2 BOT. subulate.
aleta *f.* small wing. 2 fin [of a fish]. 3 ARCH. alette. 4 MACH. wing. 5 NAUT. fashion-piece. 6 ALA 7.
aletada *f.* a motion of the wings.
aletargado, da *adj.* lethargic, drowsy.
aletargamiento *m.* lethargy.
aletargar *tr.* to lethargize. — 2 *ref.* to fall into a state of lethargy, to get drowsy.
aletazo *m.* stroke with the wing or the fin ; flap.
aletear *intr.* to flutter, to flap the wings or the fins. 2 to move the arms like wings. 3 ALEAR 2.
aleteo *m.* flapping of wings or fins. 2 heart's palpitation.
aleve *adj.* ALEVOSO.
alevilla *f.* ENTOM. a white moth.
alevino *m.* alevin, fry.
alevosamente *adv.* treacherously, guilefully.
alevosía *f.* treachery, perfidy. 2 LAW *con* ∼ *y premeditación*, with malice aforethought.
alevoso, sa *adj.* treacherous, perfidious, guileful.
alexifármaco, ca *adj.* alexipharmic.
aleya *f.* koran verse.
alfa *f.* alpha.
alfábega *f.* ALBAHACA.
alfabéticamente *adv.* alphabetically.
alfabético, ca *adj.* alphabetical.
alfabetizar *tr.* to alphabetize, arrange alphabetically.
alfabeto *m.* alphabet.
alfajía *f.* ALFARJÍA.
alfajor *m.* ALAJÚ.
alfalfa *f.* BOT. lucerne, lucern, alfalfa.
alfalfal, alfalfar *m.* lucerne field.
alfalfe *m.* ALFALFA.
alfandoque *m.* (Am.) paste made with cane-juice, cheese and ginger.
alfaneque *m.* ORN. buzzard.
alfanjazo *m.* stroke or wound dealt with an ALFANJE.
alfanje *m.* kind of short scimitar.
alfaque *m.* bar of sand at a river's mouth.
alfaquí *m.* Musulman teacher or expounder of the Koran.
1) **alfar** *m.* pottery [factory]. 3 clay, argil.
2) **alfar** *intr.* [of horses] to rear.
alfaraz *m.* Moorish light-cavalry horse.
alfarda *f.* ARCH. rafter. 2 tax paid in olden times by moors and jews. 3 tax paid for land irrigation.
alfarería *f.* pottery [shop, factory, art].
alfarero *m.* potter [pottery maker].
alfarje *m.* grinding mill for olives. 2 ceiling with carved interlaced boards.
alfarjía *f.* sawed timber for door or window frames.
alfayate *m.* obs. tailor.
alféizar *m.* ARCH. splay ; embrasure.
alfeñicado, da *adj.* weakly, delicate.
alfeñicarse *ref.* to affect delicateness. 2 to grow thin or frail.
alfeñique *m.* sugar paste in thin bars. 2 frail, delicate person. 3 REMILGO.
alferazgo *m.* ensigncy ; second lieutenancy.
alferecía *f.* MED. epilepsy [in children]. 2 ALFERAZGO.
alférez *m.* second lieutenant. 2 ensign : ∼ *de fragata*, NAV. midshipman (inferior officer) ; ∼ *de navío*, NAV. sub-lieutenant, *2nd lieutenant.
alficoz *m.* BOT. cucumber.
alfil *m.* CHESS bishop.
alfiler *m.* pin [small pointed piece] : *de veinticinco alfileres*, dressed up, in style ; *prendido con alfileres*, barely hanging together, barely learnt ; ∼ *de corbata*, scarf pin. 2 brooch. 3 ∼ *de París*, wire nail. 4 *pl.* pin money. 5 BOT. alfilaria, stork's bill.
alfilerazo *m.* prick [with a pin].
alfilerera *f.* BOT. geranium's fruit.

alfiletero *m.* needlecase, pincase.
alfolí *m.* granary. 2 salt warehouse.
alfoliero, alfolinero *m.* keeper of an ALFOLÍ.
alfombra *f.* floor carpet, rug. 2 carpet [a covering suggesting a carpet].
alfombrar *tr.* to carpet [cover with floor-carpets, lay down carpets].
alfombrero, ra *m.* & *f.* carpet maker.
alfombrilla *f.* small carpet or rug. 2 MED. a skin eruption.
alfombrista *m.* carpet seller. 2 carpet layer.
alfóncigo, alfónsigo *m.* BOT. pistachio tree. 2 pistachio, pistachio nut.
alfonsino, na *adj.* pertaining to any of the kings of Spain named Alphonso.
alfonsismo *m.* Alphonsism.
Alfonso *pr. n.* Alphonse.
alforfón *m.* BOT. buckwheat.
alforja *f.* wallet [long bag open at the middle and closed at the ends].
alforjero, ra *m.* & *f.* maker of wallets. 2 one who carries the wallet with provisions. — 3 *m.* mendicant lay brother.
alforjón *m.* ALFORFÓN.
alforza *f.* tuck [for shortening a garment]. 2 scar.
alforzar *tr.* to tuck [make a tuck in a garment].
alfoz *m.* suburb. 2 hamlet.
alga *f.* BOT. alga; seaweed, sea wrack. 2 *pl.* BOT. Algae.
algaba *f.* forest, wood.
algaida *f.* a forest with thick underwood. 2 dune.
algalia *f.* civet [a perfume]. 2 BOT. a malvaceous plant. 3 SURG. catheter. — 4 *m.* ZOOL. civet cat.
algaliar *tr.* to civet.
algara *f.* old-time raiding cavalry party. 2 raid of an ALGARA. 3 BIZNA.
algarabía *f.* arabic language. 2 jargon. 3 hubbub, uproar.
algarada *f.* ALGARA 2. 2 shouting uproar. 3 an ancient engine for throwing stones.
algarrada *f.* ALGARADA 3. 2 playing the bulls in a field. 3 ENCIERRO 4. 4 NOVILLADA.
algarroba *f.* carob pod, locust bean. 2 BOT. vetch, tare.
algarrobal *m.* carob tree plantation.
algarrobilla *f.* BOT. vetch, tare.
algarrobo *m.* BOT. carob tree, locust tree.
algavaro *m.* ENTOM. a long-horned bettle.
algazara *f.* din, clamour, joyful uproar, noise and laughter.
algazul *m.* BOT. ice plant.
álgebra *f.* algebra. 2 bonesetting.
algebraico, ca *adj.* algebraic.
algebrista *m.* algebraist. 2 bonesetter.
Algeciras *pr. n.* GEOG. Algesiras.
algidez *f.* algidity.
álgido, da *adj.* algid.
algo· *pron.* something; aught, anything. — 2 *adv.* somewhat, a little.
algodón *m.* cotton; ~ *en rama*, cotton wool, raw cotton; ~ *hidrófilo*, absorbent cotton; ~ *pólvora*, pyroxylin, guncotton. 2 cotton plant. 3 *pl.* cotton fibres put in bottom of inkwells. 4 ear plugs. 5 fig. *estar criado entre algodones*, to be brought up in cotton wool.
algodonal *m.* cotton plantation. 2 cotton plant.
algodonar *tr.* to fill with cotton.
algodoncillo *m.* BOT. a tropical tree yielding a durable fibre.
algodonería *f.* cotton factory. 2 cotton trade.
algodonero, ra *adj.* cotton. — 2 *m.* & *f.* cotton dealer. — 3 *m.* BOT. cotton plant.
algodonoso, sa *adj.* cottony. — 2 *f.* BOT. a Mediterranean plant.
algorín *m.* place in oilmills for receiving olives.
algoritmia *f.* algorism.
algoritmo *m.* algorism, algorithm.
algoso, sa *adj.* algous.
alguacil *m.* beadle, court apparitor. 2 obs. a kind of judge. 3 obs. a constable or peace-officer. 4 ZOOL. jumping spider.
alguacilazgo *m.* office of ALGUACIL.
alguacilillo *m.* rider at the head of bullfighters' parade.
alguien *pron.* somebody, someone.
algún *adj.* some. | Used before sing. masc. noun. — 2 adv. ~ *tanto*, a little, somewhat.
alguno, na *adj.* some, any : ~ *vez*, some time, so-

metimes; ~ *que otro, alguna que otra*, some, a few — 2 *pron.* someone, some, anyone.
alhaja *f.* jewel. 2 a valuable thing, ornament or piece of furniture. 3 iron. *buena* ~, a bad one, a sly one.
alhajar *tr.* to jewel. 2 to furnish [a house or room].
alhajuela *f.* little jewel.
alharaca *f.* fuss, ado. exaggerated show of feeling.
alharaquiento, ta *adj.* fussy, given to exaggerating his feelings.
alhárgama, alharma *f.* BOT. African rue.
alhelí *m.* BOT. gillyflower, wallflower, stock : ~ *de Mahón*, Mahon stock.
alheña *f.* BOT. privet, henna. 2 privet flower. 3 privet powder. 4 AZÚMBAR. 5 ROYA.
alheñar *tr.* to dye with privet. — 2 *ref.* ARROYARSE.
alholva *f.* BOT. fenugreek.
alhóndiga *f.* public granary or grain market.
alhorma *f.* Moorish camp.
alhorre *m.* meconium. 2 cutaneous eruption in newborn babies.
alhucema *f.* ESPLIEGO.
alhumajo *m.* pine needles.
aliabierto, ta *adj.* open-winged.
aliacán *m.* ICTERICIA.
aliacanado, da *adj.* ICTERICIADO.
aliáceo, a *adj.* alliaceous.
aliado, da *adj.* allied, confederated. — 2 *m.* & *f.* ally.
aliaga *f.* AULAGA.
aliagar *m.* AULAGAR.
alianza *f.* alliance, league. 2 alliance [by marriage].
aliar *tr.* to ally. — 2 *ref.* to ally, league [unite in league].
aliara *f.* drinking horn.
aliaria *f.* BOT. hedge garlic.
alias *lat. adv.* alias.
alible *adj.* nourishing, edible.
alicaído, da *adj.* weak, drooping. 2 sad, crestfallen, downcast, discouraged. 3 downfallen.
alicántara *f.*, **alicante** *m.* ZOOL. a very venomous viper.
alicantina *f.* coll. artifice, stratagem.
alicantino, na *adj.* of Alicante. — 2 *m.* & *f.* native or inhabitant of Alicante.
alicatado *m.* a Dutch-tile work in Moorish style.
alicatar *tr.* to cover with Dutch tiles.
alicates *m. pl.* pliers.
Alicia *pr. n.* Alice.
aliciente *m.* incentive, inducement, attraction.
alicortar *tr.* to clip the wings.
alicuanta *adj.* aliquant.
alicuota *adj.* aliquot; proportional.
alidada *f.* alidade.
alienable *adj.* alienable.
alienación *f.* alienation. 2 MED. mental alienation.
alienado, da *adj.* alienated. — 2 *adj.* & *n.* MED. alienated [person].
alienar *tr.* ENAJENAR.
alienismo *m.* alienism.
alienista *m.* alienist.
aliento *m.* breath, breathing, wind, respiration : *contener el* ~, to hold one's breath; *tomar* ~, to breathe, take breath; *de un* ~, in a single breath, at a stretch; *sin* ~, breathless, out of breath. 2 spirit, courage, vigour of mind; encouragement; *dar* ~, to encourage.
alifafe *m.* VET. synovial tumour on a horse's hock. 2 chronic complaint.
alíforo, ra *adj.* ALÍGERO.
aliforme *adj.* aliform, winglike.
aligación *f.* alligation : *regla de* ~, MATH. alligation.
aligamiento *m.* ALIGACIÓN.
aligeramiento *m.* lightening; alleviation. 2 hastening.
aligerar *tr.* to lighten [make less heavy]. 2 to alleviate. 3 to hasten, accelerate: *¡aligera!*, look sharp! — 4 *ref.* to lighten [become lighter].
alígero, ra *adj.* poet. aligerous, winged. 2 fast, fleet.
aligustre *m.* ALHEÑA 1.
alijador, ra *m.* & *f.* ginner. 2 NAUT. unloader. — 3 *m.* NAUT. lighter.
1) **alijar** *tr.* NAUT. to lighten or unload [a ship]. 2 to unload smuggled goods. 3 to gin [cotton].
2) **alijar** *m.* untilled land. 2 *pl.* common land.
alijarar *tr.* to parcel out [waste lands] for tillage.
alijarero *m.* AGR. waste-plot tiller.
alijo *m.* NAUT. unloading. 2 cotton ginning. 3 smuggled goods.

alileno *m.* CHEM. allylene.
alilo *m.* CHEM. allyl.
alimaña *f.* beast. 2 beast that destroys game.
alimañero *m.* gamekeeper who destroys ALIMAÑAS.
alimentación *f.* alimentation, feeding, nourishment.
alimentador, ra *adj.* nourishing. — 2 *m.* & *f.* nourisher. — 3 *m.* MECH. alimenter, feeder.
alimental *adj.* nourishing.
alimentar *tr.* to feed, nourish, sustain, aliment. 2 MECH. to feed; to stoke. 3 LAW to supply [a person] with the necessaries of life; to pay alimony to. 4 to entertain, harbour, cherish, have [hopes, etc.]; to nurture, foster [feelings, virtues, vices, etc.]. — 5 *ref.* to feed, nourish oneself : ~ *de,* to feed on, live on, nourish oneself with.
alimentario, ria *adj.* alimentary, alimental. — 2 *m.* & *f.* ALIMENTISTA.
alimenticio, cia *adj.* alimental, alimentary, nourishing, nutritious. 2 MECH. feeding.
alimentista *m.* & *f.* one who enjoys an allowance for sustenance.
alimento *m.* aliment, food, nutriment, nourishment. 2 pabulum. 3 *pl.* LAW allowance for sustenance, alimony.
alimentoso, sa *adj.* nourishing, nutritious.
alimo *m.* ORZAGA.
alimoche *m.* ABANTO 1.
alimón (al) *adv.* BULLF. with the cloak held between two bullfighters.
alimonarse *ref.* [of tree-leaves] to turn yellow from disease.
alindado, da *adj.* affectedly nice or elegant.
alindamiento *m.* boundary marking or setting.
alindar *tr.* to mark the limits of, set landmarks to. 2 to embellish. — 3 *intr.* LINDAR. — 4 *ref.* to embellish oneself.
alineación *f.,* **alineamiento** *m.* alignment, alinement, al(l)ineation.
alinear *tr.* to align, aline, put into line, range. — 2 *ref.* to align, aline, fall in line, be in line.
aliñador, ra *adj.* embellishing, tidying, dressing, seasoning, arranging. — 2 *m.* & *f.* one who embellishes, tidies, dresses, seasons or arranges. 3 (Chi.) bonesetter.
aliñar *tr.* to adorn, embellish, dress, tidy. 2 to dress, season [food, drink]. 3 to prepare, arrange. 4 (Chi.) to set bones.
aliño *m.* adornment, embellishment, tidiness. 2 dressing, seasoning. 3 arrangement. 4 (Chi.) bonesetting.
aliñoso, sa *adj.* embellished, adorned. 2 careful, diligent.
alioli *m.* AJIACEITE.
alipede *adj.* poet. wing-footed, swift, fleet.
alípedo, da *adj.* ALÍPEDE. 2 ZOOL. aliped, cheiropterous.
aliquebrado, da *adj.* broken-winged. 2 ALICAÍDO.
aliquebrar *tr.* to break the wings of. — 2 *ref.* to become broken-winged.
alirrojo, ja *adj.* red-winged.
alisador, ra *adj.* smoothing, polishing. — 2 *m.* & *f.* smoother, polisher, planer. — 3 *m.* a tool for polishing candles.
alisadura *f.* polishing, smoothing, planing. 2 *pl.* shavings.
1) **alisar** *tr.* to smooth, slick, sleek. 2 to polish, plane, planish; to surface. — 3 *ref.* to become smooth.
2) **alisar** *m.,* **aliseda** *f.* plantation of alder trees.
alisios *adj. vientos* ~, trade winds.
alisma *f.* BOT. water plantain.
alismáceo, a *adj.* alismaceous. — 2 *f. pl.* BOT. Alismaceæ.
aliso *m.* BOT. alder tree.
alistado, da *p. p.* of ALISTAR. — 2 *adj.* LISTADO.
alistador *m.* enlister, enroller.
alistamiento *m.* enlistment, enrollment. 2 MIL. conscription. 3 conscripts of a year.
alistar *tr.* to enlist, enroll [a person]. — 2 *ref.* to enlist, enroll [oneself]. — 3 *tr.* & *ref.* to prepare, make ready.
aliteración *f.* alliteration.
aliterado, da *adj.* alliterate.
aliviador, ra *adj.* alleviating, allaying, relieving. — 2 *m.* & *f.* alleviator, allayer, reliever. 3 helper. — 4 *m.* lever for raising or lowering the running millstone.
aliviañar *tr.* (Am.) ALIVIAR.

aliviar *tr.* to lighten [make less heavy]. 2 to unburden, to help. 3 to alleviate, allay, relieve, ease, assuage. 4 to hasten, accelerate. — 5 *ref.* to ease up, subside. 6 to get better, recover.
alivio *m.* alleviation, allay, relief, ease, assuagement, mitigation. 2 improvement [in an illness].
alizar *m.* dado or wainscotting of Dutch tiles.
alizarina *f.* CHEM. alizarin(e.
aljaba *f.* quiver [case for holding arrows].
aljama *f.* aljama, a Jewish or Moorish community in medieval Spain; a mosque, a synagogue.
aljamía *f.* aljamia, Spanish written in Arabic characters. 2 moorish name for the Spanish language.
aljamiado, da *adj.* written in ALJAMÍA.
aljarafe *m.* AJARAFE.
aljebana *f.* JOFAINA.
aljecería *f.* YESERÍA.
aljecero *m.* YESERO.
aljez *m.* crude gypsum.
aljezar *m.* gypsum pit.
aljezón *m.* YESÓN.
aljibe *m.* cistern, water reservoir or tank. 2 NAUT. tank boat for supplying vessels with water or carrying petroleum, etc.; tanker. 3 (Am.) well.
aljofaina *f.* JOFAINA.
aljófar *m.* seed pearl. 2 poet. drops of dew.
aljofarar *tr.* to adorn or cover with seed pearls, drops of dew or the like.
aljofifa *f.* mop [for floors].
aljofifar *tr.* to mop [floors].
aljonje *m.* AJONJE.
aljonjera *f.* AJONJERA.
aljonjero *m.* AJONJERO. — 2 *adj. cardo* ~, AJONJERO.
aljonjolí *m.* AJONJOLÍ.
aljor *m.* ALJEZ.
aljorozar *tr.* (Am.) to plaster [coat with plaster].
aljuba *f.* former Moorish garment.
alkermes *m.* ALQUERMES.
alma *f.* soul, spirit, ghost : ~ *atravesada, de Cain, de Judas,* fig. devil, malignant wicked person; ~ *de cántaro,* fig. senseless fool; ~ *de Dios,* fig. good soul, simple, kind-hearted person; ~ *en pena,* soul in purgatory; fig. lonely, dejected person; *¡~ mía!, ¡mi ~!,* my dearest!, my heart!, my love!; *agradecer con el* ~, or *en el* ~, to be very thankful for; *arrancar el* ~ *a uno,* fig. to kill, take someone's life; *arrancársele el* ~ *a uno,* fig. to feel a great pity; *caérsele a uno el* ~ *a los pies,* fig. to be dispirited, disappointed; *dar, entregar* or *rendir el* ~ *a Dios,* to die, give up the ghost; *estar con el* ~ *en un hilo,* fig. to have one's heart in one's mouth; to be on tenterhooks; *hablar al* ~, to speak frankly; to speak earnestly, with fervour; *írsele a uno el* ~ *por,* or *tras, alguna cosa,* fig. to desire something earnestly; *llegarle a uno al* ~ *alguna cosa,* to feel something intensely; *no tener* ~, to be cruel, unfeeling; to have no conscience; *partir una cosa el* ~ *a uno,* fig. to give deep sorrow, to fill with pity; *pesarle a uno en el* ~, *sentir uno en el* ~, to be awfully sorry; *romper el* ~ *a uno,* fig. to break someone's head or neck; *tener uno su* ~ *en su almario,* fig. to be capable, competent; to have courage and resolution; *como* ~ *que lleva el diablo,* fig. as if the devil were after one; *con el* ~ *y la vida,* with great plesure, very willingly. 2 soul, person, inhabitant: *una población de diez mil almas,* a community of ten thousand souls; ~ *nacida,* or *viviente* [used in negative], not a soul. 3 soul [leader, moving spirit, heart]. 4 soul, strength, vigour : *con el* ~, *con toda el* ~, with all one's soul, with all one's strength. 5 substance, pith, essence. 6 bore [of a gun]. 7 core, heart [of a rope, a casting, etc.]. 8 scaffolding pole. 9 MUS. sound post. 10 MACH. web.
almacén *m.* store, storehouse, warehouse, shop. 2 storeroom. 3 depot. 4 magazine, repository, reservoir. 5 *pl.* department store.
almacenaje *m.* storage, cost of warehousing.
almacenar *tr.* to store, store up, warehouse, put into storage. 2 to hoard.
almacenero *m.* warehouse keeper.
almacenista *m.* warehouse owner, storekeeper, wholesale merchant.
almáciga *f.* mastic [a resin]. 2 seedbed [for later transplantation].
almacigar *tr.* to perfume with mastic.

almácigo *m.* ALMÁCIGA .² 2 BOT. mastic tree.
almaciguero, ra *adj.* pertaining to a seedbed.
almádana, almádena *f.* stone hammer.
almadía *f.* almadia, a boat used in India. 2 AR-MADÍA.
almadiero *m.* raftsman.
almadraba *f.* tunny fishing or fishery. 2 net for catching tunnies.
almadrabero *m.* tunny fisher.
almadreña *f.* sabot, wooden shoe.
almaganeta *f.* ALMÁDANA.
almagesto *m.* almagest.
almagra *f.* ALMAGRE.
almagradura *f.* reddling, ruddling.
almagral *m.* place abounding in reddle.
almagrar *tr.* to reddle, ruddle. 2 to stigmatize, to defame.
almagre *m.* reddle, ruddle, red ocher, Indian ocher.
almagrero, ra *adj.* abounding in reddle.
almaizal, almaizar *m.* gaze veil worn by Moors.
almajaneque *m.* MAGANEL.
almajara *f.* AGR. forcing bed.
almajo *m.* ALMARJO.
almanaque *m.* almanac, calendar.
almanaquero *m.* maker or seller of almanacs.
almandina *f.* MINER. almandine, almandite.
almánguena *f.* ALMAGRE.
almarada *f.* triangular poniard. 2 neddle for making hempen sandals.
almarjal *m.* marshy land.
almarjo *m.* any plant yielding barilla.
almaro *m.* MARO.
almarrá *m.* cotton gin.
almarraja, almarraza *f.* perforated glass vessel formerly used for sprinkling.
almártaga *f.* CHEM. litharge. 2 a sort of halter for horses.
almártega *f.* ALMÁRTAGA 1.
almártiga *f.* ALMÁRTAGA 2.
almástiga *f.* ALMÁCIGA 1.
almazara *f.* oil mill.
almazarero *m.* oil miller.
almazarrón *m.* ALMAGRE.
almea *f.* AZUMBAR. 2 bark of the storax tree. 3 alme, almeh [Oriental singer and dancer].
almeja *f.* ZOOL. quahog, round clam.
almejar *m.* clam bed.
almena *f.* FORT. merlon.
almenado, da *adj.* embattled, battlemented. — 2 *m.* FORT. battlement.
almenaje *m.* FORT. battlement.
almenar *tr.* FORT. to embattle, to crenel(l)ate.
almenar *m.* cresset, torch holder.
almenara *f.* beacon, signal fire.
almendra *f.* BOT. almond : ~ *amarga*, bitter almond; ~ *dulce*, sweet almond ; ~ *confitada*, sugar-coated almond ; ~ *garapiñada*, praline ; ~ *mollar*, soft-shelled almond. 2 kernel. 3 almond-shaped diamond. 4 cut-glass drop. 5 coll. pebble.
almendrada *f.* sugared milk of almonds.
almendrado, da *adj.* almond-shaped, almondy. — 2 *m.* macaroon.
almendral *m.* plantation of almond trees. 2 almond tree.
almendrera *f.* almond tree.
almendrero *m.* almond tree. 2 almond salver.
almendrilla *f.* a file with an almond-shaped end. 2 gravel for roads. 3 *pl.* almond-shaped diamond earrings.
almendro *m.* BOT. almond tree.
almendrolón *m.* ALMENDRUCO.
almendrón *m.* BOT. a jamaica tree and its nut.
almendruco *m.* green almond.
almenilla *f.* merlon-shaped ornament.
almeriense *adj.* of Almería. — 2 *m.* & *f.* native or inhabitant of Almería.
almete *m.* armet.
almez *m.* BOT. hackberry, nettle tree.
almeza *f.* hackberry, fruit of the nettle tree.
almezo *m.* ALMEZ.
almiar *m.* haystack, straw stack.
almíbar *m.* syrup [as used in confectionery].
almibarado, da *p. p.* of ALMIBARAR. — 2 *adj.* sugary, honeyed.
almibarar *tr.* to syrup [cover with, or preserve in, syrup]. 2 to sweeten, honey [one's words].
almicantarat *f.* ASTR. almucantar.
almidón *m.* starch. 2 (Am.) paste [for gluing].

almidonado, da *adj.* starched. 2 coll. dessed with affected nicety, spruce, dapper.
almidonar *tr.* to starch.
almidonería *f.* starchworks, starch factory.
almilla *f.* under waistcoat. 2 short jacket formerly worn under the armour. 3 breast of pork. 4 CARP. tenon.
almimbar *m.* mimbar.
alminar *m.* minaret.
almiranta *f.* NAUT. obs. vice-admiral's ship. 2 admiral's wife.
almirantazgo *m.* NAV. court of Admiralty. 2 admiralship, admiralty.
almirante NAV. admiral. 2 ZOOL. admiral shell. 3 GEOGR. *Islas del Almirante*, Admiralty Islands.
almirez *m.* brass mortar [in which substances are pounded].
almizclar *tr.* to perfume with musk.
almizcle *m.* musk [the substance].
almizcleño, ña *adj.* musky. — 2 *f.* BOT. grape-hyacinth.
almizclera *f.* ZOOL. desman.
almizclero, ra *adj.* ALMIZCLEÑO. 2 *ratón* ~, ALMIZCLERA. — 3 *m.* musk deer.
almo, ma *adj.* creating, vivifying. 2 venerable, holy.
almocadén *m.* old-time commander of a troop. 2 in Morocco, a kind of justice of peace.
almocafre *m.* hoe, weeding hoe.
almocárabes, almocarbes *m. pl.* ARCH., CARP. a knotted ornament.
almocrate *m.* sal ammoniac.
almocrí *m.* reader of the Koran in a mosque.
almodrote *m.* a sauce for egg-plants. 2 hodgepodge.
almófar *m.* ARM. hood of mail, camail.
almogávar, pl. -res *m.* a medieval Catalan or Aragonese light-armed foot soldier or adventurer.
almogavarear *intr.* [of ALMOGÁVARES] to make rajds.
almogavar,a *f.* body of ALMOGÁVAR troops.
almohada *f.* pillow, bolster; cushion : *consultar con la* ~, to sleep on [a thing]. 2 pillowcase. 3 ALMOHADILLA 5.
almohade *adj.* & *n.* Almohad, Almohade. — 2 *m. pl.* Almohades.
almohadilla *f.* small cushion. 2 sewing cushion. 3 (Am.) pincushion. 4 back pad [of a harness]. 5 ARCH. bolster [in a capital]. 6 ARCH. bulging front of an ashlar in bolsterwork.
almohadillado, da *adj.* ARCH. with a bulging front [ashlar]. — 2 *m.* bolsterwork.
almohadillar *tr.* ARCH. to give a bulging front [to an ashlar], as in bolsterwork.
almohadón *m.* cushion, large cushion. 2 ARCH. springer.
almohatre *m.* sal ammoniac.
almohaza *f.* currycomb.
almohazar *tr.* to currycomb, curry [a horse].
almojábana *f.* cake of cheese and flour. 2 fried cake, cruller.
almojarifazgo *m.* ancient duty on imports or exports. 2 jurisdiction of the ALMOJARIFE.
almojarife *m.* old-time tax-gatherer for the king.
almojaya *f.* putlog.
almóndiga *f.* ALBÓNDIGA.
almondiguilla *f.* ALBONDIGUILLA.
almoneda *f.* auction, auction sale. 2 bargain sale.
almonedar, almonedear *tr.* to sell by auction.
almoradux, almoradux *m.* BOT. sweet marjoram.
almoravide *adj.* & *n.* Almoravid, Almoravide. — 2 *m. pl.* Almoravides.
almorejo *m.* BOT. a kind of foxtail.
almorí *m.* a paste for making baked cakes.
almoronía *f.* ALBORONÍA.
almorranas *f. pl.* MED. piles, hæmorrhoids.
almorraniento, ta *adj.* suffering from piles.
almorta *f.* BOT. bitter vetch, vetchling.
almorzada *f.* double handful, as much as can be held in the hollow of both hands.
almorzado, da *adj.* having breakfasted.
almorzar *intr.* to breakfast, to lunch. — 2 *tr.* to eat at breakfast or lunch. ¶ CONJUG. like *contar*.
almotacén *m.* inspector of weights and measures; his office. 2 (Morocco) overseer of markets.
almotacenazgo *m.* office of the ALMOTACÉN.
almozárabe *adj.* & *n.* MOZÁRABE.
almud *m.* a dry measure.
almudí *m.* ALHÓNDIGA.
almuecín, almuédano *m.* muezzin.
almuerza *f.* ALMORZADA.

1) **almuerzo** *m.* breakfast, lunch.
2) **almuerzo, almuerce,** etc., *irr.* V. ALMORZAR.
almunia *f.* orchard, farm.
alna *f.* ell.
alnado, da *m. & f.* stepson, stepdaughter.
alo *m.* (Mex.) a kind of crested parrot.
alobadado, da *adj.* bitten by a wolf.
alobado, da *adj.* infested by wolves [game preserve].
alóbroges *m. pl.* allobroges.
alobunado, da *adj.* wolflike, wolf-coloured.
alocadamente *adv.* wildly, recklessly.
alocado, da *adj.* mad, foolish, wild, reckless.
alocar *tr.* to render mad.
alocución *f.* allocution, harangue, address.
alodial *adj.* al(l)odial.
alodio *m.* al(l)odium.
áloe *m.* BOT. aloe. 2 PHARM. aloes. 3 agalloch, lign-aloes, eaglewood.
aloético, ca *adj.* aloetic.
aloína *f.* CHEM. aloin.
aloja *f.* a beverage made of water, honey and spices.
alojado *m.* billeted military man. 2 (Am.) lodger, guest.
alojamiento *m.* lodging, lodgement, quarters, billet. 2 quartering [soldiers].
alojar *tr.* to lodge, give lodgings, to house, to quarter, to billet. — 2 *ref.* to lodge, lodge oneself or itself, to take lodgings, to put up; to room.
alojería *f.* shop for selling ALOJA.
alojero *m.* maker or seller of ALOJA.
alomado, da *adj.* ridged. 2 having a curved back [horse].
alomar *tr.* to plough leaving wide ridges.
alón *m.* COOK. wing of fowl.
alondra *f.* ORN. lark, skylark.
alongamiento *m.* elongation, lengthening, distance, separation.
alongar *tr.* to elongate, lengthen.
Alonso *pr. n.* Alphonse.
alópata *adj. & n.* allopath, allopathist.
alopatía *f.* allopathy.
alopático, ca *adj.* allopathic.
alopecia *f.* MED. alopecia.
aloque *adj. & n.* light red [wine].
alosa *f.* SÁBALO.
alotropía *f.* CHEM. allotropy, allotropism.
alotrópico, ca *adj.* allotropic.
alpaca *f.* ZOOL. alpaca. 2 alpaca [wool and cloth]. 3 German silver.
alpamato *m.* BOT. (Arg.) shrub of the myrtle family used as tea.
alpañata *f.* piece of leather used to polish pottery before baking.
alpargata *f.* rope-soled sandal.
alpargatar *intr.* to make ALPARGATAS.
alpargatazo *m.* blow with an ALPARGATA.
alpargate *m.* ALPARGATA.
alpargatería *f.* ALPARGATA shop or factory.
alpargatero, ra *m. & f.* maker or seller of ALPARGATAS.
alpargatilla *f.* crafty, artful, insinuating person.
alpechín *m.* juice oozing from a heap of olives.
alpechinera *f.* vat or pit to hold ALPECHÍN.
alpende *m.* a kind of porch. 2 shed for tools.
Alpes *pr. n.* GEOG. Alps.
alpestre *adj.* Alpestrine.
alpinismo *m.* alpinism.
alpinista *m. & f.* alpinist, alpestrian.
alpino, na *adj.* alpine.
alpiste *m.* BOT. canary grass. 2 alpist, canary seed.
alpistela, alpistera *f.* cake made of flour, eggs, and sesame.
alpistero *m.* sieve for canary seed.
alpujarreño, ña *adj. & n.* of or pertaining to Las Alpujarras.
alquequenje *m.* BOT. ground cherry, winter cherry.
alquería *f.* grange, farmhouse.
alquermes *m.* PHARM. alkermes.
alquerque *m.* place in oil mills where bruised olives are heaped.
alquibla *f.* kiblah.
alquicel, alquicer *m.* a Moorish cloak.
alquifol *m.* alquifou.
alquiladizo, za *adj.* that can be let or hired; hireling, hack, hackney. — 2 *m. & f.* [used disparagingly] one that can be hired.
alquilador, ra *m. & f.* hirer. 2 person who lets something [spec. coaches or horses] on hire.

alquilamiento *m.* hiring or letting.
alquilar *tr.* to let, rent; to hire. — 2 *ref.* to hire out, serve for wages; to hack. 3 to let, rent, be let or rented; *se alquila,* to let, to hire.
alquiler *m.* letting, renting. 2 rent, house rent, rental, hire [hiring price]. 3 *de* ~, for rent, for hire; hack, hackney.
alquilón, na *adj.* ALQUILADIZO.
alquimia *f.* alchemy.
alquímico, ca *adj.* alchemic(al.
alquimila *f.* BOT. lady's-mantle.
alquimista *m.* alchemist.
alquitara *f.* ALAMBIQUE; *por* ~, POR ALAMBIQUE.
alquitarar *tr.* to distil [by alembic].
alquitira *f.* TRAGACANTO.
alquitrán *m.* tar: ~ *mineral,* coal tar. 2 mixture of pitch, grease, resin and oil.
alquitranado, da *adj.* tarred, tarry. — 2 *m.* NAUT. tarpaulin [tarred canvas].
alquitranar *tr.* to tar.
1) **alrededor** *adv.* ~ *de,* around, about [on all sides of; more or less, approximately].
2) **alrededor,** *pl.* -res *m.* space around: *a su* ~, about or around him or it. 2 *pl.* environs, surroundings, outskirts.
alrota *f.* waste tow.
Alsacia *pr. n.* GEOG. Alsace.
alsaciano, na *adj. & n.* Alsatian.
álsine *m.* BOT. chickweed, stitchwort.
alta *f.* an old court dance. 2 discharge [from hospital, etc.]. 3 registration for fiscal purposes. 4 MIL. inscription in the muster book. 5 public fencing bout. 6 *dar de* ~, to discharge [a patient from hospital, etc.]; MIL. to enter or inscribe in the muster book. 7 *darse de* ~, to register for fiscal purposes; to join, become a member [of a club, society, etc.].
altabaque *m.* little basket.
altabaquillo *m.* BOT. lesser bindweed.
altamente *adv.* highly, strongly, extremely.
altanería *f.* haughtiness, arrogance, superciliousness; insolence. 2 falconry, hawking.
altanero, ra *adj.* haughty, arrogant, supercilious; insolent. 2 flying high [as a falcon].
altano *adj.* applied to a wind blowing alternately from the land and the sea.
altar *m.* RELIG. altar: ~ *mayor,* high altar; *el* ~ *y el trono,* religion and monarchy; *el Sacramento del* ~, the Holy Eucharist; *conducir* or *llevar al* ~, to lead to the altar, to marry. 2 altar stone. 3 ASTR. Altar, Ara. 4 MIN. altar.
altarejo *m.* small altar.
altarero *m.* maker or dresser of altars for ceremonies and processions.
altarreina *f.* MILENRAMA.
altavoz *m.* RADIO. loudspeaker.
altea *f.* MALVAVISCO.
altear *intr.* (Chi.) to climb a tree for observation purposes. — 2 *ref.* [of land] to rise above the surrounding land.
alterabilidad *f.* alterability, alterableness.
alterable *adj.* alterable, changeable.
alteración *f.* alteration, change, variation, mutation. 2 uneveness [of the pulse]. 3 strong emotion, agitation. 4 disturbance, commotion: ~ *del orden público,* breach of the peace.
alterado, da *p. p.* of ALTERAR. — 2 *adj.* altered, changed. 3 disturbed, agitated, upset.
alterador, a *adj.* altering, changing, disturbing. — 2 *m. & f.* changer, disturber.
alterante *adj.* alterative.
alterar *tr.* to alter, change. 2 to excite, unsettle. 3 to disturb, upset. — 4 *ref.* to become altered, changed, excited, disturbed, agitated; to get angry.
alterativo, va *adj.* alterative, altering.
altercación *f.,* **altercado** *m.* altercation, dispute, wrangle.
altercador, a *adj.* altercative. — 2 *m. & f.* wrangler.
altercar *tr.* to altercate, dispute, wrangle.
alternación *f.* alternation.
alternadamente *adv.* ALTERNATIVAMENTE.
alternado, da *adj.* alternate, altern.
alternador *m.* ELECT. alternator.
alternancia *f.* alternation, alternance, alternateness.
alternante *adj.* alternant, alternating. 2 BIOL. alternate [segmentation]. — 3 *M.* MATH. alternant.
alternar *tr. & intr.* to alternate. — 2 *intr.* to have social intercourse, to mix.

alternativa *f.* alternative, choice, option. 2 service undertaken by turns, alternation. 3 admission of a bullfighter as a MATADOR.
alternativamente *adv.* alternately.
alternativo, va *adj.* alternate, alternating.
alterno, na *adj.* ALTERNATIVO. 2 ELEC. alternating [current]. 3 GEOM. alternate [angle].
alterqué, alterque, etc., *pret., subj. & imper.* of ALTERCAR.
alteza *f.* height. 2 elevation, sublimity, highness : ~ *de miras,* high-mindedness. 3 Highness [a title].
altibajo *m.* FENC. downright blow. 2 *pl.* uneveness, ups and downs [of a ground]. 3 ups and downs, vicissitudes, traverses of fortune.
altilocuencia *f.* grandiloquence.
altilocuente; altílocuo, cua *adj.* grandiloquent.
altillo *m.* hillock. 2 (Arg., Ec.) garret, loft.
altimetría *f.* altimetry.
altímetro *m.* altimeter.
altiplanicie *f.* plateau, tableland.
altísimo, ma *adj. superl.* of ALTO. — 2 *m. El Altísimo,* The Most High, God.
altisonancia *f.* pompousness, bombast.
altisonante & altísono, na *adj.* altisonant, altisonous, high-sounding, bombastic.
altitonante *adj.* poet. thundering.
altitud *f.* height [above ground, from base to top, in the air]. 2 GEOG. altitude, height above sea level.
altivamente *adj.* haughtily.
altivecer *tr.* to make haughty. — 2 *ref.* to grow or become haughty.
altivez, altiveza *f.* haughtiness, arrogance, pride.
altivo, va *adj.* haughty, arrogant, proud, lofty.
alto, ta *adj.* high : ~ *alemán,* High German ; ~ *funcionario,* high official ; ~ *precio,* high price ; ~ *relieve,* high relief, alto-relievo ; *terreno* ~, high ground ; *alta mar,* high seas ; *alta traición,* high treason ; *lo* ~, the top ; *de lo* ~, from above. 2 tall : *un hombre* ~, a tall man. 3 upper : ~ *Egipto,* Upper Egypt ; *Cámara Alta,* Upper or High Chamber. 4 [of a river] swollen. 5 [of things] lofty, elevated, noble, excellent. 6 [of time] high, late, advanced : *Pascua alta,* late Easter ; *altas horas de la noche,* advanced hour or late hours of the night. 7 ACOUST. high, loud. 8 ~ *horno,* blast furnace. — 9 *m.* high, in phrases such as : *un metro de* ~, a metre high. 10 height, hillock, eminence. 11 storey, floor [of a house]. 12 MUS. viola. 13 halt, stop. : *dar el* ~, to call to a halt, to challenge ; *hacer* ~, to come to a halt or stop ; *hacer un* ~, to make a halt or a stop. 14 (Am.) heap. 15 *pl.* (Chi., Mex. & Pe.) upper stories [of a house]. 16 *altos y bajos,* ups and downs. — 17 *adv.* high, on high, raised : *de* ~ *a bajo,* from top to bottom ; *en* ~, on high, raised. 18 loudly. — 19 *interj.* halt!, stop! : *¡alto ahí!,* stop there! ; *¡alto el fuego!,* cease fire!
altozanero *m.* (Col.) porter [in the street].
altozano *m.* height, hill. 2 highest part of a town. 3 (Am.) paved terrace or platform in front of a church.
altramuz *m.* BOT. lupine.
altruismo *m.* altruism.
altruista *adj.* altruistic. — 2 *m. & f.* altruist.
altura *f.* height [raised ground, hillock]. 2 height tallness]. 3 elevation, excellence. 4 summit, elevation, top. 5 altitude [above sea level]. 6 ASTR. altitude. 7 GEOM. height [of a solid], altitude [of plane figure]. 8 MUS. pitch. 9 ARCH. pitch [of an arch]. 10 NAUT. latitude. 11 *a la* ~ *de,* in the latitude of, opposite, on the same level as ; *estar a la* ~ *de,* to be equal to [a task, etc.] ; *estar o mostrarse a la* ~ *de las circunstancias,* to rise to the occasion. 12 NAUT. *de* ~, sea-going [ship, pilot, etc.]. 13 *pl.* the heavens. 14 heights. 15 *a estas alturas,* at this point or juncture.
alúa *f.* (Arg.) COCUYO.
alubia *f.* BOT. bean, common bean, French bean, kidney bean.
aluciar *tr* to polish, give a lustre to. — 2 *intr.* to embellish oneself, *to doll up.
alucinación *f.* hallucination.
alucinadamente *adv.* with hallucination.
alucinador, ra *adj.* hallucinating, fascinating, deluding. — 2 *m. & f.* hallucinator, deluder.
alucinamiento *m.* ALUCINACIÓN.

alucinar *tr.* to hallucinate. 2 to fascinate, delude. — 3 *ref.* to delude oneself.
alud *m.* avalanche, snowslip.
aluda *f.* ENTOM. winged ant.
aludel *m.* aludel.
aludir *intr.* to allude, refer to, hint at : *darse por aludido,* to take as a direct allusion or personal hint.
aludo, da *adj.* large-winged.
alumbrado, da *adj. & p. p.* of ALUMBRAR. — 2 *adj.* coll. tipsy. — 3 *m.* lighting, lights [of a town, a house, etc.]. 4 *pl.* illuminati [a sect].
alumbrador, ra *adj.* illuminating, enlightening. 2 illuminator, enlightener.
alumbramiento *m.* illumination, enlightening. 2 drawing out of subterranean waters. 3 delivery, childbirth, parturition.
alumbrante *adj.* illuminating.
alumbrar *tr.* to light, give light, shed light, illuminate. 2 to light the way [for someone]. 3 to give sight to the blind. 4 to illuminate, enlighten, instruct. 5 to bring to the surface [subterranean waters]. 6 to give or launch [a blow]. 7 to alum. — 8 *intr.* to shed light. 9 to be delivered of a child. — 10 *ref.* to get tipsy.
alumbre *m.* alum : ~ *de pluma,* feather alum.
alumbrera *f.* alum mine or works.
alumbroso, sa *adj.* aluminous, alumish.
alúmina *f.* CHEM. alumina, alumine.
aluminar *tr.* to aluminate.
aluminato *m.* CHEM. aluminate.
alumínico, ca *adj.* aluminic.
aluminio *m.* CHEM. aluminium, aluminum.
aluminita *f.* MINER. aluminite.
aluminoso, sa *adj.* aluminous.
alumno, na *m. & f.* pupil, scholar, alumnus : ~ *de las musas,* fig. poet.
alunado, da *adj.* spoiled [bacon]. 2 cranky, moonstruck. 3 long-tusked [boar].
alunarse *ref.* [of bacon] to spoil [become spoiled].
alunizar *intr.* to land on the moon.
alusión *f.* allusion, reference, hint, mention.
alusivo, va *adj.* allusive, hinting.
alutrado, da *adj.* otter-coloured.
aluvial *adj.* alluvial.
aluvión *f.* alluvion. 2 alluvium, silt, wash : *tierras de* ~, alluvial soil.
alveario *m.* ANAT. alveary.
álveo *m.* channel, bed, runway [of a watercourse].
alveolar *adj.* alveolar, alveolary.
alvéolo *m.* alveole, alveolus.
alverja, alverjana *f.* ARVEJA. 2 (Am.) GUISANTE.
alvino, na *adj.* MED. alvine.
alza *f.* advance, rise, lift, *boost [in prices] : *jugar al* ~, to speculate for the rise, to bull. 2 SHOEM. a leather filling for widening or raising a last. 3 PRINT. overlay. 4 FIREARMS leaf sight, rear sight. 5 flashboard.
alzacuello *m.* neck stock.
alzada *f.* height, stature [of horses]. 2 appeal to a higher administrative body or official.
alzadamente *adv.* for a lump sum.
alzado, da *adj.* fraudulently bankrupt. 2 lump [sum] : *por un tanto* ~, for a lump sum. — 3 *m.* ARCH., DRAW. elevation. 4 BOOKBIND. gathering.
alzador *m.* BOOKBIND. gatherer. 2 BOOKBIND. gathering table or room.
alzamiento *m.* raising, lifting. 2 uprising, insurrection. 3 ~ *de bienes,* fraudulent bankruptcy.
alzapaño *m.* curtain holder or loop.
alzapié *m.* snare [for game].
alzaprima *f.* lever, pry, crowbar. 2 wedge [for raising something]. 3 MUS. bridge.
alzaprimar *tr.* to lever, pry [raise with a lever]. 2 to incite, spur on.
alzapuertas *m.* THEAT. supernumerary, dumb player.
alzar *tr.* to raise, lift, hoist, uplift, heave. 2 to elevate [the Host at Mass]. 3 to erect, build. 4 to start [game]. 5 to recall from [exile]. 6 to revoke [excommunication]. 7 to clear away [the table]. 8 to strike [tents]. 9 to gather [the harvest]. 10 BOOKBIND. to gather [printed sheets]. 11 to break [camp]. 12 ~ *el vuelo,* to take wing. 13 ~ *velas,* to set sail ; to flee, depart. — 14 *ref.* to rise from kneeling. 15 to rebel, rise in rebellion. 16 to make a fraudulent bankruptcy. 17 LAW to appeal. 18 (Am.) [of a tame animal] to run away and turn wild. 19 *alzarse con alguna*

cosa, to run off or away with something; *alzarse con los fondos*, to abscond.
alzaválvulas *m.* MACH. tappet.
allá *adv.* there, over there, in that place, hither. 2 thither, to that place: *vayamos* ~, let's go thither. 2 *más* ~, beyond, farther; *el Más Allá*, Beyond, the Next World, the Other Life; *muy* ~, very distant or far; *por* ~, thereabouts; *tan* ~, as or so far. 3 ~ *en Francia*, over in France; ~ *en mis mocedades*, back in my youth, in my young days; ~ *por el año de 1800*, about 1800; ~ *veremos*, we shall see, that remains to be seen; ~ *vosotros*, that's up to you, that's your look out; ~ *voy*, I am coming.
allanamiento *m.* levelling, flattening, smoothing, razing. 2 LAW acceptance of claim or decision. 3 submission, consent. 4 LAW ~ *de morada*, forcing an entry or one's way into a house.
allanar *tr.* to even, make even, level, flatten. 2 to raze, to level to the ground. 3 fig. to smooth out, remove or overcome [difficulties, objections, etc.]. 4 to pacify, subdue. 5 to force an entry [into a house]. — 6 *ref.* [of a building] to tumble down. 7 to acquiesce, submit consent. 8 to condescend, waive one's superiority [to].
allegadizo, za *adj.* collected without selection.
allegado, da *adj.* near, related, allied. — 2 *m.* & *f.* relative, kinsman, friend; follower.
allegador, a *m.* & *f.* gatherer, collector. — 2 *m.* board for gathering threshed grain. 3 poker [for stirring coals].
allegamiento *m.* gathering, collecting. 2 obs. kinship, relationship.
allegar *tr.* to gather, raise, collect. 2 to put [a thing] near another. 3 to add. — 4 *ref.* to adhere to or agree with [a judgement or notion].
allende *adv.* on the other side. — 2 *prep.* beyond, over.
allí *adv.* there, in that place, yonder: ~ *mismo*, in that very place; there and then: *por* ~, that way; through there; there, thereabouts. 2 then; at that moment.
alloza *f.* ALMENDRUCO.
allozo *m.* BOT. almond tree. 2 wild almond tree.
ama *f.* mistress, lady of the house: ~ *de casa*, housewife. 2 mistress, owner. 3 housekeeper [in a household or to a bachelor]: ~ *de gobierno* or *de llaves*, housekeeper. 4 nurse [of a child]: ~ *de leche* or *de cría*, wet nurse; ~ *seca*, dry nurse.
amabilidad *f.* kindness, affability, niceness, amiability, obligingness. 2 lovability.
amabilísimo *adj.* superl. of AMABLE.
amable *adj.* kind, affable, nice, gracious, amiable, obliging. 2 lovable.
amablemente *adv.* kindly, affably, graciously, amiably, obligingly.
amacayo *m.* BOT. (Am.) fleur-de-lis, flower-de-luce.
amaceno, na *adj.* damson [plum]. — 2 *f.* damson.
amacigado, da *adj.* yellow, of mastic colour.
amacollar *intr.*, **amacollarse** *ref.* [of plants] to put forth clusters or bunches.
amachetear *tr.* to strike with a machete.
amachinarse *ref.* (Am.) AMANCEBARSE.
amado, da *p. p.* of AMAR. — 2 *adj.* dear, loved, beloved. — 3 *m.* & *f.* love, loved one, beloved.
amador, ra *m.* & *f.* lover.
amadrigar *tr.* to receive well [espec. one who does not deserve it]. — 2 *ref.* to burrow [hide in the burrow]. 3 to seclude oneself.
amadrigué, amadrigue, etc., *pret.*, *subj.* & *imper.* of AMADRIGAR.
amadrinar *tr.* to act as godmother to, to sponsor. 2 to couple [horses]. 3 NAUT. to join or couple [two things]. 4 (Am.) to train or accustom [horses] to follow a leading mare.
amadroñado, da *adj.* ressembling the fruit of the arbutus or strawberry tree.
amaestrado, da *adj.* taught, trained, drilled. 2 artfully arranged.
amaestramiento *m.* teaching, training, drill.
amaestrar *tr.* to teach, coach, train, drill.
amagar *tr.* to threaten, to show intention of [doing something]. — 2 *intr.* to threaten, impend, to show signs or symptoms of. 3 MIL. to make a false show or demonstration. — 4 *ref.* coll. to hide.
amago *m.* threatening gesture, feint. 2 sign, hint, symptom.

ámago *m.* HÁMAGO.
amainar *tr.* NAUT. to lower or shorten [the sails]. — 2 *intr.* [of wind, anger, etc.] to abate, subside, slacken, die down. 3 to relax.
amaine *m.* NAUT. the act of lowering the sails. 2 abating, subsiding, slackening, dying down [of wind, anger, etc.].
amaitinar *tr.* to spy, watch.
amajadar *tr.* to fold [land] with sheep. 2 to fold [sheep] on a land. — 3 *intr.* [of sheep] to have fold in.
amalayar *tr.* (Hond.) to covet, long for.
amalecita *adj.* & *n.* amalekite.
amalgama *f.* amalgam.
amalgamación *f.* amalgamation.
amalgamador, ra *adj.* amalgamating. — 2 *m.* & *f.* amalgamator.
amalgamamiento *m.* amalgamating.
amalgamar *tr.* to amalgamate [combine with mercury]. 2 to amalgamate, mix.
amalignarse *ref.* (Cu.) to suffer from malignant fever.
amallarse *ref.* (Chi.) to leave a gambling party when winning money.
amamantamiento *m.* nursing, suckling, lactation.
amamantar *tr.* to nurse, suckle, give suck, lactate.
amán *m.* in Morocco, pardon, amnesty.
amancebamiento *m.* concubinage.
amancebarse *ref.* to enter into concubinage.
amancillar *tr.* to stain, besmirch, pollute, tarnish.
1) **amanecer** *intr.* to dawn, begin to get light. 2 to dawn [begin to appear]. 3 to wake up, be, or appear [at or in some place, state or predicament] at dawn. ¶ CONJUG. like *agradecer*.
2) **amanecer** *m.*, **amanecida** *f.* dawn, dawning, daybreak, sunrise, dayspring, prime: *al* ~, at dawn, at daybreak.
amaneradamente *adv.* manneristically; affectedly.
amanerado, da *adj.* mannered, manneristic(al; mannered.
amaneramiento *m.* mannerism; affectation.
amanerarse *ref.* to get mannered, to fall into mannerism; to be or become affected.
amanezca, amanezcas etc., *irr.* V. AMANECER.
amanita *f.* BOT. amanita.
amanojar *tr.* to bunch, gather in a handful.
amansador, ra *adj.* taming. — 2 *m.* & *f.* tamer. — 3 *m.* (Am.) horse-breaker.
amansamiento *m.* taming subduing; appeasing.
amansar *tr.* to tame, domesticate, reclaim. 2 to tame, subdue; to soften, appease. — 3 *ref.* to tame [become tame]; to soften [in character].
amantar *tr.* to cloak, cover [a person].
amante *adj.* loving, fond. — 2 *m.* & *f.* lover. 3 paramour; mistress. — 4 *m.* NAUT. pendant, fall, tackle [rope with a tackle]: ~ *de rizos*, reef tackle.
amantillar *tr.* NAUT. to haul the lifts of [a yard].
amantillo *m.* NAUT. lift.
amanuense *m.* amanuensis, clerk.
amanzanar *tr.* (Arg.) to divide into building blocks.
amañado, da *adj.* coll. clever [at a thing].
amañar *tr.* to arrange artfully, to cook [account books, etc.], to rig [an election, etc.]. — 2 *ref.* to manage.
amaño *m.* cleverness, dexterity, skill. 2 artifice, trick. 3 pl. tools, implements. 4 machinations.
amapola *f.* BOT. red poppy, corn poppy.
amar *tr.* to love. 2 to like, be fond of.
amáraco *m.* MEJORANA.
amaraje *m.* AER. the alighting of a seaplane on water.
amarantáceo, a *adj.* BOT. amaranthaceous. — 2 *f. pl.* BOT. Amaranthaceæ.
amarantina BOT. globe amaranth.
amaranto BOT. amaranth.
amarar *tr.* AER. [of a seaplane] to alight on water.
amarchantarse *ref.* (Cu., Mex., Ve.) to become a customer [of a shop].
amargado, da *adj.* & *n.* embittered, soured [person].
amargaleja *f.* ENDRINA.
amargamente *adv.* bitterly.
amargar *intr.* to taste bitter. — 2 *tr.* to embitter, to acerbate: *amargarle a uno la vida*, to make one's life impossible, to sour or embitter one's existence. 3 to spoil [an evening, a feast, etc.]. — 4 *ref.* to become bitter or embittered, to sour.
amargo, ga *adj.* bitter [tasting like wormwood; opposite to sweet; painful, distressing; expressing pain or grief]. 2 sour [temper, condition].

— *3 m.* bitterness. *4* sweetmeat or liquor of bitter almonds. *5* (Am.) mate without sugar.
amargón *m.* BOT. dandelion.
amargor *m.* bitterness. *2* sorrow, grief.
amargosamente *adv.* AMARGAMENTE.
amargoso, sa *adj.* AMARGO 1.
amargué, amargue, etc., *pret., subj. & imper.* of AMARGAR.
amarguera *f.* BOT. a bitter plant of the carrot family.
amarguillo *m.* sweetmeat of bitter almonds.
amargura *f.* bitterness. *2* sorrow, grief.
amaricado, da *adj.* coll. effeminate.
amarilidáceo, a *adj.* BOT. amarillidaceous. — *2 f.* BOT. amaryllid. *3 pl.* Amaryllidaceæ.
amarilis *f.* BOT. amaryllis.
amarilla *f.* coll. gold coin, espec. the doublon.
amarillear *intr.* to appear or show yellow, to be yellowish. *2* to pale.
amarillecer *intr.* to yellow, turn yellow.
amarillejo, ja *adj.* yellowish.
amarillento, ta *adj.* yellowish. *2* sallow, pale.
amarilleo *m.* showing yellow; yellowishness.
amarillez *f.* yellowness. *2* sallowness, paleness.
amarillo, lla *adj.* yellow. *2* sallow, pale. — *3 m.* yellow colour. *4* (Arg.) a mimosaceous tree. *5* a disease of silkworms.
amarinar *tr.* MARINAR.
amariposado, da *adj.* butterfly-like, papilionaceous.
amaritud *f.* AMARGOR.
amaro *m.* BOT. clary.
amarra *f.* a kind of half martingale [for horses]. *2* NAUT. mooring [rope, cable], hawser, fast. *3 pl.* friends at court, protection.
amarradero *m.* fastening or mooring post, ring, etc. *2* NAUT. moorage. mooring berth, moorings.
amarrado, da *p. p.* of AMARRAR. — *2 adj.* tied, fastened, moored. *3* (Chi.) ATADO *2*.
amarradura *f.* tying, fastening, mooring. *2* NAUT. turn, wind [of a rope about something].
amarraje *m.* NAUT. moorage [charge for mooring].
amarrar *tr.* to tie, fasten, rope. *2* NAUT. to moor [a ship]. *3* (Am.) *amarrárselas,* to get drunk.
amarre *m.* NAUT., AER. mooring, fastening : *torre de ~,* mooring tower.
amarrido, da *adj.* dejected, sad, melancholy.
amarro *m.* tying, fastening.
amartelamiento *m.* making love. *2* absorption [of lovers in each other].
amartelar *tr.* to make jealous, to torment with jealousy. *2* to make love to. *3* to captivate, to charm. — *4 ref.* to fall in love. *5* [of lovers] to become absorbed in each other.
amartillar *tr.* MARTILLAR. *2* to cock [a gun, a pistol].
amasadera *f.* kneading trough.
amasadero *m.* kneading room.
amasador, a *m. & f.* kneader; mixer.
amasadura *f.* dough making, kneading; mixing.
amasamiento *m.* AMASADURA. *2* MED. massage.
amasandería *f.* (Col., Chi.) PANADERÍA.
amasandero, ra *m. & f.* (Col. Chi.) PANADERO, RA.
amasar *tr.* to mold, mould, knead, to mix [with water] into dough, mortar, a paste, etc. *2* to mix, mass. *3* to amass. *4* MED. to massage. *5* fig. to concoct, brew, to arrange matters for some purpose.
amasía *f.* (Mex., Pe.) mistress, concubine.
amasiato *m.* (Mex., Pe.) concubinate.
amasijo *m.* batch, baking [dough for a baking]. *2* mixed material, as mortar, plaster, etc. *3* mo(u)lding, kneading, mixing. *4* medley, hodgepodge. *5* task. *6* plot, machination.
amate *m.* BOT. a Mexican fig tree.
amatista MINER. amethyst.
amatividad *f.* PHREN. amativeness.
amativo, va *adj.* amative.
amatorio, ria *adj.* amatorial, amatory.
amaurosis *f.* MED. amaurosis.
amayorazgar *tr.* to entail [lands or tenements].
amazacotado, da *adj.* heavy, thick, clumsy.
amazona *f.* MYTH. Amazon. *2* amazon [a female warrior]. *3* a courageous woman. *4* horsewoman, lady rider; equestrienne. *5* habit, riding habit. *6* (Bras.) amazon [a parrot].
Amazonas *pr. n.* GEOG. Amazon [river].
amazónico, ca *adj.* Amazonian.
amazonita *f.* MINER. amazonite.
ambages *m. pl.* ambages, circumlocutions : *hablar sin ~,* to speak plainly.

ambagioso, sa *adj.* ambagious.
ámbar *m.* amber, succinite. *2* any delicate perfume. *3 ~ gris,* amber, ambergris. *4 ~ negro,* jet.
ambarar *tr.* to amber [scent with amber].
ambarilla *f.* BOT. amber seed.
ambarina *f.* BOT. a malvaceous plant. *2* BOT. field scabious.
ambarino, na *adj.* amber.
Amberes *pr. n.* GEOG. Antwerp.
ambición *f.* ambition.
ambicionar *tr.* to ambition, covet, desire covetously.
ambiciosamente *adv.* ambitiously.
ambicioso, sa *adj.* ambitious.
ambidextro, tra *adj.* ambidexter, ambidextrous.
ambiental *adj.* pertaining to the atmosphere or setting.
ambientar *tr.* to give an appropriate atmosphere or setting.
ambiente *adj.* ambient. — *2 m.* ambient, ambient air, atmosphere, environment, circumambiency, setting : *hacer ~,* to create a favourable atmosphere.
ambigú *m.* buffet [at party, dance, etc.]. *2* bar [in a theatre, etc.].
ambiguamente *adv.* ambiguously.
ambigüedad *f.* ambiguity, ambiguousness.
ambiguo, gua *adj.* ambiguous, equivocal, doubtful. *2* GRAM. *género ~,* gender of things indifferently referred to as masculine or feminine : e. g. *el mar, la mar* [the sea].
ámbito *m.* circuit, compass, field, area, precinct.
amblador, ra *adj.* ambling [animal].
ambladura *f.* ambling [of horses].
amblar *tr.* [of animals] to amble, to pace.
ambleo *m.* a thick wax candle. *2* candlestick for the same.
ambligonio *adj.* obtuse-angled [triangle].
ambliopía *f.* MED. amblyopia.
ambo *m.* a two number combination in lotto.
ambón *m.* ambo [a reading pulpit].
ambos, bas *adj. & pron.* both; *~ a dos,* both, both together.
ambrosía *f.* ambrosia. *2* BOT. ragweed.
ambrosíaco, ca *adj.* ambrosial, ambrosian.
ambrosiano, na *adj.* Ambrosian.
Ambrosio *pr. n.* Ambrose.
ambuesta *f.* ALMORZADA.
ambulacral *adj.* ZOOL. ambulacral.
ambulacro *m.* ZOOL. ambulacrum. *2* corridor in a catacomb.
ambulancia *f.* ambulance. *2 ~ de correos,* RLY. mail car, *postal car.
ambulante *adj.* ambulatory, itinerant, walking, travelling : *circo ~,* travelling circus; *vendedor ~,* street seller, hawker, pedlar. — *2 m. ~ de correos,* railway mail clerk.
ambulativo, va *adj.* wandering, roving, of a roving turn.
ambulatorio, ria *adj.* MED. ambulatory.
ameba *f.* AMIBA.
amebeo, a *adj.* amœbean. — *2 m.* amœbeum.
amechar *tr.* to put a wick in [a lamp]. *2* MECHAR.
amedrentador, a *adj.* frightening, scaring. — *2 m. & f.* frightener.
amedrentar *tr.* to frighten, scare, intimidate.
Amelia *pr. n.* Amelia.
amelo *m.* BOT. amellus.
amelocotonado, da *adj.* peachy.
amelonado, da *adj.* melon-shaped.
amén *m.* amen, so be it. *2 ~ de,* excepting, save; besides, not to mention.
amenacé, amenace, etc., *pret., subj. & imper.* of AMENAZAR.
amenaza *f.* threat, menace.
amenazador, a *adj.* threatening, menacing, lowering.
amenazante *adj.* threatening, menacing, impending.
amenazar *tr.* to threaten, menace. — *2 intr.* to be impending.
amenguamiento *m.* diminution, lessening.
amenguar *tr.* to diminish, less, lessen. *2* to dishonour, disgrace.
amenicé, amenice, etc., *pret., subj. & imper.* of AMENIZAR.
amenidad *f.* amenity, pleasantness.
amenizar *tr.* to render pleasant, to brighten, to cheer. *2* to adorn [a speech, etc.].
ameno, na *adj.* agreeable, pleasant, delightful.
amenorrea *f.* MED. amenorrhœa.

amentáceo, a *adj.* BOT. amentaceous. — 2 *f. pl.* BOT. Amentaceæ.
amento *m.* BOT. ament, catkin. 2 AMIENTO.
ameos *m.* BOT. kind of bishop's weed.
amerar *tr.* MERAR. — 2 *ref.* to be soaked.
amerengado, da *adj.* meringue-like.
América *pr. n.* GEOG. America.
americana *f.* coat, sack coat [of a man's suit].
americanismo *m.* Americanism.
americanista *m. & f.* Americanist.
americanizar *tr.* to Americanize.
americano, na *adj. & n.* American.
amestizado, da *adj.* mestizo-like.
ameritar *tr.* (Cub., Mex., Ve.) to merit.
ametalado, da *adj.* metal-like.
ametista *f.* AMATISTA.
ametralladora *f.* machine gun.
ametrallar *tr.* to shrapnel. 2 to machine-gun.
amianto *m.* amianthus, earth flax, asbestos.
amiba *f.*, **amibo** *m.* ZOOL. am(o)eba.
amicísimo, ma *adj.* superl. of AMIGO.
amida *f.* CHEM. amid(e.
amiento *m.* amentum.
amiga *f.* friend [female f.]. 2 school for girls; schoolmistress. 3 mistress, concubine.
amigabilidad *f.* friendliness, sociability.
amigable *adj.* amicable. amiable, friendly. 2 LAW ~ *componedor*, arbitrator.
amigablemente *adv.* amicably.
amigacho *m.* AMIGOTE.
amigar *tr.-ref.* AMISTAR. — 2 *ref.* to enter into concubinage.
amigazo *m.* (Am.) augm. of AMIGO.
amígdala *f.* tonsil, amygdala.
amigdaláceo, a *adj.* BOT. amygdalaceous. — 2 *f. pl.* BOT. Amygdalaceæ.
amigdalitis *f.* MED. tonsilitis.
amigdaloide *adj.* PETROG. amygdaloid.
amigdaloideo, a *adj.* amygdaloid(al; almond-shaped.
amigo, ga *adj.* friendly [amicable; favorable, propitious]. 2 fond [of something] : ~ *de lo ajeno*, thief. — 3 *m. & f.* friend : ~ *del alma*, bosom friend ; *hacerse* ~ *de*. to make friends with; *cuanto más amigos más claros*, friends ought to be plain and candid in talking to each other. — 4 *m.* man living in concubinage.
amigote *m.* coll. augm. of AMIGO.
amiláceo, a *adj.* amilaceous.
amilanamiento *m.* frightening, daunting. 2 fright, spiritlessness.
amilanar *tr.* to frighten, daunt, cow. — 2 *ref.* to be daunted.
Amílcar *pr. n.* Hamilcar.
amileno *m.* CHEM. amylene.
amílico, ca *adj.* CHEM. amylic.
amilo *m.* CHEM. amyl.
amillaramiento *m.* tax-assessment of every property in a town.
amillarar *tr.* to assess for taxes every property in a town.
amillonado, da *adj.* very rich, wealthy.
amin *m.* in Morocco, a tax collector.
amina *f.* CHEM. amine.
aminoración *f.* MINORACIÓN.
aminorar *tr.* MINORAR.
amistad, *pl.* **-des** *f.* friendship. 2 amity. 3 favour, good graces. 4 concubinage. 5 *pl.* friends. 6 *hacer las amistades*. to make up, to become reconciled ; *romper las amistades*, to break, fall out, to terminate friendship.
amistar *tr.* to make [others] friends. 2 to reconcile. — 3 *ref.* to become friends. 4 to be reconciled.
amistosamente *adv.* amicably, in a friendly way.
amistoso, sa *adj.* friendly, amicable.
amito *m.* amice.
amnesia *f.* MED. amnesia.
amnícola *adj.* amnicola.
amnios *f.* ANAT., ZOOL. amnion.
amniótico, ca *adj.* amniotic.
amnistía *f.* amnesty.
amnistiar *tr.* to amnesty.
amo *m.* master [of a house], lord, owner. 2 master [of servants] ; boss. 4 (Chi., Mex.) *Nuestro Amo*, The Holy Sacrament. 5 fig. *ser el* ~ *del cotarro*, to be the master, rule the roast.
amoblar *tr.* to furnish, fit up with furniture. ¶ CONJUG. like *contar*.
amodorrado, da *adj.* drowsy, sleepy, heavy with sleep.

amodorramiento *m.* drowsiness, sleepiness.
amodorrarse *ref.* to drowse. become drowsy.
amodorrido, da *adj.* VET. affected with gid.
amohinar *tr.* to irritate, annoy, vex.
amojamamiento *m.* dryness, leanness, meagreness.
amojamar *tr.* to salt and dry [tunny fish]. — 2 *ref.* ACECINARSE.
amojonamiento *m.* setting of landmarks.
amojonar *tr.* to set land or boundary marks to.
amoladera *f.* whetstone. grindstone [called also *piedra* ~].
amolador *m.* whetter, knife grinder or sharpener.
amoladura *f.* whetting, grinding, sharpening.
amolar *tr.* to whet, grind, sharpen [cutting tools]. 2 to bother, annoy. 3 (Am.) to ruin, harm. — 4 *ref.* (Am.) to go to rack and ruin. ¶ CONJUG. like *contar*.
amoldador, ra *adj.* molding, moulding, modelling. — 2 *m. & f.* molder, moulder, modeller, adapter, adjuster.
amoldamiento *m.* molding, moulding, modelling. adjusting, adapting.
amoldar *tr. & ref.* to mo(u)ld, shape, model, fashion, pattern, adapt, adjust; to adjust, adapt oneself.
amole *m.* (Mex.) soaproot.
amollar *intr.* to yield, give way, desist. — 2 *tr.* NAUT. to ease off. 3 to play a low card, when one has a winning one.
amollentar *tr.* to soften, make supple.
amomo *m.* BOT. amomum. 2 grains of Paradise.
amondongado, da *adj.* fat and flabby.
amonedación *f.* monetization.
amonedar *tr.* to monetize, coin.
amonestación *f.* admonition, reproof, advice, warning. 2 *pl.* marriage banns : *correr las amonestaciones*, to publish the banns.
amonestador, ra *adj.* admonishing. — 2 *m. & f.* admonisher.
amonestar *tr.* to admonish, reprove, advice, warn. 2 to publish banns of, to ask. — 3 *ref.* to be asked in church.
amoniacal *adj.* ammoniacal.
amoníaco, ca *adj. sal amoniaco* or *amoniaca*. sal ammoniac. — 2 *m.* CHEM. ammonia. 3 ammoniac, gum ammoniac.
amonio *m.* CHEM. ammonium.
amonita *f.* ZOOL. ammonite. — 2 *m. & f.* BIBL. Ammonite.
amontar *tr.* to put to flight, frighten off. — 2 *ref.* to flee to the woods.
amontillado *m.* variety of sherry wine.
amontonador, ra *m. & f.* heaper, accumulator.
amontonamiento *m.* heaping, accumulation, gathering, pile, heap. 2 crowding [of people].
amontonar *tr.* to heap up, pile up, to gather, to accumulate. 2 to huddle, crowd together. — 3 *ref.* to heap up, pile up [come together, become piled up]. 4 to crowd, throng, huddle. 5 to fly into a passion.
amor *m.* love : ~ *mío*, my love; ~ *patrio*. love of country, patriotism ; ~ *propio*, amour propre, self-estime; pride; ~ *con* ~ *se paga*, the true wage of love is love; the return should be adequate to the service ; *hacer el* ~ *a*, to court, woo; *al* ~ *del agua*, fig. with the current; *al* ~ *del fuego*. or *de la lumbre*, by, or in the warmth of, the fire. at the fireside; *en* ~ *y compaña*, with friendly harmony; *por* ~ *de*. for the sake of ; *por* ~ *de Dios*, for God's sake. 2 care, careful attention [in work]. 3 BOT. ~ *al uso*. cotton rose; ~ *de hortelano*. a kind of bedstraw. 4 *pl.* love, love affair : *mal de amores*. lovesickness ; *requerir de* ~. to woo, court. 5 willingness ; *con*. or *de*. *mil amores*. willingly, with all one's heart. 6 caresses, endearments. 7 BOT. hedgehog parsley.
amoral *adj.* amoral.
amoralidad *f.* amorality.
amoralismo *m.* amoralism.
amoratado, da *adj.* purplish. 2 livid, black-and-blue.
amorcillo *m.* dim. of AMOR. 2 F. ARTS cupid.
amordacé, amordace, etc., *pret., subj. & imper.* of AMORDAZAR.
amordazar *tr.* to gag, muzzle [stop the mouth of; to silence, prevent free speech].
amorfia *f.* amorphia, amorphism.
amorfo, fa *adj.* amorphous.
amorgar *tr.* to stupefy fish with cocculus indicus.

amoricones *m. pl.* looks, gestures, etc., expressive of love.
amorío *m.* love affair, amour.
amormado, da *adj.* VET. glandered.
amormío *m.* BOT. sea daffodil.
amorosamente *adv.* lovingly, amorously.
amoroso, sa *adj.* loving, amorous, tender, affectionate; gentle. 2 love, of love: *billete* ～, love letter.
amorrar *tr.* NAUT. to make [a ship] dip the bow. — 2 *intr.* NAUT. [of a ship] to dip the bow. — 3 *intr. & ref.* to hold down the head, to sulk.
amortajamiento *m.* shrouding, dressing for burial.
amortajar *tr.* to shroud [a corpse], to dress for burial.
amortecer *tr.* to deaden. — 2 *ref.* to swoon, faint. ¶ CONJUG. like *agradecer*.
amortecimiento *m.* deadening. 2 swoon, fainting.
amortezco, amortezca, etc., *irr.* V. AMORTECER.
amorticé, amortice, etc., *pret., subj. & imper.* of AMORTIZAR.
amortiguación *f.* AMORTIGUAMIENTO.
amortiguador, ra *adj.* deadening, muffling, toning down, softening; absorbing, buffing. — 2 *m.* deadener, muffler. 3 MACH. shock absorber, dashpot, buffer, cushion. 4 ELECT. damper.
amortiguamiento *m.* deadening, muffling, toning down, damping, softening.
amortiguar *tr.* to deaden [a blow, a sound; to impair in vigor or force], to muffle [a sound]; to soften, tone down. 2 to absorb [a shock], to buff. 3 ELECT. to damp.
amortización *f.* amortization. 2 calling in [of stock]; extinction [of a debt]; recovery of [money sunk in business: *fondo de* ～, sinking fund. 3 abolishment [of an administrative post].
amortizable *adj.* amortizable. 2 that may be called in, extinguished, recovered
amortizar *tr.* to amortize. 2 to call in [stock]; to extinguish [a debt]; to recover [money sunk in business]. 3 to abolish [an administrative post].
amoscamiento *m.* anger, irritation.
amoscarse *ref.* to get angry, take offence.
amosqué, amosque, etc., *pret., subj. & imper.* of AMOSCARSE.
amostacé, amostace, etc., *pret., subj. & imper.* of AMOSTAZAR.
amostazar *tr.* to anger, to irritate. — 2 *ref.* to get angry or irritated, to bristle up. 3 (Ecu., Hond.) to blush, be embarrassed.
amotinadamente *adv.* mutinously, riotously.
amotinado, da *m. & f.* mutineer, rioter.
amotinador a *m. & f.* mutineer, inciter to rebellion.
amotinamiento *m.* mutiny.
amotinar *tr.* to incite to rebellion. — 2 *ref.* to mutiny.
amover *tr.* to remove [dismiss from office]. ¶ CONJUG. like *mover*.
amovible *adj.* removable.
amovilidad *f.* removability [of magistrate or official].
amparador, ra *adj.* protecting. — 2 *m. & adj.* protector.
amparar *tr.* to protect, shelter, help, support. 2 (Arg., Chi.) to acquire mining rights. — 3 *ref.* to shelter, protect oneself, to avail oneself of the protection [of].
amparo *m.* protection, shelter, help, support, countenance: *al* ～ *de*, under cover of, protected by.
ampelidáceo, a *adj.* BOT. ampelidaceous. — 2 *f. pl.* BOT. Ampelidaceæ.
amper *m.* AMPERIO.
amperímetro *m.* ammeter, amperemeter.
amperio *m.* ELECT. ampere.
amplexicaule *adj.* BOT. amplexicaul.
ampliable *adj.* enlargeable.
ampliación *f.* enlargement, ampliation, extension. 2 PHOT. enlargement.
ampliador, a *adj.* enlarging. — 2 *m. & f.* enlarger. 3 *f.* PHOT. enlarger [camera].
ampliamente *adv.* largely, extensively.
ampliar *tr.* to enlarge, amplify, extend.
ampliativo, va *adj.* enlarging, amplifying, amplificative.
amplificación *f.* enlargement, amplification. 2 RHET. amplification. 3 RADIO. gain, amplification.
amplificador, a *adj.* enlarging, amplifying. — 2 *m. & f.* enlarger, amplifier. 3 PHYS. amplifier.

amplificar *tr.* to enlarge, amplify, extend, magnify.
amplificativo, va *adj.* amplificative, amplificatory.
amplio, plia *adj.* ample, extensive, comprehensive. 2 spacious, roomy, wide. 3 large, plentiful, generous, handsome.
amplísimo, ma *adj.* superl. of AMPLIO.
amplitud *f.* amplitude, extent, breadth, width. 2 ASTR., PHYS. amplitude.
ampo *s.* shining whiteness. 2 snowflake.
ampolla *f.* blister [in the skin]. 2 water bubble. 3 narrow-necked bottle, decanter. 4 cruet. 5 ampoule [for injections].
ampollar *tr.* to blister. 2 to hollow; to puff out. — 3 *ref.* to blister [be affected with blisters]. 4 to become hollow. 5 to bubble out.
ampollar *adj.* ampullar.
ampolleta *f.* phial, small cruet. 2 hourglass, sandglass.
ampulosamente *adv.* tumidly, pompously.
ampulosidad *f.* tumidity, turgidness, pompousness.
ampuloso, sa *adj.* tumid, turgid, inflated, pompous, bombastic.
amputación *adj.* amputation.
amputar *tr.* to amputate.
amuchachado, da *adj.* boyish, childish.
amueblar *tr.* AMOBLAR.
amueblo, amueble, etc., *irr.* V. AMOBLAR.
amuelo, amuele, etc., *irr.* V. AMOLAR.
amuevo, amueva, etc., *irr.* V. AMOVER.
amugronar *tr.* AGR. to layer vines.
amujerado, da *adj.* effeminate.
amujeramiento *m.* effemination.
amulatado, da *adj.* mulatto-like.
amuleto *m.* amulet.
amunicionar *tr.* to ammunition.
amuñecado, da *adj.* doll-like.
amura *f.* NAUT. bow [part of the side of a vessel]. 2 NAUT. tack [rope].
amurada *f.* NAUT. interior side of a ship.
amurallar *tr.* to wall [defend with walls].
amurar *tr.* NAUT. to haul in.
amurcar *tr.* [of a bull] to strike with the horns.
amurco *m.* blow or stroke with the horns.
amusgar *tr.* [of a horse, a bull, etc.] to throw back [the ears]. 2 to half-close [the eyes] to see better.
Ana *pr. n.* Ann, Anne, Hannah.
ana *f.* ell [a measure].
anabaptismo *m.* Anabaptism.
anabaptista *adj. & n.* Anabaptist. — 3 *adj.* Anabaptistic.
anacarado, da *adj.* nacred.
anacardo *m.* BOT. cashew. 2 cashew nut.
anaco *m.* dress of Indian women in Ecuador and Peru.
anacoluto *m.* GRAM. anacoluthon.
anaconda *f.* ZOOL. anaconda.
anacoreta *m.* anchoret, anchorite, hermit.
anacorético, ca *adj.* anchoritic(al).
anacreóntico, ca *adj.* Anacreontic. — 2 *f.* Anacreontic [a poem].
anacrónico, ca *adj.* anachronic(al; anachronistic(al.
anacronismo *m.* anachronism. 2 out-of-date thing.
ánade *m.* ORN. duck, drake.
anadear *intr.* to waddle.
anadeja *f.* female duck.
anadino, na *m. & f.* duckling.
anadón *m.* duckling.
anaerobio, bia *adj.* BIOL. anaerobian, anaerobic. — 2 *m.* anaerobe.
anaerobiosis *f.* BIOL. anaerobiosis.
anafe *m.* portable cooker.
anafilaxis *f.* MED., BIOL. anaphylaxis.
anáfora *f.* LITURG., RHET. anaphora.
anafre *m.* ANAFE.
anafrodisia *f.* anaphrodisia.
anafrodisíaco, ca *adj. & m.* anaphrodisiac.
anafrodita *adj. & n.* abstainer from sensual pleasures.
anaglífico, ca *adj.* anaglyphic.
anáglifo *m.* anaglyph.
anagoge *m.*, anagogía *f.* anagoge.
anagógicamente *adv.* anagogically.
anagógico, ca *adj.* anagogetic(al, anagogic(al.
anagrama *f.* anagram.
anagramatista *m. & f.* anagrammatist.
anal *adj.* ZOOL. anal.

analectas *f. pl.* analects, analecta.
analéptico, ca *adj.* MED. analeptic, restorative.
analepsia *f.* MED. analepsis.
anales *m. pl.* annals.
analfabetismo *m.* illiteracy.
analfabeto, ta *adj. & n.* illiterate [unable to read].
analgesia *f.* MED. analgesia.
analgésico, ca *adj. & m.* analgesic, analgetic.
analicé, analice, etc., *pret., subj. & imper.* of ANALIZAR.
análisis *m.* analysis. 2 GRAM. parsing.
analista *m.* analyst. 2 annalist.
analíticamente *adv.* analytically.
analítico, ca *adj.* analytic(al.
analizable *adj.* analysable.
analizador, a *adj.* analysing. — 2 *m. & f.* analyser, analyzer.
analizar *tr.* to analyse, analyze. 2 GRAM. to parse.
análogamente *adv.* analogously, similarly.
analogía *f.* analogy. 2 GRAM. part of grammar studying parts of speech as such.
analógicamente *adv.* analogously. 2 GRAM. according to, or in the manner of ANALOGÍA 2.
analógico, ca *adj.* analogous. 2 GRAM. pertaining to ANALOGÍA 2.
análogo, ga *adj.* analogous, similar, parallel.
Anam *pr. n.* GEOG. Annam.
anamita *adj & n.* Annamese, Annamite.
anamórfosis *f.* anamorphosis.
ananá, ananás *f.* BOT. pineapple, ananas.
anapelo *m.* ACÓNITO.
anapéstico *adj.* PROS. anapæstic
anapesto *m.* PROS. anapæst.
anaquel *m.* shelf [on a wall, in a cabinet, bookcase, etc.].
anaquelería *f.* shelving, shelves.
anaranjado, da *adj.* orange-coloured. — 2 *m.* orange [colour].
anarquía *f.* anarchy.
anárquicamente *adv.* anarchically.
anárquico, ca *adj.* anarchic(al.
anarquismo *m.* anarchism.
anarquista *adj.* anarchist, anarchistic. — 2 *m. & f.* anarchist.
anasarca *f.* MED. anasarca.
anascote *m.* a twilled woollen fabric.
anastasia *f.* BOT. mugwort.
anastomosis *f.* ANAT., BOT. anastomosis.
anástrofe *f.* RHET. anastrophe.
anata *f.* yearly income derived from benefice or post; *media* ~, annates, annats.
anatema *m. & f.* anathema.
anatematicé, anatematice, etc., *pret., subj. & imper.* of ANATEMATIZAR.
anatematizar *tr.* to anathematize.
anatomía *f.* anatomy.
anatómicamente *adv.* anatomically.
anatomicé, anatomice, etc., *pret., subj. & imper.* of ANATOMIZAR.
anatómico, ca *adj.* anatomical.
anatomista *m.* anatomist.
anatomizar *tr.* to anatomize.
anay *m.* COMEJÉN.
anca *f.* haunch. 2 croup [in horses] : *a ancas* or *a las ancas,* mounted behind another person, pillion riding [on horseback]. 3 hip [in men].
ancianidad *f.* old age.
anciano, na *adj.* old [advanced in age]. — 2 *m. & f.* old man, woman or person; ancient; elder.
ancla *f.* NAUT. anchor : ~ *de arrastre,* drag anchor; ~ *de leva,* bower anchor, bower; ~ *mayor,* ~ *de la esperanza,* sheet or waist anchor; ~ *de reserva,* spare anchor; *echar anclas,* to cast anchor; *levar anclas,* to weigh anchor; *sobre el* ~, at anchor.
ancladero *m.* NAUT. anchorage [anchoring place], roadstead.
anclaje *m.* NAUT. anchorage [act of anchoring; anchoring place; anchorage duties].
anclar *intr.* to anchor, cast anchor.
anclear *tr.* NAUT. to anchor [a ship].
anclote *m.* kedge anchor, kedge.
ancón *m.* little bay, cove. 2 (Mex.) corner, nook.
anconada *f.* little bay, cove.
áncora *f.* ANCLA. 2 HOROL. anchor.
ancoraje *m.* ANCLAJE.
ancorar *intr.* ANCLAR.
ancorel *m.* anchoring stone for nets.
ancorería *f.* anchor forge.

ancorero *m.* anchor smith.
ancusa *f.* BOT. bugloss, alkanet.
anchamente *adv.* widely, largely.
ancheta *f.* small lot of goods.
anchicorto, ta *adj.* wide and short.
ancho, cha *adj.* broad, wide. 2 too broad or wide. 3 loose-fitting [as a garment]; roomy, ample *venirle a uno muy* ~ *un cargo,* etc., not to be big enough for a post, an office, etc. 4 lax, slack, loose [morals, etc.]. 5 conceited : *estar o ponerse* ~, to swell or puff out [with conceit]. — 6 *m.* breadth, width; ~ *de vía,* gauge. — 7 *f. pl. a mis, tus, sus anchas,* comfortable, at one's ease, free, unencumbered.
anchoa, anchova *f.* ICHTH. anchovy.
anchor *m.* ANCHURA.
anchura *f.* breadth, width. 2 freedom, ease, comfort.
anchuroso, sa *adj.* broad, wide, ample, roomy.
anda *f.* (Chi., Guat., Pe.) ANDAS 2.
¡anda! *interj.* go ahead! ; do it! ; do, please. 2 well!, my word! [expressing surprise].
andada *f.* (Am.) walk, stroll. 2 *pl.* track, traces [of game]. 3 *volver a las andadas,* to relapse into a vice or bad habit, to go back to one's old tricks
andaderas *f. pl.* a kind of gocart for learning to walk.
andadero, ra *adj.* [of ground] easy. 2 gadding about.
andado, da *adj.* trodden, frequented. 2 common, ordinary. 3 used, worn [said of garments].
andador, a *adj.* good at walking. 2 gadding about. — 3 *m.* good walker. 4 gadabout. 5 messenger. 6 small garden path. 7 wickerwork gocart. 8 *pl.* leading strings : *poder andar sin andadores,* to be able to manage without any help or advice.
andadura *f.* gait, pace. 2 *paso de* ~, amble.
Andalucía *pr. n.* GEOG. Andalusia.
andalucismo *m.* a word, phrase or idiom peculiar to Andalusia.
andaluz, a *adj. & n.* Andalusian.
andaluzada *f.* exaggeration.
andamiada *f.,* **andamiaje** *m.* scaffolding.
andamio *m.* scaffold [for workmen or spectators] : ~ *colgado,* flying scaffold. 2 coll. footgear.
andana *f.* row, tier. 2 scaffolding [for silk worm]. 3 *llamarse* ~, to go back on one's word.
andanada *f.* NAUT. broadside [discharge]. 2 reprimand, tirade : *soltar una* ~, to reprimand. 3 covered grandstand in bull-ring.
andañiño *m.* wickerwork gocart.
andante *adj.* walking. 2 errant : *caballero* ~, knight-errant; *caballería* ~, knight-errantry. — 3 *m.* MUS. andante.
andantesco, ca *adj.* belonging to the knight-errantry or to, knights-errant.
andanza *f.* event. 2 [good or bad] fortune. 3 *pl.* adventures.
1) andar *intr.* to walk, to go, to move : ~ *a gatas,* to walk on all fours. 2 [of a clock] to go; [of a machine, etc.] to work, run; [of a carriage] to move; [of a horse] to amble, pace : *el reloj anda bien,* the clock keeps good time. 3 to be : ~ *enfermo,* to be ill; ~ *con cuidado,* to be careful; ~ *cazando,* to be hunting. 4 to tamper, to mess about with, to handle : ~ *con la pólvora,* to handle gunpowder; ~ *en el cajón,* to touch, or mess about in, the drawer. 5 to be engaged in : ~ *en pleitos, en negocios,* to be engaged in lawsuits, in business or affairs. 6 [of time] to pass, elapse : *andando el tiempo,* in the course of time. 7 [of age] on the way to, coming : ~ *en los treinta años,* coming thirty. 8 to ride : ~ *a caballo, en coche,* to ride horseback, in a carriage. 9 NAUT. to sail. 10 other senses : ~ *a cuchilladas, a palos, a tiros,* to fight with knives, sticks, firearms; ~ *a derechas,* to act uprightly; ~ *a la que salta,* to be on the look out for opportunities, to have an eye for the main chance; ~ *tras,* to go after, to look for; *a todo* ~, at top speed; at most; *todo se andará,* all in good time; *¡anda a paseo!,* go and chop chips! — 11 *tr.* to walk, cover : ~ *cinco millas,* to walk or cover five miles. — 12 *ref.* to use, employ, to indulge in : *andarse con paliativos,* to employ palliatives. 13 *andarse por las ramas,* to beat about the bush. ¶ CONJUG. INDIC. Pret.: *anduve, anduviste, anduvo; anduvimos, anduvisteis, anduvieron.* | SUBJ. Imperf.: *anduviera, anduvieras, anduviera; anduviéramos, anduvierais, anduvieran,* or *anduviese, anduvieses,* etc. | Fut.: *anduviere,*

anduvieres, anduviere; anduviéremos, anduvieréis, anduvieren.
2) andar *m.* gait, pace : *a largo* ~, in the long run.
andaraje *m.* rim of bucket wheel.
andariego, ga *adj.* good at walking. 2 gadding about.
andarín *m.* good walker.
andarivel *m.* ferry cable. 2 NAUT. manrope. 3 cableway.
andarríos *m.* AGUZANIEVES.
andas *f. pl.* bier. 2 stretcher, portable platform : *en* ~, in triumph.
andén *m.* platform [of a railway station]. 2 banquette [of bridge]. 3 footwalk. 4 horse-path [of bucket wheel]. 5 quay.
andero *m.* bier bearer, stretcher bearer.
andino, na *adj.* Andean.
ándito *m.* sidewalk. 2 gallery or walk around a building.
andolina *f.* GOLONDRINA 1.
andorga *f.* coll. belly.
andorina *f.* GOLONDRINA 1.
Andorra *pr. n.* GEOG. Andorra.
andorra *f.* gadder, gadabout [woman].
andorrano, na *adj. & n.* Andorran.
andorrear *intr.* to gad about, to rove idly about the streets.
andorrero, ra *adj.* gadding, gadabout. — *2 m. & f.* gadder.
andrajo *m.* rag, tatter. 2 despicable person or thing.
andrajosamente *adv.* in rags.
andrajoso, sa *adj.* ragged, in rags, in tatters.
Andrés *pr. n.* Andrew.
andrina *f.* ENDRINA.
andrino *m.* ENDRINO.
Andrinópolis *pr. n.* GEOG. Adrianople.
androceo *m.* BOT. andrœcium.
andrógino, na *adj.* androgynous.
androide *m.* android.
Andrómeda *f.* ASTR. Andromeda.
andrómina *f.* humbug, artifice, lie.
andulario *m.* FALDULARIO.
andullo *m.* rolled tobacco leaf. 2 bunch of tobacco leaves. 3 NAUT. canvas shield on harpings and blocks.
andurriales *m. pl.* out-of-the-way places.
anduve, anduviera, anduviese, etc., *irr.* V. ANDAR.
anea *f.* BOT. cattail, cattail flag, rush.
aneaje *m.* alnage.
aneblar *tr.* to befog. 2 to cloud, darken. — *3 ref.* to fog [become thick with fog]. 4 to become cloudy. ¶ CONJUG. like *acertar.*
anécdota *f.* anecdote.
anecdotario *m.* collection of anecdotes.
anecdótico, ca *adj.* anecdotical.
anegable *adj.* subject to flooding.
anegación *f.* overflowing, inundation.
anegadizo, za *adj.* frequently inundated. 2 *madera anegadiza,* wood which sinks in the water.
anegamiento *m.* ANEGACIÓN.
anegar *tr.* to flood, overflow, inundate. 2 to drown. — *3 ref.* to be inundated. 4 to drown [be drowned] ; to sink.
anegociado, da *adj.* many affaired.
anejar *tr.* ANEXAR.
anejo, ja *adj.* ANEXO. — *2 m.* succursal church. 3 hamlet annexed to a town.
aneldo *m.* ENELDO.
anélido *m.* ZOOL. annelid. 2 *pl.* ZOOL. Annelida.
anemia *f.* anaemia, anemia.
anémico, ca *adj.* anaemic, anemic. — *2 m. & f.* MED. one affected with anæmia.
anemófilo, la *adj.* BOT. anemophilous.
anemografía *f.* anemography.
anemográfico, ca *adj.* anemographic.
anemógrafo *m.* anemograph.
anemometría *f.* anemometry.
anemométrico, ca *adj.* anemometric.
anemómetro *m.* anemometer.
anémona, anémone *f.* BOT. anemone, windflower. 2 ZOOL. ~ *de mar,* sea anemone.
anemoscopio *m.* anemoscope.
anepigráfico, ca *adj.* anepigraphic.
aneroide *adj. & n.* aneroid [barometer].
anestesia *f.* anæsthesia.
anestesiar *tr.* to anæsthetize.
anestésico, ca *adj. & m.* anæsthetic.
aneurisma *m.* MED. aneurism.
anexar *tr.* to annex [a territory, a country, a benefice].

anexidades *f. pl.* annexes, appurtenances.
anexión *f.* annexion, annexation.
anexionismo *m.* annexationism.
anexionista *adj.* annexational. — *2 m. & f.* annexationist.
anexo, xa *adj.* annexed, joined. — *2 m.* annex.
anfibio, bia *adj.* amphibious. — *2 adj. & n.* ZOOL. amphibian.
anfíbol *m.* MINER. amphibole.
anfibolita *f.* PETROG. amphibolite.
anfibología *f.* amphibology.
anfibológicamente *adv.* amphibologically.
anfibológico, ca *adj.* amphibological.
anfíbraco *m.* PROS. amphibrach.
anfictión *m.* amphyction.
anfictionía *f.* amphyctiony.
anfímacro *m.* PROS. amphimacer.
anfineuro *adj.* ZOOL. amphineurous. — *2 m. pl.* ZOOL. Amphineura.
anfioxo *m.* ZOOL. amphioxus.
anfípodo, da *adj.* ZOOL. amphipodal. — *3 m.* ZOOL. amphipodan. 4 *pl.* ZOOL. Amphipoda.
anfipróstilo *m.* ARCH. amphiprostyle.
anfisbena *f.* ZOOL. amphisbæna.
anfiscios *m. pl.* amphiscians, amphiscii.
anfisibena *f.* ANFISBENA.
anfiteatro *m.* amphitheatre.
anfitrión *m.* amphitryon, host, entertainer.
ánfora *f.* amphora.
anfractuosidad *f.* anfractuosity.
anfractuoso, sa *adj.* anfractuous.
angaria *f.* angaria.
angarillada *f.* as much as can be held in the panniers [on a pack animal].
angarillar *tr.* to put panniers on [a pack animal].
angarillas *f. pl.* handbarrow. 2 panniers [for pack animals]. 3 cruet stand, set of casters.
angazo *m.* an instrument for catching shellfish.
ángel *m.* angel [spiritual being; person resembling an angel] : ~ *custcdio o de la guarda,* guardian angel ; ~ *malo,* ~ *caído,* The Devil, The Fallen Angel. 2 crossbar shot. 3 ICHTH. *peje* ~, angelfish. 4 *tener* ~, to be graceful, winsome, charming.
Ángela *pr. n.* Angela.
angélica *f.* BOT. angelica, angelique. 2 ~ *carlina,* carline thistle.
angelical *adj.* angelic(al, cherubiç(al.
angelicalmente *adv.* angelically.
angélico, ca *adj.* angelic.
angelico, angelito *m. dim.* little angel : *estar con los angelitos,* fig. to be asleep or absent in mind. 2 fig. baby.
angelizarse *ref.* to become angelic, to purify oneself.
angelón *m.* augm. of ÁNGEL. 2 ~ *de retablo,* a fat, round-cheeked person.
angelote *m.* aug. of ÁNGEL. 2 a large figure of an angel placed on retables. 3 ICHTH. the shark angelfish. 4 a fat, sweet child.
ángelus *m.* Angelus.
angina *f.* MED. sore throat, tonsilitis, quinsy. 2 (Am.) tonsil. 3 MED. ~ *de pecho,* angina pectoris.
anginoso, sa *adj.* anginal, anginous, anginose.
angla *f.* cape [of land].
anglesita *f.* MINER. anglesite.
anglicanismo *m.* Anglicanism.
anglicano, na *adj. & n.* Anglican.
anglicismo *m.* Anglicism.
anglo, gla *adj. & n.* Anglian. 2 English. — *3 m. pl.* Angles.
angloamericano, na *adj. & n.* Anglo-American.
anglófilo, la *adj. & n.* Anglophil(e.
anglófobo, ba *adj. & n.* Anglophobe.
angloindio *adj. & n.* Anglo-Indian.
anglomanía *f.* Anglomania.
anglómano, na *m. & f.* Anglomaniac.
anglonormando, da *adj. & n.* Anglo-Norman.
anglosajón, na *adj. & n.* Anglo-Saxon.
angolán *m.* BOT. alangium.
Angora *f. pr. n.* GEOG. Angora : *cabra de* ~, Angora goat ; *gato de* ~, Angora cat.
angora *f.* Angora wool.
angorina *f.* a light fluffy wool for knitting.
angorra *f.* piece of leather worn for protection.
angostar *tr.* to narrow [lessen the breadth]. — *2 ref.* to narrow [become less broad].
angosto, ta *adj.* narrow [not broad or wide].

angostura f. narrowness. 2 narrows, narrow passage. 3 angostura [medicinal bark].
angrelado adj. HER. engrailed.
anguarina f. loose overcoat worn by peasants.
anguila f. ICHTH. eel. 2 NAUT. ~ fija, launching ways; ~ movible, bilge ways. 3 NAUT. ~ de cabo, REBENQUE 1.
anguilazo m. blow with a REBENQUE.
angula f. elver, young eel.
angulado, da adj. ANGULOSO.
angular adj. angular. 2 piedra ~, corner stone.
Angulema f. pr. n. GEOG. Angoulême.
angulema f. hemp fabric. 2 pl. coll. ZALAMERÍAS.
ángulo m. GROM. angie : ~ acimutal, ASTR. azimuth; ~ agudo, acute angle; ~ de ataque, AER. angle of attack; ~ de balance, AER. angle of bank or roll; ~ de incidencia, PHYS. angle of incidence; ~ de mira, angle of sight; ~ entrante, rentrant angle; ~ horario, ASTR. hour angle; ~ obtuso, obtuse angle; ~ óptico, visual angle; ~ recto, right angle; ángulos alternos externos, alternate exterior angles; ángulos alternos internos, alternate interior angles; ángulos correspondientes, corresponding angles, interior-exterior angles; ángulos opuestos por el vértice, vertical angles. 2 angle, corner, quoin; arris : ~ del ojo, corner of the eye.
anguloso, sa adj. angular, angulated, angulous.
angurria f. ESTANGURRIA. 2 (Am.) greediness.
angustia f. anguish, affliction, distress.
angustiadamente adv. distressingly, afflictedly, anguishingly.
angustiado, da adj. anguished, afflicted, distressed.
angustiar tr. to anguish, cause anguish to, afflict, distress, worry.
angustiosamente adv. distressfully, afflictedly.
angustioso, sa adj. anguishing, distressing.
anhelación f. panting, anhelation.
anhelante adj. panting [breathing with difficulty]. 2 desirous, longing.
anhelar intr. to pant [breathe with difficulty]. 2 to pant after, desire anxiously, long or yearn for, covet.
anhélito m. panting, hard breathing, anhelation.
anhelo m. longing, yearning, desire.
anhelosamente adv. longingly, yearningly.
anheloso, sa adj. hard [breathing]. 2 panting. 3 anxious, desirous, wishful, eager.
anhídrido, da m. CHEM. anhydrid(e.
anhidrita f. MINER. anhydrite.
anhidro, dra adj. CHEM. anhydrous.
anhidrosis f. MED. anhydrosis.
aní m. ORN. (Am.) ani.
Aníbal pr. n. Hannibal.
anidar intr. to nest, nidify. 2 to dwell, reside. — 3 tr. to harbour, cherish.
anieblar tr. & ref. ANEBLAR.
anieblo, anieble, etc., irr. V. ANEBLAR.
aniego m. ANEGACIÓN.
anilina f. CHEM. aniline.
anilla f. curtain ring; strap ring. 2 pl. GYM. rings.
anillado, da adj. curled. 2 ringed, annulated. — 3 m. ZOOL. annulate.
anillar tr. to shape as a ring. 2 to fasten with rings.
anillejo, anillete m. dim. ringlet.
anillo m. ring, circlet, finger ring : ~ de boda, wedding ring; ~ pastoral, episcopal ring; venir como ~ al dedo, to be apposite, to fit, be opportune. 2 GEOM. ring. 3 ARCH. annulet, annulus, cincture; cornice in a dome. 4 ZOOL. annulet. 5 ANAT., ZOOL., BOT. annulus. 6 NAUT. hank, grommet. 7 ring [of a water wheel]. 8 MACH. ring, collar.
ánima f. soul, human soul. 2 soul in Purgatory. 3 bore [of a gun]. 4 pl. ringing of bells at night for prayers for souls in Purgatory.
animación f. animation, liveliness, life, spirit. 2 bustle, movement, stir.
animado, da adj. animate. 2 animated, lively. 3 prompted. 4 heartened. 5 full of people, having great attendance.
animador, ra adj. animating; comforting, inspiring; encouraging. — 2 m. & f. animator; comforter; inspirer; encourager.
animadversión f. hatred, ill will, antagonism. 2 animadversion.
animal adj. animal. 2 stupid. — 3 m. animal : ~ de bellota, pig, swine; pedazo de ~, fig. stupid

person. 4 fig. stupid, rude person; dunce, blockhead.
animalada f. stupidity; hacer animaladas, to play the fool, to act like a donkey.
animálculo m. animalcule.
animalejo m. small animal.
animalidad f. animality.
animalización f. animalization.
animalizar tr. to animalize. — 2 ref. to become animalized.
animalote m. aug. big animal. 2 fig. very stupid person.
animalucho m. ugly, hideous animal.
animar tr. to animate. 2 to comfort, to encourage, incite, excite, decide [someone]. 3 to enliven, brighten, give life to. — 4 ref. to animate [become animated, enlivened]. 5 to take heart or courage. 6 to make up one's mind.
anime BOT. courbaril. 2 courbaril copal.
animero m. one who asks alms for the souls in Purgatory.
anímico adj. PSÍQUICO.
animismo m. animism.
ánimo m. mind, spirit [that in a man which feels, perceives, wills, thinks, etc.]. 2 courage, pluck, energy : caer or caerse uno de ~, to dismay, be discouraged; cobrar ~, to cheer up, to take courage; dilatar el ~ a uno, to comfort someone by giving him hope or resignation. 3 intention, purpose : hacer or tener ~ de, to mean, to purpose. 4 attention, thought. — 5 interj. ¡ánimo!, cheer up!
animosamente adv. bravely, courageously.
animosidad f. animosity, ill will. 2 courage.
animoso, sa adj. brave, courageous.
aniñadamente adv. childishly.
aniñado, da adj. childlish; girlish.
aniñarse ref. to become childish.
aniquilable adj. annihilable.
aniquilación f. annihilation, destruction.
aniquilador, a adj. annihilating, destroying; crushing. — 2 m. & f. annihilator.
aniquilamiento m. ANIQUILACIÓN.
aniquilar tr. to annihilate, destroy, wipe out; to crush. — 2 ref. to be annihilated, crushed; to come to nothing. 3 to humble oneself.
anís m. BOT. anise. 2 aniseed, anise. 3 sugar-coated aniseed. 4 ANISADO 2. 5 BOT. ~ estrellado, Chinese anise; badian.
anisado, da adj. flavoured with anise. — 2 m. brandy flavoured with anise.
anisar tr. to flavour with anise.
anisete m. anisette.
anísico, ca adj. CHEM. anisic.
anisodonte adj. ZOOL. anisodont.
anisófilo, la adj. BOT. anisophyllous.
anisógamo, ma adj. BIOL. anisogamous.
anisogino, na adj. BOT. anisogynous.
anisómero, ra adj. BOT., ZOOL. anisomerous.
anisométrico, ca adj. anisometric.
anisopétalo, la adj. BOT. anisopetalous.
anisotropía f. PHYS. anisotropy.
anisótropo, pa adj. PHYS. anisotropic, anisotropous.
Anita pr. n. dim. of ANA.
anivelar tr. NIVELAR.
aniversario, ria adj. ANUAL. — 2 m. anniversary. 3 annual memorial service.
anjeo m. a coarse linen.
ano m. ANAT. anus.
anoche adv. last night, last evening, yesternight.
anochecedor, ra adj. who retires late at night. — 2 m. & f. one who retires late at night.
1) **anochecer** intr. to grow dark. 2 to be or reach somewhere at nightfall; ~ y no amanecer, to run away or disappear suddenly and secretly. ¶ CONJUG. like agradecer.
2) **anochecer** m., **anochecida** f. nightfall, dusk, evening.
anochezco, anochezca, etc,, irr. V. ANOCHECER.
anódico, ca adj. anodal, anodic.
anodinia f. MED. anodynia.
anodino, na adj. & n. anodyne. 2 inane, ineffective, empty, senseless.
ánodo m. ELECT. anode.
anofeles adj. & m. ENTOM. anopheles.
anomalía f. anomaly, irregularity. 2 ASTR. anomaly.
anomalístico, ca adj. ASTRON. anomalistic(al.
anómalo, la adj. anomalous.

anomuro, ra *adj.* ZOOL. anomural, anomurous. — 2 *m.* ZOOL. anomuran. 3 *pl.* ZOOL. Anomura.

anón *m.* ANONA 2.

anona *f.* annona [provision]. 2 BOT. soursop.

anonáceo, a *adj.* annonaceous. — 2 *f. pl.* Annonaceæ.

anonadación *f.* ANODADAMIENTO.

anonadado, da *adj.* crushed, thunderstruck.

anodadamiento *m.* annihilation. 2 diminishing, coming to nothing; humiliation. 3 prostration.

anonadar *tr.* to annihilate; to crush, overwhelm. 2 to reduce, diminish. — 3 *ref.* to humble oneself; to come to nothing; to be crushed, to sink under.

anónimamente *adv.* anonymously.

anónimo, ma *adj.* anonimous. 2 COM. joint-stock [company]. — 3 *m.* anonym(e [person, author]. 4 anonymous letter. 5 anonymousness, anonymity.

anopluro, ra *adj.* ENTOM. anoplurous. — 2 *m.* ENTOM. anopluran. — 3 *m. pl.* ENTOM. Anoplura.

anorexia *f.* MED. anorexia.

anormal *adj.* abnormal. — 2 *m. & f.* abnormal person.

anormalidad *f.* abnormality, abnormity.

anormalmente *adv.* abnormally.

anosmia *f.* anosmia.

anotación *f.* annotation. 2 note, entry.

anotador, ra *m. & f.* annotator.

anotar *tr.* to annotate, note. 2 to write, put down; to enter, inscribe.

anquear *intr.* (Am.) to amble.

anquento *m.* (Chi.) potato dried and smoked.

anqueta *f.* dim. of ANCA : *estar de media* ~, to be uncomfortably seated.

anquialmendrado, da *adj.* having a narrow croup [horse].

anquibovuno, na *adj.* having a croup like an ox [horse].

anquiderribado, da *adj.* having a low croup [horse].

anquilosarse *ref.* to anchylose.

anquilosis *f.* MED. anchylosis, stiff joint.

anquirredondo, da *adj.* having a round croup [horse].

anquiseco, ca *adj.* having a lean croup [horse].

ansa *f.* Hanse.

ánsar *m.* ORN. graylag. 2 ORN. goose : ~ *macho*, gander.

ansarería *f.* goosery [place for keeping geese].

ansarero *m.* gooseherd.

ansarino, na *adj.* anserine. — 2 *m.* ORN. gosling.

ansarón *m.* ORN. ÁNSAR. 2 ORN. gosling.

anseático, ca *adj* Hanseatic.

Anselmo *pr. n.* Anselm.

ansí *adv.* ASÍ.

ansia *f.* throe, anguish, pang : *ansias de la muerte*, death pangs. 2 eagerness, keeness, avidity, greed, greediness, longing, yearning, hankering, hunger. 3 *pl.* NÁUSEAS.

ansiadamente *adv.* ANSIOSAMENTE.

ansiar *tr.* to desire eagerly, to wish, long for, hanker for, covet.

ansiedad *f.* anxiety, uneasiness, worry. 2 MED. anxiety.

ansiosamente *adv.* anxiously, eagerly.

ansioso, sa *adj.* anguished. 2 desirous, wistful, anxious, eager, avid, greedy.

anta *f.* ZOOL. elk, moose. 2 ZOOL. tapir. 3 ARCH. anta. 4 menhir.

antagalla *f.* NAUT. reef band [in a fore-and-aft sail].

antagallar *tr.* NAUT. to reef [a fore-and-aft sail].

antagónico, ca *adj.* antagonistic(al).

antagonismo *m.* antagonism.

antagonista *m.* antagonist, adversary, opponent.

antañazo *adv.* coll. long ago.

antaño *adv.* last year. 2 formerly, in olden times; of yore.

antañón, na *adj.* very old.

antártico, ca *adj.* antarctic.

1) **ante** *m.* ZOOL. elk, moose. 2 ZOOL. bubal. 3 buff [leather], buckskin.

2) **ante** *prep.* before, in the presence of. 2 ~ *todo*, in the first place; above all. — 3 *m.* (Am.) a peruvian beverage; a Mexican sweetmeat.

anteado, da *adj.* buff, buffy, buff-coloured.

antealtar *m.* chancel, space in front of the steps of the altar.

anteanoche *adv.* night before last.

anteanteanoche *adv.* three nights ago.

anteanteayer, anteantier *adv.* three days ago.

anteayer *adv.* day before yesterday.

antebrazo *m.* forearm.

antecama *f.* bedside rug.

antecámara *f.* antechamber, anteroom.

antecapilla *f.* antechapel.

antecedencia *f.* antecedence, antecedency.

antecedente *adj.* antecedent, preceding, previous. — 2 *m.* antecedent. 3 *pl.* antecedents, past, record.

antecedentemente *adv.* antecedently, before, anteriorly, previously.

anteceder *tr.* to antecede, precede.

antecesor, ra *m. & f.* antecessor, predecessor. 2 ancestor, forefather.

anteco, ca *adj.* GEOG. antœcian. — 2 *m. pl.* antœcians, antœci.

antecoger *tr.* to take and carry, or lead, in front of oneself. 2 to pick fruit before it ripens.

antecojo, antecoja, etc., *pres., subj. & imper.* of ANTECOGER.

antecolumna *f.* ARCH. column of a porch.

antecoro *m.* antechoir.

Antecristo *m.* Antichrist.

antedata *f.* antedate.

antedatar *tr.* to antedate [a document].

antedecir *tr.* PREDECIR.

antedicho, cha *adj.* a)foresaid ; a)forenamed.

antediluviano, na *adj.* antediluvian.

antefija *f.* ARCH. antefix.

antefirma *f.* description of the signatory before the signature.

antefoso *m.* FORT. foremoat.

antehistórico, ca *adj.* prehistórico.

anteiglesia *f.* church porch.

antelación *f.* anteriority, previousness : *con* ~, beforehand.

anteman (de) *adv.* beforehand.

antemeridiano, na *adj.* antemeridian.

antemural *m.* any fort, rock or mountain serving as a defence. 2 defence, protection.

antemuro *m.* FALSABRAGA.

antena *f.* NAUT. lateen yard. 2 ZOOL. antenna, horn. 3 RADIO. antenna, aerial.

antenacido, da *adj.* premature [baby].

antenado, da *m. & f.* ENTENADO.

antenoche *adv.* ANTEANOCHE. 2 before nightfall.

antenombre *m.* title prefixed to ɪ proper name [as *don, san*, etc.].

anténula *f.* antennule.

antenupcial *adj.* antenuptial.

anteojera *f.* spectacle case. 2 blinder, blinker [on a horse's bridle].

anteojero *m.* optician.

anteojo *m.* spyglass, small telescope : ~ *de larga vista*, long-range spyglass. 2 *pl.* binocular fieldglasses, opera glasses. 3 eyeglasses, spectacles.

antepalco *m.* THEAT. small anteroom to a box.

antepagar *tr.* to prepay.

antepasado, da *adj.* foregone. — 2 *m.* ancestor, forefather.

antepecho *m.* parapet, railing; breast [of a window], window sill. 2 FORT., MAR. breastwork. 3 breastband [of the harness]. 4 breast beam [of the loom].

antepenúltimo, ma *adj.* antepenultimate, last but two.

antepondré, antepondría, etc., *irr.* V. ANTEPONER.

anteponer *tr.* to place before, to prefix. 2 to place before, give the preference to. ¶ CONJUG. like *poner.*

antepongo, anteponga, etc., *irr.* V. ANTEPONER.

anteportada *f.* bastard title page.

anteposición *f.* putting before, anteposition.

anteproyecto *m.* first draft of a project; preliminary sketch or plan.

antepuerta *f.* portière. 2 FORT. anteport.

antepuerto *m.* NAUT. outer port. 2 entrance to a mountain pass.

antepuesto, ta *p. p.* of ANTEPONER. — 2 *adj.* placed before. 3 preferred.

antepuse, antepusiera, etc., *irr.* V. ANTEPONER.

antequerano *na adj. & n.* of Antequera.

antera *f.* BOT. anther.

anteridio *m.* BOT. antheridium.

anterior *adj.* anterior, antecedent, foregoing, former, previous, prior, preceding : *el día* ~, the

day before. *2* anterior [in or toward the front], fore, front, forward.
anterioridad *f.* anteriority, priority : *con* ~, previously, beforehand ; *con* ~ *a*, previously to, prior to.
anteriormente *adv.* previously, before.
antero *m.* worker in buckskin.
antes *adv.* before, first, previously, formerly ; soon, sooner, soonest : ~ *de*, ~ *de que*, ~ *que*, previous to, before ; *con* ~, *cuanto* ~, as soon as (or the soonest) possible ; ~ *hoy que mañana*, the sooner the better ; *de* ~, from before ; of old ; *no pudo venir* ~, he could not come sooner. *2* sooner, rather : ~ *morir que mentir*, sooner die than lie. — *3 conj.* rather : *no temo la muerte*; ~ *la deseo*, I don't fear death : rather I desire it ; ~ *bien*, rather, on the contrary. — *4 adj.* before, previous : *el día* ~, the previous day.
antesala *f.* anteroom, antechamber ; waiting room : *hacer* ~, to wait in a waiting room ; to dance attendance, to cool one's heels.
antetemplo *m.* porch of a church.
antevendré, antevendría, antevengo, antevenga, etc., *irr.* V. ANTEVENIR.
anteveo, antevea, etc., V. ANTEVER.
antevenir *intr.* to come before. ¶ CONJUG. like *venir*
antever *tr.* to foresee. ¶ CONJUG. like *ver*.
antevine, anteviniera, anteviniese, etc., *irr.* V. ANTEVENIR.
antevíspera *f.* the day before the eve [of] ; two days before.
antevisto *p. p. irr.* of ANTEVER, foreseen.
antia *f.* LAMPUGA.
antiácido, da *adj. & m.* antacid.
antiaéreo, a *adj.* anti-aircraft.
antiafrodisíaco, ca *adj.* antaphrodisiac.
antialcohólico, ca *adj.* antialcoholic.
antiapoplético, ca *adj.* antiapoplectic.
antiar *m.* BOT. antiar.
antiartístico, ca *adj.* inartistic.
antiartrítico, ca *adj.* MED. antiarthritic.
antiasmático, ca *adj.* antasthmatic.
antibaquio *m.* PROS. antibacchius.
antibilioso, sa *adj.* MED. antibilious.
antibiótico, ca *adj.* y *m.* antibiotic.
anticatarral *adj.* MED. anticatarrhal.
anticatólico, ca *adj.* anti-Catholic.
anticición *m.* METEOR. anticyclone.
anticipación *f.* anticipation, advance : *con* ~, in advance.
anticipada *f.* FENC. unexpected or treacherous thrust or attack.
anticipadamente *adv.* in advance, beforehand, previously. *2* prematurely.
anticipado, da *p. p.* of ANTICIPAR. — *2 adj.* advanced, in advance ; advance [payment]. *3* early, premature.
anticipador, ra *adj.* advancing ; anticipating. — *2 m. & f.* anticipator ; advancer.
anticipamiento *m.* anticipation ; advance.
anticipar *tr.* to anticipate, advance, hasten [do or bring to happen earlier ; fix for an earlier date]. *2* to advance [money], to lend ; to pay in advance. *3* to prefer. — *4 ref.* to occur before the regular or expected time. *5 anticiparse a*, to anticipate, forestall, get the start of [another person].
anticipo *m.* ANTICIPACIÓN. *2* advance, advance payment, money advanced.
anticlerical *adj. & n.* anticlerical.
anticlinal *adj.* GEOL. anticlinal.
anticongelante *adj.* antifreeze.
anticonstitucional *adj.* anticonstitutional.
anticresis *f.* LAW antichresis.
anticresista *m.* LAW the creditor in antichresis.
anticristiano, na *adj.* antichristian.
Anticristo *m.* Antichrist.
anticuado, da *adj.* antiquated, old-fashioned, out-of-date, out of fashion, obsolete ; antique.
anticuar *tr.* to antiquate, outdate. — *2 ref.* to become antiquate.
anticuario *m.* antiquarian, antiquary. *2* antique dealer ; old curiosity dealer.
anticuchos *m. pl.* (Pe.) meat bits sold on a string.
anticuerpo *m.* BACT. antibody.
antidáctilo *m.* PROS. antidactyl.
antidemocrático, ca *adj.* antidemocratic.
antideslizante *adj.* AUTO. antiskid, antiskidding, nonskid, nonskidding.

antidetonante *adj.* anti-knock [gasoline].
antidiftérico, ca *adj. & m.* MED. antidihptheritic.
antidinástico, ca *adj.* antidynastic.
antidoral *adj.* LAW remunerative.
antídoto *m.* antidote.
antiemético, ca *adj. & m.* MED. antemetic, antiemetic.
antiepiléptico, ca *adj.* MED. antiepileptic.
antier *adv.* coll. ANTEAYER.
antiesclavista *adj.* antislavery.
antiesclavismo *m.* antislavery.
antiescorbútico, ca *adj.* antiscorbutic.
antiespasmódico, ca *adj. & m.* antispasmodic.
antiestético, ca *adj.* unæsthetic.
antifaz *m.* mask, veil, etc., covering the face.
antifebril *adj.* MED. antifebril.
antifermento *m.* BIOCHEM. antiferment.
antiflogístico, ca *adj.* MED. antiphlogistic.
antífona *f.* ECCL. antiphon, anthem.
antifonal *adj. & m.* antiphonal.
antifonario *m.* antiphonary. *2* coll. the buttocks.
antifonero *m.* antiphon precentor.
antífrasis *f.* RHET. antiphrasis.
antifricción *adj.* MACH. anti-friction.
antígeno *m.* PHYSIOL. antigen.
antigramatical *adj.* ungrammatical.
antigualla *f.* antique ; old-fashioned or out-of-date custom, object, etc.
antiguamente *adv.* anciently, formerly, in old times, in times of yore.
antiguamiento *m.* antiquating. *2* attainment of seniority.
antiguar *tr.* ANTICUAR. — *2 intr.-ref.* to attain seniority.
antigubernamental *adj.* antigovernment(al.
antigüedad *f.* antiquity, ancientness. *2* antiquity [ancient times, former ages ; people of ancient times]. *3* seniority. *4 pl.* antiquities, antiques.
antiguo, gua *adj.* ancient, old ; antique : *Antiguo Testamento*, Old Testament ; *a la antigua, a lo* ~, in the ancient manner, after the fashion of olden times ; *en lo* ~, in times of yore, in olden times. *3* of long standing, old. *4* having been long in a position, employment, etc. : *más* ~, senior. — *5 m.* old [old time] : *de* ~, of old, from time immemorial. *6* senior [of a college, etc.]. *7 pl. los antiguos*, the ancients.
antihelmíntico, ca *adj. & n.* anthelmintic.
antiherpético, ca *adj. & m.* MED. antiherpetic.
antihigiénico, ca *adj.* antihygienic, unhealthy
antihistérico, ca *adj. & m.* MED. antihysteric.
antilogaritmo *m.* MATH. antilogarithm.
antilogía *f.* antilogy.
antilógico, ca *adj.* antilogous.
antílope *m.* ZOOL. antelope.
antillano, na *adj. & n.* Antillean, West-Indian
Antillas *f. pl.* GEOG. Antilles, West Indies.
antimilitarismo *m.* antimilitarism.
antimilitarista *adj. & n.* antimilitarist.
antiministerial *adj.* POL. opposed to the Administration. — *2 n.* POL. member of the opposition, oppositionist.
antimonárquico, ca *adj.* antimonarchical. — *2 m. & f.* antimonarchist.
antimonial *adj.* antimonial.
antimónico, ca *adj.* CHEM. antimonic.
antimonio *m.* CHEM. antimony.
antinacional *adj.* antinational.
antinatural *adj.* unnatural.
antinefrítico *adj.* MED. antinephritic.
antinomía *f.* antinomy.
antinómico, ca *adj.* antinomic.
Antioquia *f. pr. n.* GEOG. Antioch.
antioqueño, ña *adj. & n.* Antiochene, Antiochian [of Antioch]. *2* of Antioquía [in Colombia].
antipapa *m.* antipope.
antipapado *m.* antipapacy.
antipara *f.* screen [before a thing]. *2* legging covering the front part of leg and foot.
antiparras *f. pl.* coll. spectacles, barnacles.
antipatía *f.* antipathy, dislike, aversión.
antipático, ca *adj.* antipathetic, inspiring antipathy, unprepossessing, disagreeable, uncongenial.
antipatriótico, ca *adj.* unpatriotic.
antiperistáltico, ca *adj.* antiperistaltic.
antiperistasis *f.* antiperistasis.
antipirético, ca *adj. & m.* MED. antipyretic.
antipirina *f.* CHEM. antipyrine.
antípoda *adj.* antipodal. — *2 m. pl.* antipodes.

antipútrido, da *adj.* antiputrid.
antiquísimo, ma *adj.* superl. of ANTIGUO : very ancient, very old.
antiquismo *m.* ARCAÍSMO.
antirrábico, ca *aaj.* antihydrophobic.
antirreglamentario, ria *adj.* against the rules.
antirreligioso, sa *adj.* antireligious; irreligious.
antirreumático, ca *adj.* MED. antirheumatic.
antirrevolucionario, ria *adj.* antirevolutionary. — 2 *m.* & *f.* antirevolutionist.
antiscio, cia *adj.* & *n.* antiscian.
antisemita *adj.* anti-Semitic. — 2 *m.* & *f.* anti-Semite.
antisemítico, ca *adj.* anti-Semitic.
antisemitismo *m.* anti-Semitism.
antisepsia *f.* MED. antisepsis.
antiséptico, ca *adj.* & *n.* antiseptic.
antisifilítico, ca *adj.* MED. antisyphilitic.
antisocial *adj.* antisocial.
antispasto *m.* PROS. antispast.
antistrofa *f.* antistrophe.
antitanque *adj.* MIL. antitank.
antítesis *f.* antithesis.
antitético, ca *adj.* antithetic.
antitóxico, ca *adj.* MED. antitoxic.
antitoxina *f.* MED. antitoxin.
antitrago *m.* ANAT. antitragus.
antitrinitario, ria *adj.* & *n.* anti-Trinitarian.
antituberculoso, sa *adj.* antituberculous.
antivenéreo, a *adj.* antivenereal.
antocianina *f.* CHEM. anthocyanin.
antófago, ga *adj.* anthophagous [feeding on flowers].
antojadizamente *adv.* capriciously, whimsically, in a fickle manner.
antojadizo, za *adj.* capricious, whimsical, fanciful, fickle, freakish.
antojado, da *adj.* having a fancy for something.
antojarse *ref.* (used with a pers. pron.: *me, te, le, nos, os, les*) to be desired or wished capriciously, to arouse a whimsical desire, a fancy : *se le antoja este juguete*, he wants this toy; *se le antojó salir*, he took a notion to go out; he chose to go out; *no hace más que lo que se le antoja*, he does always as he wishes. 2 to seem probable, occur to the mind, be imagined or surmised : *se me antoja que*, I think or imagine that.
antojo *m.* caprice, whim, notion, fancy, freak, will : *a su* ~, as one pleases; arbitrarily. 2 mother's mark, birthmark.
antojuelo *m.* dim. of ANTOJO 1.
antología *f.* anthology.
antológico, ca *adj.* anthological.
Antón *pr. n.* ANTONIO.
Antonia *pr. n.* Antonia.
antoniano, na *adj.* & *n.* Anthonin.
antónimo, ma *adj.* antonymous. — 2 *m.* antonym.
antoniniano, na *adj.* Antonine. 2 antoninianus.
antonino, na *adj.* & *n.* ANTONIANO.
Antonio *pr. n.* Anthony, Antony.
antonomasia *f.* antonomasia.
antonomásticamente *adv.* antonomastically.
antonomástico, ca *adj.* antonomastic(al.
Antoñito, ta *pr. n.* dim. of ANTONIO & ANTONIA.
antorcha *f.* torch, flambeau, cresset.
antorchero *m.* cresset [vessel or basket].
antozoario, antozoo *adj.* & *n.* ZOOL. anthozoan. — 2 *m. pl.* ZOOL. Anthozoa.
antraceno *m.* CHEM. anthracene.
antrácico, ca MED. anthracic.
antracífero, ra *adj.* anthraciferous.
antracita *n.* anthracite, blind coal, glance coal, hard coal.
antracosis *f.* MED. anthracosis.
ántrax *m.* MED. anthrax.
antro *m.* cavern, den.
antrópico, ca *adj.* anthropic.
antropocéntrico, ca *adj.* anthropocentric.
antropofagia *f.* anthropophagy.
antropófago, ga *adj.* anthropophagous, cannibalistic. — 2 *m.* & *f.* anthropophagite, cannibal. 3 *pl.* anthropophagi.
antropografía *f.* anthropography.
antropoide *adj.* ZOOL. anthropoid.
antropolatría *f.* anthropolatry.
antropología *f.* anthropology.
antropológico, ca *adj.* anthropologic(al.

antropólogo *m.* anthropologist.
antropómetra *m.* anthropometrist.
antropometría *f.* anthropometry.
antropométrico, ca *adj.* anthropometric(al.
antropomórfico, ca anthropomorphic.
antropomorfismo *m.* anthropomorphism.
antropomorfo, fa *adj.* anthropomorphous. — 2 *m.* ZOOL. anthropomorph. 3 *pl.* ZOOL. Anthropomorpha.
antropopiteco *m.* PALENT. Anthropopitecus.
antruejada *f.* coarse jest.
antruejar *tr.* to play carnival tricks on.
antruejo *m.* carnival days.
antuerpiense *adj. of* Antwerp. — 2 *m.* & *f.* native or inhabitant of Antwerp.
antuviada *f.* coll. sudden blow.
antuviar *tr.* to strike suddenly; to be first in striking.
antuvión *m.* sudden, unexpected blow or attack : *de* ~, suddenly, unexpectedly.
anual *adj.* annual, yearly.
anualidad *f.* the condition of being annual; annual recurrence. 2 annuity, yearly pension or rent; year's pay.
anualmente *adv.* annually, yearly.
anuario *m.* annual, yearbook, trade directory.
anubarrado, da *adj.* clouded, cloudy [sky]. 2 PAINT. with cloud effects.
anublado, da *p. p.* of ANUBLAR. — 2 *adj.* clouded, overcast. 3 dimmed, obscured.
anublar *tr.* to cloud, darken, obscure, shadow, eclipse; to tarnish. — 2 *ref.* to cloud, to become cloudy, obscure, shadowy. 3 AGR. to blast, blight, wither, dry up [become blasted, blighted, etc.]. 4 [of hopes, etc.] to fade away, to fall through.
anublo *m.* AÑUBLO.
anudamiento *m.* knotting, tying, joining. 2 resuming. 3 stunting.
anudar *tr.* to knot [make knots; join by knotting]. 2 to unite. 3 to continue [after intermission], to resume. — 4 *ref.* to knot, be knotted, united. 5 to blight, stunt, stop growing. 6 *anudársele a uno la voz*, to become speechless with emotion.
anuencia *f.* consent, permission.
anuente *adj.* consenting.
anulable *adj.* that can be annulled; voidable.
anulación *f.* annulment, voiding, nullification.
anulador, ra *adj.* annulling. 2 voiding, nullifying. — 3 *m.* & *f.* anuller, nullifier, destroyer.
1) anular *tr.* to annul, make void, nullify. 2 to annul, reduce to nothing. 3 to deprive of authority, power and influence. — 4 *ref.* to efface oneself.
2) anular *adj.* annular; ring-shaped. 2 *dedo* ~, ring finger.
anulativo, va *adj.* annulling, voiding.
anuloso, sa *adj.* annular, annulose.
anunciación *f.* announcement, annunciation. 2 Annunciation [to the Virgin Mary], Annunciation Day, Lady Day.
anunciador, ra *adj.* announcing. 2 advertising. — 3 *m.* & *f.* announcer. 4 advertiser. 5 ELEC. annunciator.
anunciante *adj.* advertising. — 2 *m.* & *f.* advertiser.
anunciar *tr.* to announce, proclaim. 2 to notify [arrival, etc.]. 3 to indicate, foretoken, foretell, predict, presage. 4 to advertise, to bill.
anuncio *m.* announcement, notice. 2 prediction, foretoken, forerunner, presage, sign. 3 advertisement. 4 COM. advice.
anuo, a *adj.* annual.
anuria *f.* MED. anuria.
anverso *m.* obverse [as opposed to reverse]. 2 PRINT. recto [of a page].
anzolero *m.* fishhook maker or dealer.
anzuelo *m.* fishhook : *roer el* ~, fig. to escape a danger. 2 fig. lure, allurement, incitement.: *caer o picar en el* ~, *tragar el* ~, to swallow the bait; *echar el* ~, to angle, cast the hook, to allure.
añacal *m.* carrier of wheat to mills. 2 baker's board for carrying bread.
añada *f.* AGR. good or bad year. 2 strip of a field, etc., lying fallow alternate years.
añadido *m.* hair switch. 2 PRINT. addition.
añadidura *f.* addition, additament : *por* ~, over and above, into the bargain; to boot.
añadir *tr.* to add, join. 2 to augment, increase.
añafil *m.* straight trumpet of old.

añafilero m. player on the AÑAFIL.

añagaza f. lure, decoy [for birds]. 2 snare, trick.

añal adj. ANUAL. — 2 m. ECCL. offering in memory of a person made one year after his death.

añalejo m. ordinal, liturgical calendar.

añas m. (Pe., Ec.) ZOOL. kind of fox.

añascar tr. to scrape together. 2 to tangle, entangle. — 3 ref. to become tangled or entangled.

añasco m. tangle, entanglement.

añasqué, añasque, etc., pret., subj. & imper. of AÑASCAR.

añejar tr. to age [a thing]. — 2 ref. [of wine, etc.] to grow old, to age; to become stale.

añejo, ja adj. old, aged, of old vintage [wine]; old [bacon]; stale. 2 old [vice, custom, etc.].

añicos m. pl. bits, shatters, fragments, smithereens, smithers: hacerse ~, to smash [be smashed] to smithers; fig. to take great pains.

añil m. anil, indigo [shrub, dye]. 2 indigo blue.

añilar tr. to blue with indigo.

añilería f. indigo plantation.

añino adj. & n. yearling [lamb]. — 2 m. pl. the unshorn skins of yearling lambs. 3 lamb's wool.

año m. year: ~ astral, astronómico or sidéreo, astronomical year; ~ bisiesto or intercalar, leap year; ~ civil, civil year; ~ de gracia, year of grace; ~ económico, fiscal year; ~ en curso, current year; ~ escolar, school year; ~ nuevo, New Year; día de ~ nuevo, New Year's Day; el ~ de la nanita, very old times, donkey's years ago; mal año!, an imprecatory exclamation; estar de buen ~, to be healthy and fleshy; ganar (or perder) ~, [of students], to pass (or fail) in one's examinations; al ~, cada ~, a year; al ~ de..., a year after...; entre ~, during the year; por años, by the year; por los años de 1806, about the year 1806; por muchos años, many happy returns [of the day]. 2 AGRIC. crop, harvest. 3 pl. years, age, old age: entrado en años, well up in years, elderly; tener años, to be old, aged; tener diez años [de edad], to be ten years old; ¿cuántos años tiene usted?, how old are you?; no hay quince años feos, youth is better than beauty [said of girls]. 4 birthday: dar los años, to compliment on the birthday.

añojal m. fallow land.

añojo, ja m. & f. yearling calf or lamb.

añoranza f. pinning [for a lost or absent person, thing, etc.]; regret, nostalgia, homesickness.

añorar tr. to pine for [lost or absent person, thing, etc.], to regret.

añoso, sa adj. old, stricken in years.

añublado, da adj. ANUBLADO.

añublar, añublarse tr. & ref. ANUBLAR.

añublo m. BOT. smut; rust.

añudamiento m. ANUDAMIENTO.

añudar tr. & ref. ANUDAR.

añusgar intr. to choke, strangle. 2 to be displeased, angry.

aojador, ra m. & f. evil-eyed person, bewitcher.

aojadura f., **aojamiento** m. AOJO.

aojar tr. to cast the evil eye on, to affect by the evil eye, to bewitch.

aojo m. casting the evil eye, bewitching.

aónides f. pl. the Muses.

aonio, nia adj. Aonian.

aoristo m. GRAM. aorist.

aorta f. ANAT. aorta.

aórtico, ca adj. aortic.

aortitis f. MED. aortitis.

aovado, da p. p. of AOVAR. — 2 adj. ovate, oviform, egg-shaped.

aovar tr. to lay eggs.

aovillarse ref. to curl up into a ball.

apabilar tr. to trim the wick [of a candle].

apabullar tr. to crush, flatten. 2 to squelch, disconcert, silence.

apacentadero m. pasture, grazing.

apacentador m. pasturer.

apacentamiento m. pasturage, grazing [act of pasturing]. 2 pasture, food.

apacentar tr. to pasture, graze [put out to pasture], to tend grazing cattle. 2 to instruct spiritually; to feed [the spirit, the passions, etc.]. — 3 ref. to pasture, graze [eat down pasture]. 4 to feed one's spirit or mind. ¶ CONJUG. like acertar.

apacibilidad f. gentleness, mildness, pleasantness, placidness, placidity, serenity.

apacible adj. gentle, mild, sweet. 2 pleasant, placid, tranquil, untroubled.

apaciblemente adv. sweetly, pleasantly, placidly.

apaciento, apaciente, etc., irr. V. APACENTAR.

apaciguador, ra adj. pacifying, pacificatory, appeasing. — 2 m. & f. pacifier, appeaser.

apaciguamiento m. pacification, pacifying, appeasing, calming.

apaciguar tr. to pacify, appease, calm, allay, soothe; to placate. — 2 ref. to be appeased, to subside, to cool down.

apache adj. & n. Apache [Indian]. — 2 m. apache [ruffian].

apacheta f. (Pe.) devotional heap of stones raised by the Indians on a tableland.

apachico m. (Am.) bundle.

apadrinador, ra m. & f. sponsor, protector, supporter.

apadrinamiento m. sponsoring, acting as a godfather or a second. 2 protection, support, patronage.

apadrinar tr. to sponsor, to act as godfather to; to act as second [in a duel]. 2 to protect, favour, patronize, support.

apagable adj. extinguishable. 2 quenchable.

apagadizo, za adj. hard to kindle, slow to burn, of difficult combustion.

apagado, da p. p. of APAGAR. — 2 adj. extinguished, quenched. 3 meek, dull [person]. 4 faint, pale, dead, dull, lusterless. 5 dull, faded [colour]. 6 dead, dull, muffled [sound]. 7 dead, extinct [volcano]. 8 slaked [lime].

apagador m. extinguisher. 2 damper [in a piano].

apagamiento m. extinguishment, extinguishing, putting out; quenching.

apagapenol m. NAUT. leech-line, martinet.

apagar tr. to extinguish, to put out, blow out, turn out. 2 to quench, stiffle, suppress, damp. 3 to quench, slake [thirst]. 4 to slake [lime]. 5 to dull, soften [colours]. 6 to deaden, deafen, muffle [sound]. 7 NAUT. to spill [a sail]. 8 MIL. ~ los fuegos del enemigo, to silence the enemy's guns. — 8 ref. [of fire, light] to die out, go out; to become extinct. 9 to be quenched. 10 [of lime] to slake, 11 [of colours, sound] to deaden, become deadened.

apagavelas m. candle extinguisher.

apagón m. sudden failure of lights. 2 blackout [as when electricity fails].

apagué, apague, etc., pret., subj. & imper. of APAGAR.

apainelado adj. ARCH. basket-handle [arch].

apaisado, da adj. oblong [rectangular with the horizontal dimension the greater].

apalabrar tr. to agree to something by word of mouth. 2 to bespeak, reserve, engage beforehand.

Apalaches adj. GEOG. Appalachians.

apalancamiento m. levering, leverage.

apalancar tr. to lever, pry [raise or move with a lever].

apalanqué, apalanque, etc., pret. subj. & imper. of APALANCAR.

apaleador, ra adj. beating, cudgelling. — 2 m. & f. beater, cudgeller.

apaleamiento m. beating, cudgelling, thrashing.

apalear tr. to beat, cane, cudgel, thrash. 2 to beat [carpets, clothes, etc.]. 3 to beat down [fruit] with a pole. 4 AGR. to winnow [grain] with a shovel. 5 ~ el oro o la plata, fig. to be very wealthy.

apaleo m. winnowing grain with a shovel.

apanalado, da adj. honeycomb, honeycombed.

apancora f. ZOOL. a Chilean crab.

apandar tr. coll. to appropriate, take to oneself; to steal, pilfer.

apandillar tr. & ref. to form a gang, league or faction.

apanojado, da adj. BOT. paniculated.

apantanar tr. to flood, make swampy. — 2 ref. to become flooded, swampy.

apantuflado, da adj. slipper-shaped.

apañado, da p. p. of APAÑAR. — 2 adj. resembling woollen cloth. 3 dexterous, skilful. 4 suitable.

apañador, ra m. & f. taker, grasper. 2 mender.

apañadura f., **apañamiento** m. act of taking or grasping. 2 mending. 3 managing.

apañar tr. to take, seize; to grasp, hook, steal, pilfer. 2 to dress, adorn, clothe. 3 to wrap up [for warmth]. *4* to patch, mend. — *5 ref.* to manage, contrive.

apaño *m.* patch, repair, mending. 2 knack, skill, dexterity. 3 coll. mistress, paramour.

apañuscar *tr.* to crumple, crush. 2 to take, seize, hook, pilfer.

apañusqué, apañusque, etc., *pret., subj. & imper.* of APAÑUSCAR.

apapagayado, da *adj.* parrot-like.

aparador *m.* sideboard, cupboard, buffet; dresser. 2 credence. 3 shop window, show window. *4 estar de* ~, coll. [of a woman] to be dressed up to receive visitors.

aparadura *f.* NAUT. *tablón de* ~, garboard plank.

aparar *tr.* to hold out hands, apron, or skirts for catching something. 2 to prepare, arrange. 3 CARP. to dub flush. *4* SHOEM. to close [the uppers]. — *5 ref.* to prepare, arrange, adorn oneself.

aparasolado, da *adj.* umbrella-shaped. 2 BOT. umbelliferous.

aparatero, ra *adj.* (prov. & Am.) showy, exaggerating, fussy.

aparato *m.* apparatus, appliance, device, contrivance : ~ *de radio,* wireless set ; ~ *de relojería,* clockwork ; ~ *fotográfico,* camera ; ~ *ortopédico,* orthopedical appliance ; ~ *tomavistas,* motion picture camera ; *aparatos sanitarios,* bathroom fixtures. 2 coll. machine [airplane]. 3 coll. phone. *4* SURG. application, bandage. *5* PHYSIOL. apparatus, system : ~ *digestivo,* digestive system ; ~ *respiratorio,* respiratory apparatus. 6 fussiness, exaggeration. 7 pomp, ostentation, display, show, state, pageantry : *sin* ~, unostentatiously. 8 circumstances, signs, symptoms. 9 assemblage, preparation or collection of things needed for some purpose, paraphernalia : ~ *escénico,* THEAT. scenery, properties ; scenic display.

aparatoso, sa *adj.* pompous, showy. 2 exaggerated, exaggerating, fussy. 3 spectacular.

aparcar *tr.* to park [cars, artillery, etc.].

aparcería *f.* share tenancy, partnership.

aparcero, ra *m. & f.* share tenant, partner.

apareamiento *m.* pairing, matching, mating.

aparear *tr.* to pair, match [things]. 2 to pair, mate [animals]. — *3 ref.* to form a pair. *4* [of animals] to pair, mate, couple.

aparecer *intr. & ref.* to appear, show (up); to come forth or up; to arise, loom, peer, heave in sight. 2 to turn up, to be [in a place]. 3 [of a ghost] to walk. ¶ CONJUG. like *agradecer.*

aparecido *m.* ghost, spectre, specter, wraith.

aparecimiento *m.* apparition, appearance, appearing.

aparejadamente *adv.* APTAMENTE.

aparejado, da *p. p.* of APAREJAR. — *2 adj.* apt, fit, able, competent, ready.

aparejador, ra *m. & f.* one who prepares or gets ready. — *2 m.* architect's assistant. 3 NAUT. rigger.

aparejar *tr.* to prepare, get ready. 2 to saddle [horses, mules, etc.]. *3* NAUT. to rig, rig out, furnish. *4* to size, to prime [before gilding or painting]. — *5 ref.* to get [oneself] ready.

aparejo *m.* preparation, arrangement. 2 gear, equipment. *3* riding gear ; packsaddle. *4* NAUT. masts, rigging, sails, tackle [on a ship]. *5* tackle [assemblage of pulleys] : ~ *de gata,* cat tackle ; ~ *real,* main tackle. *6* MAS. bond. *7* PAINT., GILD. sizing, priming.

aparentar *tr.* to feign, pretend, assume. 2 to look [so many years old].

aparente *adj.* apparent [not real], seeming. 2 apparent, visible. 3 fit, suitable.

aparentemente *adv.* apparently, outwardly, seemingly.

aparezco, aparezca, etc., *irr.* V. APARECER.

aparición *f.* apparition, appearance. 2 apparition, ghost, vision.

apariencia *f.* appearance, aspect, look, semblance : *en* ~, apparently, outwardly, seemingly. 2 likelihood. 3 appearance, pretence, show. *4 pl.* appearances : *guardar las apariencias,* to keep up appearances ; *juzgar por las apariencias,* to judge from appearances.

aparrado, da *adj.* [of a tree] vinelike, spreading.

aparragarse *ref* (Chi., Hond.) ACHAPARRARSE.

aparrar *tr.* to make [a tree] spread its branches.

aparroquiado, da *adj.* established in a parish.

aparroquiar *tr.* to bring customers, or clients to.

apartadamente *adv.* aside, apart, privately.

apartadero *m.* RLY. sidetrack, siding. 2 turnout, free space [beside a road, etc.]. 3 sorting room [for wool]. *4* place for cutting out bulls from herd and boxing them.

apartadijo *m.* small part, portion. 2 APARTADIZO 2.

apartadizo, za *adj.* retiring, unsociable. — *2 m.* partitioned off space.

apartado, da *p. p.* of APARTAR. — *2 adj.* retired, aloof ; distant, remote, out-of-the-way. 3 different. — *4 m.* out-of-the-way room. 5 post-office box ; mail for it. 6 act of cutting out bulls from a herd. 7 penning of bulls before a bullfight. *8* MIN. smelting [of gold]. 9 section [of a law, bill, etc.].

apartador, ra *m. & f.* sorter, separator.

apartamiento *m.* retirement, separation. 2 aloofness. 3 putting aside. 4 getting out of the way. 5 sorting. 6 secluded place. 7 apartment, flat. *8* LAW waiver, withdrawal from suit.

apartar *tr.* to separate, divide, part : ~ *el grano de la paja,* fig. to distinguish essentials from non-essentials. 2 to put aside, set apart. 3 to remove, to push aside or away, to draw aside, to move away. *4* to turn aside or away [from], to dissuade. 5 to sort [letters, wool] ; to sort, cut out [bulls, steers]. *6* RLY. to shunt. — *7 ref.* to part, become separated, disunited or divided. 8 to draw aside, move away, get out of the way ; to withdraw, hold off. *9* LAW to waive, withdraw [from suit]. *10* to stray [from path, etc.].

aparte *adj.* separate, other : *cuarto* ~, a separate room, another room ; *esto es cuestión* ~, this is another matter. — *2 adv.* apart, aside : *eso* ~, ~ *esto,* aside or apart from this. 3 at a distance. *4* separately. — *5 m.* THEAT. aside. 6 paragraph : *punto y* ~, paragraph. 7 (Arg.) steers cut out.

apartidar *tr.* to form a party or faction. — *2 ref.* to join or adhere to a party or faction.

aparvar *tr.* to heap [grain for threshing]. 2 to heap [threshed grain].

apasionadamente *adv.* ardently, fervidly, passionately. 2 in a biased way, with biased judgment, with partiality.

apasionado, da *adj.* ardent, fervid, impassioned. 2 loving. 3 devoted; passionately fond. 4 biased. — *5 m. & f.* devotee, votary.

apasionamiento *m.* ardour, fervour, enthusiasm, vehemence. 2 bias, partiality.

apasionar *tr.* to impassion, excite strongly, to appeal deeply to. — *2 ref.* to be or become impassioned or strongly excited. 3 to be or become biased in one's judgment. 4 *apasionarse de* or *por,* to be or become impassioned with, to fall madly in love with, to grow fond of.

apaste *m.* (Guat., Hond., Mex.) earthenware tub with handles.

apatán *m.* (Philip.) a dry measure (0.94 litre).

apatía *f.* apathy.

apático, ca *adj.* apathetic.

apatita *f.* MINER. apatite.

apátrida *adj.* without a country, stateless [person].

apatusco *m.* coll. ornament, finery.

apea *f.* hobble [for horses].

apeadero *m.* horse block. 2 halt, stop, resting place [on the road], wayside rest. *3* RLY. stop, wayside station, flag stop. 4 temporary quarters.

apeador *m.* land surveyor.

apeamiento *m.* dismounting, alighting. 2 landmarking, surveying. 3 prop, propping.

apear *tr.* to dismount, bring down, help to alight, help down or out [from horse or carriage]. 2 to hobble [a horse]. 3 to wedge, chock, scotch [a wheel]. 4 to survey, mark the limits or boundaries of. 5 to fell, cut down [a tree]. 6 to overcome a difficulty. 7 to dissuade, to make [one] climb down or give up his point. *9* ARCH. to prop, prop up. *10* ~ *el tratamiento,* to drop the title, to address without ceremony. — *11 ref.* to dismount, alight, get off or out [from horse or carriage]. 12 to climb down, give up one's point.

apechugar *intr.* to push with the chest. 2 ~ *con,* to put up with, to take or accept [something distasteful].

apechugué, apechugue, etc., *pret., subj. & imper.* of APECHUGAR.

apedacé, apedace, etc., *pret., subj. & imper.* of APEDAZAR.

apedazar *tr.* to patch, mend. 2 DESPEDAZAR 1.

apedernalado, da *adj.* flinty, hard, insensible.

apedreado, da *p. p.* of APEDREAR. — 2 *adj.* mottled, speckled. 3 pockmarked, pitted with smallpox.

apedreador, ra *m. & f.* stone thrower.

apedreamiento *m.* stone-throwing. 2 stoning, lapidation. 3 damage from hail.

apedrear *tr.* to throw stones at. 2 to stone, lapidate. — *3 impers.* to hail. — *4 ref.* to be injured by hail.

apedreo *m.* APEDREAMIENTO.

apegadamente *adv.* attachedly, devotedly.

apegado, da *adj.* attached, devoted.

apegarse *ref.* to become attached, to attach oneself [to].

apego *m.* attachment, affection, liking.

apelable *adj.* LAW appealable, that may be appealed against.

apelación *f.* LAW appeal : *interponer ~,* to appeal. 2 coll. remedy, help : *no haber,* or *no tener, ~,* to be hopeless, without remedy.

apelado, da *adj. & n.* LAW appellee. — 2 *adj. pl.* of the same coat or colour [horses].

apelambrar *tr.* to remove hair from [hides] by steeping them in limewater.

apelante *adj.* LAW appealing. — 2 *m. & f.* LAW appellant.

apelar *intr.* LAW to appeal. 2 to appeal, call upon, have recourse to : *~ a la fuerza,* to have recourse to force. — *3 intr.* [of horses] to be of the same coat or colour.

apelativo *adj. & m.* GRAM. appellative.

apeldarlas *intr.* to flee, run away.

apelde *m.* dawn bell [in Franciscan convents]. 2 coll. flight, escape.

apelmacé, apelmace, etc., *pret., subj. & imper.* of APELMAZAR.

apelmazado, da *adj.* heavy, compact, compressed.

apelmazamiento *m.* heaviness, compactness.

apelmazar *tr.* to make heavy, compact, thick ; to compress, to render less spongy or porous.

apelotonar *tr.* to cluster, tuft, knot, bunch [hair, wool, etc.]. — *2 ref.* to form clusters or tufts, to become clustered, knotted or bunched. 3 [of people] to cluster, to crowd.

apellidado, da *p. p.* of APELLIDAR. — 2 *adj.* called, named, by the name of ; surnamed.

apellidamiento *m.* calling, naming, surnaming.

apellidar *tr.* to call, name, surname. 2 to proclaim. — *3 ref.* to be called [have the name].

apellido *m.* surname, family name. 2 surname, epithet. 3 name.

apenar *tr.* to pain, cause sorrow or grief to. — *2 ref.* to grieve.

apenas *adv.* scarcely, hardly. 2 as soon as, no sooner than.

apencar *intr. ~ con,* to put up with, to take or accept [something distasteful].

apéndice *m.* appendage, appendix : *~ cecal, vermicular* or *vermiforme,* ANAT. vermiform appendix.

apendicitis *f.* MED. appendicitis.

apendicular *adj.* appendicular.

Apeninos *pr. n.* GEOG. Apennines.

apenqué, apenque, etc., *pret., subj. & imper.* of APENCAR.

apeo *m.* landmarking, surveying. 2 ARCH. propping ; prop. 3 tree felling.

apeonar *intr.* [of birds, esp. partridges] to run or walk swiftly.

apepsia *f.* MED. apepsy.

aperador *m.* wheelwright. 2 foreman of a farm. 3 MIN. foreman.

aperar *tr.* to make or repair [wagons or farm equipment].

apercibimiento *m.* preparedness. 2 admonishing, warning, admonition. 3 LAW cautioning, caution [warning with reprimand].

apercibir *tr.* to prepare. 2 to admonish, warn, advise. 3 to perceive, see. 4 LAW to caution. — *5 ref.* to prepare oneself, to get ready.

apercollar *tr.* to seize [someone] by the neck. 2 to kill by a blow on, or to wound in, the neck. 3 to grab, snatch.

aperdigar *tr.* PERDIGAR.

aperdigué, aperdigue, etc., *pret., subj. & imper.* of APERDIGAR.

apereá *m.* ZOOL. (Arg.) aperea, restless cavy.

apergaminado, da *adj.* parchmentlike. 2 yellow and wrinkled ; dried-up [person].

apergaminarse *ref.* to dry up, become yellow and wrinkled.

aperitivo, va *adj.* that stimulates appetite. — *2 m.* apéritif, appetizer. 3 MED. aperitive.

apernador *adj. & n.* applied to a dog that seizes game by the legs.

apernar *tr.* [of dogs] to seize [game] by the legs. ¶ CONJUG. like *acertar.*

apero *m.* farm implements. 2 equipment of a farm. 3 kit, tools. 4 (Am.) riding accoutrements.

aperreado, da *p. p.* of APERREAR. — *2 adj.* harassed, worried.

aperreador, ra *adj.* harassing, fatiguing, worrisome. — *2 m.* nuisance, pest [person].

aperrear *tr.* to set the dogs on. 2 to harass, worry, fatigue. — *3 ref.* EMPERRARSE.

aperreo *m.* harassment, worry, toil.

apersogar *tr.* to tether [an animal].

apersonado, da *p. p.* of APERSONARSE. — 2 *adj. bien* or *mal ~,* of good or bad appearance.

apersonarse *ref.* LAW to appear as an interested party.

apertura *f.* opening [of an assembly, a shop, etc.]. 2 reading [of a will]. 3 CHESS. opening.

apesadumbrado, da *adj.* pained, distressed, sorrowful, grieved, grief-stricken.

apesadumbrar *tr.* to pain, grieve, distress. — *2 ref.* to be pained, distressed, to grieve.

apesaradamente *adv.* grievingly, sorrowfully.

apesarar *tr.* APESADUMBRAR.

apesgar *tr.* to oppress with a burden. — *2 ref.* to become heavy, oppressive.

apesgué, apesgue, etc., *pret., subj. & imper.* of APESGAR.

apestado, da *p. p.* of APESTAR. — *2 adj.* infected with the plague. 3 *estar ~ de,* to be pestered, or infested with ; to be full of, overstocked with.

apestar *tr.* to infect with the plague. 2 to corrupt, vitiate. 3 to sicken, nauseate, plague. — *4 intr.* to stink, be stinking, foul-smelling. — *5 ref.* to become infected with the plague.

apestoso, sa *adj.* stinking, foul-smelling. 2 sickening, nauseating. 3 pestilent.

apétalo, la *adj.* BOT. apetalous.

apetecedor, ra *adj.* desirous. 2 that appetizes, appetizing.

apetecer *tr.* to desire, to feel an appetite for. 2 [of things] to appetize ; to take one's fancy : *esto me apetece,* I like this, I wish to have or to do this. ¶ CONJUG. like *agradecer.*

apetecible *adj.* desirable.

apetencia *f.* appetence, appetency, desire. 2 appetite.

apetezco, apetezca, etc., *irr.* V. APETECER.

apetite *m.* sauce, appetizer. 2 inducement.

apetitivo, va *adj.* appetitive.

apetito *m.* appetite : *abrir el ~,* to whet the appetite. 2 appetence.

apetitoso, sa *adj.* appetizing, savoury, palatable, tasty.

apezonado, da *adj.* nipple-shaped.

apezuñar *intr.* [of oxen or horses] to dig the hoofs into the ground.

apiadar *tr.* to inspire pity. — *2 ref. apiadarse de,* to pity, to take or have pity on, have mercy on

apicarado, da *adj.* roguish, knavish.

apicararse *rf.* to become roguish.

ápice *m.* apex, summit top. 2 whit, iota : *no falta un ~,* there is not a iota missing. 3 written accent. 4 crux, the most difficult point [of a matter] : *estar en los ápices de,* to know all about.

apícola *adj.* apicultural, apiarian.

apículo *m.* BOT. apiculus.

apicultor, a *m. & f.* apiculturist, bee-keeper.

apicultura *f.* apiculture, bee-keeping.

apierno, apierne, etc., *irr.* V. APERNAR.

apilada *adj.* dried [chestnut].

apilador, ra *adj.* piling. — *2 m. & f.* piler.

apilamiento *m.* piling, heaping.

apilar *tr.* to pile, pile up, heap, heap up.

apimpollarse *ref.* to sprout, put forth shoots.

apiñado, da *adj.* shaped like a pine-cone. 2 packed, crowded, pressed together.

837

apiñadura *f.*, **apiñamiento** *m.* packing, pressing, crowding together. 2 crowd, press.

apiñar *tr.* to pack, press together, jam. — *2 ref.* to crowd, press together [become crowded or pressed together].

apiñonado, da *adj.* (Mex.) light-brown complexioned.

apio *m.* BOT. celery. 2 BOT. ~ *caballar,* alexanders.

apiolar *tr.* to jess, gyve. 2 to tie [game] by the legs. 3 coll. to arrest [a person]. 4 coll. to kill, murder.

apiparse *ref.* coll. to stuff oneself [with food or drink].

apirético, ca *adj.* MED. apyretic.

apirexia MED. apyrexia.

apisonadora *f.* road roller, steam roller.

apisonamiento *m.* tamping, rolling.

apisonar *tr.* to tamp, pack down [earth, etc.]; to roll [roadways].

apitonado, da *p. p.* of APITONAR. — *2 adj.* touchy, peevish.

apitonamiento *m.* initial growing of horn [in deer, etc.]. 2 budding, sprouting [of trees]. 3 breaking with bill or point.

apitonar *intr.* [of a deer, etc.] to begin to grow horns. 2 [of trees] to bud, sprout. — *3 tr.* to break with bill or point. — *4 ref.* to get cross with somebody.

apizarrado, da *adj.* slate-coloured.

aplacable *adj.* appeasable, placable.

aplacador, a *adj.* appeasing, placating. — *2 m. & f.* appeaser, placator.

aplacamiento *m.* appeasement, placation, mitigation.

aplacar *tr.* to appease, placate, mitigate. — *2 ref.* to become appeased.

aplacé, aplace, etc., *pret., subj. & imper.* of APLAZAR.

aplacer *tr.* to please, satisfy. — *2 ref.* to be pleased. ¶ CONJUG. like *agradecer.*

aplacerado, da *adj.* [of the sea bottom] smooth and shallow.

aplacible *adj.* pleasant, agreeable.

aplacimiento *m.* pleasure.

aplazco, aplazca, etc., *irr.* V. APLACER.

aplanadera *f.* levelling board, road drag.

aplanador, a *adj.* smoothing, levelling, flattening. 2 crushing. 3 disheartening. — *4 m.* smoother, leveller, flattener, planisher.

aplanamiento *m.* smoothing, levelling, flattening. 2 depression, prostration.

aplanar *tr.* to smooth, level, make even; to flatten, to planish. 2 to astonish. — *3 ref.* to tumble down, collapse. 4 to become, dismayed. 5 to become prostrate or depressed.

aplanchar *tr.* PLANCHAR.

aplanético, ca *adj.* OPT. aplanatic.

aplantillar *tr.* to cut [stone, wood or metal] according to pattern.

aplaqué, aplaque, etc., *pret., subj. & imper.* of APLACAR.

aplastado, da *p. p.* of APLASTAR. — *2 adj.* flattened; caked. 3 crushed, quashed. 4 dumbfounded, disconcerted.

aplastamiento *m.* flattening. 2 crushing, quashing. 3 dumbfounding, flooring.

aplastante *adj.* crushing. 2 dumbfounding.

aplastar *tr.* to flatten, cake. 2 to crush, to quash. 3 to dumbfound, to floor [an opponent]. — *4 ref.* to flatten [become flat]; to collapse.

aplatanarse *ref.* (W. I.) to become acclimatized.

aplaudidor, ra *adj.* applauding. — *2 m. & f.* applauder.

aplaudir *tr. & intr.* to applaud. — *2 intr.* to clap hands.

aplauso *m.* applause. 2 plaudit, hand-clap, hand-clapping.

aplayar *intr.* [of a river] to overflow the banks.

aplazable *adj.* postponable.

aplazamiento *m.* postponement. 2 summons.

aplazar *tr.* to adjourn, put off, postpone. 2 to summon, convene.

aplebeyar *tr. & ref.* to render or to become plebeian, coarse, base.

aplicable *adj.* applicable.

aplicación *f.* application [in every sense but the one of making a request]. 2 assiduity, diligence, sedulousness, studiousness. 3 SEW. appliqué.

aplicado, da *p. p.* of APLICAR. — *2 adj.* applied:

matemáticas aplicadas, applied mathematics. 3 studious, industrious, sedulous.

aplicar *tr.* to apply. 2 to put, devote [to some pursuit or profession]. 3 to impute, attribute. 4 LAW to adjudge. — *5 ref.* to apply [have a bearing, be pertinent]. 6 to apply or devote oneself. 7 to be diligent, studious. | *Aplicar* has not the intransitive sense of the English to apply, make a request, have recourse [to].

apliqué, aplique, etc., *pret., subj. & imper.* of APLICAR.

aplomado, da *p. p.* of APLOMAR. — *2 adj.* self-possessed, full of assurance, calm, prudent. 3 plumb, perpendicular. 4 lead-coloured.

aplomar *tr.* to increase the weight of. 2 MAS., ARCH. to plumb [test with plumb line; cause to be perpendicular]. — *3 ref.* DESPLOMARSE. 4 to become self-possessed, to acquire aplomb. 5 to become weightier.

aplomo *m.* aplomb. self-possession, poise, gravity, prudence. 2 verticality, aplomb. 3 plumb line.

apnea *f.* MED. apnœa.

apocado, da *adj.* diffident, timid, pusillanimous. 2 humble, lowly.

apocador, ra *adj.* lessening, diminishing. — *2 m. & f.* lessener, diminisher.

Apocalipsis *m.* Apocalypse, Book of Revelation.

apocalíptico, ca *adj.* apocalyptic(al.

apocamiento *m.* diffidence, timidity, pusillanimity. 2 dejection, depression.

apocar *tr.* to lessen. 2 to contract, restrict. 3 to humble, belittle. — *4 ref.* to feel small, to become diffident.

apócima, apócima *f.* PÓCIMA.

apocináceo, a *adj.* BOT. apocynaceous. — *2 f. pl.* BOT. Apocynaceæ.

apocopar *tr.* GRAM. to apocopate, cut short by apocope.

apócope *f.* GRAM. apocope; apocopation.

apócrifamente *adv.* apocryphally.

apócrifo, fa *adj.* apocryphal. — *2 m. pl.* BIBL. Apocrypha.

apocrisiario *m.* apocrisiary.

apodador, ra *adj.* nicknaming; fond of nicknaming. — *2 m. & f.* nicknamer.

apodar *tr.* to nickname, give a nickname to, call by a nickname.

apoderado, da *p. p.* of APODERAR. — *2 adj.* empowered. — *3 m.* proxy, [private] attorney, manager.

apoderamiento *m.* empowerment. 2 taking hold, seizing.

apoderar *tr.* to empower, grant power of attorney to. — *2 ref. apoderarse de,* to seize, take hold or possession of, possess oneself of.

apodíctico, ca *adj.* apodictic(al.

apodo *m.* nickname, sobriquet.

ápodo, da *adj. .*ZOOL. apodal.

apódosis *f.* GRAM. apodosis.

apófige *f.* ARCH. apophyge.

apófisis, *pl.* **-sis** *f.* ANAT. apophysis, process : ~ *coracoides,* coracoid process.

apofonía *f.* PHILOL. ablaut.

apogeo *m.* ASTR. apogee. 2 fig. height, highest degree [of perfection, fame, power, etc.] : *en todo su ~,* at its height.

apógrafo *m.* apograph, transcript.

apolillado, da *adj.* moth-eaten, mothy.

apolilladura *f.* moth hole.

apolillamiento *m.* eating [of clothes, etc.] by moths.

apolillar *tr.* [of moths] to eat or infest [clothes, wool, etc.]. — *2 ref.* to become moth-eaten.

apolinar or **apolíneo, a** *adj.* Apolline, Apollonian.

Apolo *pr. n.* Apollo.

apologético, ca *adj.* apologetic [defending]. — *2 f.* apologetics.

apología *f.* apology, defence, eulogy.

apológico, ca *adj.* apologal.

apologista *m.* apologist.

apólogo *m.* apologue.

apoltronarse *ref.* to grow lazy.

apomacé, apomace, etc., *pret., subj. & imper.* of APOMAZAR.

apomazar *tr.* to pumice.

aponeurosis *f.* ANAT. aponeurosis.

aponeurótico, ca *adj.* aponeurotic.

apontocar *tr.* to prop.

apoplejía *f.* MED. apoplexy.

apoplético, ca *adj. & n.* apoplectic.
apoqué, apoque, etc., *pret., subj. & imper.* of APOCAR.
aporcadura *f.* AGR. hilling, banking-up, earthing-up.
aporcar *tr.* AGR. to hill, bank up, earth up. ¶ CONJUG. like *contar.*
aporisma *m.* SURG. ecchymosis.
aporismarse *ref.* SURG. to become an ecchymosis.
aporqué, aporque, etc., *pret., subj. & imper.* of APORCAR.
aporrar *intr.* coll. to stand mute. — 2 *ref.* coll. to become importunate.
aporreado, da *adj.* cudgelled. 2 wretched, miserable.
aporreamiento *m.* APORREO.
aporreante *adj.* bothering.
aporrear *tr.* to cudgel, club; to beat, pound, pommel. 2 to bother, annoy. — 3 *ref.* to drudge, toil.
aporreo *m.* cudgelling, beating, pounding, pommelling. 2 bother, bothering. 3 toiling, drudgery.
aporrillarse *ref.* to swell in the joints.
aportación *f.* contribution [to a fund, an enterprise, etc.]. 2 property brought to marriage by each partner.
aportadera *f.* box-like pannier [for beast of burden]. 2 wooden tub for carrying grapes.
aportadero *m.* NAUT. port, harbour. 2 stopping place.
aportar *tr.* to bring, furnish; to contribute [as one's share]. — 2 *intr.* ~ *a*, NAUT. to arrive at, make [a port]; to come to, reach [an unexpected place].
aportillar *tr.* to breach [make a breach in]. 2 to break, break open, disjoint. — 3 *ref.* [of part of a wall] to tumble down.
aposentador, ra *m. & f.* one who assigns or gives lodgings. — 2 *m.* billeter.
aposentamiento *m.* lodging.
aposentar *tr.* to put up, lodge. — 2 *ref.* to take lodging.
aposento *m.* room or apartment. 2 lodging. 3 box [in old-time theatres].
aposesionar *tr. & ref.* POSESIONAR.
aposición *f.* GRAM. apposition.
apositivo, va *adj.* GRAM. appositional.
apósito MED. bandaged application.
aposta, apostadamente *adv.* designedly, on purpose.
apostadero *m.* stand, station, post. 2 NAUT. naval station. 3 NAUT. naval district.
apostador, ra *m. & f.* better, bettor [one who bets].
1) **apostar** *tr.-ref.* to bet, wager. — 2 *intr.* to bet, place a bet : ~ *a* or *por*, to bet on, to back [a horse, etc.]; ~ *a que*, to bet that. 3 *apostarlas* or *apostárselas a uno* or *con uno*, to contend, compete with someone. ¶ CONJUG. like *contar.*
2) **apostar** *tr.* to place, station. — 2 *ref.* to place, station oneself.
apostasía *f.* apostasy.
apóstata *m. & f.* apostate.
apostatar *intr.* apostatize.
apostema *f.* MED. aposteme. abscess.
apostemación *f.* MED. formation of an abscess.
apostemar *tr.* to form an abscess in. — 2 *ref.* to become abscessed.
apostemoso, sa *adj.* apostematous.
a posteriori Lat. *adv.* a posteriori.
apostilla *f.* marginal note, annotation.
apostillar *tr.* to annotate [a text]. — 2 *ref.* to break out in pimples.
apóstol, *pl.* **-les** *m.* apostle. 2 *pl.* NAUT. hawse pieces.
apostolado *m.* apostolate, apostleship : *Apostolado de la Oración,* Apostleship of Prayer. 2 the twelve Apostles.
apostólicamente *adv.* apostolically.
apostólico, ca *adj.* apostolic(al).
apostrofar *tr.* RHET. to apostrophize. 2 to scold.
apóstrofe *m. & f.* RHET. apostrophe. 2 taunt, insult.
apóstrofo *m.* GRAM. apostrophe.
apostura *f.* handsomeness, good looks [of a person]. 2 bearing, carriage, appearance.
apotegma *m.* apophthegm, apothegm.
apotema *m.* GEOM. apothem.
apoteosis, *pl.* **-sis** *f.* apotheosis.
apoteótico, ca *adj.* glorifying. 2 glorious, great.
apotrerar *tr.* (Cu.) to put [horses] in a pasture. 2 (Chi.) to divide [a ranch] into pastures.
apoyadura *f.* flow of milk in nursing

apoyar *tr.* to rest, lean [something on]. 2 to base, found [on]. 3 to back, favour, support, second. 4 to countenance, abet. 5 to prop. 6 to bear out, confirm. 7 [of horses] to drop [the head]. — 8 *intr.* to rest, be supported. — 9 *ref.* to rest [on], to lean [on, upon or against]. 10 to depend [on], be based [on], be supported [by]. 11 to base one's arguments or conclusions.
apoyatura *f.* MUS. appoggiatura, grace.
apoyo *m.* prop, stay, support : *punto de* ~, PHYS. fulcrum. 2 protection, aid, help. 3 backing, support, approval, countenance.
apreciable *adj.* appraisable, evaluable. 2 appreciable, noticeable. 3 estimable, worthy of esteem; nice, fine.
apreciación *f.* appraisal, estimation, evaluation. 2 appreciation.
apreciadamente *adv.* with esteem.
apreciador, ra *m. & f.* appraiser.
apreciar *tr.* to evaluate, appraise, estimate : ~ *en poco,* to value lightly; ~ *en mucho,* to value highly. 2 to esteem, like, have a regard for. 3 to appreciate.
apreciativo, va *adj.* appreciative. 2 appraising.
aprecio *m.* appraisement, valuation. 2 esteem, regard, liking. 3 *hacer* ~ *de,* to give value to, to appreciate; *tener en* ~, to esteem, value.
aprehender *tr.* to apprehend, seize, arrest [a person]. 2 to seize [something, esp. contraband]. 3 PHIL. to apprehend, understand, seize the meaning of.
aprehensión *f.* apprehension, arrest. 2 seizure [esp. of contraband]. 3 PHIL. apprehension.
aprehensivo, va *adj.* apprehensive, perceptive.
aprehensor, a *adj.* apprehending. — 2 *m. & f.* apprehender, seizer.
apremiador, a *adj.* pressing, urgent, compelling. — 2 *m. & f.* constrainer, compeller.
apremiante *adj.* urgent, pressing.
apremiar *tr.* to urge, press. 2 to constrict. 3 to compel, constrain. 4 to dun.
apremio *m.* pressure, urgency. 2 constriction. 3 constraint, judicial compulsion. 4 collection of unpaid tax with fine for having fallen in arrears. 5 this fine.
aprendedor, ra *adj.* learning. — 2 *m. & f.* learner.
aprender *tr.* to learn : ~ *a leer.* to learn to read; ~ *de memoria,* to learn by heart.
aprendiz, za *m. & f.* apprentice.
aprendizaje *m.* apprenticeship; act of learning : *pagar el* ~, to pay for one's inexperience.
aprensador *m.* presser, calenderer.
aprensar *tr.* to press, to calender. 2 to crush, oppress.
aprensión *f.* APREHENSIÓN. 2 misgiving, scruple, squeamishness. 3 dread of contagion of illness. 4 unfounded opinion or idea.
aprensivo, va *adj.* overanxious about his health, fearing contagion or illness.
apresador, ra *adj.* capturing. — 2 *m. & f.* captor.
apresamiento *m.* seizure, capture.
apresar *tr.* NAUT. to seize, capture [a ship]. 2 to seize, clutch [with claws or teeth]. 3 APRISIONAR.
aprestar *tr.* to prepare, make ready. 2 to size, dress [cloth]. — 3 *ref.* to prepare oneself, make [oneself] ready, get ready.
apresto *m.* preparation, making ready. 2 outfit, equipment. 3 sizing, dressing [cloths]. 4 size, sizing, [for cloths].
apresuración *f.* hastening, hurrying.
apresuradamente *adv.* hastily, hurriedly.
apresurado, da *adj.* hasty, hurried, lively.
apresuramiento *m.* hastening, hurrying. 2 haste, hurry.
apresurar *tr.* to hasten, quicken, accelerate, hurry. — 2 *ref.* to hasten, make haste, hurry : ~ *a,* to hasten to.
apretadamente *adv.* tightly. 2 eagerly.
apretadera *f.* strap, rope [to tie anything with]. 2 *pl.* coll. insistence, pressing requests.
apretadizo, za *adj.* easily compressed or tightened.
apretado, da *p. p.* of APRETAR. — 2 *adj.* tight [knot, screw, etc.]. 3 dense, compact. 4 difficult [knot, dangerous : *caso* ~, *lance* ~, intricate, difficult case or situation. 5 coll. tight-fisted, miserly. 6 *estar muy* ~, to be in great danger; [of an invalid] to be badly off.
apretador *m.* tightener. 2 kind of under waistcoat. 3 child's waistband. 4 hair band.

apretadura *f.*, **apretamiento** *m.* compression, constriction. 2 tightening.

apretar *tr.* to squeeze, to hug. 2 to press [exert pressure on], press down. 3 to tighten [bonds, screws, etc.] : *apretarse el cinturón*, to tighten or take in one's belt. 4 to clench [the fist], to set [the teeth]. 5 [of garments] to fit tight; [of shoes] to pinch. 6 to grip, clutch. 7 to compress, constrict; to press together, pack tight, make compact, close; to crowd. 8 to spur, urge, press. 9 to pursue, press closely. 10 to afflict, distress. 11 to treat with severity; to make more severe. 12 to exercise energy in the execution of. 13 PAINT. to enhance the colour contrast. 14 ~ *el paso*, to quicken the pace. 15 ~ *la mano*, to grip the hand [in greeting], to shake hands; fig. to increase the rigour or severity; fig. to press, urge. 16 ~ *las clavijas*, fig. to put the screw on. 17 ~ *los talones*, to take to one's heels. — 18 *intr.* to get worse, more severe. 19 to insist. 20 ~ *a correr*, to start running, to strike into a run. 21 coll. *¡aprieta!*, get out!, nonsense! — 22 *ref.* to crow, throng, become pressed together. ¶ CONJUG. like *acertar*.

apretazón *f.* (Am.) crowd, press, congestion.

apretón *m.* squeeze, strong and quick pressure : ~ *de manos*, handshake. 2 vigorous action, effort, dash, spurt. 3 press [of people]. 4 straits, difficulty, fix. 5 compelling movement of bowels. 6 PAINT. dash of dark colour.

apretujar *tr.* to press or squeeze hard; to keep on pressing or squeezing.

apretujón *m.* hard pressure or squeeze.

apretura *f.* press [of people], jam, crush. 2 narrow place. 3 straits, difficulty, distress, fix.

apriesa *adv.* APRISA.

1) **aprieto** *m.* straits, difficulty, distress, scrape, fix. 2 press [of people], jam, crush.

2) **aprieto, apriete**, etc., *pret., subj. & imper.* of APRETAR.

apriorismo *m.* apriorism.

apriorístico, ca *adj.* aprioristic.

aprisa *adv.* fast, quickly, swiftly. — 2 *interj.* make haste!, quick!

apriscar *tr.* to gather [sheep] in the fold.

aprisco *m.* sheepfold.

aprisionar *tr.* to imprison. 2 to shackle, fetter. 3 to hold fast.

aproar *intr.* NAUT. to turn the prow.

aprobación *f.* approbation, approval; applause. 2 pass, passing [examination].

aprobado, da *p. p.* of APROBAR. — 2 *adj.* having passed an examination. 3 [of bill or resolution] accepted, adopted. — 4 *m.* pass mark, pass [mark of passing an examination].

aprobador, ra *adj.* approving, of approval. — 2 *m. & f.* approver.

aprobar *tr.* to approve. 2 to approve of [opinions, etc.]. 3 to pass [an examination]; to pass [a student]. 4 to pass, adopt [a bill, a law, a resolution, etc]. ¶ CONJUG. like *contar*.

aprobatorio, ria *adj.* approbative, approving.

aproches *m. pl.* FORT. approaches.

aprontamiento *m.* prompt preparation. 2 delivery [of money, etc.].

aprontar *tr.* to get ready, to prepare with promptitude or dispatch. 2 to pay or deliver without delay.

apropiación *f.* appropriation [taking to oneself]. 2 fitting, applying.

apropiadamente *adv.* fitly, appropriately.

apropiado, da *p. p.* of APROPIAR. — 2 *adj.* fit, proper, apt, appropriate.

apropiador *m.* appropriator.

apropiar *tr.* to make [something] the possession of one. 2 to fit, make suitable. 3 to apply fitly. — 4 *ref.* to appropriate, take or seize for oneself, possess oneself of.

apropincuación *f.* approach, coming near.

apropincuarse *ref.* hum. to approach, come near.

aprovechable *adj.* serviceable, utilizable, available; that can be used.

aprovechadamente *adv.* to advantage, profitably.

aprovechado, da *p. p.* of APROVECHAR. — 2 *adj.* improved, made use of. 3 well spent [time]. 4 diligent, studious, advanced, proficient. — 5 *m. & f. ser un* ~ or *una aprovechada*, to look after the main chance.

aprovechamiento *m.* utilization, use, exploitation, development : ~ *de aguas*, utilization for private use of public waters [rivers, etc.] ; ~ *forestal*, forest products. 2 progress, improvement, proficiency.

aprovechar *tr.* to utilize, make use of, benefit from, profit by, take advantage of, reap the benefit of, make the most of : ~ *la ocasión*, to improve the occasion or the opportunity; to make hay while the sun shines; ~ *la ocasión para*, to take the opportunity to. 2 to use up [remaining material, etc.]. 3 to make good use of, to spent profitably [time, etc.]. — 4 *intr.* to be useful or profitable; to avail. 5 to progress : ~ *en el estudio*, to progress in one's studies. — 6 *ref. aprovecharse de*, to avail oneself of, to take advantage of.

aprovisionador *m.* supplier.

aprovisionamiento *m.* supplying. 2 supply, supplies.

aprovisionar *tr.* to supply, furnish, provision.

aproximación *f.* nearing, nearness. 2 bringing near. 3 approximation. 4 consolation price [in a lottery].

aproximadamente *adv.* approximately, approximatively.

aproximado, da *p. p.* of APROXIMAR. — 2 *adj.* approximate.

aproximar *tr.* to bring near or nearer. 2 to approximate. — 3 *ref.* to approach, come near, move near, approximate.

aproximativo, va *adj.* approximate.

apruebo, apruebe, etc., *irr.* V. APROBAR.

ápside *m.* ASTR. apsis.

aptamente *adv.* ably, competently.

áptero, ra *adj.* ENTOM. apterous, wingless.

aptitud *f.* aptitude, fitness, ability, talent.

apto, ta *adj.* able, competent. 2 apt, fit, suitable.

apuerco, apuerque, etc., *irr.* V. APORCAR.

apuesta *f.* bet, wager.

1) **apuesto, ta** *adj.* handsome, comely, good-looking. 2 elegant, spruce.

2) **apuesto, apueste**, etc., *irr.* V. APOSTAR.

apulgarar *intr.* to press one's thumb [on]. — 2 *ref.* [of linen] to become spotted by moisture.

apulso *m.* ASTR. appulse. 2 ASTR. contact of a heavenly body with the vertical thread of the reticle.

apunarse *ref.* (S. Am.) to get mountain sickness

apuntación *f.* note, memorandum. 2 MUS. notation. 3 share in a lottery ticket.

apuntado, da *p. p.* of APUNTAR. — 2 *adj.* pointed : *arco* ~, pointed arch. 3 HER. counterpointed. 4 (Am.) tipsy.

apuntador *m.* one who notes or marks. 2 THEAT. prompter. 3 ARTIL. pointer [gunner].

apuntalamiento *m.* propping.

apuntalar *tr.* to prop, prop up, shore, underpin.

apuntamiento *m.* pointing, aiming. 2 note, memorandum. 3 sketch. 4 judicial report.

apuntar *tr.* to aim, level, point [a gun, etc.] : ~ *una pistola a uno*, to level a pistol at someone, to cover someone with a pistol. 2 to point at, point out, indicate, mark. 3 to note, make a note of, jot down, inscribe. 4 to point, sharpen. 5 to sketch. 6 to baste, stitch, nail, pin or fasten lightly, to tack. 7 to prompt [at the theatre, etc.]. 8 to hint at, insinuate. 9 to play [a sum] on a card. 10 PRINT. to fasten the sheets in the register points. — 11 *intr.* to break, dawn, begin to appear : *apunta el día*, the day breaks. — 12 *ref.* [of wine] to begin to sour.

apunte *m.* note, memorandum. 2 rough sketch. 3 THEAT. prompter. 4 THEAT. prompt-book. 5 punt, punter [gambler]. 6 coll. rogue.

apuñalado, da *p. p.* of APUÑALAR. — 2 *adj.* poniarded. 3 dagger-shaped.

apuñalar *tr.* to poniard, stab with a dagger.

apuñar *tr.* to seize with the fist. 2 APUÑEAR.

apuñear *tr.* to punch, strike with the fist.

apuracabos, *pl.* -bos *m.* candle holder with a save-all.

apuración *f.* purification. 2 investigation. 3 annoyance, worry.

apuradamente *adv.* exactly. 2 with difficulty.

apurado, da *p. p.* of APURAR. — 2 *adj.* exhausted. 3 needy, hard up. 4 difficult, dangerous. 5 accurate, precise. 6 hard-pressed; harassed.

apurador, ra *adj.* exhausting. 2 worrying. — 3 *m*

purifier, refiner. 4 exhauster. 5 save-all [for using up candles].

apuramiento *m.* draining, using up, exhausting. 2 verification.

apurar *tr.* to purify, refine. 2 to clear up, to investigate or expound minutely, to get to the bottom of. 3 to carry to extremes. 4 to drain, use up, exhaust. 5 to hurry, press. 6 to worry, annoy. — 7 *ref.* to grieve, worry, fret : *apurarse por,* to worry over, be worried over. 8 to exert oneself. 9 (Am.) to hurry, hasten.

apuro *m.* fix, predicament, difficulty. 2 need, want. 3 worry, harassment. 4 (Am.) haste, urgency.

aquejar *tr.* to ail, afflict.

aquel, aquella, *pl.* **aquellos, aquellas** *adj.* that, that... there, those, those... there.

aquél, aquélla, *pl.* **aquéllos, aquéllas** *pron. dem.* that one, those ones : ∼, or *aquélla, que,* he, or she, who; *aquéllos,* or *aquéllas, que,* those who, such as. 2 the former, the first mentioned. — 3 *m.* coll. charm, appeal, a certain something, it.

aquelarre *m.* witches' Sabbath. 2 fig. noise, confusion.

aquello *pron. dem. neuter* that, it; that thing, that matter. 2 the former, the first-mentioned thing or matter; the matter we spoke about; something known to the listener or reader. 3 ∼ *de [que],* all that about : ∼ *de que nadie paga, es mentira,* all that about nobody paying is a lie.

aquende *adv.* on this side of.

aquenio *m.* BOT. achene.

aqueo, a *adj. & n.* Achean.

aquerenciarse *ref.* [of animals] to become fond of [a place].

Aqueronte *n. pr.* MYTH. Acheron.

aquese, aquesa, aqueso *adj. & pron. dem.* ESE, ESA, ÉSE, ÉSA, ESO.

aqueste, aquesta, aquesto *adj. & pron. dem.* ESTE, ESTA, ÉSTE, ÉSTA, ESTO.

aquí *adv.* here : ∼ *dentro,* in here; *de* ∼, from here, hence; *de* ∼ *que,* hence; *de* ∼ *para allí,* to and fro; up and down; *hasta* ∼, hitherto; *por* ∼, here, hereabouts; this way. 2 now, this time : *de* ∼ *en adelante,* hereafter, from now on. 3 then, at that moment.

aquiescencia *f.* acquiescence, consent.

aquietar *tr.* to quiet, calm, lull, pacify. — 2 *ref.* to quiet down, become calm.

aquifolio *m.* ACEBO.

aquilatamiento *m.* estimation of the carats [of gems, gold, etc.]. 2 sizing up. 3 fining, purifying.

aquilatar *tr.* to estimate the carats of [gems, gold, etc.]. 2 to size up, weigh the character of. 3 to fine, purify.

aquilea *f.* BOT. yarrow.

Aquiles *pr. n.* Achilles.

aquilino, na *adj.* poet. aquiline.

aquilón *m.* north wind; north.

aquilonal, aquilonar *adj.* northern. 2 winterly, wintry.

aquillado, da *adj.* keel-shaped, keel-like. 2 NAUT. long-keeled.

Aquisgrán *pr. n.* Aix-la-Chapelle, Aachen.

aquistar *tr.* to win, get, acquire.

Aquitania *pr. n.* HIST. Aquitaine.

aquitánico, ca & aquitano, na *adj. & n.* Aquitanian.

ara *f.* altar [sacrificial stone; communion table]. 2 altar slab, mensa. 3 (cap.) ASTR. Ara. 4 pl. *en aras de,* for the sake of.

árabe *adj.* Arab, Arabic, Arabian. 2 ARCH. Moresque. — 3 *m. & f.* Arab, Arabian. — 4 *m.* Arabic [language].

arabesco, ca *adj.* Arabic, Arabian. — 2 *m.* F. ARTS arabesque.

Arabia *pr. n.* GEOG. Arabia : *la* ∼ *Saudita,* Saudi Arabia.

arábico, ca *adj.* ARÁBIGO.

arábigo, ga *adj.* arabic, arabian. — 2 *m.* Arabic [language]. 3 fig. *estar en arábigo,* to be Greek [hard to understand].

arabismo *m.* Arabism, Arabicism.

arabista *m. & f.* Arabist, Arabic scholar.

arabizar *intr.* to imitate the arabian language, style, customs, etc.

arable *adj.* arable.

aráceo, a *adj.* BOT. araceous. — 2 *f. pl.* BOT. Araceæ.

arácnido, da *adj. & n.* ZOOL. arachnid, arachnidan. — 2 *m. pl.* ZOOL. Arachnida.

aracnoides *adj.* ANAT. arachnoid. — 3 *f.* arachnoid membrane.

arada *f.* ploughing. 2 ploughed ground. 3 day's ploughing [as a land measure].

arado *m.* plough, *plow [implement]. 2 ploughing, *plowing.

arador *m.* ploughman, *plowman. 2 ZOOL. itch mite.

aradura *f.* ploughing, *plowing.

Aragón *pr. n.* GEOG. Aragon.

aragonés, a *adj. & n.* Aragonese.

aragonesismo *m.* Aragonese expression or idiom

aragonito *m.* MINER. aragonite.

araguato *m.* ZOOL. (Am.) howler, howling monkey.

aralia *f.* BOT. American spikenard.

araliáceo, a *adj.* BOT. araliaceous. — 2 *f. pl.* BOT. Araliaceæ.

arambel *m.* rag, tatter.

arameo, a *adj.* Aramaean, Aramaic. — 2 *m. & f.* Aramaean. — 3 *m.* Aramaic [language].

arana *f.* trick, imposition, cheat.

arancel *m.* tariff [of fees, duties or customs] : ∼ *de aduanas,* customs duties, tariff.

arancelario, ria *adj.* [pertaining to] tariff, customs.

arándano *m.* BOT. bilberry, whortleberry. 2 BOT. ∼ *agrio,* cranberry.

arandela *f.* bobêche, socket-pan of a candlestick. 2 MECH. washer. 3 guard, burr round the staff of a lance. 4 NAUT. half-port.

arandillo *m.* ORN. marsh warbler.

aranero, ra *adj.* tricky, cheating. — 2 *m. & f.* cheat, trickster, swindler.

aranzada *f.* a land measure.

araña *f.* ZOOL. spider. 2 kind of bird net. 3 fig. go-getter, thrifty person. 4 fig. whore. 5 chandelier. 6 ICTH. weaver, stingbull. 7 BOT. love-in-a-mist, love-in-a-puzzle. 8 ZOOL. ∼ *de mar,* spider crab. 9 (Chi.) a light two-wheeled carriage.

arañador, a *adj.* scratching. — 2 *m. & f.* scratcher. 3 scraper [one who scrapes together].

arañamiento *m.* scratch, scratching.

arañar *tr.* to scratch. 2 to scrape together, scrape up.

arañazo *m.* scratch [mark or injury].

araño *m.* scratching; scratch.

arañuela *f.* little spider. 2 BOT. love-in-a-mist, love-in-a-puzzle.

arañuelo *m.* grub, maggot. 2 ZOOL. tick. 3 ARAÑA 2.

aráquida *f.* BOT. peanut.

1) **arar** *tr.* to plough, plow; to furrow.

2) **arar** *m.* BOT. sandarac tree.

araucano, na *adj.* Araucanian. — 2 *m. & f.* Araucanian, Araucan.

araucaria *f.* BOT. araucaria.

arauja *f.* BOT. (Braz.) a creeping plant.

arbalestrilla *f.* NAUT. arbalest, cross-staff.

arbellón *m.* ALBOLLÓN.

arbitrable *adj.* arbitrable.

arbitración *f.* LAW arbitration.

arbitrador, a *adj.* arbitrating. — 2 *m.* arbitrator. — 3 *f.* arbitress.

arbitraje *m.* arbitration, arbitrage. 2 umpiring; refereeing. 3 COM. arbitrage.

arbitral *adj.* arbitral.

arbitramento, arbitramiento *m.* arbitrament. 2 LAW. arbitration.

arbitrante *adj.* arbitrating.

arbitrar *tr.* to arbitrate; to umpire; to referee. 2 to act freely. 3 to contrive, find [ways, means]; to raise [funds].

arbitrariamente *adv.* arbitrarily.

arbitrariedad *f.* outrage, arbitrary act. 2 arbitrariness.

arbitrario, ria *adj.* arbitrary.

arbitrativo, va *adj.* arbitrative.

arbitrio *m.* free will. 2 power, authority. 3 caprice; choice, discretion : *al* ∼ *de,* at the discretion of. 4 means, device. 5 arbitrament. 6 pl. municipal dues or taxes, excise.

arbitrista *m.* utopic planner or schemer.

árbitro, tra *adj. & n.* sole master, free to do. — 2 *m.* arbiter, arbitrator, umpire, referee. — 3 *f.* arbitress.

árbol *m.* BOT. tree : ∼ *de Judas* or *del amor,* Judas tree; ∼ *de la cera,* wax tree; ∼ *de la ciencia del bien y del mal,* BIBL. tree of knowledge (of good and evil); ∼ *de la Cruz,* tree of the Cross; ∼ *de la vida,* BIBL., BOT. tree of life; ANAT. arbor-vitae; ∼ *del cielo,* tree of heaven; ∼ *del*

diablo, sandbox tree; ~ *del pan*, bread-fruit tree; ~ *del Paraíso*, China tree; ~ *de María*, calaba; ~ *de Navidad*, Christmas tree; ~ *de pie*, seedling, seed-grown tree; ~ *frutal*, fruit tree; *del* ~ *caído todos hacen leña*, when the tree is fallen, all run to it with their hatchet. 2 MECH. arbor, shaft, axle, spindle : ~ *de levas*, camshaft; ~ *de transmisión*, transmission shaft; ~ *motor*, driving shaft. 3 NAUT. mast. 4 PRINT. shank. 5 newel [of winding stairs]. 6 body [of a shirt]. 7 ~ *genealógico*, genealogical tree, family tree. 8 CHEM. ~ *de Saturno*, arbor Saturni.
arbolado, da *p. p.* of ARBOLAR. — *2 adj.* wooded. *3* NAUT. masted. — *4 m.* trees [in a place].
arboladura *f.* NAUT. masting, mast and yards.
arbolar *tr.* to hoist, raise aloft. 2 to set upright against a wall, etc. 3 NAUT. to mast [a ship]. — *4 ref.* [of a horse] to rear.
arboleda *f.* grove, wooded ground.
arboledo *m.* woodland.
arbolejo *m.* small tree.
arbolete *m.* small tree. 2 HUNT. birdlime stand or perch [for catching birds].
arbolillo *m.* small tree. 2 side of a blast furnace.
arbolista *m.* arborist, arboriculturist.
arbolito *m. dim.* small tree.
arbollón *m.* ALBOLLÓN.
arborecer *intr.* to grow into a tree.
arbóreo, a *adj.* arboreal.
arborescencia *f.* arborescence.
arborescente *adj.* arborescent.
arboricultor *m.* arboriculturist.
arboricultura *f.* arboriculture.
arboriforme *adj.* arboriform, tree-like in shape.
arbotante *m.* ARCH. flying buttress.
arbustivo, va *adj.* BOT. shrubby.
arbusto *m.* BOT. shrub.
arca *f.* coffer, chest, box : ~ *cerrada*, fig. reserved person; *el buen paño en el* ~ *se vende*, good wine needs no bush. 2 strongbox, safe. 3 annealing oven [for glass]. 4 ark : ~ *de la Alianza* or *del Testamento*, Ark of the Covenant; ~ *de Noé*, Noah's ark. 5 ~ *de agua*, water tower, reservoir. 6 *pl.* ANAT. costal cavities.
arcabucear *f.* to shoot with a harquebus.
arcabucería *f.* harquebusiers, troop of harquebusiers. 2 harquebuses. 3 harquebus fire. 4 harquebus factory.
arcabucero *m.* harquebusier. 2 harquebus maker.
arcabuco *m.* thick brush; dense woodland.
arcabuz, *pl.* -buces *m.* harquebus.
arcabuzazo *m.* harquebus shot or wound, harquebusade.
arcacil *m.* ALCAUCIL.
arcada *f.* ARCH. arcade. 2 arch [of a bridge]. 3 *pl.* retching.
árcade *adj. & m.* Arcadian.
Arcadia *pr. n.* Arcadia.
arcádico, ca *adj.* Arcadian [simple, rural].
arcadio, dia *adj.* Arcadian.
arcador *m.* wool-beater.
arcaduz *m.* pipe, conduit. 2 fig. channel, means [for obtaining something]. 3 bucket [of a waterwheel].
arcaico, ca *adj.* archaic. 2 GEOL. Archeozoic.
arcaísmo *m.* archaism.
arcaizar *tr. & intr.* to archaize.
arcanamente *adv.* secretly, mysteriously.
arcángel *m.* archangel.
arcangélico, ca *adj.* archangelic.
arcano, na *adj.* arcane, hidden, secret. — *2 m.* arcanum.
arcar *tr.* to arch. 2 to beat [wool].
arce *m.* BOT. maple tree : ~ *sacarino*, sugar maple.
arcedianato *m.* archdeaconry, archdeaconship.
arcediano *m.* archdeacon.
arcedo *m.* maple grove.
arcén *m.* border, brim, edge. 2 curbstone [of a well].
arcilla *f.* clay : ~ *figulina*, potter's clay, argil.
arcillar *tr.* AGR. to clay, cover with clay ; to improve [the soil] with clay.
arcilloso, sa *adj.* clayey, argillaceous.
arciprestazgo *m.* archpriesthood.
arcipreste *m.* archpriest.
arco *m.* GEOM., ELEC. arc : ~ *voltaico*, voltaic arc. 2 ARCH., ANAT. arch : ~ *botarete*, flying buttress; ~ *de herradura*, horseshoe arch ; ~ *de medio punto*, round arch ; ~ *de todo punto*, equilate-

ral pointed arch ; ~ *de triunfo* or *triunfal*, triumphal arch, memorial arch. 3 bow [weapon]. 4 MUS. bow, fiddle-bow. 5 hoop [of a cask]. 6 METEOR. ~ *iris*, rainbow.
arcón *m.* large chest or bin.
arcontado *m.* archontate.
arconte *m.* archon.
arcosa *f.* GEOL. arkose.
Archibaldo *pr. n.* Archibald.
archicofradía *f.* arch-brotherhood, privileged brotherhood or confraternity.
archidiácono *m.* archdeacon.
archidiócesis *f.* archdiocese.
archiducado *m.* archduchy, archdukedom.
archiducal *adj.* archducal.
archiduque *m.* archduke.
archiduquesa *f.* archduchess.
archilaud *m.* MUS. large lute.
archimandrita *m.* archimandrite.
archimillonario. ria *adj.* multimillionaire.
archipámpano *m.* coll. Grand Panjandrum.
archipiélago *m.* archipelago.
archivador *m.* letter file, filing cabinet.
archivar *tr.* to deposit in the archives. 2 to file, file away [papers, etc.]. 3 coll. to pigeonhole.
archivero, ra *m. & f.* archivist.
archivo *m.* archives; file, files.
archivolta *f.* ARCH. archivolt.
arda *f.* ARDILLA.
ardalear *intr.* [of bunches of grapes] to be sparsely berried.
ardea *f.* ALCARAVÁN.
Ardenas *pr. n.* Ardennes.
ardentía *f.* ardour. 2 heartburn. 3 phosphorescence [of sea].
ardentísimamente *adv.* very ardently. 2 very passionately.
ardentísimo, ma *adj. superl.* very ardent. 2 very passionate.
arder *intr.* to burn, to blaze : ~ *sin llama*, to smoulder. 2 poet. to shine, glitter, flash. 3 [of manure] to ferment. 4 fig. ~ *de* or *en*, to burn with [love, hate, etc.]; ~ *en*, to be ablaze with [war, discord, strife]; ~ *en deseos de*, to be dying to; *estar la cosa que arde* [of situation, state of things], to be white hot, to be in a bad state. —. *5 tr.* to burn. — *6 ref.* to burn, be burning. 7 [of grain, tobacco, etc.] to be heated up.
ardero, ra *adj.* squirrel-hunter [dog].
ardid *m.* stratagem, trick, artifice. — *2 adj.* astute, cunning.
ardido, da *adj.* bold, daring, intrepid, brave.
ardiente *adj.* ardent, burning, fervent, fiery, hot. 2 red, glowing red. 3 ardent, fervent, feverish fiery, eager; vehement.
ardientemente *adv.* ardently, fervently.
ardilla *f.* ZOOL. squirrel : ~ *ladradora*, prairie dog; ~ *listada*, chipmunk; ~ *voladora*, flying squirrel.
ardimiento *m.* burning. 2 intrepidity, courage.
ardita *f.* (Col., Ve.) ARDILLA.
ardite *m.* ancient Spanish coin of little value. 2 fig. trifle, straw, bean; *no vale un* ~, it is not worth a straw; *no me importa un* ~, I don't care a hang.
ardor *m.* ardour, heat. 2 ardour, ardency, vehemence, eagerness. 3 intrepidity, courage, dash. 4 *en el* ~ *de la batalla*, in the heat of battle.
ardoroso, sa *adj.* burning, ardent, vehement, eager.
arduamente *adv.* arduously.
arduidad *f.* arduousness.
arduo, dua *adj.* arduous, hard, difficult.
área *f.* area [superficial extent]. 2 are, square decameter. 3 AGR. threshing-floor.
areca *f.* BOT. areca, betel palm.
arefacción *f.* drying.
arel *m.* large sieve [for grain].
arelar *tr.* to sift [grain].
arena *f.* sand, grit : ~ *movediza*, quicksand; *edificar sobre* ~, to build upon foundations of sand; *sembrar en* ~, to labour in vain. 2 arena, circus. 3 *pl.* MED. gravel, bladder stones.
arenáceo, a *adj.* arenaceous.
arenación *f.* MED. arenation.
arenal *m.* sandy ground, extent of quicksands. 2 sand pit.
arenar *tr.* ENARENAR. 2 to rub or polish with sand.
arencar *tr.* to salt and dry [sardines].
arencón *m.* ICHTH. large herring.

arenero, ra *m.* & *f.* sand dealer. — *2 m.* RLY. sandbox.
arenga *f.* harangue, speech, address.
arengador, ra *m.* haranguer, speech-maker.
arengar *intr.* & *tr.* to harangue.
arengué, arengue, etc., *pret., subj.* & *imper.* of ARENGAR.
arenilla *f.* powder to dry writing. *2 pl.* granulated saltpetre. *3* MED. stones, calculi, gravel.
arenillero *m.* SALVADERA.
arenisca *f.* PETROG. sandstone.
arenisco, ca *adj.* sandy, gritty [containing sand].
arenoso, sa *adj.* sandy [abounding in sand; resembling sand].
arenque *m.* ICHTH. herring.
arenqué, arenque, etc., *pret., subj.* & *imper.* of ARENCAR.
aréola *f.* ANAT., ZOOL., MED. areola, areole.
areolar *adj.* areolar.
areómetro *m.* areometer, hydrometer.
areopagita *m.* Areopagite.
areópago *m.* Areopagus.
areóstilo *m.* ARCH. areostyle.
arepa *f.* (Am.) corn griddle cake.
arequipa *f.* (Mex., Pe.) sweetmeat made with rice, milk and sugar.
arestín *m.* BOT. an umbelliferous plant. *2* VET. thrush.
arestinado, da *adj.* afflicted with thrush.
arete *m.* small hoop or ring. *2* earring [without a pendant].
arfada *f.* NAUT. pitching [of a ship].
arfar *intr.* NAUT. [of a ship] to pitch.
arfil *m.* (Am.) ALFIL.
argadijo *m.* ARGADILLO. *2* ARGAMANDIJO.
argadillo *m.* winder [for holding skeins being unwound]. *2* bustling, restless person.
argado *m.* prank, trick.
argallera *f.* croze [for cutting the croze in staves].
argamandel *m.* rag, tatter.
argamandijo *m.* set of small implements.
argamasa *f.* MAS. mortar.
argamasar *tr.* to mix [mortar]. *2* to mortar.
argamasón *m.* large dry piece of mortar.
argán *m.* BOT. argan tree.
árgana *f.* MECH. crane.
árganas *f. pl.* wicker baskets on a horse.
arganel *m.* ring in an astrolabe.
arganeo *m.* NAUT. anchor ring.
árgano *m.* ÁRGANA.
argayo *m.* landslide [in a mountain side].
Argel *pr. n.* GEOG. Algiers.
argel *adj.* whose right hind foot is white [horse].
Argelia *pr. n.* Algeria.
argelino, na *adj.* & *n.* Algerian, Algerine.
argemone *f.* BOT. argemone, prickly poppy.
argén *m.* HER. argent.
argentado, da *p. p.* of ARGENTAR. — *2 adj.* silver-plated, silvered. *3* silvery, argentine. *4* slashed [shoes].
argentador, ra *m.* & *f.* silver plater.
argentar *tr.* to silver [silver plate; make silvery]. *2* to adorn with silver.
argentario *m.* silversmith. *2* master of the mint.
argénteo, a *adj.* silvery, silver-white. *2* silver plated.
argentería *f.* embroidery in gold or silver.
argentero *m.* silversmith.
argentífero, ra *adj.* argentiferous.
Argentina (la) *pr. n.* the Argentine.
argentina *f.* BOT. silverweed.
argentinismo *f.* Argentinism.
argentino, na *adj.* argentine, silvery. *2* Argentine. — *3 m.* & *f.* Argentine, Argentinean.
argento *m.* poet. silver. *2* ~ *vivo,* quicksilver.
argentoso, sa *adj.* containing silver.
argila, argilla *f.* ARCILLA.
agiloso, sa *adj.* ARCILLOSO.
argirol *m.* PHARM. argyrol.
argivo, va *adj.* & *n.* Argive.
argo *m.* CHEM. argon.
Argólida (la) *pr. n.* HIST. GEOG. Argolis.
argolla *f.* ring, iron ring [to fasten something to]. *2* collar [to set a person in the pillory], jougs; pillory. *3* old game similar to croquet. *4* kind of necklace. *5* bracelet.
argolleta *f.* dim. of ARGOLLA.
argollón *m.* augm. of ARGOLLA.
árgoma *f.* BOT. furze.
argomal *m.* furzery, furze plantation

argón *m.* CHEM. argon.
argonauta *m.* MYTH. Argonaut. *2* ZOOL. paper nautilus.
Argos *pr. n.* Argos [ancient Greek town]. *2* MYTH. Argus. *3* MYTH., ASTR. Argo. — *4 m.* Argus [watchful person].
argucia *f.* subtlety, sophistry.
argüe *m.* NAUT. capstan.
árguenas, árgueñas *f. pl.* handbarrow. *2* ALFORJAS. *3* (Chi.) wicker baskets on a horse.
argüir *tr.* to infer. *2* to argue, imply, prove, indicate. *3* to argue, accuse; to reproach. — *4 intr.* to argue, dispute, reason. ¶ CONJUG. like *huir.*
argumentación *f.* argumentation.
argumentador, ra *m.* & *f.* arguer, argumentator.
argumentar *tr.* to argue, dispute, reason.
argumentativo, va *adj.* argumentative [containing argument].
argumentista *m.* & *f.* argumentator.
argumento *m.* argument [reason, reasoning]. *2* argument [subject matter, summary]. *3* plot [of story or play]. *4* token, sign. *5* LOG., MATH. argument : ~ *cornuto,* dilemma.
arguyente *adj.* arguing. — *2 m.* & *f.* arguer; opponent.
arguyo, arguya, etc., *irr.* V. ARGÜIR.
aria *f.* MUS. aria.
Ariadna *f. pr. n.* MYTH. Ariadne.
aricar *tr.* to plough lightly.
aridecer *tr.* to render arid. — *2 ref.* to become arid. ¶ CONJUG. like *agradecer.*
aridez *f.* aridity, aridness.
aridezco, aridezca, etc., *irr.* V. ARIDECER.
árido, da *adj.* arid. — *2 m. pl.* dry goods [esp. grains and vegetables] which can be measured with dry measure : *medida para áridos,* dry measure.
Aries *m.* ASTR. Aries.
arieta *f.* MÚS. arietta.
ariete *m.* battering ram. *2* NAUT. ram. *3* PHYS. ~ *hidráulico,* hydraulic ram.
arietino, na *adj.* resembling a ram's head.
arije *adj.* ALARIJE.
arijo, ja *adj.* AGR. light, easily tilled.
arilado, da *adj.* BOT. arillate, aril(l)ed.
arilo *m.* BOT. aril.
arillo *m.* earring.
arimez *m.* ARCH. projection [in a building].
arincarse *ref.* (Chi.) to become constipated.
ario, ria *adj.* & *n.* Aryan.
arísaro *m.* BOT. wake-robin.
arisblanco, ca *adj.* white-bearded [wheat].
arisco, ca *adj.* unsociable, surly, shy.
arisnegro, arisprieto *adj.* black-bearded [wheat].
arista *f.* arris, edge, intersection of two planes. *2* BOT. awn, beard [of grain]. *3* scutch [of flax or hemp]. *4 pl.* MIL. salient angles.
aristado, da *adj.* BOT. bearded [wheat].
aristarco *m.* Aristarch, severe critic.
Aristides *m. pr. n.* Aristides.
aristocracia *f.* aristocracy.
aristócrata *m.* & *f.* aristocrat.
aristocráticamente *adv.* aristocratically.
aristocrático, ca *adj.* aristocratic.
Aristófanes *pr. n.* Aristophanes.
aristofánico, ca *adj.* Aristophanic.
aristoloquia *f.* BOT. birthwort.
aristoloquiáceo, a *adj.* BOT. aristolochiaceous. — *2 f. pl.* BOT. Aristolochiaceæ.
aristón *m.* ARCH. arris. *2* MUS. kind of barrel organ.
aristoso, sa *adj.* bearded [wheat].
Aristóteles *pr. n.* Aristotle.
aristotélico, ca *adj.* & *n.* Aristotelian.
aristotelismo *m.* Aristotelianism, Aristotelism.
aritmética *f.* arithmetic.
aritméticamente *adv.* arithmetically.
aritmético, ca *adj.* arithmetic(al. — *2 m.* & *f.* arithmetician.
aritmomanía *f.* MED. arithmomania.
aritmómetro *m.* arithmometer, calculating machine.
arjorán *m.* BOT. Judas tree.
arlar *tr.* to hang fruit in bunches for preservation.
arlequín *m.* harlequin, buffoon. *2* harlequin ice cream, Neapolitan ice cream. *3* (cap.) Harlequin.
arlequinado, da *adj.* parti-coloured [clothes].
arlequinada *f.* harlequinade, buffoonery.
arlequinesco, ca *adj.* harlequin, harlequinesque.
arlo *m.* BOT. barberry. *2* bunch of fruit hung up for preservation.
arlota *f.* ALROTA.

arma *f.* weapon, arm : ~ *arrojadiza*, missile weapon ; ~ *atómica*, atomic weapon ; ~ *blanca*, steel, cold steel ; ~ *de fuego*, firearm ; ~ *negra*, fencing foil or sword ; *¡a las armas!*, to arms ! ; *alzarse en armas*, to rise up in arms ; *¡armas al hombro!*, shoulder arms ! ; *descansar las armas*, to ground arms ; *hacer armas*, to fight, to make war ; *medir las armas*, to fight, to contend ; *pasar por las armas*, to shoot [execute by shooting] ; *presentar las armas*, to present arms ; *rendir el* ~, [of the infantrymen] to salute the Holy Sacrament by kneeling down and inclining their rifles ; *rendir las armas*, to yield arms ; *ser de armas tomar*, to be resolute, capable ; *tocar al* ~ or *tocar* ~, to sound the call to arms ; *tomar las armas*, to take up arms ; *sobre las armas*, under arms. 2 MIL. arm [combatant branch of an army]. 3 *pl.* arms, armies. 4 armour [defensive covering]. 5 arms [military profession]. 6 HER. arms, armorial bearings.
armada *f.* navy, naval forces. 2 fleet [of warships]. 3 HUNT. party of beaters.
armadía *f.* raft, float.
armadijo *m.* trap, snare [for game]. 2 wooden frame.
armadillo *m.* ZOOL. armadillo.
armado, da *p. p.* of ARMAR. — 2 *adj.* armed. 3 MACH. mounted, assembled. 4 reinforced [concrete]. — 5 *m.* man dressed as a Roman soldier [in Holy Week processions].
armador *m.* shipowner, ship-charterer. 2 assembler, adjuster. 3 jerkin.
armadura *f.* armo(u)r [defensive covering]. 2 frame, framework, structure, truss : ~ *de la cama*, bedstead. 3 ARCH. roof truss or framework. 4 ELECT. armature [of Leyden jar]. 5 MAGN. armature ; keeper. 6 MÚS. key signature. 7 reinforcement [of concrete].
armajal *f.* ALMARJAL.
armajo *m.* ALMARJO.
armamento *m.* armament. 2 arms [of a soldier]. 3 outfitting [a ship].
armar *tr.* to array in armour. 2 to arm [furnish or equip with weapons ; prepare for war]. 3 to fix [a bayonet]. 4 to bend [a bow]. 5 NAUT. to outfit, fit out, put [a ship] in commission. 6 to supply [with]. 7 to assemble, put together, set up, adjust. 8 to build, establish [on]. 9 to set [a trap]. 10 to start, cause, make, rise, kick up, stir up : ~ *ruido*, to make a noise, to raise a disturbance ; ~ *un baile*, to start a dance ; ~ *una riña*, to start a row ; *armarla*, to kick up a shindy. 11 to form, prepare. 12 to reinforce [concrete]. 13 SEW. to stiffen. 14 ~ *caballero*, to knight. — 15 *ref.* to array oneself in armour. 16 to arm oneself. 17 to happen, arise, be raised or started : *se armó una discusión*, a discussion arose ; *¡buena se va a* ~*!*, there's trouble coming, or brewing ! 18 [Guat., Mex.) to balk, to be balky. 19 *armarse de valor*, to gather up one's courage ; *armarse de paciencia*, to arm oneself with patience.
armario *m.* clothes-press, wardrobe, cabinet, closet, cupboard : ~ *de luna*, wardrobe with mirror.
armatoste *m.* cumbersome machine or object, hindrance, clumsy contraption. 2 big, clumsy, useless person.
armazón *f.* assemblage, setting up. 2 frame, framework, structure. 3 ANAT. skeleton.
armella *f.* screw eye, eyebolt.
armelluela *f.* little screw eye.
Armenia *pr. n.* GEOG. Armenia.
arménico, ca *adj.* Armenian : *bol* ~, Armenian bole.
armenio, nia *adj.* & *n.* Armenian.
armería *f.* arms museum ; armo(u)ry. 2 armo(u)ry [art of an armourer] ; gunsmith craft. 3 arms shop ; gunsmith shop. 4 HER. armory.
armero *m.* armo(u)rer ; gunsmith. 2 rack or stand for arms, armrack.
armífero, ra ; **armigero, ra** *adj.* poet. bearing arms. 2 warlike. — 3 *m.* armour-bearer, armiger.
armilar *adj.* armillary.
armilla *f.* ARCH. astragal [in a column].
armiñado, da *adj.* trimmed or lined with ermine fur. 2 ermine-white.
armiño *m.* ZOOL., HER. ermine. 2 ermine fur.
armipotente *adj.* poet. mighty in war.
armisonante *adj.* poet. bearing resounding arms.
armisticio *m.* armistice.

armón *m.* ARTILL. limber.
armonía *f.* harmony. 2 MUS. harmonization.
armónica *f.* MUS. harmonica, mouth organ.
armónicamente *adv.* harmoniously.
armonicé, armonice, etc., *pret., subj.* & *imper.* of ARMONIZAR.
armónico, ca *adj.* harmonic. — 2 *m.* MUS., PHYS. harmonic.
armonio *m.* MUS. harmonium.
armoniosamente *adv.* harmoniously.
armonioso, sa *adj.* harmonious.
armonista *m.* & *f.* harmonist.
armonizable *adj.* harmonizable.
armonización *f.* harmonization.
armonizar *tr.* & *intr.* to harmonize : ~ *con*, to harmonize with, be in keeping with.
armuelle *m.* BOT. orach, orache.
arna *f.* beehive.
arnacho *m.* GATUÑA.
arnés *m.* harness, armour. 2 *pl.* harness [of horses]. 3 gear, tackle, implements, tools.
árnica *f.* BOT., PHARM. arnica.
aro *m.* hoop, ring, rim ; hoop [plaything] : *entrar por el* ~, to be forced to yield. 3 CROQUET hoop 4 (Arg., Chi.) earring. 5 BOT. cuckoopint. 6 BOT. ~ *de Etiopía*, arum lily, calla lily. — 7 *interj.* (Chi.) word with which a talker, singer or dancer is stopped, and presented with a drink.
aroma *f.* flower of the huisache. 2 aroma, fragrance. — 3 *m.* & *f.* aromatic [any aromatic gum, balsam, etc.].
aromar *tr.* AROMATIZAR.
aromaticé, aromatice, etc., *pret., subj.* & *imper.* of AROMATIZAR.
aromaticidad *f.* aromatic quality.
aromaticidad *f.* aromacity.
aromático, ca *adj.* aromatic.
aromatización *f.* aromatization.
aromatizar *tr.* to aromatize.
aromo BOT. huisache, sponge tree.
aromoso, sa *adj.* arcmatic.
arón *m.* BOT. cuckoopint.
arpa *f.* MUS. harp. : ~ *eolia*, aeolian harp.
arpado, da *p. p.* of ARPAR. — 2 *adj.* serrated, toothed. 3 poét. singing [bird].
arpadura *f.* scratch.
arpar *tr.* to scratch. 2 to tear, rend.
arpegio *m.* MUS. arpeggio.
arpella *f.* ORN. marsh harrier.
arpeo *m.* NAUT. grappling iron.
arpía *f.* MYTH. harpy. 2 harpy [rapacious person]. 3 shrew [woman]. 4 hag.
arpillador *m.* (Mex.) packer.
arpilladura *f.* (Mex.) packing with burlap.
arpillar *tr.* (Mex.) to pack with burlap.
arpillera *f.* burlap, sackcloth.
arpón *m.* harpoon. 2 ARCH. clamp.
arponado, da *adj.* harpoon-like.
arponear *tr.* to harpoon.
arponero *m.* harpoon maker. 2 harpooner.
arqueada *f.* MUS. bow [stroke with the bow]. 2 retching.
arqueador *m.* ship gauger. 2 wool beater.
arqueaje *m.* ARQUEO 4.
arqueamiento *m.* ARQUEO 2.
arquear *tr.* to arch, bend. 2 to beat [wool]. 3 to gauge [a ship]. — 4 *intr.* to retch, be nauseated. — 5 *ref.* to bend, take the shape of an arch.
arquegonio *m.* BOT. archegonium.
arqueo *m.* arching, bending. 2 NAUT. gauging. 3 NAUT. tonnage. 4 COM. checking the contents of a cashbox.
arqueología *f.* archæology.
arqueológico, ca *adj.* archæological.
arqueólogo *m.* archæologist.
arquería *f.* ARCH. serie of arches. 2 (Mex.) aqueduct.
arquero *m.* archer, bowman. 2 hoop maker.
arqueta *f.* small coffer.
arquetipo *m.* archetype.
arquibanco *m.* bench with lockers, chest bench.
arquidiócesis, *pl.* -**sis** *f.* archdiocese.
arquiepiscopal *adj.* archiepiscopal.
arquilla *f.* little coffer, casket.
Arquímedes *pr. n.* Archimedes.
arquimesa *f.* writing cabinet.
arquisinagogo *m.* ruler of a synagogue.

arquitecto *m.* architect.
arquitectónico, ca *adj.* architectonic, architectural.
arquitectura *f.* architecture; architectonics.
arquitrabe *m.* ARCH. architrave.
arquivolta *f.* ARCHIVOLTA.
arrabá, *pl.* baes *m.* ARCH. restangular adornment around moorish arches.
arrabal *m.* suburb. 2 *pl.* environs, outskirts.
arrabalero, ra *adj.* suburban. 2 ill-bred. — 3 *m & f.* suburbanite.
arrabio *m.* cast iron.
arracachá, *pl.* -chaes *f.* BOT. (S. Am.) plant cultivated for its edible rootstocks. 2 *fig.* (Col.) nonsense, silly remark.
arracada *f.* earring with a pendant, eardrop.
arracimado, da *p. p.* de ARRACIMARSE. — 2 *adj.* clustered, in clusters or bunches.
arracimarse *ref.* to cluster, bunch [gather in clusters or bunches].
arraclán *m.* BOT. alder buckthorn.
arráez *m.* Moorish chieftan. 2 master of a Moorish ship. 3 foreman of a tunny-fishery.
arraigadamente *adv.* fixedly, rootedly, securely.
arraigadas *f. pl.* NAUT. futtock shrouds.
arraigado, da *p. p.* of ARRAIGAR. — 2 *adj.* rooted, deep-rooted, inveterate. 2 owning real estate, landed.
arraigar *intr. & ref.* to take root. — 2 *tr.* to establish, to strengthen. — 3 *ref.* to settle down, to establish oneself.
arraigo *m.* taking root. 2 root, settling [in a place]; landed property, connexions : *tomar* ~, to take root; *persona de* ~, landed proprietor, well-known person.
arralar *intr.* RALEAR.
arramblar *tr.* [of streams or torrents] to cover [ground] with sand or gravel. 2 to sweep away. — 3 *ref.* [of ground] to be covered with sand or gravel.
arrancaclavos *m.* nail puller.
arrancada *f.* sudden departure. 2 sudden increase in speed [of a ship, car, running person or animal, etc.]. 3 NAUT. starting speed. 4 BULLF. sudden charge [of the bull].
arrancadera *f.* leading bell [for cattle].
arrancadero *m.* starting point [in a race].
arrancado, da *p. p.* of ARRANCAR. — 2 *adj.* empoverished, poor, penniless.
arrancador, ra *adj.* pulling, extracting. — 2 *m. & f.* puller, extractor.
arrancadura *f.*, arrancamiento *m.* pulling out, extraction.
arrancapinos *m.* coll. little runt, small person.
arrancar *tr.* to root up or out, to pull out, extract, extirpate : ~ *de cuajo* or *de raíz*, to pull out by the roots, to uproot, eradicate. 2 to pluck [feathers, hairs, etc.]. 3 to tear off, out or away. 4 to snatch, snatch away. 5 to wrest, wrench, wring, extort, force [from] ; to obtain by importunity. 6 ~ *la flema*, to expectorate. — 7 *tr. & intr.* NAUT. to increase [a boat] speed. — 8 *intr.* to start, set off : ~ *a correr*, to start running; *¡arranca!*, make a start! 9 [of a motor, a car, etc.] to start. 10 NAUT. [of a boat] to set sail. 11 to come [from], originate [in], go back [to] : *arranca del tiempo de mi juventud,* it goes back to the time of my youth. 12 ARCH. [of an arch or vault] to spring.
arrancasiega *f.* AGR. mowing and pulling out what can't be mowed.
arrancarse *ref.* ENRANCIARSE.
arranchar *tr.* NAUT. to brace sharp up. 2 NAUT. to sail close to. — 3 *ref.* to mess together.
arranque *m.* pulling up. 2 start [of a motor, a car, etc.]. 3 AUTO., MECH. starter, starting gear : ~ *automático*, self-starter. 4 sudden impulse, fit, outburst [of piety, anger, etc.]. 5 sally, lively remark. 6 ARCH. spring [of an arch or vault]. 7 ANAT., BOT. root [of finger]; proximal end [of a member, branch, etc.]. 8 *pl. fig.* dash, mettle.
arranqué, arranque, etc., *pret., subj. & imper.* of ARRANCAR.
arranquera *f.* (Am.) penurilessness, poverty, destitution.
arrapiezo *m.* child, urchin, whippersnapper. 2 rag, tatter.
arras *f.* security, earnest [of a contract], earnest money, handsel. 2 thirteen coins given by bride-

groom to bride at wedding. 3 dower [bestowed by bridegroom on bride].
arrasado, da *p. p.* of ARRASAR. — 2 *adj.* satin, satiny.
arrasadura *f.* striking [of a measure of grain, etc.].
arrasamiento *m.* razing to the ground.
arrasar *tr.* to level, flatten. 2 to demolish, raze to the ground. 3 to strike, level with a strickle. 4 to fill to the brim. — 5 *ref.* [of the sky] to clear up. — 6 *ref. arrasarse los ojos de,* or *en, lágrimas,* [of the eyes] to become filled with tears.
arrastradamente *adv.* coll. imperfectly, badly, poorly. 2 coll. miserably, wretchedly.
arrastradera *f.* NAUT. lower studding sail.
arrastradero *m.* log path, logging road. 2 BULLF. spot through which dead animals are dragged from the ring.
arrastradizo, za *adj.* dangling, trailing.
arrastrado, da *p. p.* of ARRASTRAR. — 2 *adj.* wretched, miserable. 3 rascally. 4 suit-following [card game]. — 5 *m. & f.* rascal, scamp.
arrastramiento *m.* dragging; trailing. 2 crawling, creeping.
arrastrar *tr.* to drag, drag along, on or down, to trail, to haul : ~ *por el fango,* to drag through the mud ; ~ *los pies,* to shuffle, drag one's feet; ~ *el ala,* fig. to be in love, to make love. 2 to carry after oneself. 3 to drive, impel [to action]. 4 [of feelings, circumstances, etc.] to carry away. 5 [of water, wind, etc.] to wash down, carry away, urge along. — 6 *intr.* to drag, trail, hang down to the ground. 7 CARDS to lead trumps. — 8 *intr. & ref.* to crawl, creep, trail. — 9 *ref. fig.* to crawl, creep [behave abjectly].
arrastre *m.* drag, dragging; haulage. 2 washing down [of sands, etc., by waters]. 3 BULLF. dragging dead bull from ring. 4 CARDS leading a trump. 5 slope in a mine shaft. 6 (Mex.) mining mill.
arrate *m.* pound of sixteen ounces.
arratonado, da *adj.* gnawed by mice.
arrayán *m.* BOT. myrtle. 2 BOT. ~ *brabántico,* wax myrtle, bayberry.
arrayanal *m.* myrtle plantation.
¡arre! *interj.* gee!, gee up! 2 get away! : *¡~ allá!,* get away with you!
arreada *f.* (Arg., Mex.) cattle stealing.
arreador *m.* (Arg., Col., Pe.) whip, lash. 2 beater of olive-trees.
arrear *tr.* to urge on [horses, mules, etc.]. 2 to spur, to hurry. 3 (Arg., Mex.) to steal [cattle]. 4 to deliver [a blow]. 5 to dress, deck out, adorn. — 6 *intr.* to hurry, make haste : *¡arrea!,* get moving! ; get out!, nonsense !
arrebañaderas *f. pl.* grappling irons, hooks [for salvaging things fallen in a well].
arrebañaduras *f. pl.* leavings gathered together, scrapings.
arrebañar *tr.* REBAÑAR.
arrebatadamente *adv.* headlong, recklessly. 2 violently.
arrebatadizo, za *adj.* excitable, inflammable.
arrebatado, da *p. p.* of ARREBATAR. — 2 *adj.* hasty, rash, impetuous, violent. 3 ruddy, flushed, inflamed [face].
arrebatador, ra *adj.* captivating. 2 stirring, exciting, inflaming, enrapturing.
arrebatamiento *m.* snatching away, carrying off. 2 fury, rage. 3 rapture, ecstasy.
arrebatar *tr.* to snatch, to carry or take away [by force]. 2 to carry away, move, stir, captivate, enrapture. — 3 *ref.* to be led away [by emotion, passion, etc.]. 4 COOK. to be badly cooked [by excessive heat].
arrebatiña *f.* scramble, scrimmage [to pick up something].
arrebato *m.* fit, rage, fury. 2 rapture.
arrebocé, arreboce, etc., *pret., subj. & imper.* of ARREBOZAR.
arrebol *m.* red tinge in the clouds. 2 rouge, paint. 3 *pl.* red clouds.
arrebolar *tr.* to give a red tinge to. — 2 *ref.* to take a red tinge, to flush.
arrebolera *f.* rouge case. 2 BOT. four-o'clock, marvel-of-Peru.
arrebozar *tr.* REBOZAR. — 2 *ref.* [of bees, flies, etc.] to cluster.
arrebozo *m.* REBOZO.
arrebujadamente *adv.* confusedly.

arrebujar tr. to pick up [clothes, etc.] in a huddle or heap. 2 to tuck in; to wrap up. 3 to mat, jumble, tangle. — 4 ref. to tuck oneself in; to wrap oneself up.

arreciar intr. & ref. to increase in strength or intensity, to grew worse, wax stronger. — 2 ref. ARRECIRSE.

arrecife m. reef [in the sea]. 2 stone-paved road.

arrecirse ref. & def. to grow stiff with cold. ¶ CONJUG. like aguerrir.

arrechucho m. sudden impulse, fit, outburst. 2 sudden and passing indisposition.

arredilar tr. to fold [sheep].

arredomado, da adj. REDOMADO.

arredondear tr.-ref. REDONDEAR.

arredramiento m. drawing back, backing out, fright, intimidation.

arredrar tr. to frighten, intimidate; to make [one] draw back or back out through fear. — 2 ref. to be frightened; to flinch, draw back.

arregacé, arregace, etc., pret., subj. & imper. of ARREGAZAR.

arregazado, da p. p. of ARREGAZAR. — 2 adj. with the point turned up : nariz arregazada, turned up nose, snub nose.

arregazar tr. to tuck up [the skirts].

arregladamente adv. regularly, orderly. 2 according [to].

arreglado, da p. p. of ARREGLAR. — 2 adj. orderly, neat. 3 regular [without excesses] : conducta arreglada, good behaviour, regular behaviour. 4 moderate, reasonable [price, etc.]. 5 ~ a. in accordance with.

arreglar tr. & ref. to adjust, regulate, conform. 2 to settle, arrange. 3 to put in order. 4 to dress, smarten up. 5 to mend, fix up. 6 MUS. to arrange. — 7 ref. arreglarse con uno, to come to an understanding with somebody; ya me aareglaré con esto, I'll manage with this. 8 arreglárselas, to manage, to shift.

arreglo m. order, orderly state or life. 2 settlement, arrangement; agreement, compromise. 3 coll. liaison, concubinage. 4 arrangement, putting in order. 5 mending, fixing up. 6 MUS. arrangement. 7 con ~ a, in accordance with, conformable to.

arregostarse ref. coll. ENGOLOSINARSE.

arregosto m. liking for something.

arrejacar tr. to harrow, rake or hoe across the furrows.

arrejaco m. ORN. swift.

arrejada f. AGUIJADA 2.

arrejaque m. triple fishing-hook. 2 ORN. swift.

arrejaqué, arrejaque, etc., pret., subj. & imper. of ARREJACAR.

arrejerar tr. NAUT. to make [a ship] fast by casting two anchors fore and one aft.

arrelde m. weight of four pounds.

arrellanarse ref. to sit at ease, to ensconce oneself, settle comfortably or snugly [in a seat].

arremangado, da adj. REMANGADO.

arremangar tr. & ref. REMANGAR.

arremango m. REMANGO.

arrematar tr. coll. to finish, complete.

arremetedero m. MIL. place through which a fortress can be attacked.

arremetedor, ra adj. attacking. — 2 m. & f. attacker.

arremeter intr. to attack, rush [upon].

arremetida f. attack, rushing upon. 2 sudden start [of a horse].

arremolinarse ref to crowd. press together.

arrempujar tr. REMPUJAR.

arrendable adj. rentable. leasable, tenantable, farmable.

arrendación f. ARRENDAMIENTO.

arrendadero m. ring in a manger to tie horses to.

arrendado p. p. of ARRENDAR. — 2 adj. rented, leased, farmed. 3 obedient to the reins.

arrendador, ra m. & f. landlord, landlady, lessor. 2 lessee, tenant, farmer.

arrendajo m. ORN. jay. 2 ORN. (Am.) kind of mockingbird. 3 fig. aper, mimic.

arrendamiento m. renting, leasing, letting, farming; lease. 2 rent.

arrendante adj. renting, leasing.

arrendar tr. to rent, to lease, to farm [to someone or by someone]; to let : no le arriendo la ganancia, fig. I don't envy him; he'll pay dear for it. 2 to tie [a horse] by the reins. 3 to

break [a horse] to the reins. 4 to imitate, mimic. ¶ CONJUG. like acertar.

arrendatario, ria m. & f. lessee, tenant, farmer.

1) **arreo** m. dress ornament. 2 pl. harness, riding gear, trappings. 3 appurtenances.

2) **arreo** adv. successively, without interruption.

arrepápalo m. a kind of fritter.

arrepentida f. repentant female sinner who retires to a convent.

arrepentido, da adj. repentant; regretful.

arrepentimiento m. repentance; regret.

arrepentirse ref. to repent, to be sorry [for] : ~ de, to repent of, be sorry for, to regret, rue. 2 to back down or out. ¶ CONJUG. like hervir.

arrepiento, arrepintió, arrepienta, etc., irr. V. ARREPENTIR.

arrepistar tr. to grind [rags] into pulp.

arrepisto m. grinding of rags.

arrequesonarse ref. [of milk] to curdle.

arrequives m. pl. finery, adornments. 2 circumstances or requisites.

arrestado, da p. p. of ARRESTAR. — 2 adj. bold, daring.

arrestar tr. to arrest, imprison. 2 MIL. to detain, confine. — 3 ref. arrestarse a, to dare, undertake boldly.

arresto m. arrest, detention. 2 MIL. confinement. 3 pl. pluck, spirit.

arrevesado, da adj. intricate, obscure.

arrezafe m. CARDIZAL.

arrezagar tr. to tuck up [sleeves, etc.]. 2 to raise, lift.

arria f. RECUA.

arriada f. flood; freshet. 2 NAUT. lowering, striking.

arrianismo m. Arianism.

arriano, na adj. & n. Arian.

arriar tr. NAUT. to lower, to strike. 2 NAUT. to pay out [a rope] : ~ en banda, to cast off. 3 to strike [a flag, the colours]. 4 to flood. — 5 ref. to be flooded.

arriata f. ARRIATE.

arriate m. narrow bed along the wall of a garden. 2 causeway. 3 trellis.

arriaz m. quillon or hilt [of a sword].

arriba adv. up, upwards : cuesta ~, uphill; río ~, upstream; de cuatro pesetas ~, from four pesetas up; ~ de, over, more than. 2 above, on high, at the top, aloft; de ~, from above, from God, from Heaven; de ~ abajo, from top to bottom, from head to foot; despisingly; from beginning to end. 3 afore, before, above : ~ mencionado, aforementioned, above mentioned. — 4 interj. up!

arribada f. NAUT. arrival, putting in [to port] : ~ forzosa, putting in by stress; entrar de ~, to put into port. 2 NAUT. falling off.

arribaje m. NAUT. arrival, putting into port.

arribar intr. to arrive. 2 NAUT. to put into port. 3 to recover, convalesce. 4 NAUT. to fall off to leeward.

arribazón f. seasonal influx of fish to coasts and ports.

arribeño, ña m. & f. (Mex.) person from the highlands.

arribo m. arrival.

arricé, arrice, etc., pret., subj. & imper. of ARRIZAR.

arricés m. buckle of a stirrup strap.

arricete m. RESTINGA.

1) **arriendo** m. ARRENDAMIENTO.

2) **arriendo, arriende,** etc., V. ARRENDAR.

arriería f. occupation of a muleteer.

arriero m. muleteer.

arriesgadamente adv. dangerously, riskily.

arriesgado, da adj. risky, dangerous, hazardous. 2 daring, bold, rash.

arriesgar tr. to risk, hazard, venture. — 2 ref. to expose oneself to danger. 3 arriesgarse a, to dare, risk [to do something].

arriesgué, arriesgue, etc., pret., subj. & imper. of ARRIESGAR.

arrimadero m. support. 2 wainscot.

arrimadillo m. wainscot, dado.

arrimadizo, za adj. designed to be placed against a thing. 2 hanging on. — 3 m. & f. hanger-on, parasite.

arrimador m. backlog [in a fireplace].

arrimadura f. drawing up or close [to], bringing close [to], placing [against].

arrimar *tr.* to bring close [to], draw up [to], place [against]. 2 to put away, shelve; to ignore, lay aside [a person]. 3 to give [a blow, etc.]. 4 NAUT. to stow [the cargo]. 5 ~ *el hombro,* to put one's shoulder to the wheel. 6 ~ *las espuelas a un caballo,* to spur a horse. 7 ~ *los libros,* to put away the books, to give up studies. — 8 *ref.* *arrimarse a,* to go near, to lean against, to get, or press oneself, close to; to seek the protection of; to join, associate with, consort with [others].

arrime *m.* proximity to the jack or small ball [in bowling].

arrimo *m.* placing beside, near, against. 2 support, help, protection. 3 attachment, leaning. 4 ARCH. party wall.

arrimón *m.* one who waits leaning against a wall. 2 ARRIMADIZO 3.

arrinconado, da *p. p.* of ARRINCONAR. — 2 *adj.* out-of-the-way. 3 shelved, ignored, neglected, forgotten.

arrinconamiento *m.* putting out of the way. 2 neglect, oblivion. 3 retirement, reclusion.

arrinconar *tr.* to put in a corner. 2 to corner [a person]. 3 to shelve, ignore, neglect, to deprive of office, power etc. 4 to lay aside, reject, discard. — 5 *ref.* to retire, become a recluse.

arriñonado, da *adj.* kidney-shaped.

Arrio *pr. n.* Arius.

arriostrar *tr.* RIOSTRAR.

arriscadamente *adv.* boldly, audaciously.

arriscado, da *adj.* craggy. 2 bold, resolute. 3 easy, free, brisk.

arriscamiento *m.* boldness, resolution.

arriscar *tr. & ref.* ARRIESGAR : *quien no arrisca no aprisca,* risk not, gain not. — 2 *ref.* [of sheep or cattle] to plunge over a crag. 3 to grow furious. 4 (Pe., Salv.) to dress [oneself] smartly.

arrisqué, arrisque, etc., *pret., subj. & imper.* of ARRISCAR.

arritmia *f.* MED. arrhythmy.

arrítmico, ca *adj.* MED. arrhythmic.

arrivista *m. & f.* (Am.) upstart, social climber.

arrizar *tr.* NAUT. to reef. 2 NAUT. to fasten, lash.

arroaz *m.* ZOOL. dolphin.

arroba *f.* arroba [Spanish weight of about 11 ½ kg., Spanish liquid measure of varying value] : *echar por arrobas,* fig. to exaggerate.

arrobador, ra *adj.* enchanting, entrancing.

arrobamiento *m.* bliss, entrancement, trance, ecstatic rapture, ecstasy.

arrobar *tr.* to entrance, to enrapture. — 2 *ref.* to be entranced, enraptured.

arrobero, ra *adj.* weighing an arroba.

arrobo *m.* ARROBAMIENTO.

arrocabe *m.* wooden frieze.

arrocero, ra *adj.* [pertaining to] rice : *molino* ~, rice mill. — 2 *m. & f.* rice grower; rice dealer.

arrocinado, da *p. p.* of ARROCINAR. — 2 *adj.* naglike, worn-out [horse].

arrocinar *tr. & ref.* EMBRUTECER. — 2 *ref.* coll. to fall blindly in love.

arrodajarse *ref.* (C. Ri.) to sit crosslegged [oriental fashion].

arrodelarse *ref.* to protect oneself with a buckler or round shield.

arrodilladura *f.,* **arrodillamiento** *m.* kneeling, act of kneeling.

arrodillar *tr.* to make kneel down. — 2 *ref.* to kneel, kneel down.

arrodrigar, arrodrigonar *tr.* to prop [vines].

arrogación *f.* arrogation.

arrogador *m.* arrogator.

arrogancia *f.* arrogance, haughtiness. 2 courage, spirit. 3 handsomeness, stately carriage.

arrogante *adj.* arrogant, haughty, proud. 2 brave, courageous, spirited. 3 handsome, stately.

arrogantemente *adv.* arrogantly, haughtily. 2 bravely, spiritedly.

arrogar *tr.* LAW to arrogate. — 2 *ref.* to arrogate or appropriate to oneself.

arrojadamente *adv.* boldly, intrepidly.

arrojadizo, za *adj.* easily thrown; to be thrown, for throwing, missile : *arma arrojadiza,* missile weapon.

arrojado, da *p. p.* of ARROJAR. — 2 *adj.* bold, intrepid, dashing. 2 foolhardy, rash.

arrojador, ra *adj.* throwing, flinging, casting.

arrojar *tr.* to throw, fling, hurl, cast, pitch. 2 to shed, give out, emit. 3 to put forth [leaves,

shoots]. 4 to expel, turn out, throw out; to turn away, dismiss. 5 NAUT. to drive or cast [on rocks, etc.]. 6 to throw up, vomit. 7 to show [a total, a balance]. — 8 *ref.* to throw oneself [from a height] : ~ *por la ventana,* to throw oneself out of the window. 9 to throw oneself forward impetuously, to rush [at], fall [upon]. 10 to rush heedlessly into, to launch out upon [an enterprise].

arrojo *m.* boldness, dash, bravery.

arrollable *adj.* that can be rolled.

arrollador *m.* violent, sweeping. 2 rolling, winding.

arrollamiento *m.* rolling, winding, coiling. 2 ELECT. winding.

arrollar *tr.* to roll, roll up. 2 to wind, coil. 3 [of wind or water] to carry, or roll away. 4 to sweep away to rout [the enemy]. 5 to carry [all] before one. 6 to trample, to run over. 7 to confound [an opponent]. 8 to rock [a child].

arromadizarse *ref.* to catch cold.

arromanzar *tr.* to put into the vernacular; to translate into Spanish.

arromar *tr.* to blunt. — 2 *ref.* to become blunt.

arropamiento *m.* covering, wrapping [in clothes].

arropar *tr.* to cover, wrap, wrap up [in clothes]. 2 to mix [wine] with boiled must. — 3 *ref.* to cover oneself, to wrap [oneself] up

arrope *m.* must boiled to a syrup. 2 honey syrup.

arropea *f.* fetter. 2 hopple [for horses].

arropera *f.* vessel for holding boiled must and fruits.

arropía *f.* kind of taffy made of honey.

arrostrado, da *adj.* featured : *bien* ~, well-featured; *mal* ~, ill-featured.

arrostrar *tr.* to face, stand, brave : ~ *el peligro,* to face, or brave, the danger. 2 to put up with, tolerate. — 3 *ref.* to fight face to face.

arroyada *f.* walley through which a brook or rivulet runs; gully. 2 flooding of a brook or rivulet.

arroyar *tr.* [of rain] to form gullies in. — 2 *ref.* AGR. [of grain] to become smutted.

arroyo *m.* brook, rivulet, small stream. 2 gutter [in a street]. 3 fig. street : *plantar, or poner, en el* ~, to dismiss, to put out in the street, put out of the house. 4 stream of tears, blood, etc.].

arroyuela *f.* SALICARIA.

arroyuelo *m.* rill, small brook

arroz *m.* BOT. rice.

arrozal *m.* rice field

arruar *intr.* [of a hunted wild boar] to grunt.

arrufadura *f.* NAUT. sheer [of a ship].

arrufaldado, da *adj.* tucked up. 2 with a raised brim [hat].

arrufar *tr.* NAUT. to incurvate, form the sheer of. — 2 *intr.* [of a ship] to have a sheer.

arrufianado, da *adj.* low, rascally.

arrufo *m.* ARRUFADURA.

arruga *f.* wrinkle; crease, crumple, rumple.

arrugación *f.,* **arrugamiento** *m.* wrinkling, creasing, crumpling, rumpling.

arrugar *tr.* to wrinkle; to crease, crumple, rumple. 2 SEW. to gather, fold. 3 ~ *el entrecejo, la frente,* to frown, knit the brow. — 4 *ref.* to wrinkle, crease, crumple [become wrinkled].

arrugia *f.* gold mine.

arruinador, a *adj.* ruining. — 2 *m. & f.* ruiner, destroyer.

arruinamiento *m.* ruin, ruination, destruction.

arruinar *tr.* to ruin, ruinate, demolish, destroy. — 2 *ref.* to become ruined; to fall into ruins; to undergo financial ruin.

arrullador, ra *adj.* cooing. 2 lulling.

arrullar *tr.* to coo; to bill and coo. 2 to lull or sing to sleep, to croon.

arrullo *m.* coo. 2 billing and cooing. 3 lullaby.

arrumaco *m.* caress, show of affection. 2 coll. eccentric dress or ornament.

arrumaje *m.* NAUT. stowage.

arrumar *tr.* NAUT. to stow. — 2 *ref.* NAUT. [of the horizon] to become overcast.

arrumazón *f.* NAUT. stowing, stowage. 2 overcast horizon.

arrumbadas *f. pl.* NAUT. wales of a row galley.

arrumbamiento *m.* NAUT. bearing, direction.

arrumbar *tr.* to lay aside, put out of the way, reject, discard. 2 to confound [an opponent]. 3 to shelve, neglect; to forget, cast into oblivion

ARTICLES / ARTÍCULOS

The article in Spanish is a variable part of speech, agreeing with the noun in gender and number.

Definite articles

	Masculine	Feminine
Singular	**el** libro (the book)	**la** cara (the face)
Plural	**los** libros (the books)	**las** caras (the faces)

The neuter article **lo** is used to give a substantive value to some adjectives: **lo** bello (the beautiful, what is beautiful, beautiful things); **lo** profundo de sus pensamientos (the profoundness of his thoughts).

Indefinite articles

	Masculine	Feminine
Singular	**un** hombre (a man)	**una** naranja (an orange)
Plural	**unos** hombres (some men)	**unas** naranjas (some oranges)

Special cases

The masculine article is used with feminine nouns that begin with a stressed **a**: **el** alma (the soul).

Uses of the definite article:
- With abstract nouns or nouns used in a general or abstract sense: **el** hombre es mortal, man is mortal; **el** tiempo es oro, time is money; **los** precios suben, prices are going up.
- With adjectives or nouns expressing title or dignity, when applied to a proper noun: **el** pequeño Juan, Little John; **la** reina Isabel, Queen Elizabeth; **el** coronel Martínez, Colonel Martínez.
- With nouns designating streets, squares, palaces, and rivers; with the names of countries preceded by an adjective; with the names of mountains in the singular: **la** calle de Pelayo, Pelayo Street; **la** plaza de Trafalgar, Trafalgar Square; **el** río Misurí, Missouri River.
- With collective nouns: **la** humanidad, mankind, humankind; **la** gente, people.
- With nouns denoting sciences, arts, or games: el estudio de **las** matemáticas, the study of mathematics; jugar **al** ajedrez, to play chess.
- With names of illnesses: **el** asma, asthma; **la** difteria, diphtheria; **la** poliomielitis, poliomyelitis.
- With the names of meals: antes **del** desayuno, before breakfast.
- With the names of days of the week and holidays: **el** lunes, Monday; **el** día de la Madre, Mother's Day.
- In phrases like: **la** semana próxima, next week; **el** año pasado, last year; en **la** cárcel, in prison; en **la** escuela, at school; a **la** iglesia, to church; **los** lunes, on Mondays; todo **el** día, all day.
- With **número uno, número dos**, etc.: la tienda estaba en **el** número 10, the store was at number 10.
- Instead of the English indefinite article in phrases like: dos veces **al** día, two times a day.

Note: With reflexive verbs, the definite article is equivalent to an English possessive adjective in sentences like: me lavo **las** manos, I wash my hands; ponte **el** sombrero, put on your hat.

The definite article is not used:
- In phrases or sentences like: dar un mentís, to give *the* lie; poner a prueba, to put to *the* test; en conjunto, on *the* whole; París, capital de Francia, Paris, *the* capital of France.

The indefinite article is not used:
- With nouns expressing profession, trade, nationality, religion, etc. that are complements: su padre era abogado, his father was *a* lawyer; ella es mexicana, she is *a* Mexican.
- After **como** (as, in the capacity of): se le conoce como poeta, he is known as *a* poet.
- Before **cierto** and **cierta**; before and after **medio**; and after **tal, que, con**, and **sin**, in phrases and sentences like: cierta persona, *a* certain person; una hora y media, an hour and *a* half; medio docena, half *a* dozen; tal cosa, such *a* thing; salió sin sombrero, he went out without *a* hat.
- In some sentences and set expressions like: dar ejemplo, set *an* example; tener apetito, to have *an* appetite; tener prisa, to be in *a* hurry; ya tiene edad para, he is of *an* age to.

When followed by **de** or an adjective, the Spanish definite article may be used as a pronoun equivalent to *the one* or *the ones:* el **del** sombrero blanco, the one in the white hat.

4 NAUT. to determine the lay of [a coast]. — 5 *intr.* NAUT. to fix the course. — 6 *ref.* NAUT. to take bearings.

arrurruz *m.* arrowroot [starch].

arsáfraga *f.* BERRERA.

arsenal *m.* shipyard, dockyard, navy yard. 2 arsenal, *armory. 3 fig. storehouse [of data, information, etc.].

arseniato *m.* CHEM. arseniate.

arsenical *adj.* arsenical.

arsénico *adj.* arsenic. — 2 *m.* CHEM. arsenic.

arsenioso *adj.* arsenious.

arsenito *m.* CHEM. arsenite.

arseniuro *m.* CHEM. arsenide.

arsolla *f.* ARZOLLA.

arta *f.* BOT. plantain. 2 BOT. ~ *de agua,* fleawort.

artanica, artanita *f.* PAMPORCINO.

arte *m.* & *f.* art : ~ *cisoria,* COOK. art of carving ; ~ *poética,* poetics ; *bellas artes,* fine arts ; *artes liberales,* liberal arts ; *artes mecánicas,* manual arts ; *verso de* ~ *mayor,* verse of more than eight syllables ; *verso de* ~ *menor,* verse of eight syllables or less ; *no tener ni* ~ *ni parte en,* to have nothing to do with ; *por* ~ *de birlibirloque* or *de encantamiento,* as if by magic. 2 craft, skill, skilfulness. 3 craft, trade. 4 craftiness, artfulness, trickery : *con malas artes,* by evil means. 5 fishing appliance. 6 *buen* or *mal* ~, good or bad figure [of a person].

artefacto *m.* manufacture, mechanical handiwork. 2 device, contrivance, appliance.

artejo *m.* knuckle [of finger]. 2 ZOOL. article [of an arthropod's appendage].

Artemisa *pr. n.* MYTH. Artemis.

artemisa, artemisia *f.* BOT. mugwort ; sagebrush.

arteramente *adv.* artfully, craftily, slyly.

arteria *f.* ANAT. artery. 2 fig. artery [main thoroughfare].

artería *f.* artfulness, craftiness, slyness ; cunning, trick.

arterial *adj.* arterial.

arterialización *f.* arterialization.

arteriografía *f.* arteriography.

arteriola *f.* ANAT. arteriole.

arteriología *f.* arteriology.

arteriosclerosis *f.* MED. arteriosclerosis.

arterioso, sa *adj.* arterial. 2 abounding in arteries

arteriotomía *f.* SURG. arteriotomy.

arteritis *f.* MED. arteritis.

artero, ra *adj.* artful, crafty, sly.

artesa *f.* trough [for kneading dough, washing ore, etc.].

artesanía *f.* craftsmanship. 2 craftsmen.

artesano, na *m.* & *f.* artisan, craftsman, mechanic.

artesiano, na *adj.* & *n.* Artesian. 2 *pozo* ~, artesian well.

artesilla *f.* small trough.

artesón *m.* kitchen tub. 2 ARCH. caisson, sunken panel [in a ceiling].

artesonado, da *adj.* panelled [ceiling]. — 2 *m.* panelwork [in a ceiling].

artético, ca *adj.* arthritic.

ártico, ca *adj.* arctic : *Océano* ~, Arctic Ocean.

articulación *f.* articulation, joining. 2 ANAT., BOT., ZOOL. articulation, joint. 3 articulation [in pronunciation]. 4 MECH. joint : ~ *universal,* universal joint.

articuladamente *adv.* distinctly, articulately.

articulado, da *adj.* articulate, articulated. — 2 *m.* the articles [of an act, law, etc.]. — 3 *adj.* & *m.* ZOOL. articulate. — 4 *m. pl.* ZOOL. Articulata.

1) **articular** *tr.* to articulate [unite, join ; pronounce distinctly]. — 2 *ref.* to articulate, be connected.

2) **articular** & **articulario, ria** *adj.* articular.

articulista *m.* & *f.* writer of articles.

artículo *m.* article [in a writing, contract, act, law, etc. ; literary composition] : ~ *de fondo,* leader, editorial. 2 entry [in a dictionary] : 3 article [of faith]. 4 article, commodity : *artículos de primera necesidad,* basic commodities ; *artículos de consumo,* consumers' goods. 5 GRAM. article : ~ *definido* or *determinado,* definite article ; ~ *indefinido* or *indeterminado,* indefinite article. 6 ZOOL. articulation. 7 *en el* ~ *de la muerte,* in articulo mortis.

artífice *m.* artificer, craftsman, artist. 2 maker.

artificial *adj.* artificial.

artificialmente *adv.* artificially.

artificiero *m.* MIL. artificer.

artificio *m.* artifice, skill. 2 artifice, cunning, trick. 3 device, contrivance.

artificiosamente *adv.* ingeniously. 2 craftily, artfully.

artificioso, sa *adj.* skilful, ingenious. 2 crafty, artful.

artiga *f.* breaking up new land. 2 land newly broken up.

artigar *tr.* to burn and break up [land] before cultivation.

artilugio *m.* contraption, worthless mechanical contrivance.

artillado *m.* artillery [of a ship or fortress].

artillar *tr.* to equip with artillery.

artillería *f.* artillery ; ordnance : ~ *de campaña,* field artillery ; ~ *de costa,* coast artillery ; ~ *de sitio,* siege artillery.

artillero *m.* gunner, artilleryman.

artimaña *f.* trick, stratagem. 2 trap, snare.

artina *f.* BOT. boxthorn berry.

artiodáctilo, la *adj.* & *m.* ZOOL. artiodactyl. — 2 *m. pl.* ZOOL. Artiodactyla.

artista *m.* & *f.* artist.

artísticamente *adv.* artistically.

artístico, ca *adj.* artistic.

arto *m.* CAMBRONERA.

artocarpáceo, a *adj.* BOT. artocarpous.

artolas *f. pl.* chair or litter consisting of two seats, one on either side of a pack animal.

artos *m.* CAMBRONERA.

artralgia *f.* MED. arthralgia.

artrítico, ca *adj.* & *n.* arthritic.

artritis *f.* MED. arthritis.

artritismo *m.* MED. arthritism.

artrografía *f.* arthrography.

artrología *f.* arthrology.

artropatía *f.* MED. arthropathy.

artrópodo, da *adj.* & *m.* ZOOL. arthropod. — 2 *m. pl.* ZOOL. Arthropoda.

Arturo *pr. n.* Arthur.

arugas *f.* MATRICARIA.

árula *f.* ARCHEOL. small altar.

arundíneo, a *adj.* arundineous.

aruñar *tr.* coll. ARAÑAR.

aruñazo *m.* coll. ARAÑAZO.

arúspice *m.* haruspex.

aruspicina *f.* haruspicy.

arveja *f.* BOT. spring vetch, tare. 2 (Chi.) BOT. pea.

arvejal, arvejar *m.* vetch field.

arvejo *m.* BOT. pea.

arvense *adj.* BOT. field [growing in sown fields].

arzobispado *m.* archbishopric.

arzobispal *adj.* archiepiscopal.

arzobispo *m.* archbishop.

arzolla *f.* BOT. kind of centaury. 2 BOT. milk thistle.

arzón *m.* in saddletrees, the pieces forming the pommel or the cantle : ~ *delantero,* saddlebow ; ~ *trasero,* cantle.

as *m.* ace [in cards, dice, aviation]. 2 ace, king [good performer] : ~ *del volante,* speed king.

asa *f.* handle [of a basket, cup, valise, etc.] : *en asas,* fig. akimbo. 2 ASIDERO 2. 3 juice of certain plants : ~ *dulce,* gum benzoin ; ~ *fétida,* asafetida.

asación *f.* roasting. 2 PHARM. boiling [a substance] in its own juice.

asadero, ra *adj.* fit for roasting.

asado, da *adj.* roasted : ~ *al horno,* baked [meat] ; ~ *a la parrilla,* broiled. — 2 *m.* roast.

asador *m.* spit [for roasting]. 2 roasting jack.

asadura *f.* entrails, haslet ; liver. 2 coll. sluggishness, slowness, phlegm. 3 *echar uno las asaduras,* to exert oneself to the utmost.

asaetear *tr.* to shoot with arrows. 2 to wound or kill with arrows. 3 to bother, harass.

asafétida *f.* ASA FÉTIDA.

asainetado, da *adj.* THEAT. comical and popular.

asalariado, da *adj.* salaried. — 2 *m.* wage-earner, employee. 3 hireling.

asalariar *tr.* to employ, hire [a person].

asalmonado, da *adj.* salmon-like, salmon-coloured, salmon-flavoured.

asaltante *adj.* assailing. — 2 *m.* & *f.* assailant.

asaltar *tr.* to assail, assault, storm. 2 to surprise, fall upon ; to hold up [in order to rob]. 3 [of a thought, fear, etc.] to strike, to assail ; [of death] to overtake.

asalto *m.* assault, storm : *tomar por* ~, to carry

by assault, to take by storm. 2 FENC. assault. 3 BOX. round.

asamblea *f.* assembly [for deliberation or legislation]; legislature. 2 MIL. assembly.

asambleísta *m. & f.* member of an assembly. — 2 *m.* assemblyman.

asar *tr.* to roast : ~ *a la parrilla*, to broil. — 2 *ref.* fig. to scorch, be scorched [with heat].

asarabácara, asáraca *f.* BOT. ÁSARO.

asarero *m.* ENDRINO.

asargado, da *adj.* twilled, sergelike.

ásaro *m.* BOT. asarabacca.

asativo, va *adj.* PHARM. designating the boiling of a substance in its own juice.

asaz *adv.* poet. enough; much, very.

asbestino, na *adj.* asbestine.

asbesto *m.* MINER. asbestos.

asca *f.* BOT. ascus.

ascalonia *f.* BOT. shallot.

áscari *m.* Moroccan infantryman.

ascáride *f.* ZOOL. ascarid.

ascendencia *f.* ancestry, line of ancestors.

ascendente *adj.* ascending, ascendant. 2 up [train].

ascender *intr.* to ascend. 2 to accede [to the throne]. 3 to amount or add up [to]. 4 to be promoted. — 5 *tr.* to promote, grant promotion to. ¶ CONJUG. like *entender*.

ascendiente *adj.* ascending, ascendant. — 2 *m. & f.* ancestor. — 3 *m.* ascendancy, ascendency.

ascensión *f.* ascension, ascent. 2 ASTR. ascension : ~ *recta*, right ascension; ~ *oblicua*, oblique ascension. 3 *la Ascensión*, the Ascension, Ascension Day. 4 accession [to the throne].

ascensional *adj.* ascensional.

ascensionista *m. & f.* balloonist. 2 mountain climber.

ascenso *m.* promotion.

ascensor *m.* lift, elevator.

ascensorista *m.* lift maker or operator.

asceta *m.* ascetic.

ascético, ca *adj.* ascetic(al. — 2 *f.* ascetics.

ascetismo *m.* ascetism.

ascidia *f.* ZOOL. ascidian. 2 *pl.* ZOOL. Ascidia.

asciendo, ascienda, etc., *irr.* V. ASCENDER.

ascios *m. pl.* ascians.

ascitis *f.* MED. ascites.

ascítico, ca *adj.* ascitic.

asclepiadáceo, a *adj.* BOT. asclepiadaceous. — 2 *f. pl.* BOT. Asclepiadaceæ.

asclepiadeo *adj. & m.* Asclepiadean [verse].

asco *m.* nausea, loathing, disgust : *dar* ~, to turn the stomach, to disgust; *hacer ascos a*, to turn up one's nose at. 2 disgusting thing : *estar hecho un* ~, to be dirty.

ascosidad *f.* loathsome dirt.

ascoso, sa *adj.* loathsome.

ascua *f.* ember, live coal : ~ *de oro*, resplendent thing; *estar en ascuas*, to be on tenterhooks; *arrimar uno el ascua a su sardina*, to further one's own interests; *sacar el* ~ *con la mano del gato* or *con mano ajena*, to make a cat's paw of someone.

Asdrúbal *pr. n.* Hasdrubal.

aseadamente *adv.* cleanly, tidily.

aseado, da *adj.* clean, neat, tidy.

asear *tr.* to clean, to tidy. — 2 *ref.* to make [oneself] clean, to tidy [oneself] up.

asechador, ra *adj.* ensnaring. — 2 *m. & f.* ensnarer.

asechanza *f.* snare, trap, pitfall.

asechar *tr.* to set traps [for somebody].

asecho *m.* ASECHANZA.

asedado, da *adj.* silky.

asedar *tr.* to soften, to render [flax or hemp] silky.

asediador, ra *adj.* besieging. — 2 *m. & f.* besieger.

asediar *tr.* to lay siege to, to besiege. 2 fig. to besiege, beset, importunate.

asedio *m.* siege, blockade.

asegundar *tr.* to repeat at once.

asegurable *adj.* insurable.

aseguración *f.* insurance.

asegurado, da *p. p.* of ASEGURAR. — 2 *adj. & n.* insured [person].

asegurador, ra *adj.* assuring. 2 securing. 3 insuring. — 4 *m. & f.* assurer. 5 securer. 6 insurer, underwriter.

aseguramiento *m.* securing; security. 2 insurance.

asegurar *tr.* to secure, fasten, fix. 2 to secure [make safe; guarantee; seize and confine]; to ensure. 3 to assure. 4 to assert, affirm. 5

COM. to insure. — 6 *ref.* to make sure. 7 to hold fast. 8 to insure oneself, to take out an insurance policy.

aseidad *f.* THEOL. aseity.

asemejar *tr.* to liken, to compare. — 2 *intr. & ref.* to resemble, be like or alike.

asendereado, da *adj.* beaten, frequented. 2 overwhelmed with hardships.

asenderear *tr.* to open paths through. 2 to pursue [someone], to make him a fugitive.

asenso *m.* assent, credence : *dar* ~ *a*, to credit, believe; *dar su* ~, to assent.

asentada *f.* SENTADA.

asentaderas *f. pl.* coll. buttocks.

asentadillas (a) *adv.* sidesaddle, woman fashion.

asentado, da *p. p.* of ASENTAR. — 2 *adj.* settled, permanent.

asentador *m.* razor strop. 2 turning chisel. 3 wholesale distributor in central market.

asentamiento *m.* establishment, settling, settlement. 2 prudence, wisdom.

asentar *tr.* to seat. 2 to place, fix, set, settle, establish, found. 3 to give, deliver [a blow]. 4 to tamp down. 5 to iron [seams]. 6 to assert; to assume, take for granted. 7 to enter [in a ledger, register, etc.]; to note down. 8 to settle, agree upon. 9 ~ *el filo de*, to strop, hone. — 10 *intr.* to fit, suit, become. — 11 *ref.* to sit down. 12 to settle, become established. 13 [of birds] to alight, settle. 14 [of liquids] to settle. 15 [of food] not to be digested. 16 ARCH. to settle, sink, subside. 17 [of a packsaddle, etc.] to hurt the horse, mule, etc. ¶ CONJUG. like *acertar*.

asentimiento *m.* assent.

asentir *intr.* to assent, to agree. ¶ CONJUG. like *hervir*.

asentista *m.* government contractor.

aseñorado, da *adj.* looking like a gentleman.

aseo *m.* cleanliness, tidiness. 2 cleaning, tidying : *cuarto de* ~, toilet room.

asépalo, la *adj.* BOT. having no sepals.

asepsia *f.* asepsis.

aséptico, ca *adj.* aseptic.

asequible *adj.* accesible, obtainable, reachable.

aserción *f.* assertion, affirmation.

aserenar *tr. & ref.* SERENAR.

aserradero *m.* sawmill, sawing place.

aserradizo, za *adj.* fit to be sawn. 2 sawn [timber].

aserrado, da *adj.* BOT. serrate, serrated.

aserrador, ra *adj.* sawing. — 2 *m.* sawer, sawyer. — 3 *f.* sawing machine.

aserradura *f.* saw cut, kerf. 2 *pl.* sawings, sawdust.

aserrar *tr.* to saw. ¶ CONJUG. like *acertar*.

aserrín *m.* sawdust.

asertivamente *adv.* affirmatively.

asertivo, va *adj.* affirmative.

aserto *m.* assertion, affirmation, statement.

asertorio *m.* affirmatory.

asesar *tr.* to make wise, sensible. — 2 *intr.* to become wise, get sense, sober up.

asesinar *tr.* to assassinate, murder. 2 fig. to be the death [of one].

asesinato *m.* assassination, murder.

asesino, na *adj.* murderous. — 2 *m. & f.* assassin, murderer.

asesor *ra* *m. & f.* adviser, assessor.

asesoramiento *m.* advice [esp. legal or professional advice].

asesorar *tr.* to advise, give legal or professional advice to. — 2 *ref.* to take advice.

asesoría *f.* the post or the office of an adviser, assessorship.

asestadura *f.* aiming, pointing, levelling, directing.

asestar *tr.* to aim, point, level, direct. 2 to strike, deal [a blow]; to fire [a shot].

aseveración *f.* asseveration.

aseveradamente *adv.* positively, affirmatively.

aseverar *tr.* to asseverate.

aseverativo, va *adj.* asseverative.

asexual *adj.* asexual.

asfaltado, da *adj.* asphalt, asphalted. — 2 *m.* asphalting. 3 asphalt pavement.

asfaltar *tr.* to asphalt.

asfáltico, ca *adj.* asphaltic.

asfalto *m.* asphalt, asphaltum.

asfíctico, ca *adj.* MED. asphyctic.

asfixia *f.* asphyxia; asphyxiation.

asfixiante *adj.* asphyxiating; suffocating.

asfixiar *tr.* to asphyxiate; to suffocate. — *2 ref.* to be asphyxiated, to suffocate.

asfódelo *m.* BOT. asphodel.

asgo, asga, etc., *irr.* V. ASIR.

así *adv.* so, thus, in this manner, in this way; *así, así,* so so, middling; ~ *como* ~, anyway; ~ *sea,* so be it; ~ *y todo,* yet, even so; *por decirlo* ~, so to speak. 2 in the same manner, so, as well; ~ *como,* in the same manner·as, even as; ~ *los padres como los hijos,* both parents and children; the children as well as the parents. 3 as soon: ~ *como,* ~ *que,* as soon as. — *4 adj.* such: *un hombre* ~, such a man. — *5 conj.* so, then, therefore: ~, or ~ *pues, no viene usted,* so, you are not coming; *y* ~ (or ~ *que) tuvo que desistir,* and so (or therefore), he had to desist. 6 Sometimes it expresses a desire ~ *lloviera,* would that it rained.

Asia *pr. n.* GEOG. Asia: ~ *Menor,* Asia Minor.

asiático, ca *adj. & n.* Asiatic, Asian.

asidero *m.* handle, hold. 2 occasion, pretext.

asiduamente *adv.* assiduously, sedulously.

asiduidad *f.* assiduity, sedulity.

asiduo, dua *adj.* assiduous, sedulous, frequent.

1) **asiento** *m.* seat [chair, etc.; place]; bottom [of a bottle chair]: ~ *proyectable,* AER. ejectable seat; *tomar* ~, to take down, take a seat; *no calentar uno el* ~, not to stay long in or at a place. 2 site [of building, town, etc.]. 5 ARCH. settling [of materials or building]: *hacer* ~, to settle. 6 settling, settlement, establishment: *estar uno de* ~, to be established or settled [in a place or town]. 7 pact, peace agreement. 8 contract for supplies. 9 entry [in ledger or register]. 10 (Am.) mining settlement. 11 bit [of bridle]. 12 indigestion. 13 stability, permanency. 14 judgment, prudence, wisdom. 15 buttocks. 16 BOT. ~ *de pastor,* blue genista. 17 ~ *de válvula,* valve-seat. 18 sediment.

2) **asiento, asiente,** etc., *irr.* V. ASENTAR.

3) **asiento, asienta,** etc., *irr.* V. ASENTIR.

asierro, asierre, etc., *irr.* V. ASERRAR.

asignable *adj.* assignable.

asignación *f.* assignation, assignment, allotment. 2 assignation, amount assigned [as wages, etc.].

asignado *m.* assignat

asignar *tr.* to assign, allot. 2 to assign, fix, appoint.

asignatura *f.* subject or course of study.

asilar *tr.* to place in a home or asylum.

asilo *m.* asylum, sanctuary; refuge, protection. 2 asylum, home [for the poor, etc.].

asilvestrado, da *adj.* gone wild.

asilla *f. dim.* small handle. 2 small metal ring on button [for sewing it]. 3 pretext, excuse.

asimetría *f.* asymmetry.

asimétrico, ca *adj.* asymmetric(al.

asimiento *m.* seizing, grasping. 2 attachment.

asimilable *adj.* assimilable.

asimilación *f.* assimilation.

asimilar *tr.* to assimilate. — *2 intr.* to be similar. *3 ref.* to assimilate [be assimilated]. *4* to resemble.

asimilativo, va *adj.* assimilative.

asimismo *adv.* in like manner, likewise, also.

asimplado, da *adj.* foolish, simpleton-like.

asincrónico, ca *adj.* asynchronous.

asíndeton *m.* RHET. asyndeton.

asinino, na *adj.* asinine.

asíntota *f.* GEOM. asymptote.

asir *tr.* to seize, grasp, take: *asidos del brazo,* arm in arm. — *2 intr.* to take root. — *3 ref.* to take hold [of]; to hold [to]. *4* to avail oneself [of]. 5 to dispute, grapple with each other. ¶ CONJUG.: INDIC. Pres.: *asgo,* ases, etc. | SUBJ. Pres.: *asga, asgas, asga; asgamos, asgáis, asgan.* | IMPER.: *ase, asga; asgamos, asid, asgan.*

Asiria *f. pr. n.* HIST. GEOG. Assyria.

asirio, ria *adj. & n.* Assyrian.

asiriología *f.* Assyriology.

asiriólogo *m.* Assyriologist.

Asís *m. pr. n.* Assisi.

asistencia *f.* attendance, presence. 2 reward for personal attendance. 3 assistance, aid: ~ *social,* social service. 4 (Mex.) intimate drawing room. 5 *pl.* allowance; alimony.

asistenta *f.* charwoman.

asistente *adj. & n.* attendant, present. — *2 m.* assistant, helper. 3 MIL. a soldier assigned as a servant to an officer.

asistir *intr.* to attend, to be present, to go: ~ *a la escuela,* to attend school. 2 CARDS to follow suit. — *3 tr.* to assist, aid, help. *4* to attend take care of, wait upon [a sick person]. *5 me asiste la razón,* right is on my side, I'm in the right.

asistolia *f.* MED. asystole.

asistólico, ca *adj.* asystolic.

asma *f.* MED. asthma.

asmático, ca *adj. & n.* asthmatic.

asna *f.* she-ass, jenny ass. 2 *pl.* rafters.

asnacho *m.* BOT. restharrow, cammock.

asnada *f.* stupidity, foolish act, remark, etc.; asininity.

asnal *adj.* donkey, asinine.

asnalmente *adv.* [riding] on a donkey. 2 brutishly.

asnallo *m.* ASNACHO.

asnería *f.* asses, donkeys. 2 stupidity, nonsense.

asnilla *f.* trestle, horse.

asnino, na *adj.* ASININO.

asno *m.* ZOOL. ass, donkey, jackass.

asobarcar *tr.* SOBARCAR.

asobarqué, asobarque, etc., *pret., subj. & imper.* of ASOBARCAR.

asobinarse *ref.* to fall in a heap.

asocarronado, da *adj.* astute and wily.

asociación *f.* association. *2* society, fellowship, partnership, union.

asociacionismo *m.* PSYCH. associationism.

asociado, da *adj.* associated, associate. — *2 m. & f.* associate, partner. 2 member [of an association].

asociar *tr.* to associate. — *2 ref.* to associate, become associated; to join, form a partnership: *asociarse a* or *con,* to associate with; to enter into partnership with.

asolación *f.* ASOLAMIENTO.

asolador, a *adj.* razing, ravaging, devastating.

asolamiento *m.* destruction, ravage, desolation, devastation.

asolanar *tr.* [of the east wind] to damage [fruit, grains, etc.].

asolapar *tr.* to make [a tile, etc.] overlap.

1) **asolar** *tr.* raze, level with the ground, lay waste, desolate, devastate. — *2 ref.* [of liquids] to settle. ¶ CONJUG. like *contar.*

2) **asolar** *tr.* to parch [plants] with the heat. — *2 ref.* [of plants] to become parched.

asoldar, asoldadar *tr.* to hire [esp. troops]. ¶ CONJUG. like *contar.*

asolear *tr.* to sun. — *2 ref.* to become heated in the sun. 3 to become sun-tanned.

asoleo *m.* sunning. 2 getting heated in the sun. 3 sun-tanning.

asomada *f.* peep, short appearance. 2 point from which something is first seen.

asomar *intr.* to begin to appear or to show. — *2 tr.* to show, put out [through, behind or over an opening or a wall]. — *3 ref.* to peep out, to put one's head out, to look out.

asombradizo, za *adj.* ESPANTADIZO.

asombrador, ra *adj.* astonishing.

asombrar *tr.* to shade [throw a shadow on]. *2* to darken [a colour]. *3* to frighten. *4* to amaze, astonish. — *5 ref.* to take fright. 6 to be astonished, amazed: *asombrarse de,* to be astonished or amazed at.

asombro *m.* fright. 2 amazement, astonishment.

asombrosamente *adv.* amazingly, wonderfully.

asombroso, sa *adj.* amazing, astonishing, wonderful.

asomo *m.* peep, looking out. 2 hint, sign. 3 suspicion, supposition: *ni por* ~, by no means, not on your life.

asonada *f.* riot, tumult, disturbance.

asonancia *f.* consonance, harmony. 2 POET. assonance.

asonantar *tr.* to make assonant. — *2 intr.* to assonate.

asonante *adj. & n.* assonant.

asonar *intr.* to assonate, be assonant. ¶ CONJUG. like *contar.*

asordar *tr.* to deafen.

asosegar *tr. & ref.* SOSEGAR.

asotanar *tr.* to excavate for a cellar.

aspa *f.* X-shaped figure or cross: ~ *de San Andrés,* St. Andrew's cross; *en* ~, in X shape. 2 reel [for skeining]. 3 the cross supporting the sails of a windmill. 4 sail, wing [of a windmill] 5 HER. saltier.

aspadera *f.* reel [for skeining].
aspado, da *adj.* X-shaped. *2* wearing clothes tight under the arms. *3* HER. crossed.
aspador, ra *m. & f.* skeiner.
aspálato *m.* BOT. aspalathus.
aspar *tr.* to skein [yarn]. *2* to crucify. *3* to vex, annoy. — *4 ref.* to cry and writhe [with pain, anger, etc.].
aspaventero, ra *adj.* given to show exaggerated terror, admiration or feeling; fussy.
aspaviento *m.* exaggerated demonstration of terror, admiration, or feeling.
aspearse *ref.* DESPEARSE.
aspecto *m.* aspect, look : *al*, or *a, primer* ~, at first sight. *2* ARCH., ASTROL. aspect.
ásperamente *adv.* rudely, harshly, tartly.
asperear *intr.* to taste tart.
asperete *m.* ASPERILLO.
aspereza *f.* asperity, roughness. *2* tartness; harshness. *3* rudeness, gruffness. *4* rough place.
asperges *m.* coll. sprinkling, aspersion. *2* coll. aspergillum.
asperidad *f.* ASPEREZA.
asperiego, ga *adj.* sour, crab [apple or apple tree].
asperilla *f.* BOT. woodruff.
asperillo *m.* slight sour taste.
asperjar *tr.* to sprinkle; to sprinkle with holy water.
áspero, ra *adj.* rough. *2* harsh. *3* sour, tart. *4* rude, gruff.
asperón *m.* sandstone; grindstone.
aspérrimo, ma *adj.* superl. of ÁSPERO.
aspersión *f.* aspersion, sprinkling.
aspersorio *m.* sprinkler, aspergillum.
áspid, áspide *m.* ZOOL. asp, aspic.
aspidistra *f.* BOT. aspidistra.
aspillera *f.* MIL. loophole.
aspillerar *tr.* to open loopholes in.
aspiración *f.* aspiration. *2* MUS. short pause.
aspirado, da *adj.* PHONET. aspirate.
aspirador, ra *adj.* sucking. — *2 m.* ~ *de gasolina*, AUT. vacuum tank; ~ *de polvo*, vacuum cleaner.
aspirante *adj.* suction, sucking : *bomba* ~, suction pump. — *2 m.* aspirant, candidate.
aspirar *tr.* to inhale, breathe in. *2* to suck, draw in. *3* PHYS. to aspirate, draw out. *4* PHONET to aspirate. — *5 intr.* ~ *a*, to aspire after or to; to be a candidate for.
aspirina *f.* PHARM. aspirin.
asquear *tr.* to loathe, be nauseated with. *2* to disgust, nauseate.
asquerosamente *adv.* dirtily.
asquerosidad *f.* dirtiness, filthiness.
asqueroso, sa *adj.* loathsome, disgusting, dirty, filthy.
asta *f.* shaft [of a lance or pike]. *2* lance, pike. *3* flagstaff : *a media* ~, at half mast. *4* horn, antler : *dejar en las astas del toro*, to leave in the lurch. *5* handle [of a brush].
ástaco *m.* ZOOL. crayfish, crawfish.
astado *m.* bull. *2* Roman pikeman.
astático, ca *adj.* PHYS. astatic.
astenia *f.* MED. asthenia.
asténico, ca *adj. & n.* asthenic.
aster *m.* BIOL. aster. — *2 f.* BOT. aster.
asterisco *m.* asterisc (*).
asterismo *m.* ASTR. asterism.
astero *m.* Roman pikeman.
asteroide *adj.* asteroid, starlike. — *2 m.* ASTR. asteroid.
asteroideo, a *adj. & n.* ZOOL. asteroidean. — *2 m. pl.* Asteroidea.
astigmático, ca *adj.* astigmatic.
astigmatismo *m.* astigmatism.
astigmómetro *m.* astigmometer.
astil *m.* handle, helve [of hoe, ax, etc]. *2* beam [of balance]. *3* shaft [of arrow, of feather]. *4* neck [of guitar].
astilla *f.* chip, splinter.
astillar *tr.* to chip, to splinter. — *2 ref.* to splinter [be splintered].
astillazo *m.* blow from a flying chip.
Astillejos *m. pl.* ASTR. Castor and Pollux.
astillero *m.* shipyard, dockyard. *2* rack for lances or pikes.
astilloso, sa *adj.* splintery. *2* easily splintered.
Astracán *pr. n.* GEOG. Astrakhan.
astracán *m.* astrakhan, astrachan.
astracanada *f.* THEAT. cheap farce.

astrágalo *m.* ANAT. astragal, astragalus. *2* ARCH., GUN. astragal. *3* BOT. astragalus, milk vetch.
astral *adj.* astral.
astreñir *tr.* ASTRINGIR.
astricción *f.* astriction.
astrictivo, va *adj.* astrictive.
astricto, ta *irr. p. p.* of ASTRINGIR.
astrífero, ra *adj.* poet. starry.
astringencia *f.* astringency.
astringente *adj.* astringent.
astringir *tr.* to astringe. *2* to astrict, bind.
astrinjo, astrinja, etc., *pres., subj. & imper.* of ASTRINGIR.
astriñir *tr.* ASTRINGIR.
astro *m.* star, heavenly body. *2* fig. star, luminary.
astrofísica *f.* astrophysics.
astrofísico, ca *adj.* astrophysic.
astrografía *f.* astrography.
astrolabio *m.* astrolabe.
astrólater *m. & f.* astrolater.
astrolatría *f.* astrolatry.
astrologar *tr.* to astrologize.
astrología *f.* astrology.
astrológico, ca *adj.* astrological.
astrólogo, ga *m. & f.* astrologer. — *2 adj.* astrological.
astronauta *m. & f.* astronaut.
astronáutica *f.* astronautics.
astronomía *f.* astronomy.
astronómicamente *adv.* astronomically.
astronómico, ca *adj.* astronomic(al).
astrónomo *m.* astronomer.
astroquímica *f.* astrochemistry.
astroquímico, ca *adj.* astrochemical.
astrosamente *adv.* uncleanly, slovenly, shabbily.
astroso, sa *adj.* ill-fated, unhappy. *2* unclean, shabby. *3* vile, contemptible.
astucia *f.* astuteness, cunning. *2* trick, artifice.
astucioso, sa *adj.* ASTUTO.
astur & asturiano, na *adj. & n.* Asturian.
Asturias *f. pr. n.* GEOG. Asturias.
asturión *m.* ICHTH. sturgeon. *2* pony, small horse.
astutamente *adv.* astutely, cunningly.
astuto, ta *adj.* astute, cunning, sly, crafty.
asuelo, asuele, etc., *irr.* V. ASOLAR 1.
asueldo, asuelde, etc., *irr.* V. ASOLDAR.
asueno, asuene, etc., *irr.* V. ASONAR.
asueto *m.* brief vacation, day off, some time off, school holiday : *tarde de* ~, afternoon holiday.
asumir *tr.* to assume [responsibilities, command, great proportions, etc.].
asunción *f.* assumption [taking to oneself]. *2* elevation [to a great dignity]. *3* (cap.) ECCLES. Assumption [of the Virgin]. *4* GEOG. Asunción [city of Paraguay].
asuncionista *m. & f.* Assumptionist.
asunto *m.* matter, subject. *2* affair, business : *asuntos exteriores*, foreign affairs. *3* LIT. theme or plot.
asurar *tr.* to burn [food]. *2* to parch [by the heat]. *3* to worry, harass. — *4 ref.* [of food] to be burned. *5* [of plants] to be parched. *6* to worry [be worried]. *7* to scorch [be scorched with heat].
asurcano, na *adj.* [of lands or their farmers] neighbouring.
asurcar *tr.* SURCAR.
asustadizo, za *adj.* easily frightened, scary, skittish.
asustar *tr.* to frighten, scare. — *2 ref.* to be frightened, to take fright.
atabacado, da *adj.* tobacco-coloured.
atabal *m.* kettledrum. *2* kettledrummer. *3* timbrel.
atabalear *intr.* [of horses' hoofs] to clatter. *2* to drum [with the fingers].
atabalero *m.* kettledrummer. *2* timbrel player.
atabanado, da *adj.* spotted white [horse].
atabardillado, da *adj.* MED. resembling spotted fever.
atabe *m.* vent [in a water pipe].
atabladera *f.* AGR. drag [for smoothing].
atablar *tr.* to smooth [the earth] with a drag.
atacable *adj.* attackable; assailable.
atacadera *f.* tamping stick.
atacado, da *p. p.* of ATACAR. — *2 adj.* timid, irresolute. *3* stingy, close, mean.
atacador *m.* rammer, ramroad.
atacadura *f.,* **atacamiento** *m.* attaching, fastening, buttoning [a garment].
atacamita *f.* MINER. atacamite.

atacar *tr.* to attack. *2* to assail. *3* to impugn. *4* to attach, fasten, button [a garment]. *5* to ram [a gun, a pipe, etc.]; to tamp [a drill hole, etc.]; to cram, pack, stuff.

atacir *m.* ASTR. division of the celestial sphere into twelve houses.

ataderas *f. pl.* (Mex.) garters.

atadero *m.* tying cord, rope, etc. *2* part of a thing. by which it is tied : *no tiene* ∽, there is nothing to do with him [or it].

atadijo *m.* small bundle.

atado, da *p. p.* of ATAR. — *2 adj.* spiritless, irresolute. — *3 m.* pack, bundle.

atador, ra *adj.* binding. — *2 m. & f.* binder.

atadura *f.* tying, binding, fastening. *2* string, rope, bond. *3* union, connection.

atafagar *tr.* to stun, stupefy [by strong odours]. *2* to pester, plague.

atafetanado, da *adj.* taffeta-like.

ataguía *f.* cofferdam.

ataharre *m.* strap round the hind quarters of a pack animal for holding the packsaddle in place.

atahorma *f.* ORN. harrier eagle.

ataire *m.* moulding in panels and frames of doors and windows.

atajadero *m.* stemming ridge [for controlling irrigation].

atajadizo *m.* partition.

atajar *intr.* to take a short cut. — *2 tr.* to head off. *3* to stop, interrupt. *4* to cut [someone] short. *5* to partition off. — *6 ref.* to stop short in confusion.

atajea, atajía *f.* ATARJEA.

atajo *m.* short cut : *echar por el* ∽, to take the easiest way out. *2* small herd or flock. *3* collection, lot.

atalajar *tr.* to harness and hitch.

atalaje *m.* ATELAJE. *2* coll. outfit, dress.

atalantar *tr.* to please, to suit. *2* ATARANTAR.

atalaya *f.* watchtower; high lookout point. — *2 m.* guard placed in a watchtower; lookout.

atalayador, ra *m. & f.* watcher, lookout. *2* prier.

atalayar *tr.* to watch [from a watchtower or high lookout]. *2* to spy on, pry into.

ataludar *tr.* to slope, batter.

atamiento *m.* weak-spiritedness.

atanasia *f.* BOT. costmary. *2* PRINT. English type [14 points].

Atanasio *m. pr. n.* Athanasius.

atanor *m.* clay water pipe. *2 hornillo de* ∽, athanor.

atanquía *f.* depilatory unguent. *2* ADÚCAR 1. *3* CA-DARZO 1.

atañedero, ra *adj.* concerning, respecting.

atañer *impers. to* concern, respect, regard.

ataque *m.* attack. *2* impugnation. *3* fit, access, stroke : ∽ *de apoplega*, apoplectic stroke. *4* MIL. offensive works.

ataqué, ataque, etc., *pret., subj. & imper.* of ATACAR.

atar *tr.* to tie, fasten, lace, knot, bind : ∽ *cabos*, to put two and two together; ∽ *corto a uno*, to give one little rope. *2* to tie, stop, deprive of motion : ∽ *la lengua*, or *las manos*, to prevent from speaking or acting. — *3 ref.* to bind oneself. *4* to become embarrassed or tied.

ataracea *f.* TARACEA.

ataracear *tr.* TARACEAR.

atarantado, da *adj.* bitten by a tarantula. *2* restless, bustling. *3* bewildered, confused.

atarantar *tr.* to stun, to daze. *2* to bewilder, confuse. — *3 ref.* to be bewildered.

ataraxia *f.* ataraxia.

atarazana *f.* shipyard, dockyard. *2* ropewalk.

atarazar *tr.* to bite, to tear with the teeth.

1) **atardecer** *intr.* TARDECER.

2) **atardecer** *m.* late afternoon, evenfall.

atareado, da *adj.* busy.

atarear *tr.* to task, assign work to. — *2 ref.* to toil, busy oneself, give oneself up to work.

atarjea *f.* drain pipe, sewer.

atarquinar *tr.* to slime, cover with slime.

atarraya *f.* casting net.

atarugado, da *p. p.* of ATARUGAR. — *2 adj.* confused, dumbfounded.

atarugamiento *m.* confusion, dumbfoundedness.

atarugar *tr.* CARP. to fasten with pegs or wedges. *2* to plug [a cask]. *3* to stuff, fill. *4* to confuse, dumbfound. — *5 ref.* to get confused,

to be dumbounded. *6* to stuff or gorge oneself, to guzzle.

atasajar *tr.* to jerk [meat].

atascadero *m.* mudhole. *2* difficulty, obstruction, blind alley, dead end.

atascamiento *m.* ATASCO.

atascar *tr.* to stop, caulk. *2* to obstruct, clog, choke up. *3* fig. to arrest [an affair]. — *4 ref.* to be bogged or mired. *5* to get stuck.

atasco *m.* sticking in the mud. *2* clogging, obstruction.

atasqué, atasque, etc., *pret., subj. & imper.* of ATASCAR.

ataúd *m.* coffin [for a corpse].

ataudado, da *adj.* coffin-shaped.

ataujía *f.* damascene work.

ataujiado, da *adj.* damascened.

ataurique *m.* ARCH. Moorish ornamental plaster-work.

ataviar *tr.* to dress, dress up, deck out, adorn. — *2 ref.* to dress or adorn oneself.

atávico, ca *adj.* atavistic.

atavío *m.* dress, adornment. *2 pl.* finery, adornments.

atavismo *m.* atavism.

ataxia *f.* MED. ataxia.

atáxico, ca *adj. & n.* ataxic.

atecé, atece, etc., *pret., subj. & imper.* of ATEZAR.

atediante *adj.* tedious, irksome.

ateísmo *m.* atheism.

ateísta *adj.* atheistic. — *2 m. & f.* atheist.

atelaje *m.* harness or team [of horses].

atemoricé, atemorice, etc., *pret., subj. & imper.* of ATEMORIZAR.

atemorizar *tr.* to intimidate, to frighten. — *2 ref.* to become frightened.

atemperación *f.* tempering, moderation. *2* accommodation.

atemperante *adj.* tempering, softening.

atemperar *tr.* to temper, soften, moderate. *2* to adjust, to accommodate [one thing to another].

Atena *f. pr. n.* MYTH. Athena, Athene.

atenacear *tr.* to tear off the flesh [of a person] with pincers. *2* to torture.

Atenas *f. pr. n.* GEOG. Athens.

atenazar *tr.* ATENACEAR. *2* to clench [one's teeth] *3* to grip tightly.

atención *f.* attention : *en* ∽ *a*, considering, in view of. *2* civility, kindness. *3 pl.* affairs, duties, obligations. — *4 interj. ¡atención!*, attention!, look out!

atender *intr. & tr.* to attend, pay attention. *2* to heed, take into consideration. *3* to take care [of]. *4* to attend, receive, serve, wait [upon], do the honours. — *5 tr.* to listen to [entreaties, advice, etc.]; to comply with [someone's wishes]. ¶ CONJUG. like *entender*.

atendible *adj.* worthy of consideration.

Atenea *f. pr. n.* ATENA.

ateneísta *m. & f.* member of an athenæum.

ateneo *m.* athenæum [literary club].

ateneo, a *adj. & n. poet.* Athenian.

atenerse *ref.* ∽ *a*, to abide by, stick to, keep to [an opinion, one's instructions, etc.] ¶ CONJUG. like *tener*.

atenta *f. su* ∽, yours, your favour [letter].

atentadamente *adv.* prudently. *2* contrary to law.

atentado, da *adj.* prudent, moderate. — *2 m.* abuse of power. *3* outrage, crime. *4* murder or attempted murder. *5* attempt upon the life of [a high-placed person].

atentamente *adv.* attentively. *2* politely.

atentar *tr.* to attempt [a crime]. — *2 intr.* ∽ *a* or *contra*, to commit an outrage against: ∽ *contra la vida de*, to attempt the life of.

atentarse *ref.* to proceed cautiously. *2* to restrain, moderate oneself. ¶ CONJUG. like *acertar*.

atentatorio, ria *adj.* [of an act] contrary to [morals, law, etc.].

atento, ta *adj.* attentive; watchful. *2* polite, courteous : *su* ∽ *seguro servidor*, yours truly, yours faithfully [ending formal or business letter].

atenuación *f.* attenuation, extenuation, diminution. *2* RHET. litotes.

atenuante *adj.* attenuating, extenuating. — *2 m.* extenuating circumstance.

atenuar *tr.* to attenuate; to extenuate, diminish. *2* to tone down.

ateo, a *adj.* atheist, atheistic. — *2 m. & f.* atheist.
atepocate *m.* (Mex.) tadpole.
atercianado, da *adj.* afflicted with tertian fever.
aterciopelado, da *adj.* velvety.
aterido, da *adj.* stiff with cold.
aterimiento *m.* stiffness from cold.
aterirse *tr. def.* to become stiff with cold. ¶ Only the infinitive and the past participle are used.
atérmano, na *adj.* PHYS. athermanous.
aterrador, ra *adj.* terrifying, dreadful.
aterrajar *tr.* MACH. to thread [a screw], to tap [a nut].
aterraje *m.* landing [of boat or aircraft].
aterramiento *m.* terror.
1) **aterrar** *intr.* to land. 2 NAUT. to keep or stand inshore. — 3 *tr.* to bring down, to demolish. 4 to cover with earth. ¶ CONJUG. like *acertar.*
2) **aterrar** *tr. & ref.* ATERRORIZAR, ATERRORIZARSE.
aterrizaje *m.* AER. landing, alighting: *pista* or *campo de* ~, runway, landing field.
aterrizar *tr.* AER. to land, alight.
aterronarse *ref.* to become lumpy.
aterrorizar *tr.* to terrify. 2 to terrorize. — 3 *ref.* to be terrified.
atesar *tr.* NAUT. to haul taut. 2 ATIESAR. ¶ CONJUG. like *acertar.*
atesorador *m.* hoarder.
atesorar *tr.* to treasure, hoard up. 2 to possess [virtues, perfections, etc.].
atestación *f.* attestation, testimony.
atestado, da *adj.* crammed. 2 obstinate, stubborn. — 3 *m.* LAW attestation, statement, certificate.
atestadura *f.* packing, cramming, stuffing. 2 must for filling up casks.
atestamiento *m.* packing, cramming, stuffing.
1) **atestar** *tr.* to pack, cram, stuff; to crowd. 2 to add must to [casks] as an allowance for wastage during fermentation. — 3 *ref.* to stuff oneself [with food]. ¶ CONJUG. like *acertar.*
2) **atestar** *tr.* to attest, witness.
atestiguación *f.*, **atestiguamiento** *m.* attestation, testifying, deposition, evidence.
atestiguar *tr.* to attest, testify, give evidence, bear witness to.
atetado, da *adj.* mammiform.
atetar *tr.* to suckle, give suck.
atetillar *tr.* AGR. to trench around roots of.
atezado, da *adj.* tan, tanned [by sun], sunburnt. 2 black, blackened.
atezamiento *m.* tanning, blackening.
atezar *tr.* to tan, make sunburnt. 2 to blacken. — 3 *ref.* to become sunburnt.
atiborrar *tr.* to pack, cram, stuff. 2 to stuff, cram [with food]. — 3 *ref.* to stuff oneself [with food].
aticé, atice, etc., *pret., subj. & imper.* of ATIZAR.
aticismo *m.* atticism.
ático, ca *adj. & n.* Attic, Athenian. 2 Attic [style, taste, salt, etc.]. — *3 m.* ARCH. attic.
atiendo, atienda, etc., *irr.* V. ATENDER.
atiento, atiente, etc., *irr.* V. ATENTARSE.
atierre *m.* MIN. caving in.
atierro, atierre, etc., *irr.* V. ATERRAR 1.
atiesar *tr.* to stiffen. 2 to tighten, tauten. — 3 *ref.* to stiffen [become stiff]. 4 to tighten [become tight or taut].
atieso, atiese, etc., *irr.* V. ATESAR.
atiesto, atieste, etc., *irr.* V. ATESTAR 1.
atifle *s.* potter's stilt.
atigrado, da *adj.* marked like a tiger's skin.
atildado, da *adj.* neat, elegant.
atildadura *f.,* **atildamiento** *m.* neatness, elegance. 2 rendering neat or elegant, tidying.
atildar *tr.* to put a dash or TILDE over. 2 to render neat, to tidy, trim.
atinadamente *adv.* rightly, judiciously.
atinado, da *adj.* right, judicious.
atinar *intr. & tr.* to hit [the mark]. 2 to hit upon, find, find out, guess, guess right.
atincar *m.* CHEM. tincal, borax.
atinconar *tr.* MIN. to prop up.
atinente *adj.* concerning.
atiplar *tr.* MUS. to raise the pitch of [an instrument], to treble. — 2 *ref.* to rise to treble.
atirantar *tr.* to tighten, tauten. 2 ARCH. to stay, brace with ties.
atiriciarse *ref.* MED. to contract jaundice.
atisbador, ra *m. & f.* peeper, spy, observer.

atisbadura *f.* peeping, spying, observing.
atisbar *tr.* to peep, spy, observe.
atisbo *m.* ATISBADURA. 2 inkling.
atisuado, da *adj.* like gold or silver tissue.
atizacandiles *m. & f.* meddler, busybody.
atizadero *m.* that which fans [passions] or stirs up [troubles].
atizador, ra *adj.* inciting, stirring. — *2 m.* poker, fire poker.
atizar *tr.* to poke, stir [the fire]. 2 to snuff, trim [a candle]. 3 to fan [passions], to stir up [troubles]. 4 coll. to give [a blow, a kick, etc.]. — 5 *interj.* ¡atiza!, good gracious!
atizonar *tr.* MAS. to bond with headers. 2 to embed [a beam] in a wall. — 3 *ref.* AGR. to smut [be affected by smut].
atlantes *m. pl.* ARCH. atlantes.
atlántico, ca *adj.* Atlantic. — *2 m. pr. n.* GEOG. Atlantic Ocean.
atlas *m.* atlas [book of maps]. 2 ANAT. atlas.
Atlas *pr. n.* MYTH. Atlas. 2 GEOG. Atlas Mountains.
atleta *m.* athlete.
atlético, ca *adj.* athletic. 2 robust [person].
atletismo *m.* athletics.
atmómetro *m.* atmometer.
atmósfera *f.* atmosphere [in every sense].
atmosférico, ca *adj.* atmospheric.
atoar *tr.* NAUT. to tow. 2 NAUT. to warp.
atocinado, da *adj.* fat, fleshy [person].
atocinar *tr.* to cut up [a pig]. 2 to make into bacon. 3 coll. to assassinate. — 4 *ref.* coll. to get angry. 5 coll. to fall madly in love.
atocha *f.* ESPARTO.
atochal, atochar *m.* ESPARTIZAL.
atochar *tr.* to fill will esparto. 2 to pack, stuff. — 3 *ref.* NAUT. [of a rope] to jam.
atochón *m.* stalk of esparto grass. 2 BOT. esparto grass.
atol *m.* (Cu., Guat., Ven.) ATOLE.
atole *m.* (Am.) corn-flour gruel.
atoleadas *f. pl.* (Hond.) festivities celebrated between July and December.
atolería *f.* place where ATOLE is sold.
atolero, ra *m. & f.* maker or vender of ATOLE.
atolón *m.* GEOG. atoll.
atolondradamente *adv.* inconsiderately, thoughtlessly, bewilderedly.
atolondrado, da *p. p.* of ATOLONDRAR. — 2 *adj.* scatterbrained, giddy, thoughtless, inconsiderate. 3 bewildered, confused.
atolondramiento *m.* giddiness, thoughtlessness, inconsideration. 2 stunned state, bewilderment, confusion.
atolondrar *tr.* ATURDIR. — 2 *ref.* to become bewildered, confused.
atolladero *m.* ATASCADERO.
atollar *intr. & ref.* to get stuck in the mud. — 2 *ref.* to get stuck, obstructed.
atomicidad *f.* CHEM. atomicity.
atómico, ca *adj.* atomic.
atomismo *m.* atomism.
atomista *m.* atomist.
atomístico, ca *adj.* atomistic(al.
atomizar *tr.* to atomize.
átomo *m.* atom: *átomo-gramo,* gram atom; *ni un* ~ *de.* not an atom, not a jot, of.
atonal *adj.* MUS. atonal.
atonalidad *f.* MUS. atonality.
atondar *tr.* to urge on [a horse] with the legs.
atonía *f.* MED. atony.
atónico, ca *adj.* ÁTONO.
atónito, ta *adj.* astonished, amazed, aghast, flabbergasted.
átono, na *adj.* GRAM., MED. atonic.
atontadamente *adv.* stupidly, sillily.
atontado, da *adj.* stunned, confused. 2 stupid, silly.
atontamiento *m.* stunning, stunned state, stupefaction, bewilderment, confusion. 2 stupidity.
atontar *tr.* to stun, to stupefy. 2 to confuse, bewilder. — 3 *ref.* to become stunned, stupefied, confused, bewildered.
atorar *tr.* to obstruct, choke. 2 to cut [wood] into logs. — 3 *ref.* to become obstructed. 4 ATRAGANTARSE 2.
atormentadamente *adv.* tormentedly.
atormentador, ra *adj.* tormenting. — 2 *m. & f.* tormentor, tormentress, torturer.
atormentar *tr.* to torment. 2 to torture. — 3 *ref.* to torment oneself, to worry.

atornillar *tr.* to screw [turn a screw]. 2 to screw [on].

atorozonarse *ref.* VET. to suffer from colic.

atorrante *m.* (Arg.) vagabond, loafer, beggar.

atortolar *tr.* to confound, rattle, intimidate.

atortorar *tr.* NAUT. to tighten.

atortujar *tr.* to squeeze, flatten.

atosigador, a *adj.* pressing, harassing, pestering.

atosigamiento *m.* poisoning. 2 pressing, harassing, pestering.

atosigar *tr.* to poison. 2 to press, rush, harass, pester. — *3 ref.* to trouble, toil.

atrabancar *tr.* & *intr.* to hurry over, jump over. — *2 tr.* to overfill.

atrabanco *m.* hurrying over, jumping over.

atrabanqué, atrabanque, etc., *pret., subj.* & *imper.* of ATRABANCAR.

atrabiliario, ria *adj.* MED., PHYSIOL. atrabiliarious, atrabiliary, atrabilious. 2 bad-tempered. — *3 m.* & *f.* atrabiliarian. *4* bad-tempered person.

atrabilioso, sa *adj.* MED. atrabilious.

atrabilis *f.* black bile.

atracada *f.* (Cu., Mex.) ATRACÓN. *2* NAUT. coming alongside.

atracadero *m.* NAUT. landfall, landing place [for small boats].

atracar *tr.* to stuff, gorge [with food]. *2* to assault, *hold up [in order to rob]. *3* NAUT. to bring alongside; to moor. — *4 intr.* NAUT. to come alongside. — *5 ref.* to stuff, gorge oneself.

atracción *f.* attraction.

atraco *m.* assault [for the purpose of robbery], *holdup.

atracón *m.* overeating, gorging: *darse un ~,* to gorge, stuff oneself.

atractivo, va *adj.* attractive. *2* engaging, charming. — *3 m.* charm, grace. *4* inducement, attraction.

atractriz *f. adj.* PHYS. attractive [power].

atraer *tr.* to attract, draw. *2* to lure, allure. *3* to charm, captivate. ¶ CONJUG. like *traer.*

atrafagar *intr.* & *ref.* to toil, work hard.

atragantarse *ref.* to choke, stick in the throat. *2* to be choked [by something sticking in the throat]. *3* to get mixed up [in one's speech].

atraíble *adj.* attractable.

atraidorado, da *adj.* traitorous, treacherous.

atraigo, atraiga, etc. *irr.* V. ATRAER.

atraillar *tr.* to leash [dogs]. *2* to follow [game] guided by a dog in leash. *3* to dominate, subjugate.

atraje, atrajiste, atrajera, etc., *irr.* V. ATRAER.

atrampar *tr.* to trap, entrap. — *2 ref.* to fall in a trap. *3* [of a pipe] to become choked, blocked up. *4* [of the bolt in a lock] to stick, become jammed. *5* to get stuck [in an affair].

atramuz *m.* ALTRAMUZ.

atrancar *tr.* to bar [a door]. *2* to choke, obstruct. — *3 intr.* coll. to take long strides. *4* to read hurriedly. — *5 ref.* to bar oneself in.

atranco *m.* ATOLLADERO. *2* snag, hole, difficulty.

atranqué, atranque, etc., *pret., subj.* & *imper.* of ATRANCAR.

a rapamoscas *m.* BOT. Venus's-fly-trap.

atrapar *tr.* to overtake, catch. *2* to catch, take: *~ un resfriado,* to catch a cold. *3* to land [a job, etc.]. *4* to trap, entrap, ensnare.

atraqué, atraque, etc., *pret., subj.* & *imper.* of ATRACAR.

atrás *adv.* back, to the rear, in the rear, behind : *dar marcha ~,* to reverse engines; AUT. to back up, go into reverse; *dejar ~,* to leave behind; *hacerse ~,* to fall back, to move back; *quedarse ~,* to remain behind; to drop back, lag behind; *volverse ~,* to turn back; to draw back, back out; *hacia ~,* backwards; *desde muy ~,* from far back; *de ~,* back (adj.]; *la puerta de ~,* the back door; *la parte de ~,* the back. *2* ago: *días ~,* some days ago; *desde tiempo ~,* since long ago. — *3 interj.* back!, go back!, back up!; go behind!

atrasado, da *p. p.* of ATRASAR. — *2 adj.* in debt, in arrears, behind in one's payments. *3* behindhand. *4* backward, dull. *5* behind the times. *6* slow [timepiece]. *7 número ~,* back number or copy. *8 noticia atrasada,* back or stale news. *9 ~ de noticias,* ignorant of common things.

atrasar *tr.* to delay, postpone, retard. *2* to postdate [an event]. *3* to set back [a timepiece]. — *4 intr.* [of a timepiece] to be slow. — *5 ref.*

to remain behind, lag, fall back. *6* to be late. *7* to be in arrears, in debt.

atraso *m.* backwardness. *2* delay, lateness : *con diez minutos de ~,* ten minutes late. *3* slowness [of a timepiece]. *4 pl.* arrearages, arrears.

atravesado, da *p. p.* of ATRAVESAR. — *2 adj.* pierced : *con el corazón ~ de dolor,* fig. with lacerated heart, grief-stricken. *3* crossed, laid or stretched across. *4* cross-eyed, squint-eyed, squinting. *5* crossbred [animal]. *6* fig. evil-minded, treacherous. *7* half-breed; mulatto.

atravesar *tr.* to cross, span, bridge. *2* to cross, lie across. *3* to put or lay across, athwart or crosswise; to stretch across. *4* to pierce, pierce through, pass through; to transfix; to run through [with a sword]. *5* to go through; to cross [a street, bridge, etc.]. *6* to place in front, interpose. *7* GAMBLING to bet [a sum] on the side; to stake. *8* NAUT. to lie to. — *9 ref.* to come between. *10* to be, come or lie across or in the way [of]. *11* to intervene, butt in. *12* [of a thing, an obstacle] to come in between, interfere; to arise, spring up. *13* to have a dispute [with]. ¶ CONJUG. like *acertar.*

atravieso, atraviese, etc. *irr.* V. ATRAVESAR.

atrayente *adj.* attractive.

atreguar *tr.* to give a truce to. — *2 ref.* to agree to a truce.

atrenzo *m.* (Am.) trouble, distress, difficulty.

atresia *f.* MED. atresia.

atresnalar *tr.* to shock [sheaves].

atreverse *ref.* to dare, venture, make bold. *2 ~ con,* to be insolent to; to feel equal to; to think oneself able to compete with.

atrevidamente *adv.* daringly, boldly. *2* forwardly, impudently.

atrevido, da *adj.* daring, bold. *2* forward, impudent.

atrevimiento *m.* daring, boldness. *2* forwardness, effrontery, impudence.

atribución *f.* attribution. *2* power, authority.

atribuir *tr.* to attribute. *2* to ascribe, impute. — *3 ref.* to assume, take to oneself. ¶ CONJUG. like *huir.*

atribulación *f.* TRIBULACIÓN.

atribular *tr.* to grieve, afflict. — *2 ref.* to grieve, be grieved, worry.

atributivo, va *adj.* attributive.

atributo *m.* attribute.

atribuyo, atribuyó, atribuya, *irr.* V. ATRIBUIR.

atrición *f.* THEOL. attrition.

atril *m.* music rack; reading desk, lectern.

atrilera *f.* ornamental cover for a lectern.

atrincheramiento *m.* MIL. entrenchment.

atrincherar *tr.* MIL. to entrench [surround with a trench]. — *2 ref.* to entrench oneself, to dig in.

atrio *m.* ARCH., ZOOL. atrium. *2* ARCH. raised platform before a building.

atrípedo, da *adj.* ZOOL. black-footed.

atrirrostro, tra *adj.* ORN. black-beaked.

atrito, ta *adj.* THEOL. attrite.

atrocidad *f.* atrocity, atrociousness. *2* enormity, excess : *esto le gusta una ~,* he likes this excessively. *3* stupidity, foolish action.

atrochar *intr.* to go through cross-paths. *2* to take a short cut.

atrofia *f.* atrophy.

atrofiarse *ref.* to atrophy [undergo atrophy].

atrófico, ca *adj.* atrophic.

atrojar *tr.* ENTROJAR. — *2 ref.* (Mex.) to be stumped, to find no way out.

atrompetado, da *adj.* bell-mouthed. *2* trumpet-shaped.

atronadamente *adv.* hare-brainedly, hastily, recklessly.

atronado, da *p. p.* of ATRONAR. — *2 adj.* hare-brained, reckless.

atronador, ra *adj.* deafening, thundering.

atronadura *f.* crack [in trees]. *2* VET. attaint.

atronamiento *m.* thundering. *2* deafening. *3* stunning. *4* VET. crepance.

atronar *tr.* to deafen. *2* to stun. *3* to stop the ears of [horses]. *4* to kill [a bull] by a stab on the nape of the neck. — *5 ref.* [of silk-worms, chicks, etc.] to be thunderstruck. ¶ CONJUG. like *contar.*

atronerar *tr.* to make embrasures in.

atropar *tr.* & *ref.* to troop, assemble in troops. — *2 tr.* to pile [grain, hay, etc.].

atropelladamente *adv.* helter-skelter, pell-mell; hastily.

atropellado, da *p. p.* of ATROPELLAR. — 2 *adj.* headlong, hasty, impetuous, precipitate.

atropellador, a *m. & f.* trampler; outrager. 2 hasty impetuous person.

atropellamiento *m.* ATROPELLO.

atropellar *tr.* to run down or over, trample, drive over. 2 to knock down, to push violently down or away. 3 to outrage, oppress, bully; to disregard [one's rights, etc.]. 4 to ride roughshod. 5 to do hastily, thoughtlessly. 6 [of misfortune, weight of the years, etc.] to crush. — 7 *intr.* ~ *por*, to ride roughshod over; ~ *por todo*, to push everything aside. — 8 *ref.* to be hasty.

atropello *m.* running over [accident]. 2 highhanded proceeding, outrage, abuse.

atropina *f.* CHEM. atropine.

atroz, *pl.* atroces *adj.* atrocious. 2 enormous, huge.

atrozmente *adv.* atrociously. 2 enormously.

atruhanado, da *adj.* scurrilous.

atrueno, atruene, etc., *irr.* V. ATRONAR.

atuendo *m.* dress. 2 pomp, ostentation.

atufadamente *adv.* angrily.

atufar *tr.* to anger, irritate. 2 to overcome [with emanations or fumes]. — 3 *ref.* to get angry. 4 to be overcome [by emanations or fumes]. 5 [of food] to get smelly.

atufo *m.* anger, irritation.

atún *m.* ICHTH. tunny, tunny fish, tuna. 2 *fig.* blockhead.

atunara *f.* ALMADRABA.

atunero, ra *m. & f.* tunny dealer. — 2 *m.* tunny fisher. — 3 *f.* hook for fishing tunny.

aturar *tr.* to close up tight. — 2 *intr.* coll. to act wisely.

aturdidamente *adv.* thoughtlessly, bewilderedly, giddily.

aturdido, da *p. p.* of ATURDIR. — 2 *adj.* ATOLONDRADO.

aturdimiento *m.* stunning, stunned state. 2 bewilderment, giddiness. 3 amazement. 4 awkwardness.

aturdir *tr.* to stun, to deafen. 2 to make giddy. 3 to rattle, bewilder. 4 to amaze. — 5 *ref.* to be stunned, to become giddy, rattled, bewildered, amazed.

aturrullamiento *m.* ATOLONDRAMIENTO.

aturrullar *tr.* to rattle, confound.

atusar *tr.* to trim [the hair]; to comb or smooth [the hair]. 2 to trim [plants]. — 3 *ref.* to make oneself neat or trim, to dress elaborately.

atutía *f.* tutty.

atuve, atuviste, etc., *irr.* V. ATENERSE.

audacia *f.* audacity, boldness.

audaz, *pl.* audaces *adj.* audacious, bold.

audible *adj.* audible.

audición *f.* audition, hearing. 2 concert.

audiencia *f.* audience [formal interview] : dar ~, to grant an audience. 2 audiencia, Spanish provincial or colonial high court.

audífono *m.* audiphone.

audiofrecuencia *f.* RADIO audio frequency.

audiómetro *m.* audiometer.

auditivo, va *adj.* auditory. — 2 *m.* telephone earpiece.

auditor *m.* judge advocate : ~ de guerra, de marina, judge advocate [in army, in navy]. 2 ECCL. ~ de la Rota, auditor of the Róta.

auditoría *f.* judge advocate's office.

auditorio, ria *adj.* AUDITIVO. — 2 *m.* audience, auditory.

auge *m.* supreme height, culmination. 2 ASTR. apogee.

augita *f.* MINER. augite.

augur *m.* augur.

auguración *f.* auguring, augury.

augural *adj.* augural.

augurar *tr.* to augur, to augur of.

augurio *m.* augury; omen.

augustal *adj.* Augustan.

Augusto *m. pr. n.* Augustus.

augusto, ta *adj.* august. — 2 *m.* august [clown].

aula *f.* class room, lecture room : ~ magna, assembly hall [in a university]. 2 poet. palace.

aulaga *f.* BOT. furze, gorse.

aulagar *m.* furze field.

áulico, ca *adj.* aulic. — 2 *m.* courtier.

aulladero *m.* place where wolves gather and howl.

aullador, ra *adj.* howling.

aullar *intr.* to howl.

aullido *m.* howl. 2 RADIO howling, squealing.

aúllo *m.* AULLIDO.

aumentable *adj.* increasable.

aumentación *f.* RHET. climax.

aumentador, ra *adj.* increasing, magnifying.

aumentar *tr., intr. & ref.* to augment, increase, magnify. — 2 *intr. & ref.* to grow, grow larger.

aumentativo, va *adj.* increasing. — 2 *adj. & n.* GRAM. augmentative.

aumento *m.* augmentation, increase, magnifying. 2 promotion, advancement. 3 OPT. magnifying power.

aun *adv.* even, still : ~ cuando, although, even if, even though.

aún *adv.* yet, as yet, still : ~ no ha llegado, he has not yet arrived; más ~, still more.

aunar *tr. & ref.* to join, unite, combine. 2 to unify.

aunque *conj.* though, although, even if, even though.

¡aúpa! *interj.* up, up ! 2 de ~, excellent, important.

aupar *tr.* to lift, to help up, give a leg up.

aura *f.* gentle breeze. 2 breath. 3 general favour, popularity. 4 MED. aura. 5 ORN. aura, turkey buzzard.

auranciáceo, a *adj.* BOT. aurantiaceous. — 2 *f. pl.* BOT. Aurantiaceæ.

Aureliano *m. pr. n.* Aurelian.

Aurelio *m. pr. n.* Aurelius.

áureo, a *adj.* golden, gold, aureous : ~ número, golden number. — 2 *m.* ancient gold coin.

aureola, auréola *f.* THEOL., METEOR., ASTR. aureola. 2 *fig.* aureole, halo. 3 areola.

aureolar *tr.* to aureole.

aureomicina *f.* PHARM. aureomycin.

áurico, ca *adj.* golden.

aurícula *f.* ANAT., BOT. auricle.

auricular *adj.* auricular. — 2 *m.* TELEPH. receiver, earpiece. 3 RADIO earphone.

auriculado, da *adj.* auriculate.

aurífero, ra *adj.* auriferous, gold-bearing.

auriga *m.* poet. coachman, charioteer. 2 (cap.) ASTR. Auriga, Wagoner.

aurígero, ra *adj.* AURÍFERO.

aurívoro, ra *adj.* poet. avaricious of gold.

aurora *f.* aurora, dawn : despuntaba la ~, the dawn was breaking. 2 *fig.* dawn, beginning. 3 METEOR. ~ austral, aurora australis; ~ boreal, aurora borealis.

aurragado, da *adj.* badly tilled [land].

aurúspice *m.* ARÚSPICE.

auscultación *f.* MED. auscultation.

auscultar *tr.* MED. to auscultate.

ausencia *f.* absence. 2 lack.

ausentarse *ref.* to absent oneself.

ausente *adj.* absent. — 2 *m. & f.* absentee. 3 LAW missing person.

ausentismo *m.* absenteeism.

auspiciar *tr.* to auspicate, foretell. 2 (Am.) to support, sponsor.

austeramente *adv.* austerely.

austeridad *f.* austerity.

austero, ra *adj.* austere.

austral *adj.* austral.

Australia *f. pr. n.* GEOG. Australia.

australiano, na *adj. & n.* Australian.

Austria *f. pr. n.* GEOG. Austria.

austríaco, ca *adj. & n.* Austrian.

austro *m.* south. 2 south wind.

autarquía *f.* autarchy, self-sufficiency.

autárquico, ca *adj.* autarchic(al, self-sufficient.

auténtica *f.* certification. 2 LAW authentic copy. 3 *pl.* Authentics [Novels of Justinian].

autenticación *f.* authentication.

auténticamente *adv.* authentically; genuinely.

autenticar *tr.* to authenticate.

autenticidad *f.* authenticity, genuineness.

auténtico, ca *adj.* authentic, genuine.

autentiqué, autentique, etc., *pret. subj. & imper.* of AUTENTICAR.

autillo *m.* ORN. tawny owl. 2 particular decree of the Inquisition.

auto *m.* judicial decree, writ, warrant. 2 coll. auto, car. 3 religious or biblical play : ~ sacramental, a play in honour of the Sacrament. 4 ~ de fe, auto-da-fé. 5 *pl.* LAW proceedings : *fig.* estar en autos, to be informed; poner en autos, to inform.

autobiografía *f.* autobiography.
autobombo *m.* self-glorification.
autobús, *pl.* -buses *m.* bus, autobus.
autocamión *m.* autotruck, motor truck.
autocar *m.* coach, motor-coach.
autoclave *f.* autoclave.
autocopista *f.* duplicator, duplicating machine.
autocracia *f.* autocracy.
autócrata *m.* autocrat.
autocrático, ca *adj.* autocratic(al.
autocrítica *f.* self-examination, self-criticism.
autóctono, na *adj.* autochthonous. — 2 *m.* & *f.* autochthon.
autodeterminación *f.* POL. self-determination.
autodidacto *adj.* self-taught.
autodirigido, da *adj.* self-directed.
autodisciplina *f.* self-discipline.
autogénesis *f.* BIOL. autogenesis.
autógeno, na *adj.* autogenous [welding].
autogiro *m.* autogiro.
autografía *f.* autography.
autografiar *tr.* to autograph [copy by autography].
autógrafo, fa *adj.* & *m.* autograph.
autoinducción *f* ELEC. self-induction.
autointoxicación *f.* MED. autointoxication.
automación *f.* automation.
autómata *m.* automaton.
automático, ca *adj.* automatic(al.
automatismo *m.* automatism.
automatización *f.* automatization.
automatizar *tr.* to automatize.
automedonte *m.* fig. coachman, charioteer.
automnibus *m.* autocar.
automotor, ra; automotriz *adj.* automotive, self-moving. — 2 *m.* railway motor coach.
automóvil *adj.* & *m.* automobile.
automovilismo *m.* automobilism, motoring.
automovilista *adj.* [pertaining to the] automobile. — 2 *m.* & *f.* automobilist, motorist.
autonomía *f.* autonomy. 2 home rule. 3 cruising radius [of a boat, airplane, etc.].
autonómico, ca *adj.* autonomic [pertaining to autonomy].
autonomista *m.* autonomist.
autónomo, ma *adj.* autonomous, autonomic.
autopiano *m.* (Cu.) player piano.
autopista *f.* *speedway, *expressway, motorway.
autoplastia *f.* SURG. autoplasty.
autoplástico, ca *adj.* autoplastic.
autopsia *f.* autopsy, post-mortem examination.
autopsido, da *adj.* MINER. having a metallic lustre.
autor, ra *m.* & *f.* author, maker. 2 author, authoress [writer]. 3 perpetrator [of a crime].
autoricé, autorice, etc., *pret., subj.* & *imper.* of AUTORIZAR.
autoridad *f.* authority. 2 person exercising power or command. 3 ostentation, pomp.
autoritario, ria *adj.* authoritative, overbearing. — 2 *adj.* & *n.* authoritarian.
autoritarismo *m.* authoritarianism.
autorización *f.* authorization. 2 permit, license.
autorizadamente *adv.* with authority.
autorizado, da *adj.* authorized. 2 empowered. 3 legalized. 4 respectable, responsible.
autorizador, ra *m.* & *f.* authorizer.
autorizar *tr.* to authorize. 2 to empower. 3 to permit. 4 to legalize. 5 to approve.
autorretrato *m.* self-portrait.
autorzuelo *m. dim.* writer of no account, scribbler.
autosugestión *f.* autosuggestion.
autovía *f.* railway motor coach.
autumnal *adj.* OTOÑAL.
Auvernia *f. pr. n.* Auvergne.
auxiliador, ra *adj.* helping, aiding. — 2 *m.* & *f.* helper, aider.
1) auxiliar *tr.* to help, aid; to assist. 2 to succour. 3 to attend [a dying person].
2) auxiliar *adj.* auxiliary. — 2 *m.* GRAM. auxiliary verb. 3 second class clerk. 4 substitute teacher, professor's assistant.
auxiliaría *f.* professor's assistantship.
auxilio *m.* help, aid, relief, assistance: *primeros auxilios*, first aid.
avacado, da *adj.* cowlike [horse].
avadar *intr.* or *ref.* to become fordable.
avahar *tr.* to breath upon; to warm with breath or vapour. — 2 *intr.* to give out vapour, to fume.

aval *m.* COM. guarantor's signature [in a bill of exchange]. 2 POL. guarantee of conduct.
avalar *tr.* to put an AVAL on a bill of exchange. 2 to answer for [a person].
avalentado, da *adj.* of a braggart, a bully.
avalentonado, da *adj.* swaggering, bullying.
avalorar *tr.* to render valuable. 2 to imbue with courage.
avaluación *f.* VALUACIÓN.
avaluar *tr.* VALUAR.
avalúo *m.* VALUACIÓN.
avambrazo *m.* armlet [of armour].
avance *m.* advance [going forward; payment beforehand]. 2 COM. balance sheet. 3 COM. estimate.
avancé, avance, etc. *pret., subj.* & *imper.* of AVANZAR.
avante *adv.* NAUT. forward, ahead.
avantrén *m.* ARTILL. limber.
avanzada *f.* MIL. outpost; advance guard.
avanzado, da *adj.* advanced [in age, in ideas]. 2 far into [the night, etc.].
avanzar *intr.* to advance [move forward]. 2 to advance, progress. — 3 *intr.* & *ref.* [of night, 'winter, etc.] to be approaching its end.
avanzo *irr.* COM. balance sheet. 2 COM. estimate.
avaramente *adj.* avariciously, niggardly.
avaricia *f.* avarice.
avariciosamente *adv.* avariciously.
avaricioso, sa *adj.* AVARIENTO.
avarientamente *adj.* AVARICIOSAMENTE.
avariento, ta *adj.* avaricious, miserly. — 2 *m.* & *f.* miser.
avariosis *f.* SÍFILIS.
avaro, ra *adj.* & *n.* AVARIENTO. — 2 *m.* & *f.* stinter.
avasallador, ra *adj.* overwhelming. 2 domineering. — 3 *m.* & *s.* subjugator.
avasallamiento *m.* subjugation.
avasallar *tr.* to subjugate. — 2 *ref.* to become a vassal; to submit.
ave *f.* ORN. bird: ~ *acuática*, water bird or fowl; ~ *de corral*, domestic fowl; ~ *de cuchar* or *de cuchara*, spoonbill; ~ *de las tempestades*, petrel: ~ *del Paraíso*, bird of Paradise; ~ *de paso*, bird of passage; ~ *de rapiña* or *rapaz*, bird of prey; ~ *fría*, AVEFRÍA; ~ *lira*, lyrebird.
avecé, avece, etc., *pret., subj.* & *imper.* of AVEZAR.
avecilla *f. dim.* little bird.
avecinar *tr.* AVECINDAR. — 2 *ref.* to approach, to be coming.
avecindamiento *m.* taking up residence; residence.
avecindar *tr.* to enroll in the number of citizens. — 2 *ref.* to become a resident, to take up residence [at or in].
avechucho *m.* ugly bird.
avefría *f.* ORN. lapwing.
avejentado, da *adj.* prematurely aged.
avejentar *tr.* & *ref.* to age [before one's time].
avejigar *tr.* to blister. — 2 *ref.* to blister [become blistered].
avejigué, avejigue, etc., *pret., subj.* & *imper.* of AVEJIGAR.
avellana *f.* BOT. hazel nut; filbert [nut].
avellanado, da *adj.* shriveled; wizened.
avellanador *m.* countersink [tool].
avellanal, avellanar *m.* hazel plantation.
avellanar *tr.* MACH. to countersink. — 2 *ref.* to shrivel.
avellaneda *f.*, avellanedo *m.* AVELLANAL.
avellanera *f.* AVELLANO.
avellanero, ra *m.* & *f.* seller of hazelnuts.
avellano *m.* BOT. hazel, hazel tree, filbert.
avemaría *f.* Hail Mary: *en un* ~, in a twinkle; *saber como el* ~, to know from memory. 2 small bead of a rosary. 3 Angelus; Angelus bell; *al* ~, at dusk.
¡Ave María! *interj.* gracious goodness! | Used also as a salutation upon entering a house.
avena *f.* BOT. oats. 2 ~ *loca*, wild oats.
avenáceo, a *adj.* BOT. avenaceous.
avenado, da *adj.* crazy, half mad, having a streak of madness.
avenamiento *m.* draining, drainage [of land].
avenar *tr.* to drain [land].
avenate *m.* drink made with oatmeat. 2 fit of madness.
avendré, avendría, etc., *irr.* V. AVENIR.
avenencia *f.* agreement, compact, coming to terms. 2 harmony, concord.
avengo, avenga, etc., *irr.* V. AVENIR.

aveníceo, a *adj.* oaten.
avenida *f.* flood, freshet. 2 avenue. 3 wide street. 4 MIL. way of approach.
avenido, da adj. *bien* or *mal* ~ *con,* on good or bad terms with; agreeing or disagreeing.
avenidor, ra *m. & f.* reconciler, mediator.
avenimiento *m.* agreement, coming to terms, reconcilement.
avenir *tr.* to make agree, to reconcile. — *2 ref.* to agree, be on good terms with; to get *on* [or *along*] well together. 3 to agree, come to an agreement. 4 to resign oneself to, to consent, to conform to. ¶ CONJUG. like *venir.*
aventadero *m.* winnowing place.
aventador, ra *m. & f.* winnower. — *2 f.* winnowing machine. — *3 m.* winnowing fork. 4 esparto fan [for fanning fire].
aventadura *f.* VET. windgall.
aventajadamente *adj.* excellently.
aventajado, da *adj.* surpassing, excelling. 2 notable, excellent. 3 advantageous.
aventajar *tr.* to surpass, excel. 2 to advance, better. — *3 ref.* to better oneself.
aventamiento *m.* fanning, winnowing.
aventar *tr.* to fan, to blow. 2 to winnow. 3 to strew to the wind. 4 fig. to expel, drive away. 5 (Cu.) to expose sugar to sun and air [in sugar mills]. — *6 ref.* to swell up [with air]. 7 coll. to flee, run away. ¶ CONJUG. like *acertar.*
aventura *f.* adventure [daring enterprise, unexpected incident]. 2 adventure, hazard; chance, risk.
aventurado, da *adj.* venturesome, risky.
aventurar *tr.* to venture, hazard, risk. — *2 ref.* to risk, venture, run the risk.
aventureramente *adv.* adventurously.
aventurero, ra *adj.* adventure seeking: *caballero* ~, knight errant. — *2 m.* adventurer; gentleman of fortune. 3 mercenary. — *4 f.* adventuress.
avergoncé *pret.* of AVERGONZAR.
avergonzar *tr.* to shame, make ashamed, put to shame. 2 to embarrass, make blush. — *3 ref.* to be ashamed. 4 to be embarrassed, to blush. ¶ CONJUG. like *contar.*
avergüenzo, avergüence, etc., *irr.* V. AVERGONZAR.
avería *f.* COM. damage. 2 NAUT. average: ~ *gruesa,* general average. 3 MACH. failure, breakdown. 4 aviary. 5 AVERÍO.
averiado, da *adj.* damaged [esp. said of goods].
averiarse *ref.* to be damaged [esp. said of goods].
averiguable *adj.* ascertainable.
averiguación *f.* inquiry, ascertainment.
averiguadamente *adv.* certainly.
averiguador, ra *adj.* inquiring. — *2 m. & f.* inquirer.
averiguamiento *m.* AVERIGUACIÓN.
averiguar *tr.* to inquire, ascertain, find out.
averío *m.* birds, assembly of birds.
averno *m.* Avernus. 2 poet. hell.
averroísmo *m.* Averroism.
averroísta *m. & f.* Averroist.
averrugado, da *adj.* full of warts, warty.
averrugarse *ref.* to become warty.
aversión *f.* aversion, dislike, loathing.
avestruz, *pl.* **-truces** *f.* ORN. ostrich. 2 ~ *de América,* rhea, nandu.
avetado, da *adj.* veined, streaked.
avetarda *f.* AVUTARDA.
avetoro *m.* ORN. bittern, European bittern.
avezar *tr.* to accustom, inure. — *2 ref.* to become accustomed, inured.
aviación *f.* aviation. 2 aviation corps, air force.
aviador, ra *adj* preparing, equipping. 2 AER. air [pilot]. — *3 m. & f.* preparer, equipper, provider. 4 AER. aviator, aviatrix, flier, airman, airwoman. — *5 m.* (Am.) moneylender [who lends to miners, farmers, etc.]. 6 NAUT. caulking auger.
aviar *tr.* to prepare, arrange. 2 to equip; provide [esp. with money]. 3 to hasten. 4 *estar uno aviado,* to be in a mess. — *5 ref.* to equip or provide oneself.
aviciar *tr.* AGR. to make [plants] run too much to leaf.
avícola *adj.* bird-rearing.
avicultor, ra *m. & f.* aviculturist.
avicultura *f.* aviculture.
avidez *f.* avidity, greed. 2 eagerness.
ávido, da *adv.* avid, eager, greedy.
aviejarse *ref.* AVEJENTARSE.
aviene, avienes, etc., *irr.* V. AVENIR.

1) **aviento** *m.* a kind of pitchfork.
2) **aviento, avientes,** etc., *irr.* V. AVENTAR.
aviesamente *adv.* perversely, maliciously.
avieso, sa *adj.* crooked, irregular. 2 evil-minded, perverse, malicious, wicked.
avilantarse *ref.* to be insolent.
avilantez *f.* insolence.
avilés, a *adj. & n.* of Ávila.
avillanado, da *adj.* base, mean.
avillanar *tr.* to debase. — *2 ref.* to become mean, base.
avinagradamente *adv.* sourly, crabby.
avinagrado, da *adj.* vinegary, sour, crabbed.
avinagrar *tr.* to sour, make sour. — *2 ref.* to sour, to turn sour or vinegary.
avine, aviniera, etc., *irr.* V. AVENIR.
Aviñón *m. pr. n.* GEOG. Avignon.
aviñonés, a *adj. & n.* Avignonese.
avío *m.* preparation, provision. 2 (Am.) loan [to miners, farmers, etc.]. 3 *pl.* tools, tackle, equipment: *avíos de pescar,* fishing tackle. — *4 interj.* ¡al avío!, go to it!, make haste!
avión *m.* AER. airplane: ~ *cohete,* rocket plane; ~ *de caza,* pursuit plane; ~ *de combate,* fighter; ~ *de propulsión a chorro* or *de reacción,* jet plane; ~ *de línea,* air liner. 2 ORN. martin.
avioneta *f.* AER. light airplane.
avisadamente *adv.* prudently, shrewdly.
avisado, da *adj.* prudent, wise, shrewd: *mal* ~, ill- advised.
avisador *m.* adviser. 2 warner. 3 ~ *de incendios,* fire alarm.
avisar *tr.* to inform. 2 to send word. 3 to warn; to advise, admonish.
aviso *m.* notice, information; warning. 2 admonishment, advice. 3 care, attention, caution: *sobre* ~, on the alert. 4 prudence. 5 NAUT. advice-boat, dispatch boat.
avispa *f.* ENTOM. wasp.
avispado, da *adj.* keen-witted, clever, smart.
avispar *tr.* to whip, urge, spur [horses]. 2 to stir up, excite, rouse. — *4 ref.* to become lively or clever. 5 to fret, worry. 6 (Chi.) to be frightened.
avispero *m.* wasp's nest. 2 swarm of wasps. 3 MED. carbuncle.
avispón *m.* ENTOM. hornet.
avistar *tr.* to sight, descry, get sight of. — *2 ref.* to have an interview.
avitaminosis *f.* MED. avitaminosis.
avitelado, da *adj.* vellum-like.
avituallamiento *m.* victualling, provisioning, food supplying.
avituallar *tr.* to victual, to provision. — *2 ref.* to take in supplies.
avivadamente *adv.* lively, briskly.
avivador, ra *adj.* enlivening, stirring up. — *2 m.* groove between moulds. 3 rabbet plane.
avivamiento *m.* enlivening, stirring up. 2 reviving.
avivar *tr.* to enliven, to stir up. 2 to heat, inflame [passions, etc.]. 3 to intensify [a pain, etc.]. 4 to quicken, hasten. 5 to revive [the fire]. 6 to heighten, brighten [light, colours]. — *7 intr. & ref.* [of silkworms] to quicken. 8 to acquire life, vigour; to revive.
avizor *adj.* watching: *ojo* ~, on the alert. — *2 m.* one who watches.
avizorador, ra *adj.* watching. — *2 m. & f.* watcher, spyer.
avizorar *tr.* to watch, spy.
avocación *f.* LAW removing [a lawsuit] to a superior court.
avocar *tr.* LAW to remove [a lawsuit] to a superior court.
avoceta *f.* ORN. avocet.
avoqué, avoque, etc., *pret., subj. & imper.* of AVOCAR.
avucasta *f.* AVUTARDA.
avugo *m.* small unsavoury pear.
avuguero *m.* BOT. a kind of pear tree.
avulsión *f.* SURG. extirpation.
avutarda *f.* ORN. great bustard.
axial, axil *adj.* aixial, axile.
axila *f.* ANAT. axilla, armpit. 2 BOT. axil.
axilar *adj.* axillar, axillary.
axinita *f.* MINER. axinite.
axiología *f.* axiology.
axioma *m.* axiom.
axiomático, ca *adj.* axiomatic.
axiómetro *m.* NAUT. axiometer.

axis *m.* ANAT. axis.
axoideo, a *adj.* axoid, axoidean.
axón *m.* ANAT. axon [nerve-cell process].
ay, *pl.* **ayes** *m.* sigh, moan.
¡ay! *interj.* alas!, ouch! : *¡~ de ...!,* woe to ...!;
   ¡~ de mí!, woe is me!, ah me!
aya *f.* governess. 2 dry nurse.
ayate *m.* (Mex.) cloth made of maguey fiber.
ayeaye *m.* ZOOL. aye-aye.
ayer *adv. & m.* yesterday.
ayo *m.* tutor [private teacher].
ayocote *m.* (Mex.) BOT. scarlet runner, scarlet
   runner bean.
ayote *m.* BOT. (C. Am.) calabash, gourd, pumpkin,
   squash [fruit]. 2 (Guat.) *dar ayotes,* DAR CALA-
   BAZAS.
ayotera *f.* (C. Am.) CALABACERA.
ayuda *f.* help, aid, assistance. 2 aid [one who or
   that which aids] : *~ de cámara,* valet, gentleman's gentleman. 3 MED. enema, clyster.
ayudador, ra *adj.* helping. — 2 *m. & f.* helper.
ayudante *m* aid, assistant. 2 substitute teacher.
   3 MIL. aid, aide ; adjutant.
ayudantía *f.* assistantship. 2 MIL. adjutancy.
ayudar *tr.* to help, aid, assist.
ayuga *f.* BOT. mock cypress.
ayunador, ra *adj.* fasting. — 2 *m. & f.* faster.
ayunar *intr.* to fast. 2 to be deprived or to deprive
   oneself [of some pleasure].
ayuno, na *adj.* having not taken food. 2 deprived.
   3 uninformed. — 4 *adv. en ayunas* or *en ayuno,*
   before breakfasting ; having not breakfasted ;
   having taken no food ; uninformed ; not understanding, missing the point. — 5 *m.* fast,
   fasting : *~ natural,* fasting from midnight on.
ayuntamiento *m.* town or city council, municipal
   government. 2 town or city hall. 3 sexual intercourse.
ayustar *tr.* NAUT. to splice. 2 NAUT. to scarf.
ayuste *m.* NAUT. splice, splicing. 2 NAUT. scarf-joint,
   scarfing.
azabachado, da *adj.* jet, jet-black.
azabache *m.* MINER. jet. 2 ORN. coal tit, coal titmouse. 3 *pl.* jet trinkets.
azabara *f.* BOT. common aloe.
azacán, na *adj.* menial, drudging. — 2 *m. & f.*
   drudge : *andar,* or *estar hecho, un ~,* to be
   very busy. — 3 *m.* water carrier.
azacanear *intr.* to toil, to work hard.
azache adj. *seda ~,* inferior silk [from the outside
   of the cocoon].
azada *f.* AGR. hoe.
azadilla *f.* ALMOCAFRE.
azadón *m.* AGR. hoe. 2 *~ de peto* or *de pico,*
   mattock.
azadonada *f.* stroke with a hoe.
azadonar *tr.* to hoe, hoe up, dig with a hoe.
azadonazo *m.* AZADONADA.
azadonero *m.* hoer.
azafata *f.* lady of the queen's wardrobe. 2 AER.
   air hostess.
azafate *m.* flat basket, tray.
azafrán *m.* BOT. saffron [plant and dried stigmas].
   2 BOT. *~ bastardo, romí* or *romín,* ALAZOR.
azafranado, da *adj.* saffroned ; saffron, saffron-
   coloured.
azafranal *m.* saffron plantation.
azafranar *tr.* to saffron.
azafranero, ra *m. & f.* saffron grower. 2 saffron
   dealer.
azagaya *f.* assagai, javelin.
azahar *m.* orange, lemon or citron flower.
azainadamente *adj.* perfidiously.
azalea *f.* BOT. azalea.
azamboa *f.* BOT. kind of citron [fruit].
azamboero, azamboo *m.* BOT. kind of citron
   [tree].
azanahoriate *m.* candied carrot.
azanca *f.* subterranean spring.
azanoria *f.* ZANAHORIA.
azar *m.* hazard, chance : *al ~,* at random, haphazard. 2 accident, misfortune, mishap.
azarado, da *adj.* troubled, rattled, flustered.
azarar *tr.* to trouble, rattle, fluster. — 2 *ref.* to
   get troubled, to get rattled, flustered.
azarbe *m.* irrigation trench.
azarcón *m.* minium, red lead. 2 bright orange
   [colour].

azararse *ref.* (Chi., Guat., Hond.) to blush. 2
   (Chi., Pe.) to get angry.
azarosamente *adv.* misfortunately.
azaroso, sa *adj.* misfortunate, unlucky.
azcón *m.,* **azcona** *f.* dart, javelin.
ázimo, ma *adj.* azymous, unleavened.
azimut *m.* ACIMUT.
azimutal *adj.* ACIMUTAL.
aznacho *m.* BOT. pinaster, cluster pine.
aznallo *m.* AZNACHO. 2 BOT. restharrow.
azoado, da *adj.* azoted.
azoar *tr.* to azotize.
azoato *m.* CHEM. azotate.
ázoe *m.* CHEM. azote.
azofaifa *f.* AZUFAIFA.
azofaifo *m.* AZUFAIFO.
azófar *m.* brass, latten.
azogadamente *adv.* agitatedly.
azogado, da *adj. & n.* [person] affected by the
   fumes of mercury : *temblar como un ~,* to shake
   like a leaf. — 2 *m.* quicksilvering [in a mirror].
azogamiento *m.* quicksilvering. 2 mercurialism,
   illness caused by the fumes of mercury. 3
   shaking, agitation, confusion.
azogar *tr.* to quicksilver, to silver [a mirror]. 2
   to slake [lime]. — 3 *ref.* to be affected by the
   fumes of mercury. 4 to get troubled, agitated.
azogue *m.* mercury, quicksilver : *ser un ~,* to
   be restless. 2 market place.
azogué, azogue, etc., *pret., subj. & imper.* of AZOGAR.
azoguería *f.* amalgamation works.
azoguero *m.* MIN. amalgamator.
azoico, ca *adj.* CHEM., GEOL. azoic.
azolar *tr.* to adze. ¶ CONJUG. like *contar.*
azolvar *tr.* to choke, obstruct. — 2 *ref.* to become obstructed.
azolve *m.* (Mex.) obstruction.
azor *m.* ORN. goshawk.
azoramiento *m.* trouble, fluster, embarrassment.
azorar *tr.* to trouble, rattle, startle, fluster. — 2
   ref. to get troubled, rattled, startled, flustered.
Azores *f. pr. n.* GEOG. Azores.
azorramiento *m.* drowsiness, heavy-headedness.
azorrarse *ref.* to be drowsy from heaviness.
azotacalles *m.* gadabout, loafer, street lounger.
azotado, da *p. p.* of AZOTAR. — 2 *adj.* variegated.
   — 3 *m. & f.* criminal whipped in public. 4 flagellant.
azotador, ra *m. & f.* whipper, flogger.
azotaina *f.* flogging ; spanking.
azotamiento *m.* whipping, flogging.
azotar *tr.* to whip, flog. 2 to flagellate. 3 to spank.
   4 [of sea, rain, etc.] to beat, lash. 5 *~ calles,*
   to lounge about the streets, to gad about.
azotazo *m.* stroke [with birch, thong, scourge, etc.].
   2 spank.
azote *m.* birch, thong, scourge, etc. [for flogging].
   2 AZOTAZO. 3 *pena de azotes,* flogging [of a cri-
   minal] through the streets. 4 fig. scourge : *el*
   ~ de Dios, the Scourge of God [Attila].
azotea *f.* flat roof [of a house].
azotina *f.* coll. AZOTAINA.
azteca *adj. & n.* Aztec.
azúcar *m. & f.* sugar : *~ blanco* or *de flor,* refined
   sugar ; *~ cande* or *candi,* candy, sugar candy,
   rock candy ; *~ de cortadillo,* lump sugar ; *~ de*
   pilon, loaf sugar ; *~ mascabado,* muscovado ; *~*
   moreno, or *negro,* brown sugar ; *y canela,*
   sorrel grey [colour ; horse]. 2 CHEM. *~ de plomo,*
   sugar of lead ; *~ de Saturno,* sal Saturni.
azucarado, da *adj.* sugared. 2 sugary.
azucarar *tr.* to sugar. 2 to sweeten. 3 to coat or
   ice with sugar.
azucarera *f.* sugar bowl. 2 sugar factory.
azucarería *f.* (Cu., Mex.) sugar shop.
azucarero, ra *adj.* [pertaining to] sugar. — 2 *m.*
   sugar producer. 3 sugar bowl.
azucarillo *m.* spongy sugar bar.
azucé, azuce, etc., *pret., subj. & imper.* of AZU-
   ZAR.
azucena *f.* BOT. Madonna lily, white lily.
azuche *m.* pile shoe.
azud, azuda *f.* irrigation water wheel. 2 irrigation
   dam.
azuela *f.* adze.
azuelo, azuele, etc., *irr.* V. AZOLAR.
azufaifa *f.* jujube [fruit].
azufaifo *m.* BOT. jujube [tree].

azufrado, da *adj.* sulphured. *2* sulphur, sulphureous, sulphur-coloured. — *3 m.* sulphuring.
azufrador *m.* sulphuring machine [for grapevines].
azuframiento *m.* sulphuring.
azufrar *tr.* to sulphur, sulphurate, sulphurize.
azufre *m.* CHEM. sulphur, brimstone.
azufrera *f.* sulphur mine.
azufrón *m.* powdered pyrites.
azufroso, sa *adj.* sulphury, sulphureous.
azul *adj.* & *n.* blue: ∼ *celeste,* sky blue; ∼ *de cobalto,* cobalt blue; ∼ *de mar* or *marino,* marine blue, navy blue; ∼ *de Prusia,* Prussian blue; ∼ *turqui,* indigo; ∼ *de ultramar, ultramarino* or *ultramaro,* ultramarine blue.
azulado, da *adj.* blue, bluish.
azulaque *m.* ZULAQUE.

azular *tr.* to colour blue, to dye blue.
azulear *tr.* to have a bluish cast. *2* to show blue.
azulejar *tr.* to cover with Dutch tiles.
azulejero *m.* maker of Dutch tiles.
azulejo *m.* Dutch tile, glazed tile.
azulenco, ca *adj.* bluish.
azulete *m.* blue, bluing [powder].
azulino, na *adj.* bluish.
azúmbar *m.* BOT. kind of water plantain. *2* BOT. spikenard. *3* storax [balsam].
azumbrado, da *adj.* measured by AZUMBRES. *2* coll. tipsy.
azumbre *m.* a liquid measure [about 2 litres].
azur *adj.* & *m.* HER. azure.
azurita *f.* MINER. azurite.
azuzar *tr.* to set [the dogs] on. *2* to incite.

B

B, b *f.* B, b, the second letter of the Spanish alphabet.
Baal *m. pr. n.* Baal.
baalita *m. & f.* Baalite.
baba *f.* drivel, slaver, slobber : *caérsele a uno la* ~, to be silly; to be delighted. *2* mucus, slime [from snails, slugs, etc.]. *3* BOT. viscid juice.
babada *f.* BABILLA.
babadero, babador *m.* bib, chin-cloth.
babaza *f.* mucus, slime. *2* BOT. viscid juice. *3* ZOOL. slug.
babear *intr.* to drivel, slaver, slobber, drool.
babel *f.* babel, bedlam. — *2 pr. n.* (cap.) Babel.
babeo *m.* drivelling, slobbering [flow of saliva].
babera *f.* beaver [of helmet]. *2* BABADERO.
babero *m.* BABADERO.
baberol *m.* BABERA 1.
Babia f. *estar en* ~, to be up in the clouds, be absent in mind.
babieca *adj.* silly. — *2 m. & f.* simpleton.
Babilonia *f. pr. n.* HIST. GEOG. Babylon. *2* (not cap.) babel, bedlam, uproar.
babilónico, ca *adj.* Babylonian.
babilonio, nia *adj. & n.* Babylonian.
babilla VET. stifle.
babirusa *m.* ZOOL. babirusa.
bable *m.* Asturian dialect.
babor *m.* port, larboard : *a* ~, a port; *de* ~ *a estribor*, athwart ship.
babosa *f.* ZOOL. slug.
babosear *tr.* to cover with saliva, to slaver. — *2 intr.* coll. BABEAR.
baboseo *m.* slavering.
baboso, sa *adj.* slavering, drooling. — *2 m. & f.* slaverer, drooler. — *3 adj. & m.* spoony. — *4 m.* brat, whippersnapper.
babosuelo, la *adj. & n.* little brat, little whippersnapper.
babucha *f.* babouche, slipper without heel or quarters.
baca *f.* top [of stagecoach]. *2* rainproof cover [for a stagecoach].
bacalada *f.* dryed codfish.
bacaladero, ra *adj.* [pertaining to] codfish.
bacalao *m.* ICHTH. codfish : *cortar el* ~, fig. to be the master, to have the upper hand.
bacanal *adj.* bacchanal, bacchanalian. — *2 f.* bacchanalia. *3 pl. bacanales,* Bacchanalia.
bacante *f.* bacchante. *2* drunken, riotous woman.
bácara *f.* BOT. clary.
bacará *m.* baccarat.
bácaris *f.* BÁCARA.
bacelar *m.* arbour with grapevines.
bacera *f.* VET. splenic fever.
baceta *f.* stock [in card-playing].
bacía *f.* basin; shaving basin.
baciforme *adj.* BOT. bacciform.
báciga *f.* a three-card game.
bacilar *adj.* bacillary.
bacilo *m.* bacillus.
bacillar *m.* BACELAR. *2* new vineyard.
bacín *m.* chamber pot. *2* cur, despicable man.

bacinada *f.* contents thrown from a chamber pot *2* despicable action.
bacinero, ra *m. & f.* collector of alms [in a church].
bacineta *f.* small basin; alms plate.
bacinete *m.* basinet. *2* ANAT. pelvis.
bacinica, bacinilla *f.* small chamber pot. *2* BACINETA.
Baco *m. pr. n.* Bacchus.
baconiano, na *adj.* Baconian.
bacteria *f.* bacterium. *2 pl.* bacteria.
bacteriáceo, a *adj.* bacteriaceous. — *2 f. pl* BOT Bacteriaceæ.
bacteriano, na *adj.* bacterial.
bactericida *adj.* bactericidal. — *2 m.* bactericide.
bacteriología *f.* bacteriology.
bacteriológico, ca *adj.* bacteriological.
bacteriólogo *m.* bacteriologist.
bactriano, na *adj. & n.* Bactrian.
báculo *m.* stick, staff. *2* fig. support, relief, comfort, aid : *ser el* ~ *de la vejez de uno*, to be someone's comfort in his old age. *3* ~ *pastoral*, crozier, pastoral staff.
bache *m.* hole [in a road]. *2* AER. ~ *de aire*, air pocket.
bachear *tr.* to repair [roads] filling the holes in them.
bachiller, ra *adj.* garrulous. — *2 m. & f.* garrulous person, babbler, gossip. *3* bachelor [holder of degree].
bachillerar *tr.* to confer the degree of bachelor. — *2 ref.* to graduate as bachelor.
bachillerato *m.* baccalaureate.
bachillerear *intr.* to babble, to gossip.
bachillería *f.* babbling, gossiping.
badajada *f.* stroke [of bell]. *2* stupidity, nonsense.
badajazo *m.* stroke [of bell].
badajear *intr.* coll. to babble, talk nonsense.
badajo *m.* clapper [of bell]. *2* coll. stupid babbler, blatherskite.
badajocense *adj.* pertaining to Badajoz. — *2 m.* native or inhabitant of Badajoz.
badajuelo *m.* small clapper [of bell].
badal *m.* ACIAL.
badán *m.* trunk [of animal body].
badana *f.* basan, dressed sheepskin : fig. *zurrarle a uno la* ~, to tan someone's hide.
badea *f.* tasteless melon. *2* coll. insubstantial thing.
badén *m.* channel made by rain water. *2* paved trench for a stream across a road.
badián *m.* BOT. Chinese anise.
badiana *f.* BOT. Chinese anise. *2* badian.
badil *m.*, **badila** *f.* fire shovel [for stirring fire in braziers and fireplaces].
badilazo *m.* blow with a fire shovel.
badomía *f.* absurdity, nonsense.
badulaque *m.* nincompoop, simpleton.
baga *f.* flax boll.
bagá *m.* (Cu.) a tree of the Annonaceæ, having corky roots.
bagaje *m.* MIL. baggage. *2* beast of burden for military baggage. *3* coll. a person's store of knowledge or information.
bagar *intr.* [of flax] to seed.

bagasa *f.* harlot.
bagatela *f.* bagatelle, trifle.
bagazo *m.* flax chaff. 2 bagasse. 3 waste pulp [of olives, oranges, etc.].
bagre *m.* ICHTH. South American catfish.
bagual *adj. & n.* (Arg.) wild, untamed [horses cattle]. — 2 *m.* (Chi.) lout.
baguarí *m.* ORN. (Arg.) kind of stork.
baguio *m.* (Phil.) baguio, tropical cyclone.
¡bah! *interj.* bah!
baharí *m.* ORN. sparrow hawk.
bahía *f.* [sea] bay.
bahorrina *f.* dirt, slops. 2 riff-raff.
bahuno, na *adj.* BAJUNO.
baila *f.* ICHTH. kind of scorpion fish.
bailable *adj.* dance [music]. — 2 *m.* THEAT. dance number.
bailador, ra *adj.* dancing. — 2 *m.-f.* dancer.
bailar *intr.* to dance. 2 [of a top] to spin. — 3 *tr.* to dance [some dance]. 4 to dance, dandle. 5 to spin [a top].
bailarín, na *adj.* dancing. — 2 *m. & f.* dancer.
baile *m.* dance; ball : ~ *casero*, informal dance; ~ *de etiqueta*, dress dance, formal dance; ~ *de figuras*, figure dance; ~ *de gala*, gala dance; ~ *de máscaras*, masked ball, masquerade; ~ *de San Vito*, MED. St. Vitus' dance; ~ *de trajes*, fancy-dress ball; *pista de* ~, dance floor; *sala de* ~, dance hall; *salón de* ~, ballroom. 2 ballet. 3 obs. bailiff [in Aragón].
bailete *m.* short ballet.
bailía *f.* bailiage [in Aragón].
bailiaje *m.* bailiage. 2 commandery in the order of Malta.
bailiazgo *m.* BAILÍA.
bailío *m.* knight commander of Malta.
bailotear *intr.* to dance a lot and ungracefully.
bailoteo *m.* ungraceful dancing.
baivel *m.* bevel square with a curved leg.
bajá, *pl.* **bajaes** *m.* pasha.
baja *f.* fall, drop [in prices, in value, etc.] : *dar* ~, to fall in value; *jugar a la* ~, COM. to bear [speculate for a fall]; *ir de* ~, to decline. 2 MIL. casualty. 3 cancelled subscription. 4 *dar de* ~, to cross out from list of members, subscribers, etc.; MIL. to muster out; *darse de* ~, to resign membership [of] voluntarily; to cease to be a subscriber; to retire from profession; *ser* ~, MIL. to cease belonging to a regiment, a corps, etc.
bajaca *f.* (Ec.) hair ribbon.
bajada *f.* descent. 2 ~ *de aguas*, rainwater pipe, leader. 3 sloping street.
bajalato *m.* pashalic, pashalich.
bajamar *f.* low tide, low water.
bajamente *adv.* basely.
bajar *intr.* to descend, come down, go down. 2 to fall, drop, lessen, lower, diminish. 3 to descend, sink [extend or slope downwards]. 4 to alight, get down [from horse, carriage, etc.], to dismount. 5 *no* ~ *de*, not to be less than [in amount]. — 6 *tr.* to bring down, take down, let down, lower, drop : ~ *el telón*, THEAT. to drop the curtain. 7 to descend, go down [stairs, a slope, etc.] : ~ *la escalera*, to go downstairs. 8 to lower, bow [one's head, body, etc.] : ~ *los ojos*, to cast on's eyes down. 9 to lower, reduce [the price, etc.]. 10 fig. *bajarle los humos a uno*, to lower the pride of someone, to take someone down a peg. — 11 *ref.* to stoop, bend down. 12 to alight, get down [from horse, carriage, etc.].
bajel *m.* ship, boat, vessel.
bajelero *m.* owner or master of a vessel.
bajero, ra *adj.* under [for use under another thing] : *falda* ~, underskirt.
bajete MUS. bariton. 2 MUS. counterpoint exercise.
bajeza *f.* baseness, meanness; lowliness. 2 low action.
bajial *m.* (Pe.) marsh.
bajío *m.* shoal, sand bank. 2 (Am.) lowland.
bajista *m.* bear [in stock market]. 2 MUS. (Cu.) bassoonist.
bajo, ja *adj.* low [not reaching far up, not high, not elevated, not loud, not tall, etc.] : ~ *latín*, low Latin; ~ *relieve*, bass-relief; *en voz baja*, softly, in an undertone; *por lo* ~, secretly; under one's breath. 2 short [not tall]. 3 lower [flat, storey] : *piso* ~, *planta baja*, ground floor, ground-floor rooms. 4 lowered, downcast [head,

eyes, etc.]. 5 low, dull [colour]. 6 base [gold, silver]. 7 [of a movable feast] early. 8 low, humble. 9 low, base, vile, vulgar. 10 lower : *la Cámara baja*, the Lower House; *la clase baja*, the lower classes or orders. — 11 *m.* hollow, deep. 12 shoal, sand-bank. 13 hoof [of a horse]. 14 MUS. bass [instrument, voice, player, singer, score] : ~ *cantante*, basso-cantante ;. ~ *cifrado*, figured bass; ~ *continuo*, thorough-bass; ~ *profundo*, deep bass. 15 *pl.* under-petticoats; lower part of trousers or skirts. 16 ground floor, ground-floor rooms. — 17 *adv.* softly, in a low voice, in a whisper. — 18 *prep.* beneath, under; on : ~ *mano*, fig. underhandedly, secretly; ~ *(su) palabra*, on one's word; ~ *pena de muerte*, on pain of death; ~ *techado*, under a roof, sheltered; ~ *tutela*, LAW under the care of a guardian.
bajón *m.* MUS. bassoon. 2 bassoonist. 3 decline, drop [in health, wealth, etc.]. 4 great fall [in prices]. 5 *dar un* ~, to suffer a great decline, a big drop.
bajoncillo *m.* MUS. small bassoon.
bajonista *m.* bassoonist.
bajuno, na *adj.* low, coarse [people].
bajura *f.* lowness, coarseness.
bala *f.* bullet, ball, shot : ~ *encadenada*, chain shot; ~ *enramada*, bar shot; ~ *perdida*, stray bullet; fig. flighty person; ~ *rasa*, solid cannon ball. 2 bale [of goods]. 3 ten reams [of paper]. 4 PRINT. ball, inking ball.
balada *f.* ballad [poem].
baladí *adj.* trivial, trifling.
balador, a *adj.* bleating, baaing.
baladrar *intr.* to shout, howl.
baladre *m.* ADELFA.
baladrero, ra *adj.* shouter.
baladro *m.* shout, howl.
baladrón *m.* braggart, bully, rodomont.
baladronada *f.* boast, brag, bravado, rodomontade.
baladronear *intr.* to brag, to play the bully.
bálago *m.* straw, grain stalk.
balaguero *m.* straw pile.
balaj, balaje *m.* balas, balas ruby.
balance *m.* oscillation; [a single movement of] swinging, rocking, rolling. 2 vacillation. 3 COM. balancing, balance, balance sheet : *hacer* ~, to strike a balance.
balancear *intr. & ref.* to rock, swing, roll. — 2 *intr.* to hesitate, waver. — 3 *tr.* to balance, counterpoise.
balanceo *m.* swinging, rocking, rolling.
balancero *m.* BALANZARIO.
balancín, *pl.* **-nes** *m.* whippletree, whiffletree, singletree. 2 MACH. walking beam. 3 ropewalker's balancing pole. 4 small coining press. 5 balancer, halter [of insect]. 6 *pl.* NAUT. lifts [of the lateen yard]. 7 NAUT. brass rings [of compass].
balandra *f.* NAUT. sloop.
balandrán *m.* kind of cassock with a cape.
bálano *m.* ANAT. glans. 2 ZOOL. acorn barnacle.
balandro *m.* NAUT. small sloop. 2 (Cu.) fishing smack.
balante *adj.* bleating.
balanza *f.* balance, scales ; ~ *de precisión*, precision balance. 2 comparative estimate, judgement. 3 ~ *comercial*, balance of trade. 4 *en* ~, undecided, in danger; *poner a uno en* ~, to cause one to doubt or hesitate.
balanzario *m.* weighmaster [in the mint].
balanzón *m.* cleaning pan [used by silversmiths].
balar *intr.* to bleat, baa.
balarrasa *m.* coll. strong firewater.
balastar *tr.* RLY. to ballast.
balasto *m.* RLY. ballast.
balata *f.* old dancing song. 2 BOT. (Ven.) bully tree, balata.
balate *m.* bank, narrow slope. 2 border of a ditch.
balausta *f.* BOT. balausta.
balaustia *f.* BOT. a kind of pomegranate tree.
balaustrada *f.* balustrade, banisters.
balaustrado, da *adj.* baluster-shaped.
balaustre, balaústre *m.* baluster.
balay *m.* (Am.) wicker basket.
balazo *m.* shot; bullet wound.
balbucear *intr.* to stammer, hesitate in speech. 2 [of a child] to babble.
balbucencia *f.*, **balbuceo** *m.* stammering. 2 babble [of a child].
balbuciente *adj.* stammering.

balbucir *intr.* & *def.* BALBUCEAR. | The only moods and persons used are those having *i* in their terminations.
Balcanes (los) *m. pr. n.* GEOG. the Balkans.
balcánico, ca *adj.* & *n.* Balkan.
balcarrotas *f. pl.* (Col.) side whiskers. 2 (Mex.) plaited hair hanging in the Indian style.
balcón *m.* balcony [of a house].
balconaje *m.* balconies [of a house].
balconcillo *m. dim.* small balcony.
baldadura *f.* **baldamiento** *m.* physical disability.
baldado, da *adj.* invalid, physically disabled.
baldaquín, baldaquino *m.* baldachin.
baldar *tr.* to cripple, disable physically. 2 to annoy.
balde *m.* bucket, pail. — 2 *adv. de ~*, free, for nothing. 3 *en ~*, in vain. 4 *estar de ~*, to be not wanted, to be in the way; to be idle.
baldear *tr.* to wash [a deck]. 2 to wash [a floor] by throwing buckets of water. 3 NAUT. to bail.
baldeo *m.* washing the decks; washing by throwing buckets of water. 2 washing, cleaning.
baldés *m.* sheepskin for gloves.
baldiamente *adv.* in vain, vainly; idly.
baldío, día *adj.* untilled, uncultivated. 2 vain, idle. 3 idle, lazy. — 4 *m.* untilled common land.
baldón *m.* insult, affront. 2 blot, disgrace.
baldonar, baldonear *tr.* to insult, to affront.
baldosa *f.* floor tile.
baldosín *m.* small floor tile.
baldragas *m.* weak, soft fellow.
Balduino *m. pr. n.* Baldwin.
balduque *m.* red tape [used in offices to tie up bundles of papers].
1) balear *adj.* Balearic. — 2 *m.* & *f.* native of the Balearic Islands.
2) balear *tr.* (Am.) to shoot [wound or kill].
baleárico, ca *adj.* Balearic.
baleo *m.* mat. 2 esparto fan [for fanning fire].
balería *f.*, **balerío** *m.* MIL. stock of balls or bullets.
balero *m.* bullet mould. 2 (Mex.) cup and ball [toy].
baleta *f. dim.* small bale [of goods].
balido *m.* bleat, baa.
balín *pl.* **-nes** *m.* small bullet, buckshot.
balista *f.* ballista.
balístico, ca *adj.* ballistic. — 2 *f.* ballistics.
balitadera *f.* reed pipe for calling fallow deers.
baliza *f.* buoy, beacon.
balizamiento *m.* ABALIZAMIENTO.
balizar *tr.* ABALIZAR.
balneario, ria *adj.* [pertaining to] bath. — 2 *m.* [medicinal] baths; watering place, spa.
balompié *m.* football [game].
balón *m.* [a large inflated] ball; a football. 2 bag [for holding a gas]. 3 CHEM. balloon. 4 great bale [of goods].
baloncesto *m.* basketball.
balota *f.* ballot [little ball for voting].
balotada *f.* ballotade.
balsa *f.* pool, pond. 2 NAUT. raft, float. 3 *~ de aceite*, fig. placid, quiet place or assembly.
balsadera *f.*, **balsadero** *m.* ferry.
balsamera *f.* flask for balsam.
balsámico, ca *adj.* balsamic, balmy.
balsamina *f.* BOT. balsam apple. 2 BOT. impatiens, garden balsam.
balsamita *f.* JARAMAGO. 2 *~ mayor*, BERRO.
bálsamo *m.* BOT., PHARM. balsam, balm: *~ de copaiba*, copaiba balsam; *~ de Judea* or *de la Meca*, balsam of Meca, balm of Gilead; *~ de Tolú*, balsam of Tolú. 2 fig. balm [something soothing]. 3 fig. *ser un ~*, [of old wine] to be very fragrant, perfect.
balsar *m.* BARZAL.
balsear *tr.* to ferry [a river] on rafts.
balsero *m.* ferryman.
balso *m.* NAUT. rope net, sling.
balsopeto *m.* pouch carried on the bosom. 2 fig. bosom, heart.
bálteo *m.* balteus [girdle].
báltico, ca *adj.* Baltic. — 2 *pr. n.* (cap.) Baltic Sea.
baluarte *m.* FORT. bastion. 2 fig. bulwark, defence.
balumba *f.* bulk, mass of many things thrown together.
balumbo *m.* bulky and encumbering thing.
ballena *f.* ZOOL. whale. 2 baleen, whalebone. 3 bone [of corset]. — 4 *pr. n.* ASTR. Whale, Cetus.
ballenato *m.* young whale, whale calf.

ballener *m.* NAUT. whale-shaped vessel of Middle Ages.
ballenera *f.* NAUT. whaleboat.
ballenero, ra *adj.* whale, whaling: *barco ~*, whaler. — 2 *m.* whaler, whaleman. 3 whaleboat.
ballesta *f.* crossbow, arbalest. 2 spring [of a carriage].
ballestada *f.* crossbow shot.
ballestazo *m.* hit or wound from a crossbow shot.
ballestear *tr.* HUNT. to shoot with a crossbow.
ballestera *f.* loophole [for crossbows].
ballestería *f.* venery, chase. 2 crossbows. 3 crossbowmen. 4 quarters or lodgings for the crossbowmen.
ballestero *m.* crossbowman, arbalester. 2 maker of crossbows. 3 royal armourer.
ballestilla *f.* small singletree. 2 NAUT. cross-staff, forestaff. 3 VET. fleam.
ballestón *m. aug.* large crossbow.
ballestrinque *m.* NAUT. clove hitch.
ballico *m.* BOT. Italian rye grass.
ballueca *f.* BOT. wild oats.
bambalear *intr.* & *ref.* BAMBOLEAR. 2 to stagger, totter.
bambalinas *f. pl.* THEAT. flies, borders [overhead scenery].
bambanear *intr.* BAMBOLEAR.
bambarria *m.* & *f.* dolt, fool. — 2 *f.* fluke [at billiards].
bambochada *f.* PAINT. scene of revelry.
bamboche *m.* short and chubby person.
bambolear *intr.* & *ref.* to sway, swing.
bamboleo *m.* swaying, swinging.
bambolla *f.* show, sham, pretence.
bambollero, ra *adj.* ostentatious [person].
bambonear *intr.* & *ref.* BAMBOLEAR.
bamboneo *m.* BAMBOLEO.
bambú *pl.* **-búes** *m.* BOT. bamboo.
bambuco *m.* Colombian dance.
banana *f.* BOT. banana [plant]. 2 (Arg.) banana [fruit].
bananero, ra *adj.* [pertaining to] banana.
banano *m.* BOT. banana [plant].
banas *f. pl.* (Mex.) marriage banns.
banasta *f.* large basket.
banastero, ra *m.* & *f.* basket maker or seller.
banasto *m.* large round basket.
banca *f.* COM. banking. 2 a card game. 3 bank [in gambling]. 4 bench [without any back]. 5 washing box.
bancada *f.* MACH. bed, bedplate; sideframe. 2 NAUT. thwart, bank. 3 portion of masonry. 4 MIN. shelf.
bancal *m.* AGR. terrace. 2 AGR. oblong plot. 3 bench cover.
bancalero *m.* weaver of bench covers.
bancario, ria *adj.* COM. bank, banking.
bancarrota *f.* bankruptcy, failure: *hacer ~*, to go bankrupt, to fail.
bance *m.* bar closing a gate in a fence.
banco *m.* bench, form; pew 2 NAUT. bench, bank [for rowers]. 3 bench [working table]. 4 bank, shoal. 5 school [of fish]. 6 MIN. bench. 7 GEOL. thick stratum. 8 COM. bank: *~ de emisión*, bank of issue; *~ de liquidación* or *compensación*, clearing house.
banda *f.* scarf, sash [worn baldric-wise]. 2 band, strip. 3 band, gang, party. 4 flock, herd, pack. 5 side, border: *cerrarse a la ~*, to stand firm, to brook no compromise. 6 side [of ship]: *dar a la ~*, to careen. 7 cushion [of billiard table]. 8 MUS., RADIO. band: *~ de tambores*, drum corps. 9 CINEM. *~ de sonido*, sound track.
bandada *f.* flock [of birds], covey.
bandarria *f.* NAUT. iron maul.
bandazo *m.* NAUT. lurch [sudden roll to one side].
bandearse *ref.* to manage, to shift for oneself.
bandeja *f.* tray.
bandera *f.* flag, banner, ensign, colours: *~ blanca*, white flag; *~ negra*, black jack, pirate flag; *alzar* or *levantar ~*, or *banderas*, to call to arms; to put oneself at the head of a party: *a banderas desplegadas*, openly; *con banderas desplegadas*, with flying colours; *de ~*, coll. wonderful, extraordinary, very good. 2 troops under a flag. 3 MIL. company or subdivision of a battalion in certain corps.
bandereta *f. dim.* BANDERITA.
bandería *f.* faction, party.
banderita *f.* banneret, small flag.

banderilla *f.* BANDERITA. 2 banderilla [barbed dart with banderole used in bullfighting] : ~ *de fuego,* banderilla with firecracker attached; *clavar, poner una* ~, fig. to taunt, to be sarcastic to. 3 PRINT. paper with corrections pasted on proof.

banderillear *tr.* to thrust banderillas into the neck of [a bull].

banderillero *m.* banderillero.

banderín *m.* small flag; camp colour. 2 recruiting post. 4 RLY. flag.

banderizar *tr. & ref.* ABANDERIZAR.

banderita *f. dim.* banneret, small flag.

banderizo, za *adj.* factional. 2 seditious. — 3 *m.* factionist, partisan.

banderola *f.* banderole. 2 SURV. fanion.

bandidaje *m.* BANDOLERISMO.

bandido *m.* outlaw. 2 bandit. 3 rascal.

bandín *m.* NAUT. stern seat.

bando *m.* faction. party. 2 edict, proclamation. 3 school, shoal [of fishes].

bandola *f.* MUS. mandore. 2 NAUT. jury mast.

bandolera *f.* female brigand. 2 bandoleer, bandolier shoulder belt.

bandolerismo *m.* brigandage.

bandolero *m.* brigand, robber, highwayman.

bandolín *m.* MUS. mandore.

bandolina *f.* bandoline.

bandolón *m.* MUS. mandola.

bandolonista *m. & f.* mandola player.

bandujo *m.* large sausage.

bandullo *m.* coll. guts, bowels.

bandurria *f.* MUS. bandurria [Spanish instrument of the lute family].

baniano *m.* banian [Hindu merchant].

banjo *m.* MUS. banjo.

banquero *m.* COM. banker. 2 banker [in gambling].

banqueta *f.* stool, footstool. 2 FORT. banquette. 3 bench [without any back]. 4 (Mex.) sidewalk.

banquete *m.* banquet, feast.

banquetear *intr. & tr.* to banquet.

banquillo *m.* stool, little bench. 2 prisoner's seat [in court], dock.

banzo *m.* cheek [of a frame, esp. of an embroidery frame]. 2 QUIJERO.

baña *f.* BAÑADERO.

bañadera *f.* (Am.) bathtub.

bañadero *m.* place where wild animals batne.

bañado *m.* BACÍN 1. 2 (Am.) marshy land.

bañador, ra *m. & f.* one who bathes something. — 2 *m.* dipping tub for candles. 3 bathing suit.

bañar *tr.* to bathe, dip, immerse, give a bath to. 2 to give a coating to. 3 [of light, air, sunlight] to bathe. 4 [of river or sea] to wash, lave, water. 5 PAINT. to cover with a coat of transparent colour. — 6 *tr. & ref.* to bathe [apply water or liquid medicament to], to wet, moisten. — 7 *ref.* to take a bath, to bathe [oneself].

bañera *f.* bath, bathtub.

bañero, ra *m.* bathhouse owner or keeper. — 2 *m. & f.* bath attendant.

bañil *m.* BAÑADERO.

bañista *m.* bather [who takes baths]. 2 resorter, frequenter of a spa or a seaside resort.

baño *m.* bath [immersion, dip] : ~ *de arena,* sand bath; ~ *de asiento,* sitz-bath, hip-bath; ~ *de María,* double boiler, water bath; ~ *de vapor,* steam bath. 2 bath [liquid contained]. 3 bath, bathtub. 4 bath, coating. 5 smattering, superficial knowledge. 6 bagnio, oriental prison. 7 CHEM. bath. 8 *pl.* bathhouse, bathing place, watering place. 9 spa.

bao *m.* NAUT. beam [cross timber].

baobab *m.* BOT. baobab.

baptisterio *m.* baptist(e)ry.

baque *m.* blow in falling, thud, thump, bump.

baqueano, na *adj.* BAQUIANO.

baqueta *f.* ramrod. 2 switch used as a whip. 3 ARCH. bead. 4 *pl.* drumsticks. 5 *correr baquetas, pasar por baquetas,* to run the ga(u)ntlet. 6 *mandar a* ~, to command imperiously; *tratar a* ~, to treat harshly, without consideration.

baquetazo *m.* blow with a ramrod.

baqueteado, da *adj.* experienced [person].

baquetear *tr.* to inflict the punishment of the gauntlet on. 2 to annoy, vex.

baquetudo, da *adj.* (Cu.) stolid, phlegmatic.

baquía *f.* familiarity with roads, paths, rivers, etc., of a region. 2 (Am.) skill, manual dexterity.

baquiano, na *adj.* expert, skillful. — 2 *m.* expert guide.

báquico, ca *adj.* Bacchic. 2 bacchic.

baquio *m.* PROS. bacchius.

báquira *f.*, **báquiro** *m.* ZOOL. peccary.

bar *m.* bar, barroom.

barahúnda *f.* uproar, tumult.

baraja *f.* pack, *deck [of cards] : jugar con dos barajas,* to play a double game.

barajada, barajadura *f.* shuffling, mingling.

barajar *tr.* to shuffle [cards]. 2 to mingle, jumble together. — 3 *intr.* to quarrel, wrangle. — 4 *ref.* to get mixed or mingled.

Barajas *pr. n.* Madrid airport.

baranda *f.* BARANDILLA. 2 border [of billiard table].

barandado, barandaje *m.* BARANDILLA.

barandal *m.* upper or lower support [of a balustrade] ; handrail. 2 BARANDILLA.

barandilla *f.* balustrade, railing, banisters.

barata *f.* barter. 2 (Mex.) bargain sale.

baratador, ra *m. & f.* barterer.

baratear *tr.* to sell at a bargain.

baratería *f.* MAR., LAW barratry. 2 LAW fraud, misrepresentation.

baratero *m.* one who exacts money from winning gamblers.

baratija *f.* trinket, trifle, gewgaw.

baratillero *m.* seller of cheap articles.

baratillo *m.* cheap or second-hand goods; shop where they are sold.

barato, ta *adj.* cheap. — 2 *adv.* cheaply. — 3 *m.* bargain sale. 4 money exacted from winning gamblers : *cobrar el* ~, to lord it, to have an influence due to intimidation. 5 *dar de* ~, to grant [for the sake of argument]. 6 *echar* or *meter a* ~, to sow confusion in [what another is saying] by shouting and making a fuss.

báratro *m.* poet. barathrum, hell.

baratura *f.* cheapness [of goods].

baraúnda *f.* BARAHÚNDA.

barba *f.* chin. 2 beard, whiskers : ~ *cerrada,* thick beard; *Barba Azul,* Bluebeard; *hacer la* ~, to shave; to annoy, vex; to fawn on; *mentir por la* ~, to tell a barefaced lie; *pelarse las barbas,* tirarse de las barbas, to rage; fly into a rage; *subirse a las barbas de uno,* to be disrespectful to someone; *tener pocas barbas,* to be young or inexperienced; *en las barbas de uno,* to one's face; *por* ~, apiece. 3 beard [of goat]. 4 wattle, gill [of fowl]. 5 first swarm of bees. 6 ~ *de ballena,* whalebone. 7 BOT. ~ *cabruna,* yellow goatsbeard. — 8 *m.* THEAT. old man. — 9 *f. pl.* barbs, vane [of feather]. 10 BOT. slender roots. 14 deckle edge [of paper].

barbacana *f.* FORT. barbican.

barbacoa *f.* (Mex.) barbecue. 2 (Am.) bed made with a hurdle supported on sticks. 3 (Am.) rough storage loft made of boards or hurdles. 4 (C. Ri.) trellis.

barbada *f.* lower jaw [of horse]. 2 bridle curb. 3 ICHTH. a Mediterranean fish.

Barbada (la) *f. pr. n.* GEOG. Barbados [island].

barbado, da *adj.* bearded. 2 deckle-edged. — 3 *m.* young vine or tree for transplanting. 4 sprout [shoot from the root].

barbaja *f.* BOT. kind of viper's-grass. 2 *pl.* AGR. first roots of plants.

barbaján *adj. & m.* (Cu., Mex.) boorish; boor.

barbar *intr.* to grow a beard. 2 [of bees] to breed. 3 [of plants] to put out roots.

Bárbara *f. pr. n.* Barbara.

bárbaramente *adv.* barbarously. 2 enormously.

barbáricamente *adv.* like barbarians.

barbaricé, barbarice, etc., *pret., subj. & imper.* of BARBARIZAR

barbárico, ca *adj.* barbarian.

barbaridad *f.* barbarousness. 2 barbarity; atrocity; rash, foolish or preposterous act or saying. 3 awful amount.

barbarie *f.* barbarism, barbarousness. 2 barbarity, cruelty.

barbarismo *m.* barbarism [impurity of language]. 2 BARBARIE.

barbarizar *tr.* to fill with barbarisms. — 2 *intr.* to talk nonsense.

bárbaro, ra *adj.* barbarian, barbaric. barbarous. 2 rude, cruel, savage. 3 coll. rash. 4 coll. enormous. — 5 *m. & f.* barbarian.

barbarote *m.* great barbarian.

barbato *adj.* ASTR. having the tail before the nucleus [comet].

barbear *tr.* to reach with the chin. 2 to shave. 3 (Mex.) to fawn on. 4 to fell [cattle] by twisting the neck. — 5 *intr.* ~ *con*, to be almost as tall as.

barbechar *tr.* to plough, prepare [land] for seeding. 2 to fallow.

barbechera *f.* series of fallows. 2 fallowing. 3 fallowing season.

barbecho *m.* fallow. 2 ploughed land ready for sowing.

barbera *f.* barber's wife.

barbería *f.* barber's shop. 2 barbering.

barberil *adj.* [pertaining to a] barber.

barbero *m.* barber. 2 (Mex.) coll. fawner, flatterer.

barbeta *f.* FORT. barbette : *a* ~, in barbette. 2 NAUT. rackline.

barbián, na *adj.* coll. dashing, bold, handsome.

barbiblanco, ca & barbicano, na *adj.* white-bearded.

barbicastaño, ña *adj.* brown-bearded.

barbiespeso *adj.* having a thick beard.

barbihecho *adj.* fresh-shaved.

barbilampiño *adj.* smooth-faced, beardless.

barbilindo, barbilucio *adj.* foppish [young man].

barbiluengo, ga *adj.* long-bearded.

barbilla *f.* point of the chin. 2 barbel [of fish]. 3 CARP. bevel end for joining.

barbillera *f.* chin bandage.

barbinegro, gra *adj.* black-bearded.

barbiponiente *adj.* beginning to grow a beard.

barbiquejo *m.* chin strap. 2 NAUT. bobstay.

barbirrubio, bia *adj.* blond-bearded.

barbirrucio, cia *adj.* having a grizzled beard.

barbitaheño, ña *adj.* red-bearded.

barbiteñido, da *adj.* having a dyed beard.

barbo *m.* ICHTH. barbel. 2 ICHTH. ~ *de mar*, red mullet.

barbón *m.* bearded man. 2 Carthusian lay brother.

barboquejo *m.* chin strap.

barbotar *intr.* & *tr.* to mumble, to mutter.

barbote *m.* beaver [of helmet].

barbudo, da *adj.* bearded, long-bearded.

barbulla *f.* hubbub.

barbullar *intr.* to jabber noisily and in spurts.

barbullón *m.* jabberer.

barbuquejo *m.* BARBOQUEJO.

barca *f.* boat, small boat : ~ *de pasaje*, ferryboat.

barcada *f.* boatload. 2 boat trip.

barcaje *m.* transport by boat. 2 boat freight. 3 ferry.ng, ferriage.

barcal *m.* small shallow tub.

barcarola *f.* MUS. barcarole.

barcaza *f.* lighter, barge.

barcelonés, sa *adj.* pertaining to Barcelona. — 2 *m.* & *f.* native or inhabitant of Barcelona.

barceo *m.* BOT. matweed.

barcia *f.* chaff [from grain].

barcino, na *adj.* [of animals] red-brown and white

barco *m.* NAUT. boat, vessel, ship.

barcón *m.* NAUT. boat carried in tow or on deck by old-time galleons.

barcote *m.* aug. of BARCO [used disparagingly].

barchilón, na *m.* & *f.* (Am.) hospital nurse.

barda *f.* bard [horse armour]. 2 thatched top [of a wall or fence].

bardado, da *adj.* barded.

bardaguera *f.* BOT. kind of osier.

bardal *m.* BARDA 2.

bardana *f.* BOT. burdock.

bardanza *f.* *andar de* ~, to gad about.

bardar *tr.* to thatch [walls and fences].

bardo *m.* bard [poet.].

baremo *m.* ready reckoner.

bargueño *m.* kind of Spanish decorated cabinet on legs.

bario *m.* CHEM. barium.

barisfera *f.* GEOL. barysphere.

barita *f.* CHEM. baryta.

baritina *f.* MINER. barite.

baritono *m.* MUS. baritone.

barjuleta *f.* kind of haversack.

barloar *tr.-intr.-ref.* ABARLOAR.

barloventear *intr.* NAUT. to beat to windward, to beat. 2 coll. to rove about.

barlovento *m.* NAUT. windward : *ganar el* ~, to get to windward of.

barnabita *m.* Barnabite.

barnacla *m.* ORN. barnacle, barnacle goose.

barnicé, barnice, etc., *pret.*, *subj.* & *imper.* OI BARNIZAR.

barniz, *pl.* -nices *m.* varnish : ~ *aislante*, electric varnish ; ~ *del Japón*, japan ; 2 glaze [on pottery]. 3 smattering superficial knowledge. 4 BOT. ~ *del Japón*, tree of heaven.

barnizado *m.* varnishing.

barnizador, ra *adj.* varnishing. — 2 *m.* & *f.* varnisher.

barnizar *tr.* to varnish.

barnizadura *f.* varnishing.

barógrafo *m.* barograph.

barométrico, ca *adj.* barometric.

barómetro *m.* barometer.

barometrógrafo *m.* barometrograph.

barón *m.* baron.

baronesa *f.* baroness.

baronía *f.* barony, baronage.

baroscopio *m.* baroscope.

barquear *tr.* to cross [a river, etc.] by boat. 2 *intr.* to go about in a boat.

barqueo *m.* boating ; crossing in a boat.

barquero *m.* boatman ; ferryman.

barqueta *f.* small boat.

barquete *m.* small vessel or ship.

barquía *f.* fishing boat.

barquichuelo *m.* small boat or ship.

barquilla *f.* boat-shaped mould for pastry. 2 AER. basket ; nacelle. 3 NAUT. ~ *de la corredera*, log, log chip.

barquillero *m.* maker or seller of rolled waffles or cones.

barquillo *m.* thin rolled waffle ; cone.

barquín *m.* large bellows [in a forge].

barquinazo *m.* hard jolt or upset of a carriage.

barquinera *f.* BARQUÍN.

barquino *m.* ODRE.

barra *f.* bar. 2 MECH. lever, bar ; beam, rod. 3 ingot, bar [of metal]. 4 bar, rail [in lawcourt]. 5 SPORT bar. 6 sand-bar. 7 WEAV. gross-spun thread in cloth. 8 HER. stripe, bar. 9 NAUT. irons. 10 ~ *colectora*, ELECT. bus bar. 11 *sin mirar*, *pararse*, *reparar* or *tropezar en barras*, without stopping at trifles, regardless of obstacles.

Barrabás *m. pr. n.* BIBL. Barabas. 2 (non cap.) fig. devil [evil or mischievous person].

barrabasada *f.* serious mischief ; wrong, hasty, inconsiderate action.

barraca *f.* cabin, hut, booth, shanty. 2 farmhouse, cottage [in the Valencian countryside]. 3 (Am.) storage shed.

barracón *m.* large hut or booth.

barrado, da *adj.* p. p. of BARRAR. 2 WEAV. [of fabrics] streaky. 3 HER. barred.

barragán *m.* barracan.

barragana *f.* concubine.

barraganería *f.* concubinage.

barraganete *m.* NAUT. top-timber.

barranca *f.* BARRANCO.

barrancal *m.* place full of ravines.

barranco *m.* precipice. 2 ravine, gorge : *no hay* ~ *sin atranco*, fig. there is no undertaking without risk. 3 difficulty, setback.

barrancoso, sa *adj.* full of ravines, broken.

barranquera *f.* BARRANCO.

barraquero *m.* watchman [of building under construction, etc.]. 2 (Am.) storage-shed keeper.

barrear *tr.* to barricade. 2 BARRETEAR.

barreda *f.* barrier.

barredero, ra *adj.* sweeping : *red barredera*, dragnet. — 2 *m.* baker's mop.

barredor, ra *adj.* sweeping. — 2 *m.* & *f.* sweeper.

barredura *f.* sweeping. 2 *pl.* sweepings, rubbish.

barreminas *f.* mine sweeper [ship].

barrena *f.* drill, auger, gimlet : ~ *de guía*, centre-bit. 2 rock drill. 3 AER. spin : *entrar en* ~, to go into a spin.

barrenado, da [de cascos] *adj.* scatter-brained.

barrenar *tr.* to drill, bore. 2 to scuttle [a ship]. 3 to foil, frustrate, sap, thwart. 4 to violate, infringe.

barrendero, ra *m.* & *f.* street sweeper.

barrenero *m.* drill maker ; drill seller. 2 rock driller, blaster.

barrenillo *m.* ENTOM. borer [insect].

barreno *m.* large drill. 2 bored hole : *dar* ~, to scuttle [a ship]. 3 blast hole. 4 vanity, pride. 5 (Chi.) mania, fixed idea.

barreña *f.* BARREÑO.

barreño m. earthen tub, dishpan.
barrer tr. to sweep; to sweep away; to sweep clean : fig. ∼ hacia adentro, to look out for oneself. 2 NAUT. to rake.
barrera f. barrier : ∼ del sonido, sonic barrier; ∼ de paso a nivel, RLY. crossing gate; ∼ de portazgo, turnpike, tollgate. 2 FORT. parapet. 3 MIL. barrage. 4 BULLF. fence around inside of bull ring. 5 BULLF. first row of seats. 6 clay pit.
barrero m. potter. 2 muddy ground. 3 (Am.) salt soil.
barreta f. small bar. 2 shoe lining.
barretear tr. to fasten with bars.
barretina f. Catalan cap.
barriada f. city ward or district; suburb.
barrial m. (Am.) BARRIZAL.
barrica f. cask, barrel.
barricada f. barricade.
barrido m. sweeping.
barriga f. belly. 2 bulge [in a wall].
barrigón, na & **barrigudo, da** adj. big-bellied.
barriguera f. belly-band.
barriguilla f. dim. little belly.
barril m. barrel, keg. 2 earthen water jug.
barrilaje m. (Mex.) BARRILAMEN.
barrilamen m. stock of barrels or casks.
barrilejo m. small barrel, rundlet.
barrilería f. BARRILAMEN. 2 barrel factory or shop.
barrilero m. barrel maker, cooper.
barrilete m. keg. 2 dog, clamp [on a carpenter bench]. 3 NAUT. mouse [knob]. 4 upper joint of a clarinet. 5 ZOOL. fiddler crab.
barrililo m. dim. small barrel, firkin.
barrilla f. BOT. saltwort, barilla. 2 barilla [sodium carbonate].
barrillar m. barilla plantation. 2 barilla pit.
barrillero, ra adj. barilla-yielding.
barrio m. town ward, quarter or district; suburb : ∼ comercial, business district, city; ∼ extremo, suburb; Barrio Latino, Latin Quarter; barrios bajos, slums, popular quarter; fig. el otro ∼, the other world.
barrisco (a) adj. in all, indiscriminately.
barrizal m. muddy ground, muddy place.
barro m. mud. 2 clay : vasijas de ∼, earthenware; tener ∼ a mano, fig. to have money or means in plenty. 3 clay figure. 4 pl. pimples [on the face].
barroco, ca m. baroque.
barrocho m. BIRLOCHO.
barroquismo m. baroque style; baroque taste.
barroso, sa adj. muddy. 2 reddish. 3 pimpled, pimply.
barrote m. heavy bar. 2 bar [in a window, etc.]. 3 rung [of a chair]; crosspiece.
barrueco m. baroque pearl.
barrumbada f. boast. 2 boastful extravagance.
barruntador, ra adj. conjecturing, guessing.
barruntamiento m. conjecturing, guessing.
barruntar tr. to conjecture guess, suspect.
barrunto m. feeling, guess. 2 inkling, sign.
bartola (a la) adv. carelessly, idly, taking things easy : echarse, tenderse or tumbarse a la ∼, to lie back lazily; fig. to do nothing.
bartolillo m. little custard pie.
bartolina f. (Mex.) small and dark dungeon or jail cell.
Bartolo m. pr. n. BARTOLOMÉ.
Bartolomé m. pr. n. Bartholomew.
bártulos m. pl. implements, tools, traps : liar los ∼, coll. to pack up.
barullo m. noise, confusion, tumult, medley.
barzal m. brambles [brambly ground].
barzón m. saunter, stroll. 2 ring or loop of a yoke.
barzonear intr. to walk idly, to stroll about.
basa f. basis, foundation 2 ARCH. base.
basada f. stocks [for shipbuilding].
basáltico, ca adj. basalt, basaltic.
basalto m. PETROG. basalt.
basamento m. ARCH. base and pedestal, basement.
basanita f. PETROG. basalt. 2 basanite.
basar tr. to base, found. 2 SURV to refer [operation, etc.] to a fixed base line. — 3 ref. to be based. 4 to base oneself, one's statement, etc.
basáride f. ZOOL. cacomistle.
basca f. nausea, squeamishness.
bascosidad f. filth, dirt.
bascoso, sa adj. squeamish.

báscula f. platform scale or balance. 2 bascule [of bridge].
bascular intr. to tilt, seesaw.
base f. basis, base : a ∼ de, on the basis of. 2 MATH., GEOM., CHEM., MIL., SURV. base.
basicidad f. CHEM. basicity.
básico, ca adj. basic.
basidio m. BOT. basidium.
basidiomiceto m. BOT. basidiomycete.
basilar adj. basilar.
Basilea f. pr. n. GEOG. Basel, Basle.
basílica f. basilica. — 2 adj. basilic [vein].
Basilio m. pr. n. Basil.
basilio, lia adj. & m. Basilian.
basilisco m. MYTH. basilisk, cockatrice : estar hecho un ∼, fig. to be furious. 2 ZOOL., MIL. basilisk.
basquear intr. to be nauseated. — 2 tr. to nauseate.
basquiña f. black outer skirt.
basta f. basting stitch. 2 stitch through a mattress or quilt.
bastaje m. porter, carrier.
bastante adj. enough, sufficient. — 2 adv. enough, fairly, pretty, rather, sufficiently.
bastantear tr. LAW to acknowledge the validity of a power of attorney.
bastantemente adv. sufficiently.
bastanteo m. acknowledging a power of attorney.
bastar intr. to suffice, be enough. 2 to abound. — 3 ref. bastarse a sí mismo, to be sufficient unto oneself. 4 ¡basta!, that will do; stop!
bastarda f. bastard file.
bastardear tr. to debase, to adulterate. — 2 intr. to bastardize, to degenerate.
bastardelo m. MINUTARIO.
bastardía f. bastardy. 2 meanness, indignity.
bastardilla adj. italic [letter]. — 2 f. italics.
bastardo, da adj. bastard. 2 mean, base. 3 letra bastarda, an old kind of hand in writing. — 4 m. & f. bastard.
baste m. basting stitch. 2 saddle pad.
bastear tr. SEW. to baste.
bastedad f. coarseness, lack of polish.
bastero m. maker or seller of packsaddles.
basteza f. BASTEDAD.
bastida f. tower [anc. war engine].
bastidor m. sash [of window or door]; frame. 2 embroidery frame. 3 stretcher [for canvas]. 4 PHOT. plate holder. 5 chassis [of a car]. 6 wing [of stage scenery] : entre bastidores, behind the scenes.
bastilla f. SEW. hem.
bastillar tr. SEW. to hem.
bastimentar tr. to victual, provision.
bastimento m. supply of provisions. 2 NAUT. vessel.
bastión m. FORT. bastion.
basto, ta adj. coarse, rough, common, inferior. 2 rustic, uncouth, unpolished [person]. — 3 m. kind of packsaddle. 4 ace of clubs. 5 pl. clubs [suit of Spanish cards].
bastón m. cane, walking stick. 2 baton, staff, truncheon : empuñar el ∼, to seize the reins. 3 HER. vertical bar.
bastonada f., **bastonazo** m. blow with a cane.
bastoncillo m. dim. small cane or stick. 2 narrow trimming lace. 3 ANAT. rod [in retine].
bastonear tr. to cane, beat, cudgel.
bastoneo m. caning, beating.
bastonera f. cane stand, umbrella stand.
bastonero m. cane maker or seller. 2 master of ceremonies at some balls.
basura f. sweepings, rubbish, garbage. 2 horse manure.
basurero m. dustman, garbage man, scavenger. 2 rubbish dump, refuse heap.
bata f. dressing gown, morning gown. 2 white gown [for doctors]. 3 obs. frock with train.
batacazo m. violent bump [in falling].
batacián m. (Am.) burlesque show.
bataclana f. (Am.) show girl.
bataholla f. din, hubbub, hurly-burly.
batalla f. battle : ∼ campal, pitched battle; librar ∼, to do battle. 2 joust, tournament. 3 PAINT. battle piece. 4 wheel base [in vehicles].
batallador, ra adj. battling, fighting. — 2 m. & f. battler, fighter.
batallar intr. to battle, to fight; to struggle. 2 to fence. 3 to waver, hesitate.
batallola f. BATAYOLA.
batallón m. battalion.

batallona adj. *cuestión* ~, much discussed affair, vexed question.
batán m. fulling mill. 2 WEAV. batten, lathe, lay [of a loom].
batanado m. fulling, milling [cloth].
batanar tr. to full [cloth].
batanear tr. to beat, thrash.
batanero m. cloth fuller.
batanga f. (P. I.) bamboo outrigger [in boats].
bataola f. BATAHOLA.
batata f. BOT. sweet potato.
batatar m. sweet-potato field.
batatazo m. (Arg., Chi.) *dar* ~ [of horses], to win against all expectations.
bátavo, va adj. & n. Batavian.
batayola f. NAUT. fender rail.
batea f. tray, painted wooden tray. 2 small tub. 3 NAUT. scow, small flat-bottomed boat. 4 RLY. flatcar, platform car. 5 (Pe.) washing trough.
bate m. (Am.) baseball bat.
batel m. small boat.
batelero m. boatman.
bateo m. coll. BAUTIZO.
batería f. MIL., NAV., ELECT., MUS. battery. 2 battery [set of instruments, etc.] : ~ *de cocina*, kitchen utensils. 3 THEAT. footlights. 4 MIL. breach.
batey m. (Cu.) sugar factory.
batiborrillo, batiburrillo m. hodgepodge.
baticola f. crupper.
batida f. HUNT. battue, beat. 2 combing, search.
batidera f. mortar hoe or stirrer. 2 knife for cutting honeycombs.
batidero m. constant beating or striking. 2 beating place. 3 rough ground. 4 NAUT. washboard.
batido, da p. p. of BATIR. — 2 adj. beaten [path]. 3 chatoyant [silk]. — 4 m. COOK. batter. 5 beaten eggs.
batidor, ra adj. beating. — 2 m. beater [instrument]. 3 COOK. whisk. 4 MIL. scout. 5 MIL. one of the cavalry men heading a regiment on parade. 6 one of the mounted guards riding before the king. a general, etc., on processions or parades. 7 comb [for cleaning hair].
batiente adj. beating. — 2 m. in a door frame, the side on which the door beats when closing. 3 spot where the sea beats against shore. 4 damper [of a piano]. 5 leaf [of a door].
batihoja m. goldbeater, silverbeater.
batimetría f. bathymetry.
batimento m. ESBATIMENTO.
batimiento m. beating.
batín m. smoking jacket.
batintín m. gong.
bationdeo m. flapping [of a flag, curtain, etc.].
batiporte m. NAUT. sill [of a gun port].
batir tr. to beat, to strike. 2 to batter, beat down, demolish : ~ *en brecha* or *en ruina*, MIL. to batter, breach [a wall, rampart, etc.]. 3 to strike [a tent]. 4 [of sun, water, waves, wind] to beat, dash against. 5 to beat, flap [wings]. 6 to beat, mix [eggs, etc.]. 7 to beat [a metal] into sheets. 8 to coin [money]. 9 to comb, fluff [the hair]. 10 to beat, defeat. 11 HUNT. to beat. 12 MIL. to range, to reconnoitre : ~ *el campo*, to range, reconnoitre the field. 13 to beat [a drum]. 14 MIL. ~ *banderas*, to dip the colours. 15 ~ *la marca*, to beat the record. 16 ~ *palmas*, to clap hands. 17 ~ *la catarata*, MED. to couch the cataract. — 18 *ref.* to fight : *batirse en duelo*, to fight a duel.
batisfera f. bathysphere.
batista f. cambric.
bato m. rustic, simpleton.
batojar tr. VAREAR 1.
batolito m. GEOL. batholith.
batología f. RETH. batology.
batómetro m. bathometer.
batracio, cia adj. & m. ZOOL. batrachian. — 2 m. pl. ZOOL. Batrachia.
batuda f. series of jumps on the springboard.
batuque m. (Am.) uproar, rumpus.
batuquear tr. (Am.) to shake, to shake up.
baturrillo m. hodgepodge, medley.
baturro, rra m. & f. a rustic or peasant of Aragon.
batuta f. MUS. baton : *llevar la* ~, to lead, to manage.
baúl m. luggage trunk : ~ *mundo*, Saratoga trunk. 2 fig. belly.
baulero m. trunk maker or seller.

bauprés m. NAUT. bowsprit.
bausán, na m. & f. fool, idiot. 2 (Pe.) loafer.
bauticé, bautice, etc., *pret., subj. & imper.* of BAUTIZAR.
bautismal adj. baptismal.
bautismo m. baptism. 2 christening. 3 ~ *de aire,* first flight in an airplane; ~ *de fuego,* baptism of fire; *romperle a uno el* ~, to break somebody's neck.
bautista m. baptizer : *el Bautista,* John the Baptist.
bautisterio m. baptistery.
bautizante adj. baptizing. — 2 m. baptizer.
bautizar tr. to baptize, to christen. 2 to name, give a name. 3 to water [wine].
bautizo m. christening : christening party.
bávaro, ra adj. & n. Bavarian.
Baviera pr. n. GEOG. Bavaria.
baya f. BOT. berry.
bayadera f. bayadere [dancer].
bayarte m. PARIHUELA.
bayeta f. baize.
bayetón m. kind of duffel [cloth].
bayo, ya adj. bay. — 2 m. bay horse. 3 silkworm moth [used as bait by anglers].
Bayona f. pr. n. GEOG. Bayonne.
bayonense & bayonés, sa adj. of Bayonne. — 2 m. & f. native or inhabitant of Bayonne.
bayoneta f. bayonet. 2 BOT. Spanish bayonet, Spanish dagger.
bayonetazo m. bayonet thrust. 2 bayonet wound.
baza f. trick [in cards] : *meter* ~ *en,* coll. to butt in.
bazar m. baza(a)r [in the East]. 2 baza(a)r. department store.
1) bazo m. ANAT. spleen.
2) bazo, za adj. yellowish-brown.
bazofia f. refuse, scrapps of food. 2 garbage.
bazucar, bazuquear tr. to stir [a liquid] by shaking. 2 to shake, jolt.
bazuqué, bazuque, etc., *pret. subj. & imper.* of BAZUCAR.
bazuqueo m. stirring, shaking [of liquids]. 2 shaking, jolting.
be f. name of the letter *b* : ~ *por* ~, in detail. — 2 m. baa.
beatería f. affectation of piety.
beaterio m. kind of beguinage.
beatificación f. beatification.
beatíficamente adv. beatifically.
beatificar tr. to beatify.
beatífico, ca adj. beatific(al.
beatilla f. a kind of thin linen.
beatísimo, ma adj. superl. of BEATO. 2 *beatísimo Padre,* Holy Father.
beatitud f. beatitude, blessedness. 2 (cap.) Beatitude [title given to the Pope].
beato, ta adj. happy. blessed. 2 blessed [beatified]. 3 devout; overpious, affecting piety. — 4 m. beatus. — 5 m. & f. devout, overpious person; one who affects piety. — 6 f. beata. 7 woman who lives in pious retirement. 8 a sort of nun or beguine.
Beatriz pr. n. Beatrice.
beatuco, ca adj. & n. BEATO 3 & 5 [used disparagingly].
bebé m. baby. 2 doll.
bebedero, ra adj. drinkable. — 2 m. drinking place, bowl, dish, etc. [for birds or fowls]. 3 spout [of a drinking vessel].
bebedizo, za adj. drinkable. — 2 m. potion [medicinal or poisonous] : philtre.
bebedor, ra adj. drinking. — 2 m. & f. drinker. 3 hard drinker, toper.
1) beber m. drink, drinking.
2) beber tr. & *ref.* to drink, drink in, drink up : ~ *a la salud de uno,* to drink someone's health; to toast; ~ *como una cuba,* fig. to drink heavily; ~ *en buenas fuentes,* fig. to get information from good sources; ~ *los pensamientos a uno,* coll. to anticipate someone's wishes; ~ *los vientos por,* to sigh or long for or after, to be madly in love with.
beberrón, na adj. hard drinking. — 2 m. & f. hard drinker
bebezón f. (Col.) drunkness. 2 (Cu.) alcoholic drink.
bebestible adj. & m. drinkable.
bebible adj. pleasant to drink. drinkable.
bebida f. drink ; beverage, potion.

bebido, da *p. p.* ou BEBER. — 2 *adj.* drunk, intoxicated. tipsy.
bebistrajo *m.* unpalatable drink, nasty drink; strange mixture of drinks.
beborrotear *intr.* to sip often, to drink in frequent sips.
beca *f.* sash worn over the ancient academic gown. 2 scholarship, bursary, sizarship [allowance to a student].
becacina *f.* AGACHADIZA.
becada *f.* ORN. woodcock.
becado, da *m. & f.* (Am.) BECARIO.
becafigo *m.* ORN. figpecker.
becar *tr.* (Am.) to grant someone a scholarship.
becario *m.* holder of a scholarship, bursar, sizar.
becerra *f.* BOT. snapdragon. 2 calf, young cow.
becerrada *f.* BULLF. fight with young bulls.
becerril *adj.* [pertaining to a] calf.
becerrillo, lla *m. & f.* young calf. 2 calfskin.
becerro *m.* calf, young bull : ～ *de oro.* golden calf, wealth. 2 calfskin. 3 ZOOL. ～ *marino,* seal.
becoquin *m.* two pointed skull-cap.
becuadro *m.* MUS. natural sign.
bechamela *f.* béchamel sauce.
bedel *m.* beadle, apparitor [in a University].
bedelio *m.* bdellium.
beduíno, na *adj. & n.* Bedouin. — 2 *m.* barbarian, boor.
befa *f.* jeer, flout, scoff.
befar *tr.* to jeer, flout, scoff at. — 2 *intr.* [of horses] to move the lips trying to catch the chain of the bit.
befo, fa *adj.* blobber-lipped. 2 knock-kneed. — 3 *m.* lip [of an animal]. 4 a kind of monkey.
begonia *f.* BOT. begonia.
begoniácea, a *adj.* BOT. begoniaceous. — 2 *f. pl.* Begoniaceæ.
beguina *f.* beguine.
behetría *f.* confusion. disorder.
Beirut *f. pr. n.* GEOG. Beyrouth.
béisbol *m.* baseball.
beisbolero, ra; beisbolista *m. & f.* (Am.) baseball player.
bejín *m.* BOT. puffball. 2 testy or peevish person; peevish cry-baby.
bejucal *m.* land full of lianas.
bejuco *m.* BOT. liana, liane; rattan.
bejuquillo *m.* Chinese gold necklace. 2 BOT. ipecac, ipecacuanha
Belcebú *m. pr. n.* Beelzebub.
belcho *m.* BOT. joint fir.
beldad *f.* beauty [of a woman]. 2 beauty, belle [beatiful woman].
beldar *tr.* to winnow with a fork.
belemnita *f.* PALEONT. belemnite.
Belén *m. pr. n.* GEOG. Bethlehem. 2 *m.* (not cap.) Christmas crib or crèche. 3 confusion, bedlam. 4 bad business.
beleño *m.* BOT. henbane : ～ *blanco,* yellow henbane; ～ *negro,* henbane, black henbane.
belérico *m.* BOT. myrobalan.
Belerofonte *m.* MYTH. Bellerophon.
belesa *f.* BOT. leadwort.
belfo, fa *adj.* blobber-lipped. — 2 *m.* lip [of an animal].
belga *adj. & n.* Belgian.
Bélgica *f. pr. n.* GEOG. Belgium.
bélgico, ca *adj.* Belgian.
Belgrado *f. pr. n.* GEOG. Belgrade.
bélico, ca *adj.* warlike, martial.
belicosidad *f.* bellicosity.
belicoso, sa *adj.* bellicose. pugnacious.
beligerancia *f.* belligerency.
beligerante *adj. & n.* belligerent.
beligero, ra *adj.* poet. warlike.
Belisario *m. pr.* Belisarious.
belísono, na *adj.* with warlike sound.
belitre *adj.* low, vile. — 2 *m.* rogue, scoundrel.
Beltrán *m. pr. n.* Bertram.
Beluchistán *m. pr. n.* GEOG. Baluchistan.
belvedere *m.* ARCH. belvedere.
bellacada *f.* BELLAQUERÍA.
bellacamente *adv.* knavishly.
bellaco, ca *adj.* wicked, knavish. 2 cunning, sly. — 3 knave, scoundrel.
bellacuelo, la *adj. m.* dim. of BELLACO.
belladona BOT. belladonna, deadly nightshade.
bellamente *adv.* beautifully, prettily.

bellaquear *intr.* to be knavish. 2 (Arg.) [of horses] to rear. 3 (Arg.) to refuse to do something.
bellaquería *f.* knavery, knavish act. 2 cunning, slyness.
belleza *f.* beauty [quality of beautiful; beautiful woman].
bellido, da *adj.* beautiful. handsome.
bello, lla *adj.* beautiful, fair, fine : ～ *sexo,* fair sex; *bellas artes,* fine arts; *bellas letras,* belles-lettres; *las bellas,* the fair ones.
bellota *f.* BOT. acorn. 2 acorn-shaped tassel. 3 carnation bud. 4 ZOOL. ～ *de mar,* acorn barnacle.
bellote *m.* large round-headed nail.
bellotear *tr.* [of pigs] to feed on acorns.
bellotera *f.* acorn gatherer or seller [woman]. 2 acorn season. 3 acorn crop. 4 MONTANERA.
bellotero *m.* acorn gatherer or seller. 2 BELLOTERA 2 & 4.
belloto *m.* BOT. (Chi.) a tree of the Laureaceæ family.
bembo *m.* (Cu.) thick lip; Negro's lip.
bembón, na *adj.* (Cu.) thick-lipped.
bemol *adj. & m.* MUS. flat : *doble* ～, double flat; *tener bemoles, tener tres bemoles,* coll. to be very difficult, to be a tough job.
bemolado, da *adj.* MUS. flat [lowered a semitone].
benceno *m.* CHEM. benzene.
bencílico, ca *adj.* CHEM. benzilic.
bencilo *m.* CHEM. benzil, benzyl.
bencina *f.* benzine. 2 petrol [for motor-cars].
bendecidor, ra *adj.* blessing, giving blessings.
bendecir *tr.* to bless. 2 to consecrate; to invoke a blessing upon. ¶ CONJUG. like *decir,* except for the INDIC. fut.: *bendeciré;* the COND.: *bendeciría,* and the IMPER.: *bendiga.* | It has two P. P.: *bendecido,* used in conjugation, and *bendito,* used as an adj.
bendición *f.* benediction, blessing : ～ *de la mesa,* benedicite [at table]; *echar la* ～ *a,* fig. to have nothing more to do with; *que es una* ～, abundantly; with the greatest ease. 2 *pl.* wedding ceremony : *echar las bendiciones,* to marry.
bendigo, bendije, bendiga, etc., irr. V. BENDECIR.
bendito, ta *adj.* sainted, holy, blessed : *agua bendita,* holy water; *pan* ～, blessed bread; *como pan* ～, like hot cross buns. 2 happy. 3 annoying, bothersome. — 4 *m.* simple-minded soul.
benedícite *m.* ECCL. Benedicite. 2 benedicite [at table].
benedictino, na *adj. & n.* Benedictine. — 2 *m.* benedictine [liqueur].
benedictus *m.* ECCL. Benedictus.
beneficencia *f.* beneficence. 2 charity, poor relief, social service.
beneficentísimo, ma *adj.* superl. of BENÉFICO. 2 most beneficent.
beneficiación *f.* benefit. 2 cultivation, exploitation. 3 beneficiation, processing [of ores].
beneficiado *m.* ECCL. beneficiary. 2 THEAT. person, charity, etc., to whom the proceeds of a benefit go.
beneficiador, ra *adj.* cultivating, improving, exploiting, working, beneficiating, processing. — 2 *m. & f.* cultivator, improver [of land]; exploiter, worker [of a mine]; beneficiator, processer [of ores].
beneficial *adj.* ECCL. pertaining to a benefice.
beneficiar *tr.* to benefit, to do good to. 2 to cultivate, improve [land]; 3 to exploit, work [a mine]; to beneficiate, process [ores]. 3 COM. to sell [bills, etc.] at a discount. — 4 *ref.* to benefit, to profit.
beneficiario *m.* [feudatory] beneficiary. 2 [insurance] beneficiary.
beneficio *m.* benefaction. 2 benefit, advantage, profit. 3 COM. profit : ～ *neto,* clear profit. 4 THEAT. benefit. 5 [feudal] benefice. 6 ECCL. benefice. 7 cultivation [of land]; exploitation [of mines]; beneficiation, processing [of ores]. 8 LAW ～ *de inventario,* benefit of inventory.
beneficioso, sa *adj.* beneficial, profitable, advantageous.
benéfico, ca beneficent, charitable. 2 beneficial.
benemérito, ta *adj.* well deserving, worthy, meritorious.
beneplácito *m.* approval, consent.
benevolencia *f.* benevolence, kindness, goodwill.
benévolo, la *adj.* benevolent, kind.

Bengala *pr. n.* GEOG. Bengal. 2 *luz de* ~, Bengal light.
bengala *f.* rattan. 2 MIL. baton. 3 Bengal light.
bengalí, *pl.* -líes *adj. & n.* Bengalese, Bengali. — 2 *m.* Bengali [language]. 3 ORN. Bengali.
benignamente *adv.* benignantly.
benignidad *f.* benignity, benignancy.
benigno, na *adj.* benign. 2 berignant.
Benito *pr. n.* Benedict.
benito, ta *adj. & n.* Benedictine.
Benjamín *pr. n.* Benjamin. — 2 *m.* (not cap.) baby [the youngest son].
benjuí *m.* benzoin.
benzoato *m.* CHEM. benzoate.
benzoico, ca *adj.* CHEM. benzoic.
benzol *m.* CHEM. benzol.
Beocia *pr. n.* GEOG. Boeotia.
beocio, cia *adj. & n.* Boeotian.
beodez *m.* drunkenness.
beodo, da *adj.* drunk. — 2 *m. & f.* drunkard.
beorí, *pl.* -ríes *m.* ZOOL. American tapir.
beque *m.* NAUT. head [of a ship]. 2 NAUT. beakhead.
berberecho *m.* ZOOL. cockle.
Berbería *pr. n.* GEOG. Barbary.
berberí *adj. & n.* BEREBER.
berberidácea, a *adj.* BOT. berberidaceous. — 2 *f. pl.* BOT. Berberidaceæ.
berberís *m.* BÉRBERO.
berberisco, ca *adj. & n.* BEREBER.
bérbero *m.* BOT. barberry. 2 a barberry confection.
berbiquí, *pl.* -quíes *m.* bitstock, brace, carpenter's brace, wimble.
beréber *adj. & n.* Berber.
berenjena *f.* BOT. eggplant.
berenjenal *m.* bed of eggplants : *meterse en un* ~, fig. to get into a mess.
bergamota *f.* bergamot [pear, lime, perfume].
bergamote, bergamoto *m.* BOT. bergamot [tree].
bergante *adj.* scoundrel, rascal.
bergantín *m.* NAUT. brig : ~ *goleta*, brigantine.
bergantinejo *m.* dim. of BERGANTÍN.
beriberi *m.* MED. beriberi.
berilio *m.* CHEM. beryllium.
berilo *m.* MINER. beryl.
berlanga *f.* a card game.
Berlín *pr. n.* GEOG. Berlin.
berlina *f.* berlin [carriage]. 2 closed front compartment [of stagecoach]. 3 *estar, poner* or *quedar en* ~, to be, put or remain in a ridiculous position.
berlinés, sa *adj.* [pertaining to] Berlin. — 2 *m. & f.* Berliner.
berlinga *m.* pole of green wood used in stirring molten metal. 2 NAUT. round timber. 3 clothesline post.
berma *f.* FORT. berm, berme.
bermejal *m.* tract of reddish land.
bermejear *intr.* to have a reddish colour. 2 to show reddish.
bermejizo, za *adj.* reddish. — 2 *m.* ZOOL. a large bat of Oceania.
bermejo, ja *adj.* bright reddish.
bermejón, na *adj.* reddish.
bermejuela *f.* ICHTH. a fresh-water fish.
bermejuelo, la *adj.* dim. somewhat reddish.
bermejura *f.* reddishness.
bermellón *m.* vermilion.
Bermudas (las) *pr. n.* GEOG. Bermudas Islands.
Berna *pr. n.* GEOG. Bern.
Bernabé *pr. n.* Barnaby.
bernardina *f.* coll. boastful lie.
Bernardo *pr. n.* Bernard.
bernardo, da *adj.* Bernardine. — 2 *m.* Bernardine monk. — 3 *f.* Bernardine nun.
bernegal *m.* cup with a scalloped edge.
bernés, sa *adj. & n.* Bernese.
berra *f.* BOT. tall water cress.
berraza *f.* BERRERA. 2 BOT. tall water cress.
berrear *intr.* to low [as a calf]. 2 to bawl.
berreo *m.* lowing, bawling.
berrenchín *m.* BERRINCHE.
berrendo, da *adj.* two-coloured. 2 dappled [bull]. — 3 *m.* ZOOL. a Mexican deer.
berrera *f.* BOT. water parsnip.
berrido *m.* cry of the calf ; low. 2 bawl.
berrinche *m.* rage, tantrum. 2 child's rage.
berrinchudo, da *adj.* (Am.) cross, irascible.
berrizal *m.* water cress patch.
berro *m.* BOT. water cress.

berrocal *m.* place full of granite rocks.
berroqueña *adj. piedra* ~, granite.
berrueco *m.* granite rock. 2 baroque pearl. 3 MED. little tumor in the iris.
Berta *pr. n.* Bertha.
berta *f.* bertha [collar].
berza *f.* BOT. cabbage. 2 BOT. ~ *de pastor*, white goosefoot. 3 BOT. ~ *de perro*, swallowwort.
berzal *m.* cabbage patch.
besalamano *m.* unsigned note, written in the third person and beginning with B.L.M. [kisses the hand].
besamanos *m.* reception at court.
besana *f.* AGR. first furrow opened with a plough. 2 series of parallel furrows.
besante *m.* bezant [coin]. 2 HER. bezant.
besar *tr.* to kiss : *beso la mano, beso los pies*. expressions of courtesy and respect. — 2 *ref.* to kiss [one another]. 3 coll. to bump heads together.
besico, besito *m. dim.* little kiss. 2 BOT. *besico de monja*, Indian heart.
beso *m.* kiss : ~ *de Judas*, Judas kiss. 2 kissing crust [of bread]. 3 bump [collision].
bestezuela *f.* little beast.
bestia *f.* beast : ~ *de carga*, beast of burden ; *gran* ~, elk ; tapir. 2 hulking brute, idiot. — 3 *adj.* stupid, idiot.
bestiaje *m.* beats of burden.
bestial *adj.* beastly, bestial. 2 coll. enormous, terrific, colossal.
bestialidad *f.* beastliness, bestiality. 2 stupidity.
bestialmente *adv.* beastly, bestially.
bestiario *m.* bestiary.
bestión *m.* ARCH. grotesque animal figure.
béstola *f.* ARREJADA.
besucar *tr.* BESUQUEAR.
besucón, na *adj.* fond of kissing.
besugada *f.* meal or repast in which sea bream is the sole or the main course.
besugo *m.* ICHTH. sea bream.
besuguero, ra *m. & f.* seller of sea breams. — 2 *f* fish kettle.
besuguete *m.* ICHTH. red sea bream.
besuqué, besuque, etc., *pret., subj. & imper.* of BESUCAR.
besuquear *tr.* to kiss repeatedly.
beta *f.* beta [Greek letter]. 2 MAR. small rope.
betabel *m.* (Mex.) REMOLACHA.
Betania *pr. n.* GEOG. Bethany.
betarraga, betarrata *f.* REMOLACHA.
betel *m.* BOT. betel, betel pepper.
Bética *f. pr. n.* GEOG. Betica [Roman name for Andalousia].
bético, ca *adj.* Andalousian.
betlemita *adj.* of Bethlehem. — 2 *m. & f.* Bethlehemite.
betlemítico, ca *adj.* pertaining to Bethlehem or the Bethlehemites.
betónica *f.* BOT. betony.
betuláceo, a *adj.* BOT. betulaceous. — 2 *f. pl.* Betulaceæ.
betuminoso, sa *adj.* bituminous.
betún *m.* bitumen : ~ *de Judea*, bitumen of Judea, asphalt. 2 shoe blacking. 3 ZULAQUE.
bev *m.* bey.
bezante *m.* HER. bezant.
bezar *m.* BEZOAR.
bezo *m.* blubber lip. 2 lip. 3 proud flesh [in a wound].
bezoar *m.* bezoar.
bezoárico, ca *adj.* bezoardic.
bezote *m.* (Am.) ring formerly worn by Indians in the lower lip.
bezudo, da *adj.* thick-lipped, blobber-lipped.
biangular *adj.* biangular.
biatómico, ca *adj.* biatomic.
biaxil *adj.* biaxial.
biaza *f.* BIZAZA.
bibásico, ca *adj.* CHEM. dibasic.
biberón *m.* feeding bottle, nursing bottle.
Biblia *f.* Bible.
bíblico, ca *adj.* Biblical.
bibliofilia *f.* bibliophilism.
bibliófilo *m.* bibliophile.
bibliografía *f.* bibliography.
bibliográfico, ca *adj.* bibliographic(al.
bibliógrafo *m.* bibliographer.
bibliomanía *f.* bibliomania.

bibliómano, na *adj.* & *n.* bibliomaniac.
biblioteca *f.* library : ~ *de consulta,* reference library; ~ *circulante,* lending or circulating library.
bibliotecario, ria *m.* & *f.* librarian.
bical *m.* ICHTH. male salmon.
bicameral *adj.* bicameral.
bicarbonato *m.* CHEM. bicarbonate : ~ *sódico* or *de sosa,* sodium bicarbonate.
bicéfalo, la *adj.* bicephalous.
bíceps *m.* ANAT. biceps.
bicerra *f.* ZOOL. ibex, wild goat.
bicicleta *f.* bicycle.
biciclista *m.* & *f.* cyclist.
biciclo *m.* large bicycle.
bicípite *adj.* ANAT. bicipital.
bicoca *f.* obs. small fort. 2 fig. trifle, bagatelle.
bicolor *adj.* bicolour(ed ; two-coloured.
bicóncavo, va *adj.* biconcave.
biconvexo, xa *adj.* biconvex.
bicoquete, bicoquín *m.* two-pointed skullcap.
bicorne *adj.* poet. bicorn, two-horned.
bicornio *m.* two-cornered hat.
bicromato *m.* CHEM. bichromate.
bicuento *m.* billion.
bicúspide *adj.* bicuspid.
bicha *f.* word used by superstitious persons instead of «serpiente» (snake). 2 ARCH. grotesque animal figure.
bicharraco *m.* insect, ugly animal; despicable fellow, wretch.
bichero *m.* boat hook.
bicho *m.* little animal, vermin. 2 domestic animal. 3 BULLF. bull. 4 odd or disagreeable person : ~ *raro,* odd fellow; *mal* ~, wicked person; *todo* ~ *viviente,* all living soul.
bidé *m.* bidet [a form of sitz bath].
bidente *adj.* bidentate. — 2 *m.* bident [twopronged instrument].
bidón *m.* can, drum [for petrol, etc.].
biela *f.* MACH. connecting rod.
bielda *f.* kind of pitchfork.
bieldar *tr.* BELDAR.
bieldo, bielgo *m.* winnowing fork.
1) **bien** *adv.* well, properly, right, perfectly, happily, successfully. 2 willingly, readily : *yo* ~ *lo haría, pero...,* I'd willingly do it, but... 3 very, much, a good deal, fully, enough : ~ *tarde,* very late ; ~ *andaríamos diez quilómetros,* we must have walked fully ten kilometres. 4 easily : ~ *se ve que...,* it is easy to see that... 5 *encontrar* or *hallar* ~, to find satisfactory, to approve. 6 *tener a* ~, to see fit, to deign. 7 ~ ... ~, either ... or : *mandaré la carta,* ~ *por el correo marítimo,* ~ *por el aéreo,* I'l send the letter, either by mail boat or air mail. 8 *ahora* ~, now, now then. 9 *bien a* ~, *de* ~ *a* ~, willingly. 10 ~ *que,* although. 11 *más* ~, rather. 12 *no* ~, as soon as, just as, no sooner. 13 *pues* ~, well, well then. 14 *si* ~, although, even though. 15 *y* ~, well, now then.
2) **bien,** *pl.* **bienes** *m.* good [as opposed to *evil*] : *hombre de* ~, honest, straight man; *no hay* ~ *ni mal que cien años dure,* don't despair, it cannot last for ever. 2 good, welfare, benefit : *hacer* ~, to do good ; *haz* ~ *y no mires a quien,* do good disinterestedly ; *en* ~ *de,* for the sake, good or benefit of. 3 fig. object of love : *mi* ~, my dearest, my darling, my love. 4 *pl.* property, possessions, estate : *bienes de fortuna,* wordly possessions ; *bienes dotales,* dower ; *bienes gananciales,* property acquired during married life; *bienes inmuebles, sedientes* or *raíces,* real estate ; *bienes mostrencos,* unclaimed property ; *bienes muebles,* movables, personal property ; *bienes semovientes,* cattle.
bienal *adj.* biennial.
bienamado, da *adj.* & *n.* well-loved.
bienandante *adj.* happy, fortunate.
bienandanza *f.* happiness, fortune.
bienaventuradamente *adv.* happily.
bienaventurado, da *adj.* happy, blessed. 2 simple, guileless.
bienaventuranza *f.* eternal bliss, beatitude. 2 happiness. 3 *pl.* THEOL. *Las bienaventuranzas,* the Beatitudes.
bienestar *m.* well-being, comfort. 2 comfortable living. 3 happiness, peace of mind.
bienfortunado, da *adj.* fortunate.

bienhablado, da *adj.* well-spoken, civil.
bienhadado, da *adj.* fortunate.
bienhechor, ra *adj.* beneficent, beneficial. — 2 *m.* benefactor. — 3 *f.* benefactress.
bienintencionado, da *adj.* well-meaning.
bienio *m.* biennium.
bienmandado, da *adj.* obedient, submissive.
bienmesabe *m.* meringue batter.
bienoliente *adj.* fragrant.
bienquerencia *f.,* **bienquerer** *m.* affection, good will.
bienquerer *tr.* to love, like, esteem. ¶ CONJUG. like *querer.*
bienqueriente *adj.* affectionate, fond.
bienquerré, bienquerría, bienquiero, bienquise, bienquisiera, etc., *irr.* V. BIENQUERER.
bienquistar tr. & ref. *bienquistar con* or *bienquistarse con una persona,* to put or get into somebody's good books; to gain the esteem of somebody.
bienquisto, ta *adj.* well-liked; generally esteemed.
bienteveo *m.* CANDELECHO.
bienvenida *f.* happy arrival. 2 welcome : *dar la* ~, to welcome.
bienvenido, da *adj.* welcome.
bienvivir *intr.* to live in comfort. 2 to live uprightly.
bies *m.* bias [obliquity].
bifásico, ca *adj.* ELEC. diphase, diphasic; two-phase.
bife *m.* (Am.) beefsteak.
bífero, ra *adj.* BOT. bifer, biferous.
bífido, da *adj.* BOT. bifid.
bifloro, ra *adj.* BOT. biflorous.
bifocal *adj.* bifocal.
biforme *adj.* biform.
bifronte *adj.* bifront, bifrontal.
biftec *m.* beefsteak.
bifuquera *f.* (Chi.) beefsteak broiler.
bifurcación *f.* bifurcation, forking. 2 branch.
bifurcado, da *adj.* bifurcated, forked, branched.
bifurcarse *ref.* to fork, bifurcate; to branch off.
biga *f.* biga [chariot].
bigamia *f.* bigamy.
bígamo, ma *adj.* bigamous. — 2 *m.* & *f.* bigamist.
bigardear *intr.* to lead the life of a licentious vagabond, *to bum around.
bigardía *f.* deceit, sham, dissimulation.
bigardo *m.* obs. licentious friar. 2 licentious vagabond.
bigardón, a *m.* & *f.* licentious vagabond.
bígaro, bigarro *m.* kind of sea snail.
bignoniáceo, a *adj.* BOT. bignoniaceous. — 2 *f. pl.* BOT. Bignoniaceæ.
bigorneta *f.* small anvil.
bigornia *f.* two-pointed anvil.
bigotazo *m.* *aug.* large moustache.
bigote *m.* moustache, mustache, mustachio. 2 whiskers [of cat]. 3 PRINT. dash rule. 4 FOUND. slag tap.
bigotera *f.* moustache protector [to keep points of moustache straight]. 2 smear on upper lip. 3 folding carriage seat. 4 bow compass.
bigotudo *adj.* mustachioed.
bija *f.* BOT. annatto tree. 2 annatto [dyestuff].
bilabiado, da *adj.* BOT. bilabiate.
bilabial *adj.* PHON. bilabial.
bilateral *adj.* bilateral.
bilbaíno, na *adj.* [pertaning to] Bilbao. — 2 *m.* & *f.* native or inhabitant of Bilbao.
Bilbao *m. pr. n.* GEOG. Bilbao.
biliar & **biliario, ria** *adj.* biliary.
bilingüe *adj.* bilingual.
bilingüismo *m.* bilingualism.
bilioso, sa *adj.* bilious.
bilirrubina *f.* BIOCHEM. bilirubin.
bilis *f.* bile, gall : fig. *descargar la* ~, to vent one's spleen.
bilítero, ra *adj.* biliteral.
bilobulado, da *adj.* bilobate.
biloacoión *f.* bilocation.
bilocarse *ref.* to be in two places at the same time.
bilocular *adj.* BOT. bilocular.
biloqué *pret., subj.* & *imper.* of BILO-CARSE.
billa *f.* BILLIARDS hazard.
billalda *f.* tipcat [boys' game].
billar *m.* billiards. 2 billiard table. 3 billiard room. 4 billiard hall.

billarda *f.* BILLALDA.
billarista *m.* billiardist, billiard player.
billete *m.* note, short letter. 2 love letter. 3 ticket [railway, theater, lottery. etc., ticket] : *medio* ~, half fare ; ~ *de abono*, season ticket, commutation ticket; ~ *de ida y vuelta*, round-trip ticket; ~ *kilométrico*, mileage book ; ~ *de favor*, complimentary ticket. 4 ~ *de banco*, bank note.
billón *m.* [British] billion ; [U. S. A.] trillion.
billonésimo, ma *adj.* & *n.* billionth [in Britain] ; trillionth [in U. S. A.].
bimano, na *adj.* bimanous. — 2 *m.* ZOOL. bimane.
bimba *f.* coll. high hat, top hat.
bimembre *adj.* having two members.
bimensual *adj.* semimonthly.
bimestral *adj.* bimestrial, bimonthly.
bimestre *adj.* BIMESTRAL. — 2 *m.* period of two months. 3 bimonthly payment.
bimetalismo *m.* bimetallism.
bimetalista *adj.* & *n.* bimetallist. — 2 *adj.* bimetallistic.
bimotor *adj.* twin-motor. — 2 *m.* twin-motor plane.
bina *f.* AGR. second ploughing or digging.
binación *f.* act of celebrating two Masses on the same day, bination.
binar *tr.* AGR. to plough or dig a second time. — 2 *intr.* to celebrate two Masses on the same day.
binario, ria *adj.* binary.
binazón *f.* BINA.
binocular *adj.* binocular.
binóculo *m.* binocle, binocular. 2 lorgnette.
binomio *m.* ALG. binomial : ~ *de Newton*, binomial theorem.
binubo, ba *adj.* twice married.
binza *f.* pellicle [of eggshell or onion]. 2 any thin membrane.
biodinámica *f.* biodynamics.
biofísico, ca *adj.* biophysical. — 2 *f.* biophysics.
biogénesis *f.* biogenesis.
biognosia *f.* biognosis.
biografía *f.* biography.
biografiado, da *m.* & *f.* biographee.
biografiar *tr.* to biographize.
biográfico, ca *adj.* biographic(al.
biógrafo *m.* biographer.
biología *f.* biology. .
biológico, ca *adj.* biologic(al.
biólogo *m.* biologist.
biombo *m.* folding screen.
biopsia *f.* MED. biopsy.
bioquímico, ca *adj.* biochemical. — 2 *f.* biochemistry.
biótica *f.* biotics.
biotita *f.* MINER. biotite.
bióxido *m.* CHEM. dioxide.
bipartido, da; bipartito, ta *adj.* bipartite.
bipede; bípedo, da *adj.* & *n.* biped.
bipétalo, la *adj.* BOT. bipetalous.
bipinado, da *adj.* BOT. bipinnate.
biplano *m.* AER. biplane.
bipolar *adj.* bipolar.
biribís *m.* BISBÍS.
biricú *m.* sword belt.
birimbao *m.* MUS. Jew's harp.
birlar *tr.* at skittles, to throw [the ball] second time from place where it stopped. 2 to knock down or kill with one blow or shot. 3 coll. ~ *la novia, un empleo, etc.*, to pinch [somebody's] sweetheart, job, etc.
birlibirloque m. *por arte de* ~, by magic, as if by magic.
birlocha *f.* kite [toy].
birlocho *m.* barouche.
birlonga *f.* card game, a variety of ombre.
Birmania *f. pr. n.* GEOG. Burma.
birmano, na *adj.* & *n.* Burmese.
birrectángulo *adj.* GEOM. birectangular.
birrefringencia *f.* OPT. birefringence.
birrefringente *adj.* OPT. birefringent.
birreme *adj.* & *f.* bireme.
birreta *f.* scarlet biretta. 2 cardinalate.
birrete *m.* scarlet biretta. 2 academic cap. 3 cap worn by judges, barristers, etc., with official dress.
birretina *f.* MIL. bearskin, hussar or grenadier's cap. 2 small cap.
bis *adv.* & *adj.* bis.
bisabuela *f* great-grandmother.

bisabuelo *m.* great-grandfather. 2 *pl.* great-grandparents.
bisagra *f.* hinge. 2 shoemaker's polisher.
bisar *tr.* to repeat [a song, performance, etc.].
bisbís *m.* gambling game resembling roulette.
bisbisar *tr.* to mutter, mumble.
bisbiseo *m.* muttering, mumbling.
bisecar *tr.* GEOM. to bisect.
bisección *f.* GEOM. bisection.
bisector, bisectriz, *pl.* **-tores, -trices** *adj.* GEOM. bisecting. — 2 *m.* bisector. — 3 *f.* bisectrix.
bisel *m.* bevel, bevel edge.
biselado, da *adj.* bevelled. — 2 *m.* bevelling, bevel.
biselar *tr.* to bevel.
bisemanal *adj.* semiweekly.
bisexual *adj.* bisexual.
bisiesto *adj.* bissextile, leap [year]. — 2 *m.* leap year.
bisílabo, ba *adj.* bisyllabic, disyllabic. — 2 *m.* disyllable.
bismuto *m.* CHEM. bismuth.
bisnieto, ta *m.* & *f.* great-grandchild. — 2 *m* great-grandson. — 3 *f.* great-granddaughter.
bisojo, ja *adj.* strabismic, squint-eyed, cross-eyed. — 2 *m.* & *f.* cross-eyed person.
bisonte *m.* ZOOL. bison.
bisoñada *f.* act of a novice.
bisoñé *m.* toupee or small wig for front of head.
bisoñería *f.* BISOÑADA.
bisoño, ña *adj.* green, inexperienced. 2 MIL. raw. — 3 *m.* & *f.* greenhorn, novice. 4 raw recruit.
bistec *m.* beefsteak.
bistorta *f.* BOT. bistort.
bistre *m.* bistre.
bistrecha *f.* advance, advance payment.
bisturí, *pl.* **-ríes** *m.* SURG. bistoury.
bisulco, ca *adj.* bisulcate, cloven-footed.
bisulfato *m.* CHEM. bisulfate.
bisulfito *m.* CHEM. bisulfite.
bisulfuro *m.* CHEM. disulfide.
bisunto, ta *adj.* dirty, greasy.
bisutería *f.* imitation jewelry.
bita *f.* NAUT. bitt.
bitácora *f.* binnacle.
bitadura *f.* NAUT. range of cable.
bitínico, ca *adj.* Bithynian.
bitinio nia *adj.* & *n.* Bithynian.
bitongo adj. *niño* ~, boy fond of acting like a child.
bitoque *m.* spigot [in a cask].
bitor *m.* ORN. corn crake.
bituminoso, sa *adj.* bituminous.
bivalencia *f.* CHEM. bivalence.
bivalente *adj.* CHEM. bivalent.
bivalvo, va *adj.* bivalve.
bixáceo, a *adj.* BOT. bixaceous. — 2 *f. pl.* Bixaceæ.
biza *f.* BONITO 3.
Bizancio *f. pr. n.* GEOG. HIST. Byzantium.
bizantinismo *m.* Byzantinism. 2 idle discussion.
bizantino, na *adj.* & *n.* Byzantine. — 2 *adj.* idle [discussion].
bizarramente *adj.* gallantly, courageously. 2 generously, grandly.
bizarrear *intr.* to act gallantly.
bizarría *f.* gallantry, courage. 2 generosity, grandness, splendour.
bizarro, rra *adj.* gallant, courageous. 2 generous, grand, splendid.
bizaza *f.* leather wallet [long sack open at the middle].
bizcar *intr.* to squint. — 2 *tr.* to wink [the eye].
bizco, ca *adj.* squint-eyed, cross-eyed. — 2 *m.* & *f.* cross-eyed person, squinter.
bizcochada *f.* biscuit soup. 2 kind of fancy bread.
bizcochar *tr.* to bake [bread] a second time.
bizcochería *f.* (Mex.) pastry shop.
bizcocho *m.* biscuit, hardtack. 2 sponge cake : ~ *borracho*, tipsy cake. 3 biscuit, bisque [unglazed porcelain].
bizcochuelo *m.* small biscuit or sponge cake.
bizcorneado, da *adj.* (Cu.) BIZCO.
bizcornear *intr.* (Cu.) BIZCAR.
bizcorneta *adj.* (Col.) BIZCO.
bizcotela *f.* frosted sponge cake.
bizmar *tr.* to poultice.
bizma *f.* poultice.
bizna *f.* membrane dividing walnut kernel.
biznaga *f.* BOT. bishop's-weed. 2 toothpick made from this plant. 3 BOT. a Mexican cactus.

biznieto, ta *m.* & *f.* BISNIETO. TA.
bizqué, bizque, etc., *pret., subj.* & *imper.* of BIZCAR.
bizquear *intr.* to squint.
blanca *f.* old copper and silver coin : *estar sin* ⁓, *no tener* ⁓, to be stone broke, not to have a copper to bless oneself with. 2 MUS. minim.
blancazo, za *adj.* coll. whitish.
blanco, ca *adj.* white, hoar, hoary. 2 white, light pale, light-coloured : *pan* ⁓, white bread. 3 fair [complexion]. 4 white [person, race, metal]. 5 coll. yellow [cowardly]. 6 POL. white. — 7 *m.* white colour. 8 white star, white spot [on horses]. 9 target, mark : *dar en el* ⁓, to hit the mark. 10 aim, goal. 11 gap, interval. 12 blank, blank space : *en* ⁓, blank [page, check, document, etc.]. 13 PRINT. blank form. — 14 *m.* & *f.* white person. — 15 ⁓ *de huevo*, eggshell cosmetic ; ⁓ *de España*, whiting ; ⁓ *de la uña*, half moon on fingernail ; ⁓ *del ojo*, white of the eye ; ⁓ *de plomo*, white lead. 16 *quedarse en* ⁓, to fail to grasp the point ; to be frustrated, disappointed.
blancor *m.* BLANCURA.
blancote *adj.* & *n.* yellow [cowardly, coward].
blancura *f.* whiteness. 2 fairness [of skin].
blancuzco, ca *adj.* whitish.
blandamente *adv.* softly, gently.
blandeador, ra *adj.* softening, convincing.
blandear *intr.* & *ref.* to yield, give in. — 2 *tr.* to make [someone] change his mind.
blandengue *adj.* soft, weak, without energy. — 2 old Argentine lancer.
blandicia *f.* flattery. 2 love of luxury, luxury.
blandiente *adj.* swaying, waving.
blandir *tr.* to brandish, flourish, swing.
blando, da *adj.* soft [yielding to pressure, plastic]. 2 soft, gentle, mild, bland. 3 soft, delicate [unable to endure hardship]. 4 cowardly. 5 soft [soap]. 6 watery [eye]. 7 ⁓ *de boca*, tender-mouthed [horse].
blandón *m.* thick wax candle. 2 candlestick for the same.
blanducho, cha; blandujo, ja *adj.* softish.
blandura *f.* softness. 2 gentleness, mildness, sweetness, blandness. 3 endearing word. 4 luxury, delicacy.
blanqueación *f.* BLANQUICIÓN. 2 BLANQUEO.
blanqueador, ra *adj.* whitening ; whitewashing ; bleaching ; blanching. — 2 *m.* & *f.* whitener ; whitewasher ; bleacher ; blancher.
blanqueadura *f.* **blanqueamiento** *m.* BLANQUEO.
blanquear *tr.* to whiten, blanch. 2 to bleach. 3 to blanch [metals]. 4 [of bees] to wax [the honeycomb] after winter. — 5 *intr.* to whiten, turn white. 6 to show white.
blanquecedor *m.* blancher [of metals].
blanquecer *tr.* to whiten, to bleach. 2 to blanch [metals]. ¶ CONJUG. like *agradecer*.
blanquecimiento *m.* blanching [metals].
blanquecino, na *adj.* whitish.
blanqueo *m.* whitening, bleaching. 2 whitewashing.
blanqueta *f.* old coarse woolen cloth.
blanquete *m.* white cosmetic.
blanquición *f.* blanching [metals].
blanquezco, blanquezque, etc., *irr.* V. BLANQUECER.
blanquillo, lla *adj.* whitish. 2 *trigo* ⁓, white wheat. — 3 *m.* (Chi., Pe.) white peach. 4 a Chilian fish.
blanquimento, blanquimiento *m.* bleaching solution.
blanquinoso, sa *adj.* BLANQUECINO.
blanquizal, blanquizar *m.* fuller's-earth pit.
blanquizco, ca *adj.* BLANQUECINO.
blao *adj.* & *m.* HER. azure.
Blas *m. pr. n.* Blase : *dijo lo* ⁓, *punto redondo*, you're always right [said ironically].
blasfemable *adj.* vituperable, blameworthy.
blasfemador, ra *m.* & *f.* blasphemer.
blasfemamente *adv.* blasphemously.
blasfemante *adj.* blaspheming. — 2 *m.* & *f.* blasphemer.
blasfemar *intr.* to blaspheme : ⁓ *de*, to blaspheme [God, the saints, etc.].
blasfematorio, ria *f.* blasphemous.
blasfemia *f.* blasphemy.
blasfemo, ma *adj.* blasphemous. — 2 *m.* & *f.* blasphemer.
blasón *m.* heraldry, blazon. 2 armorial bearings. 3 HER. charge. 4 honour, glory. ◆

blasonador, ra *adj.* boasting.
blasonar *tr.* HER. to emblazon. — 2 *intr.* to boast : *blasonar de*, to boast of being.
blasonería *f.* boasting, bragging.
blastema *m.* BIOL. blastema.
blastodermo *m.* EMBRYOL. blastoderm.
blástula *f.* EMBRYOL. blastula.
bledo *m.* BOT. blite, goosefoot ; wild amaranth : *no me importa un* ⁓, I don't care a straw.
blefaritis *f.* MED. blepharitis.
blenda *f.* MINER. blende.
blenorragia *f.* MED. bienorrhœa.
blenorrágico, ca *adj.* MED. blenorrhœal.
blenorrea *f.* MED. chronic blenorrhœa.
blinda *f.* FORT. blind.
blindado, da *adj.* armoured [car, ship] steel-jacketed [bullet]. 2 ELECT. shielded.
blindaje *m.* FORT. blindage. 2 armour, armour plate. 3 ELECT. shield.
blindar *tr.* to armour, armour-plate. 2 ELECT. to shield.
blocao *m.* FORT. blockhouse.
blonda *f.* blond lace, blonde lace.
blondina *f.* narrow blonde lace.
blondo, da *adj.* blond, blonde, fair.
bloque *m.* block [of stone, wood, paper, etc.] : ⁓ *de hormigón*, concrete block ; *en* ⁓, in the mass. 2 POL. bloc.
bloqueador, ra *adj.* blockading. — 2 *m.* & *f.* blockader.
bloquear *tr.* MIL., NAUT. to blockade. 2 MED., PRINT. to block. 3 COM. to block [an account].
bloqueo *m.* MIL., NAUT. blockade : *burlar, forzar, violar el* ⁓, to run the blockade. 2 PRINT., COM. blocking. 3 MED. block.
blusa *f.* smock. 2 blouse.
boa *f.* ZOOL. boa. 2 boa [neckpiece].
boardilla *f.* BUHARDILLA.
boato *m.* show, pomp.
bobada *f.* BOBERÍA.
bobalías *m.* simpleton.
bobalicón, na *adj.* silly, simple. — 2 *m.* & *f.* simpleton, fool.
bobamente *adv.* sillily. 2 without personal effort.
bobarrón, na *adj.* BOBALICÓN.
bobatel *m.* simpleton, fool.
bobático, ca *adj.* silly, foolish [deed or remark].
bobear *tr.* to talk nonsense, to play the fool : to fool around.
bobería *f.* silliness, foolishness. 2 silly action or remark ; nonsense, trifle, foolery.
bóbilis, bóbilis (de) *adv.* for nothing. 2 with no effort or labour.
bobillo *m.* big bellied glazed pitcher. 2 lace collar.
bobina *f.* bobbin. 2 ELECT. coil : ⁓ *de encendido*, spark coil, ignition coil ; ⁓ *de fondo de cesta*, basket coil ; ⁓ *de panal* or *de nido de abeja*, honeycomb coil ; ⁓ *de regeneración*, feed-back coil, tickler coil ; ⁓ *de sintonización*, tunning coil.
bobinado *m.* winding [yarn or wires].
bobinadora *f.* winder, winding machine.
bobinar *tr.* to wind [yarns or wires].
bobo, ba *adj.* silly, foolish, gullible. — 2 *m.* & *f.* fool, simpleton, ninny : ⁓ *de Coria*, great fool. 3 *m.* THEAT. fool. — 4 *adv.* *a bobas*, foolishly.
bobote *m.* coll. great fool, *boob.
boca *f.* mouth [of man or animal ; speech] : ⁓ *de escorpión*, fig. evil tongue (person) ; ⁓ *de oro*, fig. very eloquent person ; ⁓ *rasgada*, large mouth ; *andar en* ⁓ *de*, to be the subject of someone's talk ; *andar en* ⁓ *de todos, andar de* ⁓ *en* ⁓, to be the talk of the place, to be generally known ; *buscar a uno la* ⁓, to draw someone out ; *callar*, or *cerrar, uno la* ⁓, to be silent, hold one's tongue ; *cerrar*, or *tapar, la* ⁓ *a uno*, to silence someone, close someone's mouth ; *decir uno lo que le viene en* ⁓, to say whatever comes into one's mind ; *despegar*, or *desplegar, la* ⁓, to speak ; *en* ⁓ *cerrada no entran moscas*, silence is gold ; *hablar por* ⁓ *de ganso*, to say what somebody else has put into someone's head ; *hacer* ⁓, to work up an appetite [by eating or drinking something] ; *hacer la* ⁓ *a una caballería*, to train a horse to the use of the bit ; *írsele a uno la* ⁓, to talk imprudently ; *meterse en la* ⁓ *del lobo*, to put one's head into the lion's mouth ; *no decir esta* ⁓ *es mía*, not to say a word ; *oscuro como* ⁓ *de lobo*, pitch-

dark; *poner en ~ de uno algún dicho*, to put words into someone's mouth; *quien tiene ~ se equivoca*, the wisest of us can be mistaken at times; *quitarle a uno de la ~ alguna cosa*, to take the words out of someone's mouth; *quitárselo uno de la ~*, to deprive oneself for the sake of another; *ser blando de ~*, [of a horse] to be tender-mouthed; [of a person] to be an imprudent talker; *torcer la ~*, to make a wry mouth; *traer en bocas a uno*, to speak frequently of someone, to gossip about someone; *venírsele a uno a la ~ alguna cosa*, [of food] to repeat; to be on the tip of one's tongue; *~ abajo*, face downwards, flat on one's face, prone; *¡~ abajo todo el mundo!*, no more argument!, you have to submit, every one of you!; *~ arriba*, face upwards, flat on one's back, supine; *a ~ llena*, openly, plainly; *a pedir de ~, a qué quieres ~*, very well, according to one's desire, to one's heart's content. 2 mouth, entrance, opening: *~, or bocas, de un río*, mouth of a river; *~ del metro*, subway entrance; *~ de riego*, or *de agua*, hydrant; *a ~ de jarro*, [drinking] without measure; at close range; point-blank, suddenly. 3 beginning: *a ~ de invierno*, about the beginning of winter; *a ~ de noche*, at nightfall. 4 approaches [of a tunnel]. 5 muzzle [of a gun]: *a ~ de cañón*, at close range. 6 ZOOL. pincers [of a crustacean]. 7 cutting part of some tools. 8 peen [of hammer]. 9 flavour, relish [of wine]. *10 ~ del estómago*, pit of the stomach. *11 ~ de fuego*, firearm [esp. artillery]. 12 BOT. *~ de dragón*, snapdragon.

bocabarra *f.* bar-hole, socket [of capstan].
bocacalle *f.* street entrance.
bocacaz, *pl.* -**caces** *m.* millrace intake; outlet in a river dam.
bocací *m.* bocasine.
bocacha *f.* wide-mouthed blunderbuss.
bocadear *tr.* to divide into bits or morsels.
bocadillo *m.* sandwich, stuffed roll. 2 farm labourer's midmorning lunch. 3 thin middling linen. 4 narrow ribbon. 5 (Am.) bit of guava paste.
bocadito *m.* little bit. 2 (Cu.) cigarette rolled in tobacco leaf.
bocado *m.* mouthful [of food], morsel, bit: *no haber para un ~*, [of food or anything else], to be insufficient; *no tener para un ~*, to be in absolute destitution; *tomar un ~*, to eat a bit; *con el ~ en la boca*, right from the table. 2 bite, 3 bit [of the bridle]. 4 *pl.* preserved cut fruit.
bocal *m.* wide-mouthed pitcher.
bocamanga *f.* bottom part of a sleeve.
bocamina *f.* mine entrance.
bocanada *f.* mouthful [of liquid]. 2 puff [of tobacco smoke]. 3 *~ de aire* or *de viento*, gust, blast of wind. 4 *~ de gente*, rush of emerging people. 5 *echar bocanadas*, to boast, brag.
bocarte *m.* ore crusher, stamp mill.
bocartear *tr.* to stamp [ore].
bocateja *f.* eaves tile.
bocatijera *f.* socket for the pole of a carriage.
bocaza *f.* large mouth. — 2 *m.* indiscreet talker.
bocazo *m.* fizzle [in blasting].
bocear *intr.* BOCEZAR.
bocel *m.* ARCH. torus [molding]: *medio ~*, half round; *cuarto ~*, quarter round.
bocelar *tr.* to cut a round molding on.
bocelete *m.* dim. of BOCEL.
bocera *f.* smear on lips [after eating or drinking].
boceto *m.* PAINT. sketch. 2 SCULP. rough model
bocezar *intr.* [of horses, etc.] to move the lips from side to side.
bocina *f.* MUS. horn [instrument made of a horn]. 2 sea shell used as a horn. 3 foghorn, auto horn. 4 speaking trumpet, megaphone. 5 phonograph horn. 6 MECH. bushing. 7 (Col., Chi.) ear trumpet. 8 ASTR. (cap.) Ursa Minor.
bocinar *tr.* to blow the horn. 2 to speak through a speaking trumpet.
bocinero *m.* horn blower.
bocio *m.* MED. goitre.
bocón, na *adj.* bigmouthed, boastful. — 2 *m.* & *f.* braggard.
bocoy *m.* large barrel [for goods]; hogshead.
bocudo, da *adj.* bigmouthed [having a large mouth].

bocha *f.* bowl [ball]. 2 *pl.* bowls, bowling [played with balls].
bochar *tr.* BOWL. to hit and dislodge [a ball].
bochazo *m.* BOWL. stroke of a ball against another.
boche *m.* small hole in the ground [for boys' games]. 2 (Ve.) slight: *dar ~ a uno*, to slight, to rebuff. 3 (Ve.) BOCHAZO.
bochinche *m.* noise, row, riot, tumult.
bochinchero, ra *adj.* noisemaker, rioter.
bochista *m.* expert bowler.
bochorno *m.* hot summer breeze. 2 sultry weather, suffocating heat. 3 blush, blushing, flush, rush of blood to the face. 4 embarrassment, shame.
bochornoso, sa *adj.* hot, sultry. 2 embarrassing; disgraceful, shameful.
boda *f.* marriage, wedding: *bodas de plata, de oro*, silver, golden wedding; *bodas de diamante*, diamond wedding, diamond jubilee; *bodas de Camacho*, banquet, lavish feast.
bode *m.* male goat.
bodega *f.* cellar, wine cellar, wine vault. 2 wine shop. 3 pantry. 4 dock-warehouse. 5 NAUT. hold [of a ship]. 6 (Chi.) railway storeroom. 7 (Cu., Mex.) retail grocery.
bodegón *m.* low-class eating house or public house: *¿en qué ~ hemos comido juntos?*, at which public house did we eat together? [a rebuke to anyone unduly familiar]. 2 still-life painting [esp. of edibles].
bodegonero, ra *m.* & *f.* keeper of a BODEGÓN.
bodeguero, ra *m.* & *f.* cellarer, keeper of a wine cellar. — 2 *m.* NAUT. one in charge of the hold. 3 (Cu., Mex.) retail grocer.
bodigo *m.* small loaf of fine flour bread brought as church offering.
bodijo *m.* coll. mesalliance. 2 coll. wedding with little ceremony.
bodocal *f.* a kind of black grape.
bodocazo *m.* blow from a pellet shot from a crossbow.
bodón *m.* pool that dries up in summer.
bodoque *m.* clay ball or pellet shot from crossbow. 2 lump. 3 fig. fig. dolt, dunce.
bodoquera *f.* mould for clay balls. 2 cradle [of a crossbow]. 3 blowgun, peashooter.
bodorrio *m.* BODIJO.
bodrio *m.* soup formerly given to the poor. 2 badly cooked food. 3 mixture of hog's blood and onions for sausages.
bóer *adj.* & *n.* Boer.
boezuelo *m.* dim. small ox. 2 stalking ox [used in fowling].
bofe *m.* lung: *echar el ~* or *los bofes*, to toil; to pant. 2 *pl.* lights [of sheep, hogs, etc.].
bofetada *f.* slap in the face; buffet.
bofetón *m.* slap in the face. 2 THEAT. revolving-door trick.
boga *f.* vogue [acceptation, popularity]: *en ~*, in vogue. 2 rowing. 3 ICHTH. boce. 4 ICHTH. a freshwater fish.
bogada *f.* distance covered at one oar-stroke.
bogador *m.* rower.
bogar *intr.* to row. 2 to sail.
bogavante *m.* first rower [in a galley]. 2 ZOOL. homard, lobster.
bogotano, na *adj.* [pertaining to] Bogotá. — 2 *m.* & *f.* native or inhabitant of Bogotá.
bogué, bogue, etc., *pret.*, *subj.* & *imper.* of BOGAR.
bogui *m.* RLY. bogie.
bohardilla *f.* BUHARDILLA.
bohemiano, na *adj.* & *n.* BOHEMO.
bohémico, ca *adj.* BOHEMO.
Bohemia *pr. n.* Bohemia [country].
bohemio, mia *adj.* & *n.* Bohemian [in every sense]. — 2 *m.* Bohemian language. — 3 *f.* Bohemia [world of the Bohemians]; Bohemian life.
bohemo, ma *adj.* & *n.* Bohemian [of Bohemia].
bohena *f.* sausage of hog lights.
bohío *m.* (Am.) hut, *shack.
bohardar *intr.* to throw BOHORDOS in tournaments.
bohordo *m.* short spear or reed, formerly used in tournaments. 2 BOT. scape.
boicot *m.* boycott.
boicoteador, ra *m.* & *f.* boycotter.
boicotear *tr.* to boycott.
boicoteo *m.* boycott, boycotting.
boil *m.* BOYERA.
boina *f.* beret.
boj *m.* BOT. box, boxwood. 2 boxwood [wood].

boja *f.* ABRÓTANO.
bojar *tr.* NAUT. to sail round or measure the perimeter of [an island or cape]. — *2 intr.* NAUT. [of the perimeter of an island or cape] to measure around.
boje *m.* BOT. box, boxwood.
bojear *tr. & intr.* BOJAR. — *2 intr.* to long a coast.
bojedal *m.* growth of boxwood.
bojeo *m.* NAUT. the act of BOJEAR. *2* perimeter of an island or cape.
bojiganga *f.* old company of strolling comedians.
bojote *m.* (Col., Hond., Ve.) bundle, parcel, package.
bol *m.* punch bowl. *2* bowl [cup without a handle]. *3* ~ *arménico*, Armenian bole.
bola *f.* ball [spherical body] : ~ *de billar*, billiard ball ; ~ *de nieve*, snowball ; BOT. snowball ; ~ *negra*, blackball ; ¡*dale* ~!, what, again! ; *dejar que ruede la* ~, to let things take their course. *2* marble. *3* game played with an iron ball. *4* CARDS slam, vole. *5* NAUT. ball [for signals]. *6* shoe blacking. *7* fib, lie. *8* (Mex.) tumult, row.
bolada *f.* throw [of a ball]. *2* (Col.) nasty trick. *3* (Cu.) fib. *4* (Arg., Ve.) opportunity for a deal.
bolado *m.* AZUCARILLO.
bolandista *m.* Bollandist.
bolardo *m.* NAUT. bollard.
bolazo *m.* hit with a ball : *de* ~, coll. carelessly, hurriedly.
bolchevique *adj. & n.* Bolshevist.
bolcheviquismo *m.* Bolshevism.
boldo *m.* BOT. boldo.
boleada *f.* (Am.) shoe blacking.
boleador *m.* (Am.) bootblack.
boleadoras *f. pl.* bolas, lariat with balls at the ends used by South American cowboys.
bolear *intr.* BILLIARDS to knock, the balls about. — *2 tr.* to throw, flunk. *3* (Am.) to lasso with bolas. *4* (Arg.) to play [someone] a trick. *5* (Am.) to black [shoes]. *6* (Am.) to blackball. — *7 ref.* (Am.) [of horses] to rear, balk. *8* (Am.) to stumble and fall in a ball. *9* (Am.) to blush.
boleo *m.* BILLIARDS aimless playing. *2* throwing of balls. *3* lassing with bolas.
bolero, ra *adj.* lying. — *2 m. & f.* fibber, liar. *3* bolero dancer. — *4 m.* bolero [dance ; short jacket]. *5* (Guat., Hond.) top hat. — *6 f.* bowling alley.
boleta *f.* MIL. billet. *2* (Am.) ballot. *3* (Chi.) first draft of a deed.
boletería *f.* (Am.) ticket office.
boletín *m.* subscription form. *2* bulletin.
boleto *m.* (Am.) ticket.
bolichada *f.* cast of a dragnet : *de una* ~, at one stroke. *2* coll. lucky break.
boliche *m.* jack [small ball for bowling]. *2* bowls, skittles. *3* bowling alley. *4* cup and ball [toy]. *5* small dragnet ; fish caught with it. *6* NAUT. bowline of a small sail. *7* lead smelting furnace. *8* (Am.) cheap store or shop ; cheap coffee house. *9* (Chi.) gambling joint.
bólido *m.* bolide, meteor.
bolígrafo *m.* ball-point pen.
bolilla *f.* small ball. *2* marble.
bolillo *m.* bobbin [for making lace]. *2* VET. coffin bone.
bolín *m.* jack [small ball for bowling]. *2* small skittle.
bolina *f.* NAUT. bowline : *de* ~, close-hauled ; *navegar de* ~, to sail close to the wind. *2* NAUT. sounding line. *3* noise, tumult.
bolinear *tr.* NAUT. to sail close-hauled, to sail close to the wind.
bolinero, ra *adj.* NAUT. sailing well when close-hauled. *2* (Chi.) riotous.
bolisa *f.* PAVESA.
bolívar *m.* bolivar [Venezuelan coin].
Bolivia *pr. n.* GEOG. Bolivia.
boliviano, na *adj. & n.* Bolivian. — *2 m.* bolivian [coin].
bolo *m.* skittle, ninepin, tenpin. *2* dunce, idiot. *3* THEAT. snap [engagement for one performance] ; tour [in the country]. *4* newel [of spiral staircase]. *5* large Philippine knife. *6* large pill. *7* bolus. *8* ~ *armenico*, Armenian bole. *9 pl.* skittles, ninepins, tenpins.
Bolonia *pr. n.* GEOG. Bologna.
bolonio *adj.* stupid, ignorant. — *2 m.* dunce, donkey.
boloñés, sa *adj. & n.* Bolognese.

bolsa *f.* bag, pouch [receptacle] : ~ *de agua caliente*, hot water bag or bottle ; ~ *de hielo*, ice bag. *2* purse [for carrying money ; money, funds] : *la* ~ *o la vida*, your money or your life. *3* bag, pucker [in cloth], *4* bag [under the eye]. *5* ZOOL. pouch. *6* MED. pouch, pocket. *7* MIN. pocket. *8* stock exchange, stock market : *jugar a la* ~, to speculate in stocks ; *la* ~ *baja*, there is a drop in stocks. *9* ~ *del trabajo*, employment bureau, employment exchange. *10* BOT. ~ *de pastor*, shepherd's purse.
bolsear *tr.* (Am.) to pick the pocket of. *2* (Chi.) to sponge on. *3* (Am.) to turn down [a suitor]
bolsería *f.* bag factory. *2* bag store.
bolsero, ra *m. & f.* maker or seller of bags or purses.
bolsico *m.* (Chi.) BOLSILLO 1.
bolsillo *m.* pocket [in a garment] : *de* ~, pocket, pocket-size ; *edición de* ~, pocket edition. *2* purse [for carrying money ; money].
bolsín *m.* curb market.
bolsista *m. & f.* stockbroker ; stock speculator.
bolsita *f. dim.* small purse.
bolso *m.* purse [for carrying money] : ~ *de mano*, ladies' handbag. *2* NAUT. bulge [in a sail].
bolla *f.* duty on woollens, silks and other commodities formerly levied in Catalonia. *2* tax on the manufacture of playing cards.
bolladura *f.* ABOLLADURA.
bollería *f.* bakery, pastry shop.
bol'o *m.* bun, roll. *2* puff [in a dress]. *3* dent : ~ *de relieve*, boss [round embossment]. *4* bump [swelling]. *5* row, shindley ; confusion. *6* (Col.) tamale.
bollón *m.* stud [ornamental nail]. *2* button earring. *3* boss [round embossment].
bollonado, da *adj.* studded [with nails or bosses].
bolluelo *m. dim.* of BOLLO.
bomba *f.* pump : ~ *aspirante*, suction pump ; ~ *centrífuga*, centrifugal pump ; ~ *de alimentación*, feed pump ; ~ *de carena*, bilge pump ; ~ *de incendios*, fire engine ; ~ *impelente*, force pump ; ~ *neumática*, air pump ; *cuerpo de* ~, pump cylinder or barrel. *2* bomb : ~ *atómica*, atomic bomb, atom bomb, A-bomb ; ~ *cohete*, rocket bomb ; ~ *de iluminación*, illuminating bomb ; ~ *de mano*, handbomb ; ~ *incendiaria*, incendiary bomb ; ~ *volante*, flying bomb ; *a prueba de* ~, bombproof ; *caer como una* ~, to drop or to burst upon like a bombshell ; *noticia* ~, surprising news. *3* globe [of lamp]. *4* MUS. slide [of an instrument]. *5* (Cu., Mex.) top hat. *6* (Col.) soap bubble. *7* (Guat., Hond.) drunk, drunkenness.
bombáceo, a *adj.* BOT. bombacaceous. — *2 f. pl.* Bombacaceæ.
bombachas *f. pl.* CALZÓN BOMBACHO. *2* PANTALÓN BOMBACHO.
bombacho *adj.* *calzón* ~, short, wide breeches ; *pantalón* ~, loose-fitting trousers, fastened at the ankles.
bombarda *f.* bombard [piece of ordnance ; bomb vessel]. *2* MUS. bombard [instrument]. *3* MUS. bombardon [organ stop].
bombardear *tr.* MIL. to bombard ; to bomb. *2* PHYS. to bombard.
bombardeo *m.* bombardment ; bombing : ~ *en picado*, AER. dive bombing.
bombardero *m.* bombardier. *2* bomber.
bombardino *m.* MUS. alto saxhorn.
bombardón *m.* MUS. bombardon, bass tuba.
bombasí *m.* bombazine.
bombástico, ca *adj.* bombastic, tumid, pompous.
bombazo *m.* bursting of a bomb. *2* bomb hit. *3* damage caused by a bomb.
bombé *m.* light two-wheeled carriage with two seats.
bombear *tr.* ARTILL. to bombard. *2* to puff, write up [praise exaggeratedly]. *3* (Arg.) to reconnoitre, to spy. *4* (Col.) to fire, dismiss. *5* (Cu.) to pump [water].
bombeo *m.* bulging, convexity.
bombero *m.* fireman [who puts out fires]. *2* pump-man.
bombilla *f.* ELECT. light bulb. *2* thief tube. *3* (Am.) small tube for drinking maté.
bombillo *m.* water-closet trap. *2* thief tube. *3* NAUT. small pump.
bombo, ba *adj.* dumfounded, stunned. *2* (Am.) lukewarm. *3* (Cu.) insipid [fruit]. — *4 m.* MUS.

bass drum. *5* player on bass drum. *6* puffing, writing up : *dar ~,* to puff, to write up [praise exaggerately] ; to praise to the skies. *7* NAUT. kind of barge. *8* revolving lottery box. *9* leather or wicker container for numbered balls [in billiards, lottery, etc.].

bombón *m.* bonbon, sweetmeat, chocolate.

bombona *f.* carboy.

bombonaje *m.* BOT. jipijapa.

bombonera *f.* box for bonbons.

Bona *f. pr. n.* GEOG. Bonn.

bonachón, na *adj.* gentle, kind, easygoing. — *2 m. & f.* good soul.

bonaerense *adj.* [pertaining to] Buenos Aires. — *2 m. & f.* native or inhabitant of Buenos Aires.

bonancible *adj.* fair [weather] ; calm [sea] ; moderate [wind].

bonanza *f.* NAUT. fair weather : calm sea. *2* MIN. bonanza. *3* prosperity.

bonapartismo *m.* Bonapartism.

bonapartista *adj. & n.* Bonapartist.

bonazo, za *adj.* kind-hearted, good-natured.

bondad *f.* goodness. *2* kindness, kindliness, good-nature. *3* kindness, favour : *tener la ~ de,* to have the kindness to, be kind enough to, be good enough to ; *tenga la ~ de,* kindly, please to.

bondadosamente *adv.* kindly, good-naturedly.

bondadoso, sa *adj.* kind, good, good-natured.

bondoso, sa *adj.* BONDADOSO.

boneta *f.* NAUT. bonnet.

bonetada *f.* raising one's hat [in salutation].

bonete *m.* biretta. *2* college cap. *3* cap, skull cap. *4* FORT. bonnet. *5* ZOOL. bonnet, reticulum.

bonetero, ra *m. & f.* maker or seller of birettas or caps. — *2 m.* BOT. spindle tree.

bonetillo *m. dim.* a hair ornament formerly worn by women.

bongo *m.* (Am.) an Indian canoe. *2* (Cu.) ferry boat.

boniato *m.* BUNIATO.

bonicamente *adv.* BONITAMENTE.

bonico, ca *adj. dim.* fairly good.

Bonifacio *pr. n.* Boniface.

bonificación *f.* allowance, discount.

bonificar *tr.* to improve. *2* COM. to credit.

bonísimo, ma *adj. superl.* very good.

bonítalo *m.* BONITO.

bonitamente *adv.* easily, artfully.

bonitera *f.* bonito fishing. *2* season for bonito fishing.

bonito, ta *adj.* pretty, nice, dainty. *2* goodly, pretty good. — *3 m.* ICHTH. bonito, long-finned tunny.

Bonn *pr. n.* GEOG. Bonn.

bono *m.* COM. bond, debenture. *2* charity food-ticket.

bonote *m.* cocoanut fiber, coir.

bonzo *m.* bonze.

boñiga *f.* cow dung.

boñigo *m.* cake of cow dung.

Bootes *m.* ASTR. Bootes.

boqueada *f.* gasp : *estar dando las boqueadas,* to be dying ; fig. to be coming at its end.

boquear *intr.* to gape, to gasp. *2* to be dying ; to be at the last gasp. — *3 tr.* to utter.

boquera *f.* opening in an irrigation canal. *2* window in a hayloft. *3* MED. sore at the corner of the mouth. *4* VET. sore mouth.

boquerón *m.* wide opening, large hole. *2* ICHT. anchovy.

boquete *m.* gap, breach, opening, narrow entrance.

boquiabierto, ta *adj.* open-mouthed, gaping.

boquiancho, cha *adj.* wide-mouthed.

boquiangosto, ta *adj.* narrow-mouthed.

boquiconejuno, na *adj.* [of horses] rabbit-mouthed.

boquiduro, ra *adj.* [of horses] hard-mouthed.

boquifresco, ca *adj.* [of horses] tender-mouthed. *2* outspoken.

boquifruncido, da *adj.* [of horses] pucker-mouthed.

boquihendido, da *adj.* [of horses] large-mouthed.

boquihundido, da *adj.* [of horses] having a sunken mouth.

boquilla *f.* steam [of pipe]. *2* cigar holder ; cigarette holder ; tip [of cigarette]. *3* mouthpiece [of musical instrument]. *4* burner [of lamp]. *5* upper chape [of scabbard]. *6* lower opening of trousers' leg. *7* opening in irrigation canal.

boquimuelle *adj.* [of horses] tender-mouthed. *2* fig. easily imposed upon.

boquinatural *adj.* [of horses] having a normally sensitive mouth.

boquinegro, gra *adj.* [of animals] black-mouthed. — *2 m.* a variety of land snail.

boquirrasgado, da *adj.* wide-mouthed.

boquirroto, ta *adj.* wide-mouthed. *2* loose-tongued.

boquirrubio, bia *adj.* loose-tongued, babbling. *2* simple, naive. — *3 m.* pretty boy, conceited youth.

boquiseco, ca *adj.* dry-mouthed.

boquisumido, da *adj.* BOQUIHUNDIDO.

boquita *f. dim.* small mouth.

boquitorcido, da & boquituerto, ta *adj.* wry-mouthed.

borácico, ca *adj.* boracic.

boracita *f.* MINER. boracite.

boratado, da *adj.* borated.

borato *m.* CHEM. borate.

bórax *m.* CHEM. borax.

borbollar, borbollear *intr.* [of water] to bubble up.

borbollón *m.* bubbling up [of water] : *a borbollones,* hastily, tumultuously.

borbollonear *intr.* BORBOLLAR.

borbónico, ca *adj.* Bourbonian, Bourbonic.

borbor *m.* bubble, bubbling.

borborigmo *m.* rumbling in the bowels.

borboritar *intr.* BORBOTAR, BORBOLLAR.

borbotar *intr.* [of water] to bubble up, to burble.

borbotón *m.* BORBOLLÓN : *a borbotones,* bubbling, gushing ; *hablar a borbotones,* to burble.

borceguí *m.* lace boot, half boot, buskin. *2* boot [instrument of torture].

borda *f.* NAUT. gunwale : *arrojar por la ~,* to throw overboard. *2* NAUT. mainsail [of galley]. *3* CHOZA.

bordada *f.* NAUT. tack, board : *dar bordadas,* to beat to windward, to tack. *2* fig. pacing to and fro.

bordado, da *adj.* embroidered. — *2 m.* embroidering ; embroidery : *~ de realce,* raised embroidery.

bordador, ra *m. & f.* embroiderer.

bordadura *f.* embroidery. *2* HER. bordure.

bordar *tr.* to embroider. *2* to perform exquisitely.

borde *adj.* bastard [person]. *2* wild [plant]. — *3 m.* border, edge, fringe, verge, brink : fig. *al ~ de,* on the verge of ; *~ de ataque,* AER. leading edge ; *~ de salida,* AER. trailing edge. *4* hem [of a garment]. *5* brim [of a vessel]. *6* NAUT. board.

bordear *intr. & tr.* to go by the border of ; to border, skirt. — *2 tr.* to border, to verge on or upon. — *4 intr.* NAUT. to beat to windward, to tack.

bordelés, sa *adj.* of Bordeaux. — *2 m. & f.* native or inhabitant of Bordeaux.

bordo *m.* NAUT. board [ship's side] : *a ~,* aboard ; *al ~,* alongside ; *de alto ~,* large [ship] ; fig. of importance, high-up. *2* NAUT. tack board : *dar bordos,* to beat, tack.

bordón *m.* pilgrim's staff. *2* guide and support of another. *3* MUS. snare [of drum] ; bass string ; bourdon [in organ]. *4* refrain, burden [of poem]. *5* pet word, pet phrase.

bordoncillo *m.* pet word, pet phrase.

bordonear *intr.* to tap along with a staff or cane. *2* to pluck a guitar's bass string. *3* to go around begging.

bordoneo *m.* sound of the guitar's bass string.

bordonería *f.* wandering idly about, on pretence of religious pilgrimage.

bordonero, ra *m. & f.* tramp, vagabond.

bordura *f.* HER. bordure.

boreal *adj.* boreal, northern.

bóreas *m.* Boreas [north wind].

Borgoña *f. pr. n.* GEOG. Burgundy. — *2 m.* Burgundy [wine].

borgoñón, na *adj. & n.* Burgundian.

borgoñota *f.* burgonet.

boricado, da *adj.* PHARM. having boric acid.

bórico, ca *adj.* CHEM. boric.

borinqueño, ña *adj. & n.* Puerto Rican.

borla *f.* tassel, tuft. *2* tassel in academic cap : *tomar la ~,* to graduate as doctor. *3* powder puff. *4 pl.* BOT. amaranth.

borlita *f.* small tassel.

borlón *m.* large tassel. *2* kind of flax and cotton fabric. *3 pl.* BOT. amaranth.

borne *m.* tip of a jousting lance. *2* ELEC. terminal, binding post, binding screw. *3* BOT. cytisus. — *4 adj.* hard and brittle [wood].

borneadizo, za *adj.* easily warped.
bornear *tr.* to turn, move, shift. 2 to model and carve [a column]. 3 to fit [building stones] into place. 4 to check an alignment or the evenness of a surface by sighting. — 5 *intr.* NAUT. to swing at anchor. — 6 *ref.* to warp, to bulge.
borneo *m.* turning, moving, shifting. 2 checking an alignment or the evenness of a surface by sighting. 3 NAUT. swinging at anchor.
borní *m.* ORN. marsh harrier.
boro *m.* CHEM. boron.
borona *f.* BOT. millet. 2 BOT. Indian corn.
boronía *f.* ALBORONÍA.
borra *f.* yearling ewe. 2 coarse wool. 3 goat hair [for stuffing]. 4 down, floss, fluff, fuzz, waste : ~ *de algodón*, cotton waste; ~ *de seda*, floss silk. 5 sediment, lees. 6 CHEM. borax. 7 fig. trash.
borracha *f.* coll. leather bottle for wine.
borrachear *intr.* to tipple.
borrachera *f.* drunkenness, intoxication : *coger una* ~, to get drunk. 2 carousal. 3 high exaltation. 4 coll. great folly.
borrachero *m.* BOT. South American shrub whose seed, when eaten, causes delirium.
borrachez *f.* drunkenness, drunken condition.
borrachín *m.* drunkard.
borracho, cha *adj.* drunk, drunken, intoxicated. 2 drunk, wild [with rage, etc.]. 3 [of fruits and flowers] violet-coloured. — 4 *m.* & *f.* drunk man or woman, drunkard.
borrachuelo, la *adj.* & *n.* dim. of BORRACHO.
borrado, da *adj.* (Pe.) pock-marked.
borrador *m.* draft, rough copy. 2 blotter [book]. 3 (Am.) rubber eraser.
borradura *f.* crossing out.
borragináceo, a *adj.* BOT. boraginaceous. — 2. *f. pl.* BOT. Bcraginaceæ.
borraj *m.* CHEM. borax.
borraja *f.* BOT. borage.
borrajear *tr.* to scribble, scrawl.
borrajo *m.* embers. 2 pine needles.
borrar *tr.* to cross or strike out; to rub out; to blot out; to erase, delete, efface, obliterate. 2 to smudge, blur [writing, etc.].
borrasca *f.* storm, tempest. 2 coll. orgy, revelry. 3 (Mex.) exhaustion [of a mine].
borrascoso, sa *adj.* stormy, tempestuous.
borrasquero, ra *adj.* coll. riotous, fond of revelry.
borregada *f.* flock of sheep.
borrego, ga *m.* & *f.* yearly lamb. 2 simpleton. 3 (Mex., Cu.) canard, hoax.
borreguero, ra *adj.* good for pasturing lambs. — 2 *m.* shepherd who tends lambs.
borreguil *adj.* [pertaining to] lamb; of lambs.
borreguito *m.* dim. little lamb.
borrén *m.* angle of pads [in a saddle].
borrica *f.* she-ass. 2 stupid woman.
borricada *f.* drove of donkeys. 2 cavalcade on donkeys. 3 stupidity [word or action], asininity.
borricalmente *adv.* ASNALMENTE.
borrico *m.* ZOOL. ass, donkey. 2 fig. donkey [stupid fellow]. 3 CARP. sawhorse.
borricón, borricote *m.* coll. hard enduring man.
borriqueño, ña *adj.* asinine.
borriquero *m.* ass driver or tender.
borriquete *m.* CARP. sawhorse.
borriquillo, lla *m.* young ass. — 2 *f.* young she-ass.
borro *m.* BORREGO.
borrón *m.* ink blot. 2 blot, blemish. 3 draft, rough copy. 4 first sketch.
borronear *tr.* BORRAJEAR. 2 to make a rough sketch of.
borroso, sa *adj.* smudgy, blurred, blurry, faded. 2 thick with sediment.
borrumbada *f.* BARRUMBADA.
boruca *f.* uproar, merry noise.
boruga *f.* (Cu.) curd mixed with sugar.
borujo *m.* BURUJO. 2 refuse of pressed olives.
borujón *m.* BURUJÓN.
boruquiento ta *adj.* (Mex.) merry, noisy.
borusca *f.* SEROJA.
boscaje *m.* boscage. 2 PAINT. woodland scene.
Bósforo *m. pr. n.* GEOG. Bosphorus.
bosnio, nia *adj.* & *n.* Bosnian.
bosque *m.* forest, wood, grove, thicket; woodland.
bosquecillo *m.* small wood, grove, copse, copice.
bosquejar *tr.* to sketch, to outline; to make a rough model of.

bosquejo *m.* sketch, outline : *en* ~, sketchy.
bosquete *m.* artificial grove.
bosquimano, na *adj.* & *n.* Bushman.
bosta *f.* dung, manure.
bostecé, bostece, etc., *pret., subj.* & *imper.* of BOSTEZAR.
bostezador, ra *adj.* yawning often.
bostezante *adj.* yawning.
bostezar *intr.* to yawn, gape [from drowsiness, boredoom, etc.].
bostezo *m.* yawn [from drowsiness, boredoom, etc.].
bota *f.* small leather wine bag. 2 cask, butt [for liquids]. 3 liquid measure [about 125 gallons]. 4 boot : ~ *de agua*, rubber boot; ~ *de montar*, riding boot; *ponerse las botas*, fig. to make money.
botador, ra *adj.* bounding. — 2 *m.* pole [for pushing a boat]. 3 CARP. nail puller; nail set. 4 dentist's instrument.
botadura *f.* NAUT. launching.
botafuego *m.* linstock, match staff. 2 quick-tempered person.
botalón *m.* NAUT. boom : ~ *del foque*, jib boom.
botamen *m.* pots and jars in a chemist's shop. 2 NAUT. water casks on board.
botana *f.* plug, stopper [on a cask]. 2 patch [on a wine bag]. 3 plaster [on a wound]. 4 scar.
botánica *f.* botany.
botánico, ca *adj.* botanical. — 2 *m.* & *f.* botanist.
botanista *m.* & *f.* botanist.
botar *tr.* to throw, fling out. 2 to launch [a boat]. 3 to shift [the helm or rudder]. 4 (Am.) to eject, fire, dismiss. 5 (Am.) to waste, squander. — 6 *intr.* to bound, bounce. 7 to jump. — 8 *ref.* [of horses] to buck. 9 (Am.) to lie down.
botaratada *f.* folly, nonsense.
botarate *m.* fool, harebrain. 2 (Am.) spendthrift.
botarel *m.* ARCH. buttress, counterfort.
botarete *adj.* ARCH. *arco* ~, flying buttress.
botarga *f.* old large breeches. 2 ridiculous costume. 3 kind of sausage.
botasilla *f.* MIL. boots and saddles.
botavante *m.* NAUT. boarding pike.
botavara *f.* NAUT. spanker boom.
bote *m.* NAUT. small boat : ~ *automóvil*, motor boat; ~ *de remos*, rowboat; ~ *salvavidas*, lifeboat. 2 bound, bounce, jump : ~ *de carnero*, jump made by horse when bucking; fig. *de* ~ *y voleo*, hastily; thoughtlessly. 3 jar, pot, canister; tin can. 4 (Am.) liquor bottle. 5 (Am.) fig. jug, jail. 6 MIL. ~ *de metralla*, canister shot. 7 *de* ~ *en* ~, crowded, crammed with people.
botella *f.* bottle. 2 ELECT. ~ *de Leyden*, Leyden jar.
botellazo *m.* blow with a bottle.
botellero *m.* bottle maker or dealer.
botellón *m.* great bottle. 2 (Mex.) demijohn.
botequín *m.* very small boat.
botería *f.* wine bag factory or shop. 2 NAUT. water casks on board.
botero *m.* maker or seller of wine bags or wineskins. 2 NAUT. boatman.
botica *f.* chemist's; apothecary's shop, *drug store. 2 medicines.
boticaria *f.* chemist wife. 2 female pharmacist.
boticario *m.* chemist, druggist, apothecary.
botija *f.* earthen jug with a narrow mouth : *estar hecho una* ~ [of persons], to be very fat.
botijero, ra *m.* & *f.* maker or seller of BOTIJAS or BOTIJOS.
botijo *m.* round earthen jug with handle, mouth and spout.
botiller *m.* BOTILLERO.
botillería *f.* obs. icecream and light drinks saloon.
botillero *m.* obs. maker and seller of icecream and light drinks.
botillo *m.* small wine bag.
botín *m.* spat [short gaiter]. 2 boot. 3 booty, spoils.
botina *f.* high shoe.
botinero, ra *adj.* black-footed [cattle]. — 2 *m.* maker or seller of spats.
botiondo, da *adj.* in rut [she-goat]. 2 fig. lewd, lustful.
botiquín *m.* medicine case; first-aid kit. 2 (Am.) retail wine store.
botito *m.* high shoe.
botiveleo *m.* [at handball] hitting the ball on the bounce.

boto, ta *adj.* blunt [having a thick point]. *2* blunt, dull [of understanding].

botón *m.* button [of garment, foil, electric bell, etc.] : ~ *de contacto*, ELEC. push button. *2* knob : ~ *de puerta*, doorknob. *3* BOT. button, bud. *4* MUS. button [of violin, etc.] ; finger knob [of piston]. *5* SURG. ~ *de fuego*, hot iron cautery *6* BOT. ~ *de oro*, buttercup.

botonadura *f.* set of buttons.

botonazo *m.* FENC. thrust with a foil.

botoncito *m.* small button.

botonería *f.* button factory. *2* button shop.

botonero, ra *m.* & *f.* button maker or seller.

botones *m.* buttons, pageboy, bell boy, *bellhop.

bototo *m.* (Am.) calabash for water.

botulismo *m.* MED. botulism.

botuto *m.* steam of the papaw leaf. *2* war trumpet of the Orinoco Indians.

bou *m.* joint casting of a fish net by two boats.

bóveda *f.* ARCH., ANAT. vault : ~ *de aljibe, claustral, esquifada* or *por arista,* cross vault ; ~ *en cañón,* barrel vault ; ~ *vaída,* Byzantine vault ; ~ *palatina,* ANAT. palatine vault. *2* crypt. *3* ~ *celeste,* canopy of heaven, firmament.

bovedilla *f.* ARCH. cove, small vault between beams. NAUT. counter.

bóvido, da *adj.* & *n.* ZOOL. bovid. — *2 m. pl.* ZOOL. Bovidæ.

bovino, na *adj.* bovine. — *2 adj.* & *n.* ZOOL. bovine.

boxeador *m.* SPORT boxer.

boxear *intr.* SPORT to box.

boxeo *m.* SPORT boxing.

bóxer *m.* Boxer [member of a secret society in China].

boya *f.* NAUT. buoy. *2* float [of fishing net].

boyada *f.* drove of oxen.

boyal *adj.* pertaining to cattle.

boyante *adj.* NAUT. [of a ship] riding light. *2* prosperous, successful.

boyar *intr.* [of a ship] to float, be afloat again.

boyardo *m.* boyar, boyard.

boyazo *m. aug.* large ox.

boyera, boyeriza *f.* ox stable.

boyero, boyerizo *m.* ox driver ; oxherd.

boyezuelo *m. dim.* small ox.

boyuno, na *adj.* bovine.

boza *f.* NAUT. stopper.

bozal *adj.* (Am.) applied to a Negro just brought in from Africa. *2* novice, green. *3* stupid, idiot. *4* [or horses] untamed. — *5 m.* muzzle [mouth covering]. *6* muzzle bells. *7* (Am.) kind of halter [for horses].

bozo *m.* down [on upper lip]. *2* exterior of mouth. *3* kind of halter [for horses].

Brabante *m. pr. n.* GEOG. Brabant. — *2 m.* brabant [linen].

brabántico *adj. arrayán* ~, BOT. wax myrtle, bayberry.

brabanzón, na *adj.* & *n.* Brabantiné.

braceada *f.* impetuous movement of the arms.

braceaje *m.* coining, minting. *2* NAUT. depth of water.

bracear *intr.* to move or swing the arms. *2* to struggle. *3* to swim with overhead strokes. *4* [of horses] to step high. *5* NAUT. to brace.

braceo *m.* moving or swinging the arms. *2* struggling. *3* overhead strokes in swimming. *4* high step [of horses]. *5* NAUT. bracing.

bracero *m.* labourer [unskilled workman]. — *2 adv. de* ~, arm in arm.

bracete (de) *adv.* arm in arm.

bracil *m.* ARM. brassart.

bracito *m. dim.* little arm.

bracmán *m.* BRAHMÁN.

braco, ca *adj.* pug-nosed. *2 perro* ~, setter.

bráctea *f.* BOT. bract.

bractéola *f.* BOT. bractlet, bracteole.

bradicardia *f.* MED. bradycardia.

bradipepsia *f.* MED. bradypepsia.

brafonera *f.* ARM. rerebrace.

braga *f.* hoisting rope. *2* diaper [infant breech-cloth]. *3 pl.* wide breeches. *4* panties, step-ins.

bragada *f.* inner side of the thigh [in animals].

bragado, da *adj.* having the inner surface of the thighs of a different colour from the rest of the body [animal]. *2* wicked, ill-disposed. *3* firm, resolute.

bragadura *f.* crotch [of the body, of the trousers]. *2* inner surface of the thighs [in animals].

bragazas *adj.* & *m.* without energy, henpecked [man].

braguero *m.* SURG. truss [for a rupture]. *2* breeching [rope] of a gun. *3* (Pe.) martingale [for horses].

bragueta *f.* fly [of trousers].

braguetero *adj.* lecherous [man]. — *2 m.* lecher.

braguillas *m.* coll. brat.

Brahma *pr. n.* Brahma.

brahmán *m.* Brahman.

brahmánico, ca *adj.* Brahmanic(al.

brahmanismo *m.* Brahmanism.

brahmín *m.* BRAHMÁN.

brahón *m.,* **brahonera** *f.* fold surrounding the upper part of the sleeve [in some old-time garments].

brama *f.* rut [of deers].

bramadera *f.* bull-roarer [toy]. *2* shepherd's horn.

bramadero *m.* rutting place [for deers]. *2* (Am.) tethering post [in corrals].

bramador, ra *adj.* roaring, howling.

1) bramante *m.* thin twine or hemp string. *2* brabant [linen].

2) bramante *adj.* roaring.

bramar *intr.* [of bulls and other animals] to bellow, to roar. *2* [of man, the wind, the sea, etc.] to roar. *3* fig. ~ *de verse juntos,* to swear at each other.

bramido *m.* bellow, roar.

bran de Inglaterra *m.* an old Spanish dance.

branca ursina *f.* BOT. acanthus, bear's-breech.

brancada *f.* kind of dragnet.

brancal *m.* frame [of a gun carriage].

brandal *m.* NAUT. side-rope [of ladder]. *2* NAUT. backstay.

brandís *m.* kind of greatcoat formerly worn by men.

branque *m.* RODA.

branquia *f.* ZOOL. branchia. *2 pl.* branchiae.

branquiado, da *adj.* ZOOL. branchiate.

branquial *adj.* branchial.

branquífero, ra *adj.* branchiferous.

braña *f.* summer pasture.

braquial *adj.* ANAT. brachial.

braquicéfalo, la *adj.* ANTHROP. brachycephalic.

braquigrafía *f.* study of abreviations.

braquiópodo, da *adj.* & *m.* ZOOL. brachiopod. — *2 m. pl.* ZOOL. Brachiopoda.

braquiuro, ra *adj.* & *m.* ZOOL. brachyuran. — *2 m. pl.* ZOOL. Brachyura.

brasa *f.* live coal : *estar en brasas,* o *como en brasas,* to be on tenterhooks ; *estar hecho unas brasas,* to be flushed ; *pasar como sobre brasas,* to mention, touch upon superficially ; *sacar la* ~ *con mano ajena* or *de gato,* to make a cat's paw of someone.

brasca *f.* mixed coal powder and clay for lining crucibles, furnaces, etc.

braserillo *m.* small pan for burning coals.

brasero *m.* brazier [pan for burning coals]. *2* (Mex.) hearth.

Brasil *m. pr. n.* GEOG. Brazil.

brasil *m.* BOT. brazil tree. *2* brazil, brazilwood. *3* a red cosmetic.

brasilado, da *adj.* Brazil-red.

brasileño, ña *adj.* & *n.* Brazilian.

brasilete *m.* BOT. braziletto tree. *2* braziletto.

brasilina *f.* CHEM. brazilin.

brasmología *f.* science of the tides.

bravamente *adv.* bravely, gallantly. *2* cruelly. *3* finely, extremely well. *4* abundantly.

bravata *f.* bluster, swagger, brag : *echar bravatas,* to talk big.

braveador, ra *adj.* blustering. — *2 m.* & *f.* blusterer.

bravear *intr.* to talk big, bluster, swagger.

bravera *f.* vent [of furnace].

braveza *f.* bravery. *2* fierceness, ferocity [of animals]. *3* fury [of the sea, wind, etc.].

bravío *adj.* [of animals] ferocious, wild, untamed. *2* [of plants] wild. *3* rustic, unpolished [person]. *4 m.* ferocity, fierceness [of animals].

bravo, va *adj.* brave, courageous. *2* fine, excellent. *3* [of animals] fierce, ferocious. *4* rough [sea, land]. *5* angry, violent. *6* sour-tempered. *7* blustering, swaggering. *8* sumptuous, magnificent. — *9 interj.* bravo !

bravosidad *f.* GALLARDÍA. *2* bluster, swagger.

bravonel *m.* braggart.

bravucón, a *adj.* blustering, swaggering. — *2 m.* & *f.* swaggerer.

bravuconada *f.* bluster, swagger.

bravura *f.* bravery, courage. 2 fierceness, ferocity [of animals]. 3 BRAVATA.
braza *f.* NAUT. fathom. 2 NAUT. brace [rope].
brazada *f.* stroke [with arms]. 2 BRAZADO. 3 (Col., Chi., Ve.) NAUT. fathom.
brazado *m.* armful, armload.
brazaje *m.* BRACEAJE.
brazal *m.* ARM. brassart. 2 brassard, arm band. 3 irrigation ditch. 4 NAUT. headrail. 5 EMBRAZADURA.
brazalete *m.* bracelet, armlet.
brazo *m.* arm [of the body, a chair, lever, balance, tree, etc.] : *cruzarse de brazos,* to fold one's arms; fig. to remain idle; *dar el ~ a uno,* to give or lend one's arm to someone; fig. to help someone; *estar hecho un ~ de mar,* fig. to be gorgeously attired; *no dar su ~ a torcer,* not to yield, not to give in; *ser el ~ derecho de uno,* to be someone's right-hand man; *a ~,* by hand; *a ~ partido,* hand to hand; tooth and nail; *asidos del ~,* arm in arm; *~ a ~,* hand to hand; *con los brazos abiertos,* with open arms; *con los brazos cruzados,* with folded arms. 2 arm, power, might : *~ secular,* secular arm. 3 foreleg [of quadruped]. 4 estate [of the realm]. 5 branch [of a river]. 6 *pl.* hands, workers. 7 protectors.
brazolas *f. pl.* NAUT. coamings [round hatches of ships].
brazuelo *m.* small arm. 2 forearm [of quadrupeds].
brea *f.* tar, wood tar : *~ seca,* rosin. 2 NAUT. pitch. 3 coarse tarred canvas.
brear *tr.* to annoy, ill-treat. 2 to make fun of, to tease.
brebaje *m.* beverage, unpalatable drink.
breca *f.* ICHTH. bleak. 2 ICHTH. a variety of sea bream.
brécol *m.*, **brecolera** *f.* BOT. broccoli.
brecha *f.* breach, gap, opening [in wall or fortification]; fig. impression [on the mind] : *abrir ~,* to make a breach; to make an impression [on someone's mind].
brega *f.* fight, scrap. 2 struggle : *andar a la ~,* to work hard, to toil. 3 *dar ~,* to tease.
bregar *intr.* to fight. 2 to struggle. 3 to work hard, toil. — 4 *tr.* to knead.
bregué, bregue, etc., *pret., subj. & imper.* of BREGAR.
Brema *pr. n.* Bremen.
bren *m.* bran.
brenca *f.* sluice post.
breña *f.,* **breñal** & **breñar** *m.* bushy and craggy ground.
breñoso, sa *adj.* bushy an craggy [ground].
bresca *f.* honeycomb.
brescar *tr.* to extract combs from [hive].
bresqué, bresque, etc., *pret., subj. & imper.* of BRESCAR.
Bretaña *f. pr. n.* Bretagne, Brittany. 2 *Gran ~,* Great Britain, Britain.
bretaña *f.* Brittany cloth. 2 BOT. hyacinth.
brete *m.* stocks, fetters. 2 tight spot, difficult situation.
bretón, na *adj. & n.* Breton. — 2 *m.* Breton language. 3 *pl.* BOT. Brussels sprouts.
breva *f.* early fig. 2 flat cigar. 3 fig. plum, good thing.
breval *adj.* BOT. early-fig [tree].
breve *adj.* short, brief. 2 PHON. short. — 3 *m.* apostolic brief. — 4 *f.* MUS. breve. — 5 adv. *en ~,* shortly, before long.
brevedad *f.* brevity, briefness. 2 *a la mayor ~,* as soon as possible.
brevemente *adv.* briefly, concisely.
breviario *m.* ECCL. breviary. 2 epitome, compendium. 3 PRINT. brevier.
brevipenne *adj.* ORN. brevipennate.
brezal *m.* heath [land].
brezo *m.* BOT. heath, heather.
Briareo *m. pr. n.* MYTH. Briareus.
brial *f.* old-time rich silken skirt.
briba *f.* vagrant life, loafing about.
bribón, na *adj.* loafing. 2 rascally. — 3 *m. & f.* loafer. 4 rascal, knave, scoundrel.
bribonada *f.* knavery, dirty trick.
bribonazo *m.* great rascal.
bribonear *intr.* to loaf about. 2 to play dirty tricks.
bribonería *f.* life of loafing. 2 rascality.
bribonesco, ca *adj.* rascally.
bribonzuelo, la *m. & f.* little rascal, rogue.
bricbarca *f.* NAUT. bark.

bricho *m.* gold or silver spangle [used in embroidery].
brida *f.* bridle [of riding gear] : *a toda ~,* at top speed. 2 MEC. splice bar, clamp; flange [on end of tubes, for joining purposes]. 3 RLY. fishplate. 4 WEAV., SPIN. stirrup. 5 *pl.* SURG. filaments around the lips of a wound. 6 bonnet strings, kissing strings.
bridecú *m.* BIRICÚ.
bridón *m.* small bridle. 2 snaffle bit. 3 steed, spirited horse.
brigada *f.* MIL. brigade. 2 MIL. train [of beasts]. 3 squad, gang. 4 MIL. sergeant-major.
brigadero *m.* MIL. man in charge of pack animals.
brigadier *m.* brigadier, brigadier general.
brigantino, na *adj.* [pertaining to] Corunna.
Brígida *f. pr. n.* Bridget.
brigola *f.* an ancient war engine.
Briján *pr. n. saber más que Briján,* to be keen-witted.
brillador ra *adj.* shining, glittering.
brillante *adj.* brilliant, shining, bright. 2 sparkling, glittering, glossy, lustrous. — 3 *m.* brilliant [diamond].
brillatemente *adv.* brilliantly.
brillantez *f.* brilliance. 2 success, splendour.
brillantina *f.* brilliantine [hair dressing; glossy fabric]. 2 metal polish.
brillar *intr.* to shine. 2 to sparkle, glitter, be glossy. 3 fig. *~ por su ausencia,* [of qualities, etc.] to be lacking.
brillo *m.* brilliance, brightness, lustre. 2 splendor, magnificence.
brin *m.* fine canvas.
brincador, ra *adj.* leaping, jumping. — 2 *m. & f.* leaper, jumper.
brincar *intr.* to spring, skip, leap, jump. 2 to take offence, to get excited. — 3 *tr.* to throw [a child] up and down.
brinco *m.* spring, skip, leap, jump : *en un ~, en dos brincos,* in an instant. 2 small jewel formerly worn in the hair.
brindar *intr.* to toast : *~ por,* to drink [a person's] health; to toast. — 2 *tr. & intr.* to offer, present, afford; to invite : *~ a uno con una cosa,* to offer something to someone; *~ la ocasión,* to afford the opportunity. — 3 ref. *brindarse a,* to offer to [do something].
brindis *m.* toast, drinking the health.
brinqué, brinque, etc., *pret., subj. & imper.* of BRINCAR.
brinquillo, brinquiño *m.* gewgaw, trinket. 2 Portuguese sweet : fig. *hecho un ~,* all spruced up.
brío *m.* strength, spirit, determination. 2 grace, elegance, vivacity.
briofita *adj.* BOT. bryophytic. — 2 *f.* BOT. bryophyte. 3 *pl.* BOT. Bryophyta.
briol *m.* NAUT. buntline.
briología *f.* bryology.
brionia *f.* BOT. bryony.
brios *interj. ¡voto a ~!,* by the Almighty!
briosamente *adv.* spiritedly, vigorously.
brioso, sa *adj.* vigorous, spirited, lively.
briqueta *f.* briquet, briquette [of coal].
brisa *f.* northeast wind. 2 breeze. 3 residue of pressed grapes.
brisca *f.* a Spanish card game.
briscado, da *adj.* twisted [said of gold or silver thread]. — 2 *m.* WEAV. work of silk and twisted gold or silver.
briscar *tr.* to weave with silk and twisted gold or silver.
brisote *m.* stormy breeze.
bristol *m.* Bristol board, Bristol paper.
británica *f.* BOT. water dock.
británico, ca *adj.* British, Britannic.
britano, na *adj.* British. — 2 *m. & f.* Briton. 3 Englishman, Englishwoman.
briza *f.* BOT. quaking grass.
brizna *f.* slender particle, filament; leaf [of grass]; string [in pods].
briznoso, sa *adj.* having filaments or strings.
brizo *m.* rocking cradle.
broa *f.* kind of ship-biscuit. 2 NAUT. shallow cove.
broca *f.* WEAV., SPIN. spindle, skewer : *~ de lanzadera,* shuttle spindle. 2 conical drill bit. 3 shoemaker's tack.
brocadillo *m.* light brocade.

brocado, da adj. brocaded. — 2 m. brocade; gold and silver brocade.

brocal m. curbstone [of a well]. 2 steel rim [of a shield]; metal mouth [of a scabbard]. 3 mouthpiece [of a leather wine bag].

brocamantón m. diamond brooch.

brocatel m. brocatel, brocatelle [fabric; marble].

brocé, broce, etc., pret., subj. & imper. of BROZAR.

brocino adj. bump [swelling].

bróculi m. BRÉCOL.

brocha f. stubby brush [for painting] : de ~ gorda, house [painter]; bad [painter]; crude, heavy-handed [literary work]. 2 ~ de afeitar, shaving brush.

brochada f. dab, stroke [with a stubby brush].

brochado, da adj. brocaded.

brochadura f. set of hooks and eyes.

brochal m. header beam.

brochazo m. BROCHADA.

broche m. clasp, fastener, hook and eye; brooch. 2 hasp [for book covers].

brocheta f. BROQUETA.

brochón m. large brush; whitewash brush.

brodio m. BODRIO.

broma f. fun, merriment; joke, jest, practical joke: gastar una ~ a, to play a joke on; bromas aparte, jesting aside; en ~, in fun, in jest, jokingly. 2 (Am.) disappointment. 3 ZOOL. shipworm, teredo.

bromado, da adj. eaten by shipworm.

bromato m. CHEM. bromate.

bromatología f. bromatology.

bromazo m. practical joke.

bromear intr. to joke, jest, make fun.

bromeliáceo, a adj. BOT. bromeliaceous. — 2 f. pl. Bromeliáceæ.

bromhidrato m. CHEM. hydrobromate.

bromhídrico, ca adj. CHEM. hydrobromic.

brómico adj. CHEM. bromic.

bromista adj. full of fun. — 2 m. & f. merry person, joker, practical joker.

bromo m. CHEM. bromin, bromine. 2 BOT. brome grass.

bromuro m. CHEM. bromide.

bronca f. row, shindy. 2 harsh reprehensión.

broncamente adv. harshly, hoarsely.

bronce m. bronze [metal, work of art] : la Edad de ~, the Bronze Age; ~ de aluminio, aluminium bronze; ~ de campanas, bell metal; ~ de cañón, gun metal. 2 poet. cannon, bell, trumpet. 3 NUMIS. copper coin.

bronceado, da adj. bronze, bronze coloured. 2 tanned, sunburnt. — 2 m. bronzing, bronze finish; bronze [colour].

bronceadura f. bronzing.

broncear tr. to bronze. 2 to tan [the skin].

broncería f. collection of bronzes. 2 bronze work.

broncíneo, a adj. brazen [made of bronze]. 2 bronzelike.

broncista m. bronzesmith.

bronco, ca adj. coarse, rough. 2 brittle [metal] 3 gruff, rude. 4 harsh, hoarse [sound, voice].

bronconeumonía f. MED. bronchopneumonia.

broncorrea f. MED. bronchorrhea.

broncoscopia f. bronchoscopy.

broncotomia f. SURG. bronchotomy.

broncha f. obs. short poniard.

bronquedad f. coarseness, roughness. 2 brittleness [of metals]. 3 gruffness, uncouthness. 4 harshness, hoarseness.

bronquial adj. bronchial.

bronquina f. row, scrap, quarrel.

bronquio m. ANAT. bronchus, bronquial tube. 2 pl. bronchi.

bronquiolo m. ANAT. bronchiole.

bronquítico, ca adj. bronchitic.

bronquitis f. MED. bronchitis.

broquel m. shield, buckler. 2 shield, protection. 3 NAUT. position of sails when taken aback.

broquelarse ref. ABROQUELARSE.

broquelazo m. blow with a buckler.

broquelero m. maker or wearer of shields or bucklers. 2 rowdy, swashbuckler.

broquelete m. dim. small buckler.

broquelillo m. earring with a small button.

broqueta f. COOK. skewer.

brota f. bud, sprout.

brotadura f. budding, sprouting. 2 springing, gushing. 3 eruption, rash.

brótano m. ABRÓTANO.

brotar intr. to germinate, to sprout; to bud, burgeon, shoot. 2 [of water, tears, etc.] to spring, gush. 3 [of pimples, etc.] to break out. — 4 tr. to put forth [plants, grass, etc.]. 5 to shed.

brote m. bud, sprout. 2 outbreak, appearance.

broza f. underbrush. 2 brush, brushwood, branches, leaves, etc., on the ground. 3 rubbish, trash. 4 printer's brush.

brozar tr. BRUZAR.

broznamente adv. roughly, harshly.

brozno, na adj. BRONCO. 2 slow-witted.

brozoso, sa adj. full of brushwood.

brucero m. brush or broom maker or seller.

bruces (a or **de)** adv. face down, on one's face or stomach.

brucita f. MINER. brucite.

brugo m. oak grub. 2 plant louse.

bruja f. witch, sorceress. 2 coll. hag, shrew, ugly old woman. 3 ORN. barn owl.

Brujas pr. n. GEOG. Bruges.

brujear intr. to practice witchcraft.

brujería f. witchcraft, sorcery, magic.

brujesco, ca adj. witch [pertaining to witches].

brujidor m. GRUJIDOR.

brujir tr. GRUJIR.

1) **brujo** m. wizard, sorcerer.

2) **brujo, ja** adj. (Chi.) false, fraudulent. 2 (Cu., Mex., P. Ri.) impoverished, broken, penniless.

brújula f. magnetic needle, compass : perder la ~, to lose one's bearings. 3 peep sight, peephole.

brujulear tr. at cards, to examine [one's cards] by slowly uncovering the tops. 2 to smell out.

brujuleo m. the act of BRUJULEAR.

brulote m. fire ship.

bruma f. mist, fog [in the sea].

brumal adj. [pertaining to] fog. 2 brumal.

brumario m. Brumaire [second month of the calendar of the French Revolution].

brumazón m. heavy fog, thick mist.

brumoso, sa adj. foggy, hazy, misty.

bruno, na adj. dark, brown. — 2 m. BOT. black plum.

bruñido, da adj. burnished, polished. — 2 m. burnishing, burnish.

bruñidor, ra adj. burnishing, polishing. — 2 m. & f. burnisher. — 3 m. burnisher [tool].

bruñidura f., **bruñimiento** m. burnishing, polishing.

bruñir tr. to burnish, polish.

bruño m. BOT. black plum.

brusca f. (Cu., P. Ri.) brushwood.

bruscamente adv. brusquely, rudely. 2 suddenly.

brusco, ca adj. brusque, rude, blunt, gruff. 2 sudden. 3 sharp [curve]. — 4 m. BOT. butcher's-broom.

brusela f. BOT. cut-finger, large periwinkle. 2 pl. silversmith's tweezers.

Bruselas pr. n. GEOG. Brussels.

bruselense adj. [pertaining to] Brussels. — 2 m. & f. native or inhabitant of Brussels.

brusquedad f. brusqueness, rudeness, bluntness, gruffness; rude action or treatment. 2 suddenness.

brutal adj. brutal, brutish. 2 coll. colossal, terrific. — 3 m. brute, beast.

brutalidad f. brutality. 2 stupidity. 3 fig. me gusta una ~, I like it enormously.

brutalizarse ref. to brutalize [become like a brute].

brutalmente adv. brutally.

brutesco, ca adj. GRUTESCO.

bruteza f. brutality. 2 roughness, want of polish.

1) **bruto** m. brute, beast. 2 brute [pers.]; blockhead: pedazo de ~, ignorant, rude man. — 3 pr. n. (cap.) Brutus.

2) **bruto, ta** adj. brute, brutish. 2 stupid, ignorant. 3 rough, unpolished. 4 bruto or en ~, in the rough, rough, unpolished, unwrought, crude; gross [without any deduction] : diamante en ~, rough diamond; peso ~, gross weight.

bruza f. horse brush. 2 printer's brush.

bruzar tr. to brush [horses or printing forms].

bu m. bogey man : hacer el ~, to scare, frighten.

búa f. pimple. — 2 m. bubo.

buaro m. BUHARRO.

buba f. MED. bubo.

búbalo m. ZOOL. bubal, bubale.

bubático, ca adj. [pertaining to] buboes. 2 BUBOSO.

bubón m. MED. bubo.

bubónico, ca adj. bubonic.

buboso, sa adj. buboed.
bucal adj. buccal.
bucanero m. buccaneer.
búcare m. BOT. bucare.
búcaro m. an odoriferous clay. 2 flower vase.
buccino m. ZOOL. whelk.
bucear intr. to dive; to swim under water. 2 fig. to dive [in], to explore.
Bucéfalo m. Bucephalus. 2 (not cap.) blockhead, jackass.
bucentauro m. bucentaur.
buceo m. diving.
bucero, ra adj. black-nosed [hound].
bucinador m. ANAT. buccinator.
bucle m. long curl [of hair]. 2 AER. loop.
buco m. ZOOL. billy goat, buck. 2 opening, gap.
bucólica f. bucolic [poem]. 2 coll. food; meal.
bucólico, ca adj. bucolic. — 2 m. bucolic poet.
buchada f. mouthful.
buche m. craw, crop, maw [of birds]; craw [of animals]. 2 stomach [of man]. 3 bosom [thoughts, secrets] : sacar el ~ a uno, to make someone tell all he knows. 4 bag, pucker [in clothes]. 5 suckling ass.
buchete m. puffed out cheek.
buchón, na adj. ORN. palomo ~ paloma buchona, pouter [pigeon].
Buda m. pr. n. Buddha.
budare m. (Ve.) baking pan.
búdico, ca adj. Buddhic. Buddhistic.
budín m. pudding.
budión m. ICHTH. peacock fish.
budismo m. Buddhism.
budista adj. & n. Buddhist.
buen adj. apocopated form of BUENO, used only before a masculine substantive or before an infinitive verb used as a substantive : el Buen Pastor, the Good Shepherd : ~ andar, good pace.
buenamente adv. easily, without difficulty. 2 voluntarily, spontaneously.
buenandanza f. BIENANDANZA.
buenaventura f. good luck, happiness. 2 fortune [as told by a fortuneteller] : decirle a uno la ~, to tell someone his fortune.
Buenaventura m. pr. n. Bonaventure.
bueno, na adj. good. 2 kind. 3 fit, proper, suitable. 4 well [in good health]. 5 in good condition. 6 iron. extraordinary, strange. fine : lo ~ es..., the extraordinary thing is..., the best of it is...: ~ fuera que..., it would be fine if... 7 It is employed in many phrases, as : a buenas, de buenas a buenas, por buenas, por la buena. willingly, without reluctance; ¿adónde ~?, where are you going?; glad to see you; ¡buena es ésa. or ésta!, that is a fine thing!, that is a good one! [expression of surprise or disapproval] ; ¡~ está!, that's enough!, that will do!; ~ está lo ~, leave well alone; buenos días, good day, good morning : buenas noches. good night, good evening : buenas tardes. good afternoon; de buenas a primeras. from the very start; without warning; ¿de dónde ~?, where do you drop from?; glad to see you; estar de buenas, or (Am.) estar de buena luna, to be in a good temper. — 8 adv. ¡bueno!, well!, very well!, all right!; that is enough! — 9 m. mark superior to «pass» in examinations. 10 pl. los buenos. the good, the good people.
Buenos Aires m. pr. n. GEOG. Buenos Aires.
buey m. ZOOL. ox, bullock. steer : carne de ~, beef; ~ suelto, fig. bachelor; ~ de cabestrillo, stalking ox. 2 ZOOL. ~ del Tibet, yak. 3 ZOOL. ~ marino, manatee, sea cow.
bueyecillo, bueyezuelo m. dim. little ox.
bueyuno, na adj. BOYUNO.
bufado, da adj. blown very thin [glass].
bufalino, na adj. [pertaining to the] buffalo.
búfalo m. ZOOL. buffalo.
bufanda f. muffler [for the neck], scarf.
bufar intr. to puff and blow, to snort [with anger].
bufete m. writing desk, bureau. 2 lawyer's office. 3 clients, practice [of a lawyer]. 4 (Am.) snack, refreshment.
bufido m. angry snort or roar.
bufo, fa adj. farcical, bouffe : ópera ~, opera bouffe. — 2 m. buffoon. 3 buffo [actor].
bufón, na adj. buffoon. — 2 m. & f. buffoon, jester, merry-andrew.
bufonada f. buffoonery.

bufonear intr., **bufonearse** ref. to jest, play the buffoon.
bufonería f. buffoonery.
bufonesco, ca adj. buffoon. farcical.
bufonizar intr. to play the buffoon.
bugalla f. ink gall.
buganvilla f. BOT. bougainvillia.
bugle m. MUS. a brass wind instrument with pistons.
buglosa f. BOT. bugloss.
buharda, buhardilla f. dormer, dormer window. 2 garret. 3 (Am.) skylight.
buharro m. ORN. scops owl.
buhedo m. BODÓN.
buhío m. BOHÍO.
búho m. ORN. eagle owl.
buhonería f. pedlary, peddlery [pedlar wares].
buhonero m. pedlar, peddler, hawker.
buido, do adj. pointed, sharp. 2 grooved, striated.
buitre m. ORN. vulture : gran ~ de las Indias, condor.
buitrera f. vulture trap.
buitrero, ra adj. vulturine. — 2 m. vulture hunter.
buitrón m. fish trap [made of osier]. 2 partridge net. 3 snare for game 4 ashpit [of smelting furnace].
buje m. axle box [bushing].
bujeda f., **bujedal, bujedo** m. BOJEDAL.
bujería f. gewgaw, knick-knack.
bujeta f. boxwood box. 2 small perfume flacon; case for the same.
bujía f. candle, wax candle, stearine candle. 2 candlestick. 3 PHYS. candle-power. 4 spark plug, sparking plug [in an internal combustion engine].
bula f. [papal] bull. 2 bulla [seal] 3 ROMAN ANT. bulla.
bulario m. bullary.
bulbillo m. BOT. bulbil.
bulbo m. ANAT., BOT. bulb.
bulboso, sa adj. bulbous.
bulerías f. pl. Andalusian song and dance.
buldog m. bulldog.
buleto m. apostolic brief.
bulevar m. boulevard.
Bulgaria f. pr. n. GEOG. Bulgaria.
búlgaro. ra adj. & n. Bulgar, Bulgarian.
bulí m. BURÍ.
bulimia f. MED. bulimia.
bulo m. canard, hoax, false report.
bultito m. little lump or swelling.
bulto m. volume, size, bulk : de ~, obvious, manifest, striking; figura de ~. figure in sculpture. 2 form, body; object not clearly discerned : a ~, roughly ; buscar el ~ a uno, to persecute, harass someone; escurrir, guardar or huir el ~, to evade a task, danger, etc.; menear el ~ a uno, to beat, thrash someone. 3 swelling. lump. 4 bust, statue. 5 TRANSP. bundle, pack, case, piece of luggage.
bululú, pl. -lúes m. (Ve.) tumult, racket.
bulla f. noise, uproar, racket; armar ~, to make a racket; meter a ~, to confuse, obstruct. 2 crowding.
bullaje m. noisy crowd.
bullanga f. tumult. racket, disturbance.
bullanguero, ra adj. fond of noise. — 2 m. & f. noisy person, rioter.
bullarengue m. coll. bustle [pad in a dress]. 2 (Cu.) feigned, artificial thing.
bullebulle m. & f. coll. a lively, bustling person.
bullicio m. hubbub, noise, stir. 2 riot.
bulliciosamente adv. noisily.
bullicioso, sa adj. noisy, boisterous, restless, lively, merry. 2 riotous. — 3 m. & f. rioter.
bullidor, ra adj. bustling, lively.
bullir intr. to boil. to 2 to bubble up. 3 to seethe. 4 to bustle about. — 5 intr., ref. & tr. to move, stir : no bullía or no se bullía. he did not stir : no bullía pie ni mano, he did not stir hand or foot.
bullón m. dye bubbling up in a boiler. 2 stud [for bookbindings]. 3 puff [in a dress].
bumerang m. boomerang.
bungo m. Nicaraguan flatboat.
buniatal m. sweet-potato patch.
buniato m. BOT. sweet potato.
bunio m. AGR. seed turnip.
buñolería f. fried cake shop.
buñolero, ra m. & f. maker or seller of BUÑUELOS.

buñuelo *m.* fried cake, doughnut, cruller; fritter. 2 botch, bungle, clumsy work, failure.

buque *m.* NAUT. ship, vessel: ~ *de cabotaje*, coaster; ~ *de cruz*, square-rigger; ~ *de guerra*, warship; ~ *de hélice*, screw ship; ~ *de ruedas*, paddle-wheel steamer; ~ *de transporte*, transport; ~ *de vapor*, steamer, steamboat; ~ *de vela*, sailer, sailing ship, sailboat; ~ *cablero*, cable ship; ~ *cisterna*, tanker; ~ *escuela*, training ship; ~ *hospital*, hospital ship; ~ *mercante*, merchantman, merchant vessel; ~ *transbordador*, train ferry. 2 hull [of a ship]. 3 capacity.

buqué *m.* bouquet [of wine].

burato *m.* Canton crêpe.

burbuja *f.* bubble.

burbujear *intr.* to bubble.

burbujeo *m.* bubbling.

burchaca *f.* BURJACA.

burda *f.* NAUT. backstay.

burdégano *m.* ZOOL. hinny.

burdel *m.* brothel, disorderly house.

Burdeos *m. pr. n.* GEOG. Bordeaux. — 2 *m.* Bordeaux wine.

burdo, da *adj.* coarse. 2 clumsy [lie, work].

burel *m.* HER. bar, the ninth part of a shield.

burelado, da *adj.* HER. with five bars of gold or silver and five bars of another colour.

bureo *m.* amusement, diversion.

bureta *f.* CHEM. burette.

burga *f.* hot springs.

burgado *m.* ZOOL. a brown edible snail.

burgalés, sa *adj.* [pertaining to] Burgos. — 2 *m.* & *f.* native or inhabitant of Burgos.

burgo *m.* obs. hamlet, borough.

burgomaestre *m.* burgomaster.

burgrave *m.* burgrave.

burgués, sa *m.* & *f.* burgher. 2 bourgeois, middle-class man or woman. 3 boss [employer].

burguesía *f.* bourgeoisie, middle class.

burí *m.* BOT. (P. I.) kind of sago palm.

buriel *adj.* chestnut red. — 2 *m.* burel [coarse woolen cloth].

buril *m.* burin.

burilada *f.* burin stroke.

buriladura *f.* engraving with a burin.

burilar *tr.* to engrave with a burin.

burjaca *f.* leather bag [of pilgrim or beggar].

burla *f.* mocking word or gesture; mockery, gibe, jeer, scoff : *hacer* ~ *de*, to mock, scoff, make fun of. 2 joke, jest : *de burlas*, in fun; ~ *burlando*, without noticing it; on the quiet : *burlas aparte*, joking aside. 3 deception, trick.

burladero *m.* refuge in a bull ring. 2 safety island or isle.

burlador, ra *adj.* mocking, deceiving, frustrating. — 2 *m.* mocker, deceiver, frustrator. 3 seducer of women.

burlar *tr.* to mock. 2 to deceive, trick. 3 to disappoint, to frustrate, to evade. — 4 *intr.* & *ref.* to make fun : ~ or *burlarse de*, to make fun of, to make a fool of, to ridicule, mock, gibe; to jeer at, laugh at, scoff at.

burlería *f.* mockery, deception. 2 illusion. 3 derision.

burlescamente *adv.* burlesquely, comically, jocularly.

burlesco, ca *adj.* burlesque, comical, jocular.

burleta *f.* little trick or mockery.

burlete *m.* weather strip or stripping.

burlón, na *adj.* mocking. — 2 *m.* & *f.* mocker, joker.

burlonamente *adv.* mockingly.

buró *m.* writing desk, bureau.

burocracia *f.* bureaucracy.

burócrata *m.* & *f.* bureaucrat.

burocrático, ca *adj.* bureaucratic.

burra *f.* she-ass. 2 ignorant, stupid woman. 3 strong hardworking woman.

burrada *f.* drove of asses. 2 stupid act or expression.

burrajo *m.* dry stable dung [used for fuel].

burreño *m.* BURDÉGANO.

burrero *m.* ass keeper who sells asses' milk. 2 (Mex.) owner or driver of asses.

burro *m.* ZOOL. donkey, ass : fig. ~ *de carga*, strong, hardworking man. 2 ignorant, stupid man. 3 sawbuck, sawhorse. 4 card game. 5 (Mex.) folding stepladder.

burrumbada *f.* BARRUMBADA.

bursátil *adj.* [pertaining to] exchange or stock-market.

burujo *m.* knot [in wool], lump [in a matter]. 2 BORUJO 2.

burujón *m.* aug. of BURUJO. 2 lump, swelling.

busarda *f.* BUZARDA.

busardo *m.* ORN. buzzard.

busca *f.* search, hunt, quest : *en* ~ *de*, in quest of. 2 HUNT. party of beaters. 3 (Cu., Mex., P. R.) perquisites.

buscada *f.* search, hunt, quest.

buscador, ra *adj.* searching. — 2 *m.* & *f.* searcher, seeker; prospector. — 3 *m.* finder [optical appliance].

buscaniguas *m.* (Col., Guat.) BUSCAPIÉS.

buscapié *m.* sounding remark [in conversation].

buscapiés *m.* serpent, snake [firework].

buscapleitos *m.* (C. Am.) troublemaker.

buscapiques *m.* (Pe.) BUSCAPIÉS.

buscar *tr.* to look for, search for, hunt for, seek. 2 to prospect. — 3 *ref.* to get; to bring upon oneself. 4 *buscársela*, to manage, to seek a living; to ask for it.

buscarruidos *m.* & *f.* troublemaker.

buscavidas *m.* & *f.* prier into other people's lives. 2 hustler.

busco *m.* miter sill [of canal-lock gate].

buscón, na *adj.* searching. — 2 *m.* & *f.* searcher, seeker 3 pilferer; cheat. — 4 *f.* harlot.

busilis *m.* coll. rub, point : *ahi está el* ~, there's the rub; *dar en el* ~, to see the point.

busqué, busque, etc., *pret., subj. & imper.* of BUSCAR.

búsqueda *f.* search, hunt, quest.

busto *m.* bust.

bustrófedon *m.* boustrophedon.

butaca *f.* easy chair. 2 THEAT. orchestra seat.

butacón *m.* large easy chair.

butano *m.* CHEM. butane.

buten (de) *adj.* coll. first-rate, ripping.

buteno *m.* CHEM. butene.

butifarra *f.* pudding or sausage made in Catalonia, Valencia and the Balearic Is. 2 (Per.) kind of ham sandwich.

butileno *m.* CHEM. butylene.

butilo *m.* CHEM. butyl.

butiondo, da *adj.* BOTIONDO.

butírico, ca *adj.* CHEM. butyric.

butirina *f.* CHEM. butyrin.

butiro *m.* butter, butterfat.

butirómetro *m.* butyrometer.

butiroso, sa *adj.* butyrous.

butomáceo, a *adj.* BOT. butomaceous. — 2 *f. pl.* BOT. Butomaceæ.

butrino, butrón *m.* BUITRÓN 1.

butuco, ca *adj.* (Hond.) thick, stumpy.

buxáceo, a *adj.* BOT. buxaceous. — 2 *f. pl.* BOT. Buxaceæ.

buyo *m.* buyo [chewing paste].

buz *m.* lip. 2 kiss of gratitude or reverent regard : *hacer el* ~, fig. to bow and scrape.

buzamiento *m.* GEOL. dip.

buzar *intr.* GEOL. to dip.

buzarda *f.* NAUT. breasthook.

buzo *m.* diver : *campana de* ~, diving bell.

buzón *m.* outlet [of a pond]. 2 letter drop; letter box, mailbox, postbox : ~ *de alcance*, late-collection postbox. 3 stopper, plug, bung.

C

C, c *f.* C, c, third letter of the Spanish alphabet.
¡ca! *interj.* oh no! not at all!, no, indeed!
cabal *adj.* exact, full, complete. 2 perfect, faultless. — *3 adv.* exactly. — *4 m. pl. no estar uno en sus cabales*, not to be in one's right mind. *5 por sus cabales*, perfectly; in their proper sequence, according to rule and order; at its just price.
cábala *f.* cabala. 2 divination by numbers. 3 cabal, intrigue. 4 guess, supposition.
cabalgada *f.* [in old times] raid by horsemen.
cabalgador, ra *m. & f.* rider [on horseback].
cabalgadura *f.* mount, riding horse or animal. 2 beast of burden.
cabalgante *adj.* riding.
cabalgar *intr.* to horse, mount [get on horseback]. 2 to horse, ride, go riding [on horseback]; to go in a cavalcade. — *3 tr.* to ride, mount [a horse, mule or ass]. 4 [of a stallion] to horse, cover, mount, serve [a mare].
cabalgata *f.* cavalcade.
cabalgué, cabalgue, etc., *pret., subj. & imper.* of CABALGAR.
cabalhuste *m.* saddle rack.
cabalista *m.* cabalist.
cabalístico, ca *adj.* cabalistic.
cabalito *adv.* coll. exactly; just so.
cabalmente *adv.* exactly, completely, fully. 2 just, precisely.
caballa *f.* ICHTH. mackerel.
caballada *f.* drove of horses. 2 (Am.) stupidity.
caballaje *m.* covering [of a mare]; money paid for this service.
caballar *adj.* equine.
caballear *intr.* to ride frequently on horseback.
caballejo *m.* little horse. 2 nag. 3 horse [instrument of torture].
caballerato *m.* knighthood [rank of knight] in ancient Catalonia. 2 obs. ecclesiastical benefice granted by the Pope to a married layman.
caballerear *intr.* to set up for a gentleman.
caballerescamente *adv.* chivalrously.
caballeresco, ca *adj.* knightly, chivalric, chivalrous, chivalresque. 2 pertaining to books on knight-errantry.
caballerete *m.* little gentleman, little dandy.
caballería *f.* riding animal; horse, mule, ass: ~ *mayor*, horse or mule; ~ *menor*, ass. 2 MIL. cavalry: ~ *ligera*, light horse, light cavalry. 3 knights, knighthood, chivalry, order of knights: ~ *andante*, errantry, knight errantry. 4 chivalric act: fig. *andarse en caballerías*, to overdo oneself in compliments.
caballerito *m. dim.* CABALLERETE.
caballeriza *f.* stable [for horses]. 2 royal mews. 3 stable, stud [horses kept]. 4 stable hands.
caballerizo *m.* head groom of a stable. 2 ~ *del rey*, equerry to the king; ~ *mayor del rey*, royal master of the horse.
caballero, ra *adj.* riding, mounted : ~ *en un asno*, astride of an ass, riding an ass; fig. ~ *en su opinión*, sticking to his opinion. — *2 m.* knight :

~ *andante*, knight errant; ~ *cubierto*, grandee who did not have to uncover in the king's presence; coll. fellow who never takes off his hat; *armar* ~, to knight. 3 gentleman : fig. ~ *de industria*, gentleman crook, chevalier of industry ; ~ *en plaza*, mounted toreador. 4 sir [in addressing a man]. 5 FORT. cavalier. 6 old Spanish dance.
caballerosamente *adv.* chivalrously, nobly, like a gentleman.
caballerosidad *f.* chivalry, gentlemanly behaviour.
caballeroso, sa *adj.* chivalrous, gentlemanly
caballerote *m.* coll. uncouth gentleman.
caballeta *f.* SALTAMONTES.
caballete *m.* small horse. 2 ridge [of a roof]. 3 horse [instrument of torture]. 4 trestle, carpenter's horse, gantry. 5 easel : *Caballete del Pintor*, ASTR. Painter's easel. 6 ridge [between furrows]. 7 chimney cap. 8 bridge [of nose]. 9 ORN. breastbone. 10 (Am.) rest [for knife and fork]. 11 stand for saddles. 12 ATIFLE.
caballista *m.* horseman, good rider. 2 mounted brigand.
caballito *m. dim.* little horse. 2 rocking-horse, hobby-horse. 3 ENTOM. ~ *del diablo*, dragonfly. 4 *pl.* merry-go-round, roundabouts. 5 petits chevaux [game].
caballo *m.* ZOOL. horse : ~ *aguililla* (Am.), a very swift horse; ~ *blanco*, fig. angel [financial backer] ; ~ *de batalla*, battle horse, charger; fig. forte, speciality; fig. main point [in controversy]; ~ *de silla*, saddle horse; ~ *de palo*, CABALLETE 3 ; any ship or boat; ~ *de posta*, post horse; ~ *de tiro*, draught- or draft-horse; ~ *padre* or *semental*, stallion; *a* ~, on horse-back; *a* ~ *de*, astride; *ir a* ~, *montar a* ~, to ride on horseback; *a mata* ~, at full speed; *a* ~ *regalado no hay que mirarle el diente*, you should not look a gift horse in the mouth. 2 knight [in chess]. 3 CARDS figure on horseback, equivalent to queen. 4 sawbuck, sawhorse. 5 ~ *de agua* or *marino*, ZOOL. river horse; ICHTH. sea horse. 6 MECH. ~ *de fuerza* or *de vapor*, horsepower; ~ *hora*, horsepower-hour. 7 ENTOM. ~ *del diablo*, CABALLITO DEL DIABLO. 8 MIL. ~ *de Frisa* or *de Frisia*, cheval-de-frise. 9 *pl.* MIL. horse, cavalry : *caballos ligeros*, light horse.
caballón *m.* ridge [between furrows]. 2 small ridge made of earth for dividing plots, directing water, etc.
caballuelo *m. dim.* little horse.
caballuno, na *adj.* equine; horselike.
cabaña *f.* cabin, hut, hovel. 2 large number of sheep or cattle. 3 PAINT. pastoral scene. 7 balk, baulk [in billiards].
cabañal *adj.* sheep-and-cattle [path]. — *2 m.* village of cabins.
cabañero, ra *adj.* pertaining to sheperd's cabin or to sheep.
cabañil *adj.* pertaining to a shepherd's cabin.
cabañuela *f.* little cabin.
cabás *m.* cabas; shopping bag.
cabe *m.* stroke on a ball in the game of ARGOLLA :

fig. *dar un ~ al bolsillo, a la hacienda,* to make a hole in one's pocket or fortune. — 2 *prep.* poet. near, at the side of.

cabeceada *f.* (Am.) nod.

cabeceamiento *m.* CABECEO.

cabecear *intr.* to nod [in drowsiness]. 2 to shake one's head [in disapproval]. 3 [of horses] to raise and lower the head. 4 NAUT. to pitch. 5 [of a load] to sway, to slide to a side. — 6 *tr.* to strenghten [new wine] with old wine. 7 to blend [wines]. 8 to foot, put a new foot on [a stocking]. 9 to bind the edge of [a carpet, etc.]. 10 put the headband to [a book]. 11 in writing, to make [letters] with thick hooks.

cabeceo *m.* nodding [in drowsiness]. 2 shaking [of the head]. 3 raising and lowering of the head. 4 NAUT. pitching.

cabecera *f.* beginning or principal part; upper end; head [of table, bed, etc.]. 2 seat of honour. 3 headboard [of a bed]. 4 bedside: fig. *médico de ~,* family doctor. 5 headwaters. 6 head, end [of a field]. 7 main town [of a district]. 8 PRINT. headpiece. 9 head or tail of the back [of a book]. 10 pillow, bolster. 11 *~ de puente,* CABEZA DE PUENTE.

cabeciancho, cha *adj.* broad-headed.

cabeciduro, ra *adj.* (Col., Cu.) stubborn.

cabecilla *f.* little head. 2 wrong-headed person. — 3 *m.* ringleader, rebel leader.

cabecita *f.* dim. little head.

cabellar *intr.* to grow hair. — 2 *ref.* to put on false hair.

cabellera *f.* hair, head of hair. 2 wig. 3 ASTR. tail [of comet].

cabello *m.* hair [of the human head singly or collectively] : *~ merino,* thick, curly hair ; *asirse de un ~,* to seize upon, or resort to, any trivial pretext ; *cortar or partir un ~ en el aire,* to be very shrewd ; *estar pendiente de un ~,* to be hanging by a hair ; *podérsele ahogar a uno con un cabello,* fig. to be distressed; to have one's heart in one's mouth ; *traído por los cabellos,* farfetched ; *en ~,* with the hair down ; *en cabellos,* bareheaded. 2 corn silk. 3 *~ de ángel,* sweetmeat made of a squash. 4 *pl.* hair, head of hair.

cabelludo, da *adj.* with an abundant head of hair. 2 BOT. hairy.

cabelluelo *m.* dim. of CABELLO.

caber *intr.* to be capable of being contained [in] ; to go [in or into] ; to have room, to have room enough : *este libro cabe en mi bolsillo,* this book can go into my pocket ; *en esta lata caben diez litros,* this can will hold ten litres ; *yo no quepo aquí,* I have not room enough here ; *usted no cabe entre nosotros,* there is no room for you among us ; *no me cabe en la cabeza que,* fig. I never would have believed that. 2 to fall to one's lot, to be had : *me cabe el honor de,* I have the honor cf. 3 to be possible : *todo cabe en,* anything is possible in, or can be expected from ; *no ~ duda,* no doubt ; *no cabe más,* that is the limit. 4 *no caber en si de,* to be bursting with [joy, pride, etc.]. ¶ CONJUG.: IND. Pres.: *quepo,* cabes, cabe, etc. | Pret.: *cupe, cupiste, cupo; cupimos, cupisteis, cupieron.* | Fut.: *cabré,* cabrás, etc. | COND.: *cabría, cabrías,* etc. | SUBJ. Pres.: *quepa,* quepas, *quepa; quepamos quepáis, quepan.* | Imperf.: *cupiera, cupieras,* etc., or *cupiese, cupieses,* etc. | Fut.: *cupiere, cupieres,* etc. | IMPER.: cabe, *quepa; quepamos,* cabed, *quepan.*

cabestraje *m.* leading oxes.

cabestrante *m.* CABRESTANTE.

cabestrar *tr.* to put an halter on [a beast]. — 2 *intr.* to hunt or fowl with a stalking ox.

cabestrear *intr.* to be easily lead by the halter.

cabestrería *f.* halter shop.

cabestrero *m.* maker or seller of halters and hemp ware. 2 driver of cattle.

cabestrillo *m.* sling [for injured arm]. 2 little chain worn as a necklace.

cabestro *m.* halter [for horse] : *llevar or traer del cabestro,* to lead by the halter ; fig. to lead by the nose. 2 leading ox.

cabeza *f.* head [of man or animal; brains, mind, judgment, understanding; top part or end] : *~ de chorlito,* scatterbrains; *~ de hierro,* strongheaded person; strong mental worker; *~ de*

playa, MIL. beachhead; *~ de puente,* bridgehead; *~ de turco,* scapegoat; *~ redonda,* blockhead; *mala ~,* ne'er-do-well, scapegrace; *de ~,* by heart; head first. *headlong; de su ~,* out of his own head; *alzar ~, levantar ~,* to get on one's feet [after poverty or misfortune] ; to recover [from illness] ; *bajar la ~,* to drop one's head ; to bow one's head ; *calentarse la ~,* to tire one's brains ; *dolerle a uno la ~,* to have a headache ; *henchir a uno la ~ de viento,* to swell one's head ; *ir de ~ abajo,* to be on the downgrade ; *irsele a uno la ~,* to feel giddy; to be losing one's wits ; *meterse de ~,* to plunge, to fling oneself headlong [in a business] ; *metérsele a uno en la ~ una cosa,* to get something into one's own head ; *no tener donde volver la ~,* not to know where to turn to ; *otorgar de ~,* to nod assent; *pasarle a uno por la cabeza [una cosa],* to cross one's mind ; to come into one's head ; *perder la ~,* to lose one's head ; *quebrantar or quebrarle a uno la ~,* to bore to death ; *quebrarse la ~,* to bother one's head [about] ; *romperse la ~,* to cudgel or to rack one's brains ; *sentar la ~,* to settle down, to become sensible ; *subirse una cosa a la ~,* to go to one's head. 2 head [chief, leader; first place, leadership] : *~ de familia,* head of family ; *a la ~,* at the head, in the lead. 3 top [of mountain]. 4 headwaters, head [of a river]. 5 head, individual : *por ~,* a head, per head ; *~ de ganado,* head of cattle. 6 main town ; *~ de partido,* county seat. 7 *~ de ajo,* bulb of garlic. 8 BOT. *~ de perro,* pilewort. 9 MIN. *~ de filón,* basset.

cabezada *f.* blow with the head, butt : *darse de cabezadas,* fig. to cudgel one's wits fruitlessly. 2 nod [from drowsiness or in salutation] : *dar cabezadas,* to nod. 3 NAUT. AER. pitch, pitching, plunge. 4 headgear [of harness], headstall [of bridle]. 5 headband [of a book].

cabezal *m.* small pillow. 2 long pillow, bolster. 3 SURG. bolster. 4 MIN., MACH. headstock.

cabezalero, ra *m. & f.* executor, executrix [of a will].

cabezazo *m.* blow with the head, butt.

cabezo *m.* summit [of a mountain]. 2 hillock. 3 rock [in the sea].

cabezón, na *adj.* big-headed. 2 obstinate. — 3 *m. & f.* big-headed or obstinate person. — 4 *m.* opening for the head [in a garment]. 5 *~ de serreta,* cavesson.

cabezonada *f.* obstinate act.

cabezorro *m.* large head.

cabezota *f.* large head. — 2 *m. & f.* big-headed or obstinate person.

cabezudamente *adj.* obstinately.

cabezudo, da *adj.* big-headed. 2 obstinate. — 3 *m. & f.* big-headed or obstinate person. — 4 *m.* figure of a big-headed dwarf [in some processions]. 5 ICHTH. mullet.

cabezuela *f.* dim. small head. 2 coarse flour, middling. 3 BOT. capitulum, head [inflorescence]. 4 rosebud for making rose water. 5 lighthead, thoughtless person.

cabezuelo *m.* dim. of CABEZO.

cabida *f.* espace, room, capacity : *dar ~ a,* to make room for ; *tener ~,* to apply, be applicable. 2 extent [of a field]. 3 favour, influence : *tener ~, or gran ~, con alguna persona,* to have influence, with someone.

cabila *f.* tribe [in Morocco].

cabildada *f.* hasty or unwise proceeding of a chapter or council.

cabildante *m.* (Sout. Am.) town councillor.

cabildear *intr.* to attempt to influence the members of a corporation or council.

cabildeo *m.* the act of CABILDEAR : *andar de cabildeos,* to intrigue, to plot.

cabildo *m.* chapter [of a cathedral or collegiate church]. 2 town council. 3 in some ports, guild of fishermen. 4 [in the Canary Islands] island council. 5 meeting of a CABILDO.

cabilla *f.* NAUT. driftbolt. 2 NAUT. belaying pin. 3 NAUT wheel handle.

cabillo *m.* BOT. stem [of leaf, flower or fruit].

cabimiento *m.* CABIDA.

cabito *m.* dim. small end; little stump.

cabio *m.* ARCH. joist. 2 ARCH. trimmer. 3 top piece or bottom piece [of a door frame]. 4 CABRIO.

cabizbajo, ja *adj.* with bowed head [from dejection, sorrow or care] ; crestfallen ; pensive.

cable *m.* cable, rope, hawser : ∼ *de alambre*, stranded cable ; ∼ *de remolque*, towline ; ∼ *de sustentación*, AER. light wire ; ∼ *eléctrico*, electric cable. 2 cable, cable's length. 3 cable, submarine cable. 4 cable, cablegram.

cablegrafiar *tr.* to cable.

cablegráfico, ca *adj.* cable [pertaining to submarine telegraphy] : *dirección cablegráfica*, cable address.

cablegrama *m.* cablegram.

cabo *m.* end. extremity : ∼ *suelto*, fig. loose end ; *atar cabos*, fig. to put two and two together ; *estar al* ∼ *de, estar al* ∼ *de la calle*, to be informed [about something] ; *ponerse al* ∼ *de*, to get informed about ; *de* ∼ *a* ∼, *de* ∼ *a rabo*, from head to tail, from beginning to end. 2 end, termination, conclusion : ∼ *de año*, anniversary [for a deceased person] ; *estar al* ∼ *or muy al* ∼, to be nearing one's end ; *llevar a* ∼, to carry out, accomplish ; *al* ∼, finally ; *al* ∼ *de*, at the end of ; *al* ∼ *de un mes*, in a month, after (the lapse of) a month. 3 bit, stump : ∼ *de hilo*, bit of thread ; ∼ *de vela*, stump of candle. 4 strand [of rope or thread]. 5 haft. 6 thread, string [in some trades]. 7 NAUT. rope, cordage : ∼ *fijo*, standing rope ; ∼ *de labor*, running rope. 8 GEOG. cape : ∼ *de Buena Esperanza*, Cape of Good Hope ; *Ciudad del Cabo*, Cape Town ; ∼ *de Hornos*, Cape Horn ; ∼ *Verde*, Cape Verde. 9 MIL. corporal : ∼ *de cañón*, NAV. gun corporal ; ∼ *de mar*, navy corporal. 10 *pl.* accessory pieces of wearing apparel. 11 mane, muzzle and feet [of horses].

cabotaje *m.* NAUT. cabotage, coasting trade. 2 *buque de* ∼, coaster.

cabra *f.* ZOOL. goat : ∼ *de almizcle*, musk deer ; ∼ *montés*, wild goat ; *piel de* ∼, goatskin ; *la* ∼ *siempre tira al monte*, what is bred in the bone, will out in the flesh. 2 *pl.* marks on the legs from sitting near the fire.

cabrahigadura *f.* caprification.

cabrahigal, cabrahigar *m.* grove of caprifigs.

cabrahigar *tr.* to caprificate.

cabrahigo *m.* BOT. caprifig, goat fig, wild fig.

cabrera *f.* goatherdess. 2 goatherd's wife.

cabrería *f.* goat's milk dairy. 2 stable for goats.

cabreriza *f.* goatherd's cabin. 2 goatherd's wife.

cabrerizo, za *adj.* goat [pertaining to goats]. 2 *m.* goatherd.

cabrero *m.* goatherd.

cabrestante *m.* capstan.

cabria *f.* gin, crab [hoisting machine].

cabrilla *f.* ICHTH. cabrilla. 2 sawbuck. 3 *pl.* marks on the legs from sitting near the fire. 4 white horses, whitecaps [in the sea]. 5 ducks and drakes, boy's game of skipping stones on water. 6 ASTR. Pleiades.

cabrillear *intr.* [of the sea] to form whitecaps. 2 to shimmer.

cabrilleo *m.* the forming of whitecaps.

cabrio *m.* common rafter.

cabrío *adj.* hircine, goat : *macho* ∼, buck, billy-goat. — 2 *m.* herd of goats.

cabriola *f.* caper, skip, gambol, tumble ; capriole.

cabriolar *intr.* CABRIOLEAR.

cabriolé *m.* cabriolet.

cabriolear *intr.* to caper, gambol ; to capriole.

cabrita *f.* she-kid.

cabritero, ra *m. & f.* kid's meat seller.

cabritilla *f.* [dressed] kidskin.

cabritillo *m.* kiddy.

cabrito *m.* kid [young of goat].

cabrón *m.* ZOOL. buck, billy-goat. 2 fig. acquiescing cuckold. 3 (Chi.) pimp, pander.

cabronada *f.* coll. infamous action which a man permits against his own honour. 2 indignity, annoyance which one has to put up with. ¶ Not in decent use.

cabruno, na *adj.* hircine, goat, goatish.

cabujón *m.* JEWEL. cabochon.

caburé *m.* (Per., Arg.) small bird of prey.

cabuya *f.* BOT. century plant. 2 pita [fiber]. 3 pita rope. 4 NAUT. small ropes, cordages. 5 (South. Am.) *ponerse en la* ∼, to catch the drift, to become informed.

cabuyería *f.* NAUT. small ropes, cordages. 2 (Am.) ship chandlery.

caca *f.* coll. human excrement. 2 dirt, filth.

cacahual *m.* cacao plantation.

cacahuate, cacahué, cacahuete, cacahuey *m.* BOT. peanut.

cacahuatero, ra *m. & f.* (Mex.) peanut seller.

cacalote *m.* (Mex.) ORN. raven. 2 (Cent. Am., Mex.) rosette [of copper].

cacao *m.* cacao [tree, seed] ; cocoa [tree, powder, drink] : ∼ *en grano*, *grano de* ∼, cacao seed, cocoa bean. 2 (Cent. Am., Mex.) *pedir* ∼, to cry quarter, beg mercy.

cacaotal *m.* CACAHUAL.

cacaraña *f.* pit [in the face], pockmark.

cacarañado, da *adj.* pitted, pock-marked.

cacareador, ra *adj.* cackling, crowing. 2 coll. boasting.

cacarear *intr.* [of fowls] to cackle, crow. 2 coll. to boast, brag.

cacareo *m.* cackling, crowing [of fowls]. 2 coll. boasting, bragging.

cacarizo, za *adj.* (Mex.) pockmarked.

cacatúa *f.* ORN. cockatoo.

cacaxtle *m.* (Mex.) kind of crate for carrying goods.

cacaxtlero *m.* (Mex.) Indian who carries a CACAXTLE on his shoulders.

cacé, cace, etc., *pret.*, *subj. & imper.* of CAZAR.

cacear *tr.* to stir with a dipper or ladle.

caceo *m.* stirring with a dipper or ladle.

cacera *f.* irrigation ditch.

cacería *f.* hunt, hunting party. 2 bag [game shot]. 3 PAINT. hunting scene.

cacerina *f.* cartridge pouch.

cacerola *f.* casserole, saucepan.

cacica *f.* female Indian chief.

cacicato, cacicazgo *m.* dignity or territory of a cacique. 2 political fief ; power of a political boss.

cacillo, cacito *m. dim.* small dipper or ladle.

cacimba *f.* hole dug in the beach for drinking water.

cacique *m.* cacique, Indian chief. 2 political boss.

caciquil *adj.* pertaining to caciques or to political bosses.

caciquismo *m.* caciquism, domination by political bosses.

cacle *m.* (Mex.) rough sandal.

caco *m.* thief, burglar. 2 coll. coward.

cacodilato *m.* CHEM. cacodylate.

cacodílico, ca *adj.* cacodylic.

cacodilo *m.* CHEM. cacodyl.

cacofonía *f.* cacophony.

cacofónico, ca *adj.* cacophonous.

cacografía *f.* cacography.

cacomite *m.* BOT. a kind of tigerflower.

cacomiztle *m.* BASÁRIDE.

cacoquimia MED. cacochymy.

cacoquímico, ca *adj.* cacochymic(al.

cactáceo, a & **cácteo, a** *adj.* BOT. cactaceous. — 2 *f. pl.* BOT. Cactáceæ.

cacto *m.* BOT. cactus.

cacumen *m.* coll. acumen, brains, head.

cacha *f.* each of the two leaves of a razor or knife handle : *hasta las cachas*, up to the hilt ; over head and ears. 2 handle [of a razor or knife]. 3 cheek. 4 buttock [of a rabbit]. 5 (Col.) horn [of cattle].

cachaciento, ta *adj.* (Am.) CACHAZUDO.

cachaco *m.* (Col., Ec., Ve.) dandy, fop.

cachada *f.* stroke of one top [toy] against another. 2 (Col., Hond.) thrust with the horns.

cachalote *m.* ZOOL. cachalot, sperm whale.

cachamarín *m.* QUECHEMARÍN.

cachapa *f.* (Ven.) maize bread with sugar.

cachar *tr.* to break in pieces, to split.

cacharrería *f.* crockery shop.

cacharrero, ra *m. & f.* crockery seller.

cacharro *m.* crock, piece of crockery. 2 coll. rattle-trap ; rickety machine or car.

cachava *f.* children's game resembling golf. 2 stick for driving the ball. 3 crook, hooked staff.

cachavazo *m.* stroke of the CACHAVA 2 & 3.

cachaza *f.* slowness, phlegm, coolness. 2 first froth on cane juice when boiled.

cachazudo, da *adj.* slow, leisurely, phlegmatic, cool.

cachear *tr.* to search, frisk [somebody for concealed weapons].

cachemarín *m.* QUECHEMARÍN.

cachemir *m.*, **cachemira** *f.* CASIMIR.

Cachemira *f. pr. n.* Kashmir.

cacheo *m.* searching, frisking [someone for concealed weapons].
cachetada *f.* (Am., Can.) slap in the face.
cacheta *f.* spring-catch [of a lock].
cachete *m.* punch [in the face or the head]. 2 plump cheek. 3 short dagger.
cachetero *m.* short dagger. 2 bullfighter who finishes off the bull with a short dagger.
cachetina *f.* fisticuffs, brawl.
cachetudo, da *adj.* plump-cheeked.
cachicamo *m.* (Am.) ARMADILLO.
cachicán *m.* foreman of a farm. 2 clever, sly man.
cachicuerno, na *adj.* horn-handled [knife].
cachidiablo *m.* one disguised in a devil's mask.
cachifollar *tr.* to squash, to humble, to put out of countenance.
cachigordete, ta; cachigordo, da *adj.* squat, stumpy.
cachillada *f.* litter [of animals].
cachimba *f.* smoking pipe. 2 (Arg.) CACIMBA.
cachimbo *m.* (Am.) smoking pipe: *chupar* ~, (Ven.) to smoke a pipe; [of children] to suck one's thumb. 2 (Cu.) small sugar plantation.
cachipolla *f.* ENTOM. dayfly, May fly.
cachiporra *f.* club, bludgeon.
cachiporrazo *m.* blow with a bludgeon.
cachirulo *m.* vessel for keeping liquor. 2 NAUT. small three-masted vessel. 3 (Mex.) reinforcing patch on riding breeches. 4 head ornament formerly worn by women.
cachivache *m.* vessel, pot, utensil. 2 coll. good-for-nothing liar.
cacho, cha *adj.* GACHO. — 2 *m.* bit, piece, fragment. 2 a fresh-water fish. 3 (Am.) horn [of cattle]. 4 (Chi., Guat.) drinking horn. 5 (Chi.) coll. useless thing. 6 card game.
cacholas *f. pl.* NAUT. cheeks [of the masts].
cachón *m.* breaker [wave].
cachondearse *ref.* to poke fun at somebody.
cachondez *f.* sexual apetite.
cachondo, da *adj.* sexually excited. 2 in rut [bitch].
cachorrillo *m.* obs. small pistol.
cachorro, rra *m. & f.* pup, puppy, whelp, cub. 2 CACHORRILLO.
cachú *m.* catechu.
cachucha *f.* small rowboat. 2 man's cap. 2 Andalusian dance.
cachucho *m.* needlecase. 2 small rowboat. 3 small coarse pot. 4 ICHTH. a red West Indian fish. 5 CACHUCHA 2.
cachuela *f.* fricassee of rabbit livers, hearts and kidneys. 2 gizzard.
cachuelo *m.* ICHTH. a river fish.
cachumba *f.* BOT. (P. I.) plant of the Compositæ family used as a substitute for saffron.
cachumbo *m.* GACHUMBO.
cachunde *f.* cachou. 2 catechu.
cachupín, na *m. & f.* (Am.) Spaniard who settles in Spanish America.
cada *adj.* each, every : *a* ~ *lado,* at each side; ~ *cual,* ~ *uno,* each one, every one; ~ *vez,* each time, every time; ~ *vez que,* every time that, whenever; ~ *y cuando,* every time, as soon as: ~ *dos días,* every other day; ~ *tres meses,* every three months. — 2 *m.* ENEBRO.
cadalso *m.* shed, cabin, shanty.
cadalecho *m.* bed of branches.
cadalso *m.* scaffold, platform, stage, stand. 2 scaffold for capital punishment.
cadañego, ga *adj.* AGR. bearing abundant fruit every year.
cadarzo *m.* floss, floss silk. 2 outer part of the silk cocoon.
cadáver *m.* corpse, cadaver.
cadavérico, ca *adj.* cadaverous: *rigidez* ~, rigor mortis.
cadejo *m.* small skein. 2 threads put together for making tassels. 3 tangled hair.
cadena *f.* chain [connected series of links; restraining force; sequence, series of events, mountains, etc.] : ~ *antideslizante* or *de neumático,* tire chain; ~ *de agrimensor,* surveyor's chain; ~ *de engranaje,* pitch chain; ~ *de montañas,* range, chain of mountains; ~ *de puerto,* harbour chain or boom; ~ *de reloj,* watch chain; ~ *sin fin,* endless chain. 2 chain gang. 3 ARCH. pier [in a wall]. 4 LAW. imprisonment : ~ *perpetua,* imprisonment for life, life sentence. 5 CHEM. chain.

cadencia *f.* cadence, cadency, rhythm, rhythmical flow. 2 MUS. cadence.
cadencioso, sa *adj.* cadenced, rhythmical.
cadenero *m.* SURV. chainman.
cadeneta *f.* chain stitch.
cadenilla, cadenita *f. dim.* small chain.
cadente *adj.* decaying, declining, going to ruin. 2 cadent, rhythmical.
cadera *f.* ANAT. hip. 2 coxa [of arthropod]. 3 *pl.* CADERILLAS.
caderillas *f.* frame puffing out the top of a woman's skirt at the hips.
cadetada *f.* thoughtless act.
cadete *m.* MIL. cadet.
cadí *m.* cadi [Mohammedan judge].
cadillar *m.* place where hedgehog parsley or burdock grow.
cadillo *m.* BOT. hedgehog parsley. 2 BOT. burdock. 3 wart. 4 *pl.* WEAV. [warp] thrums.
cadmía *f.* cadmia [oxide of zinc].
cadmio *m.* CHEM. cadmium.
cadozo *m.* whirlpool [in a river].
caducamente *adv.* weakly, feebly.
caducante *adj.* declining. 2 in one's dotage.
caducar *intr.* to dote [from old age]. 2 to outlive its usefulness, to fall into disuse. 3 LAW, COM. to lapse, to expire.
caduceo *m.* caduceus, Mercury's staff.
caducidad *f.* caducity, lapse.
caduco, ca *adj.* caducous [feeble, decrepit; transitory]. 2 BOT. caducous, deciduous. 3 LAW caducous, lapsed.
caduquez *f.* caducity. 2 decrepitude, senility.
caedizo, za *adj.* easily falling. 2 BOT. deciduous. — 3 *m.* (Cent. Am.) penthouse [over a window, etc.].
caedura *f.* WEAV. loom waste.
caer *intr.* and sometimes *ref.* to fall, drop, fall down, come down; to tumble, tumble down; to fall off or out : ~ *al suelo,* or *en tierra,* to fall to the ground; ~ *de pies,* to fall on one's feet; ~ *en cama* or *enfermo,* to fall ill; ~ *en una trampa, en la miseria, en un error,* to fall into a trap, into poverty, into an error; *caerse de viejo,* to totter with age; *caerse redondo,* to fall in a heap; *dejar* ~, to drop, to let drop, to let fall; *la casa se está cayendo,* the house is tumbling down; *se le caen los dientes,* his teeth are falling out; *ha caído el ministerio,* the Government has fallen. 2 to realize : ~ *en la cuenta de,* to realize, to bethink oneself of; *no caigo,* I don't get it, I don't see it, I don't remember; *ya caigo,* I understand now, I see it. 3 [of a colour] to fade. 4 [of rents, interests, etc.] to become due. 5 to fall, to come [by lot, inheritance, etc.] : ~ *en suerte,* to fall to one's lot. 6 to fall, to lie, to be, to be located : *el camino cae a la derecha,* the way lies to the right. 7 to fall, occur : *este año, el día de Navidad* ~ *en miércoles,* Christmas Day this year falls on Wednesday. 8 to fall, diminish. 9 [of the sun] to go down. 10 [of the day, etc.] to decline, to draw to its close; [of the night] to fall : *al* ~ *de la noche,* at nightfall. 11 to be included, to fall within. 12 to fall [in battle]. 13 MIL. to fall, be taken. 14 ~ *bien* or *mal,* to suit, fit, become, or not to suit, fit, become : to create a good or bad impression; to be well or unfavorably received. 15 ~ *en gracia,* to please, to get into the good graces. 16 *caerse de su peso* or *de suyo,* to be self-evident, to go without saying. 17 *caérsele a uno la cara de vergüenza,* to be ashamed. 18 *fig.* ~ *uno de su asno,* or *de su burro,* to acknowledge one's error. 19 *estar al* ~, [of an event] to be imminent, about to happen. ¶ CONJUG.: IND. Pres.: *caigo, caes, etc.* | Pret.: *caí, caíste, cayó; caímos, caísteis, cayeron.* | SUBJ. Pres.: *caiga, caigas, caiga; caigamos, caigáis, caigan.* | Imperf.: *cayera, cayeras, etc.,* or *cayese, cayeses, etc.* | Fut.: *cayere, cayeres, etc.* | IMPER.: *cae, caiga; caigamos, caed, caigan.* | GER.: *cayendo.*
café *m.* BOT. coffee, coffee tree or plant. 2 coffee [seeds, beverage]. 3 café : ~ *cantante,* ~ *concierto,* café-chantant, cabaret.
cafeína *f.* CHEM. caffein.
cafería *f.* hamlet.
cafetal *m.* coffee plantation.
cafetalero, ra *m. & f.* coffee planter.

cafetera *f.* coffee-pot: ~ *eléctrica,* electric percolator. 2 female keeper of a café.
cafetería *f.* coffee shop, cafeteria.
cafetero, ra *adj.* [pertaining to] coffee. — 2 *m.* & *f.* coffee gatherer. — 3 *m.* keeper of a café.
cafetín *m.* small café..
cafeto *m.* BOT. coffee tree or plant.
cafetucho *m.* a low class café.
cáfila *m.* coll. multitude, large number.
cafiroleta *f.* (Cu.) sweetmeat made of sweet potatoes, grated coconut and sugar.
cafre *adj.* & *n.* Kaffir. 2 savage, inhuman [person]. 3 rude, rustic [person].
caftán *m.* caftan.
cagaaceite *m.* ORN. missel thrush.
cagachín *m.* ENTOM. small reddish mosquito.
cagada *f.* vulg. excrement. 2 vulg. blunder, mistake.
cagadero *m.* vulg. latrine.
cagado *adj.* vulg. coward.
cagafierro *m.* iron slag or scoria.
cagajón *m.* each one of the horse, mule or ass droppings.
cagalaolla *m.* masquerader who dances in certain processions and festivities.
cagalar *m.* coll. *tripa del* ~, cæcum.
cagalera *f.* vulg. tip-and-run, diarrœa.
cagaluta *f.* CAGARRUTA.
cagar *intr.,* *tr.* & *ref.* vulg. to defecate, go to stoll. — 2 *tr.* coll. to soil, defile; to spoil, make a botch of something. — 3 *ref.* coll. to be cowed.
cagarrache *m.* washer of olive pits [in an olive-oil mill]. 2 ORN. missel thrush.
cagarria *f.* BOT. morel.
cagarropa *m.* CAGACHÍN.
cagarruta *f.* each one of the sheep, goat, hare, etc., droppings.
cagatinta *m.* coll. penpusher
cagatorio *m.* CAGADERO.
cagón, na *adj.* cowardly. — 2 *m.* & *f.* coward.
cagué, cague, etc., *pret., subj.* & *imper.* of CAGAR.
caguanete *m.* cotton wool.
cahiz *m.* old grain measure [about 18 bushels].
cahizada *f.* land sufficient for one CAHIZ of seed.
caíble *adj.* that can fall.
caid *m.* kaid.
caída *f.* fall, falling, drop; tumble; downfall; collapse; falling off or out: ~ *del cabello, de la hoja, de un imperio, de una ciudad,* fall of hair, of leaves, of an empire, of a town. 2 fall, descent [on ground]. 3 fall, lapse, spiritual ruin. 4 fall, diminution. 5 hanging part [of a curtain] arrangement of folds [of drapery]. 6 NAUT. depth, drop, hoist [of a sail]. 7 *a la* ~ *del sol,* at sunset; *a la* ~ *de la tarde.* in the late afternoon. 8 ~ *de ojos,* the manner in which someone lets drop his eyes. 9 *pl.* coarse wool. 10 witty remarks; native wit.
caído, da *adj.* fallen. 2 weak, languid, downhearted. 3 drooping [eyelid, shoulders, etc.]. — 4 *m. pl.* interest due. 5 sloping lines to show the proper slant in writing. 6 *los caídos,* the fallen [in battle].
Caifás *m. pr. n.* Caiaphas.
caigo, caiga, etc., *irr.* V. CAER.
caima *adj.* (Am.) insipid, vapid.
caimán *m.* ZOOL. alligator, cayman. 2 coll. fox [sly person].
caimiento *m.* fall. 2 downheartedness, languidness.
caimito *m.* BOT. star apple.
Caín *m. pr. n.* Cain: *pasar las de Caín,* to have a terrible time.
caique *m.* NAUT. caïque.
cairel *m.* crown of false hair. 2 fringe trimming.
cairelar *tr.* to trim with fringes.
Cairo (El) *m. pr. n.* Cairo.
caite *m.* (C. Am.) CACLE.
caja *f.* box, chest, case: ~ *de colores,* paintbox; ~ *del cuerpo,* ANAT. thorax, chest; ~ *del tambor* or *del tímpano,* ANAT. eardrum; ~ *de música,* musical box; ~ *de Pandora,* MYTH. box of Pandora; ~ *dique,* cofferdam. 2 MACH. box, chest, case, housing, casing: ~ *de cambios de marcha,* gearshift box; ~ *de distribución,* steam chest; ~ *de engranajes,* gear box; ~ *de humos,* smoke box; ~ *de velocidades,* gearshift box. 3 frame, shell [of pulley]. 4 cash box, safe, cashier's office, cashier's desk: ~ *de alquiler,* safe-deposit

box [in a bank]; ~ *de caudales,* safe, strongbox; ~ *de gastos menores,* petty-cash box; ~ *registradora,* cash register; *dinero en* ~, cash on hand; *entrar o ingresar en* ~, to pay in; [of cash] to be paid in; *ventanilla de* ~, teller's window. 5 name of some institutions: ~ *de ahorros,* savings bank; ~ *de jubilaciones,* pension fund; ~ *Postal de Ahorros,* Post Office Savings Bank. 6 coffin. 7 body [of a carriage]. 8 MUS. drum: *echar* or *despedir con cajas destempladas,* fig. to dismiss or turn [someone] away in a harsh manner. 9 socket, mortise: ~ *y espiga,* mortise and tenon. 10 wooden brazier stand. 11 MUS. case [of organ, piano, etc.]: body [of violin, guitar, etc.]: ~ *de resonancia,* resonance box, sound box. 12 stock [of fiream]. 13 well [of staircase]. 14 THEAT. space betwen two wings. 15 BOT. capsule. 16 PRINT. case: ~ *alta,* upper case; ~ *baja,* lower case. 17 CARP. ~ *de ingletes,* mitre box. 18 MIL. ~ *de reclutamiento,* induction centre.
cajel *adj.* bittersweet [orange].
cajera *f.* female cashier. 2 NAUT. box [of a block].
cajero *m.* box maker. 2 cashier.
cajeta *f.* little box. 2 (Cu.) tobacco box. 3 (Mex., C. Ri.) box for jelly. 4 NAUT. sennit.
cajete *m.* (Mex.) glazed earthen pan.
cajetilla *f.* packet, pack [of cigarettes or tobacco].
cajetín *m.* rubber stamp. 2 box [in a printing case].
cajiga *f.* QUEJIGO.
cajigal *m.* QUEJIGAL.
cajista *m.* PRINT. compositor.
cajita *f.* small box.
cajón *m.* large box, bin. 2 drawer, till, locker: ~ *de sastre,* miscellany, odds and ends. 3 space between shelves. 4 wooden stand or shed [for selling or working]. 5 (Am.) grocer's shop. 6 WEAV. ~ *de cambio,* change box [of loom]; ~ *de lanzadera,* shuttle box. 7 ENG. ~ *hidráulico,* caisson. 8 *ser* ~, to be customary, be a matter of course, go without saying.
cajonada *f.* NAUT. lockers.
cajoncito *m. dim.* small box or drawer.
cajonera *f.* chest of drawers [in a vestry].
cajonería *f.* drawers, spaces betwen shelves [collectively].
cajuela *f. dim.* small box. 2 (Am.) auto trunk.
cal *f.* lime [burned limestone]: ~ *hidráulica,* hydraulic lime; ~ *viva,* quicklime; ~ *muerta,* slaked lime; *de* ~ *y canto,* fig. firm, solid.
cala *f.* cove, small bay. 2 fishing ground. 3 plugging [a melon, etc.]. 4 plug [cut out of a melon, etc., to try its flavour]. 5 hole made in a wall to try its thickness. 6 suppository. 7 SURG. probe. 8 NAUT. hold. 9 BOT. calla, calla lily. 10 *hacer* ~ *y cata,* to test for quality or quantity.
calaba *m.* BOT. calaba tree.
calabacear *tr.* to fail, turn down [in examination]. 2 to refuse [a lover], to give the mitten to.
calabacera *f.* BOT. gourd, pumpkin or squash plant.
calabacero, ra *m.* & *f.* calabash or pumpkin seller. 2 *m.* (C. Ri.) calabash tree.
calabacilla *f.* BOT. squirting cucumber.
calabacín *m.* BOT. vegetable marrow. 2 fig. dolt.
calabacinate *m.* fricassee of vegetable marrows.
calabacino *m.* gourd [used as a bottle].
calabaza *f.* calabash, gourd, pumpkin, squash [plant and fruit]: ~ *confitera* or *totanera,* pumpkin; ~ *vinatera,* bottle gourd; *dar calabazas,* fig. to fail, turn down [in examination]; to refuse [a lover], to give the mitten. 2 calabash, gourd [used as a bottle]. 3 fig. dolt.
calabazada *f.* knock with the head: *darse de calabazadas,* to take a lot of trouble [to ascertain or obtain something].
calabazar *m.* pumpkin bed or plot.
calabazate *m.* candied pumpkin.
calabazazo *m.* knock on the head.
calabazo *m.* pumpkin, gourd, squash [fruit]. 2 CALABACINO. 3 (Cu.) calabash [drum].
calabobos *m.* drizzle.
calabocero *m.* jailer.
calabozaje *m.* fee formerly paid by prisoners to the jailer.
calabozo *m.* dungeon. 2 cell [of jail], calaboose. 3 pruning sickle.
calabrés, sa *adj.* & *n.* Calabrian.
calabriada *f.* mixture of wines. 2 medley.

calabrotar *tr.* ACALABROTAR.
calabrote *m.* NAUT. cable, laid rope.
calacuerda *f.* MIL. old drum call to attack.
calada *f.* soaking. 2 lowering, sinking [of a fishing net]. 3 swoop or swift ascent [of a bird of prey]. 4 WEAV. shed. 5 reprimand.
caladero *m.* fishing ground.
caladio *m.* BOT. caladium.
calado, da *p. p.* of CALAR. — 2 *m.* drawn work [in linen]; openwork [in metal, stone, etc.]; fretwork. 3 NAUT. draught. 4 NAUT. depth [of water].
calador *m.* maker of open work. 2 NAUT. caulking iron.
caladre *f.* CALANDRIA 1.
caladura *f.* CALA 3 & 4.
calafate *m.* NAUT. caulker. 2 shipwright.
calafateado *m.* CALAFATEO.
calafateador *m.* NAUT. caulker.
calafateadura *f.* CALAFATEO.
calafatear *tr.* to caulk [a boat or crevice].
calafateo *m.* NAUT. caulking.
calafatería *f.* NAUT. caulking. 2 shipwrighting.
calafatín *m.* shipwright's apprentice.
calafetear *tr.* CALAFATEAR.
calagozo *m.* CALABOZO 3.
calahorra *f.* public office where bread was distributed in times of scarcity.
calaíta *f.* MINER. turquoise.
calamaco *m.* calamanco, a woolen stuff. 2 (Mex.) kidney bean. 3 (Mex.) mescal [liquor].
calamar *m.* ZOOL. squid, calamary.
calambac *m.* BOT. calambac.
calambre *m.* MED. cramp. 2 MED. ~ *de estómago*, gastralgia.
calambuco *m.* BOT. calaba tree.
calamento *m.* lowering, sinking [the fishing net]. 2 BOT. calamint.
calamidad *f.* calamity, grievous disaster. 2 fig. *ser una* ~, to be a nuisance; to be a slovenly or blundering person.
calamillera *f.* LLARES.
calamina *f.* MINER. calamine.
calaminta *f.* BOT. calamint.
calamistro *m.* ARCHEOL. calamistrum.
calamita *f.* CALAMITE. 2 loadstone, lodestone. 3 magnetic needle.
calamite *m.* ZOOL. green toad.
calamitosamente *adv.* calamitously.
calamitoso, sa *adj.* calamitous.
cálamo *m.* ancient flute. 2 poet. reed. 3 poet. writing pen. 4 BOT. smooth, cylindrical stem [as in rushes]. 5 BOT. a graminaceous plant. 6 ~ *aromático*, calamus, sweet-flag root.
calamocano *adj.* coll. tipsy. 2 coll. doting.
calamoco *m.* icicle.
calamón *m.* ORN. purple gallinule. 2 roundheaded brass nail.
calamorra *adj.* wooly-faced (ewe). — 2 *f.* coll. head.
calamorrada *f.* blow with the head, butt. 2 blow on the head.
calamorro *m.* (Chi.) coarse shoe.
calandraca *f.* NAUT. soup of hardtack.
calandrajo *m.* rag; rag hanging from clothing. 2 despicable person.
calandrado *m.* calendering.
calandrar *tr.* to calender.
calandria *f.* ORN. calander, lark. 2 calender, mangle [machine]. 3 kind of hoisting treadmill.
cálanis *m.* CÁLAMO AROMÁTICO.
calaña *f.* pattern, model. 2 kind, sort, nature, caliber.
calañés *adj.* designating a kind of Andalusian hat.
cálao *m.* ORN. hornbill.
calapé *m.* (Am.) turtle roasted in its shell.
1) calar *tr.* to soak, drench. 2 to go through, pierce, penetrate. 3 to make drawn work in [linen]; to cut open work in [paper, metal, etc.]. 4 to plug [a melon]. 5 to incline [pikes, etc.] ready to use them. 6 to fix [the bayonet]. 7 to size up, to see through [a person, his intentions, etc.]. 8 NAUT. to lower [a yard, a topmast]. 9 NAUT. to sink [a fishing net, etc.]. — 10 *intr.* NAUT. [of a ship] to draw. — 11 *ref.* [of] to get soaked or drenched: *calarse hasta los huesos*, to get soaked to the marrow. 12 to enter, get in. 13 to pull on or down [one's hat or cap]. 14 [of birds] to swoop.
2) calar *adj.* limy, calcareous. — 2 *m.* limestone quarry.

calasancio, cia *adj.* ESCOLAPIO.
calato, ta *adj.* (Pe.) naked.
calatravo, va *adj. & n.* pertaining to the military order of Calatrava.
calavera *f.* [fleshless] skull; death's head. 2 ENTOM. death's head moth. 3 madcap, gay blade, profligate.
calaverada *f.* reckless action, escapade.
calaverear *intr.* to act recklessly, make escapades.
calaverilla *m.* madcap, youth who sows his wild oats.
calaverón *m.* rake, libertine.
calcado *m.* calking, tracing.
calcáneo *m.* ANAT. calcaneum, calcaneus.
calcañal, calcañar *m.* heel [of the human foot].
calcañuelo *m.* a disease of bees.
calcar *tr.* to calk; to trace, transfer [a drawing]. 2 fig. to uimitate. 3 to press down with the foot.
calcáreo, a *adj.* calcareous.
calce *m.* steel tire [of a wheel]. 2 steel or iron added to a worn part of a tool. 3 shim, wedge; chock. 4 (Mex., Guat.) foot [of a document].
calcé, calce, etc., *pret., subj. & imper.* of CALZAR.
calcedonia *f.* MINER. chalcedony.
calceolaria *f.* BOT. calceolaria.
calcés *m.* NAUT. masthead.
calceta *f.* stocking, hose: *hacer* ~, to knit [stockings, etc.].
calcetería *f.* hosiery. 2 hosiery shop.
calcetero, ra *m. & f.* maker or mender of stockings; hosier.
calcetín *m.* sock.
calcetón *m.* cloth stocking worn under boots.
cálcico, ca *adj.* CHEM. calcic.
calcificación *f.* calcification.
calcificar *tr.* to calcify.
calcifiqué, calcifique, etc., *pret., subj. & imper.* of CALCIFICAR.
calcímetro *m.* calcimeter.
calcina *f.* concrete.
calcinación *f.* calcination.
calcinar *tr.* to calcine — 2 *ref.* to calcine [undergo calcination].
calcinatorio *m.* calcinatory.
calcio *m.* CHEM. calcium.
calcita *f.* MINER. calcite.
calcitrapa *f.* BOT. star thistle.
calco *m.* copy made by calking or tracing. 2 copy, imitation.
calcografía *f.* chalcography.
calcografiar *tr.* to make a chalcograph of.
calcográfico, ca *adj.* chalcographic(al.
calcógrafo *m.* chalcographer, chalcographist.
calcomanía *f.* decalcomania.
calcopirita *f.* MINER. chalcopyrite.
calculable *adj.* calculable.
calculación *f.* calculation, computation.
calculadamente *adv.* in a calculating way. 2 deliberately.
calculador, ra *adj.* calculating: *máquina calculadora*, calculator, calculating machine. — 2 *m. & f.* calculator [person].
calcular *tr. & intr.* to calculate, compute, reckon. — 2 *tr.* to conjecture, guess.
calculatorio, ria *adj.* calculatory.
calculista *m. & f.* calculator, designer.
cálculo *m.* calculation, computation, estimate. 2 conjecture, guess. 3 MATH. calculus: ~ *diferencial, infinitesimal, integral*, differential, infinitesimal, integral calculus. 4 MED. calculus, stone: ~ *biliar*, gallstone.
calculoso, sa *adj.* MED. calculous.
calcha *f.* (Chi.) fetlock [of a horse]. 2 (Chi., Arg.) workman's clothing and bedding.
calchona *f.* (Chi.) bogey. 2 (Chi.) witch, hag. 3 (Chi.) stagecoach.
calda *f.* warming, heating. 2 *pl.* hot springs, hot mineral-water baths.
caldaico, ca *adj.* Chaldic, Chaldean.
caldario *m.* caldarium.
Caldea *f. pr. n.* Chaldea.
caldeamiento *m.* heating.
caldear *tr.* to warm, heat. — 2 *ref.* to heat [to grow warm or hot].
1) caldeo *m.* warming, heating.
2) caldeo, a *adj. & n.* Chaldean.
caldera *f.* cauldron, caldron, copper, kettle: *calderas de Pedro Botero*, coll. hell. 2 (Arg., Chi.) teakettle. 3 MACH. boiler: ~ *de vapor*, steam

boiler; ～ *tubular,* fire-tube or tubular boiler.
4 shell of a kettledrum. 5 ～ *de jabón,* soap
factory.
calderada *f.* cauldron [contents of cauldron].
caldereía *f.* boilermaking. 2 coppersmith trade or
shop.
calderero *m.* boilermaker, coppersmith.
caldereta *f.* small cauldron. 2 holy-water pot. 3
fish-stew. 4 lamb-stew.
calderilla *f.* holy-water pot. 2 coppers [copper
coins].
caldero *m.* semispherical kettle or small cauldron.
calderón *m.* large cauldron. 2 PRINT. old mark for
thousand. 3 PRINT. paragraph mark [¶]. 4
MUS. hold, pause; its sign.
calderoniano, na *adj.* Calderonian.
calderuela *f.* dim. small cauldron. 2 kind of dark
lantern used to drive partridges into the net.
caldillo *m.* stew juice.
caldo *m.* broth, bouillon : ～ *de carne,* beef tea;
～ *de cultivo,* BACT. broth; *hacer el* ～ *gordo a
uno,* to play into someone's hands. 2 salad
dressing. 3 (Mex.) cane juice. 4 ～ *de la Reina,*
eggnog. 5 *pl.* COM. oil, wine, cider and other vegetable juices.
caldoso, sa *adj.* having plenty of broth.
calducho *m.* weak or badly seasoned broth, hogwash.
cale *m.* slap, smack.
calé *m.* Spanish gipsy.
calecer *tr.* to become hot.
caledonio, nia *adj. & n.* Caledonian.
calefacción *f.* heating; heating system : ～ *a vapor,*
steam heating; ～ *central,* central heating; ～
eléctrica, electric heating.
calefactorio *m.* calefactory [in a monastery].
caleidoscopio *m.* CALIDOSCOPIO.
calenda *f.* part of the martyrology which treats of
the acts of the saints of the day. 2 *pl.* calends :
calendas griegas, Greek calends.
calendar *tr.* to date [a document].
calendario *m.* calendar : *hacer calendarios,* fig. to
muse; to make hasty forecasts.
calendarista *m. & f.* calendar maker.
caléndula *f.* BOT. pot marigold.
calentador, ra *adj.* heating, warming. — 2 *m.*
heater; warming pan : ～ *a gas,* gas heater,
geyser; ～ *de agua,* water heater; ～ *de cama,*
warming pan; ～ *eléctrico,* electric heater. 3 fig.
turnip [large watch].
calentamiento *m.* warming, heating. 2 a horse
disease.
calentar *tr.* to warm, heat, warm up, heat up :
～ *las orejas a,* fig. to chide, dress down. 2 to
warm [a chair]. 3 to accelerate. — 4 *ref.* to
warm oneself; to get hot; to warm or to heat
up. 6 [of animals] to be in heat. ¶ CONJUG.
like *acertar.*
calentito, ta *adj.* warm, hot, just from the fire.
2 coll. fresh, new.
calentón *m. darse un* ～, to take a bit of a warming.
calentura *f.* MED. fever, temperature.
calenturiento, ta *adj.* feverish. 2 (Cni.) consumptive.
calenturón *m.* high fever.
calenturoso, sa *adj.* CALENTURIENTO.
calepino *m.* Latin dictionary.
calera *f.* limestone quarry. 2 limekiln.
calería *f.* lime mill and shop.
calero, ra *adj.* [pertaining to] lime. — 2 lime
burner. 3 lime seller.
calesa *f.* kind of calash.
calesera *f.* a short jacket.
calesero *m.* driver of a CALESA.
calesín *m.* light open fourwheeler, chaise.
calesinero *m.* driver of a CALESÍN.
caleta *f.* small cove or creek. 2 (Am.) ship plying
small cabotage. 3 (Ve.) guild of carriers.
caletero *m.* (Ve.) carrier.
caletre *m.* coll. judgment, acumen, brains.
cali *m.* ÁLCALI.
calibración *f.* calibration.
calibrador *m.* cal(l)ipers, gauge : ～ *de alambre,*
wire gauge; ～ *fijo,* cal(l)iper gauge.
calibrar *tr.* to calibrate [a tube, ball or firearm];
to gauge [a wire, etc.].
calibre *m.* caliber, bore, gauge. 2 fig. magnitude,
size, importance.
calicanto *m.* rubble masonry.
calicata *f.* MIN. test pit.

caliciflora *adj.* BOT. calyciflorous.
caliciforme *adj.* BOT. calyciform.
calicó *m.* calico.
caliculado *adj.* BOT. calyculate.
calicular *adj.* BOT. calycular.
calículo *m.* BOT. calycle.
caliche *m.* pebble in a brick. 2 crust of lime which
flakes from a wall. 3 (Chi.) cubic nitre, saltpetre.
calidad *f.* quality. 2 capacity, position : *en* ～ *de,* in
the capacity of. 3 condition, term : *a* ～ *de que,*
provided that. 4 character, nature. 5 rank,
quality, importance. 6 *pl.* moral qualities, gifts.
cálido, da *adj.* warm, hot [climate, country]. 2 hot,
burning [as pepper]. 3 PAINT. warm [colour].
calidoscópico, ca *adj.* kaleidoscopic.
calidoscopio *m.* kaleidoscope.
calientapiés *m.* foot warmer.
calientaplatos *m.* plate warmer.
caliente *adj.* warm, hot. 2 in heat, in rut [animal].
3 PAINT. warm [colour]. — 4 *adv. en* ～, while hot,
at once.
caliento, caliente, etc., *irr.* V. CALENTAR.
califa *m.* caliph.
califato *m.* caliphate.
calífero, ra *adj.* containig lime.
calificable *adj.* qualifiable.
calificación *f.* qualification, rating, classing. 2 rate,
standing. 3 mark [in examination].
calificado, da *adj.* qualified, competent. 2 [of a
thing] complete, adequate.
calificador, a *m. & f.* qualifier, examiner, judge. —
2 *m.* ECCL. qualificator.
calificar *tr.* to determine, express or denote the
qualities or attributes of; to apply an epithet to:
～ *de,* to qualify, rate or class as, to call, declare [good, bad, etc.]. 2 to ennoble, to give
standing to. 3 to award marks to [in examina-
tion]. — 4 *ref.* to prove one's noble birth, condition or qualities.
calificativo, va *adj.* GRAM. qualifying [adjective].
— 2 *m.* GRAM. qualifier [adjective]; epithet.
califiqué, califique, etc., *pret., subj. & imper.* of
CALIFICAR.
California *f. pr. n.* GEOG. California.
californiano, no *adj. & n.* Californian.
califórnico, ca *adj.* Californian.
californio, nia *adj. & n.* Californian.
cáliga *f.* caliga.
caligine *f.* mist, darkness.
caliginoso, sa *adj.* misty, caliginous.
caligrafía *f.* calligraphy.
caligrafiar *tr.* to write beautifully.
caligráfico, ca *adj.* calligraphic.
calígrafo *m.* calligrapher, calligraphist.
calilla *f.* small suppository. 2 (Am.) annoyance,
bother. 3 (Guat., Hond.) bothersome person 4
Chi. CALVARIO 2.
calima *f.* CALINA. 2 NAUT. string of floating corks.
cal maco *m.* CALAMACO 1.
calimba *f.* (Cu.) branding iron.
calimbar *tr.* (Cu.) to brand [animals].
calina *f.* haze.
calinda *f.* (Cu.) a dance of Negroes.
calinoso, sa *adj.* hazy.
Calíope *f. pr. n.* Calliope.
calípedes *m.* ZOOL. sloth.
calisaya *f.* calisaya bark.
calistenia *f.* calisthenics.
cáliz, pl. cálices *m.* chalice [cup]. 2 BOT. calyx,
chalice, flower cup. 3 ANAT. calyx. 4 fig. bitter
cup, cup of sorrow.
caliza *f.* limestone.
calizo, za *adj.* calcareous, limy.
calma *f.* METEOR. calm : ～ *chicha,* NAUT. dead calm;
fig. laziness, indolence. 2 calm, inactivity [in
business]. 3 allayment, cessation, let-up. 4 peace,
tranquillity, calmness. 5 calmness, composure. 6
slowness, phlegm. 7 *en* ～, calm, quiet, tranquil,
in a state of calm; motionless [sea]. — 8 *interj.*
¡calma!, ¡calma!, don't get excited !
calmante *adj.* assuaging, soothing, pain-relieving.
— 2 *m.* MED. calmative, anodine, sedative.
calmar *tr.* to calm, quiet, pacify. 2 to allay, mitigate, soothe. — 3 *intr.* [of wind] to abate. —
4 *intr. & ref.* to abate, calm down. 5 to calm
oneself; to be pacified, allayed, mitigated.
calmazo *m.* great calm. 2 CALMA CHICHA.
calmil *m.* (Mex.) tilled ground adjoining a farmhouse.

calmo, ma *adj.* barren, devoid of vegetation. *2* at rest.
calmoso, sa *adj.* calm, quiet. *2* slow, sluggard.
calmuco, ca *adj.* & *n.* Kalmuck.
caló *m.* slang of gipsies and low-class people.
calocéfalo, la *adj.* ZOOL. having a beautiful head.
calofilo, la *adj.* BOT. having handsome leaves.
calofriarse *ref.* to have a chill or the shivers.
calofrío *m.* ESCALOFRÍO.
calomel, *pl.* **calomelanos** *m.* calomel.
calóptero, ra *adj.* ZOOL. having handsome wings.
calor *m.* PHYS. heat : ～ *específico*, specific heat. *2* heat, warmth, hotness : *hacer* ～ [of weather], to be warm, to be hot : *tener* ～ [of a person], to be or to feel warm, hot. *3* glow, heat [of the human body]. *4* glow, heat, warmth [excitement, enthusiasm, heartiness], ardour, fervour, fire, animation : *dar* ～ *a*, to aid, encourage; *tomar con* ～ *una cosa*, to carry out a thing earnestly. *5* heat [of a battle, a debate, etc.].
caloría *f.* PHYS., PHYSIOL. calorie.
caloricidad *f.* caloricity.
calórico *m.* caloric.
calorífero, ra *adj.* heat-conducting. — *2 m.* heater [cf a room]. *3* foot warmer.
calorificación *f.* calorification.
calorífico, ca *adj.* calorific.
calorífugo *adj.* non-conductor of heat. *2* incombustible.
calorimetría *f.* calorimetry.
calorimétrico, ca *adj.* calorimetric(al.
calorímetro *m.* calorimeter.
calorosamente *adv.* CALUROSAMENTE.
caloroso, sa *adj.* CALUROSO.
calosfriarse *ref.* CALOFRIARSE.
calosfrío *m.* CALOFRÍO.
caloso, sa *adj.* porous [paper].
calostro *m.* colostrum.
calote *m.* (Arg.) deception, cheat.
calotear *tr.* (Arg.) to deceive, to cheat.
caloyo *m.* new-born lamb or kid. *2* raw recruit.
calpul *m.* (Guat.) gathering, meeting. *2* (Hond.) Indian mound.
calqué, calque, etc., *pret. subj.* & *imper.* of CALCAR.
calquín *m.* (Arg.) ORN. an eagle of the Andes mountains.
calseco, ca *adj.* cured with lime.
calta *f.* BOT. caltha, marsh marigold.
caluma *f.* (Pe.) gorge in the Andes mountains. *2* (Pe.) Indian hamlet.
calumnia *f.* calumny, slander.
calumniador, ra *adj.* slanderous. — *2 m.* & *f.* calumniator, slanderer.
calumniar *tr.* to calumniate, to slander.
calumnioso, sa *adj.* calumnious, slanderous.
calungo *m.* (Col.) a kind of dog with curly hair.
caluro *m.* ORN. (C. Am.) a climbing bird.
calurosamente *adv.* warmly, heartily, enthusiastically. *2* hotly, passionately.
caluroso, sa *adj.* hot [weather]. *2* [of a person] sensitive to heat. *3* warm, hearty, enthusiastic.
calva *f.* bald head, bald pate. *2* bald spot or patch [in head, fields, woods, fur, or velvet]. *3* ～ *de almete*, crest of an armet.
Calvario *m. pr. n.* Calvary. — *2 m.* (not cap.) calvary. *3* series of debts.
calvatrueno *m.* coll. baldness of the whole head. *2* coll. wild man.
calverizo, za *adj.* [of a land] having many barren or bare spots.
calvero *m.* clearing, bare spot [in a wood]. *2* GREDAL.
calvete *adj.* & *m.* dim. of CALVO.
calvez, calvicie *f.* baldness.
calvijar *m.* CALVERO.
calvinismo *m.* Calvinism.
calvinista *adj.* Calvinistic, Calvinist. — *2 m.* & *f.* Calvinist.
calvo, va *adj.* bald, hairless, bald-headed, baldpated. *2* bare, barren [land]. *3* napless, threadbare.
calza *f.* coll. stocking : ～ *de arena*, sandbag. *2* leg band or ribbon [on some animals]. *3* wedge, chock. *4 pl.* hose; breeches : *calzas atacadas*, laced breeches; *en calzas prietas*, in a tight fix; *tomar las calzas de Villadiego*, fig. to decamp, bolt, go away suddenly.
calzacalzón *m.* long breeches.
calzada *f.* paved road, causey, causeway : ～ *romana*, Roman road.

calzado, da *adj.* shod. *2* calced [friar or nun]. *3* having feet of a different colour to the rest of the body [animal]. *4* having feathered legs and feet [bird]. — *5 m.* footwear.
calzador *m.* shoehorn. *2* (Arg.) penholder.
calzadura *f.* putting on shoes. *2* wooden tire [of wheel].
calzar *tr.* & *ref.* to put on [any article of footwear; the gloves; the spurs] : fig. *calzarse un empleo*, to get a post; *calzarse a uno*, to govern or manage someone. — *2 ref.* to put one's shoes on. — *3 tr.* to put the shoes on [a person]. *4* to supply with shoes. *5* to wear [gloves or spurs]. *6* to take [a certain size of shoe or gloves] : fig. ～ *mucho*, ～ *poco*, ～ *muchos* or *pocos puntos*, to be or not to be very intelligent. *7* [of firearms] to carry [a ball or bullet] of a specified size. *8* to put a new steel edge or point to a worn tool. *9* to shim, wedge up, put wedges or chocks under. *10* to scotch [a wheel]. *11* PRINT. to underlay. *12* (Am.) to fill [a tooth].
calzo *m.* shim, wedge, chock, scotch. *2* NAUT. quoin, chuck. *3* CALCE 1. *4 pl.* stockings [of horses].
calzón, *pl.* **calzones** *m. sing.* or *pl.* breeches, trousers, shorts : ～ *corto*, knee breeches; *llevar los calzones* [of a woman], to wear the trousers. *2 sing.* (Mex.) a disease of the sugar cane.
calzonarias *f. pl.* (Col.) braces, suspenders.
calzonazos *m.* weak, soft fellow.
calzoncillos *m. pl.* drawers, pants [undergarment for men].
calzoneras *f. pl.* (Mex.) trousers buttoned all the way down both sides.
calzorras *m.* CALZONAZOS.
callada *m.* a meal of tripe. *2* silence, keeping silent : *dar la* ～ *por respuesta*, to give no answer; *a las calladas, de* ～, on the quiet, secretly.
calladamente *adj.* silently, quietly, secretly.
callado, da *adj.* silent, quiet. *2* reserved, reticent.
callana *f.* useful slag. *2* metal-testing crucible. *3* (Am.) flat earthen bowl for toasting maize or corn. *4* fig. (Chi.) turnip [large watch]. *5* (Pe.) potsherd.
callandico, callandito *adv.* silently, stealthily, softly.
callao *m.* pebble.
callar *intr.* & *ref.* to be, keep, become or fall silent; to shut up, be quiet; to stop talking, playing, singing, sounding, making noise, etc. : *quien calla otorga*, silence gives consent; *callarse el pico, la boca*, to shut up, hold one's tongue. — *2 tr.* & *ref.* to keep to oneself, keep secret, keep back, conceal, not to mention. — *3 interj.* *¡calla!* or *¡calle!*, why!, don't tell me!
calle *f.* street : ～ *mayor*, high street, main street; *azotar calles*, to lounge about the streets; *coger la* ～, to leave, go out; *dejar a uno en la* ～, to deprive someone of his livelihood; *doblar la* ～, to turn the corner; *echar, poner* or *plantar a uno en la* ～, to dismiss someone, put someone out of the house; *echar por la* ～ *de enmedio*, to pursue one's object without regard to difficulties, consequences, etc.; *echarse a la* ～, to go out into the street; [of the people, a crowd] to mutiny, rebel, riot; *ir desempedrando las calles*, to ride at a great speed; *llevarse a uno de* ～, to sweep away, overmaster; to convince, confound someone; *pasear* or *rondar la* ～ *a una mujer*, to court a woman; ～ *arriba* or *abajo*, up or down street. *2* passage, way : *abrir*, or *hacer* ～, to make way, clear a passage. *3* ～ *de árboles*, space between two rows of trees, garden alley.
callear *intr.* AGR. to clear walks in a vineyard.
calleja *f.* CALLEJUELA.
callejear *intr.* to walk or lounge about the streets.
callejeo *m.* walking or lounging about the streets.
callejero, ra *adj.* [pertaining to the] street. *2* fond of lounging about the streets. — *3 m.* street guide. *4* list of the subscribers of a newspaper with their addresses.
callejón *m.* lane, alley : ～ *sin salida*, blind alley, impasse. *2* space between outer and inner barrier of bull ring.
callejuela *f.* little street, by-street, alley, lane. *2* evasion, subterfuge.
callicida *m.* corn remover, corn eradicator.
callista *m.* & *f.* chiropodist, corn doctor.

callo *m.* callus, callosity; corn. 2 SURG. callus. 3 extremity [of a horseshoe]. 4 *pl.* tripe.
callosidad *f.* callosity [in the skin].
calloso, sa *adj.* callous, horny. 2 ANAT. *cuerpo calloso,* corpus callosum.
cama *f.* bed, couch; bedstead : ~ *turca,* day bed; *estar en* ~, to be sick in bed; *guardar* ~ or *la* ~. *hacer* ~, to keep one's bed, be confined to bed; *hacer la* ~, to make the bed; *hacerle la* ~ *a uno,* fig. to work secretly to harm someone; *quien mala* ~ *hace, en ella se yace,* as you make your bed so you must lie. 2 lair [of wild animals]. 3 litter, bedding [for animals]. 4 floor [of a cart]. 5 part of a melon resting on the ground. 6 brood, litter [young animals]. 7 sheath [of the plough]. 8 cheekpiece [of a bit]. 9 felloe [of a wheel]. 10 COOK. layer or thickness [of food]. 11 MACH. cam.
camachuelo *m.* ORN. linnet.
camada *f.* brood, litter [young animals]. 2 bed. layer. 3 gang, band [of thieves, etc.].
camafeo *m.* cameo.
camal *m.* hempen halter [for beasts]. 2 pole from which a dead pig is hung. 3 (Pe.) slaughterhouse.
camaldulense *m.* Camaldolite.
camaleón *m.* ZOOL. chameleon. 2 fig. chameleon [changeable person].
Camaleopardo *m.* ASTR. Camelopard.
camalote *m.* BOT. South-American river plant.
camama *f.* coll. sham, humbug.
camamila *f.* CAMOMILA.
camándula *f.* chaplet of one or three decades. 2 trickery, hypocrisy : *tener muchas camándulas,* to be full of tricks.
camandulear *intr.* to feign religious devotion.
camandulería *f.* prudery, hypocrisy.
camandulero, ra *adj.* hypocritical, sly, tricky. — 2 *m. & f.* hypocrite, tricky person.
cámara *f.* [formerly] hall, principal room. 2 chamber. room [only in some cases] : ~ *nupcial,* nuptial chamber; ~ *mortuoria,* room where a corpse lies in state. 3 royal chamber. 4 grain loft; granary. 5 NAUT. stateroom, wardroom, officers' mess-room; cabin, room. 6 chamber, house [legislative body; board, council, etc.] : ~ *alta,* senate, House of Lords; ~ *baja,* lower house, House of Representatives, Chamber of Deputies; ~ *de Comercio,* Chamber of Commerce ; ~ *de compensación,* clearing house ; ~ *apostólica,* camera, papal treasury. 7 chamber [of a furnace; of a firearm]. 8 chamber [cavity] : ~ *de aire,* air chamber; ~ *anterior del ojo,* anterior chamber of the eye. 9 OPT. camera : ~ *clara* or *lúcida,* camera lucida; ~ *obscura,* camera obscura. 10 inner tube [of tire]. 11 PHYSIOL. stool. 12 *pl.* diarrhœa.
camarada *m.* comrade, companion, fellow, pal, chum.
camaradería *f.* camaraderie, good-fellowship.
camaraje *m.* rent for a granary.
camaranchón *m.* garret, lumber-room.
camarera *f.* head maid. 2 chambermaid. 3 waitress. 4 stewardess [on ship]. 5 lady in waiting.
camarero *m.* waiter. 2 steward [in a ship]. 3 papal chamberlain ; ~ *de capa y espada,* Chamberlain of Honour of Sword and Cape.
camareta *f.* NAUT. cabin [of a small ship]. 2 NAUT. mess-room. 3 NAUT. ~ *alta,* deckhouse.
camarico *m.* coll. (Chi.) favourite place. 2 coll. (Chi.) love affair.
camariento, ta *adj.* having diarrhœa.
camarilla *f.* coterie, clique, esp. when influencing the decisions of a king or one in authority.
camarín *m.* little chapel behind an altar where an image is venerated. 2 THEAT. dressing room. 3 closet [private room]. 4 car [of a lift or elevator].
camarista *m.* formerly, member of a High Council. — 2 *f.* lady in waiting.
camarlengo *m.* chamberlain to the Pope. 2 chamberlain to the kings of Aragon.
cámaro, camarón *m.* ZOOL. a marine shrimp or prawn.
camaronero, ra *m. & f.* shrimp seller. — 2 *f.* shrimp net.
camarote *m.* NAUT. cabin, stateroom [for passengers].
camarotero *m.* (Am.) steward [in a ship].
camarroya *f.* BOT. wild chicory.

camasquince *m. & f.* meddlesome person.
camastra *f.* (Chi.) cunning, slyness.
camastrear *intr.* (Chi.) to act slyly.
camastro *m.* poor, wretched bed. 2 MIL. sleeping boards in a guardhouse.
camastrón *m.* cunning, sly person.
camastronería *f.* cunning, slyness.
camauro *m.* red velvet cap used by the Pope.
camba *f.* cheekpiece [of the bit]. 2 swath [left in mowing]. 3 felloe.
cambalache *m.* barter of cheap things. 2 (Am.) second-hand shop.
cambalachear *tr.* to barter, exchange.
cambalachero, ra *m. & f.* barterer. 2 second-hand dealer.
cambar *tr.* (Arg., Ven.) to bend, curve.
cámbara *f.* CENTOLLA.
cámbaro *m.* ZOOL. crab, green crab.
cambera *f.* net for crab and shrimp fishing.
cambeto, ta *adj.* (Ven.) bow-legged.
cambiable *adj.* changeable. 2 exchangeable.
cambiacorrea *m.* MECH. belt shifter.
cambiadiscos *m.* record changer.
cambiador, ra *adj.* changing; exchanging. — 2 *s.* changer : ~ *de discos,* record changer ; ~ *de frecuencias,* ELECT. frequency changer. 3 (Chi., Mex.) RLY. switchman.
cambiamiento *m.* change, variation.
cambiante *adj.* changing; fickle. — 2 *m. & f.* money-changer. — 3 *m. pl.* changing lights or colours [in fabrics, etc.] ; iridescence.
cambiar *intr.* to change, alter [undergo change or variation]. 2 ~ *de,* to change : ~ *de manos,* to change hands; ~ *de ropa,* to change clothes; ~ *de sitio con,* to change places with. — 3 *tr.* to change, alter [make different]. 4 to change, convert : ~ *en,* to change into. 5 to change, exchange : ~ *por,* to exchange for. 6 to change [money]. 7 EQUIT. to change [the leg]. 8 NAUT. to brace about. 9 NAUT. to veer. — 10 *intr. & ref.* [of the wind] to veer. — 11 *ref. cambiarse en,* to turn to, be changed or converted into.
cambiavía *m.* (Cub., Mex.) RLY. switchman.
cambiazo m. *dar el* ~, to make a fraudulent substitution.
cambija *f.* raised water reservoir.
cambio *m.* change [alteration; act of changing clothes; substitution of one thing for another, etc.] ; shift, shifting : ~ *de domicilio,* change of address; ~ *de hora,* change of time ; ~ *de decoración,* THEAT. shift. 2 change [equivalent for higher coin or foreign money]. 3 small change. 4 exchange, barter : ~ *exterior* or *extranjero,* foreign exchange; *libre* ~, free trade; *a* ~ *de,* in exchange for; *en* ~, in exchange, instead; on the other hand; *a las primeras de* ~, at the very start. 5 rate of exchange. 6 market price [of bonds, shares, etc.]. 7 BOT. cambium. 8 AUTO., MECH. shift : ~ *de marchas* or *de velocidades,* gearshift. 9 RLY. switch.
Cambises pr. *n.* HIST. Cambyses.
cambista *m. & f.* money-changer. — 2 *m.* banker.
cambium *m.* BOT. cambium.
cambray *m.* cambric [linen].
cambrayado, da *adj.* cambriclike.
cambrayón *m.* kind of cambric [linen].
cambriano, na; cámbrico, ca *adj. & n.* Cambrian. — 2 *adj. & m.* GEOL. Cambrian.
cambrón *m.* BOT. boxthorn. 2 BOT. buckthorn. 3 BOT. bramble. 4 *pl.* BOT. Christ's-thorn.
cambronal *m.* thicket of boxthorn, buckthorn or brambles.
cambronera *f.* BOT. kind of boxthorn used for edges.
cambucha *f.* (Chi.) small kite [toy].
cambucho *m.* (Chi.) wastebasket. 2 (Chi.) hovel, mean dwelling. 3 (Chi.) paper cone. 4 (Chi.) straw envelope for bottles.
cambuí *m.* (Arg.) BOT. tree resembling the guava; also its fruit.
cambuj *m.* mask.
cambujo, ja *adj.* reddish-black [donkey]. 2 (Mex.) half-breed.
cambullón *m.* (Pe.) imposition, swindle. 2 (Chi.) plot, intrigue. 3 (Col., Mex.) barter.
cambur *m.* BOT. kind of banana.
camedris, camedris *m.* BOT. germander, wall germander.
camedrita *f.* germander wine.

camelar tr. to court, flirt with. 2 to cajole. 3 (Mex.) to see, to look; to look into, at, upon, towards, etc.; to spy on.

camelia f. BOT. camellia. 2 BOT. (Cu.) poppy.

camélidos m. pl. ZOOL. Camelidæ.

camelo m. courting, flirtation. 2 deception, humbug.

camelote m. camlet. 2 BOT. a tropical weed.

camella f. ZOOL. she-camel. 2 GAMELLA.

camellería f. camel-driving or keeping.

camellero m. driver or keeper of camels.

camello m. ZOOL. camel. 2 NAUT. camel [to lift vessels]. 3 ZOOL. ~ pardal, cameleopard, giraffe.

camellón m. CABALLÓN. 2 drinking trough [for cattle].

camena f. poet. muse.

camera f. (Col.) kind of wild rabbit.

camero, ra adj. full-sized [bed]. 2 suitable for a full-sized bed. — 3 m. & f. bedmaker. 4 one who lets beds.

Camerún m. pr. n. GEOG. Cameroons.

camíbar m. (C. Ri., Nic.) copaiba tree; balsam of copaiba.

Camila f. pr. n. Camilla, Camille.

Camilo m. pr. n. Camillus. — 2 m. (not cap.) priest of an order for nursing the sick.

camilla f. stretcher, litter. 2 small bed, couch. 3 table with a heater underneath.

camillero m. stretcher-bearer. 2 MIL. ambulance man.

caminador, ra adj. good-walking. — 2 m. & f. good walker.

caminante m. & f. traveller, wayfarer. 2 groom who walks in front of his master's horse.

caminar intr. to travel, journey. 2 to walk, march, go, move along. 3 fig. ~ derecho, to act uprightly. — 4 tr. to cover [a distance] walking.

caminata f. long walk, hike, march. 2 excursion, outing, walking trip.

caminero, ra adj. [pertaining to] road : peón ~, roadman, road repairer, mender of roads.

camino m. path, road, way, track, course : ~ carretero or carretil, cart or wagon road ; ~ cubierto, FORT. cover or covered way ; ~ de herradura, bridle path ; ~ de hierro, iron road, railway ; ~ de Santiago, ASTR. Milky Way ; ~ de sirga, towpath ; ~ real, highroad, highway ; ~ vecinal, local road ; abrir ~, to open the way ; abrirse ~, to make a way for oneself ; allanar el ~, to smooth the way ; ir fuera de ~, to be mistaken, to follow a wrong course ; [of a thing] to be unreasonable ; ir por buen ~, to be on the right track ; llevar ~ de, to look as if, to be on the way to ; meter a uno por ~, to put one right ; salir al ~, to go to meet, to meet on the way ; [of robbers] to hold up ; traer al buen ~, to bring to the right path. 2 way, journey, travel : de ~, in passing, by the way ; ir de ~, to travel, be travelling ; ponerse en ~, to start, set off [on a journey] ; ropas de ~, traveling clothes ; en ~, on the way. 3 ~ de mesa, runner [on a table].

camión m. camion, lorry, truck, motor truck.

camionaje m. trucking, truck transport. 2 truckage.

camioneta f. light motor van.

camisa f. shirt ; chemise : ~ de dormir, nightshirt, nightgown, nightdress ; ~ de fuerza, strait jacket ; dejar a uno sin ~, to rob or ruin someone completely, to clean someone out ; empeñar hasta la ~, to pawn the very shirt off one's back ; meterse en camisas de once varas, to meddle in something that's not one's concern ; no llegarle a uno la ~ al cuerpo, to be frightened ; to be anxious ; no tener ~, to be destitute ; en mangas de ~, in shirt sleeves. 2 BOT. tegmen [of a seed]. 3 slough [of a serpent]. 4 FORT. chemise. 5 MECH. jacket, case, casing, lining. 6 incandescent gas mantle. 7 folder [for papers]. 8 PRINT linen case [for roller].

camisería f. shirt factory. 2 shirt shop or store, haberdasher's shop ; haberdashery.

camisero m. shirt-maker ; haberdasher.

camiseta f. vest, undervest, undershirt.

camisolín m. ruffled shirt. 2 shirt of fine linen. 3 (Chi.) JUBÓN.

camisolín m. dicky, dickey [false shirt front].

camisón m. nightshirt, nightgown, nightdress. 2 (C. Ri., W. Ind.) chemise. 3 (Col., Chi. Ven.) woman's gown or dress.

camisote m. hauberk.

camita adj. Hamitic. — 2 m. & f. Hamite. 3 f. little bed.

camítico, ca adj. Hamitic.

camoatí m. (Arg.) ENTOM. kind of wasp and its nest.

camomila f. BOT., PHARM. camomile, chamomile.

camón m. large bed. 2 portable throne. 3 ARCH. oriel, bay window, glass-enclosed balcony. 4 ~ de vidrios, partition.

camoncillo m. small stool.

camorra f. row, quarrel : armar ~, to raise a row ; buscar ~, to look for trouble. 2 Camorra.

camorrero, ra or **camorrista** adj. quarrelsome. — 2 m. & f. quarrelsome person.

camote m. (Am.) sweet potato. 2 (Am.) bulb [of plant]. 3 (Am.) infatuation, love : tomar un ~, to become infatuated. 4 (Am.) mistress, love. 5 (Am.) lie, fib. 6 (Mex.) knave, scoundrel. 7 (Ec., Mex.) simpleton 8 (Mex.) tragar ~, to stammer, falter.

campa adj. tierra ~, treeless land, fields.

campal adj. pitched [battle].

campamento m. camp, camping ; encampment.

campana f. bell [of church, tower, ship, etc.] : juego de campanas, set or chime of bells ; echar las campanas al vuelo, to publish [something] jubilantly ; oir campanas y no saber dónde, to be wrongly informed of something ; a ~ herida or tañida, at the sound of the bell, with bell ringing ; por ~ de vacante, (Am.) very seldom. 2 bell-shaped object : ~ de buzo, diving bell ; ~ de chimenea or de hogar, mantel [of a chimney], hood [of a fireplace] ; ~ de vidrio, bell glass, bell jar. 3 parish church, parish.

campanada f. stroke of a bell. 2 scandal ; sensational happening : dar una ~, to do something sensational, to cause scandal.

campanario m. belfry, bell tower, campanile : de ~, fig. local, mean, despicable, narrow-minded.

campanear intr. to ring bells frequently.

campanela f. fancy step in dancing. 2 MUS. kind of stroke on a guitar.

campaneo m. bell ringing, chime. 2 affected sway in walking.

campanero m. bell founder. 2 bell ringer. 3 ENTOM. praying cricket, mantis. 4 ORN. bellbird.

campaneta f. small bell.

campanil m. CAMPANARIO. — 2 adj. bell [metal].

campanilla f. small bell ; hand bell, doorbell : persona de campanillas or de muchas campanillas, person of great importance or distinction. 2 bubble. 3 ANAT. uvula. 4 small tassel. 5 BOT. bell-shaped flower.

campanillazo m. loud ring of a hand bell or a doorbell.

campanillear intr. [of a hand bell or a doorbell] to ring, keep ringing.

campanilleo m. ringing of a hand bell or a doorbell.

campanillero m. bellman.

campano m. CENCERRO.

campanología f. campanology.

campanólogo, ga m. & f. campanologist.

campante adj. satisfied, contented, cheerful.

campanudo, da adj. bell-shaped, spreading. 2 pompous, high-sounding, high falutin.

campánula f. BOT. campanula, bell flower.

campanuláceo, a adj. BOT. campanulaceous. — 2 f. pl. Campanulaceæ.

campaña f. level country. 2 (Am.) fields, country. 3 [military, commercial, political, etc.] campaign : salir a ~, to take the field ; en ~, campaigning, on the field. 4 NAUT. cruise. 5 MIL. batir, or correr, la ~, to reconnoitre.

campañol m. ZOOL. vole, meadow mouse.

campar intr. to excel, to stand out. 2 to camp, encamp. 3 ~ por su respeto or sus respetos, to act according to one's will or fancy ; [of things] to prevail.

campeador m. champion in battle [applied to the Cid].

campear intr. to go to pasture. 2 [of wild animals] to go about. 3 [of sown fields or seed beds] to grow green. 4 to excel, stand out. 5 MIL. to be in the field. 6 MIL. to reconnoiter. 7 (Am.) to go out searching for lost cattle, a person, etc.

campecico, campecillo, campecito m. small field.

campechana f. (Cu., Mex.) refreshing drink. 2 (Ve.) hammock. 3 (Ve.) harlot.

campechanía f. frankness, heartiness, good humor.
campechano, na adj. frank, open, hearty, cheerful, good-humored. 2 generous. 3 of Campeche. — 4 adj. & n. native or inhabitant of Campeche.
campeche m. palo ~ or de Campeche, Campeche wood, log wood.
campeón m. champion. 2 defender.
campeona f. championess.
campeonato m. SPORT championship. 2 competition for a championship.
campero, ra adj. unsheltered in the open field. 2 sleeping in the open [cattle and domestic animals]. 3 (Am.) trained to pass rivers, mounts, etc. [animal]. 4 (Mex.) gentle trotting [gait of a horse]. 5 (Arg.) good at farming.
campesino, na adj. country, rural, peasant. — 2 m. & f. rustic, peasant, countryman, countrywoman.
campestre adj. campestrian, field, rural, country.
campilán m. (Phil.) campilan [a straight-edged sword].
campillo m. small field. 2 EJIDO.
campiña f. stretch of arable land; fields, country.
campirano, na adj. (C. Ri.) churlish, rustic. — 2 adj. & n. (Mex.) peasant, countryman, countrywoman. 3 (Mex.) good tamer or horsebreaker.
campo m. fields, country, countryside: ~ raso, open fields; a ~ raso, in the open; a ~ traviesa or travieso, across the fields, across country cross-country; vivir en el ~, to live in the country [not in town]. 2 cultivated land, crops. 3 field [in practically every sense], ground: ~ de Agramante, bedlam [place of confusion]; ~ de batalla, battlefield, battleground; ~ de instrucción, MIL. drill ground; ~ del honor, field of honour; ~ de minas, MIL., NAV. mine field; ~ magnético, magnetic field; ~ santo, cemetery, churchyard; ~ visual, field of vision; campos Elíseos or Elisios, MYTH. Elisian Fields; batir el ~, reconocer el ~, MIL. to reconnoitre; quedar en el ~, to be left on the field. 3 GOLF links. 4 ground, background [in painted stuffs, engravings, etc.]. 5 MIL. camp: levantar el ~, to raise camp; fig. to give up an enterprise. 6 MIL. army, side. 7 ~ de concentración, de trabajo, de internamiento, concentration, labour, internment camp.
camposanto m. CEMENTERIO.
camueso m. BOT. pippin, sweet apple.
camueso m. pippin tree. 2 fig. dolt.
camuflaje m. camouflage.
camuñas f. pl. all seeds, except wheat, barley and rye.
can m. ZOOL. dog. 2 trigger [of firearm]. 3 ARCH. bracket, corbel [projecting timber]; modillion. 4 Khan. 5 ASTR. Can mayor, Canis Major, Great Dog; Can Menor, Canis Minor, Little Dog.
cana f. white or gray hair: peinar canas, to be old; echar una ~ al aire, fig. to have a gay time. 2 Catalonian measure of about 63 in.
canabináceo, a adj. BOT. cannabinaceous. — 2 f. pl. BOT. Cannabineæ.
canaca m. (Chi.) coll. any individual of the yellow race. 2 (Chi.) owner of a brothel.
canáceo, a adj. BOT. cannaceous. — 2 f. pl. BOT. Cannaceæ.
canaco, ca m. & f. kanaka.
Canadá (el) m. pr. n. GEOG. Canada.
canadiense adj. & n. Canadian.
canal m. canal [artificial channel]: ~ de Panamá, Panama Canal; ~ de Suez, Suez Canal. 2 GEOG. channel, strait: ~ de la Florida, Florida Straits; ~ de la Mancha, English Channel. 3 channel [deeper part of a river, harbour, etc.]. — 4 m. & f. natural underground watercourse or duct. 5 ANAT. canal, duct: ~ torácico, thoracic duct. 6 long, narrow dell. 7 valley, gutter [in a roof]; gutter tile. 8 ARCH. flute. 9 groove [at the rim of a pulley wheel]. 10 front edge [of a book]. 11 animal carcass cleaned and dressed for food: abrir en ~, to cut open from top to bottom. 12 CAMELLÓN 2.
canalado, da adj. ACANALADO.
canaladura f. ARCH. vertical groove, flute.
canaleja f. dim. of CANAL. 2 mill spout.
canalera f. roof gutter.
canaleta f. CANALEJA 2. 2 (Chi.) CANALEJA 1.
canalete m. single-, or double-bladed, paddle [for canoeing].

canalizable adj. that can be canalized.
canalización f. canalization, channeling. 2 mains, piping, wiring.
canalizar tr. to canalize. 2 to channel, wire [convey through a system of channels, pipes, wires, etc.].
canalizo m. NAUT. narrow channel.
canalón m. rain water pipe; roof gutter. 2 gargoyle.
canalla f. rabble, riffraff, canaille. — 2 m. cad, blackguard, rascal, scoundrel.
canallada f. dirty trick, caddish trick.
canallesco, ca adj. low, rabblelike. 2 mean, low, caddish, rascally.
canameño m. (Am.) a hammock used for travelling.
canana f. cartridge belt.
canáneo, a adj. & n. Canaanite.
canapé m. couch, lounge, settee [piece of furniture]. 2 canapé [appetizer].
canaria f. ORN. female canary bird.
Canarias (Islas) f. pr. n. GEOG. Canary Islands, Canaries.
canariense adj. & n. Canarian.
canariera f. large cage for canaries.
canario, ria adj. Canarian. — 2 m. ORN. canary, canary bird. 3 (Chi.) generous tipper. 4 old Canarian dance and tune. 5 GAYOMBA. 6 (Chi.) waterfilled toy whistle which imitates the song of a canary. 7 (C. Ri.) a plant growing in marshy lands. — 8 m. & f. Canary Islander. — 9 interj. by Jove!, Great Scott!, *gee!
canasta f. large round basket with two handles. 2 canasta [card game].
canastada f. basketful.
canastero, ra m. basketmaker; basket seller. 2 (Chi.) fruit and vegetables pedlar. 3 (Chi.) assistant baker. 4 (Chi.) ORN. kind of blackbird.
canastilla f. small basket: ~ de la costura, sewing basket. 2 layette. 3 trousseau.
canastillero, ra m. & f. maker or seller of wicker trays.
canastillo m. wicker tray. 2 small basket.
canasto m. large basket. — 2 interj. ¡canastos!, expression of surprise and annoyance.
canastro m. CANASTO 1.
cáncamo m. NAUT. eyebolt, ringbolt. 2 ~ de mar, surge, swell.
cancamurria f. coll. gloominess, blues.
cancamusa f. ruse, trick.
cancán m. cancan.
cáncana f. ZOOL. kind of spider. 2 punishment stool for boys at school.
cancaneado, da adj. pock-marked.
cancanear intr. to loiter about. 2 (Col., Mex.) to stammer.
cancaneo m. (Col., Mex.) stammering.
cáncano m. coll. louse.
cancel m. storm door, wooden screen in the entrance of a church, hall, etc. 2 (Mex.) folding screen. 3 glass partition in the royal chapel for the king incognito.
cancela f. entrance grating to a house or to an Andalusian patio.
cancelación, canceladura f. cancellation, annulment.
cancelar tr. to cancel, annul. 2 to wipe out from the memory.
cancelaría f. papal chancery.
cancelariato m. dignity and charge of the CANCELARIO.
cancelario m. formerly, chancellor of a university.
cancelería f. CANCELARÍA.
cáncer m. MED. cancer. 2 (cap.) ASTR. Cancer.
canceroado, da adj. MED. cancerous, affected with cancer. 2 evil, corrupt [heart, soul].
cancerar tr. to consume, destroy. 2 to scold, punish. — 3 ref. to cancerate, become cancerous.
Cancerbero m. MYTH. Cerberus. 2 fig. Cerberus [doorkeeper, guardian].
canceriforme adj. cancriform.
canceroso, sa adj. MED. cancerous.
cancilla f. gate, barrier [in a garden, barnyard, etc.].
canciller m. chancellor.
cancilleresco, ca adj. [pertaining to a] chancellor or chancellery. 2 fig. formal, ceremonious.
cancillería f. chancellery, chancery.
canción f. song: ~ de cuna, lullaby, cradlesong; ~ popular, folk song; volver a la misma ~, to sing the same old song. 2 lyric poem.

cancioncilla, cancioncita *f. dim.* little song.
cancionero *m.* collection of lyrics. 2 songbook.
cancioneta *f. dim.* little song, canzonet.
cancionista *m. & f.* song composer. 2 singer of songs, ballad singer.
canco *m.* (Chi.) flower pot. 2 (Bol.) buttock. 3 *pl.* (Chi.) wide hips [in a woman].
cancona *adj.* (Chi.) wide-hipped [woman].
cancro *m.* MED. cancer. 2 canker [of trees].
cancroide *m.* MED. cancroid tumor.
cancroideo, a *adj.* cancroid.
cancha *f.* enclosure or court for playing pelota. 2 cockpit. 3 (Am.) yard, depot. 4 (Am.) racecourse. 5 (Ur.) path, way. 6 (Am.) popcorn. 7 (Am.) game grounds; tennis court. 8 (Chi., Arg.) *estar uno en su ~,* to be in one's element. — 9 *interj.* (Arg.) give way!, out of the way!
canchal *m.* rocky ground or region.
canchalagua *f.* BOT. (Pe.) American medicinal herb.
cancho *m.* rock, boulder. 2 rocky ground.
candado *m.* padlock: *echar,* or *poner, uno un ~ a la boca,* fig. to keep a secret. 2 *pl.* cavities around the frog of a horse's sole.
candaliza *f.* NAUT. brail.
candar *tr.* to lock, shut.
cande *adj. azúcar ~,* rock candy, sugar candy
candeal *adj. pan ~,* bread made of white wheat; *trigo ~,* white wheat.
candeda *f.* chestnut flower.
candela *f.* candle, taper. 2 candlestick. 3 chestnut flower. 4 fire [burning coals or wood]. 5 *arrimar ~ a,* to beat, thrash, give a drubbing. 6 NAUT. *en ~,* in a vertical position.
candelabro *m.* candelabrum.
candelada *f.* HOGUERA.
candelaria *f.* BOT. great mullein. 2 (cap.) Candlemas.
candelecho *m.* raised hut from which to watch the vineyard.
candelerazo *m.* blow given with a candlestick.
candelero *m.* candlestick. 2 metal olive-oil lamp. 3 fishing torch. 4 NAUT. stanchion. 5 *estar en ~,* to be high in office, in a position of great authority. 6 AER. *subir en ~,* to zoom.
candeleta *f.* CANDALIZA.
candelilla *f. dim.* thin candle. 2 SURG. bougie. 3 BOT. catkin. 4 (C. Ri., Chi., Hon.) glowworm. 5 (Arg., Chi.) will-o'-the-whisp. ignis fatuus. 6 coll. *le hacen candelillas los ojos,* his eyes sparkle with the fumes of wine.
candelizo *m.* CARÁMBANO.
candencia *f.* being candent.
candente *adj.* candent, candescent. 2 *cuestión ~,* burning question.
candi *adj.* CANDE.
candial *adj.* CANDEAL.
candicación *f.* making [the sugar] into rock candy.
cándidamente *adv.* guilelessly, artlessly, naïvely.
candidato, ta *m. & f.* candidate [to post or election].
candidatura *f.* list of candidates [to post, election, etc.]. 2 candidacy, *candidature. 3 ballot paper, voting paper.
candidez *f.* whiteness. 2 guilelessness, simplicity, naïvety.
cándido, da *adj.* white, snowy. 2 guileless, naïve simple; easy to deceive.
candiel *m.* sweetmeat made of white wine, eggs, sugar, etc.
candil *pl.* **-diles** *m.* open oil lamp, kitchen or stable oil lamp : *ni buscado con un ~,* the very or right person [for some purpose]. 2 Greek or Roman oil lamp. 3 tine [of antler]. 4 corner [of a cocked hat]. 5 (Mex.) chandelier. 6 *pl.* BOT. wake-robin.
candilada *f.* coll. oil spilt from a lamp.
candilazo *m.* blow given with an oil lamp.
candileja *f.* inner receptacle of an oil lamp. 2 lampion. 3 BOT. corn cockle. 4 *pl.* THEAT. footlights.
candilejo *m.* small kitchen lamp. 2 CANDILEJA 3.
candilera *f.* BOT. lampwick.
candilón *m.* large olive-oil lamp.
candiota *adj. & n.* Candiot. Candiote. — 2 *f.* wine barrel. 3 large earthen vessel for wine.
candiotera *f.* wine cellar. 2 storage place for wine casks or vessels.
candonga *f.* ruse, trick. 2 banter, mockery. 3

draught mule. 3 NAUT. storm-sail. 4 *pl.* (Col.) earrings.
candongo, ga *adj.* cunning, wheedling. 2 work-shy, clever at dodging work.
candonguear *tr.* to tease, banter, mock. — 2 *intr.* to shirk work, swing the lead.
candongueo *m.* teasing bantering, mocking. 2 shirking.
candonguero, ra *adj.* jocose, teasing, mocking. — 2 *s.* teaser, mocker. 3 wheedler.
candor *m.* pure whiteness. 2 candour, ingenuousness, sincerity, purity, innocence.
candorosamente *adv.* ingenuously, innocently.
candoroso, sa *adj.* ingenuous, pure, naïve, innocent.
cané *m.* a card game.
caneca *f.* glazed earthen bottle.
canecillo *m.* ARCH. bracket, corbel [projecting timber], modillion.
canéfora *f.* canephorus.
canela *f.* cinnamon [bark and spice]. 2 fig. anything exquisite, very fine.
canelado, da *adj.* cinnamon-coloured. 2 cinnamon-flavoured.
canelo, la *adj.* cinnamon-coloured [dog, horse]. — — 2 *m.* BOT. cinnamon tree.
canelón *m.* CANALÓN. 2 icicle [hanging from the eaves]. 3 cinnamon candy. 4 tubular element of a fringe.
canequí *m.* cannequin [cotton cloth].
canesú *m.* a woman's kind of outer corsage. 2 yoke of a shirt or blouse.
caney *m.* (Cu.) bend [in a river]. 2 (Cu., Ve.) log cabin.
canfín *m.* (C. Ri.) petroleum.
canfol *m.* CHEM. camphol.
canfórico, ca *adj.* camphoric.
canga *f.* cangue.
cangalla *f.* rag, tatter. 2 (Col.) emaciated person or animal. 3 (Arg., Pe.) coward. 4 (Arg., Chi.) refuse of minerals. 5 (Bol.) harness with pack-saddle.
cangilón *m.* earthen or metal vessel for liquids. 2 bucket [of a bucket wheel]. 3 dredge bucket, scoop. 4 fluting [of a ruff].
cangreja *adj.* NAUT. *vela ~,* boom-sail, gaff-sail.
cangrejera *f.* nest of crabs or crayfish.
cangrejero, ra *m. & f.* crab or crayfish catcher or seller.
cangrejo *m.* ZOOL. crab or crayfish : *~ de río,* freshwater crayfish; *~ de mar,* crab. 2 NAUT. gaff.
cangrejuelo *m. dim.* small crab or crayfish.
cangrena *f.* GANGRENA.
cangrenarse *ref.* GANGRENARSE.
cangrenoso, sa *adj.* GANGRENOSO.
cangro *m.* (Col., Guat., Mex.) MED. cancer.
canguelo *m.* coll. fear; *tener ~,* to be afraid, to show the white feather.
cangüeso *m.* ICHTH. a sea fish.
canguro *m.* ZOOL. kangaroo.
caníbal *adj. & n.* Cannibal.
canibalismo *m.* Cannibalism.
canica *f.* marble [little ball]. 2 *pl.* marbles [game].
canicie *f.* whiteness of the hair.
canícula *f.* dog days. 2 (cap.) ASTR. Canicula, Dog Star.
canicular *adj.* canicular [pertaining to the dog days].
caniculares *m. pl.* dog days.
caniculario *m.* PERRERO 1.
cánido, da *adj.* ZOOL. canine [animal]. — 2 *m.* ZOOL. canid. 3 *pl.* ZOOL. Canidæ.
canijo, ja *adj.* weak, infirm, sickly.
canil *m.* coarse bread, dog's bread.
canilla *f.* long bone of either extremity; armbone, leg bone, shinbone. 2 tap, spigot [in a cask or barrel]. 3 WEAV. bobbin, spool, quill. 4 WEAV. unevenness of a faulty fabric in thickness or colour. 5 (Pe.) game of dice. 6 (Col.) calf of the leg. 7 (Mex.) physical strength.
canillado, da *adj.* ACANILLADO.
canillera *f.* ESPINILLERA.
canillero, ra *m. & f.* bobbin maker; weaver's quill winder. — 2 *m.* tap-hole, spigot-hole [in cask or barrel].
canime *m.* BOT. (Col., Pe.) a tree producing a medicinal oil.
canina *f.* excrement of dogs.
caninamente *adv.* ragingly.
caninez *f.* canine appetite.

canino, na *adj.* canine. — *2 m.* ANAT. canine, canine tooth.
caniquí *m.* CANEQUÍ.
canje *m.* MIL., DIP., COM. exchange : ~ *de prisioneros*, exchange of prisoners.
canjeable *adj* exchangeable.
canjear *tr.* to exchange [prisoners, diplomatic notes, newspapers, etc.].
cano, na *adj.* gray, gray-haired, hoary, white.
canoa *f.* canoe : ~ *automóvil*, motor boat. 2 (Am.) water conduit. 3 (Chi., C. Ri.) gutter [of roof]. 4 (Am.) feeding trough.
canódromo *m.* dog track.
canoero *m.* canoeman.
canon, *pl.* **cánones** *m.* canon [rule, law]. 2 ECCL., BIBL., MUS. canon. 3 Canon [of the Mass]. 4 F. ARTS standard measurements of the human figure. 5 rent, rate, royalty. 6 PRINT. size of type [24 points] ; *gran* ~, canon. 7 tax, regular payment [for the use of something]. 8 *pl.* canon law.
canonesa *f.* canoness.
canónica *f.* canonic life in a convent.
canonical *adj.* canonical [pertaining to a canon or member of a chapter].
canónicamente *adv.* canonically.
canonicato *m.* canonicate, canonry.
canónico, ca *adj.* canonical, canonic. 2 *derecho* ~, canon law.
canóniga *f* coll. nap taken before dinner.
canónigo *m.* canon, prebendary : *vida de* ~, fig. comfortable life.
canonista *m.* canonist, canon lawyer.
canonizable *adj.* worthy of canonization.
canonización *f.* canonization.
canonizar *tr.* to canonize.
canonjía *f.* canonry. 2 call. sinecure.
canope *m.* ARCHEOL. canopic vase.
canoro, ra *adj.* canorous, musical, melodious. 2 sweet-singing, tuneful [bird].
canoso, sa *adj.* gray-haired, hoary.
canotié *m.* straw hat with a low, flat crown and a straight brim.
canquén *m.* ORN. a Chilean wild goose.
cansadamente *adv.* wearily. 2 wearingly; botheringly, importunately.
cansado, da *adj.* tired, weary. 2 spent, worn-out, exhausted. 3 tiresome, wearisome. 4 *vista cansada*, impaired eye-sight, far-sightedness.
cansancio *m.* fatigue, tiredness, weariness.
cansar *tr.* to fatigue, tire, weary. 2 to bore, harass. 3 to wear out, exhaust. — 4 *ref.* to fatigue, tire, grow weary ; to become exhausted. — 5 *intr.* to be tiring or tiresome.
cansera *f.* coll. boredom, weariness.
cansino, na *adj.* tired, exhausted [animal].
cantable *adj.* that can be sung, singable. 2 MUS. to be sung slowly. — 3 *m.* musical passage [of a ZARZUELA] ; words for it. 4 MUS. passage in a simple even tempo.
cantábrico, ca *adj.* Cantabrian.
cántabro, bra *adj.* & *n.* Cantabrian.
cantada *f.* CANTATA.
cantador, ra *m.* & *f.* singer [of popular songs].
cantal *m.* stone block. 2 CANTIZAL.
cantaleta *f.* burlesque serenade, charivari. 2 making fun of : *dar* ~, to make fun of, to laugh at. 3 (Am.) *la misma* ~, the same old song.
cantaletear *tr.* (Am.) to keep repeating, to say over and over again. 2 (Mex.) to make fun of, to laugh at.
cantalinoso, sa *adj.* stony [ground].
cantante *adj.* singing. — 2 *m.* & *f.* singer, professional singer.
1) **cantar** *m.* short poem apt or intended for a folk or popular song : fig. *éste es otro* ~, that's another story, that's a horse of a different colour. 2 ~ *de gesta*, chanson de geste. 3 BIBL. *Cantar de los Cantares*, Song of Songs, Canticles.
2) **cantar** *tr.* & *intr.* to sing : *cantarlas claras*, fig. to speak out, to call a spade a spade ; *los dineros del sacristán cantando se vienen, cantando se van*, easy come, easy go ; *quien canta sus males espanta*, he who sings frightens away his woes. 2 POET. to chant. 3 [at cards] to declare. 4 ~ *misa*, [of a priest] to say mass for the first time. — 5 *intr.* coll. to speak, squeak, confess : ~ *de plano*, to make a full confession. 6 [of cocks] to crow : *al* ~ *el gallo*, when the cock crows ; *en menos que canta un gallo*, in a twinkling. 7

[of insects] to chirp, chirr. 8 [of a wheel] to creak, squeak. 9 NAUT. to chantey.
cántara *f.* CÁNTARO. 2 wine measure [about 32 pints].
cantarcico, cillo, cito *m.* dim. of CANTAR.
cantarela *f.* MUS. treble string [of violin or guitar].
cantarera *f.* shelf for jars, or jugs.
cantarería *f.* earthenware shop.
cantarero *m.* ALFARERO.
cantárida *f.* ENTOM. cantharis, Spanish fly. 2 cantharides, blistering plaster. 3 blister raised by cantharides.
cantarilla *f.* small earthen jug.
cantarillo *m.* dim. of CÁNTARO.
cantarín, na *adj.* fond of singing ; singing constantly. — 2 *m.* & *f.* singer, songster, songstress.
cántaro *m.* large, narrow-mouthed, big-bellied, earthen vessel for liquids ; pitcher ; the liquid it holds: *llover a cántaros*, to pour, to rain pitchforks. 2 liquid measure [varying from 2½ to 4 gallons]. 3 ballot box, vessel for drawing lots.
cantata *f.* MUS. cantata.
cantatriz, *pl.* **-trices** *f.* professional singer [woman].
cantazo *m.* blow given with a stone.
cante *m.* Andalousian singing or song : ~ *hondo* or *flamenco*, Andalousian song with gipsy elements.
cantera *f.* quarry, stone pit. 2 fig. abundance, quarry, mine [of wit, genius, information, etc.].
cantería *f.* stone cutting [for building]. 2 cutstone work. 3 cut or dressed stone.
canterito *m.* crust [of bread].
cantero *m.* stone cutter. 2 any easy-to-break extremity of something hard : ~ *de pan*, crust of bread.
canticio *m.* coll. tiresome singing.
cántico *m.* canticle, song.
cantidad *f.* MATH. quantity : ~ *continua*, continued quantity ; ~ *discreta*, distinct or separate quantity. 2 quantity, amount. 3 sum of money : ~ *alzada*, lump sum. 4 PHON., PROS. quantity.
cantiga *f.* old poetical composition to be sung.
cantil *m.* shelf, ledge [on coast or under sea]. 2 (Am.) verge of a precipice. 3 (Guat.) a large snake.
cantillo *m.* small pebble used in a children's game. 2 corner, angle.
cantilena *f.* short lyric. 2 song, annoying repetition : *la misma* ~, the same old song.
cantimplora *f.* siphon [to transfer liquids]. 2 water cooler. 3 canteen, water bottle. 4 (Col.) powder flask.
cantina *f.* canteen [in barracks, etc.], railway buffet. 2 (Am.) barroom, saloon. 3 lunch box. 4 *pl.* (Mex.) saddlebag [for provisions].
cantinela *f.* CANTILENA.
cantinera *f.* vivandière.
cantinero *m.* canteen-keeper.
cantizal *m.* stony ground, place full of stones.
canto *m.* singing, chant, song : *maestro de* ~, singing master ; ~ *del cisne*, swan song ; ~ *Gregoriano*, ~ *llano*, Gregorian chant, plain chant, plain song. 2 poet. canto. 3 crow [of cock] ; chirp, chirr [of insects] : *al* ~ *del gallo*, at cock-crow. 4 edge, border, arris. 5 corner, point. 6 edge, side, thickness : *de* ~, on edge, edgewise. 7 back [of knife]. 8 front edge [of book]. 9 stone [piece of stone] : ~ *rodado*, boulder. 10 ~ *de pan*, crust of bread.
cantollanista *m.* & *f.* expert in plain chant.
cantón *m.* canton, district, region. 2 corner. 3 HER. canton. 4 cantonment. 5 (Mex.) a cotton stuff which imitates cashmere.
cantonado, da *adj.* cantoned.
cantonal *adj.* cantonal. — 2 *adj.* & *n.* CANTONALISTA.
cantonalismo *m.* cantonalism.
cantonalista *adj.* & *n.* cantonalist.
cantonar *tr.* & *ref.* ACANTONAR.
cantonear *tr.* to loaf at the street corners. — 2 *ref.* CONTONEARSE.
cantoneo *m.* CONTONEO.
cantonero, ra *adj.* loafing. — 2 *m.* bookbinder's gilding iron. — 3 *f.* corner-plate, plate nailed to the corner of a chest ; reinforcement or protection for a corner. 4 RINCONERA. 5 streetwalker.
cantor, ra *adj.* singing, that sings : *pájaro* ~, song bird. — 2 *m.* & *f.* singer, songster, songstress. 3 cantor.
cantoral *m.* choir book.

Cantórbery *m. pr. n.* GEOG. Canterbury.
cantorral *m.* CANTIZAL.
cantoso, sa *adj.* stony, full of stones.
cantuariense *adj. & n.* Canterburian.
cantueso *m.* BOT. French lavender.
canturía *f.* singing, vocal music. 2 monotonous singing. 3 singing quality [of a composition].
canturrear *intr.* to hum, sing in a low voice.
canturreo *m.* humming, singing in a low voice.
canturriar *intr.* CANTURREAR.
cánula *f.* SURG. cannula. 2 MED. clyster pipe, injection tube.
canular *adj.* cannular.
canutero *m.* CAÑUTERO.
canutillo *m.* CAÑUTILLO.
caña *f.* cane [stem]; culm, stem of any graminaceous plant. 2 reed [plant and stem]: *las cañas se vuelven lanzas,* what began in jest ends (or may end) in earnest. 3 anyone of various reedlike plants : ~ *de azúcar,* ~ *dulce* or *melar,* cane, sugar cane ; ~ *de Bengala* or *de Indias,* rotang, rattan palm ; ~ *de la India,* Indian shot, Indian reed. 4 long bone [of arm or leg]. 5 shank. cannon [of horse]. 6 leg [of boot or stocking]. 7 tall and narrow wine tumbler. 8 tipstock [of firearms]. 9 shank [of anchor]. 10 shaft [of column]. 11 chasse [of old cannon]. 12 crack [in a sword's blade]. 13 old Andalousian song. 14 ~ *de pescar,* fishing rod. 15 ~ *del pulmón,* windpipe. 16 NAUT. ~ *del timón,* tiller, helm. 17 pl. *correr cañas,* to engage in an ancient equestrian exercice with reed spears.
cañacoro *m.* BOT. Indian shot, Indian reed.
cañada *f.* glen, dell, hollow. 2 cattle path.
cañadilla *f.* ZOOL. purple shell.
cañaduz *f.* (dial. & Col.) sugar cane.
cañafístola or **cañafístula** *f.* BOT. drumstick tree. 2 PHARM. cassia fistula, drumstick-tree pods.
cañaheja, cañaherla *f.* BOT. giant fennel. 2 BOT. ~ *hedionda,* deadly carrot.
cañahua *f.* BOT. (Pe.) kind of millet.
cañahuate *m.* BOT. kind of lignum vitae.
cañahutal *m.* plantation of CAÑAHUATES.
cañajelga *f.* CAÑAHEJA.
cañal *m.* CAÑAVERAL. 2 weir for taking fish in a river, made of reeds. 3 fishing channel or sluice in a riverside.
cañaliega *f.* CAÑAL 2.
cañamar *m.* hemp field.
cañamazo *m.* hemp tow. 2 coarse hemp fabric, burlap. 3 cross-stitch canvas, canvas for embroidery. 4 embroidered canvas.
cañamelar *m.* sugar-cane plantation.
cañameño, ña *adj.* hempen, made of hemp.
cañamiel *f.* BOT. sugar cane.
cañamiza *f.* AGRAMIZA.
cáñamo *m.* hemp [plant and fiber]. 2 hempen cloth. 3 (C. Ri., Chi., Hond.) hempcord, twine. 4 ~ *de Manila,* Manila hemp.
cañamón *m.* hempseed.
cañamoncillo *m. dim.* very fine sand.
cañar *m.* CAÑAVERAL. 2 CAÑAL 2.
cañareja *f.* CAÑAHEJA.
cañarroya *f.* BOT. wall pellitory, wallwort.
cañavera *f.* BOT. ditch reed.
cañaveral *m.* reed plantation. 2 canebrake. 3 sugar-cane plantation.
cañaverear *tr.* ACAÑAVEREAR.
cañazo *m.* blow with a reed or cane. 2 (Am.) cane brandy. 3 *dar* ~, coll. to sadden, make pensive.
cañedo *m.* CAÑAVERAL.
cañería *f.* conduit, water or gas pipe.
cañero *m.* conduitmaker. 2 (Cu.) seller of sugar cane. 3 (Hon.) owner or manager of a sugar-cane plantation. 4 (Mex.) storage place for sugar cane.
cañete *m. dim.* of CAÑO. — 2 *adj. ajo* ~, red-bulbed garlic.
cañí *m.* coll. gipsy.
cañilavado, da *f.* small-limbed [horse or mule].
cañinque *adj.* (Am.) weak, sickly.
cañista *m. & f.* maker of CAÑIZOS.
cañita *f. dim.* small reed. 2 small tumbler of wine.
cañizal, cañizar *m.* CAÑAVERAL.
cañizo *m.* hurdle of reeds [for drying fruit, rearing silkworms, etc.]. 2 web of reeds [used as a frame for plaster ceilings].
caño *m.* short tube or pipe. 2 sewer. 3 spout 4 wind trunk [of the organ]. 5 jet [of water]. 6 cellar or cave for cooling water. 7 wine cellar. 8 NAUT. narrow channel [of a harbour or seaport].
cañón *m.* tube, pipe. 2 barrel [of gun], gunbarrel : ~ *rayado,* rifled gunbarrel. 3 organ pipe. 4 flue [of chimney]. 5 flute, quill [in a frill, ruff, etc.]. 6 quill [of feather]. 7 pinfeather. 8 part of the hairs of the beard next to the root. 9 cannon [of a horse bit]. 10 canyon. 11 ARTILL. cannon, gun : ~ *antiaéreo,* anti-aircraft gun ; ~ *antitanque,* antitank gun ; ~ *lanzaarpones,* harpoon gun ; ~ *lanzacabos,* lifesaving gun or mortar ; ~ *obús,* howitzer. 12 (Col.) trunk of a tree]. 13 (Pe.) path, way.
cañonazo *m.* cannon shot ; report of a gun.
cañoncico, cañoncillo, cañoncito *m.* dim. of CAÑÓN.
cañonear *tr.* to cannonade. — 2 *ref.* to cannonade each other.
cañoneo *m.* cannonade, cannonading, cannonry.
cañonera *f.* FORT., NAUT. embrasure, porthole. 2 NAUT. armed launch. 3 (Am.) holster.
cañonería *f.* MUS. pipework [of organ]. 2 cannon, cannonry. ordnance.
cañonero, ra *adj.* NAUT. armed [boat]. — 2 *m.* gunboat.
cañota *f.* BOT. a reedlike grass.
cañucela *f.* slender cane or reed.
cañuela *f. dim.* small reed. 2 BOT. fescue grass.
cañutazo *m.* coll. tale, report, squeal.
cañutería *f.* MUS. pipework [of organ]. 2 embroidery made with crimpled gold or silver thread.
cañutero *m.* ALFILETERO.
cañutillo *m. dim.* small tube or pipe. 2 bugle [for fringes, trimmings, etc.]. 3 crimpled gold or silver thread. 4 AGR. *de* ~, a method of grafting.
cañuto *m.* internode [of cane or reed]. 2 small tube. 3 tale-bearer, squealer.
cao *m.* ORN. (Cu.) a species of crow.
caoba *m.* BOT. mahogany [tree and wood].
caobana *f.,* **caobo** *m.* BOT. mahogany [tree].
caolín *m.* kaolin, kaoline.
caos *m.* chaos.
caótico, ca *adj.* chaotic.
capa *f.* cloak, mantle, cape [garment, covering] : ~ *aguadera,* waterproof cloak ; NAUT. tarred canvas coating for a mast ; ~ *rota,* fig. person sent under cover for an important affair ; ~ *torera,* bullfighter's cape ; graceful cape ; *andar de* ~ *caída,* to be in a bad way, to be on the decline ; *debajo de mala* ~ *suele haber un buen bebedor,* under a bad cloak there is often a good drinker, i. e. appearances are deceitful ; *defender a* ~ *y espada,* to defend with all one's might ; *hacer uno de su* ~ *un sayo,* to do as one pleases in one's own affairs ; *pasear uno la* ~, to gad or loiter about ; *de* ~ *y espada,* cloak-and-sword. 2 ECCL. cope, cloak : ~ *de coro,* choir cloak ; ~ *magna,* pontifical cope ; ~ *pluvial,* pluvial. 3 cope, canopy [of heaven]. 4 cloak, pretence, disguise : *so* ~ *de,* under the cloak or pretence of. 5 coat, coating, couch [of paint, etc.]. 6 layer, stratum. 7 wrapper [of a cigar]. 8 colour [of an animal]. 9 hider, concealer. 10 ZOOL. paca, spotted cavy. 11 NAUT. primage, hat money. 12 NAUT. *estar* or *ponerse a la* ~, to lie to ; *en* ~ *cerrada,* ahull.
capá *m.* BOT. tree of the West Indies used in shipbuilding.
capacete *m.* casque, helmet.
capacidad *f.* capacity [power of holding, receiving, absorbing, etc.], content, capaciousness. 2 capacity, capability, qualification, ableness, ability, talent. 3 ELECT. capacity ; capacitance. 4 LAW, PHYS. capacity.
capacitación *f.* enabling, preparation, qualification, capacitation.
capacitar *tr.* to enable, prepare, qualify, capacitate. 2 (Chi.) to empower, commission. — 3 *ref.* to qualify oneself, make oneself able or competent.
capacha *f.* CAPACHO.
capachero *m.* one who carries things in CAPACHOS.
capacho *m.* flexible two-eared basket of palmetto, esparto grass or rushes. 2 hempen bag in which crushed olives are placed for pressing. 3 ORN. tawny owl.
capada *f.* cloakful [contents of a cloak held as if it were an apron].
capador *m.* gelder, castrator. 2 gelder's whistle.
capadura *f.* gelding, castration. 2 scar left by the castration. 3 leaf of inferior kind of tobacco.

capar tr. to geld, castrate, emasculate. 2 fig. to curtail, cut down.
capararoch m. (Am.) a nocturnal bird of prey.
caparazón m. caparison [for a horse]. 2 horse's leather covering. 3 covering [for a coach, piano, etc.]. 4 nose bag. 5 carcass [of a fowl]. 6 ZOOL. carapace, shell [of crustaceans and chelonians].
caparidáceo, a adj. BOT. caparidaceous. — 2 f. pl. BOT. Caparidaceæ.
caparra f. GARRAPATA. 2 earnest [money].
caparro m. ZOOL. (Pe., Ve.) small white monkey.
caparrón m. BOT. bud.
caparrosa f. CHEM. vitriol : ~ azul, blue vitriol; ~ blanca, white vitriol; ~ verde, copperas, green vitriol.
capataz m. foreman, overseer, steward.
capaz adj. having room or capacity [for]. 2 capacious, roomy. 3 capable. 4 able, competent.
capazmente adv. capaciously. 2 ably.
capazo m. large flexible basket of palmetto or esparto grass. 2 blow given with a cloak.
capciosamente adv. captiously, insidiously.
capciosidad f. captiousness, insidiousness.
capcioso, sa adj. captious, insidious, deceiving.
capea f. exciting the bull with a cloak. 2 amateur free-for-all bullfight.
capeador m. bullfighter who harasses or excites the bull with a cloak.
capear tr. to rob [one] of his cloak. 2 BULLF. to harass or excite the bull with a cloak. 3 to beguile. 4 to weather [a storm, difficulties, etc.]. — 5 intr. NAUT. to lie to.
capeja f. shabby cloak.
capelán m. ICTH. capelin.
capelina f. SURG. capeline.
capelete m. member of the Capulet family of Verona.
capelo m. cardinal's hat. 2 cardinalate. 3 (Am.) glass bell.
capellada f. toe piece [of a shoe]. 2 repair to the vamp of a shoe.
capellán m. priest, clergyman. 2 chaplain : ~ de honor, king's private chaplain; ~ castrense, army chaplain; ~ de la armada, navy chaplain; ~ mayor de los ejércitos, vicar-general of the army.
capellanía f. chaplaincy.
capellina f. ARMOUR, SURG. capeline. 2 hood formerly worn by peasants.
capeo m. CAPEA.
capeón m. young bull fought in a CAPEA.
capero m. priest wearing a cope in church. 2 cloak rack.
caperuceta, caperucita f. dim. small pointed hood : Caperucita Roja, Little Red Ridinghood.
caperuza f. pointed hood. 2 chimney cap. 3 MACH. hood.
capeta f. short cloak, cape.
capetonada f. violent vomiting affecting Europeans when in torrid zone.
capi m. (South. Am.) maize. 2 (Chi.) pod.
capia f. (Arg., Col., Pe.) a white sweet maize. 2 (Arg., Col.) sweetmeat made of CAPIA and sugar.
capialzado adj. ARCH. splayed [arch].
capialzar tr. ARCH. to give a splay to [an arch].
capialzo m. ARCH. splay [of an arch].
capicatí m. BOT. aromatic plant used in brewing a drink particular to Paraguay.
capicúa m. palindromic number.
capigorrista, capigorrón m. idler, loafer, vagabond.
capiguara m. CARPINCHO.
capilar adj. [pertaining to] hair. 2 capillary.
capilaridad f. capillarity. 2 capillary attraction.
capilarímetro m. capillarimeter.
capilla f. hood, cowl [attached to a garment]. 2 chapel [place of worship, compartment of church]; oratory : ~ Sixtina, Sixtine Chapel; ~ ardiente, chamber where a dead body lies in state; estar en ~, to be in the death house, to be sentenced to death and awaiting execution; fig. to be about to pass an examination; to be awaiting an important issue. 3 priest and others employed in chapel service. 4 body of professional singers and musicians attached to a church. 5 portable oratory for military corps. 6 coll. friar, monk. 7 PRINT. proof sheet.
capillada f. hoodful. 2 blow with a hood.
capillejo m. dim. small hood. 2 skein of sewing silk.

capiller, capillero m. warden of a chapel.
capilleta f. dim. little chapel. 2 chapel-shaped niche.
capillita f. dim. little chapel.
capillo m. baby cap. 2 baptismal cap. 3 hood [of hawk]. 4 toe-piece lining [of shoe]. 5 cap [of distaff]. 6 bud, rosebud. 7 cocoon. 8 ANAT. prepuce. 9 first wrapper of cigar fillings. 10 NAUT. shroud-end covering. 11 NAUT. tin or wood binacle-covering.
capincho m. CARPINCHO.
capingo m. (Chi.) short and narrow cape.
capipardo m. artisan, working-man.
capirotada f. COOK. dressing of eggs, herbs, garlic, etc. 2 (Am.) dish of meat with corn, cheese, butter and spices. 3 coll. (Mex.) pauper's grave.
capirotazo m. fillip [stroke with the finger].
capirote adj. having the head of a different colour from that of the body [cattle]. — 2 m. chaperon [medieval hood]. 3 conical hood or cap [worn in processions]. 4 doctoral graduate's hooded mozzetta. 5 hood [of hawk]. 6 hood [of carriage]. 7 CAPIROTAZO.
capirucho m. coll. CAPIROTE.
capisayo m. cloaklike garment. 2 manteletta [bishop's vestment].
capiscol m. precentor.
capiscolía f. office and dignity of a precentor.
capita f. dim. small cloak.
capitá m. (Am.) a small black bird.
capital adj. capital [pertaining to the head, chief, main, vital, great] : error ~, capital error; letra ~, capital letter [esp. in ancient manuscripts]; pecados capitales, capital sins, deadly sins; pena ~, capital punishment. — 2 m. property, fortune. 3 ECON., SOCIOL. capital : ~ circulante, circulating capital; ~ líquido, net balance of assets; ~ social, nominal capital, authorized capital stock. 4 principal [sum invested or lent]. 5 f. capital, chief town, main town, [county] seat. 6 FORT. capital.
capitalicé, capitalice, etc., pret., subj. & imper. of CAPITALIZAR.
capitalidad f. condition of a city or town being a capital or main town.
capitalismo m. capitalism.
capitalista adj. capitalist, capitalistic. — 2 m. & f. capitalist.
capitalizable adj. capitalizable.
capitalización f. capitalization. 2 compounding [of interest].
capitalizar tr. to capitalize [compute the present value of an income]. 2 to compound [interest].
capitalmente adv. deadly; seriously.
capitán m. captain, chief, leader, great soldier. 2 MIL. captain : ~ general del ejército, field marshal; ~ general de una región, commander-in-chief of a large military district. 3 NAV. captain : ~ de navío, captain; ~ de fragata, junior captain, commander; ~ de corbeta, senior lieutenant, *lieutenant commander. 4 NAUT. captain, master [of a ship]. 5 SPORT captain 6 ~ del puerto, harbour master.
capitana f. admiral's ship. 2 captain's wife. 3 female leader.
capitanear tr. to captain, lead, command.
capitanía f. captaincy, captainship. 2 MIL. company. 3 anchorage [toll]. 4 ~ general, post and office of a CAPITÁN GENERAL. 5 ~ de puerto, harbour-master's office.
capitel m. ARCH. capital. 2 ARCH. spire. 3 capital [of a still].
capitolino, na adj. Capitoline.
Capitolio m. pr. n. Capitol. — 2 m. capitol.
capitón m. MÚJOL.
capítula f. LITURG. chapter.
capitulación f. capitulation, agreement. 2 MIL. capitulation. 3 pl. articles of marriage.
capitulado adj. summarized. — 2 m. articles of an agreement.
capitulante adj. capitulating. — 2 m. & f. capitulator.
capitular, pl. -lares adj. capitular, capitulary. — 2 m. capitular, capitulary [member of a chapter]. 3 pl. HIST. capitularies.
capitular intr. to agree, conclude an agreement. 2 to capitulate [surrender on terms]; to come to terms. 3 LITURG. to sing the chapters. 4 to

order, decree. — 5 tr. to impeach [a public officer].

capitulario m. capitulary [book].

capitulear intr. (Am.) CABILDEAR.

capituleo m. (Am.) CABILDEO.

capitulo m. chapter [of a book]. 2 fig. chapter, subject, matter. 3 charge, impeachment : llamar or traer a ~, to call to account, bring to book. 4 reprimand to a religious in the presence of the community. 5 chapter [meeting of members of a monastic or knightly order]; meeting of a council. 6 pl. capitulos matrimoniales, articles of marriage.

capizana f. part of a horse armour which covered the back of the neck; crinière.

capnomancia f. capnomancy.

capolar tr. to cut into pieces. 2 dial. to chop, mince, hash.

capón adj. castrated, gelded. — 2 m. castrated man. 3 capon. 4 rap on the head with the knuckle of the middle finger. 5 bundle of cut vine-shoots. 6 NAUT. anchor stopper.

capona f. epaulet without fringe.

caponar tr. to tie up the shoots or runners of [a vine].

caponera f. fattening coop for capons. 2 coll. place where one lives well at no cost. 3 FORT. caponier. 4 coll. coop, jail.

caporal m. chief, leader. 2 (Am.) headman in a ranch.

capota f. bonnet with strings, poke bonnet. 2 hood [of carriage]. 3 AER. cowling. 4 head of teasel or fuller's thistle.

capotar intr. [of a car or airplane] to capsize, turn turtle, nose over.

capotazo m. a flick with the cloak to stop the bull.

capote m. kind of cloak with sleeves : ~ de monte, poncho; decir para su ~, to say to oneself. 2 MIL. capote, great coat. 3 bullfighter's cape. 4 frown. 5 mass of heavy clouds. 6 dar ~, [in some card games] to win all the tricks. — 7 adv. (Mex.) de ~, on the quiet.

capotear tr. CAPEAR 2 & 3. 2 to dodge, elude, evade difficulties, etc.

capoteo m. CAPEO.

capotera f. (Am.) hat, or clothes, rack. 2 (Ven.) valise.

capotillo m. cape, mantlet.

capotudo, da adj. frowning.

caprario, ria adj. capric, caprine.

Capricornio pr. n. ASTR. Capricorn.

capricho m. caprice, freak, whim, fancy. 2 longing, keen desire. 3 F. ARTS, MUS. caprice, work of sportive fancy.

caprichosamente adv. capriciously. 2 fancifully, whimsically.

caprichoso, sa adj. capricious, freakish, whimsical, fanciful.

caprichudo, da adj. capricious, whimsical [guided by whim].

caprino, na adj. capric, caprine.

cápsula f. cap, capsule [of a bottle]. 2 cartridge shell, percussion cap. 3 ANAT., ZOOL., BOT., CHEM., PHARM. capsule.

1) **capsular** adj. capsular.

2) **capsular** tr. to put a cap or capsule on [a bottle].

captación f. winning, securing [good will, attention, etc.]. 2 collecting [spring waters]. 3 RADIO. picking up [signals].

captar tr. & ref. to win, secure [good will, esteem, attention, etc.]. — 2 tr. to collect [spring waters]. 3 RADIO. to get, pick up [signals, a broadcast]. 4 to grasp [the meaning, the purport].

captura f. capture, seizure, caption.

capturar tr. to capture, seize.

capuana f. beating, thrashing.

capucé, capuce, etc., pret. subj. & imper. of CAPUZAR.

capucha f. hood, cowl. 2 PRINT. circumflex accent.

capuchina f. BOT. capucine, Indian cress, garden nasturtium. 2 Capuchin nun. 3 a confection of egg yolks.

capuchino, na adj. pertaining to the Capuchin order. 2 ZOOL. mono ~, capuchin [monkey]. — 3 m. Capuchin [monk].

capucho m. hood, cowl, capuche.

capuchón m. capuchin, cloak and hood [for women]. 2 short domino. 3 AUTO. valve cap. 4 cap [of fountain pen].

capulí, capulín m. BOT. kind of cherry tree. 2 (Cu.) CAPULINA 2. 3 (Pe.) fruit of a solanaceæ plant resembling the grape, used as a condiment.

capulina f. fruit of the CAPULIN. 2 (Cu.) a hardwood tree of the Tilliaceæ family. 3 (Mex.) a poisonous black spider. 4 (Mex.) harlot.

capullito m. small flower bud.

capullo m. cocoon : ~ ocal, double cocoon. 2 flower bud. 3 acorn cup. 4 bunch of boiled flax. 5 foreskin.

capuz m. cowl. 2 an old-time hooded mantle or cloak. 3 dive, ducking.

capuzar tr. CHAPUZAR. 2 NAUT. to load [a boat] so that it draws too much at the bow.

caquéctico, ca adj. MED. cachectic.

caquexia f. MED. cachexia.

caqui m. BOT. kaki, japanese persimmon. — 2 adj. & m. khaki [material and colour].

caquinos m. pl. (Mex.) guffaw, uproarious laughter.

car m. NAUT. lower end of a lateen yard.

cara f. face, visage, countenance : ~ apedreada or de rallo, pock-market visage; ~ de aleluya, or de pascua, cheerful face; ~ de gualda, very pale person; ~ de hereje, ugly face; ~ de juez or de justo juez, stern face; ~ de pocos amigos or de vinagre, stern, forbidding countenance; ~ de vaqueta, serious, unfriendly countenance; brazen, shameless person; ~ de viernes, sad, lean face; caérsele a uno la ~ de vergüenza, to blush with shame; cruzar la ~ a uno, to slap someone in the face; to strike someone across the face; dar en ~, echar a la ~, en ~ or en la ~, to reproach, upbraid, to throw in one's face; dar la ~, to face the consequences of one's actions; dar o sacar la ~ por otro, to answer for someone, to defend him; hacer a dos caras, to act with duplicity; hacer ~, to face, meet, resist; to listen, accede; lavar la ~ a uno, to flatter someone; no volver la ~ atrás, not to flinch; no tener uno a quien volver la ~, not to know where to turn to for help; poner buena or mala ~ a, to receive a person, a suggestion, etc., favourably or unfavourably; saltar a la ~, to reply angrily or insolently: to be self-evident; verse las caras, to meet in order to fight or dispute, to settle a difference; a ~ descubierta, openly; de ~ a, opposite, facing; ~ a ~, face to face. 2 look, mien, appearance, aspect : tener ~ de, to look as if; tener buena ~, to look well; to look good. 3 boldness : tener ~ para, to have the effrontery to, to have the face to. 4 face, front, façade, facing; outside, surface. 5 GEOM. face. 6 face [dressed, painted, etc., surface], obverse, right side. 7 face, head [of a coin] : ~ y cruz, heads or tails. 8 base [of a sugar loaf]. 9 side [of phonograph record]. — 10 adv. facing, towards : ~ adelante, forward; ~ al sol, facing the sun.

carabao m. ZOOL. carabao.

cárabe m. amber.

carabela f. NAUT. caravel.

carabelón m. NAUT. small caravel.

carábido adj. & n. ENTOM. carabid, carabidan. — 2 m. pl. ENTOM. Carabidæ.

carabina f. carbine : ser la ~ de Ambrosio, to be useless. 2 coll. chaperon.

carabinazo m. shot with a carbine. 2 report of a carbine.

carabinero m. carabineer. 2 revenue guard. 3 coll. kind of crayfish.

carablanca m. (Col., C. Ri.) monkey of the genus Cebus.

cárabo m. a small moorish vessel. 2 ENTOM. carabus. 3 ORN. tawny owl.

caracal m. ZOOL. caracal.

caracará m. ORN. caracara.

caracol m. ZOOL. snail. 2 snail shell. 3 spit curl, lock of hair plastered spirally on the temple 4 HOROL. fusee. 5 caracole [of horse]. 6 ARCH. spiral : escalera de ~, winding staircase. 7 ANAT. cochlea. 8 (Mex.) nightdress used by women. 9 (Mex.) embroidered blouse.

caracola f. conch or triton shell [used as a horn].

caracolada f. dish of snails.

caracolear intr. [of horses] to caracole.

caracolejo m. dim. small snail.

897

CARCAÑAL

caracoleo *m.* caracoling.
caracolero, ra *m.* & *f.* snail gatherer or seller.
¡caracoles! *interj.* ¡CARAMBA!
caracolí *m.* BOT. (Col.) ANACARDO 1.
caracolillo *m.* dim. of CARACOL. 2 BOT. a snail-flowered leguminous plant and its flower. 3 a variety of coffee. 4 veined mahogany.
caracolito *m.* dim. small snail.
carácter, *pl.* **caracteres** *m.* character [sign, graphic symbol, style of writing or printing, hand, letter] : ~ *de imprenta,* printing type; ~ *de letra,* hand, handwriting. 2 character [individuality, distinctive qualities, mental or moral nature; moral strength]. 3 character, status. 4 nature, disposition. 5 F. ARTS, BOT., ZOOL., THEOL. character. 6 THEAT. *actor de* ~, character actor.
caractericé, caracterice, etc., *pret., subj. & imper.* of CARACTERIZAR.
caracterismo *m.* character [distinctive qualities].
característica *f.* characteristic [distinctive trait, quality or property]. 2 LOG., MATH., characteristic. 3 THEAT. actress who enacts elderly characters.
característicamente *adv.* characteristically.
característico, ca *adj.* characteristic(al. — 2 *m.* THEAT. old man, actor who enacts elderly characters.
caracterización *f.* characterization. 2 THEAT. make-up.
caracterizado, da *p. p.* of CARACTERIZAR. — 2 *adj.* qualified, competent, distinguished.
caracterizar *tr.* to characterize [be characteristic of]. 2 to give distinction, honour, etc. 3 THEAT. to act a part properly. — 4 *ref.* THEAT. to dress and make up for a rôle.
caracú *m.* (Arg.) race of cattle bred specially for meat.
caracha *f.,* **carache** *m.* (Chi., Pe.) MED., VET. itch, mange.
carachento, ta *adj.* (S. Am.) mangy, scabby.
caracho, cha *adj.* violet-coloured.
carachoso, sa *adj.* (Pe.) mangy, scabby.
carachupa *f.* (Pe.) ZARIGÜEYA.
carado, da *adj.* *bien* ~, good-faced; *mal* ~, evil-faced.
caraguatá *f.* (Am.) a kind of sisal.
caraguay *m.* (Bol.) a large lizard.
caraira *m.* ORN. (Cu.) a kind of sparrow hawk.
caramanchel *m.* NAUT. shed over the hatchways. 2 (Arg.) eating house. 3 (Chi.) canteen [shop]. 4 (Col.) hovel. 5 (Ec.) pedlar's box or basket. 6 (Pe.) hangar.
caramanchón *m.* CAMARANCHÓN.
caramba *f.* ancient headgear for women.
¡caramba! *interj.* confound it!, gracious me!, by Jove!
carambanado, da *adj.* frozen; frozen into an icicle.
carámbano *m.* icicle.
carambillo *m.* CARAMILLO 2.
carambola *f.* BILL. cannon, carom : fig. *por* ~, indirectly. 2 double effect of a single act. 3 BOT. carambola [fruit].
carambolear *intr.* BILL. to cannon, to carom.
carambolero, ra *m.* & *f.* (Arg., Chi.) CARAMBOLISTA.
carambolista *m.* & *f.* BILL. cannon or carom player.
carambolo *m.* BOT. carambola [tree].
caramel *m.* ICHTH. a kind of pilchard or sardine.
caramelización *f.* caramelization.
caramelizar *tr.* to caramelize.
caramelo *m.* caramel [burnt sugar; sweetmeat].
caramente *adv.* dearly, highly.
caramillar *intr.* saltwort plantation.
caramillo *m.* flageolet; rustic flute. 2 BOT. kind of saltwort. 3 confused heap of things. 4 tale, lie, malicious gossip : *armar* or *levantar un* ~, to make mischief.
caramilloso, sa *adj.* QUISQUILLOSO.
carandaí *m.* (Arg.) BOT. a kind of palm tree.
caranga *f.* (Hond.) CARÁNGANO.
carángano *m.* (Am.) CÁNCANO. 2 (Col.) a musical instrument played by the Negroes.
carantamaula *f.* coll. hideous mask. 2 coll. ugly person.
carantoña *f.* CARANTAMAULA. 2 coll. painted hag. 3 *pl.* caresses, wheedling, cajolery.
carantoñero, ra *m.* & *f.* wheedler, cajoler.
caraña *f.* (C. Ri.) a resinous gum; the tree which yields it.

carapachay *m.* (Arg., Par.) woodcutter; charcoal burner.
carapacho *m.* ZOOL. carapace. 2 (Cu.) shell fish cooked in the shell.
carapato *m.* castor oil.
¡carape! *interj.* ¡CARAMBA!
carapucho *m.* (Pe.) graminaceous plant whose seeds are intoxicating and cause delirium.
carapulca *f.* (Am.) dish made of meat, dry potato and chilli.
caraqueño, ña *adj.* [pertaining to] Caracas. — 2 *m.* & *f.* native or inhabitant of Caracas.
carasol *m.* SOLANA.
carátula *f.* mask [false face]. 2 wire mask [of beekeeper]. 3 (Am.) front cover [of magazine or book]. 4 (Am.) face [of watch]. 5 fig. stage [profession].
caravana *f.* caravan [company of pilgrims, travellers, etc.].
caravanero *m.* caravaneer [leader of a caravan].
caravasar *m.* caravanserai.
caray *m.* CAREY. — 2 *interj.* ¡CARAMBA!
caraza *f.* aug. big face.
carbinol *m.* CHEM. carbinol.
carbol *m.* CHEM. phenol.
carbón *m.* coal; charcoal : ~ *animal,* animal charcoal; bone black; ~ *mineral* or *de piedra,* coal, mineral coal; ~ *vegetal,* charcoal. 2 F. ARTS charcoal. 3 ELECT. carbon, crayon.
carbonada *f.* coal charge [put into a furnace]. 2 broiled mincemeat. 3 kind of pancake.
carbonado *m.* carbon diamond.
carbonario *m.* Carbonaro, Carbonarist.
carbonarismo *m.* Carbonarism.
carbonatado, da *adj.* CHEM. carbonated.
carbonatar *tr.* to carbonate.
carbonato *m.* CHEM. carbonate.
carboncillo *m.* F. ARTS charcoal, charcoal pencil. 2 black sand. 3 wheat smut.
carbonear *tr.* to burn [wood] into charcoal. — 2 *intr.* NAUT. to coal [take in coal].
carboneo *m.* charcoal making. 2 NAUT. coaling.
carbonera *f.* wood prepared for burning into charcoal; place where charcoal is made. 2 coal cellar, coal shed, coal bunker, coalbin. 3 woman who sells charcoal. 4 (Col.) coal mine. 5 (Chi.) tender [of a locomotive].
carbonería *f.* coalyard; charcoal shop or store.
carbonero, ra *adj.* [pertaining to] coal or charcoal; coaling. — 2 *m.* charcoal burner. 3 coal dealer, collier. 4 charcoal seller. 5 (Cu.) a hard-wood tree.
carbonicé, carbonice, etc., *pret., subj. & imper.* of CARBONIZAR.
carbónico, ca *adj.* carbonic.
carbónidos *m. pl.* CHEM. carbon and its compounds.
carbonífero, ra *adj.* carboniferous.
carbonilla *f.* fine coal; coal dust: cinders.
carbonita *f.* carbonite.
carbonización *f.* carbonization.
carbonizar *tr.* to carbonize, char. — 2 *ref.* to become carbonized, charred.
carbono *m.* CHEM. carbon.
carbonoso, sa *adj.* carbonaceous, carbonous, coaly.
carborundo *m.* CHEM. carborundum.
carboxilo *m.* CHEM. carboxil.
carbuncal *adj.* MED. carbuncular.
carbunclo *m.* CARBÚNCULO. 2 CARBUNCO.
carbunco *m.* MED., VET. carbuncle, anthrax; charbon.
carbuncoso, sa *adj.* CARBUNCAL.
carbúnculo *m.* carbuncle, ruby.
carburación *f.* carburation, carburetion.
carburador *m.* carburet(t)er, carburet(t)or.
carburante *adj.* & *m.* containing carbon hydrate; carburetant.
carburar *tr.* to carburet.
carburo *m.* CHEM. carbide : ~ *de calcio* or only *carburo,* calcium carbide.
carcaj *m.* quiver [for carrying arrows]. 2 baldric with a bucket for bearing a cross in a procession. 3 (Am.) rifle case at the saddle bow.
carcajada *f.* burst of laughter, cachinnation, guffaw.
carcamal *m. adj.* coll. infirm, decrepit. — 2 *m.* infirm, decrepit person.
carcamán *m.* NAUT. tub [clumsy vessel]. 2 (Cu.) despicable fellow. 3 (Arg.) Italian, esp. Genoese. — 4 *m.* & *f.* (Pe.) conceited person.
cárcamo *m.* CÁRCAVO.
carcañal *m.* CALCAÑAR.

carcasa *f.* MIL. carcass.
cárcava *f.* gully, ravine. 2 ditch. 3 grave.
carcavina *f.* CÁRCAVA.
cárcavo *m.* hollow in which a water-wheel turns.
carcavón *m.* gully, ravine.
carcax *m.* CARCAJ. 2 bracelet, anklet.
cárcel *f.* jail, gaol, prison. 2 coulisse [of a sluice gate]. 3 carpenter's clamp.
carcelaje *m.* gaoler's fees.
carcelario, ria *aaj.* [relating to] jail or prison : *fiebre ~*, jail fever.
carcelería *f.* imprisonment. 2 bail offered for a prisoner.
carcelero, ra *adj.* CARCELARIO. — 2 *m.* jailer, gaoler, warder. — 3 *f.* gaoleress, wardress. 4 Andalusian song dealing with convict's tribulations.
carcinoma *m.* MED. carcinoma.
carcinomatoso, sa *adj.* carcinomatous.
cárcola *f.* treadle [of a loom].
carcoma *f.* ENTOM. deathwatch beetle. 2 dust made by the deathwatch beetle. 3 fig. gnawing care. 4 fig. fritterer, corroder.
carcomer *tr.* [of the deathwatch beetle] to eat, gnaw. 2 fig. to gnaw away, consume, undermine. — 3 *ref.* to be eaten [by deathwatch beetles]. 4 to be gnawed away, consumed, undermined.
carcomido, da *adj.* worm-eaten, eaten by deathwatch beetles. 2 consumed, decayed.
carda *f.* carding. 2 teaseling. 3 card [for carding wool, etc.]; carding machine. 4 card, teasel [for teaseling]. 5 coll. severe reproof.
cardada *f.* carding [roll of wool from carding machine].
cardador, ra *m. & f.* carder [of wool]. — 2 *m.* ZOOL. millepede.
cardadura *f.* carding [of wool].
cardamina *f.* BOT. MASTUERZO.
cardamomo *m.* BOT. cardamom, cardamon.
cardán *m.* MECH. cardan [suspension, joint, etc.].
cardar *tr.* to card. 2 to teasel, raise a nap.
cardelina *f.* JILGUERO.
cardenal *m.* ECCL. cardinal. 2 ORN. cardinal, cardinal bird. Virginia nightingale. 3 black-and-blue mark, ecchymosis.
cardenalato *m.* cardinalate.
cardenalicio, cia *aaj.* cardinalitian.
cardencha *f.* BOT. teasel, fuller's teasel. 2 card [instrument].
cardenchal *m.* teasel field.
cardenillo *m.* verdigris. 2 verditer, Paris green.
cárdeno, na *adj.* purple, livid. 2 piebald [bull]. 3 opaline [water].
cardería *f.* carding mill. 2 card factory.
cardero *m.* maker of cards [carding implements].
cardíaca *f.* AGRIPALMA.
cardíaco, ca *adj.* cardiac. — 2 *m. & f.* cardiac [sufferer from heart disease].
cardialgia *f.* MED. cardialgia.
cardiálgico, ca *adj.* cardialgic.
cardias *m.* ANAT. cardiac orifice [of the stomach].
cardillo *m.* BOT. golden thistle.
cardinal *adj.* cardinal [main, fundamental] : *numerales cardinales*, cardinal numerals; *puntos cardinales*, cardinal points.
cardiografía *f.* cardiography.
cardiógrafo *m.* cardiograph.
cardiograma *m.* cardiogram.
cardiología *f.* cardiology.
cardiólogo *m.* cardiologist.
cardiópata *m. & f.* sufferer from heart disease.
cardiopatía *f.* MED. cardiopathy, heart disease.
cardiovascular *adj.* cardiovascular.
carditico, ca *adj.* cardiac.
carditis *f.* MED. carditis.
cardizal *m.* land covered with thistles and weeds.
cardo *m.* BOT. cardoon. 2 BOT. thistle : *~ ajonjero*, carline thistle: *~ bendito* or *santo*, blessed thistle; *~ borriqueño, borriquero* or *yesquerc*, cotton thistle, Scotch thistle; *~ corredor*, field eryngo; *~ estrellado*, star thistle; *~ lechar* or *lechero*, milk thistle. 3 (Par.) sisal.
cardón *m.* teaseling. 2 BOT. fuller's teasel. 3 BOT. (Am.) a large cactus. 4 (Pe., Ve.) cardoon.
Cardona *pr. n. más listo que ~*, said of a very clever fellow.
cardoncillo *m.* BOT. milk thistle.
carduce, carduce, etc., *pret., subj. & imper.* of CARDUZAR
cardume, cardumen *m.* school, shoal [of fishes].

carduzal *m.* CARDIZAL.
carduzar *tr.* to card [wool].
carear *tr.* to confront, bring face to face. 2 to confront, compare. 3 to lead [cattle] toward some place. — 4 *ref.* to meet, to have an interview. 5 to meet face to face.
carecer *intr.* to lack, be without : *~ de recursos*, to be without means or resources. ¶ CONJUG. like *agradecer*.
carecimiento *m.* CARENCIA.
carena *f.* NAUT. careen, careening [caulking and repairing]. 2 fig. *dar ~*, to banter, to make fun of [someone] by way of reprimand.
carenadura *f.* NAUT. careenage.
carenar *tr.* NAUT. to careen [caulk and repair].
carencia *f.* lack, want, deficiency, deprivation.
carenero *m.* NAUT. careenage [place for careening].
carente *adj.* *~ de*, lacking, wanting.
careo *m.* confrontation [of criminals or witness]. 2 meeting face to face. 3 confrontation, comparison.
carero, ra *adj.* selling dearly, charging high prices.
carestía *f.* scarcity, want; famine. 2 high prices : *~ de la vida*, high cost of living.
careta *f.* mask [covering for the face] : *quitar la ~*, to tear off the mask, to unmask, expose. 2 fencing mask, face-guard 3 wire mask [for bee-keepers].
careto, ta *adj.* white-faced [horse, cow, etc.].
carey *m.* ZOOL. tortoise-shell turtle. 2 tortoise shell.
carezco, carezcas, etc., *irr.* V. CARECER.
carga *f.* loading, lading; charging. 2 load, burden : *bestia de ~*, beast of burden. 3 cargo, freight : *buque de ~*, freighter, cargo ship; *tren de ~*, goods train, freight train. 4 tax, impost. 5 duty, obligation, expenses. 6 charge [on real estate]. 7 charge [of gun, furnace, etc.] : *~ de profundidad*, depth charge. 8 ELECT. charge, load. 9 ENG., ARCH. load : *~ fija*, dead load; *~ móvil*, live load; *~ de fractura* or *rotura*, breaking load. 10 HYDR. head. 11 MIL. charge : *~ abierta*, charge in open formation; *~ cerrada*, charge in close formation; *volver a la ~*, fig. to insist, to keep at it. 12 cord [of wood]. 13 measure for charcoal, fruits, grains, etc.
cargadas *f. pl.* a card game.
cargadera *f.* NAUT. brail, down-haul. 2 *pl.* (Col.) trouser braces. *suspenders.
cargadero *m.* loading place, freight station. 2 ARCH. lintel.
cargado, da *p. p.* of CARGAR. — 2 *adj.* full, fraught. 3 sultry, close, cloudy, overcast [weather]. 4 strong, saturated : *café ~*, strong coffee. 5 *~ de años*, up in years; *~ de espaldas*, round-shouldered. — 6 *m.* Spanish step in dancing.
cargador *m.* shipper; freighter. 2 carrier, porter. 3 loader, charger : *~ de acumuladores*, ELECT. battery charger. 4 large pitchfork. 5 clip [of cartridges]. 6 (Guat., Mex., Pe.) street-porter.
cargamento *m.* NAUT. cargo, shipment.
cargante *adj.* coll. boring, annoying, tiresome, disagreeable.
cargar *tr.* to load [in practically every sense]. 2 to burden. 3 to charge [a furnace, battery, etc.]. 4 to increase the weight of. 5 to impose or lay [taxes]. 6 to impute, ascribe. 7 to bore, annoy, tire : *esto me carga*, this annoys me. 8 ACCOUNT. to charge, to debit. 9 NAUT. to brail up (a sail). 10 MIL. to charge. 11 *~ la mano*, to pursue something eagerly; to charge too high (for goods, etc.); to be too exacting; *~ la mano en*, to overdo, to use an ingredient, etc., in excess. — 12 *intr.* to lean, incline towards. 13 to load up, take on a load : *~ mucho* or *demasiado*, coll. to eat or drink too much. 14 [of the wind] to bear. 15 PHON. [of an accent] to fall, have its place : *el acento carga en la última sílaba*, the accent falls on the ultima. 16 *~ con*, to take, carry away; to take upon oneself, assume [a responsibility, a task, etc.]; to bear [the blame]. 17 *~ en* or *sobre*, to bear, rest or lean on, to lean against, to be supported by; *~ sobre*, to throw the blame on; to urge, importunate. — 18 *ref.* to lean the body [towards]. 19 to burden oneself. 20 to get cloudy, overcast, close, heavy. 21 [of a patient] to run up a temperature; [of the head] to become heavy. 22 ELEC. to get or become charged.

23 *cargarse de,* to fill oneself (or itself) un with, to take or receive in quantity : *cargarse de años,* to get old ; *cargarse de hijos,* to have many (or to overburden oneself with) children ; *cargarse de paciencia,* to arm oneself with patience ; *cargarse de razón,* to refrain from taking action until one is more than justified.

cargareme *m.* receipt, voucher.

cargazón *f.* NAUT. cargo, shipment. 2 heaviness [of head or stomach]. 3 mass of heavy clouds. 4 (Arg.) clumsy work. 5 (Chi.) abundance of fruit [in trees or plants].

cargo *m.* loading. 2 burden, weight : ~ *de conciencia,* a load on one's conscience. responsibility. 3 ACCOUNT. charge. debit : *a* ~ *de,* to someone's charge account ; *librar a* ~ *de,* to drawn on ; *ser uno en* ~ *a otro,* to be indebted to someone. 4 post, employment, office. 5 duty, charge, responsibility : *a* ~ *de,* under the charge of ; *tener una cosa a su* ~, to be in charge of. 6 charge. accusation, reproach : *hacer cargos,* to lay charges, accuse. 7 *hacerse* ~ *de,* to take charge of ; to take into consideration, understand, realise. 8 *hacerse* ~, to take charge ; to be understanding.

cargoso, sa *adj.* burdensome, onerous. 2 annoying, bothersome.

cargué, cargue, etc., *pret., subj. & imper.* of CARGAR.

carguero, ra *adj.* of burden [animals]. 2 freight, freight carrying. — 3 *m.* (Arg.) beast of burden.

carguío *m.* load ; cargo. freight.

carí *adj.* (Arg., Chi.) light brown. — 2 *m.* (Am.) blackberry. 3 (Arg.) kind of poncho. 4 (Chi.) Indian pepper.

cariacedo, da *adj.* disagreeable, ill-tempered.

cariaco *m.* (Cu.) a popular dance.

cariacontecido, da *adj.* sad, troubled, crestfallen.

cariacuchillado, da *adj.* scar-faced.

cariado, da *adj.* carious [tooth, bone].

cariadura *f.* MED. caries.

cariaguileño, ña *adj.* aquiline-nosed.

carialegre *adj.* smiling, cheerful.

cariampollado, da; cariampollar *adj* MOFLETUDO.

cariancho, cha *adj.* broad-faced.

cariar *tr.* to cause caries. — 2 *ref.* to become carious, to decay.

cariátide *f.* ARCH. caryatid.

Caribdis *f. pr. n.* Charybdis.

caribe *adj.* Caribbean. — 2 *m. & f.* Carib. — 3 *m.* fig. brute, savage. 4 (Ven.) a small fish living near the coast.

caribello *adj.* having white spots on the forehead [bull].

cariblanco *m.* ZOOL. (C. Ri.) a small wild boar.

caribú, *pl.* -**búes** *m.* ZOOL. caribou.

caricato *m.* basso buffo [opera singer]. 2 (Am.) caricature.

caricatura *f.* caricature ; cartoon.

caricaturar *tr.* CARICATURIZAR.

caricaturesco, ca *adj.* caricatural.

caricaturista *m. & f.* caricaturist.

caricaturizar *tr.* to caricature.

caricia *f.* caress, petting, endearment.

cariciosamente *adv.* caressingly.

caricioso, sa *adj.* fondling, affectionate.

carichato, ta *adj.* flat-faced.

caridad *f.* charity [virtue ; gift, alms] ; charitableness : *la* ~ *bien ordenada empieza por uno mismo,* charity begins at home.

caridelantero, ra *adj.* forward, brazen-faced, bold.

caridoliente *adj.* sad-looking.

caries *f.* MED., DENT. caries. 2 smut, bunt [of cereals]. 3 a disease of trees.

carifruncido, da *adj.* wrinkle-faced, frowning.

carigordo, da *adj.* fat-faced.

cariharto, ta *adj.* CARIRREDONDO.

carilampiño, ña *adj.* (Chi., Pe.) smooth-faced. beardless.

carilargo, ga *adj.* long-faced.

carilucio, cia *adj.* shiny-faced.

carilla *f.* mask [of beekeeper]. 2 page, side [of writing paper] : *escrito por las dos carillas,* written on both sides.

carilleno, na *adj.* plump-faced.

carillo, lla *adj. dim.* rather dear or expensive. 2 dear, loved.

carillón *m.* carillon.

carimba *f.* (Pe.) branding mark. 2 (Cu.) branding iron, brand [for cattle].

carimbo *m.* (Bol.) brand [for cattle].

carincho *m.* (Am.) dish of meat and potatoes dressed with a chili sauce.

carinegro, gra *adj.* swarthy, dark-complexioned.

cariño *m.* love, affection. fondness, tenderness, kindliness ; care, solicitude. 2 *pl.* caresses, endearments.

cariñosamente *adv.* affectionately, fondly, kindly.

cariñoso, sa *adj.* loving, affectionate, kind ; endearing.

cariocinesis *f.* BIOL. karyokinesis.

cariofiláceo, a *adj.* BOT. caryophylaceous. — 2 *f. pl.* BOT. Caryophylaceae.

cariópside *f.* BOT. caryopsis.

cariparejo, ja *adj.* of an impassive countenance.

carirraído, da *adj.* brazen-faced.

carirredondo, da *adj.* round-faced.

cariseto *m.* coarse wollen cloth.

carísimo, ma *adj. superl.* very dear. 2 dearest.

carisma *m.* THEOL. charism.

carita *f. dim.* little face.

caritativamente *adv.* charitably.

caritativo, va *adj.* charitable.

cariucho *m.* (Ec.) dish of meat, potatoes and chili.

cariz *m.* aspect, look [of weather, a business, etc.].

carlanca *f.* spiked collar [for dogs]. 2 (Col., C. Ri.) shackle, fetter. 3 (Chi., Hond.) boredom, annoyance ; annoying person. 4 *pl.* coll. cunning, trickery : *tener muchas carlancas,* to be very crafty or tricky.

carlancón, na *m. & f.* very crafty or tricky person.

carlear *intr.* to pant.

carlín *m.* ancient Spanish silver coin.

carlina *f.* BOT. carline thistle.

carlinga *f.* AER. cockpit. 2 NAUT. step of a mast.

carlismo *m.* Carlism.

carlista *m.* Carlist.

Carlitos *m. pr. n.* Charlie.

Carlomagno *m. pr. n.* Charlemagne.

Carlos *m. pr. n.* Charles.

Carlota *f. pr. n.* Charlotte. — 2 *f.* (not. cap) charlotte russe.

carlovingio, gia *adj. & n.* Carlovingian.

carmañola *f.* carmagnole [jacket, song and dance].

carmelita *adj. & m.* Carmelite. — 2 *adj.* (Cu., Chi.) hazel, brown. — 3 *f.* Carmelite nun. 4 flower of the Indian cress.

carmelitano, na *adj.* Carmelite.

carmen *m.* carmen [song, poem]. 2 country house and garden, villa [in Granada].

Carmen *f. pr. n.* Carmen. — 2 *m.* order of Our Lady of Mount Carmel.

carmenador *m.* teaser [of wool, silk, etc.]. 2 comb [for cleaning hair].

carmenadura *f.* teasing, combing.

carmenar *tr.* to tease or comb [wool, silk, etc.] ; to comb, disentangle [the hair]. 2 to pull the hair. 3 to rob, clean out.

carmes *m.* QUERMES.

carmesí *adj. & m.* crimson. — 2 *m.* kermes-coloured powder. 3 crimson silk fabric.

carmín *m.* carmine [colour, colouring matter] 2 BOT. a carmine-coloured wild rose.

carminativo, va *adj. & m.* MED. carminative.

carmíneo, a *adj.* carmine-coloured.

carnación *f.* HER. the colour flesh.

carnada *f.* bait [to entice prey].

carnadura *f.* muscularity, flesh, robustness. 2 ENCARNADURA 1.

carnaje *m.* NAUT. jerked beef.

carnal *adj.* carnal. 2 *hermano* ~, full brother ; *primo* ~, cousin-german ; *tío* ~, uncle [brother of one's father or mother]. — 2 *m.* time of de year when it is not Lent.

carnalidad *f.* carnality.

carnalmente *adv.* carnally.

carnaval *m.* carnival [feast held before Lent].

carnavalada *f.* carnival trick or frolic.

carnavalesco, ca *adj.* carnivalesque.

carnaza *f.* fleshy side of hide. 2 bait. 3 abundance of flesh. fleshiness.

carne *f.* flesh [of man, animal or fruit] : fig. ~ *de gallina,* goose flesh, goose skin ; *poner* ~ *de gallina,* to give the creeps ; *estar metido en carnes,* to be plump, stout ; *criar carnes, echar carnes,* to put on flesh ; *ser de* ~ *y hueso,* to be only human ; *temblarle a uno las carnes,* to tremble [at something] ; *en* ~ *viva,* raw [skin or sore] ; *en carnes,* naked. 2 flesh [human nature, carnality]. 3 meat, flesh [as food] : ~

ahogadiza, meat of a drowned animal; ~ *asada*, roasted meat; ~ *asada en horno*, oven roasted meat; ~ *asada a la parrilla*, broiled meat; *carnes blancas*, meat of fowl and young animals; ~ *cediza*, tainted meat; ~ *de pelo*, rabbit or hare meat; ~ *de pluma*, fowl flesh; ~ *de vaca*, beef; ~ *magra* or *mollar*, lean meat; ~ *sin hueso*, boneless meat; fig. sinecure; *ni ~ ni pescado*, neither fish, flesh nor good red herring; *poner toda la ~ al asador*, to stake one's all; to put all one's strength, resources, etc., into something. 4 fig. ~ *de cañón*, cannon fodder; ~ *de horca*, gallows bird. 5 concave part of a knucklebone in the game of knucklebones. 6 ~ *de membrillo*, quince jelly.

carneada *f.* (Am.) slaughtering [for food].

carnear *f.* (Am.) to slaughter [for food]. 2 (Chi.) to cheat. 3 (Mex.) to kill or stab [in a fight].

carnecería *f.* butcher's shop.

carnecilla *f.* small excrescence on the body.

carnerada *f.* flock of sheep.

carneraje *m.* tax or duty on sheep.

carnereamiento *m.* penalty for damage caused by trespassing sheep.

carnerear *tr.* to kill [trespassing sheep] for damage done.

carnerero *m.* shepherd, herder of sheep.

carneril *adj.* pertaining [to sheep].

1) **carnero** *m.* ZOOL. sheep; mutton: ~ *padre*, ram; *no hay tales carneros*, there's no such thing. 2 ZOOL. (Arg., Chi., Pe.) llama. 3 fig. (Arg., Chi.) sheep [person]. 4 ZOOL. (Arg.) ~ *de la sierra* or *de la tierra*, alpaca, llama, vicuña. 5 ORN. ~ *del Cabo*, albatross. 6 ZOOL. ~ *marino*, seal.

2) **carnero** *m.* charnel, charnel house, ossuary, sepulchre.

carneruno, na *adj.* [pertaining to] sheep. 2 sheeplike.

carnestolendas *f. pl.* carnival [the three carnival days].

carnet *m.* notebook. 2 (Am.) dance card. 3 membership card. 4 ~ *de chófer*, driver's licence; ~ *de identidad*, identity card; ~ *de periodista*, reporter's card.

carnicería *f.* butcher's shop. 2 (Ec.) slaughter house. 3 carnage, massacre.

carnicero, ra *adj.* carnivorous [animal]. 2 bloodthirsty, sanguinary. 3 for fattening cattle [pasture]. — 4 *m. & f.* butcher [meat seller]. — 5 *m. pl.* ZOOL. Carnivora.

carnicol *m.* hoof [half of a cloven foot].

carnificación *f.* carnification.

carnificarse *ref.* MED. to carnify [become like flesh].

carniforme *adj.* flesh-like.

carniseco, ca *adj.* lean [person].

carnívoro, ra *adj.* carnivorous. — 2 *m.* ZOOL. carnivore. 3 *pl.* ZOOL. Carnivora.

carniza *f.* refuse of meat. 2 decayed flesh.

carnosidad *f.* MED. proud flesh. 2 carnosity. 3 fatness, fleshiness.

carnoso, sa *adj.* carnose, fleshy. 2 meaty. 3 BOT. carnose, succulent.

carnudo, da *adj.* fleshy.

carnuza *f.* disgusting coarse meat or abundance of meat.

1) **caro** *adv.* dear, dearly, at a high price or cost.

2) **caro, ra** *adj.* dear, costly, high-priced, expensive. 2 dear, beloved : *cara mitad*, better half.

caroca *f.* street decorations during public celebrations. 2 farcical piece. 3 *pl.* wheedling, cajolery.

carocha *f.* CARROCHA.

carochar *tr.* CARROCHAR.

Carolina *f. pr. n.* Caroline. 2 GEOG. ~ *del Norte*, North Carolina; ~ *del Sur*, South Carolina. 3 *Islas Carolinas*, Caroline Islands.

carolingio, gia *adj. & n.* Carolingian.

carolino, na *adj.* Caroline.

caromomia *f.* the dry flesh of a mummy [once used in medicine].

Caron *m. pr. n.* MYTH. Charon.

carona *f.* padded cloth put on back of an animal under packsaddle. 2 padding of a packsaddle. 3 part of animal's back which bears the packsaddle.

caroñoso, sa *adj.* full of galls or sores [animal].

caroquero, ra *adj.* wheedling, cajoling, honeyworded. — 2 *m. & f.* wheedler, cajoler.

carótida *f.* ANAT. carotid, carotid artery.

carotina *f.* CHEM. carotene, carotin.

carozo *m.* cob of maize, corncob. 2 (Am.) stone [of fruit].

carpa *f.* ICHTH. carp: ~ *dorada*, goldfish. 2 (Am.) awning, tent. 3 part torn off from a bunch of grapes.

carpanel *adj.* ARCH. basket-handle [arch].

carpanta *f.* coll. hunger, keen appetite. 2 (Mex.) company of merry or evil people.

Cárpatos (Montes) *m. pr. n.* Carpathian Mountains.

carpe *m.* BOT. hornbeam, witch-hazel. 2 BOT. a Cuban tree.

carpedal *m.* plantation of hornbeam trees.

carpelar *adj.* BOT. carpellary.

carpelo *m.* BOT. carpel.

carpeta *f.* writing-table cover. 2 writing case. 3 portfolio. 4 folder, letter file. 5 COM. list of bills or public securities put to recollection, exchange, etc. 6 (Am.) office desk.

carpetazo *m. dar* ~, to shelve, pigeonhole, lay aside.

carpiano, na *adj.* ANAT. carpal.

carpidor *m.* (Am.) weeder [tool], hoe.

carpincho *m.* ZOOL. capybara.

carpintear *intr.* to carpenter. 2 to do carpenter's work as a hobby.

carpintería *f.* carpentry, carpentering. 2 carpenter's shop.

carpintero *m.* carpenter; ~ *de blanco*, shop carpenter, joiner; ~ *de armar* or *de obra de afuera*, carpenter [who timbers and roofs buildings], *framer; ~ *de carretas* or *de prieto*, cartwright, wheelwright; ~ *de ribera*, ship carpenter, shipwright.

carpir *tr.* (Am.) to weed [land], to hoe.

carpo *m.* ANAT. carpus.

carpobálsamo *m.* BOT. fruit of the balm of Gilead tree.

carpología *f.* carpology.

carquesa *f.* GLASSM. annealing furnace.

carquesia *f.* BOT. kind of broom plant.

carraca *f.* NAUT. carack, carrack [galleon]. 2 fig. clumsy old boat; rattletrap. 3 formerly, shipyard; now, the Cadiz navy yard. 4 rattle [instrument]. 5 ratchet brace.

carraco, ca *adj.* old, decrepit.

Carracuca *pr. n. estar más perdido que* ~, to be lost, in a hopeless situation.

carrada *f.* CARRETADA 1.

carral *m.* wine barrel.

carraleja *f.* ENTOM. oil beetle, blister beetle.

carralero *m.* cooper.

carranca *f.* CARLANCA 1.

carranza *f.* iron spike [in a dog collar].

carrao *m.* ORN. (Ven.) a cranelike bird.

carrasca *f.* BOT. small holm oak.

carrascal *m.* ground covered with CARRASCAS.

carrasco *m.* CARRASCA.

carrascoso, sa *adj.* full of CARRASCAS.

carraspada *f.* beverage made of wine, water, honey and spices.

carraspear *intr.* to hawk, clear one's throat. 2 to suffer from hoarseness.

carraspeño, ña *adj.* hoarse, harsh.

carraspeo *m.* clearing the throat. 2 hoarseness

carrasnera *f.* hoarseness, frog-in-the-throat.

carraspique *m.* BOT. candytuft.

carrasposo, sa *adj.* hoarse, afflicted with chronic hoarseness. 2 (Col., Ve.) rough to the touch.

carrasqueño, ña *adj.* pertaining to, or resembling, CARRASCA. 2 coll. harsh, hard.

carrejo *m.* passage, corridor.

carrera *f.* run, running: ~ *de baquetas*, MIL. gauntlet, running the gauntlet; *a* ~ *abierta*, *a* ~ *tendida*, *a la* ~, at full speed; *de* ~, speedily; easily; without thinking. 2 road, highway. 3 course [of a star]. 4 route [followed by pageant or procession]. 5 race [contest of speed] : ~ *de armamento*, armament race; ~ *de obstáculos*, obstacle race, steeplechase; ~ *de relevos*, relay race; ~ *de resistencia*, endurance race. 6 row, line, range. 7 run, ladder [in a stocking]. 8 parting, *part [in hair]. 9 career: *no poder hacer* ~ *con uno*, to be unable to make somebody toe the line or see reason ; to be a hopeless case. 10 profession [of arms, law, etc.] : *dar* ~ *a uno*, to give one a career or profession; to pay for someone's education. 11 way, means [of doing something]. 12 ARCH. girder. 13 MACH. stroke [of piston], travel [of valve]. 14 ~ *de Indias*, NAUT. fomerly, trade from Spain to South America. *15 pl.* horse racing, turf.

carrerilla *f.* short run. 2 MUS. run, roulade of an octave.

carrerista *m. & f.* racegoer, turfman; race fan. 2 bicycle racer. — *3 m.* outrider of the royal carriage.

carrero *m.* cart driver, carter, cartman.

carreta *f.* long, narrow cart.

carretada *f.* cartful, cartload. 2 great quantity: *a carretadas.* in abundance, copiously.

carretaje *m.* cartage, drayage.

carretal *m.* rough ashlar stone.

carrete *m.* spool, reel, bobbin. 2 reel [of fishing rod] : *dar* ~, to reel off [in fishing]. 3 ELEC. coil : ~ *de encendido,* ignition coil; ~ *de inducción,* induction coil.

carretear *tr.* to cart, haul [goods]. 2 to drive [a cart].

carretel *m.* NAUT. log reel. 2 marking line [of ship carpenter].

carretela *f.* kind of calash [carriage].

carretera *f.* road, high road, highway.

carretería *f.* carting business. 2 number of carts. 3 cartwright's yard, wheelwright's shop.

carreteril *adj.* [pertaining to] carter or cartman.

carretero *m.* carter, cartman, teamster : *jurar como un* ~, to swear like a trooper. 2 cartwright, wheelwright. — *3 adj. camino* ~, cart or wagon road.

carretil *adj.* pertaining to the CARRETA.

carretilla *f.* wheelbarrow; truck, baggage truck, hand cart. 2 gocart [for learning to walk]. 3 BUSCAPIÉS. 4 (Arg.) cart drawn by three mules. 5 (Arg., Chi.) jaw, jawbone. 6 *de* ~, by rote, by heart, mechanically.

carretillero *m.* wheelbarrow man.

carretón *m.* small cart. 2 handcart, pushcart. 3 wheeled frame for a portable grindstone. *4* ~ *de lámpara,* pulley for raising and lowering lamps.

carretonada *f.* cartload.

carretoncillo *m.* dim. of CARRETÓN. 2 a kind of sled.

carretonero *m.* cart driver, cart pusher.

carricera *f.* BOT. plume grass.

carricoche *m.* ancient cart with a coach body. 2 old coach.

carricuba *f.* street-watering cart.

carriel *m.* (Col., Ec., Ven.) GARNIEL. 2 (C. Ri.) traveling bag for papers and money. 3 (C. Ri.) RIDÍCULO 5.

carril *m.* rut, track, furrow. 2 cartway. 3 RLY. rail : ~ *de cremallera,* rack rail.

carrilada *f.* rut, track.

carrilano *m.* (Chi.) railway worker. 2 (Chi.) bandit, robber.

carrilera *f.* rut, track. 2 (Cu.) sidetrack.

carrillada *f.* fat of hog's jowls.

carrillera *f.* jaw [of some animals]. 2 chin strap [of helmet or shako].

carrillo *m.* cheek, jowl : *comer a dos carrillos,* to eat greedily; to have two sources of income.

carrilludo, da *adj.* round-cheeked.

carriola *f.* trundle bed. 2 a kind of chariot formerly used by royal persons.

carriquí *m.* (Col.) ORN. a singing bird.

carrizal *m.* ground covered with ditch reeds.

carrizo *m.* BOT. ditch reed, reed grass.

carro *m.* cart : ~ *fuerte,* platform carriage, lorry; ~ *de mudanzas,* removal van ; ~ *de riego,* water cart, watering cart ; *tirar del* ~, to do all the work; *untar el* ~, to grease the palm, to bribe; *pare usted el* ~, hold your horses, restrain yourself. 2 (Am.) car, automobile; streetcar; railway car. 3 chariot : ~ *falcado,* scythed chariot. 4 MIL. car, tank : ~ *blindado,* armoured car ; ~ *de combate,* combat car, tank. 5 cartload. 6 running gear [of carriage]. 7 MACH. carriage [of typewriter, etc.]. 8 ASTR. *Carro* or *Carro Mayor,* Great Bear; *Carro Menor,* Little Bear. 9 ~ *de tierra,* a land measure.

carrocería *f.* coachmaker's shop. 2 body [of motocar].

carrocero *adj.* [pertaining to] coach or coach-making. — 2 coachmaker, coach builder.

carrocín *m.* chaise, gig [light carriage].

carrocha *f.* insect eggs.

carrochar *intr.* [of insects] to lay eggs.

carromatero *m.* driver of a CARROMATO.

carromato *m.* long two-wheeled cart with a tilt.

carronada *f.* ARTIL. carronade.

carroña *f.* carrion [corrupted flesh].

carroñar *tr.* to infect [sheep] with the scab.

carroño, ña *adj.* carrion, corrupt, rotten.

carroza *f.* caroche, stately coach; state carriage. 2 float [in processions]. 3 (Am.) hearse. 4 NAUT. companion [covering] ; awning, tilt; cabin [of góndola].

carruaje *m.* carriage, car, vehicle.

carruajero *m.* carriage driver.

carruco *m.* small cart.

carrucha *f.* GARRUCHA.

carrujado, da *adj. & m.* ENCARRUJADO.

carta *f.* letter [written communication] : ~ *abierta,* open letter; letter of credit for an indefinite sum; ~ *certificada,* registered letter; ~ *credencial* or *de creencia,* letters of credence, credentials; ~ *de crédito,* letter of credit; ~ *de presentación,* letter of introduction; ~ *orden,* mandatory letter; ~ *pastoral,* pastoral letter. 2 charter, chart, letters patent; deed : ~ *de contramarca,* letter of marque and reprisal; ~ *de dote,* ~ *dotal,* instrument or articles in which a wife's dowry is detailed; ~ *de fletamento,* carta partida, charter party; ~ *de hidalguía* or *ejecutoria,* letters patent of nobility; ~ *de marca,* letters of marque; ~ *de venta,* deed of sale; *Carta Magna,* Magna Charta; ~ *puebla,* formerly, a chart or grant relating to settlers in a place. 3 chart, map : ~ *de marear,* marine chart. 4 playing card : ~ *blanca,* card without value; *echar las cartas,* to tell one's fortune by cards; *jugar a cartas vistas,* to act frankly, openly; to act on inside information; *no ver* ~, to have a bad run of cards; *pecar por* ~ *de más* or *de menos,* to say or do either too much or too little; *poner las cartas boca arriba,* to put or lay one's cards on the table; *tomar cartas en un asunto,* to take a hand in an affair; *no saber a qué* ~ *quedarse,* to be unable to make up one's mind. 5 bill of fare : *a la* ~, à la carte. 6 ~ *blanca,* carte blanche, full powers. 7 ~ *de espera,* moratorium. 8 ~ *de naturaleza,* privilege of naturalization, naturalization papers; *adquirir* ~ *de naturaleza,* to become naturalized or acclimatized. 9 ~ *de vecindad,* right of residence [in a town]. *10* ~ *de pago,* acquittance, receipt, discharge in full. *11* ~ *partida por a, b, c,* indenture [indented document]. *12* (Am.) postal, postal card. *13 a* ~ *cabal,* thoroughly : *un hombre honrado a* ~ *cabal.* a thoroughly honest man.

cartabón *m.* drawing triangle. 2 carpenter's square. 3 size stick. 4 ARCH. angle made by two slopes of a roof. 5 topographic octagonal prism.

Cartagena *f. pr. n.* GEOG. Cartagena.

cartagenero, ra *adj. & n.* of or from Cartagena.

cartaginense or **cartaginés, sa** *adj. & n.* Carthaginian.

Cartago *f. pr. n.* HIST., GEOG. Carthage.

cártama *f.,* **cártamo** *m.* BOT. safflower, saffron thistle.

cartapacio *m.* notebook; schoolboy's copy book. 2 schoolboy's satchel. 3 papers contained in a folder.

cartazo *m.* long letter. 2 letter or paper containing a severe reproof.

cartear *intr.* to play low cards [to see how the game stands]. — 2 *ref* to correspond by letter, write each other.

cartel *m.* poster, placard, bill : fig. *tener* ~, to have a reputation. 2 mural reading chart [for teaching children]. 3 cartel [written challenge]. 4 ECON., POL. cartel.

cartela *f.* ARCH. cartouche, tablet [for ornament or inscription]. 2 ARCH. bracket, console, corbel.

cartelera *f.* billboard, hoarding.

cartelero *m.* poster, bill-poster, bill-sticker.

cartelón *m.* large poster.

carteo *m.* correspondence, intercourse by letters.

cárter *m.* MACH. housing, case.

cartera *f.* pocketbook, wallet. 2 portfolio [portable case for papers; office of cabinet minister; list of securities]. 3 brief case, letter-case. 4 satchel. 5 pocket flap.

cartería *f.* employment of postman. 2 sorting room [in post office].

carterista *m.* pickpocket.

cartero *m.* postman, letter carrier.
cartesianismo *m.* Cartesianism.
cartesiano, na *adj. & n.* Cartesian.
carteta *f.* a card game.
cartilagíneo, a *adj.* cartilagineous.
cartilaginoso, sa *adj.* cartilaginous.
cartílago *m.* ANAT. cartilage, gristle.
cartilla *f.* primer, *speller [spelling book] : *cantar
or *leerle la* ~ *a uno,* to lecture, read someone a
lecture; *no estar en la* ~, to be unusual or
irregular. 2 short treatise [about some trade or
art] : *no saber la* ~, to be completely ignorant
of a subject. 3 identity book. 4 ~ *de la caja de
ahorros,* deposit book of savings bank; ~ *de
racionamiento,* ration book.
cartivana *f.* BOOKBIND. hinge.
cartografía *f.* cartography.
cartográfico, ca *adj.* cartographic.
cartógrafo *m.* cartographer.
cartomancía *f.* cartomancy.
cartómetro *m.* chartometer.
cartón *m.* cardboard, pasteboard, millboard;
binder's board; ~ *de amianto,* asbestos board;
~ *piedra,* staff, papier mâché. 2 ARCH. ornament
with an acanthus [on modillion or keystone]. 3
cartoon [model for frescoes, tapestry, etc.].
cartonaje *m.* cardboard articles.
cartoné *m.* BOOKBIND. *en* ~, in boards, bound in
boards.
cartonería *f.* cardboard or pasteboard factory or
shop.
cartonero, ra *adj.* [pertaining to] cardboard or
pasteboard. — 2 *m. & f.* cardboard or pasteboard
maker or seller. 3 seller of cardboard articles.
cartuchera *f.* cartridge box or pouch. 2 cartridge
belt.
cartucho *m.* cartridge; ~ *sin bala,* blank cartrigde;
quemar el último ~, fig. to use up one's last
resource. 2 roll of coins. 3 paper cone or bag
[for sweets].
cartuja *f.* Carthusian order. 2 charterhouse,
Carthusian monastery.
cartujano, na *adj. & m.* Carthusian.
cartujo *adj.* Carthusian. — 2 *m.* Carthusian monk.
3 fig. taciturn fellow, recluse.
cartulario *m.* chartulary.
cartulina *f.* light or fine cardboard, Bristol board.
carúncula *f.* ANAT., ZOOL. caruncle, wattle.
carunculado, da *adj.* carunculate, carunculated.
carvajal *m.* ROBLEDAL.
carvajo *m.* ROBLE.
carvallar, carvalledo *m.* CARVAJAL.
carvallo *m.* CARVAJAL.
carvi *m.* BOT. caraway. 2 caraway seeds.
cas *m.* BOT. (C. Ri.) tree similar to the guava.
casa *f.* house, building, establishment, institution,
office; ~ *central,* head office; ~ *consistorial,*
de la villa or *de la ciudad,* town hall; ~
cuna or *de expósitos,* foundling hospital; ~
de banca, banking house; ~ *de baños,* bath
house; ~ *de beneficencia,* home [for destitute
or infirm persons], asylum or hospital; ~ *de
campo,* country house; farm; ~ *de caridad,*
alms house, poorhouse; ~ *de citas,* assignation
house; ~ *de comercio,* commercial house, mercantile house; ~ *de comidas,* eating house;
cheap restaurant; ~ *de corrección,* correction
house, reformatory; ~ *de correos,* post office;
~ *de Dios, del Señor* or *de oración,* house of
God, house of prayer, house of worship; ~ *de
empeños* or *de préstamos,* pawn shop; ~ *de
huéspedes,* boarding house; ~ *de juego,* gambling
house; ~ *de labor* or *de labranza,* farming house;
~ *de locos* or *de orates,* madhouse, lunatic
asylum; bedlam; ~ *de maternidad,* maternity
hospital; ~ *de moneda,* mint; ~ *de placer,*
country house; ~ *de postas,* posthouse; ~ *de
salud,* private hospital; ~ *de socorro,* first-aid
station; emergency hospital; ~ *de tócame
Roque,* house where many live and where all is
confusion; ~ *de vacas,* dairy; ~ *de vecindad,*
tenement house; ~ *editorial,* publishing
house; ~ *matriz,* head office; mother house;
~ *mortuoria,* house of mourning, of deceased
person; ~ *paterna,* parent's home; ~ *pública,*
brothel; ~ *real,* royal palace; royal family;
~ *solariega,* manor, ancestral mansion of a family; *casas baratas,* low-rental housing; ~ *con
dos puertas mala es de guardar,* a house with
two doors is difficult to guard. 2 home; house,
household, establishment, family: *en* ~, at
home; *en* ~ *de,* at the home, office, shop, etc.,
of; *en* ~ *de los Blanco,* at Blanco's; *de buena*
~, of good family; *la* ~ *de Borbón,* the house
of Bourbon; *su* ~ (often abbreviated to *s. c.),*
polite form of giving one's address : it means
«my addres is» with the implication that «my
house is yours or at your disposal»; *la* ~
por la ventana, to go to a lot of expense [to
entertain, etc.]; *hacer* ~, to get rich; *franquear la* ~ *a uno,* to open one's house to
someone; *no tener* ~ *ni hogar,* to have neither
house nor home; *poner* ~, to set up housekeeping. 3 house, commercial house, firm. 4
square [of chessboard]. 5 balk, baulk [in
billiards]. 6 ASTROL. house.
casabe *m.* CAZABE. 2 ICHTH. amberfish.
casaca *f.* old long coat : *volver uno* ~, or *la* ~,
to turn one's coat, become a turncoat. 2 diplomat's coat. 3 coll. marriage, weeding.
casación *f.* LAW cassation, quashing.
casacón *m.* large CASACA, cassock.
casadero, ra *adj.* marriageable.
casado, da *adj.* married. — 2 *m. & f.* married person:
el ~ *casa quiere,* every married couple should
live independently. — 3 *m.* PRINT. imposition.
casal *m.* country house, farmhouse. 2 ancestral
mansion.
casalicio *m.* house, building.
casamata *f.* FORT. casemate.
casamentero, ra *adj.* matchmaking. — 2 *m. & f.*
matchmaker, marriage maker.
casamiento *m.* marriage, wedding.
Casandra *f. pr. n.* Cassandra.
casapuerta *f.* vestibule, entrance.
casaquilla *f.* kind of coat with short tails.
1) **casar** *m.* hamlet.
2) **casar** *intr. & ref.* to marry, get married : ~ or
casarse con, to marry, to be married to; *antes
no te cases mira lo que haces,* fig. look well
before you leap; *no casarse con nadie,* to get
tied up with nobody, to keep one's independence.
— 2 *tr.* to marry [unite in wedlock; give in
marriage]. 3 to marry, unite, couple, match,
harmonize [things]. 4 LAW to quash, annul. —
5 *intr.* [of things] to match, suit, correspond.
casarón *m.* CASERÓN.
casatienda *f.* tradesman shop and dwelling combined.
casca *f.* tanning bark. 2 skin of pressed grapes. 3
CÁSCARA.
cascabel *m.* small spherical bell, sleigh bell, hawk
bell : *poner el* ~ *al gato,* to bell the cat; *ser un*
~, to be a rattlebrain; to be merry, lighthearted,
gay. 2 cascabel [of a cannon]. 3 ZOOL. *culebra*
or *serpiente de* ~, rattlesnake.
cascabela *f.* (C. Ri.) rattlesnake.
cascabelada *f.* coll. piece of nonsense, inconsiderate
speech or action.
cascabelear *tr.* to incite with vain hopes. — 2 *intr.*
to behave in a featherbrained manner
cascabeleo *m.* jingle, jingling of bells, jingling
sound.
cascabelero, ra *adj.* thoughtless, featherbrained.
— 2 *m. & f.* featherbrain. — 3 *m.* baby's rattle.
cascabelillo *m.* BOT. a small sweet plum.
cascabillo *m.* CASCABEL. 2 glume, husk [of grain].
3 cup [of acorn].
cascaciruelas *m. & f.* good-for-nothing.
cascada *m.* cascade, waterfall.
cascado, da *p. p.* of CASCAR. — 2 *adj.* broken,
cracked. 3 worn out, infirm, decayed. 4 weak,
cracked [voice].
cascadura *f.* breaking, cracking.
cascajal, cascajar *m.* place full of gravel. 2 place
where pressed grape skins are thrown.
cascajo *m.* gravel, fragments of stone, rubbish. 2
a broken, useless piece of crockery or furniture;
estar hecho un ~, to be decrepit. 3 dry fruits.
cascajoso, sa *adj.* full of gravel, gravelly.
cascamajar *tr.* to break [a thing] crushing it
lightly.
cascamiemto *m.* CASCADURA.
cascanueces, *pl.* -ces *m.* nutcracker [instrument].
2 ORN. nutcracker.
cascapiñones, *pl.* -nes *m.* pine-nut cracker.
cascar *tr.* to break, crack, chink. 2 to beat, thrash.
3 to break the health of. — 4 *intr.* to chatter.

— 5 *ref.* to crack [become cracked]. 6 to become infirm, decrepit.

cáscara *f.* rind, peel [of orange, melon, etc.]; shell [of egg or seed]. 2 bark [of tree]. 3 hard covering, hull, shell, crust : *ser de la ~ amarga*, to be full of mischief; to hold advanced views. 4 PHARM. *~ amarga*, cascara amarga, Honduras bark; *~ sagrada*, cascara buckthorn; cascara sagrada. — 5 *interj. ¡cáscaras!*, by Jove!

cascarela *f.* a card game.

cascarilla *f.* thin metal shell or covering. 2 BOT. cascarilla, sweetwood bark. 3 PHARM. thin cinchona bark. 4 powdered eggshell for cosmetic.

cascarillero *m.* gatherer or seller of thin cinchona bark. 2 CASCARILLO.

cascarillo *m.* BOT. a cinchona shrub.

cascarón *m.* aug. of CÁSCARA. 2 eggshell; broken eggshell [from which chick has emerged]. 3 (Mex.) eggshell filled with confetti. 4 ARCH. calotte [half cupola]. 5 *~ de nuez*, cockleshell [flimsy boat].

cascarrabias *m. & f.* coll. crab, grouch, irritable person.

cascarria *f.* CAZCARRIA.

cascarrojas *m. pl.* insects or worms in ships.

cascarrón, na *adj.* rough, harsh, gruff. — 2 *adj. & m.* NAUT. stiff [wind].

cascarudo, da *adj.* having a thick rind or shell.

cascaruleta *f.* chattering of teeth caused by chucking oneself under the chin.

casco *m.* casque, helmet. 2 crown [of hat]. 3 skull, cranium. 4 fragment of broken crockery. 5 coat [of onion]. 6 tree [of saddle]. 7 cask, barrel, bottle [for liquids]. 8 hull [of ship]. 9 hoof [of horse, mule or donkey]. 10 *~ de población*, a city excluding its suburbs. 11 *pl.* head of sheep or bullock without the tongue and brains. 12 head, brains [of a person] : *alegre de cascos, de cascos lucios*, featherbrained; *levantar de cascos*, to incite with false hopes; *romperse los cascos*, to rack one's brains; *tener los cascos a la jineta*, to be a featherbrain.

cascol *m.* resin of a Guayana tree.

cascote *m.* piece of rubble. 2 rubble, debris.

cascudo, da *adj.* large-hoofed.

caseación *f.* caseation, coagulation of milk.

caseico, ca *adj.* caseic.

caseificar *tr.* to transform into casein. 2 to separate the casein from [milk].

caseína *f.* casein.

caseoso, sa *adj.* caseous, cheesy.

caseramente *adv.* informally.

casería *f.* farmhouse, farm with out-buildings. 2 house management, housewifery.

caserío *m.* group of houses. 2 hamlet. 3 CASERÍA 1.

caserna *f.* FORT. casern.

casero, ra *adj.* house, home, informal [dress, gathering, etc.]. 2 domestic; homemade; homespun. 3 home-loving. — 4 *m. & f.* landlord, landlady [who leases houses or flats]. 5 houseagent. 6 caretaker. 7 renter, tenant. — 8 *f.* prov. housekeeper [in the house of a man].

caserón *m.* large house. 2 large ramshackle house.

caseta *f.* small house, hut. 2 *~ de baño*, bathhouse, bathing cabin. 3 NAUT. *~ de derrota*, chart-house.

casi *adv.* almost, nearly : *casi casi, casi que*, very nearly; *~ nada*, a mere trifle.

casia *f.* BOT. cassia.

casicontrato *m.* LAW quasi contract.

casilla *f.* booth, cabin, hut [of railway guard, flagman, etc.]; keeper's lodge. 2 square [of chess board]; point [of backgammon board]. 3 column or square [on sheet of paper]. 4 pigeonhole. 5 (Cu.) bird trap. 6 (Ec.) watercloset, privy. 7 (Am.) *postal*, post-office box. 8 *sacar a uno de sus casillas*, to jolt someone out of his old habits; to vex someone beyond patience; *salir uno de sus casillas*, to lose one's temper.

casillero *m.* board or cabinet with pigeonholes, set of pigeonholes, rack.

casimba *f.* (Cu., Pe.) water reservoir in the bed of a shallow watercourse.

casimir *m.*, **casimira** *f.* cashmere; cassimere.

Casimiro *m. pr. n.* Casimir.

casinete *m.* (Arg., Chi., Hond.) low quality cashmere. 2 (Ec., Ven.) cheap wollen cloth.

casino *m.* casino, club, social or political club; clubhouse.

Casiopea *f. pr. n.* MYTH., ASTR. Cassiopeia.

casis *f.* BOT. cassis, black currant. 2 ZOOL. queen conch.

casita *f. dim.* little house.

casiterita *f.* MINER. cassiterite.

caso *m.* GRM., MED. case. 2 case, event, happening, instance, circumstances : *~ de conciencia*, case of conscience; *~ de honra*, question of honour; *~ fortuito*, chance, accident; LAW force majeure; *caer en mal ~*, to fall into disrepute; *estar en el ~*, to be well acquainted with the subject; *hacer*, or *venir, al ~*, to be to the purpose, to be relevant, pertinent; *poner por ~*, to take as an exemple; *vamos al ~*, let's come to the point; *verse en el ~ de*, to be obliged to; *el ~ es que*, the fact, or the thing, is that; *~ que*, in case; *dado ~ que*, supposing that; *de ~ pensado*, deliberately, on purpose; *en ~ de que*, in case; *en ~ necesario*, in case of necessity; *en tal ~*, in that case; then; *en todo ~*, in any case, at all events. 3 heed, notice, attention : *hacer ~ de*, to heed, mind, notice; to take notice of, to listen, pay attention to, take into account; to esteem, make much of; *hacer ~ omiso*, to take no notice, to leave aside.

casón *m.* large house.

casorio *m.* hasty or unwise marriage. 2 informal wedding.

caspa *f.* dandruff, scurf.

caspera *f.* LENDRERA.

caspia *f.* bagasse of pressed apples.

caspicias *f. pl.* remains, refuse.

caspio, pia *adj.* Caspian : *Mar Caspio*, Caspian Sea.

caspiroleta *f.* (Am.) kind of eggnog.

¡cáspita! *interj.* gracious!, by Jove!

casposo, sa *adj.* scurfy, full of dandruff.

casqué, casque, etc., *pret., subj. & imper.* of CASCAR.

casquetazo *m.* CABEZAZO.

casquete *m.* skullcap [of armour]. 2 skullcap [close-fitting cap]; cap [without a visor]. 3 MACH. cap. 4 GEOM. *~ esférico*, one-base spherical segment.

casquiacopado, da *adj.* cup-hoofed.

casquiblando, da *adj.* soft-hoofed.

casquiderramado, da *adj.* wide-hoofed.

casquijo *m.* gravel; broken stone.

casquilucio, cia *adj.* CASQUIVANO.

casquillo *m.* ferrule, socket, metal tip or cap. 2 cartridge case; cartridge cap; spent cartridge. 3 iron arrowhead. 4 (Am.) horseshoe. 5 (Hond.) sweatband [in a hat].

casquimuleño, ña *adj.* narrow-hoofed [like mules].

casquivano, na *adj.* feather-brained, frivolous.

casta *f.* caste. 2 race, stock, breed : *cruzar las castas*, to cross breeds. 3 lineage, kindred. 4 kind, quality [of things].

Castálidas *f. pl.* MYTH. Castalides.

castalio, lia *adj.* Castalian.

castamente *adv.* chastely.

castaña *f.* chestnut [fruit] : *~ apilada* or *pilonga*, dried chestnut; *~ regoldana*, wild chestnut; *sacar las castañas del fuego*, to pull the chestnuts out of the fire, to play cat's paw; *dar la ~ a uno*, fig. to play a trick on one. 2 chestnut-shaped flask or bottle; demijohn. 3 knot of hair, chignon.

castañal, castañar *m.*, **castañeda** *f.* chestnut grove or plantation.

castañero, ra *m. & f.* chestnut seller. — 2 *m.* ORN. grebe.

castañeta *f.* castanet. 2 snapping of the fingers.

castañetazo *m.* clap of castanets. 2 cracking of a chestnut in the fire. 3 cracking of the joints.

castañete *adj. dim.* somewhat brown or hazel.

castañeteado *m.* sound of castanets.

castañetear *tr.* to play [a tune] with the castanets. — 2 *intr.* [of teeth] to chatter; [of knees] to crackle. 3 [of partridges] to cry.

castañeteo *m.* sounding the castanets. 2 chattering [of teeth]; crackling [of knees].

castaño, ña *adj.* chestnut, chestnut-coloured, brown, hazel : *ojos castaños*, hazel eyes; *pelo castaño*, brown hair. — 2 *m.* BOT. chestnut tree : *~ de Indias*, horse-chestnut tree. 3 chestnut, brown, hazel [colour] : *pasar de ~ oscuro*, fig. to be the limit, be intolerable.

castañola *f.* ICHTH. pomfret.

castañuela *f.* castanet : *estar como unas casta-*

ñuelas, to be very gay. 2 BOT. a plant used for thatching.

castañuelo, la *adj.* chestnut, hazel [horse].

castellana *f.* mistress of a castle, chatelaine. 2 wife of a castellan. 3 stanza of four assonanced octosyllabic verses.

castellanismo *m.* Castilianism.

castellanizar *tr.* to give Castilian form to [a foreign word].

castellano, na *adj. & n.* Castilian : *a la castellana*, in the Castilian fashion. — 2 *m.* Castilian or Spanish language. 3 castellan; lord of a castle. 4 ancient Castilian coin.

castellar *m.* BOT. St. John's-wort, tutsan.

casticidad *f.* purity, correctness [in language].

casticismo *m.* love of purity [in language], of pure national nature [in customs, fashions, etc.].

casticista *m. & f.* PURISTA.

castidad *f.* chastity, continence.

castigación *f.* CASTIGO.

castigador, ra *adj.* punishing. — 2 *m. & f.* punisher; castigator. — 3 *m.* coll. ladykiller.

castigar *tr.* to punish, chastise, castigate, chasten, penalize. 2 to afflict; to mortify [the flesh]. 3 to castigate, correct [style, writing]. 4 to cut down [expenses]. 5 to strain, overtask, injure by over-use.

castigo *m.* punishment, chastisement; penance, penalty. 2 affliction, mortification. 3 castigation, correction. 4 strain, over-use.

castigué, castigue, etc., *pret., subj. & imper.* of CASTIGAR.

Castilla *f. pr. n.* GEOG. Castile.

castillaje *m.* toll paid for crossing castle grounds.

castillejo *m.* small castle. 2 gocart [for learning to walk]. 3 scaffolding [for hoisting heavy materials].

castillería *f.* CASTILLAJE.

castillo *m.* castle : ~ *en el aire*, castle in the air, castle in Spain; ~ *de naipes*, house of cards, flimsy structure. 2 tower, castle [in elephant's back]. 3 ~ *de fuego*, fireworks. 4 NAUT. ~ *de proa*, forecastle. 5 total capacity of a cart. 6 MAESTRIL.

castilluello *m. dim.* small castle.

castizamente *adv.* with purity of style, language, etc.

castizo, za *adj.* of good breed; of good origin. 2 pure, correct [style, language, writer]. 3 prolific.

casto, ta *adj.* chaste, pure.

castor *m.* ZOOL. beaver. 2 beaver [fur, hair or cloth].

Cástor *m. pr. n.* MYTH., ASTR. Castor : *Cástor y Pólux*, Castor and Pollux.

castora *f.* coll. high hat.

castorcillo *m.* light beaver cloth.

castoreño, ña adj. *sombrero* ~, beaver hat.

castóreo *m.* castor, castoreum.

castorina *f.* CHEM. castorin. 2 a fabric resembling beaver cloth.

castra *f.* pruning; pruning season.

castración *f.* castration, gelding; spaying. 2 extraction of honeycombs.

castradera *f.* instrument for extracting combs from a hive.

castrador *m.* castrator, gelder.

castradura *f.* CASTRACIÓN. 2 scar from castration.

castrametación *f.* castrametation.

castrapuercas, cos *m.* gelder's whistle.

castrar *tr.* to castrate, geld; to spay. 2 to prune. 3 to extract combs from [hive]. 4 to weaken, emasculate. 5 to dry [ulcers or sores]. — 6 *ref.* [of ulcers or sores] to dry.

castrazón *f.* extraction of honeycombs. 2 season for extracting honeycombs.

castrense *adj.* [pertaining to the] army; military.

castro *m.* game played by boys. 2 CASTRAZÓN.

castrón *m.* castrated goat. 2 (Cu.) hog.

casual *adj.* chance, accidental, fortuitous, casual.

casualidad *f.* chance, accident, coincidence : *por* ~, by chance. 2 chance event.

casualismo *m.* casualism.

casualista *m. & f.* casualist.

casualmente *adv.* by chance, by accident. 2 as it happens.

casuárida *adj.* ORN. of the family of the cassowaries. — 2 *f. pl.* ORN. family of the cassowaries.

casuario *m.* ORN. cassowary.

casuca, casucha *f.*, **casucho** *m.* small, miserable house.

casuista *adj.* casuistic. — 2 *m. & f.* casuist.

casuística *f.* casuistry.

casuístico, ca *adj.* casuistic(al).

casulla *f.* chasuble.

casullero *m.* maker of chasubles and other vestments for priests.

cata *f.* tasting, sampling. 2 taste, small portion, sample. 3 (Arg., Col., Pe.) MIN. prospection. 4 (Mex.) MIN. trial excavation. 5 (Arg., Chi.) small parrot, love-bird. 6 (Bol., Cu., Mex.) a kind of parrot. 7 *dar* ~, observe, see; *darse* ~, to notice.

catabólico, ca *adj.* catabolic.

catabolismo *m.* MED. catabolism.

catacaldos *m. & f.* one who starts many things and concentrates on none. 2 meddlesome person, busybody.

cataclismo *m.* cataclysm.

catacresis, *pl.* **-cresis** *f.* RHET. catachresis.

catacumbas *f. pl.* catacombs.

catacústica *f.* catacoustics.

catadióptrico, ca *adj.* PHYS. catadioptric.

catador, ra *m. & f.* taster, sampler.

catadura *f.* tasting, sampling. 2 aspect, face, countenance.

catafalco *m.* catafalque.

catalán, na *adj.* Catalan, Catalonian. — 2 *m. & f.* Catalan. — 3 *m.* Catalan [language].

catalanismo *m.* Catalanism. 2 Catalonian autonomy movement or doctrine.

catalanista *m. & f.* partisan of Catalonian autonomy.

cataléctico, catalecto *adj.* catalectic.

catalejo *m.* spyglass.

catalepsia *f.* MED. catalepsis, catalepsy.

cataléptico, ca *adj. & n.* cataleptic.

catalicón *m.* DIACATOLICÓN.

Catalina *f. pr. n.* Catherine.

catalina adj. *rueda* ~, Catherine wheel.

catalineta *f.* ICHTH. West Indian fish.

catalisis *f.* CHEM. catalysis.

catalítico, ca *adj.* catalytic.

catalizador *m.* CHEM. catalyzer, catalytic agent.

catalogación *f.* cataloguing.

catalogar *tr.* to catalogue, cataloguize.

catálogo *m.* catalogue.

catalogué, catalogue, etc., *pret., subj. & imper.* of CATALOGAR.

catalpa *f.* BOT. catalpa.

catalufa *f.* ICHTH. (Cu.) CATALINETA.

Cataluña *f. pr. n.* GEOG. Catalonia.

catán *m.* oriental cutlass.

catana *f.* CATÁN. 2 (Arg., Chi.) coll. long sabre or sword. 3 (Cu.) heavy, clumsy thing. 4 (Ve.) green and blue parrot.

catanga *f.* (Arg.) black beetle. 2 (Chi.) green scarab. 3 (Col.) fish trap. 4 (Bol.) one-horse small cart.

cataplasma *f.* poultice : ~ *de mostaza*, mustard plaster.

cataplexia *f.* cataplexy.

cataplum *interj.* bang!, boom!

catapulta *f.* catapult.

catar *tr.* to taste, try by the taste; to sample. 2 to look at, to examine, investigate. 3 to think, judge. 4 to cut combs out of [hive].

cataraña *f.* ORN. white heron. 2 ZOOL. a West Indian lizard.

catarata *f.* cataract, waterfall : *abrirse las cataratas del cielo*, to pour, rain hard. 2 MED. cataract : fig. *tener cataratas*, to be blinded [by ignorance or passion].

catarral *adj.* catarrhal.

catarrino *adj. & m.* CATIRRINO.

catarro *m.* MED. catarrh; head cold.

catarroso, sa *adj.* subject to colds.

catarsis *f.* catharsis.

catártico, ca *adj.* MED. cathartic.

catasalsas *m. & f.* CATACALDOS.

catastral *adj.* cadastral.

catastro *m.* cadastre, cadaster, official register of real estate, used in apportioning taxes.

catástrofe *f.* catastrophe.

catastrófico, ca *adj.* catastrophic.

catatán *m.* coll. (Chi.) punishment.

catatar *tr.* (Am.) to charm, to fascinate.

cataviento *m.* NAUT. dogvane.

catavino *m.* cup for tasting wine.

catavinos, *pl.* **-nos** *m.* winetaster. 2 drunkard going the rounds of public houses.
Catay *m. pr. n.* GEOG. Cathay.
cate *m.* blow, slap. 2 *dar* ∼. to reject, *flunk [in an examination].
cateador *m.* (Am.) prospecting hammer. 2 (Am.) prospector.
catear *tr.* to reject [in an examination]. 2 (Arg., Chi., Pe.) to prospect [a district] for minerals.
catecismo *m.* catechism.
catecú *m.* catechu.
catecumenado *m.* catechumenate.
catecuménico, ca *adj.* catechumenical.
catecúmeno, na *m. & f.* catechumen.
cátedra *f.* chair [seat of the professor; professorship] : *poner* ∼, to be a master of an art or science; to dogmatize. 2 lecture room [in a university]. 3 branch of study taught by a professor. 4 cathedra : ∼ *del Espíritu Santo,* pulpit; ∼ *de San Pedro,* Chair of Saint Peter [papal office].
catedral *adj. & f.* cathedral [church].
catedralicio, cia *adj.* [pertaining to a] cathedral.
catedralidad *f.* status of a cathedral church.
catedrática *f.* woman professor. 2 professor's wife.
catedrático *m.* university professor. 2 cathedraticum.
categorema *f.* categorem.
categoría *f.* category. 2 class, condition, rank; kind; quality : *de* ∼, of importance; of high rank, prominent.
categóricamente *adv.* categorically.
categórico, ca *adj.* categoric(al).
catenaria *adj. & f.* MATH. catenary.
catenular *adj.* catenulate.
cateo *m.* (Am.) prospection.
catequesis *f.,* **catequismo** *m.* catechesis.
catequicé, catequice, etc., *pret., subj. & imper.* of CATEQUIZAR.
catequista *m. & f.* catechist.
catequístico, ca *adj.* catechistic. 2 catechetical.
catequizador, ra *m. & f.* forceful arguer; persuader.
catequizante *adj.* catechizing. — 2 *m. & f* catechizer.
catequizar *tr.* to catechize, catechise. 3 to bring around, persuade.
caterético, ca *adj.* SURG. catheretic.
caterva *f.* multitude, lot, great number.
catéter *m.* SURG. catheter.
cateterismo *m.* SURG. catheterism, catheterization.
cateterizar *tr.* SURG. to catheterize.
cateto *m.* GEOM. leg [of a right-angled triangle]. 2 coll. yokel, rustic.
catetómetro *m.* PHYS. cathetometer.
catey *m.* (Cu.) ORN. parakeet. 2 (W. I.) BOT. kind of palm tree.
catilinaria *f.* oration of Cicero against Catiline. 2 vehement denunciation.
catimbao *m.* (Chi., Pe.) figure of pasteboard, appearing in Corpus Christi procession. 2 (Chi.) clown; ridiculously dressed person. 3 (Pe.) short and fat person.
catín *m.* METAL. copper-refining crucible.
catinga *f.* (Am.) bad smell; smell of sweating Negroes.
catingoso, sa *adj.* (Arg.) ill-smelling.
catión *f.* ELECT. cation.
catirrino, na *adj. & m.* ZOOL. catarrhine. — 2 *m. pl.* ZOOL. Catarrhina.
catita *f.* (Arg., Bol.) a blue and green parrot.
catite *m.* loaf of the best refined sugar. 2 light blow or slap : *dar* ∼ *a,* to beat.
cato *m.* catechu.
catoche *m.* (Mex.) bad humour.
catódico, ca *adj.* cathode, cathodic.
cátodo *m.* ELEC. cathode.
católicamente *adv.* conforming to Catholicism.
catolicidad *f.* catholicity.
catolicísimo, ma *adj. superl.* most Catholic.
catolicismo *m.* catholicism. 2 Catholicism; Catholicity.
católico, ca *adj.* catholic. — 2 *adj. & n.* Catholic, Roman Catholic. 3 *no estar muy* ∼, to feel out of sorts, not to be any too well.
catolicón *m.* DIACATOLICÓN.
catolizar *tr.* to catholicize.
Catón *m. pr. n.* Cato.
catón *m.* severe censor. 2 primer, reading book [for children].

catoniano, na *adj.* Catonian.
catóptrica *f.* catoptrics.
catóptrico, ca *adj.* catoptric.
catorce *adj. & n.* fourteen : *las* ∼, two P. M. 2 fourteenth [in dates].
catorcena *f.* group of fourteen.
catorceno, na *adj.* fourteenth.
catorzavo, va *adj. & m.* fourteenth [part].
catre *m.* cot, light bed : ∼ *de tijera,* folding cot. camp bed.
catrecillo *m. dim.* camp canvas chair.
catricofre *m.* kind of folding bed.
catrín *m.* (Mex.) dandy, fop.
caucáseo, a; caucasiano, na *adj.* Caucasian [of the Caucasus].
caucásico, ca *adj. & n.* Caucasian [white].
Cáucaso *m. pr. n.* GEOG. Caucasus.
cauce *m.* bed [of watercourse]. 2 channel, ditch.
caución *f.* caution, precaution. 2 LAW pledge, bond, surety.
caucionar *tr.* LAW to bail. 2 LAW to guard against loss or harm.
cauchal *m.* rubber plantation.
cauchera *f.* BOT. rubber plant.
cauchero, ra *adj.* [pertaining to] rubber or india-rubber. — 2 *m.* rubber man, rubber gatherer or worker.
caucho *m.* rubber, india-rubber, gum elastic, caoutchouc : ∼ *endurecido,* hard rubber; ∼ *esponjoso, espuma de* ∼, foam rubber; ∼ *regenerado,* reclaimed rubber. 2 BOT. rubber plant.
cauda *f.* train or tail of bishop's cope.
caudal *adj.* of great volume [river]. 2 ZOOL. caudal. — 3 *m.* fortune, wealth, means : fig. *hacer* ∼ *de,* to value highly, to make much of. 4 volume [of water]. 5 wealth, plenty, abundance.
caudalejo *m. dim.* middling fortune.
caudalosamente *adv.* copiously, abundantly.
caudaloso, sa *adj.* of great volume of water, carrying much water. 2 rich, wealthy.
caudatario *m.* clergyman who acts train-bearer for an officiating bishop.
caudato, ta *adj.* caudate.
caudatrémula *f.* AGUZANIEVES.
caudillaje *m.* leadership. 2 (Am.) bossism. 3 (Arg., Chi.) tyranny.
caudillismo *m.* CAUDILLAJE 2 & 3.
caudillo *m.* chief, leader. 2 military leader.
caudimano, na *adj.* ZOOL. having a prehensile tail.
caudón *m.* ALCAUDÓN.
caulescente *adj.* BOT. caulescent.
caulícolo, caulículo *m.* ARCH. cauliculus.
caulífero, ra *adj.* BOT. cauliferous.
cauliforme *adj.* BOT. cauliform.
cauri *m.* cowrie [shell used as money in parts of Asia and Africa].
causa *f.* cause, origin, reason, motive: ∼ *final,* final cause; ∼ *primera,* first cause; *a* ∼ *de, por* ∼ *de,* because of, on account of. 2 cause [espoused or advocated] : *hacer* ∼ *común con,* to make common cause with; *la* ∼ *pública,* the cómmon weal. 3 lawsuit. 4 case, trial at law : *formar* ∼ *a,* to serve a process upon. 5 (Chi.) light meal. 6 (Pe.) kind of potato salad.
causador, ra *adj.* causing. — 2 *m. & f.* originator.
causahabiente *m. & f.* person holding a right from others.
causal *adj.* GRAM. causal, causative.
causalidad *f.* causality.
causante *adj.* causing, causative; occasioning. — 2 *m. & f.* causer, doer, occcasioner or originator. 3 LAW person from whom a right is derivated.
causar *tr.* to cause, bring about, do, create, occasion, originate.
causativo, va *adj.* causative, causing.
causear *intr.* (Chi.) to have a snack; to eat. — 2 *tr.* (Chi.) to defeat, overcome.
causeo *m.* (Chi.) bite, snack, light lunch between meals.
causídico, ca *adj.* causidical. — 2 *m.* advocate, counsellor.
causón *m.* MED. short intense fever.
cáusticamente *adv.* causticly.
causticar *tr.* to causticize.
causticidad *f.* causticity.
cáustico, ca *adj.* caustic(al). — 2 *m.* caustic. 3 vesicatory.
cautamente *adv.* cautiously.

cautela *f.* caution, prudence, wariness. 2 craft, cunning.
cautelar *tr.* to prevent. — 2 ref. *cautelarse de* to guard against.
cautelosamente *adv.* cautiously, warily.
cauteloso, sa *adj.* cautious, wary, guarded.
cauterice, cauterice, etc., *pret., subj. & imper.* of CAUTERIZAR.
cauterio *m.* cautery.
cauterización *f.* cauterization.
cauterizante *adj.* cauterizing. — 2 *m.* cauterant.
cauterizar *tr.* to cauterize. 2 to eradicate [an evil].
cautivador, ra *adj.* captivating, charming.
cautivar *tr.* to take prisoner. 2 to win, hold [the attention, etc.]. 3 to captivate, charm.
cautiverio *m.,* **cautividad** *f.* captivity.
cautivo, va *adj. & n.* captive.
cauto, ta *adj.* cautious, wary, prudent.
cava *f.* digging, hoeing. 2 royal wine cellar. 3 ANAT. *vena* ~, vena cava.
cavadiza *adj.* soft, loose [earth, sand].
cavador *m.* digger.
cavadura *f.* digging.
cavar *tr.* to dig, to hoe. — 2 *intr.* to dig [in]. 3 [of a wound, etc.] to go deep. 4 to think intently; to go to the bottom [of a subject, etc.].
cavatina *f.* MUS. cavatina.
cavazón *m.* digging.
cávea *f.* ARCHAEOL. cavea.
caverna *f.* cavern, cave: *hombre de las cavernas,* caveman. 2 MED. hollow originated by destruction of tissue; morbid cavity.
cavernícola *adj.* cavernicolous, cave-dwelling. — 2 *m. & f.* cave dweller. 3 coll. political reactionary.
cavernosidad *f.* cave, cavern.
cavernoso, sa *adj.* cavernous. 2 hollow [voice, sound].
caveto *m.* ARCH. cavetto.
caví *m.* dried and cooked tuber of the oca [Peruvian plant].
cavia *f.* ditch for water around trees. 2 ZOOL. guinea pig.
cavial, caviar *m.* caviar.
cavicornio, nia *adj.* ZOOL. cavicorn. — 2 *m. pl.* ZOOL. Cavicornia.
cavidad *f.* cavity.
cavilación *f.* rumination, brooding over. 2 unfounded apprehension; fancy.
cavilar *tr.* to ruminate, brood over, muse on.
cavilosamente *adv.* broodingly, musingly.
cavilosidad *f.* unfounded apprehension; fancy.
caviloso, sa *adj.* brooding, given to anxious ruminations.
cayada *f.* hooked staff, shepherd's hook.
cayado *m.* hooked staff, crook, shepherd's hook. 2 crozier [of bishop]. 3 ANAT. ~ *de la aorta,* arch of the aorta.
Cayena *f. pr. n.* GEOG. Cayenne.
cayente *adj.* falling.
cayeputi *m.* BOT. cajuput tree.
Cayetano *m. pr. n.* Gaetan.
cayo *m.* cay, key.
Cayo Hueso *m. pr. n.* GEOG. Key West.
cayó, cayera, etc., *irr.* V. CAER.
cayote *m.* CHAYOTE. 2 *cidra* ~, a variety of squash.
cayuco, ca *m. & f.* (Cu.) big-headed person.
cayumbo *m.* BOT. a rush growing on marshes and river banks.
caz, *pl.* **caces** *m.* millrace, flume, channel.
caza *f.* hunting, chase; *dar* ~ *a,* to give chase to, to hunt, pursue; *andar a la* ~ *de,* to go hunting for; *ir de* ~, to go hunting; *avión de* ~, AER. pursuit plane, fighter. 2 game [animals] : ~ *mayor,* big game; ~ *menor,* small game; *levantar la* ~, to rouse or start, the game. — 3 *m.* AER. pursuit plane, fighter; ~ *de escolta,* escort fighter.
cazabe *m.* cassava bread.
cazabombardero *m.* AER. fighter bomber.
cazaclavos, *pl.* **-clavos** *m.* nail puller.
cazadero *m.* hunting ground.
cazador, ra *adj.* hunting, fowling. — 2 *m.* hunter; huntsman, fowler : ~ *de dotes,* fortune hunter; ~ *furtivo,* poacher. 3 MIL. chasseur. — 4 *f.* huntress. 5 jacket, hunting jacket.
cazar *intr.* to hunt, to fowl. 2 ~ *largo,* to be perspicacious. — 3 *tr.* to hunt, chase, to hunt for. 4 to catch; to land, to get; *cazarlas al vuelo,* fig. to be quick-witted. 5 to catch out [detect

in error, etc.]. 6 NAUT. to haul tight [a sheet]; to tally [a sail].
cazasubmarinos, *pl.* **-nos** *m.* NAV. submarine chaser.
cazata *f.* CACERÍA.
cazatorpedero *m.* NAV. torpedo-boat destroyer.
cazcalear *intr.* to fuss about.
cazcarrias *f. pl.* dried mud splashings on clothes.
cazcarriento, ta *adj.* splashed with mud [clothes].
cazcorvo, va *adj.* bowlegged [horse]. 2 (Col., Ven.) knock-kneed; duck-toed [person].
cazo *m.* dipper; little saucepan. 2 glue pot. 3 back [of knife].
cazolada *f.* contents of a cooking pan.
cazolero *m.* COMINERO.
cazoleta *f.* small cooking pan. 2 flashpan [of firearm]. 3 bowl [of tobacco pipe]. 4 hand guard [of sword]. 5 boss [of buckler].
cazolón *m.* large cooking pan.
cazón *m.* ICHTH. dogfish [a small shark].
cazonal *m.* tackle for fishing dogfish. 2 mess, bad business.
cazonete *m.* NAUT. toggle.
cazudo, da *adj.* thick-backed [knife].
cazuela *f.* earthen cooking pan; large casserole. 2 meat and vegetables cooked in an earthen cooking pan. 3 THEAT. gallery, the gods.
cazumbrar *tr.* to join staves of [a barrel] with oakum.
cazumbre *m.* cooper's oakum.
cazumbrón *m.* cooper.
cazurro, rra *adj.* taciturn, reticent.
cazuz *m.* HIEDRA.
ce *f.* name of the letter *c* : ~ *por be,* minutely, circumstancially; *por* ~ *o por be,* somehow or other.
cea *f.* hip bone.
cearina *f.* PHARM. cearin.
ceba *f.* fattening [of animals]. 2 feeding [of a furnace].
cebada *f.* BOT. barley : ~ *perlada,* pearl barley.
cebadal *m.* barley field.
cebadar *tr.* to feed barley to.
cebadazo, za *adj.* [pertaining to] barley : *paja cebadaza,* barley straw.
cebadera *f.* barley bin. 2 nose bag. 3 METAL. furnace charger. 4 NAUT. spritsail.
cebadero *m.* barley dealer. 2 mule carrying the feed. 3 lead mule. 4 feeder of hawks. 5 fattening place [for animals]. 6 baiting place [for game]. 7 METAL. mouth for charging a furnace.
cebadilla *f.* BOT. wall barley. 2 BOT. sabadilla. 3 root of the white hellebore.
cebador *adj.* fattening; feeding, priming. — 2 *m.* priming horn, powder flask.
cebadura *f.* CEBA.
cebar *tr.* to fatten, to feed [animals]. 2 to feed [a furnace, fire, etc.]; to prime [a gun, pump, steam engine, etc.]; to bait [a fishook, a trap]; to lure with bait. 3 to remagnetize [a compass needle]. 4 to nourish [sentiments, passions]. — 5 *intr.* [of a nut, a nail] to catch, take hold. — 6 ref. *cebarse en,* to be firmly bent upon a [thing]; to vent one's fury on; [of fire, epidemics, etc.] to prey upon.
cebellina *f.* ZOOL. sable. 2 sable fur.
cebo *m.* food given to animals; fattening food. 2 bait. 3 lure, incentive. 4 primer charge, priming. 5 ZOOL. an African monkey.
cebolla *f.* BOT. onion [plant and bulb]. 2 BOT. bulb. 3 round oil receptacle [of a lamp]. 4 spherical strainer [in a water pipe]. 5 BOT. ~ *albarrana,* squill. 6 BOT. ~ *escalonia,* shallot.
cebollada *f.* onion stew.
cebollana *f.* BOT. chive.
cebollar *m.* onion patch.
cebollero, ra *adj.* [pertaining to] onion. — 2 *m. & f.* onion seller.
cebolleta *f.* tender onion. 2 BOT. Welsh onion.
cebollino *m.* onion seedling. 2 onion seeds. 3 CEBOLLANA.
cebollón *m.* large onion. 2 (Chi.) bachelor, single man.
cebollona *f.* (Chi.) spinster.
cebolludo, da *adj.* BOT. bulbous.
cebón, na *adj.* fattened. — 2 *m. & f.* fattened animal.
ceboncillo *m.* fatling.
cebra *f.* ZOOL. zebra.
cebrado, da *adj.* striped [like the zebra].

cebruno, na *adj.* deer-coloured.
cebú, *pl.* **cebúes** *m.* ZOOL. zebu. 2 (Arg.) a kind of monkey.
ceca *f.* mint [where money is coined].
Ceca *f.* *andar de Ceca en Meca* or *de la Ceca a la Meca,* to go from place to place, to go hither and thither.
cecear *intr.* to lisp; to pronounce the Spanish *s* like the Spanish *c* or *z.*
ceceo *m.* lisping, pronunciation of Spanish *s* like *c* or *z.*
ceceoso, sa *adj.* lisping. — *2 m. & f.* lisper.
cecial *m.* dried fish.
Cecilia *f. pr. n.* Cecilia.
Cecilio *m. pr. n.* Cecil.
cecina *f.* corned and dried meat. 2 (Arg.) jerked meat.
cecinar *tr.* ACECINAR.
cecografía *f.* writing of the blind.
cecógrafo *m.* a writing apparatus for the blind.
ceda *f.* CERDA 1. 2 ZEDA.
cedacería *f.* sieve shop.
cedacero *m.* sieve maker.
cedacillo *m. dim.* small sieve. 2 BOT. quacking grass (*Briza media*).
cedacito *m. dim.* small sieve.
cedazo *m.* sieve, bolter.
cedazuelo *m. dim.* small sieve.
cedente *adj.* ceding. — *2 m. & f.* LAW ceder, conveyer, assigner, transferrer.
ceder *tr.* to cede, convey, assign, transfer, yield, surrender, give up, resign. — *2 intr.* to yield, submit, cease from effort, give in, give way. 3 [of wind, fever, etc.] to abate, slacken. 4 [of a floor, a rope, etc.] to fail, give way. 5 ~ *en,* to redound to. 6 *no* ~ *en nada a.* to be by no means inferior to.
cedilla *f.* cedilla.
cedizo, za *adj.* tainted [food].
cedoaria *f.* PHARM. zedoary.
cedras *f. pl.* shepherd's skin wallet.
cedreleón *m.* cedrium.
cedria *f.* resin from the cedar.
cédride *f.* cedar cone.
cedrino, na *adj.* cedrine.
cedro *m.* BOT. cedar ; ~ *de España,* savin ; ~ *de la India* or *deodara,* deodar ; ~ *del Líbano,* cedar of Lebanon ; ~ *de las Antillas,* Spanish cedar ; ~ *de Misiones,* an Argentine cedar ; ~ *dulce,* a cedar growing in Costa Rica. 2 cedar wood.
cédula *f.* piece or slip of paper or parchment written or to write upon ; order, bill, certificate : ~ *de vecindad* or *personal,* personal tax certificate serving for identification ; *real* ~, letters patent, royal order.
cedulario *m.* collection of royal orders.
cedulón *m.* aug. of CÉDULA. 2 edict, placard. 3 PASQUÍN.
cefalalgia *f.* MED. cephalalgia.
cefalálgico, ca *adj.* cephalalgic.
cefalea *f.* headache.
cefálico, ca *adj.* cephalic.
cefalitis *f.* cephalitis.
céfalo *m.* RÓBALO.
cefalocordado, da *adj. & n.* ZOOL. cephalocordate. — *2 m. pl.* ZOOL. Cephalocordata.
cefalópodo *adj.* ZOOL. cephalopodan. — *2 m. pl.* ZOOL. Cephalopoda.
cefalotórax *m.* ZOOL. cephalothorax.
Cefeo *m.* ASTR. Cepheus.
céfiro *m.* zephyr [wind ; cloth].
cefo *m.* an African monkey.
cegador, ra *adj.* dazzling, blinding.
cegajo *m.* one-year-old he-goat or sheep.
cegajoso, sa *adj.* blear-eyed.
cegar *intr.* to become or go blind. — *2 tr.* to blind [deprive of sight ; rob of judgement], obfuscate 3 to dazzle. 4 to wall up [a door or window] ; to close up [a well] ; to stop up, close [a channel, road, etc.]. — *5 ref.* to become blinded [by passion, love, etc.]. ¶ CONJUG. like *acertar.*
cegarra *adj. & n.* cegato.
cegarrita *f.* weak-eyed. 2 *a cegarritas, a ojos cegarritas,* with the eyes half-shut.
cegato, ta *adj.* short-sighted, weak-eyed.
cegatoso, sa *adj.* CEGAJOSO.
cegesimal *adj.* PHYS. centimeter-gram-second, C. G. S.
cegué *pret.* of CEGAR.

ceguecillo, lla *m. & f. dim.* little blind person.
ceguedad *f.* blindness.
ceguera *f.* blindness. 2 disease causing blindness. 3 obfuscation [of mind].
ceguezuelo, la *adj. & n.* CEGUECILLO.
ceiba *f.* BOT. ceiba tree, God tree, silk-cotton tree. 2 BOT. sea moss.
Ceilán *m. pr. n.* Ceylon.
ceilanés, sa *adj. & n.* Ceylonese.
ceja *f.* ANAT. brow, eyebrow : *arquear las cejas,* to raise one's eyebrows in surprise or wonder ; *dar a uno entre* ~ *y* ~, to tell someone unpleasant truths to his face ; *quemarse las cejas,* to burn the midnight oil ; *tener entre* ~ *y* ~, to dislike [someone] ; to have on one's brain, to persist in [a purpose]. 2 projecting part, flange. 3 brow [of a hill]. 4 cloud cap. 5 MUS. nut [of guitar, etc.] 6 MUS. capotasto.
cejadero, cejador *m.* hold-back strap [of a harness].
cejar *intr.* to back up, go backward. 2 to relax, desist : *no* ~, to persist.
cejijunto, ta *adj.* having eyebrows that meet. 2 frowning, scowling.
cejo *m.* morning mist over a river or stream.
cejudo, da *adj.* beetle-browed.
cejuela *f.* MUS. capotasto.
celada *f.* ambush, trap, snare : *caer en la* ~, to fall into the trap. 2 ARM. sallet, helmet : ~ *borgoñota,* burgonet.
celador, ra *adj.* watching. — *2 m. & f.* watcher, inspector ; warden, wardress.
celaje *m.* NAUT. mass of clouds. 2 cloud scenery, cloud effect. 3 skylight, window. 4 presage [of something desired]. 5 *pl.* aspect of sky covered with light, many-coloured clouds.
celandés, sa *adj. & n.* ZELANDÉS.
celar *tr.* to see to [the observance of law, duties, etc.]. 2 to watch over, to keep an eye on [employees, etc.]. 3 to watch [other person's motions] through suspicion or jealousy. 4 to hide, conceal. 5 to carve, engrave.
celastráceo, a *adj.* BOT. celastraceous. — *2 f. pl.* BOT. Celastraceæ.
celastro *m.* BOT. staff tree.
celda *f.* cell [in convent, prison, honeycomb]. 2 AER. cell.
celdilla *f.* cell [in honeycomb]. 2 BIOL., BOT. cell. 3 niche, cavity.
celdita *f. dim.* small cell.
celebérrimo, ma *adj. superl.* most celebrated.
celebración *f.* celebration. 2 holding [of a meeting, etc.]. 3 praise, applause.
celebrador, ra *m. & f.* celebrator, applauder, praiser.
celebrante *m.* celebrant.
celebrar *tr.* to celebrate [a sacrament, a ceremony, a birthday, etc.] ; to make [a festival] ; to perform [a contract] ; to hold [a meeting]. 2 to celebrate, applaud, praise ; to extol, to honour. 3 to be glad of. — *4 intr.* to celebrate, to say Mass.
célebre *adj.* celebrated, famous, renowned. 2 coll. funny, witty.
célebremente *adv.* with celebrity. 2 funnily, wittily.
celebridad *f.* celebrity, fame. 2 celebrity [well-known person]. 3 celebration, festival, public demonstration, pageant.
celebro *m.* CEREBRO.
celedón *m.* celadon green.
celemín *m.* a dry measure [about half a peck].
celentéreo, celenterio *adj. & n.* ZOOL. cœlenterate. — *2 m. pl.* ZOOL. Cœlenterata.
célere *adj.* swift, rapid.
celeridad *f.* celerity.
celerímetro *m.* speedometer.
celeste *adj.* celestial. 2 sky-blue. 3 Celestial [Empire]. 4 MUS. celeste. 5 MUS. soft [pedal].
celestial *adj.* celestial. 2 heavenly ; perfect, delightful. 3 hum. silly.
celestialmente *adv.* celestially, heavenly.
celestina *f.* bawd, procuress. 2 MINER. celestine, celestite.
Celestina *m. pr. n.* Celestine.
celestino, na *adj. & n.* Celestine [monk or nun].
celfo *m.* CEFO.
celíaco, ca *adj.* ANAT. cœliac. — *2 f.* MED. cœliac flush.
celibato *m.* celibacy. 2 coll. bachelor, single man.
célibe *adj.* celibate, single, unmarried. — *2 m. & f.* bachelor or spinster, unmarried person.

célico, ca *adj.* poet. celestial.
celidonia *f.* BOT. celandine : ~ *menor,* lesser celandine, pilewort.
celindrate *m.* dish seasoned with coriander.
celo *m.* zeal. 2 heat, rut. 3 *pl.* jealousy : *dar celos,* to make jealous; *tener celos,* to be jealous.
celofana *f.* cellophane.
celoidina *f.* CHEM. celloidin.
celosamente *adv.* with zeal. 2 jealously.
celosía *f.* lattice; lattice window. 2 jealousy.
celoso, sa *adj.* zealous. 2 jealous. 3 suspicious.
celotipia *f.* jealousy.
celsitud *f.* elevation, grandeur.
celta *adj.* Celtic. — 2 *m.* & *f.* Celt. — 3 *m.* Celtic [language].
celtibérico, ca; celtiberio, ria; celtibero, ra *adj.* & *n.* Celtiberian. — 2 *m. pl.* Celtiberi.
céltico, ca *adj.* Celtic.
celtismo *m.* Celticism, Celtism.
celtista *m.* Celticist, Celtist.
celtohispánico, ca *adj.* Celto-Hispanic.
célula *f.* BIOL., ELECT. cell : ~ *nerviosa,* nerve cell; ~ *sanguínea,* blood cell; ~ *fotoeléctrica,* photoelectric cell. 2 ~ *comunista,* communist cell.
celulado, da *adj.* cellulate, celled.
celular *adj.* cellular : *cárcel* ~, cellular prison; *tejido* ~, BIOL. cellular tissue.
celulario, ria *adj.* cellular.
celuloide *m.* cellulcid.
celulosa *f.* cellulose.
celuloso, sa *adj.* cellulose, cellulous.
cellenco, ca *adj.* decrepit, infirm.
cellerizo *m.* cellarer [of monastery].
cellisca *f.* sleet, sleet storm, fine sleet driven by a heavy wind.
cellisquear *intr.* to sleet, to be squally with fine snow and rain.
cello *m.* hoop [of cask].
cementación *f.* METAL. cementation.
cementar *tr.* METAL. to cement.
cementerio *m.* cemetery, churchyard, graveyard.
cemento *m.* cement : ~ *de Portland* or ~ *portland,* Portland cement. 2 ~ *armado,* reinforced concrete.
cementoso, sa *adj.* cement-like.
cena *f.* supper. 2 *la Santa Cena,* the Last Supper.
cenaaoscuras, *pl.* -ras *m.* & *f.* recluse, unsociable person. 2 miser.
cenáculo *m.* Cenacle. 2 cenacle [literary group].
cenacho *m.* esparto or palm bag.
cenadero *m.* supper room.
cenador, ra *adj.* supping. — 2 *m.* & *f.* supper [who takes supper]. — 3 *m.* harbour, bower, summerhouse.
cenaduría *f.* (Mex.) eating house where food is served at night.
cenagal *m.* slough, miry place. 2 fig. mess, quagmire, bad business.
cenagoso, sa *adj.* miry, muddy.
cenar *intr.* to sup [have supper]. — 2 *tr.* to have for supper.
cenceño, ña *adj.* lean [person, animal], slender, thin. 2 unleavened [bread].
cencerra *f.* CENCERRO.
cencerrada *f.* charivari, tin-pan serenade.
cencerrear *intr.* to jingle cowbells continually. 2 to jangle, rattle. 3 to play out of tune; to play on an untuned guitar, piano, etc.
cencerreo *m.* jingle of cowbells. 2 jangle, rattle [jangling or rattling noise].
cencerro *m.* cowbell : ~ *zumbón,* bell borne by the leading beast of a drove; *a cencerros tapados,* stealthily, cautiously.
cencerrón *m.* small bunch of grapes which remains ungathered.
cencido, da *adj.* untrodden [herb, pasture].
cencuate *m.* ZOOL. (Mex.) a poisonous snake.
cendal, *pl.* cendales *m.* sendal, gauze, transparent fabric. 2 ECCL. humeral veil. 3 barbs of a feather. 3 *pl.* cotton for an inkstand.
cendolilla *f.* madcap [girl].
cendra *f.* cupel paste.
cendrada *f.* CENDRA. 2 couch of ashes on a cupel sole.
cenefa *f.* list or stripe on the border of a stuff, garment, etc.; border. 2 middle stripe in a chasuble. 3 ARCH. ornamental band or fret. 4 NAUT. awning curtain. 5 NAUT. ~ *de cofa,* top-rim.
ceni *m.* fine brass.

cenia *f.* irrigation water wheel; bucket wheel. 2 garden watered from a bucket wheel.
cenicero *m.* ash tray. 2 ash pan, ashpit; ash dump.
ceniciento, ta *adj.* ashen, ash-gray. — 2 *f.* Cinderella, person or thing unjustly despised or ill-treated.
cenicilla *f.* BOT. oidium.
cenit *m.* ASTR. zenith.
cenital *adj.* zenith, zenithal.
ceniza *f.* ash, ashes : *huir de la* ~ *y caer en las brasas,* to jump from the frying pan to the fire; *poner la* ~ *en la frente,* fig. to defeat [in competition or dispute]. 2 BOT. oidium. 3 *pl.* ashes, cinders. 4 ashes [mortal remains].
cenizal *m.* ashpit.
cenizo, za *adj.* CENICIENTO. — 2 *m.* BOT. goosefoot, white pigweed. 3 BOT. oidium. 4 hoodoo, jinx, Jonah [person who brings ill-luck].
cenizoso, sa *adj.* ashy. 2 ashen, ash-gray.
cenobial *adj.* cenobian, [pertaining to a] monastery.
cenobio *m.* cenoby, cenobium.
cenobita *m.* cenobite.
cenobítico, ca *adj.* cenobitic.
cenojil *m.* garter.
cenopegias *f. pl.* Jewish feast of tabernacles.
cenotafio *m.* cenotaph.
cenote *m.* (Am.) deep underground water deposit.
cenozoico, ca *adj.* GEOL. Cenozoic.
censal *adj.* CENSUAL. — 2 *m.* rent charge.
censatario *m.* person paying a rent charge.
censo *m.* ROMAN ANTIQ. census. 2 census [official enumeration of population, etc.] : ~ *electoral* electoral census. 3 LAW census, rent charge, ground rent, annuity : ~ *enfitéutico,* emphyteusis; ~ *al quitar,* redeemable rent charge.
censor *m.* censor. 2 censorious person.
censorino, na & censorio, ria *adj.* censorial.
censual *adj.* [pertaining to the] rent-charge.
censualista *m.* rent charger.
censuario *m.* CENSATARIO.
censura *f.* censure, censoring. 2 censorship. 3 body of censors. 4 censure [blame, reproach]; hostile criticism or gossip]. 5 literary censure. 6 censure, ecclesiastic penalty.
censurable *adj.* censurable, blamable, reprehensible.
censurador, ra *adj.* censorious. — 2 *m.* & *f.* censorious person, censurer.
censurar *tr.* to censor. 2 to censure, blame, critizice: to find fault with.
censurista *m.* & *f.* censorious person, censurer, faultfinder.
centaura, centaurea *f.* BOT. great centaury, knapweed. 2 BOT. centaura menor, common erythræa.
centauro *m.* MYTH. centaur.
centavo, va *adj.* hundredth. — 2 *m.* hundredth; one-hundredth part. 3 cent [money].
centella *f.* lightning, thunderbolt. 2 spark, flash [from flint, etc.]. 3 remaining spark [of love, discord, etc.]. 4 BOT. (Chi.) buttercup, crowfoot.
centellador, ra *adj.* sparkling.
centellante *adj.* sparkling, glittering, flashing.
centellar, centellear *intr.* to sparkle, glitter, flash, scintillate; to twinkle.
centelleante *adj.* CENTELLANTE.
centelleo *m.* sparkling, glittering, scintillation, twinkling.
centellón *m.* large flash or spark.
centén *m.* old Spanish gold coin worth about 25 pesetas.
centena *f.* a hundred [collect.].
centenadas *adv.* hundreds : *a* ~, by hundreds, by the hundred.
centenal *m.* hundred. 2 rye field.
centenar, *pl.* -ares *m.* hundred : *a centenares,* by hundreds, by the hundred. 2 centenial anniversary, centenary. 3 rye field.
centenario, ria *adj.* centenary, centennial, centenarian. — 2 *m.* & *f.* centenarian [person]. — 3 *m.* centenary, centennial [centennial aniversary].
centenaza *adj.* [pertaining to] rye : *paja* ~, rye straw.
centenero, ra *adj.* [of soil or land] good for growing rye.
1) centeno *m.* BOT. rye.
2) centeno, na *adj.* hundredth.
centenoso, sa *adj.* mixed with rye.
centesimal *adj.* centesimal.
centésimo, ma *adj.* centesimal, hundredth. — 2 *m.* & *f.* hundredth [in every sense].

centiárea *f.* centiare, square metre.
centígrado, da *adj.* centigrade.
centigramo *m.* centigram.
centilitro *m.* centilitre.
centiloquio *m.* work divided into a hundred parts or chapters.
centimano, na *adj.* MYTH. hundred-handed.
centímetro *m.* centimetre.
céntimo, ma *adj.* hundredth [part]. — *2 m.* hundredth part. *3* centime, one-hundredth part of a peseta.
centinela *m.* & *f.* sentinel, sentry ; ~ *a caballo*, mounted sentinel, vedette ; ~ *de vista*, prisoner's guard ; *estar de* ~, *hacer* ~, to be on sentry duty, to watch, to stand or mount guard.
centinodia *f.* BOT. knot grass, persicaria.
centiplicado, da *adj.* hundredfold.
centipondio *m.* hundredweight.
centola, centolla *f.* ZOOL. thornback, common European spider crab.
centón *m.* crazyquilt, patchwork. *2* LITER. cento.
centrado, da *adj.* centered.
centraje *m.* centering.
central *adj.* central. — *2 f.* head or main office, headquarters : ~ *de correos*, main post office. *3* TELEPH. *central* or ~ *de teléfonos*, exchange, central. *4* ELECT. *central* or ~ *eléctrica*, powerhouse. central station, generating station.
centralicé, centralice, etc., *pret. subj. & imper.* of CENTRALIZAR.
centralilla *f.* TELEPH. local exchange.
centralismo *m.* centralism.
centralista *adj.* & *n.* centralist.
centralización *f.* centralization.
centralizador, ra *adj.* centralizing. — *2 m. & f.* centralizer.
centralizar *tr.-ref.* to centralize.
centralmente *adv.* centrally.
céntrico, ca *adj.* centric, central. *2* downtown.
centrifugador, ra *adj.* centrifugal [machine]. — *2 f.* centrifugal machine, centrifugal.
centrifugar *tr.* to centrifugate, centrifuge.
centrifugo, ga *adj.* centrifugal.
centripeto, ta *adj.* centripetal.
centro *m.* center, centre [in practically every sense] : ~ *de gravedad*, center of gravity ; ~ *nervioso*, nerve center ; *estar en su* ~, to be in one's element. *2* the central or most lively part of a town, the city. *3* goal, purpose. *4* club, association, social meeting place. *5* main office, headquarters. *6* (Cu.) coloured skirt for wearing under a transparent overskirt. *7* (Cu.) suit comprising trousers, shirt and waitscoat. *8* (Mex.) waistcot, west. *9* ~ *de mesa*, centrepiece [of table].
centroamericano, na *adj.* & *n.* Central-American.
centrobárico, ca *adj.* centrobaric.
centrosfera *f.* BIOL. centrosphere.
centrosoma *m.* BIOL. centrosome.
centunviral *adj.* centumviral.
centunvirato *m.* centumvirate.
centunviro *m.* centumvir.
centuplicación *f.* centuplication.
centuplicadamente *adv.* a hundredfold, in centuplicate.
centuplicar *tr.* to centuple, centuplicate.
céntuplo, pla *adj.* & *m.* centuple, centuplicate, hundredfold.
centuria *f.* century [a hundred years]. *2* HIST. century [division of the Roman army].
centurión *m.* centurion.
centurionazgo *m.* office of a centurion.
cenzalino, na *adj.* [pertaining to the] mosquito.
cénzalo *m.* ENTOM. mosquito.
ceñido, da *p. p.* of CEÑIR. — *2 adj.* close-fitting. *3* narrow-waisted [insect]. *4* thrifty, economical. *5* reduced, condensed. *6* AUT. *tomar una curva muy ceñida*, to hug a curve.
ceñidor *m.* girdle, belt, sash [for the waist].
ceñidura *f.* [act of] girding. *2* fastening. *3* abridgment.
ceñigio *m.* CENIZO 2.
ceñir *tr.* to gird ; to girdle, encircle. *2* to fasten around the waist. *3* to fit tight. *4* to shorten, reduce ; to condense. *5* ~ *espada*, to wear a sword. *6* NAUT. to haul [the wind]. — *7 ref.* to reduce one's expenses. *8* to be concise. ¶ CONJUG. like *reír*.
ceño *m.* frown. *2* threatening aspect [of clouds,

sea, etc.]. *3* encircling hoop or ring. *4* VET. circle round upper part of a horse's hoof.
ceñudo, da *adj.* frowning, stern, grim.
ceo *m.* ICHTH. dory.
cepa *f.* underground part of the stock [of tree or plant]. *2* grapevine ; vine stem. *3* butt or root [of horn, tail, etc.]. *4* stock [of lineage]. *5* ARCH. pier [of arch]. *6* BOT. ~ *caballo*, carline thistle. *7* *de buena* ~ of acknowledged good quality.
cepeda *f.* land overgrown with heath used in charcoal-making.
cepejón *m.* heavy root branching from trunk.
cepellón *m.* HORT. ball [earth left round the roots of a plant for transplanting].
cepera *f.* CEPEDA.
cepilladura *f.* ACEPILLADURA.
cepillar *tr.* ACEPILLAR.
cepillo *m.* brush [for cleaning or scrubbing] : ~ *de dientes*, toothbrush ; ~ *para el pelo*, hairbrush ; ~ *para la ropa*, clothesbrush ; ~ *para las botas*, shoebrush ; ~ *para las uñas*, nailbrush. *2* CARP. plane : ~ *bocel*, fluting plane. *3* alms box, poor box.
cepo *m.* bough, branch [of tree]. *2* stock [of anvil]. *3* stocks, pillory, bilboes [instrument of punishment]. *4* iron trap. *5* alms box, poor box. *6* stock [of anchor]. *7* CEFO. *8* *¡cepos quedos!* hands off!, quiet!, cut it out!
ceporro *m.* old vine pulled up for firewood.
cequí *m.* sequin, zequin [old golden coin].
cequia *f.* ACEQUIA.
cera *f.* wax ; beewax : ~ *aleda*, bee glue ; ~ *de los oídos*, earwax ; ~ *de palma*, palm wax ; ~ *vegetal*, vegetable wax ; ~ *virgen*, unwrought wax ; *figuras de* ~, waxworks ; *no hay más* ~ *que la que arde*, there is nothing more than what you see ; *ser como una* ~, to be very pliant, of a mild and yielding disposition. *2* ORN. cere. *3* wax tapers and candles. *4 pl.* honeycomb.
ceracate *f.* MINER. a variety of agate.
ceración *f.* metal founding.
cerafolio *m.* BOT. chervil.
cerámica *f.* ceramics. *2* ARCHEOL. study of ceramics.
cerámico, ca *adj.* ceramic.
ceramista *m.* & *f.* ceramist.
ceramita *f.* a precious stone. *2* a kind of brick stronger than granite.
cerapez *f.* cobbler's wax.
cerasta *f.,* **ceraste, cerastes** *m.* ZOOL. cerastes.
ceratias *m.* ASTR. double-tailed comet.
cerato *m.* PHARM. ointment containing wax.
ceraunia *f.* thunderbolt [stone].
ceraunomancia *f.* ceraunomancy.
cerbatana *f.* blowgun. *2* peashooter, popgun. *3* ear trumpet. *4* small culverin.
cerbero *m.* CANCERBERO.
1) cerca *f.* enclosure, hedge, fence.
2) cerca *adv.* near, close, nigh : *estar* ~, to be near; *aquí* ~, near here ; *de* ~, from near, at close range ; *seguir de* ~, to follow closely. | Before a noun, a pron. or an adv., it requires *de:* ~ *de Madrid*, near Madrid ; ~ *de aquí*, near here. *2* ~ *de*, nearly, about : ~ *de un año*, nearly a year. *3* to, at the court of : *embajador* ~ *de la Santa Sede*, ambassador to the Holy See. — *4 m.* coll. *tener buen* ~, to look well at close quarters. *5 pl.* PAINT. objects in the foreground.
cercado, da *adj.* fenced-in, walled-in. *2* MIL. surrounded. — *3 m.* enclosure, fenced-in or walled-in garden or field. *4* fence. enclosure. *5* (Pe.) territorial division comprising a state's capital and the towns within its jurisdiction.
cercador, ra *adj.* enclosing, encircling. — *2 m. & f.* fencer, hedger. *3* encircler. — *4 m.* blunt chisel used in repoussé work.
cercanamente *adv.* near, nearly.
cercanía *f.* nearness, proximity. *2 pl.* neighbourhood, vicinity ; surroundings.
cercano, na *adj.* near, close, nearing. *2* neighbouring, adjoining.
cercar *tr.* to fence, hedge, pale, wall in. *2* to encircle, surround, hem in ; to crowd around. *3* MIL. to invest, lay siege to.
cercén, a cercén *adv.* close to the root. *2* completely.
cercenadamente *m.* scantily.
cercenador *m.* clipper. *2* curtailer, reducer.

cercenadura *f.*, **cercenamiento** *m.* clipping, retrenchment. 2 curtailment, reduction.

cercenar *tr.* to clip, to cut off the point or edges of. 2 to curtail, lessen, reduce.

cerceta *f.* ORN. garganey. 2 *pl.* buds [of a deer's antlers].

cerciorar *tr.* to assure, to make [someone] sure of a fact. — 2 *ref. cerciorarse de,* to ascertain, find out, make sure of.

cerco *m.* circle [about a thing]; hoop, ring, edge. 2 rim [of wheel]. 3 casing, frame [of door or window]. 4 halo [around the sun or moon].·´5 circle, ring [of persons]. 6 MIL. siege, blockade : *alzar el* ~, to raise the siege; *poner* ~ *a,* to lay siege to. 7 circular movement.

cercopiteco *m.* ZOOL. cercopithecus.

cercha *f.* ARCH. flexible wooden rule for measuring curved objects. 2 ARCH. wooden model for cutting stones. 3 CARP. segment of a rim. 4 NAUT. rim of the steering wheel. 5 CIMBRA 1.

cerchar *tr.* AGR. to layer [vines].

cerchón *m.* CIMBRA 1.

cerda *f.* horsehair; bristle, hog bristle. 2 new-mown grain. 3 ZOOL SOW. 4 *ganado de* ~, swine (collec.). 5 *pl.* horsehair snare for partridges.

cerdamen *m.* bristles prepared for making brushes.

cerdear *intr.* [of horses or bulls] to be weak in the forequarter. 2 [of stringed instruments] to sound harsh, to rasp. 3 to show reluctance, to look for excuses.

Cerdeña *f. pr. n.* Sardinia.

cerdito *m. dim.* little pig.

cerdo *m.* ZOOL. swine. [domestic] hog, pig. 2 pork [meat] : *chuleta de* ~, pork chop. 3 fig. pig, swine [person]. 4 ZOOL. ~ *marino,* porpoise, harbour porpoise.

cerdoso, sa *adj.* bristly.

cerdudo, da *adj.* bristly. 2 hairy-chested.

cereal *adj. & m.* cereal.

cerealina *f.* CHEM. cerealin.

cerealista *adj.* pertaining to the growing or trade of cereals. — 2 *m. & f.* grain producer; grain dealer.

cerebelo *m.* ANAT. cerebellum.

cerebral *adj.* cerebral.

cerebrina *f.* CHEM. cerebrin.

cerebro *m.* ANAT. cerebrum. 2 fig. head, brains, judgement.

cerebroespinal *adj.* cerebrospinal.

cereceda *f.* CEREZAL.

cerecilla *f.* red pepper [fruit].

ceremonia *f.* ceremony. 2 formality, ceremonial pomp. 3 ceremoniousness. 4 *de* ~, formal, with all due ceremony; full [dress]: *hacer ceremonias,* to stand on ceremony; *por* ~, as a matter of form or of etiquette.

ceremonial *adj. & m.* ceremonial.

ceremonialmente *adv.* CEREMONIOSAMENTE.

ceremoniáticamente *adv.* ceremoniously [according to ceremony]; formally.

ceremoniático, ca *adj.* CEREMONIOSO.

ceremoniero, ra *adj.* full of compliments.

ceremoniosamente *adv.* ceremoniously.

ceremonioso, sa *adj.* ceremonious.

cereño, ña *adj.* wax-coloured [dog].

céreo, a *adj.* cereous, waxen.

cerería *f.* waxchandlery, waxchandler's shop. 2 chandlery of the royal palace.

cerero *m.* waxchandler; waxdealer. 2 ~ *mayor,* royal chandler.

Ceres *f. pr. n.* MYTH. Ceres.

ceresina *f.* ceresin.

cerevisina *f.* brewers' yeast.

cereza *f.* cherry [fruit] : ~ *gordal,* bigaroon. 2 ~ or *rojo* ~, cherry red [of incandescent metals].

cerezal *m.* cherry orchard.

cerezo *m.* BOT. cherry tree : ~ *silvestre,* dogwood.

céridos *m. pl.* CHEM. cerium metals.

cerífero, ra *adj.* ceriferous.

ceriflor *f.* BOT. honeywort.

cerilla *f.* wax match, paper match. 2 wax taper. 3 earwax.

cerillera *f.* **cerillero** *m.* matchbox.

cerillo *m.* wax taper. 2 wax match. 3 BOT. a Cuban tree.

cerina *f.* CHEM. cerin.

cerio *m.* CHEM. cerium.

cerita *f.* MINER. cerite.

cermeña *f.* BOT. a variety of pear.

cermeño *m.* BOT. a variety of pear tree.

cernada *f.* leached ashes. 2 PAINT. sizing of ashes and glue. 3 VET. poultice made of ashes.

cernadero *m.* coarse linen strainer for the leach tub.

cerne *m.* heart [of tree].

cernedero *m.* apron worn in sifting flour. 2 place for sifting flour.

cernedor *m.* sifter, bolter [person]. 2 bolter [machine].

cerneja *f.* fetlock [tuft of hair in horses].

cernejudo, da *adj.* heavily fetlocked [horse].

cerner *tr.* to sift, bolt [flour, etc.]. 2 to scan, observe. — 3 *intr.* [of some plants] to have flowers in a state of pollination. 4 to drizzle, mizzle. — 5 *ref.* to swing the body in walking, to waddle. 6 [of birds] to soar, hover. 7 [of evil, storm, etc.] to impend, to hang [over], to gather, to threaten. ¶ CONJUG. like *entender.*

cernícalo *m.* ORN. kestrel, sparrow hawk. 2 rude ignoramus. 3 *coger* or *pillar un* ~, to get drunk.

cernidillo *m.* drizzle. 2 short minced pace.

cernido *m.* sifting, bolting. 2 sifted flour.

cernidura *f.* sifting, bolting. 2 *pl.* siftings.

cernir *tr.* CERNER.

cero *m.* zero, naught, nought, cipher : ~ *absoluto,* PHYS. absolute zero; *ser un* ~ *a la izquierda,* to be a mere cipher.

ceroferario *m.* ECCL. acolyte bearing a candelabra.

cerografía *f.* cerography.

ceroleína *f.* CHEM. cerolein.

cerollo, lla *adj.* reaped when somewhat green [grain].

ceromancía *f.* ceromancy.

ceromiel *m.* ointment of wax and honey.

cerón *m.* dross of honeycombs.

ceroplástica *f.* ceroplastics [modeling in wax].

ceroso, sa *adj.* waxen, waxy.

cerote *m.* shoemaker's wax. 2 (coll.) fright, fear.

cerotear *tr.* to wax [thread].

ceroto *m.* CERATO.

cerqué, cerque, etc., *pret., subj. & imper.* of CERCAR.

cerquillo *m.* fringe of hair around tonsure. 2 welt [of shoe].

cerquita *f. dim.* small enclosure or fence. — 2 *adv. dim.* not far off, at a short distance, very near : *aquí* ~, very near here, just by.

cerrada *f.* part of hide or skin covering the back of an animal.

cerradera *f.* CERRADERO : *echar la* ~, coll. to turn a deaf ear.

cerradero, ra *adj.* that can be closed. 2 closing, fastening, locking. — 3 *m.* fastening, catch, lock. 4 keeper, strike [for the bolt of a lock]. 5 purse strings.

cerradizo, za *adj.* that can be closed, shut or fastened.

cerrado, da *adj.* shut; close, closed; fastened; locked. 2 obscure, incomprehensible. 3 cloudy, overcast. 4 secretive, reticent, reserved. 5 sharp [curve]. 6 thick [beard]. 7 PHONET. close. 8 with a heavy local accent. 9 ~ *de mollera,* dense, stupid, thickheaded. 10 *descarga cerrada,* volley — 11 *m.* CERCADO.

cerrador, ra *adj.* shutting, closing, fastening. — 2 *m. & f.* shutter, closer, fastener. — 3 *m.* fastening, lock, etc., any contrivance that shuts or locks.

cerradura *f.* CERRAMIENTO. 2 lock [fastening] : ~ *de cilindro,* cylinder lock; ~ *de golpe,* or *de muelle,* spring lock; ~ *de seguridad,* safety lock; ~ *embutida,* mortise lock.

cerraja *f.* lock [fastening]. 2 BOT. sow thistle.

cerrajear *intr.* to work as a locksmith.

cerrajería *f.* locksmith trade. 2 locksmith's shop.

cerrajero *m.* locksmith.

cerrajón *m.* high, steep hill.

cerramiento *m.* shutting, closing. 2 occlusion. 3 enclosure. 4 partition, partition wall. 5 ARCH. roof.

cerrar *tr.* to close, shut : ~ *la boca,* to be silent, to shut up; ~ *los oídos,* to turn a deaf ear; ~ *los ojos,* to close the eyes; to go to sleep, to die; ~ *un cajón, un cuchillo,* to shut a drawer, a knife; ~ *un libro,* to close a book. 2 to fasten, bolt, lock; ~ *de golpe,* to slam. 3 to clench [the fist]. 4 to block up, stop, obstruct, bar [an opening, the passage]. 5 to wall, to fence. 6 to seal [a letter]. 7 to close [a shop, a business; a bargain; a debate; an account]. *8* to close [the ranks]. *9* ELECT. to close [a circuit]. *10* to turn off [the water, the gas, etc.]. *11* to be or come last : ~ *la marcha,* to bring up the rear. — *12 intr.* [of a shop, theatre, etc.] to shut, close, to close its doors. *13* to shut [to admit of closing] : *la puerta cierra mal,* the door doesn't shut well. *14* ~ *con,* to attack, to close in on [an enemy]. — *15 ref.* to close, close itself, to be closed : ~ *en falso,* [of a wound] to not heal right. *16* to persist, to stand firm. — *17 intr.* & *ref. cerrar la noche,* to get dark. ¶ CONJUG. like *acertar.*

cerrazón *f.* dark and cloudy weather preceding a storm. *2* ~ *de mollera,* density, stupidity.

cerrejón *m.* hillock.

cerrero, ra *adj.* running wild. *2* CERRIL. *3* (Am.) rude, uncouth [person]. *4* (Ven.) bitter.

cerreta *f.* NAUT. headrail.

cerril *adj.* broken, uneven [ground]. *2* unbroken, untamed [cattle]. *3* coll. unpolished, boorish.

cerrilmente *adv.* rudely, boorishly.

cerrilla *f.* milling machine [for milling coins].

cerrillar *tr.* to mill, knurl [coins].

cerrillo *m.* hillock. *2* BOT. couch grass. *3 pl.* cutters for milling coins.

cerrión *m.* icicle.

cerro *m.* neck [of animal]. *2* back, backbone : *en* ~, bareback, barebacked, unsaddled [horse, mule or donkey]. *3* hill : *echar, ir* or *irse por los cerros de Úbeda,* to go off the track, to talk irrelevantly. *4* bunch of cleaned flax or hemp.

cerrojazo *m.* slamming the bolt : *dar* ~, to slam the bolt.

cerrojillo *m.* ORN. coal titmouse.

cerrojo *m.* bolt [fastening]. *2* bolt, breech bolt [of a rifle].

cerrón *m.* burlap.

cerruma *f.* pastern [of horse].

certamen *m.* literary contest. *2* competition for a literary, artistic or scientific prize.

certeramente *adv.* surely, accurately, unerringly.

certero, ra *adj.* good [shot]. *2* well-aimed, well-directed, unerring. *3* certain, sure, well-informed.

certeza, certidumbre *f.* certainty, certitude.

certificable *adj.* certifiable.

certificación *f.* certification.

certificado *adj.* registered [letter, package]. — *2 m.* registered letter or package. *2* certification, certificate, attestation : ~ *de estudios,* EDUC. transcript; ~ *de origen,* COM. certificate of origin.

certificador, ra *adj.* certifying. — *2 m.* & *f.* certifier.

certificar *tr.* to certify, assure. *2* to certify, certificate [attest by certificate], to prove by a public instrument. *3* to register [a letter or package].

certificatorio, ria *adj.* certificatory.

certifiqué, certifique, etc., *pret. subj.* & *imper.* of CERTIFICAR.

certísimo, ma *adj. superl.* very or most certain.

certitud *f.* certainty, certitude.

cerúleo, lea *adj.* cerulean. sky-blue.

ceruma *f.* CERRUMA.

cerumen *m.* cerumen, earwax.

cerusa *f.* CHEM. ceruse.

cerusita *f.* MINER. cerusite.

cerval *adj.* [pertaining to the] deer, deerlike : *miedo* ~, great fear.

cervantesco, ca; cervántico, ca; cervantino, na *adj.* pertaining or peculiar to Cervantes; in the style of Cervantes.

cervantismo *m.* influence of Cervantes. *2* expression or idiom peculiar to Cervantes.

cervantista *adj.* Cervantist.

cervantófilo, la *adj.* admirer of Cervantes. *2* collector of editions of Cervantes.

cervario, ria *adj.* CERVAL.

cervatica *f.* LANGOSTÓN.

cervatillo *m.* new-born fawn. *2* ZOOL. musk deer.

cervato *m.* fawn.

cerveceo *m.* fermentation of beer.

cervecería *f.* brewery. *2* alehouse, beer saloon.

cervecero, ra *adj.* [pertaining to] beer. — *2 m.* & *f.* brewer. *3* alehouse keeper.

cerveza *f.* beer, ale : ~ *clara,* pale ale; ~ *negra,* dark ale, porter; ~ *de marzo,* bock beer.

cervicabra *f.* ZOOL. an Indian antelope.

cervical, cervicular *adj.* cervical.

cérvido, da *adj.* ZOOL. cervoid. — *2 m.* ZOOL. cervid. *3 pl.* ZOOL. Cervidae.

cervigudo, da *adj.* thick-necked. *2* fig. stubborn.

cerviguillo *m.* thick nape of the neck.

cervillera *f.* ARM. cabasset.

Cervino *pr. n. el* ~ or *el monte* ~, the Matterhorn.

cervino, na *adj.* cervine.

cerviz, *pl.* **-vices** *f.* cervix, neck, nape of the neck : *bajar* or *doblar la* ~, to humble oneself; *levantar la* ~, to grow proud; *ser uno de dura* ~, to be indomitable.

cervuno, na *adj.* cervine. *2* deerlike. *3* deer-coloured.

cesación *f.,* **cesamiento** *m.* cessation, ceasing, discontinuance, stop, stopping : ~ *a divinis,* canonical suspension of divine service in a desecrated church.

cesante *adj.* ceasing. *2* [of a civil servant] out of office; on part pay. — *3 m.* civil servant out of office or put on part pay.

cesantía *f.* dismissal of public employment. *2* part pay, pension of a dismissed civil servant.

cesar *intr.* to cease, stop, to leave off [doing something] : ~ *de llorar,* to stop crying; ~ *en el negocio,* to go out of business; *sin* ~, unceasingly, without cease. *2* [of a civil servant] to cease in his functions, go out of office, leave a post.

César *m. pr. n.* Cæsar.

cesáreo, rea *adj.* Cæsarean. *2* SURG. *operación cesárea.* Cæsarean section or operation.

cesariano, na *adj.* Cæsarian.

cesarismo *m.* Cæsarism.

cesarista *adj.* & *n.* Cæsarist.

cese *m.* cessation of a civil servant in his functions.

cesible *adj.* LAW transferable.

cesio *m.* CHEM. cesium.

cesión *f.* cession; transfer, conveyance, assignment; resignation : ~ *de bienes,* LAW assignation, assignment, cessio bonorum.

cesionario, ria *m.* & *f.* person to whom a cession is made.

cesionista *m.* person who makes a cession.

cesonario, ria *m.* & *f.* CESIONARIO.

césped, céspede *m.* thick short grass, sward. *2* turf, sod. *3* bark growing on a vine where it has been pruned. *4* BOT. ~ *inglés,* Italian rye grass.

cespedera *f.* meadow where turf is cut.

cespitoso, sa *adj.* cespitose.

cesta *f.* basket, hamper : ~ *de costura,* sewing basket. *2* a wicker scoop fastened to the hand used in playing the game of pelota.

cestada *f.* basketfull.

cestería *f.* basketmaking; basketwork. *2* basket shop.

cestero, ra *m.* & *f.* basketmaker. *2* basket dealer.

cestiario *m.* Roman pugilist who fought with the cestus.

cestilla, cestita *f.,* **cestillo, cestito** *m.* small basket, hand basket.

cesto *m.* basket, large basket, washbasket : *coger agua en un* ~, to carry water in a sieve; *quien hace un* ~, *hará ciento,* he who steals a penny will steal a pound. *2* HIST. cestus.

cestodo *adj.* & *n.* ZOOL. cestode. — *2 m. pl.* ZOOL. Cestoda.

cestón *m.* large basket. *2* FORT. gabion.

cestonada *f.* FORT. gabionade.

cesura *f.* PROS. cæsure.

ceta *f.* ZETA.

cetáceo, cea *adj.* ZOOL. cetacean, cetaceous. — *2 m.* ZOOL. cetacean. *3 m. pl.* ZOOL. Cetacea.

cetaria *f.* hatchery for lobsters and other edible crustaceans.

cetilo *m.* CHEM. cetyl.

cetina *f.* sperm oil.

cetoina *f.* ENTOM. flower beetle.

cetra *f.* leather shield used by the ancient Spaniards.

cetrarina *f.* CHEM. cetrarin.

cetrería *f.* falconry, hawking.

cetrero *m.* falconer. *2* ECCL. verger.

cetrino, na *adj.* sallow, greenish yellow. *2* melancholy. *3* citrine; made with citron.

cetro *m.* scepter : *empuñar el* ~, to ascend the throne; ~ *de bufón,* fool's scepter, bauble. *2* ECCL. verge. *3* FALCON. perch.

ceugma *f.* zeugma.

ceutí, *pl.* **-tíes** *adj.* [pertaining to] Ceuta. — *2 m.* & *f.* native or inhabitant of Ceuta.

Cevenes *m. pr. n.* GEOG. Cevennes.

cía *f.* hipbone, huckle bone.

ciaboga *f.* NAUT. *hacer* ～, to put [a boat or ship] about; fig. [of a person] to create a confusion in order to flee.
cianato *m.* CHEM. cyanate.
cianhídrico *adj.* CHEM. hydrocyanic.
ciánico, ca *adj.* CHEM. cyanic.
cianita *f.* MINER. cyanite.
cianofíceo, a *adj.* & *f.* BOT. cyanophycean. — *2 f. pl.* BOT. Cyanophyceae.
cianógeno *m.* CHEM. cyanogen.
cianosis *f.* MED. cyanosis.
cianótico, ca *adj.* MED. cyanotic.
cianuro *m.* CHEM. cyanide : ～ *potásico*, potassium cyanide; ～ *sódico*, sodium cyanide.
ciar *tr.* NAUT. to back water. 2 to go backwards. 3 to back out.
ciático, ca *adj.* sciatic. — *2 f.* MED. sciatica.
cibal & **cibario, ria** *adj.* cibarious.
cibéleo, lea *adj.* poet. of Cybele.
Cibeles *f. pr. n.* MYTH. Cybele.
cibera *f.* wheat thrown into the hopper to prime the mill. 2 all seeds or grain fit for food. 3 waste of squeezed fruits.
cibiaca *f.* PARIHUELA.
cíbica *f.* clout [on an axletree].
cibicón *m.* large clout [on an axletree].
cibolo *m.* BISONTE.
ciborio *m.* ARCH. ciborium.
cibuí *m.* (Pe.) cedar.
cicadácea *f.* BOT. cicadácea. 2 *f. pl.* BOT. Cycadaceæ.
cicadales *f. pl.* BOT. Cycadales.
cicatear *intr.* coll. to act niggardly.
cicatería *f.* niggardliness, stinginess.
cicatero, ra *adj.* niggardly, stingy. — *2 m.* & *f.* niggard.
cicateruelo, la *m.* & *f. dim.* little niggard.
cicatricé, cicatrice, etc., *pret., subj.* & *imper.* of CICATRIZAR.
cicatriz, pl. -trices *f.* cicatrice, cicatrix, scar.
cicatrización *f.* cicatrization.
cicatricial *adj.* cicatricial.
cicatrizante *adj.* & *n.* cicatrizant.
cicatrizar *tr.* to cicatrize, to heal [a wound or ulcer]. — *2 ref.* [of a wound or ulcer] to cicatrize, heal, scar.
cicatrizativa *va adj.* cicatrizing.
cicércula, cicercha *f.* ALMORTA.
cícero *m.* PRINT. pica. 2 PRINT. mesure unit equivalent to 12 points.
Cicerón *m. pr. n.* Cicero.
cicerone *m.* cicerone.
ciceroniano, na *adj.* Ciceronian.
cicindela *f.* ENTOM. tiger beetle.
Cícladas *f. pr. n.* Cyclades.
ciclamino *m.* BOT. cyclamen.
ciclamor *m.* BOT. Judas tree.
cíclico, ca *adj.* cyclic(al.
ciclismo *m.* cycling, cyclism.
ciclista *m.* & *f.* cyclist.
ciclo *m.* cycle. 2 series [of lectures].
cicloidal *adj.* cycloid, cycloidal.
cicloide *f.* GEOM. cycloid.
cicloideo, a *adj.* CICLOIDAL.
ciclómetro *m.* cyclometer.
ciclón *m.* cyclone.
ciclonal *adj.* cyclonic, cyclonal.
cíclope *m.* MYTH. Cyclops.
ciclópeo, pea; ciclópico, ca *adj.* Cyclopean, Cyclopic.
ciclorama *m.* cyclorama.
ciclostilo *m.* cyclostile, mimeograph.
ciclotrón *m.* PHYS. cyclotron.
cicuta *f.* BOT. hemlock, poison hemlock. 2 hemlock [poison]. 3 BOT. ～ *acuática*, water hemlock.
cicutina *f.* CHEM. coniine.
cid *m.* strong, courageous man. 2 *El Cid Campeador*, a medieval Spanish hero of the wars against the Moors.
cidra *f.* BOT. citron [fruit]. 2 BOT. ～ *cayote*, a variety of squash.
cidrada *f.* preserved citron.
cidral *m.* citron plantation. 2 BOT. citron tree.
cidria *m.* CEDRIA.
cidro *m.* BOT. citron tree.
cidronela *f.* BOT. balm [*Melissa officinalis*].
ciegamente *adv.* blindly.
1) **ciego, ga** *adj.* blind [in practically every sense]; blinded; ～ *de ira*, blind with anger, blinded by anger. 2 [of a channel, pipe, etc.] stopped, blocked. — *3 m.* & *f.* blind man, blind woman.

— *4 m.* ANAT. cæcum, blind gut. 5 large black pudding. — *6 adv. a ciegas*, blindly, in the dark; thoughtlessly.
2) **ciego, ciegue,** etc., *irr.* V. CEGAR.
cieguecito, ca, llo, lla, to, ta; cieguezuelo, la *m. dim.* little blind person.
cielito *m.* darling, dearest, dearie. 2 (Arg.) a Gaucho dance.
cielo *m.* sky, heaven : *séptimo* ～, seventh heaven; *llovido del* ～, heaven sent; *cerrarse el* ～, [of the sky] to become overcast; *desencapotarse, despejarse el* ～, [of the weather] to clear up; *escupir al* ～, to do bad deeds that turn against the doer; *estar hecho un* ～, to be splendid, brilliant; *poner el* ～ or *por los cielos*, to praise to the sky; *tomar* or *coger el* ～ *con las manos*, to hit the ceiling; *venirse el* ～ *abajo*, to rain cats and dogs; said, also, of a great uproar arisen in a place; *ver uno el* ～ *abierto*, to see the light, to see one's way out [of a difficulty]; *a* ～ *abierto*, open to the sky; *a* ～ *descubierto*, in the open, in the open air. 2 heaven, Heaven [celestial abode; assembly of the blessed; God] : *ganar el* ～, to earn a place in Heaven; *mover* ～ *y tierra*, to move heaven and earth; *volar al* ～, [of the soul] to go to heaven; *bajado del* ～, excellent, perfect. 3 skies, climate, weather. 4 PAINT. sky. 5 top, roof, covering : ～ *de la cama*, canopy of the bed; ～ *de la boca*, roof of the mouth; ～ *raso*, ceiling, flat ceiling [of a room].
ciempiés, pl. -piés *m.* ZOOL. centipede, scolopendra. 2 coll. preposterous, disconnected work.
cien *adj.* hundred, a hundred, one hundred [used before nouns] : ～ *pesetas*, a hundred pesetas.
ciénaga *f.* marsh, miry or marshy place.
ciencia *f.* science; knowledge, learning : *ciencias exactas*, exact sciences; *ciencas naturales*, natural science; *ciencias ocultas*, occult sciences; *gaya* ～, gay science; *a* ～ *cierta, de* ～ *cierta*, with certainty; *a* ～ *y paciencia de*, with the knowledge, permission or sufferance of.
cienmilésimo, ma *adj.* & *n.* hundred-thousandth.
cienmillonésimo, ma *adj.* & *n.* hundred-millionth.
cieno *m.* silt, slime, mire.
cienoso, sa *adj.* silty, slimy, miry.
científicamente *adv.* scientifically.
científico, ca *adj.* scientific. — *2 m.* & *f.* scientist.
ciento *adj.* & *m.* hundred, a hundred, one hundred [used when not before the noun] : *somos* ～, we are a hundred; *por* ～, per cent; *por cientos*, by the hundred; *un* ～ *de huevos*, a hundred or one hundred eggs.
cientopiés *m.* CIEMPIÉS 1.
cierna *f.* BOT. anther [of the blossom of vines, wheat and other plants].
cierne *m.* fecundation of flowers [of some plants] : *en* ～, BOT. blossoming; fig. in the bud, in its beginning.
cierno, cierna, etc., *irr.* V. CERNER.
cierrarenglón *m.* marginal stop [of typewriter].
cierre *m.* closing, shutting [act of closing]. 2 fastening, snap, clasp; closing or shutting device : ～ *de cañón*, breechblock; ～ *de cremallera* or *relámpago*, zipper; ～ *metálico*, sliding metal shutter [for shop door or window].
1) **cierro** *m.* closing shutting. 2 (Chi.) wall, fence. 3 (Chi.) envelope. 4 ～ *de cristales*, bay window, glass-enclosed balcony.
2) **cierro, cierre,** etc., *irr.* V. CERRAR.
ciertamente *adv.* certainly, surely.
cierto, ta *adj.* certain, sure : *estar* ～, to be sure; *estar en lo* ～, to be right; *lo* ～ *es que*, the fact is that; *no, por* ～, certainly not; I should say not; *sí, por* ～, certainly, surely, yes indeed; *por* ～ *que*, by the by, by the bye. 2 certain, a certain, some : *ciertos autores*, certain authors, some authors; ～ *suma*, a certain sum; ～ *día*, a certain day, one day.
cierva *f.* ZOOL. hind.
ciervo *m.* ZOOL. red deer; stag, hart : ～ *de las pampas*, pampas deer; ～ *de Virginia*, Virginia deer, white-tailed deer. 2 ENTOM. ～ *volante*, stag beetle.
cierzo *m.* cold north wind.
cifosis *f.* MED. kyphosis.
cifra *f.* cipher, figure, number : ～ *arábiga*, Arabic figure. 2 amount. 3 cipher [secret writing], code. 4 cipher, monogram. 5 abbreviation. 6 sum.

summary. 7 *en* ~, in code; mysteriously, enigmatically; in brief.
cifradamente *adv.* in code; in brief.
cifrado, da *adj.* ciphered, in code.
cifrar *tr.* to cipher [write in cipher]. 2 to summarize. 3 to base, to make [a thing] depend [on] : ~ *la dicha en,* to base one's happiness on; ~ *sus esperanzas en,* to place one's hope in.
cigala *f.* ZOOL. crustacean of the *Scyllarus* genus.
cigarra *f.* ENTOM. cicada, harvest fly, *locust.
cigarral *m.* country house with orchard [in Toledo].
cigarrera *f.* cigar maker or seller [woman]. 2 cigar cabinet. 3 pocket cigar case.
cigarrero *m.* cigar maker or seller [man].
cigarrería *f.* (Am.) cigar store.
cigarrillo *m.* cigarette.
cigarro *m.* cigar: ~ *puro,* cigar; ~ *de papel,* cigarette.
cigarrón *m.* ENTOM. cicada. 2 ENTOM. grasshopper.
cigofiláceo, a *adj.* BOT. zygophylaceous. — 2 *f. pl.* BOT. Zygophylaceae.
cigomático, ca *adj.* ANAT. zygomatic.
cigoñal *m.* well sweep. 2 FORT. beam for raising a drawbridge.
cigoñino *m.* ORN. young stork.
cigoñuela *f.* ORN. stilt.
cigoto *m.* BIOL. zygote.
cigua *f.* BOT. a tropical tree. 2 ZOOL. (Cu.) sea snail.
ciguatarse *ref.* ACIGUATARSE.
ciguatera *f.* (Mex.) illness contracted by eating diseased fish.
ciguato, ta *adj.* suffering from CIGUATERA. — 2 *m. & f.* person suffering from CIGUATERA.
cigüeña *m.* ORN. stork : fig. *pintar la* ~, to give oneself airs. 2 MACH. crank, winch [of wheel or axle]. 3 crank [of a bell].
cigüeñal *m.* CIGOÑAL. 2 MACH. crankshaft.
cigüeñuela *f.* MACH. crank. 2 ORN. a wading bird allied to the stork.
cija *f.* barn for sheltering sheep. 2 hayloft.
cilampa *f.* (C. Ri., Sal.) LLOVIZNA.
cilanco *m.* pool left by a receding stream.
cilantro *m.* BOT. coriander.
ciliado, da *adj.* ciliate, ciliated. — 2 *m.* ZOOL. ciliate. 3 *pl.* ZOOL. Ciliata.
ciliar *adj.* ANAT. ciliary.
cilicio *m.* cilice, hairshirt. 2 girdle of bristles or little chains with points, worn as a penance.
cilindrado *m.* rolling, calendering.
cilindrar *tr.* to roll; to calender.
cilíndrico, ca *adj.* cylindric(al.
cilindro *m.* GEOM. cylinder. 2 MACH. cylinder [in which a piston moves]. 3 HOROL., PRINT. cylinder. 4 PRINT. roller, ink roller. 5 ~ *compresor,* road roller, roller.
cilindroeje *m.* ANAT. axon, axone.
cilla *f.* tithe barn, granary for tithes. 2 tithe.
cillerero *m.* cellarer [of monastery].
cilleriza *f.* cellaress [of convent].
cillerizo *m.* keeper of a tithe barn.
cillero *m.* CILLERIZO. 2 CILLA 1. 3 cellar, pantry.
cima *f.* summit, top, peak, crest, head [of mountain]. 2 top [of tree]. 3 top, height : *por* ~, at the top : over, superficially, cursorily, hastily. 4 sprout [of cardoons and other vegetables] 5 BOT. cyme : ~ *escorpioidea,* scorpioid cyme; ~ *helicoidal,* helicoid cyme. 6 finish, completion : *dar* ~ *a,* to carry out; to achieve.
cimacio *m.* ARCH. cymatium, cyma recta.
cimarrón, na *adj.* (Am.) runaway [slave]. 2 (Am.) gone wild [animal]. 3 (Am.) wild [plant]. 4 (Arg) black, sugarless [maté]. 5 NAUT. lazy [sailor]. — 6 *m.* (Am.) maroon [slave]. 7 NAUT. lazy sailor.
cimbalaria *f.* BOT. Kenilwort ivy, ivywort.
cimbalero *m.* MUS. cymbalist.
cimbalillo *m.* small bell.
cimbalista *m.* CIMBALERO.
címbalo *m.* small bell. 2 MUS. cymbal.
cimbanillo *m.* CIMBALILLO.
címbara *f.* ROZÓN.
cimbel *m.* decoy [bird]. 2 cord with which the decoy is attached to the stool.
cimboga *f.* AZAMBOA.
cimborio, cimborrio *m.* ARCH. dome.
cimbra *f.* ARCH. centre, center, centring, centering. 2 ARCH. inside curvature of an arch or vault. 3 NAUT. bending of a board.

cimbrado *m.* quick bending of the body [in Spanish dance].
cimbrar *tr.* to vibrate [a flexible thing]. 2 to bend, sway [the body]. 3 to give a blow [with a cane, etc.]. 4 ARCH. to build the centering [for an arch]. — 5 *ref.* to vibrate, to sway. 6 to bend or sway one's body.
cimbreante *adj.* flexible, lithe, pliant; swaying.
cimbrear *tr.* CIMBRAR.
cimbreño, ña *adj.* flexible, pliant.
cimbreo *m.* act of vibrating, bending, swaying. 2 bending or swaying movement.
címbrico, ca *adj.* Cimbrian.
cimbro, bra *adj. & n.* Cimbrian.
cimbronazo *m.* blow with the flat of a sword.
cimentación *f.* foundation; laying the foundation.
cimentar *tr.* to lay the foundation of or for; to found, ground, establish. 2 obs. to refine [gold]. ¶ CONJUG. like *acertar.*
cimenterio *m.* CEMENTERIO.
cimento *m.* GEOL. cement.
cimera *f.* crest [of helmet]. 2 HER. crest.
cimerio, ria *adj. & n.* Cimmerian.
cimero, ra *adj.* top, uppermost, crowning.
cimicaria *f.* BOT. danewort.
1) **cimiento** *f.* foundation [of a building, etc.]; groundwork, basis : *abrir los cimientos,* to dig the foundations; *echar los cimientos,* to lay the foundation.
2) **cimiento, cimiente,** etc., *irr.* V. CIMENTAR.
cimillo *m.* stool [for a decoy bird].
cimitarra *f.* scimitar.
cimofana *f.* MINER. cymophane.
cimógeno, na *adj.* BIOCHEM. zymogenic, zymogenous. — 2 *m.* zymogen.
cinabrio *m.* MINER. cinnabar. 2 cinnabar, vermilion.
cinacina *f.* BOT. (Arg.) a tree used in making hedges.
cinámico, ca *adj.* CHEM. cinnamic.
cinamomo *m.* BOT. bead tree, China tree. 2 an aromatic substance. 3 (Phil.) BOT. privet.
cinc *m.* CHEM. zinc.
cinca *f.* fault [in the game of ninepins].
cincel *m.* chisel.
cincelado *m.* chisel(l)ing.
cincelador *m.* chisel(l)er, sculptor, engraver.
cinceladura *f.* chisel(l)ing.
cincelar *tr.* to chisel, carve, engrave.
cinco *adj.* five : *las* ~, five o'clock; *decir cuantas son* ~, to tell one what's what; *vengan estos* ~, *choque usted estos* ~, put it there; shake hands. — 2 *m.* five. 3 fifth [in dates]. 4 five-spot card. 5 (Ve.) five-string guitar. 6 (C. Ri., Chi.) silver coin worth five CENTAVOS.
cincoenrama *f.* BOT. cinquefoil.
cincograbado *m.* zincography. 2 zincograph.
cincografía *f.* zincography.
cincuenta *adj. & m.* fifty. 2 fiftieth.
cincuentavo, va *adj. & n.* fiftieth.
cincuentena *f.* group of fifty : *una* ~ *de,* fifty, two and a half scores.
cincuentenario *m.* semicentennial.
cincuenteno, na *adj.* fiftieth.
cincuentón, na *adj. & n.* quinquangenarian.
cincha *f.* saddle girth, cinch : *a revienta cinchas,* at breakneck speed; hurry-scurry, hastily.
cinchadura *f.* girthing, cinching.
cinchar *tr.* to girth, cinch up. 2 to band, hoop.
cinchera *f.* part of the body of an animal where the girth or cinch is worn. 2 VET. girth sore.
cincho *m.* belly band. 2 iron band or hopp. 3 rim [of a cheese mould]. 4 (Mex.) CINCHA. 5 ARCH. transverse rib. 6 CEÑO 4.
cinchuela *f.* small girth or cinch. 2 narrow band or list.
cine *m.* cinematograph; motion or moving pictures, pictures, movies : ~ *en colores,* colour movies; ~ *en relieve,* three-dimensional movies; ~ *hablado* or *sonoro,* talkies; ~ *mudo,* silent movies, 2 cinema, cinematograph theatre, picture house, picture palace.
cineasta *m. & f.* moving-pictures producer —. 2 *m.* movie actor. — 3 *f.* movie actress.
cinegético, ca *adj.* cynegetic. — 2 *f.* cynegetics.
cinema *m.* CINE.
cinemática *f.* kinematics.
cinematografía *f.* cinematography.
cinematografiar *tr.* to cinematograph, to film.

cinematográfico, ca *adj.* cinematographic, motion-picture.
cinematógrafo *m.* cinematograph. 2 moving or motion pictures, motion picture theatre.
cineración *f.* cineration.
cinerama *m.* cinerama.
cineraria *f.* BOT. cineraria.
cinerario, ria *adj.* cinerary.
cinéreo, a *adj.* cinereous, ash-gray.
cinericio, cia *adj.* ashen, cinereous.
cinético, ca *adj.* kinetic. — 2 *f.* kinetics.
cingalés, sa *adj. & n.* Singhalese.
cíngaro, ra *adj.* gipsy. — 2 *m. & f.* zingaro.
cinglado *m.* shingling [of iron].
cinglar *tr.* to shingle [iron]. 2 NAUT. to propel [a boat] with only one oar aft.
cíngulo *m.* cingulum, priest's girdle. 2 ancient military badge.
cínicamente *adv.* cynically. 2 brazenly.
cínico, ca *adj.* cynical. 2 barefaced, impudent. — 2 *m. & f.* cynic. — 3 *m.* Cynic.
cínife *m.* MOSQUITO.
cinismo *m.* cynicism. 2 barefacedness, impudence.
cinocéfalo *m.* ZOOL. baboon.
cinoglosa *f.* BOT. hound's tongue.
Cinosura *f.* ASTR. Cynosure.
cinqueño *m.* game of ombre, played by five persons.
cinquero *m.* zinc worker.
cinquillo *m.* CINQUEÑO.
cinta *f.* ribbon, tape, band ; ~ *aislante*, insulating tape ; ~ *de freno*, brake band ; ~ *de sombrero*, hatband ; ~ *de teletipo*, teletype tape, ticker tape ; ~ *magnetofónica*, recording tape ; ~ *métrica*, decimal tape measure. 2 CINEM. film. 3 ARCH. fillet. 4 ARCH. ribbonlike ornament, scroll. 5 measuring tape. 6 NAUT. wale. 7 VET. coronet. — 8 *adv. en* ~, under subjection.
cintadero *m.* part of the crossbow to which the string is fastened.
cintajos *m. pl.* ribbons, tawdry ornaments [in dress].
cintarazo *m.* blow with the flat of the sword.
cintarear *tr.* coll. to strike with the flat of the sword.
cinteado, da *adj.* beribboned.
cintería *f.* ribbons. 2 ribbon trade. 3 ribbon shop.
cintero, ra *m. & f.* ribbon weaver. 2 ribbon dealer. — 3 *m.* belt, girdle.
cintilla *f. dim.* small ribbon ; narrow tape.
cintillo *m.* ornamental hat cord. 2 small ring set with precious stones.
cinto, ta *adj.* girdled. — 2 *m.* belt, girdle. 3 waist [of a person].
cintra *f.* ARCH. curvature [of an arch or vault].
cintrel *m.* ARCH. guide rule or line for arching.
cintura *f.* waist, waistline. 2 waistband [of dress]. 3 throat [of chimney]. 4 *meter en* ~, to make [one] toe the line, to discipline, bring into subjection.
cinturica, rilla, rita *f. dim.* small girdle. 2 narrow, delicate waist.
cinturilla *f.* waistband [of dress].
cinturón *m.* belt [around the waist] : ~ *de seguridad*, safety belt ; ~ *salvavidas*, life belt. 2 sword belt. 3 belt [encircling series of things].
cinzolín *adj.* having a reddish violet colour.
ciño, ciña, ciñera, ciñese, etc., *irr.* V. CEÑIR.
cipayo *m.* sepoy.
ciperáceo, a *adj.* BOT. cyperaceous. — 2 *f. pl.* BOT. Cyperaceae.
cipo *m.* cipus. 2 milestone ; signpost [on roads]. 3 boundary stone.
cipote *adj.* (Col.) silly, fool. 2 (Guat.) fat, chubby. — 3 *m.* (Salv., Hond.) brat, urchin.
ciprés *m.* BOT. cypress.
cipresal *m.* cypress grove.
cipresino, na *adj.* cupressineous. 2 of cypress, made of cypress wood.
Cipriano *m. pr. n.* Cyprian.
ciprino, na *adj.* CIPRIO.
ciprio, pria *adj. & n.* Cyprian [of Cyprus].
circasiano, na *adj. & n.* Circassian.
Circe *f. pr. n.* MYTH. Circe. 2 (not cap.) artful, deceitful woman.
circense *adj.* Circensian.
circinado, da *adj.* BOT. circinate.
circo *m.* [Roman] circus. 2 GEOL. circus, cirque. 3 *circo* or ~ *equestre*, circus [show].

circón *m.* MINER. zircon.
circona *f.* MINER. zirconia.
circonio *m.* CHEM. zirconium.
circuición *f.* encircling, surrounding.
circuir *tr.* to encircle, surround, compass. ¶ CONJUG. like *huir*.
circuito *m.* circuit [line enclosing an area, area enclosed, circular course]. 2 contour. 3 ELECT. circuit : *corto* ~, short circuit.
circulación *f.* circulation. 2 currency [state of being current]. 3 traffic, movement [of vehicles, etc.].
circulante *adj.* circulating.
1) **circular** *adj.* circular. — 2 *f.* circular, circular letter.
2) **circular** *intr.* to circulate. 2 to walk, move, pass ; [of traffic, vehicles, etc.] to run.
circularmente *adv.* circularly.
circulatorio, ria *adj.* circulatory.
círculo *m.* GEOM., ASTR. circle : ~ *horario*, hour circle ; ~ *máximo*, great circle ; ~ *menor* or small circle ; ~ *polar*, polar circle ; ~ *polar ártico*, arctic circle ; ~ *polar antártico*, antarctic circle ; ~ *repetidor*, SURV. repeating circle. 2 circumference. 3 circle, ring : fig. ~ *vicioso*, vicious circle. 4 circle, circuit, compass, district. 5 circle [of acquaintances, etc.], social circle. 6 club, casino.
circumcirca *adv.* about, thereabout.
circumpolar *adj.* circumpolar.
circuncidar *tr.* to circumcise.
circuncisión *f.* circumcision.
circunciso, sa *adj.* circumcised.
circundante *adj.* surrounding.
circundar *tr.* to surround.
circunferencia *f.* circumference.
circunferencial *adj.* circumferential.
circunferencialmente *adv.* in a circular manner.
circunferente *adj.* circumscribing.
circunferir *tr.* to circumscribe, to limit.
circunflejo *adj.* circumflex [accent].
circunlocución *f.*, **circunloquio** *m.* circumlocution, roundabout expression.
circunnavegación *f.* circumnavigation.
circunnavegar *tr.* to circumnavigate.
circunscribir *tr.* to circumscribe, confine, bound, limit. 2 GEOM. to circumscribe. — 3 *ref.* to confine oneself [to]. ¶ CONJUG. it has two irr. p. p. : *circunscripto* and *circunscrito*.
circunscripción *f.* circumscription. 2 district, territory.
circunscripto, ta ; circunscrito, ta *adj.* circumscribed ; circumscript.
circunspección *f.* circumspection. 2 decorousness, decorum, dignity.
circunspectamente *adv.* circumspectly.
circunspecto, ta *adj.* circumspect.
circunstancia *f.* circumstance [time, place, manner, etc., of an act ; external conditions] : ~ *agravante*, aggravating circumstance ; ~ *atenuante*, extenuating circumstance ; ~ *eximente*, circumstance which absolves of criminal responsibilities ; *en las circunstancias presentes*, under the circumstances. 2 particular, detail.
circunstanciadamente *adv.* circumstantially, in detail, minutely.
circunstanciado, da *adj.* circumstantial, minute, particular.
circunstancial *adj.* circumstantial [pertaining to, or depending on, circumstances].
circunstante *adj.* present, surrounding. — 2 *m. pl.* persons present, bystanders, audience.
circunvalación *f.* circumvallation.
circunvalar *tr.* to circumvallate.
circunvecino, na *adj.* neighbouring, adjacent, surrounding.
circunvolar *tr.* to fly round.
circunvolución *f.* circumvolution. 2 ANAT. ~ *cerebral*, cerebral convolution.
circunyacente *adj.* circumjacent.
circuyo, circuya, etc., *irr.* V. CIRCUIR.
cirenaico, ca *adj. & n.* Cyrenaic. — 2 *pr. n. La Cirenaica*, Cyrenaica.
cireneo, a *adj. & n.* Cyrenaic.
Ciriaco *pr. n.* Cyriacus.
cirial *m.* ECCL. processional candlestick.
Cirilo *pr. n.* Cyril.
cirineo, a *adj.* CIRENEO. — 2 *m.* fig. helper, assistant.

cirio *m.* ECCL. wax candle : ~ *pascual,* paschal candle.
Ciro *m. pr. n.* Cyrus.
cirolero *m.* CIRUELO 1.
cirrípedo, da *adj.* CIRRÓPODO.
cirro *m.* BOT., METEOR., ZOOL. cirrus. 2 MED. scirrhus.
cirrocúmulo *m.* METEOR. cirro-cumulus.
cirrópodo, da *adj. & m.* cirriped. — 2 *m. pl.* ZOOL. Cirripedia.
cirrosis *f.* MED. cirrhosis.
cirroso, sa *adj.* cirrous. 2 scirrhous.
cirrótico, ca *adj.* cirrhotic.
ciruela *f.* plum [fruit] : ~ *amacena* or *damascena,* damson ; ~ *claudia,* greengage ; ~ *pasa,* dry plum, prune.
ciruelar *m.* plum orchard.
ciruelillo *m.* BOT. (Arg., Chi.) a tree with a fine wood.
ciruelo *m.* BOT. plum tree. 2 coll. dolt.
cirugía *f.* surgery [science or art] : ~ *mayor,* major surgery ; ~ *menor,* minor surgery.
cirujano *m.* surgeon ; ~ *dentista,* dental surgeon.
cisalpino, na *adj.* cisalpine.
cisandino, na *adj.* cisandine.
cisca *f.* CARRIZO.
ciscar *tr.* to dirty, soil. — 2 *ref.* to ease nature.
cisco *m.* broken up charcoal : *hacer* ~, to shatter, to break into little pieces. 2 row, breeze, shindy.
cisión *f.* cutting, cut, incision.
cisma *m.* schism. 2 discord.
cismático, ca *adj. & n.* schismatic. 2 (Am.) fastidious.
cismontano, na *adj.* cismontane.
cisne *m.* ZOOL. swan. 2 fig. swan, poet. 3 ASTR. Swan, Cygnus.
cisoide *f.* GEOM. cissoid.
cisoria *adj. arte* ~, art of carving [meat at table].
cispadano, na *adj.* cispadane.
cisqué, cisque, etc., *pret., subj. & imper.* of CISCAR.
cisquero *m.* seller of broken up charcoal. 2 pounce bag.
cistáceo, a *adj.* BOT. cistaceous. — 2 *f. pl.* BOT. Cistaceae.
cistel, cister *m.* Cistercian order.
cisterciense *adj. & m.* Cistercian.
cisterna *f.* cistern, reservoir. 2 water tank
cisticerco *m.* ZOOL. cysticercus.
cístico *adj.* ANAT. cystic [duct].
cistitis *f.* MED. cystitis.
cistotomía *f.* SURG. cystotomy.
cisura *f.* fissure. 2 ANAT. sulcus.
cita *f.* appointment, engagement, date [arrangement for a meeting] : *darse* ~, to make an appointment. 2 [in a bad sense] assignation. 3 citation, quotation.
citación *f.* citation, quotation. 2 making an appointment. 3 LAW citation, summons.
citador ra *m. & f.* citator.
Citano, na *m. & f.* ZUTANO.
citar *tr.* to make an appointment with. 2 LAW to cite, summon. 3 to cite, quote. 4 BULLF. to provoke, incite [the bull].
cítara *f.* MUS. cithara. 2 MUS. cithern, cittern. 3 MUS. zithern.
citara *f.* MAS. thick partition wall.
citarilla *f.* MAS. thin partition wall.
citarista *m. & f.* citharist. 2 zither player.
citatorio, ria *adj.* LAW citatory, of summons.
citereo, a *adj.* poet. Cytherean.
citerior *adj.* hither, nearer : *España* ~, the higher or northeastern part of Roman Spain.
citiso *m.* BOT. cytisus.
cítola *f.* clapper [in a corn mill], millclapper.
citote *m.* coll. summons, citation.
citramontano, na *adj.* CISMONTANO.
citrato *m.* CHEM. citrate.
cítrico, ca *adj.* CHEM. citric.
citrina *f.* CHEM. lemon oil.
citrón *m.* LIMÓN 1.
ciudad *f.* city, town : *Ciudad de las siete colinas, Ciudad Eterna,* City of the Seven Hills, Eternal City (Rome) ; *Ciudad del Cabo,* Cape Town ; *Ciudad del Vaticano,* Vatican City ; ~ *jardín,* garden city ; *Ciudad Santa,* Holy City. 2 city council.
ciudadanía *f.* citizenship.
ciudadano, na *adj.* [pertaining to the] city or town. 2 civic. 3 citizenly. — 4 *m. & f.* citizen, urbanite.

ciudadela *f.* FORT. citadel. 2 (Am.) tenement house.
civeta *f.* ZOOL. civet cat.
civeto *m.* civet.
cívico, ca *adj.* civic. 2 civil, polite. 3 public-spirited, patriotic.
civil *adj.* civil. 2 civilian. — 3 *m. & f.* civilian [non military person]. — 4 *m.* a member of the *Guardia Civil.*
civilicé, civilice, etc., *pret., subj. & imper.* of CIVILIZAR.
civilidad *f.* civility, politeness, sociability.
civilista *m.* specialist on civil law. 2 (Am.) anti-militarist.
civilización *f.* civilization.
civilizado, da *adj.* civilized.
civilizador, ra *adj.* civilizing. — 2 *m. f.* civilizer.
civilizar *tr.* to civilize. — 2 *ref.* to become civilized.
civilmente *adv.* civilly.
civismo *m.* civism, good citizenship.
cizalla *f.* or **cizallas** *f. pl.* shears [for cutting sheet metal] ; tinner's shears. 2 paper cutter. 3 metal clippings.
cizallar *tr.* to shear [metal sheets or paper].
cizaña *f.* BOT. darnel. 2 BIBL. tare. 3 corrupting vice, bad influence. 4 discord : *meter* or *sembrar* ~, to sow discord.
cizañador, ra *adj.* discord-sowing. — 2 *m. & f.* sower of discord, troublemaker.
cizañar *tr.* to sow discord in.
cizañero, ra *adj. & n.* CIZAÑADOR.
clac *m.* opera hat, claque, collapsible hat, crush hat.
clacopacle *m.* (Mex.) ARISTOLOQUIA.
clacota *f.* (Mex.) small tumour, boil.
clachique *m.* (Mex.) unfermented pulque.
cladócero, ra *adj. & n.* ZOOL. cladoceran. — 2 *m. pl.* Cladocera.
cladodio *m.* BOT. cladode.
clamar *tr. & intr.* to clamour, cry, cry out : ~ *contra,* to clamour against ; ~ *por,* to clamour for, to cry out for ; ~ *al cielo,* to cry to heaven. — 2 *intr.* [of things] to want, require, demand : *la tierra clama por agua,* the soil wants water. 3 to clamour, to talk vehemently.
clámide *f.* chlamys.
clamor *m.* clamour, outcry. 2 plaint, cry of affliction. 3 knell, toll of bells.
clamoreada *f.* clamour, outcry. 2 plaint, cry of affliction.
clamorear *tr.* to clamour. — 2 *intr.* [of bells] to knell, toll.
clamoreo *m.* clamour, clamouring.
clamorosamente *adv.* clamourously.
clamoroso, sa *adj.* clamourous ; crying.
clan *m.* clan.
clandestinamente *adv.* clandestinely.
clandestinidad *f.* clandestinity.
clandestino, na *adj.* clandestine.
clanga *f.* PLANGA.
clangor *m.* poet. blare [sound of trumpet].
claque *f.* THEAT. claque.
Clara *f. pr. n.* Clara, Claire.
clara *f.* white of egg. 2 bald spot. 3 thinly woven spot [in cloth]. 4 break [in a rainy day]. — 5 *adv. a la* ~, *a las claras,* openly, manifestly.
claraboya *f.* skylight. 2 clerestory.
claramente *adv.* clearly. 2 frankly, openly.
clarar *tr.* ACLARAR.
clarea *f.* kind of mulled wine.
clarear *tr.* to make clear. — 2 *intr.* to dawn [to begin to get light in the morning]. 3 [of weather] to clear, clear up. — 4 *ref.* to show through, be transparent. 5 to show or disclose one's intentions.
clarecer *intr.* to dawn. ¶ CONJUG. like *agradecer.*
clarens *m.* clarence [carriage].
clareo *m.* clearing [a thicket or woods].
clarete *m.* claret wine.
clareza *f.* CLARIDAD.
clarezca, etc., *irr.* V. CLARECER.
claridad *f.* light. 2 clarity. 3 clearness ; distinctness ; plainness. 4 brightness, brilliance. 5 *pl.* home truths, plain truths.
clarificación *f.* clarification. 2 lightening.
clarificar *tr.* to clarify, purify, refine. 2 to brighten.
clarificativo, va *adj.* clarifying.
clarífico, ca *adj.* RESPLANDECIENTE.
clarilla *f.* lye of ashes.
clarimento *adj.* PAINT. bright color.

clarín *m.* MUS. clarion [trumpet; organ stop]; bugle. 2 clarion player. 3 (Chi.) sweet pea. 4 ~ *de la selva,* an American song bird.

clarinada *f.* clarion call. 2 tart, untimely remark.

clarinado, da *adj.* HER. bell-bearing.

clarinero *m.* clarion player.

clarinete *m.* MUS. clarinet. 2 clarinet(t)ist.

clarión *m.* white crayon, chalk.

clarioncillo *m.* white crayon.

clarisa *f.* Clare [nun].

clarísimo, ma *m.* very clear. 2 most illustrious.

clarividencia *f.* clairvoyance, clear-sightedness, perspicacity.

clarividente *adj.* clairvoyant, clear-sighted, perspicacious.

claro, ra *adj.* bright, full of light. 2 clear [pure, nitid; transparent, free of turbidity]: *agua clara,* clear water. 3 clear, plain [distinct, unconfused, intelligible, explicit]. 4 clear, obvious, evident: *está* ~, of course, evidently. 5 clear [vision, intellect, etc.]. 6 clear [day, night, weather, etc.]. 7 light [colour; in colour]: *azul* ~, light blue; *cerveza clara,* light or pale ale. 8 thin [liquid]. 9 thin, sparse [hair, vegetation, etc.]. 10 outspoken. 11 clear, illustrious, famous. — 12 *adv.* clearly, obviously, plainly, outspokenly. — 13 *interj.* ¡*claro!,* ¡*claro está!,* of course!, sure!, certainly! — 14 *m.* gap, break, space, interval. 15 clearing [in woods]; bare space [in fields]. 16 PAINT. light. 17 skylight. 18 ARCH. light [opening]. 19 *poner en* ~, to make plain to clear up, elucidate; *sacar en* ~, to deduce, make out. 20 *de* ~ *en* ~, evidently; from end to end; *pasar la noche de* ~ *en* ~, to pass the night without sleeping. 21 *por lo* ~, clearly, straight out.

claror *f.* light, radiance.

claroscuro *m.* PAINT. clear obscure, chiaroscuro. 2 combination of fine and heavy strokes [in penmanship].

clarucho, cha *adj.* coll. thin, watery.

clase *f.* class, classes, order, profession [persons having the same status]: ~ *alta,* upper classes; ~ *baja,* lower classes; ~ *médica,* medical profession; ~ *obrera,* working classes; *clases pasivas,* pensioners; *lucha de clases,* class struggle. 2 NAT. HIST. class. 3 class, kind, sort: *toda* ~ *de,* all kind of. 4 RLY., NAUT. class: *primera* ~, first class. 5 EDUC. class: *dar* ~, to give class; *asistir a* ~, to attend class. 6 classroom. 7 MIL. *clases de tropa,* non-commisioned officers.

clásicamente *adv.* classically.

clasicismo *m.* classicism.

clasicista *adj.* classicistic. — 2 *m. & f.* classicist.

clásico, ca *adj.* classic(al). — 2 *m.* classic [author].

clasificación *f.* classifying, classification, classing. 2 sorting, filing.

clasificador, ra *adj.* classifying. — 2 *m. & f.* classifier, classer; sorter. — 3 *m.* filing cabinet, file.

clasificar *tr.* to class, classify. 2 to sort, file.

claudicación *f.* claudication, limping. 2 being untrue to one's professed principles.

claudicante *adj.* halting, limping.

claudicar *intr.* to halt, limp. 2 to be untrue to one's professed principles.

Claudio *m. pr. n.* Claude, Claudius.

claudiqué, claudique, etc., *pret., subj. & imper.* of CLAUDICAR.

claustral *adj.* claustral; cloistral.

claustro *m.* ARCH., ECCL. cloister. 2 staff or governing body [of a university or school]: ~ *de profesores,* academic staff. 3 ~ *materno,* womb, matrix.

claustrofobia *f.* MED. claustrophobia.

cláusula *f.* clause [in a document], proviso. 2 GRAM. sentence, period.

clausulado, da *adj.* broken [style]. — 2 *m.* series of clauses.

clausular *tr.* to finish, close [a sentence].

clausura *f.* inner part of a monastery or convent. 2 cloister, monastic confinement. 3 official closing of a congress, court sessions, etc.

clausurar *tr.* to close [sessions, a congress, etc.].

clava *f.* club [stick].

clavadizo, za *adj.* nail-studded [doors, furniture, etc.].

clavado, da *adj.* nailed. 2 nail-studded; hobnailed. 3 exact, punctual. 4 fitting exactly, apposite.

clavador *m.* nailer.

clavadura *f.* VET. wound made by a nail in a horse's foot.

clavar *tr.* to drive, stick, thrust [something pointed, as a nail, a picket, a needle, a thorn, a dagger. etc.], to prick or stab with. 2 to nail, [fasten with a nail or nails], to pin, to fix: ~ *los ojos, la mirada* or *la vista, en,* to fix the eyes on, to stare, gaze, look fixedly at. 3 to set [a precious stone]. 4 to wound [a horse], with a nail in shoeing. 5 to spike [a cannon]. 6 to deceive, cheat. — 7 *ref.* to deceive oneself.

clavario, ria *m. & f.* keeper of the keys, claviger.

clavazón *f.* set or stock of nails.

clave *f.* key [to a riddle, etc.]. 2 code, cryptography: ~ *telegráfica,* telegraphic code. 3 ARCH. keystone. 4 MUS. clef: ~ *de fa,* bass clef; ~ *de sol,* treble clef. — 5 *m.* MUS. clavichord.

clavel *m.* BOT. pink, carnation: ~ *coronado,* grass pink; ~ *doble,* carnation; ~ *de China,* China pink; ~ *reventón,* large red carnation.

clavelito *m.* BOT. sweet william.

clavelón *m.* BOT. marigold, African marigold.

clavellina *f.* BOT. pink: ~ *de pluma,* grass pink.

claveque *m.* rock crystal [used to imitate diamonds].

clavera *f.* nail mold, heading stamp. 2 nail hole, nail bore.

clavería *f.* dignity of claviger in some military orders. 2 (Mex.) treasury of a cathedral.

clavero, ra *m. & f.* keeper of the keys; claviger. — 2 *m.* BOT. clove tree.

claveta *f.* small wooden peg or pin.

clavete *m.* small nail.

clavetear *tr.* to stud, nail [stud with nails]. 2 to tip, tag [a lace]. 3 to wind up, settle.

clavicímbalo, clavicímbano, clavicoordio *m.* MUS. clavichord.

clavícula *f.* ANAT. clavicle, collar bone.

claviculado, da *adj.* claviculate.

clavicular *adj.* clavicular.

clavija *f.* pin, peg, dowel, treenail: *apretar las clavijas a,* to put the screws on. 2 MEC. pintle. 3 MUS. peg, tuning peg, wrest pin [of a stringed instrument]. 4 ELECT. plug.

clavijero *m.* MUS. pegbox [of guitar, etc.]. 2 wrest block, wrest plank [of piano].

clavillo *m.* rivet, pin [of scissors or fan]. 2 clove [spice].

clavito *m. dim.* small nail.

clavo *m.* nail [of metal]: ~ *de adorno,* stud; ~ *de gota de sebo,* round-headed nail; ~ *de herrar* or *de herradura,* horseshoe nail; ~ *de rosca,* screw; *agarrarse a un* ~ *ardiendo,* to catch at straw; *dar una en el* ~ *y ciento en la herradura.* to be right by pure chance, to err frequently; *remachar el* ~, to add error to error; to reinforce an argument; *ser de* ~ *pasado,* to be self-evident; to be easy. 2 corn [on the foot]. 3 headache. 4 grief, pain: *un* ~ *saca otro* ~, one grief cures another. 5 core [of boil]. 6 SURG. tent, dossil. 7 *clavo* or ~ *de especia,* clove [spice].

clazol *m.* (Mex.) bagasse of sugar cane.

clemátide *f.* BOT. clematis, virgin's bower.

Clemencia *f. pr. n.* Clemencia.

clemencia *f.* clemency, mercy, forbearance.

clemente *adj.* clement, merciful.

clementemente *adv.* clemently, mercifully.

clementísimo, ma *adj.* very clement, most clement.

clepsidra *f.* clepsydra, water clock.

cleptomanía *f.* kleptomania.

cleptomaníaco, ca; cleptómano, na *adj. & n.* kleptomaniac.

clerecía *f.* clergy.

clerical *adj.* clerical [pertaining to the clergy]. 2 POL. clerical. — 3 *m. & f.* clerical, clericalist.

clericalismo *m.* clericalism.

clericalmente *adv.* clerically.

clericato *m.,* **clericatura** *f.* clericate, clericature.

clerigalla *f.* [contempt.] priests, priesthood.

clérigo *m.* clergyman, priest, man in holy orders: ~ *-de misa.* priest, presbyter. 2 HIST. clerk, scholar.

clerizón *m.* acolyte [in certain cathedrals].

clerizonte *m.* shabby or rude priest.

clero *m.* clergy.

clerofobia *f.* hatred of priests.

clerófobo, ba *adj.* priest-hating. — 2 *m.* & *f.* priest hater.
cliché *m.* cliché, stereotyped expression.
cliente *m.* & *f.* client. 2 customer.
clientela *f.* clientele, practice, connection, customers.
clima *m.* climate. 2 clime.
climatérico, ca *adj.* climacteric. 2 fig. *estar uno ~*, to be ill-humoured, in bad temper.
climático, ca *adj.* climatic.
climatología *f.* climatology.
climatológico, ca *adj.* climatologic(al.
climax *m.* RHET. climax.
clin *f.* CRIN.
clínica *f.* clinic. 2 private hospital. 3 clinical medicine.
clínico, ca *adj.* clinical. — 2 *m.* & *f.* clinician.
clinómetro *m.* clinometer.
clinopodio *m.* BOT. wild basil.
Clío *f.* pr. *n.* MYTH. Clio.
clípeo *m.* ARCHEOL. clypeus.
clíper *m.* NAUT., AER. clipper.
clisado *m.* PRINT. plating, stereotyping.
clisar *tr.* PRINT. to plate, stereotype.
clisé *m.* PRINT. plate, stereotype plate.
clistel, clister *m.* MED. clyster, enema.
clitelo *m.* ZOOL. clitellum.
clítoris *m.* ANAT. clitoris.
clivoso, sa *adj.* poet. sloping.
clo, clo *m.* cluck [call of a hen].
cloaca *f.* sewer, cloaca. 2 ZOOL. cloaca.
clocar *intr.* CLOQUEAR.
Clodoveo *m.* pr. *n.* Clovis.
cloque *m.* boat hook. 2 gaff used in fishing tunny.
cloquear *intr.* [of a hen] to cluck.
cloqueo *m.* cluck, clucking.
cloquera *f.* broody state, broodiness [in hens].
cloral *m.* CHEM. chloral.
clorato *m.* CHEM. chlorate.
clorhidrato *m.* CHEM. hydrochlorate.
clorhídrico, ca *adj.* CHEM. hydrochloric.
clórico, ca *adj.* CHEM. chloric.
clorita *f.* MINER. chlorite.
clorítico, ca *adj.* GEOL. chloritic.
cloro *m.* CHEM. chlorine.
clorofíceo, a *adj.* BOT. chlorophyceous. — 2 *f. pl.* BOT. Chlorophyceae.
clorofila *f.* BOT., BIOCHEM. chlorophyll.
clorofílico, ca *adj.* chlorophyllous.
clorofilo, la *adj.* BOT. having green or yellowish leaves.
cloroformicé, cloroformice, etc., *pret., subj.* & *imper.* of CLOROFORMIZAR.
cloroformización *f.* chloroforming. chloroformization.
cloroformizar *tr.* to chloroform, chloroformize.
cloroformo *m.* CHEM. chloroform.
cloromicetina *f.* PHARM. chloromycetin.
cloroplasto *m.* BOT. chloroplast.
clorosis *f.* MED. chlorosis.
cloroso, sa *adj.* CHEM. chlorous.
clorótico, ca *adj.* chlorotic.
clorurar *tr.* to chloridize.
cloruro *m.* CHEM. chloride.
Clotilde *f.* pr. *n.* Clotilda.
clown *m.* circus clown.
club *m.* club [association].
clubista *m.* club member.
clueco, ca *adj.* broody [hen]. 2 coll. decrepit. — *f.* broody hen.
cluniacense *adj.* & *n.* Cluniac.
coa *f.* a Mexican hoe. 2 (Chi.) jail slang.
coacción *f.* coaction, coercion, compulsion.
coaccionar *tr.* to coerce, compel.
coacervación *f.* gathering, heaping.
coacervar *tr.* to gather, heap together.
coacreedor, ra *m.* & *f.* cocreditor.
coactivo, va *adj.* coactive, compelling.
coacusado, da *adj.* jointly accused. — 2 *m.* & *f.* codefendant [in a criminal action].
coadjutor *m.* coadjutor. 2 assistant to a parish priest.
coadjutora *f.* coadjutrix.
coadjutoría *f.* coadjutorship.
coadministrador *m.* coadministrator.
coadunación *f.*, coadunamiento *m.* coadunation.
coadunar *tr.* to coadunate, to unite into one.
coadyutor *m.* COADJUTOR.
coadyutorio, ria *adj.* helping, aiding.

coadyuvante *adj.* coadjuvant, co-operating. 2 MED. adjuvant.
coadyuvar *intr.* to aid, co-operate, contribute.
coagente *m.* coagent.
coagulable *adj.* coagulable.
coagulación *f.* coagulation; curdling.
coagulador, ra & coagulante *adj.* coagulating, coagulative. — 2 *m.* coagulant.
coagular *tr.* to coagulate; to curdle, to clot. — 2 *ref.* to coagulate [to undergo coagulation].
coágulo *m.* coagulum, curd, clot.
coaguloso, sa *adj.* curdy.
coaita *m.* MONO ARAÑA.
coalición *f.* coalition, league.
coalicionista *m.* coalitionist.
coalla *f.* CHOCHA.
coana *f.* ANAT. choana.
coapóstol *m.* fellow apostle.
coaptación *f.* coaptation.
coarrendador *m.* joint lessor.
coartación *f.* limitation, restriction. 2 MED. coarctation.
coartada *f.* alibi : *probar la ~*, to prove an alibi.
coartar *tr.* to limit, to restrict.
coate, ta *adj.* (Mex.) CUATE.
coatí, *pl.* -tíes *m.* ZOOL. coati.
coautor, ra *m.* & *f.* co-author; joint doer.
coaxial *adj.* coaxial.
coba *f.* humorous lie. 2 soft soap, flattery : *dar ~*, to soft soap.
cobáltico, ca *adj.* of cobalt.
cobaltina *f.* MINER. cobaltite, cobaltine.
cobalto *m.* CHEM. cobalt.
cobarde *adj.* cowardly, faint-hearted; timid. 2 weak, poor [sight]. — 3 *m.* & *f.* coward, yellow.
cobardear *intr.* to be cowardly, to have a yellow streak; to show cowardice.
cobardemente *adv.* cowardly.
cobardía *f.* cowardice, faint-heartedness.
cobayo *m.* ZOOL. guinea pig.
cobea *f.* BOT. (Cent. Am.) climbing plant with beautiful purple flowers.
cobertera *f.* lid, cover [of pot, pan, etc.]. 2 fig. ALCAHUETA. 3 ORN. tail covert [feather].
cobertizo *m.* shed; lean-to. 2 penthouse [on a door or window].
cobertor *m.* bedcover, coverlet; counterpane.
cobertura *f.* cover, covering. 2 ceremony in which a grandee of Spain covers his head for the first time in the king's presence. 3 FINANCE coverage.
cobija *f.* convex roofing tile used to cover joints between concave ones. 2 ORN. covert [feather]. 3 cover, covering. 4 *pl.* (Am.) bedclothes.
cobijador, ra *adj.* covering, sheltering. — 2 *m.* & *f.* shelterer.
cobijamiento *m.* covering, sheltering, shelter.
cobijar *tr.* to cover, to shelter, give shelter. — 2 *ref.* to take shelter.
cobijo *m.* covering, sheltering, shelter : *hallar ~*, to find shelter. 2 lodgings.
cobra *f.* ZOOL. cobra. 2 HUNT. retrieving, retrieval. 3 yoke strap. 4 mares employed in threshing.
cobrable; cobradero, ra *adj.* collectable. collectible.
cobrador *m.* collector [of money] ; receiving teller. 2 tram or bus conductor. — 3 *adj.* *perro ~*, retriever.
cobranza *f.* recovery, collection, cashing.
cobrar *tr.* to collect, receive [money, taxes] ; to cash [cheques] ; to get paid. 2 coll. to catch it, to be punished. 3 to charge [a price]. 4 to recover. 5 to take, acquire, gather : ~ *ánimo*, to take courage; ~ *buena fama*, to acquire a good reputation; ~ *cariño*, to take a liking; ~ *carnes*, to put on flesh; ~ *fuerzas*, to gather strength. 6 to pull in [a rope]. 7 HUNT. to retrieve. 8 HUNT. to take [game]. — 9 *ref.* to recover, to come to.
cobratorio, ria *adj.* pertaining to collection of money.
cobre *m.* CHEM. copper : ~ *quemado*, copper sulfate; ~ *verde*, malachite; *batir el ~*, to pursue an affair with energy. 2 brasses [kitchen utensils]. 3 MUS. brass, brasses.
cobreño, ña *adj.* copper [of copper].
cobrizo, za *adj.* coppery. 2 copper-coloured.
cobro *m.* cashing, collection. 2 *poner en ~*, to put in a safe place; *ponerse en ~*, to get in

a safe place; *poner ~ en*, to be careful, to be cautious about.

coca *f.* BOT. coca. 2 coca leaf. 3 little round berry. 4 a medieval boat. 5 kink [in a rope]. 6 coll. head, bean. 7 rap on the head with the knuckles. 8 side hair of women. 9 BOT. *~ de Levante*, India berry tree; cocculus indicus.

cocada *f.* coconut confection.

cocaína *f.* CHEM. cocaine.

cocal *m.* (Pe.) coca plantation. 2 (Ven.) coconut grove.

cocán *m.* (Pe.) breast of a fowl.

cocar *tr.* coll. to cajole. 2 to make eyes to, to flirt with.

coccígeo, a *adj.* ANAT. coccygeal.

coccíneo, a *adj.* purple.

cocción *f.* cooking, boiling. 2 baking [of bread, bricks, pottery, etc.].

cóccix *m.* ANAT. coccix.

coceador, ra *adj.* kicking [animal].

coceadura *f.*, **coceamiento** *m.* kicking.

cocear *intr.* [of animals] to kick.

cocedero, ra *adj.* easily cooked, boiled or baked. — 2 *m.* boiling room or place.

cocedizo, za *adj.* COCEDERO.

cocedor *m.* workman who boils something. 2 COCEDERO 2.

cocedura *f.* cocción.

cocer *tr.* to cook [food]. 2 to boil [a substance]. 3 to bake [bread, bricks, pottery, etc.]; to burn [limestone]. 4 to digest [in the stomach]. — 5 *intr.* [of a liquid] to boil. 6 [of wine] to ferment. — 7 *ref.* to cook, to undergo the process of being cooked, boiled or baked : *no cocérsele a uno el pan*, coll. to be very impatient. 8 to suffer long and hard. ¶ CONJUG. like *mover*.

coces *f. pl.* of coz. kicks : *dar ~*, to kick.

cocido, da *adj.* cooked, boiled, baked, done. 2 experienced, skilled. — 3 *m.* Spanish dish of boiled meat and vegetables.

cociente *m.* MAT. quotient.

cocimiento *m.* cocción. 2 decoction.

cocina *f.* kitchen. 2 NAUT. galley. 3 kitchen stove : *~ de campaña*, camp kitchen; *~ económica*, cooking range. 4 cookery, cooking, cuisine.

cocinar *tr.* to cook [food]. — 2 *intr.* to cook, do the cooking. 3 coll. to meddle.

cocinero, ra *m. & f.* cook.

cocinilla *f. dim.* alcohol stove, camping stove. 2 coll. meddler.

cocinita *f. dim.* small kitchen or stove. 2 COCINILLA.

cóclea *f.* Archimedean screw. 2 ANAT., BOT. cochlea.

coclear *adj.* cochlear.

coclearia *f.* BOT. scurvy grass.

coco *m.* BOT. coco, coconut palm or tree. 2 BOT. coconut. 3 coconut husk. 4 grub [larva]. 5 Indian berry used for making rosaries. 6 BACT. coccus. 7 bogeyman, bogey, bogy, bugbear. 8 face, grimace: *hacer cocos*, to cajole; to make eyes, to flirt. 9 ORN. (Cu.) a wading bird, kind of ibis. 10 BOT. *~ de Levante*, India berry tree.

cocobálsamo *m.* BOT. fruit of the balm of Gilead.

cocobolo *m.* BOT. a hard-wood tree.

cocodriliano, na *adj. & n.* ZOOL. crocodilian. — 2 *m. pl.* ZOOL. Crocodilia.

cocodrilo *m.* ZOOL. crocodile.

cocol *m.* (Mex.) rhomb-shaped bread roll.

cocolía *f.* (Mex.) dislike, ill-will, spite.

cocoliche *m.* (Arg.) jargon used by some Italian immigrants. 2 immigrant using this jargon.

cocoliste *m.* (Mex.) any epidemic fever.

cócora *adj.* bothersome, annoying. — 2 *m. & f.* bothersome person.

cocoso, sa *adj.* grubby, eaten by grubs.

cocotal *m.* coconut grove.

cocotero *m.* BOT. coco, coco palm, coconut palm or tree.

coctel *m.* cocktail.

coctelera *f.* cocktail shaker.

cocuí *m.* BOT. (Ve.) agave.

cocuma *f.* (Pe.) corn roasted on the cob.

cocuyo *m.* ENTOM. cucuyo, fire beetle. 2 BOT. a Cuban tree.

cochambre *m.* coll. greasy, stinking filth.

cochambrería *f.* coll. lot of filthy, stinking things.

cochambriento, ra & cochambroso, sa *adj.* coll. filthy and stinking.

cochastro *m.* sucking wild boar.

cochayuyo *m.* BOT. (S. Am.) an edible seaweed.

coche *m.* coach, carriage, car : *~ de alquiler, de plaza* or *de punto*, cab, hack; *~ de camino*, stagecoach; *~ celular*, Black Maria, prison van; *~ fúnebre*, hearse; *caminar en el ~ de San Francisco*, to ride on shank's mare; *es un ~ parado*, fig. said of a balcony or window giving on a busy thoroughfare. 2 AUT. car : *~ de turismo*, touring car. 3 RLY. car, carriage : *~ cama*, sleeping car; *~ restaurante*, dining car; *~ salón*, parlour car, saloon car. 4 tram car; omnibus.

cochear *intr.* to drive a coach. 2 to go driving.

cochecillo *m. dim.* little carriage. 2 baby carriage, perambulator.

cochera *f.* coach house, livery stable. 2 tramway depot. 3 coachman's wife.

cocheril *adj.* [pertaining to] coachmen.

cochero *m.* coachman, carriage driver : *~ de punto*, cabby, hackman.

cocherón *m.* large coachhouse.

cochevira *f.* lard.

cochevís *m.* COGUJADA.

cochifrito *m.* dish of lamb or kid meat boiled and fried.

cochigato *m.* ORN. (Mex.) a wading bird.

cochina *f.* ZOOL. sow.

cochinada *f.* dirty thing. 2 dirty action; dirty trick.

cochinamente *adv.* filthily, dirtily. 2 very badly, meanly, basely.

cochinata *f.* NAUT. rider.

Cochinchina *f. pr. n.* GEOG. Cochin China.

cochinería *f.* filth, dirt; dirty thing. 2 dirty, base. indecorous action.

cochinero, ra *adj.* of hog; for hogs. 2 *trote ~*, jog trot.

cochinilla *f.* ENTOM. cochineal insect. 2 cochineal [dyestuff]. 3 ZOOL. *cochinilla* or *~ de la humedad*, pill bug, sow bug, wood louse.

cochinillo *m.* sucking pig.

cochino, na *adj.* filthy, dirty; piggish. 2 paltry. 3 dirty, slovenly [person]. — 4 *m.* ZOOL. pig, hog. — 5 *m. & f.* dirty person.

cochiquera *f.* COCHITRIL.

cochite hervite *adv.* helter-skelter. — 2 *m. & f.* feather-brained person.

cochitril *m.* pigsty. 2 filthy room, hovel.

cochura *f.* cocción. 2 dough for a batch of bread.

coda *f.* MUS. coda. 2 CARP. corner block.

codadura *f.* HORT. layer [of vine].

codal *adj.* cubital, one cubit long. 2 elbow-shaped. — 3 *m.* ARM. elbow-piece. 4 ARCH. horizontal strut. 5 frame side of bow saw.

codaste *m.* NAUT. sternpost.

codazo *m.* poke with the elbow; nudge.

codeador, ra *m. & f.* (Am.) cadger, beggar.

codear *intr.* to elbow, move the elbows. 2 (Am.) to cadge, beg. — 3 *ref. codearse con*, to mix or hobnob with, to be on equal terms with.

codeína *f.* CHEM. codein, codeine.

codelincuencia *f.* joint delinquency.

codelincuente *m. & f.* joint delinquent, partner in crime.

codeo *m.* elbowing, nudging. 2 hobnobbing.

codera *f.* elbow patch. 2 itch on the elbow. 3 NAUT. stern fast.

codeso *m.* BOT. a Spanish cytisus.

codeudor, ra *m. & f.* joint debtor.

códice *m.* codex.

codicia *f.* covetousness, cupidity, greed : *la ~ rompe el saco*, grasp all, lose all.

codiciable *adj.* covetable.

codiciador, ra *adj.* coveting. — 2 *m. & f.* coveter.

codiciar *tr.* to covet.

codicilar *adj.* codicillary.

codicilo *m.* LAW. codicil.

codiciosamente *adv.* covetously, greedily.

codicioso, sa *adj.* covetous, greedy, grasping. 2 desirous. 3 coll. industrious, hard-working.

codificación *f.* codification.

codificador, ra *adj.* codifying. — 2 *m. & f.* codifier.

codificar *tr.* to codify.

codifiqué, codifique, etc., *pret., subj. & imper.* of CODIFICAR.

código *m.* code [collection or body of laws]; system of principles or rules] : *~ civil*, civil code; *~ mercantil*, commerce or mercantile code; *~ militar*, military law; *~ penal*, penal or criminal code; *~ de Justiniano*, Justinian Code; *~ del* *honor*, code of honour. *2* NAUT. ~ *de señales*, signal code.

codillera *f.* VET. tumour in the elbow of a horse.

codillo *m.* elbow [of quadruped]. *2* forearm [of quadruped]. *3* elbow, bend [in tube or pipe]. *4* stirrup. *5* stump [of branch]. *6* NAUT. end [of keel]. *7* a term at ombre, used when the game is lost by the challenger : *jugársela a uno de* ~, to trick one out of something he wants; *tirar a uno al* ~, to do one's best to harm somebody.

codo *m.* ANAT. elbow ; *alzar* or *empinar el* ~, to crook the elbow, to tipple; *comerse uno los codos de hambre*, to be starving, be poverty stricken; *dar de* ~, or *del* ~, to nudge; to spurn; *hablar por los codos*, to talk a donkey's hind leg off; *hasta los codos*, up to the elbows. *2* elbow [of quadruped]. *3* elbow, bend [in tube or pipe]. *4* cubit [measure].

codón *m.* leather bag for a horsetail.

codoñate *m.* quince sweet.

codorniz, pl. -nices *f.* ORN. quail.

coeducación *f.* coeducation.

coeficiencia *f.* common cause; cooperation, joint effort.

coeficiente *adj.* coefficient. — *2 m.* MATH., PHYS. coefficient : ~ *de dilatación*, coefficient of expansion. *3* ING. ~ *de seguridad*, safety factor.

coepíscopo *m.* contemporary bishop.

coercer *tr.* to coerce.

coercible *adj.* coercible.

coerción *f.* coertion.

coercitivo, va *adj.* coercitive.

coerzo, coerza, etc., *pres. indic., pres. subj. & imper.* of COERCER.

coetáneo, a *adj. & n.* contemporary, coetaneous.

coeterno, na *adj.* coeternal.

coevo, va *adj.* coetaneous, contemporary.

coexistencia *f.* coexistence.

coexistente *adj.* coexistent.

coexistir *intr.* to coexist.

coextenderse *ref.* to coextend.

cofa *f.* NAUT. top [platform].

cofia *f.* hair net. *2* women's cap. *3* ARM. coif.

cofiezuela *f.* dim. of COFIA.

cofín *m.* basket, fruit basket or box.

cofrade *m. & f.* member of a confraternity or brotherhood.

cofradía *f.* confraternity, brotherhood. *2* guild, association, union.

cofre *m.* coffer; trunk, chest. *2* ICHTH. trunkfish.

cofrecito *m.* small coffer, casket.

cofrero *m.* trunk maker or seller.

cofto, ta *adj. & n.* COPTO.

cogedera *f.* box for catching swarming bees. *2* forked pole for gathering fruits.

cogedero, ra *adj.* ready to be picked or gathered. — *2 m.* handle.

cogedizo, za *adj.* that can be easily gathered.

cogedor, ra *m. & f.* picker, gatherer. — *2 m.* dust-pan. *3* coal or ash shovel.

cogedura *f.* picking, gathering.

coger *tr.* to take, seize, grasp; to take hold of : ~ *a uno de la mano*, to take someone by the hand. *2* to catch : ~ *un resfriado*, to catch a cold; ~ *a uno en una mentira*, to catch someone lying; *cogerse los dedos*, to catch one's fingers; *le cogió la tempestad*, he was caught by the storm. *3* to get : ~ *la delantera*, to get the start. *4* to overtake. *5* to take, surprise : ~ *desprevenido*, to take unawares. *6* to find : ~ *a uno de buenas* or *de buen humor*, to find someone in a good humour; ~ *a uno en casa*, to find someone at home. *7* to pick, gather, collect [flowers, fruits, etc.]. *8* to take up, absorb. *9* to hold [have capacity for] : *esta vasija coge diez litros*, this vessel holds ten litres. *10* to cover, fill : *la alfombra coge todo el suelo*, the carpet covers all the floor. *11* BULLF. [of the bull] to gore [the bullfighter]. *12* ~ *la palabra a uno*, to hold someone to his promise. *13* ~ *la calle* or *la puerta*, to go out, go away.

cogida *f.* picking, gathering, harvest. *2* act of the bull goring the bullfighter.

cogido *m.* gather [in cloth].

cogitabundo, da *adj.* cogitabund, pensive.

cogitación *f.* cogitation.

cogitativo, va *adj.* cogitative.

cognación *f.* cognation [blood relationship].

cognado, da *adj.* GRAM. cognate. — *2 m. & f.* cognate.

cognaticio, cia *adj.* cognatic.

cognición *f.* cognition.

cognomento *m.* cognomen, appellation.

cognoscible *adj.* cognoscible.

cognoscitivo, va *adj.* cognoscitive.

cogollero *m.* ENTOM. (Cu.) worm which attacks the tobacco plant.

cogollo *m.* heart [of lettuce, cabbage, etc.]. *2* shoot [of plant]. *3* ENTOM. (Arg.) harvest fly. *4* fig. cream, the best [of something].

cogombrillo *m.* COHOMBRILLO.

cogombro *m.* COHOMBRO.

cogón *m.* BOT. (Phil.) tall coarse grass used for thatching.

cogonal *m.* (Phil.) COGÓN plantation.

cogorza *f.* coll. drunkeness : *coger una* ~, to get drunk, to get soaked.

cogotazo *m.* slap on the back of the neck.

cogote *m.* back of the neck : *ser tieso de* ~, to be conceited or haughty. *2* crest at the back of a helmet.

cogotera *f.* havelock. *2* sun-bonnet for carriage horses.

cogotudo, da *adj.* thick-necked. *2* coll. proud, haughty. — *3 m.* (Am.) enriched commoner.

cogucho *m.* coarse sugar.

cogujada *f.* ORN. crested lark.

cogujón *m.* corner, point [of pillow, bag, etc.].

cogulla *f.* cowl, frock [of monk].

cogullada *f.* dewlap [of pig].

cohabitación *f.* cohabitation.

cohabitar *intr.* to cohabit.

cohecha *f.* AGR. last tillage before sowing.

cohechador, ra *m. & f.* briber.

cohechar *tr.* to bribe [a judge, etc.]. *2* AGR. to till or plough the last time before sowing.

cohecho *m.* bribing, bribery. *2* AGR. season for COHECHAR.

cohén *m. & f.* soothsayer. *2* procurer, go-between.

coheredar *tr.* to inherit jointly.

coheredera *f.* coheiress, joint heiress.

coheredero *m.* coheir, joint heir.

coherencia *f.* coherence. *2* PHYS. cohesión.

coherente *adj.* coherent.

coherentemente *adv.* coherently.

cohesión *f.* cohesión [sticking together]. *2* PHYS. cohesion.

cohesivo, va *adj.* cohesive.

cohesor *m.* RADIO. coherer.

cohete *m.* rocket, skyrocket; ~ *de salvamento*, life rocket. *2* (Méx.) blast hole.

cohetero, ra *m. & f.* maker or seller of fireworks.

cohibición *f.* restraint; embarrassment.

cohibido, da *p. p.* of COHIBIR. — *2* restrained, embarrassed, ill at ease.

cohibir *tr.* to restrain. *2* to constrain, embarrass.

cohobación *f.* CHEM. cohobation.

cohobar *tr.* CHEM. to cohobate.

cohobo *m.* deerskin. *2* (Ec., Pe.) stag, deer.

cohombral *m.* cucumber patch.

cohombrillo *m.* small cucumber. *2* BOT. ~ *amargo*, squirting cucumber.

cohombro *m.* BOT. cucumber. *2* ZOOL. ~ *de mar*, sea cucumber.

cohonestador, ra *adj.* giving an honest appearance to an action.

cohonestar *tr.* to give an honest appearance to [an action].

cohorte *f.* cohort.

coima *f.* concubine.

coime *m.* keeper of a gambling den. *2* score keeper [at billiards].

coincidencia *f.* coincidence.

coincidente *adj.* coincident.

coincidir *intr.* to coincide.

cointeresado, da *adj.* jointly-interested. — *2 m. & f.* jointly-interested party.

coipo *m.* ZOOL. (Arg., Chi.) coypu [a kind of otter].

coirón *m.* BOT. (Bol., Chi., Pe.) a kind of thatching grass.

coito *m.* coition, coitus.

cojear *intr.* to limp, halt, hobble. *2* [of a table, chair, etc.] to be unsteady. *3* PROS. [of a line] not to scan. *4* to have a failing or a weakness : ~ *del mismo pie*, fig. to have the same failing or defect; *saber de qué pie cojea uno*, to know someone's weakness.

cojera *f.* lameness, halt limp, hobble.
cojijo *m.* bug, insect. 2 grudge or complaint for a slight cause.
cojijoso, sa *adj.* peevish.
cojín *m.* cushion.
cojinete *m.* small cushion; pad. 2 sewing cushion. 3 RLY. chair. 4 MAC. bearing, journal bearing, pillow block : ~ *de bolas,* ball bearing ; ~ *de rodillos,* roller bearing. 5 die [of diestock].
cojitranco, ca *adj.* bustling lame person.
1) **cojo, ja** *adj.* lame [person, animal, leg]. 2 unsteady [table, chair, etc.]. 3 out of scan [line]. 4 unsound [argument]. — 5 *m. & f.* lame person, cripple.
2) **cojo, coja,** etc., *pres., subj. & imper.* of COGER.
cojobo *m.* (Cu.) JABÍ 1.
cojolite *m.* ORN. (Mex.) a kind of pheasant.
cojudo, da *adj.* not castrated.
cojuelo, la *adj.* dim. of COJO.
cok *m.* COQUE.
col *f.* BOT. cabbage : *coles de Bruselas,* Brussels sprouts; *sopa de coles,* cabbage soup.
cola *f.* tail [of animal, bird or comet] : fig. ~ *de caballo,* poney tail [hairdressing] ; fig. *tener* or *traer* ~ *una cosa,* to have serious consequences. 2 train [of gown]. 3 tail, tail end. 4 queue, line : *hacer* ~, to queue up, to await one's turn in a queue or waiting line. 5 last place, end, rear [of queue, line, etc.] : *a la* ~, behind, in the rear ; *de* ~, last, rear. 6 lowest place [in a school class]. 7 ARQ. back [of ashlar]. 8 glue : ~ *de pescado,* fish glue, isinglass ; ~ *de retal,* painter's size. 9 BOT. cola, kola [tree and nut] : *nuez de* ~, cola nut. 10 BOT. ~ *de caballo,* horsetail. 11 ASTR. ~ *del Dragón,* Dragon's tail. 12 CARP. ~ *de milano* or *de pato,* dovetail. 13 BOT. ~ *de zorra,* meadow foxtail.
colaboración *f.* collaboration.
colaboracionista *m. & f.* collaborationist.
colaborador, ra *m. & f.* collaborator. 2 contributor [to a publication].
colaborar *intr.* to collaborate. 2 to contribute articles [to a publication].
colación *f.* conferring [of a degree, of an ecclesiastical benefice]. 2 collation [comparison]. 3 collation. light meal. 4 *sacar a* ~, to mention, to bring up [a subject]. 5 *traer a* ~, to adduce [as a proof] ; to lug into a conversation. 6 LAW *traer a* ~ *y partición,* to collate.
colacionar *tr.* to confer [an ecclesiastical benefice]. 2 to collate, compare. 3 LAW to collate.
colactáneo, a *m. & f.* foster brother or sister.
colada *f.* bucking, bleaching of washed clothes in hot lye. 2 buck, lye used in bleaching washed clothes; clothes bleached. 3 washing [washed clothes] : fig. *todo saldrá en la* ~, it will all come out in the wash ; you'll get paid out some day. 4 cattle run. 5 narrow mountain pass. 6 tap [of blast furnace]. 7 fig. good sword [from the name of one of the Cid's swords].
coladera *f.* strainer for liquors. 2 (Mex.) sewer, drain.
coladero *m.* strainer. colander. 2 narrow pass.
colado, da *p. p.* of COLAR. — 2 *adj. aire* ~, cold draught. 3 *hierro* ~, cast iron.
colador *m.* conferrer [of an ecclesiastical benefice]. 2 strainer, colander.
coladura *f.* straining [of liquids]. 2 slip, faux pas, blunder.
colagogo *m.* PHARM. cholagogue.
colambre *m.* CORAMBRE.
colana *f.* coll. draught, drink.
colanilla *f.* small sliding bolt [for doors or windows].
colaña *f.* low partition [in a grain loft]. 2 solid stair railing.
colapez, colapiscis *f.* fish glue, isinglass.
colapso *m.* MED. collapse. 2 fig. collapse, breakdown.
colar *tr.* to confer [an ecclesiastical benefice]. 2 to strain [pass through a strainer]. 3 to buck, to bleach [washed clothes] in hot lye. 4 to pass [something] through a narrow space. 5 to pass off [a bad coin]. — 6 *intr.* [of things] to pass, enter through interstices or a narrow space. 7 fig. *esto no cuela,* I don't believe that. — 8 *ref.* to slip in, to enter stealthily or without permission. 9 to make a slip, to blunder, to put one's foot in it. ¶ CONJUG. like *contar.*
colateral *adj.* side, placed at each side of another

[aisle, altar, etc.]. 2 collateral [relative. relationship.
colativo, va *adj.* colative. 2 cleansing.
colcótar *m.* CHEM. colcothar.
colcrén *f.* cold cream.
colcha *f.* counterpane, quilt.
colchadura *f.* quilting. 2 NAUT. laying [of ropes].
colchar *tr.* ACOLCHAR. 2 CORCHAR.
colchero, ra *m. & f.* quilt maker.
colchón *m.* mattress : ~ *de aire,* air mattress ; ~ *de muelles,* bedspring ; ~ *de pluma,* feather matress.
colchoncito *m. dim.* small mattress.
colchonería *f.* mattress shop. 2 wool shop.
colchonero, ra *m. & f.* mattress maker.
colchoneta *f.* long cushion [for a bench, a lounge, etc.]. 2 NAUT. mattress [for a berth].
coleada *f.* shake of the tail. 2 (Ve.) pulling down cattle by the tail.
coleador *m.* (Ve.) one who throws cattle or bulls by pulling at their tails.
coleadura *f.* wagging the tail. 2 AER. fishtail.
colear *intr.* to shake or wag the tail. 2 fig. *todavía colea,* we haven't seen the end of it yet. — 3 *tr.* (Ve., Mex.) to throw [cattle or bulls] by pulling at their tails. 4 to hold [the bull] by the tail. 5 AER. to fishtail. 6 (Am.) to reject, *flunk [in exams]. 7 (Am.) to tag after [a person]. 8 (Am.) to bother, harass. 9 (Am.) to be approaching [a certain age].
colección *f.* collection [assemblage of objects, persons, etc.].
coleccionador, ra *m. & f.* COLECCIONISTA.
coleccionar *tr.* to collect [form a collection of].
coleccionista *m.* collector [of objects or specimens].
colecta *f.* collection [act of collecting money for charity, in church, etc.]. 2 LITURG. collect.
colectación *f.* RECAUDACIÓN.
colectar *tr.* RECAUDAR.
colecticio, cia *adj.* untrained, indiscriminately gathered [troups]. 2 made of collected writings [book].
colectivamente *adv.* collectively.
colectividad *f.* collectivity ; community, group.
colectivismo *m.* collectivism.
colectivista *adj.* collectivistic. — 2 *m. & f.* collectivist.
colectivo, va *adj.* collective [pertaining to a group]. 2 GRAM. collective.
colector *adj.* collecting. — 2 *m.* RECAUDADOR. 3 main sewer. 4 canal collecting the waters after drainage or irrigation. 5 ELECT. collector ; commutator.
colecturía *f.* collectorship ; collector's office.
colega *m.* colleague. 2 contemporary [newspaper].
colegatario, ria *m. & f.* colegatee, joint legatee.
colegiación *f.* organization into a professional association. 2 joining a professional association.
colegiado *adj. & m.* member of a professional association.
colegial *adj. & f.* collegiate [church]. 2 [pertaining to a] school. — 3 *m.* schoolboy. 4 collegian.
colegiala *f.* schoolgirl.
colegiarse *ref.* to form a professional association. 2 to join a professional association.
colegiata *f.* collegial church.
colegio *m.* school, academy. 2 college, body, association : ~ *cardenalicio,* College of Cardinals ; ~ *de médicos,* medical association. 3 ~ *electoral,* polling booth, place or station.
colegir *tr.* to gather, collect, assemble. 2 to collect, infer, conclude. ¶ CONJUG. like *servir.*
colegislador, ra *adj.* colegislative.
coleo *m.* COLEADURA.
coleóptero, ra *adj.* ENTOM. coleopterous. — 2 *m.* ENTOM. coleopteran. — 3 *m. pl.* ENTOM. Coleoptera.
colera *f.* tail ornament [for horses].
cólera *f.* PHYSIOL. bile. 2 anger, rage, wrath : *montar en* ~, to fly into a rage. — 3 *m.* MED. cholera : ~ *asiático, cólera-morbo,* Asiatic cholera, cholera morbus ; *cólera-morbo esporádico,* ~ *nostras,* cholera nostras.
coléricamente *adv.* angrily, wrathfully.
colérico, ca *adj.* choleric, irascible ; angry. 2 MED. choleric, choleraic. 3 sick with cholera. — 4 *m. & f.* MED. cholera patient.
coleriforme *adj.* MED. choleriform.
colerina *f.* MED. cholerine.
colesterina *f.* BIOCHEM. cholesterin.

coleta *f.* pigtail, queue: *cortarse la* ~, to give up bullfighting; to give up a habit or profession; *tener* or *traer* ~ *una cosa*, to have serious consequences. 2 additional remark, rider.

coletazo *m.* blow, slash with the tail.

coletero, ra *m. & f.* maker or seller of buff jerkins.

coletilla *f.* short pigtail or queue. 2 additional remark, rider.

coletillo *m.* sleeveless bodice.

coleto *m.* buffcoat, buff jerkin. 2 fig. one's body, oneself: *decir para su* ~, to say to oneself; *echarse al* ~, to drink or eat [something]; to read through.

coletón *m.* (Ve.) burlap, sackcloth.

coletudo, da *adj.* (Am.) barefaced.

colgadero, ra *adj.* [of fruit] fit to be kept or hung up. — *2 m.* peg, hook, etc., to hang things on; clothes rack; hanger.

colgadizo, za *adj.* hanging [for use when hung or suspended]. — *2 m.* penthouse [over a door, window, etc.].

colgado, da *p. p.* cf COLGAR. — *2 adj.* pending, uncertain. *3 dejar* ~ *a uno*, to disappoint, to frustrate someone; *quedarse* ~, to be disappointed, frustrated.

colgador *m.* PRINT. peel. 2 hanger, coat hanger.

colgadura *f.* hangings, drapery: ~ *de cama*, bed hangings.

colgajo *m.* tatter, rag. 2 bunch of fruit hung up for keeping. 3 SURG. flap of skin left to cover a wound.

colgamiento *m.* hanging, suspending

colgandero, ra *adj.* hanging, suspended.

colgante *adj.* hanging, suspended; suspension. — *2 m.* pendant [jewel]. 3 ARCH. festoon.

colgar *tr.* to hang, suspend; ~ *algo de un clavo*, to hang something on a nail. 2 to hang [kill by hanging]. 3 to hang [adorn with hangings]. 4 to attribute, to impute. — *5 intr.* to hang [be suspended], to dangle, to droop: ~ *de*, to hang from. 6 to depend [on another's decision]. ¶ CONJUG. like *contar*.

colibacilo *m.* BACT. coli bacillus.

colibacilosis *f.* MED. colibacillosis.

coliblanco, ca *adj.* white-tailed. — *2 m.* ORN. wheatear.

colibrí, *pl.* **-bríes** *m.* ORN. humming bird.

cólica *f.* MED. passing colic.

colicano, na *adj.* white-tailed.

cólico, ca *adj.* ANAT., MED. colic. — *2 m.* MED. colic: ~ *hepático*, hepatic colic; ~ *nefrítico*, renal colic; ~ *miserere*, ileus.

colicuación *f.* joint melting or liquefaction. 2 MED. colliquation.

colicuante *adj.* colliquant, colliquative.

colicuar *tr.* to melt jointly.

colicuativo, va *adj.* MED. colliquative.

colicuecer *tr.* COLICUAR. ¶ CONJUG. like *agradecer*.

colicuezco, colicuezca, etc., *irr.* V. COLICUECER.

coliche *m.* open-house party.

coliflor *f.* BOT. cauliflower.

coligación *f.* union, alliance. 2 colligation, connection.

coligado, da *adj.* allied, confederated. — *2 m. & f.* ally, confederate, leaguer.

coligadura *f.* **coligamiento** *m.* COLIGACIÓN.

coligarse *ref.* to confederate, ally, to form or enter into an alliance : ~ *con*, to ally oneself with.

coligió, colijo, colija, etc., *irr.* V. COLEGIR.

colilla *f.* fag end, butt, stub, stump of cigar or cigarette.

colillero, ra *m. & f.* one who gathers stubs of cigars or cigarettes.

colimación *f.* ASTR., OPT. collimation.

colimador *m.* OPT. collimator.

colín, na *adj.* short-tailed [horse]. — *2 m.* ORNIT. (Mex.) bobwhite.

colina *f.* hill, small mountain. 2 cabbage seed. 3 cabbage nursery. 4 BIOCHEM. choline.

colinabo *m.* BOT. rutabaga.

colindante *adj.* adjacent, contiguous.

colindar *intr.* to be adjacent or contiguous.

colineta *f.* table centrepiece of sweets, fruits, etc.

colino *m.* cabbage nursery.

colipava *adj.* broad-tailed [pigeon].

colirio *m.* MED. collyrium, eyewash.

colisa *f.* ARTILL. swivel gun. 2 ARTIL. revolving platform.

coliseo *m.* coliseum, playhouse. 2 (cap.) Coliseum, Colosseum.

colisión *f.* collision. 2 clashing [of ideas, interests, etc.].

colista *m. & f.* queuer, queuer up.

colitigante *m. & f.* co-litigant, joint litigant.

colitis *f.* MED. colitis.

colmadamente *adv.* abundantly, plentifully.

colmado, da *adj.* full, abundant, plentiful. — *2 m.* wine shop, eating house. 3 grocery, *food-store.

colmar *tr.* to fill to overflowing, to fill up. 2 to fulfill [one's wishes, hopes, etc.]. *3* ~ *de*, to heap with, fill with, to shower, bestow liberally.

colmena *f.* beehive.

colmenal *f.* apiary.

colmenero, ra *m. & f.* beekeeper.

colmenilla *f.* BOT. morel.

colmillada *f.* COLMILLAZO 1 & 2.

colmillar *adj.* [pertaining to] eyetooth, fang or tusk.

colmillazo *m.* bite with an eyetooth. 2 blow given or gash made with a tusk. 3 large eyetooth, fang or tusk.

colmillejo *m. dim.* small eyetooth, fang or tusk.

colmillo *m.* canine tooth, eyetooth, fang; tusk: *enseñar los colmillos*, fig. to show one's teeth; *escupir por el* ~, fig. to brag, show bravado; *tener los colmillos retorcidos*, fig. to be an old dog, be astute, not easily imposed upon.

colmilludo, da *adj.* having large eyeteeth, fangs or tusks. 2 fig. sharp-witted, shrewd, astute.

colmo, ma *adj.* brimful, full to the top. — *2 m.* fill, completion, crowning: *llegar a* ~, to reach perfection; *a* ~, abundantly. 3 height, limit : *es el* ~, it's the limit. 4 thatched roof.

colocación *f.* placing, laying, putting [in place or in a place], location, emplacement. 2 placement. 3 investment [of capital]. 4 employment [getting somebody a job]. 5 place, situation, job, employment : *agencia de colocaciones*, employment agency or bureau.

colocar *tr.* to place, to put [in place, in a place] ; to set, lay : ~ *una alfombra*, to lay a carpet. 2 to place, to find or give [someone] a situation or job, to take on [in a job]. — *3 ref.* to place oneself. 4 to get a situation, a job.

colocasia *f.* BOT. taro.

colocolo *m.* ZOOL. (Chi.) wild cat.

colocutor, ra *m. & f.* collocutor.

colodión *m.* CHEM. collodion.

colodra *f.* milk pail. 2 wine bucket. 3 drinking horn. 4 mower's whetstone case.

colodrillo *m.* occiput, back of the head.

colofón *m* colophon.

colofonia *f.* colophony, rosin.

colofonita *f.* MINER. colophonite.

coloidal *adj.* colloidal.

coloide *adj. & m.* CHEM. colloid.

coloideo, dea *adj.* colloid, colloidal.

Colombia *f. pr. n.* GEOG. Colombia. 2 *Colombia Británica*, British Columbia.

colombianismo *m.* Colombianism.

colombiano, na *adj.* & *n.* Colombian.

colombino, na *adj.* Columbian [pertaining to Columbus].

colombófilo, la *adj.* pigeon-fancying. — *2 m. & f.* pigeon fancier.

colon *m.* ANAT. colon. 2 GRAM. colon. 3 GRAM. principal part of a period.

Colón *m. pr. n.* Columbus.

colón *m.* silver coin of Costa Rica and El Salvador.

colonato *m.* cultivation of lands by tenant farmers.

colonche *m.* (Mex.) intoxicating drink made from the juice of a kind of prickly pear.

Colonia *f. pr. n.* GEOG. Cologne: *agua de Colonia*, cologne, eau-de-Cologne. 2 *Colonia del Cabo*, Cape Colony.

colonia *f.* colony. 2 cologne, eau-de-Cologne. 3 (Mex.) new quarter [of a town].

coloniaje *m.* (Am.) colonial period.

colonial *adj.* colonial. — *2 m. pl.* colonial products.

colonicé, colonice, etc., *pret., subj. & imper.* of COLONIZAR.

colonización *f.* colonization.

colonizador, ra *adj.* colonizing. — *2 m. & f.* colonizer, colonist.

colonizar *tr.* to colonize, to settle.

colono *m.* colonist, settler. 2 tenant farmer.
coloqué, coloque, etc., *pret., subj. & imper.* of COLOCAR.
coloquial *adj.* of the colloquy. 2 colloquial.
coloquintida *f.* BOT. colocynth, bitter apple, cucumber or gourd.
coloquio *m.* colloquy. 2 talk, conversation.
color *m.* colo(u)r [of things] : *colores nacionales,* colo(u)rs of the flag; *a todo* ~, in full colo(u)r; *de* ~, colo(u)red [dress. person]; *mudar de* ~, to change colo(u)r; *no distinguir de colores,* fig. to be a poor judge of persons or things; *ponerse de mil colores,* to turn livid; to redden [with anger]; *sacarle a uno los colores a la cara* to make one blush; *salirle a uno los colores a la cara,* to blush. be ashamed; *tomar* ~, to take on colo(u)r. 2 colo(u)r [colo(u)ring matter] : ~ *al óleo,* oil colo(u)r; ~ *a la acuarela,* water colo(u)r; ~ *resistente,* or *sólido,* fast colo(u)r. 3 colo(u)r, pretext : *so* ~, on pretence, under pretext. 4 [at roulette] red.
coloración *f.* colo(u)ration, colo(u)ring.
colorado, da *adj.* colo(u)red. 2 red, ruddy : *ponerse* ~, to blush. redden. 3 risqué. off-colour.
colorante *adj.* colo(u)ring. — 2 *m.* colo(u)ring matter, colo(u)rant, dye, pigment.
colorar *tr.* to colo(u)r. tint.
colorativo, va *adj.* colo(u)ring.
colorear *tr.* to colo(u)r. tint. 2 to colo(u)r, gloss, make plausible. — 3 *intr.* to show red, to be reddish. — 4 *intr. & ref.* [of a fruit] to redden, grow red. begin to ripen.
colorete *m.* rouge.
colorido *m.* colo(u)r [of things]. 2 colo(u)r, false appearance.
colorimetría *f.* colorimetry.
colorimétrico, ca *adj.* colorimetric.
colorímetro *m.* colorimeter.
colorín, *pl.* -**rines** *m.* ORN. goldfinch, linnet. 2 *pl.* gaudy colo(u)rs.
colorir *tr.* to colo(u)r. tint. 2 to colo(u)r. gloss. make plausible. — 3 *intr.* to take on colour.
colorista *m.* colo(u)rist.
colosal *adj.* colossal. gigantic, enormous.
coloso *m.* colossus.
colote *m.* (Mex.) CANASTO.
colpa *f.* COLCÓTAR.
cólquico *m.* BOT. colchicum, autumn crocus, meadow saffron. 2 PHARM. colchicum.
Cólquida (la) *f. pr. n.* Colchis.
colúbridos *m. pl.* ZOOL. Colubridæ.
coludir *intr.* LAW to be in collusion.
columbario *m.* columbarium.
columbino, na *adj.* columbine, dovelike; pure, innocent.
columbio *m.* CHEM. columbium. niobium.
columbrar *tr.* to descry, glimpse, discern at a distance. 2 to guess.
columbrete *m.* NAUT. islet, rock.
columelar *m.* ANAT. canine [tooth].
columna *f.* column [in practically every sense] : ~ *embebida* or *entregada,* ARCH. engaged column; ~ *entorchada* or *salomónica,* ARCH. wreathed column; ~ *rostral,* ARCH. rostral column; ~ *cerrada,* MIL. close column; ~ *sonora,* CINEM. sound track; ~ *vertebral,* ANAT. vertebral column, spinal column; ~ *volante,* MIL. flying column. 2 fig. *quinta* ~, fifth column.
columnario, ria *adj.* said of a money coined in Spanish America in the XVIIth. century.
columnata *f.* colonnade.
columpiar *tr.* to swing. — 2 *ref.* to swing [take recreation by swinging]. 3 to swing the body in walking.
columpio *m.* swing [apparatus for recreation] : ~ *de tabla,* seesaw.
coluro *m.* ASTR. colure.
colusión *f.* LAW collusion.
colusorio, ria *adj.* collusive.
colutorio *m.* PHAM. collutory.
colza *f.* BOT. colza, rape.
colla *f.* collet [of armour]. 2 row of fish traps. 3 NAUT. last oakum placed in a seam. 4 (Phil.) squally weather in the sea. — 5 *adj. & n.* appl. to the (Arg., Bol.) inhabitants of the Andean plains.
collada *f.* COLLADO 2. 2 NAUT. long duration of wind.
colladia *f.* series of hills or heights.
collado *m.* hill, hillock. 2 mountain pass, col.

collar *m.* necklace. 2 collar [of knighthood] ; chain of office. 3 collar [of dog, serf, etc.]. 4 ORN., MACH collar.
collarcito *m.* small necklace.
collareja *f.* ORN. (Col.) wild pigeon. 2 ZOOL. (C. Ri. Mex.) weasel.
collarejo *m. dim.* small collar or necklace.
collarín *m.* stock [worn by clergy]. 2 collar [of some coats]. 3 COLLARINO.
collarino *m.* ARCH. gorgerin.
colleja *f.* BOT. a salad herb.
collera *f.* horse collar. 2 chain gang. 3 *pl.* (Am.) cuff links.
collerón *m.* fancy horse collar.
collón, na *adj.* coll. cowardly. — 2 *m. & f.* coll. coward.
collonada *f.* coll. cowardice. cowardly act.
collonería *f.* coll. cowardice.
coma *f.* GRAM. comma : *sin faltar una* ~, down to the last detail. 2 MUS. comma. 3 *m.* MED. coma.
comadrazgo *m.* spiritual relationship between a child's mother and godmother.
comadre *f.* midwife. 2 the mother and godmother of a child with respect to each other; the godmother of a child with respect to the father of the same. 3 gossip [woman]. 4 female neighbour friend [of a woman], crony.
comadrear *intr.* to gossip, to go around gossiping.
comadreja *f.* ZOOL. weasel.
comadreo *m.* gossiping.
comadrería *f.* gossip, tittle tattle.
comadrero, ra *adj.* gossipy. — 2 *m. & f.* gossip. idle tattler.
comadrón *m.* obstetrician, accoucheur.
comadrona *f.* midwife.
comal *m.* (Mex.) flat earthenware cooking pan.
comalia *f.* VET. sheep dropsy.
comalido, da *adj.* sickly.
comandancia *f.* command [function, office, district of commander]. 2 ~ *de marina,* naval district. 3 MIL. majority.
comandanta *f.* coll. major's wife.
comandante MIL. commander, commandant : ~ *en jefe,* commander in chief. 2 MIL. major.
comandar *tr.* MIL., NAV. to command.
comandita *f.* COM. company in which some of the partners have a limited liability; silent partnership.
comanditar *tr.* COM. to invest in [an undertaking] as a silent partner
comanditario, ria *adj.* pertaining to a COMANDITA. — 2 *m.* partner with a limited liability; silent partner.
comando *m.* MIL. command. 2 MIL. commando.
comarca *f.* district, region, country.
comarcal *adj.* district, regional.
comarcano, na *adj.* neighbouring.
comarcante *adj.* bordering on each other.
comarcar *intr.* to border on each other. — 2 *tr.* to plant [trees] in rows at equal distances.
comarqué, comarque, etc., *pret., subj. & imper.* of COMARCAR.
comatoso, sa *adj.* comatose.
comátula *f.* ZOOL. feather star.
comba *f.* curvature, bend, warp, bulge. 2 skipping rope. 2 game of skipping rope.
combadura *f.* curvature, bend, camber.
combar *tr.* to curve, bend, camber. — 2 *ref.* to curve, bend, camber [become curved, bent].
combate *m.* combat, fight : *fuera de* ~, out of action, hors de combat. 2 BOX. fight.
combatible *adj.* combatable.
combatidor *m.* combater.
combatiente *adj. & n.* combatant.
combatir *intr.* to combat, to fight. — 2 *tr.* to combat, to fight, to oppose. 3 to challenge, to contest, to impugn. 4 [of wind, sea, etc.] to beat, buffet. 5 [of passions] to shake, agitate, buffet.
combatividad *f.* combativeness.
combés *m.* open space. 2 NAUT. half deck.
combinable *adj.* combinable.
combinación *f.* combining; combination. 2 CHEM., MATH. combination. 3 combination [undergarment]. 4 concurrence [of facts, circumstances, etc]. 5 RLY. connection.
combinado da *p. p.* of COMBINAR. — 2 *m.* cocktail [drink].
combinar *tr.* to combine. — 2 *ref.* to combine [be

combined]. *3* [of facts, circumstances, etc.] to concur. — *4 intr.* RLY. to connect.
combinatorio, ria *adj.* combinatory. *2* MATH combinatorial.
combo, ba *adj.* curved, bent, cambered. — *2 m.* stand for casks.
comburente *adj.* PHYS. supporting combustion. — *2 m.* PHYS. supporter of combustion.
combustibilidad *s.* combustibility.
combustible *adj.* combustible. — *2 m.* combustible; fuel.
combustión *f.* combustion.
combusto, ta *adj.* burnt.
comedero, ra *adj.* eatable. — *2 m.* feeding vessel [for birds]; feeding trough : fig. *limpiarle a uno el* ~, to deprive one of his livelihood. *2* (Am.) haunt [of a person].
comedia *f.* comedy, play : ~ *de capa y espada,* cloak-and-sword comedy; ~ *de carácter,* comedy of character; ~ *de costumbres,* everyday-life comedy; ~ *de enredo,* comedy of intrigue. *2* farce, pretence, play-acting : *hacer la* ~, to feign, play-act, simulate.
comedianta *f.* comedienne, actress.
comediante, ta *m. & f.* hypocrite. — *2 m.* comedian, actor, player.
comediar *tr.* to divide into two equal parts.
comedidamente *adv.* courteously. *2* with moderation.
comedido, da *adj.* courteous, polite. *2* prudent, moderate.
comedimiento *m.* courtesy, politeness. *2* prudence moderation.
comedio *m.* center, middle [of a space]. *2* interval [between times or epochs].
comediógrafo *m.* playwright, writer of comedies.
comedión *m.* tiresome comedy.
comedirse *ref.* to restrain, to control oneself. to be moderate. *2* to be courteous. ¶ CONJUG. like *servir.*
comedón *m.* MED. comedo, blackhead.
comedor, ra *adj.* heavy-eating. — *2 m. & f.* heavy eater. — *3 m.* dining room. *4* eating place, restaurant.
comején *m.* ENTOM. kind of white ant.
comejenera *f.* nest of COMEJÉN. *2* (Ven.) den of thieves.
comencé *pret.* of COMENZAR.
comendador *m.* knight commander [of a military order]. *2* head of some religious houses.
comendadora *f.* mother superior of some convents.
comendatario *m.* ECCL. commendator.
comendaticio, cia *adj.* ECCL. commendatory [letter].
comendatorio, ria *adj.* recommendatory [letter].
comendero *m.* formerly, one holding from the crown some rights on a place or town.
comensal *m. & f.* commensal, table companion. *2* BIOL. commensal.
comensalía *f.* fellowship of house and table.
comentador, ra *m. & f.* commenter, commentator.
comentar *tr.* to comment.
comentario *m.* commentary. *2* comment. *3* talk, gossip.
comentarista *m. & f.* commentator.
comento *m.* commentation. *2* commentary, comment.
comenzante *adj.* beginning. — *2 m. & f.* beginner.
comenzar *tr. & intr.* to commence, to begin. ¶ CONJUG. like *acertar.*
1) **comer** *tr. & ref.* to eat [chew and swallow; take or use as food]; consume, corrode]; to eat up : ~ *or comerse vivo a uno,* [of passions, vermin, debts, etc.] to devour, to eat one up; ~ *pavo,* fig. to be a wallflower [at a ball]; *comerle a uno el deseo de,* to itch or long for; *comerse unos a otros,* to be at loggerheads; *lo que no has de* ~, *déjalo cocer,* let alone what doesn't concern you; *no tener qué* ~, to have nothing to live on; *sin comerlo ni beberlo,* innocently, having nothing to do with it. *2* to spend, waste, use up. *3* to omit [words] in speaking or writing. *4* CHESS, DRAUGHTS to take. — *5 intr.* to eat, feed [take food]; ~ *como un sabañon,* to eat to excess; ~ *del presupuesto,* to have an official post or job; ~ *de viernes* or *de vigilia,* to fast, abstain from meat; *dar de* ~, to feed [a person or animal]. *6* fig. to cause expenditure. *7* to dine; to take a meal.
2) **comer** *m.* eating; food.

comerciable *adj.* marketable. *2* affable, sociable.
comercial *adj.* commercial, mercantile.
comerciante *adj.* mercantile, trading. — *2 m.* merchant, trader, tradesman : ~ *al por mayor,* wholesaler; ~ *al por menor,* retailer.
comerciar *intr.* to trade, to deal. *2* to have commerce, intercourse ; to commune.
comercio *m.* commerce, trade : ~ *exterior,* foreign trade; ~ *interior,* domestic trade. *2* merchants, tradesmen, body of merchants. *3* shop, store. *4* commerce, intercourse. *5* a card game.
comestible *adj.* eatable, comestible. — *2 m.* eatable, comestible, foodstuff.
cometa *m.* ASTR. comet. — *2 f.* kite [toy]. *3* a card game.
cometario, ria *adj.* cometary.
cometedor, ra *m. & f.* committer, perpetrator.
cometer *tr.* to entrust, to commit [an undertaking to someone]. *2* to commit, do, perpetrate. *3* to employ [a figure of speech].
cometido *m.* commission, charge, duty.
comezón *f.* itch, itching. *2* hankering, longing.
comible *adj.* coll. fit to eat.
cómicamente *adv.* comically, ludicrously.
comicastro *m.* THEAT. poor actor.
comicios *m. pl.* comitia. *2* POL. elections, polls.
cómico, ca *adj.* comic, dramatic [pertaining to the comedy]. *2* comic, comical, ludicrous, funny : *vis cómica,* vis comica. — *3 m.* the comic. *4* comedian, actor, player : ~ *de la legua,* strolling player. — *5 f.* comedienne, actress.
comida *f.* food, dressed food; fare. *2* eating, meal, repast. *3* diner.
comidilla *f.* gossip, talk : *ser la* ~ *del pueblo,* to be the talk of the town. *2* hobby.
1) **comido, da** *adj.* eaten. *2* having eaten : *estar* ~, to have eaten; ~ *y bebido,* kept in food and drink.
2) **comido, comida,** etc., *irr.* V. COMEDIRSE.
1) **comienzo** *m.* commencement, beginning, opening, initiation, start : *dar* ~ *a,* to begin, to open, to start.
2) **comienzo, comience,** etc., *pres., subj. & imper.* of COMENZAR.
comilitón *m.* CONMILITÓN.
comilitona *f.* coll. COMILONA.
comilón, na *adj. & n.* great eater, glutton.
comilona *f.* big meal, plentiful repast, spread
comillas *f. pl.* quotation marks.
cominear *intr.* [of a man] to busy himself with affairs properly feminine.
cominero *adj. & m.* said of a man who busies himself with affairs properly feminine.
comino *m.* BOT. cumin. *2* cumin seed : *no valer un* ~, not to be worth a rush. *3* BOT. ~ *rústico,* LASERPICIO.
comiquear *intr.* to play amateur theatricals.
comiquería *f.* fam. the actors, the players [collect.].
comisar *tr.* to seize, confiscate, forfeit.
comisaría *f.,* **comisariato** *m.* commissariat [office, function of commissioner] : ~ *de policía,* police station.
comisario *m.* commissary, commissioner, delegate : ~ *de policía,* chief of a police station; *alto* ~, high commissioner. *2* commissar.
comiscar *tr.* to eat in small quantities.
comisión *f.* commission, trust, charge, order. *2* COM. commission. *4* committee; deputation. *5* comission, perpetration.
comisionado, da *adj.* commissioned, deputed. — *2 m.* commissioner, commitee, commissioned person.
comisionar *tr.* to commission [to charge with a commission].
comisionista *m.* COM. commission agent or merchant.
comiso *m.* seizure, confiscation [of prohibited goods, etc.]; forfeit. *2* confiscated goods.
comistión *f.* CONMISTIÓN.
comistrajo *m.* hodgepodge.
comisura *f.* ANAT. commissure. *2* ANAT. suture.
comital *adj.* CONDAL.
comité *m.* committee.
comitente *m. & f.* committent.
comitiva *f.* suite, retinue, procession : ~ *fúnebre,* funeral [procession].
cómitre *m.* NAUT. galley slave driver. *2* NAUT. formerly, a sea captain under orders of the admiral of the fleet.
comiza *f.* ICHTH. kind of barbel.
como *adv.* how [the manner in which] : *te diré*

~ *sucedió*, I'll tell you how it happened. 2 sometimes it is not translated: *la manera ~ lo hizo*, the way he did it. 3 as, like: *se portó ~ un héroe*, he behaved like a hero; *rubio ~ el oro*, fair as gold; *le llamaron ~ testigo*, they called him as a witness; ~ *dice usted*, as you say; *tanto ~*, as much as. — 4 *conj.* the moment, as soon as: ~ *llegamos a la posada*, the moment we arrived at the inn; *así ~*, *tan luego ~*, as soon as. 5 if: ~ *lo vuelvas a hacer*, *te despido*, if you do it again, I'll fire you. 6 because, since, as, inasmuch as [often with *que*] : ~, or ~ *que*, *estábamos a oscuras*, *no le pude ver*, as we were in the dark, I could not see him. 7 ~ *quiera que*, ~ *sea que*, since, as, inasmuch as. 8 ~ *no sea*, unless it be.

cómo *adv. interr.* how [in what manner] : *¿~ está usted?*, how do you do?; *no sé ~ darle las gracias*, I don't know how to thank you; *¡~ corre!*, how he runs!; *¿~ no?*, how could it be otherwise?; (Am.) of course. 2 why, how is it that: *¿~ no viniste ayer?*, why did you not come yesterday?; *¿~ así?*, how?, how so? 3 what: *¿cómo?*, what?, what is it?; what did you say? — 4 *interj.* why!, how now!, you don't say!. — 5 *m.* the how: *el ~ y el cuándo*, the when and the how.

cómoda *f.* chest of drawers.
comodable *adj.* LAW that can be lent or borrowed.
cómodamente *adv.* conveniently, comfortably, easily. 2 commodiously.
comodante *m.* LAW lender by commodation.
comodatario *m.* LAW borrower by commodation.
comodato *m.* LAW commodation; commodatum.
comodidad *f.* comfortableness, comfort, convenience, ease, leisure, advantage. 2 commodiousness.
comodín *m.* CARDS joker, wild card. 2 something of general utility. 3 habitual pretext or excuse.
comodista *adj.* COMODÓN.
cómodo, da *adj.* comfortable. 2 convenient, easy. 3 commodious
comodón, na *adj.* comfort-loving, ease-loving. — 2 *m. & f.* comfort lover, ease lover.
comodoro *m.* NAV. commodore.
compacidad, compactibilidad *f.* compactness.
compacto *adj.* compact, solid, close, dense.
compadecer *tr.* to pity, to feel sorry for, to sympathize with. — 2 *ref. compadecerse de*, to pity, to have pity on or upon. 3 *compadecerse con*, to agree, conform, be consistent with. ¶ CONJUG. like *agradecer*.
compadezco, compadezca, etc., *irr.* V. COMPADECER.
compadraje *m.* league for mutual protection or benefit [used in a bad sense].
compadrar *intr.* to contract the relationship between godfather and parents of a child. 2 to become pals.
compadrazgo *m.* spiritual relationship betwen godfather and parents of a child. 2 COMPADRAJE.
compadre *m.* father and godfather of a child with respect to each other; the godfather of a child with respect to the mother of the same. 2 comrade, pal. 3 (Arg.) bully.
compadrear *intr.* coll. to be on familiar terms. 2 (Am.) to show off.
compadrito *m.* (Am.) bully.
compaginación *f.* making [things] consistent or compatible. 2 PRINT. paging.
compaginador *m.* PRINT. pager.
compaginar *tr.* to arrange, connect. 2 to make compatible. 3 PRINT. to page, page up. — 4 *ref.* to fit, agree, be consistent.
companage, compango *m.* cold morsel eaten with bread.
compaña *f.* coll. COMPAÑÍA 1 & 2.
compañerismo *m.* good fellowship; companionship, comradeship.
compañero, ra *m. & f.* companion, fellow, mate, comrade, partner, associate : ~ *de armas*, companion-at-arms; ~ *de juego*, playfellow, playmate; ~ *de trabajo*, fellow worker. 2 [of things] one of a pair or set, mate.
compañía *f.* company [act of accompanying] : *hacer ~ a uno*, to give or keep somebody company. 2 company [accompanying person or persons]. 3 company, society. 4 COM. company : ~ *anónima*, joint-stock company; ~ *de seguros*,

insurance company; *hacer ~ con*, to be associated with. 5 MIL., THEAT. company. 6 ~ *de Jesús*, Society of Jesus.
comparable *adj.* comparable.
comparación *f.* comparison.
comparador *m.* PHYS. comparator.
comparanza *f.* comparing, comparison.
comparar *tr.* to compare. 2 to confront, collate.
comparativamente *adv.* comparatively.
comparativo, va *adj.* comparative.
comparecencia *f.* LAW appearance [in court].
comparecer *intr.* LAW to appear [before a judge, etc.]. ¶ CONJUG. like *agradecer*.
compareciente *adj.* LAW appearing. — 2 *m. & f.* LAW one that appears [before a judge, etc.].
comparendo *m.* LAW summons.
comparezco, comparezca, etc., *irr.* V. COMPARECER.
comparición *f.* LAW appearance. 2 LAW summons.
comparsa *f.* THEAT. supernumeraries [as a body]. 2 masquerade. 3 THEAT. supernumerary, super, extra.
comparte *m. & f.* LAW joint party.
compartimiento *m.* division [of a whole in parts]. 2 compartment : ~ *estanco*, watertight compartment.
compartir *tr.* to divide [a whole in parts]. 2 to share [partake of, participate in].
compás *m.* compass, compasses, dividers : ~ *de calibres*, inside caliper; ~ *de cuadrante*, quadrant compass; ~ *de espesores* or *gruesos*, outside caliper; ~ *de proporción*, proportional compass; ~ *de vara*, beam compass. 2 NAUT. compass. 3 MUS. bar, measure [space on the staff between two bars] : ~ *de espera*, whole rest; fig. brief suspension or interruption. 4 MUS. time, measure, rhythm : *llevar el ~*, to keep time, to beat time; also, to conduct a choir or orchestra; *a ~*, in time; *al ~ de*, in time with; *fuera de ~*, out of time, off beat. 5 rule, measure. 6 territory of a monastery. 7 springs of a coach hood.
compasadamente *adv.* by rule and measure.
compasar *tr.* to measure with a compass. 2 to regulate. 3 MUS. to bar, divide into measures.
compasible *adj.* compassionate. 2 pitiable.
compasillo *m.* MUS. quadruple time measure.
compasión *f.* compassion, pity : *tener ~ de*, to have pity on; *¡por ~!*, for pity's sake.
compasivamente *adj.* compassionately.
compasivo, va *adj.* compassionate, merciful.
compaternidad *f.* COMPADRAZGO 1.
compatibilidad *f.* compatibility.
compatible *adj.* compatible, consistent.
compatricio, cia, compatriota *m. & f.* compatriot countryman, countrywoman.
compatrón *m.* COMPATRONO.
compatronato *m.* joint patronage.
compatrono, na *m. & f.* fellow patron or patroness; joint patron.
compeler *tr.* to compel, force, constrain.
compendiador, ra *m.* epitomizing, summarizing. — 2 *m. & f.* epitomizer, summarizer.
compendiar *tr.* to epitomize, summarize, abridge.
compendiariamente *m.* COMPENDIOSAMENTE.
compendio *m.* compendium, epitome, abstract summary : *en ~*, in brief.
compendiosamente *adv.* compendiously, briefly, succinctly.
compendioso, sa *adj.* compendious, brief, succinct, concise.
compendista *m. & f.* epitomist. 2 summarizer.
compendizar *tr.* COMPENDIAR.
compenetración *f.* mutual understanding, interpenetration. 2 full accordance or agreement in thought, feeling, etc.
compenetrarse *ref.* to penetrate or pervade each other. 2 to be in full agreement of thought, feeling, etc.
compensable *adj.* compensable.
compensación *f.* compensation.
compensador *adj.* compensating. — 2 *m.* compensator. 3 HOROL. compensation balance.
compensar *tr.* to compensate. 2 to compensate for, make up for. — 3 *ref.* to be compensated.
compensativo, va *adj.* compensative.
compensatorio, ria *adj.* compensatory.
competencia *f.* competence, fitness, ability. 2 competencia [legal authority], qualification. 3 province, sphere, charge, jurisdiction. 4 competition, rivalry. 5 COM. competition.

DIRECT AND INDIRECT OBJECTS / COMPLEMENTOS DIRECTO E INDIRECTO

Direct object

As a rule, the direct object does not have a preposition. However, the positions of the subject and object in Spanish are often reversed, and the direct object is sometimes preceded by the preposition a to avoid confusion.

Examples and exceptions:

Construction with a	Construction without a
César venció a Pompeyo. (Proper noun—name of a person)	Plutarco os dará mil Alejandros. (Proper noun used as a common noun)
Ensilló a Rocinante. (Proper noun—name of an animal)	Ensilló el caballo. (Common noun of an animal)
Conquistó a Sevilla. Conozco Madrid. Uncertain use. (Proper nouns—names of places without the article)	Visitó La Coruña. Veremos El Escorial. (Proper nouns—names of places preceded by the article)
Busco al criado de mi casa. (Common noun of a specified person)	Busco criados diligentes. (Common noun of nonspecified persons)
Tienen por Dios al vientre. Temo al agua. (Noun of a personified thing or of a thing to which an active quality is attributed)	Partiremos esta leña. Recojo el agua. (Nouns of things in general)
No conozco a nadie. Yo busco a otros, a alguien, a ti. (Indefinite pronoun representing a person or personal pronoun)	No sabía nada. Di algo. (Indefinite pronouns representing things)
Aquel a quien amo.	No sé quién vendrá.

Indirect object

The indirect object is always preceded by the prepositions a or para: Escribo una carta a mi madre. Compro un libro para mi hijo. (I write a letter to my mother. I buy a book for my son.)

---

competente *adj.* competent, fit, able. 2 adequate. 3 competent, qualified [with due authority for].
competentemente *adv.* competently, ably.
competer *intr.* to behove, belong, be within the province or jurisdiction [of]; be incumbent [on].
competición *f.* competition.
competidor, ra *adj.* competing, rival. — 2 *m. & f.* competitor, rival.
competir *intr.* to compete, enter in competition, contend, vie. 3 to compete, stand comparison, be on a level or par [with]. ¶ CONJUG. like *servir*.
compilación *f.* compilation, compilement.
compilador, ra *m. & f.* compiler, compilator.
compilar *tr.* to compile.
compinche *m.* coll. comrade, chum, pal, associate.
compito, compita, etc., *irr.* V. COMPETIR.
complacedero, ra *adj.* pleasing.
complacedor, ra *adj.* pleasing. 2 obliging.
complacencia *f.* pleasure, satisfaction.
complacer *tr.* to please, to oblige, to humour. — 2 *ref.* to be pleased : ~ *en*, to be pleased to, to take pleasure in, to delight in. ¶ CONJUG. like *agradecer*.
complaciente *adj.* complaisant, compliant, obliging. 2 indulgent.
complacimiento *m.* COMPLACENCIA.
complazco, complazca, etc., *irr.* V. COMPLACER.
complejidad *f.* complexity.
complejo, ja *adj.* complex. 2 compound [number]. — 3 *m.* complex : ~ *de inferioridad*, inferiority complex.

complementar *tr.* to complement.
complementario, ria *adj.* complementary.
complemento *m.* complement [that which completes or makes perfect]. 2 MATH., MUS., GRAM. complement. 3 GRAM. object : ~ *directo*, direct object; ~ *indirecto*, indirect object. 4 completion, perfection.
completamente *adv.* completely, entirely, utterly, absolutely.
completar *tr.* to complete. 2 to finish, to perfect.
completas *f. pl.* LITURG. compline.
completivamente *adv.* completively.
completivo, va *adj.* completive.
completo, ta *adj.* complete, entire, finished, perfect, absolute : *por* ~, completely. 2 full [bus, tram, etc.].
complexidad *f.* COMPLEJIDAD.
complexión *f.* PHYSIOL. constitution.
complexionado, da *adj.* PHYSIOL. constituted : *bien* or *mal* ~, having a good or bad constitution.
complexional *adj.* PHYSIOL. constitutional.
complexo, xa *adj.* complex.
complicación *f.* complicating. 2 complication, complicacy.
complicadamente *adj.* complicately.
complicado, da *adj.* complicated, complicate.
complicar *tr.* to complicate. 2 to implicate, involve. — 3 *ref.* to complicate [become complicated]; to become involved.

cómplice *m.* & *f.* accomplice, accesory.
complicidad *f.* complicity.
compliqué, complique, etc., *pret., subj.* & *imper.* of COMPLICAR.
complot *m.* complot, plot, conspiracy; intrigue.
complotar *intr.* to complot, to conspire.
complutense *adj.* & *n.* of Alcalá de Henares, Complutensian: *Biblia* ~, Complutensian Polyglot.
compluvio *m.* ARCH. compluvium.
componado, da *adj.* HER. componé.
compondré, etc., *irr.* V. COMPONER.
componedor, ra *m.* & *f.* arranger, mender, repairer. 2 conciliator: *amigable* ~, LAW arbitrator. 3 composer. — *4 m.* PRINT. stick, composing stick.
componenda *f.* shady, dubious compromise or arrangement.
componente *adj.* & *n.* component.
componer *tr.* to compose, compound, make up. 2 to compose, constitute. 3 LIT., MUS., F. ARTS, GRAM. to compose. 4 MATH. to compose; to compound. 5 to prepare, mix, doctor [a drink]. 6 to repair, mend, put in order. 7 (Am.) to set [bones]. 8 to adorn, trim, bedeck, spruce. 9 to make up [the face]. 10 to reconcile. 11 to compound, arrange [differences]. 12 PRINT. to compose, to set [type]. 13 coll. to restore, fortify. 14 to moderate, correct. 15 ~ *el semblante*, to take on a sober look, to put on a calm appearance. — *16 ref.* to adorn oneself, to dress up, to make up. 17 to make up differences, to come to an agreement. 18 *componerse de*, to be composed of, to consist in. 19 *componérselas*, to manage, make shift, shift for oneself; *componérselas para*, to manage to; *allá se las componga*, let him alone; that is his lookout. ¶ CONJUG. like *poner*.
compongo, componga, etc., *irr.* V. COMPONER.
componible *adj.* conciliable.
comporta *f.* basket for grape gathering.
comportable *adj.* bearable, endurable, tolerable.
comportamiento *m.* behavior, demeanour, comportment.
comportar *tr.* to bear, to tolerate. — *2 ref.* to behave, to comport oneself.
comporte *m.* behaviour. 2 bearing, carriage.
comportero *m.* maker or seller of COMPORTAS.
composición *f.* composition [in practically every sense]. 2 agreement, compromise. 3 PRINT. type set. 4 *hacer* ~ *de lugar*, to take stock of an affair or situation in order to lay one's plans.
compositivo, va *adj.* GRAM. combining [particle].
compositor, ra *m.* & *f.* MUS. composer.
compostelano, na *adj.* of Santiago de Compostela. — *2 m.* & *f.* native or inhabitant of Santiago de Compostela.
compostura *f.* making, mixing. 2 repair, reparation, mending: *esto no tiene* ~, this is past mending. 3 making neat, adorning, making up. 4 adulterating dressing or mixture. 5 agreement, compromise. 6 modesty, circumspection.
compota *f.* compote [fruit cooked in syrup].
compotera *f.* compotier, compote.
compra *f.* buying, purchasing, purchase; shopping: *ir de compras*, to go shopping; *ir a la* ~, to make one's shopping [for the day]. 2 purchase [thing bought].
comprable: compradero, ra; compradizo, za *adj.* purchasable.
comprado *m.* a card game.
comprador, ra *adj.* buying. — *2 m.* & *f.* buyer, purchaser. 3 shopper.
comprar *tr.* to purchase, to buy. 2 to buy [by bribing].
compraventa *f.* LAW *contrato de* ~, contract of sale.
comprehensivo, va *adj.* COMPRENSIVO.
comprendedor, ra *adj.* understanding.
comprender *tr.* to comprehend, comprise, embrace, include. 2 to comprehend, understand.
comprendiente *adj.* comprising.
comprensibilidad *f.* comprehensibility.
comprensible *adj.* comprehensible, understandable
comprensión *f.* comprehension, inclusion. 2 comprehension, understanding.
comprensivo, va *adj.* comprehensive; comprising. 2 understanding, large-minded.
comprenso *irreg. p. p.* of COMPRENDER.
comprensor, ra *adj.* comprising. 2 compriser. — *3 adj.* & *n.* THEOL. blessed.
compresa *f.* MED. compress.
compresibilidad *f.* compressibility.

compresible *adj.* compressible.
compresión *f.* compression, compressure. 2 PROS. synaeresis.
compresivo, va *adj.* compressive.
compreso, sa *irreg. p. p.* of COMPRIMIR.
compresor, sa *adj.* compressing. — *2 m.* compressor.
comprimario, ria *m.* & *f.* THEAT. singer playing second roles.
comprimente *adj.* compressing.
comprimible *adj.* compressible. 2 repressible.
comprimido, da *p. p.* of COMPRIMIR. — *2 adj.* compressed. — *3 m.* PHARM. tablet.
comprimir *tr.* to compress. 2 to control, restrain. — *3 ref.* to become compressed. 4 to control, restrain oneself.
comprobable *adj.* verificable, ascertainable.
comprobación *f.* verification, checking, substantiation. 2 proof.
comprobante *adj.* proving. — *2 m.* proof, evidence. 3 voucher.
comprobar *tr.* to verify, check, control, ascertain, substantiate. 2 to prove, confirm [be proof or confirmation of]. ¶ CONJUG. like *contar*.
comprofesor *f.* fellow professor, colleague.
comprometedor, ra *adj.* compromising, committing.
comprometer *tr.* to arbitrate [submit to arbitration]. 2 to compromise [endanger; expose to discredit or mischief], to risk, jeopardize. 3 to bind, engage; to render accountable or answerable. — *4 ref.* to compromise or commit oneself; to undertake, to bind oneself, to engage or pledge oneself [to do something]; to become involved. 5 to become engaged, betrothed.
comprometimiento *m.* COMPROMISO 2 & 3.
compromisario *m.* delegate, representative. 2 delegate elected to vote in a second grade election.
compromiso *m.* power given by election to one or more persons to elect another. 2 commitment to arbitration. 3 commitment, pledge, engagement, obligation, undertaking. 4 fix, predicament, difficult situation.
compromisorio, ria *adj.* pertaining to a commitment, pledge or engagement.
comprovincial *adj.* ECCL. comprovincial.
comprovinciano, na *m.* & *f.* comprovincial.
compruebo, compruebe, etc., *irr.* V. COMPROBAR.
compuerta *f.* hatch, half door. 2 sluice, floodgate. 3 kind of scapulary bearing the badge of a knight commander.
compuestamente *adv.* with modesty or circumspection. 2 orderly.
compuesto, ta *p. p.* of COMPONER. — *2 adj.* composite, compound, compounded. 3 ARCH., BOT. composite. 4 GRAM., MATH. compound: *interés* ~, compound interest. 5 repaired mended. 6 dressed up, bedecked: fig. *compuesta y sin novio*, all dressed up and nowhere to go. 7 LIT., MUS. PRINT. composed. 8 composed, consisting, made up. — *9 m.* compound, composite. 10 preparation, mixture. 11 CHEM., GRAM. compound. — *12 f.* BOT. composite.
compulsa *f.* collation [of documents]. 2 LAW authentic copy.
compulsación *f.* COMPULSA 1.
compulsar *tr.* to collate [documents]. 2 LAW to make an authentic copy of.
compulsión *f.* compulsion.
compulsivo, va *adj.* compulsive.
compunción *f.* compunction. 2 sorrow, pity.
compungido, da *adj.* remorseful. 2 sorrowful.
compungir *tr.* to make remorseful. — *2 ref.* to feel compunction. 3 to be sorry, to feel pity.
compunjo, compunja, etc., *pres. of ind.* & *subj.* of COMPUNGIR.
compurgación *f.* LAW compurgation.
compurgador *m.* LAW compurgator.
compurgar *tr.* LAW to try by compurgation.
compuse, compusiste, etc., *irr.* V. COMPONER.
computación *f.* CÓMPUTO.
computar *tr.* to compute.
computista *m.* computer.
cómputo *m.* computation, calculation.
comulación *f.* ACUMULACIÓN.
comulgante *m.* & *f.* communicant [one who takes the Holy Communion].
comulgar *tr.* to administer Holy Communion. — *2 intr.* to communicate, to take Holy Communion:

~ *con ruedas de molino*, to believe impossible things, to swallow anything. 3 ~ *en*, to have, hold [the same opinions or beliefs].

comulgatorio *m.* communion rail, altar rail. 2 communion window [in a nunney].

comulgué, comulgue, etc., *pret., subj. & imper.* of COMULGAR.

común *adj.* common : *causa* ~, common cause; *nombre* ~, common noun; ~ *de dos*, common [gender] ; *por lo* ~, in general, generally. 3 public. 4 current, ordinary, usual. 5 mean, low, inferior. — 6 *m.* community, commonalty : *el* ~, the people, the community; *el* ~ *de las gentes*, most people, the majority of people; *en* ~, in common. 7 toilet, water closet.

comuna *f.* (Am.) municipality.

comunal *adj.* common [belonging to many or to the community]. — 2 *m.* the people, the community.

comunero, ra *adj.* popular, pleasing to the people. — 2 *m.* joint owner. 3 member of the party that rose in Castile against Charles I. 4 *pl.* villages having common pasture-lands.

comunicabilidad *f.* communicability; sociability.

comunicable *adj.* communicable. 2 communicative, sociable.

comunicación *f.* communication : *via, línea de* ~, means, line of communication. 2 official letter. 3 *pl.* communications [means of communication].

comunicado *m.* communiqué. 2 notice, article of a personal nature sent to the newspapers for publication.

comunicante *adj.* communicating. — 2 *m. & f.* communicant [one who communicates something].

comunicar *tr.* to communicate. — 2 *ref.* to communicate [hold communication], to correspond [exchange correspondence]. 3 [of rooms, etc.] to communicate; [of towns, places] to be connected. 4 [of the telephone] to be engaged.

comunicativo, va *adj.* communicative. 2 open, unreserved.

comunidad *f.* community. 2 commonwealth : *Comunidad Británica de Naciones,* British Commonwealth of Nations. 3 *pl. comunidades de Castilla,* popular uprisings in Castile under Charles I.

comunión *f.* communion [sharing, participation]. 2 communion, intercourse. 3 communion [body professing one faith]. 4 political party. 5 ~ *de los Santos,* communion of saints. 6 *la Comunión* or *la Sagrada Comunión,* the Holy Communion.

comuniqué, comunique, etc., *pret., subj. & imper.* of COMUNICAR.

comunismo *m.* communism.

comunista *adj.* communist, communistic. — 2 *m. & f.* communist.

comunizante *adj.* philocommunistic. — 2 *m. & f.* philocommunist.

comunizar *tr.* to communize. bring into accord with communism, make a communist of.

comúnmente *adv.* commonly, usually, generally. 2 frequently.

comuña *f.* maslin [mixture of wheat and rye].

con *prep.* with [in nearly every sense]. 2 [before an infinitive] : a) in spite of : ~ *ser tan fuerte, no lo pudo resistir,* in spite of his being so strong, he could not resist it; b) by : ~ *enseñar la carta, disipó sus dudas,* by showing the letter, he dispelled his doubts. 3 ~ *que,* as long as, if : ~ *que usted lo hubiera dicho,* if you had only said it. 4 ~ *tal que,* provided that. 5 ~ *todo,* nevertheless. 6 *para* ~, towards. 7 ~ *bondadoso para* ~ *todos,* kind to everybody. ¶ *Con,* with the pronous *mi, ti, si* forms the single words *conmigo,* with me; *contigo,* with thee, and *consigo,* with him or himself, her or herself, etc.

conato *m.* endeavour, effort, exertion. 2 act or crime attempted but not performed or committed.

concadenar *tr.* to concatenate.

concambio *m.* exchange.

concanónigo *m.* fellow canon.

concatedralidad *f.* union of two cathedral churches.

concatenación *f.,* **concatenamiento** *m.* concatenation.

concatenar *tr.* CONCADENAR.

concausa *f.* concause, joint cause.

cóncava *f.* concavity, hollow.

concavidad *f.* concavity.

cóncavo, va *adj.* concave. — 2 *m.* concavity, hollow.

concebible *adj.* mentally conceivable.

concebir *tr. & intr.* to conceive [become pregnant with; become pregnant]. — 2 *tr.* to conceive [form a conception of; imagine, think, understand]. 3 to conceive, formulate, express. 4 to conceive, begin to have [a dislike, etc.]. ¶ CONJUG. like *servir.*

concedente *adj.* granting; conceding. — 2 *m. & f.* granter; conceder.

conceder *tr.* to grant, bestow, award. 2 to concede, admit.

concedido, da *adj.* conceded, granted.

concejal *m.* alderman, town councillor.

concejala *m.* alderman's or town councillor's wife. 2 female town councillor.

concejalía *f.* aldermanship, town councillorship.

concejil *adj.* pertaining to a town council or municipality.

concejo *m.* municipal council of a small town or village; municipality. 2 council meeting.

concento *m.* concert of voices.

concentración *f.* concentration.

concentrado, da *adj.* concentrate(d.

concentrador, ra *adj.* concentrating. — 2 *m. & f.* concentrator.

concentrar *tr.* to concentrate, to concenter. — 2 *ref.* to concentrate, to concenter [in the intr. sense]. 3 to be absorbed [mentally].

concéntrico, ca *adj.* concentric(al.

concentuoso, sa *adj.* harmonious.

concepción *f.* conception [act of conceiving, concept, idea]. 2 Immaculate Conception; feast of the Immaculate Conception. 3 *La Immaculada Concepción,* the Immaculate Conception.

conceptear *intr.* to be full of conceits or witty thought, to use witty turns of expression.

conceptible *adj.* conceivable. 2 CONCEPTUOSO.

conceptismo *m.* conceptism.

conceptista *m. & f.* conceptist.

concepto *m.* concept. 2 witty thought or turn of expression, conceit. 3 opinion, judgement : *en mi* ~, in my opinion; *tener un buen* ~ *de,* to have a good opinion of. 4 *en* ~ *de,* as : *en* ~ *de remuneración,* as remuneration. 5 *bajo este* ~, from this point of view. 6 *por este* ~, on this head, on this score.

conceptualismo *m.* conceptualism.

conceptualista *adj.* conceptualistic. — 2 *m. & f.* conceptualist.

conceptuar *tr.* to deem, judge, think, to form an opinion of : ~ *de* or *por,* to deem, to judge [someone or something] to be.

conceptuosamente *adj.* with abundance of conceits or witty turns of expression.

conceptuosidad *f.* abundance of conceits or witty turns of expression.

conceptuoso, sa *adj.* sententious, full of conceits or witty turns of expression.

concernencia *f.* respect, relation, concernment.

concerniente *adj.* concerning, relating : *lo* ~ *a,* what concerns to; *en lo* ~ *a,* as for; with regard to.

concernir *intr.* (with *a*) to concern [belong to, relate to; affect the interest of, be the business of] : *por lo que concierne a,* as concerns. ¶ It is a def. v., only used in third persons and the forms *concerniendo* and *concerniente.*

concertadamente *adv.* orderly, regularly. 2 concertedly.

concertante *adj. & m.* MUS. concertante.

concertar *tr.* to assemble [fit together the parts of], to adjust, to put in order. 2 to harmonize, make agree. 3 to settle [bones]. 4 to concert, to arrange [a marriage, a treaty]; to conclude [a bargain] to agree upon [a price, a stipulation, etc.]. 5 to bring to an union of purposes, etc; to unite [efforts, measures, etc.]. 6 MUS. to tune, attune, put in tune [instruments]. — 7 *intr.* to agree, be in concordance. 8 GRAM. to agree. — 9 *ref.* to agree [come to an agreement]. ¶ CONJUG. like *acertar.*

concertina *f.* MUS. concertina.

concertino *m.* MUS. concertmaster.

concertista *m. & f.* MUS. concertist, concert performer.

concesible *adj.* concessible, grantable.

concesión *f.* concession. 2 grant.

concesionario *m.* concessionaire, concessionary, grantee.

concesivo, va *adj.* concessive.
concibo, conciba, etc., *irr.* V. CONCEBIR.
conciencia *f.* conscience : *en* ~, in conscience, in good faith. 2 consciousness, awareness : *tener* ~ *de,* to be conscious of. 3 consciousness [state of conscious life]. 4 conscientiousness : *a* ~, conscienciously.
concienzudamente *adv.* conscientiously, thoroughly.
concienzudo, da *adj.* conscientious, thorough.
concierne, concierna, etc., *irr.* V. CONCERNIR.
concierto *m.* good order and arrangement. 2 agreement, covenant. 3 concert, agreement, accordance : *de* ~, in concert. 4 MUS. concert. 5 MUS. concerto.
concierto, concierte, etc., *irr.* V. CONCERTAR.
conciliable *adj.* conciliable.
conciliábulo *m.* conciliabulum. 2 conciliabule, secret meeting.
conciliación *f.* conciliation. 2 gaining of good will, favor, estime, etc.
conciliador, ra *adj.* conciliating, conciliatory. — 2 *m.* & *f.* conciliator.
1) **conciliar** *adj.* conciliar. — 2 *m.* ECCL. member of a council.
2) **conciliar** *tr.* to conciliate. 2 to reconcile. 3 ~ *el sueño,* to get some sleep. — 4 *ref.* to conciliate, to gain [good will, favour, etc.].
conciliativo, va *adj.* conciliative.
conciliatorio, ria *adj.* conciliatory.
concilio *m.* ECCL. council. 2 decrees of a council.
concino, na *adj.* concinnous.
concisamente *adv.* concisely.
concisión *f.* conciseness, concision.
conciso, sa *adj.* concise.
concitación *f.* instigation, stirring up [against].
concitador, ra *adj.* instigator, raiser.
concitar *tr.* to excite [one against another], to instigate, stir up, raise [opposition, sedition, etc.].
concitativo, va *adj.* exciting, stirring up, raising.
conciudadano, na *adj.* fellow citizen.
cónclave *m.* conclave.
conclavista *m.* conclavist.
concluir *tr.* to conclude, finish, end. 2 to conclude [a treaty, etc.]. 3 to conclude, come to the conclusion [that], to infer. 4 to convince, to silence [by reason or argument]. 5 to close [a plea]. — 6 *intr.* & *ref.* to conclude, finish, end [come to an end]. ¶ CONJUG. like *huir.*
conclusión *f.* conclusion : *en* ~, in conclusion.
conclusivo, va *adj.* conclusive.
concluso, sa *adj.* concluded, closed. 2 [of a trial] ready for sentence.
concluyente *adj.* conclusive, convincing.
concluyentemente *adv.* conclusively.
concluyo, concluya, etc., *irr.* V. CONCLUIR.
concoide *adj.* conchoidal. — 2 *f.* GEOM. conchoid.
concoideo, a *adj.* conchoidal.
concolega *m.* fellow collegian.
concomerse *ref.* to shrug one's shoulders and wriggle. 2 fig. to be eaten up [with impatience, sorrow, etc.].
concomimiento, concomio *m.* itching. 2 gnawing, inner discomfort.
concomitancia *f.* concomitance.
concomitante *adj.* concomitant, accompanying.
concomitar *tr.* to be concomitant with.
concón *m.* (Chi.) AUTILLO 1. 2 (Chi.) land wind.
concordable *adj.* agreeable, conformable, consistent.
concordablemente *adv.* in accordance with.
concordación *f.* coordination, combination, harmonization.
concordador, ra *adj.* conciliating. — 2 *m.* & *f.* conciliator.
concordancia *f.* concordance, conformity, agreement. 2 GRAM. concord. 3 MUS. accord, concord. 4 *pl.* concordance [verbal index].
concordante *adj.* concordant, agreeing.
concordar *tr.* to make agree, to harmonize. 2 GRAM. to make agree. — 3 *intr.* to agree [be in correspondence or harmony], to accord, tally. 4 GRAM. to agree. ¶ CONJUG. like *contar.*
concordatario, ria *adj.* [pertaining to a] concordat.
concordato *m.* concordat.
concorde *adj.* concordant, in agreement.
concordemente *adv.* in agreement; with one accord.
concordia *f.* concord, harmony, peace [between

persons]. 2 concord, agreement, covenant : *de* ~. by common consent.
concorpóreo, a *adj.* THEOL. becoming (through the Eucharist) of the same body with Christ.
concreción *f.* concretion [concreted mass].
concrecionar *tr.* to concrete [form into a concretion]. — 2 *ref.* to concrete [coalesce into a mass].
concrescencia *f.* BOT. concrescence.
concrescente *adj.* BOT. growing together.
concretamente *adv.* concretely.
concretar *tr.* to combine, unite. 2 to summarize, condense ; to express concretely. 3 to boil down [a statement] ; to fix [details]. — 4 *ref.* to limit or confine oneself [to].
concreto, ta *adj.* concrete [not abstract] ; definite. 2 concrete [term, number]. 3 concrete [formed by concretion]. — 4 *m.* concretion, concrete. 5 *no decir nada en* ~, to say nothing definite. — 6 *adv. en* ~, to sum up.
concubina *f.* concubine.
concubinario *m.* concubinarian, concubinary.
concubinato *m.* concubinage.
concúbito *m.* concubitus, coition.
concuerdo, concuerde, etc., *irr.* V. CONCORDAR.
conculcación *f.* violation, infringement [of rights, law, etc.].
conculcador, ra *adj.* violating, infringing. — 2 *m.* & *f.* violator, infringer.
conculcar *tr.* to tread upon. 2 to violate, to infringe [rights, law, etc.].
conculqué, conculque, etc., *pret., subj.* & *imper.* of CONCULCAR.
concuñada *f.* sister-in-law [the wife of one's husband's or wife's brother].
concuñado *m.* brother-in-law [the husband of one's husband's or wife's sister].
concupiscencia *f.* concupiscence. 2 cupidity.
concupiscente *adj.* concupiscent.
concupiscible *adj.* concupiscible.
concurrencia *f.* concurrence, coincidence. 2 concourse [of people] ; attendance, audience. 3 aid, cooperation.
concurrente *adj.* concurrent. 2 attending, present. —3 *m.* & *f.* attendant, present. 4 frequenter, habitué.
concurrido, da *p. p.* of CONCURRIR. — 2 *adj.* [of a place] frequented ; [of a meeting, etc.] attended.
concurrir *intr.* to concur [happen together, coincide, act jointly ; agree in opinion]. 2 to converge. 3 to go [to], be present [at], to attend, to frequent. 4 to contribute [money]. 5 to take part in a competition for a prize, a post, a professorship, etc.
concursado *m.* LAW insolvent debtor.
concursar *tr.* LAW to declare insolvent.
concurso *m.* concourse [or people], crowd, assemblage, assembly. 2 concurrence, coincidence. 3 aid, co-operation, assistance. 4 call for tenders [for contracts]. 5 SPORT competition. 6 competition [for a prize, a post, a professorship, etc.]. 7 LAW ~ *de acreedores,* insolvency proceedings, meeting of creditors.
concusión *f.* MED. concussion. 2 LAW extorsion, illegal exaction.
concusionario, ria *adj.* extorsioner.
Concha *f. pr. n.* coll. Conception.
concha *f.* ZOOL. shell ; concha : ~ *de perla,* mother-of-pearl shell ; ~ *de peregrino,* scallop, scallop shell, pilgrim shell ; fig. *meterse uno en su* ~, to draw back into one's shell ; to become a recluse ; *tener muchas conchas* or *más conchas que un galápago,* to be reserved, sly, cunning. 2 oyster. 3 tortoise-shell. 4 any shell-shaped object. 5 THEAT prompter's box. 6 enclosed bay. 7 lower millstone. 8 ARCH. concha.
conchabanza *f.* comfort. 2 leaguing, banding together.
conchabar *tr.* to unite, associate. 2 to mix [superior with inferior wool]. — 3 *tr.* & *ref.* (S. Am.) to hire [for domestic service]. — 4 *ref.* (S. Am.) to plot, band together.
conchabo *m.* (South Am.) hiring, job.
conchado, da *adj.* ZOOL. shelled, shelly.
conchal *adj.* high-class [silk].
conchífero, ra *adj.* conchiferous.
conchil *m.* ZOOL. a large shell-fish yielding a dye.

conchudo, da *adj.* ZOOL. shelled. 2 sly, cunning, astute.

conchuela *f. dim.* small shell. 2 sea bed covered with broken skells.

condado *m.* earldom; countship. 2 county.

condal *adj.* pertaining to an earl or count or to his dignity.

conde *m.* earl, count. 2 gypsy chief.

condecente *adj.* fit, appropriate.

condecoración *f.* decoration [act of investing with an order, medal, etc.]. 2 decoration [order, medal, badge of honour].

condecorar *tr.* to decorate [to award a decoration].

condena *f.* LAW sentence, punishment; term [of imprisonment]. 2 transcript of a sentence.

condenable *adj.* condemnable, blamable, reprehensible.

condenación *f.* condemnation. 2 damnation. 3 coll. *es una* ~, it is intolerable, unbearable.

condenado, da *adj.* sentenced, condemned. 2 doomed. 3 damned. 4 wicked, accursed. 5 (Am.) shrewd. 6 nailed, walled up [door. window]. — 7 *m. & f.* sentenced person. 8 THEOL. damned person, reprobate.

condenador, ra *adj.* condemning. — 2 *m. &f.* condemner.

condenar *tr.* to condemn, sentence, give judgment against. 2 to condemn [blame, disapprove of; bring about conviction of]. 3 to damn. 4 to nail or wall up [a door, window, etc.]. — 5 *ref.* to condemn oneself. 6 to be damned [to hell].

condenatorio, ria *adj.* condemnatory.

condensabilidad *f.* condensability.

condensable *adj.* condensable.

condensación *f.* condensation.

condensador, ra *adj.* condensing. — 2 *m.* OPT., ELECT., MECH., ENG. condenser: ~ *de paso,* ELECT. by-pass condenser; ~ *variable,* variable condenser.

condensante *adj.* condensing.

condensar *tr.* to condense. — 2 *ref.* to condense [become condensed].

condensativo, va *adj.* condensative.

condesa *f.* countess.

condescendencia *f.* complaisance, compliance, obligingness.

condescender *intr.* to comply, to accede or yield [out of kindness]. ¶ CONJUG. like *descender.*

condescendiente *adj.* complaisant, obliging.

condesciendo, condescienda, etc., *irr.* V. CONDESCENDER.

condesil *adj.* coll. of a count or countess.

condesita *f.* young countess.

condesito *m.* young count.

condestable *m.* constable [commander in chief of forces in the Middle Ages]. 2 NAUT. master gunner.

condestablía *f.* constableship [in the Middle Ages].

condición *f.* condition, status, station, rank, class; abs. high bird : *un hombre de* ~, a nobleman. 2 nature, disposition, temperament, character. 3 condition [requisite, stipulation, restriction, qualification] : ~ *sine qua non,* condition sine qua non, indispensable condition; *a* ~ *de que, con la* ~ *de que,* on condition that, provided that. 4 *pl.* condition, state [of a thing] : *en buenas condiciones,* in good condition. 5 position ; trim, fitting condition : *estar en condiciones de,* to be in a position to; to be in trim for. 6 conditions, attendant circumstances, existing state of affairs. 7 terms, conditions.

condicionado, da *adj.* conditionated, conditional. 2 *bien* or *mal* ~, of good or bad nature or disposition; in bad or good state, order or condition.

condicional *adj.* conditional. 2 GRAM. conditional.

condicionalmente *adv.* conditionally.

condicionar *tr.* to condition. 2 to conditionate. — 2 *intr.* to agree, to fit.

condignamente *adv.* condignly.

condigno, na *adj.* condign, due.

cóndilo *m.* ANAT. condyle.

condimentación *f.* dressing, seasoning [of foods].

condimentar *tr.* to dress, to season [foods].

condimento *m.* condiment, seasoning.

condiscípulo, la *m.-f.* class-mate, schoolfellow.

condolencia *f.* condolence.

condolerse *ref.* to condole, sympatize with, to feel sorry for. ¶ CONJUG. like *mover.*

condominio *m.* LAW condominium.

condómino *m. & f.* LAW joint owner.

condonación *f.* remission [of debt or capital sentence].

condonante *adj.* remitting, pardoning. — 2 *s.* remitter, pardoner.

condonar *tr.* to remit [a debt or a capital sentence].

cóndor *m.* ORN. condor. 2 condor [gold coin of Chi., Col. and Ec.].

condotiero *m.* condottiere.

condrila *f.* BOT. gum succory.

condrina *f.* CHEM. chondrin.

condrioma *m.* BIOL. chondriome.

condriosoma *m.* BIOL. chondriosome.

condroblasto *m.* ANAT. chondroblast.

condrografía *f.* chondrography.

condrología *f.* chondrology.

conducción *f.* conduction. 2 conveyance, carriage, transportation. 3 piping, wiring, line, etc., for the conveyance of any fluid. 4 contracting of services. 5 driving [of vehicles]. 6 AUTO. drive : ~ *a la derecha,* right-hand drive: ~ *interior,* enclosed drive.

conducente *adj.* conducing, leading, conducive.

conducir *tr.* to convey, transport. 2 to conduct, to lead [serve as a channel for]. 3 PHYS. to conduct. 4 to conduct, lead, guide. 5 to conduce. 6 to conduct, direct, manage. 7 to drive [a vehicle]. 8 to hire, engage. — 9 *ref.* to conduct oneself, to act, behave. ¶ CONJUG. : INDIC. Pres. : *conduzco,* conduces, etc. | Pret. : *conduje, condujiste, condujo; condujimos, condujisteis, condujeron.* | SUBJ. Pres. : *conduzca, conduzcas, conduzca; conduzcamos, conduzcáis, conduzcan.* | Imperf. : *condujera,* etc., or *condujese,* etc. | Fut. : *condujere,* etc. | IMPER. : *conduce, conduzca; conduzcamos,* conducid, *conduzcan.*

conducta *f.* conduct, behaviour. 2 conduct, direction, management. 3 medical services contracted for a fixed subscription. 4 formerly, convoy for the conveyance of money. 5 formerly, commission to recruit soldiers.

conductancia *f.* ELECT. conductance.

conductibilidad *f.* PHYS. conductivity.

conductible *adj.* conductible.

conductividad *f.* conductibility.

conductivo, va *adj.* conductive, conducting.

conducto *m.* conduit, pipe, duct, channel : ~ *de desagüe,* drain, outlet. 2 ZOOL., BOT. duct, canal : ~ *auditivo,* auditory canal; ~ *biliar,* bile duct. 3 channel, means, mediation, intermediary : *por* ~ *de,* through; *por varios conductos,* by different channels.

conductor, ra *adj.* conducting, leading, guiding, managing. 2 PHYS. conducting. — 3 *m. & f.* conductor, leader, guide, manager. 4 driver [of a vehicle]; motorist. 5 conductor [of a train or bus]. 6 PHYS. conductor. — 7 *f.* woman conductor, conductress.

conduelo, conduela, etc., *irr.* V. CONDOLERSE.

condueño *m.* joint owner.

conduje, condujera, etc., *irr.* V. CONDUCIR.

condumio *m.* food, cooked food, food to be eaten with bread.

condutal *m.* MASON. leader, gutter.

conduzco, conduzca, etc., *irr.* V. CONDUCIR.

conectador *m.* MECH., ELECT. connector.

conectar *tr.* to unite, connect, gear.

conectivo, va *adj.* connective : *tejido* ~, ANAT. connective tissue.

coneja *f.* ZOOL. female rabbit, doe rabbit.

conejal, conejar *m.* rabbit warren.

conejera *f.* burrow, rabbit hole. 2 rabbit warren. 3 fig. den, low haunt; warren.

conejero, ra *adj.* rabbit hunting [dog]. — 2 *m. & f.* rabbit breeder or seller.

conejillo *m.* young rabbit. 2 ZOOL. ~ *de Indias,* guinea pig, cavy.

conejito, ta *m. & f.* young rabbit; little rabbit.

conejo *adj.* ZOOL. rabbit.

conejuno, na *adj.* rabbit [pertaining to rabbits]. — 2 *f.* rabbit hair.

conexidades *f. pl.* adjuncts. appurtenances.

conexión *f.* connection, relation, coherence. 2 ELECT. connection. 3 *pl.* [social] connections.

conexionarse *ref.* to make [social] connections.

conexivo, va *adj.* connective.
conexo, xa *adj.* connected, related.
confabulación *f.* confabulation. 2 league, plot, secret understanding.
confabulador, ra *m. & f.* confabulator. 2 leaguer, plotter.
confabular *intr.* to confabulate. — 2 *ref.* to league, plot, enter into a secret understanding.
confalón *m.* gonfalon.
confalonier, confaloniero *m.* gonfalonier.
confarreación *f.* confarreation [in anc. Rome].
confección *f.* making, confection, preparation, manufacture. 2 ready-made article: *de* ~, ready-made. 3 PHARM. confection.
confeccionador, ra *m. & f.* maker, preparer. 2 manufacturer of articles of dress.
confeccionar *tr.* to make, to prepare, to form [esp. by hand]. 3 PHARM. to confection.
confeccionista *m. & f.* CONFECCIONADOR 2.
confederación *f.* confederation, federation; league.
confederado, da *adj. & n.* confederate, federate.
confederar *tr.* to confederate, to federate. — 2 *ref.* to confederate, to federate [enter into federation].
conferencia *f.* conference [conversation, interview, meeting]. 2 public lecture. 3 telephone call, trunk-call.
conferenciante *m. & f.* lecturer.
conferenciar *intr.* to confer [to converse, hold conference].
conferencista *m. & f.* (Am.) lecturer.
conferir *tr.* to confer [bestow; consult about; compare]. — 2 *intr.* to confer [hold conference]. ¶ CONJUG. like *hervir.*
confesa *f.* widow who becomes a nun.
confesado, da *adj.* avowed, confessed. — 2 *m. & f.* coll. confessant, penitent.
confesante *m. & f.* confessant.
confesar *tr.* to confess, acknowledge, avow, admit: ~ *de plano,* to make a clean breast of it. 2 to confess [one's sins]. 3 to confess [hear in confession]. — 4 *intr. & ref.* to confess [make confession; hear confession]. — 5 *ref.* to confess oneself [guilty, etc.]. ¶ CONJUG. like *acertar.*
confesión *f.* confession [act of confessing; avowal, admission]: ~ *auricular,* auricular confession; *oir de* ~, [of a priest] to confess, hear confession. 2 confession [profession of one's faith]. 3 *pl.* confessions.
confesional *adj.* confessional.
confesionario *m.* CONFESONARIO. 2 treaty on confession.
confesionista *m. & f.* Confessionist.
confeso, sa *adj.* having confessed his or her guilt. — 2 *adj.-s.* converted [Jew]. 3 lay brother.
confesonario *m.* confessional.
confesor *m.* confessor.
confeti *m.* confetti.
confiable *adj.* reliable, trustworthy.
confiadamente *adv.* confidingly, unsuspiciously.
confiado, da *p. p.* of CONFIAR. — 2 *adj.* confiding, unsuspecting. 3 improvident. 4 self-confident, presumptuous.
confianza *f.* confidence, reliance, trust: *de* ~, reliable, trustworthy; *en* ~, in confidence, confidentially. 2 courage, enterprise. 3 self-confidence, assurance. 4 familiarity, informality: *de* ~, informal, unceremonious. 5 *pl.* liberties, familiarities: *tomarse confianzas,* to take liberties.
confianzudo, da *adj.* (Am.) forward, overfamiliar.
confiar *intr.* to confide, to trust, to rely: ~ *en,* to trust, to put one's trust in, to rely on. — 2 *tr.* to confide, entrust, commit [something to somebody]. — 3 *ref.* to be trustful. 4 to entrust oneself. 5 to make confidences.
confidencia *f.* confidence, trust. 2 confidence [communication made in confidence]; confidential information: *hacer confidencias a,* to confide in, to make confidences to.
confidencial *adj.* confidential.
confidencialmente *adv.* confidentially.
confidente, ta *adj.* trustworthy, reliable. — 2 *m.* confidant. 3 secret informer, police informer. 4 love seat, tête-à-tête. — 5 *f.* confidante.
confidentemente *adv.* confidentially. 2 faithfully.
confiero, confiera, etc., *irr.* V. CONFERIR.
confieso, confiese, etc., *irr.* V. CONFESAR.
configuración *f.* configuration.
configurar *tr.* to configurate, form, shape.

confín *adj.* bordering. — 2 *m.* confine, border, limit, boundary.
confinación *f.* CONFINAMIENTO.
confinado, da *adj.* banished to a place of exile.
confinamiento *m.* LAW banishement to a place of exile.
confinante *adj.* bordering, conterminous.
confinar *intr.* to border: ~ *con,* to border on. — 2 *tr.* LAW to banish [somebody] to a place of exile, under surveillance.
confinidad *f.* proximity, contiguity.
confirmación *f.* confirmation [strengthening; sanction; corroboration; proof]. 2 ECCL. confirmation.
confirmadamente *adv.* firmly, surely.
confirmador, ra & confirmante *adj.* confirming. — 2 *m. & f.* confirmer.
confirmando, da *m. & f.* confirmand.
confirmar *tr.* to confirm [strengthen, sanction; ratify; corroborate]. 2 ECCL. to confirm.
confirmativo, va; confirmatorio, ria *adj.* confirmative, confirmatory.
confiscable *adj.* confiscable.
confiscación *f.* confiscation.
confiscado, da *adj.* confiscate, confiscated. 2 (dial. & Ve.) damned, confounded.
confiscar *tr.* to confiscate.
confisqué, confisque, etc., *pret., subj. & imper.* of CONFISCAR.
confitar *tr.* to candy, to preserve [fruit]. 2 fig. to dulcify, sweeten.
confite *m.* ball-shaped sweet, sugarplum.
confitente *adj.* CONFESO 1.
confiteor *m.* confiteor. 2 fig. plain acknowledgment of one's own guilt or error.
confitera *f.* sweet box or jar.
confitería *f.* confectionery. 2 confectioner's shop.
confitero, ra *m. & f.* confectioner. 2 tray for sweets.
confitico, tillo, tito *m. dim.* small sugarplum. 2 ornaments in the shape of small sugarplums wrought on coverlets.
confitura *f.* candied or preserved fruit, confection, comfit, conserve(s, jam.
conflación *m.* FUNDICIÓN 1.
conflagración *f.* conflagration.
conflagrar *tr.* to burn, to set fire to.
conflátil *adj.* fusible.
conflicto *m.* conflict. 2 anguish. 3 fix, difficult situation, dilemma.
confluencia *f.* confluencia.
confluente *adj.* confluent. — 2 *m.* confluence [of streams or roads].
confluir *intr.* [of streams or roads] to flow together, converge, meet. 2 [of people] to crowd, assemble [coming from different parts]. ¶ CONJUG. like *huir.*
confluyo, confluya, etc., *irr.* V. CONFLUIR.
conformación *f.* conformation, form, structure.
conformador *m.* conformator.
conformar *tr.* to conform, adapt, bring into harmony. — 2 *intr.* to conform, agree. — 3 *ref.* to conform, to adapt oneself or itself. 4 to submit, conform, comply; to resign oneself. 5 to content oneself.
conforme *adj.* according, accordant, agreeable, conformable, consistent. 2 agreeing, of a mind. 3 correct, acceptable, in order. 4 resigned, patient. — 5 *adv.* in accordance [with], according or agreeably [to], as: ~ *a la ley,* in accordance with the law; ~ *había estado,* as it had been.
conformemente *adv.* conformably, agreeably, in accordance. 2 of one accord.
conformidad *f.* conformity. 2 accordance: *en* ~ *con,* in accordance with, according to. 3 union, harmony: *de* ~, agreeing, at one. 4 symmetry. 5 attachment [of a person to another]. 6 patience, resignation. 7 *en esta* ~, under this condition.
conformismo *m.* conformism.
conformista *m.* conformist.
confort *m.* comfort.
confortable *adj.* comforting. 2 comfortable [giving comfort].
confortablemente *adv.* comfortably.
confortación *f.* comfort, consolation. 2 strengthening, invigoration.
confortador, ra *adj.* comforting, comfortable. 2 tonic, invigorating. — 3 *m. & f.* comforter, consoler.
confortamiento *m.* comfortation.

confortante *adj.* comforting, comfortable. 2 tonic, invigorating. — 3 *m. & f.* comforter. 4 *m.* mitten.
confortar *tr.* to comfort [console, cheer, encourage]. 2 to strengthen, invigorate.
confortativo, va *adj.* comforting. 2 reviving, strengthening. — 3 *m.* comfort, consolation. 4 cordial, restorative.
conforte *m.* CONFORTACIÓN. 2 CONFORTATIVO.
confracción *f.* breaking, fracture.
confraternidad *f.* confraternity, brotherhood.
confraternizar *intr.* to fraternize.
confricación *f.* rubbing, friction.
confricar *tr.* to rub.
confrontación *f.* confrontation, bringing face to face, comparison. 2 natural affinity or congeniality. 3 bordering.
confrontante *adj.* confronting.
confrontar *tr.* to confront [put face to face]. 2 to confront, collate, compare. — 3 *intr.* to border : ~ *con,* to border on. — 4 *intr. & ref.* to face [be facing; place oneself facing].
confucianismo *m.* Confucianism.
confuciano, na *adj. & n.* Confucian.
Confucio *m. pr. n.* Confucius.
confucionismo *m.* CONFUCIANISMO.
confucionista *adj. & m.* CONFUCIANO.
confundir *tr.* to mix, mingle. 2 to confuse, jumble, throw into disorder. 3 to confound. 4 to confuse, trouble, perplex, bewilder; to defeat or convince in argument, to confute. 5 to mistake : ~ *con,* to mistake for. — 6 *ref.* to get or become mixed. 7 to get lost or mingled [in a crowd, etc.]. 8 to get or become confounded, troubled, perplexed, bewildered. 9 to make a mistake, be mistaken.
confusamente *adv.* confusedly.
confusión *f.* confusion [act of confusing; confused state; tumult]. 2 humiliation, shame.
confuso, sa *adj.* confused. 2 troubled, embarrassed, bewildered, awed. 3 obscure, unintelligible. 4 blurred, indistinct.
confutation *f.* confutation.
confutador, ra *adj.* confutative. — 2 *m. & f.* confuter.
confutatorio, ria *adj.* confutative.
confutar *tr.* to confute.
congelable *adj.* congealable.
congelación *f.* congelation, congealment, freezing.
congelador *m.* freezer.
congelamiento *m.* CONGELACIÓN.
congelar *tr.* to congeal, to freeze. 2 COM. to freeze [credits, etc.]. — 3 *ref.* to congeal, freeze [become congealed].
congelativo, va *adj.* freezing.
congénere *adj.* congeneric, kindred. — 2 *m. & f.* kindred thing, person, etc.
congenial *adj.* congenial, of similar disposition, tastes, etc.
congeniar *intr.* to get along well together, to have the same disposition, tastes, etc.
congénito, ta *adj.* congenital.
congerie *f.* congeries.
congestión *f.* congestion.
congestionar *tr.* to congest. — 2 *ref.* to get or become congested.
congestivo, va *adj.* congestive.
congiario *m.* congiary.
congio *m.* congious [ancient liquid measure].
conglobación *f.* conglobation. 2 union, mixing [of unmaterial things].
conglobar *tr. & ref.* to conglobate, conglobe.
conglomeración *f.* conglomeration.
conglomerado, da *adj.* conglomerate(d. — 2 *m.* conglomerate.
conglomerar *tr.* to conglomerate, to agglomerate. — 2 *ref.* to conglomerate [be conglomerated].
conglutinación *f.* conglutination.
conglutinante *adj.* conflutinant.
conglutinar *tr.* to conglutinate. — 2 *ref.* to conglutinate [be conglutinate].
conglutinativo, va *adj.* conglutinative. — 2 *m.* conglutinative agent.
conglutinoso, sa *adj.* viscous, glutinous.
Congo *m. pr. n.* GEOG. Congo.
congo *m.* (Cu., Mex.) hog's hind leg. 2 a Cuban dance. (C. Ri., Salv.) howling monkey. 4 (Hond.) an acanthopterygian fish.
congoja *f.* anguish, agony.
congojar *tr.* ACONGOJAR.

congojosamente *adv.* with anguish.
congojoso, sa *adj.* anguishing. 2 anguished.
congola *f.* (Col.) smoking pipe.
congoleño, ña *adj. & n.* Congoese, Congolese.
congorrocho *m.* ZOOL. (Ve.) kind of centipede.
congosto *m.* narrow mountain pass.
congraciador, ra *adj.* ingratiating.
congraciamiento *m.* ingratiation.
congraciar *tr.,* **congraciarse con** *ref.* to win the good will or favor of.
congratulación *f.* congratulation.
congratular *tr.* to congratulate. — 2 *ref.* congratularse *de,* to be glad of, be rejoiced at.
congratulatorio, ria *adj.* congratulatory.
congregación *f.* congregation, assembly. 2 ECCL. congregation. 3 ~ *de los fieles,* Catholic or universal church.
congregacionalismo *m.* Congregationalism.
congregacionalista *adj. & n.* Congregationalist.
congregante, ta *m. & f.* member of a congregation.
congregar *tr.* to congregate, to assemble. — 2 *ref.* to congregate, assemble, meet.
congregué, congregue, etc., *pret., subj. & imper.* of CONGREGAR.
congresal *m. & f.* (Am.) congressist.
congresista *m. & f.* member of a congress or assembly; congressist.
congreso *m.* congress, assembly. 2 *Congreso de los diputados,* chamber of deputies, lower legistative chamber.
congrio *m.* ICHTH. conger eel, conger.
congrua *f.* adequate income for one who is to be ordained a priest. 2 suplementary emolument.
congruamente *adv.* congruently.
congruencia *f.* congruence, congruity. 2 MATH. congruence.
congruente *adj.* congruent, congruous. 2 MATH. congruent.
congruentemente *adv.* congruously, suitably.
congruidad *f.* CONGRUENCIA 1.
congruo, a *adj.* congruous, fitting.
conguito *m.* (Am.) AJÍ.
conicidad *f.* conicalness.
cónico, ca *adj.* conic(al : *sección cónica,* ᴳEOM. conic section.
conidio *m.* BOT. conidium.
conidióforo *m.* BOT. conidiophore.
conífero, ra *adj.* BOT. coniferous. — 2 *f.* BOT. conifer. 3 *pl.* BOT. Coniferae.
coniforme *adj.* conical, coniform.
conirrostro *adj.* ORN. conirostral. — 2 *m.* ORN. coniroster. 3 *pl.* ORN. Conirostres.
conivalvo, va *adj.* ZOOL. having a conical shell.
coniza *f.* BOT. fleawort.
conjetura *f.* conjecture, surmise, guess, guesswork.
conjeturable *adj.* conjecturable.
conjeturador, ra *adj.* conjecturing.
conjetural *adj.* conjectural.
conjeturalmente *adv.* conjecturally, by surmise or guess.
conjeturar *tr.* to conjecture, surmise, guess.
conjuez, *pl.* **-jueces** *m.* judge with another.
conjugable *adj.* conjugable.
conjugación *f.* conjugation.
conjugado, da *adj.* conjugate(d. — 2 *f.* BOT. conjugate. 3 *pl.* BOT. Conjugatae.
conjugar *tr.* to conjugate.
conjugué, conjugue, etc., *pret. subj. & imper.* of CONJUGAR.
conjunción *f.* conjunction, union. 2 ASTR., ASTROL., GRAM. conjunction.
conjuntamente *adj.* conjointly, jointly, all together.
conjuntiva *f.* ANAT. conjunctiva.
conjuntival *adj.* ANAT. conjunctival.
conjuntivitis *f.* MED. conjunctivitis.
conjuntivo, va *adj.* conjunctive, uniting. 2 GRAM. conjunctive. 3 ANAT. conjunctive, connective [tissue].
conjunto, ta *adj.* conjoint, conjunct, united. 2 mixed, incorporated. 3 united by friendship, related. — 4 *m.* whole, ensemble : *de* ~, general; *en* ~, as a whole; *en su* ~, all together. — 5 *m.* MUS. ensemble. 6 THEAT. chorus : *chica del* ~, chorus girl. 7 SPORT team.
conjura, conjuración *f.* plot, conspiracy.
conjurado, da *m. & f.* conspirator.
conjurador *m.* conjuror, conjurer [one who entreats]. 2 exorcist.

CONJUGATION OF VERBS / CONJUGACIÓN

Regular verbs in Spanish fall into three groups: **-ar** verbs (first conjugation), **-er** verbs (second conjugation), and **-ir** verbs (third conjugation).

Models of the three conjugations (simple tenses)

amar (to love)   temer (to fear)   recibir (to receive)

Indicative Mood

Present
am-o, -as, -a; -amos, -áis, -an
tem-o, -es, -e; -emos, -éis, -en
recib-o, -es, -e; -imos, -is, -en

Preterite
am-é, -aste, -ó; -amos, -asteis, -aron
tem } -í, -iste, -ió; -imos, -isteis, -ieron
recib }

Imperfect
am-aba, -abas, -aba; -ábamos, -abais, -aban
tem } -ía, -ías, -ía; -íamos, -íais, -ían
recib }

Future
amar }
temer } -é, -ás, -á; -emos, -éis, -án
recibir }

Conditional

amar }
temer } -ía, -ías, -ía; -íamos, -íais, -ían
recibir }

Subjunctive Mood

Present
am-e, -es, -e; -emos, -éis, -en
tem } -a, -as, -a; -amos, -áis, -an
recib }

(s-form)
am-ase, -ases, -ase; -ásemos, -aseis, -asen
tem } -iese, -ieses, -iese; -iésemos, -ieseis, -iesen
recib }

Imperfect (r-form)
am-ara, -aras, -ara; -áramos, -arais, -aran
tem } -iera, -ieras, -iera; -iéramos, -ierais, -ieran
recib }

Future
am-are, -ares, -are; -áremos, -areis, -aren
tem } -iere, -ieres, -iere; -iéremos, -iereis, -ieren
recib }

Past Participle

amado   temido   recibido

Gerund

amando   temiendo   recibiendo

Compound tenses are formed by the auxiliary verb **haber** and the past participle of the conjugated verb: **he comido,** I have eaten; **habrá llegado,** he will have arrived; **habías temido,** you had feared.

Irregular verbs

The conjugations of irregular verbs are given in the entries corresponding to their infinitives. Their fundamental forms are given also in their proper alphabetic position in the dictionary. For example, the verb **ser** is completely conjugated in its entry, but there is also an entry for **fue,** which refers the reader to **ser.**

Orthographic-changing verbs

Some verbs undergo spelling changes to preserve their regularity to the ear: tocar, **toque;** llegar, **llegue;** vencer, **venzo;** lanzar, **lance,** etc.

The forms with spelling changes are given in their proper alphabetic position in the dictionary. However, these orthographic-changing verbs are neither considered nor treated as irregular verbs in this dictionary.

conjuramentar *tr.* to swear in. — 2 *ref.* JURAMENTARSE.

conjurante *m.* CONJURADOR.

conjurar *intr.* or *ref.* to swear together. to bind oneself by an oath taken in common with others; to conspire, join in a conspiracy. — 2 *tr.* to swear in. 3 to conjure, entreat. 4 to exorcise. 5 to avert, ward off.

conjuro *m.* exorcism. 2 conjuration [magic expression; entreaty].

conllevador, ra *adj.* helping to bear. 2 bearing, suffering.

conllevar *tr.* to help somebody to bear [hardships, etc.]. 2 to bear with [somebody]. 3 to suffer with patience [hardships], etc.].

conmemoración *f.* commemoration.

conmemorar *tr.* to commemorate.

conmemorativo, va *adj.* commemorative; memorial.

conmemoratorio, ria *adj.* commemoratory.

conmensurabilidad *f.* commensurability.

conmensurable *adj.* commensurable [having a common measure]. 2 mensurable, measurable.

conmensuración *f.* commensuration.

conmensurar *tr.* to commensurate, make commensurate.

conmensurativo, va *adj.* commensurating.

conmigo *pron.* with me, with myself.

conmilitón *m.* fellow soldier, companion-at-arms.

conminación *f.* commination. 2 threatening order or summons.

conminar *tr.* to threaten. 2 to order or summon [under theat of punishment].

conminativo, va & **conminatorio, ria** *adj.* threatenin [order, injunction, etc.].

conminuta *adj.* SURG. *fractura* ~, comminution, comminuted fracture.

conmiseración *f.* commiseration, pity.

conmistión *f.* mixture, commixture.

conmisto, ta *adj.* mixed, commingled.

conmistura, conmixtión *f.* CONMISTIÓN.

conmixto, ta *adj.* CONMISTO.

conmoción *f.* commotion, agitation, shock. 2 commotion, disturbance, riot. 3 MED. concussion : ~ *cerebral,* concussion of the brain.

conmoración *f.* RHET. repetition.

conmovedor, ra *adj.* moving, touching, affecting, pathetic.

conmover *tr.* to move, touch, affect, to stir. 2 to shake, to upset. — 3 *ref.* to be moved, touched, affected. 4 to be shaken. ¶ CONJUG. like *mover.*

conmueve, conmueve, etc., *irr.* V. CONMOVER.

conmutabilidad *f.* commutability.

conmutable *adj.* commutable.

conmutación *f.* commutation, exchange, substitution.

conmutador, ra *adj.* commutating, commuting. — 2 *m.* ELECT. switch, change-over switch.

conmutar *tr.* to commute, exchange. 2 ELECT. to commutate, commute.

conmutativo, va *cdj.* commutative.

connatural *adj.* connatural, inherent, natural.

connaturalización *f.* adaptation, acclimation.

connaturalizarse *ref.* to become adapted, accustomed, acclimated.

connaturalmente *adv.* connaturally.

connivencia *f.* connivance. 2 secret understanding.

connivente *adj.* conniving. 2 ANAT., BOT. connivent.

connotación *f.* connotation. 2 distant relationship.

connotado, da *adj.* (Am.) prominent, distinguished. — 2 *m.* distant relationship.

connotar *tr.* to connote.

connotativo, va *adj.* connotative.

connovicio, cia *m.* & *f.* fellow novice.

connubial *adj.* connubial.

connubio *m.* poet. marriage.

connumerar *tr.* to include in a number.

cono *m.* GEOM., BOT. cone : ~ *de sombra,* ASTR. umbra.

conocedor, ra *adj.* knowing, expert. — 2 *m.* & *f.* knower, connoisseur, judge.

conocer *m.* to know [by the senses or by the mind; to discern, distinguish; to recognize; to have immediate experience of; to be appraised of; to be familiar with]. 2 to be or get acquainted with, to meet [a person]. 3 LAW to have cognizance of : *el juez que conoce la causa or de la causa,* the judge who tries the case. 4 to know [carnally]. 5 to own, avow. — 6 *intr.* ~ *de,* to be versed in. — 7 *ref.* to know oneself. 8 to

be or get acquainted with each other, to meet. ¶ CONJUG. like *agradecer.*

conocible *adj.* knowable.

conocidamente *adv.* clearly.

conocido, da *adj.* known, familiar. 2 well-known, distinguished. — 3 *m.* & *f.* acquaintance [person].

conocimiento *m.* knowledge, cognition, cognizance; notice, information : *obrar con* ~ *de causa,* to act with full knowledge of facts; *poner una cosa en conocimiento de uno,* to inform someone of something; *venir en* ~ *de,* to come to know. 2 understanding, intelligence, sense. 3 skill, ability. 4 consciousness : *perder el* ~, to lose consciousness. 5 acquaintance [with a person or thing]. 6 acquaintance [person]. 7 COM. bill of lading [also called ~ *de embarque*]. 8 COM. certificate of identification. 9 *pl.* knowledge, learning.

conoidal *adj.* conoidal.

conoide *adj.* conoid. — 2 *m.* GEOM. conoid.

conoideo *adj.* conic, cone-shaped.

conopial *adj.* ARCH. *arco* ~, depressed ogee arch.

conopeo *m.* curtain before the Eucharistic tabernacle.

conozco, conozca, etc., *irr.* V. CONOCER.

conque *conj.* so, so then, and so; well then. — 2 *m.* condition, terms.

conquiforme *adj.* conchiform, shell-shaped.

conquiliología *f.* conchology.

conquiliólogo *m.* conchologist.

conquista *f.* conquest.

conquistable *adj.* conquerable. 2 attainable.

conquistador, ra *adj.* conquering. — 2 *m.* & *f.* conqueror. — 3 *m.* lady-killer. 4 conquistador.

conquistar *tr.* to conquer [by force of arms]; to win, to attain. 2 to win, gain [affection, goodwill, etc.]. 3 to win the love of; to win over.

Conrado *m. pr. n.* Conrad.

conrear *tr.* WEAV. to grease [cloth]. 2 AGR. to plow a second time.

conreinar *intr.* to reign jointly, reign with another in question.

consabido, da *adj.* before-mentioned, alluded to, in question.

consagración *f.* consecration.

consagrado, da *adj* consecrate, consecrated. 2 sanctioned, established : ~ *por el uso,* time-honoured, sanctioned by usage. 3 stock [phrase]. 4 *autor* ~, author of established fame.

consagrante *adj.* consecrating. — 2 *m.* consecrator.

consagrar *tr.* to consecrate [hallow, make sacred; deify]. 2 to consecrate, dedicate, devote. 3 to authorize [a word or meaning]. 4 to erect [a monument] to the memory of somebody or something. — 5 *tr.* & *intr.* to consecrate [the elements in the Eucharist]. — 6 *ref.* to devote oneself [to study, a work, etc.].

consanguíneo, a *adj.* consanguineous.

consanguinidad *f.* consanguineity.

consciente *adj.* conscious, aware. 2 responsible, knowing what he is about.

conscientemente *adv.* consciously.

conscripto *adj. padre* ~, conscript father, senator of anc. Rome.

consecución *f.* obtainment, attainment.

consecuencia *f.* consequence, inference : *en* ~, *por* ~, consequently, hence, therefore. 2 consequence, issue, result : *tener* or *traer consecuencias,* to have consequences; *a* ~ *de,* as a consequence or a result of, because of, owing to. 3 consistency [of conduct]. 4 *ser de* ~, to be important, of value.

consecuente *adj.* subsequent, following. 2 consistent [conduct, person]. — 3 *m.* LOG., MATH. consequent.

consecuentemente *adv.* consequently.

consecutivamente *adv.* consecutively.

consecutivo, va *adj.* consecutive.

conseguimiento *m.* CONSECUCIÓN.

conseguir *tr.* to obtain, attain, get. 2 [with an inf.] to succeed in, to manage to : *consiguió hacerla feliz,* he succeeded in making her happy. 3 ~ *que,* to get [something or somebody] to : *consiguió que se fuera,* he got him to go. ¶ CONJUG. like *servir.*

conseja *f.* fable, old wives' tale. 2 CONCILIÁBULO 2.

consejera *f.* counselor wife. 2 female adviser.

consejero, ra *m.* & *f.* adviser. 2 counselor, councilor. 3 COM. director.

consejo *m.* advice, counsel; piece of advice. 2

counsel, council, board : ～ de administración, COM. board of directors; ～ de Estado, council of state; ～ de familia, family meeting; ～ de guerra, council of war; court-martial; ～ de Instrucción pública, Board of Education; ～ de ministros, cabinet, council of ministers. 3 meeting of a council or a board. 4 entrar en ～, to consult or confer as to what should be done.
consenso m. consensus, assent, consent.
consensual adj. LAW consensual.
consentido, da adj. spoiled, pampered [child]. 2 complaisant [husband]. 3 cracked, slightly disjointed, unsound.
consentidor, ra adj. conniving. — 2 m. & f. conniver.
consentimiento m. consent, permission. 2 spoiling, pampering.
consentir tr. to allow, permit, tolerate. 2 to admit of. 3 to think, believe. 4 to coddle, spoil, pamper. — 5 intr. ～ en, to consent to. — 6 ref. to begin to split, crack, or become unsound. ¶ CONJUG. like hervir.
conserje m. concierge, janitor, door-keeper. 2 keeper, caretaker [of a palace or public building].
conserjería f. conciergerie, janitorship, janitor's quarters or office.
conserva f. preserve, preserved food, conserve : conservas alimenticias, canned goods. 2 NAUT. convoy, consort : navegar en ～ or en la ～, to sail in a convoy.
conservación f. conservation, maintenance, upkeep. 2 preservation; self-preservation : instinto de ～, instinct of self-preservation.
conservador, ra adj. conservatory, preserving, preservative. — 2 adj. & n. POL. conservative. — 3 m. & f. conserver.— 4 m. conservator, curator [of a museum, etc.].
conservaduría f. conservatorship, curatorship [of a museum, etc.].
conservadurismo m. conservatism.
conservar tr. to conserve, keep, maintain, preserve : estar uno bien conservado, to be well-preserved. 2 to conserve, preserve [make a conserve or preserve of].
conservatismo m. (Am.) conservatism.
conservativo, va adj. conservatory, preservative.
conservatorio, ria adj. conservatory. — 2 m. conservatoire, conservatory [of music, declamation etc.]. 3 (Am.) conservatory, greenhouse.
conservería f. art of making preserves.
conservero, ra adj. preserve-making, canning : industria conservera, canning industry. — 2 m. & f. preserve maker, canner.
considerable adj. considerable, great, important.
considerablemente adv. considerably.
consideración f. consideration [act of considering, bearing in mind, taking into account] : tomar en ～, to take into account or into consideration; to accept for consideration; en ～ a. considering, in view of, taking into account. 2 consideration, reflection. 3 meditation. 4 consideration [esteem, respect; thoughtfulness]. 5 importance : ser de ～, to be important. 6 pl. guardar o tener consideraciones, to show consideration; to be considerate.
consideradamente adj. considerately.
considerado, da adj. considerate, prudent. 2 considerate, thoughtful, kind. 3 considered, esteemed.
considerador, ra adj. considering. — 2 m. & f. one that considers.
considerando conj. whereas [as used in legal preambles, etc.]. — 2 m. whereas [introductory clause or item in a law, etc.].
considerar tr. to consider [think over; bear in mind]. 2 to consider [treat with consideration]. 3 to consider [believe, judge].
consiento, consienta, etc., irr. V. CONSENTIR.
consigna f. MIL. orders given to the commander of a post or to a sentry. 2 luggage room. *check room.
consignación f. consignation, assignation. 2 COM. consignment. 3 assignment [on a budget], appropriation.
consignador m. COM. consignor.
consignar tr. to assign [a sum on a budget] to a specified use, to appropriate. 2 to consign, deposit [money]. 3 to state in writing. 4 COM. to consign.

consignatario m. consignatary. 2 COM. consignee. 3 NAUT. shipping agent. 4 creditor who enjoys his debtor's property until the debt is paid out of the proceeds.
1) **consigo** pron. with him, with her, with it; with them; with himself, with herself, with itself, with themselves, with oneself. 2 with you or yourselves [with people addressed as usted].
2) **consigo, consiga**, etc., irr. V. CONSEGUIR.
consiguiente adj. consequent [following, resulting]. — 2 m. LOG. consequent. 3 por ～, consequently, therefore.
consiguientemente adv. consequently.
consiliario, ria m. & f. counselor, adviser.
consintiente adj. consenting, agreeing.
consistencia f. consistency, consistence, firmness, solidity. 2 stability, duration. 3 consistency [of a syrup, etc.].
consistente adj. consistent, firm, solid. 2 consistent [as a syrup]. 3 consisting.
consistir intr. ～ en, to consist, lie, reside in; to be the effect of.
consistorial adj. consistorial. 2 casas consistoriales, town hall, city hall.
consistorio m. consistory. 2 town council. 3 ～ divino, fig. tribunal of God.
consocio m. fellow member. 2 COM. partner.
cónsola f. console, console table, pier table.
consolable adj. consolable.
consolablemeate adv. consolably, comfortingly.
consolación f. consolation.
consolador, ra adj. consoling, comforting. — 2 m. & f. consoler, comforter.
consolar tr. to console, comfort, cheer, soothe. — 2 ref. to be consoled. ¶ CONJUG. like contar.
consolativo, va; consolatorio, ria adj. consolatory.
consólida f. BOT. comfrey. 2 BOT. ～ real, larkspur.
consolidación f. consolidation.
consolidado, da adj. consolidated [made firm, solid]. 2 funded [debt]. — 3 m. pl. consols, consolidated annuities.
consolidar tr. to consolidate [make firm, solid; strengthen]. 2 to fund [a floating debt]. — 3 ref. to consolidate [become firm, solid].
consolidativo, va adj. consolidative.
consonancia f. consonance, consonancy, accord, conformity, correspondence : en ～ con, in accordance with. 2 MUS. consonance, consonancy. 3 PROS. rhyme, rime
consonante adj. consonant. 2 rhyming. — 3 m. PROS. rhyme, rime, rhyming member. — 4 f. GRAM. consonant [speech, sound].
consonantemente adv. consonantly.
consonar intr. to agree, harmonize, be in accord or correspondence. 2 PROS. to rhyme. 3 to sound in consonance. ¶ CONJUG. like contar.
cónsone adj. CÓNSONO. — 2 m. MUS. chord.
cónsono, na adj. consonant, agreeing. 2 MUS. consonant, consonous.
consorcio m. participation in a common lot. 2 union, fellowship. 3 marital association. 4 consortium.
consorte m. & f. consort, partner. 2 consort [husband or wife]. 3 pl. LAW joint-parties [to a lawsuit]. 4 LAW codelinquents, accomplices, confederates.
conspicuo, cua adj. conspicuous, emminent, distinguished.
conspiración f. conspiracy, plot.
conspirado m.; **conspirador, ra** m. & f. conspirer, conspirator.
conspirar intr. to conspire, plot. 2 to conspire, concur [to an end].
constancia f. constancy, perseverance. 2 certainty [of a fact or statement]. 3 (Am.) proof, evidence, record.
Constancia f. pr. n. Constance.
Constancio m. pr. n. Constance.
constante adj. constant, firm, steadfast. 2 constant, unchanging. 3 continual, uninterrupted. 4 known for certain. 5 consisting [of]. — 6 f. MATH. constant.
constantemente adv. constantly. 2 certainly, undoubtedly.
Constantino m. pr. n. Constantine.
Constantinopla f. pr. n. Constantinople.
constantinopolitano, na adj. & n. Constantinopolitan.
Constanza f. pr. n. GEOG. Constance (city).

constar *intr.* to be certain, proved; to be on record : ~ *en*, to be recorded in or on; *hacer* ~, to make known, to state, to put on record; *me consta que*, I know for certain that; *y para que conste*, in witness whereof. 2 to consist of, to be composed of. 3 [of verses] to scan, be metrically correct.
constatación *f.* GAL. verification; establishment [of a fact].
constatar *tr.* GAL. to verify. 2 to state, to record.
constelación *f.* ASTR., ASTROL. constellation. 2 climate.
consternación *f.* consternation, dismay.
consternar *tr.* to consternate, dismay. — 2 *ref.* to be consternated.
constipación *f.* MED. cold, chill. 2 MED. ~ *de vientre*, constipation.
constipado, da *adj.* MED. suffering from a cold. — 2 *m.* MED. cold, chill.
constipar *tr.* MED. to constrict, to close the pores of. — 2 *ref.* to catch a cold.
constitución *f.* constitution [in every sense].
constitucional *adj.* constitutional [pertaining to the constitution of a person or of a state]. — 2 *m.* constitutionalist.
constitucionalidad *f.* constitutionality.
constitucionalismo *m.* constitutionalism.
constitucionalmente *adv.* constitutionally.
constituir *tr.* to constitute [form, make ; make up, be the constitutive element or elements of]. 2 to constitute [establish, found, give the legal form to an assembly, etc.]. 3 to constitute, make, appoint, set up as. — 4 *ref. constituirse en sociedad, en república,* to form an association, a republic. 5 *constituirse en juez, en guía,* to constitute oneself judge, guide. 6 *constituirse en obligación,* to bind oneself. ¶ CONJUG. like *huir.*
constitutivo, va *adj.* constitutive, essential. — 2 *m.* constituent [essential part].
constituyente *adj.* constituent, component. 2 POL. constituent : *Cortes constituyentes,* Constituent Assembly.
constituyo, constituyó, constituya, etc., *irr.* V. CONSTITUIR.
constreñidamente *m.* compulsively. 2 constrictedly.
constreñimiento *m.* constraint, compulsion. 2 MED. constriction, stricture.
constreñir *tr.* to constrain, compel, force. 2 MED. to constrict ¶ CONJUG. like *ceñir.*
constricción *f.* constriction.
constrictivo, va *adj.* constrictive constringent.
constrictor, ra *adj.* constricting. — 2 *m.* constrictor.
constringente *adj.* constringent.
constriño, constriña, etc., *irr.* V. CONSTREÑIR.
construcción *f.* construction, building [act or art of constructing]. 2 construction [thing constructed] building, erection, structure. 3 GEOM. construction. 4 GRAM. construction, syntax.
constructivo, va *adj.* constructive.
constructor, ra *adj* constructing, building. — 2 *m. & f.* constructor, builder.
construir *tr.* to construct, build, make. 2 GRAM. to construct, construe. 3 GEOM. to construct. ¶ CONJUG. like *huir.*
construyo, construyó, construya, etc., *irr.* V. CONSTRUIR.
consubstanciación *f.* THEOL. consubstantiation.
consubstancial *adj.* consubstantial.
consubstancialidad *f.* consubstantiality.
consuegra *f.* mother-in-law of one's child.
consuegrar *intr.* to become CONSUEGROS or CONSUEGRAS.
consuegro *m.* father-in-law of one's child.
consuelda *f.* BOT. comfrey.
1) **consuelo** *m.* consolation, comfort, alleviation: *sin* ~, inconsolably; coll. without measure. 2 joy.
2) **consuelo, consuele,** etc., *irr.* V. CONSOLAR.
Consuelo *f. pr. n.* Consuelo [woman's name].
consueno, consuene, etc., *irr.* V. CONSONAR.
consueta *m.* THEAT. prompter. — 2 *f. pl.* prayers after the divine office.
consuetudinario, ria *adj.* consuetudinal, consuetudinary, customary : *derecho* ~, common law.
cónsul *m.* consul : ~ *general,* consul general.
cónsula *f.* consul's wife.
consulado *m.* consulate.
consular *adj.* consular.

consulta *f.* consultation, consulting. 2 opinion, information or advice given or asked; question. 3 MED. consultation. 4 MED. *horas de* ~, consulting hours.
consultable *adj.* consultable.
consultación *f.* consultation [conference].
consultante *adj.* consulting [asking advice]. — 2 *m. & f.* consulter.
consultar *tr. & intr.* to consult : ~ *con la almohada,* to sleep on, to consult one's pillow.
consultivo, va *adj.* consultative.
consultor, ra *adj.* consulting. — 2 *m. & f.* consultant, adviser, counsellor. 2 consulter.
consultorio *m.* technical advising bureau. 2 MED. clinic, institution where outpatients are treated.
consumación *f.* consummation. 2 end, extinction : *hasta la* ~ *de los siglos,* to the end of time.
consumadamente *adv.* consummately, perfectly, completely.
consumado, da *adj.* consummated. 2 consummate, perfect, complete, accomplished, confirmed. — 3 *m.* consommé.
consumador, ra *m. & f.* consummator.
consumar *tr.* to consummate, accomplish, complete. 2 to commit [a crime].
consumativo, va *adj.* consummative.
consumero *m.* coll. municipal customs agent.
consumible *adj.* consumable, consumptible.
consumición *f.* consuming, consumption. 2 service [drink, etc., taken in a café, restaurant, etc.].
consumido, da *adj.* consumed. 2 thin, emaciated, worn-out. 3 easily worried.
consumidor, ra *adj.* consuming. — 2 *m. & f.* consumer.
consumimiento *m.* consuming, consumption.
consumir *tr.* to consume. 2 to waste away, eat up, use up. 3 to worry, afflict, vex. 4 to take [the Eucharist] in the mass. — 5 *ref.* to be consumed. 6 to waste away, to be worried, afflicted or vexed, to fret.
consumo *m.* consumption [of food, full, goods, etc.] : *artículos de* ~, commodities, consumers' goods. 2 *pl.* municipal customs, tax on provisions brought into a town.
consunción *f.* consumption, consuming. 2 MED. consumption.
consuno (de) *adv.* together, in accord.
consuntivo, va *adj.* MED. consumptive.
consunto, ta *adj.* consumed.
consustancial *adj.* CONSUBSTANCIAL.
consustancialidad *f.* CONSUBSTANCIALIDAD.
contabilidad *f.* calculability. 2 accounting, accountancy, bookkeeping.
contabilista *m.* (Am.) accountant, book-keeper.
contabilizar *tr.* ACCOUNT. to enter [as an item] into a book.
contable *adj.* countable. — 2 *m.* accountant, book-keeper.
contacto *m.* contact [touching, meeting]. 2 ELECT., GEOM. contact. 3 touch : *mantenerse en* ~ *con,* to keep in touch with.
contadero, ra *adj.* countable. 2 narrow passage where persons or animals are counted.
contado, da *adj.* counted, numbered. 2 scarce, rare, few : *en muy contados casos,* in very few cases, on rare occasions. — 3 *m. al* ~, for cash, cash down, spot cash. 4 *de* ~, at once, right away. 5 *por de* ~, of course, as a matter of course, certainly.
contador, ra *adj.* counting : *tablero* ~, abacus [calculating frame]. — 2 *m. & f.* counter, computer. 3 accountant. 4 NAUT. paymaster. 5 LAW receiver. 6 counter [table or board on which money is counted]. 7 MACH. counter, speed counter; meter [for gas, water or electricity] : ~ *de gas,* gas meter. 8 PHYS. ~ *de Geiger,* Geiger counter.
contaduría *f.* accountant's office. 2 THEAT. box office for advance booking.
contagiar *tr.* to communicate by contagion. 2 to infect with. 3 to corrupt, pervert. — 4 *ref.* to be contagious, infectious. 5 *contagiarse de,* to be infected with, to get by contagion.
contagio *m.* contagion. 2 contagious disease.
contagiosidad *f.* contagiousness.
contagioso, sa *adj.* contagious, infectious.
contal *m.* string of beads for counting.
contaminación *f.* contamination, pollution, infection, corruption.

contaminado, da *adj.* contaminated, polluted, corrupted, infected.

contaminador, ra *adj.* contaminating, polluting, infecting, corrupting.

contaminar *tr.* to contaminate, pollute, corrupt, infect. 2 to corrupt, destroy the integrity of [a text or original]. 3 to profane, violate [the law of God]. — *4 ref.* to be contaminated, corrupted, infected.

contante *adj. dinero* ~ or *dinero* ~ *y sonante,* ready money, cash.

contar *tr.* to count, number, tell, reckon, calculate. 2 to number, rate, reckon [among] : *le cuento entre mis amigos,* I reckon him among my friends. 3 to charge [a price for]. 4 to tell, relate, narrate, spin : ~ *un cuento,* to tell a story, spin a yarn ; *cuénteselo a su abuela, cuénteselo a su tía,* fig. tell that to the marines. 5 *cuéntelo por hecho,* count it as done. 6 *contar [tantos] años,* to be [so many] years old. — *7 intr.* to count, to do sums. 8 ~ *con,* to count, reckon, rely, depend on or upon ; to have : *cuento con usted,* I rely upon you ; *cuento con ello,* depend upon it ; *no contar con la huéspeda,* to reckon without one's host ; *esto cuenta con posibilidades,* it has possibilities. ¶ Conjug. : Indic. Pres. : *cuento, cuentas, cuenta;* contamos, contáis, *cuentan.* | Subj. Pres. : *cuente, cuentes, cuente;* contemos, contad, *cuenten.* | The other tenses are regular.

contemperar *tr.* atemperar.

contemplación *f.* contemplation [act of viewing or of considering with attention]. 2 theol. contemplation. 4 *pl.* complaisance, leniency : *sin contemplaciones,* harshly, without leniency.

contemplador, ra *adj.* contemplative. — *2 m. & f.* contemplator.

contemplar *tr.* to contemplate [to view or consider with continued attention]. 2 theol. to contemplate. 3 to be complaisant or lenient towards [somebody], to pamper.

contemplativamente *adv.* contemplatively.

contemplativo, va *adj.* contemplative.

contemporáneamente *adv.* contemporaneously, contemporarily.

contemporaneidad *f.* contemporaneousness, contemporariness.

contemporáneo, a *adj.* contemporaneous, contemporary, coeval. — *2 m. & f.* contemporary.

contemporicé, contemporice, etc., *pret., subj. & imper.* of contemporizar.

contemporización *f.* temporizing, compliance.

contemporizador, ra *adj.* temporizing, yielding, complying. — *2 m. & f.* temporizer ; yielding, complying person.

contemporizar *intr.* to temporize, to yield, to comply.

contención *f.* contention, holding. 2 holding back. 3 restraint, restraining, checking. 4 contention, contest. 5 law litigation.

contencioso, sa *adj.* contentious [given to contention]. 2 law contentious.

contendedor *m.* contestant.

contender *intr.* to contend, contest. 2 to fight, combat, strive. 3 to contend [in argument]. 4 to litigate. ¶ Conjug. like *entender.*

contendiente *adj.* contending ; fighting. — *2 m. & f.* contender, adversary, antagonist ; contestant. 3 litigant.

contendor *m.* contendedor.

contendré, contendría, etc., *irr.* V. contener.

contenedor, ra *adj.* containing.

contenencia *f.* hover [of a bird of prey]. 2 danc. side step with a pause.

contener *tr.* to contain, hold, comprise, include, embrace. 2 to contain, restrain, refrain, curb, check, stop. 3 to hold back. — *4 ref.* to be contained. 5 to contain oneself, keep one's temper, hold oneself in check. ¶ Conjug. like *tener.*

contengo, contenga, etc., *irr.* V. contener.

contenido ,da *adj.* moderate, prudent, temperate. — *2 m.* contents. 3 tenor, context.

conteniente *adj.* containing, holding.

contenta *f.* com. indorsement. 2 naut. certificate of sufficiency.

contentadizo, za *adj.* easily pleased ; *mal* ~, hard to please.

contentamiento *m.* contentment, joy, content.

contentar *tr.* to content, please, satisfy : *ser de buen* ~, to be easy to please. 2 com. to endorse. — *3 ref.* to be contented : *contentarse con* or *de,* to be contented with, to be satisfied with.

contentible *adj.* contemptible.

contentivo, va *adj.* holding.

contento, ta *adj.* contented, pleased, satisfied, glad. — *2 m.* contentment, content, satisfaction, joy, gladness : *a* ~, to one's satisfaction ; *no caber de* ~, to be bursting with joy.

contera *f.* ferrule, tip [of cane, umbrella, etc.] ; chape [at scabard's point]. 2 cascabel [of cannon]. 3 refrain [of a song]. 4 *por* ~, to clinch it, as a finishing touch.

contérmino, na *adj.* conterminous.

conterráneo, a *adj.* of the same country or region. — *2 m. & f.* compatriot, fellow countryman or countrywoman.

contertuliano, na; contertulio, lia *m. & f.* fellow member of a coterie.

contestable *adj.* contestable, impugnable, controvertible. 2 answerable.

contestación *f.* answer, reply. 2 debate, altercation, dispute. 3 confirmation, corroboration.

contestar *tr.* to answer, to reply. 2 to answer [a summons, a letter]. 3 to confirm [another's or anothers' statement]. 4 to prove. — *5 intr.* to agree, to accord.

conteste *adj.* agreeing, concurring [in opinion]

contexto *m.* context 2 intertexture.

contextuar *tr.* to prove by quoting authorities.

contextura *f.* contexture. 2 frame and structure of the human body.

conticinio *m.* dead of night.

contienda *f.* contest, fight, battle, dispute.

contiendo, contienda, etc., *irr.* V. contender.

contignación *f.* arch. contignation.

contigo *pron.* with thee, with you, with thyself or yourself.

contiguamente *adv.* contiguously.

contigüidad *f.* contiguity.

contiguo, gua *adj.* contiguous, adjoining.

continencia *f.* continence. 2 containing.

continental *adj.* continental.

continente *adj.* containing. 2 continent [temperate, moderate, chaste]. — *3 m.* container. 4 countenance, mien, bearing, carriage. 5 geog. continent : ~ *Negro,* Dark Continent.

continentemente *adv.* continently.

contingencia *f.* contingency [quality of what is contingent ; chance event].

contingente *adj.* contingent [chance, that may happen]. — *2 m.* contingent, quota. 3 mil. contingent.

contingentemente *adv.* contingently, by chance.

contingible *adj.* possible, that may happen.

continuación *f.* continuation, continuance ; prolongation ; [literary] sequel : *a* ~, immediately, immediately afterwards ; *a* ~ *de,* immediately after.

continuadamente *adv.* continuedly.

continuado, da *adj.* continued, constant.

continuador, ra *adj.* continuing. — *2 m. & f.* continuator, continuer.

continuamente *adv.* continuously, continuedly, without interruption ; continually, constantly, incessantly.

continuar *tr.* to continue [pursue, carry on]. — *2 intr.* to continue [remain in a given place or condition ; persist in], go on, keep. — *3 ref.* to be continued ; to extend : *se continuará,* to be continued.

continuativo, va *adj.* continuative. 2 gram. illative.

continuidad *f.* continuity.

continuo, nua *adj* continuous [having continuity of parts]. 2 continuous, continued, uninterrumped, constant ; continual. 3 math. continued, continuous. 4 mach. endless. 5 elect. *corriente continua,* direct current. 6 *de* ~, continuously, continually ; *a la continua,* continuedly. — *7 m.* continuous whole, continuity, continuum.

contonearse *ref.* to walk swinging affectedly the hips and shoulders.

contoneo *m.* swinging of the hips and shoulders in walking.

contorcerse *ref.* to twist or contort oneself ; to writhe. ¶ Conjug. like *mover.*

contorción *f.* retorcimiento. 2 contorsión.

contornado, da *adj.* her. contourné.

contornar, contornear tr. to circle, go around [a place]. 2 to contour, outline.
contorneo m. going around [a place]. 2 tracing the contour, outlining.
contorno m. contour, outline : en ~, around. 2 sing. & pl. environs, neighbourhood.
contorsión f. contortion.
contorsionista m. & f. contortionist.
contra prep. against [in every sense, except in anticipation of, in preparation for], athwart, with : estar ~ uno, to be against one; luchar ~ la adversidad, to struggle with adversity; ~ la corriente, against the current, or the tide; ~ la pared, against the wall; ~ viento y marea, stubbornly, in spite of all opposition or difficulties. 2 [often in composition] counter. 3 contrary, or contrarily, to. 4 facing : ~ oriente, facing east. — 5 m. con, against : el pro y el ~, the pros and cons, the for and against. 6 mus. organ pedal. 7 mus. lowest bass [of organ]. — 8 f. opposition : hacer, or llevar, la ~, to oppose, contradict; en ~ de, in opposition to, against, counter; ir en ~ de, to run counter to; si no hay nada en ~, if there's nothing against it. 9 snag, drawback. 10 FENC. counter. 11 (Am.) antidote, remedy. 12 (Am.) play-off. 13 (Am.) gift [to a customer].
contrabertura SURG. counteropening.
contraalmirante m. rear admiral.
contraamantillo m. NAUT. preventer-lift.
contraamura f. NAUT. preventer-tack.
contraaproches m. pl. FORT. counterapproaches.
contraarmiños m. pl. HER. ermines; counterermine.
contraatacar tr. & intr. to counterattack.
contraataque m. counterattack. 2 pl. fortified line of defense [around a besieged place].
contraaviso m. counterorder.
contrabajo m. mus. contrabass. 2 contrabassist. 3 mus. double-bass [voice; singer].
contrabajón m. mus. double basson.
contrabajonista m. double-basson player.
contrabalancear tr. to counterbalance, counterpoise. 2 to compensate.
contrabalanza f. counterpoise. 2 contraposition.
contrabandear intr. to smuggle.
contrabandista m. & f. smuggler, contrabandist.
contrabando m. smuggling, contraband : pasar, entrar, meter de ~, to smuggle [goods]. 2 contraband, smuggled goods : ~ de guerra, contraband of war.
contrabarrera f. second row of seats in a bull ring.
contrabasa f. ARCH. pedestal.
contrabatería f. MIL. counterbattery.
contrabatir tr. MIL. to fire upon [the enemy's batteries].
contrabolina f. NAUT. preventer bowline.
contrabovedilla f. NAUT. upper counter.
contrabracear tr. NAUT. to counterbrace.
contrabranque m. NAUT. apron.
contrabraza f. NAUT. preventer brace.
contracaja f. PRINT. right-hand upper.
contracambio m. COM. re-exchange.
contracanal m. branch channel.
contracandela f. (Cu.) backfire [fire started to prevent the spread of a prairie fire].
contracarril m. RLY. guardrail.
contracarta f. CONTRAESCRITURA.
contracción f. contraction, contracting, shrinking [drawing together, making smaller]. 2 GRAM. contraction [of two words into one].
contracebadera f. NAUT. sprit-topsail.
contracifra f. key to a cipher.
contraclave f. ARCH. voussoir next to the keystone.
contracodaste m. inner sternpost.
contracorriente f. countercurrent, reverse current; back water.
contracosta f. the opposite coast [of an island].
contráctil adj. contractile.
contractilidad f. contractility.
contractivo, va adj. contractive.
contracto, ta irreg. p. p. of CONTRAER.
contractual adj. contractual.
contractura f. MED. contracture.
contracuartelado, da adj. HER. counterquartered.
contrachapado m. plywood.
contradanza f. contradance. country-dance; quadrille, cotillion.

contradecir tr. to contradict, to gainsay. — 2 ref. to contradict oneself. ¶ CONJUG. like decir.
contradicción f. contradiction, gainsaying. 2 opposition, inconsistency.
contradicente adj. contradicting.
contradictor, ra adj. contradicting. — 2 m. & f. contradicter.
contradictoria f. LOG. contradictory.
contradictoriamente adj. contradictorily.
contradictorio, ria adj. contradictory.
contradicho, cha irreg. p. p. of CONTRADECIR.
contradigo, contradiga, contradije, contradiré, etc. irr. V CONTRADECIR.
contradique m. counterdike, embankment for strengthening another.
contradriza f. NAUT. preventer halyard.
contradurmiente m. NAUT. clamp.
contraemboscada f. counterambush.
contraer tr. to contract [draw together, cause to shrink; wrinkle, knit]. 2 GRAM. to contract. 3 to contract [marriage, obligations, debts]. 5 to contract, get [a disease, a habit]. 6 to reduce narrow down. 7 to restrict, limit, confine [the discourse] to an idea, point, etc.; to apply [general propositions, etc.] to a particular instance. — 8 ref. to contract [be contracted], to shrink. 9 to confine, limit oneself. ¶ CONJUG. like traer.
contraescarpa f. FORT. counterscarp.
contraescota f. NAUT. preventer-sheet.
contraescotín m. NAUT. preventer topsail sheet.
contraescritura f. LAW deed of invalidation.
contraespionaje m. counterespionage.
contraestay m. NAUT. preventer-stay.
contrafajado da adj. HER. counterchanged.
contrafallar tr. & intr. CARDS. to overtrump.
contrafallo m. CARDS. overtrump.
contrafigura f. THEAT. dummy.
contrafilo m. back edge near the point [of a weapon].
contraflorado, da adj. HER. counterflory.
contrafoque m. NAUT. fore-topmast staysail.
contrafoso m. THEAT. subcellar. 2 FORT. outer ditch.
contrafuero m. infringement or violation of a charter, right or privilege.
contrafuerte m. strap of leather on saddle for securing the girth. 2 counter [of shoe]. 3 spur [of mountain range]. 4 FORT. counterfort. 5 ARCH. counterfort, buttress.
contrafuga f. MUS. counterfuge.
contragambito m. CHESS countergambit.
contragolpe m. MED. effect produced by a blow in a place not actually struck.
contraguardia f. FORT. counterguard.
contraguía f. left-hand animal [in a team].
contrahacedor, ra adj. counterfeiting. — 2 m. & f. counterfeiter.
contrahacer tr to counterfeit. 2 to imitate, to mimic. — 3 ref. to feign oneself. ¶ CONJUG. like hacer.
contrahago, contrahice, contraharé, contraharía, etc., irr. V. CONTRAHACER.
contrahaz f. wrong side [of cloth].
contrahecho, cha p. p. of CONTRAHACER. — 2 adj. counterfeit. 3 deformed, hunchbacked. — 4 m. & f. deformed person, hunchback.
contrahierba f. contrayerva. 2 antidote.
contrahilera f. ARCH. second ridge-piece reinforcing another.
contrahilo m. a ~, across the grain.
contrahuella f. riser [of a step].
contraigo, contraigas, etc., irr. V. CONTRAER.
contraindicación m. MED. contraindication.
contraindicante m. MED. contraindicant.
contraindicar tr. MED. to contraindicate.
contraje, contrajeras, etc., irr. V. CONTRAER.
contralecho m. ARCH. a ~, crossbond.
contralizo m. WEAV. back leash.
contralmirante m. CONTRAALMIRANTE.
contralor m. comptroller, auditor.
contralto m. & f. MUS. contralto.
contraluz f. view [of a thing] against the light : a ~, against the light.
contramaestre m. foreman. 2 NAUT. boatswain.
contramalla, contramalladura f. double fishing net.
contramandar tr. to countermand.
contramandato m. countermand.

contramangas f. pl. oversleeves [in shirts].
contramaniobra f. countermanoeuvre.
contramano (a) adv. the wrong way, in the wrong direction.
contramarca f. countermark.
contramarcar tr. to countermark.
contramarco m. CARP. inner doorcase.
contramarcha f. countermarch. 2 MACH. reverse : de ~, reverse, reversing [lever, etc.].
contramarchar tr. to countermarch.
contramarea f. NAUT. opposing tide.
contramarqué, contramarque, etc., pret., subj. & imper. of CONTRAMARCAR.
contramina f. MIL. countermine. 2 MIN. driftway, heading.
contraminar tr. to countermine.
contramuralla f., **contramuro** m. FORT. countermure.
contranatural adj. contranatural, unnatural.
contraofensiva f. MIL. counteroffensive.
contraoferta f. counteroffer.
contraorden f. countermand, counterorder.
contrapalado, da adj. HER. counterpaly.
contrapalanquín m. NAUT. preventer clew garnet.
contrapar m. ARCH. common rafter.
contrapartida f. emendatory entry [in bookkeeping]. 2 compensation.
contrapás m. walking step [in contradance]. 2 a Catalonian dance.
contrapasamiento m. joining the opposite party.
contrapasar intr. to join the opposite party. 2 HER. to be counterpassant.
contrapaso m. back step. 2 MUS. second part.
contrapear tr. CARP. to place [pieces of wood] together with grains at right angles.
contrapelo (a) adv. against the hair, against the grain.
contrapesar tr. to counterbalance, counterpoise, compensate, offset, setoff.
contrapeso m. counterweight. 2 counterpoise, counterbalance. 3 makeweight. 4 ropedancer's pole.
contrapeste m. remedy against pestilence or plague.
contrapilastra f. ARCH. counterpilaster. 2 CARP. astragal [strip of moulding on the edge of folding doors].
contrapondré, contrapondria, etc., irr. V. CONTRAPONER.
contraponedor, ra m. & f. one who sets against or compares.
contraponer tr. to set against, to compare. — 2 tr. & ref. to oppose. ¶ CONJUG. like poner.
contraposición f. contraposition : en ~ con, as contrasted with. 2 opposition.
contrapozo m. FORT. counterblast.
contrapresión f. back pressure.
contraprincipio m. opposite principle. statement contrary to a principle.
contraproducente adj. self-defeating, producing the opposite of the desired effect.
contraproposición f. counterproposition.
contraproyecto m. counterproject.
contraprueba f. ENGR. counterproof. 2 PRINT. second proof.
contrapuerta f. storm door. 2 second door.
contrapuesto, ta p. p. of CONTRAPONER. — 2 adj. set against, compared. 3 opposed.
contrapuntante m. MUS. counterpoint singer.
contrapuntarse ref. CONTRAPUNTEARSE.
contrapuntear tr. MUS. to sing in counterpoint. — 2 ref. [of two persons] to be at odds.
contrapuntista m. MUS. contrapuntist.
contrapuntístico, ca adj MUS. contrapuntal.
contrapunto m. MUS. counterpoint.
contrapunzón m. counterpunch. 2 punch, nailset. 3 gunsmith's mark on gun barrels.
contrapuse, contrapusiera, contrapusiese, etc., irr. V. CONTRAPONER.
contraquilla f. NAUT. keelson.
contrariamente adv. contrarily.
contrariar tr. to oppose, run counter to, cross, thwart. 2 to mortify, chagrin, vex, disappoint.
contrariedad f. contrariety, opposition, discrepancy. 2 mortification, chagrin, vexation. 3 set back, disappointment.
contrario, ria adj. contrary, opposed, adverse, hostile. 2 harmful, unfavourable. 3 opposite, reverse. — 4 m. & f. opponent, adversary. — 5 m. the contrary, the opposite : al ~, por el or lo ~, on the contrary, just the opposite ; de lo ~, other-

wise. — 6 f. opposition : llevar la contraria, to contradict ; to oppose, go against.
contrarraya f. ENGR. cross-hatching line.
contrarreforma f. Counter Reformation.
contrarreguera f. cross ditch.
contrarréplica f. rejoinder. 2 LAW rejoinder.
contrarrestar tr. to resist, oppose, counteract, neutralize. 2 to return [the ball] in the game of PELOTA.
contrarresto m. resistance, counteraction. 2 player who returns the ball [at the game of PELOTA].
contrarrevolución f. counterrevolution.
contrarrevolucionario, ria adj. counter-revolutionary. — 2 m. & f. counterrevolutionist.
contrarroda f. NAUT. apron.
contrarronda f. MIL. counterround.
contrarrotura f. VET. plaster or poultice applied to fractures or wounds.
contraseguro m. an insurance contract by which the underwriter agrees to return to the insured, under specified conditions, all premiums previously paid.
contrasellar tr. to counterseal.
contrasello m. counterseal.
contrasentido m. contradiction in terms, inconsistency.
contraseña f. countersign [mark for identification, etc.]. 2 countermark. 3 MIL. countersign, watchword, password. 4 check [for a left coat, hat, etc.]. 5 THEAT. ~ de salida, check for readmission, readmission ticket.
contrastable adj. resistible.
contrastar tr. to resist, oppose. 2 to hall-mark. 3 to check [weights and measures]. — 4 intr. to contrast.
contraste m. resistance, opposition. 2 contrast. 3 hall mark. 4 hallmarker. 5 assay office. 6 inspector of weights and measures ; his office. 7 NAUT. sudden change of the wind.
contrata f. contract [esp. for the undertaking of works, supplies, etc.]. 2 engagement [of an actor, artist, etc.].
contratación f. contracting [making contracts]. 2 commerce, trade, business transaction.
contratante adj. contracting. — 2 m. & f. contracting party, contractor.
contratar tr. to contract for. 2 to engage, hire, take on.
contratiempo m. unlucky accident, mishap, hitch, disappointment. 2 MUS. contretemps, syncopation : a ~, with syncopation.
contratista m. contractor [who contracts to perform work or supply articles] : ~ de obras, building contractor.
contrato m. contract [formal agreement] ; agreement enforceable by law] : ~ a la gruesa or a riesgo maritimo, respondentia ; ~ de compraventa or de compra y venta, contract of bargain and sale ; ~ de arrendamiento or de locación y conducción, lease ; ~ de retrovendendo, reversion clause of bargain and sale ; ~ leonino, one-sided, unfair contract.
contratorpedero m. NAUT. torpedo-boat destroyer.
contratreta f. countertrick.
contratuerca f. check nut, lock nut.
contravalación f. FORT. contravallation.
contravalar tr. to build a contravallation around [a place].
contravapor m. MACH. back-pressure steam : dar ~, to reverse [a steam engine].
contravención f. contravention, infringement.
contravendré, contravendria, etc., irr. V. CONTRAVENIR.
contraveneno m. counterpoison, antidote.
contravenir tr. to contravene, infringe. ¶ CONJUG. like venir.
contravengo, contravenga, etc., irr. V. CONTRAVENIR.
contravoluta f. ARCH. inner volute.
contraventana f. window shutter.
contraventor, ra adj. contravening. — 2 m. & f. contravener, transgressor.
contravidriera f. additional glass door or window.
contraviene, contravine, etc., irr. V. CONTRAVENIR.
contraventura f. misfortune, mischance.
contrayente adj. contracting marriage. — 2 m. & f contracting party [to a marriage].
contrecho, cha adj. crippled.
contribución f. contribution [act of contributing]. 2 contribution, tax : ~ directa, direct tax ; ~

indirecta, indirect tax; ~ *de sangre,* military service; ~ *territorial,* land tax.
contribuidor, ra *adj.* contributing. — 2 *m.* & *f* contributor.
contribuir *tr.* to pay as a tax. — 2 *tr.* & *intr.* to contribute [a sum] : ~ *con una cantidad,* to contribute a sum. — 3 intr. ~ *a,* to contribute to. ¶ CONJUG. like *huir.*
contribulado, da *adj.* grieved, afflicted.
contributario *m.* fellow taxpayer.
contribuyente *adj.* contributing. — 2 *m.* & *f.* contributor, taxpayer.
contribuyo, contribuya, etc. *irr.* V. CONTRIBUIR.
contrición *f.* contrition.
contrincante *m.* competitor, opponent, rival.
contristar *tr.* to sadden, grieve.
contrito, ta *adj.* contrite.
control *m.* GAL. control, check. 2 RADIO ~ *de volumen,* volume control.
controlar *tr.* GAL. to control, check, verify [in technical language].
controversia *f.* controversy, disputation.
controversista *m.* controversialist.
controvertible *adj.* controvertible, disputable.
controvertir *tr.* & *intr.* to controvert, to dispute. ¶ CONJUG. like *hervir.*
controvierto, controvierta, etc., *irr.* V. CONTROVERTIR.
contubernio *m.* cohabitation, concubinage. 2 base or evil alliance.
contuerzo, contuerza, etc., *irr.* V. CONTORCERSE.
contumacia *f.* contumacy, stubborn persistency in one's error. 2 LAW default.
contumaz *adj.* contumacious, stubborn in maintaining an error. 2 LAW guilty of default. 3 MED. germ-carrying [substances].
contumazmente *adv.* contumaciously, stubbornly.
contumelia *f.* contumely, insult, abuse.
contumelioso, sa *adj.* contumelious, insolent.
contundente *adj.* contusive [causing contusion]. 2 blunt [instrument]. 3 forceful, impressive, convincing [argument, proof, etc.].
contundir *tr.* to bruise, beat; to contuse.
conturbación *f.* disturbance, trouble, disquiet.
conturbado, da *adj.* disturbed, troubled, disquiet.
conturbador, ra *adj.* disturbing, troubling. — 2 *m.* & *f.* disturber.
conturbar *tr.* to disturb, trouble, disquiet. — 2 *ref.* to become disturbed, troubled.
conturbativo, va *adj.* disturbing, troubling.
contusión *f.* contusion.
contusionar *tr.* to contuse [cause contusion].
contuso, sa *adj.* contused, bruised.
contutor *m.* LAW joint guardian.
contuve, contuviera, contuviese, etc., *irr.* V. CONTENER.
convalecencia *f.* convalescence. 2 convalescent hospital.
convalecer *intr.* to convalesce, be convalescent, recover. ¶ CONJUG. like *agradecer.*
convaleciente *adj.* convalescent.
convalezco, convalezca, etc., *irr.* V. CONVALECER.
convalidación *f.* LAW confirmation.
convalidar *tr.* LAW to confirm.
convecino, na *adj.* neighbouring. — 2 *m.* & *f.* fellow neighbour.
convelerse *ref.* MED. to convulse [be affected with convulsions].
convencedor, ra *adj.* convincing. — 2 *m.* & *f.* convincer.
convencer *tr.* to convince. — 2 *ref.* to become convinced.
convencido, da *adj.* convinced.
convencimiento *m.* conviction [act of convincing; state of being convinced]; belief : *con el* ~ *de que,* in the belief that, believing that.
convención *f.* convention, agreement. 2 convention, conventionality. 3 POL. convention [assembly assuming all powers].
convencional *adj.* conventional [pertaining to convention or agreement]. 2 conventional [following usage or traditions]. — 3 *m.* member of a convention.
convencionalismo *m.* conventionalism, conventionality.
convencionalmente *adv.* conventionally.
convendré, convendría, convengo, convenga, etc., *irr.* V. CONVENIR.
convenible *adj.* docile, compliant. 2 fair, reasonable [price].

convenido, da *adj.* agreed, settled by agreement.
conveniencia *f.* conformity, agreement, correspondence. 2 fitness, suitability, desirability, convenience. 3 convenience, advantage, interest. 4 place, situation [as a servant]. 5 *pl.* income, property.
conveniente *adj.* convenient, fit, suitable, proper, expedient, opportune. 2 good, useful, advantageous. 3 conformable.
convenientemente *adv.* conveniently, fitly, suitably.
convenio *m.* covenant, agreement, pact.
convenir *intr.* to agree, be agreed [be of the same mind]. 2 to meet, come together [in a place]. 3 to befit, correspond, harmonize, agree. 4 to be convenient, advantageous, necessary; to be a good thing, to suit one's interests : *me conviene,* it suits me; *según convenga,* as seems best, according to circumstances. 5 *conviene a saber,* namely, to wit. — 6 *ref.* to agree, come to an agreement; to arrange [to do something]. ¶ CONJUG. like *venir.*
Conventico *m.* CONVENTILLO.
conventícula *f., conventículo* *m.* conventicle.
conventillo *m.* (Arg.) tenement house.
convento *m.* convent, monastery; nunnery.
conventual *adj.* conventual. — 2 *m.* conventual.
conventualidad *f.* state of living in a convent or monastery. 2 assignment of a monk to a convent.
conventualmente *adv.* conventually.
convenzo, convenza, etc., *pres. ind., subj.* & *imper.* of CONVENCER.
convergencia *f.* convergence, concurrence.
convergente *adj.* convergent, converging.
converger, convergir *intr.* to converge, to concur. 2 [of opinions] to agree.
converjo, converja, etc., *pres., subj.* & *imper.* of CONVERGER or CONVERGIR.
conversa *f.* conversation, chat.
conversable *adj.* sociable.
conversación *f.* conversation, talk. 2 intercourse, company.
conversador, ra *m.* & *f.* good conversationalist.
conversar *intr.* to converse, talk, chat. 2 to have intercourse. 3 MIL. to effect a conversion.
conversión *f.* conversion, transformation, change. 2 conversion [from a bad to a good life]. 3 THEOL., MIL., MATH., FENC. conversion. 4 FINANCE conversion [of treasury bonds, etc.].
conversivo, va *adj.* conversive.
converso, sa *adj.* converted. — 2 *m.* convert. 3 lay brother.
convertibilidad *f.* convertibility.
convertible *adj.* convertible.
convertido, da *adj.* converted. — 2 *m.* & *f.* convert.
convertidor *m.* ELEC. converter: ~ *de frecuencia,* frequency converter. 2 METAL. Bessemer converter.
convertir *tr.* to convert, change, transform, turn [into]. 2 METAL., FINANCE to convert. 3 to convert [a person]. — 4 *ref.* to be or become converted, to turn [into]. ¶ CONJUG. like *discernir.*
convexidad *f.* convexity.
convexo, xa *adj.* convex.
convicción *f.* conviction, belief.
convicto, ta *adj.* convicted [found guilty].
convictorio *m.* living quarters of students [in Jesuit colleges].
convidada *f.* coll. invitation to drink, treat.
convidado, da *adj.* invited. — 2 *m.* & *f.* invited person, guest.
convidador, ra *m.* & *f.* inviter.
convidante *adj.* inviting.
convidar *tr.* to invite [as a guest or participant]; to treat: ~ *a uno con una cosa,* to offer something to one. 2 to move, incite, invite, tempt. — 3 *intr.* to stand treat. — 4 *ref.* to invite oneself. 5 to volunteer one's services.
conviene, convienes, etc., *irr.* V. CONVENIR.
convierto, convierta, etc., *irr.* V. CONVERTIR.
convincente *adj.* convincing.
convincentemente *adv.* convincingly.
convine, conviniera, conviniese, etc., *irr.* V. CONVENIR.
convite *m.* invitation. 2 treat, entertainment, banquet.
convival *adj.* convivial.
convivencia *f.* living together with others.
conviviente *adj.* living together with others. — 2 *m.* & *f.* one who lives together with others.
convocación *f.* convocation, summoning, summons

convocador, ra *adj.* convoking, summoning. — 2 *m. & f.* convocator, convoker.
convocar *tr.* to convoke, convene, summon. 2 to acclaim.
convocatorio, ria *adj.* convoking, convocative. — 2 *f.* letter of convocation, summons, notice of meeting. 3 call to a competitive examination.
convóluto, ta *adj.* BOT. convolute.
convolvuláceo, a *adj.* BOT. convolvulaceous. — 2 *f. pl.* BOT. Convolvulaceae.
convólvulo *m.* BOT. bindweed. 2 ENTOM. vine inchworm.
convoqué, convoque, etc., *pret., subj. & imper.* of CONVOCAR.
convoy *m.* convoy, escort. 2 convoy [what is under convoy]. 3 railway train. 4 retinue. 5 cruet stand.
convoyante *adj.* convoying.
convoyar *tr.* to convoy, escort.
convulsión *f.* convulsion.
convulsamente *adv.* convulsively.
convulsionar *tr.* to convulse.
convulsivo, va *adj.* convulsive.
convulso, sa *adj.* convulsed.
conyugal *adj.* conjugal, matrimonial.
conyugalmente *adv.* conjugally, matrimonially.
cónyuge *m. & f.* spouse, consort, husband or wife.
coñac *m.* cognac, brandy.
cooperación *f.* co-operation.
cooperador, ra *adj.* co-operating, co-operative. — 2 *m. & f.* co-operator.
cooperante *adj.* co-operating.
cooperar *tr.* to co-operate.
cooperario *m.* co-operator.
cooperativamente *adj.* co-operatively.
cooperativo, va *adj.* co-operative. — 2 *f.* co-operative [co-operative society, store or enterprise].
coopositor *m.* fellow competitor [for a post, a professorship, etc.].
coordenado, da *adj.* MATH. co-ordinate. — 2 *f.* MATH. coordinate : *coordenadas cartesianas*, cartesian co-ordinates.
coordinación *f.* co-ordination.
coordinadamente *adv.* co-ordinately.
coordinado, da *adj.* co-ordinate(d. 2 GRAM. co-ordinate.
coordinamiento *m.* co-ordinating, co-ordination.
coordinar *tr.* to co-ordinate.
coordinativo, va *adj.* co-ordinative.
copa *f.* cup, glass [with stem and foot], goblet, wineglass. 2 drink [of liquor]. 3 cup [trophy]. 4 brazier. 5 head, top [branches and foliage of a tree]. 6 crown [of a hat]. 7 dome, crown [of a furnace]. 8 *pl.* bit bosses. 9 CARDS suit corresponding to hearts.
copada *f.* COGUJADA.
copado, da *adj.* having a head [tree].
copador *m.* wooden hammer for copper beating.
copaiba *f.* BOT. copaiba [tree]. 2 PHARM. copaiba : *bálsamo de* ~, copaiba balsam.
copal *m.* copal.
copaljocol *m.* BOT. a Mexican tree.
copaquira *f.* (Chi., Pe.) copperas.
copar *tr.* to sweep [all posts in an election]. 2 MIL. to cut off the retreat of [a force] and capture it. 3 GAMBLING ~ *la banca*, to go banco, to stake a sum equal to the amount in the bank.
coparticipación *f.* joint participation.
copartícipe *m. & f.* joint participator, copartaker.
copayero *m.* BOT. copaiba [tree].
cope *m.* thickest part of fishing-net.
copear *intr.* to sell wine or liquor by the glass. 2 to drink, have drinks.
copeck *m.* kopeck.
copela *f.* cupel.
copelación *f.* cupellation.
copelar *tr.* to cupel.
Copenhague *f. pr. n.* Copenhagen.
copépodo, da *adj. & m.* ZOOL. copepod. — 2 *m. pl.* ZOOL. Copepoda.
copeo *m.* selling wine or liquor by the glass. 2 taking drinks. 3 a dance of Majorca.
copera *f.* closet for glasses.
copernicano, na *adj. & n.* Copernican.
Copérnico *m. pr. n.* Copernican.
copero *m.* cupbearer. 2 sideboard or cabinet for glasses.
copete *m.* topping, topknot : tuft, pompadour [hair dressed high over the forehead], crest [of a bird], forelock [of a horse]. 2 ornamental top

[on a piece of furniture]. 3 top, summit [of a mountain]. 4 topping, projecting top [of a sherbet or ice cream]. 5 top of the upper of a shoe that rises over the buckle. 6 fig. forwardness, arrogance, uppishness. 7 *de* ~, *de alto* ~, highrank, aristocratic, of the nobility : *hombre de* ~, man of high standing ; *dama de alto* ~, noble lady, lady of noble rank.
copetuda *f.* ORN. lark. 2 BOT. (Cu.) tigerflower.
copetudo, da *adj.* tufted, crested. 2 vain, uppish.
copey *m.* American tree used in making woodcut blocks.
copia *f.* abundance, plenty. 2 copy [transcript, reproduction, imitation]. 3 duplicate. 4 portrait, likeness.
copiador, ra *adj.* copying. — 2 *m. & f.* copier. 3 *copiador* or *libro* ~, letter book.
copiante *m. & f.* copier, copyist.
copiar *tr.* to copy [transcribe, make copy of, imitate]. 2 to mimic, ape. 3 poet. to describe, depict.
copihue *m.* BOT. a Chilean bellflower.
copilador *m.* COMPILADOR.
copilar *tr.* COMPILAR.
copilla *f.* CHOFETA.
copina *f.* (Mex.) skin taken off whole.
copinar *tr.* (Mex.) to take off [a skin] whole.
copión *m.* coll. poorly made copy.
copiosamente *adv.* copiously.
copiosidad *f.* copiousness, abundance.
copioso, sa *adj.* copious, plentiful, abundant.
copista *m. & f.* copyist.
copita *f.* small glass or goblet.
copito *m.* dim. small flake.
copla *f.* stanza. 2 short poetical composition ; song, folk song, ballad : *andar en coplas*, to be notorious. 3 *pl.* rhymes, poetry : *coplas de ciego*, doggerel rhymes, vulgar ballads.
coplear *intr.* to rhyme [make verses]. 2 to sing folk songs or ballads.
coplero, ra *adj.* ballad seller. 2 rhymer, rhymester, poetaster.
coplista *m.* rhymer, rhymester, poetaster.
copo *m.* flake [of snow]. 2 clot. 3 bunch of wool, flax, etc. [put on the distaff to be spun]. 4 bottom of purse net. 5 fishing with purse net. 6 GAMBLING banco. 7 sweeping all posts [in an election]. 8 MIL. act of cutting off the retreat of a force and capturing it.
copón *m.* large goblet. 2 ECCL. ciborium, pyx.
coposo, sa *adj.* COPADO.
copra *f.* copra.
coprolito *m.* PALEONT. coprolite. 2 MED. intestinal calculus.
copropietario, ria *m. & f.* joint owner, coproprietor.
cóptico, ca *adj.* Coptic.
copto, ta *adj.* Coptic. — 2 *m. & f.* Copt. — 3 *m.* Coptic [language].
copudo, da *adj.* thick-topped [tree].
cópula *f.* copula, link. 2 copulation. 3 GRAM., LOG. copula. 4 ARCH. cupole.
copularse *ref.* to copulate.
copulativamente *adv.* jointly.
copulativo, va *adj.* joining, uniting together. 2 GRAM. copulative.
coque *m.* coke.
coqueluche *f.* MED. (gal. for TOS FERINA) whooping cough.
coquera *f.* head [of a peg top]. 2 hollow [in a stone]. 3 coke bin.
coqueta *adj.* coquettish, flirtatious. — 2 *f.* coquette, flirt [woman].
coquetear *intr.* to coquet, flirt.
coqueteo *m.* coquetting, flirting, flirtation.
coquetería *f.* coquetry.
coquetismo *m.* COQUETERÍA.
coquetón, na *adj.* [of things], pretty, charming. 2 flirtatious [man]. — 3 *m.* flirt [man].
coquetonamente *adv.* prettily, charmingly.
coquificar *tr.* to coke.
coquimbo *m.* (Am.) burrowing owl.
coquina *f.* ZOOL. wedge shell.
coquito *m.* gesture, face [to amuse a baby]. 2 BOT. a pinnate-leaved palm of Chile ; its fruit. 3 ORN. a Mexican turtledove.
coquizar *tr.* to coke.
coráceo, a *adj.* CORIÁCEO.
coracero *m.* cuirassier. 2 coll. strong cigar.
coracina *f.* small cuirass.

coracoides *adj.* & *m.* ANAT. coracoid [bone or process].
coracha *f.* leather sack.
corada *f.* CORAZONADA 2.
coraje *m.* courage, mettle; spirit. 2 anger, irritation, ire.
corajina *f.* fit of anger.
corajoso, sa *adj.* angered, irritated.
corajudo, da *adj.* choleric, irritable.
coral *adj.* MUS. choral. — 2 *m.* MUS. choral, corale. 3 ZOOL. coral, red coral [polyp and calcareous secretion]. 4 BOT. mountain rose [of West Indies]. — 5 *f.* ZOOL. coral snake [of Venezuela]. — 6 *m. pl.* coral beads. 7 wattle [of turkey].
coralero, ra *m.* & *f.* worker or dealer in corals.
coralífero, ra *adj.* coralliferous.
coralígeno, na *adj.* coralligenous.
coralillo *m.* ZOOL. South-American coral snake.
coralina *f.* ZOOL., BOT. coralline.
coralino, na *adj.* coralline, coral-like, coral-red.
corambre *f.* hides, skins, pelts [dressed or undressed]. 2 wineskin.
corambrero *m.* dealer in hides and skins.
Corán *m.* Koran.
coránico, ca *adj.* Koranic.
coranvobis *m.* appearance of a corpulent, solemn-looking person.
coraza *f.* ARM. cuirass. 2 armour, armour plating [of a ship]. 3 ZOOL. cuirass, shell [of a chelonian]. 4 fig. guard, protection.
coraznada *f.* heart [of pine tree]. 2 fricassee of animals' hearts.
corazón *m.* ANAT., ZOOL. heart. 2 heart [soul, sensibility, love, cordiality, good will; courage, spirit]: *hombre de* ~, tender-hearted man; courageous man; *abrir uno su* ~, to open one's heart, to unbosom oneself; *arrancar* or *partir el* ~, to affect deeply; *dilatársele o ensanchársele a uno el* ~, to cheer up, feel a great relief; *encogérsele a uno el* ~, to lose heart; *hacer de tripas* ~, to pluck up courage; *no caberle a uno el* ~ *en el pecho*, to te bursting with anger, anxiety, etc.; to be magnanimous, courageous; *llevar el* ~ *en la mano*, to wear one's heart on one's sleeve; *me da* or *me dice el* ~, I have a presentiment, my heart tells me; *no tener* ~, to have no heart, be insensible; *no tener* ~ *para*, not to have the heart to; *se me arranca*, or *se me parte, el* ~ *al ver su desgracia*, my heart bleeds at his misfortune; *tener el* ~ *blando de* ~, to be soft-hearted; *tener el* ~ *bien puesto*, to be courageous and resolute; *tocarle a uno en el* ~, to move one for the best; *de* ~, *de todo* ~, sincerely, with one's whole heart. 2 heart, core [central, inmost or most essential part]. 3 heart [of tree]. 4 core [of apple, pear, etc.]. 5 ASTR. *Corazón de león*, Regulus.
corazonada *f.* presentiment, foreboding, *hunch. 2 impulse [that moves to act]. 3 coll. ASADURA 1.
coranzoncico, cillo, cito *m.* dim. of CORAZÓN.
corazoncillo *m.* BOT. St.-John's-wort.
corbachada *f.* blow with a pizzle.
corbacho *m.* pizzle [used in the galleys as a whip].
corbata *f.* tie, necktie, cravat, scarf: ~ *de lazo*, bow tie; ~ *de pala*, four-in-hand tie. 2 ribbon [of some orders]. 3 scarf [tied to a banner].
corbatería *f.* necktie shop.
corbatero, ra *m.* necktie maker or dealer.
corbatín *m.* bow tie. 2 stock [for the neck].
corbato *m.* cistern, condensing chamber [of a still].
corbeta *f.* NAUT. corvette, sloop of war.
Córcega *f. pr. n.* Corsica.
corcel *m.* steed, charger.
corcesca *f.* barbed pike or partisan.
corcino *m.* ZOOL. fawn [of roe deer].
corcova *f.* hump, hunch, crooked back or chest.
corcovado, da *adj.* humpbacked, hunchbacked. — 2 *m.* & *f.* humpback, hunckback; person having a crooked back or chest.
corcovar *tr.* to crook.
corcovear *intr.* [of a horse, etc.] to buck.
corcoveta *f.* small hump. — 2 *m.* & *f.* CORCOVADO 2.
corcovo *m.* buck, bucking [of a horse, etc.]. 2 bend, crook.
corcusido, da *adj.* coll. clumsy stitching up or darning.
corcusir *tr.* to darn clumsily.

corcha *f.* cork bark. 2 cork bucket [for cooling drinks]. 3 beehive. 4 NAUT. laying [of a rope].
corchar *tr.* NAUT. to lay [strands of rope].
corche *m.* cork-soled clog.
corchea *f.* MUS. quaver, eighth note.
corchero, ra *adj.* cork [industry, etc.]. — 2 *m.* cork-tree peeler. — 3 *f.* cork bucket [for cooling drinks].
corcheta *f.* eye [of a hook and eye].
corchete *m.* hook and eye. 2 hook [of a hook and eye]. 3 CARP. bench hook. 4 MUS., PRINT. brace, bracket [mark]. 5 formerly, a kind of bumbailiff or catchpole.
corcho *m.* cork [bark of cork-oak, piece of cork; float; bottle-stopper]. 2 cork mat. 3 cork bucket [for cooling drinks]. 4 cork-soled clog. 5 cork beehive.
¡córcholis! *interj.* gracious me!, by Jove!
corchoso, sa *adj.* corky, corklike.
corchotaponero, ra *adj.* corkmaking, pertaining to the manufacture of cork stoppers.
cordado, da *adj.* & *m.* ZOOL. chordate.
cordaje *m.* NAUT. rigging, cordage.
cordal *m.* MUS. tailpiece [of stringed instrument]. — 2 *adj.* & *f. muela* ~, wisdom tooth.
cordato, ta *adj.* wise, prudent.
cordel *m.* string, twine, fine cord: ~ *de la corredera*, NAUT. log line; *a* ~, in a straight line. 2 distance of five steps.
cordelar *tr.* ACORDELAR.
cordelazo *m.* lash with a cord.
cordelejo *m.* dim. string, fine cord. 2 *dar* ~, to banter, chaff, make fun of.
cordelería *f.* ropemaking. 2 ropewalk. 3 rope shop. 4 roping, cordage.
cordelero, ra *adj.* ropemaking. — 2 *m.* & *f.* ropemaker, cordmaker. 3 rope seller.
cordellate *m.* a woolen ribbed fabric.
cordera *f.* ewe lamb. 2 fig. lamb [gentle, meek woman].
cordería *f.* roping, cordage.
corderilla *f.* dim. little ewe lamb.
corderillo *m.* little lamb. 2 lambskin dressed with the fleece.
corderino, na *adj.* [pertaining to a] lamb. — 2 *m.* lambskin.
cordero *m.* ZOOL. lamb: ~ *lechal*, ~ *recental*, sucking lamb; ~ *pascual*, paschal lamb. 2 fig. lamb [gentle, meek man]. 3 lamb meat. 4 lambskin, dressed lambskin. 5 (cap.) Lamb [Christ]: *Cordero de Dios, Divino Cordero*, Lamb of God.
corderuela *f.* dim. little ewe lamb.
corderuelo *m.* dim. little lamb.
corderuna *f.* CORDERINA.
cordezuela *f.* dim. small rope.
cordíaco, ca *adj.* CARDÍACO.
cordial *adj.* cordial, invigorating. 2 cordial, hearty, warm, affectionate, sincere. 3 *dedo* ~, middle finger. — 4 *m.* cordial [drink].
cordialidad *f.* cordiality, heartiness, warmth.
cordialmente *adv.* cordially, heartily, warmly.
cordiforme *adj.* cordiform, heart-shaped.
cordila *f.* ICHTH. spawn of tunny fish.
cordilo *m.* ZOOL. an African lizard.
cordilla *f.* guts of sheep [fed to cats].
cordillera *f.* chain of mountains, mountain range, cordillera.
cordillerano, na *adj.* (Am.) pertaining to a cordillera [esp. the Andes].
cordita *f.* cordite [explosive].
Córdoba *f. pr. n.* Cordova.
cordobán *m.* cordovan, tanned goatskin.
cordobana *f. andar a la* ~, to go naked.
cordobanero *m.* cordovan tanner.
cordobés, sa *adj.* & *n.* Cordovan.
cordón *m.* cordon, cord, string [mostly ornamental]. 2 lace [of shoe, corset, etc.]. 3 string [of purse]. 4 cord girdle [of a monk]. 5 cordon [of an order]. 6 NAUT. strand [of rope]. 7 ELECT., ANAT. cord: ~ *umbilical*, umbilical cord. 8 ARCH. torus. 9 cordon [line, circle of persons or posts]: ~ *sanitario*, sanitary cordon. 10 *pl.* MIL. aiguillettes.
cordonazo *m.* blow with a cord: ~ *de San Francisco*, autumn equinoctial storm.
cordoncillo *m.* dim. small cord. 2 rib, cord [on a textile fabric]. 3 milling [on edge of a coin].
cordonería *f.* cordmaking, lacemaking. 2 lacemaker's shop.
cordonero, ra *m.* & *f.* cordmaker, lacemaker.

cordura *f.* soundness of mind, sanity. 2 prudence, wisdom.
Corea *f. pr. n.* Corea, Korea.
corea *f.* MED. chorea, St. Vitus dance. 2 dance with singing.
corear *tr.* to compose chorus music. 2 to chorus.
corecico, cillo *m. dim.* COREZUELO.
corégono *m.* ICT. white-fish.
coreo *m.* PROS. choreus. 2 MUS. harmony of choruses.
coreografía *f.* choreography.
coreográfico, ca *adj.* choreographic.
coreógrafo *m.* choreographer.
corezuelo *m. dim.* sucking pig. 2 skin of a roasted sucking pig. 3 small pelt or hide. 4 small wine skin.
Corfú *f. pr. n.* Corfu.
corí *m.* BOT. St.-John's-wort.
coriáceo, a *adj.* coriaceous.
coriámbico, ca *adj. & m.* choriambic.
coriambo *m.* PROS. choriamb.
coriana *f.* (Col.) coverlet.
coribante *m.* Corybant [priest of Cybele].
corifeo *m.* coryphæus. 2 leader.
corimbo *m.* BOT. corymb.
corindón *m.* MINER. corundum.
coríntico, ca *adj.* Corinthian.
corintio, tia *adj. & n.* Corinthian.
Corinto *f. pr. n.* Corinth.
corion *m.* EMBR. chorion.
corisanto *m.* BOT. a Chilean orchid.
corista *m. & f.* chorist, chorister. 2 choir priest. — *3 m.* THEAT. chorus man. — *4 f.* THEAT. chorus girl.
corito *adj.* naked. 2 timid.
coriza *f.* MED. coryza, cold in the head. 2 ABARCA.
corladura *f.* gold varnish.
corlar, corlear *tr.* to coat with gold varnish.
corma *f.* hobble, clog. 2 clog. hindrance.
cormofita *adj.* BOT. cormophytic. — 2 *f.* BOT. cormophyte.
cormorán *m.* ORN. cormorant.
cornac, cornaca *m.* mahout, keeper and driver of tame elephants.
cornada *f.* thrust with the horns.
cornadillo, cornado *m.* old copper coin.
cornadura *f.* CORNAMENTA.
cornalina *f.* MINER. carnelian, cornelian.
cornalón *adj.* having large horns [bull].
cornamenta *f.* horns, antlers [of an animal].
cornamusa *f.* MUS. cornemuse, bagpipe. 2 MUS. kind of brass horn. 3 NAUT. chock, cleat.
cornatillo *m.* a crescent-shaped olive.
córnea *f.* ANAT. cornea : ~ *opaca,* sclera.
corneador, ra *m. & f.* horning [animal].
cornear *tr.* to horn [gore with the horns].
cornecico, cillo, cito *m. dim.* little horn.
corneja *f.* ORN. jackdaw, daw. 2 ORN. scops owl.
corneial *m.* dogwood grove. 2 CORNIJAL.
cornejo *m.* BOT. cornel, dogwood, red dogwood.
cornelina *f.* CORNALINA.
Cornelio *m. nr. n.* Cornelius.
córneo, a *adj.* horny, corneous.
cornerina *f.* CORNALINA.
corneta *f.* MUS. bugle : ~ *de llaves,* cornet. 2 swineherd's horn. 3 NAUT. broad pennant. 4 MIL. formerly, flag carried by dragoons. 5 formely, cavalry troop. 6 bugler. 7 cornetist. 8 formerly, cornet [officer who carried the colours].
cornete *m.* ANAT. turbinated bone.
cornetilla *f.* BOT. hot pepper.
cornetín *m.* MUS. cornet. 2 cornetist.
cornezuelo *m. dim.* small horn. 2 BOT., FARM. ergot. 3 CORNATILLO.
corniabierto, ta *adj.* having widespread horns [bull, cow].
cornial *adj.* horn-shaped.
corniapretado, da *adj.* having close-set horns [bull].
cornicabra *f.* BOT. terebinth tree. 2 a long, pointed olive. 3 BOT. wild fig tree.
corniforme *adj.* horn-shaped.
cornigacho, cha *adj.* having the horns turned downward [bull, cow].
cornígero, ra *adj.* poet. cornigerous.
cornija *f.* CORNISA.
cornijal *m.* corner [of building, mattress, etc.]. 2 ECCL. altar napkin.
cornijamento, cornijamiento *m.* CORNISAMENTO.
cornijón *m.* CORNISAMENTO. 2 street corner [of a building].

cornisa *f.* ARCH. cornice.
cornisamento, cornisamiento *m.* ARCH. entablature.
corniveleto, ta *adj.* having high, straight horns [bull, cow].
cornizo, corno *m.* CORNEJO.
Cornualles *f. pr. n.* GEOG. Cornwall.
cornucopia *f.* cornucopia. 2 sconce with mirror.
cornudo, da *adj.* horned, antlered. 2 cuckolded. — *3 m.* cuckold [man].
cornúpeta *adj.* attacking with the horns. — *2 m.* coll. bull.
cornuto *adj.* LOG. *argumento* ~, cornute, dilemma.
coro *m.* chorus : *a* ~, in chorus ; *hacer* ~ *a uno,* to back another's opinions. 2 choir [choral society]. 3 praying or singing of the Divine offices by a community ; priests, monks or nuns assembled for it. 4 ECCL., ARCH. choir. 5 choir loft. 6 THEOL. choir [of angels]. 7 *de* ~, by heart, from memory.
corocha *f.* ENTOM. wine grub.
corografía *f.* chorography.
corográficamente *adv.* chorographically.
corográfico, ca *adj.* chorographic(al).
corógrafo *m.* chorographer.
coroideo, a *adj.* ANAT. chorioid, choroid.
coroides *f.* ANAT. chorioid, choroid ; chorioid coat of the eye.
corojo *m.* BOT. tropical palm bearing an oily nut.
corola *f.* BOT. corolla.
corolario *m.* corollary.
corona *f.* crown [worn on the head] ; wreath : *ceñir* or *ceñirse la* ~, to assume the crown. 2 crown [regal power, monarchy ; symbol of reward, glory or triumph]. 3 coronet [of nobility]. 4 halo, nimbus [of saint, etc.]. 5 crown [of the head]. 6 clerical tonsure. 7 crown [of a tooth]. 8 crown [coin]. 9 METEOR. corona. 10 GEOM. ring. 11 MECH. washer. 12 ARCH. corona [of cornice]. 13 crowning, end [of a work]. 14 crown, summit. 15 FORT. crownwork. 16 VET. coronet [of horse's pastern]. 17 rosary of seven decades. 18 ASTR. ~ *austral,* Corona Australis ; ~ *boreal,* Corona Borealis. 19 ASTR. ~ *solar,* solar corona.
coronación *f.* coronation. 2 crowning, completion. 3 ARCH. crown, crest.
coronado, da *p. p.* of CORONAR. — *2 adj.* crowned. — *3 m.* tonsured cleric. — *4 m. & adj.* BOT. *coronado* or *clavel* ~, aster.
coronador, a *adj.* crowning. — *2 m. & f.* crowner, finisher.
coronal ANAT., ZOOL. coronal.
coronamento, coronamiento *m.* coronation. 2 crowning, completion. 3 ARCH. crown, crest. 4 NAUT. taffrail.
coronar *tr.* to crown [a person]. 2 to crown, complete, finish. 3 to crown, top, surmount. 4 DRAUGHTS. to crown [a man].
coronario, ria *adj* coronary. 2 fine [gold]. — *3 f.* HOROL. the wheel driving the second's hand.
corondel *pl.* **-deles** *m.* PRINT. column rule. 2 *pl.* watermark vertical lines [in paper].
coronel *m.* MIL. colonel. 2 HER. crown, coronet. 3 ARCH. top moulding.
coronela *f.* colonel's wife.
coronelía *f.* colonelcy.
coronilla *f. dim.* little crown. 2 crown [of the head] : *andar* o *bailar de* ~, coll. to take much trouble over something ; *dar de* ~, coll. to bump one's head on the ground ; *estar hasta la* ~, coll. to be fed up.
corosol *m.* BOT. kind of soursop.
corotos *m. pl.* (Am.) tools, outfit.
coroza *f.* conical pasteboard hat worn as a mark of infamy.
corozo *m.* BOT. COROJO.
corpa *f.* MIN. lump of crude ore.
corpachón, corpanchón *m.* big body, big carcass. 2 carcass [of a fowl].
corpazo *m.* big body.
corpecico, cillo, cito *m. dim.* little body. 2 waist, sleeveless bodice.
corpezuelo *m. dim.* little body.
corpiño *m.* sleeveless bodice.
corporación *f.* corporation, official corporation or institution. 2 guild.
corporal *adj.* corporal, bodily. — *2 m.* ECCL. corporal, corporale.
corporalidad *f.* corporality.
corporalmente *adv.* corporally.

corporativamente *adv.* as a body.
corporativo, va *adj.* corporative.
corporeidad *f.* corporeity.
corpóreo, a *adj.* corporeal. 2 corporal.
corps m. *guardia de* ~, formerly, royal guard.
corpudo, da *adj.* corpulent.
corpulencia *f.* corpulence.
corpulento, ta *adj.* corpulent, bulky.
Corpus m. Corpus Christi [festival].
corpuscular *adj.* corpuscular.
corpúsculo m. corpuscle, corpuscule.
corral m. yard, farm yard, poultry yard, barnyard. 2 corral, enclosure, fold. 3 weir [to take fish]. 4 formerly, a playhouse. 5 tenement house [in Andalusia].
corralero, ra *adj.* [pertaining to a] yard or corral. — 3 *f.* Andalousian song and dance. 4 brazen-faced woman.
corraliza *f.* yard, farm yard, poultry yard.
correa *f.* leather strap, thong, belt : *besar la* ~, to eat humble pie, to be obliged to humble oneself to another. 2 MACH. belt, belting; ~ *transmisora,* drive belt. 3 flexibility [of a pliant thing]. 4 CARP. purlin. 5 *tener* ~, to bear jokes or raillery without irritation ; to have endurance for work. 6 *pl.* duster made of strips of leather.
correaje m. straps, leather straps, belting.
correal m. dressed reddish deerskin [used in garments] : *coser de* ~, to stitch with thongs.
correazo m. blow with a leather strap.
corrección *f.* correction. 2 correctness. 3 correctitude, proper demeanour, honesty. 4 adjustment [of an instrument].
correccional *adj.* correctional. — 2 m. correctional, prison.
correccionalismo m. reformatory system.
correccionalista m. & *f.* one who advocates the reformatory system.
correctamente *adv.* correctly.
correctivo, va *adj.* corrective, correcting. — 2 m. corrective. 3 punishment.
correcto, ta *adj.* correct. 2 properly behaved ; honest.
corrector, ra *adj.* correcting, corrective. — 2 m. corrector. 3 PRINT. proofreader, corrector of press. 4 Superior [in monasteries of St. Francis of Paula]. — 5 *f.* correctness.
corredentor, ra m. & *f.* joint redeemer.
corredera *f.* runner, groove, rail [on which something slides] : *de* ~, sliding [door or window]. 2 sliding shutter or small wicket. 3 runner [rotating millstone]. 4 NAUT. log [chip and line] : log line. 5 slide valve [of steam engine]. 6 formerly, a place for running horses. 7 ENTOM. cockroach. 8 coll. go-between, procuress.
corredizo, za *adj.* running, sliding, slip [easy to be untied] : *nudo* ~, *lazada corrediza,* running knot, slipknot.
corredor, ra *adj.* fast running. 2 ORN. ratite. — 3 m. SPORT runner. 4 COM. broker, commercial agent, canvasser : ~ *de cambios,* exchange broker. 5 corridor, passage, gallery. 6 MIL. formerly, scout or raider. 7 FORT. covert way. — 8 *f.* ORN. ratite. 9 *f. pl.* ORN. Ratitae.
corredorcillo m. *dim.* small corridor, passage or gallery.
corredura *f.* overflow [in measuring].
correduría *f.* profession of the broker or commercial agent. 2 brokerage.
correería *f.* strap making. 2 strap shop.
correero m. strap maker or seller.
corregencia *f.* co-regency.
corregente m. co-regent.
corregibilidad *f.* corrigibility.
corregible *adj.* corrigible.
corregidor, ra *adj.* correcting. — 2 m. corrector. 3 corregidor [Spanish magistrate]. — 4 *f.* correctress. 5 wife of a corregidor.
corregimiento m. office of a corregidor. 2 district governed by a corregidor.
corregir *tr.* to correct [in practically every sense]. 2 to adjust [an instrument]. 3 to temper, mitigate. 4 PRINT. ~ *pruebas,* to read proofs. — 5 *ref.* to mend, reform : *corregirse de un defecto,* to cure oneself of a fault. ¶ CONJUG. like *servir.*
corregüela, correhuela *f. dim.* small strap 2 BOT. knotgrass. 3 BOT. lesser binweed.
correinado m. coreign.

correinante *adj.* coreigning.
correjel m. thick, flexible leather.
correlación *f.* correlation.
correlacionar *tr.* to correlate. — 2 *ref.* to correlate [be correlative].
correlativamente *adv.* correlatively.
correlativo, va *adj.* correlative.
correligionario, ria *adj.* & *n.* coreligionist, coreligionary. 2 of the same political opinions.
correncia *f.* coll. diarrhœa. 2 coll. shame, bashfulness.
correndilla *f.* short run.
correntía *f.* coll. diarrhœa.
correntío, tía *adj.* [of liquids] running. 2 easy, agile.
correntón, na *adj.* gadabout. 2 jolly, full of fun.
correntoso, sa *adj.* (Am.) swift, of strong current [river].
correo m. courier, post [letter carrier]. 2 post, post office, mail, mail service : ~ *aéreo,* airmail; ~ *marítimo,* packed boat, mail boat; ~ *urgente,* special delivery; *lista de correos,* general delivery; *echar al* ~, to post, to mail [a letter]. 3 correspondence, mail [letters]. 4 post [title of newspapers].
correón m. large leather strap.
correoso, sa *adj.* leathery, tough [food]. 2 flexible, pliant, stringy.
correr *intr.* to run [move swiftly, go fast ; contend in race ; flow, stream; slide, roll] : *a más* ~, *a todo* ~, at full speed. 2 [of wind] to blow, move. 3 to run, extend : *la carretera corre de norte a sur,* the road runs from north to south. 4 to go about, ramble, roam, rove. 5 [of rumours, news, etc.] to spread, run. 6 to be accepted, circulate. 7 [of time] to pass : *corriendo el tiempo,* in the course of time. 8 [of a given year, month, etc.] to be : *corría el mes de mayo,* it was the month of May. 9 [of interest, rent, etc.] to run. 10 [of an affair] to go [through a department, etc.]. 11 to hasten, go rapidly. 12 NAUT. to run, scud. 13 ~ *una cosa por cuenta de,* to be the concern of; ~ *uno con una cosa,* to take charge of something; ~ *uno con los gastos,* to bear the expenses. 14 ~ *con uno,* to be on good terms with one. — 15 *tr.* to run [a distance]. 16 to go, walk about; to travel, to rove over or through, to wander over; ~ *las calles,* to go about the streets ; ~ *todo el mundo,* to travel the world over; ~ *los mares,* to rove over the seas. 16 to run [a horse]. 17 to chase, pursue, hunt, run. 18 to fight [a bull]. 19 to run [a chance] : to run, be exposed to [a risk, a danger] ; to have, seek [adventures] ; to go through [a storm]. 20 to slide, to move to a side; to turn [a key]; to draw [a bolt, a curtain, etc.] : ~ *un velo,* to draw a veil. 21 to loose [a slipknot]. 22 to abash, confound. 23 ~ *las amonestaciones,* to publish the banns of marriage. 24 ~ *prisa,* to be pressing, urgent. 25 ~ *la plaza,* to act as commercial agent in town ; ~ *un artículo,* to sell, or take orders for, a merchandise, acting as a commercial agent. 26 *correrla,* to go on a spree [esp. at night]. — 27 *ref.* to move to the right or left, to sidle, edge along. 28 to slide, to slip. 29 [of candles] to gutter. 30 [of colours or ink] to run. 31 to go too far [in talking, offering, etc.]. 32 coll. to be overgenerous. 33 to spread itself.
correría *f.* wandering, excursion. 2 raid, foray.
correspondencia *f.* correspondence [of one thing to another]. 2 correspondence [intercourse by letters]. 3 correspondence, mail [letters]. 4 return, reciprocation [to a favor, love, etc.] : *en justa* ~, in due return. 5 connection [of subway, etc.].
corresponder *intr.* to correspond, to answer, [to or with]. 2 to pertain, belong, fall [to], devolve [upon]. 3 to fall to one's lot. 4 to return, reciprocate [a favour, love, etc.] ; to repay. — 5 *ref.* [of things] to correspond with each other. 6 to correspond [by letters]. 7 to love each other.
correspondiente *adj.* correspondent, corresponding. 2 respective. 3 correspondent [member of a society]. — 4 m. correspondent [one corresponding by letters]. 5 correspondent [corresponding member].
correspondientemente *adv.* correspondingly.

corresponsal *m.* newspaper's correspondent. 2 COM. correspondent.
corretaje *m.* brokerage.
corretear *tr.* to walk around, to rove, ramble, wander, gad about.
correteo *m.* walking around, roving, ramble, wandering, gadding about.
corretora *f.* nun who directs the choir.
correvedile, correveidile *m. & f.* gossip monger. 2 go-between.
corrida *f.* run [spell of running]. 2 coll. reprehension. 3 ~ *de toros,* bullfight. 4 *de* ~, fast, easily, without faltering or stopping. 2 *pl.* a popular Andalusian song.
corridamente *adv.* CORRIENTEMENTE.
corrido, da *adj.* long. exceeding a specified weight or measure. 2 abashed, confused. 3 wordly-wise. 4 dissipate [man]. 5 continuous, unbroken [balcony, eaves, etc.]. 6 *letra corrida,* flowing handwriting. — 7 *m.* shed along the walls of a barnyard. 8 *de* ~, DE CORRIDA.
corriente *adj.* flowing, running: *agua* ~, running water. 2 current: *cuenta* ~, current account; *moneda* ~, current money, legal tender; *el mes* ~, the current month. 3 ordinary, average, common, usual: ~ *y moliente,* plain, usual. 2 correct, affable. — 5 *adv.* all right, O. K. — 6 *f.* current, stream: *dejarse llevar de la* ~, *seguir la* ~, fig. to swim with the current; *ir* or *navegar contra la* ~, to swim against the stream; ~ *de aire,* draught, air current; ~ *de agua,* stream, watercourse; ~ *del Golfo,* Gulf Stream. 7 ELEC. current: ~ *alterna,* alternating current; ~ *continua,* direct current. 8 *m.* current montn. 9 *al* ~, up to date; informed: *estar al* ~, to be up to date; to be informed; *poner al* ~, to put up to date; to inform; *tener al* ~, to keep up to date, to keep informed.
corrientemente *adv.* currently, usually.
corrigendo, da *m. & f.* inmate of a reformatory.
corrijo, corrija, etc. *irr.* V. CORREGIR.
corrillero, ra *adj.* fond of gossip.
corrillo *m.* group of talkers.
corrimiento *m.* running [of colour or ink]. 2 guttering [of a candle]. 3 bashfulness, shame, confusion. 4 vine blight. 5 ~ *de tierras,* landslide.
corrincho *m.* meeting or gang of low people.
corrivación *f.* corrivation.
corro *m.* circle, ring of people [talkers, spectators, etc.] : *hacer* ~, to make place; *hacer* ~ *aparte,* to start a separate ring or faction. 2 ring-around-a-rosy, children's round dance. 3 ring, circular space.
corroboración *f.* corroboration. 2 strengthening.
corroborante *adj.* corroborating, corroborative. — 2 *adj. & m.* corroborant.
corroborar *tr.* to corroborate. 2 to strengthen.
corroborativo, va *adj.* corroborative.
corrobra *f.* ROBRA.
corroer *tr.* to corrode. 2 to gnaw away, consume. — 3 *ref.* to become corroded.
corrompedor, ra *adj.* corrupting. — 2 *m. & f.* corrupter, corruptor.
corromper *tr.* to corrupt. 2 to bribe. 3 to seduce, debauch. 4 to mar, alter, spoil, vitiate. 5 to annoy, irritate. — 6 *intr.* to smell bad. — 7 *ref.* to corrupt [become corrupted] ; to rot [become putrid]. 8 to become vitiated or perverted. ¶ P. P. : *corrompido* and *corrupto.*
corrompidamente *adv.* corruptly.
corrompido, da *adj.* corrupted, tainted, corrupt. 2 depraved.
corrosal *m.* BOT. soursop.
corrosible *adj.* corrodible, corrosible.
corrosión *f.* corrosion.
corrosivo, va *adj. & m.* corrosive.
corroyente *adj.* corrosive.
corrugación *f.* corrugation, shrinkage, wrinkling.
corrulla *f.* CORULLA.
corrumpente *adj.* corrupting. 2 annoying, irritating.
corrupción *f.* corruption; corruptness. 2 vitiation, depravation. 3 pollution, filth. 4 stench.
corruptamente *adv.* corruptly.
corruptela *f.* corruption. 2 abuse, corrupt practice or custom.
corruptibilidad *f.* corruptibility.
corruptible *adj.* corruptible.
corruptivo, va *adj.* corruptive.

corrupto, ta *adj.* corrupt, corrupted.
corruptor, ra *adj.* corrupting. — 2 *m. & f.* corrupter.
corrusco *m.* coll. crust of bread.
corsario, ria *adj.* privateering; piratical. — 2 *m.* corsair, privateer; pirate.
corsé *m.* corset, stays.
corsear *intr.* to privateer, to cruise as a privateer.
corsetería *f.* corset shop.
corsetero, ra *m. & f.* corset maker or seller.
1) **corso** *m.* privateering : *armar en* ~, to arm [a vessel] as a privateer; *ir* or *salir a* ~, to cruise as a privateer ; *patente de* ~, letters of marque.
2) **corso, sa** *adj. & n.* Corsican.
corta *f.* cutting, felling [of trees] ; cutting [of sugar cane].
cortaalambres *m.* wire cutter.
cortabolsas *m. & f.* pickpocket, cutpurse.
cortacallos *m.* corncutter.
cortacigarros *m.* CORTAPUROS.
cortacircuitos *m.* ELEC. circuit breaker.
cortacorriente *m.* ELEC. switch.
cortada *f.* (Am.) cut : ~ *de pelo,* haircut.
cortadera *f.* chisel for cutting hot iron. 2 beekeeper's knife. 3 BOT. (Am.) a plant used in making rope and hats.
cortadillo, lla *adj.* clipped [coin]. — 2 *m.* small tumbler [drinking glass] : *echar cortadillos,* coll. to drink wine ; to speak in an affected manner.
cortado, da *adj.* cut. 2 chapped [hands]. 3 adapted, proportioned. 4 broken, in short sentences [style]. 5 abashed, confused. 6 HER. parted, party. 7 (Arg., Chl.) hard up, short of funds. — 8 *m.* cabriole [in dancing].
cortador, ra *adj.* cutting. — 2 *m.* butcher. 3 cutter [esp. one who cuts out garments, etc.]. — 4 *f.* cutting or slicing machine. 5 cutting board [in a velvet loom].
cortadura *f.* cut, incision, slit, slash. 2 FORT. parapet in the exterior side of a bastion. 3 FORT. work raised in a narrow passage. 4 mountain pass, cut between two mountains. 5 *pl.* cuttings, trimmings.
cortafrío *f.* cold chisel.
cortafuego *m.* FORESTRY fireguard, clearing left to prevent fire from spreading. 2 ARCH. fire wall.
cortalápices *m.* pencil sharpener.
cortamente *adv.* scantily, sparingly.
cortante *adj.* cutting, sharp. 2 biting [air, cold]. — 3 *m.* butcher.
cortapapel *m.* paper cutter, paper knife.
cortapicos *m.* ENTOM. earwig. 2 ~ *y callares,* little children should be seen and not heard.
cortapiés *m.* coll. cut or or slash aimed at the legs.
cortapisa *f.* condition, restriction, interference.
cortaplumas *m.* penknife, pocketknife.
cortapuros *m.* cigar cutter.
cortar *tr.* to cut, to slash ; to cut off, out or up [make an incision in; divide, sever; remove or shape by cutting] : ~ *la cabeza a uno,* to cut off one's head ; ~ *de vestir,* to cut out a garment ; coll. to backbite, criticize, speak badly of. 2 to cut, to carve. 3 to cut, hew, hack, chop [wood]. 4 to cut, fell [trees] ; to cut up [weeds]. 5 to cut, trim, pare, clip. 6 to cut, cleave [the air, the water]. 7 [of air or cold] to cut, pierce. 8 to cut, cross, intersect. 9 to cut [a pack of cards]. 10 to cut off, to intercept : ~ *la retirada al enemigo,* to cut off the enemy's retreat. 11 to interrupt, to cut short [conversation, etc.]. 12 to stop, bar [the passage] ; to stop the progress [of something]. 13 to cut off [the steam, the gas, the electricity, etc.]. 14 to speak [a language] or to recite [verses] well or poorly. 15 to cut [shorten by omissions]. 16 to chap [the lips, the hands, etc.]. 17 to settle, arbitrate, decide. 18 (Am.) to pick, harvest. — 19 *ref.* to stop short in confusion, to become tongue-tied. 20 [of milk] to curdle, sour. 21 [of lips, hands, etc.] to chap. 22 [of leather] to crack ; [of cloth] to slit at the creases. 23 GEOM. to intersect each other.
cortavapor *m.* cut-off [of a steam engine].
cortavidrios *m.* glass cutter, glazier's diamond.
cortaviento *m.* windshield.
1) **corte** *m.* cutting edge. 2 cut, cutting [act of cutting ; incision]. 3 cut [of clothes] ; art of cutting clothes. 4 length [of material necessary for a garment] : *un* ~ *de vestido,* a dress length. 5 felling [of trees]. 6 expedient, compromise

[to settle differences]. 7 ARCH. section, sectional view. 8 ELEC. break [of current]. 9 edge [of a book]. 10 trimming [of a quill]. 11 (Am.) harvest. 12 (Am.) weeding.

2) **corte** *f.* court [of a sovereign] : *la ~ celestial*, Heaven. 2 fig. suite, retinue. 3 city where the sovereign resides : *la Corte*, in Spain, Madrid. 4 barnyard ; stable ; sheepfold. 5 (Am.) court [of justice] : *la Corte Suprema*, the Supreme Court. 6 court [paid to someone] ; courtship, wooing : *hacer la ~ a*, to court, pay court to ; to woo. 7 (Am.) *darse ~*, to put on airs. 8 *pl.* Parliament. 9 legislative chamber or chambers. 10 *Cortes Constituyentes*, Constituent Assembly.

cortedad *f.* shortness, scantiness, insufficiency. 2 dullness, ignorance. 3 bashfulness, timidity, diffidence.

cortejador, ra; cortejante *adj.* courting ; wooing. — 2 *m. & f.* courter ; wooer.

cortejar *tr.* to court, pay court to ; to woo, make love to.

cortejo *m.* court, paying court, hommage. 2 courtship, wooing. 3 sweetheart. 4 paramour. 5 train, procession : *~ fúnebre*, funeral procession, cortège.

cortés *adj.* courteous, civil, polite, gracious.

cortesanamente *adv.* courteously.

cortesanazo, za *adj.* affectedly or fulsomely polite.

cortesanía *f.* courtesy, courteousness, politeness, civility.

cortesano, na *adj.* of the court, courtlike. 2 courteous, polite. — 3 *m.* courtier. — 4 *f.* courtesan, courtezan.

cortesía *f.* courtesy, courteousness, politeness. 2 compliment, attention, present, favor. 3 expression of respect at the end of a letter. 4 form of address. 5 COM. days of grace. 6 curtsey, curtsy.

cortésmente *adv.* courteously, politely.

corteza *f.* bark, rind, cortex [of tree] ; crust [of bread, a pie, etc.] ; rind [of cheese, melon, etc.] ; rind, peel [of orange, lemon, etc.] : *~ terrestre*, crust of the earth. 2 crust, exterior surface, outer shell. 3 rusticity, lack of polish [in a person].

cortezón *m.* thick bark, crust or rind.

cortezudo, da *adj.* having a thick bark, crust or rind. 2 fig. rustic, unmannerly, unpolished.

cortezuela *f. dim.* thin bark, crust or rind.

cortical *adj.* cortical.

cortijada *f.* group of farm houses. 2 group of buildings about a grange.

cortijero, ra *m. & f.* caretaker of a CORTIJO. — 2 *m.* foreman of a farm or grange.

cortijo *m.* farm, grange.

cortil *m.* barnyard.

cortina *f.* curtain, shade, screen : *~ de humo*, smoke screen ; *correr la ~*, to draw the curtain ; to reveal something hidden ; to hush up, pass over [something] in silence. 3 FORT. curtain. 4 *~ de muelle*, wharf, jetty.

cortinaje *m.* set or pair of curtains.

cortinal *m.* fenced-in land near a village or farmhouse.

cortinilla *f.* little curtain ; window shade or blind ; carriage curtain.

cortinón *m.* large heavy curtain.

cortisona *f.* BIOL. cortisone.

corto, ta *adj.* short [not long or not sufficiently long ; brief]. 2 scant, scanty, wanting. 3 short [not reaching some mark]. 4 bashful, timid. 5 dull, short-witted. 6 ELECT. *~ circuito*, short circuit. 7 *~ de alcances*, short-witted ; *~ de genio*, timid, spiritless ; *~ de manos*, slow at work ; *~ de resuello*, short-winded ; *~ de vista*, short-sighted. 8 *de corta edad*, tender in years. 9 *quedarse ~*, to underrate, to underestimate, to ask too little. 10 *a la corta o a la larga*, sooner or later.

cortón *m.* ENTOM. mole cricket.

corúa *f.* ORN. (Cu.) a bird resembling the cormorant.

coruja *f.* LECHUZA 1.

corulla *f.* NAUT. storeroom for cordage [in row galleys].

corundo *m.* CORINDÓN.

Coruña (La) *f. pr. n.* Corunna.

coruñés, a *adj.* [pertaining to] Corunna. — 2 *adj. & n.* native or inhabitant of Corunna.

coruscante *adj.* coruscant, shining.

coruscar *intr.* to coruscate, shine.

corusco, ca *adj.* CORUSCANTE.

corva *f.* back of the knee. 2 VET. tumor in the hock.

corvadura *f.* bend, curvature. 2 ARCH. bend [of an arch or vault].

corvato *m.* young raven, young crow.

corvecito *m. dim.* little raven, little crow.

corvejón *m.* VET. hock, gambrel. 2 ORN. cormorant.

corvejos *m. pl.* VET. hock.

corveta *f.* curvet.

corvetear *intr.* to curvet.

córvido, da *adj.* ZOOL. corvine, corvoid. — 2 *m. pl.* ZOOL. Corvidæ.

corvina *f.* ICHTH. a food fish in the Mediterranean.

corvinera *f.* net for catching CORVINAS.

corvino, na *adj.* corvine, corvoid, raven-like.

corvo, va *adj.* arched, curved. — 2 *m.* hook, gaff. 3 CORVINA.

corzo, za *m. & f.* ZOOL. roe deer.

corzuelo *m.* AGR. wheat left in the chaff by threshers.

cosa *f.* thing, matter : *~ de*, about, a matter of ; *~ de entidad*, thing or matter of importance ; *~ de oír, ~ de ver*, something worth listening to or worth seeing ; something worthy of notice ; *~ de risa*, something to laugh at ; laughing matter ; *~ fuerte* or *fuerte ~*, hard thing ; *~ no vista* or *nunca vista*, unheard-of thing, something surprising ; *~ rara*, strange thing ; strange to say ; *brava ~*, iron. what a thing ; *otra ~*, another thing, something else ; *poquita ~*, weak little thing [person] ; *a ~ hecha*, with certainty of success ; *como quien no quiere la ~*, feigning unconcern, casually ; *como si tal ~*, as if nothing had happened ; *dejarlo como ~ perdida*, to give up [a person or thing] as hopeless ; *ni ~ que lo valga*, or anything like it ; *no hay tal ~*, there's no such thing ; *no sea ~ que*, lest ; *no ser ~ del otro jueves*, to be nothing out of the common ; *no ser ~ del otro mundo*, to be nothing out of the world ; *no ser gran ~*, no to be much, no to amount to much ; *no tener uno ~ suya*, to be very generous, open-handed ; *ser ~ hecha*, to be as good as done. 2 affair : *esto es ~ tuya*, that is your affair. 3 *pl.* peculiarities, oddities [or a person] : *eso son cosas de Juan*, that is just like John. 4 coll. regards : *muchas cosas a su padre*, kind regards to your father.

cosaco, ca *adj. & n.* Cossack.

cosario *m.* carrier [plying between two towns]. 2 [professional] hunter.

coscarse *ref.* CONCOMERSE.

coscoja *f.* BOT. kermes, kermes oak. 2 dry leaves of the evergreen oak.

coscojal, coscojar *m.* plantation of kermes oaks.

coscojita *f.* COXCOJITA.

coscojo *m.* kermes gall. 2 iron balls of an horse's bit.

coscolina *f.* (Mex.) vicious woman.

coscomate *m.* (Mex.) maize barn.

coscón, na *adj.* crafty, sly.

coscoroba *f.* (Arg., Chi.) a kind of swan.

coscorrón *m.* bump, blow on the head.

cosecante *f.* TRIG. cosecant.

cosecha *f.* harvest, crop, yield. 2 harvest, harvesting, reaping : *de su propia ~*, fig. of one's own invention. 3 vintage [produce of the vine ; act or time of gathering grapes]. 4 harvest, harvest time.

cosechadora *f.* AGR. reaping machine, combine.

cosechar *tr.* to harvest, crop, reap, gather. — 2 *intr.* to harvest [gather the crop].

cosechero, ra *m.* grower, crop grower.

coselete *m.* corselet [piece of armour]. 2 pikeman. 3 ENT. corselet, thorax [of insect].

coseno *m.* TRIG. cosine : *~ verso*, coversed sine.

coser *tr.* to sew ; to stitch : *coserse la boca*, fig. not to speak a word ; *esto es ~ y cantar*, this is very easy, it's child's play. 2 to join, unite. 3 *~ a puñaladas*, to stab repeatedly. — 4 *ref.* *coserse con* or *contra*, to stick close to.

cosetada *f.* quick run, sprint.

cosible *adj.* that can be sewed.

cosicosa *f.* QUISICOSA.

cosido, da *adj.* sewed, sewn. 2 sticking close [to]. — 3 *m.* sewing. 4 *~ de cama*, quilt and blankets stitched together.

cosidura *f.* NAUT. lashing.
cosilla *f. dim.* COSITA 1.
oosita *f. dim.* small thing, trifle. 2 (Cu.) snack, luncheon.
cosignatario, ria *adj. & n.* cosignatory.
Cosme *m. pr. n.* Cosmas.
cosmético, oa *adj. & m.* cosmetic.
cósmico, ca *adj.* cosmic.
cosmogonía *f.* cosmogony.
cosmogónico, ca *adj.* cosmogonic(al.
cosmografía *f.* cosmography.
cosmográfico, ca *adj.* cosmographical.
cosmógrafo *m.* cosmographer.
cosmología *f.* cosmology.
cosmológico, ca *adj.* cosmologic(al.
cosmólogo *m.* cosmologist.
cosmopolita *adj. & n.* cosmopolitan, cosmopolite.
cosmopolitismo *m.* cosmopolitanism, cosmopolitism.
cosmorama *m.* cosmorama.
cosmos *m.* cosmos [universe].
coso *m.* enclosure for bullfights or other public spectacles. 2 main street [in some towns]. 3 CARCOMA 1.
cospel *m.* blank [coin-disk before stamping].
còsque *m.* coll. COSCORRÓN.
cosquillar *tr.* COSQUILLEAR.
cosquillas *f.* tickling, ticklishness : *buscarle a uno las* ~, fig. to try to irritate someone; *hacer* ~, to tickle; to excite curiosity or desire; *no sufrir* ~, *tener malas* ~, to be touchy, to be ill-tempered.
cosquillear *tr.* to tickle.
cosquillejas *f. pl. dim.* of COSQUILLAS.
cosquilleo *m.* tickling, tickling sensation.
cosquilloso, sa *adj.* ticklish [sensitive to tickling]. 2 touchy, easily offended.
1) **costa** *f.* cost, price, expense : *a* ~ *de*, at the expense of; by dint of; *a mi* ~, at my expense; *a poca* ~, with little effort; *a toda* ~, at any cost, at any price. 2 *pl.* LAW costs : *condenar en costas*, to sentence to pay the costs; *salir,* or *ser, condenado en costas*, fig. to bear all the losses of an affair.
2) **costa** *f.* coast, shore : *barajar la* ~, to sail close to the shore; *dar a la* ~, to be blown or driven to shore. 2 GEOG. *Costa Azul*, Côte d'Azur; *Costa de Marfil*, Ivory Coast; *Costa de Oro*, Gold Coast; *Costa Firme*, Spanish Main.
3) **costa** *f.* shoemaker's jigger.
costado *m.* side [of the human body, of a ship, of a thing] : *dolor,* or *punto de* ~, stitch in the side. 2 MIL. flank. 3 *pl.* lines of descent traced through one's grandparents : *noble por los cuatro-costados*, noble by all ascendance.
costal *adj.* ANAT. costal. — 2 *m.* large sack [for grain, flour, etc.] : *estar hecho un* ~, *de huesos*, fig. to be a bag of bones; *no parecer* ~ *de paja*, fig. to be attractive to one of a different sex; *el* ~ *de los pecados*, fig. the human body.
costalada *f.,* **costalazo** *m.* blow one gets when falling on the back or the side.
costalejo *m. dim.* small sack.
costana *f.* steep street. 2 NAUT. frame.
costanera *f.* slope, steep ground. 2 *pl.* CARP. rafters.
oostanero, ra *adj.* steep, sloping. 2 coastal, coasting; of the coast, on the coast : *buque* ~, coaster, coasting boat; *pueblo* ~, town on the coast.
costanilla *f.* gentle slope. 2 short steep street.
costar *intr.* to cost [to be had at a price; involve expenditure of, penalty, etc.] : *costarle a uno caro,* or *cara, una cosa*, to cost dear to one, to pay dearly for a thing; *cueste lo que cueste*, at any price; *aunque me cueste la vida*, even if I were to die for it; *cuesta trabajo creerlo*, it is hard to believe it. ¶ CONJUG. like *contar*.
costarricense & costarriqueño, ña *adj. & n.* Costa Rican.
coste *m.* cost, price : *a* ~ *y costas*, at cost price, without profit.
costear *intr.* NAUT. to coast, to sail along the coast. — 2 *tr.* to defray the cost of. — 3 *ref.* to pay one's own [studies, travel, etc.]. 4 to pay for itself.
costeño, ña *adj.* COSTANERO.
costera *f.* side of a bale or package of goods. 2 slope, hill. 3 coast, shore. 4 fishing season [for some fishes].
costero, ra *adj.* coastal, coasting. — 2 *m.* slab

[outside piece cut from a log]. 3 side wall [of blast furnace]. 4 MIN. side face of a seam.
costezuela *f. dim.* slight slope.
costilla *f.* ANAT., ZOOL. rib : ~ *falsa*, false rib; ~ *flotante*, floating rib; ~ *verdadera*, true rib. 2 NAUT. rib, 3 rib [of a leaf, of a fruit]. 4 rib [ridge across a surface], rib-like thing. 5 coll. wife, better half. 6 *pl.* coll. shoulders, back : *medirle las costillas a uno*, fig. to thrash, cudgel someone.
costillaje, costillar *m.* ANAT. ribs. 2 ribs, ribbing, framework.
costilludo, da *adj.* coll. broad-shouldered.
costo *m.* cost, price, expense : *a* ~ *y costas*, A COSTE Y COSTAS. 2 BOT. costusroot plant; costusroot. 3 BOT. ~ *hortense*, costmary.
costosamente *adv.* expensively, dearly.
costoso, sa *adj.* costly, expensive, dear. 2 hard, difficult to obtain.
costra *f.* crust [hard dry formation, incrustation]; scab, scale [on cut, wound, etc.]. 2 snuff [of candle wick]. 3 MED. ~ *láctea*, infantile impetigo.
costrada *f.* a sugar-covered pie.
costroso, sa *adj.* crusty, scabby.
costumbre *f.* custom [usual practice]; habit : *de* ~, usual, customary; usually; *tener por* ~, to be in the habit of. 2 LAW custom. 3 *pl.* customs, ways, habits.
costumbrista *m. & f.* writer who depicts everyday life and prevalent customs.
costura *f.* sewing, needlework : *hacer* ~, to do sewing. 2 seam [formed by sewing] : *sentar las costuras*, to press the seams; *sentar las costuras a uno*, to beat, chastise, to take someone to task; *sin* ~, seamless. 3 NAUT. seam. 4 MACH. seam, joint.
costurera *f.* seamstress.
costurero *m.* sewing case or table. 2 sewing room.
costurón *m.* large or coarse seam. 2 large scar.
cota *f.* coat [of arms or mail] : ~ *de armas*, coat of arms, tabard; ~ *de malla*, coat of mail. 2 quota. 3 TOPOGR. figure indicating elevation above sea level or datum line; height so indicated.
cotana *f.* CARP. mortise. 2 mortise chisel.
cotangente *f.* TRIG. cotangent.
cotanza *f.* coutances [fine linen].
cotarrera *f.* gossipy woman.
cotarro *m.* night lodging for beggars or destitute people : *alborotar el* ~, fig. to raise a rumpus. 2 side of a ravine.
cotejar *tr.* to collate, compare.
cotejo *m.* collation, comparison.
coterráneo, a *adj. & n.* CONTERRÁNEO.
cotí *m.* CUTÍ.
cotíé, cotíce, etc., *pret., subj. & imper.* of COTIZAR.
cotidianamente *adv* daily.
cotidiano, na *adj.* daily, everyday, quotidian.
cotiledón *m.* BOT. cotyledon.
cotiledóneo, a *adj.* cotyledonous.
cotiloideo, a *adj.* ANAT. cotyloid.
cotilla *f.* obs. stays, corset. 2 gossip, tattler [woman].
cotillear *tr.* to gossip.
cotilleo *m.* gossiping.
cotillero, ra *m. & f.* gossiper.
cotillo *m.* face [of hammer].
cotillón *m.* cotillion.
cotín *m.* in the game of pelota, backstroke [in returning a ball].
cotiza *f.* HER. cotise. 2 (Ven.) a kind of sandal.
cotizable *adj.* quotable, capable of being valued at a price.
cotización *f.* COM. quotation, current price, price list. 2 act of paying or collecting subscription fees to a trade union, etc.
cotizado, da *adj.* HER. cotised. 2 COM. quoted; priced, valued.
cotizar *tr.* COM. to quote; to value at a price. 2 to pay or collect subscription fees to a trade union, etc.
coto *m.* reserved ground, preserve : ~ *de caza*, game preserve. 2 boundary mark. 3 limit, boundary. 4 stop, restriction : *poner* ~ *a*, to put a stop to, to stop, check, put a limit to. 5 set of billiard games. 6 ICHTH. chub. 7 (Am.) goiter. 8 measure of a handbreadth.
cotobelo *m.* opening in the branch of a bridle.
cotón *m.* printed cotton.

cotona *f.* (Am.) cotton undershirt. 2 (Mex.) chamois jacket.
cotonada *f.* cottonade.
cotoncillo *m.* PAINT. button of a maulstick.
cotonía *f.* dimity [corded cotton fabric].
cotorra *f.* ORN. parrot, small parrot. 2 ORN. magpie. 3 fig. chatterbox, talkative person.
cotorrear *intr.* to chatter, to gossip.
cotorreo *m.* chatter, chattering [of women]; gossiping.
cotorrera *f.* female parrot. 2 chatterbox, talkative woman.
cotorrón, na *adj.* affecting youth, or acting sillily like young people [old person].
cototo *m.* (Am.) bump.
cotral *adj.* CUTRAL.
cotudo, da *adj.* cottony, hairy. 2 (Am.) goitrous.
cotufa *f.* Jerusalem artichoke [tuber]. 2 tidbit, delicacy : *pedir cotufas en el Golfo,* to ask for impossibilities.
coturno *m.* cothurnus, buskin : *de alto ~,* of high standing; *calzar el ~,* to use lofty, sublime language [in poetry].
covacha *f.* small cave. 2 (Am.) mean hole, small room. 3 (Am.) shanty, hut.
covachuela *f. dim.* small cave. 2 coll. public office [room or building].
covachuelista *m.* coll. public servant, clerk.
covadera *f.* (Chi., Pe.) guano bed.
covanilla *f.,* **covanillo** *m. dim.* small round basket.
covezuela *f. dim.* small cave.
coxa *f.* ENTOM. coxa.
coxal *adj.* ANAT. coxal.
coxalgia *f* MED. coxalgia.
coxálgico, ca *adj.* coxalgic.
coxcojilla, jita *f.* hopscotch [child's game] : *a coxcojita,* hippety-hoppety, jumping on one foot.
coxis *m.* CÓCCIX.
coy *m.* NAUT. sailor's cot or hammock.
coya *f.* (Pe.) an Inca queen or princess.
coyol *m.* BOT. (C. Am., Mex.) a thorny palm tree.
coyolar *m.* (Guat., Mex.) COYOL.
coyoleo *m.* ORN. (Am.) a kind of quail.
coyote *m.* ZOOL. coyote, prairie wolf.
coyotero, ra *adj.* (Am.) trained to hunt coyotes [dog]. — 2 *m.* trap for coyotes.
coyunda *f.* strap for yoking oxen. 2 yoke, dominion, tyranny. 3 matrimonial union.
coyuntura *f.* ANAT. joint, articulation. 2 conjuncture, juncture, occasion, opportunity.
coz, pl. coces *f.* kick [from a beast]. 2 kick [backward blow with a person's foot] : *dar coces contra el aguijón,* to kick against the pricks. 3 fig. insulting or churlish act or word : *soltar,* or *tirar, una ~,* to make a rude reply. 4 kick, kickback, recoil [of a firearm]. 5 flowing back [of water]. 6 butt [of musket, pistol, pole, etc.]. 7 NAUT. heel [of mast].
crabrón *m.* AVISPÓN.
crac *m.* crash, failure, bankruptcy.
Cracovia *f. pr. n.* GEOG. Cracow.
cramponado *adj.* HER. cramponee.
cran *m.* PRINT. nick [of a type].
craneal & **craneano, na** *adj.* cranial.
cráneo *m.* ANAT. cranium, skull.
craneología *f.* craniology.
craneometría *f.* craniometry.
craniano *adj.* CRANEAL.
crápula *f.* crapulence, debauchery.
crapuloso, sa *adj.* crapulous; debauched.
crasamente *adv.* crassly.
crascitar *intr.* [of a raven] to croak.
crasiento, ta *adj.* greasy.
crasitud *f.* fat, greasiness.
Craso *m. pr. n.* Crassus.
craso, sa *adj.* thick, fat, greasy. 2 crass, gross [ignorance, error, etc.].
crasuláceo, a *adj.* BOT. crasulaceous — 2 *f. pl.* BOT. Crasulaceæ.
cráter *m.* GEOL., MIL. crater. 2 ASTR. Crater, Cup.
crátera *f.* ARCHEOL. crater [vessel].
crateriforme *adj.* crateriform.
cratícula *f.* small wicket through which nuns receive the communion. 2 a light-dispersing device used in spectroscopy.
creable *adj.* creatable.
creación *f.* creation. 2 *La Creación,* the Creation.
creador, ra *adj.* creating. — 2 *m. & f.* creator. 3 *El Creador,* the Creator.

crear *tr.* to create. 2 to make : *crearse enemigos,* to make enemies; *crearse una posición,* to make a position for oneself. 3 to institute, establish. 4 to invent, design.
creativo, va *adj.* creative.
crecedero. ra *adj.* able to grow. 2 [of a child's garment] large enough to allow for growth.
crecer *intr.* [of natural beings] to grow. 2 to grow, increase. 3 [of a stream or flood] to rise, to swell. — 4 *ref.* to feel big; to take courage; to grow daring. ¶ CONJUG. like *agradecer.*
creces *f. pl.* increase, excess : *con ~,* amply, with interest.
crecida *f.* freshet, flood, swelling [of a river].
crecidamente *adj.* abundantly amply, increasedly.
crecidico, dica, dillo, dilla, dito, dita *adj.* somewhat grown.
crecido, da *adj.* grown. 2 swollen [stream]. 3 large, big, numerous. — 4 *m. pl.* widening stitches [in knitting]
creciente *adj.* growing, increasing. 2 ASTR. *cuarto ~,* first quarter [of moon]. — 3 *m.* HER. crescent. 4 *f.* freshet, swelling [of a river]. 5 ~ *de la Luna,* crescent, increasing moon. 6 ~ *del mar,* flood, flood tide, rising tide.
crecimiento *m.* growth, growing. 2 increase of the intrinsic value of [money].
credencia *f.* ECCL. credence. 2 formerly, credence table, sideboard.
credencial *adj.* & *f.* credential. — 2 *f. pl.* credential, credential letters.
credibilidad *f.* credibility.
crédito *m.* credit, credence : *dar ~ a,* to give credit or credence to, to believe. 2 credit, good reputation, influence. 3 COM. credit : *carta de ~,* letter of credit; *a ~,* on credit. 4 bank-credit.
credo *m.* creed, credo : *en un ~,* fig. in a trice; *dice cada mentira que canta el ~,* he says enormous lies. 2 creed [set of opinions or beliefs].
crédulamente *adv.* credulously.
credulidad *f.* credulity.
crédulo, la *adj.* credulous.
creederas *f. pl.* credulity : *tener buenas ~,* to be gullible.
creedero, ra *adj.* believable, credible.
creedor, ra *adj.* credulous.
creencia *f.* belief, religion, creed, tenet. 2 credence, credit.
creer *tr., intr. & ref.* to believe : ~ *en,* to believe in; *ver y ~,* seeing is believing; *no me lo creo,* I don't believe it; *¡ya lo creo!,* coll. of course!, I should say so. — 2 *tr.* to think, to think probable. — 3 *intr.* to believe [have a religious belief]. — 4 *ref.* to believe or think oneself.
crehuela *f.* a linen fabric.
creíble *adj.* credible, believable.
creíblemente *adj.* credibly, possibly.
crema *f.* cream [of milk]. 2 fig. cream [of society]. 3 custard. 4 cream [cosmetic]. 5 GRAM. diæresis.
cremación *f.* cremation, incineration.
cremallera *f.* MACH. ratch, ratchet [toothed bar]. 2 rack, rack rail : *ferrocarril de ~,* rack railway. 3 zipper.
crematístico, ca *adj.* chrematistic. — 2 *f.* chrematistics.
crematorio, ria *adj.* crematory, incinerating. — 2 *m.* crematorio or *horno ~,* crematory.
cremento *m.* INCREMENTO.
cremería *f.* (Am.) creamery.
cremómetro *m.* creamometer, cremometer.
cremona *f.* espagnolette, casement bolt.
crémor *m.* cream [of tartar] : ~ *tártaro,* cream of tartar.
crencha *f.* parting of the hair [line]. 2 hair at each side of the parting [line].
creosol *m.* CHEM. creosol.
creosota *f.* CHEM. creosote.
creosotar *tr.* to creosote.
crepitación *f.* crepitation, crackling. 2 MED. crepitation.
crepitante *adj.* crepitant.
crepitar *intr.* to crepitate.
crepuscular & **crepusculino, na** *adj.* crepuscular, crepusculine, dim.
crepúsculo *m.* crepuscle, twilight; dawn; dusk.
cresa *f.* eggs of the queen bee. 2 flyblow; fly eggs.

crescendo *adv.* & *m.* MUS. crescendo.
Creso *m. pr. n.* Croesus. — 2 (not cap.) fig. Croesus [wealthy man].
crespilla *f.* BOT. morel.
crespina *f.* formerly, a kind of hair net.
crespo, pa *adj.* crispy, curly [hair]. 2 BOT. crisp, crisped [leaves]. 3 obscure and bombastic [style]. 4 angry, irritated. — 5 *m.* curl.
crespón *m.* crape. 2 ~ *de China,* crêpe de Chine.
cresta *f.* crest, comb [of a bird], cock's comb : *alzar* or *levantar la* ~, to show arrogance ; *dar en la* ~ *a uno,* to cut short, to mortify. 2 ZOOL. crest. 3 crest [of helmet, of mountain, of wave]. 4 FORT. ~ *de la explanada,* crest of the glacis. 5 BOT. ~ *de gallo,* wild sage ; cockscomb yellow rattle.
crestado, da *adj.* crested.
crestería *f.* ARCH. cresting. 2 FORT. battlement.
crestomatía *f.* chrestomathy.
crestón *m.* large crest. 2 crest [of helmet]. 3 MIN. outcrop.
crestudo, da *adj.* large-crested.
Creta *f. pr. n.* Crete.
creta *f.* chalk.
cretáceo, a *adj.* cretaceous. — 2 *adj.* & *m.* GEOL. Cretaceous.
cretense *adj.* & *n.* Cretan.
crético, ca *adj.* Cretan, Cretic. — 2 *m.* PROS. cretic.
cretinismo *m.* MED. cretinism.
cretino, na *adj.* cretinic. — 2 *m.* & *f.* cretin.
cretona *f.* cretonne.
creyente *adj.* believing. — 2 *m.* & *f.* believer; faithful.
creyó, creyera, etc., *pres. ind.* & *imperf. subj.* of CREER.
crezco, crezca, etc., *irr.* V. CRECER.
crezneja *f.* CRIZNEJA.
cría *f.* nursing, suckling, fostering, bringing up : *ama de* ~, wet nurse. 2 rearing, breeding : ~ *caballar,* horse breeding ; ~ *de abejas,* beekeeping. 3 suckling [child or animal]. 4 brood, litter, young [animals].
criada *f.* female servant, maid, housemaid, maid-servant. 2 fig. wash bat.
criadero, ra *adj.* prolific. — 2 *m.* nursery, plantation of young trees. 3 nursery, breeding place [for animals] ; fish hatchery. 4 MIN. seam, vein.
criadilla *f.* testicle : ~ *de carnero,* lamb's fry. 2 potato. 3 ~ *de tierra,* truffle.
criadito, ta *m.* & *f. dim.* young servant.
criado, da *p. p.* of CRIAR. — 2 *adj.* bred *bien* ~, well-bred ; *mal* ~, ill-bred. — 3 *m.* manservant, menial, valet.
criador, ra *adj.* nursing, nurturing, fecund, breeding. — 2 *adj.* & *m.* creator : *el Criador,* the Creator, God. 3 rearer, raiser, breeder. 4 ~ *de vinos,* viniculturist.
criaduelo, la *m.* & *f. dim.* young servant.
criamiento *m.* renovation and preservation.
criandera *f.* (Am.) wet nurse.
crianza *f.* nursing, lactation. 2 rearing, bringing up, education : *dar* ~, to rear, bring up, educate. 3 breeding, manners : *buena* ~ good breeding ; *mala* ~, bad breeding.
criar *tr.* to create [said only of God]. 2 to nurse, suckle, foster. 3 to raise, rear, breed, grow. 4 to produce, put forth : ~ *carnes,* to put on flesh. 5 to bring up, to educate. 6 to elaborate [wine].
criatura *f.* creature [anything created]. 2 baby, infant, child : *es una* ~, he is an infant or like an infant. 3 creature [one who owes his position to another].
criba *f.* cribble, screen, sieve.
cribado *m.* screening, sifting.
cribador, ra *adj.* screening, sifting — 2 *m.* & *f.* screener, sifter, screen tender.
cribar *tr.* to screen, to sift.
cribo *m.* CRIBA.
cric *m.* jack, jackscrew, lifting jack.
cricoides *adj.* & *m.* ANAT. cricoid.
cricquet *m.* SPORT cricket.
Crimea *f. pr. n.* GEOG. Crimea.
crimen *m.* serious crime, felony.
criminación *f.* crimination, censure.
criminal *adj.* & *n.* criminal : ~ *de guerra,* war criminal.
criminalidad *f.* criminality.
criminalista *m.* criminalist.

criminalmente *adv.* criminally.
criminar *tr.* to criminate; to censure.
criminología *f.* criminology.
criminoso, sa *adj.* criminal.
crin *f.* mane [of horse, lion, etc.]. 2 horsehair : ~ *vegetal,* vegetable horsehair.
crinado, da *adj.* poet. long-haired, maned [person].
crinito, ta *adj.* ASTR. crinite.
crinolina *f.* (Mex.) crinoline.
crío *m.* baby, infant.
criollo, lla *adj.* & *n.* Creole.
cripta *f.* crypt.
criptógamo, ma *adj.* BOT. cryptogamous. — 2 *f. pl.* BOT. Crytogamia.
criptografía *f.* cryptography.
criptográfico, ca *adj.* cryptographic.
criptograma *m.* cryptogram, cryptograph.
cris *m.* creese, kris [Malayan dagger].
crisálida *f.* ENTOM. chrysalis, pupa.
crisantema *f.,* **crisantemo** *m.* BOT. chrysanthemum.
crisis *f.* crisis : ~ *financiera,* financial crisis ; ~ *de un ministerio,* cabinet crisis ; ~ *de la vivienda,* housing shortage. 2 COM. depression, critical period.
crisma *m.* & *f.* ECCL. chrism. — 2 *f.* coll. head : *romper la* ~ *a uno,* to break someone's head, to wound someone in the head ; *romperse la* ~, to break one's neck.
crismera *f.* chrismatory.
crismón *m.* chrismon.
crisneja *f.* CRIZNEJA.
crisoberilo *m.* MINER. chrysoberyl.
crisol *m.* crucible, melting pot. 2 hearth, crucible [of a furnace].
crisolada *f.* charge of a crucible.
crisolito *m.* MINER. chrysolite.
crisopacio *m.* CRISOPRASA.
crisopeya *f.* chrysopeia.
crisoprasa *f.* MINER. chrysoprase.
Crisóstomo (San Juan) *m. pr. n.* Saint John Chrysostom.
crispadura *f.,* **crispamiento** *m.* muscular contraction, twitch.
crispar *tr.* to cause contraction or twitching : ~ *los nervios,* coll. to set the nerves on edge. — 2 *ref.* to be contracted, to twitch.
crispatura *f.* CRISPADURA.
crispir *tr.* to grain [in painting].
crista *f.* HER. crest.
cristal *m.* CHEM., MINER., RADIO. crystal. 2 crystal [glass], flint glass : ~ *de aumento,* magnifying glass ; ~ *hilado,* spun glass ; ~ *tallado,* cut glass. 3 window pane, pane of glass. 4 poet. crystal [clear water]. 5 fig. mirror, glass. 6 MINER. ~ *de roca,* rock crystal. 7 CHEM. ~ *tártaro,* crystallized tartar.
cristalera *f.* sideboard. 2 glass door.
cristalería *f.* glassworks. 2 glass shop. 3 glassware. 4 glass service.
cristalicé, cristalice, etc., *pret., subj.* & *imper.* of CRISTALIZAR.
cristalino, na *adj.* crystalline. — 2 *m.* ANAT. crystalline lens.
cristalizable *adj.* crystallizable.
cristalización *f.* crystallization.
cristalizador *m.* crystallizer [vessel].
cristalizar *tr.* to crystallize. — 2 *intr.* & *ref.* to crystallize [become crystallized].
cristalofísica *f.* physics of crystalline substances.
cristalografía *f.* crystallography.
cristalográfico, ca *adj.* crystallographic(al.
cristaloide *m.* crystalloid.
cristaloideo, a *adj.* crystalloid.
cristaloquímica *f.* chemistry of crystalline substances.
cristel *m.* CLISTER.
Cristián *m. pr. n.* Christian [man's name].
cristianamente *adv.* Christianly.
cristianar *tr.* coll. to christen, baptize.
cristiandad *f.* Christendom, Christianity [body of the Christians; Christian world]. 2 observance of Christ's law. 3 missionary's flock [in China and other countries].
cristianesco, ca *adj.* applied to Moorish forms which imitate the Christian manner.
cristianicé, cristianice, etc., *pret., subj.* & *imper.* of CRISTIANIZAR.
cristianísimo, ma *adj. superl.* most Christian.
cristianismo *m.* Christianism, Christianity [reli-

949

CRUZ

gion of the Christians]. 2 Christendom, Christianity [body of the Christians]. 3 baptism.
cristianizar *tr.* to Christianize.
cristiano, na *adj. & n.* Christian : ~ *nuevo,* a Moor, Jew, etc., who has become converted to Christianism ; ~ *viejo,* a Christian, descending from Christians and having not any Moorish, Jewish or heathen ancestors. — *2 adj.* coll. watered [wine]. — *3 m.* soul, person. *4* neighbour, fellow creature. *5 hablar en* ~, to speak clearly, to speak plain Spanish.
Cristina *f. pr. n.* Christine.
cristino *m.* supporter of Queen Regent María Cristina against the Carlists.
Cristo *m. pr. n.* Christ. — *2 m.* crucifix.
Cristóbal *m. pr. n.* Christopher.
cristofué *m.* ORN. a Venezuelan bird.
cristus *m.* christcross [printed at the beginning of the alphabet]. *2* alphabet, primer : *estar en el* ~, to know only the rudiments, to be only starting ; *no saber el* ~, to be very ignorant.
crisuela *f.* drip pan [of a lamp].
criterio *m.* criterion. *2* judgement, discernment.
crítica *f.* criticism, critique. *2* criticism, faultfinding, censure. *3* the critics [as a body].
criticable *adj.* criticizable, blameworthy.
criticador, ra *adj.* criticizing, faultfinding. — *2 m. & f.* criticizer, faultfinder.
criticar *tr.* to criticize. *2* to blame, to find fault with.
criticastro *m.* criticaster.
criticismo *m.* PHILOS. criticism.
crítico, ca *adj.* critical. — *2 m.* critic.
criticón, na *adj.* censorious, faultfinding. — *2 m. & f.* faultfinder.
critiqué, critique, etc., *pret., subj. & imper.* of CRITICAR.
critiquicé, critiquice, etc., *pret., subj. & imper.* of CRITIQUIZAR.
critiquizar *tr.* coll. to overcriticize, to criticize for the sake of criticizing.
crizneja *f.* braid of hair. *2* rope of esparto, etc.
Croacia *f. pr. n.* Croatia.
croar *intr.* (of frogs) to croak.
croata *adj. & n.* Croatian.
crocante *m.* almond brittle.
crocino, na *adj.* of saffron, croceous. — *2 f.* CHEM. crocin.
crocitar *intr.* CRASCITAR.
crocodilo *m.* COCODRILO.
cromado, da *adj.* chromed, chromium-plated. — *2 m.* chromium plating.
cromático, ca *adj.* MUS., OPT. chromatic. — *2 f.* PHYS. chromatics.
cromatina *f.* BIOL. chromatin.
cromatismo *m.* chromatism.
cromato *m.* CHEM. chromate.
crómico, ca *adj.* CHEM. chromic.
cromo *m.* CHEM. chromium, chrome. *2* chromo, chromolithograph.
cromolitografía *f.* chromolithography. *2* chromolithograph.
cromolitografiar *tr.* to chromolithograph.
cromolitográfico, ca *adj.* chromolithographic.
cromolitógrafo, fa *m. & f.* chromolithographer.
cromoplasto *m.* BOT. chromoplast.
cromosfera *f.* ASTR. chromosphere.
cromoso, sa *adj.* CHEM. chromous.
cromosoma *m.* BIOL. chromosome.
cromotipia *f.* chromotypy. *2* chromotype.
cromotipografía *f.* chromotypography.
cromotipográfico, ca *adj.* chromotypographic.
crónica *f.* chronicle. *2* news chronicle.
cronicidad *f.* chronicity.
crónico, ca *adj.* chronic.
cronicón *m.* brief chronicle.
cronista *m.* chronicler ; reporter.
cónlech *m.* ARCHEOL. cromlech.
cronografía *f.* CRONOLOGÍA.
cronógrafo *m.* chronographer. *2* chronograph.
cronología *f.* chronology.
cronológicamente *adv.* chronologically.
cronológico, ca *adj.* chronologic(al).
cronologista, cronólogo *m.* chronologist.
cronometrador, ra *m. & f.* SPORT timekeeper.
cronometraje *m.* SPORT clocking, timing.
cronometrar *tr.* SPORT to clock, time.
cronometría *f.* chronometry.
cronométrico, ca *adj.* chronometric.

cronómetro *m.* chronometer.
Cronos *m. pr. n.* MYTH. Cronus.
croquet *m.* croquet [game].
croqueta *f.* croquette.
croquis *m.* sketch, rough drawing.
croscitar *intr.* CRASCITAR.
crótalo *m.* ZOOL. rattlesnake. — *2* MUS. crotalum, castanet.
crotón *m.* RICINO.
crotorar *intr.* [of a stork] to rattle its bill.
cruce *m.* cross, crossing. *2* intersection. *3* crossing [of roads, etc.]. *4* ELEC. cross.
crucé, cruce. etc., *pret., subj. & imper.* of CRUZAR.
crucera *f.* withers [of horse].
crucería *f.* ARCH. intersecting ribs [in Gothic vaulting] ; Gothic architecture.
crucero *m.* crucifer, cross-bearer. *2* crossroads ; crossing of streets. *3* ARCH. crossing [where transept crosses the nave]. *4* NAUT. cruise. *5* NAV. cruiser. *6* PRINT. crossbar of a chase. *7* MIN. cleavage plane. *8* ASTR. Southern Cross.
cruceta *f.* cross formed at each intersection of two series of parallel lines. *2* MACH. crosshead [of connecting rod]. *3* NAUT. crosstree.
crucial *adj.* crucial [critical, decisive]. *2* crucial, cross-shaped.
cruciata *f.* BOT. kind of crosswort.
crucifero, ra *adj.* cruciferous [bearing a cross]. *2* BOT. cruciferous. — *3 m.* crucifer, cross-bearer. — *4 f.* BOT. crucifer. *5 pl.* BOT. Cruciferæ.
crucificado, da *adj.* crucified. — *2 m. El Crucificado,* the Crucified.
crucificar *tr.* to crucify. *2* fig. to vex, torment ; to ruin.
crucifijo *m.* crucifix.
crucifiqué, crucifique, etc., *pret., subj. & imper.* of CRUCIFICAR.
crucifixión *f.* crucifixion.
crucifixor *m.* crucifier.
cruciforme *adj.* cruciform, cross-shaped.
crucígero, ra *adj.* poet. cruciferous, bearing a cross.
crucigrama *m.* crossword puzzle.
crucillo *m.* pushpin.
crudamente *adv.* crudely, bluntly, harshly.
crudelísimo, ma *adj. superl.* very or most cruel.
crudeza *f.* crudity, crudeness, rawness. *2* hardness [of water]. *3* bluntness, rudeness, roughness. *4* bitterness [of weather]. *5 pl.* undigested food.
crudo, da *adj.* raw, uncooked, underdone [food]. *2* unripe [fruit]. *3* hard [water]. *4* ecru, unbleached [silk, linen]. *5* raw [leather]. *6* raw, bitter [weather]. *7* harsh, rough. *8* crude, blunt.
cruel *adj.* cruel.
crueldad *f.* cruelty.
cruelmente *adv.* cruelly.
cruentamente *adv.* with effusion of blood.
cruento, ta *adj.* bloody, involving bloodshed.
crujía *f.* corridor, passage [in some buildings]. *2* hospital ward. *3* NAUT. midship gangway : *pasar* ~, [formerly, in the galleys] to run the gauntlet ; fig. to have a hard time of it. *4* ARCH. bay [compartment of a building].
crujidero, ra *adj.* creaking, crackling. *2* rustling.
crujido *m.* creak, creaking, crackle, crackling. *2* rustle [of silk garments]. *3* gnash, gnashing [of teeth]. *4* flaw [in a sword blade].
crujiente *adj.* CRUJIDERO.
crujir *intr.* to creak, to crackle. *2* [of silk] to rustle. *3* [of teeth] to gnash.
cruor *m.* PHYSIOL. cruor.
crup *m.* MED. croup.
crupal *adj.* MED. croupous.
crural *adj.* ANAT. crural.
crustáceo, a *adj.* crustaceous. *2* ZOOL. crustaceous, crustacean. — *3 m.* ZOOL. crustacean. *4 pl.* ZOOL. Crustacea.
crústula *f.* little crust.
cruz *f., pl.* cruces. cross [used for crucifixión ; cross-shaped thing ; mark ; affliction, trial] : ~ *de Borgoña,* or *de San Andrés,* St. Andrew's cross ; ~ *de Calatrava* or *patriarcal,* patriarcal cross ; ~ *de Jerusalén* or *potenzada,* potent cross ; ~ *de Malta,* Maltese cross ; ~ *gamada,* swastika ; with one ; *de la* ~ *a la fecha,* from beginning to ~ *griega,* Greek cross ; ~ *latina,* Latin cross ; *Cruz Roja,* Red Cross ; *hacerse cruces de,* to be astonished at ; *hacer la* ~ *a uno,* to be done

end; *en* ~, with the arms extended; crosswise; HER. quarterly; ~ *y raya*, no more of this. 2 tails, reverse [of coin]. *3* withers [of quadruped]. *4* PRINT. dagger. *5* in a tree, upper end of trunk where branches begin. *6* crown [of anchor]. *7* NAUT. slings, middle part [of a yard]. *8* ASTR. *Cruz* or *Cruz del Sur*, Southern Cross.
cruzada *f.* crusade. 2 crossroads.
cruzado, da *adj.* crossed: *cheque* ~, crossed check; *con los brazos cruzados*, with crossed arms; idling. 2 engaged in a crusade. 3 bearing the cross of a military order. *4* WEAV. twilled. *5* cross, crossbred. *6* double-breasted [garment]. — *7 m.* crusader. *8* crusado, cruzado [coin]. *9* a manner of playing on the guitar. *10* figure in dancing.
cruzamiento *m.* crossing. 2 act of taking the cross of an order. *4* cross-breeding.
cruzar *tr.* to cross [place crosswise, cause to intersect; lie across, intersect] : ~ *las piernas*, to cross the legs; ~ *los brazos*, to fold one's arms; ~ *la cara a uno*, fig. to slap or lash someone in the face. 2 to cross [a street, a road, etc.]. *3* to decorate with the cross of an order. *4* to cross [breeds]. *5* WEAV. to twill. *6* NAUT. to cruise. — *7 ref.* to take the cross, engage in a crusade. *8* to cross, pass each other : *cruzarse con uno en la calle*, to pass someone in the street. *9 cruzarse en el camino de otro*, to cross another's path. *10 cruzarse de brazos*, to cross one's arms, do nothing.
cu *m.* name of the letter *q.*
cuaba *f.* BOT. Jamaica rosewood.
cuacar *tr.* (Col.) to please.
cuácara *f.* (Chi.) workman blouse; jacket. 2 (Col.) frock coat.
cuaderna *f.* NAUT. frame: ~ *a escuadra*, square frame; ~ *maestra*, midship frame; ~ *sesgada*, cant frame. 2 ancient coin worth eight maravedis. *3 cuaderna via*, a Spanish medieval stance.
cuadernal *m.* NAUT. block.
cuadernillo *m.* quinternion.
cuaderno *m.* notebook, exercise book, writing book : ~ *de bitácora*, NAUT. log book. 2 PRINT. four printed sheets placed within each other. 3 coll. pack of cards.
cuadra *f.* stable [for horses; horses of a racing stable]. 2 large room, hall [in works]. 3 ward [in hospital or prison]; dormitory [in barracks]. *4* NAUT. quarter [of a ship]. *5* croup [of horse]. *6* (Am.) block [of houses]. 7 quarter of a mile.
cuadrada *f.* MUS. breve.
cuadradamente *adv.* exactly, fully.
cuadradillo *m.* square ruler. 2 sugar in cubes. 3 gusset [of shirt sleeve].
cuadrado, da *adj.* square, quadrate, square-shaped. 2 square [measure]. *3* MATH. square [root]. *4* ASTROL. quartile [aspect]. *5* square-shouldered. *6* perfect, complete. — *7 m.* GEOM. square : ~ *mágico*, magic square. *8* MATH. square, second power. *9* square ruler. *10* clock [in a stocking]. *11* gusset [of shirt sleeve]. *12* die [for coining]. *13* ASTROL. quadrate, quartile. *14* PRINT. quadrat, quad.
cuadragenario, ria *adj. & n.* quadragenarian.
cuadragésima *f.* CUARESMA.
cuadragesimal *adj.* Quadragesimal.
cuadragésimo, ma *adj. & m.* fortieth.
cuadral *m.* ARCH. angle brace.
cuadrangular *adj.* quadrangular.
cuadrángulo, la *adj.* quadrangular. — *2 m.* quadrangle.
cuadrantal *adj.* TRIG. quadrantal. — *2 m.* quadrantal [Roman measure].
cuadrante *m.* ASTR., GEOM. quadrant. 2 sundial. 3 quarter [of the horizon or the compass]. *4* ARCH. angle brace. *5* LAW fourth part of an inheritance. *6* quadrans [Roman coin].
cuadranura *f.* radial crack in trees.
cuadrar *tr.* to square [give a square shape]. 2 to square [the shoulders]. 3 MATH. to square, raise to the second power. *4* GEOM. to square [a circle, etc.]. *5* PAINT. to graticulate. — *6 intr.* to fit, suit. 7 to please. — *8 ref.* MIL. to stand at attention. *9* to assume a firm attitude. *10* (Chi.) to give or contribute a large sum of money.
cuadratín *m.* PRINT. quadrat, quad.
cuadratura *f.* ASTR., MATH., ELECT. quadrature : ~

del círculo, quadrature of the circle; fig. impossibility.
cuadrete *m.* dim. of CUADRO.
cuadricenal *adj.* done every forty years.
cuadrícula *f.* quadrille ruling, graticule.
cuadriculado, da *adj.* cross-section squared [paper].
1) **cuadricular** *tr.* to graticulate, to rule in squares.
2) **cuadricular** *adj.* squared, in squares.
cuadrienal *adj.* quadrennial.
cuadrienio *m.* quadrennium.
cuadrifolio, lia *adj.* four-leaved.
cuadriforme *adj.* quadriform.
cuadriga *f.* quadriga.
cuadril *m.* haunch bone. 2 haunch; hip.
cuadrilátero, ra *adj. & m.* quadrilateral.
cuadriliteral & cuadrilítero, ra *adj.* quadriliteral.
cuadrilongo, ga *adj.* oblong, rectangular. — *2 m.* oblong, rectangle. *3* MIL. rectangular formation.
cuadrilla *f.* party, crew, gang, band, squad, troop. 2 BULLFIGHT. quadrille. 3 armed patrol of the SANTA HERMANDAD.
cuadrillazo *m.* (Chi.) assault of several persons to one.
cuadrillero *m.* chief of a CUADRILLA. 2 member of a patrol of the SANTA HERMANDAD.
cuadrillo *m.* quarrel [arrow].
cuadrimestre *adj. & m.* CUATRIMESTRE.
cuadrimotor *adj. & m.* AER. four-motor [plane].
cuadringentésimo, ma *adj. & m.* four-hundredth.
cuadrinomio *m.* ALG. quadrinomial.
cuadriplicado, da *adj.* quadrupled.
cuadriplicar *tr.* CUADRUPLICAR.
cuadrisílabo, ba *adj. & m.* CUATRISÍLABO.
cuadrivio *m.* quadrivium. 2 crossroads [of four roads].
cuadrivista *m.* expert in the quadrivium.
cuadriyugo *m.* four-horse chariot, quadriga.
cuadro *adj.* square, square-shaped. — *2 m.* square or rectangle : *a cuadros*, checked, checkered, chequered. 3 picture, painting. *4* frame [of picture, door, bicycle, etc.]. *5* LIT. picture, description : ~ *de costumbres*, writing on every-day life. *6* THEAT. picture, tableau : ~ *vivo*, living picture, tableau vivant. 7 picture, scene, view, spectacle. *8* THEAT. a division of the act with change of decorations. *9* [flower] bed. *10* PRINT. platen. *11* MIL. square. *12* MIL. cadre, staff [of a regiment]. *13* table, synopsis. *14* (Am.) blackboard. *15* (Chi.) slaughterhouse. *16* ELECT., TELEPH. ~ *de distribución*, switchboard; ~ *indicador*, annunciator. *17 en* ~, on each side, square : *dos metros en* ~, two meters square. *18 estar* or *quedarse en* ~, to be or be left friendless; to be or to be left flat broke; MIL. [of a body of troops having lost its soldiers] to be left with officers only.
cuadropea *f.* CUATROPEA.
cuadrumano, na & cuadrúmano, na *adj.* ZOOL. quadrumanous. — *2 m.* ZOOL. quadrumane. *3 pl.* ZOOL. Quadrumana.
cuadrupedal *adj.* quadrupedal.
cuadrúpede *adj.* quadruped.
cuadrúpedo *adj. & m.* quadruped.
cuádruple *adj.* quadruple, fourfold.
cuádruplex *adj.* TELEG. quadruplex.
cuadruplicación *f.* quadruplication.
cuadruplicar *tr.* to quadruple, quadruplicate.
cuádruplo, pla *adj. & m.* quadruple.
cuaga *f.* ZOOL. quagga [a South-African wild ass].
cuaima *f.* (Ven.) a poisonous snake.
cuajada *f.* curd [of milk]. 2 cottage cheese.
cuajado *p. p.* of CUAJAR. — *2 adj.* dumbfounded, astonished. — *3 m.* kind of sweet mince pie.
cuajadura *f.* curdling.
cuajaleche *f.* BOT. yellow bedstraw, cheese rennet.
cuajamiento *m.* curdling, coagulation.
1) **cuajar** *tr.* to curd, curdle, coagulate. 2 to overdeck, to fill [with adornments]. — *3 intr.* [of a thing] to be successful, to have the desired, effect. *4* to please, suit. — *5 ref.* to curd, curdle, coagulate [be coagulated]. *6* to become crowded.
2) **cuajar** *m.* ZOOL. rennet bag, abomasum [fourth stomach of a ruminant].
cuajarón *m.* clot, grume.
cuajo *m.* rennet [for curling milk]. 2 ZOOL. rennet bag. 3 curdling, coagulation. 4 coagulative substance. *5* phlegm, sluggishness, patience : *tener* ~, *buen* ~ or *mucho* ~, to be patient or dull.

6 arrancar de ~, to eradicate, to tear up by the roots.
cuakerismo *m.* CUAQUERISMO.
cuákero, ra *adj. & n.* CUÁQUERO.
cual, cuales *rel. pron.* who, which. 2 as, such as. *3 el, la ~, las, los cuales*, who, which; *lo ~*, which. *4 por lo ~*, for which reason, wherefore. — *5 adv.* as, even as, like : *~ lo exigen las circunstancias*, as circumstances demand ; *~ es el amo, tal es el criado*, like master, like man. *6 ~ si*, as if.
cuál, cuáles *interr. pron.* which, what : *¿~ será el resultado?*, what will the result be?; *¿~ de vosotros?*, which of you?; *no sé ~ tomar*, I don't know which to take; *a ~ más*, vying with each other. *2* [in a distributive sense] some : *~ más, ~ menos*, some more, some less. — *3 adv.* how, in what manner : *¡~ se vieron!*, how they saw (or found) themselves!
cualesquier *indef. pron. pl.* of CUALQUIER.
cualesquiera *indef. pron. pl.* of CUALQUIERA.
cualidad *f.* quality [distinctive character, trait, etc.].
cualitativo, va *adj.* qualitative.
cualquier, *pl.* **cualesquier** *indef. adj.* apocopated form of CUALQUIERA used only before nouns : *~ hombre*, any man ; *~ cosa*, anything.
cualquiera *pron.* anyone, anybody : *~ lo haría*, anyone would do it. *2 ~ que*, whatever, whichever, whoever : *~ que sea el resultado*, whatever the result may be; *~ que quieras*, whichever you like; *~ que lo diga*, whoever says so. *3 ¡~ se acuerda!*, who's going to remember that! *4 un, una ~*, person or no account, despicable person. — *5 adj.* any : *~ de estos libros*, any of these books. *6* any whatever: *un hombre ~*, any man whatever.
cuan *adv.* as : *el castigo será tan grande ~ grande fue la culpa*, the punishment will be as great as was the sin.
cuán *adv.* how : *¡~ grande es mi dolor!*, how great is my pain !
cuando *adv.* when : *~ salió*, when he went out. *2* even when, even though. *3* since : *~ tú lo dices*, since you say it. *4* at the time of : *~ la peste*, at the time of the plague. *5 ~ más, ~ mucho*, at most; *~ menos*, at least; *~ no*, if not; *~ quiera*, whenever; *de ~ en ~*, now and again, now and then, from time to time.
cuándo *adv.* when : *¿~ duermes?*, when do you sleep?; *no sé ~ llegará*, I don't know when he'll arrive; *¿de ~ acá?*, since when *2* sometimes, now : *~ con motivo, ~ sin él*, sometimes (or now) with a reason, sometimes (or now) without it. — *3 m. el cómo y el ~*, the full details.
cuantía *f.* amount, quantity. *2* distinction, importance : *de mayor ~*, of distinction, of great importance; *de menor ~*, of little importance.
cuantiar *tr.* to estimate, appraise.
cuantidad *f.* CANTIDAD.
cuantimás *adv.* all the more.
cuantiosamente *adv.* largely.
cuantioso, sa *adj.* large, substantial, numerous.
cuantitativamente *adv.* quantitatively.
cuantitativo, va *adj.* quantitative.
1) **cuanto** *adv.* as far as concerns or regards : *~ a eso, en ~ a eso*, as far as regards that. *2* the, in such expressions as : *~ más pidas, menos te daré*, the more you ask for, the less I'll give you. *3* as long as : *durará la alegría ~ dure el dinero*, joy will last as long as the money lasts. *4 ~ antes, ~ más antes*, the sooner the better, as soon as possible. *5 ~ más*, how much more. *6 ~ más que, ~ y más que*, all the more so since. *7 en ~*, no sooner. *8 por ~*, since, inasmuch as, in view of the fact that. — *9 m.* quantum.
2) **cuanto, ta; cuantos, tas** *adj.* all the, every, as much, as many : *empeñó cuantas joyas tenía*, he pawned all the jewels he possessed; *te daré cuantos libros quieras*, I'll give you as many books as you like. — *2 pron.* all [that], everything, as much as : *cuanto tenía*, everything he had; *cuanto usted quiera*, all you wish, as much as you like. *3* as many as : *cuantos quieras*, as many as you like. *4* all who : *morían cuantos aterrizaban*, all who landed died. *5* as, so much [used with *tanto*] : *tanto vales cuanto tienes*, you are worth as much as you have; you have so much, you are worth so much. — *6*

adj. & pron. *unos cuantos, unas cuantas*, some, a few.
1) **cuánto** *adv.* how : *¡~ me duele!*, how it pains me! — *2 pron.* how much : *¿~ quieres?*, how much do you want? *3* how long : *¿~ duró?*, how long did it last?; *¿~ ha que...?*, how long is it since...? — *4 m.* quantum.
2) **cuánto, ta; cuántos, tas** [with interr. or exclam.] *adj.* how many, how much, what : *¿cuántos libros tienes?*, how many books have you?; *¿cuánto dinero quieres?*, how much money do you want?; *¡cuánta majestad!*, what majesty!
cuaquerismo *m.* Quakerism.
cuáquero, ra *adj.* Quaker. — *2 m.* Quaker. *3 f.* Quakeress.
cuarcífero, ra *adj.* quartziferous.
cuarcita *f.* MINER. quartzite.
cuarenta *adj. & n.* forty. *2 acusarle a uno las ~*, fig. to give someone a piece of one's mind. *3* fortieth.
cuarentavo, va *adj. & m.* fortieth.
cuarentena *f.* forty, two score. *2* forty days, months or years. *3* Lent. *4* quarantine. *5* fig. *poner en ~*, to entertain doubts about, regard with scepticism.
cuarentón, a *adj.* forty-years-old. — *2 m. & f.* a person forty years old.
cuaresma, *f.* Lent. *2* CUARESMARIO.
cuaresmal *adj.* Lenten.
cuaresmario *m.* collection of Lenten sermons.
cuarta *f.* fourth part, quarter. *2* span [measure]. *3* quart [in piquet] : *~ mayor*, quart major. *4* ASTR. quadrant [quarter of circle]. *5* NAUT. point [of the compass]. *6* MUS. fourth. *7* FENC. carte. *8* (Mex.) short whip. *9* (Mex.) scourge [for flogging].
cuartago *m.* nag [horse].
cuartana *f.* MED. quartan.
cuartanal *adj.* MED. quartan.
cuartanario, ria *adj.* quartan. *2* suffering from quartan.
cuartazo *m.* (Mex.) lash with a short whip.
cuartazos *m.* coll. corpulent, lazy or slovenly man.
cuartear *tr.* to quarter, to divide in four parts or in any number of parts. *2* to make a fourth person in a game. *3* to zigzag up steep places. *4* (Mex.) to whip, lash. *5* NAUT. *~ la aguja*, to box the compass. — *6 intr. & ref.* BULLF. to dodge, to move the body aside. — *7 ref.* [of a wall, roof, etc.] to crack.
cuartel *m.* quarter, fourth part. *2* ward [of a town]. *3* flower bed. *4* quatrain [poem]. *5* plot, section [of land]. *6* HER. quarter. *7* MIL. barracks. *8* MIL. quarters : *~ general*, headquarters. *9* MIL. quarter [granted to enemy] : *dar ~*, to give quarter; *guerra sin ~*, war without quarter. *10* NAUT. hatch [trap-door covering hatchway]. *11* MIL. *estar de ~*, [of an officer] to be off active service with reduced pay.
cuartelada *f.* military insurrection or coup d'état.
cuartelar *tr.* HER. to quarter.
cuartelero, ra *adj.* [pertaining to] barracks. — *2 m.* soldier on dormitory guard duty.
cuartelesco, ca *adj.* (Am.) CUARTELERO.
cuartelillo *m.* MIL. station : *~ de policía*, police station; *~ de bomberos*, engine house, fire station, *firehouse.
cuarteo *m.* quartering. *2* zigzagging up steep places. *3* BULLF. dodging. *4* crack [in wall or roof].
cuartera *f.* dry measure (about 70 litres) and land measure (about 36 ares) used in Catalonia.
cuarterola *f.* quarter cask. *2* (Chi.) short cavalry carbine.
cuarterón, na *m. & f.* quadroon. — *2 m.* fourth part, quarter. *3* quarter pound. *4* panel [of door]. *5* shutter [of window]. *6* HER. quarter.
cuarteta *f.* quatrain with the rhyme abba. *2* stanza of four octosyllabic lines the second and last of which are in assonance.
cuartete *m.* CUARTETO.
cuarteto *m.* quatrain [poem]. *2* MUS. quartet, quartette.
cuartilla *f.* sheet of writing paper [fourth part of a full sheet]. *2* PRINT. sheet of copy. *3* pastern [of horse].
cuartillo *m.* dry measure (1.156 l.). *2* liquid measure (0.504 l.), *3* fourth part of a REAL.
cuartito *m.* dim. small room or flat.
cuartilludo, da *adj.* long-pasterned [horse].

cuarto, ta *adj.* fourth. — 2 *m.* quarter, fourth part : ~ *de conversión*, FENC., MIL. quarter-wheeling. 3 flat, rooms. 4 room, chamber : ~ *de banderas*, in barracks, room where colours or standards are kept; ~ *de baño*, bathroom; ~ *de estar*, living room; ~ *excusado*, water-closet. 5 ASTR. quarter [of the moon] : ~ *creciente*, first quarter; ~ *menguante*, last quarter. 6 quarter [of an hour]. 7 quarter [of a quadruped or a quartered criminal]. 8 line of paternal or maternal ancestors. 9 VET. crack [in horse's hoof]. 10 old copper coin of very little value : *de tres al* ~, of little importance; *dar un* ~ *al pregonero*, fig. to divulge or publish secrets; *echar su* ~ *a espadas*, fig. to butt into the conversation; *no tener un* ~, not to be worth a cent, to be penniless; *por cuatro cuartos*, for a song, for practically nothing. 11 ~ *militar*, military attendants to a sovereign or chief of State. 12 *en* ~, quarto [said of a volume]. 13 *pl.* cash, money. 14 strong or well-proportioned members of the human or animal body : *tener buenos cuartos*, to be strong, sturdy.
cuartogénito, ta *adj.* fourth-born.
cuartón *m.* quarter of a quartersawed timber. 2 beam, piece of timber. 3 oblong plot of land.
cuartucho *m.* hovel, miserable dwelling or room.
cuarzo *m.* MINER. quartz. 2 ~ *hialino*, rock crystal.
cuarzoso, sa *adj.* quartzose; quartzous.
cuasi *adv.* CASI.
cuasia *f.* BOT., PHARM. quassia.
cuasicontrato *m.* LAW quasi contract.
cuasidelito *m.* LAW unintentional wrong.
cuasimodo *m.* ECCL. Quasimodo.
cuate *adj. & n.* (Mex.) twin. — 2 *adj.* (Mex.) equal, like.
cuatequil *m.* (Mex.) maize.
cuaterna *f.* four points in the game of lotto.
cuaternario, ria *adj. & m.* GEOL. Quaternary.
cuaternidad *f.* quaternity.
cuaterno, na *adj.* quaternary [consisting of four].
cuatezón, na *adj.* (Mex.) hornless [ox or sheep].
cuatí *m.* ZOOL. COATÍ.
cuatralbo, ba *adj.* having four white feet.
cuatratuo, tua *adj.* quadroon.
cuatrero *m.* horse thief, cattle thief.
cuatriduano, na *adj.* lasting four days.
cuatrienio *m.* CUADRIENIO.
cuatrillizo, za *s.* quadruplet.
cuatrillo *m.* quadrille [a card game].
cuatrillón *m.* quadrillion.
cuatrimestre *adj.* four-month. — 2 *m.* period of four months.
cuatrinca *f.* group of four.
cuatrisílabo, ba *adj.* quadrisyllabic. — 2 *m.* quadrisyllable.
cuatro *adj.* four. 2 fig. a few : ~ *letras*, a few lines. 3 *las* ~, four o'clock. 4 *más de* ~, many, many people. — 5 *m.* four. 6 fourth [in dates] : *el* ~ *de mayo*, the fourth of May. 7 MUS. quartet [of voices]. 8 four-spot card.
cuatrocentista *adj.* fifteenth-century. — 2 *m. & f.* F. ARTS quattrocentist.
cuatrocientos, tas *adj. & m.* four hundred.
cuatrodoblar *tr.* to quadruplicate.
cuatropea *f.* horse, quadruped. 2 market place. 3 anc. tax on horse sales.
cuatrotanto *m.* cuadruple.
cuba *f.* cask, barrel : *estar hecho una* ~, fig. to be drunk. 2 tub, vat. 3 fig. big-bellied person, tubby. 4 stack [of blast furnace] : *horno de* ~, blast furnace. 3 ~ *de riego*, street sprinkler.
cubaje *m.* (Am.) cubing.
cubanismo *m.* Cubanism.
cubano, na *adj. & n.* Cuban.
cubeba *f.* BOT. cubeb.
cubería *f.* cooperage. 2 cooper's shop.
cubero *m.* cooper.
cubertura *f.* COBERTURA 2.
cubeta *f.* small cask. 2 pail, bucket. 3 toilet bowl. 4 cup, cistern [of barometer]. 5 MUS. pedestal [of harp]. 6 PHOT., CHEM. tank, cuvette.
cubeto *m.* small bucket or tub.
cúbica *f.* a woollen fabric.
cubicación *f.* cubing. 2 calculation of volumes.
cubicar *tr.* MATH. to cube. 2 to cube [measure the volume or cubic content of].
cúbico, ca *adj.* cubic(al). 2 CRYST., MATH. cubic.
cubículo *m.* cubicle.

cubierta *f.* cover, covering : ~ *de cama*, bed covering. 2 envelope, cover [of letter]. 3 cover [of a paper-bound book]. 4 roof, roofing [of a building]. 5 MACH. case, casing. 6 shoe [of a pneumatic tire]. 7 pretext, pretence. 8 NAUT. deck; ~ *alta*, upper deck; ~ *principal*, main deck; *entre cubiertas*, between decks.
cubiertamente *adv.* secretly.
cubierto, ta *p. p.* of CUBRIR. — 2 *m.* cover, roof, shelter, protection : *a* ~, *bajo* ~, sheltered, under a roof, indoors; *a* ~ *de*, protected from; under cover of. 3 set of fork, spoon and knife. 4 cover, plate [service or food for one at a meal]. 5 meal for one at a fixed price. 6 refreshment plate and napkin.
cubil *m.* lair, den [of wild animals]. 2 bed [of a stream].
cubilete *m.* goblet [old drinking cup]. 2 conjurer's goblet. 3 dicebox. 4 COOK. a copper thimble-shaped mould. 5 small round mince pie. 6 (Col.) high-hat.
cubileteo *m.* jugglery. 2 scheming, intrigue.
cubiletero *m.* juggler. 2 CUBILETE 4.
cubilote *m.* METAL. cupola [furnace].
cubilla *f.* CARRALEJA.
cubillo *m.* CARRALEJA. 2 earthen water jug.
cubismo *m.* F. ARTS cubism.
cubista *adj. & n.* F. ARTS cubist.
cubital *adj.* cubital.
cúbito *m.* ANAT. ulna, cubitus.
cubo *m.* bucket, pail, tub. 2 hub, nave [of wheel]. 3 socket [of bayonet or candlestick]. 4 water reservoir [for a mill]. 5 barrel [of watch]. 6 FORT. round tower. 7 GEOM., MATH. cube. 8 cube [cube-shaped piece].
cuboides *adj.* ANAT. cuboid. — 2 *m.* ANAT. cuboid, cuboid bone.
cubrecadena *m.* chain cover [on bicycle].
cubrecama *f.* counterpane, coverlet, bedspread.
cubrecorsé *m.* corset cover, underbodice.
cubrenuca *m.* havelock. 2 neckguard.
cubreobjeto *m.* cover glass, cover slip [for microscopic preparations].
cubreplatos *m.* dish cover.
cubrición *f.* covering [of a female animal].
cubriente *adj.* covering.
cubrimiento *m.* covering. 2 roofing.
cubrir *tr.* to cover, cover up; to wrap, envelop, cloak, clothe, drape, shroud, veil; to coat, face, overlay, spread, spread over : ~ *de*, to cover, coat, overlay, spread with. 2 to hide, mask, disguise. 3 MIL. to cover, protect : ~ *una retirada*, to cover a retreat. 4 to roof [a building]. 5 to cover [expenses, a shortage]. 6 to cover [protect by insurance]. 7 to cover [a distance]. 8 to cover, serve [a female]. — 9 *ref.* to cover oneself; to be or become covered. 10 to cover [put one's headdress on]. 11 to pay one's debts; to cover one's expenses. 12 to protect or guard oneself [against losses, etc.]. ¶ CONJUG. p. p.: *cubierto*.
cuca *f.* CHUFA. 2 a kind of caterpillar. 3 coll. gambling woman. 4 ORN. (Chi.) a kind of heron. 5 fig. *mala* ~, wicked person. 6 *pl.* nuts.
cucamonas *f. pl.* CARANTOÑAS.
cucaña *f.* greased pole to be walked on or climbed for a prize; the sport itself. 2 coll. anything acquired with little trouble or at other people's expenses.
cucañero, ra *m. & f.* parasite, hanger on.
cucar *tr.* to wink. 3 [of cattle] to start running when stung by a gadfly.
cucaracha *f.* ENTOM. cockroach, black bettle. 2 ZOOL. pill bug, wood louse.
cucarachera *f.* cockroach trap.
cucarda *f.* cockade.
cuclillas (en) *adv.* in a squatting or crouching position, sitting on one's heels.
cuclillo *m.* ORN cuckoo. 2 fig. cuckold.
cuco, ca *adj.* nice, pretty, dainty. 2 crafty, cunning, seeking his own advantage. — 3 *m.* ENTOM. a kind of caterpillar. 4 ORN cuckoo. 5 coll. gambler. — 6 *m. & f.* crafty, cunning person.
cucú, *pl.* **cucúes** *m.* cuckoo [call of the cuckoo].
cucuiza *f.* (Am.) agave thread.
cucuí *m.* (Chi., Pe.) a wild pigeon.
cuculla *f.* cowl [of monk]. 2 old-fashioned hood.
cucurbita *f.* retort [for distilling, etc.].

cucurbitáceo, a *adj.* BOT. cucurbitaceous. — 2 *f.*
pl. BOT. Cucurbitaceæ.

cucurucho *m.* paper cone, cornet.

cucuy, cucuyo *m.* COCUYO.

cuchar *f.* spoon : *ave de ~,* ORN. spoonbill. 2 old
corn measure. 3 old tax or duty on grain.

cuchara *f.* spoon : *~ de sopa,* table spoon; *media
~,* fig. person of mediocre capabilities; *meter a
uno con ~,* or *con ~ de palo [una cosa],* to
explain [something] minutely to one who is
slow in understanding; *meter uno su ~,* to
meddle, to butt in or into, to put in one's oar.
2 ladle. 3 NAUT. scoop [for bailing water].4 scoop,
bucket [of dredging machine] ; dipper [of ex-
cavator]. 5 (Am.) pickpocket. 6 ORN. *ave de ~,*
spoonbill.

cucharada *f.* spoonful : *~ de las de café,* teaspoonful; *~ de las de sopa,* tablespoonful; *meter
uno su ~,* to meddle, to butt in or into, to
put in one's oar.

cucharadita *f.* teaspoonful.

cucharal *m.* spoon bag used by shepherds.

cucharear *tr.* to spoon, to ladle out. — 2 *intr.*
CUCHARETEAR.

cucharero ra *m.* & *f.* spoon maker or dealer. —
2 *m.* spoon rack.

cuchareta *f.* little spoon. 2 an Andalusian wheat.
3 VET. liver disease of sheep. 4 ORN. (Am.) sho-
veller.

cucharetear *intr.* coll. to stir the pot with a spoon.
2 coll. to meddle in other people's affairs.

cucharetero, ra *m.* & *f.* maker or seller of wooden
spoons. — 2 *m.* spoon rack.

cucharilla *f.* small spoon, teaspoon. 2 VET. liver
disease of hogs.

cucharón *m.* large spoon; soup ladle, kitchen
ladle. 2 MACH. bucket, grab bucket.

cucharro *m.* NAUT. harping.

cuchí *m.* (Pe.) hog.

cuchichear *intr.* to whisper, speak in whispers [to
another], to whisper in somebody's ear.

cuchicheo *m.* whispering, talking in whispers.

cuchichiar *intr.* [of a partridge] to call or cry.

cuchilla *f.* large knife. 2 cutting tool. 3 blade [of
cutting tool or weapon]. 4 poet. sword. 5 runner
[of skate, sledge, etc.]. 6 ELECT. blade [of switch].
7 mountain ridge.

cuchillada *f.* stab, slash, gash [from a knife, sword,
etc.] ; *andar a cuchilladas,* to fight with knives,
swords, etc. 2 *pl.* slashes [ornamental slits in a
garment].

cuchillar *adj.* pertaining to knives.

cuchilleja *f.* dim. small knife or blade.

cuchillejo *m.* dim. small knife.

cuchillería *f.* cutlery. 2 cutler's shop.

cuchillero *m.* cutler.

cuchillito *m.* dim. small knife.

cuchillo *m.* knife : *~ bayoneta,* bayonet knife;
~ de monte, hunting knife; *pasar a ~,* to put
to the sword. 2 fig. power of governing. 3 gore
[in a garment]. 4 anything cut or ending in
an acute angle. 5 ENG., ARCH. truss [of a bridge] ;
frame [of a roof] : *~ de amadura,* the triangle
formed by two rafters and a tie beam. 6 NAUT.
vela de ~, fore-and-aft sail. 7 *pl.* FALCON. chief
feathers in a falcon's wing.

cuchipanda *f.* merry feast, banquet.

cuchitril *m.* COCHITRIL.

cucho *m.* (Chi.) puss, pussy-cat.

cuchucho *m.* (Col.) soup of barley with some pork.

cuchuchear *intr.* CUCHICHEAR. 2 to gossip.

cuchufleta *f.* jest, quip.

cuchufletero. ra *adj.* given to poking fun at others.

cueca *f.* (Chi.) ZAMACUECA. 2 (Chi.) a popular dance.

cuece *irr.* V. COCER.

cuelga *f.* fruit hung up for keeping. 2 coll. birthday present.

cuelgacapas *adj.* cloak hanger.

cuelmo *m.* pine torch.

cuellicorto, ta *adj.* short-necked.

cuellierguido, da *adj.* high-necked.

cuellilargo, ga *adj.* long-necked.

cuello *m.* ANAT., ZOOL. neck; throat : *~ de cisne,*
swanneck; *cortar el ~ a uno,* to cut someone's
throat; *levantar uno el ~,* fig. to recover [from
illness or misfortune]. 2 neck [of a vessel, of an
object]. 3 collar [of a garment] : detachable
collar] : *~ blando,* soft collar; *~ duro,* stiff collar;
~ de pajarita, wing collar ; *~ acanalado, alechu-*

gado or *escarolado,* ruff. 4 collarband. 5 stock
[for the neck].

cuenca *f.* wooden bowl. 2 socket [of eye]. 3 walley.
4 GEOG. basin, river basin, watershed.

cuenco *m.* earthen bowl. 2 hollow, concavity.

cuenda *f.* end or tie of a skein.

cuenta *f.* bead [of rosary, etc.] 2 account, count,
counting, reckoning; bill, note; check [in a
restaurant]; arithmetical operation : *~ de la
vieja,* counting on one's fingers; *cuentas del
Gran Capitán,* fig. overcharged bill; *cuentas
alegres* or *galanas,* castles in the air; *echar la
~, echar cuentas,* to make one's calculations;
echar la ~ sin la huéspeda, to reckon without
one's host; *hacer cuentas,* to cast accounts, to
do one's sums; *perder la ~ de,* to lose account
of; *vamos a cuentas,* let's have this clear;
a fin de cuentas, after all, in the last analysis;
en resumidas cuentas, after all, to sum up, in
short; *más de la ~,* too much, in excess. 3
account [in the commercial and kindred senses] :
~ corriente, account current, checking account;
~ en participación, joint account; *abonar en
~,* to credit to [someone's] account; *adeudar*
or *cargar en ~,* to charge to [someone's] account; *ajustar cuentas,* to settle accounts; *a
~, a buena ~,* on account. 4 acount [given or
asked] : *pedir ~ de,* to ask an account of; *dar
~, rendir cuentas de,* to answer for, to give or
render an account of. 5 account, behalf, care,
duty, responsibility : *tomar uno por su ~ [una
cosa],* to take upon oneself, to assume the
responsibility for; *esto corre por mí ~,* I take
it upon myself; *eso es ~ mía,* that is my affair
or my business; *por ~ de,* for the account of,
on the behalf of; *por* or *de ~ y riesgo de,* at
one's expense and risk. 6 report, information :
dar ~ de, to inform of. 7 *caer en la ~, darse
~,* to see, to realize. 8 *dar ~ de,* to use up,
waste, destroy. 9 *hacer,* or *hacerse, uno ~,* or
la ~, to imagine, to take for granted. 10 *tener
en ~,* to take into account, bear in mind,
remember. 11 *tener ~,* [of a thing] to be profitable, advantageous. 12 *tomar en ~,* to take
into account, to heed, mind. 13 *a la ~, por la
~,* as it seems, from all accounts, from what
can be deduced, understood, etc.

cuentacorrentista *m.* & *f.* depositor, person having
a current account in a bank.

cuentadante *m.* & *f.* one rendering account of
money received or managed.

cuentagotas *m.* PHARM. dropper, medicine dropper.

cuentahilos *m.* weaver's glass, thread counter, linen
prover.

cuentakilómetros *m.* AUTO. speedometer.

cuentapasos *m.* pedometer.

cuentecillo *m.* dim. little story or tale.

cuentero, ra *adj.* gossipy. — 2 *m.* & *f.* gossip,
talebearer.

cuentista *adj.* gossipy. — 2 *m.* & *f.* gossip, talebearer. 3 narrator or writer of tales; story writer.

1) **cuento** *m.* tale, narrative, story, short story : *~
de hadas,* fairy tale ; *~ de nunca acabar,* never-
ending story, never-ending affair; *~ de viejas,*
old wives' tale; *dejarse de cuentos,* to come to
the point; *estar en el ~,* fig. to be well informed,
to be on the inside; *ser mucho ~,* fig. [of a
thing] to be very important, annoying, etc.;
venir a ~, to be pertinent, to be to the point;
traer a ~, to drag in [a subject]. 2 tale, gossip;
yarn, falsehood. 3 gist; difficulty : *ese es el ~,*
that's the gist of the matter, that's the difficulty,
there's the rub. 4 quarrel, disagreement : *tener
cuentos con.* to be at loggerheads with. 5 count,
number : *sin ~,* numberless. 6 ARITH. million.
7 ferrule, tip [of cane, pike, etc.]. 8 prop, support.

2) **cuento, cuente,** etc., *irr.* V. CONTAR.

cuentón, na *adj.* gossipy. — 2 *m.* & *f.* gossip, talebearer.

cuera *f.* leather jacket formerly worn over the
doublet.

cuerda *f.* rope, cord, string : *~ floja,* tight rope,
acrobat's rope, ropedancing rope; *~ freno, ~
guía,* AER. dragrope; *aflojar la ~,* to ease up;
apretar la ~, to make the discipline, etc., more
severe, to tighten the screws; *por debajo de ~,*
secretly, underhandedly. 2 MUS. string, chord
[of an instrument]. 3 MUS. voice [bass, tenor,
contralto, soprano] ; compass [of a voice]. 4

spring or chain [of clock or watch] : *dar ~ a un reloj*, to wind a clock or watch. 5 GEOM. chord. 6 match [for firing a gun]. 7 a land measure. 8 ~ *de presos*, chain gang. 9 *pl.* ANAT. cords, tendons. 10 ANAT. *cuerdas vocales*, vocal cords.

cuerdamente *m.* prudently, wisely.

cuerdecita *f. dim.* CORDEZUELA.

cuerdo, da *adj.* sane [mentally sound]. 2 sane, wise, prudent, discreet, sensible.

cuerdezuela *f. dim.* CORDEZUELA.

cuerezuelo *m. dim.* COREZUELO.

cuerna *f.* horn vessel or trumpet. 2 ZOOL. antler. 3 ZOOL. horns, antlers [of an ox, deer, etc.].

cuernecico, cilla, cito *m. dim.* cornicle, small horn.

cuernezuelo *m.* CUERNECICO.

cuerno *m.* horn [of an animal, of the moon] : *en los cuernos del toro*, fig. in a very dangerous situation ; *poner en*, or *sobre los cuernos de la Luna*, fig. to praise to the skies. 2 horn [material] : *saber a ~ quemado*, [of reproaches, injuries, etc.] to make a disagreeable impression, to be unpleasant, distasteful. 3 ENTOM. horn, feeler. 4 MIL., NAUT. horn, wing. 5 MUS. horn : ~ *de caza*, horn [made of a horn]. 6 PALEONT. ~ *de Amon*, ammonite. 7 ~ *de la Abundancia*, horn of plenty, cornucopia. 8 GEOG. *Cuerno de Oro*, Golden Horn. 9 *pl.* hornlike ends of some object. — 10 interj. *¡cuerno!*, dash it !

cuero *m.* hide, rawhide, pelt : ~ *en verde*, rawhide. 2 leather. 3 wine bag, wineskin : *estar hecho un cuero*, to be drunk. 4 (Am.) whip. 5 skin : ~ *cabelludo*, scalp ; ~ *exterior*, cuticle ; ~ *interior*, skin ; *en cueros, en cueros vivos*, stark naked ; *entre ~ y carne*, between the skin and the flesh.

cuerpear *intr.* (Arg.) to duck, to dodge.

cuerpecico, cillo, cito *m. dim.* small body.

cuerpezuelo *m. dim.* small body.

cuerpo *m.* body [distinct mass or portion of matter] : ~ *celeste*, heavenly body ; ~ *extraño*, foreign matter [in an organism]. 2 GEOM. body, solid. 3 CHEM. body, substance : ~ *simple*, simple substance, element ; ~ *compuesto*, compound. 4 body [of a person or animal ; trunk] : ~ *glorioso*, THEOL. transfigured body of the blessed after resurrection ; ~ *sin alma*, fig. dull, inactive person ; *dar con el ~ en tierra*, to fall down, come to the ground ; *echar el ~ fuera*, fig. to side-step a difficulty, an obligation, etc. ; *falsear el ~*, to twist the body to avoid a blow ; *hacer del ~*, to go to the stool, evacuate one's bowels ; *huir* or *hurtar el ~*, to dodge, avoid a blow, a person, a difficulty, etc. ; *no quedarse uno con nada en el ~*, fig. to leave nothing unsaid ; *pedirle a uno el ~ una cosa*, fig. to want, desire something ; *quedarse con una cosa en el ~*, fig. to refrain from saying something ; *a ~, en ~*, without overcoat or cloak ; *a ~ de rey, a qué quieres ~*, like a king, with all luxury and comfort ; *a ~ descubierto*, unprotected ; manifestly ; *a ~*, at close quarters, hand to hand ; *de ~ entero*, full-length [portrait] ; *de medio ~*, half-length [portrait] ; *¡~ de Cristo!, ¡~ de Dios!, ¡~ de mí!, ¡~ de tal!*, exclamations of annoyance. 5 figure, build [of a person]. 6 corpse : *estar de ~ presente*, [of a corpse] to lie in state, to be prepared for burial. 7 body [of a garment], bodice : *en ~ de camisa*, in shirt sleeves. 8 ANAT. corpus, body : ~ *calloso*, corpus callosum ; ~ *tiroides*, thyroid gland or body. 9 volume [book]. 10 body [of a church, a structure, a document, etc.]. 11 ARCH. entire part of a building up to a cornice or entablature. 12 corpus [of laws]. 13 body, thickness, bulk, importance : *dar ~ a*, to give body, thickness or viscous consistency to ; *tomar ~*, to grow, take shape, gather importance. 14 body politic. 15 body [of persons], corps, company, staff : ~ *de aviación*, air corps, air force ; ~ *de baile*, corps de ballet ; ~ *de bomberos*, fire brigade or company ; ~ *de correos*, postal service ; ~ *de ejército*, army corps ; ~ *de redacción*, editorial staff ; ~ *de sanidad*, sanitary corps ; ~ *diplomático*, diplomatic corps. 16 MACH. ~ *de bomba*, pump barrel. 17 NAUT. ~ *muerto*, mooring buoy. 18 MIL. ~ *de guardia*, guard, post of guard, guardroom. 19 LAW ~ *del delito*, corpus delicti.

cuérrago *m.* CAUCE.

---

cuerva *f.* ORN. female rook.

cuervo *m.* ORN. raven, crow. 2 ASTR. Crow, Corvus. 3 ORN. ~ *marino*, cormorant. 4 ORN. ~ *merendero*, rook.

cuesco *m.* stone [of fruit]. 2 coll. PEDO.

cuesta *f.* slope, rising ground, sloping ground : ~ *abajo*, downhill ; ~ *arriba*, uphill ; *ir ~ abajo*, to go downhill ; to decline ; *hacérsele a uno ~ arriba una cosa*, [of a thing] to be painful or repugnant to one. 2 CUESTACIÓN. — 3 adv. *a cuestas*, on one's back or shoulders ; to one's charge or care.

cuestación *f.* solicitation or collection for a charitable purpose.

cuestezuela *f. dim.* little slope.

cuestión *f.* question [problem, matter in discussion] ; affair, business : ~ *batallona*, much-debated question ; ~ *de gabinete*, state affair liable to bring about a cabinet crisis, serious matter. 2 dispute, quarrel. 3 LAW ~ *de tormento*, torture.

cuestionable *adj.* questionable, doubtful.

cuestionar *tr.* to controvert.

cuestionario *m.* questionnaire.

1) **cuesto** *m.* hill.

2) **cuesto, cuesta, cueste**, etc., irr. V. COSTAR.

cuestor *m.* quæstor. 2 solicitor of contributions for a charitable purpose.

cuestuario, ria & **cuestuoso, sa** *adj.* lucrative, profitable.

cuestura *f.* quæstorship.

cueto *m.* defended tor. 2 rocky hill.

cuetzale *m.* ORN. quetzal [a Mexican bird].

cueva *f.* cave. 2 cellar. 3 ~ *de ladrones*, den of thieves.

cuévano *m.* round basket or pannier.

cueza *f.*, **cuezo** *m.* mortar trough.

cuezo, cueza, etc., irr. V. COCER.

cugujada *f.* COGUJADA.

cugulla *f.* COGULLA.

cuicacoche *f.* ORN. a Mexican song bird.

cuico, ca *m.* & *f.* (Am.) foreigner.

cuidado *m.* care, carefulness : *hacer una cosa con ~*, to do a thing with care. 2 care, charge, keeping : *tener uno una cosa a su ~*, to have care or charge of a thing ; *eso corre de mi ~*, I'll take charge of that. 3 care, fear, anxiety, worry : *estar con ~*, to be worried, uneasy ; *no pase ~*, don't worry ; *salir de su ~*, [of a woman] to be delivered of a child ; *de ~*, dangerous : *un hombre de ~*, a dangerous man ; *estar uno de ~*, to be seriously ill. 5 *no hay ~*, there is no danger. — 6 interj. take care !, beware ! 7 *¡~ con!*, [with a noun] exclamation of annoyance.

cuidador, ra *adj.* taking care. — 2 *m.* & *f.* caretaker ; keeper, tender. — 3 *f.* (Am.) chaperon.

cuidadosamente *adv.* carefully.

cuidadoso, sa *adj.* careful, painstaking ; observing. 2 watchful.

cuidante *adj.* & *n.* caretaker.

cuidar *tr.* to execute with care. — 2 tr. & intr. *cuidar* or ~ *de*, to take care of, to tend, keep, mind, look after, nurse ; ~ *de que*, to see that. — 3 *ref.* to take care of oneself. 4 *cuidarse de*, to care, to mind, to take notice : *no se cuida de lo que dicen*, he takes no notice of what they say.

cuido *m.* care, caretaking.

cuija *f.* (Mex.) small, thin lizard. 2 fig. (Mex.) lean, ugly woman.

cuino *m.* pig, hog.

cuita *f.* trouble, sorry, misfortune.

cuitadamente *adv.* with trouble or misfortune.

cuitado, da *adj.* unfortunate. 2 timid, spiritless.

cuitamiento *m.* timidity, lack of spirit.

cuja *f.* lance bucket. 2 bedstead.

cují *m.* BOT. (Ven.) huisache [tree].

culada *f.* blow with the buttocks.

culantrillo *m.* BOT. maidenhair fern, Venus's-hair.

culantro *m.* CILANTRO.

culata *f.* butt [of a firearm]. 2 breech [of a gun]. 3 MACH. head [of a cylinder]. 4 buttock, haunch. 5 rear part [of some things].

culatazo *m.* blow with the butt of a firearm. 2 kick, recoil [of a firearm].

culcusido *m.* CORCUSIDO.

culebra *f.* ZOOL. snake : ~ *de cascabel*, rattlesnake. 2 distilling worm. 3 sudden disturbance in a

peaceful assembly. 4 practical joke played on a new arrival in prisons, colleges, etc.
culebrazo m. CULEBRA 3.
culebrear intr. to twist and turn, meander, wind along; to zigzag.
culebreo m. twisting, winding along, zigzagging.
culebrilla f. MED. ringworm. 2 BOT. green dragon. 3 ZOOL. amphisbæna. 4 crack [in a gun barrel].
culebrina f. culverin [cannon].
culebrón m. large snake. 2 crafty fellow.
culebrona f. intriguing woman.
culén m. BOT. a Chilean plant.
culera f. dirty spot in a baby's swaddling clothes. 2 patch on the seat of trousers.
culero, ra adj. lazy. — 2 m. baby's diaper. 3 pimple in the rump of some birds.
culinario, ria adj. culinary.
culinegro, gra adj. black-bottomed.
culminación f. culmination.
culminante adj. culminating. 2 predominant.
culminar intr. to culminate.
culo m. behind, bottom, seat, backside, buttocks, rump : ~ de pollo, fig. ill-mended part in stockings or clothes; ~ de mal asiento, restless person. 2 anus. 3 seat [of trousers]. 4 bottom [of anything] : ~ de vaso, fig. imitation stone.
culombio m. ELEC. coulomb.
culón, na adj. big-bottomed. — 2 m. retired soldier.
culote m. base [of a projectile].
culpa f. guilt, fault, sin, blame : echar a uno la ~ de una cosa, to blame (or put the blame on) someone for something : tener la ~ de, to be to blame for; esto es culpa mia, it's my fault.
culpabilidad f. culpability, guilt.
culpabilísimo, ma adj. superl. of CULPABLE.
culpable adj. guilty. 2 culpable, blamable, blameworthy. — 3 m. & f. culprit. 4 the one to blame.
culpablemente adv. guiltily, culpably.
culpación f. inculpation, blame.
culpadamente adv. culpably.
culpado, da adj. guilty. — 2 m. & f. culprit.
culpar tr. to blame, to accuse. — 2 ref. to blame oneself, to take the blame.
cultalatiniparla f. hum. euphuistic language.
cultamente adv. in an educated manner. 2 in an affected style.
cultedad f. hum. affectation [in style].
culteranismo m. euphuism, cultism, artificial or affected style of writing. /cultist.
culterano, na adj. euphuistic. — 2 m. & f. euphuist,
cultiparlar intr. to speak in an euphuistic manner.
cultiparlista adj. euphuistic [in speech]. — 2 m. & f euphuist [in speech].
cultismo m. euphuism, cultism.
cultivable adj. cultivable, arable.
cultivación f. cultivation.
cultivador, ra adj. cultivating. — 2 m. & f. cultivator; tiller, farmer. — 3 f. cultivator [implement].
cultivar tr. to cultivate, culture, improve, labour, till, farm, husband [land, soil]. 2 to cultivate, nurse, raise, grow [plants]. 3 fig. to cultivate [a branch of learning, the mind, a friendship, etc.]. 4 BACT. to culture.
cultivo m. cultivation, culture, farming, tillage [of land]. 2 cultivation, raising, growing [of plants]. 3 cultivation [of a branch of learning, of the mind, of a friendship, etc.]. 4 BACT. culture.
1) **culto** m. cult, cultus, worship : ~ de dulia, dulia; ~ de hiperdulia, hyperdulia; ~ de latria, latria; ~ divino, public worship in churches. 2 veneration, hommage [to beauty, ideals, etc.]. 3 pl. acts or ceremonies of public worship.
2) **culto, ta** adj. cultured, cultivated, educated. 2 enlightened, civilized. 3 learned [language]. 4 CULTERANO. 5 cultivated [soil, plants].
cultor, ra m. & f. worshiper.
cultual adj. cultual.
cultura f. CULTIVO. 2 cultivation, culture, refinement, learning. 3 culture [of a people or social group]. 4 ~ física, physical culture.
cultural adj. cultural.
culturar tr. to cultivate, to till.
cuma f. (Arg.) godmother.
cumarú m BOT. Tonka-bean tree.
cumbé m. negro dance and tune.
cumbo m. (Hond.) calabash.
cumbre f. summit, top [of mountain]. 2 fig. summit, top, acme, pinnacle. — 3 adj. top, greatest.

cumbrera f. summit [of mountain]. 2 ARCH. ridge [of a roof]; ridgepole. 3 ARCH. lintel.
cúmel m. kümmel.
cumínico, ca adj. CHEM. cumic.
cuminol m. CHEM. cumin oil.
cúmplase m. in some Spanish-American republics, a term used by the executive over his signature in approving an act. It means : «may it be carried out». 2 In Spain, it was formerly used as a confirmation of an appointment.
cumpleaños m. birthday.
cumplidamente adv. completely.
cumplidero, ra adj. expiring [by a specified date]. 2 necessary, important [to some purpose].
cumplido, da p. p. of CUMPLIR. — 2 adj. full, complete, thorough, perfect. 3 large, ample, abundant. 4 [of a soldier] having served his time in the army. 5 courteous, polite. — 6 m. act of courtesy, civility, ceremony, formality : visita de ~, formal call; andarse con cumplidos, to stand on ceremony.
cumplidor, ra adj. conscientious, dependable. 2 trustworthy, true to one's word. — 3 m. & f. one who executes [an order], keeps [a promise], does [his duty], observes [a law, a precept].
cumplimentar tr. to compliment, to pay a complimentary visit to. 2 to execute, carry out [an order].
cumplimentero, ra adj. overcourteous, fond of social formalities.
cumplimiento m. accomplishment, execution, carrying out, fulfilment. 2 observance [of law or precepts]. 3 lapse, expiration [of a term]. 4 perfection. 5 act of courtesy, civility, compliment, formality. 6 offer made out of politeness and as a matter of pure formality : por ~, as a matter of pure formality.
cumplir tr. to accomplish, execute, perform, discharge, fulfil. 2 to keep [a promise]. 3 to do [one's duty]. 4 to observe [a law, a precept]. 5 ~ años, to reach an age, to be one's birthday ; hoy cumplo treinta años, I am thirty today. 6 ~ una condena, to serve or finish a term in prison. — 7 intr. to do one's duty, to fulfil one's engagements; to fulfil one's social or formal duties : ~ con Dios, to do one's duty to God; por ~, as a matter of form. 8 to have served the time required in the Army. 9 to behove, to be fitting: cúmpleme decir, it behoves me to say. — 10 intr. & ref. [of a term or period of time] to expire. — 11 ref. to be fulfilled, to be realized, to come true.
cumquibus m. coll. money, wherewithal.
cumulador, ra adj. ACUMULADOR.
cumular tr. ACUMULAR.
cúmulo m. heap, pile. 2 lot, great number or quantity. 4 METEOR. cumulus.
cuna f. cradle [for a baby; infancy; place of origin]. 2 place of birth [of a person]. 3 birth, family, lineage. 4 stocks [for shipbuilding]. 5 foundling hospital. 6 space between the horns of a bull or cow. 7 pl. cat's cradle.
cunaguaro m. ZOOL. a carnivorous mammal of Venezuela.
cunar tr. to rock [in the cradle].
cuncuna f. (Col.) wild pigeon. 2 (Chi.) caterpillar.
cundido m. provision of oil, salt and vinegar given to shepherds. 2 honey, cheese, etc., to be eaten with bread.
cundir intr. [of liquids; of news, etc.] to spread. 2 to increase in volume; to go a long way.
cunear tr. to rock [in the cradle]. — 2 ref. coll. to rock, sway.
cuneiforme adj. cuneiform. 2 BOT. cuneate. — 3 adj. & m. ANAT. cuneiform [bone].
cúneo m. ARCHEOL. cuneus. 2 MIL. formerly, triangular formation of troops.
cuneo m. rocking [in a cradle]. 2 rocking motion.
cuneco m. (Ven.) baby [youngest son].
cunero, ra adj. & m. foundling. 2 BULLF. unpedigreed bull. 3 coll. diputado ~, deputy or Parliament member elected through the influence of the Government.
cuneta f. ditch [at the side of a road].2 FORT. small trench to drain a dry moat.
cunicultor, ra m. & f. rabbit-raiser or breeder.
cunicultura f. rabbit raising, rabbit breeding.
cuña m. wedge, quoin. 2 ANAT. cuneiform [bone].
cuñada f. sister-in-law.

cuñadía *f.* affinity, relationship by marriage.
cuñado *m.* brother-in-law.
cuñar *tr.* ACUÑAR.
cuñete *m.* keg.
cuño *m.* die [for stamping coins, medals, etc.]. 2 stamp made by the die: *de nuevo* ~, fig. newly minted, newly mɪde. 3 MIL. formerly, triangular formation of troops.
cuociente *m.* COCIENTE.
cuodlibético, ca *adj.* [pertaining to] quodlibet.
cuodlibeto *m.* quodlibet.
cuota *f.* quota, share. 2 membership fee.
cuotidiano, na *adj.* COTIDIANO.
cupé *m.* coupé [automobile, carriage]. 2 coupé [of a Continental diligence].
cupe, cupiera, etc., *irr.* V. CABER.
cupido *m.* cupid [symbol of love]. 2 (cap.) MYTH. Cupid.
cupitel (tirar de) *intr.* to trow the bowl in the air [in Spanish bowling].
cuplé *m.* variety song, music-hall song.
cupletista *f.* variety singer, music-hall singer.
cupo *m.* quota, contingent.
cupón *m.* coupon.
cupresáceo, a *adj.* BOT. cupressineous.
cupresíneo, a *adj.* BOT. cupressineous. 2 poet. cypress [of cypress].
cúprico, ca *adj.* CHEM. cupric.
cuprífero, ra *adj.* cupriferous.
cuprita *f.* MINER. cuprite.
cuproníquel *m.* cupronickel.
cuproso, sa *adj.* CHEM. cuprous.
cúpula *f.* ARCH. cupola, dome. 2 NAUT. cupola, turret. 3 BOT. cupule.
cupulífero, na *adj.* BOT. cupuliferous. — 2 *f. pl.* BOT. Cupuliferæ.
cupulino *m.* ARCH. cupola [lantern over dome].
cuquería *f.* craftiness, slyness. 2 prettiness, daintiness.
cuquero *m.* crafty, sly, astute man.
cuquillo *m.* CUCLILLO.
cura *m.* Roman Catholic priest; parish priest: ~ *ecónomo,* acting parish priest; ~ *párroco,* parish priest; *este* ~, fig. I, myself. 2 cure, healing, treatment: ~ *de aguas,* water cure: *poner en* ~, to submit to treatment; *no tener* ~, to be incurable 3 dressing [of a wound]. 4 ~ *de almas,* care of souls.
curable *adj.* curable, héalable.
curaca *m.* (S. Am.) boss, ruler, governor.
curación *f.* cure, curing, healing.
curadillo *m.* IOHTH. codfish.
curado, da *p. p.* of CURAR. — 2 *adj.* cured. 3 hardened, strengthened.
curador, ra *adj.* curing, healing. 2 caretaking. — 3 *m. & f.* curer, healer. 4 curer, seasoner, tanner. 5 caretaker, overseer. 6 LAW curator, guardian.
curaduría *f.* LAW curatory, curatorship.
curanderismo *m.* quackery, quack medicine.
curandero *m.* quack doctor.
curanto *m.* (Chi.) dish made of shellfish, meat and vegetables, cooked on hot stones.
curar *intr. & ref.* to cure, heal, recover [be cured] : ~ or *curarse de,* to recover [from an illness, etc.]. 2 to take care : ~ or *curarse de,* to take care of, to care about, to mind. — 3 *tr.* to cure, to heal. 4 to treat, to apply a remedy to; to dress [a wound, the wounds of]. 5 to dry, salt, preserve; to cure [meat, fish] ; to season [lumber] ; to tan [hides]. — 6 *ref.* to take treatment : *curarse en salud,* to take steps against a possible evil. 7 coll. (Chi.) to get drunk.
curare *m.* curare, curari.
curasao *m.* curaçao [liqueur].
curatela *f.* CURADURÍA.
curativo, va *adj.* curative.
curato *m.* office of a parish priest. 2 parish.
curazao *m.* CURASAO.   R
curbaril *m.* BOT. courbaril.
cúrcuma *f.* curcuma, turmeric root : *papel de* ~, curcuma or turmeric paper.
curcuncho, cha *adj.* (Am.) humpbacked.
curcusilla *f.* RABADILLA.
curda *f.* drunkenness, drunken fit.
curdo, da *adj.* Kurdish. — 2 *m. & f.* Kurd.
cureña *f.* gun carriage. 2 gunstock in the rough. 3 stock [of crossbow]. 4 *a* ~ *rasa,* FORT. without a parapet; fig. without shelter or defence; in the open air.

cureñaje *m.* gun ᴄarriages.
curí *m.* (Am.) a coniferous tree.
curia *f.* HIST. curia. 2 barristers, solicitors and court clerks as a whole. 2 ecclesiastical court : *Curia romana,* Roman Curia.
curial *adj.* curial. 2 court clerk; solicitor. 3 member of the Roman Curia.
curialesco, ca *adj.* legal [language, style].
curiana *f.* CUCARACHA 1.
curiara *f.* (Am.) a long sailing canoe, used by Indians.
curiel *m.* ZOOL. (Cu.) guinea pig.
curiosamente *adv.* curiously. 2 cleanly, tidily. 3 carefully.
curiosear *intr.* to act with curiosity; to inquire, to pry, to poke one's nose [into].
curioseo *m.* inquiring, prying.
curiosidad *f.* curiosity [inquisitiveness; strangeness]. 2 cleanliness, tidiness. 3 care, careful attention or workmanship. 4 curiosity [curious thing] ; curio.
curioso, sa *adj.* curious [eager to learn, inquisitive; strange, surprising, odd]. 2 clean, tidy. 3 careful, diligent. — 4 *m. & f.* curious person.
Curlandia *f. pr. n.* Kurland.
curricán *m.* FISH. spinning tackle.
currinche *m.* JOURNAL. cub reporter.
Curra, Currita *f. pr. n.* Francis [woman's name].
Curro, Currito *m. pr. n.* Frank.
curro, rra *adj.* MAJO.
curruca *f.* ORN. whitethroat.
currutaco, ca *adj.* dandified. — 2 *m.* fop, dandy, dude. — 3 *f.* woman of fashion.
cursado, da *adj.* versed, experienced.
cursar *tr.* to frequent. 2 EDUC. to attend lectures of, to study [a subject]. 3 to make [a petition, etc.] pass through the regular administrative channels.
cursi *adj.* poorly affecting distinction and elegance; shabby-genteel. — 2 *m.* person poorly affecting distinction and elegance; shabby-genteel person.
cursilería *f.* poor affectation of distinction and elegance; shabby-gentility. 2 people making a poor show of distinction and elegance; shabby-genteel people.
cursilón, na *adj. aug.* coll. very CURSI.
cursillista *m. & f.* person attending a CURSILLO.
cursillo *m.* EDUC. short course of lectures on a subject.
cursivo, va *adj. & n.* PRINT. cursive, script.
curso *m.* course [career, direction, motion, progress] ; lapse, succession, continuation. 2 route [of a procession]. 3 MACH. run, travel [of part or device]. 4 passing of a petition or affair through the regular channels to a conclusion or settlement. 5 EDUC. course [of lectures]. 6 school year. 7 course, run, flow, circulation : *dar libre* ~, to give free course; *moneda de* ~ *legal o forzoso,* legal tender. 8 COM. current rate. 9 *pl.* diarrhœa.
cursómetro *m.* apparatus for measuring the velocity of trains.
cursor *m.* MECH. slide.
curtación *f.* ASTR. curtation.
curtido, da *adj.* tanned, curried [leather]. 2 tanned, sunburnt, weather-beaten. 3 hardened, experienced. — 4 *m.* tanning. 5 tanning bark. — 6 *m. pl.* tanned leather.
curtidor *m.* tanner, currier, leather dresser.
curtiduría *f.* tannery, tanyard.
curtiente *adj.* tanning. — 2 *m.* tanning substance.
curtimiento *m.* tanning.
curtir *tr.* to tan [hides]. 2 to tan, to sunburn. 3 to harden, to inure, to make experienced. — 4 *ref.* to become tanned, sunburnt, weather-beaten. 5 to be hardened or inured; to gain experience.
curú *m.* (Pe.) larva of the cloth moth.
curuca *f.* ORN. barn owl.
curucú *m.* (C. Am.) a beautiful climbing bird.
curucucú *m.* a disease caused by the bite of a South American snake.
curuguá *m.* BOT. cassabanana.
curuja *f.* CURUCA.
curul *adj.* curule.
curupay *m.* BOT. (Arg.) a tree whose bark is used in tannery.
cururo *m.* ZOOL. (Chi.) kind of field rat.
cururú *m.* ZOOL. (Am.) kind of toad.

curva *f.* curve. 2 NAUT. knee. 3 SURV. ~ *de nivel*, contour line.
curvatón *m.* NAUT. small knee.
curvatura, curvidad *f.* curvature, bend.
curvilíneo, a *adj.* curvilinear.
curvímetro *m.* curvometer.
curvo, va *adj.* curve, curved, bent.
cusco *m.* CUZCO.
cuscurro *m.* crust of bread.
cuscuta *f.* BOT. common dodder.
cusir *tr.* coll. CORCUSIR.
cusita *adj. & n.* Cushite.
cusma *f.* (Pe.) coarse shirt worn by Indians.
cuspa *f.* BOT. (Ven.) a short palm tree.
cúspide *f.* GEOM. vertex [of cone or pyramid]. 2 peak [of mountain]. 3 cusp, apex, summit.
cuspídeo, a *adj.* cuspidate.
custodia *f.* custody, care, safe-keeping. 2 escort or guard [to a prisoner]. 3 ECCL. monstrance. 4 ECCL. tabernacle. 5 custody [of the Franciscan order].
custodiar *tr.* to guard, keep, take care of. 2 to keep watch over.
custodio *m.* custodian, guard : *ángel* ~, guardian angel. 2 superior of a Franciscan custody.
cutáneo, a *adj.* cutaneous.
cúter *m.* NAUT. cutter [vessel with one mast].

cutí *m.* ticking [fabric].
cutícula *f.* cuticle.
cuticular *adj.* cuticular.
cutio *m.* work, labor.
cutir *tr.* to knock, strike [a thing with another].
cutis *m.* skin of the human body [esp. the face]; complexion.
cutral *adj.* worn-out [ox or cow]. — 2 *m.* worn-out ox. — 3 *f.* old cow that no longer bears.
cutre *adj.* stingy, miserly. — 2 *m. & f.* miser.
cuy *m.* ZOOL. (S.-Am.) cavy.
cuyo, ya, *pl.* **cuyos, yas** *poss. pron.* whose, of which : *mi hermana, cuyo marido es inglés*, my sister, whose husband is an Englishman; *la habitación, cuya puerta es estrecha*, the room, the door of which is narrow; *mi amigo, a cuya casa voy*, my friend, to whose house I am going. — 2 *m.* lover [of a woman].
cuzco *m.* small dog.
cuzcuz *m.* ALCUZCUZ.
cuzma *f.* tunic worn by some South American Indians.
czar *m.* ZAR.
czarevitz *m.* ZAREVITZ.
czariano, na *adj.* ZARIANO.
czarina *f.* ZARINA.

CH

Ch, ch *f.* fourth letter of the Spanish alphabet.
cha *f.* (P. I.) tea.
chabacanada *f.* CHABACANERÍA.
chabacanamente *adv.* coarsely, vulgarly, in bad taste.
chabacanería *f.* coarseness, vulgarity, bad taste.
chabacano, na *f.* coarse, vulgar, in bad taste. — 2 *m.* (Mex.) apricot tree.
chabela *f.* (Bol.) drink made of wine and CHICHA.
chabola *f.* hut, cabin, shanty.
chacana *f.* (Ec.) litter, stretcher.
chacal *m.* ZOOL. jackal.
chacanear *tr.* (Chi.) to spur [a horse].
chácara *f.* (Am.) CHACRA.
chacarero, ra *m.* & *f.* (Am.) farm labourer, worker in the fields.
chacarrachaca *f.* coll. noise, racket.
chacina *f.* CECINA. 2 pork seasoned for sausages.
chaco *m.* (Am.) hunt or hunting [by Indians].
chacó *pl.* **-cós** *m.* shako.
chacolí *m.* chacoli [light sour wine of Vizcaya, Spain].
chacolotear *intr.* [of a loose horseshoe] to clatter.
chacoloteo *m.* clatter [of a loose horseshoe].
chacona *f.* MUS. chaconne.
chaconá, chaconada *f.* jaconet [fabric].
chacota *f.* fun, noisy mirth : *echar a* ∼, coll. to carry off with a joke ; *hacer* ∼ *de*, coll. to make fun of.
chacotear *intr.* to indulge in noisy mirth.
chacoteo *m.* fun, noisy mirth, mockery.
chacotero, ra *adj.* fun-making. — 2 *m.* & *f.* fun maker.
chacra *f.* (Am.) farm, grange.
chacrita *f. dim.* (Am.) small farm or grange. 2 fig. & coll. (Am.) the grave.
chacha *f.* coll. nurse, nursemaid. 2 (Guat.) CHACHALACA.
chachal *m.* (Pe.) lead pencil.
chachalaca *f.* ORN. Texas guan. 2 (Mex.) chatterbox [person].
chachalaquero, ra *adj.* (Mex.) loquacious, talkative.
cháchara *f.* prattle, idle talk. 2 chitchat.
chacharear *intr.* to chatter, prate, prattle.
chacharero, ra *adj.* chattering. — 2 *m.* & *f.* chatterer, pratter.
chacho *m.* coll. boy, lad.
chafaldete *m.* NAUT. clew line.
chafaldita *f.* jest, banter.
chafalditero, ra *adj.* given to bantering. — 2 *m.* & *f.* banterer.
chafalmejas *m.* & *f.* dauber [bad painter].
chafalonía *f.* discarded gold or silver [for smelting].
chafallar *tr.* to botch, to make or mend clumsily.
chafallo *m.* botch, clumsy mending.
chafallón, na *adj.* botching. — 2 *m.* & *f.* botcher, bungler.
chafandín *m.* conceited ass; vain feather-brained person.
chafar *tr.* to flatten, crush, crumple, rumple. 2 fig. to squash, cut short, silence.
chafarote *f.* cutlass. 2 hum. sword, sabre.

chafarrinada *f.* blot, spot, stain.
chafarrinar *tr.* to blot, to stain.
chafarrinón *m.* CHAFARRINADA : *echar un* ∼ *a*, fig. & coll. to disgrace, to defame.
chaflán *m.* chamfer, bevel.
chaflanar *tr.* to chamfer, to bevel.
chagolla *f.* (Mex.) counterfeit coin.
chagorra *f.* (Mex.) woman of the low class.
chagra *m.* (Ec.) peasant, countryman.
chagrén, chagrín *m.* shagreen [leather].
chah *m.* shah.
chagual *m.* (Arg., Chi., Pe.) a plant of the pineapple family.
chaguala *f.* (Am.) ring that the Indians used to wear in their noses. 2 (Col.) old shoe. 3 (Col.) scar on the face. 4 (Mex.) slipper.
chagualón *m.* BOT. (Col.) incense tree.
chaguar *m.* (Am.) CARAGUATÁ.
chaguarama *f.* (C. Am.) a huge palm-tree.
chagüí *m.* (Ec.) small bird resembling the sparrow.
chaira *f.* steel [for sharpening knives]. 2 shoemaker's blade.
chajá *m.* ORN. (Arg.) a wading bird.
chajuán *m.* (Col.) sultriness, sultry weather.
chal *m.* shawl.
chala *f.* (Pe.) green maize husk.
chalado, da *adj.* fool, addlepated. 2 enamoured, infatuated : *estar* ∼ *por*, to be madly in love with.
chalán, na *m.* & *f.* horse dealer; wily, crafty dealer. — 2 *m.* (Pe.) horsebreaker.
chalana *f.* scow, flatboat.
chalanear *tr.* coll. to drive [deals] craftily. 2 (Pe.) to break [horses].
chalaneo *m.* horse dealing; crafty dealing.
chalanería *f.* trick, stratagem of a horse dealer or a crafty dealer, craftiness in buying and selling.
chalanesco, ca *adj.* pertaining to craftiness in buying and selling.
chalar *tr.* to drive mad. — 2 *ref.* to lose one's head. 3 to become madly in love.
chalate *m.* (Mex.) jade [horse].
chalaza *f.* EMBRYOL., BOT. chalaza.
chaleco *m.* waistcoat, vest.
chalequero, ra *m.* & *f.* vest maker.
chalet *m.* chalet.
chalina *f.* bowtie with long ends.
chalona *f.* (Bol., Pe.) salt and dried mutton.
chalote BOT. shallot, scallion.
chalupa *f.* NAUT. a small two-mast boat. 2 NAUT. launch, lifeboat. 3 (Mex.) a small canoe. 4 (Mex.) a maize pancake.
chama *f.* vulg. barter, trade.
chamaco *m.* (Mex.) boy, lad.
chamada *f.* CHAMARASCA.
chamagoso, sa *adj.* (Mex.) dirty, greasy. 2 (Mex.) botched. 3 (Mex.) coarse, vulgar.
chamal *m.* (Arg., Chi.) blanket worn as a garment by some Indian people.
chamar *tr.* vulg. to barter, trade off.
chámara, chamarasca *f.* brushwood. 2 brush fire.

chamarilero, ra *m. & f.* dealer in second-hand goods.

chamarillero, ra *m. & f.* CHAMARILERO. — *2 m.* gambler; card-sharper.

chamarillón, na *adj.* poor player [at cards].

chamariz *m.* ORN. greenfinch.

chamarón *m.* ORN. bottle tit.

chamarra *f.* jacket of coarse woollen cloth.

chamarreta *f.* an old short jacket.

chamba *f.* coll. CHIRIPA.

chambado *m.* (Arg.) drinking vessel made of horn.

chambelán *m.* chamberlain.

chambergo, ga *adj.* pertaining to a regiment serving as a guard to Charles II of Spain. — *2 m.* soldier of this regiment. *3* an old broad-brimmed hat with a cocked side. *4* (Arg.) soft hat. — *5 f.* a coat worn by the CHAMBERGOS 2. *6* a narrow silk ribbon.

chambón, na *adj.* coll. clumsy, awkward [in games]; unskilled. *2* coll. lucky [attaining something by a fluke]. — *3 m. & f.* coll. blunderer. *4* lucky person.

chambonada *f.* blunder. *2* fluke, stroke of luck.

chamborote *adj.* (Ec.) white [pepper]. *2* (Ec.) long-nosed [person].

chambra *f.* short femenine negligee, femenine dressing jacket.

chambrana *f.* ARCH. trim, [around a door, window, etc.]. *2* (Ven.) noise, racket.

chamburgo *m.* (Col.) pool, still water.

chamelote *m.* CAMELOTE.

chamelotón *m.* coarse chamlet.

chamicera *f.* strip of half-burnt woodland.

chamiza *f.* BOT. chamiso. *2* brushwood [for fuel].

chamizo *m.* half-burnt tree. *2* half-burnt log or stick. *3* chamiso-thatched hut. *4* den, wretched dwelling place.

chamorra *f.* coll. shorn head.

chamorro, rra *adj.* with the head shorn. *2* beardless [wheat].

champán *m.* NAUT. sampan. *2* champagne [wine].

champaña *m.* champagne [wine].

champañizar *tr.* to champagnize.

champar *tr.* coll. to say [something disagreeable] to someone.

champear *tr.* (Chi., Ec.) to stop a gap or drain with green sods or turf.

champola *f.* (Cu.) refreshment made of custard-apple, sugar and ice.

champú *m.* shampoo.

champurrado *m.* mixture of liquors. *2* (Mex.) chocolate made with ATOLE instead of water.

champurrar *tr.* to mix [liquors].

chamuchina *f.* (Pe.) rabble, populace.

chamuscado, da *adj.* singed, scorched. *2* fig. touched, infected [with vice].

chamuscar *tr.* to singe, sear, scorch. *2* (Am.) to undersell. — *3 ref.* to be singed, scorched.

chamusco *m.* CHAMUSQUINA 1.

chamusqué, chamusque, etc., *pret., subj. & imper.* of CHAMUSCAR.

chamusquina *f.* singe, singeing, scorching. *2* row, quarrel. *3* oler a chamusquina, coll. to look like a fight; coll. to smack of heresy.

chanada *f.* coll. trick, deceit.

chanate *m.* (Mex.) blackbird.

chanca *f.* CHANCLA.

chancaca *f.* (Am.) muscovado sugar. *2* (Ec.) paste made of toasted maize ground with honey.

chancadora *f.* (Chi.) crushing machine.

chancar *tr.* (Chi.) to crush, triturate.

chancear *intr. & ref.* to joke, jest, fool.

chancero, ra *adj.* joking, jesting.

chanciller *m.* CANCILLER.

chancillería *f.* formerly, a Spanish High Court of Justice.

chancla *f.* old shoe worn down at the heel.

chancleta *f.* slipper; shoe having no back: en chancleta, with shoes worn slipper-like.

chancletear *intr.* to go about wearing the shoes slipper-like.

chancleteo *m.* clatter of slippers.

chanclo *m.* clog, patten. *2* rubber, rubber overshoe, galosh, *gum.

chancro *m.* MED. chancre.

chancuco *m.* (Col.) contraband tobacco.

chancha *f.* (Am.) sow, female hog.

cháncharras, máncharras *f. pl.* shift. evasion :

andar en cháncarras máncharras, to shift, to beat about the bush.

chanchería *f.* (Am.) pork-butcher's shop.

chancho, cha *adj.* (Am.) dirty, unclean. — *2* (Am.) pig, hog.

chanchullero, ra *adj.* underhand dealing. — *2 m. & f.* underhand dealer. *3* (Am.) smuggler.

chanchullo *m.* underhand deal. *2* (Am.) contraband.

chanfaina *f.* COOK. stew of chopped lights. *2* COOK. dish of pork meat and lights boiled in a thick sauce. *3* this sauce.

chanflón, na *adj.* clumsy, ill-made, misshapen.

changa *f.* (S. Am.) work of the porter.

changador *m.* (S. Am.) porter, carrier [in the street].

changallo, lla *adj.* (Can.) lazy slothful.

changuear *intr. & ref.* (Col., Cu., P. Ri.) to joke, jest.

changüí *m.* coll. dar ~, to trick, deceive; to tease.

chantaje *m.* blackmail.

chantajista *m. & f.* blackmailer.

chantar *tr.* to put on [clothes]. *2* to thrust, stick [in], drive [in]. *3* to tell [someone something] to his face.

chantre *m.* precentor [in a cathedral].

chantría *f.* precentorship.

chanza *f.* joke, jest, fun.

chanzoneta *f.* old little song. *2* coll. CHANZA.

chapa *f.* sheet, plate, veneer. *2* small piece of metal plate, used as a badge, sign, token, etc. *3* rosy spot on the cheek. *4* judgment, good sense, seriousness : hombre de ~, serious man. *5* (Chi.) lock, doorlock. *6 pl.* game of tossing up coins.

chapado, da *adj.* plated, veneered. *2* ~ a la antigua, old-fashioned [person].

chapalear *intr.* [of water] to splash. *2* CHACOLOTEAR.

chapaleo *m.* splashing [of water]. *2* CHACOLOTEO.

chapaleta *f.* flap valve, clack valve.

chapaleteo *m.* splashing [of waters on the shore]. *2* patter [of rain].

chapapote *m.* (W. I.) a variety of asphalt.

chapar *tr.* CHAPEAR. *2* to tell [something disagreeable].

chaparra *f.* BOT. kermes oak. *2* CHAPARRO.

chaparrada *f.* CHAPARRÓN.

chaparral *m.* thicket of dwarf oaks or evergreen oaks.

chaparrear *intr.* to pour, rain hard.

chaparreras *f. pl.* (Mex.) chaps [worn by cowboys].

chaparro *m.* BOT. dwarf oak, dwarf evergreen oak.

chaparrón *m.* downpour, violent shower.

chapatal *m.* miry place.

chapeado, da *adj.* plated [covered with thin metal sheet]; veneered. — *2 m.* plating, veneering.

chapear *tr.* to plate [cover with thin metal sheets]; to veneer. — *2 intr.* CHACOLOTEAR.

chapecar *tr.* (Chi.) to braid, plait.

chapeo *m.* hat.

chapera *f.* MAS. inclined plank.

chapería *f.* sheet-metal ornament.

chaperón *m.* chaperon [medieval hood].

chapeta *f.* small metal plate. *2* rosy spot on the cheek.

chapetón, na *m. & f.* (Am.) newly arrived European. — *2 m.* (Mex.)silver plate on a riding harness. *3* CHAPETONADA. *4* heavy shower.

chapetonada *f.* (Pe.) illness of Europeans due to change of climate.

chapín *m.* chopine [kind of patten formerly worn by women].

chapinazo *m.* blow with a chopine.

chapinería *f.* chopine-maker shop.

chapinero *m.* chopine maker or seller.

chápiro *m.* coll. ¡voto al ~!, ¡por vida del ~!, ¡por vida del ~ verde!, good gracious! ; by Jove! ; by thunder!

chapitel *m.* ARCH. spire. *2* ARCH. capital. *3* NAUT. agate socket [of the neddle].

chapó *m.* a billiard game.

chapodar *tr.* to trim, clear of branches [a tree], *2* fig. CERCENAR.

chapodo *m.* branch lopped off a tree.

chapola *f.* (Col.) butterfly.

chapón *m.* large blot of ink.

chapona *f.* CHAMBRA. *2* (Ur.) jacket.

chapote *m.* kind of black wax that American people chew for cleaning the teeth.

chapotear *tr.* to moisten [by dabbing at with a wet sponge or cloth]. — 2 *intr.* [of water] to make a splashing sound.
chapoteo *m.* moistening, dabbing. 2 splashing.
chapucé, chapuce, etc., *pret., subj. & imper.* of CHAPUZAR.
chapucear *tr.* to botch, bungle.
chapuceramente *adv.* clumsily, bunglingly.
chapucería *f.* clumsiness [of a work]. 2 botch, bungle, clumsy work.
chapucero, ra *adj.* botched, clumsily made. 2 botching, bungling. — 3 *m. & f.* botcher, bungler. — 4 *m.* cheap blacksmith. 5 dealer in scrap iron.
chapul *m.* (Col.) dragonfly.
chapulín *m.* ENTOM. (Am.) locust.
chapurrar *tr.* to jabber [a language]; to speak [a language] brokenly. 2 to mix [liquors].
chapurrear *tr.* CHAPURRAR 1.
chapuz, *pl.* **-puces** *m.* duck, ducking [sudden dip of head under water] : *dar* ~, to duck. 2 unimportant work or task. 3 botch, bungle.
chapuza *f.* slight work. 2 botch, bungle.
chapuzar *tr.* to duck [to plunge the head of under water]. — 2 *intr. & ref.* to duck [to plunge under water].
chaqué *m.* cutaway coat, morning coat.
chaqueta *f.* jacket, sack coat.
chaquete *m.* backgammon.
chaquetear *intr.* coll. to take fright, to fly, flee.
chaquetilla *f.* short jacket.
chaquetón *m.* pea-jacket. 2 short overcoat.
charabán *m.* charabanc.
charada *f.* charade.
charamusca *f.* (Mex.) candy twits. 2 *pl.* (Am.) brushwood, fire wood.
charanga *f.* MUS. military brass band.
charango *m.* MUS. (Pe.) kind of Indian bandore.
charanguero, ra *adj.* CHAPUCERO. — 2 *m.* pedlar [in Andalusia]. 3 NAUT. coaster [in Andalusia].
charca *f.* pool [of stagnant water].
charcal *m.* puddly ground.
charco *m.* puddle, pool. 2 fig. *pasar el* ~, to cross the pond [the sea].
charchina *f.* (Mex.) nag, jade [horse].
charla *f.* chatter, prattle. 2 chat, chatting. 3 talk, lecture. 4 ORN. missel thrush.
charlador, ra *adj.* chattering. — 2 *m. & f.* chatterer.
charladuría *f.* indiscreet talk, gossip, prattle.
charlante *adj.* chattering, prattling.
charlar *intr.* to chatter, prate, prattle. 2 to chat, talk.
charlatán, na *adj.* chattering, prattling, loquacious. 2 babbling. — 3 *m. & f.* chatterer, chatterbox. 4 charlatan, quack, mountebank; humbug.
charlatanear *intr.* CHARLAR.
charlatanería *f.* loquacity, garrulity. 2 charlatanry, humbug.
charlatanismo *m.* charlatanism.
charlear *intr.* CROAR.
charlotear *intr.* CHARLAR.
charloteo *m.* CHARLA.
charneca *f.* LENTISCO.
charnela *f.* hinge [of door, box, etc.]. 2 MACH. knuckle, turning joint. 3 ZOOL. hinge [of bivalve shell].
charneta *f.* coll. CHARNELA.
charol *m.* varnish, japan : *darse* ~, fig. to blow one's own trumpet. 2 patent leather. 3 (Am.) painted metal tray.
charolado, da *adj.* shiny, lustrous. 2 varnished.
charolar *tr.* to varnish, to japan. 2 to enamel [paper or leather].
charolista *m.* varnisher; gilder.
charpa *f.* formerly, a baldric for carrying pistols. 2 sling [for a broken arm].
charque *m.* CHARQUI.
charquear *tr.* (Am.) to jerk, dry [beef].
charquecillo *m.* (Pe.) salted and dried conger-eel.
charquetal *m.* CHARCAL.
charqui *m.* (South-Am.) jerked beef, dry beef.
charquicán *m.* (Am.) dish made of jerked beef and chili, potatoes, beans, etc.
charquillo, quito *m.* dim. small puddle.
charra *f.* (Hond.) a wide-brimmed hat.
charrada *f.* tawdriness, gaudiness.
charramente *adv.* tawdrily, gaudily.
charrán *adj.* knave, rogue.
charranada *f.* dirty trick, knavery.

charranear *intr.* to behave as a knave.
charranería *f.* knavishness; knavery.
charrasca *f.* coll. trailing sword or sabre. 2 clasp knife.
charrería *f.* tawdriness, gaudiness.
charretera *f.* epaulet. 2 garter. 3 buckle of the garter. 4 water carrier's shoulder pad.
charro, rra *adj.* pertaining to the country folk of Salamanca. 2 rustic. 3 tawdry, gaudy, flashy. — 4 *m. & f.* Salamanca countryman or countrywoman. — 5 *m.* (Mex.) cowboy.
chartreuse *m.* chartreuse [liquor].
chasca *f.* small wood [for fuel].
chascar *intr.* to crack [emit a splitting sound]. — 2 *tr.* to click [one's tongue]. 3 to crunch [food]. 4 to swallow.
chascarrillo *m.* joke, funny story.
chasco, ca *adj.* (Arg., Bol.) curly, crispy [hair]. — 2 *m.* trick, deceit. 3 disappointment. 4 *dar un* ~, to play a trick upon; to disappoint; *llevarse un* ~, to be disappointed.
chascón, na *adj.* (Chi.) tangled [hair].
chasconear *tr.* (Chi.) to tangle. 2 to pull the hair.
chasis *m.* AUTO., RADIO. chassis. 2 PHOT. plateholder.
chasponazo *m.* mark or scratch made by a bullet grazing a solid object.
chasquear *tr.* to play a trick on, to fool, deceive. 2 to disappoint. 3 to crack, snap [a whip]. — 4 *intr.* to crack, snap; to emit a cracking sound, a click. — 5 *ref.* to be frustrated, disappointed.
chasqui *m.* (Pe.) Indian courier.
chasquido *m.* crack, snap, click [sound].
chata *f.* CHALANA. 2 bedpan.
chatarra *f.* scrap iron. 2 iron slag.
chatarrero, ra *m. & f.* scrap-iron dealer.
chatedad *f.* flatness [of some things]. 2 flat-nosed condition.
chato, ta *adj.* flat-nosed. 2 flat [nose and other things]. — 3 *m. & f.* flat-nosed person. 4 small tumbler.
chatón *m.* JEWEL. the stone in a bezel or chaton.
chatre *adj.* (Ec.) richly attired.
chaucha *f.* (Arg., Chi.) small silver coin; nickel coin. 2 (Arg.) string bean. 3 (Chi.) early potato.
chauchera *f.* (Chi.) purse [for money].
chauvinismo *m.* chauvinism.
chauvinista *adj.* chauvinistic. — 2 *m. & f.* chauvinist.
chaval, la *adj.* coll. young. — 2 *m.* coll. lad. — 3 *f.* coll. lass.
chavasca *f.* CHASCA.
chavea *f.* coll. boy, lad.
chaveta *f.* cotter pin; key, forelock, linchpin, fastening pin. 2 coll. *perder la* ~, to go off one's head.
chaya *f.* (Chi.) fun and tricks of carnival time.
chayo *m.* BOT. (Cu.) shrub yielding a kind of resin.
chayote *m.* BOT. the edible fruit of a West Indian vine; also, the plant itself.
chayotera *f.* CHAYOTE [plant].
chaza *f.* in the pelota game, stopping of the ball; also, mark where the ball has been stopped. 2 *hacer chazas* [of a horse], to walk on the hind feet.
chazar *tr.* in the pelota game, to stop the ball.
che *f.* name of the letter *ch*.
che *interj.* (Am.) hey!, say!
checo, ca *adj. & n.* Czech.
checoeslovaco, ca *adj. & n.* Czecho-Slovak, Czecho-Slovakian.
Checoeslovaquia *f. pr. n.* GEOG. Czecho-Slovakia.
cheche *m.* coll. (Cu., P. Ri.) bully, braggart.
chercha *f.* (Hond., Ve.) joke, fun, raillery.
cherchar *intr.* (Hond., Ve.) to jest, joke.
cheira *f.* CHAIRA.
cheje *m.* (Hond., El S.) link [of a chain].
chelín *m.* shilling.
chepa *f.* coll. hump, hunch.
chepica *f.* BOT. (Chi.) gramma grass.
cheque *m.* COM. cheque, check : ~ *cruzado*, crossed check; ~ *de viajero*, traveler's check.
cherna *f.* ICHTH. a mediterranean grouper.
cherva *f.* RICINO.
cheurón *m.* HER. chevron.
cheviot *m.* cheviot [fabric, wool].
chía *f.* a medieval mourning mantle. 2 a medieval

garment worn as a mark of nobility. 3 (Mex.) seed of the lime-leaved sage.
chibalete m. PRINT. frame.
chibuquí m. chibouk [turkish pipe].
chica f. a negro dance. 2 small bottle. 3 (Mex.) small silver coin worth three centavos. 4 V. CHICO, CA.
chicada f. childish action.
chicalote m. BOT. prickly poppy.
chicana f. (Am.) chicanery, trick.
chicanero, ra m. & f. (Am.) chicaner.
chicle m. (Mex.) chicle gum; chewing gum.
chico, ca adj. small, little. 2 very young [person]. — 3 m. child, kid, youngster, boy, lad. 4 coll. fellow; old chap. — 5 f. child, kid, girl, lass. 6 coll. old girl.
chicoco, ca adj. (Chi.) robust [child]. — 2 m. & f. (Chi.) dwarf.
chicolear intr. to address compliments to a woman.
chicoleo m. flattering word, compliment [addressed to a woman].
chicoria f. ACHICORIA.
chicorro m. sturdy youngster.
chicorrotico, ca, -illo, -illa, -ito, -ita adj. coll. tiny, very small.
chicorrotín, na adj. tiny, very small. — 2 m. & f. tiny child.
chicotazo m. (Am.) lash, blow with a whip.
chicote, ta m. sturdy boy. 2 coll. cigar. 3 (Am.) whip. 4 NAUT. end of rope; piece of rope. — 5 f. sturdy girl.
chicotear tr. (Am.) to lash, whip.
chicozapote m. BOT. sapodilla.
chicuelo, la adj. dim. little, small, very small. — 2 m. child, boy, little boy. — 3 f. child, girl, little girl.
chicha f. alcoholic drink made from maize : no ser ~ ni limonada, to be neither fish nor fowl. 2 meat [in children's language]. — 3 adj. NAUT. calma ~, dead calm.
chícharo f. GUISANTE.
chicharra f. ENTOM. cicada : canta la ~, fig. it is scorching hot; hablar como una ~, to be a chatterbox. 2 a noisy toy.
chicharrar tr. ACHICHARRAR.
chicharrear intr. (Am.) [of a cicada] to chirr.
chicharrero, ra m. very hot place.
chicharro m. CHICHARRÓN 1.
chicharrón m. crackling, scratching [residue of hog fat]. 2 overroasted meat. 3 coll. sunburnt person.
chiche m. (Am.) toy; trinket. 2 (Am.) nurse's breast.
chichear intr. & tr SISEAR.
chicheo m. SISEO.
chichería f. shop where CHICHA is sold.
chichicuilote m. (Mex.) wading bird akin to the curlew.
chichilasa f. (Mex.) small and very harmful red ant. 2 fig. (Mex.) beautiful and surly woman.
chichigua f. (Mex., C. Am.) wet nurse.
chichío m. ZOOL. small yellow monkey.
chichisbeo m. assiduous courtship [of a woman]. 2 woer, suitor, gallant.
chicholo m. (Arg.) sweet wrapped in a corn husk.
chichón m. bump [swelling on the head].
chichoncito m. dim. small bump.
chichonera f. cap for protecting child's head against bumps.
chifla f. hissing, whistling [to express disapproval]. 2 whistle. 3 paring knife.
chifladera f. whistle.
chiflado, da adj. off one's head, crazy, unbalanced. 2 estar ~ por, to be in love with, to dote on; to have a craze for. — 3 m. & f. crackbrain, crank.
chifladura f. craziness. 2 love, doting. 3 craze, mania.
chiflar intr. to whistle. — 2 tr. & ref. to hiss, to scoff. — 3 tr. to pare [leather]. 4 to gulp down [wine, liquors]. — 5 ref. to become crazy, unbalanced. 6 chiflarse por, to go crazy on.
chiflato m. whistle [instrument].
chifle m. whistle. 2 call, birdcall [instrument].
chiflete m. whistle.
chiflido m. whistle [instrument and sound].
chiflo m. a kind of whistle.
chiflón m. (Am.) cold draught [of air]. 2 (Mex.) water spout. 3 slide of loose stone [in a mine].

chigua f. (Chi.) basket of rope or bark with a wooden mouth.
chigüiro m. (Ven.) CARPINCHO.
chilaba f. Moorish hooded garment.
chilacayote m. CIDRA CAYOTE.
chilar m. (Am.) field of chillies.
Chile m. pr. n. Chile.
chile m. chil(l)i; red pepper.
chilenismo m. Chileanism.
chileno, na; chileño, ña adj. & n. Chilean.
chilindrina f. coll. trifle. 2 coll. joke, funny story. 3 coll. jest, banter.
chilindrinero, ra adj. waggish. — 2 m. & f. wag, joker.
chilindrón m. a card game.
chilote m. (Mex.) an alcoholic drink.
chilpe m. (Ec.) strip of agave leaf. 2 (Ec.) dry leaf of maize. 3 (Chi.) rag, tatter.
chiltipiquín m. (Mex.) chil(l)i, red pepper.
chilla f. HUNT. call for foxes, hares, rabbits, etc. 2 clapboard. 3 (Chi.) ZOOL. kind of fox.
chillado m. clapboard roof.
chillador, ra adj. shrieking, squeaking, screaming. — 2 m. & f. shrieker, screamer.
chillar intr. to shriek, screech, squeak, scream. 2 fig. to shout. 3 [of colours] to clash, to glare, be garish. 4 CHIRRIAR.
chillería f. screaming, shouting. 2 scolding.
chillido m. shriek, screech, squeak, scream.
chillo m. HUNT. call for foxes, hares, rabbits, etc.
chillón, na adj. shrieking, screaming. 2 shrill, highpitched, screechy [voice, sound]. 3 loud, gaudy, garish [colour]. — 4 m. lath nail.
chimachima, chimango m. (Arg.) ORN. a vulture-like bird.
chimenea f. chimney; smokestack. 2 NAUT. funnel. 3 hearth, fireplace, chimney : ~ francesa, fireplace with mantelpiece. 4 GEOL. chimney. 5 MIN. shaft.
chimpancé m. ZOOL. chimpanzee.
China (la) f. pr. n. China.
china f. pebble, small stone. 2 game of shutting hands and guessing which holds a pebble : tocarle a uno la ~, to be hit; to fall to one's lot. 3 BOT. chinaroot. 4 China silk or cotton stuff. 5 china, porcelain. 6 Chinese woman. 7 (Am.) Indian or half-breed maidservant or children's nurse. 8 (P. Ri., Cu.) sweet orange.
chinaca f. (Mex.) poor people, riff-raff.
chinarro m. large pebble.
chinazo m. blow with a pebble.
chincual m. (Mex.) MED. measles.
chinchar tr. coll. to bother, annoy. 2 coll. to kill.
chincharrero m. place swarming with bedbugs. 2 (Am.) fishing smack.
chinche f. ENTOM. bedbug. 2 drawing pin, thumb tack. 3 bore, nuisance [person].
chinchilla f. ZOOL. chinchilla. 2 chinchilla [fur].
chinchín m. street music. 2 ballyhoo. 3 BOT. a Chilean shrub.
chinchona f. CHEM. cinchona, cinchona bark.
chinchorrería f. annoyance. 2 tale, gossip.
chinchorrero, ra adj. annoying, pestering. — 2 m. & f. annoyer, pesterer.
chinchorro m. kind of fishing net. 2 small rowing boat. 3 (Ven.) Indian hammock.
chinchoso, sa adj. annoying, pestering, boring [person].
chinela f. slipper, patten or chopine formerly worn by women.
chinero m. china cabinet.
chiné adj. chiné [fabric].
chinesco, ca adj. Chinese. — 2 m. MUS. bell tree.
chinga f. (Am.) ZOOL. skunk. 2 (C. Ri.) stub [of a cigar or cigarette]. 3 (C. Ri.) bargain sale, sale at reduced prices. 4 (Hond.) jest, fun. 5 (Ven.) drunkenness, drunken fit.
chingana f. (Am.) low music-hall.
chingar tr. coll. to drink, tipple. 2 (C. Ri.) to dock the tail of. — 3 ref. to get drunk. 4 (Chi.) to come to nothing.
chinguirito m. (Cu. Mex.) inferior cane brandy.
chino, na adj. Chinese. — 2 adj. & n. (Am.) offspring of Indian and mestizo. 3 (Cu.) offspring of negro and mulatto. — 4 m. Chinaman, Chinese. 5 Chinese language. 6 (S. Am.) manservant. 7 (S. Am.) common man. 8 (Am.) dearie [endearing apellative]. 9 (Col.) boy, newsboy, gamin. 10 (Chi.) Indian man.

chipa *f.* (Col.) straw basket for gathering fruit.
chipé *f.* coll. truth, goodness. 2 *de* ~, first-class, excellent.
chipén *f.* coll. life, excitement. 2 *de* ~, first-class, excellent.
chipichipi *m.* (Mex.) drizzle.
chipile *m.* BOT. (Mex.) kind of cabbage.
chipirón *m.* ZOOL. squid, calamary.
chipojo *m.* ZOOL. (Cu.) a big, climbing, green lizard.
chipolo *m.* (Col., Ec., Pe.) ombre [card game].
chipote *m.* (C. Am.) MANOTADA.
Chipre *f. pr. n.* Cyprus.
chipriota, chipriote *adj. & n.* Cyprian.
chiquear *tr.* (Cu., Mex.) to fondle, caress.
chiqueo *m.* (Cu., Mex.) fondling, caressing.
chiquero *m.* pigsty. 2 in a bull ring, place where bulls are shut up.
chiquichaque *m.* sawyer. 2 noise of chewing.
chiquiguite *m.* (Guat., Mex.) a kind of basket.
chiquilicuatro *m.* CHISGARABÍS.
chiquilín, na *m. & f.* (Mex.) CHIQUILLO.
chiquillada *f.* childsh action.
chiquillería *f.* children, crowd of children.
chiquillo, lla *adj.* small. — 2 *m. & f.* little boy or girl, child, little one, youngster.
chiquirritico, ca; chiquirritillo, lla; chiquirritito, ta *adj.* tiny, very small.
chiquirritín, na & chiquitín, na *adj.* tiny, small. 2 *m. & f.* tiny child, tot, infant.
chiquito, ta *adj.* tiny, very small : *hacerse* ~, to be modest, to conceal one's accomplishments, power, etc. — 2 *m. & f.* little boy or girl, child, little one, youngster. — 3 *f. no andarse con chiquitas*, not to shift or use evasions; to be hard or severe.
chira *f.* (C. Ri.) banana spathe. 2 (Col.) shred. 3 (E. S.) ulcer, sore.
chiribita *f.* BOT. daisy. 2 *pl.* sparks : *echar chiribitas*, to be very angry, to hit the ceiling. 3 *ver chiribitas*, to see spots before the eyes.
chiribitil *m.* crib, hovel, den, small narrow room.
chirigota *f.* joke, jest, banter.
chirigotero, ra *adj.* fond of jesting or bantering.
chirimbolo *m.* utensil, implement, vessel.
chirimía *f.* MUS. kind of flageolet, hornpipe.
chirimoya *f.* cherimoya [fruit].
chirimoyo *m.* BOT. cherimoya [tree].
chirinola *f.* boy's game of ninepins. 2 trifle. 3 *estar de* ~, to make merry, to be in good spirits.
chiripa *f.* fluke, scratch [in billiards]. 2 fluke, piece of luck.
chiripear *tr.* to scratch, to score by a fluke [in billiards].
chiripero *m.* bad player who wins by a fluke [in billiards]. 2 lucky fellow.
chirivía *f.* BOT. parsnip [plant and root]. 2 ORN. wagtail.
chirla *f.* ZOOL. a small clam.
chirlata *f.* gambling den.
chirle *adj.* insipid, slipslop.
chirlo *m.* long slash in the face. 2 long scar in the face.
chirona *f.* coll. jug, jail, prison : *meter en* ~, to jug, to put in jail.
chirote *m.* (Ec., Pe.) ORN. kind of linnet.
chirriador, ra; chirriador, ra *adj.* hissing, sizzling. 2 screeching, squeaking.
chirriar *intr.* to hiss, sizzle. 2 [of a wheel, etc.] to squeak. 3 [of birds] to chirr, screech. 4 [of insects] to chirr, chirp. 5 coll. to sing out of tune.
chirrido *m.* hiss, sizzle. 2 squeak [of a wheel, etc.] ; any similar harsh sound. 3 chirr, screech [of birds]. 4 chirr, chirping [of insects].
chirrión *m.* squeaky, two-wheeled dray. 2 (Am.) heavy whip.
chirumen *m.* coll. acumen, brains.
¡chis! *interj.* hush!, sh!, silence!
chiscón *m.* crib, hovel, mean room.
chischás *m.* clashing of swords.
chisgarabís *m.* whippersnapper, insignificant meddlesome fellow.
chisguete *m.* drink, swallow, swig [of wine] : *echar un* ~, to take a swig. 2 squirt [of a liquid].
chisme *m.* mischievous tale, piece of gossip. 2 coll. implement, utensil.
chismear *tr.* to gossip, tattle, bear tales.
chismero, ra *adj.* CHISMOSO.

chismografía *f.* gossip, tattle.
chismorrear *intr.* CHISMEAR.
chismorreo *m.* gossip, gossiping, tale-bearing.
chismoso, sa *adj.* gossipy. — 2 *m. & f.* gossip, gossip monger, tale bearer.
chispa *f.* spark [fiery particle] ; sparkle : *echar chispas*, fig. to be raging, hit the ceiling ; *ser una* ~, to be very lively ; *fusil de* ~, flintlock [gun]. 2 ELEC. spark. 3 sparkle [very small diamond]. 4 drop [of drizzling rain]. 5 sparkle, little bit. 6 sparkle, wit : *tener* ~, to be witty. 7 coll. drunkenness : *coger una* ~, to get drunk.
chispazo *m.* spark, flying off of a spark, flash. 2 burn or damage caused by a flying spark. 3 fig. gossip, tale.
chispeante *adj.* sparkling, scintillating, scintillant.
chispear *intr.* to spark, to sparkle. 2 to scintillate. 3 to drizzle, sprinkle [rain lightly].
chispero *m.* blacksmith. 2 formerly, in Madrid, man of the lower classes.
chispo, pa *adj.* coll. tipsy, drunk. — 2 *m.* drink [of wine].
chispoleto, ta *adj.* lively, wide-awake.
chisporrotear *intr.* to spark, sputter.
chisporroteo *m.* sparking, sputtering.
chisposo, sa *adj.* that sparks when burned.
chistar *intr.* to speak : *no* ~, not to say a word ; *sin* ~ *ni mistar*, without saying a word.
chiste *m.* joke, funny story : *contar chistes*, to crack jokes. 2 fun : *hacer* ~ *de*, to make fun of. 3 *caer en el* ~, to see the point. 4 *dar en el* ~, to hit on the difficulty, to guess right.
chistera *f.* top hat. 2 fish basket, angler's creel. 3 CESTA 2.
chistosamente *adv.* funnily.
chistoso, sa *adj.* witty, funny. — 2 *m.* wit, funny fellow.
chita *f.* ANAT. ankle bone. 2 knucklebone [of sheep]. 2 game of throwing disks or stones at a sheep's knucklebone. — 4 *adv. a la* ~ *callando*, on the quiet, stealthily.
chiticalla *m. & f.* coll. extremely reserved person, oyster. *clam. 2 coll. secret.
chiticallando *adv.* on the quiet, stealthily.
chito *m.* game of throwing disks or stones at an upright piece of wood, etc., upon which money is put ; also, this piece itself.
¡chito!, ¡chitón! *interj.* ¡hush!, ¡silence!
chitón *m.* ZOOL. chiton.
chiva *f.* ZOOL. female kid. 2 (C. Am.) blanket, coverlet. 3 (Ven.) net bag for vegetables. 4 (Am.) goatee, imperial.
chivar *tr. & ref.* to vex, annoy. 2 to deceive. — 3 *ref.* fig. to babble.
chivata *f.* shepherd's club or stick. 2 coll. female informer or talebearer.
chivato *m.* ZOOL. kid between six and twelve months old. 2 coll. informer, talebearer.
chivetero *m.* fold for kids.
chivicoyo *m.* (Mex.) ORN. game bird of the gallinaceous family.
chivillo *m.* (Pe.) ORN. kind of starling.
chivo *m.* ZOOL. male kid. 2 (Col.) fit of anger.
¡cho! *interj.* whoa!
chocante *adj.* provoking. 2 surprising. 3 funny. 4 (Mex.) tiresome, annoying.
chocar *intr.* to collide, come into collision ; to clash, bump together : ~ *con*, to collide with, to clash with, to bump against, to strike, knock, hit. 2 to meet, fight. 3 to annoy, vex. 4 to surprise : *esto me choca*, I am surprised at this.
chocarrear *intr.* to crack vulgar jokes, to indulge in coarse jesting.
chocarrería *f.* vulgar joke, coarse humour.
chocarrero, ra *adj.* coarse, vulgar [joke, humour]. 2 given to vulgar joking or coarse humour. — 3 *m. & f.* vulgar joker.
chocita *f.* dim. small hut or cabin.
choclar *intr.* in the game of ARGOLLA to drive the ball through the rings.
choclo *m.* clog, patten. 2 (Am.) green ear of maize. 3 (S. Am.) HUMITA.
choco *m.* small sepia or cuttlefish. 2 (Bol.) top hat. 3 (Chi.) tree stump. 4 (Pe.) CAPARRO. 5 (S. Am.) spaniel.
chocolate *m.* chocolate.
chocolatear *intr.* (Am.) to drink chocolate.
chocolatería *f.* chocolate factory. 2 chocolate shop.
chocolatero, ra *adj.* fond of drinking chocolate. —

2 *m*. & *f*. chocolate maker or seller. — 3 *f*. chocolate pot.
chocolatín *m*. chocolate tablet or drop.
chocha, chochaperdiz *f*. ORN. woodcock. 2 ICHTH. *chocha de mar*, shrimpfish.
chochear *intr*. to dote, to be in one's dotage.
chochera, chochez *f*. dotage. 2 doting act or word.
chocho, cha *adj*. dotard, doddering. 2 doting: *estar ∼ por*, to dote on. — 3 *m*. & *f*. dotard. 4 lupine [seed]. 5 cinnamon candy.
chófer *m*. AUTO. chauffeur, driver.
chofes *m*. lungs. 2 lights [of sheep, hogs, etc.].
chofeta *f*. small fire pan [for lighting cigars].
chola *f*. CHOLLA.
cholgua *f*. (Chi.) ZOOL. mussel.
cholo, la *adj*. & *n*. (Am.) [civilized] Indian. 2 (Am.) half-breed.
choloque *m*. (Am.) BOT. tree whose fruit is used as soap.
cholla *f*. coll. head, noodle, pate.
chongo *m*. (Mex.) chignon, bun. 2 (Mex.) joke, jest, fun.
chonta *f*. (Cent. Am., Pe.) BOT. a spiny palm.
chontal *adj*. & *n*. uncultured [person].
chopa *f*. ICHTH. kind of sea bream.
chopal *m*., **chopera** *f*. black-poplar grove.
chopo *m*. BOT. black poplar. 2 coll. musket, gun.
choque *m*. collision, clash; shock, impact. 2 MIL. encounter, skirmish. 3 dispute, quarrel. 4 MED. shock [depression]. 5 MED. *∼ eléctrico*, electric shock.
choqué, choque, etc., *pret*., *subj*. & *imper*. of CHOCAR.
choquezuela *f*. ANAT. kneecap, kneepan.
chordón *m*. CHURDÓN.
choricería *f*. sausage shop.
choricero, ra *m*. & *f*. sausage maker or seller. — *f*. MACH. sausage filler.
chorizo *m*. smoked-pork sausage. 2 ropewalker's pole.
chorlito *m*. ORN. golden plover. 2 coll. scatterbrains.
chorlo MINER. schorl, turmaline. 2 MINER. a blue aluminum silicate.
choro *m*. (Chi.) mussel.
chorote *m*. (Col.) chocolate pot. 2 (Ven.) inferior chocolate. 3 (Cu.) any thick beverage.
chorrada *f*. extra dash of a liquid [for good measure].
chorreado, da *adj*. [of cattle] with dark vertical stripes.
chorreadura *f*. spouting, gushing, dripping. 2 stain from constant dripping.
chorrear *intr*. to spout, to gush. 2 to drip. 3 to be dripping wet. 4 [of some things] to come trickling.
chorreo *m*. spouting, gushing. 2 dripping.
chorrera *f*. place whence a liquid drips. 2 mark left by dripping or running water. 3 rapid [in a stream]. 4 jabot, shirt frill. 5 ornament formerly appended to badges of military orders. 6 coll. (Am.) string, stream [of things or people]; lot [great quantity or number].
chorretada *f*. squirt, spurt. 2 CHORRADA. 3 *hablar a chorretadas*, to talk in spurts.
chorrillo *m*. small jet or flow, trickle : *irse por el ∼*, fig. to swim with the tide. 2 continual trickle [of some things] : *sembrar a ∼*, to sow in a trickle, to sow with a funnel.
chorrito *m*. small jet, trickle. 2 dash [of a liquid].
chorro *m*. jet, spout, gush, flow, stream [of liquid, etc.] : *∼ de arena*, sandblast; *soltar el ∼*, fig. to burst out laughing; *a chorros*, in abundance. 2 *∼ de voz*, voice of large volume.
chorroborro *m*. coll. ALUVIÓN.
chorrón *m*. dressed hemp.
chortal *m*. pool fed by a spring at the bottom.
chotacabras *f*. ORN. goatsucker.
chote *m*. (Cu.) CHAYOTE.
chotearse *ref*. to make fun [of someone].
choteo *m*. fun, mockery.
chotis *m*. schottische [dance].
choto, ta *m*. & *f*. sucking kid. 2 calf.
chotuno, na *adj*. sucking [kid]. 2 sickly [lamb]. 3 *oler a ∼*, to smell like a goat.
chova *f*. ORN. chough. 2 jackdaw.
choz *f*. surprise: *dar* or *hacer ∼*, to surprise.
choza *f*. hut, cabin, hovel, shanty.

chozno, na *m*. & *f*. grandson or granddaughter of the great-grandson or great-granddaughter.
chozo *m*. small hut.
chozpar *int*. [of kids, etc.] to gambol.
chozpo *m*. gambol.
chozpón, na *adj*. frisky, gamboling.
chozuela *f*. *dim*. small hut or cabin.
chubasco *m*. shower, squall : fig. *aguantar el ∼*, to stand a storm of words, difficulties, etc. 2 NAUT. threatenig cloud.
chubasquería *f*. NAUT. assemblage of threatening clouds.
chubasquero *m*. raincoat.
chuca *f*. concave part of a knucklebone.
chúcaro, ra *adj*. (Am.) wild, unbroken [cattle, horse].
chucua *f*. (Col.) miry ground, swamp, marsh.
chucha *f*. bitch [female dog]. 2 (Am.) opossum.
chuchear *intr*. CUCHICHEAR. 2 to trap small game.
chuchería *f*. trinquet, knicknack. 2 titbit, delicacy.
chucho *m*. coll. dog. 2 (Arg.) shiver. 3 (Cu., Ven.) whip. 4 (Chi.) ORN. small bird of prey whose screech is believed to be an ill omen. 5 (S. Am.) ICHTH. small herring-like fish. — 6 *interj*. get out!, get down! [said to scare or curb a dog].
chuchumeco *m*. comptemptible fellow.
chueca *f*. stump [of tree]. 2 head [of a bone]. 3 game played with a ball and sticks; the ball for this game. 4 coll. trick, mockery.
chueco, ca *adj*. (Am.) crooked, bent. 2 (Am.) bowlegged.
chuela *f*. (Chi.) small axe, hatchet.
chueta *m*. & *f*. in the Balearic Islands, a descendant of Christianized Jews.
chufa *f*. BOT. chufa, groundnut [plant and tuber].
chufar *intr*. & *ref*. to mock, to scoff [at].
chufería *f*. shop where orgeat of chufa is made or served.
chufero, ra *adj*. chufa or orgeat seller.
chufeta *f*. CHOFETA.
chufleta *f*. CUCHUFLETA.
chufletear *intr*. to poke fun [at others].
chufletero, ra *adj*. CUCHUFLETERO.
chulada *f*. low action. 2 pert, droll saying or expression.
chulapo, pa *m*. & *f*. CHULO 3
chulear *tr*. to banter, rally wittily. — 2 *ref*. to make fun, be facetious.
chulería *f*. pertness. 2 assemblage of CHULOS.
chulesco *adj*. pertaining to CHULOS.
chuleta *f*. chop, cutlet. 2 coll. slap in the face. 3 CARP. fill-in. 4 *pl*. fig. side whiskers.
chulo, la *adj*. pert and droll. 2 CHULESCO. — 3 *m*. & *f*. man or woman of the lower class of Madrid who affects special airs and manners. — 4 *m*. bullfigter's assistant. 5 pimp, procurer. 6 man kept by a woman. 7 fig. knave, unprincipled and despicable fellow.
chumacera *f*. MACH. journal bearing, pillow block. 2 NAUT. rowlock; strip of wood through which tolepins are driven.
chumbera *f*. BOT. Indian fig, prickly pear [plant].
chumbo, ba adj. *higo ∼*, Indian fig, prickly pear [fruit]; *higuera ∼*, CHUMBERA.
chumpipe *m*. (Guat.) turkey.
chunga *f*. fun, banter; bantering or joking humour : *estar de ∼*, to be joking; *tomar a ∼*, to make fun of.
chunguearse *ref*. to joke, to make fun [of].
chuña *f*. (S. Am.) ORN. kind of crane.
chuño *m*. (Am.) starch of the potato.
chupa *f*. an old undercoat or jacket : *poner a uno como ∼ de dómine*, to upbraid, to abuse.
chupacirios *m*. coll. BEATO 5.
chupada *f*. suck, sucking. 2 pull [at a pipe or cigar].
chupaderito *m*. *dim*. of CHUPADERO : *andarse con*, or *en*, *chupaderitos*, to use ineffective means in difficult tasks.
chupadero, ra *adj*. sucking. — 2 *m*. CHUPADOR 2.
chupado, da *adj*. lean, emaciated.
chupador, ra *adj*. sucking; absorbent. — 2 *m*. pacifier, teething ring, baby's coral. — 3 *m*. & *f*. (Am.) smoker. 4 (Am.) heavy drinker.
chupadorcito *m*. CHUPADERITO : *andarse con*, or *en*, *chupadorcitos*, ANDARSE EN, or CON, CHUPADERITOS.
chupadura *f*. suck, sucking.
chupaflor *m*. ORN. a Venezuelan humming bird.

chupamieles *m.* BOT. bugloss.
chupamirto *m.* ORN. (Mex.) humming bird.
chupar *tr.* to suck, draw : fig. *chuparse los dedos*, to eat, do or say something with much pleasure. 2 to absorb, imbibe. 3 to milk, to drain [money, etc.] ; to sponge. 4 (Am.) to smoke. 5 (Am.) to drink. — 6 *ref.* to become lean, emaciated.
chupatintas *m.* coll. office clerk.
chupativo, va *adj.* of an absorbing or imbibing nature.
chupeta *f.* NAUT. roundhouse. 2 an old short undercoat or jacket.
chupete *m.* pacifier [nipplelike device for babies to suck]. 2 *de* ~, fine, splendid.
chupetear *tr.* to suck gently and by starts.
chupeteo *m.* frequent sucking.
chupetín *m.* an old waistcoat or undercoat.
chupetón *m.* hard suck.
chupón, na *adj.* sucking. 2 blotting [paper]. — 3 *m.* sucker, sponger, parasite. 4 HORT. sucker. 5 MACH. sucker [piston].
chuquiragua *f.* (Am.) BOT. a plant growing in the Andes and used as a febrifuge.
chuquisa *f.* (Chi., Pe.) wanton woman.
churana *f.* (Am.) Indian quiver.
churdón *m.* BOT. raspberry. 2 raspberry jam or syrup.
churla *f.*, **churlo** *m.* pita and leather bag used in carrying spices.
churra *m.* ORTEGA.
churrasco *m.* (Am.) broiled meat, barbecued meat.
churrasquear *tr.* (Am.) to broil [meat] on a fire; to barbecue.
churre *m.* thick, dirty grease. 2 greasy dirt.
churretada *f.* large dirty spot [on hands or face]. 2 lot of CHURRETES.
churrete *m.* dirty spot [on hands or face].

churrería *f.* shop where CHURROS are made and sold.
churrero, ra *m. & f.* maker or seller of CHURROS.
churriburri *m.* ZURRIBURRI.
churriento, ta *adj.* dirty, greasy.
churrigueresco, ca *adj.* F. ARTS. Churrigueresque.
churriquerismo *m.* ARCH. overornamentation. 2 Churrigueresque style.
churro, ra *adj.* coarse-wooled [sheep]. 2 coarse [wool]. — 3 *m.* a long cylindrical fritter.
churrullero, ra *adj.* loquacious, talkative. — 2 *m. & f.* chatterbox.
churrupear *intr.* to sip wine.
churruscarse *ref.* [of food] to burn become burnt.
churrusco *m.* burnt piece of bread.
churumbel *m.* coll. child.
churumbela *f.* MUS. kind of flageolet. 2 (Am.) kind of pipe for sucking maté.
churumen *m.* CHIRUMEN.
churumo *m.* coll. juice, substance.
chuscada *f.* joke, pleasantry.
chuscamente *adv.* amusingly, funnily.
chusco, ca *adj.* droll, funny. 2 (Am.) mongrel [dog]. — 3 *m.* funny [person].
chusma *f.* rabble, mob. 2 galley slaves.
chuspa *f.* (South Am.) bag.
chusque *m.* (Col.) BOT. kind of bamboo.
chutar *intr.* FOOTBALL to shoot.
chute *m.* (C. Am.) prick, goad, spur.
chuza *f.* (Mex.) strike [in bowling].
chuzar *tr.* (Col.) to prick, wound.
chuzazo *m.* blow with a CHUZO.
chuzo *m.* short pike : fig. *caer* or *llover chuzos*, to rain pitchforks. 2 (Cu.) whip.
chuzón, na *adj.* crafty, sly. 2 BURLÓN.
chuzonada *f.* BUFONADA.
chuzonería *f.* jest, joke.

D

D, d *f.* D, d, the fifth letter of the Spanish alphabet.
dable *adj.* feasible, possible.
daca (word formed by *da*, and *acá*) give me : *andar al toma y daca*, to be engaged in discussions.
Dacia *f. pr. n.* GEOG. Dacia.
dacio, cia *adj. & m*, Dacian.
dación *f.* LAW giving, handing over.
dactilado, da *adj.* dactylate, finger-shaped.
dactilar *adj.* DIGITAL.
dactílico, ca *adj.* dactylic.
dactiliología *f.* dactyliology.
dáctilo *m.* dactyl.
dactilografía *f.* typewriting.
dactilográfico, ca *adj.* typewriting.
dactilógrafo, fa *m. & f.* typist. — 2 *m.* typewriter [machine].
dactilología *f.* dactylology.
dactiloscopia *f.* dactyloscopy.
dactiloscópico, ca *adj.* dactyloscopic.
dadaísmo *m.* Dadaism.
dádiva *f.* gift, present : *dádivas quebrantan peñas*, fig. gifts and presents will overcome all reluctances.
dadivosamente *adv.* bounteously, liberally.
dadivosidad *f.* bounty. generosity, liberality.
dadivoso, sa *adj.* bounteous, liberal.
dado, da *adj.* given. — 2 *conj. dado que, dado caso que*, assuming that, if. — 3 *m.* ARCH. dado, die [of pedestal]. 4 MACH. block. 5 die [used in gaming] : ~ *falso*, loaded die ; *cargar los dados*, to load the dice ; *conforme diere el* ~, according to the way the wind blows ; *lo mejor de los dados es no jugarlos*, risks are best avoided.
dador, ra *m. & f.* giver. 2 bearer [of a letter]. 3 drawer [of a bill of exchange].
daga *f.* dagger. 2 line of bricks in a kiln.
daguerrotipar *tr.* to daguerreotype.
daguerrotipia *f.* daguerreotypy.
daguerrotipo *m.* daguerreotype.
daguilla *f.* BOT. a Cuban tree.
daifa *f.* concubine.
dala *f.* NAUT. pump dale.
¡dale! or **¡dale que dale!** *interj.* at it again ! [expressing displeasure at another's obstinacy]. 2 *estar ~ que ~.* to insist, to persist.
dalia *f.* BOT. dahlia.
Dalila *f. pr. n.* Delilah.
Dalmacia *f. pr. n.* GEOG. Dalmatia.
dálmata *adj. & n.* Dalmatian.
dalmática *f.* dalmatic [vestment].
dalmático, ca *adj.* Dalmatian. — 2 *m.* Dalmatian language.
daltoniano, na *adj.* affected with Daltonism.
daltonismo *m.* MED. Daltonism.
dallador *m.* scytheman.
dallar *tr.* to scythe [mow with a scythe].
dalle *m.* scythe.
dama *f.* lady, dame. 2 lady in waiting. 3 woman courted by a man. 4 mistress, concubine. 5 king [in draughts]. 6 queen [in chess]. 7 THEAT. actress : *primera* ~, leading lady. 8 FOUND. dam. 9 GAMO. 10 ~ *cortesana*, courtesan. 11 BOT. ~ *de*

noche, night jasmin(e [plant of the Solanaceae family with flowers odorous at night]. 12 *soplar la* ~ *a*, to huff a king at draughts ; coll. to carry off a woman who was courted by another man. 13 *pl.* draughts, *checkers : juego de damas*, game of draughts or checkers.
damaceno, na *adj.* DAMASCENO.
damajuana *f.* demijohn.
damascado, da *adj.* ADAMASCADO.
damasceno, na *adj. & n.* Damascene. — 2 *adj. & f.* BOT. damson [plum].
Damasco *f. pr. n.* GEOG. Damascus.
damasco *m.* damask [fabric]. 2 BOT. a variety of apricot.
damasina *f.* DAMASQUILLO 1.
damasquillo *m.* light stuff resembling damask. 2 BOT. apricot.
damasquina *f.* BOT. French marigold.
damasquinado, da *adj.* damascened. — 2 *m.* damascene work.
damasquinar *tr.* to damascene.
damasquino, na *adj.* Damascene. 2 made of damask.
damería *f.* affected nicety, mincing. 2 scruple.
damisela *f.* young lady, damsel. 2 courtesan.
damnificado, da *m. & f.* injured party.
damnificar *tr.* to damage, hurt, injure.
damnifiqué, damnifique, etc., *pret., subj. & imper.* of DAMNIFICAR.
dancé, dance, etc., *pret., subj. & imper.* of DANZAR.
dandi *m.* dandy.
dandismo *m.* dandyism.
danés, sa *adj.* Danish. — 2 *m. & f.* Dane. — 3 *m.* Danish [language].
dango *m.* ORN. gannet.
dánico, ca *adj.* Danish.
Daniel *m. pr. n.* Daniel.
danta *f.* ZOOL. elk. 2 ZOOL. tapir.
dante *adj.* giving. — 2 *m. & f.* giver.
dantellado, da *adj.* HER. dentelated.
dantesco, ca *adj.* Dantesque.
danubiano, na *adj. & n.* Danubian.
Danubio *m. pr. n.* Danube.
danza *f.* dance ; dancing : ~ *de cintas*, maypole dance ; ~ *de espadas*, sword dance ; ~ *macabra*, dance of death, danse macabre. 2 HABANERA. 3 mess, dubious or entangled affair : *meter en la* ~, to drag into an affair, to involve.
danzador, ra *adj.* dancing. — 2 *m. & f.* dancer.
danzante, ta *m. & f.* dancer. 2 coll. active person, hustler. 3 coll. whippersnapper.
danzar *intr.* to dance. 2 to meddle or to be [in an affair].
danzarín, na *m. & f.* good dancer. 2 professional dancer. 3 coll. whippersnapper.
danzón *m.* a Cuban dance.
dañable *adj.* harmful. detrimental. 2 condemnable.
dañado, da *adj.* evil, wicked. 2 [of food, fruits, etc.] damaged, spoiled, tainted. 3 damned.
dañador, ra *adj.* damaging, injuring, injurious. — 2 *m. & f.* damager, injurer.
dañar *tr.* to harm, damage, injure, hurt. 2 to spoil,

taint. — *3 ref.* to become damaged, to spoil; to get hurt.

dañino, na *adj.* harmful, destructive. 2 evil, wicked, mischievous.

daño *m.* harm, damage, detriment, injury : *daños y perjuicios*, damages; *causar* ~, to damage, to injure; *en* ~ *de*, to the detriment of. 2 hurt : *hacer* ~, to hurt; *hacerse* ~, to hurt oneself.

dañosamente *adv.* harmfully, injuriously.

dañoso, sa *adj.* harmful, noxious, damaging, detrimental.

dar *tr.* to give [in nearly every sense], hand, deliver, grant, confer : ~ *un baile, un banquete*, to give a dance, a banquet; ~ *un mensaje*, to deliver a message; ~ *un premio*, to grant a prize. 2 to produce, bear, yield [fruits, crops, profits, etc.]. 3 to deal [cards]. 4 to produce, cause, excite : ~ *gusto*, to cause pleasure, to please; ~ *lástima*, to excite pity. 5 to strike [the hours] : *el reloj da las cinco*, the clock strikes five; *han dado las cinco*, five o'clock has struck; *son las cinco dadas*, it's past five o'clock. 6 to show [at theatre, etc.] : *¿qué dan hoy?*, what are they showing today? 7 with some nouns it expresses the action implied by the noun : ~ *cabezadas*, to nod; ~ *caza a*, to give chase to, to pursue; ~ *comienzo* or *principio*, to begin; ~ *fin a*, to finish, complete; ~ *gritos*, or *voces*, to shout; ~ *saltos*, to jump; ~ *suspiros*, to sigh; ~ *un abrazo*, to embrace; ~ *un paseo*, to take a walk; ~ *un paso*, to take a step; ~ *vueltas*, to turn, rotate. 8 *dar como* or *por*, to suppose, assume, consider, hold, declare : ~ *como cierto*, to hold as certain; ~ *por bien empleado*, to consider well spent; ~ *por concluido*, to consider finished; ~ *por hecho*, to consider done; ~ *por bueno*, to approve, to count as good; ~ *por inocente*, to hold innocent; ~ *por visto*, to consider seen. 9 ~ *de barniz, pintura, azúcar*, to cover, to overlay with varnish, paint, sugar. 10 ~ *de puñetazos, tiros, etc.*, to punch, shoot, etc. 11 other senses : ~ *a conocer*, to make known; ~ *a entender*, to hint, to give to understand; ~ *a luz*, to give birth to; to issue, publish; ~ *crédito a*, to believe; ~ *conocimiento*, to inform, to report; ~ *de lado*, to shun, give up acquaintance with [somebody]; ~ *de mano*, to leave [a thing], to abandon, not to help [a person]; ~ *en cara, en rostro*, to throw in one's face; ~ *fiado*, to give on credit; ~ *frente a*, to face, be facing; ~ *la enhorabuena*, to congratulate; ~ *los buenos días, las buenas tardes*, to pass the time of the day; ~ *prestado*, to lend; ~ *que decir*, to set tongues wagging; ~ *que hacer*, to give trouble; ~ *que pensar*, to arouse suspicions, to set one to thinking; ~ *que sentir*, to give cause for regret; ~ *señales*, to show signs; *darla de*, to brag of being, to set up for; *me da el corazón*, my heart tells me, I feel in my heart; *me da en la nariz*, I suspect that; *no da pie con bola*, he does nothing right; *ahí me las den todas*, that will not worry me.

12 *intr.* to feel, to be stricken with or by : *me dio un dolor*, I was stricken with or by a pain. 13 to set in, come on : *le dio fiebre*, fever set in. 14 ~ *a:* a) to overlook, open on, face : *esta ventana da a la calle*, this window overlooks the street. b) to work : ~ *a la bomba*, to work the pump. 15 ~ *con* [a person or thing], to meet, to find. 16 ~ *consigo en*, to land; *dio consigo en la cárcel*, he landed in jail. 17 ~ *contra*, to knock or hit against. 18 *dar de:* a) to fall on : ~ *de cabeza, de narices, etc.*, to fall on one's head, nose, etc. b) to give [food or drink] : ~ *de cenar*, to give supper; ~ *de comer*, to feed, give food. 19 ~ *en:* a) to take to, to acquire the habit of : *dio en salir todos los días*, he took to going out every day. b) to strike, hit, fall against : ~ *en el suelo*, to hit the floor; ~ *en un bajío*, NAUT. to strike a shoal; ~ *en vacío* or *en vago*, to strike thin air, to fail; ~ *en el clavo*, to hit the nail on the head. c) to hit upon, to guess : ~ *en la solución*, to hit upon the solution. d) to incur in. to fall into [error]. 20 *darle a uno por*, to take it into one's head; to take to. 21 other senses : ~ *al traste con*, to spoil, destroy, shatter [as hopes, etc.]; ~ *con uno en tierra*, to throw or bring one to the ground; ~ *de sí*, to give, yield,

stretch; ~ *en ello*, to realize (it), to see the point; *dé donde diere*, inconsiderately, heedlessly; *a mal* ~, at the worst, in the worst of cases.

22 *ref.* to give oneself. 23 to yield, surrender, give in. 24 to take to : *darse a la bebida*, to take to drink; *darse a creer que*, to take to believing that. 25 [of things, events, etc.] to happen, exist, to be, to be given : *se da el caso*, (as) it happens, the case is. 26 [of farm produce] to come up : *las patatas se dan bien este año*, potatoes are coming up well this year. 27 *darse por*, to consider oneself as good as, to give oneself up for : *darse por muerto*, to give oneself up for dead; *darse por ofendido, darse por sentido*, to take offence, take umbrage; *darse por vencido*, to give up, to acknowledge (one's) defeat. 28 NAUT. *darse a la vela*, to set sail. 29 other senses : *darse [uno] a conocer*, to identify oneself, to make oneself known; to allow one's real character to be seen; *dársela a uno*, to take one in, to deceive someone; *darse la mano*, to shake hands; *dársele a uno poco*, to care little, not to care a straw : *poco se me da lo que ocurra*, I care little what happens.

¶ CONJUG.: INDIC. Pres.: *doy, das, da; damos, dais, dan.* | Imperf.: *daba, dabas, etc.* | Pret.: *di, diste, dio; dimos, disteis, dieron.* | Fut.: *daré, darás, etc.* | COND.: *daría, darías, etc.* | SUBJ. Pres.: *dé, des, dé; demos, deis, den.* | Imperf.: *diera, dieras, etc.*, or *diese, dieses, etc.* | Fut.: *diere, dieres, etc.* | IMPER.: *da, dé; demos, dad, den.* | PAST. P.: *dado.* | GER.: *dando.*

dardabasí *m.* ORN. kite.

dardada *f.* blow of a dart.

Dardanelos *m. pr. n.* GEOG. Dardanelles.

dardanio, nia *adj.* Dardan, Dardanian.

Dárdano *m. pr. n.* MYTH. Dardanus.

dárdano, na *adj. & n.* Dardan, Dardanian.

dardo *m.* dart [missile weapon]. 2 cutting remark. 3 ICHTH. bleak.

dares y tomares *m. pl.* coll. sums given and taken. 2 disputes, discussions : *andar en dares y tomares*, to dispute, be engaged in discussions.

Darío *m. pr. n.* Darius.

dársena *f.* inner harbour, dock, basin.

darvinismo *m.* Darwinism.

darvinista *adj.* Darwinistic. — *2 m. & f.* Darwinist.

dasocracia, dasonomía *f.* science of forestry.

dasocrático, ca; dasonómico, ca *adj.* [pertaining to] forestry.

data *f.* date [statement of place and time].: *de larga* ~, of long standing, very ancient. 2 ACC. credit, item in a credit. 3 measured outlet of a reservoir.

datar *tr.* to date [mark with date]. 2 ACC. to credit on an account. — *3 intr.* to date [belong to a given time] : ~ *de*, to date from.

dataría *f.* datary [office].

datario *m.* datary [cardinal].

dátil *m.* BOT. date [fruit]. 2 ZOOL. date shell.

datilado, da *adj.* date-like.

datilera *f.* BOT. date palm.

datismo *m.* RHET. use of redundant synonyms.

dativo *m.* GRAM. dative.

dato *m.* datum, fact [upon which an inference is based]. 2 document, testimony. 3 MAT. datum.

daturina *f.* CHEM. daturine.

dauco *m.* BIZNAGA 1. 2 BOT. wild carrot.

davalar *intr.* DEVALAR.

David *m. pr. n.* David.

davídico, ca *adj.* Davidic(al.

daza *f.* BOT. sorghum.

D. D. T. or **dedeté** *m.* CHEM. a compound used for killing insects.

1) **de** *f.* name of the letter *d*.

2) **de** *prep.* of [in practically every· use]. 2 from [origin] : *es* ~ *Madrid*, he is from Madrid; ~ *Málaga a Sevilla*, from Málaga to Seville; [inference] ~ *esto se sigue*, from this it follows. 3 on, about [subject, matter] : *un libro* ~ *matemáticas*, a book on mathematics. 4 out of : ~ *diez, uno*, one out of ten; ~ *lástima que le dio*, out of the pity he felt. 5 in the, at, by [time] : ~ *mañana*, in the morning; ~ *noche*, at night; ~ *día*, by day. 6 [with infinitive] to : *es hora* ~ *descansar*, it's time to rest. 7 for

[purpose] : *goma* ～ *mascar*, gum for chewing, chewing gum; *máquina* ～ *coser*, machine for sewing, sewing machine. *8* with : *loco* ～ *rabia*, mad with anger; *enfermo* ～ *sarampión*, sick with measles; *el hombre del sombrero*, the man with a hat. *9* if, should [conditional] : ～ *ir a pie, llegaríamos tarde*, if we went on foot, we'd arrive late. *10* of, some : *bebió del vino*, he drank of the wine. *11* by : *abogado* ～ *profesión*, lawyer by profession; *un cuadro* ～ *Velázquez*, a painting by Velázquez. *12* [preceded by *más* or *menos*] than : *menos* ～ *siete*, less than seven. *13* used as equivalent of «wife of» between lady's maiden name and husband's : *María Suárez de López*, Mrs. López [Mrs. Mary López, née Suárez]. *14* of a [when used to give energy to expression] : *ese diablillo* ～ *criatura*, that imp of a child. | In certain expressions it is not translated : *el bueno* ～ *Juan*, that good fellow John. *15 de un, de una*, at a, in one : ～ *un trago*, at a gulp; ～ *un salto*, in one jump. *16* other senses : *llorar* ～ *alegría*, to weep for joy; *¡ay* ～ *los vencidos!*, woe to the conquered! ; ～ *pie*. standing; ～ *prisa*, in haste; ～ *día en día*, day by day; ～ *uno en uno*, one by one; ～ *ti a mí*, between you and me; *¡pobre* ～ *mí!*, woe is me!, alas poor me! ; *un pan* ～ *a libra*, a pound loaf ; *la casa* ～ *la derecha*, the house on the right.
dé, des, etc., irr. V. DAR.
dea *f.* poet. goddess.
deambular *tr.* to walk, stroll.
deambulatorio *m.* ARCH. ambulatory.
deán *m.* ECCL. dean.
deanato, deanazgo *m.* ECCL. deanship.
debajo *adv.* underneath : ～ *de*, under, beneath; *por* ～, underneath; from below; *por* ～ *de*, under, below.
debate *m.* debate. *3* altercation.
debatir *tr.* to debate, discuss.
debe *m.* COM. debit, debtor side of an account.
debelación *f.* conquering, vanquishing [in war].
debelador, ra *adj.* conquering, vanquishing. — *2 m. & f.* conqueror.
debelar *tr.* to conquer, to vanquish [in war].
1) **deber** *m.* duty obligation. *2* school work, homework.
2) **deber** *tr.* to owe : *no* ～ *nada* [*una cosa a otra*], fig. [of a thing] not to be inferior in any way [to another]. — *2 aux.* [with an inf.] must, have to ; ought to, should : *debo salir*, I must, or I have to, go out; *debería salir*, I ought to, or I should, go out. *3* ～ *de*, must [expressing conjecture] : *deben de ser las cinco*, it must be five o'clock.
debidamente *adv.* duly, properly.
debido, da *p. p.* of DEBER : *como es* ～, duly, properly, rightly, well, as it should be. — *2 adj.* owed. *3* due, exact, just, proper, right. — *4 prep. debido a*, owing to, on account of.
débil *adj.* weak, feeble. *2* slight, faint. *3* faint, sickly. *4* GRAM. weak [vowel].
debilidad *f.* weakness, debility, feebleness.
debilitación *f.* debilitation. *2* weakness.
debilitadamente *adv.* weakly, feebly.
debilitante *adj.* weakening, debilitating.
debilitar *tr.* to weaken, enfeeble, debilitate. — *2 ref.* to weaken, become feeble, lose strength.
débilmente *adv.* weakly, feebly, slightly, faintly.
débito *m.* debt. *2* ～ *conyugal*, conjugal duty.
debó, *pl.* **deboes** *m.* scraper [for skins].
debut *m.* GALL. debut [first performance].
debutar *intr.* GALL. to make one's debut [first perfomance].
deca- *pref.* deca-.
década *f.* decade.
decadencia *f.* decadence, decline, decay : *ir en* ～, to be on the decline.
decadente *adj.* decadent, declining.
decaedro *m.* GEOM. decahedron.
decaer *intr.* to decline, decay, be in decadence, fall, fall off, lessen. *2* NAUT. to drift from the course. ¶ CONJUG. like CAER.
decágono, na *adj. & m.* GEOM. decagon.
decagramo *m.* decagram.
decaído, da *adj.* declining. *2* low [sick person]. *3* ～ *de ánimo*, disheartened.
decaigo, decaiga, etc., irr. V. DECAER.
decaimiento *m.* decline, decay. *2* weakness.
decalaje *m.* AER. stagger.

decalitro *m.* decaliter.
decálogo *m.* decalogue.
decalvación *f.* the act of DECALVAR.
decalvar *tr.* to shave the head of [as punishment].
decámetro *m.* decameter.
decampar *intr.* [of an army] to decamp, break up camp.
decanato *m.* deanship, deanery [of a faculty]; doyenship [of a body].
decano *m.* dean [of a faculty]. *2* doyen, dean [of a body].
decantación *f.* decantation.
decantar *tr.* to decant. *2* to exaggerate, overpraise, cry up.
decapitación *f.* beheading, decapitation.
decapitar *tr.* to behead, decapitate.
decápodo, da *adj. & n.* ZOOL. decapod. — *2 m. pl.* ZOOL. Decapoda.
decárea *f.* decare.
decasílabo, ba *adj.* decasyllabic, decasyllable. — *2 m.* decasyllable.
decayó, decayera, decayese, etc., irr. V. DECAER.
decena *f.* ten [ten unities]. *2* MUS. tenth. *3 pl.* ARITH. tens [figure].
decenal *adj.* decennial.
decenar *m.* group of ten.
decenario, ria *adj.* decennary, decennial. — *2 m.* decade, ten years. *3* ten-bead rosary.
decencia *f.* decency, propriety. *2* decorum, modesty. *3* cleanliness, tidiness. *4* honesty.
deceno, na *adj.* tenth.
decentar *tr.* to begin the use of, to cut the first slice of. *2* to begin to impair [the health. etc.]. — *3 ref.* to get bedsores. ¶ CONJUG. like *acertar*.
decente *adj.* decent, proper. *2* decorous, modest. *3* clean, tidy. *4* correctly, honestly, honorably. etc.]. *5* decent [sufficient, fairly good]. *6* (Am.) respectable.
decentemente *adv.* decently. *2* decorously, modestly. *3* tidily. *4* correctly, honorably.
decenvirato *m.* decemvirate.
decenviro *m.* decemvir.
decepción *f.* disappointment, disillusionment. *2* deceit.
decepcionar *tr.* to disappoint, disillusion.
deci- *pref.* deci-.
deciárea *f.* deciare.
decible *adj.* expressible, speakable.
decidero, ra *adj.* that can be told.
decididamente *adv.* decidedly. *2* resolutely.
decidido, da *adj.* decided. *2* determined.
decidir *tr.* to decide, settle. *2* to decide, determine, resolve [bring or come to a resolution]. — *3 ref.* to make up one's mind : *decidirse a*, to resolve, to make up one's mind to.
decidor, ra *adj.* talking fluently and wittily. — *2 m. & f.* good talker, witty talker.
deciento, deciente, etc., irr. V. DECENTAR.
decigramo *m.* decigram.
decilitro *m.* deciliter.
décima *f.* tenth [tenth part]. *2* a ten-line stanza [*a bb a-a cc dd c*].
décimacuarta, décimanovena, décimaoctava, décimaquinta, etc. *adj.* = DÉCIMOCUARTA, DÉCIMONOVENA, DÉCIMOCTAVA, DÉCIMOQUINTA, etc.
decimal *adj. & m.* decimal. *2* pertaining to tithes.
decímetro *m.* decimeter, decimeter.
décimo, ma *adj.* tenth. — *2 m. & f.* tenth. *3 m.* tenth part of a lottery ticket.
décimoctavo, va *adj.* eighteenth.
décimocuarto, ta *adj.* fourteenth.
décimonono, na *adj.* nineteenth.
décimonoveno, na *adj.* nineteenth.
décimoquinto, ta *adj.* fifteenth.
decimoséptimo, ma *adj.* seventeenth.
décimosexto, ta *adj.* sixteenth.
décimotercero, ra *adj.* thirteenth.
décimotercio, cia *adj.* thirteenth.
deciocheno, na *adj. & n.* eighteenth.
1) **decir** *tr.* to say; to talk, tell, speak : ～ *bien*, to speak well; to speak the truth; ～ *bien de*, to say well of, to speak well of; ～ [*a uno*] *cuántas son cinco*, to tell [a person] what is what; ～ *entre sí* or *para sí*, to say to oneself; ～ *mentiras*, to tell lies; ～ *misa*, to say mass; ～ *por* ～, to talk for talking's sake; ～ *que sí*, to say yes; ～ *verdad*, to speak the truth; *¡diga!*, hello! [on answering telephone]; *¡digo, digo!*, say! listen! ; *¿digo algo?*, have I said something?;

ello dirá, we shall see, time will tell; *el que dirán,* what people will say; *querer ~,* to mean, signify; *como quien dice, como si dijéramos,* so to speak; *como quien no dice nada,* casually; as if it were a small matter; *es ~,* that is to say; *mejor dicho, por mejor ~,* more properly speaking, rather; *no llueve, que digamos,* it isn't half raining; *y no digamos de,* not to speak of. 2 to denote, bespeak, show. 3 [with *bien* or *mal*] to suit (or not to suit), to become (or not to become): *este traje me dice bien,* this dress becomes me. — *4 ref.* to say to oneself. 5 to pretend to be. 6 *se dice,* they say, it is said. ¶ IRREG. CONJUG.: INDIC. Pres.: *digo, dices, dice;* decimos, decís, *dicen.* | Imperf.: decía, decías, etc. | Pret.: *dije, dijiste, dijo; dijimos, dijisteis, dijeron.* | Fut.: *diré, dirás,* etc. | COND.: *diría, dirías,* etc. | SUBJ. Pres.: *diga, digas, diga; digamos, digáis, digan.* | Imperf.: *dijera, dijeras, dijera; dijéramos, dijerais. dijeran* or *dijese, dijeses, dijese; dijésemos, dijeseis, dijesen.* | Fut.: *dijere, dijeres,* etc. | IMPER.: *di, diga; digamos,* decid, *digan.* | PAST. PART.: *dicho.* GER.: *diciendo.*

2) **decir** *m.* say, saying, language: *el bien ~,* elegant style of language; *al ~ de,* according to [someone]; *es un ~,* it is a manner of speaking. 2 witty or amusing remark. 3 opinion: *el ~ de las gentes,* the opinion of the people.

decisión *f.* decision [act], issue; judgement, verdict; order, command. 2 decision, determination, resoluteness.

decisivamente *adv.* decisively.

decisivo, va *adj.* decisive, final, conclusive.

declamación *f.* declamation. 2 delivery [in reciting].

declamador, ra *adj.* declaiming. — *2 m. & f.* declaimer.

declamar *intr. & tr.* to declaim.

declamatorio, ria *adj.* declamatory.

declaración *f.* declaration. 2 statement. 3 LAW declaration, deposition [of a witness]; statement [of an accused]. 4 expounding, explanation. 5 proposal, declaration of love. 6 BRIDGE. bid.

declaradamente *adv.* openly, declaredly.

declarado, da *adj.* declared.

declarante *m. & f.* LAW deponent, witness, declarer. 2 BRIDGE bidder.

declarar *tr.* to declare. 2 to state, make known, avow. 3 to expound, explain. 4 LAW to find [guilty or not guilty]; to decide. 5 to state [as an accused or witness, before a court, judge or magistrate]. — *6 intr.* to appear [as a witness]; to make statements [as an accused]. — *7 ref.* to declare oneself. 8 to let one's feelings, purposes, etc., be known; to propose [to a woman]. 9 [of war] to be declared. 10 [of a fire, an epidemic, etc] to start, take place, break out.

declarativo, va *adj.* explanatory.

declaratorio, ria *adj.* explanatory. 2 LAW declaratory.

declinable *adj.* GRAM. declinable.

declinación *adj.* decline, fall, descent. 2 ASTR., MAGN., DIAL. declination: *~ de la aguja,* magnetic declination. 3 GRAM. declension.

declinante *adj.* declining

declinar *intr.* to decline, lean, deviate. 4 to decline, decay, sink, fall off, decrease. 3 to decline [draw to close]. 4 ASTR. MAGN. to have declination. — *5 tr.* to decline, refuse, renounce. 6 GRAM. to decline.

declinatoria *f.* declinatory, declinatory plea.

declinatorio *m.* declinator [instrument].

declive *m.* declivity, slope, descent: *en, ~* slanting, sloping. 2 RLY. gradient, grade.

declividad *f.,* **declivio** *m.* DECLIVE.

decocción *f.* decoction.

decoloración *f.* decolo(u)rization.

decolorar *tr.* to decolo(u)rize.

decolorante *adj. & m.* decolorant.

decomisar *tr.* COMISAR.

decomiso *m.* COMISO.

decoración *f.* decoration, adorning. 2 decoration, adornment. 3 THEAT. scenery, setting. 4 act of committing to memory.

decorado *m.* DECORACIÓN 1, 2 & 3

decorador, ra *m. & f.* decorator.

decorar *tr.* to decorate, adorn, embellish. 2 to learn by heart. 3 to recite, repeat.

decorativo, va *adj.* decorative.

decoro *m.* decorum, propriety, decency, dignity. 2 circumspection, gravity. 3 modesty, honour. 5 honour, respect, reverence [due to a person].

decorosamente *adv.* decorously, decently.

decoroso, sa *adj.* decorous, decent.

decrecer *intr.* to decrease, diminish. ¶ CONJUG. like *agradecer.*

decreciente *adj.* decreasing, diminishing.

decrecimiento *m.* decrease, diminution.

decremento *m.* decrement, decrease.

decrepitación *f.* decrepitation [crackling under heat].

decrepitante *adj.* decrepitant [crackling under heat].

decrepitar *intr.* to decrepitate [crackle under heat]

decrépito, ta *adj.* decrepit.

decrepitud *f.* decrepitude.

decrescendo *m.* decrescendo.

decretal *adj. & f.* decretal.

decretalista *m.* decretalist [one learned in decretals].

decretar *tr.* to decree, ordain, resolve, determine.

decretista *m.* decretist.

decreto *m.* decree. 2 an order of a judge. 3 decreeing.

decretorio *adj.* MED. decretory.

decrezco, decrezca, etc., *irr.* V. DECRECER.

decúbito *m.* decubitus, lying down position.

decumbente *adj.* decumbent.

decuplar, decuplicar *tr.* to decuple.

decuplo, pla *adj. & m.* decuple.

decuria *f.* decury.

decurión *m.* decurion.

decurionato *m.* decurionate.

decurrente *adj.* BOT. decurrent.

decursas *f. pl.* LAW arrears of ground rent.

decurso *m.* course, lapse [of time].

decusado, da & decuso, sa *adj.* BOT. decussate(d.

dechado *m.* example, model, pattern: *ser un ~ de virtudes,* to be a pattern of virtues. 2 sampler [for young girls to learn needlework].

dedada *f.* small portion, what can be taken up with the tip of the finger [of honey, etc.]: *dar una ~ de miel,* fig. to give a crumb of comfort.

dedal *m.* thimble. 2 thimbleful. 3 leather finger-stall.

dedalera *f.* BOT. foxglove.

Dédalo *m. pr. n.* MYTH. Daedalus.

dédalo *m.* labyrinth, maze.

dedeo *m.* MUS. fingers, fingering.

dedicación *f.* dedication, consecration. 2 dedication [dedicatory inscription on a building].

dedicante *m. & f.* dedicator.

dedicar *tr.* to dedicate [a church, a book, etc.]. 2 to autograph [a photograph]. 3 to dedicate, to devote [one's life, time, etc.]. — *4 ref. dedicarse a,* to devote oneself to, to interest or occupy oneself in; to make a specialty of.

dedicativo, va *adj.* DEDICATORIO.

dedicatoria *f.* dedication [in a book, etc.]; autograph [on a photograph].

dedicatorio, ria *adj.* dedicatory.

dedición *f.* unconditional surrender [to ancient Rome].

dedignar *tr. & ref.* to scorn, despise.

dedil *m.* fingerstall.

dedillo *m.* little finger. 2 *saber* or *conocer una cosa al ~,* to have something at one's finger tips.

dedo *m.* finger; toe: *~ de la mano,* finger; *~ del pie,* toe; *~ anular,* ring finger; *~ auricular o meñique,* little finger; *~ cordial, del medio* or *del corazón,* middle finger; *~ gordo* or *pulgar* [de la mano], thumb; *~ gordo* [del pie], big toe; *~ índice,* forefinger, index; *antojársele a uno los dedos huéspedes,* to be exceedingly suspicious; *cogerse los dedos,* to burn one's fingers; *contar por los dedos,* to count on one's fingers; *chuparse los dedos,* to enjoy, relish [something] greatly; *derribar con un ~,* to knock down with a feather; *métale un ~ en la boca,* he's not the fool you think; *meter los dedos a uno,* to sound someone out; *no mamarse el ~,* to be no fool; *poner el ~ en la llaga,* to hit it on the head, to put one's finger on the sore spot; *poner a uno los cinco dedos en la cara,* to slap someone in the face; *ponerse uno el ~ en la boca,* to keep silence, be discreet; *señalar a uno con el ~,* to point one's finger at someone;

tener uno sus cinco dedos en la mano, to be as brave or strong as anybody. 2 finger's breadth; fig. very small distance : *estar a dos dedos de*, to be within an ace of.

dedolación *f.* SURG. dedolation.

dedolar *tr.* SURG. to cut obliquely.

deducción *f.* deduction, inference, conclusion. 2 LOG. deduction. 3 deduction, rebate, discount. 4 DERIVACIÓN 3.

deducible *adj.* deducible, inferable.

deducir *tr.* to deduce, deduct, infer. 2 MATH. to derive [a formula]. 3 to deduct, rebate, discount, subtract. 4 LAW to put forward, allege [in pleading]. ¶ CONJUG. like *conducir*.

deductivo, va *adj.* deductive.

deduje, dedujera, dedujese, etc., *irr.* V. DEDUCIR.

deduzco, deduzca, etc., *irr.* V. DEDUCIR.

de facto *adv.* de facto.

defalcar *tr.* DESFALCAR.

defecación *f.* defecation, purification. 2 defecation [voiding of excrement].

defecador, ra *adj.* defecating, purifying.

defecar *tr.* to defecate, clarify, purify. — 2 *intr.* to defecate [void excrement].

defección *f* defection, desertion.

defectible *adj.* that can be lacking.

defectillo *m. dim.* slight fault or defect.

defectivo, va *adj.* defective, faulty. 2 GRAM. defective.

defecto *m.* defect, fault, failing, blemish, shortcoming, imperfection. 2 default, lack : *en ~ de*, in default of. 3 *pl.* PRINT. sheets lacking or left over from an edition or issue.

defectuosamente *adv.* defectively, faultily.

defectuoso, sa *adj.* defective, faulty.

defendedero, ra *adj.* DEFENDIBLE.

defendedor, ra *adj.* defending. — 2 *m. & f.* defender.

defender *tr.* to defend [protect; ward off attack; uphold by argument; speak or write in favour of]. 2 LAW to defend [an accused]. 3 to forbid, prohibit. 4 to hinder, impede. — 5 *ref.* to defend oneself or itself. ¶ CONJUG. like *entender*.

defendible *adj.* defensible.

defensa *f.* defence, *defense. 2 protection, guard. 3 LAW counsel for the defence. 4 obs. prohibition. 5 *m.* FOOTBALL back. 6 *f. pl.* FORT. defences. 7 NAUT. fenders, skids. 8 horns [of bull], antlers [of deer], tusks [of elephant or boar].

defensión *f.* defence, protection.

defensivo, va *adj.* defensive. — 2 *m.* defence, protection, guard. — 3 *f.* defensive : *estar* or *ponerse a la ~*, to be or to stand on the defensive.

defensor, ra *adj.* defending, protecting. — 2 *m. & f.* defender. 3 protecter. 4 upholder, advocate, supporter. 5 LAW counsel for the defence.

defensoría *f.* LAW defence [as a practice].

defensorio *m.* written defence or vindication.

defequé, defeque, etc., *pret., subj. & imper.* of DEFECAR.

deferencia *f.* deference.

deferente *adj.* deferential. 2 deferring [to another's opinion]. 3 ANAT. deferent.

deferir *intr.* to defer [to another's wishes, opinions, etc.]. — 2 *tr.* LAW to transfer [jurisdiction or power]. ¶ CONJUG. like *hervir*.

deficiencia *f.* defect, fault, deficiency.

deficiente *adj.* deficient, faulty.

déficit *m.* deficit, shortage.

deficitario, rio *adj.* with a deficit.

defiendo, defienda, etc., *irr.* V. DEFENDER.

defiero, defiera, etc., *irr.* V. DEFERIR.

definible *adj.* definable.

definición *f.* definition. 2 decision, conclusion. 3 *pl.* statutes of military orders.

definido, da *adj.* definite : *artículo ~*, GRAM. definite article. 2 defined, sharp. — 3 *m.* thing defined.

definidor, ra *adj.* defining. — 2 *m. & f.* definer. 3 definitor [in a religious order].

definir *tr.* to define. 2 PAINT. to finish, complete.

definitivamente *adv.* definitively.

definitivo, va *adj.* definitive. 2 *en definitiva*, after all, in conclusion, in short.

definitorio *m.* governing council of some religious orders; its meeting; place where it holds its meetings.

deflación *f.* ECON. deflation.

deflagración *f.* deflagration.

deflagrador, ra *adj.* deflagrating. — 2 *m.* deflagrater, ignitor.

deflagrar *intr.* to deflagrate.

deflector *m.* deflector [baffle]. 2 NAUT. deflector.

deflegmar *tr.* CHEM. to dephlegmate.

defoliación *f.* defoliation.

deformación *f.* deformation. 2 MECH. strain. 3 RADIO distortion.

deformador, ra *adj.* deforming. — 2 *m. & f.* deformer.

deformar *tr.* to deform, misshape, put out of shape. — 2 *ref.* to become deformed.

deformatorio, ria *adj.* deforming.

deforme *adj.* deformed, misshapen, ugly.

deformemente *adv.* deformedly.

deformidad *f.* deformity, ugliness. 2 gross error.

defraudación *f.* defraudation.

defraudador, ra *adj.* defrauding. — 2 *m. & f.* defrauder.

defraudar *tr.* to defraud, rob, cheat. 2 to frustrate, disappoint. 3 to deceive [hopes]. 4 to rob, intercept [light], to rob, disturb [sleep].

defuera *adv.* on the outside, externally : *por ~*, on the outside.

defunción *f.* death, decease, demise.

degeneración *f.* degeneration. 2 degeneracy.

degenerado, da *adj. & n.* degenerate.

degenerar *intr.* to degenerate.

deglución *f.* deglutition, swallowing.

deglutir *tr.* to swallow.

degollación *f.* decollation, beheading; throat-cutting.

degolladero *m.* neck, throttle [of animals]. 2 slaughterhouse, shambles. 3 scaffold with block where people were beheaded. 4 DEGOLLADO.

degollado, da *p. p.* of DEGOLLAR. — 2 *m.* formerly, low neck cut in a garment.

degollador, ra *adj.* throat-cutting. — 2 *m. & f.* throat cutter.

degolladura *f.* slash, gash in the throat. 2 DEGOLLADO. 3 joint [between bricks]. 4 slender part of balusters.

degollante *adj.* presumptuous, boring. — 2 *m. & f.* bore, nuisance.

degollar *tr.* to decollate, behead; to cut the throat. 2 to cut [a garment] low in the neck. 3 fig. to destroy, ruin. 4 THEAT. fig. to murder [a drama, etc.]. 5 coll. *Juan me deguella*, I cannot suffer or stand John. ¶ CONJUG. like *contar*.

degollina *f.* massacre, slaughter, butchery.

degradación *f.* degradation, demotion, deposition. 2 degeneracy, debasement. 3 GEOL. degradation. 4 PAINT. degradation, diminution; blending.

degradante *adj.* degrading.

degradar *tr.* to degrade, demote, break, depose. 2 to degrade, debase. 3 GEOL. to degrade. 4 PAINT. to degrade, blend. — 5 *ref.* to degrade oneself, to become degraded.

degüello *m.* decollation; throat-cutting : *entrar a ~*, MIL. to take a town without giving quarter; *tirar a ~*, coll. to endeavour to harm or ruin [someone]. 2 slender part, neck [of dart, etc.].

degüello, degüelle, etc., *irr.* V. DEGOLLAR.

degustación *f.* degustation.

degustar *tr.* to degust.

dehesa *f.* pasture ground.

dehesero *m.* keeper of a pasture ground.

dehiscencia *f.* BOT. dehiscence.

dehiscente *adj.* BOT. dehiscent.

deicida *adj.* deicidal. — 2 *m. & f.* deicide [person].

deicidio *m.* deicide, slaying of Jesus.

deidad *f.* deity.

deificación *f.* deification.

deificar *tr.* to deify. — 2 *ref.* THEOL. to become deified [by divine union].

deífico, ca *adj.* deific.

deiforme *adj.* deiform, godlike.

Deípara *adj.* Deiparous [said of the Virgin Mary].

deísmo *m.* deism.

deísta *adj.* deistic. — 2 *m. & f.* deist.

dejación *f.* abandonment, relinquishment, giving up. 2 LAW assignment.

dejada *f.* DEJACIÓN 1.

dejadero, ra *adj.* that is to be relinquished or left behind.

dejadez *f.* laziness, negligence. 2 slovenliness, neglect [of one's things or oneself].

dejado, da *adj.* lazy, negligent, slovenly. 2 low-spirited. — 3 *p. p.* of DEJAR : *estar ~ de la mano* *de Dios* [of a person], to be very wicked or very unfortunate.

dejamiento *m.* DEJACIÓN. 2 laziness, slovenliness. 3 lassitude. 4 dejection. 5 indifference.

dejar *tr.* to leave : ~ *aparte*, to leave aside; ~ *atrás*, to leave behind; to excel, surpass; ~ *dicho*, to leave word or orders; ~ *en paz*, to leave alone, let alone, let be; ~ *olvidado*, to forget, leave behind; ~ *por hacer*, to leave undone, to put off doing. 2 to abandon, relinquish, let go. 3 to quit, depart from. 4 to permit, consent, allow, let : ~ *caer*, to let drop; ~ *correr*, to let run, let pass. 5 to abandon, forsake, desert. 6 to commit, entrust, leave in charge. / to give up : ~ *a uno por loco*, to give someone up as mad. 8 to deposit. 9 to yield [as a profit]. 10 to lend, loan. 11 to bequeath. 12 ~ *de*, to omit; to stop, cease, desist, refrain or abstain from : ~ *de escribir*, to stop writing; *no deje de escribir*, don't forget to write, don't fail to write; ~ *de ser*, to cease to be, to be no longer; *no deja de ser sorprendente*, it is rather surprising; *no* ~ *de tener*, not to lack, not to be without. 13 COM. ~ *de cuenta*, to refuse delivery [of goods]. 14 ~ *feo a uno*, to slight, rebuff someone. 15 ~ *frío o helado*, to surprise, astound. 16 ~ *molido*, to tire out. 17 ~ *paso*, not to stand in the way. 18 ~ *plantado*, to abandon, desert; to disappoint. 19 ~ *seco*, to kill dead. 20 *no me dejará mentir*, he'll bear me out, he'll confirm or corroborate what I am saying. — 21 *ref.* to abandon oneself. 22 to neglect oneself, become slovenly. 23 to allow or let oneself [die, be seen, be heard, etc.]. 24 *dejarse caer* [of a person], to drop or fall down purposely; fig. to turn up unexpectedly; fig. to give in; fig. to let drop, to hint or insinuate something; [of the sun or heat] be scorching. 25 *dejarse correr* [of a person], to slip down [a rope, tree, etc.]. 26 *dejarse de*, to stop, leave off, put aside : *dejarse de rodeos*, to come to the point; *déjate de tonterías*, quit your nonsense. 27 *dejarse decir*, to say, let out, let drop [unintentionally or indiscreetly]. 28 *dejarse olvidado*, to forget, leave behind; to omit, leave out. 29 *dejarse rogar*, to defer concession of something asked for the sake of being pressed. 30 *dejarse vencer*, to submit to another's opinion, arguments, etc. 31 *dejarse ver*, to show, be seen, be easy to see; to appear in public, at friend's homes, etc.

dejativo, va *adj.* lazy, indolent.

dejillo *m.* DEJO 2. 2 DEJO 3.

dejo *m.* DEJACIÓN 1. 2 peculiar accent or inflexion in speaking. 3 aftertaste, relish or taste which remains after eating or drinking something. 4 lassitude.

de jure *adv.* de jure.

del contraction of DE and EL : of the.

delación *f.* accusation, denunciation, information, giving away.

delantal *m.* apron; pinafore.

delante *adv.* before, in front; ahead : ~ *de*, before, in front of, in the presence of; ahead of; in preference to; *por* ~, before; ahead.

delantera *f.* front, fore part. 2 front part [of garments]. 3 front row [in theaters, etc.]. 4 front edge [of book]. 5 lead, advance, advantage [obtained over another] : *coger* or *tomar la* ~ *a*, to get ahead of, to outstrip, to get the start of : *tomar la* ~, to take the lead. 6 *pl.* ZAHONES.

delantero, ra *adj.* fore, front, foremost, first. — 2 *m.* postilion riding one of the leading horses. 3 SPORT. forward.

delatable *adj.* that can be denounced.

delatar *tr.* to accuse, denounce, inform against, give away. 2 to betray, disclose. — 3 *ref.* to give oneself away, to betray oneself.

delator, ra *adj.* accusing, denouncing. 2 betraying, disclosing. — 3 *m.* & *f.* accuser, denouncer, informer.

dele *m.* PRINT. dele.

deleble *adj.* effaceable.

delectación *f.* delectation, pleasure.

delegación *f.* delegation, power conferred, proxy. 2 delegation [body of delegates]. 3 office of a delegate. 4 COM. branch. 5 ~ *de policía*, police station.

delegado, da *adj.* delegated. — 2 *m.* & *f.* delegate, representative, commissioner, deputy, proxy.

delegante *adj.* delegating. — 2 *m.* & *f.* one who delegates.

delegar *tr.* to delegate.

delegatorio, ria *adj.* delegatory, containing a delegation.

delegué, delegue, etc., *pret., subj.* & *imper.* of DELEGAR.

deleitabilísimo, ma *adj.* most · delectable, most pleasurable.

deleitable *adj.* DELEITOSO.

deleitablemente *adv.* DELEITOSAMENTE.

deleitación *f.*, **deleitamiento** *m.* delectation, pleasure, enjoyment, delight.

deleitante *adj.* delighting, delightful.

deleitar *tr.* to delight, please. — 2 *ref.* to delight, take delight or pleasure : *deleitarse en*, or *con*, to enjoy, delight, take or have pleasure in.

deleite *m.* pleasure, delight, gratification.

deleitosamente *adv.* delightfully, pleasurably.

deleitoso, sa *adj.* delightful, pleasing, pleasurable.

deletéreo, a *adj.* deleterious, poisonous.

deletrear *tr.* to spell, spell out [read by spelling]. 2 to decipher, interpret.

deletreo *m.* spelling out [of words].

deleznable *adj.* frail, perishable, fragile, weak, unstable. 2 crumbly. 3 slippery.

délfico, ca *adj.* Delphian, Delphic.

delfín *m.* dauphin. 2 ZOOL. dolphin. 3 ASTR. (cap.) Dolphin.

delfina *f.* dauphiness.

Delfinado *m. pr. n.* GEOG. Dauphiné.

delga *f.* ELEC. commutator bar.

delgadamente *adv.* thinly, delicately. 2 acutely, subtly, ingeniously, witty.

delgadez *f.* thinness, leanness, slenderness, tenuity. 3 acuteness, subtlety, ingenuity, ingeniousness.

delgado, da *adj.* thin, lean, slender, slim, lank. 2 tenuous, delicate. 3 AGR. poor [soil]. 4 acute, fine, subtle, ingenious. — 5 *m.* NAUT. dead rise. 6 flank of an animal].

delgaducho, cha *adj.* thinnish, rather emaciated.

deliberación *f.* deliberation [weighing in mind]. 2 deliberation, discussion, debate.

deliberadamente *adv.* deliberately, on purpose.

deliberante *adj.* deliberating, deliberative.

deliberar *intr.* to deliberate, consider, weigh in mind. 2 to deliberate, take counsel together, hold debate. — 3 *tr.* to determine, resolve.

deliberativo, va *adj.* deliberative [pertaining to deliberation].

delicadamente *adv.* delicately.

delicadez *f.* delicateness, weakness of constitution, debility. 2 touchiness. 3 squeamishness, niceness. 4 indolence. 5 DELICADEZA.

delicadeza *f.* delicateness, delicacy. 2 fineness. 3 softness, tenderness. 4 scrupulousness, honesty.

delicado, da *adj.* delicate [easily injured, weak; sickly; requiring nice handling; subtle, nice; sensitive]. 2 poor [health]. 3 delicate [soft, slender; of fine texture; of exquisite quality or workmanship]; beautiful, graceful. 4 delicate, palatable, dainty. 5 subtle, ingenious. 6 touchy, fastidious, nice, particular, hard to please. 7 delicate, considerate, attentive, gentle, tender. 8 scrupulous, honest.

delicaducho, cha *adj.* sickly, of weak health.

delicia *f.* delight [high pleasure, thing that causes it].

deliciosamente *adv.* deliciously, delightfully.

delicioso, sa *adj.* delicious, delightful.

delictivo, va & **delictuoso, sa** *adj.* criminal, unlawful [pertaining to, or involving, crime or offence].

delicuescente *adj.* deliquescent.

delimitación *f.* delimitation.

delimitar *tr.* to delimit, delimitate.

delinco, delincan etc., *pres., subj.* & *imper.* of DELINQUIR.

delincuencia *f.* delinquency, criminality.

delincuente *adj.* delinquent, offending. — 2 *m.* & *f.* delinquent, criminal, offender.

delineación *f.* delineation, draft, drawing in outline.

delineador, ra *adj.* delineating. — 2 *m.* & *f.* delineator.

delineamiento *m.* DELINEACIÓN.

delineante *adj.* delineating. — 2 draughtsman, draftsman [who draws plans, etc.].

delinear *tr.* to delineate.
delinquimiento *m.* transgression; commission of an offence, crime or misdeed.
delinquir *intr.* to commit a transgression, offence or crime.
delio, lia *adj.* & *n.* Delian.
deliquio *m.* fainting, ecstasy, rapture.
delirante *adj.* delirious, raving.
delirar *intr.* to rave, wander, be delirious. 2 to rant, talk nonsense. 3 ~ *por,* to be mad for.
delirio *m.* delirium, raving. 2 ~ *de grandezas,* delusions of grandeur.
delirium tremens *m.* MED. delirium tremens.
delito *m.* transgression, offence, misdeed, misdemeanor, crime.
Delos *f. pr. n.* GEOG. Delos.
delta *f.* delta [Greek letter]. 2 GEOG. delta.
deltoides *adj.* deltoid. — 2 *m.* ANAT. deltoid [muscle].
deludir *tr.* to delude.
delusivo, va *adj.* DELUSORIO.
delusor, ra *adj.* deluding. — 2 *m.* & *f.* deluder.
delusoriamente *adv.* deceitfully.
delusorio, ria *adj.* delusive, delusory, deceitful.
della, dello *contr.* of DE ELLA and DE ELLO.
demacración *f.* emaciation.
demacrar *tr.* to emaciate, cause [the body] to waste away. — 2 *ref.* to waste away, become emaciated.
demagogia *f.* demagogism; demagogy.
demagógico, ca *adj.* demagogic.
demagogo, ga *m.* & *f.* demagogue.
demanda *f.* petition, request. 2 COM. demand : *la oferta y la* ~, supply and demand. 3 alms collected [for church, etc.]; image carried about in collecting alms. 4 question, inquiry. 5 enterprise, endeavour : *morir en la* ~, to die in the endeavour. 6 LAW claim, plaint, complaint : *contestar la* ~, to oppose the claim; *entablar* ~, to begin an action at law. 7 search, asking for, looking for : *ir en* ~ *de,* to go in search of, go looking for.
demandadero, ra *m.* & *f.* messenger doing errands for a house, convent or prison.
demandado, da *m.* & *f.* LAW defendant.
demandador, ra *m.* & *f.* asker, demander. 2 almscollector. 3 LAW claimant, plaintiff.
demandante *m.* & *f.* LAW claimant, plaintiff.
demandar *tr.* to demand, ask for, beg, request, solicit. 2 to ask, inquire. 3 to wish for. 4 LAW to sue, enter an action against.
demarcación *f.* demarcation.
demarcador, ra *adj.* demarcating. — 2 *m.* & *f.* demarcator, boundary surveyor.
demarcar *tr.* to demarcate. 2 NAUT. to determine the bearings of [a ship].
demás *adj.* [with *lo, la, los, las*] the other, the rest of the : *los* ~ *libros,* the other books; *la* ~ *gente,* the rest of the people. 2 In plural, may be used without article : *y* ~ *vehículos,* and other vehicles. — 3 *pron.* other, others, the rest : *los* ~, the others, the other people ; *lo* ~, the rest; *todo lo* ~, everything else ; *por lo* ~, as to the rest, apart from this ; *y* ~, an so on, et cetera. — 4 *adv.* besides. 5 in excess. 6 *por* ~, in vain, uselessly ; excessively.
demasía *f.* excess, superabundance : *en* ~, too much, excessively. 2 boldness, audacity. 3 insolence, disrespect. 4 outrage. 5 iniquity, misdeed. 6 MIN. space between two claims.
demasiadamente *adv.* too much, excessively.
1) **demasiado** *adv.* too, excessively; too much : ~ *bueno,* too good; *comer* ~, to eat too much. — 2 *pron.* too much : *esto es* ~, this is too much.
2) **demasiado, da** *adj.* too much, too many : ~ *pan,* too much bread ; *demasiados libros,* too many books; *son demasiados,* there are too many.
demasiarse *ref.* to go too far, to take liberties.
demediar *tr.* to divide into halves, dimidiate, halve. 2 to reach the middle of [life, a time, etc.]. 3 to use up a thing until it has lost half its value.
demencia *f.* dementia, insanity.
dementar *tr.* to render insane. — 2 *ref.* to become demented, go mad.
demente *adj.* demented, mad, insane. — 2 *m.* & *f.* lunatic, maniac, insane person.
demérito *m.* want of worth or merit. 2 demerit, what disvests of worth or merit.
demeritorio, ria *adj.* demeritory, divesting of worth or merit.

demisión *f.* submission, humility.
demiurgo *m.* demiurge.
democracia *f.* democracy.
demócrata *adj.* democratic. — 2 *m.* & *f.* democrat.
democráticamente *adv.* democratically.
democrático, ca *adj.* democratic.
democratización *f.* democratization.
democratizar *tr.* to democratize. — 2 *ref.* to democratize [become democratic].
Demócrito *m. pr. n.* Democritus.
demografía *f.* demography.
demográfico, ca *adj.* demographic(al.
demoledor, ra *adj.* demolishing, destructive. — 2 *m.* & *f.* demolisher.
demoler *tr.* to demolish, pull down, tear down, destroy, overthrow. ¶ CONJUG. like *moler.*
demolición *f.* demolition, destruction.
demonche *m.* coll. devil.
demoníaco, ca *adj.* demoniac(al, demonic. — 2 *m.* & *f.* demoniac.
demonio *m.* demon, devil, evil spirit : *llevársele a uno los demonios, ponerse como un* ~, to fly into a rage ; *ser un* ~, to be very wicked, roguish or clever; *tener* [*uno*] *el* ~, or *los demonios, en el cuerpo,* to be excessively restless or mischievous. — 2 *interj.* the deuce!, the devil!
demonolatría *f.* demonolatry.
demonología *f.* demonology.
demonomancia *f.* demonomancy.
demontre *m.* coll. devil. — 2 *interj.* the deuce!, the devil!
demoñejo, demoñuelo *m. dim.* little devil, imp.
demora *f.* delay, procastination : *sin* ~, without delay. 2 NAUT. bearing.
demorar *tr.* to delay, retard. — 2 *intr.* to delay, tarry, linger, stop [in a place]. 3 NAUT. to bear [north, east, etc.].
demoroso, sa *adj.* (Chi.) slow, tardy.
Demóstenes *m. pr. n.* Demosthenes. 2 (not cap.) great orator.
demostino, na *adj.* Demosthenean, Demosthenic.
demostrable *adj.* demonstrable.
demostrablemente *adv.* demonstrably.
demostración *f.* demonstration, show. 2 demonstration, proving, proof, evidence, verification
demostrador, ra *adj.* demostrating. — 2 *m.* & *f.* demonstrator.
demostrar *tr.* to demonstrate, show, prove, make evident, teach. — 2 *ref.* to show oneself. ¶ CONJUG. like *contar.*
demostrativamente *adv.* demonstratively.
demostrativo, va *adj.* demonstrative. — 2 *adj.* & *m.* GRAM. demonstrative.
demótico, ca *adj.* demotic.
demudación *f.,* **demudamiento** *m.* change, alteration. 2 change of countenance.
demudar *tr.* to change, alter, vary. — 2 *ref.* to become disturbed, change colour or countenance.
demuelo, demuela, etc., *irr.* V. DEMOLER.
demuestro, demuestre, etc., *irr.* V. DEMOSTRAR.
demulcente *adj.* & *m.* demulcent.
denantes *adv.* coll. ANTES.
denario, ria *adj.* denary. — 2 *m.* denarius.
dendriforme *adj.* dendriform.
dendrita *f.* ANAT., GEOL. dendrite.
dendrítico, ca *adj.* dendritic(al.
dendrografía *f.* dendrography ; dendrology.
dendrográfico, ca *adj.* dendrologic(al.
dendroide *adj.* dendroid.
dendrómetro *m.* dendrometer.
denegación *tr.* denial, refusal.
denegar *tr.* to deny, refuse. ¶ CONJUG. like *acertar.*
denegatorio, ria *adj.* denying, involving denial or refusal.
denegrecer *tr.* to blacken, darken. — 2 *ref.* to blacken, become black or dark. ¶ CONJUG. like *agradecer.*
denegrezco, denegrezca, *irr.* V. DENEGRECER.
denegrido, da *adj.* black, blackish.
denegrir *tr.* & *ref.* DENEGRECER.
denegué, denegue, etc., *pret., subj.* & *imper.* of DENEGAR.
dengoso, sa *adj.* finicky, mincing, affected, overnice.
dengue *m.* mincing, affectation of delicacy. 2 woman's cape with long points. 3 MED. dengue, influenza. 4 (Chi.) BOT. a plant with flowers that wither suddenly when touched.
denguero, ra *adj.* DENGOSO.

deniego, deniegue, *irr.* V. DENEGAR.
denigración *f.* denigration. 2 insult.
denigrante *adj.* denigrating; insulting.
denigrar *tr.* to denigrate, debase, vilify. 2 to insult.
denigrativamente *adv.* with denigration.
denigrativo, va *adj.* denigrating, vilifying, insulting.
denodadamente *adv.* boldly, bravely, resolutely.
denodado, da *adj.* bold, brave, intrepid, resolute.
denominación *f.* denomination, name, designation.
denominadamente *adv.* distinctly, markedly.
denominado, da *p. p.* of DENOMINAR. — 2 *adj.* ARITH. compound [number].
denominador, ra *adj.* denominating. — 2 *m.* MATH. denominator : *eliminar los denominadores,* to clear of fractions.
denominar *tr.* to denominate, call, give a name to.
denominativo, va *adj.* denominative.
denostadamente *adv.* revilingly, railingly, insultingly.
denostador, ra *adj.* insulting. — 2 *m. & f.* reviler, railer, insulter.
denostar *tr.* to revile, rail, insult. ¶ CONJUG. like *contar.*
denotación *f.* denotation.
denotar *tr.* to denote.
denotativo, va *adj.* denotative.
densamente *adv.* densely, closely, compactly.
densidad *f.* density [closeness, compactness, thickness]. 2 obscurity, confusion. 3 PHYS. density. 4 ~ *de población,* density of population.
densificar *tr.* to densify.
densimetría *f.* densimetry.
densímetro *m.* densimeter.
denso, sa *adj.* dense, close, compact, thick. 2 dark, confused.
dentado, da *adj.* dentate, dentated, crenated, toothed, cogged : *rueda dentada,* cogwheel, toothed wheel. — 2 *m.* MACH. teeth [of a wheel]. 3 PHILAT. perforation.
dentadura *f.* denture, set of teeth [false or natural].
dental *adj.* dental [pertaining to the teeth]. — 2 *adj. & f.* PHON. dental. — 3 *m.* ploughshare bed.
dentar *tr.* to toothe, furnish [a saw, etc.] with teeth or cogs; to indent, cut into teeth. — 2 *intr.* to teethe cut one's teeth. ¶ CONJUG. like *acertar.*
dentario, ria *adj.* dental.
dentecillo *m. dim.* small tooth.
dentejón *m.* yoke [for oxen].
dentellada *f.* bite, bitting : *a dentelladas,* with the teeth. 2 mark made by the teeth.
dentellado, da *adj.* dentated. 2 HER. dentelated. 3 bitten or wounded with the teeth.
dentellar *intr.* to have the teeth chattering. 2 [of teeth] to chatter.
dentellear *tr.* to bite, nibble at.
dentellón *m.* cam, tooth [of lock]. 2 ARCH. dentil. 3 ARCH. tooth [of toothing].
dentera *f.* setting the teeth on edge. 2 coll. envy. 3 coll. desire. 4 *dar* ~, to set the teeth on edge ; to awaken desire, to make one's mouth water.
dentezuelo *m. dim.* little tooth.
denticina *f.* teething powder or medicine.
dentición *f.* dentition, teething.
denticulación *f.* denticulation.
denticulado, da *adj.* denticulate.
denticular *adj.* denticular.
denticulo *m.* ARCH. dentil. 2 denticle, dentation.
dentífrico, ca *adj.* tooth [paste, powder, etc.]. — 2 *m.* dentifrice.
dentina *f.* ANAT. dentine.
dentirrostro, tra *adj.* ORN. dentirostral, dentirostrate. — 2 *m.* ORN. dentiroster. 3 *pl.* Dentirostres.
dentista *m.* dentist.
dentivano, na *adj.* having long, large and sparse teeth [horse].
dentolabial *adj. & f.* PHON. dentilabial.
dentón, na *adj.* DENTUDO. — 2 *m.* ICHTH. dentex [a sparoid fish].
dentro *adv.* in, inside, within : ~ *de casa,* in the house; ~ *del cajón,* in or inside the drawer; ~ *de un año,* in a year; ~ *de este año,* within this year, in the course of this year ; ~ *de poco,* soon, shortly ; *a* ~, inside ; *de* ~, from inside ; *hacia* ~, towards the interior, inwards ; *por* ~, inside, inwardly, on the inside ; ~ *o fuera,* coll. quickly !, make up your mind !

dentudo, da *adj.* big-toothed.
denudación *f.* denudation.
denudar *tr.* ZOOL., BOOT., GEOL. to denude, lay bare. — 2 *ref.* to be denuded.
denuedo *m.* bravery, intrepidity, vigor.
1) **denuesto** *m.* insult, abuse.
2) **denuesto, denueste,** etc., *irr.* DENOSTAR.
denuncia *f.* denoucement, information, accusation. 2 notification to the police, etc. [of a transgression or offence]. 3 denunciation [of a treaty]. 4 MIN. registration [of a mine or claim].
denunciable *adj.* that may be denounced.
denunciación *f.* denouncing, denouncement.
denunciador, ra *adj.* denouncing, accusing. — 2 *m. & f.* denouncer, informer, accuser.
denunciante *adj.* denouncing. — 2 *m. & f.* denouncer.
denunciar *tr.* to denounce, denunciate. 2 to inform against, to accuse. 3 to notify [the commission of a transgression or offence] to the police, etc. 4 to denounce [a treaty, etc.]. 5 MIN. to denounce, to apply for the registration of [a claim or mine].
denunciatorio, ria *adj.* denunciatory.
denuncio *m.* MIN. registration of a claim or mine.
Deo gratias *m.* Deo gratias [thanks to God], a greeting.
deontología *f.* deontology.
deparar *tr.* to afford, furnish, offer, present.
departamental *adj.* departmental.
departamento *m.* department. 2 district. 3 compartment, section. 4 naval district. 5 (Am.) apartment.
departidor, ra *m. & f.* talker, converser.
departir *intr.* to chat, talk, converse.
depauperación *f.* depauperation, impoverishment, weakness, exhaustion.
depauperar *tr.* to depauperate, impoverish, weaken, exhaust. — 2 *ref.* to become depauperate.
dependencia *f.* dependence, dependency [subordination, subjection). 2 branch office, section. 3 affair, errand. 4 relationship, friendship. 5 staff, personnel, employees. 6 *pl.* accessories. 7 outbuildings.
depender *intr.* ~ *de,* to depend on ; be subordinate to ; be a dependant of.
dependienta *f.* female employee or shop assistant.
dependiente *adj.* depending, dependent, subordinate. — 2 *m.* clerk, salesman, shop assistant, employee. 3 subordinate.
dependientemente *adv.* dependently.
depilación *f.* depilation.
depilar *tr.* to depilate.
depilatorio, ria *adj. & m.* depilatory.
deplorable *adj.* deplorable, sad, lamentable, regrettable.
deplorablemente *adv.* deplorably.
deplorar *tr.* to deplore, lament, regret.
depondré, depondría, etc., *irr.* V. DEPONER.
deponente *adj.* GRAM. deponent. — 2 *m. & f.* LAW deponent.
deponer *tr.* to lay aside, set aside [fears, etc.] : ~ *la cólera,* to calm down, be appeased. 2 to lay down [one's arms]. 3 to depose, remove from ofice. 4 to take down. — 5 *tr. & intr.* LAW to depose, attest, bear witness. — 6 *intr.* to stool, go to stool. ¶ CONJUG. like *poner.*
depongo, deponga, etc., *irr.* V. DEPONER.
depopulador, ra *adj.* depopulating, devastating. — — 2 *m. & f.* depopulator, devastator.
deportación *f.* deportation, exile, transportation.
deportar *tr.* to deport, exile, transport.
deporte *m.* sport [outdoor pastime]. 2 amusement, recreation.
deportismo *m.* sports, sporting, inclination for outdoor sports.
deportista *m.* sportman. — 2 *f.* sportwoman. — 3 *m. & f.* sport fan.
deportividad *f.* sportsmanship [conduct becoming to a sportsman].
deportivo, va *adj.* sports, sporting, sportive [pertaining to the sports]. 2 sportsmanlike, becoming to a sportsman.
deposición *f.* exposition, declaration. 2 deposal, deposition [removal from office]. 3 LAW deposition; sworn evidence. 4 evacuation of bowels.
depositador, ra; depositante *adj.* depositing. — 2 *m. & f.* depositor.
depositar *tr.* to deposit [store or entrust for

keeping; pay as pledge]; **to confide, entrust.**
2 to deposit, lay down, place, put. *3* to check
[luggage]. *4* LAW to put [a person] judicially in
a position where he is free to manifest his will.
5 to enclose, contain. *6* to deposit, let fall [a
sediment]. — *7 intr.* [of dust] to settle; [of
a sediment, etc.] to deposit, be precipitated,
settle.

depositaría *f.* place where deposits are made. *2*
public treasury.

depositario, ria *adj.* [pertaining to] deposit; depository. — *2 m.* & *f.* depositary. *3* public
treasurer.

depósito *m.* deposit [in practically every sense];
trust : *en* ~, on deposit, deposited; in trust. *2*
precipitation, sediment. *3* depot, store, storehouse, warehouse, depository, repository. *4* tank,
reservoir : ~ *de agua*, water tank; ~ *de gasolina*, AUTO. gas tank. *5* RLY. depot. *6* MACH. chamber. *7* ~ *de equipajes*, checkroom. *8* COM. ~
franco, free port. *9* well [of a fountain-pen].

depravación *f.* depravation, depravity.

depravadamente *adv.* depravedly.

depravado, da *adj.* bad, depraved.

depravador, ra *adj.* depraving, corrupting. — *2 m.*
& *f.* depraver, corruptor.

depravar *tr.* to deprave, corrupt. — *2 ref.* to become depraved, dissolute.

deprecación *f.* entreaty, prayer, imploration.

deprecante *adj.* entreating, imploring.

deprecar *tr.* to entreat, pray, implore.

deprecativo, va & **deprecatorio, ria** *adj.* entreating,
imploring.

depreciación *f.* depreciation [in value].

depreciar *tr.* to depreciate [lessen in value]. — *2
ref.* to depreciate [become depreciated].

depredación *f.* depredation, plundering. *2* malversation, extortion.

depredador, ra *adj.* depredating, plundering. — *2
m.* & *f.* depredator, plunderer.

depredar *tr.* to depredate, plunder, pillage.

deprequé, depreque, etc., *pret., subj.* & *imper.* of
DEPRECAR.

depresión *f.* depression [act of depressing]. *2* depression [sunken place], hollow, dip. *3* dejection,
low spirits. *4* ASTR., MED., METEOR. depression. *5*
NAUT. ~ *de horizonte*, dip of the horizon.

depresivo, va *adj.* depressive.

depresor, ra *adj.* depressing. — *2 m.* & *f.* depressor.
— *3 m.* ANAT., SURG. depressor.

deprimente *adj.* depressing, depressive. *2* humiliating.

deprimir *tr.* to depress [press down, cause to
sink], to deform by pressing. *2* to humiliate, depreciate, belittle. — *3 ref.* to become depressed,
sunken. *4* to feel humiliated. *5* [of a line or a
surface] to dip.

de profundis *m.* De Profundis [psalm, sung at
funerals].

depuesto *p. p.* of DEPONER.

depuración *f.* depuration, purification. *2* POL. purge.

depurado, da *adj.* pure, purified.

depurar *tr.* to depurate, purify. *2* POL. to purge.

depurativo, va *adj.* & *m.* MED. depurative.

depuratorio, ria *adj.* depurating, purifying.

depuse, depusiste, etc., *irr.* V. DEPONER.

deputar *tr.* DIPUTAR.

deque *adv.* coll. immediately after, since.

derecera *s.* DERECHERA.

derecha *f.* right; right-hand side, right side : *a
la* ~, to the right, on the right-hand side; right-
handed [motion]. *2* right hand. *3* POL. right,
conservative parties. — *4 interj.* MIL. *¡derecha!*
right-about! — *5 adv. a derechas*, well, right,
rightly.

derechera *f.* straight path, straight road, short cut.

derechista *m.* & *f.* POL. member of the right, conservative person.

derechito *adv.* coll. straight, right straight, straight
on.

derecho, cha *adj.* right, right-hand [opposite to
left]. *2* straight: *camino* ~, straight path; *ponerse*
~, to stand straight ,to straighten one's back. *3*
standing, upright. *4* just, lawful, reasonable. *5*
right-handed. — *6 adv.* straight, straight on,
directly. — *7 m.* right [that to which one is
entitled]; justice, equity : ~ *de propiedad literaria*, copyright; ~ *de reunión*, right of assembly; ~ *de visita*, right of search; ~ *divino*, di-

vine right; *derechos civiles*, civil rights; *derechos del hombre*, rights of man; *tener* ~ *a*, to be
entitled to; *conforme a* ~, *según* ~, according
to law and justice; *de* ~, de jure; by right. *8*
law [body of rules or laws] : ~ *administrativo*,
administrative law; ~ *canónico*, canon law; ~
civil, civil law; ~ *consuetudinario*, common law;
~ *de gentes*, jus gentium; ~ *internacional*, international law; ~ *mercantil*, commercial law;
~ *natural*, natural law; ~ *penal*, criminal law;
~ *romano*, Roman law. *9* law [legal science or
learning] : *estudiante de* ~, law student. *10*
exemption, grant, privilege. *11* right side, outside
[of cloth, etc.]. *12* straight way : *ir por* ~, to
go straight. *13 pl.* fees, dues, taxes, duties;
derechos consulares, consular fees; *derechos de
aduana*, customs duties; ~ *de almacenaje*,
storage; ~ *de anclaje*, anchorage dues; *derechos
de autor*, royalties, copyright; *derechos de entrada*, import duties; *derechos reales*, death
duties, inheritance tax; duty on transfer of
property.

derechuelo *m.* first seam taught in sewing.

derechura *f.* straightness, right way : *en* ~, directly,
straight, by the most direct road; without
stopping on the way.

deriva *f.* NAUT., AER. drift, drifting : *ir a la* ~, to
drift, be adrift.

derivación *f.* derivation, descent. *2* inference. *3*
drawing off [water, etc.] from a stream or source.
4 GRAM., MATH., MED. derivation. *5* ELEC. loss of
current [through damp, etc.]. *6* ELEC. branch.
7 ELEC. shunt, shunt connection : *en* ~, shunt,
shunted.

derivado, da *adj.* derived, derivative. — *2 m.* GRAM.
derivative. — *3 f.* MATH. derivate, derivative.

derivar *tr.* to lead, conduct. *2* to derive. *3* ELEC.
to shunt. — *4 intr.* & *ref.* to derive, be derived :
~ or *derivarse de*, to derive, be derived, come
from. *5* AER., NAUT. to drift.

derivativo, va *adj.* GRAM. derivative. — *2 adj.* & *m.*
MED. derivative.

derivo *m.* derivation, origin.

derivómetro *m.* AER., NAUT. drift meter.

dermalgia *f.* MED. skin neuralgia.

dermatitis *f.* MED. dermatitis.

dermatoesqueleto *m.* ZOOL. dermatoskeleton, exoskeleton.

dermatología *f* dermatology.

dermatológico, ca *adj.* dermatological.

dermatólogo *m.* dermatologist.

dermatosis *f.* MED dermatosis.

dermesto *m.* ENTOM. larder beetle.

dérmico, ca *adj.* dermic, dermal.

dermis *f.* ANAT. derma, dermis.

dermitis *f.* MED. dermatitis.

derogable *adj.* abolishable, repealable.

derogación *f.* abolishment, repeal, revocation. *2* diminution, deterioration.

derogar *tr.* to abolish, repeal, revoke. *2* to destroy,
reform.

derogatorio, ria *adj.* repealing, revocatory.

derogué, derogue, etc., *pret., subj.* & *imper.* of
DEROGAR.

derrabadura *f.* wound made in docking or cutting
off an animal's tail.

derrabar *tr.* to cut off or dock the tail of [an
animal].

derrama *f.* apportionment of a tax, assessment or
contribution. *3* special tax.

derramadamente *adv.* lavishly, profusedly. *2* disorderly.

derramadero, ra *adj.* VERTEDERO.

derramado, da *p. p.* of DERRAMAR. — *2 adj.* prodigal,
extravagant.

derramamiento *m.* overflowing, spilling. *2* outpouring. *3* shedding [of tears, etc.] : ~ *de sangre*,
bloodshed. *4* scattering, dispersion.

derramaplaceres *m.* wet blanket, kill-joy.

derramar *tr.* to pour out, to spill. *2* to shed [blood,
tears, etc.]. *3* to scatter. *4* to spread, publish
[news]. *5* to apportion [taxes]. — *6 ref.* to overflow, boil over, run over; to spill [be spilled].
7 to scatter, disperse [be dispersed]. *8* [of a
stream] to flow [into].

derramasolaces *m.* & *f.* DERRAMAPLACERES.

derrame *m.* DERRAMAMIENTO. *2* portion of liquid or
seed lost in measuring. *3* leakage [of liquids].
4 ARCH. splay. *5* declivity, slope [of ground]. *6*

NAUT. draft [of a sail]. 7 MED. effusion; discharge : ~ *cerebral*, cerebral hæmorrhage.

derramo *m.* ARCH. splay.

derraspado *adj.* CHAMORRO 2.

derredor *m.* circumference, contour : *al* ~, *en* ~, around, round about.

derrelicto, ta *p. p.* of DERRELINQUIR. — 2 *m.* NAUT. derelict.

derrelinco, derrelinca, etc., *pres., subj. & imper.* of DERRELINQUIR.

derrelinquir *tr.* to forsake, abandon.

derrenegar *intr.* ~ *de*, to abhor, detest, loathe. ¶ CONJUG. like *acertar*.

derrengado, da *p. p.* of DERRENGAR. — 2 *adj.* coll. done up, aching all over.

derrengadura *f.* hip dislocation or hurt. 2 hurt or wound in the spine.

derrengar *tr.* to hurt seriously the spine or the hip of; to dislocate the hip. of. 2 to tilt, inclinate. — 3 *ref.* to hurt one's spine or hip. ¶ CONJUG. it may be reg. or irreg. like *acertar*.

derreniego, derreniegue, etc., *irr.* V. DERRENGAR.

derretido, da *p. p.* of DERRETIR. — 2 *adj.* deeply in love.

derretimiento *m.* fusion, melting, thaw, thawing. 2 intense love, consuming love.

derretir *tr.* to fuse, melt, thaw. 2 to consume, expend, waste. — 3 *ref.* to fuse, melt, thaw [become liquid]. 4 to burn, be consumed [with love, with impatience]. ¶ CONJUG. like *servir*.

derribador *m.* bull thrower.

derribar *tr.* to pull down, tear down, demolish. 2 to fell, knock down, throw, throw down. 3 to overthrow. 4 to bring down [game, etc.]. 5 to throw [bulls or cows] by pushing them with a pike. — 6 *ref.* to tumble down, to fall or throw oneself on the ground.

derribo *m.* pulling down, demolition. 2 *pl.* materials from demolished buildings.

derriengo, derrienge, *irr.* V. DERRENGAR.

derrito, derrita, etc., *irr.* V. DERRETIR.

derrocadero *m.* rocky precipice.

derrocamiento *m.* throwing down. 2 pulling down, demolition. 3 overthrow.

derrocar *tr.* to precipitate from a rock, 2 to pull down, tear down, demolish. 3 to overthrow [from office, position, etc.]. ¶ CONJUG. it may be reg. or irreg. like *contar*. ·

derrochador, ra *adj.* spending, extravagant. — 2 *m. & f.* prodigal, spendthrift, squanderer, wastrel.

derrochar *tr.* to waste, squander, spend lavishly.

derroche *m.* waste, squandering, extravagance. 2 profusion.

derrota *f.* defeat, rout. 2 path, road, track. 3 NAUT. ship's course. 4 post-harvest pasture rights.

derrotar *tr.* to waste, dilapidate, wear out, ruin. 2 to defeat, rout. — 3 *ref.* NAUT. to drift from the course.

derrote *m.* upward thrust of a bull's horn.

derrotero *m.* NAUT. ship's course. 2 NAUT. navigation track. 3 route, course, way [of conduct, action, etc.].

derrotismo *m.* defeatism.

derrotista *adj. & n.* defeatist.

derrubiar *tr.* to wash away [river banks].

derrubio *m.* washing away of banks by a stream. 2 wash, alluvium [soil washed away by a stream].

derrueco, derrueque, etc., *irr.* V. DERROCAR.

derruir *tr.* to pull down, demolish, ruin [a building]. ¶ CONJUG. like *huir*.

derrumbadero *m.* precipice, craggy slope. 2 danger, dangerous affair.

derrumbamiento *m.* fall [over a precipice]. 2 collapse, abrupt falling. 3 MIN. caving in.

derrumbar *tr.* to precipitate, throw down. — 2 *ref.* to fall over a precipice. 3 to collapse, tumble down, subside. 4 MIN. to cave in.

derrumbe *m.* precipice. 2 MIN. landslide, cave in.

derruyo, derruyó, derruya, etc., *irr.* V. DERRUIR.

derviche *m.* dervish.

des- *pref.* dis-.

desabarrancar *tr.* to pull out of mud, ravine or bog. 2 to help [one] out of difficulty, to disentangle.

desabarranqué, desabarranque, etc., *pret., subj. & imper.* of DESABARRANCAR.

desabastecer *tr.* to deprive of supplies or provisions; to leave unprovided, unsupplied. ¶ CONJUG. like *agradecer*.

desabastezco, desabatezca, etc., *irr.* V. DESABASTECER.

desabejar *tr.* to remove bees from [hive].

desabollador *m.* tinworker's instrument.

desabollar *tr.* to knock the dents or bruises out of [a piece of metal].

desabonarse *ref.* to drop one's subscription, to discontinue a subscription.

desabono *m.* cancellation of subscription. 2 disparagement.

desabor *m.* insipidity, tastelessness.

desabordarse *ref.* NAUT. [of ships which have run foul of each other] to get clear of each other.

desaborido, da *adj.* tasteless, insipid. 2 dull, insipid [person].

desabotonar *tr.* unbutton. — 2 *intr.* [of flowers] to bloom. — 3 *ref.* to undo one's buttons. 4 to become unbuttoned.

desabridamente *adv.* insipidly. 2 gruffly, rudely, disagreeably.

desabrido, da *adj.* tasteless, insipid. 2 gruff, surly, rude, disagreeable. 3 unsettled, dirty [weather].

desabrigado, da *adj.* lightly dressed, uncovered. 2 unsheltered, unprotected, exposed. 3 without support, defenceless.

desabrigar *tr.* to uncover, undress, to take off someone's warm clothes. 2 to deprive of shelter or protection. — 3 *ref.* to uncover oneself, to take off one's warm clothes.

desabrigo *m.* lack of covering, clothing, sheltering or protection. 2 desertion, destitution.

desabrigué, desabrigue, etc., *pret., subj. & imper.* of DESABRIGAR.

desabrimiento *m.* insipidity, flatness. 2 gruffness, surliness, disagreeableness. 3 displeasure, bitterness.

desabrir *tr.* to give a bad taste to. 2 to displease, annoy. — 3 *ref.* to be annoyed.

desabrochar *tr.* to unclasp, unfasten, unbutton. — 2 *ref.* to undo one's buttons or fastenings. 3 [of a garment] to burst open, become unfastened or unbuttoned. 4 fig. to unbosom oneself, open one's heart.

desacalorarse *ref.* to cool off.

desacatadamente *adv.* disrespectfully.

desacatador, ra *adj.* disrespectful. — 2 *m. & f.* disrespecter.

desacatamiento *m.* DESACATO.

desacatar *tr. & ref.* to be disrepectful or irreverent toward; to disobey.

desacato *m.* disrespect, irreverence, contempt. 2 disobedience.

desacedar *tr.* to remove acidity from.

desaceitado, da *adj.* unoiled.

desaceitar *tr.* to unoil, to remove oil or grease from [woolen fabrics].

desacerar *tr.* to remove or wear away the steel from [a tool]. — 2 *ref.* [of a tool] to lose its steel surface or edge.

desacerbar *tr.* to temper, sweeten, take away the bitterness or sourliness of.

desacertadamente *adv.* unwisely, wrongly, erroneously.

desacertado, da *adj.* unwise, wrong, mistaken.

desacertar *tr.* to be wrong, err, make a mistake. ¶ CONJUG. like *acertar*.

desacidificar *tr.* to remove the acidity from.

1) **desacierto** *m.* error, mistake, blunder.

2) **desacierto, desacierte,** etc., *irr.* V. DESACERTAR.

desacobardar *tr.* to free from fear; to inspire courage.

desacollar *tr.* AGR. to dig up the ground about [vines]. ¶ CONJUG. like *contar*.

desacomodadamente *adv.* incommodiously, inconveniently.

desacomodado, da *adj.* inconvenient, uncomfortable. 2 unemployed [maid, manservant]. 3 not well-to-do.

desacomodamiento *m.* inconvenience, uncomfortableness.

desacomodar *tr.* to deprive of ease or convenience. 2 to deprive [a servant] of his place. — 3 *ref.* [of a servant] to lose his place.

desacomodo *m.* inconvenience. 2 unemployment.

desacompañamiento *m.* lack of company, solitude, loneliness.

desacompañar *tr.* to abandon, leave the company of.

desaconsejadamente *adv.* ill-advisedly, imprudently.

desaconsejado, da *adj.* ill-advised, imprudent.

desaconsejar *tr.* to dissuade.
desacoplar *tr.* to uncouple, disconnect.
desacordadamente *adv.* inharmoniously, discordantly. 2 unwisely.
desacordado, da *adj.* discordant. 2 MUS. out of tune. 3 PAINT. inharmonious.
desacordar *tr.* MUS. to put out of tune; to make discordant. — 2 *ref.* MUS. to get out of tune. 3 to forget, be forgetful. ¶ CONJUG. like *contar*.
desacorde *adj.* MUS. discordant, out- of tune. 2 disagreeing, incongruous.
desacorralar *tr.* to let [cattle, etc.] out of the corral or inclosure. 2 to bring [a bull] to the middle of the ring.
desacostumbradamente *adv.* unusually.
desacostumbrado, da *adj.* disaccustomed. 2 unaccustomed, unusual.
desacostumbrar *tr.* to disaccustom; to break of a habit. — 2 *ref.* to lose a habit, to break oneself of a habit.
desacotar *tr.* to open up a preserve or reserved ground; to remove boundary marks of. 2 to withdraw [from a deal or agreement]. 3 to refuse, reject.
desacoto *tr.* opening up of a preserve or reserved ground; removal of boundary marks.
desacreditado, da *adj.* discredited.
desacreditar *tr.* to discredit, bring discredit on; injure the reputation of. — 2 *ref.* to lose credit, good repute or estimation.
desacuello, desacuelle, etc., *irr.* V. DESACOLLAR.
1) **desacuerdo** *m.* disagreement, disaccord. 2 error, mistake. 3 forgetting, forgetfulness. 4 swoon, loss of conciousness.
2) **desacuerdo, desacuerde**, etc., *irr.* V. DESACORDAR.
desaderezar *tr.* to disarrange, ruffle.
desadeudar *tr.* to free from debt. — 2 *ref.* to get out of debt.
desadorar *tr.* to cease to worship.
desadormecer *tr.* to awaken. 2 to free from numbness. — 3 *ref.* to awaken, get awake. 4 to get free from numbness. ¶ CONJUG. like *agradecer*.
desadormezco, desadormezca, etc., *irr.* V. DESADORMECER.
desadornar *tr.* to divest of adornments.
desadorno *m.* lack of adornments.
desadvertidamente *adv.* inadvertently.
desadvertido, da *adj.* unnoticed. 2 inadvertent.
desadvertimiento *m.* INADVERTENCIA.
desadvertir *tr.* to fail to notice, to be unaware of. ¶ CONJUG. like *discernir*.
desadvierto, desadvierta, etc., *irr.* V. DESADVERTIR.
desafear *tr.* to remove the ugliness of; to make less ugly.
desafección *f.* disaffection, dislike.
desafecto, ta *adj.* disaffected; opposed. — 3 *m.* disaffection, dislike.
desaferrar *tr.* to loosen, unfasten. 2 NAUT to unfurl. 3 NAUT. to weigh anchor. 4 to bring [a person] to a change of mind or opinion.
desafiadero *m.* out-of-the-way duelling ground.
desafiador, ra *adj.* defiant, defying. — 2 *m. & f.* challenger, defier.
desafiar *tr.* to challenge, defy; to dare. 2 to rival, compete with.
desafición *f.* disaffection, indifference.
desaficionar *tr.* ~ *de*, to cause [one] to lose liking, taste or inclination for. — 2 *ref. desaficionarse de*, to lose liking, taste or inclination for.
desafilar *tr.* to blunt [a tool or weapon]. — 2 *ref.* [of a tool or weapon] to become blunted.
desafinación *f.* being out of tune; singing out of tune.
desafinadamente *adv.* out of tune.
desafinado, da *adj.* out of tune.
desafinar *intr.* MUS. to be cut of tune; to sing out of tune. 2 to speak indiscretly or irrelevantly. — 3 *ref.* to get out of tune.
desafío *m.* challenge, defying, defiance; daring. 2 rivalry, competition. 3 duel, combat.
desaforadamente *adv.* disorderly, excessively. 2 outrageously.
desaforado, da *adj.* reckless, lawless, outrageous. 2 huge, enormous.
desaforar *tr.* to encroach upon the rights or privileges of. — 2 *ref.* to act outrageously, insolently. ¶ CONJUG. like *contar*.
desaforrar *tr.* to take the lining out of.
desafortunado, da *adj.* unlucky; unfortunate.

1) **desafuero** *m.* excess, outrage, violence.
2) **desafuero, desafuere**, etc., *irr.* V. DESAFORAR.
desagarrar *tr.* to loose, let go of.
desagraciado, da *adj.* graceless, ungraceful.
desagraciar *tr.* to make ungraceful, to deprive of grace.
desagradable *adj.* disagreeable, unpleasant, uncomfortable.
desagradablemente *adv.* unpleasantly.
desagradar *tr.* to be unpleasant to; to displease, offend. — 2 *ref.* to be displeased.
desagradecer *tr.* to be ungrateful for; to be unappreciative of. ¶ CONJUG. like *agradecer*.
desagradecidamente *adv.* ungratefully.
desagradecido, da *adj* ungrateful.
desagradecimiento *m.* ungratefulness, ingratitude.
desagradezco, desagradezca, etc., *irr.* V. DESAGRADECER.
desagrado *m.* displeasure.
desagraviar *tr.* to make amends, to right a wrong made to. 2 to indemnify.
desagravio *m.* satisfaction for an injury, righting of a wrong, amends. 2 compensation, indemnification.
desagregación *f.* separation, segregation, disgregation.
desagregar *tr.* to separate, segregate, disgregate.
desagregué, desagregue, etc., *pret., subj. & imper.* of DESAGREGAR.
desaguadero *m.* water oulet, drain. 2 drain [source of expense].
desaguador *m.* water oulet, drain.
desaguar *tr.* to drain [of water], to empty. 2 to waste, to squander. — 3 *intr.* [of streams] to empty, flow [into]. — 4 *ref.* to discharge the body by vomit or stool.
desaguazar *tr.* to drain, free of water.
desagüe *m.* drainage, drain. 2 water outlet.
desaguisado, da *adj.* unjust, unreasonable. — 2 wrong, offence, outrage.
desaherrojar *tr.* to unchain, to unshackle.
desahijar *tr.* to separate [dams] from young. — 2 *ref.* [of bees] to swarm too much.
desahitarse *ref.* to relieve indigestion.
desahogadamente *adv.* easily, comfortably. 2 impudently.
desahogado, da *p. p.* of DESAHOGAR. — 2 *adj.* forward, impudent, cheeky, fresh. 3 roomy, unencumbered. 4 NAUT. having sea-room. 5 *posición desahogada*, comfortable circumstances.
desahogar *tr.* to relieve [one] from care, worry, etc.; to relieve, alleviate [care, worry, etc.]. 2 to give free rein to [passions]: to vent [anger, etc.]. — 3 *ref.* to find relief from heat, fatigue, etc. 4 to relieve oneself from worry, debt, etc. 5 to vent one's anger, etc.; to relieve one's feelings; to disclose one's grief; to unbosom oneself: *desahogarse con*, to vent one's anger on; to give a piece of one's mind to; to unbosom oneself to; to open one's heart to.
desahogo *m.* relief, respite [from care, worry, etc.]. 2 comfort, ease. 3 comfortable circumstances. 4 ample room. 5 forwardness, impudence, cheek. 6 relieving one's feelings; unbosoming oneself.
desahogué, desahogue, etc., *pret., subj. & imper.* of DESAHOGAR.
desahuciadamente *adv.* without hope.
desahuciar *tr.* to take away all hope from. 2 to give up [a patient] as past recovery. 3 LAW to evict, dispossess [a tenant].
desahucio *m.* LAW eviction, dispossession [of a tenant].
desahumado, da *p. p.* of DESAHUMAR. — 2 *adj.* smoke-free, smokeless. 3 vapid, flat [liquor].
desahumar *tr.* to free from smoke.
desainadura *f.* VET. disease in horses and mules caused by their fat being consumed through overwork.
desainar *tr.* to take off the fat of [an animal]. 2 the lessen the thickness or substance of. — 3 *ref.* to lose fat.
desairadamente *adv.* gracelessly, clumsily.
desairado, da *adj.* graceless, unattractive. 2 unsuccessful, slighted, cutting a poor figure.
desairar *tr.* to slight, disregard, snub. 2 to reject, ignore [a petition].
desaire *m.* gracelessness. 2 slight, disregard, snub.
desaislarse *ref.* to cease to be isolated. 2 to leave one's seclusión.

desajustar *tr.* to disarrange, to disadjust. — *2 ref.* to withdraw from an agreement.
desajuste *m.* disarrangement, lack of adjustment. 2 withdrawing from an agreement.
desalabanza *f* disparagement.
desalabar *tr.* to disparage, criticize.
desalabear *tr.* to straighten, unwarp.
desalabeo *m.* straightening, unwarping.
desaladamente *adv.* hurriedly, swiftly. 2 anxiously, eagerly.
desalado, da *adj.* desalted. 2 hasty, swift. 3 anxious, eager.
desalar *tr.* to desalt. 2 to cut off the wings of. — *3 ref.* to hurry, to go swiftly. *4 desalarse por,* to be eager to, to yearn for.
desalazón *f.* desalting.
desalbardar *tr.* DESENALBARDAR.
desalentadamente *adj.* with discouragement.
desalentador, ra *adj.* discouraging.
desalentar *tr.* to put out of breath. 2 to discourage. — *3 ref.* to be discouraged. ¶ CONJUG. like *acertar.*
desalfombrar *tr.* to take up the carpets from.
desalforjar *tr.* to take [something] out of a wallet. — *2 ref.* coll. to loosen one's garments, make oneself easy.
desalhajar *tr.* to dismantle [a room, a house].
1) **desaliento** *m.* discouragement. 2 faintness, weakness.
2) **desaliento, desaliente,** etc., *irr.* V. DESALENTAR.
desalineación *f.* disalignment.
desalinear *tr.* to disalign, to put out of alignment.
desaliñadamente *adv.* carelessly, slovenly.
desaliñado, da *adj.* untidy, unkempt, slovenly, slipshod. 2 untidy, careless, neglectful [person].
desaliñar *tr.* to disarrange, disorden, ruffle, make untidy. — *2 ref.* to become disarranged, untidy.
desaliño *m.* untidiness, slovenliness; carelessness, neglect.
desalivar *tr.* & *ref.* to salivate copiously.
desalmadamente *adv.* soullessly, inhumanly.
desalmado, da *adj.* wicked, heartless, remorseless, cruel, inhuman.
desalmamiento *m.* wickedness, heartlessness, cruelty, inhumanity.
desalmar *tr.* to weaken [a thing]. 2 to disquiet, worry. — *3 ref.* to be eager, to yearn [to or for].
desalmenado, da *adj.* without merlons.
desalmidonar *tr.* to remove the starch from.
desalojamiento *m.* dislodging, evacuation.
desalojar *tr.* to dislodge. 2 to evacuate. 3 NAUT., PHYS. to displace. 4 to empty. — *5 intr.* to move out.
desalojo *m.* DESALOJAMIENTO.
desalquilado. da *adj.* unrented, untenanted, vacant.
desalquilar *tr.* to leave or cause to leave, to vacate [a rented room or house]. — *2 ref.* [of a rented room or house] to be left, to become vacant.
desalterar *tr.* to calm, quiet.
desalumbradamente *adv.* dazedly, blindly. erroneously, unwisely.
desalumbrado, da *adj.* dazzled, dazed, blind. 2 erroneous, unwise.
desalumbramiento *m.* blindness, unwiseness, want of judgement.
desamable *adj.* unlovable.
desamador, ra *m.* & *f.* one who has ceased loving. 2 hater.
desamar *tr.* to love no more. 2 to hate, dislike.
desamarrar *tr.* to untie, unfasten, loosen. 2 NAUT. to unmoor.
desamasado, da *adj.* loose, detached.
desamigado, da *adj.* estranged [no longer a friend].
desamistarse *ref.* to quarrel, to become estranged.
desamoblar *tr.* DESAMUEBLAR.
desamoldar *tr.* to change the form of, to deform.
desamor *m.* disaffection, lack of love. 2 dislike, hate.
desamorado, da *adj.* unloving, cold, indifferent.
desamorar *tr.* to kill the love of. — *2 ref.* to cease loving.
desamoroso, sa *adj* unloving.
desamorrar *tr.* to make [a person] stop sulking.
desamorticé, desamortice, etc., *pret., subj.* & *imper.* of DESAMORTIZAR.
desamortizable *adj.* that can be freed from mortmain.
desamortización *f.* freeing from mortmain.
desamortizar *tr.* to free from mortmain.
desamotinarse *ref.* to cease mutinying.

desamparadamente *adv.* without protection, helplessly.
desamparado, da *adj.* abandoned, deserted, helpless, unprotected. 2 needy, destitute.
desamparador, ra *adj.* abandoning, deserting. — *2 m.* & *f.* abandoner, forsaker, deserter.
desamparar *tr.* to abandon, forsake, desert, leave helpless or unprotected. 2 to leave, quit [a place]. 3 NAUT. to dismantle. 4 LAW to give up, to release.
desamparo *m.* abandonment, desertion, dereliction lack of protection; need, destitution.
desamueblado, da *adj.* unfurnished.
desamueblar *tr.* to remove the furniture from.
desanclar, desancorar *tr.* NAUT. to weigh the anchors of.
desandar *tr.* to retrace, to go back over [the way travelled] : ∼ *lo andado,* to retrace one's steps. ¶ CONJUG. like *andar.*
desandrajado, da *adj.* ragged, in tatters.
desanduve, desanduviera, etc., *irr.* V. DESANDAR.
desangramiento *m.* bleeding to excess. 2 complete draining.
desangrar *tr.* to bleed to excess. 2 to drain [a lake, etc.]. 3 fig. to bleed, to impoverish. 4 *ref.* to bleed copiously, to lose a great amount of blood.
desanidar *intr.* to leave the nest. — *2 tr.* to dislodge from a haunt.
desanimación *f.* discouragement, downheartedness. 2 lack of animation, dullness, unliveliness.
desanimadamente *adv.* with discouragement; downheartedly, dispiritedly.
desanimado, da *adj.* discouraged, downhearted, dispirited. 2 lacking in animation, dull. 3 poorly attended [party, etc.].
desanimar *tr.* to discourage, dishearten. — *2 ref.* to become discouraged, disheartened.
desánimo *m.* discouragement, downheartedness.
desanublar *tr.* to brighten, clear up.
desanudadura *f.* untying, unknotting. 2 disentanglement.
desanudar *tr.* to untie, unknot. 2 to clear up, disentangle.
desañudadura *f.* DESANUDADURA.
desañudar *tr.* DESANUDAR.
desaojadera *f.* woman supposed to dispel the evil eye.
desaojar *tr.* to dispel the evil eye for.
desapacibilidad *f.* displeasantness, disagreeableness.
desapacible *adj.* unpleasant, disagreeable, harsh.
desapadrinar *tr.* DESAPROBAR.
desaparear *tr.* to separate [the two of a pair].
desaparecer *intr.* & *ref.* to disappear. — *2 tr.* to cause to disappear. ¶ CONJUG. like *agradecer.*
desaparecimiento *m.* DESAPARICIÓN.
desaparejar *tr.* to unsaddle [a pack animal]. 2 NAUT. to unrig.
desaparezco, desaparezca, etc., *irr.* V. DESAPARECER.
desaparición *f.* disappearance.
desaparroquiar *tr.* to take away customers from [a shop]. — *2 ref.* to leave being a customer of.
desapasionadamente *adv.* dispassionately.
desapasionado, da *adj.* dispassionate, unbiased.
desapasionarse *ref.* to free oneself of love or fondness, to become indifferent.
desapegar *tr.* to detach, loosen, unglue. — *2 ref.* to detach or unglue itself. 3 to lose one's love or liking [for a person or thing]; to become indifferent.
desapego *m.* lack of affection, indifference, coolness.
desapercibidamente *adv.* unpreparedly, unawares.
desapercibido, da *adj.* unprovided, unprepared, unguarded, unaware. — *2 m.* & *f.* unnoticed.
desapercibimiento *m.* unpreparedness.
desapestar *tr.* to desinfect [from plague].
desapiadadamente *adv.* DESPIADADAMENTE.
desapiadado, da *adj.* DESPIADADO.
desaplacible *adj.* disagreeable.
desaplicación *f.* lack of studiousness, laziness.
desaplicadamente *adv.* indolently, lazily, without studiousness.
desaplicado, da *adj.* not studious, lazy. — *2 m.* & *f.* bad student.
desaplicarse *ref.* to become a bad student.
desaplomar *tr.* to put out of plumb. — *2 ref.* to get out of plumb.
desapoderadamente *adv.* impetuously, wildly.
desapoderado, da *adj.* impetuous, precipitate. — *2* unbridled, wild, violent.

desapoderamiento *m.* dispossession. 2 withdrawing of powers. 2 boundless freedom or licence.

desapoderar *tr.* to dispossess. 2 to take away somebody's powers; to revoke the power of attorney of. — 3 *ref. desapoderarse de,* to give up, to dispossess oneself of.

desapolillar *tr.* to clear of moths. — 2 *ref.* to air oneself.

desaporcar *tr.* to remove the piled-up earth from around [a plant]. ¶ CONJUG. like *contar.*

desaposentar *tr.* to dislodge. 2 to drive away, cast aside.

desaposesionar *tr.* to dispossess.

desapoyar *tr.* to withdraw the support of.

desapreciar *tr.* not to appreciate.

desaprecio *m.* lack of appreciation.

desaprender *tr.* to unlearn, put out of memory [what has been learned].

desaprensar *tr.* to remove the gloss from [fabrics]. 2 to ease, free from pression.

desaprensión *f.* unscrupulousness.

desaprensivo, va *adj.* unscrupulous.

desapretar *tr.* to loosen. ¶ CONJUG. like *acertar.*

desaprieto, desapriete, etc., *irr.* V. DESAPRETAR.

desaprisionar *tr.* to free from shackles. 2 to free from prison, set at liberty.

desaprobación *f.* disapproval.

desaprobar *tr.* to disprove, to disapprove of; to censure, blame. ¶ CONJUG. like *contar.*

desapropiación *f.,* **desapropiamiento** *m.* divesting [of one's property].

desapropiarse *ref.* to divest oneself [of property].

desapropio *m.* DESAPROPIACIÓN.

desaprovechadamente *adv.* unprofitably, unproductively.

desaprovechado, da *adj.* wasted, unproductive. 2 unprofiting, unproficient, backward.

desaprovechamiento *m.* waste, ill use, poor use. 2 lack of progress in studies, etc.

desaprovechar *tr.* to waste, to make no use of; to use to no advantage : ~ *la ocasión,* to let the opportunity go by. — 2 *intr.* to make little or no progress in studies, etc.

desapruebo, desapruebe, etc., *irr.* V. DESAPROBAR.

desapuntalar *tr.* to remove the props or support of.

desapuntar *tr.* to unstitch. 2 to put [a gun] out of aim.

desaquellarse *ref.* coll. to become disheartened. 2 coll. to be vexed, distracted.

desarbolar *tr.* NAUT. to dismast.

desarbolo *m.* NAUT. dismasting.

desarenar *tr.* to clear of sand.

desareno *m.* clearing of sand.

desarmable *adj.* demountable, dismountable, that can be disassembled or taken to pieces.

desarmado, da *adj.* unarmed. 2 dismounted, disassembled, taken to pieces.

desarmador *m.* DISPARADOR 2.

desarmadura *f.,* **desarmamiento** *m.* DESARME.

desarmar *m.* to disarm. 2 to dismount, take apart, take to pieces, disassemble. 3 NAUT. to lay up, put out of commission [a ship]. 4 BULLF. to make [a bull butt in the air]. — 5 *intr.* to disarm.

desarme *m.* disarmament, disarming. 2 dismounting, disassembling. 3 NAUT. laying up, putting out of commission.

desarraigar *tr.* to uproot, root out, eradicate. 2 to exile. — 3 *ref.* to be uprooted. 4 to leave one's country or place of abode.

desarraigo *m.* uprooting, eradication.

desarraigué, desarraigue, etc., *pret., subj. & imper.* of DESARRAIGAR.

desarrapado, da *adj.* DESHARRAPADO.

desarrebozadamente *adv.* openly, frankly.

desarrebozar *tr.* to unmuffle. 2 to uncover, reveal.

desarrebujar *tr.* to uncover, unbundle [a person]. 2 to disentangle. 3 to explain, elucidate.

desarregladamente *adv.* disorderly.

desarreglado, da *adj.* disarranged, disorderly, out of order. 2 dishevelled, slovenly. 3 intemperate, extravagant, immoderate, excessive.

desarreglar *tr.* to disarrange, put out of order, to derange. — 2 *ref.* to become disarranged, to get out of order. 3 to become disorderly, to lose one's regular habits.

desarreglo *m.* disarrangement, disorder.

desarrendar *tr.* to give up or terminate the lease of. 2 to take off the reins [of a horse]. — 3 *ref.* [of a horse] to shake off the reins. ¶ CONJUG. like *acertar.*

desarriendo, desarriende, etc., *irr.* V. DESARRENDAR.

desarrimar *tr.* to move [a thing] away [from something]. 2 to dissuade.

desarrimo *m.* lack of support.

desarrollable *adj.* developable.

desarrollado, da *p. p.* of DESARROLLAR. — 2 *adj.* developed : *países poco desarrollados,* underdeveloped countries.

desarrollar *tr.* to unroll, to unwind, to unfurl. 2 to develop [form or expand by a process of growth; increase]. 3 to develop, expound, unfold, work out [a theory, etc.]. 4 MATH. to develop [an expression, etc.]. 5 MEC. to develop [a power]. — 6 *ref.* to unroll, unwind, unfurl itself. 7 to develop, to grow. 8 [of a scene, action, etc.] to take place.

desarrollo *m.* unrolling, unwinding, unfurling. 2 development, growth, increase. 3 development, unfolding, working out [of a theory, etc.]. 4 MATH., MEC. development.

desarropar *tr. & ref.* to uncover, to take off covering clothes.

desarrugadura *f.* smoothing out, unwrinkling, taking out wrinkles or creases.

desarrugar *tr.* to smooth out, unwrinkle, take wrinkles or creases out of : ~ *el entrecejo,* to unknit the brow.

desarrugué, desarrugue, etc., *pret., subj. & imper.* of DESARRUGAR.

desarrumar *tr.* NAUT. to break out [the stowage].

desarticulación *f.* disarticulation.

desarticular *tr.* to disarticulate, to put out of joint. 2 to take apart, disconnect, disjoint. — 3 *ref.* to come out of joint.

desartillar *tr.* to take the guns out of [a fort or ship].

desarzonar *tr.* to unhorse, unsaddle.

desasado, da *adj.* without handles; with broken handles.

desaseadamente *adv.* untidily, slovenly.

desaseado, da *adj.* untidy, dirty, slovenly.

desasear *tr.* to make untidy, dirty, slovenly.

desasegurar *tr.* to make unsteady. 2 to cancel the insurance on.

desasentar *tr.* to displace, move, remove. 2 to displease. — 3 *ref.* to get up from one's seat. ¶ CONJUG. like *acertar.*

desaseo *m.* untidiness, dirtiness, slovenliness.

desasiento, desasiente, etc., V. DESASENTAR.

desasgo, desasga, etc., *irr.* V. DESASIR.

desasimiento *m.* loosening, letting loose. 2 detaching, disinterest, disaffection.

desasimilación *f.* PHYSIOL. disassimilation.

desasir *tr.* to detach, to loosen. — 2 *ref. desasirse [de],* to get loose, to disengage or free oneself [of]; to let go; to give up. ¶ CONJUG. like *asir.*

desasistir *tr.* to abandon, forsake.

desasnar *tr.* to educate, polish, civilize. — 2 *ref.* to become educated, civilized.

desasociable *adj.* unsociable.

desasociar *tr.* to disassociate.

desasosegadamente *adv.* uneasily, anxiously.

desasosegar *tr.* to disquiet, worry, disturb, make uneasy or anxious. ¶ CONJUG. like *acertar.*

1) **desasosiego** *m.* disquiet, uneasiness, worry, anxiety, unrest.

2) **desasosiego, desasosiegue,** etc., *irr.* V. DESASOSEGAR.

desastradamente *adv.* unhappily, calamitously. 2 untidily.

desastrado, da *adj.* wretched, unfortunate. 2 shabby, ragged, untidy.

desastre *m.* disaster, catastrophe.

desastrosamente *adv.* disastrously. 2 very badly.

desastroso, sa *adj.* disastrous, unlucky, unfortunate. 2 very bad.

desatacar *tr.* to unfasten, unbutton, undo [certain garments]. 2 to remove the wad [of a firearm]. — 3 *ref.* to undo one's trousers.

desatadamente *adv.* loosely, freely.

desatado, da *adj.* loose, untied. 2 wild, fierce, violent.

desatador, ra *adj.* loosening, untying. 2 solving, resolving. — 3 *m. & f.* loosener, untier. 4 solver.

desatadura *f.* loosening, untying. 2 solving, resolving.

desatalentado, da *adj.* out of one's senses.

desatancar *tr.* to unclog [a pipe or channel]. — 2 *ref.* to get out of the mud.

desatanqué, desatanque, etc., *pret., subj. & imper.* of DESATANCAR.

desatar *tr.* to untie, loose, loosen, unbind, unfasten; to undo [a knot or the knot of]. 2 to undo, solve, unravel. 3 to liquefy, to dissolve. — 4 *ref.* to come untied. 5 to lose one's timidity or fear. 6 to talk without restraint, to lose all restraint : *desatarse en denuestos,* to burst forth in insults. 7 [of a storm, etc.] to break out, break loose.

desatascar *tr.* to pull out of the mud. 2 to unclog [a pipe or channel]. 3 to extricate from difficulties. — 4 *ref.* to get out of the mud.

desatasqué, desatasque, etc., *pret., subj. & imper.* of DESATASCAR.

desataviar *tr.* to strip of adornment, to disarray.

desatavío *m.* disarray, untidiness.

desate *m.* unrestrained talk. 2 disorderly conduct. 3 ~ *de vientre,* looseness of the bowels.

desatención *f.* inattention. 2 disregard, disrespect, discourtesy, slight.

desatender *tr.* to pay no attention to. 2 to be unheedful or unmindful of. 3 to neglect [duty, business, etc.] 4 to disregard [advice, entreaties, etc.]. 5 to disregard, to slight. ¶ CONJUG. like *entender.*

desatentadamente *adv.* unjudiciously, unwisely.

desatentado, da *adj.* unjudicious, unwise. 2 excessive, wild, disorderly.

desatentamente *adv.* discourteously.

desatentar *tr.* to derange, perturb the mind. ¶ CONJUG. like *acertar.*

desatento, ta *adj.* inattentive. 2 discourteous, impolite, unmannerly.

desaterrar *tr.* (Am.) to clear of rubbish or debris. ¶ CONJUG. like *acertar.*

desatesorar *tr.* to spend the treasure of.

desatibar *tr.* DESATOBAR 2.

desatiendo, desatienda, etc., *irr.* V. DESATENDER.

1) **desatiento** *m.* lack of the sense of touch. 2 restlessness, uneasiness.

2) **desatiento, desatiente,** etc., *irr.* V. DESATENTAR.

desatierre *m.* (Am.) dumping ground for rubbish or debris.

desatinadamente *adv.* wildly, perturbedly. 2 foolishly, unwisely. 3 excessively.

desatiento, desatierre, etc., *irr.* V. DESATERRAR.

desatinado, da *adj.* deranged, perturbed. 2 nonsensical, foolish, senseless. — 3 *m.* fool, senseless person.

desatinar *tr.* to perturb, rattle, derange. — 2 *intr.* to talk nonsense, to act foolishly. 3 to lose one's sense of direction or bearings.

desatino *m.* absurdity, nonsense, folly, error.

desatolondrar *tr.* to bring [a person] to. — 2 *ref.* to come to.

desatollar *tr.* to pull out of the mud. — 2 *ref.* to get out of the mud.

desatontarse *ref.* to recover from bewilderment.

desatorar *tr.* DESARRUMAR. 2 MIN. to clear of rubbish or debris.

desatornillador *m.* (Am.) DESTORNILLADOR.

desatornillar *tr.* to unscrew.

desatracar *tr. & ref.* to move [a boat] away, or [of a boat] to move away, from alongside [another boat, a wharf, etc.].

desatraillar *tr.* to unleash [dogs].

desatrampar *tr.* to unclog [a pipe or channel].

desatrancar *tr.* to unbar, unbolt [a door]. 2 DESATRAMPAR.

desaturarse *ref.* to get out of the close air; to clear one's head. 2 to calm down, to put off anger.

desaturdir *tr. & ref.* to rouse from a state of dizziness or stupor.

desautoricé, desautorice, etc., *pret., subj. & imper.* of DESAUTORIZAR.

desautoridad *f.* want of authority.

desautorización *f.* withdrawal of authority, disavowal.

desautorizadamente *adv.* without authority.

desautorizado, da *adj.* disauthorized, discredited.

desautorizar *tr.* to deprive of authority or credit, to disauthorize, to disavow.

desavahado, da *adj.* clear, free from mist, clouds or vapour.

desavahar *tr.* to air, ventilate. 2 to cool until no

steam comes out. — 3 *ref.* to rest or amuse oneself.

desavecindado, da *adj.* unoccupied, deserted.

desavecindarse *ref.* to move to another place.

desavendré, desavendría, etc., *irr.* V. DESAVENIR.

desavenencia *f.* discord, disagreement, quarrel.

desavengo, desavenga, etc., *irr.* V. DESAVENIR.

desavenido, da *adj.* discordant, disagreeing, on bad terms.

desavenir *tr.* to make disagree, to bring disagreement among. — 2 *ref.* to disagree, be at a variance, quarrel. ¶ CONJUG. like *venir.*

desaventajadamente *adv.* disadvantageously.

desaventajado, da *adj.* disadvantageous, inferior.

desaventura *f.* DESVENTURA.

desavezar *tr. & ref.* DESACOSTUMBRAR.

desaviar *tr.* to mislead, lead astray. 2 to deprive of necessaries or equipment. — 3 *ref.* to be misled, go astray.

desavine, desaviniera, etc., *irr.* V. DESAVENIR.

desavío *m.* leading astray, going astray. 2 want of necessaries or equipment.

desavisado, da *adj.* unadvised; uninformed.

desavisar *tr.* to cancel a notice or summons.

desayudar *tr.* to hinder, impede, to prevent from being aided.

desayunado, da *adj.* having breakfasted.

desayunarse *ref.* to breakfast : ~ *con,* to breakfast on. 2 fig. ~ *de,* to have first intelligence of.

desayuno *m.* breakfast.

desazogar *tr.* to take off the backing from [a looking glass]. — 2 *ref.* (Pe.) to become restless.

desazogué, desazogue, etc., *pret., subj. & imper.* of DESAZOGAR.

desazón *f.* insipidity, want of taste or flavour. 2 bad state of soil [for cultivation]. 3 displeasure, vexation, worry. 4 discomfort, uneasiness. 5 indisposition.

desazonado, da *adj.* insipid. 2 displeased, annoyed, vexed. 3 uneasy. 4 indisposed.

desazonar *tr.* to render tasteless. 2 to displease, annoy; to cause discomfort or uneasiness. — 3 *ref.* to be displeased, annoyed. 4 to feel ill, become indisposed [in health].

desbabar *tr.* to free [land snails] from their slime. — 2 *intr. & ref.* [of land snails] to be freed from their slime.

desbagar *tr.* to extract [flaxseed] from the capsules.

desbagué, desbague, etc., *pret., subj. & imper.* of DESBAGAR.

desbancar *tr.* NAUT. to clear of benches. 2 [in gambling] to break the bank. 3 to supplant in the affection of another, to cut out.

desbandada *f.* disbandment : *a la ~,* helter-skelter, in disorder.

desbandarse *ref.* to disperse, scatter [be dispersed]. 2 to disband, to flee in disorder. 3 MIL. to desert the colours.

desbanqué, desbanque, etc., *pret., sobj. & imper.* of DESBANCAR.

desbarahustar *tr.* DEBARAJUSTAR.

desbarahuste *m.* DESBARAJUSTE.

desbarajustar *tr.* to disarrange, disorder, confuse. — 2 *ref.* to get out of order, to break down.

desbarajuste *m.* disorder, confusion, confused medley.

desbaratadamente *adv.* in disorder, in confusion.

desbaratado, da *p. p.* of DESBARATAR. 2 disorderly; debauched.

desbaratador, ra *m. & f.* destroyer, ruiner, dilapidator. 2 frustrater. 3 defeater.

desbaratamiento *m.* destruction, ruin. 2 frustration. 3 defeat.

desbaratar *tr.* to destroy, ruin, spoil, take to pieces. 2 to waste, squander. 3 to frustrate, foil, thwart. 4 MIL. to disperse, rout, break up. — 5 *intr. & ref.* to talk nonsense, to act unreasonably.

desbarate *m.* destruction, ruin, disorder. 2 waste, squander. 3 frustration. 4 defeat. 5 loose bowels: ~ *de vientre,* loose bowels.

desbarato *m.* destruction, ruin, disorder.

desbarbado, da *adj.* beardless.

desbarbar *tr.* to cut off filaments, slender roots, etc., of. 2 coll. to shave.

desbarbillar *tr.* to cut off rootlets of [young vines].

desbardar *tr.* to unthatch [a wall].

desbarrancadero *m.* (Am.) precipice.

desbarrancar *tr.* (Am.) to throw over a precipice. — 2 to fall over a precipice.

desbarrar *intr.* SPORT to throw the bar without taking aim. 2 to glide, slide. 3 to talk nonsense, to act foolishly.

desbarrigado, da *p. p.* of DESBARRIGAR. — 2 *adj.* small-bellied.

desbarrigar *tr.* to stab in the belly, to rip open the belly of.

desbarrigué, desbarrigue, etc., *pret., subj. & imper.* of DESBARRIGAR.

desbarro *m.* gliding, slipping. 2 nonsensical talk; foolish act.

desbastador *m.* dressing chisel; roughdressing tool.

desbastadura *f.* roughdressing.

desbastar *tr.* to take off the rough parts of a thing [usually as a preparation for the proper work]; to plane, roughdress, rough down, scabble. 2 to spend, consume. 3 to educate and polish [a person].

desbaste *m.* roughdressing. 2 roughdressed state.

desbastecido, da *adj.* without provisions or supplies.

desbautizarse *ref.* coll. to be very angered or impatient.

desbazadero *m.* wet, slippery place.

desbecerrar *tr.* to wean calves, to separate them from [their mothers].

desblanquecido, da *adj.* whitish.

desbloquear *tr.* COM. to unfreeze.

desbloqueo *m.* COM. unfreezing.

desbocadamente *adv.* impudently, without restraint.

desbocado, da *adj.* wide-mouthed [gun]. 2 brokenfaced [tool]. 3 broken-lipped, broken-mouthed [jar, vessel]. 4 runaway [horse]. 5 foul-mouthed. — 6 *m. & f.* foul-mouthed person.

desbocamiento *m.* running away [of a horse]. 2 foulmouthedness, abusiveness, obscenity.

desbocar *tr.* to break the lips or mouth of [a jar, etc.]; to break the face [of a tool]. — 2 *intr.* [of a stream] to debouch, empty. — 3 *ref.* [of a horse], to run away, to take the bit between the teeth. 4 [of a person] to become insolent, use abusive language.

desboqué, desboque, etc., *pret., subj. & imper.* of DESBOCAR.

desboquillar *tr.* to break or remove the mouthpiece of [a musical instrument], the stem [of a pipe], etc.

desbordamiento *m.* overflowing. 2 running riot, breaking all bounds.

desbordante *adj.* overflowing.

desbordar *intr. & ref.* to overflow. — 2 *ref.* [of passions] to run riot, to break all bounds.

desbornizar *tr.* to strip [cork-trees] of their first cork.

desborrar *tr.* to burl [pick knots, burs, etc., from cloth].

desbotonar *tr.* (Cu.) to cut the buds of [tobbacco plants].

desbragado, da *adj.* without trousers. — 2 *m.* DESCAMISADO.

desbravador *m.* horse breaker.

desbravar *tr.* to tame, break in [horses]. — 2 *intr. & ref.* to become less wild or fierce. 3 [of anger, violence, etc.] to wear out. 4 [of a liquor] to lose strength, go flat.

desbravecer *intr. & ref.* DEBRAVAR 2, 3 & 4. ¶ CONJUG. like *agradecer*.

desbravezco, desbravezca, etc., *irr.* V. DESBRAVECER.

desbrazarse *ref.* to stretch out or move the arms violently.

desbrevarse *ref.* [of wine] to lose strength.

desbridamiento *m.* SURG. débridement.

desbridar *tr.* SURG. to débride.

desbriznar *tr.* to shred, to divide in small shreds. 2 to remove the strings [of vegetables]. 3 to pluck the stamens [of saffron].

desbroce *m.* DESBROZO.

desbrocé, desbroce, etc., *pret., subj. & imper.* of DESBROZAR.

desbrozar *tr.* to clear [lands, etc.] of rubbish, dry leaves, underbrush, obstructions, etc.: ~ *el camino,* to clear the way.

desbrozo *m.* the act of clearing lands, etc., of rubbish, dry leaves, obstructions, etc. 2 rubbish from clearing lands, trenches, etc.

desbruar *tr.* to clean [cloth] of grease.

desbrujar *tr.* DESMORONAR.

desbuchar *tr.* DESEMBUCHAR. 2 DESAINAR.

desbulla *f.* oyster shell.

desbullador *m.* oyster fork.

desbullar *tr.* to take [oysters] out of shell.

descabal *adj.* incomplete.

descabalamiento *adj.* making incomplete, damaging, impairing.

descabalar *tr.* to make incomplete, to take out a part of, to impair. — 2 *ref.* to become incomplete, to lose some of its parts.

descabalgadura *f.* dismounting, alighting from a horse.

descabalgar *intr.* to dismount, to alight from a horse. — 2 *tr.* to dismount [a gun].

descabalgué, descabalgue, etc., *pret., subj. & imper.* of DESCABALGAR.

descabecé, descabece, etc., *pret., subj. & imper.* of DESCABEZAR.

descabelladamente *adv.* preposterously, wildly.

descabellado, da *adj.* dishevelled [with the hair awry]. 2 preposterous, wild, absurd.

descabelladura *f.* dishevelling of the hair.

descabellamiento *m.* absurdity, nonsense.

descabellar *tr.* to dishevel, towsle, rumple the hair. 2 BULLF. to kill [the bull] by stabbing it in the back of the neck.

descabello *m.* BULLF. killing the bull by stabbing him in the back of the neck.

descabestrar *tr.* to unhalter.

descabezadamente *adv.* DESCABELLADAMENTE.

descabezado, da *p. p.* of DESCABEZAR. 2 wild, absurd.

descabezamiento *m.* beheading. 2 topping [of trees]; lopping, cutting off the top of. 3 cudgelling of one's brains.

descabezar *tr.* to behead. 2 to top [trees], to lop, to cut off the top of. 3 to begin to overcome [a difficulty]. 4 ~ *el sueño,* to snooze, doze, take a nap. — 5 *ref.* to cudgel one's brains. 6 [of cereals] to shed the grain.

descabritar *tr.* to wean [kids].

descabullirse *ref.* ESCABULLIRSE. 2 to slip out of a difficulty; to elude the strength of an argument.

descacilar *tr.* DESCAFILAR.

descachar *tr.* (Chi.) to dehorn.

descachazar *tr.* (Am.) to skim [sugar-cane juice].

descaderar *tr.* to injure the hips of. — 2 *ref.* to injure one's hips.

descadillar *tr.* to burl [cloth]; to cut off the loose threads of warp.

descaecer *intr.* to decline [in health, wealth, power, etc.], droop, languish. ¶ CONJUG. like *agradecer*.

descaecido, da *adj.* feeble, weak, languishing.

descaecimiento *m.* weakness, debility. 2 dejection, despondency.

descaer *intr.* DECAER.

descaezco, descaezca, etc., *irr.* V. DESCAECER.

descafilar *tr.* to trim [bricks or tiles].

descaimiento *m.* DECAIMIENTO.

descalabazarse *ref.* coll. to cudgel one's brains.

descalabrado, da *adj.* wounded in the head. 2 injured, worsted : *salir* ~, to fail, be a loser, come out worsted.

descalabradura *f.* wound in the head.

descalabrar *tr.* to wound in the head. 2 to hurt, injure. 3 to occasion losses to. — 4 *ref.* to hurt one's head.

descalabro *m.* misfortune, damage, loss, defeat.

descalandrajar *tr.* to tear into rags.

descalcador *m.* NAUT. ravehook.

descalcar *tr.* NAUT. to remove oakum from [seams].

descalce *m.* undermining.

descalcé, descalce, etc., *pret., subj. & imper.* of DESCALZAR.

descalcez *f.* barefootedness, lack of shoes.

descalcificación *f.* MED. decalcification.

descalificación *f.* disqualification. 2 discrediting, discredit.

descalificar *tr.* to disqualify [render unfit]. 2 to discredit. 3 SPORT to disqualify.

descalifiqué, descalifique, etc., *pret., subj. & imper.* of DESCALIFICAR.

descalostrado, da *adj.* having passed the days of the first milk [baby].

descalqué, descalque, etc., *pret., subj. & imper.* of DESCCALCCAR.

descalzador *m.* bootjack.

descalzar *tr.* to take off [somebody's] shoes or stockings. 2 to remove wedges or chocks from. 3 to dig under, undermine. — 4 *ref.* to take off one's shoes or stockings. 5 to take off [one's shoes, stockings or gloves]. 6 [of a friar] to become discalced. 7 [of a horse] to lose a shoe.

descalzo, za *adj.* unshod, barefooted, in stockinged feet. 2 discalced, barefooted [friar, nun].
descamación *f.* MED. desquamation.
descamar *tr.* ESCAMAR 1. — 2 *ref.* MED. to desquamate.
descambiar *tr* DESTROCAR.
descaminadamente *adv.* on the wrong road, mistakenly, wrongly.
descaminado, da *adj.* lost, on the wrong road. 2 on the wrong track, mistaken, wrong. 3 misguided, ill-advised.
descaminar *tr.* to lead astray, mislead, misguide. — 2 *ref.* to lose one's way, to go astray. 3 to go wrong.
descamino *m* leading astray, going astray. 2 misguidance, error.
descamisado, da *adj.* shirtless, ragged. — 2 *m.* & *f.* poor person, ragamuffin.
descampado, da *adj.* & *m.* open, clear [ground] : *en* ~, in the open country.
descansadamente *adv.* easily, without toil or fatigue.
descansadero *m.* resting place.
descansado, da *adj.* rested, refreshed. 2 free of toil or trouble, easy, tranquil, peaceful.
descansar *intr.* to rest [to get or take repose; to sleep, to sleep in death; to desist of work or exertion]. 2 to feel alleviation. 3 AGR. [of land] to rest. 4 to open one's heart [to someone]. 5 to rest, rely, put trust or confidence [in a person]. 6 to rest, be supported. — 7 *tr.* to rest, aid, help [someone] in labour, to alleviate [someone's] fatigue. 8 to rest, lean [one's head, etc.].
descansillo *m.* landing [of stairs].
descanso *m.* rest, repose, refreshment. 2 sleep. 3 rest, alleviation. 4 aid, help. 5 peace, quiet. 6 landing [of stairs]. 7 MEC. rest, seat, support. 8 MIL. *en su lugar descanso*, parade rest.
descantar *tr.* to clear of stones.
descantear *tr.* to smooth corners or edges in.
descanterar *tr.* to take off the corners or ends of [a loaf].
descantillar *tr.* to break the arris or edge of. 2 to substract [a part] of an amount.
descantillón *m.* ESCANTILLÓN.
descantonar *tr.* DESCANTILLAR.
descañonar *tr.* to take off the quills left on [a plucked fowl]. 2 to shave against the grain. 3 coll. to fleece, leave without money.
descaperuzar *tr.* to unhood.
descaperuzo *m.* unhooding.
descapirotar *tr.* to unhood.
descapotable *adj.* convertible [car].
descapotar *tr.* to fold or take down the hood of [a carriage].
descapiruzar *tr.* (Am.) to dishevel, towsle the hair of.
descaradamente *adv.* impudently, barefacedly. 2 openly.
descarado, da *adj.* impudent, barefaced, brazen; saucy.
descaramiento *m.* DESCARO.
descararse *ref.* to behave in an impudent or insolent manner, to be saucy : ~ *con*, to speak insolently to. 2 to lose all decency or timidity.
descarbonatar *tr.* to decarbonate.
descarburar *tr.* to decarbonize.
descarga *f.* unloading, unburdening, disburdening, discharge. 2 ARCH. discharge. 3 discharge [of firearms], volley, round. 4 ELECT. discharge.
descargadero *m.* unloading place.
descargador *m.* unloader : ~ *del muelle,* dock labourer.
descargadura *f.* bone that a butcher takes out of a piece of meat.
descargar *tr.* to unload, unburden, disburden, discharge. 2 to ease [of a burden] : ~ *la conciencia,* to ease one's conscience. 3 to free, discharge [of an obligation, debt, etc.]. 4 to clear [of an accusation]. 5 to dump, empty. 6 to take the flap and bones from [a loin]. 7 to deal, strike [a blow]. 8 to vent [one's fury, etc.]. 9 to unload [a firearm]. 10 to fire, discharge [a firearm]. 11 ELECT. to discharge. — 12 *intr.* [of streams] to flow [into], to empty. 13 [of a storm] to burst. — 14 *ref.* to unburden oneself; to get rid of. 15 to clear oneself [of an accusation]. 16 *descargarse en,* to disburden one's cares, duties, etc., upon [another].

descargo *m.* unburdening. 2 COM. acquitment. 3 easement, discharge [of one's conscience]. 4 clearing, justification. 5 discharge [of an obligation].
descargue *m.* unloading [of goods, etc.].
descargué, descargue, etc., *pret., subj.* & *imper.* of DESCARGAR.
descariñarse *ref.* to withdraw love or affection, to become indifferent.
descariño *m.* lack of affection, coolness.
descarnada f. *la* ~, Death.
descarnadamente *adv.* plainly, bluntly, without euphemisms.
descarnado, da *adj.* thin, lean. 2 bare [bone]. 3 fig. bare, unadorned, crude, blunt.
descarnador *m.* DENT. scraper.
descarnadura *f.* removal of flesh.
descarnar *tr.* to remove the flesh from [bones]. 2 to wear away, corrode, denudate. 3 TAN. to flesh, scrape. 4 to detach from earthly things. — 5 *ref.* to lose flesh.
descaro *m.* barefacedness, impudence, effrontery, sauciness, nerve, cheek.
descarozar *tr.* (Am.) to stone [take the pits out of fruits].
descarriamiento *m.* DESCARRÍO.
descarriar *tr.* to lead astray, mislead. 2 to separate [cattle] from the herd. — 3 *ref.* to stray, go astray, wander from herd or company. 4 to go wrong.
descarriladura *f.,* **descarrilamiento** *m.* derailment.
descarrilar *intr.* to derail, to run off the track.
descarrilladura *f.* act of breaking the jaws.
descarrillar *tr.* to break the jaws of.
descarrío *m.* going astray. 2 going wrong; error, sin.
descartar *tr.* to leave aside, to leave out. — 2 *ref.* to excuse oneself [from doing something]. 3 CARDS *descartarse de,* to discard [some of one's cards].
descarte *m.* leaving aside. 2 CARDS. discard.
descasamiento *m.* annulment of marriage.
descasar *tr.* to annul the marriage of. 2 to disturb the arrangement of [well matched things]. 3 PRINT. to alter the position of [pages of a sheet].
descascar *tr.* DESCASCARAR. — 2 *ref.* to break to pieces. 2 to talk too much, to bluster.
descascarar *tr.* to peel, to shell [remove the bark, or the shell of]. — 2 *ref.* to peel off, to shell off.
descascarillado *m.* peeling [of rice]. 2 removing of the thin metal plate covering an object.
descascarillar *tr.* to peel [rice]. 2 to remove the thin metal plate covering [an object]. — 3 *ref.* [of an object] to lose its thin metal plate covering.
descaspar *tr.* to remove the dandruff of.
descasque *m.* decortication [esp. of the cork tree].
descasqué, descasque, etc., *pret., subj.* & *imper.* of DESCASCAR.
descastado, da *adj.* showing little natural affection. 2 ungrateful.
descastar *tr.* to exterminate [destructive animals and insects].
descatolización *f.* abandonment of Catholicism.
descatolizar *tr.* to cause to abandon Catholicism. — 2 *ref.* to abandon Catholicism.
descaudalado, da *adj.* ruined, penniless.
descebar *tr.* to unprime [firearms].
descendencia *f.* descent, descendants, issue. 2 descent, lineage.
descendente *adj.* descendent, descending; down : *tren* ~, down train.
descender *intr.* to descend, to come or go down. 2 to stoop [to something mean, etc.]. 3 [of temperature] to drop. 4 [of a liquid, a stream] to run, flow. 5 to descend [from a stock, etc.]; to derive. 6 to descend [from greater to less; from general to particular]. — 7 *tr.* to take down, bring down. ¶ CONJUG. like *entender.*
descendiente *adj.* descendent. — 2 *m.* & *f.* descendant, offspring.
descendimiento *m.* descent, taking down. 2 Descent from the Cross.
descensión *f.* descent, coming down.
descenso *m.* descent, coming down. 2 drop, fall [of temperature, prices, etc.]. 3 decline, fall, comedown [in station, dignity, etc.].
descentrado, da *adj.* out of centre, decentred, uncentred.

981

descentralicé, descentralice, etc., *pret., subj. & imper.* of DESCENTRALIZAR.

descentralización *f.* decentralization.

descentralizador, ra *adj.* decentralizing. — *2 m. & f.* decentralizer.

descentralizar *tr.* to decentralize.

descentrar *tr.* to decentre, uncentre, place out of centre. — *2* to become uncentred, get out of centre.

desceñidura *f.* ungirding, unbelting, loosening or removal of a belt.

desceñir *tr.* to ungird; to unbelt. — *2 tr. & ref.* to take off one's girdle, belt, etc. ¶ CONJUG. like *reir*.

descepar *tr.* to uproot [trees, shrubs]. *2* to exterminate. *3* NAUT. to remove the stocks from [an anchor].

descerar *tr.* to take the empty combs from [a beehive].

descercado, da *adj.* open, unfenced.

descercador *m.* one who forces the enemy to raise a siege.

descercar *tr.* to destroy or tear down the wall or fence of. *2* MIL. to raise the siege of. *3* MIL. to force the enemy to raise the siege of.

descerco *m.* raising the siege.

descerezar *tr.* to pulp [coffee berries].

descerqué, descerque, etc., *pret., subj. & imper.* of DESCERCAR.

descerrajado, da *adj.* wicked, evil-minded. *2* evil-living.

descerrajadura *f.* lock breaking, lock bursting.

descerrajar *tr.* to burst or force the lock. *2* ~ *un tiro a,* to shoot, let go a shot at.

descerrumarse *ref.* VET. [of a horse] to wrench its pastern joint.

descervigar *tr.* to twist the neck of.

desciendo, descienda, etc., *irr.* V. DESCENDER.

descifrable *adj.* decipherable.

descifrador *m.* decipherer; decoder.

descifrar *tr.* to decipher, make out; to decode.

descimbramiento *m.* ARCH. removing the centering of an arch, etc.

descimbrar *tr.* ARCH. to remove the centering of [an arch, etc.].

descimentar *tr.* to destroy the foundations of.

descinchar *tr.* to ungirth [a horse or pack animal].

desciño, desciña, etc., *irr.* V. DESCEÑIR.

desclavador *m.* nail puller, a blunt chisel used in removing nails.

desclavar *tr.* to remove the nails from. *2* to unnail, unpeg, to unfasten [a nailed thing]. *3* to take [a precious stone] out of its setting.

descoagulante *adj.* decoagulating.

descoagular *tr.* to decoagulate.

descobajar *tr.* to separate [grapes] from the stem.

descobijar *tr.* to uncover. *2* to deprive of shelter.

descocadamente *adv.* boldly, brazenly.

descocado, da *adj.* bold, forward, brazen.

descocar *tr.* to clear [trees] of grubs. — *2 ref.* to become bold, forward, excessively free in manners.

descoco *m.* boldness, forwardness, excessive freedom in manners.

descoger *tr.* to unfold, extend, spread.

descogollar *tr.* to strip [a tree or plant] of shoots. *2* to take the heart out of [vegetables].

descogotado, da *p. p.* of DESCOGOTAR. — *2 adj.* with the nape of the neck shorn or uncovered.

descogotar *tr.* to knock or cut the horns off [a stag].

descojo, descoja, etc., *pres., subj. & imper.* of DESCOGER.

descolar *tr.* to dock or crop the tail of [an animal]. *2* to cut off the fag end of [a piece of cloth].

descolchar *tr.* NAUT. to untwist [a cable].

descolgar *tr.* to unhang, to take down [what is hung]. *2* to lower, let down [something suspended from a rope, etc.]. *3* to unhang, divest of hangings [a room, etc.]. — *4 ref.* to show up unexpectedly. *5 descolgarse de* or *por,* to let oneself down, to come down [from a window, a wall, etc.] by slipping down [a rope, etc.]; to come down [from a high or steep place]. *6 descolgarse con,* to say [something unexpected]. ¶ CONJUG. like *contar*.

descoligado, da *adj.* not belonging to a league.

descolmar *tr.* to strike [with a strickle]. *2* to diminish.

descolmillar *tr.* to pull out or break the eyeteeth, the fangs or the tusks of.

descolocado, da *adj.* out of place. *2* unemployed, without a job.

descoloramiento *m.* decolourization.

descolorante *adj.* decolourizing. — *2 m.* decolourizer.

descolorar *tr.* to decolourize, to discolour. — *2 ref.* to become decolourized.

descolorido, da *adj.* decolourized. *2* pale, colourless, faded.

descolorimiento *m.* decoloration, fading, paleness.

descolorir *tr.* to decolourize, to discolour. *2* to fade, render pale.

descolladamente *adv.* haughtily, loftily.

descollamiento *m.* DESCUELLO.

descollar *intr.* to stand out, be prominent or conspicuous: ~ *entre* or *sobre,* to excel, surpass, tower above. ¶ CONJUG. like *contar*.

descombrar *tr.* to disencumber, to clear of obstacles, debris, etc.

descombro *m.* disencumbering, clearing of obstacles, debris, etc.

descomedidamente *adv.* excessively, immoderately. *2* rudely, insolently.

descomedido, da *adj.* excessive, disproportionate, immoderate. *2* rude, disrespectful, impolite.

descomedimiento *m.* rudeness, disrespect, impoliteness.

descomedirse *ref.* to be rude, disrespectful, impolite. ¶ CONJUG. like *servir*.

descomer *intr.* coll. to evacuate the bowels.

descomido, descomida, descomidió, descomidiendo, etc., V. DESCOMEDIRSE.

descomodidad *f.* inconvenience, discomfort.

descompadrar *tr.* coll. to cause estrangement of, to break up the friendship of. — *2 ref.* coll. [of friends] to fall off, become estranged.

descompaginar *tr.* to disarrange, upset.

descompás *m.* excess, want of measure or proportion.

descompasadamente *adv.* DESCOMEDIDAMENTE.

descompasado, da *adj.* excessive, disproportionate, immoderate.

descompasarse *ref.* DESCOMEDIRSE.

descompondré, descompondría, etc., *irr.* V. DESCOMPONER.

descomponer *tr.* to decompose. *2* MEC. to resolve [forces]. *3* to put out of order; to disarrange, disturb, unsettle, upset. *4* fig. to alienate, set at odds. — *5 ref.* to decompose [become putrid or tainted]; to become corrupted, to rot. *6* to get out of order. *7* [of the body] to be indisposed. *8* [of the face] to be altered by emotions. *9* to lose one's temper, to lose one's control. *10* [of the weather, etc.] to change for the worse. *11* (Am.) to dislocate [an arm, etc.]. ¶ CONJUG. like *poner*.

descompongo, descomponga, etc., V. DESCOMPONER.

descomposición *f.* decomposition, putrefaction, rotting. *2* decomposition [separation of elements]. *3* MEC. resolution [of forces]. *5* disorder, disorganization. *6* ~ *de vientre,* looseness of bowels.

descompostura *f.* decomposition. *2* disarrangement. *3* slovenliness, untidiness. *4* lack of restraint, of moderation. *5* want of modesty. *6* disrespectful conduct, insolence.

descompresión *f.* decompression.

descompuestamente *adv.* disrespectfully, insolently.

descompuesto, ta *p. p.* of DESCOMPONER. — *2 adj.* disarranged, out of order. *3* wild, disrespectful, impolite.

descompuse, descompusiera, etc., *irr.* V. DESCOMPONER.

descomulgado, da *p. p.* of DESCOMULGAR. — *2 adj.* perverse, wicked.

descomulgar *tr.* to excommunicate.

descomunal *adj.* extraordinary, enormous, huge, colossal.

descomunalmente *adv.* extraordinarily, enormously.

descomunión *f.* EXCOMUNIÓN.

desconceptuar *tr.* to discredit. — *2 ref.* to become discredited.

desconcertadamente *adv.* disorderly. *2* disconcertedly.

desconcertado, da *adj.* disorderly. *2* out of order. *3* dislocate [bones]. *4* disconcerted, baffled.

desconcertador, ra *adj.* disturbing. *2* disconcerting. — *3 m. & f.* disturber. *4* disconcerter.

desconcertante *adj.* disconcerting, baffling.

desconcertar *tr.* to disarrange, disturb, put out of order. 2 to disconcert [plans, etc.]. 3 to dislocate [bones]. 4 to disconcert, baffle. — 5 *ref.* to become disarranged, to get out of order. 6 [of a bone] to become dislocated. 7 [of persons] to disagree. 8 to be disconcerted, to lose countenance. ¶ CONJUG. like *acertar.*
1) **desconcierto** *m.* disarrangement, disorder, confusion. 2 mismanagement. 3 disagreement. 4 disarrangement, disrepair. 5 disconcerting. 6 disconcerted state, embarrassment. 7 lack of restraint. 8 looseness of bowels.
2) **desconcierto, desconcierte,** etc., *irr.* V. DESCONCERTAR.
desconcordia *f.* discord, disagreement.
desconchabar *tr.* (Am.) to disarrange, to upset. — 2 *ref.* to become dislocated.
desconchado *m.* loss of part of surface coating. 2 scaled or peeled off part [of wall, etc.].
desconchadura *f.* DESCONCHADO.
desconchar *tr.* to remove part of the surface coating of. — 2 *ref.* [of a wall, etc.] to lose part of its surface coating.
desconchón *m.* DESCONCHADO.
desconectar *tr.* MACH., ELEC. to disconnect. — 2 *ref.* to become disconnected.
desconfiadamente *adv.* distrustfully, suspiciously.
desconfiado, da *adj.* distrustful, mistrustful, suspicious.
desconfianza *f.* distrust, mistrust. 2 suspicious fear. 3 diffidence.
desconfiar *intr.* to have no confidence : ~ *de,* to have no confidence in, to distrust, to mistrust, doubt; to have little hope of.
desconformar *intr.* to dissent, disagree. — 2 *ref.* [of things] to disagree, not to fit each other.
desconforme *adj.* DISCONFORME.
desconformidad *f.* DISCONFORMIDAD.
descongelar *tr.* to defreeze.
descongestión *f.* removing, lessening or relieving of congestion.
descongestionar *tr.* to remove, lessen or relieve the congestion of. — 2 *ref.* to become less congested.
desconocedor *m.* not knowing, ignorant [in or of something].
desconocer *tr.* not to know, to ignore, be unacquainted with. 2 to fail to recognize. 3 to disown, disavow, deny [refuse to acknowledge as one's own]. 4 to disregard, ignore. — 5 *ref.* to be ignored. 6 to be or become unrecognizable, quite changed. ¶ CONJUG. like *agradecer.*
desconocidamente *adv.* unknowingly. 2 ungratefully.
desconocido, da *adj.* unknown. 2 strange, unfamiliar. 3 ungrateful. 4 unrecognizable, quite changed.— 5 *m.* & *f.* stranger, unknown person.
desconocimiento *m.* ignorance [of something]. 2 disregard. 3 ungratefulness, ingratitude.
desconozco, desconozca, etc., *irr.* V. DESCONOCER.
desconsentir *tr.* not to consent to, not to permit. ¶ CONJUG. like *hervir.*
desconsideración *f.* inconsiderateness, disregard, inattention.
desconsideradamente *adj.* inconsiderately; rudely, discourteously.
desconsiderado, da *adj.* inconsiderate, not regardful of feeling, rights, etc., of others; rude, discourteous. 2 inconsiderate, rash, imprudent.
desconsiderar *tr.* to have no regard for, to be inconsiderate with.
desconsiento, desconsienta, etc., *irr.* V. DESCONSENTIR.
desconsolación *f.* DESCONSUELO.
desconsoladamente *adv.* disconsolately.
desconsolado, da *adj.* disconsolate, grief-stricken.
desconsolador, ra *adj.* distressing.
desconsolar *tr.* to distress, grieve. — 2 *ref.* to be distressed, to grieve. ¶ CONJUG. like *contar.*
1) **desconsuelo** *m.* disconsolation, disconsolateness, grief. 2 empty feeling [in the stomach].
2) **desconsuelo, desconsuele,** etc., *irr.* V. DESCONSOLAR.
descontagiar *tr.* to disinfect.
descontar *tr.* to discount, deduct, abate, make an abatement of. 2 to discount [a bill, etc.]. 3 to allow [for exaggeration, etc.]. 4 to take for granted. — 5 *ref.* to miscount. ¶ CONJUG. like *contar.*
descontentadizo, za *adj.* hard to please, easily displeased, fastidious.

descontentamiento *m.* discontentment, dissatisfaction, displeasure.
descontentar *tr.* to discontent, dissatisfy, displease. — 2 *ref.* to be discontented, dissatisfied, displeased.
descontento, ta *adj.* discontent, dissatisfied, displeased. — 2 *m.* discontent, dissatisfaction, displeasure.
descontinuación *f.* discontinuance.
descontinuar *tr.* DISCONTINUAR.
descontinuo, nua *adj.* MATH. discontinuous.
desconvendré, desconvendrá, etc., *irr.* V. DESCONVENIR.
desconvengo, desconvenga, etc., *irr.* V. DESCONVENIR.
desconvenible *adj.* disagreeing, incongruous.
desconveniencia *f.* inconvenience, disadvantage.
desconveniente *adj.* dissenting, discordant. 2 unsuitable, incongruous.
desconvenir *tr.* to disagree, differ [in opinion]. 2 to disagree, be dissimilar, not to suit, not to match. ¶ CONJUG. like *venir.*
desconversable *adj.* unsociable; retiring.
desconvidar *tr.* to cancel an invitation to.
desconvine, etc., *irr.* V. DESCONVENIR.
descoqué, descoque, etc., *pret., subj.* & *imper.* of DESCOCAR.
descorazonadamente *adv.* downheartedly, despondently.
descorazonamiento *adv.* discouragement, downheartedness, despondency, low spirits.
descorazonar *tr.* to tear out the heart of. 2 to dishearten, discourage.
descorchador *m.* discorticator. 2 uncorker. 3 corkscrew.
descorchar *tr.* to bark [a cork tree]. 2 to uncork. 3 *fig.* to break open.
descorche *m.* barking [of cork oaks].
descordar *tr.* DESENCORDAR.
descorderar *tr.* to separate the lambs from [ewes].
descornar *tr.* to dehorn. — 2 *ref.* to become dehorned. 3 *coll.* to rack one's brains. ¶ CONJUG. like *contar.*
descoronar *tr.* to uncrown. 2 to take off the top or crown of.
descorrear *intr.* & *ref.* [of deers, etc.] to shed the velvet of the antlers.
descorregido, da *adj.* disarranged, incorrect.
descorrer *tr.* to draw back [a curtain, a bolt, etc.]. 2 to run back over [the same ground]. — 3 *intr.* [of a liquid] to drip, trickle.
descorrimiento *m.* dripping, trickling.
descortecé, descortece, etc., *pret., subj.* & *imper.* of DESCORTEZAR.
descortés *adj.* discourteous, impolite, uncivil.
descortesía *f.* discourtesy, impoliteness.
descortésmente *adv.* discourteously.
descortezador *m.* decorticator.
descortezadura *f.* part deprived of bark, crust or rind. 2 removed part of bark, crust or rind.
descortezamiento *m.* removal of bark, rind or crust.
descortezar *tr.* to bark [a tree]; to peel, to unrind; to remove the crust of. 2 *coll.* to polish, civilize. — 3 *ref.* to peel [lose the bark or rind]. 4 *coll.* [of a person] to become polished.
descortezo *m.* removing of bark.
descortinar *tr.* FORT. to demolish or destroy the curtain of.
descosedura *f.* unseaming, ripping.
descoser *tr.* to unstitch, unseam, rip. 2 *fig. no* ~ *los labios,* to keep silence. — 3 *ref.* [of a garment, etc.] to rip. 4 *fig.* to speak indiscreetly to babble. 5 *coll.* to break wind.
descosidamente *adv.* excessively. 2 disorderly, desultorily.
descosido, da *adj.* ripped, unstitched. 2 indiscreet, babbling. 3 disorderly, disconnected. — 4 *m.* open seam, rip. 5 *como un* ~, eagerly; wildly, immoderately. .
descostarse *ref.* to draw away [from].
descostillar *tr.* to beat [someone] on the ribs. — 2 *ref.* to fall violently on one's back.
descostrar *tr.* to remove the crust, or the scab, from.
descotar *tr.* to cut low in the neck. — 2 *ref.* to wear a low-neck dress.
descote *m.* ESCOTE 1.
descoyuntado, da *adj.* disjointed, disconnected.
descoyuntamiento *m.* dislocation [of a joint]. 2 pain through overexertion.

descoyuntar *tr.* to dislocate, disjoint. 2 to annoy, bore. — *3 ref.* to be dislocate, to get out of joint : *descoyuntarse de risa,* to split one's sides with laughter.
descoyunto *m.* DESCOYUNTAMIENTO.
descrecencia *f.* DECREMENTO.
descrecer *tr.* DECRECER. ¶ CONJUG. like *agradecer.*
descrecimiento *m.* DECREMENTO.
descrédito *m.* discredit, loss of repute.
descreer *tr.* to disbelieve, discredit, refuse to believe. 2 to disbelieve in.
descreídamente *adv.* incredulously.
descreído, da *adj.* unbelieving. — *2 m. & f.* disbeliever, unbeliever.
descreimiento *m.* unbelief, lack of faith.
descrestar *tr.* to take off the crest or comb of.
descreyó, descreyera, etc., *pret., subj. & imper.* of DESCREER.
descrezco, descrezca, etc., *irr.* V. DESCRECER.
descriarse *ref.* to waste away. 2 to spoil, deteriorate.
describir *tr.* to describe. ¶ CONJUG. it has two irr. p. p.: *descrito & descripto.*
descripción *f.* description [in every sense, except sort, kind, class]. 2 LAW inventory, schedule.
descriptible *adj.* describable.
descriptivo, va *adj.* descriptive.
descripto, ta *irr. p. p.* of DESCRIBIR.
descriptor, ra *m. & f.* describer.
descrismar *tr.* to remove the chrism from. 2 coll. to hit violently on the head. — *3 ref.* coll. to break one's skull. 4 coll. to lose patience, to lose one's temper. 5 to cudgel one's brains.
descristianar *tr.* to remove the chrism from. 2 to hit violently in the head. — *3 ref.* to break one's skull.
descristianizar *tr.* to dechristianize. — *2 ref.* to become dechristianized.
descrito, ta *irr. p. p.* of DESCRIBIR.
descrucé, descruce, etc., *pret., subj. & imper.* of DESCRUZAR.
descruzar *tr.* to uncross.
descuadernar *tr.* to unbind [a book]. 2 to derange, upset, put out of order.
descuadrillado, da *adj.* separated from the band or troop. — *2 m.* VET. sprain in the haunch.
descuadrillarse *ref.* VET. to sprain the haunches.
descuajar *tr.* to decoagulate, to liquefy. 2 AGR. to uproot. 3 to dishearten. — *4 ref.* to be decoagulated. to liquefy.
descuajaringarse *ref.* coll. to be broken down with fatigue, to fall to pieces.
descuaje, descuajo *m.* AGR. uprooting.
descuarticé, descuartice, etc., *pret., subj. & imper.* of DESCUARTIZAR.
descuartizamiento *m.* quartering, dividing into pieces. 2 quartering [punishment].
descuartizar *tr.* to quarter, to divide into pieces. 2 to quarter [as punishment].
descubierta *f.* a pie without an upper crust. 2 MIL. reconnoitering. 3 NAUT. scanning of the horizon at sunrise and sunset. — *4 adv. a la ~,* openly, manifestly: in the open.
descubiertamente *adv.* openly, manifestly.
descubierto, ta *irr. p. p.* of DESCUBRIR. — *2 adj.* patent, manifest, unveiled. 3 bareheaded, uncovered. 4 open to attack, charges or accusations. — *5 m.* exposition of the Holy Sacrament. 6 deficit, overdraft : *estar* or *quedar en ~,* to owe a balance, to have overdrawn a bank account; fig. to be unable to justify one's conduct. — *7 adv. al ~.* in the open; openly, plainly.
descubridero *m.* lookout. eminence commanding an extensive view.
descubridor, ra *adj.* discovering. — *2 m. & f.* discoverer. — *3 m.* MIL. scout.
descubrimiento *m.* discovery. 2 uncovering. 3 revealing. disclosure.
descubrir *tr.* to discover, disclose, reveal, exhibit. 2 to communicate, make known, to betray [a secret, etc.]. 3 to uncover, lay bare, expose to view. 4 to discover [find out: suddenly realize]. 5 to catch sight of, descry, make out. — *6 ref.* to uncover, to take off one's hat or cap. 7 to betray oneself.
descuelgo, descuelgue, etc., *irr.* V. DESCOLGAR.
1) **descuello** *m.* overtopping. 2 superiority, eminence. 3 haughtiness, loftiness.
2) **descuello, descuelle,** etc., *irr.* V. DESCOLLAR.
1) **descuento** *m.* discount, deduction, rebate, allowance. 2 BANK. discount.

2) **descuento. descuente,** etc., *irr.* V. DESCONTAR.
descuernacabras *m.* strong, cold north wind.
descuerno, descuerne, etc., *irr.* V. DESCORNAR.
descuidadamente *m.* carelessly, negligently.
descuidado, da *adj.* neglected. 2 careless, negligent. 3 slovenly, untidy. 4 unaware, unprepared, off his guard.
descuidar *tr.* to relieve from care. 2 to divert the attention of. — *3 tr.,* intr. or ref. *descuidar, descuidar de, descuidarse de* o *en,* to neglect, to overlook, to fail to attend with due care or attention. — *4 intr.* not to worry: *descuide usted,* don't worry, depend on it.
descuidero *m.* sneak thief.
descuido *m.* neglect. 2 negligence, carelessness. 3 slovenliness. 4 oversight, inadvertence. 5 slip, faux pas. 6 slight lack of attention. 7 *al ~,* or *al ~ y con cuidado,* with studied carelessness, casually.
descuitado, da *adj.* carefree.
descular *tr.* to break the bottom of.
deschavetarse *ref.* (Am.) to lose one's mind.
deschuponar *tr.* AGR. to strip [a tree] of its suckers.
desdar *tr.* to turn in the opposite direction so as to untwist or loosen. ¶ CONJUG. like *dar.*
desde *prep.* from, since : *~ ... hasta,* from ... to; *~ ahora,* from now on; *~ aquí,* from here; *~ entonces,* since then, ever since; *~ niño,* from a child. ever since one's childhood; *~ que,* since; *está enfermo ~ hace un año,* he has been ill for a year. — *2 adv. ~ luego,* immediately; doubtless, of course.
desdé, etc., *irr.* V. DESDAR.
desdecir *intr. ~ de.* to be unbecoming to, to be unworthy of, not to be in keeping with. — *2 ref.* to retract, to unsay. ¶ CONJUG. like *decir.*
desdén *m.* disdain, scorn. *2* slight, disdainful behaviour. 3 *al ~,* with studied carelessness; with studied neglect.
desdentado, da *adj.* toothless. — *2 adj. & n.* ZOOL. edentates.
desdentar *tr.* to take off or pull the teeth of. ¶ CONJUG. like *acertar.*
desdeñable *adj.* contemptible, despicable.
desdeñadamente *adv.* DESDEÑOSAMENTE.
desdeñador, ra *adj.* disdainful. — *2 m. & f.* disdainer, scorner.
desdeñar *tr.* to disdain, scorn. — *2 ref.* to disdain, scorn [doing something]: not to deign to.
desdeñosamente *adv.* disdainfully.
desdeñoso, sa *adj.* disdainful, contemptuous.
desdevanar *tr.* to unwind.
desdí, etc., *irr.* V. DESDAR.
desdibujado, da *adj.* poorly drawn, badly outlined, blurred.
desdibujarse *ref.* to become blurred.
desdicha *f.* misfortune; unhappiness, misery.
desdichadamente *adv.* unfortunately, unhappily, unluckily.
desdichado, da *adj.* unfortunate, unlucky. 2 miserable, unhappy, wretched. — *2 m. & f.* wretch, unfortunate one. 3 timid, spiritless person, poor devil.
desdicho, cha *irr. p. p.* of DESDECIR.
desdiento, desdiente, etc., *irr.* V. DESDENTAR.
desdigo, desdiga, desdije, etc., *irr.* V. DESDECIR.
desdinerar *tr.* to impoverish.
desdiré, desdiría, etc., *irr.* V. DESDECIR.
desdoblamiento *m.* unfolding. 2 splitting, originating two things out of one by separating its elements : *~ de la personalidad,* disintegration of the personality.
desdoblar *tr.* to unfold, to spread open. — *2 tr. & ref.* to split. to originate two things out of one by separating its elements.
desdorar *tr.* to take off the gilding of. 2 to tarnish, to sully [reputation, etc.]. — *3 ref.* to lose its gilding.
desdoro *m.* dishonor, blemish, blot.
desdoroso, sa *adj.* disgraceful.
desdoy *irr.* V. DESDAR.
deseable *adj.* desirable.
deseablemente *adv.* desirably.
deseador, ra *adj.* desiring. — *2 m. & f.* desirer, wisher.
desear *tr.* to desire, to wish.
desecación *f.* DESECAMIENTO.
desecador, ra *adj.* DESECANTE.

desecamiento *m.* desiccation, exsiccation, drying, draining.
desecante *adj.* desiccating.
desecar *tr.* to desiccate, exsiccate; to dry, dry up; to drain : ~ *un pantano*, to drain a swamp.
desecativo, va *adj. & n.* desiccative, exsiccative.
desechadamente *adv.* vilely, despicably.
desechar *tr.* to cast aside, banish [fear, evil thoughts, etc.]. 2 to cast aside, refuse, decline, reject. 3 to cast off. 4 to underrate. 5 to draw back [a bolt]; to turn [a key] to open a door.
desecho *m.* refuse, rubbish, reject, remainder, scrap; discarded material, goods, etc. : *de* ~, cast off, discarded; scrap [iron, etc.]. 2 contempt. 3 *pl.* MIN. tailings.
desedificación *f.* disedification.
desedificar *tr.* to disedify.
desedifiqué, desedifique, etc., *pret., subj. & imper.* of DESEDIFICAR.
deselectrización *f.* diselectrification.
deselectrizar *tr.* to diselectrify.
deselladura *f.* unsealing.
desellar *tr.* to unseal.
desembalaje *m.* unpacking [of goods].
desembalar *tr.* to unpack [goods].
desembaldosar *tr.* to untile [a floor].
desembanastar *tr.* to take out of a basket. 2 coll. to draw [the sword]. 3 to talk much and indiscreetly about. — 4 *ref.* [of an animal] to break loose. 5 coll. to alight from a carriage.
desembaracé, desembarace, etc., *pret., subj. & imper.* of DESEMBARAZAR.
desembarazadamente *adv.* freely, easily, without embarrassment.
desembarazado,–da *adj.* clear, free, open, unobstructed, unencumbered. 2 easy, unrestrained [air, manners, etc.].
desembarazar *tr.* to clear, disembarrass, disengage [free of obstructions or encumbrances], to make expedite : ~ *de*, to clear, rid of. 2 to empty [a room or rooms]. — 3 *ref.* to disembarrass oneself; to get rid [of].
desembarazo *m.* disembarrassment, disencumbrance. 2 freedom, lack of restraint, ease, naturalness.
desembarcadero *m.* landing place, wharf, pier.
desembarcar *tr.* to disembark, debark, land, put ashore. — 2 *intr. & ref.* to disembark, debark, land, go ashore, leave a ship. — 3 [of a stairs] to end at a landing. 4 coll. to alight [from a carriage].
desembarque *m.* disembarkation, landing. 2 landing [of stairs].
desembargadamente *adv.* freely, easily, without obstacle.
desembargar *tr.* to free, to remove impediments from. 2 LAW to raise the attachment or seizure of.
desembargo *m.* LAW raising of an attachment or seizure.
desembargué, desembargue, etc., *pret., subj. & imper.* of DESEMBARGAR.
desembarque *m.* debarkation, disembarkation, landing, unloading.
desembarqué, desembarque, etc., *pret. subj. & imper.* of DESEMBARCAR.
desembarrancar *tr.* to refloat [a stranded ship]. — 2 *intr.* [of a stranded ship] to float again.
desembarrar *tr.* to clear of mud.
desembaular *tr.* to take out of a trunk, box, etc. 2 coll. to unburden oneself of [by opening one's heart to someone].
desembebecerse *ref.* to come out of one's absorption. ¶ CONJUG. like *agradecer.*
desembebezco, desembebezca, etc., *irr.* V. DESEMBEBECERSE.
desembelesarse *ref.* to come out of one's rapture.
desemblantado, da *adj.* with changed countenance.
desemblantarse *ref.* DEMUDARSE.
desembocadero *m.* DESEMBOCADURA.
desembocadura *f.* mouth [of a river]. 2 outlet, exit [of a street, road, etc.].
desembocar *intr.* [of streams] to flow, empty, disembogue. 2 [of streets, etc.] to end [at], lead [to].
desembocé, desemboce, etc., *pret., subj. & imper.* of DESEMBOCAR.
desembojadera *f.* woman who removes silk cocoons from the rearing bushes.

desembojar *tr.* to remove [silk cocoons] from rearing bushes.
desembolsar *tr.* to take out of a bag or purse. 2 to disburse, pay out.
desembolso *m.* disbursement, payment; expenditure.
desemboque *m.* DESEMBOCADERO.
desemboqué, desemboque, etc., *pret., subj. & imper.* of DESEMBOCAR.
desemborrachar *tr. & ref.* DESEMBRIAGAR.
desemboscarse *ref.* to come out of the thicket or woods. 2 to come out of ambush.
desembotar *tr.* to sharpen [dull edges]. 2 to remove the dullness of wits, senses, etc.
desembozar *tr.* to unmuffle, to uncover. — 2 *intr.* to unmuffle, to uncover one's face.
desembozo *m.* unmuffling, uncovering the face.
desembracé, desembrace, etc., *pret., subj. & imper.* of DESEMBRAZAR.
desembragar *tr.* MACH. to unclutch, ungear, disconnect.
desembrague *m.* MACH. unclutching.
desembragué, desembrague, etc., *pret., subj. & imper.* of DESEMBRAGAR.
desembravecer *tr.* to tame, domesticate. 2 to make less fierce or wild. — 3 *ref.* to become tame; to become less fierce or wild. ¶ CONJUG. like *agradecer.*
desembravecimiento *m.* taming, domestication. 2 loss of fierceness.
desembravezco, desembravezca, etc., *irr.* V. DESEMBRAVECER.
desembrazar *tr.* to take [something] off the arm. 2 to hurl, to throw with all the arm's strength.
desembriagar *tr.* to sober, cure from intoxication. — 2 *ref.* to sober up, grow sober, recover from intoxication.
desembriagué, desembriague, etc., *pret., subj. & imper.* of DESEMBRIAGAR.
desembridar *tr.* to unbridle.
desembrollar *tr.* to unravel, disentangle, clear, disembroil.
desembrozar *tr.* DESBROZAR.
desembuchar *tr.* [of birds] to disgorge. 2 coll. to speak out, to tell all one knows.
desemejante *adj.* dissimilar, unlike.
desemejantemente *adv.* dissimilarly.
desemejanza *f.* dissimilarity, unlikeness, difference.
desemejar *intr.* to be dissimilar, be unlike. — 2 *tr.* to disfigure.
desempacar *tr.* to unpack, to unwrap [goods]. — 2 *ref.* coll. to calm down, cool off, be appeased.
desempachar *tr. & ref.* to relieve or be relieved from indigestion. — 2 *ref.* to lose one's bashfulness or timidity.
desempacho *m.* ease, constraint.
desempalagar *tr.* to uncloy.
desempalagué, desempalague, etc., *pret., subj. & imper.* of DESEMPALAGAR.
desempalmar *tr.* to disconnect, to unsplice.
desempañar *tr.* to clean [a glass, mirror, etc.] of steam or tarnish, to make recover its luster to. 2 to remove swaddling clothes from [children].
desempapelar *tr.* to unwrap [from paper]. 2 to strip [a wall, a room, etc.] of paper hangings.
desempaque *m.* unpacking.
desempaqué, desempaque, etc., *pret., subj. & imper.* of DESEMPACAR.
desempaquetar *tr.* to unpack, to take out of a package.
desemparejar *tr.* to make uneven or unequal.
desemparentado, da *adj.* without relatives.
desempastado, da *adj.* (Am.) unbound [book].
desempatar *tr.* SPORT. to break a tie between. 2 to break a tie-vote.
desempate *m.* breaking the tie between : *partido de* ~, deciding match [after a tie].
desempedrar *tr.* to unpave, to remove the paving stones of. 2 *ir desempedrando la calle,* to run wildly. ¶ CONJUG. like *acertar.*
desempegar *tr.* to remove the pitch from.
desempegué, desempegue, etc., *pret., subj. & imper.* of DESEMPEGAR.
desempeñar *tr.* to redeem, to recover [what was pledged], to take out of pawn. 2 to free from debt or obligation. 3 to discharge [a duty]; to acquit oneself of [an errand, commission]. 4 to fill [an office]. 5 to act, play [a part]. —

6 *ref.* to clear oneself from debts. 7 to disengage oneself from a difficulty.

desempeño *m.* redeeming a pledge; taking out of pawn. 2 discharging [of debt]. *3* performance [of an obligation]; discharging [of duty]; fulfilment [of a function]; filling [an office]. *4* acting [a part].

desemperecé, desemperece, etc., *pret., subj.* & *imper.* of DESEMPEREZAR.

desemperezar *intr.* & *ref.* to shake off one's laziness.

desempiedro, desempiedre, etc., *irr.* V. DESEMPEDRAR.

desempolvadura *f.* removal of dust or powder.

desempolvar *tr.* to dust, remove the dust from. 2 to remove the powder from [face, etc.].

desempolvoradura *f.* DESEMPOLVADURA.

desempolvorar *tr.* DESEMPOLVAR.

desemponzoñar *tr.* to free from poison. 2 to heal from the effects of poison.

desempotrar *tr.* to remove, take out [something embedded in a wall. etc.].

desenalbardar *tr.* to unsaddle [a pack animal].

desenamorar *tr.* to destroy the love [for]. — *2 ref.* to lose the love [for].

desenastar *tr.* to remove the handle or helve of.

desencabalgar *tr.* MIL. to dismount [a cannon].

desencabestrar *tr.* to disentangle the feet [of an animal] from the halter.

desencadenamiento *m.* unchaining.

desencadenar *tr.* to unchain, to unfetter. 2 to free, unleash. — *3 ref.* [of passions] to become unleashed, run wild; [of wind] to break loose; [of a storm] to break; [of a war] to break out.

desencajado, da *adj.* disjointed, out of joint. *2* [of features] distorted.

desencajadura *f.* disjunction, disconnection.

desencajamiento *m.* disjointing, dislocation, unhingement. 2 distortion [of face or features].

desencajar *tr.* to disjoint, put out of joint, dislocate; to unhinge. — *2 ref.* to be disjointed, to come out of joint. *3* [of face or features] to become distorted.

desencaje *m.* DESENCAJAMIENTO.

desencajonar *tr.* to take out of a box. 2 BULLF. to remove [bulls] from the travelling boxes.

desencalabrinar *tr.* & *ref.* to clear [somebody's] head, or [one's] head, of fumes.

desencallar *tr.* to set [a stranded ship] afloat. — *2 intr.* [of a stranded ship] to float again.

desencaminar *tr.* to mislead, lead astray.

desencantamiento *m.* DESENCANTO.

desencantar *tr.* to disenchant; to disillusion. — *2 ref.* to become disenchanted; to become disillusioned.

desencanto *m.* disenchantment, disillusionment.

desencapillar *tr.* NAUT. to untie, to unrig.

desencapotadura *f.* the action of DESENCAPOTAR.

desencapotar *tr.* to strip [one] of his great coat. 2 to reveal, make manifest. *3* to make [a horse] keep its head up. — *4 ref.* [of the sky] to clear up. 5 to be appeased, smooth one's brow, put on a pleasing countenance.

desencaprichar *tr.* to dissuade from, or cure of, a whim or fancy. — *2 ref.* to give up, get over a whim or fancy.

desencarcelar *tr.* to set free, release from prison.

desencarecer *tr.* to lower the price of, to make less dear. — *2 intr.* & *ref.* to lower [in price]. ¶ CONJUG. like *agradecer.*

desencarezco, desencarezca, etc., *irr.* V DESENCARECER.

desencargar *tr.* to countermand.

desencargué, desencargue, etc., *pret., subj.* & *imper.* of DESENCARGAR.

desencarnar *tr.* HUNT. to prevent [dogs] from eating game. 2 to lose one's liking for.

desencastillar *tr.* to drive [a force] out of a castle. 2 to make appear, reveal.

desencerrar *tr.* to free from confinement. 2 to open [what was close]. *3* to uncover, disclose. ¶ CONJUG. like *acertar.*

desencierro, desencierre, etc., *irr.* V. DESENCERRAR.

desencintar *tr.* to remove the ribbons from. 2 to remove the curb of [a sidewalk].

desenclavar *tr.* DESCLAVAR. 2 to put [someone] violently out of his place.

desenclavijar *tr.* to take the pins or pegs out of. 2 to separate, disjoint.

desencoger *tr.* to unfold, to spread out, to extend. — *2 ref.* to lose one's timidity or constraint.

desencogimiento *m.* unfolding. 2 ease, naturalness.

desencojo, desencoja, etc., *pres., subj.* & *imper.* of DESENCOGER.

desencoladura *f.* ungluing. 2 unsizing.

desencolar *tr.* to unglue. 2 to unsize [fabrics].

desencolerizarse *ref.* to cool off, be appeased, cease to be angry. 2 to calm down.

desenconamiento *m.* allayment [of inflammation]. 2 DESENCONO.

desenconar *tr.* to allay the inflammation of. 2 to appease [a person; a person's rancour or bitterness]. — *3 ref.* to abate, calm down, soften up.

desencono *m.* mitigation of anger, passion or bitterness.

desencordar *tr.* MUS. to unstring. ¶ CONJUG. like *contar.*

desencordelar *tr.* to untie, to undo the strings of.

desencorvar *tr.* to straighten, unbend.

desencovar *tr.* to get [esp. an animal] out of a cave.

desencrespar *tr.* to uncurl, to unfrizzle.

desencuadernar *tr.* to unbind, take off the binding of [a book].

desencuerdo, desencuerde, etc., *irr.* V. DESENCORDAR.

desenchufar *tr.* to unplug, to disconnect.

desendemoniar *tr.* to drive evil spirits out of.

desendiablar *tr.* DESENDEMONIAR.

desendiosar *tr.* to humble the vanity of.

desenfadadamente *adv.* easily, boldly, without embarrassment.

desenfadaderas *f. pl. tener buenas* ~, to be resourceful.

desenfadado, da *adj.* easy, unconstrained, bold. 2 ample, spacious.

desenfadar *tr.* to appease, pacify [an angry person]. — *2 ref.* to calm down, cease to be angry.

desenfado *m.* ease, freedom, naturalness. 2 relaxation, diversion.

desenfaldar *tr.* & *ref.* to untuck the skirt of, or one's skirt.

desenfardar, desenfardelar *tr.* to unpack [bales of goods].

desenfilada *f.* MIL. defilade.

desenfilar *tr.* MIL., FORT. to defilade.

desenfocado, da *adj.* out of focus.

desenfocar *tr.* to put out of focus, not to focus properly. — *2 ref.* to get out of focus.

desenfoqué, desenfoque, etc., *pret., subj.* & *imper.* of DESENFOCAR.

desenfrailar *intr.* to leave the monastic life. 2 to be freed from oppression. *3* to take a holiday.

desenfrenadamente *adv.* wildly; unrestrainedly; *correr* ~, to run wildly. 2 licentiously, wantonly.

desenfrenado, da *adj.* unbridled. 2 wild [course, run, etc.]. *3* licentious, wanton.

desenfrenamiento *m.* DESENFRENO.

desenfrenar *tr.* to unbridle. — *2 ref.* [of passion, vices, etc.] to run wild. *3* to give oneself up to vice, to evil; to give rein to one's passions or desires.

desenfreno *m.* unruliness, licentiousness, wantonness. 2 boundless freedom or licence. *3* unbridling [of passions]. *4* ~ *de vientre,* diarrhoea.

desenfundar *tr.* to take out of a sheath, case, pillowcase, cover, etc.

desenfurecer *tr.* to quiet the fury or anger of. — *2 ref.* to calm down, quiet down. ¶ CONJUG. like *agradecer.*

desenfurezco, desenfurezca, etc., *irr.* V. DESENFURECER.

desenfurruñar *tr.* to appease [someone], make [someone] cease being angry or sulking.

desenganchar *tr.* to unhook, unfasten, disengage. 2 to uncouple, to unhitch, to unharness. — *3 ref.* to come unhooked, to come unfastened.

desengañadamente *adv.* clearly, openly, frankly. 2 awkwardly, poorly, carelessly.

desengañado, da *adj.* disabused, disillusioned; schooled by experience.

desengañador, ra *adj.* undeceiving, disillusioning.

desengañar *tr.* to undeceive, disabuse. 2 to disillusion. — *3 ref.* to be undeceived, to be disillusioned.

desengaño *m.* undeceiving, disabusal. 2 disillusion, disappointment; bitter lesson of experience.

desengarrafar *tr.* to release one's grip on.

desengarzar *tr.* to take [precious stones, etc.] out of a setting. 2 to unstring [pearls, etc.].

desengastar *tr.* to take [precious stones, etc.] out of a setting.

desengomar *tr.* DESGOMAR.
desengoznar *tr.* DESGOZNAR.
desengranar *tr.* MACH. to unmesh, disengage.
desengrane *m.* MACH. unmeshing, disengaging.
desengrasar *tr.* to take the grease out of. — *2 intr.* coll. to grow lean.
desengrase *m.* removal of grease.
desengraso *m.* (Chi.) dessert.
desengrosar *tr.* to make thin or lean. — *2 intr.* to grow lean. ¶ CONJUG. like *contar*.
desengrudamiento *m.* removal of sticking paste.
desengrudar *tr.* to rub the sticking paste off.
desengrueso, desengruese, etc.. *irr.* V. DESENGROSAR.
desenguantarse *ref.* to take off one's gloves.
desenhebrar *tr.* to unthread.
desenhornar *tr.* to take out of the oven.
desenjaecé, desenjaece, etc., *pret., subj. & imper.* of DESENJAEZAR.
desenjaezar *tr.* to take the trappings or ornaments off [a horse].
desenjalmar *tr.* to take the packsaddle off [a pack animal].
desenjaular *tr.* to uncage, let out of the cage. 2 coll. to set free, let out of the jail.
desenlabonar *tr.* DESESLABONAR.
desenlace *m.* outcome, issue, end. 2 denouement, unravelling [of drama, plot, etc.]; final situation.
desenlacé, desenlace, etc., *pret., subj. & imper.* of DESENLAZAR.
desenladrillar *tr.* to take up the bricks from [a floor].
desenlazar *tr.* to untie. 2 to solve, to bring to an issue. 3 to unravel, give a denouement [to a drama or plot]. — *4 ref.* to come untied. 3 [of a drama or plot] to come to a denouement.
desenlodar *tr.* to clear of mud.
desenlosar *tr.* to take up the flagstones from [a floor].
desenlutar *tr.* to strip of mourning hangings, symbols, etc. — *2 ref.* to leave off mourning garments.
desenmallar *tr.* to disentangle [fish] from the net.
desenmarañar *tr.* to disentangle, unravel. 2 to disembroil.
desenmascaradamente *adv.* barefacedly.
desenmascaramiento *m.* unmasking, exposure.
desenmascarar *tr.* to unmask [to take off the mask of]. 2 to unmask, expose. — *3 ref.* to unmask, take off one's mask.
desenmohecer *tr.* to unrust, clear of rust. ¶ CONJUG. like *agradecer*.
desenmohezco, desenmohezca, etc., *irr.* V. DESENMOHECER.
desenmudecer *tr.* to make [someone] recover speech. — *2 intr.* to recover speech. 3 to break a long silence. ¶ CONJUG. like *agradecer*.
desenmudezco, desenmudezca, etc., *irr.* V. DESENMUDECER.
desenojar *tr.* to appease [one's] anger; to dispel [one's] displeasure. — *2 ref.* to cease to be angry or displeased.
desenojo *m.* appeasement, getting over anger, dispelling of displeasure.
desenredar *tr.* to disentangle. 2 to unravel, clear, free from confusion. — *3 ref.* to disentangle oneself or itself; to extricate oneself [from a difficult situation].
desenredo *m.* disentangling, unravelling.
desenrizar *tr.* DESRIZAR.
desenrollar *tr.* to unroll, to unwind. — *2 ref.* to unroll, to unwind [itself].
desenroscar *tr.* to uncoil, to untwist. 2 to unscrew.
desenrudecer *tr.* to polish, civilize [a person]. ¶ CONJUG. like *agradecer*.
desenrudezco, desenrudezca, etc., *irr.* V. DESENRUDECER.
desensamblar *tr.* CARP. to disjoint.
desensañar *tr.* to dispel the fury of.
desensartar *tr.* to unstring, unthread. 2 to unskewer.
desensebar *tr.* to take the fat out of [an animal]. — *2 intr.* to take away the taste of fat by eating olives. fruit, etc.
desenseñar *tr.* to correct faulty learning.
desensibilizar *tr.* to desensitize. — *2 ref.* to become desensitized.
desensillar *tr.* to unsaddle [a horse].

desensoberbecer *tr.* to make humble. — *3 ref.* to become humble. ¶ CONJUG. like *agradecer*.
desensoberbezco, desensoberbezca, etc., *irr.* V. DESENSOBERBECER.
desensortijado, da *adj.* uncurled. 2 dislocated [bone].
desentablar *tr.* to take up the boards from. 2 to disarrange, to disturb. 3 to break off [a bargain, a friendship].
desentalingar *tr.* NAUT. to unbend the chain-cable from [the anchor].
desentarimar *tr.* to take up the flooring boards from.
desentarquinar *tr.* to free from slime.
desentenderse *ref.* ~ *de,* to pretend not to understand. affect ignorance of; to take no part in, cease to be interested in, have nothing to do with. ¶ CONJUG. like *entender*.
desentendido, da *adj.* disinterested [in]. — *2 s. hacerse el* ~, to pretend not to understand or not to notice.
desenterrador *m.* unearther.
desenterramiento *m.* unearthing. 2 disinterment, exhumation.
desenterrar *tr.* to unearth. 2 to disinter, exhume. 3 to recall [long-forgotten things]. ¶ CONJUG. like *acertar*.
desentiendo, desentienda, etc., *irr.* V. DESENTENDER.
desentierramuertos *m. & f.* coll. defamer of the dead.
desentierro, desentierra, etc., *irr.* V. DESENTERRAR.
desentoldar *tr.* to take off the awning from. 2 to strip of ornaments.
desentonación *f.* DESENTONO.
desentonadamente *adv.* out of tune.
desentonado, da *adj.* out of tune. 2 disrespectful [tone].
desentonamiento *m.* DESENTONO.
desentonar *tr.* to humble the pride of. — *2 intr.* MUS. to be, sing, play out of tune. 3 to be out of harmony, to discord. — *4 ref.* to raise the voice in disrespect.
desentono *m.* MUS. being out of tune. discordance. 2 rude, disrespectful tone of voice.
desentorpecer *tr.* to free from numbness or torpor, to restore motion to [torpid limbs]. 2 to make smart, to polish [an awkward or clumsy person]. — *3 ref.* to shake off numbness or torpor. 4 to smarten up, to become able or skilled. ¶ CONJUG. like *agradecer*.
desentorpezco, desentorpezca, etc., *irr.* V. DESENTORPECER.
desentrampar *tr.* to free from debts. — *2 ref.* to get out of debt.
desentrañamiento *m.* giving one's all out of love.
desentrañar *tr.* to eviscerate, to disembowel. 2 to find out, solve, decipher; to dig deeply into [difficult or obscure matters]. — *3 ref. desentrañarse por,* to give one's all to [someone], out of love.
desentrenado, da *adj.* SPORT. out of training.
desentrenamiento *m.* SPORT. lack of training.
desentrenarse *ref.* SPORT. to go or get out of training.
desentronicé, desentronice, etc., *pret., subj. & imper.* of DESENTRONIZAR.
desentronizar *tr.* to dethrone. 2 to deprive of power or authority.
desentumecer *tr.* to free [a limb] from numbness. — *2 ref.* to shake off numbness, to be freed from numbness. ¶ CONJUG. like *agradecer*.
desentumecimiento *m.* freeing from numbness. 2 shaking off numbness.
desentumezco, desentumezca, etc., *irr.* V. DESENTUMECER.
desentumir *tr. & ref.* DESENTUMECER.
desenvainar *tr.* to unsheathe. 2 [of an animal] to stretch out or bare [the claws]. 3 coll. to take or pull out, to bare, uncover.
desenvelejar *tr.* NAUT. to strip of sails.
desenvendar *tr.* DESVENDAR.
desenvergar *tr.* NAUT. to unbend [a sail].
desenvergué, desenvergue, etc., *pret., subj. & imper.* of DESENVERGAR.
desenviolar *tr.* to bless or purify [a holy place which has been desecrated].
desenvoltura *f.* easy and graceful delivery in talking; ease in acts or manners. 2 effrontery, boldness, wantonness [chiefly in women].

desenvolvedor, ra *m. & f.* unfolder; investigator.
desenvolver *tr.* to unfold. 2 to unwrap. 3 to develop [a theme; the mind, etc.], to evolve. 4 to unravel, decipher; to clear up. — 5 *ref.* to unfold, develop [be unfolded, developed]. 6 to come out [of a difficulty]. 7 to act or behave with ease or assurance. ¶ CONJUG. like *mover*.
desenvolvimiento *m.* unfolding, development.
desenvueltamente *adj.* in a free and easy manner. 2 expeditiously.
desenvuelto, ta *irr. p. p.* of DESENVOLVER. — 2 *adj.* easy, free [in talk or manners]. 3 brazen, excessively free.
desenvuelvo, desenvuelva, etc., *irr.* V. DESENVOLVER.
desenyesar *tr.* to remove plaster from.
desenzarcé, desenzarce, etc., *pret., subj. & imper.* of DESENZARZAR.
desenzarzar *tr.* to disentangle from brambles. 2 to separate or appease [those who fight or quarrel].
deseo *m.* desire; wish : *tener ~ de, venir en ~ de,* to desire, to want.
deseoso, sa *adj.* desirous.
desequé, deseque, etc., *pret., subj. & imper.* of DESECAR.
desequido, da *adj.* very dry, parched.
desequilibrado, da *adj.* unbalanced, unpoised, disequilibrated. 2 unbalanced [mind]; of unbalanced mind. — 3 *m. & f.* unbalanced person.
desequilibrar *tr.* to unbalance, disequilibrate. 2 to put out of balance. — 3 *ref.* to become unbalanced.
desequilibrio *m.* disequilibrium, lack of equilibrium; unbalanced condition. 2 ~ *mental,* unbalanced mental condition.
deserción *f.* MIL. desertion. 2 LAW abandonment of a suit by the plaintiff.
deserrado, da *adj.* free from error.
desertar *tr. & intr.* MIL. to desert. — 2 *tr.* coll. to give up frequenting [friends, a place of meeting]. 3 LAW [of a plaintiff] to abandon [a suit].
desertor *m.* deserter.
deservicio *m.* fault committed against someone who has a claim to services; disservice.
deservir *tr.* not to perform one's duty to; to disserve. ¶ CONJUG. like *servir.*
desescombrar *tr.* ESCOMBRAR.
deseslabonar *tr.* DESLABONAR.
desespaldar *tr.* to break or dislocate the shoulder of. — 2 *ref.* to break or dislocate one's shoulder.
desesperación *f.* despair, desperation. 2 *ser una ~,* to be unbearable.
desesperadamente *adv.* despairingly, hopelessly. 2 desperately, furiously, madly.
desesperado, da *adj.* despairing. 2 hopeless. 3 desperate. 4 furious, mad. — 5 *m. & f.* desperate person.
desesperancé, desesperance, etc., *pret., subj. & imper.* of DESESPERANZAR.
desesperante *adj.* exasperating, maddening.
desesperanza *f.* despair, want of hope.
desesperanzar *tr.* to deprive of hope, to discourage. — 2 *ref.* to lose hope.
desesperar *tr.* to cause to despair. 2 to exasperate, drive mad or wild. — 3 *intr.* to despair, to have no hope [of]. — 4 *ref.* to be exasperate. 5 to be driven to despair.
desespero *m.* DESESPERACIÓN.
desestancar *tr.* to raise the monopoly on.
desestanqué, desestanque, etc., *pret., subj. & imper.* of DESESTANCAR.
desestañar *tr.* to untin, to detin. 2 to unsolder.
desesterar *tr.* to remove the mats from [floor].
desestero *m.* removal of mats from floors. 2 season for removing mats.
desestima, desestimación *f.* disesteem, misestimation, undervaluation. 2 refusal, denial.
desestimar *tr.* to disesteem, misestimate, undervalue. 2 to reject [a petition].
desfacedor *m.* ~ *de entuertos,* undoer of injuries, righter of wrongs.
desfacer *tr. & ref.* obs. DESHACER.
desfachatadamente *adv.* with effrontery.
desfachatado, da *adj.* impudent, brazen, shameless.
desfachatez *f.* impudence, brazenness, effrontery, assurance, cheek.
desfajar *tr.* to ungird, to take off girdle, sash or band.
desfalcador, ra *m. & f.* embezzler, defalcator, defaulter.

desfalcar *tr.* to substract, to detract a part of. 2 to embezzle. 3 to deprive of favour or friendship.
desfalco *m.* detracting, diminution. 2 embezzlement, defalcation.
desfalqué, desfalque, etc., *pret., subj. & imper.* of DESFALCAR.
desfallecer *tr.* to weaken, debilitate. — 2 *intr.* to faint, faint away. 3 to lose courage or vigour. ¶ CONJUG. like *agradecer.*
desfalleciente *adj.* weak, fainting.
desfallecimiento *m.* weakness, faintness, languor. 2 fainting fit.
desfallezco, desfallezca, etc., *irr.* V. DESFALLECER.
desfavorable *adj.* unfavourable, adverse, contrary.
desfavorablemente *adv.* unfavourably.
desfavorecedor, ra *adj.* unfavouring. — 2 *m. & f.* disfavourer.
desfavorecer *tr.* to disregard, to cease favouring. 2 to disfavour, to discountenance; to oppose. 3 to injure, hurt. ¶ CONJUG. like *agradecer.*
desfavorezco, desfavorezca, etc., *irr.* V. DESFAVORECER.
desfibrar *tr.* to rid of fibres. 2 to extract the fibre from.
desfiguración *f.,* **desfiguramiento** *m.* disfigurement, deformation, alteration.
desfigurar *tr.* to disfigure, change, alter. 2 to disguise. 3 to blur, to obscure. 4 to distort, to misrepresent. — 5 *ref.* to become disfigured, to change countenance.
desfijar *tr.* to detach, unfix.
desfilachar *tr.* DESHILACHAR.
desfiladero *m.* defile, gorge, long narrow pass.
desfilar *tr.* to defile [to march in file]. 2 to march past [in review, etc.], to parade. 3 to file out.
desfile *m.* defiling; marching past, parade.
desflecar *tr.* to form fringes by loosening threads on the border of.
desflemar *tr.* CHEM. to dephlegmate. — 2 *intr.* to expel phlegm.
desflequé, desfleque, etc., *pret., subj. & imper.* of DESFLECAR.
desflocar *tr.* DESFLECAR. ¶ CONJUG. like *contar.*
desfloración *f.* defloration.
desfloramiento *m.* defloration, violation.
desflorar *tr.* to deflower. 2 to treat [a matter] superficially.
desflorecer *intr. & ref.* to lose the flowers. ¶ CONJUG. like *agradecer.*
desflorecimiento *m.* losing of flowers; falling of flowers.
desflorezco, desflorezca, etc., *irr.* V. DESFLORECER.
desfogar *tr.* to vent, to make an opening in [a furnace, etc.] for fire. 2 to slack [lime]. — 3 *tr. & ref.* to vent, to give vent [to one's anger or feelings]. — 4 *intr.* NAUT. [of a storm] to end in rain.
desfogonar *tr.* to burst the vent of [a cannon].
desfogue *m.* opening a vent [in a furnace, etc.]. 2 venting [of anger or feelings].
desfogué, desfogue, etc., *pret., subj. & imper.* of DESFOGAR.
desfollonar *tr.* to clear [a plant] of useless shoots or leaves.
desfondar *tr.* to break or remove the bottom of. 2 NAUT. to bilge, to stave in the bottom of [a ship]. 3 AGR. to dig [the soil] to a great depth. — 4 *ref.* NAUT. [of a ship] to bilge.
desfonde *m.* breaking of the bottom. 2 AGR. digging of the soil to a great depth.
desformar *tr.* DEFORMAR.
desfortalecer *tr.* MIL. to demolish [a fort] or to leave it ungarrisoned. ¶ CONJUG. like *agradecer.*
desfortalezco, desfortalezca, etc., *irr.* V. DESFORTALECER.
desfrenamiento *m.* DESENFRENO.
desfrenar *tr. & ref.* DESENFRENAR. — 2 *tr.* to take the breaks off [a carriage].
desfruncir *tr.* to unpucker. 2 to unknit [the brow].
desfrutar *tr.* to take the green fruit off [a tree].
desflueco, desflueque, etc., *irr.* V. DESFLOCAR.
desgaire *m.* neglect or affected carelessness in dress and deportment : *al ~,* neglected, with affected carelessness. 2 scornful attitude.
desgajadura *f.* tearing off [of a branch of a tree].
desgajar *tr.* to tear off [a branch of a tree]. 2 to break, to rent, to separate. — 3 *ref.* [of a branch] to break off. 4 to come off, break off, break away.
desgaje *m.* act of tearing or breaking off.

desgalgadero *m.* rocky slope; precipice.
desgalgar *tr.* to throw down a precipice. — *2 ref.* to fall down a precipice.
desgalichado, da *adj.* coll. untidy. 2 ungainly.
desgana *f.* lack of appetite. 2 indifference, aversion, reluctance : *a* ~, reluctantly.
desganado, da *adj.* having no appetite.
desganar *tr.* to take away one's desire or taste for. — *2 ref.* to lose one's appetite. 3 to lose one's taste [for a thing].
desganchar *tr.* to lop off the branches and branch-stumps of [a tree].
desgano *m.* DESGANA.
desgañitarse *ref.* to shout oneself hoarse.
desgarbado, da *adj.* ungainly, ungraceful, gawky.
desgarbo *m.* clumsiness.
desgargantarse *ref.* DESGAÑITARSE.
desgargolar *tr.* to ripple [flax or hemp]. 2 to take [a board] out of a groove.
desgaritar *intr. & ref.* NAUT. to lose the course. 2 to lose the way, to go astray. 3 to give up an undertaking.
desgarradamente *adv.* with effrontery.
desgarrado, da *adj.* torn, ripped. 2 brazen, shameless, licentious.
desgarrador, ra *adj.* rending. 2 heart-rending.
desgarradura *f.* DESGARRÓN.
desgarrar *tr.* to tear, rend. 2 to cough up [phlegm]. — *3 ref.* to tear oneself away.
desgarro *m.* tear, rent. 2 effrontery, impudence. 3 swagger, swaggering.
desgarrón *m.* large rent or rip [in clothes, etc.]. 2 shred, tatter.
desgastamiento *m.* prodigality, extravagance.
desgastar *tr.* to wear away, off or down [by friction or use], abrade, erode, consume. — *2 ref.* to wear down or away; to lose strength and vigour.
desgaste *m.* wear, wearing down, wear and tear, abrasion, attrition. 2 loss of strength and vigour.
desgaznatarse *ref.* DESGAÑITARSE.
desglosar *tr.* to separate [a question, matter, etc.] of others. 2 to detach [a part] of a book.
desglose *m.* separation, detachment [of questions, matters, etc.].
desgobernado, da *p. p.* of DESGOBERNAR. — *2 adj.* disorderly.
desgobernar *tr.* to upset the government of, to misgovern. 2 to dislocate [bones]. 3 NAUT. to steer carelessly. — *4 ref.* to go through contortions [as. in some dances]. ¶ CONJUG. like *acertar.*
1) **desgobierno** *m.* disorder, mismanagement, misgovernment.
2) **desgobierno, desgobierne**, etc., *irr.* V. DESGOBERNAR.
desgolletar *tr.* to break the neck of [a bottle, etc.]. 2 to loosen or remove clothing around the neck of.
desgomar *tr.* to ungum, unsize [silk fabrics].
desgonzar *tr.* DESGOZNAR. 2 to disjoint, to upset.
desgorrarse *ref.* to pull off one's cap, hat, etc.
desgoznar *tr.* to unhinge. — *2* DESGOBERNARSE 4.
desgracia *f.* misfortune : *por* ~, unfortunately. 2 bad luck, mischance. 3 mishap, unfortunate or disastrous accident : ~ *de familia,* loss of a near relative, bereavement. 4 disfavour, loss of favour : *caer en* ~, to lose favour. 5 gracelessness [lack of grace or charm]; awkwardness.
desgraciadamente *adv.* unfortunately.
desgraciado, da *adj.* unfortunate, unhappy, unlucky, hapless, luckless. 2 graceless [lacking in grace or charm]. 3 disagreeable. — *4 m. & f.* wretch, unfortunate person.
desgraciar *tr.* to displease. 2 to spoil, mar; maim, cripple. — *3 ref.* to spoil [be spoiled], to fail, to fall through. 4 to become a cripple. 5 to fall out with; to lose favour or friendship.
desgramar *tr.* to pull up the grama grass from [a field].
desgranado, da *p. p.* of DESGRANAR. — *2 adj.* wanting some teeth [pinion or cogwheel].
desgranador, ra *adj.* threshing; shelling. — *2 m. & f.* thresher [of grain]; sheller [of peas, beans, etc.]; one who removes grapes from bunch.
desgranar *tr.* to beat or shake out the grain [from cereals, etc.], to thresh, to flail; to shell [peas, beans, etc.]; to remove grapes [from bunch]. — *2 ref.* [of cereals, etc.] to shed the grains.

3 [of a necklace, string of beads, etc.] to come loose, scattering pearls, beads, etc.
desgrane *m.* threshing or shaking out [of grain; shelling [of peas, beans, etc.]; removing [of grapes from bunch].
desgranzar *tr.* to separate the chaff from. 2 PAINT. to give the first grinding to [colours].
desgrasar *tr.* to remove the grease from [wool].
desgrase *s.* removal of grease.
desgravación *f.* lowering of duties or taxes.
desgravar *tr.* to lower the duties or taxes on.
desgreñado, da *p. p.* of DESGREÑARR. — *2 adj.* dishevelled, with disordered hair.
desgreñar *tr.* to dishevel [the hair or the hair of]. — *2 ref.* to get dishevelled. 3 to pull each other's hair, to quarrel.
desguace *m.* NAUT. breaking up [of a ship].
desguarnecer *tr.* to strip of trimmings or ornaments. 2 to dismantle [a fort]; to leave without garrison. 3 to strip of handle or accessories. 4 to break the armour of [an adversary]. 5 to unharness [a horse]. ¶ CONJUG. like *agradecer.*
desguarnezco, desguarnezca, etc., *irr.* V. DESGUARNECER.
desguazar *tr.* to roughdress [timber]. 2 NAUT. to break up [a ship].
desguince *m.* knife for cutting rags in paper mills. 2 ESGUINCE.
desguincé, desguince, etc., *pret., subj. & imper.* of DESGUINZAR.
desguindar *tr.* NAUT. to lower, bring down. — *2 ref.* to slide down a rope.
desguinzar *tr.* to cut [rags] in paper mills.
deshabitado, da *adj.* uninhabited, deserted. 2 untenanted.
deshabitar *tr.* to move out. 2 to depopulate.
deshabituación *f.* disaccustoming, freeing from a habit. 2 leaving off a habit.
deshabituar *tr.* to disaccustom, free from a habit. — *2 ref.* to leave off a habit.
deshacedor *m.* undoer : ~ *de agravios,* righter of wrongs.
deshacer *tr.* to undo, unmake. 2 to undo, untie, unwrap, open [a parcel]; to undo, loosen [a knot]. 3 to consume, to destroy, to disintegrate. 4 to divide, cut to pieces. 5 to take apart, pull to pieces. 6 to upset [plans]. 7 MIL. to rout, put to flight. 8 to melt, liquefy; to dissolve. 9 to cancel [a deal]. *10* ~ *agravios,* to right wrongs. — *11 ref.* to be consumed, destroyed, to wear itself out. 12 to dissipate, evanesce. 13 to melt, dissolve : ~ *en la boca,* to melt in the mouth. 14 to be consumed, to be impatient. 15 to work hard. 16 to grow feeble or meagre. 17 [of a deal] to fall through. *18 deshacerse de,* to sell, give away, dispose of; to get rid of. *19 deshacerse en cumplidos,* to be all civility; *deshacerse en lágrimas,* to melt into tears. *20 deshacerse las narices,* to break one's nose. ¶ CONJUG. like *hacer.*
deshago, deshaga, etc., *irr.* V. DESHACER.
deshambrido, da *adj.* very hungry, famished.
desharé, desharía, etc., *irr.* V. DESHACER.
desharrapado, da *adj.* ragged, in tatters. — *2 m. & f.* tatterdemalion.
desharrapamiento *m.* misery, poverty.
deshebillar *tr.* to unbuckle.
deshebrar *tr.* to ravel into threads. 2 to separate into filaments.
deshecha *f* dissimulation, dissembling : *hacer la* ~, to dissemble 2 polite farewell. 3 a step in Spanish dance. 4 way out.
deshechizar *tr.* to uncharm, disenchant, break a spell in.
deshechizo *m.* uncharming, disenchantment, breaking of a magic spell.
deshecho, cha *p. p.* of DESHACER. — *2 adj.* undone, broken, destroyed, disintegrated, in pieces, melted, dissolved, etc. 2 fig. broken, crushed, exhausted [person]. 3 violent [storm].
deshelar *tr.* to thaw, melt the ice of. — *2 ref.* (of a frozen thing) to thaw, melt. — *3 impers.* [of weather] to thaw. ¶ CONJUG. like *acertar.*
desherbar *tr.* to weed [ground]. ¶ CONJUG. like *acertar.*
desheredación *f.* disinheritance, disinheriting.
desheredado. da *adj.* disinherited. 2 poor, destitute.
desheredamiento *m.* DESHEREDACIÓN.
desheredar *tr.* to disinherit.

deshermanar *tr.* to destroy the similarity or correspondence of; to unmatch. — *2 ref.* [of brothers] to become estranged.
desherrar *tr.* to unchain, unshackle. 2 to unshoe [a horse]. — *3 ref.* [of a horse] to lose a shoe. ¶ CONJUG. like *acertar.*
desherrumbrar *tr.* to clean of rust.
deshice, deshiciera, etc., *irr.* V. DESHACER.
deshidratación *f.* dehydration.
deshidratar *tr.* to dehydrate, deprive of water.
1) **deshielo** *m.* thaw, thawing.
2) **deshielo, deshiele,** etc., *irr.* V. DESHELAR.
deshierbo, deshierbe, etc., *irr.* V DESHERBAR.
deshierro, deshierre, etc., *irr.* V. DESHERRAR.
deshijar *tr.* AGR. (Cu.) to strip [plants] of suckers.
deshilachar *tr.* to ravel out [a fabric]; to fray. — *2 ref.* to fray, become ravelled out.
deshilado, da *p. p.* of DESHILAR. — *2 adj.* going in single file : *a la deshilada,* in single file, one after another; stealthily. — *2 m.* drawn-work [in embroidery].
deshiladura *f.* ravelling out.
deshilar *tr.* to ravel out; to fray. 2 to shred [meat].
deshilvanado, da *adj.* disjointed, disconnected, lose, desultory [speech, writing, thinking, etc.].
deshilvanar *tr.* SEW. to unbaste, remove basting threads from.
deshincar *tr.* to pull out or up [something driven in].
deshinchadura *f.* deflation; unswelling, unpuffing.
deshinchar *tr.* to deflate [a balloon, etc.]. 2 to reduce the swelling of. 3 to appease [anger]. — *4 ref.* to become deflated. 5 to unpuff.
deshipotecar *tr.* to free from mortgage, cancel the mortgage on.
deshizo *irr.* V. DESHACER.
deshojador, ra *adj.* that strips trees of their leaves.
deshojadura *f.* stripping a tree of its leaves, a flower of its petals.
deshojar *tr.* to strip [a tree] of its leaves [a flower] of its petals. 2 to tear the leaves out of [a book]. — *3 ref.* to defoliate.
deshoje *m.* — defoliation, fall of leaves.
deshollejar *tr.* to skin [grapes]; to shell [beans].
deshollinadera *f.* DESHOLLINADOR 3.
deshollinador, ra *adj.* chimney-sweeping. — *2 m.* chimney sweep, chimney sweeper. 3 long-handed broom or brush, Turk's-head. — *4 m. & f.* scrutinizer.
deshollinar *tr.* to sweep [a chimney]. 2 to sweep or clean [ceilings] with a Turk's head. 3 coll. to scrutinize.
deshonestamente *adv.* impurely, immodestly, lewdly.
deshonestarse *ref.* to lose decorum or decency.
deshonestidad *f.* immodesty, indecency, lewdness.
deshonesto, ta *adj.* immodest, indecent, lewd.
deshonor *m.* dishonour, disgrace.
deshonorar *tr.* to dishonour, disgrace. 2 to deprive of office or dignity.
deshonra *f.* dishonour, disgrace, shame : *tener a ~,* to consider dishonorable or disgraceful. 2 seduction or violation [of a woman].
deshonrabuenos *m.* defamer. 2 disgraceable.
deshonradamente *adv.* DESHONROSAMENTE.
deshonrador, ra *m. & f.* dishonourer, disgracer, defamer. 2 violator, seducer.
deshonrar *tr.* to dishonour, disgrace. 2 to insult, defame. 3 to violate or seduce [a woman]. — *4 ref.* to disgrace or dishonour oneself.
deshonrible *adj.* shameless, contemptible [person].
deshonrosamente *adv.* dishonourably, disgracefully.
deshonroso, sa *adj.* dishonourable, disgraceful, ignominious.
deshora *f.* unseasonable or inconvenient time : *a ~, a deshoras,* untimely, unseasonably; suddenly.
deshornar *tr.* DESENHORNAR.
deshuesadora *f.* machine for stoning fruits [esp. olives].
deshuesar *tr.* to bone [meat, an animal]. 2 to stone [take the pits out of fruits].
deshumanizar *tr.* to dehumanize.
deshumano, na *adj.* INHUMANO.
deshumedecer *tr.* to dehumidify, dry up. ¶ CONJUG. like *agradecer.*
deshumedezco, deshumedezca, etc., *irr.* V. DESHUMEDECER.
desiderable *adj.* desirable.
desiderativo, va *adj.* desiderative, expressing desire.

desiderátum, *pl.* **-data** *m.* desideratum.
desidia *f.* carelessness, negligence, indolence.
desidiosamente *adj.* carelessly, negligently.
desidioso, sa *adj.* careless, negligent, indolent.
desierto, ta *adj.* deserted, uninhabited, lonely. — *2 m.* desert, waste, wilderness.
designación *f.* designation, appointment.
designar *tr.* to design, purpose. 2 to design, designate, appoint, destine. 3 to designate, indicate, serve as a name.
designativo, va *adj. & n.* DENOMINATIVO.
designio *m.* design, purpose, intention.
desigual *adj.* unequal, unlike. 2 uneven; irregular, rough, broken [surface, ground]. 3 arduous, difficult. 4 changeable, variable. 5 *casamiento ~,* unsuitable marriage. 6 *salir ~ una cosa,* to fail, fall through.
desigualar *tr.* to make unequal. 2 to make uneven. — *3 ref.* to surpass, get ahead [of].
desigualdad *f.* inequality, unequality, difference. 2 roughness, unevenness. 3 changeableness. 4 MATH. inequality.
desigualmente *adv.* inequally; unevenly.
desilusión *f.* disillusion, disillusionment, disenchantment, disappointment.
desilusionar *.tr.* to disillusion, disenchant, disappoint. — *2 ref.* to become disillusioned.
desimanación *f.* DESIMANTACIÓN.
desimanar *tr. & ref.* DESIMANTAR.
desimantar *tr.* to demagnetize. — *2 ref.* to become demagnetized.
desimantación *f.* demagnetization.
desimponer *tr.* PRINT. to break up the imposition of [a form].
desimpresionar *tr.* to undeceive.
desinclinar *tr.* to disincline. — *2 ref.* to become disinclined.
desincorporar *tr.* to separate [what was incorporated with].
desincrustante *adj.* scale-removing. — *2 m.* disincrustant, boiler compound.
desincrustar *tr.* to remove incrustations from.
desinencia *f.* GRAM. desinence, termination, inflection.
desinencial *adj.* desinential.
desinfección *f.* disinfection.
desinfectante *adj. & m.* disinfectant.
desinfectar *tr.* to disinfect.
desinficionar *tr.* to disinfect; free from infection.
desinflamación *f.* decrease of inflammation; removal of the inflammation.
desinflamar *tr.* to remove the inflammation from. — *2 ref.* [of a wound, part of the body, etc.] to be cured of inflammation.
desinflar *tr.* to deflate.
desinsaculación *f.* act of drawing names from urn, ballot-box, etc.
desinsacular *tr.* to draw names from urn, ballot-box, etc.
desinsectación *f.* fumigation, freeing from insects.
desinsectar *tr.* to fumigate, free from insects.
desintegración *f.* disintegration.
desintegrar *tr.* to disintegrate. — *2 intr.* to disintegrate [become disintegrated].
desinterés *m.* disinterest, disinterestedness, lack of self-interest.
desinteresadamente *adv.* disinterestedly, generously.
desinteresado, da *adj.* disinterested. 2 uninterested.
desinteresarse *ref.* to lose interest [in something].
desintoxicar *tr.* MED. to cure of intoxication or poisoning.
desinvernar *intr.* MIL. to leave winter quarters.
desirvo, desirva, etc., *irr.* V. DESERVIR.
desistencia *f.,* **desistimiento** *m.* desistance. 2 LAW waiving a right.
desistir *intr.* to desist : *~ de,* to desist from or to; to cease, give up [doing something]. 2 LAW to waive [a right].
desjarretadera *f.* instrument for hamstringing or hocking cattle.
desjarretar *tr.* to hamstring, hock [animals].
desjarrete *m.* hamstringing, hocking.
desjugar *tr.* to draw the juices from.
desjugue, desjugue, etc., *pret., subj. & imper.* of DESJUGAR.
desjuiciado, da *adj.* lacking judgment, senseless
desjuntar *tr.* to disjoin, sever, separate. — *2 ref.* to separate oneself or itself.

deslabonar *tr.* to unlink; to disjoint, disconnect. — *2 ref.* to come unlinked; to become disjointed or disconnected.
desladrillar *tr.* DESENLADRILLAR
deslamar *tr.* to clear of mud or slime.
deslastrar *tr.* to unballast.
deslatar *tr.* to take off the laths from.
deslavado, da *adj.* weak, faded, pale. 2 barefaced, impudent.
deslavadura *f.* superficial washing. 2 weakening, fading.
deslavar *tr.* to wash superficially. 2 to weaken, fade; to take away the colour or force of.
deslavazar *tr.* DESLAVAR.
deslazamiento *m.* untying.
deslazar *tr.* DESENLAZAR.
desleal *adj.* disloyal.
deslealmente *adv.* disloyally.
deslealtad *f.* disloyalty.
deslechugar, deslechuguillar *tr.* to prune [vines]. 2 to clear from useless shoots.
desleidura *f.*, **desleimiento** *m.* dissolving [with a liquid].
desleír *tr.* to dissolve [with a liquid]. 2 to dilute [expressions, ideas, etc.]. ¶ CONJUG. like *reír.*
deslendrar *tr.* to clear [hair] of nits. ¶ CONJUG. like *acertar.*
deslenguado, da *adj.* impudent, insolent, foul-mouthed.
deslenguamiento *m.* impudence, insolence, coarseness [of language].
deslenguar *tr.* to cut out the tongue of. — *2 ref.* to speak impudently or insolently.
desliar *tr.* to untie [a package, etc.]. 2 to unravel. 3 to separate lees from [wine]. — *3 ref.* to come untied.
deslicé, deslice, etc., *pret., subj. & imper.* of DESLIZAR.
desliendro, desliendre, etc., *irr.* V. DESLENDRAR.
desligadura *f.* untying, unbinding.
desligar *tr.* to untie, unbind. 2 to unravel [immaterial things]. 3 to absolve, free [from obligation]. 4 to absolve [from ecclesiastical censure]. 5 MUS. to play or sing [a note] staccato. — *6 ref.* to come untied. 7 to become unraveled. 8 to free oneself [from obligation, bonds, etc.].
desligué, desligue, etc., *pret., subj. & imper.* of DESLIGAR.
deslindable *adj.* capable of demarcation.
deslindador *m.* demarcator, delimiter.
deslindamiento *m.* DESLINDE.
deslindar *tr.* to demarcate, delimitate, fix the boundaries or limits of. 2 to clear up, to make clear or definite.
deslinde *m.* demarcation, delimitation, fixing of limits, clearing up.
1) **desl o** *m.* decanting of new wine.
2) **deslio, deslio, deslia,** etc., *irr.* V. DESLEÍR.
desliz *m.* sliding, slipping. 2 fig. slip, blunder, false step, frailty.
deslizable *adj.* sliding.
deslizadero, ra *adj.* DESLIZADIZO. — *2 m.* slippery place.
deslizadizo, za *adj.* sliding. 2 slippery.
deslizamiento *m.* sliding, slipping, skidding.
deslizante *adj.* gliding.
deslizar *intr. & ref.* to slide, glide, skid; to slip. — *2 tr.* to slip, to glide. — *3 ref.* to make a slip or blunder. 4 to slip away, sneak away.
deslomadura *f.* injuring or straining of the loins.
deslomar *tr.* to injure or strain the loins of. 2 to beat, thrash. — *3 ref.* to injure or strain one's loins.
deslucidamente *adv.* ungracefully, poorly, badly, unsuccessfully.
deslucido, da *adj.* tarnished, spoilt, lacklustre. 2 dull, poor, flat, being a failure.
deslucimiento *m.* tarnishing, lack of brilliancy; dullness, flatness, failure.
deslucir *tr.* to tarnish, mar, spoil, to take away or impair the lustre or splendour of. — *2 ref.* to become tarnished, to get spoilt, to lose lustre. ¶ CONJUG. like *lucir.*
deslumbrador, ra *adj.* dazzling, glaring.
deslumbramiento *m.* dazzle, dazzling.
deslumbrante *adj.* dazzling, glaring.
deslumbrar *tr.* to dazzle, daze.
deslustrado, da *p. p.* of DESLUSTRAR. — *2 adj.*

frosted, ground [glass]. — *3 m.* frosting [of glass].
deslustrador, ra *adj.* tarnishing, dulling. — *2 m. & f.* tarnisher.
deslustrar *tr.* to tarnish, dull; to unglaze, remove the luster from; to frost [glass]. 2 to impair the beauty, the fame or the good qualities of; to discredit.
deslustre *m.* tarnishing, dulling. 2 unglazing, removal of the luster. 3 discredit, stain.
deslustroso, sa *adj.* unbecoming, ugly.
desluzco, desluzca, etc., *irr.* V. DESLUCIR.
desmadejado, da *adj.* languid, who feels lassitude.
desmadejamiento *m.* lassitude.
desmadejar *tr.* to cause languor or lassitude. — *2 ref.* to feel languor or lassitude.
desmadrado, da *adj.* abandoned by its mother [animal].
desmadrar *tr.* to separate [young animals] from their mothers.
desmajolar *tr.* to pull up [new vines].
desmalazado, da *adj.* weak, feeble, drooping. 2 spiritless, dejected.
desmalezar *tr.* (Am.) to weed.
desmallador, ra *adj.* cutting or undoing the meshes. — *2 m. & f.* one who disentangles fish from the net.
desmallar *tr.* to cut or undo the meshes of. 2 DESENMALLAR.
desmamar *tr.* DESTETAR.
desmamonar *tr.* to strip off the suckers of [a plant].
desmán *m.* excess, outrage. 2 mishap. 3 ZOOL. desman, muskrat.
desmanarse *ref.* to stray from a flock or herd.
desmandado, da *adj.* disobedient, unruly. 2 insolent. 3 strayed, stray.
desmandamiento *m.* insolence. 2 disorder. 3 going astray.
desmandar *tr.* to repeal an order. 2 to revoke a legacy. — *3 ref.* to be insolent. 4 to take undue liberties, go too far, lose moderation. 5 to break away from [group, unit, ranks, etc.]. 6 DESMANARSE.
desmanear *tr.* to unshackle [horses, mules, etc.].
desmangar *tr.* to take off the handle or helve of.
desmanotado, da *adj.* awkward, unhandy.
desmantecado, da *adj.* dismantled, ill-furnished.
desmantelar *tr.* to dismantle. 2 NAUT. to unmast. 3 NAUT. to unrig.
desmaña *f.* clumsiness, awkwardness.
desmañadamente *adv.* clumsily, awkwardly.
desmañado, da *adj.* clumsy, awkward, unhandy.
desmaño *m.* untidiness, slovenliness.
desmarañar *tr.* DESENMARAÑAR.
desmarcar *tr.* to remove marks from. — *2 ref.* FOOTBALL to evade the marking of an opponent.
desmarqué, desmarque, etc., *pret., subj. & imper.* of DESMARCAR.
desmarojar *tr.* to take useless leaves off [a tree].
desmarrido, da *adj.* sad, languid, weak.
desmatar *tr.* to clear [land] of shrubs.
desmayadamente *adv.* faintly, weakly.
desmayado, da *adj.* faint, languid. 2 discouraged. 3 pale; wan [colour, light].
desmayar *tr.* to dismay, discourage. — *2 intr.* to lose courage, lose heart. — *3 ref.* to faint, swoon.
desmayo *m.* languor, weakness. 2 discouragement; *sin ~,* unfalteringly. 3 fainting fit, swoon. 4 BOT. weeping willow.
desmazalado, da *adj.* DESMALAZADO.
desmechado, da *adj.* (Am.) dishevelled.
desmedidamente *adv.* excessively, disproportionately.
desmedido, da *adj.* excessive, disproportionate, out of measure.
desmedirse *ref.* to forget oneself, act insolently. ¶ CONJUG. like *servir.*
desmedrado, da *p. p.* of DESMEDRAR. — *2 adj.* small, stunted.
desmedrar *tr.* to deteriorate. — *2 intr. & ref.* to decay, lose strength.
desmedro *m.* deterioration, decline.
desmejora *f.*, **desmejoramiento** *m.* impairment, loss of health.
desmejorar *tr.* to impair the beauty or perfection of. 2 to impair the health of. — *3 intr. & ref.*

to lose beauty or perfection. *4* to decline [in health].

desmelancolizar *tr.* to cheer up, cure the melancholy of.

desmelar *tr.* to take the honey from [a beehive].

desmelenar *tr.* to dishevel, disarrange the hair of. — *2 ref.* to disarrange one's hair.

desmembración *m.* dismemberment.

desmembrador, ra *m. & f.* dismembering.

desmembramiento *m.* DESMEMBRACIÓN.

desmembrar *tr.* to dismember. *2* to divide, segregate. ¶ CONJUG. like *acertar*.

desmemoria *f.* forgetfulness, lack of memory.

desmemoriado, da *adj.* forgetful, having a poor memory.

desmemoriarse *ref.* to forget, become forgetful, lose the memory.

desmenguar *tr.* to lessen, diminish.

desmentida *f.* denial, act of giving the lie to.

desmentir *tr.* to give the lie to. *2* to contradict, deny. *3* to belie [give the lie to in conduct; be false to]; to do things unworthy of [one's birth, character, etc.]. ¶ CONJUG. like *hervir*.

desmenucé, desmenuce, etc., *pret., subj. & imper.* of DESMENUZAR.

desmenuzable *adj.* crumbly, easily crumbled.

desmenuzador, ra *adj.* crumbling. *2* minute scrutinizing. — *3 m. & f.* crumbler. *4* minute scrutinizer or examiner.

desmenuzamiento *m.* crumbling, breaking into small pieces or shreds. *2* minute scrutinizing or examination.

desmenuzar *tr.* to crumble, to break into small pieces or shreds, to fritter. *2* to scrutinize or examine minutely.

desmeollamiento *m.* removal of the marrow or pit.

desmeollar *tr.* to remove the marrow or pith from.

desmerecedor, ra *adj.* unworthy, undeserving.

desmerecer *tr.* to be or become unworthy of [praise, favour or reward]. — *2 intr.* to lose worth, decline in value. *3* ~ *de,* to be inferior to [another thing], to compare unfavourably with. ¶ CONJUG. like *agradecer*.

desmerecimiento *m.* DEMÉRITO.

desmerezco, desmerezca, etc., *irr.* V. DESMERECER.

desmesura *f.* excess, lack of moderation.

desmesuradamente *adv.* excessively, beyond measure.

desmesurado, da *adj.* excessive, disproportionate, beyond measure. *2* impudent, discourteous, forward.

desmesurar *tr.* to disorder, disarrange. — *2 ref.* to be insolent, lose restraint, go too far.

desmido, desmida, etc., *irr.* V. DESMEDIR.

desmielo, desmiele, etc., *irr.* V. DESMELAR.

desmiembro, desmiembre, etc., *irr.* V. DESMEMBRAR.

desmiento, desmienta, etc., *irr.* V. DESMENTIR.

desmigajar *tr.* to crumb, break into small pieces. — *2 ref.* to crumble, fall into small pieces.

desmigar *tr.* to crumb [bread].

desmigué, desmigue, etc., *pret., subj. & imper.* of DESMIGAR.

desmilitaricé, desmilitarice, etc., *pret. subj. & imper.* of DESMILITARIZAR.

desmilitarización *f.* demilitarization.

desmilitarizar *tr.* to demilitarize.

desmineralización *f.* MED. demineralization.

desmirriado, da *adj.* lean, emaciated, run-down.

desmocha, desmochadura *f.* DESMOCHE.

desmochar *tr.* to lop or cut off the top of [a tree, etc.]; to dehorn [an animal]. *2* to cut [a literary work, a musical composition, etc.].

desmoche *m.* lopping or cutting off.

desmocho *m.* things lopped or cut off.

desmogar *intr.* [of deers, etc.] to cast the horns.

desmogue *m.* casting of the horns.

desmogué, desmogue, etc., *pret., subj. & imper.* of DESMOGAR.

desmolado, da *adj.* having lost the molars.

desmoneticé, desmonetice, etc., *pret., subj. & imper.* of DESMONETIZAR.

desmonetización *f.* demonetization.

desmonetizar *tr.* to demonetize.

desmontado, da *p. p.* of DESMONTAR. — *2 adj.* unmounted, dismounted. *3* disassembled, taken apart, knocked down.

desmontadura *f.* dismounting, demounting. *2* disassembling.

desmontaje *m.* uncocking [of firearms].

desmontar *tr.* to clear [a wood]; to clear [land] of trees. *2* to level [ground]. *3* to dismount, take apart, disassemble. *4* to uncock [firearms]. *5* to dismount [deprive of horses]; to take down [from a horse, etc.]. *6* to dismount [a cannon]. *7* NAUT. to unhang [the rudder]. — *8 intr.* to dismount, alight [from a horse, mule, etc.].

desmonte *m.* clearing from trees or bushes. *2* levelling [of ground]; cut [for a railway, road, etc.]. *3* cleared or levelled ground.

desmoralicé, desmoralice, etc., *pret., subj. & imper.* of DESMORALIZAR.

desmoralización *f.* demoralization.

desmoralizador, ra *adj.* demoralizing. — *2 m. & f.* demoralizer.

desmoralizar *tr.* to demoralize. — *2 ref.* to become demoralized. *3* MIL. to lose the morale.

desmoronadizo, za *adj.* crumbly.

desmoronamiento *tr.* crumbling, disintegration.

desmoronar *tr.* to crumble, disintegrate, erode; to destroy little by little. — *2 ref.* to crumble, disintegrate, fall to pieces; to decline.

desmostarse *ref.* [of grapes] to lose must.

desmotadera *f.* burler [woman]. *2* burling iron.

desmotador, ra *m. & f.* burler.

desmotar *tr.* to burl [cloth]. *2* (Am.) to gin [cotton].

desmovilicé, desmovilice, etc., *pret., subj. & imper.* of DESMOVILIZAR.

desmovilización *f.* demobilization.

desmovilizar *tr.* to demobilize.

desnacionalicé, desnacionalice, etc., *pret., subj. & imper.* of DESNACIONALIZAR.

desnacionalización *f.* denationalization.

desnacionalizar *tr.* to denationalize.

desnarigado, da *adj.* noseless; small-nosed.

desnarigar *tr.* to cut off the nose of. — *2 ref.* to bump one's nose.

desnatadora *f.* cream separator.

desnatar *tr.* to cream, draw off the cream from [milk]. *2* to cream, take the choicest part of. *3* FOUND. to remove the slag from.

desnaturalicé, desnaturalice, etc., *pret., subj. & imper.* of DESNATURALIZAR.

desnaturalización *f.* denaturalization. *2* denaturation.

desnaturalizado, da *adj.* denaturalized. *2* denatured. *3* unnatural [parent, child, etc.].

desnaturalizar *tr.* to denaturalize. *2* to denature.

desnecesario, ria *adj.* INNECESARIO.

desnervar *tr.* ENERVAR.

desnevado, da *adj.* free from snow.

desnevar *impers.* to thaw. ¶ CONJUG. like *acertar*.

desnieva, desnieve, etc., *irr.* V. DESNEVAR.

desnivel *m.* unevenness. *2* difference of level, drop, gradient.

desnivelación *f.* unleveling, unevening; difference of level.

desnivelado, da unlevel, uneven.

desnivelar *tr.* to unlevel, make uneven. — *2 ref.* to become uneven.

desnucamiento *m.* breaking of the neck.

desnucar *tr.* to break or dislocate the neck of. — *2 ref.* to break one's neck.

desnudador, ra *adj.* denuding. — *2 m. & f.* one who denudes.

desnudamente *adv.* nakedly; clearly, plainly.

desnudamiento *m.* undressing. *2* denuding.

desnudar *tr.* to undress, unclothe. *2* to lay bare, denude, divest, strip. *3* to draw [the sword]. — *4 ref.* to undress, take off one's clothes. *5* to become denuded; to divest oneself or itself.

desnudez *f.* nudity, nakedness.

desnudo, da *adj.* naked, nude. *2* ill-clothed. *3* bare, uncovered, stripped. *4* poor, destitute. *5* destitute [of worth, interest, etc.]. *6* plain, naked [truth]. — *7 m.* F. ARTS nude; nude figure.

desnuqué, desnuque, etc., *pret., subj. & imper.* of DESNUCAR.

desnutrición *f.* MED. denutrition.

desnutrirse *ref.* to suffer from desnutrition.

desobedecer *tr.* to disobey. ¶ CONJUG. like *agradecer*.

desobedezco, desobedezca, etc., *irr.* DESOBEDECER.

desobediencia *f.* disobedience.

desobediente *adj.* disobedient.

desobligar *tr.* to release from an obligation. *2* to alienate the good will of. — *3 ref.* to free oneself from an obligation.

desobligué, desobligue, etc., *pret., subj. & imper.* of DESOBLIGAR.
desobstrucción *f.* removal of obstructions.
desobstruir *tr.* to clear, remove obstructions from. 2 MED. to deobstruct. — *3 ref.* to become clear of obstructions. ¶ CONJUG. like *huir.*
desobstruyo, desobstruyó, desobstruya, etc., *irr.* V. DESOBSTRUIR.
desocupación *f.* leisure. 2 unemployment.
desocupadamente *adv.* freely, without hindrance or obstruction.
desocupado, da *adj.* free, vacant, unoccupied. 2 at leisure, not occupied, idle. 3 unemployed [person]. — *4 m.-f.* idle or unemployed person.
desocupar *tr.* to vacate, leave, empty; to evacuate. — *2 ref.* to disengage oneself from a business or occupation.
desodorante *adj. & m.* deodorant.
desoigo, desoiga, etc., *irr.* V. DESOÍR.
desoir *tr.* not to hear, not to heed, to be deaf to. ¶ CONJUG. like *oír.*
desojar *tr.* to break the eye of [a needle, etc.]. — *2 ref.* to strain one's eyes, to look hard.
desolación *f.* desolation, destruction; solitariness. 2 desolation, grief.
desolado, da *adj.* desolate. 2 disconsolate.
desolador, ra *adj.* desolating. 2 grieving.
desolar *tr.* to desolate, lay waste. — *2 ref.* to be desolate, disconsolate, to grieve. ¶ CONJUG. like *contar.*
desoldar *tr.* to unsolder. — *2 ref.* to come unsoldered. ¶ CONJUG. like *contar.*
desolladamente *adv.* impudently, with effrontery.
desolladero *m.* slaughterhouse.
desollado, da *adj.* skinned, flayed. 2 impudent, brazen, shameless.
desollador, ra *adj.* skinning, flaying. — *2 m. & f.* skinner, layer. 3 fleecer, extortioner. — *4 m.* ALCAUDÓN.
desolladura *f.* skinning, flaying. 2 excoriation.
desollar *tr.* to skin, flay. 2 to excoriate. 3 to cause great harm or injure to [a person]. 4 ~ *vivo,* to skin alive [extort an immoderate price from]; to speak ill of. ¶ CONJUG. like *contar.*
desollón *m.* excoriation.
desopilación *f.* MED. deoppilation.
desopilante *adj. & m.* deoppilant.
desopilar *tr.* MED. to deoppilate.
desopilativo, va *adj. & m.* deoppilative.
desopinado, da *adj.* discredited, having lost reputation.
desopinar *tr.* to discredit.
desopresión *f.* freeing from oppression.
desoprimir *tr.* to free from oppression.
desorden *m.* disorder [want of order], confusion, disarray, mess. 2 disorder, disturbance, riot, breach of public peace. 3 disorder, licence, excess.
desordenación *f.* DESORDEN.
desordenadamente *adv.* disorderly. 2 in confusion. 3 inordinately.
desordenado, da *adj.* disorderly. 2 disarranged. 3 careless, slovenly. 4 inordinate, immoderate. 5 licentious [life].
desordenar *tr.* to disorder, throw into disorder, disarrange, upset. — *2 ref.* to get out of order, become disarranged.
desorejado, da *adj.* infamous, dissolute, degraded.
desorejamiento *m.* cropping the ears.
desorejar *tr.* to crop the ears of.
desorganicé, desorganice, etc., *pret., subj. & imper.* of DESORGANIZAR.
desorganización *f.* disorganization.
desorganizador, ra *adj.* disorganizing. — *2 m. & f.* disorganizer.
desorganizar *tr.* to disorganize. — *2 ref.* to become disorganized.
desorientación *f.* disorientation, loss of one's bearings. 2 confusion, bafflement.
desorientador, ra *adj.* confusing, baffling.
desorientar *tr.* to disorientate, cause [someone] to lose his bearings or sense of direction. 2 to disorientate, confuse, baffle. — *3 ref.* to become disorientated, to lose one's bearings or sense of direction, to lose one's way. 4 to become confused [as to truth, right, etc.].
desorillar *tr.* to cut out the selvage or the edge of.
desosar *tr.* DESHUESAR.
desovar *intr.* [of aquatic animals] to spawn.
desove *m.* spawning. 2 spawning season.

desovillar *tr.* to unwind [a ball of yarn]. 2 to clear up, unravel. 3 to free from constraint, to give ease and naturalness of manners. — *4 ref.* to become cleared up or unraveled.
desoxidable *adj.* deoxidizable.
desoxidación *f.* deoxidization. 2 removal of the rust.
desoxidante *adj.* deoxidizing. 2 rust-removing. — *3 m.* deoxidizer, rust-remover.
desoxidar *tr.* to deoxidize. 2 to remove the rust of.
desoxigenación *f.* deoxygenation.
desoxigenar *tr.* to deoxygenate, to deoxidize.
desoyendo, desoyó, *irr.* V. DESOÍR.
despabiladeras *f. pl.* snuffers.
despabilado, da *adj.* wakeful, awake. 2 smart, vivacious, quick-witted.
despabilador, ra *adj.* snuffing. 2 smartening, enlivening. — *3 m. & f.* snuffer. — *4 m.* snuffers.
despabiladura *f.* snuff [of a wick].
despabilar *tr.* to trim or snuff [a candle]. 2 to dispatch [a meal]; to finish quickly. 3 to steal. 4 to smarten, enliven, sharpen the wits of. 5 coll. to kill. — *6 ref.* to wake up, shake sleepiness. 7 to become alert. 8 (Am.) to leave, go away.
despacio *adv.* slowly, deliberately. 2 (Arg., Chi.) in a low voice. — *3 interj.* easy there!, softly!, gently! — *4 m.* slowness: *con ~,* slowly; carefully.
despacioso, sa *adj.* slow, deliberate, phlegmatic.
despacito *adv.* coll. slowly, gently. — *2 interj.* easy there!, softly!, gently!
despachaderas *f. pl.* coll. surly manner of replying. 2 coll. resourcefulness.
despachado, da *adj.* impudent, brazen. 2 ready, resourceful.
despachante *m.* (Arg.) clerk, shop assistant. 2 (Arg.) ~ *de aduana,* customhouse broker.
despachar *tr.* to dispatch, get promptly done. 2 to attend to [correspondence]; to attend to, settle [business]. 3 to dispatch, send off. 4 to dismiss, discharge, sack. 5 to sell [goods or merchandise]. 6 to wait upon [customers]. 7 coll. to dispatch, to kill. 8 to clear [a vessel, or merchandise at the customhouse, etc.]. — *9 intr.* to hasten, be quick. 10 [in offices] to carry papers drawn up for the signature of the principal. — *11 ref.* to get rid [of something]. 12 coll. to say whatever comes to mind, to talk without restraint.
despacho *m.* dispatch, promptness. 2 attending [to correspondence]; settling [of business]. 3 selling, sale [of goods or mercandise]. 4 clearance [of vessel or merchandise at the customhouse]. 5 dismissal, discharge. 6 sending, shipment. 7 office, bureau, counting house: ~ *de billetes,* ticket-office; ~ *de localidades,* box-office. 8 library, writing room, study. 9 dispatch [message]. 10 title, commission, warrant.
despachurrado, da *adj.* squashed, crushed.
despachurrar *tr.* to crush, squash. 2 fig. to make a mess of [a speech, an explanation, etc.]. 3 fig. to squash, disconcert [a person].
despachurro *m.* squashing, crushing.
despajador, ra *m. & f.* one who separates straw from grain.
despajadura *f.* act of separating straw from grain.
despajar *tr.* to separate straw from [grain].
despajo *m.* DESPAJADURA.
despaldar *tr.* DESESPALDAR.
despaldilladura *f.* breaking or dislocation of an animal's shoulder.
despaldillar *tr.* to break or dislocate the shoulder of [an animal].
despalillar *tr.* to remove the stems from [grapes]. 2 to strip [tobacco].
despalmador *m.* NAUT. careening place. 2 hoof-paring knife.
despalmadura *f.* NAUT. careenage [cleaning]. 2 paring [of a horse's hoof]. 3 *pl.* parings [of hoofs].
despalmar *tr.* NAUT. to careen, clean the bottom of [a ship]. 2 to pare [a horse's hoof].
despampanador *m.* pruner of vines.
despampanadura *f.* pruning of vines.
despampanante *adj.* astounding; stunning, splendid, ripping.
despampanar *tr.* to prune [vines]. 2 coll. to astound [by something said, a piece of news, etc.]. — *3 ref.* to unbosom oneself, to give vent to one's feelings. 4 to give oneself a hard bump.

despamplonar *tr.* to separate the shoots of [vines]. — *2 ref.* to sprain one's hand.

despancar *tr.* (Am.) to husk [maize].

despancijar, despanzurrar *tr.* to burst the belly of; to squash.

despapar *intr.* [of a horse] to carry the head too high.

despapucho *m.* (Pe.) nonsense.

desparecer *intr.* DESAPARECER.

desparedar *tr.* take down the walls of.

desparejar *tr.* to break the pair of; to separate from a pair.

desparpajado, da *adj.* easy in speech and deportment, unconstrained.

desparpajar *tr.* to take apart in a bungling way. — *2 intr. & ref.* to chatter unconstrainedly.

desparpajo *m.* easiness in speech and deportment, unembarrassment. 2 (C. Am.) disorder, disturbance.

desparramado, da *adj.* spread, scattered. 2 broad, open.

desparramador, ra *m. & f.* scatterer. 2 waster, squanderer.

desparramamiento *m.* spreading , scattering. 2 squandering, extravagance. 3 dissipation.

desparramar *tr.* to spread, scatter. 2 to squander, dissipate. — *3 ref.* to spread, scatter [be scattered]. 4 to amuse oneself, have a wild time.

despartidor, ra *m. & f.* separator, divider.

despartimiento *m.* separation, division.

despartir *tr.* to separate, divide. 2 to separate and pacify [quarrellers].

despárvar *tr.* to pile up [threshed grain] for winnowing.

despasar *tr.* NAUT. to unreeve. 2 SEW. to take [a string, etc.] out of a casing.

despatarrada *f.* spreading of the legs [in some Spanish dances] : fig. *hacer la* ~ to lie down feigning illness, pain, etc.

despatarrar *tr.* to make [a person] open his legs wide. 2 coll. to astound, to dumbfound. — *3 ref.* to fall flat with legs spread out.

despatillar *tr.* CARP. to tenon. 2 NAUT. to break off the arm of [an anchor]. 3 to shave off the whiskers of.

despavesaderas *f. pl.* DESPABILADERAS.

despavesadura *f.* snuffing [of candles].

despavesar *tr.* to snuff [candles]. 2 to blow the ashes off [embers].

despavonar *tr.* to remove the bluing from [iron or steel].

despavoridamente *adv.* terrifiedly, with terror.

despavorido, da *adj.* terrified.

despavorir *intr. & ref.* to feel dread, terror; to be or become terrified. ¶ The only moods and persons used are those having *i* in their terminations.

despeadura *f.,* **despeamiento** *m.* footsoreness.

despearse *ref.* to get one's feet or hoofs sore [by much walking].

despectivamente *adv.* with contempt.

despectivo, va *adj.* contemptuous. 2 GRAM. pejorative.

despechadamente *adv.* spitefully; despairingly.

despechar *tr.* to irritate, enrage; to cause despair.

despecho *m.* spite born from disappointment. 2 despair. 3 *a* ~ *de,* in spite of, despite.

despechugadura *f.* carving off the breast of [a fowl]. 2 coll. baring one's breast; walking bare-breasted.

despechugar *tr.* to carve off the breast of a [fowl]. — *2 ref.* coll. to bare one's breast; to walk bare-breasted.

despechugué, despechugue, etc., *pret., subj. & imper.* of DESPECHUGAR.

despedacé, despedace, etc., *pret., subj. & imper.* of DESPEDAZAR.

despedazamiento *m.* tearing to pieces, cutting into pieces.

despedazar *tr.* to tear to pieces, cut into pieces. 2 to break [one's heart]; to tear to shreds [a reputation]. — *3 ref.* to break or fall to pieces.

despedida *f.* farewell. 2 leave-taking.

despedimiento *m.* DESPEDIDA.

despedir *tr.* to throw. 2 to emit, send forth [odour, light, etc.], to eject, discharge, dart. 3 to reject, expel, throw back. 4 to dismiss [from one's presence]. 5 to dismiss, discharge, give notice to. 6 to see off, escort to the door, say good-bye

to. — *7 ref.* to part, say good-bye to : *despedirse de,* to take leave of, to say good-bye to; *despedirse a la francesa,* to take French leave. 8 to give up one's job, give notice. ¶ CONJUG. like *servir.*

despedregar *tr.* to clear of stones.

despegable *adj.* detachable.

despegadamente *adv.* cooly, unconcernedly, with indifference or lack of affection.

despegado, da *adj.* detached, unglued. 2 cool, indifferent, detached, unaffectionate. 3 surly.

despegadura *f.* detaching, ungluing, unsticking.

despegamiento *m.* DESAPEGO.

despegar *tr.* to detach, unglue, unstick; to separate. — *2 intr.* AER. to take off. — *3 ref.* to detach itself; to come unstuck. 4 to move away from. 5 to lose affection for. 6 not to suit, not to go well with.

despego *m.* coolness, indifference.

despegue *m.* AER. take-off.

despegué, despegue, etc., *pret., subj. & imper.* of DESPEGAR.

despeinado, da *adj.* dishevelled, uncombed, unkempt.

despeinar *tr.* to dishevel, disarrange, ruffle the hair of. — *2 ref.* to undo or ruffle one's hair.

despejadamente *adv.* with ease, with assurance. 2 brightly, intelligently, smartly.

despejado, da *adj.* assured, self-confident. 2 [of person, intelligence, etc.] bright. 3 [of space, forehead, etc.] clear, wide; [of the sky] cloudless.

despejar *tr.* to clear, free from encumbrance. 2 to clear up [a situation, etc.]. 3 ALG. to find value of [unknown quantify]. — *4 ref.* to acquire assurance, ease. 5 [of weather, the head, etc.] to clear up. 6 [of a sick person] to get rid of fever.

despejo *m.* clearing, freeing from encumbrance. 2 clearing up. 3 assurance, ease. 4 brightness, intelligence.

despeluzamiento *m.* dishevelling, tousling. 2 hairraising.

despeluzar *tr.* to dishevel, to ruffle the hair of. 2 to make the hair [of a person] stand on end. — *3 ref.* to have one's hair standing on end, to be horrified.

despeluznante *adj.* hair-raising, horrifying, making the hair stand on end.

despeluznar *tr.* DESPELUZAR.

despellejadura *f.* DESOLLADURA.

despellejar *tr.* to skin, flay. 2 fig. to flay, speak ill of.

despenar *tr.* to relieve from sorrow. 2 coll. to kill.

despendedor ra *adj. & n.* spendthrift, prodigal.

despender *tr.* to spend [money, time, etc.].

despensa *f.* pantry, larder, storeroom. 2 store of provisions.

despensería *f.* pantryman's post.

despensero, ra *m.* pantryman. — *2 f.* pantrywoman.

despeñadamente *adv.* precipitately.

despeñadero *m.* precipice, craggy slope. 2 fig. danger [to which one exposes oneself].

despeñadizo, za *adj.* precipitous.

despeñamiento *m.* DESPEÑO.

despeñar *tr.* to precipitate, fling down a precipice. — *2 ref.* to fall down a precipice. 3 *despeñarse en el vicio,* to fall or sink into vice.

despeño *m.* flinging or falling down a precipice. 2 fig. fall, ruin. 3 diarrhœa.

despepitadora *f.* seed separator : ~ *de algodón,* cotton gin.

despepitar *tr.* to remove the pips from [a fruit]; to gin [cotton]. 2 to speak or act rashly or angrily. 3 ref. *despepitarse por,* to be mad about.

despercudir *tr.* to clean, wash.

desperdiciadamente *adv.* wastefully.

desperdiciado, da *adj.* wasted, squandered, misspent.

desperdiciador, ra *adj.* wasting, squandering. — *2 m. & f.* squanderer. 2 one who misspends [time, etc.], who loses [opportunities, etc.].

desperdiciar *tr.* to waste, squander, misspend. 2 to fail to take advantage of; not to avail oneself of, to lose, miss [an opportunity, etc.].

desperdicio *m.* waste, squander, misspending. 2 (spec. pl.) waste, waste material, remains : *esto no tiene desperdicio,* there is nothing in it to be wasted.

desperdigamiento *m.* scattering, dispersing.

desperdigar *tr.* to scatter, disperse. — *2 ref.* to scatter, disperse [go or spread in different directions].

desperecé, desperece, etc., *pret., subj. & imper.* of DESPEREZARSE.

desperecerse *ref.* ~ *por,* to desire eagerly. ¶ CONJUG. like *agradecer.*

desperezarse *ref.* to stretch, to stretch one's limbs.

desperezco, desperezca, etc., *irr.* V. DESPERECERSE.

desperezo *m.* stretching [one's limbs].

desperfecto *m.* slight damage, deterioration.

desperfilar *tr.* PAINT. to soften the contours or lines of. 2 MIL. to mask the outlines of [defences, trenches, etc.]. — *3 ref.* [of a thing] to lose its sideways position.

despernado, da *adj.* weary, tired of walking.

despernar *tr.* to cut or injure the legs of. ¶ CONJUG. like *acertar.*

despertador, ra *adj.* awaking. — 2 *m. & f.* awakener. — *3 m.* alarm clock, alarum-clock.

despertamiento *m.* awakening.

despertar *tr.* to wake, awaken, rouse [from sleep]. 2 awaken, rouse, stir up, excite [memories, curiosity, a feeling]. — *3 intr. & ref.* to wake up, awake; to revive. ¶ CONJUG. like *acertar.*

despestañar *tr.* to pluck the eyelashes of. — *2 ref.* to look hard, strain one's eyes. 3 (Arg.) to study hard.

despezar *tr.* to taper [a pipe or tube]. 2 ARCH. to divide [a stone wall, an arch, etc.] into constituent parts. ¶ CONJUG. like *acertar.*

despezo *m.* taper [of a pipe or tube]. 2 DESPIEZO.

despezonar *tr.* to take off the stem [of a fruit]. — *2 ref.* [of a fruit] to lose its stem; [of a carriage] to have the end of a wheel axe broken.

despezuñarse *ref.* [of an animal] to injure its hoof. 2 (C. Am.) to walk swiftly. 3 (C. Am.) to take great pains.

despiadadamente *adv.* pitilessly, ruthlessly, unmercifully.

despiadado, da *adj.* pitiless, ruthless, unmerciful.

despicar *tr.* to satisfy, gratify. — *2 ref.* to have one's own back, to take revenge.

despichar *tr.* to expel [juice or moisture]. 2 (Co., Chi.) to squash, crush. — *3 intr.* coll. to die.

despidiente *m.* BUILD. board placed between a hanging scaffold and the wall. 2 ARCH. ~ *de agua,* flashing.

1) **despido** *m.* farewell; leave taking. 2 dismissal, discharge, layoff.

2) **despido, despida,** etc., *irr.* V. DESPEDIR.

despierno, despierne, etc. *irr.* V. DESPERNAR.

despiertamente *adv.* smartly, ingeniously.

1) **despierto, ta** *p. p.* of DESPERTAR. — *2 adj.* awake. 3 lively, smart, quickwitted.

2) **despierto, despierte,** etc., *irr.* V. DESPERTAR.

1) **despiezo** *m.* ARCH. division of a stone wall, arch, etc., into its constituent parts.

2) **despiezo, despiece,** etc., *irr.* V. DESPEZAR.

despilfarradamente *adv.* lavishly, prodigally.

despilfarrado, da *adj.* wasted, squandered. 2 ragged, in rags. — *3 adj. & n.* prodigal, spendthrift.

despilfarrador, ra *adj.* squanderer, prodigal.

despilfarrar *tr.* to waste, squander, spend lavishly. — *2 ref.* to be prodigal of his money [on some occasion].

despilfarro *m.* waste, extravagance, lavishness. 2 slovenliness.

despimpollar *tr.* to clear [a vine] of useless shoots.

despincé, despince, etc., *pret., subj. & imper.* of DESPINZAR.

despintar *tr.* to take the paint off. 2 to make to turn out differently. — *3 intr.* no ~ *de,* to be or to run true to [breed, lineage, etc.]. — *4 ref.* [of a thing] to lose its paint, lose colour. 5 *no despintársele a uno una persona,* not to forget what a person is like.

despinzadera *f.* burler [woman]. 2 burling iron.

despinzar *tr.* to burl [cloth].

despinzas *f. pl.* burling tweezers.

despiojar *tr.* to delouse. 2 coll. to relieve from poverty.

dspique *m.* satisfaction, requital.

despiqué, despique, etc., *pret., subj. & imper.* of DESPICAR.

despistar *tr.* to throw off the scent. — *2 ref.* to loose the scent. 3 coll. to go off the track, get lost.

despizcar *tr.* to break into bits. — *2 ref.* to exert oneself to the utmost.

despizqué, despizque, etc., *pret., subj. & imper.* of DESPIZCAR.

1) **desplacer** *m.* pain, displeasure.

2) **desplacer** *tr.* to pain, to displease. ¶ CONJUG. like *agradecer.*

desplanchar *tr.* to rumple [what was ironed].

desplantación *f.* uprooting.

desplantador *m.* garden trowel.

desplantar *tr.* to uproot. 2 to throw out of plumb. — *3 ref.* to get out of plumb. 4 to lose one's upright posture [in dancing or fencing].

desplante *m.* irregular posture [in dancing or fencing]. 2 arrogance, insolence; arrogant or insolent act or words.

desplatación *f.* DESPLATE.

desplatar *tr.* to separate silver from [another metal].

desplate *m.* act of separating silver from another metal.

desplayar *intr.* [of the sea] to recede from the beach.

desplazamiento *m.* NAUT. displacement [of water].

desplazar *tr.* NAUT. to displace, have a displacement of.

desplazco, desplazca, etc., *irr.* V. DESPLACER.

desplegadura *f.* unfolding, spreading out.

desplegar *tr.* to unfold, spread, lay out, open out. 2 to unfurl. 3 to unfold, explain. 4 to display [activity, etc.]. 5 MIL. to deploy. — *6 ref.* to unfold, open, expand, spread out [be unfolded, opened, etc.]. 7 MIL. [of troops] to deploy: *desplegarse en abanico,* to fan out. ¶ CONJUG. like *acertar.*

despliego, despliegue, etc., *irr.* V. DESPLEGAR.

despliegue *m.* unfolding; displaying. 2 MIL. deployment.

desplomar *tr.* to throw out of plumb. — *3 ref.* to get out of plumb. 3 [of a wall] to tumble down. 4 to crash down. 5 [of a person] to collapse. 6 to fall, be ruined.

desplome *m.* getting out of plumb. 2 tumbling down. 3 collapse, collapsing, fall. 4 ARCH. overhang.

desplomo *m.* ARCH. deviation from the vertical.

desplumadura *f.* plucking, deplumation.

desplumar *tr.* to pluck [a bird]. 2 fig. to pluck, fleece [strip of money or property]. — *3 ref.* [of a bird] to lose its feathers.

desplume *m.* DESPLUMADURA.

despoblación *f.* depopulation. 2 stripping [a land] of trees; emptying [a river] of fishes.

despoblado, da *adj.* depopulated, unpeopled, uninhabited. 2 treeless [land]; hairless [head; spot]; empty of fishes [river]. — *2 m.* uninhabited tract of land; open country.

despoblador, ra *adj.* depopulating. — *2 m. & f.* depopulator.

despoblar *tr.* to depopulate, dispeople. 2 to strip [a land] of trees, to deprive [the head, a spot] of hair; to empty [a river, etc.] of fishes. — *3 ref.* to become depopulated, desert. 4 to become bald, treeless or empty of fishes. ¶ CONJUG. like *contar.*

despojador, ra *adj.* despoiling. — *2 m. & f.* despoiler.

despojar *tr.* to despoil, deprive; to strip, divest. 2 LAW to dispossess. — *3 ref. despojarse de,* to take off [a piece of clothing]; to give up, to divest oneself of.

despojo *m.* despoilment, despoliation; stripping, divesting; dispossession. 2 spoils, booty. 3 *pl.* head, pluck and feet [of slaughtered animals]; gizzard, pinions, legs, head and neck [of fowl]. 4 leavings, scraps. 5 second-hand building materials. 6 mortal remains.

despolaricé, despolarice, etc., *subj. & imper.* of DESPOLARIZAR.

despolarización *f.* PHYS., CHEM. depolarization.

despolarizador, ra *adj.* depolarizing. — *2 m.* PHYS., CHEM. depolarizer.

despolarizar *tr.* PHYS., CHEM. depolarize.

despolvar *tr.* DESEMPOLVAR.

despolvorear *tr.* to dust, dust off. 2 (Am.) to dust, sprinkle.

despopularicé, despopularice, etc., *pret., subj. & imper.* of DESPOPULARIZAR.

despopularizar *tr.* to cause [a person or thing] to lose popularity or public approval.

desportilladura *f.* cut or break on the edge of a thing.

desportillar *tr.* to chip or break the edge of.

desposado, da *adj* newly married. 2 handcuffed. — *3 m. & f.* newlywed.

desposando, da *m. & f.* person newly married or about to be married.

desposar *tr.* to marry [unite in wedlock]. — *2 ref.* to get married. *3* to be betrothed.

desposeer *tr.* to disposses, to disvest. — *2 ref.* to give up, to disvest oneself of.

desposeimiento *m.* disposession.

desposorios *m.* pl. nuptials, marriage. 2 betrothal.

despostar *tr.* (Arg., Bol., Chi., Ec.) to cut up [slaughtered animals].

déspota *m.* despot.

despóticamente *adv.* despotically.

despoticé, despotice, *pret., subj. & imper.* of DES-POTIZAR.

despótico, ca *adj.* despotic.

despotismo *m.* despotism.

despotizar *tr.* (Arg., Chi., Pe.) to tyrannize, to oppress.

despotricar *intr.* to talk without restraint, to rant.

despotrique *m.* wild talk, ranting.

despreciable *adj.* despicable, contemptible. 2 negligible.

despreciador, ra *adj.* despising, contemning. — *2 m. & f.* despiser, contemner.

despreciar *tr.* to despise, contemn, scorn, slight, look down on. 2 to lay aside, to reject. *3* to set to nought, to undervalue.

despreciativo, va *adj.* contemptuous, scornful.

desprecio *m.* contempt, scorn, disregard. 2 slight, rebuff, snub.

desprender *tr.* to detach, loose, separate. 2 to emit, send, give out [light, heat, etc.]. — *3 ref.* (with *de*) to come loose, detach itself from. 4 [of light, heat, vapour, etc.] to issue, come forth. 5 to give away, dispossess oneself of; to detach or extricate oneself from. 7 to be deduced or inferred from.

desprendido, da *adj.* generous, disinterested.

desprendimiento *m.* detaching, coming loose. 2 emission, coming out [of heat, vapour, etc.]. *3* generosity, disinterestedness. 4 indifference. 5 PAINT. descent from the Cross. *6 ~ de tierras,* landslide.

despreocupación *f.* freedom from bias, impartiality. 2 unconventionality. 3 unconcernedness. 4 openmindedness.

despreocupado, da *adj.* unprejudiced. 2 carefree, unconcerned. 3 unconventional. 4 broadminded.

despreocuparse *ref.* to abandon a prejudice. 2 *despreocuparse de,* not to care or worry anymore about; to be careless of, pay no further attention to.

desprestigiado, da *adj.* discredited, having lost its prestige.

desprestigiar *tr.* to discredit, impair the prestige of. — *2 ref.* to fall into discredit, lose prestige.

desprestigio *m.* discredit, loss of prestige.

desprevención *f.* improvidence, unpreparedness. 2 want of caution.

desprevenidamente *adv.* unpreparedly.

desprevenido, da *adj.* unprovided, unprepared : *coger a uno ~,* to catch somebody unawares.

desproporción *f.* disproportion, disproportionateness.

desproporcionadamente *adv.* disproportionately.

desproporcionado, da *adj.* disproportionate, out of proportion. 2 unequal, unsuitable.

desproporcionar *tr.* to disproportion.

despropositado, da *adj.* absurd, nonsensical.

despropósito *m.* absurdity, nonsense.

desproveer *tr.* to deprive of provisions, supplies or the necessaries of life. ¶ It has two p. p. : *desproveído* (rare) and *desprovisto.*

desproveidamente *adv.* DESPREVENIDAMENTE.

desprovisto, ta *p. p.* of DESPROVEER. — *2 adj.* unprovided. 2 deprived, void [of]; lacking [in].

despueble, despueblo *m.* DESPOBLACIÓN.

despueblo, despueble, etc. *irr.* V. DESPOBLAR.

después *adv.* after, afterwards, later; next. *2 ~ de,* after, next to; *~ (de) que,* after; *~ de todo,* after all, when all's said and done.

despulpado, da *p. p.* of DESPULPAR. — *2* the act of extracting the pulp from fruit.

despulpador *m.* extractor of pulp.

despulpar *tr.* to extract the pulp from [a fruit].

despumación *f.* despumation, skimming.

despumar *tr.* ESPUMAR.

despuntador *m.* (Mex.) mineral separator. 2 (Mex.) geological hammer.

despuntadura *f.* blunting, breaking or wearing out the point.

despuntar *tr.* to blunt, to break or wear out the point of. 2 to cut away the dry combs of [a beehive]. — *3 intr.* to show wit or intelligence; to excel, stand out. 4 to begin to sprout or bud. *5 ~ el alba, ~ el día, ~ la aurora,* to dawn.

desquejar *tr.* HORT. to slip [take cuttings from a plant].

desqueje *f.* HORT. slipping.

desquerer *tr.* to cease to love.

desquiciamiento *m.* unhinging. 2 upsetting, unsetting, downfall.

desquiciar *tr.* to unhinge. 2 to disjoint, to upset, to unsettle. *3* to deprive of favour or affection. — *4 ref.* to become unhinged. 5 to become disjointed, upset, unsettled; to fall down.

desquijarar *tr.* to dislocate the jaws of. — *2 ref.* to dislocate one's jaws.

desquijerar *tr.* CARP. to tenon.

desquilatar *tr.* to lower the value of.

desquitar *tr.* to compensate [someone] for loss, etc. — *2 ref.* to retrieve a loss, to win back one's money. 3 to take revenge, retaliate, get even, get square, get one's own back.

desquite *m.* retrieving [of one's loss], compensation. 2 revenge, requital, retaliation.

desrabotar *tr.* to cut off the tail of [sheep, etc.].

desramar *tr.* to strip of branches.

desraspar *tr.* to remove the stalk from [crushed grapes].

desratizar *tr.* to derat.

desratización *f.* deratting, deratization.

desrazonable *adj.* coll. unreasonable.

desregladamente, *adv.;* **desreglado, da** *adj.;* **desreglar** *tr. & ref.* DESARREGLADAMENTE, DESARREGLADO, DESARREGLAR.

desrelingar *tr.* NAUT. to detach the boltropes from [sails].

desricé, desrice, etc., *pret., subj. & imper.* of DESRIZAR.

desrizar *tr.* to uncurl, unfrizzle.

desroblar *tr.* to unclinch [a nail].

destacado, da *adj.* outstanding, distinguished.

destacamento *m.* MIL. detachment.

destacar *tr.* MIL. to detach, detail. 2 PAINT. to make stand out, emphasize. — *3 ref.* MIL. [of a troop] to detach itself. 4 to stand out, be conspicuous.

destaconar *tr.* to wear down the heels of [shoes].

destajador *m.* forging hammer.

destajar *tr.* to settle the terms for [a job]. 2 to cut [cards].

destajero, ra & destajista *m. & f.* pieceworker.

destajo *m.* piecework, taskwork : *a ~,* by the job; fig. eagerly, rapidly [so as to finish the sooner] ; *hablar a ~,* to talk garrulously.

destalonar *tr.* to break or wear out the heel or hinder part of [a shoe], to detach the leaves from [a stub book].

destallar *tr.* to remove useless stems from [plants].

destapada *f.* pie without upper crust.

destapar *tr.* to uncover. 2 to take off the cover, lid or cap of; to uncork, unplug, open. 3 to reveal. — *4 ref.* to get uncovered. 5 to come uncorked or unplugged.

destapiado *m.* place where enclosing walls have been pulled down.

destapiar *tr.* to pull down the walls enclosing [an open space].

destaponar *tr.* to remove the stopper from. 2 SURG. to remove the tampon from.

destarar *tr.* COM. to deduct the tare on.

destartalado, da *adj.* ramshackle. 2 poorly furnished [house, room].

destartalo *m.* ramshackly condition.

destazador *m.* BUTCH. one who cuts up carcasses.

destazar *tr.* BUTCH. to cut up carcasses.

deste, desta, desto obs. contraction of *de este, ae esta, de esto.*

destechadura *f.* unroofing.

destechar *tr.* to unroof.

destejar *tr.* to untile the roof of.

destejer *tr.* to unweave or ravel, to unknit, to unbraid.

destellar *tr.* to sparkle, twinkle, flash, scintillate.
destello *m.* sparkling, twinkling. 2 sparkle, flash, scintillation; beam [of light].
destempladamente *adv.* intemperately. 2 discordantly, inharmoniously.
destemplado, da *adj.* MUS. out of tune. 2 PAINT. inharmonious. 3 intemperate, disagreeable, unpleasant [words, tone, etc.].
destemplanza *f.* intemperance, unsteadiness [of the weather]. 2 MED. indisposition, malaise. 3 want of moderation [in language or actions], rudeness.
destemplar *tr.* to disorder, alter, disturb the harmony of. 2 MUS. to put out of tune. — *3 ref.* MUS. [of instruments] to get out of tune. 4 MED. to feel a malaise. 5 [of a metal] to lose its temper. 6 to lose moderation in language or actions, to lose one's temper. 7 (Chi., Ec., Guat., Mex.) to have the teeth on edge.
destemple *m.* MUS. [of instruments] being out of tune. 2 MED. indisposition, malaise. 3 unpleasantness [of weather]. 4 [in metals] loss of temper, untempering. 5 want of moderation [in words, etc.].
desteñir *tr.* to undye; to discolour, fade. — *2 ref.* to lose the dye; to become discoloured, to fade. ¶ CONJUG. like *ceñir.*
desternillarse *ref.* to break one's gristles : ~ *de risa,* coll. to split one's sides with laughter.
desterradero *m.* DESTIERRO 3.
desterrado, da *adj.* exiled. — *2 m. & f.* exile, outcast.
desterrar *tr.* to exile, banish [a person]. 2 to banish [sadness, uses, etc.]. 3 to remove earth from [roots, etc.]. — *4 ref.* to go into exile. ¶ CONJUG. like *acertar.*
desterronamiento *m.* breaking or crumbing the clods.
desterronar *tr.* to break or crumb the clods of.
destetadera *f.* weaning device attached to the teats of a cow.
destetar *tr.* to wean. — *2 ref.* to be weaned : *destetarse uno con una cosa,* to be bred on a thing, to have known of a thing from one's cradle.
destete *m.* weaning.
desteto *m.* weaned cattle. 2 place where newly weaned mules are kept.
destiempo (a) *adv.* inopportunely, untimely, out of season.
destiento *m.* alarm, discomposure.
destierre *m.* removal of dirt from ore.
1) destierro *m.* banishment, exile. 2 place of exile. 3 remote and solitary place.
2) destierro, destierre, etc., *irr.* V. DESTERRAR.
destilable *adj.* distillable.
destilación *f.* distillation. 2 catarrhal discharge.
destiladera *f.* still, distiller. 2 (Am.) filter.
destilado, da *adj.* distilled.
destilador, ra *adj.* distilling. — *2 m. & f.* distiller. 3 filter.
destilar *tr.* to distil [obtain by, or subject to, distillation]. 2 to distil [give forth in drops]. — *3 intr.* to distil, trickle down.
destilatorio, ria *adj.* distillatory, distilling. — *2 m.* distillery. 3 still, alembic.
destilería *f.* distillery, distilling plant.
destinación *f.* destination, destining.
destinar *tr.* to destine. 2 to designate, appoint [to a post], to send [to a place of service]. 3 to allot, assign.
destinatario, ria *m. & f.* addressee. 2 consignee.
destino *m.* destiny, fate, fortune, doom. 2 destination : *con ~ a,* bound for, going to. 3 employment, post, job.
destiño, destiña, etc., *irr.* V. DESTEÑIR.
destiranizado, da *adj.* free from tyranny.
destitución *f.* dismissal, removal from office or employment. 2 destitution, depriving.
destituible *adj.* dismissable, removable.
destituir *tr.* to dismiss or remove from office or employment. 2 to destitute, deprive. ¶ CONJUG. like *huir.*
destituyo, destituyó, destituya, etc., *irr.* V. DESTITUIR.
destocar *tr.* to undo the coiffure of; to take off the hat or headdress of. — *2 ref.* to take off one's hat or cap.
destoqué, destoque, etc., *pret., subj. & imper.* of DESTOCAR.

destorcedura *f.* untwisting.
destorcer *tr.* to untwist. 2 to straighten [something bent]. — *3 ref.* to untwist [become untwisted]. 4 NAUT. to drift, get off the course. ¶ CONJUG. like *mover.*
destornillado, da *adj.* unscrewed. 2 brainless, thoughtless, with a screw loose.
destornillador *m.* screw driver.
destornillamiento *m.* unscrewing. 2 going crazy, craziness.
destornillar *tr.* to unscrew. — *2 ref.* to go crazy.
destoserse *ref.* to feign a cough.
destotro, destotra obs. contraction of *de este otro, de esto otro* and *de esta otra.*
destrabar *tr.* to unshackle, untie. 2 to loosen, separate.
destraillar *tr.* to uncouple, unleash [dogs].
destral *m.* hatchet, small axe.
destraleja *f. dim.* small hatchet.
destramar *tr.* to unweave, undo the weft of.
destrejar *intr.* to act with dexterity or skill.
destrencé, destrence, etc., *pret , subj. & imper.* of DESTRENZAR.
destrenzar *tr.* to unbraid, to unplait, to undo [a tress].
destreza *f.* skill, dexterity, address, mastery.
destricé, destrice, etc., *pret., subj. & imper.* of DESTRIZAR.
destrincar *tr.* NAUT. to unlash.
destrinqué, destrinque, etc., *pret., subj. & imper.* of DESTRINCAR.
destripacuentos *m. & f.* untimely interrupter of an account or narrative.
destripador, ra *m. & f.* gutter, disemboweler.
destripamiento *m.* guttering, disemboweling.
destripar *tr.* to gut, disembowel. 2 to take the inside out of, to crush. 3 to interrupt and spoil [a story].
destripaterrones *m.* clodhopper, rustic.
destrísimo, ma *adj.* superl. of DIESTRO.
destriunfar *tr.* CARDS. to draw out the trumps from [the other players].
destrizar *tr.* to break in pieces. — *2 ref.* to be consumed with annoyance.
destrocar *tr.* to swap back again, to return [bartered things]. ¶ CONJUG. like *contar.*
destrocé, destroce, etc., *pret., subj. & imper.* of DESTROZAR.
destrón *m.* blind man's guide.
destronamiento *m.* dethronement.
destronar *tr.* to dethrone. 2 to overthrow [from power].
destroncamiento *m.* detruncation. 2 cutting [trees] at the trunk. 3 ruination. 4 exhaustion.
destroncar *tr.* to detruncate; to maim, to dislocate. 2 to cut [trees] at the trunk. 3 to deprive of means, bring to ruin. 4 to tire out, exhaust. 5 to cut, interrupt [a speech, etc.].
destronqué, destronque, etc., *pret., subj. & imper.* of DESTRONCAR.
destrozador, ra *m. & f.* breaker, shatterer, destroyer.
destrozar *tr.* to break in pieces, shatter, rend, destroy. 2 to spoil, ill-treat. 3 fig. to anihilate. 4 MIL. to destroy, inflict great losses.
destrozo *m.* breakage, destruction, havoc.
destrozón, na *m. & f.* one who wears out clothes and shoes too quickly.
destrucción *f.* destruction.
destructibilidad *f.* destructibility.
destructible *adj.* destructible.
destructivamente *adv.* destructively.
destructivo, va *adj.* destructive.
destructor, ra *adj.* destructive. — *2 m. & f.* destroyer. — *3 m.* NAV. destroyer.
1) destrueco, destrueque *m.* mutual return of bartered things.
2) destrueco, destrueque, etc., *irr.* V. DESTROCAR.
destruible *adj.* destructible.
destruidor, ra *adj. & n.* DESTRUCTOR.
destruir *tr.* to destroy. 2 to deprive of means, bring to ruin. 3 to waste, dissipate. — *4 ref.* to destroy each other. 5 ALG. to cancel each other. ¶ CONJUG. like *huir.*
destruyente *adj.* destructive.
destruyo, destruyó, destruya, etc., V. DESTRUIR.
destuerzo, destuerza, etc., *irr.* V. DESTORCER.
desubstanciar *tr.* DESUSTANCIAR.
desucación *f.* extraction of juice.
desucar *tr.* to extract the juice from.

desudación *f.* stopping the sweating.
desudar *tr.* to stop the sweating of. — *2 ref.* to stop sweating.
desueldo, desuelde, etc.. *irr.* V. DESOLDAR.
desuelo, desuele, etc., *irr.* V. DESOLAR.
desuellacaras *m.* coll. scraper [unskilful barber]. *2* coll. shameless person.
1) desuello *m.* skinning, flaying. *2* shamelessness, effrontery.
2) desuello, desuelle, etc., *irr.* V. DESOLLAR.
desuncir *tr.* to unyoke.
desunidamente *adv.* disunitedly.
desunión *f.* disunion, disjunction, separation. *2* disunion, discord.
desunir *tr.* to disunite, separate. *2* to disunite, occasion discord between. — *3 ref.* to disunite, break apart, fall apart, come asunder, become separated.
desunzo, desunza, etc., *pret., subj. & imper.* of DESUNCIR.
desuñar *tr.* to tear off the nails or claws of. *2* to pull up the dead roots of [plants]. — *3 ref.* coll. to work hard with the hands. *4* to plunge into vice, thievery, etc.
desuqué, desuque, etc., *pret., subj. & imper.* of DESUCAR.
desurcar *tr.* to undo the furrows in.
desurdir *tr.* to remove the warp from [a fabric]; to unweave. *2* to upset [a plot, etc.].
desurqué, desurque, etc., *pret., subj. & imper.* of DESURCAR.
desusadamente *adv.* contrary to custom, unusually.
desusado, da *adj.* out of use, obsolete. *2* unusual.
desusar *tr.* to discontinue the use of. — *2 ref.* to fall into disuse, become obsolete.
desuso *m.* disuse, obsoleteness, desuetude : *caer en* ~, to go out of use, fall into disuse, become obsolete.
desustanciación *f.* loss or deprivation of substance, weakening.
desustanciar *tr.* to deprive of substance, to weaken. — *2 ref.* to lose substance, weaken.
desvahar *tr.* AGR. to take away the dry or withered parts of [a plant].
desvaído, da *adj.* pale, dull [colour]. *2* lank, ungainly [person].
desvainadura *f.* shelling [of beans, peas, etc.].
desvainar *tr.* to shell [beans, peas, etc.].
desvalido, da *adj.* helpless, unprotected, destitute.
desvalijador *m.* thief, robber.
desvalijamiento *m.* thieving, robbery.
desvalijar *tr.* to take out or steal the contents of [a valise, suitcase, etc.]. *2* to rob, plunder, fleece.
desvalijo *m.* DESVALIJAMIENTO.
desvalimiento *m.* helplessness, want of favour or protection, abandonment, destitution.
desvaloricé, desvalorice, etc., *pret., subj. & imper.* of DESVALORIZAR.
desvalorización *f.* devaluation.
desvalorizar *tr.* to devalue.
desván *m.* garret, loft.
desvanecedor *m.* PHOT. mask.
desvanecer *tr.* to melt, cause to vanish, make evanescent. *2* to dispel, dissipate [clouds, doubts, suspicion, etc.]. *3* to efface [a recollection]. *4* to swell [with pride]. — *5 ref.* to melt, vanish, evanesce, evaporate. *6* to be dispelled, dissipated, effaced. *7* to swell, become puffed up [with pride]. *8* to faint, swoon. *9* RADIO. to fade. ¶ CONJUG. like *agradecer.*
desvanecidamente *adv.* proudly, with presumption.
desvanecimiento *m.* melting, vanishing, dispelling. *2* pride, presumption. *3* giddiness, swoon, fainting fit. *4* RADIO. fading.
desvanezco, desvanezca, etc., *irr.* V. DESVANECER.
desvarar *intr. & ref.* to glide, slip. — *2 tr.* NAUT. to refloat, set afloat [a stranded ship].
desvariadamente *adv.* foolishly, ravingly.
desvariado, da *adj.* delirious, raving. *2* wild, nonsensical. *3* long and rank [branch of a tree].
desvariar *intr.* to be delirious, rave, rant.
desvarío *m.* delirium, raving. *2* wild act or speech, nonsense. *3* monstrosity. *4* inconstancy, caprice, whim.
desvedar *tr.* to raise the prohibition of.
desveladamente *adv.* wakefully *2* carefully solicitously.
desvelado, da *adj.* wakeful, sleepless. *2* careful, solicitous.

desvelamiento *m.* DESVELO.
desvelar *tr.* to keep awake, make sleepless. — *2 ref.* to become wakeful, be unable to sleep. *3* to spare no pains, watch carefully [over], do one's utmost.
desvelo *m.* sleeplessness, privation of sleep. *2* care, solicitude, concern.
desvenar *tr.* to remove the veins from [meat]. *2* to strip [tobacco leaves]. *3* to extract [the ore] from veins. *4* to form the port in [a horse's bit].
desvencijado, da *adj.* rickety, loose-jointed.
desvencijar *tr.* to disjoint, make rickety. — *2 ref.* to be disjointed, work loose, become rickety.
desvendar *tr.* to take off a bandage from.
desveno *m.* port [of horse's bit].
desventaja *f.* disadvantage; drawback.
desventajosamente *adv.* disadvantageously.
desventajoso, sa *adj.* disadvantageous, detrimental, unfavorable.
desventar *tr.* to let out the air of. ¶ CONJUG. like *acertar.*
desventura *f.* unhappiness, misery. *2* misfortune, bad luck. *3* misfortune, mishap.
desventuradamente *adv.* unhappily, unfortunately.
desventurado, da *adj.* unfortunate, wretched. *2* timid, poor, spiritless. *3* miserly. — *4 m. & f.* poor, spiritless person. *5* miser.
desvergoncé *irr.* V. DESVERGONZARSE.
desvergonzadamente *adv.* shamelessly, impudently.
desvergonzado, da *adj.* shameless, bare-faced; impudent. — *2 m. & f.* shameless or impudent person.
desvergonzarse *ref.* to lose shame. *2* ~ *con,* to be impudent or insolent to. ¶ CONJUG. like *contar.*
desvergüenza *f.* shamelessness, effrontery. *2* impudence, insolence. *3* impudent or insolent act or word.
desvergüenzo, desvergüence, etc., *irr.* V. DESVERGONZARSE.
desvestir *tr. & ref.* to undress. ¶ CONJUG. like *servir.*
desvezar *tr.* DESAVEZAR.
desviación *f.* deviation, deflection, diversion. *2* turning aside or away, wandering away, swerving, swerve. *3* deviation [of a magnetic needle]. *4* MED. change from the natural position of the bones.
desviadero *m.* (Cu.) railway siding.
desviado, da *adj.* deviated. *2* out of the common track; devious.
desviar *tr.* to deviate, deflect. *2* to turn aside, turn away, swerve. *3* to dissuade. *4* RLY. to switch. *5* to ward off [in fencing]. — *6 ref.* to deviate, be deflected, turn aside, swerve : *desviarse de,* to deviate from, turn off from, swerve from, wander away from.
desviente, desviente, etc., *irr.* V. DESVENTAR.
desvío *m.* deviation, deflection, turning aside or away. *2* coldness, indifference, aversion, dislike. *3* RLY. siding, sidetrack. *4* wall support [for a hanging scaffold].
desvirar *tr.* to pare off the edges of [a sole]. *2* to trim [a book]. *3* NAUT. to reverse [a capstan].
desvirgar *tr.* to deflower [a woman].
desvirtuar *tr.* to deprive of import, meaning, force or efficacity.
desvisto, desvista, desvistiera, desvistiese, etc., *irr.* V. DESVESTIR.
desvivirse *ref.* ~ *por,* to do one's utmost for, to long for.
desvolvedor *m.* nut wrench, screw key.
desvolver *tr.* to unscrew [a nut or screw]. *2* to change, alter the shape of. *3* AGR. to turn up [the soil]. ¶ CONJUG. like *mover;* p. p. : *desvuelto.*
desvuelto, ta *p. p. irr.* of DESVOLVER.
desvuelvo, desvuelva, etc., *irr.* V. DESVOLVER.
desyemar *tr.* AGR. to remove the buds from [plants].
desyerba *f.* ESCARDA 1.
desyerbador, ra *adj.* weeding. — *2 m. & f.* weeder.
desyerbar *tr.* DESHERBAR.
desyugar *tr.* DESUNCIR.
deszocar *tr.* to disable [a foot]. *2* ARCH. to remove the socle from. — *3 ref.* to disable one's foot.
deszumar *tr.* to extract the juice from.
detall *m.* retail : *al* ~, retail, at retail.
detalladamente *adv.* in detail.

detallar *tr.* to detail, particularize; to work in detail. 2 to retail, sell at retail.
detalle *m.* detail, particular. 2 detailed account. 3 (Am.) retail.
detallista *m. & f.* painter or writer fond of, or skilled in, detail. 2 retailer.
detección *f.* RADIO. detection.
detectar *tr.* RADIO. to detect.
detective *m.* detective.
detector *m.* RADIO. detector.
detención *f.* detainment, detention, stopping [act of being detained, stopped or hindered]. 2 detention, halt, stop, delay. 3 detention [in jail]. 4 arrest, capture [of a person], taking, or being taken, into custody. 5 care, thoroughness.
detendré, detendría, etc., *irr.* V. DETENER.
detenedor, ra *adj.* stopping. — 2 *m. & f.* detainer, stopper.
detener *tr.* to detain, stop; to check, hold, hold back, keep, refrain. 2 to arrest, capture, take, take into custody [a person]. 3 to keep, retain. — 4 *ref.* to stop, halt. 5 to delay, linger, tarry, pause. 6 *detenerse a pensar, a considerar,* to stop to consider. ¶ CONJUG. like *tener.*
detengo, detenga, etc., *irr.* V. DETENER.
detenidamente *adv.* carefully, thoroughly.
detenido, da *adj.* careful, minute, thorough. 2 timid. 3 miserly. 4 in custody, under arrest. — 5 *m. & f.* LAW prisoner.
detenimiento *m.* care, thoroughness.
detentación *f.* unlawful retention, deforcement.
detentador *m.* unlawful retainer.
detentar *tr.* to retain or keep unlawfully, to deforce.
detergente *adj. & n.* detergent, detersive.
deterger *tr.* to deterge.
deterioración *f.* impairing, damaging, spoiling, deterioration.
deteriorar *tr.* to impair, damage, spoil, deteriorate. — 2 *ref.* to become impaired, damaged, spoiled; to deteriorate.
deterioro *m.* DETERIORACIÓN. 2 impairment injury, damage, wear and tear.
deterjo, deterja, etc., *pret., subj. & imper.* of DETERGER.
determinable *adj.* determinable.
determinación *f.* determination, determining. 2 determination, decision, resolve. 3 resoluteness, firmness, daring.
determinadamente *adv.* determinately.
determinado, da *p. p.* of DETERMINAR. — 2 *adj.* determinate. 3 fixed, appointed. 4 given, specified. 5 determined, decided, resolute. 6 GRAM. definite [article].
determinante *adj.-s.* determinant.
determinar *tr.* to determine [fix, settle, decide]. 2 to distinguish, discern. 3 to cause, bring about. 4 to fix, appoint [time or place]. 5 LAW to determine [a cause]. 6 to determine on, resolve. 7 to determine [cause to come to a decision]. — 8 *ref.* to determine, make up one's mind.
determinativo, va *adj.* determinative.
determinismo *m.* PHILOS. determinism.
determinista *adj. & n.* PHILOS. determinist.
detersión *f.* detersion.
detersivo, va & detersorio, ria *adj.* detersive.
detestable *adj.* detestable. 2 very bad.
detestablemente *adj.* detestably.
detestación *f.* detestation.
detestar *tr.* to detest.
detienes, detiene, detienen, etc., *irr.* V. DETENER.
detienebuey *m.* GATUÑA.
detonación *f.* detonation, report.
detonador *m.* detonator.
detonante *adj.* detonating.
detonar *tr.* to detonate.
detorsión *f.* MED. sprain.
detracción *f.* detraction, defamation, denigration. 2 detraction, withdrawing, taking away.
detractar *tr.* to defame, denigrate.
detractor, ra *m. & f.* detractor.
detraer *tr.* to detract, withdraw, take away. 2 to defame, denigrate. ¶ CONJUG. like *traer.*
detraigo, detraiga, detraje, etc., *irr.* V. DETRAER.
detrás *adv.* behind, back, in the rear. 2 ~ *de,* behind, after, in pursuit of : ~ *de la puerta,* behind the door; *ir ~ de,* to go after. 3 *por ~,* from the rear, from behind; behind one's back.
detrayendo, *irr.* V. DETRAER.

detrimento *m.* detriment, damage, harm : *sin ~ de,* without detriment to.
detrítico, ca *adj.* GEOL. detrital.
detrito *m.* detritus.
detuve, detuviera, etc., *irr.* V. DETENER.
deuda *f.* debt. 2 indebtedness : *estar en ~ con,* to be indebted to. 3 sin, fault, offence. 4 public debt : ~ *consolidada,* funded debt; ~ *flotante,* floating debt.
deudo, da *m. & f.* relative. 2 relationship, kinship.
deudor, ra *adj.* indebted. — 2 *m. & f.* debtor.
Deuteronomio *m.* Deuteronomy.
deutóxido *m.* CHEM. deutoxide, dioxide.
devalar *intr.* NAUT. to drift from the course.
devanadera *f.* reel, winding frame.
devanado *m.* winding [of yarn, etc.]. 2 ELECT. winding.
devanador, ra *adj.* winding. — 2 *m. & f.* winder. — 3 *m.* core [of a ball of yarn].
devanar *tr.* to wind, reel, spool. — 2 *ref.* (Cu., Mex.) to writhe [with pain] ; to be convulsed [with laughter]. 3 *devanarse los sesos,* to cudgel, or rack, one's brains.
devanear *intr.* to rave, be delirious, to act or talk nonsense.
devaneo *m.* raving, delirium, nonsense. 2 dissipation. 3 flirtation.
devastación *f.* devastation, destruction, waste, ruin.
devastador, ra *adj.* devastating. — 2 *m. & f.* devastator.
devastar *tr.* to devastate, lay waste, ruin.
devendré, devendría, etc., *irr.* V. DEVENIR.
devengar *tr.* to earn [wages] ; to draw [interest].
devengo, devenga, etc., *irr.* V. DEVENIR.
devengué, devengue, etc., *pret., subj. & imper.* of DEVENGAR.
devenir *intr.* to happen. 2 PHIL. to become. ¶ CONJUG. like *venir.*
deviación *f.* DESVIACIÓN.
deviene, devine, deviniera, etc., *irr.* DEVENIR.
devoción *n.* devotion, devoutness. 2 strong attachment : *estar a la ~ de uno,* to be at someone's disposal. 3 *pl.* devotions, prayers.
devocionario *m.* prayer book.
devolución *f.* giving back, putting back, return, restitution.
devolver *tr.* to give back, pay back, put back, send back, return, restore [make restitution of : bring to its original place, state or condition] : ~ *la salud a uno,* to restore someone to health. 2 to return [give in requital or recompense]. 3 coll. to vomit. ¶ CONJUG. like *mover.*
devoniano, na & devónico, ca *adj. & n.* GEOL. Devonian.
devorador, ra *adj.* devouring. — 2 *m. & f.* devourer.
devorante *adj.* devouring.
devorar *tr.* to devour.
devotamente *adv.* devoutly, piously.
devotería *f.* sanctimony, sanctimoniousness.
devoto, ta *adj.* devout, pious. 2 devotion-inspiring. 3 devotional. 4 devoted [to a person]. — 5 *m. & f.* devout person.
devuelto, ta *irr. p. p.* of DEVOLVER.
devuelvo, devuelva, etc., *irr.* V. DEVOLVER.
dexiocardia *f.* MED. dextrocardia.
dextrina *f.* CHEM. dextrine.
dextrógiro, ra *adj.* CHEM. dextrogyrous, dextrorotatory.
dextrorso, sa *adj.* BOT. dextrorse.
dextrosa *f.* CHEM. dextrose.
dey *m.* dey [ruler of Algiers].
deyección *f.* PHYSIOL. dejection. 2 GEOL. debris; ejecta.
dezmable *adj.* tithable.
dezmar *tr.* DIEZMAR.
dezmeño, ña *adj.* DEZMERO, RA.
dezmería *f.* tithe land.
dezmero, ra *adj.* [pertaining to] tithes.
di *irr.* V. DAR & DECIR.
día *m.* day : ~ *artificial,* artificial day, civil day; ~ *de abstinencia* or *de vigilia,* day of abstinence : ~ *de año nuevo,* New Year's day; ~ *de asueto,* day off; ~ *de ayuno,* fast day; ~ *de fiesta,* feast day, holyday; ~ *de gala,* court day, gala day; ~ *de guardar* or *de precepto,* ECCL. holy day, holyday of obligation; ~ *del juicio,* Judgment day; ~ *de los difuntos,* All-Souls' Day; ~ *de los inocentes,* Innocents' Day; ~ *de pescado,* fish day; ~ *de Reyes,* Epiphany; ~ *de*

Todos los santos, All Saints' Day, Hallowmass; ~ *de viernes*, ~ *de vigilia*, fast day; ~ *feriado*, LAW court holiday; ~ *festivo*, holiday; ~ *laborable* or *de trabajo*, workday, weekday; ~ *lectivo*, school day; ~ *señalado*, red-letter day; *ocho días*, a week; *quince días*, a fortnight; *a días*, now and then; *al* ~, a day, per day; up to date; *al* ~ *siguiente*, *al otro* ~, next day, on the next day, on the following day; *a los pocos días*, a few days later; *antes del* ~, at dawn; *de* ~ *en* ~, from day to day; *de un* ~ *a otro*, from day to day; *el* ~ *de hoy, hoy* ~, today; now, the present time; *el* ~ *de mañana*, tomorrow; the future; *el* ~ *menos pensado*, when least expected; *el mejor* ~, some fine day; *en cuatro días*, in a few days; *en su* ~, at the proper time; *entre* ~, in the daytime; *un* ~ *sí y otro no*, day about, every other day; *entrado en días*, advanced in years; *¡buenos días!*, good morning!; *dar los buenos días*, to pass the time of day; *tener días*, to be old. 2 daytime, daylight; *aún es de* ~, it is still daylight. 3 *pl.* birthday; saint's day [of a person]; *dar los días*, to wish [someone] many happy returns of the day; to congratulate [someone] on his saint's day.

diabasa *f.* MINER. diabase.
diabetes *f.* MED. diabetes.
diabético, ca *adj. & n.* diabetic.
diabetómetro *m.* diabetometer.
diabla *f.* she-devil. 2 carding machine. 3 *a la* ~, carelessly, anyhow.
diablear *intr.* to commit deviltries, play pranks.
diablejo *m.* little devil; imp.
diablesa *f.* she-devil.
diablesco, ca *adj.* diabolical, devilish.
diablillo *m.* little devil, devilkin; imp. 2 mischievous, vaggish person, rogue. 3 PHYS. ~ *de Descartes*, Cartesian devil, diver or imp.
diablo *m.* devil [evil spirit]; *el* ~, the devil; ~ *cojuelo*, artful devil; *como el* ~, *como un* ~, like the deuce, like the devil; *darse al* ~, to get angry, to get wild; *del* ~, *de los diablos*, *de mil diablos*, *de todos los diablos*, the devil of a; *llevarse el diablo* [*una cosa*], to turn out badly, to fall through; *ser de la piel del* ~, to be a limb of the devil; *¡diablos!*, the devil!; *¿cómo diablos...?*, how the deuce...? 2 devil [wicked person]. 3 hideous, bad-tempered, reckless, mischievous, shrewd or skilled person. 4 *pobre* ~, poor devil; good-natured insignificant fellow. 5 BILL. rest, *bridge. 6 ICHTH. ~ *marino*, scorpene.
diablura *f.* deviltry, mischievous or daring act.
diabólicamente *adv.* diabolically.
diabólico, ca *adj.* diabolic, diabolical, devilish.
diabolín *m.* kind of sweetmeat.
diábolo *m.* diabolo [game].
diacatolicón *m.* PHARM. diacatholicon.
diacitrón *m.* ACITRÓN 1.
diaconado *m.* DIACONATO.
diaconal *adj.* deaconal, diaconal.
diaconato *m.* deaconate, diaconate.
diaconía *f.* deaconry.
diaconisa *f* deaconess.
diácono *m.* deacon.
diacrítico, ca *adj.* GRAM. diacritical. 2 MED. diacritic.
diacústica *f.* diacoustics.
diadelfo, fa *adj.* BOT. diadelphous.
diadema *f.* diadem. 2 tiara, coronet [ornament worn by women]. 3 glory, halo.
diademado, da *adj.* HER. diademed.
diado *m.* fixed [day].
diafanidad *f.* diaphaneity, diaphanousness, transparency.
diáfano, na *adj.* diaphane, diaphanous. 2 clear, transparent.
diáfisis *f.* ANAT. diaphysis.
diaforesis *f.* MED. diaphoresis.
diaforético, ca *adj. & m.* MED. diaphoretic.
diafragma *m.* diaphragm; ~ *iris*, PHOT. iris diaphragm.
diafragmático, ca *adj.* diaphragmatic.
diagnosis *f.* MED. diagnosis.
diagnosticar *tr.* to diagnose.
diagnóstico, ca *adj.* diagnostic. — 2 *m.* diagnostic, diagnose.
diagnostiqué, diagnostique, etc., *pret., subj. & imper.* of DIAGNOSTICAR.

diagonal *adj.* diagonal. — 2 *f.* GEOM. diagonal.
diagonalmente *adv.* diagonally.
diágrafo *m.* diagraph.
diagrama *m.* diagram.
diálaga *f.* MINER. diallage.
dialectal *adj.* dialectal.
dialectalismo *m.* dialectalism.
dialéctica *f.* dialectics.
dialéctico, ca *adj.* dialectic, dialectical. — 2 *m.* dialectician.
dialecto *m.* dialect.
dialectología *f.* dialectology.
dialicarpelar *adj.* BOT. dialycarpous.
diálisis *f.* CHEM. dialysis.
dializador *m.* CHEM. dialyzer.
dializar *tr.* CHEM. to dialyze.
dialogal *adj.* DIALOGÍSTICO.
dialogar *intr. & tr.* to dialogue, dialogize.
dialogismo *m.* RHET. dialogism.
dialogístico, ca *adj.* dialogistic, interlocutory.
dialogizar *intr.* DIALOGAR.
diálogo *m.* dialogue.
dialogué, dialogue, etc., *pret. subj. & imper.* of DIALOGAR.
dialoguista *m.* dialogist [writer].
diamagnético, ca *adj.* diamagnetic.
diamantado, da *adj.* diamondlike.
diamante *m.* diamond [precious stone]; ~ *en bruto*, rough diamond; ~ *rosa*, rose diamond; ~ *tabla*, table diamond.
diamantífero, ra *adj.* diamantiferous.
diamantino, na *adj.* of or like diamond. 2 adamantine.
diamantista *m.* diamond cutter. 2 diamond merchant.
diametral *adj.* diametral, diametric, diametrical.
diametralmente *adv.* diametrically.
diámetro *m.* diameter.
diamida *f.* CHEM. diamide.
diamina *f.* CHEM. diamine.
Diana *f. pr. n.* MYTH. Diana.
diana *f.* MIL. reveille. 2 bull's eye [of a target].
dianche *m.* coll. devil. — 2 *interj.* the deuce!
diandro, dra *adj.* BOT. diandrous.
diantre *m.* coll. devil. — 2 *interj.* the deuce!
diapasón *m.* MUS. diapason. 2 MUS. fingerboard [of violin, etc.]. 3 MUS. tuning fork; pitch pipe; fig. *bajar el* ~, to lower the voice; *subir el* ~, to raise one's voice.
diapédesis *m.* PHYSIOL. diapedesis.
diapente *m.* MUS. diapente.
diapositiva *f.* PHOT. diapositive; lantern slide.
diaprea *f.* BOT. kind of small round plum.
diaquilón *m.* PHARM. diachylon.
diariamente *adv.* daily, every day.
diario, ria *adj.* daily; *a* ~, daily, every day. — 2 *m.* daily newspaper. 3 diary, journal; ~ *de navegación*, NAUT. log book. 4 BOOKKEEP. day book. 5 daily household expenses.
diarismo *m* (Am.) journalism.
diarista *m.* diarist.
diarrea *f.* MED. diarrhœa. diarrhea.
diarreico, ca *adj.* diarrhœic, diarrheic.
diartrosis *f.* ANAT. diarthrosis.
diáspero *m.* MINER. jasper.
diásporo *m.* MINER. diaspore.
diaspro *m.* DIÁSPERO.
diastasa *f.* BIOCHEM. diastase.
diástilo *m.* ARCH. diastyle.
diástole *f.* PHYSIOL., POES. diastole.
diastólico, ca *adj.* diastolic.
diatérmano, na *adj.* PHYS. diathermanous.
diatermia *f.* MED. diathermia, diathermy.
diatesarón *m.* MUS. diatessaron.
diatésico, ca *adj.* diathetic.
diátesis *f.* MED. diathesis.
diatomáceo, a *adj.* BOT. diatomaceous.
diatomea *f.* BOT. diatom.
diatónicamente *adv.* diatonically.
diatónico, ca *adj.* MUS. diatonic.
diatriba *f.* diatribe.
dibujante *m.* draftsman, draftswoman. 2 sketcher, designer, illustrator.
dibujar *tr.* to draw, make a drawing of; to sketch, to design. 2 to depict, describe vividy. — 3 *intr.* to draw, make drawings, be a draftsman. — 4 *ref.* to be outlined. 5 to appear, be revealed.
dibujo *m.* drawing [act or art of drawing; product of this]; ~ *animado*, animated cartoon; ~ *lineal*, instrumental drawing; *no meterse en*

dibujos, to abstain from doing or saying more than is necessary. 2 description. 3 pattern [of an embroidery, wall paper, etc.].

dicacidad *f.* light and witty mordacity.

dicaz *adj.* speaking with a light and witty mordacity.

dicción *f.* word. 2 diction.

diccionario *m.* dictionary.

diccionarista *m.* & *f.* lexicographer.

dicente *m.* & *f.* DICIENTE.

diciembre *m.* December.

diciendo *ger.* OF DECIR.

diciente *m.* & *f.* sayer.

diclino, na *adj.* BOT. diclinous.

dicotiledóneo, a *adj.* BOT. dicotyledonous. — 2 *f.* dicotyledon. 3 *pl.* Dicotyledones.

dicotomía *f.* dichotomy.

dicotómico, ca *adj.* dichotomic.

dicótomo, ma *adj.* dichotomous.

dicroico, ca *adj.* PHYS. dichroic.

dicroísmo *m.* PHYS. dichroism.

dicromático, ca *adj.* dichromatic.

dictado *m.* dictation : *escribir al* ~, to take dictation. 2 tittle, epithet, appellation. 3 *pl.* dictates.

dictador *m.* dictator.

dictadura *f.* dictatorship.

dictáfono *m* dictaphone.

dictamen *m.* opinion, judgment, advice : *tomar* ~, to take advice. 2 expert's report; findings.

dictaminador, ra *adj.* giving opinion, reporting.

dictaminar *intr.* to give an opinion [on]. 2 [of an expert] to report.

díctamo *m.* BOT. dittany : ~ *blanco,* dittany, fraxinella; *díctamo* or ~ *crético,* dittany, Cretan dittany.

dictar *tr.* to dictate [a letter, etc.]. 2 to inspire, suggest. 3 to dictate [terms, etc.]. 4 to give [laws, precepts, etc.]; to pronounce, pass [judgment] : ~ *la ley,* to lay down the law.

dictatorial *adj.* dictatorial.

dictatorialmente *adv.* dictatorially.

dictatorio, ria *adj.* dictatory.

dicterio *m.* taunt, insult, insulting word.

dicha *f.* happiness, felicity, blessing. 2 fortune, good luck : *a* ~, *por* ~, fortunately; by chance.

dicharachero, ra *adj.* fond of using vulgar expressions. 2 who talks amusingly. — 3 *m.* & *f.* amusing and opportune talker.

dicharacho *m.* vulgar expression.

dicho, cha *p. p.* of DECIR : ~ *y hecho,* no sooner said than done; *lo dicho, dicho,* what I've said stands; it is agreed. — 2 *adj.* said, mentioned : ~ *libro,* said book; *arriba* ~, above mentioned. — 3 *m.* saying, proverb, sentence, expression; remark, statement : ~ *de las gentes,* gossip, public criticism; ~ *agudo,* sally, witty saying; *del* ~ *al hecho, hay gran trecho,* saying and doing are different things. 4 amusing sally. 5 *pl.* ECCL. statement of the intention to marry made by both parties before competent priest.

dichosamente *adv.* happily.

dichoso, sa *adj.* happy, fortunate, lucky. 2 coll. annoying, bothersome, wretched.

didáctica *f.* didactics.

didácticamente *adv.* didactically.

didáctico, ca *adj.* didactic(al.

didáctilo *adj.* didactylous.

didascálico, ca *adj.* didascalic.

didelfo, fa *adj.* & *n.* ZOOL. didelphian.

didimio *m.* CHEM. didymium.

dídimo, ma *adj.* BOT., ZOOL. didymous.

Dido *f. pr. n.* MYTH. Dido.

diecinueve *adj.* & *m.* nineteen. — 2 *m.* nineteenth [in dates].

diecinueveavo, va *adj.* & *m.* nineteenth.

dieciochavo, va *adj.* & *m.* eighteenth.

dieciocheno, na *adj.* eighteenth.

dieciochista *adj.* eighteenth-century.

dieciocho *adj.* & *m.* eighteen. — 2 *m.* eighteenth [in dates].

dieciséis *adj.* & *m.* sixteen. — 2 *m.* sixteenth [in dates].

dieciseisavo, va *adj.* & *m.* sixteenth.

dieciseiseno, na *adj.* sixteenth.

diecisiete *adj.* & *m.* seventeen. — 2 *m.* seventeenth [in dates].

diecisieteavo, va *adj.* & *m.* seventeenth.

diedro, dra *adj.* GEOM. dihedral.

Diego *m. pr. n.* James.

dieléctrico, ca *adj.* & *m.* dielectric.

diente *m.* ANAT., ZOOL. tooth : ~ *canino,* canine tooth, eyetooth; ~ *de leche* or *mamón,* milk tooth; ~ *incisivo,* incisor, cutting tooth; ~ *molar,* molar, back tooth; *aguzar los dientes,* to whet one's appetite; *alargársele a uno los dientes,* to have the teeth on edge; fig. to desire something eagerly; *apretar los dientes,* to set one's teeth; *crujirle a uno los dientes,* to gnash or grind the teeth; *dar* ~ *con* ~, to be with teeth chattering, to shake all over [from fear or cold]; *echar los dientes,* to cut one's teeth; *enseñar,* or *mostrar, los dientes,* to show one's teeth; *estar a* ~, to be fasting and hungry; *haberle nacido,* or *salido, a uno los dientes en una parte,* or *haciendo una cosa,* to have lived in a place, or been doing something, since infancy; *hablar,* or *decir, entre dientes,* to mutter, mumble, speak indistinctly; *hincar el* ~ *en,* to misappropriate a part of [another's property]; to backbite, slander; to attack [a task, etc.]; *no entrarle a uno de los dientes adentro una persona* or *cosa,* not to be able to bear a person or thing; *pelar el* ~ (Mex., P. Ri., Ven.) to smile coquettishly; to fawn on someone; *tener buen* ~, to be a hearty eater; *a regaña dientes,* reluctantly, most unwillingly; *de dientes afuera,* insincerely. 2 fang [of serpent]. 3 tooth [of a comb, saw, etc.]; cog. 4 MAS. tooth. 5 clove [of garlic]. 6 BOT. ~ *de león,* dandelion. 7 ~ *de lobo,* gilder's burnisher. 8 BOT. ~ *de muerto,* bitter vetch. 9 ~ *de perro,* sculptor's dented chisel.

dientecico, cillo, cito *m. dim.* little tooth.

dientemellado, da *adj* nick-toothed.

diento, diente, etc., *irr.* V. DENTAR.

dientudo, da *adj.* DENTUDO.

diéresis *f.* diæresis.

diesi *f.* MUS. diesis. 2 MUS. sharp.

diestra *f.* right side. 2 right hand.

diestramente *adv.* skilfully, cleverly.

diestro, tra *adj.* right, right-hand. 2 dexterous, skilful, handy; dexter, able, clever. — 3 *m.* right, right hand : *a* ~ *y siniestro,* right and left, wildly. 4 skilful fencer. 5 bullfighter; matador. 6 halter or bridle : *llevar del* ~, to lead [a beast] by the halter or bridle.

dieta *f.* diet [prescribed or regulated food]. 2 diet [assembly]. 3 daily allowance to a public functionary when acting away from his place of residence. 4 *pl.* allowance to the members of a legislative assembly.

dietario *m.* family acount book. 2 chronicler's record book.

dietético, ca *adj.* dietetic(al. — 2 *f.* dietetics.

diez *adj.* & *m.* ten. — 2 *m.* tenth [in dates]. 3 decade [of the rosary]. 4 ~ *de bolos,* at tenpins, pin standing alone in front of the other nine. 5 *f. pl. las* ~, ten o'clock.

diezmal *adj.* [pertaining to] tithe.

diezmar *tr.* to decimate. 2 to tithe.

diezmero *m.* & *f.* tither.

diezmesino, na *adj.* ten-month.

diezmilésimo, ma *adj.* & *m.* ten-thousandth.

diezmilímetro *m.* tenth of a millimetre.

diezmillonésimo, ma *adj.* & *m.* ten-millionth.

diezmo *m.* tithe.

difamación *f.* defamation.

difamador, ra *adj.* defaming. — 2 *m.* & *f.* defamer.

difamar *tr.* to defame.

difamatorio, ria *adj.* defamatory.

difarreación *f.* diffarreation.

diferencia *f.* difference [in every sense] : *hacer diferencias,* to treat differently; *partir la* ~, to split the difference; *a* ~ *de,* unlike.

diferenciación *f.* differentiation.

diferencial *adj.* differential. — 2 *f.* MACH., MATH. differential.

diferenciar *tr.* to differentiate [discriminate between]; to change the use of. 2 MATH. to differentiate. — 3 *intr.* to differ, to disagree. — 4 *ref.* to differ [be different]. 5 to make oneself noticeable, to stand out. 6 BIOL. to differentiate, become differentiated.

diferente *adj.* different. — 2 *adv.* differently.

diferentemente *adv.* differently, otherly.

diferir *tr.* to defer, delay, adjourn, postpone, put off. — 2 *intr.* to differ [be different]. ¶ CONJUG. like *hervir.*

difícil *adj.* difficult; hard : ~ *de creer*, hard to believe. 2 improbable.
dificilmente *adv.* with difficulty, hardly.
dificultad *f.* difficulty. 2 objection.
dificultador, ra *adj.* raising difficulties, pessimistic. 2 causing difficulties, hindering. — 3 *m. & f.* one who raises difficulties.
dificultar *tr.* to make difficult; to hinder, put obstacles in the way of. 2 to consider difficult or improbable.
dificultosamente *adv.* with difficulty.
dificultoso, sa *adj.* difficult. 2 DIFICULTADOR.
difidación *f.* diffidation.
difidencia *f.* distrust. 2 lack of faith.
difidente *adj.* distrustful.
difiero, difiera, etc., *irr.* V. DIFERIR.
difilo, la *adj.* BOT. diphyllous.
difluencia *f.* diffluence.
difluente *adj.* diffluent.
difluir *intr.* to flow away, to be diffused. ¶ CONJUG. like *huir*.
difluyo, difluyó, difluya, etc., *irr.* V. DIFLUIR.
difracción *f.* PHYS. diffraction.
difrangente *adj.* PHYS. diffractive.
difteria *f.* MED. diphteria.
diftérico, ca *adj.* diphteritic.
difumar *tr.* ESFUMAR.
difuminar *tr.* ESFUMINAR.
difumino *f.* ESFUMINO.
difundido, da *p. p.* of DIFUNDIR. — 2 *adj.* widespread, widely known. 3 RADIO. broadcast.
difundir *tr.* to diffuse. 2 to spread, divulgue. 3 RADIO. to broadcast. — 4 *ref.* to diffuse [itself]. 5 [of news, etc.] to spread.
difunto, ta *adj.* deceased, defunct, late. — 2 *m. & f.* deceased.
difusamente *adv.* diffusely.
difusión *f.* diffusion. 2 diffuseness. 3 spreading [of news, etc.]. 4 RADIO. broadcasting.
difusivo, va *adj.* diffusive.
difuso, sa *adj.* diffuse. 2 broad, widespread.
difusor, ra *adj.* diffusing. 2 RADIO. broadcasting. — 3 *m.* diffuser.
digerible *adj.* digestible.
digerir *tr.* PHYSIOL., CHEM. to digest. 2 to digest [assimilate mentally; bear, put up with]. — 3 *ref.* to digest [be digested]. ¶ CONJUG. like *hervir*.
digestibilidad *f.* digestibility.
digestible *adj.* digestible.
digestión *f.* PHYSIOL., CHEM. digestion.
digestivo, va *adj.* digestive. 2 ANAT. *tubo* ~, alimentary canal. — 3 *m.* digestive.
digesto *m.* LAW digest.
digestor *m.* digester [apparatus].
digiero, digiera, etc., *irr.* V. DIGERIR.
digitación *f.* MUS. fingering.
digitado, da *adj.* BOT., ZOOL. digitate.
digital *adj.* digital. 2 finger : *impresión* ~, finger-print. — 3 *f.* BOT. digitalis, foxglove.
digitalina *f.* CHEM., PHARM. digitalin.
digitígrado, da *adj. & m.* ZOOL. digitigrade.
digito *adj.* ARITH. *número* ~, digit. — 2 *m.* ASTR. digit, point.
dignación *f.* condescension, deigning.
dignamente *adv.* with dignity; honourably. 2 befittingly, worthily, justly.
dignarse *ref.* to deign, condescend, vouchsafe.
dignatario *m.* dignitary, high official.
dignidad *f.* dignity. 2 dignified bearing. 3 ECCL. [in a cathedral] canon, dean, prebendary. 5 ECCL. bishop or archbishop.
dignificación *f.* dignification.
dignificante *adj.* THEOL. dignifying.
dignificar *tr.* to dignify.
digno, na *adj.* worthy, honorable. 2 worthy, deserving. 3 suitable, appropriate. 4 dignified [bearing, manners, ect.].
digo, diga, etc., *irr.* V. DECIR.
dígrafo *m.* digraph.
digresión *f.* digression.
digresivo, va *adj.* digressive.
1) **dije** *m.* trinket, locket, small piece of jewelry. 2 fig. person of sterling qualities. 3 fig. handy person.
2) **dije, dijiste, dijera**, etc., *irr.* V. DECIR.
dilaceración *f.* rending, tearing [the flesh] to pieces; laceration.
dilacerar *tr.* to rend, tear [the flesh] to pieces; to lacerate. 2 to damage [honour, pride, etc..].

dilación *f.* delay, procrastination.
dilapidación *f* dilapidation, squandering.
dilapidador, ra *adj.* squandering. — 2 *m.-f.* dilapidator, squanderer.
dilapidar *tr.* to dilapidate, squander.
dilatabilidad *f* dilatability.
dilatable *adj.* dilatable, expansible.
dilatación *f.* dilatation, dilation, expansion. 2 delay, prolongation, protraction. 3 diffuseness, prolixity. 4 calmness, serenity [in sorrow or grief]. 5 MED., SURG. dilatation.
dilatadamente *adv.* diffusely.
dilatado, da *adj.* vast, extensive, large; numerous.
dilatador, ra *adj.* dilating. 2 retarding, causing delay. — 3 *m.* SURG. dilator.
dilatar *tr.* to dilate, expand, enlarge, widen. 2 to spread [fame, etc.]. 3 to delay, retard, protract. 4 ~ *el ánimo*, to comfort, cheer up. — 5 *ref.* to dilate, expand, spread, etc. [be dilated, expanded, etc.]; to tarry. 6 to expatiate, to be diffuse or prolix.
dilatativo, va *adj.* dilative.
dilatorio, ria *adj.* dilatory, delaying. — 2 *f.* delay, procrastination, waste of time.
dilección *f* love, affection.
dilecto, ta *adj.* beloved, loved.
dilema *m.* dilemma.
dilemático, ca *adj.* dilemmatic.
diletante *adj. & m.* dilettante.
diligencia *f.* diligence [quality; careful attention], activity, dispatch, speed. 2 errand; step, action [to carry out or obtain something] : *hacer una* ~, *evacuar una* ~, to do an errand; to attend, or go on, some business. 3 judicial proceeding. 4 diligence, stagecoach.
diligenciar *tr.* to take the necessary steps to obtain something. 2 LAW to put [a matter, business, etc.] through by taking necessary steps.
diligenciero *m.* one who puts through [affairs, business, matters].
diligente *adj.* diligent; prompt, active.
diligentemente *adv.* diligently; actively.
dilogía *f.* ambiguity, double sense.
dilucidación *f.* clearing up, elucidation.
dilucidador, ra *adj.* elucidating. — 2 *m. & f.* elucidator.
dilucidar *tr.* to clear up, to elucidate.
dilucidario *m.* explanatory writing.
dilución *f.* dilution.
diluente *adj. & m.* DILUIR.
diluido, da *p. p.* of DILUIR. — 2 *adj.* diluted.
diluir *tr.* to dilute. — 2 *ref.* to dilute [become diluted]. ¶ CONJUG. like *huir*.
diluvial *adj.* diluvial, diluvian. 2 GEOL. diluvial.
diluviano *adj* diluvial, diluvian.
diluviar *impers.* to pour, rain hard, rain cats and dogs.
diluvio *m.* deluge. 2 hard raining, downpour. 3 *el Diluvio*, the Deluge, the Flood.
diluyendo *ger.* of DILUIR.
diluyente *adj.* diluent.
diluyo, diluyó, diluya, etc., *irr.* V. DILUIR.
dimanación *f.* springing, origination, issuing.
dimanante *adj.* springing, originating, issuing.
dimanar *intr.* ~ *de*, to spring, issue, arise from; originate in.
dimensión *f.* dimension : *cuarta* ~, fourth dimension.
dimensional *adj.* dimensional.
dimes m. pl. *andar en dimes y diretes*, to bicker, dispute.
dimetilo *m.* CHEM. dimethyl.
diminutamente *adv.* sparingly. 2 minutely.
diminutivamente *adv.* GRAM. diminutively.
diminutivo, va *adj.* diminishing. — 2 *adj. & m.* GRAM. diminutive.
diminuto, ta *adj.* diminutive, minute, tiny.
dimisión *f.* resignation [of office].
dimisionario, ria *adj.* resigning [resigning or having resigned an office].
dimisorias *f. pl.* ECCL. letters dimissory. 2 coll. dismissal : *dar* ~ *a*, to dismiss, discharge, fire.
dimitente *adj.* DIMISIONARIO.
dimitir *tr.* to resign, to give up [office].
dimorfismo *m.* dimorphism.
dimorfo, fa *adj.* dimorphous.
din *m.* coll. money.
dina *f.* PHYS. dine.
Dinamarca *f. pr. n.* GEOG. Denmark.

dinamarqués, sa *adj.* Danish. — *2 m. & f.* Dane. — *3 m.* Danish [language].
dinámica *f.* dynamics.
dinámico, ca *adj.* dynamic.
dinamismo *m.* dynamism.
dinamista *adj.* dynamistic. — *2 m. & f.* dynamist.
dinamita *f.* dynamite.
dinamitazo *m.* dynamite explosion.
dinamitero, ra *m. & f.* dynamiter.
dínamo *f.* ELEC. dynamo.
dinamoeléctrico, ca *adj.* dynamoelectric.
dinamometria *f.* dynamometry.
dinamómetro *m.* dynamometer.
dinasta *m.* dynast.
dinastía *f.* dynasty.
dinástico, ca *adj.* dynastic(al.
dinastismo *m.* loyalty to a dynasty.
dinerada *f.*, **dineral** *m.*, **dineralada** *f.* large sum of money.
dinerillo *m. dim.* coll. some money, small sum of money.
dinero *m.* money, currency : ~ *contante*, ~ *contante y sonante*, ~ *efectivo*, ready money. cash; ~ *suelto*, small change. 2 money, wealth : *hombre de* ~, wealthy man; ~ *llama* ~, money makes money; *estar uno mal con su* ~, fig. to squander one's money; *hacer* ~, to make money, acquire wealth. *los dineros del sacristán, cantando se vienen y cantando se van*, fig. lightly come, lightly go. 3 ancient silver coin. 4 denier, unit of fineness for silk, rayon, etc.
dineroso, sa *adj.* rich, moneyed.
dineruelo *m. dim.* DINERILLO.
dingo *m.* dingo [Australian wild dog].
dingolondangos *m. pl.* ca.esses, cajoleries.
dinornis *m.* PALEONT. dinornis.
dinosaurio *m.* PALEONT. dinosaur.
dinoterio *m.* PALEONT. dinothere.
dintel *m.* ARCH. lintel, doorhead.
dintelar *tr.* to provide with a lintel. 2 to build into a lintel.
dintorno *m.* delineation within the contour.
diñar *tr.* vulg. to give : *diñarla*, to die. — *2 ref.* to run away.
diocesano, na *adj. & m.* diocesan.
diócesi, diócesis *f.* diocese.
Diocleciano *m. pr. n.* Diocletian.
Diógenes *m. pr. n.* Diogenes.
dioico, ca *adj.* BOT. diœcious.
dionea *f.* BOT. Venus's-flytrap.
dionisia *f.* dionise [stone].
dionisiaco, ca *adj.* Dionysiac. — *2 f. pl.* Dionysia [festivals].
Dionisio *m. pr. n.* Dionysius, Denis.
Dionisios, Dionisos *m. pr. n.* MYTH. Dionysos, Dionysus.
dioptra *f.* sight [of an instrument]. 2 diopter, alidade.
dioptría *f.* OPT. diopter [unit].
dióptrico, ca *adj.* dioptric(al. — *2 f.* dioptrics.
diorama *m.* diorama.
diorita *f.* MINER. diorite.
dios *m.* MYTH. god. — *2 pr. n.* (cap.) God : ~ *Hombre*, Jesus Christ; ~ *Padre*, God the Father; *¡adiós!*, adieu !, farewell; *¡adiós mi dinero!*, that's torn it; *a la buena de* ~, artlessly ; *¡anda con* ~*!*, good-bye!, be on your way !; *¡bendito sea* ~*!*, bless me !; oh well !; *como hay* ~, as God lives ; *¡con* ~*!*, good-by; *de* ~, abundantly ; ~ *dirá*, we shall see; ~ *lôs cria y ellos se juntan*, birds of a feather flock together; ~ *mediante*, God willing; *¡*~ *mío!* ¡my God !; ~ *me libre*, God forbid; *¡*~ *nos asista!*, *¡*~ *nos coja confesados!*, God help us !; ~ *sabe*, only God knows; *maldita de* ~ *la cosa*, nothing at all; *plega* or *plegue a* ~, please God; *quiera* ~, let's hope; *sabe* ~, goodness knows; *tentar a* ~, to tempt God; *¡válgame* ~*!*, good God !, goodness gracious !; *¡vaya usted con* ~*!*, good-by; off with you !; *¡vaya con* ~*!*, *¡vaya por* ~*!*, God's will be done !; *¡vive* ~*!*, by God !, by Heaven !
diosa *f.* goddess.
dioscoreáceo, a; dioscórea, a *adj.* BOT. dioscoreaceous. — *2 f. pl.* BOT. Dioscoreaceæ.
diostedé *m.* ORN. (Ven.) toucan.
dipétalo, la *adj.* BOT. dipetalous.
diploclamídeo, a *adj.* BOT. diplochlamydeous.
diplococo *m.* BACT. diplococcus.

diplodoco *m.* PALEONT. diplodocus.
diploma *m.* diploma.
diplomacia *f.* diplomacy.
diplomática *f.* diplomatics.
diplomáticamente *aav.* diplomatically, tactfully.
diplomático, ca *adj.* diplomatic. — *2 m. & f.* diplomat. 3 diplomatist.
diplopia *f.* MED. diplopia.
dipsacáceo, a; dipsáceo, a *adj.* BOT. dipsacaceous. — *2 f. pl.* BOT. Dipsacaceæ.
dipsomanía *f.* dipsomania.
dipsomaníaco, ca *adj. & n.* dipsomaniac.
díptero, ra *adj.* ENTOM. dipteran, dipterous. 2 ARCH. dipteran. — *3 m.* ENTOM. dipteran. 4 pl. ENTOM. Diptera.
dipterocarpáceo, a; dipterocárpeo, a *adj.* BOT. dipterocarpaceous. — *2 f. pl.* BOT. Dipterocarpaceæ.
díptica *f.* diptych [tablets].
díptico *m.* diptych [tablets; picture].
diptongación *f.* diphthongization.
diptongar *tr.* to diphthongize.
diptongo *m.* diphthong.
diputación *f.* deputation. 2 object of a deputation.
diputada *f.* lady deputy or member of a Chamber of Deputies.
diputado *m.* deputy, delegate, representative. 2 POL. deputy, member of a Chamber of Deputies.
diputador, ra *adj. & n.* constituent.
diputar *tr.* to delegate, to comission. 2 to appoint or elect as a representative. 3 to consider, to judge to be.
dique *m.* dam, mole, dike. 2 fig. barrier, check. 3 NAUT. dry dock : ~ *flotante*, floating dock. 4 GEOL. dike.
dirección *f.* direction [line of course, of tendency ; point to which one moves, looks, etc.] : ~ *única*, one way. 2 direction, management; directing, managing. 3 board of directors. 4 editorship [of a newspaper]. 5 office of a director. 6 teaching, advising. 7 direction, address [on a letter, etc.]. 8 AUTO. steering.
directamente *adv.* directly, in a direct manner.
directivo, va *adj.* directive, managing. — *2 f.* board of directors. — *3 m.* member of a board of directors.
directo, ta *adj.* direct; straight. 2 GRAM. direct.
director, ra *adj.* directing, leading, managing, conducting. — *2 m. & f.* director, manager : ~ *de escena*, stage manager; ~ *espiritual*, spiritual director. 3 editor [of a paper]. 4 principal [of a school]. 5 MUS. leader, conductor.
directoral *adj.* directorial.
directorio, ria *adj.* directive, directory. — *2 m.* directory [body of rules or instructions]. 3 POL. board of directors; directory. 4 Directoire.
directriz *f.* GEOM. directrix.
dirigente *adj.* leading, directing, governing. — *2 m. & f.* leader, director.
dirigible *adj.* dirigible. — *2 m.* AER. dirigible.
dirigir *tr.* to direct [in every sense, except to give an order or instruction to]. 2 to manage, govern ; to lead, to head. 3 AUT., NAUT. to steer. 4 MUS. to lead, conduct. 5 to point [a gun, etc.]. 6 to address [a letter, one's word, etc.] : ~ *la palabra a*, to speak to, to address. — *7 ref. dirigirse a*, to be directed to; to betake oneself to, go to or towards, turn to; to address [a person], speak to; to apply, resort to.
dirijo, dirija, etc., *pret., subj. & imper.* of DIRIGIR.
dirimente *adj.* annulling.
dirimir *tr.* to annul, dissolve. 2 to settle [a quarrel, a controversy].
disanto *m.* holy day.
discantar *tr.* to descant on or upon. 2 MUS. to sing in counterpoint.
discante *m.* MUS. small guitar. 2 concert, esp. of stringed instruments.
discernidor, ra discerning. — *2 m. & f.* discerner.
discerniente *adj.* discerning.
discernimiento *m.* discernment, judgment. 2 discrimination.
discernir *tr.* to discern, distinguish, discriminate. 2 LAW to appoint [a guardian]. ¶ CONJUG.: IND. Pres.: *discierno, disciernes, discierne; disciernen.* | SUBJ. Pres.: *discierna, disciernas, discierna; disciernan.* | IMPER.: *discierne, discierna; disciernan.* | All other forms are regular.
disciplina *f.* discipline. 2 teaching, instruction. 3 art, science. 4 flagellation. 5 pl. scourge [for flogging].

disciplinable *adj.* disciplinable.
disciplinadamente *adv.* with discipline.
disciplinado, da *adj.* disciplined. 2 BOT. marbled, variegated [flower].
disciplinal *adj.* disciplinal, disciplinary.
disciplinante *m.* disciplinant.
disciplinar *tr.* to discipline. — 2 *ref.* to scourge oneself [as penance].
disciplinario, ria *adj.* disciplinary.
disciplinazo *m.* lash [with a scourge].
discipulado *m.* discipleship. 2 education, instruction. 3 disciples, pupils.
discipular *adj.* discipular.
discípulo, la *m.* & *f.* disciple. 2 pupil [of a teacher].
disco *m.* disk : ~ *de señales,* RLY. signal disk, semaphore ; ~ *explorador,* TELV. scanning disk. 2 SPORT discus. 3 record [of phonograph].
discóbolo *s.* discobolous, discus thrower.
discoidal *adj.* discoidal.
díscolo, la *adj.* ungovernable, refractory, wayward.
discoloro, ra *adj.* BOT. colourless.
disconforme *adj.* disagreeing.
disconformidad *f.* disagreement. 2 disconformity, nonconformity.
discontinuación *f.* discontinuance, discontinuation.
discontinuar *tr.* to discontinue [interrupt the continuance of].
discontinuo, nua *adj.* discontinuous.
disconveniencia *f.* DESCONVENIENCIA.
disconveniente *adj.* DESCONVENIENTE
disconvenir *intr.* DESCONVENIR.
discordancia *f.* discordance, disagreement.
discordante *adj.* discordant.
discordar *intr.* to discord [be discordant]. 2 to disagree [in opinion]. 7 MUS. to discord. ¶ CONJUG. like *contar.*
discorde *adj.* discordant, in disagreement. 2 MUS. discordant, dissonant.
discordia *f.* discord, disagreement, disunion, want of concord.
discoteca *f.* collection of phonograph records.
discreción *f.* discretion [quality of being discreet], prudence, circumspection. 2 wit, sagacity ; gracefulness in talk or expression. 3 witticism. 4 discretion [liberty of deciding] : *a* ~, at [one's] discretion ; at will ; *darse* or *rendirse a* ~, to surrender unconditionally.
discrecional *adj.* discretionary.
discrepancia *f.* discrepancy. 2 disagreement, dissent.
discrepante *adj.* discrepant ; disagreeing, dissenting.
discrepar *intr.* to differ, disagree. 2 to dissent.
discretamente *adv.* discreetly.
discretear *intr.* to make a show of graceful talk.
discreteo *m.* show of graceful talk.
discreto, ta *adj.* discreet. 2 graceful in talk or expression. 3 MATH. discrete [quantity]. 4 coll. not bad ; fairly good.
discrimen *m.* risk, peril. 2 difference.
discriminación *f.* discrimination.
discriminar *tr.* to discriminate.
discuerdo, discuerde, etc., *irr.* V. DISCORDAR.
disculpa *f.* excuse, apology. 2 exculpation.
disculpable *adj.* excusable, pardonable.
disculpablemente, disculpadamente *adv.* excusably.
disculpar *tr.* to exculpate. 2 to excuse, not to blame. — 3 *ref.* to excuse oneself, apologize.
discurrir *intr.* to go about, roam. 2 [of a river, etc.] to flow. 3 [of time] to pass. 4 to think, reflect, reason, discourse [about a thing]. — 5 *tr.* to invent, think out, devise. 6 to infer, conjecture.
discursante *m.* & *f.* discourser.
discursear *intr.* coll. to perorate, harangue, speak, make speeches.
discursista *m.* & *f.* person fond of speech-making.
discursivo, va *adj.* thoughtful, meditative, cogitative.
discurso *m.* discourse [act or power of thinking logically] ; ratiocination, reasoning. 2 use of reason. 3 talk, speech : *partes del* ~, GRAM. parts of speech. 4 discourse, oration, speech, treatise. 5 course [of time].
discusión *f.* discussion, argument.
discutible *adj.* disputable, debatable ; doubtful, uncertain.

discutidor, ra *adj.* argumentative [person]. — 2 *m.* & *f.* arguer.
discutir *tr.* to discuss, argue about, dispute. — 2 *intr.* to discuss, argue.
disecable *adj.* dissectible.
disecación *f.* DISECCIÓN.
disecador *m.* dissecter ; taxidermist.
disecar *tr.* to dissect. 2 to stuff [dead animals].
disección *f.* dissection, anatomy. 2 stuffing [of dead animals], taxidermy.
disector *m.* dissector.
diseminación *f.* dissemination, scattering.
diseminador, ra *adj.* disseminating, scattering. — 2 *m.* & *f.* disseminator ; scatterer.
diseminar *tr.* to disseminate, scatter. — 2 *ref.* to disseminate, scatter [be disseminated].
disensión *f.* dissension. 2 division, strife.
disenso *m.* DISENTIMIENTO.
disentería *f.* MED. dysentery.
disentérico, ca *adj.* dysenteric.
disentimiento *m.* dissent, disagreement.
disentir *intr.* to dissent, disagree. ¶ CONJUG. like *hervir.*
diseñador *m.* designer, delineator, sketcher.
diseñar *tr.* to design, draw, sketch, outline.
diseño *m.* design, drawing, sketch, outline. 2 portrayal, description.
disépalo, la *adj.* BOT. disepalous.
disequé, jiseque, etc., *pret., subj.* & *imper.* of DISECAR.
disertación *f.* dissertation, disquisition.
disertador, ra *adj.* fond of dissertating.
disertante *m.* & *f.* dissertator.
disertar *tr.* to dissert, dissertate.
diserto, ta *adj.* eloquent, fluent.
disestesia *f.* MED. dysesthesia.
disfagia *f.* MED. dysphagia.
disfamación *f.* DIFAMACIÓN.
disfamador, ra *adj.* & *n.* DIFAMADOR.
disfamar *tr.* DIFAMAR.
disfamatorio, ria *adj.* DIFAMATORIO.
disfasia *f.* MED. dysphasia.
disfavor *m.* disregard, slight. 2 disfavour. 3 bad turn.
disformar *tr.* & *intr.* DEFORMAR.
disforme *adj.* misshapen, hideous. 2 huge, monstruous.
disformidad *f.* deformity. 2 hugeness, monstruousness.
disfracé, disfrace, etc., *pret., subj.* & *imper.* of DISFRAZAR.
disfraz *m.* disguise. 2 costume, fancy dress. 3 dissimulation, dissembling.
disfrazar *tr.* to disguise. 2 to dissemble. — 3 *ref.* to disguise oneself, to masquerade.
disfrutar *tr.* to enjoy, possess, have the use or benefit of. — 2 *intr.* to enjoy oneself, take enjoyment. 3 ~ *de,* to enjoy, have, have the use of. 4 ~ *con,* to take or find enjoyment in.
disfrute *m.* enjoyment, benefit, use.
disfumar *tr.* ESFUMAR.
disfumino *m.* ESFUMINO.
disgregable *adj.* disintegrable.
disgregación *f.* scattering, disintegration, disgregation.
disgregador, ra *adj.* scattering, disintegrating, dispersing.
disgregar *tr.* to scatter, disintegrate, disperse. — 3 *ref.* to scatter, disintegrate [be disintegrated].
disgregativo, va *adj.* disintegrative.
disgregué, disgregue, etc., *pret., subj.* & *imper.* of DISGREGAR.
disgustadamente *adv.* with displeasure.
disgustado, da *adj.* tasteless, insipid. 2 displeased. 3 sorry.
disgustar *tr.* to render tasteless, disagreeable. 2 to displease, annoy, anger ; to pain, give sorrow : *esto me disgusta,* this displeases me, I don't like this ; this pains me. — 3 *ref.* to be displeased, or hurt. 4 to fall out, have a difference [with].
disgustillo *m. dim.* slight displeasure or difference.
disgusto *m.* unpleasantness [to the palate]. 2 displeasure, annoyance, vexation. 3 sorrow. 4 quarrel. 5 *a* ~, against one's will. 6 *estar a* ~, to be ill at ease, uncomfortable.
disgustoso, sa *adj.* disagreeable, annoying.
disidencia *f.* dissidence. 2 dissent, nonconformity.
disidente *adj.-s.* dissident. — 2 *m.-f.* dissenter.

disidir *intr.* to dissent, separate [from a common opinion, creed, etc.].

disiento, disienta, etc., *irr.* V. DISENTIR.

disilábico, ca *adj.* dissyllabic.

disílabo, ba *adj.* dissyllabic. — 2 dissyllable.

disimetría *f.* dissymmetry.

disimétrico, ca *adj.* dissymmetric[al.

disimil *adj.* dissimilar.

disimilación *f.* PHON. dissimilation.

disimilar *tr.* PHON. to dissimilate. — 2 *ref.* to dissimilate [undergo dissimilation].

disimilitud *f.* dissimilitude, dissimilarity.

disimulable *adj.* excusable.

disimulación *f.* dissimulation. 2 DISIMULO.

disimuladamente *adv.* stealthily, slyly. 2 dissemblingly.

disimulado, da *adj.* dissembling, reserved, sly. 2 *a lo disimulado, a la disimulada,* stealthily, slyly. 3 *hacer la disimulada,* coll. to feign ignorance; to take no notice.

disimulador, ra *m. & f.* dissembler. 2 tolerator.

disimular *tr.* to dissimulate, dissemble. 2 to disguise, conceal. 3 to tolerate, overlook. 4 to excuse, pardon.

disimulo *m.* dissimulation. 2 stealthy or sly proceeding : *con* ～, stealthily, slyly. 3 tolerance, indulgence.

disintiendo, disintió, disintiera, etc., *irr.* V. DISENTIR.

disipable *adj.* capable of being dissipated ; easily dissipated or dispelled.

disipación *f.* dissipation, dispelling. 2 dissipation, waste. 3 dissipation [indulging in diversions; dissoluteness].

disipado, da *adj.* dissipated. — 2 *m. & f.* dissipated person ; spendthrift.

disipador, ra *adj.* squandering. — 2 *m. & f.* squanderer, spendthrift.

disipar *tr.* to dissipate, dispel, disperse. 2 to dissipate, squander. — 3 *ref.* to dissipate, evanesce, disappear. 4 to dissipate [engage in dissipations].

dislalia *f.* MED. dyslalia.

dislate *m.* nonsense, absurdity.

dislocación, dislocadura *f.* dislocation.

dislocar *tr.* to dislocate. — 2 *ref.* to come out of joint.

disloque *m.* coll. the (giddy) limit.

disloqué, disloque, etc., *pret., subj. & imper.* of DISLOCAR.

dismenorrea *f.* MED. dysmenorrhœa.

disminución *f.* diminution.

disminuir *tr.* to diminish, lessen, lower, decrease. 2 to detract [from an amount]. — 3 *intr. & ref.* to diminish, lessen, decrease [grow less]. 4 to taper. ¶ CONJUG. like *huir*.

disminuyo, disminuyó, disminuya, etc., *irr.* V. DISMINUIR.

disnea *f.* ME . dyspnea.

disneico, ca *adj. m.* dyspneic.

disociación *f.* dissociation.

disociador, ra *adj.* dissociative.

disociar *tr.* to dissociate. — 2 *ref.* to dissociate [undergo dissociation].

disolubilidad *f.* dissolubility.

disoluble *adj.* dissoluble.

disolución *f.* dissolution [disintegration; undoing of a bond, marriage, partnership, etc.; dismissal of an assembly]. 2 dissolution, solution [in a solvent]. 3 dissoluteness.

disolutivo, va *adj.* dissolutive.

disoluto, ta *adj.* dissolute. — 2 *m. & f.* debauchee.

disolvente *adj.* dissolving. — 2 *m.* dissolvent, dissolver.

disolver *tr.* to dissolve. 2 to break up [a meeting, etc.]. 3 to destroy. — 4 *ref.* to dissolve [be dissolved; be undone; break up]. ¶ CONJUG. like *mover*.

disón *m.* MUS. dissonance, harsh sound.

disonancia *f.* harsh sound. 2 MUS. dissonance. 3 dissonance, incongruity.

disonante *adj.* harsh, jarring ; dissonant, discordant.

disonar *intr.* MUS. to sound harshly, be dissonant or discordant. 2 to disagree, be incongruous, lack harmony. ¶ CONJUG. like *contar*.

disono, na *adj.* DISONANTE.

dispar *adj.* unlike, different, disparate.

disparada *f.* (Arg., Chi., Mex., Pe.) sudden flight :

a la ～, at full speed ; hastily, recklessly : *de una* ～, promptly.

disparadamente *adv.* hurriedly, like a shot.

disparadero *m.* trigger : *poner en el* ～, PONER EN EL DISPARADOR.

disparador *m.* shooter. 2 trigger : *poner en el* ～. to drive one to do something rash. 3 escapement [of watch]. 4 release [of camera]. 5 AER. bomb release. 6 NAUT. anchor tripper.

disparar *tr.* to discharge, fire, let off [a firearm] ; to discharge [a bow] : ～ *un tiro,* to fire a shot. 2 to hurl, throw with violence. — 3 *ref.* to dash off ; bolt. 4 [of a gun, alarm clock, etc.] to go off ; [of a capstan] to turn violently. 5 to rush headlong ; to lose self-control.

disparatadamente *adv.* nonsensically, blunderingly, preposterously.

disparatado, da *adj.* absurd, nonsensical, foolish, preposterous.

disparatador, ra *adj.* nonsensical or wild talker ; one who talks or acts nonsensically or foolishly.

disparatar *tr.* to talk nonsense, talk through one's hat ; to act foolishly.

disparate *m.* absurdity, nonsense ; crazy idea. 2 foolish or preposterous act, blunder, mistake.

disparatero, ra *m. & f.* (Am.) foolish or blundering person.

disparatorio *m.* nonsensical conversation, speech or writing.

disparejo, ja *adj.* DISPAR.

disparidad *f.* disparity, unlikeness, dissimilarity.

disparo *m.* shot, discharge. 2 MACH. release, trip, start.

dispendio *m.* excessive expenditure.

dispendiosamente *adv.* with great expenditure.

dispendioso, sa *adj.* costly, expensive.

dispensa *f.* dispensation, exemption.

dispensable *adj.* dispensable. 2 excusable, pardonable.

dispensación *f.* dispensation [granting; exemption].

dispensador, ra *adj.* dispensing, granting. — 2 *m. & f.* dispenser.

dispensar *tr.* to dispense, give, grant. 2 to dispense, exempt. 3 to excuse, pardon : *¡dispense!, ¡dispénseme!,* excuse me!, beg pardon!. — 4 *ref.* to excuse oneself [from doing something].

dispensario *m.* clinic [for the poor].

dispepsia *f.* MED. dyspepsia.

dispéptico, ca *adj. & n.* dyspeptic.

dispersar *tr.* to disperse, scatter. 2 MIL. to put to flight. — 3 *ref.* to disperse [be dispersed].

dispersión *f.* dispersion, dispersal. 2 PHYS. dispersión.

dispersivo, va *adj.* dispersive.

disperso, sa *adj.* dispersed, scattered.

dispersoide *m.* CHEM. dispersoid.

displacer *tr.* DESPLACER.

displicencia *f.* coolness, indifference, disdain.

displicente *adj.* cool, indifferent, disdainful. 2 peevish.

dispondré, dispondría, etc., *irr.* V. DISPONER.

disponedor, ra *adj.* disposing. — 2 *m. & f.* disposer, arranger.

disponente *adj.* disposing.

disponer *tr.* to dispose, arrange. 2 to dispose [incline, make willing to ; bring into certain state ; determine course of events]. 3 to prepare, get ready. 4 to order, to decree. — 5 *intr.* ～ *de,* to have [authority, resources, etc.] ; to have the use or to make use of ; to have at one's disposal. — 6 *ref.* to get ready, prepare oneself [for] ; to be about [to]. ¶ CONJUG. like *poner.*

dispongo, disponga, etc., *irr.* V. DISPONER.

disponibilidades *f. pl.* resources, money on hand.

disponible *adj.* disposable. 2 available. 3 vacant [place, post].

disposición *f.* disposition, arrangement. 2 disposal : *a la* ～ *de usted,* at your disposal, at your service. 3 disposition [inclination, state of mind]. 4 state of health. 5 disposition, natural tendency. 6 gift, natural aptitude. 7 practical talent. 8 figure [of a person]. 9 order, command, provision. 10 *pl.* steps, measures : *tomar disposiciones,* to take steps. 11 *últimas disposiciones,* last will and testament.

dispositivamente *adv.* dispositively, preceptively.

dispositivo, va *adj.* dispositive; preceptive. — *2 m.* MACH. device, contrivance, mechanism.

dispuesto, ta *p. p.* of DISPONER. — *2 adj.* disposed : *bien* ~, well-disposed, favourably disposed; quite well [in good health]; *mal* ~, ill-disposed, unfavourably disposed; ill, indisposed. *3* prepared, ready. *4* able, clever.

dispuse, dispusiera, etc., *irr.* V. DISPONER.

disputa *f.* dispute; disputation : *sin* ~, beyond dispute, indisputably.

disputable *adj.* disputable, contestable. *2* doubtful, problematic.

disputador, ra *adj.* disputing. *2* disputatious. — *3 m.* & *f.* disputer; disputant.

disputar *tr.* to dispute, contest. — *2 intr.* to argue, dispute; to altercate.

disputativamente *adv.* by means of a dispute.

disquisición *f.* disquisition.

distal *adj.* ANAT., BOT. distal.

distancia *f.* distance [interval of time or place; remoteness] : *a* ~, at a distance ; *control, mando a* ~, remote control. *2* difference, disparity. *3* distance, reserve, estrangement.

distanciar *tr.* to distance, place at a distance; to put farther apart. *2* to separate, estrange. — *3 ref.* to become distant. *4* to become estranged.

distante *adj.* distant, far, remote.

distantemente *adv.* distantly.

distar *intr.* ~ *de*, to be [so many miles, etc.] distant from; to be different from; ~ *mucho de*, to be far from.

distender *tr.* MED. to distend. — *2 ref.* MED. to distend [be distended]. ¶ CONJUG. like *entender*.

distensión *f.* MED. distension, distention.

dístico, ca *adj.* BOT. distichous. — *2 m.* POET. distich.

distiendo, distienda, etc., *irr.* V. DISTENDER.

distinción *f.* distinction, difference. *2* distinction [mark of honour], eminence. *3* clearness, distinctness. *4* distinction, refinement. *5 a* ~ *de*, as distinguished from, in distinction from.

1) **distingo** *m.* LOG. distinction. *2* coll. subtle distinction.

2) **distingo, distinga,** etc., *pres., subj.* & *imper.* of DISTINGUIR.

distinguible *adj.* distinguishable.

distinguido, da *adj.* distinguished, conspicuous, prominent.

distinguir *tr.* to distinguish [in practically every sense]. *2* to make distinctions, treat [persons] differently. *3* to show regard for. — *4 ref.* to distinguish oneself. *5* to make oneself different or noticeable. *6* to be different; to be distinguished or characterized.

distintamente *adv.* distinctly. *2* differently.

distintivo, va *adj.* distinctive. — *2 m.* distinctive peculiarity. *3* distinctive mark; badge, sign.

distinto, ta *adj.* distinct. *2* different, separate, individual.

distocia *f.* SURG. dystocia.

distócico, ca *adj.* MED. dystocial.

distorsión *f.* distortion.

distracción *f.* distraction, diversion, amusement. *2* absent-mindedness. *3* oversight. *4* ~ *de fondos*, embezzlement. *5 por* ~, for amusement, as a diversion; through an oversight.

distraer *tr.* to divert, amuse, entertain. *2* to distract [the attention, the mind, etc.]. *3* to lead astray. *4* ~ *fondos*, to embezzle. — *5 ref.* to amuse oneself. *6* to be inattentive, absent-minded. ¶ CONJUG. like *traer*.

distraídamente *adv.* absent-mindedly, without thinking.

distraído, da *p. p.* of DISTRAER. — *2 adj.* absent-minded, inattentive.

distraigo, distraiga, etc., *irr.* V. DISTRAER.

distraimiento *m.* DISTRACCIÓN.

distraje, distrajera, etc., *irr.* V. DISTRAER.

distribución *f.* distribution. *2* division, apportionment.

distribuidor, ra *adj.* distributing. — *2 m.* & *f.* distributer, distributor : ~ *automático*, slot machine. — *3 f.* AGR. manure spreader.

distribuir *tr.* to distribute, divide, deal, allot, apportion. *2* to sort [mail]. *3* PRINT. to distribute. ¶ CONJUG. like *huir*.

distributivo, va *adj.* distributive.

distributor, ra *adj.* & *n.* DISTRIBUIDOR.

distribuyo, distribuyó, distribuya, etc., *irr.* V. DISTRIBUIR.

distrito *m.* district.

distrofia *f.* MED. dystrophy.

disturbar *tr.* to disturb.

disturbio *m.* disturbance, outbreak, riot.

disuadir *tr.* to dissuade.

disuasión *f.* dissuasion.

disuasivo, va *adj.* dissuasive.

disuelto, ta *p. p.* of DISOLVER.

disuelvo, disuelva, etc., *irr.* V. DISOLVER.

disueno, disuene, etc., *irr.* V. DISONAR.

disuria *f.* MED. dysuria.

disyunción *f.* disjunction.

disyuntiva *f.* disjunctive, dilemma.

disyuntivamente *adv.* disjunctively.

disyuntivo, va *adj.* disjunctive.

disyuntor *m.* ELEC. circuit-breaker.

dita *f.* surety [for a payment].

ditá *m.* BOT. dita.

diteísmo *m.* ditheism.

diteísta *adj.* ditheistic. — *2 m.* & *f.* ditheist.

ditirámbico, ca *adj.* dithyrambic.

ditirambo *m.* dithyramb.

dítono *m.* MUS. ditone.

diuca *f.* ORN. (Arg., Chi.) a kind of warbler. — *2 m.* (Arg.) coll. pet pupil, pampered pupil [in a school].

diuresis *f.* MED. diuresis.

diurético, ca *adj.* & *m.* MED. diuretic.

diurno, na *adj.* diurnal. — *2 m.* ECCL. diurnal [book].

diuturnidad *f.* diuturnity.

diuturno, na *adj* diuturnal.

diva *f.* poet. goddess. *2* diva [great woman singer].

divagación *f.* divagation, rambling, digression.

divagador, ra *adj.* digressing, discursive. — *2 m.* & *f.* rambler, digressor.

divagar *intr.* to divagate, ramble, digress.

divagué, divague, etc., *pret., subj.* & *imper.* of DIVAGAR.

diván *m.* divan [low couch]. *2* divan [Turkish supreme council and room where it meets; collection of Oriental poems].

divergencia *f.* divergence; divergency.

divergente *adj.* divergent.

divergir *intr.* to diverge. *2* to differ, disagree.

diverjo, diverja, etc., *pret., subj.* & *imper.* of DIVERGIR.

diversamente *adv.* diversely.

diversidad *f.* diversity. *2* variety, abundance.

diversificar *tr.* to diversify. — *2 ref.* to become diverse.

diversiforme *adj.* diversiform.

diversión *f.* diversion, amusement. *2* MIL. diversion.

diverso, sa *adj.* diverse, different, various. *2 pl.* several, many.

divertículo *m.* ANAT., MED. diverticulum.

divertido, da *adj.* amusing, funny. *2* (Arg., Chi.) tipsy.

divertimiento *m.* diversion, amusement.

divertir *tr.* to divert, amuse, entertain. *2* to divert, turn away. *3* MIL. to divert. — *4 ref.* to amuse oneself, have a good time. ¶ CONJUG. like *hervir*.

dividendo *m.* MATH., COM. dividend.

divididero, ra *adj.* divisible.

dividir *tr.* to divide. — *2 ref.* to divide, separate, be at odds.

dividivi *m.* BOT. dividivi.

dividuo, dua *adj.* LAW. divisible.

divierto, divierta, etc., *irr.* V. DIVERTIR.

divieso *m.* MED. furuncle, boil.

divinal *adj.* poet. DIVINO.

divinamente *adv.* divinely. *2* admirably

divinatorio, ria *adj.* divinatory.

divinidad *f.* divinity, godhead. *2* MYTH. divinity. *3* beauty, very beautiful person or thing.

divinicé, divinice, etc., *pret., subj.* & *imper.* of DIVINIZAR.

divinización *f.* divinization.

divinizar *tr.* to divinize, deify.

divino, na *adj.* divine.

divirtió, divirtiera, etc., *irr.* V. DIVERTIR.

divisa *f.* badge, emblem. *2* BULLF. coloured bow serving as brand on bull. *3* HER. device. *4* motto, principle. *5* foreign currency.

divisar *tr.* to descry, espy, perceive at a distance or indistinctly. *2* HER. to vary.

divisibilidad *f.* divisibility.

divisible *adj.* divisible.
división *f.* division [act or effect of dividing], separation, distribution. 2 division, disunion, discord. 3 LOG., MATH., MIL. division.
divisional *adj.* divisional.
divisionario, ria *adj.* divisional. 2 fractional [currency].
divisivo, va *adj.* divisive.
diviso, sa *adj.* divided.
divisor, ra *adj.* dividing. — 2 *m.* MATH. divisor: *común* ~, common divisor; *máximo común* ~, greatest common divisor.
divisorio, ria *adj.* dividing: *línea divisoria*, GEOG. divide. — 2 *f.* GEOG. divide. — 3 *m.* PRINT. copyholder.
divo, va *adj.* poet. divine, godlike. — 2 *m.* poet. god. 3 great singer [man]. — 4 *f.* diva [great woman singer].
divorciar *tr.* to grant a divorce to. 2 to divorce, separate, divide. — 2 *ref.* to divorce [get divorced]: *divorciarse de*, to divorce [one's husband or wife]; to become divorced from.
divorcio *m.* divorce. 2 disunion, breach.
divulgación *f.* divulgation. 2 popularization [of knowledge].
divulgador, ra *adj.* divulging. 2 popularizing knowledge. — 3 *m. & f.* divulger. 4 popularizer [of knowledge].
divulgar *tr.* to divulge, publish abroad. 2 to popularize [knowledge]. — 3 *ref.* to spread, to become widespread.
divulgué, divulgue, etc., *pret.*, *subj. & imper.* of DIVULGAR.
diz contr. of *dice* or *dicese*, it is said, they say.
dizque contr. of *diz que* (Am.) probably. — 2 *m.* rumour. 3 objection.
do *m.* MUS. C, do, ut. — 2 *adv.* poet. DONDE.
dobla *f.* anc. Spanish gold coin.
dobladamente *adv.* doubly. 2 with duplicity.
dobladillar *tr.* SEW. to hem.
dobladillo *m.* SEW. hem.
doblado, da *p. p.* of DOBLAR. — 2 *adj.* thick-set [person]. 3 uneven [land]. 4 deceitful, dissembling [person].
doblador ra *m. & f.* doubler, folder, bender.
dobladura *f.* fold, crease.
doblamiento *m.* doubling, folding, bending.
doblar *tr.* to double [make double; amount to twice as much as]. 2 to double, fold. 3 to bend [crook, curve; cause to yield, subdue]. 4 to turn [a page]. 5 to turn, round, double [a corner, a cape]. 6 CINEM. to double. 7 STOCK EXCH. to carry over. — 8 *intr.* to toll the passing bell. — 9 *ref.* to double, double up. 10 to bend, yield, give in, submit.
doble *adj.* double, twofold: *al* ~, doubly. 2 thick, heavy [cloth, etc.]. 3 thick-set, sturdy. 4 BOT. double [flower]. 5 two-faced, deceitful. — 6 *adv.* doubly. — 7 *m.* fold, crease. 8 toll of the passing bell. 9 STOCK EXCH. carrying over.
doblegable *adj.* easily bent; pliable, pliant.
doblegadizo, za *adj.* pliable, pliant.
doblegar *tr.* to bend, curve. 2 to bend, force to yield, subdue, dominate. — 3 *ref.* to yield, give in, submit.
doblegué, doblegue, etc., *pret.*, *subj. & imper.* of DOBLEGAR.
doblemente *adv.* doubly.
doblete *adj.* of medium thickness [cloth]. — 2 *m.* doublet [false stone]. 3 a stroke in billiards.
doblez *m.* fold, crease, ply. 2 cuff [of trousers]. — 3 *f.* duplicity, deceitfulness.
doblón *m.* doubloon [old Spanish gold coin].
doblonada *f.* DINERADA: *echar doblonadas*, to exaggerate one's own wealth.
doce *adj. & m.* twelve: *las* ~, twelve o'clock. — 2 *m.* twelfth [in dates].
doceañista *adj. & n.* maker or defender of the Spanish Constitution of 1812.
docena *f.* dozen: ~ *de fraile*, baker's dozen.
doceno, na *adj.* twelfth.
docente *adj.* educational, teaching.
dócil *adj.* docile, tractable, obedient, meek. 2 tame. 3 ductile, soft, easily worked.
docilidad *f.* docility, tractability, meekness.
dócilmente *adv.* docilely, tractably, meekly.
docimasia, docimástica *f.* docimacy.
doctamente *adv.* learnedly.
docto, ta *adj.* learned [person].

doctor, ra *m. & f.* doctor, doctoress [person holding a doctor's degree]. 2 doctor, physician. 3 teacher, master, learned man: *Doctor de la Iglesia*, Doctor of the Church. — 4 *f.* doctor's wife. 5 coll. bluestocking.
doctorado *m.* doctorate, doctorship.
doctoral *adj.* doctoral.
doctoramiento *m.* act of conferring or taking the degree of doctor.
doctorando *m.* candidate for the degree of doctor.
doctorar *tr.* to doctor [confer the degree of doctor]. — 2 *ref.* to take the degree of doctor.
doctorcillo, doctorzuelo *m.* scornf. petty doctor; petty physician.
doctrina *f.* doctrine. 2 learning, knowledge. 3 catechism. 4 Sunday School. 5 ~ *cristiana*, Christian doctrine, catechism.
doctrinable *adj.* docile, teachable.
doctrinador, ra *m. & f.* teacher, instructor.
doctrinal *m.* doctrinal.
doctrinante *m. & f.* teacher, instructor.
doctrinar *tr.* to teach, instruct.
doctrinario, ria *adj. & n.* doctrinaire, doctrinarian.
doctrinarismo *m.* doctrinairism, doctrinarianism.
doctrinero *m.* teacher of Christian doctrine.
doctrino *m.* charity boy: *parecer un* ~, coll. to appear timid, embarrassed.
documentación *f.* documentation. 2 papers [proving identity, authorization, etc.].
documentado, da *adj.* documented. 2 well-documented, well-informed.
documental *adj.* documental, documentary. — 2 *m.* CINEM. documentary [film].
documentalmente *adv.* documentarily, with proper documents.
documentar *tr.* to document. — 2 *ref.* to document or inform oneself.
documento *m.* document.
dodecaedro *m.* GEOM. dodecahedron.
dodecágono *m.* GEOM. dodecagon.
Dodecaneso (el) *m. pr. n.* GEOG. the Dodecanese Islands.
dodecasílabo, ba *adj.* dodecasyllabic. — 2 *m.* dodecasyllable verse.
dogal *m.* halter [for horses]. 2 halter, hangman's rope: *estar con el* ~ *al cuello*, to be in a tight spot.
dogaresa *f.* dogaressa.
dogma *m.* dogma.
dogmático, ca *adj.* dogmatic(al.
dogmatismo *m.* dogmatism.
dogmatista *m.* propounder of new doctrines.
dogmatizador, dogmatizante *m.* dogmatizer, dogmatist.
dogmatizar *tr. & intr.* to dogmatize.
dogo, ga *adj. & n.* bulldog. — 2 *m.* doge.
dogre *m.* NAUT. dogger.
doladera *f.* cooper's adze.
dolador *m.* dresser of wood or stone.
dolaje *m.* wine absorbed by the cask.
dolamas *f. pl.* hidden defects [of a horse]. 2 ailments, habitual indispositions.
dolames *m. pl.* DOLAMAS 1.
dolar *tr.* to dress wood or stone.
dólar *m.* dollar [U. S. money].
dolencia *f.* ailment, complaint, disease, illness.
doler *intr.* to ache, hurt, pain: *me duele la cabeza*, my head aches; fig. *ahí le duele*, there's the rub. 2 to pain, be hateful to one: *me duele hacer esto*, it pains me, or I hate, to do this; *no le duele el dinero*, he does not mind spending money. — 3 *ref.* *dolerse de*, to repent, regret: to be moved by [another's misfortune]; to complain of. ¶ CONJUG. like *mover*.
dolicocéfalo, la *adj.* dolichocephalous.
doliente *adj.* aching, suffering. 2 ill, sick. sorrowful. — 4 *m. & f.* sufferer, sick person.
dolmen *m.* ARCHEOL. dolmen.
dolo *m.* guile, deceit, fraud.
dolobre *m.* stone hammer.
dolomía, dolomita *f.* MINER. dolomite.
dolomítico, ca *adj.* dolomitic.
dolor *m.* pain, ache, aching: ~ *de cabeza*, headache; ~ *de muelas*, toothache; ~ *sordo*, dull pain. 2 pain, sorrow, grief: *la Virgen de los Dolores*, Mary of the Sorrows. 3 repentance. 4 *pl.* *dolores del parto*, labour pains, throes of childbirth; *estar con dolores*, [of a woman] to be in labour.
dolora *f.* short sentimental and philosophic poem.

dolorcillo, cito m. dim. slight pain.
Dolores f. pr. n. Dolores.
dolorido, da adj. sore, aching, tender, painful. 2 sorrowful, grieving, pained.
Dolorosa f. Mater Dolorosa, Sorrowing Mary [image].
dolorosamente adv. painfully.
doloroso, sa painful [causing physical pain]. 2 painful, distressing; pitiful, regrettable.
dolosamente adv. deceitfully.
doloso, sa adj. guileful, deceitful, fraudulent.
doma f. taming, breaking in [of horses, etc.]. 2 restraining, subduing [of passions].
domable adj. tamable. 2 conquerable.
domador, ra m. & f. tamer. 2 horsebreaker.
domadura f. taming.
domar tr. to tame. 2 to break, break in [horses, etc.]. 3 to curb, subdue, conquer.
dombo m. DOMO.
domeñar tr. to master conquer, subdue.
domesticable adj. domesticable.
domesticación f domestication.
domésticamente adv. domestically.
domesticar tr. to tame, domesticate. — 2 ref. to be domesticated, become tame.
domesticidad f. domesticity.
doméstico, ca adj. domestic [of the home, of the household]. 2 domestic [animal]. — 3 m. & f. domestic, household servant.
domestiqué, domestique, etc., pret., subj. & imper. of DOMESTICAR.
domestiquez f. tameness.
Domiciano m. pr. n. Domitian.
domiciliado, da adj. domiciled, residing.
domiciliar tr. to domicilie, domiciliate. — 2 ref. to domiciliate, take up residence.
domiciliario, ria adj. domiciliary.
domicilio m. domicile, home, residence.
dominación f. domination. 2 MIL. commanding position. 3 pl. dominations [order of angels].
dominador, ra adj. dominating; domineering. — 2 m. & f. dominator.
dominante adj. domineering. 2 dominant. 3 commanding [height, position]. — 4 adj. & f. MUS. dominant.
dominar tr. to dominate. 2 to rule over. 3 to control, restrain, repress. 4 to command, overlook, stand out above. 5 to master [a subject, a language]. — 6 ref. to control oneself.
dominativo, va adj. dominative.
dómine m. coll. latin teacher. 2 coll. pedant.
Domingo m. pr. n. Dominic : Santo Domingo, Saint Dominic.
domingo m. Sunday : ~ de Carnaval, Shrove Sunday; ~ de Cuasimodo, Low Sunday; ~ de Pasión, Passion Sunday; ~ de Ramos, Palm Sunday.
dominguejo m. DOMINGUILLO. 2 (Am.) coll. insignificant person.
dominguero, ra adj. Sunday [used on Sundays].
dominguillo m. tumbler [toy figure].
dominica f. ECCL. Lord's day, Sunday.
dominical adj. dominical. 2 feudal [fees].
dominicano, na adj. & n. Dominican [pertaining] to Saint Dominic or to the Dominican Republic].
dominico, ca adj. Dominican [pertaining to the Dominican order]. — 2 m. Dominican friar.
dominio m. dominium. 2 domination, control, rule. 3 mastery [of a subject, of a language]. 4 domain [field, sphere; territory]. 5 ~ público, public or common property; public or general knowledge.
dómino m. dominoes [game]; domino [piece].
dominó m. DÓMINO. 2 domino [cloak for masquerade].
domo m. ARCH. dome, cupola.
dompedro m. BOT. DONDIEGO. 2 coll. chamber pot.
don m. gift, present, donation. 2 natural gift or talent, faculty, knack : ~ de acierto, knack for doing the right thing; ~ de gentes, charm, winning manners; ~ de mando, ability to command. 3 Don, Spanish title prefixed to Christian names, formerly given only to noblemen, now widely used.
donación f. donation, gift, grant. 2 LAW donation.
donado, da m. & f. lay brother or sister.
donador, ra m. & f. donor, giver.

donaire m. nimble-wit. 2 sally, lively remark. 3 graceful carriage.
donairosamente adv. nimble-wittedly; gracefully.
donairoso, sa adj. nimble-witted; graceful.
donante m. & f. donor.
donar tr. to donate, make donation of.
donatario m donee, grantee.
donatismo m. Donatism.
donatista m. & f. Donatist.
donativo m. gift, donative, donation, contribution.
doncel m. virgin man. 2 formerly, young nobleman; king's page. — 3 adj. [of wine, fruits, etc.] mellow, mild.
doncella f. virgin, maiden, maid. 2 maidservant, lady's maid. 3 ICHTH. peacock fish.
doncellería, doncellez f. virginity, maidenhood.
donde adv. & pron. where, wherein, whither, in which : a ~, where, whereto; de ~, from where, from which, whence; en ~, where, at which place; hasta ~, up to where; how far; por ~, through where; through which or what; ¿por dónde?, whereabouts?, through what?, [by] which way?; why?; for what reason?; ~ no, otherwise. | The «o» is accentuated in interrogative or exclamatory phrases. 2 (Am.) to or at the house, shop, etc., of : voy ~ tu tío, I am going to your uncle's house; compré esto ~ Martín, I bought this at Martín's.
dondequiera adv. anywhere, wherever : por ~, everywhere.
dondiego m. BOT. dondiego or ~ de noche, four-o'clock, marvel-of-Peru; ~ de día, morning glory.
donguindo m. BOT. a variety of pear tree.
donillero m. [in gambling] sharper who treats his would-be victims.
dongón m. BOT. (P. I.) a tree with a hard wood used in shipbuilding.
donjuán m. DONDIEGO.
donjuanesco adj. like Don Juan.
donjuanismo m. Don Juanism.
donosamente adv. gracefully, wittily.
donosidad f. nimble-wit; gracefulness.
donoso, sa adj. nimble-witted; graceful. 2 iron. ¡donosa pregunta!, what a question!
donostiarra adj. [pertaining to] San Sebastián. — 2 m. & f. native or inhabitant of San Sebastián.
donosura f. grace, gracefulness.
doña f. Spanish title used before the Christian name of a lady.
doñear intr. coll. to hang around women.
doñegal, doñigal adj. designating a variety of fig.
doquier, doquiera adv. anywhere, wherever, everywhere.
dorada f. ICHTH. gilthead.
doradilla f. ICHTH. gilthead. 2 BOT. scale fern. 3 AGUZANIEVES.
doradillo, lla adj. (Arg., C. Ri.) honey-coloured [horse]. — 2 m. fine brass wire. 3 (S. Am.) satinwood.
dorado, da adj. gilt, golden. — 2 m. gilt, gilding.
dorador m. gilder.
doradura f. gilding.
doral m. ORNIT. variety of flycatcher.
dorar tr. to gild. 2 to palliate, sugar-coat : ~ la pildora, to gild the pill. — 2 COOK. to brown. — 4 ref. to take a golden tinge. 5 COOK. to brown [become brown].
dórico, ca adj. Doric. — 2 m. Doric [dialect].
dorio, ria adj. & n. Dorian.
dormán m. dolman.
dormida f. night's sleep. 2 sleeping period [of silkworms]. 3 night's resting place [of birds and animals].
dormidera f. BOT. garden poppy, opium poppy. 2 BOT. (Cu.) sensitive plant. 3 pl. coll. readiness to sleep.
dormidero, ra adj. soporific. — 2 m. sleeping place for cattle.
dormilón, na adj. sleepy, inclined to sleep. — 2 m. & f. sleepy head. — 3 f. armchair for napping. 4 earring with a pearl or brilliant. 5 BOT. (C. Am.) sensitive plant.
dormir intr. to sleep, to rest : ~ a pierna suelta, to sleep soundly and peacefully; ~ con los ojos abiertos, to sleep with an eye open; ~ la mona or el lobo, to sleep oneself sober. 2 to pass the night. 3 [of the sea] to be calm and still. — 4 tr. to put to sleep. — 5 intr. & ref. to be careless

[on], to be unwary or inactive. — *6 ref.* to go to sleep, fall asleep. 7 to get benumbed. ¶ CONJUG. : INDIC. Pres. : *duermo, duermes, duerme;* dormimos. dormís *duermen.* | Pret. : dormí, dormiste, *durmió;* dormimos, dormisteis, *durmieron.* | SUBJ. Pres. : *duerma, duermas, duerma; durmamos, durmáis, duerman.* | Imperf. : *durmiera, durmieras, durmiera; durmiéramos, durmierais, durmieran* or *durmiese, durmieses, durmiese; durmiésemos, durmieseis, durmiesen.* | Fut. : *durmiere, durmieres, durmiere; durmiéremos, durmiereis, durmieren.* | IMPER. : *duerme, duerma; durmamos,* dormid, *duerman.* | GER. : *durmiendo.*

dormirlas *m.* hide-and-seek.
dormitar *intr.* to doze, to nap.
dormitivo, va *adj. & n.* MED. dormitive.
dormitorio *m.* bedroom. 2 dormitory.
dornajo *m.* small round trough.
dornillo *m.* DORNAJO. 2 wooden bowl.
Dorotea *f. pr. n.* Dorothy.
dorsal *adj.* dorsal.
dorso *m.* back [of a thing]. 2 dorsum.
dos *adj.* two : *las ~.* two o'clock; *los ~, las ~,* both; *de ~ en ~,* two abreast; by twos, in pair; *~ a ~,* two by two; *en un ~ por tres,* in a flash, in a twinkling; *aquí entre los ~,* between you and me. *2* second [of the month]. — *3 m.* two [number]. *4* deuce.
dosalbo, ba *adj.* having two white stockings [horse].
dosañal *adj.* two-year, biennial.
doscientos, tas *adj. & m.* two hundred.
dosel *m.* canopy, dais.
doselera *f.* valance of a canopy.
doselete *m.* ARCH. canopy [over a statue, sepulchre, etc.].
dosificación *f.* dosing, dosage; proportioning.
dosificar *tr.* to dose [a medicine]; to proportion [ingredients].
dosimetría *f.* dosimetry.
dosimétrico, ca *adj.* dosimetric.
dosis *f.* dose [of medicine]. 2 quantity [of something].
dotación *f.* endowment [endowing; that which is settled on an institution]; dowering. 2 NAV. manning [of a ship]. *3* NAV. complement [of a ship]. *4* staff, personnel [of an office, a factory, etc.].
dotado, da *adj.* endowed; gifted.
dotador, ra *m. & f.* endower, donor.
dotal *adj.* dotal.
dotar *tr. to* endow, dower, portion [with money a dowry, gifts, talents, power, etc.]; to gift. 2 NAV. to man [a ship]. *3* to staff [an office, etc.].
dote *m. or f.* dowry, dower, marriage portion. — *2 m.* [at cards] stock of counters to play with. — *3 f. pl.* endowments, gifts, virtues. talents.
dovela *f.* ARCH. voussoir.
dovelaje *m.* ARCH. voussoirs of an arch.
dovelar *tr.* to hew [stones] into voussoirs.
doy *irr.* V. DAR.
dozavado, da *adj.* twelve-sided.
dozavo, va *adj. & m.* twelfth. 2 *en ~,* duodecimo, twelvemo.
dracma *f.* drachm, drachma [coin]. 2 drachma, dram [weight].
draconiano, na *adj.* Draconian.
draga *f.* dredge; dredging machine. 2 dredger [boat].
dragado *m.* dredging.
dragaminas *m.* NAV. mine sweeper.
dragante *m.* NAUT. bowsprit pillow.
dragar *tr.* to dredge.
drago *m.* BOT. dragon tree.
dragomán *m.* dragoman, interpreter.
dragón *m.* MYTH., ZOOL., BOT. dragon. 2 MIL. dragoon. *3* feeding opening of a reverberatory furnace. *4* VET. white spot in the pupils of horses' eyes. *5* ASTR. Draco. *6* ICHTH. *~ marino,* greater weever.
dragona *f.* female dragon. 2 MIL. shoulder knot. *3* (Chi., Mex.) wrist-strap of the sword. *4* (Mex.) a kind of cloak.
dragoncillo *m. dim.* little dragon. 2 obs. dragon [short musket].
dragonear *tr.* (Am.) *~ de,* to boast of; to pass oneself off as.
dragontea *f.* BOT. green dragon.
dragontino, na *adj.* [pertaining to] dragon.
dragué, drague, etc.. *pret., subj. & imper.* of DRAGAR.

drama *m.* drama [play, genre, event, series of events].
dramática *f.* drama, dramatic art or literature.
dramáticamente *adv.* dramatically.
dramático, ca *adj.* dramatic. — *2 m. & f.* dramatist. *3* dramatic actor or actress.
dramatismo *m.* quality of being dramatic; dramatic effect.
dramatizable *adj.* dramatizable.
dramatizar *tr* to dramatize.
dramaturgia *f.* drama, dramatic art.
dramaturgo, ga *m. & f.* dramatist, playwright.
dramón *m.* a badly written sensational drama.
drástico, ca *adj.* drastic.
drenaje *m.* SURG. drainage.
drenar *tr.* SURG. to drain.
Dresde *f. pr. n.* GEOG. Dresden.
dríada, dríade *f.* MYTH. dryad.
driblar *tr.* SPORT to dribble.
dril *m.* drill, denim [fabric]. 2 ZOOL. drill [baboon].
driza *f.* NAUT. halyard, haulyard.
droga *f.* drug. 2 chemical substance. 3 fib, lie. *4* trick, deceit. 5 bother, annoyance. 6 (Chi., Mex., Pe.) debt.
drogmán *s.* DRAGOMÁN.
droguería *f.* druggist's shop, drugstore; shop where chemical substances are sold.
droguero *m.* druggist; one who sells chemical substances.
droguete *m.* drugget [woolen fabric].
droguista *m.* DROGUERO.
dromedario *m.* ZOOL. dromedary.
drope *m.* coll. cur, despicable man.
drosómetro *m.* METEOR. drosometer.
drosera *f.* BOT. sundew.
droseráceo, a *adj.* BOT. droseraceous. — *2 f. pl.* BOT. Droseraceæ.
druída *m.* Druid.
druidesa *f.* Druidess.
druídico, ca *adj.* Druidic.
druidismo *m.* Druidism.
drupa *f.* BOT. drupe, stone fruit.
drupáceo, a *adj.* BOT. drupaceous.
druso, sa *adj.* Drusean. — *2 m. & f.* Druse.
dúa *f.* MIN gang of workmen.
dual *adj. & m.* GRAM. dual.
dualidad *f.* duality.
dualismo *m.* dualism.
dualista *adj.* dualistic. — *2 m. & f.* dualist.
dubio *m.* LAW doubtful point.
dubitable *adj.* doubtful, dubious.
dubitación *f.* dubitation, doubt.
dubitativo, va *adj.* dubitative.
ducado *m.* duchy. 2 dukedom. 3 ducat.
ducal *adj.* ducal.
ducentésimo, ma *adj.* two-hundredth.
dúctil *adj.* ductile.
ductilidad *f.* ductility.
ductivo, va *adj.* conducive.
ducha *f.* douche, shower bath.
duchar *tr.* to douche, give a shower bath. — *2 ref.* to douche, take a shower bath.
ducho, cha *adj.* skilful, expert, experienced.
duda *f.* doubt: *sin ~,* doubtless, no doubt, certainly.
dudable *adj.* dubitable.
dudar *intr. & tr.* to doubt, question : *~ de una cosa,* to doubt a thing; *lo dudo,* I doubt it. — *2 intr.* to doubt, waver, hesitate.
dudosamente *adj.* doubtfully, dubiously.
dudoso, sa *adj.* doubtful, dubious, uncertain. *2* doubtful, dubious [being in doubt].
duela *f.* stave [of barrel]. 2 ZOOL. fluke.
duelaje *m.* DOLAJE.
duelista *m.* duelist.
1) duelo *m.* duel : *~ judiciario,* judicial combat. 2 grief, sorrow. *4* pity, compassion : *·fig. sin ~,* abundantly. *4* mourning [act of expressing grief for the death of a person]; bereavement. 5 mourners [at a funeral]. *6 pl.* hardships. 7 *duelos y quebrantos,* eggs and haslets, formerly eaten on Saturdays.
2) duelo, dueles, etc., *irr.* V. DOLER.
duende *m.* goblin, hobgoblin.
dundecillo *m. dim.* little hobgoblin.
duendo, da *adj.* tame.
dueña *f.* owner, proprietress, mistress, landlady. *2* duenna.
dueñesco, ca *adj.* coll. duennalike.

dueño, ña *m.* & *f.* owner, proprietor, master, landlord : *hacerse* ~ or *dueña de,* to appropriate to oneself, to take possession of, to conquer; to master [a subject]; *ser* ~ *de,* to own; to be master of; to be at liberty to [do, etc.]; *usted es muy* ~, you can do as you please; that's your privilege; *ser* ~ *de si mismo,* to be one's own master; to be selfcontrolled. 2 *mi* ~, my love.

duermevela *m.* doze, light sleep. 2 fitful sleep.

duermo, duerma, etc., *irr.* V. DORMIR.

duerna *f.* trough.

duerno *m.* DUERNA. 2 PRINT. double sheet.

Duero *m. pr. n.* GEOG. Douro.

dula *f.* common pasture ground. 2 land irrigated from common ditch.

duetista *m.* & *f.* MUS. duettist.

dueto *m.* MUS. short duet.

dulcamara *f.* BOT. bittersweet. 2 PHARM. dulcamara.

dulce *adj.* sweet. 2 saltless, insipid. 3 fresh [water]. 4 soft [iron]. 5 PAINT. soft, agreeably coloured. — *9 adv.* sweetly, softly. — *10 m.* sweet [dessert]. *11* candied fruit, sweetmeat, confection : ~ *de almíbar,* fruit in syrup.

dulcecillo, lla; dulcecito, ta *adj. dim.* sweetish, rather sweet. — *2 m.* little sweet.

dulcedumbre *f.* sweetness.

dulcémele *m.* MUS. dulcimer.

dulcemente *adv.* sweetly, softly; delightfully.

dulcera *f.* preserve dish. compotier.

dulcería *f.* confectionery shop.

dulcero, ra *adj.* coll. sweet-toothed, fond of sweets. — *2 m.* & *f.* confectioner.

dulcificación *f.* sweetening; dulcification.

dulcificante *adj.* sweetening, dulcifying.

dulcificar *tr.* to sweeten, dulcify.

dulcifiqué, dulcifique, etc., *pret., subj.* & *imper.* of DULCIFICAR.

dulcinea *f.* coll. sweetheart, beloved one [woman].

dulcísono, na *adj.* poet. sweet-toned.

dulía *f.* dulia, worship of angels and saints.

dulzaina *f.* MUS. kind of flageolet. 2 scornf. quantity of sweetmeats.

dulzainero *m.* flageolet player.

dulzaino, na *adj.* too sweet.

dulzamara *f.* DULCAMARA.

dulzarrón, na; dulzón, na *adj.* sickeningly sweet.

dulzor *m.* sweetness.

dulzura *f.* sweetness. 2 mildness [of temper, of weather]. 3 meekness, gentleness, kindliness. 4 pleasure, comfort. 5 *pl.* endearments. sweet words, loving words.

dulzurar *m.* CHEM. to sweeten, free from salt.

duma *f.* duma, douma.

dumdum *adj.* dumdum : *bala* ~, dumdum bullet.

duna *f.* dune.

Dunquerque *f. pr. n.* GEOG. Dunkirk.

dúo *m.* MUS. duet.

duodecimal *adj.* duodecimal.

duodécimo, ma *adj.* & *m.* twelfth.

duodécuplo, pla *adj.* duodecuple.

duodenal *adj.* duodenal.

duodenario, ria *adj.* lasting twelve days.

duodenitis *f.* MED. duodenitis.

duodeno, na *adj.* twelfth. — *2 m.* ANAT. duodenum.

duomesino, na *adj.* two-month.

duplex *adj.* TELEG. duplex.

dúplica *f.* LAW answer to the replication.

duplicación *f.* duplication.

duplicado, da *adj.* & *m.* duplicate : *por* ~, in duplicate.

duplicador, ra *adj.* duplicating. — *2 m.* duplicator.

duplicar *tr.* to double, duplicate. 2 LAW to answer the replication.

dúplice *adj.* double.

duplicidad *f.* duplicity, doubleness. 2 duplicity, double-dealing, deceitfulness.

dupliqué, duplique, etc., *pret., subj.* & *imper.* of DUPLICAR.

duplo *adj.* & *m.* double [twice as much].

duque *m.* duke.

duquesito *m.* young duke.

duquesa *f.* duchess.

dura *f.* DURACIÓN.

durabilidad *f.* durability, durableness.

durable *adj.* durable, lasting.

duración *f.* duration, endurance, lasting. 2 *ser de mucha* ~, to wear well, to have a long life.

duraderamente *adv.* durably, lastingly.

duradero, ra *adj.* durable, enduring, lasting.

duraluminio *m.* duraluminium.

duramadre, duramater *f.* ANAT. dura mater.

duramen *m.* BOT. duramen.

duramente *adv.* harshly, severely, hard, hardly

durante *prep.* during.

durar *intr.* to endure, last, continue. 2 [of clothes, etc.] to wear well.

duraznero *m.* BOT. peach tree.

duraznilla *f.* BOT. variety of peach.

duraznillo *m.* BOT. persicary.

durazno *m.* BOT. peach tree. 2 peach [fruit].

dureza *f.* hardness, [firmness, solidity]. 2 hardness, harshness, rigor, severity. 3 hardness [of voice, style, etc.]. 4 hardness [of heart], unfeelingness, obduracy. 5 obstinacy. 6 MED. callousity. 7 ~ *de vientre,* costiveness.

durillo, lla *adj.* rather hard. — *2 m.* BOT. laurustine. *3* BOT. dogwood. 4 a small Spanish golden coin.

durmiente *adj.* sleeping, dormant. — *2 m.* & *f.* sleeper [pers.]. — *3 m.* ARCH. dormant, sleeper, summertree. *4* (Am.) RLY. crosstie.

duro, ra *adj.* hard : ~ *de corazón,* hard-hearted, ~ *de oído,* hard of hearing; having a bad ear for music; *ser* ~ *de pelar,* to be a hard nut to crack; *ser* ~ *para* or *para con,* to be hard on. 2 harsh, severe, rigorous, oppressive, unbearable. 3 obdurate, unfeeling. 4 obstinate. 5 strong, hardy [capable of endurance]. 6 stingy. 7 stiff [collar]. *8 a duras penas,* with difficulty, hardly, scarcely. — *9 adv.* hard : *trabajar* ~, to work hard. — *10* duro, five-peseta piece.

duunvir *m.* DUUNVIRO.

duunviral *adj.* duumviral.

duunvirato *m.* duumvirate.

duunviro *m.* duumvir.

dux *m.* doge.

E

E, e *f*. E, e, sixth letter of the Spanish alphabet.
e *conj*. and [used for *y* before words beginning with *i* or *hi* not followed by *e*].
¡ea! *interj*. used as an encouragement or to express determination.
ebanista *m*· cabinetmaker.
ebanistería *f*. cabinetwork. 2 cabinetmaker's shop.
ébano *m*. BOT. ebony. 2 ebony wood.
ebenáceo, a *adj*. ebenaceous. — 2 *f. pl*. Ebenaceæ.
ebonita *f*. ebonite.
ebriedad *f*. drunkenness, intoxication.
ebrio, ebria *adj*. drunk, intoxicated. 2 fig. blind [with anger, etc.].
ebrioso, sa *adj*. drunken, given to drinking.
ebullición *f*. ebullition, boiling.
ebullómetro *m*. ebulliometer.
eburnación *f*. MED. eburnation.
ebúrneo, a *adj*. eburnean, ivorylike.
ecarté *m*. écarté [card game].
Eccehomo *m*. Ecce Homo. 2 fig. wretch, pity-inspiring person.
Ezequiel *m. pr. n*. Ezekiel.
eclampsia *f* MED. eclampsia.
eclecticismo *m*. eclecticism.
ecléctico, ca *adj. & n*. eclectic.
Eclesiastés *m*. BIB. Ecclesiastes.
eclesiástico, ca *adj*. ecclesiastic(al. — 2 *m*. ecclesiastic, clergyman.
eclesiastizar *tr*. to put [property] to ecclesiastic use.
eclímetro *m*. clinometer.
eclipsable *adj*. that may be eclipsed.
eclipsar *tr*. ASTR. to eclipse. 2 fig. to eclipse, darken, outshine. — 3 *ref*. to be eclipsed ; to disappear.
eclipse *m*. eclipse.
eclipsis *f*. ELIPSIS.
eclíptica *f*. ASTR. ecliptic.
eclíptico *adj*. ASTR. ecliptic.
eclisa *f*. RLY. fishplate.
écloga *f*. obs. ÉGLOGA.
eclógico, ca *adj*. [pertaining to the] eclogue, bucolic.
eco *m*. echo : *hacer* ~, to fit, to correspond ; to awaken an echo; *tener* ~, to spread, to be widely accepted. 2 weak or distant sound. 3 (cap.) MYTH. Echo.
ecoico, ca *adj*. echoic.
ecología *f*. ecology.
ecometría *f*. echometría.
ecómetro *m*. echometer.
economato *m*. ECCL. office of an acting parish priest. 2 company store, army and navy store; co-operative shop.
economía *f*. economy ; ~ *dirigida*, planned economy ; ~ *doméstica*, domestic economy ; ~ *política*, political economy. 2 economics. 3 saving, thrift. 4 sparingness, scantiness. — 5 *pl*. savings: *hacer economías*, to save.
económicamente *adv*. economically. 2 cheaply.
económico, ca *adj*. economic. 2 economical. 3 thrifty, saving, sparing, frugal. 4 niggardly. 5 cheap, uncostly. 6 cheap [price].
economista *m*. economist.

economizar *tr*. to economize ; to save, spare.
ecónomo *m*. acting parish priest. 2 ecclesiastical administrator.
ectasia *f*. MED. ectasia.
éctasis *f*. PROS. ectasis.
ectoblasto *m*. BIOL. ectoblast.
ectodermo *m*. BIOL. ectoderm.
ectoparásito *m*. ZOOL. ectoparasite.
ectoplasma *m*. ectoplasm.
ectopia *f*. MED. ectopia.
ectropión *m*. MED. ectropion.
ecuable *adj*. equable, uniform [motion].
ecuación *f*. MATH., ASTR. equation.
Ecuador (el) *m. pr. n*. GEOG. Ecuador.
ecuador *m*. GEOM., GEOG., ASTR. equator·
ecuánime *adj*. equanimous. 2 just, impartial.
ecuanimidad *f*. equanimity. 2 impartiality.
ecuatorial *adj*. equatorial. — 2 *m*. ASTR. equatorial telescope, equatorial.
ecuatoriano, na *adj. & n*. Ecuadoran, Ecuadorian.
ecuestre *adj*. equestrian.
ecuménico, ca *adj*. ecumenic(al.
ecuóreo, a *adj*. poet. sea [of the sea].
eczema *f*. MED. eczema.
eczematoso, sa *adj*. eczematous.
echacantos *m*. man of no account.
echacorvear *intr*. coll. to pimp, procure.
echacuervos *m*.coll. pimp, procurer. 2 liar, impostor.
echada *f*. throw, cast. 2 SPORT. man's length. 3 (Arg., Mex.) boast, falsehood.
echadero *m*. place to rest, to stretch out.
echadillo, lla *m. & f*. ECHADIZO 4.
echadizo, za *adj*. sent to spy. 2 slily spread. 3 waste, discarded. — 4 *adj. & n*. foundling. — 5 *m*. spy.
echador, ra *m. & f*. thrower, caster. — 2 *m*. waiter who pours coffee.
echadura *f*. sitting [of hens]. 2 ~ *de pollos*, brood of chickens.
echamiento *m*. throwing, casting. 2 ejection, expulsion.
echar *tr*. to throw, cast, fling, pitch, toss : ~ *anclas*. to cast anchor, let go the anchor; ~ *el anzuelo*, to cast the hook, to angle; ~ *a la cara*, *en cara* or *en la cara*, to throw in one's face, to reproach ; ~ *la corredera*, to heave the log. 2 to put in or into, to add : ~ *sal en la sopa*, to put salt into the soup; ~ *leña al fuego*, to add fuel to the flame. 3 to emit, send forth, discharge, give off or out [sparks, smell, etc.] : ~ *chispas*, *centellas*, *etc.*, fig. to be wild with anger. 4 to dismiss, discharge, eject, expel, throw out, turn or drive away [from employment or post, from a place, etc.] : ~ *a la calle*, to dismiss, discharge, to put out of the house; ~ *con cajas destempladas*, fig. to dismiss or turn away roughly, without ceremony. 5 to grow, begin to have [hair, teeth, feathers] : ~ *el bigote*, to grow a moustache; ~ *los dientes*, to cut one's teeth. 6 to put forth, sprout, bear [shoots, leaves, flowers, fruit]. 7 to put [a male animal] to [a female one]. 8 to put, apply [a patch, etc.]. 9 to give, deliver [a speech, a sermon] ; to issue [a pro-

clamation]. *10* to take to, to start using or having [a carriage, lacqueys, etc.]. *11* to- turn [a key]; to shoot home [a bolt]. *12* to pour [wine, etc.]; to serve [food]. *13* to drop [a letter, etc., into a letter box, etc.]. *14* to put on, represent [a play]. *15* to send, sentence [to prison, hard labour, etc.]. *16* to move, push: ~ *a un lado*, to push aside. *17* NAUT. to jettison. *18* to lay, impose [taxes]. *19* to impute, ascribe: ~ *la culpa a*, to throw the blame on. *20* followed by some nouns, it expresses the idea implied by the noun: ~ *cálculos, cuentas*, to reckon; ~ *carnes*, to put on flesh; ~ *maldiciones*, to utter curses; ~ *suertes*, to draw lots; ~ *un cigarrillo*, to smoke a cigarette; ~ *un trago*, to take a drink; ~ *una partida*, to play a game [at chess, cards, etc.]. *21* Other senses: ~ *abajo, por tierra*, or *por el suelo*, to throw down, overthrow, demolish; ~ *a broma*, to take as a joke; ~ *a cara o cruz*, to decide by tossing up a coin; ~ *a fondo* or *a pique*, to sink [a wessel]; fig. to ruin, wreck; ~ *al mundo*, to bring into the world; ~ *a mala parte*, to take in bad part; ~ *a perder*, to spoil, to ruin; ~ *baladronadas*, ~ *bravatas*, to brag; ~ *de comer*, to feed; ~ *de menos*, to miss, to notice the absence or loss of; ~ *de ver*, to notice, observe; ~ *el cuerpo atrás, a un lado*, to lean backwards or aside; ~ *el cuerpo fuera*, fig. to withdraw from an affair; ~ *el guante a*, to take, arrest [someone]; ~ *la llave a*, to lock [a door]; ~ *las cartas*, to tell fortunes by cards; ~ *los bofes*, to work hard, to pant; *echarlo todo a rodar*, to spoil everything; to fly into a rage; ~ *mano a*, to grasp, seize, take hold of; ~ *mano de*, to resort to; ~ *pie a tierra*, to alight [from a carriage], to dismount [from a horse]; ~ *por arrobas*, to exaggerate; ~ *raíces*, to take root; ~ *sangre*, to bleed; ~ *tierra a*, fig. to hush up; ~ *una mano*, to lend a hand; ~ *un guante*, fig. to pass round the hat; *¿cuántos años le echa?*, how old would you say he is?; *echarla de*, to pretend or claim to be, to boast of being.
22 intr. ~ *calle arriba*, to go or start up the street. *23* ~ *por*, to follow [a profession]; to take [a road, a short cut, etc.]; to turn to [the right, the left, etc.]; ~ *por la calle de enmedio*, to pursue one's object without regard to difficulties, consequences, etc. *24* ~ *tras*, to go after.
25 intr. & ref. ~ or *echarse a correr, a reír, a saltar*, etc., to begin to run, laugh, jump, etc., to start running, laughing, jumping, etc.
26 ref. to lie down, to throw oneself down, to stretch oneself at full length. *27* to throw oneself into. *28* to take [a drink]. *29* [of the wind] to fall, calm down. *30* [of birds] to sit, cover the eggs. *31 echarse a perder*, to spoil, get spoiled, to become stale, to go bad. *32 echarse atrás*, to draw back, to back out. *33 echarse a un lado*, to move aside. *34 echarse encima* or *sobre*, to rush at, fall upon; to throw on or upon oneself. *35 echárselas de*, to pretend or claim to be, to boast of being.
echarpe *f.* scarf [worn by women].
echazón *f.* throwing. 2 NAUT. jettison; jetsam.
echonería *f.* (Ven.) boast, fanfaronade.
edad *f.* age; ~ *crítica*, PHYSIOL. change of life; ~ *madura* or *provecta*, mature age, maturity; *mayor* ~, majority, full age; *menor* ~ minority, under age; ~ *de hierro*, Iron Age; ~ *de oro*, golden age; ~ *media*, Middle Ages; *¿qué* ~ *tiene usted?*, how old are you?
edafología *f.* edaphology.
edecán *m.* MIL. aide-de-camp.
edelweiss *f.* edelweiss.
edema *f.* MED. œdema, edema.
edematoso, sa *adj.* œdematous, edematous.
Edén *m.* Eden, paradise.
edénico, ca *adj.* paradisiac.
edición *f.* edition; ~ *príncipe*, princeps edition. 2 issue [of a newspaper]. 3 publication [of a book].
edicto *m.* edict.
edículo *m.* ARCH. small building or niche.
edificación *f.* building, construction. 2 edification.
edificador, ra *adj.* building. 2 edifying. — *3 m. & f.* builder.
edificante *adj.* edifying.

edificar *tr.* to build, construct, erect. 2 to edify.
edificativo, va *adj.* edificatory.
edificatorio, ria *adj.* building, constructing.
edificio *m.* edifice, building, structure.
edifiqué, edifique, *pret., subj. & imper.* of EDIFICAR.
edil *m.* aedile, edile. 2 town councillor.
edilicio, cia *adj.* pertaining to the dignity of an aedile or a town councillor.
edilidad *f.* aedileship.
Edimburgo *m. pr. n.* GEOG. Edinburgh.
Edipo *m. pr. n.* MYTH. Oedipus.
editar *tr.* to publish [a book, a newspaper, etc.].
editor *m.* publisher.
editorial *adj.* publishing. 2 leading [article]. — *3 f.* publishing house. 4 editorial, leader [article].
editorialista *m. & f.* writer of editorials.
Edmundo *m. pr. n.* Edmund.
edredón *m.* eider down. 2 down quilt.
Eduardo *m. pr. n.* Edward.
educable *adj.* educable.
educación *f.* education. 2 breeding, manners; good breeding, good manners; politeness.
educacional *adj.* educational.
educador, ra *adj.* educating. — *2 m. & f.* educator.
educando, da *m. & f.* student, pupil.
educar *tr.* to educate; *to raise; to train. 2 to give good breeding.
educativo, va *adj.* educative.
educción *f.* eduction.
educir *tr.* to educe. ¶ CONJUG. like *conducir*.
edulcoración *f.* PHARM. edulcoration, sweetening.
edulcorar *tr.* PHARM. to edulcorate, sweeten.
eduqué, eduque, etc., *pret., subj. & imper.* of EDUCAR.
Eduvigis *f. pr. n.* Hedwig.
eduzco, eduzca, *irr.* V. EDUCIR.
efe *f.* Spanish name of the letter *f*.
efebo *m.* ephebus.
efectismo *m.* F. ARTS striving after effect.
efectista *adj.* F. ARTS striving after effect, sensational.
efectivamente *adv.* really, actually. 2 as a matter of fact; indeed. 3 effectually.
efectividad *f.* reality, actuality. 2 effectuality.
efectivo, va *adj.* effective, real, actual. 2 permanent [employment]. *3 dinero* ~, cash. 4 *hacer* ~, to carry out: to cash. — *5 m.* cash, specie: *en* ~, in cash. 6 *pl.* MIL. effectives, troops.
efecto *m.* effect: *hacer* ~, *surtir* ~, to have the desired effect, to work; *llevar a* ~, *poner en* ~, to put into effect, to carry out; *tener* ~, to to take effect; to take place; *con* ~, *en* ~, in fact, indeed, really; *de simple* ~, *de doble* ~, MACH. single acting, double acting. 2 result: *tener por* ~, to have as a result. 3 purpose, end: *a este* ~, to this end; *al* ~, for the purpose. 4 impression: *hacer* ~, to make an impression, to be impressive. 5 BILLIARDS side, *English [sidewise spin]. 6 COM. article of merchandise. 7 COM. draft, bill, security: *efectos a cobrar*, bills receivable; *efectos a pagar*, bills payable; *efectos públicos*, public securities. 8 *pl.* effects, goods, movables.
efectuación *f.* accomplishment. 2 taking place.
efectuar *tr.* to effect, effectuate, do, carry out. — *2 ref.* to take place.
efémera *adj.* MED. ephemeral [fever].
efemérides *pl.* diary, daily record. 2 events of the same day in former years. 3 ~ *astronómicas*, ephemeris.
efémero *m.* BOT. stinking iris.
efendi *m.* Effendi [Turkish title].
eferente *adj.* PHYSIOL. efferent.
efervescencia *f.* effervescence. 2 agitation, commotion.
efervescente *adj.* effervescent.
efesio, sia *adj. & n.* Ephesian.
Efeso *f. pr. n.* HIST., GEOG. Ephesus.
eficacia *f.* efficacity, efficacy.
eficaz *adj.* efficacious, effective, effectual.
eficazmente *adv.* efficaciously, effectively.
eficiencia *f.* efficiency.
eficiente *adj.* efficient.
efigie *f.* effigy, image.
efímera *f.* CACHIPOLLA.
efímero, ra *adj.* ephemeral. 2 MED. *fiebre* ~, ephemeral fever.
eflorecerse *ref.* CHEM. to effloresce.
eflorescencia *f.* CHEM., MED. efflorescence.

eflorescente *adj.* CHEM. efflorescent.
efluvio *m.* effluvium, emanation, exhalation.
efod *m.* ephod.
éforo *m.* ephor.
Efraín *m. pr. n.* Ephraim.
efugio *m.* evasion, subterfuge, shift, way out.
efundir *tr.* to effuse, to pour [a liquid].
efusión *f.* effusion, pouring out, shedding : ∼ *de sangre,* effusion of blood, bloodshed. 2 fig. warmth, effusion.
efusivo, va *adj.* effusive, warm.
Egeo (Mar) *m. pr. n.* GEOG. Ægean Sea.
égida, egida *f.* ægis.
egilope *f.* BOT. wild oat. 2 BOT. goat grass.
egipciaco, ca & **egipciano, na** *adj.* & *n.* EGIPCIO.
egipcio, cia *adj.* & *n.* Egyptian. — *2 m.* Egyptian [language].
Egipto *m. pr. n.* GEOG. Egypt.
egiptología *f.* Egyptology.
egiptólogo, ga *m.* & *f.* Egyptologist.
égira *f.* HÉGIRA.
égloga *f.* eclogue.
egocéntrico, ca *adj.* & *n.* egocentric.
egoísmo *m.* egoism, selfishness.
egoísta *adj.* egoistic, selfish. — *2 m.* & *f.* egoist.
ególatra *adj.* self-worshiping.
egolatría *f.* self-worship.
egotismo *m.* egotism.
egotista *adj.* egostistic(al. — *2 m.* & *f.* egotist.
egregiamente *adv.* illustriously, egregiously.
egregio, gia *adj.* illustrious, eminent, egregious.
egresar *intr.* (Arg., Chi.) to leave a college, to graduate.
egreso *m.* debit [entry]. 2 (Arg., Chi.) departure [of college], graduation.
¡eh! *interj.* he!, here!
eider *m.* ORN. eider, eider duck.
eje *m.* axis : ∼ *coordenado o de coordenadas.* coordinate axis; ∼ *de abscisas,* axis of abscissæ. 2 axle, axletree, shaft, spindle, arbor : ∼ *de levas,* camshaft; ∼ *del timón,* AER. rudder post. 3 fig. main or central point, subject, idea, etc. 4 (cap.) Axis [Fascist bloc].
ejecución *f.* execution, carrying out, performance. 2 execution [putting to death]. 3 LAW execution, distraint.
ejecutable *adj.* feasible, practicable. 2 LAW distrainable.
ejecutante *adj.* executing. — *2 m.* & *f.* performer, executant. 3 LAW distrainor.
ejecutar *tr.* to execute, carry out, perform. 2 to execute [put to death]. 3 LAW to distrain.
ejecutivamente *adv.* promptly, with dispatch.
ejecutivo, va *adj.* executive. 2 pressing. 3 prompt, active. — *4 m.* (Am.) executive [power or person].
ejecutor, ra *m.* & *f.* executer, executor : ∼ *testamentario,* executor [of a will]. — *2 m.* ∼ *de la justicia,* executioner.
ejecutoria *f.* letters patent of nobility. 2 glorious deed. 3 LAW judgment, sentence.
ejecutoriar *tr.* LAW to make firm [a judgment]. 2 to establish the truth of.
ejecutorio, ria *adj.* LAW firm. 2 *carta* ∼, letters patent of nobility.
ejemplar *adj.* exemplary. — *2 m.* exemplar, pattern, model. 3 exemplar, specimen. 4 copy [of a book. magazine, etc.]. 5 precedent : *sin* ∼, without precedent, exceptional. 6 example, warning.
ejemplaridad *f.* exemplary quality or character.
ejemplarmente *adv.* exemplarily. 2 edifyingly.
ejemplificación *f.* exemplification, illustration.
ejemplificar *tr.* to exemplify, illustrate.
ejemplo *m.* example : *dar* ∼, to set an example; *sin* ∼, unexampled, unparalleled. 2 instance : *por* ∼, for instance.
ejercer *tr.* to exercise [authority, a right, an action, an office, etc.]. 2 to exercise, discharge, perform [functions]. 3 to exercise, practice, follow, pursue [a profession]. 4 to exercise, exert [influence, etc.].
ejercicio *m.* exercise : *ejercicios espirituales.* spiritual exercises. 2 MIL. drill. 3 practice [of a virtue, ability, trade or profession] ; holding [of an office]. 4 fiscal year.
ejercitación *f.* exercise, practice.
ejercitante *adj.* exercising. — *2 m.* & *f.* exercitant.
ejercitar *tr.* to practice [a trade, profession, etc.]. 2 to exercise, drill, train. — *3 ref.* to exercise oneself.

ejército *m.* army.
ejerzo, ejerza, etc., *pres., subj.* & *imper.* of EJERCER.
ejido *m.* commons, public land [nearing a village].
ejotes *m. pl.* (C. Am.) string beans.
el *def. art. masc. sing.* the.
él *pron. pers. masc. sing.* he, him ; it.
elaborable *adj.* capable of being elaborated.
elaboración *f.* elaboration, manufacturing, working out.
elaborado, da *adj.* elaborated, manufactured, wrought out.
elaborador, ra *m.* & *f.* elaborator, manufacturer, worker.
elaborar *tr.* to elaborate, manufacture, work. 2 to work [a material].
elación *f.* elation, haughtiness, pride. 2 elevation, nobility [of spirit]. 3 pomposity [of style].
elástica *f.* knitted vest, undervest.
elasticidad *f.* elasticity. 2 resilience.
elástico, ca *adj.* elastic. — *2 m.* elastic [fabric]. 3 ELÁSTICA.
elaterio *m.* BOT. squirting cucumber.
elato, ta *adj.* proud, haughty, conceited.
Elba *f. pr. n.* Elbe [river].
elayómetro *m.* oleometer.
ele *f.* Spanish name of the letter *l.*
eleagnáceo, a *adj.* BOT. eleagnaceous. — *2 f. pl.* BOT. Eleagnaceæ.
eléboro *m.* BOT. hellebore : ∼ *negro,* hellebore ; ∼ *blanco,* white hellebore.
elección *f.* election. 2 choice. 3 free election. 4 *pl.* POL. election.
eleccionario, ria *adj.* (Am.) [pertaining to an] election ; electoral.
electivo, va *adj.* elective.
electo, ta *adj.* elected, chosen. 2 elect [chosen for office].
elector, ra *adj.* electing. — *2 m.* & *f.* elector, electress, — *3 m.* Elector [German prince].
electorado *m.* electorate.
electoral *adj.* electoral.
electricé, electrice, etc., *pret., subj.* & *imper.* of ELECTRIZAR.
electricidad *f.* electricity.
electricista *m.* & *f.* electrician.
eléctrico, ca *adj.* electric(al.
electrificación *f.* electrification [of a railroad, etc.].
electrificar *tr.* to electrify [a railroad, etc.].
electriz *f.* Electress [wife of a German Elector].
electrización *f.* electrification, electrization.
electrizador, ra *adj.* electrifying. — *2 m.* & *f.* electrifier.
electrizante *adj.* electrifying.
electrizar *tr.* to electrify, to electrize. — *2 ref.* to become electrified.
electro *m.* amber. 2 electrum, electron.
electroanálisis *m.* electroanalysis.
electrobiología *f.* electrobiology.
electrocardiografía *f.* electrocardiography.
electrocardiógrafo *m.* electrocardiograph.
electrocardiograma *m.* electrocardiogram.
electrocinético, ca *adj.* electrokinetic. — *2 f.* electrokinetics.
electrocronógrafo *m.* electrochronograph.
electrocución *f.* electrocution.
electrocutar *tr.* to electrocute.
electrodinámica *f.* electrodynamics.
electrodinámico, ca *adj.* electrodynamic.
electrodinamómetro *m.* electrodynamometer.
electrodo *m.* electrode.
electroencefalograma *m.* electro-encephalogram.
electroencefalografía *f.* electro-encephalography.
electrofisiología *f.* electrophysiology.
electrófono *m.* electrophone.
electróforo *m.* electrophorus.
electrógeno, na *adj.* generating electricity. — *2 m.* electric generator.
electroimán *m.* electromagnet.
electrolicé, electrolice, etc., *pret., subj.* & *imper.* of ELECTROLIZAR.
electrólisis *f.* electrolysis.
electrolítico, ca *adj.* electrolytic.
electrólito *m.* electrolyte.
electrolización *f.* electrolyzation.
electrolizar *tr.* to electrolyze.
electromagnético, ca *adj.* electromagnetic.
electromagnetismo *m.* electromagnetism.
electromecánico, ca *adj.* electromechanical.
electrometalurgia *f.* electrometallurgy.
electrometría *f.* electrometry.
electrométrico, ca *adj.* electrometric.

electrómetro *m.* electrometer.
electromotor, ra *adj.* electromotive. — 2 *m.* electromotor.
electromotriz *adj. & f.* electromotive [force].
electrón *m.* PHYS. CHEM. electron.
electronegativo, va *adj.* electronegative.
electrónico, ca *adj.* electronic, electron : *microscopio* ~, electron microscope. — 2 *f.* electronics.
electropositivo, va *adj.* electropositive.
electropuntura *f.* MED. electropuncturation.
electroquímica *f.* electrochemistry.
electroquímico, ca *adj.* electrochemical.
electroscopio *m.* PHYS. electroscope.
electrostática *f.* electrostatics.
electrostático, ca *adj.* electrostatic.
electrotecnia *f.* electrical engineering, electrotechnics.
electrotécnico, ca *adj.* electrotechnic(al.
electroterapia *f.* MED. electrotherapy.
electrotérmico, ca *adj.* electrothermal, electrothermic.
electrotipia *f.* electrotypy.
electrotipo *m.* electrotype.
electuario *m.* PHARM. electuary.
elefancía *f.* MED. elephantiasis.
elefancíaco, ca *adj. & n.* elephantiac.
elefanta *f.* ZOOL. female elephant.
elefante *m.* ZOOL. elephant. 2 ZOOL. ~ *marino,* walrus.
elefantíasis *f.* ELEFANCÍA.
elefantino, na *adj.* elephantine.
elegancia *f.* elegance, gracefulness, neatness, style.
elegante *adj.* elegant, graceful, tasteful, smart, stylish, neat, spruce. — 2 *m. & f.* stylish dresser, elegant, dandy.
elegantemente *adv.* elegantly, tastefully, stylishly.
eleganticé, elegantice, etc., *pret., subj. & imper.* of ELEGANTIZAR.
elegantizar *tr.* to make elegant, give style to.
elegía *f.* elegy.
elegíaco, ca *adj.* elegiac, mournful.
elegibilidad *f.* eligibility.
elegible *adj.* eligible.
elegido, da *adj.* elected, chosen. — 2 *m.* THEOL. one of the elect.
elegir *tr.* to elect. 2 to choose, select. ¶ CONJUG. like *servir.*
élego, ga *adj.* elegiac.
elemental *adj.* elemental, elementary. 2 fundamental.
elementalmente *adv.* elementarily.
elemento *m.* element : *los cuatro elementos,* the four elements ; *estar uno en su* ~, to be in his element. 2 ANAT., CHEM., MATH. element. 3 ELECT. cell, element [of a battery]. 4 *pl.* elements [atmosferic forces]. 5 elements, rudiments. 6 means, resources.
elemí *m.* elemi.
Elena *f. pr. n.* Helen, Elaine. 2 GEOG. *Isla de Santa* ~, Saint Helena island.
elenco *m.* catalogue, index. 2 THEAT. company. 3 (Am.) members [of a governing body].
eleómetro *m.* oleometer.
eleusino, na *adj.* Eleusinian.
elevación *f.* elevation, raising, rise, ascent. 2 elevation, height. 3 elevation [of mind, of the style]. 4 ecstasy, transport. 5 exaltation [to a dignity]. 6 elevation [in the Mass]. 7 ARTILL. elevation. 8 MATH. raising [to a power]. 9 coll. pride, haughtiness, conceit.
elevadamente *adv.* with elevation.
elevado, da *p. p.* of ELEVAR. — 2 *adj.* elevated, raised, lifted ; high. 3 exalted. 4 sublime.
elevador, ra *adj.* elevating. — 2 *m.* elevator.
elevamiento *m.* elevation, ecstasy, rapture.
elevar *tr.* to elevate, raise, lift. 2 to hoist. 3 to exalt [to a dignity]. 4 MATH. to raise [to a power]. — 5 *ref.* to rise, ascend, soar. 6 to become transported, lifted out of oneself. 7 to become vain or conceited.
elfo *m.* elf.
elidir *tr.* GRAM. to elide.
elijar *tr.* PHARM. to boil.
elijo, elija, etc., *irr.* V. ELEGIR.
eliminación *f.* elimination. 2 exclusion.
eliminador, ra *adj.* eliminating. — 2 *m. & f.* eliminator.
eliminar *tr.* to eliminate. 2 to exclude, remove, weed out.
eliminatorio, ria *adj.* eliminating.

elipse *f.* GEOM. ellipse.
elipsis *f.* GRAM. ellipsis.
elipsógrafo *m.* ellipsograph.
elipsoidal *adj.* ellipsoidal.
elipsoide *m.* GEOM. ellipsoid.
elíptico, ca *adj.* GEOM., GRAM. elliptic(al.
Elisa *f. pr. n.* Eliza.
Eliseo *m. pr. n.* BIB. Elisha. 2 MYTH. Elysium.
elíseo, a *adj.* Elysian : *Campos Eliseos,* Elysian fields.
elisio, sia *adj.* ELÍSEO.
elisión *f.* elision.
élitro *m.* ENTOM. elytron, shard.
elixir, elíxir *m.* elixir.
elocución *f.* elocution.
elocuencia *f.* eloquence.
elocuente *adj.* eloquent.
elocuentemente *adv.* eloquently.
elogiable *adj.* praiseworthy.
elogiador, ra *adj.* praising. — 2 *m. & f.* eulogist, praiser.
elogiar *tr.* to praise, commend, eulogize.
elogio *m.* praise, eulogy.
elogioso, sa *adj.* praising, eulogistic.
elongación *f.* ASTR., MED. elongation.
elote *m.* (Mex.) ear of green Indian corn.
elucidación *f.* elucidation.
elucidar *tr.* to elucidate.
elucubración *f.* lucubration.
eludible *adj.* eludible, avoidable.
eludir *tr.* to elude, avoid, evade.
elzeviriano, na *adj.* Elzevir, Elzevirian.
ella *pron. f. sing.* she, her, it : *aquí fue* ~, here's where the trouble was or started.
elle *f.* Spanish name of the letter *ll.*
ello *pron. neuter sing.* it : ~ *dirá,* the event will tell : *ello es que,* the fact is that ; *aquí fue* ~, here's where the trouble was or started.
ellos, ellas *pron. m. & f. pl.* they, them.
Ema *f. pr. n.* Emma.
emaciación *f.* MED. emaciation.
emanación *f.* emanation.
emanante *adj.* emanating, issuing.
emanantismo *m.* emanationism.
emanar *intr.* to emanate, issue.
emancipación *f.* emancipation.
emancipador, ra *adj.* emancipating. — 2 *m. & f.* emancipator.
emancipar *tr.* to emancipate. — 2 *ref.* to free oneself, to become free or independent.
Emanuel *m. pr. n.* BIB. Immanuel.
emasculación *f.* emasculation.
embabiamiento *m.* absorption, fit of abstraction.
embabucar *tr.* EMBAUCAR.
embacé, embace, etc. *pret., subj. & imper.* of EMBARAZAR.
embachar *tr.* to pen [sheep] to be shorn.
embadurnador, ra *adj.* daubing. — 2 *m. & f.* dauber.
embadurnar *tr.* to daub, bedaub, besmear.
embaidor, ra *adj.* deceptive. — 2 *m. & f.* deceiver, humbug.
embaimiento *m.* deceit, humbug, delusion. 2 deceiving, deluding.
embair *tr. & defect.* to deceive, humbug. ¶ The only forms used are those having *i* in their terminations.
embajada *f.* embassy. 2 ambassadorship. 3 message, errand.
embajador *m.* ambassador.
embajadora *f.* ambassadress. 2 ambassador's wife.
embalador *m.* packer [one who packs goods].
embalaje *m.* packing, baling [of goods]. 2 packing case.
embalar *tr.* to pack, bale [goods]. — 2 *intr.* SPORT. to sprint. 3 AUTO. to step on the gas.
embaldosado, da *adj.* tiled, paved with tiles. — 2 *m.* tiling, paving with tiles. 3 tile floor.
embaldosar *tr.* to tile, pave with tiles.
embalsadero *m.* rain pool, pool of stagnant water, slough, swamp.
embalsamador, ra *adj.* embalming. — 2 *m. & f.* embalmer.
embalsamamiento *m.* embalming.
embalsamar *tr.* to embalm [a corpse]. 2 to embalm, to perfume.
embalsar *tr.* to gather or collect in, or to put into, a pond or pool. 2 to dam, to dam up [water]. — 3 *ref.* [of water] to gather in a pond or pool.

embalse *m.* damming [of water]. 2 dam [for confining water; water held by a dam].
embalumar *tr.* to fill with encumbering things. — 2 *ref.* to encumber oneself.
emballenado *m.* whalebone framework.
emballenar *tr.* to bone [stiffen with whalebone].
embanastar *tr.* to put into a basket. 2 to huddle, crowd together, pack.
embanderar *tr.* to bedeck with flags or banners.
embanquetar *tr.* (Mex.) to build sidewalks for [a street].
embaracé, embarace, etc., *pret., subj. & imper.* of EMBARAZAR.
embarazada *adj.* pregnant, with child. — 2 *f.* pregnant woman.
embarazadamente *adv.* with difficulty. 2 with embarrassment.
embarazador, ra *adj.* embarrassing.
embarazar *tr.* to embarrass, encumber, hinder, impede. 2 to impregnate, make pregnant. — 3 *ref.* to be embarrassed, encumbered, constrained.
embarazo *m.* obstruction, hindrance, difficulty. 2 embarrassment, awkwardness, constraint. 3 pregnancy. 4 ~ *de estómago*, indigestion.
embarazosamente *adv.* embarrassingly, cumbersomely.
embarazoso, sa *adj.* embarrassing, difficult. 2 cumbersome.
embarbascarse *ref.* [of a plough] to become entangled among roots. 2 to become embarrased or confused.
embarbecer *intr.* to begin to grow a beard. ¶ CONJUG. like *agradecer*.
embarbezco, embarbezca, etc., *irr.* V. EMBARBECER.
embarbillar *tr.* CARP. to join obliquely.
embarcación *f.* NAUT. boat, craft, ship, vessel : ~ *menor*, boat, small craft. 2 embarkation.
embarcadero *m.* wharf, pier, jetty.
embarcador *m.* shipper.
embarcar *tr.* NAUT. to embark; to ship : ~ *agua*, to ship water. 2 to embark [in an enterprise]. — 3 *intr. & ref.* NAUT. to embark [go on board]; to sign up. — 4 *ref.* to embark, become engaged [in an enterprise].
embarco *m.* embarkation [of people].
embardar *tr.* BARDAR.
embargable *adj.* LAW attachable.
embargador *m.* LAW attacher [of property].
embargante *adj.* impeding. — 2 *adv.* no ~, nevertheless.
embargar *tr.* to impede, restrain. 2 [of emotions] to overcome, to paralyse. 3 LAW to attach, seize [property]. 4 to lay an embargo on.
embargo *m.* indigestion. 2 LAW attachment, seizure [of property]. 3 embargo. — 4 *adv. sin* ~, notwithstanding, nevertheless, however.
embargué, embargue, etc., *pret., subj. & imper.* of EMBARGAR.
embarnecer *intr.* to put on flesh. ¶ CONJUG. like *agradecer*.
embarnezco, embarnezca, etc., *irr.* V. EMBARNECER.
embarnizar *tr.* BARNIZAR.
embarque *m.* shipment [of goods].
embarqué, embarque, etc., *pret., subj. & imper.* of EMBARCAR.
embarradilla *f.* (Mex.) small sweet pie.
embarrador, ra *m. & f.* dauber, bemudder. 2 liar, mischief maker.
embarradura *f.* bemudding.
embarrancar *tr.* NAUT. to run [a ship] aground. — 2 *intr.* NAUT. [of a ship] to run aground. — 3 *ref.* fig. to stick in the mud.
embarranqué, embarranque, etc., *pret., subj. & imper.* of EMBARRANCAR.
embarrar *tr.* to bemud; to splash with mud. 2 to bedaub, besmear. 3 (Arg., Chi.) to annoy, harm. 4 (Mex.) to involve. — 5 *ref.* [of partridges] to take refuge in the trees.
embarrilador *m.* packer in barrels or kegs.
embarrilar *tr.* to pack in barrels or kegs.
embarrotar *tr.* ABARROTAR.
embarullador, ra *adj.* muddling. — 2 *m. & f.* muddler.
embarullar *tr.* to muddle, mix up, make a mess of. — 2 *ref.* to muddle, act in a confused way; become mixed up.
embasamiento *m.* ARCH. foundation.
embastar *tr.* SEW. to baste. 2 to put [cloth] in embroidering frame.
embaste *m.* SEW. basting.

embastecer *intr.* to put on flesh. — 2 *ref.* to become gross or coarse. ¶ CONJUG. like *agradecer*.
embastezco, embastezca, etc., *irr.* V. EMBASTECER.
embate *m.* dash, buffet, dashing, buffeting [of waves, wind, etc.]. 2 *pl.* buffets [of life, circumstances, etc.].
embaucador, ra *adj.* deceiving. — 2 *m. & f.* deceiver, humbug, bamboozler.
embaucamiento *m.* deceiving, humbugging.
embaucar *tr.* to deceive, humbug, bamboozle, take in.
embaular *tr.* to pack in a trunk. 2 to eat greedily, guzzle.
embauqué, embauque, etc., *pret., subj. & imper.* of EMBAUCAR.
embausamiento *m.* absorption, abstraction.
embazadura *f.* brown dye. 2 astonishment, wonder.
embacé, embace, etc., *pret., subj. & imper.* of EMBAZAR.
embazar *tr.* to dye brown. 2 to astonish. — 3 *ref.* to get tired, be sick [of]. 4 to be embarrassed.
embebecer *tr.* to enrapture, absorb, delight. — 2 *ref.* to become enraptured, be absorbed. ¶ CONJUG. like *agradecer*.
embebecidamente *adv.* rapturously, delightedly.
embebecimiento *m.* rapture, absorption.
embeber *tr.* to absorb, imbibe, soak up. 2 to soak [in a liquid]. 3 to embed, insert, fit in. 4 to comprise, include. 5 SEW. to take in. — 6 *intr.* [of cloth] to shrink. — 8 *ref.* to become absorbed. 9 fig. *embeberse de*, to get well acquainted with [a subject].
embebezco, embebezca, etc., *irr.* V. EMBEBECER.
embecadura *f.* ARCH. spandrel.
embelecador, ra *adj.* deluding. — 2 *m. & f.* deluder, deceiver, humbug.
embelecar *tr.* to delude, deceive, humbug.
embeleco *m.* deception, trick, humbug. 2 coll. nuisance.
embeleñar *tr.* to narcotize with henbane. 2 EMBELESAR.
embelequé, embeleque, etc., *pret., subj. & imper.* of EMBELECAR.
embelesador, ra *adj.* charming, entrancing, captivating.
embelesamiento *m.* EMBELESO.
embelesar *tr.* to charm, entrance, delight, captivate. — 2 *ref.* to be charmed, become entranced.
embeleso *m.* delight, enchantment. 2 charm; charming thing : *ser un* ~, to be charming, enchanting, to be a love.
embellaquecerse *ref.* to become a knave.
embellecer *tr.* to embellish, beautify. — 2 *ref.* to make oneself beautiful. ¶ CONJUG. like *agradecer*.
embellecimiento *m.* embellishment, beautifying.
embellezco, embellezca, etc., *irr.* V. EMBELLECER.
embermejar *tr.* EMBERMEJECER.
embermejecer *tr.* to dye red; to redden. 2 to make blush. — 3 *intr.* to redden [show red]. — 4 *ref.* to redden, blush. ¶ CONJUG. like *agradecer*.
embermejzco, embermejezca, etc., *irr.* V. EMBERMEJECER.
emberrenchinarse, emberrincharse *ref.* fam. to be enraged, fly into a rage.
embestida *f.* assault, attack, charge onset.
embestidor, ra *adj.* assaulting, attacking. — 2 *m. & f.* cadger.
embestir *tr.* to assail, attack, charge. 2 to accost [someone] for a loan, etc. — 3 *intr.* to rush : ~ *contra*, to rush against or upon. ¶ CONJUG. like *servir*.
embetunar *tr.* to bituminize [cover with bitumen]. 2 to black [shoes].
embicar *tr.* NAUT. to top [a yard]. — 2 *intr.* NAUT. to luff. 3 (Arg., Chi.) to sail straight for the shore.
embijar *tr.* to paint vermilion; to dye with annato.
embiqué, embique, etc., *irr. pret., subj. & imper.* of EMBICAR.
embisto, embistió, embista, etc., *irr.* V. EMBESTIR.
embizcar *intr. & ref.* to become cross-eyed.
emblandecer *tr. & ref.* ABLANDAR. ¶ CONJUG. like *agradecer*.
emblandezco, emblandezca, etc., *irr.* V. EMBLANDECER.
emblanquecer *tr.* to whiten. — 2 *ref.* to turn white. ¶ CONJUG. like *agradecer*.

emblanquecimiento *m.* whitening.
emblanquezco, emblanquezca, etc., *irr.* V. EMBLAN-QUECER.
emblema *m.* emblem.
emblemáticamente *adv.* emblematically.
emblemático, ca *adj.* emblematic(al).
embobamiento *m.* absorption, enchantment, open-mouthed wonder.
embobar *tr.* to enchant, hold in suspense. — *2 ref.* to be enchanted, absorbed; to stand gaping.
embobecer *tr.* to make foolish, make silly. — *2 ref.* to become foolish, get silly. ¶ CONJUG. like *agradecer.*
embobecimiento *m.* silliness.
embobezco, embobezca, etc., *irr.* V. EMBOBECER.
embocadero *m.* mouth, outlet.
embocado, da *adj.* dry-sweet [wine].
embocadura *f.* entrance by a narrow passage. 2 MUS. embouchure, mouthpiece. 3 mouthpiece [of a bridle]. 4 flavour [of wine]. 5 river-mouth. 6 THEAT. proscenium arch.
embocar *tr.* to mouth, put into the mouth. 2 to enter or to put through [a narrow place]. 3 to make one believe [what isn't true]. 4 to gobble up. 5 coll. to spring [something] on [somebody]. 6 MUS. to mouth [an instrument].
embocé, emboce, etc., *pret., subj. & imper.* of EMBOZAR.
embocinado, da *adj.* ABOCINADO.
embochinchar *intr.* (Am.) to raise a row.
embodegar *tr.* to store [wine, olive oil, etc.].
embojar *tr.* to place branches around [shelves] for silkworm rearing.
embojo *m.* branches placed for silkworm rearing.
embolada *f.* MACH. stroke [of piston].
embolado *m.* THEAT. minor role. 2 BULLF. bull with wooden balls on horns. 3 coll. trick, deception.
embolar *tr.* BULLF. to tip horns of [bull] with wooden balls. 2 to size [for gilding]. 3 to polish, shine [shoes].
embolia *f.* MED. embolism.
embolismador, ra *m. & f.* mischief-maker.
embolismal *adj.* embolismic [year].
embolismar *tr.* to carry tales, to make mischief.
embolismático, ca *adj.* confused, unintelligible.
embolismo *m.* embolism [intercalation of days]. 2 muddle, confusion, difficulty. 3 gossip, false-hood.
émbolo *m.* MECH. piston, plunger. 2 MED. embolus.
embolsar *tr.* to put in a purse. 2 to pocket, be paid [money].
embolso *m.* pocketing [of money].
embonar *tr.* to improve. 2 NAUT. to sheathe [a ship].
embono *m.* NAUT. sheathing [of a ship].
emboñigar *tr.* to smear with cow dung.
emboque *m.* passage of [a ball] through a hoop, or of [a thing] through a narrow place. 2 (Chi.) cup and ball [game].
emboqué, emboque, etc., *pret., subj. & imper.* of EMBOCAR.
emboquillar *tr.* to tip, put a tip on [a cigarette]. 2 to prepare the mouth of [a blast hole]. 3 to pierce the entrance of [a tunnel or gallery].
embornal *m.* NAUT. scupper.
emborracé, emborrace, etc., *pret., subj. & imper.* of EMBORRAZAR.
emborrachador, ra *adj.* intoxicating.
emborrachamiento *m.* intoxication, drunkenness.
emborrachar *tr.* to intoxicate, make drunk. — *2 ref.* to become intoxicated, to get drunk. 3 [of colors] to run together.
emborrar *tr.* to stuff, pad [saddles, furniture, etc.]. 2 to card [wool] a second time. 3 to hoax, make believe.
emborrascar *tr.* to anger, irritate. — *2 ref.* to get angry. 3 [of weather] to get stormy. 4 [of a business] to fail. 5 (Am.) [of a mine] to peter out.
emborrasqué, emborrasque, etc., *pret., subj. & imper.* of EMBORRASCAR.
emborrazamiento *m.* COOK. barding.
emborrazar *tr.* COOK. to bard [a fowl].
emborricarse *ref.* coll. to get confused. 2 coll. to fall madly in love.
emborriqué, emborrique, etc., *pret., subj. & imper.* of EMBORRICAR.
emborronar *tr.* to blot [paper]; to scribble.
emborrullarse *ref.* to wrangle.
emboscada *f.* ambuscade, ambush.

emboscadura *f.* ambuscading.
emboscar *tr.* to ambuscade, ambush [station in ambush]. — *2 ref.* to ambuscade, ambush [be in ambush]. 3 to enter or hide in the woods. 4 fig. to shirk work or danger by taking an easy job.
embosquecer *intr.* to become wooded. ¶ CONJUG. like *agradecer.*
embosquezco, embosquezca, etc., *pres., subj. & imper.* of EMBOSCAR.
embotado, da *adj.* blunt, dull.
embotador, ra *adj.* blunting, dulling.
embotadura *f.* bluntness, dullness [of cutting weapons].
embotamiento *m.* blunting, dulling. 2 bluntness, dullness.
embotar *tr.* to blunt, to dull. 2 to put [tobacco] in a jar. — *3 ref.* to become blunt or dull.
embotellado, da *p. p.* of EMBOTELLAR. — *2 adj.* fig. prepared [speech, etc.]. — *3 m.* bottling.
embotellador, ra *adj.* bottling. — *2 m. & f.* bottler. — *3 f.* bottling machine.
embotellamiento *m.* stoppage, obstruction : ~ del *tráfico,* congestion of traffic.
embotellar *tr.* to bottle. 2 to bottle up. 3 fig. to stop, obstruct.
embotijar *tr.* to put in jugs. — *2 ref.* to swell, become inflated. 3 to get angry.
embovedar *tr.* to arch, vault. 2 to enclose in a vault.
embozadamente *adv.* covertly.
embozado, da *adj.* muffled, wrapped up to the eyes. — *2 m. & f.* person wrapped up to the eyes in a cloak.
embozar *tr.* to muffle or wrap up to the eyes. 2 to mask, disguise [the meaning of]. 3 to muzzle [dogs, horses, etc.]. — *4 ref.* to muffle or wrap oneself up to the eyes.
embozo *m.* part of cloak, etc., used for covering the face. 2 strip of wool, silk, etc., lining the side of a cloak. 3 fold back [in top part of bedsheet]. 4 disguise, concealer [of meaning etc.]. 5 *quitarse uno el* ~, to remove one's mask, to show one's hand; *sin* ~, openly, frankly.
embracé, embrace, etc., *pret., subj. & imper.* of EMBRAZAR.
embracilado, da *adj.* constantly carried about in the arms [child].
embragar *tr.* to sling [for hoisting or lowering]. 2 MEC. to engage the clutch, throw the clutch in.
embrague *m.* act of slinging for hoisting or lowering. 2 MECH. clutch. 3 MECH. throwing the clutch in.
embravecer *tr.* to irritate, enrage. — *2 ref.* to get angry. 3 [of the sea] to get rough; [of a storm] to gather violence. — *3 intr.* [of plants] to become strong. ¶ CONJUG. like *agradecer.*
embravecimiento *m.* anger, fury, rage.
embravezco, embravezca, etc., *irr.* V. EMBRAVECER.
embrazadura *f.* handle [of shield].
embrazar *tr.* to pass the left arm through the handle of [a shield].
embreadura *f.* tarring, pitching [covering with tar or pitch].
embrear *tr.* to tar, pitch [cover with tar or pitch].
embregarse *ref.* to plunge into quarrels.
embreñarse *ref.* to hide in a thicket, to hide among brambles.
embriagado, da *adj.* intoxicated, inebriated; drunk.
embriagador, ra *adj.* intoxicating, inebriating.
embriagar *tr.* to intoxicate, inebriate. 2 to make drunk. — *3 ref.* to get intoxicated, get drunk, become inebriated.
embriagué, embriague, etc., *pret., subj. & imper.* of EMBRIAGAR.
embriaguez *f.* intoxication, inebriation, drunkenness.
embridar *tr.* to bridle [a horse].
embriogenia *f.* BIOL. embryogeny.
embriogénico, ca *adj.* embryiogenic.
embriología *f.* embryology.
embriológico, ca *adj.* embryologic.
embriólogo *m.* embryologist.
embrión *m.* embryo: *en* ~, in embryo.
embrionario, ria *adj.* embryonic.
embroca *f.* PHARM. poultice.
embrocación *f.* MED. embrocation; embrocating.
embrocar *tr.* to empty [a vessel] into another. 2 (Am.) to place upside down. 3 to tack [soles of shoes]. 4 BULLF. to catch between the horns.

embrochalar *tr.* ARCH. to support [a beam] by a crossbeam or header.

embrolla *f.* EMBROLLO.

embrolladamente *adv.* confusedly.

embrollador, ra *adj.* embroiler, confusing. — *2 m. & f.* embroiler, confuser. *3* liar, mischief-maker.

embrollar *tr.* to entangle, confuse, muddle; to embroil. — *2 ref.* to embroil oneself, to get muddled or confused.

embrollo *m.* tangle, muddle, mess. *2* lie, deception. *3* imbroglio.

embrollón, na *m. & f.* coll. EMBROLLADOR.

embrolloso, sa *adj.* tangled. confused. *2* embroiling.

embromar *tr.* to play jokes on, to banter, chaff. *2* to fool, deceive. wheedle. *3* (Chi., Mex.) to detain, delay. *4* (Arg., Cu., Chi., P. Ri) to annoy, vex. *5* (Arg., Chi., P. Ri.) to injure, harm, do a bad turn.

embroqué, embroque, etc., *pret., subj. & imper.* of EMBROCAR.

embroquelarse *ref.* ABROQUELARSE.

embroquetar *tr.* to skewer the legs of [a fowl].

embrujamiento *m.* bewitchment.

embrujar *tr.* to bewitch.

embrujo *m.* EMBRUJAMIENTO.

embrutecedor, ra *adj.* besotting, stupefying, brutifying.

embrutecer *tr.* to besot, stupefy, brutify. — *2 ref.* to become besotted, sottish, brutified. ¶ CONJUG. like *agradecer*.

embrutecimiento *m.* sottishness, stupidity.

embrutezco, embrutezca, etc., *irr.* V. EMBRUTECER.

embuchado *m.* any kind of sausage. *2* stuffing [of a ballot-box]. *3* fraudulent affair.

embuchar *tr.* to stuff [guts] in sausage making. *2* to stuff [food] into a fowl's crop. *3* to shovel down, to gobble up [one's food].

embudador, ra *m. & f.* one who holds the funnel.

embudar *tr.* to put a funnel into. *2* to trick, deceive.

embudista *m.* trickster. deceiver.

embudo *m.* funnel. *2* trick, deception.

embullo *m.* (C. Ri., Cu., P. Ri.) merrymaking, noise. racket.

emburujar *tr.* to tangle. snarl [threads, strings, etc.]. *2* to make lumpy. *3* to jumble. — *4 ref.* (Col., Mex., Ven.) to wrap oneself up.

embuste *m.* lie. falsehood. invention. *2 pl.* gewgaws. trinkets.

embustear *intr.* to lie. go about lying.

embustería *f.* lying. deceit.

embustero, ra *adj.* lying. — *2 m. & f.* liar. deceiver.

embusteruelo, la *adj. & n. dim.* little liar.

embutidera *f.* rivet knob or set.

embutido *m.* inlaid work. marquetry. *2* any kind of sausage. *3* (Am.) insertion [embroidery or lace].

embutidor *m.* rivet set. *2* inlayer.

embutir *tr.* to stuff [guts] in sausage making. *2* to inlay, set flush. *3* to stuff, cram, pack tight. *4* to insert. put [into]. *5* NAUT. to worm. — *6 tr. & ref.* to shovel down, to gobble up [food].

eme *f.* Spanish name of the letter *m.*

emenagogo *adj. & m.* MED. emmenagogue.

emergencia *f.* emergence, emersion [act of emerging]. *2* happening, incident.

emergente *adj.* emergent.

emerger *intr.* to emerge.

emérito *adj.* emeritus.

emersion *f.* ASTR. emersion.

emético, ca *adj. & m.* emetic. — *2 m.* CHEM. tartar emetic.

emétrope *adj.* emmetropic. — *2 m. & f.* emmetrope.

emetropia *f.* emmetropia.

emigración *f.* emigration.

emigrado, da *m. & f.* emigree, émigré.

emigrante *adj. & n.* emigrant.

emigrar *intr.* to emigrate.

emigratorio, ria *adj.* emigratory.

Emilia *f. pr. n.* Emily.

Emilio *m. pr. n.* Æmilius.

eminencia *f.* eminence [rising ground; prominence, superiority]. *2* Eminence [cardinal's title].

eminencial *adj.* PHILOS. acting eminently.

eminencialmente *adv.* PHILOS. eminently.

eminente *adj.* eminent.

eminentemente *adv.* eminently, notably, highly.

eminentísimo, ma *adj. superl.* most eminent.

emir *m.* emir, ameer.

emisario *m.* emissary; envoy, messenger.

emisión *f.* emission [sending forth]. *2* emission [of currency]. *3* COM. issuance, issue [of bonds, shares, etc.]. *4* RADIO. broadcasting, broadcast.

emisor, ra *adj.* emitting. *2* broadcasting. — *3 m.* wireless transmitter. — *4 f.* broadcasting station.

emitir *tr.* to emit, send forth. *2* to express, utter, emit [an opinion, etc.]. *3* to emit [paper currency]. *4* to issue [bonds, shares, etc.]. *5* RADIO. to broadcast.

emoción *f.* emotion [agitation of emotion].

emocional *adj.* emotional [of the emotions].

emocionante *adj.* moving, touching, thrilling.

emocionar *tr.* to move, touch, thrill, arouse emotion in. — *2 ref.* to be moved.

emoliente *adj. & m.* emollient.

emolumento *m.* emolument.

emotivo, va *adj.* emotive, emotional.

empacador, ra *adj.* packing. — *2 m. & f.* packer, baler. — *3 f.* packing or baling machine.

empacamiento *m.* (Am.) balking [of a horse].

empacar *tr.* to pack, bale. *2* (Am.) to irritate [an animal]. — *3 ref.* to get obstinate, stubborn or sulky [about]. *4* (Am.) [of a horse] to balk. *5* (Am.) to put on airs.

empacón, na *adj.* (Arg., Pe.) balky [animal].

empachado, da *adj.* surfeited, having an indigestion. *2* troubled, ashamed. *3* awkward, timid.

empachar *tr.* to hinder, impede, embarrass. *2* to surfeit, give indigestion. *3* to disguise. — *4 ref.* to be embarrassed. *5* to be ashamed, confused. *6* to have an indigestion.

empacho *m.* awkwardness, embarrassment, bashfulness, shame. *2* hindrance, obstacle. *3* surfeit, indigestion.

empachoso, sa *adj.* embarrassing. *2* bashful.

empadronador *m.* census taker.

empadronamiento *m.* census [enumeration of the population]; taking of the census.

empadronar *tr.* to register in a census. — *2 ref.* to inscribe oneself in a census.

empajada *f.* soaked straw and bran for horses.

empajar *tr.* to cover or stuff with straw. *2* (Co., Chi.) to thatch. *3* (Arg., Cu., P. Ri.) to stuff oneself with unsubstantial food. *4* (Chi.) [of cereals] to yield much straw and little grain.

empalagamiento *m.* EMPALAGO.

empalagar *tr.* to cloy, sicken, pall. *2* to weary, bore.

empalago *m.* cloying, sickening, palling. *2* boring.

empalagoso, sa *adj.* cloying, sickening, palling.

empalagué, empalague, etc., *pret., subj. & imper.* of EMPALAGAR.

empalamiento *m.* impalement.

empalar *tr.* to impale [on a stake].

empaliar *tr.* to adorn with hangings.

empalizada *f.* palisade, stockade.

empalizar *tr.* to palisade, stockade.

empalmadura *f.* EMPALME.

empalmar *tr.* to join end to end, to splice. *2* to join, connect, combine. — *3 intr.* [of roads or railways] to connect. — *4 ref.* to hold [a knife] hidden between one's palm and sleeve.

empalme *m.* joining, joint, splicing, splice, connection. *2* ELECT. joint. *3* RLY. junction.

empalomado *m.* loose-stone dam.

empalomar *tr.* NAUT. to sew [a boltrope to a sail].

empalletado *m.* NAUT. barricade.

empamparse *ref.* (Am.) to get lost in a pampa.

empanada *f.* pie. *2 fig.* fraudulent concealment.

empanadilla *f. dim.* small pie.

empanado, da *p. p.* of EMPANAR. — *2 adj.* without windows or openings, unventilated [room].

empanar *tr.* COOK. to put into a pie. *2* COOK. to bread. *3* AGR. to sow with wheat. — *4 ref.* AGR. to be choked by too much seed.

empandar *tr.* to bend, warp.

empandillar *tr.* in cheating, to slip [two or more cards] together.

empantanar *tr.* to flood, make swampy. *2* to swamp [plunge into a swamp]. *3* to obstruct [a business]. — *4 ref.* to become swampy. *5* to stick in the mud.

empañado, da *adj.* dimmed, misty. *2* tarnished. *3* dull, clouded [voice].

empañadura *f.* swaddling clothes.

empañar *tr.* to swaddle. *2* to dim, blur, dull, tarnish. *3* to sully [reputation, etc.]. — *4 ref.* to become dim, dull, tarnished.

empañetar *tr.* (Am.) to plaster.
empañicar *tr.* NAUT. to furl.
empañiqué, empañique, etc., *pret., subj. & imper.* of EMPAÑICAR.
empapar *tr.* to soak, drench, steep, saturate, impregnate. 2 to soak up, absorb, imbibe. 3 to take up with [a rag, a sponge, etc.]. — *4 ref.* fig. to become familiarized [with], acquire a full knowledge [of]; to enter into the spirit [of]. 5 to get or become soaked. 6 to get absorbed or soaked up.
empapelado *m.* papering, paper hanging. 2 paper [on a wall]; paper lining.
empapelador *m.* paperhanger.
empapelar *tr.* to wrap in paper. 2 to paper [a wall]; to wallpaper. 3 coll. to prosecute [a person].
empapirotar *tr. & ref.* EMPEREJILAR.
empapujar *tr.* to stuff, make [someone] eat too much.
empaque *m.* packing. 2 coll. mien, appearance. 3 stiffness, affected gravity. 4 (Chi., Pe., P. Ri.) boldness, brazenness.
empaqué, empaque, etc., *pret., subj. & imper.* of EMPACAR.
empaquetado *m.* packing.
empaquetador, ra *m. & f.* packer.
empaquetadura *f.* packing. 2 MACH. gasket.
empaquetar *tr.* to pack [goods]. 2 to pack, crowd. 3 to adorn, dress up.
emparamarse *ref.* (Am.) to die from exposure to the cold in the paramos.
emparamentar *tr.* to adorn, to bedeck.
emparchar *tr.* to cover with plasters.
empardar *tr.* (Arg.) EMPATAR 1.
emparedado, da *adj.* immured. — *2 m. & f.* recluse. — *3 m.* sandwich.
emparedamiento *m.* immuring. 2 reclusion.
emparedar *tr.* to immure, wall in, confine within walls.
emparejadura *f.*, **emparejamiento** *m.* equaling, evening up; matching.
emparejar *tr.* to pair, match. 2 to make [a thing] level with another. 3 to close [doors] flush, to set ajar. — *4 intr.* to come abreast, catch up [with another]. 5 to equal. — *6 ref.* to pair, to pair off.
emparentado, da *adj.* related [by marriage].
emparentar *intr.* to become related by marriage. ¶ CONJUG. like *acertar.*
empariento, empariente, etc., *irr.* V. EMPARENTAR.
emparrado *m.* vine arbour, bower.
emparrar *tr.* to form into a bower. 2 to embower.
emparrillado *m.* ARCH. & ENG. grillage.
emparrillar *tr.* to grill, to broil on a gridiron.
emparvar *tr.* to lay [grain] for thrashing.
empastador *m.* paste brush. 2 (Am.) bookbinder.
empastar *tr.* to cover with paste. 2 to bind [books] in a stiff cover. 3 to fill [a tooth]. 4 PAINT. to impaste. 5 (Arg., Chi., Guat., Mex.) to turn [land] into a meadow. — *6 ref.* (Chi.) [of land] to become weed-grown.
empaste *m.* covering with paste. 2 filling [of a tooth]. 3 PAINT. impasto.
empastelamiento *m.* PRINT. pieing.
empastelar *tr.* PRINT. to pi, pie. 2 to compound, compromise. — *3 ref.* PRINT. to get pied.
empatar *tr., intr. & ref.* to tie, be in a tie, equal [in games or voting]. — *2 tr.* (Am.) to join, connect: *empatársela a uno,* to equal someone's performance.
empate *m.* tie [in games or voting], draw.
empavesada *f.* NAUT. armings, waistcloths.
empavesado *m.* soldier provided with a shield. 2 NAUT. dressing [of a ship], bunting.
empavesar *tr.* NAUT. to spread waistcloths on. 2 NAUT. to dress [a ship]. 3 to veil [a monument].
empavonar *tr.* PAVONAR. 2 (Col., P. Ri.) to grease, daub.
empecatado, da *adj.* confounded, incorrigible. 2 ill-starred, unlucky.
empecé, etc., *pret.* of EMPEZAR.
empecer *intr.* to be an obstacle: *esto no ~ para,* this is no obstacle to. — *2 tr.* obs. to injure, damage. ¶ CONJUG. like *agradecer.* | In the intransitive sense, only the third persons are used.
empecimiento *m.* obstacle.
empecinado, da *adj.* (Am.) stubborn. — *2 m.* pitch maker.
empecinar *tr.* to smear with pitch or slime. — *2*

ref. (Am.) to persist [in], to get obstinate [about].
empedernido, da *adj.* hardened, hard-hearted. 2 inveterate.
empedernir *tr. & def.* to harden, indurate. — *2 ref.* to harden, indurate, become hard; to become hard-hearted. ¶ The only moods and persons used are those having *i* in their termination.
empedrado, da *adj.* stone-paved. 2 strewn. 3 cloud-flecked. 4 dark-spotted [horse]. — *5 m.* stone pavement.
empedrador *m.* stone paver.
empedramiento *m.* stone paving.
empedrar *tr.* to pave with stones. 2 fig. *~ de,* to strew, bespatter with.
empega *f.* pitch [for daubing or marking]. 2 mark made with pitch on sheep.
empegado *m.* tarpaulin.
empegadura *f.* coat of pitch.
empegar *tr.* to coat with pitch. 2 to mark [sheep] with pitch.
empego *m.* marking [of sheep] with pitch.
empegué, empegue, etc., *pret., subj. & imper.* of EMPEGAR.
empeguntar *tr.* to mark [sheep] with pitch.
empeine *m.* lower part of the abdomen. 2 instep. 3 vamp [of shoe]. 4 BOT. cotton flower. 5 BOT. livewort. 6 MED. tetter.
empeinoso, sa *adj.* tetterous.
empelar *intr.* to grow hair.
empelazgarse *ref.* to get into a quarrel.
empelechar *tr.* to line or cover with marble.
empelotarse *ref.* get into a row. 2 (Am.) to strip oneself bare.
empeltre *m.* HORT. side graft.
empella *f.* wamp [of shoe].
empellar *tr.* to push, shove, jostle.
empellejar *tr.* to cover or line with skins.
empeller *tr.* EMPELLAR.
empellón *m.* push, shove: *a empellones,* by pushing, roughly.
empenachado, da *adj.* plumed, crested.
empenachar *tr.* to plume, adorn with plumes.
empeñadamente *adv.* with a will, hard, insistently.
empeñado, da *adj.* pledged. 2 pawned. 3 eager [to], bent [on]. 3 [of a fight, a dispute, etc.] hard, hot.
empeñar *tr.* to pledge; to pawn. 2 to pledge, to plight [one's word, etc.]. 3 to engage, compel. 4 to join [battle]; to start [a dispute]. — *5 ref.* to get into debt. 6 to bind oneself. 7 [of a battle, dispute, etc.] to begin. 8 *empeñarse en,* to be bent on, to insist on, to set one's mind on. 9 *empeñarse por,* to intercede for or in behalf of.
empeñero, ra *m. & f.* (Mex.) pawnbroker.
empeño *m.* pledging [of one's word, etc.]. 2 pawning, pawn: *casa de empeños,* pawnshop. 3 pledge, obligation. 4 insistence, determination, earnest desire: *con ~,* with a will, hard, insistently. 5 undertaking. 6 protector, recommender.
empeoramiento *m.* deterioration, worsening, making or growing worse.
empeorar *tr.* to deteriorate, worsen, make worse. — *2 intr. & ref.* to deteriorate, worsen, get or grow worse.
empequeñecer *tr.* to make smaller, belittle, diminish. ¶ CONJUG. like *agradecer.*
empequeñecimiento *m.* making smaller, belittling..
empequeñezco, empequeñezca, etc., *irr.* V. EMPEQUEÑECER.
emperador *m.* emperor.
emperatriz *f.* empress.
emperchado *m.* fence formed with interwoven green branches.
emperchar *tr.* to hang on a perch.
emperejilar *tr.* to dress up, adorn. — *2 ref.* to dress up, adorn oneself.
emperezar *intr. & ref.* to grow lazy. — *2 tr.* to retard, delay, obstruct.
empergaminar *tr.* to cover or bind with parchment.
emperifollar *tr.* EMPEREJILAR.
empernar *tr.* to bolt [secure with bolts].
empero *conj.* yet, however, notwithstanding.
emperrada *f.* a card game.
emperramiento *m.* stubborness, obstinacy.
emperrarse *ref.* to get obstinate; to stick doggedly [to an idea or purpose]. 2 (Col.) *~ a llorar,* to burst out crying.

empetatar *tr.* (Guat., Mex., Pe.) to mat, cover [a floor] with matting.
empetro *m.* BOT. samphire.
empezar *tr.* & *intr.* to begin : ~ *a*, to begin to, to start [doing something] ; ~ *por*, to- begin by. ¶ CONJUG. like *acertar*.
empicarse *ref.* to become too fond or infatuated.
empicotar *tr.* to pillory.
empiece *m.* coll. beginning.
empiedro, empiedre, etc., V. EMPEDRAR.
empiema *m.* MED. empyema.
empiezo, empiece, etc., *irr.* V. EMPEZAR.
empinada *f.* AER. zooming. 2 *irse a la* ~, [of a horse] to rear.
empinado, da *adj.* high, lofty. 2 steep. 3 stiff, stuck-up.
empinamiento *m.* elevation, raising, rising.
empinar *tr.* to raise, lift. 2 to raise and tip over [a jug, etc.] : ~ *el codo*, to drink much wine or liquor. — 3 *intr.* to drink much. — 4 *ref.* to stand on tiptoe. 5 [of a horse] to rear. 6 AER. to zoom. 7 to tower, rise high.
empingorotado, da *adj.* of high social standing; stuck-up.
empingorotar *tr.* coll. to raise on top of something else.
empíreo, a *adj.* empyreal, empyrean. 2 celestial, divine. — 3 *m.* empyrean.
empireuma *m.* CHEM. empyreuma.
empireumático, ca *adj.* empyreumatic.
empíricamente *adv.* empirically.
empírico, ca *adj.* empirical, empiric. — 2 *m.* & *f.* empiric, empiricist.
empirismo *m.* empiricism.
empitonar *tr.* BULLF. to catch with the horns.
empizarrado *m.* slate roof.
empizarrar *tr.* to roof with slate.
emplacé, emplace, etc., *pret., subj.* & *imper.* of EMPLAZAR.
emplastadura *f.,* **emplastamiento** *m.* plastering, putting plasters on. 2 painting [the face].
emplastar *tr.* to apply plasters to. 2 to paint the face of. — 3 *ref.* to paint one's face. 4 to smear oneself up.
emplastecer *tr.* PAINT. to smooth with filler. ¶ CONJUG. like *agradecer*.
emplastezco, emplastezca, etc., *irr.* V. EMPLASTECER.
emplástico, ca *adj.* sticky, glutinous.
emplasto *m.* PHARM. plaster; poultice. 2 coll. unsatisfactory compromise.
emplástrico, ca *adj.* EMPLÁSTICO.
emplazamiento *m.* summoning, summons. 2 location, emplacement.
emplazar *tr.* to summon to appear at a specified time. 2 LAW to summon, subpoena. 3 to locate, place.
empleado, da *m.* & *f.* employee; clerk; officer, officeholder, public servant.
emplear *tr.* to employ [a person, time, energies, etc.]. 2 to employ, use. 3 to spend, invest [money]. 4 *le está bien empleado*, it serves him right. — 5 *ref.* to be employed, take employment. 6 to occupy oneself.
empleita *f.* PLEITA.
emplenta *f.* section of mud wall made at once.
empleo *m.* employ, employment, post, job; occupation. 3 employment, use. 4 investment [of money].
empleomanía *f.* eagerness for civil employment.
emplomado *m.* leads [of roof or latticed windows].
emplomador *m.* leadworker.
emplomadura *f.* leading [covering, fixing, etc., with lead]. 2 plumbing [sealing with lead].
emplomar *tr.* to lead [cover, fix, etc., with lead]. 2 to plumb [seal with lead].
emplumar *tr.* to feather [cover, adorn with feathers]. 2 to tar and feather. 3 (Col.) *emplumarlas*, to run away, to beat it. — 4 *intr.* EMPLUMECER.
emplumecer *intr.* to fledge, grow feathers. ¶ CONJUG. like *agradecer*.
emplumezco, emplumezca, etc., *irr.* V. EMPLUMECER.
empobrecedor, ra *adj.* improverishing.
empobrecer *tr.* to impoverish. — 2 *intr.* & *ref.* to become poor or impoverished. ¶ CONJUG. like *agradecer*.
empobrecimiento *m.* impoverishment.
empobrezco, empobrezca, etc., *irr.* V. EMPOBRECER.
empocé, empoce, etc., *pret., subj.* & *imper.* of EMPOZAR.

empolvar *tr.* to cover with dust. 2 to powder [put powder on]. — 3 *ref.* to get dusty. 4 to powder [one's face].
empolvoramiento *m.* making dusty. 2 powdering.
empolvorar *tr.* EMPOLVAR.
empollado, da *adj.* hatched, incubated. 2 coll. primed for an examination.
empolladura *f.* brood of bees.
empollar *tr.* to brood, hatch [eggs]. 2 coll. to grind, swot up [a subject]. — 3 *intr.* [of bees] to brood.
empollón, na *adj.* swotting. — 2 *m.* & *f.* swot, grind [student].
emponchado, da *adj.* (Arg., Pe.) covered with a poncho, wearing a poncho. 2 (Arg., Pe.) suspicious [arousing suspicion].
emponzoñador, ra *adj.* poisoning. — 2 *m.* & *f.* poisoner.
emponzoñamiento *m.* poisoning.
emponzoñar *tr.* to poison. — 2 *ref.* to become poisoned.
empopar *intr.* NAUT. to be down by the stern. 2 to turn the stern to the wind or to an object.
emporcar *tr.* to dirty, foul, soil. — 2 *ref.* to get dirty. ¶ CONJUG. like *contar*.
emporio *m.* emporium. 2 center of arts or culture.
empotramiento *m.* ARCH. embedding.
empotrar *tr.* ARCH. to embed [in a wall or floor].
empotrerar *tr.* (Am.) to put [cattle] in a pasture.
empozar *tr.* to put in a well. 2 to soak [flax or hemp]. — 3 *intr.* (Am.) [of water] to collect in puddles.
empradicé, empradice, etc., *pret., subj.* & *imper.* of EMPRADIZAR.
empradizar *tr.* to turn [land] into a meadow. — 2 *ref.* [of land] to become a meadow.
emprendedor, ra *adj.* enterprising.
emprender *tr.* to undertake, engage in, enter upon; to begin : ~ *la marcha*, to start out; *emprenderla para*, to start for. 2 ~ *a uno*, to accost, address someone; *emprenderla con*, to attack, set upon.
empreñar *tr.* to impregnate [make pregnant]. — 2 *ref.* to become pregnant.
empresa *f.* enterprise, undertaking. 2 commercial or industrial concern, firm, company. 3 management [of a theater]. 4 HER. device.
empresario *m.* contractor. 2 theatrical manager; impresario; showman. 3 ~ *de pompas fúnebres*, undertaker.
empréstito *m.* government or corporation loan.
emprima *f.* first fruits.
emprimado *m.* second combing of wool.
emprimar *tr.* to give a second combing to [wool]. 2 PAINT. to prime. 3 coll. to dupe, deceive.
empuerco, empuerque, etc., *irr.* V. EMPORCAR.
empujada *f.* (Ven.) EMPUJÓN.
empujar *tr.* to push, shove; to impel.
empuje *m.* push, pushing. 2 ARCH., ENG. pressure, thrust. 3 push, energy, enterprise. 4 push, influence.
empujón *m.* push, shove, violent push. 2 push [to a task, etc.]. 3 *a empujones*, pushing, roughly; by fits and starts.
empulgadura *f.* bending a crossbow.
empulgar *tr.* to bend [a crossbow].
empulgueras *f. pl.* wings of a crossbow. 2 thumbscrew [instrument of torture].
empuñadura *f.* hilt [of sword]. 2 first words [of a story].
empuñar *tr.* to take [a sword, cane, etc.] by the hilt or the handle : ~ *el cetro*, to begin to reign. 2 to clutch, grasp, grip.
empuñidura *f.* NAUT. earing.
empurpurado, da *adj.* clad in purple.
emú *m.* ORN. emu.
emulación *f.* emulation.
emulador, ra *adj.* emulating. — 2 *m.* & *f.* emulator.
emular *tr.* to emulate.
emulgente *adj.* PHYSIOL. emulgent.
émulo, la *adj.* emulous. — 2 *m.* & *f.* emulator.
emulsión *f.* emulsion.
emulsionar *tr.* to emulsify.
emulsivo, va *adj.* emulsive.
emulsor *m.* emulsifier.
emunción *f.* MED. excretion.
emuntorio, ria *adj.* & *m.* emunctory.
en *prep.* in, at, on, upon : ~ *la caja*, in the box; ~ *casa*, at home; ~ *la mesa*, on the table;

~ *aquella ocasión,* on that occasion ; ~ *alto,* on high. 2 into : *convertir* ~, to convert, change or turn into. 3 for : ~ *adelante,* for the future. 4 [followed by infinitive] by : *le conocí* ~ *el andar,* I recognized him by his gait. 5 [followed by gerund] on, upon, once, no sooner, immediately after, right after : ~ *saliendo él,* upon his going out, once he has gone out ; right after he went out.

enaceitar *tr.* to oil. — 2 *ref.* to become oily or rancid.

enacerar *tr.* to harden, to steel.

enaguacé, enaguace, etc., *pret., subj. & imper.* of ENAGUAZAR.

enaguachar *tr.* to fill with water, make watery. — 2 *tr. & ref.* to upset the stomach of, or to have one's stomach upset [by too much drinking or eating fruit].

enaguas *f. pl.* petticoat, underskirt.

enaguazar *tr.* to flood, make swampy. — 2 *ref.* to become swampy.

enagüillas *f. pl.* short skirt or petticoat ; kilt.

enajenable *adj.* alienable.

enajenación *f.* alienation. 2 absence of mind, abstraction, rapture. 3 ~ *mental,* mental derangement, madness.

enajenamiento *m.* ENAJENACIÓN.

enajenar *tr.* to alienate. 2 to cause to lose [the affection, etc.]. 3 [of emotions] to transport, carry away. — 4 *ref.* to dispossess oneself of. 5 to become estranged. 6 to become transported or enraptured.

enálage *f.* GRAM. enallage.

enalbardar *tr.* to put a packsaddle on. 2 COOK. to bread, to cover with batter [before frying].

enalmagrado, da *adj.* ruddled. 2 of mean or vile repute.

enalmagrar *tr.* ALMAGRAR.

enaltecedor, ra *adj.* ennobling. 2 exalting, extolling.

enaltecer *tr.* to ennoble. 2 to exalt, extoll. — 3 *ref.* to become ennobled. 4 to become exalted. 5 to praise oneself. ¶ CONJUG. like *agradecer.*

enaltecimiento *m.* ennobling. 2 exalting, extolling.

enaltezco, enaltezca, etc., *irr.* V. ENALTECER.

enamarillecer *intr.* AMARILLECER.

enamoradamente *adv.* lovingly, with love.

enamoradizo, za *adj.* inclined to fall in love, amorous.

enamorado, da *adj.* in love, loving, enamoured. — 2 *m. & f.* person in love, lover ; sweetheart. — 3 *adj. & n.* ENAMORADIZO.

enamorador, ra *adj.* enamouring, love-inspiring. 2 love-making. — 3 *m. & f.* love-maker.

enamoramiento *m.* love, infatuation. 2 enamouring, love-making.

enamorar *tr.* to make love to. 2 to infatuate, enamour ; to charm, captivate. — 3 *ref.* to fall in love.

enamoricarse *ref.* coll. to be slightly in love.

enancarse *ref.* (Arg., Mex., Pe.) to mount on the croup [of a horse].

enanchar *tr.* coll. to widen.

enangostar *tr.* coll. to narrow.

enanismo *m.* dwarfishness, nanism.

enanito, ta *m. & f.* little dwarf ; gnome.

enano, na *adj.* dwarf, dwarfish. — 2 *m. & f.* dwarf.

enante *f.* BOT. water fennel.

enantes *adv.* vulg. ANTES.

enarbolar *tr.* to raise on high, to hoist [a flag, etc.]. 2 to brandish [a cane, a pike, etc.]. — 3 *ref.* [of a horse] to rear. 4 to get angry.

enarcar *tr.* to arch, bend. 2 to hoop [barrels].

enardecedor, ra *adj.* inflaming, firing.

enardecer *tr.* to inflame, fire, heat, kindle, excite. — 2 *ref.* to heat, to become inflamed, kindled. 3 [cf a dispute] to become heated. 4 [of a part of the body] to burn. ¶ CONJUG. like *agradecer.*

enardecimiento *m.* inflaming, heating, excitement, fire.

enardezco, enardezca, etc., *irr.* V. ENARDECER.

enarenación *f.* mixture for plastering a wall before painting it.

enarenar *tr.* to sand, cover with sand ; to gravel. — 2 *ref.* NAUT. to run aground.

enarmonar *tr.* to raise upright, rear. — 2 *ref.* [of a quadruped] to rear.

enarmónico, ca *adj.* MUS. enharmonic.

enartrosis *f.* ANAT. enarthrosis.

enastado, da *adj.* provided with handle or shaft. 2 horned [having horns].

enastar *tr.* to put a handle or shaft on.

encabalgamiento *m.* gun carriage. 2 trestlework

encabalgar *intr.* [of some things] to rest upon another thing. — 2 *tr.* to provide horses for.

encabalgué, encabalgue, etc., *pret., subj. & imper.* of ENCABALGAR.

encaballado *m.* PRINT. pieing.

encaballar *tr.* to lap over [as tiles]. — 2 *intr.* to rest upon another thing. — 3 *ref.* PRINT. to pi, pie.

encabar *tr.* (Arg., Col., P. Ri.) to put a handle to [a tool].

encabecé, encabece, etc., *pret., subj. & imper.* of ENCABEZAR.

encabellecerse *ref.* to grow hair. ¶ CONJUG. like *agradecer.*

encabellezco, encabellezca, etc., *irr.* V. ENCABELLECER.

encabestrar *tr.* to halter [a horse, etc.]. 2 to make [wild bulls] follow or be lead by tame ones. — 3 *ref.* [of animals] to get a foot entangled in the halter.

encabezamiento *m.* heading, first words [of a letter, deed, etc.], caption. 2 tax roll. 3 registering on a tax roll.

encabezar *tr.* to head, put a heading to [a letter, deed, etc.]. 2 to head [a subscription list]. 3 to head, lead. 4 to register on a tax roll. 5 to fortify [wine] with another wine or alcohol. 6 CARP. to join end to end.

encabrahigar *tr.* CABRAHIGAR.

encabriar *tr.* ARCH. to place the rafters of [a roof].

encabritarse *ref.* [of horses] to rear [rise on the hind legs]. 2 AER., NAUT. to shoot up, pitch with an upward motion.

encabuyar *tr.* (Cu., P. Ri., Ven.) to tie or line with sisal cord.

encachado *m.* stone or concrete lining in the bed of a canal, ditch, etc.

encachar *tr.* to line with stones or concrete [the bed of a canal, ditch, etc.].

encadenación, encadenadura *f.,* **encadenamiento** *m.* chain.ng. 2 enchainment, connection, linking, concatenation.

encadenar *tr.* to chain, enchain. 2 to enslave. 3 to connect, link together, concatenate.

encajadura *f.* fitting in, insertion. 2 socket, cavity, frame, etc., into which a thing is fitted.

encajar *tr.* to make [a thing] fit into another ; to fit in, insert, enchase. 2 to put or force in. 3 to put in [a joke, a remark, etc.], to drop [a hint]. 4 to force [something] on someone ; to force to listen to [something disagreeable or boring]. 5 to palm off [something] on. 6 to land, administer [a blow, etc.] ; to take [a blow, etc.]. — 7 *intr.* to fit : ~ *en* or *con,* to fit into. 8 to be relevant, to the purpose. — 9 *ref.* to squeeze [oneself into]. 10 to intrude, to butt in. 11 to put on [a garment].

encaje *m.* fitting in, insertion. 2 socket, cavity, frame, etc., into which a thing is fitted or inserted. 3 lace [openwork tissue]. 4 inlaid work. 5 *pl. encajes de la cara,* general aspect of the features.

encajerarse *ref.* NAUT. [of a rope] to be fouled on the sheave.

encajero, ra *m. & f.* lacemaker. 2 lace dealer.

encajetillar *tr.* to put [cigarettes or tobacco] in packets.

encajonado *m.* cofferdam. 2 MAS. wall made of packed earth.

encajonamiento *m.* boxing [putting in boxes]. 2 narrowing of rivers between steep banks.

encajonar *tr.* to box, put in boxes. 2 to put in a narrow place. — 3 *ref.* [of rivers] to narrow between steep banks.

encalabozar *tr.* to put into a dungeon or jail.

encalabrinado, da *adj.* obstinate about a thing.

encalabrinar *tr.* [of a vapour or odour] to affect the head, make dizzy. 2 to excite, irritate. — 3 *ref.* to get dizzy [from some vapour or odour]. 4 to get obstinate [about something].

encalada *f.* metal ornament on a horse's harness.

encalador *m.* whitewasher. 2 lime pit or vat [for liming hides].

encaladura *f.* whitewashing.

encalambrarse *ref.* (Col., Mex., Chi., P. Ri.) to become stiff with cold.

encalar *tr.* to whitewash. 2 to lime [treat or manure with lime].

encalmadura *f.* VET. disease of horses caused by overworking in hot weather.

encalmado, da *adj.* calm, still [weather]. 2 COM. quiet.

encalmarse *ref.* VET. to be overheated. 2 [of weather or wind] to become calm, still.

encalvecer *intr.* to become bald. ¶ CONJUG. like *agradecer.*

encalvezco, encalvezca, etc. *irr.* V. ENCALVECER.

encalladero *m.* NAUT. shoal.

encalladura *f.* grounding, stranding.

encallar *intr.* NAUT. to run aground. 2 fig. to get stuck. — 3 *ref.* COOK. [of some food] to become hardened through having its cooking interrupted.

encallecer *intr. & ref.* to get corns or callosities. — 2 *ref.* to become hardened or callous. ¶ CONJUG. like *agradecer.*

encallecido, da *adj.* having corns or callosities. 2 hardened, callous.

encallejonar *tr.* to force into an alley or narrow passage.

encallezco, encallezca, etc., *irr.* V. ENCALLECER.

encamación *f.* MIN. timbering.

encamarar *tr.* to store [grain].

encamarse *ref.* coll. to take to bed, fall ill. 2 [of cattle and game] to lie down. 3 [of wheat, etc.] to be beaten down by rain, wind, etc.

encambrar *tr.* ENCAMARAR.

encaminadura *f.,* **encaminamiento** *m.* directing, setting on the way, putting on the right road.

encaminar *tr.* to direct, set on the way, put on the right road. 2 to bend [one's steps]. 3 to direct [to an end]. — 4 *ref.* to direct oneself, betake oneself, take the road [to], bend one's steps [to]. 5 to be directed [to some end], be intended [to].

encamisada *f.* MIL. camisado. 2 an ancient night masquerade.

encamisar *tr.* to put a shirt or cover on. 2 to conceal, disguise. — 3 *ref.* MIL. to dress for a camisado.

encamotarse *ref.* (Arg., C. Ri., Chi., Ecu.) to fall in love.

encampanado, da *adj.* 'bell-shaped.

encanalar, encanalizar *tr.* to convey [water, etc.] through pipes or conduits.

encanallamiento *m.* becoming base, vile.

encanallar *tr.* to make base, vile. — 2 *ref.* to contract base habits, to become base, vile.

encanarse *ref.* [of infants] to stiffen with rage.

encanastar *tr.* to put in baskets.

encancerarse *ref.* CANCERARSE.

encandecer *tr.* to make white-hot, to make incandescent. ¶ CONJUG. like *agradecer.*

encandelar *intr.* to blossom with catkin.

encandezco, encandezca, etc., *irr.* V. ENCANDECER

encandiladera *f.* ENCANDILADORA.

encandilado, da *adj.* high, erect. 2 cocked [hat].

encandiladora *f.* coll. procuress.

encandilar *tr.* to dazzle, daze. 2 coll. to stir [the fire]. — 3 *ref.* [of the eyes] to shine with lust or drink.

encanecer *intr.* to grow white, hoary, gray or gray-haired. 2 to become old. 3 to become mouldy. 4 *tr.* to turn [the hair] hoary. ¶ CONJUG. like *agradecer.*

encanezco, encanezca, etc., *irr.* V. ENCANECER.

encanijamiento *m.* weakness, sickliness.

encanijar *m.* to make [an infant] lean and sickly. — 2 *ref.* [of infants] to grow lean and sickly.

encanillar *tr.* WEAV. to wind on a quill.

encantación *f.* ENCANTAMIENTO.

encantado, da *adj.* enchanted. 2 charmed, delighted, satisfied. 3 coll. abstracted, in a trance. 4 haunted, rambling [house].

encantador, ra *adj.* enchanting, charming, delightful. — 2 *m. & f.* charmer : ~ *de serpientes,* snake charmer. — 3 *m.* enchanter, sorcerer. — 4 *f.* enchantress, sorceress.

encantamiento *m.* enchantment.

encantar *tr.* to enchant, cast a spell on. 2 to enchant, charm, delight.

encantarar *tr.* to put in a jar or box [for drawing lots].

encante *m.* auction, public sale.

encanto *m.* enchantment. 2 charm, delight. 3 delightful thing. 4 *pl.* charms [of a woman].

encantorio *m.* coll. enchantment.

encantusar *tr.* ENGATUSAR.

encanutar *tr.* to shape like a tube. 2 to put into a tube.

encañada *m.* gorge, ravine.

encañado *m.* conduit for water. 2 trellis of reeds.

encañar *tr.* to pipe [convey water through pipes]. 2 to drain [a land]. 3 to prop up [plants] with reeds. 4 to wind [silk]. — 5 *intr. & ref.* [of cereals] to form stalks.

encañizada *f.* weir [for fish]. 2 trellis of reeds.

encañonar *tr.* to convey through pipes. 2 to aim at, to cover [with a firearm]. 3 to quill, ruff [plait in small cylindrical ridges]. — 4 *intr.* [of birds] to fledge out.

encañutar *tr.* ENCANUTAR.

encapachar *tr.* to put in esparto baskets. 2 AGR. to protect [grapes] with the shoots.

encapado, da *adj.* cloaked.

encapar *tr.* to put a cloak on. — 2 *ref.* to put on one's cloak.

encapazar *tr.* ENCAPACHAR.

encaperuzar *tr.* to put a hood on.

encapillado, da *p. p.* of ENCAPILLAR. — 2 *m.* coll. *lo* ~, the clothes on one's back.

encapillar *tr.* to hood [a falcon]. 2 NAUT. to fasten a rope on. — 3 *ref.* NAUT. [of a vessel] to ship water.

encapirotar *tr.* to put a hood on.

encapotadura *f.,* **encapotamiento** *m.* frown.

encapotar *tr.* to put a capote on. — 2 *ref.* to put on one's capote. 3 to frown, look grim. 4 to become cloudy, get overcast. 5 [of horses] to lower the head too much.

encapricharse *ref.* to take it into one's head. 2 ~ *por,* to take a fancy to.

encapuchar *tr.* to cover with a cowl or hood. — 2 *ref.* to put on one's cowl or hood.

encapuzarse *ref.* to cloak oneself or to put one's hood on.

encarado, da *adj.* favoured : *bien* (or *mal*) ~, well-(or ill-) favoured [in looks].

encaramar *tr.* to raise, hoist. 2 to elevate [to a high post]. 3 to praise, extol. — 4 *ref.* to climb, mount. 5 to reach a high post. 6 to praise oneself.

encaramiento *m.* aiming, pointing [a weapon]. 2 facing [a person, a situation, etc.].

encarar *tr.* to aim, point [a weapon]. — 2 *intr. & ref.* ~ or *encararse con,* to face, to place oneself face to face with.

encaratularse *ref.* to put on a mask.

encarcelación *f.* incarceration, imprisonment.

encarcelar *tr.* to incarcerate, imprison. 2 MAS. to embed with mortar. 3 CARP. to clamp [glued pieces].

encarecedor, ra *adj.* raising the price of. 2 emphasizing. 3 exaggerating.

encarecer *tr.* to raise the price of. 2 to emphasize, enhance, exaggerate; to praise. 3 to recommend strongly. — 4 *intr. & ref.* to become dearer. ¶ CONJUG. like *agradecer.*

encarecidamente *adv.* earnestly, insistently.

encarecimiento *m.* increase in price. 2 emphasizing; praising. 3 earnestness : *con* ~, earnestly, insistently.

encarezco, encarezca, etc., *irr.* V. ENCARECER.

encargado, da *m. & f.* person in charge, manager, foreman, forewoman. — 2 *m.* ~ *de negocios,* chargé d'affaires.

encargar *tr.* to entrust, put under the care of. 2 to recommend, charge, urge. 3 to order [goods, etc.]. — 4 *ref.* to take charge : *encargarse de,* to take charge of; to attend, see to.

encargo *m.* charge, commission, job. 2 errand. 3 recommendation, warning. 4 order [for goods, etc.].

encargué, encargue, etc., *pret., subj. & imper.* of ENCARGAR.

encariñar *tr.* to awaken affection or liking. — 2 *ref.* *encariñarse con,* to get fond of, take a liking to, be taken up with.

encarna *f.* HUNT. fleshing [of dogs].

encarnación *f.* THEOL. incarnation. 2 incarnation, embodiment. 3 PAINT., SCULP. flesh colour.

encarnadino, na *adj.* reddish.

encarnado, da *adj.* incarnate. 2 flesh-coloured, incarnadine. 3 red. — 4 *m.* flesh colour, incarnadine, red.

encarnadura *f. buena* (or *mala*) ~, quick- (or slow-) healing flesh.

encarnamiento *m.* SURG. healing over, incarnation.

encarnar *intr.* THEOL. to be incarnate. 2 SURG. to heal over, incarn. 3 [of a weapon] to enter the flesh. — 4 *intr. & ref.* HUNT. [of dogs] to eat from the game. — 5 *tr.* to incarnate, embody, personify. 6 to bait [a fishhook]. 7 HUNT. to flesh [dogs]. 8 to give flesh colour to [a sculpture]. — 9 *ref.* to unite, mix [with another thing].

encarne *m.* HUNT. flesh of game given to the dogs.

encarnecer *intr.* to put on flesh.

encarnicé, encarnice, etc., *pret., subj. & imper.* of ENCARNIZAR.

encarnizadamente *adv.* cruelly, fiercelly, furiously, bitterly.

encarnizado, da *adj.* blood-shot. 2 bloody, fierce, bitter, hard fought.

encarnizamiento *m.* cruelty, fierceness, fury, rage.

encarnizar *tr.* HUNT. to flesh [dogs]. 2 to make cruel, to infuriate. — 3 *ref.* [of dogs] to become greedy for flesh. 4 to become infuriate; to fight bitterly. 5 *encarnizarse con*, to attack cruelly, persecute, treat mercilessly.

encaro *m.* staring. 2 aiming [a weapon], aim. 3 blunderbuss. 4 rest for cheek [on a gunstock].

encarpetar *tr.* to put in a file or portfolio. 2 (Am.) to table, pigeonhole.

encarrilar *tr.* to put back on the rails. 2 to put [a matter] on the right track; to set right.

encarrillar *tr.* ENCARRILAR. — 2 *ref.* [of a rope] to be fouled on the sheave.

encarroñar *tr.* to infect, corrupt. — 2 *ref.* to become corrupted.

encarrujado, da *adj.* curled, kinky. 2 corrugated.

encarrujarse *ref.* to curl, kink. 2 to become corrugated, to shrivel.

encartamiento *m.* outlawry, proscription. 2 indiction [with others].

encartar *tr.* to register for taxes. 2 to indict. 3 [in card games] to play a suit that opponent can follow. — 4 *ref.* to keep or draw cards of same suit as opponent's, to be unable to discard.

encarte *m.* [in card games] having to follow suit. 2 order in which cards remain at the close of a hand.

encartonador *m.* BOOKB. one who applies boards.

encartonar *tr.* to put cardbord on; to protect with cardboard. 3 to bind [books] in boards.

encasar *tr.* SURG. to set [a bone].

encascabelar *tr.* to bell, put sleigh bells on.

encascotar *tr.* MAS. to fill or mix with rubble.

encasillado *m.* set of squares or pigeonholes. 2 list of government candidates.

encasillar *tr.* to classify, to distribute. 2 to assign [a government candidate] to a voting district.

encasquetar *tr.* to pull on or down [a hat, cap, etc.]. 2 to hammer into one's head [an idea or opinion]. 3 fig. to force upon, to force one to listen to [a lecture, a peroration, etc.]. — 4 *ref.* to pull on [a hat, etc.]. 5 to get it into one's head.

encasquillador *m.* (Am.) horseshoer.

encasquillar *tr.* to put a ferrule, cap or bushing on. 2 (Am.) to shoe [horses]. — 3 *ref.* [of a bullet in a gun] to stick, get stuck.

encastar *tr.* to improve [a race of] by cross-breeding. — 2 *intr.* to breed.

encastillado, da *adj.* castellated. 2 haughty, proud.

encastillamiento *m.* fortification with castles. 2 making a stand in a castle. 3 piling up. 4 sticking to one's own opinion.

encastillar *tr.* to fortify with castles. 2 to pile up. — 3 *ref.* to make a stand in a castle or lofty place. 4 to take refuge in some high spot. 5 to stick to one's own opinion. — 6 *intr.* [of bees in beehives] to make the cell of the queen bee.

encastrar *tr.* MECH. to engage, mesh.

encatusar *tr.* ENGATUSAR.

encaucé, encauce, etc., *pret., subj. & imper.* of ENCAUZAR.

encauchado *m.* (Am.) rubber-lined poncho.

encauchar *tr.* to cover with rubber.

encausar *tr.* LAW to arraign, indict, prosecute.

encauste, encausto *m.* PAINT. *pintura al ~*, encaustic.

encáustico, ca *adj.* PAINT. encaustic. — 2 *m.* wax polish.

encauzamiento *m.* channeling [directing by, or

confining in, a channel]. 2 directing, guiding, guidance.

encauzar *tr.* to channel [direct by, or confine in, a channel]. 2 to direct, guide.

encavarse *ref.* [of game] to hide in a cave or burrow.

encebadamiento *m.* VET. getting sick from too much drinking after eating.

encebadar *tr.* to surfeit [an animal] with barley. — 2 *ref.* [of an animal] to get sick from too much drinking after eating.

encebollado *m.* beef stew with onions.

encefálico, ca *adj.* encephalic.

encefalitis *f.* MED. encephalitis : *~ letárgica*, encephalitis lethargica, lethargic encephalitis.

encefalo *m.* ANAT. encephalon.

encelajarse *impers.* [of the sky] to be covered with bright-coloured clouds.

encelamiento *m.* jealousy. 2 rut.

encelar *tr.* to make jealous. — 2 *ref.* to become jealous. 3 to be in rut.

enceldar *tr.* to put in a cell.

encella *f.* cheese mould.

encellar *tr.* to mould [cheese].

encenagado, da *adj.* mixed or filled with mud. 2 sunken or wallowing [in vice].

encenagamiento *m.* bemudding. 2 wallowing in vice.

encenagarse *ref.* to get into the mud. 2 to get covered with mud. 3 to give oneself up to, or to wallow in [vice].

encenagué, encenague, etc., *pret., subj. & imper.* of ENCENAGARSE.

encencerrado. da *adj.* wearing a cowbell.

encendaja *f.* kindling [for starting a fire].

encendedor, ra *adj.* lighting, kindling. — 2 *m. & f.* lighter, kindler. 3 *m.* lighter, lighting device : *~ automático*, cigarette lighter.

encender *tr.* to light [a lamp, a fire, a cigarette, etc.]. 2 to set fire to, ignite, kindle. 3 to burn [the mouth, etc.]. 4 to inflame, excite. — 5 *ref.* to burn, be kindled, catch fire. 6 [of war] to break out. 7 to become inflamed. 8 to blush, to redden; [of the face] to burn. ¶ CONJUG. like *entender*.

encendidamente *adv.* ardently.

encendido, da *p. p.* of ENCENDER. — 2 *adj.* high [colour], high-coloured. 3 red, flushed. 4 ardent, inflamed. — 5 *m.* [in int. combust. eng.] ignition.

encendimiento *m.* burning, ignition; kindling, lighting. 2 flush, ruddy colour. 3 ardour, inflammation.

encenizar *tr.* to cover with ashes.

encentadura *f.* act of beginning the use of a thing, beginning, start. 2 bed sore.

encentamiento *m.* ENCENTADURA.

encentar *tr.* to start, to make the first cut or cut the first slice [of a loaf, a cheese, etc.]. — 2 *ref.* to get bed sores. ¶ CONJUG. like *acertar*.

encepadura *f.* CARP. tie joint.

encepar *tr.* to put [someone] in the stocks. 2 to stock [a gun; an anchor]. 3 CARP. to join with ties. — 4 *intr. & ref.* [of plants] to take deep root. — 5 *ref.* NAUT. [of a cable] to be fouled on the anchor.

encepe *m.* taking deep root.

encerado, da *adj.* waxed. 2 wax-coloured. — 3 *m.* oilcloth, oilskin, tarpaulin. 4 PHARM. plaster made with wax. 5 blackboard. 6 waxing [of floors and furniture].

encerador, ra *m. & f.* waxer [of floors]. — 2 *m.* apparatus for waxing floors.

enceramiento *m.* waxing [of paper, cloth, furniture, etc.].

encerar *tr.* to wax [cover, treat or smear with wax]. — 2 *intr. & ref.* [of grain] to ripen, turn yellow.

encernadar *tr.* to cover with leached ashes.

encerotar *tr.* to wax [thread].

encerradero *m.* sheep pen. 2 pen holding bulls before fight.

encerradura *f.*, **encerramiento** *m.* locking up, confinement. 2 seclusion.

encerrar *tr.* to shut in, confine, hem in, lock up or in. 2 to enclose, contain. — 3 *ref.* to shut oneself in. 4 to retire [to a convent, etc.], to go into seclusion. 5 to be closeted. ¶ CONJUG. like *acertar*.

encerrona *f.* voluntary confinement. 2 plant, trap.

encespedar tr. to sward, turf.
encestar tr. to put in a basket.
encetar tr. ENCENTAR.
encía f. gum [of the mouth].
encíclica f. encyclical.
enciclopedia f. encyclo(a)edia.
enciclopédico, ca adj. encyclop(a)edic.
enciclopedismo m. Encyclop(a)edism.
enciclopedista m. & f. Encyclop(a)edist.
enciendo, encienda, etc., irr. V. ENCENDER.
enciento, enciente, etc. irr V. ENCENTAR.
encierro m. shutting in or up, locking up, enclosing, penning, confinement. 2 seclusion, retirement. 3 place of confinement, prison, lockup. 4 BULLF. penning the bulls before fight. 5 BULLF. pen for bulls before fight.
encierro, encierre, etc., irr. V. ENCERRAR.
encima adv. on, upon, over, at the top : ~ de, on, upon; el de ~, the top one; por ~, superficially, hastily; por ~ de, over, above; over the head of, in spite of; por ~ de todo, above all, in spite of everything; blanco por ~, white at the top. 2 about, on, upon [a person, oneself]: ¿lleva usted dinero ~?, have you any money about you?; echarse ~ [ropas, una responsabilidad], to throw [clothes] on, to take upon oneself [a responsibility]; quitarse [una cosa] de ~, to be rid of [a thing]. 3 over and above, besides, in addition, on top, to boot.
encimar tr. to raise high, to put on top. 2 (Co., Pe.) to throw in, to give extra. — 3 ref. to rise above.
encina f. BOT. evergreen oak, holm oak.
encinal, encinar m. evergreen-oak grove.
encinta adj. pregnant, with child.
encintado m. curb [of a sidewalk, etc.].
encintar tr. to adorn with ribbons. 2 ENG. to put the curb or curbs on.
encismar tr. to sow discord among.
enciso m. pasture land for mother ewes.
encizañador, ra adj. & n. CIZAÑADOR.
encizañar tr. CIZAÑAR.
enclaustración f. cloistering.
enclaustrar tr. to cloister.
enclavación f. nailing, fixing.
enclavado, da adj. enclaved. — 2 m. enclave [territory].
enclavadura f. CLAVADURA.
enclavar tr. to nail. 2 CLAVAR 4. 3 to pierce, transfix. 4 coll. to deceive.
enclavijar tr. to join, interlock. 2 to peg [a stringed instrument].
enclenque adj. weak, feeble, sickly.
enclítico, ca adj. & f. GRAM. enclitic.
enclocar intr. & ref., **encloquecer** intr. [of hens] to become broody.
encobar intr. & ref. [of birds] to sit on eggs.
encobijar tr. COBIJAR.
encobrado, da adj. [of a metal] containing copper. 2 copper-coloured.
encobrar tr. to coat or cover with copper.
encoclar intr. & ref. ENCLOCAR.
encocorar tr. to vex, annoy, nag.
encofrado m. MIN. plank lining. 2 form [for concrete].
encofrar tr. MIN. to plank, timber. 2 to build a form for [concrete].
encoger tr. to contract, draw back, draw in [a limb, etc.]. 2 to dispirit. — 3 intr. [of cloth, wood, etc.] to shrink. — 4 ref. to shrink. 5 to become timid, lose courage. 6 encogerse de hombros to shrug one's shoulders.
encogidamente adv. awkwardly, timidly.
encogido, da adj. awkward, timid, bashful.
encogimiento adj. contraction, shrinking, shrinkage. 2 awkwardness, timidity. 3 ~ de hombros, shrug.
encohetar tr. to harass [a bull, etc.] with squibs. — 2 ref. (C. Ri.) to become furious, enraged.
encoiar tr. to lame, cripple. — 2 ref. to become lame.
encojo, encoja, etc., pret., subj. & imper. of ENCOGER
encolado m. clarification [of wine]. 2 WEAV. dressing.
encoladura f., **encolamiento** m. gluing. 2 WEAV. dressing. 3 PAINT. sizing. 4 clarification [of wine].
encolar tr. to glue. 2 WEAV. to dress. 3 PAINT. to size. 4 to clarify [wine]. 5 to throw [a ball,

etc.] so that it gets caught on something.
encolericé, encolerice, etc., pret., subj. & imper. of ENCOLERIZAR.
encolerizar tr. to anger, irritate. — 2 ref. to become angry.
encomendamiento m. charge, commission.
encomendar tr. to entrust, commit, commend, recommend. 2 to make [somebody] a knight commander. — 3 intr. to become a knight commander. — 4 ref. to commend oneself [to God, etc.], to put oneself in the hands or under the protection [of another]. 5 to send one's regards. ¶ CONJUG. like acertar.
encomendero m. agent, commissionaire. 2 Spanish colonist who had authority over an Indian territory.
encomiador, ra adj. praising. — 2 m. & f. praiser.
encomiar tr. to raise, eulogize, extol.
encomiasta m. & f. encomiast, panegyrist.
encomiástico, ca adj. encomiastic.
encomienda f. charge, commission. 2 commandery [of a military order]. 3 knight's cross. 4 HIST. name given to certains grants of land made by the Spanish kings. 5 HIST. Indian territory committed to the care of a Spanish colonist. 6 praise, commendation. 7 care, protection. 8 (Arg., Co., Chi., Pe.) postal parcel. 9 pl. regards [sent].
encomiendo, encomiende, etc., irr. V. ENCOMENDAR.
encomio m. encomium.
encompadrar intr. to become a COMPADRE. 2 to become close friends.
enconamiento m. inflammation [of a wound or sore]. 2 bitterness, rancour.
enconar tr. to inflame, aggravate [a wound or sore]. 2 to embitter [the feelings], to arouse rancour 3 to burden [the conscience]. — 4 ref. to become inflamed, to rankle, fester. 5 [of feelings, passions] to become embittered. 6 enconarse con uno, to treat someone bitterly.
enconcharse ref. (Col., P. Ri.) to withdraw into one's shell.
encono m. bitterness, rancour.
enconoso, sa adj. inflaming, irritating. 2 rancorous.
encontradamente adv. oppositely.
encontradizo, za adj. meeting or met by chance : hacerse el ~, to try to meet someone seemingly by chance.
encontrado, da adj. contrary, opposed.
encontrar tr. to find, meet, encounter. 2 to find [good, disagreeable, etc.]. — 3 intr. to meet, collide. — 4 ref. to meet [come together]; to encounter, collide, be in opposition. 5 to be, be situated, be found [in a place]. 6 to find oneself. 7 to feel [ill, well, at ease, etc.] 8 encontrarse con, to meet with, run into, run across; to encounter; to find. ¶ CONJUG. like contar.
encontrón, encontronazo m. bump, collision.
encopetado, da adj. presumptuous, stuck-up. 2 noble, aristocratic, of high social standing.
encopetar tr. to raise [the hair] up over the forehead. — 2 ref. to become presumptuous.
encorajar tr. to give courage to. — 2 ref. to become enraged.
encorajinarse ref. to become enraged.
encorar tr. to cover with leather, to wrap in leather. 2 to grow a skin over [a sore]. — 3 intr. & ref. [of a sore], to grow a new skin. ¶ CONJUG. like contar.
encorazado, da adj. covered with cuirass. 2 covered with leather.
encorchar tr. to hive [bees]. 2 to cork [bottles].
encorchetar tr. to put hooks and eyes on. 2 to hook [fasten with hooks and eyes].
encordadura f. MUS. strings [of an instrument].
encordar tr. to string [a musical instrument or a tennis racket]. 2 to bind or wrap with a rope. ¶ CONJUG. like contar.
encordelar tr. to bind with cords or strings.
encordonar tr. to lace, tie with laces. 2 to adorn with cords.
encorecer tr. to grow a skin over [a sore]. — 2 [of a sore] to grow a new skin. ¶ CONJUG. like agradecer.
encorezco, encorezca, etc., irr. V. ENCORECER.
encoriación f. healing [of a sore or wound].
encornado, da adj. [of a bull or cow] horned : bien or mal ~, well or poorly horned.
encornadura f. set of the horns [of bulls, etc.].
encornudar intr. to grow horns. — 2 tr. to cuckold.

encorozar *tr.* to put coroza on. 2 (Chi.) to smooth [a wall].

encorralar *tr.* to corral, shut in [cattle].

encorrear *tr.* to strap, tie with straps.

encorsetar *tr.* to put a corset on. — *2 ref.* to put on a corset; to lace tight one's corset.

encortinar *tr.* to put up curtains on or in.

encorvada *f.* stoop, bending of the body. 2 a grotesque dance. 3 BOT. hatchet vetch. 4 coll. *hacer la* ~, to malinger.

encorvadura *f.*, **encorvamiento** *m.* bending, curving, curvature. 2 stoop [bend of back and shoulders].

encorvar *tr.* to bend, curve. — *2 ref.* to bend over, to stoop. 3 [of horses] to buck.

encostalar *tr.* to put in sacks.

encostarse *ref.* NAUT. to approach the coast.

encostillado *m.* MIN. timbering.

encostrar *tr.* to encrust, cover with a crust. — *2 intr. & ref.* to crust; to develop a crust or a scab.

encovar *tr.* to put in a cave. 2 to keep, hide away; to contain. 3 to force to hide oneself. — *4 ref.* to hide oneself. ¶ CONJUG. like *contar*.

encrasar *tr.* to thicken [a liquid]. 2 to fertilize [land].

encrespador *m.* curling iron.

encrespadura *f.* curling, crimping, crisping, frizzling [of hair].

encrespamiento *m.* curling, crimpling, crisping, frizzling [of hair]. 2 bristling, ruffling [of hair, of feathers]. 3 roughness [of the sea]. 4 bristling, anger, irritation.

encrespar *tr.* to curl, crimp, crisp, frizzle [the hair]. 2 to bristle [the hair]; to bristle, ruffle [the feathers]. 3 to stir up [the waves]. 4 to anger, irritate. — *5 ref.* to curl, crimp, crisp, frizzle [become curled, crimped, etc.]. 6 [of hair] to bristle; [of feathers] to bristle, ruffle. 7 [of the sea, the waves] to become rough. 8 to bristle with anger, be infuriated.

encrestado, da *p. p.* of ENCRESTARSE. — *2 adj.* haughty, proud.

encrestarse *ref.* [of birds] to stiffen the crest or comb.

encrucijada *f.* crossroads; street intersection. 2 ambush, snare.

encrudecer *tr.* to make raw; to make hard to cook. 2 to exasperate, irritate. — *3 ref.* to become raw or take on the appearance of rawness. 4 to become exasperated, irritated. ¶ CONJUG. like *agradecer*.

encrudezco, encrudezca, etc., *irr.* V. ENCRUDECER.

encruelecer *tr.* to make cruel, excite to cruelty. — *2 ref.* to become cruel. ¶ CONJUG. like *agradecer*.

encruelezco, encruelezca, etc., *irr.* V. EPCRUELECER.

encuadernación *f.* bookbinding. 2 binding [of a book] : ~ *a la holandesa*, half binding; ~ *en pasta*, carboard binding. 3 bindery.

encuadernador *m.* bookbinder.

encuadernar *tr.* to bind [a book] : *sin* ~, unbound.

encuadramiento *m.* framing.

encuadrar *tr.* to frame [provide with a frame; enclose in a frame; serve as a frame to].

encuarte *m.* extra horse to draw a coach, etc., uphill.

encubar *tr.* to cask [wine, etc.]. 2 MIN. to timber [a shaft].

encubertar *tr.* to cover with cloth. 2 to trap, caparison [a horse]. — *2 ref.* to put on armour. ¶ CONJUG. like *acertar*.

encubierta *f.* fraudulent concealment.

encubiertamente *adv.* secretly, on the sly. 2 fraudulently, deceitfully.

1) **encubierto, encubierte,** etc., *irr.* V. ENCUBERTAR.

2) **encubierto, ta** *p. p.* of ENCUBRIR : *palabras encubiertas*, veiled words.

encubridor, ra *adj.* covering up. — *2 m. & f.* concealer, one who covers up. 3 LAW accessory after the fact.

encubrimiento *m.* concealment. 2 LAW being an accesory after the fact.

encubrir *tr.* to conceal, hide. 2 to cover up. 3 LAW to become an accessory after the fact.

1) **encuentro** *m.* meeting [act of meeting]; encounter : *mal* ~, unlucky encounter; *ir al* ~ *de*, to go to meet, to go in search of; *salirle a uno al* ~, to go to meet; to oppose, to face; to meet half way. 2 clash, collision, opposition. 3 MIL. encounter. 4 ARCH. angle, nook, corner. 5 ZOOL.

axilla. 6 *pl.* [in fowls] part of wing joined to the breast. 7 [in quadrupeds] points of the shoulder blades. 8 PRINT. blanks left for insertion of letters of different colour.

2) **encuentro, encuentre,** etc., *irr.* V. ENCONTRAR.

encuerdo, encuerde, etc., *irr.* V. ENCORDAR.

encuero, encuere, etc., *irr.* V. ENCORAR.

encuevo, encueve, etc., *irr.* V. ENCOVAR.

encuesta *f.* inquiry.

encuitarse *ref.* to grieve.

enculatar *tr.* to cover [a beehive].

encumbradamente *adv.* haughtily.

encumbrado, da *adj.* high, lofty. 2 elevated, sublime. 3 mighty, high-placed.

encumbramiento *m.* elevation, height. 2 exaltation, climbing or rising to high station.

encumbrar *tr.* to raise high. 2 to exalt, elevate, raise [to high station or dignity]. 3 to climb to the top of. — *4 ref.* to rise high. 5 to raise oneself [to high station or dignity]. 6 to become proud, haughty.

encunar *tr.* to put [a child] in the cradle. 2 BULLF. to catch between the horns.

encurtidos *m. pl.* pickles.

encurtir *tr.* to pickle.

enchancletar *tr.* to put on slippers. 2 to put shoes on as if they were slippers. — *3 ref.* to go slipshod.

enchapado *m.* veneer, veneering, covering of thin plates or sheets.

enchapar *tr.* CHAPEAR.

encharcada *f.* pool, puddle.

encharcar *tr.* to inundate, turn into a pool. — *2 ref* [of a ground] to be inundate, turn into a pool or swamp, be covered with puddles. — *3 tr. & ref.* ENAGUACHAR 2.

enchilada *f.* (Mex.) pancake of maize with chili.

enchilado *m.* (Cu.) dish made of shellfish with chili.

enchilar *tr.* (C. Ri., Hond., Mex.) to season with chili. 2 (C. Ri.) to deceive. 3 (Mex.) to vex, pique.

enchinarrar *tr.* to pave with cobbles.

enchiquerar *tr.* BULLF. to pen [the bull] before the fight. 2 coll. to jail.

enchironar *tr.* coll. to jail.

enchivarse *ref.* (Col., Ec.) to get angry, to fly into a passion.

enchufar *tr.* to fit [a tube or pipe] into another. 2 ELECT. to connect, to plug in. 3 to connect [business, etc.]. — *4 ref.* to obtain a sinecure, to get an easy job [through political influence].

enchufe *m.* fitting [of a pipe into another]. 2 male end [of pipes]; joint [of two pipes]. 3 ELECT. plug; plug and receptacle or jack. 4 sinecure, easy job [esp. one got through political influence].

ende *adv. por* ~, therefore.

endeble *adj.* weak, feeble, frail, flimsy.

endeblez *f.* feebleness, fragility, flimsiness.

endeblucho, cha *adj.* weakly, sickly.

endécada *f.* eleven years.

endecágono, na *adj.* GEOM. hendecagonal. — *2 m.* hendecagon, undecagon.

endecasílabo, ba *adj.* hendecasyllabic. — *2 m.* hendecasyllable.

endecha *f.* dirge, doleful song. 2 assonanced seven-syllabled quatrain.

endechadera *f.* weeper, hired female mourner.

endechar *tr.* to sing funeral songs to. — *2 ref.* to grieve, mourn.

endehesar *tr.* to put [cattle] in the pasture.

endejas *f. pl.* MAS. toothing.

endemia *f.* MED. endemic.

endémico, ca *adj.* endemic.

endemoniado, da *adj.* demoniac, possessed by an evil spirit. 2 fig. devilish, very bad. 3 fig. tremendous, awful. — *4 m. & f.* demoniac, possessed [one possessed by an evil spirit].

endemoniar *tr.* to possess with an evil spirit. 2 coll. to irritate, enrage. — *3 ref.* coll. to become enraged.

endentado, da *adj.* HER. serrated.

endentar *tr.* MACH. to furnish with teeth. — *2 tr. & intr.* to engage, mesh. ¶ CONJUG. like *acertar*.

endentecer *intr.* to teethe, cut one's teeth. ¶ CONJUG. like *agradecer*.

endentezco, endentezca, etc., *irr.* V. ENDENTECER

enderecé, enderece, etc., *pret., subj. & imper* of ENDEREZAR.

enderezadamente *adv.* rightly.

enderezado, da *p. p.* of ENDEREZAR. — 2 *adj.* fit, appropriate.

enderezamiento *tr.* straightening. 2 setting right.

enderezar *tr.* to straighten, unbend. 2 to right, set upright. 3 to address, dedicate. 4 to right, set right, correct, put in order. 5 to fix, punish. 6 to bend [one's steps]. — 7 *ref.* to straighten up. 8 to right oneself or itself [recover vertical position]. 9 to be directed [to an end].

endeudarse *ref.* to fall into debt. 2 to become indebted.

endevotado, da *adj.* pious, devout. 2 fond, enamoured.

endiabladamente *adv.* devilishly. 2 horribly.

endiablado, da *adj.* devilish. 2 ugly, deformed. 3 very bad. 4 furious, wild. 5 complicated, difficult.

endiablar *tr.* to possess with the devil. 2 to spoil, pervert. — 3 *ref.* to become enraged.

endiadis *f.* RHET. hendiadys.

endibia *f.* BOT. endive.

endiento, endiente, etc., *irr.* V. ENDENTAR.

endilgar *tr.* coll. to direct, guide. 2 coll. to put, lodge. 3 coll. to land [a blow]; to spring [something unpleasant] on [a person].

endino, na *adj.* coll. wicked, perverse.

endiosamiento *m.* haughtiness, pride, conceit. 2 ecstasy, abstraction.

endiosar *tr.* to deify. — 2 *ref.* to become haughty, proud. 3 to be absorbed, entranced.

endoblasto *m.* BIOL. endoblast.

endocardíaco, ca *adj.* ANAT. endocardiac, endocardial.

endocardio *m.* ANAT. endocardium.

endocarditis *f.* MED. endocarditis.

endocarpio *m.* BOT. endocarp.

endocrino, na *adj.* PHYSIOL. endocrine.

endodermo *m.* BIOL. endoderm. 2 BOT. endodermis.

endoesqueleto *m.* ZOOL. endoskeleton.

endogénesis *f.* BIOL. endogeny.

endógeno, na *adj.* endogenous.

endolinfa *f.* PHYSIOL. endolymph.

endomingado, da *adj.* in his Sunday best.

endomingarse *ref.* to put on one's Sunday best.

endoparásito *m.* ZOOL. endoparasite.

endoplasma *m.* BIOL. endoplasm.

endorsar *tr.* ENDOSAR.

endorso *m.* ENDOSO.

endosable *adj.* COM. endorsable, indorsable.

endosante *m. & f* COM. endorser.

endosar *tr.* COM. to endorse or indorse [a draft, etc.]. 2 to transfer [a burden, task, etc.] to another person, to saddle with.

endosatario, ria *m. & f.* endorsee.

endoscopia *f.* MED. endoscopy.

endoscopio *m.* MED. endoscope.

endoselar *tr.* to canopy.

endosmómetro *m.* endosmometer.

endósmosis *f.* PHYS., CHEM. endosmosis.

endoso *m.* COM. endorsement.

endospermo *m.* BOT. endosperm.

endotelio *m.* ANAT. endothelium.

endriago *m.* fabulous monster.

endrina *f.* BOT. sloe plum.

endrino, na *adj.* sloe-coloured. — 2 *m.* BOT. blackthorn, sloe tree.

endrogarse *ref.* (Chi., Mex., Pe.) to fall into debt.

endulcé, endulce, etc., *pret., subj. & imper.* of ENDULZAR.

endulzadura *f.* sweetening.

endulzar *tr.* to sweeten. 2 to soften, make bearable.

endurador, ra *adj.* saving, stingy.

endurar *tr.* to harden, indurate. 2 to suffer, bear. 3 to delay, put off. 4 to save, spare. — 5 *ref.* to harden [become hard].

endurecer *tr.* to harden. 2 to inure. — 3 *ref.* to harden [become hard]. 4 to become hardened, cruel. ¶ CONJUG. like *agradecer.*

endurecido, da *adj.* hard, hardened. 2 obdurate.

endurecimiento *m.* hardening. 2 hardness. 3 obduracy. 4 hard-heartedness.

endurezco, endurezca, etc., *irr.* V. ENDURECER.

ene *f.* Spanish name of the letter *n.* 2 x [unknown quantity]: *esto costará ene pesetas,* that will cost x pesetas. 3 coll. *ser de ~ una cosa,* [of a thing] to be a necessary consequence, to be inevitable.

enea *f.* BOT. cattail, bulrush.

eneágono, na *m.* GEOM. nonagon.

Eneas *m. pr. n.* MYTH. Æneas.

enebral *m.* plantation of juniper trees.

enebrina *f.* juniper berry.

enebro *m.* BOT. juniper.

enechado, da *adj. & n.* foundling.

Eneida *f.* Æneid.

enejar *tr.* to put an axle or axles on. 2 to fasten to an axle.

eneldo *m.* BOT. dill.

enema *f.* enema, clyster.

enemiga *f.* enmity, hatred, ill-will.

enemigamente *adv.* inimically.

enemigo, ga *adj.* adverse, opposed [to]. 2 enemy, hostile. — 3 *m. & f.* enemy, foe: ~ *jurado,* sworn enemy; *el ~ malo,* the Evil one; *al ~ que huye, la puente de plata,* let an enemy who flees depart in peace.

enemistad *f.* enmity.

enemistar *tr.* to make enemies of. — 2 *ref.* to become enemies: *enemistarse con,* to become an enemy of; to fall out with.

éneo, a *adj.* poet. aënean.

energía *f.* energy: ~ *atómica,* PHYS. atomic energy; ~ *viva,* PHYS. kinetic energy. 2 MECH. power: ~ *eléctrica,* electric power.

enérgicamente *adv.* energetically, vigorously.

enérgico, oa *adj.* energetic, vigorous, active, lively.

energúmeno, na *m. & f.* energumen. 2 violent, wild, frantic person.

enero *m.* January.

enervación *f.* enervation. 2 effemination. 3 MED. nervous prostration.

enervador, ra *adj.* enervating.

enervamiento *m.* enervation.

enervante *adj.* enervating.

enervar *tr.* to enervate. 2 to render invalid or ineffectual. — 3 *ref.* to become enervate.

enésimo, ma *adj.* MATH. nth.

enfadadizo, za *adj.* easily displeased, peevish.

enfadamiento *m.* ENFADO.

enfadar *tr.* to displease, annoy, anger. 2 to bore. — 3 *ref.* to be displeased. get angry.

enfado *m.* displeasure, annoyance, irritation. 2 trouble, bother.

enfadosamente *adv.* annoyingly, bothersomely.

enfadoso, sa *adj.* annoying, bothersome, boring.

enfaldar *tr.* to tuck up the skirt of. 2 to lop off the lower branches of. — 3 *ref.* to tuck up one's skirt.

enfaldo *m.* tucked-up skirt. 2 hollow in held up skirt to carry something in.

enfangar *tr.* to bemud, cover with mud. — 2 *ref.* to sink in the mud. 3 to mix [in dirty business]. 4 to sink [into vice].

enfangué, enfangue, etc., *pret., subj. & imper.* of ENFANGAR.

enfardar *tr.* to pack, to bale.

enfardelador *tr.* packer, baler.

enfardeladura *f.* bundling, packing.

enfardelar *tr.* to bundle, to pack.

énfasis *m.* RHET. emphasis. 2 emphasis [special impressiveness of expression]. 3 affectation in delivery [of speech, etc.].

enfáticamente *adv.* emphatically, with affectation

enfático, ca *adj.* emphatic, impressive.

enfermar *intr.* to fall ill, be taken ill. — 2 *tr.* to make ill.

enfermedad *f.* illness, sickness, disease.

enfermera *f.* woman nurse [for the sick].

enfermería *f.* infirmary, sick-quarters. 2 AUTO. sick bay.

enfermero *m.* male nurse [for the sick].

enfermizo, za *adj.* sickly, unhealthy.

enfermo, ma *adj.* sick, ill, diseased. — 2 *m. & f.* sick person, patient.

enfermoso, sa *adj.* (Am.) ENFERMIZO.

enfermucho, cha *adj.* sickish, sickly.

enfervorizador, ra *adj.* fervour or zeal-inspiring.

enfervorizar *tr.* to inspire fervour. — 2 *ref.* to become inflamed with fervour.

enfeudación *tr.* infeudation, enfeoffment.

enfeudar *tr.* to enfeoff.

enfielar *tr.* to balance [scales].

enfiestarse *ref.* (Col., Chi., Mex., Ven.) to have a good time, to be on a lark.

enfilar *tr.* to line up, place in a row. 2 to aim, sight. 3 to go straight down or up [a street, etc.]. 4 to string [beads, etc.]. 5 ARTILL. to enfilade.

enfisema *m.* MED. emphysema.
enfistolarse *ref.* MED. to become a fistula.
enfiteusis *f.* LAW emphyteusis.
enfiteuta *m. & f.* emphyteuta.
enfitéutico, ca *adj.* emphyteutic.
enflaquecer *tr.* to make thin or lean. 2 to weaken. — *3 intr. & ref.* to become thin or lean, to lose flesh. — *4 intr.* to lose courage. ¶ CONJUG. like *agradecer*.
enflaquecimiento *m.* loss of flesh, emaciation.
enflaquezco, enflaquezca, etc., *irr.* V. ENFLAQUECER.
enflautado, da *adj.* coll. inflated, pompous.
enflautar *tr.* to inflate. 2 fam. to deceive. 3 (Col., Mex.) ENCAJAR 3 & 4. 4 coll. ALCAHUETEAR.
enflechado, da *adj.* [of a bow] ready to discharge.
enflorar *tr.* to flower [adorn with flowers].
enfocar *tr.* to focus. 2 to envisage, direct [an affair]; to approach [a problem, etc.].
enfoque *m.* focussing. 2 approach [to a problem, etc.].
enfoqué, enfoque, etc., *pret., subj. & imper.* of ENFOCAR.
enfoscar *tr.* MAS. to trim with mortar. — *2 ref.* to become sullen. 3 to become absorbed. 4 [of the sky] to get overcast.
enfosqué, enfosque, etc., *pret., subj. & imper.* of ENFOSCAR.
enfrailar *tr.* to make a monk or friar of. — *2 ref.* to become a monk or friar.
enfranque *m.* shank [of the sole of a shoe].
enfrascamiento *m.* absorption.
enfrascar *tr.* to put in bottles. — *2 ref.* to become absorbed, become deeply engaged [in]. 3 to become entangled.
enfrenador *m.* bridler.
enfrenamiento *m.* bridling. 2 checking, restraining.
enfrenar *tr.* to bridle [a horse]. 2 to bridle, check, curb, restrain.
enfrentar *tr.* to confront, cause to face; to bring face to face. — *2 tr. & ref.* to face : *enfrentarse con,* to face, oppose, stand up to; to cope with.
enfrente *adv.* in front, opposite : *la acera de ~,* the other, or the opposite, side of the road; *~ de,* in front of, opposite, facing, against.
enfriadera *f.* bottle cooler.
enfriadero *m.* cooling place.
enfriador, ra *adj.* cooling. — *2 m.* cooling place.
enfriamiento *m.* cooling, refrigeration. 2 MED. cold.
enfriar *tr.* to cool, make cool. — *2 ref.* to cool [become cool], cool off. 3 to get chilled.
enfroscarse *ref.* ENFRASCARSE.
enfrontar *tr.* to come face to. — *2 tr. & intr.* to face, oppose.
enfundar *tr.* to sheathe, case [to put something in its sheath or case], muffle [a drum].
enfurecer *tr.* to infuriate, enrage. — *2 ref.* to rage, grow furious, become infuriated. ¶ CONJUG. like *agradecer*.
enfurecimiento *m.* infuriation, fury.
enfurezco, enfurezca, etc., *irr.* V. ENFURECER.
enfurruñamiento *m.* anger, sulkiness.
enfurruñarse *ref.* to get angry, to sulk.
enfurtir *tr.* to full [cloth]. 2 to felt [make into felt].
engabanado, da *adj.* wearing an overcoat.
engace *m.* ENGARCE. 2 connexion, concatenation.
engafar *tr.* to bend [a crossbow]. 2 to halfcock [a gun]. 3 to clamp.
engaitar, ra *adj.* deceiving, cozening, humbugging, wheedling.
engaitar *tr.* to deceive, cozen, humbug, wheedle.
engalanar *tr.* to adorn, bedeck. 2 NAUT. to dress.
engalgar *tr.* to brake [a cart wheel]. 2 NAUT. to back [an anchor].
engallado, da *adj.* erect, upright. 2 haughty.
engallador *m.* checkrein.
engalladura *f.* GALLADURA.
engallarse *ref.* to draw oneself up arrogantly; to get cocky. 2 [of a horse] to have the head pulled up.
enganchamiento *m.* ENGANCHE.
enganchar *tr.* to hook [grasp with a hook]; to hook on or up. 2 to hitch, harness : *~ un caballo a,* to hitch or harness a horse to. 3 RLY. to couple [carriages]. 4 to attract, hook [a person]. 5 MIL. to recruit, enlist. 6 BULLF. to hook with the horns. — *7 ref.* to get caught [on a hook, a nail, etc.]. 8 MIL. to enlist [enroll oneself].
enganche *m.* hooking. 2 hitching [of horses]. 3

RLY. coupling, coupler. 4 piece or device for hooking, hitching, etc. 5 MIL. enlisting, enlistment.
engañabobos *m. & f.* bamboozler. — *2 m.* catchpenny. 3 CHOTACABRAS.
engañadizo, za *adj.* easily deceived.
engañador, ra *adj.* deceptive, deluding. — *2 m. & f.* deceiver.
engañamundos *m.* deceiver, bamboozler.
engañanecios *m.* ENGAÑABOBOS.
engañapastores *m.* CHOTACABRAS.
engañar *tr.* to deceive, beguile, delude, dupe, fool, hoax, mislead, impose upon, take in. 2 to wheedle. 3 to beguile, while away [time, etc.]. — *4 ref.* to deceive oneself, to be deceived, be mistaken, make a mistake.
engañifa *f.* coll. deception, trick. 2 catchpenny.
engaño *m.* deception, deceit; falsehood; fraud imposition : *llamarse a ~,* to take back a promise, or revoke an agreement, alleging fraud. 2 error, mistake, misapprehension, misconception. 3 lure, bait.
engañosamente *adv.* deceitfully, delusively.
engañoso, sa *adj.* deceptive, delusive, misleading. 2 deceitful
engarabatar *tr.* to hook. 2 to crook, gnarl, twist. — *3 ref.* to get crooked or gnarled.
engarabitar *intr. & ref.* to climb. — *2 ref.* [of fingers] to get crooked and stiff [from cold].
engaratusar *tr.* (Guat., Hond., Mex.) to coax.
engarbarse *ref.* [of birds] to perch high on a tree.
engarbullar *tr.* to mix up, jumble.
engarce *m.* JEWEL. linking, wiring. 2 setting [of precious stones]
engarcé, engarce, *pret., subj. & imper.* of ENGARZAR.
engargantar *tr.* to put into the throat. — *2 intr.* MACH. to mesh, engage. — *3 intr. & ref.* to thrust one's foot into the stirrup.
engargante *m.* MACH. mesh, meshing.
engargolado *m.* groove for a sliding door. 2 CARP. tongue-and-groove joint.
engargolar *tr.* CARP. to groove [fix in a groove].
engaritar *tr.* to provide with sentry boxes or turrets. 2 to dupe, fool.
engarnio *m.* worthless person or thing.
engarrafar *tr.* coll. to grapple, seize tightly.
engarrotar *tr.* AGARROTAR. 2 (prov. & Arg.) to benumb with cold. — *3 ref.* (prov. & Arg.) to become numb with cold.
engarzador, ra *m. & f.* wirer, stringer of beads. 2 ENGASTADOR.
engarzadura *f.* ENGARCE.
engarzar *tr.* JEWEL. to link, wire. 2 JEWEL. to enchase, set, mount. 3 to curl [hair].
engastador *m.* enchaser, setter [of jewels].
engastar *tr.* JEWEL. to enchase, set, mount.
engaste *m.* JEWEL. enchasing, setting, mounting. 2 setting [of a gem]. 3 pearl flat on one side.
engatado, da *adj.* wheedled. 2 thievish.
engatar *tr.* to wheedle, to gull.
engatillado, da *adj.* having a high, thick neck [horse or bull]. — *2 m.* flat-lock seaming.
engatillar *tr.* ARCH. to bind with a cramping-iron.
engatusador, ra *adj.* coll. cajoling, wheedling. — *2 m. & f.* cajoler, wheedler.
engatusar *tr.* to cajole, coax, wheedle.
engavillar *tr.* AGAVILLAR.
engazador, ra *m. & f.* ENGARZADOR.
engazamiento *m.* ENGARCE.
engazar *tr.* ENGARZAR. 2 NAUT. to strap [blocks].
engendrable *adj.* that may be engendered. 2 generable.
engendrador, ra *adj.* engendering, begetting, generating. — *2 m. & f.* begetter, generator.
engendramiento *m.* engendering, begetting, generation.
engendrar *tr.* engender, beget. 2 to generate, originate. 3 GEOM. to generate.
engendro *m.* foetus. 2 abortion, freak. 3 poor literary or artistic work. 4 *mal ~,* perverse child, devil's own spawn.
engeridor *m.* grafting knife.
englandado, da or **englantado, da** *adj.* HER. acorned.
englobar *tr.* to lump together, to include.
engolado, da *adj.* HER. engouled. 2 presumptuous, pompous.
engolfar *intr. & ref.* NAUT. to go far out on the

sea. — *2 ref.* to be deeply engaged or absorbed; to be lost [in thought].
engolillado, da *adj.* proud of observing old styles.
engolondrinarse *ref.* to get vain or conceited. 2 to fall in love.
engolosinar *tr.* to allure, tempt. — *2 ref. engolosinarse con,* to get fond of, to take a liking to [something].
engolletado, da *adj.* vain, conceited.
engolletarse *ref.* to become vain or conceited.
engomadura *f.* gumming. 2 first coat which bees lay over their hives before making wax.
engomar *tr.* to gum [papers, fabrics, etc.].
engorar *intr.* & *ref.* ENHUERAR.
engorda *f.* (Cni.) fattening [of hogs or cattle]. 2 (Chi., Mex) number of animals fattened at a time.
engordadero *m.* fattening sty [for hogs]. 2 fattening time. 3 food for fattening hogs.
engordador, ra *adj.* fattening. — *2 m.* fattener.
engordar *tr.* to fatten [make fat; feed for slaughter]. — *2 intr.* to fatten [grow fat; become rich].
engorde *m.* fattening.
engorro *m.* encumbrance, nuisance, bother.
engorroso, sa *adj.* cumbersome, annoying, bothersome.
engoznar *tr.* to hinge.
engranaje *m.* MACH. mesh, meshing. 2 MACH. gear, gearing. 3 teeth of a gear.
engranar *intr.* MACH. to mesh, gear. 2 to connect, interlock.
engrandar *tr.* AGRANDAR.
engrandecer *tr.* to augment, enlarge, aggrandize. 2 to extol. 3 to enhance, exaggerate. 4 to advance, elevate, exalt. — *5 ref.* to become exalted. ¶ CONJUG. like *agradecer.*
engrandecimiento *m.* enlargement. 2 praise. 3 enhancement, exaggeration. 4 exaltation.
engrandezco, engrandezca, *irr.* V. ENGRANDECER.
engrane *m.* MACH. mesh, meshing.
engranerar *tr.* to store [grain].
engranujarse *ref.* to become covered with pimples. 2 to become a knave.
engrapar *tr.* MAS., CARP. to cramp.
engrasación *f.* greasing, oiling, lubrication.
engrasador, ra *adj.* greasing. — *2 m.* greaser, oiler. 3 grease cup.
engrasar *tr.* to make greasy. 2 to grease, oil, lubricate. 3 to fertilize. 4 to dress [cloth].
engrase *m.* greasing, lubrication. 2 grease [for lubrication]. 3 fertilization [of land].
engredar *tr.* to clay [dress with clay].
engreído, da *adj.* vain, conceited.
engreimiento *m.* vanity, presumption, conceit.
engreír *tr.* to make vain or conceited, to elate. — *2 ref.* to become vain or conceited. 3 (Am.) to get fond [of], to take a liking [to]. ¶ CONJUG. like *reír.*
engrescar *tr.* to incite to quarrel. 2 to incite to merriment. — *3 ref.* to get into a row. 4 to get merry.
engrifar *tr.* to curl, crisp. 2 to bristle [the hair or feathers]. — *3 ref.* to curl up. 4 to bristle. 5 [of horses] to rear.
engrillarse *ref.* [of potatoes] to sprout.
engringarse *ref.* (Am.) to follow foreign customs, to behave like foreigners.
engrío, engría, etc., *irr.* V. ENGREÍR.
engrosamiento *m.* thickening. 2 enlargening [of a number].
engrosar *tr.* to thicken; to make fat or corpulent. 2 to enlarge [the number of]. — *3 ref.* to thicken [grow thick]. — *4 intr.* to grow fat or corpulent. ¶ CONJUG. like *contar.*
engrudador *m.* paster. 2 paster brush or tool.
engrudamiento *m.* pasting.
engrudar *tr.* to paste.
engrudo *m.* paste [of flour or starch and water].
engruesar *tr.* ENGROSAR.
engrueso, engruese, etc. *irr.* V. ENGROSAR.
engrumecerse *ref.* to clot, to curdle.
engualdranar *tr.* to caparison [a horse].
enguantado, da *adj.* wearing gloves.
enguantar *tr.* to put a glove on. — *2 ref.* to put on gloves.
enguedejado, da *adj.* in long locks [hair]; wearing long locks [person].
enguijarrado *m.* cobblestone paving.
enguijarrar *tr.* to cobble [pave with cobblestones].

enguirnaldar *tr.* to garland, to deck with a garland.
enguitarrarse *ref.* coll. (Ven.) [of a man] to put on a frock-coat.
enguizcar *tr.* to incite, stimulate.
engullidor, ra *m.* & *f.* gulper, gobbler.
engullir *tr.* to swallow, gulp, gobble.
engurrio *m.* sadness, melancholy.
engurruñar *tr.* to crumple. — *2 ref.* to become melancholy.
enhacinar *tr.* HACINAR.
enharinar *tr.* to cover with flour; to smear with flour.
enhastiar *tr.* to cloy, annoy, bore.
enhebillar *tr.* to bucle [a strap].
enhebrar *tr.* to thread [a needle]; to thread, string [beads].
enhenar *tr.* to cover with hay.
enherbolar *tr.* to poison [arrows, etc.] with herbs.
enhestador, ra *m.* & *f.* one who raises high or sets upright.
enhestadura *f.* raising high; setting upright.
enhestar *tr.* to raise high. 2 to set upright. — *3 ref.* to become erect, stand up, rise upright. ¶ CONJUG. like *acertar.*
enhielar *tr.* to mix with gall.
1) **enhiesto, ta** *adj.* erect, upright, raised.
2) **enhiesto, enhieste,** etc., V. ENHESTAR.
enhilar *tr.* ENHEBRAR. 2 to marshal, arrange [ideas] in order. 3 to put in alighment. 4 to direct [things to an end].
enhorabuena *f.* congratulations: *dar la* ~ *a,* to congratulate. — *2 adv.* happily. 3 all right; well and good.
enhoramala *adv.* in an evil hour. 2 *vete* ~, go to blazes!
enhorcar *tr.* to string [onions].
enhornar *tr.* to put into an oven.
enhorquetar *tr.* (Arg., Cu., P. Ri.) to put astride. — *2 ref.* to ride astride.
enhuecar *tr.* AHUECAR.
enhuerar *tr.* to addle. — *2 intr.* & *ref.* to addle [become addled].
enigma *m.* enigma, riddle.
enigmáticamente *adv.* enigmatically.
enigmático, ca *adj.* enigmatic(al.
enigmatista *m.* & *f.* person who speaks in enigmas.
enjabonadura *f.* soaping, lathering.
enjabonar *tr.* to soap, to lather. 2 coll. to soft-soap. 3 coll. to give a rubbing.
enjaecé, enjaece, etc., *pret., subj.* & *imper.* of ENJAEZAR.
enjaezar *tr.* to put trappings on [a horse].
enjaguar *tr.* ENJUAGAR.
enjalbegador, ra *m.* & *f.* whitewasher.
enjalbegadura *f.* whitewashing.
enjalbegar *tr.* to whitewash. 2 to paint [the face]. — *3 ref.* to paint one's face.
enjalma *f.* light packsaddle.
enjalmar *tr.* to put a packsaddle on. 2 to make packsaddles.
enjalmero *m.* packsaddle maker.
enjambradera *f.* cell of queen bee. 2 bee which hums as signal for swarming.
enjambradero *m.* swarming place [for bees].
enjambrar *tr.* to hive, swarm [bees]. — *2 intr.* [of bees] to swarm, to breed a new hive. 3 fig. to produce abundantly.
enjambrazón *f.* swarming [of bees].
enjambre *m.* swarm. 2 crowd, multitude.
enjarciar *tr.* NAUT. to equip with rigging.
enjardinar *tr.* to trim and arrange [trees] as in gardens.
enjaretado *m.* gratting, lattice work.
enjaretar *tr.* to run [a string, ribbon or cord] through a casing. 2 to rattle off [a speech, etc.]; to do [something] in a rush. 3 to spring [something unpleasant] on [a person]. 4 coll. to insert, intercalate.
enjaular *tr.* to cage. 2 coll. to imprison, confine.
enjebar *tr.* to steep [cloth] in alum lye before dyeing. 2 to whitewash with whiting.
enjebe *m.* alum. 2 alum lye. 3 act of ENJEBAR.
enjergar *tr.* coll. to start and channel [an affair]
enjerirse *ref.* (Col.) ENGURRUÑARSE.
enjertación *f.* grafting.
enjertal *m.* plantation of grafted fruit trees.
enjertar *tr.* INJERTAR.
enjerto *m.* grafted plant or tree. 2 mixture.
enjorguinarse *ref.* to become a sorcerer.

enjoyado, da *adj.* bejeweled, adorned with jewels. 2 embellished.

enjoyar *tr.* to bejewel, adorn or cover with jewels. 2 to set with precious stones.

enjoyelado, da *adj.* wrought into jewels. 2 bejeweled.

enjoyelador *m.* setter [of precious stones].

enjuagadientes *m.* mouthwash.

enjuagadura *f.* rinse, rinsing, wash.

enjuagar *tr.* to rinse [mouth, vessels, etc.].

enjuagatorio *m.* ENJUAGUE 1, 2 & 3.

enjuague *m.* rinse, rinsing. 2 rinsing water; mouthwash. 3 washbowl, rinsing cup. 4 fig. scheme, plot.

enjuague, enjuague, etc., *pret., subj. & imper.* of ENJUAGAR.

enjugador, ra *m. & f.* drier. — 2 *m.* clotheshorse.

enjugar *tr.* to dry [free from moisture] ; to wipe. 2 to dry [tears, sweat, etc.]. 3 to cancel, wipe out, cover [a shortage, debt, etc.]. — 4 *ref.* to lose flesh or fat.

enjugué, enjugue, etc., *pret., subj. & imper.* of ENJUGAR.

enjuiciamiento *m.* examining, judging. 2 LAW act of instituting and carrying out a judicial proceeding. 3 LAW prosecution.

enjuiciar *tr.* to submit [a matter] to study and judgment; to judge of. 2 LAW to institute a judicial proceeding against, to prosecute. 3 LAW to indict.

enjulio, enjullo *m.* warp beam [of the loom].

enjundia *f.* fat in the ovary of fowls. 2 fat of any animal. 3 substance, force.

enjundioso, sa *adj.* having much fat. 2 substantial, important, solid.

enjunque *m.* NAUT. pig-iron ballast, kentledge.

enjuta *f.* ARCH. spandrel.

enjutar *tr.* MAS. to dry [lime, plaster, etc.].

enjutez *f.* dryness, aridity.

enjuto, ta *adj.* dry [free from moisture]. 2 lean, thin, skinny. 2 *pl.* brushwood. 3 tidbits [to excite thirst].

enlabiador, ra *adj.* wheedling. — 2 *m. & f.* wheedler.

enlabiar *tr.* to wheedle, cajole, entice, charm by soft words. 2 to bring one's lips to.

enlabio *m.* wheedling, enticement, charming by soft words.

enlace *m.* lacing, interlacing. 2 link, union. 3 RLY. junction ; connection. 4 wedding. 5 linking [of two families] by marriage. 6 *oficial de* ~, MIL. liaison officer.

enlacé, enlace, etc., *pret., subj. & imper.* of ENLAZAR.

enlaciar *tr. & ref.* to render or to become lax or flabby.

enladrillado, da *adj.* paved with bricks. — 2 *m.* brick pavement.

enladrillador *m.* brick paver.

enladrilladura *f.* paving with bricks.

enladrillar *tr.* to pave with bricks.

enlagunar *tr.* to flood, turn into a swamp.

enlajar *tr.* (Am.) to pave with flagstones.

enlamar *tr.* to cover with slime.

enlardar *tr.* COOK. to baste.

enlatar *tr.* to can [food, etc.]. 2 to roof or cover with battens.

enlazador, ra *adj.* linking, connecting. — 2 *m. & f.* connecter, uniter.

enlazadura *f.,* **enlazamiento** *m.* linking, connection.

enlazar *tr.* to lace, to interlace. 2 to link, join. 3 to lasso. — 4 *ref.* to marry. 5 to become laced or linked. 6 to be connected together. 7 [of two families] to become linked by marriage.

enlegajar *tr.* to arrange [papers] in a file.

enlegamar *tr.* to cover with silt or slime.

enlejiar *tr.* to lye, treat with lye. 2 to make into lye.

enligar *tr.* to smear with birdlime. — 2 *ref.* to be caught with birdlime.

enlistonado *m.* CARP. lathing, lath work.

enlistonar *tr.* to lath, lay lathwork on.

enlizar *tr.* to add leashes to [a loom].

enlobreguecer *tr.* to make dark or gloomy. — 2 *ref* to get dark or gloomy.

enlodadura *f.,* **enlodamiento** *m.* act of soiling with mud.

enlodar *tr.* to bemud, bemire. 2 to throw mud at, to smirch. — 3 *ref.* to get muddy. 4 to soil oneself.

enloquecedor, ra *adj.* maddening.

enloquecer *tr.* to madden, drive insane, distract. — 2 *intr.* to go mad, become insane, demented, crazy. ¶ CONJUG. like *agradecer.*

enloquecimiento *m.* driving mad. 2 going mad. 3 madness, insanity.

enloquezco, enloquezca, etc., *irr.* V. ENLOQUECER.

enlosado *m.* flagstone paving.

enlosador *m.* flagstone paver.

enlosar *tr.* to pave with flagstones.

enlozado *m.* (Am.) enamel ware.

enlozanarse *ref.* LOZANEAR.

enlozar *tr.* (Am.) to enamel [iron, etc.].

enlucido, da *adj.* MAS. plastered. — 2 *m.* MAS. plastering [of a wall] ; coat of plaster.

enlucidor *m.* MAS. plasterer.

enlucimiento *m.* MAS. plastering. 2 polishing.

enlucir *tr.* MAS. to plaster [walls]. 2 to polish [metals]. ¶ CONJUG. like *lucir.*

enlustrecer *m.* to clean, make lustrous.

enlutar *tr.* to put in mourning, to crape. 2 to darken. 3 to sadden. — 4 *ref.* to put on mourning; to dress oneself in mourning.

enluzco, enluzca, etc., *irr.* V. ENLUCIR.

enllantar *tr.* to rim, to shoe [a wheel].

enllentecer *tr.* to soften. — 2 *ref.* to soften [become softer]. ¶ CONJUG. like *agradecer.*

enllentezco, enllenteza, etc., *irr.* V. ENLLENTECER.

enmaderación *f.* ENMADERAMIENTO. 2 MIN. timbering.

enmaderado *m.* ENMADERAMIENTO. 2 MADERAJE.

enmaderamiento *m.* wood-work, wainscoting.

enmaderar *tr.* to plank, board, wainscot. 2 to timber [a building].

enmagrecer *intr.* to grow lean, lose flesh. ¶ CONJUG. like *agradecer.*

enmagrezco, enmagrezca, etc., *irr.* V. ENMAGRECER.

enmalecerse *ref.* [of a field] to become brushy. ¶ CONJUG. like *agradecer.*

enmalezarse *ref.* (Am.) ENMALECERSE.

enmalezca, etc., *irr.* V. ENMALECERSE.

enmallarse *ref.* [of a fish] to be caught in the meshes of a net.

enmangar *tr.* to put a handle or shaft on.

enmantar *tr.* to cover with a blanket. — 2 *ref.* [of birds] to become melancholy.

enmarañamiento *m.* entanglement, tangle. 2 embroilment, confusion.

enmarañar *tr.* to entangle, tangle, ravel. 2 to embroil, confuse. — 3 *ref.* to get tangled ; to become embroiled.

enmararse *ref.* NAUT. to take to the open sea.

enmaridar *intr. & ref.* [of a woman] to marry.

enmarillecerse *ref.* to become pale or yellow. ¶ CONJUG. like *agradecer.*

enmarillezco, enmarillezca, etc., *irr.* V. ENMARILLECER.

enmaromar *tr.* to tie with a rope.

enmascarar *tr.* to mask. — 2 *ref.* to put on a mask.

enmasillar *tr.* to putty.

enmatarse *ref.* [of game] to hide in the bushes.

enmelar *tr.* to smear with honey. 2 to honey, sweeten. — 3 *intr.* to make honey.

enmendable *adj.* emendable.

enmendación *f.* emendation, correction, amendment.

enmendador *m.* emender, corrector.

enmendadura *f.* emendation, correction.

enmendar *tr.* to emend, correct, amend. 2 to repair, make amends for. — 3 *ref.* to reform, mend [mend one's ways]. ¶ CONJUG. like *acertar.*

enmienda *f.* emendation, correction. 2 amends, reparation. 3 [in parliamentary procedure] amendment. 4 *pl.* AGR. amendments.

enmiendo, enmiende, etc., *irr.* V. ENMENDAR.

enmohecer *tr.* to make mouldy, to mildew. 2 to rust. — 3 *ref.* to get mouldy. 4 to rust, get rusty. ¶ CONJUG. like *agradecer.*

enmohecido, da *adj.* mouldy, rusty.

enmohecimiento *m.* getting mouldy, rusting. 2 mouldiness, rustiness.

enmohezco, enmohezca, etc., *irr.* V. ENMOHECER.

enmollecer *tr.* to soften. — 2 *ref.* to soften [become soft]. ¶ CONJUG. like *agradecer.*

enmollezco, enmollezca, etc., *irr.* V. ENMOLLECER.

enmonarse *ref.* (Chi., Pe.) to get drunk.

enmontarse *ref.* (C. Am.) [of land] to become bushy.

enmordazar *tr.* AMORDAZAR.

enmostar *tr.* to soil or soak with must.

enmudecer *tr.* to hush, silence. — *2 intr.* to become dumb. *3* to be silent; to keep silent. ¶ CONJUG. like *agradecer*.

enmudezco, enmudezca, etc., *irr.* V. ENMUDECER.

enmugrar *tr.* (Col. Chi.) ENMUGRECER.

enmugrecer *tr.* to soil, make greasy. ¶ CONJUG. like *agradecer*.

enmugrezco, enmugrezca, etc., *irr.* V. ENMUGRECER.

enneciarse *ref.* to become a fool.

ennegrecer *tr.* to blacken, to darken. — *2 ref.* to blacken, darken, grow black or dark. ¶ CONJUG. like *agradecer*.

ennegrecimiento *m.* blackening, darkening.

ennegrezco, ennegrezca, etc., *irr.* V. ENNEGRECER.

ennoblecedor, ra *adj.* ennobling.

ennoblecer *tr.* to ennoble. — *2 ref.* to become ennobled. ¶ CONJUG. like *agradecer*.

ennoblecimiento *m.* ennoblement.

ennoblezco, ennoblezca, etc., *irr.* V. ENNOBLECER.

enodio *m.* young deer.

enojadizo, za *adj.* irritable, peevish, easily angered.

enojado, da *adj.* cross, angry, displeased.

enojar *tr.* to anger, make angry. *2* to annoy, displease. — *3 ref.* to become angry, get cross. *4* [of the elements] to become violent, furious.

enojo *m.* anger, irritation, displeasure. *2* annoyance.

enojón, na *adj.* (Am.) ENOJADIZO.

enojosamente *adv.* annoyingly.

enojoso, sa *adj.* annoying, vexatious, bothersome.

enología *f.* œnology.

enológico, ca *adj.* œnological.

enorgullecer *tr.* to make proud. — *2 ref.* to be proud; to swell with pride : *enorgullecerse de*, to pride oneself on. ¶ CONJUG. like *agradecer*.

enorgullecimiento *m.* pride, haughtiness.

enorgullecido, da *adj.* proud, haughty.

enorgullezco, enorgullezca, etc., *irr.* V. ENORGULLECERSE.

enorme *adj.* enormous. *2* wicked, heinous.

enormemente *adv.* enormously.

enormidad *f.* enormousness. *2* enormity. *3* absurdity, nonsense.

enotecnia *f.* art of wine making.

enquiciar *tr.* to hang [a door or window]. *2* to put in order, to make stable.

enquillotrarse *ref.* to become conceited. *2* coll. to fall in love.

enquiridión *m.* enchiridion.

enquistamiento *m.* MED. encystment.

enquistarse *ref.* MED. to encyst.

enrabiar *tr.* to anger, enrage.

enraizar *intr.* to take root.

enramada *f.* bower; shelter or adornment of intertwined branches.

enramar *tr.* to cover or adorn with intertwined branches. — *2 intr.* to sprout branches. — *3 ref.* to hide in the branches.

enramblar *tr.* to tenter [cloth].

enrame *m.* adorning or covering with branches.

enranciar *tr. & ref.* to make or to become rancid or stale.

enrarecer *tr.* to rarefy [make less dense]. — *2 ref.* to rarefy [become less dense]. — *3 intr. & ref.* to become scarce. ¶ CONJUG. like *agradecer*.

enrarecimiento *m.* rarefaction.

enrarezco, enrarezca, etc., *irr.* V. ENRARECER.

enrasar *tr.* MAS. to make level or flush. — *2 intr.* to become level or flush. *3* PHYS. to reach a common level.

enrase *m.* MAS. making or being level or flush. *2* PHYS. reaching a common level.

enrayar *tr.* to spoke, fix spokes in [a wheel].

enredadera *adj.* BOT. climbing. — *2 f.* BOT. climbing vine, climber. *3* BOT. bindweed.

enredado, da *adj.* tangled, entangled, matted. *2* intricated, involved, embroiled.

enredador, ra *adj.* entangling, embroiling. *2* mischievous.

enredar *tr.* to tangle, entangle, mat, ravel, snarl. *2* to net [catch in a net]. *3* to set [nets] for birds, etc. *4* to embroil, sow discord between. *5* to involve, implicate. — *6 intr.* [of children] to be mischievous, get into mischief, play pranks. *7* to touch, meddle : ~ *con*, to touch at, fumble, meddle with. — *8 ref.* to be caught [in a net, etc.]. *9* to get entangled; to get involved. *10* to complicate [become complicated], become embroiled. *11* [of an anchor] to foul.

enredijo *m.* tangle, entanglement.

enredo *m.* tangle, entanglement, ravel. *2* embroil-

ment complication. *3* imbroglio. *4* falsehood, gossip, mischief. *5* plot [of a play, etc.]. *6* liaison, love affair. *7 pl.* coll. encumbrances.

enredón, na *adj. & n.* ENREDADOR.

enredoso, sa *adj.* complicated, full of difficulties.

enrejado *m.* iron railing [for closing or fencing]; grilles. *2* grating, latticework, trellis. *3* ARCH., ENG. grillage. *4* openwork embroidery.

enrejalar *tr.* to close or fence with railings or trellis. *2* to pile [boards, bricks, etc.] in crisscross tiers.

enrejar *tr.* to close with a grille. *2* to fence with railing or trellis. *3* to fix the share to [a plough]. *4* to wound the feet of [horses or oxen] with the ploughshare.

enrevesado, da *adj.* REVESADO.

enriado *m.* retting [of flax or hemp].

enriador *m.* retter.

enriamiento *m.* ENRIADO.

enriar *tr.* to ret [flax or hemp].

enrielar *tr.* to make into ingots. *2* (Chi., Mex.) to put on the rails; to put on the right track.

enripiar *tr.* MAS. to fill with rubble.

Enrique *m. pr. n.* Henry.

enriquecedor, ra *adj.* enriching.

enriquecer *tr.* to enrich. — *2 ref.* to become wealthy, to prosper. *3* to be enriched. ¶ CONJUG. like *agradecer*.

enriquecimiento *m.* enrichment.

enriquezco, enriquezca, etc., *irr.* V. ENRIQUECER.

Enriqueta *f. pr. n.* Henrietta, Harriet.

enriscado, da *adj.* craggy [full of crags].

enriscamiento *m.* taking refuge among the rocks.

enriscar *tr.* to raise. — *2 ref.* to go or take refuge among the rocks.

enristrar *tr.* to couch [the lance]; to set [one's lance] in rest. *2* to string [onions, etc.]. *3* to go direct to [a place].

enristre *m.* act of couching the lance. *2* stringing [of onions, etc.].

enrocar *tr. & intr.* CHESS to castle. — *2 tr.* to put [flax or hemp] on the distaff.

enrodelado, da *adj.* armed with a buckler.

enrodrigar, enrodrigonar *tr.* RODRIGAR.

enrodar *tr.* to wheel [subject to torture by the wheel].

enrojar *tr.* to redden. *2* to make red-hot.

enrojecer *tr.* to redden. *2* to make red-hot. — *3 ref.* to redden, turn red. — *4 intr.* to blush. ¶ CONJUG. like *agradecer*.

enrojezco, enrojezca, etc., *irr.* V. ENROJECER.

enrollado *m.* volute.

enrollar *tr.* to roll, coil. *2* to pave with cylindrical stones.

enromar *tr.* to blunt, dull. — *2 ref.* to become blunt or dull.

enronquecer *tr.* to make hoarse. — *2 intr. & ref.* to get hoarse. ¶ CONJUG. like *agradecer*.

enronquecimiento *m.* hoarseness.

enronquezco, enronquezca, etc., *irr.* V. ENRONQUECER.

enroñar *tr.* to make mangy or dirty. *2* to rust [iron, etc.]. — *3 ref.* [of iron] to rust.

enroque *m.* CHESS. castling.

enroscadura *f.* coiling, twisting, convolution. *2* screwing on or in.

enroscar *tr.* to coil, twist. *2* to screw on or in. — *3 ref.* to coil, twist itself.

enrosqué, enrosque, etc., *pret., subj. & imper.* of ENROSCAR.

enrubiar *tr.* to make blond. — *2 ref.* to turn blond.

enrubio *m.* making or turning blond. *2* blond dye. *3* (P. Ri.) tree with a hard wood.

enrudecer *tr.* to make dull or stupid. ¶ CONJUG. like *agradecer*.

enrudezco, enrudezca, etc., *irr.* V. ENRUDECER.

enruinecer *intr.* to become mean. ¶ CONJUG. like *agradecer*.

enruinezco, enruinezca, *irr.* V. ENRUINECER.

ensabanar *tr.* to wrap up in a sheet. *2* MAS. to apply a coat of plaster to.

ensacador, ra *m. & f.* bagger.

ensacar *tr.* to bag, sack [put in bags or sacks].

ensaqué, ensaque, etc., *pret., subj. & imper.* of ENSACAR.

ensaimada *f.* cake made of a coiled length of puff paste.

ensalada *f.* salad. *2* hodge-podge, medley.

ensaladera *f.* salad bowl.

ensaladilla *f.* kind of salad with mayonnaise sauce.

2 assortment of sweetmeats. *3* setting of vari-coloured jewels. *4* hodge-podge.
ensalcé, ensalce, etc., *ret*, *subj.* & *imper.* of EN-SALZAR.
ensalmador, ra *m.* & *f.* bonesetter. *2* one who cures by spells.
ensalmar *tr.* to set [bones]. *3* to cure by spells.
ensalmo *m.* curing by spells : *como por ~,* as if by magic, in a jiffy.
ensalobrarse *ref.* to become salty.
ensalzador *m.* exalter; praiser, extoller.
ensalzamiento *m.* exalting, elevation. *2* praising, extolling.
ensalzar *tr.* to exalt, elevate. *2* to praise, extoll.
ensamblador *m.* CARP. joiner.
ensambladura *f.,* **ensamblaje** *m.* CARP. joining, assembling; joint : *~ de caja y espiga,* mortise-and-tenon joint; *~ de cola de milano,* dovetail joint; *~ de inglete,* mitre joint; *~ de ranura y lengüeta,* tongue-and-groove joint.
ensamblar *tr.* to join, fit together. *2* CARP. to joint.
ensamble *m.* ENSAMBLADURA.
ensancha *f.* enlargement, extension.
ensanchador, ra *adj.* widening, enlarging. — *2 m.* glove stretcher.
ensanchamiento *m.* widening, broadening, enlarging.
ensanchar *tr.* to widen, broaden, enlarge. *2* to let out [a close-fitting garment]. *3 ~ el cora-zón,* to relieve, cheer up. — *4 ref.* to widen, to expand. *5* to put on airs, to puff up.
ensanche *m.* widening, enlargement, extension. *2* SEW. allowance [in seams] for future enlarge-ment. *2* suburban development, newly built quarter [in a town].
ensangrentamiento *m.* bloodstaining. *2* furor, rage.
ensangrentar *tr.* to bloodstain, stain with blood. — *2 ref.* to become bloodstained, to stain or cover oneself with blood. *3* to get violent or furious. ¶ CONJUG. like *acertar.*
ensangriento, ensangriente, etc., *irr.* V. ENSANGREN-TAR.
ensañamiento *m.* cruelty, ferocity.
ensañar *tr.* to irritate, enrage. — *2 ref.* to be cruel, ruthless : *ensañarse en,* to be cruel or ruthless to, to vent one's fury on [one who is no longer able to defend himself].
ensartar *tr.* to string [beads, etc.]. *2* to thread [a needle]. *3* to spit, skew; *to* pierce, run through. *4* coll. to rattle off, say disconnectedly; to say a string of.
ensay *m.* assay [of metals].
ensayar *tr.* to assay [metals]. *2* to try, try out, test. *2* to rehearse [a play etc.]. *4* to train, practise. — *5 ref.* to practise, train oneself.
ensaye *m.* assay [of metals].
ensayismo *m.* essayism.
ensayista *m.* & *f.* essayist, essay-writer.
ensayo *m.* assay [of metals]. *2* trying, testing, trial, test, experiment. *3* preparatory practice; re-hearsal : *~ general,* THEAT. dress rehearsal. *4* LIT. essay.
ensebar *tr.* to grease, tallow.
enselvado, da *adj.* wooded [land].
enselvar *tr.* & *ref.* EMBOSCAR.
ensenada *f.* cove, inlet, small bay.
ensenar *tr.* to put in one's bosom. — *2 tr.* & *ref.* NAUT. to put [a ship] into a cove or small bay.
enseña *f.* standard, ensign.
enseñable *adj.* teachable.
enseñado, da *adj.* trained, accustomed, educated.
enseñamiento *m.* ENSEÑANZA.
enseñante *adj.* teaching.
enseñanza *f.* teaching, instruction, education : *~ primaria, primera ~,* primary education; *se-gunda ~,* secondary or high-school education; *~ superior,* higher education. *2* lesson, example.
enseñar *tr.* to teach. *2* to instruct, train, school. *3* to show [exhibit, let be seen]. *4* to show, point out. — *5 ref.* to school oneself, to become trained, accustomed.
enseñoreamiento *m.* mastery, domination.
enseñorearse *ref.* to make oneself the master [of], take possession [of].
enseres *m. pl.* chattels, household goods. *2* imple-ments, utensils.
enseriarse *ref.* (Cu., Pe., P. Ri., Ven.) to assume a serious or displeased air.
ensiforme *adj.* ensiform, sword-shaped.
ensilaje *m.* ensilage, silage.

ensilar *tr.* to ensilage, to ensile.
ensillado, da *adj.* saddle-backed.
ensilladura *f.* saddling. *2* back of a horse where the saddle fits.
ensillar *tr.* to saddle [a horse, etc.].
ensimismamiento *m.* absorption in thought.
ensimismarse *ref.* to become absorbed in thought. *2* (Co., Chi.) to become vain.
ensoberbecer *tr.* to make haughty, arrogant. — *2 ref.* to become haughty, arrogant. *3* [of the sea] to swell, get rough. ¶ CONJUG. like *agra-decer.*
ensoberbecimiento *m.* haughtiness, arrogance.
ensoberbezco, ensoberbezca, etc., *irr.* V. ENSOBER-BECER.
ensogar *tr.* to rope [tie with a rope]. *2* to wrap [a bottle, etc.] in rope.
ensolver *tr.* to inclose. *2* to contract, abridge. *3* MED. to resolve. ¶ CONJUG. like *mover.*
ensombrecer *tr.* to darken, cloud. — *2 ref.* to darken [become dark], become sad or gloomy. ¶ CONJUG. like *agradecer.*
ensombrerado, da *adj.* wearing a hat.
ensombrezco, ensombrezca, etc., *irr.* V. ENSOMBRE-CER.
ensopar *tr.* to dip [bread] in a liquid. *2* (Am.) to drench, soak.
ensordecedor, ra *adj.* deafening.
ensordecer *tr.* to deafen [make deaf]. *2* PHON. to unvoice. — *3 ref.* to become deaf. ¶ CONJUG. like *agradecer.*
ensordecimiento *m.* deafening; deafness.
ensordezco, ensordezca, etc., *irr.* V. ENSORDECER.
ensortijamiento *m.* curling, crisping [of hair]. *2* curls, ringlets.
ensortijar *tr.* to curl, crisp [hair, etc.]. *2* to ring [an animal's nose]. — *3 ref.* [of hair, etc.] to curl.
ensotarse *tr.* to go into a grove or thicket.
ensuciamiento *m.* soiling, staining, defilement, pollution.
ensuciar *tr.* to dirty, soil; stain, sully, defile, pollute. — *2 ref.* to get dirty. *3* to soil one's bed, clothes, etc. *4* to soil oneself [esp. by taking bribes].
ensuelvo, ensuelva, etc., *irr.* V. ENSOLVER.
ensueño *m.* dream; daydream.
entablación *f.* planking, flooring with boards.
entablado *m.* flooring [of boards]. *2* wooden fra-mework.
entablamento *m.* ARCH. entablature.
entablar *tr.* to plank, board, cover with boards. *2* to set [the men] on the chessboard or draught-board. *3* to start [a conversation, negotiation, etc]; to bring [a suit or action]. *4* SURG. to splint. *5* (Arg.) to train [cattle] to go in a drove. — *6 ref.* [of wind] to settle.
entable *m.* ENTABLADURA. *2* position of men on a chessboard.
entablillar *tr.* SURG. to splint.
entalamadura *f.* arched awning [on a cart or wagon], tilt.
entado, da *adj.* HER. enté.
entalamar *tr.* to cover [a cart] with an awning.
entalegar *tr.* to bag [put in a bag]. *2* to hoard [money].
entalingar *tr.* NAUT. to clinch the cable to [the anchor].
entallador *m.* carver, sculptor, engraver.
entalladura *f.,* **entallamiento** *m.* carving, sculpture; engraving. *2* notch, mortise. *3* tapping, incision [in a tree].
entallar *tr.* to carve, sculpture, engrave. *2* to notch, mortise, make a cut in. *3* to tap [a tree]. *4* to make [a garment] fit to the waist. — *5 intr.* [of a garment] to fit to the waist.
entallecer *tr., intr.* & *ref.* AGR. to shoot, sprout.
entapizar *tr.* to upholster. *2* to carpet [cover as with a carpet].
entapujar *tr.* to cover, to conceal.
entarascar *tr.* to overdeck, to overdress.
entarimado *m.* boarded or parqueted floor.
entarimar *tr.* to floor with boards.
entarquinamiento *m.* fertilizing or soiling with slime. *2* siltation.
entarquinar *tr.* to fertilize with slime. *2* to soil with slime. *3* to reclaim [a swamp] by siltation.
entarugado *m.* paving with wooden blocks. *2* pave-ment of wooden blocks.

entarugar *tr.* to pave with wooden blocks.

éntasis *m.* ARCH. entasis.

ente *m.* entity, being. 2 coll. 'fellow, *guy.

entecado, da & **enteco, ca** *adj.* weakly, sickly.

entelequia *f.* PHILOS. entelechy.

entelerido, da *adj.* numb or shaking with cold or fright. 2 (Am.) weakly, sickly.

entena *f.* NAUT. lateen yard.

entenada *f.* stepdaughter.

entenado *m.* stepson.

entendederas *f. pl.* understanding [power to understand].

entendedor, ra *m.* & *f.* one who understands: *al buen ~ pocas palabras,* a word to the wise is enough.

1) **entender** *m.* understanding, opinión : *a mi ~, según mi ~,* in my opinion, according to my understanding.

2) **entender** *tr.* to understand, conceive comprehend; *dar a ~,* to hint, to give to understand. 2 to know, penetrate. 3 to intend, mean. 4 to think, believe; infer. — 5 *intr. ~ de* or *en,* to be versed in, to be an expert on: to be in charge [of an affair]; to have authority to pass on. — 6 *ref.* to be clear, understandable. 7 to be understood: *¿qué se entiende por...?,* what is understood by...?; *¿cómo se entiende?,* what is the meaning of that? 8 to know what one's about. 9 to understand each other. 10 [of two or more] to have an understanding. 11 [of a man & a woman] to carry on a love affair. 12 *entenderse con* [una cosa], to know how to deal [with a thing]; *entenderse con* [uno], to come to an understanding or arrangement. 13 *entenderse* [una cosa] *con,* to concern, to include; *esto no se entiende conmigo,* this does not concern me, does not include me. ¶ CONJUG. IND. Pres.: *entiendo, entiendes, entiende;* entendemos, entendéis, *entienden.* | SUBJ. Pres.: *entienda, entiendas, entienda;* entendamos, entendáis, *entiendan.* | IMPER.: *entiende, entienda;* entendamos, entended, *entiendan.*

entendidamente *adv.* knowingly, skilfully.

entendido, da *p. p.* of ENTENDER : *tener ~,* to understand. — 2 *adj.* that understands: *no darse por ~,* to take no notice, to ignore, to pretend not to understand. 3 able, expert, learned.

entendimiento *m.* understanding, comprehension. 2 understanding, intellect, mind, sense.

entenebrecer *tr.* to darken, obscure. — 2 *ref.* to get dark. ¶ CONJUG. like *agradecer.*

entenebrezco, entenebrezca, etc., *irr.* V. ENTENEBRE-CER.

enterado *adj.* informed, well informed. 2 (Chi.) proud, conceited.

enteralgia *f.* MED. enteralgia.

enteramente *adv.* entirely, wholly, quite.

enterar *tr.* to inform, acquaint, make cognizant. 2 (Arg., Chi.) to complete [a sum of money]. 3 (Col., C. Ri., Mex.) to pay [money]. — 4 *ref. enterarse de,* to learn, be informed of ; to find out about, inquire about.

entercarse *ref.* to get obstinate.

entereza *f.* entirety, integrity : *~ virginal,* virginity. 2 uprightness [in rendering justice]. 3 fortitude, firmness, presence of mind.

entérico, ca *adj.* MED. enteric.

enterísimo, ma *adj. superl.* most complete.

enteritis *f.* MED. enteritis.

enterizo, za *adj.* in one piece.

enternecedor, ra *adj.* affecting, moving, touching.

enternecer *tr.* to soften. 2 to affect, touch, move to pity. — 3 *ref.* to be affected, be moved to pity. ¶ CONJUG. like *agradecer.*

enternecidamente *adv.* tenderly, compassionately.

enternecimiento *m.* tenderness, pity, compassion.

enternezco, enternezca, etc., *irr.* V. ENTERNECER.

entero, ra *adj.* entire, whole, complete. 2 sound, robust. 3 honest, upright. 4 firm, constant. 5 ARITH. whole [number]. 6 BOT. entire. 7 uncastrated. — 8 *m.* ARITH. integer, whole number: *los enteros,* the integral part [of a decimal]. 9 (Col., C. Ri., Chi., Mex.) payment, delivery of money [esp. in a public office]. 10 *por ~,* entirely, completely, fully.

enterocele *m.* MED. enterocele.

enterocolitis *f.* MED. enterocolitis.

enterotomía *f.* SURG. enterotomy.

enterrador *m.* gravedigger, sexton. 2 ENTOM. burying beetle.

enterramiento *m.* interment, burial. 2 sepulchre, tomb, grave.

enterrar *tr.* to bury, inter. 2 to bury [put underground, hide in earth, cover up; forget]. 3 to survive. — 4 *ref.* to retire, bury oneself. ¶ CONJUG. like *acertar.*

entesamiento *m.* stretching, tautening.

entesar *tr.* to stretch, tighten, tauten.

entestado, da *adj.* stubborn, obstinate.

entibación *f.* MIN. timbering.

entibador *m.* MIN. timberman.

entibar *tr.* MIN. to shore up, timber. — 2 *intr.* to rest, lean.

entibiar *tr.* to cool, to make lukewarm. 2 to temper, moderate [fervour, zeal, etc.]. — 3 *ref.* to become lukewarm, to cool down.

entibo *m.* MIN. timber, prop, strut.

entidad *f.* entity. 2 consequence, importance, moment, value. 3 association, corporation, collectivity.

entiendo, entienda, etc., *irr.* V. ENTENDER.

1) **entierro** *m.* interment, burial, funeral. 2 grave, tomb. 3 buried treasure.

2) **entierro, entierre,** etc., *irr.* V. ENTERRAR.

entiesar *tr.* to stiffen.

entigrecerse *ref.* to become furious [as a tiger]. ¶ CONJUG. like *agradecer.*

entigrezco, entigrezca, etc., *irr.* V. ENTIGRECERSE.

entimema *m.* LOG. enthymeme.

entinar *tr.* to put into a vat.

entintado *m.* PRINT. inking.

entintar *tr.* to ink. 2 to stain with ink. 3 to dye.

entiznar *tr.* TIZNAR.

entoldado *m.* covering with awnings. 2 awnings; overhead shelter made of awnings.

entoldamiento *m.* covering with awnings. 2 adorning with hangings.

entoldar *tr.* to cover with awnings. 2 to adorn with hangings. — 3 *ref.* to swell with pride. 4 [of the sky] to grow cloudy or overcast.

entomófago, ga *adj.* ZOOL. entomophagus.

entomofilia *f.* BOT. entomophilia.

entomófilo, la *adj.* BOT. entomophilous.

entomología *f.* entomology.

entomológico, ca *adj.* entomologic(al.

entomólogo *m.* entomologist.

entonación *f.* singing in tune. 2 intonation, modulation, tone. 3 MUS., PAINT. toning. 4 blowing the bellows [of an organ]. 5 haughtiness, airs.

entonadera *f.* blow lever of an organ.

entonado, da *adj.* haughty, stuck-up. — 2 *m.* PHOT. process of toning.

entonador, ra *adj.* singing, intoning. 2 MUS., PAINT., PHOT. toning. 3 MED. toning up. — 4 *m.* & *f.* singer, intoner. 5 organ blower.

entonamiento *m.* ENTONACIÓN.

entonar *tr.* to sing in tune. 2 to sing [a song]. 3 to intone [for others to follow]. 4 MUS., PAINT., PHOT. to tone. 5 MED. to tone up. 6 to blow the bellows [of an organ]. — 7 *ref.* to become stuck-up, put on airs.

entonatorio *m.* book of sacred music.

entonces *adv.* then, at that time : *desde ~,* since then, from that time on; *hasta ~,* till then, up to that time; *por ~, por aquel ~,* at that time. 2 then, this being the case : *¿entonces?,* then what?

entonelar *tr.* to put in casks or barrels.

entongar *tr.* to pile up in rows.

entono *m.* singing in tune. 2 haughtiness, arrogance, airs.

entontecer *tr.* to besot, hebetate, make silly. — 2 *ref.* to become dull or silly. ¶ CONJUG. like *agradecer.*

entontecimiento *m.* hebetation, dullness, silliness; making or becoming dull or silly.

entontezco, entontezca, etc., *irr.* V. ENTONTECER.

entorchada *adj.* ARCH. wreathed [column].

entorchado *m.* bullion lace [in the cuffs of some uniforms]. 2 string covered with silk or wire.

entorchar *tr.* to twist [candles] to make a torch. 2 to cover [a string or thread] with silk or wire.

entorilar *tr.* BULLF. to stall [the bull] before the fight.

entornar *tr.* to half-close [the eyes] ; to set ajar [a door]. 2 to tilt, upset.

entorpecedor *adj.* dulling, blunting, benumbing. 2 delaying, obstructing.

entorpecer *tr.* to dull, blunt [the mind, the senses], to benumb; to make sluggish, awkward. 2 to clog, delay, obstruct. — *3 ref.* to become dull, blunt, awkward. *4* to get delayed, obstructed. ¶ CONJUG. like *agradecer.*

entorpecimiento *m.* dullness, bluntness, numbness; torpor, torpidity; sluggishness, awkwardness. *2* obstruction, delay.

entorpezco, entorpezca, etc., *irr.* V. ENTORPECER.

entortar *tr.* to bend, make crooked. *2* to make blind in one eye. ¶ CONJUG. like *contar.*

entosigar *tr.* to poison.

entozoario *m.* ZOOL. entozoan.

entrada *f.* entrance, gate, place of entrance, access; MIN. adit; MACH. intake, inlet. *2* entrance, entering, entry, ingress. *3* admission [to society, club, etc.]; admittance, opening: *dar* ~, to admit; to give an opening [in conversation]. *4* entrance fee; admission ticket. *5* THEAT. house, [audience]: ~ *floja,* small house; *gran* ~, full house. *6* THEAT. receipt, takings. *7* first payment. *8* beginning [of a book, speech, year, season, etc.]. *9* intimacy with, access to. *10* CARDS [at ombre] act of playing for the stakes. *11* COOK. entreé. *12* cash receipts. *13* invasion. *14* ARCH. embedded end [of beam]. *15* MUS. entrance. *16* THEAT. ~ *general,* gallery, gallery ticket. *17 pl.* income. *18* receding hair at the temples.

entrado, da *adj.* ~ *en años,* advanced in years.

entrador, ra *adj.* (Am.) energetic, bold, enterprising. *2* (Chi.) meddlesome.

entramado *m.* MAS. timber framework [for a wall, floor, etc.], studwork.

entramar *tr.* MAS. to build a timber framework for [a wall, floor, etc.].

entrambos, bas *adj. pl.* both, both the.

entrampar *tr.* to trap, entrap, ensnare. *2* to trick. *3* to entangle [matters]. *4* to burden with debt. — *5 ref.* to stick in the mud. *6* to run into debt.

entrante *adj.* entrant, entering, incoming. *2* coming, next: *el mes* ~, the next month. *3* GEOM., FORT. re-entering [angle]. — *4 m. & f.* one who enters: *entrantes y salientes,* goers and comers.

entraña *f.* ANAT. vital or internal organ. *2* the innermost or essential part, the bottom, the core. *3 pl.* vitals: *dar hasta las entrañas,* fig. to give one's all; *echar las entrañas,* fig. to be violently sick. *4* entrails. *5* heart, feeling, humaneness; *no tener entrañas,* to be heartless, inhuman. *6* temper, disposition: *de buenas entrañas,* kind, human.

entrañable *adj.* most affectionate, close, intimate. *2* deep [affection].

entrañablemente *adv.* dearly; deeply.

entrañar *tr.* to bury deep. *2* to contain, involve, carry within. — *3 ref.* to penetrate to the core. *4* to become deeply attached.

entrapajar *tr.* to wrap up or bandage [a wounded or sore part of body] with rags.

entraparse *ref.* to become clogged or matted [with dust or filth].

entrapazar *intr.* TRAPACEAR.

entrar *intr.* to enter, go in, come in. *2* to charge, attack. *3* [of seasons, writings, etc.] to begin. *4* to play for the stakes [at cards]. *5* MUS. to strike in. *6* ~ *a,* to enter, begin, start: ~ *a reinar,* to begin to reign; ~ *a servir a,* to take service with. *7* ~ *en,* to go in or into, enter, penetrate; to have access to, to have free entrance to; to join, become a member of; to be numbered among; to enter into the composition of; to enter into, form part of [calculations, plans, etc.]; to enter into, engage in [conversation, agreement, etc.]; to enter on, begin to deal with [a subject]; to take part in [a plot, etc.]; to reach [adolescence, manhood, etc.]; [of rivers] to flow into. *8* ~ *en deseo,* to be seized by desire. *9* ~ *en juego,* to come into play. *10* ~ *en recelo,* to begin to suspect, become suspicious. *11* ~ *uno dentro de sí* or *en sí mismo,* to think seriously over one's conduct. *12* *entran cuatro peras en libra,* threre's four pears to the pound. *13* *no entrarle a uno una cosa,* not to approve of something; not to be able to get something into one's head. *14* *no entrarle a uno una persona,* not to be able to bear or to stand somebody. *15* *no* ~ *ni salir uno en una cosa,* to have nothing to do with a thing; to have no part in something. *16* *ahora entro yo,* now it's my turn.
17 tr. to introduce, cause to enter, bring in, put in. *18* MIL. to invade; to take. *19* to attack;

to influence, prevail upon. *20* NAUT. to gain upon [a ship].
21 ref. to enter, go in, penetrate.

entre *prep.* between, among, amongst: ~ *tú y yo,* between you and me; ~ *los buenos escritores,* among the good writers; *tener [un asunto]* ~ *manos,* to have [a matter] in hand. *2* ~ *mí,* ~ *sí,* in my, his, heart; to myself, to himself. *3* ~ *que,* while; ~ *tanto,* meanwhile, in the interim.

entreabierto, ta *adj.* half-open, ajar.

entreabrir *tr.* to half-open; to set ajar.

entreacto *m.* THEAT. intermission, entr'acte, interval.

entreancho, cha *adj.* neither broad nor narrow.

entrecalle *m.* ARCH. clear between two consecutive mouldings.

entrecanal *f.* ARCH. fillet between flutes.

entrecano, na *adj.* grayish [hair or beard].

entrecava *f.* AGR. shallow digging.

entrecavar *tr.* AGR. to dig shallow.

entrecejo *m.* space between the eyebrows: *fruncir el* ~, to knit one's brown. *2* frown, frowning.

entrecerrar *tr.* (C. Ri., Mex., E. Sal.) to set ajar [a door, window, etc.].

entrecinta *f.* ARCH. collar beam.

entreclaro, ra *adj.* lightish.

entrecoger *tr.* to catch, corner. *2* to compel someone [by arguments, threats, etc.].

entrecomar *tr.* to place between commas, or between inverted commas.

entrecoro *m.* ECCL. chancel.

entrecortado, da *adj.* broken, faltering [voice, sound].

entrecortadura *f.* partial cut, cut that does not sever.

entrecortar *tr.* to cut without severing.

entrecriarse *ref.* [of plants] to grow among others.

entrecrucé, entrecruce, etc., *pret., subj. & imper.* of ENTRECRUZAR.

entrecruzar *tr.* to intercross. — *2 ref.* to intercross [be intercrossed].

entrecubiertas *f. pl.* NAUT. between decks.

entrecuesto *m.* backbone, back [of an animal]. *2* loin, sirloin.

entrechocar *intr. & ref.* to collide with one another, to clash.

entredicho *m.* interdiction, prohibition. *2* ECCL. interdict.

entredoble *adj.* of medium thickness.

entredós *m.* SEW. insertion. *2* PRINT. long primer.

entrefilete *m.* short feature, special item [in a newspaper].

entrefino, na *adj.* of medium quality.

entrega *f.* delivery, handing over. *2* surrender. *3* fascicle, instalment [of a novel, etc.]. *4* ARCH. part of stone or beam embedded in a wall.

entregador, ra *adj.* delivering. — *2 m. & f.* deliverer.

entregamiento *m.* delivery, handing over. *2* surrender.

entregar *tr.* to deliver, hand over; to give up: ~ *el alma a Dios,* to give up the ghost; *entregarla,* coll. to die. *2* to surrender. *3* MAS. to introduce, insert, embed [the end of a beam, etc.]. — *4 ref.* to surrender, give oneself up: ~ *a discreción,* to surrender unconditionally. *5* to yield, submit, give up. *6* to give oneself up, abandon oneself [to a feeling, etc.]. *7* to devote oneself wholly [to something]. *8* ~ *de,* to receive, to take charge of.

entregué, entregue, etc., *pret., subj. & imper.* of ENTREGAR.

entrejuntar *tr.* to join the panels of a door, etc., to the frame.

entrelacé, entrelace, etc., *pret., subj. & imper.* of ENTRELAZAR.

entrelazamiento *m.* interlacing, interweaving.

entrelazar *tr.* to interlace, braid, entwine, interweave.

entrelínea *f.* writing between the lines.

entrelinear *tr.* to interline, write between lines.

entreliño *m.* space between rows of trees or vines.

entrelistado, da *adj.* with coloured stripes.

entrelucir *intr.* to show through. ¶ CONJUG. like *lucir.*

entreluzco, entreluzca, etc., *irr.* V. ENTRELUCIR.

entremediar *tr.* to put between.

entremedias *adv.* in between; in the mean time: ~ *de,* between; among.

entremés *m.* hors d'œuvre, side dish. *2* THEAT. short

farce formerly inserted between two acts of a play.

entremesista *m. & f.* writer or player of ENTRE-MESES.

entremeter *tr.* to insert, place between. — 2 *ref.* to butt in, meddle, intermeddle, obtrude.

entremetido, da *adj.* meddlesome, officious. —. 2 *m. & f.* meddler, busybody.

entremetimiento *m.* interposition, insertion. 2 intermeddling, meddlesomeness.

entremezclar *tr.* to intermingle, intermix.

entremiche *m.* NAUT. chock.

entremorir *intr.* to flicker, be dying out. ¶ CONJUG. like *morir*.

entremuere, entremurió, entremuera, entremuerto, etc., *irr.* V. ENTREMORIR.

entrenador *m.* SPORT trainer, coach.

entrenamiento *m.* SPORT training, coaching.

entrenar *tr.* SPORT to train, coach. — 2 *ref.* SPORT to train, be in training.

entrenudo *m.* BOT. internode.

entrenzar *tr.* TRENZAR 1.

entreoir *tr.* to hear vag..ely; to half-ear. ¶ CONJUG. like *oír*.

entreoigo, entreoyes, entreoyó, entreoiga, etc., *irr.* V. ENTREOÍR.

entreordinario, ria *adj.* middling.

entreoscuro, ra *adj.* darkish.

entrepalmadura VET. sore on a horse's foot.

entrepanes *m. pl.* pieces of unsown ground between sown patches.

entrepaño *m.* ARCH. pier [piece of wall between two openings]. 2 panel [of door]. 3 shelf.

entreparecerse *ref.* to show through, to be seen vaguely.

entrepaso *m.* pace, rack [of a horse].

entrepechuga *f.* flesh within the wishbone of birds.

entrepeines *m. pl.* comb wool.

entrepelado, da *adj.* pie or parti-coloured [horse].

entrepelar *intr.* [of a horse's hair] to be parti-coloured.

entrepernar *intr.* to put one's legs between those of another. ¶ CONJUG. like *acertar*.

entrepiernas *f. pl.* inner surface of the thighs. 2 strengthening pieces put to the crotch of breeches.

entrepierno, entrepierne, etc., *irr.* V. ENTRPERNAR.

entrepiso *m.* MIN. space between galleries.

entrepuente, *pl.* **-tes** *m.* NAUT. between-decks.

entrerraído, da *adj.* threadbare in spots.

entrerrenglonadura *f.* interlineation.

entrerrenglonar *tr.* to interline.

entresaca, entresacadura *f.* picking out. 2 thinning out [of trees, hair, etc.].

entresacar *tr.* to pick out, select. 2 to thin out [trees, hair, etc.].

entresaqué, entresaque, etc., *pret., subj. & imper.* of ENTRESACAR.

entresijo *m.* ANAT. mesentery. 2 anything secret or hidden, inner part : *tener muchos entresijos,* to be complicated, difficult; to be reserved, sly, wily.

entresuelo *m.* entresol, mezzanine.

entresurco *m.* AGR. space between furrows.

entretalla, entretalladura *f* bas-relief.

entretallar *tr.* to carve in bas-relief. 2 to sculpture, engrave. 3 to make openwork on. — 4 *ref.* [of things] to interlock.

entretanto *adv.* meanwhile. — 2 *m.* meanwhile, meantime : *en el ~,* in the meantime.

entretejedura *f.* interweaving, intertexture.

entretejer *tr.* to interweave, intertwine. 2 to insert, mix, intermix.

entretejimiento *m.* interweaving.

entretela *f.* SEW. interlining. 2 *pl.* heartstrings, heart.

entretelar *tr.* SEW. to insert an interlining in.

entretención *f.* (Am.) entertainment, amusement.

entretendré, entretendría, etc., *irr.* V. ENTRETENER.

entretener *tr.* to delay, detain; to keep waiting. 2 to stave off, make bearable [hunger, etc.]. 3 to entertain, amuse. 4 to maintain, keep up. 5 to delay, put off. — 6 *ref.* to delay, dally, linger. 7 to amuse oneself. ¶ CONJUG. like *tener*.

entretengo, entretenga, etc., *irr.* V. ENTRETENER.

entretenida *f. dar a uno la ~,* or *con la ~,* to put someone off with promises or evasions.

entretenido, da *adj.* entertaining, amusing.

entretenimiento *m.* entertainment, amusement, pastime. 2 maintenance, upkeep.

entretiempo *m.* spring or autumn : *ropa de ~,* light clothing.

entretiene, entretuve, etc., *irr.* V. ENTRETENER.

entreuntar *tr.* to smear or oil slightly.

entrevenarse *ref.* to diffuse through the veins.

entreventana *f.* ARCH. pier [wall between two windows].

entreveo, entrevea, etc., *irr.* V. ENTREVER.

entrever *tr.* to glimpse, see imperfectly. 2 to guess, divine. ¶ CONJUG. like *ver*.

entreverado, da *adj.* intermingled, intermixed; interlarded. — 2 *tocino ~,* streaky bacon.

entreverar *tr.* to intermingle, intermix. 2 to streak, to interlard. — 2 *ref.* (Arg.) to mix; intermingle [be mingled] inordinately. 3 (Arg.) [of cavalry troops] to fight hand to hand.

entrevero *m.* (Am.) intermingling; confusion.

entreví, etc., *irr.* V. ENTREVER.

entrevía *f.* RLY. space between rails.

entreviera, entreviese, etc., *irr.* V. ENTREVER.

entrevista *f.* interview, meeting, conference.

entrevistarse *ref.* to meet, hold an interwiew.

entrevisto, ta *irr. p. p.* of ENTREVER.

entripado, da *adj.* in the belly. — 2 *m.* bellyache. 3 suppressed anger or displeasure.

entristecedor, ra *adj.* sad, saddening.

entristecer *tr.* to sadden; to make gloomy. — 2 *ref.* to sadden, become sad or gloomy. ¶ CONJUG. like *agradecer*.

entristecimieto *m.* saddening, sadness.

entristezco, entristezca, etc., *irr.* V. ENTRISTECER.

entrojar *tr.* to garner [grain].

entrometer *tr. & ref.* ENTREMETER.

entrometido, da *adj. & n.* ENTREMETIDO.

entrometimiento *m.* ENTREMETIMIENTO.

entronar *tr.* ENTRONIZAR.

entroncamiento *m.* becoming related [to a family] by marriage. 2 junction, connection. 3 (Mex.) pairing off or matching of horses.

entroncar *intr.* to be or become related [to a family] by marriage. 2 (Cu., Mex., P. R.) [of railways, roads, etc.] to connect. — 3 *tr.* (Mex.) to pair or match horses.

entronerar *tr.* BILLIARDS to pocket [a ball].

entronicé, entronice, etc., *pret., subj.. & imper.* of ENTRONIZAR.

entronización *f.* enthronement, enthronization.

entronizar *tr.* to enthrone, enthronize. 2 to exalt. — 3 *ref.* to be puffed up with pride.

entronque *m.* relationship between people of the same stock.

entronqué, entronque, etc., *pret., subj. & imper.* of ENTRONCAR.

entropión *m.* MED. entropion.

entruchada *f.* coll. plot, intrigue, dirty affair.

entruchado *p. p.* of ENTRUCHAR. — 2 *m.* coll. EN-TRUCHADA.

entruchar *tr.* to lure into a business.

entruchón, na *m. & f.* trickster.

entubar *tr.* to fit tubes on.

entuerto *m.* wrong, injustice. 2 *pl.* afterpains.

entullecer *tr.* to stop, or check the movement of. 2 *ref.* TULLIRSE. ¶ CONJUG. like' *agradecer*.

entullezco, entullezca, etc., *irr.* V. ENTULLECER.

entumecer *tr.* to benumb, make torpid [a limb, etc.]. — 2 *ref.* [of limbs] to become numb. 3 [of sea, etc.] to swell. ¶ CONJUG. like *agradecer*.

entumecimiento *m.* numbness, torpor [of limbs]. 2 swelling [of sea, etc.].

entumezco, entumezca, etc., ENTUMECER.

entumirse *ref.* [of a limb] to become numb.

entuniscar *tr.* to clothe with a tunic. 2 to plaster [a wall] for fresco painting.

entupir *tr.* to clog, obstruct, choke up. 2 to compress. — 3 *ref.* to become clogged, choked up.

enturbiamiento *m.* rendering turbid, muddying, obscuring.

enturbiar *tr.* to render turbid, to muddy. 2 to cloud, obscure, muddle, dim, confuse; to trouble [waters]. — 3 *ref.* to get or become turbid, muddy, thick. 4 to get obscured; to get troubled.

entusiasmado, da *adj.* full of enthusiasm, enraptured.

entusiasmar *tr.* to awake the enthusiasm of; to enrapture. — 2 *ref.* to be filled with enthusiasm, be enraptured.

entusiasmo *m.* enthusiasm.

entusiasta *m. & f.* enthusiast.

entusiástico, ca *adj.* enthusiastic.

enucleación *f.* SURG. enucleation.
énula campana *f.* BOT. elecampane.
enumeración *f.* enumeration.
enumerar *tr.* to enumerate.
enumerativo, va *adj.* enumerative.
enunciación *f., enunciado m.* enouncement, enunciation, statement.
enunciar *tr.* to enounce, enunciate, state.
enunciativo, vo *adj.* enunciative. 2 GRAM. declarative.
envainador, ra *adj.* sheathing.
envainar *tr.* to sheathe.
envalentonamiento *m.* emboldening, encouragement. 2 boldness, daring.
envalentonar *tr.* to embolden, encourage, to make bold, daring. — 2 *ref.* to grow bold or daring, to take courage.
envanecer *tr.* to make vain, proud, conceited. — 2 *ref.* to become vain, proud, conceited; to be proud [of], to boast [of]. ¶ CONJUG. like *agradecer.*
envanecimiento *m.* vanity, conceit, conceitedness.
envanezco, envanezca, etc., *irr.* V. ENVANECER.
envaramiento *m.* stiffness, numbness.
envarar *tr.* to stiffen, benumb.
envarbascar *tr.* to contaminate [water] with mullein in order to stupefy the fish.
envasador, ra *m. & f.* filler. packer. — 2 *m.* large funnel.
envasar *tr.* to pack, bottle, can, sack, put into a container. 2 to drink [wine, etc.]. 3 to sheathe [a sword, etc., in someone's body].
envase *m.* packing, bottling, canning, etc. 2 container [package, bottle, can, sack, etc.].
envedijarse *ref.* [of hair or wool] to get tangled. 2 to tangle up, to come to blows.
envejecer *tr.* to age [cause to grow old]; to make look old. — 2 *intr. & ref.* to age, grow old. 3 to become old-fashioned or out-of-date. ¶ CONJUG. like *agradecer.*
envejecido, da *adj.* aged, looking old. 2 tried, experienced.
envejecimiento *m.* ageing, growing or looking old.
envenenador, ra *adj.* poisoning. — 2 *m. & f.* poisoner.
envenenamiento *m.* poisoning.
envenenar *tr.* to poison, to envenom.
enverar *intr.* [of grapes, etc.] to take on ripe colour.
enverdecer *intr.* [of fields, plants, etc.] to become green. ¶ CONJUG. like *agradecer.*
enverdezco, enverdezca, etc., *irr.* V. ENVERDECER.
envergadura *f.* breadth [of a sail]. 2 AER. span, spread. 3 wingspread [of birds].
envergar *tr.* NAUT. to bend [a sail].
envergué, envergue, etc., *pret., subj. & imper.* of ENVERGAR.
envergues *m. pl.* NAUT. ropebands.
enverjado *m.* iron railing [for closing or fencing].
envero *m.* colour of ripening grapes. 2 ripening grape.
envés *m.* back, wrong side, underside. 2 coll. back [of a person].
envesado *m.* showing the wrong side.
envestidura *f.* INVESTIDURA.
envestir *tr.* INVESTIR.
enviada *f.* sending.
enviado *m.* messenger, envoy : ~ *extraordinario,* envoy extraordinary.
enviajado, da *adj.* ARCH. oblique, sloping.
enviar *tr.* to send, dispatch ; to ship : ~ *a paseo,* to send one about his business.
enviciamiento *m.* corruption. 2 taking bad habits.
enviciar *tr.* to corrupt; to make [one] acquire bad habits. — 2 *intr.* [of plants] to grow luxuriant foliage at the expense of the fruit. — 3 *ref.* to take [to], to become addicted [to].
envidar *intr. & tr.* to bid or bid against [at cards].
envidia *f.* envy, enviousness, jealousy.
envidiable *adj.* enviable.
envidiar *tr.* to envy.
envidioso, sa *adj.* envious, jealous. — 2 *m. & f.* envious person.
envigar *tr.* to put the beams [in a building].
envilecedor, ra *adj.* debasing, degrading, vilifying.
envilecer *tr.* to debase, degrade, vilify. — 2 *ref.* to be debased, degrade oneself. ¶ CONJUG. like *agradecer.*
envilecimiento *m.* debasement, degradation, vilification.
envilezco, envilezca, etc., *irr.* V. ENVILECER.

envinagrar *tr.* to put vinegar into.
envinar *tr.* to add wine to [water].
envío *m.* sending, remittance; shipment, consignation of goods.
envión *m.* push, shove.
envirotado, da *adj.* coll. stiff, stuck-up.
enviscar *tr.* to smear with birdlime. 2 to irritate, anger. 3 AZUZAR. — 4 *ref.* to be caught with birdlime.
envite *m.* bid, rise on the stake [at cards]. 2 offer, proffer. 3 push : *al primer* ~, at the start, right off.
enviudar *intr.* to become a widower or widow.
envoltijo *m.* (Ec.) ENVOLTORIO.
envoltorio *m.* bundle, parcel.
envoltura *f.* cover, envelope, wrapper. 2 AER., BOT. envelope. 3 *pl.* swaddling clothes.
envolvente *adj.* enveloping.
envolver *tr.* to cover, envelop, wrap, wrap up. bundle, bundle up: to make up in a packet. 2 to swaddle [an infant]. 3 to wind [thread, etc.]. 4 to hem in [in a discussion]. 5 to involve [someone in an affair]. 6 to contain, imply. 7 MIL. to outflank, envelop. — 8 *ref.* to wrap oneself up. 9 to become involved. ¶ CONJUG. like *mover.* | P. p.: *envuelto.*
envolvimiento *m.* wrapping, enveloping. 2 winding. 3 MIL. envelopment.
envuelto, ta *p. p.* of ENVOLVER. — 2 (Mex.) omelette made from maize.
envuelvo, envuelva, etc., *irr.* V. ENVOLVER.
enyerbarse *ref.* (Am.) to become overgrown with grass.
enyesado *m.* plastering [of wine]. 2 plasterwork.
enyesadura *f.* plastering [of walls, etc.]. 2 SURG. putting a plaster cast on.
enyesar *tr.* to plaster [walls, etc.]. 2 to add gypsum to; to treat with gypsum. 3 SURG. to put a plaster cast on.
enyugar *tr.* to yoke.
enzainarse *ref.* to start looking sidelong. 2 to turn false, treacherous.
enzarcé, enzarce, etc., *pret., subj. & imper.* of ENZARZAR.
enzarzar *tr.* to cover with brambles. 2 to set [people] disputing. 3 to set hurdles [for silkworms]. — 4 *ref.* to get entangled in brambles. 5 to engage [in difficult business]. 6 to get involved [in a dispute]; to dispute, quarrel.
enzima *f.* BIOCHEM. enzyme.
enzootía *f.* enzootic.
enzunchar *tr.* to bind with iron bands.
enzurronar *tr.* to bag.
eñe *f.* name of the letter ñ.
eoceno, na *adj. & m.* GEOL. Eocene.
eólico, ca *adj.* Æolian, Æolic. — 2 *m.* Æolic [dialect].
Eólida (la) *f. pr. n.* GEOG. Æolis.
eolio, lia *adj. & s.* Æolian : *arpa eolia,* Æolian harp.
eolito *m.* PREHIST. eolith.
eolítico, ca *adj.* eolithic.
Eolo *m. pr. n.* MYTH. Æolus.
eón *m.* æon.
epacta *f.* ASTR. epact. 2 AÑALEJO.
epactilla *f.* AÑALEJO.
epéndimo *m.* ANAT. ependyma.
epéntesis *f.* GRAM. epenthesis.
eperlano *m.* ICHTH. smelt.
épica *f.* epic poetry.
épicamente *adv.* epically.
epicarpio *m.* BOT. epicarp.
epicedio *m.* epicedium.
epiceno, na *adj.* GRAM. epicene.
epicentro *m.* epicentre.
epicíclico, ca *adj.* epicyclic.
epiciclo *m.* ASTR., GEOM. epicycle.
epicicloide *f.* GEOM. epicycloid.
épico, ca *adj.* epic, epical.
epicureísmo *m.* epicurism, epicureanism. 2 Epicureanism.
epicúreo, a *adj. & s.* epicurean. 2 Epicurean.
Epicuro *m. pr. n.* Epicurus.
epidemia *f.* epidemic.
epidemial *adj.* EPIDÉMICO.
epidemicidad *f.* epidemicity.
epidémico, ca *adj.* epidemic(al.
epidérmico, ca *adj.* epidermal, epidermic.

epidermis *f.* ANAT., BOT. epidermis : *tener la ∼ fina* or *sensible,* fig. to be touchy, oversensitive.
Epifania *f.* Epiphany.
epifenómeno *m.* epiphenomenon.
epifisis *f.* ANAT. epiphysis.
epifito, ta *adj.* epiphytic. — 2 *f.* BOT. epiphyte.
epifonema *m.* RHET. epiphonema.
epifora *f.* MED. epiphora.
epigástrico, ca *adj.* epigastric.
epigastrio *m.* ANAT. epigastrium.
epigénesis *f.* BIOL. epigenesis.
epiglotis *f.* ANAT. epiglottis.
epigrafe *m.* epigraph. 2 title, headline.
epigrafia *f.* epigraphy.
epigráfico, ca *adj.* epigraphic.
epigrafista *m. & f.* epigrapher.
epigrama *m.* epigram.
epigramatario, ria *m. & f.* epigrammatist. — 2 *m.* collection of epigrams.
epigramáticamente *adv.* epigrammatically.
epigramático, ca *adj.* epigrammatic.
epigramatista, epigramista *m.* epigrammatist.
epilepsia *f.* MED. epilepsy.
epiléptico, ca *adj. & s.* epileptic.
epilogación *f.* epilogue.
epilogal *adj.* epilogistic, compendious.
epilogar *tr.* to epilogize. 2 to sum up.
epilogismo *m.* ASTR. computation.
epilogo *m.* epilogue. 2 summing up.
epilogué, epilogue, etc., *pret., subj. & imper.* of EPILOGAR.
epinicio *m.* epinicion.
epiplón *m.* ANAT· omentum.
epiquerema *m.* LOG. epicheirema.
epirota *adj. & s.* Epirote.
Epiro (el) *m. pr. n.* GEOG. Epirus.
episcopado *m.* episcopacy, episcopate, bishopric.
episcopal *adj.* episcopal. 2 Episcopal.
episcopalismo *m.* episcopalism. 2 Episcopalism.
episcopologio *m.* chronological list of bishops.
episódico, ca *adj.* episodic(al.
episodio *m.* episode.
epispástico, ca *adj. & m.* MED. epispastic.
epistaxis *f.* MED. epistaxis.
epistola *f.* epistle. letter. 2 ECCL. Epistle.
epistolar *adj.* epistolary.
epistolario *m.* collection of letters. 2 ECCL. epistolary.
epistolero *m.* ECCL. epistler.
epístrofe *f.* RHET. epistrophe.
epitafio *m.* epitaph.
epitalámico, ca *adj.* epithalamic.
epitalamio *m.* epithalamium.
epitelial *adj.* epithelial.
epitelio *m.* ANAT. epithelium.
epitelioma *m.* MED. epithelioma.
epíteto *m.* GRAM. epithet.
epítimo *m.* BOT. clover dodder.
epitomadamente *adv.* concisely.
epitomador, ra *m. & f.* epitomizer.
epitomar *tr.* to epitomize, abstract.
epitome *m.* epitome, abstract, summary.
epizoario *m.* ZOOL. epizoan.
epizootia *f.* epizootic, epizooty.
epizoótico, ca *adj.* epizootic.
época *f.* epoch, age, time : *hacer ∼,* to make an epoch, to be epoch-making.
epoda *f.,* **epodo** *m.* epode.
epónimo, ma *adj.* eponymous.
epopeya *f.* epopee. 2 epic poem.
épsilon *f.* epsilon.
epsomita *f.* Epsom salts.
epulón *m.* gourmand.
equiángulo, la *adj.* GEOM. equiangular.
equidad *f.* equity ; equitableness. 2 reasonableness [in prices, terms, etc.].
equidiferencia *f.* MATH. equidifference.
equidistancia *f* equidistance.
equidistante *adj.* equidistant.
equidistar *intr.* to be equidistant.
equidna *m.* ZOOL. echidna.
équido *m.* ZOOL. equid.
equilátero, ra *adj.* equilateral.
equilibrado, la *adj.* sensible, well-balanced.
equilibrar *tr. to* equilibrate, balance, equipoise, equalize. — 2 *ref.* to equilibrate [be in equipoise] ; to balance [be equal].
equilibre *adj.* balanced.
equilibrio *m.* equilibrium, balance, equipoise : *∼ europeo,* European balance of power.

equilibrista *m. & f.* equilibrist, balancer, rope-dancer.
equimosis *m.* ecchymosis.
equino, na *adj.* equine. — 2 *m.* ZOOL. echinus, sea urchin. 3 ARCH. echinus.
equinoccial *adj.* equinoctial.
equinoccio *m.* ASTR. equinox.
equinococo *m.* ZOOL. echinococcus.
equinodermo *adj. & m.* ZOOL. echinoderm. — 2 *m. pl.* ZOOL. Echinodermata.
equipaje *m.* luggage, baggage. 2 equipment. 3 NAUT. crew.
equipar *tr.* to equip, fit out. 2 NAUT. to equip [a ship].
equiparación *f.* comparison, putting on the same level.
equiparable *adj.* comparable.
equiparar *tr.* to compare, to put on the same level.
equipo *m.* equipment, fitting out. 2 equipment, outfit : *∼ de novia,* trousseau. 2 crew, gang, squad [of workmen]. 4 SPORTS team.
equipolencia *f.* LOG. equipollence.
equiponderancia *f.* equiponderance, equiponderancy.
equiponderante *adj.* equiponderant.
equiponderar *intr.* to equiponderate.
equipotencial *adj.* PHYS. equipotential.
equis *f.* Spanish name of the letter *x.* — 2 *adj.* certain [amount].
equisetáceo, a *adj.* BOT. equisetaceous. — 2 *f. pl.* BOT. Equisetaceæ.
equitación *f.* equitation, horsemanship, riding.
equitativamente *adv.* equitably.
equitativo, va *adj.* equitable. 2 reasonable [price, terms, etc.].
equivaldré, equivaldría, etc., *irr.* V. EQUIVALER.
equivalencia *f.* equivalence.
equivalente *adj.* equivalent, equal, tantamount. — 2 *m.* equivalent.
equivalentemente *adv.* equivalently.
equivaler *intr.* to be equivalent ; to be equal, tantamount. ¶ CONJUG. like *valer.*
equivalgo, equivalga, etc., *irr.* V. EQUIVALER.
equivocación *f.* mistake, error.
equivocadamente *adv.* mistakenly, by mistake. 2 erroneously.
equivocado, da *adj.* mistaken. 2 erroneous.
equivocamente *adj.* equivocally.
equivocar *tr. & ref.* to mistake. 2 to make a mistake in, to mix up [things], to take wrongly : *∼ una cosa con otra,* to take a thing for another ; *∼ la carrera,* to miss one's calling ; *equivocarse de camino,* to take the wrong way ; *equivocarse en el precio,* to make a mistake in the price. — 3 *ref.* to be mistaken. 4 *equivocarse una cosa con otra,* to be confusingly alike.
equívoco, ca *adj.* equivocal. — 2 *m.* equivocation quibble, ambiguity.
equivoqué, equivoque, etc., *pret., subj. & imper.* of EQUIVOCAR.
equivoquista *m.* equivocator, quibbler.
1) **era** *f.* era, age : *∼ común, cristiana* or *de Cristo,* Christian era. 2 GEOL. era. 3 threshing floor. 4 vegetable patch ; garden bed.
2) **era, eras,** etc., *irr.* V. SER.
eral *m.* two-year-old ox.
erala *f.* two-year-old cow.
erar *tr.* to lay out patches or beds in [a garden].
erario *m.* exchequer, public treasury ; provincial or municipal treasury.
erasmiano, na *adj. & n.* Erasmian.
Erasmo *m. pr. n.* Erasmus.
erbio *m.* CHEM. erbium.
ere *f.* Spanish name of the letter *r.*
erebo *m.* MYTH. Erebus.
erección *f.* erection [raising, building]. 2 PHYSIOL. erection. 3 foundation, establishment.
eréctil *adj.* erectile.
erectilidad *f.* erectility.
erector, ra *adj.* erecting. — 2 *m. & f.* erector, builder, founder.
eremita *m.* eremite, hermit.
eremítico, ca *adj.* eremitic.
eremitorio *m.* place with an hermitage or hermitages.
eres *irr.* V. SER.
eretismo *m.* PHYSIOL. erethism.
erg *m.* ERGIO.
ergástula *f.,* **ergástulo** *m.* slave prison.
ergio *m.* PHYS. erg.

ergotina *f.* PHARM. ergotin, ergotine.
ergotismo *m.* ergotism [sophistry]. 2 MED. ergotism.
ergotista *m.* syllogistical arguer.
ergotizar *intr.* to make too much use of syllogistical argument.
erguen *m.* BOT. argan tree.
erguimiento *m.* raising, straightening up.
erguir *tr.* to raise, lift up, erect [the head, the body, etc.]. — *2 ref.* to stand erect. 3 to straighten up, draw oneself up. 4 to become arrogant. ¶ CONJUG.: INDIC. Pres.: *irgo* or *yergo, irgues* or *yergues, irgue* or *yergue; erguimos, erguís, irguen* or *yerguen.* | Pret.: *erguí, erguiste, irguió; erguimos, erguisteis, irguieron.* | SUBJ. Pres.: *irga* or *yerga, irgas* or *yergas, irga* or *yerga; irgamos* or *yergamos, irgáis* or *yergáis, irgan* or *yergan.* | Imperf.: *irguiera, irquieras,* etc., or *irguise, irguises,* etc. | Fut.: *irguiere, irguieres,* etc. | IMPER.: *irgue* or *yergue, irga* or *yerga; irgamos* or *yergamos, erguid, irgan* or *yergan.* | PAST. P.: erguido. | GER.: *irguiendo.*
erial *adj.* untilled, uncultivated. — *2 m.* uncultivated land.
ericáceo, a *adj.* BOT. ericaceous.
ericé, erice, etc., *pret., subj. & imper.* of ERIZAR.
Erídano *m.* ASTR. Eridanus.
erigir *tr.* to erect, build. 2 to found, establish. 3 to make into; to set up as. — *4 ref.* to set oneself up as.
erijo, erija, etc., *pres., subj. & imper.* of ERIGIR.
eringe *f.* BOT. field eryngo.
erío, a *adj. & m.* ERIAL.
erisipela *f.* MED. erysipelas.
erisipelatoso, sa *adj.* erysipelatous.
erístico, ca *adj.* eristic.
eritema *f.* MED. erythema.
Eritrea *f. pr. n.* GEOG. Eritrea.
Eritreo, a *adj.* Eritrœan [Sea]. — *2 m.* GEOG. Eritrœan Sea.
eritrocito *m.* ANAT. erythrocyte.
erizado, da *adj.* bristled, bristling. 2 covered with bristles. 3 ~ *de,* bristling with [difficulties, etc.].
erizamiento *m.* setting [the hair] on end. 2 bristling.
erizar *tr.* to set on end; to bristle. 2 to cause to be bristling [with difficulties etc.]. — *3 ref.* to stand on end, to bristle.
erizo *m.* ZOOL. hedgehog. 2 fig. hedgehog [person]. 3 BOT. a prickly plant. 4 BOT. bur [of chestnut, etc.]. 5 MACH. urchin [carding roller]. 6 FORT. iron spikes set on top of a parapet. 7 ZOOL. ~ *de mar* or *marino,* sea urchin.
ermita *f.* hermitage. 2 isolated sanctuary or chapel.
ermitaño *m.* hermit. 2 keeper of an isolated sanctuary or chapel. 3 ZOOL. hermit crab.
ermitorio *m.* EREMITORIO.
Ernesto *m. pr. n.* Ernest.
erogación *f.* distribution [of property].
erogar *tr.* to distribute [property]. 2 (Mex.) to lay out, spend.
erogué, erogue, etc., *pret., subj. & imper.* of EROGAR.
Eros *m. pr. n.* MYTH. Eros.
erosión *f.* erosion.
erótico, ca *adj.* erotic. — *2 f.* erotic poetry.
erotismo *m.* eroticism. erotism.
erotomanía *f.* erotomania.
errabundo, da *adj.* wandering.
errada *f.* BILL. miscue.
erradamente *adv.* erroneously, mistakenly.
erradicación *f.* eradication.
erradicar *tr.* to eradicate.
erradizo, za *adj.* wandering.
errado, da *adj.* mistaken, in error. 2 erroneous.
erraj *m.* fine coal made of crushed olive stones.
errante *adj.* errant, wandering, roving. 2 errant, erring.
errar *tr.* to miss [the target, a blow, one's calling, etc.]; to fail in one's duty to. — *2 intr.* to make a mistake; to err, fall into error. 3 to wander, roam, rove. — *4 ref.* to be mistaken. ¶ CONJUG. like *acertar,* changing the *i* for *y* in the irregular forms.
errata *f.* erratum: *fe de erratas,* errata, list of errata.
errático, ca *adj.* wandering. 2 GEOL., MED. erratic.
errátil *adj.* erratic, variable.
erre *f.* Spanish name of the letter *rr.* — *2 adv.* ~ *que* ~, pertinaciously, obstinately.
erróneamente *adv.* erroneously, mistakenly.

erróneo, a *adj.* erroneous.
error *m.* error: ~ *craso,* gross error; *salvo* ~ *u omisión,* errors and omissions excepted. 2 mistake.
erubescencia *f.* erubescence; blushing.
erubescente *adj.* erubescent, blushing.
eructación *f.* ERUCTO.
eructar *intr.* to belch, eructate.
eructo *m.* belching, eructation.
erudición *f.* erudition, learning.
eruditamente *adv.* learnedly.
erudito, ta *adj.* erudite. — *2 m. & f.* erudite, learned person: ~ *a la violeta,* one having only superficial learning.
eruginoso, sa *adj.* rusty.
erupción *f.* MED., GEOL. eruption.
eruptivo, va *adj.* eruptive.
ervato *m.* SERVATO.
ervilla *f.* ARVEJA.
es *irr.* V. SER.
esa *adj. f.* of ESE.
ésa *pron. f.* of ÉSE.
esbatimentar *tr.* PAINT. to shade. 2 to cast a shadow on.
esbatimento *m.* PAINT. shade.
esbeltez, esbelteza *f.* graceful slenderness.
esbelto, ta *adj.* slender and graceful, svelte.
esbirro *m.* catchpoll, myrmidon.
esbozar *tr.* to sketch, outline; to make a rough draft or model of.
esbozo *m.* sketch, outline; rough draft or model.
escabechar *tr.* to preserve in a sauce made with vinegar, laurel, etc. 2 coll. to kill.
escabeche *m.* preserving sauce made with vinegar, laurel, etc. 2 fish preserved in ESCABECHE
escabechina *f.* coll. ravage.
escabel *m.* footstool. 2 stool, low wooden seat. 3 fig. stepping stone.
escabiosa *f.* BOT. scabious.
escabioso, sa *adj.* MED. scabious.
escabro *m.* VET. mange [in sheep]. 2 scaly bark [in trees].
escabrosidad *f.* roughness, unevenness [of ground]. 2 asperity [of temper]. 3 scabrousness.
escabroso, sa *adj.* rough, rugged, uneven [ground]. 2 harsh, rude. 3 scabrous, risqué.
escabullimiento *m.* slipping or sneaking away.
escabullirse *ref.* to slip out, through or away; to wriggle out; to snake away.
escacado, da *adj.* HER. checkered.
escacharrar *tr.* to break, smash.
escafandra *f.,* **escafandro** *m.* diving suit.
escafilar *tr.* DESCAFILAR.
escafoides *adj. & m.* ANAT. scaphoid.
escajo *m.* ESCALIO.
escala *f.* ladder, stepladder: ~ *de cuerda,* rope ladder; ~ *real,* NAUT. accommodation ladder. 2 scale [series of degrees]; size, proportion; ratio of reduction or enlargement; graduated line, etc.]: *en grande* ~, on a large scale; *en pequeña* ~, on a small scale. 3 MUS. scale. 4 NAUT. port of call: *hacer* ~ *en,* to call, touch at [a port]. 5 MIL. army list, *army register.
escalabrar *tr. & ref.* DESCALABRAR.
escalada *f.* escalade. 2 scaling, climbing.
escalador, ra *adj.* scaling, climbing. — *2 m. & f.* scaler, climber, mountain climber.
escalafón *m.* roll, list [showing rank, seniority, etc.]; army list, *army register.
escalamiento *m.* escalading. 2 scaling, climbing.
escálamo *m.* NAUT. thole, tholepin.
escalar *tr.* to escalade. 2 to scale, climb. 3 to break into or out of [a place] through a wall, roof, etc.
Escalda *m. pr. n.* Scheldt [river].
escaldado, da *p. p.* of ESCALDAR. — *2 adj.* cautious, wary, once bitten. 3 faded and loose [woman].
escaldadura *f.* scalding, scald. 2 making red-hot. 3 chafing [of the skin].
escaldar *tr.* to scald. 2 to make red-hot. 3 to chafe [the skin].
escaldo *m.* scald, skald [ancient Scandinavian poet].
escaleno *adj.* GEOM. scalene.
escalentamiento *m.* VET. foot inflammation.
escalera *f.* stair, staircase: ~ *automática* or *mecánica,* escalator; ~ *de caracol,* winding stairs; ~ *de escape,* fire escape; ~ *de servicio,* backstairs, service stairs; ~ *escusada,* backstairs, private stairs; *gente de* ~ *abajo,* the domestic servants. 2 ladder: ~ *de incendio,* fire ladder; ~ *de mano,* ladder; ~ *de tijera,* ~ *doble,* stepladder;

~ *extensible,* extension ladder. 3 irregular cut in hair. 4 sequence; straight [at cards] : ~ *real* or *de color,* straight flush.

escalereja *f.* dim. small staircase or ladder.

escalerilla *f.* dim. small ladder. 2 low steps. 3 sequence of three or five [at cards].

escalerón *m.* large staircase. 2 peg ladder.

escalfado *adj.* COOK. poached [egg].

escalfador *m.* barber's kettle. 2 chaffing dish. 3 painter's torch.

escalfar *tr.* COOK. to poach [eggs].

escalfarote *m.* wide boot lined with hay.

escalfeta *f.* CHOFETA.

escalinata *f.* ARCH. perron, front steps.

escalio *m.* waste land being put in cultivation.

escalmo *m.* tholepin. 2 MACH. heavy wedge.

escalo *m.* breaking a way into or out of a place. 2 breaking in : *robo con* ~, burglary.

escalofriado, da *adj.* chilled, shivering, feeling hot and cold.

escalofriante *adj.* chilling, blood-curdling.

escalofrío *m.* chill [feverish shivering], shudder.

escalón *m.* stair, step, rung. 2 fig. step, degree. 3 fig. stepping stone. 4 MIL. echelon.

escalonado, da *adj.* placed at intervals, 2 MIL. echeloned.

escalonar *tr.* to place at intervals. 2 MIL. to echelon. 3 to space, to string out.

escalonia, escaloña *f.* BOT. scallion.

escalpelo *m.* SURG. scalpel.

escalplo *m.* tanner's knife.

escama *f.* ZOOL., BOT. scale. 2 scale [of scale armour]. 3 anything shaped like a scale. 4 distrust, suspicion.

escamada *f.* scalework embroidery.

escamado, da *p. p.* of ESCAMAR. — 2 *adj.* distrustful, suspicious. — 3 *m.* scalework.

escamadura *f.* scaling [of fish]. 2 arousing suspicion.

escamar *tr.* to scale [fish]. 2 to cause distrust or suspicion. 3 to adorn with scalework. — 4 *ref.* to become distrustful or suspicious.

escamocho *m.* leavings [of food and drink].

escamón, na *adj.* distrustful, suspicious.

escamonda *f.* ESCAMONDO.

escamondadura *tr.* branches and dry leaves trimmed off a tree.

escamondar *tr.* to trim, to prune [a tree, etc.].

escamondo *m.* trimming, pruning.

escamonea *f.* PHARM. scammony.

escamoso, sa *adj.* scaly, squamous.

escamotar *tr.* ESCAMOTEAR.

escamoteador, ra *m. & f.* conjurer, prestidigitator.

escamotear *tr.* to make disappear by, or as by, sleight of hand. 2 to whisk out of sight; to conceal, to steal, to spirit away.

escamoteo *m.* sleight of hand. 2 spiriting away.

escampada *f.* clear spell [on a rainy day]

escampado, da *adj.* DESCAMPADO.

escampar *tr.* to clear out [a place]. — 2 *intr.* to stop raining. 3 [of weather] to clear up.

escampavía *f.* NAUT. scout. 2 NAUT. revenue cutter.

escampo *m.* clearing [of a place]. 2 end of rain, clearing up.

escamudo, da *adj.* ESCAMOSO.

escamujar *tr.* to prune lightly.

escamujo *m.* lopped-off olive branch. 2 time for pruning olive trees.

escanciador, ra *m. & f.* cupbearer.

escanciar *tr.* to pour, serve [wine]. — 2 *intr.* to drink wine.

escanda *f.* BOT. spelt [wheat].

escandalera *f.* racket, uproar.

escandalicé, escandalice, etc., *pret. & imper.* of ESCANDALIZAR.

escandalizador, ra *adj.* scandalizing. — 2 *m. & f.* scandalizer. 3 noisy, boisterous person.

escandalizar *tr.* to give scandal to. 2 to scandalize, shock. 3 to make a lot of noise. — 4 *ref.* to be scandalized, be shocked.

escándalo *m.* scandal : *dar* ~, to give scandal; *dar un* ~, to make a scene. 2 tumult, noise, disturbance : *armar* ~, to make a lot of noise, to create a disturbance. 3 shock. 4 *armarle a uno un* ~, to give one a good shouting.

escandalosa *f.* NAUT. gaff topsail.

escandalosamente *adv.* scandalously, shamefully. 2 noisily, boisterously. 3 scandalizingly.

escandaloso, sa *adj.* scandalous. 2 noisy. 3 shameful.

escandallar *tr.* NAUT. to sound. 2 to sample [a product]. 3 to reckon the cost [of an article].

escandallo *m.* NAUT. sounding lead. 2 sampling [of a product]. 3 account of the cost [of an article].

escandia *f.* BOT. emmer.

Escandinavia *f. pr. n.* GEOG. Scandinavia.

escandinavo, va *adj. & n.* Scandinavian.

escandio *m.* CHEM. scandium.

escandir *tr.* to scan [verse].

escansión *f.* scansion.

escantillar *tr.* ARCH. to measure from a line; to measure off.

escantillón *m.* pattern, scantling. 2 ESCUADRÍA.

escaña *f.* ESCANDA.

escaño *m.* settle, bench with a back.

escañuelo *m.* footstool.

escapada *f.* escape, flight, slipping away. 2 *en una* ~, in a jiffy.

escapamiento *m.* ESCAPADA.

escapar *intr. & ref.* to escape; to flee, run away, make one's escape; to slip away : ~ *a,* to escape [death, danger, etc.]; *escapársele a uno [una cosa],* not to notice, to escape one's notice; to let slip, say inadvertently. — 2 *ref.* [of gas, water, etc.] to escape, leak out. — 3 *tr.* to drive [a horse] hard. 4 to free, to preserve.

escaparate *m.* show window. 2 glass case; glass cabinet.

escapatoria *f.* escape, flight, getaway. 2 evasion, way-out [of difficulty, etc.].

escape *m.* escape, flight : *a* ~, at full speed, in great haste. 2 escape, leak, leakage. 3 exhaust, exhaust valve [of engine]. 4 HOROL. escapement: ~ *de áncora,* anchor escapement.

escapo *m.* ARCH., BOT. scape.

escápula *f.* ANAT. scapula, shoulder blade.

escapular *adj.* scapular.

escapulario *m.* ECCL. scapular, scapulary.

escaque *m.* square [of chessboard]. 2 HER. square. 3 *pl.* chess [game].

escaqueado, da *adj.* checkered.

escara *f.* SURG. eschare, slough.

escarabajear *intr.* to bettle around, to crawl all over the place. 2 to scribble, scrawl. 3 coll. [of worry, care or fear] to gnaw.

escarabajo *m.* ENTOM. beetle, scarab: ~ *bolero,* ~ *pelotero,* dung bettle, tumblebug. 2 fig. short and ill-shaped person. 3 *pl.* fig. scrawl, scribbling.

escarabajuelo *m.* ENTOM. vinebeetle.

escaramucear *intr.* ESCARAMUZAR.

escaramujo *m.* BOT. dog rose. 2 hip [fruit of the dog rose]. 3 ZOOL. goose barnacle.

escaramuza *f.* skirmish. 2 dispute, quarrel.

escaramuzador *m.* skirmisher.

escaramuzar *intr.* to skirmish.

escarapela *f.* cockade. 2 dispute ending in blows.

escarapelar *intr.* to wrangle, quarrel. — 2 *ref.* (Mex., Pe.) to get goose flesh.

escarbadero *m.* scratching place [for animals].

escarbadientes *m.* toothpick.

escarbador, ra *adj.* scratching; picking.

escarbadura *f.* scratching [the ground]. 2 picking [the teeth, the ears].

escarbaorejas *f.* earpick.

escarbar *tr.* to scratch [the ground]. 2 to clean out, pick [one's ears or teeth]. 3 to poke [the fire]. 4 to dig into, to investigate.

escarbo *m.* scratching. picking.

escarcela *f.* a pouch formerly worn hanging from the waist. 2 game bag. 3 skirt [of plate armour].

escarceo *m.* small bubbling waves occasioned by currents. 2 *pl.* turns and windings of spirited horses. 3 detour, circumlocution.

escarcina *f.* kind of cutlass.

escarcha *f.* rime, hoarfrost, white frost.

escarchada *f.* BOT. ice plant.

escarchado, da *adj.* frosted. — 2 *m.* ·ind of gold or silver embroidery.

escarchar *tr.* to frost [fruit]. 2 to dilute potter's clay. 3 to frost [glass, etc.]. — 4 *intr.* to freeze, to rime : *anoche escarchó,* it rimed or it froze last night.

escarcho *m.* RUBIO 3.

escarda *f.* AGR. weeding. 2 weedin time. 3 weeding hoe.

escardadera *f.* weeder [woman]. 2 weeding noe.

escardador, ra *m. & f.* weeder.

escardadura *f.* ESCARDA 1.

escardar, escardillar *tr.* to weed. 2 to weed out.

escardillo *m.* weeding hoe. 2 thistledown. 3 play of reflected light on shadows.
escariador *m.* reamer [tool].
escariar *tr.* to ream [a hole].
escaricé, escarice, etc., *pret., subj. & imper.* of ESCARIZAR.
escarificación *f.* SURG. scarification.
escarificador *m.* SURG. scarifier, scarificator. 2 AGR. scarifier, cultivator.
escarificar *tr.* AGR., SURG. to scarify. 2 ESCARIZAR.
escarifiqué, escarifique, etc., *pret., subj. & imper.* of ESCARIFICAR.
escarioso, sa *adj.* BOT. scarious.
escarizar *tr.* SURG. to remove the slough from.
escarlata *adj.* scarlet. — 2 *f.* scarlet [colour and cloth]. 3 MED. scarlatina.
escarlatina *f.* MED. scarlatina, scarlet fever. 2 a crimson woolen fabric.
escarmenador *m.* CARMENADOR.
escarmenar *tr.* CARMENAR. 2 to cheat.
escarmentado, da *adj.* taught or warned by punishment or experience.
escarmentar *tr.* to teach a lesson, make an example of, inflict an exemplary punishment on. — 2 *intr.* to learn one's lesson, take warning, be taught by punishment or experience. ¶ CONJUG. like *acertar.*
1) **escarmiento** *m.* lesson, warning : *que esto te sirva de* ~, let this be a lesson to you. 2 punishment.
2) **escarmiento, escarmiente,** etc., *irr.* V. ESCARMENTAR.
escarnecedor, ra *adj.* scoffing, mocking, gibing. — 2 *m. & f.* scoffer, mocker, giber.
escarnecer *tr.* to scoff at, mock, flout, gibe. ¶ CONJUG. like *agradecer.*
escarnecimiento *m.* scoffing, derision ; scoff, mock, jeer, gibe.
escarnezco, escarnezca, etc., *irr.* V. ESCARNECER.
escarnio *m.* ESCARNECIMIENTO.
1) **escaro** *m.* ICHTH. scarus, parrot fish.
2) **escaro, ra** *adj.* having crooked feet.
escarola *f.* BOT. endive. 2 ruff [collar].
escarolado, da *adj.* ruffled, frilled.
escarolar *tr.* to ruffle, frill.
escarótico, ca *adj.* SURG. escharotic.
escarpa *f.* scarp, steep slope. 2 FORT. scarp.
escarpado, da *adj.* abrupt, steep, cliffy.
escarpadura *f.* scarp, escarpment.
escarpar *tr.* to scarp, escarp. 2 SCULPT. to rasp.
escarpe *m.* solleret [of armour]. 2 ESCARPA 1.
escarpelo *m.* SURG. scalpel. 2 rasp.
escarpia *f.* hooked nail.
escarpiador *m.* staple [for fastening a pipe to a wall].
escarpidor *m.* wide toothed comb.
escarpín *m.* sock, thin-soled shoe. 2 woollen slipper.
escarzano *adj.* ARCH. segmental [arch].
escarzar *tr.* to clear [a hive] of black combs.
escarzo *m.* black comb without honey. 2 BOT. tinder fungus. 3 floss silk, waste silk.
escasamente *adv.* scantily, sparingly. 2 scarcely, hardly.
escasear *tr.* to be sparing in, give sparingly, spare, stint. — 2 *intr.* to be scarce. 3 to grow less, diminish.
escasero, ra *adj.* sparing, stingy.
escasez *f.* scarcity, dearth, shortness. 2 stinginess. 3 want, poverty.
escaso, sa *adj.* scanty, small, limited ; scarce. 2 less than : *dos millas escasas,* less than two miles. 3 short : *andar* ~ *de,* to be short of. 4 stingy, parsimonious.
escatimar *tr.* to stint, curtail, give sparingly.
escatofagia *f.* escatophagy.
escatófago, ga *adj.* ZOOL. scatophagous.
escatología *f.* THEOL. eschatology. 2 scatology.
escatológico, ca *adj.* eschatological. 2 scatological.
escavanar *tr.* AGR. to lossen and weed [the ground in grain fields] with a hoe.
escayola *f.* scagliola. 2 stucco.
escena *f.* THEAT. stage [place where plays are enacted ; the theatre, the drama] : *poner en* ~, to stage [a play]. 2 scene. 3 THEAT. scenery.
escenario *m.* THEAT. stage, boards. 2 setting, environment.
escénico, ca *adj.* scenic [pertaining to the stage].
escenificación *f.* adaptation for the scene.
escenificar *tr.* to adapt for the scene.
escenifiqué, escenifique, etc., *pret., subj. & imper.* of ESCENIFICAR.

escenografía *f.* scenography. 2 scene painting.
escenográficamente *adv.* scenographically.
escenográfico, ca *adj.* scenographic.
escenógrafo *m.* scenographer. 2 scene painter.
escepticismo *m.* scepticism, skepticism.
escéptico, ca *adj.* sceptical, skeptical. — 2 *m. & f.* sceptic, skeptic.
Escila *f. pr. n.* MYTH., GEOG. Scylla.
escila *f.* BOT. squill.
escinco *m.* ZOOL. skink.
escindir *tr.* to cut, divide, split.
Escipión *m. pr. n.* Scipio.
escirro *m.* MED. scirrhus.
escirroso, sa *adj.* scirrhous.
escisión *f.* scission, division, schism. 2 BIOL. fission.
escita *adj. & n.* Scythian.
Escitia (la) *f. pr. n.* GEOG. Scythia.
esclarea *f.* BOT. clary.
esclarecedor, ra *adj.* enlightening. 2 ennobling. — 3 *m. & f.* enlightener.
esclarecer *tr.* to light ,up, brighten. 2 to enlighten. 3 to ennoble, make illustrious. 4 to clear up, elucidate. — 5 *intr.* to dawn. ¶ CONJUG. like *agradecer.*
esclarecidamente *adv.* illustriously.
esclarecido, da *adj.* noble, illustrious.
esclarecimiento *m.* enlightening. 2 clearing up, elucidation.
esclarezco, esclarezca, etc., *irr.* V. ESCLARECER.
esclavicé, esclavice, etc., *pret., subj. & imper.* of ESCLAVIZAR.
esclavina *f.* cape, pelerine, tippet. 2 pilgrim's cloak.
esclavista *adj.* proslavery. — 2 *m. & f.* proslaver.
esclavitud *f.* slavery.
esclavizar *tr.* to enslave.
esclavo, va *adj.* enslaved. — 2 *m. & f.* slave. 3 *f.* kind of bracelet.
esclavón, na *adj. & n.* ESLAVO. 2 ESCLAVONIO.
esclavonio, nia *adj. & n.* Slavonic, Slavonian.
esclerénquima *m.* BOT. sclerenchyma.
esclerodermia *f.* MED. scleroderma.
escleroma *m.* MED. scleroma'.
esclerosis *f.* MED. sclerosis.
escleroso, sa *adj.* sclerous.
esclerótica *f.* ANAT. sclera.
esclusa *f.* lock, canal lock.
escoa *f.* NAUT. bend [of a ship's rib].
escoba *f.* broom, besom [for sweeping]. 2 BOT. broom.
escobada *f.* sweep [with the broom] ; sweeping.
escobadera *f.* woman sweeper.
escobajo *f.* old broom. 2 grape stem as a refuse.
1) **escobar** *tr.* to sweep [with a broom].
2) **escobar** *m.* broom field.
escobazar *tr.* to sprinkle with a broom.
escobazo *m.* blow with a broom : *echar a uno a escobazos,* fig. to dismiss someone rudely. 2 (Arg., Chi.) ESCOBADA.
escobén *m.* NAUT. hawsehole.
escobera *f.* BOT. Spanish broom.
escobero, ra *m. & f.* broom maker or seller.
escobeta *f.* brush [for cleaning].
escobilla *f.* brush [for cleaning]. 2 ELECT. brush [of a dynamo]. 3 BOT. fuller's teasel. 4 BOT. broom heath.
escobillar *tr.* to brush.
escobillón *m.* brush or cleaner for firearms ; swab. 2 broom.
escobina *f.* chips cut in boring. 2 filings.
escobo *m.* brushwood, broom thicket.
escobón *m.* large broom. 2 long-handled broom. 3 short-handled broom. 4 BOT. broom.
escocedura *f.* chafe, soreness [skin irritation].
escocer *intr.* to smart, cause a burning sensation. 2 fig. to smart, to annoy. — 3 *ref.* to feel hurt. 4 [of skin] to become sore, to chafe. ¶ CONJUG. like *mover.*
escocés, sa *adj.* Scotch, Scottish. 2 plaid, plaided [fabric]. — 3 *m. & f.* Scot. — 4 *m.* Scotchman. 5 Scotch [language]. — 6 *f.* Scotchwoman.
Escocia *f. pr. n.* GEOG. Scotland. 2 *Nueva* ~, Nova Scotia.
escocia *f.* ARCH. scotia.
escocimiento *m.* ESCOZOR.
escoda *f.* bush hammer.
escodar *tr.* to trim or cut stone. 2 [of deer, etc.] to shake off the velvet from antlers.
escofia *f.* COFIA.
escofieta *f.* coif, woman's headdress of gauze. 2 (Cu.) baby's cap.

escofina f. rough rasp.
escofinar tr. to rasp [wood].
escogedor, ra adj. choosing, picking. — 2 m. & f. chooser. picker.
escoger tr. to choose, select, pick, pick out, sort.
escogidamente adv. choicely, nicely.
escogido, da adj. chosen. 2 choice, select.
escogimiento m. choosing, choice, selection, picking out, sorting.
escojo, escoja, etc., pret., subj. & imper. of ESCOGER.
escolapio, pia adj. pertaining to the Scuole Pie. — 2 m. piarist.
escolar adj. [pertaining to] school, scholastic. — 2 m. pupil, student.
escolásticamente adv. scholastically.
escolasticismo m. scholasticism.
escolástico, ca adj. scholastic(al). — 2 m. PHIL. Scholastic. — 3 f. Scholasticism.
escolex m. ZOOL. scolex.
escoliador m. scholiast.
escoliar tr. to gloss, comment [a text].
escoliasta m. scholiast.
escolimoso, sa adj. coll. fastidious, hard to please.
escolio m. scholium.
escoliosis f. MED. scoliosis.
escolopendra f. ZOOL. scolopendra, centipede. 2 BOT. hart's tongue.
escolta f. escort. 2 NAUT. convoy, convoying ship.
escoltar tr. to escort. 2 NAUT. to convoy.
escollera f. breakwater.
escollo m. NAUT. reef, rock. 2 fig. danger, difficulty, stumbling block, snag.
escombra f. clearing, removal of rubbish, obstacles, etc.
escombrar tr. to clear of rubbish, obstacles, etc.
escombrera f. MIN. deads dump.
escombro m. debris, rubbish. 2 MIN. deads. 3 small, inferior raisin. 4 CABALLA.
esconce m. angle, corner.
escondedero m. hiding place.
esconder tr. to hide, conceal. 2 to harbour, contain. — 3 ref. to hide, be hidden, conceal oneself, keep out of sight; to lurk, skulk.
escondidamente adv. secretly, hiddenly.
escondidas, escondidillas (a) adv. secretly, on the sly. 2 a escondidas de, without the knowledge of.
escondimiento m. hiding, concealment.
escondite m. hiding place, cache. 2 hide-and-seek : jugar al ~, to play hide-and-seek.
escondrijo m. hiding place, cache.
esconzado, da adj. angular, oblique.
escopeta f. shotgun, gun : ~ de aire comprimido, air gun; ~ de caza, fowling piece; ~ negra, fig. professional hunter.
escopetazo m. gunshot. 2 fig. bomb-shell [unexpected news or event].
escopetear tr. to fire a gun [at someone] repeatedly. — 2 ref. to exchange compliments or insults.
escopeteo m. musket fire, shotgun fire. 2 exchange of compliments or insults.
escopetería f. musketry. 2 musketry fire.
escopetero m. musketeer. 2 gun-maker, gunsmith. 3 professional hunter.
escopetilla f. dim. small gun.
escopetón m. (scorn.) big musket or shotgun, useless gun.
escopladura, escopleadura f. chisel cut, mortise, notch.
escoplear tr. CARP. to chisel, mortise, notch.
escoplo m. CARP. chisel.
escora f. NAUT. level line. 2 NAUT. shore [prop]. 3 NAUT. list, heel.
escorar tr. NAUT. to shore up [a ship on the stocks]. — 2 intr. NAUT. to list, heel.
escorbútico, ca adj. scorbutic(al).
escorbuto m. MED. scurvy, scorbutus.
escorchar tr. DESOLLAR.
escordio m. BOT. water germander.
escoria f. scoria, dross, slag. 2 fig. dregs [worthless part, refuse]. 3 scoria [cinderlike lava].
escoriación f. excoriation.
escorial m. slag dump; slag heap.
Escorial (el) m. pr. n. Escorial or Escurial [town and monastery in Spain].
escoriar tr. to excoriate.
escorpena, escorpina f. ICHTH. scorpion fish.
escorpioideo, a adj. BOT. scorpioid.
escorpión m. ZOOL. scorpion. 2 ICHTH. scorpion fish. 3 scorpion [scourge. ancient catapult]. 4 ASTR. Scorpio.

escorzado, da adj. PAINT. foreshortened. — 2 m. ESCORZO.
escorzar tr. PAINT. to foreshorten.
escorzo m. PAINT. foreshortening.
escorzón m. ESCUERZO 1.
escorzonera f. BOT. viper's-grass.
escota f. NAUT. sheet.
escotado, da adj. low-necked. 2 indented. — 3 m. ESCOTADURA.
escotadura f. low cut in the neck [of a garment]. 2 arm-hole [in armour]. 3 THEAT. large stage trap. 4 indentation.
escotar tr. to cut the neck of [a garment]; to cut [a garment] low in the neck. 2 to draw water from [a river, etc.] through a trench. 3 to club, pay one's share of a common expense.
escote m. low-neck. 2 tucker. 3 share, part paid [of a common expense] : pagar a ~, to club for, to pay each one his part.
escotera f. NAUT. sheet hole.
escotero, ra adj. walking or travelling unburdened. 2 NAUT. sailing alone [ship].
escotilla f. NAUT. hatchway.
escotillón m. trap door. 2 THEAT stage trap. 3 NAUT. scuttle.
escotín m. NAUT. topsail sheet.
escotismo m. Scotism.
escotista m. & f. Scotist.
escozor m. soreness, irritation, burning, smarting pain or sensation.
escriba m. scribe [among the Hebrews].
escribanía f. court clerkship. 2 court clerk's office. 3 inkstand, ornamental inkstand. 4 writing desk.
escribano m. court clerk. 2 obs. notary. 3 obs. scribe. 4 ENTOM. ~ del agua, whirligig beetle.
escribido, da p. p. reg. of ESCRIBIR, used only in the idiom leído y escribido, affecting learning.
escribidor m. coll. scribbler.
escribiente m. amanuensis; clerk.
escribir tr. & intr. to write : ~ a máquina, to type. — 2 ref. to hold correspondence; escribirse con, to hold correspondence with. ¶ P. p. irreg.: escrito.
escriño m. casket, jewel case. 2 straw basket.
escrita f. ICHTH. kind of skater.
escritillas f. pl. lamb's fries.
escrito, ta p. p. irreg. of ESCRIBIR. — 2 m. writing [written paper, letter, document, literary work, etc.]; por ~, in writing. 3 LAW bill, written plea or allegation.
escritor, ra m. & f. writer.
escritorio m. writing desk; cabinet. 2 office, study; countinghouse.
escritorzuelo m. dim. scribbler, writer of no account.
escritura f. writing : ~ a máquina, typewriting. 2 handwriting, hand, script. 3 LAW deed, instrument, indenture. 4 La Escritura, las Escrituras, the Scripture.
escriturar tr. LAW to establish by deed or legal instrument. 2 to engage [an artist].
escriturario, ria adj. LAW [pertaining to] deed or instrument. — 2 m. Scripturist.
escrófula f. MED. scrofula.
escrofularia f. BOT. figwort.
escrofulariáceo, a adj. BOT. scrophulariaceous.
escrofulismo m. MED. scrofulism.
escrofuloso, sa adj. scrofulous.
escroto m. ANAT. scrotum.
escrupulillo m. dim. slight scruple. 2 jinglet.
escrupulizar intr. to scruple, to doubt.
escrúpulo m. scruple [doubt, hesitation, conscientious objection]. 2 ESCRUPULOSIDAD. 3 PHARM. scruple [weight].
escrupulosamente adv. scrupulously. 2 precisely, accurately.
escrupulosidad f. scrupulosity, scrupulousness. 2 conscientiousness. 3 accurateness, nicety, thoroughness.
escrupuloso, sa adj. scrupulous. 2 conscientious. 3 accurate, exact, nice, thorough. 4 squeamish.
escrutador, ra adj. searching. — 2 m. & f. searcher, examiner, scrutinizer. 3 teller of votes.
escrutar tr. to search, examine, scrutinize. 2 to tell the votes [at an election].
escrutinio m. scrutiny, examination. 2 telling or counting of votes [at an election].
escrutiñador m. & f. examiner, scrutinizer.
escuadra f. NAV. fleet, squadron. 2 MIL. squad. 3 squad, gang. 4 angle iron. 5 carpenter's squa.

drawing triangle : *falsa* ~, bevel square; *a* ~, square, at right angles; *fuera de* ~, out of square, at an oblique angle. *6* ~ *de agrimensor,* cross-staff.

escuadrar *tr.* to square [form with right angles and flat surfaces].

escuadreo *m.* measuring in square units.

escuadría *f.* scantling [of timber].

escuadrilla *f.* NAV., AER. escadrille.

escuadro *m.* ESCRITA.

escuadrón *m.* MILL. squadron [of cavalry].

escuadronar *tr.* MIL. to form in squadrons.

escuadronista *m.* MIL. cavalry tactician.

escualidez *f.* leanness, emaciation. 2 squalor.

escuálido, da *adj.* lean, pale, emaciate. 2 squalid, filthy. — *3 m. pl.* ICHTH. Squalidæ.

escualo *m.* ICHTH. any fish of the Squalidæ.

escualor *m.* ESCUALIDEZ.

escoucha *f.* act of listening : *estar a la* ~, to be listening. 2 MIL. night scout. 3 in convents, nun who accompanies another at the locutory. 4 servant sleeping near her mistress.

escuchador, ra *adj.* listening.

escuchar *tr.* to listen to. 2 to mind, heed [advice, etc.]. — *3 intr.* to listen. — *4 ref.* to speak with affected pauses, to like the sound of one's own voice.

escuchimizado, da *adj.* lean, weak.

escudar *tr.* to shield, protect, guard. — *2 ref.* to shield, protect oneself. 3 to take refuge in [a law, authority, etc.].

escuderaje *m.* service of a page or squire.

escuderear *tr.* to serve as a page or squire.

escudería *f.* squireship, squirehood.

escuderil *adj.* [pertaining to] a squire or a lady's page.

escuderilmente *adv.* in the style of a squire or page.

escudero *m.* HIST. shield bearer, squire. 2 HIST. nobleman. 3 HIST. lady's page, escort or attendant. 4 shield maker.

escudete *m.* escutcheon. 2 rain stain on an olive. 3 SEW. gusset. 4 BOT. white water lily.

escudilla *f.* bowl [hemispherical cup].

escudillar *tr.* to pour into bowls.

escudillo *m. dim.* small shield. 2 a gold coin.

escudo *m.* shield, buckler. 2 shield, protection. 3 HER. shield, escutcheon : ~ *de armas,* coat of arms. 4 shield [of gun]. 5 NAUT. escutcheon; backboard. 6 escutcheon [around keyhole]. 7 ZOOL. scute, scutum. 8 escudo [monetary unit of Portugal]. 9 ancient golden coin.

escudriñador, ra *adj.* scrutinizing, searching. — *2 m. & f.* scrutinizer, searcher, prier.

escudriñamiento *m.* scrutiny, investigation.

escudriñar *tr.* to scrutinize, search; to investigate; to pry into.

escuece, escueza, etc., *irr.* V. ESCOCER.

escuela *f.* school [teaching establishment or institution] : ~ *de artes y oficios,* trade school; ~ *de párvulos,* kindergarten; ~ *dominical,* Sunday school; ~ *primaria,* primary school; ~ *normal,* normal school. 2 school [philosophic, artistic, literary, etc.]. 3 school [means of learning] : *la* ~ *de la experiencia, de la vida,* the school of experience, of life. 4 schoolhouse.

escuerzo *m.* toad. 2 fig. little runt [person].

Esculapio *pr. n.* MYTH. Aesculapius.

escuetamente *adv.* unadornedly, strictly, without frills.

escueto, ta *adj.* bare, plain, unadorned, strict, unqualified.

esculcar *tr.* to search, investigate, spy.

esculpir *tr.* to sculpture, carve; to engrave.

escultora *f.* sculptress.

escultor *m.* sculptor.

escultórico, ca *adj.* sculptural [pertaining to sculpture].

escultura *f.* sculpture [art and work].

escultural *adj.* sculptural, sculpturesque.

escuna *f.* GOLETA.

escupidera *f.* cuspidor, spittoon.

escupido, da *p. p.* of ESCUPIR. — *2 adj.* the very spit of : *Pedro es* ~ *a su padre,* Peter is the very spit of his father. — *3 m.* spit, spittle.

escupidor, ra *adj.* spitting all the time. — *2 m.* (Am.) cuspidor, spittoon.

escupidura *f.* spit, spittle. 2 fever sore [in the lips].

escupir *intr.* to spit [eject saliva, etc.]. — *2 tr.* to spit [saliva, etc.]. 3 to spit at : fig. ~ *a uno,* to scoff at someone. 4 to throw off, discharge.

escupitajo *m.,* **escupitina** *f.,* **escupitinajo** *m.* spit [spitted saliva].

escurar *tr.* to scour [cloth] before milling.

escurialense *adj.* pertaining to El Escorial.

ecurreplatos *m.* plate rack, dish-draining rack.

escurribanda *f.* escape, flight. 2 looseness of bowels. 3 beating, thrashing.

escurridero *m.* draining place.

escurridizo, za *adj.* slippery.

escurrido, da *adj.* narrow-hipped. 2 (Mex., P. Ri.) confused, ashamed.

escurridor *m.* colander. 2 ESCURREPLATOS.

escurriduras, escurrimbres *f. pl.* heeltap, last dregs.

escurrimiento *m.* draining [of a vessel, plate, etc.]. 2 wringing [of cloth]. 3 dripping, trickling. 4 gliding.

escurrir *tr.* to drain [a vessel, plates, a liquid, etc.]]. 2 to wring [moisture out of]. — *3 intr.* to drip, ooze, trickle. — *4 intr. & ref.* to slip, glide. — *5 ref.* to slip away, slip out. 6 to say too much.

esdrújulo, la *adj.* GRAM. proparaxytone, or -tonic, accented on the antepenult. — *2 m.* proparaxytone, word accented on the antepenult.

1) **ese** *f.* Spanish name of the letter *s.* 2 S-shaped link [of chain]. 3 MUS. sound hole [of violin]. 4 *hacer eses,* [of a drunken man] to zigzag, to walk unsteadily.

2) **ese, esa,** *pl.* **esos, esas** *adj.* that, those [nearest to the one addressed].

ése, ésa, *pl.* **ésos, ésas** *pron.* that one, those [nearest to the one addressed]. 2 *ésa,* there, that or your town or city : *llegaré a ésa pasado mañana,* I'll arrive at your town the day after tomorrow. 3 *ésa es buena,* that is a good one, that is a smart, remarkable, strange, etc., thing; *ésa no la creo,* I don't believe that. 4 *ni por ésas,* nothing doing. 5 *¡a ése!,* at him !

esecilla *f.* fastening ring in a metal button.

esencia *f.* essence [intrinsic nature, being; what is permanent in things]. 2 CHEM. essence, perfume. 3 *quinta* ~, quintessence.

esencial *adj.* essential.

esenciero *m.* scent bottle.

esenio, nia *adj. & n.* Essene, Essenian.

esfacelarse *ref.* MED. to sphacelate.

esfacelo *m.* MED. sphacelus.

esfenoidal *adj.* sphenoidal.

esfenoides *m.* ANAT. sphenoid, sphenoid bone.

esfera *f.* GEOM., ASTR., GEOG. sphere : ~ *armilar,* armillary sphere; ~ *celeste,* sphere, celestial sphere; ~ *terrestre,* the globe, the earth. 2 sphere [of action, influence, etc.]. 3 sphere, rank, social class. 4 dial [of clock].

esfericidad *f.* sphericity.

esférico, ca *adj.* spherical.

esferoidal *adj.* spheroidal.

esferoide *f.* GEOM. spheroid.

esferómetro *m.* spherometer.

esfigmómetro *m.* sphygmometer.

esfinge *f.* sphinx. 2 ENTOM. hawk moth.

esfinter *m.* ANAT. sphincter.

esforcé *pret.* of ESFORZAR.

esforrocinar *tr.* to remove useless shoots from [vines].

esforrocino *m.* AGR. useless shoot of a grapevine.

esforzadamente *adv.* vigorously, bravely.

esforzado, da *adj.* brave, courageous.

esforzar *tr.* to give strength. 2 to give courage. — *3 ref.* to exert oneself, try hard, strive, make efforts. ¶ CONJUG. like *contar.*

1) **esfuerzo** *m.* effort, exertion. 2 ENG. stress. 3 courage, spirit, vigor.

2) **esfuerzo, esfuerce,** etc., *irr.* V. ESFORZAR.

esfumar *tr* DRAW. to stump. 2 PAINT. to tone down, soften. — *3 ref.* to disappear, evanesce.

esfumino *m.* DRAW. stump.

esfuminar *tr.* esfumar.

esgarrar *tr. & intr.* to try to cough up [phlegm].

esgrafiado *m.* graffito, sgrafitto.

esgrafiar *tr.* to decorate with sgrafitto.

esgrima *f.* fencing [art].

esgrimidor *m.* fencer, swordsman.

esgrimidura *f.* fencing [the act].

esgrimir *tr.* to wield, brandish [a weapon]; to enforce, urge, make use of [arguments, reasons, etc.]. — *2 intr.* to fence, practice fencing.

esgrimista *m. & f.* (Arg., Chi., Pe.) ESGRIMIDOR.
esguazar *tr.* to ford.
esguazo *m.* fording. 2 ford.
esgucio *m.* ARCH. cavetto.
esguín *m.* ICHTH. parr, young salmon before entering the sea.
esguince *m.* dodge [to avoid a blow]. 2 frown, wry face. 3 sprain [of a joint].
eslabón *m.* link [of a chain]. 2 steel [for sharpening knives; for striking sparks from flint]. 3 ZOOL. a black scorpion.
eslabonador, ra *adj.* linking.
eslabonamiento *m.* linking, connection, sequence, concatenation.
eslabonar *tr.* to link, interlink, concatenate. — 2 *ref.* to be linked or concatenated.
eslavo, va *adj.* Slav, Slavic. — 2 *m. & f.* Slavish. — 3 *m.* Slavic [language].
eslinga *f.* NAUT. sling.
eslingar *tr.* NAUT. to sling up.
eslizón *m.* ZOOL. seps.
eslora *f.* NAUT. length [of ship]. 2 NAUT. carling.
eslovaco, ca *adj. & n.* Slovak, Slovakian.
Eslovaquia *f. pr. n.* GEOG. Slovakia.
Eslovenia *f. pr. n.* GEOG. Slovenia.
esloveno, na *adj. & n.* Slovene, Slovenian.
esmaltador *m.* enameller.
esmaltadura *f.* enamelling.
esmaltar *tr.* to enamel. 2 to variegate with bright colors. 2 to adorn, embellish.
esmalte *m.* enamel; enamel work. 2 ANAT. enamel. 3 smalt. 4 HER. tincture.
esmaltín *m.* smalt.
esmaltina *f.* MINER. smaltite.
esmeradamente *adv.* carefully, conscientiously.
esmerado, da *adj.* careful, conscientious, painstaking. 2 conscientiously done.
esmeralda *f.* emerald. 2 ~ *oriental,* corundum.
esmeraldino, na *adj.* emeraldlike [colour]; emerald-coloured.
esmerar *tr.* to polish, brighten. — 2 *ref. esmerarse en* or *por,* to do one's best to, to take pains to.
esmerejón *m.* ORN. goshawk. 2 ancient small cannon.
esmeril *m.* emery. 2 ancient small cannon.
esmerilar *tr.* to emery, to grind or polish with emery.
esmero *m.* great care, concientiousness, neatness.
esmirriado, da *adj.* DESMIRRIADO.
Esmirna *pr. n.* GEOG. Smyrna.
esnob *m. & f.* snob, one who welcomes all new things with foolish admiration or to give himself airs.
esnobismo *m.* snobbism, fawning admiration of new things.
eso *pron. neut.* that, that thing, that fact, that matter; ~ *de,* that matter of; ~ *es,* that is it, that is right; ~ *mismo,* the same, the same thing; that's it; *por* ~, for that, for that reason, on that account; *por* ~ *es que,* that is the reason that, that is why. 2 *a* ~ *de la una, de las dos,* etc., about one o'clock, two o'clock, etc.
esofágico, ca *adj.* esophageal.
esófago *m.* ANAT. esophagus.
Esopo *m. pr. n.* Aesop.
esos, esas *adj.* pl. of *ese, esa.*
ésos, ésas *pr.* pl. of *ése, ésa.*
esotérico, ca *adj.* esoteric.
esotro, tra *adj. & pron.* that other.
espabiladeras *f. pl.* DESPABILADERAS.
espabilar *tr.* DESPABILAR.
espacial *adj.* spatial, space.
espaciar *tr.* to space, space out. 2 PRINT. to space, lead. — 3 *tr. & ref.* to spread, diffuse. — 4 *ref.* to expatiate. 5 to relax, amuse oneself.
espacio *m.* space. 2 room, capacity. 3 blank [empty space]. 4 delay, slowness.
espaciosamente *adj.* slowly, deliberately.
espaciosidad *f.* spaciousness, roominess.
espacioso, sa *adj.* spacious, roomy, ample. 2 slow, deliberate.
espada *f.* sword, rapier; ~ *de dos filos,* two-edged sword; *entre la* ~ *y la pared,* between the devil and the deep blue sea. 2 swordsman, good fencer. 3 BULLF. matador. 4 ace of ESPADAS. 5 ICHTH. *pez* ~, swordfish. 6 *pl.* suit in Spanish cards equivalent to spades.
espadachín *m.* swordsman, good fencer. 2 spadassin, bravo.

espadador, ra *m. & f.* scutcher [one who scutches flax or hemp].
espadaña *f.* BOT. cattail, reed mace. 2 bell gable.
espadañada *f.* spew of blood, water, etc.
espadañal *m.* place where reed mace grows.
espadañar *tr.* to spread out [the tail feathers].
espadar *tr.* to scutch, swingle [flax or hemp].
espadarte *m.* ICHTH. swordfish.
espadería *f.* swordmaker's shop.
espadero *m.* swordmaker.
espádice *m.* BOT. spadix.
espadilla *f.* scutch, swingle. 2 scull [oar]. 3 ace of ESPADAS. 4 hair bodkin. 5 red insignia of the order of Santiago.
espadillado *m.* scutching, swingling [of flax or hemp].
espadillar *tr.* ESPADAR.
espadín *m.* narrow gala sword; rapier.
espadón *m. aug.* large sword. 2 coll. high-up [person]. 3 eunuch.
espadrapo *m.* ESPARADRAPO.
espahí *m.* spahi.
espalar *intr. & tr.* to clear [ground] of snow with a shovel.
espalda *f. sing. & pl.* back [of the human body, of a garment, etc.]; shoulders: *cargado de espaldas,* round-shouldered; *a espaldas de,* behind someone's back; *de espaldas,* backwards; on one's back; *por la* ~, from behind; *echarse una cosa a las espaldas,* not to bother oneself about a thing; *echarse una cosa sobre las espaldas,* to take something upon one's shoulders; to take on, assume something as a responsibility; *guardar las espaldas a uno,* to protect someone, guard someone's back.
espaldar *m.* backpiece [of cuirass]. 2 carapace [of turtle]. 3 back [of a seat]. 4 HORT. espalier.
espaldarazo *m.* accolade [in knighting]; slap on the back.
espaldarcete *m.* short backpiece [in ancient armour].
espaldarón *m.* backplate [in ancient armour].
espalder *m.* stern rower [in a galley].
espaldera *f.* HORT. espalier.
espaldilla *f.* shoulder blade. 2 shoulder [of mutton, pork, etc.].
espalditendido, da *adj.* coll. stretched on one's back.
espaldón *m.* CARP. shoulder. 2 FORT. entrenchment, barrier.
espaldudo, da *adj.* broad-shouldered.
espalera *f.* HORT. espalier.
espalmador *m.* DESPALMADOR.
espalmadura *f.* parings [of hoofs].
espalmar *tr.* DESPALMAR.
espalto *m.* PAINT. dark glaze.
espantable *adj.* ESPANTOSO.
espantablemente *adv.* ESPANTOSAMENTE.
espantada *f.* sudden flight [of an animal]. 2 sudden scare, sudden giving up from fear.
espantadizo, za *adj.* scary, shy.
espantador, ra *adj.* frightening, scaring.
espantajo *m.* scarecrow; fright.
espantalobos *m.* BOT. bladder senna.
espantamoscas *m.* flyflap.
espantapájaros *m.* scarecrow.
espantar *tr.* to frighten, scare. 2 to chase, drive away, scare away. — 3 *ref.* to take fright. 4 to marvel, be astonished.
espanto *m.* fright, terror, consternation. 2 astonishment: *estoy curado de* ~, nothing can surprise me. 3 threat. 4 (Am.) ghost, spectre.
espantosamente *adv.* frightfully, awfully.
espantoso, sa *-adj.* fearful, frightful, dreadful, awful. 2 astonishing, astounding.
España *f. pr. n.* GEOG. Spain.
español, la *adj.* Spanish. — 2 *m. & f.* Spaniard. — 3 *m. Spanish* [language]. — 4 *f. pr. n.* GEOG. *La Española,* Hispaniola [Santo Domingo].
españolada *f.* spectacle, literary work, etc., exaggerating Spanish customs and habits.
españoleta *f.* old Spanish dance.
españolismo *m.* love of Spain, Spanish patriotism. 2 Spanishness. 3 Hispanicism.
españolista *m.* addicted to Spain and Spanish things.
españolización *f.* making Spanishlike.
españolizar *tr.* to make Spanish or Spanishlike. — 2 *ref.* to adopt Spanish customs.
esparadrapo *m.* court plaster, sticking plaster.

esparaván *m.* ORN. GAVILÁN 1. 2 VET. spavin.
esparavel *m.* MAS· mortarboard. 2 casting net.
esparciata *adj. & n.* Spartan.
esparcidamente *adv.* separately, scatteredly.
esparcido, da *adj.* scattered. 2 merry, gay, frank, open.
esparcidor, ra *adj.* scattering, spreading. — 2 *m. & f.* scatterer, spreader. -
esparcimiento *m.* scattering, spreading, dissemination. 2 relaxation, recreation, amusement. 3 gaiety, frankness, openness.
esparcir *tr.* to scatter, spread, disseminate. 2 to recreate, entertain. — 3 *ref.* to scatter, spread [be scattered or spread]. 4 to amuse oneself, take recreation.
esparragado *m.* dish made with asparagus.
esparragador, ra *m. & f.* asparagus grower.
esparragal *m.* ESPARRAGUERA.
esparragar *tr.* to grow or to gather asparagus.
espárrago *m.* BOT. asparagus : *anda* or *vete, a freír espárragos*, coll. go to the devil. 2 awning pole. 3 peg ladder.
esparraguera *f.* BOT. asparagus [plant]. 2 asparagus bed. 3 asparagus dish.
esparraguero, ra *m. & f.* asparagus grower or seller.
esparrancado, da *adj.* with one's legs wide apart. 2 spread apart.
esparrancarse *ref.* to spread the legs apart.
Esparta *f. pr. n.* HIST. Sparta.
Espartaco *m. pr. n.* Spartacus.
espartal *m.* ESPARTIZAL.
espartano, na *adj. & n.* Spartan.
esparteína *f.* CHEM. sparteine.
esparteña *f.* rope-sole sandal.
espartería *f.* esparto goods. 2 esparto goods' factory or shop.
espartero, ra *m. & f.* maker or seller of esparto goods.
espartilla *f.* esparto horsebrush.
espartizal *m.* esparto field.
esparto *m.* esparto, esparto grass.
esparver *m.* GAVILÁN 1.
esparzo, esparza, etc., *pres., subj. & imper.* of ESPARCIR.
espasmo *m.* MED. spasm.
espasmódico, ca *adj.* MED. spasmodic.
espástico, ca *adj.* spastic.
espata *f.* BOT. spathe.
espatarrada *f.* DESPATARRADA.
espatarrarse *ref.* DESPATARRARSE.
espático, ca *adj.* spathic.
espato *m.* MINER. spar : ~ *calizo*, calespar ; ~ *de Islandia*, Iceland spar ; ~ *flúor*, fluor spar ; ~ *pesado*, heavy spar.
espátula *f.* spatula ; palette knife. 2 ORN. spoonbill.
espatulomancía *f.* spatulomancy.
espaviento *m.* ASPAVIENTO.
espavorido, da *adj.* DESPAVORIDO.
especería *f.* ESPECIERÍA.
especia *f.* spice [condiment].
especial *adj.* especial. 2 special : *en* ~, specially.
especialidad *f.* speciality ; specialty.
especialista *adj. & n.* specialist.
especialización *f.* specialization.
especializar *intr., ref. & tr.* to specialize : *especializarse en*, to specialize in.
especialmente *adv.* especially ; specially.
especiar *tr.* to spice.
especie *f.* NAT. HIST., PHIL. species. 2 species, kind, sort. 3 matter, event, notion, piece of news, remark. 4 pretext, show. 5 *la* ~ *humana*, the species, the mankind. 6 THEOL. *especies sacramentales*, species. 7 *en* ~, in kind, not in money.
especiería *f.* spicery, spices. 2 spice shop.
especiero *m.* spice dealer. 2 spice box.
especificación *f.* specification [telling or stating precisely, in detail].
especificadamente *adj.* in a specified manner.
especificar *tr.* to specify [tell or state precisely, in detail] ; to itemize.
especificativo, va *adj.* specificative.
específico, ca *adj.* specific. — 2 *m.* MED. specific. 3 patent medicine.
especifiqué, especifique, etc., *pret., subj. & imper.* of ESPECIFICAR.
espécimen *m.* specimen.
especioso, sa *adj.* specious, deceitful. 2 neat, beautiful.
espectacular *adj.* spectacular.

espectáculo *m.* spectacle ; show, pageant : *dar un* ~, to make a scene.
espectador, ra *m. & f.* spectator. 2 beholder, looker-on. 3 *pl.* audience.
espectral *adj.* spectral, ghostly. 2 PHYS. spectral.
espectro *m.* spectre, ghost, phantom. 2 PHYS. spectrum.
espectroscopia *f.* spectroscopy.
espectroscópico, ca *adj.* spectroscopic.
espectroscopio *m.* spectroscope.
especulación *f.* speculation, consideration, reflection. 2 COM. speculation, venture.
especulador, ra *adj.* speculating. — 2 *m. & f.* speculator.
1) **especular** *adj.* specular.
2) **especular** *tr.* to speculate about, consider attentively. — 2 *intr.* COM. to speculate.
especulativa *f.* the faculty of speculation.
especulativamente *adv.* speculatively.
especulativo, va *adj.* speculative.
espéculo *m.* SURG., MED. speculum.
espejado, da *adj.* mirrorlike.
espejarse *ref.* to be reflected [as in a mirror].
espejear *intr.* to shine like a mirror.
espejeo *m.* ESPEJISMO.
espejería *f.* mirror factory or shop.
espejero *m.* mirror maker or seller.
espejito *m. dim.* small looking glass.
espejismo *m.* mirage. 2 fig. illusion.
espejo *m.* mirror, looking glass : ~ *de vestir*, ~ *de cuerpo entero*, pier glass, full-length mirror; ~ *ustorio*, burning glass. 2 mirror, model. 3 MINER. ~ *de los Incas*, obsidian. 4 NAUT. ~ *de popa*, escutcheon.
espejuelo *m.* small looking glass. 2 MINER. selenite. 3 leaf of talc. 4 a lure for larks. 5 VET. chestnut. 6 *pl.* spectacles ; lenses of spectacles.
espeleología *f.* speleology.
espelta *f.* BOT. spelt.
espelunca *f.* cave, cavern.
espeluzar *tr. & ref.* DESPELUZAR.
espeluznante *adj.* hair-raising, dreadful, horrifying.
espeluznar *tr. & ref.* DESPELUZAR.
espeluzno *m.* shuddering.
espeque *m.* handspike, lever. 2 prop.
espera *f.* wait, waiting ; expectation : *en* ~ *de*, awaiting, waiting for, in expectation of; *sala de* ~, waiting room. 2 delay, respite : *esto no tiene* ~, this admits of no delay. 3 LAW stay. 4 patience, restraint, prudence. 5 CARP. rabbet [cut in an edge].
esperantismo *m.* Esperantism.
esperantista *m. & f.* Esperantist.
esperanto *m.* Esperanto.
esperanza *f.* hope, hopes, hopefulness : *dar esperanzas*, to give hopes, to give encouragement; *tener puesta su* ~ *en*, to pin one's hope on.
esperanzado, da *adj.* hopeful [having hopes].
esperanzar *tr.* to give hopes.
esperar *tr.* to hope, hope for; to expect : ~ *que*, to hope that. 2 to look forward to. — 3 *tr. & intr.* to await, wait [for] : ~ *a que*, to wait until ; ~ *sentado*, to wait for something which is never to come about. — 4 *intr.* to hope, to trust : ~ *en Dios*, to trust in God. 5 to wait, stay. 6 *quien espera desespera*, long awaiting, or hoping, ends in despair.
esperezarse *ref.* DESPEREZARSE.
esperezo *m.* DESPEREZO.
esperma *f.* sperm. 2 ~ *de ballena*, spermaceti.
espermático, ca *adj.* spermatic, seminal.
espermatofita *adj. & f.* BOT. spermatophyte.
espermatorrea *f.* MED. spermatorrhœa.
espermatozoo *m.* BIOL. spermatozoid.
espernada *f.* split end link [of chain].
espernancarse *ref.* ESPARRANCARSE.
esperón *m.* NAUT. beak, ram [of warship].
esperpento *m.* fright, sight [ugly, slovenly person or thing]. 2 absurdity.
1) **espesar** *m.* thickness, deep [of a wooded land].
2) **espesar** *tr.* to inspissate, thicken [a liquid]. 2 to thicken, make closer. — 3 *ref.* to thicken [become thick or thicker].
espesativo, va *adj.* inspissant.
espeso, sa *adj.* thick, dense, close, heavy, thickset. 2 close-woven. 3 thick [wall, etc.]. 4 dirty, untidy.
espesor *m.* thickness.
espesura *f.* thickness, density. 2 thicket, dense wood. 3 shock of hair. 4 dirt, dirtiness, untidiness.

espetaperro (a) *adj.* hurriedly, at full speed.
espetar *tr.* to spit, skewer. 2 **to** run [a knife, etc.]
through. 3 coll. to spring [something] on [one].
— *4 ref.* to stiffen, assume a solemn air. 5 to
thrust oneself [into a place].
espetera *f.* kitchen rack. 2 kitchen utensils.
espetón *m.* spit [for roasting]. 2 poker [for
stirring a fire]. 3 large pin.
espía *m.* & *f.* spy [person]. — *2 f.* NAUT. warp.
3 NAUT. warping.
espiar *tr.* to spy, to spy on. — *2 intr.* NAUT. to
warp.
espibia *f.,* **espibio, espibión** *m.* VET. sprain in the
neck [of horse].
espicanardo *m.* BOT. spikenard.
espiciforme *adj.* BOT. spiciform.
espícula *f.* ZOOL. spicule.
espichar *tr.* to prick. — *2 intr.* coll. to die.
espiche *m.* pointed instrument or weapon. 2 peg,
spigot.
espichón *m.* prick, stab [wound].
espiga *f.* BOT. spike, ear. 2 shank, tang [of knife,
sword, etc.]. 3 CARP. tenon. 4 dowel, peg, treenail.
5 brad, headless nail. 6 clapper [of bell]. 7 fuse
[of bomb]. 8 NAUT. masthead.
espigadera *f.* gleaner [woman].
espigado, da *adj.* spikelike. 2 AGR. seeded, running
to seed. 3 tall, grown [young person or tree].
espigador, ra *m.* & *f.* gleaner.
espigar *tr.* & *intr.* to glean. 2 to glean, pick
up [from books]. — *3 tr.* CARP. to tenon. — 4
[of grain] to ear. — *5 ref.* [of vegetables] to
run to seed. 6 [of a person] to grow tall.
espigón *m.* sting [of bees, etc.]. 2 point of sharp
tool or nail. 3 ear [of Indian corn]. 4 peaky
hill. 5 breakwater, jetty. 6 clove [of garlic].
espigué, espigue, etc., *pret., subj.* & *imper.* of
ESPIGAR.
espigueo *m.* gleaning. 2 gleaning season.
espiguilla *f.* spikelet. 2 BOT. meadow grass.
espín *m.* ZOOL. porcupine.
espina *f.* thorn : fig. *sacarse la* ~, to get even.
2 splinter. 3 fishbone. 4 spine, backbone : ~
dorsal, backbone, spinal column. 5 scruple,
doubt, suspicion : *dar mala* ~, to make one
suspicious, to bode no good. 6 worry, pain. 7
spina [of the Roman circus]. 8 BOT. ~ *blanca,*
cotton thistle; ~ *santa,* Christ's thorn.
espinaca *f.* BOT. spinach.
espinadura *f.* pricking with a thorn.
espinal *adj.* spinal.
espinapez *m.* herringbone [in parquetry floors].
1) **espinar** *m.* place full of thornbushes.
2) **espinar** *tr.* to prick with thorns. 2 fig. to prick,
wound. 3 to protect [young trees] with thornbushes. — *4 ref.* to get pricked [with a thorn]
espinazo *m.* spine, backbone. 2 ARCH. keystone.
espinel *m.* FISH. trawl line.
espinela *f.* MINER. spinel ruby. 2 ten-line stanza.
espinera *f.* ESPINO 1.
espineta *f.* MUS. spinet.
espingarda *f.* long Moorish gun. 2 a small cannon.
espinilla *f.* dim. small thorn. 2 shin bone. 3 MED.
blackhead.
espinillera *f.* ARMOUR. greave, jambe. 2 shin guard.
espino *m.* BOT. thornbush, hawthorn : ~ *albar*
or *blanco,* hawthorn; ~ *cerval,* buckthorn; ~
negro, blackthorn. 2 ~ *artificial,* barbed wire.
espinosismo *m.* Spinozism.
espinosista *adj.* Spinozistic. — *2 m.* & *f.* Spinozist.
espinoso, sa *adj.* spiny, thorny. 2 arduous, delicate.
espiocha *f.* pickaxe.
espión *m.* spy [person].
espionaje *m.* spying, espionage.
espira *f.* GEOM. spiral; spire. 2 turn [of a winding].
3 ZOOL. spire [of a shell]. 4 ARCH. surbase [of
column].
espiración *f.* PHYSIOL. expiration. 2 THEOL. spiration.
espirador *adj.* expiratory [muscle].
espiral *adj.* & *f.* GEOM. spiral. — *2 f.* HOROL. hairspring.
espirante *adj.* expiring.
espirar *tr.* & *intr,* PHYSIOL. to expire. — *2 tr.* to
breathe, exhale [an odour]. 3 to infuse a divine
spirit in — *4 intr.* to breathe, take breath.
espirativo *adj.* THEOL. that infuses spirit.
espirilo *m.* BACT. spirillum.
espiritado, da *adj.* possessed with the devil. 2 coll.
ghostlike [extremely thin].
espiritar *tr.* to possess with the devil. 2 to agitate,

to irritate. — *3 ref.* to be possessed with the
devil. *4* to be agitated, irritated.
espiritismo *m.* spiritualism, spiritism.
espiritista *adj.* spiritualistic, spiritistic. — *2 m.*
& *f.* spiritualist, spiritist.
espiritosamente *adv.* spiritedly.
espiritoso, sa *adj.* spirited, lively. 2 spirituous.
espíritu *m.* spirit [in practically every sense] :
~ *de contradicción,* contradictory person; ~ *de
cuerpo,* esprit de corps; ~ *de vino,* spirits of
wine, alcohol; ~ *inmundo,* unclean spirit, the
Devil; *el* ~ *y la letra,* the letter and the spirit;
levantar el ~, to raise the spirits, to cheer up;
pobre de ~, poor in spirit, pusillanimous. 2
ghost : *Espíritu Santo,* Holy Ghost; *dar, despedir o exhalar el* ~, to give up the ghost.
espiritual *adj.* spiritual, ghostly.
espiritualicé, espiritualice, etc., *pret., subj.* &
imper. of ESPIRITUALIZAR.
espiritualidad *f.* spirituality.
espiritualismo *m.* PHIL. spiritualism; idealism.
espiritualista *adj.* PHIL. spiritualistic. — *2 m.* & *f.*
PHIL. spiritualist.
espiritualización *f.* spiritualization.
espiritualizar *tr.* to spiritualize.
espiritualmente *adv.* spiritually.
espirituoso, sa *adj.* spirited, lively. 2 spirituous.
espirivalvo, va *adj.* ZOOL. spirivalve.
espirómetro *m.* spirometer.
espiroqueta *f.* BACT. spirochete.
espita *f.* cock, tap, faucet [for a cask, etc.]. 2 coll.
tippler, drunkard.
espitar *tr.* to tap, to put a cock on [a cask, etc.].
espito *m.* PRINT. peel, hanger.
esplendente *adj.* resplendent, shining.
esplender *intr.* poet. to shine.
espléndidamente *adv.* splendidly. 2 generously,
liberally.
esplendidez *f.* splendour, magnificence. 2 abundance, liberality, generosity.
espléndido, da *adj.* splendid, magnificent, grand.
2 liberal, generous. 3 resplendent.
esplendor *m.* splendour. 2 fulgency, radiance.
esplendorosamente *adv.* with splendour.
esplendoroso sa *adj.* splendid, resplendent, radiant.
esplénico, ca *adj.* ANAT. splenetic, splenic.
esplenio *m.* ANAT. splenius.
espliego *m.* BOT. lavender.
esplín *m.* melancholy, spleen, the blues.
esplique *m.* bird snare.
espolada *f.* prick with a spur. 2 ~ *de vino,* draught
of vine.
espolazo *m.* prick with a spur.
espoleadura *f.* spurgall.
espolear *tr.* to spur; to incite, to stimulate.
espoleta *f.* fuse [of a bomb]. 2 wishbone, merrythought [of bird].
espolín *m.* spur fixed to the heel of boot. 2 shuttle
for brocading or flowering. 3 silk brocade.
espolinar *tr.* to brocade with flowers.
espolio *m.* ECCL. spolium.
espolique *m.* groom who walks in front of his
master's horse.
espolón *m.* cock's or bird's spur. 2 spur [of a
range of mountains]. 3 MAR. beak, ram [of
warship]. 4 cutwater [of a bridge]. 5 ARCH.
buttres. 6 breakwater, jetty. 7 VET. fetlock [pro-
jection on back of horse's leg]. 8 BOT. spur
[in a flower].
espolonada *f.* sudden onset of horsemen.
espolvorear *tr.* DESPOLVOREAR. 2 to sprinkle with
a powdered substance.
espolvorizar *tr.* ESPOLVOREAR 2.
espondaico, ca *adj.* spondaic.
espondeo *m.* spondee.
espondil, espóndilo *m.* ANAT. spondyl.
esponja *f.* sponge.
esponjado, da *p. p.* of ESPONJAR. — *2 m.* AZUCARILLO.
esponjadura *f.* making spongious. 2 puffing up.
3 glowing with health.
esponjamiento *m.* (Arg.) ESPOJADURA 1.
esponjar *tr.* to make spongious or fluffy. — *2 ref.*
to become elated, proud. 3 to glow with health.
esponjera *f.* sponge tray.
esponjosidad *f.* sponginess, spongiousness.
esponjoso, sa *adj.* spongy, spongious, porous.
esponsales *m. pl.* betrothal, spousals.
esponsalicio, cia *adj.* spousal, pertaining to the
betrothal.
espontáneamente *adv.* spontaneously.

espontanearse *ref.* to speak frankly, to open one's heart.
espontaneidad *f.* spontaneity, spontaneousness.
espontáneo, a *adj.* spontaneous.
espontón *m.* MIL. spontoon.
espontonada *f.* salute or blow with a spontoon.
espora *f.* BIOL. spore.
esporádico, ca *adj.* sporadic.
esporangio *m.* BOT. sporangium.
esporidio *m.* BOT. sporidium.
esporífero, ra *adj.* BOT. sporiferous.
esporo *m.* BOT. spore.
esporocarpio *m.* BOT. sporocarp.
esporofila *f.* BOT. sporphyll.
esporofito *m.* BOT. sporophyte.
esporogonio *m.* BOT. sporogonium.
esporozoario *m.* ZOOL. sporozoan.
esporozoo, a *adj. & m.* ZOOL. sporozoan.
esportilla *f.* small two-handled esparto basket.
esportillero *m.* street porter, carrier.
esportillo *m.* esparto basket.
esposa *f.* spouse, wife. 2 *pl.* handcuffs, manacles.
esposar *tr.* to handcuff.
esposo *m.* spouse, husband. 2 *pl.* spouses, husband and wife.
espuela *f.* spur [pricking instrument]. 2 spur, incitement, stimulus. 3 (Am., Can.) ESPOLÓN 1. 4 (Am.) ESPOLETA 2. 5 BOT. ~ *de caballero*, larkspur.
espuerta *f.* two-handed esparto basket [for carrying earth, rubble, etc.] : *a espuertas*, in abundance.
espulgadero *m.* place where beggars clean themselves of lice or fleas.
espulgar *tr.* to delouse, to clean of lice or fleas. 2 to examine closely.
espulgo *m.* act of cleaning of lice or fleas, delousing. 2 close examination, scrutiny.
espulgué, espulgue, etc., *pret., subj. & imper.* of ESPULGAR.
espuma *f.* foam, froth, lather, spume : *crecer como la* ~, fig. to prosper, thrive rapidly. 2 scum. 3 ~ *de mar*, sea froth, meerschaum. 4 ~ *de nitro*, aphronitrum.
espumadera *f.* COOK. skimmer [utensil].
espumador, ra *m. & f.* skimmer [person].
espumajear *intr.* to foam [emit froth at the mouth].
espumajo *m.* ESPUMARAJO.
espumajoso, sa *adj.* foamy, frothy.
espumante *adj.* foaming, frothing. 2 sparkling [wine].
espumar *tr.* to skim, scum. — 2 *intr.* to foam, froth. 3 [of wine] to sparkle.
espumarajo *m.* froth from the mouth : *echar espumarajos*, to foam [emit froth at the mouth]; to be furious.
espúmeo, a *adj.* ESPUMOSO.
espumero *m.* salt pit.
espumilla *f.* voile [fabric]. 2 (Ec., Hond.) meringue.
espumoso, sa *adj.* foamy, frothy, lathery. 2 sparkling [wine].
espundia *f.* VET. cancerous ulcer.
espurio, ria *adj.* spurious, bastard, illegitimate. 2 spurious, not genuine, counterfeit.
espurrear, espurriar *tr.* to sprinkle with water, etc., squirted from the mouth.
esputar *tr.* EXPECTORAR.
esputo *m.* spittle, sputum.
esquebrajar *tr.* RESQUEBRAJAR.
esqueje *m.* HORT. cutting, slip.
esquela *f.* note, short letter. 2 ~ *mortuoria*, death note. death notice.
esqueletado, da *adj.* ESQUELÉTICO.
esquelético, ca *adj.* skeletal, thin, wasted.
esqueleto *m.* ANAT., ZOOL. skeleton [thin person]. 3 framework. 4 (Col., Mex.) form, blank. 5 (Chi.) sketch, outline [of literary work].
esquelita *f. dim.* small note, billet.
esquema *m.* schema, scheme, plan.
esquemáticamente *adv.* schematically.
esquematicé, esquematice, etc., *pret., subj. & imper.* of ESQUEMATIZAR.
esquemático, ca *adj.* schematic.
esquematismo *m.* schematism.
esquematizar *tr.* to sketch, outline.
esquena *f.* spine [of fishes].
esquenanto *m.* BOT. camel grass.
esquí *m.* ski. 2 skiing.
esquiador, ra *m. & f.* skier.
esquiar *intr.* to ski.

esquiciar *tr.* PAINT. to sketch.
esquicio *m.* PAINT. sketch, outline.
esquifada *adj.* ARCH. *bóveda* ~, cross vault.
esquife *m.* skiff, small boat. 2 ARCH. barrel vault.
esquila *f.* sheepshearing. 2 cattle bell. 3 call bell. 4 ZOOL. marine prawn. 5 ENTOM. whirligig beetle. 6 BOT. squill.
esquilador, ra *m. & f.* shearer [of sheep, etc.]; clipper [of horses]; trimmer [of dogs].
esquilar *tr.* to shear, clip [animals].
esquileo *m.* shearing, clipping [of animals], sheepshearing. 2 shearing pen. 3 shearing time.
esquilimoso, sa *adj.* coll. fastidious, squeamish.
esquilmar *tr.* to harvest. 2 to impoverish [the soil]. 3 to drain, squeeze dry [a source of wealth].
esquilmo *m.* yield [of lands and cattle]. 2 (Chi.) stalk of grapes. 3 (Mex.) profits of farming by-products.
Esquilo *pr. n.* Aeschylus.
esquilón *m.* large call bell or cattle bell.
esquimal *adj. & n.* Eskimo.
esquina *f.* corner, outside angle : *a la vuelta de la* ~, around the corner; *hacer* ~ [of a building], to be on the corner; *las cuatro esquinas*, puss in the corner.
esquinado, da *adj.* cornered, angular. 2 difficult [person].
esquinal *m.* corner, outside angle [in a building].
esquinante, esquinanto *m.* ESQUENANTO.
esquinar *tr. & intr.* to form a corner with, to be on the corner of. — 2 *tr.* to square [timber]. 3 to set [one] against [another]. — 4 *ref.* to quarrel, fall out.
esquinazo *m.* corner : *dar* ~, to avoid [someone], to give the slip [to] ; to abandon, to shake off. 2 (Chi.) SERENATA.
esquinco *m.* ESCINCO.
esquinela *f.* ARMOUR. greave. jambe.
esquinencia *f.* MED. quinsy.
esquinzador *m.* rag room in paper mills.
esquinzar *tr.* DESGUINZAR.
esquirla *f.* splinter [of bone, stone, glass, etc.].
esquirol *m.* coll. blackleg, scab, strike breaker.
esquisto *m.* GEOL. schist, slate.
esquistoso, sa *adj.* schistose, schistous.
esquite *m.* (C. Ri., Hond., Mex.) popped corn.
esquivar *tr.* to avoid, elude, evade, shun, dodge, side-step. — 2 *ref.* to withdraw, shy off.
esquivez *f.* disdain, coldness, gruffness.
esquivo, va *adj.* disdainful, cold, shy. 2 elusive.
esquizado, da *adj.* mottled [marble].
esquizocarpio *m.* BOT. schizocarp.
esquizofrenia *f.* MED. schizophrenia.
esquizomiceto *m.* BOT. schizomycete.
está, están, etc., *irr.* V. ESTAR.
estabilicé, estabilice, etc., *pret., subj. & imper.* of ESTABILIZAR.
estabilidad *f.* stability.
esabilización *f.* stabilization.
estabilizador, ra *adj.* stabilizing. — 2 *m.* stabilizer [device].
estabilizar *tr.* to stabilize. — 2 *ref.* to become stabilized.
estable *adj.* stable, steady, firm, fast, permanent.
establecedor, ra *m. & f.* establisher.
establecer *tr.* to establish, set up. 2 to establish [a fact, custom, etc.] 3 to decree, order. — 4 *ref.* to settle, establish oneself, to take up residence, to set up in business. ¶ CONJUG. like *agradecer*.
estableciente *adj.* establishing.
establecimiento *m.* establishment, establishing. 2 establishment [public institution, house of business], shop. store. 3 statute, ordinance.
establemente *adv.* stably, firmly.
establero *m.* hostler, stableman, stablekeeper.
establezco, establezca, etc., *irr.* V. ESTABLECER.
establo *m.* stable; cattle barn.
estabulación *f.* stabling.
estabular *tr.* to stable, to raise in a stable.
estaca *f.* stake, pale, picket. 2 HORT. cutting, stem cutting. 3 stick, cudgel. 4 clamp nail. 5 (Chi.) MIN. claim.
estacada *f.* stockade, palisade, paling. 2 lists; battlefield; duelling ground : *dejar en la* ~, to leave in the lurch.
estacar *tr.* to tie [an animal] to a stake. 2 to stake off. — 3 *ref.* to stand stiff as a pole.
estacazo *m.* blow with a stick or cudgel.
estación *f.* state, position. 2 season [of the year];

season, time : ~ *de las lluvias*, rainy season.
3 halt, stop. *4* RLY., RADIO., TEL., SURV., BIOL.,
ECCL. station : ~ *de mercancias*, freight station ;
estaciones del Vía crucis, Stations of the Cross.
5 devotional visit to a church. *6* ASTR. station,
stationary point. *7* ~ *balnearia*, bathing resort.
estacional *adj.* seasonal. *2* ASTR. stationary.
estacionamiento *m.* stationing. *2* AUTO. parking.
3 becoming stationary.
estacionar *tr.* to station. *2* to park [a car, etc.].
— *3 ref.* to station, be stationed, stop ; [of a
car, etc.] to park. *4* to remain stationary.
estacionario, ria *adj.* stationary.
estacionero, ra *m. & f.* one who prays before
the stations in church.
estacón *m.* aug. of ESTACA.
estacte *m.* oil of myrrh.
estacha *f.* harpoon rope. *2* NAUT. line, hawser.
estada *f.* stay, sojourn.
estadal *m.* linear measure of about 10 ft. 9 in.
estadía *f.* stop, stay. *2* COM. demurrage.
estadio *m.* stadium [measure]. *2* SPORT stadium.
3 stadium, stage, period.
estadista *m.* statesman. *2* statistician.
estadística *f.* statistics.
estadístico, ca *adj.* statistical.
estadizo, za *adj.* stagnant [water] ; foul [air].
estado *m.* state, condition [mode of being, etc.] :
~ *de alarma*, state of alarm ; ~ *de guerra*, state
of war ; ~ *de sitio*, state of siege ; ~ *gaseoso*,
gaseous state ; *en mal* ~, in bad condition ;
en ~ or *en* ~ *interesante*, with child. *2* condition,
state [celibacy, married state, etc.] : ~ *civil*,
status ; *en* ~ *de merecer*, marriageable ; *tomar*
~, to change condition, to marry, to take orders,
to become a monk or a nun. *3* estate, order,
class : ~ *general* or *llano*, the commons. *4* POLIT.
state, government, State, Nation : *hombre de* ~,
statesman. *5* measure equivalent to 49 sq. feet.
6 lineal measure equivalent to seven feet. *7*
statement [of accounts, etc.]. *8* ~ *mayor*, MIL.
staff ; ~ *mayor general*, general staff. *9 pl.* HIST.
Estados Generales, States-General.
Estados Unidos de América *m. pr. n.* GEOG. United
States of America.
estadounidense *adj. & n.* [citizen] of the U. S.
estafa *f.* cheat, swindle.
estafador, ra *m. & f.* cheat, swindler.
estafar *tr.* to cheat, swindle.
estafermo *m.* quintain, figure used in tilting. *2*
fig. dummy [person who stands like a dummy].
estafeta *f.* courier, post. *2* post-office branch. *3*
diplomatic mail.
estafilococcia *f.* MED. infection due to staphylococci.
estafilococo *m.* BACT. staphylococcus.
estafiloma *m.* MED. staphyloma.
estafisagria *f.* BOT. stavesacre.
estagirita *m. & f.* Stagirite.
estala *f.* NAUT. call, stop. *2* stable.
estalactita *f.* stalactite.
estalagmita *f.* stalagmite.
estallante *adj.* bursting, exploding.
estallar *intr.* to burst, to explode. *2* [of a fire, a
war, a revolution, etc.] to break out. *3* to burst
[with anger, joy, etc.]. *4* RESTALLAR.
estallido *m.* explosion, outburst ; snap, crack,
crash : *dar un* ~, to explode, to crash.
estambrar *tr.* to spin [wool] into worsted.
estambre *m.* worsted, woolen yarn. *2* WEAV. warp.
3 BOT. stamen.
Estambul *m. pr. n.* GEOG. Istanbul.
estamento *m.* state [each of four composing the
Cortes of Aragon].
estameña *f.* estamene [cloth].
estamíneo, a *adj.* worsted. *2* BOT. stamineous.
estaminífero. ra *adj.* BOT. staminate.
estaminodio *m.* BOT. staminode.
estampa *f.* stamped picture, print, engraving. *2*
fig. appearance, figure. *3* likeness, image : *ser la
mismísima* ~ *de*, to be the very image of. *4*
printing : *dar a la* ~, to print, to publish. *5*
foot-step, imprint.
estampación *f.* print(ing), stamp(ing), impression,
imprint.
estampado, da *adj.* printed, stamped. — *2 m.* impression, stamping. *3* cotton print, printed fabric.
4 stamped object.
estampador *m.* stamper. *2* printer [of fabrics].
estampar *tr.* to print. *2* to stamp [metals]. *3* to

stamp, impress, imprint, mark. *4* coll. to dash,
slam, smash against.
estampería *f.* picture or print shop or press.
estampero *m.* picture or print maker or seller.
estampía (de) *adv.* suddenly.
estampida *f.* ESTAMPIDO. *2* (Co., Mex., Ve.) rush,
stampede.
estampido *m.* explosion, report, crack, crash.
estampilla *f.* rubber stamp [for signature]. *2* (Am.)
postage or revenue stamp.
estampillado *m.* stamping [with a rubber stamp].
estampillar *tr.* to stamp [with a rubber stamp].
estampita *f. dim.* little picture or print.
estancación *f.*, **estancamiento** *m.* stagnation, stagnancy. *2* holding up, stoppage, suspension.
estancar *tr.* to make stagnant, to hold up or back,
to stop. *2* [of the government] to monopolize
the sale of certain goods. — *3 ref.* to stagnate,
become stagnant, to make no progress.
estancia *f.* stay, sojourn. *2* room, living room. *3*
day in hospital ; daily hospital fee. *4* stanza.
5 (Arg., Chi.) ranch, cattle ranch. *6* (Cu., Ve.)
country place.
estanciero *m.* (Am.) rancher.
estanco, ca *adj.* stanch, watertight. — *2 m.* shop
for selling government monopolized goods, tobacconist's.
estandarte *m.* standard, banner.
estangurria *f.* ESTRANGURIA.
estannato *m.* CHEM. stannate.
estánnico, ca *adj.* CHEM. stannic.
estannífero, ra *adj.* stanniferous.
estanque *m.* reservoir, basin, pond.
estanqué, estanque, etc., *pret., subj. & imper.* of
ESTANCAR.
estanquero, ra *m.* pond-keeper. — *2 m. & f.* tobacconist ; shopkeeper [selling government monopolized goods].
estanquillo *m. dim.* of ESTANCO. *2* (Mex.) small shop.
3 (Ec.) liquor shop.
estanquito *m. dim.* of ESTANQUE. *2* small basin
or pond.
estantal *m.* MAS. abutment, buttress.
estantalar *tr.* MAS. to buttress.
estante *adj.* being [in a place], fixed, permanent.
— *2 m.* shelving, bookcase.
estantería *f.* shelving.
estantigua *f.* phantom, vision. *2* coll. tall, skinny,
ill-dressed person ; scarecrow.
estantío, a *adj.* stagnant, stationary. *2* dull, slow.
estañador *m.* tinman, tinner.
estañadura *f.* tinning, tinwork.
estañar *tr.* to tin [cover or coat with tin]. *2* to
solder with tin.
estañero *m.* tinsmith. *2* tinman [dealer].
estaño *m.* CHEM. tin.
estaquero *m.* year-old buck or doe.
estaquilla *f.* SHOEM. peg. *2* brad [nail]. *3* CARP.
clamp nail.
estaquillador *m.* SHOEM. pegging awl.
estaquillar *tr.* to fasten with pegs.
estar *intr. & ref.* to be, to find oneself, to keep,
stay, remain [in or at some place] ; to be, to
keep [in some condition or state] : ~ *en casa*,
to be at home ; *estarse en casa*, to stay at home ;
~ *enfermo*, to be ill ; ~ or *estarse quieto*, to
be or keep still ; *la comida está caliente, fria*,
the dinner is hot, cold ; *están verdes*, fig. sour
grapes. *2* followed by gerund it constitutes the
progressive form : ~ *comiendo*, to be eating ;
~ *muriéndose* or *estarse muriendo*, to be dying ;
~ *viendo una cosa*, to see, to be seeing something ;
lo estoy viendo venir, I can see it coming. *3* [of
garments] to be too [wide, large, long, etc.] :
esa chaqueta te está ancha, that jacket is too
wide for you. *4* ~ *a*, to abide by : ~ *a lo que
resulte*, to abide by the result. *5* ~ *a* [followed
by day of month or week], to be the : *estamos a
cuatro de abril, a lunes*, it's the fourth of April,
Monday ; *¿a cuántos estamos?*, what's the date?
6 ~ *a* [followed by price], to be selling for :
las patatas están a tres pesetas, potatoes are
selling for three pesetas. *7* ~ *a la que salta*, to
have an eye for the main chance. *8* ~ *al caer*,
to be about to happen ; [of an hour] to be
on the point of striking. *9* ~ *a matar*, to be
at daggers drawn. *10* ~ *a todo*, to assume full
responsibility in a business. *11* ~ *bien* [of a
thing] to be good, be all right ; [of a person] to be in a good

way; to be well off; to be in good health; *¡está bien!*, all right! *12 ~ bien con uno*, to be on good terms with, or to be well thought of by, someone. *13 ~ con*, to be with, to be in the presence of, closeted with, receiving or being received by; to live or to be living with; to be in agreement with, to be on the side of [a person]. *14 ~ de*, to be [in the act of doing whatever the noun following implies] : *~ de vacaciones*, to be on holiday ; *~ de paseo*, to be taking a walk. *15 ~ de más*, to be of no use, to be unnecessary ; to be in the way. *16 ~ diciendo comedme* [of a thing], to be appetizing, to be asking to be eaten. *17 ~ en*, to be the cause of, to lie [used only in the third pers. sing.] ; *en eso está*, that's where it lies, that's the motive. *18 ~ en* [*una cosa*], to know or understand [something] : *¿está usted?*, do you understand?, do you see the point? *19 ~ en grande*, to live in great ease or luxury ; to have things happen in accordance with one's wishes or convenience. *20 ~ en mí, en ti, en sí*, to be conscious of, or to know, what one is saying or doing. *21 ~ en mí, en ti, en él, en ella, en ellos, en ellas*, to be in my, your, his, her, their power [to do something]. *22 ~ en que*, to believe, be of opinion that. *23 ~ en todo*, to neglect nothing; to agree to everything. *24 estarle a uno bien empleada una cosa*, to serve one right. *25 ~ mal* [of a thing], to be bad, wrong, improper, incorrect, unbecoming; not to suit, fit or become [one]; [of a person] to be in a bad way; to be badly off; to be in bad health. *26 ~ mal con uno*, to be on bad terms with, or to be badly thought of by someone. *27 ~ para*, to be about to, on the point of. *28 ~* or *no ~ para*, to be or not to be in a humour for. *29 ~ por*, to be for, in favour of, to advocate; to have half a mind to, to be half inclined to : *eso está por hacer, por ver, etc.*, that is still to be done, to be seen, etc. *30 ~ sobre mí, sobre ti, sobre sí*, to be on one's guard, be wary ; to be very proud or haughty. *31 ~ sobre un negocio*, to promote an affair efficiently. *32 ~ sobre uno*, to be always at someone, to give someone no rest. *33 ¿estamos?*, do you understand?, do you get me? ¶ Conjug.: Ind. Pres.: *estoy, estás, está; estamos, estáis, están.* | Pret.: *estuve, estuviste, estuvo; estuvimos, estuvisteis, estuvieron.* | Subj. Pres.: *esté, estés, esté; estemos, estéis, estén.* | Imperf.: *estuviera, estuvieras, estuviera; se estuvieses, estuviese; estuviésemos, estuviese, estuvieses, estuviese; estuviésemos, estuviéseis, estuviesen.* | Fut.: *estuviere, estuvieres, estuviere; estuviéremos, estuviereis, estuvieren.* | Imper.: *está, esté; estemos, estad, estén.* | P. P.: *estado.* | Ger.: *estando.*

estarcido *m.* pounce drawing, stencil.
estarcir *tr.* to stencil.
estarna *f.* ORN. gray partridge.
estatal *adj.* [pertaining to] the state.
estático, ca *adj.* static(al. 2 dumfounded, speechless. — 3 *f.* statics.
estatismo *m.* statism. 2 static state.
estator *m.* MACH., ELECT. stator.
estatua *f.* statue : *quedarse hecho una ~*, to turn to stone, be paralyzed with fright or surprise.
estatuar *tr.* to adorn with statues.
estatuaria *f.* statuary [art].
estatuario, ria *adj.-s.* statuary [person].
estatúder *m.* stadholder.
estatuderato *m.* stadholdership.
estatuilla *f. dim.* statuette.
estatuir *tr.* to establish, order, decree. ¶ Conjug. like *huir*.
estatura *f.* stature.
estatutario, ria *adj.* pertaining to the statutes or regulations of a corporation, society, etc.
estatuto *m.* statutes, regulations [of a corporation, society, etc.]. 2 LAW statute.
estatuyó, estatuya, estatuya, etc., *irr.* V. ESTATUIR.
estay *m.* NAUT. stay.
1) **este** *m.* east, orient. 2 east wind.
2) **este** *adj. m.*, **esta** *adj. f.* this; *pl.* **estos** *adj. m.*, **estas** *adj. f.* these.
éste *pron. m.*, **ésta** *pron. f.* this, this one, the latter ; *pl.* **éstos** *pron. m.*, **éstas** *pron. f.* these. 2 *pron. f.* this town [from where I am writing].
esté *irr.* V. ESTAR.

estearato *m.* CHEM. stearate.
esteárico, ca *adj.* CHEM. stearic.
estearina *f.* CHEM. stearin.
esteatita *f.* MINER. steatite.
esteba *f.* BOT. meadow spear grass. 2 NAUT. steeve.
Esteban *m. pr. n.* Stephen.
estela *f.* wake [of a ship]; trail [of a luminous body]. 2 ARCH. stele. 3 ESTELARIA.
estelar *adj.* stellar, sidereal.
estelaria *f.* BOT. lady's mantle.
estelífero, ra *adj.* poet. starry.
esteliforme *adj.* stelliform.
estelión *m.* toadstone. 2 ZOOL. a kind of lizard.
estelionato *m.* LAW stellionate.
estema *m.* ZOOL. stemma, ocellus.
estemple *m.* MIN. stemple.
estenocardia *f.* MED. stenocardia.
estenografía *f.* stenography.
estenografiar *tr.* to stenograph.
estenográfico, ca *adj.* stenographic.
estenógrafo, fa *m. & f.* stenographer.
estenordeste *m.* east-northeast.
estenosis *f.* MED. estenosis.
estentóreo, a *adj.* stentorian.
estepa *f.* steppe. 2 BOT. rockrose.
estepar *m.* rockrose field.
estepario, ria *adj.* [pertaining to the] steppe.
estepilla *f.* BOT. white-leaved rockrose.
Ester *f. pr. n.* Esther.
éster, ester *m.* CHEM. ester.
estera *f.* mat, matting.
esterar *tr.* to cover [the floor] with a mat or mats.
estercoladura *f.*, **estercolamiento** *m.* dunging, manuring.
1) **estercolar** *m.* dunghill.
2) **estercolar** *tr.* to dung, manure. — 2 *intr.* [of animals] to void the excrements.
estercolero *m.* dunghill. 2 dung collector.
estercolizo, za *adj.* dungy.
estercóreo, a *adj.* stercoraceous.
estercuelo *m.* manuring.
estéreo *m.* stere [one cubic metre].
estereóbato *m.* ARCH. stereobate.
estereocromia *f.* stereochromy.
estereografía *f.* stereography.
estereográfico, ca *adj.* stereographic.
estereógrafo *m.* stereographer.
estereometría *f.* stereometry.
estereómetro *m.* stereometer.
estereoscopio *m.* stereoscope.
estereotipado, da *adj.* stereotyped.
estereotipador *m.* stereotiper.
estereotipar *tr.* to stereotype.
estereotipia *f.* stereotypography, stereotypy. 2 stereotypery. 3 stereotyping machine.
estereotípico, ca *adj.* stereotypic.
estereotipista *m.* stereotypist.
estereotomía *f.* stereotomy.
esterería *f.* mat factory or shop.
esterero, ra *m. & f.* mat maker or ·seller. 2 mat layer.
estéril *adj.* sterile, barren, fruitless. 2 futile, vain, ineffectual.
esterilidad *f.* sterility, barrenness. 2 futility.
esterilización *f.* sterilization.
esterilizador, ra *adj.* sterilizing. — 2 *m. & f.* esterilizer.
esterilizar *tr.* to sterilize.
estérilmente *adv.* barrenly, fruitlessly, vainly.
esterilla *f.* small mat, door mat : *~ eléctrica*, electric mat. 2 straw plait. 3 narrow gold or silver braid. 4 (C. Ri., Chi., Ec.) canvas [for embroidery]. 5 (Arg.) cane for backs and seats of chairs.
esterlín *m.* BOCACÍ.
esterlina *adj. libra ~*, sterling pound.
esternón *m.* ANAT. sternum, breastbone.
estero *m.* matting, act of laying mats on [floors] ; matting season. 2 estuary, tideland. 3 (Arg.) swamp. 4 (Chi.) small stream, rivulet.
esterquilinio *m.* dunghill.
estertor *m.* MED. stertor. 2 death rattle.
estertoroso, sa *adj.* stertorous.
estética *f.* aesthetics.
estéticamente *adv.* æsthetically.
estético, ca *adj.* aesthetic. 2 beautiful, having an artistic effect. — 3 *m. & f.* aesthete.
estetoscopia *f.* MED. stethoscopy.
estetoscopio *m.* stethoscope.

esteva *f.* plough handle. stilt.
estevado, da *adj.* bowlegged.
estiaje *m.* low water [in a river, lake, etc.] ; low-water season.
estiba *f.* NAUT. stowage. 2 ORDN. rammer.
estibador *m.* stevedore.
estibar *tr.* NAUT. to stow. 2 to pack, to stuff.
estibina *f.* MINER. stibnite.
estibio *m.* CHEM· stibium, antimony.
estiércol *m.* dung, manure.
Estige *f. pr. n.* MYTH. Styx.
estigio, gia *adj.* Stygian.
estigma *m.* stigma [mark, brand, mark of infamy]. 2 MED., ZOOL., BOT. stigma. 3 *pl.* THEOL. stigmata.
estigmaticé, estigmatice, etc., *pret., subj. & imper.* of ESTIGMATIZAR.
estigmático, ca *adj.* stigmatic.
estigmatizador, ra *adj.* stigmatizing. — 2 *m. & f.* stigmatizer.
estigmatizar *tr·* to stigmatize.
estilar *tr.* to draw [a document, etc.], in due style. — 2 *intr.* to use, to be in the habit of. — 3 *ref.* to be the fashion, the style, to be usual.
estilete *m.* stylet. 2 stiletto. 3 style [tool] 4 SURG. flexible probe.
estilicé, estilice, etc., *pret., subj. & imper.* of ESTILIZAR.
estilicidio *m.* stillicide, stillicidium.
estilista *m.* stylist, master of style.
estilita *m.* ECCL. HIST. stylite, pillarist.
estilización *f.* stylization.
estilizar *tr.* to stylize.
estilo *m.* style, stylus [instrument for writing]. 2 style, gnomon. 3 BOT. style. 4 ARCH., LIT., ART. style. 5 style, manner ; use, custom, fashion : *al ~ de,* after the custom or style of ; *por el ~, por este ~,* like that, of that kind. 5 CHRON. *~ antiguo,* Old Style ; *~ nuevo,* New Style.
estilóbato *m.* ARCH. stylobate.
estilográfica *adj. pluma ~* or *f. estilográfica,* fountain pen.
estima *f.* esteem. 2 NAUT. dead reckoning.
estimabilidad *f.* estimableness, worth.
estimabilísimo, ma *adj. superl.* most estimable.
estimable *adj.* estimable, worthy. 2 appraisable, computable.
estimación *f.* esteem, estimation, regard : *propia ~,* self-respect. 2 estimation, estimate, valuation.
estimador, ra *adj.* appreciative, estimating.
estimar *tr·* to esteem, hold in regard, set a high value on : *~ en poco,* to hold in low esteem. 2 to judge, think. 3 to estimate, value.
estimativa *f.* power of judging or estimating. 2 instinct.
estimulación *f.* stimulation.
estimulador, ra *adj.* stimulating.
estimulante *adj.* stimulating. — 2 *m.* stimulant, stimulative.
estimular *tr.* to stimulate. 2 to incite, encourage.
estímulo *m·* stimulus. 2 inducement, incentive. 3 encouragement.
estinco *m.* ZOOL. skink.
estío *m.* summer, summer time.
estipe *m.* BOT. stipe.
estipendiar *tr·* to stipend.
estipendiario *m.* stipendiary.
estipendio *m.* stipend, salary, pay, fee.
estípite *m.* ARCH. pilaster in the form of an inverted truncated pyramid. 2 BOT. a columnar trunk [like a palm trunk].
estipticar *tr.* MED. to constrict.
estipticidad *f.* stypticity, astringency.
estíptico, ca *adj.* styptic, astringent. 2 costive. 3 stingy, miserly.
estiptiqué, estiptique, etc., *pret., subj. & imper.* of ESTIPTICAR.
estiptiquez *f.* (Am.) costiveness.
estípula *f.* BOT· stipule.
estipulación *f.* stipulation.
estipulante *adj.* stipulating. — 2 *m. & f.* stipulator.
estipular *tr.* to stipulate [agree, specify], to covenant.
estique *m.* tool used by sculptors.
estira *f·* currier's knife.
estiracáceo, a *adj.* BOT. styracaceous.— 2 *f. pl.* BOT. Styracaceæ.
estiradamente *adv.* scarcely, hardly. 2 violently, forcibly.
estirado, da *adj.* stretched, expanded, lengthened. drawn: *~ en frío,* METAL. hard-drawn, cold-drawn.

2 stiff, prim, affectedly dignified ; stuck-up. 3 pennypinching.
estirador, ra *adj·* stretcher, drawer.
estirajar *tr.* ESTIRAR.
estirajón *m.* ESTIRÓN.
estiramiento *m.* stretching. 2 drawing [of wire].
estirar *tr.* to stretch [by pulling]. 2 to stretch, extend, lengthen, expand : *~ la pierna,* or *la pata,* coll. to die ; *~ las piernas,* coll. to stretch one's legs, to go for a walk. 3 to draw [wire]. 4 to iron lightly. 5 to stretch [money]. — 6 *ref.* to stretch, stretch one's limbs.
estirazar *tr.* coll. ESTIRAR.
Estiria *f. pr. n.* GEOG. Styria.
estirón *m.* pull, strong pull. 2 growth in height : *dar un ~,* to grow tall in a short time.
estirpe *f.* stock, lineage, family.
estitiquez *f.* (Am.) ESTIPTIQUEZ.
estivación *f.* BOT., ZOOL. æstivation, estivation.
estival; estivo, va *adj.* æstival, estival, summer.
esto *dem. pron. neut.* this; this subject, this matter, this point : *a ~,* hereto ; *a todo ~,* meanwhile ; *con ~,* herewith ; *en ~,* at this point, at this moment, herein ; *por ~,* for this reason, on this account; *por ~ es que,* this is the reason that, that is why ; *sobre ~,* hereon, hereupon.
estocada *f.* stab, thrust, lunge [with a sword].
estocafís *m.* stockfish.
Estocolmo *m. pr. n.* GEOG. Stockholm.
estofa *f.* a kind of silk stuff. 2 quality, class.
estofado, da *adj.* stewed. 2 quilted. 3 ornamented. — 4 *m.* COOK. stew, ragout.
estofador *m.* painter on burnished gold.
estofar *tr.* COOK. to stew, ragout. 2 to quilt in imitation of embroidery. 3 to paint on burnished gold. 4 to size [wood carvings] for gilding.
estofo *m.* quilting in imitation of embroidery. 2 painting on burnished gold. 3 sizing [for gilding].
estoicamente *adv·* stoically.
estoicismo *m.* stoicism. 2 Stoicism.
estoico, ca *adj.* stoic(al.
estola *f.* stole [garment]. 2 ECCL. stole.
estolidez *f.* stupidity, imbecility.
estólido, da *adj.* stupid, imbecile.
estolón *m.* BOT. stolon. 2 ECCL. deacon's stole.
estoma *m.* BOT. stoma.
estomacal *adj. & m.* stomachic.
estomagar *tr.* to give indigestion. 2 coll. to sicken, disgust.
estómago *m.* ANAT. stomach : *revolver el ~,* to turn the stomach ; *tener buen ~* or *mucho ~,* coll. not to be oversqueamish, to be thick-skinned ; to have an easy conscience.
estomagué, estomague, etc., *pret., subj. & imper.* of ESTOMAGAR.
estomatical *adj.* ESTOMACAL.
estomatitis *f.* MED. stomatitis.
Estonia *f. pr. n.* GEOG. Estonia.
estonio, nia *adj. & n.* Estonian.
estopa *f.* tow [of flax, hemp, etc.]. 2 burlap. 3 oakum.
estopada *f.* quantity of tow [for spinning, etc.].
estopeño, ña *adj.* [pertaining to or made of] tow.
estoperol *m.* NAUT. tow wick. 2 NAUT. scupper nail. 3 (Am.) upholstery nail.
estopilla *f.* finest part of tow. 2 lawn [fabric]. 3 coarse cotton cloth.
estopín *m.* ARTIL. priming tube.
estopón *m.* coarse tow.
estopor *m.* NAUT. stopper.
estoposo, sa *adj.* towlike.
estoque *m.* estoc, rapier, narrow sword. 2 BULLF. sword. 3 BOT. sword lily, gladiolus.
estoqueador *m.* matador [bullfighter].
estoquear *tr.* to stab, thrust at, with an estoc or sword.
estoqueo *m.* thrusting with an estoc or sword.
estor *m.* window shade.
estoraque *m.* BOT. storax tree. 2 storax [balsam].
estorbador, ra *adj.* hindering, obstructing.
estorbar *tr.* to hinder, obstruct, hamper, impede ; to be an obstacle to, to be in the way of ; to prevent [someone] from. 2 to annoy, inconvenience : *estorbarle a uno lo negro,* fig. to be illiterate, to dislike reading.
estorbo *m.* hindrance, obstruction, impediment; nuisance.
estorboso, sa *adj.* hindering, obstructing; annoying.

estornija *f.* washer [under linchpin]. 2 tip cat [boys' game].
estornino *m.* ORN. starling.
estornudar *intr.* to sneeze.
estornudo *m.* sneeze.
estornutatorio *adj.* & *m.* sternutative, sternutatory.
estotro, tra *pr.* this other.
estovar *tr.* REHOGAR.
estoy *irr.* V. ESTAR.
estrábico, ca *adj.* strabismic, strabismal.
estrabismo *m.* MED. strabism, strabismus, squint.
Estrabón *m. pr. n.* Strabo.
estrabotomía *f.* SURG. strabotomy.
estracilla *f.* small rag. 2 kind of brown paper.
estrada *f.* road, way : *batir la ~*, MIL. to reconnoiter.
estradiota *f.* lance used by the stradiots.
estradiote *m.* stradiot.
estrado *m.* formerly, a lady's drawing-room. 2 dais. 3 *pl.* courtrooms, halls of justice.
estrafalariamente *adv* queerly, oddly, eccentrically.
estrafalario, ria *adj.* ridiculous, queer, eccentric, odd. — 2 queer fish, eccentric person.
estragadamente *adv.* depravedly.
estragador, ra *adj.* ccrrupting, vitiating, depraving; damaging, ravaging.
estragamiento *m.* disorder and corruption.
estragar *tr.* to corrupt, vitiate, deprave. 2 to ruin, spoil, ravage.
estrago *m.* havoc, damage, ruin, ravage : *hacer estragos*, to play havoc.
estragón *m.* BOT. tarragon.
estragué, estrague, etc., *pret., subj.* & *imper.* of ESTRAGAR.
estrambote *m.* LIT. tail [of a sonnet, etc.].
estrambóticamente *adv.* cddly, queerly, strangely.
estrambótico, ca *adj.* odd, queer, strange.
estramonio *m.* BOT. stramonium, thorn apple.
estrangol *m.* VET. strangullion.
estrangul *m.* MUS. bassoon reed.
estrangulación *f.* strangling, throttling, strangulation. 2 SURG. strangulation. 3 MACH. throttling, choke. 4 HYDR. stoppage.
estrangulador, ra *adj.* strangling, throttling. — 2 *m.* & *f.* strangler, throttler.
estrangular *tr.* to strangle, throttle, choke. 2 SURG., MED. to strangulate. 3 MACH. to throttle, choke.
estranguria *f.* MED. strangury.
Estrasburgo *f. pr. n.* GEOG. Strasbourg.
estratagema *f.* stratagem, ruse.
estratega *m.* strategist.
estrategia *f.* strategy, strategics.
estratégico, ca *adj.* strategic(al. — 2 *m.* strategist.
estratego *m.* ESTRATEGA.
estratificación *f.* stratification.
estratificar *tr.* & *ref.* GEOL. to stratify.
estratifiqué, estratifique, etc., *pret., subj.* & *imper.* of ESTRATIFICAR.
estratigrafía *f.* stratigraphy.
estratigráfico, ca *adj.* stratigraphic.
estrato *m.* GEOL., ANAT. stratum, layer. 2 METEOR. strata.
estratosfera *f.* METEOR. stratosphere.
estrave *m.* NAUT. stem knee.
estraza *f.* rag, fragment of coarse cloth. 2 *papel de ~*, brown paper.
estrechamente *adv.* narrowly. 2 with poverty. 3 closely. 4 intimately. 5 tightly. 6 exactly, strictly. 7 forcibly, efficaciously.
estrechamiento *m.* narrowing. 2 closing [of ranks, etc.] ; making close, intimate. 3 pressing [of siege, etc.].
estrechar *tr.* to narrow, contract, make less wide. 2 to take in [a garment]. 3 to constrain, compel. 4 to press, to follow or besiege closely. 5 to tighten [bonds, etc.], to make closer. 6 *~ la mano de*, to shake hands with; *~ entre los brazos*, to embrace, clasp in one's arms. — 7 *ref.* to narrow [become narrower]. 8 to press together. 9 to cut down expenses. 10 to tighten, to get closer. 11 to become more intimate.
estrechez *f.* narrowness. 2 tightness [of shoes, garments, etc.]. 3 strictness. 4 pressure [of time]. 5 closeness, intimacy. 6 jam, predicament. 7 austerity. 8 penury, straitened circumstances.
estrecho, cha *adj.* narrow. 2 tight [shoes, garment, etc.]. 3 close [relation, friendship, etc.]. 4 strict. 5 miserly, tightfisted. — 6 *m.* jam, predicament. 7 GEOG. straits : *~ de Jibraltar*, Straits of Gibraltar. 8 *poner en ~ de*, to compel, to force to.

estrechón *m.* SOCOLLADA.
estrechura *f.* narrowness [of a path or piece of ground], narrow passage. 2 closeness, intimacy. 3 jam, predicament. 4 austerity.
estregadera *f.* scrubbing brush.
estregadero *m.* place on which animals rub themselves. 2 washing place.
estregadura *f.*, **estregamiento** *m.* rubbing, scrubbing.
estregar *tr.* to rub, scrub, scour. 2 to scratch [matches]. ¶ CONJUG. like *acertar*.
estregón *m.* hard or rough rub.
estregué, estregue, etc., *pret., subj.* & *imper.* of ESTREGAR.
estrella *f.* ASTR. star : *~ fija*, fixed star ; *~ fugaz*, shooting star ; *~ polar*, polestar ; *con estrellas*, after nightfall ; *before sunrise*; *levantarse con estrellas*, or *con las estrellas*, to rise very early ; *poner sobre las estrellas*, to praise to the skies ; *ver las estrellas*, fig. to see stars, to feel racking pain. 2 star [starlike figure or object]. 3 star [on a horse's forehead] 4 FORT. star fort. 5 star [of the screen, etc.]. 6 stars, destiny, fortune, luck : *nacer con ~*, to be born lucky ; *tener buena ~*, to be lucky. 7 ZOOL. *~ de mar*, starfish.
estrelladera *f.* COOK. egg-slice.
estrellado, da *adj.* starry, star-spangled. 2 star-shaped. 3 fried [egg].
estrellamar *f.* ZOOL. starfish. 2 BOT. a kind of plantain.
1) **estrellar** *adj.* ESTELAR.
2) **estrellar** *tr.* to strew with stars. 2 to smash [against], dash to pieces. 3 to fry [eggs]. — 4 *ref.* to become strewn with stars. 5 to smash or dash oneself or itself [against]. 6 to fail, be made useless, ineffective [by insuperable obstacles].
estrellero, ra *adj.* holding its head high [horse].
estrellón *m.* large star. 2 star-shaped piece in fireworks. 2 (Arg., Chi.) shock, collision.
estrelluela *f. dim.* small star. 2 rowel.
estremecedor, ra *adj.* frightful, fearful ; thrilling.
estremecer *tr.* to shake, make tremble, make shudder ; to thrill. — 2 *ref.* to shake, tremble, shudder ; to thrill. ¶ CONJUG. like *agradecer*.
estremecimiento *m.* shaking, trembling, shuddering, shudder ; thrill, thrilling.
estremezco, estremezca, etc., *irr.* V. ESTREMECER.
estrena *f.* gift, present. 2 first use.
estrenar *tr.* to use or wear for the first time ; to handsel. 2 to perform [a play] or to show [a film] for the first time. — 3 *ref.* to make one's début, to begin to act in some capacity. 4 to make the first sale of the day. 5 [of a play] to open.
estreno *m.* first use. 2 THEAT. première. 3 first showing [of a film]. 4 début ; first performance. 5 first sale of the day ; handsel.
estrenque *m.* stout esparto rope.
estrenuidad *f.* strenuousness, strength, courage.
estrenuo, nua *adj.* strenuous, strong, courageous.
estreñido, da *adj.* constipated, costive. 2 stingy.
estreñimiento *m.* constipation, costiveness.
estreñir *tr.* to bind, constipate. — 2 *ref.* to become constipated. ¶ CONJUG. like *ceñir*.
estrepada *f.* pull, pull in unison [on a rope ; on the oars].
estrépito *m.* clatter, crash, din, loud noise. 2 display, show.
estrepitosamente *adv.* noisily, boisterously, obstreperously. 2 spectacularly.
estrepitoso, sa *adj.* deafening, crashing, loud, boisterous, noisy, obstreperous. 2 spectacular.
estreptococia *f.* MED. streptococcic infection.
estreptococo *m.* BACT. streptococcus.
estreptomicina *f.* PHARM. streptomycin.
estría *f.* stria, flute, groove.
estriar *tr.* to striate, flute. — 2 *ref.* to become striated or fluted.
estribación *f.* GEOG. spur, counterfort.
estribadero *m.* support.
estribar *intr.* *~ en*, [of things] to rest on or upon ; to be based on ; to lie in.
estribera *f.* stirrup.
estriberón *m.* stepping stone. 2 MIL. temporary road.
estribillo *m.* burden, refrain, chorus. 2 pet word, pet phrase.
estribo *m.* stirrup : *perder los estribos*, fig. to lose one's head ; to fly off the handle. 2 footboard.

step [of a carriage]. 3 AUTO. running board. 4 CARP, cleat, clasp. 5 GEOG. spur, counterfort. 6 ARCH. abuttment, buttress. 7 .fig. base, support. 8 ANAT. stapes, stirrup bone.

estribor m. NAUT. starboard.

estricnina f. CHEM. strychnine.

estricote (al) adv. AL RETORTERO.

estrictamente adv. strictly.

estrictez f. (Arg., Chi., Pe.) strictness.

estricto, ta adj. strict.

estridencia f. stridence; stridor.

estridente adj. strident; shrill.

estridor m. stridor, harsh screeching noise.

estriego, estriegue, etc., irr. V. ESTREGAR.

estrige f. LECHUZA 1.

estriña, estriñe, etc., irr. V. ESTREÑIR.

estro m. inspiration [of poet or artist], afflatus. 2 VET. rut. 3 ENTOM. botfly.

estróbilo m. BOT. strobile. 2 ZOOL. strobila, strobile.

estrobo m. NAUT. grommet, grummet, becket.

estrofa f. stanza, strophe.

estrófico, ca adj. strophic.

estroma f. BIOL. stroma.

estronciana f. CHEM. strontia.

estroncianita f. MIN. strontianite.

stroncio m. CHEM. strontium.

estropajear tr. MAS. to rub, scrub [a plastered wall].

estropajeo m. MAS. rubbing or scrubbing a plastered wall.

estropajo m. esparto scrub; dishcloth. 2 fig. worthless thing. 3 BOT. dishcloth gourd.

estropajosamente adv. in a thick voice, indistinctly.

estropajoso, sa adj. fig. thick, indistinct [utterance]. 2 fig. untidy, ragged. 3 coll. tough, stringy [meat, vegetables, etc.].

estropeado, da adj. spoiled, spoilt, ruined, damaged. out of order. 2 maimed, crippled.

estropear tr. to spoil, ruin, damage, put out of order. 2 to maim, cripple. — 3 ref. to get spoiled, ruined, out of order. 4 to become maimed or crippled. 5 MAS. to mix the mortar for the second time.

estropeo m. spoiling, ruining, damaging. 2 maiming, crippling.

estropicio m. coll. breakage, smash, crash [of crockery or other fragile things]. 2 upset, mess.

estructura f. structure, make [arrangement of parts, organs, etc.].

estructuración f. structuration.

estructural adj. structural.

estructurar tr. to structure, to build.

estruendo m. great noise, clangor, crash. 2 uproar, clamour, din, confusion. 3 ostentation, pomp.

estruendosamente adv. noisily.

estruendoso, sa adj. noisy, loud, uproarius, clamorous. 2 showy.

estrujador, ra adj. squeezing, pressing. — 2 m. & f. squeezer, presser. — 3 f. squeezer, lemon squeezer.

estrujadura f., **estrujamiento** m. squeezing, pressing, crushing.

estrujar tr. to squeeze, press, crush, jam. 2 to squeeze, drain, exhaust.

estrujón m. squeeze, crush.

estuación f. flow of the tide, flood tide.

estuante adj. hot, burning.

Estuardo pr. n. Stuart: Maria ~, Mary Stuart.

estuario m. estuary.

estucado m. stuccoing, stuccowork.

estucador m. stucco plasterer.

estucar tr. to stucco.

estuco m. stucco.

estuche m. case [for jewels, instruments, etc.]. 2 case, cover, etui, etwee. 3 in certain card games, the three highest trumps; each one of these.

estuchista m. casemaker [maker of cases for jewelry, instruments, etc., etc.].

estudiado, da adj. studied, affected, mannered.

estudiador, ra adj. fam. very studious.

estudiante m. student [of an academy, university, etc.].

estudiantil adj. [pertaining to] student or students, college.

estudiantillo m. dim. little student.

estudiantino, na adj. [pertaining to] students. — 2 f. strolling musical band of students. 3 carnival group dressed up like students of old.

estudiantón m. dull plodding student.

estudiar tr. to study; to read or study for. 2 to

read lesson to. 3 ART. to draw from nature. — 4 intr. to be a student, to attend the classes in a university or school.

estudio m. study [act or process of studying] : altos estudios, advanced studies. 2 study, paper [article, writing]. 3 F. ARTS, CINEM., RADIO. studio. 4 studio, library. 5 studied manner. 6 F. ARTS study, sketch. 7 pl. studies, learning, education : dar estudios a uno, to support one during his studies or professional preparation ; tener estudios, to be learned, educated.

estudiosamente adv. studiously.

estudiosidad f. studiousness.

estudioso, sa adj studious.

estufa f. stove, heater : ~ de desinfección, sterilizer. 2 heated room. 3 sweating room. 4 HORT. stove, hothouse. 5 foot stove. 6 drying chamber.

estufador m. stewpan.

estufilla f. hand muff. 2 foot stove. 3 small fire pan.

estufista m. stove maker.

estultamente adj. foolishly, stupidly.

estulticia f. foolishness, stupidity.

estulto, ta adj. foolish, stupid.

estuosidad f. burning heath.

estuoso, sa adj. hot, burning.

estupefacción f. stupefaction, amazement.

estupefaciente adj. & m. stupefacient, narcotic.

estupefactivo, va adj. stupefying.

estupefacto, ta adj. amazed, dumbfounded.

estupendamente adv. stupendously, wonderfully.

estupendo, da adj. stupendous, wonderful, grand.

estúpidamente adv. stupidly.

estupidez f. stupidity, foolishness. 2 stupid act or remark, folly.

estúpido, da adj. stupid, foolish, witless. — 2 m. & f. stupid [person].

estupor m. MED. stupor. 2 amazement.

estuprador m. rapist, violator.

estuprar tr. to rape, violate.

estupro m. rape, violation.

estuque m. stucco.

estuquería f. stuccoing. 2 stuccowork.

estuquista m. stucco plasterer.

esturar tr. to burn [food] ; to singe, scorch.

esturgar tr. to smooth, finish [pottery].

esturión m. ICHTH. sturgeon.

estuve, estuviste, etc., irr. V. ESTAR.

ésula f. LECHETREZNA.

esvarar intr. to slide, glide.

esviaje m. ARCH. obliquity, skew.

etalaje m. bosh [of a blast furnace].

etamín f. etamine [fabric].

etapa f. MIL. supplies issued to troops on the march. 2 MIL. place where troops on the march halt overnight. 3 stage [of development, process, etc.].

etcétera f. et cetera.

éter m. PHYS., CHEM. ether. 2 poet. ether, heavens.

etéreo, a adj. ethereal.

etericé, eterice, etc., pret., subj. & imper. of ETERIZAR.

eterización f. etherization.

eterizar tr. to etherize.

eternal adj. eternal.

eternalmente, eternamente adv. eternally, everlastingly.

eternicé, eternice, etc., pret., subj. & imper. of ETERNIZAR.

eternidad f. eternity. 2 fig. long time.

eternizar tr. to eternize, perpetuate ; to prolong indefinitely. — 2 ref. to become endless, interminable ; to be exceedingly slow.

eterno, na adj. eternal, endless, everlasting. — 2 m. el Eterno, the Eternal, God.

eteromanía f. MED ether addiction.

etesio adj. & m. etesian [wind].

etica f. ethics.

ético, ca adj. ethical, moral. — 2 m. ethicist, moralist. — 3 adj. & n. HÉTICO.

etileno m. CHEM. ethylene.

etílico, oa adj. ethylic.

etilo m. CHEM. ethyl.

etimología f. etymology.

etimológicamente adv. etymologically.

etimológico, ca adj. etymological.

etimologista m. etymologist.

etimologizar tr. & intr. to etymologize.

etimólogo m. etymologist.

etiología f. ætiology.

etíope *adj. & n.* Ethiopian. — *2 adj.* Ethiopic. — *3 m.* ethiops mineral.
Etiopía *f. pr. n.* GEOG. Ethiopia.
etiópico, ca *adj.* Ethiopic.
etiqueta *f.* label, tag. 2 etiquette, ceremony, formality : *de* ~, full dress, formal.
etiquetero, ra *adj.* ceremonious [person].
etiquez *f.* HETIQUEZ.
etites *f.* MINER. eaglestone.
etmoides *adj. & m.* ANAT. ethmoid.
Etna *m. pr. n.* GEOG. Etna.
étnico, ca *adj.* ethnic(al. 2 GRAM. gentilic.
etnografía *f.* ethnography.
etnográfico, ca *adj.* ethnographic(al.
etnógrafo *m.* ethnographer.
etnología *f.* ethnology.
etnológico, ca *adj.* ethnological.
etnólogo *m.* ethnologist.
etrusco, ca *adj. & n.* Etruscan, Etrurian.
eucalipto *m.* BOT. eucalyptus.
eucaliptol *m.* eucalyptus oil.
eucaristía *f.* THEOL. Eucharist.
eucarístico, ca *adj.* Eucharistic.
Euclides *m. pr. n.* Euclid.
euclidiano, na *adj.* Euclidean.
eucologio *m.* euchology.
eudiómetro *m.* eudiometer.
eufemismo *m.* euphemism.
eufemístico, ca *adj.* euphemistic.
eufonía *f.* euphony.
eufónico, ca *adj.* euphonic, euphonious.
euforbiáceo, a *adj.* BOT. euphorbiaceous. — *2 f. pl.* BOT. Euphorbiaceæ.
euforbio *m.* BOT., PHARM. euphorbium.
euforia *f.* euphoria, euphory.
eufrasia *f.* BOT. euphrasy, eyebright.
Eufrosina *f. pr. n.* MYTH. Euphrosyne.
eugenesia *f.* eugenics.
Eugenia *f. pr. n.* Eugenia.
Eugenio *m. pr. n.* Eugene.
eugenista *m. & f.* eugenist.
eunuco *m.* eunuch.
eupatorio *m.* BOT. eupatorium, boneset.
eupepsia *f.* MED. eupepsia.
eupéptico, ca *adj.* eupeptic.
eurasiático, ca *adj. & n.* Eurasian.
euritmia *f.* F. ARTS eurythmy. 2 MED. normal rhythm of pulse.
eurítmico, ca *adj.* eurythmic.
euro *m.* east wind.
Europa *f. pr. n.* GEOG. Europe. 2 MYTH. Europa.
europeizar *tr.* to Europeanize. — *2 ref.* to become Europeanized.
europeo, a *adj. & n.* European.
eusoalduna *adj. & m.* Basque [language].
éuscaro, ra *adj. & m.* Basque [language]. — *2 adj.* pertaining to the Basque language.
Eusebio *m. pr. n.* Eusebius.
Eustaquio *m. pr. n.* Eustace.
éustilo *m.* ARCH. eustyle.
eutanasia *f.* euthanasia.
eutiquiano, na *adj. & n.* Eutychian.
eutrapelia *f.* moderation in pleasures. 2 simple pastime. 2 harmless joke.
eutrapélico, ca *adj.* moderate, simple.
Eva *f. pr. n.* Eve.
evacuación *f.* evacuation. 2 discharge, carrying out [of commission, etc.].
evacuante *adj.* evacuating. 2 MED. evacuant.
evacuar *tr.* to evacuate, empty, vacate. 2 to discharge [bowels, etc.]. 3 to discharge, carry out, fulfil [comission, etc.]. 4 MED., MIL. to evacuate.
evacuativo, va *adj. & m.* MED. evacuant.
evacuatorio, ria *adj.* EVACUATIVO. — *2* public lavatory.
evadido, da *adj.* escaped. — *2 m. & f.* escapee.
evadir *tr.* to evade, elude, avoid. — *2 ref.* to evade. 3 to escape, sneak away.
evaluación *f.* evaluation.
evaluar *tr.* to evaluate.
evangeliario *m.* evangeliarium, evangelistary.
evangélicamente *adv.* evangelically.
evangelicé, evangelice, etc., *pret., subj. & imper.* of EVANGELIZAR.
evangélico, ca *adj.* evangelical.
evangelio *m.* gospel, Gospel, Evangel. 2 fig. gospel truth. 3 *pl.* silk covered booklet containing extracts of Gospels usually hung from baby's waist.
evangelismo *m.* evangelism.

evangelista *m.* Evangelist. 2 gospel chanter [in the Mass]. 3 (Mex.) public letter-writer.
evangelistero *m.* gospel chanter [in the Mass].
evangelización *f.* evangelization.
evangelizador, ra *adj.* evangelizing. — *2 m. & f.* evangelizer, evangelist.
evangelizar *tr.* to evangelize.
evaporable *adj.* evaporable.
evaporación *f.* evaporaticn.
evaporador, ra *adj.* evaporating.
evaporar *tr.* to evaporate [change into vapour]. 2 to cause to vanish. — *3 ref.* to evaporate [pass off in vapor]. 4 to vanish, disappear.
evaporizar *tr., intr. & ref.* VAPORIZAR.
evasión *f.* escape. 2 evasion.
evasiva *f.* evasion.
evasivamente *adv.* evasively.
evasivo, va *adj.* evasive.
evasor *adj.* escapee.
evección *f.* ASTR. evection.
evento *m.* event, contingeney : *a todo* ~, against every contingency.
eventual *adj.* eventual, contingent.
eventualidad *f.* eventuality, case, contingency.
eventualmente *adv.* contingently.
eversión *f.* destruction, ruin.
evicción *f.* LAW eviction.
evidencia *f.* evidence, obviousness.
evidenciar *tr.* to evidence, show, render evident.
evidente *adj.* evident, obvious.
evidentemente *adv.* evidently, obviously.
evisceración *f.* SURG. evisceration.
evitable *adj.* avoidable.
evitación *f.* avoidance.
evitar *tr.* to avoid, elude, shun. 2 to prevent [keep from happening]. 3 to spare, save [trouble, annoyance, etc.].
eviterno, na *adj.* unending, imperishable.
evo *m.* poet. age, æon. 2 THEOL. eternity.
evocación *f.* evocation, evoking.
evocar *tr.* to evoke, call up; to conjure up.
evolución *f.* evolution [development, change]. 2 change [in conduct, attitude, etc.]. 3 BIOL., PHIL. MIL., NAV. evolution.
evolucionar *intr.* to evolve. 2 to change [one's conduct, attitude, etc.]. 3 MIL., NAV. to perform evolutions.
evolucionismo *m.* evolutionism.
evolucionista *adj. & n.* evolutionist.
evolutivo, va *adj.* evolutional, evolutive.
evoqué, evoque, etc., *pret., subj. & imper.* of EVOCAR.
ex *prep.* ex-, former, late : *ex-presidente,* ex-president.
ex abrupto *adv.* abruptly, suddenly. — *2 m.* impolite or misplaced outburst.
exacción *f.* exaction. 2 extortion.
exacerbación *f.* exacerbation, exasperation.
exacerbar *tr.* to exacerbate. 2 to irritate, exasperate. — *2 ref.* to become exacerbate.
exactamente *adv.* exactly; accurately.
exactitud *f.* exactness, accuracy. 2 punctuality.
exacto, ta *adj.* exact, accurate, precise, punctual : *ciencias exactas,* exact sciences.
exactor *m.* exactor, tax collector.
exageración *f.* exaggeration.
exageradamente *adv.* exaggeratedly.
exagerado, da *adj.* exaggerated. 2 excessive. 3 exaggerative.
exagerador, ra *adj.* exaggerating, exaggerative. — *2 m. & f.* exaggerator.
exagerar *tr.* to exaggerate.
exagerativo, va *adj.* exaggerative.
exaltación *f.* exaltaton. 2 passion, fever of excitement; hot-headeaness.
exaltado, da *adj.* exalted. 2 hot-headed, extreme; ultra-radical.
exaltamiento *m.* EXALTACIÓN.
exaltar *tr.* to exalt. 2 to extol. — *3 ref.* to become excited, worked up.
examen *m.* examination. 2 inspection, survey.
examinador, ra *adj.* examining. — *2 m. & f.* examiner.
examinando, da *m. & f.* examinee, one going up for examination.
examinante *adj.* examining.
examinar *tr.* to examine. 2 to inspect, survey, look into, inquire into, search, scan. — *3 ref.* to sit for an examination.
exangüe *adj.* bloodless, pale. 2 exhausted, worn out. 3 lifeless, dead.

exanimación *f.* lifelessness.
exánime *adj.* exanimate, lifeless. 2 weak, faint.
exantema *m.* MED. exanthema.
exantemático, ca *adj.* exanthematic.
exarca *m.* exarch.
exarcado *m.* exarchate.
exasperación *f.* exasperation.
exasperante *adj.* exasperating.
exasperar *tr.* to exasperate. — 2 *ref.* to become exasperated.
excandecencia *f.* anger, passion.
excandecer *tr.* to incense, to enrage. — 2 *ref.* to become enraged. ¶ CONJUG. like *agadecer*.
excandezco, excandezca, etc., *irr.* V. EXCANDECER.
excarcelación *f.* LAW release [from prison], setting a prisoner free.
excarcelar *tr.* LAW to release, set [a prisoner] free.
ex cátedra *adv.* ex cathedra.
excava *f.* AGR. removal of soil around a plant.
excavación *f.* excavation.
excavador, ra *adj.* excavating. — 2 *m. & f.* excavator [person]. — 3 *f.* excavator, power shovel.
excavar *tr.* to excavate [hollow out, make a hole]. 2 AGR. to loosen the soil around [a plant].
excedencia *f.* temporary retirement [from post or employment].
excedente *adj.* excessive. 2 left over; surplus, in excess. 3 temporarily retiring [employee]. — 4 *m.* surplus.
exceder *tr.* to exceed, surpass, outdo. — 2 *intr. & ref.* to go too far, overstep the bounds, forget oneself, overreach oneself : *excederse en sus atribuciones*, to exceed one's powers. 3 *excederse a sí mismo*, to outdo oneself.
excelencia *f.* excellence, excellency : *por* ~, pre-eminently. 2 Excellency [title].
excelente *adj.* excellent, very good, very fine.
excelentísimo, ma *adj. superl.* most excellent.
excelsamente *adv.* eminently, highly.
excelsitud *f.* loftiness, sublimity.
excelso, sa *adj.* lofty, elevated, sublime.
excéntricamente *adv.* eccentrically.
excentricidad *f.* eccentricity.
excéntrico, ca *adj.* eccentric(al. — 2 *m. & f.* eccentric, crank, queer person. — 3 *f.* MACH. eccentric.
excepción *f.* exception. 2 LAW plea denying cause for action, demurrer.
excepcional *adj.* exceptional, uncommon, unusual.
excepcionar *tr.* LAW to deny cause for action, to enter a demurrer.
exceptivo, va *adj.* exceptive.
excepto *adv.* except, excepting, save, with the exception of.
exceptuar *tr.* to except.
excerta *f.* excerpt.
excesivamente *adv.* excessively.
excesivo, va *adj.* excessive.
exceso *m.* excess, surplus : ~ *de equipaje*, ~ *de peso*, excess baggage; *en* ~, excessively, to excess. 2 excess, intemperance, outrage.
excipiente *m.* PHARM. excipient.
excitabilidad *f.* excitability.
excitable *adj.* excitable.
excitación *f.* exciting, excitation, excitement. 2 ELECT., PHYSIOL. excitation.
excitador, ra *adj.* exciting, excitant. — 2 *m.* ELEC. exciter.
excitante *adj.* exciting. — 2 *adj. & m.* excitant.
excitar *tr.* to excite, stir up, move. 2 ELECT., PHYSIOL. to excite. — 3 *ref.* to get excited.
excitativo, va *adj.* excitative.
exclamación *f.* exclamation.
exclamar *intr.* to exclaim, cry out.
exclamativo, va; exclamatorio, ria *adj.* exclamatory.
exclaustración *f* secularization [of monks or nuns].
exclaustrado, da *m. & f.* secularized monk or nun.
exclaustrar *tr.* to secularize [a monk or nun].
excluir *tr.* to exclude, bar, debar. ¶ CONJUG. like *huir*.
exclusión *f.* exclusion.
exclusiva *f.* sole or exclusive right, special privilege. 2 rejection, exclusion.
exclusivamente *adv.* exclusively, solely.
exclusive *adv.* exclusively, exclusive [not counting or taking into account].

exclusivismo *m.* exclusive attachment to an idea, person, etc.
exclusivista *adj.* exclusively attached to an idea, person, etc.
exclusivo, va *adj.* exclusive, excluding. 2 sole : *agente* ~, sole agent.
excluso *irreg. p. p.* of EXCLUIR, excluded.
excluyo, excluyó, excluya, etc., *irr.* V. EXCLUIR.
excogitable *adj.* excogitable.
excogitar *tr.* to excogitate, find, devise.
excomulgado, da *adj.* excommunicated. — 2 *m. & f.* excomunicate. 3 fig. & coll. imp of mischief, mischievous person or child.
excomulgador *m.* excommunicator.
excomulgar *tr.* to excommunicate. 2 to anathematize.
excomulgué, excomulgue, etc., *pret., subj. & imper.* of EXCOMULGAR.
excomunión *f.* excommunication.
excoriación *f.* excoriation.
excoriar *tr.* to excoriate. — 2 *ref.* to be excoriated.
excrecencia *f.* excrescence, excrescency.
excreción *f.* PHYSIOL. excretion.
excremental *adj.* EXCREMENTICIO.
excrementar *tr.* to void excrements.
excrementicio, cia *adj.* excremental, excrementitious.
excremento *m.* excrement.
excretar *intr.* to excrete. 2 to void excrements.
excreto, ta *adj.* excreted.
excretorio, ria *adj.* PHYSIOL. excretory.
exculpación *f.* exculpation, exoneration.
exculpar *tr.* to exculpate, exonerate.
excursión *f.* excursion, trip, outing, tour.
excursionismo *m.* excursionism.
excursionista *m. & f.* excursionist, tripper.
excusa *f.* excuse, excusing. 2 excuse, apology.
excusabaraja *f.* basket with a lid, hamper.
excusable *adj.* excusable, pardonable. 2 that may be omitted.
excusación *f.* EXCUSA.
excusadamente *adv.* unnecessarily.
excusado, da *adj.* exempt. 2 superfluous, unnecessary. 3 private, set apart : *puerta excusada*, side door, private door. 4 *esto es pensar en lo excusado*, this is impossible, impracticable. — 5 *m.* water closet, toilet.
excusalí *m.* small apron.
excusar *tr.* to excuse. 2 to avoid, prevent. 3 to exempt from. 4 *excuso decir*, needless to say ; you can (just) imagine. — 5 *ref.* to excuse oneself, to apologize. 6 *excusarse de*, to excuse oneself from, to decline to.
execrable *adj.* execrable.
execración *f.* execration.
execrador, ra *adj.* execrating. — 2 *m. & f.* execrator
execrando, da *adj.* execrable.
execrar *tr.* to execrate.
execrativo, va *adj.* execrative.
execratorio, ria *adj.* execratory.
exedra *f.* ARCH. exedra.
exégesis *f.* exegesis.
exégeta *m.* exegete.
exegético, ca *adj.* exegetic(al.
exención *f.* exemption.
exentamente *adv.* exemptly. 2 plainly, frankly, simply.
exentar *tr.* to exempt.
exento, ta *adj.* exempt. 2 free [from] ; deprived, bare. 3 isolated, disengaged [building, column], — 4 *m.* formerly, an officer in the Spanish Life Guards.
exequátur *m.* exequatur.
exequias *f.* exequies, obsequies.
exequible *adj.* attainable.
exergo *m.* NUMIS. exergue.
exfoliación *f.* exfoliation.
exfoliar *tr.* to exfoliate. — 2 *ref.* to exfoliate [be exfoliated].
exhalación *f.* exhalation. 2 shooting star. 3 bolt of lightning. 3 fume, vapour.
exhalar *tr.* to exhale, breathe forth, emit. 2 to heave [a sigh]. — 3 *ref.* to exhale [be exhaled]. 4 DESALARSE 3.
exhaustivo, va *adj.* exhaustive.
exhausto, ta *adj.* exhausted.
exheredación *f.* disinheritance.
exheredar *tr.* to disinherit.
exhibición *f.* exhibit:∿n, exhibiting. 2 exhibition, show off.

exhibicionismo *m.* showing off. 2 exhibitionism.
exhibicionista *m.* one who shows off. 2 exhibitionist.
exhibir *tr.* to exhibit, show, display. 2 to produce [documents, etc.]. — *3 ref.* to show oneself. *4* to show off.
exhortación *f.* exhortation.
exhortador, ra *adj.* exhorting. — *2 m.* & *f.* exhorter.
exhortar *tr.* to exhort.
exhortatorio, ria *adj.* exhortatory.
exhorto *m.* LAW letters rogatory.
exhumación *f.* exhumation.
exhumar *tr.* to exhume, disinter, dig up.
exigencia *f.* exactingness; fastidiousness. 2 exigency, demand, requirement.
exigente *adj.* exigent, exacting; fastidious, particular.
exigible & **exigidero, ra** *adj.* exigible.
exigir *tr.* to exact. 2 to require, demand, need.
exigüidad *f.* exiguity, exiguousness. scantiness, smallness.
exiguo, gua *adj.* exiguous, scanty, small.
exijo, exija, *pres., subj.* & *imper.* of EXIGIR.
exilio *m.* DESTIERRO.
eximente *adj.* exempting. 2 exonerating.
eximio, mia *adj.* eminent, most excellent.
eximir *tr.* to exempt.
exinanición *f.* want of vigour, debility.
exinanido, da *adj.* debilitated, very feeble.
existencia *f.* existence. 2 life [of man]. *3 sing.* & *pl.* COM. stock [goods in hand] : *en* ⁓, in stock.
existencialismo *m.* PHIL. existentialism.
existente *adj.* existing, existent, extant. 2 COM. in stock.
existimación *f.* estimation, opinion.
existimar *tr.* to form an opinion of, to judge, to deem.
existir *tr.* to exist, to be.
exitazo *m.* great success.
éxito *m.* issue, end : *buen* ⁓, success ; *mal* ⁓, failure, lack of success. 2 success, hit : *tener* ⁓, to be successful ; to be a hit.
ex libris *m.* ex libris, bookplate.
éxodo *m.* exodus. 2 (cap.) BIB. Exodus.
exoftalmia *f.* MED. exophthalmia.
exogamia *f.* BIOL. exogamy.
exógeno, na *adj.* exogenous.
exoneración *f.* exoneration. 2 dismissal, deposal.
exonerar *tr.* to exonerate. 2 to unburden : ⁓ *el vientre,* to evacuate the bowels. 3 to dismiss, depose, deprive of office.
exorable *adj.* exorable.
exorar *tr.* to beg, entreat.
exorbitancia *f.* exorbitance, exorbitancy.
exorbitante *adj.* exorbitant, enormous, extravagant.
exorcicé, exorcice, etc., *pret., subj.* & *imper.* of EXORCIZAR.
exorcismo *m.* exorcism.
exorcistado *m.* ECCL. third minor order.
exorcizante *adj.* exorcising. — *2 m.* exorciser.
exorcizar *tr.* to exorcise.
exordio *m.* exordium.
exornación *f.* adornment, embellishment.
exornar *tr.* to adorn, embellish.
exósmosis *f.* PHYS. exosmosis.
exospora *f.* BOT. exospore.
exotérico, ca *adj.* exoteric.
exotérmico, ca *adj.* exothermic.
exótico, ca *adj.* exotic, foreign, extraneous. 3 odd bizarre.
exotiquez *f.* exoticalness.
exotismo *m.* exoticism.
exotropía *f.* MED. exotropia.
expandir *tr.* (Arg., Chi.) to extend, expand, spread.
expansibilidad *f.* PHYS. expansibility.
expansión *f.* PHYS. expansion. 2 ANAT., BOT. expansion [expanded part]. 3 emotional effusion. *4* relaxation, recreation.
expansionarse *ref.* to open one's heart ; to unburden oneself.
expansivo, va *adj.* PHYS. expansive. 2 expansive, sociable, communicative.
expatriación *f.* expatriation.
expatriarse *ref.* to expatriate [leave one's country].
expectación *f.* expectancy, suspense.
expectante *adj.* expectant.
expectativa *f.* expectancy, hope. 2 *a la* ⁓, on the look out.
expectoración *f.* expectoration.
expectorante *adj.* & *m.* MED. expectorant.

expectorar *tr.* to expectorate.
expedición *f.* expedition, dispatch, shipment [sending off]. 2 issue, issuing [of a certificate, etc.]. 3 expedition, dispatch, promptness, speed, ease, readiness, facility. *4* expedition [military, naval, scientific, etc.].
expedicionario, ria *adj.* expeditionary. — *2 m.* & *f.* expeditionist.
expedidor, ra *adj.* sender, dispatcher, shipper. 2 issuer [of a certificate, etc.].
expediente *m.* action, proceedings : *formar* ⁓ *a uno,* to investigate an official's conduct ; *instruir un* ⁓, to gather proofs so as to make a decision. 2 dossier, file of papers bearing on a case. 3 device, means, resource, expedient. *4* dispatch, promptitude, readiness. 5 excuse, motive, reason. 6 *cubrir el* ⁓, to keep up appearances, to do the least possible in fulfilling an obligation.
expedienteo *m.* red tape [excessive adherence to official rules]. 2 dispatching of applications, etc., sent to Government offices ; red tape.
expedir *tr.* to issue [a decree, a certificate, etc.]. 2 to send, ship, forward. 3 to expedite, dispatch. ¶ CONJUG. like *servir.*
expeditamente *adv.* expeditiously, easily.
expeditivo, va *adj.* expeditious, expeditive.
expedito, ta *adj.* clear, free from encumbrance, open [way, etc.]. 2 expeditious. 3 ready to act.
expelente *adj.* expelling.
expeler *tr.* to expel, eject, throw out.
expendedor, ra *adj.* spending. — *2 m.* & *f.* spender. 3 seller or retailer of State-monopolized goods. *4* seller of theatre tickets. *5* ⁓ *de moneda falsa,* counterfeit passer or distributor.
expendeduría *f.* shop for selling State-monopolized goods.
expender *tr.* to spend. 2 to sell or retail State-monopolized goods. 3 .to pass or distribute [counterfeit money]. *4* to retail [goods in general].
expendición *f.* sale, retailing. 2 spending. 3 distribution [of counterfeit money].
expendio *m.* expense. 2 (Arg., Mex., Pe.) sale, retailing. 3 (Mex.) EXPENDEDURÍA.
expensar *tr.* (Chi., Mex.) to pay the cost of.
expensas *f. pl.* expenses : *a* ⁓ *de,* at the expense of.
experiencia *f.* experience [knowledge, skill, etc., resulting from experience]. 2 experiment.
experimentación *f.* experimentation.
experimentado, da *adj.* experienced [person].
experimentador, ra *m.* & *f.* experimenter.
experimental *adj.* experimental.
experimentalmente *adv.* experimentally.
experimentar *tr.* to experiment, test, try. 2 to experience, feel, undergo.
expertamente *adv.* expertly.
experto, ta *adj.* expert, skilful. — *2 m.* expert.
expiación *f.* expiation, atonement. 2 ECCL. purification, freeing from profanation.
expiar *tr.* to expiate. 2 ECCL. to purify, free from profanation.
expiativo, va *adj.* expiational.
expiatorio, ria *adj.* expiatory.
expido expida, expidiera, etc., *irr.* V. EXPEDIR.
expillo *m.* MATRICARIA.
expiración *f.* expiration, end.
expirante *adj.* expiring.
expirar *intr.* to expire [come to an end ; die].
explanación *f.* levelling, grading [of ground]. 2 explanation, elucidation.
explanada *f.* esplanade, level stretch of ground. 2 FORT. esplanade.
explanar *tr.* to level, grade [ground]. 2 to explain elucidate.
explayar *tr.* to extend, widen, dilate. — *2 ref.* to extend, spread out ; to dwell [upon a subject]. 3 to amuse oneself. *4 explayarse con,* to unbosom oneself to.
expletivo, va *adj.* & *m.* expletive.
explicable *adj.* explicable, explainable, accountable.
explicación *f.* explanation. 2 accounting for.
explicaderas *f. pl.* way of explaining, of expressing: *tener buenas* ⁓, to express oneself with ease.
explicar *tr.* to explain, expound. 2 to account for. — *3 ref.* to express cneself. *4* to explain oneself. 5 *explicarse una cosa,* to account for, or find the explanation of, something.
explicativo, va *adj.* explanatory.
explícitamente *adv.* explicitly.
explícito, ta *adj.* explicit.

expliqué, explique, etc., *pret., subj. & imper.* of EXPLICAR.

exploración *f.* exploration. 2 scanning [of the horizon, etc.]. 3 MIL. scouting.

explorador, ra *adj.* exploring, scanning. — 2 *m. & f.* explorer. — 3 *m.* MIL. scout. 4 boy scout. 5 TELEV. scanning disk.

explorar *tr.* to explore. 2 to scan [the horizon, etc.]. 3 MIL. to scout.

exploratorio, ria *adj.* exploratory.

explosión *f.* explosion [act of exploding; detonation] : *hacer ~,* to explode; *motor de ~,* combustion engine. 2 explosion, outburst [of anger, etc.]. 3 MIN. blast.

explosivo, va *adj. & m.* explosive.

explotable *adj.* exploitable. 2 MIN. workable.

explotación *f.* exploitation. 2 development [of natural resources], cultivation [of soil] ; working [of a mine]. 3 works, plantation, etc.

explotador, ra *adj.* running, operating, working, exploiting. — 2 *m. & f.* exploiter.

explotar *tr.* to run, operate, work, exploit [a business, mine, railway, etc.] ; to develop [natural resources] ; to cultivate [soil]. 2 to exploit [a person.]. — 3 *intr.* (Am.) to explode.

expoliación *f.* spoliation.

expoliador, ra *adj.* spoliating. — 2 *m. & f.* spoliator.

expoliar *tr.* to spoliate, plunder, despoil.

expondré, expondría, etc., *irr.* V. EXPONER.

exponencial *adj.* MATH. exponential.

exponente *adj.* expounding. — 2 *m. & f.* exponent, expounder. — 3 *m.* MATH. exponent.

exponer *tr.* to expound, explain, set forth, state, present. 2 to expose, show, put on view. 3 to exhibit [goods, industrial products, painting, etc.]. 4 PHOT. to expose. 5 to expose [put in danger], imperil, jeopardize; to stake. 6 to expose, abandon [an infant]. — 7 *ref.* to expose oneself, imperil oneself, lay oneself open [to]. ¶ CONJUG. like *poner.*

expongo, exponga, etc., *irr.* V. EXPONER.

exportable *adj.* exportable.

exportación *f.* exportation, export : *derechos de ~,* export duties.

exportador, ra *adj.* exporting. — 2 *m. & f.* exporter.

exportar *tr.* to export.

exposición *f.* exposition [expounding, explanation], statement. 2 address, petition [to someone in authority]. 3 exposition, exposure [act of exposing; being exposed; position as to the points of compass]. 5 PHOT. exposure. 5 peril, risk, jeopardy. 6 exposition, public exhibition, show. 7 RHET. exposition.

expositivo, va *adj.* expositive.

expósito, ta *adj.* exposed [infant]. — 2 *m. & f.* foundling.

expositor, ra *adj.* expounding. 2 exhibiting. — 3 *m. & f.* expositor, expounder. 4 exhibitor.

expresado, da *adj.* aforesaid.

expresamente *adv.* expressly. 2 purposely, on purpose.

expresar *tr.* to express [in words, etc.]. — 2 *ref.* to express oneself.

expresión *f.* expression : *reducir a la mínima ~,* to reduce to a minimum. 2 expressiveness. 3 squeezing [of fruits, etc.]. 4 *pl.* regards : *expresiones a,* give my regards to.

expresivamente *adv.* expressively.

expresivo, va *adj.* expressive [full of expression]. 2 affectionate, kind.

expreso, sa *adj.* expressed. 2 express [definite, clear; for a particular purpose]. — 3 *m.* RLY. express. 4 express messenger.

exprimidera *f.,* **exprimidero** *m.* squeezer, lemon squeezer.

exprimir *tr.* to express, squeeze, press out, wring, wring out. 2 to express, state, show.

ex profeso *adv.* expressly ; on purpose.

expropiación *f.* expropriation.

expropiar *tr.* to expropriate.

expuesto, ta *irr. p. p.* of EXPONER. — 2 *adj.* exposed. 3 on view, exhibited. 4 liable, open [to]; in danger. 5 dangerous, hazardous.

expugnable *adj.* expugnable, pregnable.

expugnación *f.* MIL. taking by storm.

expugnador, ra *adj.* storming. — 2 *m.* taker, one who takes by storm.

expugnar *tr.* MIL. to take by storm.

expulsar *tr.* to expel, eject, drive out. 2 to remove from membership; to cashier.

expulsión *f.* expulsion.

expulsivo, va *adj.* expulsive, expelling.

expulso, sa *adj.* expelled.

expulsor, ra *adj.* ejecting. — 2 *m.* ejector [of firearm].

expurgación *f.* expurgation.

expurgar *tr.* to expurgate.

expurgatorio, ria *adj.* expurgatory. 2 ROM. CATH. *Índice ~,* Index Expurgatorious.

expurgo *m.* expurgation.

expuse, expusiera, etc., *irr.* V. EXPONER.

exquisitamente *adv.* exquisitely, beautifully, deliciously.

exquisitez *f.* exquisiteness, excellence.

exquisito, ta *adj.* exquisite [of consummate excellence or beauty] ; delicious.

éxtasi *m.* ÉXTASIS.

extasiarse *ref.* to go into ecstasies, be enraptured.

éxtasis *m.* ecstasy, rapture. 2 MED. ecstasy.

extático, ca *adj.* ecstatic.

extemporáneamente *adv.* untimely, inopportunely.

extemporáneo, a *adj.* unseasonable, untimely, inopportune.

extender *tr.* to spread, extend. 2 to spread out, unfold, unfurl. 3 to stretch out [an arm, etc.]. 4 to extend, make extensive, enlarge, expand, widen, increase. 5 to write out, draw up [a deed, etc.]. — 6 *ref.* [of mountains, valleys, fields, villages, etc.] to extend, stretch. 7 to extend [in time]. 8 to expatiate, speak at length. 9 [of race, animal, plant, opinion, habit, etc.] to extend, spread, [of fashions, etc.], to become general or popular. 10 [of rights, jurisdiction, authority, knowledge, etc.] to extend, become extensive; to reach. ¶ CONJUG. like *entender.*

extendidamente *adv.* extensively, at length.

extensamente *adv.* extensively, at length.

extensible *adj.* extensible.

extensión *f.* spreading, unfolding. 2 extension, expanse, stretch. 3 length [of a discourse, etc.]. 4 GEOM., LOGIC., GRAM. extension. 5 *~ universitaria,* university extension.

extensivamente *adv.* by extension.

extensivo, va *adj.* ample, loose [sense]. 2 extensive.

extenso, sa *adj.* extensive, vast. 2 long, lengthy : *por ~,* extensively, at length.

extensor, ra *adj.* extending. — 2 *m.* ANAT. extensor.

extenuación *f.* attenuation, emaciation, wasting, exhaustion.

extenuado, da *adj.* emaciated, wasted, exhausted.

extenuar *tr.* to emaciate, exhaust, weaken, wear out. — 2 *ref.* to exhaust oneself.

extenuativo, va *adj.* emaciating, wearing out.

exterior *adj.* exterior, external, outer, outside, outward. 2 foreign [commerce, debt, etc.]. — 3 *m.* exterior, outside. 4 [personal] appearance. 5 foreign countries.

exterioridad *f.* externals, outside things. 2 outward appearance, outward show. 3 *pl.* pomp, show.

exteriorización *f.* revelation, manifestation.

exteriorizar *tr.* to externalize, reveal, show, make manifest. — 2 *ref.* to appear outwardly.

exteriormente *adv.* externally, outwardly, seemingly.

exterminable *adj.* exterminable.

exterminador, ra *adj.* exterminating. — 2 *m. & f.* exterminator.

exterminar *tr.* to exterminate.

exterminio *m.* extermination.

externado *m.* day school.

externamente *adv.* externally.

externo, na *adj.* external, outside. 2 GEOM. exterior, external. 3 day [scholar, pupil]. — 4 *m. & f.* day scholar, day pupil.

extiendo, extienda, etc., *irr.* V. EXTENDER.

extinción *f.* extinction, extinguishment.

extinguible *adj.* extinguishable.

extingo, extinga, etc., *pres. subj. & imper.* of EXTINGUIR.

extinguir *tr.* to extinguish. 2 to quench, put out [fire, etc.]. 3 *ref.* to become extinguished, to die, go out. ¶ reg. p. p.: *extinguido;* irreg. p. p.: *extinto.*

extintivo, va *adj.* extinctive.

extinto, ta *irreg. p. p.* of EXTINGUIR. — 2 *adj.* extinct. 3 (Arg., Chi.) late, deceased.

extintor *m.* extinctor, fire extinguisher.

extirpación *f.* extirpation.

extirpador, ra *adj.* extirpating. — 2 *m. & f.* extirpator. — 2 *m.* AGR. cultivator [implement].

extirpar *tr.* to extirpate.
extorsión *f.* extortion. 2 damage, trouble.
extorsionar *tr.* (Am.) to extort.
extra *adj.* extra. — *2 prep.* ~ *de*, besides, in addition to. — *3 m.* extra [gratuity]. — *4 m. & f.* CINEM. extra.
extracción *f.* extraction, drawing out. 2 extraction, birth, origin. 3 MATH. extraction [of a root]. 4 drawing numbers [in lottery].
extracorta *adj.* RADIO. ultrashort.
extractador, ra *f. & m.* abstracter, epitomizer.
extractar *tr.* to abstract, epitomize.
extracto *m.* abstract, summary. 2 PHARM. extract : ~ *de Saturno*, white lead.
extractor, ra *adj.* extracting. — *2 m. & f.* extractor [person]. — *3 m.* extractor [device, machine].
extradición *f.* extradition.
extradós *m.* ARCH. extrados.
extraente *adj.* extracting. — *2 m. & f.* extractor.
extraer *tr.* to extract, draw out. 2 MATH. to extract [a root]. 3 CHEM. to extract. ¶ CONJUG. like *traer*.
extraigo, extraiga, extraje, extrajera, etc., *irr.* V. EXTRAER.
extrajudicial *adj.* extrajudicial.
extralimitación *f.* overstepping one's power or authority, abuse.
extralimitarse *ref.* to overstep or exceed one's power or authority, exceed the limit, exceed oneself, go too far ; to take undue advantage of another's kindness.
extramuros *adv.* outside the town or city.
extranjería *f.* alienism, status of an alien.
extranjerismo *m.* foreignism.
extranjerizar *tr.* to introduce foreign customs in. — *2 ref.* to adopt foreign ways.
extranjero, ra *adj.* foreign [of or from outside one's own country], outlandish, exotic. — *2 m. & f.* alien, foreigner. — *3 m.* any foreign country : *al* or *en el* ~, abroad ; *del* ~, from abroad.
extranjía *f.* coll. EXTRANJERÍA. 2 *de* ~, foreign ; unexpected.
extranjis (de) *adv.* secretly.
extrañación *f.,* **extrañamiento** *m.* banishment, exile. 2 alienation, estrangement.
extrañamente *adv.* strangely.
extrañar *tr.* to banish, exhile. 2 to ostracise. 3 to surprise : *me extraña su actitud,* I'm surprised at his attitude ; *no hay que* ~, no wonder. 4 not to feel at home in : *ha dormido mal porque extrañaba la cama,* he did not sleep well on account of the strange bed. 5 (Cent. Am., Ec., Mex., Pe.) to miss [feel the absence of]. — *6 ref.* to exile oneself. 7 to be surprised : *extrañarse de,* to be surprised at, wonder at, find surprising.
extrañeza *f.* strangeness, oddity. 2 wonder, surprise, astonishment.
extraño, ña *adj.* strange, foreing, alien, extraneous. 2 strange, odd, queer, peculiar.
extraoficial *adj.* extraofficial, unofficial.
extraordinariamente *adv.* extraordinarily.
extraordinario *adj.* extraordinary, uncommon. — *3 m.* extra dish [at a meal]. 4 extra, especial

edition [of a paper]. 5 special messenger or courier.
extrarradio *m.* outskirts [of a town].
extraterritorial *adj.* extraterritorial.
extraterritorialidad *f.* extraterritoriality.
extravagancia *f.* oddness, wildness, folly, nonsense.
extravagante *adj.* odd, queer, foolish, wild, non-sensical. 2 *f. pl.* CANON LAW Extravagants, Ex-travagantes.
extravasación *tr.* extravasation.
extravasarse *ref. to* extravasate.
extravenar *tr.* to extravasate [blood].
extraversión *f.* PSYCH. extraversion, extroversion.
extraviado, da *p. p.* of EXTRAVIAR. — *2* out-of-the way.
extraviar *tr.* to make stray ; to lead astray. 2 to mislay. 3 ~ *la vista, la mirada,* to be left with a set unseeing look. — *4 ref.* to stray, to miss or lose one's way, to wander from the path ; to get lost. 5 to be mislaid. 6 [of a letter] to mis-carry. 7 to go astray.
extravío *m.* straying, going astray. 2 mislaying, loss. 3 error, wrong, disorderly life. 4 ~ *de la mirada,* set unseeing look.
extremadamente *adv.* extremely, beyond measure.
extremado, da *adj.* extreme, extremely good or bad.
extremamente *adv.* extremely, exceedingly.
extremar *tr.* to carry to extremes, carry to the limit. — *2 ref.* to do one's best, strive hard, take special pains.
extremaunción *f.* ECCL. extreme unction.
extremeño, ña *adj. & n.* Extremenian.
extremidad *f.* extremity, end, tip, extreme or remotest part. 2 extremity [the highest degree]. 3 *pl.* extremities [limbs, hands, feet].
extremismo *m.* extremism.
extremista *m.* extremist.
extremo, ma *adj.* extreme. 2 great, excessive. — *3 m.* extreme, tip, end, extremity : *de* ~ *a* ~, from end to end. 4 extreme, extremity [utmost point, highest degree] ; *en, con* or *por* ~, extremely, very much ; *hasta tal* ~, to such a point ; *pasar de un* ~ *a otro,* to go from one extreme to the other. 5 utmost care. 6 point, subject [of a conversation, letter, etc]. 7 MATH., LOG. extreme. 8 *pl. hacer extremos,* to make a great show [of pain, joy, love, etc.], to gush.
extremoso, sa *adj.* demonstrative, effusive ; gushy. 2 brooking no half measures.
extrínsecamente *adv.* extrinsically.
extrínseco, ca *adj.* extrinsic.
exuberancia *f.* exuberance.
exuberante *adj.* exuberant. 2 luxuriant.
exudación *f.* exudation.
exudar *intr. & ref.* to exude ; ooze out.
exulceración *f.* MED. exulceration.
exulcerar *tr.* to exulcerate.
exultación *f.* exultation.
exultar *intr.* to exult.
exutorio *m.* MED. issue [artificial ulcer].
exvoto *m.* ex-voto, votive offering.
eyaculación *f.* PHYSIOL. ejaculation.
eyacular *tr.* PHYSIOL. to ejaculate.
Ezequías *m. pr. n.* BIB. Hezekia.
Ezequiel *m. pr. n.* BIB. Ezekiel.

F

F, f *f.* F, f, seventh letter of the Spanish alphabet.
fa *m.* MUS. fa.
fabada *f.* in Asturias. stew made of pork and beans.
Fabián *m. pr. n.* Fabian.
fabiano, na *adj. & n.* Fabian.
fabla *f.* literary imitation of Old Spanish. 2 obs. language.
fabordón *m.* MUS. faux-bourdon.
fábrica *f.* factory, manufactory, works, mill, plant. 2 manufacture, fabrication, invention. 3 building, fabric. 4 masonry [brick or stone work]. 5 church funds. 6 church board.
fabricación *f.* manufacture. fabrication, make.
fabricador, ra *m. & f.* fabricator, inventor.
fabricante *adj.* manufacturing. — 2 *m.* manufacturer, maker. 3 factory owner.
fabricar *tr.* to make, manufacture. 2 to build. 3 to fabricate, construct, invent, forge.
fabril *adj.* manufacturing; pertaining to factories or workmen.
fabriqué, fabrique, etc.. *pret., subj. & imper.* of FABRICAR.
fabriquero *m.* FABRICANTE. 2 church warden.
fabuco *m.* BOT. beechnut.
fábula *f.* fable. 2 rumour, gossip. 3 talk [of the town]. 4 mythology. 5 tale : *fábulas milesias,* Milesian tales.
fabulador *m.* FABULISTA.
fabulario *m.* collection of fables.
fabulista *m. & f.* fabulist, writer of fables.
fabulosamente *adv.* fabulously.
fabuloso, sa *adj.* fabulous. 2 enormous, extraordinary.
faca *f.* curved knife; large pointed knife.
facción *f.* faction. 2 insurgent party. 3 MIL. action, combat. 4 any act of military service : *estar de* ~, to be on duty. 5 *pl.* features, lineaments [of the face].
faccionario, ria *adj.* factionist.
faccioso, sa *adj.* factious, insurgent. — 2 *m.* rebel.
faceta *f.* facet.
faceto, ta *adj.* (Mex.) funny, witty.
facial *adj.* facial. 2 intuitive.
facialmente *adv.* intuitively.
fácil *adj.* easy, facile [not difficult] : ~ *de hacer,* easy to do. 2 easy, fluent [speech, style]. 3 probable, likely : *es* ~ *que venga.* he is likely to come. 4 frail, wanton [woman]. — 5 *adv.* FÁCILMENTE.
facilidad *f.* ease, easiness, facility : ~ *de palabra,* fluency : *con* ~, easily. 2 facility, excessive pliancy. 3 occasion, oportunity. 4 *pl.* facilities : *dar facilidades,* to give facilities ; *facilidades de pago,* easy payments.
facilillo, lla; facilito, ta *adj. dim.* rather easy.
facilitación *f.* facilitation. 2 furnishing, providing.
facilitar *tr.* to facilitate. make easy, expedite. 2 to furnish, provide with.
facilitón, na *adj.* that assumes everything to be easy
fácilmente *adv.* easily, without difficulty.
facineroso, sa *m. & f.* habitual criminal. 2 villain, evil person.

facistol *m.* lectern, chorister's desk. — 2 *adj.* (W. I., Ven.) conceited, pedantic.
facón *m.* (Arg.) gaucho's knife.
facóquero *m.* ZOOL. wart hog.
facsímil, facsímile *m.* facsimile.
factible *adj.* feasible. practicable.
facticio, cia *adj.* factitious, artificial.
factitivo, va *adj.* GRAM. factitive.
factor *m.* COM. factor, agent. 2 RLY. luggage clerk, *baggage clerk. 3 factor [thing contributing to a result]. 4 MATH. factor.
factoraje *m.* COM. factorage, agency.
factoría *f.* COM. factorage, agency. 2 commercial factory; commercial establishment in a colony.
factorial *adj.* MATH. factorial.
factótum *m.* factotum. 2 busybody.
factura *f.* facture, execution. 2 COM. invoice, bill : *según* ~, as per invoice.
facturación *f.* invoicing, billing. 2 RLY. registration [cf luggage].
facturar *tr.* COM. to invoice, to bill. 2 RLY. to register [luggage]; to remit [goods] by rail.
fácula *f.* ASTR. facula.
facultad *f.* faculty. 2 power, authority, permission. 3 ability, skill. 4 science, art. 5 branch or college [of University]. 6 *pl. facultades del alma,* mental powers.
facultar *tr.* to empower, authorize.
facultativo *adj.* facultative, optional, within the power or province [of a person]. 2 [pertaining to a] faculty. — 3 *adj. & n.* professional. — 4 *m.* doctor, physician, surgeon.
facundia *f.* fluency, eloquence.
facundo, da *adj.* fluent, eloquent.
facha *f.* appearance, look. 2 ridiculous figure. fright : *estar hecho una* ~. to be a fright. 3 NAUT. *ponerse en* ~. to lie to ; fig. to get ready.
fachada *f.* ARCH. façade, front : *hacer* ~, to face. overlook. 2 appearance [of a person]. 3 title page [of book].
fachenda *f.* vanity, ostentation. — 2 *m.* boaster, vain fellow.
fachendear *intr.* to boast, show off.
fachendista, fachendón, na or **fachendoso, sa** *adj.* vain, boastful, ostentatious. — 2 *m. & f.* boaster, vain fellow.
fachoso, sa *adj.* ill-favoured, of ridiculous mien. 2 (Chi., Mex.) FACHENDOSO.
fada *f.* fairy, enchantress. 2 BOT. small pippin apple.
fado *m.* Portuguese popular song.
faena *f.* work, toil. 2 task, job, *chore. 3 (Cu., Guat., Mex) overtime work in an *hacienda.*
faenero *m.* (Chi.) farm hand.
faetón *m.* phaeton.
fagáceo, a *adj.* BOT. fagaceous.
fagocito *m.* PHYSIOL. phagocyte.
fagocitosis *f.* PHYSIOL. phagocytosis.
fagot *m.* MUS. bassoon.
fagotista *m.* MUS. bassoonist.
faisán *m.* ORN. pheasant.
faisana *f.* hen pheasant.
faisanería *f.* pheasantry.
faisanero, ra *m. & f.* pheasant raiser.

faja *f.* sash, scarf [worn around the waist] ; girder. 2 swaddling band. 3 [newspaper or book] band or wrapper. 4 stripe, band, zone. 5 strip [of land]. 6 ARCH. band, fascia. 7 HER. fess, fesse. 8 ~ *abdominal*, abdominal supporter. 9 NAUT. ~ *de rizos*, reef-band.

fajadura *f.* FAJAMIENTO. 2 NAUT. parcelling.

fajamiento *m.* banding, bandaging. 2 swaddling.

fajar *tr.* to band, bandage. girdle. 2 to swaddle. 3 (Cu., Chi., Pe.) to beat, hit [a person], to land [a blow]. — 4 *ref.* (Cu.) to come to blows. — 5 *intr.* (Am.) ~ *con*, to fall on, attack.

fajardo *m.* kind of minced meat pie.

fajeado, da *adj.* striped.

fajero *m.* knitted swaddling band.

fajín *m.* sash [worn by generals, etc., with their civilian clothes].

fajina *f.* sheaves put on the threshing floor. 2 brushwood, kindling. 3 FORT. fascine. 4 MIL. call to mess ; call to quarters.

fajinada *f.* FORT. fascine work.

fajo *m.* bundle, sheaf, roll [of bank-notes]. 2 *pl.* swaddling clothes.

fajón *m.* plaster border [of door or window].

falacia *f.* fallacy, deception, deceit. 2 deceitfulness.

falange *f.* phalanx. 2 ANAT., ZOOL. phalange, phalanx. 3 (cap.) POL. Falange.

falangero *m.* ZOOL. phalanger.

falangeta *f.* ANAT. phalangette.

falangia *f.* ENTOM. daddy longlegs.

falangiano, na *adj.* phalangeal.

falangina *f.* ANAT. second phalanx.

falangio *m.* FALANGIA.

falangista *adj. & n.* POL. Falangist.

falansterio *m.* phalanstery.

falárica *f.* phalarica.

falaris *f.* FOJA.

falaz *adj.* deceitful. 2 deceptive, fallacious.

falazmente *adv.* deceitfully.

falbalá *m.* FARALÁ.

falca *f.* warp [in a board]. 2 NAUT. washboard.

falcado, da *adj.* falcate. 2 *carro* ~, scythed chariot.

falcario *m.* soldier armed with a falchion.

falce *f.* sickle. 2 falchion.

falciforme *m.* falciform.

falcinelo *m.* ORN. glossy ibis.

falcón *m.* ARTIL. falcon.

falconete *m.* ARTIL. falconet.

falcónido, da *adj.* pertaining to the falcon family. — 2 *f. pl.* ORN. Falconidæ.

falda *f.* skirt [of a garment ; woman's garment]. 2 lap [of a person]. 3 ARM. skirt. 4 BUTCH. plate. 5 lower part of hillside or mountain side; mountain foot. 6 brim [of hat]. 7 *pl.* skirts; women.

faldamenta *f.*, **faldamento** *m.* skirt, long skirt.

faldar *m.* ARM. skirt of tasses.

faldear *tr.* to skirt [a hill or mountain].

faldellín *m.* short skirt. 2 underskirt.

faldero, ra *adj.* [pertaining to] skirt. 2 fond of the company of women : *hombre* ~, lady's man. 3 *perro* ~, lap dog. — 4 *f.* skirt maker.

faldeta *f.* small skirt.

faldicorto, ta *adj.* short-skirted.

faldillas *f. pl.* skirts of some dresses.

faldistorio *m.* faldstool.

faldón *m.* skirt, tail [of a garment], coat tail. 2 shirt tail. 3 flap [of a saddle]. 4 ARCH. triangular slope [of roof]. 5 mantel [mantel tree of chimney and its supports].

faldriquera *f.* FALTRIQUERA.

faldulario *m.* training clothing.

falena *f.* ENTOM. a nocturnal moth.

falencia *f.* error, mistake. 2 (Arg., Chi., Hond.) failure, bankruptcy.

falibilidad *f.* fallibility.

falible *adj.* fallible.

fálico, ca *adj.* phallic.

falo *m.* phallus.

falsabraga *f.* low rampart.

falsada *f.* CALADA 3.

falsamente *adv.* falsely, untruly.

falsario, ria *adj.* liar. 2 forger, counterfeiter.

falsarregla *f.* bevel square.

falseador, ra *adj.* counterfeiting. 2 adulterating, misrepresenting. — 3 *m. & f.* counterfeiter. 4 adulterator.

falseamiento *m.* counterfeiting. 2 misrepresenting. 3 piercing or splitting [armour]. 4 slanting [a surface].

falsear *tr.* to counterfeit, falsify ; to misrepresent. 2 CARDS at ombre, to lead with a low card. 3 to pierce or split [armour]. 4 ARCH. to slant a surface [on cutting an ashlar or beam]. 5 (Am.) to pick [a lock]. — 6 *intr.* [of things] to weaken, give way. 7 MUS. [of a string] to be out of tune.

falsedad *f.* falseness, falsity. 2 falsehood.

falseo *m.* ARCH. slanting of a surface [of ashlar or beam] ; surface so cut.

falsete *m.* MUS. falsetto, head voice. 2 plug spigot [in barrels]. 3 small communication door.

falsía *f.* falseness, duplicity, perfidy.

falsificación *f.* falsification, forgery.

falsificador, ra *m.-f.* falsifier, counterfeiter, forger, faker.

falsificar *tr.* to falsify, counterfeit, forge, fake.

falsifiqué, falsifique, etc., *pret., subj. & imper.* of FALSIFICAR.

falsilla *f.* guide-lines [for writing].

falso, sa *adj.* false. 2 untrue. 3 sham, imitated. 4 treacherous, perfidious [person]. 5 vicious [horse]. 6 counterfeit [money]. 7 *monedero* ~, counterfeiter [of money]. 8 *falsa escuadra*, FALSARREGLA. 9 ~ *flete*, dead freight. 10 ARITH. *falsa posición*, position [and old method of solution]. 11 ~ *testimonio*, false witness, slander. — 12 *m.* SEW. reinforcement. 13 *en* ~, falsely. 14 *en* ~, *sobre* ~, without the proper support. 15 *envidar en* ~, to bluff.

falta *f.* lack, want, absence, deficiency, shortage : ~ *de aceptación*, nonacceptance ; ~ *de pago*, nonpayment ; ~ *de respeto*, disrespect, want of respect ; *a* ~ *de*, lacking, not having, for want of : *por* ~ *de*, for want of. 2 fail : *sin* ~, without fail. 3 fault, infraction : *caer uno en* ~, to fail in one's duty, to sin. 4 absence, non attendance. 5 interruption of menses [in a pregnant woman]. 6 SPORTS fault. 7 deficiency in weight [of a coin]. 8 LAW fault, misdeed, slight offence. 9 mistake, error : ~ *de ortografía*, mistake in spelling. 10 fault, defect, failing. 11 *hacer* ~, to be necessary, to be needed ; *hacerle a uno* ~ *una persona o cosa*, [of persons or thing] to be absent or unavailable when most needed ; *me hizo usted mucha* ~, I missed you very much

faltante *adj.* wanting, missing.

faltar *intr.* to be lacking, wanting or missing ; to be short of : *faltan los víveres*, victuals are lacking ; *le* ~ *valor*, he is wanting in courage ; he has not courage enough ; *faltaban dos tenedores*, two forks were missing ; *nos faltan municiones*, we are short of munitions. 2 to die. 3 [of a gun, a mooring rope, etc.] to fail, no to give expected results. 4 not to go, not to attend, to be absent from : ~ *a clase*, to be absent from class ; ~ *al trabajo*, to be absent from work. 5 to be false to, sin against, be untrue to [one's principles, etc.]. 6 ~ *a* somebody ; to offend somebody : *faltarle a uno*, to be disrespectful to someone, to insult someone. 7 to offend against : ~ *a la verdad*, to be untruthful, to lie ; ~ *al respeto*, to be disrespectful. 8 to break [an appointment, one's word, etc.] ; not to fulfil [one's engagements, etc.]. — 9 *impers.* ~ *para*, to be wanting for ; *faltan tres días para fin de mes*, three days are wanting for the end of the month ; ~ *poco para*, to be almost or nearly ; *falta poco para las ocho*, it is nearly eght o'clock ; *faltó poco para que cayese*, he almost fell. 10 *¡no faltaba más!*, that goes without saying! ; I should say not! ; *no faltaba más sino que*, it would be the last straw if.

falto, ta *adj.* devoid, wanting, lacking, short : ~ *de*, devoid of, wanting in, short of, lacking.

faltón, na *adj.* faithless, unreliable, habitually unfaithful to duties, promises or engagements.

faltriquera *f.* pocket [of a garment] : *rascarse la* ~, coll. to spend money.

falúa *f.* NAUT. barge [of a flagship], harbour tender.

falucho *m.* NAUT felucca. 2 coll. (Arg.) cocked hat.

falla *f.* fault, flaw [in things]. 2 GEOL. fault, break. 3 one of the bonfires made in Valencia on St. Joseph's eve. 4 (Mex.) baby's bonnet.

fallar *tr.* to judge, pass sentence. 2 to ruff, trump [at cards]. — 3 *intr.* to fail, miss, be deficient or wanting : *falló la cosecha*, the crop failed. 4 to fail, break, give way.

falleba *f.* shutter bolt.

fallecer *intr.* to decease. die. 2 to fail, run out. ¶ CONJUG. like *agradecer*.
fellecimiento *m.* decease, death, demise.
fallezco, fallezca, etc., *irr.* V. FALLECER.
fallido, da *adj.* unsuccessful, ineffectual. 2 irrecoverable, uncollectable. — 3 *adj. & n.* bankrupt.
fallo, lla *adj.* cut of a certain suit [at cards]. — 2 *m.* lack of a certain suit [at cards]. 3 decision, judgement, verdict.
fama *f.* fame, renown : *dar ∼ a uno,* to make one famous or renowned. 2 fame, reputation : *de mala ∼,* of ill fame. 3 report, rumor : *es ∼,* it is said.
famélico, ca *adj.* hungry, famished.
familia *f.* family. 2 household. 3 relatives [of a person], kin.
familiar *adj.* [pertaining to the] family. 2 familiar [well-known]. 3 familiar, unceremonious, informal. 4 colloquial. 5 familiar [spirit or demon]. — 6 *m.* friend ; relative. 7 domestic, member of the household. 8 familiar spirit. 9 familiar [of a bishop ; of the Inquisition].
familiaricé, familiarice, etc., *pret., subj. & imper.* of FAMILIARIZAR.
familiaridad *f.* familiarity.
familiarizar *tr.* to familiarize. — 2 *ref. familiarizarse con,* to familiarize oneself with, accustom oneself to, become familiar with.
familiarmente *adv.* familiarly. 2 colloquially.
familión *m. aug.* large family.
famosamente *adv.* famously.
famoso, sa *adj.* famous, celebrated, renowned. 2 coll. famous, capital, excellent. 3 iron. priceless.
fámula *f.* coll. maidservant.
famular *adj.* [pertaining to] servant.
famulato, famulicio *m.* domestic service.
fámulo *m.* famulus. 2 coll. manservant.
fanal *m.* harbour beacon. 2 light or lamp globe. 3 bell-shaped glass case.
fanáticamente *adv.* fanatically.
fanático, ca *adj.* fanatic(al. — 2 *m. & f.* fanatic. 3 SPORTS fan.
fanatismo *m.* fanaticism.
fanatizador, ra *adj.* fanaticizing. — 2 *m. & f.* spreader of fanaticism, one who fanaticizes.
fanatizar *tr.* to fanaticize.
fandango *m.* a lively Spanish dance and tune. 2 coll. shindy.
fandanguero, ra *adj.* fond of dancing the fandango or attending popular dances or feasts.
fandanguillo *m.* Spanish dance resembling FANDANGO.
faneca *f.* ICHTH. bib, whiting pout.
fanega *f.* grain measure [about 1.60 bu.]. 2 ∼ *de tierra,* land measure [about 1.59 acres]. 3 ∼ *de sembradura,* ground necessary to sow a FANEGA of seed.
fanegada *f.* FANEGA DE TIERRA. 2 *a fanegadas,* in great abundance.
fanerógamo, ma *adj.* BOT. phanerogamous. — 2 *f.* BOT. phanerogam.
fanfarrear *intr.* FANFARRONEAR.
fanfarria *f.* coll. bravado, braggadocio, boast, swagger.
fanfarrón, na *adj.* bragging, swaggering ; blustering, boasting. — 2 *m.* braggart, swaggerer, blusterer, empty boaster.
fanfarronada *f.* fanfaronade, swagger, bluster, boast, rodomontade.
fanfarronear *intr.* to bluster, boast, swagger.
fanfarronería *f.* blustering or boasting talk or manner.
fanfarronesca *f.* fanfaronading, bluster, braggadocio.
fanfurriña *f.* pet, huff.
fangal, fangar *m.* miry place, mudhole, slough.
fango *m.* mud, mire.
fangoso, sa *adj.* muddy, miry.
fantasear *intr.* to let one's imagination run free. 2 to boast. — 3 *tr.* to fancy, imagine.
fantasía *f.* fancy, imagination [faculty]. 2 fancy [mental image]. 3 fantastic fiction, tale, etc. 4 vanity, airs, conceit, presumption. 6 MUS fantasia. 7 *de ∼,* fancy, not plain. 8 *pl.* pearls, stringed pearls.
fantasioso, sa *adj.* vain, conceited.
fantasma *m.* phantcm. 2 ghost, apparition. 3 solemn, conceited person. 4 TELEV. ghost. 5 person playing the ghost.
fantasmagoría *f.* phantasmagoria.

fantasmagórico, ca *adj.* phantasmagorial, phantasmagoric.
fantasmón, na *m.* solemn, conceited person, *stuffed shirt.
fantásticamente *adv.* fantastically.
fantástico, ca *adj.* fantastic, fanciful. 2 vain, conceited.
fantochada *f.* act of ridiculous presumption.
fantoche *m.* puppet, marionette. 2 coll. jackanapes; ridiculous and presumptuous fellow.
faquín *m.* porter, carrier, street porter.
faquir *m.* fakir.
farad, faradio *m.* ELECT. farad.
faradización *f.* faradization.
faradizar *tr.* MED. to faradize.
faralá *m.* SEW. flounce, furbelow. 2 tawdry ornament.
farallón *m.* cliff, headland. 2 MIN. outcrop.
faramalla *f.* blarney, eyewash, claptrap. 2 empty show, hollow sham. 3 coll. blarneyer, boaster.
faramallero, ra *adj.* coll. tattling, blarneying. — 2 *m. & f.* tattler, blarneyer.
faramallón, na *adj.* FARAMALLERO.
farandola *f.* farandole [dance].
farándula *f.* THEAT. profession of farce players of former times. 2 strolling company of yore. 3 blarney, claptrap, eyewash.
farandulear *intr.* to boast, show off.
farandulero, ra *adj.* pertaining to the FARÁNDULA. — 2 *m. & f.* comedian. 3 blarneyer.
faraón *m.* Pharaoh. 2 faro [card game].
faraónico, ca *adj.* Pharaonic.
faraute *m.* herald, messenger. 2 prologue [actor]. 3 busybody, bossy fellow.
farda *f.* ancient tax. 2 bundle of clothing.
fardacho *m.* LAGARTO 1.
fardaje *m.* FARDERÍA.
fardar *tr.* to supply with clothes.
fardel *m.* bag [for clothes, provisions, etc.]. 2 bundle, package.
fardelillo, fardelejo *m. dim.* small bundle.
fardería *f.* bundles, bales, packages. 2 fig. burden, load.
fardo *m.* bundle, bale, package.
farfalá *m.* FARALÁ.
farfallón *adj.* bungler, botcher.
farfante, farfantón *m.* braggadoccio, boaster, braggart, swashbuckler.
farfantonada, farfantonería *f.* brag, braggadoccio, boasting, boast.
fárfara *f.* shell membrane [of egg]: *en ∼,* immature, unfinished, half done. 2 BOT. coltsfoot.
farfolla *f.* husk [of Indian corn]. 2 empty show, hollow sham.
farfulla *f.* spluttering, stuttering. — 2 *m. & f.* splutterer, stutterer.
farfulladamente *adv.* splutteringly.
farfullador, ra *adj.* spluttering, stuttering. — 2 *m. & f.* splutterer, stutterer.
farfullar *tr.* to splutter, stutter. 2 to stumble through [a task, etc.].
farfullero, ra *adj. & n.* FARFULLADOR.
fargallón, na *adj.* hasty, bungling. 2 slovenly, untidy. — 3 *m. & f.* bungler, botcher. 4 untidy person.
farináceo, a *adj.* farinaceous.
faringe *f.* ANAT. pharynx.
faríngeo, a *adj.* pharyngeal.
faringitis *f.* MED. pharyngitis.
faringoscopio *m.* pharyngoscope.
fariña *f.* coarse flour of manioc.
farisaicamente *adj.* pharisaically.
farisaico, ca *adj.* pharisac(al. 2 Pharisaic.
farisaísmo, fariseísmo *m.* pharisaism. 2 Pharisaism.
fariseo *m.* pharisee. 2 Pharisee.
farmacéutico, ca *adj.* pharmaceutic(al. — 2 *m. & f.* pharmaceutical chemist ; chemist, *druggist, pharmacist, apothecary.
farmacia *f.* pharmacy. 2 chemist's, *drug-store, apothecary shop.
farmacognosia *f.* pharmacognosy.
farmacología *f.* pharmacology.
farmacopea *f.* pharmacopoeia.
faro *m.* lighthcuse, beacon : ∼ *aéreo,* air beacon. 2 headlight [of car, locomotive, etc.]: ∼ *piloto,* AUTO. spotlight.
farol *m.* street lamp, lamppost. 2 lantern, lanthorn. 3 carriage lamp. 4 NAUT. light : ∼ *de situación,* position light. 5 boaster, shower-off. 6 bluff : *echar un ∼,* to bluff. 7 a feat in bullfighting.

farola *f.* many-branched lamppost. 2 light turret [in harbours].
farolazo *m.* blow with a lantern. 2 (*C. Am.*, *Mex.*) swig, drink.
farolear *intr.* to show off, give oneself airs, to boast.
faroleo *m.* showing off, boasting, boast.
farolería *f.* lantern shop. 2 showing off, boast.
farolero, ra *adj.* showing off, boasting. — 2 *m.* lantern maker or seller. 3 lamplighter. 4 showoff; boaster.
farolillo *m. dim.* small lantern : ~ *de papel* or *a la veneciana,* Chinese lantern. 2 BOT. Canterbury bell. 3 BOT. heartseed.
farolito *m. dim.* small lantern.
farolón *m.* show-off; boaster. 2 large lamp or lantern.
farota *f.* coll. brazen-faced woman.
farotón, na *adj.* brazen-faced, cheeky, saucy [person].
farpa *f.* point of a scallop. 2 point of a swallowtailed flag.
farpado, da *adj.* scalloped. 2 swallow-tailed [flag].
farra *f.* ICHTH kind of salmon. 2 (*Arg.*, *Chi.*) spree, revelry
fárrago *m.* farrago, medley.
farragoso, sa *adj.* farraginous, confused, disordered.
farraguista *m. & f.* person having the head full of confused ideas.
farrear *intr.* (*Arg.*, *Chi.*) to go on a spree.
farro *m.* barley soaked, peeled and broken. 2 BOT. kind of spelt.
farruco, ca *adj.* bold, fearless. — 2 *adj. & n.* Asturian or Galician abroad.
farsa *f.* THEAT. farce, old comedy. 2 troupe of farce players. 3 farce, empty show, mockery, humbug.
farsante *f.* farce actress.
farsante *adj. & n.* THEAT. farce player. 2 hypocrite, humbug [person].
farseto *m.* quilted jacket [worn under armour].
farsista *m. & f.* author of farces.
fas *por* ~ or *por nefas,* rightly or wrongly, for one thing or for another.
fasces *f. pl.* fasces.
fasciculado, da *adj.* fasciculate.
fascículo *m.* fascicle, instalment [of a book]. 2 ANAT. fascicle, fasciculus.
fascinación *f.* fascination, bewitching, spell.
fascinador, ra *adj.* fascinating. — 2 *m. & f.* fascinator.
fascinante *adj.* fascinating.
fascinar *tr.* to fascinate, bewitch. 2 to cast the evil eye on.
fascismo *m.* Fascism.
fascista *adj.* fascist, fascistic. — 2 *m. & f.* fascist.
fase *f.* phase [aspect, stage]. 2 ASTR., BIOL., ELEC., PHYS. phase.
fastidiar *tr.* to cloy, sicken. 2 to annoy, bother; to do a bad turn. 3 to bore. — 4 *ref.* to weary, become annoyed or bored; to be disappointed. 5 *¡que se fastidie!,* let him lump it!
fastidio *m.* repugnance, distaste, nausea. 2 annoyance, nuisance, botheration. 3 boredom, ennui, weariness.
fastidiosamente *adv.* annoyingly, boringly.
fastidioso, sa *adj.* cloying. 2 annoying, bothersome. 3 boring, tedious, tiresome.
fastigio *m.* apex, summit. 2 ARCH. fastigium, pediment.
fasto, ta *adj.* lucky, happy [day, year]. — 2 *m.* pomp, magnificence. 3 *pl.* fasti.
fastoso, sa *adj.* FASTUOSO.
fastuosamente *adv.* pompously, magnificently.
fastuoso, sa *adj.* pompous, ostentatious, magnificent.
fatal *adj.* fatal, unavoidable. 2 fateful. 3 bad, evil, deadly, destructive. 4 LAW unpostponable.
fatalidad *f.* fatality. 2 mischance, misfortune.
fatalismo *m.* fatalism.
fatalista *adv.* fatalistic. — 2 *m. & f.* fatalist.
fatalmente *adv.* fatally, unavoidably. 2 unhappily. 3 very badly or poorly, awfully.
fatídicamente *adv.* fatidically.
fatídico, ca *adj.* fatidic, ominous.
fatiga *f.* fatigue [weariness, labour, toil]. 2 hard breathing. 3 *pl.* hardships, pains, anguish. 4 nausea.
fatigadamente *adv.* with difficulty, wearily.
fatigante *adj.* fatiguing, tiring, annoying.

fatigar *tr.* to fatigue, weary, tire. 2 to annoy, harass. — 3 *ref.* to tire, get tired, weary oneself.
fatigosamente *adv.* painfully, wearisomely.
fatigoso, sa *adj.* fatiguing, wearisome. 2 laboured : *respiración fatigosa,* laboured breathing.
fatigué, fatigue, etc. *pret., subj. & imper.* of FATIGAR.
fatimita *adj. & n.* Fatimite.
fatuidad *f.* fatuity, stupidity. 2 foolishness, inanity. 3 ridiculous presumption.
fatuo, tua *adj.* fatuous, half-witted. 2 ridiculously vain or conceited, presumptuous. 3 METEOR. fatuus : *fuego* ~, ignis fatuus, will-o'-the-wisp.
faucal *adj.* faucal.
fauces *f. pl.* ANAT. fauces.
fauna *f.* fauna.
fauno *m.* MYTH. faun.
Fausto *m. pr. n.* Faust.
fausto, ta *adj.* happy, fortunate [event, etc.]. — 2 *m.* pomp, magnificence, great luxury.
faustoso, sa *adj.* FASTUOSO.
fautor, ra *adj.* helper, abettor.
favila *f.* poet. ember, spark.
favo *m.* MED. favus.
favonio *m.* poet. zephyr [westerly wind].
favor *m.* help, succour. 2 favour, service, good turn : *hacer el* ~ *de,* to do [one] the favour of; *hacer* [*algo*] *por favor,* to do [something] as a favour; *por* ~, please. 3 favour, goodwill, good graces : *estar en* ~, to be in favour, in grace. 4 favour [ribbon, etc., worn as a mark of favour]. 5 *a* ~ *de,* for, pro, in favour of; *a* ~ *de la marea, del viento,* with the tide, with the wind [taking advantage of the tide, of the wind]; *a* ~ *de la oscuridad,* under cover of darkness. 6 *pl.* favour [of a lady].
favorable *adj.* favourable. 2 advantageous.
favorablemente *adv.* favourably. 2 advantageously.
favorecedor, ra *adj.* favouring. — 2 *m. & f.* favourer. 3 helper, supporter. 4 client, customer.
favorecer *tr.* to help, aid, favour, befriend. 2 to favour, support. 3 to bestow a favour. 4 to become, improve the appearance of, make appear to advantage [a person]. — 5 *ref. favorecerse de una persona o cosa,* to avail oneself of the protection or help of something or somebody. ¶ CONJUG. like *agradecer.*
favorezco, favorezca, etc., *irr.* V. FAVORECER.
favoritismo *m.* favoritism.
favorito, ta *adj.* favorite, preferred, best liked, pet. — 2 *m. & f.* favorite.
faz *f.* face, visage. 2 face, aspect. 3 obverse [of coin or medal].
fe *f.* THEOL. faith. 2 faith [belief; reliance; credit; promise; fidelity] : *dar* or *prestar* ~, to give credit, to believe; *tener* ~ *en,* to have faith in; *de buena* ~, in good faith; *de mala fe,* in bad faith; *por mi* ~, *a* ~ *mía,* upon my faith. 2 assurance given that a thing is true : *dar* ~, to attest, to certify; *hacer* ~, to be a valid assurance or certification; *a* ~, in truth, certainly; *en* ~ *de lo cual,* in witness whereof. 4 certificate : ~ *de bautismo,* certificate of baptism. 5 PRINT. ~ *de erratas,* errata, list of errata.
fealdad *f.* ugliness, hideousness. 2 plainness, homeliness. 3 badness, foulness [of deeds, words, etc.].
feamente *adv.* uglily, hideously. 2 badly, dirtily.
Febe *f. pr. n.* MYTH. Phoebe.
febeo, a *adj.* poet. Phoebean.
feble *adj.* weak, feeble. 2 [of coin or alloy] deficient in weight or fineness.
feblemente *adv.* feebly, weakly.
Febo *m. pr. n.* MYTH. Phoebus. 2 poet. Phoebus [sun].
febrero *m.* February.
febricitante *adj.* MED. feverish.
febrífugo, ga *adj. & m.* febrifuge.
febril *adj.* febrile. 2 feverish.
fecal *adj.* faecal, fecal.
fecial *m.* ROM. HIST. fetial.
fécula *f.* fecula, starch.
feculento, ta *adj.* starchy [food]. 2 feculent.
fecundable *adj.* capable of fecundation.
fecundación *f.* fecundation.
fecundador, ra *m.* fecundating.
fecundamente *adv.* fruitfully.
fecundante *adj.* fecundating.
fecundar *tr.* to fecundate, to fertilize.
fecundativo, va *adj.* fecundative.
fecundidad *f.* fecundity, fertility.

fecundizar *tr.* to fertilize.
fecundo, da *adj.* fecund, fertile, fruitful, prolific. 2 copious, abundant.
fecha *f.* date [in a letter, book, etc.; point of time] : *con ~ de,* under date of ; *de larga ~,* of long standing ; *hasta la ~,* to date ; *a estas fechas,* by now. 2 day [elapsed].
fechador *m.* dater. 2 (Chi., Mex.) MATASELLOS.
fechar *tr.* to date [a letter, etc.].
fechoría *f.* misdeed, villainy.
federación *f.* federation.
federal *adj.* federal. 2 federalistic. — 3 *m.* & *f.* federalist.
federalismo *m.* federalism.
federalista *adj.* federalist(ic. — 2 *m.* & *f.* federalist.
federar *tr.* to federate, federalize. — 2 *ref.* to federate [become federated].
federativo, va *adj.* federative.
Federica *f. pr. n.* Frederica.
Federico *m. pr. n.* Frederick.
Fedra *f. pr. n.* MYTH. Phædra.
féferes *m. pl.* (Col., C. Ri., Cu., Ec., Mex.) household goods, implements, traps, trinkets.
fehaciente *adj.* LAW authentic, being a valid assurance or certification.
feldespático, ca *adj.* feldspathic.
feldespato *m.* MINER. feldspar.
felice *adj.* poet. happy.
felicidad *f.* felicity, happiness, bliss, blessedness. 2 good fortune.
felicitación *f.* felicitation, congratulation.
felicitar *tr.* to felicitate, wish joy to, congratulate.
félido, da *adj.* ZOOL. feline. — 2 *m.* ZOOL. felid. 3 *pl.* ZOOL. Felidæ.
feligrés, sa *m.* & *f.* ECCL. parishioner.
feligresía *f.* parish [ecclesiastical unit; members of a parish].
felino, na *adj.* feline. — 2 *m.* ZOOL. feline.
Felipe *m. pr. n.* Philip.
feliz *adj.* happy, fortunate. 2 felicitous.
felizmente *adv.* happily. 2 felicitously.
felón, na *adj.* perfidious, treacherous, felonious. — 2 *m.* & *f.* traitor, felon, wicked person.
felonía *f.* perfidy, treachery, felony.
felpa *f.* plush. 2 coll. drubbing, thrashing. 3 coll. reprimand.
felpar *tr.* & *ref.* to cover or become covered with plush or something resembling plush.
felpilla *f.* chenille.
felposo, sa *adj.* plushlike ; felted.
felpudo, da *adj.* plushy. — 2 *m.* plush mat, doormat.
femenil *adj.* feminine, womanish.
femenilmente *adv.* effeminately ; womanishly.
femenino, na *adj.* female, feminine. 2 GRAM. feminine.
fementidamente *adv.* falsely, perfidiously.
fementido, da *adj.* false, unfaithful, treacherous.
femineidad *f.* feminity.
femíneo, a *adj.* feminine, womanish.
feminismo *m.* feminism.
feminista *adj.* feminist, feministic. — 2 *m.* & *f.* feminist.
femoral *adj.* femoral.
fémur *m.* ANAT., ENTOM. femur.
fenacetina *f.* PHARM. phenacetin.
fenda *f.* crack [in wood].
fendiente *m.* HENDIENTE.
fenecer *tr.* to finish, conclude, close. — 2 *intr.* to die. 3 to come to an end. ¶ CONJUG. like *agradecer.*
fenecimiento *m.* death. 2 finish, termination.
fenezco, fenezca, etc., *irr.* V. FENECER.
fenianismo *m.* Fenianism.
feniano *m.* Fenian.
fenicado, da *adj.* carbolized.
fenicar *tr.* to carbolize, put carbolic acid in or on.
Fenicia *f. pr. n.* Phoenicia.
fenicio, cia *adj.* & *n.* Phoenician.
fénico *adj.* CHEM. phenic, carbolic.
fenilo *m.* CHEM. phenyl.
fénix *m.* MYTH. phœnix. 2 fig. phœnix, paragon.
fenogreco *m.* BOT. fenugrec.
fenol *m.* CHEM. phenol.
fenomenal *adj.* phenomenal. 2 great, enormous.
fenoménico, ca *adj.* phenomenal [pertaining to phenomena].
fenómeno *m.* phenomenon. 2 monster, freak.
feo, a *adj.* ugly. 2 plain, homely. 3 unbecoming.

4 bad, dirty [word, deed]. 5 bad, serious, alarming. — 6 *m.* slight, affront : *hacer un ~, dejar ~ a uno.* to slight someone.
feote, ta *adj.* rather ugly.
feracidad *f.* feracity, fertility.
feraz *adj.* feracious, fertile.
féretro *m.* bier, coffin.
feria *f.* fair [gathering for sale or exhibition of goods]. 2 deal, agreement. 3 ECCL. feria. 4 rest, holiday. 5 (Mex.) small change. 6 (C. Ri.) tip, gratuity. 7 *pl.* gifts bought at a fair.
ferial *adj.* ferial. — 2 *m.* fair ; fairground.
feriante *adj.* attending a fair. — 2 *m.* & *f.* one attending a fair. 3 trader at fairs.
feriar *tr.* to buy at a fair. 2 to buy, sell or barter. 3 to give a gift bought at a fair. — 4 *intr.* to suspend work, to take holidays.
ferino, na *adj.* pertaining to wild beasts ; ferocious. 2 MED. *tos ~,* whooping cough.
fermata *f.* MUS. fermata.
fermentable *adj.* fermentable.
fermentación *f.* fermentation.
fermentante *adj.* fermenting. 2 fermentative.
fermentar *intr.* to ferment. — 2 *tr.* to produce fermentation.
fermentativo, va *adj.* fermentative.
fermento *m.* CHEM. ferment.
fernambuco *m.* Pernambuco wood.
Fernando *m. pr. n.* Ferdinand.
feroce *adj.* poet. FEROZ.
ferocidad *f.* ferocity.
feróstico, ca *adj.* irritable, unruly. 2 very ugly.
feroz *adj.* ferocious, fierce ; savage, cruel. 2 fig. ravenous.
ferozmente *adv.* ferociously, fiercely.
ferrada *f.* iron-knobbed club.
ferrado, da *adj.* ironed [covered, shod, bound with iron].
ferrar *tr.* to put an iron on ; to garnish, cover or shoe with iron. ¶ CONJUG. like *acertar*
ferrato *m.* CHEM. ferrate.
férreo, a *adj.* ferreous, iron : *via férrea,* railroad. 2 strong, harsh, severe.
ferrería *f.* ironworks, foundry.
ferreruelo *m.* short cloak formerly worn by men.
ferrete *m.* sulphate of copper used in dyeing. 2 marking iron.
ferretear *tr.* FERRAR.
ferretería *f.* FERRERÍA. 2 ironmongery [shop ; trade]. 3 ironmongery, hardware.
ferretero, ra *m.* & *f.* ironmonger, hardwareman.
férrico, ca *adj.* CHEM. ferric.
ferrizo, za *adj.* iron, made of iron.
ferro *m.* NAUT. anchor.
ferroaluminio *m.* ferroaluminium.
ferrocarril *m.* railway, railroad : *~ aéreo,* aerial railway ; *~ de cremallera,* rack railway ; *~ de via estrecha,* narrow-gauge railway ; *~ de via normal,* standard-gauge railway ; *~ funicular,* funicular railway.
ferrocarrilero, ra *adj.* (Arg., Col., Ec.) FERROVIARIO.
ferrocianuro *m.* CHEM. ferrocyanide.
ferrón *m.* ironworker.
ferroníquel *m.* ferronickel.
ferroprusiato *m.* CHEM. ferroprussiate.
ferroso, sa *adj.* CHEM. ferrous.
ferrovial *adj.* FERROVIARIO.
ferroviario *adj.* [pertaining to the] railway, railroad.. — 2 *m.* railwayman, *railroader.
ferrugineo, a & **ferruginoso, sa** *adj.* ferruginous.
fértil *adj.* fertile.
fertilidad *f.* fertility.
fertilizador, ra *adj.* fertilizing.
fertilizante *adj.* fertilizing. — 2 *m.* fertilizer.
fertilizar *tr.* to fertilize [the soil].
férula *f.* ferule. 2 fig. authority, rule, yoke. 3 BOT. giant fennel. 4 SURG. flexible splint.
ferventísimo, ma *adj. superl.* most fervent.
férvido, da *adj.* fervid, ardent.
ferviente *adj.* FERVOROSO.
fervientemente *adv.* fervently.
fervor *m.* fervour.
fervorín *m.* short prayer.
fervorizar *tr.* ENFERVORIZAR.
fervorosamente *adv.* fervently.
fervoroso, sa *adj.* fervent.
festejador, ra *adj.* FESTEJANTE.

festejante *adj.* fêting, wooing, paying compliments. — *2 m. & f.* fêter, wooer, payer of compliments.
festejar *tr.* to feast, fête, celebrate, honour with a celebration. 2 to court, to woo. 3 (Mex.) to hit, punish, chastise. — *4 ref.* to enjoy oneself.
festejo *m.* fête, fêting. 2 courting, courtship. 3 *pl.* public rejoicings.
festero, ra *m. & f.* FIESTERO.
festín *m.* feast, banquet.
festinación *f.* speed, haste.
festinar *tr.* (Am.) to hasten.
festival *m.* music festival.
festivamente *adv.* merrily, humourously.
festividad *f.* feast, celebration. 2 feast day, holiday. 3 humour, esprit.
festivo, va *adj.* humourous, witty. 2 merry, joyful. 3 *día* ~, feast day, holiday.
festón *m.* festoon. 2 scalloped border.
festonar, festonear *tr.* to festoon. 2 to scallop.
fetal *adj.* fœtal, fetal.
feticida *adj.* fœtic.dal. — *2 m. & f.* one committing feticide.
feticidio *m.* fœticide, feticide.
fetiche *m.* fetish.
fetichismo *m.* fetishism.
fetichista *adj.* fetishistic. — *2 m. & f.* fetishist.
fetidez *f.* fetidity, fetidness : ~ *de aliento*, foul breath.
fétido, da *adj.* fetid. 2 foul [breath].
feto *m.* fœtus, fetus.
feúco, ca; feúcho, cha *adj.* rather ugly, plain.
feudal *adj.* feudal. 2 feudalistic.
feudalidad *f.* feudality.
feudalismo *m.* feudalism.
feudatario, ria *adj. & n.* feudatory.
feudista *m.* feudist.
feudo *m.* LAW feud, fief. 2 vassalage.
fez *m.* fez.
fiable *adj.* thrustworthy, responsible.
fiado *m. al* ~, on credit : *vender al* ~, to sell on credit. 2 *en* ~, upon bail.
fiador ra *m. & f.* guarantor, guarantee, surety, bail, bond : *salir* ~, to stand surety. — *2 m.* safety cord or strap [on surgical instrument, sword, etc., to avoid dropping or losing it]. 3 catch [of a door]. 4 gutter bracket. 5 safety-catch [of gun] ; catch, pawl, stop. 6 (Chi., Ec.) chin strap. 7 FALCON. creance.
fiambrar *tr.* to cook meat to be eaten cold.
fiambre *adj.* cold [meat]. 2 fig. stale [news, etc.]. — *3 m.* cold meat, cold cut.
fiambrera *f.* lunch basket. 2 dinner pail. — *3* (Arg.) FRESQUERA.
fianza *f.* bail, guaranty, security, bond : *bajo* ~, on bail. 2 guarantor, guarantee, surety, bond.
fiar *tr.* to answer for, go surety for ; to bail. 2 to entrust, confide. — *3 tr. & intr.* to sell on credit. — *4 intr.* to trust : ~ *en*, to trust in, to put one's trust in ; *ser de* ~, to be trust-worthy. — *5 ref. fiarse de*, to trust, to rely on.
fiasco *m.* failure, fiasco.
fiat *m.* fiat.
fibra *f.* fibre, fiber ; staple. 2 grain [of wood]. 3 fig. energy, vigour, stamina.
fibrilación *f.* MED. fibrillation.
fibrilla *f.* fibril.
fibrina *f.* CHEM. fibrin, fibrine.
fibrocartílago *m.* ANAT. fibrocartilage.
fibroma *m.* MED. fibroma.
fibroso, sa *adj.* fibrous.
fíbula *f.* ARCHEOL. fibula.
ficción *f.* fiction.
fice *m.* ICHTH. whiting.
ficoideo. a *adj. & n.* BOT. ficoid. — *2 f. pl.* BOT. Ficoideæ.
ficticio, cia *adj.* fictitious.
ficto, ta *adj.* feigned, artificial.
ficha *f.* counter, chip. 2 domino [piece]. 3 filing card : — *antropométrica*, anthropometric data or card ; — *catalográfica*, index card [of a library].
fichar *tr.* to play [a domino]. 2 to take and record the anthropometrical data of. 3 to file particulars of [a person] in the police record. 4 fig. to classify [a person] among those one doesn't trust.
fichero *f.* card index ; filing cabinet.
fideicomiso *m.* FIDEICOMISO.
fidedigno, na *adj.* trustworthy, reliable [informa-'on, testimony, etc.].

fideero, ra *m. & f.* maker of vermicelli, macaroni, etc.
fideicomisario, ria *m. & f.* LAW fideicommissary.
fideicomiso *m.* LAW fideicommissum.
fideicomitente *m. & f.* fideicommissor.
fidelidad *f.* fidelity, faithfulness, loyalty. 2 fealty. 3 fidelity, faithfulness, accuracy [strict conformity to truth or fact, exact correspondence to the original].
fidelísimo, ma *adj. superl.* most faithful.
fideos *m. pl.* vermicelli.
fiduciario, ria *adj. & n.* fiduciary.
fiebre *f.* MED. fever : ~ *aftosa*, VET. aphtous fever; ~ *amarilla*, yellow fever ; ~ *del heno*, hay fever; ~ *de Malta*, Malta fever, undulant fever ; ~ *intermitente*, intermittent fever ; ~ *tifoidea*, typhoid fever. 2 fever, excitement, agitation.
fiel *adj.* faithful, loyal, true, trustworthy. 2 faithful [true to the fact, the original, etc.]; accurate. — *3 m.* faithful [church member]. 4 pointer [of scales] : *en* ~, balanced, in balance. 5 pin [of scissors]. 6 public inspector : ~ *contraste*, inspector of weights and measures; hall-marker ; ~ *de romana*, inspector of meat weighing in a slaughterhouse.
fielato *m.* office of the FIEL. 2 octroi [office].
fieldad *f.* FIELATO 1. 2 surety, security, guarantee.
fielmente *adv.* faithfully.
fieltro *m.* felt. 2 felt hat. 3 felt rug.
fiemo *m.* dung, manure.
fiera *f.* wild beast. 2 BULLF. bull. 3 cruel, fierce person. 4 *ser una* ~ *para* [*el trabajo, etc.*], to be the devil for [work, etc.], to be a very strenuous or able [worker, etc.].
fierabrás *m.* devil [wicked person or child].
fieramente *adv.* fiercely, ferociously, wildly.
fiereza *f.* fierceness, cruelty, ferocity. 2 ugliness, hideousness.
fiero, ra *adj.* fierce, cruel, ferocious. 2 wild [beast]. 3 ugly, hideous. 4 great, terrible, violent. 5 rough, rude. — *6 m.* bluster, threat : *echar fieros*, to bluster, to threaten.
1) **fierro** *m.* obs. iron.
2) **fierro, fierre,** etc., *irr.* V. FERRAR.
fiesta *f.* feast, entertainment, party ; fête, festival, public rejoicing ; ~ *de armas*, joust, tilting, tournament; *la* ~ *brava, la* ~ *nacional*, bullfight; *fin de* ~, THEAT. grand finale ; *aguar* or *aguarse la* ~, to spoil the feast ; [of a feast] to be spoiled ; *para coronar la* ~, to top the feast, to top it ; *se acabó la* ~, that's the end of it, that's enough ; *tengamos la* ~ *en paz*, let's have no disturbance. 2 feast, holiday, feast day : ~ *de guardar* or *de precepto*, holy day, day of obligation to hear mass ; ~ *del árbol*, Arbor Day; ~ *de la hispanidad*, ~ *de la raza*, Columbus Day, Discovery Day ; ~ *de las Cabañuelas* or *de los Tabernáculos*, Feast of Tabernacles ; ~ *del Trabajo*, Labour Day ; ~ *fija* or *inmoble*, immovable feast ; ~ *movible*, movable feast ; ~ *nacional*, national feast day, bank holiday ; *celebrar, guardar* or *santificar las fiestas*, to observe or keep Church feasts : *hacer* ~, to take a day off. 3 merrymaking : *no estar uno para fiestas*, to be in no mood for joking. 4 endearment, caress : *hacer fiestas a*, to caress, fondle; [of a dog, etc.] to fawn on. 5 *pl.* holidays. 6 public rejoicings.
fiestero, ra *adj.* gay, jolly, fond of feasts.
fifiriche *adj.* (C. Ri., Mex.) thin, weak, sickly. — *2 m.* (C. Ri., Mex.) PETIMETRE.
fígaro *m.* fig. barber. 2 short jacket.
figle *m.* MUS. ophicleide. 2 ophicleidist.
figón *m.* cheap eating house.
figonero, ra *m. & f.* keeper of an eating house.
figulino, na *adj.* figuline.
figura *f.* figure [external form ; person ; representation]. 2 figure [of the human body]. 3 figure, drawing. 4 GEOM., F. ARTS, RHET., LOG. GRAM., DANC. figure : ~ *de dicción*, any change in the form of a word, as apocope, syncope, contraction, etc.; ~ *retórica*, figure of speech. 4 face, countenance. 5 MUS. note. 6 THEAT. character; actor. 7 ridiculous person. 8 court card. 9 ASTROL. ~ *celeste*, horoscope [scheme showing the disposition of the heavens]. 10 LAW ~ *de delito*, statuory definition of offence or crime. 11 *hacer* ~, to cut a figure.
figurable *adj.* imaginable.

figuración *f.* figuration. 2 imagination, imagining, fancy : *eso son figuraciones tuyas,* that's what you imagine.

figuradamente *adv.* figuratively.

figurado, da *adj.* figured, represented, imagined. 2 figurative [language, sense, etc.].

figurante, ta *m. & f.* THEAT. figurant.

figurar *tr.* to figure, depict, represent. 2 to feign 3 *intr.* to be counted [among, in the number of]. 4 to cut a figure, be in the limelight. — 5 *ref.* to fancy, imagine, think.

figurativamente *adv.* figuratively.

figurativo, va *adj.* figurative, representative.

figurería *f.* grimace.

figurero, ra *adj.* grimacing. — 2 *m. & f.* grimacer. 3 maker or seller of carved or moulded figures.

figurilla *f.* figurine, statuette. 2 small ridiculous person.

figurín *m.* fashion plate [design ; person]. 2 small model [of dress].

figurón *m.* large figure : ∼ *de proa,* NAUT. figurehead. 2 pretentious nobody.

fija *f.* hinge. 2 MAS. narrow trowel.

fijación *f.* fixation, fixing. 2 appointment [of time or place]. 3 posting [of bills]. 4 immobilizing. 5 CHEM., PHOT. fixation.

fijador, ra *adj.* fixing. — 2 *m.* fixer, poster : ∼ *de carteles,* billposter. 3 PHOT. fixing bath. 4 PAINT. fixing liquid.

fijamente *adv.* firmly, fixedly, steadfastly, attentively.

fijar *tr.* to fix, nail, make fast. 2 to stick, paste up, placard, post [bills, etc.]. 3 CARP. to fit [doors and windows in their frames]. 4 PHOT., F. ARTS to fix. 5 to fix, make firm, set, stabilize. 6 to fix, establish, determine [the sense of a word, the limits or the price of, etc.] ; to fix, set [a date, an hour, etc.]. — 7 *ref.* to become fixed or set. 8 to take notice, pay attention, observe, notice : *fíjese usted en esto,* observe this, look at this.

fijeza *f.* firmness, certainty [of opinion]. 2 fixity, steadfastness.

fijo, ja *adj.* fixed [securely placed or fastened ; firm, immovable, set, intent] : *estrella fija,* fixed star ; *idea* ∼, fixed idea ; *mirada fija,* set look. 2 fixed [date, wages, etc.]. 3 fixed [oil]. 4 fast [colour]. 5 MACH. stationary. 6 *de* ∼, without a doubt, for sure. 7 *ésa es la fija,* that's a fact, that is so. 8 *ésta es la fija,* time has come.

fijodalgo *m.* obs. HIDALGO.

fil *m.* *estar en fil* or *en un fil,* to be alike, to be equally balanced. 2 *fil derecho,* leapfrog.

fila *f.* row, line, tier ; file : ∼ *india,* single file, Indian file ; *en* ∼, in a row ; in single file. 2 MIL. rank [of soldiers] : *romper filas,* to break ranks ; *estar en filas,* to be in the Army ; *llamar a filas,* to call up, to call to the colours 3 coll. dislike, hatred.

filacteria *f.* phylactery.

Filadelfia *f. pr. n.* GEOG. Philadelphia.

filadiz *m.* floss silk.

filamento *m.* filament.

filamentoso, sa *adj.* filamentous.

filandria *f.* ZOOL. filander.

filantropía *f.* philanthropy.

filantrópicamente *adv.* philanthropically.

filantrópico, ca *adj.* philanthropic(al.

filántropo *m.* philanthropist.

filar *tr.* NAUT. to pay out slowly.

filaria *f.* ZOOL. filaria.

filarmonía *f.* love of music.

filarmónico, ca *adj. & n.* philharmonic.

filástica *f.* NAUT. rope yarn.

filatelia *f.* philately.

filatélico, ca *adj.* philatelic. — 2 *m. & f.* philatelist.

filatelista *m. & f.* philatelist.

filatería *f.* verbosity. 2 patter [of an humbug].

filatero *m.* verbose speaker. 2 one who uses deceiving patter.

fileli *m.* a light wool and silk stuff.

fileno, na *adj.* delicate, effeminate.

filete *m.* ARCH. fillet, listel. 2 BOOKB., PRINT. fillet, ornamental line. 3 SEW. narrow hem. 4 small spit for roasting. 5 MACH. narrow edge, border or rim ; thread [of a screw]. 6 snaffle bit. 7 HER. narrow orle or fesse. 8 COOK. filet, fillet. 9 COOK. sirloin. 10 ANAT. ∼ *nervioso,* nervous filament.

filetear *tr.* to fillet. 2 BOOKB. to tool.

filfa *f.* lie, humbug, false news.

filiación *f.* filiation [relationship, derivation]. 2 personal description. 3 MIL. registered description of a recruit.

filial *adj.* filial. 2 COM. branch, affiliated. — 3 *f.* branch of a commercial house.

filialmente *adv.* filially.

filiar *tr.* to note down the personal description of. — 2 *ref.* to enlist.

filibote *m.* NAUT. flyboat [ancient vessel].

filibusterismo *m.* HIST. movement for the independence of the old Spanish colonies.

filibustero *m.* filibuster, freebooter. 2 one who fought for the independece of the old Spanish colonies.

filicales *f. pl.* BOT. Filicales.

filicida *adj.* filicidal. — 2 *m. & f.* filicide [person].

filicidio *m.* filicide [act].

filiforme *adj.* filiform, threadlike.

filigrana *f.* filigree. 2 delicate, fanciful thing or work. 3 watermark [in paper].

filili *m.* fineness, delicacy.

filipéndula *f.* BOT. dropwort.

filipense *adj. & n.* Philippian. 2 Oratorian.

filípica *f.* Philippic [of Demosthenes]. 2 philippic [invective].

filipichín *m.* moreen.

Filipinas *f. pr. n.* GEOG. Philippines [islands].

filipino, na *adj. & n.* Philippine.

Filipo *m. pr. n.* Philip [of Macedonia].

filis *m.* art and delicacy in doing and saying.

filisteo, a *adj. & n.* BIB. Philistine. — 2 *m.* tall, corpulent fellow.

film *m.* CINEM. film.

filmación *f.* CINEM. filming.

filmar *tr.* CINEM. to film.

filo *m.* [cutting] edge : *de doble* ∼, double-edged, two-edged ; *dar* ∼, *dar un* ∼, to sharpen. 2 point or line dividing something in two equal parts : *por* ∼, exactly. 3 NAUT. ∼ *del viento,* direction of the wind.

filobús *m.* trolley bus.

filocomunista *adj. & n.* procommunist.

filodio *m.* BOT. phyllode.

filófago, ga *adj.* phyllophagous.

filología, filológica *f.* philology.

filológico, ca *adj.* philological.

filólogo *m.* filologist.

filomela, filomena *f.* poet. philomel, nightingale.

filón *m.* MIN. vein, lode. 2 fig. mine.

filoseda *f.* silk and worsted or cotton cloth.

filoso, sa (Arg., C. Ri. Hond.) sharp, keen edged.

filosofador, ra *adj.* philosphizing. — 2 *m. & f.* philosophizer.

filosofal *adj.* *piedra* ∼, philosophers' stone.

filosofar *intr.* to philosophize.

filosofastro *m.* philosophaster.

filosofía *f.* philosophy.

filosóficamente *adv.* philosophically.

filosófico, ca *adj.* philosophic(al.

filosofismo *m.* philosophism.

filósofo, fa *adj.* philosophic. — 2 *m.* philosopher.

filoxera *f.* ENTOM. phylloxera.

filtrable *adj.* filtrable.

filtración *f.* filtration. 2 fig. leakage.

filtrador, ra *adj.* filtering. — 2 *m.* filter.

filtrar *tr. & intr.* to filtrate, filter, percolate. — 2 *intr.* to leak. — 3 *ref.* to ooze out or through ; [of money] to leak away, disappear.

filtro *m.* filter, percolator. 2 ELECT., OPT. filter. 3 seaside fresh-water spring. 4 philtre, philter, love potion.

filustre *m.* coll. fineness, elegance.

filvan *m.* burr [on edge of sharpened knife or tool], wire edge.

filló, filloa *f.* kind of pancake.

fimbria *f.* border [of a skirt]. 2 ornamental border.

fimo *m.* ESTIÉRCOL.

fimosis *f.* MED. phimosis.

fin *m.* end [conclusion, close, finish ; extremity] : *dar* ∼, to end, to come to an end ; *dar* ∼ *a,* to end, to finish, to put an end to ; *dar* ∼ *de,* to consume, to destroy ; *poner* ∼ *a,* to put an end to ; *a* ∼ *de cuentas,* after all ; *a fines de,* towards the end of, late in [the week, year, etc.] ; *al* ∼, at the end, finally, at last ; *al* ∼ *del mundo,* fig. at the back of beyond ; *al* ∼ *y al cabo, al* ∼ *y a la postre,* in the end, after all ; *en* ∼,

finally, lastly; in short; well [as an expletive] : *en* ~, *lo que fuere sonará*, well, wait and see; *por* ~, at last, lastly. 2 end, purpose : *a* ~ *de*, in order to; *a* ~ *de que*, in order that, so that.
finado, da *adj.* late, deceased. — *2 m. & f.* deceased.
final *adj.* final last, ultimate : *el Juicio* ~, the Last Judgement. 2 GRAM. final. — *3 m.* end, termination. *4* MUS. finale. — *5 f.* SPORTS finals.
finalicé, finalice, etc., *pret., subj. & imper.* of FINALIZAR.
finalidad *f.* PHILOS. finality. 2 end, purpose.
finalista *m. & f.* PHILOS., SPORTS finalist.
finalizar *tr. & intr.* to end, finish, conclude.
finalmente *adv.* finally, lastly.
finamente *adv.* finely, nicely, delicately. 2 politely.
finamiento *m.* FALLECIMIENTO.
financiar *tr.* to finance.
financiero, ra *adj.* financial. — *2 m. & f.* financier.
financista *m. & f.* (Am.) FINANCIERO.
finanzas *f. pl.* finances.
finar *intr.* to die. — *2 ref.* to long, yearn.
finca *f.* property [piece of real estate], land, house, farm, ranch : ~ *rústica*, country property; ~ *urbana*, town property.
fincar *intr. & ref.* to buy up real estate.
finchado, da *adj.* pompous, vain, conceited.
fincharse *ref.* to grow pompous, conceited.
Fineas *m. pr. n.* Phineas.
finés, sa *adj.* Finnic, Finnish. — *2 m.* Finnish [language]. — *3 m. & f.* Finn [person].
fineza *f.* fineness [goodness, purity], delicacy, perfection. 2 civility, kindness, favour, little gift.
fingidamente *adv.* feignedly, hipocritically.
fingido, da *adj.* feigned, sham. 2 false, deceitful, affected.
fingidor, ra *adj.* feigning, dissembling. — *2 m. & f.* feigner, dissembler.
fingimiento *m.* feigning, simulation, pretence.
fingir *tr.* to feign, simulate, sham, pretend. — *2 ref.* to feign to be; to pretend to be.
finible *adj.* capable of being finished.
finiquitar *tr.* to settle, to close [an account]. 2 to finish, conclude, close, end.
finiquito *m.* settlement [of an account]; release, quittance. 2 fig. *dar* ~ *a*, to end, to consume.
finir *intr.* (Col., Chi., Ven.) to end, finish, conclude.
finisecular *adj.* pertaining to the end of a century.
finito, ta *adj.* finite.
finjo, finja, etc., *pres., subj. & imper.* of FINGIR.
finjandés, sa *adj.* Finnish. — *2 m.* Finnish [language]. — *3 m. & f.* Finn, Finlander.
Finlandia *f. pr. n.* GEOG. Finland.
fino, na *adj.* fine [of high quality; pure, refined]. 2 thin. 3 slender. 4 sheer [fabric]. 5 polite, courteous, well-bred. 6 affectionate, true. 7 shrewd, sagacious. 8 subtle, nice, delicate. 9 sharp [point; sense]. 10 NAUT. sharp.
finqué, finque, etc., *pret., subj. & imper.* of FINCAR.
finta *f.* feint [sham attack or blow].
finura *f.* fineness [hig quality], perfection. 2 politeness, courtesy.
finústico, ca *adj.* coll. affecting exaggerated courtesy.
finustiquería *f.* coll. exaggerated courtesy.
fiofío *m.* ORN. (Chi.) a small insectivorous bird with a green and whitish plumage.
fiord, fiordo *m.* fiord.
fioritura *f.* MUS. fioritura. 2 embellishment.
fique *m.* (Co., Ve.) pita fiber.
firma *f.* signature, subscription, sign manual, hand : ~ *en blanco*, blank signature, signature put to a blank document; ~ *y sello*, hand and seal. 2 [act of] signing : *llevar la* ~, to be empowered to sign the firm name. 3 letters, etc., brought to be signed. 4 COM. firm.
firmamento *m.* firmament.
firmán *m.* firman.
firmante *adj.* signer, subscriber, signatory.
firmar *tr.* to sign, subscribe. — *2 ref.* to sign oneself.
firme *adj.* firm [stable, strong, solid, steady] : *tierra* ~, mainland. 2 steadfast, unflinching. — *3 m.* firm soil, solid ground. 4 roadbed, bed of a road. — *5 adv.* firmly. 6 *de* ~, with a will, zealously; solidly, firmly; violently. 7 *en* ~, COM. firm : *oferta en* ~, firm offer. 8 *estar en lo* ~, coll. to be right [in one's opinion, tenet,

etc.]. *9 ¡firmes!* MIL. Attention!, Stand to attention!
firmemente *adv.* firmly.
firmeza *f.* firmness, stability. 2 firmness, steadfastness.
firmón *adj.* appl. to one who signs another's work.
fiscal *adj.* fiscal. — *2 m.* LAW public prosecutor; Queen or King's Counsel, *district attorney: ~ de la Corona* or *de la República*, Attorney General. 3 busybody, prier. *4* ~ *de tasas*, official in charge of price control.
fiscalía *f.* office and post of a FISCAL.
fiscalicé, fiscalice, etc., *pret., subj. & imper.* of FISCALIZAR.
fiscalización *f.* control, inspection. 2 prying.
fiscalizador, ra *adj.* controlling, inspecting. 2 prying, censuring. — *3 m. & f.* prier, censurer.
fiscalizar *tr.* to control, to inspect. 2 to pry into [somebody's conduct], to censure.
fisco *m.* fisc, fisk, state treasury.
fisga *f.* trident [three-pronged fish spear]. 2 sly mockery, raillery. 3 fishgig.
fisgar *tr.* to fish with a trident or fish spear. 2 to smell out, pry, peep. — *3 ref. fisgarse de*, to mock slyly, make fun of.
fisgón, na *adj.* prying. 2 mocking. — *3 m. & f.* sly mocker. 3 prier, peeper.
fisgonear *tr.* to pry, to keep prying [into other people's business].
fisgoneo *m.* prying, constant prying.
fisgué, fisgue, etc., *pret., subj. & imper.* of FISGAR.
física *f.* physics.
físicamente *adv.* physically.
físico, ca *adj.* physical. — *2 m.* physicist. 3 obs. physician, doctor. 4 physique, looks [of a person].
fisicoquímica *f.* physicochemistry.
fisicoquímico, ca *adj.* physicochemical.
físil *adj.* fissile.
fisiocracia *f.* physiocracy.
fisiócrata *m. & f.* physiocrat.
fisiocrático, ca *adj.* physiocratic.
fisiología *f.* physiology.
fisiológicamente *adv.* physiologically.
fisiológico, ca *adj.* physiological.
fisiólogo *m.* physiologist.
fisión *f.* PHYS., CHEM. fission.
fisionomía *f.* FISONOMÍA.
fisioterapia *f.* physiotherapy.
fisíparo, ra *adj.* BIOL. fissiparous.
fisípedo, da *adj. & n.* ZOOL. fissiped.
fisirrostro, tra *adj.* ORN. fissirostral.
fisonomía *f.* physiognomy. 2 features, face.
fisonómico, ca *adj.* physiognomic(al.
fisonomista *m. & f.*, **fisónomo** *m.* physiognomist. 2 one who has a good memory for faces.
fistol *m.* sly fellow. 2 (Mex.) necktie pin.
fístula *f.* fistula, tube. 2 MUS. kind of flute. 3 MED. fistula.
fistular *adj.* fistular.
fistuloso, sa *adj.* fistulous.
fisura *f.* MED., MIN. fissure.
fitina *f.* CHEM. phytin.
fitófago, ga *adj.* ZOOL. phytophagous.
fitografía *adj.* phytography.
fitográfico, ca *adj.* phytographic.
fitógrafo *m.* phytographer.
fitología *f.* phytology, botany.
fitopatología *f.* plant pathology.
fitotomía *f.* phytotomy.
flabelado, da *adj.* flabellate.
flabelicornio, nia *adj.* ZOOL. having flabellate antennæ.
flabelífero, ra *adj.* fan-carrying [in ceremonies]
flabeliforme *adj.* flabelliform.
flabelo *m.* flabellum.
flacamente *adv.* weakly.
flaccidez *f.* flaccidity, flabbiness.
fláccido, da *adj.* flaccid, flabby.
flaco, ca *adj.* lean, thin, lank, meagre. 2 weak, feeble, 3 frail, weak in resolution. *4* ~ *de memoria*, having a poor memory, forgetful. 5 *hacer un* ~ *servicio*, to do an ill turn. — *6 m.* weak point, foible.
flacucho, cha *adj.* rather lean, thinnish.
flacura *f.* leanness, thinness [lack of flesh]. 2 weakness, feebleness.
flagelación *f.* flagellation, scourging.
flagelado, da *adj.* BIOL., BOT. flagellate. — *2 m.* flagellate [protozoan]. — *3 f.* flagellate [alga].

flagelador, ra *m.* & *f.* flagellator, scourger.
flagelante *m.* & *f.* flagellant. 2 Flagellant.
flagelar *tr.* to flagellate, scourge. 2 to lash, flay [vice, etc.].
flagelo *m.* scourge, whip. 2 scourge, calamity. 3 BIOL. flagellum.
flagrancia *f.* poet. blaze, blazing.
flagrante *adj.* blazing, flaming. 2 *en* ~ or *en* ~ *aelito*, in the very act.
flagrar *intr.* poet. to blaze, flame.
flama *f.* flame. 2 reverberation.
flamante *adj.* bright, flaming. 2 new, fresh, brand-new, spick-and-span.
flamear *intr.* to flame, blaze. 2 [of flags, sails, etc.] to wave, flutter. — 3 *tr.* to flame [sterilize with flame].
flamen *m.* flamen.
flamenco, ca *adj.* & *n.* Flemish. — 2 *adj.* Andalousian gipsy [dance, song, etc.]. 3 buxom. — 4 *m.* Flemish [language]. 5 ORN. flamingo. 6 blusterer, swaggerer : *ponerse* ~, to get cocky.
flamenquería *f.* swagger.
flamenquilla *f.* small platter. 2 BOT. marigold.
flámeo *m.* flamelike. 2 ROM. HIST. bridal veil.
flamero *m.* torch holder.
flamígero, ra *adj.* poet. flaming, flamelike. 2 ARCH. flamboyant.
flámula *f.* streamer, pennon.
flan *m.* flan, solid custard. 2 flan, blank [coin-disk].
flanco *m.* flank, side. 2 FORT., MIL., NAV. flank.
flanela *f.* FRANELA.
Flandes *f. pr. n.* GEOG. Flanders.
flanero *m.* flan mould.
flanqueado, da *adj.* flanked. 2 HER. flanched.
flanqueante *adj.* flanking.
flanquear *tr.* to flank.
flanqueo *m.* flanking.
flaquear *intr.* to weaken, give way ; to lose strength or resistance ; to threaten ruin or downfall. 2 fig. to lose heart, weaken, flag.
flaqueza *f.* leanness, emaciation. 2 weakness [lack of strength]. 3 weakness, frailty, failing.
flato *m.* flatus [gas]. 2 (C. Am., Co., Mex., Ve.) gloominess, melancholy.
flatoso, sa *adj.* subject' to flatus.
flatulencia *f.* flatulence.
flatulento, ta *adj.* flatulent [causing flatus]. 2 suffering from flatus.
flatuoso, sa *adj.* FLATOSO.
flauta *f.* MUS. flute : ~ *travesera*, German flute. 2 flautist, flutist.
flautado, da *adj.* flutelike. — 2 *m.* flute [organ stop].
flauteado, da *adj.* flutelike, sweet.
flautero *m.* flute maker.
flautillo *m.* MUS. flageolet.
flautín *m.* MUS. piccolo, octave flute.
flautista *m.* flautist, flutist.
flavo, va *adj.* flavid, golden yellow.
flébil *adj.* poet. lamentable. 2 poet. sad, tearful, plaintive.
flebitis *f.* MED. phlebitis.
flebotomía *f.* phlebotomy.
fleco *m.* fringe [ornamental border]. 2 ragged edge. 3 bang [hair over the forehead].
flecha *f.* arrow : *la* ~ *del Parto*, Parthian shot. 2 FORT. flèche. 3 ASTR. Sagitta. 4 AER. sweepback. 5 ENG., AROH. deflection [of a beam, etc.].
flechador *m.* archer, bowman.
flechadura *f.* NAUT. ratlines.
flechar *tr.* to fit an arrow to [the bow]. 2 to wound or kill with arrows. 3 coll. to inspire sudden love. — 4 *intr.* to have the bow drawn.
flechaste NAUT. ratline.
flechazo *m.* arrow shot. 2 arrow wound. 3 coll. sudden love, love at first sight.
flechera *f.* (Am.) long, sharp canoe.
flechería *f.* shower of arrows. 2 stock of arrows.
flechero *m.* archer, bowman. 2 arrow maker.
flegmasía *f.* MED. phlegmasia.
fleje *m.* iron hoop or strap.
flema *f.* PHYSIOL., CHEM. phlegm. 2 phlegm, sluggishness, calmness : *gastar* ~, to be cold, phlegmatic.
flemático, ca *adj.* phlegmatic(al.
fleme *f.* VET., SURG. fleam.
flemón *m.* MED. phlegmon. 2 MED. gumboil.
flemonoso, sa *adj.* MED. phlegmonous.

flemoso, sa *adj.* phlegmy.
flemudo, da *adj.* phlegmatic, sluggish.
flequillo *m.* small fringe. 2 bang [hair over the forehead].
Flesinga *m. pr. n.* GEOG. Flushing.
fletador *m.* NAUT. freighter, charterer.
fletamento *m.* NAUT. freightment, charterage. 2 freight, charter party.
fletante *m.* shipowner [in the charter party]. 2 (Arg., Chi., Ec., Mex.) one who hires out or lets for hire [pack animals, carriages, etc.].
fletar *tr.* NAUT. to freight, charter [a ship]. 2 (Arg., Chi., Ec., Mex.) to freight, hire [pack animals, carriages, etc.]. — 3 *ref.* (Cu., Mex.) to quit, go away. 4 (Arg.) to butt in ; to crash the gate.
flete *m.* NAUT. freight, cargo. 2 NAUT. freightage. 3 (Am.) freight [carried overland]. 4 (Arg.) fast horse.
flexibilidad *f.* flexibility, pliableness, pliancy, litheness, suppleness.
flexible *adj.* flexible, pliant, lithe, supple. 2 soft [hat]. — 3 *m.* ELEC. cord, flex. 4 soft hat.
flexión *f.* flexion, bending. 2 GRAM. flexion, inflexion.
flexional *adj.* GRAM. flexional.
flexor, ra *adj.* bending. — 2 *m.* ANAT. flexor.
flexuoso, sa *adj.* flexuous.
flexura *f.* bend, ply.
flictena *f.* MED. phlyctena.
flirtear *tr.* to flirt.
flirteo *m.* flirtation.
flocadura *f.* SEW. fringe trimming.
flogístico, ca *adj.* OLD CHEM. phlogistic.
flogisto *m.* OLD CHEM. phlogiston.
flojamente *adv.* laxly, carelessly, negligently.
flojear *intr.* to slack. 2 to weaken [in one's efforts, etc.]. 3 FLAQUEAR.
flojedad *f.* laxity, weakness. 2 slackness, carelessness.
flojel *m.* fluff, flue [from cloth]. 2 down [of birds].
flojera *f.* FLOJEDAD.
flojo, ja *adj.* loose [only lightly secured or made fast], slack [not tight] ; flaccid. 2 weak [wine, tea, coffee, etc.]. 3 weak [spring]. 4 light [wind]. 5 soft, untwisted [silk]. 6 lax, careless, negligent.
floqueado, da *adj.* fringed, trimmed with fringe.
flor *f.* BOT. flower, bloom, blossom : ~ *completa*, complete flower ; ~ *compuesta*, composite or compound flower ; ~ *de amor*, amaranth ; ~ *de la maravilla*, tigerflower ; ~ *de la Trinidad*, pansy ; ~ *del embudo*, calla lily ; ~ *de lis*, fleur-de-lis ; ~ *unisexual*, unisexual flower ; *flores conglomeradas*, conglomerated flowers ; *flores cordiales*, cordial flowers ; *flores solitarias*, solitary flowers ; *en* ~, in flower, in bloom, in blossom. 2 bloom [powdery dust covering certain fruits]. 3 flower, cream, elite : ~ *de la canela*, the choicest ; ~ *y nata*, the pick and choice, the cream, the flower, the choicest ; *de mi* ~, excellent. 4 flowers [of wine]. 5 CHEM. flower : *flores de cinc*, flowers of zinc, zinc oxide. 6 flower [of life, youth, etc.] : *en la* ~ *de la edad*, in the prime ; *caer uno en* ~, to die young or in the flower of youth. 7 METAL. floss. 8 iridescence on quenched metal sheets. 9 virginity, maidenhood. 10 compliment, flattering remark : *decir* or *echar flores*, to say flattering things to a lady. 11 a card game. 12 face [of leather]. 13 GAMBLING. trick. 14 menses, menstruation, flow, menstrual discharges. 15 *flores blancas*, the whites, leucorrhoea. 16 (Chi.) white dot or spot on finger nail. 17 *a* ~, flush : *a* ~ *de agua*, close to, or on, the surface of the water, awash ; *a* ~ *de tierra*, close to, or flush with, the ground ; *ajustado a* ~, fitting flush. 18 *dar uno en la* ~ *de*, to acquire the habit of [saying or doing something]. 19 Other meanings : ~ *del viento*, first puffs of wind ; *flores de cantueso*, futile or trifling thing ; *flores de maíz*, pop-corn, popped maize ; ~ *de cuño*, NUMIS. in perfect condition ; *andarse a* or *buscar la* ~ *del berro*, to give oneself up to pleasures ; *andarse en flores*, to evade the question, to beat about the bush ; *como mil flores* or *como unas flores*, as pretty as a picture ; *entenderle a uno la* ~, to see one's intention ; *pasársela* or *pasárselo uno en*

flores, to lead an easy life; *tener por* ~, to have made a habit of a fault or vice.

flora *f.* flora. 2 (cap.) MYTH. Flora.

floración *f.* BOT. flowering, florescence.

floral *adj.* floral. 2 *Juegos florales*, Floral Games.

florar *intr.* BOT. to flower, bloom, blossom.

flordelisado, da *adj.* HER. fleury.

flordelisar *tr.* HER. to adorn with fleur-de-lis.

floreado, da *adj.* flowered [having a floral design]. 2 made of the finest flour.

floreal *m.* Floréal, eighth month of the French-Revolution calendar.

florear *tr.* to flower [decorate with flowers]. 2 to stack [cards]. 3 to sift out the finer part of [flour]. — 4 *intr.* to strike a continuous note on the guitar. 5 to vibrate the sword. 6 to pay compliments. 7 (Arg., Chi.) to choose the best.

florecer *intr.* to flower, bloom, blossom. 2 to flourish, prosper. — 3 *ref.* to become mouldy. ¶ CONJUG. like *agradecer*.

florecica, cilla, cita *f. dim.* floweret, small flower.

floreciente *adj.* flowering, florescent. 2 flourishing, prosperous.

florecimiento *m.* flowering, blossoming. 2 flourishing, prosperity. 3 mouldiness.

Florencia *f. pr. n.* Florence. 2 GEOGR. Florence.

florentino, na *adj. & n.* Florentine.

florentísimo, ma *adj. superl.* very flourishing, very prosperous.

floreo *m.* idle talk. 2 idle remark or compliment. 3 act of vibrating the sword. 4 continuous note on the guitar.

florero, ra *adj.* addicted to the use of compliments or flattering remarks. — 2 *m. & f.* flower seller. — 3 *m.* flower vase. 4 flower pot, flower box. 5 PAINT. flower piece.

florescencia *f.* MED., CHEM. efflorescence. 2 BOT. florescence.

floresta *f.* pleasant woods or grove. 2 assemblage of fine and pleasing things.

florete *m.* foil, fencing foil. 2 medium-grade cotton fabric.

floretear *tr.* to flower [decorate with flowers]. — 2 *intr.* to fence with foil.

floretista *m.* fencer [with foil].

florezco, florezca, etc., *irr.* V. FLORECER.

floricultor, ra *m. & f.* floriculturist.

floricultura *f.* floriculture.

Florida (la) *f. pr. n.* GEOG. Florida.

floridamente *adv.* flowerily, floridly.

floridano, na *adj. & n.* Floridan, Floridian.

floridez *f.* wealth of flowers. 2 floweriness, floridness, floridity.

florido, da *adj.* flowery, blossomy. 2 flowery, florid. 3 choice, select. 4 *Pascua florida*, Easter.

florífero, ra; florígero, ra *adj.* floriferous.

florilegio *m.* florilegium, anthology.

florín *m.* florin [coin].

floripondio *m.* BOT. floripondio.

florista *m. & f.* florist, flower seller, flower girl. 2 maker or seller of artificial flowers.

florón *m.* ARCH. rosette. 2 HER. fleuron [in a crown]. 3 glorious feat.

flósculo *m.* BOT. floret of the disk, floscule.

flota *f.* NAUT. fleet. 2 ~ *aérea*, air fleet.

flotabilidad *f.* flotability.

flotable *adj.* flotable.

flotación *f.* flotation, flotage, floating: *línea de* ~, NAUT. waterline.

flotador, ra *adj.* floating, swimming. — 2 *m.* floater [something that floats], float. 3 AER. float.

flotadura *f.;* **flotamiento** *m.* FLOTACIÓN.

flotante *adj.* floating: *dique* ~, floating dock; *deuda* ~, floting debt.

flotar *intr.* to float [on a liquid, in the air]. 2 [of a flag, etc.] to wave.

flote *m.* flotation, flotage: *a* ~, afloat.

flotilla *f.* flotilla, small fleet.

fluctuación *f.* fluctuation, wavering.

fluctuante *adj.* fluctuating, fluctuant.

fluctuar *intr.* to fluctuate, to bob up and down. 2 to fluctuate, waver, hesitate. 3 to wave [to the wind]. 4 to totter, be in danger.

fluctuoso, sa *adj.* fluctuant.

fluencia *f.* flowing, running [of liquids]. 2 source, spring.

fluente *adj.* flowing, running.

fluidez *f.* fluidity. 2 flowingness, fluidness [of style].

fluido, da *adj.* fluid [body]. 2 flowing, fluid [style]. — 3 *m.* fluid. 4 ~ *eléctrico*, electric current.

fluir *intr.* [of a liquid, words, etc.] to flow. ¶ CONJUG. like *huir*.

flujo *m.* flowing, flux: ~ *magnético*, magnetic flux. 2 flow, flux, rising tide. 3 MED. flux, discharge: ~ *blanco*, whites; ~ *de sangre*, hæmorrhage; ~ *de vientre*, loose bowels. 4 CHEM., METAL. flux. 5 fig. ~ *de palabras*, verbiage; ~ *de risa*, fit of noisy laughter.

fluminense *adj.* from Río de Janeiro.

fluor *m.* CHEM. fluorin, fluorine. 2 MINER. fluor spar. 3 CHEM. flux.

fluorescencia *f.* fluorescence.

fluorescente *adj.* fluorescent.

fluorhídrico, ca *adj.* CHEM. hydrofluoric.

fluórico, ca *adj.* CHEM. fluoric.

fluorina, fluorita *f.* MINER. fluorite.

fluoruro *m.* CHEM. fluoride.

fluvial *adj.* fluvial, river.

flux *m.* flush [at cards]. 2 (Co.) suit of clothes.

fluxión *f.* MED. fluxion. 2 cold in the head.

fluyo, fluyó, fluya, etc., *irr.* V. FLUIR.

¡fo! *interj.* pew!, ugh!

foca *f.* ZOOL. seal.

focal *adj.* focal.

focense *adj. & n.* Phocian.

Fócida (la) *f. pr. n.* HIST., GEOG. Phocis.

focino *m.* goad for elephants.

foco *m.* GEOM., OPT., PHYS., MED., SEISM. focus. 2 focus [point of concentration, center of activity], source. 3 AUTO., THEAT. headlight, spotlight. 4 (Am.) electric light; incandescent electric lamp or bulb.

fóculo *m.* small fireplace.

fofadal *m.* (Arg.) TREMEDAL.

fofo, fa *adj.* soft, spongy, flabby.

fogaje *m.* hearth money [tax]. 2 (Arg., Mex.) rash, skin eruption. 3 (Am.) heat, hot weather. 4 (P. Ri.) blush.

fogarada *f.* LLAMARADA.

fogaril *m.* cresset.

fogata *f.* blaze, bonfire. 2 MIL. fougasse.

fogón *m.* open fire for cooking. 2 touch-hole [of cannon]. 3 fire-box [of steam-engine boiler]. 4 (Arg., C. Rica, Chi.) fire, bonfire.

fogonadura *f.* NAUT. mast-hole.

fogonazo *m.* powder flash.

fogonero *m.* fireman, stoker.

fogosidad *f.* fire, spirit, vehemence.

fogoso, sa *adj.* ardent, vehement. 2 fierce, spirited, mettlesome [horse, etc.].

fogueado, da *adj.* broken in, seasoned, inured, accustomed [to the hardships of a trade or state].

foguear *tr.* to scale [a gun]. 2 MIL. to accustom to the discharge of firearms. 3 to accustom to the hardships of a trade or state. 4 VET. to cauterize.

fogueo *m.* habituation to the discharge of firearms. 2 *cartucho de* ~, blank cartridge.

foguezuelo *m. dim.* small fire.

foja *f.* ORN. European coot. 2 LAW folio [in a pleading, etc.]. 3 (Am.) leaf [of a manuscript].

folgo *m.* foot muff.

folia *f.* light popular music. 2 *pl.* Portuguese dance.

foliáceo, a *adj.* foliaceous.

foliación *f.* foliation [of the pages of a book]. 2 BOT. foliation.

1) **foliar** *adj.* foliar.

2) **foliar** *tr.* to foliate, folio [a book].

foliatura *f.* FOLIACIÓN.

folicular *adj.* follicular.

foliculario *f.* scorn. pamphleteer, news writer.

folículo *m.* ANAT., BOT. follicle.

folio *m.* folio [leaf, size of a book leaf]: ~ *atlántico*, atlas folio; ~ *recto*, recto; ~ *vuelto*, verso; *de a* ~, fig. great, enormous [truth, lie, etc.]; *en* ~, in folio. 2 PRINT. running head. 3 GEOM. ~ *de Descartes*, folium of Descartes.

foliolo *m.* BOT. foliole.

folklore *m.* folklore.

floklórico, ca *adj.* folkloric, folkloristic.

folklorista *m. & f.* folklorist.

folla *f.* medley, hodgepodge.

follada *f.* puff-paste pie.

follador *m.* bellows blower.

follaje *m.* foliage, leafage. 2 ARCH. foliage. 3 gaudy

ornament. 4 superabundance of rhetoric ornaments.

follar *tr.* to form into leaves. — 2 *intr.* to blow the bellows. — 3 *ref.* to break wind noiselessly. ¶ CONJUG. like *mover*.

follero, folletero *m.* bellows maker or seller.

folletín *m.* feuilleton, newspaper serial [printed at bottom of page].

folletinesco, ca *adj.* romantic, stirring, gripping, thrilling; reading or sounding like a newspaper serial.

folletinista *m. & f.* serial writer.

folletista *m. & f.* pamphleteer.

folleto *m.* pamphlet, brochure, tract.

follón, na *adj.* lazy, indolent. 2 arrogant, cowardly and knavish. — 3 *m. & f.* lazy person. 4 cowardly knave. — 5 *m.* noiseless rocket. 6 vulg. wind voided without noise.

fomentación *f.* MED. fomentation.

fomentador, ra *adj.* fomenting, promoting. — 2 *m. & f.* fomenter, promoter.

fomentar *tr.* to foment, promote, encourage, foster. 2 MED. to foment.

fomento *m.* fomentation, promoting, encouraging, fostering; encouragement, support, development. 2 MED. fomentation.

fonación *f.* phonation, uttering of voice.

fonda *f.* inn, restaurant, eating house.

fondable *adj.* NAUT. fit for anchoring.

fondeadero *m.* NAUT. anchorage [place].

fondear *tr.* NAUT. to sound. 2 to search [a ship]. 3 to examine closely. — 4 *intr.* to cast anchor. — 5 *ref.* (Am.) to grow rich.

fondeo *m.* NAUT. searching. 2 NAUT. anchorage, casting anchor.

fondillón *m.* dregs of a refilled cask of wine. 2 old Alicante wine.

fondillos *m. pl.* seat [of trousers].

fondista *m. & f.* innkeeper, hotel keeper.

fondo *m.* bottom [of a cavity or hollow; of a place or thing; remotest or innermost part of a recess]. 2 bottom, bed [of sea, river, etc.]: *dar* ~, NAUT. to cast anchor; *echar a* ~, to scuttle, to sink; *irse a* ~, to founder. 3 NAUT. bottom: *limpiar fondos*, to hog or clean a ship's bottom. 4 bottom, essence: *llegar al* ~ *de la cuestión*, to get to the bottom of the question; *en el* ~, at bottom. 5 depth [deepness down or inwards]. 6 MIL. depth: *de a dos en* ~, two deep. 7 thickness [of a diamond]. 8 farthest end [of a room]. 9 background. 10 ground [of a painting, etc.]. 11 disposition, nature: *tener buen* ~, to have a good disposition. 12 head or bottom piece of a cask. 13 in a library, collection of books, etc., coming from the same place. 14 (Cu.) cauldron used at sugar mills. 15 (Mex.) sort of under-petticoat. 16 *articulo de* ~, editorial, leading article. 17 FENCING *irse o tirarse a* ~, to lunge. 18 *s. & pl.* fund [of wisdom, virtue, money, etc.]; common fund [in gambling]; funds [money resources]: ~ *muerto, perdido or vitalicio*, life annuity; *fondos de amortización*, sinking funds; ~ *de reptiles*, secret funds; *estar en fondos*, to be in funds, to have available money. — 19 *adv. a* ~, thoroughly.

fondón *m.* FONDILLÓN 1. 2 ground of silk or velvet brocade.

fonducho *m.* cheap eating house.

fonema *m.* phoneme.

fonendoscopio *m.* phonendoscope.

fonética *f.* phonetics.

fonético, ca *adj.* phonetic(al).

fonetismo *m.* phonetism.

fonetista *m. & f.* phonetist.

fónico, ca *adj.* phonic.

fonje *adj.* soft, spongy.

fonocaptor *m.* ELECT. pickup.

fonografía *f.* phonography.

fonográfico, ca *adj.* phonographic.

fonógrafo *m.* phonograph.

fonograma *m.* phonogram.

fonolita *f.* MINER. phonolite.

fonología *f.* phonology.

fonólogo *m.* phonologist.

fonometría *f.* phonometry.

fonómetro *m.* phonometer.

fonoscopio PHYS. phonoscope.

fonotipia *f.* PRINT. phonotypy.

fonotipo *m.* PRINT. phonotype.

fontal *adj.* fontal.

fontana *f.* poet. spring; fountain.

fontanal *adj.* fontal. — 3 *m.* spring, source [of water]. 3 place abounding in springs.

fontanar *m.* spring, source [of water].

fontanela *f.* ANAT. fontanel.

fontanería *f.* plumbing, pipelaying. 2 water supply system.

fontanero, ra *adj.* [pertaining to] fountain. — 2 *m.* plumber, pipe layer.

fontezuela *f.* small fountain.

fontículo *m.* SURG. fonticulus, issue.

foque *m.* NAUT. jib.

forajido *m.* outlaw, bandit, malefactor.

foral *adj.* pertaining to the rights and privileges of a region. 2 pertaining to a special jurisdiction.

foramen *m.* foramen. 2 hole in the nether millstone.

foráneo, a *adj.* foreign, strange.

forastero, ra *adj.* goreig, outside. — 2 *m. & f.* stranger, outsider; guest, visitor [of a town].

forcé *pret.* of FORZAR.

forcejar, forcejear *intr.* to struggle, strive, make violent efforts. 2 to contend [with].

forcejeo *m.* struggle, strife, struggling, striving, violent efforts.

forcejón *m.* violent effort.

forcejudo, da *adj.* strong, hefty.

fórceps *m.* SURG. forceps.

forchina *f.* MIL. a forklike weapon.

forense *adj.* forensic, legal.

forestal *adj.* forest, forestal.

forillo *m.* THEAT. small back cloth [seen through an opening in a backdrop].

forja *f.* METAL. forge; forging: ~ *a la catalana*, Catalan forge or furnace. 2 ironworks, foundry, bloomery. 3 silversmith's forge. 4 MAS. mortar.

forjado, da *p. p.* of FORJAR. — 2 *adj.* wrought, forged [metals].

forjador *m.* forger [of metals]. 2 forger, inventer, maker.

forjadura *f.* forging [of metals]. 2 forging, inventing.

forjar *tr.* to forge, hammer into shape. 2 to forge, make, invent: *forjarse ilusiones*, to dream, delude himself, have false illusions.

forma *f.* form, shape: *dar* ~ *a*, to give form to, to shape, to put into shape; *en* ~ *de*, in the shape of. 2 form, style. 3 form [of a sacrament]. 4 SPORT form: *estar en* ~, to be in form. 5 PRINT. form. 6 form [mode of being, inherent nature of an object]. 7 small host [for giving Holy Communion]. 8 mould. 9 size [of a book]. 10 manner, procedure, method, formula: *de* ~ *que*, so that, in a way or manner that. 11 manner, way, means [of performing something]: *en debida* ~, in due form or manner; *en* ~, *en toda* ~, properly, in due manner; *no hay* ~ *de que*, there's no making him, there's no way of making him [do something]. 12 ARCH. side arch of a vault. 13 *pl.* figure, configuration [of a human body]: *tener buenas formas*, [of a woman] to be shapely, to have a good figure.

formable *adj.* that may be formed.

formación *f.* formation, forming. 2 form, shape. 3 training, education. 4 GEOL., MIL. formation.

formador, ra *adj.* forming, shaping. — 2 *m. & f.* former.

formaje *m.* cheese mould.

formal *adj.* formal [pertaining to the form]. 2 serious, steadygoing, reliable [person, firm, etc.]; grave, sedate. 3 formal, explicit, definite.

formaldehido *m.* CHEM. formaldehyde.

formalete *m.* ARCH. round arch.

formalicé, formalice, etc., *pret., subj. & imper* of FORMALIZAR.

formalidad *f.* seriousness, exactitude, reliability: *hablar con* ~, to talk seriously; *tener* ~, to be serious, reliable, well behaved. 2 restraint, composure, gravity. 3 formality [requirement of law, use, etc.], established practice.

formalismo *m.* formalism. 2 rigorous method, adhesion to routine.

formalista *adj. & n.* formalist.

formalizar *tr.* to put in final form. 2 to formalize, give definite shape or legal form to. 3 to formulate, state. — 4 *ref.* to become serious or earnest; to take offence.

formalmente *adv.* formally, in due form. 2 formally, expressly. 3 seriously.

formar *tr.* to form [in practically every sense] : ~ *parte de,* to be a member or component of. 2 to shape, fashion, make, cut out, frame, model, mould. 3 to constitute, make out or up. 4 to train, educate, develop. — 5 *tr.* & *intr.* MIL. to form, draw up. — 6 *ref.* to form, take form. 7 to grow, develop, become trained or educated.

formativo, va *adj.* formative.

formato *m.* format.

formatriz *adj.* FORMADORA.

formero *m.* ARC.. side arch of a vault.

formiato *m.* CHEM. formate.

formicación *f.* MED. formication.

formicante *adj.* MED. formicant.

fórmico *adj.* CHEM. formic.

formidable *adj.* formidable. 2 great, enormous, huge, immense. 3 coll. fantastic, magnificent.

formidablemente *adv.* formidably. 2 immensely, 3 coll. fantastically, magnificently.

formidoloso, sa *adj.* timorous. 2 frightful, dreadful, horrible.

formol *m.* CHEM. formol.

formón *m.* CARP. chisel.

fórmula *f.* formula. 2 MED. recipe, prescription. 3 *por* ~, as a matter of form.

formular *tr.* to formulate, express, make : ~ *cargos,* to make charges ; ~ *una reclamación,* to make or put in a claim. 2 MED. to prescribe.

formulario, ria *adj.* formulary, formularistic. 2 done as a matter of form, perfunctory. — 3 *m.* formulary, form.

formulismo *m.* formulism.

formulista *adj.* formulistic. — 2 *m.* & *f.* formulist.

fornicación *f.* fornication.

fornicador, ra *adj.* fornicating. — 2 *m.* fornicator. 3 *f.* fornicatrix.

fornicar *tr.* to fornicate.

fornicario, ria *adj.* [pertaining to] fornication. — 2 *m.* fornicator. — 3 *f.* fornicatrix.

fornicio *m.* FORNICACIÓN.

fornido, da *adj.* robust, sturdy.

fornitura *f.* PRINT. sorts cast to complete a font. 2 MIL. *s.* & *pl.* soldier's belting [belt, straps and cartridge boxes].

foro *m.* forum. 2 bar [legal profession]. 3 THEAT. back [of the stage]. 4 LAW kind of leasehold.

forraje *m.* forage, green fodder [for animals]. 2 foraging. 3 unsubstantial hodgepodge.

forrajeador *m.* MIL. forager.

forrajear *tr.* to gather forage or green fodder. — 2 *intr.* MIL. to forage.

forrajera *f.* shako guard.

forrar *tr.* to line [a garment, box, etc.]. 2 to cover [a book, etc.] ; to plank [a ship]. — 3 *ref.* (Guat., Mex.) to stuff oneself.

forro *m.* lining [of a garment, etc.]. 2 cover [paper placed over cover of book for protection] : *¡ni por el* ~*!,* not in the least ! 3 NAUT. sheathing, furring, planking. 4 NAUT., ELEC. ~ *de cabos* or *cables,* service, serving.

fortachón, na *adj.* coll. strong, sturdy, burly.

fortalecedor, ra *adj.* fortifying, strengthening, invigorating.

fortalecer *tr.* to fortify, strengthen, invigorate. 2 to encourage, confirm. 3 MIL. to fortify. — 4 *ref.* to grow strong. ¶ CONJUG. like *agradecer.*

fortalecimiento *m.* fortification, strengthening. 2 fortifications.

fortaleza *f.* fortitude. 2 strength, vigour. 3 fortress, stronghold. 4 AER. ~ *volante.* flying fortress.

fortalezco, fortalezca, etc., *irr.* V. FORTALECER.

¡forte! *interj.* avast !

fortepiano *m.* MUS. pianoforte.

fortezuelo, la *adj. dim.* rather strong. — 2 *m.* small fort.

fortificable *adj.* fortifiable.

fortificación *f.* fortification, strengthening. 2 MIL. fortification.

fortificante *adj.* fortifying. — 2 *m.* fortifier. tonic.

fortificar *tr.* to fortify, strengthen, invigorate. 2 MIL. to fortify.

fortifiqué, fortifique, etc., *pret., subj.* & *imper.* of FORTIFICAR.

fortín *m.* MIL. small fort.

fortísimo, ma *adj. super.* very strong.

fortuito, ta *adj.* fortuitous.

fortuna *f.* fortune, chance, luck, good luck : *probar* ~, to try one's chances; *por* ~, fortunately, luckily. 2 fortune, fate. 3 fortune, wealth. 4 NAUT. storm, danger : *correr* ~. to risk foundering

in a storm. *5 de* ~, makeshift. *6* (cap.) MYTH. Fortuna.

fortunón *m. aug.* great fortune [wealth].

forúnculo *m.* FURÚNCULO.

forzadamente *adv.* forcibly, violently, constrainedly.

forzado, da *p. p.* of FORZAR. — 2 forced, compelled, constrained. 3 forced, strained [not spontaneous, not natural]. 4 *trabajos forzados,* hard labour. 5 MIL. *marchas forzadas,* forced marches. — *6 m.* galley slave.

forzador *m.* forcer. 2 ravisher, violator.

forzal *m.* back [of comb].

forzamiento *m.* forcing. 2 ravishing, violation.

forzar *tr.* to force, compel, constrain. 2 to force, break [a door, lock, etc.]. 3 MIL. to force, storm, take [a place, stronghold, etc.]. 4 to strain [one's ears, eyes, etc.]. 5 to ravish, violate. ¶ CONJUG. like *contar.*

forzosa *f. hacer la* ~ *a uno,* to force someone to do something against his will.

forzosamente *adv.* against one's will. 2 necessarily, per force.

forzoso, sa *adj.* necessary, unavoidable : *me ha sido* ~ *hacerlo,* I have been obliged to do it. 2 *heredero* ~, legal heir. 3 *paro* ~, unemployment.

forzudamente *adv.* with great strength.

forzudo, da *adj.* strong, vigorous.

fosa *f.* grave, sepulture. 2 ANAT. fossa.

fosar *tr.* to dig a ditch around.

fosca *f.* haze.

fosco, ca *adj.* sullen, frowning. 2 dark.

fosfatado, da *adj.* phosphated.

fosfatar *tr.* to phosphatize.

fosfático, ca *adj.* CHEM. phosphatic.

fosfato *m.* CHEM. phosphate.

fosfaturia *f.* MED. phosphaturia.

fosfeno *m.* PHYSIOL. phosphene.

fosfito *m.* CHEM. phosphite.

fosforado, da *adj.* phosphorated.

fosforecer *intr.* to phosphoresce. ¶ CONJUG. like *agradecer.*

fosforera *f.* matchbox.

fosforero, ra *m.* & *f.* match seller.

fosforescencia *f.* phosphorescence.

fosforescente *adj.* phosphorescent.

fosforescer *intr.* FOSFORECER.

fosforezco, fosforezca, *pres., subj.* & *imper.* of FOEFORECER.

fosfórico, ca *adj.* CHEM. phosphoric.

fosforita *f.* MINER. phosphorite.

fósforo *m.* CHEM. phosphorus. 2 match, friction match. 3 (cap.) Phosphor [morning star].

fosforoso, sa *adj.* CHEM. phosphorous.

fosfuro *m.* CHEM. phosphide, phosphuret.

fósil *adj.* & *m.* fossil.

fosilífero, ra *adj.* fossiliferous.

fosilización *f.* fossilization.

fosilizarse *ref.* to fossilize.

foso *m.* pit, hole [in the ground]. 2 FORT. ditch, moat, fosse, foss. 3 THEAT. cellar under the stage.

foto *f.* coll. photo.

fotoactínico, ca *adj.* photoactinic.

fotocalco *m.* photoprint.

fotocinesis *f.* photokinesis.

fotocopia *f.* photocopy.

fotoeléctrico. ca *adj.* photoelectric.

fotodinámico, ca *adj.* photodynamic.

fotofobia *f.* MED. photophobia.

fetófobo, ba *adj.* MED. suffering from protophobia.

fotoelectrón *m.* PHYS., CHEM. photoelectron.

fotogénico, ca *adj.* photogenic [suitable for being photographed]. 2 promoting or favouring chemical action of light.

fotógeno, na *adj.* BIOL. photogenic [producing light, phosphorescent].

fotograbado *m.* photoengraving, photogravure.

fotograbador, ra *m.* & *f.* protoengraver.

fotograbar *tr.* to photoengrave.

fotografía *f.* photography. 2 photograph.

fotografiar *tr.* to photograph.

fotográficamente *adv.* photographically.

fotográfico, ca *adj.* photographic.

fotógrafo *m.* photographer.

fotólisis *f.* photolysis.

fotolitografía *f.* photolithography. 2 photolithograph.

fotolitografiar *tr.* to photolithograph.

fotolitográfico, ca *adj.* photolithographic.

fotomecánico, ca *adj.* photomechanical.
fotometría *f.* photometry.
fotómetro *m.* photometer.
fotomicrografía *f.* photomicrography.
fotomontaje *m.* PHOT. photomontage.
fotón *m.* PHYS. photon.
fotoquímica *f.* photochemistry.
fotosensitivo, va *adj.* photosensitive.
fotosfera *f.* ASTR. photosphere.
fotosíntesis *f.* BOT., CHEM. photosynthesis.
fototaxismo *m.* BIOL. phototaxis.
fototelegrafía *f.* phototelegraphy.
fototerapia *f.* phototherapeutics, phototherapy.
fototipia *f.* phototypy. 2 phototype.
fototipo *m.* phototype.
fototipografía *f.* phototypography.
fototropismo *m.* BIOL. phototropism.
fotuto *m.* (Cu.) horn, shell used as a horn.
frac, *pl.* **fraques** *m.* full-dress coat, swallow-tailed coat.
fracasado, da *adj.* unsuccessful. — *2 m. & f.* failure, person who has failed in life.
fracasar *intr.* to fail, be unsuccessful, to fall through, come to naught. 2 [of a ship] to be smashed, to break or be broken to pieces.
fracaso *m.* failure, unsuccess. 2 disaster, calamity. 3 crash, noisy and disrupting fall.
fracción *f.* fraction, part. 2 breaking into parts. 3 LITURG. fraction [of Eucharistic bread]. *4* MATH. fraction : ~ *continua,* continued fraction ; ~ *decimal,* decimal fraction. 5 faction, party.
fraccionamiento *m.* separating or breaking into parts, fractioning. 2 CHEM. fractionation.
fraccionar *tr.* to separate into parts, to fraction. 2 CHEM. to fractionate.
fraccionario, ria *adj.* fractional, fractionary. 2 MATH. *número* ~, fraction.
fractura *f.* breaking, fracture. 2 MINER., SURG. fracture : ~ *conminuta,* conminution, conminuted fracture.
fracturar *tr.* to break, fracture.
fraga *f.* FRAMBUESO. 2 BREÑAL.
fragancia *f.* fragrance.
fragante *adj.* fragrant. 2 FLAGRANTE : *en* ~ in the very act.
fragaria *f.* BOT. strawberry.
fragata *f.* NAUT. frigate : ~ *ligera,* corvette.
frágil *adj.* fragile, brittle, breakable. 2 frail, weak.
fragilidad *f.* fragility, brittleness. 2 frailty.
frágilmente *adv.* frailly.
fragmentación *f.* fragmentation.
fragmentar *tr.* to break into fragments. — *2 ref.* to fragment.
fragmentario, ria *adj.* fragmentary.
fragmento *m.* fragment.
fragor *m.* noise, roar, crash, thunder.
fragoroso, sa *adj.* noisy, roaring, thundering.
fragosidad *f.* ruggedness and thickness [of woods]. 2 rugged and brambly spot.
fragoso, sa *adj.* rugged and brambly [ground]. 2 FRAGOROSO.
fragua *f.* forge [furnace].
fraguado *m.* MAS. setting, hardening.
fraguador, ra *m. & f.* brewer, concocter [of plot, mischief, etc.].
fraguar *tr.* to forge [metals]. 2 to plan, plot, brew, concoct. — *3 intr.* MAS. [of mortar, concrete, etc.] to set.
fragura *f.* FRAGOSIDAD.
frailada *f.* coll. rude or unbecoming action of a monk.
fraile *m.* friar, monk. 2 accidental turn-up at bottom of a skirt. 3 PRINT. friar [badly inked spot].
frailecillo *m.* dim. little friar. 2 ORN. lapwing. 3 ORN. puffin.
frailecito *m.* dim. little friar.
frailengo, ga & fraileño, ña *ad.* FRAILESCO.
frailería *f.* coll. monks, friars.
frailero, ra *adj.* of a friar. 2 coll. very fond of friars.
frailesco, ca *adj.* monkish.
frailezuelo *m.* dim. little friar.
frailía *f.* monastic condition or state.
frailillos *m. pl.* ARÍSARO.
frailote, fraluco *m.* despicable friar.
frailuno, na *adj.* monkish, friarlike.
frambuesa *f.* BOT. raspberry [fruit].
frambueso *m.* BOT. raspberry bush.
frámea *f.* ARCHEOL. framea.

francachela *f.* merry meal, banquet, carousal, spread. 2 (Am.) excessive familiarity.
francalete *m.* leather strap with a buckle.
francamente *adv.* frankly, openly, candidly.
francés, sa *adj.* French : *a la francesa,* in the French fashion ; *despedirse a la francesa,* to take French leave. — *2 m.* Frenchman. 3 French [language]. — *4 f.* Frenchwoman. — *5 m. pl. los franceses,* the French [people].
francesada *f.* frenchism. 2 French invasion of Spain in 1808.
francesilla *f.* BOT. turban buttercup. 2 French roll.
Francia *f. pr. n.* GEOG. France.
Francisca *f. pr. n.* Frances.
franciscano, na *adj. & n.* Franciscan.
Francisco *m. pr. n.* Francis.
francisco, ca *adj. & n.* Franciscan.
francmasón, na *m. & f.* Freemason.
francmasonería *f.* Freemasonry.
franco, ca *adj.* frank, open, candid, outspoken. 2 generous, liberal. 3 free, open, unobstructed. 4 free, exempt, privileged : ~ *de servicio,* off duty. 5 free [of or from payment] : *puerto* ~, free port ; ~ *a bordo,* free on board ; ~ *de porte,* carriage free. 6 Frankish. 7 in compound words, French, Franco : *francoamericano,* French-American. — *8 m.* franc [coin]. 9 *pl.* HIST. *los francos,* the Franks.
francófilo, la *adj. & n.* Francophile.
francófobo *adj. & n.* Francophobe.
francolín *m.* ORN. francolin, black partridge.
francote, ta *adj.* frank, open-hearted.
franchute, ta *m. & f.* scorn. Frenchman, French-woman.
franela *f.* flannel.
frange *m.* HER. division of the field of a shield.
frangible *adj.* frangible.
frangir *tr.* to break into pieces.
frangollar *tr.* coll. to bungle, to do [something] hurriedly and carelessly.
frangollo *m.* wheat crushed and boiled. 2 crushed grain for fodder. 3 porridge of Indian corn and milk. 4 (Mex.) poorly cooked meal. 5 (Arg.) mess, botch.
frangollón, na *adj.* bungling, botching.
franja *f.* ornamental band or braid ; stripe. 2 strip [of land].
franjar, franjear *tr.* to trim with bands, braids or stripes.
franjón *m. aug.* wide ornamental band or braid.
franjuela *f. dim.* narrow ornamental band or braid.
franqueable *adj.* that can be opened or cleared [way, etc.].
franqueamiento *m.* FRANQUEO.
franquear *tr.* to free, exempt, grant immunity to. 2 to grant liberally. 3 to clear, open [the way]. 4 to stamp, prepay [a letter or parcel for the post]. 5 to free [a slave]. — *6 ref.* to yield to another's wishes. 7 *franquearse con,* to open one's heart to.
franqueniáceo, a *adj.* BOT. frankeniaceous.
franqueo *m.* liberation [of a slave]. 2 stamping [of a letter or parcel for the post], postage.
franqueza *f.* frankness, candour : *con* ~, frankly, candidly. 2 freedom, liberty, exception.
franquía *f.* NAUT. sea-room : *ponerse en* ~, to get into the open so as to be able to set sail.
franquicia *f.* exemption of taxes, duties, etc. : ~ *postal,* frank [privilege of sending postage free]. 2 franchise, privilege.
fraque *m.* FRAC.
frasca *f.* dry leaves and small branches.
frasco *m.* vial, bottle, flask. 2 powder flask.
Frascuelo *m. pr. n. dim.* Frank.
frase *f.* phrase, sentence : ~ *hecha,* fixed or set expression, saying, cliché ; ~ *sacramental,* ritual form, established form. 2 MUS. phrase.
frasear *tr.* to phrase.
fraseología *f.* phraseology. 2 verbosity.
frasquera *f.* bottle frame or case.
frasqueta *f.* PRINT. frisket.
frasquete *m. dim.* small bottle or flask.
fratás *m.* MAS. plastering trowel.
fratasar *tr.* MAS. to smooth with the plastering trowel.
fraterna *f.* coll. lecture, severe reprimand.
fraternal *adj.* fraternal, brotherly.
fraternalmente *adv.* fraternally.

fraternicé, fraternice, etc., *pret., subj. & imper.*
FRATERNIZAR.
fraternidad *f.* fraternity, brotherhood.
fraternizar *intr.* to fraternize.
fraterno, na *adj.* fraternal, brotherly.
fratricida *adj.* fratricidal. — *2 m. & f.* fratricide
[person].
fratricidio *m.* fratricide [crime].
fraude *m.* fraud [criminal deception]. 2 LAW *en
~ de,* to the fraud of.
fraudulencia *f.* fraudulence.
fraudulentamente *aav.* fraudulently.
fraudulento, ta *adj.* fraudulent.
fray *m.* title used before the names of friars
belonging to certain orders.
frazada *f.* blanket [bed covering].
frazadero *m.* blanket maker.
frece, etc., *subj. & imper.* of FREZAR.
frecuencia *f.* frequency: *con ~,* frequently.
frecuentación *f.* frequentation. 2 frequent practice.
frecuentador, ra *m. & adj.* frequenter.
frecuentar *tr.* to frequent. 2 to practice, or partake
of, frequently.
frecuentativo, va *adj.* GRAM. frequentative.
frecuente *adj.* frequent.
frecuentemente *adv.* frequently, often.
fregadero *m.* scullery; kitchen sink.
fregado, da *adj.* (Arg., Chi.) annoying, boring
[person]. 2 (Col.) stubborn. 3 (Mex.) knavish. —
4 m. scrubbing. 5 doubtful affair.
fregador, ra *adj.* scrubbing. — *2 m. & f.* scrubber.
— *3 m.* FREGADERO. 4 scrubbing brush.
fregadura *f.* scrubbing.
fregamiento *m.* friction.
fregar *tr.* to rub, scrub, scour. 2 to mop [the
floor]; to wash [dishes]. 3 (Am.) to annoy,
bother. ¶ CONJUG. like *acertar.*
fregatriz, fregona *f.* coll. kitchenmaid.
fregonil *adj.* [pertaining to a] kitchenmaid.
fregotear *tr.* to scrub or wash up anyhow or
quickly and badly.
fregoteo *m.* quick, careless scrub or wash up.
freidura *f.* frying in a pan.
freiduría *f.* fried-fish shop.
freile *m.* knight or priest of a military order.
freír *tr.* to fry in a pan: *al ~ será el reír,* we
shall see when the time comes; he laughs best
who laughs last. 2 to bother, pester. — *3 ref.*
[of food] to fry. 4 fig. *freírse de calor,* to be
excessively hot, to sizzle with the heat. 5 *freírsela
a uno,* to deceive someone premeditatedly. ¶
CONJUG. like *reír.* | It has a reg. p. p.: *freído,*
and an irreg. p. p.: *frito.*
freire *m.* FREILE.
fréjol *m.* BOT. kidney bean.
frémito *m.* BRAMIDO.
frenaje *m.* braking.
frenar *tr.* to brake [apply the brake to]. 2 to
bridle [a horse].
frenería *f.* bridle-maker's shop.
frenero *m.* bridle maker or seller.
frenesí *m.* frenzy. 2 vehemence, distraction.
frenéticamente *adj.* frantically, madly, in a frenzy,
vehemently.
frenético, ca *adj.* frantic, frenzied, mad.
frenillo *m.* ANAT. frenum: *no tener ~ en la lengua,*
not to mince one's words. 2 muzzle [for an
animal]. 3 NAUT. rope, bobstay. 4 (C. Am., Cu.)
string or stay [of a kite].
freno *m.* bridle, bit of the bridle: *morder el ~,
tascar el ~,* to champ the bit; fig. to bear
something with impatience. 2 MACH. brake: *~
de cinta,* band brake; *~ de pedal,* foot brake;
~ de vacío, vacuum brake; *~ neumático,* air
brake. 3 fig. break, curb, check, restraint: *sin
~,* without restraint.
frenología *f.* phrenology.
frenológico, ca *adj.* phrenological.
frenólogo *m.* phrenologist.
frenópata *m.* alienist.
frenopatía *f.* phrenopathy.
frental *adj.* ZOOL. frontal.
frente *f.* forehead, brow, face, countenance: *arrugar la ~,* to knit the brow, to frown; *hacer ~ a,*
to face, to meet; *no tener dos dedos de ~,* not
to have any sense at all; *traerlo escrito en la
~,* to have it written on one's face; *con la ~ levantada,* serenely, brazenly; *~ a ~,* face to face.
— *2 m.* front, face, fore part: *al ~ de,* fig. at

the head of; in charge of; *ponerse al ~ de,* to
take command, to place oneself at the head of;
~ por ~, directly opposite. 3 obverse. 4 FORT. face
[of a bastion]. 5 MIL., POL., METEOR. front: *~
de batalla,* front, firing line. 6 *de ~,* forward;
facing, abreast. 7 *llevar de ~,* to go right ahead
with. — *8 adv.* before, opposite: *~ a,* before, face
to; in the face of; *en ~,* opposite.
frentero *m.* pad to protect a child's forehead.
frentón, na *adj.* FRONTUDO.
freo *m.* channel, strait.
fresa *f.* BOT. strawberry [plant and fruit]. 2 MACH.
milling cutter.
fresado *m.* milling [of metals].
fresadora *f.* MACH. milling machine.
fresal *m.* strawberry patch.
fresar *tr.* to mill [metals].
fresca *f.* cool air; cool of the early morning or
the evening; *tomar la ~,* to go out in the cool,
to take the air. 2 blunt remark, piece of one's
mind.
frescachón, na *adj.* robust and fresh-looking. 2
viento ~, fresh gale.
frescal *adj.* slightly salted [fish].
frescales *m. & f.* forward, careless person.
frescamente *adv.* recently. 2 pertly, cheekily; unconcernedly.
fresco, ca *adj.* cool, fresh, moderately cold: *aire ~,*
cool air, fresh air. 2 light [cloth or clothing].
3 fresh [recent; not preserved or salted; not
faded; not stale]. 4 fresh [wind]. 5 fresh [com-
plexion]; fresh, buxom [person]. 6 cool, calm,
unconcerned, unabashed: *se quedó tan ~,* it
left him unconcerned or as if nothing had
happened. 7 bold, forward, cheeky, *fresh. 8
estar ~,* coll. to be in a nice situation, in a
pretty pickle; to have another thing coming.
— *9 m.* cool, coolness, cool air: *hacer ~* [of
weather], to be cool; *tomar el ~,* to get, or
go out for, a bit of cool air; *al ~,* in the night
air, in the open. *10* fresh fish, fresh bacon. *11*
PAINT. fresco: *al ~,* in fresco.
frescor *m.* cool, coolness, freshness. 2 PAINT.
freshness of flesh-colour.
frescote, ta *adj.* fresh, buxom, looking healthy.
frescura *f.* freshness, coolness [of things]. 2
freshness [of complexion]. 3 coolness and freshness [of a verdant place]. 4 cheek, forwardness.
freshness, freedom of manners. 5 coolness, unconcern. 6 fig. *con ~,* calmly, in a free and easy
way.
fresero, ra *m. & f.* strawberry seller.
fresnal *m.* [pertaining to the] ash tree, ashen.
fresneda *f.* plantation of ash trees.
fresnillo *m.* BOT. fraxinella.
fresno *m.* BOT. ash, ash tree. 2 ash [wood].
fresón *m.* BOT. Chilean strawberry.
fresquedal *m.* cool, green spot.
fresquera *f.* meat-safe.
fresquería *f.* (Am.) ice-cream parlour.
fresquilla *f.* variety of peach.
fresquista *m. & f.* fresco painter.
fresquito, ta *adj.* rather cool, coolish. 2 recent,
fresh, freshly made. — *3 m.* cool, cool breeze.
frey *m.* title used before the names of knights
or priests belonging to a military order.
frez *f.* dung, droppings.
freza *f.* dung, droppings. 2 spawning. 3 spawning
season. 4 spawn [of fishes, etc.]; fry. 5 feeding
season of silkworms. 6 HUNT. scratch or hole
made by game.
frezar *intr.* to eject the dung. 2 to clean the hives.
3 to spawn. 4 [of silkworms] to feed. 5 HUNT.
[of game] to scratch the ground, to root.
fría, frías, etc., *irr.* V. FREÍR.
friabilidad *f.* friability.
friable *adj.* friable.
frialdad *f.* coldness, frigidity. 2 coolness, calmness,
indifference, unconcern, carelessness. 3 dullness,
gracelessness. 4 MED. frigidity, impotence.
fríamente *adv.* coldly, frigidly; with indifference.
friático, ca *adj.* FRIOLERO. 2 flat, graceless.
Friburgo *f. pr. n.* GEOG. Friburg. 2 Freiburg.
fricación *f.* friction, rubbing.
fricando *m.* COOK. fricandeau.
fricar *tr.* to rub.
fricasé *m.* COOK. fricassee.
fricativo, va *adj.* PHON. fricative.
fricción *f.* friction, rubbing. 2 MEC. friction.

friccionar tr. to rub.
friega f. medicinal chafing. rubbing or friction. 2 (Co., C. Ri.) annoyance, bother. 3 (Chi.) beating, drubbing.
friego, friegue, etc., irr. V. FREGAR.
friera f. SABAÑÓN.
Frigia f. pr. n. GEOG. Phrygia.
frigidez f. frigidity.
frigidísimo, ma adj. super. very frigid.
frígido, da adj. cold, frigid.
frigio, gia adj. & n. Phrygian : gorro ~, Phrygian cap.
frigorífico, ca adj. refrigerating : cámara frigorífica, cold-storage room. — 2 m. refrigerator, cold-storage room.
friísimo, ma adj. super. very cold.
fríjol m. BOT. kidney bean.
frimario m. Frimaire, third month of the French-Revolution calendar.
fringílido, da adj. ORN. fringilline. — 2 m. pl. ZOOL. Fringillidæ.
1) **frío, fría** adj. cold, frigid : quedarse uno ~, to go cold all over, to be left bewildered. 2 cool, calm. 3 cold, chill, indifferent, unconcerned, careless, unmoved, unsympathetic, unemotional. 4 dull, graceless, inexpressive. — 5 m. cold, coldness [of temperature] : hacer ~ [of the weather], to be cold ; tener ~ [of a person], to be cold ; no darle a uno ~ ni calor, to leave one indifferent.
2) **frío, frió, fría,** etc., irr. V. FREÍR.
friolento, ta adj. FRIOLERO.
friolero ra adj. chilly, very sensitive to cold.
friolera f. trifle.
frisa f. frieze [coarse cloth]. 2 FORT. fraise.
frisado m. frizzing [of cloth].
frisador, ra m. & f. friezer, frizzer [of cloth].
frisadura f. frizzing [a cloth].
frisar tr. to frieze, frizz [cloth]. 2 to rub. 3 NAUT. to line, pack. — 4 intr. to get along well together. 5 fig. to be close to, to border, approach, near.
Frisia f. pr. n. GEOG. Friesland.
frisio, sia adj. & n. Frisian.
friso m. ARCH. frieze. 2 dado, mopboard, ornamental band [on a wall].
frisol m. FRÍJOL.
frisón, na adj. & n. Frisian. — 2 m. Frisian [language]. 3 large draught horse.
frisuelo m. fritter. 2 FRÍJOL.
fritada, fritanga f. fry [dish of anything fried].
fritillas f. pl. fritters.
frito, frita adj. fried. 2 worried to death, exasperated : me tiene ~, he has me worried to death. — 3 m. fry, fried food.
fritura f. FRITADA.
frívolamente adv. frivolously.
frivolidad f. frivolity, frivolousness.
frivolité f. tatting [fancy work].
frívolo, la adj. frivolous. 2 trifling.
fronda f. BOT. frond ; leaf. 2 SURG. sling-shaped bandage. 3 pl. foliage, frondage, verdure.
fronde m. BOT. frond [of fern].
frondosidad f. abundance of foliage, leafiness.
frondoso, sa adj. abounding in leaves, leafy, luxuriant.
frontal adj. frontal. — 2 m. ANAT., ECCL. frontal. 3 (Co., Ec., Mex.) FRONTALERA 1.
frontalera f. front [of a bridle]. 2 yoke pad [for draught oxen]. 3 ECCL. trimmings of an altar frontal. 4 ECCL. place where frontals are kept.
frontera f. frontier, boundary, border. 2 ARCH. façade.
fronterizo, za adj. frontier, border [situated on the frontier]. 2 facing, opposite, fronting.
frontero, ra adj. facing, opposite, placed in front. — 2 m. formerly, military commander of a frontier. 3 FRONTERO. — 4 adv. in front.
frontil m. FRONTALERA 2.
frontino, na adj. marked on the face [animal].
frontis m. ARCH. frontispiece, façade.
frontispicio m. frontispiece. 2 coll. face [of person].
frontón m. ARCH. fronton, pediment. 2 main wall of a handball court. 3 handball court. 4 MIN. MIN. working face.
frontudo, da adj. [of animals] having a large forehead.
frotación f. rubbing.
frotador, ra adj. rubbing. — 2 m. & f. rubber [one that rubs]. 3 rubbing implement.

frotadura f., **frotamiento** m. rubbing.
frotar tr. to rub.
frote m. rubbing, friction.
fructidor m. Fructidor, twelfth month of the French-Revolution calendar.
fructíferamente adv. fruitfully.
fructífero, ra adj. fructiferous. 2 fruitful.
fructificación f. fructification.
fructificar intr. to fructify. 2 to yield profit.
fructifiqué, fructifique, etc., pret., subj. & imper. of FRUCTIFICAR.
fructosa f. CHEM. fructose.
fructuosamente adv. fruitfully, profitably.
fructuoso, sa adj. fruitful, fructuous, profitable.
frugal adj. frugal.
frugalidad f. frugality.
frugalmente adv. frugally.
frugívoro, ra adj. frugivorous.
fruición f. fruition, pleasure, enjoyment.
fruir intr. to enjoy what has been wished for. ¶ CONJUG. like huir.
fruitivo, va adj. enjoyable.
frumentario, ria & frumenticio, cia adj. pertaining to wheat or other grain, frumentaceous.
frunce m. SEW. gather, gathering, *shirr, shirring.
fruncido m. SEW. gathering, *shirring.
fruncimiento m. knitting [of brow] ; puckering [of mouth]. 2 SEW. gathering, *shirring. 3 feigning, deceit.
fruncir tr. to knit [the brow] ; to pucker [the mouth]. 2 SEW. to gather, *shirr. — 3 ref. to affect modesty.
frunzo, frunza, etc., pres., subj. & imper. of FRUNCIR.
fruslera f. brass turnings.
fruslero, ra adj. frivolous, trifling.
fruslería f. trifle, triviality.
frustación f. frustration.
frustáneo, a adj. vain, ineffectual, nugatory.
frustrar tr. to frustrate, baulk, foil, defeat, thwart. — 2 ref. to miscarry, fail, fall through.
frustratorio, ria adj. frustrative, defeating.
fruta f. fruit [edible fruit or piece of fruit] : ~ del tiempo, fruit in season ; fig. anything usual in a season, like colds in winter ; ~ prohibida, forbidden fruit ; ~ seca, dry fruits. 2 coll. fruit, consequence. 3 ~ de sartén, fritter.
frutaje m. PAINT. fruit piece.
frutal adj. fruit [tree]. — 2 m. fruit tree.
frutar intr. to bear fruit.
frutecer intr. poet. to begin to bear fruit.
frutería f. fruit shop ; *fruit store.
frutero, ra adj. fruit [boat, dish, etc.]. — 2 m. & f. fruit seller. — 3 m. fruit dish. 4 napkin for covering fruit. 5 table centre-piece imitating fruit. 6 PAINT. fruit piece.
frutescente adj. FRUTICOSO.
frútice m. BOT. frutex.
fruticoso, sa adj. BOT. frutescent, fruticose.
fruticultura f. fruitgrowing.
frutilla f. small fruit. 2 (Am.) BOT. strawberry, Chilean strawberry.
frutillar m. (Am.) strawberry bed.
fruto m. BOT. fruit. 2 any useful produce of the earth. 3 fruit, product, consequence, issue, benefit : ~ de bendición, legitimate offspring ; sacar ~ de, to derive benefit from ; sin ~, fruitlessly, in vain.
fruyo, fruyó, fruya, etc., irr. V. FRUIR.
fu interj. faugh!, fie! 2 sound imitating the spit of a cat : hacer ~ como el gato, coll. to turn tail, to run away ; no hacer ni ~ ni fa, to leave one indifferent.
fúcar m. nabob, wealthy man.
fucilar intr. to flash with heat lightning. 2 to flash, to twinkle.
fucilazo m. heat lightning.
fucsia f. BOT. fuchsia.
fucsina f. CHEM. fuchsine.
fue irr. V. SER.
fuego m. fire [in practically every sense] : ~ de Santelmo, St. Elmo's fire, Castor and Pollux ; ~ fatuo, jack-o'- lantern, will-o'-the-wisp, ignis fatuus ; ~ graneado, MIL. drumfire ; ~ griego, Greek fire ; fuegos artificiales, fireworks ; abrir ~, to open fire ; apagar los fuegos, MIL. to silence the enemy's guns ; atizar el ~, to stir the fire ; fig. to add fuel to the fire ; dar ~ a, to apply the match to [touch-hole], to fire ;

to set off [an explosive charge]; *echar* ~ *por los ojos*. to look daggers; *hacer* ~, to fire [discharge firearms]; *jugar con* ~, to play with fire; *pegar* ~, to set fire to, to set on fire; *romper al* ~, to open fire; to start a dispute, etc.; *a* ~ *lento*, by slow fire; *a* ~ *y sangre*, by fire and sword. 2 light [to light a cigarette, etc.]. *3* beacon fire, watch fire. *4* rash, skin eruption : ~ *pérsico*, zona, shingles. 5 heat [of an action]. *6* hearth, house : *un pueblo de doscientos fuegos*, a village of two hundred houses or families. — 7 *interj.* MIL. fire!
fueguecillo, cito, zuelo *m. dim.* small fire.
fueguino, na *adj. & s.* Fuegian.
fuellar *m.* tinsel ornament on wax tapers.
fuelle *m.* bellows [for blowing]. 2 PHOT. bellows [of a folding camera]. 3 folding carriage hood. *4* folding sides of some things. 5 fold, pucker [in a garment]. *6* bag [of a bagpipe]. 7 coll. talebearer. *8* clouds over a mountaintop.
fuente *f.* water spring, spring, source; fountain : ~ *luminosa* or *mágica*, illuminated fountain; *fuentes termales*, hot springs. *2* fig. source, origin : *beber en buenas fuentes*, to be well informed. *3* font, baptismal font. *4* dish [for serving up food; dishful]. 5 SURG. issue [artificial ulcer]. *6 pl.* headwaters, source [of a stream].
fuentecita *f. dim.* small source or fountain.
fuer *m.* contract. of FUERO : *a* ~ *de*, as, as behoves, in the manner of : *a* ~ *de caballero*, as a gentleman.
1) **fuera** *adv.* out, outside, without ; *estar* ~, not to be at home ; *de* ~, exterior, of the outside ; from without ; DEFUERA : *desde* ~, from the outside, from without ; *hacia* ~, outward(s; *por* ~, in the outside. 2 ~ *de*, out of, outside of ; beside ; apart from, short of, except, save : *estar* ~ *de lugar*, to be out of place : to be irrelevant ; *estar uno* ~ *de sí*, to be beside oneself ; ~ *de eso, pide lo que quieras*, short of that, ask what you want. *3* ~ *de que*, besides, moreover. — *4 interj.* outside!, outside with him, with you, etc.! 5 off with : ~ *la chaqueta!* off with the jacket!
2) **fuera, fuere**, etc., V. SER.
fuero *m.* exception, privilege. 2 rights and privileges [of a town, province, etc.]. 3 jurisdiction. *4* name for some codes of laws. 5 ~ *interior, interno* or *de la conciencia*, conscience, inmost heart, heart of hearts. *6 pl.* coll. arrogance, presumption.
fuerte *adj.* strong [having power of resistance, not easily broken, torn. etc.; firm, solid, hard]. 2 strong, tough, healthy, vigorous. 3 strong, virile, courageous. *4* broken, rough [ground]. 5 strong, fortified [town, place, etc.]. *6* strong, firm [belief, will, etc.]. 7 intense, severe [pain]. 8 strong, vigorous [impulse, etc.]; heavy [blow]. *9* strong, intense [odour, flavour]. *10* strong, impetuous [tide, wind, etc.]. *11* fig. serious, extreme : ~ *rigor*, extreme severity ; *es* ~ *cosa tener que aguantarlo*, it's a bit strong having to stand it. *12* strong [wine, spirits, tobacco, etc.]. *13* active, efficacious [remedy, etc.]. *14* strong, forcible, convincing [reason, motive, etc.]. *15* strong, loud [voice, cry, sound]. *16* strong, proficient [in mathematics, grammar, etc.] : *estar* ~ *en*, to be strong or proficient in. *17* GRAM., PHONET. strong. *18* *hacerse* ~, to entrench oneself, make a stand, to fortify oneself. — *19 m.* MIL. fort, fortress. *20* strong point, forte. *21* MUS. forte. — *22 adv.* strongly. *23* heavily [talking of eating or drinking] : *cenar* ~, to have a heavy or hearty supper.
fuertemente *adv.* strongly. 2 powerfully. 3 firmly, fast.
fuerza *f.* strength, force, power [capacity to raise, move, resist, etc.] : ~ *bruta*, brute force; *cobrar* ~, to gather strength; *hacer* ~, to struggle; to apply force; to carry weight; *hacer* ~ *de velas*, NAUT. to crowd sail; to make a strenuous effort; *irsele a uno la* ~ *por la boca*, to be a braggart; *sacar uno fuerzas de flaqueza*, to make an extraordinary effort, to make an effort to accomplish what one considers beyond his capacity or strength; *por sus propias fuerzas*, by his sole effort, by himself, without help. 2 MECH., PHYS. force, power : ~ *aceleratriz*, acce-

lerating, power; ~ *animal*, o *de sangre*, animal power; ~ *centrífuga*, centrifugal force; ~ *centrípeta*, centripetal force; ~ *de inercia*, force of inertia, vis inertiae; ~ *electromotriz*, electromotive force; ~ *hidráulica*, water power; ~ *motriz*, motive power; ~ *retardatriz*, retarding power; ~ *viva*, actual energy, vis viva; *caballos de* ~, horse power. 3 strength [innate quality of things]. *4* force, duress, compulsion : ~ *del consonante*, fig. compelling circumstance; ~ *irresistible*, irresistible pressure; *ser* ~, to be necessary; *a la* ~, POR FUERZA; *a la* ~ *ahorcan*, needs must; *a viva* ~, by sheer or main force; violently; *de por* ~, POR FUERZA; *en* ~ *de*, by virtue of; *por* ~, by force, against one's will; perforce, of necessity, undoubtedly 5 force, violence : *hacer* ~ *a una mujer*, to force, ravish, violate a woman. *6* the main part. 7 strength, vigour [of youth, etc.]. *8* force, efficacy [of an argument, of reason]. *9* reinforcement, stiffening. *10* FENCING upper third of sword, near guard. *11* ~ *mayor*, vis major, force majeure, act of God. *12 a* ~ *de*, by dint of : *a* ~ *de brazos*, by dint of hard work. *13 sing. & pl.* MIL. force, forces : ~ *pública*, police force; *fuerzas armadas*, armed forces; *Fuerzas de Mar y Tierra*, Land and Sea Forces.
fuerzo, fuerce, etc., *irr.* V. FORZAR.
fuetazo *m.* (Am.) lash.
fuete *m.* (Am.) whip, horsewhip.
fufar *intr.* [of a cat] to make a spitting noise.
fufú *m.* (Col., Cu., P. Ri.) dish made of bananas, yam or pumpkin.
fuga *f.* flight, escape : *poner en* ~, to put to flight. 2 elopement. 3 leak, leakage. *4* ardour, impetuosity. 5 MUS. fugue.
fugacidad *f.* fugacity.
fugarse *ref.* to escape, run away. 2 to elope.
fugaz *adj.* fugacious, fugitive, fleeting, brief, transitory. 2 ASTR. *estrella* ~, shooting star.
fugazmente *adv.* fugaciously, fleetingly.
fugitivo, va *adj.* fugitive, fleeting. — *2 adj. & n.* fugitive, runaway.
fugué, fugue, etc., *pret., subj. & imper.* of FUGARSE.
fuguillas *m.* coll. hustler.
fui, fuiste, etc., *irr.* V. SER.
fuina *f.* ZOOL. stone marten, beech marten.
ful *adj.* (slan.) bogus, sham.
fulanito, ta *m. & f. dim.* of FULANO.
fulano, na *m. & f.* so-and-so, what's-his-name. *2* fellow; woman. — *3 f.* mistress, paramour.
fular *m.* foulard [silk fabric].
fulcro *m.* MECH. fulcrum.
fulgente & fúlgido, da *adj.* fulgent, resplendent.
fulgor *m.* light, brilliancy.
fulguración *f.* flash, flashing. 2 MED. lightning stroke.
fulgurante *adj.* flashing, shining.
fulgurar *intr.* to flash, shine, fulgurate.
fulgurita *f.* GEOL. fulgurite.
fulguroso, sa *adj.* fulgurous.
fúlica *f.* ORN. fulica, coot.
fuliginoso, sa *adj.* fuliginious.
fulminación *f.* fulmination.
fulminado *adj.* struck by lightning.
fulminador, ra *adj.* fulminating. — *2 m. & f.* fulminator.
fulminante *adj.* fulminating, fulminant : *oro* ~, fulminating gold. 2 sudden. 3 MED. fulminant. — *4 m.* fulminant, explosive; fulminating powder [in a percussion cap].
fulminar *tr.* to fulminate, thunder, hurl [censures, excommunions, etc.]. 2 to strike with lightning.
fulminato *m.* CHEM. fulminate.
fulminatriz *f. adj.* fulminating.
fulmíneo, a *adj.* fulminous.
fulmínico, ca *adj.* CHEM. fulminic.
fulminoso, sa *adj.* fulminous.
fulleresco, ca *adj.* pertaining to cheaters or sharpers.
fullería *f.* cheating [esp. at games], trickery.
fullero, ra *adj.* cheating, tricky. — *2 m. & f.* cheat, sharper.
fullona *f.* row, quarrel, wrangle.
fumable *adj.* smokable. 2 (Am.) acceptable.
fumada *f.* puff [of tobacco smoke].
fumadero *m.* smoking room. 2 ~ *de opio*, opium den.
fumador, ra *m. & f.* smoker.

fumante adj. smoking [emitting smoke].
fumar tr. & intr. to smoke [a cigar, etc.] : ~ en pipa, to smoke a pipe. — 2 ref coll. to spend, blow. 3 coll. fumarse la clase, la oficina, to stay away from class or office, to play truant. — 4 intr. HUMEAR.
fumarada f. puff, whiff or blast of smoke.
fumaria f. BOT. fumitory.
fumarola f. GEOL. fumarole.
fumífero, ra adj. poet. smoking [emitting smoke].
fumífugo, ga adj. smoke-dispersing.
fumigación f. fumigation.
fumigador m. & f. fumigator [pers.]. — 2 m. fumigator [apparatus].
fumigar tr. to fumigate.
fumigatorio, ria adj. fumigating. — 2 m. perfuming pan.
fumigué, fumigue, etc., pret., subj. & imper. of FUMIGAR.
fumista m. stove maker, repairer or seller.
fumistería f. shop or works where stoves, heaters, etc., are sold. repaired or made.
fumívoro, ra adj. smokeless, smoke-consuming.
fumosidad f. smokiness.
fumoso, sa adj. smoky.
funámbulo, la m. & f. funambulist, ropedancer, ropewalker.
función f. function [activity proper to anything; mode of action] ; working, operation. 2 function [office-holder's duty, employment, calling]. 3 function [religious, public or social gathering or ceremony]. 4 show, performance [in a theatre, circus, etc.]. 5 MATH. function. 6 MIL. action, battle.
funcional adj. functional.
funcionalismo m. functionalism.
funcionamiento m. functioning, operation. working, running.
funcionar intr. to function, work, run.
funcionario m. functionary, public official, civil servant.
funche m. (Cu., Mex., P. Ri.) porridge made of maize flour.
funda f. case, sheath, envelope, cover, slip : ~ de almohada, pillowcase ; ~ para la pistola, holster.
fundación f. foundation, founding, establishing. 2 foundation [endowed institution].
fundadamente adv. with good reason or proof.
fundador, ra adj. founding. — 2 m. & f. founder.
fundamental adj. fundamental. 2 piedra ~, foundation stone.
fundamentalmente adv. fundamentally.
fundamentar tr. to lay the foundations of. 2 to establish on a basis, to base, ground, set firm.
fundamento m. foundation, groundwork. 2 foundation, basis, ground, reason, underlying principle. 3 root, origine. 4 seriousness, sense. 5 WEAV. weft, woof.
fundar tr. to found, build. erect. 2 to found, set up, establish, start, initiate [an institution, society, etc.]. 3 to found, base ground. — 4 ref. fundarse en. to be based on or upon ; to base oneself, or one's opinion, on.
fundente adj. CHEM. fusing, melting. — 2 adj. & m. 2 MED. dissolvent. — 3 m. CHEM. flux.
fundería f. foundry [of metals].
fundible adj. fusible.
fundibulario m. Roman soldier armed with a sling.
fundíbulo m. ancient war engine for throwing stones.
fundición f. founding, melting, casting. 2 foundry [of metals]. 3 cast iron. 4 PRINT. font.
fundidor m. founder, foundryman ; smelter. 2 fuser, melter.
fundir tr. to fuse, melt. 2 to found, smelt, cast. — 3 ref. [of interests, ideas, parties, etc.] to merge, fuse. 4 (Amer.) to be or become ruined or bankrupt, to sink.
fundo m. LAW land, country property.
fúnebre adj. funeral : honras fúnebres, obsequies. 2 funereal, sad, lugubrious.
fúnebremente adv. sadly, lugubriously.
funeral adj. funeral. — 2 m. funeral pomp. 3 pl. obsequies.

funerala (a la) adv. MIL. with arms inverted [as a token of mourning].
funerario, ria adj. funerary, funeral. — 2 f. undertaker's shop.
funéreo, a adj. poet. funereal, sad, mornful.
funestamente adv. fatally, banefully, perniciously.
funestar tr. to defile, desecrate, profane.
funesto, ta adj. fatal, baneful, pernicious. 2 sad, unfortunate.
fungiforme adj. fungiform.
fungible adj. consumable. 2 LAW fungible.
fungo m. MED. fungus.
fungosidad f. MED. fungosity.
fungoso, sa adj. fungous, spongy.
funicular adj. funicular. — 2 m. funicular railway, cable railway.
funículo m. BOT., ZOOL. funicle, funiculus.
fuñinque adj. (Cu., Chi.) timorous ; weak sickly.
fuñique adj. awkward. 2 fastidious, meticulous.
furente adj. poet. furious, raging.
furfuráceo, a adj. furfuraceous.
furgón m. van, waggon. 2 RLY. waggon, boxcar : ~ de cola, guard's van, *caboose.
furia f. fury, rage. 2 fit of madness. 3 angry, violent person : estar hecho una ~, to be raging. 4 hurry, speed, violence [of action]. 5 (cap.) MYTH. Fury.
furibundo, da adj. furious, angry, choleric.
furiente adj. FURENTE.
furierismo m. Fourierism.
furierista adj. Furierist, Furieristic. — 2 m. & f. Fourierist.
furiosamente adv. furiously.
furioso, sa adj. furious, in a fury. 2 violently insane. 3 tremendous, excessive.
furo, ra adj. unsociable, morose.
furor m. furor, fury, rage. 2 furor, enthusiasm [of poets]. 3 fury, violence, vehemence. 4 MED. ~ uterino, nymphomania. 5 fig. hacer ~, to be the rage or all the rage.
furriel, furrier m. MIL. fourrier, quartermaster. 2 formerly, clerk of the royal stables.
furrusca f. (Col.) brawl, row.
furtivamente adv. furtively, by stealth.
furtivo, va adj. furtive, clandestine : cazador ~, poacher.
furúnculo m. MED. furuncle, boil.
furunculoso, sa adj. furunculous.
fusa f. MUS. demisemiquaver.
fusado, da adj. FUSELADO.
fusca f. ORN. black scoter.
fusco, ca adj. fuscous, dark.
fuselado, da adj. HER. charged with fusils.
fuselaje m. AER. fuselage.
fusibilidad f. fusibility.
fusible adj. fusible. — 2 m. ELECT. fuse.
fusiforme adj. fusiform, spindle-shaped.
fúsil adj. fusible.
fusil m. rifle, gun, musket : ~ ametralladora, submachine gun ; ~ de aguja, needle gun ; ~ de chispa, flintlock gun ; ~ de retrocarga, breechloader ; ~ rayado, rifle.
fusilamiento m. execution by shooting.
fusilar tr. to shoot [execute by shooting]. 2 coll. to plagiarize.
fusilazo m. gunshot, rifle shot. 2 FUCILAZO.
fusilería f. musketry. 2 body of fusiliers.
fusilero m. fusilier, musketeer.
fusión f. fusion [melting ; blending into one]. 2 POL. fusion. 3 COM. merging, merger, amalgamation.
fusionar tr. & ref. to unite, merge, amalgamate.
fusionista m. & f. fusionist.
fusor m. melting vessel.
fusta f. brushwood. 2 coachman's whip. 3 a woolen fabric. 4 NAUT. an ancient two-mast boat.
fustal, fustán m. fustian [cotton cloth].
fustanero m. fustian manufacturer.
fuste m. wood, timber. 2 fore or hind part of a saddle tree : ~ delantero, bows. 3 shaft [of a lance]. 4 fust, shaft [of a column]. 5 importance, substance.
fustete m. BOT. fustic, young fustic.
fustigador, ra adj. whipping, lashing. — 2 m. & f. whipper, lasher ; vituperator, upbraider.

fustigar *tr.* to whip, lash. 2 *fig.* to vituperate, upbraid, lash.
fútbol *m.* football.
futbolista *m.* football player.
futbolístico, ca *adj.* [pertaining to] football.
futesa *f.* trifle, bagatelle.
fútil *adj.* futile, trifling, unimportant.
futilidad *f.* futility, triviality.

futre *m.* (Am.) dude, dandy.
futurismo *m.* futurism.
futurista *adj.* futuristic. — 2 *m. & f.* futurist.
futuro, ra *adj.* future. — 2 *m.* future [time]. 3 GRAM. future. 4 future, betrothed, affianced husband. — 5 *f.* future, betrothed, affianced wife. 6 acquired right to an office or benefit before its vacancy. — 7 *m. pl.* COM. futures

G

G, g f. G, g, eighth letter of the Spanish alphabet.

gabacho, cha adj. & n. applied to the natives of some places at the foot of the Pyrenees. 2 scorn. French; Frenchman, Frenchwoman.

gabán m. greatcoat, overcoat.

gabaonita adj. & n. Gabaonite.

gabarda f. BOT. wild rose.

gabardina f. gabardine. 2 raincoat.

gabarra f. NAUT. barge, lighter.

gabarrero m. NAUT. lighterman.

gabarro m. GEOL. nodule. 2 fault [in a fabric]. 3 VET. pip [in fowls]. 4 VET. tumour [on horse's pastern]. 5 mistake [in accounts]. 6 burden, annoyance.

gabarrón m. NAUT. large barge.

gabasa f. BAGASA.

gabazo m. BAGAZO.

gabela f. tax, duty, gabelle. 2 fig. burden.

gabinete m. lady's private sitting room. 2 library, study, room : ~ de lectura, reading room ; de ~, theoretical : estratega de ~, theoretical strategist. 3 collection [of art, science, etc.] : ~ de historia natural, natural history collection. 5 POL. cabinet [Ministry, Government].

gablete m. ARCH. gablet.

gabrieles m. pl. coll. cooked, chickpeas.

gacel m. ZOOL. male gazelle.

gacela f. ZOOL. gazelle.

gaceta f. gazette ; politic or literary newspaper. 2 gazette, government journal : mentir más que la ~, to be an inveterate liar.

gacetilla f. column of short news, news in brief. 2 short news, news item. 3 coll. newsmonger.

gacetillero m. paragrapher, short news' writer.

gacetista m. & f. person fond of reading gazettes. 2 newsmonger.

gacha f. watery mass. 2 pl. porridge, mush, pap 3 coll. mud, mire. 4 hacerse unas gachas, to get mushy or soppy, to be too affectionate.

gacheta f. spring catch [of lock].

gachí f. [in Andalousian slang] woman, girl, lass.

gachó m. [in Andalousian slang] fellow, guy.

gacho, cha adj. turned or bent downward. 2 downcurved [horn]. 3 slouch [hat]. 4 [of cattle] having down-curved horns. 5 a gachas, on all fours.

gachón, na adj. coll. sweet and graceful [person]. 2 pampered [child].

gachonada f. coll. grace, charm. 2 coll. charming or graceful act or deed.

gachonería f. grace, charm.

gachumbo m. (Am.) shell of some fruits [used to make cups and other vessels].

gachupín m. CACHUPÍN.

gádido, da adj. ICHTH. gadid. — 2 m. pl. ICHTH. Gadidæ.

gaditano, na adj. & n. Gaditan.

gaélico, ca adj. Gaelic. — 2 m. & f. Gael. — 3 m. Gaelic [language].

gafa f. gaffle [for bending a crossbow]. 2 cramp

[for holding together]. 3 NAUT. grapple fork. 4 pl. can hooks. 5 spectacles. 6 spectacle bows.

gafar tr. to hook, to claw [seize with a hook or with the nails]. 2 LAÑAR.

gafedad f. MED. claw hand.

gafete m. hook and eye.

gafetí m. EUPATORIO.

gafo, fa adj. suffering from claw hand.

gago, ga m. & f. (Am.) stammerer, stutterer.

gaguear intr. (Am.) to stammer, to stutter.

gaguera f. (Am.) stuttering.

gaita f. MUS. large flageolet. 2 MUS. hurdy-gurdy. 3 coll. neck. 4 coll. bother, hard task or thing. 5 MUS. ~ gallega, bagpipe. 6 estar de ~, to be merry ; templar gaitas, to act in a smoothing or mollifying way.

gaitería f. flashy, gaudy dress.

gaitero, ra adj. coll. unbecomingly sportive and witty. 2 coll. gaudy, showy. — 3 m. flageolet player. 4 piper, bagpipe player.

gaje m. gage [symbol or challenge]. 2 pl. emoluments, perquisites : gajes del oficio, unpleasant things that go with a job.

gajo m. branch, broken off branch [of tree]. 2 each of the small groups of grapes that make up the bunch. 3 cluster [of cherries, plums, etc.]. 4 each division of an orange, pomegranate, etc. 5 prong, tine [of pitchfork, etc.]. 6 spur [of a mountain]. 7 (Hond.) tuft of hair. 8 BOT. lobe.

gajoso, sa adj. composed of GAJOS.

gala f. best dress : de ~, in gala dress, in full dress ; galas de novia, bridal attire ; uniforme de ~, full dress uniform. 2 grace and elegance in saying and doing. 3 flower, choicest [person or thing] : ser la ~ del pueblo, to be the flower, or the pride, of the village. 4 hacer ~ de, to boast of, to make a show of ; hacer ~ del sambenito, to glory in, or boast of, an evil or shameful deed ; tener a ~, to pride oneself on, to glory in. 5 BOT. gala de Francia, balsam apple. 6 pl. regalia, dresses, jewels, ornaments.

galabardera f. BOT. dog rose [plant and fruit].

galactagogo adj. & m. MED. galactagogue.

galáctico, ca adj. ASTR. galactic.

galactita, galactites f. MINER. galactite.

galactóforo adj. ANAT. galactophorous.

galactómetro m. galactometer.

galactosa f. CHEM. galactose.

galafate m. slick thief.

galaico, ca adj. Galician.

galán adj. GALANO. — 2 m. handsome man. 3 gallant, lover, suitor. 4 THEAT. principal character : primer ~, leading man ; segundo ~, second lead ; ~ joven, juvenile. 5 BOT. ~ de día, day jasmine ; ~ de noche, night jasmine.

galanamente adv. beatifully, gracefully, elegantly.

galancete m. handsome young man. 2 THEAT. juvenile.

galanga f. BOT. galingale (Alpinia officinarum). 2 BOT. taro.

galano, na *adj.* spruce, smartly dressed. *2* beautiful, elegant, adorned. *3* beautifully turned [style].
galante *adj.* courteous, obliging; gallant [attentive to women]. *2 mujer* ~, demi-mondaine, courtesan.
galanteador *m.* courter, wooer. *2* one paying compliments.
galantear *tr.* to pay compliments [to a lady]. *2* to court, woo, pay attentions to.
galantemente *adv.* gallantly, courteously, obligingly, attentively. *2* generously.
galanteo *m.* paying compliments [to a lady]. *2* courtship, wooing.
galantería *f.* gallantry, polite attention, compliment. *2* generosity, liberality. *3* elegance, gracefulness [of some things].
galantina *f.* COOK. galantine.
galanura *f.* beauty, grace, elegance.
galapagar *m.* place where tortoises abound.
galápago *m.* ZOOL. tortoise, fresh-water tortoise. *2* NAUT. block or pulley flat on a side. *3* NAUT. thumb cleat. *4* bed of ploughshare. *5* ingot [of cooper, lead or tin]. *6* mould for convex tiles. *7* light saddle. *8* (Hond., Ve.) sidesaddle. *9* SURG. strip with ends forked. *10* MIL. a defense of shields like the testudo. *11* MIL. cat castle.
galapaguera *f.* tortoise pond.
galapo *m.* laying top [used in ropemaking].
galardón *m.* guerdon, reward, recompense.
galardonador, ra *adj.* rewarding. — *2 m. & f.* rewarder.
galardonar *tr.* to reward, recompense.
gálata *adj. & n.* Galatian.
galaxia *f.* MINER. galactite. *2* ASTR. Galaxy.
galbana *f.* sloth, laziness.
galbanado, da *adj.* galbanum-coloured.
galbanero, ra *adj.* coll. GALBANOSO.
gálbano *m.* galbanum.
galbanoso, sa *adj.* slothful, lazy.
gálbula *f.* BOT. galbulus.
galdón *m.* ALCAUDÓN.
gálea *f.* galea [Roman helmet].
galeato, ta *adj.* applied to a preface written in answer to actual or probable criticism.
galeaza *f.* NAUT. galleass.
galega *f.* BOT. goat's rue.
galena *f.* MINER. galena.
galénico, ca *adj.* Galenic.
galenismo *m.* Galenism.
galenista *m. & f.* Galenist.
Galeno *m. pr. n.* Galen.
galeno, na *adj.* gentle, soft [breeze]. — *2 m.* coll. Galen, physician.
gáleo *m.* ICHTH. dogfish. *2* ICHTH. swordfish.
galeón *m.* NAUT. galleon.
galeota *f.* NAUT. galliot.
galeote *m.* galley slave.
galera *f.* NAUT. galley [vessel]. *2* covered wagon. *3* ward [of hospital]. *4* women's prison. *5* PRINT. galley. *6* CARP. large trying plane. *7* ZOOL. mantis crab or shrimp. *8* (Hond., Mex.) shed. *9* (Arg., Chi., Ur.) top hat; bowler hat. *10 pl.* old punishment of rowing on board of galleys.
galerada *f.* wagonload. *2* PRINT. type set in a galley. *3* PRINT. galley proof.
galerero *m.* wagoner.
galería *f.* gallery [in a building]. *2* FORT., MIN., NAUT., THEAT. gallery : ~ *de popa,* NAUT. stern-gallery, balcony; *hacer algo para la* ~, to play to the gallery. *3* gallery, collection [of paintings]. *4* gallery, burrow.
galerín *m.* PRINT. small galley.
galerita *f.* ORN. crested lark.
galerna *f. galerno* *m.* stormy northwest wind [on northern coast of Spain].
galerón *m.* (Ve., S. Am.) popular air and dance. *2* (C. Ri., Sal.) large shed.
Gales *f. pr. n.* GEOG. Wales. *2 Nueva* ~ *del Sud,* New South Wales.
galés, sa *adj.* Welsh. — *2 m.* Welshman. *3* Welsh [language]. — *4 f.* Welshwoman.
galga *f.* greyhound bitch. *2* large falling stone. *3* stone wheel for grinding olives. *4* kind of brake for carts. *5* NAUT. back [of an anchor]. *6* MED. a kind of eruption or rash. *7* stretcher or bier on which poor people are taken to be buried.
galgo, ga *adj.* (Col. & prov.) sweet-toothed. — *2 m.* greyhound.
galgueño, ña *adj.* [pertaining to a] greyhound.

gálgulo *m.* ORN. blue magpie.
Galia (la) *f. pr. n.* HIST., GEOG. Gaul.
galibar *tr.* NAUT. to trace contours of [parts of ship] with templates.
gálibo *m.* NAUT. pattern, template. *2* RLY. gabarit, gauge for testing clearance for cars. *3* fig. elegance.
galicado, da *adj.* full of Gallicisms.
galicanismo *m.* Gallicanism.
galicano, na *adj. & n.* Gallican.
Galicia *f. pr. n.* GEOG. Galicia [in Spain].
galiciano, na *adj.* Galician.
galicismo *m.* Gallicism.
galicista *m. & f.* Gallicizer, user of Gallicisms.
gálico *adj.* Gallic. *2* CHEM. gallic. — *3 m.* MED. syphilis.
galicoso, sa *adj. & n.* syphilitic.
Galilea *f. pr. n.* HIST., GEOG. Galilee.
galileo, a *adj. & n.* Galilean. — *2 f.* galilee [porch].
galillo *m.* ANAT. uvula.
galimatías *m.* galimatias, rigmarole.
galináceo, a *adj.* GALLINÁCEO.
galio *m.* CHEM. gallium. *2* BOT. cheese rennet.
galiparla *f.* Frenchified Spanish.
galiparlista *m. & f.* Gallicist.
Galípoli *pr. n.* GEOG. Gallipoli.
galipote *m.* galipot, gallipot.
galo, la *adj.* Gallic. — *2 m. & f.* Gaul. — *3 m.* Gaulish [language].
galocha *f.* clog, wooden shoe.
galón *m.* galloon, braid; silver or gold braid on uniforms. *2* MIL. stripe. *3* gallon [English measure].
galoneado, da *adj.* gallooned.
galoneador, ra *m. & f.* trimmer; one who trims with galloons or braid.
galoneadura *f.* galloons, trimming.
galonear *tr.* to trim with galloons or braid.
galonero *m.* galloon maker or seller.
galop *m.,* **galopa** *f.* galop [dance].
galopada *f.* a spell of galloping.
galopante *adj.* galloping.
galopar *intr.* to gallop. — *2 tr.* (Am.) to gallop [a horse].
galope *m.* gallop : *a* or *de* ~, at a gallop; in great haste; *a* ~ *tendido,* at full speed.
galopeado, da *adj.* hastily done, botched. — *2 m.* beating, punching.
galopear *intr.* GALOPAR.
galopillo *m.* scullion, kitchen boy.
galopín *m.* ragamuffin. *2* scoundrel. *3* shrewd fellow. *4* NAUT. cabin boy. *5* ~ *de cocina,* scullion.
galopinada *f.* knavery.
galopo *m.* scoundrel.
galpito *m.* weak or sickly chicken.
galpón *m.* (Am.) formerly, slaves' quarters. *2* (Am.) large shed.
galvanicé, galvanice, etc., *pret., subj. & imper.* of GALVANIZAR.
galvánico, ca *adj.* galvanic.
galvanismo *m.* galvanism.
galvanización *f.* galvanization.
galvanizar *tr.* to galvanize. *2* to electroplate.
gálvano *m.* PRINT. electroplate.
galvanocauterio *m.* MED. galvanocautery.
galvanométrico, ca *adj.* galvanometric.
galvanómetro *m.* galvanometer.
galvanoplastia, galvanoplástica *f.* galvanoplasty, galvanoplastics. *2* electroplating.
galvanoplástico, ca *adj.* galvanoplastic.
galladura *f.* cicatricle, tread [of an egg].
gallar *tr.* [of a cock] to tread.
gallarda *f.* old Spanish dance. *2* PRINT. type of a size between minion and brevier.
gallardamente *adv.* gracefully. *2* bravely.
gallardear *intr.* to do things with grace and ease.
gallardete *m.* NAUT. pennant, streamer.
gallardetón *m.* NAUT. broad pennant.
gallardía *f.* good carriage, graceful deportment. *2* gallantry, bravery.
gallardo, da *adj.* handsome, graceful in deportment. *2* bold, brave, valiant, gallant. *3* great, excellent [thought, poet, etc.].
gallareta *f.* ORN. European coot.
gallarón *m.* ORN. little bustard.
gallaruza *f.* hooded garment.
gallear *tr.* [of a cock] to tread. — *2 intr.* coll. to utter loud threats, to cock, crow. *3* coll. to stand out, excel. *4* FOUND. to have flaws.
gallegada *f.* number of Galicians. *2* action .or

saying peculiar to a Galician. 3 Galician dance and its tune.

gallego, ga *adj.* & *n.* Galician [of Spain]. 2 (Arg., Bol., P. Ri.) Spanish immigrant, Spaniard. — 3 *m.* northwest wind [in Castile].

galleo *m.* FOUND. flaw in casting.

gallera *f.* cockpit.

gallería *f.* (Cu.) cockpit.

gallero, ra *adj.* (Am.) fond of cockfighting. — 2 *m.* breeder of gamecocks. 3 (Am.) cockfighting fan.

galleta *f.* hardtack, ship biscuit or bread. 2 briquet [of anthracite]. 3 biscuit [small cake], *cookie, *cooky, *cracker. 4 coll. slap, buffet. 5 (Arg., Chi.) bread of coarse meal or bran. 6 (Arg.) small gourd for mate.

galletería *f.* biscuit shop.

galletero *m.* biscuit dish. 2 biscuit maker.

gallillo *m.* GALILLO.

gallina *f.* hen : ~ *de agua*, ~ *de río*, coot ; ~ *de Guinea*, guinea hen ; ~ *scrda*, woodcock ; *acostarse con las gallinas*, to go to bed with the chickens. 2 chicken-hearted person. 3 ~ *ciega*, blindman's buff. — 4 *adj.* chicken-hearted.

gallináceo, a *adj.* ORN. gallinaceous. — 2 *f.* ORN. gallinacean. 3 *pl.* ORN. Gallinaceæ.

gallinaza *f.* GALLINAZO. 2 hen dung.

gallinazo *m.* ORN. turkey buzzard.

gallinería *f.* poulterer's shop. 2 hens, poultry. 3 henhouse. 4 cowardice.

gallinero, ra *m.* & *f.* poulterer, poultry dealer. — 2 *m.* hencoop, henhouse, henroost. 3 poultry of a farm. 4 basket for carying poultry. 5 THEAT. coll. paradise, top gallery. 6 fig. bedlam, noisy place.

gallineta *f.* ORN. European coot. 2 ORN. woodcock. 3 (Arg., Co., Chi., Ve.) guinea hen.

gallipato *m.* ZOOL. an European salamandroid.

gallipava *f.* large variety of hen.

gallipavo *m.* ORN. turkey. 2 false note [in singing].

gallístico, ca *adj.* cockfighting.

gallito *m.* cockerel, small cock. 2 fig. cock, cock of the walk. 3 (C. Ri.) dragonfly. 4 ICHTH. ~ *del rey*, peacock fish.

gallo *m.* ORN. cock, rooster : ~ *de pelea*, gamecock, fighting cock ; ~ *de roca*, cock of the rock ; ~ *silvestre*, capercailzie, cock of the wood ; *cada ~ canta en su muladar*, each man is master in his own house ; *en menos que canta un* ~, in a short time, before you could say Jack Robinson ; *ctro* ~ *me, te, le, nos, os, les cantara*, how differently I, you, etc., should, or would, have fared. 2 fig. cock, boss. cock of the walk. 3 false note, [in singing]. 4 ICHTH. dory, John Dory. 5 ARCH. ridgepole. 6 (Col.) shuttlecock. 7 (Col., C. Ri., Chi.) strong, brave man. 8 SPORTS *peso* ~, bantam weight. 9 *alzar* or *levantar el* ~, to show arrogance in speech and manner. 10 *bajar el* ~, to lower one's tone. 11 *tener mucho* ~, to be arrogant and overbearing.

gallocresta *f.* BOT. wild clary, wild sage, vervain sage.

gallofa *f.* formerly, food given to pilgrims. 2 vegetables for salad or soup. 3 idle tale, gossip. 4 AÑALEJO.

gallofear *intr.* to loaf around as a beggar.

gallofero, ra & **gallofo, fa** *adj.* loafing, begging. — 2 *m.* & *f.* tramp, vagabond, *hobo.

gallón *m.* sod [piece of turf]. 2 ARCH. ecchinus, egg-and-dart ornament.

gallonada *f.* wall made of sods.

galludo *m.* ICHTH. kind of dogfish.

gama *f.* ZOOL. doe, female of the fallow deer. 2 MUS. gamut. 3 fig. gamut.

gamarra *f.* martingale [of harness].

gamarza *f.* BOT. African rue.

gamba *f.* ZOOL. a Mediterranean prawn.

gambaj *m.* GÁMBAX.

gámbaro *m.* CAMARÓN.

gámbax *m.* padded jacket formerly worn under the cuirass.

gamberro, rra *adj.* & *n.* libertine. 2 uncivil, ill-bred. — 3 *m.* & *f.* uncivil or ill-bred person. — 4 *m.* rough, man given to horseplay. — 5 *f.* strumpet.

gambesina *f.*, **gambesón** *m.* quilted garment formerly worn under the armour.

gambeta *f.* DANCE crosscaper. 2 caper, prance. 3 (Arg., Bol.) ESGUINCE 1.

gambetear *intr.* to caper, prance.

gambeto *m.* kind of greatcoat formerly worn in Catalonia.

gambito *m.* CHESS. gambit.

gamboa *f.* BOT. a variety of quince.

gambota *f.* NAUT. counter timber.

gamella *f.* bow [of yoke]. 2 feed trough, wash trough.

gamelleja *m.* small trough.

gamellón *m.* large trough. 2 trough in which grapes are trodden.

gameto *m.* BIOL. gamete.

gamezno *m.* young fallow deer.

gamma *f.* gamma [Greek letter].

gamo *m.* ZOOL. fallow deer. 2 buck [male fallow deer].

gamón *m.* BOT. asphodel.

gamonal *m.* place abounding in asphodels. 2 (Am.) political boss.

gamonalismo *m.* (Am.) bossism.

gamonito *m.* tiller, sucker.

gamonoso, sa *adj.* abounding in asphodels.

gamopétalo, la *adj.* BOT. gamopetalous.

gamosépalo, la *adj.* BOT. gamosepalous.

gamuno, na *adj.* of fallow deer [skin. etc.].

gamuza *f.* ZOOL. chamois. 2 chamois [leather]. 3 leather dressed like chamois.

gamuzado, da *adj.* chamois-coloured.

gana *f.* appetite, desire, will : ~ *de comer*, appetite; *dar* ~ or *ganas de*, to make one feel like [dcing something] ; *darle a uno la* ~ or *la real* ~ *de*, to choose to ; *no me da la* ~, I won't ; *tener* ~ or *ganas de*, to wish, to feel like ; *tenerle ganas a uno*, to wish to get at someone ; *de buena* ~, willingly ; *de* ~, earnestly ; *de mala* ~, reluctantly.

ganable *adj.* that may be gained or won.

ganadería *f.* cattle raising. 2 cattle, livestock. 3 breed, brand, stock [of cattle].

ganadero, ra *adj.* [pertaining to] cattle or cattle raising. — 2 *m.* & *f.* cattle raiser or dealer ; stock farmer, drover, grazier.

ganado *m.* cattle, livestock : ~ *caballar*, horses ; ~ *cabrío*, goats ; ~ *de cerda*, swine ; ~ *lanar* or *ovejuno*, sheep ; ~ *mayor*, cows and bulls, horses, asses and mules ; ~ *menor*, sheep, goats, etc. ; ~ *vacuno*, cattle, bovine cattle. 2 stock of bees.

ganador, ra *adj.* winning. — 2 *m.* & *f.* winner. 3 gainer ; earner.

ganancia *f.* gaining. 2 gain, profit : *ganancias y pérdidas*, COM. profit and loss.

ganancial *adj.* pertaining to earnings or profit : *bienes gananciales*, LAW property acquired during married life.

ganancioso, sa *adj.* lucrative, profitable. 2 profiting, winning. — 3 *m.* & *f.* gainer, winner.

ganapán *m.* common labourer, odd-job man. 2 rough coarse man.

ganapierde *m.* giveaway [game].

ganar *tr.* & *ref.* to gain, earn, win : *ganarse la vida*, to gain one's livelihood ; ~ or *ganarse el afecto de*, to gain, or win the affection of ; ~ *un premio, una batalla*, to gain or win a price, a battle ; ~ *una carrera, una elección*, to win a race, an election ; ~ *un pleito*, to gain a suit at law ; *ganársela*, coll. to get it. 2 to gain or win over. 3 to earn [wages, etc.]. — 4 *tr.* to gain, reach, arrive at : ~ *la costa*, to reach the coast. 5 to make, win [money]. 6 to win, take [a city, etc.]. 7 to gain [land from the sea]. 8 to defeat [in war or competition] ; to surpass, to outstrip : ~ *por la mano*, to get ahead of [in doing or acquiring something]. 9 to draw [interest]. 10 NAUT. ~ *el barlovento*, to get to windward of. — 11 *intr.* to gain, improve.

ganchero *m.* raftsman guiding logs down a river.

ganchillo *m.* small hook. 2 crochet needle. 3 crochet work.

ganchito *m.* small hook.

gancho *m.* hook, crook : *echar el* ~ *a uno*, fig. to hook, catch, land [a person]. 2 fig. attractiveness : *tener* ~ [of a woman], to have a way with the men. 3 fig. enticer, decoy, *roper. 4 fig. pimp, pander. 5 sheephook, shepherd's crook. 7 snag [branch stump]. 8 coll. pothook, scrawl. 9 (Am.) hairpin. 10 (Ec.) sidesaddle.

ganchoso, sa & **ganchudo, da** *adj.* hooked, curved.

ganchuelo *m.* little hook.

gándara *f.* low wasteland.

gandaya *f.* loafing, *bumming, idle and vagabond life : *andar a la* ~, *correr la* ~, to loaf, *bum, lead an idle and vagabond life. 2 netting [fabric from which nets are made].

gandido, da *adj.* (Am.) gluttonous.

gandinga *f.* MINER. washed fine ore. 2 (Cu., P. Ri.) CHANFAINA.

gandujado *m.* plaited trimming.

gandujar *tr.* SEW. to plait, shirr.

gandul, la *adj.* idling, loafing. — 2 *m.* & *f.* idler, loafer, vagabond.

gandulear *intr.* to idle, loaf.

gandulería *f.* idleness, loafing, laziness.

ganeta *f.* ZOOL. genet.

ganforro, rra *m.* & *f.* rascal, rogue.

ganga *f.* MIN. gangue. 2 ORN. pin-tailed sand grouse. 3 ORN. (Cu.) kind of curlew. 4 bargain [advantageous purchase] ; something obtained easily, *snap, *cinch.

ganglio *m.* ANAT., MED. ganglion.

ganglionar *adj.* ganglionic.

gangosidad *f.* snuffle, snuffling, nasal twang.

gangocho *m.* (C. Am., Chi., Mex.) GUANGOCHE.

gangoso, sa *adj.* snuffling, nasal [way of speaking]. 2 snuffling, speaking through the nose [person].

gangrena *f.* MED. gangrene.

gangrenarse *ref.* to gangrene [become gangrenous].

gangrenoso, sa *adj.* gangrenous.

ganguear *intr.* to snuffle, speak through the nose.

gangueo *m.* snuffle, nasal twang ; speaking through the nose.

ganguero, ra *adj.* & *s.* GANGUISTA.

gánguil *m.* NAUT. fishing boat with one lateen sail. 2 a sweep net. 3 NAUT. dump scow.

ganguista *adj.* bargain-hunting. — 2 *m.* & *f.* bargain hunter.

Ganímedes *m. pr. n.* MYTH. Ganymede.

ganoideo, a *adj* & *m.* ICHTH. ganoid. — 2 *m. pl.* ICHTH. Ganoidei.

ganoso, sa *adj.* desirous, wishing.

gansada *f.* coll. stupidity, silly act, remark, etc.

gansarón *m.* ORN. male goose. 2 ORN. gosling. 3 coll. tall, lanky fellow.

gansear *intr.* to do or say silly or stupid things.

ganso, sa *m.* ORN. goose, gander. — 2 *m.* & *f.* slow, lazy person. 3 rustic, stupid person. — 4 *f.* ORN. female goose.

Gante *m. pr. n.* GEOG. Ghent.

gantés, sa *adj.* of Ghent. — 2 *m.* & *f.* native or inhabitant of Ghent.

ganzúa *f.* picklock [tool ; thief]. 2 pumper of secrets.

gañán *m.* farm hand. 2 strong rough man.

gañanía *f.* farm hands. 2 lodge for farm hands.

gañido *m.* yelp.

gañiles *m. pl.* throat [of animals]. 2 gills [of the tunny fish].

gañir *intr.* to yelp. 2 [of some birds] to croak.

gañón, gañote *m.* coll. throat, gullet. 2 kind of fritter.

garabatada *f.* hooking, grappling.

garabatear *intr.* to throw a hook or graple [to catch a thing]. — 2 *intr.* & *tr.* to scrawl, scribble. 3 coll. to beat about the bush.

garabateo *m.* hooking, grappling. 2 scrawling, scribbling.

garabato *m.* hook [for catching hold of or hanging things upon] ; meathook, pothook. 2 grappling iron, grapnel, creeper. 3 weeding hoe. 4 charm, winsomeness, it [of a woman]. 5 (Cu., Chi., P. Ri.) farmer's fork. 6 *pl.* pothooks, scrawls, scribble. 7 disorderly movements of hand or fingers.

garabatoso, sa *adj.* scrawled [writing], full of scrawls or pothooks.

garabito *m.* hook. 2 obs. stall [in market place].

garaje *m.* garage [for motor cars].

garambaina *f.* frippery, tawdry and superfluous ornament. — 2 *pl.* ridiculous grimacing or affectation. 3 coll. illegible scrawls.

garante *adj.* responsible. — 2 *m.* & *f.* guarantor, warranter, surety.

garantía *f.* guarantee, guaranty. 2 COM. warranty, security, collateral. 3 LAW *garantías constitucionales*, constitutional rights.

garanticé, garantice, etc., *pret., subj.* & *imper.* of GARANTIZAR.

garantir *tr.* GARANTIZAR. ¶ Used only in forms having the letter *i* in their endings.

garantizador. ra *adj.* guaranteeing, guarantying.

garantizar *tr.* to guarantee, guaranty ; to warrant. 2 to indorse, vouch for.

garañón *m.* stud jackass. 2 stud camel. 3 (C. Am., Chi., Mex.) stallion.

garapiña *f.* state of a liquid frozen or coagulated into grumes. 2 scalloped braid. 3 (Cu., Mex.) coll. drink made of pineapple rind and sugared water.

garapiñado, da *adj.* frozen or coagulated into grumes. 2 coated with grumous sugar : *almendra garapiñada*, praline [almond].

garapiñar *tr.* to freeze or coagulate into grumes. 2 to coat with grumous sugar.

garapiñera *f.* ice-cream freezer.

garapita *f.* net to catch small fish.

garapito *m.* ENTOM. water bug.

garapullo *m.* small dart or arrow.

garatura *f.* scraper [used in tanning].

garatusa *f.* coaxing, cajolerie.

garba *f.* sheaf [of wheat, etc.].

garbancero, ra *adj.* [pertaining to the] chickpea. — 2 *m.* & *f.* chickpea dealer.

garbanzal *m.* chickpea field.

garbanzo *m.* BOT. chickpea [plant and seed].

garbanzuelo *m. dim.* small chickpea. 2 VET. spavin.

garbar *tr.* AGR. to sheaf, sheave.

garbear *intr.* to affect grace or elegance. — 2 *intr.* & *ref.* coll. to manage, get or pull along, make a living. — 3 *tr.* to steal, to plunder.

garbera *f.* AGR. shock [of sheaves].

garbías *m. pl.* omelet made of vegetables, cheese, eggs and flour.

garbillador, ra *m.* & *f.* siever, screener, riddler.

garbillar *tr.* to sieve, screen, riddle.

garbillo *m.* sieve, screen, riddle. 2 MIN. riddled ore.

garbino *m.* southwest wind.

garbo *m.* gracefulness, easy and graceful bearing ; jauntiness. 2 grace and ease [in doing something]. 3 liberality, generosity.

garbón *m.* ORN. male partridge.

garbosamente *adv.* easily and gracefully, jauntily. 2 liberally, generously.

garboso, sa *adj.* easy and graceful, airy, sprightly ; jaunty. 2 liberal, openhanded, generous.

garbullo *m.* noise, confusion.

garcero, ra *adj.* used in hunting the heron [hawk].

garceta *f.* ORN. lesser egret. 2 side lock [of hair]. 3 brow antler.

gardenia *f.* BOT. gardenia.

garduña *f.* ZOOL. beech marten, stone marten.

garduño, ña *m.* & *f.* sneak thief.

garete *m.* NAUT. *al* ~, adrift.

garfa *f.* claw [sharp, curved nail]. 2 fig. hand : *echar la* ~ *a*, to seize something with the nails.

garfada *f.* clawing.

garfear *intr.* to throw hooks [to seize something].

garfiada *f.* GARFADA.

garfio *m.* hook ; drag hook ; gaff.

gargajeada *f.* GARGAJEO.

gargajear *intr.* to expectorate, spit phlegm.

gargajeo *m.* expectoration, spitting of phlegm.

gargajiento, ta *adj.* GARGAJOSO.

gargajo *m.* [expectorated] phlegm.

gargajoso, sa *adj.* frequently expectorating.

garganchón *m.* GARGUERO.

garganta *f.* ANAT. throat, gullet : *tener a uno atravesado en la* ~, not to be able to bear someone. 2 voice [of a singer] : *tener buena* ~, to be a good singer. 3 throat [front of neck]. 4 upper part of foot [next to the ankle joint]. 5 throat [of a river], gorge ; narrow mountain pass. 6 neck, throat, narrow part [of some things]. 7 ARCH. narrow part of a column, baluster, etc. 8 MEC. gorge, groove [of a sheave].

gargantada *f.* liquid or blood ejected from the throat.

gargantear *intr.* to warble, quaver, trill [in singing]. — 2 *tr.* NAUT. to strap [a deadeye].

garganteo *m.* warbling, quavering, trilling [in singing].

gargantil *m.* cutout in barber's basins.

gargantilla *f.* necklace.

gárgaras *f. pl.* gargling : *hacer* ~, to gargle.

gargarismo *m.* gargle. 2 gargling.

gargarizar *tr.* & *intr.* to gargle.

gárgol *adj.* addle [egg]. — 2 *m.* CARP. groove, gain, croze.

gárgola *f.* ARCH. gargoyle. 2 flax boll.

garguero, gargüero *m.* gullet ; windpipe.

garifo, fa *adj.* JARIFO.

gariofilea *f.* BOT. κind of wild pink.
garita *f.* watch tower, fortification turret. 2 sentry box. 3 box [for a guard]; railway-crossing box. 4 porter's lodge. 5 watercloset.
garitero *m.* keeper of a low gambling house. 2 frequenter of low gambling houses.
garito *m.* low gambling house, gambling den. 2 profits of a gambling house.
garla *f.* coll. talk, chat.
garlador, ra *adj.* chatty. — 2 *m. & f.* chatterer.
garlante *adj.* chattering.
garlar *intr.* to chatter, prattle.
garlito *m.* fishtrap. 2 fig. trap, snare : *caer εn el ~,* to fall into a trap; *coger en el ~,* to catch in the act.
garlocha *f.* GARROCHA.
garlopa *f.* CARP. jack plane, trying plane.
garma *f.* steep slope.
garnacha *f.* gown, robe [worn by lawyers, judges, etc.]. 2 a sweet purple grape; wine made from it.
garniel *m.* belt with a hanging leather pouch. 2 (Mex., Ec.) handbag.
garo *m.* garum [Roman sauce].
Garona *m. pr. n.* GEOG. Garonne.
garra *f.* paw, claw [of wild beast]; talon [of bird of prey]. 2 fig. claw, hand, clutch : *caer en las garras de,* to fall into the clutches of; *echar la ~ a,* to lay one's hands on; to arrest; *sacar de las garras de,* to free from. 3 NAUT. hook [cf the grappling iron]. 4 (Arg., Mex.) corner of a hide. 5 (Arg., Col., C. Ri., Chi.) hardened and wrinkled piece of leather. 6 (Col.) CORACHA. 7 *pl.* (Am.) rags, tatters.
garrafa *f.* carafe, decanter.
garrafal *adj.* designating a large-sized variety of cherry. 2 great, big, whopping [lie, blunder, etc.].
garrafiñar *tr.* coll. to grapple, to snatch away.
garrafón *m.* demijohn, carboy.
garrancha *f.* coll. sword. 2 BOT. spathe. 3 (Arg., Co.) hook.
garrancho *m.* snag [branch stump].
garrapata *f.* ZOOL. tick. 2 MIL. coll. disabled horse.
garrapatear *intr.* to scribble, scrawl.
garrapatero *m.* ORN. (Co., Ec., Ve.) cowbird.
garrapato *m.* pothook, scrawl.
garrapiñar *tr.* GARRAFIÑAR.
garrar, garrear *intr.* NAUT. [of a ship] to drag her anchor.
garridamente *adv.* gracefully, beautifully.
garrido, da *adj.* handsome, beautiful, elegant.
garroba *f.* carob bean, locust.
garrobal *m.* plantation of carob trees.
garrobilla *f.* chips of carob trees for tanning.
garrocha *f.* BULLF. picador's pike or lance. 2 staff with a barbed point.
garrochar *tr.* AGARROCHAR.
garrochazo *m.* prick or blow with a GARROCHA.
garrochear *tr.* AGARROCHAR.
garrochón *m.* REJÓN.
garrofa *f.* GARROBA.
garrofal *m.* GARROBAL.
garrón *m.* spur [of bird]. 2 heel of a dead animal by which it is hung. 3 snag [on a tree branch].
garrotal *m.* plantation of olive trees, made with cuttings.
garrotazo *m.* blow with a stick or cudgel.
garrote *m.* thick stick, cudgel. 2 AGR. olive cutting. 3 garrotte [for capital punishment] : *dar ~,* to garrotte [execute by strangulation]. 4 tightening of a binding rope by twisting it with a stick. 5 hazel basket.
garrotear *tr.* (Am.) APALEAR [1].
garrotillo *m.* MED. croup.
garrotín *m.* a Spanish dance.
garrucha *f.* pulley : *~ combinada,* any pulley or sheave in a block or tackle; *~ fija,* fast pulley; *~ movible,* movable pulley; *~ simple,* single pulley.
garrucho *m.* NAUT. cringle.
garruchuela *f. dim.* small pulley.
garrudo, da *adj.* big-clawed.
garrulador, ra *adj.* GÁRRULO.
garrulería *f.* prattle, chatter.
garrulidad *f.* garrulity.
gárrulo, la *adj.* garrulous, loquacious. 2 [of bird, stream, etc.] garrulous, chirping, chattering, babbling.
garúa *f.* (Am.) NAUT. drizzle.
garuar *intr.* (Am.) to drizzle.
garujo *m.* HORMIGÓN.

garulla *f.* loose grapes. 2 coll. mob, rabble.
garullada *f.* coll. mob, rabble.
garza *f.* ORN. heron, purple heron : *~ real,* European heron, gray heron.
garzo, za *adj.* blue [eye]; blue-eyed. — 2 *m.* BOT. agaric.
garzón *m.* boy, lad, youth. 2 male child. 3 (Ve.) a heronlike bird.
garzota *f.* ORN. night heron. 2 aigrette, plume [attached to a hat, helmet, etc.]
gas *m.* gas : *~ del alumbrado,* illuminating gas, coal gas; *~ de los pantanos,* marsh gas; *~ hilarante,* laughing gas; *~ pobre,* producer gas; *gases asfixiantes,* MIL. poison gas; *gases lacrimógenos,* tear gas. 2 gaslight.
gasa *f.* gauze, chiffon. 2 antiseptic gauze. 3 crape [worn round a hat].
gascón, na; gasconés, sa *adj. & n.* Gascon.
Gascuña *f. pr. n.* GEOG. Gascony.
gasear *tr.* to gas [treat or attack with gas].
gaseiforme *adj.* gasiform.
gaseosa *f.* soda water.
gaseoso, sa *adj.* gaseous.
gasificación *f.* gasification.
gasificar *tr.* to gasify.
gasifiqué, gasifique, etc., *pret., subj. & imper* of GASIFICAR.
gasista *m.* gas fitter, gasman.
gasógeno *m.* gasogene, gazogene. 2 gas generator. 3 mixture of benzine and alcohol.
gasoleno *m.* **gasolina** *f.* gasolene, gasoline, petrol.
gasolinera *f.* NAUT. boat with petrol engine.
gasómetro *m.* gasometer. 2 gasholder.
gasón *m.* YESÓN. 2 large clod of earth.
Gaspar *m. pr. n.* Jasper.
gastable *adj.* expendable, spendable. 2 that can be worn out.
gastadero *m.* place where, or act whereby, something is wasted or spent.
gastado, da *adj.* spent. 2 used-up, worn-out. 3 trite, hackneyed, stale.
gastador, ra *adj. & n.* spendthrift. — 2 *m.* MIL. sapper. 3 MIL. pioneer.
gastamiento *m.* consumption, wearing out.
gastar *tr.* to expend, spend [money, time, etc.]. 2 to consume, use up, exhaust, wear out, fret. 3 to waste. 4 to lay waste. 5 to be, have, enjoy, etc., habitually : *~ mal humor,* to be bad tempered; *~ salud,* to enjoy good health. 6 to use, keep : *~ coche,* to use or keep a carriage; *~ cumplidos,* to use ceremonies, to stand upon ceremony. 7 to wear : *~ anteojos,* to wear eyeglasses; *~ bigote,* to wear a moustache. 8 to play [a joke or jokes]. 9 *gastarlas,* coll. to act, behave, conduct oneself. — *10 ref.* to be expended. 11 to become used up, to waste away, wear out, fray. 12 to become trite or hackneyed.
gasterópodo, da *adj.* ZOOL. gast(e)ropodous. — 2 *m.* ZOOL. gast(e)ropod. 3 *pl.* ZOOL. Gast(e)ropoda.
gasto *m.* expenditure, expense. 2 consumption, waste, use, wear. 3 PHYS. flow, rate of flow [of water, gas, electricity, etc.]. 4 *hacer el ~,* coll. to do all the talking [in a conversation]; to be the subject [of a conversation]. 5 *pl.* expenses : *gastos de conservación* or *mantenimiento,* upkeep, maintenance [expenses]; *gastos de escritorio,* office or stationery expenses; *gastos de explotación,* operating or working expenses; *gastos de residencia,* residential allowance; *gastos de representación,* incidental expenses [of the holders of some public offices], allowance for incidental expenses; *gastos generales,* overhead charges or expenses; *gastos menores,* petty expenses; *cubrir gastos,* to cover expenses; *pagar los gastos,* to foot the bill.
gastoso, sa *adj.* spendthrift.
gastralgia *f.* MED. gastralgia.
gástrico, ca *adj.* gastric.
gastritis *f.* MED. gastritis.
gastroenteritis *f.* MED. gastroenteritis.
gastronomía *f.* gastronomy.
gastronómico, ca *adj.* gastronomic(al).
gastrónomo, ma *m. & f.* gastronome, gastronomer, gourmet.
gastrotomía *f.* SURG. gastrectomy, gastrotomy.
gastrovascular *adj.* ZOOL. gastrovascular.
gástrula *f.* BIOL. gastrula.
gata *f.* she-cat. 2 little cloud hanging on mountain side. 3 Madrilene [woman]. 4 GATUÑA. 5 MIL. cat castle. 6 NAUT. *aparejo de ~,* cat tackle.

gatada *f.* catlike act. 2 underhand trick, mean trick. 3 sudden turn of a hare when close pursued.

gatallón, na *adj.* & *n.* rogue, rascal.

gatas (a) *adv.* on all fours.

gatatumba *f.* simulated awe, pain, submission, etc.; dissembling, pretence.

gatazo *m. augm.* big cat. 2 cheat, swindle : *dar* ~, to swindle.

gateado, da *adj.* catlike. 2 striped, veined. — 3 *m.* hard, veined American wood employed in rich furniture. 4 GATEAMIENTO.

gateamiento *m.* climbing. 2 going on all fours. 3 scratching.

gatear *intr.* to climb [a pole, tree, etc.]. 2 to go on all fours; [of children] to creep. — 3 *tr.* [of a cat] to scratch. 4 coll. to pilfer.

gatera *f.* cat's hole. 2 NAUT. cathole.

gatería *f.* cats, number of cats. 2 gang of ill-bred boys. 3 wily simulation of humility, cajolery.

gatero, ra *adj.* frequented by cats. — 2 *m.* & *f.* cat dealer. 2 cat lover.

gatesco, ca *adj.* catlike, feline.

gatillazo *m.* noise made or blow given by the trigger at firing.

gatillo *m.* trigger, hammer, cock [of firearm]. 2 pelican, dentist's forceps. 3 nape [of bull, cow, etc.]. 4 clamping piece. 5 coll. boy pickpocket. 6 (Chi.) horse's mane.

gatita *f. dim.* little she-cat, pussy, kitten.

gatito *m. dim.* little cat, pussy, kitten.

gato *m.* ZOOL. cat; tomcat : ~ *cerval* or *clavo*, tiger cat, serval; ~ *de algalia*, civet cat; ~ *de Angora*, Angora cat; ~ *montés*, wild cat; *cuatro gatos*, fig. a few people; ~ *encerrado*, fig. nigger in the woodpile, concealed motive, suspicious circumstance; ~ *escaldado del agua fría huye*, once bitten, twice shy; *dar* ~ *por liebre*, fig. to cheat [in a bargain]. 2 stocking, money [of a person]. 3 MEC. jack, lifting jack : ~ *de cremallera*, rack-and-pinion jack; ~ *de tornillo*, screw jack, jackscrew. 4 CARP. clamp. 5 Madrilene [man]. 6 fig. fox [shrewd fellow]. 7 sneak thief. 8 (Arg.) a folk dance.

gatuna *f.* GATUÑA.

gatuno, na *adj.* cat, catlike, feline.

gatuña *f.* BOT. restharrow.

gatuperio *m.* hodgepodge. 2 intrigue, underhand dealing.

gauchada *f.* (Am.) act of a Gaucho; cunning and bold act. 2 (Arg.) good turn.

gauchaje *m.* (Arg., Chi.) assembly of Gauchos; Gauchos [collectively].

gauchesco, ca *adj.* Gaucho, like a Gaucho.

gaucho, cha *adj.* & *s.* Gaucho. — 2 *adj.* (Arg., Chi., Ur.) good horseman. 3 (Arg.) rude, boorish. 4 (Arg., Chi.) crafty, wily.

gaudeamus, *pl.* **-mus** *m.* feast, merrymaking, junketing.

gaultería *f.* BOT. gaultheria, wintergreen.

gavanza *f.* dog rose [flower].

gavanzo *m.* BOT. dog rose [plant].

gaveta *f.* drawer [of writing desk].

gavia *f.* NAUT. topsail. 2 NAUT. maintopsail. 3 NAUT. top [in galleys]. 4 ditch. 5 ORN. gull. 6 MIN. gang of basket passers. 7 madman's cage.

gavial *m.* ZOOL. gavial.

gaviar *intr.* (Am.) [of corn] to tassel.

gaviero *m.* NAUT. topman.

gavieta *f.* NAUT. mizzenmast or bowsprit crow's nest.

gavilán *m.* ORN. sparrow hawk. 2 nib [of a quill pen]. 3 hair stroke [ending a letter]. 4 quillon [of sword]. 5 BOT. thistle flower. 6 NAUT. obs. iron hook. 7 (Am.) ingrowing nail [esp. on the big toe].

gavilana *f.* BOT. (C. Ri.) a medicinal herb.

gavilancillo *m. dim.* of GAVILÁN. 2 point of an artichoke leaf.

gavilla *f.* sheaf, bundle, gavel. 2 gang [of despicable people] : ~ *de pícaros*, gang of rogues; *gente de* ~, low down people.

gavillero *m.* place where sheaves of grain are collected. 2 row of sheaves.

gavina *f.* GAVIOTA.

gavinote *m.* ORN. young sea gull.

gavión *m.* FORT., HYD. gabion. 2 coll. large hat.

gaviota *f.* ORN. gull, sea gull.

gavota *f.* gavotte [dance and tune].

gaya *f.* stripe [on fabrics, etc.]. 2 ORN. magpie.

gayado, da *adj.* striped [cloth, garment, etc.].

gayadura *f.* striped trimming.

gayar *tr.* to trim or adorn with coloured stripes.

gayo, ya *adj.* gay, bright, showy. 2 ~ *ciencia*, art of poetry.

gayola *f.* cage. 2 fam. jail. 3 (And.) raised lookout in a vineyard.

gayomba *f.* BOT. kind of Spanish broom.

gayuba *f.* BOT. bearberry.

gaza *f.* NAUT. strap, strop, eye.

gazafatón *m.* GAZAPATÓN.

gazapa *f.* coll. lie, fib.

gazapatón *m.* blunder, slip [in talking].

gazapera *f.* rabbit hole, burrow or warren. 2 fig. den [of disreputable people]. 3 fig. brawl, row.

gazapina *f.* assembly of low people. 2 fig. brawl, row.

gazapo *m.* young rabbit. 2 sly fellow. 3 lie. 4 blunder, slip [in talking or writing].

gazapón *m.* GARITO.

gazmiar *tr.* GULUSMEAR. — 2 *ref.* to complain, take offence.

gazmoñada, gazmoñería *f.* prudery, prudishness, priggishness; demureness, affected modesty; sanctimony.

gazmoñero, ra *adj.* GAZMOÑO.

gazmoño, ña *adj.* prude, prudish; demure, affectedly modest, sanctimonious. — 2 *m.* & *f.* prude, prig; prudish, demure or sanctimonious person.

gaznápiro, ra *m.* & *f.* bumpkin, booby, simpleton.

gaznar *intr.* GRAZNAR.

gaznatada *f.* violent blow given with the hand on the windpipe. 2 (Am.) slap in the face.

gaznate *m.* gullet, throttle, windpipe. 2 kind of fritter.

gaznatón *m.* GAZNATADA. 2 kind of fritter.

gazofia *f.* bazofia.

gazofilacio *m.* treasury of the temple of Jerusalem.

gazpacho *m.* cold dish made of pieces of bread, garlic, onion, etc., with olive oil, vinegar, water and salt.

gazuza *f.* (coll.) keen appetite, hunger.

ge *f.* Spanish name of the letter *g.*

gea *f.* mineral kingdom of a region or country; work describing it.

gecónido, da *adj.* & *n.* ZOOL. geckonid.

Gedeón *m. pr. n.* BIBL. Gideon.

gedeonada *f.* platitude, self-evident truth.

gehena *m.* Gehenna, hell.

geico, ca *adj.* CHEM. geic.

géiser *m.* geyser [spring].

gelatina *f.* gelatin(e, jelly.

gelatinudo, da *adj.* (Am.) gelatinous. 2 (Am.) fig. slow, lazy, phlegmatic.

gelatinoso, sa *adj.* gelatinous.

gélido, da *adj.* poet. gelid, chilly.

gema *f.* gem, precious stone. 2 BOT. bud, gemma.

gemación *f.* BOT., ZOOL. gemmation.

gemebundo, da *adj.* groaning, moaning.

gemela *f.* BOT. Arabian jasmine.

gemelo, la *adj.* & *n.* twin. — 2 *m.* ANAT. gemellus. 3 *pl.* cuff links. 4 binocular : *gemelos de campaña*, field glasses; *gemelos de teatro*, opera glasses. 5 ASTR. (cap.) Gemini.

gemido *m.* lamentation, moan, groan, wail.

gemidor, ra *adj.* moaning, groaning, wailing.

geminación *f.* gemination.

geminado, da *adj.* geminate(d. 2 ARCH. gemeled.

geminar *tr.* to geminate.

Géminis *m.* ASTR. Gemini.

gemíparo, ra *adj.* BIOL. gemmiparous.

gemiquear *intr.* (And. & Chi.) GIMOTEAR.

gemir *intr.* to moan, groan, wail, grieve. 2 [of wind, etc.] to wail. ¶ CONJUG. like *servir*.

gen *m.* BIOL. gene.

genciana *f.* BOT. gentian.

gencianáceo, a *adj.* BOT. gentianaceous. — 2 *f. pl.* BOT. Gentianaceæ.

gendarme *m.* gendarme.

gendarmería *f.* gendarmerie.

genealogía *f.* genealogy.

genealógico, ca *adj.* genealogical.

genealogista *m.* genealogist.

geneático, ca *adj.* pertaining to divination from birth. — 2 *f.* divination from birth.

generable *adj.* generable.

generación *f.* generation. 2 succession, lineage.

GENDER / GÉNERO

All nouns in Spanish have a gender: masculine, feminine, common, or epicene. Some adjectives having the value of a noun are in the neuter gender. (See *ARTICLES.)

Note: For all practical purposes, common and epicene nouns are masculine or feminine and are treated as such in the entries of this dictionary.

Some observations

- Nouns denoting living beings usually have a different form for the masculine or feminine gender: **trabajador, trabajadora**, working man, working woman; **abad, abadesa**, abbot, abbess; **actor, actriz**, actor, actress; **oso, osa**, bear (male), bear (female); **buey, vaca**, ox, cow; **caballo, yegua**, horse, mare.

- Some nouns that denote persons have only one ending for both masculine and feminine genders. They are in the common gender, and the sex is indicated solely by the article: **un** pianista, **una** pianista, a pianist; **un** homicida, **una** homicida, a murderer, a murderess.

- Some masculine nouns and feminine nouns are used to denote animals of either sex. They are in the epicene gender, and the sex is indicated by the word **macho** or **hembra** following the noun: una serpiente **macho**, a male serpent; un rinoceronte **hembra**, a female rhinoceros.

- Nouns denoting material or spiritual things are never in the neuter gender but have either the masculine or feminine gender attributed to them. The reader is advised to look for the gender in the corresponding entries of this dictionary whenever a question arises.

---

generador, ra *adj.* generating. — 2 *m.* & *f.* generator. — 3 *m.* ELECT., MACH. generator.

general *adj.* general: *en* ~, *por lo* ~, in general, generally; *en términos generales*, in general terms. 2 common, usual. — 2 *m.* general [chief of a religious order]. 4 MIL. general: ~ *de brigada*, brigadier general; ~ *de división*, major general; ~ *en jefe*, general in chief. 5 LAW *generales de la ley*, questions put to a witness as to his personal data [name, age, profession, nationality, etc.].

generala *f.* general's wife. 2 MIL. general. call to arms.

generalicé, generalice, etc., *pret., subj. & imper.* of GENERALIZAR.

generalato *m.* generalship. 2 generals of an army.

generalidad *f.* generality.

generalísimo *m.* generalissimo.

generalización *f.* generalization.

generalizador, ra *adj.* generalizing.

generalizar *tr. & intr.* to generalize. — 2 *ref.* to become general, usual or prevalent; to spread.

generalmente *adv.* generally.

generar *tr.* to generate.

generativo, va *adj.* generative.

generatriz, *pl.* **-trices** *adj.* GEOM. generating. — 2 *f.* GEOM. generatrix.

genéricamente *adv.* generically.

genérico, ca *adj.* generic. 2 GRAM. [pertaining to] gender. 3 GRAM. indefinite [article]; common [noun].

género *m.* kind, sort, description. 2 manner, way. 3 kind, race: ~ *humano*, mankind. 4 GRAM. gender. 5 BIOL., LOG. genus. 6 F. ARTS, LIT. genre: *pintor de* ~, genre painter; ~ *chico*, THEAT. short Spanish operetta; ~ *novelístico*, fiction. 7 COM. cloth, stuff, material, goods, merchandise: ~ *de punto*, knit goods, knitwear.

generosamente *adv.* generously.

generosidad *f.* generosity. 2 valour, fortitude. 3 nobility.

generoso, sa *adj.* generous, magnanimous, nobleminded. 2 generous, liberal, munificent. 3 highborn. 4 excellent. 5 generous, rich, old [wine].

genesíaco, ca *adj.* [pertaining to] genesis.

genésico, ca *adj.* genesic.

génesis *f.* genesis. — 2 *m.* (cap.) BIBL. Genesis.

genético, ca *adj.* genetic. — 2 *f.* genetics.

genetlíaco, ca *adj. & m.* genethliac: *poema* ~, genethliacon. ~ 2 *f.* genethlialogy.

genial *adj.* genial [denoting or marked with genius]; bright, brilliant: *una idea* ~, a bright or brilliant idea. 2 endowed with genius, brilliant, inspired. 3 temperamental. 4 cheerful, pleasant. — 5 *m.* vulg. temper, disposition.

genialidad *f.* eccentricity, peculiarity, typical or characteristic trick [of a person].

genialmente *adv.* in a manner marked with genius, brilliantly, inspiredly.

geniazo *m.* strong or fiery temper.

genio *m.* temper, disposition, nature, character: *buen* ~, good temper, good nature; *mal* ~, bad temper; ~ *alegre*, gay character, cheerful disposition; *de buen* ~, good-tempered; *de mal* ~, evil-tempered. 2 coll. fire. spirit: *corto de* ~, timid, spiritless. 3 hot temper. 4 genius [in practically every sense]. 5 peculiarities [of a language]. 6 MYTH. genie, jinnee, jinni. 7 embodiment, spirit: ~ *del mal*, evil spirit.

genista *f.* RETAMA.

genital *adj.* genital.

genitales *m. pl.* testicles.

genitivo, va *adj.* generative. — 2 *adj. & m.* GRAM. genitive.

genitor *m.* begetter.

genízaro, ra *adj.* JENÍZARO.

genol *m.* NAUT. futtok.

Génova *f. pr. n.* Genoa.

genovés, sa *adj.* Genoese.

Genoveva *f. pr. n.* Genevieve.

gente *f.* people, folk, folks: ~ *bien*, smart set; ~ *de bien*, honest people; ~ *de capa parda*, rustics, countrymen; ~ *de la vida airada*, the underworld; · ~ *del bronce*, merry and resolute people; ~ *de mar*, seamen; ~ *del rey*, convicts, galley slaves; ~ *de medio pelo*, people of limited means; ~ *de paz*, friend, friends [when answering to «Who is there?»]; ~ *de pluma*, clerks; ~ *de trato*, traders, tradesmen; ~ *menuda*, children; common people; ~ *perdida*, loafers, vagabonds; libertines; bad people; ~ *principal*,

---

THE GERUND / GERUNDIO

Formation

The first conjugation adds -ando to the stem of the infinitive (amar, **amando**). The second and third conjugations add -iendo (temer, **temiendo**; recibir, **recibiendo**). The gerund does not change for number and gender.

Observations

- The gerund in Spanish never acts as a noun. It expresses an action occurring at the same time as or immediately preceding the action of the main verb: Lee **paseándose**, he reads while strolling; **viendo** a su padre, corrió hacia él, on seeing his father, he ran toward him; **habiendo estudiado** la proposición, me resuelvo a aceptarla, having studied the proposition, I resolve to accept it.

  The gerund never expresses an action that occurs after the action of the main verb.

- When the gerund is related to the subject of the main sentence, it may be used only in an explanatory sense: el lobo, **huyendo de los perros**, se metió en el bosque. (The wolf, fleeing from the dogs, went into the woods.)

  The gerund is never used restrictively. *It is correct to say:* Los pasajeros, **llevando pasaporte**, pudieron desembarcar. (The passengers, having their passports, were able to disembark.) *It is incorrect to say:* Los pasajeros **llevando pasaporte** pudieron desembarcar. (Only the passengers having their passports could disembark.) This can be expressed as: Los pasajeros que llevaban pasaporte....

- When the gerund is related to the object of the main verb, the object then acts as the subject of the gerund. This use is only correct when the gerund expresses an action perceptible in its course, never a state, quality, or action not perceptible in its course. *It is correct to say:* Vi a un hombre **plantando** coles. (I saw a man planting cabbages.) *It is incorrect to say:* Envió una caja **conteniendo** libros. (He sent a box containing books.) In this case, it is necessary to say: Envió una caja que contiene libros.

- When the gerund is related to neither the subject nor the object of the main sentence, the gerund precedes its own subject: Mañana, **permitiéndolo Dios**, comenzaremos el viaje. (Tomorrow, God willing, we will begin our trip.)

- The gerund is often used in phrases that are independent of a main sentence, as in titles, captions, inscriptions on engravings, photographs, paintings, etc.: César **pasando** el Rubicón (Caesar passing the Rubicon); las ranas **pidiendo** rey (the frogs asking for a king).

- The gerund is frequently used as an adverb: Ella se fue **llorando** (she went away in tears); el tiempo pasa **volando** (time passes swiftly).

  As an adverb, the gerund may also express the way in which something is done or attained: hizo una cuerda **uniendo varias sábanas** (he made a rope by tying several sheets together).

---

people of note, highly placed people, important people; *hacer* ~, to recruit; to draw a crowd; *ser* ~, (Am.) to be somebody; *de* ~ *en* ~, from generation to generation. 2 troops. 3 retinue. 4 coll. family, folks. 5 clan, nation. 6 *pl.* Gentiles: *el Apóstol de las gentes*, the Apostle of the Gentiles.

gentecilla *f. dim.* contemptible people.

gentil *adj. & n.* gentile, heathen, pagan. — 2 *adj.* handsome, graceful, lively. 3 egregious, remarkable.

gentileza *s.* handsomeness, gracefulness, elegance. 2 ease and grace [in doing something]. 3 show, splendour. 4 courtesy, politeness, graciousness.

gentilhombre *m.* obs. fine fellow, my good man. 2 gentleman [attendant to a person of high rank]; gentleman in waiting.

gentilicio, cia *adj.* [pertaining to] nation, family or lineage. 2 GRAM. gentile, gentilic.

gentílico, ca *adj.* gentilic, heathen, pagan.

gentilidad *f.*, **gentilismo** *m.* gentilism, heathenism. 2 heathendom.

gentilizar *tr.* to heathenize. 2 to observe heathen rites.

gentilmente *adv.* gracefully, elegantly. 2 courteously, politely. 3 generously. 4 heathenishly, in or after the manner of the gentiles.

gentío *m.* crowd, throng, multitude.

gentualla, gentuza *f.* riff-raff, rabble, despicable people.

genuflexión *f.* genuflexion.

genuino, na *adj.* genuine, true, pure, real.

geocéntrico, ca *adj.* geocentric(al.

geoda *f.* GEOL. geode.

geodesia *f.* geodesy.

geodésico, ca *adj.* geodesic, geodetic.

geodesta *m.* geodesist.

geodinámica *f.* geodynamics.

geófago, ga *adj.* geophagous.

geofísica *f.* geophysics.

geogenia *f.* geogeny.

geogénico, ca *adj.* geogenic.

geognosia *f.* geognosy.

geognosta *m.* geognost.

geogonía *f.* geogony.

geografía *f.* geography.

geográfico, ca *adj.* geographic(al.

geógrafo *m.* geographer.

geoide *m.* geoid.

geología *f.* geology.

geológico, ca *adj.* geologic(al.

geólogo *m.* geologist.

geomancia *f.* geomancy.

geomántico, ca *adj.* geomantic. — 2 *m.* geomancer.

geómetra *m.* geometer, geometrician. 2 ZOOL. geometer, measuring worm.

geometral *adj.* GEOMÉTRICO.

geometría *f.* geometry: ~ *analítica*, analytic geometry; ~ *del espacio*, solid geometry; ~ *descriptiva*, descriptive geometry; ~ *plana*, plane geometry.

geométricamente *adv.* geometrically.

geométrico, ca *adj.* geometric(al.

geomorfía *f.* geomorphology.

geonomía *f.* science treating of vegetable properties of the earth.
geonómico, ca *adj.* pertaining to GEONOMÍA.
geoponia, geopónica *f.* geoponics.
geopónico, ca *adj.* geoponic.
geoquímica *f.* geochemistry.
georama *f.* georama.
georgiano, na *adj. & n.* Geórgian.
geórgica *f.* georgic [poem].
geotactismo *m.*, **geotaxia** *f.* BIOL. geotaxis.
geotectónico, ca *adj.* gectectonic. — 2 *f.* geotectonics.
geotropismo *m.* BIOL. geotropism.
geraniáceo, a *adj.* BOT. geraniaceous. — 2 *f. pl.* BOT. Geraniaceæ.
geranio *m.* BOT. geranium : ~ *de malva,* nutmeg geranium ; ~ *de rosa,* rose geranium.
Gerardo *m. pr. n.* Gerald, Gerard.
gerbo *m.* JERBO.
gerencia *f.* COM. management, managership. 2 manager's office.
gerente *m.* COM. manager.
geriatría *f.* MED. science of old age and its ailings.
gericaya *f.* (Mex.) custard.
gerifalte *m.* ORNIT. gerfalcon : *como un* ~, wonderfully. 2 gerfalcon [culverin].
germanesco, ca *adj.* pertaining to the slang or jargon of the gipsies, thieves, etc.
germanía *f.* slang or jargon of the gipsies, thieves, etc. 2 concubinage. 3 *pl.* brotherhood or league of Valencian guilds that rose against the nobles in the days of Charles I.
germanicé, germanice, etc., *pret., subj. & imper.* of GERMANIZAR.
germánico, ca *adj.* Germanic. — 2 *m.* Germanic [language].
germanio *m.* CHEM. germanium.
germanismo *m.* Germanism.
germanización *f.* Germanization.
germanizar *tr. to* Germanize. — 2 *ref.* to become Germanized.
germano, na *adj.* Germanic, Teutonic. — 2 *m. & f.* German, Teuton [of the ancient Germany]. — 3 *m.* brother german.
germen *m.* germ. 2 fig. spring, origin.
germinación *f.* germination.
germinador, ra *adj.·* germinating [causing to develop].
germinal *adj.* germinal.
germinante *adj.* germinant.
germinar *intr.* to germinate.
germinativo, va *adj.* germinative.
gerontología *f.* gerontology.
Gertrudis *f. pr. n.* Gertrude.
gerundense *adj. & n.* of or pertainining to Gerona.
gerundiada *f.* bombastic expression.
gerundiano, na *adj.* bombastic.
gerundio *m.* GRAM. gerund. 2 bombastic writer or speaker [esp. a preacher or theologist].
gesolreút *m.* in ancient music, the first of the signs employed as clefs ; G or soprano clef.
Gervasio *m. pr. n.* Gervas.
gesta *f.* gest, geste : *cantar, romance* or ~, chanson de geste. 2 narrative of a person's deeds.
gestación *f.* gestation. 2 fig. germination [of seeds].
gestatorio, ria *adj.* gestatorial : *silla* ~, gestatorial chair.
gestear *intr.* to make faces or grimaces.
gestero, ra *adj.* grimacing. — 2 *m. & f.* grimacer.
gesticulación *f.* expressive movement of the features.
gesticular *intr.* to make faces or expressive movements of the features.
gestión *f.* action, negotiation, steps, exertions. 2 administration, management.
gestionar *tr.* to take steps to attain, arrange or carry out ; to negotiate.
gesto *m.* distortion of one's countenance ; face, grimace : *hacer gestos a una cosa,* to make faces at a thing, to disdain it, to look little pleased with it. 2 face, countenance : *estar de buen* ~, to be in a good humour ; *estar de mal* ~, to be in a bad humour ; *poner* ~, to show anger or annoyance.
gestor *m.* COM. manager, director. 2 COM. ~ *de negocios,* agent.
gestudo, da *adj.* ill-visaged, angry-faced.
Getsemaní *pr. n.* BIB. Gethsemane.

gétulo, la *adj. & n.* Gaetulian.
giba *f.* hump, hunch [protuberance on the back or chest]. 2 coll. annoyance, inconvenience.
gibado, da *adj.* humped ; hunchbacked.
gibar *tr.* to hump, crook. 2 coll. to annoy, bother.
gibelino, na *adj. & n.* Ghibelline.
gibosidad *f.* gibbosity.
giboso, sa *adj.* gibbous, crookbacked, hunchbacked.
Gibraltar *m. pr. n.* GEOG. Gibraltar.
gibraltareño, ña *adj. & n.* of or pertaining to Gibraltar.
giga *f.* jig [dance].
giganta *f.* giantess. 2 BOT. sunflower.
gigante *adj.* giant, gigantic. — 2 *m.* giant. 3 giant pasteboard figure [borne in processions].
giganteo, a *adj.* gigantean. — 2 *f.* BOT. sunflower.
gigantesco, ca *adj.* gigantic.
gigantez *f.* gigantic size, giantism.
gigantilla *f.* large-headed figure. 2 little fat woman.
gigantismo *m.* MED. giantism, gigantism.
gigantón, na *m. & f.* huge giant. 2 giant pasteboard figure [borne in processions] : *echar los gigantones a uno,* to give someone a piece of one's mind.
gigote *m.* chopped-meat stew : *hacer* ~, coll. to break or cut into small pieces.
gijonés, sa *adj.* of or pertaining to Gijón.
Gil *m. pr. n.* Giles.
gilbertio *m.* ELECT. gilbert.
Gilberto *m. pr. n.* Gilbert.
gili *adj.* coll. foolish, stupid.
gilvo, va *adj.* honey-coloured.
gimnasia *f.* gymnastics : ~ *sueca,* Swedish drill.
gimnasio *m.* gymnasium.
gimnasta *m.* gymnast.
gimnástico, ca *adj.* gymnastic. — 2 *f.* GIMNASIA.
gímnico, ca *adj.* pertaining to the ancient athletic contests.
gimnosofista *m.* gymnosophist.
gimnoto *m.* ICHTH. gymnotus, electric eel.
gimo, gima, etc., *irr.* V. GEMIR.
gimotear *intr.* to whine, to moan in a childish or ridiculous way.
gimoteo *m.* whining, childish or ridiculous moaning.
gindama *f.* JINDAMA.
Ginebra *f. pr. n.* GEOG. Geneva. 2 MYTH. Guinevere.
ginebra *f.* gin [liquor]. 2 bedlam, confusion, din. 3 a card game.
ginebrada *f.* kind of puff-paste tart.
ginebrés, sa & **ginebrino, na** *adj. & n.* Genevan, Genevese.
gineceo *m.* HIST. gynæceum. 2 BOT. gynæceum, gynæcium.
ginecocracia *f.* gynecocracy.
ginecología *f.* gynecology.
ginecológico, ca *adj.* gynecological.
ginecólogo *m.* gynecologist.
ginesta *f.* RETAMA.
gineta *f.* ZOOL. genet.
gingidio *m.* BOT. bishop's-weed.
gingival *adj.* gingival.
gingivitis *f.* MED. gingivitis.
giobertita *f.* MINER. giobertite.
gira *f.* trip, excursion.
girada *f.* DANCE gyration [on a foot].
girado, da *m. & f.* COM. drawee.
girador, ra *m. & f.* COM. drawer.
giralda *f.* weathercock in the form of an animal or human figure. 2 *la Giralda,* the Giralda, tower of the cathedral of Seville which is surmounted by a statue of Faith so adjusted as to turn easily in the wind.
giraldete *m.* ECCL. sleeveless rochet.
giraldilla *f.* small GIRALDA. 2 dance of Asturias.
girándula *f.* girandole [fireworks ; fountain].
girante *adj.* gyrating.
girar *intr.* to gyrate, revolve, rotate, turn, spin, swivel ; to turn [to the right, the left, etc.]. 3 ~ *en torno de* [of a conversation, discussion, etc.], to turn on, to center round. 4 COM. to trade. — 5 *tr. & intr.* COM. to draw : ~ *contra* or *a cargo de,* to draw on.
girasol *m.* BOT. sunflower.
giratorio, ria *adj.* gyratory, revolving, swivel. — 2 *f.* revolving stand.
girifalte *m.* GERIFALTE.
girino *m.* ENT. whirligig.
giro *m.* gyration, revolution, turn. 2 turn, course,

bias [given to, or taken by, an affair, etc.] : *tomar otro* ~, to take another course. *3* turn [of expression]. *4* COM. sending of money by means of a draft; draft : ~ *postal*, money order. *5* COM. trade, circulation, bulk of business.
giroflé *m.* CLAVERO 2.
girola *f.* ARCH. apse aisle.
girómetro *m.* gyrometer.
girondino, na *adj. & n.* HIST. Girondist.
giroscópico, ca *adj.* gyroscopic.
giroscopio *m.* gyroscope.
giróstato *m.* gyrostat.
giróvago, ga *adj.* VAGABUNDO.
gis *m.* chalk, clarion.
giste *m.* froth of beer.
gitana *f.* gipsy [or gypsy] woman or girl.
gitanada *f.* gipsylike trick, mean trick. *2* cajolerie, flattery, humbug.
gitanamente *adv.* in a gipsylike winning or wheedling manner.
gitanería *f.* gipsylike cajolery or wheedling. *2* gipsydom; assembly of gipsyes. *3* gipsy doing or saying.
gitanesco, ca *adj.* gipsylike, gipsy; typical of, or peculiar to, gipsies.
gitanillo, lla *m. & f.* little gipsy.
gitanismo *m.* gipsy ways. *2* gipsies.
gitano, na *adj.* gipsylike, gipsy. *2* sly, honeymouthed, winning. — *3* *m. & f.* gipsy, Spanish gipsy.
glabro, bra *adj.* glabrous.
glacial *adj.* glacial. *2* fig. cold, chilly.
glacialmente *adv.* glacially.
glacis *m.* FORT. glacis.
gladiador *m.* gladiator.
gladiatorio, ria *adj.* gladiatorial.
gladio, gladiolo *m.* BOT. gladiolus.
glande *m.* ANAT. glans penis.
glandífero, ra or **glandígero, ra** *adj.* poet. bearing acorns.
glándula *f.* ANAT., BOT. gland : ~ *pineal*, pineal body, pineal gland; ~ *pituitaria*, pituitary body, pituitary gland.
glandular *adj.* glandular.
glanduloso, sa *adj.* glandulous.
glasé *m.* glacé silk.
glaseado, da *adj.* glacé [with a glossy finish].
glasear *tr.* to calender, satin; to glaze.
glasto *m.* BOT. woad.
glauberita *f.* CHEM. glauberite.
glaucio *m.* BOT. horn poppy.
glauco, ca *adj.* glaucous, light green. — *2* *m.* ZOOL. glaucus [sea lug].
glaucoma *m.* MED. glaucoma.
gleba *f.* clod or lump of earth turned up by the plough. *2* soil, tillable land : *siervo de la* ~, serf of the soil.
glena *f.* ANAT. glenoid cavity.
glera *f.* CASCAJAL 1.
glicérico, ca *adj.* CHEM. glyceric.
glicérido *m.* CHEM. glycerid.
glicerina *f.* glycerin.
glicina *f.* BOT., CHEM. glycine. *2* BOT. wistaria.
glicocola *f.* CHEM. glycocoll.
glicógeno *m.* GLUCÓGENO.
gliconio *adj. & m.* Glyconic [verse].
glíptica *f.* glyptics.
gliptodonte *m.* PALEONT. glyptodon.
gliptografía *f.* glyptography.
global *adj.* taken in a lump, in all.
globo *m.* globe [spherical body; the earth], ball, orb, sphere : ~ *celeste*, celestial globe; ~ *terráqueo* or *terrestre*, globe, terrestrial globe, terrestrial ball. *2* globe [globular lampshade]. *3* balloon, air balloon : ~ *aerostático*, air balloon; ~ *cautivo*, captive balloon; ~ *de barrera*, barrage balloon; ~ *dirigible*, dirigible globe, airship; ~ *nodriza*, nurse balloon; ~ *piloto*, pilot balloon; ~ *sonda*, sounding balloon. *4* ANAT. ~ *del ojo*, eyeball. *5* *en* ~, in bulk, as a whole, without details.
globoso, sa *adj.* globose, globate.
globular *adj.* globular, globulous.
globulariáceo, a *adj.* BOT. globulariaceous. — *2* *f. pl.* BOT. Globulariaceæ.
globulina *f.* BIOCHEM. globulina.
glóbulo *m.* globule. *2* PHYSIOL. corpuscle.
globuloso, sa *adj.* globulose.
gloria *f.* glory. *2* heaven, eternal bliss : *estar en*

la ~, fig. to be full of bliss. *3* bliss, delight keen pleasure : *estar en sus glorias*, to delight in what one is doing; *saber a* ~, to be delightful, to taste heavenly. *4* boast, pride : *hacer* ~ *de*, to boast of, to be proud of. *5* gloria [fabric]. *6* a gauzy silk tissue. *7* kind of cream cake. *8* PAINT. opening in the sky where angels, splendours, etc., are represented. — *8* *m.* ECCL. Glory, the greater doxology. *9* *Gloria Patri*, the lesser doxology.
gloriarse *ref.* ~ *de*, to pride oneself on, boast of; ~ *en*, to glory in.
glorieta *f.* arbour, bower, summerhouse. *2* circus [circle or square with streets converging on it].
glorificación *f.* glorification. *2* praise, extolling.
glorificador, ra *adj.* glorifying. — *2* *m. & f.* glorifier.
glorificante *adj.* glorifying.
glorificar *tr.* to glorify [to bestow glory upon]. *2* to glorify, adore, extoll, exalt. — *3* *ref.* GLORIARSE.
glorifiqué, glorifique, etc., *pret., subj. & imper.* of GLORIFICAR.
gloriosamente *adv.* gloriously.
glorioso, sa *adj.* glorious [possessing or conferring glory, illustrious, praiseworthy]. *2* holy, blessed. *3* proud, boastful. — *4* *f.* *la Gloriosa*, the Holy Virgin; the Spanish Revolution of 1868.
glosa *f.* gloss, comment, explanation. *2* gloss [poetical composition]. *3* MUS. variation.
glosador, ra *m. & f.* glosser, glossator, commentator.
glosalgia *f.* MED. glossalgia.
glosar *tr.* to gloss, annotate, comment. *2* to compose a gloss to [a stanza]. *3* MUS. to vary [a theme].
glosario *m.* glossary.
glose *m.* glossing, commenting.
glosilla *f.* short gloss or comment. *2* PRINT. minion type.
glositis *f.* MED. glossitis.
glosopeda *f.* VET. foot-and-mouth disease.
glótico, ca *adj.* glottal, glottic.
glotis *f.* ANAT. glottis.
glotón, na *adj.* gluttonous. — *2* *m. & f.* glutton. — *3* *m.* ZOOL. glutton.
glotonamente *adv.* gluttonously.
glotonazo, za *m. & f. aug.* great glutton.
glotonear *intr.* to eat gluttonously, gormandize.
glotonería *f.* gluttony.
glucemia *f.* MED. glucemia, glucæmia.
glucina *f.* CHEM. glucina.
glucinio *m.* CHEM. glucinium.
glucógeno *m.* CHEM. glycogen.
glucómetro *m.* glucometer.
glucosa *f.* CHEM. glucose.
glucosido *m.* CHEM. glucosid(e.
glucosuria *f.* MED. glycosuria.
gluglú *m.* gurgle, glug.
gluma *f.* BOT. glume.
gluten *m.* gluten. *2* glue.
glúteo, a *adj.* ANAT. gluteal.
glutinosidad *f.* glutinosity.
glutinoso, sa *adj.* glutinous.
gneis *m.* GEOL. gneiss.
gnéisico, ca *adj.* gneissic.
gnetáceo, a *adj.* BOT. gnetaceous. — *2* *f. pl.* BOT. Gnetaceæ.
gnómico, ca *adj.* gnomic.
gnomo *m.* gnome.
gnomon *m.* gnomon. *2* stonecutter's square : ~ *movible*, bevel square.
gnomónico, ca *adj.* gnomonic(al. — *2* *f.* gnomonics.
gnosticismo *m.* Gnosticism.
gnóstico *adj. & n.* Gnostic.
gobernable *adj.* governable.
gobernación *f.* governing. *2* *ministerio de la* ~, Home Office; *Department of the Interior.
gobernador, ra *adj.* governing. — *2* *m.* governor [official; ruler] : ~ *civil*, administrative head of a county. — *3* *f.* woman governor. *4* governor's wife.
gobernalle *m.* NAUT. rudder, helm.
gobernante *adj.* governing, ruling. — *2* *m. & f.* ruler, governing person, member of a government.
gobernar *tr. & intr.* to govern, rule. — *2* *tr.* to direct, conduct, manage, run, control. *3* NAUT. to steer [a ship]. — *4* *intr.* NAUT. to steer, obey the helm. — *5* *ref.* to manage one's affairs. ¶ CONJUG. like *acertar*.

gobernativo, va *adj.* GUBERNATIVO.
gobernoso, sa *adj.* orderly.
gobierna *f.* vane, weathercock.
1) **gobierno** *m.* governing, government, ruling. 2 direction, guidance, management, control : ~ *de la casa*, housekeeping; *para tu* ~, for your guidance; *servir de* ~, to serve as a guide or rule; to be a warning. 3 NAUT. steering [of a ship]. 4 NAUT. rudder, helm. 5 control [of an automobile, an airplane, etc.] : *de* ~, controlling, control [lever, etc.]. 6 government, cabinet, administration [governing body]. 7 government [mode or system of governing]. 8 administration [term during which a governor or prime minister holds office]. 9 governorship; governor's office; governor's residence. 10 government [district or province under a governor].
2) **gobierno, gobierne**, etc., *irr.* V. GOBERNAR.
gobio *m.* ICHTH. gudgeon.
goce *m.* enjoyment, fruition.
gocé, goce, etc., *pret., subj. & imper.* of GOZAR.
gocete *m.* ARM. armpit guard.
gocha *f.* coll. sow.
gocho *m.* coll. hog.
godible *adj.* cheerful, pleasant.
godo, da *adj. & n.* Goth : *ser* ~, to be of the ancient nobility. 2 (Arg., Chi.) scorn. Spaniard. 3 (Col.) POL. conservative.
Godofredo *m. pr. n.* Godfrey.
gofio *m.* (Am.) roasted flour or maize meal.
gofo, fa *adj.* ignorant and rude. 2 PAINT. dwarf [figure].
gol *m.* SPORT goal [making a goal].
gola *f.* ANAT. throat. 2 ARM., MIL. gorget. 3 ruff; ruche [collar]. 4 FORT. gorge. 5 ARCH. cyma, cyma recta; ~ *inversa* or *reversa*, cyma reversa.
goleta *f.* NAUT. schooner.
golf *m.* SPORT golf.
golfán *m.* NENÚFAR.
golfear *intr.* to lead the life of a street arab or a vagabond; to loaf, idle.
golfería *f.* street arabs, loafers, vagabonds.
golfillo *m.* street arab, guttersnipe.
golfín *m.* DELFÍN 2.
1) **golfo** *m.* GEOG. gulf, large bay. 2 sea, main. 3 a card game.
2) **golfo, fa** *m. & f.* loafer, vagabond, ragamuffin. 2 *m.* street arab, guttersnipe.
goliardo *m.* in the Middle Ages, roving clergyman or student leading irregular life.
Gólgota *m. pr. n.* BIB. Golgotha.
Goliat *m. pr. n.* BIB. Goliath.
golilla *f.* collar formerly worn by magistrates, court clerks, etc. 2 (Bol.) a gaucho necktie. 3 (Chi.) ESTORNIJA. 4 feathers covering the neck [in fowls]. — 5 *m.* formerly, a magistrate, court clerk, etc., wearing a GOLILLA.
golillero, ra *m. & f.* maker of GOLILLAS.
golondrina *f.* ORN. swallow. 2 ICHTH. swallow fish. 3 ORN. ~ *de mar*, tern.
golondrinera *f.* CELIDONIA.
golondrino *m.* young swallow. 2 wanderer, vagabond. 3 MIL. deserter. 4 MED. tumor in the armpit.
golondro *m.* coll. desire, whim. 2 *andar en golondros*, coll. to feed on vain hopes. 3 *campar de* ~, to live at another's expense.
golosa *f.* (Col.) INFERNÁCULO.
golosamente *adv.* eagerly, with relish.
golosear *tr.* GOLOSINAR.
golosina *f.* dainty, delicacy, sweet, choice morsel, titbit : *amargar a uno la* ~, fig. to pay a pleasure dearly. 2 sweet tooth, appetite for delicacies and sweetmeats; appetite or yearning for something; greediness. 3 pleasing trifle.
golosinar, golosinear *intr.* to eat, or look for, delicacies and sweetmeats.
golosmear *intr.* GULUSMEAR.
goloso, sa *adj.* sweet-toothed, fond of delicacies and sweetmeats. 2 fond of, or having a relish for, [something].
golpazo *m.* heavy blow or knock.
golpe *m.* blow, bump, hit, knock, stroke; coup : ~ *de Estado*, coup d'état; ~ *de fortuna*, stroke of luck; ~ *de gracia*, coup de grâce; finishing blow; ~ *de mano*, MIL. surprise attack; ~ *de mar*, heavy sea [striking a ship, etc.]; ~ *de pechos*, beating of breast in contrition; ~ *de*

de remo, oar stroke; ~ *de tos*, fit of coughing; ~ *de vista*, glance; view, sight; ~ *en vago*, miss, failure, frustrated design; ~ *mortal*, deathblow; *errar el* ~, to miss one's aim, to fail; *parar el* ~, to stop or ward off the blow; *a golpes*, by knocking; brutally, in blows; at intervals, intermittently; *acabar a golpes*, to end in blows; *trabajar a golpes*, to work at intervals; *a* ~ *seguro*, with certainty of success, without taking risks; *de* ~, quickly, suddenly : *caer de* ~, to collapse, crash down; *de* ~ *y porrazo*, all of a sudden; *de un* ~, at one go, at one stroke, at one time. 2 impact, impingement. 3 hurt, bruise. 4 abundance, great number or quantity [of something] : ~ *de gente*, crowd. 5 hard blow, knock, shock [sudden misfortune]. 6 action, attack, attempt; surprising or successful act. 7 admiration, surprise : *dar* ~, to astonish, take, create a sensation. 8 witty sally or remark. 9 heart-beat. 10 GAMBLING coup. 11 AGR. hole for planting or sowing; set of plants planted in a hole : *sembrar a* ~, to sow in holes. 12 spring bolt. 13 SEW. trimming of braid, beads, etc. [on a dress]. 14 pocket flap. 15 MEC. stroke [of piston]; travel [of a valve]. 16 (Mex.) stone-breaking hammer.
golpeadero *m.* striking place. 2 place where falling water strikes. 3 sound of repeated blows.
golpeador, ra *adj.* striking, beating, knocking. — 2 *m. & f.* striker, beater, knocker.
golpeadura *f.* striking, beating, hitting, knocking.
golpear *tr. & intr.* to strike, beat, knock [repeatedly], to pummel, pound.
golpecito *m. dim.* slight blow or stroke.
golpeo *m.* GOLPEADURA.
golpete *m.* door or window catch [to keep it open].
golpetear *tr. & intr.* to beat, knock, hammer or strike repeatedly; to rattle.
golpeteo *m.* repeated beating, knocking, hammering or striking; rattling.
gollería *f.* dainty, delicacy, superfluity : *pedir gollerías*, to ask too much.
golletazo *m.* blow on the neck of a bottle [to break it open]. 2 sudden or irregular termination of a difficult affair. 3 BULLF. stab in the neck of bull.
gollete *m.* throat, upper part of the throat : *estar uno hasta el* ~, coll. to have enough, to have lost patience; to be full [of food]; to be deep in difficulties. 2 neck [of bottle].
gollizo *m.* GARGANTA 5.
goma *f.* gum; rubber : ~ *adragante*, gum dragon, tragacanth; ~ *arábiga*, gum arabic; ~ *de mascar*, chewing gum; ~ *elástica*, gum elastic, India rubber; ~ *laca*, lack. 2 rubber band. 3 rubber eraser [called also ~ *de borrar*]. 4 MED. gumma. 5 *pl.* (Am.) rubbers, overshoes.
gomecillo *m.* coll. LAZARILLO.
gomero, ra *adj.* [pertaining to] gum, rubber. — 2 *m.* (Arg.) gum producer; one engaged in the rubber business.
gomia *f.* figure of dragon [borne in Corpus Christi procession]. 2 bugbear. 3 glutton. 4 fig. waster, consumer.
gomífero, ra *adj.* gummiferous.
gomista *m. & f.* dealer in rubber goods.
gomorresina *f.* gum resin.
gomosería *f.* dandyism, foppishness.
gomosidad *f.* gumminess, stickiness.
gomoso, sa *adj.* gummy [containing gum; viscous]. 2 MED. affected with gumma. — 3 *m.* dandy, fop.
gonce *m.* GOZNE.
góndola *f.* gondola [boat]. 2 kind of omnibus or large carriage.
gondolero *m.* gondolier.
gonfalón *m.* gonfalon.
gonfalonier, ro *m.* gonfalonier.
gong *m.* gong.
gongorino, na *adj.* Gongoristic. — 2 *m. & f.* Gongorist.
gongorismo *m.* Gongorism.
gongorizar *intr.* to be Gongoristic, to use Gongorisms.
gonidio *m.* BOT. gonidium.
goniometría *f.* goniometry.
goniométrico, ca *adj.* goniometric.
goniómetro *m.* goniometer.
gonococo *m.* BACT. gonococcus.
gonorrea *f.* MED. gonorrhœa.

gonorreico, ca *adj.* gonorrhœal.
gordal *adj.* big, large-sized : *cereza* ~, large-sized kind of cherry.
gordana *f.* grease, fat.
gordiano *adj.* Gordian.
gordiflón, na; gordinflón, na *adj.* chubby, fat and flabby.
gordito, ta *adj. dim.* somewhat fat, plump.
gordo, da *adj.* fat, obese, stout. 2 bulky. 3 fat, greasy, oily. 4 thick [thread, paper, cloth, etc.]. 5 big, large, of importance : *algo* ~, something of importance, something big; *premio* ~, first prize [in lottery]. 6 hard [water]. 7 *dedo* ~, thumb; big toe. 8 *hacer la vista gorda*, to pretend not to see, to wink or connive at. — 9 *m.* fat, grease, suet. 10 *el* ~, the first prize [in lottery]. — 11 *f. se armó la gorda*, there was the devil to pay, there was the devil of a row.
gordolobo *m.* BOT. mullein, great mullein.
gordura *f.* fatness. 2 fat, grease.
gorga *f.* hawk food.
gorgojarse *ref.* AGORGOJARSE.
gorgojo *m.* ENTOM. weevil. 2 fig. tiny person.
gorgojoso, sa *adj.* weeviled, weevily.
Gorgona *f.* MYTH. Gorgon.
gorgóneo, a *adj.* Gorgonian.
gorgor *m.* GORGOTEO.
gorgorán *m.* grogram.
gorgorita *f.* little bubble. 2 coll. GORGORITO.
gorgoritear *intr.* to trill, quaver [in singing].
gorgorito *m.* trill, quaver [in singing] : *hacer gorgoritos*, to trill.
górgoro *m.* (Mex.) bubble.
gorgorotada *f.* gulp, swallow [of a liquid].
gorgoteo *m.* gurgle, gurgling sound.
gorguera *f.* ruff [collar]. 2 ARM. gorget. 3 INVOLUCRO.
gorigori *m.* coll. chant at funerals.
gorila *m.* ZOOL. gorilla.
gorja *f.* gorge, throat. 2 *estar de* ~, to be in a merry humour.
gorjal *m.* collar [of ecclesiastical garment]. 2 ARM. gorget.
gorjeador, ra *adj.* trilling, warbling.
gorjear *intr.* to trill, warble. 2 [of a baby] to babble.
gorjeo *m.* trill, warble, warbling. 2 babble [of a baby].
gormar *tr.* to vomit.
gorra *f.* cap [headgear without a brim] : ~ *visera*, cap [with a visor]. 2 hunting cap. 3 bearskin, hussar's cap. 4 baby's bonnet. 5 coll. sponging : *de* ~, at other people's expense; *andar de* ~, to sponge, go sponging; *comer de* ~, to eat at other people's expense; *vivir de* ~, to live on other people. — 6 *m.* coll. parasite, sponger.
gorrada *f.* GORRETADA.
gorrería *f.* cap factory or shop.
gorrero, ra *m. & f.* cap. maker or seller. — 2 *m* parasite, sponger.
gorretada *f.* doffing the cap, raising the cap [in greeting].
gorrete *m. dim.* of GORRO.
gorrita *f. dim.* of GORRA.
gorrito *m. dim.* of GORRO.
gorrín *m.* GORRINO.
gorrinada *f.* pigs, number of pigs. 2 dirty action, hoggish action.
gorrinera *f.* pigsty.
gorrinería *f.* dirt, dirtiness. 2 dirty action.
gorrinillo, nito *m. dim.* little sucking pig.
gorrino, na *m. & f.* sucking pig. 2 hog; sow. 3 fig. slovenly person; pig.
gorrión *m.* ORN. sparrow.
gorriona *f.* female sparrow.
gorrioncillo, cito *m.* small sparrow.
gorrionera *f.* den of vice.
gorrista *m. & f.* parasite, sponger.
gorro *m.* cap [without a visor] ; coif : ~ *de dormir*, nightcap; ~ *frigio*, Phrygian cap, liberty cap. 2 baby's bonnet.
gorrón, na *adj.* sponging. — 2 *m. & f.* sponger, parasite. — 3 *m.* large round pebble. 4 unhealthy silkworm. 5 MACH. journal, gudgeon, pivot [of a vertical shaft, etc.]. — 6 *f.* harlot, strumpet.
gorronal *m.* GUIJARRAL.
gorronería *f.* sponging, parasitism.
gorullo *m.* BURUJO.
gorupo *m.* NAUT. sheet bend.

gosipino, na *adj.* gossypine, cottony.
gota *f.* drop [of a liquid]; raindrop : ~ *a* ~, drop by drop; *no quedarle a uno* ~ *de sangre en el cuerpo* or *en las venas*, fig. to be half-dead with fear; *no ver* ~, fig. to see nothing; *sudar la* ~ *gorda*, fig. to sweat blood, to work one's head off. 3 ARCH. drop, gutta. 4 MED. gout. 5 MED. ~ *caduca*, or *coral*, epilepsy, falling sickness. 6 MED. ~ *serena*, amaurosis. 7 *pl.* sprinkling of rum or brandy put into a cup of coffee.
goteado, da *adj.* spotted, speckled.
gotear *intr.* to dribble, drip [fall in drops]. 2 to sprinkle [begin to rain]. 3 to give or get with intermissions.
goteo *m.* dribbling, dripping.
gotera *f.* leak, leakage [in a roof]. 2 dripping [from a roof] ; mark left by dripping water. 3 valance [of canopy]. 4 AGR. tree disease caused by infiltration of water. 5 chronical ailment. 6 *pl.* (Am.) environs.
gotero *m.* (Mex., P. Ri.) medicine dropper.
goterón *m.* big raindrop. 2 ARCH. throat.
gótico, ca *adj.* Gothic : *letra gótica*, black letter. 2 noble, illustricus. — 3 *m.* Gothic [language]. 4 Gothic art, Gothic architecture.
gotita *f. dim.* small drop, droplet.
gotón, na *adj. & n.* Goth.
gotoso, sa *adj.* gouty. — 2 *m. & f.* gout sufferer.
goyesco, ca *adj.* [pertaining to] Goya; in the style of Goya.
gozante *adj.* enjoying. — 2 *m. & f.* enjoyer.
gozar *tr. & intr.* to enjoy [have, possess, have the benefit of] : ~ *de buena salud*, to enjoy good health; ~ *una gran fortuna*, or *de una gran fortuna*, to possess a great fortune. — 2 *tr.* to have carnal knowledge of [a woman]. — 3 *intr.* to enjoy oneself, to experience pleasure. — 4 *intr. & ref.* to enjoy, rejoice, take a pleasure : *gozaba con la lectura*, he enjoyed reading; *se goza en hacerle rabiar*, he takes a pleasure in teasing him.
gozne *m.* hinge.
gozo *m.* joy, gladness, glee, pleasure : *¡el* ~ *en el pozo!*, all has come to naught! ; *no caber en sí de* ~, *saltar de* ~, to be bursting with joy. 2 sudden blaze from dry brushwood. 3 *pl.* couplets in praise of the Virgin or a Saint.
gozosamente *adv.* joyfully.
gozoso, sa *adj.* joyous, joyful, glad, gleeful.
gozque *m.* a little yapping dog.
gozquejo *m. dim.* of GOZQUE.
grabación *f.* recording : ~ *en disco*, recording on phonograph record; ~ *en cinta magnetofónica*, wire or tape recording.
grabado *m.* engraving [art, process, plate, picture] ; cut, print; gravure : ~ *al agua fuerte*, etching; ~ *al agua tinta*, aquatint; ~ *a puntos* or *punteado*, stipple engraving; mezzotint; ~ *en fondo* or *en hueco*, punch or die sinking; ~ *en madera*, wood engraving. 2 picture, illustration [in a book, newspaper, etc.].
grabador, ra *m. & f.* engraver; woodcutter; diesinker.
grabadura *f.* engraving [act].
grabar *tr.* to engrave : ~ *al agua fuerte*, to etch ; ~ *en la mente*, to engrave in the mind. 2 to sink [a punch or die]. 3 to record [for reproduction]. — 4 *ref.* to become engraved.
grabazón *f.* engraved onlays.
gracejada *f.* (C. Am., Mex.) buffoonerie.
gracejar *intr.* to talk or write wittily and pleasantly.
gracejo *m.* pleasant wit [in talking or writing].
gracia *f.* THEOL. grace : *estar en* ~, or *en* ~ *de Dios*, to be in state of grace. 2 grace [pleasing quality, charm], gracefulness. 3 grace, favour, kindness : *de* ~, gratis, free, for nothing; *hacer* ~ *de*, to excuse from, to free from. 4 graciousness, affability. 5 grace, favour, good graces : *caer de la* ~ *de uno*, to lose somebody's favour ; *caer en* ~, to find favour with ; to be well received; to please, be liked; *más vale caer en* ~ *que ser gracioso*, better to be lucky than wise. 6 grace, pardon, mercy. 7 pleasant witticism, pleasantry; point [of a joke]. 8 comicalness, funniness, pleasantness; quality of what is funny, pleasant, amusing; funny, pleasant or amusing impression : *hacer* ~, to raise a laugh, amuse, strike as funny, be funny;

fig. to please, be liked; *¡qué ~!*, iron. how funny!, how fine!, well, I like that!; *tiene ~ la cosa*, it certainly is funny. 9 name [of a person] : *¿cuál es su ~?*, what is your name? 10 talent, facility, dexterity. 11 *~ de Dios*, fig. the sunshine, the air, etc., as a gift of God promoting life : *dejad que entre la ~ de Dios*, let the sunshine, or the air, in. 12 *~ de niñc*, cute act or saying of a child. 13 *Ministerio de Gracia y Justicia*, Department of Justice and Ecclesiastical affairs. 14 *dar en la ~ de decir o hacer una cosa*, to fall into the habit of saying or doing something. 15 *en ~ a*, in consideration of, for the sake of : *en ~ a la brevedad*, for shortness sake. 16 thanks : *¡gracias!*, thank you; *gracias a*, thanks to [owing to]; *gracias a Dios*, thank God; *dar gracias*, or *las gracias*, to thank, to give thanks. 17 grace [short thanksgiving after a meal] : *dar gracias*, to say grace. 18 charms, accomplishments. 19 MYTH. *las Gracias*, the Graces.

graciable *adj.* affable, good-natured, kindly. 2 that can be graciously granted.

grácil *adj.* gracile, slender, small.

graciola *f.* BOT. hedge hyssop.

graciosamente *adv.* gracefully. 2 graciously. 3 gratuitously. 4 funnily.

graciosidad *f.* grace, gracefulness, beauty.

gracioso, sa *adj.* graceful, charming. 2 gracious, gratuitous. 3 witty, facetious. 4 comical, funny. — 5 *m.* & *f.* THEAT. actor, actress playing the funny rôles.

Graco *m. pr. n.* HIST. Graccus.

grada *f.* step [of stairs]. 2 gradin, gradine, tier of seats. 3 the gradins of an amphitheatre, etc. 4 footpace, predella [of altar]. 5 NAUT. slip [of shipyard]. 6 locutory [in a convent]. 7 AGR. harrow. 8 *pl.* stone steps [in front of a building].

gradaoión *f.* gradation, graded series of things. 2 RHET. climax.

gradado, da *adj.* stepped, having gradins or steps.

gradar *tr.* AGR. to harrow.

gradeo *m.* AGR. harrowing.

gradería *f.* gradins, tiers of seats [in an amphitheatre, etc.]; series of steps.

gradiente *m.* METEOR. gradient. 2 (Arg., Chi., Ec.) gradient, slope.

gradilla *f.* small stepladder. 2 brick mould. 3 CHEM. tube rack. 4 gradin [of altar].

gradina *f.* gradine, sculptor's chisel.

gradiolo *m.* GLADIOLO.

grado *m.* step [of stairs]. 2 degree [step, stage in an ascending or descending scale or process] : *de ~ en ~*, gradually, by degrees. 3 grade [degree in quality, value, etc.]. 4 [academic] degree. 5 EDUC. division or section of an elementary school, *grade. 6 ALG., GEOM., MUS. degree. 7 GRAM. degree [of comparison]. 8 degree, measure : *en ~ superlativo*, *en sumo ~*, in the highest degree. 9 degree [of relationship] : *un pariente en tercer ~*, a relation in the third degree. 10 MIL. brevet. 11 LAW stage of a lawsuit. 12 will, willingness : *de ~*, *de buen ~* or *de su ~*, willingly; with pleasure; *de ~ o por fuerza*, willy-nilly; *de mal ~*, unwillingly; *mal de mi ~*, against my wishes, much to my regret, unwillingly. 13 *pl.* ECCL. minor orders.

graduable *adj.* that may be graduated, adjustable.

graduación *f.* graduation, grading. 2 strength [of spirituous liquors]. 3 MIL. rank, degree of ránk. 4 EDUC. admission to a degree.

graduado, da *adj.* graduated, graded. 2 MIL. brevetted. — 3 *m.* & *f.* graduate.

graduador *m.* any instrument to graduate the quantity or quality of something, graduator.

gradual *adj.* gradual. — 2 *m.* ECCL. gradual.

gradualmente *adv.* gradually.

graduando, da *m.* & *f.* EDUC. candidate for a degree.

graduar *tr.* to regulate, adjust, set. 2 to graduate [mark out scale on; arrange in gradations]. 3 to determine the degree or quality of : *~ la densidad de la leche*, to determine the density of milk. 4 EDUC. to *graduate, admit to an academic degree. 5 MIL. to brevet [confer rank by brevet]. — 6 *ref.* EDUC. to *graduate, receive a degree.

grafía *f.* GRAM. signs representing a sound or word.

gráficamente *adv.* graphically.

gráfico, ca *adj.* graphic, graphical. 2 illustrated [newspaper, magazine, etc.]. — 3 *m.* diagram. — 4 *f.* graph.

gráfila, grafila *f.* outer circle of dots above field of coin.

grafio *m.* graver for grafito or scratchwork.

grafioles *m. pl.* S-shaped biscuits.

grafito *m.* MINER. graphite.

grafófono *m.* graphophone.

grafología *f.* graphology.

grafomanía *f.* graphomania.

grafómano, na *m.* & *f.* graphomaniac.

grafómetro *m.* graphometer.

gragea *f.* small coloured sugarplums. 2 PHARM. sugar-coated pill.

graja *f.* female rook.

grajear *intr.* to caw. 2 [of a baby] to gurgle.

grajero, ra *adj.* haunted by rooks.

grajo *m.* ORN. rook, crow, common rook. 2 (Am.) stench from sweat.

grajuelo *m. dim.* young rook.

grama *f.* BOT. Bermuda grass, scutch grass. 2 BOT. *~ del Norte*, couch grass, scutch grass. 3 BOT. *~ de olor or de los prados*, vernal grass.

gramal *m.* couch grass field.

gramalla *f.* long gown formerly worn by men. 2 coat of mail.

gramática *f.* grammar. 2 study of the Latin language. 3 coll. *~ parda*. shrewdness, know-how.

gramatical *adj.* grammatical.

gramático, ca *adj.* grammatical. — 2 *m.* & *f.* grammarian.

gramatiquear *intr.* coll. to talk grammar.

gramatiquería *f.* coll. & scorn. grammatical stuff.

gramil *m.* CARP. gauge, marking gauge.

gramilla *f.* scutching board. 2 BOT. (Arg.) joint grass.

gramináceo, a & **gramíneo, a** *adj.* BOT. graminaceous, gramineous.

gramo *m.* gram, gramme [weight].

gramófono *m.* gramophone.

gramola *f.* console phonograph. 2 portable gramophone.

gramoso, sa *adj.* covered with couch grass. 2 [pertaining to] couch grass.

gran *adj.* contr. of GRANDE, used before *m.* or *f.* nouns in the singular : *~ bestia*, ZOOL. elk; tapir; *~ canon*, PRINT. canon [largest size of type]; *~ cruz*, grand cross; *~ Mogol*, Great Mogul, Grand Mogul; *~ visir*, grand vizier.

grana *f.* seeding : *dar en ~*, to go to seed. 2 seeding time. 3 small seed of some plant. 4 cochineal. 5 kermes [dyestuff]. 6 kermes berry. 7 scarlet colour : *labios de ~*, red lips. 8 a fine cloth. 9 BOT. *~ del Paraíso*, cardamom.

Granada *f. pr. n.* GEOG. Granada. 2 *Nueva ~*, New Granada.

granada *f.* BOT. pomegranate [fruit]. 2 MIL. grenade, shell : *~ de mano*, hand grenade.

granadera *f.* grenadier's pouch.

granadero *m.* MIL. grenadier. 2 coll. very tall person.

granadilla *f.* BOT. passionflower. 2 passion fruit.

granadillo *m.* BOT. granadilla tree, red ebony. 2 granadilla wood.

granadina *f.* grenadine [fabric; syrup].

granadino, na *adj.* [pertaining to] pcmegranate. — 2 *adj.* & *n.* native of or pertaining to Granada [Spain], or New Granada [Colombia]. — 3 *m.* flower of the pomegranate tree.

granado, da *adj.* choice, select. 2 distinguished, illustrious. 3 mature, expert. 4 tall, grown. 5 AGR. seedy. — 6 *m.* BOT. pomegranate [tree].

granalla *f.* FOUND. granulated metal.

granar *intr.* [of plants] to seed.

granate *m.* garnet [stone and colour] : *~ almandino*, deep-red garnet.

granazón *f.* seeding [forming seeds].

Gran Bretaña *f. pr. n.* GEOG. Great Britain.

grancé *adj.* madder [colour].

grande *adj.* large, big; great, grand : *en ~*, as a whole; in a big way; grandly. — 2 *m.* grandee : *~ de España*, Spanish grandee.

grandecico, cillo, cito *adj.* pretty large, fairly big.

grandemente *adj.* greatly, extremely. 2 very well.

grandevo, va *adj.* poet. hoary, aged, of advanced age.
grandeza *f.* bigness, largeness. 2 size, magnitude. 3 greatness, grandeur. 4 magnificence. 5 grandeeship, dignity of grandee. 6 the grandees, the body of the Spanish grandees.
grandezuelo, la *adj. dim,* GRANDECICO.
gradilocuencia *f.* grandiloquence.
grandilocuente; grandilocuo, cua *adj.* grandiloquent, grandiloquous.
grandillon, na *adj.* GRANDULLÓN.
grandiosamente *adv.* grandly, magnificently.
grandiosidad *f.* grandeur, magnificence.
grandioso, sa *adj.* grandiose, grand, magnificent.
grandísono, na *adj.* poet. high-sounding.
grandor *m.* size, magnitude.
grandote *adj.* biggish.
grandullón, na *adj.* overgrown : *muchacho* ~, big strapping lad.
graneado, da *adj.* grained. 2 spotted. 3 (Pe.) select, choice. 4 MIL. *fuego* ~, drumfire.
graneador *m.* stipple graver. 2 granulating sieve for gunpowder. 3 place where gunpowder is shifted.
granear *tr.* to sow, seed [a plot, etc.]. 3 to grain [powder; a lithographic stone]; to stipple [in engraving].
granel (a) *adv.* loose, in bulk. 2 lavishly, in abundance.
granelar *tr.* to grain [leather].
granero *m.* granary, barn, corn-loft. 2 fig. granary [region].
granete *m.* MECH. centre punch.
granévano *m.* TRAGACANTO.
granguardia *f.* MIL. grand guard.
granicé, granice, etc., *pret., subj. & imper.* of GRANIZAR.
granilla *f.* the grain on the wrong side of cloth.
granillo *m.* small grain. 2 small pimple. 3 pimple on the rump of canary birds and linnets.
granilloso, sa *adj.* granulous.
granítico, ca *adj.* granitic.
granito *m.* small grain. 2 small pimple. 3 MINER. granite. 4 egg of a silkworm.
granívoro, ra *adj.* granivorous.
granizada *f.* hailstorm. 2 fig. hail, shower [of things falling or coming like hail]. 3 (Arg., Chi.) iced drink.
granizado *m.* iced drink : ~ *de café,* iced coffee.
granizal *m.* (Col.) hailstorm.
granizar *intr.* to hail. — 2 *tr.* to hail, shower as hail.
granizo *m.* hail. 2 hailstorm.
granja *f.* grange, farm. 2 dairy farm. 3 dairy [shop].
granjear *tr.* to gain, earn, acquire. — 2 *tr. & ref.* to win [the affection, etc., of] : *granjearse el afecto de,* to endear oneself to.
granjeo *m.* gaining, acquiring, wining.
granjería *f.* gain, profit.
granjero, ra *m. & f.* granger, farmer. 2 trader.
grano *m.* grain [of cereals] : *apartar el* ~ *de la paja,* fig. to separate the important from the trivial. 2 small seed : *¡ahí es un* ~ *de anís!* iron. that is an important matter! 3 berry, grape, bean : ~ *de café,* coffee bean. 4 grain [small hard particle]. 5 grain [of the wood, the stone, etc.; granulated appearance]. 6 grain [of the leather]. 7 grain [weight] 8 pimple. 9 *ir al* ~, to come to the point. 10 *pl.* COM. grain, corn, small seeds. 11 BOT. *granos del Paraíso,* grains of paradise.
granoso, sa *adj.* grained, having a granulated surface.
granuja *f.* loose grapes. 2 grapeseed. 3 *m.* gamin, waif, street Arab. 4 knave, rascal. 5 lot of gamins or rascals, rascaldom.
granujada *f.* scurvy trick, knavery.
granujado, da *adj.* AGRANUJADO.
granujería *f.* lot of gamins or street Arabs. 2 lot of rascals, rascaldom. 3 GRANUJADA.
granujiento, ta *adj.* full of pimples.
granujilla *m. dim.* little street Arab. 2 little rascal.
granujo *m.* pimple, pustule.
granujoso, sa *adj.* pimpled.
granulación *f.* granulation.
granulado, da *adj.* granulated, granular [consisting of granules].
1) **granular** *adj.* granular.

2) **granular** *tr.* to granulate [form into granules]. — 2 *ref.* MED. to granulate.
gránulo *m.* granule.
granuloso, sa *adj.* granulose.
granza *f.* BOT. madder.
granzas *f. pl.* chaff, shiftings, screenings. 2 dross of metals.
granzón *m.* piece of ore that won't pass through screen. 3 *pl.* knots of straw that won't pass through shieve and that are left uneaten by cattle.
grañón *m.* boiled grain of wheat; pap made of boiled wheat.
grao *m.* beach used as a landing place.
grapa *f.* staple, cramp, cramp-iron.
grapón *m.* large staple or cramp.
grasa *f.* grease, fat : ~ *de ballena,* blubber. 2 lubricant grease. 3 greasy dirt. 4 gum of juniper. 5 GRASILLA.
grasera *f.* vessel for fat or grease. 2 COOK. dripping pan.
grasería *f.* tallow chandler's workshop.
grasero *m.* MIN. slag dumper.
graseza *f.* greasiness.
grasiento, ta *adj.* greasy, oily [smeared or defiled with grease].
grasilla *f.* pounce [powder used to keep ink from spreading].
graso, sa *adj.* greasy, fat [of the nature of grease]. 2 CHEM. fat [acid]. — 3 *m.* GRASEZA.
grasones *m. pl.* kind of wheat porridge.
grasoso, sa *adj.* greasy [permeated with grease].
grasura *f.* GROSURA.
grata *f.* wire brush.
gratamente *adv.* agreeably, pleasingly.
gratar *tr.* to clean or burnish with a wire brush.
gratificación *f.* gratification, reward, gratuity, tip. 2 additional fee or pay.
gratificador, ra *adj.* gratifying, rewarding, tipping. — 2 *m. & f.* gratifier, rewarder, tipper.
gratificar *tr.* to gratify, reward, tip. 2 to gratify, please.
gratifiqué, gratifique, etc., *pret., subj. & imper.* of GRATIFICAR.
grátil, gratil *m.* NAUT. head [of sail]. 2 NAUT. main part [of a yard].
gratis *adv.* gratis, free, for nothing.
gratisdato, ta *adj.* gratuitous [not earned or paid for].
gratitud *f.* gratitude, gratefulness.
grato, ta *adj.* agreeable, pleasant, pleasing. 2 acceptable. — 3 *f. su grata,* your favour [letter].
gratonada *f.* chicken fricassee or ragout.
gratuitamente *adv.* gratuitously.
gratuito, ta *adj.* gratuitous, gratis. 2 gratuitous [uncalled for, unfounded].
gratulación *f.* congratulation. 2 rejoicing.
gratular *tr.* to congratulate. — 2 *ref.* to rejoice.
gratulatorio, ria *adj.* gratulatory, congratulatory.
grava *f.* gravel, pebble gravel. 2 broken stone [for roadbeds].
gravamen *m.* burden, obligation. 2 tax, impost, duty. 3 mortgage, lien, encumbrance [on property].
gravar *tr.* to weigh on or upon. 2 to burden [with taxes, duties, etc.], to tax. 3 to encumber [property].
gravativo, va *adj.* burdensome.
grave *adj.* heavy [heaving weight]. 2 grave, weighty, important, serious, severe. 3 difficult, troublesome. 4 grave dignified, solemn, circumspect. 5 serious noble, elevated [style]. 6 grave, low-pitched [sound]; deep [voice]. 7 GRAM. grave [accent]. 8 GRAM. having the stress on the penultimate syllable [word]. 9 MED. serious, dangerous [illness, wound]; in a dangerous condition [patient, ill person].
gravear *intr.* to rest, weigh [on or upon].
gravedad *f.* PHYS. gravity : *centro de* ~, centre of gravity. 2 MUS. gravity. 3 gravity, importance, seriousness : *enfermo de* ~, seriously ill; *herido de* ~, dangerously wounded. 4 gravity, graveness [serious or solemn demeanour].
gravedoso, sa *adj.* affectedly grave or solemn.
gravemente *adv.* gravely. 2 seriously, dangerously.
gravidez *f.* pregnancy, gravidity.
grávido, da *adj.* gravid, pregnant. 2 full [of], abundant [in].
gravimetría *f.* gravimetry.

gravimétrico, ca *adj.* gravimetric.
gravímetro *m.* PHYS. gravimeter.
gravitación *f.* gravitation.
gravitar *intr.* to gravitate. 2 to rest, weigh [on or upon].
gravoso, sa *adj.* burdensome, onerous. 2 annoying, hard to bear.
graznador, ra *adj.* cawing, croaking. 2 cackling, gaggling.
graznar *intr.* [of a crow, rook or raven] to caw, croak. 2 [of a goose] to cackle, gaggle. 3 *fig.* to croak [in singing].
graznido *m.* caw, croak [of crow, rook or raven]. 2 cackle, gaggle [of goose]. 3 *fig.* croak [in singing].
greba *f.* ARM. greave.
greca *f.* fret, Greek fret.
Grecia *f. pr. n.* GEOG. Greece.
greciano, na & **grecisco, ca** *adj.* Grecian, Greek.
grecicé, grecice, etc., *pret., subj.* & *imper.* of GRECIZAR.
grecismo *m.* Grecism.
grecizante *adj.* Grecizing.
grecizar *tr.* & *intr.* to Grecize.
greco, ca *adj.* & *n.* Greek.
grecolatino, na *adj.* Greco-Latin.
grecorromano, na *adj.* Greco-Roman.
greda *f.* clay, fuller's earth.
gredal *adj.* clayey. — 2 *m.* ground abounding in fuller's earth.
gredoso, sa *adj.* clayey, having or resembling fuller's earth.
gregal *m.* northeast wind [in the Mediterranean]. — 2 *adj.* gregarious, going in flocks.
gregario, ria *adj.* gregarious [pertaining to a crowd or community]. 2 servilely following other people's initiatives.
gregoriano, na *adj.* Gregorian.
Gregorio *m. pr. n.* Gregory.
greguería *f.* hubbub, uproar, confused sound of voices.
gregüescos *m. pl.* wide breeches [worn in the 16th and 17th centuries].
greguicé, greguice, etc., *pret., subj.* & *imper.* of GREGUIZAR.
greguisco, ca *adj.* Grecian, Greek.
greguizar *intr.* to Grecize.
gremial *adj.* (pertaining to a] guild. — 2 *m.* guildsman. 3 ECCL. gremial.
gremio *m.* guild [medieval association]. 2 guild, fraternity [men of the same class, profession, etc.]. 3 body, pale [of the Church]. 4 association of tradesmen or shopkeepers : ~ *de joyeros,* jewellers association.
grenchudo, da *adj.* having a long mane.
greña *f.* [usually *pl.*] shock, head of dishevelled hair : *andar a la* ~ [of women], to pull each other's hair ; to wrangle, to argue excitedly. 2 something tangled or matted. 3 (Mex.) *en* ~, raw [silk, etc.].
greñudo, da *adj.* shock-headed. — 2 *m.* horse used to incite mares that are to be covered by an ass.
gres *m.* material for making pottery refractory to heat and acids.
gresca *f.* merry noise, hubbub, shouting. 2 shindy, brawl.
grey *f.* flock, herd. 2 *fig.* flock [Christian body, congregation of the faithful]. 3 *fig.* flock, people, race, nation.
grial *m.* grail : *el Santo Grial,* the Holy Grail.
griego, ga *adj.* & *n.* Greek, Grecian. — 2 *m.* Greek, Greek language. 3 *fig.* Greek [unintelligible language] : *esto es* ~ *para mí,* it is all Greek to me. 4 *coll.* greek, sharper, card cheat.
grieta *f.* crack, crevice, cleft, flaw, rent, chink, cranny, shake, split, fissure. 2 chap [in skin].
grietado, da *adj.* cracked, crannied, fissured. 2 chapped [skin].
grietarse, grietearse *ref.* to crack, to chap [open in cracks or chaps].
grietoso, sa *adj.* cracked, cracky, chappy.
grifado, da *adj.* PRINT. script [type].
grifalto *m.* gerfalcon [culverin].
grifarse *ref.* ENGRIFARSE.
grifo, fa *adj.* kinky, tangled [hair]. — 2 *adj.* & *f.* PRINT. script [type]. — 3 *m.* faucet, tap, cock. 4 MYTH. griffin.
grifón *m.* GRIFO 3.

grigallo *m.* ORN. a kind of francolin.
grilla *f.* ENTOM. female cricket. 2 *coll.* ¡ésa es ~!, tell me another!
grillarse *ref.* [of a seed, onion, potato, etc.] to sprout.
grillera *f.* cricket hole. 2 cricket cage. 3 *coll.* bedlam.
grillete *m.* fetter, shackle.
grillo *m.* ENTOM. cricket : ~ *cebollero* or *real,* mole cricket. 2 sprout [of a seed, onion, potato, etc.]. 3 *pl.* fetters, irons, gyves, shackles.
grillotalpa *m.* ENTOM. mole cricket.
grima *f.* horror ; vexation, displeasure, irritation : *dar* ~, to cause horror ; to vex, displease, sicken, irritate.
grimoso, sa *adj.* horrible, repulsive, sickening.
grímpola *f.* NAUT. pennant, streamer.
gringo, ga *m.* & *f.* contempt. (Am.) foreigner [esp. ap. to English & American people]. — 2 *m. coll.* Greek [unintelligible language].
griñón *m.* wimple. 2 BOT. nectarine.
gripa *f.* (Am.) GRIPE.
gripal *adj.* MED. grippal.
gripe *f.* MED. grippe, grip.
gris *adj.* grey, gray. 2 dull, cloudy [day]. 3 dull, monotonous, uneventful, lacking interest or personality. — 4 *m.* ZOOL. a Siberian squirrel and its fur. 5 cold, cold wind.
grisáceo, a *adj.* greyish.
grisalla *f.* grisaille [decorative painting].
gríseo, a *adj.* greyish.
griseta *f.* flowered silk stuff. 2 tree disease caused by infiltration of water.
grisma *f.* (Guat., Hond.) jot, whit.
grisú *m.* MIN. firedamp.
grita *f.* uproar, shouting. 2 hooting [shouts of disapproval] : *dar una* ~, to hoot.
gritador, ra *adj.* shouting. — 2 *m.* & *f.* shouter.
gritar *intr.* to shout, cry out, scream. — 2 *tr.* to shout, cry, [utter loudly, with a shout]. — 3 *intr.* & *tr.* to hoot [in disapproval], to boo.
gritería *f., griterío** *m.* shouting, outcry, uproar.
grito *m.* shout, cry, scream, hoot : *alzar el* ~, to talk loud and haughtily ; *asparse a gritos* [of a child] to scream wildly ; to shout at the top of one's voice ; *estar en un* ~, to moan in continual pain ; *poner el* ~ *en el cielo,* to complain loudly or vehemently, to make a great fuss ; *a* ~ *herido* or *pelado, a voz en* ~, at the top of one's voice. 2 cry [of an animal].
gritón, na *adj.* bawling, vociferous. — 2 *m.* & *f.* shouter.
gro *m.* grosgrain.
groelandés, sa; groenlandés, sa *adj.* Greenlandic. — 2 *m.* & *f.* Greenlander.
Groenlandia *f. pr. n.* GEOG. Greenland.
groera *f.* NAUT. rope hole.
grog *m.* grog [drink].
gromo *m.* GRUMO 4.
gropos *m. pl.* cotton for an inkstand.
gros *m.* ancient coin of small value.
grosamente *adv.* grossly, roughly.
grosella *f.* currant, red currant [fruit]. 2 ~ *silvestre,* gooseberry [fruit].
grosellero *m.* BOT. currant, red currant [plant]. 2 ~ *silvestre,* gooseberry [plant].
groseramente *adv.* coarsely, roughly, grossly. 2 rudely, impolitely.
grosería *f.* coarseness, roughness. 2 rusticity. 3 rudeness, ill-breeding ; discourtesy, incivility.
grosero, ra *adj.* coarse, rough. 2 gross [error, etc.]. 3 rustic, unpolished. 4 rude, uncivil, discourteous, churlish. — 5 *m.* & *f.* ill-bred person, boor, churl.
grosezuelo, la *adj. dim.* somewhat thick or stout.
grosísimo, ma *adj. superl.* very thick, very stout.
grosor *m.* thickness.
grosularia *f.* MINER. grossularite.
grosulariáceo, a *adj.* BOT. grossulariaceous. — 2 *f. pl.* BOT. Grossulariaceæ.
grosulina *f.* CHEM. grossulin.
grosura *f.* fat, suet, grease. 2 COOK. feet and entrails [of animals].
grotescamente *adv.* grotesquely.
grotesco, ca *adj.* grotesque, ridiculous. — 2 *adj.* & *m.* F. ARTS grotesque.
grúa *f.* MACH. crane, derrick crane : ~ *corredera,* travelling crane ; ~ *de caballete,* gantry crane ; ~ *fija,* stationary crane ; ~ *flotante,* crane ship, floating crane. 2 an ancient war engine.

gruesa *f.* gross [twelve dozen].
gruesamente *adv.* in gross, in bulk. 2 thickly, bulkily.
grueso, sa *adj.* thick [not thin or slender]. 2 corpulent, bulky, stout, fleshy. 3 big, heavy. 4 large around [trunk of tree, post, etc.]. 5 dull, slow [mind]. 6 ANAT. large [intestine]. 7 NAUT. *averia gruesa,* general average. — 8 *m.* bulk, mass, corpulence. 9 main body or part : *el ~ del ejército,* the main body of the army. 10 thickness [of a wall, etc.]. 11 GEOM. thickness [third dimension]. 12 PRINT. thick line [of type]. 13 drown stroke [in penmanship]. 14 COM. *en ~,* in gross, in the gross, in bulk, at wholesale.
gruir *intr.* [of a crane] to cry, crunk. ¶ CONJUG. like *huir.*
grujidor *m.* glazier's trimmer.
grujir *tr.* to trim [glass] with the GRUJIDOR.
grulla *f.* ORNIT. crane.
grullada *f.* GURULLADA. 2 PEROGRULLADA.
grullero, ra *adj.* crane-hunting [falcon].
grullo *adj.* (Mex.) ash-coloured [horse]. — 2 *m.* coll. rustic, boor. 3 (Mex., Ve.) peso, dollar. 4 (Arg.) large stallion.
grumete *m.* NAUT. cabin boy, ship boy.
grumo *m.* clot, lump [coagulated mass]. 2 thick cluster. 3 tip [of a fowl's wing]. 4 bud [undeveloped shoot or stem].
grumoso, sa *adj.* full of clots, clotted.
gruñendo, gruñeron, etc., *irr.* V. GRUÑIR.
gruñido *m.* grunt, growl, grumble.
gruñidor, ra *adj.* grunting, growling.
gruñimiento *m.* grunting, growling, grumbling.
gruñir *intr.* to grunt. 2 to growl; to grumble. 3 [of a door, hinge, etc.] to creak, squeak. ¶ CONJUG. like *mullir.*
gruñó *irr.* V. GRUÑIR.
gruñón, na *adj.* grumbling, grumpy, cranky. — 2 *m.* grumbler, growler.
grupa *f.* croup, rump [of horse] : *volver grupas* or *la ~* [of a horse rider], to turn tail.
grupada *f.* squall, burst of wind or rain.
grupera *f.* crupper [of harness]. 2 cushion at the back of a saddle for carrying baggage.
grupo *m.* group, set, knot, clump, cluster : *~ sanguíneo,* blood group or type. 2 MACH., ELECT. set, unit : *~ electrógeno,* generator unit ; *~ motor,* AUT., AER. power plant.
gruta *f.* grot, grotto.
grutesco, ca *adj. & m.* F. ARTS grotesque.
gruyo, gruyó, gruya, etc., *irr.* V. GRUIR.
¡gua! *interj.* (Am.) gracious!
guaba *f.* (C. Am., Ec.) GUAMA. — 2 *m.* (W. I.) a spider allied to the tarantula.
guabairo *m.* (Cu.) ORN. a nocturnal, insectivorous bird.
guabina *f.* (W. I., Col. Ve.) a fresh-water fish. 2 (Col.) a popular peasant air.
guabirá *m.* (Arg.) BOT. a big tree with a smooth white trunk.
guaca *f.* (Bcl., Pe.) old Indian tomb. 2 (S. Am.) buried treasure. 3 (C. Ric., Cu.) pit where gathered fruit is put to ripen.
guacal *m.* BOT. calabash tree. 2 (C. Am.) calabash [utensil]. 3 (C. Am. & Can.) crate.
guacamayo *m.* ORN. red-and-blue macaw.
guacamole *m.* (Cu.) avocado salad.
guacia *f.* BOT. acacia. 2 acacia gum.
guaco *m.* BOT. guaco. 2 ORN. curasow.
guachapear *tr.* to dabble in [water] with the feet, 2 to botch, bungle. — 3 *intr.* to clap, clatter [as a piece of iron when loose].
guachapelí *m.* BOT. a Central American timber tree.
guáchara *f.* (Cu., P. Ri.) lie.
guácharo, ra *adj.* sickly. 2 dropsical. 3 (Ec.) orphan. — 4 *m.* birdling. 5 ORN. guacharo, oilbird.
guache *m.* (Col., Ve.) low, despicable fellow.
guachinango, ga *adj.* (Cu., Mex., P. Ri.) cunning, sly. 2 (Cu.) nickname given to the Mexicans. — 3 *m.* (Cu., Mex.) ICHTH. braize, sea bream.
guacho, cha *adj.* (Arg., Col., Chi., Ec.) orphan, motherless. 2 (Arg., Chi.) foundling. 3 (Chi.) odd [only one of a pair]. — 4 *m.* birdling.
guadafiones *m. pl.* hobbles.
guadalajareño, ña *adj.* of Guadalajara. — 2 *m. & f.* native or inhabitant of Guadalajara.
Guadalupe *f. pr. n* Guadeloupe.
guadamací guadamacil *m.* GUADAMECÍ.

guadamacilería *f.* embossed-leather shop or factory. 2 art of making embossed leather.
guadamacilero *m.* embossed-leather maker or dealer.
guadamecí, guadamecil *m.* embossed leather.
guadaña *f.* scythe.
guadañador, ra *adj.* mowing. — 2 *m. & f.* GUADAÑERO.
guadañar *tr.* to scythe, mow.
guadañero *m.* scytheman, mower.
guadañil *m.* mower of hay.
guadaño *m.* (Cu., Mex.) harbour boat.
guadapero *m.* BOT. wild pear. 2 boy who carries food to mowers or scythemen.
guadarnés *m.* harness room. 2 harness keeper. 3 formerly, keeper of the armoury in the royal palace. 4 armoury, arms museum.
guádua *f.* (Col., Ec., Ve.) BOT. a variety of large bamboo.
guagasí *m.* (Cu.) BOT. a wild tree yielding an aromatic resin.
guagua *f.* trifle : *de ~,* free, for nothing. 2 (Cu.) a scale insect. 3 (S. Am.) baby. 4 (Can., Cu., P Ri.) omnibus.
guaicán *m.* (W. I.) ICHTH. remora.
guaicurú *m.* (Arg.) BOT. a medicinal shrub.
guaina *m.* (Arg., Chi.) boy, youth.
guainambí *m.* (C. Am., Mex.) ORN. humming bird.
guaira *f.* NAUT. leg-of-mutton sail. 2 (Pe.) smelting furnace [of Indians].
guairo *m.* (Am.) small vessel with two leg-of-mutton sails.
guaita *f.* MIL. obs. night watch.
guaja *m.* coll. rogue, knave.
guájar *m.* or *f.,* **guájaras** *f. pl.* fastness, roughest part of a mountain.
guaje *m.* (Mex.) a variety of acacia. 2 (Hond., Mex.) calabash, gourd. 3 (Hond., Mex.) fool, simpleton. 4 (C. Am.) good-for-noting ; useless thing.
guájete por guájete, tit for tat.
guajira *f.* Cuban popular song.
guajiro, ra *m. & f.* (Cu.) peasant.
guajolote *m.* (Mex.) ORN. turkey.
gualda *f.* weld, woad, dyer's rocket.
gualdado, da *adj.* yellow-dyed.
gualdera *f.* sidepiece [of a ladder, of the stock of a gun-carriage, etc.].
gualdo, da *adj.* yellow, weld.
gualdrapa *f.* housing, horse trappings. 2 coll. dirty rag hanging from clothes.
gualdrapazo *m.* NAUT. flap [of sail against rigging].
gualdrapear *intr.* NAUT. [of sails] to flap. — 2 *tr.* to place [things] head to tail.
gualdrapeo *m.* NAUT. flapping [of sails]. 2 placing things head to tail.
gualdrapero *m.* ragamuffin, ragged fellow.
Gualterio, Gualtero *m. pr.* n. Walter.
guama *f.* BOT. fruit of the GUAMO. 2 (Col.) GUAMO.
guamá *m.* BOT. a West Indian tree with a bark used in making ropes.
guamo *m.* BOT. a tall American tree planted to shade coffee plants.
guampa *f.* (Arg., Ur.) horn [of an ox or cow].
guanabá *m.* (Cu.) ORN. a wading bird feeding on shellfish.
guanábana *f.* BOT. soursop, custard-apple [fruit].
guanábano *m.* BOT. soursop, custard-apple [tree].
guanaco *m.* ZOOL. guanaco. 2 (C. Am., Arg.) fig. rustic, boor. 3 (C. Am., S. Am.) fig. simpleton.
guanajo *m.* (W. I.) ORN. turkey.
guanana *f.* (Cu.) ORN. a variety of goose.
guanche *m. & f.* ancient inhabitant of the Canary Islands.
guando *m.* (Col., Ec., Pe.) stretcher, litter.
guanera *f.* guano deposit.
guanero, ra *adj.* [pertaining to] guano.
guangoche *m.* (C. Am., Mex.) burlap.
guangocho, cha *adj.* (Mex.) loose [not tight-fitting]. — 2 *m.* (Hond.) GUANGOCHE.
guanina *f.* (Cu.) BOT. stinking weed. 2 CHEM. guanine.
guano *m.* guano [fertilizer]. 2 (Cu.) palm tree.
guantada *f.,* **guantazo** *m.* slap [blow with the open hand].
guante *m.* glove : *arrojar el ~,* to throw down the glove, or the gauntlet ; *echar el ~ a,* to take, to seize ; *echar un ~,* to take up a collection for charitable purposes ; *poner a uno como un ~,* or *más suave que un ~,* to render tractable

by reprehension or punishment; *recoger el* ~, to take up the glove, or the gauntlet; *salvo el* ~, excuse my glove. 2 *pl.* tip, bonus.

guantelete *m.* gauntlet [armoured glove].

guanteria *f.* glove business, factory or shop. 2 glovemaking.

guantero, ra *m. & f.* glovemaker, glover.

guantón *m.* (Am.) GUANTADA.

guañil *m.* BOT. a Chilean shrub.

guañir *intr.* [of little pigs] to grunt.

guao *m.* (Am.) BOT. guao.

guapamente *adv.* coll. bravely or swaggeringly. 2 coll. very well.

guapear *intr.* coll. to display courage in danger. 2 to dress in a fine, showy manner. 3 (Chi.) to brag, swagger, play the bully.

guaperia *f.* blustering, bullying.

guapetón, na *adj.* coll. handsome, comely, good-looking, buxom. — 2 *m.* blusterer, bully, rough.

guapeza *f.* coll. bravery, daring, boldness. 2 coll. showiness [in dress]. 3 blustering, swagger, swaggering.

guapo, pa *adj.* coll. handsome, good-looking, comely. 2 (Am.) brave, daring, bold. 3 coll. well-dressed, showy-dressed, smart. — 4 *m.* blusterer, bully, rough. 5 vulg. gallant, wooer.

guapote, ta *adj.* good-natured. 2 handsome, good-looking.

guapura *f.* coll. good looks.

guara *f.* (Cu.) BOT tree resembling the chestnut tree. 2 (Hond.) GUACAMAYO. 3 (Chi.) frippery [in dress].

guará *m.* (S. Am.) ZOOL. wolf of the pampas.

guaracha *f.* (Cu., P. Ri.) a dance.

guarache *m.* (Mex.) sandal.

guaraná *f.* BOT. a Brazilian shrub. 2 (Am.) PHARM. a dried paste made from the seeds of the GUARANÁ.

guarango, ga *adj.* (Arg., Chi., Pe.) unmannerly, impudent. — 2 *m.* (Ec., Pe.) BOT. wild huisache. 3 (Ve.) BOT. divi-divi.

guaraní *adj. & n.* Guaraní.

guarapo *m.* juice of the sugar cane; fermented drink made from it.

guarda *m. & f.* guard, keeper, custodian : ~ *de coto,* gamekeeper; ~ *forestal,* forester, forest keeper, forest ranger. — 2 *m.* (Am.) conductor, ticket-collector [of a tram or street car]. — 3 *f.* ward, guard, care, trust, custody, safe-keeping. 4 LAW guardianship. 5 observance [of law, etc.]. 6 guard [of sword]. 7 ward [of lock or key]. 8 BOOKB. flyleaf. 9 outside rib [of a fan]. 10 MEC. guard plate. 11 nun who accompanies men through convents.

¡guarda! *interj.* look out!, beware!

guardabanderas *m.* NAUT. yeoman of signals.

guardabarrera *m.* RLY. gatekeeper, level-crossing guard, *grade-crossing guard.

guardabarros, *pl.* **-rros.** mudguard, fender.

guardabosque *m.* forester, gamekeeper.

guardabrazo *m.* ARM. brassard.

guardabrisa *m.* AUTO. windshield. 2 glass shade [for candles].

guardacabo *m.* NAUT. thimble.

guardacabras *m.* goatherd.

guardacantón *m.* spur stone; corner spur stone.

guardacartuchos *m.* NAUT. cartridge case.

guardacostas *m.* NAUT. revenue cutter. 2 NAUT. coast-guard ship.

guardacuños *m.* keeper of the dies in the mint.

guardado, da *p. p.* of GUARDAR. — 2 *adj.* reserved, reticent. 3 circumspect.

guardador, ra *adj.* thrifty, careful. 2 observant [of law, etc.]. 3 stingy. — 4 *m. & f.* thrifty person. 5 observer [of law, etc.]. 6 niggard. 7 guardian, tutor.

guardafrenos *m.* RLY. brakeman.

guardafuego *m.* NAUT. breaming board.

guardaguas *m.* NAUT. spurn water.

guardagujas *m.* RLY. pointsman, switchman.

guardahumo *m.* NAUT. smoke sail.

guardainfante *m.* farthingale. 2 NAUT. capstan whelp.

guardajoyas *m.* keeper of the crown jewels. 2 place where the crown jewels were kept.

guardalado *m.* railing, parapet.

guardalmacén *m.* storekeeper, warehouseman.

guardalobo *m.* BOT. poet's cassia.

guardamalleta *f.* lambrequin [over a curtain].

guardamano *f.* guard [of sword].

guardameta *m.* SPORT goalkeeper.

guardamigo *m.* prop formerly placed under the chin of criminals when they were flogged.

guardamonte *m.* trigger guard. 2 kind of poncho. 3 (Arg., Bol.) leather pieces hanging from saddle to protect the rider's legs.

guardamuebles *m.* warehouse for storing furniture. 2 keeper of the furniture in the royal palace.

guardamujer *f.* obs. a servant of the queen.

guardapapo *m.* ARM. beaver.

guardapelo *m.* locket [little case].

guardapesca *m.* NAUT. boat used by officials controlling the observance of fishing laws.

guardapiés *m.* BRIAL.

guardapolvo *m.* dust cover, dust cloth. 2 dust coat, duster. 3 inner lid [of watch]. 4 projection over door or window to carry off water.

guardapuerta *f.* hangings before a door.

guardar *tr.* to keep, watch over, take care of. 2 to tend [a flock, etc.]. 3 to keep, guard, preserve, protect, shield, keep safe, save : *Dios os guarde,* God save you. 4 to keep, hold, retain : ~ *algo para sí,* to keep something to oneself. 5 to put away, lay up, store, save. 6 to keep [one's word, a secret, etc.]. 7 to keep, observe [commandments, holidays of obligation, etc.]. 8 to show [respect, regard, etc.] : ~ *miramientos,* to show regard or consideration. 9 ~ *rencor,* to bear a grudge. 10 ~ *cama,* to keep one's bed, be confined to bed; ~ *silencio,* to keep silence, be silent; not to answer. 11 *guardársela a uno,* to bid one's time to punish or pay back for [some offence, etc.]; to have a rod in pickle for someone. — 12 *ref.* to protect oneself, take care, guard, avoid, beware : *guardarse del frío,* to protect oneself from cold; *guardarse de un peligro,* to avoid a danger, to guard against a danger. 13 to take good care not to [say, do, etc., something] : *me guardaré de ir allá,* I'll take good care not to go there.

guardarraya *f.* (W. I.) boundary.

guardarrio *m.* ORN. kingfisher.

guardarropa *m.* wardrobe, clothespress. 2 cloakroom, checkroom. 3 BOT. southernwood. — 4 *m. & f.* cloakroom attendant. 5 THEAT. keeper of the wardrobe, property man or woman. — 6 *f.* wardrobe [in the royal palace].

guardarropía *f.* THEAT. wardrobe.

guardarruedas *m.* GUARDACANTÓN. 2 guardrail [to protect door-post from contact of carriage wheels].

guardasilla *f.* chair rail.

guardasol *m.* QUITASOL.

guardatimón *m.* NAUT. stern chaser.

guardavía *m.* RLY. trackwalker, flagman, signalman.

guardería *f.* guardship, keepership. 2 ~ *infantil,* day nursery.

guardesa *f.* female guard or keeper. 2 keeper's or guard's wife.

guardia *f.* guard [body of armed men] : ~ *civil,* gendarmery, rural police; ~ *de Corps,* formerly, Life Guards; ~ *de asalto,* shock police; ~ *de honor,* guard of honour; ~ *urbana,* city police; *montar la* ~, MIL. to mount guard. 2 guard, defence, protection. 3 guard duty; turn of persons on duty; *estar de* ~, to be on duty. 4 FENC. guard : *estar en* ~, to be on guard; fig. to be on one's guard; *poner en* ~ *a uno,* to put someone on his guard. 5 NAUT. watch. — 6 *m.* guard; member of a GUARDIA : ~ *civil,* gendarme, rural policeman; ~ *de Corps,* formerly, lifeguard; ~ *urbano,* policeman. 7 NAV. ~ *marina,* midshipman.

guardián, na *m. & f.* guardian, keeper, watchman. 2 guardian [of a convent of Franciscans]. 3 NAUT. heavy hawser.

guardianía *f.* guardianship [of a convent of Franciscans]. 2 district assigned to a convent of Franciscans for collection of alms.

guardilla *f.* BUHARDILLA.

guardín *m.* NAUT. tiller chain or rope. 2 NAUT. port lanyard.

guardoso, sa *adj.* thrifty, parsimonious. 2 niggardly.

guarecer *tr.* to shelter, protect. 2 to preserve [from harm]. — 3 *ref.* to take shelter or refuge. ¶ CONJUG. like *agradecer.*

guarezco, guarezca, etc., *irr.* V. GUARECER.

guariao *m.* (Cu.) ORN. a large wading bird.

guarida *f.* haunt, den, lair [of wild animals]. 2 shelter, cover. 3 fig. haunt, lurking place.

guarimán *m.* BOT. (Am.) a magnoliaceous tree, with an aromatic bark.

guarín *m.* suckling pig, the youngest of a litter.

guarismo *m.* ARITH. cipher, figure, number.

guarne *m.* NAUT. turn [of a rope].

guarnecedor, ra *adj.* garnishing. 2 trimming. — *3 m.* & *f.* garnisher. 4 trimmer.

guarnecer *tr.* to adorn, decorate, garnish. 2 to equip, furnish, provide. 3 to trim, bind, edge, border, face [clothes]. 4 to put a guard on [a sword]. 5 to enchase [a jewel]. 6 MAS. to plaster [walls]. 7 [of nails, a bush, lining, ferrule, etc.] to adorn, protect, reinforce, etc. 8 to harness [horses]. 9 MIL. to garrison. ¶ CONJUG. like *agradecer.*

guarnecido, da *p. p.* of GUARNECER. — *2 m.* MAS. plastering [on a wall].

guarnés *m.* GUADARNÉS.

guarnezco, guarnezca, etc., *irr.* V. GUARNECER.

guarnición *f.* SEW. trimming, binding, edge, facing, flounce, garniture. 2 JEWEL. setting. 3 guard [of a sword]. 4 MACH. packing [of a piston]. 5 MIL. garrison. 6 *pl.* gear, harness [of mules and horses].

guarnicionar *tr.* to garrison [put a garrison in].

guarnicionería *f.* harness making.. 2 harness maker's shop.

guarnicionero *m.* harness maker.

guarniel *m.* GARNIEL.

guarnigón *m.* young quail.

guarnimiento *m.* dress, adornment. 2 NAUT. ropes and fittings for a sail, tackle, etc.

guarnir *tr.* GUARNECER. 2 NAUT. to rig [a tackle].

guaro *m.* small parrot. 2 (C. Am.) sugar cane brandy.

guarrería *f.* dirtiness, uncleanness. 2 dirty thing or action.

guarro, rra *adj.* dirty, filthy. — *2 m.* ZOOL. hog. — *3 f.* ZOOL. sow. — *4 m.* & *f.* fig. unclean, filthy person, hog.

¡guarte! *interj.* look out!, beware!

guasa *f.* jest, fun : *estar de* ~, to be in a jesting or mocking mood. 2 dullness, insipidity. 3 (Cu.) ICHTH. jewfish.

guasanga *f.* (C. Am., Col., Cu., Mex.) merry noise, hubbub.

guasca *f.* (S. Am., W. I.) strip of leather, thong, piece of rope [used as a rein, whip, etc.] : *dar* ~, to whip.

guascazo *m.* lash [stroke with a thong, whip, etc.].

guasearse *ref.* to make fun, to joke.

guaso, sa *adj.* (Arg., Chi., Cu. Ec.) clumsy, coarse, unpolished ; uncivil. — *2 m.* (Chi.) peasant.

guasón, na *adj.* mocking. — *2 m.* & *f.* joker, jester, mocker.

guasquear *tr.* (S. Am., W. I.) to whip, scourge.

guata *f.* wadding, cotton wool. 2 (Chi.) belly, paunch : *echar* ~, to grow fat. 3 (Chi.) warping, bulging.

guataca *f.* (Cu.) hoe.

Guatemala *f. pr. n.* GEOG. Guatemala.

guatemalteco, ca *adj.* & *n.* Guatemalan.

guateque *m.* noisy ball or dancing party. 2 fig. frolic, spree.

guatiní *m.* (Cu.) TOCORORO.

guatón, na *adj.* (Chi.) big-bellied.

guatusa *f.* (C. Ri., Ec., Hond.) ZOOL. rodent akin to the spotted cavy.

guau *m.* bowwow [of a dog].

¡guay! *interj.* poet. alack!, woe!

guaya *f.* lament, complaint.

guayaba *f.* BOT. guava, guava apple. 2 guava jelly. 3 (W. I., Col., Salv.) lie, fib.

guayabal *m.* guava-tree plantation.

guayabero, ra *m.* & *f.* (W. I., Col., Salv.) liar, fibber.

guayabo *m.* BOT. guava tree.

guayacán, guayaco *m.* BOT. guaiacum, lignum vitæ.

guayacol *m.* CHEM. guaiacol.

Guayana *f. pr. n.* GEOG. Guiana.

guayo *m.* (Chi.) a hardwood tree.

guayaquileño, ña *adj.* of Guayaquil. — *2 m.* & *f.* native or inhabitant of Guayaquil.

guazubirá *m.* ZOOL. an Argentine deer.

gubán *m.* a native Philippine canoe.

gubernamental *adj.* governmental. 2 gubernatorial.

gubernativamente *adv.* by governmental procedure.

gubernativo, va *adj.* government, governmental, administrative. 2 gubernatorial.

gubia *f.* gouge [chisel].

guedeja *f.* long hair, long lock of hair. 2 mane [of a lion].

guedejón, na, guedejoso, sa & guedejudo, da *adj.* long-haired.

güeldo *m.* shrimps used as bait.

güelfo, fa *adj.* Guelfic, Guelphic. — *2 m.* & *f.* Guelf, Guelph.

güemul *m.* ZOOL. guemal, guemul [South American deer].

guerra *f.* war, warfare : ~ *a muerte* or *sin cuartel,* war to death, war without quarter ; ~ *bacteriológica,* germ war ; ~ *civil,* civil war ; ~ *de guerrillas,* guerrilla warfare ; *Guerra Europea, Gran Guerra,* Great War ; ~ *fría,* cold war ; *Guerra Mundial,* World War ; *dar* ~, to annoy, cause trouble. 2 ~ *de bolas,* ~ *de palos,* two different games of billiards.

guerreador, ra *adj.* warlike, warring. — *2 m.* & *f.* warrior.

guerreante *adj.* warring.

guerrear *intr.* to war, wage war ; to struggle.

guerrera *f.* MIL. tunic.

guerreramente *adv.* in a warlike way.

guerrero, ra *adj.* martial, warlike. 2 warring. — *3 m.* & *f.* warrior, soldier.

guerrilla *f.* MIL. party of skirmishers. 2 band of guerrillas. 3 a card game.

guerrillear *intr.* to fight guerrilla warfare.

guerrillero *m.* guerrilla, partisan. 2 guerrilla leader.

guía *m.* & *f.* guide [leader ; adviser, mentor]. 2 guide, cicerone. — *3 m.* MIL. guide [in evolutions]. — *4 f.* guide, guidance. 5 guide [manual] ; guidebook ; directory : ~ *de ferrocarriles,* RLY. timetable. 6 MACH. guide, guide bar, guide pin, guide rope, etc. : *tornillo de* ~, guide screw. 7 NAUT. guy, backrope. 8 NAUT. fairleader. 9 road marker [on mountain paths or roads]. 10 HORT. leader ; principal branch [of trees] ; shot left on a vine for training others. 11 blasting or firework fuse. 12 leader [horse]. 13 MIN. leader. 14 MUS. lead [of a fugue]. 15 curled-up end [of moustache]. 16 outside rib [of fan]. 17 handle bar [of bicycle]. 18 custom-house docket ; permit to convey certain goods. 19 *pl.* reins for driving the leaders [of horse-drawn vehicle] : *a guías,* driving four-in-hand.

guiadera *f.* MACH. guide, guide bar. 2 MIN. upright guide [in a lift].

guiado, da *p. p.* of GUIAR. — *2 adj.* guided. 3 having a GUÍA 18.

guiador, ra *adj.* guiding. — *2 m.* & *f.* guider, director, adviser.

guiar *tr.* to guide, lead. 2 to guide [advise ; direct the course of]. 3 to train [plants]. 4 to drive, steer [a car, etc.]. 5 AER. to pilot. — *6 ref. guiarse por,* to be guided by, to go by, to follow.

Guido *m. pr. n.* Guy.

guiguí *m.* ZOOL. flying squirrel.

guija *f.* pebble. 2 BOT. blue vetch.

guijarral *m.* place full of cobbles or large pebbles.

guijarrazo *m.* blow with a cobble or a peeble.

guijarreño, ña *adj.* full of cobbles, cobbly. 2 strong, hardy.

guijarro *m.* large pebble, cobble, cobblestone.

guijarroso, sa *adj.* full of cobbles, cobbly.

guijeño, ña *adj.* pebbly. 2 hard, hard-hearted, relentless.

guijo *m.* pebble gravel. 2 MACH. gudgeon.

guijón *m.* NEGUIJÓN.

guijoso, sa *adj.* pebbly, gravelly.

guilla *f.* plentiful harvest.

guilladura *f.* CHIFLADURA.

guillame *m.* CARP. rabbet plane.

guillarse *ref.* to leave, to flee. 2 to become crazy, unbalanced.

Guillermo *m. pr. n.* William.

guillote *adj.* lazy, idle.

guillotina *f.* guillotine [for beheading ; for cutting paper]. 2 guillotine [in parliamentary practice]. 3 *ventana de* ~, sash window.

guillotinar *tr.* to guillotine.

guimbalete *m.* pump handle.

guimbarda *f.* CARP. grooving plane.

guinchar *tr.* to goad, prod.

guincho *m.* prod, pointed stick. 2 (Cu.) ORN. a kind of hawk.

guinchón *m.* DESGARRÓN.

guinda f. BOT. sour cherry [fruit]. 2 NAUT. height of masts.

guindado, da p. p. of GUINDAR. — 2 prepared with sour cherries.

guindal m. GUINDO.

guindalera f. sour-cherry plantation.

guindaleta f. hemp or leather rope.

guindaleza f. NAUT. hawser.

guindamaina NAUT. dipping the flag [as a salute].

guindar tr. to hoist, hang up. 2 coll. to obtain in competition with others. 3 coll. to hang [a person]. — 4 ref. to hoist oneself up. 5 coll. to hang oneself. 6 to let oneself down by a rope, etc.

guindaste m. NAUT. frame, fife-rail, sheet bitt.

guindilla f. BOT. Guinea pepper [fruit]. 2 BOT. a very pungent pepper. 3 coll. policeman.

guindillo de Indias m. BOT. Guinea pepper [plant].

guindo m. BOT. sour cherry [tree].

guindola f. NAUT. boatswain chair. 2 NAUT. life buoy. 3 NAUT. log chip.

guinea f. guinea [English coin and money of account] — 2 f. pr. n. GEOG. Guinea : la ~ Española, Spanish Guinea.

guineo, a adj. Guinea, Guinean : gallina ~, Guinea hen. — 2 m. & f. Guinean. — 3 m. a negro dance and its tune.

guinga f. gingham.

guinja f. jujube.

guinjo m. BOT. jujube tree.

guinjol m. GUINJA.

guinjolero m. GUINJO.

guiñada f. wink [with one eye]. 2 NAUT. yaw, lurch.

guiñador, ra adj. winking. — 2 m. & f. winker.

guiñadura f. GUIÑADA.

guiñapiento, ta m. ragged, tattered.

guiñapo m. rag, tatter. 2 ragged person, tatterdemalion. 3 degraded, despicable person.

guiñaposo, sa adj. GUIÑAPIENTO.

guiñar tr. to wink [one eye]. 2 NAUT. to yaw, lurch. — 3 ref. to wink at each other.

guiño m. wink [with one eye].

guión m. hyphen ; dash. 2 lecturer's or orator's notes [for a speech]. 3 CINEM. scenario, script. 4 cross [carried before a prelate] 5 banner [carried before processions]. 6 formely, royal standard [carried before the king]. 7 leader, guide, teacher. 8 dance leader. 9 leader [of a migratory flight of birds]. 10 NAUT. loom [of an oar]. 11 ORN. ~ de codornices, corn crake.

guionaje m. guideship, guidance.

guionista m. & f. CINEM. scenario or script writer.

guipar tr. vulg. to see.

guipur m. guipure.

Guipúzcoa f. pr. n. GEOG. Guipúzcoa [Spanish Basque province].

guipuzcoano, na adj. & n. native of or pertaining to the province of Guipuzcoa. — 2 m. one of the Basque dialects.

güira f. BOT. calabash tree. 2 calabash [the fruit of the calabash tree].

guirgüesco, ca adj. GREGUISCO.

guiri m. liberal, anti-Carlist [used by the Carlists during the civil wars].

guirigay m. gibberish, unintelligible speech or writing. 2 hubbub, confusion.

guirindola f. frill of a shirt.

guirlache m. roast almond brittle.

guirlanda f. GUIRNALDA.

guirnalda f. garland, wreath [of flowers, leaves, etc.]. 2 BOT. globe amaranth.

guirnaldeta f. dim. small garland.

güiro m. (Arg., Bol., Pe.) green stalk of Indian corn. 2 (W. I.) BOT. name given to several lianas. 3 (W. I.) musical instrument made of a fruit of the GÜIRO.

guirre m. ORN. (Can.) vulture.

guisa f. manner, fashion, way, wise : a ~ de, as, like, in the manner of.

guisado, da adj. cooked, stewed, made into a fricassee. 2 fig. prepared. — 3 s. COOK. cooked dish ; stew, ragout, fricassee.

guisador, ra adj. cooking. — 2 s. cook [one who cooks food].

guisandero, ra m. & f. cook [one who cooks food].

guisantal m. pea patch.

guisante m. BOT. pea [plant and seed] : ~ de olor, sweet pea.

guisar tr. to cook [food]. 2 to stew, to make into a ragout or fricassee. 3 fig. to arrange, prepare, cook.

guiso m. cooked dish.

guisopillo m. HISOPILLO.

guisote m. coarse, poorly cooked dish.

guita f. packthread, twine. 2 coll. money, tin, cash.

guitar tr. to sew or work with twine.

guitarra f. MUS. guitar : estar bien or mal templada la ~, to be in good or bad humour. 2 a wooden implement for pulverizing gypsum.

guitarrazo m. blow with a guitar.

guitarreo m. strumming on the guitar.

guitarrería f. factory or shop for guitars, mandolins, etc.

guitarrero, ra m. & f. guitar maker or seller. 2 guitarist.

guitarresco, ca adj. coll. [pertaining to the] guitar.

guitarrillo m. MUS. small four-stringed guitar. 2 MUS. small treble guitar.

guitarrista m. & f. guitarist.

guitarro m. GUITARRILLO.

guitarrón m. MÚS. large guitar. 2 coll. cunning knave.

guitero, ra m. & f. twine maker or seller.

guito, ta adj. vicious [mule, etc.].

guitón, na m. & f. vagabond, vagrant.

guitonear intr. to loaf, lead a vagrant life.

guitonería f. loafing, vagabondage, vagrancy.

guizacillo m. BOT. hedgehog grass.

guizazo m. (Cu.) BOT. a kind of weed.

guizgar tr. to incite, urge.

guizque m. pole with a hook for reaching things.

guja f. vouge [halberdlike weapon].

gula f. gluttony, gormandize.

gules m. pl. HER. gules.

guloso, sa adj. gluttonous. — 2 m. & f. glutton, gourmand.

gulusmear intr. to eat titbits, to go after titbits. 2 to sniff the cooking.

gullería f. GOLLERÍA.

gulloría f. ORN. a kind of lark. 2 GOLLERÍA.

gúmena f. NAUT. cable, thick rope.

gumeneta f. dim. of GÚMENA, small cable.

gumía f. Moorish dagger or poniard.

gumífero, ra adj. gum-bearing, gummiferous.

gura f. ORN. crested wild pigeon of the Philippine Islands.

gurbio, bia adj. curved [tool].

gurbión m. coarse twisted silk. 2 a twilled silk cloth. 3 spurge gum resin.

gurdo, da adj. silly, foolish, nonsensical.

gurriato m. ORN. young sparrow.

gurrufero m. ugly vicious nag.

gurrumina f. uxoriousness. 2 (Arg., Cu., Guat., Mex.) trifle. 3 (Ec., Guat., Mex.) annoyance.

gurrumino, na adj. small, poor, stunty, puny. 2 (Bol., Pe.) cowardly, faint-hearted. — 3 m. uxorious man, henpecked husband. — 4 m. & f. (C. Am.) boy, little boy, girl, little girl, child.

gurullada f. gang of good-for-nothings.

gurullo m. BURUJO.

gurumelo m. BOT. an edible mushroom.

gurupa f. GRUPA.

gurupera f. GRUPERA.

gurupetín m. dim. small crupper.

gusanear intr. HORMIGUEAR.

gusanera f. nest of worms, wormy place or part. 2 trench filled with compost for breeding worms as food for chickens. 3 coll. ruling passion.

gusanería f. multitude of worms.

gusaniento, ta adj. worm-eaten, wormy, grubby, maggoty.

gusanillo m. small worm : matar el ~, fig. to take a shot of liquor before breakfast. 2 SEW. gold, silver or silk twist. 3 minute work made on certain fabrics. 4 screw point of gimlet or bit.

gusano m. ZOOL. worm. 2 worm, grub, maggot, caterpillar earthworm, pinworm, threadworm : ~ de luz, glowworm ; ~ de San Antón, wood louse, pill bug, sow bug ; ~ de sangre roja, annelid ; ~ de seda or de la seda, silkworm ; ~ revoltón, vine inch-worm. 3 fig. worm, miserable wretch. 4 worm [something that inwardly torments] : ~ de la conciencia, worm of conscience, remorse.

gusanoso, sa adj. GUSANIENTO.

gusarapiento, ta adj. wormy [liquid]. 2 rotten, filthy.

gusarapo *m.* any worm found in liquids; water worm, vinegar worm.

gustable *adj.* pertaining to the taste. 2 (Am.) tasty.

gustación *f.* gustation, tasting.

gustadura *f.* gustation.

gustar (to) *tr.* to taste [perceive by the sense of taste]. 2 to taste, experience. — 3 *intr.* to please, be pleasing [to]. | Often to be rendered by a a sentence with «to like» : *me gusta el café,* I like coffee; *no le gusta que le interrumpan,* he does not like to be interrupted ; *¿le gustó este libro?,* did you like this book? ; *a nadie gustó la obra,* nobody liked the play. 4 to like, please, will : *como usted guste,* as you like, as you please, as you will. 5 *¿usted gusta?,* will you partake of this? (form of politeness employed when eating or drinking in the presence of another person). 6 ~ *de,* to like, have a liking for : *gusta de leer,* he likes to read.

gustativo, va *adj.* gustative, gustatory.

Gustavo *m. pr. n.* Gustavus.

gustazo *m.* coll. great pleasure [esp. when taken in annoying or injuring another].

gustillo *m.* a lingering taste or flavour.

gusto *m.* taste [sense]. 2 taste, relish, flavour : *tener un gusto amargo,* to have a bitter taste ; to taste bitter. 3 taste [power of discerning or appreciating beauty, fitness, etc.; manner indicating such discernment or appreciation; that which one prefers] : *de buen* ~, *de mal* ~, in good taste, in bad taste ; *sobre gustos no hay disputa,*

de gustos no hay nada escrito, there is no accounting for tastes ; *el* ~ *del día,* the prevalent taste or fashion ; *ser hombre de* ~, to be a man of taste. 5 pleasure, gratification : *con mucho* ~, with pleasure, gladly ; *dar* ~, to please, gratify ; to oblige ; *darse el* ~ *de,* to give oneself the pleasure of ; *estar* or *hallarse a* ~ *en,* to be pleased or comfortable in [a place, situation, etc.] ; to like it ; *tener* ~ *en,* to take pleasure in, to be glad to ; *tengo mucho* ~ *en conocerle,* I'm very glad to meet you [on being introduced]. 6 will, choice, liking, fancy, whim : *dar por el* ~ *a uno,* to do someone's will ; to gratify somene's fancy or whim ; *hacer uno su* ~, to do one's own will, to gratify one's own fancy or whim ; *ser del* ~ *de,* to be to the liking of ; *tomar* ~ *a,* to take a liking for.

gustosamente *adv.* with pleasure, gladly, willingly.

gustoso, sa *adj.* tasty, savoury, palatable. 2 agreeable, pleasant, pleasing. 3 glad, willing, ready.

gutagamba *m.* BOT. tree producing gamboge. 2 gamboge [gum resin].

gutapercha *f.* gutta-percha.

gutiámbar *f.* a gum resin used by miniature painters as a yellow pigment.

gutífero, ra *adj.* guttiferous.

gutural *adj.* guttural.

guturalmente *adv.* gutturally.

guzla *f.* MUS. gusla.

guzmán *m.* formely, a nobleman serving as a soldier in the Spanish army and navy.

H

H, h *f.* H, h, ninth letter of the Spanish alphabet.
ha *irr.* V. HABER & HACER.
¡ha! *interj.* ah!
haba *f.* BOT. bean, broad bean [plant, pod and seed] : ~ *panosa*, horse bean; *son habas contadas*, it is a sure thing; it is that and no more. 2 any of several other plants : ~ *de Egipto*, taro; ~ *de las Indias*, sweet pea; ~ *de San Ignacio*, St.-Ignatius's bean; ~ *tonca*, tonka bean. 3 bean [of coffee, cacao, etc.]. 4 ballot [ball for voting used in some communities]. 5 GEOL., MIN. nodule. 6 little round elevation of the skin, papule. 7 ANAT. glans [of the penis]. 8 VET. tumour in the palate of horses.
habado, da *adj.* having a tumour in the palate [horse]. 2 dappled [horse, etc.]. 3 mottled [fowl].
Habana (La) *f. pr. n.* GEOG. Havana.
habanero, ra *adj.* & *n.* Havanese. — 2 *f.* habanera [dance and tune].
habano, na *adj.* Havanese, Havana. 2 Havana brown [colour]. — 3 *m.* havana [cigar].
habar *m.* broad-bean patch.
habeas corpus *m.* LAW habeas corpus.
háber *m.* doctor of the law among the Jews.
1) **haber,** *pl.* **haberes,** *m.* BOOKKEP. credit, credit side. 2 salary, pay, wages. 3 *sing.* & *pl.* property, possessions, assets, fortune [of a person].
2) **haber** *tr.* obs. to have, own, possess. 2 to catch, get, lay hands on : *los ladrones no pudieron ser habidos*, the thiefs could not be caught; *Juan lee cuantos libros puede haber*, John reads every book he can lay his hands on.
3 *aux.* to have : *María ha llegado*, Mary has arrived ; *habíamos llegado*, we had arrived; *para entonces habré llegado*, by then I'll have arrived. 4 (with *de*) to have to, to be obliged to, to be to : *he de trabajar*, I have to work, I must work; *habéis de saber*, you must know; *el tren ha de llegar a las tres*, the train is to arrive at three o'clock.
5 *impers.* (3rd. pers. pres. ind. *hay*) to be [with *there* as a subject] ; to take place : *hay un puente sobre el río*, there is a bridge on the river; *hay algunos que no lo entienden*, there are some that don't understand it ; *ha habido un accidente*, there has been an accident; *mañana habrá toros*, there'll be a bullfight tomorrow ; *no hay por qué*, there's no reason for or to; there's no call to; *una vez había un rey*, a king there was. | Sometimes it requires a different translation : *¿cuánto hay de aquí a...?*, how far is to ...?; *hay para morirse de risa*, it's enough to kill one with laughter; *lo que hay es*, the fact is, what happens is; *no hay de qué*. you are welcome, don't mention it [when thanked] ; *no hay más que ver cómo...*, one's

only to see how... ; *no hay remedio*, it can't be helped; *¿qué hay?*. how's things?; what is it?, what is the matter?; *¿qué hay de nuevo?*, what's new?, what's the news? 6 (with *que*) it is necessary to, it's got to : *hay que trabajar*, it is necessary to work; *hay que hacerlo*, it's got to be done. 7 *¡hay que ver!*, fancy!, look! ; *¡hay que ver las cosas que hace!*, look at the things he does!, fancy the things he does! 8 (3rd. pers. pres. ind. *ha*) It is used to express a lapse of time, often with the adverbial value of *ago* : *cinco días ha*, five days ago; *habrá diez años*, about ten years ago; it is about ten years [since].
9 *ref.* to behave oneself, conduct oneself. 10 *habérselas con*, to deal with, dispute or contend with, cope with. 11 *¡habráse visto!*, fancy !
¶ CONJUG. : IND. Pres. : *he, has, ha* or *hay; hemos* or *habemos, habéis, han*. | Imperf. : *había, habías*, etc. | Pret. : *hube, hubiste, hubo; hubimos, hubisteis, hubieron*. | Fut. : *habré, habrás, habrá; habremos, habréis, habrán*. | COND. : *habría, habrías, habría; habríamos, habríais, habrían*. | SUBJ. Pres. : *haya, hayas, haya; hayamos, hayáis, hayan*. | Imperf. : *hubiera, hubieras, hubiera; hubiéramos, hubierais, hubieran* or *hubiese, hubieses, hubiese; hubiésemos, hubieseis, hubiesen*. | Fut. : *hubiere, hubieres, hubiere; hubiéremos, hubiereis, hubieren*. | IMPER. : *he, haya; hayamos, habed, hayan*. | PAST. P. : habido. | GER. : habiendo.
haberío *m.* beast of burden. 2 cattle, livestock.
habichuela *f.* BOT. kidney bean, French bean : ~ *verde* or *tierna*, string bean.
habiente *adj.* LAW having, possessing.
hábil *adj.* skilful, clever, dexterous. 2 LAW able, legally qualified. 3 LAW lawful [day].
habilidad *f.* ability, skill, cleverness, adroitness, dexterousness. 2 talent [special aptitude].
habilidoso, sa *adj.* skilful, adroit.
habilitación *f.* habilitation, act of qualifying or making apt. 2 making [a place, etc.] available for a specified use. 3 providing with capital or necessary things; outfitting. 4 employment or office of a paymaster. 5 NAUT. ~ *de bandera*, permission to trade in home ports and waters granted to foreign vessels.
habilitado, da *adj.* habilitated, qualified. 2 made available for a specified use [place, etc.]. — 3 *m.* paymaster [appointed by a body, regiment, etc.].
habilitador, ra *adj.* habilitating, qualifying. — 2 *m.* & *f.* qualifier. 3 outfitter.
habilitar *tr.* to habilitate, qualify; to make apt. 2 to make [a place, etc.] available for a specified use. 3 to provide with capital or necessary things; to outfit.

hábilmente *adv.* ably, adroitly, skilfully, dexterously, cleverly.
habitabilidad *f.* habitability, habitableness.
habitable *adj.* habitable.
habitación *f.* habitation, dwelling [act, state]. *2* habitation, dwelling, abode [place]. *3* room, chamber, apartment, set of rooms. *4* LAW a servitude giving right to the use of rooms in someone's house. *5* BOT. habitat.
habitáculo *m.* habitation, dwelling [place].
habitador, ra *adj.* inhabiting. — *2 m. & f.* inhabitant.
habitante *adj.* inhabiting, residing. — *2 m. & f.* inhabitant, dweller, citizen.
habitar *tr. & intr.* to inhabit; to dwell, live, reside in.
hábito *m.* habit, custom : *tener por ~, tener el ~ de,* to be in the habit of. *2* habit, dress, esp. dress of a religious order or robe of a military one : *el ~ no hace al monje,* clothes don't make the man; *tomar el ~,* to become a monk or a nun; to become a member of a military order. *3 pl.* dress of an ecclesiastic or a religious : *colgar* or *ahorcar los hábitos,* to doff the cassock, to abandon monacal life; fig. to abandon a calling or profession.
habituación *f.* habituation, inurement.
habituado, da *adj.* habituated, inured.
habitual *adj.* habitual, usual, customary. *2* habitual [customarily doing a certain thing] : *delincuente ~,* habitual criminal.
habitualmente *adv.* habitually, usually, customarily.
habituar *tr.* to habituate, accustom, inure. — *2 ref.* to become habituated, accustomed, inured; to accustom oneself; to get used.
habitud *f.* relation, respect [of a thing to another].
habla *f.* speech [faculty of speaking] : *dejar sin ~, quitar el ~,* to leave speechless; *perder el ~,* to lose one's speech. *2* speaking, act of speaking : *al ~,* NAUT. within speaking distance; in contact, in comunication, in negotiations [about something]; *¡al ~!,* speaking [in answer to call on the telephone]; *negar el ~ a uno,* to cut someone, to cease speaking to him; *ponerse al ~ con,* to communicate with, to get in touch with, to speak to. *3* speech, talk. *4* speech, language, tongue, dialect.
hablado, da *adj.* spoken : *bien ~,* well-spoken; polite; *mal ~,* ill-tongued, foul-mouthed.
hablador, ra *adj.* talkative. *2* chattering, babbling. — *3 m. & f.* chatterer. *4* gossip, babbler.
habladorzuelo, la *m. & f.* dim. of HABLADOR.
habladuría *f.* impertinent talk. *2* gossip, piece of gossip, idle rumour.
hablanchín, na *adj. & n.* HABLADOR.
hablante *adj.* speaking.
hablantín, na *adj. & n.* HABLADOR.
hablar *intr.* to speak, talk : *~ a,* to speak, talk to : *~ a chorros,* to speak fast and volubly; *~ a gritos,* to shout; *~ al alma,* to speak movingly, touchingly; *~ alto,* to speak loud, to speak angrily or with authority; *~ a tontas y a locas,* to say the first thing that comes into one's head; to talk wildly; *~ bien,* to speak well; *~ bien de,* to speak favourably of, to commend; *~ claro,* to speak plainly; to speak out or up, to call a spade a spade, to speak what is in one's mind; *~ con sentido,* to speak sense; *~ cristiano* or *en cristiano,* to speak intelligibly; *~ de,* to speak or talk of, on or about; to mention; *~ en griego* or *en gringo,* to talk Greek, to speak unintelligibly; *~ en plata,* to speak plainly; *~ entre dientes,* to mutter, mumble; *~ gordo,* to talk big; to bluster, play the bully; *~ por,* to speak for; to speak in behalf of, intercede for; *~ por boca de ganso,* to be the mouthpiece of another, to speak at second hand; *~ por ~,* to talk for the sake of talking; *~ por los codos,* to chatter, talk incessantly; *~ por señas,* to talk by signs; *cada uno habla como quien es,* each man speaks according to his nature; *de eso, no hablar,* by no means; we won't talk about that; *es ~ por demás.* it is wasted talk; *estar hablando* [of a painting, a sculpture, etc.], to be almost alive, to be a talking likeness; *no se hable más de esto.* let's close the matter; let's say no more about it. *2* to converse, chat, speak, talk : *~*

con, to converse, chat, speak or talk with; to woo, court, go out with. *3* to talk, indulge in gossip : *dar que ~,* to set tongues wagging.
4 tr. to speak, utter, talk : *~ disparates,* to talk nonsense. *5* to speak, talk [a language] : *habla el español,* he speaks or talks Spanish; *se habla inglés,* English spoken.
6 ref. to speak to each other : *no hablarse con,* not to be on speaking terms with.
hablilla *f.* idle rumour, common talk, story, piece of gossip.
hablista *m. & f.* one who writes or talks with elegance and purity of language.
hablistán *adj. & n.* HABLADOR.
habón *m.* large papule.
habré, habría, etc., *irr.* V. HABER.
haca *f.* JACA.
hacán *m.* learned man [among the Jews].
hacanea *f.* nag, sturdy small horse.
hacecico, llo, to *m. dim.* small sheaf; fascicle. *2* pencil [of luminous rays].
hacedero, ra *adj.* feasible, practicable.
hacedor *m.* manager [of a farm]. *2* (cap.) Maker : *el Supremo Hacedor,* the Maker, the Creator.
hacendado, da *adj.* landed, property-owning. *2* (Arg.) cattle-owning. — *3 m. & f.* landholder; owner of real estate. *4* (Arg.) rancher, cattleman.
hacendar *tr.* to give land or real estate. — *2 ref.* to purchase real estate [in order to settle down somewhere]. ¶ CONJUG. like *acertar.*
hacendeja *f. dim.* small property or farm.
hacendera *f.* work of common utility at which all the neighborhood assists.
hacendero, ra *adj.* industrious, thrifty.
hacendilla *f.* HACENDEJA.
hacendista *m.* financier, one skilled in the management of the public finances.
hacendoso, sa *adj.* assiduous, industrious [in household works].
hacenduela *f.* HACENDEJA.
hacer *tr.* to make [create, construct, build, form, frame, compose, draw up, produce, inflict, cause to exist, bring about] : *Dios hizo el universo,* God made the universe; *~ una casa,* to make or build a house; *~ un libro, un poema,* to make or write a book, a poem; *~ un diagrama,* to make a diagram; *~ testamento.* to make a will; *~ leyes, proyectos,* to make laws, projects; *~ una herida,* to make a wound; *~ ruido,* to make a noise. *2* to make, do [perform, execute, carry out] : *~ un viaje,* to make a journey; *~ un mandado, una diligencia,* to do an errand; *no sabe qué ~,* he doesn't know what to do. *3* to do, bring : *esto lo hace honor,* this does him credit. *4* to make [utter, deliver] : *~ un discurso,* to make or deliver a speech. *5* to make, prepare [dinner, tea, a bed, etc.]. *6* to pack [a trunk, valise, etc.]. *7* to make, better, improve : *este tonel hace buen vino,* this cask makes good wine. *8* to make [cause to be or become; appoint] : *~ famoso a uno,* to make someone famous; *el rey le hizo duque,* the King made him a duke. *9* to make, amount to : *dos y dos hacen cuatro,* two and two make four. *10* to make [compose, constitute] : *hecho de piedra,* made of stone. *11* to make [cause to act in a certain way, induce, constrain, compel] ; to have something done : *le hizo saltar,* he made him jump; *no me hagas hablar,* don't make me talk; *haga que lo traigan,* have it brought. *12* to make [grimaces, signs]. *13* to make [gain, acquire] : *~ dinero,* to make money. *14* to make, do [cover a distance, travel at the speed of] : *~ sesenta km. en una hora,* to make sixty km. in an hour. *15* to do, work [wonders, miracles, etc.]. *16* to produce, project, shed, cast, raise : *~ humo,* to produce smoke, to smoke; *~ luz,* to shed or cast light; *~ sombra,* to cast or project a shadow; *~ polvo,* to raise dust. *17* to cut, pare, trim [the beard, the nails]. *18* to hold : *este barrilito hace diez litros,* this keg holds ten litres. *19* to accustom, habituate, inure. *20* to act, represent, play : *~ el rey* or *el papel de rey,* to act the king; *~ el tonto,* to play the fool. *21* to ask or put [a question]. *22* to lead [a life] : *~ vida de soltero,* to lead a bachelor's life. *23* to do [saving repetition of verb] : *trabajaba activamente, como lo solía hacer,* he worked actively as he used to do. *24* to reduce something to what noun

following implies: ~ *pedazos*, to break into pieces; ~ *tiras*, to tear into strips. 25 [with some nouns] to perform action implied by same: ~ *alarde*, to boast; ~ *estimación*, to esteem; ~ *burla*, to mock. 26 [with noun or pronoun in objective case] to believe, suppose, think, take to be: *yo hacía a Juan en Francia*, I thought John was in France; *no le hacía tan necio*, I did not suppose him to be so silly. 27 with *con* or *de*, to provide, supply: ~ *a uno con dinero*, to provide someone with money. 28 *haberla hecho buena*, iron. to have done it; *¡buena la has hecho!*, now you have done it!. 29 *¿hacemos algo?*, is it a deal? 30 NAUT. ~ *agua*, to leak. 31 ~ *aguas* or *aguas menores*, to make water [void urine]; ~ *aguas mayores*, to evacuate the bowels. 32 ~ *alguna*, to do some mischief. 33 ~ *ánimo de*, to mean, intend. 34 ~ *antesala*, to dance attendance, to be kept waiting. 35 ~ *bancarrota*, to fail, become bankrupt. 36 ~ *bien*, to do good. 37 ~ *boca*, to whet one's appetite. 38 ~ *buena* [*una cosa*], to make good, prove, justify, fulfill. 39 ~ *calceta*, to knit. 40 fig. ~ *calendarios*, to muse, be pensive; to make hasty prophecies. 41 ~ *caso de*, to heed, mind, notice, listen, pay attention to, take into account; to esteem. 42 ~ *caso omiso de*, to take no notice of, leave aside, pass over in silence. 43 ~ *cuentas*, to figure, reckon. 44 ~ *daño*, to hurt, harm; [of an article of food] not to agree with. 45 ~ *de la necesidad virtud*, to make a virtue of necessity. 46 ~ *de las suyas*, to be up to one's old tricks. 47 ~ *de tripas corazón*, to pluck up courage or heart. 48 ~ *el favor*, to do the favour; *hágame el favor*, do me the favour, please. 49 ~ *fiesta*, to take a holiday. 50 ~ *fiestas a*, to caress, fondle; [of a dog, etc.] to fawn on. 51 ~ *frente a*, to meet [demands, etc.]; to face, resist, oppose. 52 MIL. ~ *fuego* to fire. 53 ~ *fuerza*, to struggle; to apply or exert force; to carry weight, exert influence, persuade ~ *fuerza a*, to do violence to. 54 NAUT. ~ *fuerza de vela*, to crowd sail. 55 ~ *furor*, to make a hit, to be all the rage. 56 ~ *gasto*, to spend. 57 ~ *hacer*, to cause to do; to have made, order to be made. 58 ~ *juego* [of things], to match, correspond, be well matched. 59 *hacerla*, to do something wrong. 60 ~ *la barba a*, to shave; to annoy, bother; to flatter, cajole. 61 ~ *la corte a*, to pay court or one's court to; to court, woo. 62 ~ *la cuenta sin la huéspeda*, to reckon without one's host. 63 ~ *la guerra*, to make or wage war, to war. 64 ~ *las amistades*, to make up, become reconciled. 65 ~ *la vista gorda*, to wink at, connive at. 66 ~ *limosna*, to give alms. 67 *hacerlo bien*, *mal*, to do it rightly, wrongly; to perform or acquit oneself well, badly. 68 ~ *lugar*, to make place or room. 69 ~ *mal a uno*, to harm someone. 70 ~ *memoria de*, to remember 71 ~ *oídos de mercader*, to turn a deaf ear. 72 ~ *papel*, to cut a figure. 73 ~ *presente*, to remind of, call attention to. 74 ~ *saber*, to make known; to inform, notify. 75 ~ *uno su agosto*, to feather one's nest, to make money [by taking advantage of an opportunity]. 76 NAUT. ~ *vela*, to sail. 77 ~ *ver*, to make see, prove, show. 78 *¿qué le hemos de* ~?, *¿qué se le ha de* ~?, what can we do?; well, it cannot be helped!

79 *tr.*, *intr.* & *ref.* to act, pretend to be, boast of being: ~ *el hombre* or *del hombre*, to act the man; *hacerse el olvidadizo*, to pretend to forget; ~ or *hacerse el valiente*, to bluster, to pretend to be a brave man.

80 *intr.* to matter, signify: *esto no le hace*, that doesn't matter. 81 to suit, be relevant, be to the purpose: *esto no hace al caso*, that is irrelevant, has nothing to do with the matter. 82 to agree, be in keeping, go well: *esto no hace con aquello*, this doesn't go well with that. 83 [with *de* and some names of trades, professions, etc.] to exercise the same temporarily or permanently: ~ *de presidente*, to act as a chairman; ~ *de camarero*, to work as a waiter. 84 [with *por* or *para*] to do one's best, to try: *haré por venir*, I'll try, or do my best, to come; ~ *para sí*, to do one's best for oneself. 85 ~ *bien*, *mal*, to act rightly, wrongly. 86 ~ *como si* or *como que*, ~ *que*, to act as if, to pretend, feign: ~

uno como si no lo viese, or *como que no lo ve*, to pretend not to see it; ~ *que se hace*, to pretend to be working or doing some business. 87 ~ *del cuerpo*, to go to stool. 88 ~ *por* ~, to act to no purpose. 89 ~ *por la vida*, to eat something.

90 *ref.* to grow, develop: *estos árboles se hacen*, these trees grow. 91 to turn to, change into, grow, wax, become: *hacerse vinagre*, to turn to vinegar; *hacerse más fuerte*, to grow stronger; ~ *rico*, to become rich, acquire riches; *hacerse fraile, médico, etc.*, to become a monk, a doctor, etc.; *el niño se ha hecho hombre*, the boy has become a man. 92 to make oneself: *hacerse obedecer*, to make oneself obeyed. 93 to order to be made or have [something] made for oneself or to oneself: *hacerse un traje*, or *hacerse* ~ *un traje*, to order a suit, to have a suit made, for oneself; *hacerse explicar una cosa*, to have something explained to oneself. 94 to inflict upon oneself [a wound, scratch, etc.]. 95 to move, step, retire: *hacerse a un lado*, to move, stand or step aside. 96 *hacerse a*, to become accustomed or inured to. 97 NAUT. *hacerse a la vela*, to set sail. 98 *hacerse añicos*, to break [be broken] into smithers or pieces. 99 *hacerse con*, to get, obtain, get hold of. 100 *hacerse chiquito* or *el chiquito*, to conceal one's knowledge, abilities, etc. 101 *hacerse daño*, to hurt oneself. 102 *hacerse de rogar*, to like to be coaxed. 103 *hacerse duro* [of a thing], to be hard to bear or to believe. 104 *hacerse el sueco*, to pretend not to understand. 105 *hacerse fuerte*, to grow strong; to entrench oneself, make a stand; to hold fast [to a belief, idea, opinion, etc.]. 106 *hacérsele a uno*, to strike one as, to seem; to imagine, fancy, take to be: *esto se me hace raro*, that seems strange to me: *las manadas que a don Quijote se le hicieron ejércitos*, the herds that don Quixote imagined armies.

107 *impers.* [referring to state of weather] to be (with *it* as a subject): *hace calor*, it is warm; *hace frío*, it is cold; *hace buen día*, it is a fine day; *hace mal tiempo*, it is bad weather, or the weather is bad. 108 When used to express a lapse of time it is rendered by *ago*, *since*, *for* or by *to be* [with *it* as a subject]: *hace tres días*, three days ago; *hace mucho*, a long time ago; *hace poco*, a short time ago; *hace tiempo que dura*, it has been going on for a long time; *hace un año que no lo veo*, it is a year since I saw him, or I have not seen him for a year; *estoy, aquí desde hace un mes*, I have been here a month, or for a month; *mañana hará dos años que murió*, it will be two years tomorrow since he died. | In this sense, a pres. Indic. *ha* is used sometimes: *tres meses ha que...*, it is three months since... 109 *se hace tarde*, it is getting, growing or becoming late.

¶ IRREG. CONJUG.: INDIC. Pres.: *hago, haces, hace; hacemos, hacéis, hacen.* | Imperf.: *hacía, hacías, etc.* | Pret.: *hice, hiciste, hizo; hicimos, hicisteis, hicieron.* | Fut.: *haré, harás, hará; haremos, haréis, harán.* | CONDIC.: *haría, harías, haría; haríamos, haríais, harían.* | SUBJ. Pres.: *haga, hagas, haga; hagamos, hagáis, hagan.* | Imperf.: *hiciera, hicieras, hiciera; hiciéramos, hicierais, hicieran* or *hiciese, hicieses, hiciese; hiciésemos, hicieseis, hiciesen.* | Fut.: *hiciere, hicieres, hiciere; hiciéremos, hiciereis, hicieren.* | IMPER.: *haz, haga; hagamos, haced, hagan.* | PAST. P.: *hecho.* | GER.: *haciendo.*

hacera *f.* ACERA.

hacezuelo *m.* HACECILLO.

hacia *prep.* towards, toward, to, for [in the direction of]: ~ *abajo*, downward, toward the bottom; in the lower part; ~ *acá*, hither, this way; ~ *adelante*, forward; ~ *allá*, thither, that way; ~ *arriba*, upward, toward the top; in the upper part; ~ *atrás*, backward; ~ *casa*, homeward; ~ *donde*, wither, where, toward which or what place; ~ *el mar*, seaward; ~ *popa*, NAUT. abaft; *partir* ~, to leave for. 2 towards, toward, to, for [as regards, in relation to]: *su actitud* ~ *mí*, his-attitude toward me. 3 toward, near, about: ~ *las tres*, toward three o'clock; ~ *el fin del libro*, toward the end of the book; ~ *el año 1800*, about the year of 1800.

hacienda *f.* landed property, farm. 2 (Am.) ranch;

cattle [of a ranch or farm]. 3 property, possessions, wealth [of a person] : ~ *pública*, public finances, public treasury. 4 management or science of public finances or revenue : *ministro de Hacienda*, in Spain, minister of finances [corresponding to the English Chancellor of the Exchequer]. 5 *pl.* household work.
1) **haciendo, haciende**, etc., *irr.* V. HACENDAR.
2) **haciendo** *ger.* of HACER.
hacina *f.* orderly pile of sheaves, shock. 2 heap, pile, stack.
hacinador, ra *m.* & *f.* heaper, piler.
hacinamiento *m.* heaping, piling. 2 packing, crowding together. 3 heap, pile, accumulation.
hacinar *tr.* to pile sheaves. 2 to heap, pile, stack, accumulate. 3 to pack, crowd together. — 4 *ref.* to pile up, accumulate [become piled or accumulated]. 5 to be packed, crowd together.
hacha *f.* ax, axe, hatchet : ~ *de abordaje*, NAUT. boarding ax or axe; ~ *de armas*, battle-ax, battle-axe; ~ *de guerra*, war hatchet [used by the Indians]; *maestro de* ~, shipwright. 2 heavy wax candle with four wicks. 3 torch, flambeau. 4 old Spanish dance.
hachazo *m.* blow or stroke with an axe.
hache *f.* name of the letter *h* : *llámelo usted* ~, it is the same thing; it makes no difference what you call it.
hachear *tr.* to dress [wood] with an axe. — 2 *intr.* to strike with an axe.
hachero *m.* torch stand. 2 axman, axeman. 3 MIL. pioneer, sapper.
hacho *m.* torch, link. 2 beacon hill, hill overlooking the sea.
hachón *m.* large torch. 2 cresset.
hachote *m.* large axe. 2 NAUT. short, thick candle.
hachuela *f. dim.* small ax or axe.
hada *f.* MYTH. fairy [supernatural female being].
hadar *tr.* to fate, foreordain. 2 to foretell. 3 to enchant, cast a spell on.
hado *m.* fate, destiny.
hafiz, *pl.* **-fices** *m.* warden, overseer.
hagiografía *f.* hagiography.
hagiográfico, ca *adj.* hagiographic(al.
hagiógrafo *m.* hagiographer.
hago, haga, etc., *irr.* V. HACER.
Haití *m. pr. n.* GEON. Haiti.
haitiano, na *adj.* & *n.* Haitian.
¡hala! *interj.* get up!, go on!, move on!
halagador, ra *adj.* flattering. 2 pleasing, gratifying. 3 promising, bright, rosy.
halagar *tr.* to flatter. 2 to adulate. 3 to please, gratify.
halago *m.* flattering. 2 flattery. 3 pleasure, gratification. 4 *pl.* flattering words, caresses, blandishments.
halagué, halague, etc., *pret., subj. & imper.* of HALAGAR.
halagüeñamente *adv.* flatteringly. 2 promisingly, brightly.
halagüeño, ña *adj.* flattering. 2 pleasing, gratifying. 3 alluring. 4 promising, bright, rosy.
halar *tr.* NAUT. to haul [on a rope, etc.] ; to pull [an oar]. 2 to pull or draw to oneself.
halcón *m.* ORN. falcon, hawk : ~ *coronado*, marsh harrier ; ~ *gentil*, merlin ; ~ *lanero*, buzzard ; ~ *montano*, haggard ; ~ *niego*, eyas ; ~ *palumbario*, goshawk.
halconado, da *adj.* falconlike.
halconcico, llo, to *m. dim.* small falcon or hawk; young falcon or hawk.
halconear *intr.* [of a woman] to put on free manners in order to attract men.
halconera *f.* place where falcons are kept.
halconería *f.* falconry.
halconero *m.* falconer [keeper and trainer of hawks].
halda *f.* skirt [garment] ; skirt [of a garment] : *de haldas o de mangas*, coll. one way or another ; right or wrong ; willy-nilly ; *poner haldas en cinta*, to pull up one's skirts to make ready for running ; fig. to gird one's loins, prepare for action. 2 skirtful.
haldada *f.* skirtful.
haldear *intr.* to run along with swishing skirts.
haldeta *f.* small skirt, flap [of a garment].
haldudo, da *adj.* full-skirted.
haleche *m.* BOQUERÓN 2.
halieto *m.* ORN. osprey, fish hawk, sea eagle.

hálito *m.* breath [from the mouth]. 2 vapour, effluvium. 3 poet. breath, gentle breeze.
halitosis *f.* MED. halitosis.
halo *m.* METEOR., PHOT. halo. 2 F. ARTS. halo, nimbus.
halófilo, la *adj.* BOT. halophilous.
halógeno, na *adj.* CHEM. halogen.
halografía *f.* CHEM. halography.
haloideo, a *adj.* CHEM. haloid.
haloque *m.* NAUT. an ancient boat.
haloza *f.* clog, wooden shoe.
hallado, da *adj.* found. 2 *bien* ~, at ease, contented ; *mal* ~, displeased [in or with a place, situation, etc.]. 3 *¡bien* ~*!*, welcome !, glad to see you again !
hallador, ra *m.* & *f.* finder.
hallar *tr.* to find, come across, light upon. 2 to find out, discover, detect, catch. 3 to find, ascertain. 4 to find [obtain, receive] : *hallar favor*, to find favour ; ~ *medios*, to find means. 5 to find [leisure, courage, expression, etc.]. 6 to find, think [acknowledge or discover something to be so-and-so]. 7 to see, observe. 8 ~ *el camino de*, to find one's way to. 9 ~ *la solución de un problema*, to solve a problem. — 10 *ref.* to be, be present, be found [in some place]. 11 to be, feel [in some state, condition, etc.] : *hallarse enfermo*, to be ill ; *hallarse incómodo*, to feel uncomfortable. 12 *hallarse bien con [una cosa]*, to be contented or pleased with. 13 *hallarse con*, to have ; to find oneself with ; to encounter. 14 *hallarse uno en todo*, to butt in everywhere. 15 *hallárselo todo hecho*, never to have to turn a hand ; to find everything done or ready. 16 *no hallarse uno*, to feel uncomfortable [at a place].
hallazgo *m.* find, finding, discovery [act of finding ; something found]. 2 reward [for finding something].
hallulla *f.*, **hallullo** *m.* bread baked on embers or hot stones.
hamaca *f.* hammock [hanging bed].
hamadría, hamadríada, hamadríade *f.* MYTH. hamadryad.
hámago *m.* beebread. 2 fig. disgust, loathing.
hamaquear *tr. & ref.* (Am.) to swing, to rock.
hamaquero *m.* hammock maker. 2 hammock bearer. 3 hammock hook.
hambre *f.* hunger ; starvation, famine : ~ *canina*, canine hunger or appetite ; *matar de* ~, to starve [deprive of food ; keep scantily supplied with food] ; *matar el* ~, to satisfy one's hunger ; *morir* or *morirse de* ~, to starve [die of hunger ; suffer extreme poverty] ; *pasar* ~, to starve. go hungry ; *tener* ~, to hunger, be hungry. 2 hunger [strong desire] : *tener* ~ *de*, to hunger for or after.
hambrear *tr.* to starve, famish [deprive of food]. — 2 *intr.* to starve, go hungry.
hambrientamente *adv.* hungrily.
hambriento, ta *adj.* hungry : ~ *de*, hungry for. — 2 *m. & f.* hungerer, starveling.
hambrón, na *adj.* hungry, greedy for food. — 2 *m. & f.* glutton.
Hamburgo *f. pr. n.* GEOG. Hamburg.
hamburgués, sa *adj.* [pertaining to] Hamburg. — 2 *m. & f.* native or inhabitant of Hamburg.
hamo *m.* ANZUELO 1.
hampa *f.* underworld [low or criminal people]. 2 underworld life.
hampesco, ca *adj.* [pertaining to the] underworld or low people.
hampo, pa *adj.* HAMPESCO. — 2 *m.* HAMPA.
hampón *m.* rowdy, bully, gangster, vagrant.
hanega *f.* FANEGA.
hanegada *f.* FANEGADA.
hangar *m.* AER. hangar.
Hannóver *m. pr. n.* GEOG. Hanover.
hannoveriano, na *adj. & n.* Hanoverian.
Hansa *f.* Hanseatic League.
hanseático, ca *adj.* Hanseatic.
haploclamídea *adj.* BOT. haplochlamydeous.
haplología *f.* PHILOL. haplology.
haragán, na *adj.* idle, lazy, slothful. — 2 *m. & f.* idler, loafer, loiterer, idle or lazy person.
haraganamente *adv.* idly, lazily, slothfully.
haraganear *intr.* to idle, loaf, hang around, lead an idle life.
haraganería *f.* idleness, loafing, laziness.
harapiento, ta *adj.* ragged, tattered.

harapo *m.* rag, tatter : *andar* or *estar hecho un* ~, to be in raggs.
haraposo, sa *adj.* ragged, tattered.
harca *f.* [in Morocco] military expedition of irregular troops; insurgent party.
haré, harás, etc., *irr.* V. HACER.
harem, harén *m.* harem.
haría, harías, etc., *irr.* V. HACER.
harija *f.* mill dust.
harina *f.* fluor [wheat meal] : *donde no hay* ~ *todo es mohina,* want brings no peace; *esparcidor de* ~ *y recogedor de ceniza,* penny wise and pound foolish; *estar metido en* ~ [of bread], to be too compact; [of a person] to be fleshy; to be deeply engaged in an affair; *ser* ~ *de otro costal,* to be a horse of another colour. 2 flour, meal, powder : ~ *de linaza,* linseed meal; ~ *de maíz,* corn meal, Indian corn meal.
harinado *m.* flour dissolved in water.
harinero, ra *adj.* [pertaining to] flour. — *2 m.* flour dealer. 3 flour bin or chest.
harinoso, sa *adj.* floury, mealy, farinaceous.
harmonía, harmónicamente, harmónico, harmonioso, etc. = ARMONÍA, ARMÓNICAMENTE, ARMÓNICO, ARMONIOSO, etc.
harmonio *m.* ARMONIO.
harnero *m.* sieve, sifter : *estar hecho un* ~, to be covered with wounds.
harón, na *adj.* lazy, slothful, sluggish. 2 balky.
haronear *intr.* to be slow or sluggish. 2 to dawdle, indulge in laziness.
haronía *f.* laziness.
harpa *f.* ARPA.
harpado, da *adj.* ARPADO.
harpía *f.* ARPÍA.
harpillera *f.* burlap, sackcloth.
hartada *f.* HARTAZGO.
hartar *tr.* to sate, satiate, glut. 2 to fill, gorge [with]. 3 to give, cause, etc. in abundance, to overwhelm, deluge [with] : ~ *de palos,* to beat soundly. 4 to tire, sicken. — *5 ref.* to satiate : to fill, gorge, stuff oneself. 6 to have or get one's fill [of]. 7 to tire, sicken [become tired, sick].
hartazgo, hartazón *m.* fill, glut, bellyful. 2 *darse un hartazgo,* to eat one's fill; *darse un hartazgo de,* to gorge oneself with; to have or get one's fill of.
harto, ta *adj.* satiated, glutted. 2 tired, sick [of], fed up [with]. 3 sufficient, enough, more than enough. — *4 adv.* enough, well, well enough : *son* ~ *buenos para usted,* they are good enough for you; ~ *sé que no le gusta,* I know well [enough] you don't like it.
hartura *f.* fill, satiety, repletion. 2 abundance. 3 full gratification.
has *irr.* V. HABER.
hasta *prep.* till, until; to, as far as, as much as, up to, down to : ~ *ahora,* till now, up to now; hitherto; ~ *aquí,* so far; *¿* ~ *cuándo?,* till when?; ~ *la vista,* so long, see you again, *I'll be seeing you; ~ *luego,* see you later; ~ *mañana,* till tomorrow; see you tomorrow; ~ *más no poder,* to the utmost; ~ *que,* until; *de aquí* ~ *Madrid,* from here to Madrid; *iremos* ~ *el puente,* we'll go so far as the bridge; *la casa ardió* ~ *los cimientos,* the house burned down to the ground; *puede valer* ~ *treinta pesetas,* it can be worth as much as thirty pesetas. — *2 conj.* even : ~ *un niño lo haría,* even a child could do it.
hastial *m.* ARCH. gable wall. 2 MIN. side wall. 3 big coarse man.
hastiar *tr.* to cloy, sate, surfeit. 2 to weary, bore. — *3 ref. hastiarse de,* to weary of.
hastío *m.* surfeit, cloyness, disgust. 2 weariness, boredom, ennui.
hatajar *tr.* to divide [cattle] into small herds or flocks. 2 to separate from the herd or flock.
hatajo *m.* small herd or flock. 2 coll. lot, bunch, set : *un* ~ *de mentiras,* a bunch of lies.
hatear *intr.* to gather up one's belongings when travelling. 2 to supply shepherds with provisions.
hatería rations, clothing, etc., given to, or carried by, shepherds, labourers and miners.
hatero, ra *adj.* employed to carry the baggage of shepherds [pack animal]. — *2 m.* carrier of provisions to shepherds. 3 (Cu., Ve.) rancher.

hatijo *m.* covering of straw or esparto grass for beehives.
hatillo *m.* small bundle [made with one's belongings] : *coger* or *tomar el* ~ or *su* ~, to go, leave, depart; *echar el* ~ *al mar,* to lose one's temper.
hato *m.* outfit, belongings, kit : *andar con el* ~ *a cuestas,* fig. to be always on the move; *liar el* ~, coll. to pack up; *menear el* ~ *a uno,* coll. to beat up, to thrash someone. 2 aggregate of livestock : herd [of cattle], flock [of sheep]. 3 shepherds' place of sojourn. 4 provisions for shepherds. 5 (Cu., Ve.) cattle ranch. 6 lot, bunch, set [of despicable people] : *un* ~ *de pícaros,* a bunch of knaves. 7 HATAJO. 8 *revolver el* ~, to stir up trouble.
hawaiano, na *adj.* & *n.* Hawaiian.
haxix *m.* hasheesh, hashish.
hay, haya, etc., *irr.* V. HABER.
Haya (La) *f. pr. n.* GEOG. The Hague.
1) **haya** *f.* BOT. beech [tree]. 2 beech [wood].
2) **haya, hayamos,** etc., *irr.* V. HABER.
hayal, hayedo *m.* beech forest or grove.
hayo *m.* BOT. coca. 2 (Col.) coca leaves prepared for chewing.
hayuco *m.* beechnut. 2 *pl.* beech mast.
1) **haz,** *pl.* **haces** *m.* bunch, bundle [of sticks, etc., fastened together]; fagot, faggot; gavel, sheaf. 2 beam, pencil [of rays]. 3 BOT. fascicle. 4 MIL. troops arranged in ranks or divisions. — *5 f.* face, visage : *ser de dos haces,* to be double-faced. 6 face, surface; right side, outside [of cloth, etc.] : *a sobre* ~, on the surface; *sobre la haz de la tierra,* upon the face of the earth. 7 ARCH. facing, façade. — *9 m. pl.* fasces.
2) **haz** *irr.* V. HACER.
haza *f.* AGR. piece of tillable land.
hazaleja *f.* TOALLA.
hazaña *f.* deed, feat, exploit, achievement.
hazañería *f.* affected show of fear, scruple, wonder, etc.
hazañero, ra *adj.* given to affectation of fear, scruple, wonder, etc.
hazañosamente *adv.* valorously, heroically.
hazañoso, sa *adj.* brave, courageous, heroic.
hazmerreír *m.* laughingstock.
1) **he** *adv.* used generally, as a demonstrative, with the adverbs *aquí, allí,* and the pronouns *me, te, la, le, lo, los, las:* ~ *aquí,* here is, here you have; ~ *aquí que,* behold, lo, do and behold; *heme aquí,* here I am; *helos allí,* there they are.
2) **he** *irr.* V. HABER.
hebdómada *f.* hebdomad, week. 2 period of seven years.
hebdomadario. ria *adj.* hebdomadal, hebdomadary, weekly. — *2 m.* & *f.* ECCL. hebdomadary.
Hebe *f. pr. n.* MYTH. Hebe.
hebén *adj.* designating a variety of white grape. 2 fig. insignificant, of no account.
hebilla *f.* buckle, clasp : *no faltar* ~, fig. to be complete, to be perfect.
hebillaje *m.* buckles, set of buckles.
hebillero, ra *m.* & *f.* buckle maker or seller.
hebilleta *f. dim.* small buckle.
hebillón *m. aug.* large buckle.
hebilluela *f. dim.* small buckle.
hebra *f.* needleful of thread. 2 TEXT. fibre, staple. 3 thread, filament. 4 fibre [of meat]. 5 grain [of wood]. 6 MIN. vein, lode. 7 saffron stigma. 8 thread [of discourse]. 9 *pl.* poet. threads, the hair. 10 (Chi.) *de una* ~, all at once, at one stroke. 11 *pegar la* ~, to start a conversation; to chat. 12 *ser* or *estar de buena* ~, to be strong and robust.
hebraico, ca *adj.* Hebraic, Hebrew.
hebraísmo *m.* Hebraism.
hebraísta *m.* Hebraist [one versed in the Hebrew language and literature, Hebrew scholar].
hebraizante *adj.* using Hebraisms. — *2 m.* HEBRAÍSTA. 3 Judaizer.
hebraizar *intr.* to Hebraize [use Hebraisms].
hebreo, a *adj.* & *n.* Hebrew. — *2 m.* Hebrew [language]. 3 coll. usurer.
hebrero *m.* HERBERO.
Hébridas (las) *f. pr. n.* GEOG. the Hebrides. 2 *Las Nuevas Hébridas,* the New Hebrides.
hebroso, sa *adj.* fibrous, stringy.
hecatombe *f.* hecatomb.
hectárea *f.* hectare.
héctico, ca *adj.* HÉTICO.

hectiquez *f.* HETIQUEZ.
hectógrafo *m.* hectograph.
hectogramo *m.* hectogram.
hectolitro *m.* hectolitre, hectoliter.
hectómetro *m.* hectometre, hectometer.
Héctor *m. pr. n.* MYTH. Hector.
hectóreo, a *adj.* pertaining to Hector.
hectovatio *m.* hectowatt.
hecha *f.* obs. date : *de esta* ~, from this time. 2 obs. action, act, feat.
hechicé, hechice, etc., *pret., subj. & imper.* of HE-CHIZAR.
hechiceresco, ca *adj.* magical, [pertaining to] sorcery.
hechicería *f.* sorcery, witchcraft, witchery, wizardry, enchantment. 2 charm, fascination.
hechicero, ra *adj.* bewitching, charming, fascinating. — 2 *m. & f.* bewitcher. — 3 *m.* enchanter, sorcerer, wizard. — 4 *f.* enchantress, sorceress, witch. 5 enchantress, witch [charming woman].
hechizar *tr.* to bewitch, charm, enchant [affect by magic; delight exceedingly]. 2 to entrance, fascinate.
hechizo, za *adj.* artificial, feigned. 2 false [not natural], detachable, removable, portable. 3 (Chi., C. R., Col.) home, domestic [made in the country]. — 4 *m.* charm, spell, magic ointment, etc. 5 charm, fascination, glamour. 6 *pl.* charms [of a woman].
1) **hecho, cha** *irr. p. p.* of HACER.
2) **hecho, cha** *adj.* made, done, finished : *a lo ~ pecho,* what is done cannot be undone, one must make the best of a bad bargain; ~ *de encargo, a la medida,* made to order, custommade. 2 grown, full-grown, matured, ripe, fully developed : *hombre* ~, grown man, full-grown man. 3 built, shaped, proportioned [animal, body, limbs]. 4 ready-made : *ropa hecha,* ready-made clothing. 5 turned into; being; being quite; looking like, like : *la habitación estaba hecha una pocilga,* the room was turned into a pigsty; *el niño estaba* ~ *un hombrecito,* the boy was quite a little man; *se volvió hacia él* ~ *un león,* he turned on him like a lion. 6 accustomed, inured, used. 7 *bien* ~, well-built, well-shaped, well-proportioned; well made or done; rightly done; all right, right [in the moral sense]. 8 ~ *y derecho,* complete, perfect, real, true; in every respect. 9 *mal* ~, badly shaped, badly proportioned; badly made or done, done in the wrong way; wrong [in the moral sense]. — 10 *interj.* done!
11 *m.* fact : *de* ~, in fact, in deed, as a matter of fact, actually, really; de facto; *de* ~ *y de derecho,* de facto and de jure, by deed and right; *en* ~ *de verdad,* in truth, really. 12 happening. 13 point at issue. 14 deed, act, action, feat : ~ *de armas,* feat of arms; *Hechos de los Apóstoles,* Acts of the Apostles.
hechura *f.* make, making. 2 form, shape, cut, build. 3 creation, creature [what is formed or created]. 4 creature [person who owes his rise and fortune to another]. 5 *sing. & pl.* workmanship, work, making [of a dress, piece of clothing, etc.]; money paid for it.
hedentina *f.* stench, stink.
heder *intr.* to stink, to smell bad or badly. — 2 *tr.* to be tiresome, insufferable [to one]. ¶ CONJUG. like *entender.*
hediondamente *adv.* smelling evilly, fetidly.
hediondez *f.* stench, evil smell, fetidness.
hediondo, da *adj.* stinking, evil smelling, fetid. 2 unbearably annoying. 3 filthy, dirty, obscene. — 4 *m.* BOT. bean trefoil.
hedonismo *m.* hedonism.
hedonista *adj.* hedonistic. — 2 *m. & f.* hedonist.
hedor *m.* stench, stink, foul smell.
hegelianismo *m.* Hegelianism.
hegeliano, na *adj. & n.* Hegelian.
hegemonía *f.* hegemony.
hégira, hejira *f.* hegira, hejira.
helable *adj.* congealable.
helada *f.* freeze, freezing, frost : ~ *blanca,* hoarfrost, white frost.
Hélade *f. pr. n.* GEOG. Hellas [Greece].
heladera *f.* (Am.) freezer, refrigerator; ice-cream freezer : ~ *eléctrica,* ~ *mecánica,* electric refrigerator.
heladería *f.* (Col., Chi.) ice-cream shop.

heladero *m.* (Chi.) ice-cream seller.
heladizo, za *adj.* easily congealed.
helado, da *adj.* frozen. 2 frostbitten. 3 frigid, cold, chilly. 4 fig. *quedarse* ~, to be frozen [with amazement, fear, etc.]. — 5 *m.* frozen food, ice cream, sherbet, water ice.
helador, ra *adj.* freezing. — 2 *f.* ice-cream freezer.
heladura *f.* crack in the trunk of a tree caused by cold.
helamiento *m.* congealment, congelation, freezing.
helar *tr.* to freeze, congeal, chill, ice. 2 to frostbite, nip with frost. 3 to astound, amaze. 4 to chill, dispirit, discourage. — 5 *ref.* to freeze, congeal, ice, be frozen : *se le heló la sangre,* his blood curdled, his blood ran cold. 6 to become frostbitten. — 7 *impers.* to freeze : *está helando,* it is freezing; *ayer heló,* it froze yesterday. ¶ CONJUG. like *acertar.*
¡héle aquí! *interj.* here he is!, here it is!, behold him or it!
helechal *m.* fern land, fernery.
helecho *m.* BOT. fern : ~ *arbóreo,* tree fern; ~ *común,* brake, fernbrake; ~ *hembra,* female fern, lady fern; ~ *macho,* male fern.
helena *f.* NAUT. jack-o'-lantern, St. Elmo's fire.
helénico, ca *adj.* Hellenic.
helenio *m.* BOT. elecampane.
helenismo *m.* Hellenism.
helenista *m.* Hellenist.
helenístico, ca *adj.* Hellenistic(al.
helenizar *tr.* to Hellenize. — 2 *ref.* to become Hellenized.
heleno, na *adj.* Hellenic. — 2 *m. & f.* Hellene.
helera *f.* GRANILLO 3.
helero *m.* GEOL. glacier.
Helesponto *m. pr. n.* GEOG. Hellespont.
helgado, da *adj.* jagged-toothed.
helgadura *f.* space between the teeth. 2 jaggedness or unevenness of the teeth.
helíaco, ca *adj.* ASTR. heliacal.
heliantemo *m.* BOT. helianthemum.
heliantina *f.* CHEM. heliantin, methyl orange.
helianto *m.* BOT. helianthus.
hélice *f.* ANAT., ARCH., GEOM. helix. 2 GEOM. spiral. 3 AER., NAUT. propeller, screw propeller. 4 (cap.) ASTR. Great Bear.
helicoidal *adj.* helicoidal.
helicoide *m.* GEOM. helicoid.
helicón *m.* MUS. helicon. 2 (cap.) GEOG. MYTH. Helicon.
helicona *f. adj.* HELICONIA.
helicónides *f. pl.* MYTH. the Muses.
heliconio, nia *adj.* MYTH. Heliconian. 2 of the Muses.
helicóptero *m.* AER. helicopter.
helio *m.* CHEM. helium.
heliocéntrico, ca *adj.* heliocentric.
Heliodoro *m. pr. n.* Heliodorus.
Heliogábalo *m. pr. n.* Heliogabalus.
heliograbado *m.* heliogravure.
heliografía *f.* heliography.
heliográfico, ca *adj.* heliographic.
heliógrafo *m.* heliograph.
heliograma *m.* heliogram.
heliómetro *m.* heliometer.
helioplastia *f.* helioengraving.
helioscopio *m.* helioscope.
heliosis *f.* MED. heliosis, sunstroke.
heliostato *m.* heliostat.
helioterapia *f.* heliotherapy.
heliotipia *f.* heliotypy. 2 heliotype.
heliotropina *f.* CHEM. heliotropine.
heliotropio *m.* HELIOTROPO.
heliotropismo *m.* BIOL. heliotropism.
heliotropo *m.* BOT. heliotrope. 2 MINER. heliotrope, bloodstone.
helmintiasis *f.* MED. helminthiasis.
helmíntico, ca *adj.* helminthic. 2 vermifugal.
helminto *m.* ZOOL. helminth. 2 *pl.* ZOOL. Helminthes.
helmintología *f.* helminthology.
Helvecia *f. pr. n.* GEOG. Helvetia.
helvecio, cia or **helvético, ca** *adj.* Helvetic. — 2 *adj. & n.* Helvetian.
hemangioma *m.* MED. hæmangioma, hemangioma.
hematemesis *f.* MED. hæmatemesis, hematemesis.
hemático, ca *adj.* hæmatic, hematic.
hematidrosis *f.* MED. hæmatidrosis, hematidrosis.
hematíe *m.* PHYSIOL. red cell.
hematina *f.* CHEM. hæmatin, hematin.

hematites *f.* MINER. hæmatite, hematite.
hematocele *m.* MED. hæmatocele, hematocele.
hematoma *m.* MED. hæmatoma, hematoma.
hematómetro *m.* hæmatometer, hematometer.
hematopoyesis *f.* PHYSIOL. hæmatopoiesis, hematopoiesis.
hematosis *f.* PHYSIOL. hæmatosis, hematosis.
hematuria *f.* MED. hæmaturia, hematuria.
hembra *adj.* female [animal or plant] : *una serpiente* ~, a female snake; *helecho* ~, female fern. — 2 *f* female [of an animal]. 3 BOT. female plant. 4 coll. or vulg. female, woman. 5 eye [of hook an eye]. 6 MACH. nut [for a bolt or screw] ; bolt staple; female part, tool, etc. 7 NAUT. *hembras del timón*, gudgeons of the rudder.
hembraje *m.* (S. Am.) female animals [of a herd or ranch].
hembrear *intr.* [of a male animal] to be drawn to the females. 2 to produce only females, to produce more females than males.
hembrilla *f. dim.* little female. 2 MACH. small nut or staple ; small female part or piece. 3 eyescrew.
hemerálope *adj.* hemeralopic. — 2 *m.* & *s.* hemeralope.
hemeralopía *f.* MED. hemeralopia.
hemeroteca *f* newspaper and magazine library.
hemiciclo *m.* hemicycle. 2 in Spain, floor [of the House of Deputies].
hemicránea *f.* MED. hemicrania, megrim.
hemihedría *f* CRYST. hemihedrism, hemihedry.
hemihédrico, ca *adj.* CRYST. hemihedral.
hemihedro *m.* CRYST. hemihedron.
hemina *f.* hemina [ancient measure]. 2 BIOCHEM. hæmin, hemin.
hemiono *m.* ZOOL. an Asiatic wild ass.
hemiplejía *f.* MED. hemiplegia.
hemíptero, ra *adj.* ENTOM. hemipteral, hemipteran, hemipterous. — 2 *m.* ENTOM. hemipteran. 3 *pl.* ENTOM. Hemiptera.
hemisférico, ca *adj.* hemispherical.
hemisferio *m.* hemisphere.
hemisferoidal *adj.* hemispheroidal.
hemistiquio *m.* PROS. hemistich.
hemofilia *f.* MED. hæmophilia, hemophilia.
hemofílico, ca *adj.* MED. hæmophilic, hemophilic. — 2 *m.* & *f.* MED. hæmophiliac, hemophiliac.
hemoglobina *f.* PHYSIOL. hæmoglobin, hemoglobin.
hemólisis *f.* IMMUN. hæmolysis, hemolysis.
hemopatía *f.* MED. blood disease.
hemoptisis *f.* MED. hæmoptysis, hemoptysis.
hemorragia *f.* MED. hæmorrhage, hemorrhage.
hemorrágico, ca *adj.* hæmorrhagic, hemorrhagic.
hemorroides *f. pl.* HEMORROIDES.
hemorroidal *adj.* hæmorrhoidal, hemorrhoidal.
hemorroides *f. pl.* MED. hæmorrhoids, hemorrhoids, piles.
hemorroo *m.* ZOOL. cerastes.
hemóstasis *f.* MED. hæmostasia, hemostasia, hæmostasis, hemostasis.
hemostático, ca *adj.* hæmostatic, hemostatic.
henal *m.* hayloft.
henar *m.* hayfield.
henchidor, ra *m.* & *f.* filler.
henchidura *f.* filling, stuffing.
henchimiento *m.* HENCHIDURA. 2 NAUT. filling timber.
henchir *tr.* to fill, stuff. — 2 *ref.* to be filled. 3 to stuff oneself. ¶ CONJUG. like *servir*.
hendedor, ra *adj.* cleaving, splitting.
hendedura *f.* HENDEDURA.
hender *tr.* to cleave, split, slit, crack, chink. 2 to cut through, to cleave [the air, the water]. 3 to carve one's way through [a throng, etc.]. — 4 *ref.* to cleave, split, crack [become cleaved, etc.]. ¶ CONJU. like *entender*.
hendible *adj.* cleavable, fissile.
hendido, da *adj.* cleaved, cloven, cleft, cracked, split.
hendidura *adj.* cleft, crevice, crack, fissure, slit, slot.
hendiente *m.* down stroke of a sword.
hendija *f.* (Am.) RENDIJA.
hendimiento *m.* cleaving, splitting, cracking.
henequén *m.* BOT. henequen, sisal.
henificación *f.* haymaking.
henificar *tr.* to hay [cut and cure grass for hay].
henil *m.* hayloft, hay barn.
henné *m.* henna [dye].

heno *m.* hay. 2 BOT. an hay plant [*Trifolium incarnatum*]. 3 BOT. ~ *blanco*, velvet grass.
henojil *m.* garter.
heñir *tr.* to knead [work up into dough] : *hay mucho que* ~, fig. there's still a lot to do. ¶ CONJUG. like *reir*.
hepático, ca *adj.* MED. hepatic(al. 2 BOT. hepatic. — 3 *f.* BOT. hepatica, liverwort. 4 BOT. hepatica [a plant of the Ranunculaceæ]. 5 *pl.* BOT. Hepaticæ.
hepatitis *f.* MED. hepatitis.
hepatización *f.* MED. hepatization.
hepatizarse *ref.* MED. to undergo hepatization.
hepatocele *f.* MED. hepatocele.
hepatología *f.* hepatology.
heptacordio, heptacordo *m.* MUS. heptachord.
heptaedro *m.* GEOM. heptahedron.
heptagonal *adj.* heptagonal.
heptágono, na *adj.* heptagonal. — 2 *m.* GEOM. heptagon.
heptámero, ra *adj.* BOT. heptamerous.
heptámetro *m.* PROS. heptameter.
heptarca *m.* heptarch.
heptarquía *f.* heptarchy.
heptasílabo, ba *adj.* heptasyllabic.
Heptateuco *m.* Heptateuch.
Hera *f. pr. n.* MYTH. Hera, Here.
Heracles *m. pr. n.* MYTH. Heracles.
heráclida *adj.* Heraclidan. — 2 *m.* Heraclid.
heráldica *f.* heraldry.
heráldico, ca *adj.* heraldic. — 2 *s.* heraldist.
heraldo *m.* herald. 2 harbinger.
herbáceo, a *adj.* herbaceous.
herbajar *tr.* to graze, pasture [put cattle, sheep, etc., to pasture]. — 2 *intr.* & *tr.* [of cattle, sheep, etc.] to graze, pasture.
herbaje *m.* herbage, grass, pasture. 2 grazing fee. 3 a coarse woollen waterproof cloth, formerly used by seamen.
herbajear *tr.* & *intr.* HERBAJAR.
herbajero *m.* one who rents pastures.
herbar *tr.* to dress skins with herbs. ¶ CONJUG. like *acertar*.
herbario, ria *adj.* herbal. — 2 *m.* botanist; herbalist. 3 herbarium. 4 ZOOL. rumen [of ruminant].
herbaza *f. aug.* large grass or weed.
herbazal *m.* grassland. 2 weedy place.
herbecer *intr.* [of grass] to begin to grow.
herbero *m.* gullet [of ruminants].
herbívoro, ra *adj.* herbivorous. — 2 *m.* ZOOL. herbivore. 3 *pl.* ZOOL. Hervibora.
herbolar *tr.* ENHERBOLAR.
herbolario, ria *adj.* scatterbrained. — 2 *m.* & *f.* scatterbrain. — 3 *m.* herbalist, herbman. 4 herbman shop.
herborización *f.* herborization, botanizing.
herborizador, ra *adj.* herborizing, botanizing. — 2 *m.* & *f.* herbalist, herborist, herborizer
herborizar *intr.* to herborize, botanize.
herboso, sa *adj.* herby, grassy.
hercúleo, a *adj.* Herculean. 2 herculean.
Hércules *m. pr. n.* ASTR. & MYTH. Hercules.
heredable *adj.* inheritable ; hereditable.
heredad *f.* piece of cultivated land ; country property, country estate.
heredado, da *adj.* inherited. 2 landed, owning real state. 3 having inherited. — 4 *m.* & *f.* HACENDADO.
heredamiento *m.* landed property.
heredar *tr.* to inherit. 2 to give possessions or real estate. 3 to institute as heir.
heredero, ra *adj.* inheriting. — 2 *m.* & *f.* heir, heiress, inheriter : ~ *forzoso*, legal heir, heir apparent ; *presunto* ~, heir presumptive. 3 landed proprietor.
heredipeta *m.* & *f.* legacy seeker.
hereditario, ria *adj.* hereditary.
hereje *m.* heretic. 2 fig. shameless person.
herejía *f.* heresy. 2 insult, injurious expression.
herejote *m. aug.* coll. great heretic.
herén *m.* YERO.
herencia *f.* heritage, inheritance. 2 heredity.
heresiarca *m.* heresiarch.
heretical; herético, ca *adj.* heretical.
Heriberto *m. pr. n.* Herbert.
herida *f.* wound, injury : ~ *contusa*, contused wound ; ~ *incisa*, incised wound ; ~ *punzante*, punctured wound ; *renovar la* ~, to open an old sore ; *respirar por la* ~, to show by one's way of speaking that one is feeling a resentment.

herido, da *adj.* wounded, injured, hurt : *mal* ~, dangerously wounded, seriously injured ; ~ *en su vanidad, en sus sentimientos,* hurt or wounded in his vanity, in his feelings. 2 struck. — *3 m. & f.* wounded person. 4 pl. *los heridos,* the wounded.
heridor, ra *adj.* wounding. 2 striking.
herir *tr.* to wound, injure, hurt [bodily or morally]. 2 to offend, pique. 3 to touch, move. 4 to affect or offend [the ear, the eyes]. 5 to strike, hit. 6 MUS. to finger, pluck [a string or a stringed instrument]. ¶ CONJUG. like *hervir.*
hermafrodita *adj.* hermaphrodite, hermaphroditic(al. — *2 m.* hermaphrodite.
hermafroditismo *m.* hermaphroditism.
hermafrodito *m.* hermaphrodite.
hermana *f.* sister ; V. HERMANO.
hermanable *adj.* fraternal, brotherly. 2 compatible.
hermanablemente *adv.* fraternally, brotherly. 2 in agreement, in harmony.
hermanado, da *adj.* matched, mated, like, uniform.
hermanal *adj.* fraternal, brotherly.
hermanamiento *adj.* matching, mating, joining, making compatible.
hermanar *tr.* to join, match, mate ; to harmonize, make compatible. 2 to make two people brothers or sisters [in a spiritual sense]. — *3 ref.* to match, harmonize, be compatible. 4 to become brothers or sisters [in a spiritual sense] ; to love one another as brothers or sisters.
hermanastro, tra *m.* stepbrother. — *2 f.* stepsister.
hermanazgo *m.* HERMANDAD.
hermandad *f.* fraternity, brotherhood, sisterhood [fraternal tie]. 2 brotherhood, companionship, intimate friendship. 3 correspondence, harmony [between two or more things]. 4 confraternity, brotherhood, sisterhood, guild, religious association. 5 *Santa Hermandad,* a Spanish special Court and rural police instituted in the fifteenth century.
hermanear *intr.* to call someone brother.
hermanecer *intr.* to have a brother or sister born to one.
hermanito, ta *m. & f. dim.* little brother, little sister.
hermano, na *m. & f.* brother, sister [son or daughter of the same parents or parent] : ~ or *hermana carnal,* full brother or sister ; brother-german, sister-german ; ~ or *hermana de leche,* foster brother, foster sister ; ~, or *hermana, consanguíneo,* or *consanguínea,* consanguineous brother or sister ; ~, or *hermana, de madre* or *de padre,* half brother by the same mother or father ; ~ *político, hermana política,* brother-in-law, sister-in-law ; ~, or *hermana, uterino, uterina,* uterine brother or sister ; *hermanos siameses,* Siamese twins ; *medio* ~ or *hermana,* half-brother or half-sister ; *mi* ~, my brother ; *mi hermana,* my sister. 2 brother, sister [in a spiritual sense, fellow Christian, fellow member of a religious society]. 3 twin [thing]. 4 lay brother, lay sister. — *5 m.* brother [member of certain religious orders] : *Hermanos de la Doctrina Cristiana,* Brothers of the Christian Schools. — *6 f.* sister, nun : *Hermanas de la Caridad,* Sisters of Charity, Sisters of St. Vincent. — *7 adj. artes hermanas,* sister arts ; *lenguas hermanas,* sister languages ; *primo* ~, *prima hermana,* cousin german.
hermanuco *m.* contempt. lay brother.
hermenéutica *f.* hermeneutics.
hermenéutico, ca *adj.* hermeneutic.
Hermes *m. pr. n.* MYTH. Hermes.
herméticamente *adv.* hermetically.
hermeticidad *f.* airtightness. 2 impenetrability.
hermético, ca *adj.* Hermetic. 2 hermetic(al, airtight. 3 impenetrable.
hermetismo *m.* secretiveness, secrecy.
hermosamente *adv.* beautifully. 2 perfectly.
hermoseador, ra *adj.* beautifying, embellishing. — *2 m. & f.* beautifier, embellisher.
hermoseamiento *s.* beautifying, beautification, embellishing, embellishment.
hermosear *tr.* to beautify, embellish. — *2 ref.* to beautify oneself.
hermoso, sa *adj.* beautiful, beauteous, fair, lovely. 2 handsome, goodlooking.
hermosura *f.* beauty, fairness, loveliness. 2 handsomeness, good looks. 3 belle, beauty [beautiful woman].

hernia *f.* MED. hernia ; rupture.
herniado, da *adj.* HERNIOSO.
herniario, ria *adj.* MED. hernial.
hernioso, sa *adj.* MED. herniated, ruptured. — *2 m. & f.* MED. ruptured person.
hernista *m.* hernia surgeon.
Hero *f. pr. n.* MYTH. Hero.
Herodes *m. pr. n.* BIB. Herod : *andar* or *ir de* ~ *a Pilatos,* to go from pillar to post ; from bad to worse ; to go hither and thither or from one place to another.
herodiano, na *adj.* Herodian.
Herodías *f. pr. n.* BIB. Herodias.
Herodoto *m. pr. n.* Herodotus.
héroe *m.* hero.
heroicamente *adv.* heroically.
heroicidad *f.* heroicity, heroism. 2 heroic deed.
heroico, ca *adj.* heroic : *comedia heroica,* heroic comedy ; *remedio* ~, heroic drug, heroic treatment ; *tiempos heroicos,* heroic age ; *a la heroica,* in the manner of the heroic age.
heroína *f.* heroine. 2 CHEM. heroin.
heroísmo *m.* heroism.
herpe, herpes *m. & f.* MED. herpes.
herpético, ca *adj.* MED. herpetic. — *2 m. & f.* one who suffers from herpes.
herpetismo *m.* MED. herpetism.
herpetología *f.* herpetology.
herpil *m.* bag of esparto netting for carrying straw, large fruit, etc.
herrada *f.* wooden bucket or pail. — *2 adj. agua* ~, water in which red-hot iron has been cooled.
herradero *m.* branding of cattle. 2 place where cattle are branded. 3 season for branding cattle.
herrado *m.* horseshoeing.
herrador *m.* horseshoer, farrier.
herradora *f.* coll. horseshoer's wife.
herradura *f.* horseshoe : *mostrar las herraduras* [of a horse, mule, etc.], to kick, to be vicious ; coll to show one's heels. 2 ~ *de buey,* oxshoe.
herraj *m.* ERRAJ.
herraje *m.* ironwork, pieces of iron put on a door, coffer, etc. 2 horseshoes and their nails. 3 ERRAJ.
herramental *adj.* tool, for carrying tools [bag, box. etc.]. — *2 m.* tool bag, tool box.
herramienta *f.* tool, implement. 2 tools, set of tools. 3 coll. horns [of bull, cow, deer, etc.]. 4 coll. teeth, set of teeth, grinders.
herrar *tr.* to shoe [an animal]. 2 to brand [cattle. etc.]. 3 to cover or ornament with iron. ¶ CONJUG. like *acertar.*
herrén *m.* mixed grain for fodder.
herrenal, herreñal *m.* field of mixed grain.
herrera *f.* coll blacksmith's wife.
herrería *f.* forge, ironworks. 2 smithy, blacksmith's shop ; blacksmith's trade. 3 fig. fighting noise, clash.
herrerillo *m.* ORN. blue titmouse. 2 ORNIT. great or greater titmouse.
herrero *m.* blacksmith ; iron forger, iron worker : ~ *de grueso,* blacksmith.
herrerón *m.* clumsy blacksmith.
herreruelo *m.* ORN. coal titmouse.
herrete *m.* tag, aglet [of a lace, etc.].
herretear *tr.* to tag, to tip [a lace, etc.] with a tag.
herrezuelo *m.* small piece of iron.
herrial *adj.* BOT. designating a variety of large red grape.
herrín *m.* HERRUMBRE 1.
herrón *m.* quoit. 2 MACH. washer. 3 iron bar used in planting vines or trees. 4 (Col.) point of a spinning top.
herronada *f.* blow from a bird's beak.
herrumbre *f.* rust, iron rust. 2 iron taste. 3 rust [plant disease].
herrumbroso, sa *adj.* rusty, rusted.
hertziano, na *adj.* Hertzian.
hérulo, la *adj. & n.* Herulian. — *2 m. pl.* Heruli.
herventar *tr.* COOK. to bring to a boil.
hervidero *m.* noise and agitation of a boiling liquid. 2 boiling or bubbling spring. 3 MED. rumbling in the chest. 4 crowd, swarm, seething mass [of people, ants, etc.].
hervido, da *adj.* boiled. — *2 m.* (S. Am.) dish of boiled meat and vegetables.
hervidor *m.* vessel for boiling.
herviente *adj.* HIRVIENTE.
hervir *intr.* [of a liquid] to boil : *hacer* ~, to make boil : to boil [subject to heat of boiling

water]. 2 to bubble, effervesce. 3 [of sea, etc.] to boil, seethe, be agitated. 4 to seethe [with emotion, etc.]. 4 ~ *en*, to swarm or teem with. ¶ IRREG. CONJUG.: INDIC. Pres.: *hiervo, hierves, hierve;* hervimos, hervis, *hierven.* | Pret.: hervi. herviste, *hirvió;* hervimos, hervisteis, *hirvieron.* | SUBJ. Pres.: *hierva, hiervas, hierva; hirvamos, hirváis, hiervan.* | Imperf.: *hirviera, hirvieras,* etc., or *hirviese, hirvieses,* etc. | Fut.: *hirviere, hirvieres,* etc. | IMPER.: *hierve, hierva; hirvamos, hervid, hiervan.* | PAST. P.: hervido. | GER.: *hirviendo.*
hervor *m.* boiling, reaching the boiling point: *alzar.* or *levantar, el* ~, [of a liquid] to begin to boil. 2 vehemence, ardour [of youth]. 3 MED. ~ *de la sangre,* rash, eruption.
hervoroso, sa *adj.* ardent, impetuous.
Hesiodo *m. pr. n.* Hesiod.
hesitación *f.* hesitation, hesitance.
hesitar *intr.* to hesitate.
Hesperia *f. pr. n.* GEOG. Hesperia [Spain or Italy].
hespérico, ca *adj.* Hesperic, Hesperian.
hespéride *adj.* Hesperidian. — 2 *f. pl.* MYTH. Hesperides. 3 ASTR. Pleiades.
hesperidio *m.* BOT. hesperidium.
hespérido, da *adj.* poet. HESPÉRIDE. 2 poet. Hesperian, western.
hesperio, ria *adj. & n.* Hesperian [of or pertaining to Hesperia].
Héspero *m.* ASTR. Hesperus, the evening star.
heteo, a *adj. & n.* Hittite.
hetera *f.* hetæra, hetaira.
heterocerca *adj.* ICHTH. heterocercal.
heteroclamídeo, a *adj.* BOT. heterochlamydeous.
heteróclito, ta *adj.* heteroclite.
heterodino, na *adj.* RADIO. heterodyne.
heterodoxia *f.* heterodoxy.
heterodoxo, xa *adj.* heterodox.
heterogamia *f.* BIOL. heterogamy.
heterógamo, ma *adj.* BIOL., BOT. heterogamous.
heterogeneidad *f.* heterogeneity.
heterogéneo, a *adj.* heterogeneous.
heteromancia *f.* superstitious divination by the flight of birds.
heteromorfo, fa *adj.* heteromorphic, heteromorphous.
heterónomo, ma *adj.* heteronomous.
heteroplastia *f.* SURG. heteroplasty.
heterópsido, da *adj.* lusterless [metal].
heteróptero, ra *adj.* ENTOM. heteropterous. — 2 *m. pl.* ENTOM. Heteroptera.
heteroscios *m. pl.* GEOG. heteroscians.
heterótrofo, fa *adj.* PHYSIOL. heterotrofic.
hético, ca *adj. & n.* hectic, consumptive.
hetiquez *f.* MED. consumption.
heurístico, ca *adj.* heuristic. — 2 *f.* heuristic [art.]
hexacordo *m.* MUS. hexachord.
hexaedro *m.* GEOM. hexahedron.
hexagonal *adj.* hexagonal.
hexágono, na *adj.* hexagonal. — 2 *m.* GEOM. hexagon.
hexámetro *m.* PROS. hexameter.
hexápeda *f.* toesa.
hexapétalo, la *adj.* BOT. hexapetalous.
hexápodo, da *adj.* hexapod. — 2 *m.* ENTOM. hexapod 3 *pl.* ENTOM. Hexapoda.
hexasílabo, ba *adj.* hexasyllabic.
hexástilo *m.* ARQ. hexastyle.
hez, *pl.* **heces** *f.* (usu, pl.) dregs, grounds, lees, sediment [of liquid or liquor]. 2 fig. scum, dregs [vilest part]: *la* ~ *del pueblo,* the dregs of people, the scum, the rabble. 3 *pl.* fæces, excrement.
hi *m. & f.* son, daughter. | Used only in the compound words *hidalgo, hidalguía,* etc., or in phrases as *hi de puta, hi de perro,* son of a bitch, son of a harlot, son of a dog.
Híadas, Híades *f. pl.* ASTR., MYTH. Hyades, Hyads.
hialino, na *adj.* hyaline [glassy, transparent]. — 2 *f.* BIOCHEM. hyaline.
hialita *f.* MINER. hyalite.
hialitis *f.* MED hyalitis.
hialografía *f.* hyalography.
hialógrafo *m.* hyalograph.
hialóideo, a *adj.* hyaloid.
hialoides *f.* ANAT. hyaloid membrane.
hiante *adj.* PROS. having hiatus.
hiato *m.* GRAM., PROS. hiatus.
hibernación *f.* hibernation.

hibernal *adj.* hibernal.
hibernés, sa *adj. & s.* Hibernian.
hibérnico, ca *adj.* Hibernian.
hibernizo, za *adj.* hibernal.
hibridación *f.* hybridization.
hibridismo *m.* hybridism.
hibrido, da *adj. & n.* hybrid.
hicaco *m.* BOT. icaco, coco plum.
hice, hiciera, hiciese, etc., *irr.* V. HACER.
hicotea *f.* (Am.) ZOOL. a fresh-water turtle.
hicsos *m. pl.* HIST. Hyksos.
hidalgamente *adv.* nobly, generously.
hidalgo, ga *adj.* noble, generous [person, act, etc.]. 2 of noble birth. — 3 *m.* hidalgo, nobleman, man of noble birth. — 4 *f.* hidalga, noblewoman, woman of noble birth.
hidalgote, ta *m. & f.* scorn. aug. of HIDALGO.
hidalguejo, ja, hidalguelo, la & hidalguete, ta *m. & f.* petty or impecunious hidalgo or hidalga.
hidalguez *f.* HIDALGUÍA.
hidalguía *f.* quality, state or status of being an hidalgo. 2 nobility, nobleness, generosity.
hidátide *f.* ZOOL., MED. hydatid.
hidatídico, ca *adj.* MED. hydatidinous.
hidra *f.* ZOOL. a poisonous sea snake. 2 ZOOL. hydra [polyp] 3 (cap.) ASTR., MYTH. Hydra.
hidrácido *m.* CHEM. hydracid.
hidracina *f.* CHEM. hydrazine.
hidragogo, ga *adj. & m.* MED. hydragogue.
hidrargirio *m.* HIDRARGIRO.
hidrargirismo *m.* MED. hydrargiriasis, hydrargirism, mercurialism.
hidrargirita *f.* MIN. native oxide of mercury.
hidrargiro *m.* CHEM. hydrargyrum, mercury.
hidrartrosis *f.* MED. hydrarthrosis.
hidratable *adj.* CHEM. that can be hydrated.
hidratación *f.* hydration, hydrating.
hidratado, da *adj.* hydrated.
hidratar *tr.* CHEM. to hydrate. — 2 *ref.* to hydrate [become hydrated or a hydrate].
hidrato *m.* CHEM. hydrate: ~ *de carbono,* carbohydrate.
hidráulica *f.* hydraulics.
hidráulico, ca *adj.* hydraulic: *ariete* ~, hydraulic ram; *cal hidráulica,* hydraulic lime; *prensa hidráulica,* hydraulic press. — 2 *m.* expert in hidraulics.
hidria *f.* hydria [ancient jar].
hidroavión *m.* AER. hydroplane, seaplane.
hidrobiología *f.* hydrobiology.
hidrocarburo *m.* CHEM. hydrocarbon.
hidrocefalía *f.* MED. hydrocephalus, hydrocephaly.
hidrocéfalo, la *adj.* MED. hydrocephalous.
hidrocele *f.* MED. hydrocele.
hidroclorato *m.* CHEM. hydrochlorate.
hidroclórico, ca *adj.* CHEM. hydrochloric.
hidrodinámica *f.* hydrodynamics.
hidrodinámico, ca *adj.* hydrodynamic.
hidroeléctrico, ca *adj.* hidroelectric.
hidráfana *f.* MINER. hydrophane.
hidrofilacio *m.* hydrophylacium.
hidrófilo, la *adj.* absorbent: *algodón* ~, absorbent cotton.
hidrofobia *f.* MED. hydrophobia; rabies.
hidrófobo, ba *adj.* MED. suffering from hydrophobia
hidrófono *m.* hidrophone.
hidrófugo, ga *adj.* nonabsorbent, moistureproof.
hidrogenación *f.* CHEM. hidrogenation.
hidrogenar *tr.* to hydrogenate.
hidrógeno *m.* CHEM. hydrogen: ~ *pesado,* heavy hydrogen.
hidrognosia *f.* hydrognosy.
hidrogogía *f.* art of canal making and water conveying.
hidrografía *f.* hydrography.
hidrográfico, ca *adj.* hydrographical.
hidrógrafo *m.* hydrographer.
hidroide *m.* ZOOL. hydroid.
hidrólisis *f.* CHEM. hydrolysis.
hidrolítico, ca *adj.* hydrolytic.
hidrolizar *tr.* CHEM. to hydrolyze.
hidrología *f.* hydrology.
hidrológico, ca *adj.* hydrologic.
hidrólogo *m.* hydrologist.
hidromancia *f.* hydromancy.
hidromántico, ca *adj.* hydromantic.
hidromedusa *f.* ZOOL. hydromedusa.
hidromel *m.* hydromel.
hidrometeoro *m.* hydrometeor.

hidrómetra *m.* one versed in hydraulic measurements.
hidrometría *f.* science of hydraulic measurements.
hidrométrico, ca *adj.* pertaining to hydraulic measurements.
hidrómetro *m.* instrument for taking hydraulic measurements; current gauge; water meter.
hidromiel *m.* HIDROMEL.
hidrópata *m.* MED. hydropath, hydropathist.
hidropatía *f.* MED. hydropathy, water cure.
hidropático, ca *adj.* hydropathic.
hidropesía *f.* MED. dropsy.
hidrópico, ca *adj.* dropsical, dropsied, hydropic(al. *2 fig.* insatiable. *3 fig.* very thirsty. — *4 m. & f.* dropsied person.
hidroplano *m.* AER. hydroplane, seaplane.
hidroquinona *f.* CHEM. hydroquinone.
hidroscopia *f.* hydroscopy.
hidroscopio *m.* hydroscope.
hidrosfera *f.* hydrosphere.
hidrosilicato *m.* CHEM. hydrosilicate.
hidrosol *m.* CHEM. hydrosol.
hidrostática *f.* hydrostatics.
hidrostáticamente *adv.* hydrostatically.
hidrostático, ca *adj.* hydrostatical.
hidrosulfito *m.* CHEM. hydrosulphite.
hidrosulfúrico, ca *adj.* CHEM. hydrosulphuric.
hidrosulfuro *m.* CHEM. hydrosulphide.
hidrotecnia *f.* hydrotechny.
hidroterapia *f.* hydrotherapeutics.
hidroterápico, ca *adj.* hydrotherapeutic.
hidrotórax *f.* MED. hydrothorax.
hidróxido *m.* CHEM. hydroxide.
hidroxilo *m.* CHEM. hydroxil.
hidrozoario, hidrozoo *m.* ZOOL. hydrozoan. *2 pl.* ZOOL. Hydrozoa.
hiedo, hieda, etc., *irr.* V. HEDER.
hiedra *f.* BOT. ivy: ~ *arbórea,* ivy; ~ *terrestre,* ground ivy.
hiel *f.* bile, gall: *vejiga de la* ~, gall bladder; *echar la* ~, fig. to work very hard. *2 fig.* gall, bitterness. asperity, rancour: *no tener* ~, coll. to be meek and gentle. *3* BOT. ~ *de la tierra,* lesser centaury. *4 pl* hardships, worries.
1) **hielo** *m.* ice [frozen water]: *estar hecho un* ~, to be very cold. *2* freezing, frost. *3* ice, reserve, stiffness, coldness: *romper el* ~, to break the ice. *4* astonishment.
2) **hielo, hiele,** etc., *irr.* V. HELAR.
hiemación *f.* wintering. *2* BOT. winter blooming.
hiemal *adj.* hiemal, hibernal.
hiena *f.* ZOOL. hyena, hyæna.
hiendo, hienda, etc., *irr.* V. HENDER.
hierático, ca *adj.* hieratic(al.
hierba *f.* herb, grass, weed: *mala* ~, weed; *crecer como la mala* ~ [of a boy], to grow without showing interest for study or work; *en* ~ [of grain], green; *haber pisado una buena* or *mala yerba,* fig. to be lucky or unlucky; to be in a good or in a bad humour; *sentir crecer* or *nacer la* ~, to be very sagacious; *y otras hierbas,* and many other things. *2* grass, herbage. *3 pl.* poison made from herbs. *4* years of age [of grazing cattle or horse]: *un potro de dos hierbas,* a colt two years old.
5 BOT. the word *hierba,* forms the name of a great number of herbs and plants: ~ *artética,* ground pine; ~ *ballestera* or *de ballestero,* white hellebore; ~ *belida,* buttercup; ~ *buena,* mint; ~ *callera,* orpine; ~ *cana,* groundsel; ~ *carmín,* pokeweed; ~ *de cuajo,* cardoon's flower; ~ *de Guinea,* guinea grass; ~ *del ala,* elecampane; ~ *de las coyunturas,* joint fir; ~ *de las golondrinas,* celandine; ~ *del maná,* manna grass; ~ *de las siete sangrias,* woodruff; ~ *de los lazarosos* or *de los pordioseros,* clematis, virgin's-bower; ~ *del Paraguay,* maté, Paraguay tea; ~ *de San Juan,* St.-John's-wort; ~ *de Santa María,* costmary, tansy; ~ *de Santa María del Brasil,* wormseed, Mexican tea; ~ *doncella,* large periwinkle, cutfinger; ~ *estrella,* ribwort; ~ *giganta,* acanthus; ~ *guardarropa,* southernwood; ~ *hormiguera,* wormseed, Mexican tea; ~ *jabonera,* soapwort; ~ *lombriguera,* ragwort, tansy; ~ *luisa,* aloysia, lemon verbena; ~ *meona,* yarrow; ~ *mora,* nightshade, black nightshade; ~ *pastel,* woad; ~ *pejiguera,* persicary, lady's-thumb; ~ *piojenta* or *piojera,* stavesacre; ~ *pulguera,* fleawort; ~ *romana,* costmary; ~ *sagrada,* vervain; ~

~ *santa,* mint; ~ *sarracena,* costmary; ~ *tora,* broomrape.
hierbabuena *f.* BOT. mint.
hierbal *m.* (Chi.) HERBAZAL.
hierbatero *m.* (Chi.) retailer of fodder.
hierbezuela *f.* dim. small herb.
1) **hiero** *m.* YERO.
2) **hiero, hiera,** etc., *irr.* V. HERIR.
hierofanta or **hierofante** *m.* hierophant.
hieroglífico, ca *adj. & m.* JEROGLÍFICO.
hieroscopia *f.* ARUSPICINA.
hierosolimitano, na *adj.* JEROSOLIMITANO.
hierrezuelo *m.* dim. small piece of iron.
1) **hierro** *m.* iron [metal] : ~ *albo* or *candente,* red-hot iron; ~ *colado* or *fundido,* pig iron, cast iron; ~ *de doble T,* iron wrought into I bars; ~ *dulce,* wrought iron; ~ *espático,* siderite; ~ *ondulado,* corrugated iron; ~ *pirofórico,* pyrophoric iron; *llevar* ~ *a Vizcaya,* to carry coals to Newcastle; *machacar en* ~ *frio,* to labour in vain, to waste one's time [in trying to change a person's ways or nature]. *2* iron, branding iron. *3* brand [mark made by hot iron]. *4* iron or steel head of an arrow, lance, etc. *5* iron piece; iron or steel instrument or weapon: *a* ~ *y fuego, a* ~ *y sangre,* by fire and sword, by fire and iron; *quien a* ~ *mata, a* ~ *muere,* he who lives by the sword, will die by the sword. *6 pl.* irons [fetters, chains, etc.].
2) **hierro, hierre,** etc., *irr.* V. HERRAR.
hiervo, hierva, etc., *irr.* V. HERVIR.
higa *f.* fist-shaped charm or amulet hung about a baby's neck. *2* derisive gesture made with fist and thumb. *3* contempt, derision. *4* coll. *no dar dos higas por,* not to care a rap for. *5 dar* ~ [of firearms] to miss fire.
higadilla *f.,* **higadillo** *m.* liver [of birds and other small animals].
hígado *m.* liver. *2 pl.* fig. courage. *3 malos higados,* evil disposition: *echar uno los higados,* to work to excess; to be tired out; *echar uno los higados por una cosa,* to do one's utmost to obtain or attain something; *querer uno comerle a otro los higados.* to want to cut another's heart out; *hasta los higados,* deeply, vehemently.
higate *m.* a kind of fig and pork stew.
higiene *f.* hygiene, hygienics. *2* hygiene, cleanliness; sanitation.
higiénicamente *adv.* hygienically.
higiénico, ca *adj.* hygienic.
higienista *m.* hygienist.
higienizar *tr.* to sanitate, make sanitary.
higo *m.* fig.: *no dársele a uno un* ~, not to care a fig; ~ *chumbo, de pala* or *de tuna,* prickly pear; *pan de higos,* fig-cake; *de higos a brevas,* once in a while.
higrometría *f.* hygrometry.
higrométrico, ca *adj.* hygrometric.
higrometro *m.* hygrometer.
higroscopia *f.* hygroscopy.
higroscópico, ca *adj.* hygroscopic.
higroscopio *m.* hygroscope.
higuera *f.* BOT. fig tree: ~ *chumba, de Indias* or *de tuna,* prickly pear; ~ *de Egipto,* caprifig, wild fig; ~ *del diablo, del infierno* or *infernal,* castor oil plant; ~ *loca, moral* or *silvestre,* sycamore; *estar en la* ~, to be dreaming, to be in the clouds.
higueral *m.* plantation of fig trees.
higuereta *f.* BOT. castor-oil plant.
higueron *m.* (Am.) BOT. a large tropical tree.
hija *f.* daughter. V. HIJO.
hijadalgo *f.* HIDALGA.
hijastro, tra *m. & f.* stepson, stepdaughter.
hijito, ta *m. & f.* dim. little son, sonny; little daughter; little child: *tu* ~, *tu hijita,* your little boy, your little girl. *2* my son, my girl, my child, my dear, my little dear [in the vocative case]. *3* young [of all animals].
hijo, ja *m. & f.* son, daughter; child : ~ *adoptivo,* adopted child; citizen of honour; ~ *bastardo,* bastard; ~ *de algo,* HIDALGO; ~ *de bendición,* legitimate son, son born in wedlock; ~ *de confesión,* spiritual son; *Hijo de Dios,* Son of God, the Word; ~ *de Dios,* THEOL. son of God [he who is in a state of grace]; ~ *de familia,* minor; unmarried son living with parents; ~ *de la cuna,* foundling; ~ *del agua,* good sailor, good swimmer one who is at home in the water; ~ *de la*

piedra, foundling; ~ *de leche*, foster child; *Hijo del Hombre*, Son of Man; ~ *de (su) padre* or *de (su) madre*, his father's or mother's son; ~*de puta*, bastard, son of a bitch; ~ *espiritual*, HIJO DE CONFESIÓN; ~ *espurio*, HIJO BASTARDO; ~ *habido en buena guerra*, son born out of wedlock; ~ *legítimo*, legitimate child; ~ *natural*, illegitimate child; ~ *político*, son-in-law; ~ *sacrílego*, son born of parents one or both of which have taken the vows; *cada* or *cualquier* ~ *de vecino*, coll. anybody; every man; *todos somos hijos de Adán*, we are all born alike. 2 native, native son [of a town, village or country]. 3 child [of one's brain or creative imagination]. 4 young [of all animals]. — 5 *m.* offspring: *cada uno es* ~ *de sus obras*, a man must be measured by his deeds, not by his birth. 6 fruit, result. 7 junior, the younger [after a person's name]: *Alejandro Dumas, hijo*, Alexander Dumas Junior, or the Younger. 8 *m. pl.* sons, descendants.

hijodalgo *m.* HIDALGO.

hijuela *f.* dim. of HIJA. 2 accessory or subordinate thing. 3 strip of cloth for widening a garment. 4 chalice pall. 5 irrigation channel. 6 byway. 7 LAW schedule of an heir's share in the partition of the estate. 8 share in an inheritance. 9 estate of a deceased person. 10 BOT. palm and palmetto seed.

hijuelo, la *m. & f.* dim. of HIJO, HIJA. — 2 *m.* BOT. offshoot, shoot.

hila *f.* file, row: *a la* ~, in single file, one behind another. 2 thin gut. 3 spinning [the operation of making into yarn or thread]. 4 *pl.* SURG. lint: *hilas raspadas*, scraped lint.

hilacha *f.* thread, filament or shred ravelled out of cloth.

hilacho *m.* HILACHA.

hilachoso, sa *adj.* shreddy, ragged, frayed.

hilada *f.* file, row. 2 MAS. layer [of bricks], course.

hiladillo *m.* silk-waste yarn. 2 ferret, narrow silk or cotton tape.

hilado *adj.* spun. — 2 *m.* spinning [operation]. 3 yarn, spun yarn, thread.

hilador, ra *m. & f.* spinner, silk-spinner.

hilandera *f.* woman spinner.

hilandería *f.* spinning [art, business]. 2 spinning mill, spinnery.

hilandero, ra *m. & f.* spinner: *a la mala hilandera, la rueca le hace dentera*, a bad workman blames his tools. — 2 *m.* spinning room.

hilanza *f.* spinning [operation]. 2 yarn, thread.

hilar *tr.* to spin [wool, flax, silk, etc.]: 2 [of spiders, silkworms, etc.] to spin. 3 ~ *delgado*, to split hairs, to make subtle distinctions; to be exceedingly particular.

hilaracha *f.* HILACHA.

hilarante *adj.* laughable, causing hilarity. 2 laughing [gas].

hilaridad *f.* hilarity.

Hilario *m. pr. n.* Hilary.

hilaza *f.* yarn, thread. 2 uneven thread. 3 *descubrir uno la* ~, to show one's true nature.

hilera *f.* file, line, row. 2 drawplate [for drawing wire]. 3 fine yarn. 4 ARCH. ridge-pole. 5 MIL. file, single file. 6 *pl.* ZOOL. spinnerets.

hilero *m.* surface indication of direction of current in sea or river. 2 branch of main current.

hilete *m. dim.* small thread.

hilillo *m. dim.* small thread. 2 trickle.

hilo *m.* thread [of flax, wool, hemp, etc.]: ~ *bramante*, ~ *de empalomar*, packthread, pack twine; ~ *de la vida*, thread of life; ~ *de velas*, ~ *volatín*, sailmaker's yarn; ~ *de perlas*, string of pearls; *colgar* or *pender de un* ~, to hang by a thread; *estar cosida una cosa con* ~ *blanco* [of a thing], not to be in keeping, or not to agree, with another; *estar cosida una cosa con* ~ *gordo*, coll. to be done carelessly or anyhow; *por el* ~ *se saca el ovillo*, a known detail leads to the knowledge of the whole. 2 thread [spider's, silkworm's, etc.]. 3 thread [of conversation, a narrative, etc.]: *tomar el* ~, to take up the thread [of a conversation, etc.]. 4 fibre, grain: *al* ~, cut parallel to, or following the direction of vein, seam, fibre or grain, grainwise. 5 direction, current: *a* ~, following the direction of, or parallel to, a thing; without interruption; *al* ~ *del viento*, [of birds], flying with the wind; *irse al* ~ or *tras el* ~ *de la gente*, to follow the

current, to do things because others do them. 6 thin wire, wire thread: ~ *de conejo*, rabbit-snare wire. 7 trickle, thread [of water, etc.]: ~ *a* ~, in a trickle. 8 edge [of cutting instrument]. 9 point or line dividing into two equal parts: *al* ~ *de medianoche* or *mediodía*, on the stroke of midnight, or at noon sharp. 10 linen [cloth].

hilván *m.* basting, tacking. 2 (Chi.) thread for basting.

hilvanar *tr.* to baste, tack, sew together loosely. 2 to string together, thread, coordinate [phrases, words, ideas, etc.]. 3 to prepare or plan something hurriedly.

himen *m.* ANAT. hymen.

himeneo *m.* hymen, nuptials, marriage, wedding. 2 epithalamium.

himenóptero, ra *adj.* ENTOM. hymenopterous. — 2 *m.* ENTOM. hymenopteran, hymenopteron. 3 *pl.* ENTOM. Hymenoptera.

himnario *m.* hymnary, hymnal, hymn-book.

himno *m.* hymn, anthem: ~ *nacional*, national anthem.

himplar *intr.* [of a panther or ounce] to roar, bellow.

hin *m.* neigh, whinny.

hincadura *f.* sticking, driving, thrusting in or into.

hincapié *m.* act of planting foot firmly on ground, etc. 2 *hacer* ~ *en*, to insist upon, emphasize, lay special stress on.

hincar *tr.* to stick, introduce, drive, thrust in or into: ~ *el diente*, to bite, set one's teeth into; to censure; to appropriate, take to oneself. 2 to plant, set [a post, etc.]. 3 ~ *la rodilla*, to go down on one's knee. — 4 *ref. hincarse de rodillas*, to kneel down.

hinco *m.* stanchion, post, pole or prop stuck in the ground.

hincón *m.* ferry post.

hincha *f.* hatred, enmity. — 2 *m. & f.* coll. football-club fan.

hinchadamente *adv.* inflatedly, in an inflated or high-flown style. 2 pompously, haughtily, loftily.

hinchado, da *adj.* swollen, puffed up, inflated, puffy, bloated, tumid. 2 vain, puffed up. 3 inflated, high-flown, tumid, turgid [style].

hinchamiento *m.* HINCHAZÓN.

hinchar *tr.* to inflate, puff up, blow up, bloat, swell. 2 to swell [a river, brook, etc.]. 3 to pad, puff up [news, etc.]. — 4 *ref.* to swell, bloat [become swelled or bloated]. 5 to swell [with pride], to become conceited or puffed up.

hinchazón *f.* swelling, tumefaction. 2 vanity, pride, haughtiness. 3 inflation, tumidness [of the style].

hincho, hinchió, hincha, etc., *irr.* V. HENCHIR.

hindú *adj. & n.* Hindu, Hindoo.

hinduismo *m.* Hinduism.

hiniesta *f.* RETAMA.

hinojal *m.* fennel patch.

hinojo *m.* BOT. fennel: ~ *marino*, samphire.

hinojos *m. pl.* knees: *de hinojos*, kneeling, on one's knees.

hinqué, hinque, etc., *pret., subj. & imper.* of HINCAR.

hintero *m.* baker's kneading table.

hiño, hiña, etc., *irr.* V. HEÑIR.

hioideo, a *adj.* hyoid.

hioides *adj.* hyoid: *hueso* ~, hyoid bone.

hipálage *f.* hypallage.

hipar *intr.* to hiccup. 2 [of dogs on the scent] to pant, snuffle. 3 to whimper. 4 to long for, desire eagerly.

hiper- *pref.* hyper-.

hiperbático, ca *adj.* RHET. hyperbatic.

hipérbaton *m.* RHET. hyperbaton.

hipérbola *f.* GEOM. hyperbola: *hipérbolas conjugadas*, conjugate hyperbolas.

hipérbole *f.* RHET. hyperbole.

hiperbólicamente *adv.* hyperbolically.

hiperbólico, ca *adj.* GEOM. hyperbolic.

hiperbolizar *intr.* RHET. to hyperbolize.

hiperboloide *f.* GEOM. hyperboloid: ~ *de revolución*, hyperboloid of revolution.

hiperbóreo, a *adj.* hyperborean.

hiperclorhidria *f.* hyperchlorhydria.

hiperclorhídrico, ca *adj.* hyperchlorhydric. 2 suffering from hyperchlorhydria.

hipercrisis *f.* MED. violent crisis.

hipercrítica *f.* hypercriticism.
hipercrítico, ca *adj.* hypercritical.
hiperdulia *f.* ECCL. hyperdulia.
hiperemia *f.* MED. hyperæmia.
hiperémico, ca *adj.* nyperæmic.
hiperestesia *f.* hyperæthesia.
hipericíneo, a *adj.* BOT. hypericaceous. — 2 *f. pl.* BOT. Hypericaceæ.
hipérico *m.* BOT. hypericum, St. John's wort.
hipermétrope *adj.* nypermetropic.
hipermetropia *f.* hypermetropia.
Hipermnestra *pr. n.* MYTH. Hypermnestra.
hipermnesia *f.* hypermnesia.
hipersensible *adj.* MED. hypersensitive.
hipersónico, ca *adj.* hypersonic.
hipertensión *f.* MED. hypertension.
hipertrofia *f.* hypertrophy.
hipertrofiarse *ref.* hypertrophy [become hypertrophied].
hípico, ca *adj.* equine, pertaining to horses : *concurso* ~, riding competition.
hípido *m.* action of hiccuping. 2 whine, whimper.
hipismo *m.* knowledge concerning the breeding or training of horses.
hipnal *m.* hypnale, a kind of snake said to cause sleep.
hipnosis *f.* hypnosis.
hipnótico, ca *adj. & n.* hypnotic.
hipnotismo *m.* hypnotism.
hipnotización *f.* hypnotizing, hypnotization.
hipnotizador, ra *adj.* hypnotizing. — 2 *m. & f.* hypnotizer, hypnotist.
hipnotizar *tr.* to hypnotize.
hipo *m.* hiccup. 2 *fig.* longing. 3 *fig.* dislike, hatred.
hipocampo *m.* ICHTH. sea-horse, hippocampus.
hipocausto *m.* hypocaust.
hipocentauro *m.* centaur, hippocentaur.
hipocicloide *f.* hypocycloid.
hipoclorito *m.* CHEM. hypochlorite.
hipocondria *f.* hypochondria.
hipocondríaco, ca *adj. & n.* hypochondriac.
hipocóndrico, ca *adj.* hypochondriac.
hipocondrio *m.* ANAT. hypochondrium.
hipocorístico, ca *adj.* hypocoristic.
hipocrás *m.* hippocras, spiced wine.
Hipócrates *m. pr. n.* Hippocrates.
hipocrático, ca *adj.* Hippocratic.
Hipócrénides *f.* poet. the Muses.
hipocresía *f.* hypocrisy.
hipócrita *adj.* hypocritical. — 2 *m. & f.* hypocrite.
hipócritamente *adv.* hypocritically.
hipocritón, na *m. & f.* coll. great hypocrite.
hipodérmico, ca *adj.* hypodermic.
hipódromo *m.* hippodrome.
hipofagia *f.* hippophagy.
hipófago, ga *adj.* hippophagus. — 2 *m. & f.* hippophagist, eater of horseflesh.
hipófisis *f.* ANAT. hypophysis.
hipofosfito *m.* CHEM. hypophosphite.
hipogástrico, ca *adj.* hypogastric.
hipogastrio *m.* ANAT. hypogastrium.
hipogénico, ca *adj.* hypogene.
hipogeo *m.* ARCH. hypogeum.
hipogloso, sa *adj.* hypoglossal.
hipógrifo *m.* MYTH. hippogriff, hippogryph.
Hipólito *pr. n.* Hyppolytus.
hipología *f.* hippology.
hipomanes *m.* hippomanes [mare's vaginal discharge].
hipómetro *m.* hippometer.
hipomoclio, clión *m.* hypomochlion, fulcrum.
hiponitrato *m.* hyponitrate.
hiponítrico, ca *adj.* hyponitric.
hipopótamo *m.* ZOOL. hippopotamus.
hiposo, sa *adj.* hiccuping, having hiccups.
hipóstasis *f.* hypostasis.
hipostáticamente *adv.* hypostatically.
hipostático, ca *adj.* hypostatic, hipostatical.
hiposulfato *m.* CHEM. hyposulphate.
hiposulfito *m.* CHEM. hyposulphite.
hiposulfúrico *adj.* CHEM. hiposulphuric.
hiposulfuro *m.* CHEM. hyposulphide.
hiposulfuroso *adj.* CHEM. hyposulphurous.
hipotálamo *m.* ANAT. hypothalamus.
hipoteca *f.* mortgage, pledge. 2 LAW hypothec, hypothecation.
hipotecable *adj.* mortgageable.
hipotecar *tr.* to mortgage, hypothecate, pledge.

hipotecario, ria *adj.* mortgaging, hypothecating; hypothecary.
hipotenusa *f.* GEOM. hypotenuse.
hipotequé, hipoteque, etc., *pret., subj. & imper.* of HIPOTECAR.
hipótesis *f.* hypothesis.
hipotéticamente *adv.* hypothetically.
hipotético, ca *adj.* hypothetic, hypothetical.
hipotiposis *f.* RHET. hypotyposis.
hipsometria *f.* hypsometry.
hipsométrico, co *adj.* hysometrical.
hipsómetro *m.* hypsometer.
Hircania *f. pr. n.* Hyrcania.
hircano, na *adj. & n.* Hyrcanian.
hirco *m.* ZOOL. wild goat.
hircocervo *m.* MYTH. hircocervus. 2 chimera, fantasy.
hiriente *adj.* cutting, smarting, offensive.
hiriera, hiriese, hirió, etc., *irr.* V. HERIR.
hirma *f.* selvage, list, border, [of cloth].
hirmar *tr.* to make firm, to firm, secure, steady.
hirsuto, ta *adj.* hirsute, hairy, britly.
hirundinaria *f.* CELIDONIA.
hirviendo *ger.* of HERVIR.
hirviente *adj.* boiling, seething.
hirviera, hirviese, hirvió, etc., *irr.* V. HERVIR.
hisca *f.* bird-lime.
hiscal *m.* three-strand esparto rope.
hisopada *f.* a sprinkle with the aspergillum, aspersion.
hisopadura *f.* HISOPADA.
hisopar *tr.* HISOPEAR.
hisopear *tr.* to asperse, to sprinkle with the aspergillum.
hisopillo *m.* a swab or piece of cloth used to wash and refresh the mouth of a sick person. 2 BOT. winter savory.
hisopo *m.* BOT. hyssop. 2 aspergillum, sprinkler
hispalense *adj.* Sevillian.
hispánico, ca *adj.* Hispanic.
Hispaniola *f. pr. n.* GEOG. Haiti Island.
hispanismo *m.* hispanicism; fondness for the study of language, literature, and other Spanish things.
hispanista *m. & f.* Hispanist.
hispanizar *tr.* to Hispanize, Hispaniolize.
hispano, na *adj. & n.* Hispanic, Spanish, Hispano.
hispanoamericano, na *adj.* Spanish-American.
hispanoárabe *adj.* Spanish-Arab, Hispano-Moresque.
hispanófilo, la *adj.* Hispanophile.
hispir *tr.* to puff up, make fluffy, swell, make soft [as a mattress].
histérico, ca *adj* pertaining to the uterus or womb. 2 hysteric, hysterical. — 3 *m. & f.* hysterical person. — 4 *m.* HISTERISMO.
histerismo *m.* hysteria.
histerología *f.* hysterology.
histerotomia *m.* SURG. hysterotomy.
histología *f.* histology.
histológico, ca *adj.* histological.
histólogo *m.* histologist.
historia *f.* history : ~ *natural,* Natural History; ~ *sacra* or *sagrada,* Sacred History; ~ *universal,* Universal History; *¡así se escribe la* ~*!,* thus history is written; *hacer* ~ *de.* to relate, to give an account of; *pasar a la* ~, to be a thing of the past; *picar en* ~, to be more serious than it was thought at the beginning; *una mujer de* ~, a woman with a history, with a past. 2 story, tale, fable; gossip : *dejarse de historias,* to stop beating about the bush, to come to the point. 3 PAINT. historical painting, picture of a historical subject.
historiado, da *adj.* historiated [letter]. 2 F. ARTS storied. 3 excessively and badly adorned.
historiador, ra *m. & f.* historian.
historial *adj.* historical. — 2 *m.* account of an affair, event, etc. 3 dossier, record [of a person].
historiar *tr.* to write or tell the history of; to chronicle, relate, give an account of. 2 PAINT. to depict [a historical event]. 3 (Am.) to confuse, complicate, ravel.
históricamente *adv.* historically.
histórico, ca *adj.* historic, historical.
historieta *f.* short story or tale : ~ *cómica,* comic strip; ~ *ilustrada,* illustrated story; ~ *muda,* story without words.
historiografía *f.* historiography.
historiógrafo *m.* historiographer.
historiología *f.* historiology.

histrión *m.* histrion, stage-player.
histriónico, ca *adj.* histrionic.
histrionisa *f.* female stage-player or dancer.
histrionismo *m.* histrionism, histrionicism.
hita *f.* headless nail. 2 landmark, mile-stone.
hito, ta *adj.* [of a house or street] adjoining. 2 black [horse]. 3 fixed, firm. — 4 *m.* landmark, boundary stone. 5 guide post. 6 game like quoits. 7 target, aiming point : *dar en el* ~, to hit the nail on the head ; to see the point. 8 *mirar de* ~ *en* ~, to look fixedly at, to stare at.
hitón *m.* MIN. big square headless nail.
hizo *irr.* V. HACER.
hobachón, na *adj.* fat, soft and lazy.
hobachonería *f.* laziness, sloth.
hocicada *f.* blow with the snout or muzzle. 2 knocking one's face against an object.
hocicar *tr.* [of hogs] to root. 2 coll. to kiss repeatedly. — 3 *intr.* to fall on one's face. 4 to knock one's face against [a wall, door, etc.]. 5 to come up against [an insuperable obstacle or difficulty]. 6 NAUT. to dip the bow, to pitch.
hocico *m.* snout, muzzle, nose [of animal]. 2 blubber-lipped mouth. 3 coll. pouting, sullen or displeased look : *estar con* ~ *or de* ~, to be sulky. 4 *sing.* & *pl.* coll. face [of a person] : *caer de hocicos,* to fall on one's face ; *dar de hocicos en or contra,* to knock one's face against ; *meter el* ~ *en todo,* to poke one's nose into everything.
hocicón, na, hocicudo, da *adj.* long-snouted, big-mouthed. 2 blubber-lipped.
hocino *m.* billhook. 2 glen, den ; narrow gorge. 3 *pl.* gardens in glens.
hociquera *f.* (Amer.) muzzle.
hociquico, llo, to *m. dim.* little snout.
hodómetro *m.* ODÓMETRO.
hogaño *adv.* this year. 2 nowadays, in our time, at present.
hogar *m.* hearth, fireplace. 2 furnace [of steam engine]. 3 home [house ; family life].
hogaza *f.* large loaf.
hoguera *f.* bonfire, fire, blaze.
hoja *f.* BOT. leaf [of tree or plant], blade [of grass] ; petal : ~ *acicular, aovada, aserrada, compuesta, dentada, digitada, entera, lanceolada, linear, lobulada, palmeada, perfoliada, sentada,* acicular, ovate, serrate, compound, dentate, digitated, entire, lanceolate, linear, lobate, palmate, perfoliate, sessile leaf ; ~ *de parra,* fig. leaf [on a statue] ; *poner a uno como* ~ *de perejil,* coll. to give someone a good tongue lashing. 2 leaf [of a book, door, table, etc.] : *doblemos la* ~, no more of that, let's drop it ; *no tener vuelta de* ~, to be incontestable, unanswerable ; *volver la* ~, to turn the page ; to change the subject [of conversation] : to change one's mind. 3 sheet [of paper], printed or written sheet ; blank, form : ~ *de pedidos,* COM. order blank ; ~ *de ruta,* RLY. waybill ; ~ *de servicios,* service record [of an employee or public servant] ; ~ *suelta or volante,* leaflet, handbill, fly sheet. 4 leaf, sheet, foil [of metal, wood, etc.] : ~ *de estaño,* tin foil ; ~ *de lata,* tin plate ; *batir* ~, to beat gold or silver into foils. 5 blade [of sword, knife, etc.] : ~ *de afeitar,* razor blade ; ~ *toledana,* Toledo blade. 6 blade, sword. 7 layer, flake [of pastry]. 8 flitch, side [of bacon]. 9 years [of wine] : *vino de dos hojas,* wine two years old. 10 half of each of the principal parts of a garment. 12 ground cultivated one year and lying at rest for another. 13 flaw [in a coin].
hojalata *f.* tin, tinplate.
hojalatería *f.* tinware. 2 tin-shop.
hojalatero *m.* tinman, tinsmith.
hojaldrado, da *adj.* flaky [paste, pastry].
hojaldrar *tr.* to make into puff paste.
hojaldre *m.* or *f.* flaky or puff paste or pastry.
hojaldrero, ra ; hojaldrista *m.* & *f.* maker of puff pastry.
hojarasca *f.* dead leaves. 2 excessive foliage. 3 empty or superfluous words, rubbish, trash.
hojear *tr.* to turn the leaves of, to skim over the pages of [a book, etc.]. — 2 *intr.* [of tree leaves] to tremble.
hojita *f. dim.* small leaf, leaflet. 3 small blade, sheet, foil, layer or flake.
hojoso, sa ; hojudo, da *adj.* leafy.
hojuela *f. dim.* HOJITA. 2 kind of pancake. 3 long

narrow gold or silver leaf used for chevrons, lace-making, etc. 4 BOT. leaflet.
¡hola! *interj.* hello! 2 NAUT. hoy! ahoy!
holán *m.* HOLANDA 2.
Holanda *f. pr. n.* GEOG. Holland. — 2 *f.* (not cap.) holland [fabric].
holandés, sa *adj.* Dutch. 2 BOOKBIND. *a la holandesa,* in cloth. — 3 *m.* & *f.* Dutchman, Dutchwoman, Hollander.
holandeta, dilla *f.* brown holland.
holgachón, na *adj.* used to an easy and comfortable life.
holgadamente *adv.* amply, easily, fully. 2 quitely. 3 comfortably.
holgado, da *adj.* disengaged, at leisure. 2 large, ample, wide, roomy. 3 loose [clothing]. 4 comfortable, well-to-do.
holganza *f.* leisure, rest, ease. 2 idleness. 3 pleasure, recreation, amusement.
holgar *intr.* to rest [after labour or exertion]. 2 to be idle. 3 [of inanimate objects] to be unemployed or unused ; to be needless : *huelga decir,* needless to say. — 4 *ref.* to enjoy oneself, to take pleasure. — 5 *intr.* & *ref.* to be glad : *se holgó con la noticia,* he was glad at the news ; *huélgome de ello,* I am glad of it. ¶ CONJUG. like *contar.*
holgazán, na *adj.* idle, lazy, slothful. — 2 *m.* & *f.* idler, loafer, lazy person.
holgazanear *intr.* to idle, lounge.
holgazanería *f.* idleness, laziness, slothfulness.
holgón, na *adj.* lazy, pleasure-loving.
holgorio *m.* merrymaking, frolic.
holgueta *f.* coll. merrymaking.
holgura *f.* roominess, ampleness, room to spare, plenty of space. 2 ease, comfort. 3 frolic, merry-making.
holocausto *m.* holocaust, burnt offering ; sacrifice.
Holofernes *pr. n.* BIB. Holofernes.
hológrafo, fa *adj.* & *m.* OLÓGRAFO.
holocéfalo, la *adj.* & *m.* ZOOL. holocephalan.
holohédrico, ca *adj.* CRYST. holohedric(al.
holohedro *m.* CRYST. holohedron.
holostérico *adj.* holosteric : *barómetro* ~, aneroid barometer.
holoturia *f.* ZOOL. holoturian.
holotúrido *adj.* & *m.* ZOOL. holoturian. — 2 *pl.* ZOOL. Holoturoidea.
holómetro *m.* holometer.
holladero *m.* trampled part of a path or place.
holladura *f.* treading, trampling. 2 duty paid for the run of cattle.
hollar *tr.* to tread, tread on or upon, trample. 2 fig. to tread upon, to humiliate, scorn.
hollejo *m.* thin skin covering some fruits [as grapes, beans, etc.].
hollín *m.* soot.
holliniento, ta *adj.* sooty, fuliginous.
homarrache *m.* MOHARRACHE.
hombracho, hombrachón *m.* big sturdy man.
hombrada *f.* manly action.
hombradía *f.* manliness. 2 courage, firmness.
hombre *m.* man [male member of the human race ; human being ; mankind] : ~ *bueno,* LAW conciliator ; obs. a commoner ; ~ *de armas,* man-at-arms ; ~ *de barba,* ~ *de bigotes,* firm stern man ; ~ *de bien,* honest man ; ~ *de cabeza,* clear-minded man ; ~ *de campo,* countryman ; ~ *de corazón,* courageous, magnanimous man ; ~ *de días,* man of years ; ~ *de dinero,* man of means, moneyed man ; ~ *de distinción,* man of distinction ; ~ *de dos caras,* double-faced man ; ~ *de edad,* old man, elderly man ; ~ *de estado,* statesman. ~ *de guerra,* soldier, military man ; ~ *de iglesia,* clergyman ; ~ *de letras,* man of letters ; ~ *de mar,* seaman ; ~ *de mundo,* man of the world ; ~ *de negocios,* businessman ; ~ *de palabra,* man of his word ; ~ *de pelo en pecho,* strong, daring man ; ~ *de pro* or *de provecho,* honest, steady man ; ~ *de puños,* strong valiant man ; ~ *hecho,* full-grown man ; ~ *público,* politician ; ~ *rana,* frogman ; *pobre* ~, poor fellow ; *hacer* ~ *a uno,* to make a man of one ; *ser* ~ *al agua,* to be a lost man ; *ser mucho* ~, to be a very clever or able man ; *ser muy* ~, to be daring and courageous ; *ser todo un* ~, to be every inch a man ; *como un solo* ~, at one, unanimously ; *el* ~ *propone y Dios dispone,* man proposes and God disposes ; ~ *pre-*

venido vale por dos, forewarned is forearmed. *2 coll.* man, husband. *3* CARDS ombre. — *4 interj* why!, well I never! [indicating surprise]; ¡*hombre, hombre!,* well, well! *5* NAUT. ¡~ *al agual,* man overboard!

hombrear *intr.* [of a boy] to try to act full-grown. 2 to push with the shoulders. — *3 intr. & ref.* *hombrearse con*, to strive to equal.

hombrecillo *m. dim.* little man, manikin. *2* BOT. hops.

hombrera *f.* ARM. pauldron. *2* shoulder strap. *3* shoulder pad.

hombretón *m.* big man.

hombrezuelo *m. dim.* little man, manikin.

hombría de bien *f.* probity, honesty.

hombrillo *m.* yoke [of a shirt].

hombro *m.* ANAT., ZOOL. shoulder: *arrimar el ~,* to put one's shoulder to the wheel; *cargado de hombros,* round-shouldered; *echar uno al ~ una cosa,* to take something upon one's shoulders; to shoulder the responsibility for something; *encoger los hombros,* to endure with patience and resignation; *encogerse de hombros,* to shrug one's shoulders; to shrink with fear; not to be able or willing to answer; *escurrir el ~, hurtar el ~,* to shirk; *estar ~ a ~,* to be on equal terms with each other; *llevar a hombros* or *sobre los hombros,* to carry on the shoulders; *mirar a uno por encima del ~,* to look down upon one. *2* PRINT. shoulder [of type].

hombrón *m.* big, sturdy man.

hombronazo *m. aug.* huge man.

hombruno, na *adj.* [of a woman, her manners, etc.] mannish, masculine.

homenaje *m.* FEUD. homage. *2* homage [acknowledgement of superiority, dutiful reverence] : *rendir ~,* to pay or do hommage. *3* public ceremony performed to show respect or admiration to a person. *4* tribute, attention.

homenajeado, da *m. & f.* person to whom respect, admiration, etc., is showed through a public ceremony.

homenajear *tr.* to pay homage to. *2* to show respect, admiration, etc., through a public ceremony.

homeópata *m.* homoeopath, homoeopathist.

homeopatía *f.* homoeopathy.

homeopáticamente *adv.* in minute doses.

homeopático, ca *adj.* homoeopathic.

homérico, ca *adj.* Homeric.

Homero *m. pr. n.* Homer.

homicida *adj.* homicidal. — *2 m.* homicide, murderer, murderess.

homicidio *m.* homicide [killing]. *2* ancient tribute.

homilía *f.* homily.

homiliario *m.* homiliarium, homiliary, book of homilies.

homilista *m.* homilist.

hominal *adj.* ZOOL. pertaining to man.

hominicaco *m.* ugly, worthless man.

homocentro *m.* GEOM. common centre.

homocerca *adj.* ICHTH. homocercal.

homoclamídeo, a *adj.* BOT. homochlamydeous.

homofonía *f.* MUS. homophony. *2* FONET. quality of being homophonous.

homófono, na *adj.* MUS. homophonic. *2* FONET. homophonous.

homogeneidad *f.* homogeneity.

homogéneo, a *adj.* homogeneous.

homógrafo, fa *adj.* homographic. — *2 m.* homograph.

homologación *f.* LAW homologation. *2* SPORT validation [of a record].

homologar *tr.* LAW to homologate. *2* SPORT to validate [a record].

homólogo, ga *adj.* homologous. *2* LOG. synonymous.

homonimia *f.* homonymy.

homónimo, ma *adj.* homonymous. — *2 m.* homonym. — *3 m. & f.* namesake.

homopétalo, la *adj.* BOT. homopetalous.

homóptero, ra *adj.* ENTOM. homopteran, homopterous. — *2 m.* ENTOM. homopteran. *3 pl.* ENTOM. Homoptera.

homosexual *adj. & n.* homosexual.

homosexualidad *s.* homosexuality.

homúnculo *m.* homunculus.

honda *f.* sling [for hurling stones; hoisting rope].

hondable *adj.* FONDABLE.

hondamente *adv.* deeply, profoundly. *2* with deep insight.

hondazo *m.* shot with a sling.

hondear *tr.* NAUT. to sound. *2* NAUT. to unload [a ship].

hondero *m.* HIST. slinger [soldier armed with a sling].

hondijo *m.* sling [for hurling stones].

hondillos *m.* ENTREPIERNAS 2.

hondo, da *adj.* deep, profound. *2* low [ground]. — *3 m.* depth, bottom : *de ~,* in depth.

hondón *m.* bottom [of a hollow thing]. *2* hollow, dell. *3* eye [of a needle]. *4* footpiece [of a stirrup].

hondonada *f.* hollow, dell, ravine, bottom land, depression.

hondura *f.* depth, profundity : *meterse en honduras,* fig. to go beyond one's depth.

Honduras *f. pr. n.* GEOG. Honduras.

hondureño, ña *adj. & n.* Honduran.

honestamente *adv.* honestly, chastely, virtuously; modestly.

honestar *tr.* to honour. *2* COHONESTAR.

honestidad *f.* purity, chastity; modesty, decency.

honesto, ta *adj.* pure, chaste, modest, decent, decorous : *estado ~,* unmarried condition, celibacy [of women]. *2* honest, upright. *3* reasonable, just.

hongo *m.* BOT. fungus, mushroom : *~ yesquero,* tinder fungus. *2* bowler, Derby [hat]. *3* MED. fungus.

honor *m.* honour [high respect, glory, credit, reputation, good name; uprightness, allegiance to what is right] : *campo del ~,* field of honour; *deuda de ~,* debt of honour; *palabra de ~,* word of honour; *hacer ~ a uno,* to do one credit; *hacer uno ~ a sus compromisos,* to honour or fulfill one's engagements. *2* honour [of a woman]. *3 pl.* honours [civilities] : *hacer los honores de,* to do the honours of. *4* dignity, rank, office; honorary title or position. *5 honores de la guerra,* honours of war.

honorabilidad *f.* honourability.

honorable *adj.* honourable [worthy of honour; reputable].

honorablemente *adv.* honorably, creditably.

honorario, ria *adj.* honorary [conferred as an honour; holding honorary title or position]. *2 pl.* honorarium, professional fee.

honoríficamente *adv.* honorifically, with honour. *2* honorarily.

honorífico, ca *adj.* honorific, honourable, honouring. *2* honorary.

honra *f.* honour [reputation, good name], respect of one's own dignity. *2* honour, purity [of women]. *3* honour, respect. *4 tener a mucha ~,* to regard as an honour, to be proud of. *5 pl.* obsequies.

honradamente *adv.* honourably, honestly.

honradez *f.* honesty, probity, integrity, uprightness.

honrado, da *adj.* honest honourable, upright, fair.

honrador, ra *adj.* honouring. — *2 s.* honourer.

honramiento *m.* honouring.

honrar *tr.* to honour [show honour; raise in distinction; elevate in rank or station]. *2* to do honour to, be a credit to. — *3 ref.* to deem it an honour [to oneself], be honoured [in], be proud [of].

honrilla *f.* keen sense of honour; concern at what people may say : *por la negra ~,* out of concern for what people may say.

honrosamente *adv.* honourably, creditably, with honour.

honroso, sa *adj.* honourable [behaviour, etc.]. *2* creditable, honour-giving. *3* decent, decorous.

hontanal, hontanar *m.* place with water springs.

hopa *f.* long cassock. *2* formerly, coat worn by criminals going to be executed.

hopalanda *f.* houppelande.

hopear *intr.* [of a fox, etc.] to wag the tail.

hoplita *m.* hoplite.

hoploteca *f.* OPLOTECA.

hoque *m.* ALBOROQUE.

hopo *m.* bushy or woolly tail [as of a fox or sheep]. *2* tuft [of hair] : *sudar el ~,* fig. to work hard, to sweat. — *3 interj.* get out of here!

hora *f.* hour; time of day; time, season [for doing something, for something to happen] : *~ de acostarse,* bedtime, time to go to bed; *~ de* *comer*, mealtime, dinnertime; ~ *de la verdad*, time when the truth of something must be proved; BULLF. moment in which bullfighter faces the bull to kill him; ~ *de verano*, daylight-saving time; ~ *oficial*, standard time; ~ *menguada*, unhappy hour; ~ *suprema*, death hour; *horas de consulta*, office hours [of a doctor, etc.]; *horas de ocio*, leisure hours; *horas de oficina*, office hours [in an office]; *horas de trabajo*, working hours; *horas extraordinarias*, overtime; *horas punta*, rush hours; *noticias de última* ~, last-minute news; stop-press; *dar* ~, to fix a time; *dar la* ~ [of a clock], to strike; [of a pers. or thing] to be excellent, wonderful, a knockout; *no ver la* ~ *de*, to be impatient for; *tener las horas contadas*, to be near one's death; *¿qué* ~ *es?*, what time is it?; *a buena* ~, coll. in good time, opportunely; iron. too late; *a la buena* ~, happily, luckily; all right!; *a la* ~ *de ésta*, *a la* ~ *de ahora*, *a estas horas*, coll. at this time, by now; *a las pocas horas*, within a few hours; *a las pocas horas de*, few hours after; *a todas horas*, at all hours, always; *a última* ~, at the last moment, at the eleventh hour; *de* ~ *en* ~, unceasingly; *en buen or buena* ~, happily, luckily; all right *en* ~ *mala, en mal or mala* ~, in an evil hour, unluckily; *fuera de horas*, after hours; *por horas*, by instants; by the hour. 2 *pl.* ECCL. hours; *horas canónicas*, canonical hours; *las cuarenta horas*, the forty hours, forty hours' devotion. 3 (cap.) MYTH. Hours. — *4 adv.* now, at this time, at present.

horaciano, na *adj.* Horatian.
Horacio *m. pr. n* Horace, Horatio.
horadable *adj.* capable of being bored or pierced.
horadación *f.* perforation, boring, drilling, piercing.
horadado, da *adj.* perforated, bored, pierced. — *2 m.* silkworm's cocoon bored through.
horadador, ra *adj.* perforating, boring. — *2 m. & f.* perforator, borer.
horadar *tr.* to perforate, bore, drill, pierce.
horado *m.* hole, perforation. *2* cavern; underground cavity.
horario, ria *adj.* horary, horal, hour; *angulo* ~, *círculo* ~. ASTR. hour angle, hour circle. — *2 m.* hour hand. *3* timepiece. *4* timetable, schedule of times; ~ *escolar*, school hours; ~ *de trabajo*, working hours.
horca *f.* gallows, gibbet. *2* AGR. hayfork, pitchfork. *3* crotch, forked prop [for plants and trees]. *4* yoke [frame on neck of pigs and dogs]. *5* string [of onions or garlic]. *6 Horcas Caudinas*, Caudine Forks: *pasar por las horcas caudinas*, to be forced to yield in humiliating circumstances.
horcado, da *adj.* forked, forklike.
horcadura *f.* crotch, fork [of a tree].
horcajadas (a) *adv.* astride, astraddle.
horcajadura *f.* crotch [of human body].
horcajo *m.* yoke [for mules]. *2* fork [made by two streams]. *3* meeting point of two mountains.
horcate *m.* hames [of harness].
horco *m.* string [of onions or garlic].
horcón *m.* large pitchfork. *2* crotch, forked prop [for plants and trees].
horchata *f.* orgeat, drink made from almonds or chufas.
horchatería *f.* orgeat shop.
horchatero, ra *m. & f.* orgeat maker or seller.
horda *f.* horde.
hordiate *m.* pearl barley. *2* barley water.
horero *m.* (S. Am.) hour hand.
horizontal *adj. & f.* horizontal.
horizontalidad *f.* horizontality.
horizontalmente *adv.* horizontally.
horizonte *m.* horizon; ~ *artificial*, artificial horizon; ~ *racional*, celestial, rational or true horizon; ~ *sensible*, apparent, sensible or visible horizon.
horma *f.* form, mould, last. *2* boot tree, shoe tree, shoemaker's last; *hallar la* ~ *de su zapato*, to find just the thing; to meet with one's match. *3* hatter's block. *4* MAS. dry wall.
hormaza *f.* MAS. dry wall.
hormazo *m.* blow with a last or boot tree. *2* heap of stones. *3* CARMEN 2.
hormero *m.* last or shoe-tree maker.
hormiga *f.* ENTOM. ant; *ser una* ~, fig. to be very thrifty. *2* MED. itching disease of skin. *3* ENTOM.

~ *blanca*, white ant. *4* ENTOM. ~ *león*, lion ant.
hormigo *m.* mush of Indian meal. *2 pl.* sweetmeat made of breadcrumbs, roasted almonds or filberts and honey. *2* coarse parts of ground wheat.
hormigón *m.* ENG. concrete; ~ *armado*, reinforced concrete; ~ *hidráulico*, hydraulic mortar. *2* VET. a disease of cattle. *3* BOT. a disease of some plants.
hormigonera *f.* concrete mixer.
hormigoso, sa *adj.* [pertaining to the] ant. *2* full of ants; ant-eaten.
hormigueamiento *m.* HORMIGUEO.
hormiguear *intr.* to feel a crawling sensation [in some part of the body]. *2* [of people or animals] to swarm, to move in a swarm.
hormigüela *f.* HORMIGUITA 1.
hormigueo *m.* crawling or creeping sensation. *2* swarming, moving in a swarm.
hormiguero, ra *adj.* pertaining to the ants, feeding on ants. — *2 m.* anthill. *3* place swarming with people. *4* AGR. pile of dry leaves, weeds, etc., covered with earth and burned to serve as manure. *5* ORN. wryneck.
hormiguesco, ca *adj.* pertaining to the ants.
hormiguilla *f. dim.* small ant. *2* tickling or creeping sensation; itching.
hormiguillo *m.* VET. disease of horses' hoofs. *2* line of people who pass materials or loads from hand to hand. *3* tickling or creeping sensation; itching. *4* HORMIGO 2.
hormiguita *f. dim.* small ant. *2* fig. very thrifty person.
hormilla *f.* buttonmould.
hormón *m.*, **hormona** *f.* PHYSIOL. hormone.
hormonal *adj.* hormonal.
hornabeque *m.* FORT. hornwork.
hornablenda *f.* MINER. horblende.
hornacero *m.* JEWEL. crucible man.
hornacina *f.* ARCH. niche.
hornacho *m.* excavation made by digging out red ochre, sand, etc.
hornachuela *f.* cave or hut.
hornada *f.* batch, baking [quantity of bread, bricks, etc., baked at once]; melt [of a blast furnace].
hornaguear *tr.* to dig [the earth] for coal.
hornaguera *f.* coal, hard coal, pit coal.
hornaguero, ra *adj.* loose, too large. *2* spacious. *3* coal-bearing [ground].
hornaje *m.* fee for baking.
hornaza *f.* jeweler's furnace. *2* yellow glazing [for earthware].
hornazo *m.* Easter cake adorned with hard-boiled eggs. *2* Easter present or treat made or given to a preacher in Lent.
hornear *intr.* to bake bread, be a baker.
hornera *f.* baker's wife.
hornería *f.* trade of a baker.
hornero, ra *m. & f.* baker [one who bakes bread].
hornija *f.* brushwood for an oven.
hornijero *m.* brushwood carrier.
hornilla *f.* hole with grating for cooking in a kitchen. *2* pigeonhole [for pigeons to nest in].
hornillo *m.* portable furnace or stove: ~ *de atanor*, athanor; ~ *de gas*, gas-ring. *2* MIL. fougasse. *3* MIL. blasthole [of a mine].
hornito *m.* (Mex.) mud volcano.
horno *m.* oven; furnace; kiln: ~ *de cal*, lime-kiln; ~ *de carbón*, CARBONERA 1; ~ *de copela*, cuppelling or cupellation furnace; ~ *de cuba* or *de manga*, shaft furnace, blast furnace; ~ *de ladrillero*, brickkiln; ~ *de reverbero* or *de tostadillo*, reverberatory furnace; *alto* ~, blast furnace; *no está el* ~ *para bollos*, or *tortas*, fig. this is not the moment for doing that. *2* natural cavity in which bees lodge.
horón *m.* large round hamper.
horópter *m.* ÓPT. horopter.
horoptérico, ca *adj.* horopteric.
horóptero *m.* ÓPT. horopter.
horóscopo *m.* horoscope.
horqueta *f.* croth, forked prop [for plants and trees]. *2* crotch [of a tree]. *3* (Arg.) sharp turn of a stream; land adjacent to this.
horquilla *f.* small forked piece. *2* hooked pole for propping or hanging things. *3* hairpin. *4* fork [of bicycle]. *5* cradle [of telephone]. *6* MACH. gab, jaw [of connecting rod]. *7* HORCA 4. *8* NAUT. oarlock. *9* disease causing the hair to split. *10* NAUT. *candelero de* ~, crutch.

horquillar *tr.* AGR. to prop [vine branches] with forked sticks.
horrendamente *adv.* horrendously, horribly.
horrendo, da *adj.* horrendous, horrible, frightful.
hórreo *m.* granary, mow. 2 granary built on pillars.
horribilidad *f.* horribleness.
horribilísimo *adj. super.* most horrible.
horrible *adj.* horrible, fearful, hideous, heinous.
horriblemente *adv.* horribly, heinously.
horridez *f.* horridness.
hórrido, da *adj.* horrid, horrible.
horrífico, ca *adj.* horrific, horrifying.
horripilación *f.* horror, fright. 2 MED. horripilation.
horripilante *adj.* hair-raising, horrifying.
horripilar *tr.* to horripilate, make [somebody's] hair stand on end. 2 to horrify. — 3 *ref.* to feel horripilation. 4 to be horrified.
horripilativo, va *adj.* MED. causing horripilation.
horrisonante, horrísono, na *adj.* horrisonant.
horro, rra *adj.* enfranchised. 2 free, untrammelled. 3 [of female animal] not pregnant.
horror *m.* horror. 2 atrocity, horrid thing.
horrorizar *tr.* to horrify. — 2 *ref.* to be horrified.
horrorosamente *adv.* horribly, hideously.
horroroso, sa *adj.* horrible, horrid. 2 hideous, frightful, ugly.
horrura *f.* filth, dirt, dross.
hortaliza *f.* vegetables, garden produce.
hortatorio, ria *adj.* hortatory.
hortecillo *m. dim.* small kitchen garden. 2 small orchard.
hortelana *f.* gardener's wife.
hortelano, na *adj.* [pertaining to] garden or orchard. — 2 *m.* gardener, horticulturist; fruit farmer. 3 ORN. ortolan.
hortense *adj.* [pertaining to] kitchen garden or orchard : *plantas hortenses,* vegetables.
Hortensia *f. pr. n.* Hortense.
hortensia *f.* BOT. hydrangea.
hortera *f.* wooden bowl. — 2 *m.* in Madrid, shop clerk.
horticultor, ra *m. & f.* horticulturist.
horticultura *f.* horticulture.
hosanna *m.* ECCL. hosanna.
hosco, ca *adj.* dark [colour of skin]. 2 sullen, surly; gloomy.
hoscoso, sa *adj.* rough, bristly.
hospedador, ra *m. & f.* host, one who gives lodging.
hospedaje *m.* lodging, board. 2 cost of lodging or board.
hospedamiento *m.* lodging, board.
hospedar *tr.* to lodge; to lodge and board; to receive [someone] as a guest. — 2 *ref.* to lodge, have lodgings [in]; to stop, put up [at]; to live [in].
hospedería *f.* hostelry, inn. 2 hospice, place for guests [in a monastery].
hospedero, ra *m. & f.* host, innkeeper.
hospiciano, na *m. & f.* inmate of a hospice or poorhouse.
hospicio *m.* hospice, poorhouse; orphanage. 2 HOSPEDAJE.
hospital *m.* hospital; ~ *de campaña,* de *primera sangre* or *de sangre,* MIL. field hospital; *buque* ~, hospital ship; *estar hecho un* ~, coll. [cf a pers.] to be full of aches and pains; [of a house full of sick people] to be turned into an hospital.
hospitalariamente *adv.* hospitably.
hospitalario, ria *adj.* hospitable. 2 designating some religious orders having as their chief purpose the care of the sick or the needy. 3 [pertaining to] hospital.
hospitalero, ra *m. & f.* keeper of a hospital. 2 charitable person who lodges people in his or her house.
hospitalicio, cia *adj.* [pertaining to] hospitality.
hospitalidad *f.* hospitality. 2 hospitableness. 3 stay in a hospital.
hospitalización *f.* hospitalization.
hospitalizar *tr.* to hospitalize.
hospitalmente *adv.* hospitably.
hosquedad *f.* sullenness, surliness.
hostal *m.* HOSTERÍA.
hostelero, ra *m. & f.* host, innkeeper.
hostería *f.* hostelry, inn, tavern.
hostia *f.* sacrificial victim or offering. 2 ECCL. Host; wafer. 2 sugar wafer.
hostiario *m.* ECCL. wafer box; wafer mould.

hostiero, ra *m. & f.* wafer maker. — 2 *m.* ECCL. wafer box.
hostigador, ra *adj.* harassing, worrying. — 2 *m. & f.* harasser, worrier.
hostigamiento *m.* harassing, worrying, plaguing. 2 lashing, whipping, flogging.
hostigar *tr.* to harass, worry, plague. 2 to lash, whip, flog. 3 (Chi., Guat.) to cloy.
hostigo *m.* lash [with a whip, etc.]. 2 weatherbeaten part of wall. 3 beating of rain or wind against a wall.
hostigoso, sa *adj.* (Chi., Guat.) cloying, sickening.
hostigué, hostigue, etc., *pret., subj. & imper.* of HOSTIGAR.
hostil *adj.* hostile.
hostilicé, hostilice, etc., *pret., subj. & imper.* of HOSTILIZAR.
hostilidad *f.* hostility. 2 hostileness. 3 *pl.* hostilities, warfare : *romper las hostilidades,* to start hostilities.
hostilizar *tr.* to harry, worry [the enemy]; to commit hostilities against.
hostilmente *adv.* hostilely, with hostility.
hotel *m.* hotel. 2 villa, detached urban or suburban house.
hotelería *f.* keeping of hotels.
hotelero, ra *adj.* [pertaining to) hotel. — 2 *m. & f.* hotelkeeper.
hotentote *adj. & n.* Hottentot.
hovero, ra *adj.* OVERO.
hoy *adv.* today; now; nowadays, at te present time : *de* ~ *a mañana,* any time now; when you least expect it; *de* ~ *en adelante, de* ~ *más,* from now on, henceforth, henceforward; ~ *día,* ~ *en día,* nowadays; ~ *mismo,* this very day; ~ *por* ~, at the present time, for the present; *por* ~, for the present.
hoya *f.* hole, hollow, pit [in the ground]. 2 grave. 3 valley, dale. 4 ALMÁCIGA 2.
hoyada *f.* dip, hollow, depression [in the ground].
hoyanca *f.* potter's field, common grave [for the poor].
hoyito *m. dim.* small hole or pit.
hoyo *m.* hole, pit, hollow : *hacer un* ~ *para tapar otro,* to uncover a hole in order to plug another. 2 dent, indentation. 3 pockmark. 4 grave.
hoyoso, sa *adj.* full of pits or holes.
hoyuela *f.* depression at the front of the neck just above the sternum.
hoyuelo *m.* small hole or pit. 2 dimple. 3 a boys' game. 4 HOYUELA.
hoz *f.* AGR. sickle : *meter la* ~ *en la mies ajena,* to mind other people's business; *de* ~ *y de coz,* headlong. 2 gorge, ravine.
hozada *f.* stroke with a sickle. 2 grain or grass cut with a stroke of the sickle.
hozadero *m.* hogs' rooting place.
hozadura *f.* hole made by a rooting hog.
hozar *tr.* [cf hogs] to root.
huaca *f.* GUACA.
huaco *m.* GUACO.
huaico *m.* (Pe.) large mass of rock fallen into a stream.
huairuro *m.* (Pe.) a kind of red bean used as an ornament.
huarache *m.* CACLE.
huacal *m.* GUACAL.
huasca *f.* GUASCA.
Huberto *m. pr. n.* Hobart, Hubert.
hube, hubiera, hubiese, etc., *irr.* V. HABER.
hucha *f.* large chest or coffer. 2 money-box, money bank. 3 savings, nest egg.
huchear *tr. & intr.* to hoot at, to hoot. — 2 *tr.* HUNT. to urge the dogs on by means of shouts or cries.
huebra *f.* ground that can be ploughed in a day by a yoke of oxen. 2 pair of mules with a ploughman hired for a day's work. 3 AGR. fallow.
huebrero *m.* ploughman hired along with a pair of mules. 2 one who lets out the HUEBRA 2.
hueca *f.* [in hand spinning] spiral groove in a spindle.
hueco, ca *adj.* hollow [having an empty space or cavity]. 2 empty : *cabeza hueca,* empty brains. 3 vain, conceited, proud. 4 hollow, deep resounding [voice]. 5 affected, pompous [language, style]. 6 puffed, inflated. 7 soft, spongy [soil, wool, etc.]. — 8 *m.* hole, cavity : ~ *de la mano,* hollow of the hand; ~ *de la escalera,* stair well; ~ *del ascensor,* elevator or lift shaft.

9 gap, void, interval of time or space. 10 socket [of bone]. 11 ARCH. opening [for a door, window, etc.]. 12 vacancy.

huecograbado m. photogravure for a rotary press.

huecú m. (Chi.) deep slough covered with grass.

huélfago m. VET. heaves.

huelga f. strike [of workmen] : ~ de brazos caídos, sit-down strike ; ~ del hambre, hunger strike ; declararse en ~, to go on strike. 2 repose, leisure, recreation. 3 spot that invites one to take recreation. 4 HUELGO 3.

1) **huelgo** m. breath, respiration : tomar ~, to breathe, take breath, pause. 2 room, space. 3 MACH. play, allowance [between two pieces].

2) **huelgo, huelgue,** etc., irr. V. HOLGAR.

huelguista m. & f. striker [workman who is on a strike].

huelguístico, ca adj. [pertaining to a] workers' strike.

huelo, huela, etc. irr. V. OLER.

huella f. tread, treading. 2 print, impression, impressed mark ; trace, track, rut, footprint, footstep : ~ dactilar or digital, fingerprint ; ~ del sonido, CINEM. sound track ; seguir las huellas de, to follow in the footsteps of. 3 ARCH. tread [of a stair].

1) **huello, huelle,** etc., irr. V. HOLLAR.

2) **huello** m. walking, treading [condition of ground for walking or treading]. 2 tread [of a horse]. 3 bottom of a hoof.

huemul m. ZOOL. the Andes deer.

huequecito m. dim. small hollow, space or interval.

huerfanito, ta m. & f. dim. little orphan.

huérfano, na adj. & n. orphan. — 2 adj. orphaned.

huero, ra adj. addle [egg]. 2 fig. addle, empty : salir ~, to flop, fall through, come to nought. 3 (Am.) rotten [egg].

huerta f. large vegetable garden or orchard. 2 irrigated region.

huertano, na m. & f. inhabitant of some irrigated regions.

huertero, ra m. & f. (Arg., Pe.) gardener, horticulturist ; fruit farmer.

huertezuelo m. dim. small vegetable garden or orchard.

huerto m. orchard, fruit garden. 2 kitchen garden, vegetable garden.

huesa f. grave, tomb.

huesarrón m. augm. large bone.

huesecico, cillo, cito m. dim. small bone, bonelet, ossicle.

huesillo m. (S. Am.) peach dried in the sun.

hueso m. bone [piece or part of the skeleton] : ~ innóminado, innominate bone ; ~ navicular, navicular or scaphoid bone ; ~ palomo, coccyx ; ~ sacro, sacrum ; la sin ~, fig. the tongue ; a otro perro con este ~, tell that to the marines ; calarse hasta los huesos, to get soaked to the skin ; estar en los huesos, to be very thin, to be nothing but skin and bones ; no dejar ~ sano a uno, to pick somebody to pieces, to backbite ; no poder uno con sus huesos, to be exhausted, tired out, all in ; roerle a uno los huesos, fig. to backbite ; romperle a uno un ~ or los huesos, to give one a sound thrashing ; tener los huesos molidos, to be tired out. 2 bone [material]. 3 BOT. stone, pit [of fruit]. 4 fig. hard, difficult or unwelcome task or job : ~ duro de roer, hard nut to crack. 5 fig. something useless or of bad quality, trash. 6 pl. coll. hand, bunch of fives. 7 bones, mortal remains : desenterrar los huesos de uno, fig. to drag out or uncover someones's family skeleton.

huesoso, sa adj. bony, osseous.

huésped, da m. & f. guest ; lodger, boarder : ~ de honor, guest of honour ; casa de huéspedes, boarding house. 2 host, hostess [one who lodges another ; landlord or mistress of inn] : echar la cuenta sin la huéspeda, no contar con la huéspeda, to reckon without one's host. 3 BOT., ZOOL. host.

hueste or pl. **huestes** f. army, host. 2 followers [of a party, etc.].

huesudo, da adj. bony, big-boned.

hueva f. roe [fish eggs].

huevar intr. [of birds] to begin to lay eggs.

huevera f. egg dealer [woman]. 2 oviduct [of birds]. 3 eggcup. 4 eggdish.

huevería f. egg shop.

huevero, ra m. & f. egg dealer. — 2 m. eggcup.

huevo m. egg : ~ de Colón or de Juanelo, something that seems difficult to do, but is easy after one learns how to do it ; ~ de zurcir, darning egg ; ~ duro, hard-boiled egg ; ~ en cáscara, ~ pasado por agua, soft-boiled egg ; ~ escalfado, poached egg ; ~ estrellado, or frito, fried egg ; ~ huero, addled egg ; ~ mejido, yolk of egg with milk and sugar ; ~ tibio, (Am.) soft-boiled egg ; huevos hilados, threadlike sweetmeat made of eggs and sugar ; huevos moles, yolks of egg beaten up with sugar ; huevos revueltos or (Am.) huevos pericos, scrambled eggs ; cacarear y no poner huevos, to promise much and give nothing ; limpiate que estás de ~, you are deluding yourself ; what hopes! ; parecerse como un ~ a una castaña, not to be alike at all ; parecerse como un ~ a otro, to be as like as two peas ; andar pisando huevos, to walk warily or cautiously, to walk as if afraid to break something. 2 ZOOL. ~ de pulpo, sea hare.

Hugo m. pr. n. Hugh.

hugonote adj. & n. Huguenot.

huida f. flight, escape. 2 shying [of a horse].

huidero, ra adj. fugitive, fleeing. — 2 m. cover, shelter [of animals].

huidizo, za adj. fugitive, evasive.

huillín m. ZOOL. Chilean otter.

huincha f. (Chi.) cotton or wool ribbon. 2 (Chi.) hair ribbon. 3 (Chi.) tape measure.

huipil m. (C. Am., Mex.) a woman's chemise.

huir intr. to flee, fly, escape, run away, slip away : ~ de, to run away from, to flee, fly, avoid, shun, evade, keep away from. 2 [of the time, days, etc.] to fly, pass rapidly. — 3 tr. to flee, fly, avoid, shun. 4 ~ la cara, to avoid [someone]. ¶ CONJUG.: INDIC. Pres.: huyo, huyes, huye; huimos, huis, huyen. | Pret.: hui, huiste, huyó; huimos, huisteis, huyeron. | SUBJ. Pres.: huya, huyas, huya; huyamos, huyáis, huyan. | Imperf.: huyera, huyeras, huyera; huyéramos, huyerais, huyeran or huyese, huyeses, huyese; huyésemos, huyeseis, huyesen. | Fut.: huyere, huyeres, huyere; huyéremos, huyereis, huyeren. | IMPER.: huye, huya; huyamos, huid, huyan. | GER.: huyendo.

hule m. oilcloth, oilskin. 2 rubber, India rubber. 3 BOT. (Am.) rubber tree. 4 BULLF. blood, goring.

hulero m. (Am.) rubber gatherer.

hulla f. coal, mineral [gen. bituminous] coal : ~ grasa, soft coal ; ~ magra or seca, hard coal ; ~ negra, short-flame coal. 2 fig. ~ azul, tide power ; ~ blanca, white coal, water power.

hullero, ra adj. [containing or pertaining to] coal : cuenca hullera, coal basin.

humada f. AHUMADA.

humanamente adv. humanely. 2 humanly.

humanal adj. human.

humanar tr. to humanize, soften [make humane]. — 2 ref. to humanize, soften [become humane]. 3 to become man [said of Jesus Christ]. 4 (Am.) humanarse a, to condescend to.

humanidad f. humanity. 2 mankind. 3 humaneness. 4 human weakness. 5 coll. corpulence, fleshiness. 6 pl. humanities [classic literature].

humanista m. & f. humanist, classical scholar.

humanitario, ria adj. humanitarian. 2 humane, charitable, benevolent.

humanitarismo m. humanitarianism, humaneness, benevolence.

humanizar tr. to humanize, soften [make humane]. — 2 ref. to humanize, soften [become humane].

humano, na adj. human : letras humanas, humanities ; linaje ~, human race, mankind. 2 humane, compassionate. — 3 m. human, human being.

humarazo m. HUMAZO.

humareda f. cloud of smoke, a great deal of smoke.

humazga f. hearth money, fumage.

humazo m. dense smoke. 2 smoke made to drive rats from ship or animals out of their lair.

Humberto m. pr. n. Humbert.

humeada f. (Am.) puff of smoke.

humeante adj. smoky, smoking [emitting smoke]. 2 steaming [emitting steam].

humear intr. to smoke [emit smoke]. 2 to steam [emit steam] : to emit fumes or vapours. 3 [of a quarrel, disturbance, etc.] not to have died down altogether. 4 to get proud, take on airs. — 5 tr. (Am.) to fumigate.

humectación f. humidification.

humectante adj. humidifying, moistening.

humectar *tr.* to humidify, moisten.
humectativo, va *adj.* humectant.
humedad *f.* humidity, moisture, dampness.
humedal *m.* humid ground, marsh.
humedecer *tr.* to humidify, moisten, dampen, wet. — *2 ref.* to become humid, moist, damp, wet. ‹ CONJUG. like *agradecer*.
humedezco, humedezca, etc., *irr.* V. HUMEDECER.
húmedo, da *adj.* humid, moist, damp, wet.
humera *f.* coll. drunkenness, fit of drunkenness.
humeral *adj.* ANAT. humeral. — *2 m.* ECCL. humeral veil.
húmero *m.* ANAT. humerus.
humero *m.* chimney flue. 2 meat-smoking room.
húmido, da *adj.* poet. HÚMEDO.
humildad *f.* humility. 2 humbleness, lowliness.
humilde *adj.* humble; lowly. 2 meek, submissive.
humildemente *adv.* humbly.
humillación *f.* humiliation; humbling.
humilladero *m.* roadside crucifix or shrine.
humillador, ra *adj.* humiliating, humbling. — *2 m. & f.* humiliator.
humillante *adj.* humiliating.
humillar *tr.* to humiliate. 2 to humble, abase, crush, lower. 3 to bow [one's head], to bend [one's body or knees]. — *4 ref.* to humble oneself, to lower oneself.
humillo *m.* VET. disease of sucking pigs. 2 *pl.* vanity, pride, arrogance.
humita *f.* (Arg., Chi., Pe.) cake of maize and sugar. 2 dish made with green maize.
humitero, ra *m. & f.* (Arg., Chi., Pe.) seller of HUMITAS 1.
humo *m.* smoke: *hacer* ~, coll. to cook food; coll. to stick around; coll. to smoke [emit smoke unduly or improperly]; *irse todo en* ~, to go up in smoke; *la del* ~, good riddance; this is the last we'll see of him; *no lo digo a* ~ *de pajas,* I don't say it lightly, without due reflection, without a reason; *subírsele a uno el* ~ *a la chimenea,* to get tipsy: *subírsele a uno el* ~ *a las narices,* to get angry; *vender humos,* to pretend to have influence with the great. 2 steam, vapour, fume. 3 *pl.* hearts, homes [in a town or village]. 4 conceit, pride, vanity: *bajarle a uno los humos,* to humble someone's pride, to take one down a peg.
humor *m.* PHYSIOL. humour: ~ *acuoso,* aqueous humour; ~ *vítreo,* vitreous humour. 2 humour, temper, mood, disposition or state of mind: *buen* ~, good humour; *mal* ~, bad humour; *no estar de* ~ *para,* not to be in the mood to or for. 3 jovial or merry disposition. 4 humour, wit.
humorada *f.* whim. 2 whimsical, witty or merry act or saying.
humorado, da *adj. bien* ~, in good humour, good-humoured; in good temper, good-tempered; *mal* ~, in bad humour, bad-humoured; in bad temper, bad-tempered.
humoral *adj.* PHYSIOL. humoural.
humorismo *m.* humour [in speaking or writing]; humorous literature. 2 humorousness. 3 MED. humouralism.
humorista *m. & f.* humorist [writer]. 2 MED. humouralist.
humorísticamente *adv.* humorously.
humorístico, ca *adj.* humorous, jocular, funny.
humorosidad *f.* abundance of humours.
humoroso, sa *adj.* watery, containing humour.
humosidad *f.* smokiness.
humoso, sa *adj.* smoky; smoking; steamy.
humus *m.* humus.
hundible *adj.* sinkable.
hundimiento *m.* sinking. 2 cave-in. 3 NAUT. foundering. 4 collapse, downfall, ruin.
hundir *tr.* to sink, submerge, plunge. 2 NAUT. to founder. 3 to cave in, stave in. 4 to drive in. 5 to confound, confute. 6 to crush, destroy, ruin. — *7 ref.* to sink, go down, be submerged;

to subside. cave in. 8 to collapse, fall down, be ruined: *aunque se hunda el mundo,* coll. let the heavens fall, come what may.
húngaro, ra *adj. & n.* Hungarian.
Hungría *pr. n.* GEOG. Hungary.
huno, na *adj.* Hunnic. — *2 m. & f.* Hun.
hupe *f.* punk, touchwood.
hura *f.* carbuncle on the head. 2 hole, burrow.
huracán *m.* hurricane.
huracanado, da *adj.* of hurricane proportions [wind].
hurañamente *adv.* sullenly, unsociably.
hurañía *f.* sullenness, unsociableness.
huraño, ña *adj.* sullen, unsociable.
hurera *f.* hole, burrow.
hurgallo obs. form or HURGARLO: *peor es* ~, better let it alone, better leave well alone.
hurgar *tr.* to poke, stir: *hurgarse la nariz,* to pick one's nose. 2 to stir up, incite.
hurgón *m.* poke [for poking the fire]. 2 coll. ESTOCADA.
hurgonada *f.* poking the fire. 2 coll. ESTOCADA.
hurgonazo *m.* thrust with a poker. 2 coll. ESTOCADA.
hurgonear *tr.* to poke [the fire]. 2 coll. to make a thrust at.
hurgonero *m.* HURGÓN 1.
hurgué, hurgue, etc., *pret., subj. & imper.* of HURGAR.
hurí *f.* houri.
hurón, na *adj.* sullen, unsociable. — *2 m.* ZOOL. ferret. 3 fig. ferreter, prier. 4 fig. sullen unsociable person. — *5 f.* ZOOL. female ferret.
huronear *intr.* to ferret [hunt with a ferret]. 2 fig. to ferret, go prying.
huronera *f.* ferret hole. 2 lair, hiding place.
huronero *m.* ferret keeper.
¡hurra! *interj.* hurrah!
hurraca *f.* URRACA.
hurtadillas (a) *adv.* by stealth, stealthily, on the sly.
hurtador, ra *adj.* stealing, thieving, pilfering. — *2 m. & f.* thief, pilferer.
hurtagua *f.* kind of watering pot.
hurtar *tr.* to steal, thieve, pilfer. 2 to cheat [in weight or measure]. 3 [of the sea or a river] to eat away [land]. 4 to plagiarize [expressions, verses, etc.]. 5 to move away [~ *el cuerpo,* to dodge, shy away. — *6 ref.* to withdraw, hide.
hurto *m.* stealing, theft, pilferage. 2 stolen thing. — *3 adv. a hurto,* by stealth, on the sly.
husada *f.* spindleful [of yarn].
húsar *m.* MIL. hussar.
husero *m.* brow antler [of a yearling fallow deer].
husillo *m. dim.* small spindle. 2 MACH. screw pin [of press, etc.].
husita *m. & f.* Hussite.
husma *f.* HUSMEO: *andar a la* ~, to nose around.
husmeador, ra *adj.* scenting, nosing around. — *2 m. & f.* scenter. 3 prier, inquisitive person.
husmear *tr.* to scent, wind, smell out. 2 to pry out, nose out, to seek or inquire subreptitiously. — *3 intr.* [of meat] to become gamy or high, to be on the point of becoming tainted, to smell bad.
husmeo *m.* scenting, smelling. 2 nosing around, prying.
husmo *m.* high odour, gaminess, odour of meat on the point of becoming tainted. 2 *andar* or *venirse al* ~, to go scenting or prying; *estar al* ~, to watch for a favorable opportunity.
huso *m.* spindle [for hand spinning]. 2 TEXT. spindle. 3 HER. narrow lozenge. 4 MIN. drum of a windlass. 5 BIOL. ~ *acromático,* achromatic spindle. 6 GEOM. ~ *esférico,* spherical lune. 7 GEOG. ~ *horario,* time zone.
huta *f.* hunter's blind.
hutía ZOOL. hutia.
¡huy! *interj.* of pain, grief, surprise, etc.
huyo, huyó, huya, etc., *irr.* V. HUIR.

I

I, i *f.* I, i, tenth letter of the Spanish alphabet.
iba, etc., *imperf.* of IR.
iberamericano, na *adj. & n.* (Am.) IBEROAMERICANO.
Iberia *f. pr. n.* GEOG. Iberia.
ibérico, ca; iberio, ria *adj.* Iberian.
ibero, ra *adj. & n.* Iberian.
iberoamericano, na *adj. & n.* Latin-American.
íbice *m.* ZOOL. ibex, wild goat.
ibicenco, ca *adj.* [pertaining to] Iviza. — 2 *m. & f.* native or inhabitant of Iviza.
ibídem *adv.* ibidem.
ibis. *pl.* **ibis** *f.* ORN. ibis.
Ibiza *f. pr. n.* GEOG. Iviza [Balearic Island].
icaco *m.* HICACO.
icáreo, a; icario, ria *adj.* Icarian.
Icaro *m. pr. n.* MYTH. Icarus.
iceberg *m.* iceberg.
icneumón *m.* ZOOL. ichneumon, mongoose. 2 ENTOM. ichneumon fly.
icnografía *f.* ARCH. ichnography.
icnográfico, ca *adj.* ichnographical.
icono *m.* icon.
iconoclasta *adj.* iconoclastic. — 2 *m. & f.* iconoclast.
iconografía *f.* iconography.
iconográfico, ca *adj.* iconographical.
iconología *f.* iconology.
iconómaco, ca *adj. & n.* ICONOCLASTA.
iconomanía *f.* iconomania.
iconostasio *m.* ECCL. iconostasis, iconostasion.
icor *m.* MED. ichor.
icoroso, sa *adj.* MED. ichorous.
icosaedro *m.* GEOM. icosahedron.
ictericia *f.* MED. icterus, jaundice.
ictericiado, da *adj.* MED. icteric, jaundiced. — 2 *m. & f.* jaundiced person.
ictérico, ca *adj.* icteric(al. 2 jaundiced. — 3 *m. & f.* jaundiced person.
ictíneo *m.* submarine vessel.
ictiófago, ga *adj.* ichthyophagous. — 2 *m. & f.* ichthyophagan, ichthyophagist.
ictiol *m.* FARM. ichthyol.
ictología *f.* ichthyology.
ictiológico, ca *adj.* ichthyologic(al.
ictiólogo *m.* ichthyologist.
ictiornis *m.* PALEONT. ichthyornis.
ictiosauro *m.* PALEONT. ichthyosaurus.
ictiosis *f.* MED. ichthyosis.
Ida *f.* going [to a place], departure : *la* ~ *del cuervo, la* ~ *del humo,* good riddance; this is the last we'll see of him : *viaje de* ~ *y vuelta,* round trip ; ~ *y vuelta, billete de* ~ *y vuelta,* return or round-trip ticket; *idas y venidas,* comings and goings; *en dos idas y venidas,* coll. in an instant, in a jiffy. 2 fig. impetuosity, rash proceeding. 3 FENC. attack. 4 HUNT. track, trail [of game].

idea *f.* idea; notion. 2 intent, purpose : *llevar* ~ *de,* to intend to, to have the intention of ; *mudar de* ~, to change one's mind; *con la* ~ *de,* with the intention of. 3 opinion, estimate [of a person or thing]. 4 image, picture [fixed in the mind]. 5 ingenuity, inventiveness.
ideación *f.* ideation.
ideal *adj.* ideal. 2 perfect, excellent, perfectly suitable or proper. — 3 *m.* ideal.
idealicé, idealice, etc., *pret., subj. & imper.* of IDEALIZAR.
idealidad *f.* ideality.
idealismo *m.* idealism.
idealista *adj.* idealist, idealistic. — 2 *m. & f.* idealist.
idealización *f.* idealization.
idealizar *tr.* to idealize.
idealmente *adv.* ideally.
idear *tr.* to form an idea of. 2 to devise, contrive, plan, invent. *think up.
ideático, ca *adj.* (Am.) crazy, crotchety, queer.
idem *pron.* idem, ditto.
idénticamente *adv.* identically.
idéntico, ca *adj.* identic; identical. 2 very similar.
identidad *f.* identity. 2 identicalness. 3 *tarjeta de* ~, identification card.
identificable *adj.* identifiable.
identificación *f.* identification.
identificar *tr.* to identify. — 2 *ref.* to be identified. 3 *identificarse con,* to identify oneself with.
identifiqué, identifique, etc., *pret., subj. & imper.* of IDENTIFICAR.
ideo, a *adj.* pertaining to Mount Ida. 2 Trojan.
ideografía *f.* ideography.
ideográfico, ca *adj.* ideographic(al.
ideograma *m.* ideogram.
ideología *f.* ideology.
ideológico, ca *adj.* ideologic(al.
ideólogo *m.* ideologist.
idílico, ca *adj.* idyllic.
idilio *m.* idyll. 2 amorous talk. 3 love relations.
idioma *m.* idiom, language, tongue.
idiomático, ca *adj.* idiomatic [pertaining to an idiom or language]. 2 colloquial. 3 vernacular.
idiosincrasia *f.* idiosyncrasy.
idiosincrásico, ca *adj.* idiosyncratic.
idiota *adj.* idiotic. — 2 *m. & f.* idiot.
idiotez *f.* idiocy.
idiotismo *m.* ignorance [state of being uneducated]. 2 idiom [peculiar expression].
idólatra *adj.* idolatrous. — 2 *m.* idolater. — 3 *f.* idolatress.
idolatrar *tr.* to idolize [worship idolatrously; love to excess]. — 2 *intr.* to idolize [practice idolatry] 3 ~ *en,* to idolize [love to excess].
idolatría *f.* idolatry.
idolátrico, ca *adj.* idolatrous.
ídolo *m.* idol.

idolologia *f.* science dealing with idols.
idoneidad *f.* fitness, suitability; competence.
idóneo, a *adj.* fit, suitable; able, competent.
idumeo, a *adj. & n.* Idumean.
idus *m.* ides.
Ifigenia *f. pr. n.* MYTH. Iphigenia.
iglesia *f.* church [in every sense] : ~ *anglicana*, Anglican Church, Church of England ; ~ *catedral*, cathedral church, cathedral ; ~ *católica*, Roman Catholic Church ; ~ *colegial*, collegiate church ; ~ *conventual*, the church of a convent ; ~ *mayor*, main church ; ~ *metropolitana*, metropolitan church ; ~ *militante*, church militant ; ~ *oriental*, Eastern Church ; ~ *parroquial*, parish church ; ~ *triunfante*, church triumphant ; *cumplir con la* ~, to receive Communion on Easter ; *entrar en la* ~, to go into the Church [to take holy orders] ; *llevar una mujer a la* ~, to lead a woman to the altar. 2 Roman Catholic Church. 3 chapter [of a cathedral or collegiate church]. 4 diocese. 5 formerly, immunity from law by entering a church ; asylum, sanctuary.
iglesiero, ra *adj.* (Am.) churchgoing. — 2 *m. &. f.* churchgoer.
Ignacio *m. pr. n.* Ignatius.
ignaro, ra *adj.* ignorant.
ignavia *f.* laziness, carelessness.
igneo, a *adj.* igneous.
ignición *f.* ignition [burning state].
ignifero, ra *adj.* poet. igniferous.
ignifugo, ga *adj.* ignifuge, protecting from fire.
ignipotente *adj.* poet. ignipotent.
ignito, ta *adj.* ignited, burning.
ignivomo, ma *adj.* poet. ignivomous.
ignografia *f.* ICNOGRAFÍA.
ignominia *f.* ignominy.
ignominiosamente *adv.* ignominiously.
ignominioso, sa *adj.* ignominious.
ignorado, da *adj.* unknown. 2 fameless, obscure.
ignorancia *f.* ignorance : ~ *crasa*, crass ignorance ; ~ *supina*, ignorance from negligence.
ignorante *adj.* ignorant. — 2 *m. &. f.* ignoramus.
ignorantemente *adv.* ignorantly.
ignorantón, na *adj.* ignorant. — 2 *m. &. f.* ignoramus.
ignorar *tr.* not to know, be ignorant of.
ignoto, ta *adj.* unknown ; undiscovered.
igorrote *adj. & n.* Igorot [of a people inhabiting northern Luzon]. — 2 *m.* Igorot [language].
igual *adj.* equal [the same in value, size, degree, etc.] : ~ *a*, equal to, the same as ; *cosa* ~, the like ; *nunca vi cosa* ~, I never saw the like of it. 2 the same, indifferent ; *es* ~, *me es* ~, it is all the same [to me] ; it makes no difference [to me]. 3 level, even, uniform. 4 equal, commensurate, proportionate. 5 equable. 6 constant, unchanging. — 7 *s.* MATH. equality sign (=). 8 equal : *no tiene* ~, he has no equal ; *sin* ~, matchless, unequalled, unrivalled. — 9 *adv. al* ~, equally ; *en* ~ *de*, instead of ; *por* ~, *por un* ~, equally, evenly.
iguala *f.* equalizing, equalization. 2 agreement [for carrying out works, rendering services. etc.]. 3 agreed monthly or annual fee, commutation. 4 MAS. rule for testing the evenness or smoothness of a surface.
igualación *f.* equalizing, equalization. 2 leveling, smoothing, making even.
igualado, da *adj.* equal, level, even. 3 ORN. with even plumage.
igualador, ra *adj.* equalizing. 2 levelling, smoothing. — 3 *m. &. f.* equalizer. 4 leveller, smoother.
igualamiento *m.* IGUALACIÓN.
igualar *tr.* to equalize ; to equate. 2 to even, level, smooth, face. 3 to hold in equal estimation, deem equal, match. — 4 *intr. & ref.* ~ *a, igualarse con*, to equal [be equal to] ; to compare with. — 5 *ref.* to become equal or equalized. 6 SPORTS to tie [in scoring]. 7 to agree, come to an agreement [for carrying out works, rendering services, etc.].
igualdad *f.* equality, sameness. 2 MATH. equality. 3 evenness, smoothness, regularity, uniformity. 4 ~ *de ánimo*, evenness of mind, equability, equanimity.
igualitario, ria *adj.* equalizing. 2 equalitarian.
igualmente *adv.* equally. 2 evenly, uniformly. 3 likewise, also. 4 coll. the same to you.
iguana *f.* ZOOL. iguana.
iguanodonte *m.* PALEONT. iguanodont.

igüedo *m.* CABRÓN 1.
ijada *f.* flank [of an animal]. 2 part in the side of the human body between the ribs and the hip ; pain in this part, stitch : *tener su* ~, fig. [of a thing] to have a weak side or point.
ijadear *intr.* to pant [from exertion].
ijar *m.* IJADA 1.
ilación *f.* illation. 2 connectedness.
ilativo, va illative. 2 GRAM. *conjunción ilativa*, illative conjunction.
Ildefonso *m. pr. n.* Alphonsus.
ilegal *adj.* illegal, unlawful.
ilegalidad *s.* illegality, unlawfulness.
ilegalmente *adv.* illegally, unlawfully.
ilegible *adj.* illegible.
ilegitimamente *adv.* illegitimately.
ilegitimar *tr.* to render illegitimate, to illegitimate.
ilegitimidad *f.* illegitimacy.
ilegitimo, ma *adj.* illegitimate. 2 false, spurious.
ileo *m.* MED. ileus.
ileocecal *adj.* ANAT. ileocecal.
ileon *m.* ANAT. ileum. 2 ANAT. ilium.
ileso, sa *adj.* harmless, sound, unhurt, unscathed.
iletrado, da *adj.* illiterate, unlettered, uneducated.
iliaco, ca *adj.* ANAT. iliac. 2 Iliac, Trojan.
Ilíada *f.* Iliad.
iliberal *adj.* illiberal.
ilicineo, a *adj.* BOT. ilicaceous. — 2 *f.* BOT. one of the Ilicaceæ. 3 *pl.* BOT. Ilicaceæ.
ilicitamente *adv.* illicitly ; unlawfully.
ilicito, ta *adj.* illicit, unlawful.
ilicitud *f.* illicitness.
ilimitable *adj.* illimitable.
ilimitadamente *adv.* unlimitedly, unrestrictedly.
ilimitado, da *adj.* unlimited, illimited, boundless, unbounded ; unrestricted.
ilion *m.* ANAT. ilium.
iliquido, da *adj.* COM. unliquidated.
Iliria *f. pr. n.* GEOG. Illyria.
ilirio, ria *adj. & n.* Illyrian.
iliterato *adj.* illiterate, unlearned.
ilógico, ca *adj.* illogical.
ilota *m.* helot.
ilotismo *m.* helotism.
iludir *tr.* to elude, baffle.
iluminación *f.* illumination, lighting : ~ *directa*, direct lighting ; ~ *indirecta*, indirect lighting. 2 illumination [mental or spiritual illumination]. 3 illumination [of buildings, etc., as a sign of festivity]. 4 F. ARTS illumination [of manuscripts, books, etc.].
iluminado, da *adj.* illuminated, lighted. 2 illuminated [mentally or spiritually] : *el Doctor iluminado*, the Illuminated Doctor (Raymond Lully). 3 illuminated [manuscript, book, etc.]. — 4 *m. &. f.* one of the illuminati. 5 *pl.* illuminati.
iluminador, ra *adj.* illuminating. — 2 *m. &. f.* illuminator.
iluminar *tr.* to illuminate, illumine, light, light up. 2 to illuminate, illumine [mentally or spiritually]. 3 to illuminate [decorate with lights]. 4 to illuminate [manuscripts, books, etc.]. — 5 *ref.* to illuminate ; to light up, brighten.
iluminarias *f. pl.* LUMINARIAS.
iluminativo, va *adj.* illuminative.
iluminismo *m.* illuminism.
ilusamente *adv.* falsely, deludingly.
ilusión *f.* illusion : ~ *óptica*, optical illusion. 2 false or groundless hope : *hacerse ilusiones*, to deceive oneself with false hopes ; *no hacerse ilusiones*, to have no illusions ; *forjarse ilusiones*, to indulge in groundless hopes. 3 hopeful anticipation.
ilusionarse *ref.* to indulge in groundless hopes or in hopeful anticipations : ~ *con*, to get up hopes of.
ilusionista *m. &. f.* illusionist, conjurer, prestidigitator.
ilusionismo *m.* illusionism, prestidigitation.
ilusivo, va *adj.* illusive, deceiving.
iluso, sa *adj.* deluded, deceived, beguiled. 2 dreamer, visionary.
ilusoriamente *adv.* illusively, illusorily.
ilusorio, ria *adj.* illusive, illusory. 2 vain, ineffectual.
ilustración *f.* illustration, illustrating. 2 enlightment. 3 learning, erudition. 4 making illustrious. 5 illustration [drawing, etc., illustrating book or article]. 6 illustrated or pictorial magazine.
ilustrado, da *adj.* illustrated [made clear by exam-

ples, drawings, etc.]. 2 illustrated, pictorial. 3 enlightened. 3 learned, informed, cultivated.

ilustrador, ra *adj.* illustrating. — 2 *m.* & *f.* illustrator.

ilustrar *tr.* to illustrate [make clear by examples, drawings, etc.]. 2 to illustrate [a book, paper, etc.]. 3 to enlighten. 4 to educate, civilize. 5 THEOL. to illuminate. 6 to make illustrious. — 7 *ref.* to learn, adquire knowledge, to become educated. 8 to become illustrious, to distinguish oneself.

ilustrativo, va *adj.* illustrative.

ilustre *adj.* illustrious, distinguished.

ilustremente *adv.* illustriously.

ilustrísimo, ma *adj.* most illustrious : ~ *señor*, *ilustrísima señora*, title given to some persons, esp. to bishops; *su ilustrísima*, form of address when talking to a bishop.

imagen *f.* image : ~ *accidental*, PHYSIOL. afterimage; ~ *de bulto*, image in sculpture; ~ *fantasma*, TELV. ghost image; ~ *real*, PHYS. real image; ~ *virtual*, PHYS. virtual image; *quedar para vestir imágenes*, to coif St. Catherine, to become an old maid; *a su* ~, in his own image.

imaginable *adj.* imaginable.

imaginación *f.* imagination, imagining. 2 imagination, fancy [mental faculty]. 3 fancy, unfounded belief, arbitrary supposition : *ni por* ~, by no means, not at all.

imaginar *tr.* to imagine, conceive, produce by the imagination. — 2 *tr.* & *ref.* to imagine [represent or picture to oneself], fancy, suppose : *¡imagínese!*, just imagine!; *imagínese que estamos en casa*, imagine that we are at home. 3 to imagine, suspect, conjecture.

imaginaria *f.* MIL. reserve guard. 2 MIL. soldier on night watch in dormitory at barracks. 3 MATH. imaginary.

imaginariamente *adv.* imaginarily.

imaginario, ria *adj.* imaginary, fancied. 2 MATH. imaginary. 3 of account [money]. 4 of religious images [painter, sculptor].

imaginativa *f.* imagination, fancy [faculty].

imaginativo, va *adj.* imaginative.

imaginería *f.* painting or carving of religious images, imagery, statuary. 2 fancy embroidery in colours.

imaginero *m.* painter or sculptor of religious images.

imago *m.* ENTOM. imago.

imán *m.* magnet : ~ *artificial*, artificial magnet; ~ *de herradura*, horseshoe magnet. 2 loadstone, lodestone. 3 fig. attraction, charm. 4 imam [Mohammedan priest].

imanación *f.* magnetization [giving magnetic properties].

imanar *tr.* to magnetize [give magnetic properties to]. — 2 *ref.* to become magnetized.

imantación *f.* IMANACIÓN.

imantar *tr.* & *ref.* IMANAR.

imbécil *adj.* & *n.* imbecile.

imbecilidad *f.* imbecility; stupidity.

imbele *adj.* poet. weak, strengthless, unfit for war.

imberbe *m.* beardless.

imbibición *f.* imbibition, imbibing.

imbornal *m.* scupper [of roof]. 2 NAUT. scupper.

imborrable *adj.* indelible, ineffaceable.

imbricación *f.* imbrication.

imbricado, da *adj.* imbricate, imbricated.

imbuir *tr.* to imbue, infuse; persuade. ¶ CONJUG. like *huir*.

imbuyo, imbuyó, imbuya, etc., *irr.* V. IMBUIR.

imitable *adj.* imitable.

imitación *f.* imitation : *a* ~ *de*, in imitation of; *de* ~, imitation [as adj.].

imitado, da *adj.* imitated; imitation, mock, sham.

imitador, ra *adj.* imitating. — 2 *m.* & *f.* imitator.

imitante *adj.* imiting.

imitar *tr.* to imitate. 2 to ape, mimic. 3 to counterfeit.

imitativo, va *adj.* imitative.

imitatorio, ria *adj.* [pertaining to] imitation.

imóscapo *n.* ARCH. apophyge.

impacción *f.* MED., SURG. impaction.

impaciencia *f.* impatience. 2 anxiousness, eagerness.

impacientar *tr.* to make [one] lose patience; to vex, irritate. — 2 *ref.* to lose patience, become impatient, chafe.

impaciente *adj.* impatient; anxious, eager, fidgety, fretful.

impacientemente *adv.* impatiently.

impacto *m.* impact.

impagable *adj.* unpayable.

impalpabilidad *f.* impalpability.

impalpable *adj.* impalpable.

impanación *f.* THEOL. impanation.

impar *adj.* unmatched. 2 MATH. odd, uneven [number]. — 3 *m.* MATH. odd number, uneven number.

imparcial *adj.* impartial, fair, unbiassed. 2 nonpartisan.

imparcialidad *f.* impartiality.

imparcialmente *adv.* impartially.

imparipinado, da *adj.* BOT. imparipinnate.

imparisílabo, ba *adj.* GRAM. imparisyllabic.

impartible *adj.* indivisible.

impartir *tr.* to impart. 2 LAW ~ *el auxilio*, to give assistance.

impasable *adj.* impassable.

impasibilidad *f.* impassibility, impassiveness.

impasible *adj.* impassible. 2 impassive, unmoved.

impávidamente *adv.* dauntlessly, fearlessly, intrepidly, undauntedly.

impavidez *f.* fearlessness, intrepidity.

impávido, da *adj.* dauntless, fearless, intrepid, undaunted.

impecabilidad *f.* impeccability. 2 faultlessness.

impecable *adj.* impeccable. 2 faultless.

impedancia *f.* ELEC. impedance.

impedido, da *p. p.* of IMPEDIR. — 2 *adj.* disabled, crippled, paralytic, without use of the limbs. — 3 *m.* & *f.* cripple, paralytic person.

impedidor, ra *adj.* impeding, hindering, obstructing, preventing. — 2 *m.* & *f.* impeder, hinderer, obstructor, preventer.

impediente *adj.* impeding.

impedimenta *f.* MIL. impedimenta.

impedimento *m.* impediment, hindrance, obstacle, encumbrance.

impedir *tr.* to impede, hinder, obstruct, prevent : ~ *el paso*, to block the way. 2 poet. to entrance. ¶ CONJUG. like *servir*.

impeditivo, va *adj.* impeditive, impeding, preventive.

impelente *adj.* impellent. 2 force [pump].

impeler *tr.* to impel, drive forward, propel. 2 to impel, drive [to action, to do something].

impender *tr.* to spend, invest [money].

impenetrabilidad *f.* impenetrability.

impenetrable *adj.* impenetrable, impervious. 2 impenetrable, inscrutable, unfathomable.

impenitencia *f.* impenitence.

impenitente *adj.* impenitent, obdurate.

impensadamente *adv.* unexpectedly. 2 inadvertently.

impensado, da *adj.* unexpected, unforeseen.

imperante *adj.* ruling, commanding. 2 prevailing.

imperar *intr.* to be an emperor. 2 to rule, command, hold sway. 3 to prevail, be prevailing, reign.

imperativamente *adv.* imperatively.

imperativo, va *adj.* imperative, commanding. — 2 *adj.* & *n.* GRAM. imperative. — 3 *s.* PHIL. ~ *categórico*, categorical imperative.

imperatoria *f.* BOT. masterwort.

imperatorio, ria *adj.* imperatorial.

imperceptibilidad *f.* imperceptibility.

imperceptible *adj.* imperceptible.

imperceptiblemente *adv.* imperceptibly.

imperdible *adj.* unlosable, that cannot be lost. — 2 *m.* safety pin.

imperdonable *adj.* unpardonable, unforgivable.

imperecedero, ra *adj.* imperishable, undying.

imperfección *f.* imperfection; fault, blemish.

imperfectamente *adv.* imperfectly.

imperfecto, ta *adj.* imperfect, defective, faulty. — 2 *adj.* & *n.* GRAM. imperfect.

imperforación *f.* MED. imperforation.

imperial *adj.* imperial [of an empire or an emperor]. — 2 *f.* imperial, upper-deck [of a coach, diligence, etc.]. 3 imperial [card game].

imperialismo *m.* imperialism.

imperialista *adj.* imperialistic. — 2 *m.* & *f.* imperialist.

impericia *f.* inexpertness, unskilfulness.

imperio *m.* empire : *valer un* ~, fig. to be excellent, of great worth. 2 dignity of an emperor. 3 imperium. 4 command, sway. 5 haughtiness, imperiousness.

imperiosamente *adv.* imperiously.

imperiosidad *f.* imperiousness.

imperioso, sa *adj.* imperious, imperative, overbearing.

imperitamente *adv.* inexpertly, unskilfully.
imperito, ta *adj.* inexpert, unskilful.
impermeabilicé, impermeabilice, etc., *pret., subj. & imper.* of IMPERMEABILIZAR.
impermeabilidad *f.* impermeability.
impermeabilización *f.* waterproofing; making impermeable.
impermeabilizar *tr.* to waterproof; to make impermeable.
impermeable *adj.* impermeable. 2 waterproof. — 3 *m.* raincoat, mackintosh, waterproof.
impermutable *adj.* unexchangeable. 2 impermutable.
imperscrutable *adj.* inscrutable.
impersonal *adj.* impersonal : *en* or *por* ~, impersonally.
impersonalizar *tr.* GRAM. to use [a verb] impersonally.
impersonalmente *adv.* impersonally.
impersuasible *adj.* unpersuadable.
impertérrito, ta *adj.* dauntless, intrepid; unmoved.
impertinencia *f.* impertinency. 2 impertinence. 3 annoyance, importunity.
impertinente *adj.* impertinent. 2 annoying, peevish. — 3 *m. & f.* impertinent [person]. — 4 *m. pl.* lorgnette [eyeglasses with a long handle].
impertinentemente *adv.* impertinently.
imperturbabilidad *f.* imperturbability.
imperturbable *adj.* imperturbable, unperturbed.
imperturbablemente *adv.* imperturbably.
impétigo *m.* MED. impetigo.
impetra *f.* licence, permission. 2 ECCL. bull granting a dubious benefice.
impetración *f.* impetration; beseeching.
impetrador, ra *adj.* impetrating; beseeching. — 2 *m. & f.* impetrator; beseecher.
impetrante *adj.* impetrating; beseeching.
impetrar *tr.* to impetrate. 2 to beseech.
ímpetu *m.* impetus, impulse, momentum. 2 impetuousness, violence.
impetuosamente *adv.* impetuously.
impetuosidad *f.* impetucsity, impetuousness.
impetuoso, sa *adj.* impetuous.
impíamente *adv.* impiously. 2 cruelly, pitilessly.
impido, impidió, impida, impidiera, etc., *irr.* V. IMPEDIR.
impiedad *f.* impiety, ungodliness.
impiedoso, sa *adj.* pitiless.
impiísimo, ma *adj. superl.* very impious.
impío, pía *adj.* impious, irreligious, godless. 2 cruel, pitiless. — 3 *m. & f.* impious person.
implacabilidad *f.* implacability.
implacable *adj.* implacable, inexorable.
implacablemente *adv.* implacably.
implantación *f.* implantation, introduction [of doctrines, customs, etc.]. 2 SURG. implantation.
implantar *tr.* to implant, introduce .[doctrines, customs, etc.]. 2 SURG. to implant.
implicación *f.* contradiction.
implicante *adj.* contradictory. 2 implicating.
implicar *tr.* to implicate, involve, entangle. 2 to imply. — 3 *intr.* to contradict, be an obstacle.
implicatorio, ria *adj.* implying contradiction.
implícitamente *adv.* implicitly.
implícito, ta *adj.* implicit.
imploración *f.* imploration, supplication.
implorante *adj.* imploring.
implorar *tr.* to implore.
implume *adj.* featherless, unfeathered; unfledged.
impluvio *m.* impluvium.
impolítica *f.* impoliteness, incivility, discourtesy.
impolíticamente *adv.* impolitically, inexpediently, untactfully, unwisely.
impolítico, ca *adj.* impolite. 2 impolitic, indiscreet, inexpedient, untactful, unwise.
impoluto, ta *adj.* unpollute. untarnished.
imponderabilidad *f.* imponderability.
imponderable *adj.* imponderable. 2 great, extraordinary, beyond all exaggeration or praise.
imponderablemente *adv.* greatly, extraordinarily.
impondré, impondría, etc., *irr.* V. IMPONER.
imponedor, ra *adj. & n.* IMPONENTE. — 2 *m.* PRINT. imposer.
imponente *adj.* imposing. 2 depositing [who deposits money]. — 3 *m. & n.* depositor [one who deposits money in a bank].
imponer *tr.* to impose [a tax, obligation, penalty, silence, etc.]. 2 ECCL. to impose [the hands]. 3 to impute falsely. 4 to acquaint. inform, instruct, make cognizant. 5 to command, arouse, inspire [respect, awe, fear]. 6 to impose, inspire

awe or fear [to]. 7 to deposit [money in a bank]. 8 PRINT. to impose. — 9 *ref.* to assert oneself, to get one's way. 10 [of an action, etc.] to be imperative or necessary. 11 *imponerse a,* to impose one's authority on, to command respect from ; to dominate, to get the best of. 12 *imponerse de,* to acquaint oneself with. to learn, find out. ¶ CONJUG. like *poner.*
impongo, imponga, etc., *irr.* V. IMPONER.
imponible *aaj.* taxable, dutiable.
impopular *adj.* unpopular.
impopularidad *f.* unpopularity.
importable *adj.* COM. importable.
importación *f.* COM. importation, imports.
importador, ra *adj.* COM. importing. — 2 *m. & f.* importer.
importancia *f.* importance, consequence.
importante *adj.* important, of consequence, ma,-terial, momentous.
importantemente *adv.* importantly.
importar *intr.* to import, be important, be of consequence; to matter, concern : *me importa saber,* it imports me to know ; *eso no importa,* that doesn't matter; *eso no le importa a usttd,* that doesn't concern you; that is none of your business; *no importa,* no matter, never mind; *no me importa,* I don't care; *¿qué importa?,* what does it matter?, what difference does it make? — 2 *tr.* to amount to, to be worth [a sum]. 3 to carry, involve, imply. 4 COM. to import.
importe *m.* COM. amount, value, cost.
importunación *f.* importuning, pestering.
importunadamente *adv.* importunately.
importunamente *adv.* importunately. 2 inopportunely.
importunar *tr.* to importune, pester.
importunidad *f.* importunity, importunateness.
importuno, na *adj.* importunate. 2 inopportune.
imposibilidad *f.* impossibility.
imposibilitado, da *p. p.* of IMPOSIBILITAR. — 2 *adj.* unable. 3 disabled, crippled, paralytic.
imposibilitar *tr.* to make unable. 2 to make impossible ; to prevent. 3 to disable, cripple.
imposible *adj.* impossible [not possible, insuperably difficult], utterly impracticable. 2 impossible, intolerable. — 3 *m.* impossible thing, impossibility: *hacer los imposibles,* to do one's utmost, to do everything in one's power.
imposiblemente *adv.* impossibly.
imposición *f.* imposition [of tax, charge, obligation, penalty, etc.]. 2 imposition [tax, charge, etc.]. 3 false imputation. 4 PRINT. imposition. 5 sum which a person deposits in a bank. 6 ECCL. ~ *de manos,* imposition or laying on of hands.
imposta *f.* ARCH. impost. 2 ARCH. fascia or flat member running horizontally on the front of a building at the height of each storey.
impostor, ra *m.* impostor. — 2 *f.* impostress. — 3 *m. & f.* slanderer.
impostura *f.* imposture. 2 false imputation, slander.
impotable *adj.* non potable, undrinkable.
impotencia *f.* impotence, impotency, powerlessness, inability. 2 MED. impotence.
impotente *adj.* impotent, powerless, unable. 2 MED. impotent.
impracticable *adj.* impracticable, infeasible. 2 impracticable, impassable [road, etc.].
imprecación *f.* imprecation.
imprecar *tr.* to imprecate.
imprecatorio. ria *adj.* imprecatory.
imprecisión *f.* imprecision, vagueness.
impreciso *adj.* imprecise, vague, indistinct, indefinite.
impregnable *adj.* that can be impregnated or interpenetrated.
impregnación *f.* impregnation, interpenetration.
impregnar *tr.* to impregnate, interpenetrate. — 2 *ref.* to become impregnate or interpenetrated.
impremeditación *f.* unpremeditation.
impremeditadamente *adv.* unpremeditatedly.
impremeditado, da *adj.* unpremeditated.
imprenta *f.* printing [art of printing books, etc.]. 2 printing office or house, press. 3 PRINT. print [the impression regarded as to excellence, form, etc.]. 4 press, printed matter : *libertad de* ~, freedom of the press.
imprescindible *adj.* essential, indispensable.
imprescindiblemente *adv.* necessarily, indispensably.
imprescriptibilidad *f.* imprescriptibility.
imprescriptible *adj.* imprescriptible.
impresentable *adj.* unpresentable.

impresión f. impression, impressing, stamping [of
a mark]. 2 impression, impress, imprint, print
[mark impressed] : ~ digital, fingerprint. 3
PRINT. printing, presswork. 4 PRINT. print, impression [the impression regarded as to excellence, form, etc.]. 5 PHOT. print. 6 impression
[physical or moral effect]. 7 impression [vague
notion, remembrance, belief, etc.].
impresionable adj. emotional, impressionable.
impresionante adj. impressive.
impresionar tr. to impress [affect, influence
deeply]. 2 to touch, move deeply. 3 PHOT. to
produce images on [a plate] by exposure. 4 to
record sounds on [a gramophone disk, etc.]. 5
CINEMA. to film, to shoot [a film]. — 6 ref. to
be impressed or moved.
impresionismo m. F. ARTS impressionism.
impresionista adj. impressionistic. — 2 m. & f. impressionist.
impreso, sa p. p. of IMPRIMIR. — 2 adj. impressed,
printed, stamped. — 3 m. print, printed paper
or book. 4 pl. printed matter, publications.
impresor, ra m. PRINT. printer [workman or owner].
— 2 f. printer's wife. 3 printer [woman owner of
a printing business].
imprevisible adj. unforeseeable.
imprevisión f. lack of foresight, improvidence, heedlessness, thoughtlessness.
imprevisor, ra adj. unforeseeing, improvident.
imprevisto, ta adj. unforeseen, unexpected. — 2
m. pl. incidental or unforeseen expenses.
imprimación f. priming [of a surface; priming
material].
imprimadera f. priming tool.
imprimador m. primer [one who primes surfaces].
imprimar tr. to prime [a surface].
imprimátur m. imprimatur.
imprimir tr. to impress, imprint, stamp [a mark;
something on the mind or memory]. 2 PRINT. to
print [a book, etc.]. 3 to impart, communicate
[a motion, etc.]. ¶ CONJUG. p. p.: impreso.
improbabilidad f. improbability, unlikelihood.
improbable adj. improbable, unlikely.
improbablemente adv. improbably.
improbación f. disapproval.
improbar tr. to disapprove, reprobate.
improbidad f. improbity, dishonesty.
ímprobo, ba adj. dishonest, wicked. 2 arduous, laborious, strenuous.
improcedencia f. inappropriateness, unsuitability,
inexpedience. 2 non-conformableness to law.
improcedente adj. inappropriate, unsuitable, inexpedient. 2 not conformable to law.
improductivamente adv. unproductively.
improductivo, va adj. unproductive, unfruitful,
unprofitable. 2 unemployed [money].
impronta f. reproduction of an intaglio or an
image in relief made by pressure on a soft
matter; print, cast.
impronunciable adj. unpronounceable.
improperar tr. to insult, taunt.
improperio m. insult, affront, taunt. 2 pl. ECCL.
Improperia, The Reproaches.
impropiamente adv. improperly.
impropiedad f. impropriety [in the use of lan-
guage].
impropio, pia adj. improper, unsuited. 2 unfitting,
unbecoming, unworthy. 3 MATH. improper
[fraction].
improporción f. disproportion.
improporcionado, da adj. disproportionate, wanting proportion.
improrrogable adj. unextendible [term, time].
impróspero, ra adj. unprosperous.
impróvidamente adv. improvidently.
improvidencia f. improvidence.
impróvido, da adj. improvident, thoughtless.
improvisación f. improvisation, extemporization,
impromptu.
improvisadamente f. IMPROVISAMENTE. 2 impro-
visedly, offhand.
improvisado, da adj. improvised, extempore,
offhand. 2 extemporaneous.
improvisador, ra adj. improvizing, extemporizing.
— 2 m. & f. improviser, extemporizer.
improvisamente adv. suddenly, unexpectedly.
improvisar tr. to improvise, to extemporize.
improviso, sa adj. unforeseen, unexpected : al ~,
de ~, suddenly, unexpectedly.
improvisto, ta adj. IMPROVISO : a la improvista,
suddenly, unexpectedly.

imprudencia f. imprudence, indiscretion.
imprudente adj. imprudent, indiscreet, unwise.
imprudentemente adv. imprudently.
impúber; impúbero, ra adj. impuberate, immature,
below the age of puberty.
impublicable adj. unpublishable.
impudencia f. impudence, shamelessness.
impudente adj. impudent, shameless.
impúdicamente adv. immodestly; shamelessly.
impudicia, impudicicia f. impudicity, immodesty,
shamelessness.
impúdico, ca adj. immodest; shameless.
impudor m. immodesty. 2 barefacedness, shamelessness.
impuesto, ta p. p. of IMPONER. — 2 adj. imposed.
3 informed, cognizant : estar or quedar ~ de, to
be acquainted with, be well informed about, be
cognizant of. — 4 m. tax, duty, impost.
impugnable adj. impugnable.
impugnación f. impugnation, challenge, refutation.
impugnador, ra adj. impugning. — 2 m. & f.
impugner, challenger, refutator.
impugnar tr. to impugn, challenge, refute.
impugnativo, va adj. impugning.
impulsar tr. to impel. 2 to actuate, move, prompt.
2 MEC. to drive, force.
impulsión adj. impulsion, impulse, drive.
impulsivo, va adj. impulsive.
impulso m. impulse [in every sense]; impulsion.
2 prompting : los impulsos de su corazón, the
promptings of his heart. 3 impetus, momentum.
impulsor, ra adj. impelling. — 2 m. & f. impeller.
impune adj. unpunished.
impunemente adv. with impunity.
impunidad f. impunity.
impuramente adv. impurely, unchastely.
impureza f. impurity. 2 unchasteness, unchastity,
lewdness.
impurificación f. making impure. 2 defilement.
impurificar tr. to make impure, defile; to adulterate.
impurifiqué, impurifique, etc., pret., subj. & imper.
of IMPURIFICAR.
impuro, ra adj. impure. 2 defiled, adulterated. 3
unchaste, lewd.
impuse, impusiera, etc., irr. V. IMPONER.
imputabilidad f. imputability.
imputable adj. imputable.
imputación f. imputation.
imputador, ra adj. imputing. — 2 m. & f. imputer.
imputar tr. to impute, ascribe, lay at the door [of].
imputrescible adj. that cannot putresce.
inabarcable adj. that cannot be embraced.
inabordable adj. unapproachable.
inacabable adj. interminable, endless, everlasting.
inaccesibilidad f. inaccessibility.
inaccesible adj. inaccessible.
inaccesiblemente adj. inaccessibly.
inacción f. inaction, inactivity, idleness.
inacentuado, da adj. inaccentuated; unstressed.
inaceptable adj. unacceptable.
inactividad f. inactivity.
inactivo, va adj. inactive. 2 idle, doing nothing.
inadaptable adj. unadaptable, unadaptable.
inadaptación f. inadaptation.
inadecuación f. unsuitability, inadequacy.
inadecuado, da adj. unsuited, unsuitable, inadequate.
inadmisible adj. inadmissible.
inadoptable adj. unadoptable.
inadvertencia f. inadvertence, oversight.
inadvertidamente adv. inadvertently.
inadvertido, da adj. unseen, unnoticed, unobserved.
2 inadvertent, inattentive, careless.
inafectado, da adj. unaffected.
inagotable adj. inexhaustible, exhaustless.
inaguantable adj. intolerable, unbearable, unsufferable.
inajenable adj. inalienable.
inalámbrico, ca adj. wireless.
inalcanzable adj. unattainable, unreachable.
inalienabilidad adj. inalienability.
inalienable adj. inalienable.
inalterabilidad f. inalterability, unalterability, immutability, unchangeableness.
inalterable adj. inalterable, unalterable, unchangeable, immutable, changeless.
inalterablemente adv. inalterably, unalterably.
inalterado, da adj. unaltered, unchanged.

inameno, na *adj.* dull, wanting amenity.
inamisible *adj.* inamissible.
inamovible *adj.* irremovable, unremovable.
inamovilidad *f.* irremovability, unremovableness.
inanalizable *adj.* unanalyzable.
inane *adj.* inane, empty, void.
inanición *f.* MED. inanition.
inanidad *f.* inanity.
inanimado, da *adj.* inanimate, lifeless.
inánime *adj.* EXÁNIME. 2 INANIMADO.
inapagable *adj.* unextinguishable.
inapeable *adj.* incomprehensible, inconceivable. 2 obstinate, stubborn.
inapelable *adj.* unappealable, without appeal. 2 inevitable, irremediable.
inapetencia *f.* inappetence, lack of appetite.
inapetente *adj.* inappetent, having no appetite.
inaplazable *adj.* undeferable.
inaplicable *adj.* inapplicable.
inaplicación *f.* DESAPLICACIÓN.
inaplicado, da *adj.* DESAPLICADO.
inapreciable *adj.* inestimable, invaluable. 2 inappreciable.
inaprensivo, va *adj.* inapprehensive, having no dread of contagion, danger, etc.
inaprovechado, da *adj.* wasted, not taken advantage of.
inarmónico, ca *adj.* inharmonious.
inarticulado, da *adj.* inarticulate.
in articulo mortis *adv.* LAW in articulo mortis.
inartístico, ca *adj.* inartistic.
inasequible *adj.* unattainable, inaccessible.
inasimilable *adj.* unassimilable.
inastillable *adj.* that cannot be shattered into splinters [glass].
inatacable *adj.* unattackable.
inaudible *adj.* inaudible.
inaudito, ta *adj.* unheard-of, extraordinary. 2 outrageous, monstruous.
inauguración *f.* inauguration, opening. [formal beginning; initiation of public use of something]; unveiling [of a statue].
inaugural *adj.* inaugural.
inaugurar *tr.* to inaugurate [commence or enter upon; initiate public use of]; to open [an exhibition, etc.]; to unveil [a statue]. 2 to divine by the flight or song of birds.
inaveriguable *adj.* unascertainable.
inaveriguado, da *adj.* non ascertained, undiscovered.
inca *m.* Inca. 2 a gold Peruvian coin.
incaico, ca *adj.* Inca.
incalculable *adj.* incalculable [too great for calculation].
incalificable *adj.* very bad, most reprehensible: *esto es* ~. there is no name for it.
incalmable *adj.* unallayable, unappeasable.
incandescencia *f.* incandescence.
incandescente *adj.* incandescent.
incansable *adj.* indefatigable, untiring.
incansablemente *adj.* indefatigably, untiringly.
incantable *adj.* that cannot be sung.
incapacidad *f.* incapacity. 2 incompetence, disability. 3 incapability, stupidity.
incapacitar *tr.* to incapacitate. 2 to disqualify, disable. 3 LAW to declare incapable.
incapaz, *pl.* **-ces** *adj.* incapable. 2 unable. 3 incapable, stupid.
incardinación *f.* ECCL. incardination.
incardinar *tr.* ECCL. to incardinate.
incasable *adj.* unmarriageable. 2 opposed to marriage.
incasto, ta *adj.* unchaste.
incausto *m.* PAINT. encaustic.
incautación *f.* seizure [of money or property] by a court, the government, etc.
incautamente *adv.* incautiously, unwarily, innocently.
incautarse *ref.* ~ *de* [of a court, the government, etc.], to seize [money or property].
incauto, ta *adj.* incautious, unwary, innocent.
incendajas *f. pl.* kindling [for starting a fire].
incendiar *tr.* to set on fire, set fire to. — 2 *ref.* to catch fire, be burnt.
incendiario, ria *adj. & n.* incendiary.
incendio *m.* fire, conflagration [destructive burning]. 2 fig. fire, passion.
incensación *f.* ECCL. incensation.
incensada *f.* swing of the thurible. 2 flattery.
incensar *tr.* to incense [fumigate with incense,

burn incense to]. 2 fig. to flatter, overpraise. ¶ CONJUG. like *acertar*.
incensario *m.* censer, incensory, thurible.
incensurable *adj.* unblamable.
incentivo, va *adj.* incentive. — 2 *m.* incentive, inducement.
incertidumbre *f.* uncertainty, doubt.
incertísimo, ma *adj. superl.* extremely uncertain.
incesable *adj.* unceasing.
incesablemente *adv.* unceasingly.
incesante *adj.* incessant, unceasing, continual.
incesantemente *adv.* incessantly, unceasingly, continually.
incesto *m.* incest.
incestuosamente *adv.* incestuously.
incestuoso, sa *adj.* incestuous.
incidencia *f.* incident. 2 GEOM., PHYS. incidence.
incidental *adj.* incidental, happening as a subordinate event.
incidentalmente *adv.* incidentally.
incidente *adj.* incidental, happening as a subordinate event. 2 GEOM., PHYS. incident. — 3 *m.* incident.
incidentemente *adv.* INCIDENTALMENTE.
incidir *intr.* PHYS. to fall [as a ray of light on a surface]. 2 ~ *en*, to fall into [an error, etc.]. — 3 *tr.* MED. to incise.
1) **incienso** *m.* incense [gum, spice], frankincense. 2 fig. incense, flattery.
2) **incienso, inciense,** etc., *irr.* V. INCENSAR.
inciertamente *adv.* uncertainly.
incierto, ta *adj.* not certain, untrue. 2 uncertain, doubtful, dubious, problematical.
incinerable *adj.* to be withdrawn from circulation and incinerated [bank bill].
incineración *f.* incineration, cremation.
incinerar *tr.* to incinerate, cremate.
incipiente *adj.* incipient.
incircunciso *adj.* uncircumcised.
incircumscripto, ta *adj.* uncircumscribed.
incisión *f.* incision, cut.
incisivo, va *adj.* incisory, adapted for cutting: *diente* ~, ANAT. incisor. 2 incisive, sarcastic, biting. — 3 *m.* ANAT. incisor.
inciso, sa *adj.* cut, incised. — 2 *m.* GRAM. parenthetic sentence.
incisorio, ria *adj.* SURG. incisory.
incitación *f.* incitation, incitement.
incitador, ra *adj.* inciting. — 2 *m. & f.* inciter.
incitamento, incitamiento *m.* incitement, incentive.
incitante *adj.* inciting, exciting.
incitar *tr.* to incite: ~ *a*, to incite to.
incitativo, va *adj.* inciting. — 2 *m.* incitement.
incivil *adj.* uncivil.
incivilidad *f.* incivility.
incivilmente *adv.* uncivilly, rudely.
inclasificable *adj.* unclassifiable.
inclaustración *f.* entry into a convent or monastery.
inclemencia *f.* inclemency, harshness, unmercifulness. 2 inclemency [of weather or climate]: *a la* ~, unsheltered, at the mercy of the elements.
inclemente *adj.* inclement, unmerciful. 2 inclement [weather, climate].
inclinación *f.* inclination, inclining. 2 inclination, tilt, slant, pitch, slope, declivity. 3 RLY. gradient. 4 MAGN. inclination, dip: ~ *de la aguja magnética*, inclination of the needle. 5 bow, nod, obeisance, reverence. 6 inclination [bent, propensity; liking, affection], leaning: *de malas inclinaciones*, evilly inclined.
inclinado, da *adj.* inclined, slanting, sloping. 2 inclined, disposed.
inclinador, ra *adj.* inclining. — 2 *m. & f.* incliner.
inclinante *adj.* inclining.
inclinar *tr.* to incline, tilt, slant [give a slant to]. 2 to incline, bow [the head, etc.]. 3 to incline, dispose, influence. — 4 *intr. & ref.* to take after, to resemble, be like. — 5 *ref.* to incline, tilt, lean, slant, slope, lean, bow, stoop [as intr.]. 6 to incline, lean, tend, be disposed [in an intellectual or moral sense]. 7 to yield, defer.
inclinativo, va *adj.* inclinatory.
ínclito, ta *adj.* illustrious, renowned.
incluir *tr.* to include. 2 to enclose [in an envelope]. ¶ CONJUG. like *huir*. | It has two p. p.: *incluido* & *incluso*.
inclusa *f.* foundling hospital.
inclusero, ra *adj.* reared as a foundling. — 2 *m. & f.* person reared in a foundling hospital.
inclusión *f.* inclusion.
inclusivamente, inclusive *adv.* inclusively, inclusive.

inclusivo, va *adj.* inclusive, including.
incluso, sa *p. p.* of INCLUIR. — *2 adj.* included. *3* enclosed [in an envelope]. — *4 adv.* including, not excluded, even.
incluyente *adj.* including.
incluyo, incluyó, incluya, etc., *irr.* V. INCLUIR.
incoación *f.* LAW inchoation, initiation.
incoar *tr.* LAW to inchoate, initiate.
incoativo, va *adj.* inchoative, inceptive : *verbo ~,* inchoative verb.
incobrable *adj.* COM. uncollectable, irrecoverable.
incoercible *adj.* incoercible.
incógnita *f.* MATH. unknown [quantity]. *2* fig. unknown fact, cause, etc.
incógnito, ta *adj.* unknown. — *2 m.* keeping of one's identity concealed. — *3 adv. de ~,* incognito : *viajar de ~,* to travel incognito.
incognoscible *adj.* unknowable.
incoherencia *f.* incoherence, disconnectedness.
incoherente *adj.* incoherent, disconnected.
incoherentemente *adv.* incoherently, disconnectedly.
incola *m.* inhabitant, resident.
incoloro, ra *adj.* colourless.
incólume *adj.* harmless, unharmed, sound, safe, whole.
incolumidad *f.* soundness, safety, wholeness.
incombinable *adj.* uncombinable.
incombustibilidad *f.* incombustibility.
incombustible *adj.* incombustible, fireproof.
incombusto, ta *adj.* not burned.
incomerciable *adj.* that cannot be an object of commerce.
incomible *adj.* uneatable, inedible.
incómodamente *adv.* uncomfortably.
incomodar *tr.* to inconvenience, put to inconvenience, incommode, bother. *2* to annoy, anger. — *3 ref.* to get annoyed or angered.
incomodidad *f.* inconvenience, uncomfortableness, discomfort. *2* annoyance.
incómodo, da *adj.* [of things] incommodious, inconvenient, uncomfortable, uneasy, unhandy, cumbersome. *2* [of persons] uncomfortable, uneasy, ill at ease.
incomparable *adj.* incomparable, matchless.
incomparablemente *adv.* incomparably.
incomparado, da *adj.* INCOMPARABLE.
incompartible *adj.* unsharable.
incompasible & incompasivo, va *adj.* uncompassionate.
incompatibilidad *f.* incompatibility, inconsistency ; uncongeniality.
incompatible *adj.* incompatible, inconsistent ; uncongenial.
incompensable *adj.* incapable of being compensed.
incompetencia *f.* incompetence, inability. *2* LAW incompetence [of a court, magistrate, etc.].
incompetente *adj.* incompetent, incapable, unfit. *2* LAW incompetent [court, magistrate, etc.], unauthorized.
incomplejo, ja *adj.* incomplex, simple.
incompletamente *adv.* incompletely.
incompleto, ta *adj.* incomplete.
incomplexo, xa *adj.* disconnected, incoherent.
incomponible *adj.* unmendable.
incomportable *adj.* intolerable, unbearable.
incomprehensibilidad *f.* INCOMPRENSIBILIDAD.
incomprehensible *adj.* INCOMPRENSIBLE.
incomprendido, da *adj.* not understood. *2* whose worth is not duly appreciated [person]. — *3 m. & f.* person whose worth is not duly appreciated.
incomprensibilidad *f.* incomprehensibility.
incomprensible *adj.* incomprehensible, inconceivable.
incomprensiblemente *adv.* incomprehensibly, inconceivably.
incompresibilidad *f.* incompressibility.
incompresible *adj.* incompressible.
incomunicabilidad *f.* incommunicability.
incomunicable *adj.* incommunicable.
incomunicación *f.* isolation, lack of communication or means of communication. *2* solitary confinement.
incomunicado, da *adj.* isolated, without communication or means of communication. *2* in solitary confinement [prisoner].
incomunicar *tr.* to isolate ; to deprive of communication or means of communication. *2* to put in solitary confinement.

incomunique, incomuniqué, etc., *pret., subj & imper.* of INCOMUNICAR.
inconcebible *adj.* inconceivable.
inconciliable *adj.* unconciliable. *2* irreconciliable.
inconcino, na *adj.* disarranged, disordered.
inconcluso, sa *adj.* unfinished.
inconcusamente *adv.* certainly, unquestionably.
inconcuso, sa *adj.* incontrovertible, indisputable, undeniable, unquestionable.
incondicional *adj.* unconditional.
incondicionalmente *adv.* unconditionally.
inconducente *adj.* inexpedient, unsuitable.
inconexión *f.* lack of connection, disconnection.
inconexo, xa *adj.* having no connection, disconnected.
inconfesable *adj.* unavowable, dishonourable, shameful.
inconfeso, sa *adj.* unconfessing [that has not admitted his guilt].
inconfidencia *f.* distrust, mistrust.
inconfidente *adj.* unreliable.
inconfundible *adj.* unmistakable.
incongruamente *adj.* INCONGRUENTEMENTE.
incongruencia *f.* incongruity, incongruousness.
incongruente *adj.* incongruous, incongruent.
incongruentemente *adv.* incongruously.
incongruo, grua *adj.* incongruous, incongruent.
inconmensurabilidad *f.* incommensurability.
inconmensurable *adj.* incommensurable, incommensurate.
inconmovible *adj.* immovable, unmovable, firm. *2* unyielding, inexorable.
inconmutabilidad *f.* incommutability. *2* immutability.
inconmutable *adj.* incommutable. *2* immutable.
inconquistable *adj.* unconquerable.
inconsciencia *f.* unconciousness. *2* thoughtlessness.
inconsciente *adj.* unconcious. *2* unaware, unwitting, unintentional. *3* thoughtless, unthinking.
inconscientemente *adv.* unconsciously; unwittingly.
inconsecuencia *f.* inconsistency [lack of harmony between conduct and principles].
inconsecuente *adj.* not consequent. *2* inconsistent [acting at variance with one's own principles]. — *3 m. & f.* inconsistent person.
inconsideración *f.* inconsiderateness. *2* thoughtlessness, rashness.
inconsideradamente *adv.* inconsiderately, thoughtlessly, rashly.
inconsiderado, da *adj.* inconsiderate, thougthless, rash.
inconsiguiente *adj.* not consequent.
inconsistencia *f.* inconsistency [lack of consistency, firmness or solidity], flimsiness, unsubstantiality.
inconsistente *adj.* inconsistent [lacking consistency, firmness or solidity], flimsy, unsubstantial.
inconsolable *adj.* inconsolable.
inconsolablemente *adv.* inconsolably.
inconstancia *f.* inconstancy; changeableness, fickleness.
inconstante *adj.* inconstant; changeable, fickle.
inconstantemente *adv.* inconstantly, fickly.
inconstitucional *adj.* unconstitutional.
inconstitucionalidad *f.* unconstitutionality.
inconstitucionalmente *adv.* unconstitutionally.
inconstruible *adj.* that cannot be built or constructed.
inconsútil *adj.* seamless.
incontable *adj.* uncountable, countless, innumerable.
incontaminado, da *adj.* uncontaminated, undefiled.
incontestabilidad *f.* incontestableness.
incontestable *adj.* incontestable, indisputable.
incontestablemente *adv.* incontestably, indisputably.
incontinencia *f.* incontinence.
incontinente *adj.* incontinent. — *2 adv.* INCONTINENTI.
incontinentemente *adv.* incontinently [without continence].
incontinenti *adv.* at once, immediately, instantly.
incontinuo, nua *adj.* continuous, uninterrupted.
incontrastable *adj.* invincible, insuperable, irresistible, unanswerable.
incontrovertible *adj.* incontrovertible.
inconvencible *adj.* inconvincible.
inconvenible *adj.* not agreeable or conformable.
inconveniencia *f.* inconvenience, uncomfortableness. *2* unsuitableness. *3* impoliteness. *4* impolite or out-of-purpose act or remark.

inconveniente *adj.* inconvenient. 2 impolite. — *3 s.* drawback, obstacle, disadvantage, objection.: *poner inconvenientes*, to put obstacles, to object; *no tengo* ~, I have no objection.
inconversable *adj.* unsociable, surly.
inconvertible *adj.* inconvertible.
incordio *m.* MED. bubo. 2 vulg. nuisance.
incorporación *f.* incorporation. 2 sitting up. 3 joining a body, a regiment, etc.
incorporal *adj.* incorporeal.
incorporalmente *adv.* incorporeally.
incorporar *tr.* to incorporate [unite in one body, combine into a substance]. 2 to raise to a sitting position. — *3 ref.* to incorporate [become incorporated with]. 4 to join a body, regiment, etc. 5 to sit up [from a reclinig position].
incorporeidad *f.* incorporeity.
incorpóreo, rea *adj.* incorporeal.
incorporo *m.* INCORPORACIÓN.
incorrección *f.* incorrectness. 2 incorrect or improper act.
incorrectamente *adv.* incorrectly.
incorrecto, ta *adj.* incorrect, faulty, inaccurate. 2 incorrect, improper [conduct, act, etc.].
incorregibilidad *f.* incorrigibility, incorrigibleness.
incorregible *adj.* incorrigible.
incorrupción *f.* incorruption.
incorruptamente *adv.* incorruptly.
incorruptible *adj.* incorruptible.
incorruptibilidad *f.* incorruptibility.
incorrupto, ta *adj.* incorrupt.
incrasante *adj.* MED. incrassative.
incrasar *tr.* MED. to incrassate.
increado, da *adj.* uncreated.
incredibilidad *f.* incredibility.
incredulidad *f.* incredulity ; unbelief.
incrédulo, la *adj.* incredulous ; unbelieving. — *2 m. & f.* unbeliever, disbeliever.
increíble *adj.* incredible, unbelievable.
increíblemente *adv.* incredibly.
incremento *m.* increment, increase.
increpación *f.* upbraiding.
increpador, ra & **increpante** *adj.* upbraiding. — *2 m. & f.* upbraider.
increpar *tr.* to upbraid.
incriminación *f.* incrimination.
incriminar *tr.* to incriminate.
incristalizable *adj.* uncrystallizable.
incruento, ta *adj.* bloodless [offering].
incrustación *f.* incrustation, encrusting. 2 scale [in a boiler]. 3 F. ARTS inlaying, inlay, inlaid adornment.
incrustante *adj.* incrustive ; scale-forming [water].
incrustar *tr.* to incrust. 2 F. ARTS. to inlay.
incubación *f.* incubation, hatching. 2 MED. incubation.
incubadora *f.* incubator [aparatus].
incubar *tr.* to incubate, hatch.
íncubo *m.* incubus.
incuestionable *adj.* unquestionable.
incuestionablemente *adv.* unquestionably.
inculcación *f.* inculcation. 2 pressing [of a thing against another].
inculcar *tr.* to inculcate. 2 to press [a thing against another].
inculpabilidad *f.* inculpability, guiltlessness : *veredicto de* ~, verdict of not guilty.
inculpable *adj.* guiltless, blameless.
inculpablemente *adv.* guiltlessly.
inculpación *f.* inculpation.
inculpadamente *adv.* guiltlessly, blamelessly.
inculpar *tr.* to inculpate. 2 to blame.
inculque, inculque, etc., *pret., subj. & imper.* of INCULCAR.
incultamente *adv.* rudely, uneducatedly, unrefinedly.
incultivable *adj.* untillable, uncultivable.
inculto, ta *adj.* incult, uncultivated, uncultured, untilled, unimproved. 2 incult, uncultured, uneducated, unrefined, uncivilized.
incultura *f.* lack of culture.
incumbencia *f.* incumbency, duty, obligation, concern.
incumbir *intr.* to be incumbent [on], be the duty [of].
incumplido, da *adj.* unfulfilled, nonexecuted.
incumplimiento *m.* nonfulfilment, unfulfilment, nonexecution, breach.
incumplir *tr.* not to fulfil, fail to fulfil.
incunable *adj.* incunabular. — *2 m.* incunabulum. 3 *pl.* incunabula.

incurable *adj.* incurable, hopeless.
incuria *f.* negligence, carelessness.
incurioso, sa *adj.* negligent, careless.
incurrimiento *m.* incurring. 2 committing, falling into [error, etc.].
incurrir en *intr.* to incur, bring on oneself, become liable to. 2 to commit [a fault, crime, etc.]. to fall into [error]. ¶ CONJUG. p. p. : *incurrido & incurso.*
incursión *f.* MIL. incursion. 2 INCURRIMIENTO.
incurso, sa p. p. of INCURRIR.
incusar *tr.* to accuse ; to impute.
incuso, sa *adj.* incuse.
indagación *f.* investigation, search, inquiry, inquest.
indagador, ra *adj.* investigating, inquiring. — *2 m. & f.* investigator, inquirer.
indagar *tr.* to investigate, search, inquire.
indagatorio, ria *adj.* LAW investigatory. — *2 f.* LAW unsworn statement required of an arraigned person.
indagué, indague, etc., *pret., subj. & imper.* of INDAGAR.
indebidamente *adv.* unduly, improperly, illegally, illicitly, wrongfully.
indebido, da *adj.* undue, improper, illegal, illicit, wrongful.
indecencia *f.* indecency. 2 indecent or low act or conduct.
indecente *adj.* indecent. 2 low, dirty [act or conduct].
indecible *adj.* unspeakable, inexpressible, unutterable.
indeciblemente *adv.* unspeakably, inexpressibly.
indecisamente *adv.* irresolutely.
indecisión *f.* indecision, irresolution.
indeciso, sa *adj.* undecided [not yet determined]. 2 undecided, hesitant, irresolute.
indeclinable *adj.* undeclinable [that cannot be refused or avoided]. 2 GRAM. indeclinable, undeclinable.
indecoro *m.* indecorum, indecorousness.
indecorosamente *adv.* indecorously, improperly. 2 immodestly.
indecoroso, sa *adj.* indecorous, improper. 2 indecent, immodest.
indefectibilidad *f.* indefectibility, certainty.
indefectible *adj.* indefectible, unfailing, certain.
indefectiblemente *adv.* indefectibly, unfailingly.
indefendible, indefensable, indefensible *adj.* indefensible.
indefensión *f.* defencelessness.
indefenso, sa *adj.* defenceless.
indeficiente *adj.* unfailing, certain.
indefinible *adj.* undefinable.
indefinidamente *adv.* indefinitely.
indefinido, da *adj.* indefinite, undefined, vague. 2 GRAM. indefinite.
indehiscente *adj.* BOT. indehiscent.
indeleble *adj.* indelible, ineffaceable.
indeleblemente *adv.* indelibly.
indeliberación *f.* indeliberation, lack of deliberation, irreflection.
indeliberadamente *adv.* indeliberately, without premeditation or reflection.
indeliberado, da *adj.* indeliberate, unpremeditated.
indelicadeza *f.* indelicacy ; unscrupulousness.
indelicado, da *adj.* undelicate ; unscrupulous.
indemne *adj.* unharmed, unhurt, undamaged.
indemnicé, indemnice, etc., *pret., subj. & imper.* of INDEMNIZAR.
indemnidad *f.* indemnity, freedom from damage or loss.
indemnizable *adj.* that can be indemnified.
indemnización *f.* indemnification, indemnity, compensation.
indemnizar *tr.* to indemnify, compensate.
indemostrable *adj.* indemonstrable, undemonstrable.
independencia *f.* independence.
independicé, independice, etc., *pret., subj. & imper.* of INDEPENDIZAR.
independiente *adj.* independent.
independientemente *adv.* independently. 2 irrespectively.
independizar *tr.* to free, emancipate. — *2 ref.* to make oneself independent, to win freedom.
indescifrable *adj.* undecipherable.
indescriptible *adj.* indescribable.
indeseable *adj.* undesirable [pers.].
indestructibilidad *f.* indestructibility.
indestructible *adj.* indestructible.

indeterminable *adj.* indeterminable, undeterminable. 2 undecided, irresolute.
indeterminación *f.* indetermination. 2 irresolution.
indeterminadamente *adv.* indeterminately.
indeterminado, da *adj.* indeterminate, undeterminate, undetermined. 2 undetermined, irresolute, hesitating. 3 MATH. indeterminate [problem, equation]; undetermined [coefficient]. 4 GRAM. indefinite [article].
indeterminismo *m.* PHIL. indeterminism.
indeterminista *adj.* indeterministic. — 2 *m.* & *f.* indeterminist.
indevoción *f.* indevotion, lack of devotion.
indevoto, ta *adj.* undevout, 2 undevoted.
indezuelo, la *m.* & *f. dim.* little Indian.
India *f. pr. n.* GEOG. India. 2 *pl.* Indies : *Indias Occidentales,* Spanish America; West Indies; *Indias Orientales,* India.
indiada *f.* (Am.) multitude of Indians.
indiana *f.* printed calico.
indianista *m.* & *f.* Indianist.
indiano, na *adj.* of the Spanish America. 2 Indian [of India]. — 3 *adj.* & *n.* Spanish American. — 4 *m.* & *f.* one who returns rich from America : ~ *de hilo negro,* coll. miser, skinflint.
indicación *f.* indication, sign. 2 hint, suggestion. 3 direction, instruction. 4 MED. indication.
indicado, da *p. p.* of INDICAR. — 2 *adj.* indicated. 3 proper, appropriate, suitable [to the moment, conditions, etc.].
indicador, ra *adj.* indicating, indicatory. — 2 *m.* indicator, pointer, index, gauge : ~ *de nivel,* water level indicator, gauge glass [in steam engine]; ~ *de pendiente,* RLY. gradient post; ~ *de vacío,* vacuum gauge. 3 ELEC. annunciator disc.
indicante *adj.* indicating. — 2 *m.* MED. indicant.
indicar *tr.* to indicate, point out, show. 2 to indicate, betoken, be sign of. 3 to indicate [state briefly]. 4 to hint, suggest.
indicativo, va *adj.* indicative. — 2 *adj.* & *m.* GRAM. indicative.
indicción *f.* indiction. 2 convening of a synod or council.
índice *adj. dedo* ~, forefinger. — 2 *m.* ANAT. index, forefinger. 3 sign, indication. 4 index [table of contents], list, catalogue. 5 Index [list of books forbidden to Roman Catholics]. 6 index, pointer, 7 hand [of a clock or watch]. 8 gnomon [of sundial]. 9 MATH. index. 10 index [ratio or formula expressing the ratio of] : ~ *cefálico,* cephalic index; ~ *de refracción,* OPT. index of refraction, refractive index.
indiciado, da *adj.* suspected of a crime or vice.
indiciador, ra *adj.* giving signs, indicating. 2 suspecting. — 3 *m.* & *f.* suspecter.
indiciar *tr.* to give signs, indicate. 2 to suspect, surmise, know by the signs.
indiciario, ria *adj.* LAW pertaining to signs or circumstantial evidence.
indicio *m.* sign, indication, clue, evidence. 2 *pl.* CHEM. traces. 3 LAW *indicios vehementes,* circumstantial evidence.
índico, ca *adj.* Indian, East-Indian : *Océano Índico,* Indian Ocean.
indiferencia *f.* indifference.
indiferente *adj.* indifferent [having no inclination for or against], unconcerned. 2 indifferent, immaterial, making no difference : *me es* ~, it is all the same to me, it makes no difference to me.
indiferentemente *adv.* indifferently [with indifference; without difference].
indiferentismo *m.* indifferentism.
indígena *adj.* indigenous, native. — 2 *m.* & *f.* indigene, native [person].
indigencia *f.* indigence, destitution, need.
indigente *adj.* indigent, destitute, needy.
indigestamente *adv.* disagreeably.
indigestarse *ref.* to cause indigestion. 2 [of persons] to be disagreeable, cause aversion or dislike.
indigestible *adj.* indigestible.
indigestión *f.* indigestion.
indigesto, ta *adj.* indigestible. 2 indigested, undigested. 3 indigested [not ordered, confused]. 4 disagreeable, causing aversion or dislike [person].
indignación *f.* indignation.
indignado, da *adj.* indignant, angry.
indignamente *adv.* unworthily. 2 with indignity.
indignante *adj.* irritating, causing indignation.
indignar *tr.* to irritate, make indignant, cause in-

dignation. — 2 *ref.* to become indignant, feel indignation.
indignidad *f.* unworthiness. 2 indignity.
indigno, na *adj.* unworthy [undeserving; unbecoming]. 2 unworthy, low, contemptible.
índigo *m.* indigo.
indigotina *f.* CHEM. indigotin.
indiligencia *f.* laziness, negligence.
indino, na *adj.* mischievous, saucy.
indio, dia *adj.* & *n.* Indian [of Asia or America]. — 2 *m.* CHEM. indium. — 3 *adj.* blue, azure.
indiqué, indique, etc., *pret., subj.* & *imper.* of INDICAR.
indirecta *f.* hint, indirect hinting, insinuation, innuendo : ~ *del Padre Cobos,* broad hint.
indirectamente *adv.* indirectly.
indirecto, ta *adj.* indirect.
indisciplina *f.* indiscipline, lack of discipline.
indisciplinable *adj.* indisciplinable.
indisciplinado, da *adj.* undisciplined, unruly.
indisciplinarse *ref.* to become undisciplined, unruly, disorderly, insubordinate; to set discipline at defiance; to kick over the traces.
indiscreción *f.* indiscretion.
indiscretamente *adv.* indiscreetly.
indiscreto, ta *adj.* indiscreet.
indisculpable *adj.* inexcusable.
indiscutible *adj.* unquestionable, indisputable.
indiscutiblemente *adv.* unquestionably, indisputably.
indisolubilidad *f.* indissolubility.
indisoluble *adj.* indissoluble.
indisolublemente *adv.* indissolubly.
indispensabilidad *f.* indispensability, indispensableness.
indispensable *adj.* indispensable, necessary, essential.
indispensablemente *adv.* indispensably.
indispondré, indispondría, etc., *irr.* V. INDISPONER.
indisponer *tr.* to indispose, render unfit. 2 to indispose [make sick or ill]. 3 ~ *a una persona con otra,* to set a person against another. — 4 *ref.* to be indisposed, get out of health. 5 [of two persons] to fall out. 6 *indisponerse con,* to quarrel with, to put oneself on bad terms with. ¶ CONJUG. like *poner.*
indispongo, indisponga, etc., *irr.* V. INDISPONER.
indisposición *f.* lack of fitness, unpreparation. 2 indisposition, passing ailment.
indispuesto, ta *p. p.* of INDISPONER. 2 indisposed, slightly ill 3 on bad terms, at variance.
indispuse, indispusiera, etc., *irr.* V. INDISPONER.
indisputable *adj.* indisputable.
indisputablemente *adv.* indisputably.
indistinción *f.* lack of distinction.
indistinguible *adj.* undistinguishable.
indistintamente *adv.* indistinctly, without distinction, indiscriminately; indifferently.
indistinto, ta *adj.* indistinct.
individuación *f.* individuation.
individual *adj.* individual.
individualicé, individualice, etc., *pret., subj.* & *imper.* of INDIVIDAULIZAR.
ídividualidad *f.* individuality.
individualismo *m.* individualism.
individualista *adj.* individualistic. — 2 *m.* & *f.* individualist.
individualizar *tr.* to individualize.
individualmente *adv.* individually.
individuamente *adv.* indivisibly.
individuar *tr.* to distinguish, particularize, individualize.
individuo, dua *adj.* individual. 2 indivisible. — 3 *m.* BOT., ZOOL. individual. 4 individual [single human being]. 5 member [of a board, council, etc.]; member, fellow [of a society, etc.]. 6 individual, fellow, person. — 7 *f.* coll. woman, despicable woman.
indivisamente *adv.* undividedly.
indivisibilidad *f.* indivisibility.
indivisible *adj.* indivisible.
indivisiblemente *adv.* indivisibly.
indivisión *f.* indivision.
indiviso, sa *adj.* LAW undivided.
Indo *m. pr. n.* GEOG. Indus.
indo, da *adj.* & *n.* Indian, East-Indian.
indócil *adj.* indocile, unruly, inobedient, unsubmissive.
indocilidad *f.* indocility.
indoctamente *adv.* ignorantly.
indocto, ta *adj.* unlearned, uneducated.

indocumentado, da *adj.* lacking the documents for identification. 2 incompetent, knowing nothing about [something]. — 3 *m.* & *f.* nobody [person of no account].
Indochina *f. pr. n.* GEOG. Indo-China.
indochino, na *adj.* & *n.* Indc-Chinese.
indoeuropeo, a *adj.* & *n.* Indo-European.
indogermánico, ca *adj.* & *n.* Indo-Germanic.
índole *f.* disposition, nature. 2 class, kind.
indolencia *f.* indolence. 2 painlessness.
indolente *adj.* indolent, slothful. 2 MED. indolent.
indolentemente *adv.* indolently.
indoloro *adj.* MED. indolent.
indomable *adj.* untamable, indomitable.
indomado, da *adj.* untamed.
indomesticable *adj.* untamable, not susceptible of domestication.
indomesticado, da *adj.* untamed, not domesticated.
indoméstico, ca *adj.* not domesticated.
indómito, ta *adj.* untamed. 2 indomitable. 3 unruly.
Indostán *m. pr. n.* GEOG. Hindustan.
indostanés, sa *adj.* & *n.* Hindustani, Hindoostani.
indostánico, ca *adj.* Hindustani [of Hindustan].
indostano, na *adj.* INDOSTANÉS.
indotación *f.* lack of dowry.
indotado, da *adj.* unendcwed. 2 without a dowry.
indubitable *adj.* indubitable, doubtless.
indubitablemente *adv.* indubitably, doubtlessly.
inducción *f.* inducing, instigation. 2 ELEC., LOG. induction.
inducido *m.* ELEC. armature [of motor or dynamo].
inducidor, ra *adj.* inducing, instigating. — 2 *m.* & *f.* inducer, instigator.
inducimiento *m.* INDUCCIÓN.
inducir *tr.* to induce, persuade, instigate. 2 ELEC. LOG. to induce. ¶ CONJUG. like *conducir.*
inductancia *f.* ELEC. inductance.
inductivo, va *adj.* inductive.
inductor, ra *adj.* inducing. — 2 *m.* & *f.* inducer, instigator. — 3 *m.* ELEC. inductor, field; fiel magnet [of a dynamo].
indudable *adj.* indubitable, doubtless, certain.
indudablemente *adv.* indubitably, doubtlessly, no doubt, without doubt.
induje, indujera, etc., *irr.* V. INDUCIR.
indulgencia *f.* indulgence, leniency, forbearance. 2 ECCL. indulgence.
indulgente *adj.* indulgent, lenient, forbearing.
indulgentemente *adv.* indulgently.
indultar *tr.* to pardon [free from penalty]. 2 to exempt [from an obligation].
indulto *m.* LAW pardon, commutation. 2 indult. 3 privilege.
indumentaria *f.* historical study of clothing. 2 clothing, dress, garb.
indumentario, ria *adj.* pertaining to clothes or dress.
indumento *m.* VESTIDURA.
induración *f.* MED. induration.
indusio *m.* BOT. indusium.
industria *f.* industry. 2 ingenuity. 3 *de* ~, designedly, on purpose.
industrial *adj.* industrial, manufacturing. — 2 *m.* industrialist, manufacturer.
industrialismo *m.* industrialism.
industrialista *adj.* industrialist. 2 favouring industrialism.
industrialización *f.* industrialization.
industrializar *tr.* to industrialize.
industriar *tr.* to train, teach. — 2 *ref.* to manage, find means; to get along.
industriosamente *adv.* industriously.
industrioso, sa *adj.* industrious. 2 ingenious.
induzco, induzca, etc., *irr.* V. INDUCIR.
inedia *f.* inanition.
inédito, ta *adj.* unpublished.
ineducación *f.* lack of education. 2 unmannerliness.
ineducado, da *adj.* unmannerly, unpolished.
inefabilidad *f.* ineffability.
inefable *adj.* ineffable, unutterable.
inefablemente *adv.* ineffably.
ineficacia *f.* inefficacy, inefficiency, ineffectualness.
ineficaz *adj.* inefficacious, inefficient, ineffectual.
ineficazmente *adv.* inefficaciously, ineffectually.
inelegancia *f.* inelegance, inelegancy.
inelegante *adj.* inelegant.
ineluctable *adj.* ineluctable, inevitable.
ineludible *adj.* ineludible, unavoidable.
inenarrable *adj.* ineffable, inexpressible.
inencogible *adj.* unshrinkable.

inepcia *f.* silliness, ineptitude.
ineptamente *adv.* incompetently. 2 ineptly.
ineptitud *f.* incompetence, incapacity. 2 . ineptitude.
inepto, ta *adj.* incompetent, incapable. 2 inept. — 3 *m.* & *f.* incapable [person].
inequívoco, ca *adj.* unequivocal, unmistakable.
inercia *f.* PHYS. inertia. 2 inertia, inertness, inactivity.
inerme *adj.* unarmed. 2 BOT., ZOOL. inerm, inermous.
inerrable *adj.* unmissable.
inerrante *adj.* ASTR. fixed [star].
inerte *adj.* PHYS., CHEM. inert. 2 inert [without power of action, motion, etc.]. 3 inert, dull, sluggish.
inervación *f.* innervation.
Inés *f. pr. n.* Agnes.
inescrutabilidad *f.* inscrutability.
inescrutable, inescudriñable *adj.* inscrutable.
inesperadamente *adv.* unexpectedly.
inesperado, da *adj.* unexpected, unforeseen.
inestabilidad *f.* instability.
inestable *adj.* unstable, instable.
inestimabilidad *f.* inestimability.
inestimable *adj.* inestimable, invaluable, priceless.
inestimado, da *adj.* unestimated, not appraised. 2 underestimated.
inevitable *adj.* inevitable, unavoidable.
inevitablemente *adv.* inevitably.
inexactamente *adj.* inexactly.
inexactitud *f.* inexactness; inaccuracy.
inexacto, ta *adj.* inexact; inaccurate. 2 untrue [contrary to fact].
inexcusable *adj.* inexcusable. 2 unavoidable, inescapable.
inexcusablemente *adv.* unavoidably, inescapably.
inexhausto, ta *adj.* unexhausted, unspent; unexhaustible.
inexistencia *f.* inexistence.
inexistente *adj.* inexistent, nonexistent.
inexorabilidad *f.* inexorability
inexorable *adj.* inexorable, relentless.
inexorablemente *adv.* inexorably.
inexperiencia *f.* inexperience.
inexperto, ta *adj.* inexpert, inexperienced, unskilful.
inexpiable *adj.* inexpiable.
inexplicable *adj.* inexplicable, unexplainable.
inexplicablemente *adv.* inexplicably.
inexplicado, da *adj.* unexplained.
inexplorado, da *adj.* unexplored.
inexplosible *adj.* unexplosive, nonexplosive.
inexpresable *adj.* inexpressible.
inexpresivo, va *adj.* inexpressive [without expression, dull].
inexpugnable *adj.* inexpugnable, impregnable. 2 firm, stubborn.
inextensible *adj.* unextendible, unextensible.
inextenso, sa *adj.* unextended [having no extension].
in extenso *adv.* in extenso, at full length.
inextinguible *adj.* inextinguishable, unquenchable. 2 perpetual.
inextirpable *adj.* ineradicable.
in extremis *adv.* in extremis, on the point of death.
inextricable *adj.* inextricable.
infacundo, da *adj.* ineloquent.
infalibilidad *f.* infallibility.
infalible *adj.* infallible.
infaliblemente *adv.* infallibly.
infalsificable *adj.* unfalsifiable.
infamación *f.* defamation.
infamadamente *adv.* with infamy.
infamador, ra *adj.* defaming. — 2 *m.* & *f.* defamer.
infamante *adj.* causing infamy, opprobious.
infamar *tr.* to defame, infamize, dishonour.
infamativo, va *adj.* defaming, disgracing.
infamatorio, ria *adj.* defamatory, libellous.
infame *adj.* infamous. 2 fig. very bad. — 3 *m.* & *f.* infamous, wicked person
infamemente *adv.* infamously.
infamia *f.* infamy. 2 infamous act.
infancia *f.* infancy, babyhood.
infando, da *adj.* infand, infandous, too odious to be mentioned.
infanta *f.* female child under seven years of age. 2 infanta, daughter of the king of Spain who is not heiress to the throne. 3 wife of a INFANTE of Spain.
infantado *m* territory assigned to an INFANTE or INFANTA of Spain.

THE INFINITIVE / INFINITIVO

The infinitive in Spanish has practically the same uses as the infinitive in English.

Exception: In some subordinate sentences that express what is ordered, expected, desired, etc., the subjunctive or indicative mood is used; whereas in English, the infinitive would be used: El capitán ordenó a los soldados que trajesen al prisionero. (The captain ordered the soldiers *to bring* the prisoner.) Me pidió que pagase la cuenta. (He asked me *to pay* the bill.) Esperan que se irá pronto. (They expect him *to go* away soon.) The Spanish infinitive is used as a noun in the same way as the English infinitive and sometimes gerund are used as nouns. De humanos es errar. (To err is human.) Parece ser un hombre prudente. (He appears to be a wise man.) El comer es necesario para la vida. (Eating is necessary for life.) He dejado de fumar. (I have given up smoking.)

---

infante *m.* male infant. 2 son of the king of Spain who is not heir to the throne. 3 king's relative to whom this title is granted. 4 infantry soldier. 5 ~ *de coro,* choir boy [in some cathedrals].
infantería *f.* MIL. infantry : ~ *de marina,* marines, marine forces, marine corps.
infanticida *m.* infanticide [murderer of an infant].
infanticidio *m.* infanticide [act].
infantil *adj.* infantile, infant [of infants, intended for infants] : *parálisis infantil,* infantile paralysis. 2 infantile, childlike, childish, innocent.
infantilismo *m.* infantility. 2 MED. infantilism.
infanzón *m.* ancient nobleman of limited rights.
infanzona *f.* ancient noblewoman of limited rights.
infanzonazgo *m.* territory of an INFANZÓN or an INFANZONA.
infanzonía *f.* dignity or condition of an INFANZÓN or an INFANZONA.
infartar *tr.* MED. to cause infarct or infarction. — *2 ref.* MED. to be affected by infarct or infarction.
infarto *m.* MED. infarct, infarction.
infatigable *adj.* indefatigable, untiring.
infatigablemente *adv.* untiringly.
infatuación *f.* conceit, presumption.
infatuar *tr.* to make conceited or vain. — *2 ref.* to become conceited or vain.
infaustamente *adv.* unluckily.
infausto, ta *adj.* unlucky, unhappy, accursed, fatal.
infebril *adj.* fever-free.
infección *f.* infection [communication of disease; moral contamination].
infeccionar *tr.* INFECTAR.
infeccioso, sa *adj.* MED. infectious.
infectar *tr.* to infect [spread contagion]. 2 to corrupt [with doctrine or example].
infectivo, va *adj.* infective.
infecto, ta *adj.* infected, foul, corrupt.
infecundidad *f.* infecundity, barrenness, sterility.
infecundo, da *adj.* infecund, barren, sterile.
infelice *adj.* poet. unhappy, wretched.
infelicidad *f.* infelicity, unhappiness, misery, wretchedness.
infeliz *adj.* unhappy, unfortunate, wretched. — *2 m. & f.* unhappy person, wretch; poor devil. — *3 adj. & n.* coll. simple, good-natured [person].
infelizmente *adv.* unhappily, wretchedly.
inferencia *f.* inference.
inferior *adj.* inferior. 2 lower, under [part] : *labio* ~, lower lip, underlip. 3 nether. — *4 m. & f.* inferior [person].
inferioridad *f.* inferiority.
inferir *tr.* to infer, deduce, conclude. 2 to entail, lead to. 3 to cause, inflict [a wound] ; to offer [an insult] ; to do [an injury]. ¶ CONJUG. like *hervir.*
infernáculo *m.* hopscotch [game].
infernal *adj.* infernal, hellish : *máquina* ~, infernal machine. 2 coll. infernal, abominable, confounded, detestable, very bad.
infernalmente *adv.* infernally, hellishly.
infernar *tr.* to damn. 2 fig. to vex, irritate, provoke. ¶ CONJUG. like *acertar.*
infernillo *m.* INFIERNILLO.
inferno, na *adj.* poet. infernal.
infero *adj.* BOT. inferior [ovary].

infestación *f.* infestation.
infestar *tr.* to infest, overrun. 2 to infect. 3 to fill with stench.
infesto, ta *adj.* poet. harmful, prejudicial.
infeudación *f.* ENFEUDACIÓN.
infeudar *tr.* ENFEUDAR.
inficionar *tr.* to infect, corrupt, taint, vitiate. — *2 ref.* to be infected.
infidelidad *f.* infidelity, unfaithfulness, breach of trust : ~ *conyugal,* marital infidelity. 2 infidelity [want of faith, state of being an infidel]. 3 the infidels as a whole.
infidelísimo, ma *adj. superl.* of INFIEL.
infidencia *f.* breach of trust, unfaithfulness.
infidente *adj.* unfaithful, that commits a breach of trust.
infiel *adj.* unfaithful, disloyal. 2 inaccurate, inexact. .3 infidel, pagan. — *4 m. & f.* infidel, unbeliever, pagan.
infielmente *adv.* unfaithfully.
infiernillo *m.* small alcohol stove.
1) **infierno** *m.* [often in the *pl.*] hell, inferno [abode of the condemned spirits; place of misery, turmoil or discord] : *¡anda* or *vete al* ~*!,* go to blazes! 2 limbo patrum, Abraham's bosom. 3 MYTH. hell, Hades. 4 each compartment of the figure traced on the ground to play hopscotch. 5 *en los quintos infiernos,* at the back of beyond, very far.
2) **infierno, infierne,** etc., *irr.* V. INFERNAR.
infiero, infiera, etc., *irr.* V. INFERIR.
infigurable *adj.* incorporeal. 2 that cannot be represented by any material figure.
infiltración *f.* infiltration.
infiltrar *tr.* to infiltrate. 2 to infuse, instill [ideas, etc.]. — *3 ref.* to infiltrate [enter, be infiltrated]. 4 [of ideas, doctrines] to insinuate itself, to seep [in].
ínfimo, ma *adj.* lowest, least. 2 vilest, most abject. 3 most inferior [in quality].
infinidad *f.* infinity, infinitude, infiniteness [quality of being infinite]. 2 infinity, infinitude, infinite number, no end.
infinitamente *adv.* infinitely.
infinitesimal *adj.* infinitesimal.
infinitivo *adj. & n.* GRAM. infinitive.
1) **infinito** *m.* infinite, infinite space. 2 MATH. infinity, infinite quantity. — *3 adv.,* infinitely, immensely.
2) **infinito, ta** *adj.* infinite : *hasta lo* ~, ad infinitum.
infinitud *f.* infinitude, infiniteness.
infirió, infiriera, etc., *irr.* V. INFERIR.
infirmar *tr.* LAW invalidate.
inflación *f.* inflation. 2 conceit, vanity.
inflacionista *adj.* inflationary.
inflamabilidad *f.* inflammability.
inflamable *adj.* inflammable.
inflamación *f.* inflammation.
inflamar *tr.* to inflame [set ablaze, set on fire; excite passionately]. 2 MED. to inflame. — *3 ref.* to inflame [burst into flame; become excited]. 4 MED. to inflame [become morbidly inflamed].
inflamativo, va *adj.* inflammative.
inflamatorio. ria *adj.* inflammatory.
inflar *tr.* to inflate [distend with air or gas; puff up with pride]. 2 to exaggerate [news, etc.]. —

ref. to inflate [become inflated]. *4* to be puffed up with pride.

inflativo, va *adj.* inflating.

inflexibilidad *f.* inflexibility, stiffness, rigidity. *2* inflexibility, firmness, inexorability.

inflexible *adj.* inflexible, stiff, rigid. *2* inflexible, firm, unbending, inexorable.

inflexiblemente *adv.* inflexibly, unbendingly, inexorably.

inflexión *f.* inflection, bending, bend. *2* GEOM., GRAM. inflection. *3* inflection, modulation [of the voice].

infligir *tr.* to inflict, impose [a punishment. etc.].

inflijo, inflija, etc., *pres., subj. & imper.* of INFLIGIR.

inflorescencia *f.* BOT. inflorescence.

influencia *f.* influence.

influenciar *tr.* (Am.) to influence.

influenza *f.* MED. influenza.

influir *tr.* to influence, act on. *2* THEOL. to grace with a gift or inspiration. — *3 intr.* ~ *en* or *sobre,* to have influence on; to affect. *4* ~ *en,* to contribute to, to have a part in. ¶ CONJUG. like *huir.*

influjo *m.* influence. *2* NAUT. rising tide.

influyente *adj.* influential.

influyo, influyó, influya, etc., *irr.* V. INFLUIR.

infolio *m.* folio book, book in folio form.

información *f.* information [informing, telling, being told, thing told, knowledge, news]: *oficina de informaciones,* information bureau. *2* journalistic report or reportage, news. *3* inquiry, investigation; judicial inquiry: *abrir una ~,* to open an inquiry. *4* PHILOS. information.

informador, ra *adj.* informing, reporting. — *2 m. & f.* informer [one who imparts knowledge or news]. *3* reporter [of a newspaper].

informal *adj.* informal [not according to due form]. *2* [of a pers.] not serious, unreliable, undependable.

informalidad *f.* informality [want of regular or prescribed form]. *2* want of seriousness, unreliability. *3* act wanting seriousness; nonfulfilment of a promise, engagement, etc.

informante *adj.* informing, reporting. — *2 m. & f.* one who reports on something.

informar *tr.* to inform [tell, notify, make acquainted]. *2* to inform [endow with essential character, be the formative principle of]. — *3 intr.* to report [on something]. *4* LAW [of a lawyer] to plead before a court. — *5 ref.* to find out, to obtain information: *informarse de,* to learn, acquaint oneself with; to inquire into, to find out or obtain information about.

informativo, va *adj.* informative, giving news, reporting about something: *sección informativa,* news section [of a newspaper]. *2* PHILOS. informative, informing.

informe *adj.* shapeless, formless. — *2 m.* information, report, account. *3* report [of an expert, a commitee. etc.]. *4* LAW presentation of case, plea. *5 pl.* references, character.

informidad *f.* shapelessness.

infortificable *adj.* that cannot be fortified.

infortuna *f.* ASTROL. infortune.

infortunadamente *adv.* unfortunately.

infortunado, da *adj.* unfortunate, unlucky, hapless. — *2 m. & f.* unfortunate [person].

infortunio *m.* misfortune, misery. *2* mishap, mischance.

infosura *f.* VET. founder.

infracción *f.* infraction, infringement, breach, transgression.

infracto, ta *adj.* steady, not easily moved.

infractor, ra *m. & f.* infractor, breaker, transgressor.

infraestructura *f.* AER. nonflying structures [fields, hangars, workshops, etc.].

in fraganti *adv.* in the very act.

infrangible *adj.* infrangible, inviolable.

infranqueable *adj.* insurmountable.

infrarrojo, ja *adj.* infrared.

infrascripto, ta & infrascrito, ta *adj. & n.* undersigned. — *2 adj.* hereinafter mentioned.

infrecuente *adj.* infrequent.

infringir *tr.* to infringe, break, transgress.

infrinjo, infrinja, etc., *pres., subj. & imper.* of INFRINGIR.

infructífero, ra *adj.* unfruitful, unprofitable.

infructuosamente *adv.* unfruitfuly, uselessly.

infructuosidad *f.* unfruitfulness, uselessness.

infructuoso, sa *adj.* fruitless, unfruitful, useless, futile, unsuccessful.

infrugífero, ra *adj.* INFRUCTÍFERO.

ínfula *f.* infula. *2 pl.* infulæ [of a bishop's mitre]. *3* conceit, airs: *darse ínfulas,* to put on airs.

infumable *adj.* unsmokable, bad [tobacco].

infundadamente *adv.* groundlessly, unfoundedly, without cause or reason.

infundado, da *adj.* groundless, baseles, unfounded.

infundible *adj.* infusible.

infundibuliforme *adj.* BOT., ZOOL. funnel-shaped.

infundio *m.* lie, canard, false report.

infundioso, sa *adj.* lying, full of lies.

infundir *tr.* to infuse, instil [life, spirit, etc.], to imbue with. *2* to infuse [steep in liquid].

infurción *f.* feudal tax on building ground.

infurcionego, ga *adj.* subject to feudal tax on building ground.

infurtir *tr.* ENFURTIR.

infusibilidad *f.* infusibility.

infusible *adj.* infusible.

infusión *f.* infusion, instillation. *2* ECCL. affusion, infusion [in baptism]. *3* infusion [steeping in a liquid; liquid extract obtained by infusion].

infuso, sa *adj.* infused [by God].

infusorio, ria *adj.* ZOOL. infusorial, infusory. — *2 m.* infusorian, infusory. *3 pl.* Infusoria.

ingenerable *adj.* ingenerable.

ingeniar *tr.* to think up, contrive, devise. — *2 ref.* to manage, to find a way [of getting or doing something].

ingeniatura *f.* ingenuity, skilful management.

ingeniería *f.* engineering [art, science, profession]: ~ *civil,* civil engineering; ~ *militar,* military engineering; ~ *naval,* marine engineering.

ingeniero *m.* engineer [one who follows as profession any branch of engineering]: ~ *agrónomo,* agricultural engineer; ~ *civil,* civil engineer; ~ *de caminos, canales y puertos,* government civil engineer; ~ *de la armada, de marina* or *naval,* marine engineer; ~ *de minas,* mining engineer; ~ *de montes,* forestry engineer; ~ *industrial,* manufacture engineer; ~ *mecánico,* mechanical engineer; ~ *militar,* military engineer; ~ *químico,* chemical engineer. *2* MIL. engineer [soldier]: *Cuerpo de ingenieros,* engineers, *Engineer Corps.

ingenio *m.* creative or inventive faculty, mind, talent. *2* talented person, talent [esp. author]. *3* ingenuity, cleverness, smartness, wit: *aguzar el* ~, to sharpen one's wits. *4* engine, machine, contrivance, mechanical device. *5* military engine. *6* BOOKBIND. plough and press. *7* ~ *de azúcar,* sugar mill; sugar plantation.

ingeniosamente *adv.* ingeniously.

ingeniosidad *f.* ingeniousness, ingenuity.

ingenioso, sa *adj.* ingenious.

ingénito, ta *adj.* unbegotten. *2* innate, inborn.

ingente *adj.* huge, prodigious, very large.

ingenuamente *adv.* ingenuously.

ingenuidad *f.* ingenuousness, candour.

ingenuo, nua *adj.* ingenuous, candid, guileless. *2* ingenuous, free-born.

ingerencia *f.* INJERENCIA.

ingeridura *f.* INJERIDURA.

ingerir *tr.* to ingest. ¶ CONJUG. like *hervir.*

ingesta *f.* MED. ingesta.

ingestión *f.* ingestion, ingesting of food.

ingiero, ingiera, etc., *irr.* V. INGERIR.

Inglaterra *f. pr. n.* GEOG. England. *2 la Nueva* ~, New England.

ingle *f.* ANAT. groin.

inglés, sa *adj.* English: *a la inglesa,* in the English fashion. — *2 m.* Englishman. *3* English [language]. — *4 f.* Englishwoman. — *5 m. pl. los ingleses,* The English [people].

inglesar *tr.* to Anglicize.

inglesismo *m.* Anglicism.

inglete *m.* mitre, miter [angle of 45°]. *2* mitre or miter joint [in a moulding].

inglosable *adj.* unglossable.

ingobernable *adj.* ungovernable, uncontrollable, unruly.

ingratamente *adv.* ungratefully.

ingratitud *f.* ingratitude, ungratefulness.

ingrato, ta *adj.* ungrateful, ingrateful, thankless. *2* ungrateful, harsh, disagreeable, unpleasant. — *3 m. & f.* ungrateful person.

ingravidez *f.* lightness, tenuousness.

ingrávido, da *adj.* light, tenuous.

ingrediente *m.* ingredient.

ingresar *intr.* to enter: ~ *en,* to enter [a school, etc.]; to become a member of; to join [a poli-

tical] party, etc.]. 2 [of money] to come in. —
3 *tr.* to deposit [money], to pay in.
ingreso *m.* entrance, ingress. 2 entrance [place
for entering]. 3 entrance [into a school, etc.] :
exámenes de ingreso, entrance examination. 4
joining, admission to [a political party, society,
etc.]. 5 COM. coming in [of money]. 6 *pl.* income,
revenue. 7 COM. receipts, incomings.
ingrimo, ma *adj.* (C. Am., Col., Chi., Mex., Ve.)
alone, solitary.
inguinal & inguinario, ria *adj.* ANAT. inguinal.
ingurgitación *f.* MED. to ingurgitation.
ingurgitar *tr.* MED. to ingurgitate.
ingustable *adj.* unsavoury, unpalatable.
inhábil *adj.* unable, unskilful. 2 tactless. 3 unfit,
unqualified, incompetent : *día* ~, dies non.
inhabilidad *f.* unskilfulness. 2 inability, disability,
incompetence.
inhabilitación *f.* disqualification, incapacitation.
inhabilitar *tr.* to disable, disqualify, incapacitate.
2 to render unfit. — 3 *ref.* to become disquali-
fied or incompetent.
inhabitable *adj.* uninhabitable.
inhabitado, da *adj.* uninhabited.
inhacedero, ra *adj.* unfeasible, impracticable.
inhalación *f.* inhalation.
inhalador *m.* MED. inhalator.
inhalar *tr.* to inhale. — 2 *intr.* ECCL. to breathe
a cross over each cruet of holy oil in the act
of blessing it.
inherencia *f.* inherence.
iherente *adj.* inherent.
inhestar *tr.* ENHESTAR. ¶ CONJUG. like *acertar.*
inhibición *f.* LAW, PHYSIOL., PSYCHOL. inhibition.
2 act of keeping out of, withdrawing from or
refusing to have anything to do with [an affair].
inhibir *tr.* LAW, PHYSIOL., PSYCHOL. to inhibit. —
2 *ref.* to keep out of, withdraw from or refuse
to have anything to do with [an affair].
inhibitorio, ria *adj.* inhibitory.
1) **inhiesto, ta** *adj.* ENHIESTO.
2) **inhiesto, inhieste,** etc., *irr.* V. INHESTAR.
inhonestamente *adv.* DESHONESTAMENTE.
inhonestidad *f.* immodesty, indecency.
inhonesto, ta *adj.* immodest, indecent.
inhospedable, inhospitable *adj.* INHOSPITALARIO.
inhospitalario, ria *adj.* inhospitable.
inhospitalidad *f.* inhospitableness.
inhóspito, ta *adj.* inhospitable.
inhumación *f.* inhumation, burial, interment.
inhumanamente *adv.* inhumanly.
inhumanidad *f.* inhumanity.
inhumano, na *adj.* inhuman, barbarous, cruel.
inhumar *tr.* to inhume, bury, inter.
iniciación *f.* initiation.
iniciado da *adj.* initiate, initiated. — 2 *m. & f.*
initiate.
iniciador, ra *adj.* initiating. 2 starting. — 3 *m. & f.*
initiator, initiatrix. 4 starter, originator.
inicial *adj.* initial. — 2 *f.* initial, initial letter.
3 *pl.* initials.
iniciar *tr.* to initiate, begin, start, originate. 2 to
initiate [a person in or into]. — 3 *ref.* [of a
thing] to initiate, begin, commence. 4 [of a
person] to be initiated. 5 ECCL. to receive first
orders.
iniciativa, va *adj.* initiative, initiating, initiatory.
— 2 *f.* initiative : *tener la* ~, to have the initiative ; *tomar la* ~, to take the initiative. 3 right
to propose laws, etc.
inicuamente *adv.* iniquitously.
inicuo, cua *adj.* iniquitous.
inigualado, da *adj.* unequaled, unparalleled, un-
rivaled.
in illo témpore *adv.* in times of yore.
inimaginable *adj.* unimaginable, inconceivable.
inimicísimo, ma *adj. superl.* most inimical.
inimitable *adj.* inimitable.
inimitablemente *adv.* inimitably.
ininteligible *adj.* unintelligible.
iniquidad *f.* iniquity.
iniquísimo, ma *adj. superl.* most iniquitous.
injerencia *f.* interference, intermeddling.
injeridura *f.* graft [grafted part of a tree].
injerir *tr.* to insert, introduce. — 2 *ref.* to interfere, intermeddle. ¶ CONJU. like *hervir.*
injertador *m.* ORT., SURG. grafter.
injertar *tr.* HORT., SURG. to graft, engraft. ¶ CONJUG.
p. p.: *injertado* or *injerto.*
injertera *f.* orchard of transplanted seedlings.
injerto *adj.* HORT. grafted. — 2 *m.* HORT. graftage,

grafting. 3 SURG. grafting. 4 HORT. graft, scion.
5 HORT. stock [grafted plant]. 6 SURG. graft.
injuria *f.* offence, affront, insult, abuse. 2 wrong,
injustice. 3 injury, damage.
injuriador, ra *adj.* offensive, insulting. — 2 *m. & f.*
offender, insulter, abuser. 2 wronger.
injuriante *adj.* injuring, offending, insulting.
injuriar *tr.* to offend, insult, abuse. 2 to injure,
harm, damage.
injuriosamente *adv.* injuriously, offensively, insultingly.
injurioso, sa *adj.* injurious, offensive, insulting,
abusive.
injustamente *adv.* unjustly.
injusticia *f.* injustice.
injustificable *adj.* unjustifiable, unwarrantable.
injustificadamente *adv.* unjustifiably.
injustificado, da *adj.* unjustified.
injusto, ta *adj.* unjust.
inllevable *adj.* unbearable, insupportable.
inmaculadamente *adv.* immaculately.
inmaculado, da *adj.* immaculate. — 2 *f. pr. n. la
Inmaculada* or *la Inmaculada Concepción,* the
Immaculate Conception.
inmanejable *adj.* unmanageable.
inmanencia *f.* immanence, immanency.
inmanente *adj.* immanent, inherent.
inmarcesible, inmarchitable *adj.* unfading, un-
withering.
inmaterial *adj.* immaterial, incorporeal.
inmaterialidad *f.* immateriality.
inmaturo, ra *adj.* immature.
inmediación *f.* immediacy, immediateness. 2 contiguity. 3 *pl.* environs, neighbourhood, outskirts.
inmediatamente *adv.* immediately. 2 contiguously.
inmediato, ta *adj.* immediate. 2 contiguous, adjoining, close, next : ~ *a,* close to, next to. 3 *llegar,
venir a las inmediatas,* to come to the thick of
a fight or dispute.
inmedicable *adj.* immedicable.
inmejorable *adj.* that cannot be better, unsurpassable ; best ; most excellent.
inmejorablemente *adv.* in the best manner, in a
most excellent manner.
inmemorable *adj.* INMEMORIAL.
inmemorablemente *adv.* immemorially.
inmemorial *adj.* immemorial : *tiempo* ~, time immemorial.
inmensamente *adv.* immensely.
inmensidad *f.* immensity, immenseness. 2 vastness.
3 great multitude or number.
inmenso, sa *adj.* immense. 2 unbounded, infinite.
inmensurable *adj.* immensurable, immeasurable.
inmerecidamente *adv.* undeservedly, unmeritedly.
inmerecido, da *adj.* undeserved, unmerited.
inméritamente *adv.* unmeritedly.
inmérito, ta *adj.* undeserved, unjust.
inmeritorio, ria *adj.* not meritorious.
inmersión *f.* immersion, dipping [in liquid]. 2 ASTR.
immersion.
inmerso *adj.* immersed.
inmigración *f.* immigration.
inmigrante *adj.* immigrating, immigrant. — 2 *m.
& f.* immigrant.
inmigrar *intr.* to immigrate.
inmigratorio, ria *adj.* [of] immigration.
inminencia *f.* imminence, nearness.
inminente *adj.* imminent, impending, near, at
hand.
inmiscuir *tr.* to mix. — 2 *ref.* to interfere, meddle,
intermeddle. ¶ CONJUG. regular or like *huir.*
inmiscuyo, inmiscuyó, inmiscuya, etc., *irr.* V. IN-
MISCUIR.
inmobiliario, ria *adj.* real-estate [pertaining to real
estate].
inmoble *adj.* unmovable, immovable, fixed. 2 motionless. 3 firm, constant, unchanging.
inmoderación *f.* immoderation.
inmoderadamente *adv.* immoderately.
inmoderado, da *adj.* immoderated.
inmodestamente *adv.* immodestly.
inmodestia *f.* immodesty.
inmodesto, ta *adj.* immodest.
inmódico, ca *adj.* excessive, immoderate.
inmolación *f.* immolation, sacrifice.
inmolador, ra *adj.* immolating. — 2 *m. & f.* immolator.
inmolar *tr.* to immolate. 2 to sacrifice. — 3 *ref.*
to sacrifice oneself.
inmoral *adj.* immoral.
inmoralidad *f.* immorality.

inmortal *adj.* immortal.
inmortalidad *f.* immortality.
inmortalizar *tr.* to immortalize. — 2 *ref.* to become immortal.
inmortalmente *adv.* immortally.
inmortificación *f.* immortification.
inmortificado, da *adj.* immortified.
inmotivado, da *adj.* unmotivated, without reason or cause.
inmoto, ta *adj.* unmoved, motionless.
inmovible *adj.* INMOBLE.
inmóvil *adj.* immobile, motionless, stationary, still, fixed, set. 2 constant, unchanging.
inmovilidad *f.* immobility.
inmovilización *f.* immobilization.
inmovilizar *tr.* to immobilize. — 2 *ref.* to become immobilized, to stand still.
inmudable *adj.* INMUTABLE.
inmueble *adj.* immovable, real [property]. — 2 *m.* building [as a property]. 3 *pl.* immovables, real property.
inmundicia *f.* dirt, filth, filthiness, garbage. 2 uncleanliness, indecency, impurity.
inmundo, da *adj.* dirty, filthy. 2 unclean, indecent, impure.
inmune *adj.* immune, exempt. 2 MED. immune.
inmunidad *f.* immunity, exemption. 2 MED. immunity.
inmunización *f.* immunization.
inmunizador, ra *adj.* immunizing.
inmunizar *tr.* to immunize.
inmunología *f.* immunology.
inmutabilidad *f.* immutability
inmutable *adj.* immutable.
inmutación *f.* change, alteration.
inmutar *tr.* to change, alter. — 2 *ref.* to change countenance, become disturbed.
inmutativo, va *adj.* that changes or causes alterations.
innatismo *m.* PHIL. innatism.
innato, ta *adj.* innate, inborn.
innatural *adj.* unnatural.
innavegable *adj.* unnavigable. 2 unseaworthy.
innecesariamente *adv.* unnecessarily.
innecesario, ria *adj.* unneccsary.
innegable *adj.* undeniable.
innegablemente *adv.* undeniably.
innoble *adj.* ignoble.
innocuo, cua *adj.* INOCUO.
innominado, da *adj.* nameless, innominate : *hueso* ~ ANAT. innominate bone, hip-bone.
innovación *f.* innovation.
innovador, ra *adj.* innovating. — 2 *m.* & *f.* innovator.
innovamiento *m.* INNOVACIÓN.
innovar *tr.* to innovate.
innumerabilidad *f.* innumerability.
innumerable *adj.* innumerable, numberless, countless.
innumerablemente *adv.* innumerably.
innúmero, ra *adj.* INNUMERABLE.
inobediencia *f.* disobedience.
inobediente *adj.* disobedient.
inobservable *adj.* inobservable.
inobservancia *f.* inobservance, nonobservance [of law, etc.].
inobservante *adj.* inobservant, not observant [of law, etc.].
inocencia *f.* innocence, innocency.
Inocencio *m. pr. n.* Innocent.
inocentada *f.* simple, silly act or words. 2 practical joke played on an unguarded or simple person, esp. on Holy Innocents' Day which is the Spanish equivalent of April Fool's Day.
inocente *adj.* & *n.* innocent : *día de los Inocentes,* Holy Innocents' Day. — 2 *adj.* harmless, innocuous.
inocentemente *adv.* innocently.
inocentón, na *adj.* innocent, simple, credulous. — 2 *m.* & *f.* simple and credulous person, innocent.
inocuidad *f.* innocuity.
inoculable *adj.* inoculable.
inoculación *f.* inoculation.
inoculador, ra *adj.* inoculating. — 2 *m.* & *f.* inoculator.
inocular *tr.* to inoculate; to inoculate with. — 2 *ref.* to become inoculated with.
inocultable *adj.* unconcealable.
inocuo, cua *adj.* innocuous, harmless.

inodoro, ra *adj.* inodorous, odourless. — 2 *m.* water closet.
inofensivo, va *adj.* inoffensive, harmless.
inoficioso, sa *adj.* LAW. inofficious [will].
inolvidable *adj.* unforgettable.
inoperable *adj.* MED. inoperable.
inoperante *adj.* inoperative, producing no effect.
inope *adj.* poor, indigent.
inopia *f.* poverty, indigence, penury.
inopinable *adj.* indisputable.
inopinadamente *adv.* unexpectedly.
inopinado, da *adj.* unexpected, unforeseen.
inoportunamente *adv.* inopportunely.
inoportunidad *f.* inopportuneness, inopportunity.
inoportuno, na *adj.* inopportune, unseasonable, untimely, ill-timed. 2 not pertinent or apposite.
inordenadamente *adv.* inordinately, without order.
inordenado, da; inordinado, da *adj.* inordinate, disorderly.
inorgánico, ca *adj.* inorganic.
inoxidable *adj.* inoxidable, inoxidizable; non-rusting. 2 stainless [steel].
in pártibus infidélium (Lat.) in partibus infidelium [bishop].
in pártibus (Lat.) in partibus infidelium. 2 coll. having a nominal appointment.
in péctore (Lat.) *adv.* in pectore.
in perpetuum (Lat.) *adv.* in perpetuum, in perpetuity, forever.
in promptu (Lat.) *adv.* impromptu, offhand.
in púribus (Lat.) *adv.* coll. stark naked.
inquebrantable *adj.* unbreakable. 2 unyielding. 3 firm, irrevocable.
inquiero, inquiera, etc., *irr.* V. INQUIRIR.
inquietador, ra *adj.* disquieting, disturbing. — 2 *m.* & *f.* disturber.
inquietamente *adv.* restlessly, uneasily.
inquietante *adj.* disquieting, disturbing.
inquietar *tr.* to disquiet, disturb, worry, make uneasy. 2 to vex, harass, trouble. — 3 *ref.* to worry, be anxious, be uneasy.
inquieto, ta *adj.* restless, never still. 2 restless, agitated. 3 worried, anxious, uneasy.
inquietud *f.* inquietude, disquietude, restlessness, anxiety, concern, worry. 2 disturbance, riot.
inquilinato *m.* tenancy [of house, flat or apartment].
inquilino, na *m.* & *f.* tenant, lessee, inmate [of house, flat or apartment].
inquina *f.* aversion, dislike, ill will, grudge.
inquinamento *m.* infection.
inquinar *tr.* to infect, contaminate.
inquiridor, ra *adj.* inquiring. — 2 *m.* & *f.* inquirer.
inquirir *tr.* to inquire into, search, investigate. ¶ CONJUG. like *adquirir.*
inquisición *f.* inquisition, investigation. — 2 *pr. n.* Inquisition, Holy Office.
inquisidor, ra *adj.* inquiring, inquisitive. — 2 *m.* & *f.* inquirer, examiner. — 3 *m.* Inquisitor [officer of the Inquisition].
inquisitorial *adj.* inquisitional, inquisitorial.
inquisitorio, ria *adj.* inquisitive.
inri *m.* I.N.R.I. [inscription on the cross]. 2 *poner el* ~ *a,* to deride, to insult.
insabible *adj.* unknowable.
insaciabilidad *f.* insatiability, insatiableness.
insaciable *adj.* insatiable.
insaciablemente *adv.* insatiably.
insaculación *f.* act of putting slips with names in a bag, box, etc., for drawing lots.
insaculador *m.* one who effects the INSACULACIÓN.
insacular *tr.* to put [slips with names] in a bag, box, etc., for drawing lots.
insalivación *f.* insalivation.
insalivar *tr.* to insalivate.
insalubre *adj.* insalubrious, unhealthy.
insalubridad *f.* insalubrity, unhealthiness.
insanable *adj.* incurable.
insania *f.* insanity, madness.
insatisfecho, cha *adj.* unsatisfied.
insano, na *adj.* insane, mad, crazy.
inscribir *tr.* to inscribe [words, etc., on metal, stone, etc.]. 2 to inscribe, enter, register [in a list, register, census, etc.]. 3 GEOM. to inscribe. 4 to register [on a phonographic record]. — 5 *ref.* to inscribe oneself; to register. ¶ CONJUG. irreg. p. p.: *inscripto* or *inscrito.*
inscripción *f.* inscription [words, etc., inscribed]. 2 inscription, entering, registration [in a list, register, census, etc.]. 3 GEOM. inscription.
inscripto, ta, inscrito, ta *irreg. p. p.* of INSCRIBIR.

insculpir *tr.* ESCULPIR.
insecable *adj.* that cannot be dried.
insecticida *adj.* insecticidal. — 2 *m.* insecticide.
insectil *adj.* insectile. insectean.
insectívoro, ra *adj.* insectivorous.
insecto *m.* ZOOL. insect. 2 *pl.* ZOOL. Insecta.
inseguridad *f.* insecurity, unsafety. 2 uncertainty.
inseguramente *adv.* insecurily.
inseguro, ra *adj.* insecure, unsafe. 2 uncertain. 3 not firm.
inseminación *f.* insemination.
inseminar *tr.* to inseminate.
insenescencia *f.* quality of never ageing.
insensatamente *adv.* insensately, stupidly, foolishly.
insensatez *f.* insensateness, stupidity, folly.
insensato, ta *adj.* insensate, stupid, foolish.
insensibilidad *f.* insensibility, insensitiveness [incapacity of sensation]. 2 insensibility, insensitiveness, unfeelingness, hard-heartedness, callousness.
insensibilizador, ra *adj.* insensibilizing. — 2 *m.* insensibilizer.
insensibilizar *tr.* to insensibilize. — 2 *ref.* to become insensible.
insensible *adj.* insensible [incapable of sensation]. 2 insentient. 3 insensible, imperceptible. 4 insensible, unfeeling, callous. 5 insensible, unconscious.
insensiblemente *adv.* insensibly.
inseparabilidad *f.* inseparableness.
inseparable *adj. & n.* inseparable.
inseparablemente *adv.* inseparably.
insepulto, ta *adj.* unburied, uninterred.
inserción *f.* insertion.
inserir *tr.* to insert, introduce. 2 HORT. to graft. ¶ CONJUG. like *hervir*. | It has a reg. p. p.: *inserido*, and an irreg. p. p.: *inserto*.
insertar *tr.* to insert, introduce [esp. in written or printed matter]. — 2 *ref.* BOT. ZOOL. to be inserted. ¶ CONJUG. reg. p. p.: *insertado;* irreg. p. p.: *inserto*.
inserto, ta *irreg. p. p.* of INSERIR & INSERTAR. — 2 *adj.* inserted.
inservible *adj.* unserviceable, useless.
insidia *f.* snare, insidious act.
insidiador, ra *adj.* insidiating. — 2 *m. & f.* insidiator.
insidiar *tr.* to insidiate, put snares for.
insidiosamente *adv.* insidiously.
insidioso, sa *adj.* insidious.
insigne *adj.* illustrious, eminent, renowned. 2 iron. egregious.
insignemente *adv.* signally, famously.
insignia *f.* badge, emblem. 2 badge. medal, image, standard or pennant [of a brotherhood, fraternity or guild]. 3 standard of a Roman legion. 4 NAUT. pennant. 5 *pl.* insignia.
insignificancia *f.* insignificance. insignificancy, smallness. 2 insignificancy, trifle.
insignificante *adj.* insignificant, small, unimportant, trifling.
insinceridad *f.* insincerity.
insincero, ra *adj.* insincere.
insinuación *f.* insinuation. indirect, hint, innuendo, intimation. 2 insinuation [act of insinuating oneself into favour].
insinuante *adj.* insinuating, ingratiating, engaging.
insinuar *tr.* to insinuate, hint, suggest. — 2 *ref.* to insinuate oneself [into favour]. 3 [of feelings, virtues, etc.] to be infused gently or instilled into; to grow on [a person].
insinuativo, va *adj.* insinuating, insinuative.
insípidamente *adv.* insipidly.
insipidez *f.* insipidity, insipidness.
insípido, da *adj.* insipid, tasteless, unsavoury, vapid, flat, dull.
insipiencia *f.* ignorance. 2 lack of judgement.
insipiente *adj.* ignorant. 2 unwise.
insistencia *f.* insistence, insistency.
insistente *adj.* insistent.
insistentemente *adv.* insistently.
insistir *intr.* to insist; ~ *en*, to insist on; ~ *en que*, to insist that. 2 to stand or rest [on or upon].
ínsito, ta *adj.* connatural, inborn, inherent.
insobornable *adj.* that cannot be suborned.
insociabilidad *f.* unsociability, unsociableness.
insociable, insocial *adj.* unsociable.
insolación *f.* insolation [exposure to the sun's rays]. 2 MED. insolation, sunstroke. 3 METEOR. insolation.

insolar *tr.* to insolate, expose to the sun's rays. — 2 *ref.* MED. to be sunstruck.
insoldable *adj.* that cannot be soldered or welded.
insolencia *f.* insolence.
insolentar *tr.* to make insolent. — 2 *ref.* to become insolent.
insolente *adj.* insolent. — 2 *m. & f.* insolent person.
insolentemente *adv.* insolently.
in sólidum *adv.* LAW in solido, in solidum, joint and several.
insólito, ta *adj.* unusual, unaccustomed.
insolubilidad *f.* insolubility. 2 unsolvability.
insoluble *adj.* insoluble. 2 unsolvable.
insoluto, ta *adj.* unpaid.
insolvencia *f.* insolvency.
insolvente *adj.* insolvent.
insomne *adj.* insomnious, sleepless.
insomnio *m.* insomnia, sleeplessness.
insondable *adj.* unfathomable, fathomless. 2 inscrutable.
insonorizar *tr.* to deaden, deafen [a wall].
insonoro, ra *adj.* wanting sonority.
insoportable *adj.* insupportable, unbearable.
insostenible *adj.* untenable, indefensible.
inspección *f.* inspection, overseeing, survey. 2 inspectorship. 3 inspector's office.
inspeccionar *tr.* to inspect, examine, oversee, survey.
inspector, ra *adj.* inspecting. — 2 *m. & f.* inspector, examiner, overseer, surveyor, controller, superintendent, supervisor.
inspiración *f.* PHYSIOL. inspiration, breathing in, inhalation. 2 inspiration [in the theological, intellectual, and other senses].
inspiradamente *adv.* inspiredly.
inspirado, da *adj.* inspired : ~ *pceta,* inspired poet.
inspirador, ra *adj.* inspiring. — 2 *m. & f.* inspirer.
inspirante *adj.* inspiring.
inspirar *tr.* PHYSIOL. to inspire, inhale, breathe in. 2 to inspire [infuse thought, create feeling, animate, suggest, etc.], to awaken, excite : ~ *aversión*, to excite aversion. — 3 *ref.* to become inspired. 4 *inspirarse en*, to take as a model or subject [in literary or artistic work].
inspirativo, va *adj.* inspiring.
instabilidad *f.* INESTABILIDAD.
instalación *f.* installation, instalment, installing; laying, setting up. 2 installation, plant; fittings, appointments; heating, lighting or gas system, installation, plant or fittings. 3 installation, induction [of an official].
instalador, ra *adj.* installing. — 2 *m. & f.* one who installs, lays, sets up, etc.
instalar *tr.* to install, induct. 2 to install, lay, set up, put in place. — 3 *ref.* to install oneself; to establish oneself; to take up one's abode.
instancia *f.* instance, earnest solicitation, request : *a* ~ *de*, at the request of. 2 earnestness, urgency [in asking or requesting]. 3 petition, memorial. 4 LAW instance.
instantáneamente *adv.* instantaneously, instantly.
instantáneo, a *adj.* instantaneous. — 2 *f.* PHOT. snapshot.
instante *adj.* pressing, soliciting. — 2 *m.* instant, moment : *a cada* ~, at every moment, always, continuously; *al* ~, inmediately, in a moment, at once, right away; *en un* ~, in an instant or jiffy; *por instantes*, incessantly, every moment.
instantemente *adv.* pressingly.
instar *tr.* to solicit earnestly, to request, beg, press, urge. — 2 *intr.* to be pressing, urgent.
instauración *f.* restoration, renewal. 2 establishment, foundation [of a monarchy, etc.].
instaurar *tr.* to restore, re-establish, renew. 2 to establish, found [a monarchy, etc.].
instaurativo, va *adj.* that restores or renews.
instigación *f.* instigation.
instigador, ra *adj.* instigating. — 2 *m. & f.* instigator.
instigar *tr.* to instigate, incite, urge.
instigué, instigue, etc., *pret., subj. & imper.* of INSTIGAR.
instilación *f.* instillation.
instilar *tr.* to instil, instill.
instintivamente *adv.* instinctively.
instintivo, va *adj.* instinctive.
instinto *m.* instinct : *por* ~, instinctively.
institución *f.* institution, instituting. 2 institution

[established thing; establishment, corporation, foundation]. *3* fundamental organization of a state or nation. *4 pl.* institutes [collection of principles and precepts]. *5* constitutional organs of the sovereign power of a nation.

institucional *adj.* institutional.

instituente *adj.* INSTITUYENTE.

instituidor, ra *adj.* instituting. — *2 m. & f.* institutor, establisher, founder.

instituir *tr.* to institute, establish, found. *2* LAW to institute, appoint [heir]. ¶ CONJUG. like *huir.*

instituta *f.* Institutes [of Justinian].

instituto *m.* constitution, rule [esp. of a religious order]. *2* institute [society, organization]. *3* ~ *de segunda enseñanza* or *de enseñanza media,* high school, grammar school.

institutor, ra *adj.* instituting. — *2 m. & f.* institutor, establisher, founder. — *3 m.* (Col.) schoolmaster, teacher, pedagogue.

institutriz *f.* governess [of a child or young person].

instituyente *adj.* instituting.

instituyo, instituyó, instituya, etc., *irr.* V. INSTITUIR.

instrucción *f.* instruction, teaching, education : ~ ~ *primaria,* primary education; ~ *pública,* public education. *2* instruction, knowledge, learning. *3* MIL. drill. *4* collection of precepts or directions. *5* LAW institution or carrying out of proceedings. *6 pl.* instructions, directions, orders.

instructivamente *adv.* instructively.

instructivo, va *adj.* instructive.

instructor *m.* instructor. *2* LAW *juez* ~, examining magistrate.

instructora *f.* instructress.

instruido, da *p. p.* of INSTRUIR. — *2 adj.* learned, informed, educated.

instruir *tr.* to instruct, teach, train, educate. *2* MIL. to drill. *3* to instruct, inform, advise. *4* LAW to institute or carry out proceedings. — *5 ref.* to learn, to educate oneself. ¶ CONJUG. like *huir.*

instrumentación *f.* MUS. instrumentation, orchestration.

instrumental *adj.* MUS. instrumental. *2* LAW pertaining to legal instruments. — *2 m.* MUS. the instruments of a band, orchestra, etc. *3* SURG. kit of instruments.

instrumentalmente *adv.* instrumentally.

instrumentar *tr.* MUS. to instrument, instrumentate.

instrumentista *m.* instrument maker. *2* MUS. instrumentalist.

instrumento *m.* instrument, implement, tool, appliance, contrivance, apparatus : ~ *cortante,* cutting tool; ~ *de precisión,* precision instrument. *2* instrument, medium, means. *3* fig. instrument, tool [person]. *4* MUS. instrument : ~ *de cuerda,* stringed instrument; ~ *de percusión,* percussion instrument; ~ *de viento,* wind instrument. *5* LAW instrument [deed, will, etc.].

instruyo, instruyó, instruya, etc., *irr.* V. INSTRUIR.

insuave *adj.* rough, unpleasant.

insuavidad *f.* roughness, unpleasantness.

insubordinación *f.* insubordination.

insubordinado, da *adj.* insubordinate, rebellious.

insubordinar *tr.* to make insubordinate, to incite to insubordination. — *2 ref.* to become insubordinate, to rebel, mutiny.

insubsanable *adj.* irreparable.

insubsistencia *f.* lack of subsistence. *2* groundlessness.

insubsistente *adj.* not subsistent. *2* groundless.

insubstancial *adj.* unsubstantial, insubstantial. *2* inane, vapid, pointless, trivial.

insubstancialidad *f.* insubstantiality. *2* inanity, vapidness, triviality.

insubstancialmente *adv.* insubstantially. *2* inanely, vapidly, trivially.

insubstituible *adj.* irreplaceable.

insuficiencia *f.* insufficiency, inadequacy. *2* MED. ~ *mitral,* mitral insufficiency.

insuficiente *adj.* insufficient, inadequate.

insuficientemente *adv.* insufficiently, inadequately.

insuflación *f.* MED. insufflation.

insuflar *tr.* MED. to insufflate.

insufrible *adj.* unbearable, intolerable, insufferable.

insufriblemente *adv.* unbearably, intolerably, insufferably.

ínsula *f.* obs. isle, island. *2* fig. small village, unimportant place.

insulano, na *adj.* obs. insular. — *2 m. & f.* obs. islander.

insular *adj.* insular. — *2 m. & f.* islander.

insulina *f.* MED. insulin.

insulsamente *adv.* insipidly.

insulsez *f.* insipidity, vapidity, flatness, dullness.

insulso, sa *adj.* insipid, vapid, flat, dull.

insultador, ra *adj.* insulting. — *2 m. & f.* insulter.

insultante *adj.* insulting.

insultar *tr.* to insult; to call names. — *2 ref.* coll. to have a fit.

insulto *m.* insult, affront. *2* sudden and violent attack. *3* fit [producing unconciousness, convulsions, etc.].

insume *adj.* costly, expensive.

insumergible *adj.* insubmergible, unsinkable.

insumisión *f.* want of submission, rebelliousness.

insumiso, sa *adj.* disobedient, rebellious.

insuperable *adj.* insuperable, insurmontable, invincible. *2* unsurpassable.

insuperablemente *adv.* unsurpassably; extremely well.

insurgente *adj. & s.* insurgent.

insurrección *f.* insurrection, rebellion.

insurreccional *adj.* insurrectional, insurrectionary.

insurreccionar *tr.* to raise in insurrection, to incite to insurrection. — *2 ref.* to rise up, rebel.

insurrecto, ta *adj.* insurgent, rebellious. — *2 m. & f.* insurgent, insurrectionist, rebel.

insustancial *adj.* INSUBSTANCIAL.

insustancialidad *f.* INSUBSTANCIALIDAD.

insustancialmente *adv.* INSUBSTANCIALMENTE.

insustituible *adj.* INSUBSTITUIBLE.

intacto, ta *adj.* intact, untouched, unimpaired, whole, pure.

intachable *adj.* blameless, faultless, irreprochable, unexceptionable.

intangibilidad *f.* intangibility.

intangible *adj.* intangible. *2* not to be touched.

integérrimo, ma *adj.* superl. of ÍNTEGRO : most honest or upright, irreprochable.

integrable *adj.* integrable.

integración *adj.* integration.

integrado, da adj. ~ *por,* consisting of, formed by.

integral *adj.* integral, constituent. *2* MATH. integral : *cálculo* ~, integral calculus. — *3 f.* MATH. integral.

integralmente *adv.* integrally.

integramente *adv.* entirely, wholly.

integrante *adj.* integral, integrant.

integrar *tr.* to integrate, compose, form, make up; be the constituent parts of. *2* to redintegrate. *3* MATH. to integrate.

integridad *f.* integrity, wholeness. *2* integrity, honesty, uprightness.

íntegro, gra *adj.* integral, entire, whole, complete. *2* honest, upright.

integumento *m.* integument.

intelección *f.* intellection.

intelectiva *f.* intellective [faculty of intellection].

intelectivo, va *adj.* intellective.

intelecto *m.* intellect.

intelectual *adj.* intellectual, mental. — *2 s.* intellectual [person].

intelectualidad *f.* intellect, intellectuality. *2* the intellectuals [persons].

intelectualismo *m.* intellectualism.

intelectualmente *adv.* intellectually.

inteligencia *f.* intelligence, intellect, mind, understanding. *2* intelligence, sagacity, ability, expertness. *3* understanding, comprehension, interpretation. *4* sense, meaning. *5* understanding [between persons] : *buena* ~, good understanding; *secreta* ~, secret understanding. *6 en la* ~ *de que,* on the understanding that.

inteligenciado, da *adj.* informed, instructed.

inteligente *adj.* intelligent [endowed with intellect]. *2* intelligent, understanding, clever, talented, skilful, able.

inteligentemente *adv.* intelligently, cleverly, skilfully, ably.

inteligible *adj.* intelligible.

inteligiblemente *adv.* intelligibly.

intemperancia *f.* intemperance.

intemperante *adj.* intemperate [person].

intemperie *f.* inclemency [of weather] : *a la* ~, in the open air, outdoors, unsheltered.

intempesta *adj.* poet. *noche* ~, the dead of night.

intempestivamente *adv.* untimely, unseasonably, inopportunely.

intempestivo, va *adj.* untimely, ill-timed, unseasonable, inopportune.

intención *f.* intention, purpose, mind, meaning: *primera* ~, open and impulsive behaviour; *segunda* ~, duplicity of meaning or purpose [in acts or words]; *mudar de* ~, to change one's mind; *tener* ~ *de,* to intend, purpose, have in mind; *con buena* ~, with good intention, for the best; *con* ~, *con toda* ~, deliberately, intentionally, cn purpose; *con la mejor* ~, with the best of the intentions, for the best; *con mala* ~, with bad or mischievous intention; *de primera* ~, on the first impulse. 2 viciousness or violent instinct [of animals]. 3 pointed way of saying something. 4 THEOL. intention. 5 SURG. intention : *por primera,* or *por segunda,* ~, by the first, or by the second, intention. 6 *curar a uno de primera* ~, to dress provisionally somebody's wound or wounds.

intencionadamente *adv.* deliberately, intentionally, on purpose.

intencionado, da *adj.* deliberate, made on purpose. 2 inclined. disposed : *mal* ~, evil-minded, ill-intentioned.

intencional *adj.* intentional.

intencionalmente *adv.* intentionally.

intendencia *f.* intendancy [office, district]. 2 intendance, administration, management. 3 MIL. administrative corps of the army.

intendenta *f.* wife of an INTENDENTE.

intendente *s.* intendant. 2 administrator. 3 chief of the administrative services of the Army and the Navy: quartermaster general.

intensamente *adv.* intensely, intensively.

intensar *tr.* INTENSIFICAR.

intensidad *f.* intensity, intenseness, vehemence. 2 PHYS. MUS., PHONET. intensity.

intensificar *tr.* to intensify. — 2 *rcf.* to intensify [become more intense].

intensión *f.* intension, intensity.

intensivamente *adv.* intensively.

intensivo, va *adj.* intensive.

intenso, sa *adj.* intense, intensive, vehement.

intentar *tr.* to try attempt, endeavour. 2 to intend, mean, purpose. 5 LAW to enter [an action], commence [a lawsuit].

intento *m.* intent, purpose : *de* ~, purposely, on purpose. 2 attempt, try, trial, effort.

intentona *f.* rash attempt.

inter *Lat. prep.* inter : ~ *nos,* inter nos, between ourselves, between you and me ; ~ *vivos,* LAW inter vivos. — 2 *adv. en el* ~, meanwhile.

interaliado, da *adj.* interallied.

interandino, na *adj.* carried between countries on both sides of the Andes [traffic, relations].

interarticular *adj.* interarticular.

intercadencia *f.* unevenness, irregularity, inconstancy. 2 MED. intercadence.

intercadente *adj.* uneven, irregular. 2 inconstant, changeable. 3 MED. intercadent.

intercadentemente *adv.* unevenly, irregularly, inconstantly.

intercalación, intercaladura *f.* intercalation, interpolation.

1) **intercalar** *tr.* to intercalate, interpolate.

2) **intercalar** *adj.* intercalary. 2 leap [day or year].

intercambiable *adj.* interchangeable.

intercambio *m.* interchange, reciprocation [of services, etc., between institutions, corporations, etc.] : ~ *comercial,* international trade.

interceder *intr.* to intercede.

intercelular *adj.* intercellular.

interceptación *f.* interception.

interceptar *tr.* to intercept.

intercesión *f.* intercession.

intercesor, ra *adj.* interceding. — 2 *m. & f.* intercessor.

intercesoriamente *adv.* intercessorily.

interclavicular *adj.* ANAT. interclavicular.

interclusión *f.* interclusion.

intercolumnio *m.* ARCH. intercolumniation.

intercontinental *adj.* intercontinental.

intercostal *adj.* ANAT. intercostal.

intercurrencia *f.* MED. intercurrence, intercurrency.

intercurrente *adj.* MED. intercurrente.

intercutáneo *a.* adj. intercutaneous, subcutaneous.

interdecir *tr.* to interdict, forbid, prohibit. ¶ CONJUG. like *decir.*

interdental *adj.* PHON. interdental.

interdicción *f.* interdiction. 2 LAW ~ *civil.* deprivation of civil rights.

interdicto *m.* interdict, prohibition. 2 ECCL. interdict [censure]. 3 LAW summary possessory proceedings.

interdigital *adj.* interdigital : *membrana* ~, ZOOL. web [of a webfoot].

interés *m.* interest [advantage, profit, concern]. 2 interest [value of thing in itself]. 3 interest [on capital] : ~ *compuesto,* compound interest; ~ *legal,* legal rate of interest ; ~ *simple,* simple interest. 4 interest [attention, curiosity, concern, inclination towards pers. or thing: quality exciting them]. — 5 *pl.* worldly posssessions. 6 interest [pecuniary stake in commercial undertaking, etc.]. 7 interests [of persons, communities, etc., collectively] : *intereses creados,* vested interests.

interesable *adj.* mercenary, covetous.

interesadamente *adv.* mercenarily, selfishly.

interesado, da *p. p.* of INTERESAR. — 2 *adj.* interested, concerned. 3 mercenary, selfish. — 4 *s.* person or party concerned. 5 mercenary or selfish person.

interesante *adj.* interesting.

interesar *tr.* to interest [awaken interest: excite concern or affection]. 2 to concern [affect the interest of]. 3 MED. to affect [an organ, etc.]. 4 ~ *en,* to interest [invest with a share : cause to share, make one to take a personal interest in]. — 5 *intr.* to be interesting. 6 to be advantageous, or necessary. 7 to be interested, to have a pecuniary share in. — 8 *ref. interesarse en* or *por,* to be interested in, to take an interest in.

interestatal *adj.* interstate.

interestelar *adj.* interstellar.

interfecto, ta *m. & f.* LAW murdered person, victim.

interfemoral *adj.* interfemoral.

interferencia *f.* PHYS. interference.

interfoliar *tr.* to interfoliate, interleave [a book].

interin *m.* duration of pro tempore job or office. — 2 *adv.* interim. meanwhile.

interinamente *adv.* provisionally, temporarily, pro tempore; in the interim.

interinidad *f.* provisionality, temporariness. 2 duration of pro tempore job or office.

interino, na *adj.* provisional, temporary. 2 acting, holding a temporary job or office. — 3 *m. & f.* holder of a temporary job or office.

interior *adj.* interior, internal, inner, inside, inward; home, domestic [not foreign] : *comercio* ~, domestic trade: *política* ~, domestic policy: *lo* ~, the inside: home affairs; *ministerio de lo* ~, Department of the Interior. — 2 *m.* interior, inside, inner part: inland. 3 mind, soul. 4 in coaches having three compartments, the middle one. 5 *pl.* entrails, insides.

interioridad *f.* interiority, inwardness.

interioridades *f. pl.* private matters.

interiormente *adv.* on the inside, internally, inwardly.

interjección *f.* GRAM. interjection.

interlínea *f.* PRINT. lead, space line.

interlineación *f.* interlineation. 2 PRINT. leading.

interlineal *adj.* interlineal.

interlinear *tr.* to interline, interlineate [write between lines]. 2 PRINT. to lead.

interlocución *f.* interlocution, dialogue, conversation.

interlocutor, ra *m. & f.* interlocutor.

interlocutoriamente *adv.* LAW interlocutorily.

interlocutorio, ria *adj.* LAW interlocutory.

intérlope *adj.* interloping.

interludio *m.* MUS. interlude.

interlunio *m.* interlunation, interlunar period.

intermaxilar *adj.* ZOOL. intermaxillary.

intermediar *intr.* to be in the middle. 2 to intermediate, mediate.

intermediario, ria *adj.* intermediary. — 2 *m. & f.* intermediary, mediator. 3 COM. middleman.

intermedio, dia *adj.* intermediate, intervening. — 2 *m.* interval, interim. 3 THEAT. interlude, intermezzo. 4 *por* ~ *de* (Am.) through, with the help of.

interminable *adj.* interminable. endless.

intermisión *f.* intermission, interruption : *sin* ~, without intermission.

intermitencia *f.* intermittence.

intermitente *adj.* intermittent : *fiebre* ~, intermittent fever.

intermitir *tr.* to intermit, discontinue.

intermuscular *adj.* intermuscular.

INTERROGATIVES / INTERROGACIÓN

Construction of the interrogative sentence

Sentences with no interrogative word:

- The subject is placed after the verb. If a compound tense is used, the subject follows the participle. Remember that in Spanish the subject is expressed only for emphasis or when its presence is necessary for meaning.

¿Ha llegado tu padre?
¿Viene alguien?
¿Trae cada uno su libro?
Llaman.— ¿Será él?
¿Vienes?
¿Viene usted?
¿Viene ella?

Sentences with an interrogative word:

- When the interrogative word is the subject, the sentence order is not reversed.
- When the interrogative word is an attribute, an object, or a complement, the sentence order is reversed.

¿Quién llama?
¿Qué dolor es comparable al mío?
¿Cuál es tu libro?
¿Qué quiere tu hermano?
¿Con quién habla usted?

Complement, object, or subject placed at the beginning of the sentence:

- For emphasis, a complement or object is placed at the beginning of a sentence. If a direct or indirect object is emphasized, it may be repeated by means of a pronoun: A este hombre, ¿lo conocían ustedes? A tu padre, ¿le has escrito? De este asunto, ¿han hablado ustedes?

- The subject can also be placed at the beginning of an interrogative sentence, but then the question is indicated only by the question marks and vocal intonation: ¿Los estudiantes estaban contentos? or Los estudiantes, ¿estaban contentos?

Interrogative sentences are punctuated with two question marks: the one (¿) at the beginning of the question and the other (?) at the end of the question.

---

internación *f.* penetration, moving in or inland. 2 internment.

internacional *adj.* international. — 2 *f.* International [Socialist organization]. 3 International, Internationale [song].

internacionalismo *m.* internationalism.

internacionalista *adj. & n.* internationalist.

internacionalización *f.* internationalization.

internacionalizar *tr.* to internationalize.

internado *m.* boarding school; boarding school system. 2 state of being a boarding school student. 3 boarding school pupils collectively.

internamente *adv.* internally.

internar *tr.* to lead or send inland. 2 to intern. 3 to place, or have placed, in an institution or hospital. — 4 *ref.* to penetrate, to go into the interior of. 5 to go deeply [into a subject]. 6 to worm or insinuate oneself into another's confidence.

internista *m. & f.* MED. internist.

interno, na *adj.* internal, interior, inside. 2 boarding [student]. — 3 *m. & f.* boarding student. — 4 *m.* intern [in a hospital].

internodio *m.* internode.

internuncio *m.* interlocutor. 2 internuncio.

interoceánico, ca *adj.* interoceanic.

interóseo, a *adj.* ANAT. interosseal, interosseous.

interpaginar *tr.* INTERFOLIAR.

interparietal *adj.* ANAT. interparietal.

interparlamentario, ria *adj.* interparliamentary.

interpelación *f.* act of addressing oneself to another [asking for aid or explanations, or calling him to account]. 2 interpellation [in parliamentary practice].

interpelar *tr.* to address oneself to [another] asking for aid or explanations or calling him to account. 2 to interpellate.

interplanetario, ria *adj.* interplanetary.

interpolación *f.* interpolation.

interpoladamente *adv.* in an interpolated way.

interpolar *tr.* to interpolate.

interpondré, interpondría, etc., *irr.* V. INTERPONER.

interponer *tr.* to interpose, place between. 2 to set as a mediator. 3 LAW to present [an appeal]. — 4 *ref.* to interpose [be or come between]. 5 to interpose, intervene, mediate. ¶ CONJUG. like *poner.*

interpongo, interponga, etc., *irr.* V. INTERPONER.

interposición *f.* interposition, interposal.

interpósita (persona) *f.* (lat.) LAW one who feigns to act for himself, when acting on behalf of another.

interprender *tr.* MIL. to take by surprise.

interpresa *f.* MIL. taking by surprise.

interpretable *adj.* interpretable.

interpretación *f.* interpretation: ~ de lenguas, Translation Bureau [in the Spanish Foreign Office]. 2 construction [placed upon actions, etc.].

interpretador, ra, interpretante *adj.* interpreting. — 2 *m. & f.* interpreter.

interpretar *tr.* to interpret. 2 to construe [put a construction upon].

interpretativamente *adv.* interpretatively.

interpretativo, va *adj.* interpretative.

intérprete *m. & f.* interpreter. 2 sign [of any emotion, feeling, etc.].

interpuse, interpusiera, etc., *irr.* V. INTERPONER.

interpuesto, ta *irr. p. p.* of INTERPONER. — 2 *adj.* interposed, intervening,

interregno *m.* interregnum. 2 ~ parlamentario, period during which the Spanish Cortes are not in session.

interrogación *f.* interrogation, question. 2 GRAM. interrogation point or mark, question mark; point, mark or note of interrogation.

interrogador, ra *adj.* interrogating, questioning. — 2 *m. & f.* interrogator, questioner.

interrogante *adj.* interrogating, questioning. — 2 *m.* GRAM. *interrogante* or *punto* ~, interrogation point or mark; question mark; point, mark or note of interrogation.

interrogar *tr.* to interrogate, question.

interrogativamente *adv.* interrogatively.

interrogativo, va *adj.* interrogative.

interrogatorio *m.* interrogatory, questioning.

interrogué, interrogue, etc., *pret., subj. & imper.* of INTERROGAR.

interrumpidamente *adv.* interruptedly.

interrumpido, da *adj.* interrupted. broken, discontinued.

interrumpir *tr.* to interrupt, suspend, discontinue. 2 to interrupt, cut in, cut short. 3 to obstruct, hinder. — 4 *ref.* to be interrupted, pause, break off.

interrupción *f.* interruption, discontinuance, break, stoppage.

interruptor, ra *adj.* interrupting. — 2 *m. & f.* interrupter. — 3 *m.* ELEC. switch, circuit-breaker : ∼ *bipolar,* two-pole switch ; ∼ *de botón.* push-button switch ; ∼ *de cuchilla,* knife switch; ∼ *unipolar,* single-pole switch.

intersecarse *ref.* GEOM. [of two lines, planes, etc.] to intersect.

intersección *f.* intersection.

intersideral *adj.* interstellar.

intersticial *adj.* interstitial.

intersticio *m.* interstice. 2 interval.

intertrigo *m.* MED. intertrigo.

intertropical *adj.* intertropical.

intervalo *m.* interval [intervening time or space] ; break, gap : ∼ *lúcido,* lucid interval. 2 MUS. interval.

intervención *f.* intervention, taking part; interference. 2 interposition. mediation. 3 supervision, control. 4 auditing [of accounts]. 5 SURG. intervention, operation. 6 INTERNAT. LAW intervention : *no* ∼, nonintervention.

intervencionismo *m.* interventionism.

intervendré, intervendría, intervengo, intervenga, etc., *irr.* V. INTERVENIR.

intervenir *intr.* to take part. 2 to intervene. 3 to intercede, plead [for another]. 4 to mediate [between parties]. 5 to happen, occur. — 6 *tr.* to audit [accounts]. 7 to offer to pay or take up [a bill of exchange by a third party]. 8 to control administration of [Customs House, etc.]. 9 [in international relations] to exercise control over another country's home affairs. 10 SURG. to operate upon [one]. ¶ CONJUG. like *venir.*

interventor, ra *m. & f.* comptroller, supervisor. 2 auditor [of accounts]. 3 election supervisor.

intervertebral *adj.* ANAT. intervertebral.

interviú *m.* Angl. journalistic interview.

intervievar *tr.* to interview [for journalistic purposes].

intervine, interviniera, etc., *irr.* V. INTERVENIR.

intervocálico. ca *adj.* intervocalic.

interyacente *adj.* interjacent, intervening.

intestado, da *adj.* intestate. — 2 *m.* intestate

intestinal *adj.* intestinal.

intestino, na *adj.* internal. 2 intestine, domestic, civil. — 3 *m.* ANAT. intestine : ∼ *ciego,* caecum ; ∼ *delgado,* small intestine ; ∼ *grueso,* large intestine. 4 *pl.* ANAT. intestines.

intima *f.* INTIMACIÓN.

intimación *f.* notification ; order, calling upon.

intimamente *adv.* intimately.

intimar *tr.* to intimate, notify authoritatively. 2 to order, call upon. — 3 *intr.* & *ref.* to become intimate. — 4 *ref.* to interpenetrate.

intimatorio, ria *adj.* notifying an order.

intimidación *f.* intimidation.

intimidad *f.* intimacy [being intimate ; close connexion or friendship] : closeness. 2 inwardness.

intimidar *tr.* to intimidate, daunt. — 2 *ref.* to become intimidated, daunted.

íntimo, ma *adj.* intimate. 2 internal, innermost. 3 private, personal. 4 close [contact, relation].

intitular *tr.* to entitle [give the title of]. — 2 *ref.* to be called, have for a title. 3 to call oneself.

intolerabilidad *f.* intolerableness.

intolerable *adj.* intolerable, unbearable.

intolerancia *f.* intolerance.

intolerante *adj.* intolerant.

intonso, sa *adj.* poet. unshorn. 2 fig. ignorant, unpolished. 3 [of a book] bound with untrimmed leaves.

intorsión *f.* BOT. intortion.

intoxicación *f.* MED. intoxication, poisoning.

intoxicar *tr.* to poison. — 2 *ref.* MED. to be poisoned, to suffer intoxication.

intradós *m.* ARCH. intrados.

intraducible *adj.* untranslatable.

intramolecular *adj.* intramolecular.

intramuros *adv.* within the walls [of a town].

intranquilidad *f.* unrest, restlessness, disquietude, worry, uneasiness.

intranquilicé, intranquilice, etc., *pret., subj. & imper.* of INTRANQUILIZAR.

intranquilizar *tr.* to worry, disquiet, make uneasy. — 2 *ref.* to worry, to become disquieted or uneasy.

intranquilo, la *adj.* restless, disquiet, worried. uneasy.

intransferible *adj.* untransferable.

intransigencia *f.* intransigence, intransigency, uncompromisingness.

intransigente *adj.* intransigent, uncompromising.

intransitable *adj.* impassable [road, etc..].

intransitivo, va *adj. & n.* GRAM. intransitive.

intransmisible *adj.* untransmissible.

intransmutabilidad *f.* intransmutability.

intrasmutable *adj.* intransmutable.

intratabilidad *f.* intractability. 2 cantankerousness, unsociability.

intratable *adj.* intractable. 2 cantankerous, cross-grained, grouchy. unsociable. 3 impassable

intravenoso, sa *adj.* intravenous.

intrépidamente *adv.* intrepidly, fearlessly.

intrepidez *f.* intrepidity. courage, bravery.

intrépido, da *adj.* intrepid, dauntless, fearless, courageous, brave, gallant.

intriga *f.* intrigue. 2 plot, scheming. 3 plot [of a play] ; imbroglio.

intrigante *adj.* intriguing, scheming. — 2 *m. & f.* intriguer.

intrigar *intr.* to intrigue. plot, scheme. — 2 *tr.* to intrigue [arouse the interest or curiosity of] : *estar intrigado,* to be intrigued.

intrigué, intrigue, etc., *pret., subj. & imper.* of INTRIGAR.

intrincable *adj.* capable of being entangled, confused.

intrincación *f.* intricacy. intricateness.

intrincadamente *adv.* intricately.

intrincado, da *adj.* intricate.

intrincamiento *m.* INTRINCACIÓN.

intrincar *tr.* to perplex, complicate, entangle, confuse.

intríngulis, *pl.* -lis *m.* hidden reason or motive, enigma, mystery.

intrinqué, intrinque, etc., *pret., subj. & imper.* of INTRINCAR.

intrínsecamente *adv.* intrinsically.

intrínseco, ca *adj.* intrinsic, intrinsical.

introducción *f.* introduction [in every sense except introduction of a person to another or a bill, etc., before Parliament]. 2 preliminary step. preparation. 5 exordium.

introducir *tr.* to introduce [in every sense except introducing a person to another or a bill, etc., before Parliament]. 2 to insert. 3 to usher in. — 4 *ref. introducirse en* or *entre,* to introduce oneself or itself in, between or among. 5 *introducirse en.* to enter, go in ; gain access or admittance to ; worm oneself into ; to interfere in. ¶ CONJUG. like *conducir.*

introductor, ra *adj.* introducing. — 2 *m. & f.* introducer. introductor. 2 usher.

introduje, introdujera, introduzco, introduzca, etc., *irr.* V. INTRODUCIR.

introito *m.* beginning of or introduction to [a writing or speech]. 2 ECCL. introito. 3 THEAT. prologue.

intromisión *f.* interference, meddling.

introspección *f.* introspection.

introspectivo, va *adj.* introspective.

introversión *f.* introversion.

introverso, sa *adj.* introverted.

intrusamente *adv.* in an intruding, interloping or usurping manner.

intrusarse *ref.* to usurp [an office, authority, etc.], to encroach.

intrusión *f.* intrusion [in office, profession, etc.] ; interloping, usurpation, encroachment.

intrusismo *m.* practice of a profession without authority.

intruso, sa *adj.* intruding, interloping, usurping. — 2 *m. & f.* intruder, interloper, usurper. 3 unauthorized practitioner.

intubación *f.* MED. intubation.

intuición *f.* intuition.

intuir *tr.* to intuit. ¶ CONJUG. like *huir.*

intuitivamente *adv.* intuitively.

intuitivismo *m.* intuitivism.

intuitivo, va *adj.* intuitive.
intuito *m.* glance, look. 2 *por* ~, in view of, in consideration of.
intumescencia *f.* intumescence, swelling.
intumescente *adj.* intumescent, swelling.
intususcepción *f.* BIOL., MED. intussusception.
intuyo, intuyó, intuya, etc., *irr.* V. INTUIR.
inulto, ta *adj.* poet. unavenged, unpunished.
inundación *f.* inundation, flood, overflow, deluge.
inundante *adj.* inundating, inundant.
inundar *tr.* to inundate, flood, overflow, deluge. — 2 *ref.* to be flooded.
inurbanamente *adv.* inurbanely, incivilly, discourteously.
inurbanidad *f.* inurbaneness, inurbanity, incivility, discourtesy.
inurbano, na *adj.* inurbane, uncivil, discourteous.
inusitadamente *adv.* unusually.
inusitado, da *adj.* unusual.
inútil *adj.* useless, unserviceable; good-for-nothing. 2 useless, unprofitable, unavailing, of no avail. 3 needless : ~ *es decir*, needless to say.
inutilicé, inutilice, etc., *pret., subj. & imper.* of INUTILIZAR.
inutilidad *f.* uselessness, inutility, unprofitableness. 2 useless person.
inutilizar *tr.* to render useless, of no avail; to disable; to spoil. — 2 *ref.* to become useless; to be disabled.
inútilmente *adv.* uselessly, unprofitably, to no avail, to no purpose, in vain.
invadeable *adj.* unfordable.
invadir *tr.* to invade. 2 to encroach upon [rights, etc.].
invaginación *f.* invagination.
invaginar *tr.* to invaginate.
invalidación *f.* invalidation.
inválidamente *adv.* invalidly.
invalidar *tr.* to invalidate, void, nullify.
invalidez *f.* invalidity.
inválido, da *adj.* invalid, void, null. 2 invalid, infirm, disabled. — 3 *m.* invalid [pers. disabled for active service].
invariabilidad *f.* invariability.
invariable *adj.* invariable, constant.
invariablemente *adv.* invariably.
invariación *f.* invariableness.
invariado, da *adj.* unvaried, constant.
invariante *f.* MAT. invariant.
invasión *f.* invasion.
invasor, ra *adj.* invading. — 2 *m. & f.* invader.
invectiva *f.* invective.
invencibilidad *f.* invincibility.
invencible *adj.* invincible, unconquerable.
invenciblemente *adv.* invincibly.
invención *f.* invention. 2 *Invención de la Santa Cruz,* Invention of the Cross.
invencionero, ra *adj.* inventing. 2 lying, deceiving. — 3 *m. & f.* liar, deceiver.
invendible *adj.* unsalable.
inventar *tr.* to invent.
inventariar *tr.* to inventory.
inventario *m.* inventory : *hacer* ~, to take inventory; *beneficio de* ~, benefit of inventory.
inventiva *f.* faculty of invention, inventiveness.
inventivo, va *adj.* inventive.
invento *m.* invention.
inventor, ra *adj.* inventing, inventive. — 2 *m. & f.* inventor.
inverecundia *f.* shamelessness, impudence.
inverecundo, da *adj.* shameless, impudent.
inverisímil *adj.* INVEROSÍMIL.
inverisimilitud *f.* INVEROSIMILITUD.
invernáculo *m.* greenhouse, hothouse, conservatory.
invernada *f.* winter season. 2 (Am.) winter pastureland.
invernadero *m.* winter quarters. 2 winter pastureland. 3 INVERNÁCULO.
invernal *adj.* hibernal, hiemal, wintry, winter. — 2 *m.* shed for cattle [in winter pastureland].
invernar *intr.* to hibernate, winter. 2 to be winter. ¶ CONJUG. like *acertar.*
invernizo, za *adj.* wintry, hiemal.
inverosímil *adj.* not verisimilar, unlikely, unbelievable.
inverosimilitud *f.* inverisimilitude, want of verisimilitude, unlikeliness.
inversamente *adv.* inversely. 2 contrariwise.
inversión *f.* inversion. 2 COM. investment.

inverso, sa *adj.* inverse, inverted, opposite. 2 *a,* or *por, la inversa,* on the contrary.
inversor, ra *adj.* inversing. 2 MEC., ELECT. reversing. — 3 *m.* reversing mecanism. 4 ELECT. reverser. 5 COM. investor.
invertebrado, da *adj. & n.* invertebrate. — 2 *m. pl.* ZOOL. Invertebrata.
invertido, da *adj.* inverted, reversed. 2 COM. invested [money or capital]. — 2 *adj. & m.* homosexual, invert.
invertina *f.* BIOCHEM. invertase.
invertir *tr.* to invert. 2 to reverse. 3 to spend [time]. 4 COM. to invest [money or capital]. ¶ CONJUG. like *hervir.*
investidura *f.* investiture.
investigable *adj.* investigable.
investigación *f.* investigation, research, enquiry, inquest.
investigador, ra *adj.* investigating. — 2 *m. & f.* investigator, researcher.
investigar *tr.* to investigate, inquire into, do research work on.
investigué, investigue, etc., *pret., subj. & imper.* of INVESTIGAR.
investir *tr.* to invest [endow, establish legally] : ~ *de* or *con,* to invest with. ¶ CONJUG. like *servir.*
inveteradamente *adv.* inveterately.
inveterado, da *adj.* inveterate; confirmed.
inveterarse *ref.* to become inveterate.
invictamente *adv.* victoriously.
invicto, ta *adj.* unconquered, unvanquished, always victorious.
1) invierno *m.* winter. 2 rainy season [in the tropics].
2) invierno, invierne, etc., *irr.* V. INVERNAR.
invierto, invierta, etc., *irr.* V. INVERTIR.
inviolabilidad *f.* inviolability.
inviolable *adj.* inviolable.
inviolablemente *adv.* inviolably.
inviolado, da *adj.* inviolate.
invirtió, invierta, etc., *irr.* V. INVERTIR.
invisibilidad *f.* invisibility.
invisible *adj.* invisible. — 2 *m.* (Am.) hair net.
invisiblemente *adv.* invisibly.
invisto, invista, invistiera, etc., *irr.* V. INVESTIR.
invitación *f.* invitation.
invitado, da *m. & f.* person invited, guest.
invitador, ra *m. & f.* inviter.
invitante *adj.* inviting. — 2 *m. & f.* inviter.
invitar *tr.* to invite.
invitatorio *m.* ECCL. invitatory.
invocación *f.* invocation, invoking.
invocador, ra *adj.* invoking. — 2 *m. & f.* invoker.
invocar *tr.* to invoke.
invocatorio, ria *adj.* invocatory.
involución *f.* BIOL. involution.
involucral *adj.* BOT. involucral.
involucrar *tr.* to introduce irrelevantly.
involucro *m.* BOT. involucre.
involuntariamente *adv.* involuntarily.
involuntario, ria *adj.* involuntary.
involuntariedad *f.* involuntariness.
involuto, ta *adj.* BOT. involute.—2 *f.* GEOM. involute.
invoqué, invoque, etc., *pret., subj. & imper.* of INVOCAR.
invulnerabilidad *f.* invulnerability.
invulnerable *adj.* invulnerable.
inyección *f.* injection : ~ *hipodérmica* or *subcutánea,* hypodermic injection.
inyectable *adj.* injectable. — 2 *m.* MED. ampoule.
inyectado, da *adj.* injected. 2 *ojos inyectados en sangre,* bloodshot eyes.
inyectar *tr.* to inject.
inyector *m.* MECH. injector.
ión *m.* CHEM. & PHYS. ion.
ionógeno, na *adj.* ionogenic. — 2 *m.* CHEM. & PHYS. ionogen.
iota *f.* iota [Greek letter].
ipecacuana *f.* BOT.. FARM. ipecacuanha, ipecac.
ipil *m.* BOT. ipil [tree].
ipsilon *f.* upsilon [Greek letter].
ipso facto *adv.* (lat.) ipso facto [by the act itself]. 2 at once, right away.
ir *intr.* to go, proceed, make one's way, move, walk : ~ *a casa,* to go home; ~ *al campo,* to go into the country; ~ *de prisa,* to go, move or walk fast; *él irá lejos,* he will go far; *yendo por la calle,* walking in the street. 2 to go, go about, be [in a certain state] : ~ *armado,* to go armed; ~ *descalzo,* to go, or be, barefooted; ~ *en mangas de*

camisa, to be in one's shirt sleeves; ~ *sin afeitar*, to be unshaven; ~ *vestido de blanco*, to be clad in white; *voy herido*, I am wounded; *va usted equivocado*, you are mistaken. *3* to go, ride, travel, be transported : ~ *a caballo*, to ride, go on horseback; ~ *en coche*, to ride in a carriage; ~ *en tren*, to go on a train, to travel by train. *4* to go [follow a given course, proceed or happen in a given manner] : *las cosas van despacio en este pueblo*, things go slowly in this town. *5* to fit, suit, become : *este vestido me va bien*, this dress fits me (well) or suits me; *esto no me va*, this dress doesn't suit me. *6* to differ, be different : *ilo que va de ayer a hoy!*, how today differs from yesterday!; *ilo que va del padre al hijo!*, what a difference between father and son! *7* to go, lead : *esta carretera va a Madrid*, this road goes, or leads, to Madrid. *8* to go, extend [from point to point]. *9* to be at stake, to depend on; to affect, concern : *en esto le va la vida*, his life depends on that; *nada te va en ello*, it doesn't concern you in the least. *10* to be, be doing, fare : *¿cómo va el enfermo?*, how is the patient?; *el enfermo va bien*, the patient is doing well. *11* to be, elapse : *de mayo a julio van dos meses*, it is two months from May to July. *12* ARIT. to be, leave : *de 2 a 5 van 3*, 2 from 5 leaves 3. *13* [in certain games of cards] to play, enter the game. *14* to bet, lay, wager : *van diez pesetas*, I bet ten pesetas; *¿cuánto va...?*, what do you bet...? *15* to proceed [with] : ~ *con cuidado*, to proceed with care, to be careful; ~ *con miedo*, to proceed with fear, to be afraid. *16* With a gerund it denotes action implied by same in its beginning or in its actual or continued performance or occurrence : *va oscureciendo*, it is getting dark; *voy entendiendo*, I begin to understand; *ha ido lloviendo todo el día*, it has been raining all along the day; *vamos andando*, we are walking; *fue disparando hasta que cayó muerto*, he kept firing till he fell dead. *17* ~ *a* [before a noun], to go to, to frequent, attend; ~ *a la escuela*, to go to school, to attend school. *18* ~ *a* [before an inf.], to go to; to be going to, to purpose or intend to; to go and; ~ *a buscar*, to go to fetch, go for, go and get; ~ *a esperar*, to go to meet; *iba a decir*, I was going to say; *voy a comprar una casa*, I am going, or I intend, to buy a house; *vaya a verlo*, go and see it. *19* ~ *a la mano a uno*, to restrain someone. *20* ~ *a medias*, to go halves. *21* ~ *a una*, to act in unison. *22* ~ *adelante*, to go on, to go forward. *23* ~ *bien*, to be all right, to get along all right; to be doing well. *24* ~ *con uno*, to go with someone; to be of the same opinion as someone, to support him. *25* ~ *de* [with certain nouns], to perform or indulge in action implied by noun : ~ *de paseo*, to take a walk, to go out for a walk, to go for a ride; ~ *de caza*, to go hunting. *26* ~ *de bracero* or *del brazo*, to walk arm in arm. *27* ~ *en busca de*, to go in search of, to seek for. *28* ~ *largo* or *para largo*, to take time, to have a long time to wait before something is accomplished. *29* ~ *lejos*, to go far; to be far from [what one says, does or means to imply]. *30* ~ *mal*, to be in a bad state, not to be getting along all right. *31* ~ *pasando*, to be getting or pulling along, to be so-so. *32* ~ *por*, to go for, to go to fetch. *33* ~ *sobre una cosa*, to follow up, to keep in sight [a business, affair, etc.]. *34* ~ *sobre uno*, to follow someone closely; to give pursuit to someone. *35* ~ *vía descaminado*, to be on the wrong road; *to be barking up the wrong tree. *36* ~ *tras alguno o alguna cosa*, to go after someone o something. *37* *a eso voy*, a eso vamos, I'm (or we are) coming to that. *38* *allá va*, allá va eso, [look out! [usually said when throwing something]. *39* *¿cómo le va?*, ¿cómo vamos?, how are you?, how goes it with you?. *40* *donde fueres, haz como vieres*, when in Rome do as Rome does. *41* *estar ido*, to be off one's head; to be in a fit of abstraction. *42* *no irle ni venirle a uno nada en una cosa* [of a thing], not to concern or affect one in the least. *43* *no vaya (vayas, vayáis, vayan) a decir, pensar, etc.*, don't go and say, think, etc. *44* *¡que va!*, nonsense!, you don't say! *45* *¿quién va?, ¿quién va allá?*, who is there?, who goes there? *46* *sin irle ni venirle a uno*, without [a thing] having anything to do

with one, or being one's business. *47* *¡vámonos!*, let's go! *48* *¡vamos!*, let's go!, come on!; come!; why!, well! *49* *vamos a ver*, let's see, let me see; what is it? *50* *vamos claros*, let's be plain. *51* *váyase lo uno por lo otro*, one thing is worth the other. *52* *¡vaya una idea!*, what an idea! *53* *¡vaya si es verdad!*, it is certainly true, I should say so! *54* *vaya* or *vete a paseo, vete a freír espárragos*, go and chop chips.

55 *ref.* to be going, go away, depart, quit. *56* to be dying. *57* to leak, leak out. *58* to slip, to start coming down or falling. *59* to wear out. *60* [of cloth] to split, to tear, to become threadbare. *61* to break wind. *62* [with a gerund] to be, to be gradually : *se va acercando*, it is getting near; *se va desvaneciendo*, it is vanishing, it is gradually vanishing. *63* *irse de*, to discard [a card or cards]. *64* *irse abajo*, to fall down, topple down. *65* NAUT. *irse a pique*, to founder, go to the bottom. *66* *irse de boca, írsele la boca a uno*, to speak thoughtlessly or recklessly. *67* *irsele a uno el alma por* or *tras de*, to long for. *68* *írsele a uno la cabeza*, to become dizzy; to lose one's head. *69* *írsele a uno la mano*, to overdo oneself; to put too much [salt, etc.]. *70* *írsele a uno los ojos tras de*, to gaze admiringly or longingly. *71* *írsele a uno los pies*, to slip [lose footing or balance by unintended sliding]. *72* *allá se va lo uno con lo otro*, it is all the same, it amounts to the same thing.

¶ IRREG. CONJUG. : INDIC. Pres. : *voy, vas, va; vamos, vais, van.* | Imperf. : *iba, ibas, iba; íbamos, ibais, iban.* | Pret. : *fui, fuiste, fue; fuimos, fuisteis, fueron.* | Fut. : *iré, irás*, etc. | COND. : *iría, irías*, etc. | SUBJ. Pres. : *vaya, vayas, vaya; vayamos, vayáis, vayan.* | Imperf. : *fuera, fueras, fuera; fuéramos, fuerais, fueran,* or *fuese, fueses, fuese; fuésemos, fueseis, fuesen.* | Fut. : *fuere, fueres, fuere; fuéremos, fuereis, fueren.* | IMPER. : *ve, vaya; vayamos, id, vayan.* | PAST. P. : *ido.* | GER. : *yendo.*

ira *f.* ire, anger, wrath : *descargar la ~ en*, to vent one's anger on; *¡~ de Dios!*, God in Heaven !

iraca *f.* BOT. (Am.) Panama-hat palm.

iracundia *f.* irascibility. *2* anger, wrath.

iracundo, da *adj.* irascible. *2* angry, wrathful.

Irak (el) *m. pr. n.* GEOG. Irak, Iraq.

Irán (el) *m. pr. n.* GEOG. Iran.

iranio, nia *adj. & n.* Iranian.

iraqués, sa *adj. & n.* Iraqi.

irascibilidad *f.* irascibility, irascibleness.

irascible *adj.* irascible, irritable.

Irene *f. pr. n.* Irene.

irenarca *m.* irenarch.

irgo, irga, irguió, irguiera, etc., *irr.* V. ERGUIR.

iribú *m.* (Arg.) IRUBÚ.

iridáceo, a *adj.* BOT. iridaceous. — *2 f.* BOT. one of the Iridaceæ. *3 pl.* BOT. Iridaceæ.

fride *f.* BOT. gladdon, stinking iris.

irídeo, a *adj.* BOT. irideous, iridaceous.

iridio *m.* CHEM. iridium.

iridiscencia *f.* iridescence.

iridiscente *adj.* iridescent.

iris *m.* iris, rainbow : ~ *de paz*, fig. peacemaker. *2* ANAT., OPT. iris. *3* MINER. noble opal.

irisación *f.* irisation.

irisado, da *adj.* irisated, irised, rainbow-hued.

irisar *intr.* to be iridescent.

iritis *f.* MED. iritis.

Irlanda *f. pr. n.* GEOG. Ireland.

irlanda *f.* a cotton and woollen cloth. *2* a fine linen.

irlandés, sa *adj.* Irish. — *2 m.* Irishman. *3* Irish [language]. — *4 f.* Irishwoman. — *5 m. pl.* *los irlandeses*, the Irish.

ironía *f.* irony.

irónicamente *adv.* ironically.

irónico, ca *adj.* ironic, ironical.

iroqués, sa *adj.* Iroquoian. — *2 m. & f.* Iroquoian, Iroquois.

irracional *adj.* irrational [not endowed with reason]. *2* irrational, absurd. *3* MATH. irrational. — *4 m.* irrational being.

irracionalidad *f.* irrationality.

irracionalmente *adv.* irrationally.

irradiación *f.* irradiation, radiation.

irradiar *tr.* to irradiate, radiate [light, heat, etc.].

irrazonable *adj.* unreasonable.

irreal *adj.* unreal.

irrealidad *f.* unreality.

irrealizable *adj.* unrealizable, unattainable; impracticable.
irrebatible *adj.* irrefutable.
irreconciliable *adj.* irreconcilable.
irreconciliablemente *adv.* irreconcilably.
irrecuperable *adj.* irrecoverable, irretrievable.
irrecusable *adj.* irrecusable.
irredentista *m. & f.* Irredentist.
irredento, ta *adj.* unredeemed [region].
irredimible *adj.* irredeemable.
irreducible *adj.* irreducible.
irreductibilidad *f.* irreducibility.
irreductible *adj.* irreducible. 2 stubborn, unyielding.
irreemplazable *adj.* irreplaceable.
irreflexión *f.* lack of reflexion, rashness, thoughtlessness.
irreflexivamente *adv.* unreflectingly, inconsiderately, rashly, thoughtlessly.
irreflexivo, va *adj.* unreflecting, inconsiderate, rash, thoughtless.
irreformable *adj.* unreformable.
irrefragable *adj.* irrefragable.
irrefragablemente *adv.* irrefragably.
irrefrenable *adj.* irrepressible, uncontrollable.
irrefutable *adj.* irrefutable.
irregular *adj.* irregular.
irregularidad *f.* irregularity.
irregularmente *adv.* irregularly.
irreligión *f.* irreligion.
irreligiosamente *adv.* irreligiously.
irreligiosidad *f.* irreligiousness.
irreligioso, sa *adj.* irreligious.
irremediable *adj.* irremediable, hopeless.
irremediablemente *adv.* irremediably, hopelessly.
irremisible *adj.* irremissible.
irremisiblemente *adv.* irremissibly.
irremunerado, da *adj.* unremunerated.
irrenunciable *adj.* unrenounceable.
irreparable *adj.* irreparable, irretrievable.
irreparablemente *adv.* irreparably, irretrievably.
irreprensible *adj.* irreprehensible, blameless.
irreprensiblemente *adv.* irreprehensibly, blamelessly.
irreprimible *adj.* irrepressible.
irreprochable *adj.* irreproachable.
irreprochablemente *adv.* irreproachably.
irresistibilidad *f.* irresistibility, irresistibleness.
irresistible *adj.* irresistible.
irresistiblemente *adv.* irresistibly.
irresoluble *adj.* unsolvable.
irresolución *f.* irresolution, indecision.
irresolutamente *adv.* irresolutely.
irresoluto, ta *adj.* irresolute, wavering.
irrespetuoso, sa *adj.* disrespectful.
irrespirable *adj.* unbreathable, suffocating.
irresponsabilidad *f.* irresponsibility.
irresponsable *adj.* irresponsible.
irrestañable *adj.* unstaunchable.
irresuelto, ta *adj.* IRRESOLUTO.
irreverencia *f.* irreverence.
irreverenciar *tr.* to treat irreverently, to profane.
irreverente *adj.* irreverent.
irreverentemente *adv.* irreverently.
irreversibilidad *f.* LAW, MACH., BIOL. irreversibility.
irreversible *adj.* LAW, MACH., BIOL. irreversible.
irrevocabilidad *f.* irrevocability.
irrevocable *adj.* irrevocable.
irrevocablemente *adv.* irrevocably.
irrigación *f.* MED. irrigation.
irrigador *m.* MED. irrigator.
irrigar *tr.* MED. to irrigate.
irrisible *adj.* laughable, ridicule.
irrisión *f.* derision, ridicule. 2 laughing stock.
irrisoriamente *adv.* derisively, ridiculously.
irrisorio, ria *adj.* derisive, derisory, ridiculous. 2 insignificant, ridiculously small.
irritabilidad *f.* irritability.
irritable *adj.* irritable.
irritación *f.* irritation [act of irritating]. 2 irritation, anger, annoyance. 3 exasperation [of hatred, avarice, etc.]. 4 MED., PHYSIOL. irritation.
irritador, ra *adj.* irritating — 2 *m. & f.* irritator.
irritamente *adv.* LAW invalidly.
irritamiento *m.* irritation [act of irritating; state of being irritated].
irritante *adj.* irritating, irritant. 2 LAW irritant. — 3 *m.* MED., PHYSIOL. irritant.
irritar *tr.* to irritate, anger, annoy. 2 to exasperate [hatred, avarice, etc.]. 3 MED., PHYSIOL., LAW to irritate. — 4 *ref.* to become irritated; to be exasperated.

irrito, ta *adj.* LAW null, void.
irrogar *tr.* to cause, occasion [harm, damage].
irrogué, irrogue, etc., V. IRROGAR.
irrompible *adj.* unbreakable.
irruir *tr.* to assault, raid, invade.
irrumpir *intr.* to make an irruption : — *en*, to make an irruption into, burst into, invade.
irrupción *f.* irruption, bursting in, invasion.
irubú *m.* ORN. (Arg.) turkey buzzard.
Isaac *m. pr. n.* Isaac.
Isabel *f. pr. n.* Isabella, Elizabeth.
isabelino, na *adj.* Isabelline; Elizabethan. 2 stamped with the bust of Isabella II [coin]. 3 Isabella-coloured [horse]. — 4 *adj. & n.* HIST. partisan or defender of Isabella II against the Carlists.
isagoge *f.* isagoge, introduction, exordium.
isagógico, ca *adj.* isagogic, introductory.
Isaías *m. pr. n.* BIB. Isaiah.
isidoriano, na *adj.* Isidorian.
Isidoro *m. pr. n.* Isidore.
Isidro *m. pr. n.* Isidore.
isla *f.* GEOG. isle, island : *islas Baleares*, Balearic Islands; *islas Británicas*, British Isles : *islas Canarias*, Canary Islands; *Islas de Barlovento*, Windward Islands; *islas del Almirante*, Admiralty Islands; *islas de la Sonda*, Sunda Isles; *islas de Sotavento*, Leeward Islands; *islas Filipinas*, Philipine Islands; *islas Malvinas*, Falkland Islands; *islas Normandas* or *del Canal de la Mancha*, Channel Islands. 2 block [of houses]. 3 isolated grove or woodland. — 4 *adv. en ~*, isolatedly.
islam *m.* Islam.
islámico, ca *adj.* Islamic.
islamismo *m.* Islamism.
islamita *adj.* Islamitic. — 2 *adj. & n.* Islamite.
islamizar *intr. & ref.* to islamize.
islandés, sa *adj.* Icelandic. — 2 *m. & f.* Icelander. 3 *m.* Icelandic [language].
Islandia *f. pr. n.* GEOG. Iceland.
islándico, ca *adj.* Icelandic. — 2 *m. & f.* Icelander.
isleño, ña *adj.* insular [of an island]. — 2 *m. & f.* islander.
isleo *m.* small island. 2 tract of ground surrounded by a ground of different nature.
isleta *f.* dim. small island, islet.
islilla *f.* ANAT. armpit. 2 ANAT. collar bone.
islote *m.* small barren island. 2 large jutting rock [in sea].
Ismael *m. pr. n.* Ishmael.
ismaelita *adj.* Ishmaelitic, Ismaelitic. — 2 *m. & f.* Ishmaelite, Ismaelite.
isobara *f.* METEOR. isobar.
isobárico, ca *adj.* METEOR. isobaric : *línea isobárica*, isobar.
isoclina *f.* isoclinal [line].
isoclino, na *adj.* isoclinal, isoclinic.
isocromático, ca *adj.* OPT. isochromatic.
isocronismo *m.* isochronism.
isócrono *adj.* isochronal, isochrone, isochronic.
isodáctilo, la *adj.* ZOOL. isodactylous.
isodinámico, ca *adj.* isodynamic.
isógono, na *adj.* CRIST. isogonic.
isomería *f.* CHEM. isomerism.
isómero, ra *adj.* CHEM., BIOL. isomeric, isomerous. — 2 *m.* CHEM. isomer.
isométrico, ca *adj.* isometric.
isomorfismo *m.* MINER. isomorphism.
isomorfo, fa *adj.* MINER. isomorphic, isomorphous.
isoperímetro *g.* GEOM. isoperimetrical.
isópodo, da *adj. & m.* ZOOL. isopod, isopodan. — 2 *m. pl.* ZOOL. Isopoda.
isoquímena *f.* METEOR. isocheim.
isoquímeno, na *adj.* METEOR. isocheimenal.
isósceles *adj.* GEOM. isosceles.
isotermo, ma *adj.* PHYS., METEOR. isothermal, isothermic. — 2 *f.* METEOR. isotherm [line].
isótero, ra *adj.* METEOR. isotheral.
isotopía *f.* PHYS., CHEM. isotopism, isotopy.
isotópico, ca *adj.* isotopic.
isótopo *m.* PHYS., CHEM. isotope.
isotrópico, ca *adj.* PHYS., BIOL. isotropic, isotropous.
isotropismo *m.* PHYS., BIOL. isotropism.
isótropo, pa *adj.* ISOTRÓPICO.
isquiático, ca *adj.* ANAT. ischial.
isquión *m.* ANAT. ischium.
Israel *m. pr. n.* GEOG., HIST. Israel.
israelita *adj.* Israelitish. — 2 *m. & f.* Israelite, Hebrew.

israelítico, ca *adj.* Israelitish.
istacayota *f.* BOT. (Mex.) a variety of pumpkin.
istmeño, ña *adj. & n.* istmian [native of an isthmus].
ístmico, ca *adj.* isthmian, isthmic.
istmo *m.* GEOG., ANAT. isthmus.
istriar *tr.* ESTRIAR.
isuate *m.* BOT. (Mex.) kind of palm with a bark used to make mattresses.
Itaca *f. pr. n.* HIST., GEOG. Ithaca.
Italia *f. pr. n.* GEOG. Italy.
italianismo *m.* Italianism.
italianizar *tr.* Italianize. — *2 ref.* to become Italianized.
italiano, na *adj. & n.* Italian. — *2 m.* Italian [language].
itálico, ca *adj.* Italic. *2* PRINT. *letra itálica,* italic type, italics.
italo, la *adj. & n.* poet. Italian.
itea *f.* BOT. itea.
item *m.* clause, article [of a deed, etc.]. *2* addition, additament. — *3 adv. item* or *item más,* also, likewise, furthermore [in deeds, etc.].

iterable *adj.* iterable.
iteración *f.* iteration.
iterar *tr.* to iterate.
iterativo, va *adj.* iterative.
iterbia *f.* CHEM. ytterbia.
iterbio *m.* CHEM. ytterbium.
itinerario, ria *adj. & m.* itinerary.
itria *f.* MINER. yttria.
itrio *m.* CHEM. yttrium.
izaga *f.* place abounding in rushes.
izaje *m.* (Am.) hoisting.
izar *tr.* NAUT. to hoist, haul up.
izote *m.* BOT. Spanish dagger.
izquierda *f.* left hand. *2* left, left-hand side : *a la* ~, to the left, on the left. *3* POL. Left, Left wing.
izquierdear *intr.* to err, to deviate from reason or justice.
izquierdista *adj. & n.* POL. leftist.
izquierdo, da *adj.* left, left-hand. *2* left-handed [person]. *3* crooked.

J

J, j *f.* J, j, eleventh letter of the Spanish alphabet.
jaba *f.* (Cu.) basket. *2* (Am.) crate.
jabalcón *m.* strut, brace.
jabalconar *tr.* to built or support with struts.
jabalí, *pl.* **-líes** *m.* ZOOL. wild boar.
jabalina *f.* javelin, boarspear. *2* SPORT javelin. *3* ZOOL. wild sow.
jabalón *m.* JABALCÓN.
jabalonar *tr.* JABALCONAR.
jabardear *intr.* [of a hive of bees] to produce a poor swarm or afterswarm.
jabardillo *m.* noisy swarm [of insects or birds]. *2* coll. noisy swarm [of people].
jabardo *m.* poor swarm or afterswarm [of bees]. *2* coll. noisy swarm [of people].
jabato *m.* young wild boar.
jábega *f.* JÁBEGA.
jábega *f.* sweep net [for fishing]. *2* fishing smack.
jabegote *m.* man who hauls ashore a sweep net.
jabeguero, ra *adj.* sweep-net. — *2 m.* sweep-net fisherman.
jabeque *m.* NAUT. xebec. *2* coll. knife wound in the face.
jabí, *pl.* **-bíes** *m.* BOT. breakax, breakaxe, quebracho. — *2 adj. & n.* BOT. designating a small wild apple. *3* designating a small grape of Granada.
jabillo *m.* BOT. sandbox tree.
jabín *m.* (Mex.) JABÍ 1.
jabirú *m.* YABIRÚ.
jabladera *f.* croze, crozer [cooper's tool].
jable *m.* croze [groove in staves].
jabón *m.* soap; ~ *blando,* soft soap; ~ *de afeitar,* shaving soap; ~ *de olor,* toilet soap; ~ *de piedra,* hard soap; ~ *de sastre,* soapstone, French chalk; ~ *de tocador,* toilet soap; ~ *duro,* hard soap; *pastilla de* ~, cake of soap. *2* fig. flattery: *dar* ~, to flatter, to softsoap. *3* fig. severe reprimand: *dar un* ~ *a,* to reprimand severely, to give a good dressing down, to haul over the coals.
jabonado, da *adj.* soaped. — *2 m.* soaping. *3* washing [clothes soaped or to be soaped].
jabonadura *f.* soaping. *2* fig. severe reprimand: *dar una* ~, to reprimand severely, to give a good dressing down, to haul over the coals. *3* *pl.* soapsuds, lather.
jabonar *tr.* to soap [rub soap over or into]; to lather. *2* fig. to reprimand severely, to give a good dessing down, to haul over the coals.
jaboncillo *m.* cake of toilet soap. *2* BOT. chinaberry, soapberry, soapberry tree. *3* ~ *de sastre,* soapstone, French chalk.
jabonera *f.* woman who makes or sells soap. *2* soap dish. *3* BOT. soapwort.
jabonería *f.* soap factory. *2* soap shop.
jabonero, ra *adj.* [pertaining to] soap: *hierba jabonera,* BOT. soapwort. *2* dirty white or yellowish [bull]. — *3 m.* soapmaker. *4* soap dealer.

jaboneta *f.,* **jabonete** or **jabonete de olor** *m.* toilet soap.
jabonoso, sa *adj.* soapy.
jaborandí *m.* BOT. jaborandi.
jabuco *m.* (Cu.) kind of basket.
jaca *f.* nag, cob, bidet, jennet.
jacal *m.* (Mex.) hut, shack.
jacamar *m.* ORN. jacamar.
jacana *f.* ORN., BOT. jacana.
jácara *f.* merry ballad. *2* a kind of dance and its tune. *3* group of merry singers walking the streets at night. *4* annoyance. *5* story, tale; fable, lie.
jacarandá *f.* BOT. jacaranda.
jacarando, da *adj.* pertaining to the JÁCARA. — *2 m.* swaggerer.
jacarandoso, sa *adj.* jaunty, lively, gay.
jacarear *intr.* to sing JÁCARAS. *2* coll. to walk the streets singing and making noise. *3* to annoy with offensive remarks.
jacarero *m.* one who walks the streets singing JÁCARAS. — *2 adj.* gay, merry, sportful [person].
jácaro, ra *adj.* swaggering. — *2 m.* swaggerer, blusterer: *a lo* ~, in a swaggering or blustering manner.
jácena *f.* ARCH. girder.
jacerina *f.* coat of mail.
jacilla *f.* mark which a thing leaves upon the ground.
jacintino, na *adj.* poet. hyacintine, violet.
jacinto *m.* BOT. hyacinth. *2* MINER. hyacinth: ~ *de Ceilán,* zircon; ~ *de Compostela,* red crystallized quartz; ~ *occidental,* topaz; ~ *oriental,* ruby.
Jacinto, ta *m. & f. pr.* Hyacinth.
jaco *m.* jade, sorry nag. *2* short coat of mail. *3* short jacket formerly worn by soldiers.
Jacob *m. pr. n.* BIB. Jacob.
jacobinismo *m.* Jacobinism.
jacobino, na *adj.* Jacobin, Jacobinic. — *2 m.* HIST., POL. Jacobin.
jacobita *adj.* Jacobite, Jacobitic: *iglesia* ~, Jacobite Church. — *2 m. & f.* ECCL. Jacobite. *3* ENGL. HIST. Jacobite.
Jacobo *m. pr. n.* James.
jactancia *f.* boasting, boastfulness, brag, bragging, vaunt.
jactanciosamente *adj.* boastingly, vauntingly.
jactancioso, sa *adj.* boastful, bragging, vaunting. — *2 m. & f.* boaster, braggard, vaunter.
jactarse *ref.* to boast, brag, vaunt: ~ *de,* to boast of.
jaculatoria *f.* ejaculation [short prayer].
jaculatorio, ria *adj.* short and fervent [prayer].
jachalí *m.* BOT. custard apple.
jade *m.* MINER. jade.
jadeante *adj.* panting, out of breath.
jadear *intr.* to pant, heave.

jadeo *m.* panting.
jaecero, ra *m.* & *f.* maker of horse ornaments.
jaezar *tr.* ENJAEZAR.
jaén *m.* kind of large white grape.
jaenés, sa *adj.* of Jaén. — 2 *m.* & *f.* native or inhabitant of Jaén.
jaez, *pl.* **jaeces** *m.* ornament for horses. 2 kind, nature [of things]. 3 *pl.* trappings [for horses].
Jafet *m. pr. n.* BIB. Japheth.
jafético, ca *adj.* Japhetic.
jagua *f.* BOT. jagua, genipap.
jaguar *m.* ZOOL. jaguar.
jaguarzo *m.* BOT. rockrose.
jagüey *m.* BOT. (Cu.) a woody liana. 2 (S. Am.) pool, basin.
jaharrar *tr.* MASON. to plaster.
jaharro *m.* MASON. plaster, plastering.
jahuey *m.* (Arg., Bol., Chi.) JAGÜEY.
jaiba *f.* ZOOL. (Cu.) fresh-water crawfish. 2 ZOOL. (Chi.) crab.
Jaime *m. pr. n.* James.
jaique *m.* moorish hooded cloak.
¡ja, ja, ja! *interj.* ha, ha!
jalapa *f.* BOT. jalap, jalapa.
jalar *tr.* to haul, to pull. 2 to attract. 3 (C. Am.) to court, make love. — 4 *ref.* (Am.) to get drunk. 5 (Bol., P. Ri., Ven.) to go away, move away.
jalbegar *tr.* ENJALBEGAR. — 2 *tr.* & *ref.* to paint, make up [the face, one's face].
jalbegue *m.* whitewash [for walls]. 2 whitewashing [of walls]. 3 fig. paint, make-up.
jaldado, da; jalde; jaldo, da *adj.* bright yellow, crocus-coloured.
jaldre *m.* FALCON. yellow colour.
jalea *f.* jelly [of fruit juices] : ~ del agro, conserve of citron; hacerse uno ~, to love with excessive fondness.
jaleador, ra *m.* & *f.* one who encourages hounds, dancers or singers.
jalear *tr.* to encourage [hounds] with shouts. 2 to animate [dancers, singers, etc.] by clapping hands or cheering. 3 (Chi.) to annoy, tease, gibe.
jaleco *m.* Turkish jacket.
jaleo *m.* clapping hands, cheering, etc., to encourage dancers, singers, etc. 2 Andalusian dance and its tune. 3 merry noise. 4 row, disturbance, uproar.
jaletina *f.* gelatine. 2 fine jelly.
Jalifa *m.* Moroccan prince governing Spanish Morocco.
jalifato *m.* dignity of the Jalifa. 2 territory under the Jalifa.
jalisco, ca *adj.* (Mex.) drunk. — 2 *m.* (Mex.) straw hat made in Jalisco.
jalma *f.* ENJALMA.
jalmería *f.* packsaddle work. 2 packsaddler's trade.
jalmero *m.* packsaddle maker or dealer.
jalón *m.* SURV. flag pole, ranging pole, stake. 2 (Am.) jerk, pull, tug. 3 (Bol.) stretch, distance. 4 (Mex.) swallow, drink [of liquor].
jalonar *tr.* SURV. to mark or stake out.
jalonear *tr.* (Am.) to jerk, pull.
jaloque *m.* southeast wind.
jallullo *m.* HALLULLA.
Jamaica *f. pr. n.* GEOG. Jamaica.
jamaica *f.* (Mex.) charity fair.
jamaicano, na *adj.* & *n.* Jamaican.
jamar *tr.* coll. to eat.
jamás *adv.* never : ~ por ~, nunca ~, never, nevermore. 2 ever : el mejor libro que ~ se haya escrito, the best book ever written; para siempre ~, for ever and ever.
jamba *f.* ARCH. jamb.
jambaje *m.* ACH. jambs and lintel of a door or window.
jámbico, ca *adj.* YÁMBICO.
jambo *m.* YAMBO.
jamelgo *m.* jade [horse].
jamerdana *f.* sewer of a slaughterhouse.
jamerdar *tr.* to clean the guts of [a slaughtered animal]. 2 to wash hastily.
jamón *m.* ham [thigh of hog salted and dried].
jamona *adj.* & *f.* coll. buxom middle-aged woman.
jamuga *f.*, **jamugas** *f. pl.* cacolet, mule chair.
jándalo, la *adj.* & *n.* coll. Andalusian. 2 a term applied in the North of Spain to those who, having dwelt for some time in Andalusia, affect Andalusian habits and accent.

jangada *f.* nonsense, silly sally. 2 dirty trick. 3 NAUT. raft, float.
Jano *m. pr. n.* MYTH. Janus.
jansenismo *m.* Jansenism.
jansenista *adj.* Jansenistic. — 2 *m.* & *f.* Jansenist.
jántico, ca *adj.* XÁNTICO.
jantina *f.* XANTINA.
jantofila *s.* XANTOFILA.
Japón (el) *m. pr. n.* GEOG. Japan.
japón, na, japonés, sa *adj.* & *n.* Japanese. — 2 *m.* Japanese [language].
jaque *m.* CHESS check : ~ mate, checkmate; dar ~, to check [in chess]; dar ~ mate, to checkmate [in chess]; tener en ~, fig. to hold a threat over the head of. 2 coll. swaggerer, bully.
jaquear *tr.* CHESS. to check. 2 MIL. to harass [an enemy].
jaqueca *f.* migraine, megrim, headache.
jaquecoso, sa *adj.* boring, tiresome.
jaquel *m.* HER. square.
jaquelado, da *adj.* HER. checkered. 2 JEWEL. square-faceted.
jaquetilla *f.* short jacket.
jaquetón *m.* VALENTÓN.
jáquima *f.* rope headstall and halter.
jaquimazo *m.* blow with a rope headstall.
jara *f.* BOT. rockrose : ~ blanca, white-leaved rockrose. 2 kind of wooden dart.
1) jarabe *m.* syrup. 2 sweet drink. 3 ~ de pico, empty talk, idle promises, lip service.
2) jarabe *m.* (Am.) a popular dance.
jarabear *tr.* to prescribe syrups for. — 2 *ref.* to take syrups regularly.
jaraiz, *pl.* **jaraices** *m.* LAGAR.
jaral *m.* place full of rockrose shrubs; bramble, brake. 2 fig. entanglement, complication.
jaramago *m.* BOT. hedge mustard.
jaramugo *m.* young fish.
jarana *f.* noisy merrymaking of low people. 2 coll. row, rioting, uproar. 3 coll. trick, deception, mockery.
jaranear *intr.* to go merrymaking. 2 to engage in rows, to riot.
jaranero, ra *adj.* merry, merrymaking, fun-loving.
jarano *m.* Mexican [sombrero].
jarapote *m.* JAROPEO.
jarapotear *intr.* JAROPEAR.
jarazo *m.* blow or wound with a wooden dart.
jarcia *f.* NAUT. rigging, cordage [of a ship] : ~ muerta, standing rigging. 2 fishing tackle. 3 tackle, equipment. 4 jumble, mess.
jardín *m.* [flower] garden, gardens : ~ botánico, botanical gardens; ~ zoológico, zoological gardens. 2 NAUT. privy, latrine. 3 spot that disfigures an emerald. 4 EDUC. ~ de la infancia, kindergarten.
jardincillo, jardincito *m.* dim. small garden.
jardinera *f.* woman gardener. 2 wife of a gardener. 3 flowerstand, jardinière. 4 basket carriage. 5 open tramcar for summertime.
jardinería *f.* flower gardening, landscape gardening.
jardinero *m.* gardener [tender of a flower garden].
jarea *f.* (Mex.) hunger.
jarearse *ref.* (Mex.) to starve, die of hunger. 2 (Mex.) to flee, run away. 3 (Mex.) to swing, sway.
jareta *f.* SEW. casing. 2 NAUT. cat-harping. 3 NAUT. netting.
jaretera *f.* JARRETERA.
jaretón *m.* SEW. large hem.
jarife *m.* JERIFE.
jarifiano, na *adj.* JERIFIANO.
jarifo, fa *adj.* showy, elegant.
jaro, ra *adj.* reddish-haired [hog or wild boar]. — 2 *m.* BOT. cuckoopint. 3 thicket.
jarocho, cha *m.* rude, insolent person. 2 (Mex.) peasant of the Veracruz shoreland.
jaropar *tr.* to stuff with syrups or medicines.
jarope *m.* syrup. 2 coll. nasty potion.
jaropear *tr.* JAROPAR.
jaropeo *m.* excessive use of syrups and medicines.
jaroso, sa *adj.* full of rockroses, brambly.
jarra *f.* jar, pitcher. 2 de jarras, en jarras, with arms akimbo.
jarrazo *m.* aug. large jar. 2 blow with a jar.
jarrear *tr.* JAHARRAR. — 2 *intr.* to take out water or wine with a jar. 3 fig. to pour, rain cats and dogs.
jarrero *m.* jar maker or seller.
jarrete *m.* ANAT. ham, back of the knee. 2 upper

part of the calf of the leg. *3* hock, gambrel [of quadruped]

jarretera *f.* garter. *2* Order of the Garter.

jarro *m.* ewer, jug, pitcher, pot : *echar a uno un ∼ de agua,* or *de agua fría,* to discourage someone, to cool someone's enthusiasm.

jarrón *m.* vase [ornamental vessel] ; flower vase. *2* ARCH. urn.

jasadura *f.* SAJADURA.

jasar *tr.* SAJAR.

Jasón *m. pr. n.* MYTH. Jason.

jaspe *m.* MINER. jasper. *2* veined marble.

jaspeado, da *adj.* marbled, mottled, veined [like jasper or marble]. — *2 m.* marbling.

jaspear *tr.* to marble, mottle, vein [like jasper or marble].

jateo, a *adj.* fox-hunting [dog].

jato, ta *m. & f.* calf [young of cow].

¡jau! *interj.* to incite animals, esp. bulls.

Jauja *f. pr. n.* Cockaigne [land or place of abundance and luxury] : *¿estamos aquí o en Jauja?,* coll. where do you think you are?

jaula *f.* cage [for birds, beasts, etc.]. *2* crate. *3* MIN. cage.

jaulón *m. aug.* large cage or crate.

jauría *f.* pack of hounds.

javanés, sa *adj. & n.* Javanese.

Javier *m. pr. n.* Xavier.

jayán, na *m. & f.* fig. burly, strong person.

jazmín *m.* BOT. jasmine, jessamine : *∼ amarillo,* small Spanish variety with yellow flowers; *∼ real* or *de España,* Spanish jasmine. *2* BOT. *∼ de la India,* gardenia.

jazmíneo, a *adj.* BOT. of the *Jasminium* genus.

jebe *m.* alum, rock alum. *2* (S. Am.) India rubber.

jebuseo, a *adj.* Jebusitic. — *2 m. & f.* Jebusite.

jedive *m.* khedive.

jedrea *f.* AJEDREA.

jefa *f.* woman chief or head.

jefatura *f.* headship, leadership. *2* headquarters : *∼ de policía,* police headquarters.

jefe *m.* chief, head, leader, boss, master : *∼ de cocina,* head cook, chef; *∼ de estación,* RLY. stationmaster; *∼ del Estado,* head of the State, *chief executive; *∼ de un partido,* leader of a party; *∼ político,* formerly, head or governor of a province; *en ∼,* in chief; *comandante en ∼,* commander in chief. *2* MIL. field officer : *∼ de día,* day officer. *3* HER. chief, chef. — *4 adj.* chief, in chief : *inspector ∼,* chief inspector; *redactor ∼,* editor in chief.

Jehová *m. pr. n.* Jehovah.

¡je, je, je! *interj.* ha, ha!

jején *m.* (Am.) gnat.

jemal *adj.* having the length of a *jeme.*

jeme *m.* distance from tip of the thumb to tip of the forefinger when both are extended. *2* coll. face [of woman] : *tener buen ∼,* to be good-looking.

jenabe, jenable *m.* MOSTAZA.

jengibre *m.* ginger [plant & spice].

jeniquén *m.* (Cu.) HENEQUÉN.

jenízaro, ra *adj.* mixed, hybrid. — *2 m.* Janizary.

Jenofonte *m. pr. n.* Xenophon.

jeque *m.* sheik, sheikh [Arab chief].

jera *f.* gift, present.

jerarca *m.* hierarch.

jerarquía *f.* hierarchy.

jerárquicamente *adv.* hierarchically.

jerárquico, ca *adj.* hierarchic, hierarchical.

jerarquizar *tr.* to arrange hierarchically.

jerbo *m.* ZOOL. jerboa.

jeremiada *f.* jeremiad.

Jeremías *m. pr. n.* Jeremiah, Jeremias, Jeremy.

jeremías *m. & f.* coll. constant complainer.

jeremiqueo *m.* (Cu., Chi., P. Ri.) whining; persistent supplication.

jerez *m.* sherry wine.

jerezano, na *adj.* pertaining to Jerez. — *2 m. & f.* native or inhabitant of Jerez.

jerga *f.* coarse woollen cloth. *2* straw mattress. *3* jargon [of a trade or group]. *4* jargon, gibberish.

jergón *m.* straw mattress. *2* fig. ill-fitting clothes. *3* coll. fat, clumsy person. *4* JEWEL. a variety of zircon.

jerguilla *f.* silk or worsted serge.

jerife *m.* sherif, shereef.

jerifiano, na *adj.* sherifian.

jerigonza *f.* jargon, gibberish. *2* jargon [of a trade or group]. *3* strange and ridiculous action. *4* *andar en jerigonzas,* to quibble.

jeringa *f.* syringe : *∼ hipodérmica,* hypodermic syringe. *2* enema [apparatus]. *3* sausage stuffer.

jeringación *f.* syringuing. *2* injection, clystering. *3* coll. annoyance, botheration.

jeringador, ra *adj.* syringuing. *2* coll. annoying, bothersome. — *3 m. & f.* coll. annoyer, botherer.

jeringar *tr.* to syringe. *2* to give an enema to. *3* coll. to annoy, bother. — *4 ref.* coll. to support an annoyance.

jeringazo *m.* syringing. *2* injection, enema, clyster.

jeringué, jeringue, etc., *pret., subj. & imper.* of JERINGAR.

jeringuilla *f.* small syringe. *2* hypodermic syringe. *3* BOT. syringa, *mock orange.

jeroglífico, ca *adj.* hieroglyphic, hieroglyphical. — *2 m.* hieroglyphic. *3* rebus.

Jerónimo *m. pr. n.* Jerome.

jerónimo, ma *adj. & m.* Hieronymite.

jerosolimitano, na *adj. & n.* Hierosolymitan.

jerpa *f.* HORT. sterile shoot of a vine.

jersey *m.* jersey, sweater [garment].

Jerusalén *f. pr. n.* GEOG. Jerusalem.

jesuato, ta *m. & f.* person dedicated to Jesus when born.

Jesucristo *m. pr. n.* Jesus Christ.

jesuita *adj. & m.* Jesuit.

jesuíticamente *adv.* Jesuitically.

jesuítico, ca *adj.* Jesuitic, Jesuitical.

jesuitismo *m.* Jesuitism.

Jesús *m. pr. n.* Jesus : *el niño ∼,* the infant Jesus; *en un decir ∼, en un ∼,* in an instant; *sin decir ∼,* suddenly; *¡ay ∼!,* alas!, ¡good gracious!; *¡Jesús!, ¡Jesús, María y José!,* good gracious!, my gracious! ¶ The name of Jesus is employed in Spain with no necessary implication of profanity.

Jesusa *f. pr. n.* Jesus.

jesusear *intr.* to repeat often the name of Jesus.

jeta *f.* thick lips; protruding mouth : *estar uno con tanta ∼,* fig. to wear a long face. *2* hog's snout. *3* coll. phiz, mug, face.

jetón, na, jetudo, da *adj.* thick-lipped.

jíbaro, ra *adj.* (Am.) rustic, rural, country. *2* (Am.) wild [plant or animal]. — *3 m. & f.* (Am.) peasant, rustic.

jibia *f.* ZOOL. cuttlefish. *2* cuttlebone.

jibión *m.* cuttlebone.

Jibraltar *m. pr. n.* GEOG. Gibraltar.

jibraltareño, ma *adj.* pertaining to Gibraltar. — *2 m. & f.* native or inhabitant of Gibraltar.

jícara *f.* chocolate cup. *2* (Am.) small calabash cup.

jicarazo *m.* blow with a chocolate cup. *2* coll. poisoning : *dar un ∼,* to give poison.

jicarón *m. aug.* large chocolate cup.

jicotea *f.* (Cu.) a fresh-water tortoise.

jifa *f.* offal [of slaughtered animals].

jiferada *f.* stroke with a slaughtering knife.

jifería *f.* slaughtering of animals.

jifero, ra *adj.* [pertaining to the] slaughterhouse. *2* coll. dirty, filthy, vile. — *3 m.* slaughtering knife. *4* butcher [slaughterer of animals for food].

jifia *f.* PEZ ESPADA.

jiga *f.* GIGA.

jigote *m.* GIGOTE.

jiguilete *m.* JIQUILETE.

¡ji!, ji, ji! *interj.* he, he, he!

Jijona *f. pr. n.* GEOG. Jijona [town in Spain] : *turrón de ∼,* a sweet-almond paste.

jilguera *f.* ORN. female goldfinch.

jilguero *m.* ORN. goldfinch, linnet.

jilote *m.* (C. Am., Mex.) ear of green Indian corn.

jimagua *adj.* (Mex.) twin [brother, sister].

jimelga *f.* NAUT. fish [of a mast].

jimio *m.* SIMIO.

jindama *f.* coll. fear.

jinestada *f.* sauce made of milk, rice, flour, dates, spices, etc.

jineta *f.* ZOOL. genet. *2* short spear formerly worn as a badge by captains of the infantry. *3* sergeant's shoulder knot. *4* montar a la ∼, to ride with stirrups high and legs bent. *5* tener los cascos a la ∼, to be harebrained, giddy.

jinete *m.* horseman, rider. *2* obs. cavalryman. *3* *2* spirited pure-bred horse.

jinetear *intr.* to ride about on horseback showing off one's horsemanship. — *2 tr.* (Am.) to break

in [a horse]. *3* (Mex., Hond.) to ride on [a bull].
jinglar *intr.* to swing [as a pendulum].
jingoismo *m.* jingoism.
jingoista *adj.* jingo, jingoist, jingoistic. — *2 m. & f.* jingo, jingoist.
jinjol *m.* AZUFAIFA.
jinjolero *m.* AZUFAIFO.
jiote *m.* MED. (C. Am., Mex.) tetter.
jipa *f.* (Col.) JIPIJAPA.
jipío *m.* HIPIDO.
jipijapa *f.* fine strip of jipijapa straw. — *2 m.* jipijapa, Panama hat.
jiquilete *m.* (Am.) indigo plant.
jira *f.* strip of cloth. *2* picnic, outing. *3* excursion, tour.
jirafa *f.* ZOOL. giraffe.
jirel *m.* rich caparison [for a horse].
jíride *f.* ÍRIDE.
jiroflé *m.* GIROFLÉ.
jirón *m.* shred, tatter : *2* bit, small part. *3* SEW. facing [of a skirt]. *4* pennant, pointed banner. *5* HER. gyron.
jironado, da *adj.* shredded, torn. *2* garnished with a facing [skirt]. *3* HER. gyronny.
jirpear *tr.* to dig about [vines].
jitomate *m.* (Mex.) tomato.
jiu-jitsu *m.* jiujitsu, jujitsu.
¡jo! *interj.* whoa !
Joaquín *m. pr. n.* Joachim.
Job *m. pr. n.* BIB. Job. — *2 m.* fig. Job [very patient man].
jobo *m.* BOT. hog plum.
jocosamente *adv.* jocosely, jocularly, humorously.
jocoserio, ria *adj.* jocoserious, seriocomic.
jocosidad *f.* jocosity, jocularity, humorousness.
jocoso, sa *adj.* jocose, jocular, humorous.
jocotal *m.* BOT. (C. Am., Mex.) Spanish plum [tree].
jocote *m.* BOT. (C. Am., Mex.) Spanish plum [fruit].
jocoyote *m.* (Mex.) baby [youngest child].
jocundidad *f.* jocundity.
jocundo, da *adj.* jocund, pleasant.
jofaina *f.* washbowl, washbasin.
jojoto *m.* (Ven.) unripe grain of Indian corn.
jolgorio *m.* HOLGORIO.
joloano, na *adj.* Suluan. — *2 m. & f.* Sulu, Suluan.
jollín *m.* coll. noisy merrymaking, uproar.
Jonás *m. pr. n.* BIB. Jonah.
Jonatán *m. pr. n.* Jonathan.
Jonia *f. pr. n.* HIST., GEOG. Ionia.
jónico, ca *adj.* Ionian, Ionic. *2* ARCH. Ionic. — *3 adj. & m.* PROS. Ionic. — *4 m. & f.* Ionian [person]. — *5 m.* Ionic [dialect].
jonio, nia *adj.* Ionian, Ionic. — *2 m. & f.* Ionian [person].
jonja *f.* (Chi.) mockery.
jonjabar *tr.* coll. to flatter, to wheedle.
¡jopo! *interj.* be off!, out of here !
Jordán *m. pr. n.* Jordan [river]. *2* fig. anything that purifies or rejuvenates : *ir uno al ~*, to rejuvenate, be rejuvenated.
jorfe *m.* dry-stone sustaining wall. *2* cliff, precipice.
Jorge *m. pr. n.* George.
jorguín *m.* wizard, sorcerer.
jorguina *f.* witch, sorceress.
jorguinería *f.* witchcraft, sorcery.
jornada *f.* day's journey : *a grandes* or *a largas jornadas*, by forced marches, fast, speedily ; *caminar uno por sus jornadas*, fig. to proceed with circumspection ; *al fin de la ~*, fig. in the end. *2* journey, travel. *3* military expedition. *4* journey, passage through life, span of life. *5* transit from life to eternity. *6* king's stay in a royal country residence. *7* summer residence of the diplomatic corps. *8* workday, working day [number of hours of work] : *~ de ocho horas*, eight-hour day or working day. *9* act of a play [in the ancient Spanish drama]. *10* fig. occasion, event.
jornal *m.* day wages : *a ~*, by the day. *2* day's work, daywork. *3* a land measure.
jornalero, ra *m. & f.* day labourer, dayworker, journeyman.
joroba *f.* hump, hunch. *2* coll. annoyance, bother.
jorobado, da *adj.* gibbous, crook-backed, humped, humpbacked, hunchbacked. — *2 m. & f.* crookback, humpback, hunchback.
jorobar *tr.* coll. to annoy, bother.

jorro *adj.* (Cu.) bad [tobacco]. — *2 m. red de ~*, dragnet.
josa *f.* open orchard of vines and fruit trees.
Josafat *m. pr. n.* BIB. Jehoshaphat.
José *m. pr. n.* Joseph. *2* BIB. *~ de Arimatea*, Joseph of Arimathea.
Josefa, Josefina *f. pr. n.* Josepha, Josephine.
Josefo *m. pr. n.* Josephus.
Josías *m. pr. n.* BIB. Josiah.
Josué *m. pr. n.* BIB. Joshua.
jostrado, da *adj.* round-headed [shaft or dart].
jota *f.* name of the letter *j.* *2* jota [Spanish dance]. *3* jot, iota, whit [always in negative expressions] : *no saber* or *no entender ~, ni ~, una ~*, coll. not to know or not to understand nothing; *sin faltar ~* or *una ~*, coll. in minute detail, with not a whit left out.
jote *m.* ORN. a Chilean vulture.
joule *m.* ELECT. joule.
joven *adj.* young. — *2 m. & f.* youth, young man, young woman, young person : *de ~*, as a youth, as a young man or woman ; *los jóvenes*, the young people.
jovenado *m.* juniorate.
jovencillo, lla & jovencito, ta *m. & f.* youngster, lad, lass.
jovial *adj.* jovial, cheerful, pleasant, good-humoured. *2* Jovian.
jovialidad *f.* joviality, cheerfulness, good humour.
jovialmente *adv.* jovially, good-humouredly.
joya *f.* jewel, piece of jewelry. *2* large brooch formerly worn by women. *3* fig. jewel, gem [person or thing]. *4* ARCH., ARTIL. astragal. *5 pl.* jewels, trinkets. *6* a bride's outfit and jewels.
joyante *adj.* fine and glossy [silk].
joyel *m.* small jewel.
joyelero *m.* jewel case or box, casket.
joyera *f.* woman jeweller.
joyería *f.* jewelry trade ; jeweller's trade. *2* jeweller's shop.
joyero *m.* jeweller. *2* jewel case or box, casket.
joyita *f. dim.* JOYUELA.
joyo *m.* BOT. darnel, bearded darnel.
joyón *m. aug.* large jewel.
joyuela *f. dim.* small jewel.
juaguarzo *m.* JAGUARZO.
Juan *m. pr. n.* John : *buen ~*, candid soul ; *~ español*, the Spanish people ; *el típico Spaniard* ; *~ Lanas*, man who has no will of his own.
Juana *f. pr. n.* Joan, Jane, Jean : *~ de Arco*, Joan of Arc.
juanas *f. pl.* glove stretcher.
juanete *m.* bunion. *2* prominent cheekbone. *3* NAUT. topgallant yard. *4* NAUT. topgallant sail : *~ de proa*, fore-topgallant sail ; *~ de sobremesana*, mizzen-topgallant sail ; *~ mayor*, main-topgallant sail.
juanetero *m.* NAUT. sailor in charge of topgallants.
juanetudo, da *adj.* having bunions.
juanillo *m.* (Chi.) tip, gratuity.
Juanita *f. pr. n.* Jenny. Jeannette.
Juanito *m. pr. n.* Jack, Johnny.
juarda *f.* grease of cloth.
juardoso, sa *adj.* greasy [cloth].
jubete *m.* buff jacket covered with mail.
jubilación *f.* pensioning off, superannuating, superannuation, retiring, retirement. *2* pension, superannuation, retiring allowance.
jubilado, da *adj.* pensioned, pensioned off, superannuate, retired. — *2 m. & f.* pensioner, superannuate.
1) **jubilar** *adj.* ECCL. [pertaining to the] jubilee.
2) **jubilar** *tr.* to pension off, superannuate, retire. *2* fig. to discard as useless. — *3 intr. & ref.* to jubilate, rejoice. — *4 ref.* to be pensioned, to retire. *5* (Cu., Mex.) to learn, become an expert. *6* (Col.) to decline, fall into decline. *7* (Guat., Ven.) to play truant.
jubileo *m.* JEWISH HIST. jubilee. *2* jubilee [plenary indulgence proclaimed by the Pope] : *ganar el ~*, to make the jubilee ; *por ~*, rarely, once in a long while. *3* fig. much going and coming of many people.
júbilo *m.* jubilation, joy, delight, rejoicing.
jubilosamente *adv.* jubilantly, joyfully.
jubiloso, sa *adj.* jubilant, joyful, rejoicing.
jubón *m.* doublet, jerkin.
juboncito *m. dim.* small doublet or jerking.
jubonero *m.* maker of doublets or jerkins.

júcaro *m.* BOT. a West-Indian hardwood tree.
judaica *f.* spine of fossile sea urchin.
judaico, ca *adj.* Judaic, Jewish.
judaísmo *m.* Judaism.
judaizante *adj.* Judaizing. — *2 m. & f.* Judaizer, Judaist.
judaizar *intr.* to Judaize.
Judas *m. pr. n.* BIB. Judas : ~ *Iscariote*, Judas Iscariot ; *alma de* ~, wicked, cruel person ; *beso de* ~, Judas kiss. *2* fig. Judas, traitor.
judería *f.* Jewry, ghetto. *2* tax on Jews.
judía *f.* Jewess. *2* BOT. bean, kidney bean ; string bean, French bean : ~ *de careta*, small spotted kidney bean ; ~ *colorada*, scarlet runner.
judiada *f.* dirty trick. *2* inhuman action. *3* usurious profit.
judiar *m.* field or patch of kidney beans.
judicatura *f.* judgeship. *2* judicature.
judicial *adj.* judicial [pertaining to the administration of justice, the judgement or the judicature] ; judiciary : *poder* ~, judicial power.
judicialmente *adj.* judicially.
judiciario, ria *adj.* judicial [astrology]. *2* pertaining to the judicial astrology. — *3 m.* astrologer. — *4 f.* judicial astrology.
judiego, ga *adj.* applied to an inferior kind of olives.
judihuela *f. dim.* young Jewess. *2* small kidney bean.
judihuelo *m. dim.* young Jew.
judío, a *adj.* Jewish, Judean. *2* miserly ; usurious. — *2 m.* Jew, Hebrew, Judean ; ~ *de señal*, HIST. converted Spanish Jew, wearing a distinguishing badge. *3* miser ; usurer.
judión *m. aug.* BOT. large variety of kidney bean.
Judit *f. pr. n.* Judith.
judo *m.* judo.
1) **juego** *m.* play, playing [for amusement] : ~ *limpio*, fig. fair play ; ~ *sucio*, fig. foul play ; *no ser cosa de* ~, to be no laughing matter ; *por* ~, in play, in fun, for fun. *2* gambling, gaming, game : *casa de* ~, gambling house ; *mesa de* ~, gambling table ; card-table ; *3* play, game : ~ *de ajedrez*, chess, game of chess ; ~ *de azar*, game of chance ; ~ *de billar*, billiards ; ~ *de bochas*, bowling ; ~ *de bolos*, skittles, ninepins, tenpins ; ~ *de cartas* or *naipes*, card game, cards ; ~ *de damas*, draughts, *checkers, chequers ; ~ *de ingenio*, guessing game ; ~ *del chaquete*, backgammon ; ~ *del hombre*, ombre [card game] ; ~ *de manos*, legerdemain, sleight of hand, conjurer's trick ; ~ *de niños*, child's play ; ~ *de pelota*, ball [game], pelota ; ~ *de palabras* or *de vocablos*, play on words, pun ; ~ *de prendas*, forfeits ; *juegos malabares*, juggling, jugglery. *4* SPORT. place where certain games are played : court, alley, etc. *5* scheme or art employed in the pursuit of an object or purpose ; game : ~ *de compadres*, collusion or conspiracy under pretence of opposition among those concerned ; *conocerle*, or *verle, el* ~ *a uno*, to see through someone ; to read someone's intention ; *hacerle el* ~ *a uno*, to play into the hands of. *6* hand [cards dealt to a player] : *descubrir uno su* ~, to show one's hand ; *tener* ~, to have a good hand. *7* play [of water, light, colours, etc.]. *8* MACH. play. *9* play, action, working, operation : *entrar en* ~, to come into play, or into action ; *poner en* ~, to bring into play, to make use of. *10* in the running gear of a carriage, the fore wheels [~ *delantero*] or the back wheels [~ *trasero*] with their axe and other attachments. *11* set, service, suite : ~ *de botones*, set of buttons ; ~ *de café*, coffee service ; ~ *de dormitorio*, bedroom suite. *12* *hacer* ~, to match [suit, correspond] : *estos jarrones hacen* ~, these vases match. *13 pl.* games [public games] : *juegos olímpicos*, Olympian games, Olympic games ; *juegos pitios*, Pythian games.
2) **juego, juegue**, etc., *irr.* V. JUGAR.
jueguecito *m. dim.* little game.
juerga *f.* spree, revelry, carousal : *ir de* ~, to go on a spree.
juerguista *m. & f.* reveller, carouser.
jueves *m.* Thursday : ~ *gordo* or *lardero*, Thursday before Shrovetide ; ~ *santo*, Maundy Thursday, Holy Thursday ; *no ser cosa del otro* ~, to be nothing out of the common.
juez, *pl.* **jueces** *m.* judge, justice : ~ *arbitrador* or

árbitro, LAW arbitrator ; ~ *de hecho*, LAW juryman, juror ; ~ *de instrucción*, examining magistrate ; ~ *de línea*, SPORT linesman ; ~ *de llegada*, SPORT goal judge ; ~ *de paz*, justice of the peace ; ~ *de salida*, SPORT starter.
jugada *f.* play [particular act or manœuvre in a play or game], stroke, throw, move. *2* ill turn, mean trick. *3* ~ *de Bolsa*, speculation in stocks, bonds, etc.
jugadera *f.* LANZADERA.
jugador, ra *adj.* given to gambling. — *2 m. & f.* player [one who plays a game] : ~ *de manos*, conjurer, conjuror, legerdemainist. *3* gambler, gamester : ~ *de ventaja*, sharper, cheating gamester.
jugar *intr.* to play, sport, frolic, toy, dally. *2* to game, to gamble : ~ *fuerte*, or *grueso*, to gamble heavily. *3* to play [take part in a game] : ~ *a los naipes*, to play at cards ; ~ *al fútbol*, to play football. *4* to play, throw, move ; to be one's turn to play [in a game]. *5* to speculate : ~ *a la Bolsa*, to speculate in stocks or bonds ; ~ *al alza*, to bull [speculate for the rise] ; ~ *a la baja*, to bear [speculate for a fall]. *6* to play, to enter in action. *7* MACH. to play ; to move on joints or hinges. *8* [of wind, flame, light, waves, etc.] to play. *9* ~ *con*, to play with ; to toy with, dally with, trifle with, make game of. *10* ~ *en*, to intervene in, to have an active part in, to have a hand in.
11 tr. to play [a match, game, hand, etc., at a game]. *12* to play [a card, a domino, etc.] ; to move [a man, a pawn]. *13* to move, make use of [a limb]. *4* to ply, wield [a weapon]. — *14 tr. & ref.* to play, risk, stake : *jugarse el todo por el todo*, to stake all, to shoot the works ; *jugarse la vida*, to risk one's life, to play with one's life. *15* to play or gamble away [lose in gambling]. *16* *jugársela de puño a uno*, to deceive, trick, outwit someone.
¶ IRREG. CONJUG. : INDIC. Pres. : *juego, juegas, juega* ; jugamos, jugáis, *juegan*. | SUBJ. Pres. : *juegue, juegues, juegue* ; juguemos, juguéis, *jueguen*. | IMPER. : *juega, juegue* ; juguemos, jugad, *jueguen*.
jugarreta *f.* bad play [in a game]. *2* mean trick, dirty trick.
juglandáceo, a ; **juglándeo, a** *adj.* BOT. juglandaceous — *2 f.* BOT. one of the Juglandaceæ. *3 f. pl.* BOT. Juglandaceæ.
juglar *m.* minstrel, jongleur. *2* medieval mountebank.
juglara, juglaresa *f.* woman jongleur.
juglaresco, ca *adj.* pertaining to minstrels or jongleurs.
juglaría *f.* minstrels' or jongleurs' feats or manners : *mester de* ~, minstrel poetry.
jugo *m.* juice : ~ *de limón*, lemon juice ; ~ *gástrico*, PHYSIOL. gastric juice. *2* jus, gravy. *3* fig. substance, profit : *sacar el* ~ *a*, to make the most of ; *sacar* ~ *de*, to get profit from or out of.
jugosidad *f.* juiciness, succulence.
jugoso, sa *adj.* juicy, succulent.
jugué, juguéis, etc., *irr.* V. JUGAR.
juguete *m.* toy, plaything. *2* fig. sport [of wind, passions, etc.]. *3* short, slight musical piece. *4* THEAT. short play : ~ *cómico*, comedietta. *5* *por* ~, jestingly, for fun, in fun.
juguetear *intr.* to toy, play, sport, gambol, frolic, dally, wanton.
jugueteo *m.* playing, sporting, gamboling, frolicking.
juguetería *f.* toy trade. *2* toy shop.
juguetón, na *adj.* playful, frolicsome, wanton.
juicio *m.* judgment, discretion, discernment, prudence, sense, wisdom : *falto de* ~, having no sense ; *hombre de* ~, man of judgment ; *muela del* ~, wisdom tooth ; *asentar el* ~, to settle down, sober down, get some sense ; *tener* ~, to be sensible ; to behave oneself. *2* sanity, saneness, sense, soundness of mind : *estar en su* ~ or *en su cabal* ~, to be in one's right mind, to be of a sound mind ; *estar fuera de* ~, to be out of mind ; *perder el* ~, to go crazy, go out of mind, lose one's sense ; *quitar el* ~, fig. to leave one breathless, be amazing. *3* judgment [mental act of judging], opinion : *formar* ~ *de*, to judge, form an opinion about ; *a mi* ~, in my opinion. *4* LAW trial : ~ *ejecutivo*, levy, execu-

tion : ~ *oral*, trial [in criminal law]. 5 THEOL. judgment : *el ~ final* or *universal*, the Judgment, the Last Judgment. 6 HIST. ~ *de Dios*, ordeal [to determine guilt or innocence].
juiciosamente *adv*. judiciously, sensibly, wisely.
juicioso, sa *adj*. judicious, sensible, wise.
juil *m*. ICHTH. (Mex.) a kind of trout.
juil'n *m*. ICHTH. (Guat., Hond.) a small freshwater fish.
julepe *m*. PHARM. julep. 2 a card game. 3 scolding, reprimand, punishment. 4 (S. Am.) fear.
julepear *tr*. (Arg.) to alarm, scare [a person]. 2 (Mex.) to worry, harass.
Julia *f. pr. n*. Julia.
Julián *m. pr. n*. Julian.
juliano, na *adj*. Julian : *calendario ~*, Julian calendar. 2 COOK. julienne : *sopa juliana*, julienne [soup]. — *3 pr. n. Juliano el Apóstata*, Julian the Apostate.
julio *m*. July [month]. 2 ELECT. joule.
Julio *m. pr. n*. Julius.
julo *m*. bell-cow. 2 lead mule.
juma *f*. coll. JUMERA.
jumarse *ref*. (Col., Cu.) to get drunk.
jumenta *f*. jenny, jenny ass, she-ass.
jumental, jumentil *adj*. asinine.
jumento *m*. ass, donkey.
jumera *f*. HUMERA.
juncáceo, a *adj*. BOT. juncaceous. — 2 *f*. BOT. one of the Juncaceæ. 3 *pl*. BOT. Juncaceæ.
juncada *f*. COOK. a kind of fritter. 2 JUNCAR.
juncal *adj*. rushy. 2 willowy, flexible, graceful [human body]. — 3 *m*. JUNCAR.
juncar *m*. ground full of rushes.
júnceo, a *adj*. JUNCÁCEO.
juncia *f*. BOT. galingale [sedge].
juncial *m*. ground full of galingales.
junciana *f*. coll. vain show, empty boasting.
junciera *f*. earth vessel with perforated lid, for aromatic roots.
juncino, na *adj*. rushy, made of rushes.
junco *m*. junk [Chinese ship]. 2 BOT. rush, bulrush. 3 rush stem. 4 slender cane or walking stick. 5 BOT. ~ *de Indias*, rattan; ~ *florido*, flowering rush; ~ *marinero, marino* or *maritimo*, bulrush, tule; ~ *oloroso*, camel grass.
juncoso, sa *adj*. rushy.
junio *m*. June.
junior *m*. ECCL. junior.
junípero *m*. BOT. juniper.
Juno *f. pr. n*. MYTH. Juno.
junquera *f*. BOT. rush, bulrush.
junqueral *m*. JUNCAR.
junquillo *m*. BOT. jonquil. 2 BOT. rattan. 3 ARCH. reed, bead.
junta *f*. meeting, conference : ~ *de accionistas*, stockholders' meeting; ~ *de acreedores*, COM. meeting of creditors; ~ *de médicos*, MED. consultation. 2 session, sitting. 3 board, council : ~ *de comercio*, board of trade; ~ *de sanidad*, board of health; ~ *directiva*, board of directors, executive board. 4 collection, aggregate. 5 ARCH. joint. 6 union, junction, joint, seam : ~ *a tope*, butt joint; ~ *de dilatación* or *de expansión*, expansion joint; ~ *de recubrimiento* or *de solapa*, lap joint. 7 pipe joint, gasket.
juntamente *adj*. jointly, together.
juntar *tr*. to assemble, congregate. 2 to amass, collect, gather, lay up, store. 3 to join, unite; to connect. 4 to close, set ajar [a door]. — 5 *ref*. to join, meet, assemble, gather. 6 to join, meet, come into contact, be united. 7 to come close [to]. 8 to copulate. 9 *juntarse con*, to associate with.
juntera *f*. CARP. jointer [plane].
junto, ta *adj*. united, assembled, together : *vivir juntos*, to live together; *encontré toda la familia junta*. I found the family assembled; *todos juntos*, all together. 2 being near or close : *muy juntos*, very close to each other.
junto *adv*. near, close : ~ *a*, near to, close to, next to, by, beside. 2 ~ *con*, together with, along with. 3 *en* ~, altogether, in all, all told. 4 *por* ~, *de por* ~, wholesale. 5 *todo* ~, at the same time, all at once : *cantaban y bailaban todo junto*, they sang and danced at the same time.
juntura *f*. joint, juncture [place of union]. 2

ANAT., ZOOL. joint, articulation [juncture between bones].
jupa *f*. BOT. (C. Ri.) a round pumpkin.
Júpiter *m. pr. n*. MYTH., ASTR. Jupiter : ~ *tonante*, Jupiter tonans, the Thunderer.
jura *f*. oath. 2 solemn ceremony of taking an oath of allegiance.
1) **jurado** *m*. LAW jury, panel. 2 jury [for awarding prizes]. 3 juror, juryman.
2) **jurado, da** *adj*. sworn : *enemigo ~*, sworn enemy; *relación jurada*, sworn statement or list; *tenérsela jurada a uno*, coll. to have it in for someone.
jurador, ra *adj*. swearing. — 2 *m. & f*. swearer. 3 profane swearer.
juramentar *tr*. to swear, put to an oath. — 2 *ref*. to bind oneself by an oath.
juramento *m*. oath : ~ *asertorio*, declaratory oath; ~ *faso*, perjury; *juramento de Hipócrates*, Hippocratic oath. 2 act of swearing. 3 swearword, profane word, curse.
jurar *intr*. to swear [take an oath] : ~ *en falso*, to commit perjury. 2 to swear [use profane language]. — 3 *tr*. to swear : *juro decir la verdad*, I swear to tell the truth. 4 to swear allegiance or obedience to [the king, the constitution, etc.]. 5 ~ *un cargo*, to take the oath before entering an office. 6 *jurársela* or *jurárselas a uno*, coll. to have it in for someone; to threaten someone with revenge.
jurásico, ca *adj. & m*. GEOL. Jurassic.
juratorio, ria *adj*. LAW juratory : *caución ~*, juratory security, release on oath.
jurdía *f*. kind of fishing net.
jurel *m*. ICHTH. saurel.
jurero *m*. (Chi., Ecu.) false witness.
jurguina *f*. JORGUINA.
jurídicamente *adv*. juridically.
jurídico, ca *adj*. juridical; legal.
jurisconsulto *m*. jurisconsult, jurist, lawyer.
jurisdicción *f*. jurisdiction.
jurisdiccional *adj*. jurisdictional. 2 *aguas jurisdiccionales*, territorial waters.
jurispericia *f*. JURISPRUDENCIA.
jurisperito *m*. jurisprudent, jurist.
jurisprudencia *f*. jurisprudence. 2 the course of decision in the courts as distinguished from legislation.
jurisprudente *m*. jurisprudent, jurist.
jurista *m*. jurist.
juro *m*. right of perpetual ownership. 2 *de* ~, certainly, necessarily. 3 *por* ~ *de heredad*, perpetually, being conveyed from father to son.
jusbarba *f*. BOT. butcher's-broom.
jusello *m*. soup of broth, cheese and eggs.
justa *f*. joust, tilt. 2 contest.
justador *m*. jouster, tilter.
justamente *adv*. justly [in a just manner]. 2 tightly, fitting tightly. 3 just, exactly. 4 just at that time.
justar *intr*. to joust, to tilt.
justicia *f*. justice [cardinal virtue; just conduct, fairness; exercise of authority in maintenance of right; rightfulness] : *administrar ~*, to administer justice; *hacer ~*, to do justice; *pedir ~*, to ask for justice; *de ~*, just, deserved. 2 officers of law-court, judge; judicial power : *ir por ~*, to go to court, to bring suit. 3 public punishment, execution [putting to death] : *ejecutor de la ~*, executioner.
justiciable *adj*. actionable, justiciable.
justiciero, ra *adj*. just, fair, righteous [person].
justificable *adj*. justifiable.
justificación *f*. justification, [act of justifying, state of being justified; that which justifies]. 2 justification, adjustment. 3 THEOL., PRINT. justification.
justificadamente *adv*. justly. 2 with adequate reason or motive.
justificado, da *adj*. justified. 2 having adequate reason or motive, well-grounded.
justificador, ra *adj*. justifying. — 2 *m. & f*. justifier.
justificante *adj*. justifying. — 2 *m*. proof, voucher.
justificar *tr*. to justify [show the justice or rightness of; make good a statement, etc.; adduce adequate grounds for; pronunce free of guilt or blame, vindicate]. 2 to prove, vouch, establish. 3 to justify, adjust. 4 THEOL, PRINT. to justify. — 5 *ref*. to clear oneself, to justify one's conduct.

1139JUZGUÉ

justificativo, va *adj.* justificative; justificatory.
justifiqué, justifique, etc., *pret., subj. & imper.*
of JUSTIFICAR.
justillo *m.* underwaist, corset cover.
justinianeo, a *adj.* Justinian.
Justiniano *m. pr. n.* Justinian.
justipreciación *f.* JUSTIPRECIO.
justipreciador, ra *m. & f.* appraiser.
justipreciar *tr.* to appraise, estimate.
justiprecio *m.* appraisal, estimation.
1) justo *adv.* justly, rightly. 2 exactly. 3 tightly,
closely.
2) justo, ta *adj.* just. 2 righteous. 3 exact, correct.
4 tight, close, close-fitting. — 5 *m.* just man
[righteous before God] : *los justos,* the just;
pagan justos por pecadores, the innocent very
often have to pay for the guilty.
juta *f.* ORN. a South American goose.
jutía *f.* (Cu.) HUTÍA.

Jutlandia *f. pr. n.* GEOG. Jutland.
juvenil *adj.* juvenile, youthful.
juventud *f.* youth [part or life; early period]. 2
youthfulness. 3 youth, young people.
juvia *f.* BOT. juvia, Brazil-nut tree.
juzgado *m.* LAW court or tribunal [of one judge];
territory under its jurisdiction. 2 judicature,
judgeship.
juzgador, ra *adj.* judging. — 2 *m. & f.* judger.
juzgamundos *m. & f.* coll. faultfinder, backbitter.
juzgante *adj.* judging.
juzgar *intr.* to judge [act as judge; form a judge-
ment] : ~ *de,* to form a judgement or opinion
about. — 2 *tr.* to judge, try. 3 to judge [form
opinion about; considerer, think, judge to be] :
a ~ *por,* judging by or from.
juzgué, juzgue, etc., *pret., subj. & imper.* of
JUZGAR.

K

K, k *f*. K, k, twelfth letter of the Spanish alphabet.
ka *f*. name of the letter *k*.
kaiser *m*. kaiser.
kan *m*. khan [tartar chief].
kanato *m*. khanate.
kantiano, na *adj*. & *n*. Kantian.
kantismo *m*. Kantism.
kantista *m*. & *f*. Kantist.
kappa *f*. kappa [Greek letter].
kepis, *pl*. **-pis** *m*. kepi.
kermes *m*. QUERMES.
kerosén, keroseno *m*. kerosene.
kiliárea *f*. kiliare.
kilo *m*. kilo, kilogram, kilogramme.
kilocaloría *f*. kilocalorie.
kilociclo *m*. kilocycle.
kilográmetro *m*. kilogrammetre, kilogrammeter.
kilogramo *m*. kilogram, kilogramme.
kilolitro *m*. kilolitre, kiloliter.

kilometraje *m*. kilometrage.
kilométrico, ca *adj*. kilometric, kilometrical. *2* fig. very long, interminable. *3* RLY. *billete* ~, mileage book.
kilómetro *m*. kilometre. kilometer.
kilovatio *m*. kilowatt.
kilovoltio *m*. kilovolt.
kimono *m*. kimono.
kinescopio *m*. TELV. kinescope.
kiosco *m*. QUIOSCO.
kirie *m*. ECCL. kyrie eleison.
kirieleison *m*. ECCL. kyrie eleison. *2* coll. funeral chant. *3* coll. *cantar el* ~, to cry for mercy.
kirsch *m*. kirchwasser.
kodak *f*. kodak.
krausismo *m*. Krausism.
krausista *m*. & *f*. Krausist.
Kremlin *m*. Kremlin.
kurdo, da *adj*. & *n*. CURDO.

L

L, l *f.* L, l, thirteenth letter of the Spanish alphabet.
1) **la** *def. art. fem. sing.* the. | Often used before the surname of a woman, specially actresses and singers, or before *señora* or *señorita* followed by the surname of any woman [when not addressing her]. Then it is not translated or is translated by Madam, Mrs. or Miss : *la Patti*, Patti, Miss Patti ; *la Guerrero*, Guerrero, Madam Guerrero· *la señora Rodríguez*, Mrs. Rodríguez ; *la señorita López*, Miss López.
2) **la** *pers. pron. fem. sing.* her, it [direct objet] : *la veo*, I see her, I see it. | Sometimes it is used to represent the indirect object, but this usage is not advisable.
3) **la** *m.* MUS. la, A.
lábaro *m.* labarum.
labelo *m.* BOT. labellum.
laberíntico, ca *adj.* labyrinthic(al, labyrinthine.
laberinto *m.* labyrinth ; maze. 2 ANAT. labyrinth [of the ear].
labia *f.* coll. fluency, smoothness in speech, winning eloquence.
labiado, da *adj.* BOT. labiate.
labial *adj.* labial [pertaining to the lips]. — 2 *adj.* & *f.* PHONET. labial.
labiérnago *m.* BOT. mock privet.
labihendido, da *adj.* harelipped.
lábil *adj.* labile. 2 weak, feeble.
labio *m.* ANAT., ZOOL. lip : ~ *inferior*, underlip, lower lip ; ~ *leporino*, harelip ; ~ *superior*, upper lip. 2 lip [of a wound, a vessel, etc.]. 3 ANAT., BOT., ZOOL. labium. 4 *sing.* & *pl.* lips [organ of speech] : *cerrar los labios*, to be silent, become silent ; *estar colgado* or *pendiente de los labios de uno*, to hang on one's words ; *morderse los labios*, coll. to bite one's tongue ; to try not to laugh ; *no morderse los labios*, coll. to speak out, to be outspoken.
labor *f.* labour, toil, work, task. 2 ornamental work. 3 fancywork, embroidery, needlework. etc. : ~ *de costura*, sewing ; ~ *de encaje*, lacework ; ~ *de ganchillo*, crocheting. 4 sewing school for little girls. 5 AGR. tillage, tilling : *casa de* ~, farmhouse. 6 ploughing, plowing or digging [instance of them] : *dar una* ~ *a una tierra*, to plough, plow or dig a land. 7 eggs of silkworm. 8 *pl.* fancy work, embroidery, needlework, etc. 9 MIN. works, workings. 10 *labores del campo*, farming, farm work.
laborable *adj.* workable. 2 arable, tillable [ground]. 3 *día* ~, workday, working day, week day.
laboral *adj.* [pertaining to] labour.
laborante *adj.* working. — 2 *m.* political intriguer.
laborantismo *m.* (Cu.) POL. movement for independence from Spain.

laborar *tr.* to work. — 2 *intr.* ~ *por, en favor de*, to work or scheme to some end.
laboratorio *m.* laboratory.
laborcita *f.* dim. pretty fancywork or needlework.
laborear *tr.* to work, fashion. 2 to till [land]. 3 to work [a mine]. — 4 *intr.* NAUT. [of a rope] to reeve, run.
laboreo *m.* AGR. tillage, tilling. 2 MIN. works, working, exploitation, development. 3 NAUT. reeving, running.
laborera *adj.* skilful in needlework, fancywork, etc. [woman].
laborero *m.* (Chi.) foreman, overseer [in mines]. 2 (Chi.) currier, tanner·
laboriosamente *adv.* laboriously, industriously.
laboriosidad *f.* laboriousness, industriousness.
laborioso, sa *adj.* laborious, industrious, fond of working. 2 laborious, arduous, painful.
laborismo *m.* British Labour party.
laborista *adj.* Labour [of the Labour party]. — 2 *m.* & *f.* a member of the Labour party.
labra *f.* working, carving, cutting [of stone, wood, metal, etc.].
labrada *f.* fallowed land [to be sown the following year].
labradero, ra *adj.* workable. 2 arable, tillable.
labradío, a *adj.* & *m.* LABRANTÍO.
labrado, da *adj.* AGR. tilled. 2 wrought, fashioned. 3 cut, carved [stone, etc.]. 4 WEAV. figured. — 5 *m.* working, carving, cutting [of stone, wood, metal, etc.]. 6 *pl.* tilled fields.
Labrador (Tierra del) *f. pr. n.* GEOG. Labrador.
labrador, ra *adj.* tilling. 2 peasant. — 3 *m.* tiller, ploughman. — 4 *m.* & *f.* farmer, peasant.
labradoresco, ca *adj.* peasant, peasantlike.
labradorita *f.* MIN. labradorite.
labrandera *f.* woman skilled in needlework.
labrantín *m.* petty farmer, small farmer.
labrantío, a *adj.* arable, tillable. — 2 *m.* tillable land, field.
labranza *f.* tillage, cultivation, farming, husbandry. 2 farm, farm land.
labrar *tr.* to work, fashion, carve, cut, dress [stone, wood, metals, etc.]. 2 to plough, till, cultivate. 3 to sew, embroider, do fancywork in. 4 to figure, make designs in [a fabric]. 5 to build, erect. 6 to form, cause, build, bring about, work out : ~ *una reputación*, to build a reputation ; ~ *la ruina de uno*, to bring about someone's ruin. — 7 *intr.* to make a lasting impression [in someone's mind].
labriego, ga *m.* & *f.* rustic, peasant.
labro *s.* ZOOL. labrum. 2 ICHTH. wrasse.
labrusca *f.* BOT. wild grapevine.
laburno *m.* BOT. laburnum.
laca *f.* lac, gum lac, shellac. 2 lacquer [varnish ; article] ; japan. 3 lake [pigment].

lacayo *m.* lackey, lacquey, footman, groom. 2 groom walking in front of master's horse.
lacayuelo *m. dim.* foot-boy, groom.
lacayuno, na *adj.* [pertaining to] lackey; lackey-like, servile.
lacear *tr.* to trim with bows. 2 to tie with bows. 3 to drive [game] within shot. 4 to snare [small game]. 5 (Chi.) to lasso.
Lacedemonia *f. pr. n.* HIST., GEOG. Lacedaemon.
lacedemón, na; lacedemonio, nia *adj. & n.* Lacedaemonian.
laceración *f.* laceration.
lacerado, da *adj.* lacerated. 2 wretched, unhappy. — 3 *adj. & n.* elephantiac.
lacerar *tr.* to lacerate. 2 to hurt, damage [the reputation, etc.]. — 3 *intr.* to suffer, undergo pain or hardships.
laceria *f.* poverty, want. 2 trouble, hardship, discomfort.
lacería *f.* ARCH. ornament imitating bows and ribbons.
lacerioso, sa *adj.* poor, miserable.
lacero *m.* lassoer. 2 dogcatcher. 3 snarer of small game, poacher.
lacertilio, lia *adj. &* ZOOL. lacertilian. — 2 *m. pl.* ZOOL Lacertilia.
lacertoso, sa *adj.* muscular, brawny, robust.
lacinia *f.* BOT. lacinia.
laciniado, da *adj.* BOT. laciniate.
lacio, cia *adj.* withered. 2 flaccid, flabby, languid. 3 straight, lank [hair].
lacón *m.* salted shoulder of pork.
lacónicamente *adv.* laconically.
lacónico, ca *adj.* laconic.
Laconia *f. pr. n.* HIST. GROGR. Laconia.
laconio, nia *adj. & n.* Laconian.
laconismo *m.* laconism.
lacra *f.* mark or trace left by illness. 2 fault, defect, vice.
lacrar *tr.* to injure the health of; to infect with a disease. 2 to cause pecuniary damage to. 3 to seal [with sealing wax].
lacre *m.* sealing wax.
lacrimal *adj.* lachrymal.
lacrimatorio, ria *adj. & m.* lachrymatory.
lacrimógeno, na *adj.* lachrymogenic.
lacrimosamente *adv.* tearfully.
lacrimoso, sa *adj.* lachrymose, tearful.
lactación *f.* sucking [of mother's milk].
lactancia *f.* LACTACIÓN. 2 lactation, period of suckling.
lactante *adj.* sucking [child]. 2 suckling, nursing. — 3 *m. & f.* suckling, sucking child. 4 *f.* mother or nurse giving suck.
lactar *tr.* to lactate, suckle. 2 to suck [mother's milk].
lactario, ria *adj.* milky.
lactasa *f.* BIOCHEM. lactase.
lactato *m.* CHEM. lactate.
lácteo, a *adj.* lacteal, lacteous. 2 milky.
lactescencia *f.* lactescence.
lactescente *adj.* lactescent.
lacticíneo, a *adj.* LÁCTEO.
lacticinio *m.* milk or milk food.
láctico, ca *adj.* CHEM. lactic.
lactífero, ra *adj.* lactiferous.
lactina *f.* LACTOSA.
lactómetro *m.* galactometer.
lactosa *f.* CHEM. lactose.
lactucario *m.* PHARM. lactucarium.
lactumen *m.* MED. milk crust.
lacunario *m.* LAGUNAR.
lacustre *adj.* lacustrine.
lacha *f.* ICHTH. anchovy. 2 coll. shame : *tener poca ~,* to be shameless. 3 coll. *tener poca ~,* to be silly, dull, uninteresting.
lada *f.* JARA 1.
ládano *m.* labdanum, ladanum.
ladeado, da *adj.* tilted, inclined to a side; turned sideways.
ladear *tr.* to tilt, tip, lean or incline [something] to one side. 2 to turn [something] sideways. — 3 *intr.* to go round the hillside. 4 to deviate. — 5 *ref. & intr.* [of something] to tilt, tip, lean or incline to one side; to turn sideways. — 6 *ref.* to be even, be equal. 7 to incline [to an opinion, party, etc.]. 8 coll. (Chi.) to fall in love. 9 *ladearse con uno,* coll. to go or to be at someone's side; to fall out with someone.
ladeo *m.* tilting, tipping, inclination to one side.

ladera *f.* slope, hillside, mountainside.
ladería *f.* small plain on a mountainside.
ladero, ra *adj.* side, lateral.
ladierno *m.* ALADIERNA.
ladilla *f.* ENTOM. crab louse : *pegarse como una ~,* fig. to stick like a leech. — 2 *adj.* BOT. *cebada ~,* a variety of barley.
ladinamente *adv.* sagaciously, cunningly, slyly.
ladino, na *adj.* sagacious, cunning, sly. 2 speaking foreign languages.
lado *m.* side [of an object, the body, a room, etc.; region external but contiguous; specified direction with relation to a person or thing; aspect] : *~ derecho, izquierdo,* right side, left side; *~ norte, ~ sur,* north, south side; *dar de ~ a uno,* to stop having social intercourse with someone, to avoid him; *dejar a un ~,* to leave aside, set aside; *echar a un ~,* to finish, carry out; *echársela de ~* (Am.), to boast; *hacerse a un ~,* to move aside, to get out of the way; *mirar de ~,* or *de medio ~,* to look at contemptuously; to look at out of the corner of one's eye; *al ~,* close by, just by, near by; next door; *al ~ de,* by the side of; *~ a ~,* side by side; *por el ~ de,* in the direction of; *por todos lados,* on all sides. 2 hand, way [of contrasted points of view, etc.] : *por otro ~,* on the other hand; *por un lado..., por otro,* on the one hand..., on the other hand; in a way..., in a way. 3 side [in war, politics, etc.] : *ponerse al ~ de,* to take sides with. 4 GEOM. side. 5 side [line of descent] : *por el ~ de la madre,* on the mother's side. 6 room, space : *hacer ~,* to make room. 7 course, way, mode of proceeding : *echar por otro ~,* to take another course. 8 favour, protection. 9 *pl.* patrons, protectors. 10 advisers.
ladón *m.* LADA.
ladra *f.* barking.
ladrador, ra; ladrante *adj.* barking. — 2 *m. & f.* barker.
ladrar *intr.* [of a dog] to bark. 2 coll. to bark [threat idly] : *~ a la luna,* to bark at the moon.
ladrido *m.* bark, barking [of dogs]. 2 coll. backbitting, slander.
ladrillado *m.* brick floor.
ladrillador *m.* ENLADRILLADOR.
1) **ladrillar** *m.* brickyard.
2) **ladrillar** *tr.* ENLADRILLAR.
ladrillazo *m.* blow with a brick.
ladrillejo *m. dim.* small brick or tile.
ladrillera *f.* (Am.) brickyard. 2 (Ec.) brick mould.
ladrillero *m.* brick maker. 2 brick seller.
ladrillo *m.* brick, tile : *~ azulejo,* glazed tile, Dutch tile. 2 *~ de chocolate,* cake of chocolate.
ladrilloso, sa *adj.* bricky.
ladrón, na *adj.* thieving, thievish. — 2 *m. & f.* thief, robber, burglar; *~ de corazones,* coll. lady-killer. — 3 *m.* run of melted wax [on side of candle]. 4 opening for draining water from a canal or river.
ladronamente *adv.* stealthily.
ladroncillo *m. dim.* young thief.
ladronear *intr.* to thieve, go about thieving.
ladronera *f.* den of thieves. 2 LATROCINIO. 3 opening for draining water from a canal or river. 4 money box. 5 FORT. machicolation.
ladronería *f.* LATROCINIO.
ladronesco, ca *adj.* thievish. — 2 *f.* thiefs [collectively].
ladronicio *m.* LATROCINIO.
ladronzuelo, la *m. & f.* young thief. 2 pickpocket, pilferer, petty thief.
lagaña *f.* LEGAÑA.
lagañoso, sa *adj.* LEGAÑOSO.
lagar *m.* wine press; olive press; apple press.
lagarejo *m. dim.* small wine press.
lagarero *m.* wine presser; olive presser; apple presser.
lagareta *f.* poodle, pool. 2 LAGAREJO.
lagarta *f.* ZOOL. female lizard. 2 ENTOM. gypsy moth. 3 coll. cunning, sly woman.
lagartado, da *adj.* ALAGARTADO.
lagartera *s.* lizard hole.
lagartija *f.* ZOOL. green lizard; wall lizard.
lagartijero, ra *adj.* lizard-hunting.
lagartijo *m. dim.* small lizard.
lagarto *m.* ZOOL. lizard. 2 coll. cunning, sly fellow. 3 ANAT. long muscle of the arm. 4 ZOOL. *~ de Indias,* cayman, alligator.
lago *m.* lake [body of water] : *~ de Tiberíades,*

Sea of Tiberias; Sea of Galilee. 2 ~ de leones, den of lions.
lagópodo m. ORN. ptarmigan, grouse; gorcock.
lagotear intr. & tr. to flatter, cajole, wheedle.
lagotería f. flattery, cajolery.
lagotero, ra adj. flattering, cajoling, honeymouthed. — 2 m. & f. flatterer, cajoler.
lágrima f. tear [falling from eye] : lágrimas de cocodrilo, crocodile tears; derramar or verter lágrimas, to shed tears; deshacerse en lágrimas, to weep one's eyes out; llorar a lágrima viva, to shed bitter tears; llorar con lágrimas de sangre, to repent bitterly, to feel a bitter regret for; llorar lágrimas de sangre, to feel a bitter pain or sorrow; se le saltaban las lágrimas, tears came to his eyes. 2 tear, drop [of sap; of a liquor]. 3 ~ de Batavia o de Holanda, Prince Rupert's drop. 4 BOT. lágrimas de David or de Job, Job's-tears.
lagrimable adj. deplorable.
lagrimal adj. lachrymal: carúncula ~, lachrymal caruncle; saco ~, lachrymal sac. — 2 m. ANAT., ZOOL. medial angle of the eye.
lagrimar intr. to shed tears.
lagrimear intr. to shed tears frequently.
lagrimeo m. frequent shedding of tears [from illness or an easiness to be moved]. 2 flow of tears [from illness].
lagrimón m. large tear.
lagrimoso, sa adj. lachrymose, tearful. 2 watery [eye].
laguna f. small lake, lakelet. 2 lagoon. | Only in ~ de Venecia, lagoon of Venice. 3 lacuna, blank, gap.
lagunajo m. pool, puddle.
lagunar m. ARCH. lacunar, caisson.
lagunero, ra adj. pertaining to a small lake.
lagunoso, sa adj. swampy, full of small lakes.
laical adj. laical.
laicidad f. laicity. 2 LAICISMO.
laicismo m. laicism, secularism; anticlerical.
laicista m. & f. secularist.
laicización f. laicization, secularization.
laicizar tr. to laicize, secularize.
laico, ca adj. laic, lay. 2 secularistic. 3 enseñanza laica, education without any religious element. — 4 m. & f. laic.
laja f. flagstone, stone naturally flat and thin. 2 NAUT. stone flat. 3 (Col.) cord made of sisal.
lama f. slime, silt, ooze. 2 BOT. a filamentous alga. 3 a gold or silver tissue. 4 fine sand used for mortar. — 5 m. lama [Tibetan monk].
lamaísmo m. Lamaism.
lamaísta adj. Lamaistic. — 2 m. & f. Lamaist.
lamasería f. lamasery.
lambda f. lambda [Greek letter].
lambel m. HER. label, lambel.
Lamberto m. pr. n. Lambert.
lambrequín m. HER. lambrequin, mantling.
lambrija f. LOMBRIZ. 2 fig. skinny person.
lameculos, pl. -los m. & f. coll. bootlicker.
lamedal m. miry place.
lamedero m. salt lick.
lamedor, ra adj. licking. — 2 m. & f. licker. — 3 m. syrup: dar ~, fig. to feign a losing game in order to take in one's opponent.
lamedura f. [act of] licking.
lamelibranquio, quia adj. & n. ZOOL. lamellibranch. — 2 m. pl. ZOOL. Lamellibranchiata.
lamelicornio, nia adj. & n. ENTOM. lamellicorn. — 2 m. pl. ENTOM. Lamellicornia.
lameliforme adj. lamelliform.
lamentable adj. lamentable, deplorable, pitiable, regrettable.
lamentablemente adv. lamentably, deplorably.
lamentación f. lamentation, lament, wail: las Lamentaciones de Jeremías, the Lamentations of Jeremiah, the Lamentations; Muro de las lamentaciones, Wailing Wall [in Jerusalem].
lamentador, ra adj. lamenting, complaining. — 2 m. & f. lamenter, complainer.
lamentar tr. to lament, deplore, regret, be sorry for. — 2 ref. to lament, wail. 3 to complain.
lamento m. lament, lamentation, wail.
lamentoso, sa adj. lamentable, doleful. 2 lamentable, deplorable.
lameplatos, pl. -tos m. & f. coll. sweet-toothed person; one fond of dainty morsels. 2 coll. one who feeds on leavings.

lamer tr. to lick, lap [with one's tongue]. 2 fig. [of water, etc.] to lick, lap.
lamerón, na adj. GOLOSO.
lametón m. greedy licking.
lamia f. MYTH. lamia. 2 ICHTH. shark.
lamido, da adj. licked. 2 lean, pale [person]. 3 affected, prim, overnice. 4 F. ARTS too smooth [from being overworked].
lamiente adj. licking.
lámina f. lamina, sheet, plate. 2 BOT., ZOOL. lamina. 3 copperplate, engraving plate. 4 engraving, cut, plate, print, picture [printed copy]. 5 fig. appearance, figure [of an animal].
laminado, da adj. laminate. 2 laminated, rolled [metal]. — 3 lamination, rolling [of metals].
laminador m. rolling mill [machine for rolling metals]. 2 metal roller [workman].
1) **laminar** tr. to laminate, roll [metals]. 2 to laminate [cover with laminae].
2) **laminar** adj. laminal, laminar.
laminero, ra adj. & n. GOLOSO. — 2 m. manufacturer of metal plates. 3 one who plates shrines for relics.
lamiscar tr. coll. to lick greedily.
lamoso, sa adj. slimy, muddy.
lampa f. (Chi., Pe.) AZADA.
lampacear tr. NAUT. to swab.
lampante adj. very fine [olive oil].
lampar intr. & ref. ALAMPAR.
lámpara f. lamp, light: ~ de Aladino, Aladdin's lamp; ~ de arco voltaico, arc lamp, arc light; ~ de los mineros or de seguridad, safety lamp; ~ de pie, floor lamp; ~ de sobremesa, table lamp; ~ de soldar, blowtorch; ~ de techo, ceiling light; AUT. dome light; ~ incandescente, incandescent lamp; ~ piloto, ~ indicadora, pilot lamp, pilot light; atizar la ~, fig. to fill up the glasses again. 2 RADIO. tube, valve: ~ termiónica, thermionic tube or valve. 3 luminous body. 4 grease stain [on clothing].
lamparería f. lamp factory or shop. 2 lamp store.
lamparero, ra m. & f. maker or seller of lamps. 2 one who takes care of lamps.
lamparilla f. dim. small lamp. 2 night lamp. 3 grease stain [on clothing]. 4 BOT. aspen trembling poplar. 5 (S. A.) electric light bulb.
lamparín m. bracket or suspended circle for holding a small lamp [in churches].
lamparista m. & f. LAMPARERO.
lamparón m. grease stain [on clothing]. 2 MED. scrofula [in the neck]. 3 VET. a disease of horses.
lampatán m. BOT. chinaroot.
lampazo m. BOT. burdock [genus Lappa]. 2 (Mex.) BOT. toad lily, water lily. 3 NAUT. swab, mop.
lampiño, ña adj. beardless. 2 BOT. hairless.
lampión m. large lantern.
lampo m. poet. flash of light.
lamprea f. ICHTH. lamprey.
lamprear tr. COOK. to dress or season with wine, honey and an acid juice.
lamprehuela, lampreílla f. ICHTH. larva of the river lamprey.
lampuga f. ICHTH. yellow mackerel.
lampuso, sa adj. (Cu., P. Ri.) impudent, barefaced.
lana f. wool [of sheep, alpaca, etc.], fleece: ir por ~ y volver trasquilado, venir por ~ y salir trasquilado, to go for wool and come home shorn. 2 wool [woollen yarn, garments or cloth].
lanada f. ARTIL. sponge.
lanado, da adj. (Cu., P. Ri.) lanate.
lanar adj. wool-bearing: ganado ~, sheep [collectively].
lanaria f. BOT. soapwort.
lancasteriano, na adj. & n. Lancasterian.
lance m. throw, cast. 2 cast, casting of a fishing net. 3 catch [fish caught]. 4 critical situation; event, episode, incident, occurrence; quarrel, affair: ~ de honor, affair of honour, duel; tener pocos lances una cosa [of a thing], to be uninteresting. 5 move, turn, situation [in a game]. 6 BULLF. a skilled movement or play of the cape. 7 de ~, second-hand; libros de ~, second-hand books.
lancé, lance, etc., pret., subj. & imper. of LANZAR.
lanceado, da adj. BOT. lanceolate.
lancear tr. ALANCEAR.
lancéola f. BOT. ribwort, ribwort plantain.
lanceolado, da adj. BOT. lanceolate.
lancera f. rack for lances.

lancero *m.* lance maker. 2 lancer. 3 spearman. 4 rack for lances. 5 *pl.* lancers, lanciers [dance and music].
lanceta *f.* SURG. lancet.
lancetada, lancetazo *f.* SURG. cut, thrust with a lancet.
lancetero *m.* lancet case.
lancinante *adj.* piercing [pain].
lancinar *tr.* to lancinate.
lancita *f. dim.* small lance.
lancurdia *f.* ICHTH. small trout.
lancha *f.* NAUT. launch, boat; ~ *automóvil,* motor launch; ~ *cañonera,* gunboat; ~ *de desembarco,* landing craft; ~ *de pesca,* fishing boat. 2 snare for partridges. 3 flagstone, stone naturally flat and thin.
lanchada *f.* boatload.
lanchaje *m.* transportation by means of a launch or small boat; price paid for it.
lanchar *m.* flagstone quarry.
lanchero *m.* launchman, boatman.
lanchón *m.* NAUT. large launch, barge, lighter.
lanchuela *f. dim.* small flagstone.
landa *f.* moor, waste land.
landgrave *m.* landgrave.
landgraviato *m.* landgraviate.
landó *m.* landau [carriage].
landre *f.* small tumor [in glands of neck, armpit or groin]. 2 hidden pocket.
landrecilla *f.* small round muscular body [among muscles of thigh, glands of the armpit, etc.].
landrilla *f.* VET. tongue worm.
lanería *f.* wool shop. 2 woolen goods.
lanero, ra *adj.* wool [pertaining to wool or woolen goods] : *industria lanera,* wool industry or manufacture. 2 ORN. *halcón* ~, lanner. — 3 *m.* dealer in wool. 3 warehouse for wool.
langa *f.* small dry codfish.
langaruto, ta *adj.* coll. LARGUIRUCHO.
langosta *f.* ENTOM. locust. 2 ZOOL. lobster, spiny lobster.
langostín, langostino *m.* ZOOL. a salt-water prawn very esteemed as food.
langostón *m.* ENTOM. a large green grasshopper.
languedociano, na *adj.* & *n.* Languedocian.
lánguidamente *adv.* languidly.
languidecer *intr.* to languish; to pine away. ¶ CONJUG. like *agradecer.*
languidez *f.* languidness, languor.
languidezco, languidezca, etc., *irr.* V. LANGUIDECER.
lánguido, da *adj.* languid, faint, weak.
lanífero, ra *adj.* poet. laniferous, woolly.
lanificación *f.,* **lanificio** *m.* woolwork, manufacturing of wool. 2 woollen articles.
lanilla *f.* nap of cloth. 2 a light woollen fabric.
lanío, a *adj.* LANAR.
lanosidad *f.* down, pubescence [of leaves, fruit, etc.].
lanoso, sa *adj.* woolly.
lansquenete *m.* lansquenet [soldier].
lantano *m.* CHEM. lanthanum.
lanteja *f.* LENTEJA.
lantejuela *f.* LENTEJUELA.
lanudo, da *adj.* woolly, fleecy.
lanuginoso, sa *adj.* lanuginous, downy.
lanza *f.* lance, spear : *correr lanzas,* to joust with lances; *no romper lanzas con nadie,* to be of a peaceful condition; *ser uno una* ~, (Am.) to be clever, to be an expert. 2 [in the Middle Ages] lance, lancer; man-at-arms with two horses. 3 pole, tongue [of a carriage]. 4 nozzle [of a hose].
lanzabombas, *pl.* -bas *s.* AER. bomb release. 2 MIL. bomb thrower.
lanzacabos *adj.* NAUT. *cañón* ~, lifesaving gun.
lanzacohetes, *pl.* -tes *m.* MIL. rocket launcher.
lanzada *f.* thrust with a lance.
lanzadera *f.* shuttle [of loom or sewing machine] : *parecer una* ~, to hustle back and forth.
lanzado, da *p. p.* of LANZAR. — 2 *adj.* NAUT. racking, sloping [mast].
lanzador, ra *m.* & *f.* thrower : ~ *de disco,* discus thrower. 2 BASE-BALL pitcher.
lanzafuego *m.* ARTIL. linstock.
lanzallamas, *pl.* -mas *m.* MIL. flame thrower.
lanzamiento *m.* launching, casting, flinging, hurling, throwing, cast, fling, hurl, throw. 2 NAUT. launching [of a boat]. 3 LAW. eviction, dispossession. 4 NAUT. rake [of the stern or the sternpost].

lanzaminas *s.* mine layer, mine-laying boat.
lanzar *tr.* to throw, cast, dart, fling, launch, hurl. 2 to launch [a boat, an attack, a new product, etc.]. 3 to cast [a glance]. 4 to vomit. 5 LAW to evict, dispossess. — 6 *ref.* to throw oneself, to rush, dart, launch [into, out, etc.], to jump. 7 SPORT to sprint.
lanzatorpedos *adj.* torpedo tube.
Lanzarote *m. pr. n.* Lancelot [cf Round Table].
lanzazo *m.* LANZADA.
lanzón *m.* large lance. 2 short and thick spear.
laña *f.* clamp, clamper, staple. 2 green coconut.
lañador *m.* earthenware or chinaware mender.
lañar *tr.* to mend or strengthen with clampers.
laodicense *adj.* & *n.* Laodicean.
lapa *f.* ZOOL. limpet. 2 BOT. burdock [genus *Lappa*]. 3 vegetable film [on surface of liquid].
lapachar *m.* swamp, marsh.
lápade *f.* ZOOL. limpet.
laparotomía *f.* SURG. laparotomy.
lapicera *f.* (Arg., Chi.) LAPICERO.
lapicero *m.* pencil holder. 2 pencil [for drawing or writing].
lápida *f.* tablet [for a carving or inscription], mural tablet, memorial stone : ~ *sepulcral,* gravestone.
lapidación *f.* lapidation, stoning to death.
lapidar *tr.* to lapidate, stone to death.
lapidario, ria *adj.* lapidary. — 2 *m.* lapidary [cutter of gems]. 3 dealer in gems.
lapídeo, a *adj.* lapideous, stony.
lapidificación *f.* lapidification.
lapidificar *tr.* to lapidify.
lapidífico, ca *adj.* lapidific(al.
lapidifiqué, lapidifique, etc., *pret., subj.* & *imper.* of LIPIDIFICAR.
lapidoso, sa *adj.* LAPÍDEO.
lapilla *f.* CINOGLOSA.
lapislázuli *m.* MINER. lapis lazuli.
lápiz, *pl.* -ces *m.* pencil [for drawing or writing] ; crayon : ~ *de plomo* or ~ *plomo,* lead pencil, black lead; ~ *encarnado,* ~ *rojo,* red pencil; censor's pencil; ~ *tinta,* indelible pencil. 2 ~ *para los labios,* lipstick.
1) **lapizar** *m.* black-lead mine.
2) **lapizar** *tr.* to pencil, draw with pencil.
lapo *m.* coll. blow with a cane; blow with the flat of a sword. 2 (Arg., Chi.) slap in the face. 3 coll. drink, swallow.
lapón, na *adj.* Lappish. — 2 *m.* & *f.* Lapp, Laplander. — 3 *m.* Lappish [language].
Laponia *f. pr. n.* GEOGR. Lapland.
lapso *m.* lapse [interval of time]. 2 fall, lapse, slip.
lapsus cálami *m.* (lat.) lapsus calami, slip of pen.
lapsus linguae *m.* (lat.) lapsus linguae, slip of tongue.
lar, *pl.* **lares** *m.* MYTH. lar : *lares y penates,* lares and penates. 2 fireplace. — 3 *pl.* home [house; family].
lararion *m.* shrine for the lares.
lardar, lardear *tr.* COOK. to baste.
lardero *adj. jueves* ~, Thursday before Lent.
lardo *m.* bacon fat. 2 fat [of an animal].
lardón *m.* PRINT. marginal addition. 2 PRINT. small piece of paper clinging to the frisket and preventing the impression of some part of a sheet.
lardoso, sa *adj.* greasy, oily.
larga *f.* SHOEMAK. lengthening piece added to the last. 2 longest billiard cue. 3 BULLF. play of cape executed by holding it extended lengthwise. 4 *pl.* delay, procrastination : *dar largas a* [*un asunto*], to delay, put of, lengthen the course of [an affair].
largamente *adv.* at length, at large. 2 long, for a long time. 3 amply, largely. 4 liberally.
largar *tr.* to let go. 2 to utter, deliver [a speech]. 3 to deal, deliver [a blow]. 4 to heave [a sigh]. 5 NAUT. to let go, pay out. 6 NAUT. to unfurl : ~ *velas* or *las velas,* to set sail. — 7 *ref.* to get out, leave, sneak away : *¡lárgate!,* get out! 8 NAUT. to take to sea.
1) **largo** *adv.* largely, extendedly : *hablar* ~ *y tendido,* to speak profusely. — 2 *m.* long, length : *ocho metros de* ~, eight metres in length, eight metres long. 3 MUS. largo. 4 *pasar de* ~, to pass by, to pass without stopping; to pass over, disregard. 5 *ponerse de* ~, [of a young woman] to come out, make her debut. — 6 *interj.* *¡largo!, ¡largo de ahí!,* get out!, get out of here!
2) **largo, ga** *adj.* long : *traje* or *vestido* ~, evening

dress, evening gown [for women]; *silaba larga,* long syllable; *vocal larga,* long vowel; ~ *de lengua,* fig. loose-tongued; ~ *de manos,* fig. ready-handed; ~ *de uñas,* fig. light-fingered, thievish; *a la larga,* lengthwise, at full length; in the long run, in the end; at length; *a lo* ~, lengthwise; at a distance, far away; *a lo* ~ *de,* along, lengthwise of; throughout [from end to end of]; *a lo más* ~, at the most; *cuan* ~ *es* or *era,* at full length, stretched out. 2 extended, prolonged. 3 liberal, generous. 4 copious, abundant. 5 shrewd, cunning. 6 NAUT. loose, free. — 7 *adj. pl.* many; odd, a little over : *largos años,* many years; *veinte millas largas,* twenty-odd miles, a little over twenty miles.
largor *m.* length.
largué, largue, *pret., subj.* & *imper* of LARGAR.
largueado, da *adj.* striped.
larguero *m.* CARP. jamb post; upright; sidepiece. 2 AER. longeron, spar. 3 bolster [long pillow].
largueza *f.* liberality, generosity. 2 length.
larguirucho, cha *adj.* coll. tall and lean, lanky. 2 thin and long.
larguito, ta *adj.* somewhat long, longish.
largura *f.* length.
lárice *m.* BOT. larch tree.
laricino, na *adj.* pertaining to the larch tree.
laringe *f.* ANAT. larynx.
laríngeo, a *adj.* laryngeal.
laringitis *f.* MED. laryngitis.
laringología *f.* laryngology.
laringoscopia *f.* laryngoscopy.
laringoscopio *m.* laryngoscope.
laringotomía *f.* SURG. laryngotomy.
laringótomo *m.* SURG. laryngotome.
larva *f.* ZOOL. larva.
larvado, da *adj.* MED. larvate.
larval *adj.* larval.
las *def. art. f. pl.* the : ~ *casas,* the houses. 2 ~ *que,* those, or they, which. — 3 *pron. pers. f. pl.* [direct object] them : ~ *vi,* I saw them. 4 when used with *hay* it is to be rendered by «some» or not to be translated at all : ¿*hay niñas?* —~ *hay,* are there any girls? —there are, there are some.
lasaña *f.* COOK. very thin pancake or fritter.
lasca *f.* chip [from a stone].
lascar *tr.* NAUT. to ease away, pay out. 2 (Mex.) to bruise, to fray.
lascivamente *adv.* lasciviously.
lascivia *f.* lasciviousness, lewdness.
lascivo, va *adj.* lascivious, lewd, lustful. 2 wanton, playful [wind, etc.].
laserpicio *m.* BOT. laserwort.
lasitud *f.* lassitude, weariness, languor.
laso, sa *adj.* wearied, weak, languid. 2 untwisted [silk, flax or hemp thread].
lastar *tr.* to pay up [money] for someone else. 2 to pay [for a fault].
lástima *f.* pity, compassion : *dar* ~, *hacer* ~, to arouse pity or regret, to be pitiful. 2 pitiful object : *estar hecho una* ~, to be in a sad or pitiable state. 3 plaint, lamentation. 4 pity [reason or cause of pity or regret]; *es* ~, it is a pity; too bad; *¡qué* ~*!,* what a pity!
lastimado, da *adj.* hurt, injured, sore.
lastimador, ra *adj.* hurtful.
lastimadura *f.* hurt, bruise, injure.
lastimar *tr.* to hurt, injure, bruise, damage. 2 fig. to hurt, wound [feelings]; to injure [reputation]. 3 to pity. — 4 *ref.* to hurt or bruise oneself. 5 to be sorry for, sympathize with. 6 to complain, lament.
lastimeramente *adv.* dolefully, plaintively.
lastimero, ra *adj.* doleful, plaintive, sad, sorrowful, mournful. 2 hurtful.
lastimosamente *adv.* pitifully, sadly, lamentably.
lastimoso, sa *adj.* pitiful, sad.
lasto *m.* receipt given to one who has paid on behalf of another.
lastra *f.* flagstone, stone naturally flat and thin.
lastrar *tr.* NAUT., AER. to ballast.
lastre *m.* NAUT., AER. ballast. 2 fig. ballast [steadiness]. 3 stone slat of poor quality.
lastrón *m. aug.* large stone slat.
lasún *m.* LOCHA.
lata *f.* tin plate [tinned iron plate]. 2 tin, can; can of tinned food : *en* ~, canned, tinned. 3 lath [strip of wood]. 4 bore [tedious speech,

performance, conversation, business, etc.] : *dar la* ~, to bore, to pester with too much talk.
latamente *adv.* at great length, diffusely. 2 in a broad sense.
latania *f.* BOT. Chinese fan palm.
latastro *m.* ARCH. plinth [of a pillar].
lataz, *pl.* **-taces** *s.* ZOOL. sea otter.
latebra *f.* cave, den, hole, hiding place.
latebroso, sa *adj.* hiding, furtive.
latente *adj.* latent.
lateral *adj.* side, lateral.
lateralmente *adv.* laterally. 2 sideways.
lateranense *adj.* Lateran.
látex *m.* BOT. latex.
laticífero, ra *adj.* BOT. laticiferous.
laticlavia *f.* laticlave.
latido *m.* beat, throb, pulsation [of the heart, the arteries, etc.]. 2 yelp [of dog].
latiente *adj.* beating, throbbing.
latifundio *m.* large landed estate, latifundium.
latifundista *m.* & *f.* owner of a large landed estate.
latigazo *m.* lash [stroke with a whip, etc.]. 2 crack of a whip. 3 unexpected hurt or damage. 4 harsh unexpected reproof.
látigo *m.* whip, horsewhip. 2 lash [part of a whip]. 3 cinch strap. 4 lashing cord for weighing objects with a steelyard. 5 formerly, long plume around a hat.
latiguear *intr.* to crack a whip. — 2 *tr.* (Ecu., Hon.) to lash, whip.
latigueo *m.* cracking a whip.
latiguera *f.* cinch strap.
latiguero *m.* whip maker or seller.
latiguillo *m.* small whip. 2 BOT. stolon. 3 clap-trap, declamatory affectation [of an actor or speaker].
latín *m.* Latin [tongue] : *bajo* ~, Low Latin; ~ *de cocina,* dog Latin; ~ *moderno,* Modern Latin, New Latin; ~ *vulgar,* Vulgar Latin; *saber* ~, *saber mucho* ~, fig. to be very shrewd. 2 Latin word, phrase or quotation : *decirle,* or *echarle, a uno los latines,* to marry, to officiate at the marriage of.
latinajo *m.* dog Latin. 2 Latin word or quotation.
latinamente *adv.* in Latin.
latinar *intr.* to speak or write Latin.
latinear *intr.* to speak or write Latin. 2 to use Latin words or phrases.
latinidad *f.* Latin [tongue]. 2 Latinity.
latiniparla *f.* language excessively interspersed with Latinisms or Latin words.
latinismo *m.* Latinism, latinism. 2 use of Latin words.
latinista *m.* & *f.* Latinist.
latinizar *tr.* to Latinize. — 2 *intr.* to Latinize [use Latinisms].
latino, na *adj.* Latin. 2 NAUT. lateen [sail, rig]. 3 NAUT. lateen-rigged [vessel]. — 4 *m.* & *f.* Latin [person].
latir *intr.* to beat, throb, pulsate. 2 [of a dog] to yelp, bark.
latitud *f.* breadth, width; extent. 2 GEOGR., ASTR. latitude. 3 fig. latitude [climate, region].
latitudinal *adj.* latitudinal.
latitudinario, ria *adj.* & *n.* THEOL. latitudinarian.
latitudinarismo *m.* THEOL. latitudinarianism.
lato, ta *adj.* broad, wide, large. 2 broad [meaning of word].
latón *m.* brass [alloy of copper and zinc].
latonería *f.* brass trade. 2 brass works. 3 brass shop. 4 brass ware.
latonero *m.* brassworker, brazier.
latoso, sa *adj.* annoying, boring.
latréutico, ca *adj.* latreutic(al.
latría *f.* THEOL. latria [worship paid to God only].
latrocinio *m.* theft, thievery, systematic robbery.
latvio, via *adj.* & *n.* Latvian.
laucha *f.* ZOOL. (Arg., Chi.) mouse.
laúd *m.* MÚS. lute. 2 NAUT. catboat. 3 ZOOL. leatherback [turtle].
lauda *f.* LAUDE 1
laudable *adj.* laudable, praiseworthy.
laudablemente *adv.* laudably.
láudano *m.* PHARM. laudanum.
laudar *tr.* LAW [of an arbitrator] to render a decision on.
laudatorio, ria *adj.* laudatory. — 2 *f.* eulogy.
laude *f.* inscribed tombstone. 2 *pl.* ECCL. lauds.
laudemio *m.* LAW duty paid to him who has the *dominium directum* on all transfers of land granted on emphyteusis.

laudo *m.* LAW award or finding of an arbitrator.
launa *f.* lamina, sheet of metal. 2 splint [of ancient armour]. 3 magnesian clay.
lauráceo, a *adj.* laurellike. 2 BOT. lauraceous, laurineous. — 3 *f. pl.* BOT. Lauraceae.
laureado, da *adj.* laureate; laurelled.
laureando *m.* GRADUANDO.
laurear *tr.* to laureate; to honour, reward.
lauredal *m.* plantation of laurel trees.
laurel *m.* BOT. laurel : ~ *cerezo* or *real*, cherry laurel; ~ *rosa*, oleander rosebay. 2 fig. crown of laurel, honour, victory. 4 *pl.* fig. laurels : *dormirse sobre sus laureles*, to rest or sleep on one's laurels.
láureo, a *adj.* laurel [of laurel, made of laurel].
lauréola *f.* laurel wreath. 2 BOT. *lauréola* or ~ *macho*, spurge laurel, daphne [*Daphne laureola*]. 3 BOT. ~ *hembra*, spurge laurel, mezereon.
laurífero, ra *adj.* POET. lauriferous.
laurineo, a *adj.* BOT. laurineous.
laurino, na *adj.* [pertaining to] laurel.
lauro *m.* BOT. laurel. 2 fig. laurel, glory, praise, victory.
lauroceraso *m.* BOT. cherry laurel.
lava *f.* lava. 2 MIN. washing.
lavable *adj.* washable.
lavabo *m.* washstand. 2 washroom; lavatory. 3 ECCL. Lavabo [part of the Mass; towel].
lavacaras *m. & f.* coll. flatterer.
lavación *f.* PHARM. lotion, wash.
lavadero *m.* washing place [for washing clothes, wool, etc.]. 2 laundry. 3 MIN. washing [portion of stream arranged for washing gold from placers].
lavado *adj.* washed. — 2 *m.* wash, washing, cleaning; ~ *en seco*, dry cleaning. 3 PAINT. water colour in a single tint.
lavador, ra *adj.* washing. — 2 *m. & f.* washer, cleaner. — 3 *f.* washing machine : *lavadora eléctrica*, electric washing machine.
lavadura *f.* wash, washing, cleaning. 2 wash water, slops. 3 composition for dressing glove leather.
lavaje *m.* washing [of wools]. 2 MED. lavage.
lavajo *m.* pool of rain water, water hole.
lavamanos *m.* washstand, lavatory.
lavamiento *m.* wash, washing, cleaning.
lavanco *m.* ORN. a kind of wild duck.
lavandera *f.* laundress, laundrywoman, washerwoman. 2 ORN. sandpiper. 3 ORN. wagtail.
lavandería *f.* (Am.) laundry.
lavandero *m.* launderer, laundryman, washerman.
lavándula *f.* BOT. lavender.
lavaplatos, *pl.* -tos *m. & f.* dishwasher.
lavar *tr.* to wash, clean : ~ *la ropa sucia en público*, fig. to wash one's dirty linen in public; *lavarse las manos de*, fig. to wash one's hands of. 2 to cleanse, to purify. 3 MASON. to give a finish to the water washing. 4 to colour [a drawing] with water colour. — 5 *ref.* to wash oneself, to wash up.
lavativa *f.* clyster, enema, injection. 2 syringe, enema [apparatus]. 3 fig. bother, annoyance.
lavatorio *m.* lavation, wash, washing. 2 lavatory, washstand. 3 PHARM. lotion. 4 ECCL. maundy. 5 ECCL. lavabo, lavatory [in the Mass].
lavazas *f. pl.* wash water, slops.
lave *m.* MIN. washing.
lavotear *tr.* to wash hurriedly. — 2 *ref.* to wash oneself hurriedly.
lavoteo *m.* hurried washing.
laxación *f.*, **laxamiento** *m.* laxation, loosening.
laxante *adj.* laxing, loosening. — 2 *m.* MED. laxative.
laxar *tr.* to laxate, loosen. 2 MED. to loosen the intestines. 3 MED. to give a laxative to.
laxativo, va *adj. & n.* laxative.
laxidad *f.* LAXITUD.
laxismo *m.* laxism.
laxista *m. & f.* laxist.
laxitud *f.* laxity, laxness.
laxo, xa *adj.* lax, slack. 2 lax [loose in morals].
lay *m.* lay [poem].
laya *f.* AGR. spade; spud. 2 kind, class, nature.
layador *m.* spadesman.
layar *tr.* AGR. to spade, spud.
lazada *f.* bowknot. 2 bow [ornamental knot].
lazador *m.* lassoer.
lazar *tr.* to lasso.
lazareto *m.* lazaretto [hospital for lepers]. 2 lazareto [for detention in quarantine].
lazarillo *m.* blind person's guide.

lazarino, na *adj. & n.* MED. elephantiac.
lazarista *m.* Lazarist, Lazarite.
Lázaro *m. pr. n.* Lazarus : *estar hecho un Lázaro*, to be full of sores. — 2 *m.* (not cap.) ragged beggar.
lazo *m.* bow, knot [ornamental knot], truelove knot, hair knot. 2 jewel or ornament in the shape of a bow or knot. 3 ARCH. knot. 4 bowknot. 5 tie, bond : *los lazos de la amistad*, the bonds of friendship. 6 snare [for small game]. 7 snare, trap [for persons] : *armar* ~ *a*, *tender un* ~ *a*, to set a trap for; *caer en el* ~, to fall into the trap. 8 lasso, lariat. 9 ~ *corredizo*, running knot, slipknot.
lazulita *f.* MINER. lazulite. 2 MINER. lapis lazuli.
le *pers. pron. m. sing.* him [direct object] : ~ *está afeitando*, he is shaving him. — 2 *pers. pron. m. & f. sing.* him, her, it, to him, to her, to it [indirect object] : *le di un libro*, I gave him, or her, a book; I gave a book to him, or to her. | Sometimes it calls for another translation : *ella le lavó los pies*, she washed his, or her, feet.
leal *adj.* loyal. 2 faithful [servant, dog, etc.]. 3 fair [proceeding]. 4 *según su* ~ *saber y entender*, to the best of his knowledge.
lealmente *adv.* loyally. 2 faithfully; fairly.
lealtad *f.* loyalty. 2 fidelity. 3 fairness.
Leandro *m. pr. n.* Leander.
lebeche *m.* southeast wind [on the Mediterranean Spanish shores].
lebrada *f.* hare fricassee.
lebrato, lebratón *m.* young hare, leveret.
lebrel *m.* a hare-hunting dog.
lebrela *f.* bitch of the *lebrel*.
lebrero, ra *adj.* hare-hunting. — 2 *m.* harehound.
lebrillo *m.* metal or earthenware washtub.
lebrón *m.* large hare. 2 coll. poltroon.
lebruno, na *adj.* leporine, harelike.
lecanomancia *f.* lecanomancy.
lección *f.* lesson [instruction; amount of teaching given at a time; thing to be learned by a pupil] : *dar la* ~, to say or recite one's lesson; *dar* ~ or *lecciones*, to teach, give lessons; *señalar* ~, to assign the lesson; *tomar la* ~ *a*, to hear someone's lesson; *tomar* ~ or *lecciones*, to take lessons. 2 ECCL. lection, lesson. 3 lesson, warning : *dar una* ~ *a*, to give or teach a lesson to. 4 lecture, reading. 5 reading [interpretation of a passage].
leccionario *m.* ECCL. lectionary.
leccioncita *f. dim.* short lecture or lesson.
leccionista *m. & f.* private tutor or teacher, coach
leciticina *f.* BIOCHEM. lecithin.
lectisternio *m.* lectisternium.
lectivo, va *adj.* school [day, year, etc.].
lector, ra *m. & f.* reader. 2 ECCL. lector. 3 teacher of philosophy, theology or morals in a religious community.
lectorado *m.* ECCL. lectorate.
lectoral *adj.* applied to the canon who is the theologian of a chapter.
lectoría *f.* office of LECTOR 3.
lectura *f.* reading, lecture. 2 reading [interpretation of a passage]. 3 PRINT. pica.
lecha *f.* ICHTH. milt [secretion and gland].
lechada *f.* grout [thin fluid mortar]; whitewash : ~ *de cal*, milk of lime. 2 pulp of rags for making paper. 3 liquid containing finely divided solids in suspension.
lechal *adj.* sucking [lamb, calf, etc.]. 2 milky [plant]. — 3 *m.* milk [of a plant].
lechar *adj.* sucking [lamb, calf, etc.]. 2 milky [plant]. 3 milch [cow, etc.]. 4 promoting the secretion of milk in female mammals.
lechaza *f.* LECHA.
leche *f.* milk [secreted by female mammals] : ~ *condensada*, condensed milk; ~ *desnatada*, skim milk; ~ *en polvo*, powdered milk, milk powder; ~ *pasterizada*, pasteurized milk; *ama de* ~, nurse [woman employed to suckle an infant]; *diente de* ~, milk or first tooth; *hermano de* ~, foster brother; *estar uno con la* ~ *en los labios*, to lack experience, to be a novice; *haber mamado una cosa en la* ~, to have learned something in childhood. 2 milk [of plants] : *estar en* ~, [of plants or fruit] to be still green or undeveloped; [of the sea] to be calm. 3 milk [milky preparation] : ~ *de almendras*, milk of almonds. 4 BOT. ~ *de gallina* or *de pájaro*, star-of-Bethlehem.
lechecillas *f. pl.* sweetbread. 2 liver and lights.
lechera *adj.* milch : *vaca* ~, milch cow. — 2 *f.*

milkmaid, dairymaid, woman who sells milk. 3 milk can, milk jug, milk pot.
lecheria *f.* dairy [shop].
lechero, ra *adj.* milk, milky. — 2 *m.* milkman, dairyman.
lecherón *f.* milk pail, milk vessel. 2 flannel wrap for newborn infants.
lechetrezna *f.* BOT. sun spurge.
lechigada *f.* litter [young brought forth at a birth]. 2 coll. gang, lot [of disreputable people].
lechiguana *f.* ENTOM. (Arg., Bol.) a kind of wasp.
lechín *adj. & m.* applied to a variety of olive tree and the rich olive it yields. — 2 *m.* LECHINO [2]
lechino *m.* SURG. dossil, tent. 2 VET. boil.
lecho *m.* bed, couch : ~ *de plumas*, fig. feather bed [comfortable situation] ; *abandonar el* ~, to get up [from illness]. 2 bed [of a river, lake, etc.]. 3 bed [of a wagon box]. 5 bed, layer. 6 GEOL. stratum. 7 MAS. bed [of a stone in position].
lechón, na *adj.* dirty, sluttish. — 2 *m.* sucking pig. 3 pig, hog. 4 fig. pig [dirty man]. — 5 *f.* sow [female hog]. 6 fig. sow [dirty woman].
lechoncico, llo, to *m.* dim. sucking pig, very young pig.
lechoso, sa *adj.* milky, milklike. 2 BOT. milky, having a milky juice. — 3 *m.* BOT. papaw tree. 4 *f.* papaw.
lechuga *f.* BOT. lettuce : ~ *romana*, romaine, romaine lettuce ; *ser más fresco que una* ~, to be very careless, forward or cheeky. 2 crimpled plait, flute [in frills].
lechugado, da *adj.* lettuce-shaped.
lechuguero, ra *m. & f.* lettuce seller.
lechuguilla *f.* BOT. wild lettuce. 2 ruff; frill.
lechuguina *f.* stylish young lady.
lechuguino, na *adj.* dandified, stylish. — 2 *m.* young dandy or dude. 3 small lettuce. 4 plot of small lettuces.
lechuza *f.* ORN. barn owl, screeching owl. 2 owl-like woman.
lechuzo, za *adj.* sucking [mule colt]. — 2 *m.* coll. bill collector, summons server. 3 owl-like man.
ledamente *adv.* poet. placidly.
ledo, da *adj.* joyful, cheerful, placid.
leedor, ra *m. & f.* reader.
leer *tr. & intr.* to read [what is writen or printed; men's hearts, thoughts or faces; an author, futurity, etc.] : ~ *entre líneas*, to read between the lines. — 2 *ref.* to read, to be read : *este libro se lee fácilmente*, this book reads easily.
lega *f.* ECCL. lay sister.
legacia *f.* legateship. 2 commission or message entrusted to a legate.
legación *f.* legation.
legado *m.* LAW legacy, bequest. 2 legate. 3 legatus : ~ *a látere*, legatus a latere.
legadura *f.* tie [binding cord, band, etc.].
legajo *m.* bundle of papers; dossier, file of papers concerning some affair.
legal *adj.* legal, lawful : *ficción* ~, legal fiction; *medicina* ~, legal medicine.
legalidad *f.* legality, lawfulness. 2 political regime or method of government as established by the constitution of the State.
legalismo *m.* legalism.
legalización *f.* legalization. 2 attestation of the authenticity of a signature.
legalizar *tr.* to legalize. 2 to attest the authenticity of [a signature].
legamente *adv.* ignorantly.
legamente *adj.* ignorantly.
légamo *m.* mud, silt, slime.
legamoso, sa *adj.* silty.
legaña *f.* gummy secretion of the eyelids.
legañoso, sa *adj.* blear-eyed.
legar *tr.* to legate, bequeath. 2 to send as a legate.
legatario, ria *m. & f.* LAW legatee.
legenda *f.* legend [saint's life].
legendario, ria *adj.* legendary. — 2 *m.* legendary [book].
legible *adj.* legible, readable.
legión *f.* legion.
legionario, ria *adj. & n.* legionary.
legislación *f.* legislation [body of laws]. 2 science of laws.
legislador, ra *adj.* legislating, legislative. — 2 *m.* legislator. — 3 *f.* legislatress.
legislar *tr.* to legislate.
legislativo, va *adj.* legislative, lawmaking : *poder* ~, legislative power. 2 of laws : *código* ~, code of laws.
legislatura *f.* term or session of a legislature.

legisperito *m.* JURISPERITO.
legista *m.* legist. 2 law student.
legítima *f.* LAW legitim.
legitimación *f.* legitimation.
legitimamente *adv.* legitimately, lawfuly ; rightly.
legitimar *tr.* to legitimate.
legitimidad *f.* legitimacy. 2 genuineness.
legitimista *adj.* legitimist, legitimistic. — 2 *m. & f.* legitimist.
legítimo, ma *adj.* legitimate. 2 lawful. 3 genuine.
lego, ga *adj.* lay [person]. 2 ignorant, uninformed. — 3 *m.* laic, layman. 4 lay brother or friar. — 5 *f.* lay sister.
legón *m.* a kind of hoe.
legra *f.* SURG. periosteotome.
legración, legradura *f.* SURG. scraping of a bone, periosteotomy.
legrar *tr.* SURG. to scrape [a bone] ; to perform periosteotomy on.
legua *f.* league [measure of distance] : ~ *cuadrada*, square league; ~ *marina* or *maritima*, marine league : *a la* ~, *de cien leguas, de mil leguas, de muchas leguas, de media* ~, from far off, at a great distance.
leguario, ria *adj.* [pertaining to] league : *poste* ~, league post.
legué, legue, etc., *pret., subj. & imper.* of LEGAR.
leguleyo *m.* pettifogger, petty lawyer.
legumbre *f.* legume, pod fruit. 2 *pl.* pulse, vegetables, garden stuff.
leguminoso, sa *adj.* BOT. leguminous. — 2 *f. pl.* BOT. Leguminosae.
leíble *adj.* legible, readable.
leído, da *p. p.* de LEER. — 2 *adj.* well-read, well-informed. 3 ~ *y escribido*, coll. affecting learning, posing as learned.
leila *f.* night Moorish ball or party.
leima *m.* MUS. limma.
lejanía *f.* distance, remoteness, distant place.
lejano, na *adj.* distant, remote, far.
lejas *adj. pl. de* ~ *tierras*, from distant lands.
lejía *f.* lye. 2 coll. dressing down, reprimand.
lejío *m.* dyers' lye.
lejísimos *adv. superl.* very far away.
lejitos *adv. dim.* pretty far, rather far.
lejos *adv.* far, far away, far off, a long way off, afar : *estar* ~, to be far; to be a long way off; *estar* ~ *de*, to be far from, to be remote from ; *ir* ~, to go far; ~ *de mí*, fig. far be it from me; ~ *de ser, hacer, arrepentirse*, etc., so far from being, doing, repenting, etc.; *a lo* ~, in the distance, far away, far off; *de* ~, *desde* ~, from afar. 2 appearance at a distance : *tener buen* ~, to look good at a distance. 3 faint resemblance. 4 PAINT. distant view, background.
lejuelos *adv. dim.* pretty far. rather far.
lelili *m.* war whoop of the Moors.
lelo, la *adj.* stupid, dull. — 2 *m. & f.* simpleton, ninny. 3 *estar* ~ *por* to dote upon.
lema *m.* lemma. 2 motto 3 theme, subject. 4 slogan.
lemanita *f.* MINER. jade.
lemnáceo, a *adj.* BOT. lemnaceous. — 2 *f. pl.* BOT. Lemnaceæ.
lemniscata *f.* GEOM. lemniscate.
lemnisco *m.* lemniscus.
lemosín, na *adj.* of the Limousin [old province of France]. — 2 *m.* langue d'oc. 3 Limousin language.
lémur *m.* ZOOL. lemur.
lémures *m. pl.* MYTH. lemures.
lemurias *f. pl.* Lemuria.
lemúrido, da *adj. & m.* ZOOL. lemur. — 2 *m. pl.* ZOOL. Lemuridæ.
len *adj.* soft, flossy [thread or silk].
lena *f.* spirit, vigor.
lencera *f.* woman who deals in linen. 2 wife of a linen draper.
lencería *f.* linen goods. 2 linen trade. 3 linen-draper's shop. 4 linen room.
lencero *m.* linen draper, linen merchant.
lendrera *f.* fine-toothed comb; comb for removing nits or lice.
lendrero *m.* place full of nits.
lendroso, sa *adj.* nitty, full of nits.
lene *adj.* soft [to the touch]. 2 sweet, pleasant, kind. 3 light [not heavy].
lengua *f.* tongue [organ in the mouth; faculty of, or tendency in, speech] : ~ *de escorpión*, ~ *de sierpe*, ~ *de víbora*, ~ *viperina*, viperous tongue; *mala* ~, evil tongue; *las malas lenguas*,

the gossips; the people; *andar en lenguas*, to be much talked of, to be on the tongues of men; *atar la* ~, to tie the tongue; *buscar la* ~ *a*, to pick a quarrel with; *echar la* ~ *por*, to strive eagerly for; *hacerse lenguas de*, to praise highly, to rave about; *irse*, or *irsele a uno la* ~, to let out something that one did not wish to say; to blab; *morderse la* ~, to refrain from saying what one is tempted to say; *no morderse la* ~, to speak out, not to mince words; *pegarsele a uno la* ~ *al paladar*, to become speechless [from emotion]; *sacar la* ~ *a*, to put out one's tongue at; *tener en la* ~ or *en la punta de la* ~, to have on the tip of one's tongue; *tirar de la* ~ *a uno*, to draw out a person; *tomar* ~ or *lenguas*, to find out [about], to seek information [about]; *trabarse* or *trabársele a uno la* ~, to become tongue-tied; *traer en lenguas*, to gossip about; *con la* ~ *de un palmo, con un palmo de* ~ *fuera*, fig. with great anxiety or eagerness; *de* ~ *en* ~, from mouth to mouth. 2 tongue, language; ~ *de oc*, langue d'oc; ~ *de oil*, langue d'oil; ~ *franca*, lingua franca; ~ *madre*, mother language, mother tongue [tongue from which others spring]; ~ *materna*, mother tongue [one's native tongue]; ~ *muerta*, dead language; ~ *sabia*, classical language; ~ *santa*, Hebrew language; ~ *viva*, living language; ~ *vulgar*, vernacular; *don de lenguas*, gift of tongues. 3 tongue, clapper [of a bell]. 4 tongue [of land, of fire]. 5 tongue, index [of a balance or scale]. 6 BOT. ~ *canina* or *de perro*, hound's-tongue. 7 BOT. ~ *cerval, cervina* or *de ciervo*, hart's-tongue. 8 BOT. ~ *de buey*, oxtongue, bugloss. 9 BOT. ~ *de gato*, a rubiaceous tinctorial plant.
lenguadeta *f. dim.* ICHTH. a small sole.
lenguado *m.* ICHTH. sole.
lenguaje *m.* language [audible articulate human speech; method of expression; style of expressing oneself; symbolic meaning attached to some things]; ~ *vulgar*, vulgar language; ~ *de las flores*, language of flowers. 2 language, tongue, parlance, speech.
lenguarada *f.* LENGÜETADA.
lenguaraz, *pl.* **-races** *adj.* accomplished in languages. 2 foul-mouthed; impudent, insolent.
lenguaz, *pl.* **-guaces** *adj.* garrulous.
lengüecica, cilla, cita *f. dim.* small tongue.
lengüeta *f.* small tongue. 2 ANAT. epiglottis. 3 tongue, index [of balance or scale]. 4 MUS. tongue, reed [of a reed instrument]. 5 barb [of an arrow, etc.]. 6 CARP. tongue : ~ *ensambladura a ranura y* ~, tongue-and-groove joint. 7 MEC. tongue, feather. 8 partition dividing a chimney flue. 9 BOOKB. knife of a plough or plow.
lengüetada *f.* licking, lapping.
lengüetería *f.* MUS. reedwork, reed stops [of an organ].
lengüilargo, ga *adj.* bold, impudent, insolent [in speech].
lenidad *f.* lenity.
lenificación *f.* softening, assuaging.
lenificar *tr.* to soften, assuage.
lenificativo, va *adj.* softening, assuaging, lenitive.
Leningrado *m. pr. n.* GEOG. Leningrad.
lenitivo, va *adj. & m.* lenitive.
lenocinio *m.* pandering, procuring : *casa de* ~, brothel.
lentamente *adv.* slowly.
lente *m. & f.* OPT. lens. 2 OPT. glass : ~ *de aumento*, magnifying glass. — 3 *m. pl.* eyeglasses, nose glasses.
lentecer *intr. & ref.* to soften, grow soft.
lenteja *f.* BOT. lentil [plant and seed]. 2 bob or disk of a pendulum. 3 BOT. ~ *acuática* or *de agua*, lesser duckweed.
lentejuela *f.* spangle, sequin [stitched on a dress].
lenticular *adj.* lenticular. — 2 *m.* ANAT. lenticular ossicle.
lentiscal *m.* thicket of mastic trees.
lentisco *m.* BOT. mastic tree.
lentitud *f.* slowness, sluggishness.
lento, ta *adj.* slow. 2 sluggish, tardy, heavy. 3 PHARM., MED. glutinous. — 4 *adj. & adv.* MUS. lento.
lentor *m.* MED. viscous matter covering the teeth and lips.
lenzuelo *m.* AGR. sheet for carrying straw.
leña *f.* firewood, kindling wood : *echar* ~ *al fuego*, fig. to add fuel to the flame; to foment passion,

discord, etc.; *llevar* ~ *al monte*, to carry coals to Newcastle. 2 beating, drubbing.
leñador, ra *m. & f.* dealer in kindling wood. — 2 *m.* woodman. — 3 *f.* woodwoman.
leñame *m.* wood [fibrous substance of tree]. 2 provision of firewood.
leñatero *m.* LEÑADOR.
leñazo *m.* blow with cudgel.
leñera *f.* woodshed; woodpile.
leñero *m.* firewood seller. 2 LEÑERA.
leño *m.* log [unhewn piece of felled tree] : *dormir como un* ~, to sleep like a log or like a top. 2 wood [substance]. 3 NAUT. a medieval vessel. 4 poet. boat, ship, vessel. 5 fig. dull, thickwitted person. 6 BOT. ~ *hediondo*, bean trefoil.
leñoso, sa *adj.* ligneous, woody.
Leo *m. pr. n.* ASTR. Leo.
León *m. pr. n.* Leon [man's name]. 2 ASTR. Leo. 3 GEOG. León [a Spanish town and province].
león *m.* ZOOL. lion : ~ *de Nemea*, MYTH. Nemean lion; ~ *rampante*, HER. lion rampant; *no es tan bravo*, or *tan fiero, el* ~ *como le pintan*, a man is not so redoubtable as he looks; things are not so bad as they seem. 2 fig. lion [bold, brave man]. 3 ENTOM. lion ant. 4 ZOOL. ~ *marino*, sea lion.
leona *f.* lioness. 2 fig. brave, haughty woman.
leonado, da *adj.* lion-coloured, tawny, fulvous.
Leonardo *m. pr. n.* Leonard.
leoncico, cillo, cito *m. dim.* little lion, whelp of a lion, lion cub.
leonera *f.* cage or den of lions. 2 coll. gambling den. 3 coll. den, junk room, attic.
leonería *f.* bravery, bravado.
leonero *m.* lion keeper. 2 fig. keeper of a gambling den.
leonés, sa *adj. & n.* of or pertaining to León [town or province].
leonino, na *adj.* leonine : *verso* ~, leonine verse. 2 one-sided, unfair. — 3 *f.* MED. leontiasis.
Leonor *f. pr. n.* Eleanor, Leonora, Leonore.
leontina *f.* JEWEL. watch chain.
leopardo *m.* ZOOL. leopard.
leopoldina *f.* MIL. a Spanish shako.
Leopoldo *m. pr. n.* Leopold.
Lepe *m. saber más que* ~, to be very shrewd.
lépero, ra *adj. & m.* (C. Am., Mex.) coarse, base [man]. — 2 *adj.* (Cu.) cunning, shrewd.
lepidia *f.* (Chi.) indigestion.
lepidio *m.* BOT. peppercress.
lepidóptero, ra *adj.* ENTOM. lepidopterous. — 2 *m. pl.* ENTOM. Lepidoptera.
lepisma *f.* ENTOM. lepisma, silver fish.
lepórido, da *adj.* ZOOL. pertaining to the Leporidae. — 2 *m. pl.* ZOOL. Leporidae.
leporino, na *adj.* leporine, harelike : *labio* ~, harelip.
lepra *f.* MED. leprosy.
leproso, sa *adj.* MED. leprous. — 2 *m. & f.* leper.
leptorrino, na *adj.* leptorrhinian.
lercha *f.* reed on which fish and birds are strung and carried.
lerdamente *adv.* slowly, heavily.
lerdo, da *adj.* [of a beast] slow, heavy. 2 dull, obtuse, slow-witted.
lerdón *m.* VET. synovial tumour in horses.
leridano, na *adj. & n.* of or pertaining to Lérida [Spanish town and province].
les *pers. pron. m. & f. pl.* them, to them [indirect object] : ~ *di un libro*, I gave them a book; ~ *escribí*, I wrote to them. — 2 *pers. pron. m. pl.* them [direct object] : ~ *vi*, I saw them.
lesbiano, na; lesbio, bia *adj. & n.* Lesbian.
lesión *f.* hurt, wound, injury. 2 harm, damage. 3 MED., VET. lesion.
lesionar *tr.* to hurt, wound injure, damage, harm.
lesivo, va *adj.* prejudicial, injurious.
lesna *f.* LEZNA.
lesnordeste *m.* NAUT. east-northeast. 2 east-northeast wind.
leso, sa *adj.* hurt, injured, offended : *lesa majestad*, lese majesty.
lessueste *m.* NAUT. east-southeast. 2 east-southeast wind.
leste *m.* NAUT. east. 2 east wind.
letal *adj.* lethal, deathly, mortal.
letame *m.* manure.
letanía *f.* ECCL. litany. 2 fig. litany, series, long recounting.
letárgico, ca *adj.* lethargic.

letargo *m.* lethargy.
letargoso, sa *adj.* causing lethargy.
Leteo *m. pr. n.* MYTH. Lethe [river].
leteo, a *adj.* poet. Lethean.
Leticia *f. pr. n.* Letitia.
letificante *adj.* exhilarating, gladdening, cheering.
letificar *tr.* to exhilarate, gladden, cheer. 2 to enliven.
letífico, ca *adj.* gladdening, bringing joy.
letón, na *adj.* — Lettish. — 2 *m. & f.* Lett. — 3 *m.* Lettish or Lett [language].
letor, ra *m. & f.* obs. LECTOR.
letra *f.* letter [of the alphabet; printing type; type, collectively; style of type]; character, characters, hand : ~ *aldina*, PRINT. Aldine type; ~ *aspirada*, aspirate letter or sound, aspirate; ~ *bastardilla, itálica* or *cursiva*, PRINT. italic letter, italics; ~ *canina*, dog's letter; ~ *capital*, capital letter; ~ *consonante*, consonant; ~ *de caja alta*, PRINT. upper case type or letter; ~ *de caja baja*, PRINT. lower case type or letter; ~ *de imprenta*, printing type; ~ *de mano*, handwriting, handwritten letter; ~ *de molde*, print, printed letter; ~ *gótica*, Gothic, black letter, Old English; ~ *históriada*, adorned capital letter; ~ *mayúscula*, capital letter; ~ *metida*, compact handwriting; ~ *menuda*, fine, small writing; fig. cunning, adroitness; ~ *muerta*, dead letter [that which has lost its force or authority]; ~ *negrilla*, boldfaced or clarendon type; ~ *redonda* or *redondilla*, round hand; ~ *vocal*, vowel. 2 hand, handwriting, penmanship : ~ *corrida*, running hand; *tener buena* ~, to write a good hand. 3 line : *unas letras, cuatro letras*, a few lines. 4 letter [precise terms of a statement, literal meaning] : *a la* ~, *al pie de la* ~, to the letter. 5 coll. cunning, adroitness, *tener mucha* ~, to be very cunning, very adroit. 6 inscription. 7 words [of a song]. 8 COM. ~ *abierta*, open credit. 9 COM. *letra* or ~ *de cambio*, draft, bill of exchange : *a* ~ *vista*, at sight. 10 *pl.* letters [epistle of formal kind, order] : ~ *letras patentes*, royal edict. 11 letters [literature, erudition] : *bellas* or *buenas letras*, belles-lettres, literature; *letras humanas*, humanities; *letras sagradas* or *divinas*, the Scriptures; *hombre de letras*, man of letters. 12 *primeras letras*, elementary education.
letrado, da *adj.* lettered, learned, erudite. 2 coll. posing as a learned person. — 3 *m. & f.* lawyer : *a lo* ~, like a lawyer. — 4 *f.* wife of a lawyer :
Letrán (San Juan de) *pr. n.* Saint John Lateran [church].
letrero *m.* label. 2 sign [lettered board, etc.]; notice [placard conveying information or directions].
letrilla *f.* a kind of Spanish rondelet.
letrina *f.* latrine, privy. 2 fig. filthy place.
letura *f.* obs. LECTURA.
leucemia *f.* MED. leukemia.
leucina *f.* BIOCHEM. leucine.
leucita *f.* MINER. leucite.
leucocitemia *f.* MED. leucocythaemia, leucocythemia, leukemia.
leucocito *m.* PHYSIOL. leucocyte.
leucocitosis *f.* PHYSIOL., MED. leucocytosis.
leucoma *f.* MED. leucoma.
leucomaína *f.* BIOCHEM. leucomaine.
leucoplaquia *f.* MED. leucoplakia.
leucoplasto *m.* BOT. leucoplast.
leucorrea *f.* MED. leucorrhoea, whites.
leudar *tr.* to leaven, ferment [dough] with yeast. — 2 *ref.* [of dough] to yeast, rise, ferment.
leudo, da *adj.* leavened, fermented [dough, bread].
leva *f.* NAUT. weighing anchor. 2 MIL. levy, press. 3 MACH. lever; cam. 4 vane [of water wheel]. 5 NAUT. *mar de* ~, swell, ground swell.
levada *f.* number of silkworms moved from a place to another. 2 FENC. salute or flourish [with sword, foil, etc.]. 3 FENC. bout.
levadero, ra *adj.* collectible, leviable.
levadizo, za *adj.* that can be lifted or raised : *puente* ~, drawbridge, lift bridge.
levador *m.* piler [in paper mill]. 2 MEC. cog, tooth, cam.
levadura *f.* leaven, yeast : ~ *de cerveza*, brewer's yeast, beer yeast.
levantada *f.* getting up [from bed].
levantadamente *adv.* loftily, in an elevated manner.
levantado, da *adj.* elevated, raised. 2 elevated, lofty, sublime. 3 up [from bed].

levantador, ra *adj.* raising, lifting up. — 2 *m. & f.* lifter. 3 mutineer, rioter.
levantamiento *m.* elevation, raising, building, erection. 2 lifting up. 3 getting up. 4 elevation, sublimity. 5 rising, insurrection, uprising. 6 ~ *de planos*, surveying.
levantar *tr.* to raise, lift, lift up, heave, hoist, elevate. 2 to raise, set up, build, erect. 3 to take up, pick up. 4 to raise, cause : ~ *una ampolla*, to raise a blister. 5 to raise [the voice]. 6 to raise [a siege, a blockade, etc.]. 7 to strike, take down [a tent]. 8 to raise [an army]. 9 HUNT. to rouse, start [game]. 10 to stir, stir up. 11 to cause to revolt, to incite to rebellion. 12 to cut [cards]. 13 to impute or attribute falsely. 14 ~ *acta*, to draw up and execute a formal statement [of a fact]. 15 ~ *bandera*, to rise in insurrection, to rebel. 16 ~ *cabeza*, to be freed from poverty or misfortune; to regain one's health. 16 ~ *el campo*, to break or strike camp. 17 ~ *el plano de*, to survey. 18 ~ *falso testimonio a*, to accuse falsely. 19 ~ *la casa*, to move, to break housekeeping. 20 ~ *la mesa* or *los manteles*, to clear the table. 21 ~ *la cosecha*, to gather the crop. 22 ~ *la sesión*, to adjourn, rise. 23 ~ *los ánimos*, to raise the spirits. 24 ~ *planos*, to survey, draw up plans.
25 *ref.* to rise [move upward; ascend; project or swell upwards; incline upwards; come to life again]. 26 to rise, get up [from bed, chair, etc.]; to stand up. 27 to rise, take up arms, rebel. 28 [of spirits, etc.] to rise : *se le levantaron los ánimos*, his spirits rose. 29 [of game] to start.
levante *m.* East, Orient. 2 east wind, levanter. 3 Mediterranean regions of Spain. 4 Levant [eastern part of Mediterranean with its neighbouring countries].
levantino, na *adj. & n.* Levantine. 2 of the Mediterranean regions of Spain.
levantisco, ca *adj.* turbulent, restless. — 2 *adj. & n.* LEVANTINO.
levar *tr.* NAUT. to weigh [anchor] : ~ *anclas*, to weigh anchor. — 2 *ref.* NAUT. to set sail.
leve *adj.* light [not heavy]. 2 slight, trivial, trifling, venial.
levedad *f.* lightness, levity. 2 slightness. 3 inconstancy.
levemente *adv.* lightly, gently. 2 slightly.
Leví *m. pr. n.* BIB. Levi.
leviatán *m.* BIB. & fig. leviathan.
levigación *f.* levigation.
levigar *tr.* to levigate [mix with water so as to separate the finer particles].
levirato *m.* BIB., HIST. levirate.
levita *f.* BIB., HIST. Levite. — 2 *f.* frock-coat.
levitación *f.* levitation.
levítico, ca *adj.* levitical. 2 priestly. — 3 *m.* (cap.) BIB. Leviticus.
levitón *m.* large frock-coat, great-coat like a frock-coat.
levógiro *adj.* CHEM. levorotatory.
levoglucosa *f.* CHEM. levoglucose.
levulina *f.* CHEM. levuline.
levulosa *f.* CHEM. levulose.
léxico, ca *adj.* lexical. — 2 *m.* lexicon. 3 words, phrases, etc., used by an author; language of a person.
lexicografía *f.* lexicography.
lexicográfico, ca *adj.* lexicographic.
lexicógrafo *m.* lexicographer.
lexicología *f.* lexicology.
lexicológico, ca *adj.* lexicologic(al.
lexicólogo *m.* lexicologist.
léxicon *m.* lexicon.
ley *f.* law [body of enacted or customary rules]; law, rule, precept, act, statute; ~ *antigua* or *de Moisés*, Old law, Mosaic law; ~ *de Dios*, what is conformable to justice or to God's commandments; ~ *de gracia, evangélica* or *nueva*, Christ's law, Christian precepts; ~ *de la trampa*, coll. deception, trickery; ~ *del embudo*, coll one-sided law; ~ *del talión*, lex talionis, law of retaliation; ~ *escrita*, revealed law, decalogue; ~ *marcial*, martial law; ~ *sálica*, Salic law; ~ *seca*, dry law; ~ *suntuaria*, sumptuary law; *dar la* ~, to set an example; to impose one's will: *a toda* ~, according to justice, according to principle or rule; *con todas las de la* ~, perfect; perfectly. 2 SCIENCE, ECON. law. 3 religion, dispensation. 4 loyalty, devotion.

affection, attachment : *tener* or *tcmar* ~ *a*, to be or become devoted or attached to. 5 legal standard of quality, weight or measure : *de buena* ~, fig. sterling, good, acceptable ; *de mala* ~, fig. bad, low, base. 6 fineness [of coin or metal] : *oro de* ~, fine gold. 7 *a* ~ *de caballero* or *de cristiano*, on the word of a gentleman or a Christian.

leyenda *f.* legend [traditional story ; life of a saint ; collection of lives of saints] : *Leyenda Áurea*, Golden legend. 2 legend [on coin or medal]. 3 reading [act of reading, matter read].

leyente *adj.* reading. — 2 *m. & f.* reader.

leyó, leyera, leyendo, etc., *pret., subj. imperf. & ger.* of LEER.

lezda *f.* ancient tax on merchandises.

lezna *f.* awl.

Lía *f. pr. n.* BIB. Leah.

lía *f.* plaited esparto rope. 2 *sing. & pl.* lee, dregs : *estar hecho una* ~, coll. to be drunk.

lianza *f.* (Am.) account, credit [in a shop].

liar *tr.* to tie, bind, tie up, wrap up. 2 to roll [a cigarette]. 3 coll. to involve, draw [a person] into an entanglement. 4 *liarlas*, coll. to flee, go away ; to die, kick the bucket. — 5 *ref.* to embroil oneself. 6 to enter into liaison or concubinage. 7 *liarse a puñetazos*, to come to blows.

liara *f.* vessel made of a horn.

liásico, ca *adj.* GEOL. Liassic. — 2 *m.* GEOL. Lias, Liassic.

libación *f.* libation.

libamen, libamiento *m.* offering or libation in ancient sacrifices.

libán *m.* esparto rope.

Líbano *m. pr. n.* GEOG. Lebanon.

libar *tr.* to suck the juice [of flowers, etc.]. 2 to taste, drink [a liquor]. 3 to perform a libation with.

libatorio *m.* libatory cup.

libelar *tr.* LAW to petition.

libelista *m.* libeler, libelist [writer of libels].

libelo or **libelo infamatorio** *m.* libel [defamatory writing]. 2 LAW petition.

libélula *f.* ENTOM. libellula, dragonfly.

liber *m.* BOT. bast, liber.

liberación *f.* liberation, deliverance, release. 2 quittance [document].

liberal *adj.* liberal, generous. 2 *artes liberales*, liberal arts. — 3 *adj. & n.* POL. liberal.

liberalidad *f.* liberality, generosity.

liberalismo *m.* POL. liberalism. 2 liberal party.

liberalizar *tr.* to liberalize.

liberalmente *adv.* liberally, generously, freely.

libérrimo, ma *adj. superl.* most free.

libertad *f.* liberty, freedom, independence : ~ *de acción*, liberty of action ; ~ *de comercio*, freedom of trade ; ~ *de conciencia*, liberty of conscience ; ~ *de cultos*, freedom of worship ; ~ *de imprenta*, liberty of the press, freedom of the press ; ~ *de los mares*, freedom of the seas ; ~ *de reunión*, freedom of assembly ; ~ *individual*, individual liberty ; ~ *provisional*, liberation on bail ; *poner en* ~, to set free ; *en* ~, at liberty ; *at large.* 2 liberty [setting aside of rules, licence] : *tomarse la* ~ *de*, to take the liberty to [do something]. 3 liberty, freedom [undue familiarity] : *tomarse libertades o demasiada* o *con*, to take liberties with, to make free with. 4 freedom, ease [in action]. 5 free an easy manners. 6 *pl.* liberties, privileges, immunities.

libertadamente *adv.* freely, wantonly, impudently.

libertado, da *adj.* freed. 2 free, unrestrained. 3 free, bold, forward.

libertador, ra *adj.* liberating, delivering. — 2 *m. & f.* liberator, deliverer.

libertar *tr.* to set free, liberate, deliver. 2 to free, rid, clear. 3 to exempt [of obligation]. 4 to save, preserve [from death, danger, etc.].

libertario, ria *adj.* anarchistic. — 2 *m. & f.* anarchist.

liberticida *adj.* liberticidal. — 2 *m. & f.* liberticide [destroyer of liberty].

libertinaje *m.* libertinism, libertinage, profligacy.

libertino, na *adj. & n.* libertine, profligate.

liberto, ta *m. & f.* freedman, freedwoman.

Libia *f. pr. n.* GEOGR. Lybia.

líbico, ca *adj. & n.* Lybian.

libidine *f.* lewdness, lust.

libidinosamente *adv.* libidinously, lewdly.

libidinoso, c2 *adj.* libidinous, lewd, lustful.

líbido *f.* libido.

libio, bia *adj. & n.* Lybian.

libra *f.* pound [weight ; coin] : ~ *esterlina*, pound sterling. 2 (cap.) ASTR. Libra.

libración *f.* libration [vibration]. 2 ASTR. libration.

libraco, libracho *m.* coll. trashy book.

librado, da *p. p.* of LIBRAR. — 2 *adj. salir bien* ~, to come off well, unscathed ; *salir mal* ~, to come off in a bad state. — 3 *m. & f.* COM. drawee.

librador, ra *adj.* delivering, preserving. — 2 *m. & f.* deliverer, preserver. 3 COM. drawer [of a draft or bill of exchange]. — 4 *m.* grocer's scoop.

libramiento *m.* delivering, preserving. 2 order for payment.

librancista *m. & f.* COM. holder of a draft.

libranza *f.* draft [order directing the payment of money].

librar *tr.* to free, deliver, save, preserve [from ill, danger, etc.]. 2 to place [one's hope]. 3 to pass [sentence] ; to issue [a decree, etc.] : to draw, issue [a bill of exchange, an order for payment, etc.]. 4 ~ *batalla* or *combate*, to engage in a battle, to fight a battle. 5 *¡Dios me libre!*, ¡ God forbid ! — 6 *intr.* to be delivered of a child. 7 to expel the placenta. 8 [of a nun] to receive a visitor in the locutory. 9 ~ *bien* or *mal*, to come off well cr badly. 10 *a bien* ~, *a buen* ~, at best. — 11 *ref. librarse de*, to free or extricate oneself of or from ; to get rid of ; to escape, to avcid : *de buena nos hemos librado*, we have had a close shave.

libratorio *m.* locutory [of a convent].

librazo *m. aug.* big book. 2 blow with a book.

libre *adj.* free [having liberty, choosing or capable of choosing for oneself ; not in bondage, not slave or serf ; uncontrolled, unrestrained, having no restrictions ; made voluntarily] : *hombre* ~, freeman ; ~ *albedrío*, free will ; ~ *cambio*, free trade. 2 independent. 3 free [from something], exempt, unencumbered : ~ *de impuestos*, tax free. 4 free [unattached]. 5 free [not obstructed, clear, open, unimpeded] : ~ *curso*, free course. 6 free [verse, translation, etc]. 7 free [loose, licentious, impudent]. 8 vacant [place, seat]. 9 disengaged, at leisure. 10 single, unmarried. 11 isolated, alone [building]. 12 NAUT. ~ *plática*, pratique.

librea *f.* livery [distinctive clothes worn by a servant]. 2 servant wearing a livery.

librear *tr.* to weigh or sell by pounds.

librecambio *m.* free trade [opposed to prctection].

librecambismo *m.* the doctrine of free trade.

librecambista *adj.* free-trading. — 2 *m. & f.* free-tradist, freetrader.

librejo *m.* worthless book.

libremente *adv.* freely [without restrain or restriction]. 2 freely, boldly, licentiously.

librepensador, ra *adj.* freethinking. — 2 *m. & f.* freethinker.

librepensamiento *m.* free thinking, free thought.

librería *f.* bookcase. 2 bookseller's shop, bookstore. 3 book trade, bookselling. 4 library [rarely used].

libreril *adj.* pertaining to the book trade.

librero *m.* bookseller.

libreta *f.* book of blank sheets, notebook ; ~ *de direcciones*, address book ; ~ *de la Caja de ahorros*, passbook, bankbook [of savings bank]. 2 loaf of bread of 1 lb. weight.

librete *m.* small book. 2 foot stove.

libretin *m. dim.* small book, booklet.

libretista *m. & f.* librettist.

libreto *m.* libretto.

librillo *m.* small book, bcoklet. 2 small book of cigarette paper. 3 ~ *de cera*, folded wax taper. 4 ~ *de oro*, gold-leaf book.

libro *m.* book : ~ *antifonal* or *antifonario*, antiphonal ; ~ *borrador*, COM. blotter, record book ; ~ *copiadcr*, COM. letter book ; ~ *de actas*, minute book ; ~ *de asiento*, memorandum book ; ~ *de caballerías*, romance of chivalry ; ~ *de caja*, COM. cashbook ; ~ *de cocina*, cookbook ; ~ *de consulta*, book of reference ; ~ *de cuentas ajustadas*, reckoner, ready reckoner ; ~ *de facturas*, invoice book ; ~ *de horas*, book of hours, hour book ; ~ *de las cuarenta hojas*, fig. & coll. pack of playing cards ; ~ *de mano*, handwritten book ; ~ *de memoria*, memorandum book ; ~ *de texto*, textbook ; ~ *diario*, COM. daybook ; ~ *en blanco*, blank book ; ~ *en folio*, folio book ; ~ *en rústica*, paperbound book ; ~ *mayor*, COM. ledger ; ~ *talonario*, stub book, checkbook, receipt book ; *ahorcar los libros*, fig. to give up studying ; *hablar*

como un ~, to speak very well; *meterse en li-*
bros de caballerías, to meddle with what is not
one's concern. 2 MUS. libretto. 3 ZOOL. abomasum, third stomach of ruminants.

librote *m.* large book. 2 trashy book.

licantropía *f.* MED. lycanthropy.

licántropo *adj.* lycanthrope.

liceísta *m. & f.* member of a lyceum.

licencia *f.* licence, leave, permission. 2 licence
[excessive liberty of action, abuse of freedom].
3 EDUC. degree of master or licenciate. 4 [poetic]
licence. 5 MIL. leave, furlough; ~ *absoluta,*
discharge.

licenciado, da *m. & f.* EDUC. licentiate, graduate,
holder of the degree of master. 2 lawyer. 3 ~ *del*
ejército, discharged soldier.

licenciamiento *m.* EDUC. graduation with the degree of master or licenciate. 2 MIL. discharge [of
soldiers].

licenciar *tr.* to give leave or permission. 2 EDUC.
to confer the degree of master or licentiate on.
3 MIL. to discharge [soldiers]. — 4 *ref.* to receive
the degree of master or licentiate. 5 to become
licentious.

licenciatura *f.* degree of master or licenciate. 2 act
of conferring the degree of master or licenciate.
3 work leading to the graduation with a degree
of master or licenciate.

licenciosamente *adv.* licentiously.

licencioso, sa *adj.* licentious, dissolute.

liceo *m.* lyceum. 2 name for some clubs.

Licia *f. pr. n.* HIST., GEOG. Lycia.

licio *adj. & n.* Lycian.

licitación *f.* bidding [at an auction].

licitador *m.* bidder [at an auction].

lícitamente *adv.* licitly, lawfully.

licitante *adj.* LICITADOR.

licitar *tr.* to bid on or for [at an auction or on
public works].

lícito, ta *adj.* licit, permitted, lawful, right, just.

licopodio *m.* BOT. lycopodium.

licor *m.* liquor [any liquid; spirituous beverage].
2 liqueur.

licorera *f.* cellaret, frame for holding liqueur
bottles on the table.

licorista *m. & f.* liqueur distiller. 2 liqueur seller.

licoroso, sa *adj.* generous, rich [wine].

lictor *m.* lictor.

licuable *adj.* liquefiable.

licuación *f.* liquefaction. 2 METAL. liquation.

licuante *adj.* liquefying.

licuar *tr.* to liquefy. 2 METAL. to liquate. — 3 *ref.*
to liquefy [become liquid].

licuefacción *f.* liquefaction.

licuefacer *tr.* to liquefy.

licuefactible *adj.* liquefiable.

licuefactivo, va *adj.* liquefying.

Licurgo *m. pr. n.* Lycurgus.

licurgo, ga *adj.* clever, smart, shrewd. — 2 *m.*
lawmaker.

lid *f.* contest, fight. 2 dispute, argument.

líder *m.* Angl. political leader.

Lidia *f. pr. n.* HIST. GEOG. Lydia.

lidia *f.* fight, struggle. 2 bullfight.

lidiadero, ra *adj.* [of a bull] fit for fighting.

lidiador, ra *m. & f.* combatant, fighter. 2 bullfighter.

lidiar *intr.* to fight, contend. 2 to struggle. 3 ~ *con,*
to face up, resist; to try to cope with. — 4 *tr.* to
fight [bulls].

lidio, dia *adj. & n.* Lydian.

liebrastón, liebratico, liebratón *m.* young hare,
leveret.

liebre *f.* ZOOL. hare; *coger una* ~, fig. to fall
without hurting oneself; *comer* ~, fig. to be a
coward. 2 fig. coward. 3 ZOOL. ~ *de mar* or
marina, sea hare.

liebrecilla *f. dim.* young hare. 2 BOT. bluebottle.

liebrezuela *f. dim.* small or young hare.

Lieja *f. pr. n.* GEOG. Liège.

liendre *f.* nit [egg of louse]; *cascarle,* or *macha-*
carle, a uno las liendres, fig. to beat up, to give
one a severe drubbing.

lientera, lientería *f.* MED. lientery.

lientérico, ca *adj.* MED. lienteric.

liento, ta *adj.* damp, moist.

lienza *f.* narrow strip of cloth.

lienzo *m.* cloth woven from flax, hemp or cotton;
linen. 2 handkerchief. 3 PAINT. canvas. 4 face
[of a building]; stretch [of a wall]. 5 FORT.
curtain.

liga *f.* garter. 2 band, bandage. 3 BOT. mistletoe.

4 birdlime. 5 union, mixture. 6 alloy [mixture
of metals]. 7 alloy [metal mixed with gold or
silver]. 8 league, confederation, alliance : *Liga*
anseática, Hanseatic league; *Liga de las Nacio-*
nes, League of Nations. 3 FOOTB. league.

ligación *f.* joining, tying. 2 union, mixture.

ligada *f.* NAUT. turn or coil of a rope, cord, etc.
tying something.

ligado, da *p. p.* of LIGAR. — 2 *m.* union of letters
in writing. 3 MUS. ligature.

ligadura *f.* tie, bond, bandage, ligature. 2 subjection. 3 turn or coil of a rope, cord, etc. tying
something. 4 MUS. ligature.

ligamaza *f.* viscosity on some fruits or seeds.

ligamen *m.* spell supposed to cause impotence.

ligamento *m.* tying, binding. 2 ANAT. ligament.

ligamentoso, sa *adj.* ligamentous, ligamental.

ligamiento *m.* tying, binding. 2 union, harmony.

ligar *tr.* to tie, bind. 2 to alloy, mix [metals]. 3
to alloy [mix with baser metal]. 4 to join, unite.
5 to bind, obligate. 6 SURG. to ligate. 7 to render
impotent by malefic spells. — 8 *ref.* to league
together, to enter in a league or confederacy
[with]. 9 to join, combine [be joined or com-
bined]. 10 to bind oneself.

ligazón *f.* union, connection, linking. 2 NAUT.
futtock.

ligeramente *adv.* swiftly. 2 lightly. 3 slightly.

ligereza *f.* lightness, swiftness, agility, nimbleness.
2 lightness [of weight]. 3 lightness, levity, frivolity, inconstancy. 4 thoughtless act, indiscretion.

1) **ligero, ra** *adj.* light [of little weight, not heavy;
easily to endure or perform, not violent in movement, action, etc.] : *carga ligera,* light load
or burden; *trabajo* ~, light work; *brisa li-*
gera, light breeze. 2 light [not burdened or
oppressed]. 3 light, swift, agile, nimble. 4 light
[clothes, food, wine, sleep]. 5 thin [cloth]. 6
light, slight, trivial. 7 light [designed merely
to entertain] : *comedia ligera,* light comedy.
8 light, flippant, jesting. 9 light, giddy, fickle,
inconstant. 10 light, wanton [woman, conduct].
11 MIL. *artillería ligera,* light artillery; *caballería*
ligera, light horse; *infantería ligera,* light infantry. 12 ~ *de cascos,* featherbrained. 13 ~ *de*
pies, light-footed. 14 ~ *de ropa,* scantily clad.
15 *a la ligera,* quickly; briefly; simply, unceremoniously. 16 *de* ~, rashly, without due consideration.

2) **ligero** *adv.* fast, rapidly.

ligeruelo, la *adj. dim.* rather light. 2 early [grapes].

ligio, gia *adj.* liege.

lignario, ria *adj.* ligneous.

lignificarse *ref.* BOT., CHEM. to lignify.

lignifique, etc., *subj. & imper.* of LIGNIFICARSE.

lignina *f.* BOT. lignin.

lignito *m.* MINER. lignite.

ligua *f.* (Ph. I.) battle-axe.

liguano, na *adj.* (Chi.) applied to a breed of sheep
and its wool.

ligué, ligue, etc., *pret., subj. & imper.* of LIGAR.

liguilla *f.* narrow garter. 2 SPORT. secondary league.

lígula *f.* BOT. ligule. 2 ANAT. epiglottis.

ligur; ligurino, na *adj. & n.* Ligurian.

ligústico, ca *adj.* Ligurian.

ligustre *m.* BOT. flower of the privet.

ligustrino, na *adj.* [pertaining to] privet.

ligustro *m.* BOT. privet.

lija *f.* ICHTH. dogfish. 2 dogfish skin, shagreen. 3
sandpaper.

lijar *tr.* to sandpaper.

Lila *f. pr. n.* GEOG. Lille.

lila *f.* BOT. lilac [shrub and flower]. 2 lilac colour
— 3 *adj.* silly, half-witted. — 4 *m. & f.* fool,
simpleton, half-wit.

lilaila *f.* trick, wile. 2 FILELÍ.

liliáceo, a *adj.* BOT. liliaceous. — 2 *f. pl.* BOT.
Liliaceæ.

lililí *m.* LELILÍ.

lilao *m.* coll. vain show.

liliputiense *adj. & n.* Lilliputian.

Lima *f. pr. n.* GEOGR. Lima.

lima *f.* file [tool] : ~ *de cola de rata,* rattail file;
~ *de mediacaña,* half-round file; ~ *para las uñas,*
nail file; ~ *muza,* smooth file; ~ *sorda,* dead-
smooth file; fig. that which destroys a thing insensibly; ~ *triangular,* three-square file. 2 finish,
polishing. 3 BOT. sweet lime [fruit]. 7 BOT. sweet-
lime tree. 5 ARCH. ~ *hoya,* valley. 6 ARCH. ~ *tesa,*
hip.

limadura *f.* filing [act of smoothing with a file]. — 2 *pl.* filings.
limalla *f.* filings [of metal].
limar *tr.* to file [smoth or polish with a file]. 2 to polish, touch up. 3 to weaken, destroy.
limatón *m.* coarse round file.
limaza *f.* ZOOL. slug.
limazo *m.* viscosity, slime.
limbo *m.* THEOL. limbo [limbo patrum; limbo infantum] : *estar en el* ~, fig. to be abstracted, absent in mind. 2 edge, border. 3 limb [of an instrument for measuring angles]. 4 ASTR., BOT. limb.
limen *m.* poet. threshold.
limeño, ña *adj.* & *n.* Limean.
limera *f.* NAUT. rudderhole.
limero, ra *m.* & *f.* seller of sweet limes. — 2 *m.* BOT. sweet-lime tree.
limeta *f.* long-necked bottle.
limitación *f.* limitation. 2 boundary, district.
limitadamente *adv.* limitedly, finitely.
limitado, da *adj.* limited. 2 short, scanty. 3 dull-witted.
limitador, ra *adj.* limiting. — 2 *m.* & *f.* limiter.
limitáneo, a *adj.* [pertaining to] border or boundary.
limitar *tr.* to mark the boundaries of. 2 to limit, bound [set limits to; establish the bounds of; form a boundary of]; to confine; to circumscribe. 3 to limit, restrict, qualify. 4 to cut down, reduce. — 5 *intr.* ~ *con*, to border on or upon, be contiguous or adjacent to. — 6 *ref.* to reduce expense. 7 *limitarse a*, to confine oneself to.
límite *m.* limit, bound : *sin límites*, illimited, unbounded. 2 boundary, border. 3 MATH. limit.
limítrofe *adj.* bordering, conterminous.
limo *m.* mud, slime. 2 BOT. (Col., Chi.) sweet-lime tree.
limón *m.* BOT. lemon. 2 BOT. lemon tree. 3 thill, shaft [of a carriage]. 4 (Cu.) *hierba de* ~, camel grass.
limonada *f.* lemonade. 2 PHARM. ~ *purgante*, citrate of magnesia.
limonado, da *adj.* lemon-coloured.
limonar *m.* lemon plantation or grove. 2 (Guat.) lemon tree.
limoncillo *m. dim.* small lemon. 2 BOT. name for several American trees.
limoncito *m. dim.* small lemon.
limonera *f.* woman who sells lemons. 2 LIMÓN 3.
limonero, ra *adj.* shaft [horse]. — 2 *m.* & *f.* shaft horse. 3 lemon seller. — 4 *m.* BOT. lemon tree.
limonita *f.* MINER. limonite.
limosidad *f.* muddiness, sliminess. 2 tartar [on teeth].
limosna *f.* alms.
limosnear *intr.* to beg, go begging.
limosnero, ra *adj.* almsgiving, charitable. 2 (Arg.) *pobre* ~, beggar. — 3 *m.* almoner.
limoso, sa *adj.* muddy, slimy.
limpia *f.* cleaning, cleansing.
limpiabarros, *pl.* **-rros** *m.* scraper, boot scraper.
limpiabotas, *pl.* **-tas** *m.* bootblack.
limpiachimeneas, *pl.* **-neas** *m.* chimney sweeper.
limpiadera *f.* clothes brush. 2 ploughstaff, plowstaff.
limpiadientes, *pl.* **-tes** *m.* toothpick.
limpiador, ra *adj.* cleaning, cleansing. — 2 *m.* & *f.* cleaner, cleanser.
limpiadura *f.* cleaning, cleansing. 2 *pl.* cleanings.
limpiamente *adv.* cleanly. 2 neatly. 3 skilfully, with ease. 4 purely, honestly. 5 sincerely, fairly.
limpiamiento *m.* cleaning, cleansing.
limpiaparabrisas, *pl.* **-sas** *m.* windshield wiper.
limpiaplumas, *pl.* **-mas** *m.* penwiper.
limpiar *tr.* to clean, cleanse. 2 to wipe [a pen, the hands, etc.]. 3 to shine [boots]. 4 to furbish [metals]. 5 to prune [a tree]. 6 to clear [from impurities, weeds, mice, etc.]. 7 to purify. 8 coll. to steal, to pick : *limpiarle a uno las faltriqueras*, to pick someone's pocket. 9 coll. to clean up [money in gambling]. 10 coll. to clean out [someone in gambling]. — 11 *ref.* to clean oneself. 12 *limpiarse las uñas*, to clean one's nails; *limpiarse los dientes*, to brush one's teeth.
limpiatubos, *pl.* **-bos** *m.* tube cleaner.
limpiauñas, *pl.* **-nas** *m.* nail cleaner.
limpidez *f.* poet. limpidity.
límpido, da *adj.* limpid, clear, pure.
limpieza *f.* cleanness, cleanliness. 2 neatness. 3

purity, chastity. 4 integrity, honesty, fairness. 5 neatness, ease or skill of execution or performance. 6 cleaning. 7 household cleaning. 8 ~ *de bolsa*, emptiness of the purse. 9 ~ *de corazón*, honesty, sincerity. 10 ~ *de sangre*, quality of those who have no Moorish, Jewish or heretic ancestor.
1) **limpio, pia** *adj.* clean, cleanly. 2 neat, tidy. 3 clear [free from impurities, guile, guilt, etc.]; pure, chaste, honest. 4 clear, net [free from charges or deductions]. 5 coll. clean [cleaned out, penniless]. 6 fair [play]. 7 ~ *de polvo y paja*, for nothing; net, clear [profit]. 8 *poner en* ~, to make a clear copy of. 9 *sacar en* ~, to conclude, infer, make out : *no sacar nada en* ~, not to make head or tail of.
2) **limpio** *adv.* cleanly. 2 fair : *jugar* ~, to play fair.
limpión *m.* hasty cleaning.
lináceo, a *adj.* BOT. linaceous. — 2 *f. pl.* BOT. Lináceæ.
linaje *m.* lineage, family, race : ~ *humano*, mankind. 2 class, kind, description.
linajista *m.* genealogist.
linajudo, da *adj.* of high lineage, of noble descent, highborn. 2 boasting of noble descent. — 3 *m.* & *f.* boaster of noble descent.
lináloe *m.* BOT. aloes.
linar *m.* flax field.
linaria *f.* BOT. toadflax.
linaza *f.* flaxseed, linseed.
lince *m.* ZOOL. lynx. 2 fig. keen, shrewd person. — 3 *adj.* keen [sight, eyes].
lincear *tr.* to see, note [what is not easily seen].
línceo, a *adj.* lyncean, lyncine. 2 keen [sight, eyes].
linchamiento *m.* lynching.
linchar *tr.* to lynch.
linches *m. pl.* (Méx.) fiber saddlebags.
lindamente *adv.* prettily, neatly, finely.
lindante *adj.* bordering, adjoining, contiguous.
lindar *intr.* ~ *con*, to border, verge, abut on or upon, be contiguous to.
lindazo *m.* boundary.
linde *m.* & *f.* limit, boundary.
lindero, ra *adj.* bordering, adjoining. — 2 *m.* limit, boundary.
lindeza *f.* prettiness, neatness, beauty, elegance. 2 funny act or remark. 3 *pl.* pretty things. 4 iron. insults.
lindo, da *adj.* beautiful, pretty, nice, fine, lovely. 2 *de lo* ~, a great deal, greatly; wonderfully. 3 ~ *don Diego*, coxcomb, dude.
lindón *m.* ridge in gardens for asparagus, etc.
lindura *f.* LINDEZA.
línea *f.* GEOM. line : ~ *recta*, right line, straight line; ~ *curva*, curved line, curve; ~ *quebrada*, broken line. 2 line [twelfth part of an inch]. 3 line [threadlike mark, formation or appearance, direction, course] : ~ *de agua*, ~ *de flotación*, NAUT. water line, line of flotation; ~ *de fondo*, TENNIS base line, service line; FOOTBALL goal line; ~ *de fuerza*, PHYS. line of force; ~ *del fuerte*, MAR. level line; ~ *de los ápsides*, ASTR. line of apsides; ~ *de los nodos*, ASTR. line of nodes; ~ *del viento*, NAUT. direction of the wind; ~ *de mira*, FIREARMS, SURVEY line of sight; ~ *de puntos*, dotted line; ~ *de saque* or *de servicio*, TENNIS service line; ~ *de tierra* or *de la tierra*, PERSP. ground line; ~ *equinoccial*, GEOG. equinoctial line. 4 GEOG. the line, the equator. 5 course, line [of conduct]. 6 line [row of words or letters written or printed] : *unas líneas, cuatro líneas*, fig. a line [short letter]; *entre líneas*, between lines. 7 line [of steamers, autobuses, etc.] : ~ *aérea*, airline; ~ *de circunvalación*, RLY. belt line; ~ *férrea*, railway line; ~ *telegráfica*, telegraph line. 8 line [of family] : ~ *directa*, direct line. 9 line, boundary. 10 FORT. line : ~ *de circunvalación*, circumvallation line. 11 MIL., NAV. line : ~ *de combate*, battle line; ~ *de fuego*, firing line. 12 class, kind. 13 *en toda la* ~, thoroughly.
lineal *adj.* lineal, linear.
lineamento, lineamiento *m.* lineament.
1) **linear** *adj.* BOT., ZOOL. linear.
2) **linear** *tr.* to draw lines on. 2 to sketch, outline.
líneo, a *adj.* LINÁCEO.
linero, ra *adj.* [pertaining to] flax or linen. — 2 *m.* & *f.* linen draper.
linfa *f.* PHYSIOL. lymph. 2 lymph, vaccine lymph. 3 poet. lymph, water.
linfático, ca *adj.* lymphatic.

linfatismo *m.* MED. lymphatism.
linfocito *m.* ANAT. lymphocite.
lingote *m.* ingot, pig, bloom.
lingual *adj.* lingual.
lingue *m.* BOT. Chilean tree with a bark used in tanning.
linguete *m.* pawl, ratchet.
lingüista *m.* linguist.
lingüística *f.* linguistics.
lingüístico, ca *adj.* linguistic.
linimento, linimiento *m.* liniment.
lino *m.* BOT. flax. 2 flax [fiber]. 3 linen [thread, cloth]. 3 poet. sail.
linóleo *m.* linoleum.
linón *m.* lawn [fabric].
linotipia *f.* linotype.
linotipista *m.* linotypist.
lintel *m.* DINTEL.
linterna *f.* lantern, lamp : ~ *eléctrica,* electric torch ; ~ *mágica,* magic lantern ; ~ *sorda,* dark lantern. 2 NAUT. lighthouse. 3 MACH. lantern, lantern pinion or wheel. 4 ARCH. lantern.
linternazo *m.* blow with a lantern. 2 fig. blow [with any instrument].
linternero *m.* lantern maker.
linternón *m.* large lantern. 2 NAUT. poop lantern.
liño *m.* row of trees or plants.
liñuelo *m.* strand [of rope].
lío *m.* bundle, parcel. 2 tangle, muddle, mess, imbroglio : *armar un* ~, to make things, to stir up trouble ; *hacerse un* ~, to get muddled, confused. 3 liaison [illicit intimacy]. 4 lie, deception, trouble-making.
lionés, sa *adj. & n.* Lyonese.
Liorna *pr. n.* GEOG. Leghorn.
liorna *f.* uproar, hubbub, confusion.
lioso, sa *adj.* lying, mischief-making. 2 embroiled, difficult. — 3 *m. & f.* liar, mischief-maker.
lipasa *f.* BIOCHEM. lipase.
lipemanía *f.* MED. lypemania, melancholia.
lipemaníaco, ca *adj. & n.* MED. lypemaniac, melancholic.
lipes, lipis *f.* CHEM. blue vitriol.
lipoma *m.* MED. lipoma.
lipotimia *f.* MED. lypothymia.
liquen *m.* BOT., MED. lichen.
liquidable *adj.* liquefiable. 2 liquidable.
liquidación *f.* liquefaction. 2 COM. liquidation ; settlement. 3 fig. liquidation. 4 bargain sale, sale at bargain prices.
liquidador, ra *adj.* liquidating. — 2 *m. & f.* liquidator. 3 ~ *de averías,* insurance adjuster.
liquidámbar *m.* liquidamber, balsam liquid.
liquidar *tr.* to liquefy. 2 COM. to liquidate ; to settle or pay out. 4 fig. to liquidate [dispose of] ; to squander ; to destroy, suppress, murder. — 5 *intr.* to liquidate ; to go into liquidation. — 6 *ref.* to liquefy [come into liquid condition].
liquidez *f.* liquidity liquidness.
líquido, da *adj.* liquid, aquiform. 2 COM. clear, net. 3 PHONET. liquid [consonant]. — 4 *m.* liquid, liquor. 5 COM. balance, net, net amount or profit : ~ *imponible,* taxable net. — 6 *f.* PHONET. liquid, liquid consonant.
lira *f.* lira [Italian monetary unit]. 2 MUS. lyre. 3 a Spanish poem or fixed verse form. 4 inspiration, poetry [of a poet]. 5 ASTR. (cap.) Lyra, Lyre.
lirado, da *adj.* BOT. lyrate, lyre-shaped.
liria *f.* birdlime.
lírico, ca *adj.* lyric, lyrical. — 2 *m. & f.* lyric poet. — 3 *f.* lyric poetry.
lirio *m.* BOT. German iris. 2 BOT. iris, lily : ~ *blanco,* Madonna lily ; ~ *de agua,* calla, calla lily ; ~ *de los valles,* lily of the valley ; ~ *hediondo,* stinking irish, gladdon. 3 ZOOL. ~ *de mar,* feather star.
lirismo *m.* lyricism. 2 abuse of lyricism.
lirón *m.* ZOOL. dormouse : *dormir como un* ~, to sleep like a log. 2 coll. sleepyhead. 3 BOT. water plantain.
lirondo *adj.* V. MONDO Y LIRONDO.
lis *f.* BOT. iris, flower-de-luce. 2 HER. fleur-de-lis.
lisa *f.* ICHTH. a fresh water fish. 2 ICHTH. striped mullet.
lisamente *adv.* smoothly. 2 plainly : *lisa y llanamente,* plainly, directly, without beating about the bush.
Lisboa *f. pr.* GEOG. Lisbon.
lisboeta; lisbonense; lisbonés, sa *adj.* [pertaining to Lisbon. — 2 *adj. & n.* native or inhabitant of Lisbon.
lisera *f.* FORT. berm.

lisiado, da *adj.* crippled. — 2 *m. & f.* cripple.
lisiar *tr.* to injure, lame, maim, cripple. — 2 *ref.* to become crippled.
lisimaquia *f.* BOT. loosestrife.
lisina *f.* BIOCHEM. lysin, lysine.
liso, sa *adj.* smooth, even. 2 plain, unadorned. 3 ANAT. nonstriated [muscle]. 4 (Guat., Hond., Pe.,) shameless. 5 ~ *y llano,* simple, easy, not difficult. — 6 *m.* MIN. smooth face [of a rock].
lisonja *f.* flattery ; compliment. 2 HER. lozenge.
lisonjeador, ra *adj.* flattering. — 2 *m. & f.* flatterer.
lisonjear *tr.* to flatter. — 2 *ref.* to flatter oneself.
lisonjeramente *adv.* flatteringly. 2 promisingly, rosily.
lisonjero, ra *adj.* flattering ; complimentary. 2 pleasing ; promising, rosy. — 3 *m. & f.* flatterer.
lista *f.* strip. 2 slip [of paper]. 3 list, stripe, band ; coloured stripe [in a fabric]. 4 list, catalogue : ~ *de platos,* bill of fare, menu ; ~ *de vinos,* wine card : ~ *negra,* black list. 5 muster, roll : *pasar* ~, to call the roll. 6 POST. ~ *de correos,* general delivery, poste restante.
listado, da *adj.* striped.
listar *tr.* to list [enter or enroll on a list].
listeado, da *adj.* LISTADO.
listel *m.* ARCH. listel, fillet.
listeza *f.* cleverness, sagacity, smartness.
listo, ta *adj.* ready, prepared. 2 ready, quick, prompt. 3 finished, completed ; having finished [with a task]. 4 clever, adroit, shrewd : *pasarse de* ~, coll. to overshoot oneself.
listón *m.* narrow ribbon. 2 ARCH. listel, fillet. 3 CARP. lath, batten, strip of wood.
listonado, da *adj.* CARP. made of laths. — 2 *m.* laths, lathing.
listonar *tr.* CAP. to batten, to lath.
listonería *f.* narrow ribbons [collectively]. 2 narrow-ribbon manufactory. 3 CARP. laths, lathing.
listonero, ra *m. & f.* narrow-ribbon maker.
lisura *f.* smoothness, evenness. 2 sincerity, candour. 3 (Guat., Pe.) insolence.
lita *f.* VET. tongue worm [in dogs].
litagogo, ga *adj.* MED. lithagogue.
litarge, litargirio *m.* CHEM. litharge.
lite *f.* LAW. lawsuit.
litera *f.* litter [vehicle]. 2 berth [in boat or train].
literal *adj.* literal.
literalidad *f.* literality, literalness.
literalmente *adv.* literally.
literariamente *adv.* literarily.
literario, ria *adj.* literary.
literato, ta *adj.* literary [person]. — 2 *m. & f.* littérateur, literary person, writer.
literatura *f.* literature.
literero *m.* litter maker. 2 litter hirer. 3 litter driver.
litiasis *f.* MED. lithiasis.
lítico, ca *adj.* lithic.
litigación *f.* litigation.
litigante *adj.* litigant. — 2 *m. & f.* litigant, litigator, party in a lawsuit.
litigar *tr. & intr.* to litigate. — 2 *intr.* to contend, dispute.
litigio *m.* litigation, lawsuit. 2 dispute, contest.
litigioso, sa *adj.* litigious.
litigué, litigue, etc., *pret., subj. & imper.* of LITIGAR.
litina *f.* CHEM. lithia.
litio *m.* CHEM. lithium.
litis, *pl.* -tis *f.* LAW lawsuit.
litisconsorte *m. & f.* LAW. joint litigant, associate in a lawsuit.
litiscontestación *f.* LAW. litiscontestation.
litisexpensas *f. pl.* LAW costs of a suit.
litispendencia *f.* LAW state of a pending lawsuit.
litocálamo *m.* fossil reed.
litoclasa *f.* GEOL. lithoclase.
litocola *f.* lithocolla.
litófago, ga *adj.* ZOOL. lithophagous, rock-boring.
litofotografía *f.* FOTOLITOGRAFÍA.
litofotografiar *tr.* FOTOLITOGRAFIAR.
litogenesia *f.* GEOL. lithogenesy.
litografía *f.* lithography.
litografiar *tr.* to lithograph.
litográfico, ca *adj.* lithographic.
litógrafo *m.* lithographer.
litología *f.* lithology.
litológico, ca *adj.* lithological.
litólogo *m.* lithologist.
litoral *adj.* littoral, coastal. — 2 *m.* littoral, coast, shore.

litosfera *f.* lithosphere.

litote *f.* RHET. litotes.

litotomía *f.* SURG. lithotomy.

litotricia *f.* SURG. lithotrity.

litotritor *m.* SURG. lithotrite.

litráceo, a *adj.* BOT. litraceous. — 2 *f. pl.* BOT. Litraceæ.

litro *m.* litre, liter.

Lituania *f. pr. n.* GEOG. Lithuania.

lituano, na *adj. & n.* Lithuanian. — 2 *m.* Lithuanian [language].

lituo *m.* HIST. lituus [angur's staff; kind of trumpet].

liturgia *f.* liturgy.

litúrgico, ca *adj.* liturgic(al.

livianamente *adv.* wantonly, licenciously. 2 lightly. 3 superficially.

liviandad *f.* lewdness. 2 lightness [want of weight]. 3 levity, frivolity.

liviano, na *adj.* wanton, lewd. 2 light [not heavy]. 3 slight [unimportant]. 4 frivolous, fickle, inconstant. — 5 *m.* leading donkey. 6 *pl.* lights, lungs.

lividez *f.* lividness.

livido, da *adj.* livid.

Livonia *f. pr. n.* GEOG. Livonia.

livonio, nia *adj. & n.* Livonian.

livor *m.* livid colour. 2 fig. malignity, hatred, envy.

lixiviar *tr.* CHEM. to lixiviate.

liza *f.* lists [place of combat]. 2 combat, contest. 3 ICHTH. striped mullet.

lizo *m.* WEAV. warp thread. 2 WEAV. heddle, leash.

lo *art. neut.* [before a masc. form of adjective] the, that which is, the ...thing or things : ~ *real*, the real, that which is real ; ~ *primero*, the first thing ; *él ama* ~ *bello*, he loves the beautiful, or beautiful things. | The adjective can often be translated by a corresponding noun : ~ *estúpido de su proceder*, the stupidity of his behaviour ; ~ *malo es que*, the trouble is that. 2 [before an adverb or an inflected adjective followed by *que*[how ; so : *usted verá* ~ *bien que* [*ella*] *baila*: you will see how well she dances ; *me sorprende* ~ *bien que* [*ella*] *baila*, I am surprised at her dancing so well : *él no sabe* ~ *importante que es este asunto*, he does not know how important this matter is, or he does not know the importance of this matter ; *con* ~ *cansado que estaba*, being so tired. 3 *a* ~ [followed by a noun], like, in the style of ; *a* ~ *caballero*, like a gentleman. 4 ~ *más*, as ... as : ~ *más pronto posible*, as soon as possible. — 5 *pers. pron. masc. & neut.* him, you [in correspondence with *usted*], it, that : ~ *vi*, I saw him, I saw it ; *me alegro de verlo* [*a usted*], I am glad to see you ; ~ *recordaré*, I shall remember it or that. 6 so : *ya te* ~ *dije*, I told you so; *aunque no sea verdad*, ~ *parece*, even if it is not true it seems so. | Sometimes it is not translated : *tú estás preparado, pero él no lo está*, you are ready, but he is not. 7 *a* ~ *que*, according to, from what : *a* ~ *que veo*, from what I see. 8 ~ *de*, what happens, befalls, is done, said, etc., in a specified time or place : ~ *de ayer*, what happened yesterday ; ~ *de siempre*, the same old story. 9 ~ *que*, what, that which ; how much. 10 ~ *que es*, as to, as for ; ~ *que es yo*, as for me.

loa *f.* praise. 2 THEAT. prologue [of an ancient play]. 3 short dramatic panegyric.

loable *adj.* laudable, praiseworthy.

loablemente *adv.* laudably, commendably.

loador, ra *adj.* praising, eulogistic. — 2 *m. & f.* praiser, eulogizer.

loanda *f.* MED. a kind of scurvy.

loar *tr.* to praise, eulogize.

loba *f.* ZOOL. she-wolf. 2 long gown formerly worn by students, etc. 3 soutane, cassock. 4 AGR. ridge between furrows.

lobado, da *adj.* BOT., ZOOL. lobate.

lobagante *m.* BOGAVANTE 2.

lobanillo *m.* MED. wen.

lobato *m.* wolf cub.

lobeliáceo, a *adj.* BOT. lobeliaceous. — 2 *f. pl.* BOT. Lobeliaceæ.

lobera *f.* thicket where wolves make their lair.

lobero, ra *adj.* [pertaining to] wolf. — 2 *m.* wolf hunter.

lobezno *m.* wolf cub.

lobina *f.* ICHTH. RÓBALO.

lobo *m.* ZOOL. wolf. 2 ICHTH. louch. 3 BOT. lobe.

4 coll. drunkenness : *desollar*, or *dormir, uno el* ~, to sleep off a drunk; *pillar un* ~, to get drunk. 5 ZOOL. ~ *cerval* or *cervario*, lynx; tiger cat. 6 coll. ~ *de mar*, old salt, sea dog [experienced sailor]. 7 ZOOL. ~ *marino*, seal.

loboso, sa *adj.* full of wolves.

lóbrego, ga *adj.* dark, gloomy, murky. 2 sad, lugubrious.

lobreguecer *tr.* to darken, obscure. — 2 *intr.* to grow dark.

lobreguez *f.* darkness, obscurity, gloominess.

lobulado, da *adj.* BOT. & ZOOL. lobate, lobed, lobulate.

lóbulo *m.* lobe, lobule.

lobuno, na *adj.* wolfish.

locación *f.* LAW lease : ~ *y conducción*, agreement to let.

locador, ra *m. & f.* (Ve.) landlord, lessor.

local *adj.* local. 2 pertaining to town or province, not general or national. — 3 *m.* place, rooms, quarters, premises.

localidad *f.* locality. 2 place, village, town. 3 seat [in a theatre, show, etc.].

localización *f.* localization. 2 location, act of finding out where a person or thing is.

localizar *tr.* to localize. 2 to locate, to find out where [a person or thing] is.

locamente *adv.* madly : ~ *enamorado*, madly in love. 2 wildly, immoderately, excessively.

locatario, ria *m. & f.* ARRENDATARIO.

locería *f.* (Col., Cu., Chi., Hond.) pottery.

loco, ca *adj.* mad, crazy, insane, demented : ~ *rematado*, stark mad; *estar* ~ *de amor*, fig. to be madly in love ; *estar* ~ *de contento*, fig. to be mad with joy. 2 mad, wild, violent. 3 foolish, imprudent. 4 great, huge, abundant, immoderate, excessive. 5 MACH. idle : *polea loca*, idle pulley ; *rueda loca*, idle wheel. 6 *a lo* ~, wildly, recklessly, foolishly. 7 *a tontas y a locas*, recklessly, thoughtlessly, haphazard. — 8 *m. & f.* lunatic, insane person, madman, madwoman. 9 fool, imprudent person.

locomoción *f.* locomotion.

locomotor, ra *adj.* locomotive, locomotor. — 2 *f.* RLY. locomotive.

locomotriz *f. adj.* locomotive.

locomovible, locomóvil *adj.* locomobile. — 2 *f.* locomobile [engine].

locro *m.* (S. Am.) meat and vegetable stew.

locuacidad *f.* loquacity, talkativeness.

locuaz *adj.* loquacious, talkative.

locución *f.* locution, way of speaking. 2 phrase, expression, idiom.

locuela *f.* person's individual way of speaking.

locuelo, la *adj.* frisky, madcap [youngster]. — 2 *m. & f.* young madcap.

loculicida *adj.* BOT. loculicidal.

lóculo *m.* BOT. loculus. 2 loculus [in a catacomb].

locura *f.* madness, insanity, lunacy : *con* ~, madly. 2 folly, foolishness, imprudence. 3 madness, folly [mad or foolish act].

locutor, ra *m. & f.* radio announcer, radio speaker.

locutorio *m.* locutory, parlour [in a convent]. 2 call box, telephone booth.

locha *f.*, loche *m.* ICHTH. loach.

lodachar, lodazal, lodazar *m.* muddy place, mudhole, mire.

lodo *m.* mud, mire.

lodoñero *m.* BOT. lignum-vitæ tree.

lodoso, sa *adj.* muddy, miry.

lofobranquio, quia *adj. & m.* ICHTH. lophobranchiate. — 2 *m. pl.* ICHTH. Lophobranchii.

loganiáceo, a *adj.* BOT. loganiaceous. — 2 *f. pl.* BOT. Loganiaceæ.

logarítmico, ca *adj.* logarithmic.

logaritmo *m.* MATH. logarithm.

logia *f.* lodge [of freemasons]. 2 ARCH. loggia.

lógica *f.* logic.

logical *adj.* logical [pertaining to logic].

lógicamente *adv.* logically.

lógico, oa *adj.* logical. — 2 *m. & f.* logician.

logística *f.* MIL. logistics.

logogrifo *m.* logogryph, riddle.

logomaquia *f.* logomachy.

lograr *tr.* to get, acquire, attain, obtain, procure. 2 [with an inf.] to succeed in, manage to. — 3 *ref.* [of a thing] to succeed ; to attain perfection.

lograr *intr.* to lend at interest, to make usurious bargains.

logrería *f.* dealing in interest. 2 usury, profiteering.

logrero, ra *m. & f.* lender at interest. 2 usurer, profiteer.
logro *m.* accomplishment, attainment. 2 gain, profit interest. 3 usury : *dar a* ~, to put out [money] at usury.
loica *f.* ORN. (Chi.) a singing bird.
Loira *m. pr. n.* GEOG. Loire.
Lola, Lolita *f. pr. n.* dim. of DOLORES.
loma *f.* eminence, down, slope, long little hill.
lombarda *f.* lombard [ancient cannon]. 2 BOT. a red cabbage.
lombardada *f.* shot from a lombard.
lombardear *tr.* to bombard with lombards.
lombardería *f.* lombard cannon [collectively].
lombardero *m.* lombard gunman.
Lombardía *f. pr. n.* GEOG. Lombardy.
lombárdico, ca *adj.* Lombard.
lombardo, da *adj. & n.* Lombard. 2 Longobard.
lombriguera *f.* hole in the ground made by earthworms. — 2 *adj.* BOT. *hierba* ~, ragwort, tansy.
lombriz, *pl.* **brices** *f.* ZOOL. earthworm. 2 ZOOL. ~ *intestinal*, intestinal worm. 3 ZOOL. ~ *solitaria*, tapeworm.
lomear *intr.* [of horses] to arch the back.
lomento *m.* BOT. loment.
lomera *f.* backstrap [of harness]. 2 BOOKB. backing. 3 ARCH. ridge [of a roof].
lometa *f.* hillock.
lomienhiesto, ta *adj.* high-backed. 2 coll. vain, conceited.
lomillería *f.* (Am.) harness maker's shop.
lomillo *m.* SEW. cross-stitch. 2 upper part of a packsaddle. 3 *pl.* kind of packsaddle.
lominhiesto, ta *adj.* LOMIENHIESTO.
lomo *m.* the lower and central part of the back [of a person]. 2 back [of an animal, a book, a cutting tool] : *a* ~, on the back of a pack animal. 3 chine [of pork]. 4 the curved part of a piece or bolt of cloth. 5 ridge between furrows. 6 *pl.* ribs, loins [of a person].
lomudo, da *adj.* broad-backed.
lona *f.* canvas [for sails, tents, etc.], sailcloth.
loncha *f.* flagstone, slap. 2 LONJA 4.
londinense *adj.* [pertaining to] London. — 2 *m. & f.* Londoner.
Londres *m. pr. n.* GEOG. London.
loneta *f.* (Chi.) thin canvas.
longa *f.* MUS. long [note].
longanimidad *f.* longanimity, long-suffering, forbearance, magnanimity.
longánimo, ma *adj.* longanimous, long-suffering, magnanimous.
longaniza *f.* long pork sausage.
longevidad *f.* longevity.
longevo, va *adj.* longevous, long-lived.
longincuo, cua *adj.* distant, remote.
longirrostro, tra *adj.* ORN. longirostral. — 2 *m. pl.* ORN. Longirostres.
longísimo, ma *adj. superl.* of LUENGO : very long, longest.
longitud *f.* length, longitude. 2 ASTR., GEOG. longitude.
longitudinal *adj.* longitudinal.
longitudinalmente *adv.* longitudinally.
longobardo, da *adj. & n.* Longobard. — 2 *m. pl.* Longobardi.
longuera *f.* long and narrow strip of land.
longuería *f.* lengthiness, prolixity.
longuetas *f. pl.* SURG. bandages.
longuísimo, ma *adj.* LONGÍSIMO.
lonja *f.* exchange [place where merchants meet to do business]. 2 grocer's shop. 3 ARCH. raised porch or platform before a building. 4 slice [of meat] ; strip [of leather].
lonjeta *f. dim.* small slice or strip. 2 summerhouse, bower.
lonjista *m. & f.* grocer.
lontananza *f.* PAINT. background. 2 *en* ~, far away, far off, in the distance.
loor *m.* praise.
lopigia *f.* ALOPECIA.
loquear *intr.* to act like a fool ; to talk nonsense. 2 to frolic.
loquería *f.* (Chi., Pe.) insane asylum, madhouse.
loquero, ra *m. & f.* guard or attendant in an insane asylum. — 2 *f.* lunatic's cage or cell. 3 (Am.) folly [foolish act].
loquesco, ca *adj.* reckless, foolish. 2 merry, jesting.
loquillo, lla; loquito, ta *adj. dim.* LOCUELO.
loquios *m. pl.* MED. lochia.

lora *f.* ORN. (Col., C. Ri., Hon., Pe.) parrot. 2 (Chi.) female parrot.
lorantáceo, a *adj.* BOT. loranthaceous. — 2 *f. pl.* BOT. Loranthaceæ.
lord, *pl.* **lores** *m.* lord [English title] : *la Cámara de los lores*, the House of Lords.
lordosis *f.* MED. lordosis.
Lorena (la) *f. pr. n.* GEOG. Lorraine.
lorenés, sa *adj.* Lorrainese. — 2 *m. & f.* Lorrainer.
Lorenzo *m. pr. n.* Laurence, Lawrence.
loriga *f.* lorica [cuirass]. 2 horse armour. 3 a bushing for the hub of a carriage wheel.
lorigado, da *adj.* armed with a lorica.
loriguillo *m.* LAURÉOLA HEMBRA.
loro *adj.* tawny, dark brown. — 2 *m.* ORN. parrot. 3 BOT. cherry laurel.
los *def. art. m. pl.* the : ~ *libros*, the books. 2 ~ *que*, those or they, which. — 3 *pers. pron. m. pl* [direct object] them : ~ *vi.* I saw them. 4 When used with *hay* it is to be rendered by «some» or not to be translated at all : *¿hay niños? —los hay*, are there any children? —there are, there are some.
losa *f.* flagstone, slab. 2 trap for small animals made of little slabs of stone. 3 gravestone. 4 grave.
losado *m.* flagstone pavement.
losange *m.* lozenge, diamond.
losar *tr.* ENLOSAR.
lote *m.* share, portion [of something to be distributed]. 2 lot [of land]. 3 prize [in a lottery]. 4 lot [article or set of articles offered as an item for sale, etc.].
lotería *f.* lottery. 2 lotto [game].
lotero, ra *m. & f.* seller of lottery tickets.
loto *m.* BOT. lotus. 2 lotus flower. 3 lotus fruit. 4 BOT. lotus tree. 5 fruit of the lotus tree.
lotófago, ga *adj.* lotus-eating, lotophagous. — 2 *m. & f.* lotus-eater. 3 *m. pl.* Lotophagi.
Lovaina *f. pr. n.* GEOG. Louvain.
loxodromia *f.* NAUT. loxodrome, rhumb line.
loxodrómico, ca *adj.* NAUT. loxodromic(al.
loza *f.* china, fine earthenware or crockery.
lozanamente *adv.* luxuriantly. 2 bloomingly, freshly, vigorously.
lozanear *intr.* [of plants] to be luxuriant. 2 [of persons] to be blooming, fresh, vigorous, full of life.
lozanía *f.* verdure, luxuriance. 2 bloom, freshness, vigour. 3 pride, haughtiness.
lozano, na *adj.* verdant, luxuriant. 2 blooming, fresh, vigorous, full of life. 3 proud, haughty.
lúa *f.* esparto glove for cleaning horses. 2 leather bag for carrying saffron.
lubina *f.* RÓBALO.
lubricación *f.* lubrication.
lubricador, ra *adj.* lubricating.
lúbricamente *adv.* lubricously ; lasciviously, lewdly.
lubricán *m.* twilight [in morning or evening].
lubricante *adj.* lubricating, lubricant. — 2 *m.* lubricant.
lubricar *tr.* to lubricate.
lubricativo, va *adj.* lubricative.
lubricidad *f.* lubricity, slipperiness. 2 lubricity, lewdness.
lúbrico, ca *adj.* lubricous, slippery. 2 lubricous, lascivious, wanton, lewd.
lubrificación *f.* LUBRICACIÓN.
lubrificante *adj. & m.* LUBRICANTE.
lubrificar *tr.* LUBRICAR.
Lucas *m. pr. n.* Luke.
lucentísimo, ma *adj. superl.* very or most bright or shining.
Lucerna *f. pr. n.* GEOG. Lucerne.
lucerna *f.* large chandelier [hanging from the ceiling]. 2 skylight, light shaft. 3 ICHTH. flying gurnard.
lucérnula *f.* BOT. corn cockle.
lucero *m.* morning or evening star ; any bright star : ~ *del alba* or *de la mañana*, morning star ; ~ *de la tarde*, evening star. 2 hole in a window panel for the admission of light. 3 star [on the forehead of a horse, etc.]. 4 poet. eye [of a person].
Lucía *f. pr. n.* Lucy, Lucia.
Luciano *m. pr. n.* Lucian.
lucidamente *adv.* brightly, splendidly. 2 successfully.
lucidez *f.* lucidity.
lucido, da *adj.* brilliant, successful. 2 splendid, magnificent. 3 generous.

lúcido, da *adj.* poet. lucid, bright, shining. 2 lucid [in thought or style]. *3* OPT. *cámara lúcida*, camera lucida. *4* MED. *intervalo* ~, lucid interval.
lucidor, ra *adj.* bright, shining.
lucidura *f.* whitewashing [of walls].
luciente *adj.* lucent, bright, shining, luminous.
luciérnaga *f.* ENTOM. glowworm, firefly.
Lucifer *m. pr. n.* Lucifer, Satan. 2 morning star. *3* (not cap.) proud wicked man.
luciferino, na *adj.* Luciferian.
lucifero, ra *adj.* poet. resplendent, shining, luminous. — *2 m.* morning star.
lucifugo, ga *adj.* lucifugal, lucifugous.
lucillo *m.* stone urn, sarcophagus.
lucimiento *m.* brilliancy, show, splendour. 2 skill, success [in performance] : *quedar uno con* ~, to come off successful; to acquit oneself well, brilliantly.
lucio, cia *adj.* lucid, bright. — *2 m.* pool in a salt marsh. *3* ICHTH. luce, pike.
lucir *intr.* to shine, glitter, glow. 2 to shine, excel, be eminent. *3* [of work, etc.] to prove profitable. — *4 tr.* to show, to display. 5 to plaster [walls]. *6* to illuminate, light up. — *7 ref.* to dress up, to dress or to show oneself to advantage. *8* to acquit oneself well, brilliantly; to act splendidly. ¶ IRREG. CONJUG. : INDIC. Pres. : *luzco,* luces, luce; lucimos, lucis, lucen. | SUBJ. Pres. : *luzca, luzcas, luzca; luzcamos, luzcáis, luzcan.* | IMPER. : luce, *luzca; luzcamos,* lucid, *luzcan.*
lucrar *tr.* to obtain, attain. — *2 ref.* to profit [get a pecuniary gain].
lucrativamente *adv.* lucratively.
lucrativo, va *adj.* lucrative, profitable.
Lucrecia *f. pr. n.* Lucrece, Lucretia.
Lucrecio *m. pr. n.* Lucretius.
lucro *m.* lucre, gain, profit : *lucros y daños,* COM. profit and loss.
lucroso, sa *adj.* lucrative, profitable.
luctuosamente *adv.* mournfully, sorrowfully, sadly.
luctuoso, sa *adj.* mournful, sorrowful, sad.
lucubración *f.* lucubration.
lucubrar *tr.* to lucubrate.
lúcuma *f.* BOT. fruit of the LÚCUMO.
lúcumo *m.* BOT. (Chi., Pe.) a tree of the genus *Lucuma.*
lucha *f.* fight, battle, combat. 2 strife, struggle : ~ *de clases,* class struggle ; ~ *por la vida,* struggle for existence. *3* contention, dispute. *4* wrestling.
luchador, ra *adj.* fighting. — *2 m. & f.* fighter, struggler. *3* wrestler.
luchar *intr.* to fight. 2 to strife, to struggle. 3 to contend, dispute. 4 to wrestle.
lucharniego, ga *adj.* night-hunting [dog].
ludibrio *m.* derision, mockery, scorn.
lúdicro, cra *adj.* pertaining to play or game.
ludimiento *m.* rubbing, friction.
ludión *m.* PHYS. Cartesian devil.
ludir *tr. & intr.* to rub.
lúe *f.* MED. infection.
luego *adv.* afterwards, next. 2 presently, immediately. *3* later. *4* ~ *de,* after, right after. *5* ~ *como,* ~ *que, tan* ~ *como,* as soon as. *6 con* ~, forthwith, immediately. *7 con tres luegos,* speedily. *8 desde* ~, at once, immediately ; of course. *9 hasta* ~, so long, see you later. — *10 conj.* therefore : *pienso,* ~ *existo,* I think, therefore I exist.
luengo, ga *adj.* long : *luengos años,* many years.
lúes *f.* MED. lues.
luético, ca *adj.* MED. luetic.
lugano *m.* ORN. a linnet of the genus *Ocanthis.*
lugar *m.* place [particular part of space ; part of space occupied by a person or thing ; ordinal relation, position in the order of proceeding] : *en primer* ~, in the first place, firstly ; *fuera de* ~, out of place, irrelevant. 2 place, spot. 3 place, town, city. *4* village. 5 place, stead : *en* ~ *de,* in place of, instead of, in lieu of. 6 space, room : *hacer* ~, to make room ; *hacerse* ~, to make a place for himself. 7 place, passage [of a book, etc.]. 8 time, occasion. 9 post, employment, office. 10 cause, reason, motive, rise : *dar* ~ *a,* to give rise to ; *dar* ~ *a que,* to give reason or occasion for. 11 GEOM. locus. 12 ~ *común,* ~ *excusado,* water-closet, privy. 13 *lugares comunes,* commonplace topics. 14 LAW *no ha* ~, the petition is denied ; there is no occasion for. 15 gal. *tener* ~, to take place, happen.
lugarcico, cillo, cito *m. dim.* small place.

lugarejo *m. dim.* small village, hamlet.
lugareño, ña *adj.* [pertaining to a] village. — *2 m. & f.* villager.
lugarete *m. dim.* small village, hamlet.
lugarote *m. aug.* mean village.
lugartenencia *f.* lieutenancy.
lugarteniente *m.* lieutenant, deputy, substitute.
lugre *m.* NAUT. lugger.
lúgubre *adj.* lugubrious, sad, gloomy, dismal.
lúgubremente *adv.* lugubriosly, sadly, gloomily, dismally.
lugués, sa *adj.* of Lugo [Spanish town and province]. — *2 m. & f.* native or inhabitant of Lugo.
luir *tr.* NAUT. to rub.
Luis *m. pr. n.* Louis, Lewis.
luis *m.* louis [French coin].
Luisa *f. pr. n.* Louisa Louise.
luisa *f.* BOT. lemon verbena, aloysia.
Luisiana (la) *pr. n.* GEOG. Louisiana.
lujación *f.* luxation.
lujar *tr.* (Cu.) to rub.
lujo *m.* luxury [habitual use of choice or costly, dress, food, furniture, etc.; thing desirable, but not indispensable] : *de* ~, de luxe, luxurious, magnificent; not indispensable. 2 ~ *de,* excess or abundance of ; too much, too many.
lujosamente *adv.* with luxury, magnificently, sumptuously.
lujoso, sa *adj.* luxurious, costly, magnificent, sumptuous.
lujuria *f.* lewness, lust. 2 excess, profuseness.
lujuriante *adj.* luxuriant, exuberant, rank. 2 lustful.
lujuriar *intr.* to lust, be lustful. 2 [of animals] to copulate.
lujuriosamente *adv.* lustfully, lecherously.
lujurioso, sa *adj.* lustful, lecherous, lewd.
luliano, na *adj.* Lullian. — *2 m. & f.* Lullianist, Lullist.
lulismo *m.* system of Raymond Lully.
lulista *m. & f.* Lullianist, Lullist.
lumaquela *f.* PETROG. lumachel, lumachella.
lumbago *m.* MED. lumbago.
lumbar *adj.* ANAT. lumbar.
lumbrada *f.* great fire.
lumbre *f.* fire [burning coals, wood, etc.]; light [to light a cigarette] : *dar* ~ [of a flint], to strike fire; to lend one's cigar or cigarette for lighting another's: *a* ~ *de pajas,* coll. very swiftly; *a* ~ *mansa,* on a slow fire; *ni por* ~, coll. by no means. 2 forepart [of horseshoes]. *3* light [natural agent; emanation of a light-giving body] : *ser la* ~ *de los ojos de,* to be the apple of the eye of. 4 in a door, window, skylight, etc., space through which light is admitted. 5 clearness, lustre, splendor. 6 ~ *del agua,* surface of the water. 7 *pl.* tinder box.
lumbrera *f.* luminary, light-giving body. 2 luminary, light, leading light [person]. 3 skylight, louver, light shaft. 4 ventilating shaft, air hole, air duct. 5 MACH. port. 6 CARP. slit [in face of a plane]. 7 *pl.* fig. the eyes.
lumbrerada *f.* great fire.
lumbrical *adj.* ANAT. lumbrical.
lumen *m.* lumen [unit of light].
luminal *m.* PHARM. luminal.
luminar *m.* luminary [star]. 2 luminary [person].
luminaria *f.* ECCL. lamp kept burning before the Sacrament. — *2 pl.* illuminations, festival lights.
lumínico, ca *adj.* photic, pertaining to light. — *2 m.* PHYS. hipothetic agent or principle of light.
luminiscencia *f.* luminescence.
luminescente *adj.* luminiscent.
luminosamente *adv.* luminously.
luminosidad *f.* luminosity.
luminoso, sa *adj.* luminous.
luna *f.* ASTR. moon : ~ *creciente,* crescent, increasing moon ; ~ *de miel,* honey moon ; ~ *llena,* full moon ; ~ *menguante,* waning moon ; ~ *nueva,* new moon ; *media* ~, half-moon, crescent ; crescent-shaped jewel ; crescent [Mahomedan religion ; Turkish power] ; FORT. demilune, half-moon ; *estar en la* ~, to be distracted, absent-minded ; *ladrar a la* ~, to bark at the moon ; *pedir la* ~, to ask for, or expect, impossibilities ; *quedarse a la* ~, or *a la* ~ *de Valencia,* to be disappointed. 2' moonshine [light of the moon]. 3 satelite. 4 (Am.) mood, humour. :

estar de buena, or *de mala,* ~, to be in a good, or bad, humour. *5* glass plate, mirror plate. *6* lens, glass [of spectacles]. *7* effect of the moon upon lunatic people or sick people. *8* ICHTH. sunfish, moonfish.
lunación *f.* ASTR. lunation, lunar month.
lunado, da *adj.* crescent-shaped.
lunanco, ca *adj.* having one hind quarter higher than the other [horse etc.].
lunar *adj.* lunar. — *2 m.* mole, beauty spot : ~ *postizo,* patch, beauty spot. *3* flaw, blemish. *4 pl.* polka dots.
lunarejo, ja *adj.* (Arg., Chi.) having a spot or spots on its hair [animal]. *2* (Arg., Col., Pe.) having a mole or moles [person].
lunario, ria *adj.* [pertaining to] lunation. — *2 m.* calendar.
lunático, ca *adj.* having fits of madness; moonstruck. — *2 m.* & *f.* person who has fits of madness; moonstruck person.
lunecilla *f.* crescent-shaped jewel.
lunes, *pl.* **-nes** *m.* Monday : ~ *de Carnaval,* Shrove Monday; *hacer San* ~. (Am.) not to work on Monday.
luneta *f.* lens, glass [of spectacles]. *2* lunette [crescent-shaped ornament]. *3* ARCH., FORT. lunette. *4* THEAT. orchestra seat. *5* ARCH. front tile [in a roof].
luneto *m.* ARCH. lunette.
lunfardo *m.* (Arg.) underworld slang. *2* (Arg.) thief.
lúnula *f.* GEOM. lune. *2* ANAT., ZOOL. lunule. *3* OPT. meniscus.
lupa *f.* magnifying glass.
lupanar *m.* bawdyhouse, brothel.
lupanario, ria *adj.* [pertaining to a] brothel.
lupia *f.* LOBANILLO. *2* (Hond.) quack doctor.
lupicia *f.* ALOPECIA.
lupino, na *adj.* lupine, wolfish. *2* BOT. *uva lupina,* aconite, wolfsbane. — *3 m.* BOT. lupine.
lupulino *m.* lupulin [powder from hops].
lúpulo *m.* BOT. hop. *2* BOT. hops [ripe cones of hop].
lupus *m.* MED. lupus.
luquete *m.* sulphur match. *2* slice of orange or lemon used to flavour wine.
lurte *m.* ALUD.
lusitánico, ca *adj.* Lusitanian.
lusitanismo *m.* Lusitanism, Portuguese idiom or expression.
lusitano, na; luso, sa *adj.* & *n.* Lusitanian; Portuguese.
lustrabotas, *pl.* **-tas** *m.* (Am.) bootblack.

lustración *f.* lustration.
lustrador, ra *m.* & *f.* (Am.) polisher.
lustral *adj.* lustral [pertaining to lustration].
lustramiento *m.* polishing.
lustrar *tr.* to lustrate, purify. *2* to polish, shine.
lustre *m.* lustre, luster, gloss, polish, glaze. *2* lustre, luster, splendour, glory, distinction. *3* shoe-polish.
lústrico, ca *adj.* lustral.
lustrina *f.* lustrine. *2* (Chi.) shoe-polish.
lustro *m.* lustrum [period of five years].
lustrosamente *adv.* shiningly.
lustroso, sa *adj.* lustrous, glossy, shining.
lútea *f.* ORNITH. golden oriole.
lúteo, a *adj.* lutaceous, muddy [of mud].
luteranismo *m.* Lutheranism.
luterano, na *adj.* & *n.* Lutheran.
Lutero *m. pr. n.* Luther.
luto *m.* mourning, grief, bereavement. *2* mourning [exhibition of grief; clothes worn as sign of mourning] : *estar de* ~, to mourn ; *ir de* ~, *vestir de* ~, to be in mourning ; *medio* ~, half mourning. *3 pl.* mourning draperies.
lutria *f.* NUTRIA.
Luxemburgo *m. pr. n.* GEOG. Luxemburg.
luxación *f.* SURG. luxation, dislocation.
luxemburgués, sa *adj.* Luxemburgian. — *2 m.* & *f.* Luxemburger.
luz, *pl.* **luces** *f.* light [natural agent; emanation of a light-giving body; amount of illumination in a place; lamp, candle, firework, etc.] : ~ *cenital,* light coming through a skylight, etc., in the roof or ceiling ; ~ *de bengala,* Bengal light or fire ; ~ *de cruce,* AUT. dimmer ; ~ *del día,* daylight ; ~ *de paro,* AUT. stop light ; ~ *de tráfico* or *de tránsito,* traffic light ; ~ *zodiacal,* zodiacal light ; *media* ~, half-light ; *dar a* ~, to give birth to, to be delivered of [a child] ; to publish ; *salir a* ~, to come out, be published ; to be divulged, leak out ; *ver la* ~, to be born ; to be published ; *a primera* ~, at dawn, at daybreak ; *a toda* ~, *a todas luces,* every way, in every respect ; *entre dos luces,* at twilight ; coll. half-seas over, half drunk ; *2* light [of the eyes]. *3* light [mental or spiritual enlightenment or its source] ; *arrojar* ~ *sobre,* to throw light on. *4* light [person who is a model or example]. *5* ARCH. span. *6* PAINT. light. *7* fig. coll. money. *8 pl.* lights, enlightenment, learning, information. *9* ARCH. lights, openings.
Luzbel *m. pr. n.* Lucifer, Satan.
luzco, luzca, etc., *irr.* V. LUCIR.

LL

Ll, ll *f.* Ll, ll, fourteenth letter of the Spanish alphabet.

llábana *f.* smooth, slippery flagstone.

llaca *f.* (Arg., Chi.) ZOOL. kind of opossum.

llaga *f.* ulcer, sore. 2 fig. sore, source of pain or sorrow : *renovar la* ~, to open an old sore. 3 MAS. joint, seam.

llagar *tr.* to ulcerate, make sore. 2 fig. to hurt, wound. — 3 *ref.* to become ulcerated.

llagué, llague, etc., *pret., subj. & imper.* of LLAGAR.

llama *f.* flame, blaze : ~ *oxidante,* CHEM. oxidizing flame; ~ *reductora,* CHEM. reducing flame; *salir de las llamas y caer en las brasas,* to jump out of the frying pan into the fire. 2 fig. flame [ardour, burning passion]. 3 ZOOL. llama. 4 ground made swampy by the flowing of a source.

llamada *f.* call, calling, summons. 2 knock, ring [at a door, etc.]; sign, signal [to call someone]. 3 TELEPH. call. 4 call [divine vocation or prompting]. 5 PRINT. reference mark. 6 MIL. call. 7 MIL. chamade.

llamadera *f.* goad [for urging cattle].

llamado, da *p. p.* of LLAMAR. — 2 *adj.* called. 3 by the name of. — 4 *m.* call, calling, summons, appeal.

llamador, ra *m. & f.* caller. 2 messenger. 3 knocker [of a door]; push button, call button.

llamamiento *m.* call, calling, summons. 2 appeal [address intended to arouse sympathetic response]. 3 convocation. 4 call [divine vocation or prompting]. 5 MED. attraction of humours to one part of the body.

llamar *tr.* to call [demand presence of], summon, convoke, cite : ~ *a capítulo, a cuentas,* to call to account; ~ *a filas,* to call to the colours, call up, summon to serve in the army; ~ *por teléfono,* to call up, to telephone. 2 to call [rouse from sleep]. 3 to attract. 4 to call, catch, arrest [the attention] : ~ *la atención,* to catch or arrest the attention, to be noticeable; ~ *la atención a,* to call attention to; to warn, to scold. 5 to call, destine. | Often passive : *estaba llamado a,* he, or it, was destined to; he, or it, was called to be. 6 to call, name, call by the name; describe as : ~ *al pan, pan y al vino, vino,* to call a spade a spade; ~ *sinvergüenza a uno,* to call someone a rascal. — 7 *intr.* to knock [at a door]; to ring the bell. 8 [of food] to excite thirst. — 9 *ref.* to be called or named, to go by the name of. | Often constructed differently : *¿cómo se llama usted?,* what is your name?; *me llamo Juan,* my name is John; *¿cómo se llama esto?,* what is this called?; *esto se llama una silla,* this is called a chair; *se llama educación...,* the name education is given to..., education is... 10 NAUT. [of wind] to veer.

llamarada *f.* flare-up, sudden blaze, flash. 2 flare-up, burst [of anger, etc.]. 3 sudden flush [of the face].

llamargo *m.* LLAMAZAR.

llamativo, va *adj.* showy, flashy, gaudy. 2 attracting attention, noticeable. 3 thirst-raising.

llamazar *m.* swamp, marsh.

llambria *f.* steep face of a rock.

llameante *adj.* blazing, flaming.

llamear *intr.* to blaze, flame.

llana *f.* MAS. trowel. 2 plain, flatland. 3 page [of a writing].

llanada *f.* plain, flatland, level ground.

llanamente *adv.* ingenuously, sincerely. 2 simply, unostentatiously.

llanca *f.* (Chi.) bluish-green copper ore.

llanero, ra *m.* plainsman. — 2 *f.* plainswoman.

llaneza *f.* simplicity, unostentatiousness. 2 familiarity, unceremoniousness. 3 simplicity [of style].

llano, na *adj.* flat, even, level, smooth. 2 easy [not difficult]; unobstructed. 3 plain, unadorned. 4 simple, unaffected, open, frank. 5 simple [style]. 6 clear, evident. 7 GRAM. accented on the penultimate [syllable]. 8 MUS. *canto* ~, plain chant, plain song. 9 *estado* ~, commons, common people. 10 a la llana, simply, unceremoniously. 11 *de* ~, plainly, openly. — 12 *m.* plain flatland : *aquél va más sano, que anda por el llano,* fig. the safest way is the best.

llanta *f.* BOT. a variety of cabbage. 2 long flat piece of iron. 3 steel tire [of a carriage wheel]. 4 metal rim [of the wheels of a car or bicycle]. 5 ~ *de goma,* rubber tire [in horse carriages].

llantén *m.* BOT. plantain : ~ *mayor,* plantain. 2 BOT. ~ *de agua,* water plantain. 3 BOT. ~ *menor,* ribwort.

llantería *f.* (Am.) noisy weeping, general weeping.

llanto *m.* crying, weeping, flood of tears.

llanura *f.* evenness, flatness. 2 plain, flatland, large tract of level ground.

llapa *f.* YAPA.

llapingacho *m.* (Pe.) omelet of cheese.

llares *pl.* pothanger, chain with pothooks [in fire places].

llaullau *m.* BOT. (Chi.) a mushroom growing on trees.

llave *f.* key [instrument for moving the bolt of a lock; place that gives control of sea, a territory, etc.; that which affords or prevents entrance, possession, etc.; means to discover something unknown; leading principle] : ~ *falsa,* false key; ~ *maestra,* master key, pass key; *las llaves de la Iglesia,* fig. the power of the keys; *echar la* ~, to lock; *torcer o doblar la* ~, to turn the key; *debajo de* ~, *bajo* ~, under lock and key. 2 key [wedge inserted between two pieces to secure them]. 3 cock, faucet : ~ *de paso,* stopcock. *4* wrench, spanner, key : ∼ *de cubo,* box wrench; ∼ *de tuerca,* set-screw wrench, spanner; ∼*inglesa,* monkey wrench; also, brass knuckles [weapon]. *6* lock [of a gun], gunlock : ∼ *de chispa,* flintlock; ∼ *de percusión* or *de pistón,* percussion lock. *7* DENT. key. *8* clock winder. *9* MUS. key, piston [of a wind instrument]. *10* MUS. clef. *11* PRINT., MUS. brace. *12* ∼ *de la mano,* span of the hand. *13* ∼ *del pie,* distance from heel to instep. *14* NAUT. ∼ *del timón,* wood lock; rudder lock.

llavero, ra *m. & f.* keeper of the keys. — *2 m.* key ring.

llavín *m.* latchkey.

lleco, ca *adj.* AGR. virgin [soil].

llegada *f.* arrival, coming.

llegar *intr.* to arrive, come [to destination or end of journey]. *2* [of time] to arrive, come : *llegará un tiempo en que,* time will come when. *3* ∼ *a,* to arrive at, in or upon, to get at, reach [a place, point, etc.]; to come to [an agreement, etc.]; to come to, amount to; to go to [one's heart, etc.]. *4* ∼ *a* or *hasta,* to go as far as; to go as high as [in bidding or offering price]; to reach, extend to; to last or continue till. *5* ∼ *a* or *para,* to suffice to, to be enough for. *6* ∼ *a la mayoría de edad,* to come of age. *7* ∼ *a las manos,* to come to blows. *8* ∼ *al alma, al corazón,* to go to one's heart. *9* ∼ *a conocer,* ∼ *a saber,* to get to know. *10* ∼ *a ser,* to get to be, to become. *11 no* ∼ *a,* not to amount to, to be short of; not to come up, or be equal, to. — *12 tr.* to gather, collect. *13* to bring near. — *14 ref. llegarse a,* to approach, come near to; to go to [some neighbouring place].

llegué, llegue, etc., *pret., subj. & imper.* of LLEGAR.

lleivún *m.* BOT. (Chi.) plant of the bulrush family.

llena *f.* flood, overflow [of a stream].

llenamente *adv.* fully, copiously.

llenar *tr.* to fill, fill up [make full, occupy completely]. *2* to stuff, pack. *3* to pervade. *4* to fill out or up [a cheque, an application, etc.]. *5* to cover; to overwhelm, load. *6* to please, content, satisfy, convince. *7* to hold honourably [an office or position]. *8* [of male animals] to cover, serve. *9* ∼ *de,* to fill with; to cover with; to overwhelm with; ∼ *de insultos,* to load with abuse. — *10 intr.* [of the moon] to be full. — *11 ref.* to fill, fill up [become full]. *12* to get crowded, packed. *13* to stuff oneself. *14* to lose one's temper, be irritated. *51 llenarse de,* to become full of or covered with; to get crowded with; to stuff oneself with.

llenero, ra *adj.* full, complete, absolute.

lleno, na *adj.* full, filled, replete, crowded, packed : ∼ *de bote en bote,* chock-full; ∼ *hasta el borde,* brimful, full to the brim; *luna* ∼, full moon. — *2 m.* coll. plenty, abundance [of something]. *3* perfection, completeness. *4* THEAT. full house. *5* ASTR. full [of the moon]. *6 de* ∼, fully; squarely.

llenura *f.* fulness, plenty, abundance.

lleta *f.* BOT. sprout.

lleudar *tr.* LEUDAR.

lleva, llevada *f.* carrying, conveying, transport.

llevadero, ra *adj.* bearable, tolerable.

llevador, ra *adj.* carrying, conveying. — *2 m. & f.* carrier, conveyer.

llevar *tr.* to carry, convey, take, transport, conduct. *2* to carry [have with one], bear, wear, be in, have on : ∼ *reloj,* to carry a watch; ∼ *espada,* to bear a sword; ∼ *luto,* to wear mourning, be in mourning; *llevaba el sombrero puesto,* he had his hat on. *3* to carry, bear, hold [the body or some part of it] : ∼ *la cabeza erguida,* to carry one's head high. *4* to lead, guide, conduct, take. *5* to carry, win, attain [a prize, etc.]. *6* to cut off, sever, carry away : *la bala le llevó un brazo,* the cannon ball cut off one of his arms. *7* to induce, bring [to an opinion]. *8* to lead [a certain kind of life]. *9* to bear, tolerate. *10* to get [a thrashing, punishment, etc.]. *11* to lead, manage [a horse]. *12* to keep [accounts, books]. *13* to manage, be in charge of. *14* to have [a land] as a tenant. *15* to introduce [a person]. *16* to charge, ask, set [a price]. *17* AGR. to bear, yield [fruit, etc.]. *18* ARIT. to carry.

19 to carry [to another column]. *20* [with nouns implying time] to have been : *llevo muchos años aquí,* I have been here many years; *llevamos diez días de viaje,* we have been journeying ten days. *21* [with a past p.] to have : *lo llevo estudiado,* I have studied it; *llevo escritas diez páginas,* I have written ten pages. *22* to exceed, be ahead of, be taller, heavier, older, etc. [by a certain distance, weight, number of days, months, years, etc.] : *el vapor lleva cuatro millas a la goleta,* the steamer is four miles ahead of the schooner; *este soldado lleva dos pulgadas a aquél,* this soldier is two inches taller than that one; *el cerdo grande lleva cuarenta quilos al pequeño,* the big pig is forty kilograms heavier than the small one; *mi hijo lleva dos años al tuyo,* my son is two years older than yours. *23* ∼ *a cabo,* to carry out, carry into effect, accomplish. *24* ∼ *a cuestas,* to carry on one's shoulders or back; to support. *25* ∼ *adelante,* to carry on, continue, keep up. *26* ∼ *calabazas,* to be given the mitten; to fail in examination. *27* ∼ *consigo,* to carry along with one; to carry with it, imply. *28* ∼ *el compás,* MUS. to beat time, to keep time. *29* ∼ *la contra,* to oppose, contradict. *30* ∼ *la delantera,* to lead, be ahead. *31* ∼ *las de perder,* to be in a bad way, to be at a disadvantage. *32* ∼ *la ventaja a,* to have the advantage of or over. *33* ∼ *lo mejor,* to get the best; ∼ *lo peor,* to get the worst. *34 llevar uno por delante una cosa,* to bear something in mind [for directing one's actions]. *35* ∼ *y traer,* to go about gossiping. *36 no llevarlas todas consigo,* to be afraid, to fear something disagreeable.

37 ref. to take or carry away; to take off. *38* to win, carry off. *39* to get along : *llevarse bien,* to get along together, to be on good terms; *llevarse mal,* no to get along together, to be on bad terms. *40 llevarse chasco,* to be disappointed; *llevarse una sorpresa,* to be surprised.

lloica *f.* ORN. (Chi.) a kind of starling.

lloradera *f.* coll. blubber, weeping [from slight motives].

llorador, ra *adj.* weeping. — *2 m. & f.* weeper.

lloraduelos *m.* sniveller, querulous person.

llorante *adj.* weeping.

llorar *intr.* to weep, cry. *2* to lament, bewail one's lot. *3* [of eyes] to water. *4* to drip. *5* [of plants] to weep, bleed. — *6 tr.* to shed [tears]. *7* to weep, weep over, bewail, mourn, lament.

lloredo *m.* LAUREDAL.

llorera *f.* coll. blubber, crying, continual crying.

lloriquear *intr.* GIMOTEAR.

lloriqueo *m.* GIMOTEO.

lloro *m.* weeping, crying, tears.

llorón, na *adj.* weeping, crying, who cries often or with little cause. *2* BOT. weeping : *sauce* ∼, weeping willow. — *3 m. & f.* weeper [person who cries often or with little or no cause]. — *4 m.* BOT. weeping willow. *5* pendulous plume. *6* doll shaped like a babe in arms. — *7 f.* weeper [hired mourner].

llorosamente *adv.* tearfully.

lloroso, sa *adj.* tearful, weeping. *2* mournful, sad.

llosa *f.* AGR. large fenced-in field.

llovedizo, za *adj.* leaky [roof]. *2* rain [water].

llover *impers.* METEOR. to rain : *llueve,* it rains; ∼ *a cántaros,* ∼ *chuzos,* to rain in torrents, to rain cats and dogs, to rain pitchforks; ∼ *sobre mojado,* fig. [of difficulties, misfortunes, etc.] to come one, after another; *como llovido,* unexpectedly; *llueva o no llueva,* rain or shine. *2* fig. to rain, shower, come down like rain. — *3 ref.* [of roofs] to leak. ¶ CONJUG. like *mover.*

llovido *m.* stowaway [person].

llovioso, sa *adj.* LLUVIOSO.

llovizna *f.* drizzle, sprinkle.

lloviznar *impers.* to drizzle, sprinkle.

llueca *adj. & f.* CLUECA.

llueve, llueva, etc., *irr.* V. LLOVER.

lluvia *f.* METEOR. rain : ∼ *menuda,* drizzle. *2* rain water. *3* rain, shower [of things].

lluviosidad *f.* raininess.

lluvioso, sa *adj.* rainy, wet [day, weather].

M

M, m _f._ M. m. fifteenth letter of the Spanish alphabet.
mabolo _m._ BOT. (P. I.) a hardwood tree.
maca _f._ bruise [in fruit]. 2 flaw, blemish. 3 trickery.
Macabeo _m. pr. n._ BIB. Maccabeus. — 2 _m. pl._ BIB. Maccabees.
macabro, bra _adj._ macabre.
macaco, ca _adj._ (Cu., Chi.) ugly, misshapen. — 2 _m._ ZOOL. macaque. 3 (Mex.) hobgoblin, bogie. 4 (Hond.) small coin of the value of one peso.
macadam _m._ macadam.
macadamizar _tr._ to macadamize.
macadán _m._ MACADAM.
macagua _f._ ORN. a South American hawk. 2 ZOOL. (Ve.) a poisonous snake. 3 BOT. (Cu.) a wild tree.
macagüita _f._ BOT. (Ve.) a thorny palm-tree.
macana _f._ (Am.) an Indian wooden weapon. 2 (Cu.) cudgel, club. 3 drug [unsalable commodity]. 4 (Arg.) joke; lie, fib; absurdity, nonsense.
macanazo _m._ blow with a MACANA or a cudgel.
macaneador, ra _adj._ (Arg.) MACANERO. 2 (Arg.) botching.
macanear _intr._ (Arg., Chi.) to exaggerate, lie, talk through one's hat. 2 (Arg.) to botch, bungle.
macanero, ra _adj._ lying, given to exaggeration.
macanudo, da _adj._ coll. great, ripping, extraordinary.
macao _m._ (Cu.) a kind of hermit crab.
macarelo _m._ CAMORRISTA.
macareno, na _adj._ of the quarter of _la Macarena_, in Sevilla. 2 boasting, swaggering. — 3 _m. & f._ boaster, swaggerer.
macareo _m._ tide rip in a river.
macarrón _m._ macaroon. 2 _pl._ macaroni.
macarronea _f._ macaronics [poem].
macarrónicamente _adv._ macaronically.
macarrónico, ca _adj._ macaronic.
macarse _ref._ [of fruit] to rot from bruises.
macaurel _f._ ZOOL. a Venezuelan snake.
macazuchil _m._ BOT. (Mex.) a plant used to flavour chocolate.
maceador _m._ one who mauls.
macear _tr._ to maul, beat with a maul or a mallet.
Macedonia _f .pr. n._ HIST., GEOG. Macedonia.
macedón, na _adj. & n._ Macedonian.
macedónico, ca _adj._ Macedonian.
macedonio, nia _adj. & n._ Macedonian.
macelo _m._ slaughterhouse, abattoir.
maceo _m._ mauling, beating with a maul or a mallet.
maceración _f._, **maceramiento** _m._ maceration [softening by soaking]. 2 softening by beating or crushing. 3 maceration, mortification of the flesh.
macerar _tr._ to macerate [soften by soaking]. 2 to

soften by beating or crushing. 3 to macerate, mortify [the flesh].
macerina _f._ MANCERINA.
macero _m._ macer, mace-bearer.
maceta _f._ mallet [small maul]. 2 mason's hammer; stonecutter's hammer; tinner's hammer. 3 flowerpot [for earth in which plants are grown]. 4 vase for artificial flowers. 5 BOT. corymb.
macetero _m._ flowerpot stand.
macetón _m. aug._ large flowerpot.
macfarlán or **macferlán** _m._ inverness, inverness cape.
macicez _f._ massiveness, solidity.
macia _f._ MACIS.
macilento, ta _adj._ emaciate, pale, wan.
macillo _m._ small mallet [of a piano]. 3 ELECT. tapper [of a bell, etc.].
macis _f._ mace [spice].
macizamente _adv._ massively, solidly.
macizar _tr._ to fill up, stop up, render solid.
macizo, za _adj._ massive, solid. 2 fig. solid, sound. — 3 _m._ flower bed. 4 clump, mass [of buildings, etc.]. 5 massif, mountain mass. 7 ARCH. part of a wall between two openings.
macla _f._ MINER. macle.
macolla _f._ BOT. cluster of shoots, flowers or spikes [in a plant].
macollar _intr. & ref._ AMACOLLAR.
macón _m._ dry honeycomb.
macona _f._ large basket.
macrobiotica _f._ macrobiotics.
macrocefalia _f._ macrocephalia, macrocephaly.
macrocéfalo, la _adj._ macrocephalous.
macrocito _m._ MED. macrocyte.
macrocosmo _m._ macrocosm.
macrogameto _m._ BIOL. macrogamete.
macromolécula _f._ PHYS. macromolecule.
macroscópico, ca _adj._ macroscopic, macroscopical.
macrosmático, ca _adj._ ZOOL. macrosmatic.
macruro, ra _adj._ ZOOL. macrural. — 2 _m._ ZOOL. macruran. 3 _m. pl._ ZOOL. Macrura.
macsura _f._ precinct reserved in a mosque for the caliph and the iman.
macuache _m._ (Mex.) illiterate Indian.
macuba _f._ maccaboy [Martinique tobacco].
macuca _f._ BOT. a kind of wild pear and wild pear tree. 2 BOT. an umbelliferous plant resembling anise.
macuco, ca _adj._ (Chi.) cunning, sly. — 2 _m._ (Arg., Col.) overgrown boy.
mácula _f._ spot, stain, blemish. 2 ASTR., ANAT. macula.
macular _tr._ to maculate, stain, defile.
maculatura _f._ PRINT. spoiled sheet.
macún, macuñ, macuñi _m._ (Chi.) poncho.
macuquero _m._ (Am.) unlawful worker of abandoned mines.

macuquino, na *adj.* designating a kind of clipped silver or gold coin.
macuteno *m.* (Mex.) petty thief.
macuto *m.* (Ve.) alms basket. 2 MIL. knapsack.
macha *f.* (Chi.) an edible sea mollusk.
machaca *m.* MACHACADERA. — 2 *m.* & *f.* bore, tiresome person. — 3 *f.* tiresome insistence.
machacadera *f.* instrument for pounding or crushing.
machacado, da *adj.* pounded, crushed, mashed.
machacador, ra *adj.* pounding, crushing. — 2 *m.* & *f.* pounder, crusher. — 3 *f.* crusher [machine].
machacante *m.* MIL. sergeant's attendant.
machacar *tr.* to pound, crush, mash. — 2 *intr.* to be tiresomely insistent, to harp on a subject.
machacón, na *adj.* tiresomely insistent, monotonous, boring, importunate. — 2 *m.* & *f.* bore.
machaconería *f.* tiresome insistence, tiresomeness.
machada *f.* flock of billy goats. 2 coll. stupidity.
machado, da *adj.* pounded, crushed, mashed. — 2 *m.* hatchet.
machamartillo (a) *adv.* firmly, solidly.
machaqué, machaque, etc., *pret., subj.* & *imper.* of MACHACAR.
machaqueo *m.* crushing, pounding. 2 MACHAQUERÍA.
machaquería *f.* tiresome insistence, importunity.
machar *tr.* to pound, crush, mash.
machear *intr.* [of animals] to beget more males than females.
machetazo *m.* blow or cut with a machete.
machete *m.* machete, matchet, cutlass.
machetear *tr.* to strike with a machete.
machetero *m.* one who clears ground with a machete. 2 sugar cane cutter. 3 (Am.) ignorant military chief. 4 (Am.) grind [student].
machi *m.* & *f.* (Chi.) quack, healer.
máchica *f.* (Pe.) roast Indian meal.
machiega *adj.* queen [bee].
machihembrar *tr.* CARP. to feather or mortise [join by a groove and tongue or by a tenon and mortise].
machín *m.* (Col., Ve.) MICO 1.
machina *f.* crane, derrick. 2 pile driver, pile engine.
macho *adj.* male [animal or plant]. 2 strong, robust, vigorous. 3 stupid. — 4 *m.* ZOOL. male, jack, buck, bull [male animal] : ~ *cabrío* or *de cabrío*, he-goat, billy goat. 5 ZOOL. he-mule : ~ *romo*, hinny. 6 stupid fellow. 7 BOT. masculine plant. 8 MACH. male piece or part. 9 hook [of hook and eye]. 10 sledge hammer. 11 square anvil. 12 block for a small anvil. 13 root [of the tail of a quadruped]. 14 ARCH. pillar, buttress. 15 MACH. ~ *de aterrajar*, tap, screw tap. 16 NAUT. ~ *del timón*, rudder pintle.
machón *m.* ARCH. pillar, buttress.
machorro, rra *adj.* barren, sterile. — 2 *f.* barren female animal.
machota *f.* (Mex.) MARIMACHO. 2 MACHOTE 1.
machote *m.* maul, hammer. 2 (Mex.) mark for job to do' in mines.
machucadura *f.* **machucamiento** *m.* crushing, bruising.
machucar *tr.* to crush, bruise.
machucho, cha *adj.* sedate, judicious. 2 elderly.
machuelo, m. small he-mule. 2 germ.
machuqué, machuque, etc., *pret., subj.* & *imper.* of MACHUCAR.
madama *f.* lady, madam.
madamisela *f.* DAMISELA.
madapolán *m.* madapollam.
madeja *f.* skein, hank : ~ *sin cuenda*, fig. hopeless tangle; muddlehead; disordered person; *enredar la* ~, fig. to embroil an affair; *hacer* ~, fig. to become ropy. 2 head of hair. 3 careless, slovenly fellow.
madejeta, jita, juela *f.* *dim.* small skein.
Madera *f.* *pr. n.* GEOGR. Madeira. — 2 *m.* Madeira wine.
madera *f.* wood [substance]; lumber, timber : ~ ~ *alburente*, sapwood; ~ *anegadiza*, heavier-than-water wood; ~ *de construcción*, building timber; ~ *de raja*, split timber; ~ *de sierra* or *serradiza*, lumber [cut for use]; ~ *enteriza*, the largest square piece into which a log can be cut; ~ *fósil*, lignite; *descubrir uno la* ~, fig. to show one's true nature; *saber uno a la* ~, fig. to be a chip of the old block. 2 makings, essential qualities : *tiene* ~ *de estadista*, he has the makings of a statesman. 3 horny part [of a hoof].
maderable *adj.* timber-yielding.

maderada *f.* lumber floated downstream.
maderaje, maderamen *m.* timber, timber work [of a building, etc.].
maderería *f.* lumber yard.
maderero, ra *adj.* [pertaining to] lumber. — 2 *m.* lumber dealer. 3 raftsman. 4 carpenter.
madero *m.* log [piece of timber]; piece of building timber or lumber : ~ *barcal*, log; ~ *cachizo*, piece of timber fit to be sawed; ~ *de suelo*, beam, joist; *maderos de cuenta*, NAUT. main timbers. 2 fig. ship, vessel. 3 coll. log [stupid or senseless person].
maderuelo *m.* *dim.* small piece of timber.
madi *m.,* **madia** *f.* BOT. oily plant of Chile.
madianita *adj.* & *n.* BIB. Midianite.
mador *m.* moisture, slight sweat.
madoroso, sa *adj.* slightly sweaty.
madrastra *f.* stepmother. 2 callous mother. 3 fig. nuisance.
madraza *f.* coll. doting mother, over-indulgent mother, pampering mother.
madre *f.* mother [female parent; source, origine; something having qualities appropriate to a mother] : ~ *de leche*, wet nurse; ~ *patria*, mother country; ~ *política*, mother-in-law; *lengua* ~, mother language, mother tongue [tongue from which others spring]; *ser la* ~ *del cordero*, coll. to be the true cause or reason of some act or happening. 2 mother [term of address for some nuns; head of a female religious community]. 3 mother [elderly woman]. 4 bed [of a river] : *sacar de* ~, fig. to irritate, to make one lose his self-control; *salir de* ~ [of a river], to overflow; fig. to be excessive. 5 main sewer. 6 main irrigation ditch. 7 CARP. main piece. 8 sediment, dregs [of wine or vinegar].
madrearse *ref.* [of wine] to become or turn ropy.
madrecilla *f.* ovary [of a bird].
madrecita *f.* *dim.* little mother, dear mother.
madreclavo *m.* clove of two years' growth.
madreña *f.* ALMADREÑA.
madreperla *f.* ZOOL. pearl oyster; mother-of-pearl.
madrépora *f.* ZOOL. madrepore.
madrepórico, ca *adj.* madreporic.
madrero, ra *adj.* coll. very attached to his or her mother.
madreselva *f.* BOT. honeysuckle.
madrigada *adj.* twice-married [woman].
madrigado, da *adj.* coll. experienced [person]. 2 that has been a sire [bull].
madrigal *m.* LIT., MUS. madrigal.
madrigalesco, ca *adj.* madrigalian, madrigallike.
madriguera *f.* hole, burrow [of rabbits, etc.]. 2 den [of wild animals, thieves, etc.].
madrileño, ña *adj.* & *n.* Madrilenian.
madrina *f.* godmother. 2 woman attending a person who is being married, or who is to receive confirmation, holy orders, etc. 3 patroness, protectress. 4 wooden prop. 5 strap connecting the bits of two teamed horses. 6 leading mare. 7 (Ve.) small tame herd used for gathering and leading untamed cattle.
madrinazgo *m.* godmothership.
madrona *f.* main sewer. 2 over-indulgent mother.
madroncillo *m.* BOT. strawberry [fruit].
madroñal *m.* grove of strawberry trees.
madroñera *f.* MADROÑAL. 2 BOT. strawberry tree.
madroño *m.* BOT. strawberry tree. 2 BOT. fruit of the strawberry tree. 3 berry-shaped tassel.
madroñuelo *m.* *dim.* of MADROÑO.
madrugada *f.* dawn, daybreak; *de* ~, at daybreak. 2 early rising.
madrugador, ra *adj.* early-rising. — 2 *m.* & *f.* early riser.
madrugar *intr.* to rise or get up early. 2 to gain the start, to be beforehand.
madrugón, na *adj.* early-rising. — 2 *m.* act of rising very early.
madrugué, madrugue, etc., *pret., subj.* & *imper.* of MADRUGAR.
maduración *f.* maturation, ripening. 2 ripeness.
maduradero *m.* place for ripening fruit.
madurador, ra *adj.* maturing, maturative, ripening.
maduramente *adv.* maturely. 2 with reflection or attentive consideration.
madurante *adj.* maturing.
madurar *tr.* to maturate, mature, ripen. 2 MED. to maturate. 3 to mature, complete, think out [plans, etc.]. — 4 *intr.* to mature, ripen [advance toward maturity, become ripe]. 5 MED.

to maturate, come to a head. 6 to grow old, wise, prudent.

madurativo, va *adj.* & *n.* maturative.

madurez *f.* maturity, ripeness. 2 wisdom, prudence, good sense.

madurillo, lla *adj.* beginning to ripen.

maduro, ra *adj.* mature, ripe. 2 wise, prudent. 3 [of a person] middle-aged, advanced in years. 4 *edad madura*, middle age.

maesa *f.* obs. MAESTRA. — 2 *adj. abeja* ~, queen bee.

maese *m.* obs. MAESTRO. 2 ~ *coral*, juggling, legerdemain.

maesil *m.* MAESTRIL.

maestoso *adj., adv.* & *m.* MUS. maestoso.

maestra *f.* mistress, woman teacher; schoolmistress. 2 mistress [woman well skilled in anything]. 3 in some trades, mistress or female head of a workshop, etc. 4 master's or teacher's wife. 5 fig. teacher [thing that teaches]. 6 queen bee. 7 MAS. guide line.

maestral *adj.* pertaining to a grand master of a military order. — 2 *m.* northwest wind. 5 MAESTRIL.

maestralizar *intr.* NAUT. [of compass] to decline to the northwest.

maestramente *adv.* skilfully, in a masterly manner.

maestrante *m.* member of a MAESTRANZA.

maestranza *f.* a fraternity or order of knights skilled in riding. 2 arsenal, armoury [for the artillery or the navy]. 3 the workmen in an arsenal.

maestrazgo *m.* dignity or jurisdiction of the grand master of a military order.

maestre *m.* grand master [of a military order]. 2 NAUT. obs. mate.

maestrear *tr.* to direct, conduct [a work or operation]. 2 to lop or trim [a grapevine]. — 3 *intr.* to play the master, to boast one's skill.

maestresala *m.* formerly, chief waiter [for a prince or nobleman].

maestrescuela *m.* formerly, in cathedrals, a canon whose duty was to teach divinity.

maestría *f.* mastery, mastership, masterly skill. 2 mastership [status of a master].

maestril *m.* queen cell [in a beehive].

maestrillo, lla *m.* & *f. dim.* insignificant teacher; insignificant schoolmaster or schoolmistress.

maestro, tra *adj.* master. main, principal, great : *abeja maestra*, queen bee; *cuaderna maestra*, NAUT. main frame; *llave maestra*, master key; *obra maestra*, masterpiece; *pared maestra*, ARCH. main wall; *viga maestra*, ARCH. girder, chief supporting beam. 2 trained [animal] : *perro* ~, trained dog. — 3 *m.* teacher, master : ~ *de armas*, fencing master; ~ *de capilla*, choir master; ~ *de escuela*, schoolmaster, teacher in an elementary school. 4 master [in religion, art, science, etc.; great artist] : *el Divino Maestro*, The Master [Christ] ; *un* ~ *de la oratoria*, a master of oratory. 5 MUS. composer. 6 master [skilled workman] : ~ *aguañón*, master builder of water works ; ~ *de hacha*, ship carpenter, shipwright ; ~ *de obra prima*, shoemaker ; ~ *de obras*, builder, master builder ; *maestros cantores*, Meistersingers. 7 head, director; ~ *de cocina*, chef, head cook ; ~ *de ceremonias*, master of ceremonies, marshal [officer arranging ceremonies]. 8 NAUT. mainmast.

Magallanes (estrecho de) *m. pr. n.* GEOG. Strait of Magellan.

magallánico, ca *adj.* Magellanic.

magancear *intr.* (Col., Chi.) to idle, loaf.

magancería *f.* trick, deceit.

magancés, sa *adj.* evil, treacherous.

magancia *f.* (Chi.) MAGANCERÍA.

maganciero, ra *adj.* (Chi.) MAGANCÉS.

maganel *m.* mangonel.

maganto, ta *adj.* languid, sad, spiritless.

magaña *f.* trick, wile, deceit. 2 flaw in the bore of a gun. 3 LEGAÑA.

magañoso, sa *adj.* LEGAÑOSO.

magarza *f.* MATRICARIA.

magarzuela *f.* BOT. stinking camomile, mayweed.

Magdalena *f. pr. n.* Magdalen, Magdalene : *Santa Maria Magdalena*, BIB. Mary Magdalene. 2 fig. penitent woman : *estar hecha una* ~, to weep bitterly, to be inconsolable.

magdalena *f.* small cake made of flour, sugar and eggs.

magdaleniense *adj.* GEOL. Magdalenian.

magia *f.* magic : ~ *blanca,* white magic; ~ *negra,* black magic, black art.

magiar *adj.* & *n.* Magyar.

mágicamente *adv.* magically.

mágico, ca *adj.* magic, magical : *cuadrado* ~, magic square; *linterna mágica*, magic lantern. 2 wonderful. — 3 *m.* magician, sorcerer. — 4 *f.* magic. 5 enchanteress, sorceress.

magin *m.* coll. mind, fancy, imagination.

magisterial *adj.* pertaining to teaching.

magisterio *m.* teaching, guidance, mastership. 2 teaching profession. 3 teachers as a class. 4 affected gravity. 5 OLD CHEM. magistery.

magistrado *m.* magistrate. 2 justice, judge, member of a court of justice.

magistral *adj.* pertaining to the teaching or mastership. 2 magistral, dogmatic. 3 masterly. 4 [of an instrument] serving to ascertain the exactness of other instruments. 5 *canónigo* ~, canon who has charge of preaching. — 6 *m.* PHARM., METAL. magistral.

magistralía *f.* dignity of a CANÓNIGO MAGISTRAL.

magistralmente *adv.* masterly. 2 magistrally, dogmatically.

magistratura *f.* magistracy.

magma *m.* magma [viscid mixture]. 2 GEOL. magma.

magnánimamente *adv.* magnanimously.

magnanimidad *f.* magnanimity.

magnánimo, ma *adj.* magnanimous.

magnate *m.* magnate.

magnesia *f.* CHEM. magnesia.

magnesiano, na *adj.* magnesian.

magnésico, ca *adj.* CHEM. magnesic.

magnesio *m.* CHEM. magnesium. 2 PHOT. flashlight.

magnesita *f.* MINER. magnesite.

magneticé, magnetice, etc., *pret., subj.* & *imper.* of MAGNETIZAR.

magnético, ca *adj.* magnetic.

magnetismo *m.* magnetism : ~ *animal,* animal magnetism; ~ *terrestre,* terrestrial magnetism.

magnetita *f.* MINER. magnetite.

magnetizable *adj.* magnetizable.

magnetización *f.* magnetization.

magnetizador, ra *adj.* magnetizing. — 2 *m.* & *f.* magnetizer.

magnetizar *tr.* to magnetize.

magneto *f.* ELEC. magneto.

magnetoeléctrico *adj.* magnetoelectric.

magnetófono *m.* PHYS. magnetophon. 2 tape recorder, wire recorder.

magnetofónica (cinta) *f.* recording tape.

magnetómetro *m.* magnetometer.

magnificador, ra *adj.* extolling, exalting.

magnificamente *adv.* magnificently. 2 very well.

magnificar *tr.* to extoll, exalt.

Magníficat *m.* Magnificat.

magnificencia *f.* magnificence, grandeur, splendour, gorgeousness. 2 liberality, munificence.

magnificentísimo, ma *adj. superl.* very or most magnificent.

magnífico, ca *adj.* magnificent. 2 fine, excellent.

magnitud *f.* magnitude, size; greatness. 2 ASTR. magnitude.

magno, na *adj.* great : ~ *acontecimiento*, great event; *Alejandro Magno*, Alexander the Great.

magnolia *f.* BOT. magnolia.

magnoliáceo, a *adj.* BOT. magnoliaceous. — 2 *f. pl.* BOT. Magnoliaceæ.

mago, ga *adj.* Magian. 2 skilled in magic. — 3 *m.* Magian, Magus. 4 magician, wizard. — 5 *f.* enchantress. — 6 *m. pl.* Magi ; *los Reyes Magos, los Magos de Oriente,* the Magi, the Wise Men of the East.

magosto *m.* picnic fire for roasting chestnuts. 2 chestnut roast ; roast chestnuts.

magra *f.* rasher, slice of ham.

magrez *f.* meagreness, meagerness, thinness, leanness.

magro, gra *adj.* meagre, meager, thin, lean 2 lean [meat]. — 3 *m.* coll. lean meat of pork.

magrura *f.* MAGREZ.

magua *f.* (Cu.) jest, joke.

maguer, maguera *conj.* obs although.

magüeto, ta *m.* young bull. — 2 *f.* heifer.

maguey *m.* BOT. (Am.) maguey.

maguillo *m.* BOT. wild apple tree.

magulladura *f.* **magullamiento** *m.* bruising. 2 bruise, contusion.

magullar *tr.* to bruise, mangle.

Maguncia *f. pr. n.* GEOG. Mainz.

maguntino, na *adj.* of Mainz. — *2 m. & f.* native or inhabitant of Mainz.
Mahoma *m. pr. n.* Mohammed.
mahometano, na *adj. & n.* Mohammedan.
mahomético, ca *adj.* Mohammedan.
mahometismo *m.* Mohammedanism.
mahometista *adj. & n.* Mohammedan. 2 Mohammedan converted to Christian faith who goes back to his first religion.
mahometizar *intr.* to profess Mohammedanism.
Mahón *m. pr. n.* GEOG. Mahon, Port Mahon.
mahón *m.* nankeen [cotton cloth].
mahonés, sa *adj. of* Mahon. 2 *salsa mahonesa,* mayonnaise sauce. — *3 m. & f.* native or inhabitant of Mahon. — *4 f.* BOT. Mahon stock, Virginia stock. 5 COOK. mayonnaise [dish].
maicena *f.* fine maize flour.
maicillo *m.* BOT. (Am.) plant similar to millet. 2 (Am.) gravel.
maido *m.* MAULLIDO.
maimón, *pl.* **-nes** *m.* monkey. 2 *pl.* Andalusian soup dressed with olive oil.
maimonismo *m.* doctrine of Maimonides.
mainel *m.* ARCH. mullion or partition column [in a window, etc.].
maiten *m.* BOT. a Chilean tree.
maitencito *m.* (Chi.) children's game resembling blind-man's buff.
maitinada *f.* ALBORADA.
maitinante *m.* priest attending matins.
maitines *m. m. pl.* ECCL. matins.
maíz *m.* BOT. maize, Indian corn. 2 BOT. ~ *morocho* or *de Guinea,* Guinea corn.
maizal *m.* Indian-corn field.
majá *m.* (Cu.) a large nonpoisonous snake.
majada *f.* sheepfold. 2 dung, manure. 3 (Arg.) flock [of sheep].
majadal *m.* sheepfold. 2 pasture ground for sheep.
majadear *intr.* [of sheep] to take shelter for the night. 2 to manure.
majadería *f.* nonsense, foolish remark or act.
majaderico, majaderillo *m.* bobbin [for making lace].
majadero, ra *adj.* silly, stupid. — *2 m. & f.* fool, dolt, bore. — *3 m.* pestle, pounder. 4 bobbin [for making lace].
majador, ra *adj.* crushing, pounding, mashing. — *2 m. & f.* crusher, pounder, masher.
majadura *f.* crushing, pounding, mashing.
majagranzas *pl.* **-zas** *m.* stupid bore.
majagua *f.* BOT. (Cu., Chi.) a tree of the linden family.
majal *m.* school of fishes.
majamiento *m.* MAJADURA.
majano *m.* heap of stones as a landmark.
majar *tr.* to crush, pound, pestle, mash. 2 coll. to pester, annoy.
majarete *m.* (Cu.) Indian-corn pudding.
majencia *f.* MAJEZA.
majestad *f.* majesty. 2 (cap.) Majesty [title]: *Su Majestad,* Your Majesty; His Majesty, Her Majesty; *Su Divina Majestad,* the Lord, God.
majestuosamente *adv.* majestically, grandly, stately.
majestuosidad *f.* majesty, majesticalness, stateliness.
majestuoso, sa *adj.* majestic, grand, stately.
majeza *f.* freedom of manners and gaudiness of dress. 2 boastfulness. 3 prettiness, fineness.
majo, ja *adj.* displaying freedom of manners and gaudiness of dress. 2 boastful, dressed up. 3 fine, pretty. — *4 m. & f.* person displaying a freedom of manners and a gaudiness of dress peculiar to some low classes.
majolar *m.* grove of white hawthorns.
majoleta *f.* MARJOLETA.
majoleto *m.* MARJOLETO.
majorca *f.* MAZORCA.
majuela *f.* BOT. fruit of the white hawthorn. 2 leather strap for tying shoes.
majuelo *m.* BOT. white hawthorn. 2 vineyard. 3 AGR. new vine.
1) mal *adj.* contr. of MALO, used only before masculine nouns: ~ *humor,* bad humour; ~ *gusto,* bad taste. — *2 adv.* bad, badly, ill, wrongly, wickedly; poorly, deficiently; in a bad way or situation: ~ *adquirido,* ill-gotten; ~ *hecho,* badly done; misshapen; wrong; unjust; ~ *vestido,* badly or poorly dressed; *estar* ~ *de dinero, de recursos,* to be short of money, to be in a bad financial situation; *estar* ~ *de salud,* to be in bad health;

hacer ~, *obrar* ~, to do wrong, to act wrongly; *de* ~ *en peor,* from bad to worse; *de su grado,* unwillingly; ~ *que bien,* anyhow, anyway; ~ *que le pese,* in spite of him. 3 amiss: *algo va* ~, something is amiss. 4 hardly, scarcely. — 5 interj. *¡mal haya...!,* confound...!, curses on...!
2) mal, *pl.* **males** *m.* evil [moral badness; wrongdoing; anything depriving of happiness or welfare], ill, harm, wrong, injury, misfortune: *el bien y el* ~, good and evil; *decir* ~ *de,* to speak ill of; *hacer* ~, to harm, injure; to be injurious; *llevar,* or *tomar, a* ~, to take ill, take offence at, resent [a thing]; *del* ~, *el menos,* of two evils, choose the lesser; it could be worse; *no hay* ~ *que por bien no venga,* it is an ill wind that blows nobody good. 3 illness, disease, evil, ailment, complaint: ~ *caduco* or *de corazón,* epilepsy; ~ *de la rosa,* pellagra; ~ *de la tierra,* homesickness; ~ *de ojo,* evil eye; ~ *de piedra,* lithiasis; ~ *de San Lázaro,* elephantiasis.
mala *f.* English or French mail or post. 2 manilla [second-best trump].
malabar, *pl.* **-bares** *adj.* of Malabar. 2 *juegos malabares,* juggling. — *3 m. & f.* native or inhabitant of Malabar.
malabárico, ca *adj.* of Malabar.
malabarista *m.* juggler.
Malaca *pr. n.* GEOG. Malay Peninsula.
malacate *m.* whim, whimsey, whim gin [hoisting machine].
malacia *f.* MED. pica [depraved or vitiated appetite].
malacitano, na *adj. & n.* MALAGUEÑO.
malacología *f.* malacology.
malacológico, ca *adj.* malacologic.
malaconsejado, da *adj.* ill-advised.
malacopterigio, gia *adj.* ICHTH. malacopterygian. — *2 m. pl.* ICHTH. Malacopterygii.
malacostráceo, a *adj.* ZOOL. malacostracus, malacostracan. — *2 m. pl.* ZOOL. malacostracan. — *3 m. pl.* ZOOL. Malacostraca.
malacostumbrado, da *adj.* having bad habits. 2 spoiled, pampered.
malacuenda *f.* burlap, sackcloth. 2 oakum, tow.
Málaga *f. pr. n.* GEOG. Malaga. — *2 m.* (not cap.) Malaga wine.
malagana *f.* coll. faintness, swoon.
malagradecido, da *adj.* (Am.) ungrateful.
malagueño, ña *adj.* of Malaga. — *2 m. & f.* native or inhabitant of Malaga. — *3 f.* popular song of Malaga.
malagueta *f.* melegueta pepper, grains of Paradise.
malamente *adv.* badly, poorly, wrongly.
malandante *adj.* unfortunate, unhappy.
malandanza *f.* misfortune, misery.
malandrín *adj.* wicked, rascally. — *2 m.* rascal, scoundrel.
malanga *f.* BOT. (Am.) malanga, taro.
Malaquías *m. pr. n.* BIB. Malachi.
malaquita *f.* MINER. malachite.
malar *adj. & m.* ZOOL. malar.
malaria *f.* MED. malaria.
Malasia *pr. n.* GEOG. Malaysia.
malasio, sia *adj. & n.* Malaysian.
malatía *f.* MED. obs. leprosy.
malato, ta *adj.* obs. leprous. — *2 m. & f.* obs. leper. — *3 m.* CHEM. malate
malavenido, da *adj.* displeased. 2 in disagreement.
malaventura *f.* misfortune, unhappiness.
malaventurado, da *adj.* unfortunate, unhappy.
malaventuranza *f.* misfortune, infelicity, unhappiness.
Malaya *f. pr. n.* GEOG. Malaya.
malayo, ya *adj. & n.* Malay, Malayan.
malbaratador, ra *adj.* squandering. — *2 m. & f.* squanderer.
malbaratar *tr.* to undersell. 2 to squander.
malbaratillo *m.* second-hand shop.
malcarado, da *adj.* grim-faced.
malcasado, da *adj.* undutiful [spouse].
malcasar *tr.* to mismate [in marriage]. — *2 ref.* to be mismated [in marriage].
malcaso *m.* treachery, infamous act.
malcocinado *m.* tripe, liver, lights, etc., of mutton, veal, etc. 2 tripe shop
malcomer *tr. & intr.* to eat poorly.
malcomido, da *adj.* underfed, that eats poorly.
malconsiderado, da *adj.* DESCONSIDERADO.
malcontentadizo, za *adj.* hard to please.
malcontento, ta *adj.* displeased, discontented. 2

malcontent, rebellious. — *3 m.* & *f.* malcontent. — *4 m.* a card game.

malcorte *m.* transgression of forest laws in cutting timber or wood.

malcriado, da *adj.* ill-bred, rude incivil. 2 spoiled [child].

malcriar *tr.* to spoil [a child].

maldad *f.* wickedness, badness. 2 wicked act.

maldadoso, sa *adj.* (Mex., Chi.) wicked, evil-minded.

maldecido, da *p. p.* of MALDECIR. — *2 adj.* wicked, evil-minded.

maldecidor, ra *adj.* backbiting. — *2 m.* & *f.* backbiter, detractor.

maldecir *tr.* to curse, accurse. — *2 intr.* to curse. *3 ~ de,* to speak ill of, to backbite. ¶ CONJUG. like *decir,* except the INDIC. fut. : *maldeciré,* etc.; the COND.: *maldeciría,* etc., and the PAST. P. : *maldecido* or *maldito.*

maldiciendo *ger.* of MALDECIR.

maldiciente *adj.* cursing. 2 evilspeaking, slanderous, backbiting. — *3 m.* & *f.* evilspeaker, slanderer, backbiter.

maldición *f.* malediction, curse.

maldigo, maldiga, maldije, etc., *irr.* V. MALDECIR.

maldispuesto, ta *adj.* indisposed. 2 unwilling.

maldita (la) *f.* coll. the tongue : *soltar la ~,* to talk without restraint.

maldito, ta *irreg. p. p.* of MALDECIR. — *2 adj.* accursed, damned. *3* wicked. *4* bad, mean. *5* nothing, no one, no : *no sabe maldita la cosa,* he knows nothing about it ; *~ lo que me importa,* I don't care a straw, little I do care. — *6 m. el Maldito,* the Evil One, the Devil.

Maldivas (las) *f. pr. n.* GEOG. Maldive Islands.

maleabilidad *f.* malleability.

maleable *adj.* malleable.

maleador, ra *adj.* spoiling. 2 perverting, corrupting. — *3 m.* & *f.* spoiler. *4* perverter, corrupter.

maleante *adj.* spoiling. 2 perverting, corrupting. *3* evildoing. — *4 m.* & *f.* evildoer, rogue.

malear *tr.* to spoil, damage. 2 to pervert, corrupt. — *3 ref.* to spoil, become corrupted. *4* to go bad, go wrong.

malecón *m.* dike, levee, mole, embankment.

maledicencia *f.* evil talk, slander, backbiting.

maleficencia *f.* maleficence.

maleficiar *tr.* to harm, injure. 2 to harm by a spell or incantation.

maleficio *m.* spell, incantation ; harm caused by a spell or incantation.

maléfico, ca *adj.* maleficent, harmful, hurtful. *2* that harms by spell or incantation. — *3 m.* sorcerer.

malejo, ja *adj.* baddish, rather bad.

malenconía *f.* MELANCOLÍA.

malencónico, ca *adj.* MELANCÓLICO.

maleolar *adj.* ANAT. malleolar.

maléolo *m.* ANAT. malleolus.

malestar *m.* malaise, discomfort, uneasiness.

maleta *f.* valise, suitcase, travelling bag : *hacer la ~,* to pack one's suitcase ; to pack up, get ready for departure. 2 (Chi.) saddlebag : *largar,* or *soltar, la ~,* to die, kick the bucket. 3 (Ec.) bundle of clothes. — *4 m.* coll. bungler ; unskilled bullfighter.

maletero *m.* valise maker or seller. 2 porter, station porter.

maletín *m.* small valise, satchel, traveller's handbag, *gripsac.,* *grip. 2 MIL. ~ de grupa,* saddlebag.

maletón *m.* aug. of MALETA.

malevolencia *f.* malevolence, ill will.

malévolo, la *adj.* malevole, malignant.

maleza *f.* weeds. 2 underbrush, brake, thicket, coppice.

malformación *f.* MED. malformation.

malgache *adj.* Madagascan. — *2 m.* & *f.* Madagascan, Malagasy.

malgastador, ra *adj.* extravagant, squandering, wasteful. — *2 m.* & *f.* spendthrift, squanderer, wastrel.

malgastar *tr.* to misspend, waste, squander.

malhablado, da *adj.* foul-mouthed.

malhadado, da *adj.* ill-starred, unfortunate, wretched.

malhecho, cha *adj.* ill-shaped, misshapen, deformed. — *2 m.* evil deed, misdeed.

malhechor, ra *m.* & *f.* evil-doer, malefactor, malefactress, criminal.

malherido, da *adj.* badly wounded.

malherir *tr.* to wound badly. ¶ CONJUG. like *herir.*

malhiero, malhirió, malhiera, etc., *irr.* V. MALHERIR.

malhojo *m.* vegetable refuse.

malhumorado, da *adj.* ill-humoured, peevish.

malicia *f.* malice. 2 malignity, evil intention. *3* cunning, slyness. *4* shrewdness, sagacity. *5* suspiciousness, inclination to think ill. *6* apprehension, suspicion.

maliciar *tr.* & *ref.* to suspect, fear. — *2 tr.* MALEAR.

maliciosamente *adv.* maliciously. 2 cunningly. *3* through one's inclination to think ill.

malicioso, sa *adj.* suspicious, evil-minded, inclined to think ill. 2 malicious.

málico, ca *adj.* CHEM. malic.

malignamente *adv.* malignantly.

malignante *adj.* malignant, malicious.

malignar *tr.* to vitiate, corrupt, deprave. — *2 ref.* to corrupt [become corrupt] ; to grow worse.

malignidad *f.* malignance, malignity. 2 MED. malignance.

maligno, na *adj.* malign, malignant, evil, wicked. 2 MED. malign, malignant.

malilla *f.* manilla [second-best trump]. 2 a card game.

Malinas *f. pr. n.* GEOG. Malines, Mechlin.

malintencionado, da *adj.* evil-disposed, ill-disposed. — *2 m.* & *f.* evil-disposed person.

malmandado, da *adj.* disobedient.

malmaridada *adj.* faithless [wife]. — *2 f.* faithless wife.

malmeter *tr.* to misspend, waste. 2 to induce to evil. *3* to alienate, estrange.

malmirado, da *adj.* disliked, discredited. 2 inconsiderate.

malo, la (before a masculine noun, **mal**) *adj.* bad, evil, wicked, depraved, vicious : *ángel ~,* evil angel. 2 bad, poor [inferior, deficient, of poor quality]. *3* ill, bad [unfavourable ; harmful, injurious ; offensive ; unsound] : *mala fama,* ill fame ; *mala salud,* ill health ; *mala voluntad,* ill will ; *~ para,* bad for, injurious to. *4* naughty, mischievous. *5* foul, obscene. *6* ill, sick, unwell ; diseased, sore : *dedo ~,* sore finger ; *estar ~,* to be ill, be unwell ; *estar ~ del higado,* to suffer from a bad liver. *7* unpleasant, disagreeable, obnoxious. *8* hard, difficult : *~ de entender,* hard to understand. *9 andar a malas,* to be in bad terms. *10 estar de malas,* to be out of luck. *11 venir de malas,* to have bad intentions. *12 lo ~ es que,* the trouble is that, the worst of it is that. *13 por la mala, por las malas,* by force. *14 por malas o por buenas,* willingly or unwillingly. — *15 m. el Malo,* the Evil One, the Devil. — *16 interj. ¡malo!,* bad !, that is bad !

malogrado, da *adj.* late [person]. 2 failed, frustrated.

malogramiento *m.* MALOGRO.

malograr *tr.* to miss, lose, waste, spoil [time, an opportunity, etc.]. — *2 ref.* to fail, fall through, come to nothing. *3* to have an untimely end.

malogro *m.* failure, frustration, miscarriage, spoiling. 2 loss [of an opportunity, etc.]. *3* untimely end.

maloja *f.* MALOJO.

malojal *m.* (Ven.) field of Indian corn grown for fodder.

malojero *m.* (Cu.) seller of MALOJA.

malojo *m.* (Ven.) Indian corn plant used for fodder.

maloliente *adj.* ill-smelling, malodorous.

malón *m.* (S. Am.) Indian raid. 2 (S. Am.) surprise attack. *3* (S. Am.) mean trick, ill turn.

malparado, da *adj.* impaired, hurt, damaged, worsted, in a bad way.

malparar *tr.* to treat ill, hurt, damage, put in a bad way.

malparida *f.* woman who has miscarried.

malparir *intr.* [of a woman] to miscarry.

malparto *m.* miscarriage, abortion.

malpigiáceo, a *adj.* BOT. malpighiaceous. — *2 f. pl.* BOT. Malpighiaceæ.

malquerencia *f.* ill will, dislike.

malquerer *tr.* to dislike, hate. ¶ CONJUG. like *querer.*

malqueriente *adj.* disliking, ill-willing.

malquiero, malquise, malquerré, malquiera, etc., *irr.* V. MALQUERER.

malquistar *tr.* to estrange, set at odds : *le malquistaron con el ministro,* they set the minister against him. — *2 ref.* to incur dislike : *malquis-*

tarse con, to incur the dislike of ; to make one-self unpopular with.

malquisto, ta *adj.* disliked, unpopular.

malrotador, ra *adj.* squandering. — 2 *m. & f.* waster, squanderer, spendthrift.

malrotar *tr.* to misspend, squander.

malsano, na *adj.* unhealthy, unhealthful, un-wholesome. 2 unhealthy, sickly.

malsín *m.* mischief-maker, gossip, talebearer.

malsonante *adj.* ill-sounding, offensive to pious ears.

malsufrido, da *adj.* impatient, unresigned.

Malta *f. pr. n.* GEOG. Malta : *fiebre de* ~, MED. Me-diterranean fever.

malta *m.* malt. 2 roast barley. 3 (Chi.) high-quality beer.

maltasa *f.* BIOCHEM. maltasa.

maltés, sa *adj. & n.* Maltese.

maltosa *f.* CHEM. maltose.

maltrabaja *m. & f.* idler, loafer.

maltraer *tr.* MALTRATAR. ¶ CONJUG. like *traer*.

maltraigo, maltraje, maltraiga, etc., *irr.* V. MAL-TRAER.

maltratamiento *m.* abuse, ill treatment, ill usage, rough usage, maltreatment.

maltratar *tr.* to abuse, ill-use, ill treat, maltreat, treat ill, treat roughly. 2 to use roughly ; to impair, spoil.

maltrato *m.* MALTRATAMIENTO.

maltrecho, cha *adj.* in a bad way, badly off, battered, damaged.

maltusiano, na *adj. & n.* Malthusian.

maltusianismo *m.* Malthusianism.

maluco, ca; malucho, cha *adj.* poorly (in health), ailing somewhat.

malva *f.* BOT. mallow : *ser una* ~, *ser como una* ~, fig. to be meek and mild. 2 BOT. ~ *arbórea, loca, real* or *rósea*, rose mallow, hollyhock. 3 BOT. *geranio de* ~, nutmeg geranium.

malváceo, a *adj.* BOT. malvaceous. — 2 *f. pl.* BOT. Malvaceæ.

malvadamente *adv.* wickedly, perversely.

malvado, da *adj.* wicked, evil, villainous. — 2 *m. & f.* wicked person, villain.

1) **malvar** *m.* ground covered with mallows.

2) **malvar** *tr.* to corrupt, pervert, deprave.

malvarrosa *f.* BOT. rose mallow, hollyhock.

malvasía *f.* malmsey [wine]. 2 malvasia grape.

malvavisco *m.* BOT. marsh mallow.

malvender *tr.* to undersell, sell at a loss.

malversación *f.* malversation, misapplication of funds. 2 peculation.

malversador, ra *m. & f.* one who misapplies funds. 2 embezzler, peculator.

malversar *tr.* to misapply [funds]. 2 to embezzle.

malvezar *tr.* to give bad habits to. — 2 *ref.* to fall into bad habits.

Malvinas (Islas) *f. pr. n.* GEOG. Malvine Islands.

malvís, malviz *m.* ORN. song thrush, redwing.

malla *f.* mesh [of net] ; network. 2 meshed or netted fabric. 3 mail [of armour]. 4 WEAV. heddle. 5 THEAT. *traje de* ~ or *mallas*, fleshings.

mallar *intr.* to make network. 2 [of a fish] to get caught in the meshes of a net. — 3 *tr.* to arm with a coat of mail.

mallero *m.* mesh maker, netmaker. 2 mail maker.

mallete *m.* mallet.

malleto *m.* beating maul [in paper mills].

mallo *m.* maul, mall. 2 mall, pall-mall [game and alley].

Mallorca *f. pr. n.* GEOG. Majorca.

mallorquín, na *adj. & n.* Majorcan.

mama *f.* ANAT., ZOOL. mamma, breast, udder. 2 mamma, mummy [mother].

mamá *f.* MAMA 2.

mamacallos, *pl.* **-llos** *s.* coll. simpleton.

mamacona *f.* old religious virgin among ancient Incas.

mamada *f.* suck [act of sucking milk]. 2 milk sucked at a time.

mamadera *f.* breast pump. 2 (Cu.) nipple [of nursing bottle]. 3 (Am.) nursing bottle.

mamado, da *adj.* (Am.) drunk, intoxicated.

mamador, ra *adj.* sucking. — 2 *m. & f.* sucker.

mamaita *f. dim.* mammy.

mamalón *m.* (Cu.) loafer.

mamancona *f.* (Chi.) old, fat woman.

mamandurria *f.* (S. Am.) sinecure, job with a salary and no work.

mamante *adj.* sucking.

mamantón, na *adj.* sucking [animal].

mamar *tr.* to suck [milk]. — 2 *tr. & ref.* coll. to swallow, devour. 3 coll to get, obtain : *se ha mamado un buen empleo*, he has got a good job. 4 *haberlo mamado*, to have learned [someting], to have acquired [a quality, etc.] as a child. 5 *no mamarse el dedo*, not to be taken in easily. — 6 *ref.* (Am.) to get drunk. 7 (Am.) *mamarse a uno*, to get the best of someone ; to kill someone.

mamario, ria *adj.* mammary.

mamarrachada *f.* coll. grotesque or ridiculous act. 2 coll. collection of grotesque or ridiculous fi-gures.

mamarrachista *m.* PAINT. coll. dauber.

mamarracho *m.* coll. grotesque or ridiculous figure or ornament. 2 PAINT. daub. 3 coll. despicable man.

mambla *f.* mound, knoll.

mambrú, *pl.* **-brúes** *m.* NAUT. kitchen funnel.

mamelón *f.* mound, knoll, hillock ; small peak. 2 SURG. nipplelike protuberance in a cicatricial tissue.

mameluco *m.* Mameluke. 2 coll. dolt, simpleton. 3 (Arg., Cu., Chi.) kind of children's underdress.

mamella *f.* one of the two appendages hanging on the neck of goats.

mamellado, da *adj.* having MAMELLAS.

mamey *m.* BOT. mamey, mammee.

mamífero, ra *adj.* ZOOL. mammalian. — 2 *m.* ZOOL. mammal. 3 *m. pl.* ZOOL. Mammalia.

mamila *f.* ZOOL. breast or udder round the nipple. 2 ANAT. mamilla [in men].

mamilar *adj.* mamillary.

mamola *f.* chuck under the chin : *hacer la* ~ *a uno*, to chuck someone under the chin [for derision].

mamón, na *adj.* sucking. 2 fond of sucking. — 3 *m. & f.* suckling. — 4 *m.* BOT. shoot, sucker. 5 BOT. genip tree.

mamona *f.* MAMOLA.

mamoncillo *m.* little suckling. 2 BOT. (Cu.) honey-berry.

mamoso, sa *adj.* sucking ; that sucks with an appetite. — 2 *m.* BOT. a variety of panic grass.

mamotreto *m.* memorandum book. 2 coll. bulky book, manuscript or bundle of papers.

mampara *f.* screen [before a door, etc.].

mamparo *m.* NAUT. bulkhead.

mamperlán *m.* piece of wood edging the steps of a brick staircase.

mamporro *m.* blow, bump.

mampostear *tr.* to build with rubble masonry.

mampostería *f.* rubble masonry, rubblework.

mampostero *m.* rubble mason, roughsetter.

mampresar *tr.* to begin to break in [horses].

mampuesta *f.* MAS. course.

mampuesto, ta *adj.* MAS. rubble, for rubblework. — 2 *m.* rough stone, rubble stone [for rubble-work]. 3 parapet, shelter. 4 (Am.) any support for a firearm in taking aim. 5 *de* ~, spare, extra ; from a sheltered position.

mamujar *tr. & intr.* [of babies] to suck intermit-tently.

mamullar *tr.* to eat or chew as if sucking. 2 coll. to mumble, mutter.

mamut *m.* PALEONT. mammoth.

maná *m.* manna.

manada *f.* herd, flock, drove, pack : *a manadas*, in troops or crowds. 2 handful [of hay, grain, flax, etc.].

manadero, ra *adj.* flowing, running. — 2 *m.* source, spring. 3 herdsman, shepherd.

manante *adj.* flowing, running.

manantial *adj.* spring [water]. — 2 *m.* source, spring. 3 source, origin.

manant'o, a *adj.* flowing, running. — 2 *m.* source.

manar *intr.* to flow, run, issue forth. 2 fig. to abound, be rich in. — 3 *tr.* to pour forth.

manare *m.* (Ven.) sieve for yucca starch.

Manasés *m. pr. n.* BIB. Manasseh.

manatí, *pl.* **-tíes** *m.* ZOOL. manatee, sea cow. 2 dry strip of the manatee's hide, used in making whips and walking sticks.

manato *m.* MANATÍ.

manaza *f. aug.* large hand.

mancamiento *m.* maiming. 2 lack, want, deficiency.

mancar *tr.* to maim, cripple [in the hand]. 2 to impair, make faulty. — 3 *ref.* to become maimed or crippled [in the hand].

manceba *f.* mistress, concubine.
mancebete *m.* dim. of MANCEBO.
mancebía *f.* bawdyhouse, brothel.
mancebo *m.* young man, youth. 2 bachelor [unmarried man]. 3 shopman, shopboy, clerk [in some trades].
mancera *f.* plough handle, plow, handle.
mancerina *f.* saucer with holder for chocolate cup.
mancilla *f.* spot, stain, blemish: *sin* ~, pure, immaculate.
mancillar *tr.* to spot, stain, soil, sully, blemish. — 2 *ref.* to sully, become soiled.
mancipación *f.* mancipation.
mancipar *tr.* to subject, enslave.
manco, ca *adj.* handless, one-handed, armless, maimed in a hand. 2 *fig.* faulty, defective. — 3 *m. & f.* handless, one-handed or armless person. 4 (Chi.) sorry nag.
mancomún (de) *adv.* jointly, conjointly, in common.
mancomunadamente *adv.* DE MANCOMÚN.
mancomunar *tr.* to associate, join, combine, pool [persons, resources, exertions, etc.]. 2 LAW to make [two or more persons] pay or execute something. — 3 *ref.* to associate, unite, act in concert.
mancomunidad *f.* union, association. 2 LAW association of provinces or municipalities.
mancornar *tr.* to down [a young bull] and hold his horns to the ground. 2 to tie a horn and a front leg of [a bull, cow, etc.] with a rope. 3 to tie [two beasts] together by the horns. 4 *fig.* to join, couple. ¶ CONJUG. like *contar*.
mancuerda *f.* rack [torture].
mancuerna *f.* pair tied together. 2 strap or rope for tying two beasts together by the horns. 3 (Cu.) tobacco stem with two leaves. 4 (P. I.) pair of convicts chained together.
mancuerno, mancuerne, etc., *irr.* V. MANCORNAR.
mancha *f.* stain, spot, blot, discolouration. 2 ASTR. spot, macula: ~ *solar*, sun spot. 3 spot, speckle: ~ *ocular*, ZOOL. eyespot. 4 patch [of vegetation]. 5 *fig.* stain, stigma, spot, blot, blemish.
manchadizo, za *adj.* easily stained.
manchado, da *adj.* stained, soiled, sullied. 2 spotted, speckled. 3 patched [with colour or vegetation].
manchar *tr.* to stain, soil, discolour. 2 to spot, speckle. 3 to patch [with colour or vegetation]. 4 *fig.* to stain, smirch, defile, pollute, blot, sully. — 5 *ref.* to soil, become soiled or stained. 6 to disgrace oneself.
manchego, ga *adj.* of La Mancha [region of Spain]. — 2 *m. & f.* native or inhabitant of La Mancha.
manchita *f.* dim. small stain. 2 small spot, speckle or patch.
manchón *m.* large stain. 2 patch [in a field, heath, etc.] where vegetation is most thick.
manchú, *pl.* **-chúes** *adj. & n.* Manchu.
manchuela *f.* dim. of MANCHA.
manda *f.* bequest, legacy.
mandadero, ra *m. & f.* person employed as a messenger in a house or convent; errand boy; errand girl.
mandado *p. p.* of MANDAR. — 2 *m.* order, command. 3 errand.
mandamiento *m.* mandate, order, command. 2 LAW writ, mandamus. 3 commandment: *los mandamientos de la Iglesia*, the commandments of the Church; *los mandamientos de la ley de Dios*, the ten commandments. 4 *fig. los cinco mandamientos*, the five fingers of the hand.
mandante *adj.* commanding. — 2 *m. & f.* LAW constituent, mandator.
mandar *tr.* to command, order, direct, decree: ~ *hacer, escribir, construir*, etc., to order or have [something] done, written, build, etc.; ~ *decir*, to send word; ~ *venir*, to call, order to come. 2 to command, be in command of. 3 to will, leave, bequeath. 4 to offer, promise [a gift]. 5 to send: ~ *una carta*, to send a letter; ~ *por*, to send for. 6 in horsemanship, to control [one's horse]. 7 (Am.) to throw, hurl. — 8 *intr.* to command govern [exercise direct authority]. — 9 *ref.* [of a sick person] to move about unaided. 10 [of rooms] to communicate. 11 (Am.) to be impudent. 12 (Am.) *mandarse* or *mandarse mudar*, to go away. 13 *mandarse por*, to use [a door, staircase, etc.].

mandarín *m.* mandarin [Chinese public official]. 2 *coll.* mandarin, official held in low esteem.
mandarina *adj.* mandarin [language; orange]. — — 2 *f.* Mandarin [language]. 3 BOT. mandarin orange.
mandarria *f.* shipwright's iron maul or hammer.
mandatario *m.* mandatary, mandatory. 2 mandatee.
mandato *m.* mandate, command, order, injunction. 2 LAW, POLIT. mandate: ~ *internacional*, mandate [granted by the League of Nations]. 3 ECCL. maundy.
mandíbula ANAT., ZOOL. jaw, mandible.
mandibular *adj.* mandibular.
mandil *m.* apron; leather or coarse apron. 2 apron [of Freemasons]. 3 cloth for cleaning horses. 4 a fine-mesh fishing net.
mandilar *tr.* to clean [a horse] with a cloth or rag.
mandilejo *m.* dim. small apron.
mandilete *m.* ARTIL. door of the porthole of a battery.
mandilón *m.* coll. mean-spirited fellow, coward.
mandinga *m.* adj. & *n.* Mandinga [Sudan Negro]. — 2 *m.* (Am.) the Devil. 3 (Arg.) sorcery.
mandioca *f.* manioc, cassava [plant and starch].
mando *m.* command [act of commanding; authority or power to command]; *alto* ~, high command; *don de* ~, talent for commanding; *voz de* ~, MIL. command, military order [as *halt!*]; *estar al* ~ *de, tener el* ~ *de*, to be in command of; *tomar el* ~, to take command. 2 MACH. drive, control: ~ *a distancia*, remote control; ~ *doble*, AUTO. dual drive; ~ *único*, RADIO. single control.
mandoble *m.* two-handed blow [with a sword]. 2 *fig.* severe reprimand.
mandolina *f.* MUS. mandolin.
mandón, na *adj.* imperious, domineering, *bossy. — 2 *m. & f.* domineering person. — 3 *m.* (Am.) boss, foreman [in a mine]. 4 (Chi.) starter [in horse race].
mandrachero *m.* keeper of a gambling house.
mandracho *m.* gambling house.
mandrágora *f.* BOT. mandrake.
mandria *adj.* mean-spirited. — 2 *m.* mean-spirited fellow, good-for-nothing.
mandril *m.* ZOOL. mandrill. 2 MACH. mandrel, mandril; chuck [of a lathe]. 3 MED. mandrin.
mandrón *m.* stone ball used as a missile. 2 ancient stone-throwing war engine.
manducación *f.* coll. eating.
manducar *tr. & intr.* coll. to eat.
manducatoria *f.* coll. food, sustenance.
manea *f.* MANIOTA.
manear *tr.* to hobble or hopple [a horse]. 2 MANEJAR.
manecilla *f.* dim. small hand. 2 book clasp. 3 hand [of clock or watch]; index [on instruments]. 4 PRINT. index, fist. 5 BOT. tendril.
manecita *f.* dim. small hand, little hand.
manejable *adj.* manageable. 2 wieldy.
manejado, da *adj.* PAINT. handled.
manejar *tr.* to manage, handle, wield. 2 to manage, control, conduct, govern. 3 EQUIT. to manage [a horse]. 4 (Am.) to drive [a car]. — 5 *ref.* to act, to conduct oneself [in order to achieve one's purpose]. 6 to move about, to recover agility [after being deprived of motion].
manejo *m.* handling, wielding. 2 management, conduct. 3 manège, horsemanship. 4 (Am.) driving [a car]. 5 scheming, intrigue.
maneota *f.* MANIOTA.
manera *f.* manner, way, mode, fashion; manner, style [in literature or art]: *a la* ~ *de*, in the style of; *a* ~ *de*, kind of; like; by way of; *de esa* ~, in that way; then [according to that]; *de esta* ~, in this way; *de mala* ~, in a careless way; roughly; gruffly; *de* ~ *que*, so that, so as to; so then, and so; *por* ~ *que*, so that, so as to; *de ninguna* ~, in no way, by no means; not at all; *de otra* ~, otherwise; *de tal* ~, in such a way; so much; *de todas maneras*, at any rate, anyhow; *en gran* ~, greatly, very much, to a great extent; *sobre* ~, exceedingly, beyond measure; *hacer por* ~ *que*, to contrive, to do the necessary to. 2 way, means: *no hay* ~ *de*, it is not possible to. 3 quality, class [of persons]. 4 side placket [of skirt]. 5 *pl.* manners, behaviour.
manero, ra *adj.* FALCON. trained, tame.
manes *m. pl.* manes.

manezuela *f. dim.* small hand. 2 book clasp. *3* handle [of some instruments].

manfla *f.* coll. mistress, concubine.

manga *f.* sleeve : *andar ~ pcr hombro,* fig. [of housekeeping] to be in a disorderly state; *en mangas de camisa,* in shirt sleeves; *hacer mangas y capirotes,* coll. to act arbitrarily, without bothering about consequences or difficulties; *ser de ~ ancha, tener ~ ancha,* fig. to be too indulgent ; to be easy-going, unscrupulous. 2 wheel seat [of axletree]. *3* kind of portmanteau. *4* hose [flexible pipe] : *~ de riego,* watering hose. 5 scoop net. *6* casting net. *7* NAUT. air duct, wind sail. *8* conical cloth strainer, Hippocrates sleeve. *9* band [of armed men]. *10* BRIDGE. game. *11* NAUT. beam [ship's breadth]. *12* (Arg., Cu., Chi.) guide-rails for driving cattle to a corral or a shipping place. *13* (Mex.) poncho. *14* BOT. variety of mango. *15* METEOR. waterspout [rotating column]. *16 ~ de agua,* squall, cloudburst, waterspout. *17 ~ de viento,* METEOR. whirlwind; AER. wind sock. *18 estar de ~, ir de ~,* coll. to be in cahoots, in collusion. *19 pl.* profits, extras.

mangachapuy *m.* BOT. (Ph. I.) a tree whith a resinous wood used in shipbuilding.

mangajarro *m.* coll. long, dirty sleeve.

mangana *f.* lasso, lariat.

manganato *m.* CHEM. manganate.

manganear *tr.* to lasso.

manganeo *m.* lassoing.

manganesa, manganesia *f.* MINER. pyroluxite.

manganésico. ca *adj.* CHEM. manganic.

manganeso *m.* CHEM. manganese.

manganilla *f.* trick, stratagem. 2 MAGANEL.

manganoso, sa *adj.* manganous.

mangante *m.* coll. beggar. 2 coll. loafer vagabond.

manglar *m.* mangrove swamp.

mangle *m.* BOT. mangrove tree. 2 MACH. mangle.

mango *m.* handle, haft, helve : *~ de escoba,* broomstick ; *~ de pluma,* penholder. 2 BOT. mango [tree and fruit].

mangón *m.* retailer.

mangonada *f.* blow with the arm or the sleeve.

mangonear *intr.* to loiter, loaf around. 2 to meddle, intermeddle, play the boss.

mangoneo *m.* meddling, intermeddling.

mangonero, ra *adj.* meddling, fond of meddling.

mangorrero, ra *adj.* rough-hafted [knife]. 2 coll. worthless, useless.

mangorrillo *m.* MANCERA.

mangosta *f.* ZOOL. mongoose.

mangostán *m.* BOT. mangosteen [tree].

mangosto *m.* BOT. mangosteen [fruit].

mangote *m.* coll. long, wide sleeve. 2 oversleeve, sleeve protector.

mangual *m.* flail, morning star [medieval weapon]. 2 MAYAL.

manguardia *f.* ARCH. wing wall [of a bridge].

manguera *f.* hose [flexible pipe], watering hose. 2 NAUT. air duct, wind sail. *3* METEOR. waterspout [rotating column]. *4* NAUT. tarred canvas bucket.

manguero *m.* hoseman.

mangueta *f.* jamb post of a glass door, window, etc. 2 MACH. lever. *3* pipe connecting a water-closet trap with the drain.

manguita *f. dim.* small sleeve. 2 FUNDA.

manguitería *f.* furriery. 2 fur shop.

manguitero *m.* furrier.

manguito *m.* muff [for hands]. 2 knitted half-sleeve worn by women. *3* oversleeve, sleeve protector. *4* MACH. muff, sleeve, shaft coupling, pipe coupling.

maní, *pl.* **manises** *m.* CACAHUETE.

manía *f.* MED. mania. 2 mania, craze, whim. *3* dislike.

maníaco, ca *adj. & n.* MED. maniac.

manialbo, ba *adj.* white-footed [horse].

maniatar *tr.* to tie the hands. 2 to hand-cuff.

maniático, ca *adj.* queer, crazy. *— 2 m. & f.* queer person ; person who has a craze for.

manicomio *m.* insane asylum, madhouse.

manicordio *m.* MUS. manichord.

manicorto, ta *adj.* close-fisted, niggardly. *— 2 m. & f.* niggard.

manicuro, ra *m. & f.* manicure, manicurist. *— 2 f.* manicure [care of hands and nails].

manida *f.* abode, haunt, den.

manido, da *adj.* high, gamey [meat]. 2 trite, worn out, stale.

manifacero, ra *adj.* coll. meddlesome.

manifactura *f.* MANUFACTURA. 2 form, shape.

manifestación *f.* manifestation, exhibition, display, revelation. 2 statement, declaration. *3* POL. public manifestation or demonstration.

manifestador, ra *adj.* manifesting. *— 2 m. & f.* manifester.

manifestante *m. & f.* manifestant, demonstrant [one who participates in a public manifestation or demonstration].

manifestar *tr.* to manifest, show, reveal, display. 2 to state, declare. *3* ECCL. to expose [the Eucharist] for adoration. *— 4 ref.* to manifest oneself or itself, to show, appear ; to become manifest. 5 to manifest [make a public manifestation or demonstration]. ¶ CONJUG. like *acertar.*

manifiestamente *adv.* manifestly, obviously.

1) **manifiesto, ta** *adj.* manifest, plain, obvious, evident : *poner de ~,* to make manifest, make evident, show plainly ; to exhibit, expose. *— 2 m.* manifest, manifesto [public declaration]. *3* NAUT. manifest. *4* ECCL. act of exposing the Eucharist.

2) **manifiesto, manifieste, etc.,** *irr.* V. MANIFESTAR.

manijero *m.* foreman of a gang of farm labourers.

manigua *f.* (Cu.) jungle, thicket.

manigueta *f.* handle [of some implements].

manija *f.* handle [of some implements]. 2 hobble, hopple [for horses]. *3* MACH. ring, clasp.

manilargo, ga *adj.* long-handed. 2 ready-fisted. *3* open-handed.

manilense; manileño, ña *adj.* of Manila. *— 2 m. & f.* native or inhabitant of Manila.

maniluvio *m.* MED. bath for the hands.

manilla *f.* bracelet. 2 *pl.* handcuffs, manacles.

manillar *m.* handle-bar [of bycicle].

maniobra *f.* handling, operation. 2 NAUT. working [of a ship]. *3* NAUT. gear, rigging, tackle. *4* MIL., NAV. manœuvre. *5* fig. manœuvre, manœuvring, trick. *6 pl.* MIL., NAV. manœuvres. *7* RLY. shift.

maniobrar *intr.* to manœuver. 2 RLY. to shift.

maniobrero, ra *adj.* MIL. manœuvring. 2 MIL. skilled in manœuvring.

maniobrista *m.* NAUT. one skilled in the working of a ship.

maniota *f.* hobble, hopple [for horses].

manipulación *f.* manipulation.

manipulador, ra *adj.* manipulating. *— 2 m. & f.* manipulator. *— 3 m.* TELEG. key, telegraph key.

manipular *tr.* to manipulate, handle, work with the hands. 2 to manipulate, manage.

manipuleo *m.* manipulation, managing, manœuvring.

manípulo *m.* ECCL. maniple. 2 maniple [subdivision of the Roman legion]. *3* Roman standard.

maniqueísmo *m.* Manicheanism, Manicheism.

maniqueo, a *adj. & n.* Manichean.

maniquete *m.* black lace mitten. 2 mitten.

maniquí, *pl.* **-quíes** *m.* manikin, mannequin, lay figure, dummy. 2 mannequin [woman employed to wear and show off costumes]. *3* fig. puppet, nincompoop.

manir *tr. & def.* COOK. to keep [meat or game] until it becomes soft or gamey. ¶ Only those forms are used having the letter *i* in their terminations.

manirroto, ta *adj.* prodigal. *— 2 m. & f.* spendthrift.

manita *f.* mannitol, manna sugar.

manivacío, cía *adj.* coll. empty-handed.

manivela *f.* MACH. crank : *~ de arranque,* starting crank or handle.

manjar *m.* food, dish : *~ blanco,* blanc mange; dish made of shredded breasts of chicken with sugar, milk and rice flour.

manjarejo *m. dim.* of MANJAR.

manjarete *m.* (Cu.) sweetmeat made of green Indian corn with sugar and milk.

manjarria *f.* (Cu.) driving beam of a cane mill.

manjorrada *f.* lot of ordinary victuals.

manjúa *f.* (Am.) a variety of sardine.

manlieva *f.* ancient tax collected from house to house.

mano *f.* hand [of a person ; person who does something ; work, agency ; ability ; skill ; power, control, direction ; personal possession ; aid] : *~ de gato,* make-up [cosmetics applied to the face] ; master's hand, polishing hand [in work amended by a more able person than the author] ; *~ de obra,* work, labour [as distinguished from materials] ; labour, labourers [wanted for a work] ; *~ derecha* or *diestra,*

right hand; ~ *de santo*, sure cure; ~ *izquierda*, *siniestra* or *zurda*, left hand; ~ *oculta*, person having a secret influence or part in an affair; *buena* ~, adroitness; *mala* ~, bad luck; awkwardness, lack of skill; *malas manos*, awkwardness, lack of skill; *manos libres*, extras, perquisites; owners of alienable state; *manos limpias*, clean hands, honesty; fair perquisites; *manos muertas*, dead hand, mortmain; mortmain owners; *manos puercas*, unlawful profits [in an employment or public office], *graft*; *buenas manos*, skill; *abrir la* ~, to accept gifts; to be generous; to become more lenient; *alzar la* ~, to lift the hand; *apretar la* ~, to squeeze someone's hand; to shake hands with; to increase the rigour; to compel to immediate execution; *asentar*, or *sentar*, *la* ~, to beat, punish; to reprimand; *caer en manos de*, to fall into the hands of; *caerse de las manos* [of a book], to be uninteresting, boring to read; *cargar la* ~, to press, insist; to be very rigid; to charge an immoderate price; to spice too heavily; to put an excessive quantity of a substance [in a preparation, etc.]; *cerrar la* ~, to be stingy; *dar de* ~, to reject; to leave, abandon; *dar de manos*, to fall flat on one's face; *dar en manos de*, to fall into the hands of; *dar la* ~ *a*, to shake hands with; to aid, protect, lend a hand to; *dar la última* ~ *a*, to finish, retouch; *darse buena* ~ *en*, to do something promptly and adroitly; *darse las manos*, to shake hands; to be reconciled; to join hands; *dejar de la* ~, to leave, abandon; *echar* ~, *la* ~ or *manos a*, to seize, take; *echar* ~ *a la bolsa*, to take money out of one's purse; *echar una* ~, to lend a hand; *echar* ~ *de*, to resort to; make use of; *estar dejado de la* ~ *de Dios*, to be a confirmed rascal; to be always unsuccessful; *estar* [*una cosa*] *en las manos de uno*, to depend on one's choice or decision; to be in one's power [to do, etc., a thing]; *estrechar la* ~ *a*, to shake hands with; *ganar a uno por la* ~, to anticipate, steal a march on, someone; *imponer las manos*, ECCL. to lay hands on; *lavarse las manos* [*de*], to wash one's hands [of]; *llegar a las manos*, to come to blows; *meter la* ~ *en*, to put hands in; *mudar de manos*, to change hands; *no saber uno lo que se trae entre manos*, not to know what one is about; *poner manos a la obra*, to put one's hand to the plough, to get busy; ¡*manos a la obra!*, to work!; NAUT. bear a hand! *probar la* ~, to try one's hand; *salir a* ~, (Am.) to come out even; *ser la* ~ *derecha* [*de*], to be the right-hand man [of]; *tender la* ~, to hold out one's hand; to help, relieve; *tener a* ~, to refrain; *tener*, or *traer*, *entre manos*, to have in hand; *tener uno la* ~, to contain oneself; *tener* ~ *con uno*, to have a pull with someone, to have someone's ear; *tener* ~ *en*, to have a hand in; *tener* ~ *izquierda*, to be adroit, cunning, tactful; *tener* ~ *para*, to have a hand for; *untar la* ~, or *las manos de*, to bribe; *venir a las manos*, to come to blows; *de la* ~ *a la boca se pierde la sopa*, there's many a slip betwixt the cup and the lips; *a* ~, near, at hand, within reach; *a* ~, by hand [by manual labour]; near, at hand, within reach; *a* ~ *abierta*, open-handedly; *a* ~ *airada*, violently; *morir a* ~ *airada*, to have a violent death; *a* ~ *derecha* or *izquierda*, on the right-hand, or left-hand, side; *a* ~ *salva*, *a salva* ~, A MANSALVA; *a manos llenas*, liberally, abundantly; *a una* ~, of one accord; *bajo* ~, *debajo de* ~, *por debajo de* ~, underhandedly, secretly; *con las manos en la masa*, in the very act; *con las manos vacias*, empty-handed; *de la* ~, by the hand; *de las manos*, *cogidos de las manos*, hand in hand; *de* ~, hand [as adj.]; right-hand [horse of a team]; *de* ~ *en* ~, from hand to hand; *de manos a boca*, suddenly, unexpectedly, with proximity; ~ *a* ~, in company, together, tête-à-tête; on equal footing, even; ~ *sobre* ~, idle, idling, doing nothing; *por su* ~, by oneself, by one's own act or authority; *si a* ~ *viene*, perhaps; it is possible that.
2 hand [person, source from which a thing comes]: *de buena* ~, on good authority; *de primera* ~, first-hand; *de segunda* ~, second-hand. 3 hand [pledge of marriage]: *conceder la* ~ *de*, to give the hand of. 4 hand [of monkey].

5 forefoot [of quadruped]. 6 BUTCH., COOK. foot, trotter [of pig, sheep, etc.]. 7 trunk [of an elephant]. 8 hand, index [of a clock, watch, etc.]. 9 pestle. 10 cylindrical stone for grinding cocoa. 11 coat [of paint, varnish, etc.]. 12 quire [of paper]. 13 game, round [at a game]: *echar una* ~ *de*, to play a game at. 14 first hand [at cards]: *ser* ~, to be first, to lead. 15 each turn or time in a work by hand. 16 reprimand. 17 (Arg., Chi., C. Ri., Hond.) adventure, ocurrence, mishap; ill turn. 18 *pl.* work, labour [as distinguished from materials].

manobrero *m.* keeper of irrigating ditches.

manojear *tr.* (Cu.) to tie [tobacco leaves] in small bundles.

manojillo, jito *m.* *dim.* small bundle or fagot.

manojo *m.* bundle, bunch [of flowers, herbs, etc.], fagot: *a manojos*, abundantly.

manojuelo *m.* MANOJILLO.

Manolo *m. pr. n.* MANUEL.

manolo, la *m. & f.* formerly, a low-class Madrilenian affecting a peculiar mode of dress and manners; a Madrilenian of low class.

manométrico, ca *adj.* manometric.

manómetro *m.* manometer.

manopla *f.* gauntlet. 2 postilion's whip. 3 (Chi.) brass knuckles, knuckle-duster.

manosear *tr.* to handle, touch, feel, paw [something] repeatedly.

manoseo *m.* repeated handling, touching, feeling or pawing.

manota *f.* *aug.* large hand.

manotada *f.*, **manotazo** *m.* blow with the hand.

manotear *tr.* to beat with the hands. — 2 *intr.* to gesticulate with the hands.

manoteo *m.* gesticulation with the hands.

manotón *m.* MANOTADA.

manquear *intr.* to be handless or one-handed. 2 to pretend to be handless or one-handed.

manquedad, manquera *f.* lack of one or both hands or arms; crippled condition. 2 faultiness, imperfection.

mansalva (a) *adv.* without danger, without running any risk, in a cowardly manner.

mansamente *adv.* meekly. 2 gently, quietly.

mansarda *f.* ARCH. mansard roof.

mansedumbre *f.* meekness, mildness, gentleness. 2 tameness.

mansejón, na *adj.* very tame.

manseque *m.* (Chi.) children's dance.

mansera *f.* (Cu.) vat for the cane juice.

mansión *f.* stay, sojourn: *hacer* ~, to stop [somewhere]. 2 abode, dwelling, mansion: ~ *celestial*, heavenly home.

1) **mansito** *adv.* gently, quietly.

2) **mansito, ta** *adj.* dim. of MANSO.

1) **manso** *m.* MASADA. 2 bellwether.

2) **manso, sa** *adj.* tame. 2 meek, mild, gentle. 3 soft, quiet, gentle, slow: *mansa brisa*, gentle breeze; *agua mansa*, slow water.

mansurrón, na *adj.* excessively meek or tame.

manta *f.* blanket [bed covering]. 2 blanket [used by men as a shawl or muffler]. 3 horse blanket. 4 (Mex.) coarse cotton fabric. 5 game of cards resembling ombre. 6 MIL. mantelet, mantlet [movable shelter]. 7 beating, thrashing, drubbing. 8 ~ *de algodón*, wadding. 9 ~ *de coche*, ~ *de viaje*, lap robe, travelling rug. 10 *a* ~, *a* ~ *de Dios*, coll. abundantly, copiously, in large quantities.

mantaterilla *f.* coarse cloth for horse blankets.

manteamiento *m.* tossing in a blanket.

mantear *tr.* to toss in a blanket. — 2 *ref.* MIN. (Chi.) [of a lode] to thin, to become a thin layer.

manteca *f.* fat, lard; butter; fatty oil: ~ *de cerdo*, lard [fat of swine]; ~ *de vaca* or *vacas*, butter; ~ *de cacao*, cocoa butter.

mantecada *f.* buttered toast and sugar. 2 cake made of flour, eggs, sugar and butter.

mantecado *m.* bun kneaded with lard. 2 French ice-cream.

mantecón, na *m. & f.* milksop, soft person, person fond of ease.

mantecoso, sa *adj.* greasy, buttery.

manteísta *m.* ECCL. day student [in a seminary].

mantel, pl. -teles *m.* tablecloth: *levantar los manteles*, to clear the table. 2 altar cloth.

mantelería *f.* table linen.

manteleta *f.* mantelet [lady's shawl or short cape].

mantelete *m.* ECCL. mantelletta. 2 MIL. mantelet, mantlet [movable shelter]. 3 HER. mantling.
mantellina *f.* mantilla.
mantención *f.* MANUTENCIÓN.
mantendré, mantendría, etc., *irr.* V. MANTENER.
mantenedor *m.* president of a tournament, joust, etc.
mantenencia *f.* maintenance.
mantener *tr.* to maintain, support [furnish with means of subsistence, bear the expense of]; to feed. 2 to hold [in position], support, sustain, hold up. 3 to maintain, carry on, keep, keep up. 4 to maintain [keep in state of efficiency or validity; cause to continue]. 5 to maintain, keep [in a state or condition]. 6 to maintain [reserve, a position, etc.]. 7 to maintain [an opinion]. — 8 *ref.* to maintain, support oneself; to earn one's living. 9 to keep [continue, persevere]. 10 *mantenerse en,* to remain in; to remain firm in; to hold on to. ¶ CONJUG. like *tener.*
mantengo, mantenga, etc., *irr.* V. MANTENER.
manteniente (a) *adv.* with all the force and firmness of one's hand. 2 with both hands.
mantenimiento *m.* maintenance, support. 2 sustenance, food, living. 3 keeping, carrying on. 4 maintenance, upkeep [of property, machinery, etc.].
manteo *m.* long cloak worn by Roman Catholic ecclesiastics and, formerly, by students. 2 MANTEAMIENTO.
mantequera *f.* butter maker or seller [woman]. 2 churn [vessel for making butter]. 3 butter dish, butter bowl.
mantequero, ra *adj.* [pertaining to] butter. — 2 *m.* & *f.* butter maker or seller. — 3 *m.* butter dish, butter bowl.
mantequilla *f.* butter. 2 hard sauce.
mantequillera *f.* (Am.) MANTEQUERA.
mantequillero *m.* (Am.) MANTEQUERO.
mantero, ra *m.* & *f.* blanket maker or seller. — 2 *f.* obs. maker of mantles or cloaks for women.
mantés, sa *adj.* scoundrely. — 2 *m.* & *f.* rogue, scoundrel.
mantilla *f.* mantilla. 2 saddlecloth. 3 PRINT. blanket. 4 *pl.* swaddling clothes: *estar en mantillas* [of a work, undertaking, etc.], to be in the infancy, to be in the beginning stage. 5 birth present from one prince to another.
mantilleja *f.* dim. of MANTILLA 1.
mantillo *m.* humus, vegetable mould. 2 manure.
mantillón, na *adj.* (Mex.) shameless, barefaced.
mantisa *f.* MATH. mantissa.
manto *m.* mantle [garment; something that covers or envelops]. 2 robe of state. 3 large mantilla. 4 mantel-front of chimney. 5 ZOOL. mantle. 6 MIN. thin layer.
mantón, na *adj.* having drooping wings [bird]. — 2 *m.* large shawl: ~ *de Manila,* bright shawl, embroidered silk shawl.
mantuano, na *adj.* & *n.* Mantuan.
mantuano, da *adj.* MANTÓN 1.
mantuve, mantuviera, etc., *irr.* V. MANTENER.
manuable *adj.* handy, easy to handle.
manual *adj.* manual: *trabajo* ~, manual labour. 2 handy, easy to handle. 3 pliant, tractable. — 4 *m.* manual, handbook. 5 notebook.
manualmente *adv.* manually.
manubrio *m.* handle, crank: *piano de* ~, piano organ, street piano.
manucodiata *f.* ORN. bird of paradise.
Manuel *m. pr. n.* Emmanuel.
Manuela *f. pr. n.* Emma.
manuela *f.* [in Madrid] open hackney carriage.
manuella *f.* NAUT. capstan bar.
manufactura *f.* manufactured article. 2 manufactory, factory.
manufacturar *tr.* to manufacture.
manufacturero, ra *adj.* manufacturing.
manumisión *f.* manumission.
manumiso, sa *adj.* manumitted.
manumisor *m.* manumitter.
manumitir *tr.* to manumit.
manuscribir *tr.* to write by hand.
manuscrito, ta *adj.* & *n.* manuscript.
manutención *f.* maintenance, sustenance, board. 2 upkeep, conservation.
manutener *tr.* LAW to maintain, support. ¶ CONJUG. like *tener.*

manutendré, manutendría, manutengo, manutenga, etc., *irr.* V. MANUTENER.
manutisa *f.* MINUTISA.
manutuve, manutuviera, etc., *irr.* V. MANUTENER.
manvacío, a *adj.* MANIVACÍO.
manzana *f.* BOT. apple: ~ *asperiega,* cider apple; ~ *de la discordia,* fig. apple of discord. 2 city block, block of houses. 3 pommel [of sword]. 4 round ornamental knob [on furniture, etc.]. 5 (Am.) Adam's apple. 6 (Chi.) ~ *de Adán,* Adam's apple.
manzanal, manzanar *m.* apple orchard.
manzanera *f.* MAGUILLO.
manzanil *adj.* applelike.
manzanilla *f.* BOT. camomile, German camomile. 2 PHARM. camomile. 3 beverage made by decoction of camomile. 4 small round olive. 5 round ornamental knob [on furniture, etc.]. 6 pad, cushion [of foot of clawed animals]. 7 tip of the chin. 8 manzanilla [pale dry sherry]. 9 BOT. ~ *europea,* English or Roman camomile. 10 BOT. ~ *hedionda,* stinking camomile, mayweed. 11 BOT. ~ *loca,* a tinctorial plant of the thistle family. — 12 *adj. aceituna* ~, MANZANILLA 4.
manzanillo *m.* BOT. manchineel. 2 BOT. *manzanillo* or *olivo* ~, olive tree yielding a small round olive.
manzanita *f.* dim. of MANZANA. 2 BOT. ~ *de dama,* ACEROLA.
manzano *m.* BOT. apple tree.
maña *f.* dexterity, skill, cunning, knack; address, adroitness, cleverness, tact: *darse* ~, to manage, contrive; *más vale* ~ *que fuerza,* tact and address are more effective than rigour and violence. 2 trick, wile. 4 bad habit. 5 bundle, bunch [of flax, hemp. etc.].
mañana *f.* morning, forenoon: *de* ~, early in the morning; *muy de* ~, very early in the morning; *por la* ~, in the morning; *tomar la* ~, to get up early; to take a small glass of liquor, before breakfast. — 2 *m.* morrow, future, time to come. — 3 *adv.* tomorrow; later, in time to come: *¡hasta* ~!, see you tomorrow!; *pasado* ~, the day after tomorrow.
mañanear *intr.* to get up early [by habit].
mañanero, ra *adj.* early-rising.
mañear *tr.* & *intr.* to manage or act skilfully or wilely.
mañería *f.* sterility. 2 feudal right of inheriting from those who died without legitimate succession.
mañero, ra *adj.* shrewd, artful, cunning. 2 easy, handy. 3 (Am.) shy [animal]. 4 (Am.) lazy, indolent [child].
maño, ña *adj.* & *n.* coll. Aragonese. 2 (dial. & Am.) brother; sister. 3 (dial. & Am.) dear, darling.
mañoco *m.* tapioca. 2 (Ven.) Indian corn meal.
mañosamente *adv.* dexterously, skilfully.
mañoso, sa *adj.* dexterous, skilful, clever, shrewd. 2 having bad habits.
mañuela *f.* wile, low trick. 2 *pl.* cunning, crafty person.
mapa *m.* map, chart: ~ *mudo,* map with no names on it; *no estar en el* ~ [of a thing], to be unusual or extraordinary. — 2 *f. coll.* something excellent in its line: *llevarse la* ~, to excel.
mapache *m.* ZOOL. raccoon.
mapamundi *m.* world map, map of the world.
mapanare *f.* ZOOL. (Ven.) bushmaster.
mapurite *m.* ZOOL. (C. Am.) skunk.
mapurito *m.* ZOOL. (Col., Ven.) skunk.
maque *m.* lacquer. 2 BOT. heaven tree.
maquear *tr.* to lacquer.
maqueta *f.* maquette. 2 PRINT. dummy.
maqui, *pl.* **-quíes** *m.* BOT. maqui [Chilean shrub]. 2 ZOOL. macaco.
maquiavélico, ca *adj.* Machiavellic, Machiavellistic, Machiavellian.
maquiavelismo *m.* Machiavellianism, Machiavellism.
maquiavelista *adj.* Machiavellian. — 2 *m.* & *f.* Machiavellist.
maquila *f.* toll corn, miller's toll, corn or grain taken as pay for grinding at a mill. 2 a grain measure [½ CELEMÍN]. 3 (Hond.) a unit of weight [about 57 ½ kg.].
maquilar *tr.* to take [corn or grain] as pay for grinding at a mill.
maquilero *adj.* applied to a mill where grain is

taken as pay for grinding. — 2 m. mesurer and receiver of milling toll corn.

maquillaje m. THEAT. make-up.

máquina f. machine, engine : ~ de afeitar, safety razor ; ~ de componer, PRINT. typesetter ; ~ de coser, sewing machine ; ~ de escribir, typewriter ; ~ de sumar, adding machine ; ~ de tren, locomotive ; ~ de vapor, steam engine ; ~ hidráulica, hydraulic engine ; ~ fotográfica, camera ; ~ herramienta, machine tool ; ~ infernal, infernal machine ; ~ neumática, air pump ; (Sp.) ~ sacaperras or tragaperras, slot machine ; a toda ~, at full speed. 2 locomotive. 3 THEAT. machine. 4 LIT. machine, machinery. 5 great building, imposing structure. 6 fancy plan or project. 7 abundance, great number.

maquinación f. machination.

maquinador, ra adj. machinating. — 2 m. & f. machinator, plotter, schemer.

maquinal adj. mechanical [of a machine]. 2 mechanical, unconscious, automatic.

maquinalmente adv. mechanically, unconsciously, automatically.

maquinar tr. to machinate, scheme, plot, concoct.

maquinaria f. machinery. 2 applied mechanics.

maquinismo m. ECON. mechanization.

maquinista m. & f. machinist [constructor of engines]. 2 machinist, engineer, engine runner or driver : ~ de tren, locomotive driver. 3 THEAT. machinist.

mar m. or f. sea, ocean : ~ Caribe or de las Antillas, Caribbean Sea ; de las Indias, Indian Ocean ; ~ Mediterráneo or Latino, Mediterranean Sea ; alta ~, ~ ancha, ~ larga, high sea, open sea ; ~ bonanza, calm sea ; ~ cerrada, closed sea ; ~ de costado or de través, sea on the beam ; ~ de fondo or de leva, ground swell ; ~ de leche, ~ en bonanza, en calma or en leche, calm sea ; ~ jurisdiccional or territorial, territorial waters ; ~ tendida, swell [of sea] ; arar en el ~, to labour in vain ; arrojarse a la ~, to plunge, to take risks ; correr los mares, to follow the seas, to rove the seas ; hablar de la ~, to talk wildly ; to take up an inexhaustible subject ; hacerse a la ~, to take to the sea ; meter la ~ en un pozo, to attempt the impossible. 2 fig. ocean, lot, lots, great deal : la ~ de dificultades, a lot of difficulties. — 3 adv. la ~, very much : esto me gusta la ~, I like it very much ; la ~ de, very, extremely ; la ~ de difícil, extremely difficult. 4 a mares, abundantly, copiously.

marabú, pl. **-búes** m. ORN. marabou. 2 marabou [trimming].

marabuto m. Mahomedan hermitage.

maraca f. (W. I., Col., Ve.) musical instrument consisting in a dry gourd in which some pebbles are placed. 2 (Chi., Pe.) game played with three dice marked with sun, coin, cup, star, moon and anchor. 3 fig. (Chi.) harlot, strumpet.

maracure m. BOT. curare plant.

maragato, ta m. & f. native of a region in León [Spain] called the Maragatería.

maraña f. thicket, bush. 2 tangle, entanglement [of thread, hair, etc.]. 3 complexity, puzzle. 4 tale, lie [for making mischief] ; mischief, discord. 5 BOT. kermes oak.

marañar tr. & ref. ENMARAÑAR.

marañero, ra adj. embroiling. — 2 m. & f. embroiler, mischief-maker.

marañón m. BOT. cashew. 2 cashew nut.

marañoso, sa adj. & n. MARAÑERO. — 2 adj. entangled.

marasmo m. MED. marasmus. 2 inactivity, dullness, depression, stagnation.

Maratón m. pr. n HIST. GEOG. Marathon. — 2 m. (not cap.) SPORTS marathon.

maravedí, pl. **-díses** or **-díes** m. maravedi [old Spanish coin].

maravilla f. wonder, marvel : hacer maravillas, to do wonders ; a las mil maravillas, a ~, wonderfully well ; por ~, rarely, very seldom. 2 BOT. marigold, pot marigold. 3 BOT. four-o'clock, marvel of Peru. 4 BOT. ivy-leaved morning glory.

maravillar tr. to astonish, cause to marvel. — 2 ref. to wonder, marvel : maravillarse de, to wonder at, marvel at.

maravillosamente adv. wonderfully, marvellously.

maravilloso, sa adj. wonderful, marvellous, wondrous.

marbete m. label [slip of paper affixed to something]. 2 outline, border, fillet.

marca f. mark, brand [affixed, impressed, etc., distinguishing sign] : ~ de fábrica, trademark ; ~ registrada, registered trademark. 2 marking, branding. 3 marking instrument ; stencil. 4 make [origin of manufactured article]. 5 standard of measure. 6 instrument for measuring height [of man or horse]. 7 NAUT. seamark, landmark. 8 SPORTS record : superar la ~, to beat or break the record. 9 HIST. march [frontier region or province]. 10 de ~, great or excellent of its kind ; de ~ mayor, exceeding the common measure.

marcación f. NAUT. bearing, relative bearing. 2 NAUT. taking a ship's bearings.

marcadamente adv. markedly, notably.

marcador, ra adj. marking, branding. — 2 m. & f. marker [pers]. — 3 m. sampler [of embroidered canvas]. 4 SPORTS scoreboard. 5 PRINT. feeder [worker]. 6 hallmarker.

marcar tr. to mark, brand, stencil. 2 to mark [linen]. 3 to mark [as noteworthy]. 4 to apply, assign. 5 NAUT. to take [a ship] bearing. 6 SPORTS to score. 7 SPORTS to counter. 8 to dial [a telephone number]. 9 ~ el paso, to mark time. — 10 ref. NAUT. [of a ship] to take its bearings.

marcasita f. MINER. marcasite.

marceador, ra adj. shearing.

marcear tr. to shear [sheep, etc.]. — 2 intr. [of weather] to be Marchlike.

Marcela f. pr. n. Marcella.

Marcelo m. pr. n. Marcellus.

marceo m. springtime trimming of honeycombs.

marcero, ra adj. MARCEADOR.

marcescente adj. BOT. marcescent.

marcial adj. martial [pertaining to war], soldierly, warlike. 2 PHARM. martial. — 3 m. aromatic powder formerly used for dressing gloves.

marcialidad f. martialness.

marciano, na adj. Martial, Martian. — 2 m. & f. Martian.

marcionista adj. Marcionitic. — 2 m. & f. Marcionite.

marco m. enclosing frame or case, picture frame, doorcase, window case. 2 mark [gold and silver weight]. 3 mark [coin, monetary unit]. 4 standard [of weights and measures]. 5 scantling and lenght of lumber. 6 size stick.

márcola f. kind of pruning hook for olive trees.

marconigrama m. marconigram, wireless telegram.

Marcos m. pr. n. Mark.

marcha f. march [marching of troops ; walk, journey] : marchas forzadas, forced marches ; a largas marchas, with celerity ; sobre la ~, at once, right off. 2 MUS. march : ~ fúnebre, dead march, funeral march ; ~ nupcial, wedding march ; batir la ~, batir ~, MIL. to beat or sound a march. 3 march, progress, motion, course. 4 going, functioning, operation, running, working : poner en ~, to start, put in motion ; set going ; ponerse en ~, to start, begin to move. 6 departure, going away, setting out. 7 pace, speed, rate of speed : a toda ~, at full speed. 8 AUTO. speed [in relation to gears] : cambio de marchas, gearshift. 9 MACH. ~ atrás, reverse.

marchamar tr to mark [goods] at the custom house.

marchamero m. one who marks goods at the custom house.

marchamo m. custom house mark on goods. 2 lead seal.

marchante adj. mercantile, commercial. — 2 m. dealer, merchant. 3 (dial. & Am.) customer [of a shop].

marchapié m. NAUT. footrope.

marchar intr. to march, walk. 2 [of things] to make progress, go ahead, go well. 3 [of machines, etc.] to function, run, work ; [of a train, a ship, a carriage] to go, move, run. 4 MIL. to march. — 5 intr. & ref. to go, go away, leave, depart, set out.

marchitable adj. liable to wither or fade.

marchitamiento m. withering, fading.

marchitar tr. to wither, wilt, fade. — 2 ref. to wither, wilt, fade [become withered or faded]. 3 to languish.

marchitez f. withered or faded condition.

marchito, ta adj. withered, wilted, faded.

marea f. tide [periodical rise & fall of sea] : ~ alta, high tide, high water ; ~ baja, low tide, low water; ～ *creciente*, flood tide; ～ *menguante*, ebb tide; ～ *muerta*, neap tide; ～ *viva*, spring tide. 2 beach. 3 gentle sea breeze. 4 dew, drizzle. 5 street dirt washed away.

mareado, da *adj.* nauseated, sick, seasick, carsick, airsick. 2 dizzy, giddy. 3 annoyed.

mareaje *m.* navigation, seamanship. 2 course [of a ship].

mareamiento *m.* making or becoming seasick carsick, airsick. 2 MAREO.

mareante *adj.* causing seasickness or carsickness. 2 making dizzy. 3 annoying. 4 navigating, seafaring. — 5 *m.* navigator, sailor, seafarer.

marear *tr.* to sail [a ship]. 2 to sell [goods]. 3 to annoy, bother importune. — 4 *intr.* to navigate. — 5 *ref.* to become nauseated, sick, seasick, carsick, airsick. 6 to get dizzy. 7 [of merchandise] to become damaged at sea.

marecanita *f.* MINER. marekanite.

marejada *f.* NAUT. surge, swell, ground sea. 2 commotion, stirring, undercurrent [in cases of vexation, discontent, etc.].

maremagno, mare mágnum *m.* coll. abundance, confusion, omnium-gatherum.

maremoto *m.* earthquake at sea.

mareo *m.* nausea, sickness, seasickness, carsickness, airsickness. 2 dizziness. 3 coll. annoyance, bother.

mareógrafo *m.* mareograph.

marero *adj.* sea [wind].

mareta *f.* NAUT. movement of small waves [as when sea begins to swell or quiet down]. 2 growing or decreasing excitement. 3 rumbling [of a mob].

maretazo *m.* surge, heavy sea.

marfil *m.* ivory. 2 ～ *vegetal*, ivory nut, vegetable ivory.

marfileño, ña *adj.* [pertaining to] ivory. 2 ivorylike.

marfuz, za *adj.* rejected. 2 fallacious, deceitful.

marga *f.* marl, loam. 2 kind of coarse cloth.

margajita *f.* MARCASITA.

margal *m.* marlpit, marly ground.

margallón *m.* BOT. palmetto, dwarf fan palm.

margar *tr.* to marl [fertilize with marl].

margarato *m.* CHEM. margarate.

margárico, ca *adj.* CHEM. margaric.

margarina *f.* margarine.

Margarita *f. pr. n.* Margaret.

margarita *f.* BOT. daisy, marguerite. 2 ZOOL. periwinkle. 3 pearl : *echar margaritas a puercos*, to cast pearls before swine. 4 MINER. margarite.

margay *m.* ZOOL. (Am.) tiger cat.

margen *m. & f.* margin. 2 marginal note. 3 border, edge, verge, fringe : *andarse por las márgenes*, to beat about the bush. 4 bank [of river]. 5 occasion : *dar ～ a*, to give occasion for.

margenar *tr.* MARGINAR.

marginado, da *adj.* BOT. marginate, marginated.

marginal *adj.* marginal.

marginar *tr.* to margin, to write marginal notes on. 2 to leave a margin on [a page].

margoso, sa *adj.* marly, loamy.

margrave *m.* margrave.

margraviato *m.* margraviate.

marguera *f.* marlpit.

margué, margue, etc., *pret*, *subj. & imper.* of MARGAR.

marhojo *m.* MALHOJO.

María *f. pr. n.* Mary. 2 coll. white wax taper on top of the tenebræ candelabrum.

mariache, mariachi *m.* (Mex.) popular song. 2 singer of popular songs; street singer.

marial *adj.* applied to the books in praise of the Virgin Mary.

Mariana *f. pr. n.* Marianne, Marian.

Mariano *m. pr. n.* Marion.

mariano, na *adj.* ECCL. Marian.

Marica *f. pr. n.* Molly.

marica *f.* ORN. magpie 2 jack of diamonds [in some card games]. — 3 *m.* coll. milksop, effeminate man.

Maricastaña *f. en tiempos de ～*, in the days of yore; long, long ago.

maricón *m.* milksop, effeminate man. 2 sodomite. Not in decent use.

maridable *adj.* conjugal, matrimonial.

maridablemente *adv.* with conjugal affection and agreement.

maridaje *m.* conjugal affection and agreement. 2 union; agreement, harmony [of things].

maridar *intr.* to marry. 2 to live as man and wife. 3 *fig.* to join, connect.

maridazo *m.* uxorious man.

maridillo *m.* foot stove.

marido *m.* husband.

mariguana, marihuana *f.* marihuana [narcotic plant; its dried leaves and flowers]. 3 (Am.) ～ *falsa*, wild tobacco.

marimacho *m.* virago, mannish woman.

marimanta *f.* coll. bogle, hobgoblin.

marimba *f.* MUS. marimba. 2 MUS. kind of drum used by Negroes of Africa.

marimoña *f.* BOT. turban buttercup.

marimorena *f.* row, shindy.

marina *f.* seashore, seaside, maritime district. 2 PAINT. marine, sea piece, seascape. 3 seamanship, nautical art or profession. 4 marine [seagoing vessels] : ～ *de guerra*, navy; ～ *mercante*, mercantile marine, merchant marine; *ministerio de ～*, Admiralty, Navy Department [executive department having to do with naval matters].

marinaje *m.* seamanship, sailoring. 2 sailors [collect.].

marinar *tr.* to salt, marinate [fish]. 2 NAUT. to man [a ship].

marinear *tr.* to be a sailor, work as a sailor.

marinerado, da *adj.* manned [ship].

marinerazo *m.* aug. good seaman.

marinería *f.* sailoring, nautical profession. 2 sailors [collect.]. 3 sailors of a ship, crew.

marinero, ra *adj.* [pertaining to] marine, sea or sailor. 2 sailorlike : *a la marinera*, sailor-fashion. 3 NAUT. seaworthy, easy to sail [ship]. — 4 *m.* mariner, sailor, seaman. — 5 *f.* sailor blouse; middy, middy blouse.

marinesco, ca *adj.* sailorly : *a la marinesca*, sailor-fashion.

marinismo *m.* LIT. Marinism.

marinista *adj.* marine [painter]. — 2 *m.* marine painter, seascapist.

marino, na *adj.* marine, nautical, sea. — 2 *m.* mariner, sailor, seaman.

Mario *m. pr. n.* Marius.

marión *m.* ESTURIÓN.

marioneta *f.* puppet, marionette.

maripérez *f.* coll. servant maid.

mariposa *f.* ENTOM. butterfly. 2 ORN. a Cuban finch. 3 floating taper, night taper, dimmed night lamp. 4 MACH. de ～, wing, butterfly : *tuerca de ～*, wing nut; *válvula de ～*, butterfly valve.

mariposear *intr.* to change frequently one's occupations, hobbies, fancies, etc. 2 to flutter around.

Mariquita *f. pr. n.* Molly, Polly.

mariquita *f.* ENTOM. ladybird. — 2 *m.* milksop, effeminate man.

marisabidilla *f.* coll. blue-stocking.

mariscal *m.* MIL. marshal : ～ *de campo*, field marshal. 2 farrier.

mariscala *f.* marshal's wife.

mariscalato *m.*, **mariscalía** *f.* MIL. marshalship.

mariscar *tr.* to gather shellfish.

marisco *m.* shellfish.

marisma *f.* salt marsh.

marismo *m.* ORZAGA.

marista *adj. & m.* Marist.

marital *adj.* marital.

marítimo, ma *adj.* maritime, marine, sea.

maritornes *f.* ungainly, mannish maid of all work.

marjal *m.* marsh, moor, swamp.

marjoleta *f.* fruit of the hawthorn tree.

marjoleto *m.* BOT. hawthorn tree. 2 BOT. white hawthorn.

marmatita *f.* MINER. marmatite.

marmella *f.* MAMELLA.

marmellado, da *adj.* MAMELLADO.

marmita *f.* kettle, pot. boiler.

marmitón *m.* scullion, kitchen boy.

mármol *m.* marble [stone; sculpture]. 2 marver [for rolling hot glass]. 3 PRINT. imposing stone.

marmolejo *m.* small marble column.

marmoleño, ña *adj.* MARMÓREO.

marmolería *f.* marblework, marbles [of a building]. 2 marble shop or works.

marmolillo *m.* GUARDACANTÓN. 2 fig. dunce.

marmolista *m.* marble worker. 2 marble dealer.

marmoración *f.* stucco.

marmóreo, a *adj.* marble, marbly, marmoreal.

marmosete *m.* PRINT. vignette, small cut.

marmota f. ZOOL. marmot. 2 worsted cap. 3 coll. sleepy-head.

Mar Muerto m. pr. n. GEOG. Dead Sea.

Mar Negro m. pr. n. GEOG. Black Sea.

maro m. BOT. germander. 2 BOT. clary.

marojal m. grove of durmasts

marojo m. BOT. red-berried mistletoe. 2 BOT. durmast [pubescent oak].

marola f. NAUT. surge, swell, ground swell.

maroma f. cable of hemp or esparto. 2 tightrope. 3 (Am.) acrobatic performance.

maromear intr. (Am.) to walk a tightrope. 2 to sway [as from one side or party to another].

maromero, ra m. & f. (Am.) acrobat, tightrope walker.

marón m. ESTURIÓN.

maronita adj. & n. Maronite.

marqué, marque, etc., pret., subj. & imper. of MARCAR.

marqués m. marquis.

marquesa f. marchioness. 2 awning over a field tent. 3 (Am.) couch.

marquesado m. marquisate.

marquesina f. marquee [canopy over an entrance]. 2 MARQUESA 2.

marquesita f. young marchioness. 2 MINER. marcasite.

marquesota f. ancient stiff high collar.

marquesote m. (Hond.) cake made of rice flour or Indian corn meal with eggs and sugar.

marqueta f. cake of crude wax.

marquetería f. cabinet work. 2 marquetry.

marquilla f. papel de ~, a size of handmade paper.

marra f. ALMÁDENA.

márraga f. MARGA 2.

marrajo, ja adj. treacherous, vicious [bull]. 2 artful, wily, tricky. — 3 m. ICHTH. shark.

marramao, marramau m. miaow, miaou; caterwaul.

marrana f. sow, female pig. 2 dirty, slovenly woman. 3 unprincipled woman. 4 axle of a NORIA.

marranada f. filthiness. 2 hoggish action. 3 dirty trick.

marranalla f. rabble, riffraff.

marranamente adv. hoggishly, dirtily.

marranchón, na m. hog. — 2 f. sow [female pig]. 3 m. & f. little pig.

marranería f. MARRANADA.

marrano, na adj. dirty. 2 base, vile. — 3 m. ZOOL. hog, pig. 4 coll. hog, pig, dirty man. 5 unprincipled man, rascal.

marrar intr. & tr. to miss, fail. — 2 intr. to go astray.

marras adv. long ago, a long time ago: hacer ~ de, (Am.) to be a long time since. 2 de ~, expres. designating something in the past which is known or has been talked about: el caso de ~, the case (or thing) you know.

marrasquino m. maraschino.

marrazo m. double-bitted ax.

marrear tr. to strike with a stone hammer.

marrillo m. thick short stick.

marro m. game resembling quoits. 2 a boys' game. 3 cat [for playing tipcat]. 4 slip, miss. 5 dodge or slide of pursued person or game to avoid capture.

Mar Rojo m. pr. n. GEOG. Red Sea.

marrón m. kind of quoit used in playing MARRO 1 — 2 adj. Gal. maroon, brown.

marroquí, pl. **-quíes** adj. & n. Moroccan. — 2 m. morocco, morocco leather.

marrubio m. BOT. horehound, white horehound.

marrueco, ca adj. & n. Moroccan.

Marruecos m. pr. n. GEOG. Morocco.

marrullería f. cunning, wheedling.

marrullero, ra adj. cunning, wheedling. — 2 m. & f. wheedler, cunning person.

Marsella f. pr. n. GEOG. Marseilles.

marsellés, sa adj. [pertaining to] Marseilles. — 2 m. & f. native or inhabitant of Marseilles. — 3 m. a kind of short jacket. — 4 f. (cap.) la Marsellesa, the Marseillaise [French national anthem].

marsopa, marsopla f. ZOOL. porpoise, harbour porpoise, sea hog.

marsupial adj. & n. marsupial. — 2 m. pl. ZOOL. Marsupialia.

Marta f. pr. n. Martha.

marta f. ZOOL. marten, pine marten. 2 marten [fur]. 3 ZOOL. ~ cebellina, sable, Siberian sable. 4 sable [fur].

martagón, na m. & f. sly, shrewd person. — 2 m. BOT. Turk's-cap lily.

Marte m. pr. n. ASTR., MYTH. Mars.

martellina m. marteline.

martes, pl. **-tes** m. Tuesday: ~ de carnaval, Shrove Tuesday.

martillada f. blow or stroke with a hammer.

martillador, ra adj. hammering. — 2 m. & f. hammerer.

martillar tr. to hammer. 2 to worry, torment.

martillazo m. blow with a hammer.

martilleo m. hammering. 2 clatter.

martillo m. hammer [instrument]; claw hammer: a macha ~, firmly; strongly but roughly constructed; a ~, by hammering. 2 MUS. tuning hammer. 3 ANAT. hammer, malleus. 4 auction rooms. 5 PHYS. ~ de agua, water hammer [tube]. 6 MACH. ~ pilón, drop hammer.

Martín m. pr. n. Martin. 2 San ~, St. Martin; St. Martin's day; season for killing hogs: llegarle a uno su San ~, to be the time of paying for one's life of pleasure.

martín del río, pl. **martines del río** m. ORN. night heron.

martín pescador, pl. **martín pescadores** m. ORN. kingfisher.

martinete m. ORN. night heron. 2 drive hammer, drop hammer. 3 hammer [of piano].

martingala f. trick, cunning. 2 pl. breeches worn under armour.

Martinica (la) f. pr. n. GEOG. Martinique.

martinico m. coll. DUENDE.

martiniega f. tax payable on St. Martin's day.

mártir m. & f. martyr.

martiricé, martirice, etc., pret., subj. & imper. of MARTIRIZAR.

martirio m. martyrdom.

martirizador, ra adj. martyrizing, tormenting. — 2 m. & f. martyrizer, tormentor.

martirizar tr. to martyr, martyrize; to torment.

martirologio m. martyrology.

Maruja f. pr. n. Molly, Polly.

marullo m. MARETA.

marxismo m. Marxism.

marxista adj. & n. Marxian, Marxist.

marzal adj. [pertaining to] March.

marzo m. March.

marzoleta f. BOT. fruit of the white hawthorn.

marzoleto m. BOT. white hawthorn.

mas conj. but [in the adversative sense].

más adv. more: aún ~, still more, even more; cada vez ~, more and more; cuánto ~, how much more; ~ aún, more still, even more; what's more; ~ de, more than [with a numeral]; ~ o menos, more or less; ni ~ ni menos, neither more nor less, exactly, just so; no hay ~, there is no more, that is all; sin ~, with no more; sin ~ atención de la que merecía, with no more attention than he deserved; tanto ~, so much more; all the more; tanto ~... cuanto que, all the more... since; y es ~, and what's more, and further. 2 It can be expressed by the termination «-er»: ~ grande, greater, bigger; ~ pequeño, smaller 3 [preceded by el, la, lo, los, las] most, -est : el ~ desagradecido, the most ungrateful; el ~ grande, the greatest, the biggest; el ~ pequeño, the smallest. 4 most, in phrases as: a lo ~, todo lo ~, at the most; cuando ~, at most. 5 other: no tengo ~ amigo que tú, I have no other friend but you. 6 oftener: sale ~ de noche que de día, he goes out oftener at night than during the day. 7 faster, longer, etc.: corre ~ que yo, he runs faster than I; no puedo quedarme ~, I cannot stay longer. 8 a ~, a) besides, in addition; what is more: a ~, no lo consentiré, what is more, I won't allow it; b) with the utmost, with or at the greatest: a ~ correr, with the utmost speed, at full or top speed. 9 a ~ de, besides, in addition to; besides being. 10 a ~ ... mayor or más, the greater ... the greater, the more ... the more; a ~ amor ~ dolor, the greater the love, the greater the pain. 11 a ~ tardar, at the latest, not later than. 12 a ~ y mejor, copiously, soundly, hard, to one's heart's content. 13 como el que ~, as the best, as nobody, second to none: es listo como el que ~, he is clever as the cleverest. 14 de ~, over, above, too much, extra, in excess: estar de ~, to be unnecessary; superfluous; to be amiss; to be in the way. 15 de ~ a ~, besides, moreover, in addition. 16 de poco

~ *o menos*, insignificant, of no importance. 17 *en ~ de*, at more than. 18 *en ~ que*, above, over and above, more than. 19 *es ~*, more still, moreover, furthermore. 20 *lo ~ antes*, as soon as possible. 21 *~ allá*, farther, farther on; *~ allá de*, beyond, on the other side of; *el ~ allá*, the Beyond, the other life. 22 *~ bien*, rather. 23 *~ que*, more than; but, only; though, although, even though: *nadie lo oyó ~ que tú*, nobody heard it but you, only you heard it; *no hay ~ que dos*, there are only two; *no hay ~ que verlo*, you have only to see, it; *no tiene ~ que decirlo*, he has only to say it; *~ que nunca vuelva*, though he may never return. 24 *~ quiero*, I prefer. 25 *~ vale*, better to: *~ vale dar que tomar*, better to give than to receive. 26 *poco ~ o menos*, about, little more or less; practically. 27 *por ~ que*, however much, no matter how much; though, although: *por ~ que lo pienso...*, no matter how much I think about it...; *por ~ que, ahora que lo pienso...*, though now I come to think of it... 28 *¿qué ~ da?*, what does it matter? 29 *sin ~ acá ni ~ allá*, plainly, without any beating about the bush; without any reason. 30 *sin ~ ni ~*, suddenly, without warning, without any reason or consideration.
31 *s.* MATH. plus: *el signo ~*, the plus sign. 32 *los ~*, the greatest or largest number, the majority. 33 *tener sus mases y sus menos*, to have its good points and bad points.
masa *f.* pasty mixture; dough; mortar. 2 PHARM. mass. 3 mass, aggregate, bulk, volume. 4 lump, whole. 5 PHYS., PAINT. mass. 6 mass, crowd, body [of persons]: *~ coral*, body of singers, choral society; *las masas*, the masses; *en ~*, in a body. 7 [good] nature or disposition.
masada *f.* farm, farmhouse.
masadero *m.* farmer.
masaje *m.* massage.
masajista *m.* masseur. — 2 *f.* masseuse.
masar *tr.* AMASAR.
mascabado, da *adj.* muscovado [sugar].
mascada *f.* (Mex.) silk handkerchief, scarf. 2 (S. Am.) chew [of tobacco]. 3 (Arg., Chi.) mouthful. 4 (Arg.) gain, profit, profitable thing.
mascador, ra *adj.* chewing. — 2 *m. & f.* chewer
mascadura *f.* chewing.
mascar *tr.* to chew, masticate. 2 coll. to mumble.
máscara *f.* mask [cover for the face, false face]: *~ antigás*, *~ de gases*, gas mask. 2 mask, masker, masquerader. 3 fancy dress, disguise. 4 PHOT. mask. 5 fig. mask [that which conceals, pretext, subterfuge]: *quitar la ~ a*, to unmask; *quitarse la ~*, to take off one's mask. 6 *pl.* masquerade.
mascarada *f.* masquerade. 2 fig. mummery.
mascarero *m.* & *f.* dealer in masks.
mascarilla *f.* half mask. 2 death mask.
mascarón *m.* aug. large mask. 2 ARCH. mask. 3 NAUT. *~ de proa*, figurehead.
mascota *f.* (Am.) mascot; good-luck charm.
mascujar *tr.* to chew poorly or with difficulty. 2 fig. to mumble.
masculinidad *f.* masculinity.
masculino, na *adj.* male, masculine. — 2 *adj. & m.* GRAM. masculine.
mascullar *tr.* to mumble, mutter.
masecoral, masejicomar *m.* sleight of hand, legerdemain.
masera *f.* kneading trough. 2 cloth for covering the dough.
masería *f.* MASADA.
masetero *m.* ANAT. masseter.
masica *f.* BOT. (C. Am.) breadnut tree.
masicoral *m.* MASECORAL.
masicote *m.* CHEM. massicot.
masiliense *adj. & n.* MARSELLÉS.
masilla *f.* putty, glazier's putty, mastic.
masita *f.* MIL. pittance retained for providing a soldier with shoes, etc.
maslo *m.* root [of the tail of a quadruped] 2 stem [of a plant].
masón *m.* mess of dough fed to fowls. 2 Mason, Freemason.
masonería *f.* Masonry, Freemasonry.
masónico, ca *adj.* masonic.
masoquismo *m.* masochism.
masora *f.* Masora.
masoreta *m.* Masorete.
masorético, ca *adj.* Masoretic.

masqué, masque, etc., *pret., subj. & imper.* of MASCAR.
mastelerillo *m.* NAUT. topgallant or royal mast.
mastelero *m.* NAUT. topmast.
masticación *f.* mastication.
masticador *m.* masticator [for cutting meat]. 2 salivant bit [for horses].
masticar *tr.* to masticate, chew. 2 fig. to ruminate, meditate about.
masticatorio, ria *adj. & m.* masticatory.
mastigador *m.* salivant bit [for horses].
mástil *m.* NAUT., RADIO. mast. 2 NAUT. topmast. 3 upright pole or post. 4 BOT. trunk, stem, stalk. 5 shaft [of feather]. 6 neck [of violin, guitar, etc.].
mastín, na *m. & f.* ZOOL. mastiff.
mástique *m.* mastic [resin].
mastiqué, mastique, etc., *pret., subj. & imper.* of MASTICAR.
mastodonte *m.* PALEON. mastodon.
mastoides *adj. & m.* ANAT. mastoid.
mastoiditis *f.* MED. mastoiditis.
mastranto, mastranzo *m.* BOT. apple mint.
mastuerzo *m.* BOT. pepper cress, peppergrass. 2 BOT. water cress. 3 coll. dolt, simpleton.
masturbación *f.* masturbation.
masturbarse *ref.* to masturbate.
masvale *m.* MALVASÍA.
mata *f.* BOT. low shrub or frutescent plant; bush: *~ parda*, dwarf oak; *~ rubia*, kermess, kermess oak. 2 a bundle or a single individual of some herb, like mint, basil, etc. 3 patch [of trees], grove. 4 (Am.) thicket, jungle. 5 BOT. mastic tree. 6 METAL. matte. 7 *~ de pelo*, head of hair [of a woman].
matabuey *f.* AMARGUERA.
matacallos *m.* BOT. (Chi., Ec.) plant used to treat corns or callosities of the feet.
matacán *m.* poison for killing dogs. 2 BOT. nux vomica. 3 HUNT. hare previously hunted 4 FORT. machicolation.
matacandelas, *pl.* -**las** *m.* candle extinguisher.
matacandil *m.* BOT. London rocket.
mataco, ca *m. & f.* (Am.) Chaco Indian. 2 *m* (Am.) a kind of armadillo.
matachín *m.* formerly, masquerader who performed a grotesque dance; this dance. 2 butcher [slaughterer of animals]. 3 coll. swashbuckler.
matadero *m.* slaughterhouse, abattoir. 2 coll. painful, tiresome work or duty.
matador, ra *adj.* killing. — 2 *m. & f.* killer. — 3 *m.* BULLF., CARDS matador.
matadura *f.* sore, gall [caused on beasts by their harness].
matafuego *m.* fire extinguisher.
matagallos, *pl.* -**llos** *m.* BOT. Jerusalem sage.
matahambre *m.* (Cu.) marzipan.
matajudío *m.* MÚJOL.
matalahuga, matalahuva *f.* BOT. anise. 2 aniseed.
mátalas callando *m. & f.* coll. hypocrite, sly dog.
matalobos, *pl.* -**bos** *m.* BOT. wolf's-bane, aconite.
matalón, na *adj.* skinny and full of sores [horse]. — 2 *m. & s.* skinny old nag.
matalotaje *m.* NAUT. ship stores. 2 mess, jumble.
matalote *adj. & n.* MATALÓN. — 2 *m.* NAUT. ship next to another in a line of them.
matamoros, *pl.* -**ros** *m.* coll. bully, braggard.
matamoscas, *pl.* -**cas** *m.* fly swatter.
matancero, ra *adj* pertaining to Matanzas [Cuba]. — 2 *m. & f.* native or inhabitant of Matanzas [Cuba].
matanza *f.* killing. 2 slaughter, butchery, carnage, massacre. 3 swine slaughtering and its season. 4 products of slaughtered swine kept at home for food. 5 swine kept for slaughter.
matapalo *m.* BOT. American tree yielding rubber and a fibre used for sackcloth.
mataperrada *f.* prank of a street urchin.
mataperros, *pl.* -**rros** *m.* coll. street urchin, mischievous boy.
matapiojos, *pl.* -**jos** *m.* ENTOM. (Col., Chi.) dragonfly.
matapolvo *m.* light rain, sprinkling.
matapulgas, *pl.* -**gas** *f.* MASTRANZO.
matar *tr.* to kill, slay, murder: *~ de hambre*, to starve. 2 to butcher, slaughter [animals for food]. 2 to put out [a fire, a light]. 4 to gall [the back of a horse]. 5 to slack [lime]. 6 to dull, mat [the lustre of metals]. 7 PAINT. to tone down [a colour]. 8 to bevel or round off [edges]. 9 to lay [dust]. 10 to spot [cards for cheating]. 11 CARDS to take [play a card higher than]. 12 to obliterate, cancel [a postage stamp]. 13 fig.

to kill [time, hunger, etc.]. *14* to ruin, destroy. *15* to harass, worry, vex. *16* ~ *de aburrimiento,* to bore to death. *17 estar a* ~ *con,* to be at daggers drawn, in strained relations, with. — *18 ref.* to kill or destroy oneself, to commit suicide. *19* to get killed. *20* to drudge, overwork; to struggle: *matarse por,* to struggle for or to. *21* to kill one another: *matarse* con, to fight, quarrel with.

matarife *m.* butcher, slaughterman.

matarrata *f.* a card game.

matarrubia *f.* BOT. kermes, kermes oak.

matasanos *m.* coll. unskilled doctor; quack, medical charlatan.

matasellos, *pl.* **-llos** *m.* post-office cancelling stamp.

matasiete *m.* coll. swaggerer, braggart.

matatías, *pl.* **-tías** *m.* coll. moneylender, usurer.

mate *adj.* dull, mat, lusterless. *2* dull [sound]. — *3 m.* CHESS. checkmate: *dar* ~, to checkmate; fig. to make fun of, to laugh at [a person]; ~ *ahogado,* stalemate. *4* BOT. maté, Paraguay tea. *5* maté [beverage]. *6* BOT. maté gourd or vessel. *6* BOT. (Chi., Pe.) calabash.

matear *tr.* to plant or sow at regular intervals. *2* (Am.) to checkmate [in chess]. — *3 intr.* [of wheat, etc.] to extend and shoot forth. *4* HUNT. to trail the game among the bushes. *5* (Am.) to drink maté.

matemática *f.,* **matemáticas** *f. pl.* mathematics.

matemáticamente *adv.* mathematically.

matemático, ca *adj.* mathematical. — *2 m. & f.* mathematician.

Mateo *m. pr. n.* Matthew.

materia *f.* matter [physical substance]. *2* material, substance, stuff: ~ *colorante,* dyestuff; ~ *prima, primera* ~, raw material. *3* MED. matter, pus. *4* matter, topic, subject, subject matter: *en* ~ *de,* in the matter of; *entrar en* ~, to go into the subject. *5* cause, occasion. *6* ~ *médica,* materia medica.

material *adj.* material [of matter, pertaining to matter, physical, not spiritual]. *2* crude, coarse. *3 es* ~, coll. it's all the same, it makes no difference. — *4 m.* ingredient. *5* equipment, requisites, matériel: ~ *de escritorio,* stationery; ~ *fijo,* RLY. permanent way; ~ *móvil* or *rodante,* RLY. rolling stock. *6 pl.* materials.

materialidad *f.* materiality. *2* outward appearance. *3* literalness.

materialismo *m.* materialism.

materialista *adj.* materialistic. — *2 m. & f.* materialist.

materializar *tr.* to materialize. — *2 ref.* to become materialistic.

materialmente *adv.* materially. *2* absolutely.

maternal *adj.* maternal, motherly.

maternalmente *adv.* maternally.

maternidad *f.* maternity, motherhood: *casa de* ~, maternity hospital.

materno, na *adj.* maternal, mother: *amor* ~, maternal love; *lengua materna,* maternal tongue, mother tongue [one's native tongue].

maternología *f.* maternology.

matero, ra *m. & f.* (S. Am.) maté drinker.

Matías *m. pr. n.* Matthias.

matico *m.* BOT. matico.

matidez *f.* dullness [lack of luster]. *2* dullness [of sound].

matihuelo *m.* tumbler [toy].

Matilde *f. pr. n.* Matilda.

matinal *adj.* matinal, morning, matutine, matutinal.

matiné *f.* gal. matinée.

matiz, *pl.* **-tices** *m.* tint, hue, shade, nuance. *2* blending of colours.

matizado, da *adj.* nuanced. *2* variegated.

matizar *tr.* to give a special hue or shade to. *2* to nuance, shade. *3* to variegate, to blend harmoniously the colours of.

mato *m.* MATORRAL.

matojo *m.* bush, small shrub. *2* BOT. a kind of saltwort.

matón *m.* bully, hector.

matonismo *m.* bullying, hectoring.

matorral *m.* bush, thicket, heath, brake.

matoso, sa *adj.* bushy [abounding in bushes].

matraca *f.* wooden rattle. *2* coll. pestering, importunity. *3* coll. chaff, banter: *dar* ~ *a,* to chaff, banter.

matraquear *intr.* to rattle [with a wooden rattle]. *2* to pester, importune. *3* to chaff, banter.

matraqueo *m.* rattle [sound of a wooden rattle]. *2* pestering, importunity. *3* chaff, banter.

matraquista *m. & f.* chaffer, banterer.

matraz, *pl.* **-traces** *m.* CHEM. matrass.

matrería *f.* shrewdness, slyness.

matrero, ra *adj.* shrewd, cunning, sly. — *2 m. & f.* shrewd person, sly dog. — *3 m.* (S. Am.) vagabond, thug.

matriarcado *m.* matriarchate.

matriarcal *adj.* matriarchal.

matricaria *f.* BOT. feverfew.

matricida *adj.* matricidal. — *2 m. & f.* matricide [person].

matricidio *m.* matricide [act].

matrícula *f.* register, list, roll; matriculation: ~ *de mar,* mariner's register. *2* registration.

matriculador *m.* matriculator.

matricular *tr.* to register, enroll, matriculate. — *2 ref.* to matriculate [be matriculated], to register.

matrimonesco, ca *adj.* hum. matrimonial.

matrimonial *adj.* matrimonial.

matrimonialmente *adv.* matrimonially.

matrimoniar *intr.* to marry, get married.

matrimonio *m.* matrimony, marriage: ~ *civil,* civil marriage; ~ *de la mano izquierda* or *morganático,* morganatic marriage; *palabra de* ~, promise of marriage. *2* matrimony [sacrament]. *3* married couple.

matritense *adj. & n.* MADRILEÑO.

matriz, *pl.* **-trices** *adj.* first, main, chief, mother: *casa* ~, mother house [monastery]; headquarters, main office [of a business]. *2 escritura* ~, original draft [of a deed or instrument]. — *3 f.* ANAT. matrix, womb. *4* matrix, mould, die. *5* female screw, nut. *6* GEOL. matrix. *7* stub of a stub book.

matrona *f.* matron, noble and virtuous mother of a family. *2* midwife. *3* matron [in a custom house, etc.].

matronal *adj.* matronal.

maturranga *f.* trick, cunning, craft.

maturrango, ga *adj.* (Chi.) awkward, clumsy [person]. *2* (S. Am.) poor [rider]. — *3 m. & f.* (S. Am.) poor rider.

Matusalén *m. pr. n.* BIB. Methuselah. — *2 m.* fig. Methuselah [aged man].

matute *m.* smuggling [bringing of commodities into a town without payment of octroi]. *2* smuggled commodities. *3* gambling den.

matutear *intr.* to smuggle commodities into a town without payment of octroi.

matutinal; matutino, na *adj.* matutinal, matutine, morning.

maula *f.* rubbish, trash. *2* remnant, piece. *3* deceitful trick. — *4 m. & f.* trickster; bad pay. *5* lazy person, shirk, shirker.

maulería *f.* shop where remnants are sold. *2* trickery.

maulero, ra *m. & f.* seller of remnants. *2* trickster.

maullador, ra *adj.* meowing, mewing [cat].

maullar *intr.* to meow, mew.

maullido, maúllo *m.* meow, mew.

Mauricio *m. pr. n.* Maurice, Morris. *2* GEOG. *isla Mauricio,* Mauritius Island.

mauritano, na *adj. & n.* Mauritanian.

mauseolo *m.* MAUSOLEO.

máuser *m.* Mauser [firearm].

mausoleo *m.* mausoleum.

maxilar *adj.* ANAT. maxillary. — *2 m.* ANAT. maxillary bone.

máxima *f.* maxim [rule, principle, saying]. *2* MUS. maxim, maxima.

máximamente, máxime *adv.* principally, specially.

máximo, ma *adj.* maximum, greatest, top: ~ *común divisor,* MATH. greatest common divisor; *máxima velocidad,* top speed. — *2 m.* maximum.

máximum *m.* maximum.

maya *f.* BOT. daisy. *2* May queen. — *3 adj. & n.* Maya, Mayan. — *4 m.* Maya [language].

mayador, ra *adj.* meowing, mewing [cat].

mayal *m.* flail [threshing instrument].

mayar *intr.* to meow, mew.

mayear *intr.* [of weather] to be like May.

mayestático, ca *adj.* majestic.

mayo *m.* May [month]. *2* Maypole. *3 pl.* serenading on the eve of May day.

mayólica *f.* majolica ware.

mayonesa *adj.* mayonnaise [sauce]. — *2 f.* mayonnaise [dish].

mayor, *pl.* **mayores** *adj.* bigger, greater, larger;

CAPITALIZATION / MAYÚSCULAS

Capital letters are not used as extensively in Spanish as they are in English. Generally in Spanish, the following are not capitalized:

- Derivatives of proper nouns: **aristotélico**, Aristotelian; **jacobita**, Jacobite; **mendelismo**, Mendelism.

- Names of peoples, races, tribes, and languages, and their derivatives: **alemán**, German; **anglicismo**, Anglicism; **francés**, French, Frenchman; **hispanófilo**, Hispanophile; **latín**, Latin language; **romano**, Roman; **romanización**, Romanization.

- Names of monastic orders, creeds and confessions, and religious denominations, etc., and their derivatives: **benedictino**, Benedictine; **carmelita**, Carmelite; **católico**, Catholic; **catolicismo**, Catholicism; **judaísmo**, Judaism; **metodismo**, Methodism; **metodista**, Methodist; **protestante**, Protestant; **protestantismo**, Protestantism.

- The words **batalla**, **tratado**, **calle**, **plaza**, etc. in the names of battles, treaties, streets, squares, etc.: la **batalla** de Bailén, the Battle of Bailén; el **tratado** de Westfalia, the Treaty of Westphalia; la **calle** de Alcalá, Alcalá Street; la **plaza** de Trafalgar, Trafalgar Square.

- Names of the months and the days of the week, and the words **día**, **fiesta**, etc. in the names of holidays: **lunes**, Monday; **junio**, June; el **día** de la Madre, Mother's Day.

- Names of phyla, orders, classes, families, etc. in zoology and botany: **mamíferos**, Mammalia; **úrsidos**, Ursidae; **monocotiledóneas**, Monocotyledones; **platanáceas**, Platanaceae.

---

older, elder. 2 biggest, greatest, largest; oldest, eldest, senior. 3 of age. 4 principal, chief, main, high, major : *calle* ~, high street, main street; *misa* ~, high mass; *palc* ~, NAUT. mainmast; *premisa* ~, LOG. major premiss; *profetas mayores*, major prophets. 5 MIL. major : *tambor* ~, drum major. 6 MUS. major. 7 ~ *edad*, majority, full age; *ser* ~ *de edad*, to be of age. 8 COM. *libro* ~, ledger. 9 *al por* ~, wholesale; *por* ~, summarily; wholesale. 10 LOG. major. — 11 m. superior, head. 12 head clerk of some offices, 13 m. pl. elders, superiors. 14 ancestors, forefathers.

mayoral m. head shepherd. 2 stagecoach driver. 3 foreman [of harvesters or farm labourers].

mayorala f. the wife of MAYORAL.

mayoralía f. the flock under the care of a head shepherd. 2 the wages of a head shepherd.

mayorana f. MEJORANA.

mayorazga f. woman owner of an entailed estate. 2 heiress to an entailed estate. 3 wife of the owner of an entailed estate.

mayorazgo m. entailed estate. 2 owner of an entailed estate. 3 first-born son. 4 primogeniture.

mayorazguista m. author treating of entails.

mayordoma f. steward's wife. 2 stewardess.

mayordomear tr. to administer, manage.

mayordomía f. administration, stewardship. 2 butlership. 3 steward's office.

mayordomo m. steward. 2 butler, majordomo.

mayoría f. majority [larger number or part]. 2 POL. majority, plurality : ~ *absoluta*, absolute majority; ~ *relativa*, plurality. 3 majority, full age.

mayoridad f. majority, full age. 2 superiority.

mayorista m. wholesale merchant.

mayormente adv. chiefly, principally, especially.

mayúsculo, la adj. large. 2 coll. awful, tremendous. 3 capital [letter]. — 4 f. capital letter.

maza f. mace [weapon]; war club. 2 mace [staff]. 3 flax or hemp brake [instrument]. 4 drumstick of a bass drum. 5 monkey, ram, tup [of a drop hammer or pile driver]. 6 thick end [of billiard cue]. 7 rag tied as joke on person clothes. 8 clog for a monkey : *la* ~ *y la mona*, fig. constant companions. 9 stick or bone tied to a dog's tail. 10 (Chl.) hub [of wheel]. 11 coll. bore [tiresome person]. 12 coll. person of great authority. 13 coll. impressive words. 14 MACH. ~ *de Fraga*, pile driver. 15 BOT. ~ *sorda*, reed mace.

mazacote m. CHEM. barilla. 2 concrete. 3 (Arg.) paste of residual sugar. 4 crude, clumsy work. 5 coll. tough, doughy food. 6 bore [tiresome person].

mazada f. blow with a mace or maul.

mazamorra f. (Pe.) kind of porridge made of Indian corn with sugar or honey. 2 (Arg.) boiled Indian corn. 3 NAUT. mess of broken hardtack. 4 fig. anything broken into small pieces.

mazaneta f. apple-shaped ornament in jewels.

mazapán m. marchpane, marzipan.

mazar tr. to churn [milk].

mazarí, pl. **-ríes** m. square brick or tile [for flooring].

mazarota f. FOUND. deadhead.

mazazo m. MAZADA.

mazdeísmo m. Mazdaism, Mazdeism.

mazdeísta adj. Mazdean. — 2 m. & f. Mazdaist.

mazmorra f. underground dungeon.

maznar tr. to knead. 2 to beat [hot iron].

mazo m. maul, mallet, wooden hammer : *a* ~ *y escoplo*, firmly, indelibly. 2 bundle [of some things]. 3 coll. bore [tiresome fellow].

mazonería f. stone masonry. 2 relief, relief work.

mazorca f. BOT. thick ear or spike. 2 BOT. ear [of Indian corn]. 3 BOT. cacao pod. 4 spindleful [of yarn]. 5 middle part of a spindle-shaped baluster.

mazorral adj. crude, rough. 2 PRINT. solid.

mazorralmente adv. crudely, roughly.

mazurca f. mazourka, mazurka [dance and tune].

me pers. pron., 1 st pers. sing. [object of the verb and ref.] me; to me, for me; myself : *tú* ~ *amas*, you love me; *dame el libro*, give me the book; *léeme esto*, read this for me; ~ *lavo*, I wash myself.

meada f. urination. 2 spot made by urine.

meadero m. urinal.

meados m. pl. urine.

meaja f. MIGAJA. 2 ~ *de huevo*, tread of an egg.

meajuela f. dim. small crumb or bit 2 small piece attached to the bit of a briddle.

meandro m. meander [sinuous winding of river]. 2 meander [ornamental pattern].

mear intr. & ref. to urinate, make water.

meato m. ANAT. meatus.

meauca f. ORN. shearwater.

Meca (la) f. pr. n. GEOG. Meca : *de Ceca en Meca, de la Ceca a la Meca*, hither and thither.

¡mecachis! interj. ¡CARAMBA.

mecánica f. mechanics. 2 machinery, works [working parts of a machine, etc.]. 3 contemptible

thing. 4 low, despicable action. 5 MIL. fatigue,
fatigue duty : *traje de* ~, fatigue dress.
mecánicamente *adv.* mechanically.
mecanicismo *m.* BIOL., PHIL. mechanism [doctrine].
mecanicista *adj.* mechanistic — *2 m. & f.* BIOL.,
PHIL. mechanist.
mecánico, ca *adj.* mechanical. [pertaining to
mechanics; working or produced by machinery;
pertaining to a mechanical art or trade]. 2
mechanical [art or trade]. 3 fig. low, mean. —
4 m. mechanic, repairman [one working or
repairing machinery]. 5 AUTO. driver, chauffeur.
6 mechanician.
mecanismo *m.* mechanism. 2 works [of a machine].
mecanización *adj.* mechanization.
mecanizar *tr.* to mechanize.
mecanografía *f.* typewriting.
mecanografiar *tr.* to typewrite, to type.
mecanográfico, ca *adj.* [pertaining to] typewriting.
mecanógrafo, fa *m. & f.* typist, typewriter.
mecapal *m.* (Mex.) leather band with ropes used by
porters.
mecate *m.* (Mex., Hond.) maguey rope or cord.
mecedero *m.* stirrer [implement].
mecedor, ra *adj.* rocking, swinging. 2 stirring,
shaking [a liquid]. — *3 m.* stirrer [implement].
4 swing [seat slung by ropes], seesaw [board].
— *5 f.* rocker, rocking chair.
mecedura *f.* stirring, shaking. 2 rocking, swinging.
mecenas *m.* Mæcenas, patron of art or literature.
mecenazgo *m.* support given by a Mæcenas.
mecer *tr.* to stir, shake [a liquid]. 2 to rock,
swing. — *3 ref.* to rock, swing [give oneself a
swaying motion]. 4 [of birds] to soar.
meco, ca *adj.* (Mex.) [of animals] blackish red. —
2 m. & f. (Mex.) wild Indian.
mecónico *adj.* CHEM. meconic.
meconio *m.* meconium. 2 PHARM. poppy juice.
mecha *f.* wick. 2 fuse, match [for firing an explo-
sive]. 3 COOK. strip of bacon for larding. 4 SURG.
roll of lint. 5 TEXT. sliver, rove. 6 lock, tuft [of
hair, wool, etc.]. 7 NAUT. heel [of a mast].
mechar *tr.* COOK. to lard [insert strips of bacon
into].
mechazo *m.* MIN. fizzle of a blast fuse.
mechera *f.* larding-needle, larding pin. 2 SPIN.
fly-frame, speeder, speed frame ; ~ *en grueso*,
slubbing frame ; ~ *en fino*, roving frame. 3
shoplifter [woman].
mechero *m.* lamp burner, gas burner. 2 socket
[of candlestick]. 3 cigar lighter, cigarette lighter.
mechinal *m.* MAS. putlog hole. 2 fig. hovel.
mechón *m.* lock, tuft [of hair, wool, etc.].
mechoso, sa *adj.* tufty.
medalla *f.* medal. 2 ARCH. medallion. 3 ancient
coin. 4 coll. doubloon.
medallón *m.* large medal. 2 ARCH. medallion. 3 JEW.
locket.
médano, medaño *m.* dune. 2 sand bank.
Media *f. pr. n.* HIST., GEOG. Media.
media *f.* stocking [covering for foot and leg]. 2
MATH. mean : ~ *diferencial*, arithmetical mean ;
~ *proporcional*, geometrical mean, mean proportional.
mediacaña *f.* concave moulding of half-round
section. 2 moulded or groved strip of wood ;
picture moulding. 3 straight gouge [chisel]. 4
half-round file. 5 curling tongs [for hair]. 6
PRINT. double rule.
mediación *f.* mediation. 2 intercession.
mediado, da *adj.* half-filled, half-full. — 2 adv. *a
mediados de*, about the middle of [a period of
time].
mediador, ra *adj.* mediating. 2 interceding. — 3
m. & f. mediator. 4 intercessor.
medial *adj.* PHON. medial.
mediana *f.* long billiard cue. 2 GEOM. median.
medianamente *adv.* middling, so so, fairly.
medianejo, ja *adj.* coll. mediocre.
medianería *f.* party wall. 2 party-line fence or
hedge.
medianero, ra *adj.* middle, dividing. 2 mediating;
interceding. 3 party [wall]. — *4 m. & f.* mediator.
5 intercessor. 6 owner of a house having a party
wall or common wall with another.
medianía *f.* halfway. 2 moderate circumstances. 3
mediocrity [person].
medianil *m.* AGR. middle piece of ground. 2 party
wall. 3 PRINT. cross bar of a chase.
mediano, na *adj.* middling, medium, moderate. 2
coll. mediocre, bad, worthless.

medianoche *f.* midnight. 2 small meat pie.
mediante *adj.* intervening, interceding. — *2 adv.*
by means of, by the help of, by virtue of,
through. 3 *Dios* ~, God willing.
mediar *intr.* to be at the middle, to be half over.
2 to mediate, intervene. 3 to intercede. 4 to
intervene [occur in the meantime; occur, fall
or lie between]. 5 [of time] to elapse. — *6 tr.* to
make half-full.
medias (a) *adv.* halves : *ir a medias*, to go halves.
2 by halves : *hacer a medias*, to do or make
by halves. 3 half : *dormido a medias*, half asleep.
4 half and half, between two.
mediastino *m.* ANAT. mediastinum.
mediatamente *adv.* mediately.
mediaticé, mediatice, etc., *pret., subj. & imper.*
of MEDIATIZAR.
mediatizar *tr.* to mediatize.
mediato, ta *adj.* mediate.
mediator *m.* ombre [card game].
médica *f.* woman physician. 2 doctor's wife
medicable *adj.* medicable.
medicación *f.* medication, medical treatment.
medicamento *m.* medicament.
medicamentoso, sa *adj.* medicamental, medicamentous.
medicar *tr.* to treat, to cure by medicine.
medicastro *m.* unskilled doctor. 2 medicaster,
quack doctor.
medicina *f.* medicine [science & art]. 2 medicine,
medicament.
medicinal *adj.* medicinal.
medicinante *m.* medicaster, quack doctor. 2 medical
student who practices before taking his degree.
medicinar *tr.* to medicine. — *2 ref.* to take medicines.
medición *f.* measuring, measurement, mensuration.
médico, ca *adj.* medical. 2 Medic. — *3 m.* doctor,
physician ; ~ *de cabecera*, family physician ; ~
internista, general practitioner.
médicolegal *adj.* medicolegal.
medicoquirúrgico *adj.* medicochirurgical.
medicucho *m.* unskilled doctor.
medida *f.* measure, measurement [size, quantity
found by measuring] : *tomar las medidas a uno*,
to take someone's measures ; *hecho a la* ~, made
to measure, custom-made. 2 measurement,
measuring, mensuration. 3 measure [vessel or
instrument for measuring; unit of measurement,
standard] : ~ *de capacidad*, measure of capacity ; ~ *de longitud*, linear measure, long
measure ; ~ *de superficie*, square measure ; ~ *de
volumen*, cubic measure ; ~ *para áridos*, dry
measure ; ~ *para líquidos*, liquid measure ;
colmar la ~, fig. to be the last straw. 4 ARITH.
measure : ~ *común*, common measure. 5 PROS.
measure. 6 proportion, correspondence : *a* ~ *de*,
in proportion to, according to ; *a* ~ *del deseo*,
according to one's whishes ; *a* ~ *que*, as, in
proportion as. 7 measure, step, suitable action :
tomar or *adoptar medidas*, to take measures,
take steps. 8 moderation, prudence.
medidamente *adv.* with moderation.
medidor, ra *adj.* measuring. — *2 m. & f.* measurer.
mediero, ra *m. & f.* stockinger, stocking weaver. 2
hosier, stocking seller. 3 partner going halves
[in farming or stock raising].
medieval *adj.* medieval, mediæval.
medievalismo *m.* medievalism, mediævalism.
medievo *m.* Middle Ages.
medio, dia *adj.* half, half a : ~ *hermano, media hermana*, half brother, half sister ; ~ *luto*, half
mourning ; *media luna*, half-moon, crescent ;
media luz, half-light ; *media pasta*, half binding ; *media suela*, half sole ; *media tinta*, halftone ; *medias tintas*, half measures ; *media libra*, half a pound ; *dos libras y media*, two
pounds and a half. two and a half pounds ; *las
dos y media*, half past two [o'clock] ; *a media
asta*, at half-mast. 2 middle, mean, average :
clase media, middle class ; *distancia media*, mean
distance ; *Edad Media*, Middle Ages ; *el Oriente*
~, the Middle East ; *término* ~, LOG. middle
term ; average, compromise. 3 medium. 4 medial,
median : *plano* ~, median plane. 5 mid : *a
media tarde*, in mid afternoon.
medio *adv.* half, partially, halfway : ~ *dormido*,
half asleep ; ~ *muerto*, half dead ; *él* ~ *cedió*,
he halfway yielded ; *a* ~ *hacer*, half done ; *a*
~ *vestir*, half dressed ; *medio... medio*. half...

half. — *2 m.* ARITH. half. *3* middle, midst. *4*
means, agency, medium : *por ~ de,* by means
of. *5* medium, environment. *6* BIOL., PHYS.
medium. *7* [spiritualistic] medium. *8* medium,
mean [between the extremes] : *justo ~,* just
medium. *9 pl.* means [pecuniary resources] :
atrasado de medios, poor, impoverished. *10 de
~ a ~,* in the middle, smack; completely,
absolutely. *11 de por ~,* in between, in the
intervening space; *poner tierra de por ~,* to
move away, to flee. *12 echar por en ~,* fig. to
take the bull by the horns; to take a way out
of a difficulty, happen what may. *13 en ~,* in the
middle; meanwhile; *en ~ de,* in the middle
of, in the midst of]; notwithstanding. *14 estar
de por ~,* to be concerned, have to do with. *15
meterse de por ~ or en ~,* to intervene, interpose,
mediate. *16 quitar de en ~,* to put out of the
way; to do away with. *17 quitarse de en ~,*
to get out; to get out of the way. *18* V. MEDIA
& MEDIAS.
mediocre *adj.* mediocre.
mediocridad *f.* mediocrity.
mediodía *m.* noon, midday : *~ medio,* ASTR. mean
noon. *2* GEOG. south.
medioeval *adj* MEDIEVAL.
mediopaño *m.* light woollen cloth.
mediqué, medique, etc., *pret., subj & imper.* of
MEDICAR.
mediquillo *m.* MEDICUCHO.
medir *tr.* to measure, gauge : *~ el suelo,* fig. to
measure one's length; *medir las costillas* or
las espaldas a uno, fig. to beat, thrash someone.
2 to measure [one's strength, skill, etc., with].
3 to scan [verse]. — *4 ref.* to be moderate, act
with moderation. ¶ CONJUG. like *servir.*
meditabundo, da *adj.* meditative, pensive, musing.
meditación *f.* meditation.
meditar *tr. & intr.* to meditate, think.
mediterráneo, a *adj. & n.* mediterranean : *Mar
Mediterráneo,* Mediterranean Sea.
médium *m.* [spiritualistic] medium.
medo, da *adj.* Median. — *2 m. & f.* Mede.
medra *f.* growth, thriving, prosperity.
medrana *f.* coll. fear.
medrar *intr.* to grow, thrive, prosper.
medriñaque *m.* cloth made of a fibre of the sago
palm.
medro *m.* growth, thriving, prosperity. *2 pl.*
progress, improvement.
medrosamente *adv.* fearfully, timorously.
medroso, sa *adj.* fearful, timid, timorous, faint-
hearted. *2* dreadful, frightful.
medula, médula *f.* ANAT. medulla, marrow : *~ espinal,* spinal marrow, spinal cord; *~ oblonga
or oblongada,* medulla oblongata. *2* BOT. medulla,
pith. *3* fig. marrow, pith, substance.
medular *adj.* medullar, medullary.
meduloso, sa *adj.* marrowy, pithy.
medusa *f.* ZOOL. medusa, jellyfish. *2* (cap.) MYTH.
Medusa.
meduseo, a *adj.* like Medusa, relating to Medusa.
Mefistófeles *m. pr. n.* Mephistopheles.
mefistofélico, ca *adj.* Mephistophelian.
mefítico, ca *adj.* mephitic.
megáfono *m.* megaphone.
megalítico, ca *adj.* ARCHEOL. megalithic.
megalito *m.* ARCHEOL. megalith.
megalomanía *f.* megalomania.
megalómano, na *adj.* megalomaniacal. — *2 m. & f.*
megalomaniac.
mégano *m.* MÉDANO.
megaterio *m.* PALEONT. megathere.
megatón *m.* megaton, one million tons.
mego, ga *adj.* meek, mild, gentle.
megohmio *m.* ELECT. meghom.
mehala *f.* división of the regular army [in Mo-
rocco].
mehari, *pl.* **-ríes** *m.* ZOOL. mehari [swift African
dromedary].
mejana *f.* islet [in a river].
mejicanismo *m.* Mexicanism.
mejicano, na *adj. & n.* Mexican.
Méjico *m. pr. n.* GEOG. Mexico. *2* Mexico City.
mejido, da *adj.* beaten with sugar and milk [egg].
mejilla *f.* ANAT. cheek.
mejillón *m.* ZOOL. common mussel.
1) **mejor,** *pl.* **mejores** *adj. comp. & superl.* better,
best : *mi casa es ~ que la tuya,* my house is
better than yours; *el ~ libro que tengo,* the

best book that I have; *lo ~,* the best; *lo ~ es
enemigo de lo bueno,* the best is the enemy of
the good; *el ~ día,* some fine day, when least
expected; *el ~ postor,* the highest bidder; *a lo
~,* perhaps, maybe, probably.
2) **mejor** *adv. comp. & superl.* better, best : *Pedro
canta ~ que Juan,* Peter sings better than John;
~ que ~, better yet, all the better, so much the
better; *tanto ~,* so much the better. *2* rather :
~ dicho, rather, more properly speaking; *~ quisiera morir que mentir,* I would rather die than
lie.
mejora *f.* improvement, betterment. *2* higher bid
[in auction]. *3* LAW special bequest to a lawful
heir.
mejorable *adj.* ameliorable, improvable.
mejoramiento *m.* amelioration, melioration, improvement.
mejorana *f.* BOT. sweet marjoram.
mejorar *tr.* to ameliorate, meliorate, better, improve, mend. *2* to better, surpass. *3* to raise
[a bid]. *4* LAW to leave to [a lawful heir] a
special bequest besides his legal share. *5 mejorando lo presente.* present company excepted.
— *6 intr. & ref.* to ameliorate, meliorate, improve, grow better. *7* to mend or recover [regain
health]. *8* [of weather] to clear up, become
fair. *9* to reform. *10* to progress.
mejoría *f.* amelioration, melioration, improvement.
2 improvement in health. *3* superiority.
mejunje *m.* medicinal or cosmetic mixture.
melada *f.* toast dipped in honey. *2* dried marmalade.
melado, da *adj* honey-coloured. — *2 m.* cane-juice
syrup. *3* honey-cake sprinkled with hemp seeds.
meladora *f.* (Cu., P. Ri.) last sugar-boiling pan.
meladura *f.* cane-juice syrup.
meláfido *m.* GEOL. melaphyre.
melampo *m.* THEAT. prompter lamp.
melancolía *f.* MED. melancholia. *2* melancholy,
sadness, gloom.
melancólicamente *adv.* with melancholy, sadly,
gloomily.
melancólico, ca *adj.* MED. melancholic. *2* melancholic, melancholy, sad, gloomy. — *3 m. & f.*
melancholiac.
melancolizar *tr.* to affect with melancholy; to
render dejected, to dispirit.
melanemia *f.* MED. melanemia, melanæmia.
Melanesia *f. pr. n.* GEOG. Melanesia.
melanesio, sia *adj. & n.* Melanesian.
melanina *f.* BIOL. melanin.
melanita *f.* MINER. melanite.
melanosis *f.* MED. melanosis.
melanuria *f.* MED. melanuria, melanuresis.
melapia *f.* BOT. a variety of apple.
1) **melar** *adj.* [of cane or fruit] sweet, honey-sweet.
2) **melar** *intr.* [of bees] to fill combs with honey. *2*
to boil sugar-cane juice clear.
melaza *f.* molasses. *2* dregs of honey.
melca *f.* ZAHÍNA.
melcocha *f.* paste of concentrated honey; sweetmeat made with it.
melcochero *m.* maker or seller of MELCOCHA.
melena *f.* long hair [in men]. *2* loose hair [in
women] : *estar en ~,* to have one's hair down.
3 hair on the forehead [of an animal]. *4* mane
[of lion]. *5* MELENERA. *6* MED. melaena.
melenera *f.* crown of oxen's head. *2* fleecy skin
put under a yoke.
meleno *adj.* having a lock of hair on the forehead
[bull.]. — *2 m.* peasant, rustic. *3* simpleton.
melenudo, da *adj.* long-haired.
melera *f.* woman who sells honey. *2* damage or
rot in melons caused by rain or hail. *3* BOT.
bugloss.
melero *m.* honey dealer. *2* storage place for honey.
melgacho *m.* LIJA 1.
melgar *m.* patch of wild alfalfa.
meliáceo, a *adj.* BOT. meliaceous. — *2 f. pl.* BOT.
Meliaceæ.
mélico, ca *adj.* melic.
melífero, ra *adj.* melliferous.
melificación *f.* honey making.
melificado, da *adj.* mellifluous.
melificar *intr.* to make honey. — *2 tr.* to draw
honey from [flowers].
melifiqué, melifique, etc., *pret., subj. & imper.* of
MELIFICAR.
melifluamente *adv.* mellifluently, mellifluously.

melifluencia, melifluidad *f.* mellifluence, mellifluousness.

melifluo, flua *adj.* mellifluent, mellifluous.

meliloto, ta *adj.* silly, fool. — 2 *m. & f.* fool, simpleton. — 3 *m.* BOT. melilot, sweet clover.

melindre *m.* honey fritter. 2 a small ring-shaped marchpane cake. 3 narrow ribbon. 4 finicking, mincing, affectation of delicacy.

melindrear *intr.* to finick, mince, affect delicacy.

melindrería *f.* finickiness, daintiness, habit of mincing or affecting delicacy.

melindrero, ra; melindroso, sa *adj.* finicky, mincing, mincing or affecting delicacy.

melinita *f.* melinite.

melis *m.* BOT. a variety of Corsican pine; its wood.

melisa *f.* BOT. balm, garden balm, lemon balm.

melocotón *m.* BOT. peach [fruit]. 2 BOT. MELOCOTONERO.

melocotonar *m.* peach orchard.

melocotonero *m.* BOT. peach tree.

melodía *f.* MUS. melody. 2 melodiousness.

melódico, ca *adj.* MUS. melodic.

melodiosamente *adv.* melodiously.

melodioso, sa *adj.* melodious.

melodrama *m.* melodrama.

melodramáticamente *adv.* melodramatically.

melodramático, ca *adj.* melodramatic, melodramatical.

melografía *f.* art of writing music.

meloja *f.* honey water.

melojar *m.* grove of MELOJOS.

melojo *m.* BOT. a variety of black oak.

melolonta *m.* ENTOM. cockchaffer.

melomanía *f.* melomania.

melómano, na *m. & f.* melomane, melomaniac.

melón *m.* BOT. melon, muskmelon [plant and fruit]. 2 BOT. ~ de agua, watermelon. 3 ZOOL. MELONCILLO.

melonar *m.* muskmelon patch.

meloncillo *m. dim.* small muskmelon. 2 ZOOL. a variety of mongoose.

melonero, ra *m. & f.* muskmelon raiser or dealer.

melopea *f.* MELOPEYA. 2 monotonous singing. 3 vulg. drunkenness.

melopeya *f.* melopoeia 2 rhythmical mode of reciting.

melosa *f.* BOT. oily plant of Chile.

melosidad *f.* honeyedness.

meloso, sa *adj.* honey-like. 2 honeyed, sweet, mealy; mealy-mouthed.

melote *m.* dregs of molasses.

melton *m.* melton.

mella *f.* nick, notch, break, dent [in the edge of cutting tool, etc.]. 2 hollow, gap [left by a missing tooth, etc.]. 3 damage, hurt; impression: *hacer* ~, to make an impression on the mind; to harm, injure, affect.

mellado, da *adj.* nicked, jagged [edge. tool]. 2 having lost a tooth or some teeth.

mellar *tr.* to nick, break, dent the edge of. 2 to injure [the honour, credit, etc.]. — 3 *ref.* to get nicked, jagged.

mellizo, za *adj. & n.* twin [brother, sister].

mellón *m.* torch made of straw.

memada *f.* stupidity, piece of folly.

membrado, da *adj.* HER. membered.

membrana *f.* membrane: ~ *alantoides*, ANAT. allantois; ~ *caduca*, ANAT. decidua; ~ *mucosa*, ANAT. mucous membrane; ~ *nictitante*, ORNITH. nictitating membrane; ~ *serosa*, ANAT. serous membrane.

membranáceo, a *adj.* ZOOL., BOT. membranaceous.

membranoso, sa *adj.* membranous.

membrete *m.* letterhead, heading [printed on letter paper]. 2 note, memo. 3 written invitation.

membrilla *f.* BOT. variety of quince.

membrillar *m.* quince-tree orchard. 2 BOT. quince tree.

membrillate *m.* quince paste.

membrillero *m.* BOT. quince tree.

membrillo *m.* BOT. quince tree. 2 BOT. quince [fruit]. 3 quince paste.

membrudamente *adv.* sturdily.

membrudo, da *adj.* burly, sturdy, robust.

memela *f.* (Mex.) pancake made of Indian-corn meal.

memento *m.* ECCL. Memento.

memez *f.* silliness, stupidity.

memo, ma *adj.* silly, foolish, stupid. — 2 *m. & f.* fool, simpleton.

memorable *adj.* memorable.

memorablemente *adv.* memorably.

memorando, da *adj.* MEMORABLE.

memorándum *m.* [diplomatic] memorandum. 2 notebook, memorandum book. 3 (Am.) certificate of deposit.

memorar *t. & ref.* to remember.

memoratísimo, ma *adj. superl.* worthy of eternal memory.

memorativo, va *adj.* CONMEMORATIVO.

memoria *f.* memory [faculty of remembering]: *borrársele a uno una cosa de la* ~, to forget, escape from one's memory; *encomendar a la* ~, to commit to the memory; *ser flaco de* ~, to have a bad memory; *traer a la* ~, to recall, remember; to remind; *de* ~, by heart; *aprender de* ~, to learn by heart; *hablar de* ~, fig. to talk at random. 2 memory, recollection, remembrance, reminiscence: *hacer* ~, to try to remember; to remember; *de feliz* ~, of happy memory; *en* ~ *de*, in memory of. 3 memoir, record, statement, report. 4 essay, paper. 5 *pl.* memoirs. 6 compliments, regards: *memorias a*, my best regards to.

memorial *m.* memorial, petition. 2 memorandum book.

memorialesco, ca *adj.* num. pertaining to a memorial or petition.

memorialista *m.* one who writes petitions, letters, etc., for other people.

memorión, na *adj.* having a retentive memory. — 2 *m.* great memory. — 3 *m. & f.* one having a retentive memory.

memorioso, sa *adj.* having a retentive memory.

mena *f.* MIN. ore. 2 ICHTH. picarel. 3 NAUT. size of a cordage. 4 (P. I)) size and shape of a cigar.

ménade *f.* maenad.

menaje *m.* household furniture. 2 school equipment and supplies.

mención *f.* mention: *hacer* ~ *de*, to mention, make mention of. 2 ~ *honorifica*, honourable mention.

mencionar *tr.* to mention.

menchevique *m. & f.* Menshevik.

mendacidad *f.* mendacity.

mendaz, *pl.* **-daces** *adj.* mendacious. — 2 *m. & f.* liar.

mendeliano, na *adj.* Mendelian.

mendelismo *m.* Mendelism, Mendelianism.

mendicación *f.* begging.

mendicante *adj.* mendicant, begging. — 2 *m. & f.* mendicant, beggar.

mendicidad *f.* mendicity, mendicancy.

mendigante, ta *m. & f.* mendicant, beggar.

mendigar *tr.* to beg [ask for as a charity]. 2 to beg, supplicate for. — 3 *intr.* to beg [go begging].

mendigo, ga *m. & f.* beggar.

mendigué, mendigue, etc., *pret., subj. & imper.* of MENDIGAR.

mendiguez *f.* begging, beggary.

mendosamente *adv.* mendaciously. 2 erroneously, mistakenly.

mendoso, sa *adj.* mendacious. 2 wrong, mistaken.

mendrugo *m.* crumb, crust [hard, dry scrap of bread].

mendruguillo *m. dim.* small crumb of bread.

meneador, ra *m. & f.* stirrer, shaker.

menear *tr.* to shake, stir: *peor es meneatlo* (i. e. *menearlo*), better let it alone, the less said the better. 2 to wag, waggle, move. 3 to manage, direct. — 4 *ref.* to wag, waggle, move [be in motion]. 5 to stir, bestir oneself, hustle, hurry up. 6 [of a tooth, etc.] to be loose.

menegilda *f.* coll. maidservant, housemaid.

meneo *m.* shake, shaking, stir, stirring, wag, wagging. 2 hustling. 3 coll. drubbing, beating.

menester *m.* need, want: *haber* ~, to need; *ser* ~, to be necessary. 2 job, occupation, duty. 3 *pl.* bodily needs. 4 implements, tools [of a trade].

menesteroso, sa *adj.* needy. — 2 *m. & f.* needy person.

menestra *f.* vegetable soup or stew. 2 *pl.* dried vegetables.

menestral *m.* artisan, mechanic, handicraftsman.

menestralería *f.* artisanship.

menestralía *f.* artisans, mechanics [as a class].

menestrete *m.* NAUT. nail puller.

Menfis *f. pr. n.* HIST. GEOGR. Memphis.

menfita *adj.* Memphian. — 2 *m. & s.* Memphite.

menfítico, ca *adj.* Memphian.

mengano, na *m. & f.* So-and-So: *fulano, zutano y* ~, Tom, Dick and Harry.

mengua *f.* diminution, decrease, waning. 2 deficiency, lack, want. 3 discredit, disgrace : *en ~ de*, to the discredit of.

menguadamente *adv.* disgracefully, cowardly.

menguado, da *adj.* diminished, short, poor, inadequate; mean, paltry. 2 cowardly, pusillanimous. 3 mean, base, vile. 4 foolish, silly. 5 wretched. 6 *hora menguada*, wretched, fatal hour. — 7 *m. & f.* coward. 8 wretch. 9 *m. pl.* narrowing [of stockings in knitting].

menguamiento *m.* MENGUA.

menguante *adj.* diminishing, decreasing, waning : *cuarto ~*, last quarter [of moon]; *luna ~*, waning moon. — 2 *f.* decay, decline. 3 low water [in rivers, etc.]. 4 NAUT. ebbtide. 5 *~ de la luna*, waning of the moon.

menguar *intr.* to diminish, decrease, lessen, wane, fall off. 2 to decay, decline. 3 to make the narrowing [in knitting]. — 4 *tr.* AMENGUAR.

mengue *m.* coll. deuce, devil.

menhir *m.* ARCHEOL. menhir.

menina *f.* formerly, in Spain, a young lady in attendance on a young queen or princess.

meningeo, a *adj.* ANAT. meningeal.

meninges *f. pl.* ANAT. meninges.

meningitis *f.* MED. meningitis.

menino *m.* formerly, in Spain, a noble page of the queen or a young prince.

menique *adj. & m.* MEÑIQUE.

menisco *m.* PHYS., OPT., ANAT. meniscus.

menispermáceo, a *adj.* BOT. menispermaceous. — 2 *f. pl.* BOT. Menispermaceæ.

menjui *m.* BENJUÍ.

menjunje, menjurge *m.* MEJUNJE.

menologio *m.* ECCL. menology.

menopausia *f.* PHYSIOL. menopause.

menor, *pl.* **-nores** *adj.* smaller, less, lesser; younger. 2 smallest, least, youngest, junior. 3 minor [comparatively unimportant] : *poeta ~*, minor poet; *profetas menores*, minor prophets. 4 LOG., MUS. minor. 5 *~ de edad*, *~*, under age; minor. 6 *~ edad*, minority [state or period of being under age]. — 7 *m. & f.* minor [person under age]. — 8 *m.* minor, minorite [franciscan friar]. — 9 *f.* LOG. minor. — 10 adv. *al por ~*, retail. 11 *por ~*, retail; minutely, in detail.

Menorca *f. pr. n.* GEOG. Minorca.

menoria *f.* inferiority, subordination. 2 minority [state or period of being under age].

menorquín, na *adj. & n.* Minorcan.

menorragia *f.* MED. menorrhagia.

menos *adv.* less, least : *~ de*, *~ que*, less than; *al ~*, *a lo ~*, at least; at the least; *a ~ de* [with an *inf.*], without [with a *pres. p.*]; *a ~ que*, unless; *de ~*, less, missing, wanting : *una peseta de ~*, a peseta less; *echar de ~*, to miss, feel or notice the absence of, feel the want of; *en ~ de*, at less than; *en ~ que*, less, at less than; *en ~ que canta un gallo*, in less than no time, in an instant; *lo ~*, the least; at the least; *lo ~ posible*, the least possible; *más o ~*, more or less; *poco más o ~*, about a little more or less; practically; *por lo ~*, at least; at the least; *venir a ~*, to decline, decay; to become poor. 2 fewer : *tiene ~ discípulos que antes*, he has fewer pupils than before; *no ~ de veinte personas*, no fewer than fifty persons. 3 still less. 4 minus, less : *cinco ~ dos*, five minus two. 5 to [in telling time] : *las tres ~ cuarto*, a quarter to three [o'clock]. 6 but, except : *todo ~ esto*, anything but this. — 7 *m.* minus [sign].

menoscabador, ra *adj.* lessening, impairing, injuring, detracting. — 2 *m. & f* lessener, impairer, injurer, detractor.

menoscabar *tr.* to lessen, impair, injure, detract from.

menoscabo *m.* lessening, imparing, injure, detriment, derogation : *con ~ de*, to the detriment of.

menoscuenta *f.* part payment [of a debt].

menospreciable *adj.* contemptible.

menospreciablemente *adv.* contemptibly.

menospreciador, ra *adj.* contemptuous, despising. — 2 *m. & f.* contemner, despiser.

menospreciar *tr.* to underestimate, underrate, undervalue. 2 to contempt, despise, slight.

menospreciativo, va *adj.* contemptuous, despising, scornful, slighting.

menosprecio *m.* underestimation, undervaluation. 2 scorn, contempt.

mensaje *m.* message.

mensajería *f.* stage coach, public conveyance. — 2 *pl.* transportation company, stage line. 3 shipping line.

mensajero, ra *m. & f.* messenger [carrier of a message]. — 2 *adj.* carrier [pigeon].

menstruación *f.* menstruation. 2 menses.

menstrual *adj.* menstrual.

menstrualmente *adv.* monthly; menstrually.

menstruar *intr.* to menstruate.

menstruo, trua *adj.* menstruous. — 2 *m.* menstruation. 3 menses, courses. 4 CHEM. menstruum.

menstruoso, sa *adj.* menstruous. 2 menstruating. — 3 *f.* menstruating woman.

mensual *adj.* monthly.

mensualidad *f.* monthly pay or allowance. 2 monthly instalment.

mensualmente *adv.* monthly.

ménsula *f.* ARCH. bracket, corbel.

mensura *f.* MEDIDA.

mensurabilidad *f.* mensurability.

mensurable *adj.* mensurable.

mensuración *f.* mensuration.

mensurador, ra *adj.* measuring. — 2 *m. & f.* measurer

mensural *adj.* mensural.

mensurar *tr.* to measure.

menta *f.* BOT. mint. 2 peppermint.

mentado, da *adj.* mentioned. 2 famous, renowned.

mental *adj.* mental.

mentalidad *f.* mentality.

mentalmente *adv.* mentally.

mentar *tr.* to name, mention. ¶ CONJUG. like *acertar*.

mentastro *m.* BOT. MASTRANZO.

mente *f.* mind, intellect, understanding. 2 mind, intention, purpose.

mentecatada, mentecatería, mentecatez *f.* foolishness, silliness, stupidity.

mentecato, ta *adj.* silly, foolish, stupid, crackbrained, half-witted. — 2 *m. & f.* fool, dolt.

mentidero *m.* gossiping place, place where people meet and gossip.

mentido, da *adj.* false, delusive.

mentir *intr.* to lie [speak falsely, tell lies]. 2 [of things] to deceive, be false, delusive. 3 *~ con* [of a thing], to disagree, clash with. 4 *¡miento!*, I am mistaken! [when correcting one's own statement]. — 5 *tr.* to feign. 6 to break, fail to keep [one's word, promise, etc.]. ¶ CONJUG. like *sentir*.

mentira *f.* lie, fib, falsehood : *~ inocente*, *~ oficiosa*, white lie; *parece ~*, it hardly seems possible; it seems incredible. 2 error, mistake [in writing]. 3 coll. white spot [on fingernails].

mentirijillas (de) *adv.* in fun, in jest, for fun.

mentirilla *f. dim.* little fib. 2 *de mentirillas*, in fun, in jest, for fun.

mentirón *m. aug.* great lie.

mentirosamente *adv.* lyingly, deceitfully.

mentiroso, sa *adj.* lying, mendacious. 2 full of errors or misprints [book, writing]. 3 deceptive, deceitful. — 3 *m. & f.* liar : *más presto se coge al ~ que al cojo*, the liar is easily found out.

mentis, *pl.* **-tis** *m.* lie [charge of lying] : *dar un ~ a*, to give the lie to. 2 anything that belies a statement.

mentol *m.* PHARM. menthol.

mentolado, da *adj.* mentholated.

mentón *m.* chin, point of the chin.

mentor *m.* mentor.

menú *m.* Gal. menu, bill of fare.

menudamente *adv.* minutely. 2 in detail.

menudear *tr.* to do frequently, repeat frequently. 2 (Am.) to sell by retail. — 3 *intr.* to happen frequently; to rain, fall incessantly, come down in abundance. 4 to go into details. 5 to tell or describe unimportant things.

menudencia *f.* smallness, minuteness. 2 trifle. 3 minuteness, minute accuracy. 4 *pl.* pork products. 5 (Am.) giblets.

menudeo *m.* constant repetition, incessant happening or falling down. 2 retail : *al ~*, by retail.

menudero, ra *m. & f.* dealer in tripe, giblets, etc.

menudillo *m.* fetlock joint. 2 *pl.* giblets.

menudo, da *adj.* small, little, minute, tiny. 2 small, trifling, unimportant. 3 common [people]. 4 small [money, change]. 5 minute, exact, meticulous. 6 *pl.* small change. 7 blood and entrails [of butchered animals]. 8 giblets. 9 *a ~*, often, frequently. 10 *por ~*, *a la menuda*, minutely, in detail; by retail.

menuzo *m.* small piece.

meñique *adj.* coll. tiny, very small. 2 little [finger]. — 3 *m.* little finger.

meollar *m.* NAUT. spun yarn.

meollo *m.* ANAT. brain. 2 ANAT. marrow, pith. 3 BOT. pith. 4 fig. marrow, pith, substance. 5 fig. judgement, understanding, sense.

meolludo, da *adj.* pithy.

meón, na *adj.* constantly urinating. — 2 *m.* & *f.* person or child who urinates very often.

meple *m.* (Am.) BOT. maple : ~ *moteado*, bird's eye maple.

mequetrefe *m.* coll whippersnapper, jackanapes, coxcomb.

meramente *adv.* merely, purely, solely.

merar *tr.* to mix [liquids], to mix with water.

merca *f.* coll. purchase [buying].

mercachifle *m.* contempt. merchant, petty merchant. 2 peddler, hawker.

mercadear *intr.* to deal, trade, traffic.

mercader *m.* merchant, dealer : ~ *de grueso*, wholesale merchant.

mercadera *f.* woman merchant. 2 merchant's wife.

mercadería *f.* MERCANCÍA.

mercaderil *adj.* of a merchant.

mercado *m.* market : ~ *de valores*, stock market; ~ *negro*, black market. 2 market place.

mercaduría *f.* MERCANCÍA 1.

mercancía *f.* commerce, trade. 2 merchandise, commodity. 3 *pl.* goods, merchandise, wares.

mercante *adj.* merchant : *buque* ~, merchant ship; *marina* ~, merchant marine. — 2 *m.* merchant, trader.

mercantil *adj.* mercantile, commercial.

mercantilismo *m.* mercantilism, commercialism. 2 ECON. mercantilism.

mercantilista *adj.* mercantilist, mercantilistic. — 2 *m.* & *f.* mercantilist.

mercantilmente *adv.* commercially.

mercantivo, va *adj.* mercantil.

mercar *tr.* to buy, purchase.

merced *f.* gift, grant, favour, grace. 2 mercy, will, power, disposal : *a* ~ *de*, at the mercy of; *at* the disposal of; *darse*, or *entregarse*, *a* ~, *to* surrender at discretion. 3 *La Merced*, order of Our Lady of Mercy. 4 *vuestra Merced, vuesa Merced, su Merced*, you, sir; you, madam [courteous appellation formerly given to untitled persons]. 5 *servir a* ~ or *a mercedes* to work or serve without a fixed salary, for a voluntary recompense. 6 ~ *a*, thanks to. 7 *¡muchas mercedes!*, many thanks!

mercedario, ria *adj.* pertaining to the order of Our Lady of Mercy. — 2 *m.* & *f.* Mercedarian.

mercenario, ria *adj.* mercenary [hired, working for money]. 2 pertaining to the order of Our Lady of Mercy. — 4 *m.* mercenary [soldier, worker], stipendiary. — 5 *m.* & *f.* Mercedarian.

mercería *f.* small wares haberdashery, *notions. " haberdasher's shop.

mercerización *f.* mercerization.

mercerizar *tr.* to mercerize.

mercero *m.* haberdasher, seller of small wares or *notions.

mercurial *adj.* mercurial. 2 ASTR., MYTH. Mercurial. — 3 *f.* BOT. herb mercury.

mercúrico *adj.* CHEM. mercuric.

Mercurio *m. pr. n.* ASTR., MYTH. Mercury.

mercurio *m.* CHEM. mercury. 2 ~ *dulce*, calomel.

mercurioso, sa *adj.* CHEM. mercurious.

merchante *m.* jobber.

merdellón, na *m.* & *f.* coll. slovenly servant.

merdoso, sa *adj.* filthy.

merecedor, ra *adj.* deserving, worthy.

merecer *tr.* to deserve, merit, be worthy of : ~ *la pena*, to be worthwhile. 2 to attain, obtain. 3 to be worth. — 4 *intr.* to deserve, be deserving : ~ *bien de*, to deserve the gratitude of. ¶ CONJUG. like *agradecer*.

merecidamente *adv.* deservedly.

merecido, da *adj.* deserved. — 2 *m.* deserts, deserved punishment.

mereciente *adj.* deserving.

merecimiento *m.* merit, desert.

merendar *intr.* to take a light refreshment in the afternoon. 2 [in some places] to lunch. — 3 *tr.* to eat [in the afternoon], to lunch on. — 4 *ref.* to manage to get. ¶ CONJUG. like *acertar*.

merendero *m.* place [often out of town] where refreshments or light meals are served. — 2 *adj.* ORN. *cuervo* ~, rook.

merendola, merendona *f.* aug. splendid refreshment taken in the afternoon.

merengue *m.* meringue.

meretricio, cia *adj.* meretricious [of or befitting a harlot].

meretriz *f.* harlot, strumpet.

merey *f.* BOT. cashew tree.

merezco, merezca, etc., *irr.* V. MERECER.

mergansar, mergo *m.* ORN. cormorant.

mericarpio *m.* BOT. mericarp.

meridiana *f.* couch, lounge. 2 afternoon nap. 3 *a la* ~, at noon.

meridiano, na *adj.* meridian [pertaining to midday]. 2 ASTR. meridian : *altura meridiana*, meridian altitude. 3 bright, dazzling. — 4 *m.* ASTR. GEOGR., GEOM. meridian : *primer* ~, first meridian, prime meridian.

meridional *adj.* meridional, southern. — 2 *m.* & *f.* meridional, southerner.

merienda *f.* snack, light refreshment taken in the afternoon. 2 [in some places] lunch. 3 coll. humpback. 4 ~ *de negros*, confusion, bedlam.

meriendo, meriende, etc., *irr.* V. MERENDAR.

merindad *f.* district of the jurisdiction of a MERINO.

merino, na *adj.* merino. 2 thick and curly [hair]. — 3 *m.* formerly, a royal judge. 4 head shepherd. 5 merino [sheep, wool and fabric].

méritamente *adv.* MERECIDAMENTE.

meritísimo, ma *adj. superl.* most worthy.

mérito *m.* merit, desert ; worth, excellence, value : *de* ~, excellent, of value; *hacer méritos*, to make oneself deserving. 2 LAW *méritos del proceso*, merits of the case. 3 *hacer* ~ *de*, to mention.

meritoriamente *adv.* meritoriously.

meritorio, ria *adj.* meritorious. — 2 *m.* improver, employee that begins work without a salary.

merla *f.* ORN. blackbird.

Merlín *m. pr. n.* Merlin [magician] : *saber más que* ~, to be very keen, very shrewd.

merlín *m.* NAUT. marline.

merlo *m.* ICHTH. black wrasse. 2 (Am.) simpleton.

merlón *m.* FORT. merlon.

merluza *f.* ICHTH. hake. 2 coll. drunk, drunken fit : *coger una* ~, to get drunk.

merma *f.* decrease, decrement, waste, loss, leakage, shrinkage. 2 curtailment, reduction.

mermar *intr.* & *ref.* to decrease, diminish, lessen, wear away, shrink. — 2 *tr.* to lessen, curtail, reduce.

mermelada *f.* marmalade.

1) **mero** *m.* ICHTH. a Mediterranean grouper.

2) **mero, ra** *adj.* mere, pure, simple.

merodeador, ra *adj.* marauding. — 2 *m.* & *f.* marauder.

merodear *intr.* to maraud.

merodeo *m.* marauding.

merodista *m.* & *f.* marauder.

merovingio, gia *adj.* & *m.* Merovingian.

merqué, merque, etc., *pret., subj.* & *imper.* of MERCAR.

mes *m.* month : ~ *anomalístico*, anomalistic month ; ~ *lunar*, lunar month; *meses mayores*, last months of pregnancy ; *meses precediendo* harvest. 2 monthly pay or allowance. 3 menses, courses.

mesa *f.* table [article of furniture] : ~ *de batalla*, sorting table [in post office] ; ~ *de cambios*, counter of a money-changer ; ~ *de juego*, gaming table, gambling table; ~ *de noche*, bedside table; ~ *del altar*, ECCL. altar; ~ *del billar*, billiard table ; ~ *de operaciones*, SURG. operating table; ~ *extensible*, extension table ; ~ *franca*, open table; ~ *redonda*, round table; table d'hôte, common table [at hotels, etc.]; *alzar* or *levantar la* ~, to clear the table; *estar*, or *vivir*, *a* ~ *puesta*, to live without care or expenses; *estar a* ~ *y mantel de*, to live at the expense of; *poner la* ~, to set, or lay, the table; *quitar la* ~, to clear the table. 2 table, food, fare, cheer: *los placeres de la* ~, the pleasures of the table. 3 executive board [of a congress, meeting, etc.]. 4 desk [writing table]. 5 tableland, plateau. 6 landing [of a staircase]. 7 game [at billiards]. 8 table [of a gem]. 9 flat [of a weapon's blade]. 10 NAUT. ~ *de guarnición*, channel. 11 MIN. ~ *de lavar*, frame [for washing ore]. 12 ~ *revuelta*, drawing, etc., where several objects are depicted in artistical disorder; miscellany, medley.

mesada *f.* monthly pay or allowance.

mesadura *f.* tearing the hair.

mesalina *f.* fig. dissolute woman.

mesana *f.* NAUT. mizzen sail; mizzenmast. 2 *de* ~, mizzen [as adj.].

mesar *tr.* to tear or pull the hair or beard.

mescolanza *f.* MEZCOLANZA.

meseguería *f.* harvest watch. 2 money paid for watching the harvest.

meseguero, ra *adj.* [pertaining to the] harvest. — 2 *m.* harvest watchman. 4 vineyard watchman.

mesentérico, ca *adj.* mesenteric.

mesenterio *m.* ANAT. mesentery.

mesenteritis *f.* MED. mesenteritis.

meseraico, ca *adj.* MESENTÉRICO.

mesero *m.* (Mex.) waiter [in a restaurant].

meseta *f.* tableland, plateau. 2 landing [of a staircase].

mesiánico, ca *adj.* Messianic.

mesianismo *m.* Messianism.

Mesías *m. pr. n.* BIB. Messiah. — 2 *m.* fig. Messiah.

mesiazgo *m.* Messiahship.

mesilla *f. dim.* small table : ~ *de noche*, bedside table. 2 landing [of a staircase] : ~ *corrida*, half pace; ~ *quebrantada*, quarter pace. 3 window sill.

mesillo *m.* first menses after parturition.

mesita *f. dim.* small table.

mesmedad f. *por su misma* ~, by the very fact.

mesmerismo *m.* mesmerism.

mesmo, ma *adj.* obs. or vulg. MISMO.

mesnada *f.* fomerly, armed retinue, company of soldiers. 2 company, band; followers.

mesnadería *f.* wages of a MESNADERO.

mesnadero *m.* formerly, member of a company of soldiers.

mesoblasto *m.* BIOL. mesoblast.

mesocarpio *m.* BOT. mesocarp.

mesocracia *f.* government by the middle class. 2 middle class, bourgeoisie.

mesocrático, ca *adj.* [pertaining to the] middle class.

mesocéfalo, la *adj.* ANTHROP. mesocephalic. — 2 *m. & f.* mesocephal [person].

mesodérmico, ca *adj.* mesodermic.

mesodermo *m.* BIOL. mesoderm.

mesogastrio *m.* ANAT. mesogastrium.

mesón *m.* inn, hostelry, tavern, roadhouse.

mesonaje *m.* street or place with many inns.

mesonero, ra *adj.* [pertaining to an] inn or hostelry. — 2 *m. & f.* innkeeper, host, hostess.

mesonista *adj.* [pertaining to an] inn or hostelry.

Mesopotamia *f. pr. n.* GEOG. Mesopotamia.

mesopotámico, ca *adj. & n.* Mesopotamian.

mesotórax, *pl.* **-rax** *m.* ZOOL. mesothorax.

mesozoico, ca *adj. & m.* GEOL. Mesozoic.

mesta *f.* a powerful union of cattle or sheep raisers. 2 *pl.* waters of the confluence of two streams.

mestal *m.* grove of MESTOS.

mesteño, ña *adj.* belonging to the MESTA. ↙ MOSTRENCO. 2 (Am.) wild, untamed [animal].

mester *m.* obs. art, trade. 2 ~ *de clerecía*, in the Spanish literature of the Middle Ages, the verse of clerics or scholars. 3 ~ *de juglaría*, Spanish minstrelsy, verse of the minstrels or jongleurs in the Middle Ages.

mestizaje *m.* crossing of races.

mestizar *tr.* to crossbreed, to mongrelize.

mestizo, za *adj.* mongrel, half-breed, half-blooded. — 2 *m. & f.* half-breed [pers. of mixed blood].

mesto *m.* BOT. bastard cork oak. 2 BOT. Turkey oak. 3 BOT. mock privet.

mesura *f.* gravity, dignified deportment. 2 politeness, deference, submission. 3 moderation, circumspection.

mesuradamente *adv.* slowly; prudently, with circumspection.

mesurado, da *adj.* grave, dignified. 2 moderate, circumspect, temperate.

mesurar *tr.* to moderate, inspire moderation in. — 2 *ref.* to restrain oneself, to act with moderation.

meta *f.* meta [post of the Roman Circus]. 2 SPORTS goal; finish line. 3 fig. goal, aim, purpose.

metabólico, ca *adj.* PHYSIOL. metabolic.

metabolismo *m.* PHYSIOL. metabolism : ~ *basal*, basal metabolism.

metacarpiano, na *adj.* ANAT. metacarpal.

metacarpo *m.* ANAT. metacarpus.

metacentro *m.* metacentre, metacenter.

metacronismo *m.* metachronism.

metafase *f.* BIOL. metaphase.

metafísica *f.* metaphysics.

metafísicamente *adv.* metaphysically.

metafísico, ca *adj.* metaphysical. — 2 *m.* metaphysician.

metáfora *f.* metaphor.

metafóricamente *adv.* metaphorically.

metafórico, ca *adj.* metaphorical.

metaforizar *tr.* to express metaphorically. — 2 *intr.* to use metaphors.

metagoge *f.* RHET. a kind of metaphor.

metal *m.* CHEM., HER. metal : ~ *antifricción*, antifriction metal. Babbit metal; ~ *blanco*, nickel silver, britannia metal, white metal; ~ *campanil*, bell metal; ~ *de imprenta*, type metal; ~ *precioso*, rich metal; *metales alcalino-térreos*, alkaline-earth metals; *el vil* ~, fig. money. 2 brass, latten. 3 MÚS. brass [brass orchestral instruments]. 4 timbre [of voice]. 5 quality, nature [of things].

metalario *m.* metallist, metal worker.

metalepsis *f.* RHET. metalepsis.

metálica *f.* METALURGIA.

metalicé, metalice, etc., *pret., subj. & imper.* of METALIZAR.

metálico, ca *adj.* metallic. 2 medallic. — 3 *m.* metallist, metal worker. 4 specie, metallic currency, hard cash, hard money, coin.

metalífero, ra *adj.* metal-bearing, metalliferous.

metalista *m.* metallist, metal worker.

metalización *f.* CHEM. giving metallic properties. 2 metallization.

metalizar *tr.* CHEM. to give metallic properties to — 2 *ref.* to become metallized; to be converted into metal. 3 to be controlled by love of money, to become mercenary, money-mad.

metalografía *f.* metallography.

metalográfico, ca *adj.* metallographic.

metaloide *m.* CHEM. metalloid, nonmetal.

metaloterapia *f.* MED. metallotherapy.

metalurgia *f.* metallurgy.

metalúrgico, ca *adj.* metallurgic, metallurgical. — 2 *m.* metallurgist.

metalla *f.* scraps of gold leaf for mending.

metámero *m.* ZOOL. metamere.

metamórfico, ca *adj.* GEOL. metamorphic.

metamorfismo *m.* GEOL. metamorphism.

metamorfosear *tr.* to metamorphose, transform. — 2 *ref.* to metamorphose [undergo metamorphosis], be transformed.

metamorfosi, metamorfosis, *pl.* **-sis** *f.* metamorphosis, transformation. 2 ZOOL. metamorphosis.

metano *m.* CHEM. methane.

metaplasma *m.* BIOL. metaplasm.

metaplasmo *m.* GRAM. metaplasm.

metástasis, *pl.* **-sis** *f.* MED. metastasis.

metatarsiano, na *adj.* ANAT. metatarsal.

metatarso *m.* ANAT. metatarsus.

metate *m.* (Mex.) stone on which maize, etc., is ground. 2 stone on which chocolate is made.

metátesis, *pl.* **-sis** *f.* GRAM. metathesis.

metatórax, *pl.* **-rax** *m.* ZOOL. metathorax.

metazoo *adj. & m.* ZOOL. metazoan. — 2 *m. pl* ZOOL. Metazoa.

meteco *adj.* foreign [pers.]. — 2 *m.* foreigner, stranger, newcomer.

metedor, ra *m. & f.* one who, or that which, introduces. 2 smuggler. — 3 *m.* baby's diaper.

meteduría *f.* smuggling.

metempsicosis, metempsicosis, *pl.* **-sis** *f.* metempsychosis.

metemuertos, *pl.* **-tos** *m.* THEAT. stagehand. 2 fig. busybody, officious person.

meteoricé, meteorice, etc., *pret., subj. & imper.* of METEORIZAR.

meteórico, ca *adj.* meteoric.

meteorismo *m.* MED. meteorism, tympanites.

meteorito *m.* meteorite.

meteorización *f.* AGR. influence or atmospheric phenomena on the soil.

meteorizar *tr.* MED. to meteorize. — 2 *ref.* AGR. [of soil] to be influenced by atmospheric phenomena. 3 MED. to become meteorized.

meteoro, metéoro *m.* meteor.

meteorología *f.* meteorology.

meteorológico, ca *adj.* meteorologic, meteorological.

meteorologista *m. & f.* meteorologist.

meter *tr.* to put, place, insert, thrust, introduce

[in or between]; to enclose [in]. 2 to pocket [a billiard ball]. 3 to hole [a golf ball]. 4 to smuggle. 5 to make, cause, sow: ~ *bulla*, to make a noise; ~ *una cosa a bulla*, to carry off a matter with a joke; ~ *chismes, enredos*, to make mischief; ~ *miedo*, to frighten, cause fear; ~ *ruido*, to make a noise; to make a fuss; to cause a sensation, be much talked about; ~ *cizaña*, to sow discord. 6 to tell [lies]; to impose, palm off or on. 7 to give [a beating]. 8 to get [someone into a scrape, business, etc.]. 9 to stake [money]. 10 to take in [a seam]. 11 to pack, compress, mass compactly. 12 NAUT. to brail up [sails]; to brail up and furl [sails]. — 13 *ref.* to go, get [in or into]. 14 to intrude, interfere, meddle, butt [in]. 15 to become familiar or intimate [with a person]. 16 to plunge [into vice, business, etc.]. 17 to become [a friar, a nun, a soldier]. 18 [of rivers] to empty 19 *meterse a*, to take up [a profession] to become; to assume [a character, function, etc.], to set oneself up as; to undertake to, to take it upon oneself to. 10 *meterse con*, to pick a quarrel with. 11 *meterse en*, to enter, go or get in; to plunge in; to meddle with, poke one's nose into; *no me meto en nada*, I have neither part nor lot in it; *no se meta en lo que no le importa*, mind your own business. 12 *meterse uno en sí* or *en sí mismo*, to keep one's own counsel.

metesillas y sacamuertos *m.* METEMUERTOS.
meticulosamente *adv.* meticulously.
meticulosidad *f.* meticulosity.
meticuloso, sa *adj.* meticulous.
metidillo *m.* baby's diaper.
metido, da *p. p.* of METER. — 2 *adj.* having in abundance: ~ *en carnes*, plump, fleshy. 3 close, compressed: *letra metida*, close writing. 4 *estar muy ~ con*, to be on very close terms with. 5 *estar muy ~ en*, to be deeply involved or engaged in. — 6 *m.* punch given below the ribs. 7 SEW. material allowed in seams. 8 baby's diaper. 9 coll. lecture, dressing down.
metilamina *f.* CHEM. methylamine.
metileno *m.* CHEM. methylene.
metílico, ca *adj.* CHEM. methylic.
metilo *m.* CHEM. methyl.
metimiento *m.* putting in, insertion, introduction. 2 favour, influence.
metódicamente *adv.* methodically.
metodicé, metodice, etc., *pret., subj. & imper.* of METODIZAR.
metódico, ca *adj.* methodical.
metodismo *m.* Methodism.
metodista *adj. & n.* Methodist.
metodizar *tr.* to methodize.
método *m.* method. 2 technique.
metodología *f.* methodology.
metonimia *f.* RHET. metonymy.
metonímico, ca *adj.* metonymical.
metopa *f.* ARCH. metope.
metoposcopia *f.* metoposcopy.
metraje *m.* length in metres: *de corto ~*, short [cinema picture]; *de largo ~*, full-length [cinema picture].
metralla *f.* grapeshot, case shot; shrapnel.
metrallazo *m.* discharge of grapeshot or shrapnel.
métrica *f.* metrics, prosody.
métricamente *adv.* metrically.
métrico, ca *adj.* metric, metrical.
metrificación *f.* versification.
metrificador, ra *m. & f.* versifier.
metrificar *intr. & tr.* to versify.
metrista *m. & f.* versifier.
metritis *f.* MED. metritis.
metro *m.* metre, meter [unit of length]. 2 POET. metre. meter. 3 coll. [abbr. of METROPOLITANO] underground, subway or elevated train.
metrología *f.* metrology.
metrónomo *m.* MUS. metronome.
metrópoli *f.* metropolis. 2 archiepiscopal church. 3 mother country.
metropolitano, na *adj.* metropolitan. 2 archiepiscopal. — 4 *m.* ECCL. metropolitan, archbishop. 5 underground, subway or elevated train.
metrorragia *f.* MED. metrorrhagia.
metroscopio *m.* MED. metroscope.
mexicano, na *adj. & n.* Mexican.
México *m. pr. n.* GEOG. Mexico. — 2 *f.* Mexico City.
meya *f.* NOCA.

mezcal *m.* mescal [variety of maguey; liquor].
mezcla *f.* mixing, mix, mingling, blending. 2 mixture; blend. 3 MAS. mortar. 4 TEXT. mixed cloth.
mezclable *adj.* mixable.
mezcladamente *adv.* mixedly, promiscuously.
mezclador, ra *adj.* mixing, blending. — 2 *m. & f.* mixer.
mezcladura *f.*, **mezclamiento** *m.* mixing, mix, mingling, blending.
mezclar *tr.* to mix, mingle, blend, intermix, intermingle. — 2 *ref.* to mix, mingle [be mixed, associated]. 3 to intermarry. 4 to take part, busy oneself, meddle.
mezclilla *f.* light mixed cloth.
mescolanza *f.* coll. mixture, medley, jumble, hodgepodge.
mezo, meza, etc., *pres., subj. & imper.* of MECER.
mezquinamente *adv.* stingily, niggardly.
mezquinar *tr.* (S. Am.) to be stingy with.
mezquindad *f.* need, penury, poverty. 2 meanness, stinginess. 3 smallness, shortness, paltriness. 4 wretchedness. 5 trifle. mean thing. 6 niggardly act.
mezquino, na *adj.* needy, poor. 2 stingy, niggardly, mean, miserly. 3 small, short, mean, paltry. 4 unfortunate, wretched.
mezquita *f.* mosque.
mezquital *m.* clump of mesquite shrubs.
mezquite *m.* BOT. mesquite.
1) **mi** *m.* MUS. mi, E.
2) **mi** *poss. adj.* my. | Only used before a noun.: ~ *padre*, my father; ~ *sombrero*, my hat.
mí *pers. pron.* (used as object of prepositions) me, myself: *lo trae para ~*, he brings it for me; *lo traje para ~*, I brought it for myself. 2 *¡y a mí qué!*, I don't care!
miaja *f.* crumb [of bread]. 2 bit [small piece].
miar *intr.* to mew.
miasma *m.* miasma. 2 *pl.* miasmata.
miasmático, ca *adj.* miasmatic.
miau *m.* mew, mewing.
mica *f.* MINER. mica. 2 female monkey. 3 (Guat.) coquette, flirt.
micáceo, a *adj.* micaceous.
micacita *f.* MINER. mica schist.
micado *m.* Mikado.
micción *f.* micturition.
micelio *m.* BOT. mycelium.
Micenas *f. pr. n.* HIST. GEOGR. Mycenæ.
micénico, ca *adj.* Mycenæan.
mico *m.* ZOOL. long-tailed monkey. 2 coll. lecherous man. 3 *dar ~, hacer ~*, not to keep a date, to fail to keep an engagement. 4 *dejar a uno hecho un ~*, to abash, descomfit someone; *quedarse hecho un ~*, to be abashed, discomfited.
micología *f.* mycology.
micólogo, ga *m. & f.* mycologist.
micosis *f.* MED. mycosis.
micra *f.* MICRÓN.
microanálisis *m.* CHEM. microanalysis.
microbiano, na *adj.* microbial, microbian, microbic.
microbicida *adj. & m.* microbicide.
microbio *m.* microbe.
microbiología *f.* microbiology.
microbiológico, ca *adj.* microbiological.
microbiólogo, ga *m. & f.* microbiologist.
microcefalia *f.* microcephaly, microcephalism.
microcéfalo, la *adj.* ANTHROP., MED. microcephalic, microcephalous.
microcito *m.* MED. microcyte.
micrococo *m.* BACT. micrococcus.
microcopia *f.* microcopy.
microcosmo *m.* microcosm.
microfaradio *m.* ELECT. microfarad.
microfilm *m.* microfilm.
micrófito *m.* microphyite.
micrófono *m.* microphone.
microfotografía *f.* microphotography.
microgameto *m.* BIOL. microgamete.
micrografía *f.* micrography.
micrográfico, ca *adj.* micrographical.
micrógrafo *m.* micrograph.
microhmio *m.* ELECT. microhm.
micrometría *f.* micrometry.
micrométrico, ca *adj.* micrometric.
micrómetro *m.* micrometer.
micromilímetro *m.* MICRÓN.

micrón *m.* micron [one thousandth of a millimetre].
micronesio, sia *adj.* & *n.* Micronesian.
microorganismo *m.* BIOL. micro-organism.
micrópilo *m.* ZOOL., BOT. micropyle.
microscópico, ca *adj.* microscopic, microscopical.
microscopio *m.* microscope.
microsismo *m.* microseism.
microsoma *m.* BIOL. microsome.
microspora *f.* BOT., ZOOL. microspore.
microteléfono *m.* microtelephone.
micrótomo *m.* microtome.
microvoltio *m.* ELECT. microvolt.
micha *f.* coll. puss [she-cat].
michino, na *m.* & *f.* coll. pussy, pussycat.
micho *m.* coll. puss [tomcat].
mida *f.* BRUGO.
mido, mida, midió, etc., *irr.* V. MEDIR.
midriasis *f.* MED. mydriasis.
midriático, ca *adj.* & *n.* MED. mydriatic.
mieditis *f.* coll. fear, dread.
miedo *m.* fear, dread; apprehension: ~ *cerval,* great fear; *dar* ~, to be dreadful, appalling; *dar* ~ *a,* to frighten; *tener* ~, to be afraid; *tener* ~ *a* or *de,* to be afraid of, to fear.
miedoso, sa *adj.* fearful, timid, timorous.
miel *f.* honey: ~ *rosada,* PHARM. honey of rose; *dejar a uno con la* ~ *en los labios,* to deprive someone of a thing which he was just beginning to enjoy; *hacerse de* ~, fig. to be too compliant or indulgent; ~ *sobre hojuelas,* fig. added pleasure, profit, etc. 2 molasses, sugar-cane syrup.
mielga *f.* BOT. lucerne. 2 ICHTH. kind of dogfish. 3 AMELGA. 4 BIELDO.
mielgo, ga *adj.* MELLIZO.
mielitis *f.* MED. myelitis.
miembro *m.* ANAT. member: ~ *viril,* virile member. 2 ANAT. penis. 3 member [of a body, class, community, etc.; part of a whole]. 4 ARCH., ENG., GRAM., LOG., MATH. member.
mienta *f.* MENTA.
mientes *f. pl.* mind, thought: *caer en* ~ or *en las* ~, to think, imagine; *parar,* or *poner,* ~ *en,* to consider, reflect on; *traer a las* ~, to remember; *venírsele a uno a las* ~, to come to one's mind.
1) **miento, miente,** etc., *irr.* V. MENTAR.
2) **miento, mienta,** etc., *irr.* V. MENTIR.
mientras *adv.* & *conj.* while, whilst, when, meanwhile: ~ *tanto,* meanwhile. 2 whereas. 3 ~ *no,* until. 4 ~ *que,* while; whereas. 5 ~ *más (o menos)... más (o menos),* the more (or the less)... the more (or the less).
miera *f.* juniper oil. 2 pine turpentine.
miércoles, *pl.* **-les** *m.* Wednesday: ~ *de ceniza,* coll. ~ *corvillo,* Ash Wednesday.
mierda *f.* excrement; filth. | Not in decent use.
mierra *f.* sled, stone drag.
mies, *pl.* **mieses** *f.* ripe grain, in the field or before trashing. 2 harvest time. 3 fig. harvest [multitude converted or ready for conversion to Christianity]. 4 *pl.* grain fields.
miga *f.* crumb, bit [small fragment or piece]. 2 crumb [soft part of bread]. 3 fig. marrow, pith, substance. 4 *pl.* fried crumbs. 5 *hacer buenas,* or *malas, migas* [of two persons], to get, or not to get, along well together; to hit, or not to hit, it off.
migaja *f.* crumb [small piece of bread]. 2 crumb, bit, grain, particle: *no tener* ~ *de,* to have not a grain of; *reparar en migajas,* to bother about trifles. 3 *pl.* crumbs, leavings.
migajada *f.* crumb, bit, grain, particle.
migajón *m.* crumb [soft part of bread]. 3 fig. pith, substance.
migajuela *f. dim.* small crumb.
migar *tr.* to crumb [bread]. 2 to put crumbs of bread into [a liquid].
migración *f.* migration.
migraña *f.* MED. megrim, migraine, headache.
migratorio, ria *adj.* migratory.
Miguel *m. pr. n.* Michael. 2 *Miguel Ángel,* Michelangelo.
miguelete *m.* MIQUELETE.
mihrab *m.* mihrab.
mijo *m.* BOT. millet. 2 BOT. [in some places] Indian corn. 3 BOT. ~ *ceburro,* white wheat.
mil *adj.* & *m.* thousand, one thousand: *las Mil y una noches,* the Thousand and One Nights, The Arabian Nights; *a las* ~ *y quinientas,* coll.

at an unearthly hour; ~ *veces.* a thousand times; a thousandfold. 2 thousandth.
miladi *f.* milady.
milagrería *f.* tale of pretended miracles.
milagrero, ra *adj.* miraclemongering.
milagro *m.* miracle; wonder; *hacer milagros,* to work miracles; to do wonders; *vivir de* ~, to live, or support oneself, with difficulty; to have had a narrow escape; *por* ~, for a wonder. 2 PRESENTALLA.
milagrón *m.* fuss, exaggerate demonstration of wonder, etc.
milagrosamente *adv.* miraculously.
milagroso, sa *adj.* miraculous.
milamores *f.* BOT. red valerian.
milanés, sa *adj.* & *n.* Milanese.
milano *m.* ORN. kite, European kite. 2 ORN. goshawk. 3 ICHTH. flying gurnard. 4 BOT. pappus. 5 BOT. burr [of thistle].
Milcíades *m. pr. n.* Miltiades.
mildeu, mildiu *m.* AGR. mildew attacking grape vines.
milenario, ria *adj.* millenary, millennial, millennian. 2 millenarian. — 3 *m.* & *f.* millenarian, millennian. — 4 *m.* millennial, millennium [thousandth anniversary]. 5 MILENIO.
milenarismo *m.* millenarianism.
milenio *m.* millennium [a thousand years].
milenrama *f.* BOT. milfoil, yarrow.
milenta *m.* coll. thousand, a thousand.
milésima *f.* thousandth [part].
milésimo, ma *adj.* & *n.* thousandth.
milesio, sia *adj.* & *n.* Milesian: *fábulas milesias,* Milesian tales.
milhojas *f.* MILENRAMA.
miliamperímetro *m.* ELECT. milliamperemeter, milliammeter.
miliamperio *m.* ELECT. milliampere.
miliar *adj.* miliary [like millet seeds]. 2 MED. miliary. 3 milliary: *columna* ~, milliary column.
miliárea *f.* milliare.
miliario, ria *adj.* milliary.
milicia *f.* art of warfare. 2 military service. 3 militia, soldiery: ~ *nacional,* national guard. 4 ~ *angélica,* the choirs of angels.
miliciano, na *adj.* military. — 2 *m.* militiaman.
miligramo *m.* milligram, milligramme.
mililitro *m.* millilitre, milliliter.
milímetro *m.* millimetre, millimeter.
militante *adj.* militant.
1) **militar** *adj.* military. 2 soldierly. — 3 *m.* military man, soldier. 4 *pl. los militares,* the military.
2) **militar** *intr.* to serve in the army. 2 to militate, take part in warfare. 3 to militate, have force, tell [against or in favour]. 4 ~ *en,* to be in, or belong to [a party, etc.].
militara *f.* wife, daughter or widow of a soldier.
militaricé, militarice, etc., *pret., subj.* & *imper.* of MILITARIZAR.
militarismo *m.* militarism.
militarista *adj.* militaristic, militarist. — 2 *m.* & *f.* militarist.
militarización *f.* militarization.
militarizar *tr.* to militarize.
militarmente *adv.* militarily.
milite *m.* soldier.
milmillonésimo, ma *adj.* & *n.* billionth.
miloca *f.* ORN. kind of owl.
milocha *f.* kite [for flying].
milonga *f.* (Arg., Bol.) a popular dance and song.
milord, *pl.* **-lores** *m.* milord, English lord or nobleman. 2 barouche.
milpa *f.* (C. Am., Mex.) maize land.
milpiés, *pl.* **-piés** *m.* ZOOL. wood louse.
milreis *m.* milreis [Portuguese and Brazilian money of account].
milla *f.* mile: ~ *marina,* nautical mile, geographical mile.
millar *m.* thousand; great number: *a millares,* by the thousand.
millarada *f.* about a thousand: *echar millaradas,* to boast of wealth and riches; *a millaradas,* by the thousand; by thousands, innumerable times.
millón, *pl.* **millones** *m.* million.
millonario, ria *adj.* & *n.* millionaire.
millonésimo, ma *adj.* & *n.* millionth. — 2 *f.* millionth [part].
mimado, da *adj.* overindulged, pampered, spoiled: *niño* ~, spoiled child.

mimar *tr.* to pet, fondle, cuddle. 2 to overindulge, pamper, spoil [a child].

mimbral *m.* plantation of osiers, osiery.

mimbre *m.* osier, wicker, withe. 2 MIMBRERA.

mimbrear *intr. & ref.* to sway or move with flexibility.

mimbreño, ña *adj.* osierlike, willowy.

mimbrera *f.* BOT. osier, velvet osier.

mimbreral *m.* MIMBRAL.

mimbrón *m.* MIMBRERA.

mimbroso, sa *adj.* osiery. 2 made of osier or wicker. 3 full of osiers [shrubs].

mimesis *f.* RHET. mimesis.

mimético, ca *adj.* BOT., ZOOL. mimetic.

mimetismo *m.* BOT., ZOOL. mimesis, mimetism, mimicry.

mímica *f.* pantomime, dumb show, sign language.

mímico, ca *adj.* mimic. 2 pertaining to the mime or mimes.

mimo *m.* mime [actor and play]. 2 caress, petting. 3 pampering, overindulgence.

mimógrafo *m.* mimographer [writer of mimes].

mimosa *f.* BOT. mimosa : ~ *púdica* or *vergonzosa*, sensitive plant.

mimoso, sa *adj.* caressing, petting. 2 soft, spoiled, fond of being petted.

mina *f.* mine [of coal, metal, etc.]. 2 fig. mine [abundant source of something]; gold mine : *encontrar una* ~, fig. to strike a gold mine. 3 fig. sinecure. 4 underground passage. 5 underground conduit for a water source. 6 FORT., MIL., NAV. mine : *voló la* ~, fig. the truth is out. 7 mina [ancient Greek coin].

minador, ra *adj.* mining. — 2 *m.* miner, sapper. 3 mining engineer.

minal *adj.* [pertaining to a] mine.

minar *tr.* to mine, burrow [make subterranean passages under]. 2 to mine, sap, undermine; to consume or destroy by slow degrees. 3 MIL., NAV. to mine.

minarete *m.* minaret.

mineraje *m.* mining, work of a mine.

mineral *adj.* mineral : *reino* ~, mineral kingdom; *agua* ~, mineral water. — 2 *m.* mineral. 3 ore. 4 water spring, fountain-head. 5 fig. abundant source [of something].

mineralicé, mineralice, etc., *pret., subj. & imper.* of MINERALIZAR.

mineralización *f.* mineralization.

mineralizar *tr.* to mineralize. — 2 *ref.* to become mineralized.

mineralogía *f.* mineralogy.

mineralógico, ca *adj.* mineralogical.

mineralogista *m.* mineralogist.

minería *f.* mining [working of mines]. 2 mines [of a region or country]. 3 miners [as a class]. 4 body of mine operators.

minero, ra *adj.* mining. — 2 *m.* miner [one who works in a mine]. 3 mine operator; mine owner. 4 mine [of coal, metal, etc.]. 5 fig. source, origin.

mineromedicinal *adj.* mineral and medicinal [water].

Minerva *f. pr. n.* MYTH. Minerva. — 2 *f.* (not cap.) PRINT. small press. 3 *de propia* ~, out of one's own head.

minervista *m.* PRINT. operator of a small press.

mingaco *m.* (Chi.) communal work done by neighbours.

mingitorio *m.* urinal [enclosure].

mingo *m.* BILL. object ball, red ball.

miniar *tr.* to paint in miniature.

miniatura *f.* miniature : *en* ~, in miniature.

miniaturista *m. & f.* miniature painter.

mínima *f.* smallest or slightest thing. 2 MUS. minim.

minimizar *tr.* to diminish, lessen, undervalue.

mínimo, ma *adj.* minimal, minimum, least, smallest. 2 minute. — 3 *m.* minimum. 4 ECCL. Minim.

minimum *m.* minimum.

minino, na *m. & f.* coll. kitty, puss, cat.

minio *m.* minium, red lead.

ministerial *adj.* ministerial [pertaining to the ministry or to a cabinet minister; supporting a ministry]. — 2 *m.* POL. ministerialist.

ministerialismo *m.* POL. ministerialism.

ministerialmente *adv.* ministerially.

ministerio *m.* ministry, cabinet, government, administration. 2 ministry, office, administration [of a cabinet minister]. 3 department [branch

of governmental administration] : ~ *de asuntos,* or *de relaciones exteriores,* ~ *de Estado,* Foreign office; *Department of State or of Foreign Affairs; ~ *de Hacienda,* Exchequer; *Department of the Treasury; ~ *de la Gobernación,* Home Office; *Department of the Interior. 4 department office, building where the department is located. 5 ministry, ministration, office, function, agency. 6 use, service.

ministra *f.* woman minister. 2 wife of a cabinet minister.

ministrable *adj.* ministrable.

ministrador, ra *adj.* ministering, ministrant. — 2 *m. & f.* ministrant.

ministrar *tr. & intr.* to hold, or fulfill the duties of, an office, to minister. — 2 *tr.* to supply, furnish.

ministril *m.* petty officer of justice. 2 formerly, player of musical instruments in churches or on public occasions.

ministro *m.* minister, agent. 2 ECCL. minister : ~ *de Dios,* ~ *del Señor,* priest. 3 server [at Mass]. 4 head of some religious houses. 5 minister [in a Jesuit institution]. 6 petty officer of justice. 7 envoy. 8 DIPL. minister : ~ *plenipotenciario,* minister plenipotentiary. 9 POL. minister, cabinet minister, Secretary of State, *Secretary : *primer* ~, prime minister, premier; ~ *de asuntos,* or *relaciones, exteriores,* ~ *de Estado,* Secretary of State for Foreign Affairs; *Secretary of State; ~*de Hacienda,* Chancellor of the Exchequer, *Secretary of the Treasury; ~ *de la Gobernación,* Secretary of State for Home Affairs; *Secretary of the Interior.

minoración *f.* lessening, diminution.

minorar *tr.* to lessen, diminish. — 2 *ref.* to lessen, diminish [become diminished].

minorativo, va *adj.* lessening, diminishing. — 2 *adj. & m.* MED. laxative.

minoría *f.* minority [in number]. 2 POL. minority. 3 minority [condition and time of being under age].

minoridad *f.* MINORÍA 3.

minorista *m.* cleric holding minor orders.

minotauro *m.* MYTH. Minotaur.

mintió, mintiera, etc., *irr.* V. MENTIR.

minucia *f.* trifle, petty or small matter or thing. 2 *pl.* minutiæ. 3 minor tithes.

minuciosamente *adv.* minutely, in detail.

minuciosidad *f.* minuteness, attention paid to small details. 2 trifle, small detail.

minucioso, sa *adj.* minute, minutely precise, detailed, scrupulous.

minué *m.* minuet [dance and music].

minuendo *m.* ARITH. minuend.

minuete *m.* MINUÉ.

minúsculo, la *adj.* small, tiny, trifling. 2 small, lower-case [letter]. — 3 *f.* small letter, lower-case letter, not capital letter.

minuta *f.* first draft, rough draft. 2 memorandum. 3 lawyer's bill. 4 list of employees, roll of names. 5 bill of fare. 6 (Arg.) *a la* ~, breaded and fried [meat or fish].

minutar *tr.* to make a draft of, to minute.

minutario *m.* notary's book of drafts.

minutero *m.* minute hand.

minutisa *f.* BOT. sweet William, sweet william.

minuto, ta *adj.* minute, small. — 2 *m.* GEOM. minute. 3 minute [sixtieth part or an hour]. 4 fig. minute, short time : *al* ~, at once, instantly, right away.

miñón *m.* formerly, soldier of a body of border or rural guards.

miñona *f.* PRINT. minion, 7-point type.

mío, mía, míos, mías *poss. adj.* (never used before the noun) my, my own, of mine, mine : *padre mío,* my father; *un amigo mío,* a friend of mine; *estos libros son míos,* these books are mine; *lo* ~, what is mine. 2 *de mío,* by myself; by my own nature: — 3 *poss. pron.* mine; *el mío, la mía, los míos, las mías,* mine.

¡mío! *interj.* here, pussy!

miocardio *m.* ANAT. myocardium.

miocarditis *f.* MED. myocarditis.

mioceno *adj. & m.* GEOL. Miocene.

miodinia *f.* MED. myodinia, muscular pain.

miografía *f.* myography.

miología *f.* myology.

miope *adj.* MED. myopic, near-sighted. — 2 *m. & f.* myope.

miopía *f.* MED. myopia, near-sightedness.

miosis *f.* MED. myosis.

miosota, miosotis *f.* BOT. myosotis, forget-me-not.

miquelete *m.* miquelet [irregular soldier during the Peninsular War]. 2 soldier of a body of local guards in Guipúzcoa.

mira *f.* sight [of firearms and some instruments]. 2 leveling rod. 3 FORT. watch tower. 4 FORT. advanced work. 5 aim, purpose, intention, view : *poner la ~ en*, to aim at, to have designs on. 6 *andar, estar* or *quedar a la ~*, to be on the lookout, to be on the watch.

¡mira! *interj.* look!, lo!, behold!; take care!

mirabel *m.* BOT. mock cypress, summer cypress. 2 BOT. sunflower.

mirabolano *m.* MIROBÁLANO.

mirada *f.* look, glance, gaze, regard, eye : *echar una ~ a*, to cast a glance at, to take a look at.

miradero *m.* cynosure [of all eyes]; thing most watched. 2 lookout, observatory.

mirado, da *adj.* [when preceded by *muy, tan, más, menos*] considerate, thoughtful, regardful, careful, nice, prudent, circumspect. 2 [when preceded by *bien, mal, mejor, peor*], considered, reputed, thought-of : *bien ~*, well-thought-of. — 3 *adv. bien mirado*, after all, in fact, looking well into the matter.

mirador, ra *adj.* looking, gazing. — 2 *m.* belvedere, open gallery or other place in a building designed to command an extensive outlook. 3 oriel window, bay window.

miradura *f.* act of looking.

miraguano *m.* BOT. a fan palm of America and Oceania bearing seeds invested with a cottony fiber used as a filling for mattresses, etc.

miramamolín *m.* ancient title of some Mussulman kings.

miramelindos, *pl.* -**dos** BOT. garden balsam.

miramiento *m.* consideration, reflection. 2 attention, care, circumspection, considerateness, courtesy : *sin miramientos*, inconsiderately, roughly, with a high hand.

miranda *f.* elevated place commanding an extensive outlook.

mirante *adj.* looking, gazing.

mirar *tr.* to look, look at, on, upon, etc.; to eye, gaze, observe, regard, view, watch, contemplate, examine : *~ de hito en hito*, to stare at; *~ de reojo*, to look out of the corner of one's eye; to look askance at; *~ por encima*, to glance over, examine slightly; *~ por encima del hombro*, to look down on or upon, to despise. 2 to aim at, seek : *sólo mira a su provecho*, he seeks only his advantage. 3 to look, consider, give heed to : *mira como te portas*, look how you behave. 4 to regard, consider, think : *lo miraban como a un sabio*, they regarded him as a sage. 5 to inquire, seek information about. 6 *~ bien, ~ con buenos ojos*, to like, regard with favour, approve of; *~ mal, ~ con malos ojos*, to dislike, disapprove; to consider bad form. — 7 *intr.* to look : *~ a lo lejos*, to look afar; *~ alrededor*, to look around; *~ de través*, to squint. 8 to concern, respect, have regard [to] : *lo que mira a nuestro bien*, what concerns our welfare. 9 [of a building, etc.] to face : *la casa mira al mar*, the house faces the sea. 10 *~ por*, to look after, take care of. — 11 *intr. & ref. mirar*, or *mirarse, en ello*, to be wary [in taking a determination]. — 12 *ref.* to look oneself. 13 *mirarse en una persona*, to love a person dearly; to take example after a person. — 14 *interj.* ¡mira!, ¡mire! look!, behold!; beware!

mirasol *m.* BOT. sunflower.

miríada *f.* myriad.

miriagramo *m.* myriagram, myriagramme.

miriámetro *m.* myriametre, myriameter.

miriápodo *adj. & n.* MIRIÓPODO.

mirífico, ca *adj.* marvellous, wonderful.

mirilla *f.* peephole [in doors]. 2 sight [of a surveying instrument].

miriñaque *m.* crinoline [hooped petticoat]. 2 bauble, trinket.

miriópodo *adj. & m.* ZOOL. myriapod, myriapodan. — 2 *m. pl.* ZOOL. Myriapoda.

mirística *f.* BOT. nutmeg tree.

mirla *f.* MIRLO 1.

mirlamiento *m.* affected gravity.

mirlarse *ref.* coll. to put on airs, to affect gravity.

mirlo *m.* ORN. blackbird : *~ blanco*, coll. rare bird. 2 coll. affected gravity, air of importance. 3 coll. *soltar el ~*, to begin to jabber.

mirobálano *m.* BOT. myrobalan [tree and fruit].

mirón, na *adj.* onlooking. — 2 *m. & f.* looker-on, onlooker, spectator, bystander.

mirra *f.* myrrh.

mirrado, da *adj.* myrrhed.

mirrauste *m.* COOK. sauce for dressing a fricassee of pigeons.

mirrino, na *adj.* myrrhic.

mirtáceo, a *adj.* myrtaceous. — 2 *f. pl.* BOT. Myrtaceæ.

mirtidano *m.* myrtle tiller.

mirtino, na *adj.* of myrtle, myrtlelike.

mirto *m.* BOT. myrtle.

miruella *f.,* **miruello** *m.* MIRLO 1.

misa *f.* ECCL. Mass : *~ de campaña*, Mass in the field, outdoor Mass; *~ de cuerpo presente*, Mass said while the corpse is in the church; *~ de difuntos*, Mass for the dead, black Mass; *~ del gallo*, midnight Mass on Christmas Eve; *~ de parida*, churching Mass; *~ de requiem*, Mass for the dead; *~ mayor*, High Mass; *~ nueva*, first Mass that a priest says after taking orders; *~ rezada*, Low Mass; *ayudar a ~*, to serve at Mass; *no saber de la ~ la media*, coll. not to know what all is about; *oir ~*, to hear, or attend, Mass; *como en ~*, in dead silence. 2 MUS. Mass.

misacantano *m.* celebrant at Mass. 2 priest who says his first Mass.

misal *m.* missal, Mass book. 2 PRINT. two-line pica.

misantropía *f.* misanthropy.

misantrópico, ca *adj.* misanthropic, misanthropical.

misántropo *m.* misanthrope.

misar *intr.* coll. to say Mass. 2 coll. to hear Mass.

misario *m.* ECCL. acolyte.

miscelánea *f.* miscellany, medley. 2 miscellanies miscellanea, literary miscellany.

misceláneo, a *adj.* miscellaneous.

miscibilidad *f.* miscibility.

miscible *adj.* miscible.

miserabilísimo, ma *adj.* most miserable.

miserable *adj.* miserable, wretched, unhappy. 2 miserly, mean, poor. 3 miserly, mean, stingy, close-fisted. 4 wicked, rascally, knavish. — 5 *m. & f.* miser. 6 wretch, cur, knave.

miserablemente *adv.* miserably, unhappily. 2 stingily.

miseración *f.* mercy, pity.

miseramente *adv.* MISERABLEMENTE.

miserear *intr.* coll. to be niggardly, stingy.

miserere *m.* ECCL. Miserere. 2 MED. ileus.

miseria *f.* misery, wretchedness. 2 misery, poverty, privation, destitution, want : *comerse uno de ~*, to live in great poverty. 3 miserliness, stinginess. 4 coll. lice. 5 trifle, pittance, small quantity of something.

misericordia *f.* mercy, mercifulness, pity : *obras de ~*, works of mercy. 2 misericord [dagger]. 3 misericord [on seat of choir stall].

misericordiosamente *adv.* mercifully.

misericordioso, sa *adj.* merciful.

misero, ra *adj.* Mass-loving.

mísero, ra *adj.* miserable, wretched, unhappy. 2 miserly, mean, stingy.

misérrimo, ma *adj. superl.* most miserable. 2 very miserly. 3 very short or scanty.

misia, misiá *f.* (Am.) [with first name] Mistress Missis.

misión *f.* mission [charge, errand; calling or work]. 2 [political or diplomatic] mission. 3 mission [body sent to convert heathen; field of missionary activity; missionary post]. 4 mission [course of sermons]. 5 money and food allowed to reapers during the harvest.

misionario *m.* MISIONERO. 2 envoy, messenger.

misionero, ra *adj. & n.* ECCL. missionary.

Misisipí *m. pr. n.* GEOG. Mississippi [river and state].

misivo, va *adj.* missive, sent. — 2 *f.* missive [letter].

mismamente *adv.* coll. exactly.

mismísimo, ma *adj. superl.* very same, very, selfsame.

1) **mismo** *adv.* right [in the very instant, place, etc.] : *ahora ~*, right now; *aquí ~*, right here; *desde Madrid ~*, right from Madrid. 2 *así ~*, in like manner, likewise, also.

2) **mismo, ma** *adj.* same, very, selfsame: *el ~ hombre*, the same man; *de las mismas opiniones*, of the same opinions; *sus mismos criados se ríen de él*, his very servants laugh at him; *eso ~*, that very thing; *lo ~*, the same, the same

thing; lo ~ da, it's all the same, it makes no difference; lo ~ me da, it's all the same to me, I don't care; lo ~ Juan que Pedro, both John and Peter; lo ~ que, the same as, as well as; por lo ~, for the same reason, for that very reason. 2 [for emphasis] myself, yourself, herself, itself, etc.: lo haré yo ~, I'll do it myself; su madre misma, his mother herself; el texto ~, the text itself.

misoginia f. misogyny.

misógino adj. misogynous. — 2 m. misogynist.

misoneísmo m. misoneism.

misoneísta adj. misoneistic. — 2 m. & f. misoneist.

mispiquel m. MINER. arsenopyrite.

mistamente adv. MIXTAMENTE.

mistagogo m. mystagogue.

mistar intr. to speak or mumble.

mistela f. beverage made of water, sugar and flavoured brandy. 2 liquor made of must and alcohol.

misterio m. mystery. 2 sculpture or image representing one of the mysteries of the Rosary or an event in the Christ's Passion.

misteriosamente adv. mysteriously.

misterioso, sa adj. mysterious.

mística m. mystical theology.

místicamente adv. mystically. 2 spiritually. 3 emblematically.

misticismo m. mysticism.

místico, ca adj. mystic, mystical. 2 mystic, enigmatic. — 3 m. & f. mystic [person]. — 4 m. NAUT. mistic [small sailing vessel].

misticón, na adj. coll. affectedly ascetic or mystical [person].

mistifori adj. MIXTIFORI.

mistilíneo, a adj. MIXTILÍNEO.

mistión, misto, mistura, misturar = MIXTIÓN, MIXTO, MIXTURA, MIXTURAR.

mistral m. mistral [wind].

Misuri m. pr. n. GEOG. Missouri [river and state].

mitad f. half: cara ~, fig. better half [husband or wife]; a la ~ or a ~ de, half-way through; ~ y ~, half and half; por la ~, in half, in two. 2 moiety. 3 middle, center: en ~ de, in the middle of.

mítico, ca adj. mythical.

mitigación f. mitigation, alleviation, allaying, assuaging, soothing.

mitigador, ra adj. mitigating, alleviating, allaying, assuaging, soothing. — 2 m. & f. mitigator, alleviator, allayer, assuager, soother.

mitigante adj. mitigating, alleviating, allaying, assuaging, soothing.

mitigar tr. to mitigate, alleviate, allay, assuage, soothe, quench. — 2 ref. to be mitigated, alleviated.

mitigativo, va; mitigatorio, ria adj. mitigating, alleviating, allaying, assuaging, soothing.

mitigué, mitigue, etc. pret., subj. & imper. of MITIGAR.

mitín m. political meeting, rally.

mito m. myth.

mitógrafo, fa m. & f. mythographer.

mitología f. mythology.

mitológico, ca adj. mythological. — 2 m. mythologist.

mitologista, mitólogo m. mythologist.

mitón m. mitt [knitted glove without fingers].

mitosis f. BIOL. mitosis.

mitote m. (Am.) Indian dance. 2 (Am.) informal party. 3 (Am.) finicism, affectation. 4 (Am.) riot, uproar.

mitotero, ra adj. (Am.) finical, given to affectation. 2 (Am.) jolly, rollicking.

mitra f. mitre, miter [bishop's cap; bishopric].

mitrado adj. mitred, mitered [entitled to wear a mitre]: abad ~, mitred, or mitered, abbot. — 2 m. bishop or archbishop.

mitral adj. ANAT. mitral: válvula ~, mitral valve.

mitrar intr. to be mitred or mitered [become a bishop].

Mitrídates m. pr. n. Mithridates.

mitridato m. PHARM. mithridate.

mítulo m. MEJILLÓN.

mixtamente adv. mixedly. 2 LAW belonging to both ecclesiastical and civil courts.

mixtela f. MISTELA.

mixtifori m. coll. medley, hodgepodge.

mixtilíneo, a adj. GEOM. mixtilineal, mixtilinear.

mixtión f. mixture, conmixture.

mixto, ta adj. mixed, mingled. 2 mixed [for, or made up of, persons of both sexes or individuals of various kinds; combining two or more systems, etc.; applied, not pure]: escuela ~, mixed school; matemáticas mixtas, mixed mathematics; parejas mixtas, SPORTS mixed doubles; tren ~, RLY. train with both passenger and goods carriages. 3 crossbred. — 4 m. compound. 5 sulphur match. 6 ARTIL. explosive compound.

mixtura f. mixture. 2 PHARM. compound.

mixturar tr. to mix, mingle.

mixturero, ra adj. mixing. — 2 m. & f. mixer.

miz interj. here, pussy! — 2 m. puss, kite, cat.

mizcalo m. BOT. edible milk mushroom.

mizo, za m. & f. puss, kite, cat.

mnemónica, mnemotecnia f. mnemonics, mnemotechny.

mnemotécico, ca adj. mnemonic.

mnésico adj. mnesic.

moabita adj. & n. Moabite.

moaré m. MUARÉ.

mobiliario, ria adj. movable, personal [property]. — 2 m. household furniture, suit of furniture.

moblaje m. household furniture.

moblar tr. AMUEBLAR. ¶ CONJUG. like contar.

moble adj. MÓVIL.

moca f. Mocha coffee.

mocador m. pocket handkerchief.

mocar tr. to blow the nose of. — 2 ref. to blow one's nose.

mocárabe m. ALMOCÁRABE.

mocasín m. moccasin [shoe].

mocear intr. to act like a youth. 2 to go around after women.

mocedad f. youth, age of youth. 2 wild oats, youthful disorderly life. 3 licentious diversion.

mocejón m. ZOOL. kind of mussel.

moceril adj. youthful, juvenile.

mocerío m. young people.

mocero adj. lewd, woman-mad.

mocetón m. strapping youth, strapping lad.

mocetona f. strapping girl or lass.

moción f. motion, movement. 2 movement of the mind, inclination. 3 divine inspiration. 4 motion [in a deliberative assembly]: hacer, or presentar, una ~, to present a motion.

mocito, ta adj. very young. — 2 m. & f. youngster, lad, lass.

moco m. mucus, nasal mucus: llorar a ~ tendido, coll. to weep copiously. 2 viscid matter. 3 snuff [of lamp or candle]: a ~ de candil, by candle-light. 4 slag [of iron]. 5 NAUT. ~ del bauprés, dolphin striker, martingale. 6 ~ de pavo, crest of a turkey; BOT. cockscomb; no ser ~ de pavo, coll. [of a thing] not to be despicable.

mocoso, sa adj. snivelly, full of mucus. 2 mean, despicable. — 3 m. & f. ill-bred child, brat. 4 inexperienced youth.

mocosuelo, la m. & f. dim. coll. child, brat.

mochada f. butt [with the head].

mochales adj. estar ~, to be madly in love.

mochar tr. to butt [push with the head].

mochazo m. blow with the butt of a musket.

mocheta f. thick head of a hatchet, hoe, etc. 2 rabbet or rebate in the edge of a door frame or opening; sconcheon.

mochete m. CERNÍCALO 1.

mochil m. errand boy for farmers in the field.

mochila f. MIL. knapsack. 2 haversack. 3 MIL. provisions given to a soldier in the field for a number of days.

mochín m. executioner.

mocho, cha adj. blunt, stub-pointed, stub-horned, truncated. 2 topped [tree]. 3 cropped, shorn. — 4 m. butt, butt end.

mochuelo m. ORN. little owl. 2 PRINT. omission. 3 coll. cargar con el ~, tocarle a uno el ~, to get a hard task, to get the worst part of an undertaking.

moda f. fashion, mode, style, prevailing custom: a la ~ última, after the latest fashion; a la ~ de, after the fashion of; de ~, fashionable; estar de ~, ser de ~, ser ~, to be in fashion, to be the fashion; pasado de ~, out of fashion, out of style; pasar de ~, to go out of fashion; dictar la ~, sacar la ~, to set the fashion. 2 pl. tienda de modas, ladies dress shop.

modal adj. modal [of mode]. 2 GRAM., MUS. modal.

modales m. pl. manners, breeding.

modalidad f. manner of being, mode, kind.

modelado m. F. ARTS modelling, moulding, molding.

modelar *tr.* F. ARTS to model, mould, mold. — *2 ref.* to mould or pattern oneself [after some model].

modelista *m.* mould maker. 2 model maker.

modelo *m.* model, pattern, example. 2 model, copy [thing to be reproduced or imitated] : ~ *vivo*, F. ARTS life model. *3* model [representation of a thing]. *4* model [person who poses for artists]. 5 model, fashion model, mannequin. — *6 adj.* model.

moderación *f.* moderation.

moderadamente *adv.* moderately.

moderado, da *adj.* moderate. 2 reasonable. — *3 m.* POL. moderate ; moderate liberal.

moderador, ra *adj.* moderating. 2 POL. *poder* ~, the authority of a king or a President of Republic in the constitutional system of government. — *3 m. & f.* moderator [one who moderates].

moderante *adj.* moderating.

moderantismo *m.* POL. moderantism.

moderar *tr.* to moderate, temper, restrain, curb. — *2 ref.* to moderate [become less violent, intense, etc.]. *3* to restrain or control oneself, to refrain from excesses.

moderativo, va; moderatorio, ria *adj.* moderating.

modernamente *adv.* recently, lately.

modernidad *f.* modernness, modernity.

modernismo *m.* modernism. 2 REL. Modernism.

modernista *adj.* modernist, modernistic. — *2 m. & f.* modernist. 3 REL. Modernist.

modernización *f.* modernization.

modernizar *tr.* to modernize. — *2 ref.* to modernize [adopt modern ways, etc.].

moderno, na *adj.* modern, late, recent, novel. 2 lately arrived to a post, office or employment. — *3 m.* pl. *los modernos,* the moderns.

modestamente *adv.* modestly.

modestia *f.* modesty.

modesto, ta *adj.* modest.

módicamente *adv.* moderately, sparingly.

modicidad *f.* moderateness, reasonableness, cheapness.

módico, ca *adj.* moderate, reasonable, low [price] ; short [quantity].

modificable *adj.* modifiable.

modificación *f.* modification.

modificador, ra *adj.* modifying. — *2 m. & f.* modifier.

modificante *adj.* modifying.

modificar *tr.* to modify. — *2 ref.* to modify [undergo modification].

modificativo, va *adj.* modificative.

modificatorio, ria *adj.* modificatory.

modifiqué, modifique, etc., *pret., subj. & imper.* of MODIFICAR.

modillón *m.* ARCH. modillion, bracket.

modio *m.* modius [Roman dry measure].

modismo *m.* GRAM. idiom.

modista *f.* dressmaker, modiste. 2 ~ *de sombreros,* milliner, modiste. — *3 m.* modiste, ladies' tailor.

modistería *f.* (Am.) ladies' dress shop.

modistilla *f.* unskilled dressmaker. 2 young dressmaker's helper ; young seamstress.

modo *m.* mode, manner, way : ~ *de ser,* nature, character, disposition ; *a* ~, or *al* ~ *de,* in the same manner as, in the manner of, like, by way of ; kind of ; *a mi* ~, *a tu* ~, etc., in my own way, in your own way, etc. ; *de cualquier* ~, in any wise ; anyway, anyhow, without care, arrangement or order ; *de ese* ~, like that ; at that rate ; *de este* ~, like this ; in this guise ; *del mismo* ~ *que,* in the same way as ; *de* ~ *que,* so that ; so, and so ; *de ningún* ~, by no means, by no manner of means, under no circumstances ; *de otro* ~, otherwise ; *de todos modos,* anyhow, at any rate ; *de un* ~ *u otro,* in one way or another ; *en cierto* ~, in a manner, in or after a fashion, somehow ; *por* ~ *de,* as, by way of ; *uno a* ~ *de,* a kind of, a sort of. 2 moderation, temperance. *3* PHIL., LOG., MUS. mode. *4* GRAM. mood. 5 GRAM. ~ *adverbial,* ~ *conjuntivo,* adverbial or conjunctive phrase. *6 pl.* manners, civility : *con buenos modos,* politely ; *con malos modos,* rudely, impolitely.

modorra *f.* drowsiness, heaviness. 2 VET. gid.

modorrar *tr.* to drowse, make sleepy. 2 VET. to cause gid. — *3 ref.* [of fruit] to become squashy.

modorro, rra *adj.* drowsy, heavy. 2 VET. giddy. *3* squashy [fruit]. *4* poisoned by mercury. 5 stupid, ignorant. — *6 m. & f.* dolt, ignoramus.

modoso, sa *adj.* quiet, well-behaved.

modrego *m.* coll. awkward, clumsy fellow.

modulación *f.* modulation [in speaking or singing]. 2 RADIO. modulation.

modulador, ra *adj.* modulating. — *2 m. & f.* modulator.

modulante *adj.* modulating.

modular *intr.* to modulate [in speaking or singing]. — *2 tr.* RADIO. to modulate.

módulo *m.* HYDRAUL., ARCH. NUMIS. module. 2 PHYS., MATH. modulus. 3 MUS. modulation.

mofa *f.* mockery, jeer, scoff, sneer ; *hacer* ~ *de,* to mock, to jeer at, scoff at, make fun of.

mofador, ra *adj.* mocking, jeering, scoffing, sneering. — *2 m. & f.* mocker, jeerer, scoffer, sneerer.

mofadura *f.* mockery, jeering, scoffing, sneering.

mofante *adj. & n.* MOFADOR.

mofar *intr. & ref.* to mock, jeer, scoff, sneer : *mofarse de,* to mock, jeer at, scoff at, sneer at, make fun of.

mofeta *f.* moffette ; chokedamp ; noxious emanation [cf mines, etc.]. 2 ZOOL. skunk.

moflete *m.* coll. chubby cheek, fat cheek.

mofletudo, da *adj.* chubby-cheeked, fat-cheeked.

mogate *m.* glaze, glazing [of pottery] : *a medio* ~, half-glazed ; carelessly.

mogato, ta *adj. & n.* MOJIGATO.

mogol, la *adj.* Mongolian. — *2 m. & f.* Mongol, Mongolian. *3 el Gran Mogol,* the Great Mogul.

mogólico, ca *adj.* Mongolian.

mogollón *m.* sponging : *de* ~, sponging upon others ; free, for nothing.

mogón *adj.* with one horn broken or missing [cattle].

mogote *m.* hummock, knoll. 2 pyramidal stack of sheaves. *3* budding antler.

mogrollo *m.* parasite, sponger. 2 rustic, boor.

mohada *f.* MOJADA 3.

moharra *f.* head [of a lance or spear].

moharrache, moharracho *m.* merry-andrew. 2 MAMARRACHO.

mohatra *f.* sham sale, fraud.

mohatrar *tr.* to make a sham sale.

mohatrero, ra *m. & f.* maker of a sham sale ; trickster, swindler.

mohecer *tr. & ref.* ENMOHECER.

moheda *f.,* **mohedal** *m.* woods with a thick underwood.

mohiento, ta *adj.* MOHOSO.

mohín *m.* face, grimace, pouting.

mohina *f.* annoyance, displeasure.

mohíno, na *adj.* sad, melancholy, worried, displeased. 2 black [horse or cattle]. 3 begotten by a stallion and a female donkey. — *4 m.* hinny. 5 ORN. blue magpie. *6* at some games of cards, one playing alone against several others.

moho *m.* mould, mold, mildew [of organic matter ; fungus producing it] ; must, mustiness. 2 rust [on iron] ; verdigris. *3* rustiness, stiffness caused by disuse : *no dejar criar* ~ *a una cosa,* to keep a thing in constant work or use ; to spend it swiftly.

mohoso, sa *adj.* mouldy, moldy, mildewed, musty. 2 rusty.

Moisés *m. pr. n.* Moses.

mojada *f.* wetting, drenching, soaking. 2 coll., prick, wound with a pointed weapon. *3* a land measure used in Catalonia.

mojador, ra *adj.* wetting, moistening. — *2 m. & f.* wetter, moistener, soaker.

mojadura *f.* wetting, drenching, soaking, moistening.

mojama *f.* dry salted tunny-fish.

mojar *tr.* to wet, moisten, drench, soak. 2 coll. to stab. *3* to dip [bread, cake, etc., into milk, etc.]. — *4 intr.* coll. to have a hand or part in [an affair]. — *5 ref.* to get wet.

mojarra *f.* ICHTH. a basslike marine fish. 2 (Am.) broad short dagger or knife.

mojarrilla *m. & f.* coll. jolly person.

moje *m.* COOK. gravy, sauce.

mojera *f.* MOSTELLAR.

moji, pl. **-jies** *m.* punch in the face.

mojicón *m.* small cake, bun. 2 punch in the face.

mojiganga *f.* masquerade, morris dance. 2 mummery.

mojigatería, mojigatez *f.* prudishness, sanctimoniousness, false humility.

mojigato, ta *adj.* prudish, sanctimonious, hypocritical. — *2 m. & f.* prude, sanctimonious person ; hypocrite.

mojón *m.* boundary stone; landmark. 2 pile, heap. *3* wine taster. *4* CHITO.
mojona, mojonación *f.* AMOJONAMIENTO.
mojonar *tr.* AMOJONAR.
mojonera *f.* line of boundary stones.
mola *f.* flour with salt used in ancient sacrifices. 2 MED. mole [in the uterus].
molada *f.* colours ground at one time.
molar *adj.* molar, serving to grind. — *2 m.* ANAT. molar, molar tooth.
molcajete *m.* great stone or earthenware mortar [for pounding].
moldar *tr.* AMOLDAR. 2 MOLDURAR.
Moldavia *f. pr. n.* GEOG. Moldavia.
moldavo, va *adj. & n.* Moldavian.
molde *m.* mould, mold, matrix; cast, pattern. 2 FOUND. frame. 3 model, ideal. 4 PRINT. form. 5 *de ~*, in print, printed; *letra de ~*, print, printed letter. *6 venir de ~*, to be fitting, to the purpose; to be just right.
moldeador, ra *adj.* moulding. — *2 m. & f.* moulder.
moldear *tr.* to mould, mold [give shape]. 2 to cast [in a mould]. 3 MOLDURAR.
moldura *f.* ARCH., CARP. moulding, molding.
moldurar *tr.* to carve, cut or make mouldings on.
mole *adj.* soft. — *2 f.* huge mass or bulk. 3 Mexican dish prepared with a chili sauce.
molécula *f.* molecule.
molecular *adj.* molecular.
moledera *f.* grinding stone. 2 coll. botheration.
moledero, ra *adj.* for grinding, to be ground.
moledor, ra *adj.* grinding, crushing. 2 tiresome, boring [person]. — *3 m.* crushing roller in a sugar-cane mill. — *4 m. & f.* bore, tiresome person.
moledura *f.* grinding, crushing, pounding.
molendero, ra *m. & f.* grinder, miller. 2 one who takes grain, olives, etc., to a mill [for grinding or crushing]. — *3 m.* chocolate manufacturer.
moleña *f.* PEDERNAL 1.
moler *tr.* to grind, crush, pound, mill. 2 to fatigue, tire out, wear out. 3 to spoil, destroy. 4 to vex, bore, importunate. *5 ~ a palos*, to beat up, give a drubbing. ¶ CONJUG. like *mover*.
molero *m.* millstone maker or seller.
molestador, ra *adj.* disturbing, annoying, inconveniencing. — *2 m. & f.* disturber, annoyer.
molestamente *adv.* vexatiously, annoyingly, uncomfortably.
molestar *tr.* to vex, disturb,, annoy, put to inconvenience, make uncomfortable. 2 to displease, offend. — *3 ref.* to bother, put oneself out of the way : *~ en*, to bother to, to take the trouble to. *4* to be annoyed, take offence.
molestia *f.* vexation, annoyance, disturbance, inconvenience, trouble, discomfort. 2 displeasure. *3 tomarse la ~ de*, to take the trouble to.
molesto, ta *adj.* vexatious, annoying, troublesome, bothersome, uncomfortable. 2 annoyed, displeased *3* uncomfortable, ill at ease.
moleta *f.* muller [for grinding]. 2 glass polisher. 3 PRINT. ink-grinder.
moleteado *m.* MECH. knurl(ing; milling.
moletear *tr.* MECH. to knurl; to mill.
molibdeno *m.* CHEM. molybdenum.
molicie *f.* softness. 2 love of luxury, voluptuosity, effeminacy.
molido, da *adj.* ground. 2 fig. tired out, worn out, exhausted.
molienda *f.* grinding, crushing, milling. 2 grist [corn for grinding]; sugar cane, olives, etc., ground or crushed at one time. 3 mill [fo grinding]. 4 grinding or crushing time [for sugar cane or olives]. 5 fatigue, weariness.
moliente *adj.* grinding.
molificable *adj.* mollifiable.
molificación *f.* mollification, softening.
molificar *tr.* to mollify, soften. — *2 ref.* to mollify, become soft.
molificativo, va *adj.* mollifying, softening.
molifiqué, molifique, etc. V. MOLIFICAR.
molimiento *m.* grinding, crushing, pounding. 2 fatigue, weariness.
molinar *m.* place where there are mills [for grinding or crushing].
molinejo *m.* dim. small mill.
molinera *f.* woman miller. 2 miller's wife. 3 woman mill worker.
molinería *f.* collection of mills [for grinding or crushing]. 2 mill industry.

molinero *m.* miller [pers.].
molinete *m. dim.* little mill. 2 pin wheel, windmill [toy]. 3 ventilating wheel. 4 moulinet [circular swing of sabre, etc.]. 5 NAUT. windlass. 6 PHYS. *~ hidráulico*, hydraulic tourniquet.
molinillo *m.* hand mill. 2 coffee grinder. 3 chocolate stirrer.
molinismo *m.* Molinism.
molinista *adj.* Molinistic. — *2 m. & f.* Molinist.
molinito *m. dim.* small mill.
molino *m.* mill [for grinding, crushing, etc.] : *~ arrocero*, rice mill; *~ harinero*, flour mill; *~ de agua*, water mill; *~ de sangre*, animal-driven mill; *~ de viento*, windmill; *molinos de viento*, fig. windmills [imaginary enemies]. 2 fig. restless person. 3 coll. the mouth.
molitivo, va *adj.* mollifying, softening.
Moloc *m. pr. n.* BIB. Moloch.
molondro, molondrón *m.* lazy, stupid fellow.
moloso *adj. & n.* Molossian.
molote *m.* (Cu.) tumult, riot.
moltura *f.* grinding [of corn, etc.].
molturar *tr.* to grind [corn, etc.].
molusco *m.* ZOOL. mollusc, mollusk. — *2 m. pl.* ZOOL. Mollusca.
molla *f.* lean meat.
mollar *adj.* soft, easily broken, easily shelled. 2 lean [meat]. 3 productive, profitable. 4 manageable; gullible.
mollear *intr.* [of a thing] to give, yield [to pressure]; to bend [from being soft].
molledo *m.* fleshy part [of leg, arm, etc.]. 2 crumb [soft part of bread].
molleja *f.* gizzard [of birds]. 2 sweetbread. *3 criar ~*, to grow lazy.
mollejón *m.* grindstone. 2 coll. fat, soft fellow. 3 coll. good-natured fellow.
mollejuela *f. dim.* of MOLLEJA.
mollera *f.* crown of the head. 2 fontanel. 3 fig. brains, sense : *cerrado de ~*, rude, dull-witted; *duro de ~*, stubborn, obstinate; dull-witted.
mollete *m.* muffin. 2 chubby cheek. 3 fleshy part [of the arm].
molletero, ra *m. & f.* baker or seller of muffins.
molletudo, da *adj.* MOFLETUDO.
mollificar *tr.* MOLIFICAR.
mollina *f.* LLOVIZNA.
mollino, na *adj.* falling down in a drizzle [water].
mollizna *f.* LLOVIZNA.
molliznar, molliznear *intr.* LLOVIZNAR.
moma *f.* (Mex.) blindman's buff.
momear *intr.* to perform burlesque or ludicrous actions.
momentáneamente *adv.* instantly, promptly. 2 momentarily.
momentáneo, a *adj.* momentary. 2 prompt.
momento *m.* moment, instant : *a cada ~*, at every moment; all the time; *al ~*, at once, immediately, in a moment; *de ~*, at the first; *de ~, por el ~*, for the present; *por momentos*, continually, progressively, every minute. 2 MECH. moment : *~ de inercia*, moment of inertia. 3 moment, weight, importance : *de poco ~*, of little moment, trifling, unimportant.
momería *f.* mummery, performance of burlesque or ludicrous actions.
momero, ra *m. & f.* one who performs burlesque or ludicrous actions.
momia *f.* mummy [embalmed or dried-up body].
momificación *f.* mummification.
momificar *tr.* to mummify. — *2 ref.* to become a mummy.
momio, mia *adj.* lean, meagre. — *2 m.* what is got or given extra. 3 bargain, profitable undertaking, sinecure. *4 de ~*, free, gratis, for nothing.
Momo *m. pr. n.* MYTH. Momus.
momo *m.* funny grimace, burlesque or ludicrous action.
momórdiga *f.* BOT. balsam apple.
mona *f.* female monkey. 2 ZOOL. Barbary ape : *quedar corrido como una ~*, *quedar hecho una ~*, to be discomfited, to lose countenance; *aunque la ~ se vista de seda*, *~ se queda*, an ape's an ape, a varlet's a varlet, though they be clad in silk or scarlet. 3 fig. ape, imitator. 4 coll. drunk, drunkenness : *dormir la ~*, to sleep off a drunk; *pillar una ~*, to get drunk. 5 coll. drunk person. 6 old maid [game]. 7 pad or plate worn for protection on the right leg by bullfighters on horseback. 8 Easter cake with hard-boiled eggs.

monacal *adj.* monachal, monastic.
monacalmente *adv.* monastically.
monacato *m.* monachism; monasticism.
monacillo *m.* acolyte, choir-boy.
monacordio *m.* MUS. manichord.
monada *f.* apery, apish action. 2 grimace. 3 tomfoolery. 4 pretty, pleasant gesture or action of a child. 5 pretty little thing. 6 pretty child, pretty girl. 7 cajolery.
mónada *f.* BIOL., CHEM., PHIL., ZOOL. monad.
monadelfo, fa *adj.* BOT. monadelphous.
monadismo *m.* PHIL. monadism.
monadología *f.* PHIL. monadology.
monago, monaguillo *m.* MONACILLO.
monandria *f.* BOT. monandry.
monandro, dra *adj.* BOT. monandrous.
monaquismo *m.* MONACATO.
monarca *m.* monarch.
monarquía *f.* monarchy. 2 kingdom.
monárquicamente *adv.* monarchically.
monárquico, ca *adj.* monarchic, monarchical. — 2 *adj. & n.* monarchist.
monarquismo *m.* monarchism.
monasterial *adj.* monasterial.
monasterio *m.* monastery.
monásticamente *adv.* monastically.
monástico, ca *adj.* monastic, monastical.
monda *f.* cleaning, pruning, trimming; paring, peeling. 2 parings, prunings, peelings. 3 clearing of a cemetery for further burials. 4 pruning season.
mondadientes *m.* toothpick.
mondador, ra *adj.* cleaning, pruning, trimming, paring, peeling. — 2 *m. & f.* cleaner, pruner, trimmer, parer, peeler.
mondadura *f.* cleaning, paring, peeling. 2 *pl.* parings, peelings.
mondaoídos, mondaorejas *m.* earpick.
mondar *tr.* to clean [free from superfluous or extraneous matter]. 2 to prune, trim. 3 to pare, peel; to hull. 4 to cut the hair of. 5 fig. to fleece [strip of money, property, etc.]. 6 (Am.) to beat, trash. 7 *mondarse los dientes,* to pick one's teeth.
mondarajas *f. pl.* peelings.
mondejo *m.* belly of a pig or sheep stuffed with mincemeat.
mondo, da *adj.* clear of superfluities, admixtures or additions: ～ *y lirondo,* only, without additions, without anything more.
mondón *m.* peeled tree trunk.
mondonga *f.* coll. kitchen wench.
mondongo *m.* intestines, guts [of pork, etc.]. 2 fig. intestines [of man]. 3 (C. Ri., Guat.) ridiculous apparel.
monear *intr.* coll. to monkey, to fool, to act ridiculously.
moneda *f.* coin, piece of money. 2 money: ～ *corriente,* currency, current money; coll. common knowledge; everyday matter; ～ *divisionaria,* fractional currency; ～ *falsa,* counterfeit; ～ *imaginaria,* money of account; ～ *menuda* or *suelta,* change, small change; ～ *metálica o sonante,* metallic, specie; *pagar en la misma* ～, to pay back in one's own coin, to give tit for tat.
monedaje *m.* moneyage, seigniorage.
monedar, monedear *tr.* AMONEDAR.
monedería *f.* mintage.
monedero *m.* moneyer : ～ *falso,* counterfeiter [of money]. 2 moneybag.
monería *f.* apery, apish action. 2 tomfoolery. 3 pretty, pleasant gesture or action of a child.
monesco, ca *adj.* coll. apish.
monetario, ria *adj.* monetary : *unidad* ～, monetary unit. — 2 *m.* collection of coins and medals; cabinet or place for it.
monetización *f.* monetization.
monetizar *tr.* to monetize.
monfí, *pl.* **monfíes** *m.* HIST. member of a gang of Moorish highwaymen in Andalusia.
mongol *adj.* Mongolian. — 2 *adj. & n.* Mongol, Mongolian.
Mongolia *f. pr. n.* GEOG. Mongolia.
mongólico, ca *adj.* Mongolian.
moniato *m.* BUNIATO.
monicaco *m.* coll. HOMINICACO.
monición *f.* ADMONICIÓN.
monigote *m.* lay brother. 2 rag figure; grotesque figure; badly drawn, painted or carved figure. 3 whippersnapper, insignificant person.

monín, na *adj. dim.* coll. pretty, dear. — 2 *m. & f. dim.* coll. pretty child, pretty one, darling.
monipodio *m.* coll. collusion, combine [for unlawful purposes].
monis, *pl.* **-nises** *f.* pretty little thing. — 2 *m. pl.* coll. money, dough.
monismo *m.* PHIL. monism.
monista *adj.* PHIL. monistic. — 2 *m. & f.* PHIL. monist.
mónita *f.* tact, cunning, adroitness.
monitor *m.* monitor, adviser. 2 NAUT., RAD. monitor.
monitorio, ria *adj.* monitorial, monitory, admonitory. — 2 *m.* or *f.* ECCL. monitory letter.
monja *f.* nun.
monje *m.* monk. 2 anchorite. 3 ORN. great or greater titmouse.
monjía *f.* monkhood.
monjil *adj.* pertaining to nuns, nunnish. — 2 *m.* nun's dress. 3 formerly, a mourning dress for women.
monjío *m.* nunhood [condition of a nun]. 2 taking the veil.
monjita *f. dim.* little nun.
mono, na *adj.* pretty, dainty, *cute. 2 (Am.) reddish brown [hair]. — 3 *m.* ZOOL. ape, monkey : ～ *araña,* spider monkey; ～ *aullador,* howling monkey; ～ *capuchino,* capuchin; ～ *sabio,* trained monkey; fig. in bullfighting, assistant of a picador. 4 fig. monkey [one who makes ludicrous gestures]. 5 fig. whippersnapper. 6 badly drawn or painted figure. 7 ～ *de mecánico, de aviador,* etc., overalls. 8 (Chi.) pile of fruit or vegetables [in a market]. 9 *estar de monos,* to have quarrelled, to be at odds. 10 (Col., Cu., P. Ri.) *meterle los monos a uno,* to frighten, to terrify someone. 11 *quedarse hecho un* ～, to be discomfited, abashed.
monobásico, ca *adj.* CHEM. monobasic.
monocarpelar *adj.* BOT. monocarpellary.
monoceronte, monocerote *m.* unicorn.
monocilíndrico, ca *adj.* single-cylinder.
monoclamídeo, a *adj.* BOT. monochlamydeous.
monoclínico, ca *adj.* CRYST. monoclinic.
monocordio *m.* MUS. monochord.
monocotiledón *adj.* MONOCOTILEDÓNEO.
monocotiledóneo, a *adj.* BOT. monocotyledonous. — 2 *f.* BOT. monocotyledon. 3 *pl.* BOT. Monocotyledones.
monocromático, ca *adj.* monochromatic.
monocromía *f.* monochromy.
monocromo, ma *adj.* monochrome.
monóculo *adj.* monocular, one-eyed. — 2 *m.* monocle. 3 SURG. monoculus.
monodia *f.* MUS. monody.
monódico, ca *adj.* monodic.
monofásico, ca *adj.* ELECT. monophase, mono-phasic, single-phase.
monófilo, la *adj.* BOT. monophyllus.
monofisismo *m.* Monophysitism.
monofisita *adj.* Monophysitic, Monophysitical. — 2 *m. & f.* Monophysite.
monogamia *f.* monogamy.
monógamo, ma *adj.* monogamous.
monogenismo *m.* monogenism.
monogenista *adj.* monogenistic. — 2 *m. & f.* monogenist.
monografía *f.* monograph.
monográfico, ca *adj.* monographic, monographical. 2 special [course, lectures, etc.].
monograma *m.* monogram.
monoico, ca *adj.* BOT. monœcious.
monolítico, ca *adj.* monolithic.
monolito *m.* monolith.
monologar *intr.* to monologize, soliloquize.
monólogo *m.* monologue, soliloquy. 2 THEAT. monologue.
monomanía *f.* monomania.
monomaníaco, ca *adj.* monomaniacal. — 2 *m. & f.* monomaniac.
monomaquia *f.* monomachy, duel, single combat.
monometalismo *m.* monometallism.
monometalista *adj.* monometallistic. — 2 *m. & f.* monometallist.
monomio *m.* ALG. monomial.
monona *adj.* coll. darling [said to a girl].
monopastos, *pl.* **-tos** *s.* single pulley.
monopétalo, la *adj.* BOT. monopetalous.
monoplano *m.* AER. monoplane.
monopolicé, monopolice, etc., *pret., subj. & imper.* of MONOPOLIZAR.
monopolio *m.* monopoly

monopolista *m. & f.* monopolist.
monopolización *f.* monopolization.
monopolizador *adj.* monopolizing. — *2 m. & f.* monopolizer.
monopolizar *tr.* to monopolize.
monóptero, ra *adj.* ARCH. monopteral.
monorquidia *f.* MED. monorchism.
monorrimo, ma *adj.* monorhymed.
monosacárido *m.* CHEM. monosaccharide.
monosépalo, la *adj.* BOT. monosepalous.
monosilábico, ca *adj.* monosyllabic, monosyllabical.
monosílabo, ba *adj.* monosyllabic. — *2 m.* monosyllable.
monospermo, ma *adj.* BOT. monospermous.
monóstrofe *f.* monostrophe.
monote *m.* coll. dummy [one who stands like a dummy]. 2 row, shindy.
monoteísmo *m.* monotheism.
monoteísta *adj.* monotheistic. — *2 m. & f.* monotheist.
monotelismo *m.* Monothelitism.
monotelita *adj.* Monothelitic. — *2 m. & f.* Monothelite.
monotipia *f.* PRINT. monotype [machine; method].
monotipista *m.* monotyper.
monotipo *m.* PRINT. monotype [machine].
monotonía *f.* monotony.
monótonamente *adv.* monotonously.
monótono, na *adj.* monotonous.
monotrema *adj.* ZOOL. monotrematous. — *2 m.* ZOOL. monotreme. *3 pl.* ZOOL. Monotremata.
monovalente *adj.* CHEM. monovalent.
monóxido *m.* CHEM. monoxide.
monseñor *m.* monseigneur. 2 monsignor.
monserga *f.* coll. gibberish.
monstruo *m.* monster, monstrosity. — *2 adj.* monstrous, huge.
monstruosamente *adv.* monstrously.
monstruosidad *f.* monstrosity, monstrousness.
monstruoso, sa *adj.* monstrous. 2 hateful, execrable.
monta *f.* mounting [act]. 2 covering [of a mare]. 3 place where mares are covered. 4 amount, sum total. 5 value, account, importance : *de poca* ~, of little account; of little importance. 6 MIL. call to horse, signal for cavalry to mount.
montacargas, *pl.* **-gas** *m.* lift, *elevator [for goods, materials, etc.].
montada *f.* DESVENO.
montadero *m.* horse block, mounting block.
montado, da *p. p.* of MONTAR. — *2 adj.* mounted [serving on horseback] : *policía montada,* mounted police. 3 ready for mounting [horse]. 4 MIL. *artillería montada,* light artillery.
montador *m.* mounter. 2 assembler, erector, fitter. 3 horse block, mounting block.
montadura *f.* mounting [getting on something; getting on a horse]. 2 gear [of a riding horse]. 3 JEWEL. setting.
montaje *m.* MACH. assembling, erection, setting up. *2 pl.* ARTILL. mount, gun carriage.
montanear *intr.* [of hogs] to feed on mast or acorns in the forest.
montanera *f.* forest where hogs are put to feed on mast or acorns. 2 acorn-feeding or mast-feeding season.
montanero *m.* forester.
montanismo *m.* Montanism.
montanista *adj.* Montanistic. — *2 m. & f.* Montanist.
montano, na *adj.* [pertaining to] wood or forest.
montantada *f.* braggadocio. 2 multitude, crow, great number.
montante *m.* broadsword. 2 upright, post, standard, strut. 3 ARCH. mullion. 4 transom [window over a door]. 5 COM. amount. — *6 f.* NAUT. flood tide.
montantear *intr.* to wield the broadsword. 2 fig. to brag, to play the master.
montanterio *m.* one fighting with a broadsword.
montaña *f.* mountain. 2 highlands. 3 forested region. 4 ~ *rusa,* roller coaster; switchback [amusement railway]. — 5 (cap.) *la Montaña,* the mountains of the province of Santander in Spain.
montañés, sa *adj.* [pertaining to a] mountain, highland; mountain-dwelling. — *2 m. & f.* mountaineer, highlander. 3 native or inhabitant of the mountains of the province of Santander [in Spain].
montañeta *f. dim.* small mountain.
montañismo *m.* mountaineering.
montañoso, sa *adj.* mountainous.
montañuela *f. dim.* small mountain.

montar *intr. & ref.* to mount [get on something; get on a horse] : ~ *a horcajadas en,* to straddle. — *2 intr.* to ride [horseback; on a bicycle or motorcycle]. 3 to be of importance : *tanto monta,* it's all the same, it has the same importance. 4 ~ *en cólera,* to fly into a rage. — *5 tr.* to mount, put [a person] on a horse, etc. 6 to ride [a horse, a bicycle or motorcycle]. 7 to cover [a mare]. 8 to amount to [reach a sum]. 9 to mount, assemble, erect, set up. 10 JEWEL. to set [a gem]. 11 to cock [a gun]. 12 THEAT. to mount [a play, etc.]. 13 NAUT. to command [a ship]. 14 NAUT. to mount, carry [a certain number of cannon]. 15 NAUT. to round [a cape].
montaraz, *pl.* **-races** *adj.* going, dwelling or raised in the woods; wild, untamed. 2 uncouth, rude. — *3 m.* forester.
montaraza *f.* forester's wife.
montazgar *tr.* to collect the MONTAZGO.
montazgo *m.* toll for the passage of cattle through a forest.
monte *m.* mount, mountain, hill : *el* ~ *Carmelo,* Mount Carmel; *el monte de los Olivos,* Mount Olivet; *el* ~ *Sinaí,* Mount Sinai; *los montes Apalaches,* the Appalachian Mountains; *los montes Urales,* the Ural Mountains. 2 woods, woodland : ~ *alto,* forest; trees of a forest; ~ *bajo,* thicket, brushwood. 3 fig. bushy, untidy head of hair. 4 talon, stock [in card playing]. 5 bank, stock [in dominoes]. 6 monte, monte bank [Spanish card game]. 7 bank [in gambling]. 8 ~ *de piedad,* mount of piety [public pawn-broking establishment]. 9 ~ *pío,* MONTEPÍO.
montea *f.* hunting or beating the woods [for game]. 2 ARCH. working drawing. 3 ARCH. stone-cutting. 4 ARCH. height, rise [of an arch].
montear *tr.* to hunt, track down, beat the woods for [game]. 2 ARCH. to make a working drawing of. 3 ARCH. to arch, vault.
montecillo *m. dim.* mound, hillock.
montenegrino, na *adj. & n.* Montenegrin.
montepío *m.* pension fund [for widows and orphans].
montera *f.* cloth cap. 2 skylight. 3 head [of the boiler of a still]. 4 NAUT. moonsail. 5 the wife of a MONTERO.
montería *f.* hunting, chase. 2 big game [hart, boar, etc.].
monterilla *f. dim.* small cloth cap. 2 NAUT. moonsail.
montero *m.* beater [in hunting], huntsman.
monterón *m.* aug. of MONTERA 1.
monterrey *m.* COOK. kind of meat pie.
montés, sa *adj.* wild [cat, goat, etc.].
montesino, na *adj.* MONTÉS.
montevideano, na *adj. & n.* Montevidean.
montículo *m.* mound, hillock.
monto *m.* amount, sum total.
montón *m.* heap, pile : ~ *de tierra,* fig. feeble old person; *a, de* or *en* ~, coll. together, taken together. 2 lot, crowd, great quantity : *a montones,* coll. in heaps, in abundance. *3 ser del* ~, to be common, ordinary.
montonera *f.* (S. Am.) group of mounted insurgents. 2 (Col.) haystack.
montonero *m.* coward who never picks a quarrel unless he is backed by others. 2 (S. Am.) one of a MONTONERA 3 (Chi., Pe.) bushwacker, guerrilla.
montuno, na *adj.* pertaining to the woods, wild. 2 (Cu., Ve.) rustic.
montuosidad *f.* mountainousness.
montuoso, sa *adj.* mountainous, hilly.
montura *f.* mount [riding horse]. 2 gear [of a riding horse]. 3 mounting, assembling, erection, setting up. 4 mounting [of telescope, gem, etc.]. 5 JEW. setting.
monumental *adj.* monumental.
monumento *m.* monument.
monzón *m. & f.* monsoon [wind].
moña *f.* bow of ribbons worn by women on the head. 2 ornament of ribbons, feathers, etc., on the badge worn by bulls when in the ring. 3 knot of black ribbons worn by bullfighters on the queue. 4 doll. 5 coll. drunk, drunkenness. 6 fancy cap for infants.
moño *m.* chignon, bun [of hair]. 2 bow or knot of ribbons. 3 crest, tuft of feathers [on head of a bird]. 4 pl. frippery, tawdry ornaments of dress : *ponerse moños,* fig. to put on airs.
moñón, na; moñudo, da *adj.* crested, tufted [bird].
moquear *intr.* to snivel, run at the nose.

moqueo *m.* snivelling, running at the nose.
moquero *m.* pocket handkerchief.
moqueta *f.* moquette.
moquete *m.* punch on the face, on the nose.
moquetear *intr.* coll. to snivel all the time. — 2 *tr.* to punch [someone] on the face, on the nose.
moquillo *m.* VET. distemper [in dogs and cats]. 2 VET. pip [in fowls].
moquita *f.* watery discharge [from the nose].
mora *f.* Moorish woman. 2 BOT. black mulberry [fruit]. 3 BOT. white mulberry [fruit]. 4 BOT. blackberry, brambleberry [fruit]. 5 (Hond.) BOT. raspberry [fruit]. 6 LAW delay.
morabito, morabuto *m.* marabout, Mohammedan hermit. 2 Mohammedan hermitage.
moráceo, a *adj.* BOT. moraceous. — 2 *f.* BOT. one of the Moraceæ. 3 *f. pl.* BOT. Moraceæ.
moracho, cha *adj.* light purple [in colour].
morada *f.* abode, dwelling, house, habitation. 2 stay, sojourn.
morado, da *adj. & m.* purple, mulberry, murrey [colour].
morador, ra *m. & f.* inhabitant, dweller, resident.
moraga *f.,* **morago** *m.* handful of grain gathered by a gleaner.
moral *adj.* moral. — 2 *f.* morals, ethics, morality. 3 morale. — 4 *m.* BOT. black mulberry [tree].
moraleja *f.* moral [of a fable, etc.].
moralicé, moralice, etc., *pret., subj. & imper.* of MORALIZAR.
moralidad *f.* morality [of acts, conduct, etc.]. 2 moral [of a fable, etc.].
moralista *m.* moralist.
moralización *f.* moralization.
moralizador, ra *adj.* moralizing. — 2 *m. & f.* moralizer.
moralizar *tr.* to moralize [to render moral or morally better].
moralmente *adv.* morally.
morapio *m.* coll. red wine.
morar *intr.* to inhabite, dwell, reside.
moratiniano, na *adj.* LIT. of or like Moratin or his style.
moratoria *f.* COM., LAW moratorium.
moravo, va *adj. & n.* Moravian.
morbidez *f.* softness, delicacy. 2 PAINT. morbidezza.
morbididad *f.* morbidity, sick rate.
mórbido, da *adj.* soft, delicate. 2 morbid.
morbífico, ca *adj.* morbific, morbifical.
morbo *m.* MED. morbus, disease : ~ *gálico,* morbus Gallicus; ~ *regio,* jaundice.
morbosamente *adv.* morbidly.
morbosidad *f.* morbidity, morbidness.
morboso, sa *adj.* morbid, unwholesome, diseased.
morcajo *m.* mixture of wheat and rye.
morcella *f.* spark from a lamp.
morciguillo *m.* MURCIÉLAGO.
morcilla *f.* blood pudding. 2 THEAT. gag [actor's interpollation in dramatic dialogue].
morcillero, ra *m. & f.* maker or seller of blood puddings. 2 THEAT. actor or actress who makes interpollations in the dramatic dialogue.
morcillo, lla *adj.* reddish black [horse].
morcón *m.* large blood pudding or sausage. 2 coll. short fatty person. 3 coll. sloven, slovenly person.
mordacidad *f.* mordacity, mordancy.
mordaz, *pl.* **-daces** *adj.* mordant, mordacious, biting, caustic. 2 pungent, acrid. 3 corrosive.
mordaza *f.* gag [to prevent speech]. 2 pipe wrench. 3 NAUT. device for stopping the chain of an anchor. 4 MEC. clamp, jaw.
mordazmente *adv.* mordaciously, bitingly, caustically.
mordedor, ra *adj.* biting. 2 backbiting. — 3 *m. & f.* biter. 4 backbiter.
mordedura *f.* bite [act and result of biting].
mordente *m.* mordant [for fixing colouring matter]. 2 MUS. mordent.
morder *tr.* to bite [with the teeth] : ~ *el freno,* to bite the bit; ~ *el polvo,* fig. to bite the dust or ground; *morderse la lengua,* to bite one's tongue; *no morderse la* ~, fig. to be outspoken. 2 to nibble at. 3 [of things] to bite, take hold of, hold fast to. 4 to gnaw, eat, wear away. 5 [of an acid] to eat, corrode [a copperplate, glass, etc., in etching]. 6 to revile, backbite. 7 PRINT. [of the frisket] to overlap the form or paper, thereby preventing a good impression. 8 (Cu., Mex., P. Ri., Ve.) to swindle. ◄ CONJUG. like *mover.*

mordicación *f.* biting, stinging.
mordicante *adj.* biting, pungent. 2 acrid, corrosive. 3 fig. nibbling, carping.
mordicar *tr.* to bite, sting.
mordicativo, va *adj.* biting, stinging.
mordido, da *p. p.* of MORDER. — 2 *adj.* impaired, diminished, shortened.
mordiente *adj.* biting. — 2 *m.* mordant.
mordihuí, *pl.* **-huíes** *m.* ENTOM. weevil.
mordimiento *m.* MORDEDURA.
mordiscar *tr.* to nibble at, to bite.
mordisco *m.* bite [act of biting; piece detached by biting].
mordisquear *tr.* MORDISCAR.
moreda *f.* BOT. black mulberry tree. 2 grove of white mulberries.
morel de sal *m.* purple red for fresco painting.
morena *f.* ICHTH. moray. 2 GEOL. moraine. 3 loaf of brown bread. 4 rick of new-mown corn.
morenillo, lla *adj. & n.* brunet, brunette. — 2 *m.* paste of powdered charcoal and vinegar used by sheepshearers to treat cuts.
moreno, na *adj.* brown, dark : *azúcar* ~, brown sugar. 2 dark-complexioned, swarthy, tawny, brunette. 3 coll. coloured [pers.]. 4 (Cu.) mulatto. — 5 *m. & f.* dark-complexioned person. 6 coll. coloured person. 7 (Cu.) mulatto. — 8 *f.* brunette.
móreo, a *adj.* MORÁCEO.
morera *f.* BOT. white mulberry tree. 2 BOT. mulberry tree : ~ *blanca,* white mulberry tree; ~ *negra,* black mulberry tree.
moreral *m.* grove of white mulberry trees.
morería *f.* Moorish quarter. 2 Moorish land.
moretón *m.* coll. black-and-blue mark, discoloration of a bruise.
morfa *f.* fungous disease of orange and lemon trees.
Morfeo *m. pr. n.* MYTH. Morpheus.
morfina *f.* CHEM. morphine.
morfinismo *m.* MED. morphinism.
morfinomania *f.* morphinomania, morphine habit, drug habit.
morfinómano, na *m. & f.* morphinomaniac, morphinist, drug fiend.
morfología *f.* morphology.
morfológico, ca *adj.* morphologic, morphological.
morga *f.* juice that oozes from a heap of olives. 2 COCA DE LEVANTE.
morganático, ca *adj.* morganatic.
moribundo, da *adj.* moribund, dying. — 2 *m. & f.* moribund, dying person.
morichal *m.* grove of mirity palms.
moriche *m.* BOT. mirity palm. 2 ORN. a South American song bird.
moriego, ga *adj.* Moorish.
morigeración *f.* moderation, temperance.
morigerado, da *adj.* moderate, temperate, of temperate habits.
morigerar *tr.* to moderate, restrain.
morilla *f.* BOT. morel.
morillo *m. dim.* little Moor. 2 firedog, andiron.
morir *intr.* to die, expire, decease, pass away : ~ *de viejo,* to die of old age; ~ *por una causa,* to die for a cause; ~ *vestido,* to die a violent death. 2 to die [come to an end, become extinguished, decay]. 3 [of a river, road, etc.] to flow [into], to end [at]. — 4 *ref.* to die, be dying. 5 [of a limb] to be benumbed. — 6 *intr. & ref.* [of fire, flame, light, etc.] to die, go out. 7 to die of or with; to suffer, feel, etc., excessively : ~ or *morirse de hambre,* to die of hunger; to be perished with hunger, to starve; ~ or *morirse de miedo,* to be terribly afraid; ~ or *morirse de risa* to die of laughing, to be extremely amused. 8 — or *morirse por,* to love dearly; to be very fond of, be crazy about, pine for; to be dying for or to.— 9 *interj.* ¡*muera···!,* down with...! ¶ CONJUG. like *dormir.* | Past. p. : *muerto.*
morisco, ca *adj.* Moorish, Moresque. — 2 *adj. & n.* HIST. Morisco. 3 (Mex.) Morisco [offspring of mulatto and Spaniard].
morisma *f.* the Moors. 2 crowd of Moors.
morisqueta *f.* Moorish trick. 2 mean trick. 3 (P. I.) unsalted boiled rice. 4 (Am.) face, grimace.
morlaco, ca *adj. & n.* MORLÓN. 2 (Am.) PATACÓN.
morlés *m.* kind of linen, lawn.
morlón, na *adj.* affecting silliness or ignorance. — 2 *m. & f.* one who affects silliness or ignorance.
mormón, na *m. & f.* Mormon.
mormónico, ca *adj.* Mormon.
mormonismo *m.* Mormonism.

mormullar *tr.* MURMURAR.
mormullo *m.* MURMULLO.
moro, ra *adj.* Moorish. 2 Moslem. 3 unbaptized. 4 *coll.* unwatered [wine]. 5 black with a white spot on the forehead [horse]. — 6 *m.* Moor: ~ *de paz,* fig. peaceful person: *hay moros en la costa,* fig. let's be cautious. 7 Moro [Mohammedan Malay of Philippine Islands]. 8 (Am.) frosted cookie.
morocada *f.* butt of a ram.
morocho, cha *adj.* (Am.) fresh, vigorous [person]. 2 (Arg., Ur.) dark-complexioned. — 3 *adj. & m.* a hard kind of Indian corn.
morón *m.* mound [of earth].
moroncho, cha *adj.* MORONDO.
morondanga *f.* *coll.* medley, hodgepodge.
morondo, da *adj.* bald, hairless; leafless.
moronía *f.* ALBORONÍA.
morosamente *adv.* slowly, tardily.
morosidad *f.* slowness, tardiness, delay.
moroso, sa *adj.* slow, tardy, full of delay, lingering. 2 delinquent [in payment].
morquera *f.* BOT. winter savoury.
morra *f.* top, crown [of head]. 2 mora [game]. 3 *andar a la* ~, to come to blows.
morrada *f.* butting of two heads. 2 cuff, punch, slap.
morral *m.* nose bag. 2 game bag. 3 knapsack. 4 wallet [bag for travelling]. 5 *coll.* boor, rustic.
morralla *f.* small fry [fish]. 2 rabble. 3 rubbish, trash.
morrillo *m.* fleshy part of neck [of animals]. 2 fleshy nape of neck. 3 pebble, boulder.
morriña *f.* VET. sheep dropsy. 2 *coll.* blues, melancholy, sadness.
morriñoso, sa *adj.* VET. dropsied [sheep]. 2 *coll.* melancholy, sad. 3 *coll.* rachitic, weakly.
morrión *m.* morion. 2 MIL. bearskin. 3 a high-crowned military cap.
morro *m.* knob, round end or projection. 2 knoll. 3 pebble. 4 NAUT. bluff rock or hill serving as a landmark. 5 muffle; thick lips. 6 *estar de* ~ or *de morros,* to have quarrelled, to be at odds.
morrocotudo, da *adj.* *coll.* very important or difficult.
morrocoyo *m.* ZOOL. (Cu.) boxturtle.
morrón *adj.* NAUT. knotted [flag]. 2 BOT. bonnet [pepper]. — 3 *m.* *coll.* blow.
morrongo, ga; morroño, ña *m. & f.* *coll.* kitty, puss, cat.
morrudo, da *adj.* thick-lipped.
morsa *f.* ZOOL. walrus, morse.
morsana *f.* BOT. bean caper.
mortadela *f.* Bologna sausage.
mortaja *f.* shroud, winding sheet. 2 CARP. mortise. 3 *coll.* (Am.) cigarette paper.
mortal *adj.* mortal [subject to death]. 2 mortal, deadly, deathly, fatal [causing death]. 3 mortal [sin]. 4 mortal, deadly [enemy, hatred, etc.]. 5 deathly [pallor]. 6 mortal, long, tedious, wearisome. 7 sure, conclusive. 8 like dead. 9 at the point of death. 10 *restos mortales,* mortal remains. — 11 *m.* mortal.
mortalidad *f.* mortality [condition of being mortal]. 2 mortality, death rate.
mortalmente *adv.* mortally, deadly.
mortandad *f.* mortality [death of large numbers]; massacre, butchery.
mortecino, na *adj.* designating an animal dying a natural death and its flesh. 2 dying, dim, dull, pale, subdued [light, fire, colour, etc.]. 3 *hacer la mortecina,* to feign death.
morterada *f.* sauce, etc., made at one time in a mortar. 2 ARTIL. discharge of a mortar.
mortero *m.* *dim.* ARTIL. small mortar [for salvos and public festivities]. 2 short and thick wax candle.
mortero *m.* mortar [for pounding]. 2 ARTIL. mortar. 3 MAS. mortar. 4 nether stone [in olive mills].
morteruelo *m.* *dim.* small mortar. 2 a toy for boys. 3 COOK. dish made of mashed hog's liver.
mortífero, ra *adj.* death-dealing, deadly, fatal.
mortificación *f.* mortification. 2 annoyance.
mortificador, ra; mortificante *adj.* mortifying. 2 annoying.
mortificar *tr.* to mortify [in every sense]. 2 to annoy, bother. — 3 *ref.* to mortify [practice mortification]. 4 MED. to mortify [undergo mortification].

mortifiqué, mortifique, etc., *pret. subj. & imper.* of MORTIFICAR.
mortuorio, ria *adj.* mortuary, funeral: *casa mortuoria,* house of the deceased. — 2 *m.* funeral.
morucho *m.* BULLF. young bull with tipped horns.
morueco *m.* ram [male sheep].
mórula *f.* BIOL. morula.
moruno, na *adj.* Moorish.
morusa *f.* *coll.* money, dough.
Mosa *pr. n.* GEOGR. Meuse [river].
mosaico, ca *adj.* Mosaic [of Moses]. 2 F. ART. mosaic. — 3 F. ART. mosaic: ~ *de madera,* marquetry. 4 paving tile set like mosaic.
mosaísmo *m.* Mosaism.
mosca *f.* ENTOM. fly: ~ *artificial,* fly [used in fishing]; ~ *de burro,* horse fly: ~ *de España,* Spanish fly; ~ *de la carne,* blowfly, flesh fly, meat fly; ~ *muerta,* person feigning meekness; *cazar moscas,* fig. to occupy oneself with trifles; *estar* ~, *tener la* ~ *en la oreja,* fig. to be distrustful; *papar moscas,* fig. to gape, to stare gaping: *picarle a uno la* ~, to remember something that vexes or disquiets; *por si las moscas,* fig. for what may happen. 2 tuft of hair under the lip. 3 *coll.* money: *aflojar la* ~, *soltar la* ~, to pay or give money. 4 *coll.* bore, nuisance. 5 vexation, trouble. 6 (Am.) sponger, parasite. 7 *pl.* sparks [from a fire]. 8 *moscas blancas,* falling snowflakes. 9 MED. *moscas volantes,* muscæ volitantes [spots before the eyes].
moscabado, da *adj.* MASCABADO.
moscada *adj.* BOT. *nuez* ~, nutmeg.
moscarda *f.* ENTOM. blowfly, bluebottle, flesh fly, meat fly. 2 eggs of the queen bee.
moscardear *intr.* [of the queen bee] to lay eggs.
moscardón *m.* ENTOM. botfly. 2 ENTOM. bluebottle. 3 ENTOM. hornet. 4 fig. importuning fellow. 5 ABEJÓN 3.
moscareta *f.* ORN. flycatcher.
moscatel *adj. & m.* muscat, muscatel [grape and wine]. — 2 *m.* *coll.* bore, tiresome fellow.
moscella *f.* MORCELLA.
moscón *m.* ENTOM. large fly. 2 ENTOM. bluebottle. 3 fig. bore, nuisance [person]. 4 fig. importuning fellow. 5 BOT. maple.
moscona *f.* hussy, shameless woman.
mosconear *tr.* to bother, importune. — 2 *intr.* to make a nuisance of oneself.
mosconeo *m.* bothering, importunation.
Moscovia *f. pr. n.* GEOG. Muscovia.
moscovita *adj. & n.* Muscovite.
Mosela *m. pr. n.* GEOG. Moselle [river].
mosén *m.* title given to clergymen in Aragon and Catalonia.
mosqueado, da *adj.* spotted, dotted.
mosqueador *m.* flyflap. 2 *coll.* tail [of horse or cow].
mosquear *tr.* to drive [flies] away. 2 to give a sharp retort to. 3 to beat, flog. — 4 *ref.* to shake off [annoyances]. 5 to take offence.
mosqueo *m.* driving flies away. 2 beating, flogging. 3 taking offence, resentment.
mosquero *m.* flyflap.
mosquerola, mosqueruela *adj.* muscadine [pear].
mosqueta *f.* BOT. a variety of white rose.
mosquetazo *m.* musket shot.
mosquete *m.* musket.
mosquetería *f.* musketry [troops]. 2 THEAT. formerly, people standing in the back part of the pit.
mosqueteril *adj.* THEAT. [pertaining to a] MOSQUETERO 2.
mosquetero *m.* musketeer. 2 THEAT. formerly, spectator standing in the back part of the pit.
mosquetón *m.* short carbine.
mosquil; mosquino, na *adj.* [pertaining to a] fly.
mosquita *f.* ENTOM. small fly. 2 *coll.* ~ *muerta,* person feigning meekness.
mosquitera *f.,* **mosquitero** *m.* mosquito net.
mosquito *m.* ENTOM. mosquito. 2 ENTOM. gnat. 3 *coll.* tippler.
mostacera *f.,* **mostacero** *m.* mustard pot.
mostacilla *f.* mustard-seed shot. 2 tiny glass beads.
mostacho *m.* moustache. 2 *coll.* smudge on the face. 3 NAUT. *mostachos del bauprés,* bowsprit's shrouds.
mostachón *m.* macaroon.
mostachoso, sa *adj.* wearing a moustache.
mostagán *m.* *coll.* wine.
mostajo *m.* MOSTELLAR.

mostaza *f.* BOT. mustard [plant] : ~ *blanca*, white mustard ; ~ *negra*, black mustard. 2 mustard [seed ; paste] : *subírsele a uno la* ~ *a las narices.* coll. to get angry. 3 mustard-seed shot.

mostazo *m.* strong, thick must. 2 BOT. mustard [plant].

mostear *intr.* [of grapes] to yield must. 2 to put must into vats. 3 to mix must with old wine.

mostela *f.* AGR. gavel, sheaf.

mostelera *f.* place where gavels or sheaves are laid up.

mostellar *m.* BOT. whitebeam.

mostense *adj. & m.* PREMOSTRATENSE.

mostillo *m.* cake made of boiled must and flavoured with anise, cinnamon or clove. 2 sauce made of must and mustard.

mosto *m.* must [grape juice]. 2 ~ *agustín*, cake made of boiled must and flour, with spices and fruit.

mostrable *adj.* that can be shown.

mostrado, da *p. p.* of MOSTRAR. — 2 *adj.* accustomed, inured.

mostrador, ra *adj.* showing, pointing. — 2 *m. & f.* shower, pointer. — 3 *m.* counter [in a shop]. 4 bar [counter at which liquor or food is served]. 5 dial [of clock].

mostrar *tr.* to show, exhibit, display, manifest, reveal. 2 to show, point out. 3 to show, expound, demonstrate, prove. — 4 *ref.* to show oneself, appear, prove to be. ¶ CONJUG. like *contar.*

mostrenco, ca *adj.* unclaimed, ownerless. 2 coll. homeless, masterless. 3 coll. stray [animal]. 4 coll. dull, stupid. 5 coll. fat, heavy [person]. — 6 *m. & f.* dullard.

mota *f.* burl [in cloth]. 2 mote, speck. 3 slight defect or fault. 4 mound of earth for blocking up a ditch. 5 knoll, hummock.

motacila *f.* AGUZANIEVES.

mote *m.* motto, device. 2 nickname. 3 (Am.) stewed Indian corn.

motear *intr.* to speck, speckle, mottle.

motejador, ra *adj.* name-calling, nicknaming. — 2 *m. & f.* name-caller, nicknamer.

motejar *tr.* to call names to, to nickname.

motejo *m.* name-calling, nicknaming.

motel *m.* motel.

motete *m.* MUS. motet.

motil *m.* MOCHIL.

motilar *tr.* to cut or crop the hair of.

motilidad *f.* BIOL. motility.

motilón, na *adj.* having short or cropped hair. — 2 *m.* coll. lay brother.

motín *m.* mutiny, riot, uprising.

motita *f. dim.* small mote or speck.

motivador, ra *adj.* motivating.

motivar *tr.* to motive, motivate. 2 to give a reason for.

motivo, va *adj.* motive [moving or tending to move]. — 2 *m.* motive, reason : *con* ~ *de*, owing to ; on the occasion of ; *de su* ~ *propio*, on his own accord ; *por ningún* ~, under no circumstances. 2 F. ARTS, MUS. motif.

moto *m.* MOJÓN. 2 coll. motorcycle.

motocicleta *f.* motorcycle.

motociclista *m.* motorcyclist.

motolita *f.* AGUZANIEVES.

motolito, ta *adj.* simple, stupid. — 2 *m.* ninny, simpleton. 3 *vivir de* ~, to live on others.

motón *m.* NAUT. block, pulley.

motonave *f.* NAUT. motor ship.

motonería *f.* NAUT. blocks, pulley, tackle.

motor, ra *adj.* motor, motive [causing or imparting motion]. 2 ANAT., PHYSIOL. motor. — 3 *m.* motor, mover : *el primer* ~, the Creator, the Supreme being. 4 MACH. motor, engine : ~ *a chorro*, jet engine ; ~ *a gas*, gas engine ; ~ *de combustión interna* or *de explosión*, internal-combustion engine, explosion engine ; ~ *de cuatro tiempos*, four-cycle engine ; ~ *de dos tiempos*, two-cycle engine ; ~ *de inducción*, induction motor ; ~ *Diesel*, Diesel engine or motor ; ~ *eléctrico*, [electric] motor.

motora *f.* NAUT. small motorboat.

motorismo *m.* motoring, motorism, *motorcycle riding.

motorista *m. & f.* motorcyclist. 2 motorist ; motorman, motorwoman.

motorización *f.* motorization.

motorizar *tr.* to motorize.

motricidad *f.* PHYSIOL. motricity.

motril *m.* boy helper [in a shop]. 2 MOCHIL.

motriz *f. adj.* motive, moving : *fuerza* ~, motive power.

motu propio *adv.* motu propio, of one's own impulse. — 2 *m.* papal decree.

movedizo, za *adj.* movable. 2 shaky, unsteady. 3 fickle, inconstant. 4 *arenas movedizas*, quicksand.

movedor, ra *adj.* moving. — 2 *m. & f.* mover.

movedura *f.* movement. 2 MED. miscarriage.

mover *tr.* to move [change position of]. 2 to move, stir, shake, wag [a limb, the head, the tail, etc.]. 3 to move [put or keep in motion], actuate, drive, propel. 4 to move [excite to action], induce, impel, prompt, persuade, prevail upon. 5 to raise, start, excite, make, do : ~ *discordia*, to excite quarrels or enmity, to make mischief. 6 ~ *a*, to move to, to inspire, excite : ~ *a compasión*, to excite piety, to be pitiable ; ~ *a risa*, to move to laughter, to be laughable. 7 ~ *cielo y tierra*, to move heaven and earth. — 8 *intr.* to abort, miscarry. 9 [of an arch or vault] to spring. 10 AGR. [of plants] to bud, sprout. — 11 *ref.* to move, stir [be in motion] ; budge ; get busy, bestir oneself. ¶ IRREG. CONJUG. : IND. Pres. : *muevo, mueves, mueve; movemos, movéis, mueven.* SUBJ. Pres. : *mueva, muevas mueva;* movamos, mováis, *muevan.* IMPER. : *mueve, mueva;* movamos, moved, *muevan.*

movible *adj.* movable : *fiesta* ~, movable feast. 2 mobile. 3 changeable, fickle.

movición *f.* motion, movement.

moviente *adj.* moving, motive.

móvil *adj.* moving, mobile [not fixed, free to move; that may be easily moved from place to place] — 2 *m.* moving body. 3 motive, incentive, inducement.

movilicé, movilice, etc., *pret., subj. & imper.* of MOVILIZAR.

movilidad *f.* movableness, mobility. 2 changeableness, fickleness.

movilización *f.* mobilization.

movilizar *tr.* to mobilize.

movimiento *m.* moving, movement, motion [act, process, instance or manner of moving] ; move ; gesture : *en* ~, in motion. 2 MEC. motion : ~ *alternativo* or *de vaivén*, reciprocating motion ; ~ *continuo*, perpetual motion ; ~ *de rotación*, rotatory motion ; ~ *ondulatorio*, wave motion ; ~ *periódico*, periodic motion. 3 ASTR. motion : ~ *directo, paraláctico, retrógrado*, direct, parallactic, retrograde motion. 4 movement [series of actions and endeavours of a body of persons]. 5 mental motion, impulse. 6 stir, agitation, life, goings and comings. 7 traffic. 8 animation [of style]. 9 MUS. movement, tempo. 10 F. ARTS orderly distribution of lines and shades. 11 ASTR. clock error. 12 *pl.* movements, activities.

moxa *f.* SURG. moxa [cautery].

moxte *interj.* V. OXTE.

moyana *f.* moyenne [culverin]. 2 coll. lie, fiction. 3 bran biscuit for shepherd dogs.

moyo *m.* unit of capacity [258 litres].

moyuelo *m.* fine bran.

moza *f.* young woman, girl, lass : *buena* ~, *real* ~, tall, handsome girl or woman ; ~ *del partido*, harlot. 2 maid of all work. 3 mistress, concubine. 4 wash beetle, battledore. 5 last or winning game.

mozalbete *m. dim.* lad, youth, young fellow.

mozallón, na *m. & f.* strapping young person.

mozárabe *adj.* Mozarabic. — 2 *m. & f.* Mozarab.

mozcorra *f.* coll. harlot.

mozo, za *adj.* young, youthful : *la gente moza*, the young people, the youth. 2 single, unmarried. — 3 *m.* young man, youth, lad : *buen* ~, *real* ~, tall, handsome youth or man. 4 manservant, hand, waiter, porter : ~ *de caballos*, groom, horse boy ; ~ *de café*, ~ *de restaurante*, waiter ; ~ *de cordel, de cuerda* or *de esquina*, street porter ; ~ *de espuelas*, groom who walks in front of master's horse ; ~ *de estación*, station porter ; ~ *de estoques*, BULLF. manservant of a matador ; ~ *de labranza*, farm hand ; *mozo de paja y cebada*, hostler [at an inn]. 5 cloak hanger.

mozuelo, la *m. & f. dim.* young lad, young lass.

mu *m.* moo, lowing of cattle.

muaré *m.* moire, moiré [watered silk].

mucama *f.* (Am.) female servant, maid, maidservant.

mucamo *m.* (Am.) manservant, valet.

muceta *f.* ECCL. mozetta. 2 a kind of mozetta worn by holders of a doctor's or master's degree.
mucilaginoso, sa *adj.* mucilaginous.
mucílago, mucilago *m.* mucilage.
mucina *f.* BIOCHEM. mucin.
mucosa *f.* ANAT. mucosa, mucous membrane.
mucosidad *f.* mucosity.
mucoso, sa *adj.* mucous: *membrana mucosa,* mucous membrane.
mucronato, ta *adj.* mucronate.
múcura *m.* (Ve.) kind of amphora for carrying water and keeping it cool.
muchacha *f.* girl. 2 maid, maidservant.
muchachada *f.* boyish or girlish act. 2 (Arg.) assemblage of boys or girls, of youngsters.
muchachear *intr.* to act like a boy or girl.
muchachería *f.* MUCHACHADA. 2 noisy crowd of young people.
muchachez *f.* boyhood, girlhood.
muchachil *adj.* boylike, girl-like; of boys or girls.
muchacho, cha *adj.* young [person]. — 2 *m.* boy lad. 3 manservant. — 4 *f.* girl, lass. 5 maid [servant].
muchedumbre *f.* multitude, crowd.
muchísimo, ma *adj.* & *adv.* superl. of MUCHO : very much, a very great deal.
muchitanga *f.* (Pe.) rabble, populace.
1) mucho *adv.* much very much, a good or great deal, a lot, dearly, hard, abundantly, excessively : *la quiere ~* he loves her dearly, very much; *llueve ~,* it rains hard; *~ más,* much more, a good deal more, a lot more; *ni ~ menos,* nor anything like it, not by a long shot, not any too, far from; *no es rico ni ~ menos,* he is far from rich; *por ~ que,* however much, no matter how much. 2 often : *va ~ al teatro,* he often goes to the theatre. 3 long, longtime. 4 *mucho* or *~ que si,* yes, indeed. — 5 *pron.* & *n.* much, a great or indefinite quantity; something uncommon, noticeable, considerable; *~ es,* it is much; *~ será que...,* it is unlikely that...; *~ será que no llueva,* it is unlikely that it will not rain; *con ~,* by far; *ni con ~,* not by a long shot, far from; *¿que ~ que...?,* what wonder that...?
2) mucho, cha *adj.* much, very much, a good or great deal of, a lot of : *~ dinero,* much money a great deal of money, a lot of money. 2 *pl.* many, a good or great deal of, a lot of, lots of : *muchas gracias,* many thanks.
muchos, chas *pron.* many : *~ lo conocían,* many knew him.
muda *f.* change, alteration. 2 change of linen. 3 moult, molt, moulting, molting. 4 moulting season. 5 change of voice in boys.
mudable *adj.* changeable. 2 fickle, inconstant.
mudadizo, za *adj.* fickle, inconstant.
mudamente *adv.* silently, mutely.
mudamiento *m.* change, alteration.
mudanza *f.* change, alteration, mutation. 2 removal, moving [change of residence] : *carro de mudanzas,* van [for moving furniture]. 3 DANCE. figure, motion. 4 inconstancy.
mudar *tr.* to change, alter, convert : *~ en,* to change to or into. 2 to change [take or adopt another instead of]. | Often with *de* : *~ de color,* to change colour; *~ de opinión* or *parecer,* to change one's opinion, one's mind; *~ de vestido,* to change one's dress. 3 to move, remove [to another place]. 4 to moult, molt, shed, cast off [feathers, the epidermis, etc.]. 5 *~ la voz* [of a boy], to change his voice. — 6 *ref.* to change [change one's conduct, affections, etc.]. 7 to change one's underclothing. 8 to move [change one's residence] : *mudarse a,* to move to; *mudarse de casa,* to move. 9 coll. to leave, go away, get out. 10 *mudarse de ropa,* to change one's clothes.
mudéjar *adj.* Mudejar : *estilo ~,* Mudejar style. — 2 *m.* & *f.* HIST. Mudejar [Mohammedan living under a Spanish Christian king].
mudez *f.* dumbness.
mudo, da *adj.* dumb, mute, silent : *cine ~,* silent films. 2 PHON. mute. — 3 *m.* & *f.* mute [dumb person].
mueblaje *m.* MOBLAJE.
mueble *adj.* movable. — 2 *m.* piece of furniture. 3 RADIO. cabinet. 4 *pl.* furniture, household goods.
mueblería *f.* furniture factory or shop.
mueblista *m.* furniture maker or seller.

mueca *f.* face, wry face, grimace, grin.
muecín *m.* ALMUECÍN.
muela *f.* upper millstone. 2 grindstone. 3 ANAT. molar, molar tooth, grinder : *~ cordial* or *del juicio,* wisdom tooth; *haberle salido a uno la ~ del juicio,* to have cut one's wisdom teeth, be prudent, wise. 4 water sufficient to set a mill in motion. 5 knoll, flat-topped hill. 6 BOT. flat pea.
muelo, muela, etc., *irr.* V. MOLER.
muellaje *m.* wharfage.
muelle *adj.* soft, delicate. 2 voluptuous, easy, luxurious. — 3 *m.* NAUT. wharf, pier. 4 RLY. freight platform. 5 MACH., HOR. spring : *~ real,* HOR. mainspring.
muellemente *adv.* softly, comfortably; voluptuously.
muer *m.* MUARÉ.
muérdago *m.* BOT. mistletoe.
muerdo, muerda, etc., *irr.* V. MORDER.
muérgano *m.* (Col.) useless or old-fashioned thing.
muergo *m.* NAVAJA 5
muermo *m.* VET. glanders.
muermoso, sa *adj.* VET. glandered.
muero, muera, etc., *irr.* V. MORIR.
muerte *f.* death [dying, being killed]; decease, demise : *~ civil,* civil death; *dar ~,* or *dar la ~, a,* to kill, put to death; *estar a la ~,* to be at death's door; *tomarse uno la ~ por su mano,* to take one's life in one's hands; *a ~,* to the death [as in *guerra a ~,* war to the death]; *de ~* [of hating, persecuting, etc.], implacably; deadly, mortally [wounded]; hopelessly [ill]; *de mala ~,* worthless, mean, sorry, despicable; *hasta la ~,* to the death, to the end. 2 Death [skeleton with a scythe]. 3 death [end, extinction, destruction]. 4 homicide, murder, bloodshed.
muerto, ta *p. p.* cf MORIR. 2 *irreg. p. p.* of MATAR : *he ~ una perdiz,* I have killed a partridge. — 3 *adj.* dead [deprived of life; extinct, extinguished, bereft of sensibilities; inoperative, ineffectual]. 4 faded, dull. 5 exhausted, tired out. 6 dead [language, letter, work]. 7 dead. slacked [lime]. 8 ELECT. dead. 9 *~ de curiosidad,* bursting with curiosity; *~ de frio,* perished with cold; *~ de hambre,* dying with hunger; *~ de miedo,* terribly afraid; *~ de risa,* extremely amused. 9 *estar ~ por,* to be crazy about; to be madly in love with. — 10 *m.* dead person; corpse : *echarle el ~ a,* fig. to put the blame on; *hacerse el ~,* to try to be unnoticed by keeping quiet or silent; *tocar a ~,* to toll, to knell. 11 dummy [at bridge].
muesca *f.* notch, nick, indentation. 2 CARP. mortise.
muestra *f.* signboard, sign [in front of shop, inn, etc.]. 2 sample, specimen. 3 end of a piece of cloth bearing manufacturer's name. 4 sampler [cf needlework]. 5 copy, model, pattern. 6 face, dial [of clock or watch]. 7 sign, show, token. indication : *dar muestras de,* to show signs of. 8 set [of dog in presence of game] : *perro de ~,* pointer, setter. 9 MIL. muster, review.
muestrario *m.* collection of samples, sample book, specimen book, sample case.
muestro, muestre, etc., *irr.* V. MOSTRAR.
muévedo *m.* aborted foetus.
muevo, mueva, etc., *irr.* V. MOVER.
mufla *f.* muffle [in a muffle furnace].
muftí *m.* mufti [Moammedan expounder of law].
muga *f.* boundary, landmark. 2 spawning [of fishes, etc.]. 3 fecundation of roe.
mugido *m.* low, lowing, moo [of cattle].
mugidor, ra *adj.* lowing, mooing. 2 bellowing, roaring.
múgil *m.* MÚJOL.
mugir *intr.* to low, moo. 2 to bellow, to roar.
mugre *f.* greasy dirt [of wool, clothes, etc.].
mugriento, ta *adj.* greasy, dirty.
mugrón *m.* AGR. layer [of vine]. 2 shoot [of plant].
mugroso, sa *adj.* MUGRIENTO.
muguete *m.* BOT. lily of the valley.
muharra *f.* MOHARRA.
mujer *f.* woman : *~ de gobierno,* housekeeper; *~ de la vida airada, del partido, de mal vivir, ~ mundana* or *pública,* harlot, prostitute; *~ de su casa,* good house wife; *~ fatal,* vamp; *ser ~,* to be a grown woman. 2 wife : *tomar ~,* to take a wife, marry.
mujercilla *f.* little woman. 2 despicable woman.

mujercita *f. dim.* little woman. 2 little wife.
mujeriego, ga *adj.* feminine, womanly. 2 womanish. 3 fond of women. 4 *montar a mujeriegas*, to ride sidesaddle, woman-fashion. — 5 *m.* women [collectively].
mujeril *adj.* feminine, womanly. 2 womanish.
mujerilmente *adv.* like a woman, like women. 2 effeminately.
mujerío *m.* women [collectively]; gathering of women.
mujerona *f. aug.* big woman, strapping woman.
mujerzuela *f. dim.* little woman. 2 despicable woman.
mújil *m.* MÚJOL.
mujo, muja, etc., *pret., subj. & imper.* of MUGIR.
mújol *m.* ICHTH. mullet, striped mullet.
mula *f.* ZOOL. she-mule, female mule : ~ *de paso*, riding she-mule; *hacer la* ~, coll. to skirt, to back out; *en la* ~ *de San Francisco*, on shank's mare. 2 coll. stupid fellow. 3 (Mex.) drug [unsalable commodity]. 4 kind of shoe worn by the Pope. 5 MÚLEO.
mulada *f.* drove of mules.
muladar *m.* dungheap, dunghill. 2 filth, corruption.
muladí, *pl.* -**díes** *m. & f.* HIST. Spaniard who embraced Mohammedanism and lived among Mohammedans.
mular *adj.* [pertaining to] mule : *ganado* ~, mules.
mulatero *m.* mule hirer. 2 muleteer, muleman.
mulato, ta *adj.* mulatto. — 2 *m.* mulatto [man]. — 3 *f.* mulatto woman.
múleo, muléolo *m.* ancient Roman shoe with upturned point.
mulero *m.* muleman. — 2 *adj.* fond of mules [horse].
muleta *f.* crutch [for lame person; prop, support]. 2 BULLF. matador's red flag.
muletada *f.* drove of mules.
muletero *m.* MULATERO.
muletilla *f.* BULLF. matador's red flag. 2 crosshandle cane. 3 crosspiece at the end of a stick. 4 braid frog [spindle-shaped button]. 5 pet phrase or word, often repeated in talking.
muleto *m.* little mule. 2 young mule. 3 mule not yet broken.
muletón *m.* canton flannel.
mulo *m.* ZOOL. mule; hinny : ~ *castellano*, mule.
mulso, sa *adj.* sweetened with honey or sugar.
multa *f.* fine, amercement, mulct.
multar *tr.* to fine, amerce, mulct.
multicaule *adj.* BOT. multicauline.
multicolor *adj.* many-coloured, multicolour, multicoloured.
multicopista *m.* duplicator, copying machine.
multifloro, ra *adj.* BOT. many-flowered, multiflorous.
multiforme *adj.* multiform.
multilatero, ra *adj.* GEOM. multilateral.
multimillonario, ria *adj. & n.* multimillionaire.
multípara *adj.* multiparous. — 2 *f.* multípara.
múltiple *adj.* multiple, manifold. — 2 *m.* MACH. manifold.
multiplicable *adj.* multiplicable, multipliable.
multiplicación *f.* multiplication.
multiplicador, ra *adj.* multiplying. — 2 *m. & f.* multiplier. — 3 *m.* MATH. multiplier.
multiplicando *m.* MATH. multiplicand.
multiplicar *tr.* to multiply. — 2 *ref.* to multiply [increase in number].
multíplice *adj.* multiple, multiplex, manifold.
multiplicidad *f.* multiplicity.
multipliqué, multiplique, etc., *pret., subj. & imper.* of MULTIPLICAR.
múltiplo *adj. & m.* MATH. multiple : *mínimo común* ~, least common múltiple.
multitud *f.* multitude [great number]. crowd. 2 *2 la* ~, the multitude, the common people.
mulleron, mullera, mullese, etc., *irr.* V. MULLIR.
mullida *f.* litter, bedding [for animals].
mullido *m.* soft filling for cushions, etc.
mullidor, ra *adj.* fluffing, softening. — 2 *m. & f.* fluffer, softener.
mullir *tr.* to fluff, soften, loosen [make fluffy, make less compact]. 2 to beat up, shake up [a bed]. 3 AGR. to loosen [the earth] around a plant. 4 to arrange, engineer. 5 *mullírselas a uno*, to punish, to mortify a person. ¶ IRREG. CONJUG.: IND. Pret. : mulli, mulliste, *mulló*; mullimos, mullisteis, *mulleron*. SUBJ. Imperf. : *mullera, mulleras, mullera; mulléramos, mullerais, mulle-*

ran, or *mullese, mulleses, mullese; mullésemos, mulleseis, mullesen.* | Fut. : *mullere, mulleres, mullere; mulléremos, mullereis, mulleren.* | GER. : *mullendo.*
mullo *m.* ICHTH. SALMONETE. 2 (Am.) glass beads.
mulló *irr.* V. MULLIR.
mundanal *adj.* worldly, mundane.
mundanalidad *f.* worldliness, mundanity.
mundanamente *adv.* worldlily.
mundanear *intr.* to indulge in worldly things, to be worldly-minded.
mundanería *f.* wordliness, sophistication. 2 worldly behaviour.
mundano, na *adj.* mundane, worldly [things, pleasure, etc.]. 2 worldly [concerned with, or devoted to, worldly things or pleasure].
mundial *adj.* world-wide, world : *fama* ~, world-wide reputation; *la guerra* ~, the World War.
mundicia *f.* cleanness, cleanliness.
mundificación *f.* mundification, cleansing.
mundificante *adj.* mundificant, cleansing.
mundificar *tr.* to mundify, cleanse.
mundificativo, va *adj.* mundifying, cleansing.
mundillo *m.* arched clotheshorse. 2 cushion for making lace. 3 warming pan. 4 BOT. guelder-rose, snowball. 5 little world [of artists, politicians, etc.].
mundinovi *m.* MUNDONUEVO.
mundo *m.* world [in practically every sense] : *el gran* ~, the great world, the fashionable society; *el* ~ *antiguo*, the Old World ; the ancient world ; *el* ~ *de las letras*, the world of letters; *el Nuevo Mundo*, the New World ; *el otro* ~, the other world, the next world, the world to come; *este* ~, this world; *medio* ~, a lot of people; ~, *demonio y carne*, the world, the flesh and the devil; *todo el* ~, everybody; *echar al* ~, to create; to bring into the world; *echarse al* ~, to plunge into dissipation; [of a woman] to become a prostitute; *entrar en el* ~, to make one's debut, to go into society; *morir al* ~ or *para el* ~, to give up the world, to go into reclusion; *ser hombre de* ~, to be a man of the world, a man of experience; *tener* ~, or *mucho* ~, to be experienced, to know life, know the world; *ver* ~, to see the world, to travel; *desde que el* ~ *es* ~, since the world began. 2 globe [spherical representation of the earth]. 3 Saratoga trunk.
mundología *f.* knowledge of life, tact, savoir-faire.
mundonuevo *m.* peep show, portable cosmorama.
munición *f.* MIL. ammunition, munition, supplies : *municiones de boca*, food provisions; *municiones de guerra*, war supplies. 2 charge of firearms; shot [collectively]. 3 *de* ~, ammunition, *government issue* [supplied by the government to the soldiers].
municionamiento *m.* ammunitioning, providing with ammunition.
municionar *tr.* to ammunition, provide with ammunition.
municionero, ra *m. & f.* supplier.
municipal *adj.* municipal. — 2 *m.* policeman.
municipalidad *f.* municipality; municipal corporation.
municipalización *f.* municipalization.
municipalizar *tr.* to municipalize.
múnicipe *m.* citizen, denizen. 2 councilman.
municipio *m.* municipium. 2 municipality; municipal corporation.
munificencia *f.* munificence.
munificentísimo, ma *adj. superl.* most munificent.
munífico, ca *adj.* munificent.
munitoria *f.* art of fortification.
muñeca *f.* ANAT. wrist : *menear las muñecas*, coll. to work actively. 2 doll : ~ *de trapo*, rag doll. 3 *fig.* doll [tiny woman; pretty silly girl]. 4 manikin, dress form. 5 sugar teat. 6 pounce bag. 7 polishing bag.
muñeco *m.* doll, puppet [representing a male child]; dummy, man's figure. 2 *fig.* effeminate coxcomb.
muñeira *f.* popular dance of Galicia [in Spain].
muñequear *intr.* FENC. to fence from the wrist.
muñequera *f.* bracelet or strap for a wrist watch.
muñequería *f.* coll. overdressing, excessive finery.
muñequilla *f. dim.* of MUÑECA. 2 (Chi.) young ear of corn.
muñequita *f. dim.* MUÑEQUILLA 1.
muñidor *m.* beadle. 2 *heeler, go-between, canvasser : ~ *electoral*, electioneerer.

muñir *tr.* to take summons [to meetings, etc.]. 2 to arrange, concert. ¶ CONJUG. like *mullir*.
muñón *m.* stump [cf amputated limb]. 2 ARTIL. trunnion. 3 MACH. gudgeon pin, wrist pin.
muñonera *f.* ARTIL. trunnion plate. 2 MACH. gudgeon socket.
murajes *m. pl.* BOT. pimpernel.
mural *adj.* mural.
muralla *f.* FORT. wall, rampart.
murallón *m. aug.* heavy wall, strong wall.
murar *tr.* to wall [surround with a wall or rampart].
murceguillo *m.* MURCIÉLAGO.
murciélago *m.* ZOOL. bat.
murena *f.* ICHTH. moray.
murete *m. dim.* small wall.
murga *f.* band of street musicians. 2 ALPECHÍN.
murgón *m.* ESGUÍN.
murguista *m.* member of a band of street musicians.
muriático, ca *adj.* CHEM. muriatic.
muriato *m.* CHEM. muriate.
murió, muriera, muriese, etc., *irr.* V. MORIR.
múrice *m.* ZOOL. murex. 2 poet. purple.
múridos *m. pl.* ZOOL. Muridæ.
murmujear *intr. & tr.* to murmur.
murmullo *m.* murmur, murmuring, ripple; whisper, whispering; rustle [of leaves, etc.]; purl [of a brook].
murmuración *f.* gossip, backbiting.
murmurador, ra *adj.* murmuring, murmurous. 2 gossiping, backbiting. — 3 *m. & f.* gossiper, backbiter.
murmurante *adj.* murmuring, whispering, purling.
murmurar *intr.* to murmur, whisper. 2 to mutter, grumble. 3 [of leaves, etc.] to rustle. 4 [or streams] to purl, ripple. 5 to gossip, backbite.
murmureo *m.* continual murmuring sound.
murmurio *m.* murmur. 2 purl, ripple, whisper. 3 rustle [of leaves, etc.].
muro *m.* wall [in a building, garden, etc.] : ~ *de contención*, retaining wall. 2 FORT. wall, rampart.
murria *f.* coll. blues, dejection, sullenness.
múrrino, na *adj.* murrhine.
murrio, rria *adj.* sad, dejected, sullen.
murta *f.* BOT. myrtle. 2 BOT. myrtle berry.
murtal *m.,* **murtela** *f.* grove of myrtles.
murtilla, murtina *f.* BOT. (Chi.) a myrtaceous shrub and its berry. 2 liquor made from the berries of the MURTILLA.
murtón *m.* BOT. myrtle berry.
murucuyá *f.* BOT. passionflower.
murueco *m.* MORUECO.
mus *m.* a card game. 2 *no hay* ~, it cannot be granted. 3 *sin decir tus ni mus*, without saying a word.
musa *f.* MYTH. Muse. 2 fig. Muse, muse [inspiration, poetry] : *soplarle a uno la* ~, coll. to be inspired to write verse; coll. to be lucky at gambling. 3 *pl.* Muses, liberal arts.
musáceo, a *adj.* BOT. musacecus. — 2 *f. pl.* BOT. Musaceæ.
musaraña *f.* ZOOL. shrew, shrewmouse. 2 insect, small animal. 3 coll. floating speck in the eye. 4 *mirar a,* or *pensar en, las musarañas,* to stare vacantly, to be absent-minded.
muscaria, muscícapa *f.* MOSCARETA.
múscido, da *adj.* ENTOM. muscid. — 2 *m. pl.* ENTOM. Muscidæ.
musco, ca *adj.* dark brown. — 2 *m.* MUSGO 1.
muscular *adj.* muscular [of, or affecting, the muscles].
musculatura *f.* musculature.
músculo *m.* ANAT. muscle. 2 brawn [strong muscles]. 3 ZOOL. finback, rorqual.
musculoso, sa *adj.* muscular, brawny.
muselina *f.* muslin.
museo *m.* museum.
muserola *f.* noseband [cf a bridle].
musgaño *m.* ZOOL. shrew, shrewmouse.

1) **musgo** *m.* BOT. moss. 2 BOT. ~ *marino,* coralline.
2) **musgo, ga** *adj.* MUSCO.
musgoso, sa *adj.* mossy. 2 moss-covered.
música *f.* music : ~ *celestial,* coll. nonsense, empty talk, moonshine ; ~ *clásica,* classical music ; ~ *de baile,* dance music ; ~ *de cámara,* chamber music ; ~ *de fondo,* background music ; ~ *instrumental,* instrumental music ; ~ *popular,* popular music, folk music ; ~ *sacra* or *sagrada,* sacred music ; ~ *vocal,* vocal music ; *caja de* ~, music box ; *no entender la* ~, fig. to feign deafness to what one wishes not to hear; *anda,* or *vete, con la* ~ *a otra parte,* get out, don't bother me. 2 body of performing musicians. 3 MIL. music [of a regiment, etc.]. 4 sheet music.
musical *adj.* musical.
musicalidad *f.* musicality, musicalness.
musicalmente *adv.* musically.
músico, ca *adj.* musical : *instrumento* ~, musical instrument. — 2 *m. & f.* musician. 3 MIL. ~ *mayor,* bandmaster.
musicógrafo *m.* musicographer.
musicología *f.* musicology.
musicólogo, ga *m. & f.* musicologist.
musicomanía *f.* MELOMANÍA.
musicómano, na *adj. & n.* MELÓMANO.
musiquero *m.* music cabinet, music stand.
musitar *intr.* to mumble, mutter.
musivo *adj.* mosaic [gold].
muslera *f.* armour for the thigh, cuisse.
muslime *adj. & n.* Moslem, Muslim.
muslímico, ca *adj.* Moslem, Muslim.
muslo *m.* ANAT., ZOOL. thigh.
musmón *m.* ZOOL. mouflon.
musquerola *adj.* MOSQUEROLA.
mustaco *m.* cake made with must.
mustela *f.* ICHTH. dog shark. 2 ZOOL. obs. weasel.
mustélido, da *adj.* ZOOL. musteline. — 2 *m. pl.* ZOOL. Mustelidæ.
mustiamente *adv.* sadly, dejectedly, languidly.
mustio, tia *adj.* withered, faded [plant, flower, leaf]. 2 sad, dejected, melancholy.
musulmán *adj. & n.* Mussulman.
muta *f.* pack of hounds.
mutabilidad *f.* mutability.
mutación *f.* mutation. 2 THEAT. change of scene. 3 change of weather, unsettled weather.
mutatis mutandis (Lat.) *adv.* mutatis mutandis, necessary changes having been made.
mutilación *f.* mutilation.
mutilado, da *adj.* mutilated, maimed, crippled. — 2 *m. & f.* cripple : ~ *de la guerra,* war cripple.
mútilo, la *adj.* mutilated, maimed, crippled.
mutis *m.* THEAT. exit : *hacer* ~, THEAT. to exit; coll. to say nothing, to be silent.
mutismo *m.* mutism, silence.
mutual *adj.* mutual, reciprocal.
mutualidad *f.* mutualness, mutuality. 2 system of organized mutual aid. 3 mutual benefit society.
mutualismo *m.* system of organized mutual aid.
mutualista *adj.* pertaining to the system of organized mutual aid. — 2 *m. & f.* member of a mutual benefit society.
mutuamente *adv.* mutually, reciprocally.
mutuante *m. & f.* LAW. lender in a contract of mutuum.
mutuario, ria; mutuatario, ria *m. & f.* LAW mutuary.
mutuo, tua *adj.* mutual, reciprocal. — 2 *m.* LAW mutuum.
muy *adv.* very, very much, greatly, most [always before adj. or adv.] : ~ *bueno,* very good ; ~ *de noche,* late at night ; ~ *de prisa,* very fast ; ~ *ilustre,* most illustrious ; ~ *mucho,* very much. 2 too : *era* ~ *tarde para ponerse a trabajar,* it was too late to set to work. 3 ~ *hombre,* very much of a man. 4 ~ *señor mío,* Dear Sir [in a letter].
muz *m.* NAUT. upper extremity of the cutwater.
muzárabe *adj. & n.* MOZÁRABE.

N

N, n *f.* N, n, sixteenth letter of the Spanish alphabet.

N or **NN** form used in the sense of **X**, so-and-so [symbol for an unknown proper name].

naba *f.* BOT. rutabaga.

nabab, nababo *m.* nabob, nawab.

nabal, nabar *adj.* [pertaining to the] turnip. — *2 m.* turnip field.

nabería *f.* turnips, heap of turnips. 2 turnip soup.

nabí *m.* Moorish prophet.

nabicol *m.* BOT. a variety of turnip.

nabina *f.* turnip seed.

nabizas *f. pl.* turnip greens, turnip leaves.

nabla *f.* MUS. nabla [ancient stringed instrument].

nabo *m.* BOT. turnip [plant and root]. *2* any turniplike root. *3* root, stock [of the tail of a horse, mule or ass]. *4* NAUT. mast. *5* newel [of winding stair].

naborí *m.* HIST. free Indian servant.

Nabot *m. pr. n.* BIB. Naboth.

Nabucodonosor *m. pr. n.* BIB. Nebuchadnezzar.

nácar *m.* mother-of-pearl, nacre.

nácara *f.* kettle-drum used by the ancient cavalry.

nacarado, da *adj.* nacred.

nacáreo, a; nacarino, na *adj.* nacreous, nacrous, nacrine.

nacarón *m.* mother-of-pearl or nacre of inferior quality.

nacela *f.* ARCH. scotia [moulding].

nacencia *f.* growth, tumour.

nacer *intr.* to be born, come to life, come into the world : ~ *de pie* or *de pies,* to be born lucky. *2* [of plants, flowers, leaves, hair, horns, etc.] to grow, begin to grow, bud, sprout, come forth, shoot forth, spring forth. *3* [of streams, etc.] to spring, rise, flow, have its source. *4* [of the day] to dawn. *6* to begin, originate, spring, start, emanate, issue, derive, be inferred. — *7 ref.* [of seeds or roots when not sown or planted] to germinate, to sprout. *8* [of clothes] to split near a seam. ¶ CONJUG.: INDIC. Pres.: *nazco,* naces, nace; nacemos, nacéis, nacen. | SUBJ. Pres.: *nazca, nazcas, nazca; nazcamos, nazcáis, nazcan.* | IMPER.: nace, *nazca; nazcamos,* naced, *nazcan.* | PAST. P.: reg., *nacido;* irreg., *nato.*

naci *adj. & n.* Nazi.

nacido, da *p. p.* of NACER : born : *bien* ~, of noble birth, honest, upright, high-minded; *mal* ~, lowborn, lowminded; ~ *para,* born to, born to be. — *2 m.* living man. *3* growth, tumour, boil.

aciente *adj.* incipient, recent, beginning to be or to appear; growing, budding, sprouting. *2* rising [sun]. *3* HER. naissant. — *4 m.* Orient, East.

nacimiento *m.* birth, coming to life : *de* ~, born, by birth. *2* growth, budding, sprouting, coming

forth [of plants, hair, horns, etc.]. *3* rising [of sun]. *4* source [of river or spring]. *5* origin, issue. *6* birth, descent, lineage. *7* crèche, crib [scene representing the Nativity].

nación *f.* nation : *Naciones Unidas,* United Nations; *Sociedad de las Naciones,* League of Nations; *de* ~, by nationality. *2* (Am.) race, tribe [of Indians]. *3* (Bol.) foreigner.

nacional *adj.* national : *himno* ~, national anthem. *2* home, domestic [of one's own country] : *industrias nacionales, productos nacionales,* home industries, home products. — *3 m.* native. *4* HIST. militiaman.

nacionalidad *f.* nationality. *2* citizenship.

nacionalismo *m.* nationalism.

nacionalista *adj.* nationalistic. — *2 m. & f.* nationalist.

nacionalización *f.* nationalization. *2* naturalization.

nacionalizar *tr.* to nationalize. *2* to naturalize.

nacionalmente *adv.* nationally.

nacrita *f.* MINER. variety of talc.

nada *f.* nothing, naught, nothingness, nonentity. — *2 indef. pron.* nothing, not anything, not a bit; little, very little; ~ *teme,* he fears nothing; ~ *de eso,* nothing of the kind; not so, not at all; ~ *de nuevo,* nothing new; ~ *más,* nothing more; ~ *menos,* nothing less; *de* ~, little, insignificant, of no account; [after thanks] don't mention it, you are welcome; *en* ~, nearly : *en* ~ *estuvo que perdiese el tren,* he nearly missed the train; *por* ~, for nothing; under no circumstances. *3* aught : *ve a mirar si falta* ~, go and see if aught is wanting. — *4 adv.* not, nothing, not at all, not a bit, by no means : *esto no se diferencia* ~ *de aquello,* this differs nothing from that; *no me gusta* ~, I don't like it at all; ~ *menos que,* not less than.

nadaderas *f.* water wings, water bladders.

nadadero *m.* swimming place.

nadador, ra *adj.* swimming. — *2 m. & f.* swimmer.

nadante *adj.* poet. natant, swimming.

nadar *tr.* to swim [progress at or below the surface of water]. *2* to swim, float. *3* to swim, be rolling, have abundantly : ~ *en riquezas,* to swim in riches, to be rolling in wealth. *5* to be inside of something that fits too loosely.

nadería *f.* trifle, insignificant thing, a mere nothing.

nadie *indef. pron.* nobody, no one, none. *2* [after negative] anybody. — *3 m.* nobody [person of no importance].

nadilla *f. dim.* of NADA. — *2 m.* insignificant man.

nadir *m.* ASTR. nadir.

nado (a) *adv.* swimming.

nafa *f.* orange-flower : *agua de* ~, napha-water, orange-flower water.

nafta *f.* naphta.

Naftalí *m. pr. n.* Naphtali.

naftalina *f.* naphthalene, -ine.
naftol *m.* CHEM. naphtol.
nagual *m.* (Mex.) sorcerer, wizard. 2 (Hond.) pet animal.
naife *m.* diamond of the first water.
naipe *m.* [playing] card. 2 cards, deck of cards : *dar bien el* ∿, *dar el* ∿, *tener buen* ∿, to have good luck at cards : *dar mal el* ∿, *tener mal* ∿, to have bad luck at cards ; *dar el* ∿ *a uno para*, fig. to be very clever or dexterous at ; *florear el* ∿, to stack the cards. 3 *pl.* cards : *jugar a los naipes*, to play cards.
naire *m.* mahout, elephant keeper.
nalga *f.* buttock, rump. 2 *pl.* buttocks, nates.
nalgada *f.* slap on the buttocks, span. 2 blow with the buttocks. 3 ham [of hog].
nalgar *adj.* gluteal, pertaining to the buttocks.
nagatorio *m.* coll. posteriors, seat, buttocks.
nalgudo, da *adj.* having big buttocks.
nalguear *intr.* to wiggle the buttocks in walking.
nana *f.* coll. grandma. 2 lullaby, cradlesong. 3 baby bunting. 4 (Mex.) coll. child's nurse. 5 (Arg., Chi.) PUPA 3.
nanear *intr.* ANADEAR.
nanquín *m.* nankeen, nankin.
nansa *f.* fish trap. 2 fish pond.
nansú, nanzú *m.* nainsook.
nao *f.* ship, vessel.
naonato, ta *adj.* born on shipboard.
napea *f.* MYTH. Napæa, Napea, wood nymph.
napelo *m.* BOT. ANAPELO.
Napoleón *m. pr. n.* Napoleon.
napoleón *m.* napoleon [coin].
napoleónico, ca *adj.* Napoleonic.
Nápoles *m. pr. n.* GEOG. Naples.
napolitano, na *adj. & n.* Neapolitan.
naque *m.* formerly, company of two strolling comedians.
naranja *f.* BOT. orange : ∿ *agria,* sour orange ; ∿ *de ombligo,* navel orange ; ∿ *dulce,* sweet orange ; ∿ *mandarina* or *tangerina,* mandarin orange : tangerine. 2 *media* ∿, coll. better half ; AROH. cupola, dome.
naranjada *f.* orangeade. 2 rude action or remark.
naranjado, da *adj.* ANARANJADO.
naranjal *m.* orange grove.
naranjazo *m.* blow with an orange.
naranjero, ra *adj.* [pertaining to] orange. 2 orange-sized. 3 carrying balls of the size of oranges [cannon]. 4 with a bell muzzle [blunderbuss]. — 5 *m. & f.* orange raiser or seller. — 6 *m.* orange tree.
naranjilla *f.* small green orange for preserving.
naranjillada *f.* (Ec.) orangeade made with the juice of the NARANJILLA.
naranjo *m.* BOT. orange tree. 2 coll. booby, lout.
Narbona *pr. n.* GEOG. Narbonne.
narbonense *adj.* [pertaining to] Narbonne.
narbonés, sa *adj.* [pertaining to] Narbonne. — 2 *m. & f.* native or inhabitant of Narbonne.
narceína *f.* CHEM. narceine.
narcisismo *m.* narcissism.
narciso *m.* BOT. narcissus, daffodil. 2 fig. dandy, fop.
naroosis *f.* narcosis.
narcótico, ca *adj. & m.* narcotic.
narcotina *f.* CHEM. narcotine.
narcotismo *m.* narcotism.
narcotización *f.* narcotization.
narcotizador, ra *adj.* narcotizing.
narcotizar *tr.* to narcotize.
nardino, na *adj.* made of spikenard.
nardo *m.* spikenard, nard [plant and ointment]. 2 BOT. tuberose.
narguile *m.* narghile.
narigón, na *adj.* large-nosed. — 2 *m. & f.* large-nosed person. 3 large nose.
narigudo, da *adj. & n.* NARIGÓN 1 & 2.
nariguera *f.* nose ring.
narigueta, nariguilla *f. dim.* small nose.
nariz, *pl.* **-rices** *f. sing. & pl.* [human] nose : ∿ *aguileña,* Roman or aquiline nose ; ∿ *perfilada,* perfect nose ; ∿ *respingona,* turned-up nose ; *narices remachadas,* flat nose ; *hablar por las narices,* to speak through one's nose ; *hincharsele a uno las narices,* to get angry ; *meter las narices en,* to poke, thrust, one's nose into ; *tener agarrado por las narices,* to lead by the nose, to control at will ; *torcer las narices,* to show reluctance or displeasure. — 2 *f. sing.* nose [of an animal]. 3 nostril. 4 nose [sense

of smell] : *darle a uno en la* ∿ *una cosa,* to smell, perceive the smell of a thing ; to smell, suspect something. 5 bouquet [of wine]. 6 nose-shaped catch [for a latch]. 7 nose [of a retort]. 8 cutwater.
narizón, na *adj. & n.* NARIGUDO.
narizota *f. aug.* large nose.
narrable *adj.* capable of being narrated.
narración *f.* narration, narrative.
narrador, ra *adj.* narrating. — 2 *m. & f.* narrator.
narrar *tr.* to narrate, relate, tell.
narrativa *f.* narration, narrative. 2 skill in narrating.
narrativo, va; narratorio, ria *adj.* narrative.
narria *f.* drag [sledge for conveying heavy bodies]. 2 coll. heavy, bulky woman.
narval *m.* ZOOL. narwhal.
narvaso *m.* cornstalks [as fodder].
nasa *f.* bow net ; fyke. 2 fisherman's basket. 3 basket for flour, bread, etc.
nasal *adj.* nasal.
nasalización *f.* nasalization.
nasalizar *tr.* to nasalize.
nasardo *m.* MUS. nasard [organ stop].
nata *f.* cream [of milk ; of any liquor]. 2 fig. cream [the best or choicest part, the best of its kind]. 3 *pl.* whipped cream with sugar. 4 NATILLAS.
natación *f.* natation, swimming.
natal *adj.* natal, native. — 2 *m.* birth. 3 birthday.
natalicio, cia *adj.* pertaining to one's birth or birth day. — 2 *m.* birthday. 3 nativity.
natalidad *f.* natality, birth rate.
Natán *m. pr. n.* BIB. Nathan.
Nataniel *m. pr. n.* BIB. Nathanael.
natátil *adj.* able to swim, floating.
natatorio, ria *adj.* natational, natatory. 2 ICHTH. *vejiga natatoria,* air bladder, swim bladder.
naterón *m.* cottage cheese.
natillas *f.* custard.
natío *adj.* GEOL., MINER. native. — 2 *m.* birth, nature : *de su* ∿, naturally.
natividad *f.* nativity. 2 (cap.) Christmas, Yuletide.
nativo, va *adj.* GEOL., MINER. native. 2 native [pertaining to the place of one's birth] ; vernacular. 3 native, born. 4 native, inborn, natural-born.
nato, ta *adj.* born : *criminal* ∿, born criminal. 2 inherent in an office or position.
natrón *m.* MINER. natron.
natura *f.* nature. 2 genital organs. 3 MUS. major scale.
natural *adj.* natural. 2 artless, ingenuous. 3 spontaneous, unstudied. 4 MUS. natural. — 5 *adj. & n.* native [of a country or place]. — 6 *m.* temper, disposition, nature. 7 *al* ∿, without dressing. 8 F. ARTS *del* ∿, from life, from nature.
naturaleza *f.* Nature. 2 nature. 3 constitution [of a person]. 4 sex, genitals. 5 character, sort, kind, description. 6 nationality [of a person]. 7 status of a naturalized person : *carta de* ∿, privilege of naturalization. 8 F. ARTS ∿ *muerta,* still life.
naturalicé, naturalice, etc., *pret., subj. & imper.* of NATURALIZAR.
naturalidad *f.* naturalness. 2 nationality [of a person].
naturalismo *m.* PHIL., LIT. naturalism.
naturalista *adj.* naturalistic. — 2 *m. & f.* PHIL. naturalist. 3 naturalist [student of animals or plants].
naturalización *f.* naturalization.
naturalizar *tr.* to naturalize [a person, a custom, a word, etc.]. 2 to naturalize, acclimate [animals or plants]. — 3 *ref.* to become naturalized.
naturalmente *adv.* naturally. 2 of course.
naturismo *m.* naturism.
naturista *m. & f.* naturist.
naufragante *adj.* sinking, perishing.
naufragar *intr.* NAUT. to be wrecked, be cast away, be stranded, be shipwrecked, sink. 2 fig. [of hopes, an undertaking, etc.], to be wrecked, to fail, be unsuccessful, fall through.
naufragio *m.* shipwreck. 2 failure, ruin, disaster.
náufrago, ga *adj.* NAUT. wrecked, cast away. — 2 *m. & f.* shipwrecked person, castaway. — 3 *m.* TIBURÓN.
naufragué, naufrague, etc., *pret., subj. & imper.* of NAUFRAGAR.
naumaquia *f.* naumachia, naumachy.
náusea *f.* nausea, retching, sickness, qualmishness : *tener náuseas,* to be nauseated, to be sick at the

stomach. 2 fig. nausea, disgust, sickness : *dar náuseas,* to make sick, to disgust.
nauseabundo *adj.* nauseous, nauseating, sickening, loathsome.
nausear *intr.* to nauseate, be nauseated, be sick at the stomach.
nauseativo, va *adj.* NAUSEABUNDO.
nauseoso, sa *adj.* inclined to nausea.
nauta *m.* mariner, sailor.
náutica *f.* nautics, navigation.
náutico, ca *adj.* nautical. 2 water [sports].
nautilo *m.* ZOOL. nautilus.
nava *f.* hollow [plain surrounded by mountains]
navacero, ra *m. & f.* gardener in a sandy marshland
navaja *f.* clasp knife, folding knife : ~ *de afeitar,* razor [used in shaving]. 2 (Am.) penknife. 3 razor, tusk [of wild boar]. 4 coll. evil tongue. 5 ZOOL. razor clam, razor shell, razor.
navajada *f.,* **navajazo** *m.* stab with a clasp knife.
navajero *m.* razor case. 2 cloth or cup for cleaning a razor.
navajo *m.* LAVAJO.
navajón *m. augm.* large clasp knife.
naval *adj.* naval.
navarca *m.* navarch.
Navarra *pr. n.* GEOG. Navarre.
navarro, ra *adj. & n.* Navarrese.
navazo *m.* kitchen garden on a sandy marshland. 2 LAVAJO.
nave *f.* ship, vessel : ~ *aérea,* airship ; *la* ~ *de San Pedro,* the Roman Catholic Church ; *quemar las naves,* to burn one's boats. 2 ARCH. nave, aisle : ~ *principal,* nave ; ~ *lateral,* aisle [division of church]. 3 large hall or division in a building.
navecilla *f. dim.* small ship. 2 ECCL. navicula, incense boat.
navegable *adj.* navigable [river, lake, etc.].
navegación *f.* navigation, sailing ; ~ *aérea,* aerial navigation, aeronautics, aviation ; ~ *de cabotaje,* coast navigation, coasting trade ; ~ *de altura,* navigation in the open sea. 2 sea voyage ; time used in a sea voyage.
navegador, ra; navegante *adj.* navigating. — 2 *m. & f.* navigator.
navegar *intr.* to navigate, to sail. 2 to go about. — 3 *tr.* NAUT. to make [as speed].
navegué, navegue, etc., *pret., subj. & imper.* of NAVEGAR.
naveta *f. dim.* small ship. 2 ECCL. navicula, incense boat. 3 small drawer.
navícula *f. dim.* small ship. 2 BOT. navicula.
navicular *adj.* ANAT., BOT. navicular, boat-shaped. — 2 *m.* ANAT. navicular bone.
navichuela *f.,* **navichuelo** *m. dim.* small ship.
navidad *f.* Nativity, Christmas, Christmas Day. 2 fig. year [of age] : *tener muchas navidades,* to have lived many years, to be pretty old. 3 Christmastide, Yuletide.
navideño, ña *adj.* [pertaining to] Christmas, of Christmas.
naviero, ra *adj.* [pertaining to] ship, shipping. — 2 *m.* shipowner.
navío *m.* NAUT. ship, warship : ~ *de alto bordo,* large ship, ship of several decks ; ~ *de guerra,* warship ; ~ *de línea,* ship of the line, line-of-battle ship ; ~ *de transporte,* transport ship ; ~ *de tres puentes,* three-decker. 2 ASTR. *Navío Argos,* Argo Navis.
náyade *f.* MYTH. naiad.
nayuribe *f.* BOT. a tinctorial herb.
nazareno, na *adj. & n.* Nazarene : *el Nazareno, el Divino Nazareno,* the Nazarene. — 2 *m.* Nazarite. 3 penitent who attends processions in Passion Week wearing a purple gown.
nazareo, rea *adj. & n.* Nazarene.
nazco, nazca, etc., *irr.* V. NACER.
nearca *m.* navarch.
nébeda *f.* BOT. catnip, catmint.
nebí *m.* NEBLÍ.
nebladura *f.* AGR. damage from fog. 2 VET. gid.
neblí *m.* ORN. kind of falcon.
neblina *f.* fog, mist.
neblinoso, sa *adj.* foggy, misty.
nebreda *f.* ENEBRAL.
nebrina *f.* ENEBRINA.
nebulón *m.* sly fellow, hypocrite.
nebulosa *f.* ASTR. nebula.
nebulosidad *f.* nebulosity, nebulousness, cloudiness. 2 cloud, shadow.

nebulosamente *adj.* nebulously.
nebuloso, sa *adj.* nebulous, cloudy. 2 misty, hazy, vague. 3 gloomy.
necear *intr.* to talk nonsense. 2 to persist foolishly.
necedad *f.* foolishness, folly, stupidity, nonsense.
necesaria *f.* privy, water-closet.
necesariamente *adv.* necessarily.
necesario, ria *adj.* necessary ; needful. 2 *si fuere* ~, if need be.
neceser *m.* case, kit : ~ *de costura,* sewing case, workbasket ; ~ *de tocador,* toilet case.
necesidad *f.* necessity ; need, want : *la* ~ *carece de ley,* necessity knows no law ; *hacer de la* ~ *virtud,* to make a virtue of necessity ; *hombre de pocas necesidades,* man of few wants ; *de* ~, of necessity ; *por* ~, from necessity ; necessarily. 2 emergency. 3 want, destitution, distress, poverty. 4 hunger : *caerse de* ~, to be faint with hunger. 5 *pl.* evacuation of the body by stool or water : *hacer sus necesidades,* to urinate, to go to stool.
necesitado, da *adj.* necessitous, needful, needy, poor. 2 ~ *de,* wanting [that wants]. — 3 *m.* needy, poor person.
necesitar *tr.* to necessitate [force, compel]. 2 to need, want, lack. 3 to have to, need to. — 4 *intr.* ~ *de,* to need, to be in need of.
neciamente *adj.* foolishly, stupidly, injudiciously.
necio, cia *adj.* ignorant, fool, foolish, stupid ; idiotic, silly, unjudicious, bullheaded. — 2 *m. & f.* ignorant person, fool.
necrófago, ga *adj.* necrophagous.
necrología *f.* necrology.
necrológico, ca *adj.* necrological.
necromancia *f.* necromancy.
necrópolis *f.* necropolis.
necropsia, necroscopia *f.* necropsy, necroscopy, postmortem examination.
necroscópico, ca *adj.* necroscopic, necroscopical.
necrosis. *pl.* -sis *f.* MED. necrosis.
néctar *m.* nectar.
nectáreo, a; nectarino, na *adj.* nectareous, nectarine.
nectario *m.* BOT. nectary.
neerlandés, sa *adj.* Netherlandish, Dutch. — 2 *m. & f.* Netherlander, Dutchman, Dutchwoman. — 3 Netherlandish, Dutch [language].
nefandamente *adv.* nefandously, abominably.
nefando, da *adj.* nefandous, abominable.
nefariamente *adv.* nefariously, iniquitously.
nefario, ria *adj.* nefarious, wicked, iniquitous.
nefas *adv. por fas o por* ~, rightly or wrongly, for one thing or for another.
nefasto, ta *adj.* sad, ominous, unlucky. 2 funest, noxious.
nefridio *m.* ZOOL. nephridium.
nefrítico, ca *adj.* MED. nephritic.
nefritis *f.* MED. nephritis.
nefrolito *m.* MED. nephrolith.
negable *adj.* deniable.
negación *f.* negation, denying [opposite of affirmation]. 2 negation [absence, nonexistence]. 3 LOG. negation. 4 GRAM. negative particle.
negado, da *adj.* inapt, unfit, incompetent. 2 dull, stupid.
negador, ra *adj.* denying ; refusing. — 2 *m. & f.* denier. 2 refuser. 3 disclaimer.
negante *adj.* denying. — 2 *m. & f.* denier.
negar *tr.* to deny [declare untrue or non-existent]. 2 to deny, refuse. 3 to deny, disavow, disclaim, disown. 4 to forbid, prohibit. 5 to hide, conceal, dissemble. 6 to deny [represent as not at home]. 7 ~ *el saludo a uno,* to cut, not to speak to, someone. — 8 *intr.* (Am.) [of a firearm] to misfire. — 9 *ref.* do decline, refuse [to do]. 10 to deny oneself [to callers]. 11 *negarse a si mismo,* to deny oneself, decline the gratification of appetites and desires, practice self-denial. ¶ CONJUG. like *acertar.*
negativa *f.* negative [negative statement or reply], denial. 2 denial, refusal.
negativamente *adv.* negatively.
negativo, va *adj.* negative. — 2 *m.* PHOT. negative.
negligencia *f.* negligence, neglect, carelessness.
negligente *adj.* negligent, careless, neglectful.
negligentemente *adv.* negligently, carelessly.
negociable *adj.* COM. negotiable.
negociación *f.* negotiation. 2 business transaction.
negociado *m.* bureau, division [in official offices or departments]. 2 business, affair.

EXPRESSING NEGATION / NEGACIÓN

Negation is expressed by the adverb no, which is equivalent to the English *no* and *not*.

- No is always placed before the verb: la casa no es mía, the house is not mine; el niño no come, the child does not eat.
  —Other words, even whole sentences, may be placed between no and the verb: no se lo daré, I will not give it to him; no todos los presentes estaban conformes, not all those present agreed; no porque tú lo digas ha de ser verdad, because you say it does not make it true.
  —Whenever the meaning may not be clearly understood, no must accompany the words it modifies. For example: tu madre no puede venir, your mother cannot come; tu madre puede no venir, your mother may not come.

- Words expressing negation: jamás, nunca, nada, nadie, ninguno, and the phrases en mi vida, en todo el día, etc. are substituted for no when they precede the verb: jamás volveré, nunca lo sabrás, nada me falta, a nadie veo, ninguno sobra.
  —However, when these words follow the verb, no must be used in the sentence and precede the verb: no volveré jamás, no lo sabrás nunca, no me falta nada, no veo a nadie, no sobra ninguno.
  —When the sentence contains many words that express negation, only one of them can be placed before the verb: nadie me ayudó nunca en nada, nunca me ayudó nadie en nada.
  —If the verb is preceded by no, all other negative words must follow the verb: No me ayudó nunca nadie en nada.

- The conjunction ni. The negative sentence containing the conjunction ni can take several forms.

  —Several subjects having the same predicate | Ni Pedro ni Juan obtuvieron el premio. No obtuvieron el premio ni Pedro ni Juan. Nada obtuvieron ni Pedro ni Juan.

  —Several complements of the same predicate | Ni de día ni de noche descansa. No descansa ni de día ni de noche.

  —One subject with several predicates | Juan ni lo afirma ni lo niega. Juan no lo afirma ni lo niega. Aquel a quien yo no prometo, engaño, llamo ni admito. En mi vida le ofendí ni pesadumbre le di. ¿Te hablé yo ni te vi?

  —Several subjects having several predicates in common | Ni Juan ni Pedro ni Luis pintan, dibujan ni escriben. Juan, Pedro y Luis ni pintan, ni dibujan ni escriben.

  —Joining of negative sentences that have neither subjects nor predicates in common | Ni llora la fuente, ni cantan los pájaros, ni murmura el viento.

- No may be used without expressing negation:
  —In sentences subordinate to a verb expressing fear or possibility, no is substituted for a que: temía no viniese, I feared that he should come.
  —As an expletive in sentences like: Nadie dudará que la falta de precisión... no dimane de..., No one will doubt that the lack of precision comes from (or is due to)....

---

negociador, ra *adj.* negotiating. — 2 *m.* & *f.* negotiator.

negociante *adj.* negotiating, trading. — 2 *m.* dealer, trader, businessman.

negociar *intr.* to deal, trade, do business. — 2 *intr.* & *tr.* to negotiate [arrange, bring about by negotiation]: ∼ la paz, to negotiate peace. — 3 *tr.* COM. to negotiate [a bill, cheque, etc.].

negocio *m.* business, affair, transaction, deal, bargain. 2 commerce, trade. 3 concern, business [organization or establishment]: un ∼ de banca, a banking concern. 4 prcfit, gain. 5 affair [thing to be done], business, matter, occupation, work. 6 *pl.* business, commercial affairs: hombre de negocios, man of affairs, businessman. 7 DIPLOM. affaires: encargado de negocios, chargé d'affaires.

negocioso, sa *adj.* active, diligent.

negozuelo *m. dim.* petty business.

negra *f.* fencing sword. 2 MUS. crotchet, quarter note. 3 Negress, Negro woman.

negrada *f.* (Cu.) Negro slaves of a ranch [collectively].

negral *adj.* blackish.

negrear *intr.* to show black, appear black. 2 to be blackish.

negrecer *intr.* & *ref.* to turn black, become black. ◄ CONJUG. like *agradecer*.

negrero, ra *adj.* slave-trading. — 2 *m.* & *f.* slave trader. 3 *fig.* slave-driver.

negreta *f.* ORN. black scoter.

negrezco, negrezca, etc., *irr.* V. NEGRECER.

negrilla *f.* ICHTH. black conger eel. 2 BOT. a fungus causing disease in orange and lemon trees. 3 PRINT. boldface.

negrillera *f.* elm grove, plantation of elms.

negrillo, lla *adj.* blackish. 2 PRINT. letra negrilla, boldface. — 3 *m.* BOT. elm. 4 (Am.) black silver ore.

negrito, ta *m.* & *f.* Negro boy, Negro girl. 2 Negrito. — 3 *m.* (Cu.) a song bird.

negrizco, ca *adj.* NEGRUZCO.

Negro (Mar) *m. pr. n.* GEOG. Black Sea.

negro, gra *adj.* black [colour]. 2 black [in colour; very dark-coloured, dusky, gloomy; sinister, wicked; dismal; implying disgrace or condemnation]. 3 dark, brown. 4 unlucky, unfortunate, wretched: suerte ∼, very bad luck; pasarlas *negras.* coll. to be having a terrible time. *5* Negro. — *6 m.* black [colour, pigment] : ~ *animal,* animal black, boneblack; ~ *de humo,* lampblack; ~ *de marfil,* ivory black. *7* black part : ~ *de la uña,* tip of fingernail, when it is dirty; fig. a very small quantity. *8* Negro, nigger. — *9 f.* Negress. — *10 m.* & *f.* coll. (Am.) dear, darling.

negror *m.,* **negrura** *f.* blackness.

negruzco, ca *adj.* blackish.

neguijón *m.* tooth decay.

neguilla *f.* BOT. corn cockle. *2* corn cockle seed. *3* BOT. love-in-a-mist. *4* age mark [in horses' teeth].

neguillón *m.* BOT. corn cockle.

Negus *m.* Negus [title of the Ethiopian emperor].

neis *f.* GNEIS.

nema *f.* seal or sealing of a letter.

nematelminto *m.* ZOOL. nemathelminth. — *2 m. pl.* ZOOL. Nemathelminthes.

nematocisto *m.* BOT. nematocyst.

nemátodo, da *adj.* & *m.* ZOOL. nematode. — *2 m. pl.* ZOOL. Nematoda.

nemeo, a *adj.* & *n.* Nemean.

Némesis *f. pr. n.* MYTH. Nemesis.

némine discrepante (Lat.) *adv.* unanimously.

nemoroso, sa *adj.* poet. nemoral. *2* poet. wooded.

nena *f.* baby [girl]. *2* dear, darling.

nene *m.* baby [boy]. *2* dear, darling. *3* villain [used ironically].

nenúfar *m.* BOT. white water lily.

neo, a *adj.* Neo-Catholic. — *2 m.* POL. ultramontane. *3* CHEM. neon.

neocatolicismo *m.* Neo-Catholicism.

neocatólico, ca *adj.* & *n.* Neo-Catholic.

neocelandés, sa *adj.* of New Zealand. — *2 m.* & *f.* New Zealander.

neoclasicismo *m.* neoclassicism.

neoclásico, ca *adj.* neoclassic. — *2 m.* & *f.* neoclassicist.

neófito *m.* neophyte.

neogranadino, na *adj.* & *n.* New-Granadian [from New-Granada, former name of Colombia].

neolatino, na *adj.* Neo-Latin.

neolítico, ca *adj.* neolithic. — *2 m.* Neolithic era.

neológico, ca *adj.* neologistic.

neologismo *m.* neologism.

neólogo, ga *m.* & *f.* neologist.

neomenia *f.* neomenia, first day of the moon.

neón *m.* CHEM. neon.

neoplasia *f.* MED. neoplasia.

neoplasma *m.* MED. neoplasm.

neoplatonicismo *m.* Neoplatonism.

neoplatónico, ca *adj.* Neoplatonic. — *2 m.* & *f.* Neoplatonist.

neorama *m.* cyclorama.

neoyorquino, na *adj.* of New York. — *2 m.* & *f.* New Yorker.

neozelandés, sa *adj.* & *n.* NEOCELANDÉS.

neozoico, ca *adj.* & *m.* GEOL. Neozoic.

nepente *m.* BOT. nepenthe. *2* MYTH. nepenthe [magic potion].

neperiano, na *adj.* Napierian, Naperian.

nepote *m.* privileged relative of the Pope.

nepotismo *m.* nepotism.

neptúneo, a *adj.* Neptunian.

neptuniano, na *adj.*; **neptúnico, ca** *adj.* GEOL. Neptunian.

neptunismo *m.* GEOL. Neptunism.

neptunista *adj.* Neptunistic. — *2 m.* & *f.* Neptunist.

neptunio *m.* CHEM. neptunium.

Neptuno *m. pr. n.* MYTH., ASTR. Neptune.

nequáquam *adv.* coll. by no means.

nequicia *f.* iniquity, perversity.

nereida *f.* MYTH. Nereid.

nerita *f.* ZOOL. nerita.

Nerón *m. pr. n.* Nero.

neroniano, na *adj.* Neronian.

nervadura *f.* ARCH. rib. *2* BOT., ENTOM. nervation, nervature; nerves or veins [of a leaf]; nervures or ribs [of an insect's wings].

nérveo, a *adj.* nerval.

nerviación *f.* BOT., ENTOM. nervation, nervature.

nervino, na *adj.* PHARM. nervine.

nervio *m.* ANAT. nerve [of the nervous system] : ~ *óptico,* optic nerve; ~ *vago,* vagus, pneumogastric nerve; *ataque de nervios,* fit of nerves, hysterics; *crispar los nervios,* to get on one's nerves. *2* nerve, vigour, strength, energy. *3* nerve, sinew, tendon. *4* BOT. nerve, rib, vein [of a leaf]. *5* ENTOM. nervure, rib [of an insect's wing]. *6*

BOOKB. rib. *7* MUS. string. *8* ARCH. rib in the intrados of a vault. *9* NAUT. stay.

nerviosamente *adv.* nervously.

nerviosidad *f.* NERVOSIDAD. *2* nervousness, nervous excitement.

nerviosismo *m.* nervousness, nervous excitement.

nervioso, sa *adj.* nerve, nervous [of the nerves] : *célula nerviosa,* nerve cell; *centro* ~, nerve centre; *sistema* ~, nervous system. *2* nervous, vigorous, energetic. *3* nervous [having nerves, full of nerves]. *4* BOT. nerved. *5* nervous [excitable, highly strung] : *poner* ~, to make nervous, to get on one's nerves.

nervosamente *adv.* nervously, vigorously.

nervosidad *f.* nervosity. *2* flexibility [of some metals]. *3* strength, forcibleness [of arguments].

nervoso, sa *adj.* NERVIOSO.

nervudo, da *adj.* strong-nerved, sinewy.

nervura *f.* BOOKB. ribbing.

nesciencia *f.* nescience, ignorance.

nesciente *adj.* nescient. ignorant.

nescientemente *adv.* ignorantly.

nesga *f.* SEW. gore. *2* triangular piece.

nesgar *tr.* to cut [cloth] on the bias.

néspera *f.* NÍSPERO 1.

nestorianismo *m.* Nestorianism.

nestoriano, na *adj.* & *n.* Nestorian.

netezuelo, la *m.* & *f. dim.* little grandchild. — *2 m.* little grandson. — *3 f.* little granddaughter.

netamente *adv.* clearly, distinctly.

neto, ta *adj.* clear, pure. *2* net [remaining after necessary deductions] : *en* ~, net. — *3 m.* ARCH. dado [cube of pedestal].

neuma *m.* MUS. neume, pneuma. *3* RETH. expression by nods, signs or interjections.

neumática *f.* PHYS. neumatics.

neumático, ca *adj.* pneumatic. — *2 m.* tire, pneumatic tire.

neumatología *f.* pneumatology.

neumococo *m.* BACT. pneumococcus.

neumogástrico *adj.* ANAT. pneumogastric.

neumonía *f.* MED. pneumonia.

neumónico, ca *adj.* MED. pneumonic.

neumotórax *m.* MED. pneumothorax.

neuralgia *f.* MED. neuralgia.

neurálgico, ca *adj.* neuralgic.

neurastenia *f.* MED. neurasthenia.

neurasténico, ca *adj.* MED. neurasthenic, neurasthenical. — *2 m.* & *f.* MED. neurasthenic.

neurilema *m.* ANAT. neurilemma.

neurisma *f.* ANEURISMA.

neuritis *f.* MED. neuritis.

neurocirugía *f.* neurosurgery.

neuroesqueleto *m.* endoskeleton.

neurología *f.* neurology.

neurólogo *m.* neurologist.

neuroma *m.* MED. neuroma.

neuromotor *adj.* neuromotor.

neuromuscular *adj.* neuromuscular.

neurona *f.* ANAT. neuron, neurona.

neurópata *m.* & *f.* neuropath.

neuropatía *f.* MED. neuropathy.

neuróptero, ra *adj.* ENTOM. neuropterous, neuropteran. — *2 m.* ENTOM. neuropteran. *3 pl.* ENTOM. Neuroptera.

neurosis *f.* MED. neurosis; ~ *de guerra,* war neurosis, shell shock.

neurótico, ca *adj.* & *n.* MED. neurotic.

neurotomía *f.* SURG. neurotomy.

neurótomo *m.* SURG. neurotome.

neutoniano, na *adj.* Newtonian.

neutral *adj.* & *n.* neutral, neuter [not taking part with or assisting either side].

neutralicé, neutralice, etc., *pret., subj.* & *imper.* of NEUTRALIZAR.

neutralidad *f.* neutrality [state of refraining from taking part on either side].

neutralización *f.* neutralization.

neutralizar *tr.* to neutralize. *2* to counteract.

neutro, tra *adj.* neutral [colour]. *2* CHEM., ELECT. neutral. *3* BOT., ENTOM. neutral, neuter. *4* GRAM. neuter.

neutrón *m.* PHYS., CHEM. neutron.

nevada *f.* snowfall.

nevadilla *f.* BOT. whitlowwort.

nevado, da *adj.* snow-covered; snow-capped. *2* snow-white, snowy.

nevar *impers.* to snow. — *2 tr.* to make snow-white. ¶ CONJUG. like *acertar.*

nevasca *f.* NEVADA. *2* snowstorm.

nevatilla *f.* AGUZANIEVES.

nevazo *m.* NEVADA.
nevazón *f.* (Arg., Chi., Ec.) NEVADA.
nevera *f.* icebox, refrigerator. 2 fig. very cold place. 3 woman who sells ice or ice-cream.
nevería *f.* place where ice is sold. 2 ice-cream shop.
nevereta *f.* AGUZANIEVES.
nevero *m.* place of perpetual snow. 2 perpetual snow. 3 ice seller; seller of ice-cream.
nevisca *f.* light snowfall, sleet.
neviscar *impers.* to snow lightly, to sleet.
nevoso, sa *adj.* snowy [place, weather].
nexo *m.* nexus, bond, link, connexion.
ni *conj.* neither, nor : ~ *aquí* ~ *allí*, neither here nor there: *no lo sabemos* ~ *usted* ~ *yo*, neither you nor I know it. 2 not one, not a single : *no le quedaba* ~ *un amigo*, not a single friend was left to him. 3 ~ *c'n mucho*, not by a good deal. 4 ~ *siquiera*, not even.
niara *f.* straw rick.
nícalo *m.* NÍSCALO.
nicaragua *f.* BOT. garden balsam.
nicaragüense; nicaragüeño, ña *adj. & n.* Nicaraguan.
niceno, na *adj. & n.* Nicene.
nicle *m.* MINER. a variety of chalcedony.
nicociana *f.* BOT. tobacco, nicotia.
Nicolás *m. pr. n.* Nicholas.
nicótico, ca *adj.* nicotinian.
nicotina *f.* CHEM. nicotine.
nicotínico, ca *adj.* nicotinic.
nicotismo *m.* MED. nicotism.
nictágíneo, a *adj.* BOT. nyctaginaceous. — 2 *f. pl.* BOT. Nyctaginaceæ.
nictálope *m. & f.* nyctalope, nyctalops.
nictalopia *f.* nyctalopia.
nicho *m.* niche [recess in a wall].
nidada *f.* nestful of eggs. 2 brood, hatch, covey [of young birds].
nidal *m.* nest [where hen lay eggs]. 2 nest egg. 3 haunt. 4 cache, hiding place. 5 cause, motive.
nidificar *intr.* to nest, build a nest or nests.
nido *m.* nest [of bird, insects, etc.]. 2 home, abode. 3 nest, den [of thieves, etc.]. 4 NIDAL. 5 MIL. ~ *de ametralladoras*, nest of machine guns.
niebla *f.* fog, mist, haze : ~ *meona*, dripping fog. 2 fig haze, confusion. 3 MED. film, spot [on the cornea]. 4 BOT. smut, rust.
1) niego *adj.* newborn [falcon].
2) niego, niegue, etc., *irr.* V. NEGAR.
niel *m.* niello, niello work.
nielado *m.* nielloing.
nielar *tr.* to niello.
niéspera *f.* NÍSPOLA.
nieto, ta *m. & f.* grandchild. — 2 *m.* grandson. — 3 *f.* granddaughter.
nieva, nieve, etc., *irr.* V. NEVAR.
nieve *f.* snow : *tiempo de* ~, snowy season. 2 fig. pure whiteness. 3 (Am.) ice-cream, sherbet.
nigromancia *f.* necromancy.
nigromante *m.* necromancer, magician.
nigromántico, ca *adj.* necromantic. — 2 *m.* NIGROMANTE.
nigua *f.* ENTOM. chigoe, jigger flea.
nihilismo *m* nihilism.
nihilista *adj.* nihilistic — 2 *m. & f.* nihilist.
Nilo *m. pr. n.* GEOG. Nile [river].
nilón *m.* nylon.
nimbar *tr.* to encircle with a halo.
nimbo *m.* nimbus, aureole, halo. 2 METEOR. nimbus.
nimiamente *adv.* excessively, minutely.
nimiedad *f.* prolixity, minuteness. 2 littleness, shortness.
nimio, mia *adj.* prolix, minute. 2 stingy.
ninfa *f.* MYTH. nymph. 2 poet. nymph [young and beautiful woman]. 3 ENTOM. nymph, pupa.
ninfea *f.* BOT. white water lily.
ninfeáceo, a *adj.* BOT. nymphæaceous. — 2 *f. pl.* BOT. Nymphæaceæ.
ninfo *m.* effeminate fop.
ninfomanía *f.* MED. nymphomania.
ningún *adj.* contr. of NINGUNO [used only before masculine nouns] : no, not one, not any : ~ *hombre*, no man: *de* ~ *modo*, by no means, under no circumstances.
ninguno, na *adj.* no, not one, not any : *ninguna cosa*, nothing; *de ninguna manera*, by no means. — 2 *indef. pron. m. & f.* none, not any, neither : ~ *de ellos*, not any of them; *ninguna de estas dos casas*, neither of these two houses; *usted tiene muchos libros y yo no tengo* ~, you have many books and I have none. — 3 *indef. pron. m.* nobody, no one.

Nínive *f. pr. n.* HIST., GEOG. Nineveh.
ninivita *adj.* Ninevitical. — 2 *m. & f.* Ninevite.
niña *f.* female child or infant; little girl, young girl. 2 ANAT. ~ *del ojo*, pupil, apple of the eye. 3 fig. *niñas de los ojos*, apple of one's eyes [something highly cherished]. 4 fig. childish or inexperienced woman. 5 (C. Am., Cu., W. I.) lady, mistress, miss [title of respect and endearment given by servants to employers].
niñada *f.* puerility, childishness, childish action.
niñato *m.* unborn calf.
niñear *intr.* to act like a child.
niñera *f.* dry nurse, nursemaid.
niñería *f.* puerility, childish action. 2 trifle.
niñero, ra *adj.* fond of children.
niñeta *f.* pupil of the eye.
niñez *f.* childhood. 2 fig. infancy [first age of anything]. 3 childish action.
niñita *f. dim.* little girl.
niñito *m. dim.* little boy; little child.
niño, ña *adj.* child [of the age of a child]. 2 childish, childlike. 3 young, inexperienced. — 4 *m.* child, boy [male child or infant] : ~ *bitongo*, ~ *zangolotino*, grown boy pretending to be a child or being made to pass as a child; ~ *de teta*, child in arms, suckling babe; *el* ~ *Jesús*, the child Jesús, Christ child; *de* ~, as a child; *desde* ~, from infancy, from childhood. 5 fig. childish or inexperienced man. 6 *pl.* children.
niobio *m.* CHEM. niobium.
nioto *m.* ICHTH. dog fish.
nipa *f.* BOT. nipa palm : *vino de* ~, nipa [liquor].
nipis *m.* fine cloth made from Manila hemp.
nipón, na *adj. & n.* Nipponese, Japanese.
níquel *m.* CHEM. nickel.
niquelado, da *adj.* nickel-plated. — 2 *m.* nickel-plate; nickel-plating.
niquelador *m.* nickel-plater.
niqueladura *f.* nickel-plate; nickel-plating.
niquelar *tr.* to nickel-plate.
niquiscocio *m.* coll. trifle, unimportant matter or business.
nirvana *m.* Nirvana.
níscalo *m.* MÍZCALO.
níspero *m.* BOT. medlar [tree and fruit]. 2 (Am.) BOT. sapodilla. 3 BOT. ~ *del Japón*, loquat.
níspola *f.* medlar [fruit].
nitidez *f.* neatness, clearness, brightness; sharpness.
nítido, da *adj.* neat, clear, bright. 2 sharp, well-defined.
nitral *m.* nitre or saltpetre bed.
nitrato *m.* nitrate. 2 ~ *de Chile*, Chile saltpetre.
nitrería *f.* saltpetre works.
nítrico, ca *adj.* CHEM. nitric.
nitrificación *f.* nitrification.
nitrificar *tr.* to nitrify.
nitrito *m.* CHEM. nitrite.
nitro *m.* nitre, niter, saltpetre, saltpeter.
nitrobacterias *f. pl.* AGR. nitrobacteria.
nitrobencina *f.* CHEM. nitrobenzene.
nitrocelulosa *f.* CHEM. nitrocellulose.
nitrogenado, da *adj.* nitrogenous.
nitrogenar *tr.* to nitrogenize.
nitrógeno *m.* CHEM. nitrogen.
nitroglicerina *f.* CHEM. nitroglycerin.
nitrosidad *f.* nitrous condition.
nitroso, sa *adj.* CHEM. nitrous.
nitrosilo *m.* CHEM. nitrosyl.
nivel *m.* level [instrument] : ~ *de agua*, water level; ~ *de aire*, spirit level; ~ *de albañil*, plumb level. 2 level [horizontal line or plane; uniform altitude; standard, plane] : ~ *del mar*, sea level; ~ *de (la) vida*, standard of living; *a* ~, level, true; on the same level, flush. 3 leveness, equality : *estar a un* ~, to be on the same footing or level.
nivelación *f.* levelling. 2 ~ *del presupuesto*, balancing of the budget.
nivelador, ra *adj.* levelling. — 2 *m. & f.* leveller.
nivelar *tr.* to level [make level or horizontal]; to grade. 2 to level [bring to a common level or plane]. 3 to level [abolish distinctions, make equal]. 4 ~ *el presupuesto*, to balance the budget. — 5 *ref.* to level off.
níveo, a *adj.* poet. snowy, snowy white.
nivoso, sa *adj.* NEVOSO.
Niza *f. pr. n.* GEOG. Nice.

nizardo, da adj. of Nice. — 2 m. & f. native or inhabitant of Nice.
no adv. no, nay [particle equivalent to negative sentence] : ¿se va usted? —No, are you going? —No. 2 not, no : ~ lo creo, I don't believe it, I don't think it; creo que ~, I believe not, I think not; ¿a que ~?, coll. I bet you won't, I bet that isn't so; ~ bien, no·sooner; ~ más, no more; only; ~ obstante, not withstanding, nevertheless; ~ que ~, certainly not; ~ sea que, lest, or else; ~ tal, no such thing; ~ ya, not only; por si o por ~, just in case, any way, to be on the safe side. 3 ¿no? [at the end of a sentence], is it not so?, is that not so?
nobiliario, ria adj. nobiliary.
nobilísamente adv. superl. most nobly.
nobilísimo, ma adj. superl. most noble.
noble adj. noble. — 2 m. & f. noble [person of noble rank or birth], nobleman, noblewoman. — 3 m. noble [obsolete coin].
noblemente adv. nobly.
nobleza f. nobility, nobleness. 2 nobility, noblesse [the class of nobles].
noblote adj. noble, open-hearted, fair, noblemined.
noca f. ZOOL. a variety of crab.
noceda f., **nocedal** m. NOGUERAL.
nocente adj noxious. 2 guilty.
noción f. notion, idea. 2 pl. rudiments, elements.
nocional adj. notional.
nocividad f. noxiousness.
nocivo, va adj. noxious, harmful, injurious, pernicious.
noctambulismo m. noctivagation, night-wandering.
noctámbulo, la adj. noctivagant, night-wandering. — 2 m. & f. night-wanderer.
noctiluca f. LUCIÉRNAGA. 2 noctiluca.
noctívago, ga adj. noctivagant, night-wandering.
nocturnal adj. NOCTURNO.
nocturnidad f. LAW condition of nocturnal.
nocturno, na adj. nocturnal, night. 2 fig. lonely, sad, melancholy [pers.]. — 3 m. ECCL. nocturn. 4 MUS. nocturne.
noche f. night [in every sense] ; evening [from sunset to bed] ; ~ buena, Christmas Eve; ~ de estreno, THEAT. first night ; ~ intempesta, poet. far into the night; ~ toledana, sleepless night ; ~ vieja, New Year's Eve; buenas noches, good night; good evening; media ~, midnight; prima ~, evening; dejar, or quedarse, a buenas noches, to leave, or be left, in the dark; hacer ~ en, to spend the night in; hacerse de ~, to grow dark; ayer ~, last night; de la ~ a la mañana, unexpectedly, when less expected, suddenly; de, or por, la ~, at night, by night, in the nighttime; esta ~, tonight; muy de ~, late at night.
nochebuena f. Christmas Eve.
nochebueno m. Christmas cake. 2 Yule log.
nochecita f. (Am.) twilight, dusk, nightfall : a la ~, at nightfall.
nocherniego, ga adj. night-wandering.
nochizo m. BOT. wild hazel.
nodación f. MED. impediment caused by a node.
nodal adj. nodal. 2 nodical.
nodátil adj. ANAT. nodal.
nodo m. ASTR·, GEOM., FÍS., MED. node.
nodriza f. wet nurse. 2 AUT. vacuum tank.
nódulo m. nodule.
Noé m. pr. n. BIB. Noah.
Noemí f. pr. n. BIB. Naomi.
nogada f. sauce of pounded walnuts and spice.
nogal m. BOT. walnut tree. 2 walnut wood.
nogalina f. walnut stain.
noguera f. NOGAL.
noguerado, da adj. walnut [colour].
nogueral m. walnut grove or plantation.
noguerón m. aug. large walnut tree.
nogueruela f. BOT. spurge.
nolición f. nolition.
noli me tangere (lat.) m. noli-me-tangere.
noluntad f. nolition.
nómada adj. nomad, nomadic. — 2 m. & f. nomad.
nomadismo m. nomadism, nomadic state.
nombradamente adv. expressly.
nombradía f. renown, fame, reputation.
nombramiento m. naming, nomination, appointing, appointment. 2 MIL. commission.
nombrar tr. to name, mention. 2 to name, nominate, appoint, commission.

nombre m. name [word or title by which any person or thing is known or designated] : ~ de pila, first name, Christian name; ~ postizo; mal ~, nickname; ~ y apellido, full name; no tener ~, to be unspeakable; poner ~, to give a name to; fig. to set a price on; de ~, by name; por ~, by the name of. 2 name, fame, reputation. 3 power by which one acts for another; behalf; invocation : en ~ de, in the name of; en el nombre de Dios, in God's name. 4 nickname. 5 GRAM. noun : ~ apelativo or común, common noun; ~ colectivo, collective noun; ~ propio, proper noun; ~ substantivo, noun, substantive. 6 obs. MIL. watchword.
nomenclador, nomenclátor m. catalogue of names; gazeteer; technical glossary.
nomenclatura f. nomenclature.
nomeolvides, pl. -des f. BOT. forget-me-not.
nómina f. catalogue of names. 2 pay roll.
nominación f. NOMBRAMIENTO.
nominador, ra m. & f. nominator, appointer.
nominal adj. nominal. 2 COM. face [value]. — 3 adj. & n. NOMINALISTA.
nominalismo m. nominalism.
nominalista adj. nominalistic. — 2 m. & f. nominalist.
nominalmente adv. nominally.
nominar tr. NOMBRAR.
nominativo, va adj. COM. nominative, nominal [share]. — 2 adj. & m. GRAM. nominative [case].
nomo m. GNOMO.
nómónica f. GNOMÓNICA.
nomóhico, ca adj. GNOMÓNICO.
nomparell f. PRINT. nonpareil.
non, pl. **nones** adj. MATH. odd, uneven. — 2 m. MATH. odd number : pares y nones, odd or even; estar de ~, fig. to be unmatched; quedar de ~, fig. to remain alone, without a partner or companion; andar de nones, call. to be idle. 3 pl. no, nay [denial, refusal] : decir nones, to say no [to a proposal or request].
nona f. HIST. none [part of the day]. 2 ECCL. none, nones. 3 pl. nones [in the Roman calendar].
nonada f. trifle, nothing.
nonagenario, ria adj. & n. nonagenarian.
nonagésimo, ma adj. & m. ninetieth.
nonágono adj. GEOM. enneagonal. — 2 m. GEOM. nonagon.
nonato, ta adj. not naturally born, but taken from the womb by Cæsarean section. 2 unborn, still nonexistent.
noningentésimo, ma adj. & m. nine hundredth.
nonio m. vernier, vernier scale.
nono, na adj. & n. ninth.
non plus ultra (Lat.) ne plus ultra, unsurpassable.
nopal m. BOT. nopal, prickly pear tree : ~ de la cochinilla, cochineal fig.
nopaleda, nopalera f. plantation of nopals.
noque m. tan pit, tan vat. 2 pile of baskets of crushed olives ready to be pressed.
noquero m. tanner, leather dresser.
norabuena f. & adv. ENHORABUENA.
noramala adv. ENHORAMALA.
noray m. NAUT. bollard, mooring.
nordestal adj. northeast, northeastern.
nordeste m. northeast. 2 northeast wind.
nordestear intr. NAUT. [of the compass] to decline to northeast.
nórdico, ca adj. Nordic. 2 Norse. — 3 m. & f. Nordic. — 4 m. Norse [language].
noria f. noria, chain pump, draw wheel.
norial adj. pertaining to the NORIA.
norma f. norm, standard; rule, regulation; model, pattern. 2 CARP., MAS. norma [square].
normal adj. normal. 2 standard, model. — 3 f. GEOM. normal. 4 normal school.
normalidad f. normality.
normalista adj. normal-school. — 2 m. & f. normal-school student.
normalización f. normalization.
normalizar tr. to normalize [make normal, bring to a normal state]. — 2 ref. to become normal.
Normandía f. pr. n. GEOG. Normandy.
normando, da adj. Norman. — 2 m. Norman. 3 Norseman, Northman. 4 French-Norman [language].
nornordeste m. north-northeast.
nornoroeste, nornorueste m. north-northwest.
noroeste m. northwest.
noroestear intr. [of the compass] to decline to the northwest.

nortada *f.* norther, north wind.
norte *m.* north. 2 north wind. 3 North Pole. 4 North Star. 5 fig. lodestar, guide, direction.
Norteamérica *f. pr. n.* North America.
norteamericano, na *adj. & n.* North American; American [of the U.S.A.].
nortear *intr.* NAUT. to steer or stand to the northward. 2 [of the compass] to decline to the north.
norteño, ña *adj.* northern [esp. of to the North of Spain]. — 2 *m. & f.* norther, northerner [esp. native or inhabitant of the North of Spain].
nórtico, ca *adj.* [pertaining to the] north, northern.
Noruega *f. pr. n.* GEOG. Norway.
noruego, ga *adj. & n.* Norwegian.
norueste *m.* NOROESTE.
noruestear *intr.* NOROESTEAR.
nos *pers. pron. pl. m. & f.* [object of the verb], us, to us, for us; [recip.] each other; [ref.] ourselves: *él ~ ve*, he is seeing us; *~ estan hablando* they are talking to us; *haga el favor de leernos esta carta*, read this letter for us, please; *Pedro y yo ~ hemos pegado.* Peter and I have beaten each other; *nosotros vamos a lavarnos*, we are going to wash ourselves. 2 we, us [used as subject of the verb or object of preposition by the king or high dignataries of the Church].
nosocomio *m.* nosocomium, hospital.
nosogenia *f.* nosogeny.
nosografía *f.* nosography.
nosología *f.* nosology.
nosológico, ca *adj.* noscological.
nosotros, tras *pers. pron. pl. m. & f.* we [as subject of the verb]; us [as object of preposition]. 2 *nosotros mismos, nosotras mismas*, ourselves.
nostalgia *f.* nostalgia, homesickness. 2 regret [for something lost].
nostálgico, ca *adj.* nostalgic. 2 regretful.
nostramo *m.* NAUT. title given by sailors to the boatswain.
nota *f.* note, mark. 2 note, annotation : *~ marginal*, marginal note. 3 note [brief record of facts, etc.] : *tomar ~ de*, to make or take a note of. 4 note [diplomatic communication] : *~ verbal*, verbal note. 5 MUS. note : *~ de adorno*, grace note. 6 note, eminence : *crítico de ~*, critic of note, distinguished critic. 7 fame, reputation. 8 reproach, censure : *caer en ~*, to get talked about, to cause a scandal. 9 COM. account, bill; statement, schedule : *~ de precios*, price list. 10 EDUC. mark [in examination]; mark, *grade [assigned by a teacher to a pupil].
nota bene (Lat.) take notice. N. B.
notabilidad *f.* notability [quality; person].
notabilísimo, ma *adj.* most notable or remarkable.
notable *adj.* notable, remarkable, striking, noteworthy, prominent, signal, noted. 2 conspicuous, noticeable, observable, perceptible. 3 CHEM. notable. — 4 *m.* EDUC. one of the good marks given at examinations. 5 *m. pl.* notables [notable persons].
notablemente *adv.* notably, remarkably. 2 noticeably.
notación *f.* notation.
notar *tr.* to note, mark. 2 to annotate. 3 to note, notice, observe, remark, take notice of. 4 to note, set down. 5 DICTAR. 6 to censure, blame, charge with [a fault]. 7 to discredit.
notaría *f.* profession or position of a notary. 2 notary's office.
notariado, da *adj.* notarized. — 2 *m.* profession or practice of a notary. 3 the notaries [as a body].
notarial *adj.* notarial.
notariato *m.* title or practice of a notary.
notario *m.* notary, notary public.
noticia *f.* news, news item, notice, piece of intelligence, piece of news, report, tidings : *buenas noticias*, good news; *noticias de última hora*, late news. 2 knowledge, information, intelligence: *~ remota*, vague remembrance; *llegar a ~ de uno*, to come to someone's knowledge; *tener ~ de*, to be informed of, to have intelligence of.
noticiar *tr.* to notify, give notice of, make known.
noticiario *m.* CINEM., news reel. 2 RADIO newscast.
noticiero, ra *adj.* news-bearing, news-giving. — 2 *m. & f.* newsman, reporter.
notición *f. aug.* coll. big news, great news.
noticioso, sa *adj.* knowing, informed [of a fact]. 2 learned, widely-informed.
notificación *f.* notification, intimation; official notice.

notificado, da *adj.* LAW notified.
notificar *tr.* to notify, announce, intimate, inform, make known.
notifiqué, notifique, etc., *pret., subj. & imper.* of NOTIFICAR.
notita *f.* dim. of NOTA.
noto, ta *adj.* well-know. 2 illegitimate, bastard [child]. — 3 *m.* south wind.
notocordio *m.* BIOL. notochord.
notoriamente *adv.* notoriously, manifestly, glaringly.
notoriedad *f.* notoriety [quality of being generally or publicly known]; self-evidence. 2 fame, renown.
notorio, ria *adj.* notorious [generally or publicly known]; evident, manifest, glaring.
noúmeno *m.* PHIL. noumenon.
nova *f.* ASTR. nova.
novaciano, na *m. & f.* Novatian.
novación *f.* LAW novation.
novador, ra *m. & f.* innovator.
noval *adj.* newly broken up [land].
novar *tr.* LAW to novate.
novatada *f.* ragging of a new comer [in a college, etc.] by his fellow-students. 2 beginner's blunder.
novato, ta *adj.* beginning. — 2 *m. & f.* novice, beginner, freshman, tenderfoot.
novator, ra *m. & f.* NOVADOR.
novecientos, tas *adj. & n.* nine hundred.
novedad *f.* novelty. 2 newness. 3 change, alteration. 4 recent occurrence; news. 5 recent fashion. 6 surprise, astonishment : *causar* or *hacer ~ a uno*, to surprise, to seem strange or new to one. 7 *no hay ~*, nothing unusual has happened; all is as usual, all is well; *sin ~*, as usual; well. 8 *pl. novedades* or *géneros de ~*, novelties, fancy goods.
novedoso, sa *adj.* novel, having novelty. 2 (Am.) NOVELERO.
novel *adj. & m.* new, inexperienced.
novela *f.* LIT. novel, romance, fiction, story : *~ policíaca*, detective story; *~ de folletín, ~ por entregas*, serial. 2 lie, falsehood. 3 LAW novel.
novelador, ra *m. & f.* novelist.
novelar *tr.* to novelize. — 2 *intr.* to write novels. 3 to tell stories.
novelería *f.* fondness for novelty; curiosity. 2 fondness for fiction. 3 worthless fiction.
novelero, ra *adj.* fond of novelty. 2 fond of novels or fiction, romantical. 3 newsmongering. 4 fickle, inconstant. — 5 *m. & f.* person fond of novelty. 6 romantical person. 7 newsmonger.
novelesco, ca *adj.* novelistic, fictional. 2 like a novel or romance; romantic, fantastic.
novelista *m. & f.* novelist, novel-writer.
novelizar *tr.* to novelize.
novelón *m.* long, sensational and badly written novel.
novena *f.* ECCL. novena.
novenario *m.* ECCL. novenary.
novendial *adj.* ECCL. novendial.
noveno, na *adj. & m.* ninth; *en ~ lugar*, ninthly.
noventa *adj. & m.* ninety.
noventavo, va *adj. & m.* ninetieth.
noventón, na *adj. & n.* nonagenarian.
novia *f.* bride [woman on her wedding day]. 2 fiancée. 3 sweetheart [girl].
noviazgo *m.* engagement, betrothal; courtship.
novicia *f.* ECCL. novice [woman].
noviciado *m.* ECCL. noviciate, novitiate. 2 apprenticeship.
novicio, cia *adj.* new, inexperienced. — 2 *m.* ECCL. novice [man]. — 3 *m. & f.* novice, beginner, tyro.
noviembre *m.* November.
novilunio *m.* new moon.
novilla *f.* heifer, young cow.
novillada *f.* drove of young bulls. 2 BULLF. fight with young bulls.
novilleja *f.* dim. of NOVILLA.
novillejo *m.* dim. of NOVILLO.
novillero *m.* herdsman who attends young cattle. 2 stable for young cattle. 3 pasture ground for young cattle. 4 BULLF. fighter of young bulls. 5 truant, one who plays truant.
novillo *m.* young bull. 2 *pl.* BULLF. fight with young bulls. 3 *hacer novillos*, to play truant.
novio *m.* bridegroom. 2 fiancé; suitor. 3 *pl.* engaged, betrothed man and woman. 4 bride and bridegroom, new-married couple.
novísimo, ma *adj. superl.* most new. — 2 *m.* each of the last stages of man : death, judgment.

NUMERALS / NUMERALES

Observations

1) **Uno,** when it precedes a masculine noun, and **ciento,** when it precedes any noun and when used in a cardinal number, take the shortened forms **un** and **cien:** un libro; cien hombres; cien mil soldados.

2) The cardinal numbers between 20 and 30 are spelled **veintiuno, veintidós, veintitrés,** etc. They may be found in some older texts with the spelling veinte y dos, veinte y tres, etc., although this spelling is no longer commonly used.

3) The cardinal numbers between 30 and 40, 40 and 50, etc. (under 100), use the conjunction **y:** treinta y uno, ochenta y tres.

4) The preceding rules apply to the spelling of any cardinal number over 100: **ciento** veintiuno, 121; **seiscientos** cuarenta y dos, 642; **cien mil** cuarenta, 100.040. Note that:
   —**Millón, billón,** and the like take the indefinite article **un;** however, **ciento, cien,** and **mil** do not: un millón, a million; ciento, a hundred; mil, a thousand; cien mil, one hundred thousand.
   —The conjunction **y** is only used as indicated in rule 3: un millón doscientos cincuenta y dos, one million two hundred fifty-two.

5) Ordinal numbers between 10th and 20th are: **undécimo, duodécimo, decimotercero** or **decimotercio, decimocuarto, decimoquinto, decimosexto, decimoséptimo, decimoctavo,** and **decimonoveno** or **decimonono.**

6) The ordinal numbers between 20th and 30th, 30th and 40th, etc. are formed by adding the first nine ordinal numbers to **vigésimo, trigésimo, cuadragésimo,** etc.: **vigésimo primero,** twenty-first; **trigésimo segundo,** thirty-second; **cuadragésimo tercero,** forty-third, etc.

7) Most ordinal numbers may also be formed by adding the endings **-eno, -ena,** and **-avo, -ava** to the cardinal numbers. The ordinal numbers ending in **-avo** (except octavo) are used only to express fractions: una **dozava** parte, one twelfth part; el **dozavo** de, a twelfth of.

8) The cardinal numbers (except **uno**) may be used as ordinals. However, from 2 to 10, preference is given to the ordinal numbers for the names of kings, chapters of books, etc.
   —For the days of the month (except the first), only cardinal numbers are used: el **primero** de junio, el **dos** de octubre, el **catorce** de diciembre.

9) As a rule, cardinal numbers are placed before the noun; but when they are used as ordinal numbers, they are placed after the noun: dos libros, capítulo **quince.**

10) All the ordinal numbers and the cardinal numbers **uno, doscientos, trescientos,** through **novecientos** agree with the noun they qualify: la **primera** puerta, el **tercer** hombre, una **casa, doscientos** libros, **trescientas cuatro** personas.

11) When used alone, the numbers **un millón, dos millones,** etc., require the preposition **de** before the noun: un millón **de** dólares, dos millones **de** hombres.

---

hell and heaven. — 3 *f. Novísima,* or *Novísima Recopilación,* revised code of laws promulgated in Spain, July 15, 1805.

noyó *m.* a bitter almond cordial.

nubada *f.* shower of rain. 2 crowd [of certain things].

nubado, da *adj.* NUBARRADO.

nubarrada *f.* NUBADA.

nubarrado, da *adj.* clouded, variegated [fabric].

nubarrón *m.* large black cloud, large threatening cloud.

nube *f.* METEOR. cloud : ~ *de lluvia,* rain-cloud; ~ *de verano,* summer cloud, summer shower; fig. passing trouble or annoyance; *andar,* or *estar, por las nubes,* fig. to be sky-high [in price]; *levantar a,* or *hasta, las nubes; poner en,* or *sobre, las nubes,* fig. to praise to the skies; *subir una cosa a las nubes* [of a thing], to go sky-high [in price]. 2 cloud [in precious stones]. 4 MED. film, spot [on the cornea]. 5 a loosely knitted head scarf.

nubecita *f. dim.* small cloud.

nubiense *adj. & n.* Nubian.

nubífero, ra *adj.* poet. cloud-bringing.

núbil *adj.* nubile.

nubilidad *f.* nubility.

nubiloso, sa *adj.* poet. NUBLOSO.

nublado, da *adj.* clouded, cloudy, overcast. — 2 *m.* storm cloud : *descargar el* ~, to rain, hail or snow hard; fig. to vent one's anger in ex-plosive words. 3 impending danger. 4 shower, cloud [of certain things].

nublar *tr. & ref.* ANUBLAR.

nublo, bla *adj.* cloudy. — 2 *m.* storm cloud. 3 wheat smuth.

nubloso, sa *adj.* cloudy, overcast. 2 adverse, unfortunate.

nuca *f.* nape or scruff of the neck.

nuclear *adj.* PHYS. nuclear.

nucleario, ria *adj.* nuclear.

núcleo *m.* nucleus, core, kernel. 2 ANAT., ASTR., BIOL., PHYS. nucleus. 3 CHEM. nucleus, ring : ~ *bencénico,* benzene nucleus or ring. 4 ELECT. core [of an electromagnet]. 5 BOT. kernel [of nut]; stone [of fruit].

nucleolar *adj.* BIOL. nucleolar.

nucléolo *m.* BIOL. nucleolus.

nucleón *m.* PHYS. nucleon.

nuco *m.* ORN. a Chilean owl.

nudamente *adv.* DESNUDAMENTE.

nudillo *m.* knuckle [at finger-joint]. 2 ARCH. plug [in a wall].

nudismo *m.* nudism.

nudista *adj. & n.* nudist.

1) **nudo** *m.* knot, noose, hitch : ~ *corredizo,* slip knot; ~ *gordiano,* Gordian knot; ~ *en la garganta,* fig. lump in one's throat. 2 knot, bond, tie. 3 knot, knotty point, tangle, difficulty. 4 knot [of a problem, of the plot of a story, etc.].

5 NAUT. knot. *6* burl [in cloth]. *7* knot, gnarl, knag, knurl [in wood], hard lump or excrescence. *8* BOT. knot, node, joint. *9* MED. node, tumour. *10* knot, intersection [of lines, mountain chains, etc.].

2) **nudo, da** *adj.* nude, naked.

nudoso, sa *adj.* knotty [having knots]. 2 gnarled.

nuecero, ra *m. & f.* walnut seller.

nuégado, da *m.* nougat.

nuera *f.* daughter-in-law.

nuestrama *f. contr.* of NUESTRA AMA, our mistress, mistress.

nuestramo *m. contr.* of NUESTRO AMO, our master. master.

nuestro, tra *poss. adj.* our, of ours : ~ *padre,* our father; *este mundo* ~, this world of ours. — *2 poss. pron.* ours : *me gusta más el* ~, I like ours better. *3 los nuestros,* ours, our friends, our colleagues, etc.

nueva *f.* news, tidings. *2 hacerse de nuevas,* to feign ignorance of a thing; *no me coge de nuevas,* I am not surprised at it.

Nueva Bretaña *f. pr. n.* GEOG. New Britain.

Nueva Escocia *f. pr. n.* GEOG. Nova Scotia.

nuevamente *adv.* again, anew. *2* newly, recently.

Nueva Orleans *f. pr. n.* GEOG. New Orleans.

Nueva York *f. pr. n.* GEOG. New York.

Nueva Zelandia *f. pr. n.* GEOG. New Zeland.

nueve *adj. & n.* nine : *las* ~, nine o'clock. — *2 m.* ninth [of the month]. *3* playing card with nine spots.

nuevecito *adj.* dim. of NUEVO, brand-new.

nuevo, va *adj.* new, novel : *año* ~, New Year; *luna nueva,* new moon; *Nuevo Mundo,* New World; *Nuevo Testamento,* New Covenant, New Testament; *¿qué hay de* ~*?,* what's the news?, what's new? *2* new, fresh [another]. *3* newly arrived. *4* novice, beginner. — *5 adv. de* ~, anew, again, once more.

nuez *f.* walnut. *2* nut [of some other plants] : ~ *de areca,* areca nut, betel nut; ~ *de cola,* kola nut; PHARM. kola; ~ *de especia,* ~ *moscada,* nutmeg; ~ *vómica,* nux vomica. *3* Adam's apple. *4* nut [of a crossbow]. *5* MUS. nut, frog [of a violin bow].

nueza *f.* BOT. bryony.

nugatorio, ria *adj.* nugatory, frustrating.

nulamente *adv.* with no effect.

nulidad *f.* nullity. *2* inability, incompetence. *3* incapable, incompetent or insignificant person.

nulo, la *adj.* LAW null, void. *2* null, nonexistent. *3* incapable, incompetent.

Numancia *f. pr. n.* HIST., GEOG. Numantia.

numantino, na *adj. & n.* Numantine, Numantian.

numen *m.* MYTH. numen, deity. *2* poetical or artistic inspiration.

numerable *adj.* numerable.

numeración *f.* numeration, numbering. *2* ARITH. system of notation : ~ *arábiga* or *decimal,* Arabic system of notation; ~ *romana,* Roman system of notation.

numerador *m.* ARITH. numerator. *2* numerator, numberer [instrument].

numeral *adj.* numeral : *adjetivo* ~, numeral adjective.

numerar *tr.* to number, numerate, enumerate. *2* to number [assign a number to, mark with a number].

numerario, ria *adj.* numerary. — *2 m.* cash, coin, specie.

numéricamente *adv.* numerically.

numérico, ca *adj.* numerical.

número *m.* ARITH. number : ~ *abstracto, cardinal, concreto, ordinal,* abstract, cardinal, concrete, ordinal number; ~ *complejo* or *denominado,* compound number; ~ *digito,* digit; ~ *entero,* whole number, integer; ~ *impar* o *non,* odd number; ~ *mixto,* mixed number. *2* numeral, figure : ~ *arábigo,* Arabic numeral or figure; ~ *romano,* Roman numeral. *3* number [of persons or things] : *gran* ~, a great number; *el mayor* ~, the most, the majority; *de* ~, regular [said of a member of a Society consisting of a limited number]; *sin* ~, numberless, out of number. *4* number [assigned to a person or thing; ticket, etc. bearing a number] : *el* ~ *uno,* fig. the most prominent or important; number one, oneself. *5* number, issue [of newspaper, etc.]. *6* item [of a program]. *7* size [of shoes, gloves, garments, etc.]. *8* GRAM., POET. number. *9 pl.* BIB. Numbers.

numerosamente *adv.* numerously.

numerosidad *f.* numerosity, numerousness.

numeroso, sa *adj.* numerous. *2* harmonious, rhythmical.

númida *adj. & n.* Numidian.

numídico, ca *adj.* Numidian.

numisma *m.* coin, money.

numismática *m.* numismatics.

numismático, ca *adj.* numismatic. — *2 m.* numismatist.

numulario, ria *adj.* nummulary. — *2 m.* money broker.

numulita *f.* PALEONT. nummulite.

nunca *adv.* never : ~ *jamás* never more

nunciatura *f.* nunciature.

nuncio *m.* messenger, harbinger, herald, forerunner. *2* nuncio [Pope's ambassador].

nuncupativo, va *adj.* LAW nuncupative [will].

nuncupatorio, ria *adj.* dedicatory [letter]. *2* instituting heir [document].

nupcial *adj.* nuptial, hymeneal.

nupcialidad *f.* marriage rate.

nupcias *f.* nuptials, marriage, wedding.

nutación *f.* ASTR., BOT. nutation.

nutra *f.* NUTRIA.

nutria *f.* ZOOL. otter. *2* otter-fur.

nutricio, cia *adj.* nutritious.

nutrición *f.* nutrition, nourishing. *2* filling, increasing.

nutrido, da *adj.* nourished. *2* full [of], abundant [with]; copious.

nutrimental *adj.* nutrimental, nourishing.

nutrimento *m.* nutrition. *2* nutriment, nourishment.

nutrir *tr.* to nourish, to feed. *2* to fill, increase, make abundant.

nutriz *f.* NODRIZA.

ny *f.* nu [Greek letter].

Ñ

Ñ, ñ *f.* seventeenth letter of the Spanish alphabet.

ñacandina *f.* ZOOL. (Arg.) a large viper.

ñacurutú *m.* ORN. (Am.) a kind of barn owl.

ñagaza *f.* AÑAGAZA.

ñame *m.* BOT. yam [vine and root].

ñandú, *pl.* **-dúes** *m.* ORN. nandu, American ostrich.

ñandubay *m.* BOT. (Am.) a hard-wood mimosaceous tree.

ñandutí *m.* (S. Am.) a very fine fabric used for underclothes.

ñangotarse *ref.* (P. Ri.) to squat.

ñaña *f.* (Chi.) nursemaid. *2* (Arg., Chi.) eldest sister.

ñaño, ña *adj.* (Col.) pampered, spoiled. *2* (Pe.) intimate, close in friendship. — *3 m.* (Chi.) eldest brother.

ñapa *f.* (Am.) additional amount; something over or extra : *de* ~, to boot, into the bargain.

ñapango, ga *adj.* (Col.) half-breed, mulatto.

ñapindá *m.* BOT. (Arg.) a variety of acacia.

ñaque *m.* junk, pile of junk.

ñaruso, sa *adj.* (Ec.) pitted [with smallpox].

ñato, ta *adj.* (Am.) flat-nosed, pug-nosed.

ñeque *adj.* (C. Ri.) strong, vigorous. — *2 m.* (Chi., Pe.) energy, strength.

ñiquiñaque *m.* trash, worthless person or thing.

ñisñil *m.* (Chi.) BOT. a kind of reed-mace.

ñisca, ñizca *f.* (Chi., Pe.) little piece, bit.

ño, ña (Am.) contr. of SEÑOR, SEÑORA [generally applied to eldery persons of the lower classes].

ñoclo *m.* a kind of macaroon.

ñongo, ga *adj.* coll. (Chi.) lazy, good-for-nothing. *2* (Col.) loaded [dice].

ñonguera *f.* coll. (Chi.) laziness.

ñoñería *f.* silly remark, inanity.

ñoñez *f.* silliness, inanity.

ñoño, ña *adj.* feeble-minded. *2* silly, inane. *3* (Am.) old, decrepit. *4* (Am.) old-fashioned.

ñu *m.* ZOOL. gnu.

ñudo *m.* NUDO.

ñudoso, sa *adj.* NUDOSO.

O

O, o *f.* O, o, eighteenth letter of the Spanish alphabet.
o *conj.* or; either : *ser* ∼ *no ser,* to be or not to be; *el uno* ∼ *el otro,* either the one or the other; *o sea,* that is, in other words.
oasis, *pl.* **-sis** *m.* oasis.
obcecación *f.* mental obfuscation or blindness.
obcecadamente *adv.* blindly, with obfuscation.
obcecar *tr.* to obfuscate, blind. — *2 ref.* to become obfuscated.
obcequé, obceque, etc. *pret., subj.* & *imper.* of OBCECAR.
obduración *f.* obduracy, obstinacy.
obedecedor, ra *adj.* obeying. — *2 m.* & *f.* obeyer.
obedecer *tr.* & *intr.* to obey. 2 to respond, yield [to force, stimulus, etc.]. 3 to be due [to], arise [from]. ¶ CONJUG. like *agradecer.*
obedecimiento *m.* obeying, obedience.
obedezco, obedezca, etc., *irr.* V. OBEDECER.
obediencia *f.* obedience.
obediencial *adj.* [pertaining to] obedience. 2 obediential.
obediente *adj.* obedient.
obedientemente *adv.* obediently.
obelisco, obelo *m.* obelisk. 2 PRINT. dagger (†).
obencadura *f.* NAUT. shrouds [collectively].
obenque *m.* NAUT. shroud.
obertura *f.* MUS. overture.
obesidad *f.* obesity, obeseness, fatness.
obeso, sa *adj.* obese, fat, fleshy.
óbice *m.* obstacle, impediment, hindrance.
obispado *m.* bishopric, episcopate. 2 diocese.
obispal *adj.* episcopal.
obispalía *f.* OBISPADO. 2 palace or house of a bishop.
obispar *intr.* to be made a bishop.
obispillo *m.* boy bishop. 2 coll. parson's nose, uropygium [of a fowl]. 3 large blood pudding.
obispo *m.* ECCL. bishop. 2 OBISPILLO 3. 3 ICHTH. a kind of ray.
óbito *m.* death, decease.
obituario *m.* ECCL. obituary.
objeción *f.* objection.
objetante *adj.* objecting. — *2 m.* & *f.* objector.
objetar *tr.* to object [adduce, state as objection] : ∼ *que,* to object that; *no tener nada que* ∼, to have no objections to make, not to object to.
objetivamente *adv.* objectively.
objetivar *tr.* to objectify, objectivate.
objetividad *f.* objectivity.
objetivo, va *adj.* objective [dealing with outward things and not with thoughts or feelings. unbiassed, impartial]. 2 PHIL., MED. objective. — *3 m.* objective [aim, end of action]. 4 MIL., OPT. objective.
objeto *m.* object [in practically every sense, except the grammatical one]. 2 thing. 3 subject matter. 4 objective, aim, end, purpose.

oblación *f.* oblation.
oblada *f.* ECCL. offering of bread on occasion of a requiem.
oblata *f.* ECCL. in the Mass, the bread and wine before Consecration. 2 contribution for church expenses.
oblativo, va *adj.* oblational, oblatory.
oblato, ta *m.* & *f.* ECCL. oblate.
oblea *f.* wafer [for sealing letters] : *estar hecho una* ∼, coll. to be nothing but skin and bones.
obleera *f.* wafer box or holder.
oblicuamente *adv.* obliquely.
oblicuángulo *adj.* oblique-angled.
oblicuar *tr.* to cant, slant, give an oblique direction to. — *2 intr.* MIL. to oblique.
oblicuidad *f.* obliquity.
oblicuo, cua *adj.* oblique, slanting. 2 GEOM., GRAM. oblique.
obligación *f.* obligation. 2 duty, charge, engagement, debt. 3 voucher acknowledging a debt. 4 COM. debenture, bond. 5 *pl.* family dependent upon one. 6 engagements. 7 COM. liabilities.
obligacionista *m.* & *f.* bondholder.
obligado, da *p. p.* of OBLIGAR, obliged. — *2 m.* MUS. obbligato. — *3 m.* & *f.* LAW obligor.
obligante *adj.* obligating, obliging. — *2 m.* & *f.* LAW oblige.
obligar *tr.* to obligate, oblige, bind. 2 to compel, force. — *3 ref.* to obligate or bind oneself.
obligatorio, ria *adj.* obligatory, compulsory.
obligué, obligue, etc., *pret., subj.* & *imper.* of OBLIGAR.
obliteración *f.* MED. obliteration, obstruction.
obliterador, ra *adj.* MED. obliterating, obstructing.
obliterar *tr.* MED. to obliterate, obstruct.
oblongo, ga *adj.* oblong.
óboe *m.* oboe. 2 oboist.
óbolo *m.* obol [ancient Greek coin]. 2 obolus [ancient Greek weight]. 3 PHARM. obolus. 4 mite [small contribution].
obra *f.* work, piece of work; task [undertaken or to be undertaken] : ∼ *de manos,* handwork; ∼ *de romanos,* herculean task; piece of work requiring time and toil; *esto es* ∼ *de,* this is the work of [someone]; *poner por* ∼, to carry into effect or execution. 2 work, act, deed : *buena,* ∼ *de caridad,* good work, charity; *hacer mala* ∼, to do a bad turn. 3 THEOL. work : ∼ *muerta,* dead work. 4 work [of an artisan] : ∼ *prima,* shoemaking. 5 work [piece of literary or musical composition, book, painting, etc.] : ∼ *de arte,* work of art; ∼ *de consulta,* reference work; ∼ *maestra,* masterpiece. 6 THEAT. piece, play, drama. 7 works [of an author]. 8 building under construction; repair work, alteration [in a building]. 9 FORT. work : ∼ *exterior,* outwork. 10 means, virtue, agency. 11 NAUT. ∼ *muerta,* upper works; ∼ *viva,* quickwork, bottom. 12

~ *pia,* charitable or religious foundation. *13* pl. *obras públicas,* public works. *14* adv. ~ *de,* a matter of, about: *en* ~ *de un mes,* in a matter of a month.

obrada *f.* day's work [in farming]. *2* a land measure.

obrador, ra *adj.* working. — *2 m.* & *f.* worker. — *3 m.* workshop.

obradura *f.* charge of an olive-oil mill.

obraje *m.* manufacture. *2* obs. wool mills.

obrajero *m.* foreman, superintendent.

obrante *adj.* acting, working.

obrar *tr.* to work, fashion, make, manufacture. *2* to work, do, effect: ~ *maravillas,* to work wonders. *3* to build, construct. — *4 intr.* to act, behave, proceed, do, conduct oneself. *5* to act [produce an effect] : ~ *sobre,* to act on or upon. *6* to relieve nature, evacuate bowels. *7* to be [in a place; in a person's hands, etc.] : *el documento que obra en mi poder,* the document in my possession ; *obra en nuestro poder su grata,* we are in receipt of your kind letter.

obrepción *f.* obreption.

obrepticiamente *adv.* obreptitiously.

obrepticio, cia *adj.* obreptitious.

obrerismo *m.* labo(u)rism. *2* labo(u)r, the working classes.

obrerista *adj.* [pertaining to] labour. — *2 m.* & *f.* labo(u)rist, labo(u)rite.

obrero, ra *adj.* [pertaining to] labo(u)r; working: *la clase obrera,* the working classes. — *2 m.* & *f.* labourer, worker, workman, workwoman. — *3 m.* churchwarden.

obrita *f. dim.* little work; booklet.

obrizo *adj.* pure, refined [gold].

obscenamente *adv.* obscenely.

obscenidad *f.* obscenity.

obsceno, na *adj.* obscene, indecent, lewd.

obscuración *f.* OBSCURIDAD.

obscuramente *adv.* obscurely.

obscurantismo *m.* obscurantism.

obscurantista *m.* & *f.* obscurantist.

obscuras (a) *adv.* in the dark.

obscurecer *tr.* to obscure, darken. *2* to obscure, becloud, confuse, dim, make indistinct or inintelligible. *3* to obscure, dim, outshine, tarnish. *4* PAINT. to shade. — *5 impers.* to grow dark. — *6 ref.* to darken [become dark]. *7* to become cloudy, cloud over. *8* coll. to disappear. ¶ CONJUG. like *agradecer.*

obscurecimiento *m.* obscuration, darkening. *2* clouding. *3* PAINT. shading.

obscurezco, obscurezca, etc., *irr.* V. OBSCURECER.

obscuridad *f.* obscurity. *2* darkness, gloom, gloominess. *3* humbleness [of condition], insignificance. *4* retired life.

obscuro, ra *adj.* obscure, dark, gloomy. *2* dark, dusky. *3* dark, cloudy, overcast. *4* dark [colour]. *5* obscure [dim, confused; not clear, not easily understood]. *6* obscure, humble. *7* uncertain, dubious [future, etc.]. — *8 m.* dark colour or clothes. *9* PAINT. shade.

obsecración *f.* obsecration.

obsecuencia *f.* compliance, obedience, submissiveness.

obsecuente *adj.* compliant, obedient, submissive.

obsequiador, ra; obsequiante *adj.* paying attentions, giving presents, entertaining; courting, wooing. — *2 m.* & *f.* one who pays attentions, who gives presents, entertains, etc. *2* courter, wooer.

obsequiante *m.* & *f.* OBSEQUIADOR.

obsequiar *tr.* to pay attentions to; to make presents to; to treat, entertain : ~ *con,* to treat to; to present with, make a gift of. *2* to pay court to, to court, woo.

obsequio *m.* attention shown, courtesy; treat; present, gift: *en* ~ *de,* for the sake of; out of respect to: *en* ~ *de,* in honour of.

obsequiosamente *adv.* obsequiously, complyingly, obligingly, attentively.

obsequioso, sa *adj.* obsequious, complying, obliging, attentive.

observable *adj.* observable, noticeable.

observación *f.* observation [noticing, being noticed; watching] : *en* ~, under observation. *2* MIL., ASTR. observation. *3* observation, remark, note.

observador, ra *adj.* observing, observant, observative. — *2 m.* & *f.* observer.

observancia *f.* observance [keeping of law, duty,

rule, etc.] : *poner en* ~, to enforce, compel observance of. *2* ECCL. observance.

observante *adj.* observant, observing. — *2 m.* ECCL. observant.

observar *tr.* to observe [perceive, mark, take notice of; watch]. *2* to observe, keep, follow, abide by, conform to [law, command, etc.]. *3* to observe, say, remark.

observatorio *m.* observatory.

obsesión *f.* obsession.

obsesionante *adj.* obsessing.

obsesionar *tr.* to obsess.

obsesivo, va *adj.* obsessive.

obseso, sa *adj.* obsessed.

obsidiana *f.* MINER. obsidian.

obsidional *adj.* obsidional.

obstaculizar *tr.* to prevent, impede, hinder, obstruct.

obstáculo *m.* obstacle : *carrera de obstáculos,* obstacle race.

obstante *adj.* standing in the way : *no* ~, notwithstanding; nevertheless, however.

obstar *intr.* to stand in the way, oppose, withstand, be an obstacle.

obstetricia *f.* obstetrics, obstetricy.

obstinación *f.* obstinacy, stubbornness, obduracy.

obstinadamente *adv.* obstinately, stubbornly, obdurately.

obstinado, da *adj.* obstinate, stubborn, headstrong. *2* obdurate.

obstinarse *ref.* ~ *en,* to be obstinate in or about; to persist in, to insist on.

obstrucción *f.* obstruction [blocking, being blocked, stoppage, hindering]. *2* POL. obstruction.

obstruccionismo *m.* obstructionism.

obstruccionista *adj.* & *n.* obstructionist.

obstructor, ra *adj.* obstructive. — *2 m.* & *f.* obstructer.

obstruir *tr.* to obstruct, block, clog, choke up, stop up. *2* to obstruct, impede. — *3 ref.* to become obstructed, blocked, clogged, choked up. ¶ CONJUG. like *huir.*

obstruyo, obstruyó, obstruya, etc., *irr.* V. OBSTRUIR.

obtemperar *tr.* to obey, to assent.

obtención *f.* attainment, obtaining, obtainment, obtention.

obtendré, obtendría, etc., *irr.* V. OBTENER.

obtener *tr.* to attain, obtain, get; to procure. ¶ CONJUG. like *tener.*

obtengo, obtenga, etc., *irr.* V. OBTENER.

obtentor *m.* obtainer.

obtestación *f.* obtestation.

obturación *f.* obturation, closing, stopping, plugging.

obturador, triz *adj.* serving to obturate, closing, stopping, plugging. — *2 m.* stopper, plug. *3* AUTO. choke. *4* AUTO. throttle. *5* SURG. obturator. *6* PHOT. shutter, camera shutter.

obturar *tr.* to obturate, close, plug, stop up. *2* AUTO. to throttle.

obtuve, obtuviera, etc., *irr.* V. OBTENER.

obtusángulo *adj.* obtuse-angled.

obtuso, sa *adj.* GEOM. obtuse. *2* obtuse [of blunt form]. *3* obtuse, dull, slow of perception.

obué *m.* OBOE.

obús *m.* ARTIL. howitzer. *2* AUTO. the closing piece in a tyre valve.

obusera *f.* boat carrying a howitzer.

obvención *f.* perquisite.

obviar *tr.* to obviate, remove, surmount [obstacles, difficulties, etc.].

obvio, via *adj.* obvious, evident.

obyecto *m.* objection, reply.

oca *f.* ORN. goose. *2* BOT. oca. *3* royal goose [game].

ocal *adj.* applied to some very fine pears and apples. *2* double [cocoon].

ocarina *f.* MUS. ocarina.

ocasión *f.* occasion, opportunity, chance : *aprovechar la* ~, to improve the occasion ; *asir, coger, tomar la* ~ *por los cabellos,* to take time by the forelock ; *la* ~ *hace al ladrón,* the opportunity makes the thief. *2* occasion, cause. *3* occasion [time of an occurrence] : *en* ~ *de,* on the occasion of. *4 de* ~, second-hand [clothes, books, furniture, etc.].

ocasionado, da *adj.* provoking, vexatious, ill-conditioned. *2* liable, exposed [to a specified contingency, etc.].

ocasionador, ra *adj.* occasioning. — *2 m.* & *f.* occasioner.

ocasional *adj.* occasional, chance, casual. 2 occasional [acting as the occasion].
ocasionalmente *adv.* occasionally.
ocasionar *tr.* to occasion, cause. 2 to excite, stir up. 3 to endanger, jeopardize.
ocaso *m.* west. 2 setting [of any heavenly body]; sunset. 3 fig. sunset, decadence, decline.
occidental *adj.* occidental, western. 2 Occidental. — 3 *m. & f.* Occidental [person].
occidentalismo *m.* Occidentalism.
occidentalmente *adv.* occidentally.
occidente *m.* occident, west. 2 Occident.
occiduo, dua *adj.* pertaining to the setting or decline.
occipital *adj.* ANAT. occipital. — 2 *m.* ANAT. occipital, occipital bone.
occipucio *m.* ANAT. occiput.
occisión *f.* murder, killing.
occiso, sa *adj.* killed.
Oceanía *pr. n.* GEOG. Oceania.
oceánico, ca *adj.* oceanic.
oóeano *m.* ocean.
oceanografía *f.* oceanography.
oceanográfico, ca *adj.* oceanographic(al.
oceanógrafo *m.* oceanographer.
ocelo *m.* ZOOL. ocellus.
ocelote *m.* ZOOL. ocelot.
ocena *f.* MED. ozæna, ozena, foul breath.
ociar *intr.* to idle, loiter.
ocio *m.* idleness, leisure : *ratos de* ~, spare time. 2 pastime, diversion.
ociosamente *adv.* idly. 2 uselessly; needlessly.
ociosidad *f.* idleness.
ocioso, sa *adj.* idle [doing nothing, unoccupied]. 2 idle [not turned to appropriate use; useless]; needless.
oclocracia *f.* ochlocracy, mob rule.
ocluir *tr.* MED. to occlude, shut up. ¶ CONJUG. like *huir.*
oclusión *f.* MED., PHON. occlusion.
oclusivo, va *adj.* occlusive.
ocluyo, ocluyó, ocluya, etc. *irr.* V. OCLUIR.
ocosial *m.* (Pe.) lowland, morass.
ocotal *m.* (Mex.) grove of ccotes.
ocote *m.* BOT. (Mex.) ocote, ocote pine.
ocozoal *m.* ZOOL. a Mexican rattlesnake.
ocozol *m.* BOT. sweet gum, liquidambar tree.
ocre *m.* MINER. ocher : ~ *rojo,* red ocher.
octacordio *m.* MUS. octachord.
octaédrico, ca *adj.* octahedral.
octaedro *m.* GEOM. octahedron.
octagonal *adj.* octagonal.
octágono, na *adj.* octagonal. — 2 *m.* GEOM. octagon.
octano *m.* CHEM. octane.
octante *m.* ASTR. octant [instrument].
octava *f.* ECCL., FENC., MUS. octave. 2 PROS. octave, octonary. 3 PROS., *octava* or ~ *real,* hendecasyllabic octave, rhymed abababcc.
octavar *tr.* to form octaves on stringed instruments.
octavario *m.* ECCL. festival lasting an octave.
octaviano, na *adj.* Octavian.
octavilla *f.* eighth part of a sheet of paper. 2 PROS. octosyllabic octave.
octavín *m.* MUS. piccolo [flute].
Octavio *m. pr. n.* Octavius.
octavo, va *adj. & m.* eight. 2 PRINT. *en* ~, octavo.
octingentésimo, ma *adj. & m.* eight hundredth.
octogenario, ria *adj. & n.* octogenarian.
octogésimo, ma *adj. & m.* eightieth.
octogonal *adj.* OCTAGONAL.
octógono, na *adj. & m.* OCTÁGONO.
ootosilábico, ca *adj.* octosyllabic, octosyllable.
octosílabo, ba *adj.* OCTOSILÁBICO. — 2 *m.* PROS. octosyllable [verse].
octóstilo, la *adj.* ARCH. octostyle.
octubre *m.* October.
óctuple *adj. & m.* octuple.
ocular *adj.* ocular. — 2 *m.* OPT. ocular, eyepiece.
ocularmente *adv.* ocularly, visually.
oculista *m. & f.* oculist, eye-specialist.
ocultación *f.* concealing, hiding. 2 ASTR. occultation.
ocultar *tr.* to conceal, hide, cover, secret : ~ *algo a uno,* to hide something from someone. 2 to occult. — 3 *ref.* to hide [go into concealment, lie concealed, be withdrawn from sight]. 4 *no se me oculta que,* I see, I understand that.
ocultismo *m.* occultism.
ocultista *adj. & n.* occultist.
oculto, ta *adj.* concealed, hidden, secret; in hid-

ing. 2 occult : *ciencias ocultas,* occult sciences. — 3 *adv. de* ~, incognit; secretly.
ocupaoión *f.* occupation, occupying, occupancy : *ejército de* ~, army of occupation. 2 occupation [what occupies one, employment, business, calling, pursuit]. 3 RHET. prolepsis.
ocupada *adj.* pregnant [woman].
ocupado, da *p. p.* of OCUPAR. — 2 *adj.* occupied, busy, engaged.
ocupador, ra *adj.* occupying. — 2 *m. & f.* occupier.
ocupante *adj.* occupying. — 2 *m. & f.* occupier, occupant.
ocupar *tr.* to occupy [take posession of; be, reside in; keep busy, engaged]. 2 to occupy, take up, fill [space, time]. 3 to occupy, hold [a job or office]. 4 to employ, give work to. 5 to disturb, interrupt. 6 to engage the attention of. — 7 *ref. ocuparse en* or *de,* to busy oneself with, be engaged in, pay attention to; to devote oneself to, to have as one's business.
ocurrencia *f.* occurrence, happening, incident, ocasion. 2 witticism, witty remark, sally. 3 bright idea.
ocurrente *adj.* occurring. 2 bright, witty [person].
ocurrir *intr.* to occur, befall, happen. — 2 *ref.* to occur, strike [come into one's mind] : *nunca se me ocurrió que,* it never struck me that.
ocurso *m.* (Mex.) petition, claim.
ochava *f.* eight, eighth part. 2 ECCL. octave.
ochavado, da *adj.* eight-sided.
ochavar *tr.* to make eight-sided.
ochavo *m.* small copper coin : *no valer un* ~, not to be worth a farthing.
ochavón, na *adj. & n.* (Cu) octoroon.
ochenta *adj. & n.* eighty.
ochentavo, va *adj. & m.* eightieth.
ochentón, na *adj. & n.* octogenarian.
ocho *adj. & n.* eight : *las* ~, eight o'clock. — 2 *m.* eighth [in dates]. 3 playing card with eight spots.
ochocientos, tas *adj. & m.* eight hundred.
oda *f.* ode.
odalisca *f.* odalisque.
odeón *m.* ARCHEOL. odeum.
Odesa *pr. n.* GEOGR. Odessa.
odiar *tr.* to hate.
odio *m.* hatred, hate; odium.
odiosamente *adv.* odiously, hatefully.
odiosidad *f.* odiousness, hatefulness.
odioso, sa *adj.* odious, hateful.
Odisea *f. pr. n.* MYTH. Odyssey. — 2 *f.* (not cap.) fig. odyssey.
odómetro *m.* cdometer.
odontalgia *f.* MED. odontalgia, toothache.
odontálgico, ca *adj.* odontalgic.
odontoceto, ta *adj. & m.* ZOOL. odontocete.
odontoideo, a *adj.* ANAT., ZOOL. odontoid.
odontología *f.* odontology.
odontólogo *m.* odontologist.
odontoscopio *m.* odontoscope.
odorante *adj.* odorous, fragant.
odorífero, ra; odorífico, ca *adj.* odoriferous.
odre *m.* winebag, wineskin. 2 fig. drunkard.
odrero *m.* wineskin maker or seller.
odrezuelo *m. dim.* small wineskin.
odrina *f.* ox-skin winebag.
oesnoroeste, oesnoroeste *m.* west-northwest.
oessudoeste, oessudueste *m.* west-southwest.
oeste *m.* west. 2 west wind.
ofendedor, ra *adj. & n.* OFENSOR.
ofender *tr.* to offend, attack, wound, injure, hurt. 2 to offend, insult, give offence. 3 to displease, be offensive to [as a smell, etc.]. — 4 *ref.* to take offence.
ofensa *f.* offence, attack, attacking. 2 offence [wounding the feelings, annoyance, umbrage]; insult.
ofensión *f.* offence, harm, wrong, injury.
ofensiva *f.* offensive : ~ *de paz,* peace offensive; *tomar la* ~, to take the offensive.
ofensivamente *adv.* offensively.
ofensivo, va *adj.* offensive, attacking [opposed to defensive]. 2 offensive, giving offence, insulting. 3 offensive, unpleasant [smell, etc.].
ofensor, ra *adj.* offending. — 2 *m. & f.* offender [one who attacks or gives offence].
oferente *adj.* offering. — 2 *m. & f.* offerer.
oferta *f.* offer. 2 offering, gift, present. 3 COM. offer, tender; supply : *la* ~ *y la demanda,* supply and demand.
ofertorio *m.* ECCL. offertory.
oficial *adj.* official. — 2 *m.* journeyman [worker

who has learned a handicraft or trade]. *3* clerk [in a government or corporation office] : ~ *mayor*, chief clerk. *4* MIL., NAV. commissioned officer below major. *5* MAR. officer : *primer* ~, first officer. *6* executioner. *7* MIL. ~ *general*, general officer.

oficiala *f.* workwoman who has learned a handicraft or trade.

oficialía *f.* clerkship [in a goverment or corporation office]. *2* obs. status of a trained workman.

oficialidad *f.* official nature. *2* MIL., NAV. the officers [collectivelly].

oficialmente *adv.* officially.

oficiante *m.* ECCL. officiant.

oficiar *tr.* ECCL. to officiate. *2* to communicate, make known, by official letter. — *3 intr.* to officiate, act : ~ *de*, to act as.

oficina *f.* office [of a department, establishment, etc.], bureau, counting-house. *2* workshop. *3* pharmacist's laboratory. *4 pl.* offices [parts of house devoted to household work].

oficinal *adj.* MED., PHARM. officinal.

oficinesco, ca *adj.* office, clerical, bureaucratic.

oficinista *m. & f.* clerk, office worker.

oficio *m.* work, occupation, calling, trade, craft, handicraft : *artes y oficios*, arts and crafts; *no tener* ~ *ni beneficio*, to have no calling or occupation ; *tomar por* ~ [*una cosa*], fig. to take to, to do [something] frequently ; *de* ~, by trade, by profession ; professional. *2* office, position. *3* office [duty, function, role, proper action]. *4* office, service : *buenos oficios*, good offices. *5* official letter. *6* ECCL. office : ~ *de difuntos*, office of the dead; ~ *parvo*, little office. *7 Santo Oficio*, Holy Office, Inquisition. *8 de* ~, officially.

oficionario *m.* ECCL. office book.

oficiosamente *adv.* officiously. *2* unofficially.

oficiosidad *f.* officiousness. *2* diligence. *3* obligingness.

oficioso, sa *adj.* officious, meddlesome. *2* DIPL. officious. *3* unofficial. *4* diligent. *5* obliging. *6* suitable, useful.

ofidio, dia *adj. & m.* ZOOL. ophidian. — *2 m. pl.* ZOOL. Ophidia.

ofita *f.* MINER. ophite.

ofiuro *m.* ZOOL. ophiuran.

ofiuroideo, a *adj. & m.* ZOOL. ophiuroidean. *2 m. pl.* ZOOL. Ophiuroidea.

ofrecedor, ra *m. & f.* offerer.

ofrecer *tr.* to offer [present in prayer or devotion, as an act of worship]. *2* to offer [for acceptance or rejection], tender, hold out, proffer, present. *3* to offer [declare one's willingness], promise. *4* to offer [present to sight or notice]. *5* COM. to offer ; to bid. — *6 ref.* to offer, occur, present itself, arise. *7* to volunteer, offer, offer oneself, *8 ¿qué se le ofrece?*, what do you want?, what do you wish? ¶ CONJUG. like *agradecer*.

ofreciente *m. & f.* offerer.

ofrecimiento *m.* offer, offering, promise.

ofrenda *f.* religious offering, oblation. *2* offering, present.

ofrendar *tr.* to offer, make an offering of. *2* to contribute.

ofrezco, ofrezca, etc. *irr.* V. OFRECER

oftalmía *f.* MED. ophthalmia.

oftálmico, ca *adj.* ophtalmic.

oftalmología *f.* ophthalmology.

oftalmológico, ca *adj.* ophthalmologic.

oftalmólogo *m.* ophthalmologist, oculist.

oftalmómetro *m.* ophtalmometer.

oftalmoscopia *f.* ophtalmoscopy.

oftalmoscopio *m.* ophtalmoscope.

ofuscación *f.,* **ofuscamiento** *m.* obfuscation. *2* dazzling, dazzle [by excess of light].

ofuscar *tr.* to obfuscate [darken, dim ; bewilder, confuse mentally]. *2* to dazzle [by excess of light].

ogaño *adv.* HOGAÑO.

ogro *m.* ogre.

¡oh! *interj.* o!, oh!

ohm *m.* ELECT. ohm.

óhmico, ca *adj.* ELECT. ohmic.

ohmio *m.* OHM.

ohmiómetro *m.* ELECT. ohmmeter.

oíble *adj.* audible.

oída *f.* hearing [act]. *2 de oídas, por oídas*, by hearsay.

oidio *m* BOT. oidium.

oído *m.* hearing [sense] ; ear [organ of hearing] :

~ *externo*, external ear; ~ *interno*, internal ear; ~ *medio*, middle ear; *abrir los oídos*, to listen attentively; *abrir tanto* ~, or *tanto el* ~, to be all ears; *aguzar los oídos*, to prick up one's ears; *dar oídos a*, to listen favourably, to lend an ear; *entrar por un* ~ *y salir por el otro*, to go in at one ear and out at the other; *hacer oídos de mercader*, to turn a deaf ear; *pegarse al* ~ [of a song, etc.], to stick in one's ears; *regalar el* ~, to tickle the ear, to flatter; *ser duro de* ~, to be hard of hearing; to be stone-deaf; *tener* ~, *tener buen* ~, to have an ear, or a good ear, for music; *al* ~, in the ear, whispering; confidentially; *de* ~, by ear. *2* ANAT. internal ear. *3* FIREARMS. vent, priming hole, touch-hole.

oidor, ra *m. & f.* hearer. — *2 m.* formerly, a judge.

oidoría *f.* formerly, a judgeship.

oír *tr.* to hear [perceive by the ear; listen; grant prayer, accept advice; listen judicially] : ~ *decir que*, to hear that, to hear it said that; ~ *hablar de*, to hear about or of; *oí cantar a tu hermana*, I heard your sister singing; *oí sonar el timbre*, I heard the bell ring; *¡ahora lo oigo!*, the first I have heard about it!; *¡oiga!, ¡oigan!*, say, listen; the idea!, well!, come, come! *2* to hear, attend : ~ *un concierto*, to hear a concert; *oír misa*, to hear mass. ¶ IRREG. CONJUG. : INDIC. Pres. : *oigo, oyes, oye;* oímos, oís, *oyen*. | Pret. : oí, oíste, *oyó;* oímos, oísteis, *oyeron*. | SUBJ. Pres. : *oiga, oigas, oiga; oigamos, oigáis, oigan*. | Imperf. : *oyera, oyeras,* etc., or *oyese, oyeses,* etc. | Fut. : *oyere, oyeres,* etc. | IMPER. : *oye, oiga; oigamos, oíd, oigan*. | Past. p. : oído. | GER. : *oyendo*.

oigo, oiga, etc. *irr.* V. OÍR.

oíslo *m. & f.* beloved one; wife.

ojal *m.* buttonhole. *2* eyelet, eyelet hole.

¡ojalá! *interj.* would to God!, God grant!, I wish!

ojaladera *f.* OJALADORA.

ojalador, ra *m. & f.* SEW. buttonhole maker.

ojaladura *f.* set of buttonholes.

ojalar *tr.* to make buttonholes in.

ojalatero *m.* POL. armchair partisan; stay-at-home well-wisher [in struggle or civil war].

ojaranzo *m.* BOT. hornbeam. *2* ADELFA.

ojazo *m. augm.* large eye.

ojeada *f.* glance [brief look] : *echar una* ~ *a*, to cast a glance at.

ojeador *m.* HUNT. beater.

ojear *tr.* HUNT. to beat for, to rouse [game]. *2* to chase away. *3* to eye, look at. *4* to cast the evil eye upon.

ojén *m.* strong anisette.

ojeo *m.* HUNT. beating for game.

ojera *f.* eye cup, eyeglass. *2 pl.* rings under the eyes.

ojeriza *f.* animosity, grudge, spite, ill will.

ojeroso, sa *adj.* having rings under the eyes.

ojete *m.* eyelet, eye hole.

ojetear *tr.* to eyelet.

ojetera *f.* edge of a garment with eyelets for lacing.

ojialegre *adj.* coll. bright-eyed.

ojienjuto, ta *adj.* coll. dry-eyed.

ojigarzo, za *adj.* OJIZARCO.

ojimel, ojimiel *m.* PHARM. oxymel.

ojimoreno, na *adj.* coll. brown-eyed.

ojinegro, gra *adj.* coll. black-eyed.

ojituerto, ta *adj.* coll. squint-eyed.

ojito *m. dim.* small eye.

ojiva *f.* ARCH. ogive.

ojival *adj.* ARCH. ogival.

ojizaino, na *adj.* coll. squint-eyed.

ojizarco, ca *adj.* coll. blue-eyed.

ojo *m.* eye [organ of sight; attention, care, notice; way of thinking, estimation] : *ojos blandos* or *tiernos*, blear eyes, watery eyes; *ojos reventones* or *saltones*, bulging eyes, goggle eyes; *ojos turnios*, squint eyes; *ojos vivos*, bright eyes; *de ojos almendrados*, almond-eyed; *cuatro ojos*, coll. person wearing spectacles; *mis ojos, sus ojos, ojos míos*, coll. darling, dearest; *abrir el* ~, coll. to keep one's eyes open; *abrir los ojos a uno*, to open someone's eyes [disabuse him, make him realize] ; *abrir uno los ojos*, to open one's eyes [realize] ; *avivar los ojos*, to be on one's guard ; *bailarle a uno los ojos*, coll. to be lively and merry; *cerrar uno los ojos*, to close or shut one's eyes; to fall asleep, fig. to die; *cerrar los ojos a uno*, to wait on a dying person; *costar un* ~, or *los ojos, de la cara*, to cost a

mint of money: *comerse* [*a uno o una cosa*] *con los ojos*, coll. to devour with one's gaze; to look daggers at: *dar en los ojos* [*una cosa*], to be self-evident; *dar en los ojos a uno con una cosa*, to do something on purpose to displease or vex someone; *echar el ~ a*, to have one's eyes on [regard with desire]; *hacer* or *hacerse del ~*, to wink at or to wink at each other [give a hint or sign by a wink]; *írsele a uno los ojos por* or *tras*, to gaze longingly, to desire; *llenar el ~*, to please; *más ven cuatro ojos que dos*, two heads are better than one; *mirar con buenos ojos*, to look with favour, to approve of; *mirar con malos ojos*, to dislike; to frown at; *no pegar el ~* or *los ojos*, coll. not to sleep a wink; *ojos que no ven, corazón que no llora*, or *siente*, what the eye does not see the heart does not grieve over; *poner los ojos en blanco*, to roll the eyes; *saltar a los ojos*, to be self-evident; to be showy; *tener entre ojos*, or *sobre ojo, a uno*, to hate someone, to bear him malice; *tener los ojos en*, to look attentively; *volver los ojos*, to squint; *a cierra ojos*, half-asleep; blindly, rashly, without examination; *a los ojos en*, in the eyes of; *a ~* [of an estimation, etc.], by guess, without taking any measurement; *a ojos cegarritas*, with half-closed eyes; *a ojos cerrados*, blindly, without reflection; without examination; *a ojos vistas*, visibly, obviously; *en un abrir y cerrar de ojos*, in the twinkling of an eye; *hasta los ojos*, up to the eyes, up to the ears; *~ avizor*, watching, on the look out; *~ por ~, diente por diente*, an eye for an eye; *¡ojo!, ¡mucho ~!*, look out!, beware!; *¡~ alerta!*, look sharp!
   2 eye, hole, perforation. 3 eye [of needle, axe, spade, etc.]. 4 bow [of a key]. 5 eye [in cheese]; hole [in bread]. 6 eye [on peacock's tail]. 7 speck of oil or grease swimming on soup or liquor. 8 well [of stairs]. 9 span, bay [of bridge]. 10 mesh [of net]. 11 PRINT. face [of type]. 12 *~ de buey*, BOT. oxeye; ARCH. bull's eye; coll. doubloon [gold coin]. 13 *~ de gallo, ~ de pollo*, corn [on toe]. 14 MINER. *~ de gato*, tiger-eye [gem]. 15 NAUT. *~ de gaza*, eye of a strap. 16 *~ de la cerradura*, keyhole. 17 NAUT. *~ de la tempestad*, bull's eye, eye of a storm. 18 ASTR. *Ojo del Toro*, Bull's Eye. 19 RADIO. *~ mágico*, magic eye. 20 NAUT. *pasar por ~*, to run foul of and founder [a ship].

ojoche *m.* BOT. (C. Ri.) a tall tree the fruit of which serves as food for cattle.

ojoso, sa *adj.* eyey.

ojota *f.* (S. Am.) a kind of sandal.

ojuelo *m. dim.* small eye, sparkling eye. 2 *pl.* spectacles, eye glasses.

ola *f.* wave, billow, surge, swell [ridge on the surface of a liquid]. 2 fig. wave [of heat, cold, enthusiasm, etc.]. 3 surge [of a crowd]. 4 MIL. wave.

olaje *m.* OLEAJE.

olé *m.* an Andalusian dance. — 2 *interj.* ¡bravo!

oleáceo, a *adj.* BOT. oleaceous. — 2 *f. pl.* Oleaceae.

oleada *f.* large wave, surge, swell. 2 surge [of a crowd]. 3 MIL. wave. 4 abundant crop of olive oil.

oleaginosidad *f.* oleaginousness, oiliness.

oleaginoso, sa *adj.* oleaginous, oily.

oleaje *m.* surge, succession of waves, motion or rush of waves.

olear *tr.* to administer extreme unction to. — 2 *intr.* [of the sea] to swell into waves.

oleario, ria *adj.* oleaginous, oily.

oleastro *m.* BOT. ACEBUCHE.

oleato *m.* CHEM. oleate.

olecranon *m.* ANAT. olecranon.

oledero, ra *adj.* odorous.

oledor, ra *adj.* smelling. — 2 *m. & f.* smeller.

oleico *adj.* CHEM. oleic.

oleífero, fa *adj.* BOT. oleiferous.

oleína *f.* CHEM. olein.

óleo *m.* oil, olive oil; chrism, holy oil: *los santos óleos*, the chrism, the holy oil; *el santo ~*, the oil of the sick, the extreme unction. 2 PAINT. *al ~*, oil, in oil colours; *pintura al ~*, oil painting.

oleoducto *m.* oleoduct, pipe line.

oleografía *f.* oleograph.

oleómetro *m.* oleometer.

oleorresina *f.* oleoresin.

oleosidad *f.* oiliness.

oleoso, sa *adj.* oleaginous, oily.

oler *tr.* to smell, scent, sniff, snuff [perceive odours, detect presence of by smell; set one's sense of smell to work at]. 2 fig. to smell, scent [find out, suspect]. 3 fig. to pry into. — 4 *intr.* to smell [emit odour; suggest]: *~ a*, to smell like, smell of, to smack of; *~ bien*, to smell nice, *~ mal*, to smell bad; *~ mal, no ~ bien*, fig. to look, or to be, suspicious. ¶ CONJUG. like *mover*, except: INDIC. Pres.: *huelo, hueles, huele; olemos, oléis, huelen.* | SUBJ. Pres.: *huela, huelas, huela; olamos, oláis, huelan.* | IMPER.: *huele, huela; olamos, oled, huelan.*

olfacción *f.* olfaction [act of smelling].

olfatear *tr.* to smell, scent, sniff, snuff [eagerly]. 2 fig. to pry into, to try to discover.

olfateo *m.* smelling, scenting, sniffing, snuffing.

olfativo, va *adj.* olfactory.

olfato *m.* olfaction, smell, nose [sense of smell]. 2 fig. nose, sagacious sense.

olfatorio, ria *adj.* olfactory.

olíbano *m.* frankincense.

oliente *adj.* smelling, odorous.

oliera *f.* ECCL. chrismal [vessel].

oligarca *m.* oligarch.

oligarquía *f.* oligarchy.

oligárquico, ca *adj.* oligarchic, oligarchical.

oligisto *m.* MINER. oligist.

oligoceno, na *adj. & n.* GEOL. Oligocene.

oligoclasa *f.* MINER. oligoclase.

Olimpia *f. pr. n.* GEOG. Olympia.

olimpíada *f.* Olympiad. 2 Olympic games.

olímpico, ca *adj.* Olympic, Olympian. 2 fig. haughty.

Olimpo *m. pr. n.* GEOG., MYTH. Olympus.

olio *m.* ÓLEO.

oliscar *tr.* to smell, sniff. 2 to investigate, search out. — 3 *intr.* [of meat] to be tainted, gamey or high.

oliva *f.* olive. 2 olive tree. 3 fig. olive branch, peace. 4 ORN. barn owl.

oliváceo, a *adj.* olivaceous.

olivar *m.* olive plantation, oliveyard.

olivarda *f.* ORN. green goshawk. 2 BOT. a plant of the genus *Inula*.

olivarero, ra *adj.* pertaining to cultivation of olive trees.

olivarse *ref.* [of bread] to form bubbles when baking.

olivastro de Rodas *m.* ALOE 1.

olivera *f.* OLIVO 1.

Oliverio *m. pr. n.* Oliver.

olivicultura *f.* cultivation of olive trees.

olivífero, ra *adj.* oliviferous.

olivillo *m.* BOT. a kind of mock privet.

olivino *m.* MINER. peridot.

olivo *m.* BOT. olive tree; *~ manzanillo*, olive tree yielding the manzanilla olive. 2 BULLF. *tomar el ~*, to take shelter behind the fence.

olmeda *f.*, **olmedo** *m.* elm grove.

olmo *m.* BOT. elm tree.

ológrafo, fa *adj.* LAW holographic. — 2 *m.* LAW holograph.

olor *m.* odour, smell, fragance: *mal ~*, offensive odour, stench, stink. 2 fig. promise, hope, allurement. 3 fig. smack, suspicion. 4 fame, reputation: *~ de santidad*, odour of sanctity.

olorizar *tr.* to scent, perfume.

oloroso, sa *adj.* odorous, fragrant.

olvidadizo, za *adj.* short of memory, forgetful. 2 ungrateful.

olvidado, da *adj.* forgotten. 2 forgetful; oblivious.

olvidar *tr. & ref.* to forget; to be forgotten: *lo he olvidado*, *se me ha olvidado*, I have forgotten it; *se me olvidó cerrar la puerta*, I forgot what I was going to say; *se me olvidó cerrar la puerta*, I forgot to close the door; *esto no debe olvidarse*, this is not to be forgotten. — 2 *ref. olvidarse de*, to forget; *me olvidé de ti*, I forgot you; *no te olvides de cerrar la puerta*, don't forget to close the door.

olvido *m.* forgetfulness. 2 omission, oversight, neglect. 3 oblivion: *caer en el ~*, to fall into oblivion; *dar*, or *echar*, *al ~* or *en ~*, to forget, to cast into oblivion; *no tener en ~*, not to forget, to remember.

olla *f.* boiler, kettle, pot, fleshpot, stewpot [bulging, wide-mouthed pot used in cooking]: *~ carnicera*, large boiler or kettle; *~ de grillos*, fig. pandemonium; *~ de presión*, pressure cooker. 2 COOK. olla, olio [dish of boiled meat and vegetables]; *~ podrida*, olla podrida [dish of boiled

meat, fowl, pork, sausages, vegetables, etc.]. 3 eddy, whirlpool [in a river]. 4 MIL. ～ de fuego, incendiary grenade.
ollao m. NAUT. eyelet hole.
ollar adj. piedra ～, variety of serpentine. — 2 m. horse's nostril.
ollaza f. augm. of OLLA.
ollería f. pottery. 2 earthenware shop.
ollero m. potter. 2 dealer in earthenware.
ollita, olluela f. dim. of OLLA.
omatidio m. ZOOL. ommatidium.
ombligada f. TAN. part of a hide corresponding to the navel.
ombligo m. ANAT., ZOOL. navel: encogérsele a uno el ～, to be daunted. 2 navel-string. 3 navel, centre, middle. 4 BOT. ～ de Venus, a crassulaceous herb.
ombliguero m. navel bandage for infants.
ombria f. UMBRÍA.
omega f. omega [Greek letter].
omental adj. ANAT. omental.
omento m. ANAT. omentum.
ominar tr. AGORAR.
ominosamente adv. ominously.
ominoso, sa adj. ominous, of evil omen. 2 odious, execrable.
omisión f. omission.
omiso, sa irreg. p. p. of OMITIR. — 2 adj. neglectful, remiss, careless.
omitir tr. to omit, drop, leave out. ¶ CONJUG. reg. p. p.: omitido; irreg. p. p.: omiso.
ómnibus, pl. -bus m. omnibus.
omnímodamente adv. in every way or respect, completely.
omnímodo, da adj. all-embracing, complete, full, absolute.
omnipotencia f. omnipotence.
omnipotente adj. omnipotent, almighty: el Omnipotente, the Almighty [God].
omnipotentemente adv. omnipotently.
omnipresencia f. omnipresence.
omnipresente adj. omnipresent.
omnisapiente adj. OMNISCIENTE.
omnisciencia f. omniscience.
omnisciente; omniscio, cia adj. omniscient, all-knowing.
omnívoro, ra adj. omnivorous.
omóplato. m. ANAT. shoulder blade.
onagra f. BOT. evening primrose.
onagro m. ZOOL. onager.
onanismo m. onanism.
once adj. eleven: las ～, eleven o'clock; hacer, or tomar, las ～, to take a bite in the forenoon. — 2 m. eleven [the number]. 3 eleventh [in dates]. 4 FOOTBALL eleven [team].
oncear tr. to weigh out by ounces.
oncejera f. snare for catching little birds.
oncejo m. VENCEJO 1.
onceno, na adj. & m. eleventh.
oncijera f. ONCEJERA.
onda f. wave, ripple [on surface of water]. 2 wave [in hair, cloth, etc.: undulating line, surface or motion]. 3 SEW. scallop. 4 PHYS. wave: ～ amortiguada, ELECT. damped wave; ～ corta, larga, RADIO. short, long wave; ～ hertziana, Hertzian wave; ～ luminosa, light wave; ～ portadora, RADIO. carrier wave; ～ sonora, sound wave. 5 pl. fig. the water [of sea, river or lake].
ondámetro m. RADIO. wave meter.
ondeado, da p. p. of ONDEAR. — 2 m. waving, undulation. 3 scalloping.
ondeante adj. waving, undulating.
ondear intr. [of water] to rise in waves, to ripple. 2 to wave [as a flag, a field of corn, etc.], to flutter, undulate. 3 to be wavy. — 4 ref. to wave, sway, swing.
ondeo m. waving, undulating.
ondina f. MYTH. undine.
ondisonante adj. UNDÍSONO.
ondoso, sa adj. wavy.
ondulación f. undulation [action of undulating; wavy motion or form]. 2 wave [of hair]: ～ al agua water wave; ～ permanente, permanent wave.
ondulado, da adj. undulated: rippled. 2 wavy. 3 billowy [ground]. 4 corrugated. 5 scalloped.
ondulante adj. undulating, waving.
ondular intr. to undulate wave, ripple, billow, roll. — 2 tr. to wave [the hair].
ondulatorio, ria adj. undulatory.
onerario, ria adj. onerary.

onerosamente adv. onerously.
oneroso, sa adj. onerous, burdensome. 2 LAW onerous.
onfacino adj. omphacine [oil].
ónice, ónique f. MINER. onyx.
onírico, ca adj. oneiric.
oniromancia f. oneiromancy.
ónix f. ÓNICE.
onocrótalo m. ORN. white pelican.
onomancia f. onomancy.
onomástico, ca adj. onomastic: fiesta onomástica, saint's day; lista onomástica, onomasticon.
onomatopeya f. onomatopœia.
onomatopéyico, ca adj onomatopœic.
onoquiles f. BOT. alkanet, dyer's alkanet.
ontogenia f. ontogeny.
ontología f. ontology.
ontológico, ca adj. ontological.
ontologismo m. PHIL. ontologism.
ontólogo m. ontologist.
onza f. ounce [weight]: por onzas, sparingly. 2 ZOOL. ounce [leopardlike feline]. 3 ～ de oro, Spanish doubloon.
onzavo, va adj. & m. eleventh.
oogonio m. BOT. oögonium.
oolítico, ca adj. oölitic.
oolito m. MINER. oölite.
oosfera f. BOT. oösphere.
opacamente adv. opaquely.
opacidad f. opacity.
opaco, ca adj. opaque [not transparent; dark]. 2 sad, gloomy.
opalescencia f. opalescence.
opalescente adj. opalescent.
opalino, na adj. opaline.
ópalo m. MINER. opal.
opción f. option, choice. 2 right to be appointed to [an office]. 3 COM. option.
ópera f. opera: ～ bufa, opera bouffe.
operable adj. operable, practicable, feasible. 2 capable of operating. 3 SURG. operable.
operación f. operation [working, action, process, performance]. 2 COM., MATH., SURG. operation: ～ cesárea, Cæsarean operation, or section. 3 pl. MIL. operations.
operador, ra m. & f. operator [one whose work is to operate a specified thing]. 2 SURG. operator.
operante adj. operating, operative, working.
operar tr. SURG. to operate upon: ～ a uno de apendicitis, to operate upon one for appendicitis. — 2 intr. to operate [produce an appropiate effect]. 3 COM., MIL., NAV., SURG. to operate.
operario, ria m. & f. operative, worker, workman, working woman. — 2 m. priest of a religious order who assists sick and dying persons.
operativo, va adj. operative, operating.
operatorio, ria adj. operating, working. 2 SURG. operative.
operculado, da adj. operculate, opercled.
opérculo m. BOT., ZOOL. operculum, opercle.
opereta f. operetta, light opera.
operista m. opera singer.
operoso, sa adj. laborious.
opiáceo, a adj. opiate [containing opium]. 2 quieting, assuaging.
opiado, da adj. opiate [containing opium].
opiato, ta adj. & m. opiate.
opilación f. MED. oppilation, obstruction. 2 MED. amenorrhœa. 3 MED. dropsy.
opilarse ref. MED. to have amenorrhœa.
opilativo, va adj. MED. oppilative, obstructive.
ópimo, ma adj. rich, fruitful, abundant.
opinable adj. moot, debatable, being a matter of opinion.
opinante adj. opiner.
opinar intr. to opine, to form, express or hold an opinion. — 2 tr. to give as one's opinion, to judge, think, be of the opinion that.
opinión f. opinion: la ～ pública, the public opinion: cambiar, or mudar, de ～, to change one's mind; casarse uno con su ～, to stick to one's opinion; tener en buena ～, to have a good opinion of.
opio m. opium.
opíparamente adv. sumptuously, abundantly.
opíparo, ra adj. sumptuous, plentiful [banquet, meal].
oploteca f. museum of ancient or rare weapons.
opobálsamo m. opobalsam, balm of Gilead.
oponer tr. to oppose [place or produce a thing as an obstacle, counterpoise, etc.; offer anta-

gonistically an argument or opinion]. 2 to set
up, offer [resistance]. — 3 ref. *oponerse a*, to
oppose oneself to ; to oppose [resist, antagonize,
set oneself against, propose the rejection of ;
to stand facing or opposite to] ; go against, to
be contrary or repugnant to. — *4 rec.* to oppose
each other. ¶ CONJUG. like *poner*.

opondré, opondría, etc., *irr.* V. OPONER.

opongo, oponga, etc., *irr.* V. OPONER.

oponible *adj.* opposable.

opopánax, opopónaco *m.* PHARM. opopanax.

opopánace *f.* PANACE.

Oporto *m. pr. n.* GEOG. Oporto, Porto. — *2 m.* port
wine.

oportunamente *adv.* opportunely.

oportunidad *f.* opportunity.

oportunismo *m.* opportunism.

oportunista *adj.* opportunistic. — *2 m. & f.*
opportunist.

oportuno, na *adj.* opportune, suitable, seasonable,
timely, well-timed. *2* witty [in conversation].

oposición *f.* opposition [act of opposing ; being
opposed]. *2* POL., ASTR. opposition. *3* competitive
examination, competition for a position or office.

oposicionista *m.* POL. member of the opposition.

opositor, ra *m. & f.* opposer. *2* competitor [for a
position or office].

opoterapia *f.* MED. organotherapy.

opresión *f.* oppression. *2* pressing. *3* ~ *de pecho*,
tightness of the chest, shortness of breath.

opresivamente *adv.* oppressively.

opresivo, va *adj.* oppressive.

opreso, sa *adj.* oppressed.

opresor, ra *adj.* oppressing. — *2 m. & f.* oppressor.

oprimir *tr.* to press, press down, push, pinch, lay
heavy on, weigh down. *2* to oppress.

oprobiar *tr.* to defame, revile, disgrace.

oprobio *m.* opprobrium, ignominy, disgrace.

oprobiosamente *adv.* opprobriously.

oprobioso, sa *adj.* opprobrious, disgraceful.

optante *adj. & n.* optant.

optar *intr.* to opt, choose : ~ *entre*, to opt or choose
between ; ~ *por*, to opt for, to choose ; to choose
to, decide to. *2* ~ *a*, to be a candidate for [a
position or office].

optativo, va *aaj.* optional. *2* GRAM. optative.

óptica *f.* optics. *2* stereoscope.

óptico, ca *adj.* optic, optical. — *2 m.* optician.

óptimamente *adv.* in the best way, perfectly.

optimates *m. pl.* worthies, grandees.

optimismo *m.* optimism.

optimista *adj.* optimistic, sanguine. — *2 m. & f.*
optimist.

óptimo, ma *adj.* optimal, optimum, best, most
favourable.

optómetra *m. & f.* optometrist.

optometría *f.* optometry.

optómetro *m.* optometer.

opuestamente *adv.* oppositely, contrarily.

opuesto, ta *irr. p. p.* of OPONER. — *2 adj.* opposed.
3 opposite. *4* contrary, adverse. *5* BOT. opposite.

opugnación *f.* oppugnation. *2* attack, assault.

opugnador *m.* oppugner. *2* attacker.

opugnante *adj.* oppugning. *2* attacking. — *3 m.
& f.* oppugner. *4* attacker.

opugnar *tr.* to oppugn. *2* to attack, assault, invest.

opulencia *f.* opulence.

opulentamente *adv.* opulently.

opulento, ta *adj.* opulent.

opúsculo *m.* opuscle, booklet, tract.

opuse, opusiera *irr.* V. OPONER.

oque (de) *adv.* coll. for nothing, gratis.

oquedad *f.* hollow, cavity. *2* hollowness.

oquedal *m.* grove of lofty trees without underbrush.

oqueruela *f.* SEW. kink in thread.

ora *conj.* now, then, whether : ~ *rie*, ~ *llora*,
now he laughs, now (or then) he cries ; ~ *hable
de ciencias*, ~ *de artes, siempre acierta*, whether
he is talking about science or about arts, he
is always right.

oración *f.* oration, discourse : ~ *fúnebre*, funeral
oration. *2* prayer, orison : ~ *dominical*, Lord's
prayer ; *hacer* ~, to pray. *3* dusk, sunset [the
Angelus hour]. *4* GRAM. sentence, clause : ~
compuesta compound sentence ; ~ *principal*,
main sentence ; ~ *simple*, simple sentence ; ~
subordinada, subordinate or dependent clause.
4 pl. first part of catechism. *5* the Angelus. *6*
dusk, sunset [the Angelus hour].

oracional *adj.* GRAM. sentential. — *2 m.* prayer
book.

oráculo *m.* oracle.

orador, ra *m. & f.* orator, speaker.

oral *adj.* oral [spoken, not written]. *2* ZOOL. oral.

orangután *m.* ZOOL. orang-outang

orante *adj.* F. ARTS. praying, in the posture of
prayer.

orar *intr.* to pray : ~ *por*, to pray for. *2* to speak,
make a speech.

orate *m. & f.* lunatic, madman. madwoman.

oratoria *f.* oratory [art of making speeches,
eloquent speaking].

oratoriamente *adv.* oratorically.

oratoriano, na *adj.* oratorian. — *2 m.* Oratorian,
Father of the Oratory.

oratorio, ria *adj.* oratorical. — *2 m.* oratory [place
for private worship]. *3* MUS. oratorio. *4* Oratory
[of St. Philip Neri].

orbe *m.* orb, sphere. *2* the earth, the world. *3*
ICHTH. globefish.

orbicular *adj.* orbicular.

orbicularmente *adv.* orbicularly.

órbita *f.* ASTR. orbit. *2* sphere, field [of action,
etc.]. *3* ANAT. orbit, eye-socket.

orca *f.* ZOOL. orca, grampus, killer wale.

Orcadas (Islas) *f. pr. n.* GEOG. Orkney Islands.

orcaneta *f.* BOT. alkanet, dyer's alkanet.

orco *m.* hell. *2* poet. Hades, the lower world. *3*
ORCA.

orchilla *f.* BOT. archil.

órdago (de) *adj.* coll. swell, grand, excellent.

ordalías *f. pl.* ordeals [trial by fire, water, etc.].

orden, *pl.* **órdenes** *m.* order [arrangement, sequence, succession ; method, system ; harmonius
relation of things, fixed arrangement of phenomena ; condition in which every part or unit
is in its right place] : ~ *de la naturaleza*, order
of nature ; ~ *moral*, moral order ; *por* ~, in
order ; *por su* ~, successively, in its turn. *2*
order [freedom of disturbance ; public quiet ;
rule of law or proper authority] : ~ *público*,
public quiet, peace ; *hombre de* ~, law-abiding
man ; *llamar al* ~, to call to order. *3* order,
class, degree : *del* ~ *de*, of the order of. *4* MIL.
order, array. *5* ARCH., BIOL., MATH. order. *6* respect,
regard, relation : *en* ~ *a*, in respect of, with
regard to. *7* ~ *del dia*, order of the day [in
legislative bodies]. *8* ~ *de la misa*, Ordinary
of the Mass. — *9 m. & f.* ECCL. order [sacrament,
degree] : *sagradas órdenes*, holy orders ; *órdenes
mayores*, major orders ; *órdenes menores*, minor
orders. — *10 f.* order [fraternity or body] : ~ *de
caballería*, orden of knighthood ; ~ *religiosa*,
religious order. *11* order [of angels]. *12* order,
command : *a la* ~ *de*, COM. to the order of ;
a la ~ *de usted*, *a sus órdenes*, at your command,
at your service ; *a las órdenes de*, under the
command of, at the service of ; *en espera de
sus gratas órdenes*, awaiting your commands or
your pleasure [in business letters]. *13* ~ *del dia*,
agenda ; MIL. order of the day.

ordenación *f.* order, arrangement, methodical arrangement. *2* ECCL. ordination. *3* order, command.
4 auditor's or controller's office. *5* ARCH., PAINT.
ordonnance.

ordenada *f.* MATH. ordinate.

ordenadamente *adv.* orderly, in order.

ordenado, da *p. p.* of ORDENAR. — *2 adj.* orderly,
methodical, tidy.

ordenador *ra adj.* ordering, arranging. *2* ordaining.
— *3 m. & f.* orderer, arranger. *4* ordainer. — *5 m.*
auditor, controller [in a department or corporation office].

ordenamiento *m.* ordering, arrangement, putting
in order, regulation. *2* edict, ordinance.

ordenancista *adj.* strict, rigid. — *2 m. & f.* disciplinarian, martinet.

ordenando *m.* ECCL. ordinand.

ordenante *m.* ECCL. ordinant. *2* ECCL. ordinand.

ordenanza *f.* order, method. *2* order, command. *3*
ordinance, regulation. *4* ARCH., PAINT. ordonnance.
— *5 m.* MIL. orderly. *6* [in certain offices] servant
who does errands.

ordenar *tr.* to order, arrange, put in order, regulate. *2* to direct [things] to an end. *3* to
order, command, decree, establish, prescribe,
enjoin. *4* ALG. to arrange [a polynomial] according to the ascending or descending powers of a
letter. *5* ECCL. to ordain, confer holy orders on. —
— *6 ref.* ECCL. to become ordained, to take orders.

ordeñadero *m.* milk pail.

ordeñador, ra *m. & f.* milker.

ordeñar *tr.* to milk [a cow, ewe, etc.]. 2 to pick [olives] by a milking motion.

ordinal *adj. & n.* ordinal.

ordinariamente *adv.* ordinarily, usually. 2 coarsely.

ordinariez *f.* ordinariness, inferior quality. 2 coarseness, grossness, vulgarity.

ordinario, ria *adj.* ordinary, regular, customary, everyday, usual. 2 ordinary, inferior. 3 coarse, gross, unrefined, vulgar. — *4 m.* daily household expense. 5 ordinary [judge, bishop]. 6 carrier [plying betwen two towns]. 7 *de* ~, ordinarily, usually.

ordinativo, va *adj.* ordering, regulating.

ordo *m.* ECCL. ordo, ordinal.

orea, oréada, oréade *f.* MYTH. Oread.

oreante *adj.* airing, cooling, refreshing.

orear *tr.* to air [expose to open air], ventilate. — 2 *ref.* to become aired. 3 to take an airing.

orégano *m.* BOT. wild marjoram.

oreja *f.* ANAT. ear [sense; organ; external ear] : *pabellón de la* ~, auricle, pinna; *aguzar las orejas*, to prick up one's ears; *apearse por las orejas*, to fall from a horse; fig. to give an absurd answer; *bajar las orejas*, to yield, to humble oneself; *calentar las orejas*, to chide, dress down; *descubrir la* ~, *enseñar la* ~, to give oneself away, to show the cloven foot; *poner las orejas coloradas*, to make blush; to give a dressing down; *tirar de la* ~ *a Jorge*, to gamble; *ver las orejas al lobo*, to be in great peril; *con las orejas caídas* or *gachas*, crestfallen, dejected. 2 flap [of shoe]. 3 MEC. ear, lug. 4 claw [of hammer]. 5 ~ *de abad*, a thin fritter; OMBLIGO DE VENUS. 6 BOT. ~ *de fraile*, asarabacca. 7 ZOOL. ~ *de mar*, ~ *marina*, abalone. 8 BOT. ~ *de oso*, auricula, bear's ear. 9 BOT. ~ *de ratón*, snowberry.

orejano, na *adj.* unbranded [cattle].

orejeado, da *adj.* informed, warned.

orejear *intr.* [of an animal] to shake or prick the ears. 2 to act with reluctance.

orejera *f.* ear flap, ear lap; ear muff. 2 mouldboard [of a plough].

orejeta, orejita *f. dim.* small ear.

orejón *m.* strip of dried peach. 2 pull on the ear. 3 [among the ancient Peruvians] privileged noble. 4 (Col.) rustic, churl. 5 FORT. orillon.

orejudo, da *adj.* big-eared, long-eared. — 2 *m.* ZOOL. a large-eared bat.

oreo *m.* airing. 2 breeze, gentle wind.

oreoselino *m.* BOT. mountain parsley.

orfanato *m.* orphanage [institution].

orfandad *f.* orphanage, orphanhood. 2 abandonment, neglect.

orfebre *m.* goldsmith, silversmith.

orfebrería *f.* gold or silver work.

Orfeo *m. pr. n.* MYTH. Orpheus.

orfeón *m.* choral society.

orfeonista *m. & f.* member of a choral society.

órfico, ca *adj.* Orphean.

organdí *m.* organdy.

organero *m.* MUS. organ builder, organ maker.

orgánicamente *adv.* organically.

organicé, organice, etc., *pret., subj. & imper.* of ORGANIZAR.

organicismo *m.* MED. organicism.

organicista *adj.* organicistic. — 2 *m. & f.* organicist.

orgánico, ca *adj.* organic.

organillero *adj.* organ-grinder.

organillo *m.* barrel organ, hand organ; street piano.

organismo *m.* organism. 2 organization, body, institution.

organista *m. & f.* MUS. organist.

organizable *adj.* organizable.

organización *f.* organization.

organizado, da *p. p.* of ORGANIZAR. — 2 *adj.* organized [having organization]. 3 BIOL. organic, organized.

organizador, ra *adj.* organizing : *comité* ~, committee on arrangements. 2 having aptitude for organizing. — 3 *m. & f.* organizer.

organizar *tr.* to organize. 2 to get up, make arrangements for, set up, start. 3 to tune [an organ]. — 4 *ref.* to organize [become an organic whole].

órgano *m.* PHYSIOL. organ : *órganos genitales*, genitals. 2 organ, instrument, medium. 3 organ

[medium of communication, newspaper, magazine, etc.]. 4 MUS. organ, pipe organ. 5 MUS. ~ *de manubrio*, hand organ. 6 ~ *expresivo*, harmonium.

organogenia *f.* organogenesis.

organografía *f.* organography.

organográfico, ca *adj.* organographic.

organología *f.* organology.

orgasmo *m.* PHYSIOL. orgasm.

orgía *f.* orgy, revel.

orgiástico, ca *adj.* orgiastic.

orgullo *m.* pride. 2 haughtiness.

orgullosamente *adv.* proudly. 2 haughtily.

orgulloso, sa *adj.* proud. 2 haughty, overbearing, conceited.

orientación *f.* orienting. 2 orientation. 3 bearings.

orientador, ra *adj.* orienting.

oriental *adj.* oriental, eastern. — 2 *adj. & n.* Oriental.

orientalismo *m.* orientalism.

orientalista *m. & f.* orientalist.

orientar *tr.* to orient; to orientate. 2 NAUT. to trim [a sail]. — 3 *ref.* to orient oneself; to guide oneself; to find one's way about, to find one's bearings.

oriente *m.* east, orient. 2 east wind. 3 fig. dawn, beginning, youth. 4 orient [of a pearl]. 5 (cap.) GEOG. East, Orient : *Cercano Oriente, Próximo Oriente*, Near East; *Extremo Oriente, Lejano Oriente*, Far East; *Medio Oriente*, Middle East.

orificación *f.* DENT. gold filling.

orificador *m.* dentist plugger.

orificar *tr.* DENT. to fill with gold.

orífice *m.* goldsmith.

orificio *m.* orifice, hole.

oriflama *f.* oriflamme. 2 flag, banner.

origen *m.* origin. 2 native country.

Orígenes *m. pr. n.* Origen.

origenismo *m.* Origenism.

origenista *m.* Origenistic. — 2 *m. & f.* Origenist.

original *adj.* original [of the origin; first in existence; of which copy or translation has been made; first-hand, not imitative; novel in character, style] : *pecado* ~, original sin. 2 original, queer, quaint, odd. — 3 *m.* original [that of which copy or translation has been made]. 4 PRINT. copy, manuscript. 5 original [of a portrait]. 6 original, eccentric [person]. 7 *saber [una cosa] de buen* ~, to have [a thing] on good authority.

originalidad *f.* originality [state or quality of being original]. 2 quaintness, queerness, eccentricity.

originalmente *adv.* originally. 2 quaintly, eccentrically.

originar *tr.* to originate. 2 to create, start. — 3 *ref.* to originate, derive, arise, spring.

originariamente *adv.* originally, by its origin.

originario, ria *adj.* originating, of origin. 2 original, come, derived, native [from or of].

orilla *f.* border, margin, edge, brink, hem. 2 bank, margin [of river]; shore : *salir a la* ~, to overcome difficulties, to manage to get through. 3 fresh breeze. 4 *a la* ~, near, on the brink. 5 *pl.* (Am.) outskirts.

orillar *tr.* to arrange, settle. 2 to surmount [a difficulty]. — 3 *intr.* to leave a selvage on cloth. 4 SEW. to border, hem. — 5 *intr. & ref.* to come up to the shore.

orillo *m.* selvage, list, listing [of cloth].

1) orín *m.* rust [on iron or steel] : *tomarse de* ~, to get rusty.

2) orín or *pl.* orines *m.* urine.

orina *f.* urine.

orinal *m.* chamber pot, urinal.

orinar *intr. & tr.* to urinate.

oriniento, ta *adj.* rusty.

orinque *m.* NAUT. anchor-buoy rope.

oriol *m.* OROPÉNDOLA.

Orión *m.* ASTR. Orion.

oriundez *f.* origin.

oriundo, da *adj.* coming [from], native [of].

orla *f.* border, edging [of a garment]. 2 ornamental border [around a print, drawing, etc.]. 3 HER. orle.

orlador, ra *m. & f.* borderer [one who makes or applies a border].

orladura *f.* border, ornamental border.

orlar *tr.* to border, edge [a garment]; to put an ornamental border to.

orleanista *adj. & n.* Orleanist.

orlo *m.* Alpine horn. *2* MUS. horn stop [or organ]. *3* ARCH. plinth.
ormesí *m.* a watered silk fabric.
ormino *m.* GALLOCRESTA.
ornadamente *adv.* ornately.
ornado, da *adj.* ornate, adorned.
ornamentación *f.* ornamentation.
ornamental *adj.* ornamental.
ornamentar *tr.* to ornament. adorn, decorate.
ornamento *m.* ornament, adornment, decoration. *2* gift, accomplishment, moral quality. *3* ARCH. ornament. *4 pl.* ECCL. sacred vestments, ornaments.
ornar *tr.* to ornament, adorn, embellish.
ornato *m.* adornment, embellishment; show.
ornitodelfo, fa *adj.* ZOOL. monotrematous. — *2 m.* ZOOL. monotreme. *3 m. pl.* ZOOL. Monotremata.
ornitología *f.* ornithology.
ornitológico, ca *adj.* ornithological.
ornitólogo *m.* ornithologist.
ornitomancia *f.* ornithomancy.
ornitorrinco *m.* ZOOL. ornithorhynchus, duckbill.
oro *m.* gold [metal; coins made of gold; money, wealth; precious things] ; ~ *batido*, gold foil, gold leaf; ~ *coronario*, fine gold; ~ *de ley*, standard gold; ~ *en barras*, bar gold, bullion; ~ *fulminante*, fulminating gold; ~ *molido*, ormolu [ground gold for gilding] ; ~ *musivo*, mosaic gold; ~ *nativo*, native gold; ~ *verde*, electrum; *de* ~, of gold, gold, golden; *como un* ~ [clean, beautiful, bright], like gold; *de* ~ *y azul*, all dressed up, gorgeously attired; *poner de* ~ *y azul*, to upbraid, to abuse; to rake over the coals. *2* HER. or. *3* Spanish playing card bearing the figure of a gold coin [equivalent to diamond]. *4 pl.* card suit equivalent to diamonds.
orobanca *f.* BOT. broomrape.
orobancáceo, a *adj.* BOT. orobanchaceous. — *2 f. pl.* BOT. Orobanchaceæ.
orobias *m.* fine incense.
orogenia *f.* GEOL. orogeny.
orogénico, ca *adj.* orogenic.
orografía *f.* orography.
orográfico, ca *adj.* orographic, orographical.
orondo, da *adj.* big-bellied [jar, etc.]. *2* hollow, puffed up. *3* self-satisfied, proud.
oropel *m.* tinsel, brass foil. *2 fig.* tinsel [cheap glittering thing; false show].
oropelero *m.* tinsel maker or dealer.
oropéndola *f.* ORN. loriot, golden oriole.
oropimente *m.* MINER. orpiment.
oroya *f.* cable carrier, carrier or basket of a ropeway.
orozuz *m.* BOT. licorice.
orquesta *f.* MUS., THEAT. orchestra.
orquestación *f.* orchestration.
orquestar *tr.* to orchestrate.
orquestra *f.* ORQUESTA.
orquídeo, dea *adj.* BOT. orchidaceous. — *2 f.* BOT. orchid. *3 pl.* BOT. Orchidaceæ, orchids.
orquitis *f.* MED. orchitis.
orre (en) *adv.* loose, in bulk.
ortega *f.* ORN. sand grouse.
ortiga *f.* BOT. nettle : *ser como unas ortigas*, fig. to have a sour temper, to be crabbed or cross. *2* ZOOL. ~ *de mar*, sea nettle, jellyfish. *3* ~ *muerta*, dead-nettle.
ortigal *m.* ground covered with nettles.
ortivo, va *adj.* ASTR. ortive.
orto *m.* rising [of sun or star].
ortoclasa *f.* MINER. orthoclase.
ortocromático, ca *adj.* PHOT. orthochromatic.
ortodoxia *f.* orthodoxy.
ortodoxo, xa *adj.* orthodox.
ortodromía *f.* NAUT. orthodromy.
ortodrómico, ca *adj.* NAUT. orthodromic.
ortofonía *f.* orthophony.
ortogénesis *f.* BIOL. orthogenesis.
ortognato, ta *adj.* orthognatous.
ortogonal *adj.* orthogonal.
ortogonio *adj.* right-angled [triangle].
ortografía *f.* orthography.
ortográficamente *adv.* orthographically.
ortográfico, ca *adj.* orthographical.
ortógrafo *m.* orthographer.
ortología *f.* orthoëpy.
ortológico, ca *adj.* orthoëpical.
ortólogo *m.* orthoëpist.
ortopedia *f.* orthopædy, orthopedy, orthopædics, orthopedics.
ortopédico, ca *adj.* orthopædic. orthopedic.

ortopedista *m. & f.* orthopædist, orthopedist.
ortóptero *adj.* ENTOM. orthopterous. — *2 m.* ENTOM. orthopteran. *3 pl.* ENTOM. Orthoptera.
ortorrómbico, ca *adj.* CRYST. orthorhombic.
ortosa *f.* MINER. orthoclase.
oruga *f.* ENTOM., MACH. caterpillar. *2* BOT. rocket. *3* rocket sauce.
orujo *m.* marc of grapes or olives.
orza *f.* NAUT. luff, luffing : *navegar a* ~, to luff. *2* NAUT. centreboard, centerboard. *3* crock, glazed earthen jar.
orzaga *f.* BOT. orach.
orzar *intr.* NAUT. to luff.
orzaya *f.* NIÑERA.
orzuelo *m.* MED. sty [in one's eye]. *2* snare [for partridges]. *3* trap [for wild beasts].
os *pers. pron. pl. m. & f.* [object of the verb] you, to you, for you; [recip.] each other; [ref.] yourselves : *él* ~ *ve*, he is seeing you; ~ *estan hablando*, they are talking to you; *voy a leeros esta carta*, I am going to read this letter for you; *Pedro y tú* ~ *habéis pegado*, Peter and you have beaten each other; *id a lavaros*, go to wash yourselves.
osa *f.* ZOOL. she-bear. *2* (cap.) ASTR. *Osa Mayor*, Great Bear, Dipper, Ursa Major; *Osa Menor* Little Bear, Ursa Minor.
osadamente *adv.* audaciously, boldly, daringly.
osadía *f.* audacity, boldness, daring, hardihood.
osado, da *adj.* audacious, bold, daring, hardy.
osambre *m.* **osamenta** *f.* skeleton, bones.
1) **osar** *m.* OSARIO.
2) **osar** *intr.* to dare, venture.
osario *m.* charnel-house, ossuary.
oscilación *f.* oscillation.
oscilador *m.* ELECT., RADIO. oscillator.
oscilante *adj.* oscillating.
oscilar *intr.* to oscillate.
oscilatorio, ria *adj.* oscillatory.
osculación *f.* GEOM. osculation.
ósculo *m.* kiss. *2* ZOOL. osculum.
oscurantismo *m.* OBSCURANTISMO.
oscurantista *adj. & n.* OBSCURANTISTA.
oscurecer *tr., intr. & ref.* OBSCURECER.
oscurecimiento *m.* OBSCURECIMIENTO.
oscuridad *f.* OBSCURIDAD.
oscuro, ra *adj.* OBSCURO.
osecillo, osecito *m. dim.* small bone, bonelet.
óseo, a *adj.* osseous, bony.
osera *f.* den of bears.
osezno *m.* cub or whelp of a bear.
osezuelo *m. dim.* OSECILLO.
osiánico, ca *adj.* Ossianic.
osificación *f.* ossification.
osificarse *ref.* to ossify [become ossified].
osifiqué, osifique, etc., *pret., subj. & imper.* of OSIFICAR.
osífraga *f.*, **osífrago** *m.* QUEBRANTAHUESOS 2.
osmanlí, *pl.* **-líes** *adj. & n.* Osmanli.
osmazomo *m.* osmazome.
osmio *m.* CHEM. osmium.
ósmosis *f.* PHYS. osmosis.
oso *m.* ZOOL. bear : ~ *blanco*, polar bear; ~ *colmenero*, honey-eating bear; ~ *gris*, grizzly bear; ~ *pardo*, brown bear; *hacer el* ~. fig. to make a fool of oneself; to court [a woman] in an undisguished manner. *2* ZOOL. ~ *hormiguero*, anteater. *3* ZOOL. ~ *marsupial*, koala. *4* ZOOL. ~ *marino*, a kind of fur seal.
ososo, sa *adj.* osseous, bony.
osta *f.* NAUT. vang.
ostaga *f.* NAUT. tie.
¡oste! *interj.* ¡OXTE!
ostealgia *f.* MED. ostealgia.
osteálgico, ca *adj.* ostealgic.
osteítis *f.* MED. osteitis.
ostensible *adj.* ostensible, visible, manifest.
ostensiblemente *adv.* ostensibly, visibly, manifestly.
ostensión *f.* show, manifestation.
ostensivo, va *adj.* ostensive, showing.
ostensorio *m.* ECCL. ostensory, monstrance.
ostentación *f.* ostentation; parade, display, show, vain show. *2* exhibition, manifestation.
ostentador, ra *adj.* ostentatious. — *2 m. & f.* ostentatious person.
ostentar *tr.* to parade. display, show, to make ostentation of. *2* to exhibit, manifest.
ostentativo, va *adj.* displaying, exhibiting.
ostento *m.* portent, prodigy.
ostentosamente *adv.* ostentatiously.
ostentoso, sa *adj.* ostentatious, sumptuous, magnificent.

osteoblasto *m.* ANAT. osteoblast.
osteogenia *f.* PHYSIOL. osteogenesis, osteogeny.
osteolito *m.* PALEONT. osteolite.
osteología *f.* osteology.
osteológico, ca *adj.* osteologic.
osteoma *m.* MED. osteoma.
osteomalacia *f.* MED. osteomalacia.
osteomielitis *f.* MED. osteomyelitis.
osteópata *m.* osteopath, osteopathist.
osteopatía *f.* osteopathy.
osteotomía *f.* SURG. osteotomy.
ostiario *m.* ECCL. ostiary.
ostiolo *m.* BOT., ZOOL. ostiole.
ostión *m.* large oyster.
ostra *f.* ZOOL. oyster : ~ *perlera*, pearl oyster.
ostracismo *m.* ostracism.
ostral *m.* oyster bed, oyster farm.
ostrería *f.* oyster shop.
ostrero, ra *adj.* [pertaining to the] oyster. — *2 m. & f.* oyster seller. — *3 m.* oyster bed, oyster farm.
ostrícola *adj.* oyster-rising.
ostricultura *f.* oyster culture, oyster farming.
ostrífero, ra *adj.* abounding in cysters.
ostro *m.* south. *2* south wind. *3* any mollusk yielding purple. *4* purple [dye].
ostrogodo, da *adj.* Ostrogothic. — *2 m. & f.* Ostrogoth.
ostrón *m.* large, coarse oyster.
ostugo *m.* RINCÓN. *2* bit, piece.
osudo, da *adj.* HUESUDO.
osuno, na *adj.* bearish, bearlike.
otacústico, ca *adj.* otacoustic.
otalgia *f.* MED. otalgia.
otálgico, ca *adj.* otalgic.
otario, ria *adj.* (Arg.) silly, fool.
oteador, ra *m. & f.* watcher, observer.
otear *tr.* to watch, observe, survey from a height. *2* to spy, search, examine.
otero *m.* hillock, knoll, butte, height.
oteruelo *m. dim.* small hillock.
otitis *f.* MED. otitis.
oto *m.* AUTILLO 1.
otocisto *my.* ZOOL. otocyst.
otolaringología *f.* otolaryngology.
otología *f.* otology.
otólogo *m.* aurist, otologist.
Otón *m. pr. n.* Otto.
otomana *f.* ottoman [seat].
otomano, na *adj. & n.* Ottoman.
otoñada *f.* autumn time. *2* autumn pasturage.
otoñal *adj.* autumnal.
otoñar *intr.* to spend the autumn season. *2* [of grass] to grow in autumn. — *3 ref.*·[of the earth] to be seasoned after the autumn rain.
otoño *m.* autumn, fall. *2* autumn aftermath.
otorgadero, ra *adj.* grantable.
otorgador, ra *adj.* granting. — *2 m. & f.* grantor.
otorgamiento *m.* grant, granting. *2* awarding [of a prize]. *3* LAW making, execution [of a will, deed, etc.].
otorgante *adj.* granting. — *2 m. & f.* grantor. *3* LAW maker [of a will, deed, etc.].
otorgar *tr.* to grant, give. *2* to award [a prize]. *3* to grant, consent : *quien calla otorga*, silence gives consent. *4* LAW to make, execute [a will, deed, etc.].
otorgo *m.* LAW marriage contract.
otorgué, otorgue, etc., *pret., subj. & imper.* of OTORGAR.
otorrea *f.* MED. otorrhœa.
otorrinolaringología *f.* otorhinolaryngology.
otorrinolaringólogo *m.* otorhinolaryngologist.
otoscopia *f.* otoscopy.
otoscopio *m.* otoscope.
otramente *adv.* otherwise, in a different way.
otro, tra *adj. & pron.* another, other : ~ *día*, another day; *otra cosa*, something else; ~ *que tal*, another such; *otros tantos*, as many; ~ *vez*, another time, in another occasion; again; *algún* ~, some other; someone else, somebody else; *al* ~ *día*, on the next day, on the day after; *como dijo el* ~, as someone said; *por otra parte*, on the other hand; *uno a* ~, *el uno al* ~, one another, each other; *uno con* ~, one with another. — *2 interj. ¡otra!*, encore!, again!
otrora *adv.* formerly, of yore.
otrosí *adv.* LAW furthermore. — *2 m.* LAW every petition made after the principal.
outrigger *m.* NAUT. outrigger.
ova *f.* BOT. a fresh-water alga. *2* ARCH. egg [in egg-and-dart ornaments]. *3 pl.* roe.

ovación *f.* ovation.
ovacionar *intr.* to give an ovation to.
ovado, da *adj.* [of a female bird] impregnated. *2* ovate, oval. *3* egg-shapped.
oval; ovalado, da *adj.* oval.
ovalar *tr.* to mak? oval.
óvalo *m.* GEOM. oval. *2* ARCH. egg [in egg-and-dart ornaments].
ovante *aaj.* victorious, triumphant.
ovar *intr.* to lay eggs.
ovárico, ca *adj.* ovarian.
ovario *m.* ANAT., ZOOL., BOT. ovary, ovarium. *2* ARCH. egg-ornamented moulding.
ovariotomía *f.* SURG. ovariotomy.
ovaritis *f.* MED. ovaritis.
ovecico *m. dim.* small egg.
oveja *f.* ewe, female sheep : ~ *negra*, fig. black sheep.
ovejería *f.* (S. Am.) sheep [collect.]; sheep farm. *2* (Chi.) sheep raising.
ovejero, ra *m. & f.* shepherd, shepherdess.
ovejuela *f. dim.* young ewe.
ovejuno, na *adj.* [pertaining to] sheep.
overa *f.* ovary of birds.
overo, ra *adj.* blossom-coloured, peach-coloured [horse]. *2* having a large white and a small pupil [eye].
overol *m.* (Am.) overalls.
ovezuelo *m. dim.* small egg.
Ovidio *m. pr. n.* Ovid.
óvidos *m. pl.* ZOOL. Ovidæ.
oviducto *m.* ZOOL. oviduct.
ovil *m.* REDIL.
ovillar *intr.* to wind [thread, yarn] in a ball. — *2 ref.* to huddle up; to coil oneself into a ball.
ovillejo *m. dim.* small ball [of thread or yarn]. *2* a kind of rondeau or rondel.
ovillo *m.* ball [of thread or yarn] : *hacerse un* ~, fig. to huddle up, to coil oneself into a ball; to get all tangled up [in speech].
ovíparo, ra *adj.* oviparous.
oviscapto *m.* ZOOL. ovipositor.
ovoide; ovoideo, a *adj.* ovoid.
óvolo *m.* ARCH. ovolo. *2* ARCH. egg [in egg-and-dart ornaments].
ovoso, sa *adj.* full of roe.
ovovivíparo, ra *adj.* ovoviviparous.
ovulación *f.* BIOL. ovulation.
óvulo *m.* BIOL., BOT. ovule.
¡ox! *interj.* shoo! [to scare away fowl].
oxácido *m.* CHEM. oxacide.
oxalato *m.* CHEM. oxalate.
oxálico, ca *adj.* CHEM. oxalic.
oxalidáceo, a *adj.* BOT. oxalidaceous. — *2 f. pl.* BOT. Oxalidaceæ.
oxalme *m.* brine with vinegar.
¡oxe! *interj.* ¡ox!
oxear *tr.* to shoo [fowls].
oxhídrico, ca *adj.* CHEM. oxyhydric; oxyhydrogen.
oxiacanto, ta *adj.* BOT. thorny. — *2 f.* BOT. hawthorn, whitethorn.
oxidable *adj.* oxidizable.
oxidación *f.* CHEM. oxidation.
oxidante *adj.* oxidizing. — *2 m.* CHEM. oxidizer.
oxidar *tr.* to oxidize. *2* to rust [make rusty]. — *3 ref.* to oxidize [become oxidized]. *4* to rust [become rusty].
óxido *m.* CHEM. oxide.
oxigenable *adj.* oxygenizable.
oxigenación *f.* oxygenation.
oxigenado, da *adj.* oxygenated.
oxigenar *tr.* to oxygenate, oxygenize. — *2 ref.* to become oxygenated. *3* to take the air.
oxígeno *m.* CHEM. oxygen.
oxigonio, nia *adj.* GEOM. acute-angled.
oximel, oximiel *m.* PHARM. oxymel.
oxipétalo *m.* BOT. a Brazilian vine.
oxiuro *m.* ZOOL. pinworm.
oxoniense *adj. & n.* Oxonian.
¡oxte! *interj.* shoo!, get out! *2 sin decir* ~ *ni moxte*, coll. without saying a word.
oye, oyó, oyera, etc. *irr.* V. OÍR.
oyente *m. & f.* hearer. *2* listener [to the radio]. *3* auditor [in school]. *4 pl.* audience.
ozona *f.* OZONO.
ozonización *f.* ozonization.
ozonizador, ra *adj.* ozonizing. — *2 m.* ozonizer.
ozonizar *tr.* to ozonize.
ozono *m.* CHEM. ozone.
ozonoscopio *m.* ozonoscope.
ozonómetro *m.* ozonometer.

P

P, p *f.* P, p, nineteenth letter of the Spanish alphabet.

pabellón *m.* pavilion, bell tent. 2 ARCH. pavillion. 3 building [in an exposition]. 4 MIL. officer's residence adjoining the barracks. 5 pavilion [of a gem]. 6 canopy [over a bed, throne, etc.]. 7 stack [of muskets or rifles]. 8 bell [of a wind instrument]. 9 national colours. 10 NAUT. flag, colours. 11 protection. 12 ANAT. ~ de la oreja, external ear, auricle, pinna.

pábilo, pabilo *m.* wick [of candle], candle-wick. 2 snuff [charred part of candle-wick].

pabilón *m.* bunch of flax or wool hanging from the distaff.

pablar *intr.* coll. ni hablar, ni ~, never to say a word.

Pablo *m. pr. n.* Paul: ¡guarda Pablo!, beware!

pábulo *m.* pabulum, food, fuel, aliment, support: dar ~ a, to give food to, to encourage.

paca *f.* bale [of goods]. 2 ZOOL. paca, spotted cavy.

Paca *f. pr. n.* coll. Fanny.

pacana *f.* BOT. pecan tree. 2 BOT. pecan nut.

pacato, ta *adj.* excessively timid and moderate.

pacay, *pl.* **-cayes** or **caes** *m.* BOT. pacay [tree and fruit].

pacaya *f.* BOT. pacaya.

pacedero, ra *adj.* pasturable.

pacedura *f.* pasture.

paceño, ña *adj.* of La Paz [Bolivia]. — 2 *m. & f.* native or inhabitant of La Paz.

pacer *intr. & tr.* to pasture, to graze. — 2 *tr.* to pasture, put out to pasture.

paciencia *f.* patience: probar la ~ de, to try the patience of. 2 small almond cake.

paciente *adj.* patient [having or showing patience]. — 2 *m. & f.* MED. patient. — 3 *adj. & m.* patient [opposed to agent].

pacientemente *adv.* patiently.

pacienzudo, da *adj.* very patient.

pacificación *f.* pacification. 2 peace, quiet.

pacificador, ra *adj.* pacifying. — 2 *m. & f.* pacifier; peacemaker.

pacíficamente *adv.* peacefully.

pacificar *tr.* to pacify. — 2 *ref.* to calm down, become quiet.

pacífico, ca *adj.* pacific. 2 peaceable, peaceful. — 3 *adj. & n.* (cap.) GEOG. Pacific: Océano Pacífico, Pacific Ocean.

pacifiqué, pacifique, etc., *pret., subj. & imper.* of PACIFICAR.

pacifismo *m.* pacifism.

pacifista *adj.* pacifist, pacifistic. — 2 *m. & f.* pacifist.

Paco *m. pr. n.* coll. Frank.

paco *m.* ZOOL. paco, alpaca. 2 MINER. (Am.) paco. 3 Moorish sniper [in Spanish Morocco].

pacotilla *f.* venture, goods that the sailors or officers of a ship are allowed to carry free of freight. 2 de ~, cheap, of poor or inferior quality.

pacotillero, ra *m. & f.* peddler.

pactar *tr.* to covenant, contract, agree upon,

stipulate. — 2 *intr.* to come to an agreement. 3 to temporize.

pacto *m.* pact, compact, agreement, covenant.

pacú *m.* ICHTH. (Arg.) a river fish.

pachamanca *f.* (Pe.) barbecue.

pachón, na *adj.* pointer [dog]. 2 (Am.) wooly, shaggy. — 3 *m.* phlegmatic fellow.

pachorra *f.* phlegm, sluggishness, indolence.

pachorrudo, da *adj.* phlegmatic, sluggish, indolent.

pachucho, cha *adj.* overripe. 2 fig. weak, drooping.

pachulí, *pl.* **-líes** *m.* patchouli [plant and perfume].

padecer *tr.* to suffer [undergo, experience, be subjected to]: ~ daño, to suffer damage; ~ martirio, to suffer martyrdom; ~ sed, to suffer thirst; ~ una enfermedad, to suffer from an illness. 2 to be a victim of, lay under [a mistake, illusion, etc.]. — 3 *intr.* to suffer: ~ por Cristo, to suffer for Christ's shake. 4 MED. ~ de, to suffer from troubles in [some organ]: ~ del corazón, to suffer from heart disease. ¶ CONJUG. like agradecer.

padecimiento *m.* suffering. 2 ailment.

padezco, padezca, etc., *irr.* V. PADECER.

padilla *f.* small frying pan. 2 a kind of bread oven.

padrastro *m.* stepfather. 2 bad father. 3 hangnail.

padrazo *m. aug.* indulgent father.

padre *m.* father [male parent; progenitor, forefather; one who deserves filial reverence; God, First Person of the Trinity; priest, priest belonging to religious order]: ~ conscripto, conscript father [Roman senator]; ~ de almas, one who has cure of souls, priest, bishop; ~ de familia, paterfamilias, father of a family; ~ de la patria, father of his country; ~ de pila, godfather; ~ espiritual, spiritual father, confessor; Padre Eterno, eternal God, the Eternal; ~ nuestro, Lord's Prayer; ~ político, father-in-law; Padre Santo, Holy Father; Santos padres, Fathers of the Church; de ~ y muy señor mío, great, important, hard, terrific. 2 stallion, sire. 3 *pl.* parents [father and mother; forefathers, ancestors]: nuestros primeros padres, our first parents.

padrear *intr.* to resemble one's father. 2 [of a male animal] to breed.

padrenuestro *m.* Lord's prayer.

padrina *f.* MADRINA.

padrinazgo *m.* act of standing godfather or sponsor at baptism, confirmation, etc. 2 title or charge of a godfather. 3 patronage, support, protection.

padrino *m.* godfather, sponsor. 2 second [at a duel]. 3 patron, protector. 4 ~ de boda, bestman, groomsman.

padrón *m.* census [official ennumeration of the population of a town]. 2 pattern, model. 3 memorial column or post. 4 PADRAZO.

paella *f.* dish of rice with meat, chicken, fish, etc.

¡paf! *interj.* expressing the noise of a fall, blow, etc.

paflón *m.* ARCH. soffit.

paga *f.* payment. 2 pay, salary. 3 satisfaction,

amends, atonement. *4* repayment, requital, return. *5 buena* ~, good pay [pers.]; *mala* ~, bad pay, poor pay [person].

pagable *adj.* payable.

pagadero, ra *adj.* payable [at a specified time]. — *2 m.* time and place of payment.

pagado, da *p. p.* of PAGAR. *2* pleased, proud : ~ *de su alcurnia*, proud of his lineage; ~ *de sí mismo*, self-satisfied, conceited.

pagador, ra *m. & f.* payer, paymaster. *2 buen* ~, good pay [person]; *mal* ~, bad pay, poor pay [person].

pagaduría *f.* disbursement office; paymaster's office.

pagamento, pagamiento *m.* payment.

paganismo *m.* heathenism, paganism.

pagano, na *adj. & n.* heathen, pagan. — *2 m.* coll. one who pays for others, one who pays the piper.

pagar *tr.* to pay [money, wages, a debt, a bill, a work, a person, etc.]; to fee : ~ *al contado*, to pay cash. *2* to pay for : ~ *el pato*, ~ *los vidrios rotos*, to get the blame, to be the scapegoat; *el que la hace la paga*, who breaks pays; *me la*, or *las, pagarás*, you'll pay for it, you'll smart for it. *3* to expiate, atone, make amends for. *4* to repay, requite, return [love, a kindness, etc.]. *5* to return [a call or visit]. — *6 ref. pagarse de*, to be fond of; to be pleased with, be conceited about, be proud of.

pagaré *m.* COM. promissory note.

pagaya *f.* (P. I.) large single-bladed paddle.

pagel *m.* ICHTH. red sea bream.

página *f.* page [of book, etc.].

paginación *f.* pagination.

paginar *tr.* to page, paginate.

pago *adj.* coll. paid, having been paid [pers.]. — *2 m.* rural district [especially of vineyards or olive plantations]. *3* payment. *4* repayment, requital, return. *5 en* ~, in payment; as a recompense, in return.

pagoda *f.* pagoda.

pagro *m.* ICHTH. porgy, red porgy.

pagué, pague, etc., *pret., subj. & imper.* of PAGAR.

paguro *m.* ZOOL. hermit crab.

paico *m.* (Chi.) PAZOTE.

paila *f.* large pan, cauldron. *2* (Cu.) sugar pan, evaporator.

pailebot, pailebote *m.* NAUT. a small schooner.

painel *m.* PANEL.

paipai *m.* fan made of palm.

pairar *intr.* NAUT. [of a ship] to lie to.

pairo *m.* NAUT. lying to with all sail set : *estar al* ~, to lie to.

país *m.* country, nation : *el* ~ *de Gales,* Wales; *los Países Bajos,* the Low Countries; ~ *satélite,* satellite country; *del* ~, domestic, home, national. *2* country, land, region, territory. *3* F. ARTS landscape. *4* the wedge-shaped sheet of a fan.

paisaje *m.* landscape.

paisajista *adj.* landscape [painter]. — *2 m. & f.* landscape painter.

paisanaje *m.* civilians. *2* peasantry, countryfolk. *3* fellow countrymanship, being of the same country, region or place as another.

paisano, na *adj.* of the same country, region or place. — *2 m. & f.* compatriot, countryman or -woman, fellow countryman or -woman. *3* peasant. — *4 m.* civilian : *vestido de* ~, in civilian clothes, in civies.

paisista *adj. & n.* PAISAJISTA.

paja *f.* straw : ~ *cebadaza,* barley straw; ~ *centenaza,* rye straw; ~ *trigaza,* wheat straw; *sombrero de* ~, straw hat; *echar pajas,* to draw straws, to draw lots with straws : *no dormirse en las pajas,* not to let the grass grow under one's feet; *no importar* or *no montar una* ~, not to be worth a straw; *en daca las pajas, en un quitame allá estas pajas,* in a jiffy; *por un quitame allá estas pajas,* [to quarrel] over the smallest trifle. *2* fig. trash, chaff, rubbish, stuff.

pajada *f.* straw mingled with bran [given to horses as fodder].

pajado, da *adj.* straw-coloured.

pajar *m.* haystack, rick of straw. *2* barn, straw loft.

pájara *f.* bird. *2* kite [toy]. *3* sly, crafty female. *4* paper folded into the shape of a bird. *5* ~ *pinta,* a game of forfeits.

pajarear *intr.* to go birdcatching. *2* to loaf, loiter about.

pajarel *m.* PARDILLO 3.

pajarera *f.* aviary; large bird cage.

pajarería *f.* birds, large number of birds. *2* bird shop.

pajarero, ra *adj.* [pertaining to] bird. *2* merry [person]. *3* gaudy, bright-coloured. — *4 m.* birdcatcher. *5* bird fancier. *6* bird seller.

pajarete *m.* fine sherry wine.

pajarico *m. dim.* little bird.

pajarilla *f.* BOT. columbine. *2* ANAT. spleen, milt; milt of a hog : *alegrársele a uno la* ~ or *las pajarillas,* fig. to rejoice [at something].

pajarillo *m. dim.* little bird.

pajarita *f.* paper bird. *2 cuello de* ~, wing collar. *3* ORN. ~ *de las nieves,* wagtail.

pajarito *m. dim.* little bird.

pájaro *m.* bird; passerine bird; ~ *bobo,* penguin; ~ *burro,* frigate bird; ~ *carpintero,* woodpecker; ~ *del sol,* bird of Paradise; ~ *mosca,* humming-bird; ~ *niño,* auk; ~ *polilla,* kingfisher; *matar dos pájaros de una pedrada* or *de un tiro,* to kill two birds with one stone; *más vale* ~ *en mano que buitre volando,* a bird in the hand is worth two in the bush. *2* fig. sly, crafty fellow. *3* fig. fellow, man : ~ *de cuenta,* man of importance; dangerous fellow; ~ *gordo,* big gun, big shot, swell. *4 pl.* ORN. Passeres, Passeriformes.

pajarota, pajarotada *f.* hoax, canard.

pajarote *m. aug.* large bird.

pajarraco *m.* large ugly bird. *2* fig. sly, crafty fellow.

pajaruco *m.* PAJARRACO 1.

pajaza *f.* refuse of straw fodder.

pajazo *m.* mark in the cornea of a horse's eye.

paje *m.* page [youth attending a person of high degree] : ~ *de hacha,* link boy. *2* familiar [of a bishop]. *3* NAUT. cabin boy : ~ *de escoba,* cabin boy. *4* dressing table.

pajear *intr.* [of a horse] to feed well on straw. *2* coll. to act, behave.

pajecillo *m. dim.* little page [boy]. *2* washstand.

pajel *m.* PAGEL.

pajera *m.* straw loft [in a stable].

pajero *m.* straw dealer.

pajil *adj.* pertaining to the pages [youths].

pajilla *f.* cigarette rolled in a maize leaf.

pajizo, za *adj.* made of straw. *2* thatched with straw. *3* straw-coloured.

pajón *m.* high coarse stumps of grain. *2* (Cu.) a kind of grass eaten by cattle.

pajonal *m.* ground covered with PAJÓN 2.

pajoso, sa *adj.* strawy.

pajote *m.* straw mat for covering plants.

pajuela *f. dim.* short straw. *2* sulphur match.

pajuno, na *adj.* PAJIL.

Pakistán (el) *m. pr. n.* GEOG. Pakistan.

pal *m.* HER. pale.

pala *f.* shovel. *2* peel; baker's peel. *3* slice [for helping fish, etc.]. *4* wash beetle, battledore. *5* racket [for ball games]. *6* blade [of an hoe, spade, oar, etc.]. *7* bowl [of a spoon]. *8* wamp [of a shoe]. *9* leaf [of a hinge]. *10* BOT. flat, oval joint [of a prickly pear]. *11* top [of an epaulet]. *12* flat surface [of the teeth]. *13* TAN. a kind of hide scraper. *14* fig. craft, cunning. *15* fig. dexterity. *16 meter uno su media* ~, to have a share, to share.

palabra *f.* word [term; speech, thing said, saying, remark, conversation] : ~ *de Dios,* ~ *divina,* God's Word, the Gospel; the religious preachings; *palabras cruzadas,* crossword puzzle; *palabras mayores,* high words, insulting words; serious matter, important thing; *palabras ociosas,* useless words; *dos palabras, cuatro palabras,* a few words; *medias palabras,* badly uttered words; insinuation, covert suggestion; *la última* ~, the last word; *juego de palabras,* pun, play on words; *libertad de* ~, freedom of speech; *¡santa* ~!, good news! [to express pleasure at hearing something]; *beber las palabras a uno,* to hang on one's words; *comerse las palabras,* to omit words in speaking or writing; *dirigir la* ~ *a,* to address one's words to; to address [someone]; *gastar palabras,* to waste words; *llevar la* ~, to be the spokesman; *tener unas palabras, trabarse de palabras,* to have words, to quarrel; *a media* ~, at the least hint; *de* ~, by word of mouth; *en dos palabras, en pocas palabras, en una* ~, in a word, in one word, to sum up; ~ *por* ~, word for word, verbatim. *2* act of speaking, right, permission or turn to speak; *pedir la* ~, to ask permission to speak, to ask for the floor; *tener la* ~, to be speaking, to have the floor; *tomar la* ~, to begin to speak, to take the floor. 3 word [one's promise, assurance or responsible statement]: ~ *de honor*, word of honour; ~ *de matrimonio*, promise of marriage; *¡palabra!*, honestly!; *dar uno* ~ or *su* ~, to give one's word; *empeñar uno la* ~, to pledge one's word; *bajo su* ~, on one's word. 4 THEOL. Word [second person of Trinity]. 5 *pl.* superstitious words used by sorcerers, etc. 6 formula of the sacraments.

palabrada *f.* PALABROTA.
palabreja *f.* odd word.
palabreo *m.* empty talk, chatter.
palabrería *f.* abundance of empty words, empty talk, windiness.
palabrero, ra *adj.* talkative, wordy, windy. — 2 *m. & f.* chatterer, vain talker, windbag.
palabrimujer *adj.* having an effeminate voice [man]. — 2 *m.* man with an effeminate voice.
palabrista *adj. & n.* PALABRERO.
palabrita *f. dim.* small word. 2 word or expression full of meaning. 3 *una* ~, a few words. — 4 *m. & f.* fig. *palabritas mansas*, sly, honeytongued person.
palabrón, na *adj. & n.* PALABRERO.
palabrota *f.* coarse, obscene word or expression.
palaciego, ga *adj.* [pertaining to the] palace; court. — 2 *m.* courtier.
palacio *m.* palace. 2 mansion house [oficial residence].
palacra, palacrana *f.* gold nugget.
palada *f.* shovelful. 2 stroke [of an oar].
palador *s.* ANAT. palate. 2 taste [of things]. 3 palate, taste [sense of taste; mental taste].
paladear *tr. & ref.* to taste with pleasure, to relish, to take small portions or draughts of [something] in order to relish it. — 2 *tr.* to clean the mouth or palate [of animals] to induce them to eat. 3 to inure [a baby] to sucking by rubbing his palate with something sweet. — 4 *intr.* [of a baby] to show a desire for sucking.
paladeo *m.* tasting, relishing.
paladial *adj. & f.* palatal.
paladín *m.* paladin, valiant knight. 2 champion, defender.
paladinamente *adv.* openly, publicly, frankly.
paladino, na *adj.* open, public, manifest. — 2 *m.* PALADÍN.
paladio *m.* CHEM. palladium.
paladión *m.* palladium, safeguard.
palado, da *adj.* HER. paly.
palafito *m.* ARCHEOL. palafitte.
palafrén *m.* palfrey. 2 groom's horse.
palafrenero *m.* groom, stableman, hostler.
palahierro *m.* bushing for the spindle of a millstone.
palamallo *m.* pall-mall [game].
palamenta *f.* oarage, set of oars, outfit of oars.
palanca *f.* MECH. lever: ~ *de primer género, de segundo género, de tercer género*, lever of the first, of the second, of the third order. 2 MACH. lever, bar, crowbar: ~ *de mando*, AER. control stick or column; ~ *del timón*, AER. rudder bar. 3 fig. lever [agency, influence]. 4 pole for carrying a weight. 5 FORT. outwork made of stakes and earth. 6 NAUT. clew-garnet.
palancada *f.* move made with a lever.
palancana, palangana *f.* washbowl.
palanganero *m.* washstand [stand with washbowl and pitcher].
palangre *m.* boulter.
palangrero *m.* boulterer [fisherman].
palanquera *f.* wooden fence.
palanquero *m.* leverman. 2 blower of bellows [in iron works].
palanqueta *f. dim.* small lever. 2 jimmy [short crowbar]. 3 NAV. bar shot. 4 (Cu.) a kind of sweetmeat. 5 (Mex. & Chi.) dumbbell.
palanquín *m.* palankeen, palanquin. 2 street porter, public porter. 3 NAUT. clew-garnet. 4 NAUT. gun tackle.
Palas *f. pr. n.* MYTH. Pallas: *Palas Atenea*, Pallas Athenea.
palastro *m.* sheet iron, sheet steel. 2 plate [of a lock].
palatal *adj.* palatal [of the palate]. — 2 *adj. & f.* PHONET. palatal.
palatalicé, palatalice, etc., *pret., subj. & imper.* of PALATALIZAR.

palatalizar *tr.* PHONET. to palatalize.
palatina *f.* palatine [woman's fur tippet].
Palatinado (el) *pr. n.* GEOG. Palatinate. — 3 *m.* (not. cap.) palatinate.
palatino, na *adj.* ANAT. palatine. — 2 *adj. & m.* palatine [count, earl, etc.]. — 3 *m.* ANAT. palatine bone.
palay *m.* (P. I.) unhusked rice.
palazo *m.* blow with a shovel.
palazón *m.* NAUT. masting. 2 woodwork, timber.
palco *m.* THEAT. box: ~ *de platea*, parquet box. 2 THEAT. ~ *escénico*, stage.
paleador *m.* shoveler.
palear *tr.* to winnow, fan [grain] with a shovel.
palenque *m.* palisade, wood fence, enclosure, lists.
palentino, na *adj.* pertaining to Palencia [Spanish town and province]. — 2 *m. & f.* native or inhabitant of Palencia.
paleografía *f.* paleography.
paleográfico, ca *adj.* paleographic.
paleógrafo *m.* paleographer.
paleolítico *adj.* paleolithic, paleolithical. — 2 *m.* Paleolithic [period].
paleólogo *m.* paleologist.
paleontografía *f.* paleontography.
paleontográfico, ca *adj.* paleontographic.
paleontología *f.* paleontology.
paleontológico, ca *adj.* paleontologic.
paleontólogo *m.* paleontologist.
paleozoico, ca *adj. & m.* Paleozoic.
palería *f.* art and practice of draining lands.
palermitano, na *adj.* Palermitan.
palero *m.* shovel maker or seller. 2 drainer [of lands]. 3 MIL. sapper.
Palestina *pr. n.* GEOG. Palestine.
palestino, na *adj. & n.* Palestinian.
palestra *f.* palæstra, palestra. 2 fig. lists, arena [scene of contest]. 3 fig. contest, fight, dispute.
paléstrico, ca *adj.* palæstral, palæstrian, palæstric.
palestrita *m.* palæstrian.
paleta *f.* PAINT. palette, pallet. 2 small, flat fire shovel. 3 MAS. trowel. 4 ANAT. shoulder blade. 5 float, floatboard, paddle, paddle board, vane [of a water wheel or paddle wheel]; vane [of a propeller, fan blower, etc.]. 6 *de* ~, opportunely. 7 *en dos paletas*, coll. briefly; in a jiffy.
paletada *f.* trowelful. 2 instance of applying mortar with a trowel.
paletazo *m.* VARETAZO.
paletear *intr.* to row ineffectively. 2 [of a paddle wheel] to revolve without gaining speed.
paleteo *m.* the act of PALETEAR.
paletero *m.* two-year-old fallow deer.
paletilla *f.* ANAT. shoulder blade. 2 ANAT. sternum cartilage, xiphoid process. 3 PALMATORIA 1.
paleto *m.* ZOOL. fallow deer. 2 coll. rustic, yokel.
paletó, *pl.* -toes *m.* paletot [overcoat].
paletón *m.* bit, web [of a key].
palhuén *m.* BOT. a thorny papilionaceous shrub.
pali *adj. & m.* Pali [language].
palia *f.* ECCL. pall [altar cloth; cloth for covering the chalice]. 2 curtain or screen before the tabernacle.
paliación *f.* palliation, extenuation. 2 palliation, alleviation.
paliadamente *adv.* on the sly, stealthily.
paliar *tr.* to palliate, extenuate. 2 to palliate, alleviate.
paliativo, va *adj.* palliating, palliative. — 2 *m.* palliative.
paliatorio, ria *adj.* palliatory.
pálidamente *adv.* palely, wanly.
palidecer *intr.* to turn pale; to pale [grow pale, become pale in comparison]; to wan [grow wan]. ¶ CONJUG. like *agradecer*.
palidez *f.* paleness, pallor, wanness.
palidezco, palidezca, etc., *irr.* V. PALIDECER.
pálido, da *adj.* pale, pallid, wan, ghastly.
paliducho, cha *adj.* palish.
palillero, ra *m. & f.* toothpick maker or seller. — 2 *m.* toothpick holder.
palillo *m.* small stick. 2 knitting-needle holder. 3 wooden toothpick. 4 drumstick. 5 tobacco stem. 6 bobbin [for making lace]. 7 coll. chit-chat. 8 *pl.* small pins put on billiard table in certain games. 9 chopsticks. 10 small sticks used by sculptors. 11 castanets. 12 rudiments, first principles. 13 *tocar todos los palillos*, to try all means.
palimpsesto *m.* palimpsest.
palingenesia *f.* palingenesis.

palingenésico, ca adj. palingenetic.
palinodia f. palinode, public recantation : cantar la ~, to palinode, recant, retract.
palio m. pallium [Greek garment]. 2 ECCL. pall, pallium [worn by archbishops]. 3 portable canopy. 4 fig. canopy [overhanging covering].
palique m. chit-chat, small talk.
palisandro m. palisander, palissander, rosewood.
palito m. dim. small stick.
palitoque, palitroque m. rough small stick.
paliza f. beating, drubbing, thrashing.
palizada f. palisaded enclosure. 2 palisaded embankment. 3 FORT. stockade.
palma f. BOT. palm, palm tree : ~ datilera, date palm ; ~ indiana, coconut palm or tree ; ~ real, royal palm. 2 palm [leaf of palm ; symbol of victory, excellence, etc.] : la ~ del martirio, the palm of martyrdom ; andar en palmas, to be universally estimed or applauded ; ganar la ~, llevarse la ~, to excell, to surpass everybody. 3 BOT. palmetto, dwarf fan-palm. 4 palm [of the hand]. 5 VET. sole [of hoof]. 6 pl. clapping of hands : batir palmas, to applaud, to clap hands.
palmáceo, a adj. BOT. palmaceous. — 2 f. pl. BOT. Palmaceæ.
palmacristi f. BOT. palma Christi, castor-oil plant.
palmada f. slap, pat [with the hand]. 2 handclap : dar palmadas, to clap hands.
palmadilla f. dim. PALMADITA. 2 kind of dance.
palmadita f. dim. slight slap or pat [with the hand].
palmado, da adj. PALMEADO.
1) **palmar** adj. palm [of the palm ; made of palm]. 2 ANAT. palmar. 3 VET. pertaining to the sole of the hoof. 4 measuring a span. 5 clear obvious, evident. — 6 m. palm grove or plantation.
2) **palmar** intr. coll. to die.
palmariamente adv. clearly, evidently.
palmario, ria adj. clear, obvious, evident.
palmatoria f. short candlestick with a handle. 2 PALMETA 1.
palmeado, da adj. BOT. palmate. 2 ZOOL. palmate ; webbed.
palmear intr. to clap hands. — 2 tr. PRINT. to level [a form].
palmejar m. NAUT. thick stuff.
palmeo m. measuring by spans.
palmera f. BOT. date palm.
palmeral m. date palms grove or plantation.
palmero m. palm keeper. 2 palmer [pilgrim].
palmesano, na adj. pertaining to Palma de Mallorca. — 2 m. & f. native or inhabitant of Palma de Mallorca.
palmeta f. ferule [for punishing boys]. 2 slap with the ferule.
palmetazo m. slap with the ferule.
palmiche m. BOT. royal palm. 2 fruit of the royal palm. 3 fruit of the palmetto or dwarf fan-palm.
palmífero, ra adj. poet. bearing palms ; abounding in palms.
palmipedo, da adj. ORN. palmiped, web-footed.
palmitato m. CHEM. palmitate.
palmítico, ca adj. CHEM. palmitic.
palmitieso, sa adj. flat-hoofed [horse].
palmito m. BOT. palmetto, dwarf fan-palm. 2 sprout of the dwarf fan-palm. 3 woman's face : buen ~, beautiful face.
palmo m. span [measure] : ~ menor, palm [measure] ; crecer a palmos, to grow by leaps and bounds ; dejar con un ~ de narices, coll. to disappoint ; tener medido a palmos, to know every inch of ; ~ a ~, inch by inch. 2 spanfarthing [game].
palmotear tr. to clap hands, applaud ; to clap hands for joy.
palmoteo m. clapping of hands. 2 striking with a ferule.
palo m. stick. staff, pole : ~ de escoba, broomstick. 2 NAUT. mast : ~ de mesana, mizzenmast ; ~ de trinquete, foremast ; ~ mayor, mainmast ; a ~ seco, under bare poles : fig. without the customary adornments or complements. 3 blow with a stick, whack : dar de palos, to beat, drub, thrash ; llevar ~, to get a drubbing. 4 execution on the gallows or on the garrote. 5 stalk of fruit, pedicle. 6 suit [at cards]. 7 long stroke of an ascending or descending letter. 8 wood [material] : cuchara de ~, wooden spoon ; pierna de ~, wooden leg. 9 a name for some trees or kinds of wood : ~ áloe or de áloe, aloes wood, eaglewood ; ~ brasil, brazilwood ; braziletto ;

~ campeche or de Campeche, logwood, campeche wood ; ~ de Fernambuco, Fernambuco wood ; ~ de hule, a rubber tree ; ~ de jabón, quillai bark, soapbark ; ~ del águila, eaglewood ; ~ de las Indias, lignum vitae ; ~ del Brasil, brazilwood ; Fernambuco wood ; ~ de rosa, tulipwood ; ~ dulce, licorice root ; ~ santo, lignum vitae. 10 pl. billiard pins.
paloma f. ORN. dove, pigeon : ~ brava, or silvestre, stock dove ; ~ buchona, pouter [pigeon] ; ~ casera or duenda, domestic pigeon ; ~ de toca, nuh [pigeon] ; ~ mensajera, carrier pigeon, homing pigeon, homer ; ~ torcaz, ring dove, wood pigeon ; ~ zorita, zura, zurana or zurita, rock dove, rock pigeon. 2 fig. dove [meek, mild person]. 3 NAUT. sling [of yard]. 4 ASTR. Columba. 5 pl. whitecaps.
palomadura f. NAUT. boltrope tie.
palomar m. pigeon-house, dovecot. — 2 adj. hard-twisted [twine].
palomariego, ga adj. domestic [pigeon].
palomear intr. to go hunting or shooting pigeons. 2 to keep pigeons.
palomera f. small dovecot. 2 small paramo, bleak spot.
palomería f. pigeon shooting.
palomero, ra m. & f. pigeon dealer. 2 pigeon breeder.
palomilla f. small butterfly. 2 ENTOM. grain moth. 3 ENTOM. chrysalis. 4 BOT. fumitory. 5 BOT. dyer's alcanet. 6 white horse. 7 fore part of the croup of a horse. 8 wall bracket. 9 MEC. journal bearing. 10 pl. whitecaps.
palomina f. pigeon dung. 2 BOT. fumitory.
palomino m. young pigeon. 2 coll. dirty spot on a shirttail.
palomita f. dim. little pigeon. 2 (Am.) piece of popcorn. 3 (Am.) darling. 4 pl. popcorn.
palomo m. cock pigeon. 2 ORN. ringdove, wood pigeon.
palor m. pallor.
palotada f. stroke with a stick or drumstick : no dar ~, to do or say nothing right ; to do nothing.
palote f. stick, drumstick. 2 stroke [in learning to write].
paloteado m. a rustic dance with sticks. 2 coll. noisy scuffle.
palotear intr. to strike sticks against one another. 2 to talk long and dispute.
paloteo m. PALOTEADO.
palpable adj. palpable. 2 obvious, evident.
palpablemente adv. palpably.
palpación f., PALPAMIENTO. 2 MED. palpation.
palpadura f., **palpamiento** m. touching, feeling [of a thing].
palpallén m. BOT. (Chi.) a shrub with yellow flowers.
palpar tr. to touch, feel. 2 to grope through. 3 to see as self-evident. 4 MED. to palpate. — 5 intr. to feel one's way, to grope in the dark.
pálpebra f. PÁRPADO.
palpebral adj. palpebral.
palpitación f. palpitation, pulsation, throbbing.
palpitante adj. palpitating, throbbing, vibrating. 2 burning [question].
palpitar intr. to palpitate, pulsate, throb, thrill. 2 to reveal itself [in an act, words, etc.].
pálpito m. (Am.) thrill, excitement. 2 (Am.) presentiment.
palpo m. ZOOL. palpus [in arthropods].
palqui m. BOT. (S. Am) a medicinal shrub.
palta f. (S. Am.) avocado [fruit].
palto m. (S. Am.) avocado tree.
paludamento m. paludament, paludamentum.
palúdico, ca adj. paludal, paludic : fiebre palúdica, paludal fever, malarial fever, marsh fever.
paludismo m. MED. paludism, malaria.
palumbario adj. dove-hunting [hawk].
palurdo, da adj. rustic, rude. — 2 m. & f. rustic, yokel.
palustre adj. paludal, marshy. — 2 m. MAS. trowel.
pallador pl. -dores m. (S. Am.) wandering poet and singer.
pallaquear, pallar tr. (Pe.) to extract the richest metallic part of [ore].
pallete m. NAUT. fender mat.
pallón m. assay button [of gold or silver].
pamela f. low-crowned, wide-brimmed woman's straw hat.
pamema f. coll. trifle, nonsense. 2 coll. bunkum.
pampa m. pampa : La Pampa, the pampas.

pámpana *f.* grapevine leaf. 2 *tocar*, or *zurrar, la* ~ *a*, to beat, drub, thrash.

pampanada *f.* juice of grapevine tendrils or shoots.

pampanaje *m.* large growth of grapevine shoots or leaves. 2 *fig.* empty or superfluous words, froth, rubbish, trash.

pampanilla *f.* loincloth.

pámpano *m.* grapevine tendril or shoot. 2 grapevine leaf. 3 ICHTH. gilthead.

pampanoso, sa *adj.* [of a grapevine] full of tendrils, shoots or leaves.

pampeano, na *adj. & n.* (S. Am.) pampean.

pampear *intr.* to go or travel over the pampas.

pampero, ra *adj. & n.* pampean. — 2 *m.* pampero [wind].

pampirolada *f.* a garlic sauce. 2 *coll.* nonsense, silly thing or remark.

pamplina *f.* nonsense, trifle, silly thing. 2 BOT. chickweed. 3 BOT. a kind of yellow poppy. 4 BOT. ~ *de agua*, brookweed. 5 BOT. ~ *de canarios*, chickweed.

pamplinada *f.* nonsense, trifle, silly thing.

pamplinero, ra; pamplinoso, sa *adj.* silly, nonsensical.

pamplonés, sa *adj.* pertaining to Pamplona [Spanish town and province]. — 2 *m. & f.* native or inhabitant of Pamplona.

pamporcino *m.* BOT. cyclamen, sowbread.

pamposado, da *adj.* lazy, indolent.

pampringada *f.* toast dipped in gravy. 2 nonsense, triviality.

pan, *pl.* **panes** *m.* bread : loaf, loaf of bread : ~ *ázimo*, unleavened bread ; ~ *bazo*, brown bread ; ~ *bendito*, blessed bread ; ~ *candeal*, whitewheat bread ; ~ *cenceño*, unleavened bread ; ~ *de flor* or *floreado*, bread made from the choicest flour ; ~ *del día*, ~ *tierno*, fresh bread ; ~ *de munición*, army bread ; prison bread ; ~ *duro* or *seco*, dry bread. stale bread ; ~ *integral*, whole-wheat bread ; ~ *negro*. black bread ; ~ *rallado*. bread crumbs; *panes de la proposición*, BIB. shewbread, showbread ; *ganarse el* ~, to earn one's livelihood ; *llamar al pan, pan y al vino, vino*, to call a spade a spade ; *a* ~ *y agua*, on bread and water ; *con su* ~ *se lo coma*. let him take the consequences ; *contigo* ~ *y cebolla*, *fig.* love in a cottage. 2 pie or pastry dough. 3 anything in the shape of a loaf or cake : ~ *de azúcar*, loaf sugar ; ~ *de cera*. cake of wax; ~ *de higos*, fig cake 4 wafer. 5 leaf. foil [of gold, silver, etc.] : ~ *de oro*, gold leaf, gold foil. 6 wheat : *tierra de* ~ *llevar*, land for growing wheat or grain ; ~ *mediado* or *por mitad*, rent of ground paid in grain, a half wheat and a half barley. 7 *pl.* BOT. ~ *de cuco*, stonecrop. 8 BOT. ~ *y quesillo*, shepherd's purse. 9 *pl.* grain fields.

pana *f.* velveteen, corduroy. 2 NAUT. flooring board. 3 AUTO. breakdown.

pánace *f.* BOT. opopanax, allheal.

panacea *f.* panacea.

panadear *tr.* to make [flour] into bread. — 2 *intr.* to make bread [for sale].

panadeo *m.* making bread.

panadería *f.* bakery, baker's shop. 2 baking business.

panadero, ra *m. & f.* baker. — 2 *f.* baker's wife. — 3 *m. pl.* a Spanish dance.

panadizo *m.* MED. felon, whitlow. 2 coll. pale-faced sickly person.

panado, da *adj.* designating a liquid in which toast bread has been steeped.

panal *m.* honeycomb. 2 comb built by wasps. 3 AZUCARILLO.

Panamá *m. pr. n.* GEOG. Panama. — 2 *m.* (not cap.) panama, panama hat.

panameño, ña *adj. & n.* Panamanian.

panamericanismo *m.* Pan-Americanism.

panamericanista *adj. & n.* Pan-Americanist.

panamericano, na *adj.* Pan-American.

panarizo *m.* PANADIZO.

panarra *m.* lazy simpleton.

panatela *f.* long thin spongecake.

panateneas *f. pl.* HIST. Panathenæa.

panática *f.* NAUT. provision of bread.

panca *f.* (P. I.) a fishing boat. 2 (Am.) Indian corn husk.

pancarpia *f.* garland of flowers.

pancarta *f.* parchment containing several documents. 2 placard, portable placard.

pancellar *m.*, **pancera** *f.* ARM. belly plate.

pancista *m.* POL. one who sits on the fence.

pancraciasta *m.* HIST. contestant in a pancratium.

pancracio *m.* HIST. pancratium.

pancrático, ca *adj.* PANCREÁTICO.

páncreas, *pl.* **-creas** *m.* ANAT. pancreas.

pancreático, ca *adj.* pancreatic.

pancreatina *f.* BIOCHEM. pancreatin.

Pancha, Panchita *f. pr. n.* coll. Fanny.

Pancho, Panchito *m. pr.* coll. Frank.

pancho *m.* ICHTH. spawn of the sea bream. 2 coll. paunch, belly.

panda *f.* gallery [of a cloister].

pandear *intr. & ref.* [of a wall, beam, etc.] to sag, buckle, bulge, bend in the middle.

Pandectas *f. pl.* Pandects.

pandemia *f.* MED. pandemia, pandemic.

pandemónium *m.* Pandemonium ; pandemonium.

pandeo *m.* sagging, buckling, bulging, bending of a wall, beam, etc.

pandera *f.* PANDERO 1.

panderada *f.* tambourines, collection of tambourines. 2 coll. nonsense, silly remark.

panderazo *m.* blow with a tambourine.

pandereta *f.* PANDERO 1.

panderetazo *m.* blow with a tambourine.

panderete *m. dim.* small tambourine. 2 MAS. *tabique de* ~, brick wall in which bricks are laid on edge.

panderetear *intr.* to sing, dance or make merry and play the tambourine.

pandereteo *m.* playing the tambourine.

panderetero, ra *m. & f.* tambourine player. 2 tambourine maker or seller.

pandero *m.* MUS. tambourine. timbrel. 2 kite [toy]. 3 coll. silly talker, jabberer.

pandiculación *f.* stretching, pandiculation.

pandilla *f.* gang, band, set, company, faction. 2 gang [of persons acting together for some criminal or illicit purpose].

pandillaje *m.* action or influence of a gang.

pandillero, pandillista *m.* fomenter of factions. 2 gangster.

pando, da *adj.* sagging, buckling, bulging [wall. beam, etc.]. 2 slow-moving. — 3 *m.* plain between two mountains.

pandorga *f.* fat, bulky woman. 2 kite [toy].

panecillo *m.* roll [bread].

panegírico, ca *adj.* panegyric, panegyrical. — 2 *m.* panegyric ; eulogy.

panegirista *m.* panegyrist, eulogist.

panegirizar *tr.* to panegyrize, eulogyze.

panel *m.* panel [in wainscot, door, etc.]. 2 ELECT. panel. 3 NAUT. removable floor board.

panela *f.* small prism-shaped spongecake. 2 (Col., Hond.) maize cake. 3 HER. poplar leaf [on shield].

panera *f.* granary. 2 bread basket.

panero *m.* baker's basket. 2 round mat.

paneslavismo *m.* Pan-Slavism.

paneslavista *adj.* Pan-Slavistic. — 2 *m. & f.* Pan-Slavist.

panetela *f.* broth with crumps, minced fowl, eggs, sugar, etc. 2 panatela, panetela, panetella [cigar].

panetería *f.* pantry of the royal palace.

panetero, ra *m. & f.* person in charge of the PANETERÍA.

panfilismo *m.* excessive gentleness or benignity.

pánfilo, la *adj.* slow, sluggish [person]. — 2 *m. & f.* sluggard.

panfletista *m. & f.* (Am.) pamphleteer.

panfleto *m.* (Am.) pamphlet.

pangal *m.* (Chi.) ground covered with PANGUES.

pangelín *m.* BOT. angelin.

pangermanismo *m.* Pan-Germanism.

pangermanista *adj.* Pan-Germanistic. — 2 *m. & f.* Pan-Germanist.

pangolín *m.* ZOOL. pangolin.

pangue *m.* BOT. (Chi.) a medicinal and tinctorial plant with very large leaves.

paniaguado *m.* servant, minion. 2 protégé.

pánico, ca *adj.* panic, panicky. — 2 *m.* panic.

panícula *m.* BOT. panicle.

paniculado, da *adj.* BOT. paniculate.

panicular *adj.* pannicular.

panículo *m.* ANAT. panniculus : ~ *adiposo*, panniculus adiposus.

paniego, ga *adj.* bread-eating. 2 wheat-bearing.

panificable *adj.* good for making bread [flour].

panificación *f.* panification.

panificar *tr.* to make [flour] into bread. 2 to convert [land] into wheat fields.

panifiqué, panifique, *pret. indic., pres. subj. & imper.* of PANIFICAR.

panique *m.* ZOOL. large herbivorous bat of Oceania.

panislamismo *m.* Pan-Islamism.

panislamista *adj.* Pan-Islamistic. — *2 m. & f.* Pan-Islamist.

panizo *m.* BOT. panic grass, foxtail millet, Italian millet. *2* Indian corn. *3* (Chi.) mineral bed. *4* BOT. ~ *negro,* sorghum.

panocha *f.* ear [of Indian corn]. *2* panicle [of millet or foxtail millet]. *3* bunch [of fruit hung up for keeping]. *4* bunch [of anchovies fried together].

panoja *f.* PANOCHA. *2* BOT. panicle.

panol *m.* PAÑOL.

panoplia *f.* panoply [suit of armour]. *2* collection of arms. *3* wall trophy. *4* study of ancient weapons.

panóptico, ca *adj.* ARCH. panoptic, panoptical. — *2 m.* ARCH. panoptical building. *3* (Am.) panopticon [prison].

panorama *m.* panorama.

panorámico, ca *adj.* panoramic.

panormitano, na *adj. & n.* Palermitan.

panoso, sa *adj.* mealy.

pantagruélico, ca *adj.* Pantagruelian. Pantagruelic.

pantalán *m.* (P. I.) wooden or bamboo pier.

pantalón *or pl.* **pantalones** *m.* trousers, breeches, *pantaloons, *pants; ~ *bombacho,* loose-fitting trousers; ~ *de montar,* riding breeches; *pantalones de golf,* golf trousers, knickerbockers; *ponerse,* or *llevar, los pantalones,* fig. [of a wife] to wear the trousers. *2* woman's drawers; pantalets, bloomers.

pantalla *f.* lamp shade. *2* fire screen [screen before a fireplace]. *3* PHYS. screen: ~ *fluorescente,* fluorescent screen. *4* RADIO. baffle. *5* fig. person or thing that obstructs the view. *6* fig. blind [person concealing another's action]: *servir de* ~ *a uno,* to be a blind for someone. *7* CINE., TELEV. screen.

pantanal *m.* swampland.

pantano *m.* swamp, marsh, morass. *2* a hollow or depression where water is naturaly confined, a small lake or natural pond. *3* a large dam or reservoir. *4* fig. obstacle, obstruction, hindrance.

pantanoso, sa *adj.* swampy, marshy. *2* full of obstacles or difficulties.

panteísmo *m.* pantheism.

panteísta *adj.* pantheistic. — *2 m. & f.* pantheist.

panteístico, ca *adj.* pantheistic, pantheistical.

panteón *m.* pantheon. *2* family tomb.

pantera *f.* ZOOL. panther. *2* MINER. yellow agate.

pantógrafo *m.* pantograph [copying instrument].

pantómetra *f.* pantometer.

pantomima *f.* pantomime, dumb show.

pantomímico, ca *adj.* pantomimic.

pantomimo *m.* mimic, pantomimist.

pantoque *m.* NAUT. bilge: *aguas del* ~, bilge water.

pantorra *f.* coll. PANTORRILLA.

pantorrilla *f.* calf [of the leg].

pantorrillera *f.* padded stocking.

pantorrilludo, da *adj.* thick-calved.

pantufla *f.* PANTUFLO.

pantuflazo *m.* blow with a slipper.

pantuflo *m.* slipper, house slipper.

panudo *adj.* (Cu.) firm, not soft [ripe alligator pear].

panza *f.* paunch, belly [of a pers. or animal]. *2* belly [of a vase or vessel]. *3* ZOOL. paunch, first stomach [of ruminants]. *4* ~ *de burra,* dark overcast sky.

panzada *f.* coll. bellyfull. *2* coll. push with the paunch.

panzón, na *adj.* PANZUDO. — *2 m.* big paunch or belly.

panzudo, da *adj.* paunchy, big-bellied.

pañal *m.* swaddling cloth. *2* tail [of shirt. *3 pl.* swaddling clothes; infancy: *estar en pañales,* to have little knowledge of something; to be in one's, or in its, infancy.

pañería *f.* drapery [cloth, woollen stuffs in general]. *2* draper's shop.

pañero, ra *adj.* [pertaining to] drapery. — *2 m.* draper, woollen draper, clothier. — *3 f.* draper's wife.

pañete *m.* light or inferior cloth. *2 pl.* trunks worn by fishermen. *3* linen attached to the crucifix below the waist. *4* (Col.) coat of plaster [on a wall].

pañito, pañizuelo *m. dim.* small cloth.

---

paño *m.* cloth [woollen stuff]: ~ *buriel,* burel [coarse woollen cloth]; *conocer el* ~, to know the ropes; *el buen* ~ *en el arca se vende,* good wine needs no bush. *2* by extension, cloth [any woven stuff]. *3* tapestry: ~ *de Arras,* or *de ras,* arras, Arras tapestry. *4* cloth [piece of fabric adapted for some specified use]: ~ *de cáliz,* ECCL. chalice veil; ~ *de cocina,* dishcloth; ~ *de hombros,* ECCL. humeral veil; ~ *de lágrimas,* fig. one who sympathizes and consoles; ~ *de manos,* towel; ~ *de mesa,* tablecloth; ~ *de púlpito,* pulpit cloth; *paños calientes,* fig. inefficient efforts; half measures; *paños menores,* underclothes; *en paños menores,* undressed. *5* spot [on the face]. *6* growth over the eye. *7* blur [in a mirror, a precious stone, etc.]. *8* MAS. plastering. *9* stretch [of a wall]. *10* NAUT. canvas, sails. *11* SEW. breadth. *12 pl.* PAINT., SCULPT. draperies. — *13 adv.* THEAT. al ~, outside, without, off stage.

pañol *m.* NAUT. storeroom: ~ *del contramaestre,* boatswain's storeroom; ~ *de velas,* sail room; ~ *de víveres,* provision room.

pañolería *f.* handkerchief shop; handkerchief business.

pañolero *m.* handkerchief seller. *2* NAUT. storeroom keeper, yeoman.

pañoleta *f.* woman's triangular shawl.

pañolón *m.* large square shawl.

pañoso, sa *adj.* ragged, in rags. — *2 f.* cloak made of woollen cloth.

pañuelo *m.* square shawl. *2* kerchief, handkerchief: ~ *de bolsillo* or *de la mano,* pocket handkerchief; ~ *de hierbas,* bandana; ~ *para el cuello,* neck handkerchief, neckerchief, neckcloth.

papa *m.* Pope [Roman Pontiff]. *2* coll. papa, dad. — *3 f.* fib, hoax, canard. *4* potato: ~ *de caña,* Jerusalem artichoke. *5 no saber una* ~, not to know a thing. *6 f. pl.* food, grub. *7* pap, mush, porridge.

papá *m.* coll. papa, dad.

papable *adj.* papable. *2* fig. eligible.

papacito *m.* (Am.) daddy.

papachar *tr.* (Mex.) to caress.

papacho *m.* (Mex.) caress.

papada *f.* double chin. *2* dewlap.

papadilla *f.* flesh under the chin.

papado *m.* papacy.

papafigo *m.* ORN. figpecker. *2* ORN. golden oriole.

papagaya *f.* female parrot.

papagayo *m.* ORN. parrot. *2* fig. parrot [pers.]. *3* fig. chatterbox. *4* ICHTH. peacock fish. *5* BOT. Joseph's-coat. *6* BOT. caladium. *7* ZOOL. (Ec.) a very poisonous viper. *8* (C. Am.) violent northeast wind. *9* ORN. ~ *de noche,* guácharo, oilbird.

papahigo *m.* winter cap [covering head, ears and neck]. *2* ORN. figpecker. *3* NAUT. lower sail.

papahuevos, *pl.* **-vos** *m.* simpleton, ninny, gullible fellow.

papaína *f.* CHEM. papain.

papal *adj.* papal.

papalina *f.* a kind of woman's coif. *2* a cap covering the ears. *3* coll. drunk, drunken fit.

papalino, na *adj.* papal.

papalmente *adv.* as a pope, in a papal manner.

papalote *m.* (Mex.) kite [toy].

papamoscas, *pl.* **-cas** *m.* ORN. flycatcher. *2* PAPANATAS.

papanatas, *pl.* **-tas** *m.* simpleton, ninny, gullible fellow.

papandujo, ja *adj.* coll. too soft, overripe.

papar *tr.* to eat [soft things] without chewing. *2* coll. to eat. *3 ¡pápate ésta!,* look!, take that!

páparo, ra *m.* rustic, simpleton.

paparote, ta *m. & f.* BOBALICÓN.

paparrabias *m. & f.* CASCARRABIAS.

paparrasolla *f.* bogy, bugbear.

paparrucha *f.* fib, hoax, canard, humbug. *2* nonsense, silliness.

papasal *m.* a boy's game. *2* trifle, pastime.

papatoste *m.* PAPANATAS.

papaveráceo, a *adj.* BOT. papaveraceous. — *2 f. pl.* BOT. Papaveraceæ.

papaya *f.* BOT. papaya [fruit].

papayo *m.* BOT. papaya tree.

papazgo *m.* papacy, papalty.

papel *m.* paper [material, piece of paper]: ~ *blanco,* blank paper; ~ *biblia,* Bible paper; ~ *carbón,* carbon paper; ~ *continuo,* paper in rolls; ~ *cuadriculado,* cross-section paper; ~ *cuché,* art paper; ~ *de barbas,* untrimmed handmade paper; ~ de calcar, tracing paper; ~ de cartas, letter paper; ~ de cúrcuma, CHEM. curcuma paper, turmeric paper; ~ de China, Chinese paper; ~ de esmeril, emery paper; ~ de estaño, tin foil; ~ de estraza, coarse brown paper; ~ de filtro, filter paper; ~ de fumar, cigarette paper; ~ de lija, sandpaper; ~ de luto, mourning paper; ~ de pagos, stamped paper for payments to the Government; ~ de mano or de tina, handmade paper; ~ de música, music paper; ~ de oficio, foolscap; ~ de seda, onionskin, tissue paper; ~ de tornasol, CHEM. litmus paper, test-paper; ~ higiénico or sánico, toilet paper; ~ pergamino, parchment paper; ~ pintado, wallpaper; ~ rayado, ruled paper; ~ satinado, glazed paper; ~ secante, blotting paper; ~ viejo, waste paper; ~ sellado, official stamped paper; ~ vitela, vellum paper. 2 paper, letter, writing, printed paper; ~ volante, printed leaflet, handbill. 3 paper [document]; bill, obligation, [commercial or legal] paper : ~ de estado, government securities; ~ moneda, paper money; papeles mojados, worthless documents; traer uno los papeles mojados, fig. to bear false news. 4 COM. [collect.] the securities brought for sale to the stock or exchange market. 5 THEAT. part, rôle; desempeñar el ~ de, to act the part of, to impersonate; hacer el ~, fig. to act the part. 6 rôle, function, part, duty, character, figure : hacer ~, to cut a figure; hacer uno su ~, to do one's part, one's duty, to be useful; hacer buen ~, to acquit oneself well, to show to advantage; hacer mal ~, hacer un ~ poco airoso, to acquit oneself badly, not to shine. 7 pl. papers [documents proving a person's identity].

papelear intr. to rummage papers, to look through papers. 2 to cut a figure, to make a show.

papeleo m. act of looking through papers. 2 red tape.

papelera f. paper case. 2 waste basket. 3 lot of papers.

papelería f. paper shop, stationery shop. 2 lot of papers.

papelero, ra adj. [pertaining to] paper; paper manufacturing. 2 showing off. — 3 m. & f. paper manufacturer. 4 paper seller or dealer. 5 shower off.

papeleta f. slip of paper [written or to be written]; card, file card, ticket : ~ de empeño, or del monte, pawn ticket; ~ de votación, ballot. 2 MIL. examination paper.

papelillo m. dim. small piece of paper. 2 cigarette. 3 PHARM. paper [of powdered medicine].

papelina f. tall drinking glass. 2 a silk fabric.

papelista m. paper manufacturer. 2 paper dealer. 3 paper hanger.

papelito m. dim. small piece of paper. 2 curl paper.

papelón, na adj. showing off. — 2 m. mean or despicable writing or paper. 3 thin cardboard. 4 (Am.) raw sugar. — 5 m. & f. shower off, ostentatious person.

papelonear intr. to make a vain show of power, influence, etc.

papelorio m. jumble of papers.

papelote, papelucho m. mean or despicable writing or paper.

papera f. MED. goiter. 2 MED. mumps. 3 pl. MED. scrofula.

papero m. pot in which pap is made.

papialbillo m. JINETA 1.

papila f. ANAT., BOT. papilla : ~ gustativa, taste bud.

papilar adj. papillar, papillary.

papilionáceo. a adj. BOT. papilionaceous. — 3 f. pl. BOT. Papilionaceæ.

papiloma m. MED. papilloma.

papilla f. pap [soft food]. 2 guile, deceit, artifice : dar ~ a. to beguile, delude [someone].

papillote f. hair twisted in a curl paper. 2 COOK. asado a la ~, meat or fish wrapped in a paper and broiled.

papión m. ZOOL. papion.

papiro m. BOT. papyrus. 2 papyrus [writing material, M. S. written on it].

papirolada f. PAMPIROLADA.

papirotada f. papirotazo m. fillip.

papirote m. fillip. 2 fool, dolt.

papisa f. papess.

papismo m. Papism.

papista m. Papistic. — 2 adj. & n. Papist.

papo m. ZOOL. fleshy lower part of an animal's neck; second or double chin. 2 crop, craw,

maw [of birds]. 3 MED. goiter. 4 BOT. thistledown. 5 puff [in a slashed garment]. 6 NAUT. ~ de viento, pocket in a partly opened sail.

paporrear tr. VAPULEAR.

papú, pl. -púes adj. & n. Papuan.

papudo, da adj. full-gorged [bird].

papujado, da f. having a fleshy front of the neck [bird]. 2 fig. swelled, puffed-up.

pápula f. MED. papule.

paquear tr. to snipe at.

paquebot, paquebote m. NAUT. packet boat, mail boat.

paqueo m. sniping.

paquete adj. (Am.) dolled up, dressed up. 2 (Am.) self-important, pompous. 3 (Am.) insincere. — 4 m. package, packet, pack, parcel, bundle : en ~ aparte, in a separate package; por ~ postal, by parcel post. 5 PAQUEBOTE.

paquetería f. COM. smallwares sold in packages.

paquetero, ra m. & f. parcel maker. 2 distributor of bundles of newpapers.

paquidermo, ma adj. ZOOL. pachydermatous. — 2 m. ZOOL. pachyderm. 3 pl. Pachydermata.

Paquita f. pr. n. coll. Fanny.

Paquito m. pr. n. coll. Frank.

par, pl. **pares** adj. like, equal. 2 even [number] : pares o nones, odd and even, odd or even [game]. 3 ANAT., ZOOL. designating one of two paired organs. — 4 m. pair, brace, couple, yoke, set of two, two : un ~ de bueyes, a pair or yoke of oxen; un ~ de guantes, a pair of gloves; un ~ de horas, a couple of hours, two hours; un ~ de pistolas, a brace of pistols; a pares, two and two, by pairs. 5 PHYS. couple : ~ de fuerzas, MECH. couple; ~ motor, ELECT. torque. 6 ELECT. couple, voltaic couple. 7 peer, equal. | Used in the phrase : sin ~, peerless, unequaled, incomparable. 8 peer [nobleman]. 9 ARCH. principal rafter. 10 COM. par : a la ~, at par. 11 a la ~ or al ~, equally, on a par, in the same manner; jointly; at the same time 12 de ~ en ~, abierto de ~ en ~, wide open, unobstructed [door, etc.]. 13 ir a la ~, to go halves. 14 pl. ANAT. placenta.

para prep. for, to, in order to, with a view to, conductively to : lo hizo usted para molestarme, you did it to annoy me; ~ que, in order that, so that; ¿~ qué?, what for?, what is the use? 2 for [in several uses] : compró un vestido ~ su hija, he bought a gown for his daughter; trabajar ~ el bien de la humanidad, to labour for the good of humanity; viven el uno ~ el otro, they live for each other; no hay motivo ~ dudarlo, there is no reason for doubting it; vestirse ~ comer, to dress for dinner; apto ~ el servicio, fit for service; listo ~ su uso, ready for use; alto ~ la edad que tiene, tall for his age; ~ toda la vida, for life; partió ~ Francia, he left for France; esto es fácil ~ él, this is easy for him. 3 to [in several uses] : ha sido un buen padre ~ ella, he has been a good father to her; ¿qué es esto ~ mí?, what is this to me?; esto no es nada ~ lo que podía ser, this is nothing to what it might be; medios ~ un fin, means to an end; bueno ~ curar sabañones, good to cure chilblains; nombrado ~ un cargo, appointed to a post; nacido ~ la púrpura, born to the purple; ciego ~ el arte, blind to the art; incomprensible ~ los no iniciados, incomprehensible to the uninitiated; ~ vergüenza suya, to his shame; una habitación ~ mí solo, a room to myself. 4 toward [as a share for the support or payment of]. 5 by, to, on [indicating future time] : ~ entonces, by then; aplazaron la reunión ~ el lunes, they postponed the meeting to Monday; pagará ~ Navidad, he'll pay on Christmas. 6 ~ con, toward, with; compared with. 7 ~ eso, for that, for that matter. 8 ~ mi, ~ si, to myself, to himself or herself : pensé ~ mi. I thought to myself; se guardó la noticia ~ si, he kept the news to himself. 9 decir ~ su capote, to say to oneself. 10 estar ~, to be on the point of; to be about [to do something]; to have half a mind to. 11 no estar ~, to be in no mood for. 12 tengo ~ mi, I think, it is my opinion.

parabién m. congratulation, felicitation : dar el ~, to congratulate, felicitate.

parábola f. parable. 2 GEOM. parabola.

parabolano m. one who uses parables.

parabólico, ca adj. parabolic.

parabolizar *tr.* to parabolize; to exemplify, to symbolize.
paraboloide *m.* GEOM. paraboloid.
parabrisas, *pl.* **-sas** *m.* AUTO. windscreen, windshield.
paracaidas, *pl.* **-das** *m.* parachute.
paracaidista *m.* parachuter, parachutist. 2 MIL. paratrooper. 3 *pl.* MIL. paratroops, parachute troops.
paracentesis *f.* SURG. paracentesis.
Paracleto, Paráclito *m. pr. n.* Paraclete, Holy Ghost.
paracronismo *m.* parachronism.
parachispas, *pl.* **-pas** *m.* ELECT. spark arrester.
parachoques, *pl.* **-ques** *m.* AUTO. bumper.
parada *f.* stop [in motion or progress]; halt, standstill, stay : ~ *en firme*, or *en seco*, dead stop. 2 stop [place where a bus, tram, etc., regularly stops]. 3 suspension, pause. 4 relay [of horses]. 5 post [for keeping horses or relay]. 6 place where studs are kept for covering mares; stud-farm. 7 irrigation dam. 8 stake, bid [in gambling] : *doblar la* ~, to double the stake, to double one's bid. 9 SPORT. catch [of the ball]. 10 FENC. parry. 11 MIL. parade [muster of troops]. 12 ~ *de coches*, cabstand.
paradera *f.* sluice gate. 2 fishing seine.
paradero *s.* whereabouts. 2 stopping place. 3 (Cu., Chi., P. Ri.) RLY. wayside station. 4 end [last point, place, state, etc., to which a thing has come].
paradetas *f. pl.* a Spanish dance.
paradiástole *f.* RHET. paradiastole.
paradigma *m.* paradigm.
paradilla *f. dim.* (Chi.) a short pause.
paradina *f.* scrub pasture with sheepfolds.
paradisíaco, ca *adj.* paradisiacal, paradisaical.
paradislero *m.* hunter on the watch. 2 newsmonger.
parado, da *adj.* stopped, arrested, motionless. 2 slow, awkward, timid, spiritless. 3 unoccupied, unemployed [person]. 4 shut down [factory]. 5 (Am.) standing [upright on the feet]. 6 (Am.) stiff, proud; cold, unenthusiastic. 7 (Am.) *estar bien* ~, to be well-established; to be lucky. — 8 *m.* (Am.) air, appearance. 9 *pl.* unemployed, unemployed people.
paradoja *f.* paradox.
paradójico, ca; **paradojo, ja** *adj.* paradoxical.
parador, ra *adj.* stopping or halting. 2 staking or bidding heavily [gambler]. — 3 *m.* inn, hostelry, tavern, roadhouse.
parafernales (bienes) *m. pl.* LAW parapherna, paraphernalia.
parafina *f.* paraffin.
parafraseador, ra *adj.* paraphrasing. — 2 *m.* & *f* paraphraser.
parafrasear *tr.* to paraphrase.
paráfrasis, *pl.* **-sis** *f.* paraphrase.
parafraste *m.* paraphrast.
parafrásticamente *adv.* paraphrastically.
parafrástico, ca *adj.* paraphrastic.
paragoge *f.* RHET. paragoge.
paragógico, ca *adj.* paragogic.
paragolpes *m.* AUTO. (Arg.) fender.
paragonar *tr.* PARANGONAR.
parágrafo *m.* PÁRRAFO.
paragranizo *m.* AGR. cover to protect plants from hail.
paraguas *m.* umbrella.
Paraguay *m. pr. n.* GEOG. Paraguay : *hierba* or *té del* ~, maté, Paraguay tea.
paraguay *m.* ORN. a Paraguayan parrot.
paraguayano. na; **paraguayo, ya** *adj.* & *n.* Paraguayan.
paragüería *f.* umbrella shop.
paragüero, ra *m.* & *f.* umbrella maker or seller. — 2 *m.* umbrella stand.
parahusar *tr.* to drill with a pump drill.
parahuso *m.* pump drill.
paraíso *m.* paradise [garden of Eden; herven, place of supreme bliss] : ~ *de los bobos*, fool's paradise, air castles; ~ *terrenal*, Paradise; Garden of Eden. 2 THEAT. coll. paradise, upper gallery, top gallery.
paraje *m.* spot, place.
paral *m.* putlog. 2 scaffold prop. 3 NAUT. log with an indentation in the middle used in launching a boat.
paraláctico, ca *adj.* parallactic.
paralaje, paralasis, paralaxi *m.* ASTR. parallax.
paralelamente *adv.* parallelwise.
paralelar *tr.* to parallel, compare.

paralelepípedo *m.* GEOM. parallelepiped. parallelepipedon.
paralelismo *m.* parallelism.
paralelo, la *adj.* parallel. — 2 *m.* parallel [comparison]. 3 ELECT. parallel : *en* ~, in parallel or in multiple. 4 GEOG. parallel. — 5 *f.* GEOM., FORT. parallel. 6 *f. pl.* GYMN. parallel bars.
paralelogramo *m.* GEOM. parallelogram.
Paralipómenos *m. pl.* BIB. Paralipomena.
paralicé, paralice, etc., *pret., subj.* & *imper.* of PARALIZAR.
parálisis, *pl.* **-sis** *f.* MED. paralysis : ~ *general*, general paralysis; ~ *infantil*, infantile paralysis.
paraliticado, da *adj.* & *n.* MED. paralytic.
paraliticarse *ref.* MED. to become paralyzed.
paralítico, ca *adj.* & *n.* MED. paralytic.
paralización *f.* paralyzation. 2 COM. stagnancy, stagnation. 3 stoppage [of the traffic].
paralizador, ra *adj.* paralyzing.
paralizado, da *adj.* paralyzed. 2 COM. stagnant, flat. 3 stopped, arrested [traffic].
paralizar *tr.* to paralyze, immobilize, stop, impede. 2 MED. to paralyze. 3 COM. to make stagnant. — 4 *ref.* to become paralyzed. 5 COM. to stagnate.
paralogismo *m.* LOG. paralogism.
paralogizar *intr.* to paralogize.
paramecio *m.* ZOOL. paramecium.
paramentar *tr.* to adorn, bedeck, cover with ornaments.
paramento *m.* adornment, ornament; hangings. 2 trappings [for horses]. 3 ARCH. face [of a wall or ashlar]. 4 ECCL. *paramentos sacerdotales*, liturgical vestments.
paramera *f.* bleak, barren country.
parámetro *m.* GEOM. parameter.
páramo *m.* paramo, moor, bleak windy spot.
parancero *m.* birdcatcher, catcher of small game.
parangón *m.* parallel. comparison.
parangona *f.* PRINT. paragon [type].
parangonar *tr.* to parallel, compare.
paranínfico, ca *adj.* ARCH. having statues of nymphs instead of columns.
paraninfo *m.* paranymph. 2 harbinger of felicity. 3 hall, auditorium [of university].
paranoia *f.* MED. paranoia.
paranoico, ca *adj.* & *n.* MED. paranoiac, paranoic.
paranza *f.* hunter's hut or blind.
parao *m.* (P. I.) a passenger vessel.
parapara *f.* BOT. fruit of the soapbark tree.
paraparo *m.* BOT. soapbark tree.
parapetarse *ref.* to shelter behind a parapet. 2 to protect oneself.
parapeto *m.* parapet [low wall or railing along the sides of a bridge, at the edge of a roof, etc.]. 2 FORT. parapet, breastwork.
paraplejía *f.* MED. paraplegia.
parapoco, *pl.* **-poco** *m.* & *f.* dull, timid person.
1) **parar** *m.* lansquenet [card game].
2) **parar** *tr.* to stop, arrest, detain, check [a motion or progress; the motion or progress of]. 2 to prepare, get ready. 3 to stake [at gambling]. 4 HUNT. to point [game]. 5 to put [in a state] : ~ *mal*, to ill-treat. 6 FENC. to parry. 7 to parry, ward off [a blow]. 8 SPORTS to catch [a ball]. 9 (Am.) to stand [place in upright position]. 10 ~ *atención a*, to notice; ~ *mientes en*, to consider, reflect on. 11 (Am.) ~ *las orejas*, to prick up one's ears. — 12 *intr.* & *ref.* to stop [cease to go on], halt. — 13 *intr.* to stop, cease [in action or operation] : *sin* ~, right away; without stopping, without cease. 14 [of a train, bus, tram, etc.] to stop. 15 to stop, put up, lodge, stay, take or have lodgings. 16 ~ *en*, to end, come to an end; become : *no sé en que parará esto*, I don't know how this will end; *no sé en que parará este hombre*, I don't know what will become of this man. 17 ~ *en manos* or *en poder de*, to come into the hands of. 18 *ir a* ~ *a* or *en*, to come into the possession of; to end in, to run into, to flow into; to finally get to. — 19 *ref.* to be ready to face a danger. 20 to stop, desist. 21 [of a watch, motor, etc.] to stop. 22 (Am.) to stand up. 23 *pararse a*, to stop to, to pause to.
pararrayos, *pl.* **-yos** *m.* lightning rod. 2 lightning arrester.
parasceve *m.* parasceve.
paraselene *f.* METEOR. paraselene, mock moon.
parasimpático *adj.* & *m.* ANAT. parasympathetic.
parasíntesis *f.* GRAM. parasynthesis.
parasismo *m.* PAROXISMO.

parasitario, ria *adj.* parasitary, parasitic, parasitical.

parasiticida *adj.* & *m.* parasiticide.

parasítico, ca *adj.* parasitic, parasitical.

parasitismo *m.* parasitism.

parásito, ta *adj.* parasitic. — 2 *m.* BIOL. parasite. 3 parasite, hanger-on. 4 *pl.* RADIO. strays : *parásitos atmosféricos*, atmospherics, static.

parasitología *f.* parasitology.

parasol *m.* parasol, sunshade. 2 BOT. umbel.

parástade *m.* ARCH. parastas.

parata *f.* AGR. step terrace.

paratífico, ca *adj.* paratyphoid.

paratifoidea *f.* MED. paratyphoid fever.

paratiroides *adj.* & *m.* parathyroid.

paraulata *f.* ORN. (Ve.) a bird like the thrush.

parca *f.* MYTH. Parca, Fate. 2 poet. Death.

parcamente *adv.* sparingly, scantily.

parcela *f.* lot, parcel [piece of land]. 2 particle.

parcelar *tr.* to parcel, divide [land] in lots.

parcelario, ria *adj.* pertaining to parcels or lots of land.

parcial *adj.* partial [forming only a part, not complete]. 2 partial, biased. — 3 *m.* & *f.* partisan, follower.

parcialidad *f.* partiality, bias. 2 faction, league, party ; clique. 3 friendship, favour. 4 affableness.

parcialmente *adv.* partially, partly, to some extent. 2 partially [with undue bias], unfairly.

parcidad *f.* PARQUEDAD.

parcionero *m.* participant.

parcísimo, ma *adj.* superl. of PARCO.

parco, ca *adj.* frugal, sparing, scanty. 2 moderate, parsimonious.

parcha *f.* (Am.) BOT. name for some passifloraceous plants.

parchar *tr.* (Am.) to mend, patch.

parchazo *m.* NAUT. bang of a sail against the mast. 2 ccll. trick, deception.

parche *m.* PHARM. patch, plaster, adhesive plaster : ~ *poroso*, porous plaster. 2 patch [piece of paper, leather, silk, etc.. stuck on something]. 3 MUS. drumhead. 4 MUS. drum. 5 daub, botch. 6 *pegar un ~ a*, to swindle.

parchista *m.* swindler, sponger.

pardal *adj.* rustic, country [people]. — 2 *m.* ORN. sparrow. 3 ORN. linnet. 4 ZOOL. leopard. 5 ZOOL. cameloparð. 6 BOT. wolfsbane. 7 coll. sly fellow.

pardear *intr.* to be or show brown or drab.

pardela *f.* ORN. a small sea gull.

¡pardiez! *interj.* coll. by Jove !

pardillo *adj.* & *m.* rustic. 2 applied to a kind of grape and the wine made from it. — 3 *m.* ORN. linnet.

pardisco, ca *adj.* PARDUSCO.

pardo, da *adj.* brown, drab, reddish gray. 2 dark, cloudy. 3 flat [voice]. 4 (Cu., P. Ri.) mulatto. 5 *gramática parda*, shrewdness, know-how. — 6 *m.* ZOOL. leopard. 7 (Cu., P. Ri.) mulatto. — 8 *f.* (Cu., P. Ri.) mulattress.

pardusco, ca *adj.* brownish, drabbish, grayish.

pareado *m.* couplet [pair of verses]. — 2 *adj.* *versos pareados*, verses arranged in couplets.

parear *tr.* to pair, match, arrange in couples. 2 BANDERILLEAR.

parecencia *f.* resemblance, likeness.

1) **parecer** *m.* opinion, mind, advice : *dar su ~*, to give one's opinion ; *mudar de ~*, to change one's mind ; *ser de ~ que*, to be of the opinion that : *tomar ~ de*, to advise with. 2 looks, personal aspect : *ser de buen ~*, to be good-looking. 3 appearance : *por el bien ~*, for appearance, to save appearances.

2) **parecer** *intr.* to appear, show [become or be visible]. 2 to turn up [after having been lost]. 3 to appear, seem, seem to be, look, look like. — 4 *impers.* to seem, look like, strike : *parece mentira*, it seems incredible, it is hard to believe ; *parece*, or *me parece que va a llover*, it seems to me that it will rain, it looks like rain ; *me parece ridículo*, it strikes me as ridiculous ; *no parece sino que*, it seems certain that : *¿qué le parece?*, how does it strike you?, what do you think, or what is your opinion, about it? ; *a lo que parece*, *según parece*, *al parecer*, as it seems, apparently, according to appearances. — 5 *ref.* to resemble, resemble each other, be alike : *parecerse como dos gotas de agua*, to be as like as to peas. 6 *parecerse a*, to resemble, be like. ¶ CONJUG. as *agradecer*.

parecido, da *adj.* resembling, similar [to], like. 2 *bien ~*, good-looking ; *mal ~*, bad-looking. — 3 *m.* resemblance, likeness.

pareciente *adj.* that appears. 2 resembling.

pared *f.* MAS., ANAT., BOT., MIN., PHYS. wall : ~ *maestra*, main wall ; ~ *medianera*, party wall ; *entre cuatro paredes*, confined, retired ; imprisoned ; *hasta la ~ de enfrente*, to the limit ; *with all one's might* ; *las paredes oyen*, walls have ears ; ~ *en*, or *por*, *medio* [of rooms, houses etc.], adjoining, contiguous. 2 partition, brick partition. 3 wall [something resembling a wall].

paredaño, ña *adj.* adjoining, contiguous, having only a wall beetween.

paredón *m.* *augm.* large wall. 2 standing wall.

pareja *f.* pair, couple, yoke, team. 2 couple of dancers. 3 pair of soldiers or policemen. 4 dancing partner. 5 match [one of two equal or corresponding things]. 4 *pl.* GAMES doubles : *parejas mixtas*, mixed doubles. 5 pair [at cards]. 6 run of two horsemen riding abreast : *correr parejas*, or *a las parejas*, fig. to be on a par, to go together.

parejo, ja *adj.* equal, like. 2 even, smooth. 3 *por ~* or *por un ~*, alike, in like manner.

parejura *f.* similarity.

paremia *f.* parœmia, proverb.

paremiología *f.* parœmiology.

paremiológico, ca *adj.* parœmiologic.

paremiólogo *m.* parœmiologist.

parénesis, *pl.* **-sis** *f.* admonition, exhortation.

parenético, ca *adj.* admonitory.

parénquima *m.* BOT., ZOOL. parenchyma.

parenquimatoso, sa *adj.* parenchymatous.

parentela *f.* kindred, kinsfolk, relations.

parentesco *m.* kinship, relationship : ~ *espiritual*, spiritual relationship.

paréntesis *m.* parenthesis : *entre ~*, *por ~*, parenthetically ; by the bye.

pareo *m.* pairing, coupling.

pares *f.* *pl.* placenta, afterbirth.

paresa *f.* peeress.

paresia, paresis *f.* MED. paresis.

parezco, parezca, etc., *irr.* V. PARECER.

pargo *m.* PAGRO.

parhelia *f.*, **parhelio** *m.* METEOR. parhelion, mock sun.

parhilera *f.* ARCH. ridgepole, ridgepiece.

paria *m.* pariah, outcast.

parias *f.* tribute, homage. 2 ANAT. placenta.

parición *f.* parturition time [of cattle].

parida *f.* woman lately delivered of a baby. — 2 *adj.* having lately brought forth offspring [woman or animal].

paridad *f.* parity, equality ; comparison.

paridera *adj.* prolific [female]. — 2 *f.* parturition [of cattle]. 3 parturition time ; parturition place [for cattle].

pariente, ta *m.* & *f.* relation, relative, kinsman, kinswoman. 2 coll. appellation given by husband and wife to each other.

parietal *adj.* parietal. — 2 *m.* ANAT. parietal bone.

parietaria *f.* BOT. wall pellitory.

parificación *f.* exemplification.

parificar *tr.* to exemplify, show by comparison.

parihuela *f.*, or **parihuelas** *f.* *pl.* handbarrow. 2 litter, stretcher.

parima *f.* ORB. (Arg.) a large, violet-coloured heron.

pario, ria *adj.* Parian.

paripé (hacer el) *intr.* coll. to give oneself airs, to put on airs.

paripinado, da *adj.* BOT. paripinnate.

parir *tr.* to give birth to, to bring forth [young]. 2 to produce, cause to be. 3 *intr.* to be delivered of a baby. 4 [of an animal] to bring forth young.

Paris *m.* *pr.* *n.* MYTH. Paris.

París *m.* *pr.* *n.* GEOG. Paris.

parisién, parisiense *adj.* & *n.* Parisian.

parisilábico, ca: parisílabo, ba *adj.* parisyllabic.

parisino, na *adj.* Parisian.

parla *f.* ease, facility in speaking, loquacity. 2 chatter.

parlador, ra *m.* & *f.* chatterer.

parladuría *f.* HABLADURÍA.

parlaembalde, *pl.* **-balde** *m.* & *f.* coll. chatterbox.

parlamentar *intr.* to talk, converse. 2 to parley [discuss terms].

parlamentariamente *adv.* parliamentarily.

parlamentario, ria *adj.* parliamentary, parliamentarian. — 2 *m.* & *f.* member of a parliament.

parliamentarian. — *3 m.* parliamentary, flag of truce.
parliamentarismo *m.* parliamentarism.
parlamento *m.* parliament, Parliament. 2 legislative body. 3 speech, address. 4 THEAT. speech. 5 parley, parleying.
parlanchín, na *adj.* chattering, babbling. — *2 m. & f.* chatterer, babbler.
parlante *adj.* speaking, talking. 2 HER. canting [arms].
parlar *intr.* to speak fluently. 2 to chatter, jabber, babble. 3 [of a bird] to talk.
parlatorio *m.* talk, chat. 2 parlour, locutory.
parlería *f.* loquacity. 2 tale, gossip.
parlero, ra *adj.* loquacious, talkative. 2 babbling; gossipy. 3 expressive [eyes]. 4 warbling [bird] 5 bubbling [brook, spring].
parleta *f.* chat, idle talk.
parlón, na *adj.* loquacious, garrulous.
parlotear *intr.* coll. to prattle, prate, chatter
parloteo *m.* coll. prattle, idle talk.
parnasiano, na *adj.* Parnassian.
parmesano, na *adj. & n.* Parmesan.
Parnaso *m.* Parnassus [collection of poems]. 2 fig. the poets of a country, time, etc. 3 GEOG. & MYTH. Parnassus, Mount Parnassus.
parné *m.* coll. money.
paro *m.* MACH. stop, stopping : *mecanismo de* ~, stop motion. 2 suspension of work or action; work stoppage; layoff, shutdown : ~ *forzoso*, unemployment. 3 ORN. titmouse : ~ *carbonero*, great titmouse.
parodia *f.* parody.
parodiar *tr.* to parody.
paródico, ca *adj.* parodic, parodical, parodistic, parodistical.
parodista *m. & f.* parodist.
parola *f.* coll. fluency, volubility. 2 coll. long idle talk.
paróli *m.* paroli [leaving one's stake and winnings as a further stake].
parolina *f.* PAROLA.
paronimia *f.* paronymy.
parónimo, ma *adj.* paronymous. — *2 m.* paronym.
paronomasia *f.* paronomasia.
paronomásticamente *adv.* paronomastically.
paronomástico, ca *adj.* paronomastic.
parótida *f.* ANAT. parotid gland. 2 MED. mumps.
paroxismal *m.* paroxysmal.
paroxismo *m.* MED. paroxysm. 2 extremity [of pain, feeling, passion, etc.].
paroxítono *adj.* PHONET. paroxytone.
parpadear *intr.* to blink, wink [move the eyelids, open and shut the eyes].
parpadeo *m.* blinking, winking.
párpado *m.* eyelid.
parpar *intr.* [of a duck] to quack.
parque *m.* park, garden, gardens : ~ *nacional*, national park : ~ *zoológico*, zoological garden, zoo. 2 MIL. park : ~ *de artillería*, artillery park. 3 assemblage of engines, cars, etc., for a public service. 4 (Am.) AUTO. parking area.
parqueadero *m.* (Am.) parking place.
parquear *tr. & intr.* (Am.) AUTO. to park.
parquedad *f.* sparingness, paucity.
parra *f.* grapevine, a large one with spreading arms] : *hoja de* ~, grapevine leaf; fig. fig leaf. 2 earthen jar, honey jar.
parrado, da *adj.* spreading [tree].
parrafada *f.* confidential chat.
párrafo *m.* paragraph : ~ *aparte*, coll. changing the subject. 2 paragraph mark. 3 chat : *echar un* ~, to chat, have a chat.
parragón *m.* standard silver bar for assayers.
parral *m.* bower of grapevines. 2 untrimmed vineyard having vines with long shoots. 3 large earthen jar.
parranda *f.* spree, revel : *ir o andar de* ~, to go out on a spree, to revel. 2 a group of merry people going about at night singing or playing musical instruments.
parrandear *intr.* to go out on a spree, to revel.
parrandero, ra *m. & f.* reveller.
parrandista *m. & f.* member of a PARRANDA 2.
parrar *intr.* [of plants and trees] to spread out in branches.
parresia *f.* RHET. parrhesia.
parricida *adj.* parricidal. — *2 m. & f.* parricide [person].
parricidio *m.* parricide [act].

parrilla *f.* gridiron, grill, broiler. 2 grate [of a furnace]. 3 earthen jug.
parriza *f.* BOT. wild grapevine.
parrocha *f.* small sardines.
párroco *m.* ECCL. parson, parish priest.
parroquia *f.* ECCL. parish. 2 parish church. 3 congregation of a parish; clergy of a parish. 4 COM. custom, customers, clientele, patronage, good will.
parroquial *adj.* parochial. — *2 f.* parish church.
parroquialidad *f.* status of one pertaining to a parish.
parroquiano, na *adj.* [pertaining to a] parish. — *2 m. & f.* ECCL. parishioner. 3 COM. customer, client, patron.
parsi *adj.* Parsic. — *2 m. & f.* Parsee, Parsi.
parsimonia *f.* parsimony, economy. 2 moderation, temperateness.
parsimonioso, sa *adj.* parsimonious, economical.
parsismo *m.* MAZDEÍSMO.
parte *f.* part [portion, piece, constituent portion, section, división] : ~ *alicuanta*, MATH. aliquant part; ~ *alicuota*, MATH. aliquot part; ~ *de la oración*, GRAM. part of speech; *la mayor* ~, most, the majority; *la tercera* ~, *la cuarta* ~, etc., one-third, one-fourth, etc.; *en gran* ~, largely; *en* ~, in part, partially, partly, part way; *por* ~, part by part, in detail, fully; *por la mayor* ~, for the most part; *por partes*, by parts, one thing at a time. 2 part [share, lot, concern, interest] : ~ *del león*, lion's share; *ir a la* ~, to go shares; *llevar uno la mejor*, or *la peor*, ~, to have the best, or the worse, of it; *tener* ~ *en un negocio*, to have a share in a concern; *tomar* ~ *en*, to take part in, to share in; *por* ~ *de*, on the part of; *por mi* ~, *de mi* ~, on my part, as for me, as far as I am concerned. 3 hand [share in action] : *tener* ~ *en*, to have a hand in; *no ser* ~ *en*, not to be a party to, to have nothing to do with. 4 construction, interpretation; *echar a mala* ~, *tomar a mala* ~, to take in evil part; to put a bad construction to; to give a bad meaning to [a word]. 5 party, part, side [in dispute] : *estar de* ~ *de*, to support; to side with, be on the part of; *ponerse de* ~ *de*,, to take the part of. 6 LAW party : *partes contratantes*, contracting parties; ~ *actora*, prosecution, actor, plaintiff. 7 THEAT. part, rôle. 8 THEAT. member [of a theatrical company]. 9 MUS. part. 10 part [of the body] : *en salva sea la* ~, in an unmentionable part of the body [the buttocks]. 11 part, place, region, side, direction : *de* ~ *a* ~, through, right through; *from one end to the other; from side to side; de todas partes*, from all sides; *en ninguna* ~. nowhere; *por todas partes*, on all sides, everywhere. 10 *de algún tiempo a esta* ~, for some time past. 11 *de* ~ *de*, from, by courtesy of; by command of; in the name of. 12 *de* ~ *de padre, de* ~ *de madre*, on the father's side, on the mother's side. 13 *por una* ~, on one hand; *por otra* ~, on the other hand. 14 *pl.* abilities, endowments, gifts. 15 parts, private parts, genitals [also called *partes naturales, pudendas* or *vergonzosas*].
16 m. dispatch, telegram. 17 official communication, communiqué. 18 report [statement] : *dar* ~, to report, communicate, announce, inform.
19 adv. part, partly.
partear *tr.* to assist [women] in childbirth.
parteluz, *pl.* **-luces** *m.* ARCH. mullion.
partencia *f.* departure, leaving.
partenogénesis *f.* BIOL. parthenogenesis.
Partenón *m.* Parthenon.
partera *f.* midwife.
partería *f.* midwifery.
partero *m.* accoucheur.
parterre *m.* flower bed.
partesana *f.* partisan [kind of halberd].
partible *adj.* divisible.
partición *f.* partition, distribution. 2 LAW partition. 3 MATH. division.
particionero, ra *adj.* PARTÍCIPE.
participación *f.* participation, share. 2 notification, announcement. 3 COM. copartnership.
participante *adj.* participating. 2 notifying. — *3 m. & f.* participant, participator, partaker, sharer. 4 notifier.
participar *tr.* to notify, communicate, inform : *participar una cosa a uno*, to notify or inform someone of something. — *2 intr.* to participate.

PARTICIPLES / PARTICIPIOS

Past participle

- The past participle is always invariable when it is used to form a compound tense: **he recibido** una carta, los libros que **he recibido**.
  —When the past participle is used as an adjective or an attribute, it agrees with its noun in number and gender: un problema **resuelto**, la obra está **terminada**.
  —When the past participle is used with the verbs **tener, llevar, dejar**, etc., it is made to agree in number and gender with a related noun: tengo **resueltos** los problemas, I have the problems solved; llevo **escritas** cuatro cartas, I have four letters written.

- Many past participles in Spanish have both a regular and an irregular form. As a rule, the irregular forms of the past participles are only used as adjectives and sometimes as nouns: Dios le ha **bendecido**, God has blessed him; una medalla **bendita**, a blessed medal; los ha **sujetado**, he has restrained them; los tiene **sujetos**, he has them restrained.

- In writing, the past participle may be used in the same way as the Latin absolute ablative, and then it is equivalent to *after* followed by a nominal gerund or to *having* followed by a participle: **oídas** las partes, el juez dispuso (after hearing the parties, the judge ruled); **llegado** el momento, todos acudieron (the time having come, everyone went).
  —The participle followed by **que** and a form of the verbs **haber, tener, estar, ser,** or **ver**, is used in some turns of phrase: **separados que fueron** los combatientes, as soon as the combatants were separated.

Present participle

Very few Spanish verbs have a present participle (in the Latin sense). This participle has become an adjective. Only **concerniente, condescendiente, conducente, correspondiente,** and some others that can have the same complements and objects as the verb, retain something of their participial nature.

---

partake, share; take part: ~ *en*, to participate in, partake of, share in; to take part in; ~ *de*, to participate of, partake of; to share in.
partícipe *adj.* participant, sharing. — 2 *m. & f.* participant, participator, sharer.
participial *adj.* GRAM. participial.
participio *m.* GRAM. participle.
partícula *f.* particle [minute portion]. 2 GRAM. particle.
particular *adj.* particular, individual, peculiar personal, private. 2 particular, noteworthy. 3 extraordinary, odd. — 4 *m.* private individual. 5 particular, item, point, head. 6 *en* ~, in particular, particularly.
particularidad *f.* particularity, individuality, peculiarity. 2 particularity [special circumstance, minute detail]. 3 friendship, favour, preference [shown to someone].
particularismo *m.* THEOL., POL. particularism. 2 PHIL. individualism. 3 individualism, egoism.
particularizar *tr.* to particularize. — 2 *ref.* to be distinguished or characterized [by].
particularmente *adv.* particularly, individually; privately. 2 particularly, especially.
partida *f.* departure, leave, going away; starting: *punto de* ~, starting point. 2 fig. departure, passing away, death. 3 entry, record [in a register of births, marriages, etc.]. 4 certificate [of birth, death, marriage]: ~ *de defunción*, death certificate; ~ *de matrimonio*, marriage certificate; ~ *de nacimiento*, birth certificate. 5 BOOKKEEP. entry, item: ~ *doble*, double entry; ~ *simple*, single entry: *contabilidad por* ~ *doble*, double-entry bookkeeping. 6 item [in a bill, invoice, etc.]. 7 COM. lot, shipment, consignment. 8 game [at cards, chess, draughts, etc.]; match [at billiards]; set [at tennis]: *echar una* ~, to have or play a game [at cards, etc.]. 9 squad, band, gang, party. 10 band of armed persons, of guerrillas or insurgents. 11 excursion, party: ~ *de campo*, outing, picnic; ~ *de caza*, hunting party. 12 part, place. 13 (Am.) part [in hair]. 14 turn, deed [as it affects another]: *ma'a* ~, bad turn, mean trick; ~ *serrana*, dirty trick. 15 *comerse*, or *tragarse, la* ~, to guess another's intentions. 16 (Am.) *confesar la* ~, to speak plainly, tell the truth. 17 pl. *las siete Partidas*, the laws of Castile, compiled by King Alphonso X.
partidamente *adv.* separately.
partidario, ria *adj.* partisan, following, supporting. 2 advocating, being for, being in favour of [ideas, measures, a course of action, etc.]. — 3 *m. & f.* partisan, follower, adherent, supporter. 4 advocate [of an idea, system, etc.]: ~ *del librecambio*, advocate of free trade.
partidismo *m.* partisanship, party spirit.
partidista *adj.* having a party spirit; moved or prompted by a party spirit. — 2 *m.-f.* partisan, -zan.
partido, da *p. p.* of PARTIR. — 2 *adj.* generous, open-handed. 3 HER. party. — 4 *m.* party [body of persons united in a cause, opinion, etc.]: ~ *político*, political party; *espíritu de* ~, party spirit. 5 profit, advantage: *sacar* ~ *de*, to turn to advantage, to derive profit from; *sacar el mejor* ~ *de*, to make the most of. 6 favour, support; popularity. 7 SPORTS team. 8 SPORTS game, match. 9 GAMES, SPORTS odds [equalizing allowance] *dar* ~, to give odds. 10 deal, agreement. 11 decision, resolve, step, measure: *tomar un* ~, to make up one's mind. 12 side [in dispute, etc.]: *tomar* ~, to take sides. 13 territorial division or district: ~ *judicial*, district under the jurisdiction of a judge. 14 district under the care of a paid physician or surgeon. 15 match [person viewed in regard to his or her eligibility for marriage]: *un buen* ~, an excellent match. 16 *moza, mujer del* ~, harlot, strumpet. 17 *darse a* to desist, yield, cease opposition.
partidor *m.* divider, separator. 2 cleaver, splitter. 3 ARITH. divisor.
partija *f.* small part. 2 partition, division.
partimiento *m.* partition, division.
partir *tr.* to divide [in parts], to split, cleave, cut, break: ~ *la diferencia*, to split the difference; ~ *por la mitad*, to divide in two. 2 to crack [a nut, etc.]. 3 to divide, distribute, share. 4 to attack [in combat or battle]. 5 MATH. to divide. — 6 *intr. & ref.* to depart, leave, set out, start: ~, or *partirse, de un lugar*, to leave a place; ~ *para*, to leave for. — 7 *intr.* ~ *de*, to take [something] as the basis or starting point in reasoning or reckoning, to start from, to reckon from. 8 *a* ~ *de*, from [some specified

time, amount, etc.] onward. — *9 ref.* to divide, part [be separated]. *10* to break or split. *11* to share [use jointly].

partitivo, va *adj.* GRAM. partitive.

partitura *f.* MUS. score.

1) **parto, ta** *adj. & n.* Parthian.

2) **parto** *m.* parturition, labour, childbirth, delivery: *el ∼ de los montes*, a great cry, but little wool; *estar de ∼*, to be in labour. *2* the child or young born. *3* production, product, offspring: *∼ del ingenio* brain child.

parturienta *adj.* parturient [woman]. — *2 f.* woman in confinement.

párulis *m.* MED. gumboil.

parva *f.* light breakfast [on fast days]. *2* grain spread on the threshing floor. *3* heap, large amount [of something].

parvedad *f.* smallness, shortness, scantiness. *2* light breakfast [on fast days].

parvero *m.* large heap of grain for winnowing.

parvidad *f.* PARVEDAD.

parvo, va *adj.* small, little, short.

parvulez *f.* smallness. *2* simplicity, innocence.

párvulo, la *adj.* small. *2* simple, innocent. *3* humble. — *4 m. & f.* little child.

pasa *f.* raisin: *∼ de Corinto*, currant. *2* kink [of a Negro's hair]. *3* NAUT. channel.

pasable *adj.* PASADERO.

pasablemente *adv.* PASADERAMENTE.

pasacalle *m.* MUS. a lively march.

pasacólica *f.* CÓLICA.

pasada *f.* passage, passing: *de ∼*, on the way, in passing; hastily, cursorily. *2* geometrical pace. *3* SEW. long stitch. *4* game [at cards, etc.]. *5* WEAV. pick. *6* coll. *mala ∼*, bad turn, mean trick. *7 dar ∼ a*, to permit, tolerate.

pasadera *f.* stepping stone. *2* footbridge. *3* NAUT. spun yarn.

pasaderamente *adv.* passably, tolerably.

pasadero, ra *adj.* passable [capable of being passed]. *2* passable, tolerable, tolerably good. *3* sufferable. — *4 m.* steeping stone. *5* footbridge.

pasadillo *m.* two-face embroidery.

pasadizo *m.* alley, passage, corridor, aisle, hall.

pasado, da *p. p.* of PASAR. — *2 adj.* past, gone by: *3* elapsed [time]. *4* last [week, month, year]: *el año ∼*, last year. *5* overripe, spoiled [fruit]; tainted [meat]. *6* ∼ *de moda*, out-of-fashion, out-of-date. *7* ∼ *mañana*, day after tomorrow. — *8 m.* past [past time; person's life or career]. *9* MIL. desertor going over to the enemy. *10 m. pl.* ancestors.

pasador *m. & f.* one who passes something across; smuggler. — *2 m.* bolt [door-fastening of sliding bar and staple]. *3* pin [of hinge]. *4* hairpin, bodkin. *5* MIL. a safety pin with a bar for wearing medals or decorations. *6* JEW. ring for a necktie or neckcloth. *7* a woman's brooch for fastening a skirt to the waist. *8* HIST. a sharp-pointed arrow for a crossbow. *9* strainer; colander. *10* NAUT. marlinspike. *11* RLY. ∼ *de enganche*, coupling pin.

pasadura *f.* passage, transit. *2* choking, convulsive crying [of a child].

pasagonzalo *m.* coll. tap, flick, light blow with the hand.

pasaje *m.* passage, passing. *2* passage money. *3* passage way, way, road. *4* passage [on a ship]: *tomar ∼*, to take passage. *5* passengers in a ship [collectively]. *6* NAUT. strait [between two islands or between an island and the mainland]. *7* passage [part of a speech or literary work]. *8* lane, alley, arcade [narrow or covered street]. *9* MUS. transition.

pasajero, ra *adj.* frequented [thoroughfare]. *2* passing, fleeting, transient, transitory. *3* of passage [bird]. — *4 m. & f.* passenger.

pasamanar *tr.* to passement [trim with passementerie].

pasamanería *f.* passementerie [work, trade and shop].

pasamanero, ra *m. & f.* passementerie maker or seller.

pasamano *m.* passement, passementerie. *2* handrail. *3* NAUT. gangway [in ancient ships].

pasamiento *m.* passage, transit.

pasante *adj.* HER. passant. — *2 m.* assistant [of a teacher, lawyer or doctor]. *3* tutor, coach.

pasantía *f.* profession or practice of a PASANTE.

pasapán *m.* coll. gullet, windpipe.

pasapasa *m.* legerdemain.

pasaporte *m.* passport. *2* fig. free license.

1) **pasar (un buen)** *m.* competency, sufficiency of means for living: *tener*, or *disfrutar de, un buen ∼*, to be in easy circumstances.

2) **pasar** *tr.* to pass, transfer, transmit [something to a place or person]. *2* to pass, transfer [someone to a place, class, post, etc.]; to rise, promote. *3* to carry or take across. *4* to slip in [contraband], to smuggle [goods]. *5* to pass, pass on, hand, hand over, hand round. *6* to pass [move over something]: *el cepillo por*, to brush; ∼ *el peine por*, to comb; ∼ *los ojos por un escrito*, to pass one's eye over a writing; *pasarse la mano por la frente*, to pass one's hand across one's forehead. *7* to pass [a thread through an eye; a rope round something]. *8* to pass [through a strainer, filter, sieve, etc.]: ∼ *por el tamiz*, to sift. *9* to pass, go beyond, go through, go over, cross, traverse. *10* to pass by, walk past, leave behind. *11* to pass [in running], to distance, outrun. *12* to pass, surpass, exceed. *13* to pass, transgress [a limit]. *14* to penetrate, pierce, run through. *15* to swallow [food or drink]. *16* to go through, experience, suffer, undergo. *17* to pass by, pass over, omit, disregard, overlook, tolerate. *18* to pass, spend [time, the winter, etc.]. *19* to study with a private teacher. *20* to give private lessons in. *21* to study with and assist [a doctor or lawyer]. *22* to study or rehearse [a lesson]. *23* to study, read [a book]. *24* to dry [fruit]. *25* ∼ *a cuchillo*, to put to the sword. *26* BOOKKEEP. ∼ *a otra página, cuenta, etc.*, to carry over or forward. *27* ∼ *de largo*, to pass over, to make no remark upon; to read cursorily. *28* ∼ *el rato*, to kill the time. *29* ∼ *en blanco* or *en claro*, to omit, to overlook. *30* ∼ *lista*, to call the roll. *31 pasarlo*, to be, do [as regards health]; to fare, have a time: *¿cómo lo pasa usted?*, how are you?, how do you do?; *pasarlo bien*, to have a good time, to fare well; *que lo pase usted bien*, good-by, good-bye. *32* ∼ *por alto*, to omit, skip; to disregard, overlook. *33* ∼ *por las armas*, to shoot [as a penalty].

34 intr. to pass, go, move, proceed [along, across, down, over, on, to, under, etc.]; to go or get through; to have or effect passage; to be transported [from one place to another]. *35* to pass, go by: *vi ∼ la procesión*, I saw the procession pass. *36* to pass, circulate; be accepted: *esta moneda no pasará*, this coin will not pass; *hacer ∼ moneda falsa*, to pass counterfeit. *37* to pass, flow, run, extend. *38* to pass [from one state to another]. *39* to live, get along. *40* to pass away, die. *41* [of a garment, etc.] to last. *42* to pass [come to an end]. *43* to pass off [cease, disappear]. *44* [of time] to pass, elapse. *45* to pass [at cards or dominoes]. *46* to go, enter, come in or into: *pasaron al comedor*, they went to the dining-room; *hágale ∼*, tell him to come in. *47* ∼ *a* [with an inf.], to proceed to [do, etc.]. *48* ∼ *a ser*, to become. *49* ∼ *de*, to go beyond; to go above; to exceed; to be more than: *pasa de cuarenta años*, he is more than forty years old. *50* ∼ *de largo*, to pass by without stopping. *51* ∼ *por*, to pass or go along, by, down, through, etc.; to pass for, be held, be regarded as, be taken for; to call at [a place]: ∼ *por tonto*, to be taken for a fool; *mañana pasaré por su casa*, I'll call at your house tomorrow. *52* ∼ *por encima de*, to disregard [rules, difficulties, etc]; to go over the head of. *53* ∼ *por la imaginación*, to cross the mind. *54* ∼ *sin*, to do without. *55 ir pasando*, to live, get along.

56 impers. to pass, happen, befall, occur; to be the matter: *cuando vi lo que pasaba*, when I saw what was passing; *¿qué pasa?*, what is the matter?; *¿qué le pasa?*, what is the matter with him?

57 ref. to go over to another party: *pasarse al enemigo*, to go over to the enemy. *58* to pass off, cease, finish. *59* to cross [one's mind]. *60* to be forgotten, to slip from one's memory. *61* to be spent or stale, lose its force. *62* [of fruit] to become spoiled, overripe; [of meat] to become tainted. *63* [of a fire] to burn out. *64* to be overcooked. *65* [of a vessel] to leak, be too porous. *66* [of paper] to blot. *67* [of a bolt, etc.] to be loose. *68 pasarse de*, to be too: *pasarse de cortés*, to be too polite, to carry politeness too far. *69*

PASSIVE VOICE / VOZ PASIVA

The Spanish language expresses the passive voice in two different ways:
1) By a form of the verb ser and a past participle: la serpiente **fue muerta** por Pedro, the snake was killed by Peter.
2) By the pronoun se preceding the verb: el cañón **se carga** por la culata, the gun is loaded at the breech; aquí **se habla** español, Spanish is spoken here.

The second form of the passive voice is often difficult to distinguish from the active voice in sentences where se is an impersonal subject. (See *PERSONAL PRONOUNS.)

---

pasarse médico, pasarse abogado, to become a physician, a lawyer. 70 *pasarse sin,* to do without.
pasarela *f.* footbridge. 2 NAUT. gangplank. 3 NAUT. bridge [on a ship].
pasatapas, *pl.* -pas *m.* ELEC. bushing [of a transformer].
pasatiempo *m.* pastime.
pasavante *m.* NAUT. safe-conduct.
pasavolante *m.* swift or hasty action.
pasavoleo *m.* returning the ball over the line.
pascua *f.* Passover. 2 ECCL. Easter and each of the Church holidays: Twelfth-day, Pentecost and Christmas: ~ *de Resurrección,* ~ *de flores* or *florida,* Easter, Easter Sunday; ~ *de Pentecostés* or del *Espíritu Santo,* Pentecost: *cara de ~,* merry, smiling face. 3 pl. *Pascuas* or *Pascua de Navidad,* Christmastide. Christmas holidays: *dar las pascuas,* to wish merry Christmas; *estar como unas pascuas,* to be as merry as a cricket; *felices Pascuas,* merry Christmas.
pascual *adj.* paschal.
pascuilla *f.* first Sunday after Easter.
pase *m.* pass [permit, ticket, etc.]. 2 exequatur. 3 pass [manipulation of a mesmerist]. 4 FENC. pass, feint. 5 CARDS, FOOTBALL, pass. 6 BULLF. each instance of inciting the bull and letting it pass by.
paseadero *m.* walk, promenade, public walk.
paseador, ra *adj.* fond of walking. — 2 PASEADERO.
paseante *m. & f.* stroller, promenader. 2 coll. HIST. ~ *en corte,* idle fellow.
pasear *intr. & ref.* to pace, walk up and down; to walk about, stroll, saunter, take a walk; to ride, drive or go on a boat for pleasure, to promenade: ~ or *pasearse a caballo,* to go horseback riding; ~ or *pasearse en automóvil,* to take an automobile ride; ~ *en bote,* to go boating. — 2 *tr.* to walk [a horse]. 3 to take out to walk; to carry around with oneself; to promenade. 4 ~ *la calle a una mujer,* to court [a woman] by walking or riding the street where she lives. — 5 *ref.* to be idle.
paseata *f.* coll. walk, stroll, airing, promenade; riding.
paseo *m.* walk, stroll; pleasure ride, drive or boating; promenade: *dar un ~,* to take a walk, ride, etc.; *echar, enviar* or *mandar a ~,* to send about one's business, to dismiss or reject without ceremony; *ir de ~,* to go or go out for a walk, to go for a ride; *¡anda, andad, vete* or *idos, a ~!,* be off!, go to Jericho! 2 public walk, parade, mall, promenade. 3 avenue, boulevard. 4 BULLF. ~ *de la cuadrilla,* processional entrance of the bullfighters.
pasera *f.* place for drying fruit. 2 drying of fruit.
pasero, ra *adj.* pacing [mule or horse]. — 2 *m. & f.* seller of raisins.
pasibilidad *f.* passibility.
pasible *adj.* passible.
pasicorto, ta *adj.* walking with short steps.
pasiego, ga *adj. & n.* of, or native of, Pas [a valley in the Spanish province of Santander]. — 2 *f.* coll. wet nurse.
pasiflora *f.* PASIONARIA.
pasifloráceo, a *adj.* BOT. passifloraceous.
pasilargo, ga *adj.* walking with long steps.
pasillo *m.* corridor, narrow passage. 2 aisle [passage between rows of seats]. 3 SEW. basting stitch. 4 THEAT. a very short piece.
pasión *f.* passion [suffering]. 2 (cap.) ECCL., F. ARTS Passion. 3 PHIL. passion [fact or condition of

being passive]. 4 passion [violent feeling, inordinate love, ardent affection, strong desire or predilection]. 5 passion, enthusiasm, vehemence.
pasionaria *f.* BOT. passionflower.
pasionario *m.* ECCL. passion book.
pasioncilla *f.* light passion. 2 mean feeling, mean emotion.
pasionero *m.* ECCL. Passion singer. 2 priest assigned to an hospital.
pasionista *m.* ECCL. Passion singer.
pasito *m. dim.* short step: ~ *a ~,* very leisurely or gently. — 2 *adv.* gently, softly.
pasitrote *m.* short trot.
pasivamente *adv.* passively.
pasividad *f.* passiveness, passivity.
pasivo, va *adj.* passive [suffering action, acted upon; not active, inert; not opposing, submissive]; unresponsive. 2 GRAM. passive: *voz pasiva,* passive voice. 3 GRAM. past, perfect [participle]. 4 *haber pasivo,* retirement pension; pension allowed to the widow or orphan of a soldier, public servant etc. 5 *clases pasivas,* pensionaries [retired soldiers or public servants and widows or orphans receiving a pension]. — 5 *m.* COM. liabilities.
pasmar *tr.* to chill. 2 AGR. to frostbite. 3 to benumb, paralyse. 4 to astonish, amaze. — 5 *ref.* to chill [be chilled]. 6 AGR. to become frostbitten. 7 to be astonished or amazed; to wonder, marvel. 8 to get tetanus or lockjaw.
pasmarota, pasmarotada *f.* coll. feigned spasm. 2 coll. exaggerated show of astonishment, wonder or surprise.
pasmo *m.* MED. chill, cold. 2 MED. tetanus. 3 astonishment, wonder: *de ~,* astonishingly. 4 astonishing thing, wonder, prodigy.
pasmosamente *adv.* astonishingly, wonderfully.
pasmoso, sa *adj.* astonishing, marvellous.
1) **paso, sa** *adj.* dried [fruit].
2) **paso** *m.* step, pace [single step in walking or running]; footstep: *dar un ~,* to take a step; *seguir los pasos a,* to keep an eye on, to trail; watch [someone]; *seguir los pasos de,* to walk in the steps of, to follow the footsteps of; *volver uno sobre sus pasos,* to retrace one's steps; *a cada ~,* fig. at every turn, constantly; ~ *a ~, de ~ en ~,* step by step, little by little, gradually; ~ *ante ~, entre ~,* step by step, slowly. 2 step [in dancing]. 3 step, pace [distance]: ~ *geométrico,* geometrical pace. 4 step [short distance; degree in progress or advancement], rate [of progress or movement]: *a dos pasos, a cuatro pasos, a pocos pasos,* at a short distance; *a este ~,* at this rate; *a grandes pasos, a pasos agigantados,* apace; *por sus pasos contados,* a thing after another, by its regular course. 5 step, pace, gait [mode of walking or running]: ~ *castellano,* short trot [of horses]; ~ *de ambladura* or *de andadura,* pace, amble [of horses]: ~ *lento,* MIL. slow time; ~ *redoblado,* MIL. quick time; ~ *vivo,* quick pace; *aflojar el ~,* to slow down; *alargar, apretar* or *avivar el ~,* to hasten one's steps; *llevar el ~,* to keep step; *marcar el ~,* MIL. to mark time; fig. (Am.) to obey humbly; *perder el ~,* to break step; *a buen ~,* at a good pace, hurriedly; *a ~ de tortuga,* at a snail's pace. 6 walk [gait of a horse]. 7 step [of stairs]. 8 step, move, act [for the attainment of an object]. 9 passage [passing, transit; migration; transition; course, progress]: *el ~ del tiempo,* the passage of time; *ave de ~,* bird of passage; *estar de ~,* to be a transient, to stop for a brief

period only [in a town, place, etc.]; *al* ~, in passing, on the way; CHESS. in passant; *a!* ~ *que,* fig. while, whereas; *de* ~, in passing; cursorily; by the way; at the same time; *más que de* ~, hastily, in a hurry. *10* passage, way [by which one passes]; room free of obstacles; liberty or right to pass through] : *abrir* ~, to open a passage, make way; *abrirse* ~, to get through, to force a passage; to make one's way; *cerrar el* ~, to obstruct the passage; *dar* ~, to afford a passage; to give place [be succeeded by]; *salir al* ~, to meet or stop on the way, to waylay; to oppose, stop. *11* passage [in a writing]. *12* incident, event, occurrence, situation : *salir del* ~, to get out of the difficulty. *13* each one of the stages of the Christ's Passion; statue or group representing it [in Holy Week's procession]. *14* THEAT. very short piece : ~ *de comedia,* comic sketch; fig. comic incident. *15* GEOG. pass, strait : *Paso de Calais,* Strait of Dover. *16* exequatur. *17* basting stitch. *18* MECH. pitch [of nut, screw or other helical figure]. *19* ELEC. pitch. *20* RLY. ~ *a nivel,* grade crossing. — *21 adv.* gently, softly.

pasoso, sa *adj.* (Am.) porous. *2* (Am.) sweaty.
paspié *m.* a kind of dance.
pasquín *m.* pasquinade or political writing posted in a public place.
pasquinada *f.* pasquinade, squib, lampoon.
pasquinar *tr.* to pasquin, pasquinade.
pasta *f.* paste [soft, plastic mixture; smooth product made by pounding], mash : ~ *de almendras,* almond paste; ~ *dentífrica,* tooth paste. *2* paste, dough [for pastry], pie crust. *3* soup paste, Italian paste. *4* pulp [for making paper]. *5* pasteboard made of mashed paper. *6* unwrought gold, silver, etc. *7* coll. dough, money. *8* (Am.) cookie. *9* BOOKB. board binding : *media* ~, half binding; ~ *española,* marbled leather binding. *10 buena* ~, gentle nature, mild disposition.
pastadero *m.* pasture, grazing field.
pastaflora *f.* sweetmeat of flour, suggar and eggs. *2* fig. *ser de* ~, to be too gentle, mild, compliant.
pastar *intr.* [of sheep or cattle] to pasture, graze. — *2 tr.* to pasture, graze [lead or put sheep or cattle to pasture].
pasteca *f.* NAUT. snatch block.
pastel *m.* COOK. pie, pasty. *2* cake, piece of pastry. *3* BOT. woad. *4* woad [dyestuff, colour]. *5* pastel [paste; crayon; drawing or painting] : *pintura al* ~, pastel painting. *6* PRINT. pie, pi. *7* PRINT. blotted print. *8* a cheating trick in shuffling cards. *9* secret agreement or compromise.
pastelear *intr.* to trim, temporize, compromise [politically].
pasteleo *m.* secret dealing, trimming, temporization, compromising [in politics].
pastelería *f.* pastry. *2* pastry shop.
pastelero, ra *m. & s.* pastry cook. *2* POL. trimmer, temporizer. *3* (Am.) turncoat [one who changes easily from a political party to another].
pastelillo *m.* dim. small pie, patty.
pastelista *m.* pastelist, pastellist.
pastelón *m.* large meat or pigeon pie.
pastericé, pasterice, etc., *pret., subj. & imper.* of PASTERIZAR.
pasterización *f.* pasteurization.
pasterizar *tr.* to pasteurize.
pastilla *f.* pastil, pastille. tablet, lozenge, drop. *2* cake [of soap, chocolate, etc.].
pastinaca *f.* BOT. parsnip. *2* ICHTH. sting ray.
pastizal *m.* pasture ground for horses.
pasto *m.* pasturage, pasturing, grazing. *2* pasture [herbage for cattle or sheep]; pasture ground. *3* food [for cattle]. *4* fig. nourishment, food, pabulum : ~ *espiritual,* spiritual nourishment. *5 a* ~, abundantly. to excess. *6 de* ~, ordinary, everyday : *vino de* ~, ordinary table wine. *7 a todo* ~, abundantly, freely, unrestrictedly.
pastor *m.* shepherd; herdsman. *2* ECCL. shepherd. pastor : *el Buen Pastor,* the good Shepherd. *3* ~ *protestante,* pastor, protestant minister.
pastora *f.* shepherdess.
pastoral *adj.* pastoral [of shepherds]. *2* LIT., ECCL. pastoral : *poema* ~, pastoral poem; *báculo* ~, pastoral staff; *carta* ~, pastoral letter. — *3 f.* pastoral [pastoral play]. *4* ECCL. pastoral [pastoral letter]. *5* MUS. pastorale.
pastoralmente *adv.* pastorally.
pastorcica, cilla, cita *f.* dim. little shepherdess.
pastorcico, cillo, cito *m.* dim. little shepherd.

pastorear *tr.* to shepherd [flocks or souls].
pastorela *f.* shepherd's song. *2* LIT. pastourelle.
pastoreo *m.* shepherding, pasturing.
pastoría *f.* shepherding, pastoral life. *2* shepherds.
pastoricio, cia *adj.* PASTORIL.
pastoril *adj.* pastoral [of shepherds].
pastosidad *f.* pastiness, doughiness. *2* mellowness [of the voice]. *3* PAINT. pastosity.
pastoso, sa *adj.* pasty, doughy. *2* mellow [voice]. *3* PAINT. pastose.
pastura *f.* pasture, fodder. *2* pasture ground.
pasturaje *m.* common pasturage. *2* duty paid for pasturage.
pata *f.* paw, foot, hoof and leg [of animals].: ~ *hendida,* cloven hoof. *2* fig. leg [of human being] : ~ *de palo,* coll. peg leg, wooden leg; ~ *galana,* coll. lame leg; lame person; *enseñar la* ~, *sacar la* ~, coll. ENSEÑAR LA OREJA; *estirar la* ~, coll. to kick the bucket, to die; *meter la* ~, coll. to make a blunder, to put one's foot in it; *a cuatro patas,* on all fours; *a la* ~ *coja,* hopscotch [child's game]; *a la* ~ *la llana* or *a la* ~ *llana,* simply, plainly, unaffectedly; *a* ~, coll. on foot, walking. *3* leg [of a piece of furniture, etc.] : ~ *de banco,* leg of a bench; fig. absurdity, piece of nonsense, stupid remark; *patas arriba,* coll. upside down, topsy-turvy. *4* SEW pocket flap. *5* ORN. duck [female of the drake]. *6* ~ *de cabra,* a kind of shoemaker's jigger. *7* ~ *de gallina,* radial crack in trees. *8* ~ *de gallo,* fig. crow's-feet [wrinkles at outer corner of eye]; coll. absurdity, piece of nonsense, stupid remark. *9 quedar,* or *salir,* ~ or *patas,* to be a tie or draw. *10 tener mala* ~, to have bad luck. *11* ~ *es la traviesa,* tit for tat.
pataca *f.* AGUATURMA.
pataco, ca *adj. & n.* PATÁN.
patacón *m.* peso, silver dollar.
patache *m.* NAUT. tender.
patada *f.* kick [blow with the foot] : *dar la* ~ *a,* to kick out; *a patadas,* in abundance, in plenty *2* stamp [stamping the foot]. *3* footstep, footprint. *4* step [in walking].
patagio *m.* ZOOL. patagium.
patagón, na *adj. & n.* Patagonian.
patagónico, ca *adj.* Patagonian.
patagorrilla *f.,* **patagorrillo** *m.* COOK. hash of livers and lights.
patagua *f.* BOT. a Chilean linden.
pataje *m.* PATACHE.
patalear *intr.* to kick about violently. *2* to stamp one's feet [with rage, annoyance, etc.].
pataleo *tr.* violent kicking. *2* stamping one's feet [with rage, annoyance, etc.]. *3* patter, tramp [sound].
pataleta *f.* fit or convulsion; feigned fit or convulsion.
patán *adj.* rustic, churlish, boorish. — *2 m.* rustic, churl, boor.
patanería *f.* rusticity, churlishness, boorishness.
patarata *f.* rubbish, trash, paltry trifle, nonsense. *2* ridiculous affectation of feeling; overpoliteness.
pataratero, ra *adj.* affected; overpolite. — *2 m. & f.* affected or overpolite person.
patarráez *m.* NAUT. guy, backrope.
patas *m.* coll. the Devil.
patasca *f.* (Arg.) stew of pork and maize.
patata *f.* BOT. potato. *2* sweet potato [tuber]. *3* BOT. ~ *de caña,* Jerusalem artichoke.
patatal, patatar *m.* potato patch.
patatero, ra *adj.* potato-eating. *2* coll. up from the ranks [military officer]. — *3 m. & f.* potato seller.
patatín-patatán (que) coll. subterfuges.
patatús *m.* coll. fit, fainting fit.
patavino, na *adj. & n.* Paduan.
patay *m.* (S. Am.) dry paste made from carob beans.
pateadura *f.,* **pateamiento** *m.* kicking, beating with the feet. *2* coll. rough scolding or refutation. *3* stamping the feet.
patear *tr.* coll. to kick, beat with the feet. *2* coll. to give a rough dressing down; to treat [someone] roughly. *3* coll. [of an audience] to express disapproval of by stamping the feet. — *4 intr.* coll. to stamp the feet [in anger, etc.]. *5* coll. to be very angry.
patena *f.* ECCL. paten. *2* large medal worn by peasant women.
patentar *tr.* to patent.

patente *adj.* patent, clear, evident, obvious, manifest. 2 *letras patentes*, letters patent. — *3 f.* patent, grant, privilege : ∼ *de corso*, letters of marque; ∼ *de invención*, patent [granted to an inventor]. 4 document attesting the payment of the tax due for carrying on a trade or owning a motor-cycle, a motor car, etc. 5 MIL. commision. 6 NAUT. ∼ *de navegación*, register, certificate of registry. 7 NAUT. ∼ *de sanidad*, bill of health; ∼ *limpia*, clean bill of health. 8 fig. patent [sign that one possesses a quality, etc.].
patentemente *adv.* clearly, visibly, evidently, obviously.
patenticé, patentice, etc., *pret.*, *subj.* & *imper.* of PATENTIZAR.
patentizar *tr.* to show, reveal, make evident.
pateo *m.* stamping the feet.
pátera *f.* patera [saucerlike vessel].
paternal *adj.* paternal, fatherly.
paternalmente *adv.* paternally, fatherly.
paternidad *f.* paternity, fatherhood. 2 authorship. 3 ECCL. title given to a father [monk].
paterno, na *adj.* paternal [pertaining to one's father; inherited from a father] ; from the male line.
paternóster *m.* Lord's Prayer, paternoster. 2 coll. big tight knot.
pateta *m.* coll. old Nick, the Devil. 2 nickname given to a person having crooked legs or crippled feet.
patéticamente *adv.* pathetically.
patético, ca *adj.* pathetic.
patetismo *m.* patheticalness.
patiabierto, ta *adj.* bowlegged.
patialbillo *m.* JINETA 1.
patialbo, ba; patiblanco, ca *adj.* white-footed.
patibulario, ria *adj.* gallows, hideous, sinister [look, face, etc.]. 2 hair-raising.
patíbulo *m.* scaffold [for executions], gallows.
paticojo, ja *adj.* lame, limping. — *2 m.* & *f.* lame person, cripple.
patidifuso, sa *adj.* astonished, astounded, amazed.
patiecillo *m. dim.* small court or courtyard.
patiestevado, da *adj.* bandy-legged, bowlegged.
patihendido, da *adj.* cloven-footed, cloven-hoofed.
patilla *f.* a posture of the left hand in playing on the guitar. 2 in some flintlocks, a piece bearing the cock. 3 chape [of buckle]. 4 SEW. pocket flap. 5 CARP. tenon. 6 (Am.) watermelon. 7 (Am.) stone or brick bench [near a wall]. 8 *pl.* whiskers, side whiskers, mutton chops, *sideburns.
patillas *m.* coll. old Nick, the Devil.
patilludo, da *adj.* bewhiskered.
patín *m.* ORN. a kind of petrel. 2 skate [implement] : ∼ *de cuchilla* or *de hielo*, ice skate ; ∼ *de ruedas*, roller skate. 3 AER. skid : ∼ *de cola*, tail skid. 4 ELECT. contact shoe. 5 MACH. ∼ *de cruceta*, guide-block, guide-shoe. — *6 m. dim.* small court or yard.
pátina *f.* patina.
patinadero *m.* skating place, skating ring.
patinador, ra *m.* & *f.* skater.
patinaje *m.* skating : ∼ *artístico*, figure skating, fancy skating. 2 skidding [of a vehicle].
patinar *tr.* to patinate. — *2 intr.* to skate. 3 [of vehicles] to skid, slip on the road. 4 coll. to blunder, make a blunder.
patinazo *m.* skid, sudden skid [of a vehicle]. 2 coll. slip, blunder.
patinejo, patinillo *m. dim.* small court or courtyard.
patio *m.* court, yard, courtyard, campus : ∼ *de recreo*, play ground. 2 patio. 3 THEAT. pit.
patita *f. dim.* young duck [female of the drake]. 2 small paw, foot or leg : *poner de patitas en la calle*, coll. to throw out; to dismiss, to discharge.
patitieso, sa *adj.* coll. stiff-legged. 2 coll. astonished, astounded, amazed. 3 stiff, haughty.
patito *m.* young drake or male duck, duckling.
patituerto, ta *adj.* crook-legged. 2 coll. crooked, lopsided. misshapen.
patizambo, ba *adj.* knock-kneed.
pato *m.* ORN. duck : ∼ *de flojel*, eider duck; ∼ *negro*, black scoter· ∼ *silvestre*, wild duck, mallart; *pagar el* ∼, coll. to be the goat, to suffer undeserved punishment. 2 ORN. drake [male duck].
patochada *f.* blunder, stupidity, nonsense.
patogenia *f.* MED. pathogenesis, pathogeny. 2 MED. science treating of pathogenesis.

patogénico, ca *adj.* pathogenetic.
patógeno, na *adj.* MED. pathogenic, pathogenous.
patojo, ja *adj.* lame, waddling like a duck. — *2 m.* (C. Am.) street urchin.
patología *f.* pathology.
patológico, ca *adj.* pathologic.
patólogo *m.* pathologist.
patón, na *adj.* big-footed.
patoso, sa *adj.* dull and cheaply witty [person].
patraña *f.* lie, falsehood. fabulous story, humbug.
patrañero, ra *m.* & *f.* liar, humbugger.
patria *f.* one's country, mother country, native country, fatherland : ∼ *celestial*, heavenly home. 2 fig. home [of the arts, etc.].
patriarca *m.* patriarch.
patriarcado *m.* patriarchate.
patriarcal *adj.* patriarchal.
patriciado *m.* patriciate.
Patricio *m. pr. n.* Patrick.
patricio, cia *adj.* & *n.* patrician.
patrimonial *adj.* patrimonial.
patrimonio *m.* patrimony.
patrio, tria *adj.* of one's country, native, home : *suelo* ∼, home country. 2 paternal [of the father] : *patria potestad*, patria potestas.
patriota *m.* & *f.* patriot.
patriotería *f.* exaggerated patriotism, jingoism.
patriotero, ra *adj.* exaggeratedly patriotic. — *2 m.* & *f.* blustering patriot, jingo.
patriótico, ca *adj.* patriotic.
patriotismo *m.* patriotism.
patrística *f.* ECCL. patristics.
patrístico, ca *adj.* ECCL. patristic.
patrocinador, ra *adj.* patronizing, protecting. 2 RADIO., TELV. sponsoring. — *3 m.* & *f.* patron, protector. 4 RADIO., TELV. sponsor.
patrocinar *tr.* to patronize, protect, favour. — *2* RADIO., TELV. to sponsor.
patrocinio *m.* patronage, protection, favour, auspices. 2 RADIO., TELV. sponsorship.
Patroclo *m. n.* MYTH. Patroclus.
patrología *f.* ECCL. patrology.
patrón, na *m.* & *f.* patron, patroness, protector, protectress. 2 ECCL. patron. patroness. 3 patron saint. 4 host, hostess, landlord, landlady. 5 master, mistress, boss. — *6 m.* NAUT. skipper : ∼ *de bote* o *lancha*, coxswain, commander of a small boat. 7 pattern, model [for making things]. 8 standard [of measure; of money] : ∼ *oro*, gold standard. 9 HORT. stock [on which a graft is made].
patronado, da *adj.* ECCL. having a patron.
patronal *adj.* patronal. 2 pertaining to employers, employers'. — *3 f.* employers' association.
patronato *m.* ECCL. patronage. 2 the employers [as a class]. 3 board of trustees. 4 patronage [institution] ; foundation. 5 ∼ *del turismo*, organization to encourage touring.
patronazgo *m.* patronage.
patronear *tr.* NAUT. to skipper, command [a boat].
patronímico, ca *adj.* & *m.* patronymic.
patrono, na *m.* & *f.* patron, patroness, protector, protectress. 2 ECCL. patron, patroness. 3 patron saint. 4 master, mistress, lord, lady. 5 employer, boss.
patrulla *f.* patrol. 2 coll. gang, band.
patrullar *intr.* to patrol.
patudo, da *adj.* coll. big-footed, big-pawed.
patulea *f.* coll. disorderly soldiers. 2 coll. disorderly people. 3 coll. gang of noisy brats.
patullar *intr.* to tramp wildly. 2 coll. to bustle around. 3 coll. to chat.
pauji, *pl.* -**jíes** *m.* ORN. cashew bird. 2 ORN. ∼ *de copete*, guan.
paúl *m.* bog, marsh, morass.
Paula *f. pr. n.* Pauline.
1) **paular** *m.* marsh, muddy hole.
2) **paular** *intr.* coll. to talk; *ni paula, ni maula*, he doesn't even open his mouth; *sin* ∼ *ni maular*, without saying boo.
paulatinamente *adv.* slowly, gradually.
paulatino, na *adj.* slow, gradual.
Paulina *f. pr. n.* Pauline.
paulina *f.* ECCL. a kind of decree of excommunication. 2 coll. chiding, reproof. 3 coll. anonymous offensive letter.
paulinia *f.* BOT. paulinia.
paulonia *f.* BOT. paulownia.
pauperismo *m.* pauperism.
paupérrimo, ma *adj. superl.* very poor.

pausa *f.* pause [temporary stop or rest; break made in speaking or reading]. *2* slowness, lentitude. *3* MUS. rest.

pausadamente *adv.* slowly, deliberately.

pausado, da *adj.* slow, calm, deliberate. — *2 adv.* slowly, deliberately.

pausar *intr.* to pause, make a pause. *2* to slow down.

pauta *f.* instrument for ruling paper. *2* guide lines [for writing]. *3* rule, directions, model, standard [for action, conduct, policy].

pautada *f.* MUS. staff, stave.

pautado, da *adj.* ruled [paper].

pautador, ra *m. & f.* paper ruler [person].

pautar *tr.* to rule [paper for writing or with the musical staff]. *2* to give rules or directions for.

pava *f.* ORN. turkey hen; ~ *real*, peahen; *pelar la* ~, coll. [of lovers] to talk by night at the window. *2* ORN. (Col.) a kind of guan. *3* fig. dull ungraceful woman. *4* large furnace bellows. *5* (Arg.) kettle, teapot, teakettle. *6* (Ve., Chi., P. Ri.) large low hat. *7* (Am.) jest, coarse joke.

pavada *f.* flock of turkeys. *2* inanity, triviality, senseless remark. *3* a childish game.

pavana *f.* pavan [dance].

pavero, ra *m. & f.* keeper of a flock of turkeys; turkey raiser, turkey dealer. *2* Andalusian broad-brimmed hat.

pavés *m.* pavis [large shield] : *alzar* or *levantar sobre el* ~, to elevate to leadership, to exalt.

pavesa *f.* spark [of ignited substance], flying cinder or ember.

pavesada *f.* EMPAVESADA.

pavezno *m.* PAVIPOLLO.

pavia *f.* BOT. pavy [clingstone peach].

pávido, da *adj.* poet. timid, fearful.

pavimentación *f.* paving, flooring.

pavimentar *tr.* to pave, to floor.

pavimento *m.* pavement, floor.

paviota *f.* GAVIOTA.

pavipollo *m.* young turkey.

pavisoso, sa *adj.* dull, graceless.

pavitonto, ta *adj.* stupid, foolish.

pavo *m.* ORN. turkey; turkey cock : *comer* ~, fig. to be a wallflower [at a dance] : *ponerse como un* ~, *subirsele a uno el* ~, coll. to blush. *2* fig. dull, gullible man. *3* ORN. ~ *real*, peacock.

pavón *m.* ORN. peacock. *2* ENTOM. peacock butterfly. *3* bluing, blacking or browning [of iron or steel]. *4* (cap.) ASTR. Pavo, Peacock.

pavonada *f.* coll. short walk ; short recreation. *2* ostentation, showing off.

pavonar *tr.* to blue, black or brown [iron or steel].

pavonazo *m.* dark-red pigment used in fresco painting.

pavonear *intr. & ref.* to strut, to show off.

pavor *m.* dread, fright, terror.

pavorde *m.* ECCL. provost.

pavordear *intr.* [of bees] to swarm.

pavordía *f.* ECCL. provostship.

pavorido, da *adj.* terrified.

pavorosamente *adv.* dreadfully, terrifically.

pavoroso, sa *adj.* dreadful, frightful, terrific.

pavura *f.* PAVOR.

payada *f.* (Arg., Chi.) improvised song of a PALLADOR ; ~ *de contrapunto*, poetical dialogue improvised by the PALLADORES.

payador *m.* (Arg. & Chi.) PALLADOR.

payasada *f.* buffoonery, clownish jest, act or remark.

payaso *m.* clown, circus clown, merry-andrew.

payés, sa *m. & f.* Catalan or Balearic peasant.

payo, ya *m. & f.* rustic, churl.

payuelas *f. pl.* MED. chicken pox.

paz *f.* peace [quiet, tranquillity; freedom or cessation of war; mental calm; state of friendliness] : *tratado de* ~, treaty of peace; *dejar en* ~, to leave alone; *descansar en* ~, to rest in peace; *que en* ~ *descanse*, may he rest in peace; *hacer las paces con*, to make peace with; *poner en* ~, *poner* ~ *entre*, to reconcile; *¡a la* ~ *de Dios!*, God be with you!; *en* ~ *con*, at peace with. *2* peacefulness. *3* ECCL. pax. *4* freedom from debt; state of being even, or quits : *estar en* ~, *quedar en* ~, to be even, to be quits; *salir en* ~, to break even [in gambling]. — *5 interj.* peace!

pazguato, ta *adj.* dolt, simpleton.

pazote *m.* BOT. Mexican tea, wormseed.

pazpuerca *adj. f.* sluttish [woman]. — *2 f.* slattern, slut.

¡**pche**!, ¡**pchs**! *interj.* pshaw!

pe *f.* name of the letter *p: de* ~ *a pa*, from A to Z, from beginning to end.

pea *f.* drunkenness, drunken fit.

peaje *m.* toll [for the use of a public road].

peajero *m.* toll collector, tollkeeper.

peal *m.* foot [of a stocking]. *2* knitted legging. *3* coll. good-for-nothing.

peana, peaña *f.* base, foot, pedestal [for a figure, statue, etc.]. *2* altar step.

peatón *m.* walker, pedestrian. *2* rural postman.

pebete *m.* joss stick, aromatic burning stick. *2* fuse [for fireworks]. *3* coll. stinker [thing]. *4* (Ur.) child, brat.

pebetero *m.* perfume censer, perfume burner.

pebrada *f.* sauce of pepper, garlic, parsley and vinegar.

pebre *m. & f.* PEBRADA. *2* pepper, black pepper. *3* (Chi.) mashed potatoes.

peca *f.* freckle.

pecable *adj.* peccable.

pecadillo *m. dim.* peccadillo.

pecado *m.* sin : ~ *capital*, deadly or capital sin; ~ *mortal*, mortal sin; ~ *venial*, venial sin; *de mis pecados* [after a noun], mine, of mine. *2* fig. defect, excess, fault, imperfection.

pecador, ra *adj.* sinning, sinful. — *2 m. & f.* sinner. — *3 f.* coll. prostitute.

pecaminosamente *adv.* sinfully.

pecaminoso, sa *adj.* sinful, wicked.

pecante *adj.* sinning, peccant. *2* excessive.

pecar *intr.* to sin : ~ *contra*, to sin against; fig. to trangress [a rule, etc.]. *2* ~ *por* or *de*, to have [some defect] ; to be too : *esto peca por*, or *de, corto*, this is too short; *mas vale* ~ *por carta de más que por carta de menos*, better to do too much than to do too little.

pécari *m.* ZOOL. peccary.

pecatta minuta (Lat.) coll. peccadillo, slight fault.

pecblenda *f.* MINER. pitchblende.

pece *m.* ridge between furrows. *2* mud or mortar for walls, etc.

pececillo *m dim.* small fish.

peceño, ña *adj.* pitchy, black. *2* pitchy [tasting like pitch].

pecera *f.* fish globe, fish bowl, aquarium.

pecezuelo *m. dim.* small foot. *2* small fish.

peciento, ta *adj.* pitchy, pitch-coloured.

peciluengo, ga *adj.* long-stalked [fruit].

pecina *f.* slime. viscous mud. *2* PISCINA 1.

pecinal *m.* slime hole, swamp.

pecinoso, sa *adj.* slimy, muddy.

pecio *m.* NAUT. flotsam, jetsam, wreckage.

peciolado, da *adj.* BOT. petiolate.

peciolo *m.* BOT. petiole.

pécora *f.* head of sheep [individual]. *2* coll. *buena* ~, *mala* ~, shrewd, wicked woman.

pecorea *f.* MIL. marauding, looting. *2* loitering.

pecorear *tr.* to steal [cattle]. — *2 intr.* MIL. to maraud, to loot.

pecoso, sa *adj.* freckled, freckly, freckle-faced.

pectina *f.* CHEM. pectin.

pectíneo *m.* ANAT. pectineus.

pectinibranquio, quia *adj.* ZOOL. pectinibranchiate.

pectiniforme *adj.* pectiniform.

pectoral *adj.* pectoral. — *2 m.* pectoral [breastplate of Jewish high priest]. *3* ECCL. pectoral cross. *4* PHARM. pectoral.

pectosa *f.* CHEM. pectose.

pecuario, ria *adj.* [pertaining to] cattle.

peculado *m.* LAW peculation.

peculiar *adj.* peculiar.

peculiaridad *f.* peculiarity.

peculiarmente *adv.* peculiarly.

peculio *m.* peculium. *2* fig. one's money, private property.

pecunia *f.* money, cash.

pecuniariamente *adv.* pecuniarily.

pecuniario, ria *adj.* pecuniary, financial.

pechada *f.* (Am.) bump, push, shove with the chest. *2* (Am.) bumping contest between two riders. *3* (Am.) overtrowing an animal by bumping it with the chest of one's horse.

pechar *tr.* to pay [as a tax or tribute]. *2* (Am.) to bump, push, shove with the chest. *3* (Am.) to drive one's horse against. *4* (Am.) to strike [someone] for a loan. — *5 intr.* ~ *con*, to accept, put up with [some disagreeable duty, work, burden, etc.].

pechblenda *f.* PECBLENDA.

peche *m.* PECHINA.

pechera *f.* chest protector. 2 shirt front, shirt bosom. 3 bosom [of a dress]. 4 jabot, shirt frill. 5 breast strap [of harness]. 6 coll. bosom, woman's bosom.

pechero, ra *m. & f.* formerly, one who paid taxes or tributes; commoner, plebeian. — 2 *m.* bib.

pechiblanco, ca *adj.* white-breasted.

pechicolorado *m.* PECHIRROJO.

pechigonga *f.* a card game.

pechina *f.* pilgrim scallop, scallop shell. 2 ARCH. pendentive.

pechirrojo *m.* ORN. linnet.

pechisacado, da *adj.* coll. vain, arrogant.

pecho *m.* ANAT., ZOOL. chest: *angina de* ~, MED. angina pectoris; *opresión de* ~, oppression of the lungs. 3 chest, breast, bosom [upper front of the human body]: *echar el* ~ *al agua*, to undertake a risky thing boldly or resolutely; *a* ~ *descubierto*, unarmed, unprotected; fig. openly, frankly; *entre* ~ *y espalda*, coll. in the stomach; ~ *por el suelo* or *por tierra*, humbly, submissively. 3 breast [of an animal]. 4 breast, teat: *dar el* ~ *a*, to nurse, suckle, give suck to; *criar a los pechos*, fig. to instruct, educate; to know [someone] very well. 5 breast, bosom, heart [seat of the emotions, affections, thoughts, etc.]: *abrir uno su* ~, *declarar uno su* ~, to open one's heart, to unbosom oneself. 6 courage, spirit, fortitude: *tener* ~, to have patience and courage; *¡buen* ~!, take heart! 7 MUS. quality and strength of the voice. 8 short steep incline. 9 [formerly] tax or tribute. 10 *pl. echarse uno a pechos* [*un vaso de agua, etc.*], to drink eagerly; *echarse uno a pechos* [*una cosa*], to undertake, to take upon oneself. 11 *tomar a pechos*, to take to heart; to take seriously. ¶ CONJUG. like *servir*.

pechuga *f.* breast [of fowl]. 2 coll. breast, bosom [upper front of the human body]. 3 coll. slope, hill. 4 (Am.) courage, nerve, audacity, impudence.

pechugón, na *adj.* (Am.) brazen, forward. — 2 *m. & f.* (Am.) sponger. — 3 *m.* slap or blow on the chest. 4 fall on the chest; bump with the chest. 5 fig. hard push, strong effort.

pedacico, cito *m.* bit, small piece.

pedagogía *f.* pedagogy.

pedagógicamente *adv.* pedagogically.

pedagógico, ca *adj.* pedagogic, pedagogical.

pedagogo *m.* pedagogue, teacher; one devoted to, or learned in, pedagogy.

pedaje *m.* PEAJE.

pedal *m.* MACH. pedal, treadle. 2 MUS. pedal: ~ *celeste*, soft pedal.

pedalear *intr.* to pedal.

pedáneo *adj.* LAW petty, inferior.

pedante *adj.* pedantic. — 2 *m. & f.* pedant.

pedantear *intr.* to be pedantic.

pedantería *f.* pedantry.

pedantescamente *adv.* pedantically.

pedantesco, ca *adj.* pedantic.

pedantismo *m.* pedantry.

pedantón *m. aug.* great pedant. °

pedazo *m.* piece, fragment, bit: ~ *de animal, de alcornoque* or *de bruto*, dolt, imbecile, good-for-nothing; ~ *del alma,* ~ *de las entrañas,* ~ *del corazón,* very dear person [usually said of one's child]; ~ *de pan*, crumb [small fragment of bread]; song [small price], insignificant salary or consideration; *caerse a pedazos*, to fall to pieces; fig. to walk ungainly; fig. to be tired out; fig. to be very simple and good-natured; *hacer pedazos*, to break to pieces; *hacerse pedazos*, to break to pieces, be smashed; fig. to strain or wear oneself out; *morirse por los pedazos de*, to be madly in love with; *ser un* ~ *de pan*, to be extremely good-natured.

pedazuelo *m. dim.* small piece, bit.

pederasta *m.* pederast.

pederastia *f.* pederasty.

pedernal *m.* flint. 2 flintiness, extreme hardness.

pedernalino, na *adj.* flinty; very hard.

pedestal *m.* pedestal. 2 PEANA 1.

pedestre *adj.* pedestrian [going or performed on foot]. 2 pedestrian, prosaic, dull, uninspired.

pediatría *f.* MED. pediatrics.

pedicelo *m.* BOT., ZOOL. pedicel.

pedicoj *m.* hop, jump on one foot.

pedicular *adj.* pedicular.

pedículo *m.* BOT. pedicle.

pedicuro, ra *m. & f.* chiropodist.

pedido *m.* COM. order. 2 request, petition.

pedidor, ra *adj.* asking for, requesting. — 2 *m. & f.* asker, petitioner.

pedidura *f.* asking, begging.

pedigón, na; pedigüeño, ña *adj.* persistent in asking or begging. — 2 *m. & f.* importunate asker.

pediluvio *m.* MED. pediluvium, foot bath.

pedimento *m.* petition: *a* ~, at the instance, on petition. 2 LAW claim, bill.

pedir *tr.* to ask, ask for, beg, request: ~ *algo a alguien*, to ask someone for something; ~ *a uno que haga algo*, to ask or request someone to do something; ~ *limosna*, to ask alms, to beg; ~ *permiso para*, to beg leave to; ~ *un favor a*, to ask a favour of; *a* ~ *de boca*, according to desire; *venir a* ~ *de boca*, to be just the thing; to come at the right time. 2 to ask [a price]. 3 to ask for the hand of, to ask in marriage. 4 COM. to order. 5 to wish, desire. 6 [of things] to ask, ask for, call for, demand, need, require. 7 ~ *cuenta*, to call to account. 8 ~ *prestado*, to borrow. 9 *pedírselo a uno el cuerpo*, to desire, to long for it. — 10 *intr.* to ask alms, to beg. 12 to collect, make a collection [for charitable purposes, etc.]. 13 ~ *por*, to inquire after [a person]. ¶ CONJUG. like *servir*.

pedo *m.* wind from the anus.

pedorrera *f.* flatulence, frequently breaking wind.

pedorrero, ra *adj.* that breaks wind frequently.

pedorreta *f.* sound made to imitate the breaking of wind.

pedorro, rra *adj.* PEDORRERO.

pedrada *f.* throw of a stone. 2 hit or blow with a stone: *matar a pedradas*, to stone to death; *como* ~ *en ojo de boticario*, coll. apropos 2 coll. hint, insinuation.

pedrea *s.* throwing of stones. 2 fight with stones. 3 fall of hail. 4 coll. small prizes in lottery.

pedrecilla *f.* PEDREZUELA.

pedregal *m.* stony ground.

pedregoso, sa *adj.* stony, full of stones. 2 MED. suffering from gravel. — 3 *m. & f.* sufferer from gravel.

pedrejón *m.* boulder.

pedreñal *m.* blunderbuss fitted with a flintlock.

pedrera *f.* stone pit, quarry.

pedreral *m.* packsaddle for carrying stones.

pedrería *f.* jewelry, precious stones.

pedrero *m.* stonecutter. 2 slinger. 3 ARTIL. stone mortar.

pedrezuela *f. dim.* small stone.

pedrisca *f.* PEDRISCO.

pedriscal *m.* PEDREGAL.

pedrisco *m.* METEOR. hail; hailstorm. 2 fig. hail or shower of stones. 3 heap or abundance of loose stones.

pedrisquero *m.* hailstorm.

Pedrito *m. pr. n.* dim. of PEDRO.

pedrizo, za *adj.* stony, full of stones.

Pedro *m. pr. n.* Peter.

pedroche *m.* PEDREGAL.

pedrusco *m.* stone, rough piece of stone.

pedunculado, da *adj.* pedunculate.

pedúnculo *m.* ANAT., BOT., ZOOL. peduncle.

peer *intr. & ref.* to break wind.

pega *f.* gluing, sticking together. 2 coat of pitch varnish on earthen vessels. 3 MIN. firing of a blast. 4 coll. practical joke, trick [played on one]. 5 coll. poser, catch question [in a examination]. 6 beating, drubbing. 7 ICHTH. remora. 8 ORN. magpie. 9 ORN. ~ *reborda*, ALCAUDÓN. 10 *de* ~, sham, worthless.

pegadillo *m. dim.* small patch or sticking plaster: ~ *de mal de madre*, fig. bore, nuisance.

pegadizo, za *adj.* sticky, adhesive. 2 catching, contagious, infectious. 3 catchy [music, tune]. 4 sponging [person]. 5 false [not natural].

pegado *m.* patch, sticking plaster.

pegador *m.* gluer, sticker. 2 beater, drubber. 3 MIN. blaster.

pegadura *f.* gluing, sticking. 2 union [of things glued or stuck together].

pegajosidad *f.* stickiness, glutinosity.

pegajoso, sa *adj.* sticky, clammy, glutinous, viscous. 2 catching, contagious. 3 coll. too soft or mellow. 4 coll. mushy.

pegamiento *m.* gluing, sticking, joining.

pegamoide *m.* pegamoid.

pegante *adj.* sticking, adhesive, glutinous.

pegar *tr.* to glue, cement, paste, stick, join. 2 to attach, fasten [by sewing, pinning or tying]:

~ *un botón*, to attach or sew a button. *3* to bring close [to], to place against, touching. *4* to communicate, infect with, give [a disease, etc.]. *5* to set [fire]. *6* to give, deal, deliver [a blow, etc.] : ~ *un bofetón*, to give a slap in the face; ~ *un tiro a*, to shoot. *7* to beat [inflict blows on]. *8* to give, take, execute : ~ *un grito*, to give a shout; ~ *un salto*, to take a jump; ~ *voces*, to shout; ~ *saltos*, to jump. *9 pegársela a uno*, to dupe, trick, fool, make a fool of someone. *10 no* ~ *los ojos*, not to sleep a wink. — *11 intr.* to be sticking. *12* to take root. *13* [of a fire] to catch, take hold. *14* to make an impression on the mind; to pass, go, be credible : *esa no pega*, coll. that is too thin, that won't go. *15* to be apropos, pertinent. *16* to be fitting or appropriate; to accord, suit, go well [with]. *17* to join, be contiguous. *18* to hit, knock, strike [come in contact forcibly]. — *19 ref.* to stick fast, adhere, cleave, cling. *20* to keep close. *21* to cling or stick in the mind. *22* to join [others] unasked or intrudingly. *23* to be catching or infectious. *24* COOK. to burn [adhere to saucepan, etc.]. *25* to fight, come to blows.

pegáseo, a *adj.* pertaining to Pegasus or to the Muses.

pegásides *f. pl.* the Muses.

Pegaso *m.* MYTH., ASTR. Pegasus.

pegata *f.* coll. trick, deception, cheat.

pegmatita *f.* MINER. pegmatite.

pego *m.* cheating by sticking two cards together : *dar el* ~, coll. to cheat, deceive.

pegote *m.* pitch plaster, sticking plaster. *2* coarse patch. *3* crude or clumsy addition [to a writing or a work of art]. *4* sticky mess. *5* sponger, parasite.

pegotear *intr.* coll. to sponge, live as a parasite.

pegotería *f.* coll. sponging.

pegual *m.* (S. Am.) strap with rings.

pegué, pegue, etc., *pret., subj. & imper.* of PEGAR.

peguera *f.* hole in which pine wood is burned to obtain pitch. *2* place where pitch for marking sheep is heated.

peguero *m.* pitch maker or dealer.

pegujal *m.* small funds. *2* small farm or herd of cattle.

pegujalero *m.* small farmer or cattle owner.

pegujar *m.* PEGUJAL.

pegujarero *m.* PEGUJALERO.

pegujón, pegullón *m.* lump or ball of wool or hair.

pegunta *f.* pitch mark [on sheep].

peguntar *tr.* to mark [sheep] with pitch.

peinada *f.* combing [the hair].

peinado, da *adj.* combed. *2* dressed, done up [hair]. *3* having his or her hair dressed or done up. *4* effeminate in toilet. *5* overnice [style]. — *6 m.* combing. *7* hairdressing, hairdo, coiffure.

peinador, ra *adj.* combing. — *2 m. & f.* comber. *3* hairdresser. — *4 m.* wrapper, peignoir. — *5 f.* combing machine.

peinadura *f.* combing. *2* combings.

peinar *tr.* to comb, dress or do [the hair] : ~ *canas*, fig. to be old. *2* to comb, dress or do the hair of. *3* to comb [wool, cotton, flax, etc.]. *4* to cut or eat away a part of [a rock, hill, etc.]. — *5 ref.* to comb or do one's hair.

peinazo *m.* CARP. crosspiece [of a door or window].

peine *m.* comb [for combing the hair] : *a sobre* ~, fig. lightly, slightly, imperfectly. *2* comb, card [for wool, cotton, flax, etc.]. *3* WEAV. reed [of the loom]. *4* cartridge clip. *5* coll. sly fellow.

peinería *f.* comb factory or shop.

peinero, ra *m. & f.* comb maker or seller.

peineta *f.* comb for confining the hair or for adornment] ; back comb.

peinetero, ra *m. & f.* PEINERO.

peje *m.* ZOOL. fish : ~ *ángel*, angelfish; ~ *araña*, stingbull; ~ *diablo*, scorpene. *2* coll. cunning, crafty fellow.

pejemuller *f.* ZOOL. manatee.

pejepalo *m.* stockfish.

pejerrey *m.* ICHTH. atherine.

pejesapo *m.* ICHTH. angler.

pejiguera *f.* bother, botheration.

pela *f.* PELADURA. *2* (Am.) beating, drubbing : *dar una* ~, *pegar una* ~ *a*, to give a drubbing to.

pelada *f.* pelt, sheepskin stripped of wool.

peladera *f.* alopecia, loss of the hair.

peladero *m.* place for scalding slaughtered hogs or fowl. *2* coll. den of cardsharps. *3* (Am.) bare, barren spot.

peladilla *f.* sugar almond. *2* small pebble.

peladillo *m.* BOT. clingstone peach [tree and fruit]. *2 pl.* wool stripped from the pelt.

pelado, da *p. p.* of PELAR. — *2 adj.* bald, bare, hairless, featherless, plucked, treeless, leafless. *3* peeled, decorticated. *4* naked [without addition]. *5* fig. broke, penniless. *6 canto* ~, pebble. — *7 m.* (Mex.) ragged fellow, peasant. *8* penniless person. *9 bailar el* ~, to be penniless.

pelador *m.* peeler, plucker, stripper.

peladura *f.* peeling, plucking, stripping. *2* peelings.

pelafustán, na *m. & f.* good-for-nothing.

pelagallos, *pl.* **-llos** *m.* low fellow, vagrant.

pelagatos, *pl.* **-tos** *m.* penniless fellow, ragamuffin.

pelagianismo *m.* Pelagianism.

pelagiano, na *adj.* Pelagian.

pelágico, ca *adj.* pelagic, oceanic.

pelagra *f.* MED. pellagra.

pelagroso, sa *adj.* pellagrous.

pelaire *m.* WEAV. teaseler, teaseller.

pelairía *f.* teaseler's trade.

pelaje *m.* pelaje, coat, fur [of an animal]. *2* coll. clothes, apparel. *3* coll. sort, kind, description.

pelambrar *tr.* APELAMBRAR.

pelambre *m.* TAN. batch of hides put into lime pits. *2* TAN. lime water to steep hides in. *3* hair removed or scraped from hides. *4* lack of hair, bare spots.

pelambrera *f.* shock of hair. *2* TAN. place in which hair is removed from hides. *3* alopecia.

pelambrero *m.* worker who removes hair from hides.

pelamen *m.* PELAMBRE.

pelamesa *f.* hair-pulling scuffle.

pelandusca *f.* coll. harlot, strumpet.

pelantrín *m.* small farmer, petty farmer.

pelar *tr.* to remove, cut, pull out or shave the hair of. *2* to pluck [a fowl]. *3* to peel, bark, hull, husk, rind. *4* fig. to fleece, clean out [strip of money or property]. *5* (Am.) to beat, thrash. *6* (Am.) ~ *los dientes*, to show one's teeth; to smile affectedly. *7* (Am.) ~ *los ojos*, to open one's eyes wide. *8 pelárselas*, to be dying for something; to act with great vehemence. *9 duro de* ~, very difficult, hard to crack. — *10 ref.* to lose the hair. *11* to peel off. *12* coll. to get one's hair cut. *13* (Am.) to be confused. *14* (Am.) to slip away; to die.

pelarela *f.* PELADERA.

pelarruecas *f.* coll. woman who lives by spinning.

pelásgico, ca *adj.* Pelasgian, Pelasgic.

pelasgo, ga *adj. & n.* Pelasgian.

pelaza *f.* PELAZGA. — *2 adj.* beaten [straw].

pelazga *f.* row, quarrel, scuffle.

peldaño *m.* step [of stairs].

pelea *f.* fight. *2* battle, combat. *3* quarrel, wrangle. *4* struggle.

peleador, ra *adj.* fighting. *2* quarrelsome.

pelear *intr.* to fight. *2* to battle. *3* to quarrel. *4* to struggle. — *5 ref.* to fight, scuffle [come to blows]. *6* to quarrel [break off friendly relations].

pelechar *intr.* [of animals] to begin to have or put forth hair or feathers; to fledge. *2* coll. to begin to improve one's fortune or to recover one's health.

pelel *m.* pale ale.

pelele *m.* stuffed figure [of straw and rags]. *2* baby's knitted sleeping suit. *3* coll. nincompoop.

pelendengue *m.* PERENDENGUE.

peleón *m.* cheap wine.

pelepna *f.* quarrel, row.

pelete *m.* punter [in gambling]. *2* poor, penniless fellow. *3 en* ~, naked.

peletería *f.* furriery. *2* fur shop.

peletero *m.* furrier.

pelgar *m.* coll. PELAGALLOS.

peliagudo, da *adj.* furry, long-haired. *2* coll. arduous, difficult. *3* sly, clever.

peliblanco, ca *adj.* white-haired.

peliblando, da *adj.* soft-haired.

pelícano *m.* ORN. pelican. *2* DENT. pelican.

pelicano, na *adj.* gray-haired.

pelicorto, ta *adj.* short-haired.

película *f.* pellicle, film. *2* PHOT. film. *3* CINEM. film, moving picture, motion picture : ~ *hablada*, talking film; ~ *sonora*, sound film. *4* CINEM. moving-picture reel.

pelicular *adj.* pellicular, filmy.

peliforra *f.* harlot, strumpet.

peligrar *intr.* to peril, be in danger.

peligro *m.* danger, peril, risk, hazard, distress : ~ *amarillo,* yellow peril; *barco en* ~, ship in distress; *correr* ~, to be in danger; *fuera de* ~, out of danger.
peligrosamente *adv.* dangerously, perilously.
peligroso, sa *adj.* dangerous, perilous, risky.
pelilargo, ga *adj.* long-haired.
pelillo *m.* tiny hair or fibre : *no tener pelillos en la lengua,* to be outspoken, to speak one's mind openly. 2 trifle, trifling difference, slight trouble; *pelillos a la mar,* coll. let bygones be bygones; *echar pelillos a la mar,* to become reconciled; *no pararse en pelillos, no reparar en pelillos,* coll. not to bother about trifles, not to be overnice.
pelilloso, sa *adj.* coll. touchy, peevish.
pelinegro, gra *adj.* black-haired.
pelirrojo, ja *adj.* red-haired.
pelirrubio, bia *adj.* fair-haired.
pelitieso, sa *adj.* straight-haired, stiff-haired.
pelito *m. dim.* tiny hair or fibre.
pelitre *m.* BOT. pellitory of Spain.
pelitrique *m.* trifle; gewgaw.
pelma *f.* PELMAZO.
pelmacería *f.* heaviness, slowness, sluggishness.
pelmazo *m.* compressed mass. 2 undigested food lying heavy on the stomach. 3 coll. lump, sluggard [person]. 4 coll. bore [person].
pelo *m.* hair, fibre, filament : *agarrarse,* or *asirse, de un* ~, fig. to seize upon, or resort to, any trivial pretext; *cortar un* ~ *en el aire,* fig. to be very shrewd; *no tener pelos en la lengua,* coll. to be outspoken, to speak one's mind openly; *tener pelos en el corazón,* coll. to be brave, daring; to be hardhearted; *con todos sus pelos y señales,* fig. with every possible detail. 2 hair's breadth : *por un* ~, almost, by a hair's breadth. 3 nothing, smallest thing or quantity : *no tener* ~ *de tonto,* coll. to be clever, shrewd. 4 hair [collect.]; coat, fur [of animal]; nap, pile [of cloth] : ~ *de camello,* camel's hair; *mata de* ~, head of hair; *gente de medio* ~, people of little account, would-be important people; *hacer el* ~ *a,* to do the hair of; *tomar el* ~ *a,* to banter, make fun of, pull the leg of; *venir al* ~, to be to the point, to be opportune, to suit perfectly, to fit the case; *al* ~, with the hair, with the nap; fig. perfectly, to the point, all right; *a* ~, AL PELO; timely, in good time; *contra* ~, backwards, against the hair or nap; fig. against the grain; fig. untimely, inopportunely; *en* ~, bareback; unsaddled : *montar en* ~, to ride bareback. 5 down [of birds or fruits]. 6 hair, thread [caught on tip of a pen]. 7 hair [of firearm]. 8 flaw [in gems, metals or stones]. 9 kiss [in billiards]. 10 VET. split [in hoofs]. 11 difficulty : *tener pelos,* to be difficult, to be a hard nut to crack. 12 *pl.* hair [of head] : *tirar de los pelos a uno,* to pull someone's hair; *estar hasta los pelos de,* coll. to be sick of. 13 coll. *estar a medios pelos,* to be tipsy, half-seas over.
pelón, na *adj.* bald, hairless. 2 coll. poor, penniless. — 3 *m.* & *f.* bald person. 4 coll. penniless person. — 5 *m.* (Am.) dried peach.
pelona *f.* alopecia, loss of hair.
pelonería *f.* coll. poverty, indigence.
pelonía *f.* PELONA.
Pélope *m. pr. n.* MYTH. Pelops.
pelopio *m.* CHEM. pelopium.
peloponense *adj.* & *n.* Peloponnesian.
Peloponeso *m. pr. n.* HIST., GEOG. Peloponnesus.
pelosilla *f.* VELLOSILLA.
peloso, sa *adj.* hairy.
pelota *f.* ball [used in games]; handball; ball game : ~ *base,* baseball; ~ *de viento,* inflated ball; ~ *vasca,* pelota; *la* ~ *está en el tejado,* fig. the matter is still undecided, it is of uncertain outcome; *no tocar* ~, not to get to the root of the difficulty. 2 ball [of mud, snow, etc.]. 3 ball, pellet [spherical ball for cannon, blunderbuss, etc.]. 4 (Am.) boat made of leather. 5 coll. accumulation of debts. 6 COM. accomodation bill. 7 *en* ~, naked; *dejar en* ~, to strip; to clean out, leave penniless.
pelotari *m.* pelota player.
pelotazo *m.* blow or hit with a ball.
pelote *m.* goat's hair [for stuffing furniture].
pelotear *tr.* to check [an account]. — 2 *intr.* to play or throw a ball [without playing a game]. 3 to argue, dispute, wrangle.

pelotera *f.* dispute, quarrel, wrangle.
pelotería *f.* balls [for playing]. 2 goat's hair.
pelotero *m.* ball maker.
pelotilla *f. dim.* small ball. 2 ball of wax and broken glass attached to the end of a scourge. 3 coll. *hacer la* ~ *a,* to fawn on.
pelotón *m. aug.* large ball. 2 tuft or ball of tangled hair. 3 small party [of persons], squad, platoon. 4 MIL. party, squad ; ~ *de ejecución,* firing party o squad; ~ *de los torpes,* awkward squad.
pelta *f.* pelta [light shield].
peltre *m.* pewter.
peltrero *m.* pewterer.
peluca *f.* wig. 2 coll. wig, wigging, reprimand.
pelucón *m. aug.* large wig.
pelucona *f.* coll. gold doublon.
peluche *f.* plush.
peludo, da *adj.* hairy, shaggy. — 2 *m.* mat with shaggy pile. 3 (Arg.) a kind of armadillo.
peluquera *f.* hairdresser [woman]. 2 wife of a hairdresser.
peluquería *f.* hairdresser's [shop]; barber's shop.
peluquero *m.* hairdresser, barber. 2 wigmaker.
peluquín *m.* scratch wig. 2 bob wig, periwig.
pelusa *f.* down [of fruits or plants]. 2 flue, fluff, fuzz. 3 coll. childish jealousy or envy.
pelusilla *f. dim.* of PELUSA.
pelviano, na *adj.* pelvic.
pelvímetro *m.* pelvimeter.
pelvis, *pl.* **-vis** *f.* ANAT. pelvis.
pella *f.* ball, lump [of soap, butter, mud, etc.]. 2 tender head [of cauliflower, etc.]. 3 lump [of molten metal]. 4 raw lard or fat of swine. 5 lump of money. 6 MIN. lump of amalgamated silver.
pellada *f.* MAS. lump or trowelful of mortar. 2 ball, lump.
pelleja *f.* skin, hide, pelt. 2 dressed sheepskin [with the wool on]. 3 skin, hide [of a pers.] : *dar, dejar, perder* or *soltar, la* ~, coll. to die; *salvar la* ~, coll. to save one's hide or skin. 4 coll. strumpet.
pellejería *f.* skins, hides, pelts [collect.]. 2 skinnery. 3 skinner's trade.
pellejero *m.* skinner [dresser or seller of skins].
pellejina *f.* small skin.
pellejo *m.* skin, hide, pelt, rawhide. 2 skin [vessel made of a whole skin], waterskin, wineskin, wine bag. 3 coll. drunkard, drunk person. 4 skin, hide [of a pers.] : *dar, dejar, perder* or *soltar, el* ~, coll. to die; *estar* or *hallarse en el* ~ *de otro,* coll. to be in somebody else's shoes or skin; *jugarse el* ~, to risk one's life; *mudar de* ~, coll. to change one's skin; *no caber uno en el* ~, to be very fat; to be very pleased, joyful or elated; *no tener más que el* ~, to be only skin and bone; *salvar el* ~, to save one's hide or skin.
pellejudo, da *adj.* having a flabby or baggy skin.
pellejuela *f. dim.* of PELLEJA.
pellejuelo *m. dim.* of PELLEJO.
pelleta *f.* PELLEJA.
pelletería *f.* PELLEJERÍA.
pelletero *m.* PELLEJERO.
pellica *f.* coverlet of fine skins. 2 jacket of fine skins. 3 small dressed skin.
pellico *m.* sheepskin jacket.
pelliza *f.* pelisse [fur or fur-lined garment]. 2 MIL. pelisse; dolman.
pellizcador, ra *adj.* pinching, nipping. — 2 *m.* & *f.* pincher, nipper.
pellizcamiento *m.* pinching, nipping.
pellizcar *tr.* to pinch; to nip [squeeze between tips of finger and thumb]. 2 to take a pinch of. — 3 *ref.* coll. *pellizcarse por,* to desire, to long for.
pellizco *m.* pinch [act of pinching], nip. 2 pinch, small quantity. 3 ~ *de monja,* small cookie.
pellizqué, pellizque, etc., *pret., subj.* & *imper.* of PELLIZCAR.
pello *m.* a kind of sheepskin jacket.
pellón *m.* (Am.) leather caparison. 2 obs. long robe made with furs.
pelluzgón *m.* bunch or tuft of hair.
pena *f.* ORN. penna. 2 penalty, punishment. pain : ~ *capital,* ~ *de muerte, última* ~, capital punishment; ~ *del talión,* lex tallionis; ~ *pecuniaria,* pecuniary penalty; fine; *bajo* ~ *de,* on or under pain or penalty of. 3 torment of hell or purgatory : *alma en* ~, soul in purgatory. 4 pain, suffering [esp. mental], affliction, grief,

sorrow, worry. 5 pity : *dar* ~, to arouse pity, be pitiful. 6 hardship. 7 trouble, toil, difficulty : *a duras penas, a malas penas,* with great difficulty ; just, barely. 8 *merecer la* ~, *valer la* ~, to be worth while, to be worth the trouble or the candle ; *no merece la* ~, *no vale la* ~, don't mention it ; *no vale la* ~ *discutirlo,* it is not worth while to discuss it ; *este libro no vale la* ~ *de leerlo,* this book is not worth reading.
penable *adj.* punishable.
penachera *f.* PENACHO.
penacho *m.* ORN. crest, tuft of feathers. 2 crest plume, panache, aigrette. 3 fig. arrogance, pride, airs.
penachudo, da *adj.* crested, tufted, plumed.
penachuelo *m. dim.* small crest or plume.
penadamente *adv.* PENOSAMENTE.
penadilla *f.* PEÑADO 4.
penado, da *adj.* full of sorrows. 2 painful, arduous, difficult. — 3 *m. & f.* convict ; prisoner serving a sentence. — 4 *m.* an ancient narrow-mouthed drinking vessel.
penal *adj.* penal : *código* ~, penal code. — 2 *m.* penitentiary.
penalidad *f.* trouble, hardship. 2 LAW punishability. 3 LAW penalty.
penalista *m.* penologist.
penante *adj.* suffering sorrow or punishment.
penar *tr.* to punish, penalize [impose penalty on]. — 2 *intr.* to suffer, grieve, sorrow. 3 to suffer, be tormented [in purgatory]. 4 to linger in the pangs of death. 5 ~ *por,* to long for, to pine for. — 6 *ref.* to grieve, sorrow, be distressed.
penates *m. pl.* penates.
penca *f.* pulpy leaf [of some plants] ; pulpy part of some leaves. 2 cowhide [for flogging culprits]. 4 (Am.) *coger una* ~, to get drunk. 5 *hacerse de pencas,* coll. not to yield easily.
pencazo *m.* lash with a cowhide.
penco *m.* jade [horse].
pencudo, da *adj.* having pulpy leaves. 2 having a pulpy part [leaf].
pendanga *f.* coll. strumpet.
pendejo *m.* pubes [hair]. 2 coward, poltroon.
pendencia *f.* dispute, quarrel, fight. 2 LITISPENDENCIA.
pendenciar *intr.* to dispute, quarrel, wrangle, fight.
pendenciero, ra *adj.* quarrelsome.
pedenzuela *f. dim.* little dispute.
pender *intr.* to hang, be suspended, dangle. 2 to depend, hang, rest ; ~ *de,* to depend or hang on. 3 to be pendent or pending [undecided].
pendiente *adj.* pendent, hanging, dangling. 2 pendent, pending [undecided]. 3 depending, hanging : *estar* ~ *de,* to depend on, to hang on ; *estar* ~ *de los labios de uno,* to hang on someone's words. 4 sloping. — 5 *m.* earring. 6 pendant [hanging ornament]. 7 pitch [of a roof]. — 8 *f.* slope, declivity, grade, gradient, dip.
péndola *f.* pendulum [of clock]. 2 clock [with pendulum]. 3 ARCH. queen post. 4 ENG. bridging brace. 5 feather [of bird]. 6 pen, quill [for writing].
pendolario, pendolista *m.* penman.
pendolón *m. aug.* large pendulum. 2 ARCH. king post.
pendón *m.* banner, standard, pennon, gonfalon. 2 coll. tall, ungainly, despicable person [esp. a woman]. 3 BOT. tiller, shoot.
pendoncito *m. dim.* small pennon, banneret.
péndulo, la *adj.* pendulous, pendent, hanging. — 2 *m.* pendulum : ~ *de compensación,* compensation pendulum ; ~ *de segundos,* seconds pendulum ; ~ *eléctrico,* electric pendulum ; ~ *sidéreo,* ASTR. standard clock.
pendura (a la) *adv.* NAUT. hanging, suspended.
pene *m.* ANAT. penis.
Penélope *f. pr. n.* Penelope.
peneque *adj.* coll. drunk, intoxicated : *estar* ~, to be drunk ; *ponerse* ~, to get drunk.
penetrabilidad *adj.* penetrability.
penetrable *adj.* penetrable. 2 comprehensible.
penetración *f.* penetration, penetrating : ~ *pacífica,* peaceful penetration. 2 penetration, insight, sagacity.
penetrador, ra *adj.* keen, penetrating, perspicacious.
penetrante *adj.* penetrant penetrating. 2 deep, keen, perspicacious. 3 acute, shrill, piercing.
penetrantemente *adv.* penetratingly.
penetrar *tr.* to penetrate [enter, pierce ; pervade, imbue ; see into, find out, discern ; fathom,

comprehend]. — 2 *intr.* to penetrate : ~ *a través de,* to penetrate through ; ~ *en,* to penetrate into, to enter ; ~ *hasta,* to penetrate to. 3 to be acute, shrill, piercing. — 4 *ref. penetrarse de,* to become impregnated with ; to become imbued with ; to comprehend, grasp, penetrate one's mind with.
penetrativo, va *adj.* penetrative.
pénfigo *m.* MED. pemphigus.
penicilina *f.* PHARM. penicillin.
península *f.* GEOG. peninsula.
penisular *adj. & n.* peninsular.
penique *m.* penny [English coin].
penisla *f.* PENÍNSULA.
penitencia *f.* penance : *sacramento de la Penitencia,* Penance [sacrament] ; *hacer* ~, to do penance ; coll. to take potluck. 2 penitence, repentance.
penitenciado, da *adj.* punished by the Inquisition. — 2 *m. & f.* person punished by the Inquisition.
penitencial *adj.* penitential.
penitenciar *tr.* to penance [impose penance on].
penitenciaría *f.* penitentiary [tribunal of the Roman Curia]. 2 penitentiary, prison.
penitenciario, ria *adj.* penitentiary. — 2 *m.* ECCL. Cardinal chief of the penitentiary.
penitenta *f.* woman confessant.
penitente *adj.* penitent, repentant. — 2 *m. & f.* penitent. 3 confessant [one who confesses to a priest].
penol *m.* NAUT. yardarm [end of a yard].
penosamente *adv.* painfully.
penoso, sa *adj.* painful. 2 laborious, fatiguing, ardous, difficult. 3 distressing. 4 embarrassing, unpleasant. 5 (Am.) timid, shy.
pensado, da *p. p.* of PENSAR : *tener* ~, to have in view, to intend. — 2 *adj.* thought-out. 3 *bien* ~, proper, wise, well thought-out. 4 *de pensado,* on purpose, deliberately. 5 *mal* ~, evilminded [tending to put a bad construction upon acts, words, etc.].
pensador, ra *adj.* thinking. — 2 *m.* thinker.
pensamiento *m.* thought, mind [power or seat of thought] : *pasar por el* ~ *de uno,* to cross one's mind. 2 thought [thinking ; idea, conception, etc., produced by thinking] : ~ *feliz,* happy thought ; *el* ~ *moderno,* the modern thought ; *como el* ~, swiftly ; *en un* ~, fig. in a twinkling, in a trice ; *ni por* ~, not even in thought. 3 thoughts [what one thinks, one's opinion]. 4 thought, thoughts, intention. 5 pithy saying, maxim. 6 suspicion. 7 BOT. pansy, heartsease.
pensar *tr.* to think out, over or about : *pensarlo mejor,* to think better of it, to change one's mind ; *pensándolo mejor,* on second thoughts. 2 to think [consider, be of opinion] : ~ *que,* to think that. 3 to think of [a card, number, etc.]. 4 to imagine. 5 to intend. 6 to feed [a horse, etc.]. — 7 *intr.* to think. 8 ~ *en,* to think of [direct one's thoughts to ; remember, bethink oneself of ; conceive ; entertain the idea of]. 9 ~ *en lo excusado,* to expect the impossible. 10 *sin* ~, unexpectedly ; thoughtlessly. ¶ CONJUG. as *acertar.*
pensativamente *adv.* pensively, thoughtfully.
pensativo, va *adj.* pensive, thoughtful.
penseque *m.* coll. oversight, inadvertence.
pensil *adj.* pensile. — 2 *m.* delightful garden.
Pensilvania *pr. n.* GEOG. Pennsylvania.
pensilvano, na *adj. & n.* Pennsylvanian.
pensión *f.* pension, annuity, allowance : ~ *para la vejez,* old-age pension ; ~ *vitalicia,* life pension. 2 board ; price of board [in a boarding house or boarding school] : ~ *completa,* room and board. 3 pension, boarding house. 4 burden disadvantage. 5 (Am.) anxiety. 6 charge on a land.
pensionado, da *adj.* pensioned. — 2 *m. & f.* pensioner [one in receipt of a pension]. 3 a student, artist, etc., to whom an allowance is granted to enable him to pursue his studies abroad.
pensionar *tr.* to grant a pension or allowance to. 2 to impose a charge on [a land].
pensionario *m.* one who pays a pension or charge.
pensionista *m. & f.* pensioner [one in receipt of a pension]. 2 boarder [at a boarding house or boarding school] : *medio* ~, day boarder [in a school].
pentadáctila la *adj.* pentadactyl.
pentadecágono *m.* PENTEDECÁGONO.
pentaedro *m.* GEOM. pentahedron.

pentagonal *adj.* pentagonal.
pentágono *m.* GEOM. pentagon.
pentagrama *m.* MUS. staff, musical staff.
pentámero, ra *adj.* BOT., ZOOL. pentamerous.
pentámetro *adj. & m.* PROS. pentameter.
pentano *m.* CHEM. pentane.
pentápolis *f.* pentapolis.
pentarquía *f.* pentarchy.
pentasílabo, ba *adj.* pentasyllabic. — 2 *m.* pentasyllable.
Pentateuco *m.* BIB. Pentateuch.
Pentecostés *m.* Pentecost, Whitsuntide.
pentedecágono *m.* fifteen-sided polygon.
penúltimo, ma *adj.* penult, penultimate.
penumbra *f.* penumbra.
penuria *f.* penury.
peña *f.* rock, boulder : *ser una* ~, to be robust; to be hard, unfeeling. 2 rock, crag. 3 group of friends, circle, club.
peñascal *m.* rocky or craggy place.
peñasco *m.* large rock, crag. 2 ZOOL. murex. 3 ANAT. petrous portion [of the temporal bone].
peñascoso, sa *adj.* rocky, craggy.
peñol *m.* PEÑÓN.
peñola *f.* pen, quill [for writing].
peñón *m.* rock [hill of rock] : ~ *de Jibraltar*, Rock of Gibraltar.
peón *m.* pedestrian. 2 foot soldier. 3 day labourer, unskilled labourer : ~ *caminero*, road mender; ~ *de albañil*, hod carrier, hodman. 4 (Am.) farm hand. 5 top, peg top [toy]. 6 man [in draughts]. 7 pawn [in chess]. 8 axle [of Persian wheel, chain pump, etc.]. 9 beehive.
peonaje *m.* foot soldiers [collect.]. 2 day labourers [collect.].
peonería *f.* land that can be ploughed by a man in a day.
peonía *f.* BOT. peonia.
peonza *f.* whip top, whipping top [toy]. 2 coll. lively little person. 3 *a* ~, coll. on foot.
peor *adj. & adv. comp.* worse; ~ *que*, worse than; ~ *que* ~, that is still worse; *tanto* ~, so much the worse. — 2 *adj. & adv. superl.* [with *el, la, lo, las los*] worst: *el* ~, *la* ~, etc., the worst; *lo* ~ *de*, the worst, or the worst part, of.
peoría *f.* worseness. 2 EMPEORAMIENTO.
Pepa *f. pr. n.* coll. Josephine.
pepa *f.* (Am.) seed [of apple, melon. etc.], pip. 2 (Am.) marble [to play with].
Pepe *m. pr. n.* coll. Joseph, Joe.
pepe *m.* coll. bad melon. 2 (Bol., Ven.) dandy, dude.
pepinar *m.* cucumber patch.
pepinillo *m.* gherkin, small cucumber used for pickles.
pepino *m.* BOT. cucumber : *no dársele a uno un* ~, not to care a pin. 2 BOT. ~ *del diablo*, squirting cucumber.
Pepita *f. pr. n.* coll. Josephine.
pepita *f.* seed [of apple, melon, etc.], pip. 2 VET. pip [disease of fowls] : *no tener* ~ *en la lengua*, fig. to be outspoken, to speak one's mind openly. 3 MIN. nugget.
Pepito *m. pr. n.* coll. Joseph, Joe.
pepitoria *f.* giblet or fowl fricassee with egg sauce. 2 fig. medley, hodgepodge.
pepitoso, sa *adj.* pippy [full of pips]. 2 VET. suffering from pip.
peplo *m.* peplum.
pepón *m.* SANDÍA.
pepónide *f.* BOT. pepo.
pepsina *f.* BIOCHEM. pepsin.
péptico, ca *adj.* peptic.
peptona *f.* BIOCHEM. peptone.
pequé, peque, etc., *pret., subj. & imper.* of PECAR.
pequeñez *f.* littleness, smallness. 2 infancy, childhood. 3 pettiness. 4 meanness; mean act. 5 trifle.
pequeñito, ta *adj. dim.* very little, tiny.
pequeño, ña *adj.* little, small. 2 petty. 3 young, of tender age. 4 low, humble. — 5 *m. & f.* child.
pequeñuelo, la *adj.* very little or young. — 2 *m. & f.* young child, baby, tot.
pera *f.* BOT. pear : *pedir peras al olmo*, fig. to expect the impossible; *poner a uno las peras a cuarto* or *a ocho*, to bring one to reason. 2 fig. sinecure. 3 imperial, goatee [beard]. 4 pear-shaped bulb [of auto horn, camera shutter, etc.]: ~ *de goma*, bulb syringe. 5 ELECT. pear-shaped switch.
perada *f.* pear jam. 2 pear brandy.

peral *m.* BOT. pear tree.
peraleda *f.* orchard of pear trees.
peralejo *m.* BOT. American tree with a bark used for tanning.
peraltar *tr.* ARCH. to stilt [an arch or vault]. 2 RLY. to give a superelevation or rise to.
peralte *m.* ARCH. height of an arch or vault above the height of the round one. 2 RLY. superelevation, rise.
peralto *m.* GEOM. height.
perantón *m.* BOT. mock cypress. 2 large fan. 3 coll. very tall person.
perborato *m.* CHEM. perborate.
perca *f.* ICHTH. perch.
percal *m.* percale.
percalina *f.* percaline.
percance *m.* unfortunate accident, mishap.
percatarse de *ref.* to notice, become aware of. 2 to consider, heed.
percebe *m.* ZOOL. goose barnacle.
percebimiento *m.* preparation, preparedness.
percepción *f.* perception. 2 percept. 3 collection, receiving [of money, rents, taxes, etc.].
perceptibilidad *f.* perceptibility.
perceptible *adj.* perceptible; perceivable. 2 collectable.
perceptiblemente *adv.* perceptibly.
perceptivo, va *adj.* perceptive.
perceptor, ra *adj.* percipient, perceiving. 2 collecting, receiving. — 3 *m. & f.* percipient. 4 collector, receiver.
percibir *tr.* to perceive. 2 to collect, receive.
percibo *m.* collection, receiving.
perclorato *m.* CHEM. perchlorate.
percloruro *m.* CHEM. perchloride.
percocería *f.* small silver work.
percuciente *adj.* percussive, percutient.
percudir *tr.* to tarnish; to soil.
percusión *f.* percussion, striking. 2 MED. percussion.
percusor *m.* percussor, striker. 2 firing pin, percussion hammer [of a firearm].
percutir *tr.* to percuss, strike.
percutor *m.* PERCUSOR 2.
percha *f.* perch [for birds to roost]. 2 perch [for falcons]. 3 pole, bar, horizontal bar. 4 hat rack, clothes rack, clothes tree. 5 TEXT. teaseling, napping, raising a nap. 6 snare [for birds]. 7 bar from which a barber's sign is suspended. 8 NAUT. log, piece of timber [for making spars]. 9 NAUT. headrail. 10 PERCA.
perchador *m.* teaseler.
perchar *tr.* to teasel, nap, raise the nap on [cloth].
perchero *m.* hat rack, clothes rack.
percherón, na *adj. & n.* Percheron [horse].
perdedero *m.* cause of loss. 2 HUNT. place where a hunted hare disappears.
perdedor, ra *adj.* losing. — 2 *m. & f.* loser.
perder *tr.* to lose : ~ *de vista*, to lose sight of; ~ *el hilo del discurso*, to lose the thread of discourse; ~ *la cabeza*, to lose one's head; ~ *el juicio*, ~ *el seso*, to lose one's mind, go out of one's mind; ~ *la paciencia*, to lose patience; ~ *la partida*, to lose the game; *pierda usted cuidado*, don't worry; *tener qué* ~, to have much to lose. 2 to mislay. 3 to forfeit. 4 to waste, squander : ~ *el tiempo*, to waste time. 5 to miss [a train, an opportunity, etc.]. 6 to ruin [bring to ruin]; to spoil. 7 ~ *el miedo*, to cease to fear. 8 ~ *el respeto a*, to cease to respect; to be disrespectful to. — 9 *intr.* to lose. 10 to lose value, credit or estimation. 11 [of a fabric] to fade, lose colour. — 12 *ref.* to lose oneself or itself. 13 to get lost, lose one's way. 14 to get lost, bewildered or perplexed. 15 to forget one's subject, to lose the thread of one's discourse. 16 to get lost, ruined, destroyed [physically or morally]; to go to the dogs. 17 to go astray, give oneself to vice. 18 [of a woman] to lose one's virtue. 19 [of fruit or crops] to be spoiled, damaged. 20 fig. to love excessively. 21 to fall into disuse. 22 to be wasted. 23 to cease to be perceptible; to disappear. 24 ~ *de vista*, to disappear, pass from view; fig. to be very clever or shrewd. ¶ CONJUG. like *entender*.
perdición *f.* perdition. 2 loss, ruin. 3 that which brings loss or ruin. 4 violent, unrestrained love.
pérdida *f.* loss : *pérdidas y ganancias*, COM. profit and loss; *estar*, or *ir, a pérdidas y ganancias*, to share profit and loss; *vender con* ~, to sell at a loss. 2 waste : ~ *de tiempo*, waste of time;

sin ~ *de tiempo*, without delay. 3 COM. shortage, shrinkage, leakage. *4* BILL. pocketing the cue ball after it has struck another.
perdidamente *adv.* madly, desperately. 2 uselessly.
perdidizo, za *adj.* supposed to be lost : *hacer* ~, to hide, conceal. 2 sneaking away : *hacerse el* ~, to sneak away, to disappear. *3 hacerse* ~, to lose designedly at cards, etc.
perdido, da *adj.* lost. 2 mislaid. 3 wasted : *tiempo* ~, wasted time. *4* fruitless, useless, vain. *5* stray : *bala perdida,* stray bullet; fig. harebrain, flighty person. *6* countersunk. *7* profligate, vicious : *mujer perdida,* wanton woman, strumpet. *8 fondo* ~, life annuity. *9 ratos perdidos,* spare, idle hours. *10 estar* ~ *por,* to be madly in love with; to be mad about. — *11 m.* profligate, vicious man. — *12 f.* harlot, strumpet.
perdidoso, sa *adj.* losing, sustaining loss. 2 easy to lose.
perdigana *f.* young partridge.
perdigar *tr.* COOK. to brown, to broil slightly. 2 fig. to prepare, make ready.
perdigón *m.* young partridge. 2 decoy partridge. *3* coll. heavy loser [in gambling]. *4* coll. young squanderer. 5 shot [pellet], bird shot; ~ *zorrero,* buckshot ; *perdigones,* shot [collect.].
perdigonada *f.* shot with bird shot. 2 wound caused by bird shot.
perdigonera *f.* pouch for shot.
perdigué, perdigue, etc., *pret., subj. & imper.* of PEDIGAR.
perdiguero, ra *adj.* partridge hunting. — *2 m.* setter [dog]. 3 partridge dealer, game dealer.
perdimiento *m.* PERDICIÓN, PÉRDIDA.
perdis, *pl.* **-dis** *m.* coll. gay blade, libertine.
perdiz, *pl.* **-dices** *f.* ORN. partridge : ~ *pardilla,* gray partridge; ~ *real,* red-legged partridge. *2* ORN. ~ *blanca,* rock ptarmigan.
perdón *m.* pardon, forgiveness, grace : *no tener* ~, *no tener* ~ *de Dios,* to be absolutely unpardonable; *con* ~, by your leave, begging pardon; *¡perdón!,* pardon!, excuse me! *2* remission [of a debt]. *3* coll. burning drop of oil, wax, etc.
perdonable *adj.* pardonable.
perdonador, ra; perdonante *adj.* forgiving. — *2 m. & f.* forgiver.
perdonar *tr.* to pardon, forgive. 2 to remit [a debt]. *3* to exempt, spare. *4* to excuse. 5 *no* ~, not to pardon; not to omit; not to spare; not to miss : *no* ~, *detalle,* not to omit a detail ; *no* ~ *gastos,* not to spare expense; *no* ~ *ocasión de,* not to miss any opportunity of.
perdonavidas, *pl.* **-das** *m.* bully, hector.
perdulario, ria *m. & f.* careless, sloppy person. 2 vicious person, good-for-nothing.
perdurable *adj.* everlasting. 2 long-lasting.
perdurablemente *adv.* everlastingly.
perdurar *tr.* to last, to last long.
perecear *tr.* coll. to put off, delay [out of laziness, indolence or carelessness].
perecedero, ra *adj.* perishable, not lasting, mortal. — *2 m.* extreme want.
perecer *intr.* to perish, come to an end, die. 2 to perish [suffer spiritual death]. 3 to be in great want. — *4 ref. perecerse por,* to crave for, pine for, be dying for, be mad about, be very fond of. *5 perecerse de,* to be dying of [laughter, etc.]. ¶ CONJUG. like *agradecer.*
pereciente *adj.* perishing, dying.
perecimiento *m.* perishing, end, death.
pereda *f.* orchard of pear trees.
peregrinación *f., peregrinaje m.* peregrination. *2* pilgrimage [pilgrim's journey]. *3* fig. pilgrimage [mortal life viewed as a journey].
peregrinamente *adv.* rarely, strangely, curiously, extraordinarily. 2 wonderfully.
peregrinante *adj.* peregrinating, travelling. — *2 m. & f.* peregrinator, traveller.
peregrinar *intr.* to peregrinate, travel, roam. 2 to pilgrim, to go as a pilgrim. *3* fig. to journey through life.
peregrinidad *f.* rareness, strangeness.
peregrino, na *adj.* wandering, traveling. 2 journeying through life. 3 of passage, migratory [bird]. *4* going on a pilgrimage. 5 rare, strange, singular, extraordinary. 6 perfect, wonderful. — *7 m. & f.* pilgrim; palmer.
perejil, *pl.* **-les** *m.* BOT. parsley : ~ *de mar,* or *marino,* samphire; ~ *de monte,* mountain parsley;

~ *de perro,* fool's parsley. *2 pl.* coll. frippery, showy ornaments. *3* coll. handles [titles, etc.].
perejila *f.* a card game.
perenal *adj.* PERENNAL.
perencejo, ja *m. & f.* PERENGANO.
perendeca *f.* harlot, strumpet.
perendengue *m.* earring, eardrop. 2 bauble, trinket, gewgaw.
perene *adj.* PERENNE.
perengano, na *m. & f.* So-and-So.
perennal *adj.* PERENNE.
perennalmente *adv.* PERENNEMENTE.
perenne *adj.* perennial, perpetual. 2 BOT. perennial.
perennemente *adv.* perennially.
perennidad *f.* perenniality.
perentoriamente *adv.* LAW peremptorily. 2 pressingly, urgently.
perentoriedad *f.* peremtoriness. 2 urgency, being pressing.
perentorio, ria *adj.* peremptory, decisive. 2 urgent, pressing.
pereza *f.* laziness, sloth. 2 slowness [in actions or motion].
perezco, perezca, etc., *irr.* V. PERECER.
perezosamente *adv.* lazily, slothfully, slowly.
perezoso, sa *adj.* lazy, slothful, idle, indolent, slow, heavy. — *2 m.* ZOOL. sloth.
perfección *f.* perfection : *a la* ~, perfectly, to perfection.
perfeccionamiento *m.* perfection [making perfect] ; improvement; finish.
perfeccionar *tr.* to perfect; to improve.
perfectamente *adv.* perfectly.
perfectibilidad *f.* perfectibility.
perfectible *adj.* perfectible.
perfectivo, va *adj.* perfective.
perfecto, ta *adj.* perfect. 2 GRAM. perfect [tense].
perficiente *adj.* perfecting.
pérfidamente *adv.* perfidiously.
perfidia *f.* perfidy.
pérfido, da *adj.* perfidious, treacherous. — *2 m. & f.* perfidious person.
perfil, *pl.* **perfiles** *m.* profile [side view, contour, outline] : ~ *aerodinámico,* AER. streamline; *de* ~, in profile. 2 ARCH., GEOM. profile, cross section. *3* thin stroke [of pen] ; upstroke [of letters]. *4 pl.* finishing touches. 5 niceties, courtesies, fuss [in social behaviour].
perfilado, da *adj.* in profile. 2 outlined. 3 finished, complete. *4* long and thin [face]. 5 well-formed [nose].
perfiladura *f.* profiling. 2 outlining. 3 profile, outline.
perfilar *tr.* to profile. 2 to outline. 3 to make fine strokes in, to make [strokes] fine. *4* to perfect, give a finish. — *5 ref.* to show one's profile, to stand sideways. 6 coll. to adorn. oneself, to make up.
perfoliado, da *adj.* BOT. perfoliate. — *2 f.* PERFOLIATA.
perfoliata *f.* BOT. hare's ear.
perfolla *f.* husk of Indian corn, *cornhusk.
perforación *f.* perforation, drilling, boring. 2 hole.
perforador, ra *adj.* perforating, drilling. — *2 m. & f.* perforator, driller. — *3 f.* hammer drill, piston drill, rock drill.
perforar *tr.* to perforate, bore.
perfumadero *m.* perfuming pan.
perfumado, da *adj.* perfumed. 2 odoriferous.
perfumador, ra *adj.* perfuming. — *2 m. & f.* perfumer. *3 m.* perfuming pan. 4 perfume atomizer.
perfumar *tr.* to perfume.
perfume *m.* perfume. 2 odour, fragrance.
perfumear *tr.* PERFUMAR.
perfumería *f.* perfumery. 2 perfumer's shop.
perfumero, ra; perfumista *m. & f.* perfumer.
perfunctoriamente *adv.* perfunctorily.
perfunctorio, ria *adj.* perfunctory.
perfusión *f.* perfusion.
pergaminero *m.* parchment maker or seller.
pergamino *m.* parchment, vellum [skin prepared for writing on; manuscript written on this]. *2 pl.* nobiliary antecedents of a family or person.
pergenio *m.* PERGEÑO.
pergeñar *tr.* to prepare, do, make, write.
pergeño *m.* coll. appearance, looks.
pérgola *f.* pergola. 2 roof garden.
peri *f.* MYTH. peri.
periantio *m.* BOT. perianth.
pericardio *m.* ANAT. pericardium.
pericarditis *f.* MED. pericarditis.

pericarpio *m.* BOT. pericarp.
pericia *f.* expertness, skill.
pericial *adj.* expert's: *dictamen* ~, expert's report.
pericialmente *adv.* as an expert. 2 by experts.
periclitar *tr.* to be in danger. 2 to decline, decay.
Perico *m. pr. n.* coll. Peter. 2 ~ *de los palotes*, ~ *el de los palotes*, John Doe, So-and-So, a fictious or unspecified person. 3 ~ *entre ellas*, lady's man.
perico *m.* ORN. parakeet. 2 large fan. 3 large asparagus. 4 coll. chamber pot. 5 NAUT. mizzentopgallant mast or sail. 6 queen of clubs [at the game of *truque*]. 7 formerly, an ornamental periwig. 8 ZOOL. ~ *ligero*, sloth.
pericón, na *adj.* fit for all uses [horse, mule]. — 2 *m.* large fan. 3 queen of clubs [in the game of *quinolas*]. 4 a popular Argentinean dance and its tune.
pericráneo *m.* ANAT. pericranium.
peridoto *m.* MINER. peridot.
perieco, ca *adj.* periœcic. — 2 *m. pl.* GEOGR. periœci.
periferia *f.* periphery.
periférico, ca *adj.* peripheric.
perifollo *m.* BOT. chervil: ~ *oloroso*, sweet cicely. 2 *pl.* ribbons, finery, frippery.
perifrasear *tr.* to periphrase.
perífrasi, perífrasis, *pl.* -sis *f.* RHET. periphrasis.
perifrástico, ca *adj.* periphrastic.
perigallo *m.* loose skin hanging from the chin. 2 bright-coloured hair ribbon formerly worn by women. 3 coll. tall, lanky person. 4 NAUT. topping lift.
perigeo *m.* ASTR. perigee.
perigonio *m.* BOT. perigone.
perihelio *m.* ASTR. perihelion.
perilustre *adj.* very or most illustrious.
perilla *f.* pear-shaped ornament. 2 goatee, imperial [beard]. 3 pommel [of saddlebow]. 4 lobe [of the ear]. 5 *de* ~, *de perillas*, coll. apropos, to the purpose, to the point.
perillán *m.* rascal, sly fellow, sly dog.
perimétrico, ca *adj.* perimetric, perimetrical.
perímetro *m.* perimeter.
perimisio *m.* ANAT. perimysium.
perínclito, ta *adj.* most illustrious.
perineo *m.* ANAT. perineum.
perinola *f.* teetotum. 2 pear-shaped ornament. 3 coll. lively little woman.
periódicamente *adv.* periodically.
periodicidad *f.* periodicity.
periódico, ca *adj.* periodic, periodical. — 2 *m.* periodical, journal, newspaper.
periodismo *m.* journalism.
periodista *m. & f.* journalist, newspaperman, newspaperwoman.
periodístico, ca *adj.* journalistic.
período *m.* period, age, epoch. 2 period [portion of time determined by some recurring phenomenon]. 3 CHRON., MATH., PHYS., MED. period. 4 RHET. period [complete sentence]. 5 menses, periods.
periostio *m.* ANAT. periosteum.
periostitis *f.* MED. periostitis.
peripatético, ca *adj. & n.* Peripatetic, Aristotelian. — 2 *adj.* coll. ridiculous, wild [in his opinions].
peripato *m.* Peripateticism.
peripecia *f.* peripeteia, peripetia, vicissitude, incident.
periplo *m.* periplus.
períptero, ra *adj.* ARCH. peripteral.
peripuesto, ta *adj.* coll. spruce, smart, elaborately dressed.
periquear *tr.* [of a woman] to take too much liberty.
periquete *m.* coll. jiffy, instant: *en un* ~, in a jiffy.
Periquito *m. pr. n.* coll. Peter.
periquito *m.* ORN. parakeet.
periscio, cia *adj.* periscian. — 2 *m. pl.* GEOG. periscii.
periscópico, ca *adj.* periscopic.
periscopio *m.* periscope.
perisodáctilo, la *adj. & n.* ZOOL. perissodactyl.
perista *m.* coll. fence [receiver of stolen goods].
peristáltico, ca *adj.* peristaltic.
peristilo *m.* ARCH. peristyle.
perístole *f.* PHYSIOL. peristole, peristalsis.
perita *f. dim.* small pear.
peritación *f.* examination or appraisal by experts.
peritaje *m.* PERITACIÓN. 2 one of the degrees to be obtained in some technical schools.

perito, ta *adj.* skilful, skilled, expert. — 2 *m.* expert, connoisseur. 3 one holding the degree called PERITAJE.
peritoneal *adj.* ANAT. peritoneal.
peritoneo *m.* ANAT. peritoneum.
peritonitis *f.* MED. peritonitis.
perjudicador, ra *adj.* harmful, damaging, injurious. — 2 *m. & f.* harmer, injurer.
perjudicante *adj.* harmful, damaging, injuring.
perjudicar *tr.* to hurt, damage, injure, impair, prejudice.
perjudicial *adj.* harmful, injurious, prejudicial, detrimental.
perjudicialmente *adv.* harmfully, injuriously.
perjudiqué, perjudique, etc., *pret., subj. & imper.* of PERJUDICAR.
perjuicio *m.* harm, damage, injury, prejudice, detriment: *en* ~ *de*, to the prejudice or detriment of; *sin* ~ *de*, without prejudice of.
perjurador, ra *m. & f.* perjurer, forswearer.
perjurar *intr. & ref.* to commit perjury, to perjure or forswear oneself. — 2 *intr.* to swear, be profane.
perjurio *m.* perjury.
perjuro, ra *adj.* perjured, forsworn. — 2 *m. & f.* perjurer, forswearer.
perla *f.* JEWEL. pearl. 2 pearl-like thing [dew-drop, tear, tooth, etc.]. 3 fig. pearl, jewel [person or thing]. 4 PHARM., PRINT. pearl. 5 *de perlas*, excellent, apropos, fitting the case.
perlado, da *adj.* pearled [covered with pearls or drops]. 2 *cebada perlada*, pearl barley.
perlático, ca *adj.* palsied, paralyzed. — 2 *m. & f.* paralytic; affected with shaking palsy.
perlería *f.* collection of pearls.
perlesía *f.* MED. palsy, shaking palsy; paralysis.
perlezuela *f. dim.* small pearl.
perlino, na *adj.* pearly, pearl-coloured.
perlita *f.* small pearl. 2 MINER. phenolite.
perlongar *intr.* NAUT. to sail along the coast. 2 NAUT. to pay out a cable.
perlongué, perlongue, etc., *pret., subj. & imper.* of PERLONGAR.
permanecer *intr.* to remain, stay [in some place or condition], to last, endure. ¶ CONJUG. like *agradecer*.
permaneciente *adj.* permanent.
permanencia *f.* stay, sojourn. 2 permanence, permanency, duration, fixedness, stability.
permanente *adj.* permanent. — 2 *f.* permanent wave [in hair].
permanentemente *adv.* permanently.
permanezco, permanezca, etc., *irr.* V. PERMANECER.
permanganato *m.* CHEM. permanganate.
permeabilidad *f.* permeability.
permeable *adj.* permeable.
pérmico, ca *adj. & m.* GEOL. Permian.
permisible *adj.* permissible.
permisión *f.* permission, leave, licence, permit.
permisivamente *adv.* permissively.
permisivo, va *adj.* permissive.
permiso *m.* permission, leave, licence, license, permit: ~ *de conducir*, AUTO. drive's licence; *con su* ~, by your leave; *con* ~!, excuse me! 2 leave of absence, furlough. 3 tolerance [in coinage].
permisor, ra *adj.* PERMITIDOR.
permistión *m.* mixture, concoction.
permitente *adj.* permitting, allowing.
permitidero, ra *adj.* permissible.
permitidor, ra *adj.* permitting, allowing. — 2 *m. & f.* permitter, allower.
permitir *tr.* to permit, allow, grant leave for: *no se permite fumar*, no smoking. 2 to permit, tolerate, consent; to admit of. — 3 *ref.* to permit oneself, to take the liberty [to]. 4 *poder permitirse*, to be able to afford.
permuta *f.* barter, exchange, permutation.
permutable *adj.* exchangeable, permutable.
permutación *f.* interchange, exchange, barter, permutation. 2 MATH. permutation.
permutar *tr.* to interchange, exchange, barter. 2 MATH. to permute.
pernada *f.* blow with the leg. 2 shake of the leg. 3 NAUT. leg, branch [of an object].
pernaza *f. aug.* big leg.
perneador *adj.* strong-legged.
pernear *intr.* to kick, shake the legs. 2 to hustle. 3 to fret, worry.
pernera *f.* leg [of trousers].
pernería *f.* NAUT. stock of bolts.

pernetas (en) *adv.* bare-legged.
perniabierto, ta *adj.* bowlegged.
perniciosamente *adv.* perniciously.
pernicioso, sa *adj.* pernicious, harmful, injurious.
pernigón *m.* Genoese preserved plum.
pernil *m.* ham [thigh and buttock of an animal]. 2 leg [of trousers].
pernio *m.* door or window hinge.
perniquebrar *tr.* to break the leg or legs of. — 2 *ref.* to break one's leg or legs. ¶ CONJUG. like *acertar*.
perniquiebro, perniquiebre, etc., *irr.* V. PERNIQUE-BRAR.
pernituerto, ta *adj.* crooked-legged.
perno *m.* bolt [headed metal pin for holding things together]. 2 hook [of a door-hinge].
pernoctar *intr.* to pass the night, to stop for the night.
pero *advers. conj.* but, yet, and yet. 2 It is used for emphasis at the begining of some sentences [not translated] : ~ ¿*dónde vas?,* where are you going? ; ~ *¡qué buen vino es éste!,* what a good wine !, this is a good wine ! — 3 *m.* but, objection, fault : *póner peros a,* to make objections to, to find fault with; *sin un* ~. faultless. 4 BOT. a variety of apple and apple tree.
perogrullada *f.* truism, platitude.
Perogrullo *verdad de* ~, *f.* PEROGRULLADA.
perojo *m.* BOT. a little round pear.
perol *m.* cooking copper or kettle in form of hemisphere.
peroné *m.* ANAT. fibula.
peroración *f.* peroration. 2 oration, harangue, discourse, speech.
perorar *intr.* to perorate, declaim, speak at length, deliver a speech.
perorata *f.* coll. tiresome speech.
peróxido *m.* CHEM. peroxide.
perpendicular *adj. & f.* GEOM. perpendicular.
perpendicularidad *f.* perpendicularity.
perpendicularmente *adv.* perpendicularly.
perpendículo *m.* plumb bob, plumb line. 2 GEOM. altitude [of a triangle]. 3 MECH. pendulum.
perpetración *f.* perpetration.
perpetrador, ra *m. & f.* perpetrator.
perpetrar *tr.* to perpetrate.
perpetua *f.* BOT. *perpetua* or ~ *amarantina* or ~ *encarnada,* globe amaranth. 2 BOT. ~ *amarilla,* everlasting flower, straw flower.
perpetuación *f.* perpetuation.
perpetuamente *adv.* perpetually.
perpetuán *m.* everlasting, durance [cloth].
perpetuar *tr.* to perpetuate. — 2 *ref.* to be perpetuated ; to continue unceasingly.
perpetuidad *f.* perpetuity [quality of being perpetual].
perpetuo, tua *adj.* perpetual, everlasting.
perpiaño *m.* ARCH. bondstone, perpend.
Perpiñán *pr. n.* GEOG. Perpignan.
perplejamente *adv.* perplexedly, irresolutely.
perplejidad *f.* perplexity, hesitation, irresolution.
perplejo, ja *adj.* perplex, doubtful, hesitating, irresolute.
perpunte *m.* pourpoint [quilted doublet].
perquirir *tr.* to seek out, investigate.
perra *f.* bitch [female dog]. 2 coll. drunk, drunkenness, drunken fit. 3 coll. child's rage or fit of temper. 4 coll. ~ *chica,* five-centime copper coin ; ~ *gorda* or *grande,* ten-centime copper coin.
perrada *f.* pack of dogs. 3 coll. dirty trick, mean action.
perramente *adv.* very badly, wretchedly.
perrazo *m. aug.* large dog.
perrengue *m.* coll. irascible fellow. 2 coll. Negro.
perrera *f.* doghouse, kennel. 2 RLY. dog-box. 3 coll. drudgery. 4 coll. bad pay. 5 coll. child's rage or fit of temper.
perrería *f.* dogs [collect.]. 2 coll. pack of wicked people. 3 coll. display of temper. 4 coll. dirty trick, mean action. 5 coll. insult, abuse.
perrero *m.* beadle who keeps dogs out of the church. 2 houndman, keeper of the dogs. 3 dog fancier. 4 dogcatcher.
perrezno, na *m. & f.* whelp, puppy [young dog].
perrilla *f. dim.* little bitch [female dog]. 2 coll. five-centime copper coin.
perrillo *m. dim.* little dog : ~ *de falda,* lap dog. 2 trigger, hammer, cock [of firearm].
perro, rra *adj.* hard, wretched. 2 wicked. 3 (Am.) rash, stubborn. 4 (Am.) selfish, mean, stingy. — 5 *m.* ZOOL. dog : ~ *alano,* kind of wolfdog ; ~ *braco,* setter, pointer ; ~ *cobrador,* retriever ;

~ *dálmata,* coach dog ; ~ *de aguas,* ~ *de lanas,* poodle ; water spaniel ; ~ *del hortelano,* fig. dog in the manger ; ~ *de muestra,* pointer ; ~ *de presa,* bulldog ; ~ *de Terranova,* Newfoundland dog ; ~ *dogo,* bulldog ; ~ *faldero,* lap dog ; ~ *galgo,* greyhound ; ~ *gozque,* a little yapping dog ; ~ *lebrel,* whippet ; ~ *lebrero,* hare dog ; ~ *mastín,* mastiff ; ~ *pachón,* a kind of setter ; ~ *perdiguero,* setter ; ~ *podenco,* hound ; ~ *raposero,* foxhound ; ~ *rastrero,* trackhound ; ~ *sabueso,* bloodhound ; ~ *tomador,* retriever ; ~ *viejo,* fig. cautious, experienced person, old hand ; ; *a otro* ~ *con este hueso,* coll. tell that to the marines. 6 fig. dog [mean, worthless fellow]. 7 coll. ~ *chico,* PERRA CHICA ; ~ *grande,* PERRA GORDA.
perroquete *m.* NAUT. topgallant mast.
perruno, na *adj.* [pertaining to] dog, canine. — 2 *f.* dog bread, dog cake.
persa *adj. & n.* Persian.
persecución *f.* pursuit, hunt, chase. 2 pursuit [seeking after, aiming at]. 3 persecution. 4 harassing, importuning.
persecutorio, ria *adj.* persecutory, persecutive.
perseguidor, ra *adj.* pursuing. 2 persecuting. — 3 *m. & f.* pursuer. 4 persecutor.
perseguimiento *m.* pursuing, pursuit.
perseguir *tr.* to pursue, hunt, chase. 2 to pursue, seek after, aim at. 3 to persecute. 4 to harass, importune. ¶ CONJUG. like *servir.*
Perseo *m. pr. n.* ASTR., MYTH. Perseus.
persevante *m.* pursuivant at arms.
perseverancia *f.* perseverance.
perseverante *adj.* perseverant, persevering.
perseverantemente *adv.* perseveringly.
perseverar *intr.* to persevere.
persiano, na *adj. & n.* Persian. — 2 *f.* flowered silk stuff. 3 Persian blind ; Venetian blind. 4 *pl.* persiennes.
persicaria *f.* BOT. persicary, *lady's thumb.
pérsico, ca *adj.* Persian. — 2 *m.* BOT. peach [tree and fruit].
persignar *tr.* to cross [make the sign of cross upon a person]. — 2 *ref.* to cross oneself. 3 fig. to make the first sale of the day.
persigo, persiguió, persiga, etc., *irr.* V. PERSEGUIR.
pérsigo *m.* PÉRSICO.
persistencia *f.* persistence, persistency.
persistente *adj.* persistent, persisting. 2 BOT. persistent.
persistir *intr.* to persist : ~ *en,* to persist in. 2 to endure, last long.
persona *f.* person [individual human being ; individual personality ; one's body, figure or outward appearance] : *hacer de su* ~, coll. to ease the body ; *en* ~, in person ; *en la* ~ *de,* in the person of ; *por su* ~, in person. 2 personage. 3 excellent man. 4 LAW person : ~ *jurídica,* artificial person. 5 THEOL., GRAM. person. 6 *pl.* people : *pocas personas,* few people ; *miles de personas,* thousands of people.
personada *adj.* BOT. personate [corolla].
personaje *m.* personage [person of rank or importance]. 2 personage, character [in play, etc.].
personal *adj.* personal [one's own, private ; done, made, etc., in person]. — 2 *m.* personnel, staff. 3 personnel or staff expenses.
personalicé, personalice, etc., *pret., subj. & imper.* of PERSONALIZAR.
personalidad *f.* personality. 2 person of note or distinction. 3 LAW legal capacity.
personalismo *m.* personality, personal remark.
personalizar *intr.* to personalize, become personal. — 2 *tr.* GRAM. to make [an impersonal verb] personal.
personalmente *adv.* personally, in person.
personarse *ref.* to go, betake oneself, call, appear personally. 3 LAW to appear as as party. 4 to meet, have an interview.
personificación *f.* personification.
personificar *tr.* to personify.
personifiqué, personifique, etc., *pret., subj. & imper.* of PERSONIFICAR.
personilla *f. dim.* little person. 2 queer little person.
perspectiva *f.* perspective. 2 prospect, view, outlook. 3 deceptive appearance. 4 *pl.* prospect, prospects, outlook [probability for the future].
perspectivo *m.* expert in perspective.
perspicacia, perspicacidad *f.* perspicaciousness, perspicacity. 2 keen sight.

PERSONAL PRONOUNS / PRONOMBRES PERSONALES

Subject pronouns

Person	Singular	Plural
1st	yo	nosotros, nosotras, nos
2nd	usted, tú	ustedes, vosotros, vosotras, vos
3rd	él, ella	ellos, ellas

- The subject pronoun in Spanish is used only for emphasis or to prevent ambiguity. When neither of these reasons for its use exists, its presence in the sentence makes the style heavy and should be avoided.

- Usted and ustedes are technically second person pronouns used out of courtesy. However, they take the verb in the third person.

- Nos is used by kings, bishops, etc. in their writings or proclamations in the same way as the English *royal we* and *us*. Nosotros is used by writers in the same way as the *editorial we* in English.

- Vos is used to address God, a saint, a king, etc. In some American countries tú is used.

Object pronouns

Direct Object Pronouns

Person	Singular	Plural
1st	me	nos
2nd	te, le, lo, la	os, los, las
3rd	le, lo, la	los, las

Indirect Object Pronouns (without a preposition)

Person	Singular	Plural
1st	me	nos
2nd	te, le	os, les
3rd	le	les

Object Pronouns (with a preposition)

Person	Singular	Plural
1st	mí	nosotros, nosotras
2nd	usted, ti	ustedes, vosotros, vosotras
3rd	él, ella, sí	ellos, ellas, sí

- Sí is equivalent to *himself, herself, itself,* and *themselves* relating to the subject of the sentence: esto es malo de sí, this is bad in itself; habla de sí mismo, he speaks of himself.

- When the indirect object pronouns le and les must precede another third person pronoun, they are replaced by se. Incorrect: le lo mandaron, les las quitaron. Correct: se lo mandaron, se las quitaron.

Reflexive Pronouns

Person	Singular	Plural
1st	me	nos
2nd	te	os
3rd	se	se

- **Se** may also be:
  —An indication of the passive voice. (See *PASSIVE VOICE.)
  —An impersonal subject equivalent to the English *one, you, they, people:* **se** habló de todo, they talked about everything. However, when the verb is reflexive, **se** cannot be used this way. Instead, **uno, alguno,** or **alguien** may be substituted as the impersonal subject.

Observations:

- When the verb is a gerund or a form of the imperative or infinitive mood, the object pronoun or pronouns are placed after the verb: diciéndolo, dámelo, observarnos. In compound tenses, they are placed after the auxiliary verb: habiéndome dado, haberos comprendido.
  When the gerund or infinitive is subordinate to another verb, the pronouns may pass to the main verb: quieren molestarte or te quieren molestar; iban diciéndolo or lo iban diciendo.

- Direct and indirect object pronouns may be placed before or after the verb when the verb is in the indicative, subjunctive, or conditional mood. In everyday language, it is usual to place them before the verb.

- When there are two object pronouns, the indirect precedes the direct, and a reflexive pronoun precedes another pronoun: **me lo** dio, **se las** prometí.

- Object pronouns that follow the verb are incorporated into the verb: **diciéndolo, molestarte.**
  Sometimes in this union, the final letter of the verb must be dropped to avoid a metaplasm: correct: **unámonos,** incorrect: **unamosnos;** correct: **sentaos,** incorrect: **sentados.**

Order of placement
When two or more pronouns accompany the verb, either preceding or following it, the second person pronoun is placed before the first person pronoun, and this before the third person pronoun. The pronoun **se** always precedes the others. (**Te me** quieren arrebatar. **Nos lo** ofrecen. **Se te** conoce en la cara.)

---

perspicaz, *pl.* **-caces** *adj.* keen-sighted. 2 perspicacious.
perspicazmente *adv.* perspicaciously.
perspicuamente *adv.* perspicuously.
perspicuidad *f.* perspicuity.
perspicuo, cua *adj.* perspicuous.
persuadidor, ra *adj.* persuading. — 2 *m. & f.* persuader.
persuadir *tr.* to persuade. — 2 *ref.* to persuade oneself, to become persuaded or convinced.
persuasible *adj.* credible, plausible.
persuasión *f.* persuasion, conviction.
persuasiva *f.* persuasiveness.
persuasivo, va *adj.* persuasive.
persuasor, ra *m. & f.* persuader.
pertenecer *intr.* to belong, appertain, pertain, concern. 2 to be incumbent [on]. ¶ CONJUG. as *agradecer.*
pertenecido *m.* PERTENENCIA.
perteneciente *adj.* belonging, appertaining, pertaining.
pertenencia *f.* belonging, ownership, possession, property. 2 appurtenance, accessory. 3 province, domain. 4 MIN. claim.
pértica *f.* perch [measure of length].
pértiga *f.* long pole or rod; staff, verge. 2 SPORT pole [used in pole vault]. 3 PÉRTICA.
pertigal *f.* long pole or rod.
pértigo *m.* pole, tongue [of cart or wagon].
pertiguería *f.* office of a verger.
pertiguero *m.* verger.
pertinacia *f.* pertinacity.
pertinaz *adj.* pertinacious.
pertinazmente *adv.* pertinaciously.
pertinencia *f.* pertinence, pertinency, fitness, relevancy.
pertinente *adj.* pertinent, apt, fitting, appropriate, relevant. 2 LAW concerning or pertaining to the case.
pertinentemente *adv.* pertinently, appropriately, fittingly.
pertrechar *tr.* to supply, provide, equip. — 2 *ref.* to provide oneself [for some action or undertaking].
pertrechos *m. pl.* MIL. supplies, stores. 2 tools, implements [for a work or operation].
perturbable *adj.* perturbable.

perturbación *f.* perturbation, disturbance. 2 unsettlement, disorder : ~ *mental,* mental disorder.
perturbadamente *adv.* disturbedly, confusedly.
perturbado, da *adj.* perturbed, disturbed. 2 insane. — 3 *m. & f.* insane person, lunatic.
perturbador, ra *adj.* perturbing, disturbing. — 2 *m. & f.* perturber, disturber.
perturbar *tr.* to perturb, disturb, unsettle. 2 to disconcert, confuse. — 3 *ref.* to be disturbed, unsettled.
peruanismo *m.* Peruvianism.
peruano, na *adj. & n.* Peruvian.
peruétano *m.* BOT. a wild pear tree and its fruit. 2 pointed projection or tip.
perulero, ra *adj. & n.* Peruvian. — 2 *m. & f.* person who has returned wealthy from Peru. — 3 *m.* narrow-bottomed, bulging jug with a narrow mouth.
Perusa *pr. n.* GEOG. PERUGIA, PERUGIA.
peruviano, na *adj. & n.* Peruvian.
perversamente *adv.* perversely, wickedly.
perversidad *f.* perversity, wickedness.
perversión *f.* perversion, perverting, corrupting. 2 perversion, wickedness, depravation, corruption.
perverso, sa *adj.* perverse, wicked, depraved.
pervertidor, ra *adj.* perverting, depraving, corrupting. — 2 *m. & f.* perverter, depraver, corrupter.
pervertimiento *m.* perversion, perverting, corrupting.
pervertir *tr.* to pervert, garble. 2 to pervert, lead astray, deprave, corrupt. — 3 *ref.* to become perverted. ¶ CONJUG. as *hervir.*
pervigilio *m.* sleeplessness, wakefulness.
pervierto, pervirtió, pervierta, etc., *irr.* V. PERVERTIR.
pervulgar *tr.* to divulge. 2 to proclaim.
pesa *f.* weight [for scales] ; clock weight : *pesas y medidas,* weights and measures; *según caigan, or cayeren, las pesas,* according to circumstances. 2 GYMN. dumbbell.
pesacartas, *pl.* **-tas** *m.* letter scales.
pesada *f.* weighing [quantity weighed at one time].
pesadamente *adv.* heavily. 2 cumbrously. 3 tiresomely, annoyingly. 4 slowly, tardily. 5 clumsily.
pesadez *f.* heaviness. 2 burdensomeness. 3 tiresomeness, importunity. 4 irksomeness. 5 drowsi-

ness. 6 sultriness. 7 slowness. 8 clumsiness. 9 annoyance. 10 obesity. 11 PHYS. gravity.

pesadilla *f.* nightmare.

pesado, da *adj.* heavy [of great weight; of great specific gravity]. 2 heavy [industry]. 3 heavy, burdensome, fatiguing, hard to endure or accomplish. 4 irksome, annoying, vexatious. 5 tiresome, boring, importunate. 6 clumsy. 7 heavy [style; artistic or literary work]. 8 slow, sluggish, tardy. 9 offensive [word]. 10 deep [sleep]. 11 drowsy. 12 heavy, sultry, stuffy, oppressive. 13 obese, fat, corpulent. — 14 *m. & f.* bore, tiresome person.

pesador, ra *m. & f.* weigher.

pesadumbre *f.* sorrow, grief, regret. 2 heaviness, weight.

pesalicores, *pl.* -res *m.* hydrometer.

pésame *m.* condolences : *dar el* ⁓, to present one's condolences.

pesante *adj.* weighing, having weight. 2 regretful. — 3 *m.* weight of half a drachm.

pesantez *f.* PHYS. gravity.

1) **pesar** *m.* sorrow, grief. 2 regret, repentance. 3 *a* ⁓ *de,* in spite of, with all, notwithstanding : in the face of : *a* ⁓ *de su experiencia,* with all his experience ; *a* ⁓ *de todo,* for all that, nevertheless ; come what may ; *a mi* ⁓, *a* ⁓ *mío,* in spite of me, against my will.

2) **pesar** *tr.* to weigh, scale [ascertain the weight of]. 2 to weigh [consider, ponder in the mind]. — 3 *intr.* to weigh [have weight or a certain weight], to scale. 4 to weigh [on or upon]. 5 to weigh [carry weight, be of importance, have influence]. 6 to cause sorrow, regret or repentance : *me pesa haber venido,* I regret my having come ; *esto le pesará,* you'll be sorry for it. 7 *pese a,* in spite of. 8 *mal que le pese,* whether you like it or not. 9 *pese a quien pese,* whatever anybody says or does.

pesario *m.* SURG. pessary.

pesaroso, sa *adj.* sorry, regretful, repentant. 2 sorrowful, sad.

pesca *f.* fishing. 2 angling. 3 catch [fish caught]. 2 salted codfish.

pescada *f.* MERLUZA 1.

pescadería *f.* fish market.

pescadero, ra *m. & f.* fishmonger.

pescadilla *f.* ICHTH. a kind of hake, codling; whiting.

pescado *m.* fish [caught]. 2 salted codfish.

pescador, ra *adj.* fishing. — 2 *m. & f.* fisher : ⁓ *de caña,* angler. — 3 *m.* fisherman. 4 ICHTH. angler. — 5 *f.* fisherwoman.

pescante *m.* coach box. 2 AUTO. front seat. 3 projecting piece or bar from which something is suspended. 4 NAUT. davit.

pescar *tr.* to fish, catch [fish]. 2 to fish, draw [something out of water]. 3 to catch, take. 4 to detect, surprise, catch [someone doing something, in a lie, etc.]. 5 coll. to get, obtain. — 6 *intr.* to fish, angle [catch or try to catch fish] : ⁓ *en río revuelto,* to fish in troubled waters.

pescozada *f.,* **pescozón** *m.* slap in the neck. 2 slap on the head.

pescozudo, da *adj.* thick-necked.

pescuezo *m.* neck [part of body] : *apretar* or *estirar el* ⁓ *a.* coll. to hang [suspend on gibbet, etc.] ; *torcer el* ⁓ *a,* coll. to kill by twisting the neck ; *torcer uno el* ⁓, coll. to die. 2 fig. haughtiness : *tener* ⁓, to be haughty.

pescuño *m.* coulter wedge [in plough].

pesebre *m.* crib, rack [manger for cattle, horses, etc.].

pesebrejo *m. dim.* small crib or manger. 2 alveolus of horses' teeth.

pesebrera *f.* row of racks in a stable.

pesebrón *m.* boot [of a coach].

peseta *f.* peseta [monetary unit of Spain] : *cambiar la* ⁓, coll. to get sick and vomit.

pésete *m.* curse, imprecation.

¡pesia! *interj.* confound it !

pesiar *intr.* to utter curses or imprecations.

pesillo *m.* small scales for weighing coin.

pésimamente *adv.* very badly, wretchedly.

pesimismo *m.* pessimism.

pesimista *adj.* pessimistic. — 2 *m. & f.* pessimist.

pésimo, ma *adj.* very bad, very poor, wretched.

peso *m.* weight [of bodies], heaviness, gravity : ⁓ *atómico,* PHYS. atomic weight ; ⁓ *bruto,* COM. gross weight ; ⁓ *específico,* PHYS. specific

gravity ; ⁓ *molecular,* PHYS. molecular weight ; ⁓ *neto,* COM. net weight ; *caerse una cosa de su* ⁓, fig. to be self-evident, to go without saying ; *a* ⁓ *de oro,* at a very high price ; *de su* ⁓, naturally. 2 weighing. 3 balance, scales. 4 due weight. 5 weight [importance, moment, convincing effect, influence] : *razones de mucho* ⁓, considerations of vast weigh. 6 judgement, good sense : *hombre de* ⁓, wise, sensible man. 7 weigh, load : ⁓ *muerto,* dead weight ; AER. dead load. 8 weight, burden [of responsibility, etc.]. 9 BOX. weight : ⁓ *gallo,* bantamweight ; ⁓ *ligero,* lightweight ; ⁓ *mediano* or *medio,* middleweight ; ⁓ *medio ligero,* welterweight ; ⁓ *mosca,* flyweight ; ⁓ *fuerte* or *pesado,* heavyweight. 10 peso [Spanish American monetary unit] : ⁓ *duro* or *fuerte,* duro [Spanish coin worth 5 pesetas]. 11 *tomar una cosa en* ⁓, to lift, *heft [a thing] to guess its weight ; to weight [ponder in the mind]. 12 *en* ⁓, suspended in the air ; in a body ; bodily, entirely ; undecided.

pésol *m.* GUISANTE.

pespuntador, ra *m. & f.* SEW. backstitcher.

pespuntar *tr.* SEW. to backstitch.

pespunte *m.* SEW. backstitch.

pesqué, pesque, etc., *pret., subj. & imper.* of PESCAR.

pesquera *f.* fishery, fishing grounds.

pesquería *f.* fishery, fishing, fishing trade. 2 fishery, fishing grounds.

pesquis *m.* acumen, penetration.

pesquisa *f.* inquiry, investigation, search.

pesquisar *tr.* to inquire into, investigate.

pesquisidor, ra *m. & f.* investigator, searcher.

pestalociano, na *adj.* EDUC. Pestalozzian.

pestaña *f.* ANAT. eyelash : *no pegar* ⁓, not to sleep a wink. 2 SEW. edging, fringe. 3 rim [narrow strip at the edge]. 4 MACH. flange. 5 *pl.* BOT. cilia. 6 BIOL. *pestañas vibrátiles,* cilia.

pestañear *intr.* to wink, blink [move the eyelids] : *sin* ⁓, without batting an eye.

pestañeo *m.* winking, blinking.

peste *f.* MED. pest, pestilence, plague : ⁓ *bubónica,* bubonic plague. 2 epidemic. 3 stink, stench, foul smell. 4 evil, corruption of manners. 5 pest [troublesome or destructive person or thing]. 6 coll. excess, superabundance. 7 *pl.* angry words, words of execration : *decir,* or *hablar, pestes de,* to speak ill of, to talk against.

pestíferamente *adv.* pestiferously.

pestífero, ra *adj.* pestiferous. 2 stinking.

pestilencia *f.* pestilence. 2 stink, stench, foul smell.

pestilencial *adj.* pestilential, pestiferous.

pestilencioso, sa *adj.* pestilential.

pestilente *adj.* pestilent. 2 stinking.

pestillo *m.* bolt [of a lock] : ⁓ *de golpe,* spring bolt. 2 door bolt, door latch, night latch : *correr el* ⁓, to slide the bolt, to bolt the door.

pestiño *m.* honeyed fritter.

pestorejazo *m.* PESTOREJÓN.

pestorejo *m.* CERVIGUILLO.

pestorejón *m.* blow on the back of the neck.

pesuña *f.* PEZUÑA.

pesuño *m.* ZOOL. each half of a cloven hoof.

petaca *f.* cigar case. 2 tobacco pouch. 3 (Am.) leather covered chest.

petalismo *m.* ANC. HIST. petalism.

pétalo *m.* BOT. petal.

petanque *m.* MIN. silver ore.

petar *tr.* coll. to please.

petardear *tr.* MIL. to blow open with petards. 2 fig. to cheat, swindle ; to swindle by borrowing something. — 3 *intr.* AUTO. to backfire.

petardero *m.* MIL. petardeer. 2 PETARDISTA.

petardista *m. & f.* cheat, swindler, sponger.

petardo *m.* MIL. petard. 2 petard, firecracker. 3 fig. cheat, swindle, deception : *pegar un* ⁓ *a,* to cheat, swindle ; to borrow money from [someone] and not to repay it.

petaso *m.* ARCHEOL. petasus.

petate *m.* (Am.) sleeping mat. 2 bundle of bedding and clothes of a sailor, a soldier or a prisoner ; luggage of a ship's passenger : *liar el* ⁓, coll. to pack up and go ; to kick the bucket, to die. 3 coll. liar, cheat. 4 coll. worthless fellow.

petenera *f.* Andalusian popular song : *salir por peteneras,* fig. to say something irrelevant.

petequia *f.* MED. petechia.

petera f. coll. row, wrangle. 2 coll. fit of temper.
peteretes m. pl. sweets, tidbits.
peticano, peticanon m. PRINT. petit-canon [type of 26 points].
petición f. petition, demand, prayer, request, application, asking : ~ de mano, formal asking for the hand of a woman. 2 LAW claim, bill. 3 LOG. ~ de principio, begging of the question.
peticionario, ria m. & f. petitioner.
petifoque m. NAUT. flying jib.
petimetra f. female dandy.
petimetre m. fop, coxcomb, dude.
petirrojo m. ORN. robin, redbreast.
petitorio, ria adj. petitionary. — 2 m. coll. impertinent and repeated demand. 3 PHRM. catalogue of drugs and medicaments.
peto m. ARM. breastplate. 2 FENC. plastron. 3 BULLF. mattress covering to protect horses. 4 ornamental piece of cloth forming the breast of a garment. 5 ZOOL. plastron [of a turtle]. 6 back end [of the head or blade of an axe, hoe, etc.].
petral m. breastplate [for a riding horse].
petraria f. MIL. petrary, ballista.
petrarquesco, ca adj. Petrarchan.
petrarquista m. & f. Petrarchist.
petrel m. ORN. petrel
pétreo, a adj. stony, of stone; rocky.
petrificación f. petrifaction, petrification.
petrificante adj. petrifying.
petrificar tr. to petrify. — 2 ref. to petrify [become petrified].
petrífico, ca adj. petrifying.
petrografía f. petrography.
petróleo m. petroleum, mineral oil. 2 kerosene.
petrolero, ra adj. [pertaining to] petroleum, oil. — 2 m. petroleur. — 3 m. & f. petroleum or kerosene seller.
petrolífero, ra adj. petroliferous, oil-bearing.
petroso, sa adj. stony, petrous. 2 ANAT. petrous.
petulancia f. insolence, pertness, flippancy. 2 ridiculous presumptuousness.
petulante adj. insolent, pert, flippant. 2 ridiculously presumptuous.
petulantemente adv. insolently, pertly, flippantly. 2 presumptuously.
petunia BOT. petunia.
peucédano m. SERVATO.
peyorativo, va adj. depreciatory. 2 GRAM. pejorative.
1) **pez**, pl. **peces** m. ZOOL. fish : ~ ballesta, triggerfish; ~ de colores, goldfish, fringetail; ~ espada, swordfish; ~ gallo, dory; ~ luna, sunfish, moonfish; ~ martillo, hammerhead ; ~ reverso, remora; ~ sierra, sawfish; ~ volador, flying fish : estar como el ~ en el agua, to be comfortably situated : salga ~ o salga rana, coll. blindly, hit or miss. 2 fig. any desirable thing that has been got. 3 ZOOL. ~ mujer, manatee. 4 pl. ASTR. Pisces, the Fishes.
2) **pez** f. pitch, tar : ~ blanca or de Borgoña, Burgundy pitch ; ~ griega, rosin, colophony.
pezolada f. WEAV. fag-end threads.
pezón m. BOT. stem [of fruits] ; stalk [of a leaf or flower]. 2 nipple [of a teat]. 3 axletree's end. 4 point [of land]. 5 BOT. umbo [of lemon, lime, etc.].
pezonera f. linchpin. 2 nipple shield.
pezpalo m. PEJEPALO.
pezpita f., **pezpítalo** m. AGUZANIEVES.
pezuelo m. WEAV. beginning of cloth.
pezuña f. hoof, cloven-hoof.
pi f. MATH. pi.
piache tarde ~, coll. too late.
piada f. peeping, chirping.
piador, ra adj. peeping, chirping.
piadosamente adv. piously. 2 compassionately.
piadoso, sa adj. pious, godly. 2 merciful, compassionate.
piafar intr. [of horses] to paw, stamp.
pial m. (Am.) lasso lariat. 2 (Am.) snare, trap.
piale m. (Am.) throw of the lasso.
piamadre, piamáter f. ANAT. pia mater.
píamente adv. PIADOSAMENTE.
Piamonte (el) m. pr. n. GEOG. Piedmont.
piamontés, sa adj. & n. Piedmontese.
pian, pian; pian, piano adv. coll. slowly, softly.
pianino m. MUS. upright piano.
pianista m. & f. pianist. — 2 m. piano manufacturer. 3 piano seller.
piano, pianoforte m. MUS. piano : ~ de cola, grand piano; ~ de manubrio, piano organ, street

piano; ~ de media cola, baby grand; ~ de mesa, square piano; ~ vertical, upright piano.
pianola f. pianola.
piante adj. peeping, chirping.
piar intr. to peep, chirp. 2 fig. to cry for.
piara f. herd [of swine, mares or mules].
piariego, ga adj. owning a herd of swine, mules.
piastra f. piaster.
pibe m. (Arg.) little child.
pica f. pike [weapon] : poner una ~ en Flandes, coll. to achieve a triumph, to do something very difficult. 2 piker [soldier]. 3 BULLF. picador's goad or lance. 4 stonecutter's hammer. 5 MED., VET. pica [depraved appetite]. 6 (Am.) pique, resentment.
picacero, ra adj. magpie-chasing [hawk].
picacho m. peak, sharp peak [of mountain].
picada f. peck [of bird] ; bite [of insect or reptile]. 2 (Am.) path, trail [cut through a forest]. 3 (Am.) narrow ford.
picadero m. riding school, manege. 2 NAUT. transverse timber in the shipbuilding stocks. 3 stamping ground of a buck in rutting time.
picadillo m. hash, minced meat. 2 minced pork [for sausages].
picado, da p. p. of PICAR. — 2 adj. pinked [perforated in an ornamental pattern]. 3 cut [tobacco]. 4 piqued, hurt. 5 ~ de viruelas, pockmarked. — 6 m. hash, minced meat. 7 AER. dive, diving. 8 MUS. staccato.
picador m. horsebreaker. 2 BULLF. picador [mounted bullfigther who goads the bull]. 3 COOK. chopping block. 4 ~ de limas, file cutter.
picadura f. prick, sting, puncture. 2 bite [of insect or reptile]. 3 pinking [ornamental perforation]. 4 cut tobacco. 5 DENT. beginning of decay [in a tooth].
picafigo m. ORN. figpecker.
picaflor m. ORN. humming bird.
picagrega f. ALCAUDÓN.
picajón, na; picajoso, sa adj. touchy, peevish, easily offended.
picamaderos m., pl. -ros ORN. woodpecker.
picana f. (S. Am.) goad.
picanear tr. (S. Am.) to goad.
picante adj. hot, pungent, piquant [to the taste]. 2 highly seasoned. 3 piquant, spicy, racy, risky, risqué [remark, story, etc.]. 4 biting, cutting [word]. — 5 m. piquancy, pungency, high seasoning. 6 mordacity. 7 (Am.) high seasoned sauce.
picantemente adv. piquantly.
picaño, ña adj. scampish, barefaced. — 2 m. patch on a shoe.
picapedrero m. stonecutter.
picapica f. itch-producing leaves or vegetable powder.
picapleitos, pl. -tos m. coll. litigious fellow. 2 coll. pettifogger, petty lawyer.
picaporte m. thumb latch, spring latch. 2 lever, knob, etc., for lifting a latch : latchkey. 3 door knocker.
picaposte m. PICAMADEROS.
picapuerco m. ORN. spotted woodpecker.
picar tr. to prick, pierce, puncture. 2 BULLF. to prick [the bull] with a goad or lance. 3 [of insects] to bite, sting. 4 [of some reptiles] to bite. 5 [of birds] to peck, peck at. 6 to take [the bait]. 7 to pink [cut or perforate in an ornamental pattern] ; to prick [a design for making bobbin lace]. 8 to spur [a horse]. 9 fig. to spur, incite. 10 to mince, chop, hash. 11 to pock. 12 to dress or roughen with a pointed tool. 13 to train [a horse]. 14 to pique, annoy. 15 MUS. to staccato. 16 PAINT. to put some finishing touches on. 17 BILL. to strike [the cue ball] in such a way as to impart it a special motion. 18 NAUT. ~ la bomba, to work the pump. 19 MIL. ~ la retaguardia, to pursue closely, to harass the rear guard. — 20 tr. & intr. to itch, prickle, smart. 21 to burn, be hot, pungent [as a spice]. — 22 intr. [of the sun] to burn. 23 to bite [take or swallow the bait]. 24 AER. to dive. 25 ~ alto or muy alto, to aim high, aspire to something too high. 26 ~ de, to take or eat a small bit of. 27 ~ de soleta, to hasten; to flee, run off. 28 ~ en, to have a superficial knowledge of [a science, etc.], to dabble in; to border on, to be somewhat of [a poet, etc.]. — 29 ref. to become moth-eaten. 30 [of fruit] to begin to rot. 31 [of wine] to

begin to turn sour. *32* [of teeth] to begin
to decay. *33* [of the sea] to get choppy.
34 to be piqued, take offence. *35* (Am.) to get
tipsy. *36 picarse de*, to boast of.

picaramente *adv.* knavishly, roguishly.

picaraza *f.* PICAZA.

picardear *tr.* to train in roguishness. — *2 intr.*
to play the jack, to play the rogue. *3* to prank,
play pranks, do childish mischief. — *4 ref.* to
go bad, to acquire bad habits.

Picardía (la) *pr. n.* GEOG. Picardy.

picardía *f.* knavery, knavish action, petty villainy,
mean trick, fraud, mischief *2* indecent act or
meaning. *3* slyness. *4* roguishness, sportive
mischievousness, archness. *5* prank, roguish
trick, innocent practical joke. *6* rogues [collect.].
7 pl. insults, offensive words.

picardihuela *f. dim.* prank, roguish trick.

picardo, da *adj. & n.* Picard.

picaresca *f.* rogues or picaros [collect.]. *2* the life
of the rogues or picaros.

picarescamente *adv.* roguishly.

picaresco, ca *adj.* roguish. *2* LIT. picaresque.

picaril *adj.* roguish.

picarillo, lla *m. & f. dim.* little rogue or rascal.

picaro, ra *adj.* knavish, roguish. *2* mischievous. *3*
sly, crafty. — *4 m. & f.* knave, rogue, scamp.
5 sly person. *6* rogue [used playfully]. — *7
m.* LIT. picaro. *8* ∼ *de cocina*, scullion, kitchen
boy.

picarón, na *adj. aug.* roguish, mischievous. — *2
m. & f.* great rogue. — *3 f.* jade [woman].

picaronazo, za *adj. aug.* of PICARÓN.

picarote *adj.* PICARÓN.

picarrelincho *m.* PICAMADEROS.

picatoste *m.* buttered toast.

picaza *f.* ORN. magpie. *2* ORN. ∼ *chillona* or *manchada*, strike. *3* ORN. ∼ *marina*, flamingo.

picazo, za *adj.* black and white [horse]. — *2 m.*
jab with a pike, spear, etc. *3* peck [stroke with
the beak of a bird]. *4* ORN. young magpie.

picazón *f.* itching, itch. *2* coll. annoyance, displeasure.

picea *f.* BOT. spruce.

píceo, a *adj.* piceous, pitchy.

pico *m.* beak, bill [of bird]. *2* fig. mouth [esp.
as the means of speech]; eloquence, fluency :
∼ *de oro*, person of great eloquence; *callar el
∼*, coll. to shut up, hold one's tongue; *hincar
el ∼*, coll. to die; *perderse por el ∼*, to talk
too much for one's good; *tener mucho ∼*, to
talk too much, to babble. *3* beak [anything
projecting or ending in a point]. *4* beak [of a
vessel]. *5* corner [of handkerchief; of a
cocked hat]. *6* peak [of a mountain; pointed
mountain]. *7* pick [tool], pickaxe. *8* small
surplus, a little over : *cuarenta pesetas y ∼*,
forty pesetas odd. *9* coll. a quantity of money,
some money. *10* ORN. woodpecker; ∼ *barreno* or *carpintero*, woodpecker; ∼ *verde*, green
woodpecker. *11* NAUT. ∼ *cangrejo*, gaff. *12* BOT.
∼ *de cigüeña*, heron's bill. *13 andar a picos
pardos*, to loaf around ; to go on a spree.

picofeo *m.* ORN. (Col.) toucan.

picolete *m.* bolt staple.

picón, na *adj.* [of horses] having the upper teeth
projecting over the under ones. *2* (Am.) touchy,
easily offended. — *3 m.* teasing. *4* charcoal for
brasiers. *5* ICHTH. a small fresh-water fish. *6*
broken rice.

piconero *m.* maker of small charcoal.

picor *m.* burning of the palate [from having eaten
something pungent]. *2* itching, itch.

picoso, sa *adj.* pock-marked.

picota *f.* pillory. *2* pillar where heads of executed
criminals were displayed. *3* pointed top, spire
[of a high tower] ; peak [of a high mountain].

picotada *f.*, **picotazo** *m.* peck [blow with a beak].
2 sting [inflicted by an insect].

picote *m.* goat's-hair cloth. *2* glossy silk stuff.

picoteado, da *adj.* having many points or pointed
projections.

picotear *tr.* to peck, peck at [strike or pick up
with the beak or bill]. — *2 intr.* [of horses] to
toss the head. *3* to chatter, gab, prattle. —
4 ref. [of women] to bandy sharp words.

picotería *f.* loquacity, talkativeness.

picotero *ra adj.* chattering, prattling, talkative. —
2 m. & f. chatterer, prattler.

picrato *m.* CHEM. picrate.

pícrico *adj.* CHEM. picric.

picto, ta *adj.* Pictic. — *2 m. & f.* Pict.

pictografía *f.* pictography, picture writing.

pictográfico, ca *adj.* pictographic.

pictórico, ca *adj.* pictorial.

picuda *f.* ICTH. (Cu.) barracuda.

picudilla *f.* ORN. water rail. *2* BOT. crescent olive.

picudo, da *adj.* beaked, pointed. *2* long-snouted. *3*
chattering, prattling.

pichel *m.* pewter tankard, mug.

pichi *m.* BOT. (Chi.) a medicinal shrub.

pichihuén *m.* ICHTH. (Chi.) umbra.

pichoa *f.* BOT. (Chi.) a cathartic plant.

pichón, na *m. & f.* coll. darling, dearest. — *2 m.*
ORN. young pigeon.

pidén *f.* ORN. (Chi.) a bird with a melodious song.

pidientero *m.* beggar.

pido, pidió, pida, etc., *irr.* V. PEDIR.

pidón, na *adj. & n.* PEDIGÜEÑO.

pie *m.* foot [of person, animal, stocking or piece
of furniture] : ∼ *de banco*, fig. absurdity : *salida
de ∼ de banco*, absurdity, piece of nonsense,
stupid remark ; ∼ *ae cabalgar* or *de montar*, left
foot ; ∼ *plano*, MED. flat foot ; *andar con pies
de plomo*, to feel one's way, to proceed cautiously ; *arrastrar los pies*, to drag one's feet ;
to be very old ; *buscar cinco*, or *tres, pies al
gato*, to be looking for trouble ; *déle el ∼ y se
tomará la mano*, give him an inch and he'll
take an ell ; *entrar con buen ∼, entrar con ∼
derecho*, to begin auspiciously, to make a good
start ; *estar con*, or *tener, el ∼ en el estribo*,
to be about to leave [start on a journey] ; *estar
con un ∼ en el aire*, to be stopping for only
a short time ; to be about to leave ; *estar con*,
or *tener, un ∼ en la sepultura*, to have one foot
in the grave ; *faltarle a uno los pies*, to lose
one's balance ; *hacer una cosa con los pies*, to
do a thing wretchedly ; *ir a ∼*, to walk, go on
foot ; *irsele a uno los pies*, to slip [slide unintentionally ; fall into error or fault] ; *nacer de
∼*, or *de pies*, to be a lucky person ; *no dar ∼
con bola*, fig. to do nothing right ; *no tener pies
ni cabeza*, fig. to be absurd, nonsensical ; *poner
pies en polvorosa*, coll. to flee, run off ; *ponerse
de ∼*, or *en ∼*, to rise, stand up ; *saber de qué
∼ cojea uno*, to know someone's weak point ;
sacar con los pies adelante, to carry [someone]
with his feet foremost ; *tenerse en ∼*, to stay
on one's feet ; to stand, remain standing ; *vestirse por los pies*, to be a man or boy ; *a cuatro
pies*, on all fours ; *a los pies de usted*, at your
service [said to a lady] ; *a ∼*, walking, on foot ;
a ∼ enjuto, dryshod ; fig. without risk or effort ;
a ∼ firme, steadfastly ; *a ∼ juntillas*, or *jun-
tillo, a pies juntillas*, with feet together ; fig.
firmly ; most emphatically ; *de a pie*, foot
[soldier] ; *del ∼ a la mano*, at any moment ;
de ∼, de pies, standing ; up and about ; firmly ;
de pies a cabeza, from head to foot ; cap-a-pie ;
thoroughly ; *en ∼*, standing, up and about ;
valid, holding. *2* foot, bottom, lower end, lowest
part [of hill, tree, wall, ladder, stairs, page,
etc.] : *al ∼ de*, at the foot of, near the foot of ;
morir al ∼ del cañón, to die in the harness. *3*
stem [of goblet]. *4* foot, base, stand. *5* footing,
ground, surface for standing : *hacer ∼*, to find
a footing, to touch ground with the feet [when
swimming or being in the sea, a river, etc.].
6 footing [state, relative position] : *en ∼ de
guerra*, on war footing, mobilized ; *en ∼ de
igualdad*, on equal footing. *7* foot [measure] :
∼ *cuadrado*, square foot. *8* foot [metrical unit].
9 PROS. metre, line : ∼ *quebrado*, short line.
10 foots, lees. sediment. *11* trunk, stalk [of tree
or plant]. *12* individual tree, young tree. *13*
motive, ground, occasion, opportunity : *dar ∼ a*,
to give occasion for. *14* root, head : *tomar ∼*,
to take root, to gather head. *15* approximative
value : *al ∼ de mil pesetas*, about one thousand
pesetas. *16* THEAT. cue. *17* last player [at cards].
18 WEAV. worsted for warping. *19* COM. *al ∼ de
fábrica*, at the factory. *20 al ∼ de la letra*,
literally, to the letter. *21* ECCL. ∼ *de altar*,
altarage. *22* ZOOL. ∼ *de burro*, acorn barnacle. *23*
∼ *de cabra*, crowbar, jimmy ; ZOOL. goose barnacle. *24* PRINT. ∼ *de imprenta*, imprint [printer's
name, etc.]. *25* BOT. ∼ *de león*, lady's-mantle ;
edelweiss. *26* BOT. ∼ *de liebre*, rabbit-foot clover.
27 BOT. ∼ *de paloma*, alkanet. *28* ∼ *derecho*,

upright, stanchion, post, stud. *29* ~ *de rey,* slide caliper, caliper square.

piecezuela *f. aim.* little piece.

piecezuelo *m. dim.* little foot.

piedad *f.* piety. *2* godliness. *3* pity, compassion, mercy : *¡por ~!,* for pity's sake !

piedra *f.* stone [rock; piece of stone; precious stone] : ~ *afiladera, aguzadera, amoladera, de afilar* or *de amolar,* sandstone, grindstone, whetstone; ~ *alumbre,* alum rock, alum stone; ~ *angular,* ARCH. cornerstone; fig. cornerstone, keystone; ~ *berroqueña,* granite; ~ *calaminar,* calamine; ~ *de cal,* limestone; ~ *de chispa, de fusil* or *de lumbre,* flint; ~ *de escándalo,* bad example, cause of moral ruin to others; ~ *del águila,* eaglestone; ~ *de la luna* or *de las Amazonas,* labradorite; ~ *de toque,* touchstone; ~ *falsa,* imitation [precious] stone; ~ *filosofal,* philosophers' stone; ~ *fundamental,* fundamental stone; ~ *imán,* loadstone; ~ *lipis,* blue stone, blue vitriol; ~ *melodreña,* sandstone, grindstone; ~ *miliar,* milestone; ~ *pómez,* pumice; ~ *rodada,* boulder; ~ *viva,* solid rock; *primera* ~, cornerstone, foundation stone; *lanzar la primera* ~, to cast the first stone; *no dejar* ~ *por mover,* to leave no stone unturned; *no dejar* ~ *sobre piedra,* to raze to the ground; *señalar con* ~ *blanca,* fig. to mark with a white stone; ~ *movediza, nunca moho la cobija,* a rolling stone gathers no moss [said to recommend activity as a means of bettering oneself]; *a* ~ *y lodo,* tight-shut [door or window]; *de* ~ *seca,* dry-stone. *2* stone with an inscription. *3* METEOR. hail. *4* METEOR. stone, hailstone. *5* gunflint. *6* MED. stone, calculus. *7* runner, upper millstone. *8* point [in some card games]. *9* place where foundlings are left : *hijo de la* ~, *niño de la* ~, foundling.

piedrecita, piedrezuela *f. dim.* little stone; pebble.

piel, *pl.* **pieles** *f.* skin : ~ *de cabra,* goatskin; ~ *de foca,* sealskin; ~ *de gallina,* goose flesh; *dar,* or *soltar, la* ~, coll. to die; *ser de la* ~ *del diablo,* coll. to be a limb of the devil or of Satan *2* hide,pelt. *3* leather : ~ *de Rusia,* Russian leather. *4* fur : *abrigo de pieles,* fur coat. *5* peel, skin [of fruit]. — *6 m.* ~ *roja* (*pl. pieles rojas*) redskin [American Indian].

piélago *m.* sea, high sea. *2* fig. great quantity, countless number.

1) **pienso** *m.* feed [of dry fodder given to horses]. *2* thought : *ni por* ~, by no means; not even in thought.

2) **pienso, piense,** etc., *irr.* V. PENSAR.

pierdo, pierda, etc., *irr.* V. PERDER.

piérides (las) *f. pl.* poet. the Muses.

pierio, ria *adj.* poet. Pierian.

pierna *f.* leg [of person or animal] : *dormir a* ~ *suelta,* or *tendida,* coll. to sleep soundly; *estirar la* ~, coll. to kick the bucket; *estirar,* or *extender, las piernas,* to stretch one's legs, to go for a walk ; *a* ~ *suelta* or *tendida,* coll. at one's ease, without care; *en piernas,* bare-legged. *2* branch, leg [of compass]. *3* long stroke [of some letters, as M or N]. *4* MECH. shank, fork. *5* ~ *de nuez,* lobe of a walnut.

piernitendido, da *adj.* with legs extended.

pietismo *m.* pietism.

pietista *adj.* pietistic. — *2 m. & f.* pietist, Pietist.

pieza *f.* piece, fragment. *2* piece, part, member [of a machine, structure, etc.] : ~ *de recambio* or *de repuesto,* spare part; *de una* ~, *de una sola* ~, in one piece, solid; *quedarse en una* ~, or *hecho una* ~, coll. to be astonished, dumbfounded. *3* a single article of a collection, set, etc.]. *4* piece of work. *5* piece, coin. *6* piece, cannon, gun : ~ *de artillería,* piece of ordnance. *7* game [hunted animal], quarry. *8* piece [musical composition]. *9* THEAT. short piece. *10* piece, bolt, roll [of cloth, paper, etc.]. *11* CHESS, DRAUGHTS piece, man. *12* HER. charge. *13* while [portion of time]. *14* distance. *15* room [in a house] : ~ *de recibo,* reception room, drawing room, parlour. *16 buena, gentil,* or *linda* ~, iron. fine fellow, rogue, hussy, sly fox.

piezgo *m.* foot of a hide or skin. *2* wineskin, waterskin.

piezoelectricidad *f.* piezoelectricity.

piezómetro *m.* piezometer.

pífano *m.* MUS. fife. *2* MUS. fifer.

pifia *f.* BILLIARDS miscue. *2* fig. blunder, mistake.

pifiar *intr.* BILLIARDS. to miscue. *2* MUS. to breathe audibly in playing the flute.

pigargo *m.* ORN. osprey, fish hawk.

Pigmalión *m. pr. n.* MYTH. Pygmalion.

pigmentario, ria *adj.* BIOL. pigmentary.

pigmento *m.* BIOL., TEXT. pigment.

pigmeo, a *adj. & n.* pygmy.

pignoración *f.* pignoration, pledging, pawning.

pignorar *tr.* to pignorate, pledge, pawn.

pignoraticio, cia *adj.* pignoratitious.

pigre *adj.* slothful, lazy.

pigricia *f.* sloth, laziness.

pigro, gra *adj.* PIGRE.

pihuela *f.* jess [on hawk legs]. *2* fig. obstacle, hindrance. *3 pl.* shackles, fetters.

piísimo, ma *adj. superl.* very pious, most pious.

pijama *m.* pyjamas.

pijota *f.* ICHTH. small hake.

pijotería *f.* coll. nuisance.

pila *f.* stone trough or basin. *2* ECCL. font; holy-water font : ~ *bautismal,* font [for baptismal water]; ~ *de agua bendita,* holy-water font, stoup; *nombre de* ~, Christian name; *sacar de* ~, to stand godfather for. *3* ECCL. parish. *4* pile, heap. *5* pillar, pier [of bridge]. *6* HER. pile. *7* PHYS., ELECT. pile, cell, battery : ~ *atómica* atomic pile; ~ *seca,* dry cell, dry battery; ~ *galvánica* or *voltaica,* galvanic pile, voltaic pile.

pilada *f.* pile, heap. *2* batch [of mortar]. *3* cloth fulled at one time.

1) **pilar** *m.* basin, bowl [of a fountain]. *2* pillar, pier, post. *3* fig. pillar, column [supporter, support]. *4* stone post.

2) **pilar** *tr.* to pound [grain].

pilarejo *m. dim.* small pillar.

pilastra *f.* ARCH. pilaster, square column.

pilastrón *m. aug.* of PILASTRA.

Pilatos *m. pr. n.* Pilate.

pilatuna *f.* (Col., Chi.) dirty trick.

pilca *f.* (S. Am.) mud and stone wall.

pilche *m.* (Pe.) wooden bowl.

píldora *f.* PHARM. pill, pellet. *2* fig. pill, bad news : *dorar la* ~, to gild the pill. *3 tragarse la* ~, to swallow a lie.

pildorero *m.* PHARM. implement for making pills.

píleo *m.* ARCHEOL. pileus. *2* cardinal's biretta.

pileta *f. dim.* small basin. *2* holy-water bowl. *3* *3* MIN. place for drained water.

pilífero, ra *adj.* piliferous.

piliforme *adj.* piliform.

pililo *m.* (Arg., Chi.) ragged, dirty person.

pilocarpina *f.* CHEM. pilocarpin.

pilón, *pl.* **-lones** *m.* basin, bowl [of a fountain]. *2* watering trough. *3* mortar [for pounding grain, etc.]. *4* loaf [of sugar]. *5* counterpoise [for olive press]. *6* drop, ball [of a steelyard]. *7* MAS. heap of mortar. *8* ARCH. pylon.

piloncillo *m.* (Am.) unrefined sugar loaf.

pilongo, ga *adj.* thin, lean. *2* peeled and dried [chestnut].

pilórico, ca *adj.* ANAT. pyloric.

píloro *m.* ANAT. pylorus.

piloso, sa *adj.* pilose, pilous, hairy.

pilotaje *m.* NAUT., AER. pilotage. *2* piling, pilework.

pilotar *tr.* to pilot. *2* AUTO. to drive.

pilote *m.* ENG. pile.

pilotear *tr.* PILOTAR.

piloto *m.* NAUT., AER. pilot : ~ *de altura,* NAUT. sea pilot; ~ *de pruebas,* AER. test pilot. *2* fig. pilot, guide, director. *3* NAUT. mate. first mate. *4* AUTO. driver.

piltraca, piltrafa *f.* scrap of meat. *2* skinny flesh. *3 pl.* scraps of food. *4* scraps, refuse. *5* hide parings.

pilular *adj.* pilular.

pilla *f.* pillage, plunder.

pillada *f.* coll. knavery, knavish trick, dirty trick.

pillador, ra *adj.* pillaging, plundering, thieving. — *2 m. & f.* pillager, plunderer, thief.

pillaje *m.* pillage, plunder, sack; theft, stealing.

pillar *tr.* to pillage, plunder, rifle, steal. *2* to catch, take. *3* to catch, surprise [in a lie, etc.].

pillastre *m.* PILLO.

pillastrón *m.* rogue, rascal, big rascal.

pillear *tr.* coll. to play the rogue or rascal.

pillería *f.* pack of rogues. *2* piece of rascality. *3* roguishness. *4* slyness, craftiness.

pillete *m. dim.* little rogue or scamp. *2* street Arab.

pillín *m. dim.* little rogue or scamp.

pillo, lla adj. roguish, rascally. 2 shrewd, artful, sly. — 3 m. rogue, rascal, scamp. 4 shrewd, artful, sly fellow. 5 ORN. a variety of ibis.
pillopillo m. BOT. (Chi.) a kind of laurel.
pilluelo, la m. & f. dim. little rogue, little scamp, urchin.
pimental m. pepper patch.
pimentero m. pepper, black pepper [shrub]. 2 pepperbox. 3 BOT. ~ falso, pepper shrub.
pimentón m. red pepper, Cayenne pepper, Spanish paprika [powder]. 2 pepper [vegetable].
pimienta f. pepper [spice] : ~ blanca, white pepper; ~ de Chiapa or de Tabasco, melegueta pepper, grains of paradise; ~ falsa, pepper tree fruit; ~ inglesa, allspice; ~ larga, long pepper; ~ negra, black pepper; ser como una ~, to be alert, wide-awake, lively. 2 BOT. ~ loca or silvestre, chaste tree and its fruit.
pimiento m. pepper, capsicum, Guinea pepper, red pepper, chili [plant and fruit] : ~ de bonete, de hocico de buey or morrón, bonnet pepper; ~ picante or de cornetilla, hot pepper, chili; ~ loco, montano or silvestre, chaste tree fruit. 2 BOT. pepper, black pepper [shrub]. 3 red pepper, Cayenne pepper [powder].
pímpido m. ICHTH. a kind of dogfish.
pimpín m. a child's game.
pimpina f. (Ve.) large earthenware bottle.
pimpinela f. BOT. burnet, salad burnet.
pimplar tr. coll. to drink [wine].
pimpleo, a adj. Pierian.
pimpollar m. grove of young tress.
pimpollear, pimpollecer intr. to sprout, bud.
pimpollejo m. dim. of PIMPOLLO.
pimpollo m. young pine tree, young tree. 2 tender shoot or sprout, bud. 3 fig. handsome child; handsome young person, rosebud.
pimpolludo, da adj. full of tender shoots or sprouts.
pina f. conical mound. 2 felloe [segment of a wheel's rim].
pinabete m. BOT. fir tree.
pinacoteca f. picture gallery.
pináculo m. ARCH. pinnacle, top, finial. 2 fig. pinnacle, acme.
pinado, da adj. BOT. pinnate.
pinar m. pine grove or forest, pinery.
pinarejo m. small pine grove.
pinariego, ga adj. [pertaining to] pines.
pinastro m. BOT. pinaster, cluster pine.
pinatífido, da adj. BOT. pinnatifid.
pinaza f. NAUT. pinnace.
pincarrasca f. PINCARRASCO.
pincarrascal m. grove or forest of Aleppo pines.
pincarrasco m. BOT. Aleppo pine.
pincel m. brush, pencil [for painting]. 2 brush, pencil [painter style; painter; painting]. 3 second feather in a martin's wing.
pincelada f. stroke [with brush], touch : dar la última ~, to finish, put the last touch on.
pincelar tr. F. ARTS to paint. 2 to portray, picture. 3 MED. to pencil.
pincelero m. maker or seller of artist's brushes. 2 artist's brush case.
pincelito m. dim. small brush or pencil.
pincelote m. aug. large or coarse brush.
pinciano, na adj. & n. of Valladolid.
pinchadura f. pricking, prick, puncture.
pinchar tr. to prick, pierce, puncture : no ~ ni cortar, fig. to count for nothing, to have no influence. 2 fig. to spur, incite. 3 fig. to pique, provoke.
pinchauvas m. fig. despicable fellow.
pinchazo m. prick, puncture, jab. 2 fig. anything said to spur or pique someone. 3 AUTO. puncture [accidental pricking of a pneumatic tire].
pinche m. scullion, kitchen boy.
pincho m. thorn, prick, barb, sharp point. 2 pointed instrument.
pindárico, ca adj. Pindaric.
pindonga f. gadabout [woman].
pindonguear intr. [of a woman] to gad about.
pineal adj. ANAT. pineal.
pineda f. pine grove or forest.
pinedo m. (S. Am.) PINEDA.
pinga f. (P. I.) yoke [for carrying loads].
pingajo m. rag, tatter.
pingajoso, sa adj. ragged, tattered.
pinganello m. CALAMOCO.

pinganitos (en) adv. coll. in high place, in high position.
pingo m. coll. rag, tatter. 2 (Am.) saddle horse. 3 andar, ir or estar, ae ~, coll. [of a woman] to gad about. 4 pl. cheap woman's clothes.
pingorote m. coll. pointed projection or tip.
pingorotudo, da adj. coll. high, lofty.
pingüe adj. fat, greasy, oily. 2 fig. plentiful, substantial; fertile.
pingüedinoso, sa adj. fatty, greasy.
pingüino m. ORN. penguin.
pinguosidad f. fattiness, greasiness.
pinífero, ra adj. poet. full of pines.
pinillo m. BOT. ground pine [herb]. 3 BOT. mock cypress, summer cypress.
pinitos m. pl. first steps [of child when beginning to walk or of a convalescent when rising from bed] : hacer ~, to begin to walk, to take the first steps.
pinjante m. ARCH., JEWEL. pendant.
pinnípedo, da adj. & n. ZOOL. pinnipedian. — 2 m. pl. ZOOL. Pinnipedia, pinnipedians.
1) **pino** m. BOT. pine, pine tree : ~ albar, Scotch pine; ~ alerce, larch; ~ carrasco or carrasqueño, Aleppo pine; ~ doncel, manso or piñonero, stone pine, nut pine; ~ maritimo or rodeno, pinaster, cluster pine; ~ negral, pudio or salgareño, Corsican pine; ~ negro, mountain pine; ~ tea, pitch pine. 2 pl. PINITOS.
2) **pino, na** adj. steep [having a decided slope].
pinocha f. pine needle.
pinocho m. pine cone.
pinole m. pinole [aromatic powder used in making chocolate].
pinoso, sa adj. piny.
pinsapar m. grove or forest of Spanish firs.
pinsapo m. BOT. Spanish fir.
pinta f. spot, mark, speckle [on animals]; decorative spot. 2 drop [of water, etc.]. 3 lines near the edge of Spanish playing cards denoting the suit. 3 pint [measure]. 4 appearance, aspect, look.
pintacilgo m. JILGUERO.
pintada f. ORN. guinea fowl, guinea hen.
pintadillo m. JILGUERO.
pintado, da p. p. of PINTAR. — 2 adj. spotted, mottled, speckled. 3 papel ~, wallpaper. 4 coll. el más ~, the best one, the aptest or cleverest one. 5 estar, or venir, ~ or como ~, to fit, to be the very thing.
pintamonas, pl. -nas m. & f. coll. dauber [poor painter].
pintar tr. to paint. 2 to draw [a letter, accent, etc.]. 3 to picture, describe, depict; fancy, imagine : ~ como querer, to imagine things as one would them to be. 4 fig. to exaggerate. 5 pintarla, to show off, to put on airs. — 6 intr. [of fruits] to colour, begin to take the colour of ripeness. 7 [of things] to look, seem to be going [badly, well, etc.]. 8 to have a role, authority, influence, etc. : no ~ nada, to have no authority, influence, etc.; to be nobody. — 9 ref. to paint oneself. 10 pintarse solo para, to show great aptitude for.
pintarrajar, pintarrajear tr. coll. to daub [paint or lay colours on inartistically]. — 2 ref. to daub oneself.
pintarrajo m. daub [inartistic or coarse painting].
pintarroja f. LIJA 1.
pintear intr. to drizzle.
pintiparado, da adj. exactly alike, identical, closely resembling. 2 fit, fitting, apposite, just the thing.
pintiparar tr. to make resemblant or like. 2 coll. to compare.
pinto, ta adj. (Am.) spotted, speckled.
pintojo, ja adj. spotted, mottled, speckled.
pintón, na adj. half-ripe, beginning to ripen [fruit]. — 2 m. AGR. grub that destroys maize plants.
pintor m. painter : ~ de brocha gorda, house painter, sign painter; dauber.
pintora f. woman painter. 2 painter's wife.
pintorcillo m. dim. little painter. 2 wretched painter.
pintoresco, ca adj. picturesque.
pintorrear tr. to daub, paint coarsely.
pintorzuelo m. wretched painter.
pintura f. painting [act or art] : ~ a la aguada, water colour; ~ al encausto, encaustic painting;

~ *al fresco.* fresco; ~ *al óleo,* oil painting; ~ *al temple,* tempera, painting in distemper. 2 picture, painting [work of art]. 3 paint, colour, pigment. 4 painting, portrayal, description.

pinturero, ra *adj.* vain, conceitedly affected.

pínula *f.* pinnule, sight [of an instrument].

pinzas *f. pl.* tweezers, pincers, nippers, small tongs. 2 ZOOL. pincers [of crustaceans].

pinzón *m.* ORN. chaffinch. 2 ORN. ~ *real,* bullfinch.

pinzote *m.* NAUT. tiller [in ancient ships]. 2 NAUT. pintle.

piña *f.* BOT. pine cone. 2 BOT. cone : ~ *de ciprés,* galbulus, cypress cone. 3 BOT. pineapple : ~ *de América,* pineapple. 4 fig. cluster, knot. 5 METAL. residuary cone of spongy silver left after the retorting. 6 NAUT. wall knot. 7 (P. I.) fabric made with the fibres of pineapple leaves.

piñal *m.* (Am.) pineapple plantation.

piñata *f.* pot. 2 'suspended pot filled with sweetmeats which is broken by a blindfolded dancer with a stick at a masked ball [called *baile de piñata*] on the first Sunday of Lent.

piñón *m.* BOT. pine nut [seed]. 2 pine-nut kernel : *estar a partir un* ~, coll. to be on terms of intimacy. 3 MEC., ORN. pinion. 4 nut [of a gunlock].

piñonata *f.* conserve of shredded almonds.

piñonate *m.* candied pine-nut kernel.

piñoncito *m.* dim. of PIÑÓN.

piñonear *intr.* [of a gun being cocked] to click. 2 [of male partridges in rut] to cry.

piñoneo *m.* click [of a gun being cocked]. 2 cry [of male partridges in rut].

piñonero *adj.* bearing pine nuts : *pino* ~, stone pine, nut pine. — 2 *m.* ORN. bullfinch.

piñuela *f.* a silk stuff. 2 cone of cypress.

Pío *m. pr. n.* Pius.

1) **pío** *m.* peeping [of chickens or young birds]. 2 coll. yearning, vehement desire.

2) **pío, a** *adj.* pious. 2 kind, merciful, compassionate. 3 pied, piebald [horse, etc.].

piocha *f.* jeweled head adornment. 2 artificial flower made of feathers. 3 MAS. a trimming hammer.

piogenia *f.* MED. pyogenesis, formation of pus.

piogénico, ca *adj.* pyogenic, pyogenous.

piojento, ta *adj.* lousy.

piojería *f.* lousiness. 2 coll. misery, poverty.

piojillo *m.* ENTOM. bird louse.

piojo *m.* ENTOM. louse : ~ *pegadizo,* fig. hanger-on, pest, importunate person; ~ *resucitado,* fig. upstart, parvenu. 2 bird louse. 3 ZOOL. ~ *de mar,* whale louse.

piojoso, sa *adj.* lousy. 2 mean, stingy.

piojuelo *m.* dim. little louse. 2 ENTOM. plant louse.

piola *f.* NAUT. houseline.

piolar *intr.* to peep, chirp.

pión, na *adj.* peeping, chirping.

pionía *f.* (Ve.) bucare seed.

piorno *m.* BOT. Spanish broom. 2 BOT. cytisus.

piorrea *f.* MED. pyorrhea, pyorrhœa.

pipa *f.* pipe, tobacco pipe. 2 pipe, cask, barrel, hogshead. 3 pip, seed [of apple, melon, etc.]. 4 ARTIL. fusee. 5 PIPIRITAÑA. 6 *tomar* ~, coll. to get out, flee, run off.

pipar *intr.* to smoke a pipe.

piperáceo, a *adj.* BOT. piperaceous. — 2 *f. pl.* BOT. Piperaceæ.

piperacina *f.* PHARM. piperazine.

pipería *f.* pipes or casks [collect]. 2 NAUT. water barrels of a ship.

piperina *f.* CHEM. piperin.

pipeta *f.* pipette.

1) **pipi,** *pl.* **-píes** *m.* ORN. pitpit, honey creeper.

2) **pipí,** *pl.* **-pís** *m.* [child's word] urination : *hacer* ~, to urinate.

pipián *m.* (Am.) ragout of mutton and fowl with bacon and crushed almonds.

pipiar *intr.* to peep, chirp.

pípila *f.* (Mex.) hen turkey.

pipiolo *m.* coll. novice, green horn.

pipirigallo *m.* BOT. sainfoin.

pipirijaina *f.* coll. company of strolling players.

pipiripao *m.* coll. splendid feast.

pipiritaña, pipitaña *f.* boy's flute made of a green barley stalk.

pipo *m.* ORN. lesser spotted woodpecker.

piporro *m.* MUS. coll. bassoon.

pipote *m.* keg.

pique *m.* pique, resentment. 2 determined purpose to do something out of pride or emulation. 3 pique [in the game of piquet]. 4 ENTOM. chigoe.

5 NAUT. crotch. 6 NAUT. *echar a* ~, to founder, sink [a ship]; fig. to ruin, destroy. 7 NAUT. *irse a* ~, [of a ship] to founder, sink; fig. to be ruined or destroyed. 8 *a* ~ *de,* in danger of ; on the point of. 9 NAUT. *a* ~, sharp-cut [cliff].

1) **piqué** *m.* piqué [cotton fabric].

2) **piqué, pique,** etc., *pret., subj. & imper.* of PICAR.

piquera *f.* entrance hole [in a hive]. 2 tap, cockhole [in a barrel]. 3 taphole, outlet [of blast furnace]. 4 lamp burner.

piquería *f.* troop of pikemen.

piquero *m.* MIL. pikeman. 2 ORN. booby.

piqueta *f.* pick, pickaxe, mattock. 2 mason's hammer.

piquete *m.* prick, puncture. 2 small hole. 3 picket, picket pin, short stake. 4 MIL. picket, squad. 5 (Col.) picnic.

piquetero *m.* MIN. tool boy.

piquetilla *f.* bricklayer's hammer.

piquillo *m. dim.* small beak or bill. 2 small amount.

piquituerto *m.* ORN. crossbill.

pira *f.* pyre. 2 funeral pile.

piragón *m.* PIRAUSTA.

piragua *f.* NAUT. pirogue.

piragüero *m.* one who manages a pirogue.

piral *m.* PIRAUSTA.

piramidal *adj.* pyramidal.

piramidalmente *adv.* pyramidally.

pirámide *f.* pyramid. 2 *las Pirámides de Egipto,* the Pyramids.

Píramo *m. pr. n.* Pyramus.

pirata *adj.* piratical. — 2 *m.* pirate. 3 fig. cruel, hardhearted fellow.

piratear *intr.* to pirate, practice piracy.

piratería *f.* piracy. 2 fig. robbery.

pirático, ca *adj.* piratical.

pirausta *f.* fabulous butterfly, which lived in fire.

pirca *f.* (S. Am.) dry-stone wall.

pircar *tr.* (S. Am.) to surround with a dry-stone wall.

pirco *m.* (Chi.) a kind of a succotash.

pirenaico, ca *adj.* Pyrenean.

Pireo (el) *m. pr. n.* GEOG. Peiræus, Piræus.

pirético, ca *adj.* MED. pyretic.

piretología *f.* pyretology.

pirexia *f.* MED. pyrexia.

pírico, ca *adj.* [pertaining to] fire or fireworks.

piridina *f.* CHEM. pyridine.

piriforme *adj.* pyriform, pear-shaped.

pirineo, a *adj.* PIRINAICO.

Pirineos (los) *m. pl.* GEOG. Pyrenees.

pirita *f.* MINER. pyrites : ~ *de cobre,* copper pyrites ; ~ *de hierro,* iron pyrites.

piritoso, sa *adj.* pyritous.

piroacético *adj.* CHEM. pyroacetic.

pirobolista *m.* MIL. mine builder.

pirofórico, ca *adj.* pyrophoric.

piróforo *m.* CHEM. pyrophorus.

pirogálico *adj.* CHEM. pyrogallic.

pirógeno, na *adj.* pyrogenous.

pirognóstico, ca *adj.* pyrognostic.

pirograbado *m.* pyrography, pyrogravure.

piroleñoso, sa *adj.* pyroligneous.

pirólisis *m.* CHEM. pyrolisis.

pirolusita *adj.* MINER. pyrolusite.

piromagnético, ca *adj.* pyromagnetic.

piromancia *f.* pyromancy.

piromántico, ca *adj.* pyromantic. — 2 *m.* pyromancer.

pirómetro *m.* pyrometer.

piropear *tr.* to pay compliments to, to address flattering remarks to.

piropo *m.* MINER. pyrope [variety of garnet]. 2 MINER. carbuncle. 3 compliment, flattering remark.

piróscafo *m.* steamship.

piroscopio *m.* PHYS. pyroscope.

pirosfera *f.* GEOL. pyrosphere.

pirosis *f.* MED. pyrosis, heartburn.

pirotecnia *f.* pyrotechnics.

pirotécnico, ca *adj.* pyrotechnical. — 2 *m.* pyrotechnist; fireworks manufacturer.

piroxena *f.,* **piroxeno** *m.* MINER. pyroxene.

piroxilina *f.* pyroxilin.

pirrarse *ref.* to long, to be very fond : ~ *por,* to long for, to be very fond of.

pírrico, ca *adj.* Pyrrhic.

pirriquio *m.* PROS. pyrrhic, pyrrhichius.

pirrónico, ca *adj.* Pyrrhonic.

pirronismo *m.* Pyrrhonism.

pirueta *f.* pirouette, caper.

piruétano *m.* PERUÉTANO.
piruetear *intr.* to pirouet.
pisa *f.* tread, treading. 2 pressing [of grapes, etc.]. 3 portion of olives or grapes pressed at once. 4 coll. volley of kicks.
pisada *f.* tread, footstep, footfall; footprint: *seguir las pisadas de,* to follow in the footsteps of, follow the example of. 2 stepping on someone's foot.
pisador, ra *adj.* treading. 2 prancing, high-stepping [horse, mare]. — 3 *m. & f.* treader. 4 high-stepper [horse, mare]. — 5 *m.* treader of grapes.
pisadura *f.* treading, pressing.
pisano, na *adj. & n.* Pisan.
pisapapeles, *pl.* -les *m.* paper weight.
pisar *tr.* to tread on or upon, step on. 2 to tread, press [grapes, etc.], to ram, tamp. 3 to trample under foot. 4 MUS. to press down [keys or strings of instruments]. 5 [of male birds] to tread, cover [the female]. 6 to overlap. — 7 *intr.* [of a storey] to be built over another. — 8 *ref.* (Am.) to fail, be disappointed.
pisasfalto *m.* mixture of bitumen and pitch.
pisauvas *m.* treader of grapes.
pisaverde *m.* fop, coxcomb, dandy.
piscator *m.* almanac with meteorological forecasts.
piscatorio, ria *adj.* piscatorial.
piscicultor, ra *m. & f.* pisciculturist.
piscicultura *f.* pisciculture, fish culture.
piscicultural *adj.* piscicultural.
piscifactoría *f.* fish hatchery.
pisciforme *adj.* pisciform, fish-shaped.
piscina *f.* piscina, fishpond, swimming-pool. 2 ECCL. piscina.
Piscis *m.* ASTR. Pisces.
piscívoro, ra *adj.* piscivorous, fish-eating.
piscolabis, *pl.* -bis *m.* snack, a bite, luncheon.
piso *m.* tread, treading. 2 floor, flooring, pavement. 3 floor, storey: ~ *bajo,* ground floor; ~ *principal,* main floor; first or second floor. 4 flat, apartment. 5 MIN. level, level works. 6 GEOL. stage formation.
pisón *m.* rammer, tamper, paver's beetle.
pisonear *tr.* APISONAR.
pisotear *tr.* to trample, tread under foot. 2 to humble, despise, abuse.
pisoteo *m.* trampling, treading under foot.
pisotón *m.* heavy tread on someone's foot.
pista *f.* trail, trace, track, scent: *estar sobre la* ~, to be on the scent; *seguir la* ~, to be on the trail or the track of. 2 clue. 3 SPORT. racetrack, race curse. 4 ring [of a circus]. 5 AER. runway, field: ~ *de aterrizaje,* landing field; ~ *de despegue,* take off field. 6 road for motor cars. 7 ~ *de patinaje,* skating ring.
pistachero, pistacho *m.* BOT. pistachio [tree].
pistadero *m.* pestle, crusher, squeezer [implement].
pistar *tr.* to pound, crush, squeeze.
pistero *m.* feeding cup [for invalids].
pistilo *m.* BOT. pistil.
pisto *m.* chicken broth [for the sick]. 2 dish of hashed peppers, tomatoes and onions with eggs, etc. 3 hodge-podge. 4 airs: *darse* ~, to put on airs.
pistola *f.* pistol: ~ *ametralladora,* submachine gun; ~ *de arzón,* horse pistol. 2 spray gun, gun: ~ *engrasadora,* grease gun. 3 pistole [coin].
pistolera *f.* holster.
pistolero *m.* pistol-shooting gangster.
pistoletazo *m.* pistol shot.
pistolete *m. dim.* small pistol.
pistón *m.* MACH., MUS. piston. 2 percussion cap.
pistonear *intr.* [of an internal combustion engine] to knock.
pistoneo *m.* knock, knocking [of an internal combustion engine].
pistonudo, da *adj.* coll. grand, stunning.
pistoresa *f.* a short dagger.
pistraje, pistraque *m.* unpleasant beverage or food.
pistura *f.* pounding, crushing.
pita *f.* BOT. pita, American aloe, century plant. 2 pita [fibre or thread]. 3 glass marble [toy]. 4 hissing, hooting, catcalling.
pitaco *m.* BOT. scape of the pita or century plant.
pitada *f.* blow of a whistle. 2 coll. improper, untimely or nonsensical remark. 3 hissing, hooting, catcalling. 4 (Am.) puff [on a cigar, etc.].
Pitágoras *m. pr. n.* Pythagoras.
pitagórico, ca *adj. & n.* Pythagorean.
pitahaya *f.* BOT. pitahaya.
pitajaña *f.* BOT. night-blooming cereus.

pitanza *f.* daily distribution, dole, ration. 2 daily food. 3 coll. price, stipend.
pitaña *f.* LEGAÑA.
pitañoso, sa *adj.* LEGAÑOSO.
pitar *intr.* [of a whistle] to blow. 2 to blow a whistle. — 3 *tr.* to pay. 4 (S. Am.) to smoke [tobacco]. 5 (Chi.) to deceive, fool.
pitarra *f.* LEGAÑA.
pitarroso, sa *adj.* LEGAÑOSO.
pitecántropo *m.* ANTHROP. pithecanthropus.
Pitias *m. pr. n.* MYTH. Pithias.
pitido *m.* whistle [sound or blast of a whistle]. 2 whistling [of a bird].
pitillera *f.* cigarette case. 2 woman cigarette maker.
pitillo *m.* cigarette.
pítima *f.* saffron poultice. 2 coll. drunk, drunkenness, drunken fit.
pitío *m.* coll. PITIDO.
pitio, a *adj. & n.* Pythian.
pitipié *m.* scale [on a map, etc.].
pitiriasis *f.* MED. pityriasis.
pitirre *m.* ORN. (Cu.) gray kinbird.
pito *m.* whistle, catcall [instrument]. 2 little earthen vessel containing water and producing a whistling sound when air is blown into the spout. 3 ZOOL. a South American tick. 4 jackstone. 5 cigarette. 6 ORN. woodpecker: ~ ~ *real,* green woodpecker. 7 coll. nothing, a straw: *no se me da un* ~, *no me importa un* ~, I don't care a straw; *no tocar* ~ *en,* to have no part in; *no valer un* ~, not to be worth a straw. 8 *pl.* whistling, catcall [expressing disapproval]. 9 *pitos flautos,* frivolous pastimes.
pitoflero, ra *m. & f.* bad musician. 2 coll. gossip, mischief maker, meddlesome person.
pitoitoy *m.* ORN. (Am.) a sea-shore wading bird.
pitón *m.* budding horn, horn just starting to grow. 2 point, tip [of bull's horn]. 3 conic spout of certain vessels. 4 small pointed protuberance. 5 bud, tender shoot. 6 PITACO. 7 ZOOL. python.
pitonisa *f.* pythoness. 2 BIB. witch: *la* ~ *de Endor,* the witch of Endor.
pitorra *f.* ORN. woodcock.
pitorrearse *ref.* to make fun [of].
pitorreo *m.* making fun.
pitorro *m.* conic spout of certain vessels.
pitpit *m.* ORN. pitpit.
pítreo *m.* PITACO.
pituita *f.* pituite, mucus, phlegm.
pituitario, ria *adj.* pituitary.
pituitoso, sa *adj.* pituitous.
pituso, sa *adj.* tiny, graceful [child]. — 2 *m. & f.* tot, little child.
piular *intr.* PIAR.
piulido *m.* peeping, chirping.
piuquén *m.* ORN. (Chi.) a kind of great bustard.
píxide *m.* ECCL. pyx.
pixidio *m.* BOT. pyxidium.
piyama *m.* pyjamas.
pizarra *f.* MINER. shale; slate [rock]. 2 slate [piece of slate]. 3 slate [for writing]; blackboard.
pizarral *m.* slate quarry.
pizarreño, ña *adj.* slaty; slate-coloured.
pizarrería *f.* slate quarry. 2 slate works.
pizarrero *m.* slater [worker].
pizarrín *m.* slate pencil.
pizarrón *m.* (Am.) blackboard.
pizarroso, sa *adj.* slaty. 2 abounding in slate.
pizate *m.* PAZOTE.
pizca *f.* coll. bit, jot, whit [small quantity]: *ni* ~, not a bit.
pizcar *tr.* PELLIZCAR.
pizco *m.* PELLIZCO.
pizmiento, ta *adj.* dark, pitch-coloured.
pizpereta, pizpireta *adj.* brisk, lively, smart [woman].
pizpirigaña *f.* a boy's game.
pizpita *f., pizpitillo *m.* AGUZANIEVES.
pizzicato *adj. & m.* MUS. pizzicato.
placa *f.* plaque [badge of honorary order]. 2 MED. plaque. 3 superposed plate, film, lamina or thin sheet. 4 doorplate. 5 ANAT., ELECT. RADIO. plate. 6 PHOT. plate, dry plate. 7 (Am.) scab, spot [on skin]. 8 RLY. ~ *giratoria,* turning plate, turntable.
placabilidad *f.* placability.
placable *adj.* placable.
placativo, va *adj.* placatory.

placear *tr.* to retail [foodstuffs]. 2 to publish, make known.

placel *m.* NAUT. large flat sandbank or rocky bank [in sea bed].

pláceme *m.* congratulation.

placenta *f.* ANAT., BOT., ZOOL. placenta.

placentario, ria *adj.* placental. — 2 *m.* ZOOL. placental. 3 *pl.* ZOOL. Placentalia.

placenteramente *adv.* joyfully, pleasantly.

placentero, ra *adj.* joyful, pleasant, placid, agreeable.

1) **placer** *m.* pleasure, enjoyment, delight, content, gratification : *a* ~, pleased; at one's heart content, at one's convenience. 2 pleasure, sensuous enjoyment : *dado a los placeres,* given up to pleasure. 3 pleasure, will, consent. 4 NAUT. large flat sandbank or rocky bank [in sea bed]. 5 MIN. placer. 6 (Am.) pearl-fishing.

2) **placer** *tr.* to please, gratify, content : *que me place,* I am pleased, that pleases me; I am willing. ¶ CONJUG.: INDIC. Pres.: *plazco,* places, place; placemos, placéis, placen. | Pret.: placi, placiste, plació or *plugo;* placimos, placisteis, placieron or *pluguieron.* | SUBJ. Pres.: *plazca, plazcas,* plazca or *plegue* or *plega;* plazcamos, *plazcáis, plazcan.* | Imperf.: placiera, placieras, placiera or *pluguiera;* placiéramos, placierais, placieran, or placiese, or placiese, placieseis, pla- ciesen. | Fut.: placiere, placieres, placiere, or *pluguiere;* placiéremos, placiereis, placieren. | IMPER.: place, *plazca; plazcamos,* placed, *plazcan.*

placero, ra *adj.* [pertaining to the] market place. — 2 *m. & f.* marketer, market vendor. 3 gadabout, town gossip.

placeta, placetuela *f. dim.* small public square.

placibilidad *f.* agreeableness, pleasurableness.

placible *adj.* agreeable, pleasurable.

plácidamente *adv.* placidly.

placidez *f.* placidity.

plácido, da *adj.* placid, peaceful, calm. 2 agreeable.

placiente *adj.* pleasing, pleasant, agreeable.

plácito *s.* opinion, judgement.

plafón *m.* PAFLÓN.

plaga *f.* plague, affliction, calamity, scourge. 2 AGR. scourge, pest [of destructive insects, etc.]. 3 fig. plenty, superabundance [esp. of injurious things]. 4 ulcer, sore. 5 GEOG. climate, clime belt or zone of the earth. 6 NAUT. point [of the compas].

plagar *tr.* to plague, fill, infest. — 2 *ref.* to become filled or infected [with].

plagiar *tr.* to plagiarize. 2 (Am.) to kidnap.

plagiario, ria *adj.* plagiary. — 2 *m. & f.* plagiarist, plagiary [person].

plagio *m.* plagiarism, plagiary [literary theft]. 2 (Am.) kidnapping.

plagioclasa *f.* MINER. plagioclase.

plagióstomo, ma *adj. & m.* ICHTH. plagiostome. — 2 *m. pl.* ICHTH. Plagiostomi, plagiostomes.

plagiotropismo *m.* BOT. plagiotropism.

plagiotropo, pa *adj.* BOT. plagiotropic.

plagué, plague, etc., *pret., subj. & imper.* of PLAGAR.

plaid *m.* plaid.

plan *m.* plan [scheme of arrangement; way of proceeding], project, design, scheme : ~ *de campaña,* plan of campaign; ~ *de estudios,* EDUC. curriculum; ~ *quinquenal,* five-year plan. 2 level, height. 3 plan [drawing, map]. 4 NAUT. floor [of ship's hold]; bottom [of ship]. 5 MIN. mine floor.

plana *f.* page [of a sheet of paper]. 2 copy [page written after model of penmanship] : *corregir* or *enmendar la* ~ *a uno,* to find fault with a thing done by someone; to do a thing better than someone. 3 plain [level tract of country]. 4 PRINT. page. 5 MAS. trowel. 6 MIL. ~ *mayor,* staff.

planada *f.* plain, flatland.

planador *m.* planisher.

plancha *f.* plate, sheet [of metal] : ~ *de blindaje,* armour plate. 2 PRINT. plate. 3 iron, flatiron : ~ *de sastre,* tailor's goose. 4 ironing [clothes]. 5 horizontal suspension [in gymnastics]. 6 coll. blunder, social blunder, *break : hacer una* ~, *tirarse una* ~, to blunder, to put one's foot in it. 7 (Am.) flatcar. 8 (Am.) dental plate. 9 NAUT. gangplank, gangboard. 10 NAUT. ~ *de agua,* floating stage. 11 NAUT. ~ *de viento,* boatswain's chair, hanging stage.

planchada *f.* NAUT. wooden jetty or landing place.

planchado *m.* ironing, pressing [of clothes]. 2 ironing [clothes ironed or to be ironed].

planchar *tr.* to iron, press [clothes].

planchear *tr.* to plate, cover with metal plates.

plancheta *f.* SURV. plane table. 2 coll. *echarla de* ~, to boast, brag.

planchón *m.* aug. large metal plate.

planchuela *f. dim.* thin metal plate; small metal plate.

planeador *m.* AER. glider.

planear *tr.* to plan, design, outline. — 2 *intr.* AER. to volplane, glide.

planeo *m.* AER. volplane, gliding.

planeta *m.* ASTR. planet. — 2 *f.* ECCL. planeta.

planetario, ria *adj.* planetary. — 2 *m.* orrery, planetarium.

planetícola *m. & f.* inhabitant of a planet other than the earth.

planga *f.* ORN. gannet.

planicie *f.* plain, flatland.

planificar *tr.* to plan [arrange beforehand] : *economía planificada,* planned economy.

planilla *f.* (Am.) list, roll, schedule. 2 (Am.) list of employees, payroll. 3 (Mex.) list of candidates [for office]. 4 (Mex.) ballot. 5 (Mex.) commutation ticket [for trams or busses].

planimetría *f.* plane survey; planimetry.

planímetro *m.* planimeter.

planisferio *m.* planisphere.

plano, na *adj.* plane : *ángulo* ~, plane angle; *geometria plana,* plane geometry. 2 flat, even, smooth. — 3 *m.* plane [plane surface] : ~ *coordenado,* GEOM. co-ordinate plane; ~ *de nivel,* SURVEY. datum plane; ~ *focal,* OPT. focal plane; ~ *geométrico,* PERSP. geometric plane, ground plane; ~ *inclinado,* inclined plane; ~ *óptico,* PERS. picture plane; ~ *primer* ~, foreground. 4 AER. plane, wing : ~ *de cola,* tail plane; ~ *de dirección,* vertical stabilizer; ~ *de profundidad,* horizontal stabilizer. 5 plan [drawing, map] : ~ *acotado,* contour map; *levantar un* ~, to make a survey. 6 *dar de* ~, to strike with the flat of the hand or of a sword, etc. 7 *de* ~, openly, clearly; *cantar de* ~, to make a clean breast of it.

planta *f.* BOT. plant. 2 planted ground, patch of young plants. 3 sole [of foot]; fig. foot. 4 ENG. plan, design. 5 ARCH. plan [of a floor or building]. 6 position of the feet [in fencing or dancing]. 7 plan, list of the sections and staff or personnel of [an office, institution, etc.]. 8 MIN. level. 9 ~ *baja,* ground floor. 10 *buena* ~, fine physique or appearance. 11 *echar plantas,* to swag, play the bully. 12 *de* ~, from the ground up.

plantación *f.* AGR. planting. 2 plantation.

plantado, da *p. p.* of PLANTAR. 2 *dejar* ~, to abandon, desert, leave in the lurch; to jilt; to fail to keep one's appointment with.

plantador, ra *adj.* planting. — 2 *m. & f.* planter [person]. — 3 *m.* dibble, planting stick.

plantagináceo, a *adj.* BOT. plantaginaceous. — 2 *f. pl.* BOT. Plantaginaceæ.

plantaina *f.* BOT. plantain [herb].

plantaje *m.* plants [collect.].

1) **plantar** *adj.* plantar.

2) **plantar** *tr.* AGR. to plant. 2 to plant, place, set up, fix upright. 3 to plant, deliver [a blow, etc.]. 4 to put, throw [someone into some place] : ~ *en la calle,* to throw into the street. 5 to plant, establish. 6 to abandon, desert, leave in the lurch: to jilt. — 7 *ref.* to plant oneself, to take a stand. 8 coll. to go, get, arrive [in a short time]. 9 [of an animal] to balk or baulk. 10 to refuse obstinately to do a thing. 11 CARDS to stand pat.

plantario *m.* seedbed.

plante *m.* concerted revolt or protest [in prison, etc.].

planteamiento *m.* planning. 2 establishing, carrying out. 3 statement [of a problem]; posing, raising [a question].

plantear *tr.* to plan, outline. 2 to establish [a system, etc.]; to carry out [a reform]. 3 to state [a problem]; to pose, raise [a question].

plantel *m.* nursery, nursery garden. 2 fig. place, institution, etc., where artists, scholars, etc., are formed.

plantificación *f.* establishing, carrying out.

plantificar *tr.* to establish [a system; institution, etc.]. 2 to carry out [a reform]. 3 to plant, deliver [a blow, etc.]. 4 to put, throw [someone into some place]. — 5 *ref.* coll. to go, get, arrive [in a short time].

plantifiqué, plantifique, etc., *pret., subj. & imper.* of PLANTIFICAR.

plantígrado, da *adj. & m.* ZOOL. plantigrade.

plantilla *f.* first sole, insole [of boot or shoe]. 2 insole [placed inside a shoe]. 3 sole [of a stocking]. 4 plate [of gunlock]. 5 MACH. template, templet [pattern]. 6 ENG. plan, design. 7 plan, list of the sections and staff or personnel of [an office, institution, etc.] : *ser de* ~, to be on the regular staff. 8 ASTR. celestial configuration. 9 coll. FANFARRONERÍA. 10 (Cu., P. Ri.) lady finger.

plantillar *tr.* to put insoles [in shoes].

plantío, a *adj.* planted; ready to be planted; tillable [land]. — 2 *m.* planted ground, patch of young plants. 3 AGR. planting.

plantista *m.* landscape gardener. 2 coll. swaggerer, hector.

plantón *m.* AGR. young tree [to be transplanted]; cutting, slip [for planting]. 2 watchman [before the door of a building]. 3 MIL. soldier doing extra guard duty [as a punishment]. 4 long wait standing : *dar un* ~, to keep someone waiting; *estar de* or *en* ~, to stand around for a long time : *llevarse un* ~, to be kept waiting.

planudo, da *adj.* NAUT. flat-bottomed.

plañidero, ra *adj.* moaning, mournful, plaintive. — 2 *f.* weeper [professional mourner].

plañido *m.* moan, lamentation, crying.

plañir *intr.* to lament, grieve, bewail. — 2 *tr.* to lament, grieve over. ¶ CONJUG. as *mullir.*

plañó, plañendo *irr.* V. PLAÑIR.

plaqué *m.* plate, plating [of gold or silver].

plaquín *m.* loose coat of mail.

plasma *m.* PHYSIOL. plasma. — 2 *f.* MINER. plasma.

plasmador, ra *adj.* creative. — 2 *m. & f.* maker, moulder. — 3 *m.* (cap.) Creator.

plasmante *adj.* moulding, shaping.

plasmar *tr.* to make, mould, shape.

plasmático, ca *adj.* plasmatic.

plasmodio *m.* BIOL. plasmodium.

plasmólisis *f.* PHYSIOL. plasmolysis.

plasta *f.* paste, soft mass, anything soft [as mud, etc.]. 2 flattened object or mass. 3 coll. bungle, clumsy work.

plaste *m.* filler, size [made of glue and plaster].

plastecer *tr.* to fill or size [wood, etc.] before painting. ¶ CONJUG. as *agradecer.*

plastecido *m.* filling, sizing [of wood, etc., before painting].

plastezco, plastezca, etc., *irr.* V. PLASTECER.

plástica *f.* plastic [art of modeling].

plásticamente *adv.* plastically.

plasticidad *f.* plasticity.

plástico, ca *adj.* plastic. — 2 *m.* plastic [substance].

plasto *m.* BIOL. plastid.

plastrón *m.* FENC. plastron. 2 large cravat.

plata *f.* CHEM., MINER. silver : ~ *agria,* black silver, stephanite; ~ *alemana,* German silver; ~ *córnea,* horn silver; ~ *de piña,* spongy silver; ~ *dorada,* silver gilt; ~ *gris,* silver glance, argentite; ~ *labrada,* wrought silver, silverware; ~ *roja,* ruby silver; *como una* ~, coll. clean, shining; *en* ~, coll. plainly; briefly, to the point; *in sum, in a word.* 2 plate [utensils, etc., of silver]. 3 silver [silver coins]. 4 coll. money, wealth. 5 HER. silver, argent.

plataforma *f.* platform [raised flooring]. 2 tramcar platform. 3 FORT. platform, terreplein. 4 RYL. platform car, flatcar. 5 GEOG. platform, continental plateau. 6 MACH. index plate. 7 POL. platform. 8 fig. colour, pretext.

platal *m.* large amount of money, lot of money.

platanáceo, a *adj.* BOT. platanaceous. — 2 *f. pl.* BOT. Platanaceæ.

platanal, platanar *m.* plantation of plane trees. 2 banana field or plantation.

platanero *m.* BOT. banana [plant].

plátano *m.* BOT. banana, plantain [plant and fruit]. 2 BOT. plane tree. 3 BOT. ~ *falso,* sycamore maple.

platazo *m.* aug. dishful, plateful.

platea *f.* THEAT. orchestra, parquet, pit.

plateado, da *adj.* silvered, silver-plated. 2 silver, silvery [in colour]. — 3 *m.* silvering, silver plating.

plateador *m.* silverer, silver plater.

plateadura *f.* silvering, silver plating.

platear *tr.* to silver [coat with silver; give silvery appearance to].

platel *m.* platter, tray.

platelminto, ta *adj.* ZOOL. platyhelminthic. — 2 *m.* ZOOL. platyhelminth. — 3 *m. pl.* ZOOL. Platyhelminthes.

plateresco, ca *adj.* ARCH. plateresque.

platería *f.* silversmith's shop or trade.

platero *m.* silversmith. 2 jeweller. 3 ~ *de oro,* goldsmith.

plática *f.* chat, talk, conversation. 2 ECCL. address, sermon. 3 NAUT. *libre* ~, pratique.

platicar *intr.* to chat, talk, converse.

platija *f.* ICHTH. plaice.

platillo *m.* dim. small dish; saucer : ~ *volante,* flying saucer. 2 pan [of scales]. 3 COOK. dish of meat and vegetables. 4 extra dish [in a monastery]. 5 subject of gossip. 6 MACH. disk [of chain pump, etc.]. 7 MUS. cymbal.

platina *f.* stage [of miscroscope]. 2 plate [of air pump]. 3 PRINT. imposing table. 4 PRINT. bed [of printing press]. 5 MACH. platen. 6 CHEM. platinum.

platinado, da *adj.* platinized [coated with platinum]. — 2 *m.* platinizing, platinum plating.

platinar *tr.* to platinize [coat with platinum].

platinífero, ra *adj.* platinum-bearing.

platino *m.* CHEM. platinum.

platinoide *m.* platinoid.

platinotipia *f.* PHOT. platinotype.

platiqué, platique, etc., *pret., subj. & imper.* of PLATICAR.

platirrino, na *adj. & m.* ZOOL. platyrrhine.

plato *m.* plate, dish [vessel; content of this] : ~ *de postres,* dessert plate; ~ *sopero,* soup plate; *comer en el mismo* ~, coll. to be close friends; *nada entre dos platos,* coll. nothing, unimportant thing; *no haber quebrado un* ~, coll. to be innocent, harmless. 2 COOK. dish. 3 course [at meals] : ~ *fuerte,* pièce de résistance; *ser* ~ *de segunda mesa,* to be given something which another has left or refused, to be second fiddle. 4 daily fare. 5 pan [of scales]. 6 subject of gossip. 7 ARCH. ornament on the metope of a Doric frieze. 8 MACH. plate, disk.

Platón *m. pr. n.* Plato.

platónicamente *adv.* platonically.

platónico, ca *adj.* Platonic, Platonistic. 2 platonic. —3 *m. & f.* Platonist.

platonismo *m.* Platonism.

platudo, da *adj.* (Am.) rich, wealthy.

platuja *f.* PLATIJA.

plausibilidad *f.* reasonability, acceptability. 2 laudableness, praiseworthiness.

plausible *adj.* reasonable, acceptable. 2 laudable, praiseworthy.

plausiblemente *adv.* with applause.

plausivo, va *adj.* applauding.

plauso *m.* applause.

plaustro *m.* poet. cart, wagon.

playa *f.* beach, strand, sandy shore.

playado, da *adj.* having a beach.

playazo *m.* wide, extended beach.

playeras *f. pl.* a popular Andalusian song.

playero, ra *m. & f.* fishmonger.

playón *m. aug.* large beach.

playuela *f. dim.* small beach.

plaza *f.* public square, circus, open space [in a town or city] : *sacar a la* ~, fig. to publish, make public. 2 market, market place. 3 MIL. place [fortified town] : ~ *fuerte,* fortified town, stronghold. 4 place [space, seat, accommodation]. 5 place, office, post, situation, employment. 6 room, space : *hacer* ~, to make room, clear the way; *¡plaza!,* clear the way! 7 COM. town, city. 8 merchants, traders [of a town or city]. 9 sole, floor [of oven or furnace]. 10 MIL. ~ *de armas,* fortified town; parade ground. 11 ~ *de toros,* bull ring, arena. 12 MIL. ~ *montada,* mounted soldier or officer. 13 MIL. *sentar* ~, to enlist. 14 *sentar* ~ *de,* to set up for.

plazco, plazca, etc., *irr.* V. PLACER.

plazo *m.* term [limited period], time, date [fixed or agreed upon for an action, payment, etc.]. 2 term [appointed day]; day of payment. 3 instalment [of a sum payable] : *venta a plazos,* hire purchase, hire system.

plazoleta, plazuela *f. dim.* small public square. 2 small square in a public garden.

ple *m.* a handball game.

pleamar *f.* NAUT. high tide, high water.
plebe *f.* plebs, common people. 2 populace.
plebeyez *f.* plebeianism; coarseness, vulgarity.
plebeyo, ya *adj. & n.* plebeian.
plebiscitario, ria *adj.* plebiscitary.
plebiscito *f.* plebiscite; plebiscitum.
pleca *f.* PRINT. thin ornamental line.
plectognato, ta *adj.* ICHTH. plectognathous. — 2 *m.* ICHTH. plectognath. 3 *m. pl.* Plectognathi.
plectro *m.* MUS. plectrum. 2 poet. inspiration.
plegable *adj.* pliable. 2 folding. 3 collapsible [chair].
plegadera *f.* paper folder, paper knife.
plegadizo, za *adj.* pliable, pliant. 2 folding.
plegado *m.* PLEGADURA.
plegador, ra *adj.* folding. — 2 *m.* folding instrument. 3 WEAV. beam; weaving beam; warper's beam, yarn beam. — 4 *f.* folding machine.
plegadura *f.* folding, doubling, plaiting.
plegar *tr.* to fold, double, plait, pleat. 2 SEW. to plait; to gather, pucker. 3 WEAV. to turn [the warp] on the yarn beam. — 4 *ref.* to fold, bend. 5 to yield, submit. ¶ CONJUG. as *acertar.*
plegaria *f.* prayer, supplication. 2 noon call to prayer.
plegue, plega, etc., *irr.* V. PLACER.
plegueria *f.* folds [in robes and drapery].
pleguete *m.* BOT. tendril of vines.
pleistoceno, na *adj.-m.* GEOL. Pleistocene.
pleita *f.* plaited strand of esparto grass.
pleiteador, ra *m. & f.* litigant. 2 litigious person.
pleiteante *adj.* litigating. — 2 *m. & f.* litigant.
pleitear *tr.* to litigate.
pleitesía *f.* homage: *rendir* ~, to do homage.
pleitista *m. & f.* litigious person, pettifogger.
pleito *m.* litigation, lawsuit: *poner* ~ *a uno,* to sue, bring suit against one. 2 LAW proceedings in a case. 3 dispute, debate, contest, strife. 4 LAW ~ *de acreedores,* insolvency proceedings. 5 ~ *homenaje,* FEUD. homage.
plenamar *f.* PLEAMAR.
plenamente *adv.* fully, completely.
plenariamente *adv.* fully, completely. 2 LAW plenarily.
plenario, ria *adj.* complete, full. 2 plenary.
plenilunio *m.* full moon.
plenipotencia *f.* plenipotence, full powers.
plenipotenciario, ria *adj. & n.* plenipotentiary.
plenitud *f.* plenitude, fullness: ~ *de los tiempos,* fullness of time.
pleno, na *adj.* full, complete. 2 *en* ~ [with a noun], in broad, in the middle of, at the height of: *en* ~ *día,* in broad day; *en* ~ *invierno,* in the middle of winter, at the height of winter. — 3 *m.* full assembly, plenum.
pleocroísmo *m.* CRYST. pleochroism.
pleonasmo *m.* pleonasm.
pleonásticamente *adv.* pleonastically.
peonástico, ca *adj.* pleonastic.
pleópodo *m.* ZOOL. pleopod, swimmeret.
plepa *f.* coll. person, animal or thing full of defects.
plesímetro *m.* MED. pleximeter.
plesiosauro *m.* PALEONT. plesiosaur.
pletina *f.* narrow iron plate.
plétora *f.* plethora, superabundance. 2 MED. plethora.
pletórico, ca *adj.* plethoric.
pleura *f.* ANAT., ZOOL. pleura.
pleural *adj.* ANAT. pleural.
peuresía *f.* MED. pleurisy. 2 MED. *falsa* ~, pleurodynia.
pleurítico, ca *adj.* MED. pleuritic. — 2 *m. & f.* MED. one suffering from pleurisy.
pleuritis *f.* MED. pleuritis.
pleurodinia *f.* MED. pleurodynia.
pleuronecto, ta *adj. & m.* ICHTH. pleuronectid. — 2 *m. pl.* ICHTH. Pleuronectidæ.
plexo *m.* ANAT. plexus: ~ *solar,* solar plexus.
Pléyadas *f. pl.* PLÉYADES.
pléyade *f.* pleiad.
Pléyades *f. pl.* ASTR., MYTH. Pleiades.
plica *f.* sealed envelope containing a document, name, etc., which is not to be made public before a fixed date. 2 MED. plica.
1) **pliego** *m.* sheet of paper; folded paper. 2 PRINT. sheet [part of a book]: ~ *de prensa,* page proof. 3 sealed letter or document; sealed envelope containing papers. 4 ~ *de cargos,* specification of charges [against a public officer]. 5 ~ *de condiciones,* specifications; tender [for a contract].

2) **pliego, pliegue,** etc., *irr.* V. PLEGAR.
pliegue *m.* fold, plait, pleat, crease. 2 SEW. gather. 3 GEOL. fold.
plieguecillo *m.* dim. of PLIEGO and PLIEGUE.
Plinio *m. pr. n.* Pliny.
plinto *m.* ARCH. plinth [of a column; lower member of a base]. 2 ARCH. low square base.
plioceno *adj. & m.* GEOL. Pliocene.
plomada *f.* MAS. plumb line, plumb bob, plummet. 2 sounding line, sounding lead. 3 craftsman's lead pencil. 4 sinkers [of a fishing net]. 5 scourge tipped with lead balls.
plomar *tr.* to put a lead seal on.
plombagina *f.* MINER. plumbago, graphite.
plomería *f.* lead roofing. 2 leadware store. 3 plumber's shop.
plomero *m.* lead worker, plumber.
plomífero, ra *adj.* plumbiferous. — 2 *m. & f.* coll. bore [tiresome person].
plomizo, za *adj.* leaden, plumbeous [made of lead; resembling lead]. 2 lead-coloured.
plomo *m.* CHEM. lead: *andar con pies de* ~, to proceed with great caution. 2 lead [piece of lead]. 3 plumb bob, plummet. 4 fig. bullet. 5 sinker [of fishing net]. 6 coll. bore, dull person. 7 *a* ~, plumb, perpendicularly. 8 *caer a* ~, to fall plumb, to fall with all one's weight.
plomoso, sa *adj.* PLOMIZO.
plugo, pluguiera, pluguiese, etc., *irr.* V. PLACER.
pluma *f.* feather, plume [of bird]: *plumas coberteras,* coverts, tectrices; *plumas remeras,* remiges; *plumas timoneras,* rectrices. 2 feathers: *colchón de* ~, [writing] quill, [writing] pen: ~ *estilográfica,* fountain pen; *dejar correr la* ~, to write away, to expatiate on a subject in writing; *al correr de la* ~, a *vuela* ~ [of writing], freely, easily, hastily, letting oneself go. 3 fig. pen [hand, author; action or style of literary composition; penmanship]. 4 ~ *de agua,* a variable measure of running water.
plumada *f.* stroke of pen. 2 brief writing.
plumado, da *adj.* feathered [having feathers].
plumaje *m.* plumage. 2 crest, plume [ornamental bunch of feathers].
plumajería *f.* plumagery.
plumajero *m.* plumist.
plumaria (arte) *f.* art of embroidering coloured figures of feathers and birds.
plumario *m.* one who embroiders coloured figures of feathers and birds.
plumazón *f.* plumage. 2 plumes [ornamental bunches of feathers].
plumbado, da *adj.* sealed with a lead seal.
plumbagina *f.* PLOMBAGINA.
plumbagináceo, a *adj.* BOT. plumbaginaceous. — 2 *f. pl.* BOT. Plumbaginaceæ.
plúmbeo, a *adj.* of lead. 2 plumbeous, heavy as lead.
plúmbico, ca *adj.* CHEM. plumbic.
plumeado *m.* PAINT. hatching.
plumear *tr.* PAINT., DRAW. to hatch. 2 to write.
plúmeo, a *adj.* plumose, feathered.
plumería *f.,* **plumerío** *m.* feathers, plumes [collect.].
plumero *m.* feather duster. 2 crest, plume [ornamental bunch of feathers]. 3 box for pens and pencils.
plumífero, ra *adj.* poet. feathered.
plumilla *f.* dim. small feather. 2 small writing pen. 3 point [of fountain pen]. 4 BOT. plumule.
plumista *m.* scrivener, clerk. 2 plumist.
plumita *f.* dim. small feather or pen.
plumón *m.* down [of birds]. 2 feather bed.
plumoso, sa *adj.* feathered, feathery, plumose.
plúmula *f.* BOT. plumule.
plural *adj. & m.* GRAM. plural.
pluralicé, pluralice, etc., *pret., subj. & imper.* of PLURALIZAR.
pluralidad *f.* plurality [state of being plural; majority]: *a* ~ *de votos,* by majority of votes.
pluralizar *tr.* to pluralize.
plus *m.* extra, bonus. 2 MIL. extra pay. 3 SPORT. ~ *marca,* record.
pluscuamperfecto *adj. & m.* GRAM. pluperfect.
plus minusve (Lat.) more or less, about.
plusvalía *f.* unearned increment.
Plutarco *m. pr. n.* Plutarch.
plúteo *m.* bookshelf.
plutocracia *f.* plutocracy.
plutócrata *m. & f.* plutocrat.
plutocrático, ca *adj.* plutocratic.
Plutón *m. pr. n.* MYTH., ASTR. Pluto.

FORMATION OF THE PLURAL / PLURAL

The plural of Spanish nouns and adjectives is formed by adding s or es to the singular word.

The plural is formed by adding s to:

- Words ending in an unstressed vowel: casa, **casas**; blanco, **blancos.**
- Words ending in an accented é: café, cafés.

The plural is formed by adding es to:

- Words ending in an accented á, í, ó, or ú: bajá, **bajaes**; rubí, **rubíes.**
  Exception: **Papá, mamá, chacó,** and **chapó** add s; maravedí has three forms for the plural: **maravedis, maravedíes,** and **maravedises.**
- The names of the vowels: a, **aes**; e, **ees**; i, **ies**, etc.
- Nouns and adjectives ending in a consonant: árbol, **árboles**; anís, **anises**; cañón, **cañones.**
  Exception: Nouns of more than one syllable ending in an s preceded by an unstressed vowel do not change in the plural: lunes, **lunes**; crisis, **crisis.** Observe that nouns and adjectives ending in z change the z to c in their written plurals: vez, **veces**; feliz, **felices.**

Proper names

When a proper name is used in the plural, all the preceding rules and exceptions are observed. Exception: Family names ending in z (Núñez, Pérez, etc.) do not change in the plural.

Nouns of foreign origin

Usually nouns of foreign origin form the plural according to the preceding rules. However, the plural of lord is **lores**, and the plural of cinc or zinc is **cincs** or **zincs.**

Latin words, such as ultimátum, déficit, fiat, and exequátur, have no plural form.

Compound nouns and adjectives

- When the elements of the compound noun or adjective are separate, only the first element takes the plural form: ojos de buey, **patas** de gallo.
- When the compound is imperfect, such as ricahembra, mediacaña, both the elements take the plural form: **ricashembras, mediascañas.**
- When the compound is perfect, the plural is formed at the end of the word: **ferrocarriles, patitiesos.**
- The plurals of cualquiera and quienquiera are **cualesquiera** and **quienesquiera.**

---

plutoniano, na *adj.* & *n.* Plutonian.
plutónico, ca *adj.* GEOL. plutonic. 2 MYTH. Plutonic.
plutonio *m.* CHEM. plutonium.
plutonismo *m.* GEOL. plutonism.
plutonista *m.* & *f.* GEOL. plutonist.
pluvial *adj.* pluvial, rain : *agua* ~, rain water. 2 ECCL. *capa* ~, pluvial.
pluvímetro *m.* PLUVIÓMETRO.
pluviométrico, ca *adj.* pluviometric.
pluviómetro *m.* pluviometer, rain gauge.
pluvioso, sa *adj.* rainy, pluvious.
poa *f.* NAUT. bowline bridle.
pobeda *f.* white-poplar grove or plantation.
población *f.* population. 2 peopling, populating, planting, settling, colonizing. 3 village, town, city.
poblacho *m.* sorry village.
poblado *m.* village, town, settlement, inhabited place.
poblador, ra *adj.* peopling, populating. — 2 *m.* & *f.* inhabitant, peopler. 3 populator, colonizer, settler.
poblano, na *adj.* (Am.) peasant, villager.
poblar *tr.* to inhabit, people. 2 to people, populate, settle, colonize ; to plant [a river with fishes, a land with trees, etc.]. 3 [of hairs, leaves, plants, etc.] to cover, grow on. — 4 *intr.* to found towns. — 5 *ref.* to become peopled. 6 to become filled or covered [with hairs, leaves, plants, etc.]. ¶ CONJUG. as *contar*.

poblazo *m.* POBLACHO.
poblezuelo *m.* *dim.* small village.
pobo *m.* ÁLAMO BLANCO.
pobre *adj.* poor [needy, indigent; scanty, inadequate; paltry, sorry; humble, insignificant; unfortunate; spiritless] : *más* ~ *que una rata* poor as a church mouse; ~ *de espíritu,* poor in spirit; *¡*~ *de mí!,* poor me!; ~ *diablo,* poor devil; good-natured, insignificant fellow; ~ *hombre,* spiritless fellow. 2 poor, deficient [in a quality, etc.]. 3 poor, improductive [soil]. — 4 *m.* & *f.* poor person; pauper, beggar : ~ *de solemnidad,* pauper, very poor person.
pobrecico, ca; cillo, cilla; cito, cita *adj.* *dim.* of POBRE. — 2 *m.* & *f.* *dim.* little beggar. 3 poor little thing.
pobremente *adv.* poorly, indigently, in want. 2 poorly, scantily, inadequately, sorrily.
pobrería *f.* POBRETERÍA.
pobrero *m.* distributor of alms.
pobrete, ta *adj.* poor, wretched. — 2 *m.* & *f.* poor person. 3 good-natured, spiritless person.
pobretear *tr.* to act as a poor person.
pobretería *f.* poor people, beggars. 2 poverty penury.
pobretón, na *adj.* poor, needy. — 2 *m.* & *f.* poor person.
pobreza *f.* poverty, destitution, indigence, want. 2 poverty, poorness, deficiency, scantiness. 3 unfertility [of the soil]. 4 scanty possessions [of

the poor]. 5 fig. lack of magnanimity, meanness of spirit.

pobrezuelo, la *adj. dim.* poorish. — 2 *m. & f. dim.* little poor person.

pobrísimo, ma *adj. superl.* very poor.

pobrismo *f.* POBRETERÍA [1].

pocero *m.* well digger, well driller. 2 cesspool cleaner.

pocilga *f.* pigsty, pigpen. 2 fig. dirty place.

pocillo *m.* chocolate cup. 2 vessel sunk in the earth to collect liquids.

pócima *f.* medicinal decoction; medicinal drink.

poción *f.* drink, beverage. 2 PHARM. liquid medicinal preparation [for drinking].

1) **poco** *adv.* little : *me gusta ~*, I like it little ; *~ diestro* or *hábil*, unskilled ; *de ~ más o menos*, of little account ; *~ más o menos*, more or less ; *~ más que*, little more than. 2 shortly, a short time : *~ antes*, shortly before. — 3 *m.* little [small amount, time, distance, etc.] : *un ~ de*, a little, some [foll. by noun] ; *tener en ~*, to set little value on, to think little of, to hold in low esteem ; *a ~*, shortly afterwards, presently ; *dentro de ~*, in a short time, soon ; *en ~*, almost ; *en ~ estuvo que*, it almost happened that ; *~ a ~*, little by little, gradually ; *¡~ a ~!*, easy there! ; *por ~*, almost, nearly : *por ~ se cae*, he nearly fell.

2) **poco, ca** *adj.* little [not much] : *~ dinero*, little money ; *de ~ tiempo acá*, lately, of late. 2 *pl.* few. 3 *unos pocos*, a few, some ; *a los pocos días*, after a few days.

póculo *m.* drinking cup or glass.

pocho, cha *adj.* coll. pale, pale-faced.

poda *f.* pruning. 2 pruning season.

podadera *f.* pruning knife, billhook.

podador, ra *m. & f.* pruner [one who prunes].

podadura *f.* pruning.

podagra *f.* MED. gout, podagra.

podar *tr.* to prune, lop, trim.

podazón *f.* pruning season.

podenco *m.* hound [dog].

1) **poder** *m.* power [authority, control, command, government, ascendancy, sway]. 2 power [ability to act ; capability of producing an effect ; active property], force, strength, might : *de ~ a ~* [of conflict, etc.], with matching strength. 3 power, hands, possession, control : *en ~ de*, in the power or in the hands of ; *obra en mi ~*, I have at hand, I have in my posession. 4 military strength [of a state]. 5 POL. holding of office : *estar en el ~*, to be in office, to be in. 6 *sing. & pl.* LAW power, proxy, power or letter of attorney. 7 power, authority [delegated power] : *plenos poderes*, full power.

2) **poder** *tr. & intr.* to be able [to], be in position [to], can, may : *no ~ con*, not to be able to bear, manage, etc.; to be no match for ; *no ~ más*, to be unable to do more ; to be tired, exhausted, all in ; to be obliged, have to ; *no ~ menos de*, not to be able to help : *no puedo menos de hacerlo*, I cannot but do it, I cannot help doing it ; *no ~ ver a uno, no ~ ver a uno pintado* or *ni pintado*, to detest someone ; *a más no ~*, to the utmost ; *como pueda, pódamos, etc.*, the best I, we, etc. can ; *hasta más no ~*, to the outmost, to the limit. | Notice the different senses of the verb in the negative sentences : *Juan no puede ir*, John cannot go ; *Juan puede no ir*, John may not go. 2 coll. *poderle a uno*, to be a match for someone. 3 coll. (Am.) *poderle a uno una cosa*, to be worried or affected by something. — 4 *intr.* to have power or influence : *~ mucho*, to have much power or influence. — 5 *impers.* to be possible, may : *puede que llueva*, it is possible that it rains ; it may rain. ¶ IRREG. CONJUG.: INDIC. Pres.: *puedo, puedes, puede*; podemos, podéis, *pueden*. | Pret.: *pude, pudiste, pudo*; pudimos, pudisteis, pudieron. | Fut. *podré, podrás, podrá; podremos, podréis, podrán.* | COND.: *podría, podrías, podría; podríamos, podrían, podrían.* | SUBJ. Pres.: *pueda, puedas, pueda*; podáis, podáis, *puedan.* | Imperf.: *pudiera, pudieras, pudiera; pudiéramos, pudierais, pudieran*, or *pudiese, pudieses, pudiese; pudiésemos, pudieseis, pudiesen.* | Fut.: *pudiere, pudieres, pudiere; pudiéremos, pudiereis, pudieren.* | IMPER.: *puede, pueda*; podamos, poded, *puedan.* | GER.: *pudiendo.*

poderdante *m. & f.* LAW constituent.

poderhabiente *m. & f.* LAW attorney, proxy.

poderío *m.* power, might. 2 sway, jurisdiction. 3 wealth, riches.

poderosamente *adv.* powerfully, mightily. 2 forcibly.

poderoso, sa *adj.* powerful, mighty. 2 forcible, efficacious. 3 rich, wealthy.

podio *m.* ARCH. podium.

podofilina *f.* PHARM. podophyllin.

podómetro *m.* pedometer, podometer.

podón *m.* large pruning knife, billhook.

podre *f.* pus.

podré, podría, etc., *irr.* V. PODER.

podrecer *tr., intr. & ref.* PUDRIR.

podrecimiento *m.* PODREDURA.

podredumbre *f.* rot, rottenness, decay. 2 pus. 3 fig. deep secret grief.

podredura, podrición *f.* putrefaction, corruption.

podridero *m.* PUDRIDERO.

podrigorio *m.* person full of aches and ailments.

podrimiento *m.* PUDRIMIENTO.

podrir *tr. & ref.* PUDRIR.

poema *m.* poem.

poesía *f.* poetry. 2 poem, poetical composition. 3 *pl.* poetical works, poems.

poeta *m.* poet.

poetastro *m.* poetaster.

poética *f.* poetics.

poéticamente *adv.* poetically.

poeticé, poetice, etc., *pret., subj. & imper.* of POETIZAR.

poético, ca *adj.* poetic, poetical.

poetisa *f.* poetess.

poetizar *intr.* to poetize [compose poetry]. — 2 *tr.* to poetize [make poetical, give a poetic character to].

poino *m.* gantry, barrelstand.

poiquilotermo, ma *adj.* ZOOL. poikilothermal.

póker *m.* poker [card game].

polaco, ca *adj.* Polish. — 2 *m. & f.* Pole [person]. — 3 *m.* Polish language.

polacra *f.* NAUT. polacre.

polaina *f.* legging.

polar *adj.* polar ; pole : *estrella ~*, polestar.

polaricé, polarice, etc., *pret. subj. & imper.* of POLARIZAR.

polaridad *f.* polarity.

polarímetro *m.* polarimeter.

polariscopio *m* polariscope.

polarizable *adj.* polarizable.

polarización *f.* polarization.

polarizador, ra *adj.* polarizing. — 2 *m.* OPT. polarizer.

polarizar *tr.* to polarize.

polca *f.* polka [dance].

polcar *intr.* to polk [dance the polka].

polea *f.* pulley. 2 NAUT. tackle, tackle block.

poleadas *f. pl.* porridge.

poleame *m.* set of pulleys, tackle [of a boat].

polemarca *m.* polemarch.

polémica *f.* polemic, controversy. 2 polemics. 3 MIL. art of fortification and investment.

polémico, ca *adj.* polemic, polemical.

polemista *m. & f.* polemic, polemicist, polemist.

polemístico, ca *adj.* polemical, controversial.

polemoniáceo, a *adj.* BOT. polemoniaceous. — 2 *f. pl.* Polemoniaceæ.

polemonio *m.* BOT. Greek valerian, Jacob's ladder, polemonium.

polen *m.* BOT. pollen.

polenta *f.* polenta.

poleo *m.* BOT. penny royal. 2 coll. stiff, cold wind.

poleví *m.* PONLEVÍ.

poliandria *f.* polyandry [having several husbands]. 2 BOT. polyandry.

poliandro, dra *adj.* BOT. polyandrous.

poliarquía *f.* polyarchy.

poliárquico, ca *adj.* polyarchical.

Polibio *m. pr. n.* Polybius.

polibásico, ca *adj.* CHEM. polybasic.

policarpelar *adj.* BOT. polycarpellary.

policárpico, ca *adj.* BOT. polycarpic, polycarpous.

pólice *m.* thumb.

policía *m.* policeman, police officer, detective. 2 police, police force ; *~ secreta*, secret police. 3 politeness, good breeding. 4 cleanliness, good order.

policíaco, ca *adj.* [pertaining to the] police; policial. 2 *novela policíaca*, detective story.

policial *adj.* (S. Am.) POLICÍACO.

policiano *m.* (Arg.) policeman.

policitación *f.* LAW. pollicitation.

Policleto *m. pr. n.* Polycletus.
policlínica *f.* MED. polyclinic.
policopia *f.* multigraph.
policroísmo *m.* MINER. pleochroism.
policromar *tr.* to polychrome.
policromia *f.* polychromy. 2 quality of being polychrome.
policromo, ma *adj.* polychrome, many-coloured.
Polichinela *m.* Polichinelle, Punchinello.
polidipsia MED. polydipsia.
Polidoro *m. pr n.* Polydorus.
poliédrico, ca *adj.* polyhedral, polyhedric.
poliedro *m.* GEOM. polyhedron.
polifagia *f.* MED. polyphagia.
polifásico, ca *adj.* ELECT. polyphase, multiphase.
Polifemo *m. pr. n.* MYTH. Polyphemus.
polifonía *f.* MUS. polyphony.
polifónico, ca; polifono, na *adj.* MUS. polyphonic.
poligala *f.* BOT. milkwort.
poligaláceo, a *adj.* BOT. polygalaceous. — 2 *f. pl.* BOT. Polygaleæ.
poligamia *f.* polygamy.
polígamo, ma *adj.* polygamous. — 2 *m.* polygamist.
poligenismo *m.* polygenism.
poligenista *adj. & n.* polygenist.
poligloto, ta *adj. & n.* polyglot. — 2 *f.* polyglot Bible.
poligonáceo, a *adj.* BOT. polygonaceous. — 2 *f. pl.* BOT. Polygonaceæ.
poligonal *adj.* polygonal.
polígono, na *adj.* polygonal. — 2 *m.* GEOM., FORT. polygon.
poligrafía *f.* polygraphy [art of writing in or interpreting ciphers]. 2 polygraphy [literary versatility].
poligráfico, ca *adj.* [pertaining to] POLIGRAFÍA.
polígrafo *m.* expert in ciphers. 2 poligraph [versatile writer].
polilla *f.* ENTOM. moth, clothes moth, carpet moth. 2 fig. waster, destroyer.
polimatía *f.* polymathy, encyplopedic learning.
polimeria *f.* OHEM. polymerism.
polimericé, polimerice, etc., *pret,, subj. & imper.* POLIMERIZAR.
polimerización *f.* CHEM. polymerization.
polymerizar *tr.* CHEM. to polymerize. — 2 *ref.* CHEM. to polymeryze [become polymerized].
polímero, ra *adj.* CHEM. polymeric. — 2 *m.* CHEM. polymer.
Polimnia *f. pr. n.* MYTH. Polyhymnia.
polimorfismo *m.* polymorphism.
polimorfo, fa *adj.* polymorphous.
polín *m.* roller, skid.
Polinesia *f. pr. n.* GEOG. Polynesia.
polinesio, sia *adj. & n.* Polynesian.
polínico, ca *adj.* BOT. pollinic, pollinical.
polinización *f.* BOT. pollination.
polinomio *m.* ALG. polynomial.
polinuclear *adj.* polynuclear.
polio *m.* BOT. poly.
poliomielitis *f.* MED. poliomyelitis.
poliorama *m.* polyorama.
poliorcética *f.* MIL. poliorcetics.
polipasto *m.* POLISPASTO.
polipero *m.* ZOOL. polypary.
polipétalo, la *adj.* BOT. polypetalous.
pólipo *m.* ZOOL. polyp. 2 MED. polyp, polypus. 3 PULPO.
polipodiáceo, a *adj.* BOT. polypodiaceous. — 2 *f. pl.* BOT. Polypodiaceæ.
polipodio *m.* BOT. polypody, sweet fern.
polisarcia *f.* MED. polysarcia, obesity.
polisépalo, la *adj.* BOT. polysepalous.
polisílabo, ba *adj.* polysyllabic. — 2 polysyllable.
polisíndeton *m.* RETH. polysyndeton.
polisintético, ca *adj.* GRAM. polysynthetic.
polisón *m.* bustle [of woman's dress].
polispasto *m.* tackle, hoisting tackle.
polispermo, ma *adj.* BOT. polyspermous.
polista *m. & f.* polo player.
polistilo, la *adj.* ARCH. polystyle. 2 BOT. polystylous. — 3 *m.* ARCH. polystyle.
politécnico, ca *adj.* polytechnic.
politeísmo *m.* polytheism.
politeísta *adj.* polytheistic. — 2 *m. & f.* polytheist.
política *f.* politics. 2 policy [course of action adopted by a government, party, etc.; sagacity, address]. 3 politeness.
políticamente *adv.* politically. 2 politicly. 3 politely.
politicastro *m.* politicaster.

político, ca *adj.* politic, political : *cuerpo* ~, body politic; *economia política*, political economy; *geografía política*, political geography. 2 politic, judicious, expedient; tactful. 3 polite, courteous. 4 -in-law : *padre* ~, father-in-law. — 5 *m.* politician.
politicón, na *adj.* exceedingly ceremonious, overpolite. 2 fond of politics.
politiquear *intr.* coll. to dabble in politics, to play politics.
politiqueo *m.* coll. dabbling in politics.
politiquería *f.* political chicanery. 2 political trash.
politiquero, ra *m. & f.* one who is fond of common politics. 2 low politician.
politiquillo *m.* petty politician.
poliuria *f.* MED. polyuria.
polivalencia *f.* BACT., CHEM. polyvalence, multivalence.
polivalente *f.* BACT., CHEM. polyvalent, multivalent.
póliza *f.* paybill. 2 COM. document containing a contract of insurance, of sale of securities, etc. : ~ *de seguro*, policy, insurance policy. 3 tax stamp. 4 custom-house permit.
polizón *m.* gadabout, loafer. 2 stowaway [in a ship].
polizonte *m.* coll. cop, policeman.
polo *m.* GEOM., ASTR., GEOG., PHYS., BIOL. pole; ~ *magnético*, magnetic pole; ~ *norte, ártico* or *boreal*, North pole; ~ *sur, antártico* or *austral*, South Pole. 2 SPORTS polo. 3 popular Andalusian song.
pololear *tr.* (Am.) to importunate, annoy. 2 (Chi.) to court, pay compliments to [a woman].
polonés, sa *adj.* Polish. — 2 *m. & f.* Pole. — 3 *f.* polonaise [woman's dress]. 4 MUS. polonaise.
Polonia *f. pr. n.* GEOG. Poland.
polonio *m.* CHEM. polonicum.
poltrón, na *adj.* lazy. — 2 *m. & f.* lazybones, lazy person. — 3 *f.* easy chair.
poltronería *f.* laziness, sloth.
poltronizarse *ref.* to become lazy.
polución *f.* MED. pollution.
poluto, ta *adj.* polluted, unclean, filthy.
Pólux *m. pr. n.* MYTH., ASTR. Pollux.
polvareda *f.* cloud of dust. 2 fig. dust, commotion, turmoil : *armar*, or *levantar*, *una* ~, to kick up a dust.
polvera *f.* compact, face-powder case.
polvificar *tr.* coll. PULVERIZAR.
polvillo *m.* dim. fine dust. 2 (Am.) AGR. rust, mildew, smut.
polvo *m.* dust : *limpio de* ~ *y paja*, fig. without toil; free of all charges, net; *morder el* ~, to bite, or lick, the dust; *sacudir el* ~, to beat out, or shake off, the dust; to dust one's jacket, give a beating; *tomar el* ~, (Am.) to escape, beat it. 2 powder [mass of dry particles] : ~ *de salvadera*, sand [for blotting writing]; ~ *de Soconusco*, pinole; *hacer* ~, to destroy; to overcome or beat completely; to tire out. 3 pinch [of snuff or powder] : *tomar un* ~, to take a pinch of snuff. 4 *pl.* cosmetic or medicinal powder; face powder: *polvos de arroz*, rice powder; *polvos de la madre Celestina*, fig. hocus-pocus, secret and miraculous way in which a thing is done; *polvos dentífricos*, tooth powder; ~ *de talco*, talcum powder; *polvos de tocador*, toilet powder, face powder.
pólvora *f.* powder [explosive], gunpowder : ~ *de algodón*, gun cotton; ~ *detonante* or *fulminante*, detonating powder; ~ *lenta* or *progresiva*, slowburning powder; ~ *sin humo*, smokeless powder; ~ *sorda*, fig. underhanded fellow; *gastar la* ~ *en salvas*, fig. to waste time or energy, to work to no purpose; *no haber inventado la* ~, coll. to be short-witted, not to be a genius; *ser una* ~, coll. to be quick, to be a live wire. 2 fireworks. 3 fig. bad temper. 4 fig. liveliness, vivacity.
polvoreamiento *m.* powdering.
polvorear *tr.* to powder [sprinkle with powder].
polvoriento, ta *adj.* dusty.
polvorín *m.* powder magazine. 2 fine powder for priming. 3 powder flask, priming horn. 4 (Am.) spitfire [quick-tempered person].
polvorista *m.* PIROTÉCNICO 2.
polvorizable *adj.* PULVERIZABLE.
polvorización *f.* PULVERIZACIÓN.
polvorizar *tr.* POLVOREAR. 2 PULVERIZAR.
polvoroso, sa *adj.* dusty.
polvorón *m.* a kind of cake.

polla *f.* CARDS pool. 2 ORN. pullet. 3 fig. girl, young woman. 4 ORN. coot. 5 ORN. ~ *de agua*, waterhen, gallinule; corn crake.

pollada *f.* brood, hatch, covey [of chickens or birds].

pollancón, na *m.* & *f.* large chicken. 2 coll. overgrown youth.

pollastra *f.* large young hen.

pollastre, pollastro *m.* large chicken. 2 coll. sly fellow.

pollazón *f.* brood, hatch, hatching.

pollera *f.* woman who raises or sells chickens. 2 chicken roost. 3 chicken coop. 4 gocart. 5 hooped petticoat. 6 (Am.) skirt [woman's garment].

pollería *f.* poultry shop. 2 coll. young people.

pollero, ra *m.* & *f.* poulterer. — 2 chicken roost.

pollerón *m.* (Arg.) skirt of riding habit.

pollina *f.* young she-ass.

pollinarmente *adv.* riding on an ass. 2 foolishly.

pollino *m.* ass, donkey. 2 fig. jackass, dolt.

pollito, ta *m.* & *f. dim.* little chicken, chick. 2 coll. child. — 3 *m.* coll. boy, youth. — 4 *f.* coll. girl.

pollo *m.* chicken. 2 nestling, young bird. 3 brood [of the bee]. 4 coll. chicken, young person: *estar hecho un ~*, to have a youthful appearance. 5 coll. sly fellow.

polluelo *m. dim.* little chicken, chick.

poma *f.* BOT. apple. 2 perfume censer. 3 perfume box. 4 pomander.

pomáceo, a *adj.* BOT. pomaceous. — 2 *f. pl.* BOT. Pomaceæ.

pomada *f.* pomade, pomatum.

pomar *m.* orchard; apple orchard.

pomarada *f.* plantation of apple trees.

pomarrosa *f.* BOT. rose apple.

pomerano, na *adj.* & *n.* Pomeranian.

pómez (piedra) *f.* pumice stone.

pomífero, ra *adj.* apple-bearing.

1) **pomo** *m.* BOT. pome. 2 pomander. 3 phial, vial, small bottle. 4 pommel [of sword-hilt].

2) **pomo, ma** *adj.* (Col.) blunt [without edge].

pomología *f.* pomology.

pompa *f.* pomp, ostentation, splendour: *pompas fúnebres*, funeral. 2 pageant. 3 bubble: ~ *de jabón*, soap bubble. 4 ballooning [of clothes]. 5 spread [of peacock's tail]. 6 NAUT. pump.

pompear *intr.* to make a show. — 2 *ref.* to appear with pomp and ostentation. 3 PAVONEARSE.

Pompeya *f. pr. n.* HIST., GEOG. Pompeii.

pompeyano, na *adj.* & *n.* Pompeian.

Pompeyo *m. pr. n.* Pompey.

pompón *m.* MIL. pompon.

pomponearse *ref.* POMPEARSE.

pomposamente *adv.* pompously.

pomposidad *f.* pomposity, pompousness.

pomposo, sa *adj.* pompous, magnificent. 2 pompous, self-important. 3 pompous, inflated, [language, style].

pómulo *m.* cheekbone.

poncí, poncidre, poncil *adj.* & *m.* terms applied to a kind of bitter citron or lemon.

ponchada *f.* quantity of punch made at one time, bowlful of punch. 2 (Am.) contents of a poncho held by its four corners.

ponche *m.* punch [drink]; ~ *de huevo*, eggnog.

ponchera *f.* punch bowl.

poncho, cha *adj.* soft, lazy; mild. — 2 *m.* (Am.) poncho [cloak].

ponderable *adj.* ponderable.

ponderación *f.* ponderation. 2 balance, equilibrium. 3 judiciousness. 4 exaggeration; emphasizing: *sin ~*, without exaggeration.

ponderadamente *adv.* with ponderation. 2 in a well-balanced manner. 3 judiciously, with a sober judgement.

ponderador, ra *adj.* pondering, weighing. 2 balancing. 3 exaggerating; emphasizing. — 4 *m.* & *f.* ponderer, weigher. 5 exaggerator.

ponderal *adj.* ponderal.

ponderar *tr.* to weigh. 2 to ponder over. 3 to balance, poise. 4 to exaggerate. 5 to emphasize; to praise highly.

ponderativo, va *adj.* exaggerating, hyperbolical.

ponderosamente *adv.* ponderously, heavily. 2 carefully, circumspectly.

ponderosidad *f.* ponderosity, heaviness. 2 gravity, circumspection.

ponderoso, sa *adj.* ponderous, heavy. 2 grave, circumspect.

pondré, pondría, etc., *irr.* V. PONER.

ponedero, ra *adj.* capable of being laid or placed. 2 egg-laying [hen]. — 3 *m.* hen's nest. 4 nest egg.

ponedor, ra *adj.* egg-laying [hen]. 2 trained to rear on the hind legs [horse]. — 3 POSTOR.

ponencia *f.* the post or office of one who is designated to report on a matter; his report.

ponente *m.* & *f.* one who is designated to report on a matter.

ponentino, na *adj.* western.

poner *tr.* to lay [eggs]. 2 to place, put, lay, set: ~ *algo sobre la mesa*, to place or put something on the table; ~ *a prueba*, to put to the test, to put to trial or on trial; ~ *a trabajar*, to set to work; ~ *coto a*, to put a limit to; to put a stop to, to stop, check; ~ *dinero en*, to place, invest money in; ~ *fin a*, to put an end to; to bring to an end; ~ *en libertad*, to set at liberty, set free, release; ~ *en manos de*, to put into the hands of; ~ *en marcha*, to set going, to start; ~ *en práctica*, to put in practice, put into execution, carry out; ~ *la mesa*, to set, or lay, the table; ~ *las manos sobre*, to lay hands on; ~ *los manteles*, to lay the cloth; ~ *precio a*, to set price on; ~ *sitio a*, to lay siege to; ~ *una trampa*, to set a trap; ~ *uno sus esperanzas en*, to lay one's hopes in. 2 to suppose, assume: *pongamos que*, let us suppose that. 3 to wager, lay, bet [money]. 4 to leave, commit [to another]: *yo lo pongo en ti*, I leave it to you. 5 to appoint, put in charge, post, set to work as: ~ *de aprendiz*, to apprentice; ~ *de centinela*, to post as a sentry; ~ *de secretario*, to appoint secretary or to be secretary. 6 to apply, adapt. 7 to give [a name or nickname]: *le pusieron por nombre Juan*, they gave him the name of John. 8 to call, describe as: ~ *a uno de embustero, de ladrón*, to call someone a liar, a thief. 9 to maltreat, abuse [esp. in words], to revile: ~ *como chupa de dómine*, ~ *como nuevo*, ~ *como un trapo*, ~ *de oro y azul*, ~ *de vuelta y media*, to abuse, revile, cover with insults; to reprimand harshly, dress down. 10 to expose: ~ *al sol*, to expose to the sun. 11 to contribute [give as a contribution]. 12 to impose, lay on [a law, tax, etc.]. 13 coll. to put on, show [a play, etc.]. 14 to cause [fear, etc.]. 15 to make, render, turn [cause to become]: ~ *colorado*, to cause to blush, put to the blush; ~ *furioso*, to render furious; ~ *enfermo*, to make ill. 16 to spend [time, in doing something]. 17 ~ *al corriente*, to inform. 18 ~ *al día*, to bring up to date. 19 ~ *bien a uno*, to speak well of someone. 20 ~ *casa*, to set up housekeeping. 21 ~ *de acuerdo*, to make agree. 22 ~ *de manifiesto*, to make manifest, make evident, show plainly; to exhibit, expose. 23 ~ *de relieve*, to emphasize, point out, set out. 24 ~ *en claro*, to make clear; to clear up, elucidate. 25 ~ *en duda*, to doubt, question, call in doubt. 26 ~ *en, or sobre, las nubes*, to praise to the skies. 27 ~ *en limpio*, to make a clean copy of, to recopy. 28 ~ *en ridículo*, to make a fool of, to expose to ridicule. 29 ~ *en vigor*, to enforce, put into effect [a law, etc.]. 30 ~ *mal a uno*, to discredit someone, to set another against him. 31 ~ *mala cara*, to frown, to make a wry face, to show displeasure. 32 ~ *por encima*, to prefer, to value over. 33 ~ *por escrito*, to put down in writing. 34 ~ *por mediador* or *intercesor*, to take as a mediator or intercessor. 35 ~ *reparos*, to make objections. 36 *ref.* to place, put or set oneself. 37 to put on [a garment, a hat, etc.], to get into [one's boots, clothes, etc.]. 38 to become, get, turn: *ponerse colorado*, to blush; *ponerse furioso*, to get angry, become furious; ~ *pálido*, to turn pale. 39 to get, reach, arrive. 40 [of the sun, stars, etc.] to set: *al ponerse el sol*, at sunset. 41 *ponerse a*, to set about, begin to, start to. 42 *ponerse a cubierto*, to shelter or protect oneself. 43 *ponerse al corriente, al tanto*, to get informed. 44 *ponerse bien con*, to get in with, attain favour with. 45 *ponerse contra*, to set oneself against, to oppose. 46 *ponerse de acuerdo*, to agree, reach an agreement. 47 *ponerse de barro, de tinta, etc.*, to soil or stain oneself with mud, ink, etc. 48 *ponerse en camino*, to set out, start, begin a journey. 49 *ponerse en jarras*, to put one's arms akimbo. 50 *ponerse en marcha*, to start, begin to move; to set out, begin a journey. *51 ponerse en pie*, to stand up. *52 po-nerse en razón* or *en la razón*, to be reasonable. *53 ponerse mal con*, to incur the enmity of. *54 ponerse tan alto*, to take offence in a haughty way.

¶ CONJUG. : INDIC. Pres. : *pongo*, pones, pone; ponemos, ponéis, ponen. | Pret. : *puse, pusiste, puso; pusimos, pusisteis, pusieron.* | Fut. : *pondré, pondrás, pondrá; pondremos, pondréis, pondrán.* | COND. : *pondría, pondrías, pondría; pondríamos, pondríais, pondrían.* | SUBJ. Pres. : *ponga, pongas, ponga; pongamos, pongáis, pongan.* | Imperf. : *pusiera, pusieras, pusiera; pusiéramos, pusierais, pusieran,* or *pusiese, pusieses, pusiese; pusiésemos, pusieseis, pusiesen.* | Fut. : *pusiere, pusieres, pusiere; pusiéremos, pusiereis, pusieren.* | IMPER. : *pon, ponga; pongamos, poned, pongan.* | PAST. P.: *puesto.*

1) **pongo** *m.* (Bol., Pe.) ORANGUTÁN. 2 Indian servant. 3 (Ec., Pe.) narrow and dangerous ford.
2) **pongo, ponga**, etc., *irr.* V. PONER.
ponientada *f.* steady west wind.
poniente *m.* west. 2 west wind.
ponimiento *m.* placing, putting, laying, setting.
ponleví, *pl.* **-víes** *m.* obs. a shoe with a high wooden heel.
ponqué *m.* (Cu., Ven.) cake made of flour, butter, eggs and sugar.
pontaje, pontazgo *m.* bridge toll, pontage.
pontear *tr.* to build a bridge over.
pontederiáceo, a *adj.* BOT. pontederiaceous. — 2 *f. pl.* BOT. Pontederiaceæ.
pontezuelo *m. dim.* small bridge.
póntico, ca *adj.* Pontic.
pontificado *m.* pontificate.
pontifical *adj.* pontifical. — 2 *m.* ECCL. pontifical [book]. 3 *pl.* ECCL. pontificals. 4 coll. *de ~*, dressed for ceremony, in full dress.
pontificalmente *adv.* pontifically.
pontificar *intr.* to pontificate.
pontífice *m.* pontiff, pontifex : *el Sumo Pontífice, el Romano Pontífice*, the Sovereign Pontiff, the Supreme Pontiff [the Pope].
pontificio, cia *adj.* pontifical, papal.
pontil *m.* GLASSM. punty.
ponto *m.* poet. pontus, sea. 2 (cap.) MYTH. Pontus. 3 *Ponto Euxino*, Euxine Sea, Pontus Euxinus.
pontocón *m.* PUNTAPIÉ.
pontón *m.* pontoon : *~ flotante*, pontoon used as a ferry-boat. 2 pontoon bridge, floating bridge, log bridge. 3 hulk [dismantled ship used as a store vessel, hospital or prison].
pontonero *m.* MIL. pontoneer, pontonier.
ponzoña *f.* poison, venom.
ponzoñosamente *adv.* poisonously, venomously.
ponzoñoso, sa *adj.* poisonous, venomous.
popa *f.* NAUT. poop, stern : *a ~, de ~, en ~*, aft, abaft ; *de ~ a proa*, fig. entirely, completely.
popamiento *m.* despising. 2 fondling, caressing, pampering.
popar *tr.* to despise. 2 to fondle, caress. 3 to pamper.
pope *m.* pope [priest of the Orthodox Church].
popel *adj.* NAUT. sternmost.
popelina *f.* poplin.
poplíteo, a *adj.* ANAT. popliteal.
popote *m.* (Mex.) Indian straw for brooms. 2 (Mex.) straw [for drinking].
población *f.* population [act of populating].
populachería *f.* cheap popularity, appeal to the mob.
populachero, ra *adj.* [pertaining to the] populace, vulgar, common. 2 intended to please the populace.
populacho *m.* populace, mob, rabble.
popular *adj.* popular.
popularicé, popularice, etc., *pret., subj. & imper.* of POPULARIZAR.
popularidad *f.* popularity.
popularizar *tr.* to popularize. — 2 *ref.* to become popular, to become generally known or liked.
popularmente *adv.* popularly.
populazo *m.* POPULACHO.
populista *adj.* Populist, Populistic. — 2 *m. & f.* Populist.
populoso, sa *adj.* populous.
popurrí, *pl.* **-rríes** *m.* MUS. potpurri.
poquedad *f.* paucity, littleness, scantiness, scarcity. 2 trifle. 3 timidity, spiritlessness.
1) **poquillo** *m. & adv.* POQUITO.
2) **poquillo, lla** *adj.* POQUITO.

poquísimo, ma *adj. superl.* very little.
poquitico, ca; tillo, lla; tito, ta *adj., adv. & m.* dim. of POQUITO.
1) **poquito** *m.* very small quantity, very short time, little bit : *un ~*, a little bit ; *a poquitos*, in small quantities, little by little. — 2 *adv.* very little : *~ a poco*, gently, slowly.
2) **poquito, ta** *adj.* very little. 2 *pl.* very few.
por *prep.* by [agency; means; part, manner, name] : *escrito ~ Cervantes*, written by Cervantes ; *~ tren*, by train ; *~ la fuerza*, by force ; *~ las armas*, by force of arms ; *~ casualidad*, by chance ; *coger ~ el cuello*, to seize by the collar ; *empezó ~ reñirnos*, he began by scolding us ; *conocido ~ el nombre de*, known by the name of. 2 by, because of, owing to, through : *~ razón de*, by reason of ; *~ su excesivo peso*, owing to its excessive weight ; *~ temor a*, through fear of. 3 MATH. by : *dos ~ dos, cuatro*, two by two is four. 4 by, along, across, about, around, over, through, via [direction, movement, passage, place of movement or passage] : *~ el aire*, by air ; *~ mar*, by sea ; *iba ~ la calle*, I went along the street ; *se pasó la mano ~ la frente*, he passed his hand across his forehead ; *ir ~ el mundo*, to go about the world ; *está viajando ~ Europa*, he is travelling around Europe ; *entró ~ la ventana*, he went in through the window ; *fue a Inglaterra ~ Francia*, he went to England through, or via, France. 5 by, for [in adjurations or oaths] : *jurar ~ Dios*, to swear by heaven ; *~ Dios!*, for heaven's sake ! 6 for [comparison, exchange, requital, compensation, price] : *caballo ~ caballo, prefiero el mío*, horse for horse, I prefer mine ; *lo vendió ~ ocho pesetas*, he sold it for eight pesetas. 7 for [during] : *~ mucho tiempo*, for a long time. 8 for, in favour of, in defense of, on behalf of, for the sake of. 9 for, after, to get, to buy : *fui ~ agua*, I went for water. 10 as, for, to [condition, capacity, character] : *lo dejaron ~ muerto*, they left him for dead ; *la tomó ~ esposa*, he took her as wife, for a wife or to wife. 11 per, for a, on a, the, each, a [distribution] : *diez ~ ciento*, ten per cent; *un duro ~ libra*, five pesetas the pound, a pound or on a pound. 12 in, somewhere in, about, near, around; nearly, thereabouts : *este pueblo está ~ Castilla*, this village is in, or somewhere in, Castile ; *lo encontrarás ~ ahi*, you'll find him somewhere around ; *tenía cincuenta años o ~ ahi*, he was fifty years old or thereabouts ; *ahi le anda*, that's about it, that is it more or less ; *~ aquí*, around here ; here, in this country, house, etc. 13 without, not yet, to be, still to be, to : *esto está ~ ver*, this is to be seen ; *la habitación está ~ barrer*, the room is not yet swept, or is still to be swept ; *dejar las cosas por acabar*, to leave things unfinished ; *~ alquilar*, to let. 14 however, no matter how : *~ bien que lo haga*, no matter how well I do it. 15 in [by means of] : *~ escrito*, in writing. 16 as, to be [opinion, judgement] : *lo tengo ~ justo*, I hold it just ; *lo tenía ~ un buen soldado*, I held him [to be] a good soldier. 17 from [judging from] : *~ lo que veo*, from what I see. 18 out of, from [owing to] : *~ bondad*, from kindness ; *~ curiosidad*, out of curiosity. 19 by the : *~ docenas*, by the dozen. 20 at, while at : *lo llevo ~ casa*, I wear it at home. 21 for, in lieu of, in the place of : *fui yo ~ él*, I went in his place. 22 in, at, at the time of, during : *~ la noche*, in the night, at night ; *~ entonces, ~ aquel entonces*, at that time ; *~ la Cuaresma*, during Lent ; *nos encontraremos ~ las Navidades*, we'll meet at Christmas. 23 about, on the point of ; half inclined to, having half a mind to : *está ~ venir*, he is about to come ; *estaba ~ decírselo*, I had half a mind to tell him. 24 on account of : *~ enfermedad*, on account of illness. 25 in order to, with a view to. 26 on [in various applications] : *apostar ~*, to bet on ; *felicitar a uno ~*, to congratulate someone on ; *~ mi honor*, on or upon my honour ; *~ recomendación de*, on recommendation of. 27 other applications : *al ~ mayor*, wholesale ; *de ~ si*, in itself, himself or herself ; *~ adelantado*, in advance, beforehand ; *~ ahora*, for the present time, for the time being, at this time ; *decirlo así*, so to say, so to speak ; *~ de contado*, of course, needless to say ; *~ demás*, in excess, excessively ;

unnecesary; ~ *de pronto*, ~ *lo pronto*, to start with; ~ *donde*, wherefore, whereby; ~ *encima*, superficially, hastily; over, above; ~ *ende*, for that reason, hence; ~ *entre*, through, in between, among; ~ *eso*, for that reason; that is why; ~ *fin*, at last, lastly; ~ *lo cual*, for which reason, wherefore; ~ *lo tanto*, ~ *tanto*, therefore; ~ *lo visto*, apparently; ~ *más que*, ~ *mucho que*, however much, no matter how much; although; ~ *mi*, as far as I am concerned; ~ *qué*, why; ~ *si acaso*, in case, just in case; ~ *si mismo*, for himself, for oneself, himself, oneself; by his or one's own effort, action, etc.; by itself; ~ *sí o* ~ *no*, to be sure, to be on the safe side; ~ *supuesto*, of course; *dar* ~ *supuesto*, to take for granted; *preguntar* ~ *uno*, to inquire about someone.

porcachón, na; porcallón, na *adj.* coll. very dirty, hoggish. — 2 *m. & f.* coll. dirty person, hog.
porcal *adj. ciruela* ~, a large, coarse plum.
porcelana *f.* porcelain, china.
porcelanita *f.* PETR. porcelanite.
porcentaje *m.* percentage.
porcino, na *adj.* porcine. — 2 *m.* little pig. 3 CHI-CHÓN.
porción *f.* portion, part, share, lot, allotment. 2 quantity.
porcionero, ra *adj.* participating. — 2 *m. & f.* participant.
porcipelo *m.* coll. bristle [of hog].
porciuncula *f.* ECCL. Franciscan jubilee.
porcuno, na *adj.* porcine, hoggish.
porche *m.* porch, portico, covered walk.
pordiosear *intr.* to beg, go begging.
pordioseo *m.*, **pordioseria** *f.* begging.
pordiosero, ra *adj.* begging, mendicant. — 2 *m. & f.* beggar.
porfía *f.* insistence, persistence, importunity. 2 stubbornnes. 3 dispute. 4 *a* ~, in emulation, in competition, vying with each other.
porfiadamente *adv.* insistently, pertinaciously, eagerly.
porfiado, da *adj.* insistent, persistent, importunate, stubborn.
porfiador, ra *adj.* insistent, persistent. — 2 *m. & f.* persistent person; disputer.
porfiar *intr.* to insist, persist. 2 to ask with importunity. 3 to argue stubbornly.
porfídico, ca *adj.* porphyritic.
pórfido *m.* porphyry.
poricida *adj.* BOT. poricidal.
pormenor *m.* detail, particular : *entrar en pormenores*, to go into detail.
pormenorizar *tr.* to detail, tell in detail, itemize, particularize, enter into detail about.
pornografía *f.* pornography.
pornográfico, ca *adj.* pornographic.
pornógrafo *m.* pornographer.
poro *m.* pore.
pororó *m.* (S. Am.) pop corn.
pororoca *m.* (Arg.) MACAREO.
porosidad *f.* porosity.
poroso, sa *adj.* porous.
poroto *m.* BOT. (S. Am.) bean.
porque *conj.* for, because. 2 in order that.
¿por qué? *conj. interr.* why?, wherefore? 2 through what...?
porqué *m.* reason, motive. 2 coll. quantity, amount.
porquecilla *f.* dim. of PUERCA.
porquera *f.* wild boar's lair or couch.
porquería *f.* coll. dirt, filth. 2 coll. poor, dirty food. 3 coll. botch. 4 coll. trifle, worthless thing. 5 coll. filthy act or word. 6 coll. dirty trick.
porqueriza *f.* pigsty.
porquerizo, porquero *m.* swineherd.
porqueta *f.* ZOOL. woodlouse.
porquezuelo, la *m. & f. dim.* little pig, little hog or sow. 2 dirty or slovenly young person.
porra *f.* bludgeon, club. 2 maul. 3 vanity, boast. 4 bore, nuisance [pers.]. 5 (Am.) knot, entanglement [of hair]. 6 *mandar a la* ~, to send to the devil.
porráceo, a *adj.* porraceous.
porrada *f.* blow. 2 stupidity, nonsense. 3 lot, heap, great quantity or number.
porral *m.* leek patch.
porrazo *m.* blow, bump, knock.
porrear *intr.* coll. to insist, persist, be importunate, make a nuisance of oneself.
porrería *f.* coll. stupidity, silliness. 2 slowness, sluggishness.

porreta *f.* green leaves of leeks, garlic or onions. 2 coll. *en* ~, naked, stark naked.
porrilla *f.* hammer for shoeing horses. 2 VET. osseous tumour in joints.
porrillo (a) *adv.* abundantly, in abundance.
porrina *f.* PORRETA 1. 2 condition of grain fields when the crop is small and green.
porrino *m.* leek seed. 2 leek ready for transplantation.
1) **porro** *m.* PUERRO.
2) **porro, rra** *adj.* coll. dull, stupid. — 2 *m.* coll. stupid fellow, dolt.
1) **porrón** *m.* kind of wine bottle with a long side spout. 2 BOTIJO.
2) **porrón, na** *adj.* slow, heavy, sluggish.
porta *f.* NAUT. port, porthole. 2 FORT. cover of a porthole. — 3 *adj.* ANAT. portal [vein].
portaaviones *m.* NAV. airplane carrier.
portabandera *f.* shoulder-belt with a socket for carrying a flag.
portabrocas, *pl.* -**cas** *m.* drill chuck, drill holder.
portacaja *m.* drum strap. 2 carrier [of a loom].
portacarabina *f.* carbine thimble.
portacartas, *pl.* -**tas** *m.* pouch or bag for letters.
portada *f.* ARCH. portal, front, façade. 2 frontispiece. 3 PRINT. title page. 4 cover [of magazine]. 5 WEAV. division of the warp.
portadera *f.* APORTADERA.
portado, da *adj.* dressed; behaved : *bien* ~, well-dressed, well behaved; *mal* ~, poorly dressed; badly behaved.
portador, ra *adj.* carrying. 2 RADIO. *onda portadora*, carrier wave. — 3 *m. & f.* carrier, bearer. — 4 *m.* COM. bearer. 5 MED. ~ *de gérmenes*, carrier.
portaequipaje *m.* AUTO. trunk.
portaequipajes, *pl.* -**jes** *m.* baggage rack.
portaestandarte *m.* standart-bearer.
portafusil *m.* MIL. sling [of a musket].
portaherramienta *m.* MACH. chuck.
portaje *m.* PORTAZGO.
portal *m.* doorway, entranceway, passageway, portal, vestibule. 2 porch, portico. 3 town's gate.
portalada *f.* portal, large gate.
portalámparas, *pl.* -**ras** *m.* ELECT. socket, lamp holder : ~ *de bayoneta*, bayonet socket; ~ *de rosca*, screw socket.
portalápiz, *pl.* -**pices** *m.* pencil holder.
portalejo *m. dim.* small portal or entranceway.
portaleña *f.* NAUT. gun port.
portalero *m.* octroi guard.
portalibros, *pl.* -**bros** *m.* book straps [for schoolboys].
portalón *m.* gateway, portal. 2 NAUT. gangway.
portamantas, *pl.* -**tas** *m.* blanket straps.
portamanteo *m.* portmanteau.
portaminas, *pl.* -**minas** *m.* mechanical pencil.
portamira *m.* SURV. rodman.
portamonedas *m.* pocketbook, purse.
portanario *m.* ANAT. pylorus.
portante *m.* pace, amble [of horse]. 2 *tomar el* ~, coll. to leave, go away.
portantillo *m.* easy pace [of horse or ass].
portanuevas *m. & f.* newsmonger.
portañola *f.* NAUT. gun port.
portañuela *f.* fly [of trousers].
portaobjeto *m.* slide [for microscope].
portapaz *m. & f.* ECCL. pax [tablet].
portaplacas *m.* PHOT. dark slide, plate holder, chassis.
portapliegos *m.* bag for papers.
portaplumas *m.* penholder.
portar *tr.* obs. to carry, bear. 2 to carry [arms]. 3 HUNT. to retrieve. — 4 *intr.* NAUT. of [a a sail] to fill. — 5 *ref.* to behave, conduct oneself, act.
portátil *adj.* portable.
portaventanero *m.* carpenter who makes doors and windows.
portaviandas *m.* dinner pail.
portavoz, *pl.* -**voces** *m.* megaphone. 2 mouthpiece [person, newspaper]; spokesman.
portazgo *m.* toll, road toll. 2 tollhouse.
portazguero *m.* tollkeeper.
portazo *m.* bang or slam [of a door] : *dar un* ~, to slam the door. 2 slamming a door in one's face.
porte *m.* portage, porterage, carriage [act]. 2 portage, porterage [cost] : ~ *pagado*, portage prepaid. 3 behaviour, conduct, bearing, deportment; dress, appearance [of a person]. 4 nobility, illustrious descent. 5 size, capacity;

POSSESSIVE PRONOUNS AND ADJECTIVES / POSESIVO (Adjetivo y pronombre)

- The Spanish possessive adjective and pronoun agree with the noun representing the possessed thing: mi sombrero, my hat; mis libros, my books; tus caballos, vuestros caballos, your horses; este libro es suyo, this book is his; esta casa es tuya, this house is yours; estos caballos son nuestros, these horses are ours.

- The third person possessive adjective or noun, especially in the form of su, is very ambiguous because it can mean *his, her, its,* and *their.* It is also equivalent to *your* when used in correlation with usted. To prevent misunderstanding, the practice had been to add the possessor's name (or a pronoun representing it) preceded by de: su casa de Luis; su libro de ellos; su madre de usted. However, this use is now restricted to su...de usted or su...de ustedes: su libro de usted, su madre de ustedes. In most cases, it is preferable to reword the sentence to avoid ambiguity.

- Nuestro and vuestro denote only one possessor when the corresponding personal pronoun (nosotros, nos, or vos) denotes one person. (See *PERSONAL PRONOUNS.)

- In some sentences, the definite article replaces the possessive adjective: he dejado los guantes sobre la mesa, I have left my gloves on the table; se pone los guantes, he puts on his gloves or she puts on her gloves; te has olvidado el paraguas, you have forgotten your umbrella.

---

burden, tonnage [of a ship]. 6 (Am.) birthday present.

portear *tr.* to carry, transport [for a price]. — 2 *intr.* [of doors or windows] to slam. — 3 *ref.* [of birds] to pass, migrate.

portento *m.* prodigy, wonder, portent.

portentosamente *adj.* prodigiously.

portentoso, sa *adj.* prodigious, wonderful, portentous.

porteño, ña *adj.* of Buenos Aires. — 2 *m. & f.* native or inhabitant of Buenos Aires.

porteo *m.* carrying, portage.

portera *f.* portress, concierge, woman doorkeeper.

portería *f.* porter's lodge or box. 2 employment of a porter or doorkeeper. 3 SPORTS goal [in football, hockey, etc.]. 4 NAUT. the portholes.

portero *m.* doorkeeper, porter, janitor, concierge, gatekeeper. 2 SPORTS goalkeeper.

portezuela *f. dim.* little door. 2 carriage door; door of an automobile. 4 pocket flap.

portezuelo *m. dim.* of PUERTO.

pórtico *m.* porch. 2 portico, colonnade.

portier *m.* door-curtain, portière.

portilla *f.* gate, passage [in a fence]. 2 NAUT. porthole [for admission of air and light].

portillo *m.* opening [in a wall, fence, etc.]. 2 wicket [small door or gate beside or in the compass of a larger one]. 3 breach, gap. 4 nick [in an edge]. 5 pass between hills.

portón *m. aug.* large door. 2 inner front door [of a house].

portorriqueño, ña *adj. & n.* Puerto Rican.

portugués, sa *adj. & n.* Portuguese.

portuguesada *f.* coll. exaggeration.

portulano *m.* collection of harbour charts.

porvenir *m.* future, time to come. 2 fig. promise : *de mucho* ~, of great promise.

¡por vida! *interj.* by the living God!

pos (en) *adv.* behind. 2 *en* ~ *de,* after, behind; in pursuit of.

posa *f.* knell, passing bell. 2 stop in a funeral for singing responsory. 3 *pl.* buttocks.

posada *f.* lodging. 2 dwelling, home. 3 lodging house, inn. 4 boarding house. 5 camp.

posadera *f.* landlady, hostess, woman innkeeper.

posaderas *f. pl.* coll. buttocks.

posadero *m.* landlord, host, innkeeper.

posante *adj.* NAUT. smooth-sailing [boat].

posar *intr.* to lodge, board, put up. 2 to lay, rest. 3 F. ARTS to pose. — 4 *intr. & ref.* [of birds, etc.] to alight, to perch, sit. — 5 *tr.* to lay down [a burden]. — 6 *ref.* [of sediment, dust, etc.] to settle.

posarmo *m.* BOT. kind of cabbage.

poscafé *m.* cordial served with after-dinner coffee.

poscomunión *f.* ECCL. Postcommunion.

posdata *f.* postscript.

poseedor, ra *adj.* possessing, having, owning, holding. — 2 *m. & f.* possessor, owner, holder.

poseer *tr.* to possess, own, hold. 2 to have a

mastery of [art, language, etc.]. — 3 *ref.* to control oneself. ¶ CONJUG. : INDIC. Pret. : posei, poseiste, *poseyó;* poseimos, poseisteis, *poseyeron.* | SUBJ. Imperf. : *poseyera, poseyeras,* etc., or *poseyese, poseyeses,* etc. | PAST. P. : poseido & *poseso.* | GER. : *poseyendo.*

poseído, da *p. p.* of POSEER. — 2 *adj.* possessed : *estar* ~ *de,* to be thoroughy convinced of or informed about; *estar* ~ *por,* to be possessed by. — 3 *m. & f.* person possessed by an evil spirit, energumen.

posesión *f.* possession, possessing : *dar* ~, to put in possession ; to give possession, induct, install; *tomar* ~, to take possession ; to be installed [in an office, rank, etc.]. 2 possession, property. 3 possession [subject territory]. 4 possession by evil spirits.

posesional *adj.* possessional.

posesionar *tr* to put in possession ; to give possession, induct, install. — 2 *ref* to take possession ; to be installed [in an office, rank, etc.].

posesivo, va *adj.* denoting possession. 2 GRAM. possessive. 3 LAW possessory. — 4 *m.* GRAM. possessive pronoun.

poseso, sa *adj. irreg. p. p.* of POSEER. — 2 *m. & f.* person possessed by an evil spirit.

posesor, ra *m. & f.* possessor, owner, holder.

posesorio, ria *adj.* denoting possession. 2 LAW. possessory.

poseyente *adj.* possessing, owning, holding.

poseyó, poseyera, poseyese, etc., *irr.* V. POSEER.

posfecha *f.* postdate.

posfijo *m.* POSTFIJO.

posguerra *f.* POSTGUERRA.

posibilidad *f.* possibility. 2 ability [to do something]. 3 *pl.* means, property.

posibilitar *tr.* to render possible, facilitate.

posible *adj.* possible : *hacer lo* ~ or *todo lo* ~, to do one's best; *en lo* ~, as far as possible, insofar as possible. — 2 *m. pl.* means, income, property.

posiblemente *adv.* possibly.

posición *f.* position [posture ; manner in which anything is placed; mental attitude]. 2 position, rank, standing, status. 3 putting, placement. 4 MIL., ASTR., CHEM. position. 5 LAW each of the questions to be answered in a lawsuit by the actor and the defendant.

positivamente *adv.* positively. 2 absolutely.

positivismo *m.* PHIL. Positivism. 2 [moral] materialism. 3 matter-of-factness.

positivista *adj.* positivistic. 2 practical, realistic, matter-of-fact. — 3 *m. & f.* positivist.

positivo, va *adj.* positive [certain, real, indisputable ; affirmative ; not speculative or theoretical] : *de* ~, certainly, without doubt. 2 positive [law]. 3 matter-of-fact. 4 BACT., ELECT., GRAM., LOG., MATH., PHOT. positive. — 5 *m.* PHOT. positive.

pósito *m.* public granary. 2 cooperative.

positrón *m.* PHYS. positron.

positura *f.* position, posture. 2 state, disposition.
posliminio *m.* POSTLIMINIO.
posma *f.* dullness, slowness, sluggishness. — 2 *adj.* dull, slow, sluggish [pers.]. — 3 *m.* & *f.* dull, slow, sluggish person.
poso *m.* sediment, dregs, lees. 2 rest, quiet, repose.
posología *f.* MED. posology.
pospalatal *adj.* POSTPALATAL.
pospelo (a) *adv.* against the lay of the hair. 2 fig. against the grain; reluctantly.
pospierna *f.* thigh [cf an animal].
posponer *tr.* to postpone [pace after something in order of precedence, value, importance, etc.], to subordinate. 2 GRAM. to postpose. ¶ CONJUG. as *poner.*
pospongo, posponga, etc., *irr.* V. POSPONER.
posposición *f.* postponement, subordination. 2 GRAM. postposition.
pospositivo, ca GRAM. postpositive.
pospuesto, ta *irreg. p. p.* of POSPONER.
pospuse, pospusiera, pospusiese, etc., *irr.* V. POSPONER.
posta *f.* relay [of post horses]. 2 post, posthouse. 3 post, stage. 4 slice, chop [of meat or fish]. 5 lead ball. 6 stake [at cards]. 7 memorial tablet. 8 ARCH. Vitruvian scroll. 9 person who travels post, postrider. 10 *correr la* ~, to ride post; *por la* ~, riding post; fig. posthaste; *silla de* ~, post chaise. 11 *a* ~, coll. on purpose.
postal *adj.* postal: *giro* ~, postal order, postal money order; *servicio* ~, post, mail service; *tarjeta* ~, postal card, postcard; *unión* ~, postal union. — 2 *f.* postal card, postcard.
postdata *f.* POSDATA.
postdiluviano, na *adj.* postdiluvian.
poste *m.* post [upright pole, piece of timber, etc.], pillar; ~ *de amarre,* AER. mooring mast; ~ *indicador,* finger post, signpost; ~ *telegráfico* or *de telégrafo,* telegraph post; *ser un* ~, coll. to be stupid; to be very deaf. 2 *dar* ~, coll. to keep [someone] waiting; *llevar* ~, coll. to be kept waiting.
postema *f.* MED. abscess, gathering. 2 coll. bore, nuisance [pers.].
postemero *m.* SURG. large lancet.
postergación *f.* delay, postponement. 2 holding back, passing over [for a promotion, etc., in favour of another].
postergar *tr.* to delay, postpone. 2 to hold back, to pass over [for a promotion, etc., in favour of another], to ignore the right of seniority of, *to overslaugh.
posteridad *f.* posterity.
posterior *adj.* posterior, back, rear. 2 posterior, later [in time].
posterioridad *f.* posteriority.
posteriormente *adv.* posteriorly. 2 afterwards, later on, subsequently.
postescolar *adj.* postschool.
posteta *f.* BOOKB. number of printed sheets stitched together a time.
postfijo *m.* suffix.
postguerra *f.* postwar: *de la* ~, postwar [adj.].
postigo *m.* back door; postern. 2 small door. 3 wicket [small door in a larger one]. 4 window shutter.
postila *f.* APOSTILLA.
postilación *f.* marginal note; annotation.
postilador *m.* annotator.
postilar *tr.* APOSTILLAR.
postilla *f.* scab [over a sore, pustule, etc.].
postillón *m.* postilion, postboy.
postilloso, sa *adj.* scabby.
postimpresionismo *m.* postimpressionism.
postín *m.* coll. airs, importance : *darse* ~, to put on airs, to give oneself airs.
postinero, ra *adj.* giving oneself airs.
postizo, za *adj.* artificial, not natural, false : *dientes postizos,* false teeth. 2 superadded. 3 detachable [collar]. — 4 *m.* false hair, switch. — 5 *f.* castanet.
postliminio *m.* postliminy.
postmeridiano, na *adj.* postmeridian.
postoperatorio, ria *adj.* postoperative.
postor *m.* bidder [at an auction] : *mayor,* or *mejor,* ~, highest bidder.
postpalatal *adj.* PHON. postpalatal.
postración *f.* prostration, prostrating ; prostrating oneself. 2 prostration, exhaustion, dejection.
postrado, da *adj.* prostrate, prostrated.
postrador, ra *adj.* prostrating. -- 2 *m.* knelling stool [in choir].

postrar *tr.* to prostrate, to humble. 2 to overthrow. 3 to prostrate, exhaust, weaken. — 4 *ref.* to prostate oneself, to kneel down. 5 to be prostrated, exhausted.
postre *adj.* POSTRERO. — 2 *m. sing.* & *pl.* dessert: *llegar a los postres,* to arrive late or too late. — 3 *adv. a la* ~, at last, finally.
postremo, ma *adj.* last, final.
postrer *adj.* [before a noun] POSTRERO.
postreramente *adv.* lastly.
postrero, ra *adj.* last. 2 hindermost. — 3 *s.* last or hindermost person.
postrimer *adj.* [before a noun] POSTRIMERO.
postrimeramente *adv.* lastly, at last.
postrimería *f.* last period, latter part, last years of life. 2 THEOL. last stage of man.
postrimero, ra *adj.* last [in order].
póstula, postulación *f.* postulation. 2 request, petition.
postulado *m.* postulate.
postulador *m.* postulator.
postulanta *f.* woman postulant.
postulante *adj.* postulating. — 2 *m.* & *f.* postulant.
postular *tr.* to postulate. 2 to beg, demand.
póstumamente *adv.* posthumously.
póstumo, ma *adj.* posthumous.
postura *f.* posture, position. 2 planting [trees or plants]. 3 bid [at an auction]. 4 stake, wager [at cards, etc.]. 5 egg laying. 6 egg [of bird]. 7 transplanted plant. 8 ~ *del sol,* setting of the sun, sunset.
potabilidad *f.* potability, potableness.
potabilizar *tr.* (Am.) to make potable or drinkable.
potable *adj.* potable, drinkable.
potación *f.* potation. 2 drink.
potador, ra *adj.* drinking. — 2 *m.* & *f.* drinker.
potaje *m.* pottage, soup. 2 stew of dry pulse. 3 mixed drink. 4 medley, hodge-podge.
potajería *f.* dry pulse.
potala *f.* NAUT. stone anchor. 2 NAUT. tub [clumsy boat].
potamología *f.* potamology.
potar *tr.* to drink. 2 to correct and mark [weights and measures].
potasa *f.* CHEM. potash.
potásico, ca *adj.* CHEM. potassic; potassium: *bromuro* ~, potassium bromide.
potasio *m.* CHEM. potassium.
pote *m.* pot, jar. 2 cooking pot. 3 a kind of flowerpot. 4 *a* ~, coll. abundantly.
potecillo, cito *m.* dim. of POTE.
potencia *f.* power [active property] : ~ *auditiva,* auditive power. 2 dominion, sway. 3 potency [power of procreation]. 4 potency, force, strength. 5 power [faculty of the mind] : *potencias del alma,* powers of the soul, mental powers [memory, judgement and will]. 6 potentiality [inherent capability or disposition not actually exhibited] : *en* ~, in potentiality, potentially. 7 power [state having international influence] : *las potencias europeas,* the European Powers. 8 MATCH., MECH., OPT., PHYS. power. 9 ARTIL. reach.
potencial *adj.* potential. — 2 *m.* potential [possibility]. 3 ELECT., MATH., PHYS. potencial. — 4 *adj.* & *m.* GRAM. conditional [mood].
potencialidad *f.* potentiality.
potencialmente *adv.* potentially, virtually.
potentado *m.* potentate.
potente *adj.* potent, powerful, mighty. 2 strong, vigorous. 3 potent [having the power of procreation]. 4 coll. big, huge.
potentemente *adv.* potently, powerfully.
potentila *f.* BOT. potentilla.
potentísimo, ma *adj. superl.* most powerful.
potenza *f.* HER. tau.
poterna *f.* FORT. postern.
potestad *f.* power, faculty. 2 power, dominion, jurisdiction. 3 podesta. 4 potentate. 5 *pl.* powers [sixth order of angels].
potestativo, va *adj.* facultative, optional.
potingue *m.* hum. medicine, concoction.
potísimo, ma *adj. superl.* very powerful.
potista *m.* & *f.* coll. toper, hard drinker.
potoco, ca *adj.* (Chi.) chubby.
potosí *m.* coll. great wealth ; mint of money.
potra *f.* filly, young mare. 2 coll. rupture, scrotal hernia. 3 coll. luck : *tener* ~, to be lucky.
potrada *f.* herd of colts.
potranca *f.* filly, young mare.
potrear *tr.* to bother, vex, annoy.

potrero *m.* coll. rupture specialist. 2 herdsman of colts. 3 pasture ground for horses and colts. 4 (Am.) cattle ranch.
potril *adj.* for colts. — 2 *m.* pasture for colts.
potrillo *m. dim.* young colt, foal.
potrilla *f.* young filly. — 2 *m.* coll. old fellow affecting youth and rakishness.
potro *m.* colt, foal [young of horse]. 2 wooden horse, horse [instrument of torture or punishment]. 3 fig. anything that worries or torments : *estar en un* ~, coll. to be on pins and needles. 4 stocks, shoeing frame. 5 obstetrical chair. 6 pit in the ground for dividing a beehive.
potroso, sa *adj.* MED. ruptured. 2 coll. lucky, fortunate.
poya *f.* fee for baking in a public oven. 2 hemp bagasse.
poyal *m.* striped cover for stone seats. 2 POYO.
poyar *intr.* to pay the POYA 1.
poyata *f.* shelf for glasses and crockery.
poyo *m.* stone seat built against the wall.
poza *f.* puddle. 2 pool for retting hemp or flax.
pozal *m.* bucket, pail. 2 coping or curbstone of a well. 3 POCILLO 2.
pozanco *m.* puddle or pool in a river bank.
pozo *m.* well, pit [deep hole dug in the ground] ; water well : ~ *airón*, bottomless pit; ~ *artesiano*, artesian well ; ~ *negro*, cesspool. 2 deep place in a river. 3 MIN. shaft. 4 NAUT. section of the hold directly under a hatchway. 5 NAUT. fish tank [on a boat]. 6 anything full, deep or complete : ~ *de ciencia*, coll. fountain of knowledge, profoundly learned person.
pozol *m.* (C. Ri., Hond.) POZOLE.
pozole *m.* (Mex.) dish or soup of green Indian corn, meat and chili.
pozuela *f. dim.* small puddle.
pozuelo *m. dim.* small well. 2 POCILLO 2.
pracrito, prácrito *m.* Prakrit.
práctica *f.* practice [performance, carrying out ; habit, custom ; repeated exercise in art, handicraft, etc.] : *poner en* ~, to put in or into practice ; *en la* ~, in practice. 2 skill acquired by practice. 3 practice, exercise [of professions, virtues, etc.]. 4 *pl.* training for a profession under a master.
practicable *adj.* practicable, feasible. 2 THEAT. practicable.
practicador, ra *m. & f.* practicer, practitioner.
practicaje *m.* NAUT. pilotage.
prácticamente *adv.* in a practical manner, in practice.
practicanta *f.* hospital nurse. 2 PHARM. female prescription clerk or assistant chemist.
practicante *adj.* practising. — 2 *m.* surgeon [for minor surgery]. 3 hospital intern. 4 hospital nurse. — 5 *m. & f.* PHARM. prescription clerk, assistant chemist. 6 one who practises medicine under guidance of an expert physician.
practicar *tr.* to practise, exercise, do habitually, put into practice. 2 to make, cut [a hole or opening]. 3 SURG. to perform [an operation]. 4 to learn the practice of [a profession] under a master. — 5 *intr. & ref.* to practise [exercise oneself in].
práctico, ca *adj.* practical. 2 skilful, practised. — 3 *m.* NAUT. pilot : ~ *de puerto*, harbour pilot.
practicón, na *m. & f.* one skilled by practice, practitioner.
practiqué, practique, etc., *pret., subj. & imper.* of PRACTICAR.
pradal *m.* PRADO.
pradejón *m.* small meadow.
pradeño, ña *adj.* [pertaining to] meadow.
pradera *f.* prairie. 2 meadowland.
pradería *f.* meadowland.
praderoso, sa *adj.* [pertaining to] meadow.
prado *m.* meadow, grassland, lawn : ~ *de guadaña*, meadow or grassland mown annually.
Praga *f. pr. n.* GEOG. Prague.
pragmática *f.* pragmatic, pragmatic sanction.
pragmático, ca *adj.* pragmatic. — 2 *m.* interpreter of national laws.
pragmatismo *m.* PHIL. pragmatism.
pragmatista *adj.* pragmatist, pragmatistic. — 2 *m. & f.* pragmatist.
prao *m.* proa [Malay sailing boat].
prasio *m.* MINER. prase.
prasma *m.* MINER. dark green agate.
pratense *adj.* pratal, meadow [living or growing in meadows].

pravedad *f.* pravity, depravity, perversity.
pravo, va *adj.* depraved, perverse, wicked.
pre *m.* PREST.
preadamita *m.* preadamite.
preadamítico, ca *adj.* preadamite, preadamitic.
preámbulo *m.* preamble, introduction. 2 introductory circumlocution.
prebenda *f.* ECCL. prebend, benefice. 2 fig. sinecure.
prebendado *m.* ECCL. prebendary.
prebendar *tr.* ECCL. to prebendate.
prebostal *adj.* provostal.
prebostazgo *m.* provostship.
preboste *m.* provost.
precariamente *adv.* precariously.
precario, ria *adj.* precarious.
precaución *f.* precaution.
precaucionarse *ref.* to be cautious, take precautions.
precautelar *tr.* to ward off, to take precautions against.
precaver *tr.* to prevent, provide against. — 2 *ref.* to be on one's guard. 3 ~ *contra* or *de*, to provide, against, to guard against.
precavidamente *adv.* cautiously.
precavido, da *adj.* cautious, guarded, wary.
precedencia *f.* precedence [priority in time or order ; right of preceding]. 2 precedence, superiority, primacy.
precedente *adj.* preceding, foregoing. — 2 *m.* precedent.
preceder *tr. & intr.* to precede.
preceptista *m.* one who sets precepts.
preceptivamente *adv.* preceptively.
preceptivo, va *adj.* preceptive.
precepto *m.* precept, command : *los preceptos del Decálogo,* the Commandments ; *día de* ~, holy day, holiday of obligation. 2 precept, rule.
preceptor, ra *m. & f.* preceptor, teacher. — 2 *m.* tutor [private teacher].
preceptuar *tr.* to lay down, give or issue as a precept ; to prescribe.
preces *f. pl.* prayers, supplications.
precesión *m.* MEC., ASTR. precession : ~ *de los equinoccios,* precession of the equinoxes.
preciado, da *adj.* valuable, precious. 2 proud, boastful.
preciar *tr.* to value, prize. — 2 *ref. preciarse de,* to boast of being ; to take pride or glory in.
precinta *f.* strap, band [for sealing]. 2 NAUT. parcelling.
precintar *tr.* to seal [a package, box, etc.] with a strap or band. 2 NAUT. to parcel.
precinto *m.* sealing [a package or box] with a strap or band. 2 strap, band [for sealing packages or boxes].
precio *m.* price : ~ *de factura,* invoice price ; ~ *fijo,* fixed price ; *no tener* ~, to be priceless, to be invaluable. 2 value, worth. 3 esteem : *tener en* ~, *en mucho* ~, to esteem.
preciosamente *adv.* preciously, richly, beautifully.
preciosidad *f.* preciousness, worth. 2 precious or beautiful object. 3 beauty [beautiful woman or child].
precioso, sa *adj.* precious [costly, valuable, dear]. 2 beautiful.
precipicio *m.* precipice. 2 violent fall. 3 ruin, destruction.
precipitación *f.* precipitation [hurling down or falling headlong]. 2 precipitation, haste, precipitance. 3 CHEM. precipitation.
precipitadamente *adv.* precipitately, hastily.
precipitadero *m.* PRECIPICIO.
precipitado, da *adv.* precipitate, hurried, hasty, rash, inconsiderate. — 2 *m.* CHEM. precipitate : ~ *blanco,* white precipitate ; ~ *rojo,* red precipitate.
precipitante *m.* CHEM. precipitator.
precipitar *tr.* to precipitate [throw headlong ; hurl, fling]. 2 to precipitate [hasten, hurry]. 3 CHEM. to precipitate. — 4 *ref.* to throw oneself headlong, to rush. 5 to move or act hastily, rashly ; to be hasty or rash. 6 CHEM. to precipitate.
precipite *adj.* in danger of falling.
precipitosamente *adv.* PRECIPITADAMENTE.
precipitoso, sa *adj.* precipitous. 2 precipitate, hasty, rash.
precipuamente *adv.* principally.
precipuo, pua *adj.* chief, principal.
precisamente *adv.* precisely, exactly. 2 just : ~ *ahora,* just at this moment. 3 necessarily, unavoidably.

precisar *tr.* to state precisely, specify; to fix, determine with precision. 2 to compel, oblige. 3 (Am.) to need. — *4 intr.* (Am.) to be necessary.

precisión *f.* precision, preciseness, accuracy : *de* ~, of precision. 2 necessity, obligation : *tener* ~ *de*, to need; to be obliged to. 3 conciseness.

preciso, sa *adj.* precise, exact, áccurate, definite, distinct. 2 necessary, indispensable : *es* ~, it is necessary, there needs; *más de lo* ~, more than needs. 3 concise.

precitado, da *adj.* forecited, aforesaid.

precito, ta *adj. & n.* damned, condemned to hell.

preclaramente *adv.* illustriously.

preclaro, ra *adj.* illustrious, renowned.

precocidad *f.* precocity, precociousness.

precognición *f.* precognition.

precolombino, na *adj.* pre-Columbian.

preconcebir *tr.* to preconceive.

preconicé, preconice, etc., *pret., subj. & imper.* of PRECONIZAR.

preconización *f.* ECCL. preconization. 2 preconization [public commendation].

preconizador, ra *adj.* preconizing. — *2 m. & f.* preconizer.

preconizar *tr.* ECCL. to preconize. 2 to preconize [commend publicly].

preconocer *tr.* to foreknow. ¶ CONJUG. as conocer.

preconozco, preconozca, etc., *irr.* V. PRECONOCER.

precordial *adj.* ANAT. precordial.

precoz *adj.* precocious.

precursor, ra *adj.* preceding, precursory. — *2 m. & f.* precursor, harbinger, forerunner.

predecesor, ra *m. & f.* predecessor.

predecir *tr.* to predict, foretell, forecast. ¶ CONJUG. as *decir.*

predefinición *f.* THEOL. predefinition, predetermination.

predefinir *tr.* THEOL. to predefine, predetermine.

predestinación *f.* predestination.

predestinado, da *adj.* predestinated, predestined. — *2 m. & f.* predestinate.

predestinante *adj.* predestinating.

predestinar *tr.* to predestine, predestinate, foreordain.

predeterminación *f.* predetermination.

predeterminar *tr.* to predetermine.

predial *adj.* prædial, predial.

prédica *f.* sermon [preached by a Protestant minister]. 2 harangue.

predicable *adj.* preachable. 2 predicable. — *3 m.* LOG. predicable.

predicación *f.* preaching.

predicaderas *f. pl.* coll. gift of preaching.

predicado *m.* LOG. predicate.

predicador, ra *adj.* preaching. — *2 m. & f.* preacher.

predicamental *adj.* predicamental.

predicamento *m.* LOG. predicament, category. 2 esteem, reputation.

predicante *m.* Protestant or sectarian preacher.

predicar *tr.* to preach [a sermon]. 2 to preach, proclaim, expound. 3 to praise to excess. 4 coll. to lecture, sermonize. 5 LOG. to predicate. — *6 intr.* to preach.

predicción *f.* prediction; forecasting : ~ *del tiempo,* weather forecasting.

prediciendo *ger.* of PREDECIR.

predicho, cha *p. p.* of PREDECIR.

predigo, prediga, predije, predijera, predijese, etc., *irr.* V. PREDECIR.

predilección *f.* predilection, special love, preference.

predilecto, ta *adj.* preferred, favourite.

predio *m.* property, piece of real estate: ~ *rústico,* country property, farm, piece of arable ground; ~ *urbano,* town property.

prediqué, predique, etc., *pret., subj. & imper.* of PREDICAR.

prediré, prediría, etc. *irr.* V. PREDECIR.

predispondré, predispondría, etc., *irr.* V. PREDISPONER.

predisponer *tr.* to predispose. 2 to prejudice. 3 to prearrange. ¶ CONJUG. like *poner.*

predispongo, predisponga, etc., *irr.* V. PREDISPONER.

predisposición *f.* predisposition.

predispuesto, ta *p. p.* of PREDISPONER. — *2 adj.* predisposed. 3 prejudiced.

predispuse, predispusiera, predispusiese, etc., *irr.* V. PREDISPONER.

predominación, predominancia *f.* predomination, predominance.

predominante *adj.* predominant, prevailing.

predominar *tr.* to predominate; to prevail. 2 to tower [over], be higher [than].

predominio *m.* predominance.

preelegir *tr.* to pre-elect, to predestinate. ¶ CONJUG. like *servir.*

preelijo, preelija, preeligiera preeligiese, etc., *irr.* V. PREELEGIR.

preeminencia *f.* pre-eminence. 2 privilege [due to pre-eminence, rank, office, etc.].

preeminente *adj.* pre-eminent.

preexcelso, sa *adj.* most illustrious, most high, most sublime.

preexistencia *f.* pre-existence.

preexistente *adj.* pre-existent.

preexistir *intr.* to pre-exist.

prefacio *m.* preface, introduction. 2 ECCL. preface.

prefación *f.* preface, introduction.

prefecto *m.* prefect.

prefectoral *adj.* prefectoral.

prefectura *f.* prefecture.

preferencia *f.* preference.

preferente *adj.* preferential. 2 preferred.

preferentemente *adj.* preferentially. 2 preferably.

preferible *adj.* preferable.

preferiblemente *adv.* preferably.

preferir *tr.* to prefer. ¶ CONJUG. as *hervir.*

prefiero, prefiera, etc., *irr.* V. PREFERIR.

prefiguración *f.* prefiguration, foreshadowing.

prefigurar *tr.* to prefigure, foreshadow.

prefijar *tr.* to prefix, prearrange, predetermine. 2 GRAM. to prefix.

prefijo, ja *adj.* prefixed. — *2 m.* GRAM. prefix.

prefinición *f.* setting a time limit.

prefinir *tr.* to set a time limit for.

prefiriendo, prefirió, prefiriera, prefiriese, etc., *irr.* V. PREFERIR.

prefloración *f.* BOT. præfloration, estivation.

prefoliación *f.* BOT. præfoliation, vernation.

prefulgente *adj.* brilliant, resplendent.

pregón *m.* proclamation or announcement by the crier. 2 cry [of merchandise].

pregonar *tr.* to proclaim, announce, make publicly known. 2 to cry, hawk [merchandise]. 3 to proscribe [a person].

pregonería *f.* office of common crier.

pregonero, ra *adj.* proclaiming, announcing. — *2 m.* common crier, town crier.

pregunta *f.* question, inquiry, interrogation, query : *andar, estar,* or *quedar, a la cuarta* ~, coll. to be hard up, penniless; *hacer una* ~, to ask a question.

preguntador, ra *adj.* questioning, inquisitive. — *2 m. & f.* questioner; inquisitive person.

preguntante *adj.* questioning, inquiring. — *2 m. & f.* questioner, inquirer.

preguntar *tr. & intr.* to ask, inquire; to question : ~ *por,* to ask, inquire, after or for. — *2 ref.* to wonder [desire to know].

preguntón, na *adj.* inquisitive. — *2 m. & f.* inquisitive person.

prehistoria *f.* prehistory, prehistorics.

prehistórico, ca *adj.* prehistoric.

preinserto, ta *adj.* previously inserted.

prejudicial *adj.* LAW requiring a previous judicial decision.

prejudicio *m.* PREJUICIO.

prejuicio *m.* prejudice, bias. 2 prejudgement.

prejuzgar *tr.* to prejudge.

prejuzgué, prejuzgue, etc., *pret., subj. & imper.* of PREJUZGAR.

prelacía *f.* prelacy.

prelación *f.* preference, priority.

prelada *f.* prelatess.

prelado *m.* prelate.

prelaticio, cia *adj.* prelatic.

prelatura *f.* PRELACÍA.

preliminar *adj.* preliminary. — *2 m. sing. & pl.* preliminary, preliminaries.

prelucir *intr.* to shine in advance. ¶ CONJUG. like *lucir.*

preludiar *intr.* MUS. to prelude; to try out an instrument or the voice. — *2 tr.* to prelude [serve as a prelude, introduce].

preludio *m.* prelude, introduction. 2 MUS. prelude.

prelusión *f.* preface, introduction.

preluzco, preluzca, etc., *irr.* V. PRELUCIR.

prematuramente *adv.* prematurely.

prematuro, ra *adj.* premature. 2 LAW impuberal [girl].

premeditación *f.* premeditation.

premeditadamente *adv.* premeditatedly. 2 with malice aforethought.
premeditado da *adj.* premeditated.
premeditar *tr.* to premeditate.
premiador, ra *adj.* rewarding. — *2 m. & f.* rewarder.
premiar *tr.* to reward, requite, recompense. 2 to award a prize to.
premio *m.* reward, requital, recompense. 2 prize, award, premium. 3 prize [in lottery] : ~ *gordo,* first prize. 4 ECON. premium : *a* ~, with interest, at a premium.
premiosamente *adv.* tightly, compressedly. 2 burdensomely. 3 urgingly. 4 strictly, rigidly. 5 with awkwardness, stiffness or lack of facility [in doing, writing, speaking, etc.].
premiosidad *f.* awkwardness, slowness, lack of facility [of action, speech, etc.] ; stiffness [of style].
premioso, sa *adj.* tight, compressed. 2 burdensome. 3 urging, pressing. 4 strict, rigid. 5 awkward, slow, lacking facility [of action, speech, etc.] ; stiff [style].
premisa *f.* LOG. premise. 2 basis [of inference].
premiso, sa *adj.* premised ; sent in advance. 2 LAW precedent.
premoción *f.* THEOL. premotion.
premolar *adj.* ANAT. premolar.
premonitorio, ria *adj.* MED. premonitory.
premonstratense *adj. & n.* Premonstratensian.
premoriencia *f.* LAW. predecease.
premoriente *adj. & n.* LAW predeceased.
premorir *intr.* LAW to predecease.
premostratense *adj. & n.* PREMONSTRATENSE.
premuerto, ta *adj.* LAW predeceased.
premura *f.* haste, hurry. 2 pressure, urgency.
prenatal *adj.* prenatal.
prenda *f.* pledge, security, pawn ; token, proof : *dar en* ~, to pledge, pawn ; *soltar* ~, to commit oneself ; *en* ~ *ae,* as a pledge of, as a proof of. 2 fig. beloved person, beloved one. 3 garment, article of clothing, headgear or footwear. 4 household article. 5 *pl.* endowments, natural gifts, accomplishments, moral qualities [of a person]. 6 *juego de prendas,* game of forfeits.
prendador, ra *adj.* pledging, pawning. — *2 m. & f.* pledger, pawner.
prendamiento *m.* pledging, pawning. 2 falling in love, taking a liking to.
prendar *tr.* to pledge, pawn. 2 to charm, please, captivate, enamour. — 3 ref. *prendarse de,* to fall in love with, to take a great liking to, to be charmed by.
prendedero *m.* hook, brooch. 2 fillet, bandeau.
prendedor *m.* catcher, apprehender. 2 hook, brooch, breastpin. 3 fillet, bandeau.
prendedura *f.* GALLADURA.
prender *tr.* to seize, prehend, catch, catch hold of, become entangled with. 2 to attach, fasten, clasp, hook, pin. 3 to take, catch, apprehend, arrest [a person]. 4 (Am.) to light [a lamp] ; to turn on [a light]. 5 to dress up, adorn [a woman]. 6 ~ *fuego a,* to set fire to. — 7 *intr.* to take, take root. 8 [of fire, etc.] to catch, take hold, be communicated. — 9 ref. [of a woman] to dress up, to adorn herself. ¶ CONJUG. p. p. : *prendido* or *preso.*
prendería *f.* second-hand shop.
prendero, ra *m. & f.* second-hand dealer.
prendido, da *p. p.* of PRENDER. — *2 m.* headdress [ornament for the head]. 3 pattern for bobbin lace.
prendimiento *m.* apprehension, arrest.
prenoción *f.* prenotion.
prenombre *m.* prænomen.
prenotar *tr.* to note in advance.
prensa *f.* press [machine for compressing, crushing, etc.] : ~ *hidráulica,* hydraulic press ; *meter en* ~ *a uno,* to put the squeeze on someone. 2 press, printing press, printing : *dar a la* ~, to publish a book, etc.] ; *entrar en* ~, to go to press. 3 press, newspapers: *corresponsal de* ~, newspaper correspondent ; *tener buena,* or *mala,* ~, to have a good, or bad, press. 4 PHOT. printing frame.
prensado, da *adj.* pressed. — *2 m.* pressing [by press]. 3 luster, gloss [from pressing].
prensador, ra *m. & f.* presser.
prensadura *f.* pressing [by press].
prensar *tr.* to press [compress, squeeze in a press].
prensil *adj.* prehensile.
prensión *f.* prehension.
prensista *m.* PRINT. pressman.

prensor, ra *adj.* ORN. psittacine. — *2 f. pl.* ORN. Psittacii.
prenunciar *tr.* to announce in advance, to presage.
prenuncio *m.* advance announcement, presage.
preñado, da *adj.* pregnant, gravid, with child, with young. 2 fig. pregnant [full, charged]. 3 bulging [wall]. — *4 m.* pregnancy.
preñar *tr.* EMPREÑAR. 2 fig. to fill.
preñez *f.* pregnancy. 2 fig. fullness.
preocupación *f.* preoccupation, prepossession, prejudice. 2 preoccupation, mental absorption. 3 care, concern. 4 worry, anxiety. 5 conventionality.
preocupadamente *adv.* with preoccupation, with prejudice. 2 concernedly.
preocupado, da *adj.* preoccupied, prejudiced. 2 concerned, anxious, worried.
preocupar *tr.* to preoccupy. 2 to prejudice. 3 to concern, worry, cause to be anxious. — 4 ref. to concern oneself : *preocuparse de,* to concern oneself in ; to take care of. 5 to worry [feel care or anxiety].
preopinante *m. & f.* predecessor [in a debate].
preordinación *f.* preordination.
preordinadamente *adv.* in a preordained or foreordained manner.
preordinar *tr.* to preordain.
prepalatal *adj.* PHONET. prepalatal.
preparación *f.* preparation, preparing, getting ready. 2 preparation [medicine, etc., prepared].
preparado *m.* PHARM. preparation.
preparador, ra *adj.* preparing. — *2 m. & f.* preparator.
preparamiento *m.* PREPARACIÓN.
preparar *tr.* to prepare, make ready. 2 CHEM., PHARM. to prepare. — 3 ref. to prepare, get ready, make preparations.
preparativo, va *adj.* preparative, preparatory. — 2 *m. pl.* preparations : *hacer preparativos para,* to make preparations for.
preparatoriamente *adv.* preparatorily.
preparatorio, ria *adj.* preparatory.
preponderancia *f.* preponderance.
preponderante *adj.* preponderant.
preponderar *intr.* to preponderate.
prepondré, prepondría, etc., *irr.* V. PREPONER.
preponer *tr.* to put before, to prefer. ¶ CONJUG. as *poner.*
prepongo, preponga, etc., *irr.* V. PREPONER.
preposición *f.* GRAM. preposition.
preposicional *adj.* prepositional.
prepositivo, va *adj.* GRAM. prepositive.
prepósito *m.* ECCL. prelate, provost.
prepositura *f.* ECCL. dignity of provost.
preposteración *f.* reversion of order.
prepósteramente *adv.* out of place or order, untimely.
preposterar *tr.* to reverse, invert, upset.
prepóstero, ra *adj.* reversed, out of place or order, upset.
prepotencia *f.* prepotence, prepotency.
prepotente *adj.* prepotent.
prepucio *m.* ANAT. prepuce, foreskin.
prepuesto, ta *p. p.* of PREPONER.
prepuse, prepusiera, prepusiese, etc., *irr.* V. PREPONER.
prerrafaelismo *m.* Pre-Raphaelism.
prerrafaelista *adj. & m.* Pre-Raphaelite.
prerrogativa *f.* prerogative, privilege.
presa *f.* catch, clutch, grip, hold : *hacer* ~ *en,* to catch, clutch, grip, lay hold of. 2 seizing, capture [act]. 3 capture, prize, booty. 4 prey : *ave de* ~, bird of prey ; ~ *de,* a prey to. 5 fang [of an animal] ; claw [of a bird of prey]. 6 slice, bit, morsel. 7 dam, weir [across a watercourse]. 8 millrace. *flume. 9 channel, ditch.
presada *f.* storage water [in mills].
presado, da *adj.* pale-green.
presagiar *tr.* to presage, betoken, forebode.
presagio *m.* presage, omen, token.
presagioso, sa; presago, ga; présago, ga *adj.* presaging, foreboding.
presbicia *f.* presbyopia, presbitia, farsightedness.
présbita, présbite *adj.* presbyopic, presbytic, farsighted. — *2 m. & f.* presbyope, presbyopic, farsighted person.
presbiterado *m.* priesthood.
presbiteral *adj.* sacerdotal, priestly.
presbiterato *m.* PRESBITERADO.
presbiterianismo *m.* Presbyterianism.
presbiteriano, na *adj. & n.* Presbyterian.

presbiterio *m.* chancel, presbytery [of a church].
presbitero *m.* presbyter, priest.
presciencia *f.* prescience, foreknowledge.
prescindible *adj.* that can be dispensed with.
prescindir *intr.* ~ *de,* to dispense with, do without; to set aside, leave out, disregard.
prescito, ta *adj. & n.* PRECITO.
prescribir *tr.* to prescribe [lay down or impose authoritatively], decree, ordain. 2 MED. to prescribe. 3 LAW to acquire by prescription. — 4 *intr.* LAW to prescribe. ¶ CONJUG. PAST. P.: *prescrito* or *prescripto.*
prescripción *f.* prescription, order, rule. 2 LAW, MED. prescription.
prescriptible *adj.* prescriptible.
prescripto, ta; prescrito, ta *irr. p. p.* of PRESCRIBIR.
presea *f.* gem, jewel, valuable thing.
presencia *f.* presence [being present; place where a person is] : *en* ~ *de,* in the presence of. 2 presence, figure, personal appearance. 3 show, ostentation. 4 ~ *de ánimo,* presence of mind.
presencial *adj.* that is, or has been, present : *testigo* ~, eyewitness. 2 pertaining to presence.
presencialmente *adv.* being present, in person.
presenciar *tr.* to be present at, witness, see, attend.
presentable *adj.* presentable.
presentación *f.* presentation [presenting, exhibition, presenting oneself]. 2 introduction [of a person to another]. 3 MED., THEAT. presentation. 4 external appearance [of a book, etc.].
presentado *m.* ECCL. presentee.
presentador, ra *m. & f.* presenter.
presentalla *f.* ECCL. votive offering.
presentáneamente *adv.* immediately.
presentáneo *adj.* quick-acting.
presentante *adj.* presenting; introducing. — 2 *m. & f.* presenter; introducer.
presentar *tr.* to present : ~ *armas,* MIL. to present arms. 2 to introduce [a person to another]. 3 to show, display. 4 to make a present of. 5 to nominate or put forward as candidate for an election. 6 to give its external appearance to [a book, etc.]. — 7 *ref.* to present oneself or itself; to report. 8 to appear, turn up. 9 to volunteer, offer one's services; come forward. 10 to introduce oneself.
presente *adj.* present : *la* ~, this letter; *hacer* ~, to call attention to, to remind of; *tener* ~, to bear or keep in mind; *mejorando lo* ~, present company excepted; *por lo* ~, for the present. 2 current [month, etc.]. — 3 *adj. & m.* GRAM. present [tense]. — 4 *m.* present, gift. 5 present [present time] : *al* ~, at present; *por el* ~, for the present. — 6 *interj.* here!, present! [in answering roll call].
presentemente *adv.* at present, now.
presentero *m.* ECCL. one who nominates someone to a benefice.
presentimiento *m.* presentiment, foreboding, misgiving.
presentir *tr.* to have a presentiment of, to forebode. ¶ CONJUG. like *hervir.*
presepio *m.* crib, rack [manger]. 2 stable.
presera *f.* BOT. bedstraw.
presero *m.* keeper of a dam or irrigation ditch.
preservación *f.* preservation, conservation.
preservador, ra *adj.* preserving. — 2 *m. & f.* preserver, protector.
preservar *tr.* to preserve, guard, keep safe.
preservativamente *adv.* preservatively.
preservativo, va *adj.* preservative, preserving. — 2 *m.* preservative, preventive.
presidario *m.* PRESIDIARIO.
presidencia *f.* presidency. 2 chair [at a meeting, etc.]; chairmanship. 3 speakership [of a parliamentary body]. 4 presidential term.
presidencial *adj.* presidential.
presidenta *f.* president's wife. 2 woman president. 3 chairwoman.
presidente *m.* president. 2 presiding judge or officer. 3 chairman. 4 speaker [of a parliamentary body].
presidiar *tr.* MIL. to garrison.
presidiario *m.* convict.
presidio *m.* penitentiary. 2 hard labour. 3 fortress, citadel. 4 garrison [of soldiers].
presidir *tr.* to preside over or at. 2 to predominate over. — 3 *intr.* to preside.
presiento, presienta, etc., *irr.* V. PRESENTIR.

presilla *f.* small loop forming an eye or fastener [for a button, etc.]. 2 SEW. buttonhole stitching.
presión *f.* pressure : ~ *arterial,* blood pressure; ~ *atmosférica,* atmospheric pressure.
presionar *tr.* (Am.) to press, urge.
preso, sa *irreg. p. p.* of PRENDER. — 2 *adj.* imprisoned; arrested : *poner* ~ *a,* to imprison, to arrest. — 2 *m. & f.* prisoner. 3 convict.
prest *m.* soldier's daily pay.
prestación *f.* lending. 2 service, performance of something due upon an obligation. 3 FEUDAL LAW prestation.
prestadizo, za *adj.* lendable.
prestado, da *adj.* lent, borrowed : *dar* ~, to lend; *pedir* or *tomar* ~, to borrow. 2 done, performed [service, duty].
prestador, ra *m. & f.* lender.
prestamente *adv.* speedily, promptly, quickly.
prestamista *m. & f.* moneylender; pawnbroker.
préstamo *m.* loan; lending : *casa de préstamos,* pawnshop; *tomar a* ~, to borrow. 2 borrow pit.
prestancia *f.* excellence.
prestante *adj.* excellent.
prestar *tr.* to lend, loan. 2 to lend, bestow, give, communicate. 3 to do, render, perform [service, duty, etc.]. 5 to give [ear; help, aid]. 6 to pay [attention]. 7 to keep [silence]. 8 to show [patience]. 9 to take [oath]. — 10 *intr.* to be useful. 11 [of a piece of cloth, etc.] to give. — 12 *ref.* to lend or offer oneself. 13 to submit. 14 to lend itself. 15 to give ground for, to be liable to.
prestatario, ria *adj.* borrowing. — 2 *m. & f.* borrower.
preste *m.* ECCL. high mass celebrant. 2 *Preste Juan* or *Preste Juan de las Indias,* Prester John.
presteza *f.* celerity, promptness, quickness, haste.
prestidigitación *f.* prestidigitation, sleight of hand, legerdemain, jugglery.
prestidigitador *m.* prestidigitator, juggler, conjurer.
prestigiador, ra *adj.* causing prestige. — 2 *m. & f.* cheat, humbug.
prestigio *m.* prestige. 2 spell, fascination. 3 deception.
prestigioso, sa *adj.* prestigious, influential, renowned. 2 deceiving, illusory.
prestimonio *m.* loan.
prestiño *m.* PESTIÑO.
1) presto *adv.* promptly, quickly. 2 soon. 3 *de* ~, promptly, quickly.
2) presto, ta *adj.* prompt, quick, swift. 2 ready, prepared.
presumible *adj.* presumable.
presumido, da *p. p.* of PRESUMIR. 2 vain, conceited.
presumir *tr.* to presume, surmise, conjecture. — 2 *intr.* to presume, be vain or conceited; to boast : ~ *de,* to boast of being. ¶ CONJUG. p. p.: *presumido & presunto.*
presunción *f.* presumption, surmise, conjecture. 2 LAW presumption. 3 presumptuousness, conceit.
presuntamente *adv.* presumptively.
presuntivamente *adv.* conjecturally.
presuntivo, va *adj.* presumptive, that can be presumed or surmised.
presunto, ta *irreg. p. p.* of PRESUMIR. — 2 *adj.* presumed, supposed. 2 ~ *heredero,* heir presumptive.
presuntuosamente *adv.* presumptuously.
presuntuosidad *f.* presumptuousness.
presuntuoso, sa *adj.* presumptuous, conceited.
presupondré, presupondría, etc., *irr.* V. PRESUPONER.
presuponer *tr.* to presuppose [assume beforehand; involve, imply]. 2 to budget. 3 to form an estimate of [a work, etc.]. ¶ CONJUG. as *poner.*
presupongo, presuponga, etc., *irr.* V. PRESUPONER.
presuposición *f.* presupposition.
presupuestar *tr.* to budget.
presupuestario, ria *adj.* [pertaining to a] budget.
presupuesto, ta *irr. p. p.* of PRESUPONER. — 2 *adj.* presupposed. 3 budgeted, estimated. — 4 *m.* presupposition, supposition. 5 reason, motive, pretext. 6 budget : *nivelar el* ~, to balance the budget. 7 estimate [for a work].
presupuse, presupusiera, presupusiese, etc., *irr.* V. PRESUPONER.
presura *f.* anxiety. 2 haste, quickness, speed. 3 eagerness.
presurosamente *adv.* promptly, hastily, hurriedly.
presuroso, sa *adj.* prompt, hasty, hurried, swift.
pretal *m.* PETRAL.

pretendencia *f.* PRETENSIÓN.

pretender *tr.* to pretend to; to aspire to, to seek, solicit. 2 to court, seek in marriage. 3 to try to, endeavour, intend. ¶ CONJUG. p. p.: *pretendido & pretenso.*

pretendienta *f.* woman pretender or claimant. 2 woman who seeks or solicits something.

pretendiente *m* pretender, claimant. 2 one who seeks or solicits something; office seeker. 3 pretender [to the throne]. 4 suitor, wooer.

pretensión *f.* pretension, pretense, claim.

pretenso, sa *irr. p. p.* of PRETENDER.

pretensor, ra *m.* & *f.* pretender, claimant.

preterición *f.* preterition, omission, disregard. 2 LAW, RHET. preterition.

preterir *tr.* to pass over, omit, disregard. 2 LAW to omit [lawful heirs] in a will.

pretérito, ta *adj.* past, bygone. — 2 *adj. & m.* GRAM. past, preterit : ~ *imperfecto,* imperfect; ~ *indefinido,* preterit, past absolute; ~ *perfecto,* present perfect; ~ *pluscuamperfecto,* pluperfect; ~ *anterior,* past anterior, second pluperfect.

pretermisón *f.* pretermission.

pretermitir *tr.* to pretermit.

preternatural *adj.* preternatural.

preternaturalizar *tr.* to render preternatural.

preternaturalmente *adv.* preternaturally.

pretexta *f.* prætexta, pretexta [Roman robe].

pretextar *tr.* to pretext.

pretexto *m.* pretext, cover, excuse.

pretil *m.* parapet, railing [along sides of bridge, etc.].

pretina *f.* girdle, belt, waistband.

pretinazo *m.* blow with a belt.

pretinero *m.* girdle or belt maker.

pretinilla *f. dim.* ladies' belt or girdle.

pretor *m.* prætor, pretor. 2 blackness of waters where tunny fish abound.

pretoría *f.* PRETURA.

pretorial *adj.* prætorian, prætorial.

pretorianismo *m.* military interference in politics, political militarism.

pretoriano, na *adj.* prætorial, pretorial. — 2 *adj. & m.* prætorian, pretorian.

pretoriense *adj.* [pertaining to the] prætorium.

pretorio, ria *adj.* prætorial, pretorial. — 2 *m.* prætorium, pretorium.

pretura *f.* prætorship, pretorship.

prevalecer *intr.* to prevail. 2 to take root, to thrive. ¶ CONJUG. as *agradecer.*

prevalecimiento *adj.* prevailing, prevalent.

prevaler *intr.* to prevail. — 2 *ref. prevalerse de,* to avail oneself of, to take advantage of.

prevalezco, prevalezca, etc., *irr.* V. PREVALECER.

prevaricación *f.* act of injustice or breach of faith commited by a public officer. 2 LAW prevarication.

prevaricador, ra *adj.* commiting PREVARICACIÓN. — 2 & *f.* one who commits PREVARICACIÓN. 3 LAW prevaricator. 4 perverter, corrupter.

prevaricar *intr.* to act unjustly or corruptly in the discharge of a public trust. 2 LAW to prevaricate.

prevaricato *m.* corrupt practice in the discharge of a public trust.

prevariqué, prevarique, etc., *pret., subj. & imper.* of PREVARICAR·

prevención *f.* preparation, anticipation of needs, danger, etc. : *a* ~, *de* ~, ready in case that. 2 stock, supply. 3 foresight. 4 prevention. 5 prepossession, prejudice, dislike. 6 warning. 7 police station. 8 MIL. guard [of barracks]; guardroom.

prevenidamente *adv.* beforehand, with preparation.

prevenido, da *adj.* ready, prepared. 2 stocked, supplied. 3 forewarned, cautious.

preveniente *adj.* preparing, getting ready.

prevenir *tr.* to prepare, make ready [for some purpose]. 2 to anticipate, foresee, forestall. 3 to prevent, avoid, overcome. 4 to inform, warn, caution. 5 to prepossess, to prejudice. — 6 *ref.* to prepare, get prepared, get ready : to take precautions. 7 to provide oneself. ¶ CONJUG. as *venir.*

preventivamente *adv.* preventively.

preventivo, va *adj.* preventive. 2 warning.

preveo, prevea, etc., *irr.* V. PREVER.

prever *tr.* to foresee; to anticipate. ¶ CONJUG. like *ver.*

preví, previera, previese, etc., *irr.* V. PREVER.

previamente *adv.* previously.

previne, previniera, etc., *irr.* V. PREVENIR.

previo, via *adj.* previous : *cuestión previa,* previous question.

previsión *f.* prevision, foresight; forecast : ~ *del tiempo,* weather forecasting. 2 providence. 3 ~ *social,* social security.

previsor, ra *adj.* far-seeing, foresighted; previsional. 2 provident.

previsto, ta *irr. p. p.* of PREVER. — 2 *adj.* foreseen.

prez *f.* honour, glory.

Príamo *m. pr. n.* MYTH. Priam.

priesa *f.* PRISA.

prieto, ta *adj.* tight, compact. 2 close-fisted. mean. stingy. 3 dark, blackish. 4 (Am.) dark-complexioned, swarthy.

prima *f.* female cousin. 2 premium, bonus. 3 COM. bounty. 4 INSUR. premium. 5 prime [hour]. 6 MUS. treble [string]. 7 MIL. first quarter of the night. 8 ECCL. first tonsure.

primacía *f.* primacy, pre-eminence. 2 primacy, primateship.

primacial *adj.* primatial.

primada *f. coll.* act of a gullible or naïve person. 2 coll. taking advantage of a gullible or naïve person; deception, trick.

primado, da *adj.* primatial. — 2 *m.* primacy, pre-eminence. 3 ECCL. primate.

primal, la *adj. & n.* yearling [sheep or goat]. — 2 *m.* silk cord or braid.

primariamente *adv.* chiefly, primarily.

primario, ria *adj.* primary, chief, first. 2 primary, elementary [education, school]. 3 ASTR., BIOL., ELECT., GEOL. primary.

primate *m.* personage [person of rank or importance]. 2 ZOOL. primate. 3 *pl.* ZOOL. Primates.

primavera *f.* spring [season], springtime. 2 BOT. cowslip, primrose. 3 flowered silk.

primaveral *adj.* [pertaining to the] spring, vernal.

primazgo *m.* cousinship. 2 primacy.

primearse *ref.* to treat each other as cousins.

primer *adj.* apocopated form of PRIMERO, used only before masculine singular nouns : ~ *ministro,* prime minister; ~ *plano,* foreground; ~ *vertical,* ASTR. prime vertical.

primera *f.* primero [game at cards]. 2 FENC. prime. 3 RLY. first class : *coche* or *vagón de* ~, first-class carriage; *viajar en* ~, to travel first-class. 4 AUTO. low speed. 5 COM. — *de cambio,* first of exchange. 6 *de* ~, first-class, excellent, of superior quality, highest-grade; very well. 7 *a las primeras,* *a las primeras de cambio,* from the very start, directly, without warning.

primeramente *adv.* PRIMERO 1 & 2.

primerizo, za *adj.* novice, beginner. — 2 *f. adj.* OBST. primipara.

1) **primero** *adv.* first [before anyone or anything else], in the first place. 2 first, rather, sooner. 3 *de* ~, first, before, at the beginning.

2) **primero, ra** *adj.* first. 2 foremost. 3 chief, leading. 4 early, former. 5 ARITH. prime [number]. 6 *primera enseñanza,* primary education. 7 *primera fila,* front rank or row. 8 *primera materia,* raw material.

primevo, va *adj.* primeval, primitive. 2 oldest.

primicerio, ria *adj.* first, chief, principal [person]. — 2 *m.* ECCL. precentor, chanter.

primicia *f.* first fruit. 2 *pl.* first fruits or production. 3 offering of the first fruits.

primicial *adj.* pertaining to the first fruits.

primigenio, nia *adj.* primigenial.

primipara *f. adj.* OBST. primipara.

primitivamente *adv.* originally.

primitivo, va *adj.* primitive. — 2 *m.* primitive [painter, sculptor].

1) **primo** *adv.* primo, first, in the first place.

2) **primo, ma** *adj.* first. 2 prime, excellent. 3 ARITH. prime [number]. 4 *a prima noche,* early in the night, in the evening. — 5 *m. & f.* cousin : ~ *carnal,* ~ *hermano,* first cousin, cousin-german. 6 coll. gullible or naïve person, dupe.

primogénito, ta *adj. & n.* first-born.

primogenitura *f.* primogeniture.

primor *m.* care, skill, excellence of execution. 2 beauty, exquisiteness, fineness [of work or workmanship]. 3 coll. beautiful or exquisite thing.

primordial *adj.* primordial, fundamental.

primorear *intr.* MUS. to play beautifully on an instrument.

primorosamente *adv.* beautifully, exquisitely, finely.

primoroso, sa *adj.* beautiful, net, exquisite, fine; beautifully or exquisitely wrought or executed.
primuláceo, a *adj.* BOT. primulaceous. — *2 f. pl.* BOT. Primulaceæ.
princesa *f.* princess.
principada *f.* ALCALDADA.
principado *m.* princedom, princehood. 2 principality, principate. 3 pre-eminence, primacy. *4 pl.* principalities [order of angels].
principal *adj.* principal, main, chief, foremost, essential, fundamental, important. 2 principal, illustrious, noble, high-up. 3 main, first, or [in Madrid] second [floor or storey]. 4 GRAM. principal. 5 princeps [edition]. — *6 m.* head [of a firm, business, etc.], chief, boss. 7 principal, capital [as distinguished from interest]. 8 LAW constituent, principal. 9 MIL. main guard. 10 main, first, or [in Madrid] second, floor or storey.
principalidad *f.* principalness.
principalmente *adv.* principally, mainly.
príncipe *m.* prince : ~ *de Asturias,* Crown Prince of Spain ; ~ *de la Iglesia,* prince of the Church ; ~ *de las tinieblas,* prince of darkness, Satan. 2 sovereign, ruler. — *3 adj.* princeps [edition].
principesco, ca *adj.* princely.
principiador, ra *m. & f.* beginner, starter, initiator.
principiante, ta *m. & f.* beginner, apprentice, novice, tyro.
principiar *tr.* to commence, begin, start.
principio *m.* commencement, beginning, start; *dar* ~ *a,* to begin, to start ; *al* ~, *a los principios,* at first, in the beginning ; *a principios de,* at the beginning of [a month, year, etc.] ; *en un* ~, at the beginning. 2 source, origin. 3 principle : ~ *de contradicción,* principle of contradiction ; *en* ~, in principle. 4 rule of action. 5 COOK. entrée. 6 CHEM. principle. *7 pl.* principles [personal code of right conduct]. 8 rudiments. 9 PRINT. introductory matter [in a book].
pringada *f.* slice of bread dipped in gravy.
pringamoza *f.* (Col., Hond.) ORTIGA.
pringar *tr.* to dip or soak [bread, etc.] in gravy or grease. 2 to stain with grease. 3 to scald with boiling fat. 4 coll. to stab, wound. 5 coll. to share, participate [in a business]. — *7 ref.* to stain oneself with grease. 8 to embezzle, to draw unlawful advantage of money or property intrusted to one's care.
pringón, na *adj.* dirty, greasy. — *2 m.* coll. begreasing oneself. 3 stain of grease.
pringoso, sa *adj.* greasy.
pringue *m. & f.* grease, melted fat. 2 greasy dirt.
pringué, pringue, etc., *pret., subj. & imper.* of PRINGAR.
prionodonte *m.* ZOOL. giant armadillo.
prior *adj.* PHIL. prior, preceding. — *2* ECCL. prior.
priora *f.* prioress.
prioral *adj.* pertaining to a prior or prioress.
priorato *m.* priorship, priorate. 2 priory.
priorazgo *m.* priorship.
prioridad *f.* priority.
prioste *m.* steward of a brotherhood.
prisa *f.* haste, dispatch, promptness, speed, celerity; hurry, urgency : *correr* ~, to be pressing, urgent; *darse* ~, to hurry, make haste, look alive, look sharp ; *dar* ~ *a,* to rush, hurry ; *estar de* ~, *tener* ~, to be in a hurry, to be pressed for time; *a* ~, *de* ~, quickly, with haste, hurriedly ; *a toda* ~, with the greatest speed. 2 rush [of buyers, etc.]. 3 skirmish, hot fight.
priscilianismo *m.* Priscillianism.
priscilianista *m. & f.* Priscillianist.
priscal *m.* night shelter for cattle in the fields.
prisión *f.* seizure, capture, arrest. 2 prison. 3 imprisonment. 4 fig. bond, tie. *5 pl.* chains, fetters, shackles.
prisionero, ra *m. & f.* MIL. prisoner : ~ *de guerra,* prisoner of war. 2 fig. captive [of love or passion].
prisma *m.* GEOM., OPT., CRYST. prism.
prismático, ca *adj.* prismatic. — *2 m. pl.* field glasses.
priste *m.* ICHTH. sawfish.
prístino, na *adj.* pristine, first, original.
prisuelo *m.* muzzle for ferrets.
pritaneo *m.* prytaneum.
privación *f.* privation, want, lack. 2 deprivation, deprival. 3 forbidding, being forbidden.
privada *f.* privy, water-closet.
privadamente *adv.* privately, in private.
privadero *m.* cesspool cleaner.

privado, da *p. p.* of PRIVAR. — *2 adj.* forbidden. 3 private, privy [not public or official ; secret, confidential ; personal, separate]. 4 stunned, unconscious. — *5 m.* favorite [of a king or magnate].
privanza *f.* favour, preference [of a king. etc.].
privar *tr.* to deprive. 2 to prohibit, forbid. 3 to impede. 4 to stun, render unconscious. — *5 intr.* to enjoy the favour or preference [of a king, etc.]. 6 to prevail, be in favour, be in vogue. — *7 ref.* to deprive oneself. 8 to be stunned, become senseless, unconscious.
privativamente *adv.* solely, peculiarly, personally.
privativo, va *adj.* privative. 2 peculiar, particular, belonging exclusively [to].
privilegiadamente *adv.* in a privileged way.
privilegiado, da *p. p.* of PRIVILEGIAR. — *2 adj.* privileged. 3 uncommon, extraordinary [talent, gift, etc.].
privilegiar *tr.* to privilege [grant a privilege or privileges to].
privilegiativo, va *adj.* containing a privilege.
privilegio *m.* privilege, grant, exemption, franchise, patent : ~ *de invención,* patent [to an inventor] ; ~ *del fuero,* privilege of ecclesiastics to be tried by their own courts.
pro *m. & f.* profit, benefit, advantage : *el* ~ *y el contra,* the pros and cons ; *en* ~ *de,* for, in support of, in behalf of, for the benefit of ; *en* ~ *y en contra,* pro and against ; pro and con. 2 hombre de ~, man of worth.
proa *f.* NAUT. prow, bow, head : *poner* ~ *a,* to head for ; *poner la* ~ *a uno,* fig. to oppose someone. 2 NAUT. foreship, steerage. 3 AER. nose [of an airplane].
proal *adj.* NAUT. forward, [pertaining to the) prow.
probabilidad *f.* probability, likelihood. 2 prospect, chance : *cálculo de probabilidades,* theory of chances.
probabilísimo, ma *adj. superl.* most probable.
probabilismo *m.* THEOL. probabilism.
probabilista *adj.* probabilistic. — *2 m. & f.* probabilist.
probable *adj.* probable, likely. 2 provable [that may be proved].
probablemente *adv.* probably, likely.
probación *f.* probation [in a religious body]. 2 trial, test.
probado, da *p. p.* of PROBAR. — *2 adj.* proved. 3 tried, tested. 4 approved, demonstrated.
probador, ra *m. & f.* trier, tester. 5 taster. 6 fitter [one who tries on articles of dress]. — *7 m.* fitting-room, room where articles of dress are tried on.
probadura *f.* tasting.
probanza *f.* LAW inquiry. 2 proof, evidence.
probar *tr.* to prove [make certain, demonstrate]. 2 to prove, test, try out. 3 to taste, sample. 4 to taste [ascertain the relish or flavour of] ; eat or drink a small quantity of]. 5 to try on [an article of dress]. 6 ~ *fortuna,* to take one's chances. — *7 intr.* to suit, agree with. 8 ~ *a,* to attempt, endeavour, try to. 9 ~ *de,* to taste, take a taste of. ¶ CONJUG. as *contar.*
probatorio, ria *adj.* probative, probatory. — *2 f.* LAW term allowed for producing evidence.
probatura *f.* coll. attempt, trial.
probeta *f.* CHEM. test tube. 2 PHYS. manometer [of air pump]. 3 powder prover.
probidad *f.* probity, honesty, integrity.
problema *m.* problem.
problemáticamente *adv.* problematically.
problemático, ca *adj.* problematic, problematical.
probo, ba *adj.* honest, upright.
proboscidio, dia *adj.* ZOOL. proboscidean, proboscidian. — *2 m.* ZOOL. proboscidian. *3 m. pl.* ZOOL. Proboscidea.
procacidad *f.* procacity, impudence.
procaz *adj.* procacious, impudent.
procedencia *f.* origin, source ; place or point of origin or departure. 2 propriety, accordance with the law, rules or practice.
procedente *adj.* coming, originating, proceeding from. 2 proper, suitable, accordant with the law, rules or practice.
1) **proceder** *m.* behaviour, conduct, action, mode of action, proceeding.
2) **proceder** *intr.* to proceed [go in certain order; go on]. 2 to proceed [to do something]. 3 to proceed [adopt a course of action] ; to behave,

conduct oneself, act, deal. 4 to proceed, come,
issue, originate, arise. 5 LAW to proceed, take
legal proceedings [against]. 6 to be proper or
suitable, to be accordant with the law, rules
or practice.
procedimiento m. proceeding, procedure, piece of
conduct. 2 proceeding, procedure [system of
performing, operating, etc.]; process, method,
manner, way. 3 LAW proceeding, procedure.
procela adj. poet. storm, tempest.
proceloso, sa adj. stormy, tempestuous.
prócer adj. high, eminent, exalted. — 2 m. grandee,
person of eminence, person of elevated rank
or station.
procerato m. high rank or station.
proceridad f. eminence, elevation. 2 vigor, growth.
procero, ra; prócero, ra adj. PRÓCER.
proceroso, sa adj. big and impressive-looking.
procesado, da adj. indicted, accused. — 2 m. & f.
accused, defendant [in a criminal case].
procesal adj. processal.
procesamiento m. LAW indictment, indicting, institution of a criminal suit.
procesar tr. to indict, accuse, institute a criminal
suit against.
procesión f. proceeding or originating. 2 procession
[as a religious ceremony, etc.]. 3 THEOL.
procession.
procesional adj. processional, processionary.
procesionalmente adv. in procession.
procesionaria f. ENTOM. processionary moth.
procesionario m. ECCL. processional, processionary
[book].
proceso m. process [progress; course; series of
changes]. 2 lapse of time. 3 LAW proceedings. 4
LAW criminal case or suit. 5 MED. course, development [of a disease].
Proción m. pr. n. ASTR. Procyon.
proclama f. proclamation, address, placard. 2 pl.
marriage banns.
proclamación f. proclamation, proclaiming. 2
acclamation, public applause.
proclamar tr. to proclaim [announce publicly,
make known]. 2 to proclaim [a sovereign]. 3
to acclaim.
proclítico, ca adj. GRAM. proclitic.
proclive adj. inclined, disposed, prone.
proclividad f. proclivity.
procomún, procomunal m. public welfare.
procónsul m. proconsul.
proconsulado m. proconsulate, proconsulship.
proconsular adj. proconsular.
procreación f. procreation.
procreador, ra adj. procreating. — 2 m. & f.
procreator.
procreante adj. procreating.
procrear tr. to procreate.
procura f. procuration, power of attorney, proxy.
2 employment of an attorney, agent or procurator, procuracy. 3 careful management.
procuración f. care, careful management [of a
business, etc.]. 2 procuration, power of attorney,
proxy. 3 employment of an attorney, agent or
procurator. 4 procurator's, proctor's, solicitor's or
attorney's office.
procurador m. attorney, agent, procurator. 2 procurator [for a monastery]. 3 LAW procurator,
proctor, solicitor, attorney at law. 4 a town's
representative in the ancient Spanish Parlia-
ments. 2 member of the modern Spanish legislative assembly.
procuradora f. procuratrix.
procuraduría f. procuratorship, proctorship. 2 procurator's, proctor's, solicitor's or attorney's
office.
procurante adj. solicitant.
procurar tr. to try to, strive for, endeavour, see
that. 2 to get, obtain. 3 to manage another's
affairs, to act as procurator, agent, attorney, solicitor or proctor.
procurrente m. GEOG. large narrow peninsula.
prodición f. treason, treachery.
prodigalidad f. prodigality. 2 lavishness.
pródigamente adv. prodigally, lavishly, profusely.
prodigar tr. to lavish, squander; to spend, give
or bestow with profusion. — 2 ref. to show
oneself in public too often.
prodigio m. prodigy, marvel. 2 niño ~, prodigy,
infant prodigy [precocious child].

prodigiosamente adv. prodigiously, wonderfully,
extremely.
prodigiosidad f. prodigiousness.
prodigioso, sa adj. prodigious. 2 marvellous, fine,
excellent.
pródigo, ga adj. prodigal; hijo ~, prodigal son.
2 extravagant; lavish. — 3 m. & f. prodigal,
spendthrift. 4 LAW prodigal.
prodigué, prodigue, etc., pret., subj. & imper. of
PRODIGAR.
prodrómico, ca adj. MED. prodromal.
pródromo m. MED. prodrome.
producción f. production [bringing, forth, yielding,
manufacturing, causing, originating]. 2 production [thing produced], produce, yield, output.
producente adj. producing, causing.
producibilidad f. PHIL. producibleness.
producible adj. PHIL. producible.
producidor, ra adj. & n. PRODUCTOR.
producir tr. to produce [yield, bear, manufacture].
2 to produce, make, work, cause, originate. 3
COM. to bear or yield [as revenue or interest].
4 LAW to produce, bring forward [as evidence,
etc.]. — 5 ref. to be produced, present itself,
arise. 6 to express or explain oneself. ¶ CONJUG.
as conducir.
productible adj. (Am.) producible.
productividad f. productivity, productiveness.
productivo, va adj. productive. 2 fruitful, profitable.
producto m. product, produce [thing produced,
result] : ~ secundario or derivado, by-product.
2 proceeds, outcome, profit, increase. 3 MATH.,
CHEM. product. 4 pl. commodities, produce :
productos agrícolas, farm produce.
productor, ra adj. productive. — 2 m. & f. producer.
**produje, produjera, produjese, produzco, produz-
ca,** etc., irr. V. PRODUCIR.
proejar intr. NAUT. to row against the current or
the wind.
proel adj. NAUT. fore. — 2 m. NAUT. bowman.
proemial adj. proemial, introductory.
proemio m. proem, preface, introduction.
proeza f. prowess, feat. 2 coll. stunt.
profanación f. profanation, desecration.
profanador, ra adj. profanatory. — 2 m. & f.
profaner.
profanamente adv. profanely.
profanamiento m. PROFANACIÓN.
profanar tr. to profane.
profanidad f. profanity, profaneness. 2 worldliness,
immodesty.
profano, na adj. profane, secular. 2 profane,
irreverent. 3 worldly. 4 immodest [in dress, etc.].
— 5 adj.-n. profane, lay [not initiated, not
expert]. — 6 m. & f. worldly person.
profecía f. prophecy. 2 pl. BIB. the Prophets.
profecticio adj. LAW profectitious.
proferente adj. uttering.
proferir tr. to utter, give, speak. ¶ CONJUG. like
adquirir.
profesante adj. professing.
profesar tr. to profess, follow, practise [a calling
or profession]. 2 to profess, teach [as professor].
4 to profess [a religion, etc.]. 5 to have, entertain
[friendship, love, hate, etc.]. — 6 intr. to profess
[join a religious order by taking vows].
profesión f. profession, calling : de ~, by profession.
2 professing [principles, a religion, etc.]. 3 profession [taking vows in a religious order]. 4
~ de fe, profession of belief in some principles,
truth, religion, etc.
profesional adj. & n. professional.
profesionalismo m. professionalism.
profeso, sa adj. professed [monk or nun].
profesor, ra m. & f. professor, teacher.
profesorado m. professorate, professorship. 2 pro-
fessoriate, body of professors.
profeta m. prophet.
profetal adj. PROFÉTICO.
proféticamente adv. prophetically.
profeticé, profetice, etc., pret., subj. & imper. of
PROFETIZAR.
profético, ca adj. prophetic, prophetical.
profetisa f. prophetess.
profetizador, ra adj. prophesying. — 2 m. & f.
prophesier.
profetizar tr. & intr. to prophesy.
proficiente adj. progressing, making progress, advanced.
proficuo, cua adj. profitable, advantageous.

profiero, profiera, etc., *irr.* V. PROFERIR.
profiláctica *f.* hygiene.
profiláctico, ca *adj.* prophylactic.
profilaxis *f.* prophylaxis. •
profirió, profiriera, profiriese, etc., *irr.* V. PROFERIR.
prófugo, ga *adj. & n.* fugitive [from justice]. 2 one who absents himself to evade military service.
profundamente *adv.* profoundly, deeply.
profundar *tr.* PROFUNDIZAR.
profundidad *f.* profundity, profoundness, depth. 2 GEOM. depth. 3 deep [of space etc.].
profundicé, profundice, etc., *pret., subj. & imper.* of PROFUNDIZAR.
profundizar *tr.* to deepen [make deeper, dig deeper]. — *2 tr. & intr.* to go deep into, get to the bottom of, fathom, penetrate and comprehend.
profundo, da *adj.* profound, deep. 2 deep [extending far back from the front or outer part]. 3 profound, low [bow, obeisance]. 4 MUS. *bajo* ∼, basso profundo. — *5 m.* profundity, the deep. 6 poet. deep, sea. 7 poet. deep, hell.
profusamente *adv.* profusely, lavishly, abundantly.
profusión *f.* profusion, profuseness, lavishness, abundance.
profuso, sa *adj.* profuse, lavish, abundant.
progenie *f.* descent, lineage, parentage.
progenitor *m.* progenitor, ancestor.
progenitura *f.* PROGENIE. 2 primogeniture.
progimnasma *m.* RHET. preparatory exercise.
prognatismo *m.* prognathism.
prognato, ta *adj.* prognathous, prognathic. — *2 m. & f.* prognathic person.
prognosis *f.* prognosis, forecasting.
programa *m.* program, programme. 2 scheme of lessons to be explained, or learned in a course of studies. 3 THEAT. playbill.
programación *f.* programming.
progresar *intr.* to progress, advance [make progress or improvement].
progresión *f.* progression, advance. 2 MATH. progression.
progresista *adj. & n.* POL. progressist.
progresivamente *adv.* progressively.
progresivo, va *adj.* progressive.
progreso *m.* progress [going onward]. 2 progress, civilization. 3 progress, advance, development. 4 *sing. & pl.* progress [in school, an undertaking, etc.] : *hacer progresos,* to make progress.
prohibente *adj.* prohibiting.
prohibición *f.* prohibition, forbidding, interdiction.
prohibicionista *adj.* prohibitionistic. — *2 m. & f.* prohibitionist.
prohibir *tr.* to prohibit, forbid: *se prohibe escupir,* no spitting; *se prohibe fumar,* no smoking; *se prohibe el paso,* no thoroughfare.
prohibitivo, va *adj.* prohibitive, forbidding.
prohibitorio, ria *adj.* prohibitory.
prohijación *f.* PROHIJAMIENTO.
prohijador, ra *m. & f.* adopter.
prohijamiento *m.* adoption [of a person as one's own child; of another's opinion, etc.].
prohijar *tr.* to adopt [a person as one's own child]. 2 to adopt, make one's own [another's opinion, etc.].
prohombre *m.* master [of an ancient guild]. 2 notable.
pro indiviso *adv.* LAW pro indiviso, in common.
proís *m.* NORAY. 2 NAUT. mooring cable.
prójima *f.* coll. despicable or disreputable woman.
prójimo *m.* fellow being, fellow creature, neighbour [in biblical language]. 2 *el* ∼, the other people, one's fellow creatures.
prolapso *m.* MED. prolapsus, falling.
prole *f.* progeny, offspring, issue.
prolegómenos *m. pl.* prolegomena.
prolepsis *f.* RHET. prolepsis.
proletariado *m.* proletariat, proletariate : *dictadura del* ∼, proletarian dictatorship.
proletario, ria *adj.* proletarian. — *2 m. & f.* proletarian, proletary. 3 ROM. HIST. proletary.
proliferación *f.* proliferation.
proliferar *intr.* to proliferate.
prolífico, ca *adj.* prolific.
prolijamente *adv.* prolixly, tediously. 2 overcarefully, minutely.
prolijidad *f.* prolixity. 2 trifling nicety, minuteness.
prolijo, ja *adj.* prolix, tedious. 2 overcareful, triflingly nice, minute. 3 boring, annoying.

prologal *adj.* [pertaining to a] prologue; prefatory.
prologar *tr.* to prologize, preface [write a prologue or preface for].
prólogo *m.* prologue. 2 preface, introduction.
prologuista *m.* prologist, prefacer.
prolonga *f.* ARTIL. prolonge.
prolongación *f.* prolongation, lengthening, protraction. 2 prolongation [part prolonged], continuation, extension.
prolongadamente *adv.* long, protractedly, lingeringly.
prolongado, da *adj.* prolongated, protracted, lengthened, extended. 3 long, lingering. 4 oblong.
prolongador, ra *adj.* prolonging, lengthening. — *2 m. & f.* prolonger, lengthener.
prolongamiento *m.* PROLONGACIÓN.
prolongar *tr.* to prolong, lengthen. 2 to extend, continue. 3 to protract. 4 GEOM. to produce. — *5 ref.* to be prolonged, extend, continue. 6 to be protracted, to linger.
prolongué, prolongue, etc., *pret., subj. & imper.* de PROLONGAR.
prolusión *f.* PRELUSIÓN.
promanar *tr.* PROVENIR.
promediar *tr.* to divide into two equal parts. — *2 intr.* [of a month, year, season, etc.] to be half over. 3 to mediate.
promedio *m.* middle [middle point]. 2 average [medial estimate].
promesa *f.* promise. 2 pious offering.
prometedor, ra *adj.* promising. — *2 m. & f.* promiser.
Prometeo *m. pr. n.* MYTH. Prometheus.
prometer *tr.* to promise. 2 to betroth. — *3 intr.* to promise [give favourable indications], promise well, bid fair. — *4 ref.* to promise oneself, to expect with confidence. 5 to devote oneself to the service of God. 6 to become betrothed.
prometido, da *adj.* promised. 2 betrothed. — *3 m. & f.* fiancé, fiancée, betrothed.
prometiente *adj.* promising. — *2 m. & f.* promiser.
prometimiento *m.* promise, promising.
prominencia *f.* prominence, elevation, protuberance, salient point. 2 prominence [quality of being prominent or protuberant].
prominente *adj.* prominent, projecting, standing out, protuberant.
promiscuamente *adv.* promiscuously.
promiscuar *intr.* to eat meat and fish on fast days.
promiscuidad *f.* promiscuity.
promiscuo, cua *adj.* promiscuous. 2 ambiguous.
promisión *f.* promise, promising : *tierra de* ∼, land of promise.
promisorio, ria *adj.* promissory.
promoción *f.* promotion, furtherance. 2 promotion, preferment, exaltation. 3 CHESS. promotion. 4 military men or public servants [as a body] having got their commission or appointment at the same time.
promontorio *m.* promontory, headland. 2 height, elevation. 3 coll. bulky, unwieldy thing.
promotor, ra; promovedor, ra *adj.* promotive. — *2 m. & f.* promoter, furtherer, starter. — *3 m.* LAW obs. ∼ *fiscal,* attorney general, *district attorney, prosecutor.
promover *tr.* to promote, further, start. 2 to promote, prefer, exalt, raise. ¶ CONJUG. as *mover.*
promuevo, promueva, etc., *irr.* V. PROMOVER.
promulgación *f.* promulgation, publication.
promulgador, ra *adj.* promulgating. — *2 m. & f.* promulgator.
promulgar *tr.* to promulgate, proclaim, publish.
pronación *f.* PHYSIOL. pronation.
pronador *adj.* ANAT. pronating. — *2 m.* ANAT. pronator.
pronaos *m.* ARCH. pronaos.
prono, na *adj.* prone, inclined, disposed. 2 prone [lying face downwards].
pronombre *m.* GRAM. pronoun.
pronominado, da *adj.* GRAM. reflexive [verb].
pronominal *adj.* GRAM. pronominal. 2 PRONOMINADO.
pronosticación *f.* prognostication, prognosticating.
pronosticador, ra *adj.* prognosticating, prognosticatory. — *2 m. & f.* prognosticator.
pronosticar *tr.* to prognosticate, forecast, foretell, betoken.
pronóstico *m.* prognostic, prediction, forecast. 2 almanac. 3 MED. prognosis.
pronostiqué, pronostique, etc., *pret., subj. & imper.* of PRONOSTICAR.
prontamente *adv.* promptly, quickly, speedily.

prontitud *f.* promptitude, promptness, readiness, quickness. 2 dispatch, speed, celerity, swiftness.
pronto *adv.* soon: *lo mas ~ posible,* as soon as possible; *tan ~ como,* as soon as. 2 promptly, quickly. — *3 m.* impulse, sudden impulse: *pɾi-mer ~,* first movement, first impulse. *4 al ~,* at first. *5 de ~,* suddenly; without thinking. *6 por de ~, por el ~, por lo ~,* for tne present, in the meantime, provisionally.
pronto, ta *adj.* prompt, quick, ready. 2 ready prepared; willing.
prontuario *m.* memorandum book. 2 handbook, compendium of rules.
prónuba *f.* poet. woman attending the bride at a marriage.
pronunciación *f.* pronunciation.
pronunciador, ra *adj.* pronouncing. — *2 m. & f.* pronouncer.
pronunciamiento *m.* pronunciamiento, military insurrection. 2 LAW item, declaration [in a judgment or sentence].
pronunciar *tr.* to pronounce, utter, articulate. 2 to deliver, make [a speech]. 3 LAW to pronounce [judgement]. 4 to resolve, determine. — *5 ref.* to decide [on]; to give one's opinion, pronounce [on, against, for, in favour of]. 6 to rise in insurrection, rebel.
propagación *f.* propagation.
propagador, ra *adj.* propagating, propagative. — *2 m. & f.* propagator.
propaganda *f.* propaganda. 2 COM. advertising. 3 ECCL. Propaganda, College of Propaganda.
propagandista *adj. & s.* propagandist.
propagante *adj.* propagating; spreading.
propagar *tr.* to propagate. — *2 ref.* to propagate [be produced or multiplied by generation, seeds, etc.]. 3 to spread, be diffused. 4 [of vibration, sound, etc.] to be propagated.
propagativo, va *adj.* propagative.
propagué, propague, etc., *pret., subj. & imper.* of PROPAGAR.
propalador, ra *m. & f.* publisher, divulger.
propalar *tr.* to publish, divulge, spread.
propano *m.* CHEM. propane.
propao *m.* NAUT. breastwork, bulkhead.
proparoxítono, na *adj.* GRAM. proparoxytone.
propartida *f.* time preceding departure.
propasarse *ref.* to go too far, to take undue liberties, to exceed one's authority.
propender *intr.* to tend, be inclined, have a tendency or propensity. ¶ CONJUG. p. p.: *propen-dido, propenso.*
propensamente *adv.* with a tendency or propensity.
propensión *f.* propensity, tendency, predisposition.
propenso, sa *irr. p. p.* of PROPENDER. — *2 adj.* inclined, prone, having a tendency or propensity, predisposed.
propiamente *adv.* properly. 2 ~ *dicho,* proper [strictly so called or considered].
propiciación *f.* propitiation.
propiciador, ra *adj.* propiatiating. — *2 m. & f.* propitiator.
propiciamente *adv.* propitiously, favourably.
propiciar *tr.* to propitiate.
propiciatorio, ria *adj.* propitiatory. — *2 m.* propitiatory, mercy seat. 3 Christian temple. 4 kneeling-desk, prie-dieu.
propicio, cia *adj.* propitious [benevolent, favourably disposed]. 2 propitious, favourable; suitable, opportune.
propiedad *f.* ownership, property, proprietorship. 2 property [thing owned]; landed property, estate. 3 property [attribute, quality]. 4 LOG. property. 5 F. ARTS naturalness, likeness, close imitation. 6 GRAM. propriety, exact meaning, correct use [of words or phrases]: *hablar con ~,* to speak properly. 7 ~ *intelectual* or *literaria,* copyright; *es ~ [de],* copyright [by].
propienda *f.* listing attached to the cheeks of an embroidery frame.
propietariamente *adv.* with the right of propriety.
propietario, ria *adj.* owning, proprietary. — *2 m. & f.* owner, proprietor, proprietress. 3 owner of real estate, freeholder, landlord, landlady.
propileo *m.* ARCH. propyleum.
propilo *m.* CHEM. propyl.
propina *f.* tip, fee, gratuity. 2 *de ~,* extra, into the bargain.
propinación *f.* giving [a drink]. 2 administration [of a medicine].
propinar *tr.* to give [a drink]. 2 to give, prescribe, administer [a medicine]. 3 coll. to give [a blow, a thrashing, etc.].
propincuidad *f.* propinquity.
propincuo, cua *adj.* near, close.
propio, pia *adj.* one's own. 2 proper, peculiar, inherent, characteristic, typical. 3 proper, appropriate, suitable. 4 natural, genuine. 5 same. 6 himself, herself, itself: *el ~ general,* the general himself. 7 F. ARTS very like, closely imitated. 8 GRAM. proper [noun or name]. 9 ASTR. proper [motion]. *10* MATH. proper [fraction]. *11* ECCL. ~ *de,* proper to [a particular day].
propóleos *m.* prcpolis, bee glue.
propondré, propondria, etc., *irr.* V. PROPONER.
proponer *tr.* to propose, propound. 2 to propose, move [a resolution, that a thing be done, etc.] 3 to propose, nominate [for election, to office, etc.]. — *4 ref.* to purpose, plan, intend, mean. ¶ CONJUG. as *poner.*
propongo, proponga, etc., *irr.* V. PROPONER.
proporción *f.* proportion, symmetry. 2 proportion [due relation of a thing to another; comparative relation, ratio]; commensurateness: *a ~,* in proportion, proportionally; *a ~ que,* as fast as, according as. 3 opportunity, occasion; advantageous opportunity. 4 MATH. proportion. 5 *pl.* proportions, dimensions.
proporcionable *adj.* proportionable. 2 furnishable, suppliable.
proporcionablemente, proporcionadamente *adv.* in proportion, commensurately.
proporcionado, da *p. p.* of PROPORCIONAR. — *2 adj.* proportioned. 3 proportionate, commensurate. 4 fit, suitable. 5 afforded, supplied.
proporcional *adj.* proportional: *representación ~,* POL. proportional representation.
proporcionalidad *f.* proportionality.
proporcionalmente *adv.* proportionally.
proporcionar *tr.* to proportionate [give due proportions to]. 2 to proportion, proportionate, commensurate, adapt, adjust. 3 to afford, furnish, give, provide, supply. — *4 ref.* to get, obtain.
proposición *f.* proposition, proposal. 2 LOG., MATH., RHET. proposition. 3 motion, resolution [in a meeting, a legislative assembly, etc.].
propósito *m.* purpose, design, intention object, end, aim: *a ~,* for the purpose, appropriate, suitable, opportune; opportunely; apropos, by the way; *de ~,* on purpose, designedly, purposely. 2 subject, matter in hand: *a ~ de,* apropos of, on the subject of, in connection with; *fuera de ~,* irrelevant; out of place, inopportune.
propretor *m.* propretor.
propuesta *f.* proposition, proposal. 2 offer, tender. 3 nomination, proposal [for office or membership].
propuesto, ta *irreg. p. p.* of PROPONER.
propugnáculo *m.* fortress. 2 fig. bulwark.
propulsa *f.* REPULSA.
propulsar *tr.* to propel. 2 REPULSAR.
propulsión *f.* propulsion: ~ *a chorro,* jet propulsion. 2 REPULSA.
propulsor, ra *adj.* propelling, propellent, propulsive. — *2 m. & f.* propeller. propellent, pusher.
propuse, propusiera, propusiese, etc., *irr.* V. PROPONER.
prora *f.* poet. PROA.
prorrata *f.* prorate, proportional share: *a ~,* pro rata, in proportion.
prorratear *tr.* to prorate, apportion, distribute proportionally.
prorrateo *m.* apportionment, pro rata division.
prórroga *f.* PRORROGACIÓN.
prorrogable *adj.* prolongable [for a specified time].
prorrogación *f.* prolongation, extension [for a specified time].
prorrogar *tr.* to prolong, extend [for a specified time]. 2 to defer, postpone.
prorrogativo, va *adj.* prolonging [in time].
prorrumpir *intr.* to break forth, burst out.
prosa *f.* prose. 2 verbiage.
prosador, ra *m. & f.* PROSISTA. 2 coll. chatterer.
prosaicamente *adv.* prosaically.
prosaico, ca *adj.* prosaic.
prosaísmo *m.* prosaism.
prosapia *f.* ancestry, lineage.
proscenio *m.* THEAT. proscenium.
proscribir *tr.* to proscribe. ¶ CONJUG. p. p.: *pros-crito, proscripto.*
proscripción *f.* proscription.
proscripto, ta *p. p. & n.* PROSCRITO.

proscriptor, ra *adj.* proscribing, proscriptive. — *2 m. & f.* proscriber.
proscrito, ta *p. p.* cf PROSCRIBIR. — *2 adj.* proscribed. — *3 m. & f.* exile, outlaw, proscribed person.
prosecución *f.*, **proseguimiento** *m.* prosecution, continuation. *2* pursuit, pursuing [a person, animal, etc.].
proseguir *tr.* to continue, carry on, go on with. — *2 intr.* to continue, go on. ¶ CONJUG. as *servir.*
proselitismo *m.* proselytism.
prosélito *m.* proselyte.
prosénquima *f.* BIOL. prosenchyma.
Proserpina *f. pr. n.* MYTH. Proserpina, Proserpine.
prosificación *f.* prosification [turning into prose].
prosificador, ra *adj.* prosifying. — *2 m. & f.* prosifier [one who turns verse into prose].
prosificar *tr.* to prosify [turn into prose].
prosigo, prosiguió, prosiga, prosiguiera, prosiguiese, etc., *irr.* V. PROSEGUIR.
prosimio, mia *adj.* ZOOL. prosimian. — *m. pl.* ZOOL. Prosimiæ.
prosista *m. & f.* prosaist [prose author].
prosita *f.* short piece in prose.
prosodia *f.* orthoëpy [part of grammar which treats of pronunciation].
prosódico, ca *adj.* orthoëpic.
prosopopeya *f.* RHET. prosopopœia. *2* coll. pomposity, affected gravity, solemnity.
prospecto *m.* prospectus.
prósperamente *adv.* prosperously.
prosperar *tr.* to prosper [make successful, be propitious to]. — *2 intr.* to prosper, thrive.
prosperidad *f.* prosperity.
próspero, ra *adj.* prosperous, favourable, propitious. *2* prosperous, flourishing, thriving.
prostaféresis *f.* ASTR. prosthaphæresis.
próstata *f.* ANAT. prostate.
prostático, ca *adj.* prostatic.
prostatitis *f.* MED. prostatitis.
prosternarse *ref.* to prostrate oneself.
próstilo *adj.* ARCH. prostyle.
prostitución *f.* prostitution.
prostituir *tr.* to prostitute. — *2 ref.* to prostitute oneself. *3* to become prostituted. ¶ CONJUG. as *huir.* | p. p.: *prostituido, prostituto.*
prostituyo, prostituyó, prostituya, etc., *irr.* V. PROSTITUIR.
prostituta *f.* prostitute, harlot.
prostituto, ta *irreg. p. p.* of PROSTITUIR.
protagonista *m.* protagonist. *2* hero, heroine [in poem, novel, etc.].
prótalo *m.* BOT. prothallium.
prótasis, *pl.* **-sis** *f.* DRAMA, GRAM. protasis.
protático, ca *adj.* protatic.
proteáceo, a *adj.* BOT. proteaceous. — *2 f. pl.* BOT. Proteaceæ.
protección *f.* protection.
proteccionismo *m.* protectionism.
proteccionista *adj. & n.* protectionist.
protector, ra *adj.* protecting, protective. — *2 m.* protector. — *3 f.* protectress.
protectorado *m.* protectorate.
protectoría *f.* protectorship, protectorate.
protectorio, ria *adj.* protective.
protectriz *f.* protectress.
proteger *tr.* to protect.
protegida *f.* protegée.
protegido, da *adj.* protected. — *2 m.* protégé.
proteico, ca *adj.* protean. *2* BIOCHEM. proteic, proteinaceous
proteido *m.* BIOCHEM. proteid, proteide.
proteína *f.* BIOCHEM. proteid, protein.
protejo, proteja, etc., *pres., subj. & imper.* of PROTEGER.
Proteo *m. pr. n.* MYTH. Proteus.
protervamente *adv.* perversely, wickedly.
protervia, protervidad *f.* perversity, stubborn wickedness.
protervo, va *adj.* perverse, stubbornly wicked.
prótesis *f.* GRAM., SURG. prosthesis, prothesis.
protesta *f.* protest, protestation, remonstrance. *2* protestation [of friendship, impartiality, etc.]. *3* LAW protest.
protestación *f.* PROTESTA. *2* ~ *de la fe,* profession of faith.
protestante *adj.* protesting, protestant. — *2 adj. & n.* Protestant.
protestantismo *m.* Protestantism.
protestar *tr.* to protest, make protestations of, affirm solemnly. *2* to proclaim, declare publicly

[one's faith]. *3* COM. to protest [a bill of exchange]. — *4 tr. & intr.* to protest, remonstrate : ~ *contra,* to protest, protest against.
protestativo, va *adj.* protesting.
protesto *m.* COM. protest [of a bill of exchange].
protético, ca *adj.* GRAM. prosthetic.
protocloruro *m.* CHEM. protochloride.
1) **protocolar** *adj.* protocolar.
2) **protocolar** *tr.* PROTOCOLIZAR.
protocolario, ria *adj.* protocolary, ceremonial.
protocolizar *tr.* to file with the original copies kept by a notary.
protocolo *m.* protocol. *2* diplomatic or Court ceremonial rules. *3* file of original copies kept by a notary.
protocordado, da *adj. & m.* ZOOL. protochordate. — *2 m. pl.* ZOOL. Protochordata.
protofito, ta *adj.* BOT. protophytic. — *2 f.* BOT. protophyte. *3 pl.* BOT. Photophyta.
protógino, na *adj.* BOT., ZOOL. protoginous.
protohistoria *f.* protohistory.
protohistórico, ca *adj.* protohistoric.
protomártir *m.* protomartyr.
protomedicato *m.* obs. board for examining physicians.
protomédico *m.* obs. physician to the king who was a member of the PROTOMEDICATO.
protón *m.* PHYS. & CHEM. proton.
protonema *m.* BOT. protonema.
protonotario *m.* prothonotary.
protonotariato *m.* prothonotariship.
protoplasma *m.* BIOL. protoplasm.
prooplasmático, ca *adj.* BIOL. protoplasmic.
protórax, *pl.* **-rax** *m.* ENTOM. prothorax.
protosulfuro *m.* CHEM. protosulphide.
prototípico, ca *adj.* prototypal, prototypical.
prototipo *m.* prototype.
protóxido *m.* CHEM. protoxide.
protozoario, ria; protozoo, a *adj.* ZOOL. protozoan. — *2 m.* ZOOL. protozoan, protozoon. *3 pl.* ZOOL. Protozoa.
protráctil *adj.* protractile.
protuberancia *f.* protuberance.
protutor *m.* LAW protutor.
provecto, ta *adj.* advanced in years, learning or experience; mature.
provecho *m.* advantage, benefit, good : *buen* ~, may it benefit you, good appetite! [usual greeting to a person who is eating or going to eat]; *buen* ~ *le haga,* much good may it do you. *2* profit, gain. *3* utility : *de* ~, useful. *4* proficiency, progress, advancement.
provechosamente *adv.* profitably. *2* beneficially. *3* usefully.
provechoso, sa *adj.* profitable. *2* beneficial, good. *3* advantageous, useful.
proveedor, ra *m. & f.* supplier, furnisher, provider, purveyor, victualler : ~ *de la Real Casa,* purveyor to the Royal Household.
proveeduría *f.* office of purveyor. *2* storehouse for provisions.
proveer *tr.* to supply, furnish, provide, purvey, equip, fit; to stock with provisions. *2* to fill, appoint a person to [a post or office]. *3* LAW to decide. — *4 intr.* ~ *a,* to provide for, to see or attend to, to take the necessary steps for. — *5 ref.* to provide oneself, make provisions, get one's supply. *6* coll. to ease the body. ¶ CONJUG. p. p.: *provisto.*
proveído *m.* LAW interlocutory order, decree, etc.
proveimiento *m.* providing, supplying.
provena *f.* provine, layer of vine.
proveniente *adj.* coming, issuing, originating, arising, resulting.
provenir *intr.* to come, issue, originate, arise, result. ¶ CONJUG. like *venir.*
provento *m.* product, revenue.
Provenza *f. pr. n.* GEOG. Provence.
provenzal *adj. & n.* Provençal.
proverbial *adj.* proverbial.
proverbialmente *adv.* proverbially.
proverbiar *intr.* coll. to use proverbs.
proverbio *m.* proverb, adage, saying, saw. *2 pl.* BIB. Proverbs.
proverbista *m. & f.* proverbialist.
proveyó, proveyera, proveyese, etc., *pret. & subj.* cf PROVEER.
próvidamente *adv.* providently, carefully.
providencia *f.* providence, forethought. *2* provision, step, measure : *tomar providencias,* to take measures. *3* LAW judicial decision on incidental

matters. 4 providence [beneficent care of God].
5 (cap.) *la Providencia*, Providence [God]. 6
providence [one likened to Providence].
providencial *adj.* providential.
providencialmente *adv.* providentially.
providenciar *tr.* LAW to decide, decree. 2 to take
steps or measures.
providente *adj.* wise, prudent. 2 provident, careful.
próvido, da *adj.* provident. 2 benevolent, propitious.
provincia *f.* ROM. HIST. province. 2 province [admi-
nistrative division]. 3 ECCL. province.
provincial *adj.* provincial. — 2 *m.* ECCL. provincial.
provincialato *m.* ECCL. provincialship.
provincialismo *m.* provincialism.
provinciano, na *adj.* provincial [inhabiting a pro-
vince], countrified. — 2 *m. & f.* provincial
[person].
provisión *f.* provision, providing. 2 supply, stock.
3 step, measure. 4 LAW obs. writ, decree [of some
courts]. 5 COM. ~ *de fondos*, funds, money [to
pay a bill of exchange, check, etc.]. 6 *pl.* provisions, supply : *provisiones de boca*, provisions.
provisional *adj.* provisional, interim.
provisionalmente *adv.* provisionally.
proviso (al) *adv.* immediately, at once.
provisor *m.* purveyor, provider. 2 ECCL. vicar
general.
provisora *f.* stewardess of a nunnery.
provisorato *m.* office of a PROVISOR.
provisoria *f.* PROVISORATO. 2 in convents, etc.,
storeroom, pantry.
provisorio, ria *adj.* provisional, temporary.
provisto, ta *irreg. p. p,* of PROVEER. — 2 *adj.* provided. stocked, supplied.
provocación *f.* provocation [instigation, challenging,
stirring up].
provocador, ra *adj.* provoking. — 2 *m. & f.* provoker.
provocar *tr.* to provoke, incite ; to dare. 2 to
provoke, incite to anger. 3 to provoke, tempt. 2 to
provoke, call forth, cause, bring about, stir up.
5 to move [to pity, etc.]. — 6 *intr.* coll. to
vomit.
provocativo, va *adj.* provocative, inciting.
provoqué, provoque, etc., *pret., subj. & imper.* of
PROVOCAR.
proxeneta *m. & f.* bawd, go-between, procurer,
procuress.
proximal *adj.* ANAT., ZOOL. proximal.
próximamente *adv.* proximately, near. 2 soon,
before long. 3 approximately.
proximidad *f.* proximity. 2 vicinity.
próximo, ma *adj.* near. neighbouring. proximate,
close : *estar ~ a*, to be near [to], to approach ;
to be about to. 2 next : *el mes ~*, next month.
3 ~ *pasado*, last [month, year, etc.].
proyección *f.* projection [projecting ; projected
image]. 2 GEOM. projection : — *cónica*, conic
projection; ~ *ortogonal*, orthographic projection.
proyectante *adj.* projecting, designing.
proyectar *tr.* to project [throw or cast forward]. 2
to project, cast [light, a shadow, etc.] ; to
project [an image] ; to show [a film or moving
picture]. 3 GEOM. to project. 4 to project, plan.
intend. 5 to design [make the design or project
for]. — 6 *ref.* [of a shadow, etc.] to fall, be
projected.
proyectil *m.* projectile, missile : ~ *dirigido*, guided
missile.
proyectista *m. & f.* designer, maker of projects. 2
projector [person].
proyecto, ta *adj.* projected, in perspective. — 2 *m.*
project, plan, design, intention. 2 ARCH., ENG.
design, project. 4 ~ *de ley*. bill [proposed law].
proyector, ra *adj.* projecting. — 2 *m.* projector
[apparatus] ; searchlight ; spotlight.
proyectura *f.* ARCH. projecture.
prudencia *f.* prudence, discretion, wisdom. 2 moderation.
prudencial *adj.* prudential.
prudencialmente *adv.* prudentially.
prudente *adj.* prudent, discreet, wise. 2 cautious.
prudentemente *adv.* prudently, wisely. 2 cautiously.
prueba *f.* proof, proving, demostration, evidence :
~ *de indicios* or *indiciaria*, LAW circumstantial
evidence. 2 sign, mark, token. 3 proof, testing,
trial, probation : *poner a ~*, to put to the test.
to test, try : *a ~*, on trial, on approval ; perfect.
4 tasting, sampling. 5 test piece, sample. 6 trying
on, fitting [of an article of dress]. 7 ordeal,
trial. 8 temptation. 9 SPORT match, competition,
race, etc. 10 (Am.) acrobatic stunt ; trick,

sleight of hand. 11 MATH., ENGRAV., PRINT. proof :
primera ~, fist proof; ~ *antes de la letra*, ENGRAV.
proof before letters. 12 PHOT. proof, image : ~
negativa, negative ; ~ *positiva*, proof, test print ;
positive, positive print. 13 *a ~ de*, proof against,
proof : *a ~ de bomba*, shell-proof ; fig. very
strong or solid ; solidly.
pruebista *m. & f.* (Am.) acrobat.
pruebo, pruebe, etc., *ir.*. V. PROBAR.
prurigo *m.* MED. prurigo.
prurito *m.* MED. pruritus. 2 fig. eagerness, desire.
urge [to do something].
Prusia *f. pr. n.* GEOG. Prussia.
prusiano, na *adj. & n.* Prussian.
prusiato *m.* CHEM. prussiate.
prúsico, ca *adj.* CHEM. prusic.
pseudo *adj.* SEUDO.
pseudónimo *adj. & m.* SEUDÓNIMO.
pseudópodo *m.* SEUDÓPODO.
psicastenia *f.* MED. psychasthenia.
psicoanálisis *m.* MED. psychoanalysis.
psicoanalista *m. & f.* psychoanayst.
psicoanalizar *tr.* MED. to psychoanalyze.
psicofísica *f.* psychophysics.
psicología *f.* psychology.
psicológico, ca *adj.* psychological.
psicólogo *m.* psychologist.
psicometría *f.* psychometrics, psychometry.
psicométrico, ca *adj.* psychometric.
psicópata *m.* psycopath, psycopathist, alienist. 2
psycopath [person affected with psycopathy].
psicopatía *f.* MED. psycopathy.
psicosis *f.* MED. psychosis.
psicotecnia *f.* psychotechnology.
psicoterapia *f.* MED. psychotherapy.
psicrómetro *m.* psychrometer.
psique, psiquis *f.* psyche, the human soul. 2 (cap.)
MYTH. Psyche.
psiquiatría *f.* psychiatry.
psiquiátrico, ca *adj.* psychiatric.
psíquico, ca *adj.* psychic, psychical.
psitacismo *m.* psittacism.
psitacosis *f.* MED. psittacosis.
pteridofita *f.* BOT. pteridophyte.
pterodáctilo *m.* PALEONT. pterodactyl.
ptialina *f.* BIOCHEM. ptyalin.
ptialismo *m.* ptyalism.
ptomaína *f.* ptomain.
¡pu! *interj.* pugh !
púa *f.* prick. sharp point, barb, thorn. 2 spine, quill
[of hedgehog, porcupine, etc.]. 3 tooth [of a
comb]. 4 wire tooth [of a card]. 5 prong, tine
[of a fork, etc.]. 6 metal point [of a peg top].
7 HORT. graft, scion. 8 MUS. plectrum. 9 fig thorn
[cause of sorrow]. 10 fig. wily, crafty person.
puado *m.* teeth [of a comb].
puar *m.* to make the teeth of [a comb].
púber, ra *adj.* pubescent [having reached
puberty]. — 2 *m. & f.* pubescent person.
pubertad *f.* puberty.
pubes, pl. -bes *m.* PUBIS.
pubescencia *f.* pubescence, puberty. 2 BOT. pubescence.
pubescente *adj.* pubescent [reaching puberty]. 2
BOT. pubescent.
pubescer *intr.* to attain the age of puberty.
pubis *m.* ANAT. pubes, pubic region. 2 ANAT., ZOOL.
pubis.
publicación *f.* publication, publishing. 2 publication [paper, book, music, etc, published].
publicador, ra *adj.* publishing. — 2 *m. & f.*
publisher, divulger.
públicamente *adv.* publicly, openly.
publicano *m.* ROM. HIST. publican.
publicar *tr.* to publish [make known], proclaim,
announce. 2 to reveal, disclose. 3 to publish,
read [the banns]. 4 to issue [a decree, etc.].
5 to publish, issue [a book, a newspaper, etc.].
6 to make public or cause to appear [in a
newspaper, etc.].
publicidad *f.* publicity.
publicista *m.* publicist.
público, ca *adj.* public. 2 generally known,
notorious. — 3 *m.* public : *en ~*. in public.
4 audience [assembly of spectators, etc.]
publiqué, publique, etc., *pret.. subj. & imper.* of
PUBLICAR.
pucelana *f.* PUZOLANA.
pucha *f.* (Cu.) bouquet [of flowers].
puchada *f.* flour poultice. 2 meal boiled in water
[for fattening hogs].

puchera *f.* coll. olio, olla [dish of meat and vegetables].

pucherito *m.* dim. small cooking pot. 2 *pl.* PUCHE-RO 4.

puchero *m.* earthenware cooking pot or boiler. 2 olio, olla [dish of meat and vegetables]. 3 fig. dinner, food, sustenance. 4 *pl.* pouting [of a person about to cry] : *hacer pucheros,* to pout, to snivel.

pucheruelo *m.* dim. of PUCHERO.

puches *m. pl.* gruel, pap, porridge.

pucho *m.* cigar stump

pude *irr.* V. PODER.

pudelación *f.* METAL. puddling.

pudelar *tr.* METAL. to puddle.

pudendo, da *adj.* shameful, obscene. 2 *partes pudendas,* privates, private parts, genitals.

pudibundez *f.* overmodesty; prudishness.

pudibundo, da *adj.* PUDOROSO.

pudicicia *f.* modesty, chastity, pudicity.

púdico, ca *adj.* modest, chaste.

pudiente *adj.* rich, well off. — 2 *m. & f.* person of means.

pudiera, pudiese, etc., *irr.* V. PODER.

pudin *m.* Ang. pudding.

pudinga *f.* GEOL. pudding stone.

pudo *irr.* V. PODER.

pudor *m.* modesty, chastity, pudency.

pudoroso, sa *adj.* modest, bashful, chaste.

pudrición *f.* putrefaction, rotting, rot.

pudridero *m.* rotting place. 2 temporary vault [for corpses].

pudrigorio *m.* PODRIGORIO.

pudrimiento *m.* putrefaction, rotting.

pudrir *tr.* to putrefy, rot, corrupt. 2 fig. to fret, worry, torment. — 3 *ref.* to putrefy, rot [undergo putrefaction]. 4 to languish [in jail, etc.]. 5 fig. to fret, worry, be worried. — 6 *intr.* to be dead and buried.

pudú *m.* ZOOL. a Chilean wild goat.

pueblada *f.* (Am.) mob; popular uprising.

pueblecito *m.* dim. small village.

puebleño, ña *m. & f.* (Col.) villager, rustic, boor.

pueblerino, na *adj.* belonging to a village; country, countrified.

1) **pueblo** *m.* town, village; settlement. 2 people [body of persons belonging to a place or country; commonalty]; common people. 3 people, nation.

2) **pueblo, pueble,** etc., *irr.* V. POBLAR.

puente *m. & f.* bridge [across stream, ravine, etc.] : ~ *aéreo,* air bridge; ~ *colgante,* suspension bridge; ~ *de barcas,* bridge of boats; ~ *de los asnos,* fig. asses' bridge; discouraging difficulty; ~ *giratorio,* swing bridge; ~ *levadizo,* drawbridge. 2 ARCH. an horizontal beam or timber supported by two vertical ones. 3 MUS. bridge [of stringed instrument]. 4 MUS. tailpiece. 5 NAUT. bridge, gun-carrying deck. 6 NAUT. bridge. 7 DENT. bridge. 8 AUTO. ~ *de engrase,* grease lift, grease rack.

puentecico, cillo, cito *m.* dim. small bridge.

puerca *f.* ZOOL. sow : ~ *montés* or *salvaje,* sow of wild boar. 2 fig. sow, slattern, slut [sluttish woman]. 3 COCHINILLA 3. 4 scrofulous swelling.

puercamente *adv.* dirtily, filthily. 2 basely, meanly.

puerco, ca *adj.* dirty, filthy, foul. 2 slovenly, sluttish. 3 piggish, hoggish. 4 base, mean, ignoble. — 5 *m.* ZOOL. hog, pig : ~ *jabalí,* ~ *montés* or *salvaje,* wild boar. 6 fig. hog, pig [filthy or coarse man]. 7 mean, base man. 8 ZOOL. ~ *de mar,* sea hog. 9 ZOOL. ~ *espín* or *espino,* porcupine.

puericia *f.* childhood [state from infancy to puberty].

puericultura *f.* puericulture.

pueril *adj.* puerile, childish.

puerilidad *f.* puerility.

puerilmente *adv.* puerilely.

puérpera *f.* puerpera, woman in the period succeeding childbirth.

puerperal *adj.* puerperal.

puerperio *m.* puerperium, period succeeding childbirth.

puerquezuelo, la *m. & f.* dim. of PUERCO & PUERCA.

puerro *m.* BOT. leek.

puerta *f.* door, doorway, gate, gateway; entrance, access, exit : ~ *abierta,* open door; ~ *cochera,* porte-cochère; ~ *de corredera,* sliding door; ~ *excusada* or *falsa,* back door, side door; ~ *franca,* free passage; exemption from customs or duties; ~ *giratoria,* revolving door; ~ *secreta,* back door, side door; secret or hidden door;

~ *vidriera,* glass [...]
a door to; *cerrar* [...]
upon; *cerrársele a* [...]
find all avenues clos[...]
to leave, go away; *d*[...]
narices, to slam the d[...]
las puertas abajo, fig. to [...]
estar a la ~ or a las pu[...]
be imminent; *estar a las* [...]
to be at death's door; *a* [...]
behind closed doors; wit[...]
~ *en* ~, from door to door; [...]
la ~, fig. round the corner [...]
outside the town. 2 (cap.) *la* [...]
la Puerta Otomana, the Sublim[...]
3 *pl.* octroi, duties [on c[...]
entering a town].

puertaventana *f.* window shutter.

puertezuela *f.* dim. little door.

puertezuelo *m.* dim. of PUERTO.

puerto *m.* NAUT. port, harbour, haven : [...]
bada, port of call; ~ *franco,* free [...]
haven, refuge. 3 mountain pass. 4 mo[...]
range having one or more passes. 5 AER.[...]
airport.

Puerto Príncipe *m. pr. n.* GEOG. Port-au-Pr[...]

Puerto Rico *m. pr. n.* GEOG. Porto Rico, Puerto [...]

puertorriqueño, ña *adj. & n.* Porto Rican, P[...]
Rican.

pues *conj.* because, for, since : ~ *que,* sin[...]
inasmuch as. 2 then [accordingly; in summa[...]
or recapitulation] : *así* ~, so then; ~ *bien*[...]
now then, well then; all right then. 3 well [...]
[as an expletive or intensive, at the beginning [...]
of a sentence] : ~ *como iba diciendo,* well, as [...]
I was saying. — 4 *adv.* yes, so, certainly, indeed. [...]
5 ~ *sí,* yes, indeed. 6 ~ *no,* not so, not at all. [...]
— 7 (interrogatively) *¿*~*?, ¿y* ~*?,* why?, how [...]
is that?; so?; and what then?

puesta *f.* ASTR. set, setting : ~ *de sol,* sunset; [...]
a ~, or *a puestas, de sol,* at sunset. 2 stake [at [...]
cards]. 3 MIL. *primera* ~, first outfit [given [...]
to a recruit]. 4 ~ *a punto,* completion, perfection. [...]
5 ~ *de largo,* coming out, social debut. 6 ~ *en* [...]
marcha, starting, launching.

puesto, ta *irreg. p. p.* of PONER. — 2 *adj.* placed, [...]
put, set. 3 dressed, attired : *bien* ~, well dressed. [...]
— 4 *conj. puesto que,* since, inasmuch as. — 5 *m.* [...]
place [assigned or occupied]. 6 stall, stand, [...]
booth : ~ *de libros,* bookstall. 7 place, dignity, [...]
office, post, employment, job. 8 blind [for [...]
hunters]. 9 place for covering mares. 10 MIL. [...]
post, station : ~ *de socorro,* first-aid station.

¡puf! *interj.* pugh!

púgil *m.* pugilist; prize fighter, boxer.

pugilar *m.* Hebrew manual of the Scriptures[...]

pugilato *m.* pugilism, boxing. 2 fight, fight with [...]
the fists.

pugna *f.* combat, fight, struggle, strife, conflict; [...]
opposition, clashing : *estar en* ~, to be in [...]
conflict; to clash, disagree.

pugnacidad *f.* pugnacity.

pugnante *adj.* fighting. 2 opposed, contrary; [...]
hostile.

pugnar *intr.* to fight, struggle, strive. 2 ~ *con,* [...]
to conflict with, to be opposed to.

pugnaz *adj.* pugnacious.

puja *f.* push, effort. 2 outbidding, higher bid [...]
[at an auction].

pujador, ra *m. & f.* outbidder, bidder [at an [...]
auction].

pujame, pujamen *m.* NAUT. foot [of a sail].

pujante *adj.* puissant, powerful, strong, vigorous.

pujantemente *adv.* powerfully, strongly, vigorously.

pujanza *f.* puissance, might, strength, vigour.

pujar *tr.* to push [a project, etc.]. 2 to raise [...]
[one's bid], offer a higher [price]. — 3 *intr.* [...]
to falter, hesitate; to struggle to express oneself. [...]
4 coll. to pout, snivel.

pujavante *m.* butteris, hoof parer.

pujo *m.* MED. tenesmus. 2 fig. irresistible impulse [...]
[to cry, laugh, etc.]; eagerness, strong desire.

pulcritud *f.* neatness, tidiness. 2 neatness [of [...]
style, work, etc.], cleanliness [of language], [...]
honesty [of conduct].

pulcro, cra *adj.* neat, tidy. 2 neat [style, work], [...]
cleanly [language]. 3 honest [conduct, person].

Pulchinela *m.* Punchinello.

pulga *f.* ENTOM. flea : *no aguantar pulgas,* fig. [...]
to tolerate no offence, annoyance or vexa-[...]
tion : *tener malas pulgas,* fig. to be easily angered, [...]
hot-tempered, ill-tempered; *tener pulgas,* fig.

to be [...]
3 ZOOL[...]
pulgada [...]
pulgar [...]
3 *adj.* [...]
pulgara[...]
pres[...]
pulgos[...]
pulgu[...]
pulgu[...]
EM[...]
pul[...]
pul[...]
pul[...]
pu[...]
p[...]

estless or too lively. 2 small top [toy].
— de mar, beach flea, sand hopper.
. inch.
. ANAT. thumb. 2 shoot left on a vine. —
ANAT. dedo ~, thumb.
da f. pinch [of salt, etc.]. 2 blow given
ng the thumb. 3 PULGADA.
m. ENTOM. aphid, green fly, plant louse.
o, sa adj. full of fleas.
ra f. place full of fleas. 2 BOT. fleawort. 3
ULGUERA.
illas, pl. -llas m. coll. restless, fretful fellow.
ita f. dim. little flea.
án m. dentist's forceps.
damente adv. cleanly, neatly, delicately.
dez f. beauty. 2 cleanliness, neatness, delica-
eness.
lido, da adj. polished. 2 beautiful, pretty. 3
clean, neat; exquisitely made or wrought.
lidor, ra adj. polishing, furbishing. — 2 m. & f.
polisher, burnisher, furbisher [person]. — 3 m.
polisher, burnisher [tool]; polishing machine.
pulimentar tr. to polish, burnish [make smooth
and glossy].
pulimento m. polish, gloss.
pulir tr. to polish, burnish, furbish. 2 to polish
[refine; finish]. 3 to adorn, beautify. 4 to
free from rusticity, render polite. — 5 ref.
to beautify oneself. 6 to lose one's rusticity, to
become polite, refined.
pulmón m. ANAT. lung. 2 ~ de acero, iron lung.
3 ZOOL. ~ marino, jellyfish.
pulmonado, da adj. ZOOL. pulmonate.
pulmonar adj. pulmonary, lung.
pulmonaria f. BOT. lungwort. 2 BOT. a lichen of
the genus Sticta.
pulmonía f. MED. pneumonia.
pulmoníaco, ca adj. MED. pneumonic. — 2 m. & f.
person sick with pneumonia.
pulpa f. pulp.
pulpejo m. soft fleshy part [of finger, ear, etc.];
ball [at the base of the thumb]. 2 heel [of a
horse's hoof].
pulpería f. (Am.) tavern; retail grocery, general
store.
pulpero m. catcher or fisher of octopuses 2 (Am.)
keeper of a PULPERÍA.
pulpeta f. slice of meat.
pulpetón m. large slice of meat.
púlpito m. pulpit.
pulpo m. ZOOL. octopus, cuttlefish.
pulposo, sa adj. pulpous, pulpy.
pulque m. pulque [Mexican fermented drink].
pulquería f. (Am.) tavern where pulque is sold.
pulquérrimo, ma adj. superl. of PULCRO.
pulsación f. pulsation, pulse, beat [of the ar-
teries]. 2 periodical motion of a fluid. 3 MUS.
striking, fingering [a key, a string], playing [the
piano, harp, lyre, etc.].
pulsada f. pulsation, pulse, beat [of the arteries].
pulsador, ra adj. feeling the pulse. — 2 m. & f.
one who feels the pulse. — 3 m. push button. 4
WEAV. feeler.
pulsante adj. pulsating. 2 feeling the pulse.
pulsar tr. to push [a button]. 2 to feel the pulse
of. 3 fig. to sound, examine [an affair]. 4 MUS.
to strike, finger [a key, a string], to play [the
piano, harp, lyre, etc.]. 5 (Am.) to feel the
weight of [by lifting]. — 5 intr. [of the heart,
an artery, etc.] to pulsate, beat, throb.
pulsátil adj. pulsatile.
pulsatila f. BOT. pasqueflower.
pulsativo, va adj. beating, striking.
pulsear intr. [of two persons] to try the strength
of their hands, by clasping them with upright
forearms resting upon a table, etc., and endea-
vouring to put each other arm down.
pulsera f. JEWEL. bracelet. 2 wristlet. 3 watch
strap : reloj de ~, wrist watch. 4 SURG. wrist
bandage. 5 lock of hair over the temple.
pulsímetro m. MED. pulsimeter.
pulso m. pulse [throbbing of the arteries] : tomar
el ~ a, to feel the pulse of; to sound, examine
[an affair]. 2 part of the wrist where pulse is
felt. 3 steadiness of the hand : dibujar a ~,
freehand drawing; levantar a ~, to lift [some-
thing] with the strength of the hand, without
any support for the arm : sacar, o ganar, a ~,
to carry out, or get, by a persistent effort, by
a patient overcoming of difficulties. 4 care.
tact.

pultáceo, a adj. pultaceous. 2 MED. apparently or
actually rotten or gangrened.
pululante adj. pullulating.
pulular intr. to pullulate. 2 to swarm, teem, be
very numerous.
pulvericé, pulvericé, etc., pret., subj. & imper. of
PULVERIZAR.
pulverizable adj. pulverizable.
pulverización f. pulverization.
pulverizador ra adj. pulverizing. — 2 m. atomizer.
spray, sprayer.
pulverizar tr. to pulverize. 2 to atomize [a liquid].
— 3 ref. to become pulverized or atomized; to
spray.
pulverulento, ta adj. pulverulent, powdery, dusty.
pulla f. quip, cutting hint or remark, innuendo.
2 repartee, witty saying. 3 obscene word or
remark. 4 PLANGA.
pullista m. & f. quipper.
¡pum! interj. bang!
puma m. ZOOL. puma, cougar.
pumarada f. POMARADA.
pumita f. pumice stone.
puna f. (S. Am.) arid table-land .n the Andes. 2
(S. Am.) mountain sickness. 3 (S. Am.) paramo.
puncé, punce, etc., pret., subj. & imper. of PUNZAR.
punción f. MED. puncture.
puncha f. prickle, thorn, sharp point.
punchar tr. to prick, puncture.
pundonor m. dignity, honour, self-respect.
pundonorosamente m. with dignity, with self-
respect.
pundonoroso, sa adj. dignified, self-respecful, nice
about matters of honour.
pungente adj. pungent, prickling, stinging.
pungimiento m. prickling, stinging.
pungir tr. to prick, pierce. 2 to sting [the mind
or the heart].
pungitivo, va adj. PUNGENTE.
punible adj. punishable.
punición f. punishment.
púnico, ca adj. Punic.
punitivo, va adj. punitive.
punta f. point [sharp or tapering end] : sacar ~
a, to sharpen, point; fig. to put a strained
construction on. 2 head [of an arrow or spear].
3 tip, nib, end : de ~, on end : on tiptoe. 4
apex, top. 5 butt, stub, stump [of a cigar or
cigarette]. 6 horn [of a bull]. 7 tine [of an
antler]. 8 PRINT. bodkin. 9 HER. lower part of the
escutcheon. 10 GEOG. point, tongue, headland.
11 small herd of cattle. 12 taint of acidity or
sourness [in wine, etc.]. 13 trace, strain, streak,
tinge, somewhat : tener una ~ de loco, to have
a strain of madness; tener sus puntas de poeta.
to be somewhat of a poet. 14 point [of a joke].
15 [in partridge or grouse hunting] pointing
[by the dog]. 16 ~ de diamante, diamond
pencil, diamond point. 17 ~ de París, wire nail.
18 ENGR. ~ seca, dry point. 19 estar de ~, to
be at odds, to be on bad terms. 20 hacer ~,
to be or go the first. 21 de ~ en blanco, cap-à-
pie; all dressed up; plainly, directly, openly.
22 pl. scalloped lace.
puntación f. pointing [of letters].
puntada f. SEW. stitch : no dar ~ en, fig. to do
nothing about, to leave [a matter] completely
untouched. 2 hint. 3 (Am.) sting, sharp pain;
stitch [in the side].
puntador m. APUNTADOR.
puntal m. prop, stanchion [to prevent a wall, etc.
from falling]. 2 fig. stay, support. 3 (Am.) snack
[between meals]. 4 NAUT. depth of hold. 5
peaked knoll.
puntapié m. kick [with the tip of the shoe] :
echar a puntapiés, coll. to kick out.
puntar tr. to point [Hebrew or Arabic letters].
punteado, da p. p. of PUNTEAR. — 2 adj. dotted,
stippled. — 3 m. dotting, stippling. 4 dotted
surface. 5 plucking the guitar.
puntear tr. to dot. to stipple. 2 to sew, stitch. 3
to pluck [the guitar]. — 4 intr. NAUT. to tack.
puntel m. pontil, punty.
puntera f. cap [of a shoe]. 2 patch on the cap
or toe box of a shoe. 3 new toe on stockings. 4
coll. PUNTAPIÉ.
puntería f. pointing. aim, aiming [of a weapon,
a missile] : dirigir la ~, to aim, take aim. 2
marksmanship, skill in aiming : tener buena
~, to be a good marksman, a good shot.
puntero, ra adj. sharpshooting. — 2 m. pointer

[rod used for pointing]. 3 punch for horseshoes. 4 stonecutter's pointed chisel. 5 (Col.) hand [of watch or clock]. 6 (Am.) leader. of a parade.

punterola *f.* MIN. small rod for picking holes.

puntiagudo, da *adj.* sharp, sharp-pointed.

puntilla *f.* narrow lace edging. 2 CARP. tracing point. 3 short dagger used to give the finishing stroke to a bull, etc.: *dar la* ~, to kill, finish, give the finishing stroke to. 4 *de puntillas,* gently, softly, on one's tiptoes; on tiptoe.

puntillazo *m.* PUNTAPIÉ.

puntillero *m.* bullfighter who finishes the bull with a short dagger.

puntillo *m.* punctilio. 2 MUS. dot [placed after a note].

puntillón *m.* coll. PUNTAPIÉ.

puntilloso, sa *adj.* punctilious.

puntiseco, ca *adj.* dry at the tips [plants].

puntito *m. dim.* small point, dot.

puntizón *m.* PRINT. frisket hole or mark. 2 watermark line [in paper].

punto *m.* GEOM. point, dot: *puntos y rayas,* TELEG. dots and dashes; *poner los puntos ies,* fig. to dot the i's and cross the t's. 2 GRAM. period; stop, mark, point: ~ *final,* ~ *redondo,* period, full stop; ~ *interrogante,* interrogation point, question mark or stop; ~ *y coma,* semicolon; *dos puntos,* colon; *puntos suspensivos,* suspension points. 3 nib [division of the point of a pen]. 4 front sight [of a firearm]. 5 SEW., SURG. stitch : *darse un* ~ *en la boca,* fig. to keep silent, hold one's tongue; *¡~ en boca!,* not a word!, mum's the word. 6 stitch, loop [in knitting, crocheting or netting]; point [in embroidery or lacemaking]. 7 knitwork: *géneros de* ~, knit goods, hosiery; *tejido de* ~, knitted fabric. 8 stitch, method of stitching, knitting, etc. : ~ *de aguja,* knitting; ~ *de cadeneta,* chain stitch; ~ *de encaje,* lace point. 9 break [in stockings or a knitted fabric]. 10 twelfth part of a line [measure]. 11 hole, punch hole [in a strap]. 12 PRINT. point [unit]. 13 point, place, spot: ~ *de apoyo,* point of support; fulcrum; ~ *de origen,* place of origin; ~ *de partida,* starting point, point of departure; ~ *de vista,* point of view, standpoint; PERSP. point of sight. 15 cabstand, hackstand : *coche de* ~, cab, hack. 16 point, mark [unit of award, appraising or estimation]. 17 SPORTS point. 18 ace [in certain games]. 19 punter [in gambling]. 20 minute part, whit: ~ *menos,* a trifle less; ~ *menos que,* almost. 21 moment, instant : *al* ~, immediately, instantly, instanter, at once; *por puntos,* from a moment to another. 22 nick of time, right moment, favourable occasion: *llegó a* ~ *de,* he arrived at the right moment for; *a buen* ~, opportunely. 23 subject, matter, point, particular, detail : *sobre este* ~, on this subject; ~ *por* ~, in detail. 24 point [essential thing]. 25 state, condition attained. 26 perfect condition attained by a thing cooked, baked, etc.: *en su* ~, well cooked, well baked, done to a turn. 27 point, stage : ~ *de congelación,* freezing point; ~ *de ebullición,* boiling point; ~ *de fusión,* melting point. 28 degree, extent : *hasta cierto* ~, to a certain extent, in a way. 29 point of honour, punctilio. 30 aim, purpose : *poner los puntos,* to aim, direct one's endeavour or effort. 31 GEOG., ASTR. ~ *cardinal,* cardinal point. 32 MED. ~ *de costado,* stitch in the side. 33 *bajar de* ~, to decline. 34 *dar en el* ~, to find the trouble or difficulty. 35 *dar* ~, to cease, stop [in a work, study, etc.]. 36 *poner en su* ~, to perfect [a thing]; to rate [a thing] at its true value. 37 *a* ~, opportunely, at the right moment; ready: *estar a* ~, to be ready; *tener a* ~, to have ready. 38 *a* ~ *de* [with an inf.], on or upon the point of, about to: having half a mind to. 39 *a* ~ *fijo,* exactly, with certainty. 40 *de todo* ~, absolutely, entirely. 41 *en buen* ~, happily, luckily; *en mal* ~, in an evil hour, unluckily. 42 *en* ~, exactly, sharp: *las tres en* ~, three o'clock, sharp. 43 *por* ~ *general,* as a rule.

puntoso, sa *adj.* full of points. 2 punctilious; self-respectful.

puntuación *f.* GRAM. punctuation. 2 number of marks awarded or gained in an examination, etc.

puntual *adj.* punctual [observant of appointed time; done in good time, not late]. 2 exact, certain, sure. 3 suitable.

puntualicé, puntualice, etc., *pret., subj., & imper.* of PUNTUALIZAR.

puntualidad *f.* punctuality; punctual habits.

puntualizar *tr.* to specify, detail, tell in detail. 2 to fix in the memory. 3 to finish, perfect.

puntualmente *adv.* punctually. 2 faithfully, exactly.

puntuar *tr.* GRAM. to punctuate, point. 2 to award a number of marks to [in examination].

puntuoso, sa *adj.* PUNTOSO.

puntura *f.* prick, puncture. 2 PRINT. register point.

punzada *f.* prick, puncture, sting. 2 stitch, pang, shooting pain. 3 fig. sting, pang [of remorse, etc.].

punzador, ra *adj.* prickling, stinging.

punzadura *f.* prick, puncture, sting.

punzante *adj.* prickling, piercing, sharp. 2 shooting [pain]. 3 fig. biting, caustic.

punzar *tr.* to prick, puncture, sting. 2 to give a shooting pain to. 3 [of remorse, etc.] to sting.

punzó *m.* flaming red [colour].

punzón *m.* punch [for picking holes, etc.]; straight awl, pick, bodkin, eyeleteer. 2 punch, puncheon [for stamping or cutting dies], counterdie. 3 graver, burin. 4 budding horn, tenderling. 5 point [of bull's horn].

punzonería *f.* set of punches for cutting the moulds for a font of types.

puñada *f.* cuff, fisticuff, punch, blow with the fist.

puñado *m.* handful: *a puñados,* fig. largely, abundantly, or stingily, niggardly.

puñal *m.* poniard, dagger.

puñalada *f.* stab [with a poniard or dagger]: ~ *por la espalda,* stab in the back. 2 fig. blow [cause of sudden pain or grief].

puñalejo *m. dim.* small poniard.

puñalero *m.* maker or seller of poniards.

puñetazo *m.* cuff, fisticuff, punch, blow with the fist.

puñete *m.* PUÑETAZO. 2 bracelet.

puño *m.* fist [clenched hand] : *apretar los puños,* to clench one's fists; *creer a* ~ *cerrado,* to believe firmly; *meter en un* ~, coll. to intimidate, subdue, abash, reduce to silence; *ser como un* ~, coll. to be close-fisted: coll. [of a person] to be short, small; *como un* ~, [of things normally small] big; [of things normally large] small, tiny. 2 hand, handwriting: *de propio* ~, *de su* ~ *y letra,* in his own hand. 3 handful. 4 fig. grasp. 5 cuff, wristband. 6 hilt [of a sword, dagger, etc.]. 7 grip [of a sabre]. 8 handle [of an umbrella]. 9 head [of a cane]. 10 NAUT. corner [of a sail]. 12 *pl.* strength, courage : *hombre de puños,* strong, brave man.

pupa *f.* MED. eruption in the lips. 2 scab over a pimple. 3 child's word to express pain.

pupila *f.* ANAT. pupil. 2 pupil, ward [girl under a guardian]. 3 woman boarder. 4 inmate of a brothel.

pupilaje *m.* pupilage, wardship [state of being under a guardian]. 2 boarding house. 3 board and lodging [cost].

pupilar *adj.* ANAT., LAW pupillary.

pupilero, ra *m. & f.* boarding-house keeper.

pupilo *m.* pupil, ward [boy under a guardian]. 2 boarder.

pupitre *m.* writing desk; school desk.

puposo, sa *adj.* having PUPAS.

puramente *adv.* purely, chastely. 2 purely [without admixture]. 3 purely, merely, simply, solely.

puré *m.* COOK. purée. 2 ~ *de patatas,* mashed potatoes.

purear *intr.* coll. to smoke cigars.

pureza *f.* purity, pureness. 2 virginity. 3 fineness, genuineness.

purga *f.* MED. purge, purgative, cathartic, physic. 2 MACH. drains [of a boiler, etc.].

purgable *adj.* that can or should be purged or expiated.

purgación *f.* purgation, purge, purging. 2 expiation. 3 LAW purgation. 4 PHYSIOL. catamenia. 5 *pl.* coll. gonorrhoea, clap.

purgador, ra *adj.* purging, purgative. 2 expiating. — 3 *m. & f.* purger. 4 expiator.

purgamiento *m.* purgation, purge, purging.

purgante *adj.* purgative, purging. 2 expiating : *iglesia* ~, the souls in purgatory. — 3 *m.* MED. aperient, purgative, cathartic.

purgar *tr.* MED. to purge, physic. 2 to purge, purify, cleanse. 3 to atone for, pay for, expiate. 4 LAW to purge [clear of suspicion or imputation of guilt]. 5 to suffer [the penalties of purgatory]. 6 MACH. to purge [a boiler, a steam pipe, etc.].

— *7 ref.* to take a purge, a physic. *8* to purge or free oneself [of, from].
purgativo, va *adj.* purgative, purging.
purgatorio *m.* purgatory.
purgué, purgue, etc., *pret., subj. & imper.* of PURGAR.
puridad *f.* purity. *2* secret, secrecy. *3 en ~,* clearly, openly; in secret.
purificación *f.* purification, purifying. *2* ECCL. purification. *3 la Purificación de Nuestra Señora,* the Purification of the Virgin Mary.
purificadero, ra *adj.* purifying.
purificador, ra *adj.* purifying. — *2 m. & f.* purifier. — *3 m.* ECCL. purificator.
purificar *tr.* to purify. — *2 ref.* to purify, to become purified.
purificatorio ria *adj.* purificatory.
purifiqué, purifique, etc., *pret., subj. & imper.* of PURIFICAR.
Purísima (la) *f. pr. n.* the Virgin Mary.
purísimo, ma *adj.* superl. of PURO.
purismo *m.* purism.
purista *m.* purist.
puritanismo *m.* puritanism.
puritano, na *adj.* puritan, puritanic, puritanical. *2* Puritan. — *3 m. & f.* puritan. *4* Puritan.
puro, ra *adj.* pure [unmixed, unadulterated, faultless, umblemished; morally undefiled] : *de pura sangre,* pure-blooded, thoroughbred. *2* pure, chaste. *3* honest, incorrupt. *4* solid [gold]. *5* pure [mathematics, science; art, literature]. *6* unalloyed. *7* pure, mere, sheer, absolute. *8 la pura verdad,* the honest truth. *9 a ~,* by dint of. *10 de ~* [followed by an adj.], through being so much. — *11 m.* cigar.
púrpura *f.* ZOOL. purple, purple shell, murex. *2* purple [die, colour, robe]. *3* cloth dyed with purple. *4* purple [cardinalate]. *5* POET. blood. *6* MED. purpura.

purpurado *m.* cardinal.
purpurante *adj.* purpling.
purpurar *tr.* to purple. *2* to dress in purple.
purpúrea *f.* BOT. burdock.
purpurear *intr.* to show purple, to have a purple tinge.
purpúreo, a *adj.* purple.
purpurina *f.* purpurin. *2* bronze powder.
purpurino, na *adj.* PURPÚREO.
purrela *f.* wine of inferior quality.
purriela *f.* junk, trash, worthless thing.
purulencia *f.* purulence, purulency.
purulento, ta *adj.* purulent.
pus *m.* MED. pus.
pusilánime *adj.* pusillanimous.
pusilánimemente *adv.* pusillanimously.
pusilanimidad *f.* pusillanimity.
pústula *f.* MED. pustule.
pustuloso, sa *adj.* pustulous, pustular.
puta *f.* harlot, strumpet, whore.
putaísmo, putanismo *m.* whoredom, harlotry.
putañear *intr.* to whore around.
putañero *adj.* given to whoring [man].
putativo, va *adj.* putative : *padre ~,* putative father.
putear *intr.* PUTAÑEAR.
putería *f.* PUTAÍSMO.
putero *adj.* PUTAÑERO.
putesco, ca *adj.* whorish.
putrefacción *f.* putrefaction.
putrefactivo, va *adj.* putrefactive.
putrefacto, ta *adj.* putrid, rotten.
putrescible *adj.* putrescible.
putridez *f.* putridity.
pútrido, da *adj.* putrid, rotten.
puya *f.* goad iron or head. *2* BOT. a Chilean bromeliaceous plant.
puyazo *m.* jab or prick with a goad.
puzol *m.,* **puzolana** *f.* PETROG. pozzolana.

Q

Q, q *f.* Q, q, twentieth letter of the Spanish alphabet.

que *rel. pron.* that, which, who, whom: *el caballero ~ estaba hablando*, the gentleman that, or who, was speaking; *una carta ~ él escribió*, a letter which he wrote; *el libro ~ le envío*, the book (that) I am sending you; *el hombre ~ vimos*, the man that, or whom, we saw; *a ~*, to which, to whom; *a lo ~*, to what; *de ~*, of which; about which, whereof; from which, wherefrom; *en ~*, in which, wherein; upon which, whereupon; *sobre ~*, about which; on which, upon which, whereupon. 2 Preceded by the definite article: *el ~, la ~*, he who or that, she who or that, who, whom, the one who or that; *los ~, las ~*, those who or that; *lo ~*, what, which, that which. 3 when: *el día ~ llegaste*, the day when you arrived.

4 *conj.* that [introducing clauses of statement, hypothesis, wish, result, reason or cause, and frequently omitted in the translation]: *María dice ~ se va*, Mary says (that) she is going; *está tan cansado ~ no puede andar*, he is so tired (that) he is not able to walk; *no es ~ no quiera hacerlo, es ~ no tengo tiempo*, it is that I have not the time, not that I will not do it; *antes ~ llueva*, before it rains. 5 In some sentences it is rendered by the *to* of an infinitive form: *yo creo ~ él es honrado*, I believe him to be honest; *se le ordenó ~ se retirase*, he was ordered to withdraw; *dígale ~ venga*, tell him to come. 6 In elliptical sentences expressing command or desire, it is omitted or rendered by *let, may, I wish: ~ no llegues tarde*, don't be late; *~ entre*, let him come in; *~ viva usted dichoso*, may you live happily. 7 than: *tú eres más alto ~ él*, you are taller than him. 8 because, for, since: *date prisa, ~ es tarde*, make haste, because it is late. 9 in such a manner that, so that: *muéstralo, ~ podamos verlo*, show it, so that we can see it. 10 and [used as an expletive]: *suya es la culpa, ~ no mía*, the fault is his, (and) not mine. 11 When placed between the participle and the auxiliary in an inverted form of compound tense, it is rendered by *when, after, as soon as: escrito ~ hubo la carta*, when, after, or as soon as, he had written the letter. 12 *a menos ~*, unless. 13 *con tal ~*, provided, provided that. 14 *~ no*, without, but: *no salgo una sola vez a la calle ~ no le vea*, I never go out without seeing him, or but I see him. 15 *por... ~*, however, no matter how: *por listo ~ sea*, however clever he may be. 16 *~ ... ~*, whether ... or: *~ quiera, ~ no quiera*, whether he will or not. 17 *haber ~, tener ~*, V. HABER & TENER.

qué *interrog. & exclamatory adj. & pron.* which, what, how, what a: *¿~ libro le gusta más?*, which book do you like best?; *¿~ clase de hombre es?*, what a manner of man is he?; *¿~ quiere usted?*, what do you want?; *¡~ lindo!*, how pretty!; *¡~ hombre!*, what a man!; *¿~ hay?, ¿~ pasa?*, what is the matter?; *¿~ importa?*, what does it matter?; *¿~ más da?*, what is the difference?; *no sé ~ hacer*, I don't know what to do. 2 how much: *¿~ dinero tiene usted?*, how much money have you? 3 *¿a ~?, ¿para ~?*, what for?, what's the use of? 4 *no hay de ~*, don't mention it, you are welcome [in answer to thanks]. 5 *¿por ~?*, why? 6 *¡~!*, what! 7 *¿~ tal?* how goes it? 8 *¡~ va!*, nonsense!, go on! [expressing disbelief]. 9 *sin ~ ni para ~*, without cause or motive. 10 *un no sé ~*, a certain something. 11 *¡y ~!*, what then!

quebracho *m.* BOT. (Am.) quebracho, breakax.

quebrada *f.* gorge, ravine, *gulch. 2 cleft [in the earth].

quebradero *m. ~ de cabeza*, worry, concern.

quebradillo *m.* high wooden shoe heel. 2 bending of the body [in dancing].

quebradizo, za *adj.* brittle, fragile, breakable. 2 fig. frail, delicate.

quebrado, da *adj.* broken [violently separated into parts]. 2 bankrupt. 3 MED. ruptured. 4 broken, rough, uneven [ground]. 5 *~ de color*, pale, sickly pale. 6 PROS. *verso ~*, a metrical line of four syllables, when in combination with some longer ones. — 7 *m.* bankrupt. 8 MED. ruptured person. 9 MATH. fraction, common fraction.

quebrador, ra *adj.* breaking. — 2 *m. & f.* breaker [one who breaks into parts]. 3 breaker, infringer, transgressor.

quebradura *f.* break, crack, cleft. 2 MED. hernia, rupture.

quebraja *f.* crack [in wood, iron, etc.].

quebrajar *tr. & ref.* RESQUEBRAJAR.

quebrajoso, sa *adj.* QUEBRADIZO. 2 full of cracks.

quebramiento *m.* QUEBRANTAMIENTO.

quebrantable *adj.* breakable.

quebrantador, ra *adj.* breaking. 2 crushing. — 3 *m. & f.* breaker; crusher. 4 breaker, infringer, transgressor.

quebrantadura *f.* QUEBRANTAMIENTO.

quebrantahuesos, *pl.* -sos *m.* ORN. osprey. 2 ORN. lammergeier. 3 coll. bore [tiresome person].

quebrantamiento *m.* breaking, rupture; crushing. 2 breaking, weakening. 3 breaking, infringement, violation. 4 breaking [of resistence, one's will, spirit, etc.]. 5 breaking [of prison]. 6 fatigue, exhaustion; breaking down [of health].

quebrantante *adj.* breaking, crushing.

quebrantaolas, *pl.* -las *m.* old ship used as a breakwater.

quebrantapiedras, *pl.* -das *f.* BOT. burstwort.

quebrantar *tr.* to break [separate into parts with violence]; to break into little fragments by pounding; to break, crush, bruise [flax, hemp, ore, etc.]. 2 to break, weaken, diminish. 3 to break [resistence, one's will, spirit, etc.]. 4 to break prison, a promise, etc.], to infringe, transgresss, violate. 5 to exhaust, fatigue; to impair [a person's health]. 6 to annoy, pain. 7 LAW to annul, repeal [a will]. 8 ~ el corazón, to move to pity. — 9 ref. to break [be broken, weakened, etc.]. 10 [of a person] to be exhausted, worn out; to fail in health.

quebranto m. breaking, crushing. 2 loss, damage. 3 weakness, lassitude. 4 grief, affliction, pain. 5 pity, compassion.

quebrar tr. to break [separate violently into parts]. 2 to break, infringe, transgress, violate. 3 to bend [the body, something slender]. 4 to break, interrupt. 5 to temper, moderate, soften. 6 to impair or dull [the colour or complexion] of a person. 7 to overcome [a difficulty or limitation]. — 8 intr. to break [terminate friendship]. 9 to weaken, give way. 10 COM. to fail, go bankrupt. — 11 ref. to break, be broken. 12 [of the body or a slender thing] to bend, be bended. 13 [of colour or complexion] to become dull or pale. 14 MED. to be ruptured. ¶ CONJUG. like acertar.

quebrazas f. pl. flaws in a sword blade.

queche f. NAUT. ketch; smack.

quechemarin m. NAUT. coasting lugger.

quechua adj. & n. QUICHUA.

queda f. curfew. 2 curfew bell.

quedada f. stay, remaining [in a place].

quedamente adv. softly, gently, in a low voice.

quedar intr. & ref. to remain, stay behind, stay, stop, keep, abide, be left [in or at a place]: quedarse atrás, to be left behind, to lag back; quedarse en casa, to keep or stay at home; se quedará unos días con nosotros, he'll abide with us a few days. 2 to remain, be left [in a condition or state], to be, become [because of an emotion, action, accident, etc.]: ~ asombrado, to be astonished; ~ cojo, to become a cripple; quedarse para vestir imágenes, to coif St. Catherine; quedarse tan fresco, to remain undisturbed or indifferent. — 3 intr. to remain [continue to exist; to be left over, be left as a remainder]; to have left: nos quedan diez pesetas, we have ten pesetas left. 4 to agree, to decide: ~ en, to agree on or to; ¿en qué quedamos?, what is your decision?, what you do say? 5 ~ a deber, to remain owing. 6 ~ bien or mal, to acquit oneself well or badly; to keep or break an appointment, promise, etc.; to look well or poorly in a portrait. 7 ~ para, to go to, be accorded to, be knocked down to. 8 ~ por cr sin [hacer, etc.], to remain to be [done, etc.]. 9 por mí no quedará, I'll do my best [in order to get, execute, etc., something]. — 10 ref. to take, choose [when buying]. 12 quedarse con, to take, keep, retain, take to oneself. 13 quedarse con uno, to deceive someone.

quedito adv. very gently, very softly.

1) quedo adv. softly, gently. 2 in a low voice. — 3 interj. stop!

2) quedo, da adj. quiet, still. 2 easy, gentle. 3 soft, low [voice]: con voz queda, in a low voice.

quehacer m. work, task, occupation, *chore.

queja f. lament, moan. 2 complaint, grievance, grudge. 3 LAW complaint.

quejarse ref. to lament, moan. 2 to complain, grumble. 3 to complain [annouce that one is suffering of]. 4 LAW to complain.

quejicoso, sa adj. querulous, habitually complaining.

quejido m. lament, moan.

quejigal, quejigar m. grove or plantation of gall oaks.

quejigo m. BOT. gall oak. 2 BOT. young oak.

quejilloso, sa adj. QUEJICOSO.

quejosamente adv. complainingly, plaintively.

quejoso, sa adj. complaining, having a grievance.

quejumbre f. frequent complaining [esp. with little motive].

quejumbroso, sa adj. querulous, habitually complaining. 2 querulous, whining.

quelicero m. ZOOL. chelicera.

quelonio, nia adj. y m. ZOOL. chelonian. — 2 m. pl. ZOOL. Chelonia.

quema f. burning. 2 fire, conflagration: huir de la ~, to get away of danger or trouble.

quemada f. burnt patch in a forest or thicket.

quemadero, ra adj. for burning, to be burned. — 2 m. place where convicts were burned. 3 place for burning dead animals or damaged food.

quemado, da p. p. of QUEMAR. — 2 adj. burnt. 3

scorched, parched [by the sun or heat]; nipped [by cold or frost]. 4 fig. angry, irritated. — 5 m. burning or burned thing: oler a ~, to smell of fire. 6 QUEMADA.

quemador, ra adj. burning. — 2 m. & f. burner [person]. 3 incendiary. — 4 m. burner [in certain apparatus].

quemadura f. burn, scald [sore or injury]. 2 scorch or nip [in plants]. 3 smut [plant disease].

quemajoso, sa adj. burning, smarting.

quemante adj. burning [very hot].

quemar tr. to burn [consume, injure, or cause to be consumed or injured, by fire or an acid: put to death by fire]. 2 to burn, scald, scorch, char, sear. 3 to scorch, nip or frostbite [plants]. 4 to burn [consume as fuel]. 5 to burn [the mouth with pepper, etc.]. 6 fig. to anger, irritate. 7 to squander; to sell at a low price. — 8 intr. to burn, be burning [be too hot]. — 9 ref. to burn [be consumed by fire]; to get burned, to burn oneself. 10 to be very hot [have the sensation of heat]. 11 [of plants] to be scorched, nipped or frostbitten. 12 fig. to become angry, irritated. 13 fig. to be warm [near the object sought, on the verge of finding].

quemazón f. burning. 2 excessive heat. 3 itching. 4 bitting remark; smarting or bitterness caused by it. 5 fig. bargain sale.

quenopodiáceo, a adj. BOT. chenopodiaceous. — 2 f. pl. BOT. Chenopodiaceæ.

quepis, pl. -pis m. MIL. kepi.

quepo, quepa, etc., irr. V. CABER.

queratina f. BIOCHEM. keratin.

queratitis f. MED. keratitis.

querella f. complaint, lament. 2 quarrel, dispute. 3 LAW complaint.

querellador, ra adj. complaining. — 2 m. & f. complainer.

querellante adj. LAW complaining. — 2 m. & f. LAW complainant.

querellarse ref. to lament, bewail. 2 to complain. 3 LAW to complain, bring suit.

querellosamente adv. lamentingly, plaintively, querulously.

querelloso, sa adj. complaining. 2 plaintive, querulous. — 3 m. & f. LAW complainant.

querencia f. affection, liking. 2 inclination of man or animals to return to a haunt or place of frequent resort; this place. 3 natural tendency.

querencioso, sa adj. [of animals] fond of a haunt or place.

querendón, na adj. (Am.) affectionate.

1) querer m. love, affection.

2) querer tr. to love [hold dear, feel love or affection for; be in love with]. 2 to will, want, wish, desire, like: el niño quiere un libro, the child wants a book; él quiere hacerlo, he wants, or wishes, to do it; él no quiere hacerlo, he will not, or won't, do it; yo quisiera or quisiera ir, I would like to go; como usted quiera, as you like, as you wish. 2 It is used to ask a favour: ¿quiere usted cerrar la puerta?, will you shut the door, please? 3 ~ bien, to love, hold dear. 4 ~ decir, to mean [signify; intend to convey a specified sense]. 5 no ~ [hacer, dar, etc.], to refuse to [do, give, etc.]. 6 no ~ nada con, not to wish to have anything to do with. 7 como quiera que, inasmuch as, since, whereas. 8 como quiera que sea, anyhow, anyway, in any case. 9 cuando quiera, at any time, whenever. 10 donde quiera, do quiera, anywhere, wherever. 11 sin ~, unintentionally, unwillingly. — 12 impers. parece que quiere llover, nevar, etc., it looks like rain, snow, etc., it looks as if it were going to rain, snow, etc. ¶ IRREG. CONJUG.: INDIC. Pres.: quiero, quieres, quiere; queremos, queréis, quieren. | Pret.: quise, quisiste, quiso; quisimos, quisisteis, quisieron. | Fut.: querré, querrás, querrá; querremos, querréis, querrán. | COND.: querría, querrías, querría; querríamos, querríais, querrían. | SUBJ. Pres.: quiera, quieras, quiera; queramos, queráis, quieran. | Imperf.: quisiera, quisieras, quisiera; quisiéramos, quisierais, quisieran, or quisiese, quisieses, quisiese; quisiésemos, quisieseis, quisiesen. | Fut.: quisiere, quisieres, quisiere, quisiéremos, quisiereis, quisieren. | IMPER.: quiere, quiera; queramos, quered, quieran.

queresa f. CRESA.

querido, da p. p. of QUERER. — 2 adj. dear, beloved. — 3 m. & f. paramour. — 4 f. mistress, paramour.

queriente *adj.* loving. 2 willing.
quermes *m.* ENTOM. kermes. 2 ∼ *mineral*, kermes mineral.
querocha *f.* CRESA.
querochar *intr.* [of bees and other insects] to lay eggs.
querré, querría, etc., *irr.* V. QUERER.
Quersoneso *pr. n.* GEOG. Chersonesus.
querub, querube *m.* QUERUBÍN.
querúbico, ca *adj.* cherubic.
querubín *m.* cherub.
querva *f.* RICINO.
quesadilla *f.* cheesecake. 2 a sweet pastry.
quesear *intr.* to make cheese.
quesera *f.* cheese maker or seller [woman]. 2 dairy [place where cheese is made]. 3 cheese board. 4 earthenware vessel for keeping cheese. 5 cheese dish.
quesería *f.* dairy, cheese factory or shop. 2 season for making cheese.
quesero, ra *adj.* caseous, cheesy. — 2 *m. & f.* cheese maker; cheesemonger.
quesito *m. dim.* small cheese.
queso *m.* cheese : ∼ *de bola*, or *de Holanda*, Dutch cheese; ∼ *de cerdo*, headcheese; ∼ *de Gruyère*, Swiss cheese; ∼ *helado*, ice-cream brick.
quetro *m.* ORN. a Chilean duck with featherless wings.
quetzal *m.* ORN. quetzal.
quevedos *m. pl.* pince-nez having circular glasses.
¡quiá! *interj.* come now!, oh, no!
quicial *m.* hinge-pole. 2 QUICIO.
quicialera *f.* hinge-pole.
quicio *m.* door jamb. 2 pivot hole [for a hinge pole] : *sacar de* ∼, to strain [things], to throw [things] out of their natural course or order : to exasperate, to drive [a person] mad; *fuera de* ∼, out of order.
quichua *adj.* Quechuan. — 2 *m. & f.* Quechua. — 3 *m.* Quechuan [language].
quid *m.* gist, reason, essence [of a thing].
quidam *m.* coll. fellow, person. 2 coll. nobody.
quid pro quo *m.* mistake [instance of taking a person or thing for another].
quiebra *f.* break, crack, fissure. 2 cleft [in the ground], ravine. 3 loss, damage. 4 COM. failure, bankruptcy.
quiebrahacha *m.* QUEBRACHO.
1) **quiebro** *m.* bending of the body at the waist [as in dodging or dancing]. 2 MUS. trill.
2) **quiebro, quiebre**, etc., *irr.* V. QUEBRAR.
quien (*interrog. & exclam.* **quién**). *pl.* **quienes** *pron.* who, whom, he who, whoever, whomever.
quienquiera, *pl.* **quienesquiera** *pron.* whoever, whomever, whosoever, whomsoever.
quiero, quiera, etc., *irr.* V. QUERER.
quietación *f.* quieting, appeasing.
quietador, ra *adj.* quieting, appeasing. — 2 *m. & f.* quieter, appeaser.
quietamente *adv.* quietly, calmly
quietar *tr. & ref.* AQUIETAR.
quiete *m.* [in some monasteries] time for recreation after the midday meal.
quietismo *m.* quietism.
quietista *adj. & n.* quietist.
quieto, ta *adj.* quiet, still, motionless. 2 quiet, undisturbed, calm, peaceful. 3 moderate, orderly, virtuous.
quietud *f.* quietness, quietude, stillness; quiet, rest, repose, tranquillity.
quijada *f.* jaw, jawbone. 2 MACH. jaw.
quijal, quijar *m.* jaw, jawbone. 2 back tooth.
quijarudo, da *adj.* large-jawed.
quijera *f.* cheekpiece [of a bridle]. 2 cheek [of a crossbow].
quijero *m.* sloping side of the bed [in an irrigation ditch].
quijo *m.* MIN. (Am.) silverbearing or goldbearing quartz.
quijones, *pl.* **-nes** *m.* BOT. an aromatic herb.
quijotada *f.* quixotism, quixotry [quixotic action].
quijote *m.* ARM. cuisse. 2 upper part of the haunch [of horse, mule or ass]. 3 Quixote, quixotic person.
quijotería *f.* quixotism, quixotry.
quijotescamente *adv.* quixotically.
quijotesco, ca *adj.* quixotic.
quijotismo *m.* quixotism, quixotry.
quila *f.* (S. Am.) BOT. a variety of strong bamboo.
quilatador *m.* assayer [of gold and silver].
quilatar *tr.* AQUILATAR.

quilate *m.* carat, karat.
quiliárea *f.* KILIÁREA.
quilífero, ra *adj.* ANAT. chyliferous.
quilificación *f.* PHYSIOL. chylification.
quilificar *tr.* PHYSIOL. to chylify.
quilo *m.* KILO. 2 PHYSIOL. chyle : *sudar el* ∼, coll. to work hard. 3 BOT. a Chilean shrub and its fruit.
quilográmetro *m.* KILOGRÁMETRO.
quilogramo *m.* KILOGRAMO.
quilolitro *m.* KILOLITRO.
quilométrico, ca *adj.* KILOMÉTRICO.
quilómetro *m.* KILÓMETRO.
quiloso, sa *adj.* chylous, chylaceous.
quilquil *m.* BOT. a Chilean arboreous fern.
quilla *f.* NAUT. keel : ∼ *de balance*, ∼ *de pantoque*, bilge-keel; *falsa* ∼, false keel, shoe of a keel; *dar de* ∼ [of a ship], to keel. 2 ORN., BOT. keel, carina [of a bird or of a papilionaceous corolla].
quillay *m.* BOT. (Arg., Chi.) a soapbark tree.
quimbombó *m.* (Cu.) QUINGOMBÓ.
quimera *f.* chimera, chimæra [monster : fanciful conception, impracticable idea]. 2 quarrel, row.
quimérico, ca *adj.* chimerical.
quimerista *adj. & n.* visionary. — 2 *adj.* quarrelsome. — 3 *m. & f.* quarrelsome person.
quimerizar *intr.* to chimerize.
química *f.* chemistry.
quimicamente *adv.* chemically.
químico, ca *adj.* chemical. — 2 *m. & f.* chemist [person skilled in chemistry].
quimificación *f.* PHYSIOL. chymification.
quimificar *tr.* PHYSIOL. to chymify.
quimista *m.* ALQUIMISTA.
quimo *m.* PYISIOL. chyme.
quimón *m.* chintz.
quimono *m.* kimono.
quina *f.* cinchona. Peruvian bark.
quinado, da *adj.* prepared with QUINA [wine].
quinal *m.* NAUT. preventer shroud.
quinario, ria *adj.* quinary.
quinas *f. pl.* quinas, fives [at dice, etc.]. 2 quinas [arms of Portugal].
quincalla *f.* small metal wares, hardware.
quincallería *f.* small metal wares or hardware shop, factory or trade.
quincallero, ra *m. & f.* maker or seller of small metal wares.
quince *adj. & n.* fifteen. 2 fifteenth : *el siglo* ∼, the fifteenth century.
quincena *f.* fortnight. 2 semi-monthly pay. 3 MUS. fifteenth, quindecima.
quincenal *adj.* fortnightly, semi-monthly.
quincenalmente *adv.* fortnightly.
quinceno, na *adj.* fifteenth. — 2 *m. & f.* mule fifteen months old.
quincuagena *f.* fifty.
quincuagenario, ria *adj.* having fifty units. — 2 *adj. & n.* quinquagenarian.
quincuagésimo, ma *adj. & m.* fiftieth. — 3 *f.* ECCL. Quinquagesima Sunday.
quincha *f.* (S. Am.) rush wattle for giving consistency to thatches. 2 (Chi.) wall of clay and canes.
quinchamalí *m.* BOT. a medicinal plant.
quinchar *tr.* (Am.) to roof or wall with QUINCHAS.
quindécimo, ma *adj. & m.* fifteenth.
quindenial *adj.* quindecennial.
quindenio *m.* period of fifteen years.
quinfa *f.* (Col.) sandal.
quingentésimo, ma *adj. & m.* five-hundredth.
quingombó *m.* BOT. gumbo, okra.
quingos *m.* (Am.) zigzag.
quinientos, tas *adj. & m.* five hundred.
quinina *f.* CHEM. quinine.
quinismo *m.* MED. cinchonism.
quino *m.* BOT. cinchona [tree]. 2 cinchona, Peruvian bark.
quínolas *f.* four of a kind [at cards]. 2 *pl.* a card game.
quinona *f.* CHEM. quinone.
quinqué *m.* an oil or kerosene lamp, student lamp, Argand lamp.
quinquefolio *m.* CINCOENRAMA.
quinquenal *adj.* quinquennial.
quinquenervia *f.* LANCÉOLA.
quinquenio *m.* quinquennium.
quinquillería *f.* QUINCALLERÍA.
quinquillero, ra *m. & f.* QUINCALLERO.
quinta *f.* country place, villa. 2 MIL. draft. 3 quint

[sequence of five cards]. *4* MUS. fifth, quint. *5* FENC. quinte.

quintaesencia *f.* quintessence.

quintaesenciar *tr.* to quintessence.

quintal *m.* quintal [a hundred pounds]. *2* ~ métrico, metric quintal.

quintalada *f.* NAUT. primage, hat money.

quintaleño, ña *adj.* capable of containing a quintal.

quintalero, ra *adj.* weighing a quintal.

quintana *f.* countryplace, villa.

quintante *m.* quintant [instrument similar to a sextant].

quintañón, na *adj. & n.* centenarian.

quintar *tr.* to draw one out of five. *2* MIL. to draw lots for the drafting of soldiers. *3* AGR. to plough the fifth time. — *4 intr.* [of the moon] to attain the fifth day.

quintería *f.* farm grange.

quinterno *m.* five sheets of paper. *2* keno [in lotto].

quintero *m.* farmer. *2* farm hand.

quinteto *m.* MUS. quintet.

Quintiliano *m. pr. n.* Quintilian.

quintilla *f.* stanza of five octosyllables with two rhymes. *2* any five-line stanza with two rhymes.

quintillo *m.* game of ombre with five players.

Quintín *m. pr. n.* Quentin.

quinto, ta *adj.* fifth: *quinta columna,* fifth column. — *2 m.* one fifth. *3* 20 % duty. *4* coll. (Mex., Chi.) five-centavo piece. *5* conscript, recruit.

quintral *m.* BOT. (Chi.) a red-flowered mistletoe. *2* (Chi.) disease of watermelons and beans.

quintuplicación *f.* quintuplication.

quintuplicar *tr.* to quintuplicate.

quíntuplo, pla *adj.* quintuple, fivefold.

quinzavo, va *adj.* fifteenth [constituting one of fifteen equal parts]. — *2 m.* one fifteenth.

quiñón *m.* share of profit. *2* lot of land.

Quío *f. pr. n.* GEOG. Chios.

quiosco *m.* kiosk, pavilion. *2* newstand. *3* bandstand. *4* ~ de necesidad, public water closet.

quipo *m.* quipu [contrivance employed by the ancient Peruvians for arithmetical purposes, etc.].

quique *m.* ZOOL. (Chi.) a kind of weasel. *2* ZOOL. (Arg.) ferret.

quiquiriquí *m.* cock-a-doodle-do. *2* coll. cock of the walk.

quiragra *f.* MED. chiragra.

quirie *m.* KIRIE.

quirinal *adj.* Quirinal. — *2 m. pr. n.* (cap.) Quirinal.

quiritario, ria *adj.* quiritarian.

quirite *m.* Quirite.

quiromancia *f.* chiromancy, palmistry.

quiromántico, ca *adj.* chiromantic, chiromantical. — *2 m. & f.* chiromancer, chiromancist, palmist.

quiróptero, ra *adj.* ZOOL. cheiropterous. — *2 m.* ZOOL. cheiropteran. *3 m. pl.* ZOOL. Cheiroptera.

quirúrgico, ca *adj.* surgical.

quirurgo *m.* surgeon.

quise, quisiera, etc., *irr.* V. QUERER.

quisicosa *f.* coll. enigma, riddle.

quisque (cada) coll. everyone.

quisquilla *f.* trifle, trifling difficulty or objection. *2* ZOOL. marine shrimp.

quisquilloso, sa *adj.* overnice, squeamish. *2* touchy.

quiste *m.* MED., ZOOL. cyst.

quisto, ta *adj.* liked : *bien* ~, well-liked; *mal* ~, disliked.

quita *f.* LAW remission of debt.

¡quita!, ¡quita allá!, ¡quita de ahí! *interj.* get out!, get along with you!, nonsense!

quitador, ra *m. & f.* remover.

quitaipón *m.* QUITAPÓN.

quitamanchas *m.* clothes cleaner, spot remover.

quitameriendas *f.* BOT. meadow saffron.

quitamiento *m.* QUITA.

quitamotas *m. & f.* flatterer, obsequious person.

quitanieves *f.* snowplough, snowplow.

quitanza *f.* quittance, receipt on full, discharge [of debt].

quitapelillos *m. & f.* QUITAMOTAS.

quitapesares *m.* coll. comfort, consolation.

quitapón *m.* ornament on the headstall of horses, mules, etc. *2* de ~, detachable, removable.

quitar *tr.* to remove, take away, take off, take out, rub off, pick off : ~ *una mancha,* to take out a stain; *de quita y pon,* detachable, removable; *sin* ~ *ni poner,* literally, exactly; without any exaggeration or omission. *2* to eliminate. *3* to take, take off, deduct, detract, substract. *4* to steal, to rob off, deprive of, bereave of. *5* to clear, clear away [the table]. *6* to hinder, be an obstacle to. *7* to prevent, forbid; to make a person give up or leave off [a habit]. *8* to intercept [the light]. *9* to abolish, annul, repeal. *10* to free from [pain, worry, an obligation, etc.]. *11* to redeem [something pledged]. *14* FENC. to parry. — *13 ref.* to move away, to withdraw : *¡quítate,* or *quítese, de aquí!,* get out of here! *14* to take off [one's hat, shoes, clothing, etc.]. *15 quitarse de,* to give up, leave off [a habit]. *16 quitarse [a uno or algo] de encima,* to get rid of [someone or something].

quitasol *m.* parasol, sunshade.

quitasueño *m.* anything that keeps one awake.

quite *m.* FENC. parry, dodge. *2* BULLF. act of attracting the bull from a man in danger : *estar al* ~, fig. to be ready to come to another's rescue.

quiteño, ña *adj.* of or pertaining to Quito. — *2 m. & f.* native or inhabitant of Quito.

quitina *f.* BIOCHEM. chitin.

quitinoso, sa *adj.* chitinous.

quito, ta *adj.* free, exempt.

quitrín *m.* (Cu.) an open two-wheeled carriage.

quizá, quizás *adv.* perhaps, maybe.

quorum *m.* quorum.

R

R, r *f*. R, r, twenty-first letter of the Spanish alphabet.

raba *f*. bait for fishes made of codfish roe.

rabada *f*. hinder quarter, rump [of a slaughtered animal].

rabadán *m*. head shepherd.

rabadilla *f*. coccygeal region. 2 ORN. rump. uropygium.

rabanal *m*. patch or field of radishes.

rabanero, ra *adj*. coll. short [gown, skirt]. 2 forward, bold [manners, language]. — 3 *m. & f*. seller of radishes. — 4 *f*. fig. fishwife, coarse woman.

rabanillo *m*. BOT. jointed charlock, wild radish. 2 sharp taste of wine on the turn. 3 coll. sullenness. 4 coll. itch, longing.

rábano *m*. BOT. radish : ~ *silvestre*, jointed charlock, wild radish ; *tomar el ~ por las hojas*, coll. to be entirely mistaken.

rabazuz *m*. extract of licorice juice.

rabear *intr*. to wag the tail.

rabel *m*. MUS. rebeck [ancient stringed instrument]. 2 coll. breech, backside.

rabeo *m*. wagging the tail.

rabera *f*. tail end. 2 handle [of a crossbow].

rabí, *pl*. **-bíes** *m*. rabbi, rabbin.

rabia *f*. MED. rabies, hydrophobia. 2 rage, fury, violent anger. 3 *tener ~ a uno*, to hate, have a grudge against ; *tomar ~ a*, to take a dislike to, develop a grudge against.

rabiar *intr*. MED. to have rabies or hydrophobia. 2 to rage, be furious. 3 to suffer racking pain. 4 fig. ~ *por*, to be dying for or to; to wish eagerly. 5 fig. ~ *de tonto*, to be very stupid, be a blockhead. 6 coll. ~ *de verse juntos*, to disagree, be discordant. 7 coll. *estar a ~ con uno*, to be very angry with someone. 8 *pica que rabia*, it is very hot, pungent, or itching.

rabiatar *tr*. to tie by the tail.

rabiazorras *m*. coll. east wind.

rabicano, na *adj*. white-tailed.

rabicorto, ta *adj*. short-tailed.

rábido, da *adj*. RABIOSO.

rabieta *f*. coll. fit of temper.

rabihorcado *m*. ORN. frigate bird.

rabilargo, ga *adj*. long-tailed. — 2 *m*. ORN. blue magpie.

rabillo *m*. little tail. 2 stalk, stem [of flower, leaf, etc.], peduncle. 3 corner [of the eye] : *mirar con el ~ del ojo*, fig. to look askance [with dislike or distrust]. 4 mildew spots [on cereals]. 5 BOT. darnel, bearded darnel.

rabinegro, gra *adj*. black-tailed.

rabínico, ca *adj*. rabbinic, rabbinical.

rabinismo *m*. rabbinism.

rabinista *m. & f*. rabbinist.

rabino *m*. rabbi, rabbin.

rabión *m*. rapids [in a river].

rabiosamente *adv*. furiously, ragingly.

rabioso, sa *adj*. rabid, mad, affected with rabies. 2 rabid, furious, violent. 3 enraged. 4 raging.

rabisalsera *adj*. forward, pert [woman].

rabiza *f*. point of a fishing rod. 2 NAUT. thin end of rope tied to something ; tail [of a block].

rabo *m*. tail [of an animal, esp. a quadruped] : *aún falta el ~ por desollar*, fig. the worst is still to come, or to be done ; *con el ~ entre las piernas*, fig. discomfited, crestfallen, humiliated. 2 fig. tail [hind part, taillike part or prolongation]. 3 stalk, stem [of flower, leaf or fruit]. 4 corner [of the eye] : *mirar con el ~ del ojo*, or *de ~ de ojo*, fig. to look askance [with dislike or distrust]. 5 BOT. ~ *de zorra*, plume grass. 6 METEOR. *rabos de gallo*, cirrus.

rabón, na *adj*. short-tailed, bobtailed.

rabona *f*. (Am.) woman camp-follower. 2 *hacer ~*, to play truant.

rabopelado *m*. ZARIGÜEYA.

raboseada, raboseadura *f*. crumpling, fraying.

rabosear *tr*. to crumple ; to fray.

raboso, sa *adj*. frayed at the edge.

rabotada *f*. insolent reply.

rabotear *tr*. DESRABOTAR.

raboteo *m*. cropping of sheep's tails.

rabudo, da *adj*. long-tailed, thick-tailed.

rábula *m*. charlatan lawyer, pettifogger.

raca *f*. NAUT. traveller.

racamenta *f*., **racamento** *m*. NAUT. parral, parrel.

racel, *pl*. **-celes** *m*. NAUT. dead rise.

racial *adj*. racial, race.

racima *f*. grapes remaining on vines after vintage.

racimado, da *adj*. ARRACIMADO.

racimal *adj*. [pertaining to] cluster or raceme.

racimar *tr*. to pick the grapes remaining on vines after vintage.

racimo *m*. BOT. raceme. 2 bunch, cluster : ~ *de uvas*, bunch of grapes.

racimoso, sa *adj*. racemose. 2 having or giving forth many bunches or clusters [of fruit].

racimudo, da *adj*. having large bunches or clusters [of fruit].

raciocinación *f*. ratiocination.

raciocinar *intr*. to ratiocinate, reason.

raciocinio *m*. reason [faculty of reasoning]. 2 ratiocination, reasoning.

ración *f*. ration. 2 portion [of food]. 3 allowance for food : fig. ~ *de hambre*, pittance ; inadequate wages or income.

racionabilidad *f*. judgement, discernment.

racional *adj*. rational [endowed with reason]. 2 rational [based on reason, agreeable to reason], reasonable. 3 MATH., ASTR. rational. — 4 *m*. rational being. 5 rational [breast plate of the Jewish high priest].

racionalidad *f*. rationality, reasonableness.

racionalismo *m*. rationalism.

racionalista *adj*. rationalist, rationalistic. — 2 *m. & f*. rationalist.

racionalización *f.* COM., INDUS. rationalization.
racionalizar *tr.* COM., INDUS. to rationalize.
racionalmente *adv.* rationally.
racionamiento *m.* rationing.
racionar *tr.* to ration.
racioncita, cica, cilla *f.* dim. of RACIÓN.
racionero *m.* distributor of rations or portions [in a religious community].
racionista *m. & f.* one who receives an allowance for food. — *2 m.* THEAT. utility man.
racha *f.* gust [of wind]. 2 streak of [good or bad] luck. 3 RAJA.
rada *f.* NAUT. bay, roads, roadstead.
radar *m.* ELECT. radar.
radiación *f.* radiation. 2 broadcasting.
radiactividad *m.* PHYS. radioactivity.
radiactivo, va *adj.* PHYS. radioactive.
radiado, da *adj.* irradiated. 2 radiated [arranged like rays]. 3 broadcast [transmitted by broadcasting]. 4 BOT., ZOOL. radiate. — *5 m.* ZOOL. radiate. 6 *m. pl.* ZOOL. Radiata.
radiador *m.* radiator [heating device]. 2 AUTO. radiator.
radial *adj.* radial.
radián *m.* GEOM. radian.
radiante *adj.* PHYS. radiant: *energía ~*, radiant energy. 2 radiant, brilliant, beaming: *~ de*, beaming with.
radiar *tr. & intr.* to radiate, to irradiate. 2 to radio, broadcast. — *3 intr.* to beam, shine.
radicación *f.* radication.
radical *adj.* radical [of the root, essential, fundamental; going to the root]. 2 BOT., MATH., PHILOL. radical. — *3 adj. & n.* POL. radical. — *4 m.* MATH. radical [sign]. 5 PHILOL., CHEM. radical.
radicalismo *m.* radicalism.
radicalmente *adv.* radically.
radicar *intr. & ref.* to take root. — *2 intr.* to be, lie, be found. — *3 ref.* to take root. 4 to settle or establish oneself.
radicícola *adj.* BOT., ZOOL. radicicolous [living on roots as a parasite].
radicoso, sa *adj.* participating of the nature of a root.
radícula *f.* BOT. radicle.
radio *m.* GEOM. radius. 2 radius or spoke [of a wheel]. 3 radius, scope, range. 4 outskirts [of a town]. 5 ANAT. radius. 6 CHEM. radium. 7 coll. radio, radiogram, radio message. — *8 f.* coll. radio [wireless telephony or telegraphy]; broadcasting. 9 coll. radio, radio receiver, wireless set.
radiodifusión *f.* RADIO. broadcast, broadcasting.
radiodifusor, ra *adj.* RADIO. broadcasting.
radioelectricidad *f.* radioelectricity.
radioscucha *m. & f.* radio listener.
radiofaro *m.* AER. radio beacon.
radiofonía *f.* radiophony.
radiofónico, ca *adj.* radiophonic.
radióforo *m.* PHYS. radiophore.
radiofotografía *f.* radiophotography.
radiofrecuencia *f.* radio frequency.
radiogoniometría *f.* radiogoniometry.
radiogoniómetro *m.* radiogoniometer.
radiografía *f.* radiography, X-ray photography. 2 radiograph, X-ray photograph.
radiograma *m.* radiogram, radio message.
radiolario, ria *adj. & m.* ZOOL. radiolarian. — *2 m. pl.* ZOOL. Radiolaria.
radiología *f.* MED. radiology.
radiológico, ca *adj.* radiologic, radiological.
radiólogo *m.* MED. radiologist.
radiometría *f.* radiometry.
radiorreceptor *m.* radio receiver, wireless set.
radioscopia *f.* radioscopy.
radioso, sa *adj.* radiant, beaming.
radiosonda *f.* radiosonde.
radiotelefonear *tr.* to radiotelephone.
radiotelefonía *f.* radiotelephony.
radiotelefónico, ca *adj.* radiotelephonic.
radioteléfono *m.* radiotelephone.
radiotelegrafía *f.* radiotelegraphy.
radiotelegrafiar *tr.* to radiotelegraph, to wireless.
radiotelegráfico, ca *adj.* radiotelegraphic, wireless.
radiotelegrafista *m. & f.* wireless operator.
radioterapia *f.* MED. radiotherapy. 2 MED. radium-therapy.
radiotransmisor *m.* radio transmitter.
radioyente *m. & f.* RADIOESCUCHA.
radiumterapia *f.* MED. radiumtherapy.
raedera *f.* scraper [instrument].
raedizo, za *adj.* easily scraped.

raedor, ra *adj.* scraping. — *2 m. & f.* scraper [one who scrapes something]. — *3 m.* strickle, strike.
raedura *f.* scraping. 2 wearing out [of clothes]. *3 pl.* scrapings.
raer *tr.* to scrape [a surface]. 2 to scrape off. 3 to fret, wear out [clothes]. 4 fig. to extirpate, wipe out. 5 to strike [a measure]. ¶ CONJUG. as *caer*.
rafa *f.* RAZA 5. 2 opening in a ditch for irrigation. 6 ARCH. buttress. 7 MIN. cut in a rock for supporting an arch.
Rafael *m. pr. n.* Raphael.
rafaelesco, ca *adj.* Raphaelesque.
ráfaga *f.* gust [of wind]. 2 burst [of machine-gun fire]. 3 small cloud. 4 flash [of light].
rafania *f.* MED. raphania.
rafe *m.* ANAT., BOT. raphe. 2 ARCH. eaves.
rafear *tr.* MAS. to secure with buttresses.
rafia *f.* BOT. raffia palm. 2 raffia, raphia [fibre].
raglán *m.* raglan.
rahez *adj.* vile, low, despicable.
raíble *adj.* that can be scraped or fretted.
raiceja *f.* dim. rootlet.
raicilla *f.* dim. rootlet. 2 BOT. radicle.
raicita *f.* dim. rootlet.
raído, da *p. p.* of RAER. — *2 adj.* threadbare [cloth or clothes]. 3 barefaced, shameless.
raigal *adj.* radical [of the root]. — *2 m.* the end of a log corresponding to the foot of the tree.
raiga bre *f.* intertwined roots. 2 fig. deep rootedness.
raigo, raiga, etc., *irr.* V. RAER.
raigón *m. augm.* large root. 2 root of a tooth.
rail *m.* RLY. rail.
raimiento *m.* scraping. 2 barefacedness.
Raimundo *m. pr. n.* Raymond.
raíz *f.* root [of a plant, etc.]; stem [of a word]: *cortar de ~*, to cut up at the root; *echar raíces*, to take root; *a ~ de*, close to the root of; right after, on the occasion of; *de ~*, entirely, at the root. 2 MATH. root: *~ cuadrada*, square root; *~ cúbica*, cube root. 3 BOT. *~ del moro*, elecampane.
raja *f.* split, rent, crack. 2 each half or part of a split piece of wood. 3 slice [of melon, cheese, etc.]: *sacar ~*, fig. to get what one desires, or a part of it.
rajá *m.* raja, rajah.
rajable *adj.* easily split.
rajadillo *m.* sweetmeat made of sliced almonds.
rajadizo, za *adj.* easily split or cracked.
rajador *m.* wood splitter.
rajadura *f.* splitting, cracking. 2 split, crack.
rajante *adj.* splitting.
rajar *tr.* to split, rend. 2 to slice [a melon, a cheese, etc.]. 3 (Am.) to flunk [in an examination]. — *4 intr.* coll. to brag; to chatter. — *5 ref.* to split, crack [be split or cracked]. 6 coll. to back down.
rajatabla (a) *adv.* at all or any cost, regardless of anything else.
rajuela *f.* dim. of RAJA. 2 thin flagstone.
ralea *f.* kind, nature, sort. 2 [scorn, and applied to persons] race, breed.
ralear *intr.* [of cloth, hair, etc.] to become thin or sparse. 2 [of vines] to yield thin bunches.
raleza *f.* thinness, sparseness [of cloth, hair, teeth, etc.].
ralo, la *adj.* thin, sparse [cloth, hair, teeth, etc.].
rallador *m.* kitchen grater.
ralladura *f.* mark left by a grater. 2 COOK. gratings.
rallar *tr.* to grate [with a kitchen grater].
rallo *m.* kitchen grater. 2 metal plate with holes. 3 perforated nozzle of a watering pot. 4 ALCA-RRAZA.
rallón *m.* arrow with a cutting crosshead.
rama *f.* branch, bough. 2 fig. branch [of family, learning, etc.]: *andarse por las ramas*, to beat about the bush; *asirse a las ramas*, to seek frivolous excuses. 3 PRINT. chase. 4 *en ~*, raw, unmanufactured; BOOKB. in sheets, unbound.
ramada *f.* RAMAJE.
Ramadán *m.* Ramadan.
ramaje *m.* branchage, branches.
ramal *m.* branch [of a road, railway, mountain range, etc.]. 2 strand [of rope]. 3 flight [of stairs]. 4 halter [rope for leading a horse].
ramalazo *m.* lash with a rope; mark left by this. 2 fig. spot on the skin caused by a blow or a disease. 3 sudden pain along a part of the body. 4 fig. blow, sudden sorrow or grief.
ramazón *f.* branches cut off [collectively].

rambla *f.* sandy or dry ravine. 2 boulevard, avenue. 3 tentering machine [for cloths].
ramblar *m.* junction of several ravines.
ramblazo, ramblizo *m.* bed of a torrent.
rameado, da *adj.* ramiform [design]. 2 having a ramiform design.
rameal & rámeo, a *adj.* BOT. [pertaining to the] branch or bough.
ramera *adj.* harlot, strumpet.
rameria *f.* brothel. 2 harlotry.
ramero *adj.* hopping from bough to bough [hawk]. 2 RAMERA.
rameruela *f.* dim. of RAMERA.
ramial *m.* ramie patch or plantation.
ramificación *f.* ramification; branching off.
ramificarse *ref.* to ramify; to branch off.
ramilla *f. dim.* sprig, twig.
ramillete *m.* bouquet, nosegay [bunch of flowers]. 2 BOT. a clustery cyme. 3 centerpiece, epergne [for table decoration]. 4 ornamental dish of sweets. 5 collection of choice things. 6 BOT. ~ de Constantinopla, sweet william.
ramilletero, ra *m. & f.* maker and seller of bouquets. — 2 *f.* flower girl. — 3 *m.* flower vase.
ramina *f.* ramie fibre.
ramio *m.* BOT. ramie.
ramita *f. dim.* sprig, twig.
ramito *m. dim.* small bunch of flowers, herbs, etc. 2 sprig [division of a bough].
ramiza *f.* branches cut off [collectively]. 2 something made of branches.
rámneo, a *adj.* BOT. rhamnaceous. — 2 *f. pl.* BOT. Rhamnaceæ.
ramo *m.* bough. 2 bough or branch cut off from a tree. 3 bunch, cluster [of flowers, herbs, twigs, etc.]. 4 string [of onions]. 5 branch [of trade, industry, science, etc.]; line [of business]. 6 touch. slight attack [of a disease] : ~ de locura, touch of madness.
ramojo *m.* brushwood [wood of small branches].
Ramón *m. pr. n.* Raymond.
ramón *m.* browse, trimmed twigs or top of branches [for cattle].
ramonear *intr.* to browse [feed on browse]. 2 to trim trees.
ramoneo *m.* browsing; browsing season. 2 trimming of trees.
ramoso, sa *m.* ramose, having many boughs or branches.
rampa *f.* cramp [contraction of the muscles]. 2 ramp, inclined plane, sloping way.
rampante *adj.* HER. rampant.
ramplón, na *adj.* heavy, coarse [shoe]. 2 vulgar, crude, uncouth, unpolished. — 3 *m.* calk [of horseshoe].
rampojo *m.* RASPAJO.
rampollo *m.* AGR. cutting [for planting].
rana *f.* ZOOL. frog. 2 ICHTH. ~ marina, angler. 3 coll. no ser ~, to be able, expert, clever. — 4 *pl.* MED., VET. ranula.
ranacuajo *m.* RENACUAJO.
rancajada *f.* uprooting [of plants].
rancajado, da *adj.* wounded with a splinter.
rancajo *m.* splinter in the flesh.
ranciarse *ref.* ENRANCIARSE.
rancidez *f.* rancidity, rancidness, rankness, staleness. 2 strong quality [of aged wine]. 3 old quality [of lineage, nobility, etc.].
rancio, cia *adj.* rank, rancid, stale. 2 aged [wine]. 3 old [lineage, nobility, etc.]. 4 antiquated [ideas]. 5 old-fashioned [person]. — 6 *m.* rancidity, rancidness, staleness. 7 rancid bacon.
rancioso, sa *adj.* rancid, stale.
rancheadero *m.* place in the open for settling in huts or shanties.
ranchear *intr.* to form a settlement with huts or shanties; to dwell in it.
ranchería *f.* settlement made of huts or shanties. 2 MIL. kitchen [in barracks].
ranchero *m.* cook or kitchen attendant [of a regiment, a prison, etc.]. 2 (Am.) rancher, ranchman
rancho *m.* food cooked for soldiers, prisoners, etc.: soldiers mess. 2 hut, rustic cottage. 3 settlement made of huts or shanties. 4 coterie. 5 (Am.) cattle ranch. 6 NAV. división of a ship's crew.
randa *f.* lace, needle-point lace. 2 coll. rogue, pickpocket.
randado, da *adj.* lace-trimmed.
randera *f.* lacemaker [woman].
Randolfo *m. pr. n.* Randolph.

ranero *m.* frogland, frogmarsh.
rangifero *m.* RENO.
rango *m.* class, order, sort. 2 rank [social standing]; high station.
rangua *f.* MACH. pivot bearing, step bearing.
ranilla *f.* frog [of a horse's hoof].
ranina *adj.* ANAT. ranine [artery or vein].
ránula *f.* MED., VET. ranula.
ranunculáceo, a *adj.* BOT. ranunculaceous. — 2 *f. pl.* BOT. Ranunculaceæ.
ranúnculo *m.* BOT. buttercup, crowfoot.
ranura *f.* groove, rabbet. 2 slot.
raña *f.* hook frame for catching cuttlefish. 2 thicket.
raño *m.* oyster rake. 2 ICHTH. scorpion fish.
rapa *f.* blossom of the olive tree.
rapacejo, ja *m. & f. dim.* child, urchin.
rapacería *f.* childish action.
rapacidad *f.* rapacity.
rapador, ra *adj.* scraping, shaving. — 2 *m.* coll. barber.
rapadura *f.* shaving. 2 close haircut.
rapagón *m.* beardless young man.
rapamiento *m.* RAPADURA.
rapante *adj.* shaving. 2 thieving, pilfering. 3 HER. rampant.
rapapiés *m.* BUSCAPIÉS.
rapapolvo *m.* coll. scolding, dressing down.
rapar *tr.* to shave. 2 to crop [the hair]. 3 fig. to pilfer, steal, snatch.
rapavelas *m.* coll. sexton. 2 coll. altar boy.
1) rapaz, *pl.* -**paces** *adj.* rapacious, predaceous, predatory. 2 ORN. of prey, raptorial. — 3 *f. pl.* ORN, Raptores, birds of prey.
2) rapaz, za *m.* boy, young boy. — 2 *f.* girl, young girl.
rapazada *f.* childish act; boyish or girlish act.
rapazuelo, la *m. dim.* little boy. 2 *f. dim.* little girl.
rape *m.* coll. hurried shave or hair-cut. 2 al ~, cropped, cut close or short.
rapé *m.* snuff, rappee.
rápidamente *adv.* rapidly, fast, quickly, swiftly.
rapidez *f.* rapidity, quickness, swiftness.
rápido, da *adj.* rapid, fast, quick, swift. — 2 *m.* rapids [in a river].
rapiego, ga *adj.* of prey [bird].
rapingacho *m.* (Pe.) cheese omelet.
rapiña *f.* rapine, plundering, robbery. 2 ave de ~, bird of prey.
rapiñador, ra *adj.* plundering, stealing. — 2 *m. & f.* plunderer, robber.
rapiñar *tr.* coll. to steal, plunder.
rapista *m.* coll. barber.
rapo *m.* NABA.
rapónchigo *m.* BOT. rampion.
rapóntico *m.* RUIPÓNTICO.
raposa *f.* ZOOL. fox. 2 ZOOL. female fox, vixen. 3 fig. fox [crafty person].
raposear *intr.* to fox, act craftily.
raposeo *m.* foxiness, crafty ways.
raposera *f.* fox hole, fox den.
raposería *f.* foxiness, craftiness; crafty ways.
raposino, na *adj.* RAPOSUNO.
raposo *m.* ZOOL. [male] fox: ~ ferrero, blue fox. 2 fig. fox, crafty person.
raposuno, na *adj.* foxy, vulpine.
rapsoda *m.* rhapsode, rhapsodist.
rapsodia *f.* LIT., MUS. rhapsody.
raptar *tr.* to abduct, ravish [a woman], to kidnap.
rapto *m.* abduction ravishment [of a woman], rape, kidnapping. 2 rapture, ecstasy.
raptor *m.* abductor, ravisher, kidnapper.
raque *m.* practice of collecting flotsam or jetsam for one's own use.
Raquel *f. pr. n.* Rachel.
raquero *m.* one who collects floatsam or jetsam for his own use. 2 dock rat, dock thief.
raqueta *f.* SPORT racket. 2 SPORT battledore. 3 badminton, battledore and shuttlecock [game]. 4 rackets [game]. 5 racket [snowshoe]. 6 rake. implement used by croupiers at gaming tables for gathering or pushing coin.
raquetero *m.* racket maker or seller.
raquialgia *f.* MED. rachialgia.
raquídeo, a *adj.* rachidian.
raquis, *pl.* -**quis** *s.* ANAT., BOT. rachis.
raquítico, ca *adj.* MED. rachitic, rickety. 2 stunted. 3 feeble, poor, short, meagre, stinted.
raquitis *f.,* **raquitismo** *m.* MED. rachitis, rickets.
raquítomo *m.* SURG. rachitome.
rara avis (Lat.) rara avis.
raramente *adv.* rarely, seldom. 2 oddly, strangely

rarefacción *f.* rarefaction.
rarefacer *tr.* to rarefy. — 2 *ref.* to rarefy [become less dense]. ¶ CONJUG. like *hacer*.
rarefacto, ta *adj.* rarefied [not dense].
rarefago, rarefice, rarefaré, etc., *irr.* V. RAREFACER.
rareza *f.* rarity, rareness, uncommonness. 2 oddity, queerness, strangeness. 3 curiosity [strange or rare object] ; freak. 4 eccentricity, peculiarity.
raridad *f.* rarity, rareness.
rarificar *tr.-ref.* RAREFACER.
rarificativo, va *adj.* rarefactive.
rarifiqué, rarifique, *pret.*, *subj. & imper.* of RARIFICAR.
raro, ra *adj.* rare, rarefied [gas]. 2 rare [uncommon, exceptional, seldom found or occurring], scarce : *raras veces*, seldom. 3 rare [of uncommon excellence]. 4 odd, extraordinary, queer, strange, eccentric.
ras *m.* evenness, levelness, flushness 2 *a ~ de*, close to, even with, flush with. 3 *~ con ~*, *~ en ~*, flush, on a level ; grazing [touching lightly in passing].
rasa *f.* thinness, thin spot [in a fabric]. 2 small tableland. 3 level ground.
rasadura *f.* striking [levelling with a strickle].
rasamente *adv.* clearly, frankly, openly.
rasante *adj.* grazing [touching lightly in passing]. 2 levelling. 3 ARTIL. horizontal [fire]. — 4 *f.* grade line.
rasar *tr.* to strike [level with a strickle]. 2 to graze, skim [touch lightly in passing].
rasarse *ref.* [of the sky] to clear up.
rascacielos *m.* skyscraper [very tall building].
rascacio *m.* ESCORPENA.
rascadera *f.* scraper [implement]. 2 currycomb.
rascador *m.* scraper, scratcher [implement]. 2 huller, husker [instrument for hulling or husking Indian corn, etc.]. 3 ornamental hairpin.
rascadura *f.* scraping, scratching.
rascalino *m.* BOT. dodder.
rascamiento *m.* scraping, scratching.
rascamoño *m.* ornamental hairpin.
rascar *tr.* to scrape, to scratch. — 2 *intr.* (Col.) to itch.
rascatripas, pl. -pas *m. & f.* coll. scraper [fiddler].
rascazón *f.* itch, itching.
rascle *m.* coral-fishing gear.
rascón, na *adj.* tart, sharp [to the taste]. — 2 *m.* ORN. water hen, gallinule.
rascuñar *tr.* RASGUÑAR.
rascuño *m.* RASGUÑO
rasel *m.* RACEL.
rasero *m.* strickle : *medir por el mismo ~, o por un ~*, fig. to make no difference, to treat with strict impartiality.
rasete *m.* satinette, satinet.
rasgado, da *p. p.* of RASGAR. — 2 *adj.* wide [window]. 3 wide [mouth]. 4 having long corners [eyes].
rasgador *adj.* tearing, rending, ripping.
rasgadura *f.* tearing, rending, ripping [of clothes, paper, skin, etc.]. 2 tear, rent, rip [place torn].
rasgar *tr.* to tear, rend, rip [clothes, paper, etc.]. 2 RASGUEAR. — 3 *ref.* to tear, become torn.
rasgo *m.* flourish, stroke [of pen]. 2 flash [of wit], bright, felicitous thought or saying. 3 deed, feat, act, action : *~ de generosidad*, act of generosity : *~ heroico*, heroic feat or action. 4 trait. 5 *pl.* features [of the face]. 6 fig. *a grandes rasgos*, broadly, in outline.
rasgón *m.* tear, rent, rip [in clothes, paper, etc.].
rasgué, rasgue, etc., *pret.*, *subj. & imper.* of RASGAR.
rasgueado *m.* RASGUEO.
rasguear *tr.* to play [a guitar] striking several strings at a time ; to strum. — 2 *intr.* to flourish [make flourishes with a pen].
rasgueo *m.* mode of playing [a guitar, etc.] striking several strings at a time. 2 the action of making flourishes with a pen.
rasguñar *tr.* to scratch [with the nails, etc.]. 2 DRAW. to sketch, outline.
rasguño *m.* scratch [with the nails, etc.]. 2 DRAW. sketch, outline.
rasguñuelo *m. dim.* slight scratch.
rasilla *f.* light woollen fabric.
1) **raso** *m.* satin.
2) **raso, sa** *adj.* flat, level, open, clear, unobstructed : *campo ~*, open country ; *a campo ~*, *al ~*, in the open air. 2 clear, cloudless [sky]. 3 backless [chair or seat]. 4 common, without rank or

distinction : *soldado ~*, common soldier, private. 5 that passes or moves near the ground.
raspa *f.* BOT. stem of a spike or raceme. 2 stem of a bunch of grapes. 3 awn, beard [of wheat, barley, etc.]. 4 corncob. 5 outer rind [of certain fruits]. 6 espine, backbone [of a fish]. 7 hair or thread [caught on the tip of a writing pen]. 8 (Am.) lecture, dressing down.
raspado *m.* SURG. scraping.
raspador *m.* eraser [instrument to scrape out writing].
raspadura *f.* erasure, scraping out, rasping. 2 scrapings.
raspajo *m.* stem of a bunch of grapes.
raspamiento *m.* erasing, scraping out, rasping.
raspante *adj.* rough, harsh to the taste [wine].
raspar *tr.* to rasp, scrape, scrape out, erase. 2 [of wine, etc.] to be harsh to [the palate]. 3 to steal, take away.
raspear *intr.* [of a pen] to scratch.
raspilla *f.* BOT. myosotis, forget-me-not.
raspón *m.* (Col.) straw hat worn by peasants.
rasponazo *m.* scratch, chafe, abrasion.
rasqué, rasque, etc., *pret.*, *subj. & imper.* of RASCAR.
rasqueta *f.* NAUT. scraper. 2 (S. Am.) currycomb.
rasquetear *tr.* (S. Am.) to curry [a horse].
rastel *m.* BARANDILLA.
rastillador, ra *adj. & n.* RASTRILLADOR.
rastillar *tr.* RASTRILLAR.
rastillo *m.* RASTRILLO.
rastra *f.* trace, track, trail. 2 AGR. rake. 3 AGR. harrow. 4 drag [sledge for conveying heavy bodies]. 5 anything trailing. 6 outcome, consequence [entailing penalty or trouble]. 7 NAUT. drag [rope for dragging under water]. 8 *a la ~*, *a ~*, *a rastras*, dragging ; unwillingly, by force. 9 string [of dried fruit, onions, etc.].
rastrallar *intr.* RESTALLAR.
rastreado *m.* Spanish dance of the XVIII century.
rastreador, ra *adj.* tracing, tracking, trailing. — 2 *m. & f.* tracer, tracker, trailer.
rastrear *tr.* to trace, track, trail, scent out ; to try to find or discover by signs or conjecture. 2 to drag, search [the bottom of the sea, a river, etc.]. — 3 *intr.* AGR. to rake [work with a rake]. 4 to skim the ground, to fly very low.
rastreo *m.* dragging, searching [the bottom of sea, a river, etc.].
rastrero, ra *adj.* creeping, dragging, trailing : *tallo ~*, BOT. trailing stem or shoot, runner. 2 that tracks [dog] : *perro ~*, trackhound. 3 flying low ; moving close to the ground. 4 cringing grovelling, abject, low, base.
rastrillada *f.* rakeful.
rastrillador, ra *m. & f.* hatcheler. 2 AGR. raker [person].
rastrillaje *m.* hatcheling. 2 AGR. raking.
rastrillar *tr.* to hackle, hatchel [flax or hemp]. 2 AGR. to rake ; to harrow.
rastrillo *m.* hackle, hatchel. 2 FORT. portcullis. 3 iron gate. 4 battery [of a flintlock]. 5 AGR. rake. 6 ward [of a key or lock].
rastro *m.* AGR. rake. 2 trace, track, trail, scent. 3 trace, vestige, sign. 4 AGR. layer [of wine]. 5 slaughterhouse. 6 in Madrid, a market of second-hand goods.
rastrojera *f.* stubble field. 2 stubble-grazing season.
rastrojo *s.* AGR. stubble, haulm.
rasura *f.* shaving. 2 scraping. 3 *pl.* argol.
rasuración *f.* shaving.
rasurar *tr.* to shave [the hair].
rata *f.* ZOOL. rat : *~ blanca*, white rat ; *~ de agua*, water rat ; *~ de alcantarilla*, brown rat. 2 coll. pickpocket, sneak thief.
ratafía *f.* ratafia, ratafee [liquor].
ratania *f.* BOT. rhatany.
rata parte *adv.* pro rata.
rataplán *m.* rub-a-dub [sound of a drum].
rata por cantidad *adv.* pro rata.
ratear *tr.* to lessen proportionally or pro rata. 2 to apportion, to distribute proportionally. 3 to filch, pilfer. — 4 *intr.* to crawl, creep.
ratel *m.* ZOOL. ratel.
rateo *m.* apportionment.
rateramente *adv.* meanly, vilely.
ratería *f.* petty theft, petty larceny, pilferage. 2 meanness, vileness [in transactions and business].
ratero, ra *adj.* creeping, dragging. 2 flying low. 3 low, despicable. — 4 *m. & f.* pickpocket, pilferer, sneak thief.

rateruelo, la *m.* & *f. dim.* little pickpocket, little pilferer.
ratificación *f.* ratification, confirmation.
ratificar *tr.* to ratify. — *2 ref. ratificarse en,* to confirm [one's own previous statement].
ratificatorio, ria *adj.* ratifying, confirming.
ratifiqué, ratifique, etc., *pret., subj.* & *imper.* of RATIFICAR.
ratigar *tr.* to fasten the load [on a cart] with a rope.
rátigo *m.* cartload [in a cart conveying wine].
ratihabición *f.* LAW ratification.
ratina *f.* ratteen [fabric].
ratito *m. dim.* short time, little while.
Ratisbona *f. pr. n.* GEOG. Ratisbon.
rato *m.* time, short time, while : *un buen* ~, a great while ; a pleasant time ; fig. a lot, a great deal : *un mal* ~, an unpleasant time ; *un* ~, a while ; *un* ~ *largo,* fig. very much, a great deal ; *pasar el* ~, to waste one's time : to pass the time, to while the time away ; *pasar un buen,* or *un mal,* ~, to have a pleasant, or an unpleasant, time ; *al poco* ~, presently, soon ; *a ratos,* from time to time, occasionally ; *a ratos perdidos,* in spare time, in one's leisure hours ; *largo* ~, a long time, a great while.
ratón *m.* ZOOL. mouse : ~ *almizclero,* desman, muskrat ; ~ *de campo,* field mouse. 2 NAUT. hidden rock that frets cables.
ratona *f.* ZOOL. female mouse.
ratonar *tr.* [of mice] to eat or gnaw !cheese, bread, etc.] — *2 ref.* [of cats] to become sick from eating mice.
ratoncito *m. dim.* little mouse.
ratonera *f.* mousetrap : *caer en la* ~, fig. [of a person] to fall into the trap. 2 mousehole. 3 nest of mice.
ratonero, ra ; ratonesco, ca ; ratonil *adj.* [pertaining to] mice, mousy.
rauco, ca *adj.* raucous, hoarse, husky.
raudal *m.* stream, torrent, flow [great amount or quantity of rushing water or other things].
raudamente *adv.* rapidly.
raudo, da *adj.* rapid, swift, impetuous.
raulí *m.* (Chi.) a large limber tree.
ravenala *f.* BOT. ravenala, traveller's tree.
raya *f.* ICHTH. ray, skate. 2 line [long narrow mark]. 3 stroke [of pen or pencil], dash [in printing, writing and telegraphy]. 4 score, scratch [on a surface]. 5 stripe, streak : *a rayas,* striped. 6 crease [in trousers]. 7 parting [in the hair] : *hacerse la* ~, to part one's hair. 8 groove, rifle [in a gun barrel]. 9 FOREST. fireguard. 10 boundary, frontier. 11 limit, bounds : *pasar de* ~ or *de la* ~, to go too far, to be excessive ; *tener a* ~, to keep within bounds, keep in check, restrain ; to keep at bay. 12 *tres en* ~, a children's game.
rayadillo *m.* striped cotton duck.
rayado, da *p. p.* of RAYAR. — *2 adj.* striped, streaky. 3 ruled [paper]. 4 rifled [gun barrel] — *5 m.* ruling [of paper]. 6 stripes.
rayano, na *adj.* contiguous, bordering. 2 fig. ~ *en,* approaching, bordering upon, verging on.
rayar *tr.* to draw lines on, to rule. 2 to scratch [a surface]. 3 to stripe. 4 to cross out, cancel. 5 to underline, underscore. — *6 intr.* to excel, be pre-eminent. 7 ~ *con,* to border on or upon, to adjoin ; fig. to equal, match. 8 ~ *en,* to aproach, border upon, verge on. 9 ~ *el alba, el día, la luz, el sol,* to dawn [begin to grow light].
rayera, rayese, etc., *irr.* V. RAER.
rayo *m.* ray, beam [of light, etc.] : ~ *de sol,* sunbeam ; *rayos catódicos,* cathode rays ; *rayos infrarrojos,* infrared rays ; *rayos Roentgen* or *X,* Roentgen or X rays ; *rayos ultravioleta,* ultraviolet rays. 2 spoke [of a wheel]. 3 lightning, stroke of lightning, bolt, thunderbolt : *echar rayos,* fig. to storm, rage, fume ; *como el* ~, fig. like lightning. 4 thunderbolt [person or thing likened to a thunderbolt]. 5 sudden misfortune or calamity. 6 live wire [person] ; person having a ready wit. 7 ~ *textorio,* weaver's shuttle.
rayó *irr. pret.* of RAER.
rayón *m.* rayon, artificial silk.
rayoso, sa *adj.* having lines or stripes.
rayuela *f. dim.* of RAYA. 2 game of pitching pennies.
rayuelo *m.* AGACHADIZA.
raza *f.* BIOL., ETHN. race : *razas humanas,* human races. 2 race, kindred, lineage, breed, strain :

de pura ~, thoroughbred. 3 crack, fissure. 4 ray of light [coming through a crack, fissure, etc.]. 5 cleft in horse's hoof. 6 WEAV. light-woven stripe [in fabrics].
razado *adj.* having light-woven stripes [fabric].
rázago *m.* burlap, sackcloth.
razón *f.* reason [in practically every sense] : ~ *de estado,* reason of State ; ~ *de pie de banco,* silly or irrelevant reason or argument ; ~ *de ser,* raison d'être, reason or justification for existence ; *uso de* ~, discretion, discernment ; *entrar en* ~, to become reasonable, listen to reason ; *meter en* ~, to bring to reason, to compel or induce to act reasonably ; *perder la* ~, to lose one's reason, go out of one's wits ; *por esta* ~, for this reason. 2 words, speech : *con razones corteses,* with courteous words. 3 right, justification ; justice, truth, correctness ; being right [in what one is saying, doing, etc.] : *asistir la* ~ *a uno, tener uno la* ~ *de su parte,* to be in the right, to have justice or truth on one's side ; *dar la* ~, to agree with, to approve, to say [someone] is right ; *cargarse,* or *llenarse, de* ~, to wait to act until one is more than justified ; *tener* ~, to be right ; *no tener* ~, to be wrong, to be mistaken ; ¿*no es* ~ *que...?,* is it not just or right that...? ; *con* ~ *o sin ella,* rightly cr wrongly. 4 reasonableness, fairness [of prices, terms, etc.] : *ponerse en* ~ or *en la* ~, to be or become reasonable ; to offer, or ask for, reasonable prices or terms. 5 regard, respect : *en* ~ *a, en* ~ *de,* with regard to. 6 information, account, explanation : *dar* ~ *de,* to inform about, to give an account of. 7 rate [proportion] : *a* ~ *de,* at the rate of. 8 MATH. ratio : ~ *aritmética,* difference ; ~ *geométrica,* ratio, geometrical ratio. 9 COM. ~ *social,* firm, firm name. 10 *tomar* ~, to register, make a record of ; to inventory.
razonable *adj.* reasonable, sensible. 2 reasonable, moderate, fair.
razonablemente *adv.* reasonably.
razonadamente *adv.* reasonedly.
razonado, da *adj.* reasoned [exposition, petition].
razonador, ra *adj.* reasoning. — *2 m.* & *f.* reasoner.
razonamiento *m.* reasoning, ratiocination, argumentation.
razonante *adj.* reasoning. — *2 m.* & *f.* reasoner.
razonar *intr.* to reason, ratiocinate. — *2 tr.* to reason [explain, support, justify, etc., by adducing reasons].
razzia *f.* razzia, raid [plundering expedition].
re *m.* MÚS. re, D.
Rea *f. pr. n.* MYTH. Rhea.
rea *f.* cf REO.
reabrir *tr.* to reopen. — *2 ref.* to reopen [become reopen].
reabsorbente *adj.* reabsorbing.
reabsorber *tr.* to reabsorb.
reabsorción *f.* reabsorption.
reacción *f.* reaction [responsive or reciprocal action]. 2 CHEM., PHYS., MED., POL. reaction : ~ *en cadena,* CHEM., PHYS. chain reaction. 3 RADIO. regeneration.
reaccionar *intr.* to react.
reaccionario, ria *adj.* reactionary. — *2 m.* & *f.* reactionary, reactionarist, reactionist.
reaccionarismo *m.* reactionarism, reactionism.
reacio, cia *adj.* reluctant, unwilling, disobedient.
reactancia *f.* ELEC. reactance.
reactivación *f.* reactivation.
reactivar *tr.* MED. to reactivate.
reactivo, va *adj.* reactive. — *2 m.* CHEM. reagent.
reactor *m.* ELECT., PHYS. reactor : ~ *atómico,* atomic reactor ; ~ *generador de energía,* power reactor.
readaptación *f.* readaptation.
readaptar *tr.* to readapt.
readmisión *f.* readmission, readmittance.
readmitir *tr.* to readmit.
reagravación *f.* renewed worsening, worsening again.
reagravar *tr.* to make worse again. — *2 ref.* to get worse again.
reajustar *tr.* to readjust.
reajuste *m.* readjustment.
real *adj., pl.* **reales** *adj.* real, actual [existing in fact, objective, genuine]. 2 MATH., OPT. real : *cantidad* ~, real quantity ; *foco* ~, real focus. 3 royal, regal ; kingly, kinglike, queenly, queenlike : ~ *hacienda,* exchequer, public finances ; ~ *sitio,* king's country residence. 4 grand, magnificent, fine, handsome : ~ *moza,* handsome girl or

woman. — *5 m.* real [Spanish coin or money of account : now ¼ of peseta] : ~ *de plata,* old silver coin [68 maravedis] ; ~ *de vellón,* old base silver coin [34 maravedis]. *6* MIL. obs. place where the king's or the general's tent stands ; army's camp ; *alzar,* or *levantar, el* ~ or *los reales,* to break camp ; *asentar los reales,* to encamp ; *sentar uno el* ~ or *los reales,* fig. to settle, to establish oneself. *7* ~ *de una feria,* fairstead, place for a fair.

realce *m.* embossment, relief, raised work : *bordar de* ~, to embroider in relief ; fig. to embroider, to exaggerate. *2* enhancement, emphasis. *3* lustre, splendor. *4* PAINT. high light.

realcé, realce, etc., *pret., subj. & imper.* of REALZAR.

realdad *f.* REALEZA.

realegrarse *ref.* to be very glad.

realejo *m.* dim. of REAL. *2* a kind of hand organ.

realengo, ga *adj.* royal [burgh, etc.]. *2* belonging to the State [lands]. — *3 m.* royal patrimony.

realera *f.* queen cell [of beehive].

realeza *f.* royalty, regal dignity or power.

realicé, realice, etc., *pret., subj. & imper.* of REA-LIZAR.

realidad *f.* reality, fact. *2* truth, sincerity. *3 en* ~, in reality, really ; *en* ~ *de verdad,* truly, in truth.

realillo *m.* dim. of REAL. *2* REAL DE VELLÓN.

realismo *m.* realism. *2* royalism.

realista *adj.* realistic. *2* royalistic. — *3 m. & f.* realist. *4* royalist.

realito *m.* dim. of REAL.

realizable *adj.* realizable [hope, plan, etc.] ; feasible, practicable, capable *of* being accomplished, carried out, performed or fulfilled. *2* COM. realizable [capable of being converted into money].

realización *f.* realization [of hopes, plans, etc.] ; accomplishing, accomplishment. carrying out, doing, performing, performance, fulfilment. *2* COM. realization [converting into money].

realizador, ra *m. & f.* accomplisher, performer. *2* CINEM. producer.

realizar *tr.* to realize [hopes, plans, etc.] to accomplish, carry out, do, perform, fulfill. *2* COM. to realize, sell out [convert into money]. — *3 ref.* [of hopes, plans, etc.] to be realized. *4* to be accomplished or fulfilled, to be carried out.

realmente *adv.* really, in reality, actually.

realzar *tr.* to raise, elevate. *2* to emboss, to do raised work in. *3* to heighten, enhance, set off, to make prominent. add excellence to. *4* PAINT. to brighten up, light up.

reanimar *tr.* to reanimate, revive. — *2 ref.* to reanimate, revive [be reanimated].

reanudar *tr.* to renew, resume [after intermission or interruption]. — *2 ref.* to be renewed or resumed.

reaparecer *intr.* to reappear. ¶ CONJUG. like *agradecer.*

reaparezco, reaparezca, etc., *irr.* V. REAPARECER.

reaparición *f.* reappearance.

reapretar *tr.* to press or tighten again. *2* to press or tighten hard. ¶ CONJUG. like *acertar.*

reaprieto, reapriete, etc., *irr.* V. REAPRETAR.

rearar *tr.* to plough or plow again.

rearmar *tr.* to rearm.

rearme *m.* rearmament, rearming.

reasegurador, ra *adj.* reinsuring. — *2 m.* reinsurer.

reasegurar *tr.* to reinsure.

reaseguro *m.* reinsurance.

reasumir *tr.* to reassume, resume, retake [duties, powers, etc.].

reasunción *f.* reassumption, resumption.

reasunto *irreg. p. p.* of REASUMIR.

reata *f.* rope to tie horses or mules and keep them in a single file ; drove of mules or horses going in a single file : *de* ~, in a single file ; coll. after, behind, going after ; coll. in blind submission. *3* NAUT. woolding. *4* (Am.) rope, lasso.

reatadura *f.* tying again. *2* tying tight. *3* tying in a single file.

reatar *tr.* to tie again. *2* to tie tight. *3* to tie in a single file. *4* NAUT. to woold.

reato *m.* THEOL. obligation of atonement even for pardoned sins.

reaventar *tr.* to strew to the wind again. ¶ CONJUG. like *acertar.*

reaviento, reaviente, etc., *irr.* V. REAVENTAR.

reavivar *tr.* to revive, renew, reawake.

rebaba *f.* burr [on cut metal. wood, etc.] ; burr, fin [on a casting] ; rough flange ; rough edge ; rough seam [in brickwork].

rebaja *f.* diminution, deduction. *2* COM. rebate, reduction, discount.

rebajado, da *p. p.* of REBAJAR. — *2 adj.* relieved of service [soldier]. *3* depressed, drop [arch].

rebajador, ra *adj.* PHOT. used to tone down contrasts [bath, etc.].

rebajamiento *m.* lowering, reduction, diminution. *2* lowering [depressing the surface or reducing the height]. *3* PAINT. toning down. *4* disparagement, humiliation ; stooping, lowering oneself.

rebajar *tr.* to lower, cut down, reduce, abate, discount. *2* to lower [depress the surface or reduce the height of]. *3* CARP. to rabbet, to scarf ; to shave down. *4* to lower, reduce the strength of [a liquor, etc.]. *5* PAINT. to tone down. *6* to disparage ; to lower, humiliate. — *7 ref.* to humble oneself. to lower oneself : *rebajarse a,* to stoop to, to condescend to. *8* [of a soldier] to be relieved of service.

rebajo *m.* rabbet [cut along an edge or arris].

rebalaje *m.* current [onward motion] of waters.

rebalsa *f.* pool [in a stream]. *2* stagnation of humours in a part of the body.

rebalsar *tr.* to dam [flowing water] to form a pool. — *2 intr. & ref.* [of flowing water] to form a pool.

rebanada *f.* slice [esp. of bread].

rebanar, rebanear *tr.* to slice. *2* to cut [something] through.

rebanco *m.* ARCH. second course over a cornice for raising an arch.

rebañadera *f.* grapnel, hooks [for salvaging things fallen in a well].

rebañadura *f.* cleaning up, gathering up [without leaving any remnants]. *2 pl.* leavings gathered together, scrapings.

rebañar *tr.* to clean up, gather up [without leaving any remnants]. *2* to scrape [a plate].

rebañego, ga *adj.* [pertaining to the] herd or flock.

rebaño *m.* herd, flock, fold. drove. *2* fig. flock [congregation].

rebañuelo *m. dim.* small herd or flock.

rebasadero *m.* NAUT. safe place for passing.

rebasar *tr.* to exceed, pass, go beyond. *2* NAUT. to sail past.

rebate *m.* fight, encounter.

rebatible *adj.* refutable.

rebatimiento *m.* refutation.

rebatiña *f.* scramble [for something] : *andar a la* ~, to scramble [to grab and snatch things from one another].

rebatir *tr.* to rebut, refute. *2* to repel, drive back, resist [attack. violence, temptations, etc.]. *3* to beat again ; to beat repeatedly. *4* to reinforce. *5* to deduct. *6* FENC. to force down [the sword of one's opponent].

rebato *m.* alarm [warning sound], alarm bell, tocsin : *tocar a* ~, to sound the tocsin. *2* alarm [apprehension of danger]. *3* MIL. sudden attack : *de* ~, fig. suddenly.

rebautizar *tr.* to rebaptize.

Rebeca *f. pr. n.* Rebecca.

rebeca *f.* a jacket of knit worsted for women.

rebeco *m.* ZOOL. chamois.

rebelarse *tr.* to rebel, to revolt.

rebelde *adj.* rebellious, insurgent. *2* rebellious, insubordinate, refractory, stubborn. *3* MED. rebellious, refractory. *4* LAW defaulting. — *5 m. & f.* rebel, insurgent. *6* LAW defaulter.

rebeldía *f.* rebelliousness ; contumacy, stubbornness. *2* rebellious act. *3* LAW default, nonappearance : *en* ~, by default.

rebelión *f.* rebellion, revolt, rising, insurrection.

rebelón, na *adj.* balky, restive [horse].

rebencazo *m.* lash [with whip for flogging galley slaves]. *2* (Am.) lash [with riding whip].

rebenque *m.* whip [for flogging galley slaves]. *2* (Am.) strong riding whip. *3* NAUT. short rope.

rebién *adv.* coll. very well.

rebina AGR. third ploughing.

rebisabuela *f.* great-great-grandmother.

rebisabuelo *m.* great-great-grandfather.

rebisnieta *f.* great-great-granddaughter.

rebisnieto *m.* great-great-grandson.

reblandecer *tr.* to soften [make soft or tender]. — *2 ref.* to soften, become soft or tender. ¶ CONJUG. like *agradecer*

reblandecimiento *m.* softening : ~ *cerebral,* MED. softening of the brain.

reblandezco, ca etc., *irr.* V. REBLANDECER.

reboce, reboce, etc., *pret., subj. & imper.* of RE-BOZAR.

rebocillo, rebociño *m.* a kind of mantilla or linen headdress for women.

rebolisco *m.* (Cu.) groundless commotion.

rebollar, rebolledo *m.* grove or plantation of Turkey oaks.

rebollo *m.* BOT. Turkey oak.

rebolludo, da *adj.* thick-set. 2 rough, round [diamond].

rebombar *intr.* to sound loudly, make a loud report.

reborde *m.* flange, projecting rim, projecting ridge along the edge of an object.

rebosadero *m.* overflow [outlet], spillway.

rebosadura *f.* **rebosamiento** *m.* overflow, overflowing, overbrimming, running over.

rebosar *intr. & ref.* to overflow, overbrim, run over. 2 to overflow [be filled to running over]. — 3 *intr.* to be in abundance. 4 ~ *de* or *en,* to overflow with, to burst with ; to have an abundance of : ~ *de gozo,* to burst with joy ; ~ *en dinero,* to be very rich.

rebotadera *f.* nap-raising comb.

rebotador, ra *adj.* rebounding. 2 nap-raising. 3 clinching. 4 vexatious, exasperating, upsetting. — 5 *m.* rebounder. 6 clincher [of nails].

rebotadura *f.* bounding, rebounding. 2 clinching, bending the point of a nail, etc. 3 the operation of raising a nap on cloth with a nap-raising comb. 4 vexation, upsetting.

rebotar *intr.* [of a ball, etc.] to bound or bounce repeatedly ; to rebound. — 2 *tr.* to clinch, bend the point of [a nail, etc.]. 3 to raise a nap on [cloth] with a nap-raising comb. 4 to drive back [after impact]. 5 to vex, exasperate, upset. — 6 *ref.* to change in colour or quality. 7 to become vexed, exasperated, upset.

rebote *m.* bound, bounce ; rebound [of a ball, etc.] : *de* ~, indirectly.

rebotica *f.* back room in an apothecary's shop. 2 back room in a shop.

rebotín *m.* second growth of mulberry leaves.

rebozar *tr.* to muffle or cover [one's face] with one's cape or cloak. 2 COOK. to cover with batter, flour, honey, etc. — 3 *ref.* to muffle oneself up with one's cape or cloak.

rebozo *m.* muffling oneself up with one's cape or cloak. 2 a kind of mantilla. 3 fig. disguise, simulation. 4 *de* ~, secretly, hiddenly ; *sin* ~, frankly, openly.

rebramar *intr.* to bellow again, to bellow loudly. 2 HUNT. to bellow back, to answer a bellow with another.

rebramo *m.* answering bellow of a deer.

rebrotar *intr.* RETOÑAR.

rebrote *m.* RETOÑO.

rebudiar *intr.* HUNT. [of a wild boar] to grunt.

rebufar *intr.* to snort again. 2 to snort loudly.

rebufe *m.* snort, snorting [of the bull].

rebufo *m.* muzzle blast, air expansion when a gun is fired.

rebujado, da *p. p.* of REBUJAR. — 2 *adj.* entangled, jumbled, confused.

rebujar *tr. & ref.* ARREBUJAR.

rebujina, rebujiña *f.* coll. bustle, hubbub.

rebujo *m.* woman's thick veil, etc. for covering the face. 2 clumsy bundle.

rebullicio *m.* great bustle or hubbub.

rebullir *intr. & ref.* to stir, begin to move ; give signs of life.

rebumbar *intr.* [of a cannon ball] to whiz.

rebumbio *m.* coll. noise, hubbub, confusion.

reburujar *tr.* to make up in a clumsy bundle.

reburujón *m.* clumsy bundle.

rebusca *f.* too careful research or seeking out. 2 grapes or other fruit left on the vineyard or on the field by gatherers or reapers.

rebuscado, da *adj.* affected, unnatural, far-fetched, recherché.

rebuscador, ra *m. & f.* searcher, researcher. 2 gleaner.

rebuscamiento *m.* too careful research or seeking out. 2 affectation, excessive elegance, far-fetchedness [in bearing, language, etc.].

rebuscar *tr.* to research, to seek out with excessive care. 3 to glean, to gather fruit or grapes left by gatherers.

rebusco *m.* REBUSCA.

rebusqué, rebusque, etc., *pret., subj. & imper.* of REBUSCAR.

rebuznador, ra *adj.* braying. — 2 *m.* & *f.* brayer.

rebuznar *tr.* to bray.

rebuzno *m.* braying [of a donkey].

recabar *tr.* to obtain by entreaty.

recadero, ra *m. & f.* man or woman who does errands, messenger.

recado *m.* message, errand : *enviar a un* ~, to send on an errand ; *hacer recados,* to do or run errands. 2 present, gift [sent with a letter]. 3 daily provision or marketing. 4 outfit, equipment [for doing certain things] : ~ *de escribir,* writing materials. 5 precaution, security. 6 (Am.) saddle and trappings. 7 *pl.* compliments, regards: *recados a,* kind regards to.

recaer *intr.* to fall again, fall back. 2 to relapse. 3 ~ *en* or *sobre* [of an heritance, election, responsibility, etc.] to come to, fall to ; to fall upon, devolve upon. ¶ CONJUG. like *caer.*

recaída *f.* relapse.

recaigo, recaiga, etc., *irr.* V. RECAER.

recalada *f.* NAUT. landfall.

recalar *tr.* to soak, saturate. — 2 *intr.* NAUT. ~ *en* [of a ship], to approach or reach [a place in the shore], to make the land.

recalcada *f.* NAUT. heel, heeling, list.

recalcadamente *adv.* very tightly.

recalcadura *f.* pressing, pressing tight. 2 cramming, packing.

recalcar *tr.* to press [a thing with another]. 2 to cram, to pack, or stuff [things] closely together. 3 to emphasize, lay stress upon [words]. — 4 *intr.* NAUT. to heel, list. — 5 *ref.* to say something repeatedly as if taking pleasure in it. 6 ARRELLANARSE.

recalce *m.* AGR. hilling. 2 ARCH. strengthening of a foundation.

recalce, recalce, etc., *pret., subj. & imper.* of RECALZAR.

recalcitrante *adj.* recalcitrant. 2 stubborn, refractory.

recalcitrar *intr.* to recalcitrate.

recalentamiento *m.* reheating. 2 overheating, superheating. 3 spoiling of tobacco or some stored fruits caused by excessive heat.

recalentar *tr.* to reheat. 2 to overheat, superheat. 3 to excite sexually. — 4 *ref.* to become overheated. 5 [of tobacco and some stored fruits] to be spoiled by the excessive heat. 6 to become excited sexually. ¶ CONJUG. like *acertar.*

recaliento, recaliente, etc., *irr.* V. RECALENTAR.

recalmón *m.* NAUT. lull [in wind or sea].

recalqué, recalque, etc., *pret., subj. & imper.* of RECALCAR.

recalvastro *adj.* bald-pated.

recalzar *tr.* to hill [plants]. 2 ARCH. to strengthen the foundation of. 3 PAINT. to colour [a drawing].

recalzo *m.* ARCH. strengthening a foundation. 2 RECALZÓN.

recalzón *m.* additional felloe forming a double outer rim for a cart wheel.

recamado, da *adj.* adorned with raised embroidery. — 2 *m.* raised embroidery.

recamador, ra *m. & f.* embroiderer who does raised embroidery.

recamar *tr.* to adorn with raised embroidery.

recámara *f.* chamber, breech [of a gun]. 2 MIL. blasthole [of a mine]. 3 obs. wardrobe [at the back of a bedroom]. 4 obs. stock of furniture [in the house of a wealthy person]. 5 (Mex.) bedroom. 6 fig. caution, reserve, cunning.

recambiar *tr.* to re-exchange, to rechange. 2 COM. to redraw.

recambio *m.* re-exchange. 2 rechange. 3 COM. redrawing. 4 MACH. *de* ~, spare [part, wheel, etc.].

recamo *m.* raised embroidery. 2 SEW. a kind of frog.

recancamusa *f.* CANCAMUSA.

recancanilla *f.* halting walk playfully assumed by boys. 2 emphasis, stress laid on words to indicate special significance.

recantación *f.* recantation.

recantón *m.* corner spur stone.

recapacitar *tr.* to go over [in one's mind], to meditate upon.

recapitulación *f.* recapitulación, summing up.

recapitular *tr.* to recapitulate, summarize.

recargar *tr.* to reload, recharge. 2 to overload, overcharge. 4 to increase [a tax or duty]. 5 to adorn to excess. — *6 ref.* to have an increase of fever.

recargo *m.* recharge, new load, new charge. *2* additional tax or duty, surtax. *3* MED. increase of fever.

recargué, recargue, etc., *pret., subj. & imper.* of RECARGAR.

recatadamente *adv.* circumspectly, reservedly. *2* modestly, chastely.

recatado, da *p. p.* of RECATAR. — *2 adj.* cautious, circumspect. *3* modest, chaste.

recatar *tr.* to hide, conceal. — *2 ref.* to hide [oneself or one's actions].

recatear *intr.* to haggle over. *2* to sell [articles of food] at retail. *3* to grudge, spare.

recatería *f.* REGATONERÍA.

recato *m.* caution, reserve. *2* modesty, decency, chastity.

recatón *adj. & n.* REGATÓN 1 & 3. — *2 m.* REGATÓN 5.

recatonazo *m.* blow with the tip or ferrule of a lance.

recatonear *tr.* REGATONEAR.

recatonería *f.* REGATONERÍA.

recauchutaje *m.* retreading [of a tire].

recauchutar *tr.* to retread [a tire].

recaudación *f.* collection, collecting [of rents. taxes, etc.]. *2* sum collected, receipt. *3* collector's office.

recaudador *m.* collector, taxgatherer.

recaudamiento *m.* RECAUDACIÓN 1. *2* district of a collector or taxgatherer.

recaudar *tr.* to collect [rents, taxes, etc.]. *2* to hold or put under care, in custody, in safe place.

recaudo *m.* collection, collecting [of taxes, etc.]. *2* precaution, care : *a buen ~,* under care, in custody, in safe place. *3* LAW bail, bond, surety.

recavar *tr.* to dig a second time.

recazo *m.* guard [of a sword]. *2* back [of a knife].

recayó, recayera, recayese, etc., *irr.* V. RECAER.

recebar *tr.* to level [a roadbed] with gravel. *2* to refill [a cask].

recebo *m.* gravel spread on a roadbed. *2* liquid added to a cask in refilling it.

recelador *adj. caballo ~,* a horse employed to get a mare in heat which is going to be covered by an ass.

recelamiento *m.* RECELO.

recelar *tr. & ref.* to fear, distrust, suspect. — *2 tr.* to put a horse before [a mare which is going to be covered by an ass] in order to get the mare in heat.

recelo *m.* fear, distrust, misgiving, suspicion.

receloso, sa *adj.* fearful, distrustful, suspicious.

recentadura *f.* leaven for dough.

recental *adj.* sucking [calf or lamb].

recentar *tr.* to put leaven into [dough]. — *2 ref.* to renew [be renewed]. ¶ CONJUG. like *acertar.*

recentísimo, ma *adj. superl.* very recent.

receñir *tr.* to regird. ¶ CONJUG. like *ceñir.*

recepción *f.* reception, receiving, receipt. *2* reception, admission [into Academy, etc.]. *3* reception [ceremony of receiving visitors or guests]. *4* RADIO. reception. *5* LAW hearing of witnesses.

receptáculo *m.* receptacle [containing vessel, place or space]. *2* BOT. receptacle.

receptador *m. & f.* LAW receptor [of fugitives of justice], accessory after the fact; receiver [of stolen goods].

receptar *tr.* LAW to conceal, shelter [offenders], to receive [stolen goods, etc.].

receptividad *f.* receptiveness, receptivity.

receptivo, va *adj.* receptive.

recepto *m.* shelter, refuge, place of safety.

receptor, ra *adj.* receiving. — *2 m. & f.* receiver, recipient [person]. — *3 m.* TELEF., TELEG., RADIO. receiver. *4* PHYSIOL., WIRELESS TELEG. receptor.

recercador *m.* blunt chisel for repoussé work.

recercar *tr.* to fence in again. *2* to regird. *3* CERCAR.

recésit *m.* ECCL. rest from choir duties.

receso *m.* deviation, separation, withdrawal. *2* (Am.) adjournment.

receta *f.* prescription, recipe, receipt.

recetador *m.* prescriber [of medicines], maker of recipes or receipts.

recetante *adj.* prescribing [doctor].

recetar *tr.* MED. to order, prescribe [a medicine]. *2* coll. to ask for. — *3 intr.* MED. to prescribe.

recetario *m.* pharmacopœia. *2* receipt book. *3* book

in hospitals in which instructions for treatment are entered. *4* apothecary's file.

recetor *m.* receiver, treasurer.

recetoría *f.* receiver's office, treasury.

recial *m.* rapids, swift current [in rivers].

reciamente *adv.* strongly, solidly. *2* vigorously, impetuously

reciario *m.* retiarius [gladiator].

recibí *m.* [from *recibí,* I received, used to mean : I received payment] COM. receipt.

recibidero, ra *adj.* receivable.

recibidor, ra *m. & f.* receiver, recipient. — *2 m.* RECIBIMIENTO 5 & 6.

recibiente *adj.* receiving.

recibimiento *m.* reception, receiving. *2* reception [manner of receiving a person]; greeting, welcome. *3* reception, at-home. *4* drawing-room, reception room. *5* entrance room, hall, vestibule [of a flat or apartment]. *6* antechamber.

recibir *tr.* to receive [in practically every sense]. *2* to admit, let in. *3* to take [as pay, satisfaction, recompense, etc.]. *4* to meet [go to a place to receive a person]. *5* to face [an attack or assailant]. *6* BULLF. to stand with one's feet together and thrust one's sword into the bull, when it attacks, without moving one's feet. — *7 intr.* to receive [receive company, be at home to receive calls]. — *8 ref. recibirse de,* to graduate as, to be admitted to practice as.

recibo *m.* reception, receipt; *acusar ~ de,* to acknowledge receipt of; *estar* or *ser de ~,* COM. [of goods. etc.] to be in good condition, have the required qualities, be acceptable. *2* COM. receipt, quittance. *3* reception [of callers] : *día de ~,* at-home day; *estar de ~,* to be dressed for receiving callers. *4* drawing-room, reception room. *5* RECIBIMIENTO 5.

recidiva *f.* MED. relapse.

reciedumbre *f.* strength, solidity, vigour.

recién *adv.* recently, freshly, lately, newly, late, new. ǀ Used only before a p. p.: *~ casados,* newly married; *~ llegado,* newcome, newcomer; *~ nacido,* newborn, newborn child. *2* (Am.) just, just now : *~ ha llegado,* he has just arrived.

reciente *adj.* recent, fresh, late, new, modern.

recientemente *adv.* recently, freshly, lately, newly.

reciento, reciente, etc.. *irr.* V. RECENTAR.

recinchar *tr.* to gird, bind with a girdle.

recinto *m.* area, enclosure, precinct [space within bounds]. *2* FORT. enceinte.

reciño, reciña, etc., *irr.* V. RECEÑIR.

1) recio *adv.* RECIAMENTE. *2 de ~,* RECIAMENTE.

2) recio, cia *adj.* strong, robust, vigorous. *2* thick. heavy. *3* stout, bulky. *4* harsh, harsh-tempered. *5* hard, difficult to bear. *6* severe, rigourous [weather]. *7* fat [soil]. *8* swift, impetuous.

récipe *m.* recipe, prescription. *2* coll. displeasure, grief [caused to one].

recipiendario *m.* member received [into an Academy, etc.].

recipiente *adj.* recipient. — *2 m.* receptacle, vessel, container. *3* receiver [of an alembic]. *4* receiver, bell glass [of an air pump].

reciprocación *f.* reciprocity.

recíprocamente *adv.* reciprocally, mutually. *2* conversely.

reciprocar *tr.* to reciprocate [to make mutual or correspondent].

reciprocidad *f.* reciprocity.

recíproco, ca *adj.* reciprocal, mutual. *2* MATH. reciprocal.

reciproqué, reciproque, etc., *pret., subj. & imper.* of RECIPROCAR.

recisión *f.* RESCISIÓN.

recitación *f.* recitation.

recitado *m.* MUS. recitative.

recitador, ra *adj.* reciting. — *2 m. & f.* reciter.

recital *m.* MUS. recital.

recitar *tr.* to recite.

recitativo, va *adj.* MUS. recitative.

reciura *f.* strength, vigour. *2* thickness, stoutness. *3* rigour [of weather].

reclamación *f.* claim, demand [of a thing as one's due]. *2* reclamation, complaint, protest. *3* INTERN. LAW reclamation.

reclamante *m. & f.* claimant, claimer [one who demands something as his due]. *2* reclaimant, complainer.

reclamar *tr.* to claim [demand as one's due; call for, require]. *2* LAW [of a court] to order [a fugitive of justice] to appear or to be taken. *3*

INTERN. LAW to reclaim. *4* to decoy [a bird] with a birdcall. — *5 intr.* to reclaim, protest [against], to complain [of] ; to put in a claim. — *6 ref.* [of birds] to call one another.

reclame *m.* NAUT. tie block.

reclamo *m.* decoy bird. *2* birdcall. *3* sound of the bird call. *4* call [to call someone]. *5* call [cf a bird calling another bird]. *6* allurement, attraction, inducement. *7* advertising, publicity, reclame. *8* PRINT. reference mark. *9* PRINT. catchword.

recle *m.* ECCL. rest from choir duties.

reclinación *f.* reclination, reclining.

reclinado, da *adj.* reclined, reclining, recumbent. *2* BOT. reclinate.

reclinar *tr.* to recline, to lean. — *2 ref.* to recline [to assume, or be in, a reclining position], to lean : *reclinarse en* or *sobre,* to recline on, to lean on or upon.

reclinatorio *m.* kneeling desk, prie-dieu. *2* anything arranged for reclining on.

recluir *tr.* to confine, imprison, intern, shut, shut up, seclude [a person]. — *2 ref.* to confine or seclude oneself. ¶ CONJUG. like *huir.* | Past. p. : *recluido & recluso.*

reclusión *f.* confinement, imprisonment, internment, seclusion. *2* place of confinement; place of retirement.

recluso *p. p. irr.* of RECLUIR. — *2 adj.* confined, imprisoned, interned, recluse. — *3 m. & f.* prisoner [person kept in prison].

reclusorio *m.* place of confinement.

recluta *f.* RECLUTAMIENTO. *2* (Arg.) roundup of cattle. — *8 m.* MIL. recruit.

reclutador *m.* recruiter.

reclutamiento *m.* recruiting, recruitment; conscription. *2* MIL. the recruits or conscripts of the same year.

reclutar *tr.* to recruit, to conscript. *2* (Arg.) to roundup [cattle].

recluyo, recluyó, recluyera, recluyese, etc., *irr.* V. RECLUIR.

recobrante *adj.* recovering.

recobrar *tr.* to recover, recuperate, regain, retrieve. — *2 ref.* to recover [regain health, consciousness, etc.]. *3 recobrarse de,* to recover [one's losses, etc.].

recobro *m.* recovery, recuperation.

recocer *tr.* to boil, cook or bake again. *2* to cook or bake to excess. *3* METAL. to anneal. — *4 ref.* to be burning [with anger, etc.]. ¶ CONJUG. like COCER.

recocido, da *p. p.* of RECOCER. — *2 adj.* overcooked, overbacked. *3* METAL. annealed. *4* expert. — *5 m.* second baking. *6* METAL. annealing.

recocina *f.* back kitchen.

recocho, cha *adj.* overcooked, overdone, overbaked.

recodadero *m.* elbowboard.

recodar *intr. & ref.* to lean upon with the elbow. — *2 intr.* [of a river, road, etc.] to turn, bend.

recodo *m.* turn, bend, angle, elbow [of a river, road, street, etc.].

recogedero *m.* place where things are gathered. *2* instrument for gathering things.

recogedor, ra *m. & f.* gatherer. *2* shelterer. — *3 m.* AGR. implement for gathering the grain in the thrashing ground. *4* dustpan.

recoger *tr.* to retake, take back. *2* to gather, collect, pick up, take up. *3* to gather [as harvest]. *4* to gather [a piece of cloth], to pucker; to take in [a garment] ; to tuck up or in. *5* to take away, put away, lock up. *6* to fetch, get, call for. *7* to gather, glean, accumulate. *8* to receive, take up [for the purpose of assisting], to give shelter to. *9* to intern, put in a home or asylum. *10* to retire, withdraw; to withdraw from circulation. — *11 ref.* to retire [into a convent, etc.]. *12* to seclude oneself. *13* to retire [go to bed] ; to go home for the night. *14* to abstract oneself from wordly thoughts.

recogida *adj.* withdrawal from circulation. — *2 f.* woman who lives in seclusion. *3* immate of a house of retirement or reformation for women.

recogidamente *adv.* with abstraction of worldly thoughts, recollectedly, devoutly.

recogido, da *p. p.* of RECOGER. — *2 adj.* recluse. *3* short-trunked [animal]. — *4 m.* (Am.) SEW. tuck, fold.

recogimiento *m.* abstraction of worldly thoughts,

recollection. *2* house of retirement or reformation for women.

recojo, recoja, etc., *pres., subj. & imper.* of RECOGER.

recolar *tr.* to strain a second time. ¶ CONJUG. like *contar.*

recolección *f.* summary, compendium. *2* gathering [of fruits], harvesting. *3* collection [cf money or taxes]. *4* recollection, concentration in prayer or spiritual meditation.

recolectar *tr.* to gather [as harvest].

recolector *m.* collector, taxgatherer.

recoleto, ta *adj. & n.* ECCL. Recollect.

recomendable *adj.* commendable. *2* recommendable ; advisable.

recomendablemente *adv.* commendably.

recomendación *f.* recommendation : ~ *del alma,* prayers for the dying. *2* commendation, praise.

recomendante *m. & f.* recommender, commender.

recomendar *tr.* to recommend. *2* to commend. *3* to urge [a measure, etc.] — *4 ref.* to make oneself or itself recommendable. ¶ CONJUG. like *acertar.*

recomendatorio, ria *adj.* recommendatory.

recomiendo, recomiende, etc., *irr.* V. RECOMENDAR.

recompensa *f.* recompense, compensation, reward : *en* ~, in return.

recompensable *adj.* recompensable.

recompensación *f.* RECOMPENSA.

recompensar *tr.* to recompense, compensate, reward.

recompondré, recompondría, etc., *irr.* V. RECOMPONER.

recomponer *tr.* to recompose, compose again. *2* to mend, repair. ¶ CONJUG. like *poner.*

recompongo, recomponga, etc., *irr.* V. RECOMPONER.

recompuesto, ta *p. p.* of RECOMPONER.

recompuse, recompusiera, recompusiese, etc., *irr.* V. RECOMPONER.

reconcentración *f.* **reconcentramiento** *m.* concentration [bringing together to a point; intensity of hate, etc.]. *2* concentration, abstraction [of mind].

reconcentrado, da *p. p.* of RECONCENTRAR. — *2 adj.* concentrate, concentrated [hate, energies, etc.].

reconcentrar *tr.* concentrate [bring together to a point]. *2* to keep secret and intense [one's hate, etc.]. — *3 ref.* to become absorbed in thought.

reconciliación *f.* reconciliation.

reconciliador, ra *adj.* reconciling. — *2 m. & f* reconciler.

reconciliar *tr.* to reconcile [restore to friendship, bring back to harmony]. *2* ECCL. to reconcile. *3* ECCL. to hear a short additional confession from. — *4 ref.* to become reconciled, renew friendship. *5* ECCL. to make a short additional confession.

reconcomerse *ref.* CONCOMERSE.

reconcomio *m.* CONCOMIO. *2* itching, desire. *3* fam. secret fear or suspición.

recondidez *f.* reconditeness.

recóndito, ta *adj.* recondite, out of the way, hidden.

reconducción *f.* LAW renewal of a lease.

reconducir *tr.* LAW to renew [a lease]. ¶ CONJUG. like *conducir.*

reconduzco, reconduje, reconduzca, recondujera, recondujese, etc., *irr.* V. RECONDUCIR.

reconocedor, ra *adj.* inspecting, examining. — *2 m. & f.* inspector, examiner.

reconocer *tr.* to inspect, examine. *2* MIL. to reconnoitre, scout. *3* to recognize [identify as known before]. *4* POL. to recognize [a government]. *5* to recognize, acknowledge, own [in a particular character or relationship; admit the claims, authority, existence or truth of]. *6* to acknowledge, own [one's authorship, paternity, etc.]. *7* to recognize, acknowledge, realize, admit, own [that]. *8* to be recognizant [to]. *9* ~ *por,* to acknowledge as. — *10 ref.* [of a thing] to be known [by certain signs]. *11* to avow or own oneself. *12* to know oneself. ¶ CONJUG. like *agradecer.*

reconocidamente *adv.* gratefully. *2* acknowledgedly.

reconocido, da *p. p.* of RECONOCER. — *2 adj.* recognized. *3* acknowledged, generally acknowledged. *4* recognizant, grateful, obliged.

reconociente *adj.* recognizing.

reconocimiento *m.* inspection, examination. *2* MIL. reconnaissance, reconnoitring, scouting. *3* reconnaisance, survey. *4* recognition. *5* acknowledgment; admission, confession. *6* gratitude.

reconozco, ca, etc., *irr.* V. RECONOCER.

reconquista *f.* reconquest.

reconquistar *tr.* to reconquer.

reconstitución *tr.* reconstitution.

reconstituir *tr.* to reconstitute. 2 MED. to restore.

reconstituyente *adj.* reconstituent. — 2 *m.* MED. reconstituent(restorative, tonic.

reconstrucción *f.* reconstruction, rebuilding.

reconstruir *tr.* to reconstruct, rebuild. ¶ CONJUG. like *huir*.

reconstruyo, reconstruyó, reconstruya, etc., *irr.* V. RECONSTRUIR.

recontamiento *m.* telling, narration.

recontar *tr.* to re-count, count again. 2 to recount, tell, narrate, relate. ¶ CONJUG. like *contar*.

recontento, ta *adj.* very glad, greatly pleased. — 2 *m.* great satisfaction.

reconvalecer *intr.* to reconvalesce. ¶ CONJUG. like *agradecer*.

reconvalezco, reconvalezca, etc. *irr.* V. RECONVALE-CER.

reconvención *f.* charge, reproach, reprehension.

reconvendré, reconvendría, reconvengo, reconvenga, etc., *irr.* V. RECONVENIR.

reconvenir *tr.* to reproach, to reprehend. 2 LAW to make a reconvention against. ¶ CONJUG. like *venir*.

reconviene, reconvine, reconviniera, reconviniese, etc., *irr.* V. RECONVENIR.

recopilación *f.* summary, abridgment, compendium. 2 compilation, collection.

recopilador, ra *m.* & *f.* abridger 2 compiler.

recopilar *tr.* to compile.

recoquin *m.* coll. short chubby fellow.

recordable *adj.* that can be remembered. 2 memorable.

recordación *f.* remembrance, recollection.

recordador, ra *adj.* remembering. 2 reminding.

recordante *adj.* remembering.

recordar *tr.* to remember, recollect : *no recordaba haberlo dicho*, he did not remember saying it. 2 to remind : ~ *algo a uno*, to remind one of something; *recuérdele que lo ha prometido*, remind him that he has promised it. — 3 *intr.* & *ref.* to awake, wake up [cease to sleep]. ¶ CONJUG. like *contar*.

recordativo, va *adj.* reminding. — 2 *m.* reminder, memento.

recordatorio *m.* reminder, memento.

recorrer *tr.* to travel, traverse, make, walk, perambulate, run, go over or through [a country, place, space, circuit or distance]. 2 MACH. to travel in. 3 to make the round of. 4 to run one's eye over, run through, read cursorily. 5 to overhaul, repair. 6 PRINT. to overrun.

recorrido *m.* space or distance walked, travelled or to be walked er travelled : course, run, circuit, beat, rounds. 2 MACH. travel, stroke. 3 overhaul, overhauling, reparation. 4 coll. reprehension, dressing-down.

recortado, da *p. p.* of RECORTAR. — 2 *adj.* BOT. notched. — 3 *m.* cutout [figure cut cut of paper].

recortadura *f.* cutting, cutting out. 2 clipping. 3 *pl.* clippings.

recortar *tr.* to cut away, cut off, clip, pare off, trim. 2 to cut out [figures]. 3 PINT. to outline [mark the outline of].

recorte *m.* cutting, cutting out. 2 BULLF. dodge. 3 clipping [of a newspaper]. 4 *pl.* cuttings, trimmings. 5 *recortes de prensa*, newspaper clippings.

recorvar *tr.* & *ref.* ENCORVAR.

recorvo, va *adj.* CORVO.

recoser *tr.* to sew again. 2 to mend [the linen].

recosido *m.* sewing again. 2 mending [of the linen].

recostadero, ra *adj.* reclining place.

recostar *tr.* to lean, recline [the upper part of the body]. — 2 *ref.* [of one in a standing or sitting position] to lean back, recline. ¶ CONJUG. like *contar*.

recova *f.* dealer's buying of poultry and eggs in markets, farms, etc. 2 poultry market. 4 HUNT. pack of hounds.

recoveco *m.* turning, winding, bend [of a passage, lane, stream, etc.]. 2 fig. artifice, simulation, trick.

recovero, ra *m.* & *f.* poultry dealer.

recre *m.* RECLE.

recreación *f.* recreation. 2 re-creation.

recrear *tr.* to recreate, amuse. 2 to please, delight : ~ *los oídos a*, fig. to say pleasing or flattering things to. 3 to re-create. — 4 *ref.* to recreate,

amuse oneself. 5 *recrearse en,* to delight in, take delight in.

recreativo, va *adj.* recreation, recreative.

recrecer *tr.* to increase, augment. — 2 *intr.* to increase [become greater]. 3 to occur or happen again. — 4 *ref.* to gather vigour, courage; to recover one's spirits. ¶ CONJUG. like *agradecer*.

recrecimiento *m.* increase, augmentation. 2 gathering vigour or courage.

recrementicio, cia *adj.* PHYSIOL. recrementitious.

recremento *m.* PHYSIOL. recrement.

recreo *m.* recreation, amusement, diversion, sport. 2 place of amusement.

recrezco, recrezca, etc., *irr.* V. DECRECER.

recría *f.* rearing of colts, etc., bred in another place.

recriador *m.* rearer of colts, etc., bred in another place.

recriar *tr.* to rear [colts, etc.] bred in another place. 2 to give new strength to. 3 THEOL. to redeem [mankind] by the passion and death of Christ.

recriminación *f.* recrimination.

recriminador, ra *m.* & *f.* recriminator.

recriminar *tr.* to retort in recrimination, to reproach. — 2 *ref.* to recriminate [indulge in mutual charges].

recrudecer *intr.* to recrudesce, get worse. ¶ CONJUG. like *agradecer*.

recrudecimiento *m.,* **recrudescencia** *f* recrudescence.

recrudescente *adj.* recrudescent.

recrudezco, recrudezca, etc., *irr.* V. RECRUDECER.

recrujir *intr.* to creak loudly.

recruzar *tr.* to recross, cross again.

recta *f.* straight line. 2 straight [straight part of a road, railway line, etc.].

rectal *adj.* ANAT. rectal.

rectamente *adv.* directly, straightly [in a straight line]. 2 honestly, righteously, rightly.

rectangular *adj.* rectangular.

rectángulo *adj.* rectangular. 2 right-angled : *triángulo* ~, right-angled triangle. — 3 GEOM. rectangle.

rectificación *f.* rectification.

rectificador, ra *adj.* rectifying. — 2 *m.* & *f.* rectifier.

rectificar *tr.* to rectify, put right, correct, adjust; to true up. 2 CHEM., MATH. to rectify.

rectificativo, va *adj.* rectifying.

rectifiqué, rectifique, etc., *pret., subj.* & *imper.* of RECTIFICAR.

rectilíneo, a *adj.* rectilinear, rectilineal.

rectinervia *adj.* BOT. rectinerved [leaf].

rectitud *f.* rectitude, righteousness, uprightness. 2 straightness. 3 correctness, rightness, accuracy.

recto, ta *adj.* straight [without curve or bend]; not leaning or inclining]. 2 righteous, just, fair, severe. 3 GEOM. right [angle, line, cone, cylinder, prism]. 4 ASTR. right [ascension, sphere]. 5 literal [sense or meaning]. 6 PRINT. *folio* ~, recto [right-hand page]. 7 MATH. *seno* ~, sine. 8 ANAT., ZOOL. *intestino* ~, rectum. — 9 *m.* ANAT., ZOOL. rectum. — 10 *f.* straight line.

rector, ra *adj.* governing, directing. — 2 *m.* & *f.* director, one who governs or directs. 3 rector, head [of a religious house or college]. 4 ECCL. rector, parish priest. 5 rector, president [of a university].

rectorado *m.* rectorate, rectorship.

rectoral *adj.* [pertaining to the] rector or parish priest. — 2 *f.* rectory, house of the parish priest.

rectorar *intr.* to become a rector, to become a parish priest.

rectoría *f.* rectorate, rectorship. 2 rector's office.

recua *f.* drove of beasts of burden. 2 fig. multitude of things coming one after the other.

recuadrar *tr.* PAINT. to graticulate.

recuadro *m.* ARCH. square or rectangular compartment.

recuaje *m.* toil for the passage of beasts of burden.

recubrimiento *m.* covering again. 2 covering, coating, lining, facing. 3 retiling, reparation of the roofing.

recubrir *tr.* to cover again. 2 to cover, coat, line, face, overlay. 3 RETEJAR 1.

recudir *tr.* to pay [one] his due. — 2 *intr.* [of a thing] to rebound, come or spring back.

1) recuelo *m.* strong lye for bucking clothes. 2 warmed-up coffee.

2) recuelo, recuelé, etc., *irr.* V. RECOLAR.

1) **recuento** *m.* recount [counting again]. 2 count, counting, telling, enumeration.
2) **recuento, recuente,** etc., *irr.* V. RECONTAR.
1) **recuerdo** *m.* remembrance, recollection, memory. 2 remembrance, keepsake, souvenir. 3 *pl.* compliments, regards.
2) **recuerdo, recuerde,** etc., *irr.* V. RECORDAR.
recuero *m.* driver of a drove of beasts of burden, muleteer.
recuesta *f.* request.
recuestar *tr.* to request, ask, beg.
1) **recuesto,** *m.* declivity, slope.
2) **recuesto, recueste,** etc., *irr.* V. RECOSTAR.
recuezo, recueza, etc., *irr.* V. RECOCER.
reculada *f.* recoil, going back, falling back, backing up. 2 coll. receding, yielding, giving up.
recular *intr.* to recoil, go back, fall back, back up. 2 coll. to recede [from an opinion], yield, give up.
reculo, la *adj.* tailless [hen or chicken].
reculones (a) *adv.* going backwards, backing up.
recuñar *tr.* to extract [ore or stone] working with wedges.
recuperable *adj.* recoverable.
recuperación *f.* recovery, regain. 2 recuperation.
recuperador, ra *adj.* recuperative. — 2 *m. & f.* recoverer. — 3 *m.* recuperator.
recuperar *tr.* to recover, regain, get again. 2 to recuperate. — 3 *ref.* to recover oneself, to recuperate.
recuperativo, va *adj.* recuperative.
recura *f.* comb saw.
recurar *tr.* to tooth [a comb].
recurrente *adj.* BOT. recurrent. — 2 LAW. appellant.
recurrir *intr.* to apply, appeal, resort, have recourse [to], fall back [on or upon]. 2 [of a thing] to revert, return. 3 LAW to appeal.
recurso *m.* recourse, resort. 2 resource [expedient, means of resort]. 3 written petition. 4 reversion, return. 5 LAW appeal. 6 *pl.* resources, means. 7 *sin recurso,* definitively, without appeal, irremediably.
recusable *adj.* refusable, objectionable, exceptionable. 2 LAW challengeable.
recusación *f.* refusal, rejection. 2 LAW challenge, recusation.
recusante *adj.* LAW challenging. — 2 *m. & f.* LAW challenger.
recusar *tr.* to refuse, reject. 2 LAW to challenge, recuse.
rechace, rechace, etc., *pret., subj. & imper.* of RECHAZAR.
rechazador, ra *adj.* repelling, driving back. 2 rejecting, refusing. — 3 *m. & f.* repeller.
rechazamiento *m.* repulsion, driving back. 2 refusal, rejection. 3 impugnation.
rechazar *tr.* to repel, repulse, force or drive back. 2 to refuse, reject; to rebuff; to repudiate. 3 to contradict, impugn.
rechazo *m.* rebound, recoil, repercussion : *de ~,* fig. indirectly, as a repercussion.
rechifla *f.* hissing [in derision]. 2 flout, jeering, mockery, derision.
rechiflar *tr.* to hiss [in derision]. — 2 *ref.* to flout, jeer, mock, ridicule.
rechinador, ra *adj.* squeaking, creaking, grating.
rechinamiento *m.* squeaking, creaking, grating. 2 gnashing, grinding [of teeth].
rechinante *adj.* RECHINADOR.
rechinar *intr.* [of a door, wheel, etc.] to squeak, creak, grate. 2 [of teeth] to gnash : *hacer ~ los dientes,* to gnash or grind the teeth. 3 fig. to do a thing with reluctance, to act with bad grace.
rechinido, rechino *m.* RECHINAMIENTO.
rechistar *intr.* CHISTAR.
rechoncho, cha *adj.* chubby, thickset.
rechupete (de) coll. splendid, fine.
red *f.* net [meshed fabric], fishing net, tennis net, etc.: *~ barredera, de jorrar* or *de jorro,* dragnet, seine; *echar,* or *tender, la ~* or *las redes,* to cast, or set, the net. 2 netting, network. 3 hair net. 4 fig. net, snare, trap : *caer en la ~,* to fall into the trap. 5 network, system [of streets, railways, telephone or telegraph lines, etc.]. 6 grating, railing. 7 OPT. grating.
redacción *f.* redaction, drawing up, wording [putting in writing]. 2 newspaper offices. 3 editorial staff.
redactar *tr.* to redact, draw up, word [put in writing]. 2 to edit, be one of the editors of [a dictionary or newspaper].

redactor, ra *m. & f.* redactor, writer. 2 editor, journalist, member of an editorial staff.
redada *f.* casting a net. 2 netful of fish, catch, haul. 3 fig. catch, haul, *roundup [of criminals, etc.].
redaño *m.* ANAT. caul, omentum. 2 *pl.* fig. mettle, courage.
redar *tr.* to cast a net in.
redargución *f.* retort, counter-argument. 2 LAW impugnation.
redargüir *tr.* to retort [say by way of counter-argument]. 2 LAW impugn. ¶ CONJUG. like *huir.*
redarguyo, redarguyó, redarguya, etc., *irr.* V. REDARGÜIR.
redecilla *f.* small net. 2 netting. 3 hair net. 4 ZOOL. reticulum, honeycomb stomach [of a ruminant].
redecir *tr.* to say [some words] over and over again. ¶ CONJUG. like *decir.*
rededor *m.* environs, surroundings. 2 *al ~, en ~,* around, round about: *al ~ de, en ~ de,* around, about [a person or thing]; about, nearly, more or less.
redel *m.* NAUT. loof frame.
redención *f.* redemption, ransom. 2 redemption, reclaiming [winning back from vice, etc.], deliverance from pain, poverty, etc. 3 redemption [of mortgaged lands, pledged goods, etc.]. 4 THEOL. redemption.
redentor, ra *adj.* redeeming. — 2 *m. & f.* redeemer — 3 *m. pr. n. El Redentor,* the Redeemer.
redero, ra *adj.* of net or nets. — 2 *m. & f.* net-maker. 3 birdcatcher who uses nets.
redescuento *m.* COM. rediscount.
redhibición *f.* LAW redhibition.
redhibir *tr.* LAW to annul [a sale] by making use of the right of redhibition.
redhibitorio, ria *adj.* LAW redhibitory.
redición *f.* repetition, saying again.
redicho, cha *irreg. p. p.* of REDECIR. — 2 *adj.* affected [in speech].
redigo, redije, rediga, redijera, redijese, etc., *irr.* V. REDECIR.
redil *m.* fold, sheepfold.
redimible *adj.* redeemable.
redimir *tr.* to redeem, ransom. 2 to redeem, reclaim [win back from vice, etc.]; to deliver from pain, poverty, etc. 3 to redeem [mortgaged lands, pledged goods, etc.]. 4 THEOL. to redeem.
redingote *m.* a kind of greatcoat: redingote.
rédito *m.* interest, income, revenue [of invested money] : *poner a ~, prestar a ~,* to lay out at interest.
redituable, reditual *adj.* interest-yielding, revenue-yielding.
redituar *tr.* to yield [as interest or revenue].
redivivo, va *adj.* redivivus, revived.
redoblado, da *adj.* redoubled. 2 thick, stout; thick-set, heavy-built. 3 MIL. quick [step].
redobladura *fi,* **redoblamiento** *m.* redoubling. 2 clinching [a nail or rivet].
redoblante *m.* MIL. long-frame drum used in rolling or beating time.
redoblar *tr.* to double. 2 to redouble; to repeat, reduplicate. 3 to clinch [a nail or rivet]. — 4 *intr.* MIL., MUS. to roll a drum. — 5 *ref.* to redouble [grow greater, more intense or numerous].
redoble *m.* REDOBLADURA. 2 roll [of a drum].
redoblegar *tr.* to bend, to clinch.
redoblegué, redoblegue, etc., *pret., subj. & imper.* of REDOBLEGAR.
redoblón *m.* clinch-nail, rivet.
redolente *adj.* slightly aching [after a pain or illness].
redolor *m.* dull, lingering aching or pain.
redoma *f.* phial, flask, narrow-necked bottle. 2 CHEM. balloon.
redomado, da *adj.* artful, crafty, sly.
redomón, na *adj.* (S. Am.) half-broken [horse, mare, etc.].
redonda *f.* neighbourhood, district, region. 2 pasture ground. 3 NAUT. square sail. 4 MUS. whole note, semibreve. 5 *a la ~,* around, round, round about.
redondamente *adv.* in a circle. 2 roundly, plainly, categorically.
redondeado, da *p. p.* of REDONDEAR. — 2 *adj.* round, rounded [approaching a circular or spherical shape].
redondear *tr.* to round [make round]. 2 to round off, round out [perfect, complete]. 3 to free [a state, a concern] of pecuniary encumbrance

— 4 *ref.* to round [become or grow round]. 5 to acquire a fortune, a competency.

redondel *m.* coll. round, circle. 2 round cape. 3 arena, bull ring.

redondete, ta *adj. dim.* roundish.

redondez *f.* roundness, rotundity [quality of being round]. 2 outline or surface of a round figure or body : *la ~ de la Tierra*, the face of the earth.

redondilla *f.* eight-syllable quatrain with rhyme abba. 2 hendecasyllable quatrain with rhyme abab. — 3 *adj. letra ~*, round hand [writing].

redondo, da *adj.* round [in shape] : *letra ~*, round hand [writing]; PRINT. roman type; *mesa ~*, round table; ordinary, table d'hôte. 2 round. [number] *3* square, plain, direct : *un no ~*, a square denial. *4* private [pasture land]. 5 *punto ~*, period, full stop. 6 *viaje ~*, round trip. — 7 *m.* round, circle, orb, round object. 8 *en ~*, around, circularly; roundly, plainly, categorically.

redondón *m.* large circle or round.

redopelo *m.* rubbing the wrong way : *al ~*, *a ~*, against the hair, against the grain ; against the nature or natural course of a thing, forcedly ; *traer al ~ a uno*, coll. to treat someone rudely and contemptuously. 2 coll. boys' wrangle or scuffle.

redor *f.* round mat. 2 poet. REDEDOR.

redova *f.* redowa [dance].

redro *adv.* coll. back, behind. — 2 *m.* annual ring on the horn [of sheep or goats].

redrojo *m.* small bunch of grapes remaining after vintage. 2 after fruit or blossom. 3 coll. runt, stunted boy.

redropelo *m.* REDOPELO.

redruejo *m.* REDROJO.

reducción *f.* reduction [in practically every sense]: *~ al absurdo*, reduction to absurdity, reductio ad absurdum. 2 [formerly, in Am.] settlement of converted Indians.

reducible *adj.* reducible.

reducido, da *p. p.* of REDUCIR. — 2 *adj.* reduced, diminished, small, compact.

reducimiento *m.* reduction.

reducir *tr.* to reduce [bring down, lower, diminish, lessen, contract]. 2 to reduce [convert, bring to a certain amount, number, state or condition]. 3 to reduce [subdue, bring back to obedience]. 4 to reduce, bring by force or necessity [to some action, etc.], compel [to do]. 5 to persuade, convince. 6 CHEM., LOG., MATH., SURG. to reduce — 7 *ref.* to reduce, be reduced. 8 to cut down one's expenses, adopt a less expensive way of living. 8 *reducirse a*, to decide from necessity to ; [of a thing] to be reduced to, to come to, to amount to. ¶ CONJUG. like *conducir*.

reducto *m.* FORT. redoubt.

reductor, ra *adj.* reducing. — 2 *m.* CHEM. reducer.

redundancia *f.* redundance, redundancy.

redundante *adj.* redundant.

redundantemente *adv.* redundantly.

redundar *intr.* to overflow, run over. 2 *~ en*, to redound to, result in, lead to, bring.

reduplicación *f.* reduplication, redoubling, repeating. 2 RHET. reduplication, anadiplosis.

reduplicado, da *adj.* reduplicate, redoubled.

reduplicar *tr.* to reduplicate, redouble ; to reiterate.

reduplicado, da *adj.* reduplicate, redoubled.

reduplicar *tr.* to reduplicate, redouble ; to reiterate.

redupliqué, reduplique, etc., *pret., subj. & imper.* of REDUPLICAR.

reduvio *m.* ENTOM. assassin bug.

reduzco, reduzca, etc., *irr.* V. REDUCIR.

reedificación *f.* rebuilding.

reedificador, ra *adj.* rebuilding. — 2 *m. & f.* rebuilder.

reedificar *tr.* to re-edify, rebuild.

reedifiqué, redifique, etc., *pret., subj. & imper.* de REEDIFICAR.

reeditar *tr.* to republish, reprint.

reeducación *f.* re-education.

reeducar *tr.* to re-educate.

reelección *f.* re-election.

reelecto, ta *irreg. p. p.* of REELEGIR.

reelegible *adj.* re-eligible.

reelegir *tr.* to re-elect. ¶ CONJUG. like *servir*. | Part. p. : *reelegido & reelecto*.

reelijo, reelija, etc., *irr.* V. REELEGIR.

reembarcar *tr.* to re-embark, to reship. — 2 *ref.* to re-embark [go on board again].

reembarco *m.* re-embarkation ; reshipment.

reembarqué, reembarque, etc., *pret., subj. & imper.* of REEMBARCAR.

reembolsable *adj.* reimbursable.

reembolsar *tr.* to reimburse, to refund. — 2 *ref.* to get back [disbursed or expended money].

reembolso *m.* reimbursement, refunding : *contra ~*, cash on delivery, collect on delivery.

reemplacé, reemplace, etc., *pret., subj. & imper.* of REEMPLAZAR.

reemplazable *adj.* replaceable, substitutable.

reemplazar *tr.* to replace [find or provide a substitute for]. 2 to replace [take the place of, serve as a substitute for, or successor of] ; to supersede.

reemplazo *m.* replacement, substitution. 2 MIL. annual enrollment. 3 MIL. substitute.

reencarnación *f.* reincarnation.

reencarnar *tr.* to reincarnate. — 2 *ref.* to become reincarnated.

reencuadernación *f.* rebinding, new binding [of a book].

reencuentro *m.* collision. 2 MIL. engagement, encounter [of two small troops].

reenganchamiento *m.* REENGANCHE.

reenganchar *tr.* MIL. to re-enlist. — 2 *ref.* MIL. to re-enlist [enroll oneself again].

reenganche *m.* re-enlisting. 2 bounty for re-enlisting.

reengendrador, ra *adj.* regenerating, generating again. — 2 *m. & f.* regenerator, reviver.

reengendrar *tr.* to regenerate, generate again. 2 to regenerate spiritually.

reensayar *tr.* to test or try out again. 2 to assay [metals] again. 3 to rehearse [a play, etc.] again.

reensaye *m.* second assay [of a metal].

reensayo *m.* second test or trial. 2 second rehearsal [of a play, etc.].

reenviar *tr.* to send back. 2 to forward.

reenvidar *tr.* CARDS to raise [the bid].

reenvío *m.* sending back. 2 forwarding.

reenvite *m.* CARDS raised bid.

reestreno *m.* revival [of a play].

reexaminación *f.* re-examination.

reexaminar *tr.* to re-examine.

reexpedición *f.* forwarding, reshipment.

reexpedir *f.* to forward, reship. ¶ CONJUG. like *servir*.

reexpido, reexpidió, reexpida, etc., *irr.* V. REEXPEDIR.

reexportación *f.* re-export, re-exportation.

reexportar *tr.* to re-export.

refacción *f.* refection, refreshment. 2 repair, reparation, mending. 3 bonus [something given in addition]. 4 (Cu.) upkeep.

refajo *m.* short flannel skirt. 2 flannel underskirt.

refalsado, da *adj.* false, deceitful.

refección *f.* refection, refreshment. 2 repair, reparation, mending.

refectolero *m.* REFITOLERO.

refectorio *m.* refectory.

referencia *f.* account, narration. 2 reference. 3 *pl.* references, information [as to the qualifications, solvency, etc., of a person].

referendario *m.* REFRENDARIO.

referéndum *m.* referendum.

referente *adj.* referring, relating, having reference [to].

referible *adj.* referable. 2 narrable.

referir *tr.* to relate, narrate, tell. 2 to refer, relate. 3 to direct [a thing to some end or purpose]. — 4 *ref. referirse a*, to refer [make allusion]; relate, have reference] to; to refer oneself to. ¶ CONJUG. like *hervir*.

refertero, ra *adj.* quarrelsome.

refiero, refiera, etc., *irr.* V. REFERIR.

refigurar *tr.* to imagine anew.

refilón (de) *adv.* obliquely, sideways. 2 in passing.

refinación *f.* refining, refinement [of metals, sugar, etc.].

refinadera *f.* stone roller for kneading chocolate.

refinado, da *adj.* refined. 2 subtle, artful.

refinador *m.* refiner [one whose work is refining].

refinadura *f.* REFINACIÓN.

refinamiento *m.* refinement [state or quality of being refined]. 2 refined cruelty.

refinar *tr.* to refine [free from dross, impurities or defects; make elegant or cultured]. 2 to perfect; polish.

refinería *f.* refinery.

refino, na *adj.* very fine, extra fine. — 2 *m.* REFINACIÓN.

refirió, refiriera, refiriese, etc., *irr.* V. REFERIR.

refirmar tr. to rest [a thing on another]. 2 to confirm, ratify.
refitolero, ra m. & f. ECCL. refectorian. 2 busybody, meddler. — 3 adj. meddlesome.
reflectante adj. PHYS. reflecting.
reflectar tr. PHYS. to reflect.
reflector, ra adj. reflecting. — 2 m. reflector [for reflecting rays, images, etc.]. 3 searchlight.
refleja f. reflection, meditation.
reflejar tr. to reflect [heat, light, sound, an image, etc.]. 2 [of countenance, actions, etc.] to show, reveal. — 3 ref. to be reflected.
reflejo, ja adj. reflected. 2 GRAM. reflexive [verb]. 3 PHYSIOL. reflex. — 4 m. reflection [reflected light]. 5 image, representation. 6 PHYSIOL. reflex.
reflexible adj. reflexible.
reflexión f. reflection, reflecting [of heat, light, sound, an image, etc.]. 2 reflection [mental consideration, meditation; remark, comment].
reflexionar tr. & intr. to reflect [ponder, consider, meditate] : ~ en or sobre, to reflect on or upon.
reflexivamente adv. reflectively. 2 GRAM. reflexively.
reflexivo, va adj. reflective, reflecting. 2 reflective, thoughtful. 3 GRAM. reflexive.
reflorecer intr. to blossom or flower again. 2 to reflourish. ¶ CONJUG. like agradecer.
reflorezco, reflorezca, etc., irr. V. REFLORECER.
refluente adj. refluent.
refluir intr. to flow back. 2 REDUNDAR 2. ¶ CONJUG. like huir.
reflujo m. reflux, ebb, ebb-tide.
refluyo, refluyó, refluya, etc., irr. V. REFLUIR.
refocilación f. cheering, gladdening, refreshing, amusement.
refocilar tr. to cheer, gladden, refresh, amuse. — 2 ref. to rejoice. 3 to be cheered or gladdened, to refresh oneself.
refocilo m. REFOCILACIÓN.
reforcé pret. of REFORZAR.
reforma f. reform, reformation. 2 alteration, amendment, improvement. 3 ECCL. Reformation.
reformable adj. reformable.
reformación f. reform, reformation.
reformador, ra adj. reforming. — 2 m. & f. reformer.
reformar tr. to re-form, shape anew, give a new shape to. 2 to reform. 3 to alter, mend, improve. — 4 ref. [of a person] to reform, mend. 5 to refrain or control oneself.
reformativo, va adj. reformative.
reformatorio, ria adj. reforming, reformatory. — 2 m. reformatory.
reformista adj. POL. reformist, reformistic. — 2 m. & f. POL. reformist.
reforzado, da adj. reinforced, strengthened.
reforzador, ra adj. reinforcing, strengthening. 2 PHOT. intensifying. — 3 m. PHOT. intensifier.
reforzar tr. to reinforce, strengthen. 2 PHOT. to intensify. ¶ CONJUG. like contar.
refracción f. OPT. refraction.
refractar tr. OPT. to refract. — 2 ref. OPT. to be refracted.
refractario, ria adj. refractory, rebellious. 2 ~ a, opposed to, unwilling to accept [opinions, ideas, etc.]. 3 PHYS. refractory [resistant to the action of heat] : ladrillo ~, refractory brick, firebrick.
refractivo, va adj. refractive.
refracto, ta adj. OPT. refracted.
refractómetro m. OPT. refractometer.
refractor m. OPT. refractor.
refrán m. adage, proverb, saying, saw.
refranero m. collection of adages or proverbs.
refrangibilidad f. refrangibility.
refrangible adj. refrangible.
refregadura f. REFREGAMIENTO. 2 mark left by a hard rubbing.
refregamiento m. hard rubbing.
refregar tr. to rub hard, to scrub. 2 fig. to rub in, harp on, continue to recall [something unpleasant]. ¶ CONJUG. like acertar.
refregón m. REFREGADURA. 2 NAUT. gust of wind.
refreír tr. to fry anew. 2 to fry well or too much. ¶ CONJUG. like reír. | Part. p.: refreído, or [used only as an adj.] refrito.
refrenable adj. capable of being restrained.
refrenada f. SOFRENADA.
refrenamiento m. curbing, check, restraint.
refrenar tr. to rein, curb [a horse]. 2 fig. to curb, check, restrain.
refrendación f. countersigning. 2 visé.
refrendar tr. to countersign. 2 to visé [a passport].

refrendario m. countersigner.
refrendata f. countersignature.
refrendo m. REFRENDACIÓN. 2 countersignature.
refrescador, ra adj. cooling. 2 refreshing.
refrescadura f. cooling. 2 refreshing.
refrescamiento m. REFRESCO.
refrescante adj. cooling. 2 refreshing.
refrescar tr. to cool, refrigerate, make less warm. 2 to renew [a combat, a pain, sorrow, etc.]. 3 to refresh [the memory]. — 4 intr. to refresh, get strength or vigour again. 5 [of the weather] to get cool. 6 NAUT. [of the wind] to freshen. — 7 intr. & ref. to cool, become cool. 8 to get, or go out for, a bit of cool air. 9 to refresh, take a drink or a cooling drink.
refresco m. refreshment [food that refreshes]. 2 cooling drink. 3 refreshments [served at social gatherings]. 4 de ~, new, fresh [troops, etc.].
refresqué, refresque, etc., pret., subj. & imper. of REFRESCAR.
refriega f. affray, encounter, fray, combat.
refriego, refriegue, etc., irr. V. REFREGAR.
refrigeración f. refrigeration.
refrigerador, ra adj. refrigerating, cooling. — 2 m. refrigerator [apparatus].
refrigerante adj. refrigerating, cooling. — 2 m. cooling bath [of a still].
refrigerar tr. to cool, refrigerate. 2 to refresh [restore strength]. — 3 ref. to cool [become cool]. 4 to refresh oneself.
refrigerativo, va adj. cooling, refrigerant. 2 refreshing.
refrigerio m. relief, comfort, consolation. 2 refreshment [light meal].
refringente adj. refracting, refringent.
refringir tr. & ref. REFRACTAR.
refrinjo, refrinja, etc., pres. & subj. of REFRINGIR.
refrío, refrió, refría, etc., irr. V. REFREÍR.
refrito, ta adj. fried again. 2 too fried. — 3 m. fig. rehash [of a literary work].
1) **refuerzo** m. reinforcement, strengthening. 2 reinforcement, additional thickness of material, strengthening piece. 3 CARP. welt. 4 SEW. foundation. 5 pl. MIL. reinforcements.
2) **refuerzo, refuerce,** etc., irr. V. REFORZAR.
refugiado, da p. p. of REFUGIAR. — 2 m. & f. refugee.
refugiar tr. to shelter, give refuge. — 2 ref. to take refuge.
refugio m. shelter, refuge, asylum : ~ antiaéreo, air-raid shelter, bomb shelter.
refulgencia f. refulgence.
refulgente adj. refulgent.
refulgir intr. to shine.
refundición f. remelting, recasting [of metals]. 2 recast, rehash [of a literary work].
refundir tr. to remelt, recast [metals]. 2 to recast, rehash [a literary work]. 3 fig. to comprise, include.
refunfuñador, ra adj. grumbling, growling. — 2 m. & f. grumbler, growler.
refunfuñadura f. grumbling, growling, angry muttering.
refunfuñar intr. to grumble, growl [mutter angrily].
refunfuño m. REFUNFUÑADURA.
refutable adj. refutable.
refutación f. refutal, refutation.
refutar tr. to refute.
refutatorio, ria adj. refutative, refutatory.
regadera f. watering can, watering pot. 2 REGUERA.
regadero m. REGUERA.
regadío, día adj. irrigable, irrigated [land]. — 2 m. irrigated land.
regadizo, za adj. REGADÍO.
regador, ra adj. watering, irrigating. — 2 m. & f. one who waters or irrigates.
regadura f. watering, sprinkling, irrigation.
regaifa f. HORNAZO. 2 grooved stone in the press of an olive-oil mill.
regajo, regajo m. pool formed by a rill or rivulet. 2 rill, rivulet.
regala f. NAUT. gunwale, gunnel.
regalada f. royal stable. 2 king's horses.
regaladamente adv. pleasantly, luxuriously, daintily.
regalado, da p. p. of REGALAR. — 2 adj. sweet, delicate, dainty. 3 comfortable, pleasant, luxurious.
regalador, ra adj. given or inclined to make

presents. 2 regaling. — *3 m. & f.* giver, presenter. 4 regaler.

regalamiento *m.* giving, presenting. 2 regaling, regalement.

regalar *tr.* to give, present, compliment with [make a present of]. 2 to caress, cherish, flatter, please : ~ *el oido,* to say flattering or pleasing things to. 3 to regale, delight. — *4 ref.* to regale, feast oneself. 5 to give oneself to comfort and luxury.

regalejo *m.* dim. of REGALO.

regalía *f.* royal prerogative or privilege. 2 privilege, exemption. 3 regalia [cigar]. *4 pl.* perquisites.

regalicia *f.* REGALIZ.

regalillo *m.* dim. small gift, small present. 2 MAN-GUITO 1.

regalismo *m.* regalism.

regalista *adj. & n.* regalist.

regalito *m.* dim. small gift, small present.

regaliz *m.,* **regaliza** *f.* BOT. licorice.

regalo *m.* gift, present : *de* ~, given as a present, complimentary ; *artículos para* ~, articles for gifts. 2 pleasure, gratification. 3 dainty food or drink. 4 comfort, luxury.

regalón, na *adj.* fond of ease and luxury, comfort-loving, pampered, spoiled. 2 soft, easy [life].

regante *m.* one who has the right of taking water from a canal, etc., for irrigation purposes.

regañadientes (a) *adv.* reluctantly, grumblingly.

regañado, da *adj.* [of bread and certain plums] split open.

regañamiento *m.* growling, snarling. 2 splitting or cracking open [of plums, chestnuts, etc.]. 3 quarrel, wrangle.

regañar *intr.* [of a dog] to snarl. 2 [of a person] to snarl, grumble, show displeasure. 3 to quarrel, wrangle. *4* [of plums, chestnuts, etc.] to split or crack open. — *5 tr.* to scold, reprehend, chide.

regañir *intr.* to yelp repeatedly.

regaño *m.* snarl, angry words. 2 scolding, reprehen-sion. 3 burst crust [of a loaf of bread].

regañón, na *adj.* grumbling, crabbed, snappish, snarling. 2 scolding. 3 northwest [wind]. — *4 m. & f.* grumbler, snarler, crabbed person. 5 scolder. 6 northwest wind.

regar *tr.* to water, sprinkle [plants, a street, etc.] ; to irrigate [land]. 2 [of streams, etc.] to water [a región or territory]. 3 fig. to sprinkle, strew, scatter something on. ¶ CONJUG. like *acertar.*

regata *f.* rowing or sailing race, boat race ; regatta. 2 furrow or small trench for irrigation.

regate *m.* dodge, quick side-movement. 2 fig. dodge, shift.

regatear *tr.* to bargain, chaffer, haggle or higgle over, to beat down [a price]. 2 to spare, grudge, be grudging of. 3 to resell at retail. — *4 intr.* to bargain, chaffer, haggle, higgle. 5 to dodge. 6 NAUT. to race.

regateo *m.* bargaining, chaffer, haggling, higgling. 2 sparing, grudging. 3 reselling at retail.

regatería *f.* REGATONERÍA.

regatero, ra *adj.* REGATÓN 1 & 2. — *2 m. & f.* RE-GATÓN 3 & 4.

regato *m.* REGAJO.

regatón, na *adj.* retailing. 2 chaffering, haggling, higgling. — *3 m. & f.* retailer. 4 chafferer, haggler, higgler. — *5 m.* tip, ferrule.

regatonear *intr.* to resell at retail.

regatonería *f.* reselling at retail.

regazar *tr.* ARREGAZAR.

regazo *m.* lap [of one sitting]. 2 fig. lap.

regencia *f.* regency. 2 direction, management.

regeneración *f.* regeneration. 2 ELECT. feedback.

regenerador, ra *adj.* regenerating. — *2 m. & f.* regenerator.

regenerar *tr.* to regenerate. — *2 ref.* to regenerate [become regenerate].

regenerativo, va *adj.* regenerative.

regenta *f.* regent's wife.

regentar *tr.* to direct, manage. 2 to hold [an office].

regente *adj.* ruling, governing. — *2 m. & f.* regent. — *3 m.* obs. president of a Spanish provincial high court. 2 pharmacist managing an apothe-cary shop. 5 PRINT. foreman.

regentear *tr.* to boss, domineer.

regiamente *adv.* regally, royally, magnificently.

regicida *adj.* regicidal. — *2 m. & f.* regicide [murderer of a king or queen].

regicidio *m.* regicide [murder of a king or queen].

regidor, ra *adj.* ruling, governing. — *2 m.* alderman, councilman, town councillor. — *3 f.* alderman's wife, councilman's wife. 4 councilwoman.

regidoría, regiduría *f.* office of alderman or councilman.

régimen, *pl.* **regímenes** *m.* rule, system of govern-ment, system of regulations. 2 regime, régime. 3 regimen [system or regular course of any natural process]. 4 MED. regimen ; diet. 5 GRAM. regimen, government. 6 MACH. rate, normal rate or operation : *de* ~, ordinary, rated, normal [speed, power, etc.].

regimentar *tr.* to regiment.

regimiento *m.* rule, government. 2 MIL. regiment. 3 NAUT. navigator's book of rules. 4 obs. muni-cipal council board.

Reginaldo *m. pr. n.* Reginald.

regio, gia *adj.* royal [of the king, of the queen]. 2 royal, regal, kingly, sumptuous, magnificent.

región *f.* region.

regional *adj.* regional.

regionalismo *m.* regionalism.

regionalista *adj.* regionalistic. — *2 m. & f.* re-gionalist.

regir *tr.* to direct, govern, rule, command. 2 to conduct, guide. 3 to keep [the bowels] open, in good order. 4 GRAM. to govern. — *5 intr.* [of a law, rule, etc.] to be in force ; [of a custom] to prevail. 6 [of an organ, mechanism, etc.] to function or work well. 7 NAUT. to steer, obey the helm. — *8 ref.* to be governed, be guided. ¶ CONJUG. like *servir.*

registrado, da *adj.* registered. 2 *marca registrada,* trademark.

registrador, ra *adj.* registering : *caja registradora,* cash register. 2 registrar, recorder ; master or clerk of records : ~ *de la propiedad,* recorder of deeds. 3 searcher, inspector.

registrar *tr.* to search, examine [for the purpose of finding or ascertaining something]. 2 to register [enter or cause to be entered in a register], to record. 3 to register [record auto-matically, indicate]. 4 PRINT. to register. 5 to mark with a bookmark. — *6 ref.* to register, be registered.

registro *m.* search, inspection [of a person, receptacle, place, etc., for the purpose of finding or ascertaining something]. 2 registering, recording, registration, registry. 3 register [writing record containing regular entries of items or details ; official list or record of some particulars], register book : ~ *civil,* register of births, marriages and deaths ; ~ *de la propieaad,* register of deeds ; ~ *de la propiedad intelectual,* copyright register. 4 registry, register office. 5 entry, record [in a register]. 6 register [of a furnace, chimney, etc.], damper [of a stove], manhole. 7 MACH. register. 8 MUS. register, organ stop. 9 MUS. pedal. 10 PRINT. register. 11 book-mark. 12 regulator [of a timepiece].

regla *f.* rule [precept, regulation, canon, standard, normal state of things] : *en* ~, in due form, in order ; *por* ~ *general,* as a rule, as a general rule. 2 rule [of a religious order]. 3 MATH. rule : ~ *de aligación,* alligation ; ~ *de compañía,* part-nership ; ~ *de oro, de proporción* or *de tres,* rule of three. 4 limit, prudence, moderation : *salir de* ~, to go too far, to exceed the bounds of what is right or usual. 5 menstruation, courses. 6 rule, ruler, straightedge : ~ *de cálculo,* slide rule ; *a* ~, by ruler, by rule and square. 7 ~ *magné-tica,* surveyor's compass, circumferentor.

regladamente *adv.* regularly, in an orderly manner.

reglado, da *p. p.* of REGLAR. 2 subjected to rule or precept. 3 moderate, temperate. 4 GEOM. ruled [surface].

reglamentación *f.* regulation, establishment of regulations or standing rules for. 2 rules, regu-lations.

reglamentar *tr.* to regulate, to establish regulations or standing rules for.

reglamentario, ria *adj.* pertaining to, or prescribed by, regulations, standing rules or by-laws ; re-quired by the rules.

reglamento *m.* regulations, standing rules, by-law. 2 directions [for the execution of a law].

1) **reglar** *adj.* regular [belonging to a religious order]. 2 pertaining to the rule of a religious order.

2) **reglar** *tr.* to rule [paper, etc.]. 2 to regulate

[subject to rules]. — *3 ref.* to adjust or guide oneself. *4* to restrain oneself.
regleta *f.* PRINT. reglet, lead.
regletear *tr.* PRINT. to lead.
reglón *m.* mason's ruler.
regnícola *adj. & s.* native of a kingdom. — *2 m.* writer on topics relating to his own country.
regocijadamente *adv.* merrily, joyfully.
regocijado, da *adj.* merry, joyful, rejoicing, mirthful.
regocijador, ra *adj.* rejoicing. — *2 m. & f.* rejoicer.
regocijar *tr.* to rejoice, gladden, cheer, exhilarate cause to be merry or mirthful. — *2 ref.* to rejoice, be rejoiced, be glad.
regocijo *m.* rejoicing, joy, gladness. 2 merriment, mirth. — *3 pl.* rejoicings.
regodearse *ref.* coll. to take delight [in]. 2 coll. to joke, jest.
regodeo *m.* delight. 2 coll. diversion, merrymaking.
regojo *m.* morsel of bread left on the table after meals. 2 stunted boy, puny boy.
regolaje *m.* good humour.
regoldano, na *adj.* wild [chestnut or chestnut tree].
regoldar *intr.* vulg. to belch, eruct. ¶ CONJUG. like *contar.*
regoldo *m.* BOT. wild chestnut tree.
regolfar *intr. & ref.* [of water] to flow back, eddy. — *2 intr.* [of the wind] to turn, be deflected.
regolfo *m.* flowing back [of water], eddy. 2 turning, deflection [of the wind]. 3 bay, inlet.
regona *f.* irrigation trench.
regordete, ta *adj.* plump, chubby, pudgy.
regostarse *ref.* ARREGOSTASE.
regosto *m.* craving for more.
regraciar *tr.* to thank, to show gratitude to.
regresar *intr.* to return, come back. 2 ECCL. to recover possession of a benefice.
regresión *f.* regression, retrogression.
regresivo, va *adj.* regressive.
regreso *m.* return, coming back.
regruñir *intr.* to growl; to grumble.
regué *pret.* of REGAR.
1) **regüeldo** *m.* vulg. belch, eructation.
2) **regüeldo, regüelde,** etc., *irr.* V. REGOLDAR.
reguera *f.* irrigation ditch.
reguero *m.* trickle, narrow stream or line formed by something dripping or let fall in small portions : *ser un ～ de pólvora,* to spread like wildfire.
reguilete *m.* REHILETE.
regulación *f.* regulation [regulating, being regulated] ; adjustment, control : *～ del volumen,* RADIO. volume control.
regulado, da *p. p.* of REGULAR. 2 according to rule.
regulador, ra *adj.* regulating. — *2 m.* regulator [a thing that regulates]. 3 CHEM., ELECT., HOROL. regulator. 4 MACH. regulator, governor : *～ de bolas* or *de fuerza centrífuga,* ball governor. 5 regulator, throttle valve [of steam engine]. 6 RADIO. *～ de volumen,* volume control.
1) **regular** *adj.* regular [conforming to standard or rule; harmonious, consistent, systematic, symmetrical; not capricious or casual, ordely; usual normal] : *por lo ～,* as a rule. 2 middling, moderate, so so; fair, fairly good. 3 BOT. ECCL., GEOM., GRAM., MIL. regular.
2) **regular** *tr.* to regulate [subject to rule; adapt to requirements; adjust].
regularicé, regularice, etc., *pret., subj. & imper.* of REGULARIZAR.
regularidad *f.* regularity.
regularización *f.* regularization.
regularizador, ra *adj.* regularizing. — *2 m.* regularizer.
regularizar *tr.* to regularize.
regularmente *adv.* regularly. 2 ordinarily, usually, as a rule. 3 middling, so so, fairly well.
régulo *m.* regulus [petty king or ruler]. 2 CHEM. regulus. 3 basilisk [fabulous reptile]. 4 ORN. kinglet. 5 ASTR. (cap.) Regulus.
regurgitación *f.* regurgitation.
regurgitar *intr.* MED. to regurgitate.
rehabilitación *f.* rehabilitation.
rehabilitar *tr.* to rehabilitate. — *2 ref.* to become rehabilitated.
rehacer *tr.* to do over, make over, remake, rebuild, remodel. 2 to repair, renovate. 3 to give back or recover [strength]. — *4 ref.* to recover, rally, regain strength or vigor. 5 to recover oneself,

pull oneself together. *6* MIL. to rally, reorganize. ¶ CONJUG. like *hacer.*
rehacimiento *m.* doing over, making over, remaking, rebuilding, renovation. 2 recovery, rallying.
rehago, rehaga, etc., *irr.* V. REHACER.
rehala *f.* flock of sheep of different owners under the care of one head shepherd.
rehalero *m.* head shepherd of a flock of sheep of different owners.
reharé, reharía, etc., *irr.* V. REHACER.
rehecho, cha *p. p.* of REHACER. — *2 adj.* stocky, thickset, sturdy.
rehelear *intr.* to be bitter.
reheleo *m.* bitterness.
rehén or *pl.* **rehenes** *m.* hostage.
rehenchimiento *m.* refilling, stuffing again. 2 stuffing [of furniture].
rehenchir *tr.* to refill, to stuff again. 3 to stuff [furniture]. ¶ CONJUG. like *ceñir.*
rehendija *f.* RENDIJA.
reherimiento *m.* repulse, driving back.
reherir *tr.* to repulse, drive back. ¶ CONJUG. like *hervir.*
reherrar *tr.* to reshoe [a horse]. ¶ CONJUG. like *acertar.*
rehervir *intr.* to boil again. 2 to boil, burn, be excited or blinded [by love, anger, etc.]. — *3 ref.* [of preserved food] to ferment, grow sour. ¶ CONJUG. like *hervir.*
rehíce, rehiciera, rehiciese, etc., *irr.* V. REHACER.
rehiero, rehiere, etc., *irr.* V. reherir.
rehierro, rehierre, etc., *irr.* V. REHERRAR.
rehiervo, rehierva, etc., *irr.* V. REHERVIR.
rehilandera *f.* pin wheel [toy].
rehilar *tr.* to twist too hard [in spinning]. — *2 intr.* to move as if trembling or quivering. 3 [of a flying arrow, etc.] to whiz, whir.
rehilete *m.* dart [used in game of darts]. 2 shuttlecock. 3 BULLF. banderilla, barbed dart. 4 dig, cutting hint or remark.
rehilo *m.* trembling, quivering [of a thing].
rehincho, rehinche, etc., *irr.* V. REHENCHIR.
rehirió, rehiriera, rehiriese, etc., *irr.* V. REHERIR.
rehirvió, rehirviera, rehirviese, etc., *irr.* V. REHERVIR.
rehizo *pret.* of REHACER.
rehogar *tr.* COOK. to cook with a slow fire in lard or oil.
rehogué, rehogue, etc., *pret., subj. & imper.* of REHOGAR.
rehollar *tr.* to tread again. 2 to trample under foot. ¶ CONJUG. like *contar.*
rehoya *f.* REHOYO.
rehoyar *tr.* to dig anew [the hole made for planting a tree].
rehoyo *m.* deep hollow or ravine.
rehuello, rehuelle, etc., *irr.* V. REHOLLAR.
rehuida *f.* avoiding, shunning, shirking or shrinking from something. 2 HUNT. backtracking [of game].
rehuir *tr.* to avoid, evade, flee, shun, shirk, shrink from. 2 to refuse, decline. 3 HUNT. [of game] to backtrack. ¶ CONJUG, like *huir.*
rehumedecer *tr.* to moisten well.
rehundido, da *p. p.* of REHUNDIR. — *2 m.* ARCH. sunken face of the dado of a pedestal.
rehundir *tr.* to sink deeper. 2 to deepen [a hole or excavation]. 3 to remelt, recast [metals]. 4 to waste, squander.
rehurtarse *ref.* HUNT. [of game] to flee in an unexpected direction.
rehusar *tr.* to refuse, to decline.
rehuyo, rehuyó, rehuya, etc., *irr.* V. REHUIR.
reidero, ra *adj.* laughable.
reidor, ra *adj.* jolly, full of laughter. — *2 m. & f.* laugher [one who laughs].
reimpresión *f.* reprint; reprinting
reimpreso, sa *irreg. p. p.* of IMPRIMIR. — *2 adj.* reprinted.
reimprimir *tr.* to reprint. ¶ p. p.: *reimpreso.*
reina *f.* queen [female sovereign, king's wife] : *～ madre,* queen mother; *～ regente,* queen regent; *～ viuda,* dowager queen. 2 CHESS queen. 3 ENTOM. queen bee. 4 fig. queen [woman, thing, etc.]. 5 BOT. *～ de los prados,* meadowsweet. 6 BOT. *～ luisa,* lemon verbena. 7 *～ mora,* hopscotch.
reinado *m.* reign.
reinador, ra *m. & f.* reining person.
reinal *m.* hemp cord made of two strands.
Reinaldo *m. pr. n.* Reynold.
reinante *adj.* reigning. 2 prevailing, prevalent.

reinar *intr.* to reign [hold royal office, be king or queen]. 2 to reign, prevail.
reincidencia *f.* repetition [of a fault or offence] backsliding, relapse [into sin, error, etc.]. 2 LAW recidivism.
reincidente *adj.* committing again a fault or offence; backsliding, relapsing. 2 LAW recidivistic.
reincidir *intr.* to backslide, relapse : ~ *en,* to commit again [a fault, offence, etc.], to relapse into [sin, error, etc.].
reincorporación *f.* reincorporation. 2 rejoining, joining [a body, regiment, etc.] again.
reincorporar *tr.* to reincorporate. — 2 *ref.* to rejoin [a body regiment, etc.]; to be reunited to.
reineta *f.* reinette [apple].
reingresar *intr.* to re-enter, enter again.
reingreso *m.* re-entry.
reino *m.* kingdom, realm : ~ *de la fantasia,* realm of fancy; ~ *de los cielos,* kingdom of heaven; *el Reino Unido,* the United Kingdom. 2 Spanish district that was formerly a kingdom. 3 NAT. HIST. kingdom.
reinstalación *f.* reinstatement, reinstallation.
reinstalar *tr.* to reinstate, reinstall.
reintegrable *adj.* redintegrable. 2 reimbursable.
reintegración *f.* redintegration. 2 reimbursement, repayment.
reintegrar *tr.* to redintegrate. 2 to restore, reimburse, refund, repay. 3 to affix a tax stamp to. — 4 *ref. reintegrarse de,* to recover, get back [money, etc.]
reintegro *m.* REINTEGRACIÓN. 2 payment. 3 lottery prize equivalent to the cost of the ticket.
reír *intr. & ref.* to laugh ; to giggle, titter : ~ *a carcajadas,* to laugh loudly, to guffaw; ~ or *reírse de,* to laugh at, make fun of ; to make a fool of ; to set at nought, defy ; ~ or *reírse para sus adentros,* to laugh in one's sleeve ; ~ or *reírse tontamente, con risa afectada* or *con risa ahogada,* to giggle, titter. 2 [of water, landscape, etc.] to laugh. — 3 *tr.* to laugh one's applause of. — 4 *ref.* coll. [of a garment] to tear, split [from wear or flimsiness]. ¶ CONJUG.: INDIC. Pres.: *rio, ríes, ríe; reímos, reís, ríen.* | Pret.: *reí, reíste, rió; reímos, reisteis, rieron.* | SUBJ. Pres.: *ría, rías, ría; riamos, riáis, rían.* | Imperf.: *riera, rieras, riera; riéramos, rierais, rieran,* or *riese, rieses,* etc. | Fut.: *riere, rieres, riere; riéremos, riereis, rieren.* | IMPER.: *ríe, ría; riamos, reíd, rían.* | GER.: *riendo.*
reis *m.* reis [Brazilian and Portuguese money of account].
reiteración *f.* reiteration.
reiteradamente *adv.* repeatedly.
reiterar *tr.* to reiterate, repeat.
reiterativo, va *adj.* reiterative.
reivindicable *adj.* claimable [as one's own or due].
reivindicación *f.* claim, revindication.
reivindicar *tr.* to claim, to revindicate.
reivindicatorio, ria *adj.* of claim or revindication.
reja *f.* grate, grating, grille, bar. 2 CHEM.. PHYS. lattice, space-lattice. 3 ploughshare, plowshare. 4 AGR. ploughing, plowing.
rejacar *tr.* ARREJACAR.
rejada *f.* ARREJADA.
rejado *m.* VERJA.
rejal *m.* pile of bricks laid crisscross.
rejalgar *m.* MINER. realgar.
rejero *m.* maker of railings and grates.
rejilla *f.* small lattice or grille ; latticed wicket. 2 grate [in a fireplace, furnace, etc.]. 3 ELECT., RADIO. grid. 4 foot stove. 5 cane, split rattan [for seats or backs of chairs, etc.].
rejitar *intr.* [of a falcon] to vomit.
rejo *m.* sharp point, iron point. 2 ZOOL. sting. 3 hob [for quoits]. 4 BOT. radicle. 5 coll. strength, vigour.
rejón *m.* pointed iron bar. 2 BULLF. short spear thrust into a bull and broken at the end, leaving the point in the flesh. | It is used when fighting the bull on horseback. 3 a kind of dagger.
rejonazo *m.* thrust with a REJÓN.
rejoncillo *m.* REJÓN 2.
rejoneador *m.* bullfigther on horseback who uses the REJÓN.
rejonear *tr.* BULLF. to thrust a REJÓN into [a bull].

rejoneo *m.* fighting bulls with a REJÓN.
rejuela *f.* small grate or grating. 2 foot stove.
rejuvenecer *tr.* to rejuvenate. — 2 *intr. & ref.* to rejuvenate, become rejuvenate. ¶ CONJUG. like *agradecer.*
rejuvenecimiento *m.* rejuvenation.
rejuvenezco, rejuvenezca, etc., *irr.* V. REJUVENECER.
relabra *f.* carving or cutting [wood or stone] again.
relabrar *tr.* to carve or cut [wood or stone] again.
relacé, relace, etc., *pret., subj. & imper.* of RELAZAR.
relación *f.* relation, account, recital, report, narrative. 2 THEAT. speech, long passage [in a play]. 3 relation [between persons or things; what a person or thing has to do with another; reference, respect], bearing : *decir,* or *hacer,* ~ *a,* to relate to; *en* ~ *con,* in relation to. 4 statement or list of particulars ; ~ *jurada,* sworn statement. 5 *sing. & pl.* relation, rapport, connection, intercourse, communication; dealings. 6 *pl.* relations, terms, footing : *estar en buenas relaciones con,* to be on good terms with. 7 betrothal, engagement : *tener relaciones,* to be betrothed, to be engaged. 8 connections, acquaintances, friends.
relacionar *tr.* to relate, report, narrate. 2 to state, enumerate. 3 to relate [bring into relation; establish relation between]. 4 to make acquainted [with a person]. — 5 *ref.* to relate [have reference, stand in some relation]. 6 to be acquainted or connected, to have dealings or social intercourse.
relacionero *m.* ballad seller.
relái *m.* (Am.) ELECTR. relay.
relajación *f.* relaxation [of the bowels, the muscles, the discipline, etc.]. 2 relaxation, recreation, rest. 3 LAW mitigation [of a penalty]; release [from an obligation, oath or vow]. 4 ECCL. delivery of a criminal by the ecclesiastical judge to the secular. 5 becoming loose or dissolute, dissoluteness. 6 MED. hernia, rupture.
relajadamente *adv.* with relaxation. 2 loosely, dissolutely.
relajado, da *adj.* relaxed. 2 loose, dissolute.
relajador, ra *adj.* relaxing.
relajadura *f.* (Am.) MED. hernia, rupture.
relajamiento *m.* RELAJACIÓN.
relajante *adj.* relaxing.
relajar *tr.* to relax. loosen, slacken [the bowels, the muscles, the discipline, etc.]. 2 to give relaxation or rest. 3 to relax, remit partially [a penalty]. 4 LAW to release [from an obligation]. 5 ECCL. to deliver [a criminal] to the secular judge, for execution. 6 to loosen. make loose or dissolute. — 7 *ref.* to relax, be relaxed, become lax or loose. 8 to grow loose or dissolute. 9 MED. to be ruptured, to get an hernia or rupture.
relajo *m.* (Am.) discrder, mix-up. 2 (Mex.. Cu., P. Ri.) dissoluteness, depravity.
relamer *tr.* to lick again. — 2 *ref.* to lick one's lips. 3 to gloat, to relish. 4 to paint [one's face] to excess.
relamido, da *p. p.* of RELAMER. — 2 *adj.* affected, prim, spruce.
relámpago *m.* lightning, flash of lightning : ~ *de calor,* heat lightning. 2 flash of light. 3 flash of wit. 4 fig. anything swift in passing or in its operation.
relampagueante *adj.* flashing, sparkling.
relampaguear *intr.* to flash, to sparkle. — 2 *impers.* to lighten [emit lightning] : *relampaguea,* it lightens.
relampagueo *m.* lightening [emission of lightning], flashing, sparkling.
relance *m.* second casting [of a net]. 2 second casting [of lots]. 3 chance, fortuitous event : *de* ~, by chance, unexpectedly.
relancé, relance, etc., *pret., subj. & imper.* of RELANZAR.
relanzar *tr.* to repel, drive back. 2 to replace [slips of paper with names] in the box for drawing lots.
relapso, sa *adj.* relapsed [into sin or heresy]. — 2 *m. & f.* one who has relapsed into sin or heresy.
relatador, ra *adj.* relating, telling, reporting. — 2 *m. & f.* related, teller, narrator, reporter.
relatante *adj.* RELATADOR.
relatar *tr.* to relate, tell, narrate, report. 2 LAW to report the facts of [the case that is going to be tried].

relativamente *adv.* relatively.
relatividad *f.* relativity.
relativismo *m.* PHILOS. relativism.
relativista *adj.* PHILOS. relativistic. — 2 *m.* & *f.* PHILOS. relativist.
relativo, va *adj.* relative.
relato *m.* relation, account, report, narrative.
relator, ra *m.* & *f.* relater, narrator. 2 LAW reporter, judicial officer who reports the facts of the case that is going to be tried.
relatoría *f.* LAW office of a RELATOR.
relavar *tr.* to wash again.
relave *m.* MIN. second washing of ore. 2 MIN. washings [of ore].
relazar *tr.* to tie up, to tie with many winds or turns of a string, rope, etc.
relé *m.* (Angl.) ELECT. relay.
releer *tr.* to reread, read again. 2 to revise.
relegación *f.* relegation.
relegar *tr.* to relegate, banish. 2 to relegate, dismiss, consign : ~ *al olvido*, to relegate to oblivion.
relegué, relegue, etc., *pret., subj.* & *imper.* of RELEGAR.
relej *m.* RELEJE.
relejar *intr.* ARCH. [of a wall] to batter.
releje *m.* rut [track worn by a wheel]. 2 ARCH. the horizontal distance between the top and the foot of a battering wall. 3 reinforce [of a gun]. 4 tartar [on teeth].
relente *m.* night dew. 2 coll. cheek, boldness, assurance.
relentecer *intr.* & *ref.* LENTECER. ¶ CONJUG. like *agradecer*.
relentezca, relentezca, etc., *irr.* V. RELENTECER.
relevación *f.* relief, release [from burden, obligation, etc.]. 2 removal [from office]. 3 raising, lifting up. 4 remission, pardon.
relevador *m.* ELECT. relay.
relevante *adj.* excellent, eminent, outstanding.
relevar *tr.* to emboss, raise in relief, work in relief. 2 PAINT. to make stand out in relief. 3 to relieve, free, release [from burden, obligation, etc.]. 4 to remove [from office]. 5 to relieve, relay [one in station, duty, etc.] : ~ *a un centinela*, to relieve a sentry. 6 to relieve, help. 7 to pardon, acquit. 8 to raise, lift up, exalt. — 9 *intr.* PAINT. to stand out in relief.
relevo *m.* relief, relay [replacing of person or persons on duty, etc.; the person or persons who relieve]. 2 SPORT relay.
relicario *m.* reliquary, shrine. 2 locket [small case].
relicto *adj.* LAW left at one's death [property, state].
relieve *m.* relief, relievo: *alto* ~, high relief, alto-relievo: *bajo* ~, low relief, basso-relievo; *medio* ~, half relief, mezzo-relievo. 2 raised work, embossment. 3 relief [appearance of being done in relief, distinctness of outline, vividness]: *poner de* ~, to point out, emphasize, make stand out.
religa *f.* metal added to an alloy [to change proportion].
religación *f.* binding or tying again or more tightly. 2 alloying again.
religar *tr.* to tie again. 2 to bind more tightly. 3 to alloy again.
religión *f.* religion : ~ *natural*, natural religion ; ~ *revelada*, revealed religión; *entrar en* ~, to enter into religion, to become a monk or a nun. 2 religious or monastic order.
religionario *m.* Protestant.
religiosamente *adv.* religiously.
religiosidad *f.* religiosity, religiousness.
religioso, sa *adj.* religious. — 2 *m.* & *f.* religious [member of a religious order], monk, nun.
religué, religue, etc., *pret., subj.* & *imper.* of RELIGAR.
relimar *tr.* to file or polish again.
relimpiar *tr.* to clean again. 2 to make very clean.
relimpio, pia *adj.* coll. very clean.
relinchador, ra *adj.* that neighs frequently.
relinchante *adj.* neighing.
relinchar *intr.* to neigh, whinny.
relinchido, relincho *m.* neigh, neighing, whinny.
relindo, da *adj.* very pretty or beautiful.
relinga *f.* NAUT. boltrope. 2 cork rope or lead rope [of a fishing net].
relingar *tr.* NAUT. to rope [a sail]. — 2 *intr.* NAUT. [of a sail] to rustle.
reliquia *f.* relic. 2 habitual ailment remaining after an illness. 3 *pl.* relics.

reliquiario *m.* RELICARIO.
reliz *m.* (Mex.) landslide.
reloj *m.* timepiece, clock, watch : ~ *de agua*, water clock, clepsydra ; ~ *de arena*, sandglass, hourglass ; ~ *de bolsillo*, watch, pocket watch ; ~ *de caja*, grandfather's clock ; ~ *de campana*, striking clock ; ~ *de cuchillo* or *de cuco*, cuckoo clock ; ~ *de longitudes*, RELOJ MARINO ; ~ *de péndola*, pendulum clock ; ~ *de pulsera*, wrist watch ; ~ *de repetición*, repeater, repeating watch ; ~ *de sobremesa*, desk clock ; ~ *de sol*, sundial ; ~ *despertador*, alarm clock ; ~ *magistral*, standard clock ; ~ *marino*, box chronometer, marine chronometer ; ~ *registrador*, time clock: *estar uno como un* ~, to be in good health, to be in perfect trim. 2 coll. meter, clock meter. 3 *pl.* BOT. heron's-bill.
relojera *f.* watchcase ; watch stand. 2 (Am.) watch pocket. 3 watchmaker's wife.
relojería *f.* clock and watch making, horology. 2 watchmaker's shop. 3 *mecanismo de* ~, clockwork.
relojero *m.* watchmaker, clockmaker.
reluciente *adj.* bright, shining, shiny, glistening, glittering, relucent.
relucir *intr.* to be bright, or resplendent, to shine glisten, glitter. 2 fig. to shine, be brilliant, excel. ¶ CONJUG. like *lucir*.
reluctante *adj.* reluctant.
reluchar *intr.* to struggle, content, fight [against one another].
relumbrante *adj.* shining, resplendent.
relumbrar *intr.* to shine brightly or dazzlingly ; to glare.
relumbre *m.* light, shine, dazzling brightness.
relumbrón *m.* flash of light. 2 tinsel. 3 fig. tinsel, show, false show: *de* ~, tinsel, showy, false, cheaply splendid.
reluzco, reluzca, etc., *irr.* V. RELUCIR.
rellanar *tr.* to level or flatten again. — 2 *ref.* ARRELLANARSE.
rellano *m.* landing [of stairs]. 2 terrace, level stretch [in a sloping ground].
rellenar *tr.* to refill, replenish, fill again. 2 to replenish, fill up, cram, fill completely. 3 COOK. to stuff. 4 to stuff [a mattress, a piece of furniture, etc.]. 5 SEW. to pad. 6 fig. to stuff [someone with food]. — 7 *ref.* to stuff oneself.
relleno, na *adj.* filled up, stuffed, padded. — 2 *m.* stuffing [act or process of filling up]. 3 COOK. stuffing, forcemeat. 4 MEC. gasket. 5 SEW. padding. 6 fig. stuffing, padding [in a literary work].
remachado, da *p. p.* of REMACHAR. — 2 *adj.* clinched, riveted. 3 *narices remachadas*, flat nose.
remachador, ra *adj.* clinching, riveting. — 2 *f.* clinching or riveting machine.
remachar *tr.* to clinch, rivet. 2 fig. to clinch [confirm conclusively].
remache *m.* clinching, riveting. 2 rivet.
remador, ra *m.* & *f.* rower.
remadura *f.* rowing.
remallar *tr.* to mend [a net or netting].
remamiento *m.* REMADURA.
remandar *tr.* to order over and over again.
remanecer *intr.* to reappear ; to appear or show up unexpectedly. ¶ CONJUG. like *agradecer*.
remaneciente *adj.* reappearing.
remanente *m.* remnant, remaining part.
remanezco, remanezca, etc., *irr.* V. REMANECER.
remangar *tr.* to tuck up [sleeves, etc.]. — 2 *ref.* to tuck up one's sleeves, etc. 3 fig. to take a firm decision.
remango *m.* tucking up.
remansarse *ref.* [of flowing water] to become still.
remanso *m.* still water. 2 fig. sluggishness, tardiness.
remante *adj.* rowing.
remar *intr.* to row, paddle. 2 fig. to toil, struggle.
remarcar *tr.* to mark again.
remarqué, remarque, etc., *pret., subj.* & *imper.* of REMARCAR.
rematadamente *adv.* entirely, absolutely, utterly.
rematado, da *p. p.* of REMATAR. — 2 *adj.* absolute, hopeless : *loco* ~, raving-mad.
rematamiento *m.* REMATE.
rematante *m.* highest bidder [at an auction].
rematar *tr.* to end, finish, complete, bring to a conclusion ; to top off, wind up. 2 to finish off, give the finishing stroke to, kill [a dying person or animal]. 3 HUNT. to kill [game] at one shot. 4 to knock down [at an auction]. 5 SEW. to fasten off the last stitch of [a seam]. — 6 *intr.*

to end, terminate. — *7 ref.* to end [come to an end], be finished or destroyed.

remate *m.* end, conclusion : *por ~,* finally, as a finish. 2 end, top, upper end. 3 ARCH. top, finial. 4 highest bid or knocking down [at an auction] ; public sale. *5 ~ de cuentas,* closing of accounts. *6 de ~,* absolute, hopeless : *loco de ~,* raving mad.

remecedor *m.* worker who beats or shakes down olives from the tree.

remecer *tr.* to shake, move to and fro.

remezo, remeza, etc., *pres., subj. & imper.* of RE-MECER.

remedable *adj.* imitable.

remedador, ra *adj.* imitative, mimicking. — *2 m. & f.* imitator, mimicker.

remedar *tr.* to imitate. 2 to mimic, to mock.

remediable *adj.* remediable.

remediador, ra *adj.* remedial, remedying, curing. 2 helping, relieving. — *3 m. & f.* curer. 4 helper, reliever.

remediar *tr.* to remedy, cure, repair. 2 to help, relieve, succour. 3 to remedy, help, prevent : *no lo puedo ~,* I can't help that.

remedición *f.* remeasuring, remeasurement.

remedio *m.* remedy, cure : *~ casero,* home remedy ; *~ heroico,* heroic treatment, desperate remedy ; *no queda,* or *no se encuentra* [*un pan, una silla,* etc.] *por ~,* there is no loaf, chair, etc. left or to be found ; *no tener ~,* to be hopeless ; to be irremediable ; *esto no tiene ~,* this can't be helped. 2 amendment, correction. 3 help, relief. 4 help [prevention, avoidance] : *no hay ~, no hay más ~,* it can't be helped ; *no hay más ~ que,* there is nothing else to do but. *5 sin ~,* hopeless ; hopelessly, irremediably ; inevitably.

remedión *m.* THEAT. makeshift performance.

remedir *tr.* to remeasure.

remedo *m.* imitation, copy. 2 mimicking, mimicry, mockery.

remellado, da *adj.* dented, jagged.

remellar *tr.* to unhair [hides].

remellón, na, *adj.* REMELLADO.

rememberanza *f.* remembrance, memory.

rememoración *f.* remembrance, recollection.

rememorar *tr.* to remember, recall, recollect.

rememorativo, va *adj.* remembering, reminding, recalling.

remendado, da *adj.* mended, patched, darned. 2 fig. spotted, patched, streaked.

remendar *tr.* to patch, mend, repair. 2 SEW. to patch, piece, darn. 3 to emend, correct. ¶ CONJUG. like *acertar.*

remendista *m.* PRINT. job printer.

remendón, na *adj.* patching or mending. — *2 m.* a tailor who does mending. 3 cobbler [mender of shoes].

remera *f.* ORN. flight feather.

remero, ra *m. & f.* rower, paddler, oarsman, oarswoman.

remesa *f.* remittance, sending. 2 remittance [money sent] ; goods, etc., sent at a time ; shipment.

remesar *tr.* to remit, send, ship. — *2 tr. & ref.* to tear [one's beard or hair] again.

remesón *m.* tearing, plucking out of hair. 2 plucked hair. 3 stopping a horse in full gallop. 4 a kind of thrust in fencing.

remeter *tr.* to put in again ; to put in further. 2 to put a clean diaper on [a baby].

remezón *m.* (Am.) slight earthquake.

remiche *m.* space between benches in galleys. 2 galleyman rowing near the side.

remiel *m.* the second extract of soft sugar taken from the cane.

1) **remiendo** *m.* patch, mending piece ; mending, repair, reparation : *echar un ~ a,* to patch, mend, repair ; *a remiendos,* fig. piecemeal, by piecemeal. 2 amendment, correction. 3 patch, spot, streak [on an animal]. 4 PRINT. job, job work.

2) **remiendo, remiende,** etc., *irr.* V. REMENDAR.

remilgadamente *adv.* with an affectation of nicety, delicacy or grace ; prudishly.

remilgado, da *adj.* affectedly nice, delicate or graceful ; squeamish, prudish.

remilgarse *ref.* [of women] to act with an affectation of nicety, delicacy or grace.

remilgo *m.* affectation of nicety, delicacy or grace ; squemishness, prudery.

remilgué, remilgue, etc., *pret., subj. & imper.* of REMILGARSE.

rémington *m.* Remington gun. — *2 f.* Remington, typewriter.

reminiscencia *f.* reminiscence.

remirado, da *adj.* prudent, careful, circumspect.

remirar *tr.* to look at or go over again, to examine again. — *2 ref.* to take great pains [with]. 3 to contemplate or consider with pleasure.

remisamente *adv.* remissly.

remisible *adj.* remissible.

remisión *f.* sending, dispatching, remittance. 2 remission [of sins], remission, remittal [of a debt, penalty, etc.]. 3 remission [diminution of force or intensity]. 4 postponement. 5 referring, reference [of a matter for decision, etc.]. 6 reference [in a book].

remisivamente *adv.* with remission or reference.

remisivo, va *adj.* remissive. 2 referring.

remiso, sa *adj.* remiss. 2 slack, slow.

remisorio, ria *adj.* remissive.

remitente *adj.* remitting, remittent : *fiebre ~,* remittent fever. 2 sending, dispatching, remitting. — *3 m. & f.* sender, dispatcher.

remitir *tr.* to remit, send, dispatch, transmit. 2 to remit [sins, debt, penalty, etc.]. 3 to remit, postpone. 4 to remit, relax. 5 to remit, refer [a matter for decision, etc.]. 6 to refer, make a reference [in a book]. — *7 intr. & ref.* to remit, slacken, abate. — *8 ref.* to refer oneself, submit [to another's decision, etc.] ; to refer [to some authority, facts, etc.].

Remo *m. pr. n.* MYTH. Remus.

remo *m.* NAUT. oar, paddle. 2 fig. arm or leg [of a person or quadruped] ; wing [of a bird]. 3 rowing. 4 rowing in a galley [as a penalty]. 5 fig. toil, long and hard labour. *6 a ~,* rowing ; *al ~,* rowing ; enduring troubles and hardships. [to some authority, facts, etc.].

remocé, remoce, etc., *pret., subj. & imper.* of RE-MOZAR.

remoción *f.* removal. 2 removal from office.

remojadero *m.* steeping tub or place.

remojar *tr.* to steep, soak, drench. 2 coll. to celebrate with a drink.

remojo *m.* steep, soak [process of steeping or soaking] : *echar en ~,* to steep, soak [place in a liquid] ; fig. to put off [something] till a more opportune time.

remojón *m.* drench, soaking.

remolacha *f.* BOT. beet ; beetroot. 2 BOT. sugar beet. *3 BOT. ~ forrajera,* mangel-wurzel.

remolar *m.* car maker. 2 oar shop.

remolcador, ra *adj.* NAUT. towing. — *2 m.* NAUT. tug, tugboat, towboat.

remolcar *tr.* to tow, take in tow.

remoler *tr.* to grind [reduce to powder] excessively. ¶ CONJUG. like *mover.*

remolimiento *m.* excessive grinding.

remolinante *adj.* whirling, eddying.

remolinar *intr.* to whirl, eddy. — *2 ref.* ARREMOLINARSE.

remolinear *tr.* to whirl about. — *2 intr.* to whirl, eddy.

remolino *m.* whirl, eddy, vortex, whirlpool, whirlwind. 2 cowlick, twisted tuft of hair. 3 crowding, pressing together in a disordered way. 4 commotion, disturbance.

remolón, na *adj.* indolent, shirky, work-shy. — *2 m. & f.* shirker [one who shirks work, etc.] : *hacerse el ~,* to shirk, hang back. — *3 m.* upper tusk of wild boar. 4 point [of horse's tooth].

remolonear *intr.* to hang back, act idolently, demur, to shun work or effort out of laziness.

remolque *m.* tow, towing, towage : *dar ~ a,* to tow ; *llevar a ~,* to have in tow. 2 tow, towline, towrope. 3 tow [what is towed]. 4 trailer [vehicle].

remoneticé, remonetice, etc., *pret., subj. & imper.* of REMONETIZAR.

remonetización *f.* remonetization.

remonetizar *tr.* to remonetize.

remonta *f.* shoe repair, resoling, revamping [of shoes]. 2 restuffing [of a saddle]. 3 patch [on riding breeches]. 4 MIL. remount ; remount cavalry.

remontamiento *m.* MIL. remounting cavalry.

remontar *f.* to frighten [game] away. 2 MIL. to remount [supply remounts to]. 3 to repair or restuff [saddles]. 4 to repair, resole, revamp [shoes]. 5 to raise, elevate. 6 to go up [a river]. — *7 ref.* [of a slave in Am.] to take to the

woods. 8 [of birds] to rise, soar. 9 to remount,
go back [to a time, period, source, etc.]; to
date from.
remonte m. raising. 2 remounting. 3 rising, soaring.
remontista m. MIL. remount commissioner.
remontuar m. stem-winder [watch].
remoque m. biting word.
remoquete m. punch, cuff, fisticuff. 2 cutting
remark, witty saying, epigram. 3 APODO. 4 coll.
courtship, love-making.
rémora f. ICHTH. remora, suckfish, sucking fish.
2 fig. remora, hindrance, clog, drag.
remordedor, ra adj. disturbing, causing remorse.
remorder tr. to bite repeatedly. 2 to disturb, sting,
to cause remorse. — 3 ref. to show one's worry,
trouble or regret. ¶ CONJUG. like mover.
remordimiento m. remorse, compunction, qualm,
prick of conscience.
remosquearse ref. to show suspicion or distrust.
2 PRINT. to become blurred or mackled.
remostar tr. & intr. to add must to [old wine].
— 2 ref. [of grapes] to yield must before being
pressed. 3 [of fruit] to rot from bruises. 4 [of
wine] to become sweet, to taste like must.
remostecerse ref. REMOSTARSE. ¶ CONJUG. like agradecer.
remostezca, etc., irr. V. REMOSTECERSE.
remosto m. adding must to old wine. 2 tasting
like must, sweetness [of wine].
remotamente adv. remotely; vaguely.
remoto, ta adj. remote [distant in place or time;
out-of-the-way; not connected or acting di-
rectly]. 2 remote, slight, vague; unlikely.
remover tr. to move, remove, displace. 2 to
remove, eliminate. 3 to disturb, upset. 4 to stir
[with a spoon, etc.]. 5 to remove, discharge,
dismiss. — 6 ref. to move, stir. ¶ CONJUG. like
mover.
removimiento m. REMOCIÓN.
remozamiento m. rejuvenation.
remozar tr. to rejuvenate, to give a youthful
appearance to. — 2 ref. to rejuvenate, to acquire
a youthful appearance.
rempujar tr. to push, jostle.
rempujo m. pushing. 2 sailmaker's palm.
rempujón m. push, impulse.
remuda f. change, replacement. 2 change of
clothes.
remudamiento m. change, replacement.
remudar tr. to change, replace.
remuelo, remuela, etc., irr. V. REMOLER.
remuerdo, remuerda, etc., irr. V. REMORDER.
remuevo, remueva, etc., irr. V. REMOVER.
remugar tr. to ruminate.
remullir tr. to beat up, fluff, loosen, soften [make
fluffy or loose] again.
remunerable adj. remunerable.
remuneración f. remuneration.
remunerador, ra adj. remunerating, remunerative.
— 2 m. & f. remunerator.
remunerar tr. to remunerate.
remunerativo, va adj. remunerative.
remuneratorio, ria adj. done or given as a reward.
remusgar intr. to guess, suspect.
remusgo m. guess, suspicion. 2 sharp, cool breeze.
renacentista adj. [pertaining to the] Renaissance.
— 2 m. & f. Renaissancist, one versed in Renaissance art and literature.
renacer intr. to be reborn, to spring up anew, to
bloom again. ¶ CONJUG. like nacer.
renaciente adj. renascent.
renacimiento m. renascence, rebirth, renewal. 2
(cap.) Renaissance, Renascence.
renacuajo m. tadpole, polliwog. 2 fig. shrimp
[person].
renadío m. aftermath, new crop.
renal adj. renal.
Renania f. pr. n. GEOG. Rhineland.
renano, na adj. Rhenish. — 2 m. & f. Rhinelander.
Renato m. pr. n. René.
renazco, renazca, etc., irr. V. RENACER.
rencilla f. quarrel, grudge.
rencilloso, sa adj. quarrelsome, touchy.
renco, ca adj. hipshot, lame.
rencor m. rancour, grudge, animosity.
rencorosamente adv. rancorously.
rencoroso, sa adj. rancorous, spiteful.
rendaje m. set of reins and bridle.
rendajo l. ARRENDAJO.
rendar tr. AGR. to plough or dig a second time.
rendibú m. coll. attentions, obsequiousness.

rendición f. rendition, surrender, rendering, giving
up, yielding. 2 yield, product, profit. 3 rendering,
giving, paying [of tribute, hommage, attentions,
etc.]. 4 rendering [of an account].
rendidamente adv. humbly, submissively; with
loving or deferential submission.
rendido, da p. p. of RENDIR. — 2 adj. fatigued,
exhausted, worn-out. 3 submissive, attentive,
devoted.
rendija f. chink, crack, rift, slit.
rendimiento m. humility, submission; loving or
deferential submission, devotion. 2 fatigue,
exhaustion, weariness. 3 yield, profit, produce.
4 output [of a worker, machine, etc.]. 5 MECH.
efficiency.
rendir tr. to conquer, subdue, force to surrender.
2 to render, surrender, deliver, give up: ~ el
alma, ~ el alma a Dios, to die, give up the
ghost. 3 to render, give back. 4 to fatigue, exhaust,
tire out, wear out. 5 to yield, bring, produce.
6 to vomit. 7 to render, give, pay [tribute,
hommage, attentions, etc.] : ~ cuentas, to render
an account; ~ gracias, to give thanks; ~ parias,
to submit, to pay hommage. 8 NAUT. ~ el bordo,
~ viaje, to arrive. 9 MIL. ~ el arma, ~ la bandera, to lower the arm or the flag as a sign
of submission or reverence. 10 MIL. ~ las armas,
to throw down the arms, to surrender. — 11 ref.
to surrender, submit, give way, yield, give up,
to own oneself defeated. 12 to become exhausted,
tired out, worn out. 13 NAUT. [of a mast, etc.]
to break or split.
renegado, da adj. & n. renegade, apostate. — 2
m. & f. fig. harsh, wicked person. — 3 m. ombre
[card game].
renegador, ra adj. swearing, blasphemous. — 2 m.
& f. swearer, blasphemer.
renegar tr. to deny vigorously. 2 to detest, abhor.
— 3 intr. to renegade, apostatize, to become a
Mohammedan. 4 to swear, blaspheme. 5 ~ de,
to curse; to blaspheme. ¶ CONJUG. like acertar.
renegrear intr. to show or appear intensely black.
renegrido, da adj. blackish, dark [from bruises
or illness].
renegué pret. of RENEGAR.
renegón, na adj. coll. given to swearing. — 2 m.
& f. coll. swearer, inveterate swearer.
rengífero m. RANGÍFERO.
renglón m. [written or printed] line : a ~ seguido,
fig. right after, immediately after; leer entre
renglones, to read between the lines. 2 fig. line
[of business]. 3 fig. item, article. 4 pl. lines,
writing.
renglonadura f. ruled lines.
rengo, ga adj. RENCO.
renguear intr. (Am.) RENQUEAR.
1) **reniego** m. blasphemy. 2 swearword, curse,
execration.
2) **reniego, reniegue,** etc., irr. V. RENEGAR.
reniforme adj. reniform, kidney-shaped.
renil adj. barren [ewe].
renitencia f. renitency, reluctance. 2 PHYSIOL. renitency.
renitente adj. renitent, repugnant.
reno m. ZOOL. reindeer.
renombrado, da adj. renowned, famous.
renombre m. surname. 2 renown, fame.
renovable adj. renewable; replaceable.
renovación f. renewal, renewing; renovation.
renovador, ra adj. renewing, renovating. — 2 m.
& f. renovator.
renovamiento m. RENOVACIÓN.
renovante adj. renewing, renovating.
renovar tr. to renew; to renovate. 2 to change,
reform. — 3 ref. to renew, be renewed. ¶ CONJUG.
like contar.
renovero, ra m. & f. usurer.
renquear intr. to limp, hobble.
renta f. rent : a ~, at a rent. 2 interest, profit,
income, rental, revenue. 3 annuity : ~ vitalicia,
life annuity. 4 revenue [taxes, duties, etc.] : ~
estancada, revenue tax on Government monopolized goods. 5 public debt; Government bonds.
rentado, da adj. yielding yearly. 2 living on his
rents or income.
rentar tr. to yield, bring [a yearly income or
profit]. 2 (Mex.) to rent for: ¿cuánto renta este
cuarto?, how much does this room rent for?
rentero, ra adj. tax-paying. — 2 m. & f. rural
tenant.

rentilla *f. dim.* a small income. *2* a card game. *3* a game played with six dice.

rentista *m. & f.* financier. *2* bondholder. *3* one who lives on his rents or the interest of bonds, shares, etc.

rentístico, ca *adj.* financial [pertaining to the public finances].

rento *m.* annual rent paid by a rural tenant.

rentoso, sa *adj.* yielding profit or income.

rentoy *m.* a card game.

renuencia *f.* reluctance, repugnance, unwillingness.

renuente *adj.* reluctant, unwilling.

1) **renuevo** *m.* sprout, shoot.

2) **renuevo, renueve,** etc., *irr.* V. RENOVAR.

renuncia *f.* renouncement, renunciation, resignation, giving up, waiver.

renunciable *adj.* renounceable, renunciable, resignable; that can be waived.

renunciación *f.,* **renunciamiento** *m.* renuncia.

renunciante *adj.* renouncing, resigning, waiving. — *2 m. & f.* renouncer, renunciator, resigner.

renunciar *tr.* to renounce, give up, resign. *2* to waive [a right]. *3* to decline, refuse. *4* to renounce, forsake : ~ *al mundo,* to renounce the world. *5* CARDS to renege, revoke. — *6 ref. renunciarse a sí mismo,* to deny oneself.

renunciatario *m.* resignee, one in whose favour something is renounced.

renuncio *m.* CARDS revoke. *2* fig. contradiction, lie, untruth.

renvalsar *tr.* to rabbet the edge of [a door or window].

renvalso *m.* rabbet [along the edge of a door or window].

reñidamente *adv.* strongly, bitterly.

reñidero *m.* fighting pit or place : ~ *de gallos,* cockpit.

reñido, da *adj.* on bad terms; at a variance. *2* opposed [to], inconsistent [with]. *3* bitter, hard-fought.

reñidor, ra *adj.* quarrelsome. *2* scolding. — *3 m. & f.* quarreller. *4* scolder.

reñidura *f.* coll. scolding.

reñir *intr.* to quarrel, dispute, wrangle, fight. *2* to quarrel, be at a variance, fall out, cease to be friends. — *3 tr.* to fight [a battle, combat, etc.]. *4* to scold, chide, reprimand. ¶ CONJUG. like *reír.*

reo *adj.* guilty. — *2 m. & f.* offender, culprit; one guilty of a crime or offence; one deserving a penalty. — *3 m.* ICHTH. a river and sea trout.

reóforo *m.* ELECT. reophore.

reojo (mirar de) *tr.* to look out of the corner of one's eye; to look askance at, look with disfavour.

reómetro *m.* ELECT. rheometer.

reorganicé, reorganice, etc., *pret., subj. & imper.* of REORGANIZAR.

reorganización *f.* reorganization.

reorganizador, ra *adj.* reorganizing. — *2 m. & f.* reorganizer.

reorganizar *tr.* to reorganize.

reóstato *m.* ELECT rheostat.

repacer *tr.* to eat up all the pasture of.

repagar *tr.* to pay dearly, to overpay.

repagué, repague, etc., *pret., subj. & imper.* of REPAGAR.

repajo *m.* ground enclosed with bushes or shrubs.

repanchigarse, repantigarse *ref.* to lounge or sprawl [in a seat].

repapilarse *ref.* to glut, stuff oneself.

reparable *adj.* reparable, remediable. *2* noticeable.

reparación *f.* reparation, repair, repairing. *2* reparation [remedy, makind of amends, compensation], atonement.

reparada *f.* sudden start, shy [of a horse].

reparado, da *p. p.* of REPARAR. — *2 adj.* squint-eyed or having some defect in the eyes.

reparador, ra *adj.* repairing, reparative. *2* restorative, refreshing, reinvigorating. *3* fault-finding. — *4 m. & f.* repairer, mender. *5* fault-finder.

reparamiento *m.* REPARO. *2* REPARACIÓN.

reparar *tr.* to repair, mend, remedy. *2* to repair, restore, refresh, reinvigorate. *3* to repair [make amends for, compensate], to atone for. *4* to observe, notice, perceive, remark, see. *5* to consider, heed, take heed of; to regard, stop at [let one's course be affected by]. *6* to parry, defend oneself from. — *7 intr.* to stop, make a halt. — *8 ref.* to restrain oneself. *9* (Mex.) [of a horse] to rear.

reparativo, va *adj.* reparative.

reparo *m.* repair, restoration, remedy. *2* reparation [in a building]. *3* observation, doubt, cavil, objection, difficulty; fault [found] : *poner reparos a,* to raise objections to, to find fault with. *5* warm poultice, etc., put on the stomach as a restorative. *6* defence, protection. *7* spot or mark in the eye or the eyelid. *8* FENC. parry.

reparón, na *adj.* carping, cavilling, fault-finding. — *2 m. & f.* carper, caviller, fault-finder.

repartible *adj.* distribuable.

repartición *f.* distribution, division, dealing out.

repartidamente *adv.* distributively.

repartidero, ra *adj.* to be distributed or divided.

repartidor, ra *adj.* distributing. — *2 m. & f.* distributor, dealer. — *3 m.* delivery man. *4* place in a canal, ditch, pipe, etc., from which water is distributed.

repartimiento *m.* distribution, division, allotment. *2* assessment [of taxes, etc.].

repartir *tr.* to distribute, deal out, serve out, share, divide, allot. *2* to assess [taxes, etc.].

reparto *m.* REPARTIMIENTO. *2* delivery [of goods, mail, etc.]. *3* THEAT. cast of characters.

repasadera *f.* CARP. finishing plane.

repasadora *f.* wool comber [woman].

repasar *intr. & tr.* to repass [pass by, across, over or through again]. — *2 tr.* to re-examine, retrace, review, revise, look at or over again. *3* to check [accounts, etc.]; to go over [one's lesson, part, etc.]. *4* to scan, peruse, glance over, overlook. *5* to overhaul; to mend [clothes, linen]. *6* to finish, perfect. *7* to fluff and clean [dyed wool]. *8* to mix [silver ore] with mercury.

repasata *f.* coll. chiding, dressing-down.

repaso *m.* re-examination, review, revision. *2* checking [of accounts]; going over [one's lesson, part, etc.]. *3* overhaul, overhauling. *4* mending [of clothes or linen]. *5* final inspection, finishing. *6* coll. chiding, dressing-down.

repastar *tr.* to add flour, water, etc. to [dough, etc.] in order to knead it again. — *2 tr. & intr.* to pasture a second time.

repasto *m.* extra pasture.

repatriación *f.* repatriation.

repatriado, da *adj.* repatriated. — *2 m. & f.* repatriate.

repatriar *tr.* to repatriate. — *2 ref.* to repatriate [return to one's native land].

repechar *intr.* to go up hill.

repecho *m.* slope, short steep incline : *a* ~, uphill.

repeladura *f.* second peeling.

repelar *tr.* to pull out the hair of. *2* to give [a horse] a short run. *3* to clip, crop, cut the point of.

repelente *adj.* repellent, repulsive.

repeler *tr.* to repel, repulse. *2* to refute, contradict.

repelo *m.* anything that rises or goes against the grain, nap, etc. *2* cross fiber; crooked grain, cross grain [in wood]. *3* coll. slight quarrel or dispute. *4* coll. reluctance, repugnance.

repelón *m.* pull on the hair. *2* kink [in a stocking]. *3* small part torn from anything. *4* spurt, short gallop [of a horse]. *5* *a repelones,* little by little, with effort. *6 de* ~, in passing; swiftly.

repeloso, sa *adj.* of a bad grain [wood]. *2* coll. touchy, grouchy, peevish.

repellar *tr.* to splash plaster on [a wall].

repensar *tr.* to reconsider; to think over. ¶ CONJUG. like *acertar.*

repente *m.* sudden movement, sudden impulse. *2 de* ~, suddenly; offhand.

repenticé, repentice, etc., *pret., subj. & imper.* of REPENTIZAR.

repentinamente *adv.* suddenly, unexpectedly, of a sudden, on a sudden.

repentino, na *adj.* sudden, unexpected.

repentista *m. & f.* improviser, extemporizer. *2* MUS. improviser, sight reader.

repentizar *tr.* MUS. to improvise, perform at sight, sight-read.

repentón *m.* sudden movement, sudden impulse.

repeor *adj. & adv.* much worse.

repercudida *f.* REPERCUSIÓN.

repercudir *intr.* REPERCUTIR.

repercusión *f.* repercussion.

repercusivo, va *adj.* MED. repercutient.

repercutir *intr.* to rebound. *2* [of sound] to echo, reverberate. *3* ~ *en,* to have a repercussion on.

— **4** *tr.* MED. to repel. — **5** *ref.* [of light] to reverberate.

repertorio *m* repertory. 2 repertoire.

repesar *tr.* to reweigh, weigh again, reascertain the weight of.

repeso *m.* reweight, reweighing. 2 weight office.

repetible *adj.* repeatable.

repetición *f.* repetition [repeating, being repeated], reiteration, iteration, recurrence. 2 F. ARTS replica. 3 MUS., THEAT. repeat. **4** RHET. repetition. **5** repeating mechanism of a repeating watch. 6 *de* ~, repeating: *fusil de* ~, repeating rifle; *reloj de* ~, repeating watch, repeater.

repetidamente *adv.* repeatedly.

repetidor, ra *adj.* repeating: *círculo* ~, ASTR., SURV. repeating circle. — **2** *m.* & *f.* repeater [student or teacher].

repetir *tr.* to repeat, reiterate, iterate [say, do, perform over again]. — **2** *intr.* [of food] to repeat. 3 ~ *de,* to have two helpings, or another helping, of. — **4** *ref.* to repeat, recur; to repeat itself or oneself. ¶ CONJUG. like *servir.*

repicar *tr.* to chop, hash, mince. 2 to ring [bells] or to play [castanets, etc.] merrily. 3 to reprick. 4 to repique [in piquet]. — **5** *ref. repicarse de,* to boast of being.

repicoteado, da *adj.* scalloped.

repicotear *tr.* to scallop.

repienso, repiense, etc., *irr.* V. REPENSAR.

repinarse *ref.* to rise, soar.

repintar *tr.* to repaint. — **2** *ref.* to paint [colour one's face] elaborately. 3 PRINT. to offset, set off [soil the next sheet].

repinte *m.* repainting [of a picture].

repique *m.* chopping, hashing, mincing. 2 peal, ringing [of bells]; lively playing [of castanets, etc.]. 3 tiff, squabble, slight quarrel or dispute. 4 repique [in piquet].

repiqué, repique, etc., *pret., subj.* & *imper.* of REPICAR.

repiquete *m.* lively peal or ringing [of bells]. 2 skirmish. 3 NAUT. short tack.

repiquetear *tr.* to ring [bells] lively. 2 to play [castanets, etc.] lively. — **3** *ref.* coll. to bicker, exchange biting words.

repiqueteo *m.* lively ringing of bells; lively playing of castanets, etc. 2 bickering, exchange of biting words.

repisa *f.* ARCH. a bracketlike ledge or shelf : ~ *de la chimenea,* mantelpiece.

repisar *tr.* to tread again. 2 to tamp, pack down.

repiso *m.* weak, inferior wine.

repitiente *adj.* repeating.

repito, repita, etc., *irr.* V. REPETIR.

repizcar *tr.* PELLIZCAR.

repizco *m.* PELLIZCO.

replantar *tr.* to replant. 2 to transplant.

replantear *tr.* ARCH., ENG. to lay out on the ground the plan of [a structure]. 2 to restate [a problem].

replanteo *m.* ARCH., ENG. laying out on the ground the plan of [a structure]. 2 restating [of a problem].

repleción *f.* repletion.

replegar *tr.* to fold over and over. 2 MIL. to make [the troops] fall back. — **3** *ref.* MIL. to fall back, retreat in order : *replegarse a* or *hacia,* to fall back on or upon. ¶ CONJUG. like *acertar.*

repletar *tr.* to fill up, stuff, cram. — **2** *ref.* to stuff oneself.

repleto, ta *adj.* replete, full.

réplica *f.* answer, reply, rejoinder, retort, repartee. 2 F. ARTS replica. 3 LAW replication.

replicador, ra *m.* & *f.* replier, retorter.

replicante *adj.* replying, retorting. — **2** *m.* & *f.* replier, retorter.

replicar *intr.* to answer, answer back, reply, rejoin, retort : *sin* ~, without answering back, without grumbling, without making objections. 2 LAW to reply.

replicato *m.* objection. 2 LAW replication.

replicón, na *adj.* coll. saucy, given to answering back.

repliego, repliegue, etc., *irr.* V. REPLEGAR.

repliegue *m.* fold, double fold, convolution. 2 MIL. falling back, retirement.

repliqué, replique, etc., *pret., subj.* & *imper.* of REPLICAR.

repoblación *f.* repopulation, restocking : ~ *forestal,* afforestation, reafforestation.

repoblar *tr.* to repeople, repopulate; to restock; to reafforest. ¶ CONJUG. like *contar.*

repodar *tr.* to prune again.

repodrir *tr.* & *ref.* REPUDRIR.

repollar *intr.* & *ref.* [of a cabbage, etc.] to head.

repollo *m.* head, round head [of a cabbage, etc.]. 2 BOT. cabbage.

repolludo, da *adj.* headed, cabbage-headed, roundheaded [plant]. 2 coll. stocky, thickset.

repolluelo *m.* dim. of REPOLLO.

repondré, repondría, etc., *irr.* V. REPONER.

reponer *tr.* to put again. 2 to replace, restore, put back. 3 to restore, reinstate, reinstall. 4 to replace [pay back]. **4** THEAT. to revive, put on the stage anew. 5 to answer, reply. — **6** *ref.* to recover [regain health, self-control, etc.]. 7 to recover one's losses. ¶ CONJUG. like *poner.*

repongo, reponga, etc., *irr.* V. REPONER.

reportación *f.* calm, self-restraint, moderation.

reportaje *m.* JOURN. reporting; report, news report.

reportamiento *m.* bringing or getting [of profit, advantage, etc.]. 2 check, restraint.

reportar *tr.* to check, curb, repress, restrain [a passion, etc.]. 2 to bring or get [profit, advantage, etc.]. 3 to carry, bring. 4 to transfer [a drawing to a lithographic stone]. — **5** *ref.* to restrain, compose, control oneself.

reporte *m.* news, information, report. 2 tale, piece of gossip. 3 LITHOGR. transfer.

reporteril *adj.* reportorial.

reporterismo *m.* newspaper reporting.

reportero, ra *m.* & *f.* newspaper reporter.

reposadamente *adv.* calmly, quietly, peaceably.

reposadero *m.* METAL. runner [trough for receiving molten metal].

reposado, da *adj.* calm, quiet, peaceful.

reposar *intr.* to repose, rest [take a rest; be or lie at rest; be buried], to lie [in the grave]. — **2** *intr.* & *ref.* to rest, take a nap. 3 [of a liquid] to settle. — **4** *tr.* ~ *la comida,* to take a nap after eating.

reposición *f.* replacement, putting back. 2 restoration, reinstatement. 3 replacement, repaying. 4 recovery [regaining health, self-control, etc.]. 5 THEAT. revival [of a play], new putting [of a play] on the stage.

repositorio *m.* repository.

reposo *m.* repose, rest. 2 sleep. 3 calm, quiet, peace, tranquillity.

repostarse *ref.* (Am.) to lay in stock.

repostería *f.* confectionery, pastry. 2 confectionery shop, pastry shop. 3 pantry, larder. 4 plate room.

repostero *m.* confectioner, pastry cook. 2 square cloth or covering, ornamented with a coat of arms.

repregunta *f.* LAW cross-question; cross-examination.

repreguntar *tr.* LAW to cross-examine.

reprehender *tr.* REPRENDER.

reprehensible *adj.* REPRENSIBLE.

reprehensión *f.* REPRENSIÓN.

reprender *tr.* to reprehend, reprimand, rebuke, chide, scold.

reprendiente *adj.* reprehending, rebuking.

reprensible *adj.* reprehensible, blamable.

represiblemente *adv.* reprehensibly.

reprensión *f.* reprehension, reprimand, rebuke, chiding, scolding.

reprensor, ra *adj.* reprehending, rebuking. — **2** *m.* & *f.* reprehender, reprimander, rebuker, chider.

represa *f.* dam, weir, millpond, sluice. 2 damming, stopping, holding back [of water]. 3 NAUT. recapture.

represalia *f.* reprisal.

represar *tr.* to dam, bank, impound [water]. 2 fig. to check, hold back, repress. 3 NAUT. to recapture [a ship].

representable *adj* representable. 2 performable [play].

representación *f.* representation [act or instance of representing; state of being represented; likeness, picture, image, etc.] : *en* ~ *de,* as a representative of. 2 THEAT. representation, performance, production; impersonation. 3 address, petition. 4 rank, dignity, distinction. 5 representation [body of delegates]. 6 LAW right of succesion. 7 POL. representation : ~ *proporcional,* proportional representation.

representador, ra *adj.* representing. — **2** *m.* & *f.* THEAT. player, actor, actress.

representanta f. THEAT. actress.
representante adj. representing, representative. — 2 m. & f. representative. 4 THEAT. player, actor. 5 COM. agent, representative.
representar tr. to represent. 2 to show, express, state, declare. 3 THEAT. to act, play, personate, impersonate; produce. 4 to look [an age, one's age]. — 5 ref. to imagine, to represent or picture to oneself.
representativamente adv. representatively.
representativo, va adj. representative.
represión f. repression, suppression, check, curbing.
represivo, va adj. repressive.
represor, ra adj. repressing, repressive. — 2 m. & f. repressor.
reprimenda f. reprimand, dressing down.
reprimir tr. to repress, suppress, check, curb.
reprobable adj. reprobable, reprehensible, blameworthy.
reprobación f. reprobation, reproof, reproval.
reprobadamente adv. with reprobation.
reprobado, da adj. reproved. 2 not passed [in an examination]. — 3 adj. & n. RÉPROBO.
reprobador, ra adj. reprobatory, reproving. — 2 m. & f. reprover, condemner.
reprobar tr. to reprobate, reprove, censure, condemn. 2 to fail, flunk, not to pass [in an examination]. ¶ CONJUG. like contar.
reprobatorio, ria adj. reprobative, reprobatory.
réprobo, ba adj. & m. reprobate.
reprochable adj. reproachable, blamable.
reprochador, ra m. & f. reproacher.
reprochar tr. to reproach: ~ algo a uno, to reproach one for.
reproche m. reproach, upbraiding.
reproducción f. reproduction [producing anew]. 2 F. ARTS reproduction, copy. 3 BIOL. reproduction, multiplication.
reproducir tr. to reproduce. — 2 ref. to reproduce [reproduce its kind, produce offspring]. 3 to be reproduced. ¶ CONJUG. like conducir.
reproductividad f. reproductiveness.
reproductivo, va adj reproductive. 2 productive [yielding profits].
reproductor, ra adj. reproducing, reproductive. 2 breeding [animal]. — 3 m. & f. reproducer. 4 breeder [animal].
repromisión f. repeated promise.
repropiarse ref. [of a horse, etc.] to get balky.
repropio, pia adj. balky, unruly [horse, mule, etc.].
repruebo, repruebe, etc., irr. V. REPROBAR.
reps m. rep [fabric].
reptación f. crawl, crawling.
reptar intr. to creep, crawl.
reptil adj. & n. ZOOL. reptile, reptilian. — 2 m. pl. ZOOL. Reptilia.
república f. republic. 2 state, commonwealth. 3 commonweal.
republicanismo m. republicanism.
republicano, na adj. & n. republican.
repúblico m. prominent citizen, statesman. 2 good patriot.
repudiación f. repudiation.
repudiar tr. to repudiate.
repudio m. repudiation [of one's wife].
repudrir tr. to rot [cause to rot] completely. — 2 ref. to rot [become rotten] completely. 3 fig. to burn with [suppressed feelings], to eat one's heart out.
repuesto, ta irreg. p. p. of REPONER. — 2 adj. replaced, restored, reinstated. 3 recovered [from illness, etc.]. — 4 m. store, stock, supply. 5 serving table or sideboard, dresser. 6 pantry. 7 de ~, spare [held in reserve].
repugnancia f. repugnance, reluctance. 2 repugnance, inconsistency, contrariety. 3 repugnance, aversion, loathing, disgust, distaste.
repugnante adj. repugnant, inconsistent, contradictory. 2 loathsome, disgusting, repulsive.
repugnantemente adv. repugnantly. 2 disgustingly, loathsomely, repulsively.
repugnar tr. to be repugnant or contrary to; to contradict. 2 to be loath or reluctant to. 3 to be repugnant or distasteful to; to cause disgust to.
repujado, da adj. repoussé. — 2 m. repoussé [work or article].
repujar tr. to do repoussé work on. 2 to emboss [leather].
repulgado, da adj. affected [not natural; full of affectation].

repulgar tr. SEW. to hem. 2 to put an edging on [pastry].
repulgo m. SEW. hem. 2 ornamental edging [of a cake or pie]: repulgos de empanada, fig. trifles, ridiculous scruples.
repulgué, repulgue, etc., pret., subj. & imper. of REPULGAR.
repulido, da adj. spruce, smart; *dolled up.
repulir tr. to repolish. 2 to spruce, dress smartly or affectedly. — 3 ref. to spruce oneself up.
repulsa f. repulse, rebuke, refusal.
repulsar tr. to repulse, reject, refuse.
repulsión f. PHYS. repulsion. 2 repulsing. 3 repulsion, aversion, repugnance.
repulsivamente adv. repulsively, loathsomely.
repulsivo, va adj. PHYS. repulsive. 2 repellent, repulsive.
repullo m. dart [used in game of darts]. 2 start, jump [from surprise or fear].
repunta f. GEOG. point, tapering cape. 2 first manifestation or sign. 3 quarrel, disagreement.
repuntar intr. NAUT. [of the tide] to turn. 2 (Am.) to begin to appear. — 3 tr. (Am.) to round up [scattered animals]. — 4 ref. [of wine] to be on the turn. 5 to be displeased with one another.
repunte m. NAUT. turning of the tide.
repurgar tr. to repurge.
repurgué, repurgue, etc., pret., subj. & imper. of REPURGAR.
repuse, repusiera, repusiese, etc., irr. V. REPONER.
reputación f. reputation, repute.
reputar tr. to repute, consider, hold, judge, think: lo reputo por honrado, I judge him to be honest. 2 to prize, value.
requebrador m. complimenter.
requebrar tr. to address flattering remarks to [a woman]. 2 to compliment, flatter. 3 to break again, to recrush. ¶ CONJUG. like acertar.
requemado, da p. p. of REQUEMAR. — 2 adj. burnt, brown, tanned.
requemamiento m. RESQUEMO.
requemar tr. to burn again. 2 to burn, overcook, overbake, roast to excess. 3 to sunburn. 4 to parch, dry [plants]. 5 to bite, sting [the mouth]. 6 to inflame [the blood or humours]. — 7 ref. to burn [become charred]. 8 [of plants] to parch. 9 [of blood or humours] to become inflamed. 10 fig. to burn with suppressed feelings.
requemazón f. RESQUEMO.
requeridor, ra m. & f. requirer. 2 one who makes love to.
requeriente m. & f. requirer, requester.
requerimiento m. requisition, request, order, demand [to do something]; summons. 2 requirement.
requerir tr. to require, request, order, demand [to do something]. 2 to induce, persuade. 3 to require, need, call for. 4 to take and examine [a thing]. 5 requerir or ~ de amores, to make love to, to attempt to seduce. ¶ CONJUG. like hervir.
requesón m. cottage cheese, pot cheese. 2 curd.
requetebién adv. coll. very well.
1) **requiebro** m. remark addressed to a woman in praise of her charms. 2 compliment, flattering remark. 3 recrushed ore.
2) **requiebro, requiebre,** etc., irr. V. REQUEBRAR.
réquiem m. requiem [mass & music].
requiero, requiera, etc., irr. V. REQUERIR.
requilorios m. pl coll. useless ceremonies, waste of time, beating about the bush.
requintar tr. to exceed, surpass. 2 MUS. to raise or lower five points.
requinto m. MUS. small clarinet and its player. 2 MUS. small guitar.
requirente m. & f. REQUERIENTE.
requirió, requiriera, requiriese, etc., irr. V. REQUERIR.
requisa f. inspection, round or tour of inspection. 2 REQUISICIÓN.
requisar tr. MIL. to requisition [horses, supplies, etc.].
requisición f. MIL. requisition [of horses, supplies, etc.].
requisito, ta adj. requisite. — 2 s. requisite, requirement: ~ previo, prerequisite.
requisitorio, ria adj. LAW requisitory. — 2 f. LAW requisition.
requive m. ARREQUIVE.
res f. head of cattle, beast: ~ de vientre, breeding

cow, ewe, etc. 2 HUNT. a game quadruped [as a deer, a wild boar, etc.].

resaber *tr.* to know very well. ¶ CONJUG. like *saber*.

resabre, resabria, etc., *irr.* V. RESABER.

resabiar *tr.* to give a vice or bad habit to. — *2 ref.* to contract a vice or bad habit. 3 to become displeased. 4 to relish.

resabido, da *adj.* well known. 2 affecting learning or knowledge.

resabio *m.* unpleasant aftertaste. 2 vice, bad habit.

resaca *f.* undertow. 2 COM. redraft.

resacar *tr.* NAUT. to underrun, haul.

resalado, da *adj.* coll. charming, graceful; nimble-witted.

resaldré, resaldría, resalgo, resalga, etc., *irr.* V. RESALIR.

resalir *intr.* ARCH. to jut out, project. ¶ CONJUG. like *salir*.

resaltar *intr.* to rebound. 2 to jut out, project, stand out. 3 to stand out [be prominent or conspicuous].

resalte *m.* jut, projection, prominence, ledge, ridge.

resalto *m.* rebound. 2 RESALTE.

resaludar *tr.* to return a greeting or salute to.

resalutación *f.* return of a greeting or salute.

resalvo *m.* stump sprout, sapling left in stubbing.

resallar *tr.* AGR. to weed a second time.

resallo *m.* AGR. second weeding.

resanar *tr.* to regild defective spots in.

resarcible *adj.* compensable, indemnifiable.

resarcimiento *m.* compensation, indemnification, reparation, making amends, making good.

resarcir *tr.* to compensate, indemnify, make amends to, make good to. — *2 ref. resarcirse de,* to recover, recoup [one's losses, etc.]; make good for.

resarzo, resarza, etc., *pres., subj. & imper.* of RESARCIR.

resbaladero, ra *adj.* slippery. — *2 s.* slippery place; chute, slide.

resbaladizo, za *adj.* slippery [ground; object; subject]. 2 skiddy.

resbalador, ra *adj.* slipping, sliding. — *2 m. & f.* one who slips or slides.

resbaladura *f.* mark left from slipping or sliding.

resbalamiento *m.* slipping, sliding, gliding.

resbalante *adj.* sliding, gliding.

resbalar *intr. & ref.* to slip, slide, glide. 2 to skid. 3 fig. to slip [fall into error or fault].

resbalo *m.* (Am.) steep slope.

resbalón *m.* slip, slipping. 2 fig. slip [blunder; accidental piece of misconduct].

resbaloso, sa *adj.* RESBALADIZO.

rescaldar *tr.* ESCALDAR.

rescatador, ra *adj.* rescuing. — *2 m. & f.* ransomer, redeemer, rescuing.

rescatar *tr.* to ransom, redeem, rescue. 2 to recover [by money or force]. 3 to trade gold or valuables for [ordinary goods]. 4 to make up for [lost time].

rescate *m.* ransom, redemption, rescue. 2 ransom money.

rescaza *f.* ESCORPINA.

rescindir *tr.* to rescind [a contract]

rescisión *f.* rescission [of a contract].

rescisorio, ria *adj.* rescinding, rescissory.

rescoldera *f.* heartburn, pyrosis.

rescoldo *m.* embers, hot ashes. 2 scruple, doubt, apprehension.

rescontrar *tr.* COM. to set off, balance.

rescripto *m.* rescript [of a Pope, a Roman emperor, etc.].

rescriptorio, ria *adj.* rescriptive.

rescuentro *m.* COM. offset, balance.

resecación *f.* thorough drying, drying up.

resecar *tr.* to dry thoroughly, dry to excess, dry up. — *2 ref.* to become too dry.

resección *f.* SURG. resection

reseco, ca *adj.* thoroughly dry, too dry. 2 lean, thin, spare [person]. — *3 m.* dry part [of a tree; of a honeycomb].

reseda *f.* BOT. mignonette, reseda. 2 BOT. dyer's rocket, weld.

resedáceo, a *adj.* BOT. resedaceous. — *2 f. pl.* BOT. Resedaceæ.

resegar *tr.* to mow again. ¶ CONJUG. like *acertar*.

resegué *pret.* of RESEGAR.

reseguir *tr.* to edge [a sword]. ¶ CONJUG. like *servir*.

resellar *tr.* to reseal, to restamp. 2 to recoin. — *3 ref.* fig. to go over to another party.

resello *m.* resealing, restamping. 2 recoining.

resembrar *tr.* to resow. ¶ CONJUG. like *acertar*.

resentido, da *p. p.* of RESENTIR. — *2 adj.* offended, displeased. 2 resentful.

resentimiento *m.* resentment, umbrage.

resentirse *ref.* [of a thing] to become weakened, begin to give way. 2 to be resentful, take umbrage, be offended or hurt. 3 ~ *de,* to feel the bad effects of, to suffer from; to resent. 4 ~ *por,* to resent, to take offence or umbrage at. ¶ CONJUG. like *hervir*.

reseña *f.* brief narration or account; newspaper account, report. 2 review [of a book]. 3 MIL. review. 4 description, signalment.

reseñar *tr.* to make a brief description or narration of, to report. 2 to review [a book].

resequé, reseque, etc., *pret., subj. & imper.* of RESECAR.

resequido, da *adj.* dried up, parched.

reserva *f.* reserve, reservation [for future use]: *de* ~, spare, extra, in reserve; *en* ~, in reserve. 2 reserve, reticence, reservedness, discretion, circumspection: *guardar* ~, to be discreet or reticent. 3 secrecy: *con toda* ~, *con la mayor* ~, in strictest confidence. 4 reserve, reservation, exception, restriction, qualification: ~ *mental,* mental reservation; *a* ~ *de,* subject to, intending to; *con reservas,* with certain reservations; *sin* ~, without reserve; openly, freely. 5 LAW reservation. 6 MIL. reserve. 7 ECCL. the act of putting the exposed Host back in the ciborium. 8 BIOCHEM., FINANCE. reserve. 9 INDUS. resist: *estampación con reservas,* resist printing. 10 ~ *de indios,* Indian reservation [in U.S.A.].

reservación *f.* reserving, reservation.

reservadamente *f.* secretly, confidentially.

reservado, da *adj.* reserved [kept or set apart]. 2 reserved, reticent, uncommunicative. 3 discreet, circumspect. 4 private, confidential. — *5 m.* ECCL. the Host kept in the ciborium. 6 a place reserved for certain persons or uses.

reservar *tr.* to reserve [keep in reserve; hold or postpone for a later occasion; set aside or apart for; keep, retain for oneself or for another]. 2 to keep back, keep secret, conceal. 3 to exempt. 4 ECCL. to put [the exposed Host] back in the ciborium. 5 *hacer* or *hacerse* ~, to reserve, book [a seat, a place, etc.]. — *6 ref.* to bide one's time. 7 to beware, be cautious or distrustful.

reservativo, va *adj.* reservative.

reservista *m.* MIL. reservist.

resfriado *m.* MED. cold, catarrh: *coger un* ~, to catch a cold. 2 AGR. watering before tilling.

resfriador, ra *adj.* cooling.

resfriadura *f.* VET. cold.

resfriamiento *m.* cooling. 2 MED. cold.

resfriante *adj.* cooling. — *2 m.* cooler [in a still].

resfriar *tr.* to cool, chill. 2 to cool, moderate [ardour, fervour]. — *3 intr.* [of weather] to begin to be cold. — *4 ref.* to catch cold. 5 to cool, grow cold or indifferent.

resfrío *m.* MED. cold.

resguardar *tr.* to preserve, defend, protect, shelter. — *2 ref.* to protect oneself, to shelter, take shelter: *resguardarse de,* to guard against, to protect oneself from.

resguardo *m.* preservation, safety, guard, defence, protection. 2 COM. security, certificate, voucher. 3 watch to prevent smuggling; body of men employed to prevent smuggling. 4 NAUT. sea room, wide berth.

residencia *f.* residence, residing, stay, sojourn. 2 residence, domicile, abode, house, dwelling, home. 3 ECCL. residence. 4 DIPLOM. function of a minister resident. 5 trial held to examine into the conduct of a retiring high official.

residencial *adj.* residentiary.

residenciar *tr.* to examine into the conduct of [a retiring high official]. 2 fig. to call to account.

residente *adj.* resident, residing: *ministro* ~, DIPLOM. minister resident. — *2 m.* resident, dweller, inhabitant. 3 DIPLOM. minister resident.

residentemente *adv.* residentially.

residir *intr.* to reside, dwell, live. 2 [of officials] to reside, be in residence. 3 [of rights, qualities, etc.] to reside, be, lie, consist.

residual *adj.* residual.

residuo *m.* remnant, remainder, residue, rest. 2 CHEM. residue, residuum. 3 ARITH. difference, remainder.

resiego, resiegue, etc., *irr.* V. RESEGAR.

resiembra *f.* AGR. resowing.
resiembro, resiembre, etc., *irr.* V. RESEMBRAR.
resiento, resienta, etc., *irr.* V. RESENTIRSE.
resigna *f.* ECCL. resignation.
resignación *f.* ECCL. resignation. *2* resignation handing over [of one's power or authority]. *3* resignation [being resigned, patient submission].
resignadamente *adv.* resignedly.
resignante *adj.* resigning. — *2 m.* ECCL. resigner.
resignar *tr.* ECCL. to resign. *2* to resign, hand over [one's power or authority]. — *3 ref.* to resign oneself, be resigned.
resignatario *m.* resignee.
resigo, resiga, etc., *irr.* V. RESEGUIR.
resina *f.* resin, rosin.
resinación *f.* extraction of resin.
resinar *tr.* to draw resin from [a tree].
resinero, ra *adj.* [pertaining to] resin. — *2 m.* one who draws resin from trees. *3* one engaged in the resin business.
resinífero, ra *adj.* resiniferous.
resinoso, sa *adj.* resinous.
resintió, resintiera, resintiese, etc., *irr.* V. RESEN-TIRSE.
resistencia *f.* resistance [act or instance of resisting; power or capacity to resist] : ~ *pasiva*, passive resistance; *oponer* ~, to offer resistance. *2* reluctance. *3* endurance, strength : ~ *de materiales*, strength of materials. *4* PHYS., MEC., ELECT. resistance. *5* ELECT. resistor. *6* AER. ~ *al avance*, drag.
resistente *adj.* resistant, resisting, resistful. *2* strong, firm.
resistero *m.* hottest time of the day. *2* heat produced, or place made hot, by the glare of the sun.
resistible *adj.* resistible, endurable.
resistidero *m.* RESISTERO.
resistidor, ra *adj.* resistant.
resistir *intr.* & *ref.* to resist [offer resistance; be proof against]. — *2 tr.* to resist, withstand [an attack, temptation, etc.]. *3* to bear, endure, stand. — *4 ref.* to refuse [to], be unwilling [to]. *5* to struggle ,make resistance.
resistivo, va *adj.* resistive.
resma *f.* ream [of paper].
resmilla *f.* four quires of letter paper.
resobado, da *adj.* trite, hackneyed.
resobrar *intr.* to be considerably over and above.
resobrina *f.* grandniece, great-niece.
resobrino *m.* grandnephew, great-nephew.
resol *m.* sun's glare.
resolana, na *adj.* sunny and sheltered from wind. — *2 f.* sunny and sheltered place.
resoluble *adj.* resoluble. *2* resolvable, solvable.
resolución *f.* resolution, solving [of a doubt, problem, etc.]. *2* resolution [separation into components, analysis]. *3* MED., MUS., PHYS. resolution. *4* LAW nullification, termination [of a contract, etc.]. *5* resolution, resolve, purpose. *6* decision, decree. *7* resolution, resoluteness, determination, courage, pluck. *8* promptitude. *9* summing up : *en* ~, in short, in sum, in a word.
resolutivamente *adv.* with decision.
resolutivo, va *adj.* resolutive, analytical. — *2 adj.* & *m.* MED. resolutive.
resoluto, ta *adj.* resolute. *2* brief, compendious.
resolutoriamente *adv.* resolutorily.
resolutorio, ria *adj.* LAW resolutory : *condición resolutoria,* resolutory condition.
resolvente *adj.* resolvent, resolving.
resolver *tr.* to resolve [determine, decide upon]. *2* to sum up. *3* to resolve, solve, settle [a problem, a question, etc.]. *4* to resolve [break up into parts, analyze]. *5* to resolve, convert [into]. *6* to undo, destroy, annul. *7* MED., MUS., PHYS. to resolve. — *8 ref.* to resolve, dare, make up one's mind : *resolverse a,* to dare to, to make one's mind to : *resolverse por,* to resolve on. *9* to resolve, resolve itself : *resolverse en,* to resolve into, be converted into. *10* MED., MUS. to resolve. ¶ CONJUG. like *mover,* with the exception of the p. p.: *resuelto.*
resollar *intr.* to breathe [use the lungs; take breath; speak]. *2* to breathe noisily. *3* coll. to break silence. ¶ CONJUG. like *contar.*
resonación *f.* resounding.
resonador *m.* resonator.
resonancia *f.* resonance : *caja de* ~, resonance box. *2* fig. *tener* ~, to be much talked of, to cause or make a sensation.

resonante *adj.* resonant, resounding.
resonar *tr.* to resound, resonate. *2* to echo; to clink, to clatter. ¶ CONJUG. like *contar.*
resoplar *intr.* to breathe noisily or hard, to puff; to snort.
resoplido, resoplo *m.* hard breathing, puffing; snort.
resorber *tr.* to resorb.
resorcina *f.* CHEM. resorcin, resorcinol.
resorción *f.* resorption.
resorte *m.* spring [elastic device]. *2* elastic power, spring, resilience, elasticity. *3* fig. lever, wire, means [to attain an object]. *4* (Am.) rubber band.
1) **respaldar** *m.* back [of a seat].
2) **respaldar** *tr.* to endorse [write on the back of]. *2* to back, support, protect. *3* NAUT. ~ *los fuegos,* to bank the fires. — *4 ref.* to lean back. *5* to get backing or support. *6* VET. to get the backbone dislocated.
respaldo *m.* back [of a seat; of a sheet of paper]. *2* endorsement [that which is written on the back of a sheet of paper]. *3* AGR. espalier.
respectar *intr.* to concern, regard, relate to. | Used only in the third persons in the singular : *por lo que respecta a,* as regards, as far as... is concerned.
respectivamente *adv.* as regards, concerning. *2* respectively.
respective *adv.* as regards, concerning.
respectivo, va *adj.* respective.
respecto *m.* respect [reference, relation]; proportion : *a este* ~, with respect to this; *al* ~, in relation, in the matter; *con* ~ *a* or *de,* ~ *a* or *de,* with respect to, with regard to; toward, towards.
respeluzar *tr.* & *ref.* DESPELUZAR.
respetabilidad *f.* respectability.
respetable *adj.* respectable [deserving respect], venerable. *2* respectable, considerable : *a* ~ *distancia,* at a respectable distance. *3* coll. *el* ~ *público,* or *el* ~, the audience, the public.
respetador, ra *adj.* respecting, respectful.
respetar *tr.* to respect, revere, honour. *2* to respect [spare; refrain from offending, degrading, injuring, interfering with, etc.]. — *3 intr.* RESPECTAR.
respetivo, va *adj.* RESPETUOSO.
respeto *m.* respect [deferential esteem], reverence, dutifulness : *faltar al* ~ *a,* to be disrespectful to. *2* awe, fear. *3* attention, care, regard. *4* observance [of law, etc.]. *5 de* ~, extra, spare; for ceremony's sake. *6 pl.* respects : *ofrecer sus respetos a,* to pay one's respects to. *7 campar por su* ~ or *sus respetos,* to act according to one's will or fancy.
respetuosamente *adv.* respectfully.
respetuosidad *f.* respectfulness.
respetuoso, sa *adj.* respectful. *2* dutiful, humble, obedient. *3* awesome, impressive.
réspice *m.* coll. short, tart reply. *2* coll. sharp reproof.
respigador, ra *adj.* gleaning. — *2 m.* & *f.* gleaner.
respigar *tr.* ESPIGAR.
respigón *m.* hangnail. *2* VET. sore on horse's heel.
respigué, respigue, etc., *pret., subj.* & *imper.* of RESPIGAR.
respingar *intr.* [of a horse] to jerk, start. *2* to obey unwillingly, mutter, grumble. *3* [of the edge of a poorly made garment] to curl up.
respingo *m.* start [sudden motion due to pain, surprise, etc.]. *3* gesture of unwillingness, muttering, grumbling.
respingona *adj.* turned up, retroussé [nose].
respingué, respingue, etc., *pret., subj.* & *imper.* of RESPINGAR.
respirable *adj.* respirable, breathable.
respiración *f.* respiration, breathing : *faltarle a uno la* ~, to choke, get short of breath. *2* BOT. respiration. *3* ventilation [in rooms, etc.].
respiradero *m.* vent [opening for ventilation], air hole, air passage, ventilator. *2* ARCH. skylight, loophole, louver. *3* fig. breather, respite. *4* coll. organ of respiration.
respirador, ra *adj.* breathing. *2* of respiration [muscle].
respirante *adj.* respiring, breathing.
respirar *intr.* to respire, breathe [inhale and exhale air]. *2* BOT. to respire. *3* to take breath, respire, breathe again, breathe freely, get rest or respite : *sin* ~, without drawing breath,

without stopping. *4* to speak, open one's lips : *no respiró*, he did not open his lips. *5* to breathe, emit an odour : ~ *a*, to breathe of, smell of. — — *6 tr.* to breathe, take in [air, etc.].
respiratorio, ria *adj.* respiratory.
respiro *m.* respiration, breathing. *2* breath [moment of rest], breather, respite. *3* COM. extension of time [for payment].
resplandecer *intr.* to shine brightly, glare, glitter, glow, be resplendent. *2* fig. to shine, stand out. ¶ CONJUG. like *agradecer*.
resplandeciente *adj.* resplendent, bright, shining, glittering, glowing ; luminous, radiant.
resplandecimiento *m.* resplendence. *2* luster, splendour.
resplandezco, resplandezca, etc., *irr.* V. RESPLANDECER.
resplandina *f.* sharp reproof, dressing down.
resplandor *m.* resplendence, light, glare, glitter, glow, radiance. *2* luster, brilliancy, splendour. *3* gleam, gleaming.
respondedor, ra *adj.* answering. — *2 m. & f.* answerer.
responder *tr.* to answer, reply, respond to. — *2 intr.* to echo, give an echo. *3* to acknowledge, requite, return. *4* to yield, produce, be productive. *5* to answer, have the desired effect. *6* to reply, respond [perform answering action]. *7* to respond [to a stimulus, etc.]. *8* to answer, correspond. *9* to answer back, be saucy. *10* [of a place, building, etc.] to face. *11* ~ *de* or *por*, to answer, be responsible or accountable for ; to guarantee ; to vouch for.
respondiente *adj.* answering. — *2 m. & f.* answerer.
respondón, na *adj.* coll. answering back, saucy.
responsabilidad *f.* responsibility. *2* liability : ~ *limitada*, COM. limited liability.
responsable *adj.* responsible. *2* liable, answerable.
responsar, responsear *intr.* ECCL. to say the responsories for the dead.
responso *m.* ECCL. responsory for the dead.
responsorio *m.* ECCL. responsory.
respuesta *f.* answer, reply, response.
resquebradura *f.* crack, crevice, chink, flaw, split.
resquebrajadizo, za *adj.* easily cracked or split.
resquebrajadura *f.* RESQUEBRADURA.
resquebrajar *tr.* to crack, split. — *2 ref.* to crack [become cracked].
resquebrajo *m.* REQUEBRADURA.
resquebrajoso, sa *adj.* RESQUEBRAJADIZO.
resquebrarse *ref.* [of a thing] to begin to break or crack. ¶ CONJUG. like *acertar*.
resquemar *tr. & intr.* to bite, sting [the mouth]. *2* to burn [food]. *3* fig. to smart, to annoy. — *4 ref.* [of food] to burn.
resquemazón *f.,* **resquemo** *m.* bite, sting, pungency [of food]. *2* burnt taste [of food]. *3* fig. smarting, annoyance.
resquemor *m.* smarting, annoyance. *2* resentment.
resquicio *m.* chink, narrow opening. *2* fig. chance, opportunity.
resquiebro, resquiebre, etc., *irr.* V. RESQUEBRARSE.
resta *f.* ARITH. subtraction. *2* ARITH. remainder, difference.
restablecer *tr.* to re-establish, restore, reinstate. — *2 ref.* to recover, recuperate [be restored from illness, loss, etc.]. ¶ CONJUG. like *agradecer*.
restablecimiento *m.* re-establishment, restoration. *2* recovery [from illness, loss, etc.].
restablezco, restablezca, etc., *irr.* V. RESTABLECER.
restallar *intr.* to crack [like a whip] : *hacer* ~ *un látigo*, to crack a whip. *2* to crackle.
restante *adj.* remaining. — *2 m.* remainder rest.
restañadero *m.* estuary.
restañadura *f.* retinning.
restañar *tr.* to stanch [blood or a wound]. *2* to retin [coat with tin a second time]. — *3 intr.* RESTALLAR. — *4 ref.* [of blood] to stanch, become stanched.
restañasangre *f.* MINER. bloodstone.
restaño *m.* stanching [stopping the flowing of blood]. *2* stagnation [of waters].
restar *tr.* to deduct. *2* to detract, take away. *3* MATH. to subtract. *4* [of a pelota player] to return or strike back [the ball]. — *5 intr.* to be left, remain. *6* MATH. to subtract.
restauración *f.* restoration, re-establishment, renewal. *2* restoration [of a painting, a building, etc.]. *3* POL. restoration.
restaurador, ra *adj.* restoring. — *2* restorer.
restaurante *adj.* restoring. — *2 m. & f.* restorer.

— *3 m.* restaurant : ~ *de servicio automático,* automat.
restaurar *tr.* to restore, re-establish, renew. *2* to restore [a painting, a building, etc.]. *3* POL. to restore.
restaurativo, va *adj. & n.* restorative.
restinga *f.* NAUT. shoal, bar.
restingar *m.* NAUT. shoaly spot.
restitución *f.* restitution, restoration, return.
restituible *adj.* restorable, returnable.
restituidor, ra *m. & f.* restorer [one who gives something back or restores a thing to its original state].
restituir *tr.* to restore, give back, return, refund, make restitution of. *2* to restore, bring back [to original state]. — *3 ref.* to return to the place of departure. ¶ CONJUG. like *huir*.
restitutorio, ria *adj.* restitutive. *2* restitutory.
restituyo, restituyó, restituyera, restituyese, etc., *irr.* V. RESTITUIR.
resto *m.* rest, remainder, residue. *2* limit for stakes [at cards] : *a* ~ *abierto*, without limit ; *echar el* ~, coll. to stake one's all, to shoot the works ; to do one's best. *3* [in playing pelota] act of returning the ball ; player who returns the ball. *4* MATH. remainder. *5 pl.* remains : *restos mortales*, mortal remains.
restorán *m.* (Am.) RESTAURANTE.
restregadura *f.,* **restregamiento** *m.* hard rubbing.
restregar *tr.* to rub [something] hard, to scrub. ¶ CONJUG. like *acertar*.
restregón *m.* hard rubbing.
restregué *pret.* of RESTREGAR.
restribar *intr.* to rest heavily [upon].
restricción *f.* restriction, limitation, restraint : ~ *mental*, mental reservation.
restrictivamente *adv.* restrictively.
restrictivo, va *adj.* restrictive.
restricto, ta *adj.* restricted, limited.
restriego, restriegue, etc., *irr.* V. RESTREGAR.
restringa *f.* RESTINGA.
restringente *adj.* restricting. *2* binding, astringent.
restringible *adj.* restrainable, limitable.
restringir *tr.* to restrict, limit. *2* to astrict, astringe, constrict, contract.
restrinjo, restrinja, etc., *pres., subj. & imper.* of RESTRINGIR.
restriñidor, ra *adj.* astringent, contracting.
restriñimiento *m.* astriction, contraction.
restriñir *tr.* to astrict, astringe, constrict, contract.
restrojo *m.* RASTROJO.
resucitador, ra *adj.* resurrective, resuscitative, reviving. — *2 m. & f.* resurrector, resuscitator, reviver.
resucitar *tr.* to raise from the dead, restore to life, resurrect, resuscitate, revive. — *2 intr.* to rise from the dead, be resurrected, come to life again, resuscitate, revive.
resudación *f.* slight perspiration. *2* oozing.
resudar *intr.* to sweat or perspire slightly. — *2 ref. & intr.* [of a wall, vessel, etc.] to ooze, exude moisture.
resudor *m.* slight perspiration.
resueltamente *adv.* resolutely, boldly, promptly, quickly.
resuelto, ta *p. p.* of RESOLVER. — *2 adj.* resolute, determined, bold, daring. *3* prompt, quick.
resuelvo, resuelva, etc., *irr.* V. RESOLVER.
1) **resuello** *m.* breath, breathing ; hard breathing ; *sin* ~, breathless ; panting ; *meterle a uno el* ~ *en el cuerpo*, to silence, cow, intimidate someone.
2) **resuello, resuelle,** etc., *irr.* V. RESOLLAR.
resulta *f.* result, effect, consequence : *de resultas de*, as a result of, in consequence of. *2* vacancy of an office [due to promotion of its holder].
resultado *m.* result, effect, outcome, consequence.
resultancia *f.* result.
resultando *ger.* of RESULTAR. — *2 m.* LAW whereas, statement beginning with *whereas*.
resultante *adj.* resulting, resultant. — *2 f.* MECH. resultant.
resultar *intr.* to result, follow, arise. *2* to result [have issue or end in a specified manner]. *3* to be, prove to be, turn out, turn out to be. *4* to be [wounded, awarded, etc.] ; to come out [well, badly, etc.]. *5* to work [well or badly], to lead to the desired result. *6* coll. to be advantageous. *7* coll. to please.
resumen *m.* summary, abstract, résumé. *2* recapi-

tulation, summing up : *en* ~, in brief ; in short, to sum up.

resumidamente *adv.* briefly, summarily ; in a word, to sum up.

resumido, da *p. p.* of RESUMIR. — 2 *adj.* summarized, abridged : *en resumidas cuentas,* after all, in short, to sum up.

resumir *tr.* to summarize, abstract, abridge, sum up, recapitulate. — 2 *ref. resumirse en,* to be reduced to ; to be comprised in.

resurgimiento *m.* resurgence, revival, renewal.

resurgir *intr.* to resurge, revive, to spring up again.

resurrección *f.* resurrection, resuscitation, revival.

resurtida *f.* rebound, repercussion.

resurtir *intr.* to rebound, fly back.

retablo *m.* retable, altarpiece. 2 series of pictures or carvings representing a historical subject or event.

retacar *tr.* BILL. to hit [the ball] twice.

retacé, retace, etc., *pret., subj. & imper.* of RE-TAZAR.

retacería *f.* collection of remnants of cloth [as for a crazy quilt].

retaco *m.* a kind of short musket. 2 BILL. short cue. 3 coll. chubby fellow.

retador, ra *adj.* challenging. — 2 *m. & f.* challenger.

retaguardia *f.* MIL. rear, rear guard : *picar la* ~, to pursue the rear guard closely ; *a* ~, in the rear.

retahíla *f.* series, string.

retajar *tr.* to cut round. 2 to trim the nib of [a quill pen]. 3 to circumcise.

retal *m.* remnant, piece, clipping, scrap [of cloth, leather, metal plates, etc.].

retallar *tr.* ENGR. to re-engrave. 2 ARCH. to form scarcements in. — 3 *intr.* RETALLECER.

retallecer *intr.* [of a plant] to sprout again. ¶ CONJUG. like *agradecer.*

retallezco, retallezca, etc., *irr.* V. RETALLECER.

retallo *m.* ARCH. offset, scarcement.

retama *f.* BOT. Spanish broom. 2 BOT. ~ *de escobas,* ~ *negra,* furze, broom. 3 BOT. ~ *de olor,* ~ *macho,* GAYOMBA. 4 BOT. ~ *de tintes,* ~ *de tintoreros,* dyer's-weed, dyeweed, woodwaxen.

retamar *m.* land covered with broom, furze or Spanish broom.

retamero, ra *adj.* [pertaining to] broom.

retamilla *f.* dim. of RETAMA. 2 (Mex.) AGRACEJO 2 & 3.

retamo *m.* (Arg., Col., Chi.) RETAMA.

retar *tr.* to challenge [to combat or competition] ; to dare.

retardación *f.* retardation.

retardado, da *adj.* retarded. 2 [mentally] retarded. — 3 *m. & f.* EDUC. retardate.

retardador, ra *adj.* retarding, delaying.

retardar *tr.* to retard, slow down, slacken. 2 to delay, detain. — 3 *ref.* to retard [be delayed, undergo retardation].

retardatario, ria *adj.* retardant.

retardativo, va *adj.* retardative.

retardatriz, *pl.* **-trices** *adj. & f.* MEC. retardative [force].

retardo *m.* retard, retardation, delay, procrastination.

retartalillas *f. pl.* flow of words, garrulity.

retasa, retasación *f.* reappraisement.

retasar *tr.* to reappraise.

retazar *tr.* to cut to pieces.

retazo *m.* remnant, piece, scrap [of cloth]. 2 fragment, portion.

retejador *m.* retiler.

retejar *tr.* to retile, repair the tiles of [a roof]. 2 coll. to provide with clothing.

retejer *tr.* to weave closely or tightly.

retejo *m.* retiling, roof repairing.

retemblar *intr.* to shake, tremble, quiver. ¶ CONJUG. like *acertar.*

retén *m.* store, stock, reserve. 2 MIL. detachment of troops held ready for emergency. 3 MEC. pawl, catch.

retención *f.* retention, retaining. 2 LAW salary or part of salary retained for payment of debt; retainer. 3 MED. retention.

retendré, retendría, etc., *irr.* V. RETENER.

retener *tr.* to retain [keep possession of ; keep back; keep in memory; keep, catch, hold ; prevent escape, leakage, loss, etc., of]. 2 LAW to retain [salary or part of salary for payment of debt]. 3 to detain in prison. ¶ CONJUG. like *tener.*

retengo, retenga, etc., *irr.* V. RETENER.

retenida *f.* guy [rope].

retenidament *adv.* with retention.

retenimiento *m.* retention, retaining.

retentar *tr.* [of a disease, pain, etc.] to threaten with a relapse.

retentiva *f.* retentiveness, memory.

retentivo, va *adj.* retentive.

reteñir *tr.* to redye. — 2 *intr.* RETIÑIR. ¶ CONJUG. like *ceñir.*

retesamiento *m.* tightening, stiffening.

retesar *tr.* to draw or stretch tighter; to stiffen.

reteso *m.* RETESAMIENTO. 2 knoll, slight rise.

reticencia *f.* a manner of saying a thing which is incomplete or suggests that more could be said about it.

reticente *adj.* using RETICENCIAS.

rético, ca *adj.* Rhaetian. — 2 *m.* Rhaeto-Romanic [language].

retícula *f.* RETÍCULO. 2 ASTR. Reticule.

reticular *adj.* reticular, reticulated, netlike, netted.

retículo *m.* reticulum [netlike structure]. 2 OPT. reticle, reticule, spider lines. 3 ANAT., ZOOL. BOT. reticulum.

retiene, etc., *irr.* V. RETENER.

retín *m.* RETINTÍN.

retina *f.* ANAT. retina.

retiniano *adj.* retinal.

retinte *m.* second dye. 2 RETINTÍN.

retintín *m.* tinkling, jingle, ringing [in the ears]. 2 sarcastic emphasis or tone of voice.

retinto, ta *adj.* redyed. 2 dark-chestnut [horse, etc.].

retiñera, retiñese, etc., *irr.* V. RETEÑIR.

retiñir *intr.* to tinkle, jingle, ring. ¶ CONJUG. like *mullir.*

retiño, retiña, etc., *irr.* V. RETEÑIR & RETIÑIR.

retiración *f.* PRINT. backing [printing the other side of a sheet].

retirada *f.* withdrawal. 2 retirement [withdrawal from public life, withdrawal from circulation]. 3 MIL. retreat, retirement [falling back of an army]. 4 MIL. retreat [signal for retreating]. 5 MIL. tatoo [call for repairing to quarters]. 6 place of safety. 7 dry bed [left by changed course of a stream].

retiradamente *adv.* retiredly. 2 secretly.

retirado, da *p. p.* of RETIRAR. — 2 *adj.* retired, secluded, remote, out-of-the-way. 3 retired, pensioned. — 4 *m.* retired officer.

retiramiento *m.* retirement, seclusion. 2 retired place.

retirar *tr.* to retire, withdraw. 2 to withdraw [pull aside or back; take away, remove]. 3 to retire, call in. 4 to put aside or out of the way. 5 to force to retire, push back or aside. 6 PRINT. to back [print the other side of a sheet]. 7 CHESS to retreat [a piece]. — 8 *intr.* to resemble, to take after. — 9 *ref.* to retire, withdraw [go away]. 10 to retire, recede, move back. 11 MIL. to retreat. 12 to retire [withdraw from office, business, etc.] ; to go into retirement.

retiro *m.* retirement, withdrawal. 2 retirement, seclusion. 3 retirement, retreat, retired place. 4 ECCL. retreat. 5 MIL. retirement [of an officer] ; pay of a retired officer.

reto *m.* challenge [to combat or competition] ; dare, defiance.

retobado, da *p. p.* of RETOBAR. — 2 *adj.* (C. Am., Ecu., Mex.) given to grumbling or answering back. 3 (C. Am., Cu., Ecu.) stubborn, unruly. 4 (Arg., Pe.) artful, sly.

retobar *tr.* (Arg.) to line or cover with leather. 2 (Chi.) to pack or wrap in burlap, leather, etc. — 3 *ref.* (Arg.) to become sulky and reticent.

retobo *m.* (Arg.) lining or covering with leather. 2 (Chi.) packing or wrapping in burlap, leather, etc. 3 (Col., Hon.) refuse, useless thing.

retocador, ra *m. & f.* retoucher.

retocar *tr.* to touch up, finish. 2 to retouch.

retoñar *intr.* [of a plant] to sprout, shoot. 2 [of a thing] to reappear, revive.

retoñecer *intr.* RETOÑAR. ¶ CONJUG. like *agradecer.*

retoñezco, retoñezca, etc., *irr.* V. RETOÑECER.

retoño *m.* sprout, shoot, tiller. 2 fig. child, son, daughter, offspring.

retoque *m.* retouch, touching up. 2 repeated and frequent beating. 3 touch [of a disease].

retoqué, retoque, etc., *pret., subj. & imper.* of RETOCAR.

retor *m.* twilled cotton fabric.

retorcedura *f.* RETORCIMIENTO.
retorcer *tr.* to twist, twist forcibly, turn, wring, wrench, screw, contort, convolve. 2 to retort [an argument]. 3 fig. to twist, distort, wrest, misconstrue. — *4 ref.* to twist [become twisted]. 5 to writhe, squirm, wriggle. ¶ CONJUG. like *mover.*
retorcido, da *p. p.* of RETORCER. — *2 m.* a sweetmeat made of fruit.
retorcimiento *m.* twisting, wringing, wrenching, writhing.
retórica *f.* rhetoric. 2 *pl.* coll. sophistries, subtleties.
retóricamente *adv.* rhetorically.
retórico, ca *adj.* rhetorical. — *2 m. & f.* rhetorician.
retornamiento *m.* return.
retornante *adj.* returning.
retornar *tr.* to return, give back. 2 to twist again. 3 to cause [a thing] to go back. — *4 intr.* to return, come back. 5 ~ *en si*, to come to, recover consciousness.
retornelo *m.* MUS. ritornello.
retorno *m.* return, coming back. 2 return voyage, home trip. 3 return, repayment, requital. 4 barter, exchange. 5 return carriage or horse. 6 NAUT. leading block.
retorromano, na *adj.* Rhaetian. — *2 m.* Rhaeto-Romanic [language].
retorsión *f.* twisting. 2 retortion, retaliation. 3 retorting [an argument].
retorsivo, va *adj.* retortive.
retorta *f.* retort [vessel]. 2 twilled linen fabric.
retortero *m.* turn around : *andar al* ~, to hover around, to bustle around; *traer al* ~, to keep one going hither and thither; to harass, keep busy; to deceive with false promises.
retortijar *tr.* to twist, curl.
retortijón *m.* twist, twisting: ~ *de tripas,* bellyache, cramps.
retostado, da *adj.* toasted brown. 2 brown, dark.
retostar *tr.* to toast again. 2 to toast brown. ¶ CONJUG. like *contar.*
retozador, ra *adj.* frisky, frolicsome, playful.
retozadura *f.* RETOZO.
retozar *intr.* to frisk, gambol. 2 to frolic, disport, dally, romp, wanton, play, act playfully. 3 [of some emotions] to be aroused : *retozarle a una la risa*, to be agitated with suppressed laughter.
retozo *m.* frisk, gambol, frolic, disport, dalliance, play. 2 ~ *de la risa*, suppressed laughter.
retozón, na *adj.* frisky, frolicsome, playful.
retracción *f.* retraction.
retractable *adj.* retractable [statement, promise, etc.].
retractación *f.* retractation, recantation.
retractar *tr.* to retract, recant, take back. 2 LAW to purchase by prior right.
retráctil *adj.* retractile.
retractilidad *f.* retractility.
retracto *m.* LAW prior right to purchase.
retractor *m.* SURG. retractor.
retraer *tr.* to bring back. 2 to dissuade. 3 LAW to purchase by prior right. — *4 ref.* to take refuge. 5 to retire, go back. 6 to retract, draw back. 7 to keep aloof, withdraw from [political activities]. 8 to lead a retired life. ¶ CONJUG. like *traer.*
retraído, da *p. p.* of RETRAER. — *2 adj.* retiring, of a retiring disposition, incommunicative, shy.
retraiga, retraiga, etc., *irr.* V. RETRAER.
retraimiento *m.* retirement, retired life. 2 keeping aloof. 3 retiringness, incommunicativeness, shyness. 4 retreat, refuge. 5 private room.
retraje, retrajera, retrajese, etc., *irr.* V. RETRAER.
retranca *f.* breeching [of a harness]. 2 (Col., Cu.) brake [of a carriage, etc.].
retranquear *tr.* BORNEAR 4.
retranqueo *m.* BORNEO 2.
retranquero *m.* (Col., Cu.) brakeman.
retransmisión *f.* RADIO. relay broadcast; rebroadcast.
retransmitir *tr.* RADIO. to relay; to rebroadcast.
retrasado, da *p. p.* of RETRASAR. — *2 adj.* [mentally] retarded.
retrasar *tr.* to delay, defer, postpone, retard. 2 to set back or slow down [a timepiece]. — *3 intr.* to fall behind [in studies, etc.]; to decline. — *4 ref.* to be backward. 5 to delay, to be behindhand, behind time, slow, too slow, late.
retraso *m.* delay, retard, lag : ~ *de fase,* ELET. phase lag; *llevar* ~, to be late, be in retard.
retratable *adj.* RETRACTABLE.

retratador, ra *m. & f.* RETRATISTA.
retratar *tr.* to portray [draw or paint a portrait of, photograph, describe, depict]. — *2 ref.* to portray oneself. 3 to sit for a protograph, to have one's likeness taken. 4 to show, be reflected, be depicted. — *5 tr. & ref.* RETRACTAR.
retratista *m. & f.* portrayer, portraitist; portrait painter; photographer.
retrato *m.* portrait [likeness, picture, photograph]. 2 portrait, portraiture, description. 3 image, resemblance : *ser el vivo* ~ *de,* to be the living image of. 4 RETRACTO.
retrayendo *ger.* of RETRAER.
retrayente *adj.* retracting. — *2 m. & f.* retractor. 3 LAW purchaser by prior right.
retrechar *intr.* [of a horse] to back, move backwards.
retrechería *f.* artifice, shift, evasion.
retrechero, ra *adj.* artful, sly, deceitful. 2 attractive, charming.
retrepado, da *adj.* leaning back.
retreparse *ref.* to lean back, to recline [in a chair].
retreta *f.* MIL. retreat [signal for retreating]. 2 MIL. tatoo [call for repairing to quarters]. 3 tatoo [evening military parade]. 4 (Col.) open-air concert by a military band.
retrete *m.* toilet, water-closet. 2 private room; boudoir.
retribución *f.* recompense, reward, fee, consideration.
retribuir *tr.* to recompense, reward, pay, fee, remunerate. ¶ CONJUG. like *huir.*
retributivo, va *adj.* retributive : *justicia retributiva*, retributive justice. 2 recompensing, rewarding.
retribuyente *adj.* compensing, rewarding.
retribuyo, retribuyó, retribuya, etc., *irr.* V. RETRIBUIR.
retrillar *tr.* AGR. to thrash again.
retroacción *f.* retroaction.
retroactividad *f.* retroactivity.
retroactivo, va *adj.* retroactive.
retrocarga f. *de* ~, breech-loading.
retroceder *intr.* to go back, back up, move backwards, recede, retire, retrocede; regress, retrograde.
retrocesión *f.* retrocession, going back. 2 LAW recession, retrocession, ceding back.
retroceso *m.* going back, backing up, backward motion, receding, regression, retrocession, retrogradation; recoil. 2 MED. aggravation. 3 recoil of a firearm]. 4 BILL. draw.
retrogradación *f.* ASTR. retrogradation.
retrogradar *intr.* RETROCEDER. 2 ASTR. to retrograde.
retrógrado, da *adj.* retrograde, retrogressive. 2 ASTR. retrograde : *movimiento* ~, retrograde motion. — *3 adj. & n.* POL. reactionary.
retronar *intr.* to thunder, make a thundering noise. ¶ CONJUG. like *contar.*
retropilastra *f.* ARCH. pilaster behind a column.
retropulsión *f.* MED. retropulsion, retrocession.
retrospectivo, va *adj.* retrospective.
retrotracción *f.* LAW antedating.
retrotraer *tr.* LAW to antedate. ¶ CONJUG. like *traer.*
retrotraigo, retrotraiga, retrotrajera, retrotrayendo, etc., *irr.* V. RETROTRAER.
retrovendendo (contrato de) *m.* LAW reversion-sale contract.
retrovender *tr.* LAW to sell back to the vendor.
retrovendición, retroventa *f.* LAW the act of selling back to the vendor.
retroversión *m.* MED. retroversion.
retrucar *intr.* BILL. to kiss.
retruco *m.* BILL. kiss.
retruécano *m.* pun, play on words. 2 RHET. antithesis.
retrueno, retruene, etc., *irr.* V. RETRONAR.
retruque *m.* RETRUCO.
retruqué, retruque, etc., *pret., subj. & imper.* of RETRUCAR.
retuerzo, retuerza, etc., *irr.* V. RETORCER.
retuesto, retueste, etc., *irr.* V. RETOSTAR.
retumbante *adj.* resonant, resounding, thundering, rumbling. 2 fig. pompous, bombastic, turgid, high-sounding.
retumbar *intr.* to resound, sound loudly, thunder, rumble.
retumbo *m.* resounding, thunder, rumble, reverberation.

retundir *tr.* MAS. to even [the face of a wall]. 2 MED. to repel.

retuve, retuviera, retuviese, etc., *irr.* V. RETENER.

reucliniano, na *adj.* Reuchlinian.

reuma *m.* MED. rheumatism.

reumático, ca *adj.* MED. rheumatic, rheumatical. — 2 *m.* & *f.* rheumatic.

reumatismo *m.* MED. rheumatism.

reumátide *f.* MED. rheumatic dermatosis.

reunión *f.* reunion [reuniting, being reunited]; rejoining, joining. 2 reunion, gathering, meeting, assembly, party.

reunir *tr.* to reunite; to rally. 2 to unite, join, collect, cumulate. 3 to gather, assemble, congregate, call together. — *4 ref.* to reunite [be reunited]. 5 to join, gather, assemble, congregate, rally [come or meet together]. 6 *reunirse a* or *con,* to rejoin.

reuntar *tr.* to oil again, to grease again.

revacunación *f.* MED. revaccination.

revacunar *tr.* MED. to revaccinate.

reválida *f.* final examination [for a degree, etc.].

revalidación *f.* revalidation, confirmation.

revalidar *tr.* to revalidate, confirm, renew. — *2 ref.* to pass the final examination [for a degree, etc.].

reveedor *m.* REVISOR.

revejecer *intr.* & *ref.* to age [before one's time]. ¶ CONJUG. like *agradecer.*

revejezco, revejezca, etc., *irr.* V. REVEJECER.

revejido, da *adj.* prematurely aged.

revelación *f.* revelation.

revelado, da *adj.* revealed: *religión revelada,* revealed religion. — *2 m.* PHOT. development.

revelador, ra *adj.* revealing. — *2 m.* & *f.* revealer. — *3 m.* PHOT. developer.

revelamiento *m.* revealing, revelation.

revelandero, ra *m.* & *f.* one who pretends to have had a divine revelation.

revelante *adj.* revealing.

revelar *tr.* to reveal. 2 PHOT. to develop. — *3 ref.* to reveal itself [or oneself].

reveler *tr.* MED. to cause revulsion to.

revellín *m.* FORT. ravelin.

revenar *intr.* to sprout [after trimming or grafting].

revendedera *f.* REVENDEDORA.

revendedor, ra *m.* & *f.* reseller, retailer. 2 scalper, ticket speculator.

revender *tr.* to resell, retail. 2 to scalp [tickets].

revendré, revendría, revengo, revenga, etc., *irr.* V. REVENIR.

revenimiento *m.* return [to a previous state]. 2 shrinking. 3 souring. 4 MIN. cave-in.

revenir *intr.* to return [to a previous state]. — *2 ref.* to shrink, waste away. 3 [of wine. preserves, etc.] to turn, grow sour. 4 [of a wall, etc.] to exude. 5 [of bread, etc.] to grow tough. 6 fig. to yield, back down. ¶ CONJUG. like *venir.*

reveno *m.* sprout, shoot [in a trimmed or grafted tree].

reventa *f.* resale, retail. 2 scalping [of tickets, etc.]

reventadero *m.* rough ground. 2 drudgery, hard task.

reventar *intr.* & *ref.* to burst, explode, blow up. — *2 intr.* [of waves] to break. 3 [of a boil, bud, cloud, etc.] to burst. 4 to burst [with joy, envy, pride, etc.] : ~ *de risa,* to burst with laughter. 5 coll. to die, to die a violent death. 6 ~ *por,* to be dying to. — *7 tr.* to burst, break, smash, crush. 8 to tire, fatigue, exhaust, work [a person] to death. 9 to override [a horse], run [a horse] to death. 10 coll. to annoy, displease : *me revienta este tipo,* I cannot bear this fellow. 11 coll. to ruin, do for [one]. — *12 ref.* to toil, work, run, etc., to exhaustion. 13 [of a horse] to be run to death. ¶ CONJUG. like *acertar.*

reventazón *f.* burst, bursting. 2 breaking, dashing [of the waves].

reventón, *pl.* -**nes** *adj.* bursting, seeming to burst : *clavel* ~, a large carnation; *ojos reventones,* goggle eyes. — *2 m.* bursting, blowout. 3 rough and step declivity. 4 tiring to death. 5 MIN. (Arg., Chi.) outcrop, outcropping. 6 AUTO. blowout, accidental bursting of a pneumatic tire.

reveo, revea, etc., *irr.* V. REVER.

rever *tr.* to review, revise, to look over or examine again. 2 LAW to review. ¶ CONJUG. like *ver.*

reverberación *f.* reverberation [of light]. 2 CHEM. calcination in a reverberatory furnace.

reverberante *ad.* reverberating.

reverberar *intr.* [of light] to reverberate.

reverbero *m.* reverberation [of light]. 2 reflecting surface : *horno de* ~, reverberatory furnace. 3 reverberator. 4 (Arg., Cu., Ecu., Hond.) alcohol stove.

reverdecer *intr.* to grow green again, to sprout again. 2 to acquire new freshness and vigour. — *3 tr.* to turn green again. 4 to give new freshness and vigour, to renew. ¶ CONJUG. like *agradecer.*

reverdeciente *adj.* growing green and fresh anew.

reverdezco, reverdezca, etc., *irr.* V. REVERDECER.

reverencia *f.* reverence, revering. 2 bow, curtsy, obeisance. 3 ECCL. reverence [title].

reverenciable *adj.* reverend [worthy of reverence].

reverenciador, ra *adj.* reverencing, revering. — *2 m.* & *f.* reverencer, reverer.

reverencial *adj.* reverential.

reverenciar *tr.* to reverence, revere, venerate.

reverendísimo. ma *adj. superl.* Most Reverend, Right Reverend.

reverendo, da *adj.* reverend [worthy of reverence]. 2 ECCL. reverend [title].

reverente *adj.* reverent.

reverentemente *adv.* reverently.

reversibilidad *f.* reversibility.

reversible *adj.* reversible.

reversión *f.* reversion [return to a previous state]. 2 BIOL.. LAW reversion.

reverso *m.* back, wrong side. 2 reverse [in coins or medals] : *el* ~ *de la medalla,* the entire opposite, the opposite in every respect.

reverter *intr.* to overflow. ¶ CONJUG. like *entender.*

revertir *intr.* LAW to revert. ¶ CONJUG. like *hervir.*

revés *m.* back, wrong side, reverse : *el* ~ *de la medalla,* EL REVERSO DE LA MEDALLA. 2 slap, backhanded slap. 3 SPORT. backhand [stroke]. 4 FENC. backhanded cut or stroke. 5 reverse, misfortune, setback. 6 change of temper. 7 (Cu.) tobacco grub. 8 *al* ~, on the contrary, the other way around, contrariwise; in the opposite or wrong way or direction, backwards; wrongly; inside out; wrong side out, before, etc. 9 *del* ~, wrongly; inside out; wrong side out, before, etc. 10 *de* ~, diagonally, from left to right.

revesa *f.* NAUT. back water, eddy.

revesado, da *adj.* intricate, difficult, obscure. 2 mischievous, wayward, unmanageable.

revesar *tr.* to vomit.

revesino *m.* reversi [card game].

revestimiento *m.* covering, coat, coating, lining, facing, revetment [on a surface, wall, etc.].

revestir *tr.* to clothe, robe, put vestments on. 2 to cover, coat, line, face, revet [a surface, wall, etc.]. 3 to clothe, invest [with dignity, etc.]. 4 to embellish [with rhetorical ornaments]. 5 to adorn, disguise. 6 to give an air or expression to. — *7 ref.* to clothe or robe oneself, to put vestments on. 8 to be assured, persuaded. 9 *revestirse de paciencia,* to prepare to be patient; *revestirse de valor,* to summon one's courage.

revezar *intr.* to alternate, work by shifts or in rotation.

revezo *m.* working by shifts. 2 shift, relay.

reviejo, ja *adj.* very old. — *2 m.* withered branch [of a tree].

reviento, reviente, etc., *irr.* V. REVENTAR.

reviernes *m.* each of the first seven Fridays after Easter.

revierto, revierta, etc., *irr.* V. REVERTIR.

revine, reviniera, reviniese, etc., *irr.* V. REVENIR.

revirado, da *adj.* twisted [wood].

revirar *tr.* to turn, twist. 2 to roll [one's eyes[. — *3 intr.* NAUT. to veer again.

revisar *tr.* to revise, review, re-examine. 2 LAW to review. 3 to check, verify. 4 to audit [accounts].

revisión *f.* revision, revisal, revise, re-examination. 2 LAW review; rehearing, new trial. 3 check, verification. 4 audit [of accounts].

revisita *f.* reinspection.

revisor, ra *adj.* revising, revisory. — *2 m.* & *f.* reviser, re-examiner. — *3 m.* RLY. conductor, guard. 4 auditor [of accounts].

revisoría *f.* office of a reviser or an auditor of accounts.

revista *f.* review, examination, inspection : *pasar* ~ *a,* to pass in review. 2 MIL. review, muster; parade : *pasar revista a un regimiento,* to review a regiment. 3 review [of a book, play, etc.]. 4 review, magazine [journal]. 5 THEAT. revue.

revistar *tr.* MIL. to review.

revistero *m*. a journalist who writes reports and reviews about shows, bullfighting, etc.

1) **revisto**, ta *p. p.* of REVER.

2) **revisto**, **revista**, **revistiera**, **revistiese**, etc., *irr*. V. REVESTIR.

revitalizar *tr*. to revitalize.

revividero *m*. silkworm incubator.

revivificación *f*. revivification.

revivificar *tr*. to revivify.

revivir *intr*. to revive. 2 to arise again, to be renewed.

revocabilidad *f*. revocability.

revocable *adj*. revocable, annulable, repealable, reversible.

revocablemente *adv*. revocably.

revocación *f*. revocation, annulation, repeal, reversal.

revocador, ra *adj*. revoking. — 2 *m. & f*. revoker. — 3 *m*. plasterer.

revocadura *f*. REVOQUE. 2 PAINT. edge of the canvas turned over the stretcher.

revocante *adj*. revoking. — 2 *m. & f*. revoker.

revocar *tr*. to revoke, annul, repeal, reverse. 2 to countermand. 3 to dissuade. 4 to drive or push back [the smoke, etc.]. 5 MAS. to plaster [a wall].

revocatorio, ria *adj*. revocatory, repealing.

revoco *m*. driving back [of smoke, etc.]. 2 REVOQUE. 3 cover of furze on charcoal baskets.

revolante *adj*. fluttering, hovering.

revolar *intr*. [of birds] to fly again. 2 REVOLOTEAR. ¶ CONJUG. like *contar*.

revolcado, da *m*. (Guat.) a dish made of toast bread, tomato, chile and other condiments.

revolcadero *m*. wallow, wallowing place [for animals].

revolcar *tr*. to knock down and trample upon, to roll over. 2 coll. to floor [an opponent]. 3 coll. to fail, flunk [in an examination]. — 4 *ref*. to wallow, welter, roll over and over. ¶ CONJUG. like *contar*.

revolcón *m*. knocking down, rolling over. 2 defeat [in argument, etc.]. 3 wallowing.

revolear *intr*. to fly around and around. — 2 *tr*. (Arg.) to swing [a lasso] round.

revolotear *intr*. to fly round about, flutter, flit, hover, hover about. 2 [of a thing] to go turning through the air. — 3 *tr*. to send [something] turning through the air.

revoloteo *m*. flying round about, fluttering, flitting, hovering.

revolqué, revolque, etc., *pret., subj. & imper.* of REVOLCAR.

revoltijo, revoltillo *m*. mess, medley, jumble. 2 entanglement, confusion. 3 twisted guts [of sheep, etc.].

revoltón *m*. ENTOM. vine grub. 2 ARCH. cove, small vault between beams. 3 ARCH. turn in a moulding.

revoltoso, sa *adj*. seditious, riotous, rebellious. 2 mischievous. 3 winding, intricate. — 4 *m. & f*. rioter, rebel.

revolución *f*. revolution [complete change or reversal]. 2 POL. revolution. 3 riot, disturbance, revolt. 4 GEOM., MEC., ASTR. revolution, turn.

revolucionar *tr*. to revolutionize.

revolucionario, ria *adj*. revolutionary. — 2 *m. & f*. revolutionary, revolutionist.

revolvedero *m*. REVOLCADERO.

revolvedor, ra *adj*. disturbing, agitating. — 2 *m. & f*. disturber, agitator.

revólver *m*. revolver [firearm].

revolver *tr*. to stir [with a spoon, etc.]; to shake, agitate. 2 to rummage, turn over. 3 to turn upside down, disarrange: *el estómago*, to turn the stomach. 5 to disturb, agitate, stir up disturbances or agitation in. 6 to wrap up, convolve. 7 to turn over or revolve [in one's mind]. 8 to turn [one's face] to the enemy. 9 to set [a person or persons] against another or others. 10 to swing [a horse] around. 11 to retrace [one's way]. — 12 *intr. & ref*. [of thing] to revolve. — 13 *ref*. to turn upon, to turn and face the enemy. 14 to stir, move. 15 [of a horseman] to swing around. 16 [of the weather] to change, turn stormy. 17 to retrace one's way. 18 ASTR. to revolve. ¶ CONJUG. like *mover*, with the exception of the p. p.: *revuelto*.

revolvimiento *m*. revolution, turn. 2 stirring, shaking. 3 turning or swinging around.

revoque *m*. MAS. plastering, rendering.

revoqué, revoque, etc., *pret., subj. & imper.* of REVOCAR.

revotarse *ref*. to reverse one's vote.

1) **revuelco** *m*. knocking down, rolling over. 2 wallowing.

2) **revuelco, revuelque**, etc., *irr*. V. REVOLCAR.

revuelo *m*. second flight [of a bird]. 2 flying around, gyration described when flying. 3 flutter, stir, irregular motion [of some things]. 4 stir, commotion, sensation. 5 *de* ~, promptly and lightly, as in passing.

revuelta *f*. revolt, riot, sedition. 2 row, quarrel, disturbance. 3 turning, winding [of a road, stream, etc.]. 4 turn, change.

revueltamente *adv*. confusedly, disorderly.

revuelto, ta *p. p.* of REVOLVER. — 2 *adj*. disordered, confused, topsy-turvy. 3 disturbed, agitated, restless. 4 mischievous. 5 intricate, difficult. 6 changeable, stormy [weather]. 7 *huevos revueltos*, scrambled eggs.

revuelvepiedras, *pl.* **-dras** *m*. ORN. turnstone.

revuelvo, revuelva, etc., *irr*. V. REVOLVER.

revulsión *f*. MED. revulsion.

revulsivo, va; revulsorio, ria *adj. & n*. MED. revulsive.

rey *m*. king [sovereign, ruler, etc.] : ~ *de armas*, HER. king-at-arms; *el* ~ *de los animales*, the king of beasts [the lion]; *los Reyes Magos*, the-Magi, the Three Wise Men, the Wise Men of the East; *los Reyes, el día de Reyes*, Epiphany, Twelfth night; *ni* ~ *ni roque*, coll. no one; *no conocer al* ~ *por la moneda*, to be penniless; *no temer* ~ *ni roque*, to fear nothing, to fear nobody; *servir al* ~, to be in the army, be a soldier. 2 CHESS, CARDS king. 3 queen bee. 4 coll. swineherd. 5 ORN. ~ *de codornices*, corn crake.

reyerta *f*. wrangle, quarrel, row, fight.

reyezuelo *m*. kinglet [petty king]. 2 ORN. kinglet.

rezado *m*. prayer, divine service.

rezador, ra *adj*. praying. — 2 *m. & f*. prayer, one who prays often.

rezagado, da *adj*. straggling, lagging, left behind. — 2 *m. & f*. straggler, lagger, one who falls behind.

rezagante *adj*. lagging, falling behind.

rezagar *tr*. to outstrip, leave behind. 2 to delay, defer, put off. — 3 *ref*. to fall behind, lag.

rezago *m*. remainder, left-over.

rezagué, rezague, etc., *pret., subj. & imper.* of RE-ZAGAR.

rezar *tr*. to say [prayers, the divine office]. 2 to say [mass]. 3 to say, state : *el libro lo reza*, the book says it. — 4 *intr*. to say prayers. 5 coll. to grumble, mutter. 6 to say, read : *la carta reza así*, the letter reads thus. 7 ~ *con*, to concern, have to do with.

rezno *m*. ENTOM. bot.

rezo *m*. saying [of prayers, of the divine office, of the mass]. 2 prayer, praying, devotions.

rezón *m*. NAUT. grapnel.

rezongador, ra *adj*. grumbling, muttering. — 2 *m. & f*. grumbler, mutterer.

rezongar *intr*. to grumble, mutter.

rezongué, rezongue, etc., *pret., subj. & imper.* of REZOGAR.

rezonglón, na; rezongón, na *adj. & n*. REZONGADOR.

rezumadero *m*. place where something is oozing.

rezumar *tr. & ref*. [of a vessel, wall, etc.] to exude, sweat, weep. — 2 *intr. & ref*. [of a liquid] to ooze out, exude, percolate. — 3 *ref*. to ooze out, transpire [become known].

Rhin *m. pr. n.* GEOG. Rhine.

ría *f*. estuary, firth.

riachuelo *m*. rivulet, streamlet, small river.

riada *f*. freshet, flood [of a stream].

riba *f*. RIBAZO.

ribaldería *f*. knavery, rascality.

ribaldo, da *adj*. villainous, knavish. — 2 *m*. knave, rascal.

ribazo *m*. steep bank, slope, brae.

ribera *f*. shore, strand. 2 bank, margin [of a river]. 3 vicinity of a river.

ribereño, ña *adj. & n*. riparian.

riberiego, ga *adj*. sedentary [flock of sheep]. 2 RI-BEREÑO.

ribero *m*. river wall, levee.

ribete *m*. SEW. binding, border, trimming [in the edge of a garment, etc.]. 2 addition, embellishment [to a tale]. 3 *pl*. streak, touch : *tener ribetes de loco*, to have a mad streak in oneself; *tener ribetes de poeta*, to be somewhat of a poet.

ribeteador, ra *adj.* SEW. binding. — 2 *m.* & *f.* SEW. binder.

ribetear *tr.* SEW. to bind.

ricacho, cha *m.* & *f.* coll. vulgar rich person.

ricachón, na *m.* & *f.* coll. rich person.

ricadueña, ricahembra *f.* obs. wife or daughter of a noble or grandee; lady.

ricahombría *f.* the ancient high nobility of Castile.

ricamente *adv.* richly, opulently. 2 richly, magnificently. 3 pleasantly, comfortably.

Ricardo *m. pr. n.* Richard.

ricé, rice, etc., *pret., subj.* & *imper.* of RIZAR.

ricino *m.* BOT. castor-oil plant, Palma Christi.

rico, ca *adj.* rich, wealthy. 2 rich, abundant, plentiful. 3 rich, abounding [in natural resources, qualities, etc.]. 4 rich, valuable, splendid. 5 delicious. 6 exquisite, choice. 7 coll. dear, darling. — 8 *m.* & *f.* rich person : *nuevo* ~, nouveau riche. 9 coll. darling.

ricohombre, ricohome *m.* grandee or peer of the ancient nobility of Castile.

rictus, *pl.* **-tus** *m.* convulsive grin; grin of a person in pain. -

ricura *f.* deliciousness. 2 exquisiteness, choiceness. 3 coll. darling.

ridiculamente *adv.* ridiculously.

ridiculez *f.* ridiculousness. 2 ridiculous thing or action. 3 oddity, eccentricity. 4 coll. trifle, bagatelle, negligible amount.

ridiculicé, ridiculice, etc., *pret., subj.* & *imper.* of RIDICULIZAR.

ridiculizar *tr.* to ridicule, subject to ridicule, turn to ridicule; to laugh at.

ridículo, la *adj.* ridiculous, ludicrous, risible. 2 odd, eccentric. 3 trifling, insignificant, short, scanty. — 4 *m.* ridicule : *estar en* ~, to be in a ridiculous situation, to be exposed to ridicule; *poner en* ~, to expose to ridicule, to make a fool of; *ponerse en* ~, to make an exhibition or a fool of oneself. 5 reticule [lady's bag].

1) **riego** *m.* irrigation, watering.

2) **riego, riegue,** etc. *irr.* V. REGAR.

riel *m.* RLY. rail. 2 small ingot.

rielar *intr.* poet. to glisten, glimmer.

rielera *f.* ingot mould.

rienda *f.* rein [strap of a bridle; means of control] : *falsa* ~, checkrein; *aflojar las riendas,* to relax one's efforts, grasp, care, etc.; to give rein [to] ; *dar* ~ *suelta a,* to give free rein to; *tener las riendas,* to draw rein; *tirar la* ~, or *las riendas, a,* to check, restrain; *tomar las riendas,* to take or assume the reins; *a* ~ *suelta,* loose-reined; swiftly; without restraint; *a toda* ~, at a gallop, at full speed. 2 fig. restraint, moderation : *soltar la* ~, to give way to vice, passions, etc.

riente *adj.* laughing, smiling.

riera, riese, etc., *irr.* V. REÍR.

riesgo *m.* risk, hazard, danger, peril : *correr el* ~, to take or run the risk.

Rif (el) *m. pr. n.* GEOG. Er Rif.

rifa *f.* raffle [kind of lottery]. 2 quarrel, row.

rifador *m.* raffler. 2 quarreler.

rifadura *f.* NAUT. splitting [of a sail].

rifar *tr.* to raffle, raffle off. — 2 *intr.* to quarrel, dispute. — 3 *ref.* NAUT. [of a sail] to split.

rifeño, ña *adj.* & *n.* Riffian.

rifirrafe *m.* coll. squabble, row.

rifle *m.* rifle [firearm].

riflero *m.* (Arg. & Chi.) rifleman.

rigente *adj.* poet. rigid, stiff.

rigidamente *adv.* rigidly.

rigidez *f.* rigidity. 2 ~ *cadavérica,* rigor mortis.

rígido, da *adj.* rigid, stiff. 2 rigid [strict, rigorous, stern].

rigió *pret.* of REGIR.

rigodón *m.* rigadoon [dance].

rigor *m.* rigour, rigor. 2 MED. rigidity. 3 MED. rigor [sudden chill before fever]. 4 *de* ~, de rigueur, indispensable, prescribed by the rules. 5 *en* ~, strictly speaking, in fact.

rigorismo *m.* rigorism.

rigorista *adj.* rigorist, rigoristic. — 2 *m.* & *f.* rigorist.

rigorosamente *adv.* RIGUROSAMENTE.

rigoroso, sa *adj.* RIGUROSO.

rigurosamente *adv.* rigorously. 2 strictly, scrupulously. 3 absolutely : ~ *cierto,* absolutely true.

rigurosidad *f.* rigorousness, rigour, severity.

riguroso, sa *adj.* rigorous [rigid, stern; scrupulously accurate, exact, strict]. 2 absolute: *ri-*

gurosa exactitud, absolute exactitude. 3 rigorous [harsh, severe].

rija *f.* MED. lachrymal fistula. 2 fight, row, disturbance.

rijador, ra *adj.* RIJOSO.

1) **rijo** *m.* lust, sensuality.

2) **rijo rija,** etc., *irr.* V. REGIR.

rijoso, sa *adj.* lustful, sensual. 2 [of a horse] restless at the sight of the female. 3 quarrelsome.

rilar *intr.* to tremble, shiver. — 2 *ref.* to shudder.

rima *f.* rhyme, rime : ~ *imperfecta,* imperfect rhyme, assonance; ~ *perfecta,* rhyme, perfect rhyme. 2 RIMERO. 3 *pl.* lyric poems.

rimado, da *p. p.* of RIMAR. — 2 *adj.* versified.

rimador, ra *m.* & *f.* rhymer, rhymester, versifier.

rimar *intr.* to rhyme [make rhymes or verses]. 2 [of words or lines] to rhyme : ~ *con,* to rhyme with. — 3 *tr.* to rhyme [make words rhyme].

rimbombancia *f.* resonance, thundering. 2 bombast, pomposity, showiness.

rimbombante *adj.* resonant, thundering. 2 fig. showy. 3 bombastic, pompous, showy.

rimbombar *intr.* to thunder; to resound, echo.

rimbombe, rimbombo *m.* thundering, resonance, echo.

rimero *m.* pile, heap.

Rin *m. pr. n.* GEOG. Rhine.

rincón *m.* corner [hollow angle], nook : ~ *de la chimenea,* chimney corner. 2 corner [secret or remote place]. 3 patch, small piece : *un* ~ *de tierra,* a patch of land. 4 fig. home, retreat. 5 fig. remnant.

rinconada *f.* corner [hollow angle].

rinconera *f.* corner cabinet, stand, bracket or table.

rindo, rindió, rinda, rindiera, rindiese, etc., *irr.* V. RENDIR.

ringla *f.,* **ringle** *m.,* **ringlera** *f.* coll. line, file, row [of things].

ringlero *m.* ruled line [for writing exercises].

ringorrango *m.* curlicue, flourish [in writing]. 2 *pl.* superfluous and ridiculous ornaments; fripperies.

rinitis *f.* MED. rhinitis.

rinoceronte *m.* ZOOL. rhinoceros.

rinoplastia *f.* SURG. rhinoplasty.

rinoscopia *f.* MED. rhinoscopy.

riña *f.* fight, quarrel, row, wrangle, dispute.

riño, riñó, riña, etc., *irr.* V. REÑIR.

riñón *m.* ANAT., ZOOL. kidney : *costar un* ~, fig. to cost a mint of money; *tener cubierto,* or *bien cubierto, el* ~, fig. to be rich, wealthy. 2 fig. heart [central part]. 3 MIN. nodule. 4 *pl.* loins. 5 fig. *tener riñones,* to be brave.

riñonada *f.* layer of fat about the kidneys. 2 loins. 3 dish of kidneys.

1) **río** *m.* river, stream : *cuando el* ~ *suena, agua lleva,* where there is so much smoke there must be some fire; *pescar en* ~ *revuelto,* to fish in troubled waters. 2 fig. copious flow or stream of [something], river, flood.

2) **río, rió, ría,** etc., *irr.* V. REÍR.

riolada *f.* coll. great flow, stream [of people or things].

rioplatense *adj.* Platine. — 2 *m.* & *f.* native or inhabitant of the Basin of the River Plate.

riostra *f.* ARCH. brace, stay.

riostrar *tr.* ARCH. to brace, stay.

ripia *f.* shingle [slip of wood]. 2 slab [outside cut of a log].

ripiar *tr.* MAS. to fill with rubble.

ripio *m.* refuse, debris. 2 MAS. rubble. 3 padding, superfluous word, word used to fill up a line or to supply a rhyme : *meter* ~, to pad. 4 *no perder* ~, not to miss a word; coll. not to miss the least occasion.

ripioso, sa *adj.* padded [verse].

riqueza *f.* riches, wealth. 2 richness, abundance, fertility, fruitfulness. 3 richness, gorgeousness. 4 *pl.* riches, wealth. 5 precious objects.

risa *f.* laugh, laughter : ~ *sardónica,* MED. sardonic grin or laugh; fig. affected, sardonic or sarcastic laughter; *caerse, descoyuntarse* or *desternillarse de* ~, to split one's sides with laughter; *estar muerto de* ~, to be bursting with suppressed laughter, to be extremely amused; *morirse,* or *reventar, de* ~, to die of laughing; *no ser cosa de* ~, to be no laughing matter. 2 that which excites laughter, laughingstock.

risada *f.* RISOTADA.

riscal *m.* craggy place.

risco *m.* crag, cliff. 2 honey fritter.
riscoso, sa *adj.* craggy, cliffy.
risibilidad *f.* risibility.
risible *adj.* risible. 2 laughable, ridiculous.
risiblemente *adv.* laughably, ridiculously.
risita *f. dim.* feigned laugh. 2 giggle, titter.
risotada *f.* guffaw, horse laugh, loud laugh. 2 outburst of laughter.
rispido, da; rispo, pa *adj.* harsh, gruff.
ristra *f.* string [of onions or garlic]. 2 coll. string, row, file.
ristre *m.* ARM. rest [for the lance].
risueño, ña *adj.* smiling, riant, cheerful, gay. 2 smiling, pleasant, agreeable. 3 hopeful [prospect, etc.]. 4 laughing, merry [person].
rítmico, ca *adj.* rhythmic, rhythmical, cadenced. — 2 *f.* rhythmics.
ritmo *m.* rhythm, cadence.
rito *m.* rite.
ritual *adj.* ritual. — 2 *m.* ritual : *ser de ~*, to be ordained by custom.
ritualidad *f.* observance of the rite.
ritualismo *m.* ritualism.
ritualista *adj.* ritualistic. — 2 *m. & f.* ritualist.
rival *m.* rival : *sin ~*, unrivalled.
rivalicé, rivalice, etc., *pret., subj. & imper.* of RIVALIZAR.
rivalidad *f.* rivalry.
rivalizar *intr.* to vie, compete : *~ con*, to rival; to vie with, compete with.
rivera *f.* brook, creek.
riza *f.* stubble of green barley. 2 ravage, destruction.
rizado, da *p. p.* of RIZAR. — 2 *m.* curling, crisping, frizzing, frizzling, crimping. 3 curls, frizzle, crimp.
rizar *tr.* to curl, crisp, frizz, frizzle, crimp, ruffle, crinkle, flute, corrugate. 2 to ripple [water]. — 3 *ref.* to curl naturally. 4 [of water] to ripple.
rizo, za *adj.* curly, crimpy, frizzly, naturally curled or frizzled. — 2 *m.* curl, frizzle, ringlet; curled lock of hair. 3 ripple [small wave]. 4 AER. loop : *hacer el ~, rizar el ~*, to loop the loop. 5 NAUT. reef point; reef : *tcmar rizos*, to take in the reef.
rizocárpeo, a *adj.* rhizocarpic, rhizocarpous.
rizófago, ga *adj.* ZOOL. rhizophagous, root-eating.
rizoforáceo, a *adj.* BOT. rhizophoraceous. — 2 *f. pl.* Rhizophoraceæ.
rizoma *m.* BOT. rhizome.
rizópodo, da *adj. & m.* ZOOL. rhizopcd. — 2 *m. pl.* ZOOL. Rhizopoda.
rizoso, sa *adj.* naturally curly.
ro, ro *interj.* used as a lullaby.
roa *f.* RODA.
roano, na *adj.* roan [horse or mare].
rob *m.* PHARM. fruit syrup.
robadera *f.* TRAÍLLA 3.
robador, ra *m. & f.* robber, stealer.
robaliza *f.* ICHTH. female sea bass.
róbalo, robalo *m.* ICHTH. sea bass. 2 ICHTH. snook.
robar *tr.* to rob, pilfer, plunder, steal, thieve, rob of : *~ algo a alguien*, to rob someone of something, to steal something from someone. 2 to abduct [a woman]. 3 [of a stream] to sweep away, eat away [banks, land]. 4 to round off [a point, an arris]. 5 to draw [cards or dominoes]. 6 *~ el corazón a*, to captivate, enamour. — 7 *intr.* to rob, thieve.
robellón *m.* BOT. edible milk mushroom.
Roberto *m. pr. n.* Robert.
robezo *m.* GAMUZA 1.
robín *m.* rust [of metal].
robinia *f.* BOT. locust, false acacia.
robla *f.* ALBOROQUE.
robladero, ra *adj.* made to be clinched or riveted.
robladura *f.* clinching, riveting.
roblar *tr.* to clinch, rivet [a nail, etc.].
roble *m.* BOT. oak, British oak. 2 oak [wood]. 3 fig. strong, robust person or thing. 4 BOT. ~ *albar*, durmast. 5 BOT. ~ *borne, ncgral, negro* or *vilano*, a variety of black oak. 6 BOT. ~ *carrasqueño*, gall oak.
robleda *f.,* **robledal** *m.* woods of oak trees.
robledo *m.* oak grove.
roblizo, za *adj.* oaken, strong, hard, robust.
roblón *m.* rivet. 2 ridge of tiles.
roblonar *tr.* to rivet [fasten with rivets].
robo *m.* theft, stealing, pilferage, larceny, robbery; burglary : *~ con escalo*, burglary 2 pfunder [that which is stolen]. 3 draw [cards or domi-

noes drawn]. 4 drawing [of cards or dominoes]: *ir al ~*, to draw.
roboración *f.* strengthening, roboration. 2 corroboration.
reborante *adj. & m.* MED. roborant.
roborar *tr.* to strengthen. 2 to corroborate.
roborativo, va *adj.* roborative, corroborative.
robot *m.* robot.
robra *f.* ALBOROQUE.
robre *m.* ROBLE.
robredo *m.* ROBLEDO.
roburita *f.* roburite [explosive].
robustamente *adv.* robustly.
robustecedor, ra *adj.* strengthening.
robustecer *tr.* to strengthen, to make strong or robust. — 2 *ref.* to become strong. ¶ CONJUG. like *agradecer*.
robustez, robusteza *f.* robustness.
robustezco, robustezca, etc., *irr.* V. ROBUSTECER.
robusto, ta *adj.* robust, strong, hale, vigorous.
roca GEOL. rock : ~ *viva*, living rock. 2 rock [mass of rock standing up or out, forming a cliff, etc.; large detached stone]. 3 fig. rock [anything hard or firm].
rocada *f.* wool or flax on a distaff.
rocadero *m.* knob or head of a distaff. 2 COROZA.
rocador *m.* ROCADERO 1.
rocalla *f.* small fragments of rock, talus. 2 stone chips. 3 large glass beads. 4 F. ARTS rocaille.
rocalloso, sa *adj.* stony, pebbly.
roce *m.* rubbing, grazing, friction, attrition. 2 light touch [in passing]. 3 frequent intercourse or communication.
rocé, roce, etc., *pret., subj. & imper.* of ROZAR.
rociada *f.* sprinkling, aspersion. 2 fig. shower, volley [of bullets, insults, etc.]. 3 fig. harsh reprimand, dressing down. 4 NAUT. spray, splash. 5 dew. 6 dew-drenched grass given to horses as medicine.
rociadera *f.* watering pot.
rociado, da *adj. p. p.* of ROCIAR. 2 dewy, bedewed.
rociador *m.* cloth sprinkler.
rociadura *f.,* **rociamiento** *m.* sprinkling, aspersion.
rociar *impers.* to dew. — 2 *tr.* to bedew, besprinkle, sprinkle, spray, asperse.
rocín *m.* hack, jade, sorry horse. 2 work horse. 3 fig. coarse, stupid fellow.
rocinal *adj.* pertaining to a jade or sorry horse.
rocinante *m.* jade, sorry horse, worn-out horse.
rocino *m.* ROCÍN.
rocío *m.* dew. 2 spray, sprinkle, sprinkling [of a liquid]. 3 NAUT. spindrift, spoondrift. 4 light shower.
rococó *adj.* rococo
rocoso, sa *adj.* rocky.
rocote *m.* (S. Am.) BOT. kind of large chili.
rocha *f.* ground cleared of brambles.
rochela *f.* (Col. Ec. Ven.) noise, racket.
rocho *m.* roc [a fabulous bird].
roda *f.* NAUT. stem.
rodaballo *m.* ICHTH. turbot; brill.
rodada *f.* rut, wheel track.
rodadero, ra *adj.* RODADIZO. 2 shaped to roll. — 3 *m.* steep stony ground.
rodadizo, za *adj.* easy-rolling.
rodado, da *p. p.* of RODAR. — 2 *adj.* dapple, dappled [horse] : *rucio ~*, dapple-grey. 3 rounded, fluent, easy [sentence, period]. 4 MIN. scattered [fragments of ore]. 5 *canto ~*, round stone, boulder. 6 *tráfico ~*, traffic of wheeled vehicles. 7 *venir ~* [of a thing or things], to happen in a favourable way. — 8 *m.* (Arg., Chi.) wheeled vehicle.
rodador, ra *adj.* rolling, rolling down. — 2 *m.* a kind of American mosquito. 3 ICHTH. sunfish.
rodadura *f.* rolling [act] : *superficie de ~*, tread [of a wheel].
rodaja *f.* disk, circular plate. 2 round slice. 3 rowel [of spur]. 4 ROSCA 7.
rodaje *m.* wheels, set of wheels, wheelwork [of a clock, etc]. 2 tax on wheeled vehicles. 3 shooting, filming [of a motion picture, of a scene, etc.].
rodal *m.* spot, patch [piece of ground]. 3 cart with solid wheels.
rodamiento *m.* MACH. [ball or roller] bearing: ~ *a bolas*, ball bearing; ~ *a rodillos*, roller bearing.
Ródano *m. pr. n.* GEOG. Rhone.
rodante *adj.* rolling, wheeled : *material ~*. RLY. rolling stock.
rodapelo *m.* REDOPELO.
rodapié *m.* ARCH. baseboard, skirting board, dado

[of a room wall], 2 drapery around the bottom of a bed, table, etc. 3 board, etc., covering the lower part of a balcony railing.

rodaplancha f. main ward of a key.

rodar intr. to roll [move along a surface by turning over and over] : *dejar* ~, or *que ruede, la bola,* to let things alone, let things take their course. 2 to roll down [the stairs, etc.] ; to fall down [rolling] ; to tumble. 3 to roll, run, wheel [go on wheels or as if on wheels]. 4 to wheel [on a bicycle]. 5 to turn, revolve, rotate. 6 to wander, go about, roam. 7 to abound, be plentiful. 8 [of things] to go or happen one after another. 9 *echarlo todo a* ~, to upset or spoil everything; to lose one's temper. 10 ~ *por,* to go around through [the shops, etc. in search of something]. — 11 tr. to shoot, film ; to project, screen [a motion picture, a scene]. ¶ CONJUG. like *contar.*

Rodas f. pr. n. GEOG. Rhodes.

rodeabrazo (a) adv. swinging the arm [for a throw].

rodeador, ra adj. encircling, surrounding.

rodear tr. to encircle, surround, encompass. 2 MIL. to invest. 3 (Am.) to round up [cattle]. 4 to turn around. — 5 intr. to go around, make a detour. 6 fig. to beat about the bush. — 7 ref. to move, stir, budge, turn about.

rodela f. buckler.

rodelero m. soldier bearing a buckler.

rodenal m. grove of cluster pines.

rodeno, na adj. red [soil, rock, etc.]. 2 BOT. *pino* ~, cluster pine, pinaster.

rodeo m. encircling, surrounding. 2 detour, roundabout way. 3 roundabout course or method. 4 roundabout expression, circumlocution; evasion, subterfuge : *andar con rodeos,* to beat about the bush; *dejarse de rodeos,* to stop beating about the bush; *sin rodeos,* frankly, bluntly. 5 rodeo, roundup [of cattle]. 6 place where cattle are collected.

rodeón m. long detour. 2 complete turn.

rodera f. rut, wheel track, cart track.

rodero, ra adj. [pertaining to] wheel.

rodete m. bun or knot of plaited hair. 2 padded ring [for carrying things on the head]. 3 fifth wheel [of carriage]. 4 band pulley, belt pulley. 5 circular ward [in a lock]. 6 MECH. horizontal water wheel.

rodezno m. horizontal water wheel. 2 the main cogwheel in a horse-driven flour mill.

rodezuela f. dim. small wheel.

rodilla f. ANAT., ZOOL. knee : *doblar,* or *hincar, la* ~, to go down on one knee; fig. to bow one's head, to humble oneself; *hincar las rodillas, hincarse de rodillas,* to kneel, kneel down; *a media* ~, kneeling on one knee; *de rodillas,* kneeling, on one's knees. 2 RODETE 2. 3 cleaning cloth.

rodillada f. RODILLAZO. 2 blow on the knee. 3 act of kneeling.

rodillazo m. blow or push with the knee.

rodillera f. knee guard, knee cap, covering for the knee. 2 ARM. genouillère. 3 patch on the knee [of a garment]. 4 baggy knee [of trousers]. 5 VET. hurt upon the knee of a horse [caused by falling].

rodillero, ra adj. pertaining to the knees.

rodillo m. roller [cylinder of wood, metal, stone, etc.]. 2 road roller. 3 PRINT. inking roller ; brayer. 4 COOK. rolling pin. 5 platen [of typewriter].

rodilludo, da adj. big-kneed.

1) **rodio** m. CHEM. rhodium.

2) **rodio, dia** adj. & n. Rhodian.

rododafne f. ADELFA.

rododendro m. BOT. rhododendron.

Rodolfo m. pr. n. Rudolph.

rodofíceo, a adj. BOT. rhodophyceous. — 2 f. pl. BOT. Rhodophyceæ.

rodomiel m. PHARM. honey of rose.

rodrigar tr. to prop up [plants].

rodrigazón f. season for propping plants.

Rodrigo m. pr. n. Roderick.

rodrigón m. prop [for plants]. 2 coll. old retainer who escorted ladies.

rodrigué, rodrigue, etc., pret., subj. & imper. of RODRIGAR.

roedor, ra adj. gnawing. 2 biting, stinging, consuming. — 3 adj. & n. ZOOL. rodent.

roedura f. gnawing, nibbling; eating away, corrosion. 2 place that has been nibbled.

roel m. HER. bezant.

roela f. disk of crude gold or silver.

roer tr. to gnaw, nibble. 2 to gnaw, eat away, wear away, fret, corrode. 3 to pick [a bone]. 4 to sting, pain, torture. ¶ CONJUG.: INDIC. Pres.: roo, roigo o royo [for the 1rst. pers.], roes, roe, etc. | Pret.: roí, roíste, royó; roimos roisteis, royeron. | SUBJ. Pres.: roa, roiga or roya, roas, roigas or royas, etc. | Imperf.: royera, royeras, etc., or royese, royeses etc. | Fut.: royere, royeres, etc. | IMPER.: roe; roa, roiga or roya [for the 3rd. pers.]; roigamos, roed, roigan. | PAST. P.: roído. | GER.: royendo.

roete m. PHARM. pomegranate wine.

rogación, pl. -nes f. petition, prayer. 2 pl. ECCL. rogations.

rogado, da adj. fond of being coaxed.

rogador, ra r. & f. entreater, supplicant.

rogante adj. praying, entreating.

rogar tr. to ask, beg, beseech, entreat, pray, request [someone to do, give, etc., something]. ¶ CONJUG. like *contar.*

rogativas f. pl. public prayers to God.

rogativo, va adj. supplicatory.

rogatorio, ria adj. rogatory.

Rogerio m. pr. n. Roger.

rogo m. poet. fire, pyre.

rogué pret. of ROGAR.

roído, da p. p. of ROER. — 2 adj. short, scanty, miserable.

roigo, roiga, etc., irr. V. ROER.

rojal adj. red, reddish. — 2 m. red land or soil.

rojeante adj. showing red, reddish, having a tinge of red.

rojear intr. to redden, show red. 2 to blush, be reddish, have a tinge of red.

rojete m. rouge [for the face].

rojez f. redness, reddishness, ruddiness.

rojizo, za adj. reddish, reddy, ruddy.

Rojo (Mar) m. pr. n. GEOG. Red Sea.

rojo, ja adj. red [in colour]. 2 ruddy. 3 red [hair] ; red-haired. 4 POL. Red, red. — 5 m. red [colour] : *al* ~, red-hot, at red heat, to red heat. 6 POL. Red, red.

rojura f. redness.

rol m. roll, list. 2 NAUT. muster roll.

Rolando m. pr. n. Roland.

rolar intr. NAUT. [of wind] to veer around.

roldana f. sheave, pulley wheel.

rolde m. circle, ring [of persons or things].

rolla f. yoke pad.

rollar tr. to roll, roll up.

rollete m. dim. small roll or roller.

rollizo, za adj. round, cylindrical. 2 plump, stocky. — 3 m. log [trimmed and ready for sawing].

rollo m. roll [more or less cylindrical straight mass of anything]. 2 coil [of rope]. 3 cylindrical boulder. 4 log [trimmed and ready for sawing]. 5 roller; rolling pin. 6 roll [cylinder formed by rolling up paper, cloth, etc.]. 7 cylindrical pillar, formerly used as a pillory. 8 yoke pad. 9 LAW roll.

rollón m. ACEMITE.

rollona f. coll. child's nurse.

Roma f. pr. n. GEOG. Rome.

romadizarse ref. ARROMADIZARSE.

romadizo m. cold in the head.

romaico, ca adj. & m. Romaic.

romana f. steelyard : *hacer* ~, to balance, counterbalance; *entrar uno con todas, como la* ~ *del diablo,* coll. to have no scruples.

romanador m. weighmaster.

romanar tr. to weigh with a steelyard.

romance adj. Romance, Romanic [language]. — 2 m. Spanish language : *hablar en* ~, fig. to speak plainly; *en buen* ~, fig. in plain language. 3 narrative or lyric poem in octosyllable metre with alternate lines in assonance : ~ *de ciego,* ROMANCE sung or sold on the streets by blind men, ballad; ~ *heroico* or *real,* hendecasyllabic verse with alternate lines in assonance.

romanceador, ra m. & f. one who translates [a literary work] into the Romance or Spanish language.

romancear tr. to translate into the Romance or Spanish language.

romancerista m. & f. writer of ROMANCES [poems].

romancero, ra m. & f. one who sings ROMANCES. 2 m. collection of Spanish ROMANCES [poems].

romancesco, ca adj. NOVELESCO.

romancillo *m. dim.* short ROMANCE [poem].
romancista *m. & f.* one writing in a Romance language. 2 writer of ROMANCES [poems].
romanear *tr.* ROMANAR.
romaneo *m.* weighing with a steelyard.
romanero *m.* weighmaster.
romanesco, ca *adj.* Roman [of the ancient Romans]. 2 NOVELESCO.
románico, ca *adj. & n.* Romanesque [architecture, style]. — 2 *adj.* Romanic [language].
romanilla, lla *adj. & f.* round-hand [style of penmanship]. 2 PRINT. roman. — 3 *f.* (Ve.) dining-room screen.
romanismo *m.* Romanism, Romanity.
romanista *m. & f.* Romanist [one versed in Roman law or in Romance languages].
romanización *f.* Romanization.
romanizar *tr.* to Romanize, Latinize. — 2 *ref.* to become Romanized or Latinized.
romano, na *adj. & n.* Roman : *derecho* ~, Roman law; *números romanos,* Roman numerals. 2 BOT. romaine [lettuce].
romanticismo *m.* romanticism. 2 romance, romanticness.
romántico, ca *adj. & n.* romantic. 2 romanticist.
romanza *f.* MUS. romance, romanza.
romanzador, ra *m. & f.* ROMANCEADOR.
romanzar *tr.* ROMANCEAR.
romaza *f.* BOT. sorrel.
rombal *adj.* rhombic, rhombical.
rómbico *adj.* CRYST. rhombic, orthorhombic.
rombo *m.* GEOM. rhomb, rhombus. 2 losenge, diamond.
romboedro *m.* GEOM. rhombohedron.
romboidal *adj.* rhomboidal.
romboide *m.* GEOM. rhomboid.
romeo *adj.* Romaean [Byzantine Greek].
romeraje *m.* pilgrimage.
romeral *m.* place abounding with rosemary.
romería *f.* pilgrimage. 2 gathering at an out-of-town shrine on the saint's day. 3 gathering, crowd.
romero, ra *m. & f.* pilgrim, palmer. — 2 *m.* BOT. rosemary.
romí *adj.* bastard [saffron].
romo, ma *adj.* blunt [without a point]. 2 blunt-nosed. 3 blunt, dull, stupid.
rompecabezas, *pl.* **-zas** *m.* puzzle [toy], jigsaw puzzle. 2 puzzle, riddle. 3 slung shot.
rompedera *f.* a kind of blacksmith's chisel. 2 powder screen.
rompedero, ra *adj.* breakable.
rompedor, ra *adj.* applied to one who tears or wears out his clothes.
rompedura *f.* breakage.
rompegalas, *pl.* **-las** *m. & f.* slovenly person.
rompehielos, *pl.* **-los** *m.* NAUT. iceboat, icebreaker.
rompenueces, *pl.* **-ces** *m.* (Am.) nut cracker.
rompeolas, *pl.* **-las** *m.* breakwater, jetty, mole.
romper *tr.* to break [separate into parts or fragments; lay open]. to crack, fracture, rupture, shatter, smash. 2 to tear, rend; to wear out [clothes]. 3 to break up [new ground]. 4 to cleave [the air, the water, etc.]. 5 to break [bounds, barriers; a law, a contract, etc.]. 6 to break [interrupt, cause to cease] : ~ *el silencio,* to break silence. 7 MIL. to break [the ranks. 8 [of light, sun, etc.] to break through, pierce [clouds, mist, etc.]. 9 to rout, defeat. 10 ~ *el hielo,* fig. to break the ice. 11 *de rompe y rasga,* determined, free and easy. 12 *intr.* [of waves] to break. 13 [of flowers] to burst, open. 14 to break out, burst forth. 15 to begin, start : ~ *a hablar,* to begin to speak. 16 to burst into or out : ~ *a llorar,* to burst out crying. 17 HUNT. [of game] to run in an unexpected direction. 18 to break [cease to have relations, fall out, terminate friendship]: ~ *con,* to break with. 19 [of the day] to break : *al* ~ *el alba, al* ~ *el día,* at dawn, at daybreak. 20 *ref.* to break, fracture, rupture, shatter, smash, tear [be broken, fractured, etc.]. 21 to acquire ease of manner. 22 coll. *romperse el alma* or *la crisma,* to break one's neck. 23 *romperse la cabeza,* fig. to rack one's brains.
¶ CONJUG. p. p. : *roto.*
rompesacos, *pl.* **-cos** *m.* BOT. goat grass.
rompezaragüelles *m.* BOT. (Am.) an aromatic and medicinal plant.
rompible *adj.* breakable.
rompido *m.* ground newly broken.

rompiente *adj.* breaking. — 2 *m.* reef, rock, shoal, shore where waves break.
rompimiento *m.* break, breakage, fracture. 2 breach, gap. 3 breach, infringement. 4 breach, breaking of relations, alienation, quarrel. 5 THEAT. open drop scene. 6 PAINT. opening in the background [of a picture]. 7 MIN. breakthrough.
Rómulo *m. pr. n.* Romulus.
ron, *pl.* **rones** *m.* rum.
ronca *f.* cry of the buck in rutting time. 2 rut, rutting time. 3 a kind of halberd. 4 *pl.* boastful threats, bluster : *echar roncas,* to bluster.
roncador, ra *adj.* snoring. — 2 *m. & f.* snorer. — 3 *m.* ICHTH. roncador.
roncamente *adv.* hoarsely, coarsely.
roncar *intr.* to snore. 2 [of the buck] to cry in rutting time. 3 [of the wind, the sea] to roar. 4 to bluster, brag, play the bully.
ronce *m.* coaxing, cajolery.
roncear *intr.* to be slow, defer action [out of unwillingness]. 2 to wheedle, cajole. 3 NAUT. to sail slowly.
roncería *f.* tardiness, remissness, unwillingness. 2 coaxing, cajolery, cajoling expression. 3 NAUT. sluggish sailing.
roncero, ra *adj.* tardy, slow, unwilling, grumbling. 2 wheedling, cajoling. 3 NAUT. slow-sailing.
ronco, ca *adj.* hoarse, husky, raucous. 2 harsh [sound], harsh-sounding. — 3 *m.* ICHTH. (Cu.) ronco, grunt.
roncón *m.* drone [of a bagpipe].
roncha *f.* wale, weal, welt : *levantar ronchas,* fig. to sting, to be biting or sarcastic. 2 black-and-blue mark. 3 loss of money through cheating or trickery. 4 round slice.
ronchar *intr.* to raise wales. — 2 *tr.* to crunch.
ronchón *m. aug.* large wale.
ronda *f.* night patrol. 2 rounds [by a night watch]: *beat* [of a constable, etc.]. 3 MIL. rounds. 4 party of night serenaders. 5 round [of drinks or cigars]. 6 round [in playing cards]. 7 clear space between a town and its walls. 8 way around a town or its walls.
rondador *m.* night stroller; night serenader. 2 courter, wooer.
rondalla *f.* fable, story, tale. 2 [in Aragón] party of night serenaders.
rondar *intr. & tr.* to patrol, go the rounds [of a town, etc.] watching. 2 to walk [the streets] by night. 3 [of young men] to walk the streets where their loved ones live : ~ *la calle a una mujer,* to court a woman by walking the street where she lives. — 4 *intr.* MIL. to make rounds. — 5 *tr.* to hover about, turn about. 6 to prowl. 7 to court, woo. 8 [of an illness, a sleepiness, etc.] to be coming on [someone].
rondel *m.* POET. rondel.
rondeño, ña *adj.* of Ronda [Andalusian town]. — 2 *m. & f.* native or inhabitant of Ronda. — 3 *f.* MUS. popular song of Ronda.
rondín *m.* corporal's round on the walls [to visit the sentinels].
rondís, rondiz *m.* table [of a gem].
rondó *m.* MUS. rondo.
rondón (de) *adv. entrar de* ~, *meterse de* ~, to enter suddenly, boldly, without calling at the door, without asking permission to enter or being asked in.
ronqué, ronque, etc., *pret., subj. & imper.* of RONCAR.
ronquear *intr.* to be hoarse with cold.
ronquedad *f.* hoarseness. 2 harshness [of a sound].
ronquera *f.* hoarseness [from cold].
ronquido *m.* snore. 2 harsh, raucous sound.
ronza (a la) *adv.* NAUT. to leeward.
ronzal *m.* halter [for horses]. 2 NAUT. purchase rope.
ronzar *tr.* to crunch. 2 NAUT. to move [a heavy object] with a lever.
roña *f.* scab, mange [in sheep]. 2 crust of dirt. 3 rust [in metal]. 4 bark of pine trees. 5 coll. meanness, stinginess. 6 moral infection. 7 (P. Ri., Salv.) ill will, grudge. 8 (Col.) *hacer* ~, to fake an illness.
roñería, roñosería *f.* meanness, stinginess, niggardliness.
roñica *m. & f.* coll. niggard, stingy person.
roñoso, sa *adj.* scabby, mangy [sheep]. 2 dirty, filthy. 3 rusty [metal]. 4 coll. mean, stingy, niggardly. 5 (P. Ri., Salv.) spiteful.
ropa *f.* dry goods; stuff, fabric. 2 clothes, clothing,

garments, dress, wearing apparel, wardrobe; ~
blanca, linen; ~ *de cama,* bed linen, bed clothes;
~ *hecha,* ready-made clothes; ~ *interior,* underwear; ~ *limpia,* clean linen; ~ *sucia,* dirty
linen; laundry [clothes to be washed]; ~ *talar,*
long clothes, garments going down to the heels;
~ *vieja,* cast-off clothes; fig. COOK. stew or dish
made of scraps of boiled meat; *nadar y guaraar
la* ~, to be too cautious in an undertaking;
tentarse la ~, to consider carefully; *a quema* ~,
at close-range [shoot, shooting]; fig. suddenly,
unexpectedly. 3 robe, gown of office.

ropaje *m.* clothes, garb, raiment. 2 robe, gown,
vestment. 3 F. ARTS drapery. 4 fig. form of the
expression, wording, language.

ropálico, ca *adj.* rhopalic [verse].

ropavejería *f.* old-clothes shop.

ropavejero, ra *m. & f.* old-clothes dealer. — 2 *m.*
old-clothesman.

ropería *f.* clothier's trade. 2 clothing shop,
clothier's: ~ *de viejo,* old-clothes shop. 3
wardrobe, clothes room.

ropero, ra *m. & f.* clothier, dealer in ready-made
clothes. 2 wardrobe keeper [in a community]. —
3 *m.* wardrobe [place or cupboard], clothes room.
4 charitable institution for the distribution of
clothes.

ropilla *f.* a kind of doublet with sleeves. 2 *dar a
uno una* ~, to reprove gently.

ropita *f. dim.* child's clothing.

ropón *m.* wide, loose gown or robe. 2 (Chi.) woman's
riding habit.

roque *m.* CHESS rook, castle.

roqueda *f.,* **roquedal** *m.* rocky place.

roquedo *m.* rock, crag.

roqueño, ña *adj.* rocky. 2 hard, flinty, hard as a
rock.

roquero, ra *adj.* rocky. 2 built on a rock.

roqués *adj.* ORN. black [falcon].

roquete *m.* ECCL. rochet. 2 barbed spearhead. 3
ARTIL. ramrod, rammer.

rorcual *m.* ZOOL. rorqual, finback.

rorro *m.* coll. baby, baby in arms.

ros *m.* MIL. Spanish shako.

Rosa *f. pr. n.* Rose.

rosa *f.* BOT. rose [flower] : *color de* ~, rose, pink
[colour] ; *verlo todo de color de* ~, to see every
thing through rose-coloured glasses. 2 rose,
rosette, rose-shaped knot of ribbons. 3 anything
shaped as a rose. 4 rose diamond. 5 ARCH. rose,
rosace, rose window. 6 red spot [on skin]. 7 NAUT.
~ *náutica,* ~ *de los vientos,* compass card. 8 BOT.
~ *albardera,* ~ *de rejalgar,* ~ *montés,* peony. 9
BOT. ~ *de Jericó,* rose of Jericho. 10 *pl.* popcorn,
popped corn.

rosáceo, a *adj.* rosaceous, rose-coloured. 2 BOT.
rosaceous. — 3 *f. pl.* BOT. Rosaceæ.

rosada, f. ESCARCHA.

rosadelfa *f.* AZALEA.

rosado, da *adj.* rose, rosy, pinky. 2 rose [prepared
or flavoured with roses].

rosal *m.* BOT. rose [bush or plant] : ~ *de pitimini,*
a climbing rose with very small flowers; ~ *perruna* or *silvestre,* dog rose.

rosaleda, rosalera *f.* rosary, rose garden.

Rosalía *f. pr. n.* Rosalie.

Rosamunda *f. pr. n.* Rosamond.

rosariero *m.* maker or seller of rosaries

Rosario *f. pr. n.* Rosary.

rosario *m.* Rosary [form of prayer]. 2 group reciting
the Rosary : *acabar como el* ~ *de la aurora,* coll.
[of a meeting, etc.] to break up in disorder. 3
rosary [string of beads]. 4 fig. string, series,
succession. 5 coll. backbone. 6 HYDR. chain pump.

rosarse *ref.* SONROSARSE.

rosbif *m.* COOK. roast beef.

rosca *f.* screw and nut. 2 screw thread : *pasarse de*
~, [of a screw] not to screw in, not to fit; fig.
to go too far. 3 turn [of a spiral] ; coil, spiral.
4 roll twisted into a ring. 5 ring-shaped piece of
bread, biscuit or pastry. 6 padded ring [for
carrying things on the head]. 7 roll of fat [on
neck, wrists, legs, etc.]. 8 ARH. arch ring. 9 coll.
hacer la ~ *a,* to flatter, court, cajole.

roscado, da *p. p.* of ROSCAR. — 2 *adj.* ring-shaped.
— 3 *m.* threading [forming a thread on].

roscar *tr.* MACH. to thread [form a thread or threads
on or in].

rosco *m.* ring-shaped piece of bread or pastry.

rosoón *m.* large ring-shaped piece of pastry.

rosear *intr.* to show rosy, to have a tinge of rose.

Rosellón *m. pr. n.* GEOG. Roussillon.

róseo, a *adj.* roseate, rosy.

roséola *f.* MED. roseola.

rosero, ra *m. & f.* gatherer of saffron flowers.

roseta *f. dim.* small rose. 2 red spot on the cheek.
3 rose, rosehead [perforated nozzle of watering
pot]. 4 metal tip of steelyard. 5 METAL. rosette.
6 *pl.* popcorn, popped corn.

rosetón *m.* ARC. rose, rosette. 2 ARCH. rose, rose
window, wheel window.

rosicler *m.* pink of dawn. 2 ruby silver.

rosillo, lla *adj.* light red. 2 roan.

Rosita *f. pr. n. dim.* of ROSA.

rosita *f. dim.* small rose. 2 *pl.* popcorn, popped corn.
3 *de rositas,* free, for nothing.

rosmarino, na *adj.* light red. — 2 *m.* ROMERO 2.

rosmaro *m.* MORSA.

roso, sa *adj.* red. 2 threadbare. 3 *a* ~ *y velloso,*
totally, without exception or distinction.

rosoli *m.* rosolio [a sweet cordial].

rosón *m.* REZNO.

rosqueado, da *adj.* coiled, twisted.

rosquete *m.* ring-shaped cake.

rosquilla *f.* small ring-shaped cake. 2 ENTOM. grub,
wine grub.

rostrado, da *adj.* rostrate.

rostral *m.* rostrate. 2 rostral : *columna* ~, rostral
column.

rostritorcido, da; rostrituerto, ta *adj.* angry-looking,
sad-looking.

rostro *m.* face, countenance : ~ *a* ~, face to face ;
hacer ~ *a,* to face; to oppose; to accept; *torcer
el* ~, to show displeasure or annoyance. 2 rostrum,
bill, beak [of a bird]. 3 rostrum, beak [of a ship].

rota *f.* MIL. rout, defeat : *de* ~ *or de* ~ *batida,* with
complete loss or destruction ; all of sudden. 2 BOT.
rattan, rattan palm. 3 Rota, Sacred Roman Rota
[ecclesiastic court].

rotación *f.* rotation : ~ *de cultivos,* rotation of
crops.

rotamente *adv.* barefacedly, impudently.

rotacismo *m.* rhotacism, rotacism.

rotante *adj.* rotating.

rotar *intr.* to rotate.

rotario, ria *adj. & n.* Rotarian.

rotativo, va *adj.* PRINT. rotary [press]. — 2 *f.* PRINT.
rotary press. — 3 *m.* daily newspaper, newspaper
[printed with a rotary press].

rotatorio, ria *adj.* rotary, rotating : *movimiento* ~,
rotary motion.

roten *m.* BOT. rattan, rattan palm. 2 rattan [walking
cane].

rotería *f.* (Chi.) ragged people, populace.

rotífero, ra *adj.* ZOOL. rotiferous. — 2 *f. pl.* ZOOL.
Rotifera.

roto, ta *irreg. p. p.* cf ROMPER. — 2 *adj.* broken,
cracked, shattered. 3 torn, worn out, ragged: ~
por los codos, out at the elbows. 4 debauched,
licentious. — 5 *m.* ragged man. 6 (Chi.) man of
the poorer class.

rotograbado *m.* rotogravure.

rotonda *f.* rotunda. 2 rear section of a stagecoach.
3 RLY. roundhouse.

rotor *m.* ELEC. rotor.

rótula *f.* ANAT., ZOOL. rotula, patella, kneecap, kneepan.
2 PHARM. rotula, troche.

rotulación *f.* labelling, lettering.

rotulador, ra *adj.* labelling. — 2 *m. & f.* labeller.

1) **rotular** *adj.* rotular, rotulian.

2) **rotular** *tr.* to label, letter, put a title to.

rotuliano, na *adj.* rotular, rotulian.

rótulo *m.* label, title. 2 sign [lettered board, etc.].
3 poster, placard.

rotunda *f.* ROTONDA 1.

rotundamente *adv.* flatly, roundly, categorically.

rotundidad *f.* roundness. 2 rotundity [of speech,
style].

rotundo, da *adj.* round, circular. 2 rotund [speech,
style]. 3 flat, direct, round, categorical.

rotura *f.* breakage, breaking, fracture. 2 break,
crack [broken place]. 3 tear, rent [in cloth etc.].

roturación *f.* AGR. breaking up new ground. 2
ground freshly broken up.

roturador, ra *adj.* breaking up new ground. — 2
m. & f. breaker of new ground.

roturar *tr.* AGR. to break up [new ground].

roya *f.* BOT. rust, mildew.

royo, roya, etc., *irr.* V. ROER.

roza *f.* grubbing, weeding, clearing [of land]. 2
land cleared of weed, brambles, etc.

rozadera *f.* ROZÓN.

rozadero m. rubbing, grazing, chafing or fretting place.

rozador, ra m. & f. stubber, weeder.

rozadura f. rubbing. 2 chafing, abrasion. 3 chafe, gall |sore produced by chafing] ; graze [grazing abrasion].

rozagante adj. flowing, sweeping [robe, gown, etc.]. 2 showy, magnificent.

rozamiento m. rubbing, friction, chafing. 2 fig. friction, disagreement.

rozar tr. to grub, stub, weed, clear [land]. 2 to cut and gather [small branches or grass]. 3 to graze, browse, nibble [the grass]. 4 to scrape, rub, abrade, graze, fret, gall, chafe. — 5 tr. & intr. to graze [touch lightly in passing]. — 6 ref. to interfere [knock one foot against another]. 7 fig. to falter, stammer. 8 to associate, hold familiar intercourse, to hobnob. 9 to have a resemblance or connection [with something else].

roznar tr. to crunch. 2 REBUZNAR.

roznido m. crunching noise. 2 REBUZNO.

rozno m. little donkey.

rozo m. ROZA. 2 brushwood.

rozón m. short and broad scythe.

rúa f. street, willage street. 2 cartway. 3 hacer la ~, to walk or ride through the streets.

Ruán m. pr. n. GEOG. Rouen.

ruán m. a cotton fabric manufactured in Rouen.

ruana f. a woollen fabric. 2 worn out blanket. 3 (Col., Ve.) a kind of poncho.

ruano, na adj. ROANO.

ruante adj. walking or riding through the streets. 2 HER. spreading its tail [peacock].

ruar intr. to walk or ride through the streets. 2 to go courting the ladies in the street.

rubefacción f. MED. rubefaction.

rubefaciente adj. & n. MED. rubefacient.

Rubén m. pr. n. Reuben.

rúbeo, a adj. reddish.

rubéola f. MED. rubella, rubeola, German measles.

rubescente adj. rubescent.

rubeta f. ZOOL. a kind of frog.

rubí m. MINER. ruby : ~ balaje, balas ruby ; ~ de Bohemia, rosy quartz ; ~ del Brasil, red topaz; ~ espinela, spinel ruby; ~ oriental, Oriental ruby. 2 HOROL. ruby, jewel.

rubia f. BOT. madder [plant and root]. 2 ICHTH. a small red-coloured fresh-water fish. 3 AUTO. coll. a wagon-shaped car fit to carry persons and goods. 4 blonde [girl or woman] : ~ oxigenada, peroxide blonde; ~ platinada, platine blonde.

rubiáceo, a adj. BOT. rubiaceous. — 2 f. pl. BOT. Rubiaceæ.

rubial, pl. **-les** adj. reddish [soil or plant]. — 2 m. madder field.

rubiales, pl. **-les** m. & f. coll. blond, blonde [person].

rubican adj. rubican.

rubicela f. MINER. rubicelle.

Rubicón pr. n. GEOG. Rubicon : pasar el ~, to pass or cross the Rubicon.

rubicundez f. rubicundity, ruddiness.

rubicundo, da adj. rubicund, ruddy; rosy with health. 2 golden-red. 3 reddish [hair].

rubidio m. CHEM. rubidium.

rubificar tr. to rubify, make red.

rubín m. RUBÍ. 2 ROBÍN.

rubinejo m. dim. small ruby.

rubio, bia adj. golden, blond, fair. — 2 m. & f. blond, blonde [person].—3 m. ICHTH. red gurnard. 4 m. pl. the middle of the withers [in bulls].

rublo m. ruble, rouble [Russian coin].

rubor m. red colour. 2 blush, flush [reddening of the face]. 3 bashfulness.

ruborizado, da adj. blushing.

ruborizar tr. to cause to blush. — 2 ref. to blush, flush [become red in the face].

ruborosamente adv. blushingly, bashfully.

ruboroso, sa adj. blushing, bashful.

rúbrica f. mark or flourish added to one's signature. 2 rubric, title, heading. 3 ECCL. rubric : ser de ~, coll. to be in accordance with ritual or custom. 3 red mark.

rubricante adj. signing.

rubricar tr. to sign [a letter, document, etc.] with one's peculiar mark or flourish [writing or without writing the name]. 2 to sign and seal. 3 to certify to, to attest.

rubriqué, rubrique, etc., pret., subj. & imper. of RUBRICAR.

rubriquista m. ECCL. rubrician.

rubro, bra adj. red, red-coloured. — 2 m. (Am.) title, heading.

ruc m. ROCHO.

ruca f. (Arg., Chi.) hut, cabin.

rucio, cia adj. gray, light silver gray [animal]. 2 gray-haired [person]. — 3 m. gray horse, or donkey.

ruco, ca (C. Am.) old, worthless.

ruche m. RUCHO. 2 coll. money.

rucho m. donkey; young donkey.

ruda f. BOT. rue : ~ cabruna, goat's-rue.

rudamente adv. roughly, rudely, harshly.

rudeza f. rudeness, coarseness, roughness, hardness. 2 dullness, stupidity.

rudimental adj. rudimental.

rudimentario, ria adj. rudimentary; elementary.

rudimento m. rudiment. pl. rudiments, elements.

rudo, da adj. rude, rough, unpolished. 2 crude, rugged. 3 dull, stupid. 4 rude, impolite. 5 rude, hard, violent, severe.

rueca f. distaff [for spinning]. 2 twist, turn.

rueda f. wheel : ~ catalina or de Santa Catalina, Catherine wheel ; ~ de andar, treadmill; ~ de cadena, sprocket wheel ; ~ de carro, cart wheel ; ~ de fuegos artificiales, pinwheel ; ~ de la fortuna, wheel of fortune ; ~ del timón, NAUT. steering wheel ; ~ de molino, millstone ; ~ de paletas, paddle wheel ; ~ dentada, gearwheel, cogwheel ; ~ hidráulica, water wheel ; ~ libre, free wheel ; ~ loca, idle wheel ; ~ motriz, driving wheel ; clavar la ~ de la fortuna, fig. to make one's fortunes secure ; comulgar con ruedas de molino, tragárselas como ruedas de molino, to swallow a camel, to accept as true incredible things. 2 caster, roller. 3 circle, ring [of persons or things] : ~ de presos, lineup [of suspects or criminals]. 4 round slice. 5 turn, successive order. 6 ICHTH. sunfish. 7 rack [torture]. 8 spread [of a peacock's tail]. 9 hacer la ~, [of a peacock] to spread its tail ; [of a cock or a male pigeon] to walk around the female ; hacer la ~ a uno, fig. to flatter, court, cajole.

ruedecica, cilla, cita f. dim. small wheel. 2 caster, roller.

1) **ruedo** m. turn, rotation. 2 circuit, circumference. 3 edge, border, fringe [of something round]. 4 bottom lining [of a skirt]. 5 circle, round. 6 bull ring, arena. 7 round mat ; mat, rug. 8 a todo ~, at all events.

2) **ruedo, ruede,** etc., irr. V. RODAR.

1) **ruego** m. entreaty, prayer, petition, request, supplication.

2) **ruego, ruegue,** etc., irr. V. ROGAR.

ruequecita f. dim. small distaff.

ruezno m. outer rind of a walnut.

rufián m. pimp, pander. 2 scoundrel, villain.

rufiancete m. dim. of RUFIÁN.

rufianear adj. ALCAHUETAR.

rufianería f. ALCAHUETERÍA. 2 scoundrelism, villainy.

rufianejo m. dim. of RUFIÁN.

rufianesco, ca adj. panderly. 2 scoundrely, villainous. — 3 f. panders, pimps or scoundrels [collect.].

Rufo m. pr. n. Rufus.

rufo, fa adj. red, carroty, rufous-coloured. 2 curly-haired.

ruga f. ARRUGA.

rugar tr. & ref. ARRUGAR.

rugible adj. capable of roaring.

rugido m. roar. 2 rumbling in the bowels.

rugiente adj. roaring.

ruginoso, sa adj. rusty [metal].

rugir intr. [of a lion] to roar. 2 [of persons, cannon, thunder, etc.] to roar, bellow. — 3 impers. to transpire, be said, be whispered about.

rugosidad f. rugosity, ruggedness.

rugoso, sa adj. rugous, rugose, rugged, wrinkled.

ruibarbo m. BOT. rhubarb.

ruido m. noise : hacer or meter ~, to make a noise; to attract attention; to create a sensation. 2 discussion, quarrel, row : querer ~, to be looking for a fight. 3 ado, fuss : mucho ~ y pocas nueces, ser más el ~ que las nueces, much ado about nothing.

ruidosamente adv. noisily, loudly, clamorously, boisterously.

ruidoso, sa adj. noisy, loud. 2 clamorous, boisterous. 3 sensational.

ruin adj. mean, vile, low, base, despicable. 2 mean, poor, inferior, paltry, sorry. 3 little, stunted. 4

mean, niggardly, stingy. 5 low-minded, rascally, scoundrelly, treacherous, infamous. 6 vicious [animal]. — 7 *m.* rascal, scoundrel : *en nombrando al ~ de Roma, luego asoma,* said colloquially on the appearance of someone who has just been named. 8 tip of a cat's tail.

ruina *f.* ruin : *amenazar ~,* to begin to fall to pieces, be ruinous, be tottering ; *batir en ~,* MIL. to breach, batter in. 2 wreck [destruction]. *3* wreck [person, building] : *estar hecho una ~,* to be a wreck. *4 pl.* ruins.

ruinar *tr. & ref.* ARRUINAR.

ruindad *f.* meanness, baseness, vileness. 2 meanness, stinginess. 3 viciousness [of an animal]. *4* ill turn, mean or base action.

ruinmente *adv.* meanly, basely, despicably.

ruinoso, sa *adj.* ruinous [in ruins, dilapidated, tottering]. 2 ruinous [bringing ruin].

ruiponce *m.* RAPÓNCHIGO.

ruipóntico *m.* BOT. garden rhubarb.

ruiseñor *m.* ORN. nightingale.

rujo, ruja, etc., *pres., subj. & imper.* of RUGIR.

rular *intr.* RODAR.

ruleta *f.* roulette [gambling game].

rulo *m.* large ball. 2 conical stone [in olive-oil mills]. 3 roller, road roller.

ruma *f.* (Arg., Chi., Ecu., Pe.) heap, pile.

Rumania *f. pr. n.* GEOG. Rumania.

rumano, na *adj. & n.* Rumanian.

rumba *f.* (Cu.) rumba [dance and music].

rumbada *f.* ARRUMBADA.

rumbatela *f.* (Cu., Mex.) FRANCACHELA.

rumbático, ca *adj.* liberal, ostentatious.

rumbo *m.* NAUT. rhumb, bearing, course, direction : *abatir el ~,* to fall to leeward ; *hacer ~ a,* to sail for, to head for ; *~ a, con ~ a,* bound for, in the direction of. 2 fig. direction, course, trend, way, road. 3 HER. rustre. *4* coll. pomp, ostentation. 5 coll. liberality, generosity. 6 (Col.) ORN. humming bird.

rumbón, na *adj.* RUMBOSO.

rumbosamente *adv.* coll. grandly, ostentatiously. 2 liberally, generously.

rumboso, sa *adj.* ostentatious, magnificent. 2 liberal, generous.

rumeliota *adj. & n.* Rumelian.

rumí, *pl.* **-míes** *m.* [among the Moors] Christian.

rumia *f.* rumination.

rumiador, ra *adj.* ruminating. — 2 *m. & f.* ruminator.

rumiadura *f.* RUMIA.

rumiante *adj.* ZOOL. ruminant. — 2 *m. pl.* ZOOL, Ruminantia.

rumiar *tr.* to ruminate [chew the cud]. 2 to ruminate, ponder, muse on or upon. 3 fig. to grumble mutter.

rumión, na *adj.* coll. ruminative, given to musing.

rumo *m.* first hoop of a cask.

rumor *m.* rumbling sound, murmur. 2 buzz ; noise of voices. 3 rumour, report.

rumorcico, cillo, cito *m.* dim. of RUMOR.

rumorearse *impers.* to be rumoured.

rumoroso, sa *adj.* noisy, rumbling, murmurous.

rumpiata *f.* BOT. a Chilean shrub.

runa *f.* rune, runic character.

runcho *m.* (Col.) ZOOL. a kind of opossum.

rundún *m.* ORN. (Arg.) humming bird. 2 (Arg.) bull-roarer [toy].

runfla, runflada *f.* string, series [of things].

rúnico, ca ; runo, na *adj.* runic.

runrún *m.* rumour, report. 2 (Arg., Chi.) bullroarer [toy]. 3 (Chi.) ORN. a wading bird.

runrunearse *impers.* to be rumoured, be whispered about.

ruñar *tr.* to croze [a stave].

Ruperto *m. pr. n.* Rupert.

rupestre *adj.* rupicolous. 2 rupestrian.

rupia *f.* rupee [Indian coin]. 2 MED. rupia.

rupicabra, rupicapra *f.* GAMUZA 1.

rupícola *adj.* rupicolous.

ruptura *f.* rupture [breach of harmonious relations]. 2 breaking, fracture.

ruqueta *f.* BOT. rocket. 2 BOT. hedge mustard.

rural *adj.* rural, country.

ruralmente *adv.* rurally.

rus *m.* BOT. sumach.

rusco *m.* BOT. butcher's-broom.

rusel *m.* kind of woollen serge.

rusentar *tr.* to make red-hot.

Rusia *f. pr. n.* GEOG. Russia.

rusiente *adj.* candent, red-hot [metal].

rusificar *tr.* to Russianize. — 2 *ref.* to become Russianized.

ruso, sa *adj. & n.* Russian. — 2 *m.* Russian [language]. 3 ulster [overcoat].

rusófilo, la *adj. & n.* Russophile.

rusticación *f.* rustication.

rustical *adj.* rustic, rural.

rústicamente *adv.* rustically. 2 rudely, roughly.

rusticano, na *adj.* wild [plant].

rusticar *intr.* to rusticate.

rusticidad *adj.* rusticity.

rústico, ca *adj.* rural. 2 rustic. 3 rough, clumsy. *4* unmannerly. 5 Vulgar [Latin]. — 6 *m.* rustic, peasant. 7 BOOKB. *a la rústica, en rústica,* paperbound, in paper covers.

rustiqué, rustique, etc., *pret., subj. & imper.* of RUSTICAR.

rustiquez, rustiqueza *f.* rusticity.

rustro *m.* HER. rustre.

ruta *f.* route, way. 2 NAUT. navigation route, course.

rutáceo, a *adj.* BOT. rutaceous. — 2 *f. pl.* BOT. Rutaceæ.

rutenio *m.* CHEM. ruthenium.

ruteno, na *adj. & n.* Ruthenian.

rutilante *adj.* poet. shining, sparkling, scintillating.

rutilar *intr.* poet. to shine, sparkle, scintillate.

rutilo *m.* MINER. rutile.

rútilo, la *adj* golden, bright, shining.

rutina *f.* routine [course of action, etc., adhered to through force of habit]. 2 CHEM. rutin.

rutinario, ria *adj.* routine, routinish. — 2 *m. & f.* routinist.

rutinero, ra *adj.* routinish. — 2 *m. & f.* routinist.

ruzafa *f.* garden, park.

S

S, s *f.* S, s, twenty-second letter of the Spanish alphabet.

Sabá *f. pr. n.* HIST., GEOG. Sheba.: *la reina de ~*, the queen of Sheba.

sábado *m.* Saturday : *~ de gloria, ~ santo*, Holy Saturday; *hacer ~*, to do the weekly Saturday housecleaning. 2 Sabbath [among the Jews].

sabalar *m.* net for catching shad.

sabalera *f.* fire grate [cf reverberatory furnace]. 2 dragnet for catching shad.

sabalero *f.* shad fisher.

sábalo *m.* ICHTH. shad.

sábana *f.* sheet [for a bed] : *pegársele a uno las sábanas*, coll. to rise late, to stay in bed late. 2 altarcloth.

sabana *f.* savanna, savannah [treeless plain].

sabandija *f.* nasty insect or small reptile. 2 fig. vile person, vermin.

sabandijuela *f. dim.* OF SABANDIJA.

sabanear *intr.* (Am.) to scour the **savanna**.

sabanero, ra *adj.* (Am.) [pertaining to the] **savanna**. — 2 *m. & f.* savanna dweller. — 3 *m.* ORN. a kind of starling living on the prairies. — 4 *f.* ZOOL. (Ven.) a savanna snake that destroys insects and small reptiles.

sabanilla *f. dim.* small sheet or piece of linen [towel, napkin, kerchief, etc.]. 2 outer altar cloth. 3 white shawl or head kerchief. 4 (Chi.) linen bedspread.

sabañón *m.* chilblain : *comer como un ~*, to devour, eat greedily.

sabatario, ria *adj. & n.* Sabbatarian.

sabático, ca *adj.* Sabbatical; sabbatical.

sabatina *f.* ECCL. Saturday office. 2 formerly, Saturday exercise in Colleges. 3 coll. (Chi.) beating, thrashing.

sabatino, na *f.* [pertaining to] Saturday.

sabatizar *intr.* to keep the Sabbath.

sabedor, ra *adj.* knowing, informed.

sabeísmo *m.* Sabaeanism, Sabianism.

sabela *f.* ZOOL. sabella.

sabelianismo *m.* Sabellianism.

sabeliano, na *adj. & n.* Sabellian [of Sabellius].

sabélico, ca *adj.* Sabellian, Sabellic.

sábelotodo *m. & f.* SABIDILLO.

sabeo, a *adj. & n.* Sabæan.

1) **saber** *m.* knowledge, learning, information : *según mi leal saber y entender*, to the best of my knowledge.

2) **saber** *tr.* to know [have cognizance of, be apprised or informed of], to be wise to : *hacer ~*, to inform, to let know; *~ cuántas son cinco*, to know what's what; *no ~ cuántas son cinco*, to be very simple, to be ignorant of the most common facts; *no ~ dónde meterse*, not to know what way to turn; *no ~ uno lo que tiene*, to be very wealthy; *no sé cuántos*, so-and-so, what's his name; *no sé qué, cierto no sé qué, un no*

sé qué, a certain something; *¡y qué sé yo!*, and what not, and so forth. 2 to know [possess in the memory] : *~ la tabla de multiplicar*, to know the multiplication tables. 3 to know, be able, know how, can : *~ ser paciente*, to know to be patient; *Pedro sabe escribir*, Peters can, or knows how to, write. — 4 *tr. & intr. ~ ir a, ~ a*, to know the way to : *yo sé ir a su casa, yo sé a su casa*, I know the way to his house, I know how to get to his house. — 5 *intr.* to know : *a ~*, namely, viz., to wit; *que yo sepa*, to my knowledge, as far as I know; *¿quién sabe?*, perhaps, who knows?; *¿sabe?, ¿sabe usted?*, you know, don't you know? [as an expletive]. 6 to be learned, informed. 7 *~ a*, to taste of, taste like; to smack of : *esto ~ a café*, this tastes of, or like, coffee. ¶ CONJUG.: INDIC. Pres.: *sé, sabes, sabe; sabemos, sabéis, saben.* | Imperf.: *sabía, sabías,* etc. | Prét.: *supe, supiste, supo; supimos, supisteis, supieron.* | Fut.: *sabré, sabrás,* etc. | COND.: *sabría, sabrías,* etc. | SUBJ. Pres.: *sepa, sepas, sepa; sepamos, sepáis, sepan.* | Imperf.: *supiera, supieras, supiera; supiéramos, supierais, supieran,* or *supiese, supieses, supiese; supiésemos, supieseis, supiesen.* | Fut.: *supiere, supieres, supiere; supiéremos, supiereis, supieren.* | IMPER.: *sabe, sepa; sepamos, sabed, sepan.* | PAST. P.: *sabido.* | GER.: *sabiendo.*

sabiamente *adv.* wisely, prudently. 2 knowingly, learnedly.

sabicú *m.* BOT. sabicu.

sabidillo, lla *adj. & n.* coll. pedant, know-it-all.

sabido, da *p. p.* of SABER. — 2 *adj.* known : *por ~ se calla*, it goes without saying. 3 learned, well-informed.

sabiduría *f.* knowledge, learning. 2 wisdom, sapience, sageness.

sabiendas (a) *adv.* knowingly, consciously, deliberately.

sabihondez *f.* coll. affectation of knowledge or learning.

sabihondo, da *adj.* affecting knowledge or learning, know-it-all. — 2 *m. & f.* know-it-all, wiseacre.

sabina *f.* BOT. savin.

sabinar *intr.* clump of savins.

sabino, na *adj.* roan [horse]. — 2 *adj. & n.* HIST. Sabine.

sabio, bia *adj.* knowing, learned; sage, sapient, wise. 2 skilled, skilful, cunning. 3 trained [animal]. — 4 *m. & f.* learned person, scholar, scientist; wise person. — 5 *m.* sage, wise man : *los siete sabios de Grecia*, the Seven Sages, the Seven Wise Men of Greece.

sablazo *m.* stroke with a sabre; wound from a sabre. 2 coll. instance of borrowing or sponging.

sable *m.* sabre, saber. — 2 *adj. & n.* HER. sable, black.

sablista *m.* coll. sponger, one who asks for petty loans of money.
sablón *m.* coarse sand.
saboga *f.* SÁBALO.
sabogal *m.* net for catching shad.
saboneta *f.* hunting-case watch.
sabor *m.* taste, flavour, relish, savour, sapor: *a* ~, *fig.* at pleasure. 2 *pl.* beads on the bit of a bridle.
saborcillo, saborcito *m. dim.* slight flavour or taste.
saboreamiento *m.* flavouring. 2 relishing.
saborear *tr.* to flavour, give a zest or relish to. 2 *fig.* to allure, entice. — 3 *tr. & ref.* to relish, enjoy, be delighted with, to eat, drink, etc. [something] with great relish.
saboreo *m.* SABOREAMIENTO.
saborete *m. dim.* slight flavour or taste.
sabotaje *m.* sabotage.
saboteador, ra *m. & f.* saboteur.
sabotear *tr.* to sabotage.
Saboya *pr. n.* GEOG. Savoy.
saboyano, na *adj.* Savoyard. — 2 *f.* a kind of open skirt formerly worn by women. 3 a kind of cake.
sabré, sabría, etc., *irr* V. SABER.
sabrosamente *adv.* savourily, deliciously.
sabroso, sa *adj.* savoury, tasty, palatable. 2 pleasant, delightful.
sabucal *m.* grove of elders.
sabuco *m.* SAÚCO.
sabueso *m.* hound, bloodhound [dog]. 2 *fig.* tracer, investigator, detective, *sleuth.
sabugal *m.* SABUCAL.
sabugo *m.* SAÚCO.
sábulo *m.* heavy coarse sand.
sabuloso, sa *adj.* sabulous.
saburra *f.* MED. saburra. 2 MED. coat on the tongue.
saburral *adj.* MED. saburral.
saburroso, sa *adj.* MED. saburral. 2 coated [tongue].
saca *f.* drawing out, taking out, extraction: *estar de* ~, to be on sale. 2 exportation. 3 certified copy of a document issued by a notary. 4 sack, large bag [for carrying mail, wool, etc.].
sacabala *f.* SURG. bullet-extracting forceps.
sacabalas, *pl.* **-las** *m.* ARTIL. bullet screw.
sacabocado, sacabocados *m.* hollow punch; ticket punch.
sacabotas, *pl.* **-tas** *m.* bootjack.
sacabrocas, *pl.* **cas** *m.* tack puller.
sacabuche *m.* MUS. sackbut [instrument and player]. 2 coll. shrimp [person]. 3 NAUT. hand pump.
sacacorchos, *pl.* **-chos** *m.* corkscrew.
sacacuartos *m.* SACADINEROS.
sacada *f.* region separate from a province or country. 2 CARDS winning the game at ombre. 3 (Chi.) SACA 1.
sacadinero, sacadineros *m.* coll. catchpenny. 2 coll. bamboozler.
sacador, ra *m. & f.* drawer, extractor. — 2 *m.* PRINT. delivery table.
sacadura *f.* SEW slash, sloping cut. 2 (Chi.) SACA 1.
sacafilásticas, *pl.* **-cas** *f.* ARTIL. priming wire.
sacaliña *f.* barbed stick. 2 SOCALIÑA.
sacamanchas, *pl.* **-chas** *m. & f.* QUITAMANCHAS
sacamantas, *pl.* **-tas** *m.* coll. tax-collector.
sacamiento *m.* taking out, drawing out.
sacamolero *m.* SACAMUELAS.
sacamuelas, *pl.* **-las** *m.* coll. tooth puller, dentist. 2 coll. charlatan, quack.
sacanete *m.* lansquenet [card game].
sacapelotas, *pl.* **-tas** *m.* bullet screw. 2 *fig.* cur, despicable fellow.
sacaperras, *pl.* **-rras** *adj.* slot, gambling [machine].
sacapotras, *pl.* **-tras** *m.* coll. butcher [bad surgeon].
sacar *tr.* to draw, draw out, bring out, extract, take out, pull out. 2 to take out, except, exclude. 3 to get out, lift out, free: ~ *de pobreza,* to free from, or lift out of, poverty. 4 to withdraw, retire: ~ *a un niño de la escuela,* to withdraw a boy from school. 5 to draw, get, obtain, derive. 6 to extort. 7 to draw, educe, elicit. 8 to draw, infer, deduce, find out, discover, make out, solve, interpret: ~ *en claro* or *en limpio,* to deduce, conclude clearly; ~ *un problema,* to solve a problem. 9 to publish, bring out. 10 to invent, produce. 11 to introduce [a fashion, etc.]. 12 to bring forth, bring forward; to show, produce, exhibit. 13 to put forth [strength, etc.] 14 to put out, thrust out, stick out, protrude:

~ *el pecho,* to stick out one's chest; ~ *la lengua,* to put out one's tongue. 15 to take [a photograph, a likeness]; to make [a copy], to take off [copies]. 16 to imitate, copy. 17 to take out, get issued [a patent, etc.]. 18 to take, buy [a railway or theatre ticket]. 19 to draw [a sword, a pistol]. 20 to elect by ballot. 21 to draw, take out [a number] or to draw, win [a prize] in a lottery 22 to win [the pool or stake] in certain games. 23 PELOTA to serve [the ball]. 24 to cite, name, quote. 25 to give [a nickname or sobriquet]. 26 ~ *a bailar,* to lead out for a dance; *fig.* to drag in irrelevantly. 27 ~ *adelante,* to bring up, rear; to pull through: to bring off, carry to success. 28 ~ *a luz,* to print, publish; to bring out, reveal. 29 ~ *a pasear,* to take out for a walk. 30 ~ *a relucir,* to mention, drag in. 31 ~ *de madre,* to make one lose patience. 32 ~ *de pila,* to be sponsor for [one] at baptism. 33 ~ *de quicio,* to strain [things]; to exasperate, to drive [a person] mad. 34 ~ *a uno de sus casillas,* to jolt one out of his old habits; to make one lose patience. 35 ~ *el ascua con la mano del gato* or *con la mano ajena,* to have someone else pull one's chestnuts out of the fire. 36 ~ *la cara,* to present oneself as an interested party. 37 ~ *la cara por uno,* to stand for someone; to answer for someone. 38 ~ *la cuenta,* to figure out.

sacarato *m.* CHEM. saccharate.
sacárico, ca *adj.* saccharic.
sacarificación *f.* saccharification.
sacarificar *tr.* to saccharify.
sacarifiqué, sacarifique, etc., *pret., subj. & imper.* of SACARIFICAR.
sacarígeno, na *adj.* sacchariferous [producing sugar].
sacarimetría *f.* saccharimetry.
sacarímetro *m.* saccharimeter.
sacarino, na *adj.* saccharine. — 2 *f.* CHEM. saccharine.
sacaroideo, a *adj.* saccharoid.
sacarosa *f.* CHEM. saccharose.
sacasebo *m.* (Cu.) BOT. a graminaceous plant used as fodder.
sacasillas, *pl.* **-sillas** *m.* THEAT. stage hand. 2 coll. busybody.
sacatapón *m.* SACACORCHOS.
sacate *m.* (Mex.) grass, herb; hay.
sacatinta *m.* (C. Am.) a shrub yielding a dye.
sacatrapos, *pl.* **-pos** *m.* ARTIL. wormer, wad hook.
sacerdocio *m.* priesthood.
sacerdotal *adj.* sacerdotal.
sacerdote *m.* priest: *sumo* ~, high priest. 2 Roman Catholic priest.
sacerdotisa *f.* priestess.
sácere *m.* BOT. maple.
saciable *adj.* satiable.
saciar *tr.* to satiate, to sate. — 2 *ref.* to become satiated or sated.
saciedad *f.* satiety: *hasta la* ~, to satiety.
saciña *f.* SARGATILLO.
sacio, cia *adj.* satiate, satiated.
saco *m.* bag, sack: ~ *de noche,* handbag, valise, *grip, *gripsack; *no echar en* ~ *roto,* coll. not to forget, not to overlook. 2 bagful, sackful. 3 ANAT., BOT., ZOOL. sac: ~ *lagrimal,* lachrymal sac. 4 loose-fitting coat. 5 (Am.) coat [of a man's suit]. 6 a robe or vestment of coarse cloth. 7 [in pelota game] hitting the ball on the rebound. 8 sack, pillage, plunder; *entrar,* or *meter, a* ~, to sack, plunder, loot.
sacra *f.* ECCL. sacring tablet.
sacramentado, da *p. p.* of SACRAMENTAR. — 2 *adj.* transubstantiated: *Jesús Sacramentado,* the consecrated Host. 3 having received the last sacraments.
sacramental, *pl.* **-les** *adj.* sacramental. — 2 *m.* fraternity devoted to the worship of the Holy Sacrament.
sacramentalmente *adv.* sacramentally. 2 in confession.
sacramentar *tr.* THEOL. to transubstantiate. 2 to administer the last sacraments to. 3 coll. to conceal, hide. — 4 *ref.* THEOL. to be transubstantiated.
sacramentario, ria *adj. & n.* Sacramentarian.
sacramente *adv.* sacredly.
sacramento *m.* ECCL. sacrament: *el* ~ *del altar,* the sacrament of the altar; *el Santísimo Sacramento,* the Blessed or Holy Sacrament.
sacratísimo, ma *adj. superl.* most sacred most holy.

sacre m. ORN., ARTIL. saker.
sacrificadero m. place for sacrifice.
sacrificador, ra adj. sacrificing. — 2 m. & f. sacrificer.
sacrificante adj. sacrificing, sacrificial. — 2 m. & f. sacrificer.
sacrificar tr. to sacrifice. 2 to slaughter [kill for the market]. — 3 ref. to sacrifice oneself, to give up one's life, position, welfare, etc. [for an end or another's good]. 4 to devote oneself to God.
sacrificio m. sacrifice : ～ del altar, Santo Sacrificio, Mass, Sacrifice of the Mass ; ～ propiciatorio, peace offering. 2 self-sacrifice.
sacrifiqué, sacrifique, etc., pret., subj. & imper. of SACRIFICAR.
sacrílegamente adv. sacrilegiously.
sacrilegio m. sacrilege.
sacrílego, ga adj. sacrilegious.
sacrismoche, sacrismocho m. coll. a fellow dressed in shabby black clothes.
sacristán m. sacristan, sexton, parish clerk. 2 TONTILLO.
sacristana f. sexton's wife. 2 nun in charge of the sacristy.
sacristanesco, ca adj. sacristanlike, of a sacristan or sexton.
sacristanía f. office of sacristan or sexton.
sacristía f. sacristy, vestry 2 SACRISTANÍA.
sacro, cra adj. sacred, holy : música sacra, sacred music ; Sacro Imperio Romano, Holy Roman Empire. 2 ANAT. sacral. — 3 m. ANAT., ZOOL. sacrum.
sacroilíaco, ca adj. ANAT. sacroiliac.
sacrosanto, ta adj. sacred, sacrosanct.
sacudida f. shake, shaking, jerk, jolt. 2 shock, mental shock.
sacudido, da p. p. of SACUDIR. — 2 adj. indocile, intractable. 3 bold, resolute.
sacudidor, ra adj. shaking, jerking. — 2 m. & f. shaker, jerker. 3 beater, drubber. — 4 m. duster [stick, etc., for dusting].
sacudidura f. beating, dusting.
sacudimiento m. m. shake, shaking, jerk ; shaking off.
sacudión m. sudden shake or jerk.
sacudir tr. to shake [move violently to and fro], to jerk, jolt. 2 to beat, dust [clear of dust by beating] ; to beat out [the dust] : ～ el polvo a uno, fig. to dust one's jacket. 3 to give, deal [a blow, lash, etc.]. 4 to beat, drub, thrash [someone]. — 5 tr. & ref. to shake off ; to throw off, reject.
sáculo m. ANAT. saccule.
sachadura f. AGR. hoeing, weeding.
sachar tr. AGR. to weed.
sacho m. weeder, weeding hoe.
sádico, ca adj. sadist, sadistic. — 2 m. & f. sadist.
sadismo m. sadism.
saduceísmo m. Sadduceeism.
saduceo, a adj. Sadducean. — 2 m. & f. Saducee.
saeta f. arrow [missile]. 2 hand, pointer [of watch, clock, etc.]. 3 magnetic needle. 4 point of the shoot left on a vine when pruning it. 5 a popular Andalousian spiritual song. 6 JACULATORIA. 7 (cap.) ASTR. Saggitta, the Arrow.
saetada, saetazo m. arrow shot. 2 arrow wound.
saetear tr. ASAETEAR.
saetero, ra adj. arrow, pertaining to arrows. — 2 m. archer, bowman. — 3 f. FORT. loophole. 4 narrow window.
saetí m. RASO 1).
saetía f. NAUT. setee [vessel], 2 loophole.
saetilla f. dim. small arrow. 2 hand, pointer [of watch, clock, etc.]. 3 magnetic needle. 4 BOT. arrowhead.
saetín m. millrace, flume. 2 brad, thin headless nail. 3 small arrow.
saetón m. aug. large arrow.
safena f. adj. ANAT. saphenous [vein].
sáfico, ca adj. & m. PROS. sapphic.
saga f. saga. 2 sorceress.
sagacidad f. sagacity, sagaciousness.
sagapeno m. sagapenum.
sagaz adj. sagacious, shrewd. 2 keen-scented [dog].
sagazmente adv. sagaciously.
sagita f. GEOM. part of radius between the middle of an arc and its chord.
sagitado, da adj. BOT., ZOOL. sagittate, sagittated.
sagital adj. sagittal.
sagitaria f. BOT. arrowhead.

sagitario m. archer, bowman. 2 (cap.) ASTR. Sagittarius, the Archer.
ságoma f. ARCH. pattern, templet.
sagradamente adv. sacredly.
sagrado, da adj. sacred. 2 hallowed, holly. — 3 m. asylum, place of refuge, sanctuary : acogerse a ～, to take sanctuary.
sagrario m. ECCL. sacrarium, shrine. 2 ECCL. sacrarium, Eucharistic tabernacle.
sagú, pl. -gúes m. BOT. sago, sago palm. 2 sago [starch]. 3 BOT. (C. Am., Cu.) a herbaceous plant yielding a nourishing starch.
saguaipe m. (Arg.) a parasitic worm that attacks the liver of sheep.
saguntino, na adj. & n. Saguntian.
Sahara m. pr. n. GEOG. Sahara.
sahárico, ca adj. Saharan, Saharian, Saharic.
sahina f. ZAHINA.
sahornarse ref [of the skin or a part of the body] to get sore or chafed.
sahorno m. chafe, chafing [of the skin].
sahumado, da p. p. of SAHUMAR. — 2 adj. bettered. 3 (Am.) coll. tipsy.
sahumador m. perfuming pan. 2 clotheshorse.
sahumadura f. perfuming, fumigation.
sahumar tr. to perfume, fumigate [with odorous smoke].
sahumerio, sahúmo m. perfuming, fumigation. 2 odorous smoke. 3 aromatics burnt as perfumes.
saibor m. (Am.) sideboard.
sain m. grease, fat [of animals]. 2 greasiness [on clothes]. 3 sardine fat used as burning oil.
sainar tr. to fatten [animals].
sainete m. THEAT. one-act comedy, afterpiece. 2 seasoning, sauce. 3 flavour, relish, spice, zest. 4 pleasantness, elegance. 5 tidbit, delicacy.
sainetear intr. THEAT. to play one-act comedies.
sainetero, sainetista m. writer of one-act comedies.
saíno m. ZOOL. a kind of wild boar of South America.
saja f. SAJADURA. 2 leaf stalk of Manila hemp.
sajador m. bleeder, bloodletter. 2 SURG. scarificator.
sajadura f. cut, incision [on the flesh].
sajar tr. to cut, make incisions on [the flesh].
sajelar tr. to shift and clean [clay].
sajón, na adj. & n. Saxon.
Sajonia f. pr. n. GEOG. Saxony, Saxe.
sal f. salt [sodium chloride] : ～ común, common salt ; ～ gema, ～ de piedra, rock salt ; ～ marina, sea salt. 2 fig. wit, wittiness : ～ ática, Attic salt or wit. 3 fig. charm, grace, winning manners. 4 (C. Ri.) misfortune. 5 CHEM. salt : ～ de aceideras, potassium oxalate ; ～ de la Higuera, Epsom salts : sales aromáticas, smelling salts. 6 CHEM. ～ amoníaca or amoníaco, sal ammoniac.
sala f. drawing room, living room, parlour. 2 hall, large room, room : ～ de batalla, sorting room [in a post office] ; ～ de clase, classroom ; ～ de espectáculos, auditorium [of a theater, cinema, etc.] ; ～ de espera, waiting-room. 3 ward [in a hospital]. 4 court, courtroom. 5 LAW division of an Audiencia, court, law court. 6 LAW ～ de gobierno, in an Audiencia or court of justice, the board dealing with disciplinary and administrative matters.
salabardo m. scoop net, dip net.
salacidad f. salacity, salaciousness, lechery.
salacot m. topee, topi, pith hat, pith helmet, sun helmet.
saladamente adv. coll. wittily, amusingly.
saladar m. salt marsh. 2 saline ground.
saladero m. salting place, salting house or room.
saladilla f. BOT. kind of saltwort.
saladillo, lla adj. dim. saltish, half-salted. — 2 m. half-salted bacon. — 3 f. BOT. saltbush.
salado, da p. p. of SALAR. — 2 adj. salty, briny ; brine-soaked, salt, salted : agua salada, salt water ; pescado ～, pesca salada, salt fish, salted fish. 3 coll. witty, amusing. 4 coll. charming, graceful, winsome. 5 (C. Ri., P. Ri.) unfortunate. 6 (Arg., Chi.) expensive. — 7 m. BOT. saltwort.
salador, ra adj. salting. — 2 m. & f. salter, curer. — 3 m. SALADERO.
saladura f. salting [curing or seasoning with salt].
salamanca f. (Chi.) natural cave in the hills. 2 ZOOL. (Arg.) a kind of salamander. 3 (P. I.) legerdemain.
salamandra f. ZOOL., MYTH. salamander : ～ acuática, newt. 2 a kind of heating stove.
salamandria f. SALAMANQUESA.

salamanqueja *f.* (Col., Chi., Ec., Pe.) SALAMANQUESA.
salamanqués, sa *aaj. & n.* SALMANTINO.
salamanquesa *f.* ZOOL. tarente.
salamanquino, na *adj. & n.* SALMANTINO.
Salamina *f. pr. n.* HIST., GEOG. Salamis.
salangana *f.* ORN. salangane [swift producing the edible bird's nests].
salar *tr.* to salt [season with salt; cure or preserve with salt], to corn [meat]. 2 COOK. to put too much salt on. 3 (Cu., Hond.) to stain, disgrace. 4 (C. Ri., P. Ri.) to spoil.
salariar *tr.* ASALARIAR.
salario *m.* wages, salary.
salaz, *pl.* -laces *adj.* salacious, lecherous.
salazón *f.* salting [of meat or fish]. 2 salted-meats or salted-fish business. 3 salted meats, salted fish.
salbanda *f.* MIN. gouge, selvage.
salce *m.* SAUCE.
salceda *f.,* **salcedo** *m.* willow grove, salicetum.
salcochar *tr.* COOK. to boil.
salcocho *m.* (Am.) COOK. the boiling of a food as preparation for dressing it.
salchicha *f.* sausage. 2 FORT., MIL. saucisse, saucisson.
salchichería *f.* sausage shop.
salchichero, ra *m. & f.* sausage maker or seller.
salchichón *m. aug.* large sausage. 2 large dried sausage. 3 FORT. saucisse, saucisson [large fascine].
saldado, da *adj.* paid [debt]; settled [account].
saldar *tr.* to liquidate, clear up, settle [an account]. 2 to sell off, sell remainder of [goods], sell [goods] at reduced prices.
saldista *m. & f.* liquidation broker; remnant dealer.
saldo *m.* COM. balance [of an account] : ~ *acreedor,* credit balance; ~ *deudor,* debit balance. 2 settlement, liquidation [of a debt or account]. 3 remainder of goods sold at reduced prices. 4 fig. anything of poor quality.
saldré, saldría, etc., *irr.* V. SALIR.
saledizo, za *adj.* salient, projecting. — 2 *m.* SA-LIDIZO.
salegar *m.* place for giving salt to cattle.
salema *f.* SALPA.
salep *m.* salep.
salera *f.* trough for giving salt to cattle.
salero *m.* salt cellar, saltshaker. 2 storage place for salt. 3 SALEGAR. 4 coll. nimble-wit, address, easy and graceful deportment. 5 coll. charming and lively person.
saleroso, sa *adj.* lively, charming, graceful, winsome.
salesa *adj. & f.* Salesian [of the Order of Visitation].
salesiano, na *adj.* Salesian [pertaining to the order of men founded by Dom Bosco]. — 2 *m.* Salesian father.
saleta *f. dim.* little drawing room. 2 royal antichamber.
salgada, salgadera *f.* ORGAZA.
salgar *tr.* to feed salt to [cattle].
salgareño *adj.* BOT. Corsican [pine].
salgo, salga, etc., *irr.* V. SALIR.
salguera *f.,* **salguero** *m.* SAUCE.
salicáceo, a *adj.* BOT. salicaceous. — 2 *f. pl.* BOT. Salicaceæ.
salicaria *f.* BOT. loosestrife, purple loosestrife.
salicilato *m.* CHEM. salicylate.
salicílico, ca *adj.* CHRM. salicylic.
salicina *f.* CHEM. salicin.
salicíneo, a *adj.* SALICÁCEO.
sálico, ca *adj.* Salic.
salicor *f.* BOT. saltwort, prickly saltwort.
salida *f.* going out or forth, coming out or forth, outgoing, outcoming, egress, egression, exit, issue, emergence. 2 start, setting out, departure, leaving. 3 excursion, outing. 4 MIL. MIL. sally, sortie. 5 discharge [of a liquid, etc.], vent. 6 springing, sprouting, shooting, growing [of buds, leaves. hair, etc.]. 7 rise [of the sun, the moon, etc.] : ~ *del sol,* sunrise. 8 coming out, publication. 9 outlay, expenditure. 10 COM. sale, sallableness : *tener* ~, to sell well; fig. [of a young lady] to be popular with the young men. 11 exit, outlet, issue, vent, way out. 13 end [of a street; of the winter, summer, etc.]. 14 outskirts, outlaying fields [near a town gate]. 15 loophole, way out [means of getting out of a difficulty, etc.], pretext. 16 issue termination. 17 sally, witty remark. 18 salient, jut, projection.

19 NAUT. headway. 20 lead. [at cards, dominoes, etc.]. 21 SPORT start. 22 THEAT. *salida* or *billete de* ~, check. 23 ~ *de baño,* bathrobe. 24 ~ *de teatro,* opera cloak. 25 ~ *de tono,* rude or irrelevant remark.
salidizo *m.* ARCH. projection, ledge, corbel.
salido, da *p. p.* of SALIR. — 2 *adj.* salient, projecting. 3 [of female animals] in heat, in season.
saliente *adj.* salient, projecting, jutting out. 2 GEOM. salient [angle]. 3 salient, prominent, conspicuous [features, points, etc.]. — 4 *m* salient, jut, prominence, projection. 5 east, sunrise.
salífero, ra *adj.* saliferous.
salificable *adj.* CHEM. salifiable.
salificación *f.* CHEM. salification.
salificar *tr.* CHEM. to salify.
salifiqué, salifique, etc., *pret., subj. & imper.* of SALIFICAR.
salín *m.* storage place for salt.
salina *f.* salt mine. 2 salt pit, salt pan, saltworks.
salinero *adj.* spotted red and white [bull]. — 2 *m.* salt maker, salt dealer, salter.
salino, na *adj.* saline.
salio, lia *adj. & n.* Salian.
salir *intr.* to go out or forth, come out or forth, issue, issue out or forth; to sally, sally forth. 2 to depart, leave, sail, start, set out. 3 to get out [of a vehicle]. 4 to project, protrude, start, stand out, stick out. 5 to show, appear. 6 THEAT. to enter, appear. 7 [of a book, newspaper, etc.] to come out, appear. 8 to spring, come [of], proceed, issue [from], originate [in]. 9 to offer, present itself; to be offered to one : *le salió una colocación,* an employment was offered to him. 10 [of a season] to end. 11 [of a stain] to come off. 12 [of the sun, etc.] to rise. 13 [of hair, leaves, plants, etc.] to spring, shoot, grow. 14 to come, result, turn out, prove. 15 to come, come out, come off [from a contest, etc.], to be : ~ *herido,* to come out wounded, be wounded; ~ *ganando,* to come out a winer, to gain ; ~ *perdiendo,* to come out a loser, to lose; ~ *vencedor,* to win, be the victor; ~ *con bien,* to be successful, come out unscathed. 16 to make the first move, be the first to play [in certain games]. 17 CARDS to lead. 18 to be drawn [in a lottery]. 19 to be elected [by ballot]. 20 [of a sum or reckoning] to come out right; to have as a result. 21 to cost, come to : *me sale a cuatro pesetas el kilo,* it cost me four pesetas a kilo. 22 [of a stream] to debouch. 23 [of a street, passage, etc.] to lead [to], open [to]. 24 to take after, resemble: *ha salido a su padre,* he has taken after his father. 25 NAUT. to get ahead [of another boat]. 26 ~ *adelante,* to be successful. 27 ~ *al encuentro de,* to come out to meet; to oppose, take a stand against. 28 ~ *bien,* to do well, be succesful, come out right; ~ *bien de un examen,* to pass an examination. 29 ~ *con,* to come out with [an unexpected, or irrelevant remark, etc.]. 30 ~ *de,* a) to come out of, depart from; to leave [a place]; b) to cease being : ~ *de alcalde,* to cease being a mayor; c) to free oneself, extricate oneself from, to get rid of ; d) to dispose of [goods] by selling them. 31 ~ *de compras,* to go shopping. 32 ~ [*uno*] *de sus casillas,* to loose one's temper. 33 ~ *mal,* to do badly; go wrong, be unsuccessful, fail. 34 coll. ~ *pitando,* to run out, to start off on a mad run; to blow up, get suddenly angry. 35 *hacer* ~ *los colores al rostro,* to put one to the blush. 36 *salga lo que saliere,* come what may, whatever may happen.
37 *ref.* [of a vessel] to leak. 38 to run over, overflow. 39 to come out [of its socket, etc.]. 40 *salirse con la suya,* to accomplish one's end, have one's way or will, carry one's point.
¶ IRREG. CONJUG. : INDIC. Pres.: *salgo,* sales, sale; salimos, salis, salen. | Fut. : *saldré,* saldrás, saldrá; saldremos, saldréis, saldrán. | COND.: saldría, saldrías, saldría; saldríamos, saldríais, saldrían. | SUBJ. Pres. : *salga, salgas, salga; salgamos, salgáis, salgan.* | IMPER.: *sal, salga; salgamos,* salid, *salgan*
salitrado, da *adj.* saltpetrous.
salitral *adj.* SALITROSO. — 2 *m.* saltpetre bed; saltpetre works.
salitre *m.* saltpetre, saltpeter, nitre, niter.
salitrería *f.* saltpetre works.

salitrero, ra *adj.* [pertaining to] saltpetre. — *2 m. & f.* saltpetre worker. 3 saltpetre dealer.

salitroso, sa *adj.* saltpetrous, nitrous.

saliva *f.* saliva, spittle : *gastar ～ en balde,* coll. to talk in vain ; *tragar ～,* coll. to suffer an offence, vexation, etc. in silence.

salivación *f.* salivation.

salivajo *m.* SALIVAZO.

salival *adj.* salivary.

salivar *intr.* to salivate.

salivazo *m.* spit [spitted saliva].

saliveras *f. pl.* round knobs on the bit of a bridle.

salivoso, sa *adj.* discharging saliva in excess.

salma *f.* NAUT. ton, ton-weight.

salmantino, na *adj.* [pertaining to] Salamanca. — *2 m. & f.* native or inhabitant of Salamanca.

salmear *tr.* to sing psalms.

salmer *m.* ARCH. skewback.

salmista *m.* psalmist. 2 ECCL. chanter of psalms.

salmo *m.* psalm.

salmodia *f.* psalmody. 2 fig. singsong, monotonous singing.

salmodiar *intr.* to sing psalms, salmodize. — *2 tr.* to singsong, sing monotonously.

salmón *m.* ICHTH. salmon : *～ zancado,* kelt.

salmonado, da *adj.* salmon-like. 2 salmon [in colour].

salmonera *f.* salmon net.

salmonete *m.* ICHTH. red mullet, surmullet.

salmónido, da *adj. & m.* ICHTH. salmonid. — *2 m. pl.* ICHTH. Salmonidæ.

salmorejo *m.* sauce made of water, vinegar, olive oil, salt and pepper.

salmuera *f.* brine, pickle.

salmuerarse *ref.* [of cattle] to become sick from eating too much salt.

salobral *adj.* saline [ground]. — *2 m.* saline ground.

salobre *adj.* brackish, briny, saltish.

salobreño, ña *adj.* saline [ground].

salobridad *f.* saltiness, brackishness.

salol *m.* CHEM. salol.

saloma *f.* NAUT. chantey.

salomar *intr.* NAUT. to chantey, sing chanteys.

Salomé *f. pr. n.* Salome.

Salomón *m. pr. n.* Solomon.

salomónico, ca *adj.* Solomonic. 2 ARCH. twisted [column].

salón *m.* drawing room ; reception room. 2 hall, large room, assembly hall : *～ de baile,* ballroom ; dancing hall or room ; *～ de descanso,* THEAT. foyer. 3 saloon : *cóche ～,* RLY. saloon-car ; saloon-carriage. 4 *～ de belleza,* beauty parlour.

saloncillo, saloncito *m.* dim. of SALÓN.

salpa *f.* ICHTH. a Mediterranean fish.

salpicadero *m.* dashboard [in old carriages]. 2 AUTO. dashboard

salpicadura *f.* splash, splashing, spattering. 2 *pl.* fig. indirect results.

salpicar *tr.* to splash, spatter, bespatter, sprinkle. 2 to intersperse. 3 fig. to read or touch on without order.

salpicón *m.* salmagundi. 2 SALPICADURA.

salpimentar *tr.* to season with pepper and salt. 2 fig. to spice, intersperse. ¶ CONJUG. like *acertar.*

salpimienta *f.* salt and pepper.

salpimiento, salpimiente, etc., *irr.* V. SALPIMENTAR.

salpiqué, salpique, etc., *pret., subj. & imper.* of SALPICAR.

salpresar *tr.* to preserve with salt.

salpreso, sa *adj.* preserved with salt.

salpullido *m.* rash, fine eruption. 2 flea bites.

salpullir *tr.* to cause a rash. — *2 ref.* to break out [have a rash]. ¶ CONJUG. like *mullir.*

salpulló *pret.* of SALPULLIR.

salsa *f.* COOK. gravy, dressing, sauce : *～ blanca,* white sauce ; *～ de San Bernardo,* fig. hunger ; *～ mahonesa o mayonesa,* mayonnaise ; *～ tártara,* tartare sauce. 2 fig. sauce [something that adds piquancy].

salsedumbre *f.* saltiness.

salsera *f.* sauceboat, gravy boat, gravy dish.

salsereta *f.* SALSERILLA 2.

salserilla *f.* dim. small sauceboat. 2 small cup or saucer [to mix paints].

salsifí, *pl.* **-fíes** *m.* BOT. salsify : *～ de España* or *negro,* black salsify.

salsoláceo, a *adj.* BOT. salsolaceous.

saltabanco, saltabancos, *pl.* **-cos** *m.* charlatan, mountebank. 2 jugler, tumbler. 3 coll. whippersnapper.

saltabardales, *pl.* **-les** *m. & f.* coll. wild youngster

saltabarrancos, *pl.* **-cos** *m. & f.* coll. vagabond.

saltable *adj.* that can be leapt or jumped over.

saltación *f.* saltation, leaping, dancing.

saltacharquillos, *pl.* **-llos** *m. & f.* young person affectedly walking on tiptoe.

saltadero *m.* leaping or jumping place. 2 jet [of water].

saltadizo, za *adj.* easily snapping or breaking.

saltado, da *p. p.* of SALTAR. — *2 adj.* SALTÓN 2.

saltador, ra *adj.* jumping, leaping. 2 hopping [insect]. — *3 m. & f.* jumper, leaper. — *4 m.* skipping rope.

saltaembanco, saltaembancos, *pl.* **-cos** *m.* SALTABANCO.

saltanejoso *adj.* (Cu.) undulating [ground].

saltamontes *m.* ENTOM. grasshopper.

saltante *adj.* jumping, leaping. 2 salient.

saltaojos, *pl.* **-jos** *m.* BOT. PEONY.

saltaparedes *m. & f.* SALTABARDALES.

saltar *intr.* to spring, jump, leap, bounce, bound, hop, skip. 2 [of water, etc.] to spurt, jet, shoot up. 3 [of sparks, etc.] to fly. 4 to snap, burst, break off, fly asunder : *～ en pedazos,* to fly into pieces ; *hacer ～ una cerradura,* to break a lock. 5 [of a button, etc.] to come off ; [of a pulley belt] to slip off. 6 to flash [in the mind or memory]. 7 to project, stand out. 8 to be obvious : *～ a la vista,* to be self-evident. 9 to start, show emotion or resentment, give signs of taking offence. 10 to come out with [an irrelevant or unexpected remark]. 11 to skip a rank [in being promoted]. 12 NAUT. [of the wind] to shift, change suddenly. 13 NAUT. *～ en tierra,* to land, debark. — *14 tr.* to jump over, leap [a wall, ditch, etc.]. 15 to skip, to do [something[desultorily. 16 [of animals] to cover [the female]. — *17 tr. & ref.* to skip, omit.

saltarel, saltarelo *m.* an ancient Spanish dance.

saltarén *m.* a tune on the guitar. 2 SALTAMONTES.

saltarín, na *adj.* jumping, dancing. — *2 m. & f.* jumper, dancer. — *3 m.* feather-brained youth.

saltarregla *f.* bevel square.

saltatrás *m. & f.* TORNATRÁS.

saltatriz, *pl.* **-trices** *f.* jumper, dancer [girl or woman].

salteador *m.* footpad, highwayman.

salteadora *f.* female companion of highwaymen ; female robber.

salteamiento *m.* highway robbery. 2 assault, attack. 3 COOK. sauteing.

saltear *tr.* to hold up, rob on the highway. 2 to assault, attack. 3 to skip, to do [something] desultorily. 4 COOK. to sauté, fry lightly and quickly.

salteo *m.* SALTEAMIENTO.

salterio *m.* Psalter. 2 Rosary. 3 MUS. psaltery.

saltero, ra *adj.* MONTARAZ 1.

saltigrado, da *adj. & n.* ZOOL. saltigrade.

saltito *m.* dim. little leap, hop.

saltimbanco, saltimbanqui *m.* SALTABANCO.

salto *m.* spring, jump, leap, bound, hop, skip : *～ de altura,* SPORT high jump ; *～ de agua,* waterfall, falls ; *～ de carnero,* bucking [of a horse] ; *～ del viento,* NAUT. sudden shift in the wind ; *～ en el vacío,* leap in the dark ; *～ mortal,* somersault ; *dar un ～,* to jump, leap ; *a ～ de mata,* flying and hiding ; *a saltos,* skipping ; by leaps, by fits and starts ; *de un ～,* at one jump ; *en un ～,* in a flash, quickly. 2 SWIM. dive : *～ de carpa,* jacknife ; *～ del ángel,* swan dive. 3 skip, omission. 4 promotion to a higher post without passing through the intervening ones. 5 palpitation [of heart]. 6 leapfrog [child's game].

saltón, na *adj.* jumping or leaping much. 2 prominent, protruding : *ojos saltones,* goggle eyes. — *3 m.* ENTOM. small grasshopper.

salubérrimo, ma *adj. superl.* most salubrious.

salubre *adj.* salubrious, healthful.

salubridad *f.* salubrity, healthfulness.

salud *f.* health : *¡a su ～!,* to your health! ; *beber a la ～ de,* to drink the health of ; *estar bien* (or *mal*) *de ～,* to be in good (or bad) health ; *gastar ～,* to enjoy good health ; *vender* or *verter ～,* to radiate health. 2 welfare. 3 salvation [saving of the soul]. — *4 interj.* coll. greetings !, hello !

saludable *adj.* salutary, healthful, wholesome.

saludablemente *adv.* healthfully, wholesomely.

saludación *f.* SALUTACIÓN.

saludador, ra *adj.* greeting. — *2 m. & f.* greeter, saluter. — *3 m.* a kind of quack doctor.

saludar *tr.* to greet, salute, hail, bow to; to give greetings or regards to: *le saluda atentamente,* very truly yours [in a letter]. 2 MIL. to salute. 3 MIL. to fire a salute to. 4 NAUT. to dip the flag to. 5 to apply some sort of quack treatment to [a sick person].

saludo *m.* greeting, salutation, salute, bow. 2 MIL. salute. *3 pl.* compliments, regards.

salumbre *f.* flower of salt.

salutación *f.* salutation, greeting: ~ *angélica,* Angelic salutation.

salutíferamente *adv.* salutiferously, healthfully, wholesomely.

salutífero, ra *adj.* salutiferous, healthful, wholesome.

salva *f.* salvo: ~ *de artillería,* salvo, salute [discharge of cannon]; ~ *de aplausos,* salvo or round of applause. 2 salutation, welcome. 3 tasting of viands before they are served. 4 oath, solemn promise. 5 ordeal [test of innocence]. 6 SALVILLA.

salvabarros, *pl.* **-rros** *m.* mudguard.

salvable *adj.* savable, salvable.

salvación *f.* salvation, saving. 2 escape, deliveraace.

salvadera *f.* sandbox [for sprinkling sand on wet ink].

salvado *m.* bran.

salvador, ra *adj.* saving, rescuing, delivering, redeeming. — *2 m. & f.* saviour, rescuer, deliverer, redeemer: *el Salvador, el Salvador del mundo,* the Saviour, our Saviour [Christ]. 3 salvor.

salvadoreño, ña *adj. & n.* Salvadorean.

salvaguarda *f.* SALVAGUARDIA.

salvaguardia *f.* safeguard, protection, security. 2 safeguard, safe-conduct. — *3 m.* guard, watch; mark of protection [in war time].

salvajada *f.* savagery, savage or brutal action. 2 stupid action.

salvaje *adj.* savage [uncivilized; fierce, cruel, inhuman]. 2 wild [country, land, beast, plant]. 3 brutish, rude, stupid. — *4 m. & f.* savage [person].

salvajemente *adv.* savagely.

salvajería *f.* SALVAJADA.

salvajez *f.* savagery, savageness.

salvajina *f.* wild beasts. 2 skins of wild beasts. 3 game [flesh of a wild beast]. 4 a wild beast [as a deer, a wild boar, etc.].

salvajino, na *adj.* wild [beast, plant]. 2 savage [pertaining to the savages]. 3 of wild beast [flesh].

salvajismo *m.* savagery.

salvamano (a) *adv.* without danger to oneself, in a cowardly manner.

salvamanteles *m.* table mat.

salvamente *adv.* safely, securely.

salvamento, salvamiento *m.* saving, rescuing. 2 salvage, salvaging. 3 lifesaving. 4 harbour, place of safety.

salvante *adj.* saving. — 2 *adv.* saving, excepting.

salvar *tr.* to save, rescue, deliver, preserve: ~ *la situación,* to save the situation. 2 to save [bring about the spiritual salvation of]. 3 NAUT. to save, salve. 4 to salve [one's honour]. 5 to overcome [a difficulty]. 6 to go over, get over, jump over, overpass, negotiate, bridge; to clear, surmount [an obstacle]; to cover [a distance]. 7 to make an exception of; to make allowance for. 8 SPORT to save [a goal, etc.]. 9 *salvo el guante,* excuse the glove. — 10 *intr.* obs. to taste the food before serving it to a king, a noble, etc. — 11 *ref.* to be saved. 12 to escape danger: *sálvese el que pueda,* everyone for himself.

salvavidas, *pl.* **-das** *m.* NAUT. life preserver, life belt; *bote* ~, lifeboat. 2 fender, guard [in front of electric cars].

¡salve! *interj.* hail! — 2 *f.* salve, Salve regina.

salvedad *f.* reservation, exception, qualification.

salvia *f.* BOT. sage, salvia.

salvilla *f.* a salver or tray for glasses or cups.

1) **salvo** *adv.* save, saving, excepting, barring. 2 ~ *que,* unless.

2) **salvo, va** *adj.* saved, safe: *a* ~, safe, out of danger; *a su* ~, without danger; easily; *en* ~, at liberty; in safety, out of danger. 2 excepted, omitted: *dejar a* ~, to set aside, make an exception of.

salvoconducto *m.* safe-conduct.

sallar *tr.* AGR. to weed.

sallete *m.* weeder, weeding hoe.

sámago *m.* sapwood.

samán *m.* BOT. saman, rain tree.

sámara *f.* BOT. samara.

samaritano, na *adj. & n.* Samaritan: *el buen* ~, BIB. the Good Samaritan.

samario *m.* CHEM. samarium.

samaruguera *f.* fishing net that is set across streams.

sambenitar *tr.* to put the sanbenito on [a person]. 2 to make infamous, to dishonour publicly.

sambenito *m.* sanbenito. 2 note of infamy; disgrace.

samblaje *m.* ENSAMBLADURA.

sambuca *f.* MUS. sambuke. 2 MIL. an ancient war engine.

sambumbia *f.* (Cu.) drink made of cane juice, water and peppers. 2 (Mex.) drink made of pineapple, water and sugar.

sambumbiería *f.* (Cu., Mex.) place where *sambumbia* is made and sold.

samio, mia *adj. & n.* Samian.

samnita, samnite *adj. & n.* Samnite.

samnítico, ca *adj.* Samnite.

samoano, na *adj. & n.* Samoan.

Samotracia *f. pr. n.* GEOG. Samothrace.

samotracio, cia *adj. & n.* Samothracian.

samoyedo, da *adj. & n.* Samoyed, Samoyede.

sampa *f.* BOT. (Arg.) a shrub growing in saltpetrous lands.

sampaguita *f.* BOT. Arabian jasmine.

sampán *m.* NAUT. sampan.

sampsuco *m.* MEJORANA.

Samuel *m. pr. n.* Samuel.

samuga *f.* JAMUGA.

san *adj.* apocopated form of SANTO, used only before masculine names of saints, except Tomás, Tomé, Toribio and Domingo.

sanable *adj.* curable, healable.

sanador, ra *adj.* healing. — *2 m. & f.* curer, healer.

sánalotodo, *pl.* **-do** *m.* cure-all, catholicon, panacea.

sanamente *adv.* healthily, wholesomely. 2 sanely. 3 sincerely.

sanar *tr.* to heal, cure. — 2 *intr.* to heal; to recover from sickness.

sanativo, va *adj.* sanative, curative.

sanatorio *m.* sanatorium, sanitarium.

sanción *f.* sanction. 2 ratification of an act of Parliament by the king or the President. 3 HIST. *pragmática* ~, pragmatic sanction.

sancionable *adj.* sanctionable.

sancionador, ra *adj.* sanctioning. — *2 m. & f.* sanctioner.

sancionar *tr.* to sanction. 2 to ratify [an act of Parliament].

sanco *m.* (Chi.) porridge made of toasted corn meal or wheat flour. 2 (Arg.) a stew made with beef blood, flour and onions. 3 (Chi.) thick mud.

sancochar *tr.* COOK. to parboil [boil partially].

sancocho *m.* parboiled meat. 2 (Arg.) a stew of meat, yucca, plantains, etc.

sancta *m.* fore part of tabernacle. — 2 *adj. non* ~, ill famed, wicked: *casa non* ~, brothel.

sanctasanctórum, *pl.* **-rum** *m.* sanctum sanctorum, holy of holies. 2 fig. sanctum sanctorum, sanctum.

sanctus *m.* ECCL. Sanctus.

sanchopancesco, ca *adj.* like Sancho Panza, materialistic.

sandalia *f.* sandal.

sandalino, na *adj.* [pertaining to] sandalwood.

sándalo *m.* BOT. sandalwood: ~ *rojo,* red sandalwood. 2 BOT. bergamot mint.

sandáraca *f.* sandarac [gum]. 2 sandarac, realgar.

sandez, *pl.* **-deces** *f.* stupidity, silliness. 2 inanity, foolish or stupid act or remark, piece of nonsense.

sandía *f.* BOT. watermelon.

sandiar *m.* watermelon patch.

sandio, dia *adj.* stupid, foolish, silly.

sandunga *f.* charm, easy and graceful deportment. 2 (Chi.) spree, merrymaking.

sandunguero, ra *adj.* charming, graceful, winsome.

sandwich, *pl.* **-ches** *m.* Angl. sandwich.

saneado, da *p. p.* of SANEAR. — 2 *adj.* free from charges or deductions [property, income, rents, etc.].

saneamiento *m.* sanitation. 2 drainage [of land]. 3 reparation.

sanear *tr.* to make salubrious, to improve the sanitary conditions of. 2 to drain [lands]. 3 to repair, improve.

sanedrín m. Sanhedrin
sanfrancia f. coll. dispute, quarrel, row.
sango m. (Pe.) SANCO 1.
San Gotardo m. pr. n. GEOG. St. Gothard.
sangradera f. SURG. lancet. 2 SURG. basin for blood. 3 irrigation ditch. 4 sluice, floodgate.
sangrador m. bloodletter. 2 drain, oulet.
sangradura f. SURG. cut in the vein [for bloodletting]. 2 SANGRÍA 6. 3 drain, outlet.
sangrar tr. SURG. to bleed. 2 fig. to steal or pilfer a part of. 3 to drain, open an outlet for liquid contained in. 4 to draw resin from [pines]. 5 PRINT. to indent. — 6 intr. to bleed [emit blood]. — 7 ref. to have oneself bled.
sangraza f. corrupt blood.
sangre f. blood [liquid; temperament; race, family, relationship]; gore: ~ azul, blue blood, high birth; ~ caliente, warm blood; ~ de drago, dragon's blood [resin]; ~ fría, cold blood; fig. coolness, sang-froid, serenity, self-possession; buena ~, fig. kindly, gentle disposition; mala ~, wicked or revengeful disposition; bajársele a uno la ~ a los talones, to have one's heart in one's boots or in one's mouth; freírle o pudrirle la ~ a, to vex, irritate, exasperate; subírsele a uno la ~ a la cabeza, to get angry, lose one's self control; tener ~ de horchata, no tener ~ en las venas, to be phlegmatic; a ~ caliente, impulsively, on the spur of the moment; a ~ fría, in cold blood; a ~ y fuego, by fire and sword; violently.
sangría f. SURG. bleeding, bloodletting, phlebotomy. 2 drain, outlet, ditch [for water]. 3 fig. bleeding, draining [of money, etc.]. 4 tapping [of a furnace]. 5 tap, incision [in a pine for drawing resin]. 6 inner pit of the arm opposite to the elbow. 7 PRINT. indentation, indention. 8 sangaree [drink of wine diluted and spiced].
sangrientamente adv. bloodily. 2 cruelly, savagely.
sangriento, ta adj. bleeding, bloody, bloodstained, gory. 2 sanguinary, bloodthirsty. 3 cruel, savage. 4 poet. blood-red.
sanguaraña f. (Pe.) a folk dance. 2 pl. (Ec., Pe.) circumlocution, beating about the bush.
sanguaza f. SANGRAZA. 2 reddish fluid of vegetables or fruits.
sangüeño m. CORNEJO.
sangüesa f. FRAMBUESA.
sangüeso m. FRAMBUESO.
sanguífero, ra adj. sanguiferous.
sanguificación f. PHYSIOL. sanguification.
sanguificar tr. PHYSIOL. to convert into blood, to produce blood from.
sanguifiqué, sanguifique, etc., pret., subj. & imper. of SANGUIFICAR.
sanguijolero, ra m. & f. SANGUIJUELERO.
sanguijuela f. ZOOL. leech. 2 fig. leech [person].
sanguijuelero, ra m. & f. leecher.
sanguina f. sanguine [crayon; drawing].
sanguinaria f. MINER. bloodstone. 2 BOT. ~ mayor, knotgrass; ~ menor, witlowwort.
sanguinariamente adv. sanguinarily, bloodily.
sanguinario, ria adj. sanguinary, cruel, bloody, bloodthirsty.
sanguíneo, a adj. [pertaining to] blood, sanguineous. 2 sanguine [temperament].
sanguino, na adj. SANGUÍNEO. — 2 m. ALADIERNA. 3 CORNEJO.
sanguinolencia f. sanguinolency.
sanguinolento, ta adj. sanguinolent [containing or tinged with blood], bloody, bloodstained.
sanguinoso, sa adj. sanguine, sanguineous. 2 sanguinary.
sanguiñuelo m. CORNEJO.
sanguis m. blood of Christ, consecrated wine.
sanguisorba f. BOT. burnet.
sanguisuela, sanguja f. SANGUIJUELA.
sanícula f. BOT. sanicle.
sanidad f. soundness, health, healthiness, healthfulness; ~ militar, Army Medicine Corps; ~ pública, public health, health department; en ~, in health.
sanidina f. MINER. sanidine.
sanie, sanies f. MED. sanies.
sanioso, sa adj. MED. sanious.
sanitario, ria adj. sanitary. — 2 m. MIL. officer or soldier of the Medicine Corps.
sanjacado, sanjacato m. sanjack [a district in Turkey].
sanjaco m. sanjackbey.
sanjuanada f. picnic on St. John's Day.

sanjuaneño, ña, sanjuanero, ra adj. ripe by St. John's Day [fruit].
sanjuanista adj. of the Order of St. John of Jerusalem. — 2 m. knight of St. John of Jerusalem.
sanmiguelada f. Michaelmastide.
sanmigueleño, ña adj. ripe by Michaelmas [fruit].
sano, na adj. healthy, in good health, hale, fit. 2 healthful, salubrious; salutary, wholesome. 3 sound [body, mind, fruit, doctrine, policy, etc.]; harmless; ~ y salvo, safe and sound. 4 whole [not broken]. 5 wise, discreet. 6 good, honest. 7 fig. cortar por lo ~, to settle matters in the shortest way, to take drastic measures.
sanscritista m. & f. Sanskritist.
sánscrito, ta adj. & m. Sanskrit.
sanseacabó interj. coll. finished!, that is all about it!
sansimoniano, na adj. Saint-Simonian.
sansimonismo adj. Saint-Simonism.
sansirolé m. & f. simpleton.
Sansón m. pr. n. BIB. Samson. 2 fig. Samson [person of great strength].
santa f. female saint. 2 Saint, St. [before feminine names of saints]. 3 saintly, godly, virtuous woman.
santabárbara f. NAUT. magazine, powder room.
santaláceo, a adj. BOT. santalaceous. — 2 f. pl. BOT. Santalaceae.
santafecino, na adj. [pertaining to] Santa Fe (Argentina). — 2 m. & f. native or inhabitant of Santa Fe (Argentina).
santafereño, ña adj. [pertaining to] Santa Fe de Bogotá. — 2 m. & f. native or inhabitant of Santa Fe de Bogotá.
santamente adv. in a saintly manner, like a saint, virtuously. 2 coll. well, discreetly, wisely.
santanderino, na adj. [pertaining to] Santander. — 2 m. & f. native or inhabitant of Santander.
Santelmo m. fuego de ~, St. Elmo's fire.
santero, ra adj. too devoted to worship of saints. — 2 m. & f. caretaker of a sanctuary. 3 collector of alms who carries a saint's image.
Santiago m. pr. n. James. 2 Saint James: ~ el Mayor, Saint James the Greater; ~ el Menor, Saint James the Less. — 3 interj. war cry of medieval Spaniards.
santiagueño, ña adj. ripe by St. James's Day [fruit].
santiaguero, ra adj. pertaining to Santiago de Cuba. — 2 m. & f. native or inhabitant of Santiago de Cuba.
santiagués, sa adj. pertaining to Santiago de Compostela. — 2 m. & f. native or inhabitant of Santiago de Compostela.
santiaguino, na adj. pertaining to Santiago de Chile. — 2 m. & f. native or inhabitant of Santiago de Chile.
santiaguista adj. pertaining to the order of Santiago. — 2 m. knight of Santiago.
santiamén (en un) adv. in an instant in a jiffy, in the twinkling of an eye.
santico, ca m. & f. SANTITO.
santidad f. sanctity, saintliness, holiness, godliness; olor de ~, odour of sanctity. 2 Su Santidad, His Holiness [the Pope].
santificable adj. sanctifiable.
santificación f. sanctification. 2 ~ de las fiestas, keeping of holy days.
santificador, ra adj. santifying. — 2 m. & f. sanctifier.
santificante adj. sanctifying.
santificar tr. to sanctify. 2 to hallow. 3 ~ las fiestas, to keep holy days. — 4 ref. to become sanctified.
santifiqué, santifique, etc., pret., subj. & imper. of SANTIFICAR.
santiguada f. act of blessing or crossing oneself: para, or por, mi ~, upon my faith, by this cross.
santiguadera f. superstitious treatment of sickness by signs of the cross. 2 SANTIGUADORA.
santiguador, ra m. & f. person pretending to effect cures by crossing the patients.
santiguamiento m. blessing, crossing. 2 blessing oneself, crossing oneself.
santiguar tr. to bless, cross, make the sign of the cross upon. 2 to treat sickness superstitiously by signs of the cross. 3 coll. to beat, slap, punish. — 4 ref. to bless oneself, to cross oneself.

santimonia *f.* sanctity, saintliness, holiness. 2 BOT. corn marigold.

santísimo, ma *adj. superl.* of SANTO. 2 most holy; *el Santísimo Sacramento*, the blessed or holy Sacrament. — 3 *m. el Santísimo*, the blessed Sacrament.

santito, ta *m. & f. dim.* little saint. 2 little image of a saint. 3 fig. good child.

santo, ta *adj.* [canonized by the Church] 2 saint, holy, sacred blessed: *la Santa Cruz*, the Holy Cross; *el Santo Oficio*, the Holy Office [the Inquisition]; *el Santo Padre*, the Holy Father [the Pope]; *los Santos Padres*, the Fathers of the Church; *el Espíritu Santo*, the Holy Ghost; *la Semana Santa*, Holy Week; *Tierra Santa*, the Holy Land. 3 saintly, godly, virtuous. 4 simple, artless; ~ *varón*, simple, artless man. 5 *La Santa Hermandad*, an ancient Spanish rural police. 6 coll. *en el ~ suelo*, on the naked ground or floor; *su santa voluntad*, his own sweet will; *todo el ~ día*, the whole day long; *una santa bofetada*, a fine slap in the face. — 7 *adv.* ~ *y bueno*, good and well. — 8 *m.* saint: ~ *titular*, ~ *patrón*, patron saint; *Todos los Santos*, All Saints' Day; *no es santo de su devoción*, he does not like him. 9 fête, fête day [of a person]. 10 image of a saint: *alzarse con el ~ y la limosna*, to walk away with the whole thing; *desnudar a un ~ para vestir a otro*, to rob Peter to pay Paul; *irsele a uno el ~ al cielo*, to forget what one was up to. 11 coll. picture, gravure [in a book]. 12 MIL. countersign, password, watchword: ~ *y seña*, watchword; *dar el ~*, to set or give the password. — 13 *m. & f.* saintly, godly, virtuous person.

Santo Domingo *f. pr. n.* GEOG. Hispaniola [island].

santón *m.* a kind of dervish; a Mohammedan ascetic. 2 coll. hypocrite. 3 coll. big man, predominant person.

santónico *m.* BOT. santonica, wormwood.

santonina *f.* CHEM. santonin.

santoral *m.* list or calendar of saints' days. 2 collection of the lives of the saints. 3 a kind of choir book.

santuario *m.* sanctuary [church, shrine]. 2 sanctum sanctorum. 3 (Col.) treasure.

santucho, cha *adj. & n.* SANTURRÓN.

santurrón, na *adj.* sanctimonious. — 2 *m. & f.* sanctimonious person, hypocrite.

santurronería *f.* sanctimoniousness, sanctimony.

saña *f.* rage, fury. 2 cruelty.

sañosamente *adv.* SAÑUDAMENTE.

sañoso, sa *adj.* SAÑUDO.

sañudamente *adv.* furiously, cruelly.

sañudo, da *adj.* furious, cruel.

sao *m.* LABIÉRNAGO. 2 (Cu.) small savannah with a few clusters of trees.

Saona *m. pr. n.* GEOG. Saône.

sapán *m.* BOT. sapan tree; sapan wood.

sapidez *f.* sapidity.

sápido, da *adj.* sapid [possessing flavour].

sapiencia *f.* sapience, wisdom, knowledge. 2 BIB. Wisdom of Solomon.

sapiencial *adj.* sapiential: *libros sapienciales*, BIB. sapiential books.

sapiente *adj.* sage, learned.

sapientísimamente *adv.* most wisely or learnedly.

sapillo *m. dim.* little toad. 2 RÁNULA.

sapina *f.* SALICOR.

sapindáceo, a *adj.* BOT. sapindaceous. — 2 *f. pl.* BOT. Sapindaceae.

sapino *m.* ABETO.

sapo *m.* ZOOL. toad: *echar sapos y culebras*, fig. to utter angry words. 2 ICHTH. (Cu.) toadfish. 3 ICHTH. ~ *marino*, angler.

saponáceo, a *adj.* saponaceous, soapy.

saponaria *f.* BOT. soapwort.

saponificable *adj.* saponifiable.

saponificación *f.* saponification.

saponificar *tr.* to saponify. — 2 *ref.* to saponify [become saponified].

saponifiqué, saponifique, etc., *pret., subj. & imper.* of SAPONIFICAR.

saponina *f.* CHEM. saponin.

saporífero, ra *adj.* saporific.

sapotáceo, a *adj.* BOT. sapotaceous. — 2 *f. pl.* BOT. Sapotaceae.

sapote *m.* ZAPOTE.

saprofito, ta *adj.* saprophytic. — 2 *f.* BOT. saprophyte.

saque *m.* a drawing out: *tener buen ~*, coll. to be a heavy eater or drinker. 2 in the pelota game, the serving of the ball, the server and the serving line.

saqué, saque, etc., *pret., subj. & imper.* of SACAR.

saqueador, ra *adj.* sacking, pillaging, plundering. ~ 2 *m. & f.* sacker, pillager, plunderer.

saqueamiento *m.* SAQUEO.

saquear *tr.* to sack, pillage, plunder, loot.

saqueo *m.* sack, sacking, pillage, pillaging, plunder, plundering, looting.

saquera *adj.* packing [needle].

saquería *f.* manufacture of sacks. 2 sacks [collect.].

saquerío *m.* sacks [collect.].

saquero, ra *m. & f.* maker or seller of sacks.

saquete *m. dim.* small sack. 2 ARTIL. cartridge bag.

saquilada *f.* contents of a bag or sack that is not full.

saquito *m. dim.* little sack or bag.

Sara *f. pr. n.* Sarah.

saragüete *m.* coll. informal evening party.

sarampión *m.* MED. measles.

sarao *m.* soirée, evening party with dancing and music.

sarape *m.* (Mex.) serape [blanket or shawl worn as an outer garment].

sarapia *f.* BOT. tonka bean.

sarapico *m.* ZARAPITO.

sarasa *m.* coll. effeminate man.

sarcasmo *m.* sarcasm.

sarcástico, ca *adj.* sarcastic.

sarcia *f.* load, burden.

sarcocarpio *m.* BOT. sarcocarp.

sarcocele *m.* MED. sarcocele.

sarcocola *f.* sarcocolla [gum].

sarcófago *m.* sarcophagus.

sarcolema *m.* ANAT. sarcolemma.

sarcología *f.* sarcology.

sarcoma *f.* MED. sarcoma.

sarcótico, ca *adj.* SURG. sarcotic.

sarda *f.* CABALLA.

sardana *f.* a Catalonian dance and its music.

sardanapalesco, ca *adj.* Sardanapalian.

Sardanápalo *m. pr. n.* HIST. Sardanapalus.

sardesco, ca *adj.* small [donkey or horse]. 2 coll. rude, intractable. 3 MED. *risa ~*, sardonic grin or laugh. — 4 *m.* small donkey; small horse.

sardina *f.* ICHTH. sardine: *como ~ en banasta* or *en barril*, coll. packed like sardines. 2 ICHTH. ~ *arenque*, herring.

sardinal *m.* sardine net.

sardinel *m.* MAS. brickwork having the bricks closely placed on edge; rowlock.

sardinero, ra *adj.* [pertaining to] sardine. — 2 *m. & f.* dealer in sardines. 3 (cap.) *el Sardinero*, a public walk near Santander.

sardineta *f. dim.* small sardine. 2 MIL. a kind of chevron. 3 part of cheese that overtops the mould.

sardio *m.* SARDÓNICE.

sardo, da *adj. & n.* Sardinian. — 2 *adj.* red, black and white [cattle]. — 3 *m.* SARDÓNICE.

sardonia *adj.* MED. *risa sardonia*, sardonic grin or laugh. — 2 *f.* BOT. a variety of crowfoot.

sardónica *f.* SARDÓNICE.

sardónice *f.* MINER. sardonyx.

sardónico, ca *adj.* sardonic: *risa sardónica*, MED. sardonic grin or laugh; fig. affected, sardonic or sarcastic laughter.

sardonio *m., sardónique* *f.* SARDÓNICE.

sarga *f.* serge [fabric]. 2 fabric painted in distemper or oil, like tapestry. 3 BOT. a variety of willow.

sargadilla *f.* BOT. a kind of saltbush.

sargado, da *adj.* ASARGADO.

sargatillo *m.* BOT. a variety of willow.

sargazo *m.* BOT. sargasso, gulfweed.

sargenta *f.* sergeant's wife. 2 sergeant's halberd.

sargentear *tr.* to command as a sergeant. 2 to head, lead, command. 3 coll. to boss, lord it over.

sargentería *f.* sergeant's drill.

sargentía *f.* sergeancy, sergeantship.

sargento *m.* MIL. sergeant.

sargentona *f.* coll. big rude virago.

sargo *m.* ICHTH. sargo.

sarguero, ra *adj.* [pertaining to the] serge. — 2 *m.* painter of SARGAS 2.

sargueta *f.* light serge.

sarilla *f.* MEJORANA.

sármata *adj. & n.* Sarmatian.

sarmático, ca *adj.* Sarmatian.
sarmentador, ra *m. & f.* gatherer of pruned vine shoots.
sarmentar *intr.* to gather pruned vine shoots.
sarmentazo *m.* blow with a vine shoot.
sarmentera *f.* gathering of pruned vine shoots. *2* place for storage of pruned vine shoots.
sarmentoso, sa *adj.* sarmentous, vinelike. *2* thin and knotty.
sarmiento *m.* vine shoot.
sarna *f.* MED. itch, mange, scabies: *más viejo que la* ~, very old or ancient.
sarnoso, sa *adj.* itchy, mangy, scabious.
sarpullido *m.* SALPULLIDO.
sarpullir *tr. & ref.* SALPULLIR.
sarracénico, ca *adj.* Saracenic.
sarraceno, na, sarracino, na *adj. & n.* Saracen.
sarracina *f.* row, fight, scuffle.
sarrapia *f.* SARAPIA.
sarria *f.* coarse net for carrying straw.
sarrillo *m.* death rattle. *2* BOT. arum.
sarro *m.* crust, incrustation [in vessels]. *2* tartar [on teeth]. *3* SABURRA. *4* BOT. rust, mildew.
sarroso, sa *adj.* crusty, incrusted [vessel]. *2* full of tartar [teeth].
sarta *f.* string [of beads, pearls, etc.]. *2* fig. string, line, series: *una* ~ *de mentiras,* a string of lies.
sartal *m.* string [of beads, pearls, etc.].
sartalejo *m.* dim. of SARTAL.
sartén *f.* frying pan: *saltar de la* ~ *y dar en las brasas,* fig. to jump out of the frying pan into the fire; *tener la* ~ *por el mango,* fig. to be in control, to have the upper hand.
sartenada *f.* contents of a frying pan. *2* as much as can be fried at one time in a frying pan.
sartenazo *m.* blow with a frying pan. *2* fig. hard blow.
sarteneja *f. dim.* small frying pan.
sartorio *adj.* ANAT. sartorius [muscle].
sasafrás *m.* BOT. sassafras.
sastra *f.* tailor's wife. *2* tailoress.
sastre *m.* tailor.
sastrecillo *m. dim.* little tailor. *2* petty tailor.
sastrería *f.* tailor's trade. *2* tailor's shop.
sastresa *f.* SASTRA.
Satán, Satanás *m. pr.* Satan, Satanas, the Devil.
satánicamente *adv.* satanically.
satánico, ca *adj.* satanic, satanical.
satélite *m.* ASTR. satellite. *2* fig. satellite, follower.
satén *m.* sateen.
satín *m.* satinwood.
satinador, ra *adj.* calendering, glazing. — *2 m. & f.* calenderer, glazer. — *3 m.* PHOT. burnisher.
satinar *tr.* to satin, calender, glaze [paper or fabrics]. *2* PHOT. to burnish.
sátira *f.* satire.
satiriasis *f.* MED. satyriasis.
satíricamente *adv.* satirically.
satiricé, satirice, etc., *pret., subj. & imper.* of SATIRIZAR.
satírico, ca *adj.* satiric, satirical. *2* satyric. — *3 m.* satirist.
satirio *m.* ZOOL. a kind of water rat.
satirión *m.* BOT. orchid that yields salep.
satirizante *adj.* satirizing.
satirizar *tr.* to satirize; to lampoon.
sátiro *m.* satyr [silvan god]. *2* fig. satyr [lustful man].
satisdación *f.* LAW satisdation.
satisfacción *f.* satisfaction [of desire, want, doubt, etc.; payment of debt; atonement for]: *a* ~, fully, according to one's wishes. *2* satisfaction, gratification, content, pleasure. *3* satisfaction [reparation for an insult], excuse, apology: *tomar* ~, to avenge a wrong or insult, to stand for one's honour. *4* confidence, conceit: ~ *de sí mismo,* conceit. *5* THEOL., ECCL. satisfaction.
satisfacer *tr.* to satisfy [desires, wants, a doubt, conditions, etc], to comply with, to answer, meet. *2* to satisfy, atone for, expiate: *make* reparation for: indemnify. *3* to satisfy, pay, settle: ~ *derechos de aduana,* to pay customs. *4* to satisfy, gratify, please. *5* to convince. *6* to satisfy, sate. *7* THEOL. to satisfy. — *8 ref.* to satisfy oneself, be satisfied. *9* — to avenge, or exact satisfaction for a wrong or insult. ¶ CONJUG. like *hacer.*
satisfaciente *adj.* satisfying, satisfactory.
satisfactoriamente *adv.* satisfactorily.
satisfactorio, ria *adj.* satisfactory.

satisfago, satisfaga, satisfaré, satisfaría, etc., *irr.* V. SATISFACER.
satisfecho, cha *p. p.* of SATISFACER. — *2* satisfied, content. *3* vain, conceited.
satisfice, satisfizo, etc., *irr.* V. SATISFACER.
sativo, va *adj.* cultivated [plant].
sátrapa *m.* satrap. *2* coll. crafty fellow.
satrapía *f.* satrapy.
saturación *f.* saturation.
saturar *tr.* to saturate. *2* to satiate.
saturnal *adj.* Saturnian. — *2 f. pl.* Saturnalia.
saturnino, na *adj.* saturnine, gloomy, morose. *2* CHEM., MED. saturnine.
saturnio, nia *adj.* Saturnian.
saturnismo *m.* MED. saturnism, lead poisoning.
Saturno *m.* ASTR. Saturn. *2* CHEM. lead.
sauce *m.* BOT. willow, white willow: ~ *blanco,* white willow; ~ *cabruno,* goat willow; ~ *de Babilonia,* ~ *llorón,* weeping willow.
sauceda *f.,* **saucedal** *m.,* **saucera** *f.* grove or plantation of willows.
saucillo *m.* BOT. knotgrass.
saúco *f.* BOT. elder [*Sambucus nigra*].
sauquillo *m.* BOT. snowball.
saurio, ria *adj. & m.* ZOOL. saurian. — *2 m. pl.* ZOOL. Sauria.
sautor *m.* HER. saltier, saltire.
sauz *m.* SAUCE.
sauzal *m.* SALCEDA.
sauzgatillo *m.* BOT. agnus castus, chaste tree.
savia *f.* BOT. sap. *2* fig. sap [vitality, vigor, essential element].
saxafrax *f.* SAXIFRAGA.
saxátil *adj.* saxatile, saxicolous.
sáxeo, a *adj.* stony.
saxífraga *f.* BOT. saxifrage. *2* BOT. sassafras.
saxifragáceo, a *adj.* BOT. saxifragaceous. — *2 f. pl.* BOT. Saxifragaceæ.
saxifragia *f.* SAXÍFRAGA.
saxofón, saxófono *m.* MUS. saxophone.
saya *f.* skirt [garment]; petticoat. *2* an ancient robe worn by men.
sayal, *pl.* **sayales** *m.* a coarse woollen cloth.
sayalería *f.* weaving of SAYALES.
sayalero, ra *m. & f.* weaver of SAYALES.
sayalesco, ca *adj.* of SAYAL.
sayalete *m.* thin coarse woollen cloth.
sayo *m.* a kind of cassock or loose coat: *cortar un* ~ *a,* to talk behind the back of, to backbite; *decir para su* ~, to say to oneself. *2* coll. any garment.
sayón *m.* medieval executioner. *2* coll. fierce-looking fellow.
sayuela *adj.* applied to a variety of fig tree. — *2 f.* woollen shirt worn by some religious orders. *3* dim. of SAYA.
sayuelo *m.* dim. of SAYO.
sazón *f.* ripeness, maturity. *2* season, time, proper time, opportunity. *3* taste, flavour [of food]. *4 a la* ~, then, at that time; *en* ~, ripe; in season, opportunely.
sazonadamente *adv.* maturely. *2* seasonedly.
sazonado, da *p. p.* of SAZONAR. — *2 adj.* seasoned, ripe, mellow. *3* seasoned, spiced. *4* witty, expressive.
sazonador, ra *adj.* ripening. *2* seasoning.
sazonar *tr.* to ripen, mature. *2* to season [food]. *3* to season, flavour, give zest to. — *4 ref.* to ripen, mature [grow ripe, become mature].
se *3rd person form of ref. pron. for every gender and number.* Its uses are: *1* As a ref. acc. or dat. case, equivalent to «himself», «herself», «itself». «oneself», «yourself», «themselves», «yourselves»; «to himself», «to herself», etc.: *Pedro* ~ *ha herido,* Peter has wounded himself; *la liebre* ~ *esconde,* the hare hides itself; *uno debe conocerse,* one must know oneself; *usted* ~ *afeitó,* you shaved yourself; *las niñas* ~ *lavarán,* the girls will wash themselves; *ella* ~ *dijo,* she said to herself. *2* As a reciprocal pron., equivalent to: «each other», «one another», «to one another»: *Juan y María* ~ *quieren,* John and Mary love each other. *3* As a dat. case before the acc. *lo, la, los, las:* *yo* ~ *lo di,* I gave it to him [or her, it, you, them]. *4* To give a possessive value to the def. or indef. article: *él* ~ *lava las manos,* he washes his hands; *ella* ~ *ha roto un brazo,* she has broken one of her arms. *5* As an expletive forming verbs reflexive in form but transitive or intransitive

in meaning: *el niño ~ comió la manzana*, the boy ate the apple; *el hombre ~ fue*, the man went away. 6 to form expressions of passive or impersonal character: *~ dice*, it is said, they say, people say; *no ~ oía nada*, nothing was heard; one didn't hear anything; *no ~ puede negar*, it cannot be denied. | The imperative form of this impersonal expressions with *se* is generally rendered by the simple imperative: *Véase pág. ...*, See page ...

sé *irr.* V. SABER.
sé, sea, etc., *irr.* V. SER.
sebáceo, a *adj.* sebaceous.
sebastiano *m.* SEBESTÉN.
sebe *f.* tall fence made of wattles.
sebestén *m.* BOT. sebesten tree; its fruit.
sebillo *m.* white tallow. 2 a kind of toilet soap.
sebo *m.* tallow, suet; candle grease. 2 fat, grease.
seborrea *f.* MED. seborrhoea, seborrhea.
seboso, sa *adj.* tallowy, fat, unctous. 2 greasy [smeared with grease].
seca *f.* drought, dry season. 2 NAUT. dry sand bank. 3 MED. drying period [in some eruptive diseases]. 4 MED. infarction of a gland. — 5 *adv. a secas*. V. SECO.
secácul *m.* BOT. an aromatic root.
secadal *m.* SEQUEDAL. 2 AGR. unwatered land. 3 NAUT. dry sand bank. 4 anything very dry.
secadero, ra *adj.* fit for drying [fruit, tobacco]. — 2 *m.* drying place. drying shed or room.
secadillo, lla *m.* almond meringue.
secador, ra *adj.* drying. — 2 *m. & f.* dryer. — 3 *m.* drying contrivance; drying room. 4 (Arg. & Chi.) clothes dryer.
secamente *adv.* dryly, aridly. 2 curtly, shortly, brusquely. 3 simply.
secamiento *m.* drying; desiccation.
secano *m.* unwatered land, dry land: *cultivo de ~*, dry farming. 2 NAUT. dry sand bank. 3 anything very dry.
secansa *f.* CARDS sequence.
secante *adj.* drying. 2 blotting [paper]. 3 GEOM. TRIG. secant. 4 coll. (Arg., Chi.) annoying. — 5 *m.* drying oil. 6 blotting paper. — 7 *f.* GEOM., TRIG. secant.
secar *tr.* to dry, dry off, dry up. 2 to desiccate. 3 to wipe dry. 4 to parch. 5 coll. to tire, bore, annoy. — 6 *ref.* to dry oneself. 7 to dry [become dry]. 8 [of moisture, a well, a spring, etc.] to dry up, run dry. 9 [of plants] to dry, wither. 10 [of persons or animals] to become lean, thin, meager. 11 to parch [with thirst]. 12 coll. to be tired, bored.
secaral *m.* SEQUERAL.
secatón, na *adj.* coll. dull, vapid, insipid.
secatura *f.* dullness, vapidness, insipidity.
sección *f.* section [in practically every sense]: *~ cónica*, GEOM. conical section; *~ longitudinal*, longitudinal section. 2 ARCH., ENG. vertical section. 3 division [of a bureau or department]. 4 department [of a store]. 5 column, part devoted to special subject [in newpapers].
seccionado, da *p. p.* of SECCIONAR. — 2 *adj.* sectional, in sections.
seccionar *tr.* to section. 2 to cut, cut off.
secesión *f.* secession.
secesionista *adj. & n.* secessionist.
seceso *m.* stool, evacuation of bowels.
seco, ca *adj.* dry [in practically every sense]. 2 dried up. 3 juiceless. 4 arid. 5 withered, dead [plants, leaves, etc.]. 6 lean, thin, meager, spare [person or animal]. 7 unadorned, unvarnished, naked, bare, undiluted, unqualified, strict. 8 curt, short, brusque, abrupt. 9 hard, unfeeling. 10 lukewarm [in a spiritual sense]. 11 *dejar ~*, coll. to kill. 12 *a secas*, merely, without anything more, and nothing more. 13 *en ~*, high and dry; MAS. dry, without mortar; by the dry process, without water; dry, without resources; without cause or reason; dead, short, suddenly.
secoya *f.* BOT. sequoia.
secreción *f.* PHYSIOL. secretion.
secreta *f.* ECCL. secreta, secret [in the Mass]. 2 coll. plain-clothes men, detective service. 3 coll. privy, water closet.
secretamente *adv.* secretly.
secretar *tr.* PHYSIOL. to secrete.
secretaria *f.* woman secretary. 2 wife of a secretary.
secretaría *f.* secretary's office. 2 secretaryship.

secretariado *m.* secretariat, secretariate.
secretario *m.* secretary: *secretario de Estado*, Secretary of State; *~ particular*, private secretary. 2 scribe, amanuensis.
secretear *intr.* coll. to whisper [converse privately].
secreteo *m.* coll. whispering [private talk].
secreter *m.* secretary [writing desk].
secretista *m.* naturalist. — 2 *adj.* coll. whispering [person].
secreto, ta *adj.* secret [hidden, covert; private, confidential]. — 2 *m.* secret: *~ a voces*, open secret; *~ de Estado*, state secret. 3 secrecy, concealment, silence, reticence: *de ~*, secretly; *en ~*, in secrecy, in secret, secretly, confidentially. 4 secret drawer. 5 key, secret device or combination [for opening a lock]. 6 MUS. soundboard [of organ, piano, etc.].
secretor, ra; secretorio, ria *adj.* PHYSIOL. secretory.
secta *f.* sect.
sectador, ra; sectario, ria *adj.* sectarian. — 2 *m. & f.* sectarian, sectary.
sectarismo *m.* sectarianism.
sector *m.* GEOM., ASTR., MIL. sector. 2 section. quarter.
secuaz, *pl.* **-cuaces** *m.* follower, supporter, henchman.
secuela *f.* sequel, result, consequence.
secuencia *f.* ECCL. sequence, prose.
secuestrable *adj.* LAW sequestrable.
secuestración *f.* LAW sequestration. 2 kidnapping, abduction.
secuestrador, ra *m. & f.* kidnapper, abductor.
secuestrar *tr.* LAW to sequester, sequestrate. 2 to kidnap, abduct.
secuestrario, ria *adj.* LAW of sequestration.
secuestro *m.* LAW sequestration. 2 kidnapping, abduction. 3 SURG. sequestrum.
secular *adj.* secular, centenary, centennial. 2 secular [wordly, not monastic, not ecclesiastic, temporal, lay]: *brazo ~*, secular arm. — 3 *m.* secular.
secularicé, secularice, etc., *pret., subj. & imper.* of SECULARIZAR.
secularización *f.* secularization. 2 impropriation.
secularizar *tr.* to secularize. 2 to impropriate.
secundar *tr.* to second, aid, support.
secundariamente *adv.* secondarily.
secundario, ria *adj.* secondary: *arrollamiento ~*, ELECT. secondary winding; *enseñanza secundaria*, secondary education. 2 GEOL. Secondary.
secundinas *f. pl.* secundines, afterbirth.
secundípara *adj.* secundiparous. — 2 *f.* secundipara.
secura *f.* dryness, condition of drought.
1) **sed** *f.* thirst [want of drink, desire for drink; ardent desire, craving]: *apagar la ~, matar la ~*, to quench the thirst; *tener ~*, to be thirsty; *tener ~ de*, to thirst for, be thirsty for. 2 need for water, dryness [of land or plants].
2) **sed** *imper.* of SER.
seda *f.* silk [fibre, yarn and fabric]: *~ azache*, coarse silk; *~ cocida*, soft silk; *~ conchal*, finest silk from choice cocoons; *~ cruda*, hard silk; *~ floja*, floss silk, untwisted silk; *~ joyante*, glossy silk; *~ ocal*, strong coarse silk from double cocoons; *como una ~*, smooth as silk; pliable, sweet-tempered; easily, without hitch or hindrance. 2 wild boar's bristle.
sedación *f.* MED. sedation.
sedadera *f.* hackle for dressing hemp.
sedal *m.* fishline. 2 SURG. seton. 3 VET. rowel.
sedalina *f.* silkaline, schappe.
sedán *m.* AUTO. sedan.
sedante *adj.* soothing, sedative. — 2 *m.* MED. sedative.
sedar *tr.* to shoothe, quiet, allay.
sedativo, va *adj.* MED. sedative.
sede *f.* ECCL. see: *Santa Sede*, Holy See; *Sede Apostólica*, Apostolic See. 2 seat, quarters, headquarters: *~ social*, headquarters of a society.
sedear *tr.* to clean [jewels] with a bristle brush.
sedentario, ria *adj.* sedentary.
sedente *adj.* sitting, seated.
sedeña *f.* fine tow or flax.
sedeño, ña *adj.* silky, silken. 2 silklike. 3 bristly.
sedera *f.* bristle brush.
sedería *f.* silks, silk stuff. 2 silk business. 3 silk shop.

sedero, ra *adj.* [pertaining to] silk : *industria sedera,* silk industry. — 2 *m.* & *f.* silk weaver. 3 silk dealer.

sedición *f.* sedition.

sediciosamente *adv.* seditiously.

sedicioso, sa *adj.* seditious.

sediento, ta *adj.* thirsty, thirsting, dry [feeling thirst]. 2 thirsty, thirsting [eagerly desirous, anxious] : ∼ *de,* thirsting for. 3 dry, wanting water [land, plants].

sedimentación *f.* sedimentation.

sedimentar *tr.* to deposit [as a sediment]. — 2 *ref.* [of matter in suspension] to settle, to form a sediment.

sedimentario, ria *adj.* sedimentary.

sedimento *m.* sediment, settlings, lees, dregs.

sedoso, sa *adj.* silky.

seducción *f.* seduction, seducement. 2 charm.

seducir *tr.* to seduce. 2 to allure, tempt. 3 to charm, captivate. ¶ CONJUG. like *conducir.*

seductivo, va *adj.* seductive.

seductor, ra *adj.* seducing. 2 seductive, alluring, tempting. 3 charming, captivating. — 4 *m.* & *f.* seducer.

seduje, sedujera, sedujese, seduzco, seduzca, etc., etc., *irr.* V. SEDUCIR.

sefardí, *pl.* **-díes** *adj.* & *n.* SEFARDITA.

sefardita *adj.* & *n.* Sephardi. — 2 *m. pl.* Sephardim.

segable *adj.* fit to be reaped or mown.

segada *f.* SIEGA.

segadera *f.* sickle, reaping hook.

segadero, ra *adj.* SEGABLE.

segador *m.* harvester, harvestman, reaper, mower. 2 ENTOM. harvestman, daddy-longlegs.

segadora *f.* woman harvester or reaper. 2 harvester, mowing machine : ∼ *de césped,* lawn mower; ∼ *trilladora,* harvester-tresher, combine.

segar *tr.* AGR. to harvest, reap, mow. 2 fig. to mow, cut down, mow down. ¶ CONJUG. like *acertar.*

segazón *f.* harvest, reaping. 2 harvest season.

Segismundo *m. pr. n.* Segismund.

seglar *adj.* secular, lay. — 2 *m.* & *f.* layman, laywoman.

seglarmente *adv.* secularly, laically.

segmento *m.* segment [part]. 2 GEOM., ZOOL. segment.

segoviano, na; segoviense *adj.* & *n.* Segovian.

segregación *f.* segregation, separation. 2 PHYSIOL., BIOL. secretion [act or process].

segregar *tr.* to segregate, separate. 2 PHYSIOL., BIOL. to secrete.

segregativo, va *adj.* segregative.

segregué, segregue, etc., *pret., subj.* & *imper.* of SEGREGAR.

segrí *m.* a heavy, raised silk stuff.

segué *pret.* of SEGAR.

segueta *f.* buhl saw, fret saw.

seguetear *intr.* to work with a buhl saw.

seguida *f.* following. 2 succession, continuation : *de* ∼, consecutively, in succession, without interruption; at once, immediately; *en* ∼, forthwith, at once, immediately.

seguidamente *adv.* consecutively, in succession. 2 forthwith, immediately after, right after that.

seguidero *m.* guide lines for writing.

seguidilla *f.* a Spanish stanza of four or seven short verses partly assonant. 2 *pl.* a popular Spanish dance and its music.

1) **seguido** *m.* drop stitch in a stocking foot. — 2 *adv.* consecutively, continuously, without interruption.

2) **seguido, da** *p. p.* of SEGUIR. — 2 *adj.* consecutive, running, successive, continued : *ocho días seguidos,* eight days running. 3 straight, direct.

seguidor, ra *m.* & *f.* follower. — 2 *m.* SEGUIDERO.

seguimiento *m.* following. 2 pursuit, chase, hunt. 3 continuation.

seguir *tr.* to follow [in practically every sense] : *como sigue,* as follows. 2 to pursue, chase, hunt. 3 to prosecute, continue [action], to go on, keep on [doing something] : *siga usted,* go on. — 4 *intr.* to continue, keep [in a place, state, direction, etc.]. 5 to be, do : *¿cómo sigue el enfermo?,* how is the patient? — 6 *ref.* to ensue, result, follow [be deducible]. 7 to issue, spring. ¶ CONJUG. like *servir.*

según *prep.* according to, according as, as : ∼ *derecho,* according to law; ∼ *San Mateo,* according to Matthew; ∼ *había prometido,* according as he had promised; ∼ *iban llegando,* as they were arriving. 2 depending on : ∼ *el tiempo que haga,* depending on the weather. 3 so : *apenas podía andar,* ∼ *estaba de gordo,* he was hardly able to walk, so fat was he. 4 ∼ *que,* according as. — 5 *adv.* it depends. 6 ∼ *y como,* ∼ *y conforme,* just as, in the same manner or state as; it depends.

segunda *f.* double turn of a key. 2 duplicity of meaning or purpose [in acts or words]. 3 FENC. seconde. 4 MUS., AUTO. second.

segundar *tr.* to do again. — 2 *intr.* to be second, follow next to the first.

segundariamente *adj.* SECUNDARIAMENTE.

segundario, ria *adj.* SECUNDARIO.

segundero, ra *adj.* AGR. second [said of fruit yielded by some plants in the same year]. — 2 *m.* second hand [of timepiece].

segundilla *f.* call bell [in convents].

segundillo *m.* dim. of SEGUNDO. 2 second portion of food distributed at table in certain convents.

segundo, da *adj.* second : *segunda intención,* duplicity of meaning or purpose [in acts or words]; *piso* ∼, second floor; *primo* ∼, second cousin; *de segunda mano,* second-hand. 2 *segunda enseñanza,* secondary education. — 3 *m.* second [sixtieth part of a minute]. 4 second in authority, assistant, mate : ∼ *de a bordo,* NAUT. mate. 5 *sin* ∼, unequalled, unparalleled, unrivalled.

segundogénito, ta *adj.* & *n.* second born.

segundón *m.* second son; any son born after the first.

segur *f.* ax, axe. 2 axe in fasces carried by lictors. 3 AGR. sickle.

segurador *m.* security, bondsman.

seguramente *adv.* securely, safely. 2 surely. 3 probably, very probably.

seguridad *f.* security, safety : *de* ∼, safety [as adj]. 2 police, police service : *agente de* ∼, policeman. 3 surety bond. 4 custody, safe keeping. 5 sureness, certainty : *con toda* ∼, with absolute certainty; very probably. 6 assurance [formal guarantee; positive declaration]. 7 assurance, assuredness : *tener la* ∼ *de* or *de que,* to be sure of or that.

seguro, ra *adj.* secure; safe. 2 sure, firm, fast, steady. 3 sure, dependable, reliable, unfailing; constant, stanch. 4 sure, certain, positive : *tener por* ∼, to be sure of. 5 sure [assured in mind], convinced, confident. — 6 *m.* certainty : *a buen* ∼, *al* ∼, *de* ∼, certainly; very probably. 7 place of safety; safety; *en* ∼, in safety, in security; *sobre* ∼, without risk. 8 COM. insurance : ∼ *contra accidentes, incendio,* etc., accident, fire, etc., insurance; ∼ *mutuo,* mutual insurance; ∼ *sobre la vida,* life insurance. 9 safe conduct, warrant. 10 safety lock [of a fire arm] : *irse del* ∼, fig. to forget oneself, to cast prudence aside. 11 MECH. stop, pawl, etc., for preventing the working of a mechanism.

segurón *m.* aug. large axe.

seis *adj.* six. — 2 *m.* six. 3 sixth [of the month]. 4 six-spotted card, die or domino. — 5 *f. pl. las* ∼, six o'clock.

seisavado, da *adj.* hexagonal.

seisavar *tr.* to make hexagonal.

seisavo, va *adj.* sixth. — 2 *m.* sixth [sixth part]. 3 hexagon.

seiscientos, ta *adj.* & *m.* six hundred. — 2 *adj.* six hundredth [in order].

seise *m.* one of the six choir boys in some cathedrals who sing and dance in certain festivals.

seisén *m.* SESÉN.

seiseno, na *adj.* sixth.

seisillo *m.* MUS. sextolet.

seísmo *m.* SISMO.

seje *m.* BOT. a kind of South American palm tree.

selacio, cia *adj.* ICHTH. selachian. — 2 *m. pl.* ICHTH. Selachii.

selección *f.* selection : ∼ *natural,* natural selection.

seleccionador, ra *adj.* selecting, picking. — 2 *m.* & *f.* selector.

seleccionar *tr.* to select, choose, pick out.

selectas *f. pl.* ANALECTAS.

selecto, ta *adj.* select, choice; distinguished.

selenio *m.* CHEM. selenium.

selenita *m.* & *f.* Selenite [inhabitant of the moon]. 2 MIN. selenite.

selenitoso, sa *adj.* MINER. selenitic.

seleniuro *m.* CHEM. selenide.

selenografía *f.* selenography.

selenógrafo m. selenographer.
self f. (Angl.) ELECT. self-induction coil.
selfactina f. SPIN. self acting mule jenny.
seltz (agua de) f. Seltzer water; soda water.
selva f. forest, woods; jungle: *Selva Negra,* Black Forest [in Germany]; ~ *virgen,* wild woods, jungle.
selvático, ca adj. silvan, sylvan. 2 rustic, wild.
selvatiquez f. silvan character. 2 rusticity.
selvicultura f. SILVICULTURA.
selvoso, sa adj. silvan, sylvan. 2 wooded, woody.
sellador, ra adj. sealing. — 2 m. & f. sealer.
selladura f. sealing.
sellar tr. to seal [to affix a seal on, stamp or fasten with a seal]. 2 to seal [set significant mark on]. 3 to seal, close: ~ *los labios,* to silence; to keep silent.
sello m. seal [piece of wax, lead, etc.; impression stamped; instrument for stamping with a seal]; signet. 2 stamp [mark, instrument]. 3 fig. seal, stamp [significant or characteristic mark]. 4 PHARM. cachet, wafer capsule. 5 ~ *de correos,* postage stamp. 6 ~ *de la aduana,* cocket. 7 ~ *de de Salomón,* Solomon's seal [mystic symbol]. 8 BOT. ~ *de Salomón,* ~ *de Santa María,* Solomon's-seal.
semafórico, ca adj. semaphoric.
semáforo m. semaphore.
semana f. week: ~ *inglesa,* working week ending Saturday noon; *Semana Santa,* Holy Week; book containing the offices of Holy Week; *entre* ~, during the week [but not on the first or last days]; *la* ~ *que no tenga viernes,* fig. never; *por semanas,* by the week. 2 septenary [period of seven month, years, etc.]. 3 week's wages or pay.
semanal adj. weekly.
semanalmente adv. weekly.
semanario, ria adj. weekly. — 2 m. weekly [publication].
semanero, ra adj. doing weekly duty by turns.
semántica f. semantics, semasiology.
semántico, ca adj. semantic.
semasiología f. SEMÁNTICA.
semasiológico, ca adj. semasiological.
semblante m. face, countenance, mien, look, expression [of a person]; look, aspect [of things]: *componer el* ~, to take on a sober look, to put on a calm appearance; *mudar de* ~, to change colour; to take a different turn or a different aspect.
semblanza f. biographical sketch.
sembrada AGR. sown land.
sembradera f. AGR. seeder, seeding machine, sowing machine.
sembradío, a adj. AGR. fit for sowing [land].
sembrado, da adj. sown. — 2 m. AGR. sown land or patch; field, grain field.
sembrador, ra adj. seeding, sowing. — 2 m. & f. seeder, sower [person]. — 3 f. seeder, seeding machine, showing machine.
sembradura f. seeding, sowing: *tierra de* ~, sown land, grain field.
sembrar tr. to sow, seed. 2 to sow, scatter, disseminate, sprinkle, besprinkle, strew. — 3 intr. AGR. to sow, seed. ¶ CONJUG. like *acertar.*
semeja f. resemblance, likeness. 2 pl. sign, token, evidence.
semejable adj. capable of resembling.
semejado, da adj. resembling, like.
semejante adj. resembling, similar, like, alike. 2 such, of that kind. 3 ALG. like. 4 GEOM. similar. — 5 m. resemblance, imitation. 6 fellow, fellow man, fellow creature.
semejantemente adv. similarly, likewise.
semejanza f. resemblance, semblance, likeness, similarity, similitude: *a* ~ *de,* like, as.
semejar intr. & ref. to resemble, to be like or alike.
semen m. semen, sperm. 2 BOT. seed.
semencera f. SEMENTERA.
semencontra m. PHARM. santonica.
semental adj. AGR. [pertaining to] seeding or sowing. 2 breeding [horse, bull, etc.]. — 3 m. breeding horse, bull, etc.
sementar tr. AGR. to seed, sow. ¶ CONJUG. like *acertar.*
sementera f. AGR. seeding, sowing. 2 sown land or patch. 3 seedtime, sowing season. 4 sown seed. 5 fig. hotbed, cause, origin.
sementero m. seed bag. 2 SEMENTERA.

sementino, na adj. [pertaining to] seed.
semestral adj. semestral, semestrial, six-month, six-monthly, semiannual, half-yearly.
semestralmente adv. six-monthly, semiannually.
semestre adj. semestral. — 2 m. semester, period of six months. 3 six-months pension or pay.
semi- pref. semi-, half-, partly-.
semibreve f. MUS. semibreve, whole note.
semicabrón m. MYTH. satyr.
semicadencia f. MUS. semicadence.
semicapro m. SEMICABRÓN.
semicilindro m. half cylinder.
semicircular adj. semicircular.
semicírculo m. GEOM. semicircle.
semicircunferencia f. GEOM. semicircumference.
semiconsonante adj. PHONET. semiconsonant.
semicopado, da adj. MUS. syncopated.
semicorchea f. MUS. semiquaver, sixteenth note.
semicromático, ca m. MUS. semichromatic.
semidea f. SEMIDIOSA.
semideo m. SEMIDIÓS.
semidiáfano, na adj. semidiaphanous.
semidiámetro m. semidiameter.
semidiapasón m. MUS. semidiapason.
semidifunto, ta adj. half dead, almost dead.
semidiós m. MYTH. demigod.
semidiosa f. MYTH. demigoddess.
semiditono m. MUS. semiditone.
semidoble adj. ECCL. semidouble.
semidormido, da adj. half asleep.
semieje m. GEOM. semiaxis.
semiesfera f. hemisphere.
semiesférico, ca adj. hemispherical.
semiflósculo m. BOT. semifloret.
semifluido, da adj. semifluid.
semiforme adj. half-formed.
semifusa f. MUS. double demisemiquaver.
semigola f. FORT. demigorge.
semihombre m. half-man, pigmy.
semilunar adj. semilunar.
semilunio m. ASTR. half moon, half a lunation.
semilla f. seed.
semillero m. AGR. seed bed, seed plot, nursery. 2 fig. hotbed, cause, origin, seminary.
seminal adj. seminal.
seminario m. EDUC. seminary: ~ *conciliar,* ECCL. seminary, theological seminary. 2 AGR. seed bed, seed plot, nursery. 3 SEMILLERO 2.
seminarista m. seminarist, theological student.
seminífero adj. seminiferous.
semínima f. MUS. crotchet.
semiología, semiótica f. semeiology, semeiotics.
semipedal adj. semipedal.
semipelagianismo m. Semi-Pelagianism.
semipelagiano, na m. & f. Semi-Pelagian.
semirrecto adj. GEOM. of 45 degrees [angle].
Semíramis f. pr. n. HIST. Semiramis.
semirrígido, da adj. AER. semirigid.
semis m. semis [roman coin].
semisalvaje adj. half savage.
semiseda f. half silk.
semisuma f. ARITH. half the sum [of].
semita m. & f. Semite. — 2 adj. Semitic.
semítico, ca adj. Semitic.
semitismo m. Semitism.
semitista m. & f. Semitist.
semitono m. MUS. semitone.
semitransparente adj. semitransparent.
semivivo, va adj. half alive.
semivocal adj. PHONET. semivowel.
sémola f. semolina, groats.
semoviente adj. *bienes semovientes,* livestock.
sempiternamente adv. sempiternally, eternally, everlastingly.
sempiterno, na adj. sempiternal, eternal, everlasting. — 2 f. durance [fabric]. 3 BOT. globe amaranth.
sen m. BOT. senna.
sena f. six [on a die]. 2 BOT. senna. 3 pl. double sixes.
Sena m. pr. n. GEOG. Seine [river].
senado m. Senate. 2 Senate house. 3 assembly of elders. 4 THEAT. audience.
senadoconsulto m. senatus consultum.
senador m. senator.
senaduría f. senatorship.
Senaquerib m. pr. n. HIST. Sennacherib.
senario, ria adj. senary.
senatorial; senatorio, ria adj. senatorial.

sencillamente adv. simply. 2 easily. 3 plainly, unpretentiously. 4 naturally, unaffectedly. 5 ingenuously, artlessly.

sencillez f. simplicity. 2 easiness. 3 plainness, unpretentiousness. 4 naturalness, unaffectedness. 5 ingenuousness, candour.

sencillo, lla adj. simple [not complicated or elaborated or highly developed]. 2 light, slight, thin, of light body [fabric, etc.]. 3 simple, mere, single. 4 easy [to do]. 5 simple, plain, unadorned, unpretentious. 6 simple, natural, unaffected. 7 simple, simple-minded, artless, candid, naive. 8 BOT. single. — 9 m. change, small change.

senda f. path, footpath, pathway, byway. 2 fig. path, way.

senderar, senderear tr. to guide or lead on a footpath. 2 to cut or open a path through or for. — 3 intr. to take an extraordinary course.

sendero m. SENDA.

senderuelo m. dim. little pathway.

sendos, das adj. one each, one to each or for each : les dio sendos libros, he gave a book to each of them.

Séneca m. pr. n. Seneca. 2 fig. wise man, man of wisdom.

senectud f. old age, senility.

senegalés, sa adj. & n. Senegalese.

senescal m. seneschal.

senescalado m. **senescalía** f. seneschalship.

senil adj. senile.

seno m. breast [milk-secreting organ in woman]. 2 bosom [space between the breast of a person and the clothes covering it]. 3 womb [of woman]. 4 fig. bosom, lap [midst, interior] : ~ de Abrahán, Abraham's bosom. 5 concave, concavity, cavity, hollow, sinus : bend, curvature. 6 ANAT., ZOOL., SURG. sinus. 7 ARCH. spandrel. 8 GEOG. gulf, bay. 9 NAUT. belly [of a sail]; bight [of a rope]. 10 TRIG. sine : ~ verso, versed sine.

senojil m. CENOJIL.

sensación f. sensation, feeling. 2 sensation [vivid emotion] : hacer ~, to cause a sensation.

sensacional f. sensational.

sensatez f. sense, good sense, good judgement, sensibleness, wisdom.

sensato, ta adj. sensible, judicious, wise.

sensibilicé, sensibilice, etc., pret., subj. & imper. of SENSIBILIZAR.

sensibilidad f. sensibility. 2 sensitiveness.

sensibilizar tr. to sensitize.

sensible adj. sentient, sensible. 2 sensible [capable of being perceived by the senses; perceptible to the mind]. 3 sensible [great enough to be perceived], appreciable. 4 feeling, sensitive [person]. 5 sensitive [to a specified agent or influence]. 6 sensitive, delicate [instrument]. 7 CHEM., PHOT., RADIO. sensitive. 8 GEOG. sensible [horizon]. 9 grievous, deplorable, regrettable. — 10 f. MUS. sensible note.

sensiblemente adv. sensibly, perceptibly. 2 grievously, regrettably.

sensiblería f. oversentimentality, mawkishness.

sensiblero, ra adj. oversentimental, mawkish.

sensitiva f. BOT. sensitive plant.

sensitivo, va adj. sense, sensitive [of the senses; that conveys sense impressions]. 2 sentient.

sensorio, ria adj. sensory, sensorial. — 2 m. sensorium : común ~, sensorium.

sensual adj. sensual.

sensualidad f. sensuality.

sensualismo m. sensualism, sensuality. 2 PHIL. sensualism, sensationalism.

sensualista adj. PHILOS. sensationalistic. — 2 m. & f. PHILOS. sensualist, sensationalist.

sensualmente adv. sensually, carnally.

sentada f. sitting : de una ~, at one sitting.

sentadero m. stone, log, board, etc., where one can sit.

sentadillas (a) adv. sidesaddle.

sentado, da p. p. of SENTAR. — 2 adj. seated, sitting down. 3 settled, established : dar por ~, to take for granted, to consider as settled. 4 sedate, judicious. 5 BOT. sessile.

sentamiento m. ARCH. settling.

sentar tr. to seat [cause to sit down]. 2 to set, establish. 3 to assert ; to assume, take for granted. — 4 intr. sentar, or ~ bien, a, to fit, become, suit ; to please, be agreeable to ; [of

food, climate, etc.] to agree with ; no ~, or ~ mal, a, not to fit, become or suit ; to displease ; [of food, climate, etc.] not to agree with. — 5 ref. to sit down. 6 [of birds] to alight, settle. 7 [of liquids] to settle. 8 [of food] not to be digested. 9 ARCH. to settle, sink, subside. 10 [of a seam, etc.] to hurt, to mark the flesh of. ¶ CONJUG. like acertar.

sentencia f. LAW judgement, sentence, decision. 2 award, decision [of an arbitrator]. 3 judgment, opinion. 4 pithy saying, maxim, aphorism.

sentenciador, ra adj. sentencing. — 2 m. & f. sentencer, one who passes judgment.

sentenciar tr. to sentence, pass judgment on. 2 to determine, decide.

sentenciosamente adv. sententiously.

sentencioso, sa adj. sententious.

senticar m. ESPINAR.

sentidamente adv. feelingly.

sentido, da p. p. of SENTIR. — 2 adj. felt, experienced. 3 heartfelt ; feeling. 4 susceptible, touchy. 5 offended : darse por ~, to take offence, to show resentment. — 6 m. sense [anyone of the five senses] : aguzar el ~, coll. to prick up one's ears ; costar un ~, coll. to cost a fortune ; poner uno sus cinco sentidos en, coll. to employ all one's attention on ; to love dearly ; con todos sus cinco sentidos, coll. with the utmost care and attention. 7 sense [judgment, understanding, reason ; conformity to these] : ~ común, common sense ; buen ~, good sense ; su conducta no tiene ~, his behaviour is absurd. 8 sense, meaning, import, purport, effect : ~ figurado, figurative sense ; ~ propio, proper sense, literal sense ; doble ~, double meaning ; en cierto ~, in a sense ; en el ~ de que, to the effect that ; sin ~, meaningless. 9 sense [quick and accurate appreciation] : ~ del humor, sense of humour ; ~ del ridículo, sense of the ridiculous. 10 consciousness : estar sin ~ to be unconscious ; perder el ~, to faint, swoon, lose consciousness. 11 sense, direction, course. 12 GEOM. sense.

sentimental adj. sentimental.

sentimentalismo m. sentimentalism.

sentimentalmente adv. sentimentally.

sentimiento m. sentiment, feeling. 2 sense [of duty, honour, etc.]. 3 grief, sorrow, regret.

sentina f. NAUT. bilge. 2 fig. foul, filthy place ; sink of vice or corruption.

sentir m. sentiment, feeling. 2 sentiment, sense, judgement, view, opinion.

sentir tr. to feel [perceive by sensation]. 2 to hear [perceive with the ear]. 3 to feel [pleasure, pity, doubt, etc.]. 4 to have, experience, suffer : ~ frío, to be cold ; ~ miedo, to be afraid. 5 to feel [be aware of, instinctively or intuitively] ; to have a presentiment of. 6 to regret ; be or feel sorry [for] : lo siento, I am sorry ; dar que ~, to give cause for regret. 7 to think, judge : digo lo que siento, I say what I think. 8 to recite with expression. 9 sin ~, without noticing, without being aware. — 10 ref. to feel [well, bad, sad, etc.] : sentirse mal or enfermo, to feel bad, feel sick. 11 to begin to crack or be cracked. 12 to begin to decay or rot. 13 sentirse de, to resent ; to feel [an insult, etc.] ; to have a pain in, to feel sick in. ¶ CONJUG. like hervir.

seña f. sign, indication, token : señas mortales, coll. unmistakable signs ; por señas, por más señas, coll. more by token. 2 sign [motion, action, gesture] : hablar por señas, to talk by signs. 3 mark, signal. 4 MIL. password, watchword. 5 pl. address [description of a place of residence or business]. 6 señas personales, personal description.

señal f. sign, mark, token, symptom : dar señales de, to show signs of ; en ~ de, as a sign of, in token or proof of. 2 landmark. 3 bookmark. 4 reminder. 5 distinctive mark. 6 trace vestige : ni ~, not a trace left. 7 sign, signal : ~ de peligro, signal of distress ; RLY. danger signal ; ~ de tráfico, traffic sign ; traffic light ; código de señales, signal code ; hacer señal, to make sign ; hacer señales, to signal, make signals. 8 image, representation. 9 sign, prodigy, portent. 10 scar, cicatrice ; brand. 11 pledge [token]. 12 earnest, earnest money. 13 ~ de la cruz, sign of the cross.

señaladamente adv. especially, remarkably, signally.

señalado, da p. p. of SEÑALAR. — 2 adj. signal. 3 noted, distinguished.
señalamiento m. appointment, date. 2 LAW assignation [for a trial].
señalar tr. to stamp, mark [with a sign]. 2 to show, indicate, point at, point out : ~ con el dedo, to point at [with the finger], to point the finger at. 3 to set, fix, determine, name, assign. 4 to appoint [place, time]. 5 to scar, mark with a wound [especially in the face]. 6 to signal [announce by signal]. 7 CARDS to mark down [points of score]. — 8 ref. to distinguish oneself, to excel.
señaleja f. dim. little sign or mark.
señero, ra adj. solitary, alone. 2 unique, unequalled.
señolear intr. to hunt with a decoy.
señor, ra adj. noble, distinguished, not vulgar, gentlemanlike, ladylike. 2 coll. great, fine, strong, superlative, etc. — 3 m. mister, Mr., sir : el ~ López, Mr. López; muy ~ mío, Dear Sir [in letters]; pues ~, well, well sir [in telling a story]; sí ~, yes, sir. 4 man, gentleman : un ~, a gentleman; ~ mayor, aged gentleman. 5 master, lord. 6 master [of the house]. 7 feudal lord, lord of a manor, seigneur, seignior : ~ de horca y cuchillo, feudal lord invested with civil and criminal jurisdiction within his estate; coll. absolute master, absolute lord. 8 coll. father-in-law. 9 (cap.) el Señor, the Lord, God; Nuestro Señor, our Lord, Jesus Christ : descansar or dormir en el Señor, to rest in the Lord, to die in the Lord.
señora f. mistress, Mrs., madam : la ~ López, Mrs. López; muy ~ mía, Dear Madam [in letters]; sí ~, yes, madam. 2 woman, lady, dame, gentlewoman : una ~, a lady, a gentlewoman; ~ de compañía, companion, chaperon; ~ mayor, aged lady; aged, respectable woman; de ~, para señoras, ladies', for ladies. 3 lady [wife]. 4 mistress, lady [owner, etc.]; lady of the manor. 5 coll. mother-in-law. 6 (cap.) Nuestra Señora, our Lady.
señorada f. gentlemanlike act, ladylike act.
señoraje m. seigniorage [Crown's right].
señoreador, ra adj. mastering, ruling, overruling. 2 domineering. 3 dominant, overtopping. — 4 m. & f. dominator, overruler. 5 domineering person.
señoreaje m. SEÑORAJE.
señoreante adj. SEÑOREADOR.
señorear tr. to dominate, rule over, overrule. 2 to lord it over. 3 to dominate, overtop, tower over. 4 to control [one's passions]. 5 coll. to keep calling [someone] señor. — 6 tr. & ref. to take, take hold of, take possession of, bring under one's rule or control. — 7 ref. to deport oneself in a dignified manner.
señoría f. dominion, lordship, control. 2 lordship, ladyship, title of distinction inferior to EXCELENCIA. 3 signory [governing body of a medieval Italian city; Italian medieval republic].
señorial adj. seignioral, manorial. 2 feudal [fees]. 3 lordly, noble, stately.
señoril adj. of a lord or gentleman; dignified, distinguished, not vulgar.
señorilmente adv. in a gentlemanlike, dignified, manner.
señorío m. dominion, lordship, control. 2 seigniory, seignioralty. 3 gravity or stateliness of deportment. 4 self-command. 5 gentry, gentlefolk, people of high standing.
señorita f. dim. young lady, miss, Miss. 2 title given by servants to a lady or to the mistress of the house.
señoritingo m. coll. young gentleman of no account.
señorito m. dim. young gentleman. 2 Master [youth or boy]. 3 title given by servants to a gentleman or to the master of the house. 4 coll. idle young gentleman.
señorón, na m. & f. swell, person of high standing, bigwig, grand seigneur, grand lady.
señuelo m. decoy, lure. 2 fig. lure, bait, enticement.
seo f. cathedral church.
seó, seor m., **seora** f. vulg. contr. of SEÑOR & SEÑORA, used by low-class people, in the sense of mister & mistress, before Christian names.
sepa, etc., irr. V. SABER.
sépalo m. BOT. sepal.
sepancuantos, pl. **-tos** m. coll. beating, punishment.
separable adj. separable. 2 detachable, removable.

separación f. separation. 2 dissociation, abstraction. 3 dismissal, discharge. 4 parting, parting of the ways. 5 POL. secession.
separadamente adv. separately.
separado, da p. p. of SEPARAR. — 2 adj. separate; apart : por ~, separately.
separador, ra adj. separating. — 2 m. & f. separator.
separar tr. to separate [sever, disjoint, disunite, disconnect, sort]. 2 to detach, remove, take away or off. 3 to set apart, lay aside. 4 to dismiss, discharge. — 5 ref. to separate [withdraw, part company, disperse; cease to live as man and wife]. 6 to separate, come apart, come off. 7 COM. put an end to partnership.
separata f. TIRADA APARTE.
separatismo m. separatism, secessionism.
separatista adj. & n. separatist, secessionist.
separativo, va adj. separative.
separatorio, ria adj. separatory.
sepedón m. ESLIZÓN.
sepelio m. burial, interment.
sepia f. ZOOL. sepia, cuttlefish. 2 sepia [pigment, colour].
septena f. septenary, heptad, group of seven.
septenario, ria adj. septenary. — 2 m. period of seven days.
septenio m. septenary, septenium [period of seven years].
septeno, na adj. SÉPTIMO.
septentrión m. north. 2 north wind. 3 ASTR. (cap.) Great Bear.
septentrional adj. septentrional, northern.
septeto m. MUS. septet, septuor.
septicemia f. MED. septicæmia.
septicida adj. BOT. septicidal.
séptico, ca adj. septic.
septiembre m. September.
septífrago, ga adj. BOT. septifragal.
septillo MUS. septimole, septuplet.
séptimo, ma adj. & m. seventh. — 2 f. sequence of seven cards [in piquet]. 3 MUS. seventh, septime. 4 FENC. septime.
septingentésimo, ma adj. & m. seven hundredth.
septisílabo, ba adj. HEPTASÍLABO.
septo m. ANAT., ZOOL., BOT. septum.
septuagenario, ria adj. & n. septuagenarian.
septuagésima f. ECCL. Septuagesima.
septuagésimo, ma adj. seventieth. 2 septuagesimal.
septuplicación f. septuplication.
septuplicar tr. to septuple, septuplicate.
séptuplo, pla adj. septuple, sevenfold. — 2 m. septuple.
sepulcral adj. sepulchral.
sepulcro m. sepulcher. 2 grave, tomb.
sepultador, ra adj. burying. — 2 m. & f. burier.
sepultar tr. to bury, entomb. 2 fig. to bury [hide, cover up, submerge, immerse].
sepulto, ta adj. buried.
sepultura f. sepulture, interment : dar ~ a, to bury. 2 grave, tomb, sepulcher : estar con un pie en la ~, to have one foot in the grave.
sepulturero m. gravedigger, sexton.
sequé, seque, etc., pret., subj. & imper. of SECAR.
sequedad f. dryness. 2 aridity, sterility. 3 gruffness, surliness.
sequedal, sequeral m. dry soil.
sequero m. unwatered land. 2 SECADERO.
sequeroso, sa adj. dry, wanting moisture.
sequete m. piece of hard, dry bread or cake. 2 stroke, blow. 3 coll. gruffness, surliness.
sequía f. drought, dry season.
sequillo m. sweet biscuit.
sequío m. SECANO 1 & 2.
séquito m. retinue, train, suite, cortege. 2 popularity.
sequizo, za adj. easily dried.
1) ser m. being [constitution, nature, esssence]. 2 being [anything that exists] : ~ humano, human being; el Ser Supremo, the Supreme Being, God. 3 life, existence. 4 PHILOS. being.
2) ser subst. v. to be [exist, live] : ~ o no ~, to be or not to be. — 2 aux. to be [forming passives] : él es amado, he is loved. — 3 intr. & cop. to be, be a : el hombre es mortal, man is mortal; esto es bueno, this is good, this is a good thing; Juan es abogado, John is a lawyer; Pedro es español, Peter is a Spaniard; son ellos, it is they; soy yo, it is I; usted es el hombre que nos hace falta, you are the man we want. 4 to be [amount to] : dos por dos son cuatro, twice two is four.

5 to cost : *¿a cómo son estas peras?*, what is the price of these pears? *6* to be, happen, fall out, take place : *¿cómo fue ello?*, how did it happen?; *el concierto será a las ocho*, the concert will be at eight o'clock. *6* to be [belong to] : *este libro es mío*, this book is mine. *7* It is used in impersonal sentences, as : *es la una*, it is one o'clock; *son las cinco*, it is five o'clock; *es necesario que*, it is necessary that; *es probable que llueva*, it is likely to rain. *8* ~ *de*, a) to belong to [be the property of] : *esta casa es de mi padre*, this house belongs to my father; b) to belong to, be a member of : *Pablo es de nuestro grupo*, Paul belongs to our group; c) to be from, come from, be native of [a place]; d) to be in [a specified material] : *la estatua era de mármol*, the statue was in marble; e) to be to be : *es de creer que*, it is to be believed that; f) to become of : *¿que será de mí?*, what will become of me? *9* coll. ~ *de lo que no hay*, to be unequalled, to be among the worst. *10* ~ *de ver*, to be worth seeing, be remarkable. *11* ~ *para*, *to* be for or to, to be good for. *12* ~ *para poco*, to be feeble, timid, of little account. *13* *a no* ~ *que*, unless. *14* *¡cómo ha de ser!*, it cannot be helped! [to express resignation]. *15* *érase que se era*, once upon a time [to begin a story]. *16* *es a saber*, that is to say, namely. *17* *es decir*, *esto es*, that is to say. *18* *no sea que*, lest. *19* *o sea*, that is to say. *20* *sea lo que sea*, sea lo que fuere*, be that as it may; anyhow. *21* *si yo fuera que usted*, if I were you. *22* *soy con usted*, I'll attend you presently. *23* *un es, no es* or *un si es, no es*, a little bit. ¶ IRREG. CONJUG.: INDIC. Pres.: *soy, eres, es; somos, sois, son.* | Imperf.: *era, eras, era; éramos, erais, eran.* | Pret.: *fui, fuiste, fue; fuimos, fuisteis, fueron.* | Fut.: *seré, serás*, etc. | COND.: *sería, serías*, etc. | SUBJ. Pres.: *sea, seas, sea; seamos, seáis, sean.* | Imperf.: *fuera, fueras, fuera; fuéramos, fuerais, fueran,* or *fuese, fueses*, etc. | Fut.: *fuere, fueres, fuere; fuéremos, fuereis, fueren.* | IMPER.: *sé, sea; seamos, sed, sean.* | PAST. P.: *sido.* | GER.: *siendo.*
sera *f.* large esparto basket.
seráficamente *adj.* seraphically.
seráfico, ca *adj.* seraphic.
serafín, *pl.* **-fines** *m.* seraph. 2 fig. angel [lovely person].
serafina *f.* a flowered woollen fabric.
serapino *m.* SAGAPENO.
serba *f.* BOT. fruit of the service tree.
serbal, serbo *m.* BOT. service tree.
serena *f.* a troubadour's serenade. 2 METEOR. serein, night dew : *a la* ~, in the night air, exposed to the night dew.
serenamente *adv.* serenely. 2 calmly, coolly, composedly.
serenar *tr.* to serene, calm, pacify, compose, tranquillize. 2 to clear up [make unclouded]. 3 to cool water in the night air. 4 to settle, render clear [a liquid]. — 5 *intr.* & *ref.* to become serene, to calm down. 6 [of weather] to clear up. 7 [of a liquid] to settle. — 8 *ref.* to regain one's coolness or self-possession.
serenata *f.* serenade. 2 MUS. serenata.
serenero *m.* woman's headpiece for protection against night air. 2 (Arg.) kerchief, headkerchief.
serení *m.* NAUT. jolly-boat [carried by ancient warships].
serenidad *f.* serenity, calm, tranquillity. 2 calmness, coolness, self-possession, presence of mind. 3 Serenity, Serene Highness [title].
serenísimo, ma *adj. superl.* extremely serene or calm. 2 Most Serene [title of princes].
sereno, na *adj.* serene, calm, unruffled. 2 clear, cloudless, fair [sky, weather]. 3 calm, cool, self-possessed. — 4 *m.* night watchman. 5 serein, night dew : *al* ~, in the night air, exposed to the night dew.
sergas *f. pl.* exploits, achievements.
seriamente *adv.* seriously. 2 gravely. 3 in earnest.
sericicultor *m.* sericulturist.
sericicultura *f.* sericulture, silk culture.
sérico, ca *adj.* silken.
sericultor, ra *m. & f.* SERICICULTOR.
sericultura *f.* SERICICULTURA.
serie *f.* series. 2 *de* ~, stock : *auto de* ~, stock car. 3 *en* ~, standardized, mass [production]; ELECT. series, in series.

seriedad *f.* seriousness, gravity. 2 earnestness. 3 reliability. 4 sternness.
serijo, serillo *m.* esparto basket for dried fruit.
seringa *f.* (Am.) india rubber.
serio, ria *adj.* serious. 2 grave, dignified. 3 stern [countenance, look]. 4 solvent, reliable. 5 grave, sober [not light or gay, not showy].
sermón *m.* sermon : ~ *de la Montaña*, BIB. Sermon on the Mount.
sermonar *intr.* to preach, to preach sermons.
sermonario, ria *adj.* pertaining to sermons. — 2 *m.* collection of sermons.
sermonear *intr.* to preach, sermonize, preach sermons. — 2 *tr.* fig. to sermonize, lecture.
sermoneo *m.* coll. sermonizing, repeated admonition.
serna *f.* grain field.
seroja *f.,* **serojo** *m.* dry leaves, fallen leaves. 2 brushwood.
serón, *pl.* **-rones** *m.* esparto basket or pannier.
serondo, da *adj.* BOT. serotinous.
seronero *m.* maker or seller of SERONES.
serosidad *f.* MED. serosity.
seroso, sa *adj.* serous.
seroterapia *f.* MED. serum therapy.
serotino, na *adj.* BOT. SERONDO.
serpa *f.* JERPA.
serpear *intr.* SERPENTEAR.
serpentaria *f.* BOT. green dragon. 2 BOT. ~ *virginiana*, Virginia snakeroot.
serpentario *m.* ORN. secretary bird. — 2 (cap.) ASTR. Serpent Bearer, Ophiuchus.
serpentear *intr.* to wind, meander, snake, serpentine, wriggle.
serpenteo *m.* winding, meandering, wriggling.
serpentígero, ra *adj.* poet. serpent, bearing or containing serpents.
serpentín *m.* worm [of a still], cooling coil. 2 cock [of firelock]. 3 MIN. serpentine. 4 serpentine [ancient cannon].
serpentina *f.* MIN. serpentine. 2 cock [of a firelock]. 3 a rolled strip of coloured paper which is cast so as to unroll [in carnival, etc.].
serpentinamente *adv.* in a serpentine way.
serpentino, na *adj.* serpentine [of or like a serpent], snakelike. 2 serpentine, winding, sinuous. 3 slanderous, poisoned [tongue]. 4 serpentine [marble].
serpentón *m. aug.* large serpent. 2 MUS. serpent.
serpezuela *f.* dim. of SIERPE.
serpiente *f.* ZOOL. serpent, snake : ~ *de cascabel*, rattlesnake; ~ *de anteojos*, cobra, hooded snake. 2 fig. ~, the serpent, the devil. 3 ASTR. Serpent.
serpiginoso, sa *adj.* MED. serpiginous.
serpigo *m.* MED. serpigo, ringworm.
serpol *m.* BOT. wild thyme.
serpollar *intr.* [of a tree] to shoot, sprout.
serpollo *m.* shoot, sprout [of a tree].
sérpula *f.* ZOOL. serpula.
serradizo, za *adj.* ASERRADIZO.
serrado, da *adj.* serrate.
serrador, ra *m. & f.* ASERRADOR.
serraduras *f. pl.* SERRÍN.
serrallo *m.* seraglio, harem. 2 fig. brothel.
serrana *f.* a kind of bucolic poem.
serranía *f.* mountainous country or region.
serraniego, ga *adj.* SERRANO.
serranil *m.* a kind of knife or dagger.
serranilla *f.* a kind of bucolic poem.
serrano, na *adj.* mountain, highland. — 2 *m. & f.* mountaineer, highlander.
serrar *tr.* to saw. ¶ CONJUG. like *acertar*.
serrátil *adj.* MED. irregular [pulse].
serratilla *f.* dim. small jagged mountain range.
serrato, ta *adj. & m.* ANAT. serratus [muscle].
serreta *f.* dim. small saw. 2 cavesson [iron].
serrezuela *f.* dim. small saw.
serrijón *m.* short mountain chain.
serrín *m.* sawdust.
serrino, na *adj.* pertaining to or like a saw. 2 MED. irregular [pulse].
serrón *m. aug.* large saw. 2 two-handed saw.
serrucho *m.* handsaw.
servato BOT. hog's-fennel.
serventesio *m.* quatrain with rhyme a b a b. 2 sirvente [Provençal moral lay].
servible *adj.* serviceable, useful, in good condition for use.
servicial *adj.* willing to render service, diligent, helpful; obliging, kind.

servicialmente *adv.* diligently, obligingly.
servicio *m.* service [done, required, etc.], serving. 2 duty [assigned service] : *estar de* ~, to be on duty. 3 service [occupation or condition of a servant]. 4 servants [of a household], staff of servants. 5 service, favour, good turn : *flaco* ~, ill turn. 6 use, benefit, utility. 7 military or naval service : *estar en el* ~, *hacer el* ~, to serve, be in the army, be a soldier. 8 service [branch of public employ; organization, work done, etc., to meet some general need; employment in it] : ~ *diplomático*, diplomatic service ; ~ *público*, public service ; *en* ~ *activo*, in active service. 9 service [set of dishes, cups, etc.] : ~ *de té*, tea service. 10 course [in a meal]. 11 chamber pot, close-stool. 12 (Am.) toilet, water closet. 13 clyster, enema. 14 TENNIS service, serve.
servidero, ra *adj.* serviceable, fit for serving, in good condition for use.
servido, da *p. p.* of SERVIR. — 2 *adj. ser* ~, to please, deign, have the kindness [to].
servidor, ra *m. & f.* servant, server, servitor : ~ *de usted*, your servant, at your service ; *queda de usted atento* ~, yours respectfully. — 2 *m.* servant, gallant, suitor. 3 chamber pot, close-stool.
servidumbre *f.* servitude, serfdom, bondage, subjection, thralldom. 2 inevitable obligation. 3 servants [of a household], staff of servants, servantry. 4 LAW servitude, easement : ~ *de paso*, right of way.
servil *adj.* servile : ~ *adulación* ~, servile flattering ; *imitación* ~, servile imitation ; *trabajos servilcs*, servile labours.
servilismo *m.* servility.
servilmente *adv.* servilely.
servilla *f.* pump [shoe].
servilleta *f.* table napkin, serviette.
servilletero *m.* napkin-ring.
servio, via *adj. & n.* Serbian.
serviola *f.* NAUT. cathead, anchor beam.
servir *intr. & tr.* to serve [be a servant to, do or render service to, be useful to], to wait [on or upon] : *para* ~ *a usted*, at your service. 2 to do [for], to serve, answer [a purpose or end]. 3 [in ball games] to serve. — 4 *intr.* to serve, wait [at table]. 5 to serve [in the army or navy], to be employed [in a public service, etc.]. 6 CARDS to follow suit. 7 ~ *de*, to act as, be used as, serve as or for ; *que le sirva de aviso*, let this be a warning to you. 8 ~ *para*, to be for, do for, be good for, be used or useful for : *no* ~ *para nada*, to be of no use, to be good for nothing. — 9 *tr.* to help, serve [food or drink]. 10 MIL. to serve [a gun]. 11 to tend [a machine]. 12 to serve [an office]. 13 to do a favour or good turn to. 14 to serve, attend, court, pay attention to [a lady]. 15 COM. to wait upon [a customer]. — 16 *ref.* to serve oneself. 17 to help oneself [to food or drink]. 18 to please, be pleased to, deign to, be so good as to : *sírvase informarme*, please inform me ; *Su Majestad se sirvió disponer que*, His Majesty was pleased to order that. 19 *servirse de*, to employ, make use of. ¶ CONJUG.: INDIC. Pres.: *sirvo, sirves, sirve;* servimos, servís, *sirven.* | Pret.: serví, serviste, *sirvió;* servimos, servisteis. *sirvieron.* | SUBJ. Pres.: *sirva, sirvas, sirva;* servamos, sirváis, *sirvan.* | Imperf.: *sirviera, sirvieras, sirviera; sirviéramos, sirvierais, sirviera,* or *sirviese, sirvieses, sirviese; sirviésemos, sirvieseis, sirviesen.* | Fut.: *sirviere, sirvieres, sirviere; sirviéremos, sirviereis, sirvieren.* | IMPER.: *sirve, sirva; sirvamos,* servid, *sirvan.* | GER.: *sirviendo.*
servita *m.* ECCL. Servite.
servitud *f.* servitude.
servocroata *adj. & n.* Serbo-Croatian, Servo-Croatian.
servomotor *m.* MACH. servomotor.
sesada *f.* brains [of an animal]. 2 COOK. fried brains.
sésamo *m.* BOT. sesame. 2 sesame [magic word] : *¡ábrete* ~!, open sesame !
sesamoideo, a *adj.* ANAT. sesamoid.
sesear *intr.* to pronounce *z*, and *c* before *e* & *i*, like *s* [as in Am. and some parts of Spain].
sesén *m.* an ancient silver coin.
sesenta *adj. & m.* sixty. 2 sixtieth.
sesentavo, va *adj. & n.* sixtieth.

sesentón, na *adj. & n.* sexagenarian.
seseo *m.* pronouncing *z*, and *c* before *e* & *i*, like *s*.
sesera *f.* brainpan. 2 the entire brain.
sesga *f.* NESGA.
sesgadamente *adv.* obliquely, askew, aslant, slantingly, on the bias.
sesgado, da *p. p.* of SESGAR. — 2 *adj.* SESGO 1 & 2.
sesgadura *f.* obliquity, slant. 2 slanting ; cutting on the bias.
sesgamente *adv.* SESGADAMENTE.
sesgar *tr.* to slant, give an oblique direction to. 2 to cut on the bias.
sesgo, ga *adj.* slanting, oblique, biased. 2 cut on the bias. 3 *fig.* grave-faced, stern-faced. — 4 *m.* obliquity, slant, bias : *al* ~, obliquely, aslant, slantingly, on the bias. 5 mean course. 6 turn [of an affair].
sesgué, sesgue, etc., *pret., subj. & imper.* of SESGAR.
sesil *adj.* BOT. sessile.
sesión *f.* session, sitting, séance, meeting, conference : *abrir la* ~, to open the meeting ; *levantar la* ~, to adjourn the meeting. 2 show [each showing of pictures in a picture theatre] : ~ *continua*, continuous showing.
seso *m.* ANAT. brain, brains : *devanarse los sesos*, *fig.* to rack one's brains ; *levantarse la tapa de los sesos*, to blow out one's brains ; *tener sorbido el* ~, or *sorbidos los sesos a*, *fig.* to dominate, absorb ; to be madly loved by. 2 *fig.* brains, intelligence ; prudence, judgment : *no tener* ~, to have no sense, to be scatterbrained ; *perder el* ~, to go crazy. 3 stone, brick or iron to steady a pot on the fire.
sesquiáltero, ra *adj.* sesquialter.
sesquióxido *m.* CHEM. sesquioxide.
sesquipedal *adj.* sesquipedalian.
sesteadero *m.* shady place where cattle rest.
sestear *intr.* to take a siesta [midday nap or rest]. 2 [of cattle] to rest in the shade.
sestercio *m.* sesterce.
sestero, sestil *m.* SESTEADERO.
sesudamente *adv.* wisely, prudently, sagely.
sesudez *f.* wisdom, prudence, sageness.
sesudo, da *adj.* wise, prudent, judicious, sage.
seta *f.* BOT. mushroom. 2 snuff [of a candle]. 3 bristle [of hog].
setal *m.* mushroom patch.
setecientos, tas *adj. & m.* seven hundred. 2 seven hundredth [in order].
setena *f.* group of seven : *pagar con las setenas*, *fig.* to suffer excessive punishment for.
setenario *m.* SEPTENARIO.
setenta *adj. & n.* seventy. 2 seventieth [in order].
setentavo, va *adj. & n.* seventieth.
setentón, na *adj. & n.* septuagenarian.
setiembre *m.* SEPTIEMBRE.
sétimo, ma *adj. & n.* SÉPTIMO.
seto *m.* hedge, fence, inclosure : ~ *vivo*, hedge, quickset, quickset edge.
setuní *m.* ACEITUNÍ.
seudo *adj.* pseudo, false.
seudomembrana *f.* ANAT. pseudomembrane.
seudónimo, ma *adj.* pseudonymous. — 2 *m.* pseudonym, pen name.
seudópodo *m.* ZOOL. pseudopod, pseudopodium.
seudoscopio *m.* OPT. pseudoscope.
severamente *adv.* severely, rigorously, sternly.
severidad *f.* severity, harshness, rigour, strictness, sterness. 2 austerity, severity.
severo, ra *adj.* severe, harsh, rigorous, rigid, strict, stern. 2 severe, grim, austere, grave.
sevicia *f.* excessive cruelty. 2 cruelty, cruel treatment.
Sevilla *f. pr. n.* Seville.
sevillanas *f. pl.* a Sevillian dance and tune.
sexagenario, ria *adj. & n.* sexagenarian.
sexagésima *f.* ECCL. Sexagesima.
sexagesimal *adj.* sexagesimal.
sexagésimo, ma *adj.* sexagesimal, sixtieth.
sexagonal *adj.* HEXAGONAL.
sexcentésimo, ma *adj. & n.* six hundredth.
sexenio *m.* period of six years.
sexo *m.* sex : *el bello* ~, the fair or the gentle sex ; *el* ~ *débil*, the weaker sex ; *el* ~ *feo, el* ~ *fuerte*, the sterner sex, the stronger sex.
sexta *f.* ECCL. sext, sexte. 2 MUS. sixth. 3 sequence of six cards [at piquet]. 4 third quarter of the day [according to the ancient Roman reckoning]. 4 FENC. sixte.
sextante *m.* sextant. 2 sextans [Roman coin].

sextario *m.* sextarius [Roman measure].
sexteto *m.* MUS. sextet.
sextil *adj.* ASTROL. sextile.
sextilla *f.* sextain [stanza of six short lines].
sextillo *m.* MUS. sextolet, sextuplet.
sextina *f.* sestina [poem].
sexto, ta *adj. & n.* sixth. — 2 *m.* sixth command-ment. *3* book of canonical decrees.
sextuplicación *f.* sextuplication.
sextuplicar *tr.* to sextuple, sextuplicate.
séxtuplo, pla *adj.* sextuple, sixfold. — 2 *m.* sextuple.
sexual *adj.* sexual.
sexualidad *f.* sexuality.
1) **si** *m.* MUS. si, B [seventh note of the scale].
2) **si** *conj.* if, whether : *como ~*, as if, as though; *por ~ acaso*, just in case; *~ acaso*, if by chance; *~ bien*, although; *~ no*, otherwise, else; if not, unless; *~ no es más que eso*, if that's all, if that be all. *2* how, to what extent : *tú sabes ~ le quiero*, you know how I love him. *3* when : *¿cómo convencerle, ~ no quiere oír?*, how convince him when he will not listen? *4* It is used at the beginning of certain sentences to denote doubt or desire or to emphasize a statement : *¿~ será él?*, I wonder if it is he; *¡~ alguien me ayudase!*, if only someone would help me!; *¡~ no lo quiero!*, indeed, I don't want it; *¿y ~ fuera verdad?*, suppose that it were true?
1) **sí** *pron.* 3rd person form of ref. pron. for every gender and number (used as object of prepositions) himself, herself, itself, oneself, themselves : *decir para ~*, to say to oneself; *señor de ~.* master of himself, one's own master; *volver en ~*, to regain consciousness, come to; *de por ~*, apart, separately, individually; by oneself, itself, etc.; *de ~*, of himself, herself, itself, oneself, etc.; spontaneously; by nature; *entre ~*, each other, of each other, to each other : *fuera de ~*, beside himself, herself, etc. [with anger, joy, etc.]; *por ~ y ante ~*, of his own accord, ignoring others; *sobre ~*, attentive, on guard, self-possessed; haughty, haughtily.
2) **sí** *adv.* yes, yea, aye : *por ~ o por no*, in any case; *un día ~ y otro no*, every other day. *2* When used for emphasis, it is often rendered by «indeed», «certainly», etc., or an emphatic auxiliary verb : *él no irá, pero yo ~*, he will not go, but I shall; *yo ~ lo sé*, I do know it; *yo ~ lo haría*, I should certainly do it; *~ que lo vi*, I did see him, but I did see him; *~ tal*, indeed, certainly; *¿sí?*, indeed? — 3 *m.* yes, assent, permission : *dar el ~*, to say yes; to accept a marriage proposal.
siamés, sa *adj. & n.* Siamese.
sibarita *adj. & n.* Sybarite. *2* sybarite.
sibarítico, ca *adj.* Sybaritic. *2* sybaritic.
sibaritismo *m.* sybaritism.
siberiano, na *adj. & n.* Siberian.
sibil *m.* cave, cellar.
sibila *f.* sibyl.
sibilante *adj.* sibilant, hissing.
sibilino, na; sibilítico, ca *adj.* sibylline.
sibucao *m.* BOT. sapan tree. *2* sapanwood.
sic *Lat. adv.* sic.
sicalipsis *f.* pornography.
sicalíptico, ca *adj.* pornographic.
sicambro, bra *adj. & n.* Sicambrian. — 2 *m. pl.* Sicambri.
sicamor *m.* CICLAMOR.
sicano, na *adj. & n.* Sicanian.
sicario *m.* sicarian, paid assassin.
sicastenia *f.* PSICASTENIA.
sicigia *f.* ASTR. syzygy.
Sicilia *f. pr. n.* GEOG. Sicily.
siciliano, na *adj. & n.* Sicilian.
siclo *m.* shekel.
sicoanálisis *m.* PSICOANÁLISIS.
sicoanalista *m. & f.* PSICOANALISTA.
sicoanalizar *tr.* PSICOANALIZAR.
sicofanta, sicofante *m.* sycophant.
sicofísica *f.* PSICOFÍSICA.
sicología *f.* PSICOLOGÍA.
sicológico, ca *adj.* PSICOLÓGICO.
sicólogo, ga *m. & f.* PSICÓLOGO.
sicometría *f.* PSICOMETRÍA.
sicométrico, ca *adj.* PSICOMÉTRICO.
sicómoro *m.* sycamore. *2* BOT. sycamore maple.
sicón *m.* ZOOL. sycon.
sicópata *m. & f.* PSICÓPATA.

sicopatía *f.* PSICOPATÍA.
sicopático, ca *adj.* PSICOPÁTICO.
sicosis *pl.* -sis *f.* PSICOSIS.
sicotecnia *f.* PSICOTECNIA.
sicoterapia *f.* PSICOTERAPIA.
sicrómetro *m.* PSICRÓMETRO.
sículo, la *adj. & n.* Sicilian. *2* HIST. Siculian.
sidecar *m.* sidecar.
sideral; sidéreo, a *adj.* sidereal.
siderita *f.* SIDEROSA. *2* BOT. ironwort.
siderografía *f.* siderography.
siderosa *f.* MINER. siderite.
sideróstato *m.* ASTR. siderostat.
siderosis *f.* MED. siderosis.
siderurgia *f.* siderurgy [metallurgy of iron and steel].
siderúrgico, ca *adj.* siderurgical.
sidonio, nia *adj. & n.* Sidonian.
sidra *f.* cider.
siega *f.* reaping, mowing, harvest.
siego, siegue, etc., *irr.* V. SEGAR.
siembra *f.* sowing, seeding. *2* sowing time. *3* sown ground.
siembro, siembre, etc. *irr.* V. SEMBRAR.
siempre *adv.* always, aye, ever, evermore : *de ~*, usual; *de una vez para ~*, once for all; *lo de ~*, the same old story; *para ~*, forever, for-ever and ever, for good, for good and all; *por ~*, forever, for aye, evermore; *~ jamás*, for-ever and ever; *~ que*, whenever; provided; *~ y cuando que*, provided.
siempreviva *f.* BOT. everlasting, immortelle. *2* BOT. *~ mayor*, houseleek. *3* BOT. *~ menor*, white stonecrop.
sien *f.* ANAT. temple.
Siena *f. pr. n.* GEOG. Sienna.
siena *f.* sienna.
sienés, sa *adj. & n.* Sienese, Siennese.
sienita *f.* MINER. syenite, sienite.
siento, sintió, sienta, etc., *irr.* V. SENTIR.
sierpe *f.* serpent, snake. *2* fig. ugly-looking person; fierce or angry person. *3* fig. anything that winds or wriggles. *4* bot. sucker, tiller.
sierpecilla *f.* *dim.* small serpent.
sierra *f.* saw : *~ abrazadera*, two-handed saw, pit saw; *~ circular*, buzz saw, circular saw; *~ con-tinua, de cinta* or *sin fin*, band saw; *~ de bastidor*, bucksaw, frame saw; *~ de cortar me-tales*, hacksaw; *~ de mano*, handsaw; *~ de punta*, compass saw; *~ de trasdós*, backsaw. *2* GEOG. sierra, jagged mountain-chain. *3* (Arg.) short mountain-chain. *4* ICHTH. *sierra* or *pez ~*, sawfish.
Sierra Leona *f. pr. n.* GEOG. Sierra Leone.
sierrecilla *f.* *dim.* small saw.
sierro, sierre, etc., *irr.* V. SERRAR.
siervo, va *m. & f.* serf, slave : *~ de la gleba*, serf, adscript. *2* humble servant, servant : *~ de Dios*, servant of God. *3* coll. poor devil.
sieso *m.* ANAT. rectum.
siesta *f.* hottest part of the day. *2* siesta, afternoon nap, short sleep or rest after lunch : *dormir* or *echar la ~*, to take a siesta, to take a nap after lunch. *3* afternoon music in churches.
siete *adj. & m.* seven. *2* seventh [of the month]. — 3 *m.* seven-spot card. *4* V-shaped tear in garment. *5* dog, clamp [on a carpenter bench]. — 6 *f. pl. las ~*, seven o'clock.
sietecolores *m.* JILGUERO. *2* (Chi.) a small, many-coloured bird.
sietecueros *m.* (Col., Chi., Ec., Hond.) a kind of tumour on the heel. *2* (C. Ri., Cu., Pe.) PANA-DIZO 2.
sieteenrama *f.* BOT. tormentil.
sietemesino, na *adj.* born in seven months [baby]. *2* coll. puny coxcomb.
sieteñal *adj.* seven years old.
sifílide *f.* MED. syphilide.
sífilis *f.* MED. syphilis.
sifilítico, ca *adj. & n.* syphilitic.
sifilografía *f.* syphilography.
sifilográfico, ca *adj.* syphilographic.
sifilógrafo *m.* syphilographer.
sifón *m.* siphon. *2* siphon bottle. *3* siphon water. *4* trap [in a pipe].
sifonógamo, ma *adj. & f.* FANERÓGAMO.
sifosis *f.* kyphosis.
sifué *m.* surcingle.
sigilación *f.* sealing, stamping. *2* concealment, keeping secret.

sigilar *tr.* to seal [stamp with a seal]. 2 to conceal, keep secret, not to disclose or reveal.

sigilo *m.* seal, stamp. 2 concealment, secrecy, reserve : ~ *sacramental*, inviolable secrecy of the confessional.

sigilografía *f.* sigillography.

sigilosamente *adv.* silently, secretly.

sigiloso, sa *adj.* silent, reserved.

sigla *f.* sigla.

siglo *m.* century [hundred years] : *el ~ diecinueve*, the nineteenth century; *hasta la consumación de los siglos*, until the end of time; *por los siglos de los siglos*, forever and ever, world without end. 2 age, epoch, period : ~ *de cobre*, MYTH. bronze age; ~ *de hierro*, MYTH. iron age; ~ *de plata*, MYTH. silver age; ~ *de oro*, ~ *dorado*, MYTH., LIT. golden age; *siglos medios*, HIST. Middle Ages. 3 fig. ages [long time]. 4 world [worldly intercourse or matters].

sigma *f.* sigma [Greek letter].

sigmoideo, a *adj.* sigmoid.

signáculo *m.* seal, signet.

signar *tr.* to sign [mark with a sign; write one's name as signature]. 2 to cross [make the sign of the cross upon or over]. — 3 *ref.* to cross oneself.

signatario, ria *adj. & n.* signatory.

signatura *f.* sign, mark. 2 PRINT. signature. 3 library number [on a book]. 4 (cap.) ECCL. Apostolic Signature.

signífero, ra *adj.* poet. carrying a sign.

significación *f.* signification [act of signifying]. 2 signification, meaning, sense, implication, import. 3 significance.

significado, da *adj.* important, well-known, prominent. — 2 *m.* signification, meaning, sense [of a word or phrase].

significador, ra *adj.* signifying. — 2 *m. & f.* signifier.

significante *adj.* signifying, significant.

significar *tr.* to signify [be a sign or indication of]. 2 to signify, mean. 3 to signify, make known. — 4 *intr.* to signify, matter, be of importance.

significativamente *adv.* significantly.

significativo, va *adj.* significative, significant.

signifiqué, signifique, etc., *pret., subj. & imper.* of SIGNIFICAR.

signo *m.* sign [thing used as representation or serving as indication of something], mark, symbol, character : ~ *fonético*, phonetic symbol. 2 scroll or flourish [in a notary's signature]. 3 MUS. sign, character. 4 MATH. sign : ~ *más*, ~ *positivo*, plus sign, positive sign; ~ *menos*, ~ *negativo*, minus sign, negative sign. 5 GRAM. mark : ~ *de admiración*, exclamation mark. 6 ECCL. sign of the cross, benediction. 7 ASTROL. influence. 8 ASTR. ~ *del Zodiaco*, sign of the zodiac.

sigo, sigue, siga etc., *irr.* V. SEGUIR.

siguiente *adj.* following, next.

siguiera, siguiese, etc., *irr.* V. SEGUIR.

siguió *irr.* V. SEGUIR.

sijú, *pl.* **-júes** *m.* ORN. Antillean gnome owl.

sil *m.* yellow ocher.

Sila *m. pr. n.* HIST. Sulla.

sílaba *f.* syllable.

silabar *intr.* SILABEAR.

silabario *m.* reader [book to teach reading].

silabear *intr.* to syllabicate, syllabify, syllabize.

silabeo *m.* syllabication, syllabification.

silábico, ca *adj.* syllabic.

sílabo *m.* syllabus, list, index.

silanga *f.* (P. I.) narrow strait.

silba *f.* hiss, hissing [of disapproval].

silbador, ra *adj.* whistling; hissing. — 2 *m. & f.* whistler; hisser.

silbante *adj.* whistling.

silbar *intr.* to whistle. 2 [of a steam whistle] to hoot. 3 to hiss. 4 [of a bullet] to whiz. — 5 *tr.* to whistle [a tune]. 6 to hiss, catcall [an actor, play, etc.].

silbato *m.* whistle [instrument].

silbido *m.* SILBO. 2 ~ *de oídos*, ringing in the ears.

silbo *m.* whistle [whistling sound]. 2 hissing [of a snake, etc.]. 3 hoot, hooting [of a steam whistle]. 4 whiz [of a bullet].

silbón *m.* ORN. a kind of hissing widgeon.

silboso, sa *adj.* whistling, hissing.

silenciador *m.* silencer [device for firearms, etc.].

silenciar *tr.* to omit, keep silent about.

silenciario, ria *adj.* observing continual silence. — 2 *m.* official with duty of commanding silence.

silenciero, ra *adj.* having the duty of commanding silence.

silencio *m.* silence : *entregar una cosa al ~*, to forget, not to mention again; *guardar ~*, to keep silence, to keep quiet; *imponer ~*, to command silence; *pasar en ~*, to omit, not to mention; *en ~*, in silence. 2 stillness, quiet. 3 taciturnity. 4 MUS. rest.

silenciosamente *adv.* silently, noiselessly.

silencioso, sa *adj.* silent. 2 taciturn. 3 noiseless, still, quiet.

Sileno *m. pr. n.* MYT. Silenus.

silente *adj.* silent, still, quiet.

silepsis *f.* RHET. syllepsis.

silería *f.* group of silos.

silero *m.* silo.

silesiano, na; silesio, sia *adj. & n.* Silesian.

sílex *m.* MINER. silex.

sílfide *f.* MYTH. sylph. 2 fig. sylph [slender graceful woman].

silfo *m.* MYTH. sylph.

silguero *m.* JILGUERO.

silicato *m.* CHEM. silicate.

sílice *f.* CHEM. silica.

silíceo, a *adj.* siliceous.

silícico, ca *adj.* silicic.

silicio *m.* CHEM. silicon.

silicua *f.* BOT. siliqua, silique. 2 siliqua [carat weight].

silícula *f.* BOT. silicle, silicula.

silo *m.* AGR. silo. 2 fig. cavern, dark place.

silogismo *m.* LOG. syllogism.

silogístico, ca *adj.* syllogistic, syllogistical.

silogizar *intr.* to syllogize, argue.

silueta *f.* silhouette.

siluriano, na; silúrico, ca *adj.* GEOL. Silurian.

siluro *m.* ICHTH. catfish, sheatfish. 2 self-propelling torpedo.

silva *f.* miscellany. 2 a forma of poem.

Silvano *m.* MYTH. Sylvan, Sylvanus.

silvático, ca *adj.* SELVÁTICO.

Silvestre *m. pr. n.* Silvester, Sylvester.

silvestre *adj.* wild [plant, animal]. 2 uncultivated, rustic.

silvicultor, ra *m. & f.* forester, silviculturist.

silvicultura *f.* forestry, silviculture.

silvoso, sa *adj.* SELVOSO.

silla *f.* chair [seat for one] : ~ *curul*, curule chair, ~ *de cubierta*, deck chair; ~ *de la reina*, seat made by two people crossing hands and grasping wrists; ~ *de manos*, sedan chair; ~ *de rejilla*, cane-bottomed chair; ~ *de tijera*, camp chair, folding chair; ~ *eléctrica*, electric chair; ~ *gestatoria*, gestatorial chair; ~ *giratoria*, swivel chair; ~ *poltrona*, easy chair. 2 ECCL. see. 3 *silla* or ~ *de montar*, saddle. 4 ~ *de posta*, post chaise. 5 ~ *volante*, light gig. 6 ANAT. ~ *turca*, turkish saddle, sella turcica.

sillar *m.* ashlar [stone]. 2 place for the saddle on the back of a horse.

sillarejo *m. dim.* small ashlar.

sillera *f.* place for storing sedan chairs. 2 woman in charge of chairs in a church. 3 woman maker or seller of chairs.

sillería *f.* set of chairs. 2 stalls [in a choir]. 3 shop where chairs are made or sold. 4 chair-making, chair business. 5 ARCH. ashlar, ashlar masonry.

sillero *m.* maker or seller of chairs.

silleta *f. dim.* small chair. 2 bedpan. 3 stone on which chocolate is ground.

silletazo *m.* blow with a chair.

silletero *m.* carrier of a sedan chair. 2 (Am.) SILLERO.

sillico *m.* chamber pot; basin of a close-stool.

sillín *m.* light riding saddle. 2 harness saddle. 3 saddle [of a bicycle, motorcycle, etc.].

sillita *f. dim.* small chair.

sillón *m. aug.* armchair, easy chair : ~ *de ruedas*, wheel chair. 2 a kind of saddle on which women can sit as if it where on an ordinary chair.

sima *f.* cave, abyss, chasm.

simbiosis *f.* BIOL. symbiosis.

simbiótico, ca *adj.* symbiotic.

simbólicamente *adv.* symbolically.

simbolicé, simbolice, etc., *pret., subj. & imper.* of SIMBOLIZAR.

simbólico, ca *adj.* symbolical.

simbolismo *m.* symbolism.

simbolista *adj.* symbolistic. — 2 *m. & f.* symbolist.

simbolización *f.* symbolization.
simbolizar *tr.* to symbolize, symbol, tipify, stand for.
simbolo *m.* symbol. 2 ⌣ *de la fe* or *de los Apóstoles,* Apostles' Creed.
simetría *f.* symmetry.
simétricamente *adv.* symmetrically.
simétrico, ca *adj.* symmetric, symmetrical.
simia *f.* ZOOL. female ape.
símico, ca *adj.* simian.
simiente *f.* seed. 2 semen, sperm : *carnero de* ⌣, ram ; *puerco de* ⌣, uncastrated male hog. 3 BOT. ⌣ *de papagayos,* bastard saffron.
simiesco, ca *adj.* simian, apelike, apish.
simil *adj.* similar. — *2 m.* simile, comparison.
similar *adj.* similar, like.
similitud *f.* similitude, similarity.
similitudinario, ria *adj.* similar.
similor *m.* alloy of copper and zinc, resembling gold in colour : *de* ⌣, fig. sham, tinsel.
simio *m.* ZOOL. simian, ape.
simón *m.* hack, cab ; hackman [in Madrid].
simonía *f.* simony.
simoníacamente *adv.* simoniacally.
simoníaco, ca; simoniático, ca *adj.* simoniac, simoniacal. — *2 m. & f.* simoniac.
simpa *f.* (Arg., Pe.) TRENZA.
simpatía *f.* sympathy, congeniality, fellow feeling, liking, favour. 2 winsomeness. 3 PHYSIOL. sympathy.
simpáticamente *adv.* pleasantly, nicely, winsomely.
simpaticé, simpatice, etc., *pret., subj. & imper.* of SIMPATIZAR.
simpático, ca *adj.* pleasant, nice, likable, winsome ; agreeable, congenial : *este hombre me es* ⌣, I like this man. 2 ANAT., PHYSIOL., PHYS., MUS. sympathetic. 3 sympathetic [ink]. — *4 m.* ANAT. *gran* ⌣, sympathetic, sympathetic nervous system.
simpatizante *adj.* favouring, supporting. — *2 m. & f.* sympathizer, supporter.
simpatizar *intr.* to be congenial, to feel a mutual liking, to get on well together. 2 ⌣ *con,* to like, to get on well with ; to sympathize with, to favour [a party, idea, etc.].
simple *adj.* simple [not compound, not divided into parts, not analysable, not complicated or difficult]. 2 MAT., GRAM., BOT., ZOOL. simple. 3 simple, mere. 4 single [not double or multiple]. 5 insipid, tasteless. 6 simple, artless, ingenuous. 7 simple, foolish. — *8 m. & f.* simpleton. — *9 m.* PHARM. simple.
simplemente *adv.* simply. 2 absolutely. 3 foolishly.
simpleza *f.* silliness, foolishness. 2 silly thing.
simplicidad *f.* simplicity.
simplicísimo, ma *adj. superl.* extremely simple.
simplificación *f.* simplification.
simplificar *tr.* to simplify.
simplifiqué, simplifique, etc., *pret., subj. & imper.* of SIMPLIFICAR.
simplismo *m.* simplism.
simplista *adj.* simplistic. — *2 m. & f.* simplist.
simplón, na *adj.* very simple or foolish. — *2 m. & f.* simpleton.
simulación *f.* simulation, feigning.
simulacro *m.* simulacrum. 2 MIL. sham battle.
simuladamente *adv.* simulatively, feigningly.
simulado, da *adj.* simulate, simulated, imitated, feigned, pretended, sham.
simulador, ra *adj.* simulating, simulative. — *2 m. & f.* simulator.
simular *tr.* to simulate, imitate, feign, pretend, sham.
simultáneamente *adv.* simultaneously.
simultanear *tr.* to accomplish or carry out simultaneously. 2 EDUC. to take [courses of successive years] at the same time.
simultaneidad *f.* simultaneity.
simultáneo, a *adj.* simultaneous.
simún *m.* simoom [wind].
sin *prep.* without [not with ; with no, not having or using, lacking ; exempt or free from ; in absence of the act of] : *estar* ⌣ *dinero,* to be without money ; *lo hizo* ⌣ *dificultad,* he did it without difficulty ; *salió* ⌣ *que yo le viese,* he went out without my seeing him. 2 besides, without counting : *me costó cuarenta mil pesetas,* ⌣ *los impuestos,* it cost me forty thousand pesetas, without counting the taxes. 3 ⌣ *embargo,* notwithstanding, nevertheless, however.

sinagoga *f.* synagogue.
sinalagmático, ca *adj.* LAW synalagmatic, bilateral.
sinalefa *f.* GRAM. synalepha.
sinapismo *m.* sinapism, mustard plaster. 2 fig nuisance, bore.
sinartrosis, *pl.* -**sis** *f.* ANAT. synarthrosis.
sincárpico, ca *adj.* BOT. syncarpous.
sincerador, ra *adj.* exculpating, excusing. — *2 m. & f.* exculpator, excuser.
sinceramente *adv.* sincerely.
sincerar *tr.* to exculpate, excuse, justify. — *2 ref.* to exculpate, excuse or justify oneself.
sinceridad *f.* sincerity.
sincero, ra *adj.* sincere.
sinclinal *adj.* GEOL. synclinal. — *2 m.* GEOL. syncline.
síncopa *f.* GRAM., MUS. syncope, syncopation.
sincopadamente *adv.* with syncope or syncopation.
sincopado, da *adj.* syncopated.
sincopal *adj.* MED. syncopal.
sincopar *tr.* GRAM., MUS. to syncopate. 2 to abridge.
síncope *f.* MED. syncope. 2 SÍNCOPA.
sincopicé, sincopice, etc., *pret., subj. & imper.* of SINCOPIZAR.
sincopizar *tr.* MED. to cause a syncope. — *2 ref.* MED. to faint, swoon.
sincretismo *m.* syncretism.
sincronicé, sincronice, etc., *pret., subj. & imper.* of SINCRONIZAR.
sincrónico, ca *adj.* synchronous.
sincronismo *m.* synchronism.
sincronización *f.* synchronization.
sincronizador, ra *adj.* synchronizing. — *2 m.* synchronizer.
sincronizar *tr.* to synchronize. — *2 intr.* RADIO ⌣ *con,* to tune in.
sindéresis *f.* discretion, good judgment.
sindicación *f.* syndication.
sindicado *m.* syndicate [body of syndics].
sindical *adj.* syndical. 2 syndicalistic.
sindicalismo *m.* syndicalism ; unionism.
sindicalista *adj. & n.* syndicalist ; union, unionist.
sindicar *tr.* to accuse, denounce. 2 to syndicate. — *3 ref.* to syndicate [unite to form a syndicate]. 4 to unite to form a trade union.
sindicato *m.* syndicate [association]. 2 trade union, labor union.
sindicatura *f.* office of a syndic.
síndico *m.* syndic. 2 LAW liquidator or receiver [in a bankruptcy].
sindiqué, sindique, etc., *pret., subj. & imper.* of SINDICAR.
síndrome *m.* MED. syndrome.
sinécdoque *f.* RHET. synecdoche.
sinecura *f.* sinecure.
sinedrio *m.* SANEDRÍN.
sinéresis *f.* GRAM. syneresis.
sinergia *f.* PHYSIOL. synergy.
sinfín *m.* no end, endless number, endless amount.
sínfisis *f.* ANAT., ZOOL. symphysis.
sínfito *m.* CONSUELDA.
sinfonía *f.* symphony.
sinfónico, ca *adj.* symphonic.
sinfonista *m. & f.* symphonist.
singa *f.* NAUT. sculling.
singar *intr.* NAUT. to scull over the stern.
singenésico, ca *adj.* BOT. syngenesious.
singladura *f.* NAUT. a day's run. 2 NAUT. day [from noon to noon].
singlar *intr.* NAUT. to sail over a course.
single *adj.* NAUT. single.
singlón *m.* GENOL.
singular *adj.* singular, unique. 2 singular, unusual, extraordinary. 3 GRAM. singular. 4 *en* ⌣, in particular.
singularicé, singularice, etc., *pret., subj. & imper.* of SINGULARIZAR.
singularidad *f.* singularity. 2 peculiarity. 3 oddity.
singularización *f.* singularization. 2 singling out.
singularizar *tr.* to singularize, distinguish, particularize, single out. 2 GRAM. to use in the singular [a word which is regularly in the plural]. — *3 ref.* to distinguish oneself, to make oneself conspicuous.
singularmente *adv.* singularly.
singulto *m.* sob. 2 hiccough, singultus.
sinhueso *f.* coll. *la* ⌣, the tongue.
sínico, ca *adj.* Sinic, Sinitic.
siniestra *f.* left hand.

SYNTAX / SINTAXIS

Sentence construction in Spanish is very free. As a general rule its elements, with the exception of object pronouns (see *PERSONAL PRONOUNS), may be placed in any order.

Examples:

César venció a Pompeyo.
César a Pompeyo venció.
Venció César a Pompeyo.
Venció a Pompeyo César.
A Pompeyo venció César.
A Pompeyo César venció.

Pedro llegará a las tres.
Pedro a las tres llegará.
Llegará a las tres Pedro.
A las tres llegará Pedro.
A las tres Pedro llegará.

Busco a mi madre.
A mi madre busco.

Traigo un regalo para ti.
Traigo para ti un regalo.
Un regalo traigo para ti.
Un regalo para ti traigo.
Para ti traigo un regalo.
Para ti un regalo traigo.

Malo es eso.
Eso es malo.
Es malo eso.

The use of any one of these constructions is a matter of style or of psychological or emotional intent. Nevertheless, the placement of the verb at the end of the sentence is considered affected, even though it is grammatically correct. It is rarely used in writing and not used at all in conversation.

Special cases

There are some cases in which the subject must be placed after the verb. The more important ones are:

* In some interrogative sentences. (See *INTERROGATION.)

* In exclamatory sentences beginning with **qué, cuál, cuán, cuánto**: ¡Qué alegría tendrá **Juan**! ¡Cuál sería su sorpresa! ¡Cuán rápidamente caminan **las malas nuevas**! ¡Cuánto lo sentirá **su madre**!

* After **cualquiera que** and **quienquiera que**, used with the verb **ser**, and after **por...que** and **por muy...que**, when the intervening word is an attribute: Cualquiera que fuese **su estado**. Quienquiera que fuese **el autor de esta carta**. Por muy hábil que sea **tu hermano**.

* In parenthetic sentences using the verbs **decir, preguntar, responder, exclamar**, etc.: Nadie — dijo **Juan** — lo creería.

* In sentences expressing a wish or desire, a condition, or a supposition: ¡Viva **la Reina**! ¡Muera **el tirano**! Si se presenta **la ocasión**. Si lo quiere **usted** así.

* In sentences beginning with the adverbs or phrases **cuando, apenas, en cuanto**, etc.: Cuando llegue **tu padre**. Apenas lo oyó **Juan**. En cuanto estemos **todos** reunidos.

* In imperative sentences having **usted** as a subject or having a subject that is to be emphasized: Oiga **usted**. Ven **tú** si no viene él.

---

siniestrado, da *adj.* that has undergone damage or loss [from wreck, fire, etc.].

siniestramente *adv.* sinisterly.

siniestro, tra *adj.* left, left-hand. 2 HER. sinister. 3 sinister, evil, wicked. 4 sinister, unauspicious, unhappy. — 5 *m.* disaster, casualty, calamity, wreck. 6 COM. damage or loss [from wreck, fire, etc.]. 7 evil disposition or habit.

sinistrorso, sa *adj.* BOT. sinistrorse.

sinnúmero *m.* no end, great number : *un ~ de*, no end of, numberless, a great many.

1) **sino** *m.* fate, destiny.

2) **sino** *conj.* but; *no fue él, ~ yo,* it was not he, but I; *nadie ~ él,* none but him. 2 solely, only : *no pido ~ que me oigan,* I only ask to be heard ; *no tenía ~ un par de guantes,* he had only a pair of gloves. 3 *no sólo... ~ (también),* not only... but (also)

sinoble *adj.* SINOPLE.

sinocal; sínoco, ca *adj.* MED. synochal.

sinodal *adj.* ECCL. synodal.

sinódico, ca *adj.* ECCL. synodal. 2 ASTR. synodic, synodical.

sinodo *m.* ECCL., ASTR. synod.

sinología *f.* sinology.

sinólogo, ga *m.* & *f.* sinologist, sinologue.

sinonimia *f.* synonymity, synonymy. 2 RHET. synonymy.

sinónimo, ma *adj.* synonymous. — 2 *m.* synonym.

sinople *adj.* HER. sinople.

sinopsis, *pl.* **-sis** *f.* synopsis.

sinóptico, ca *adj.* synoptic.

sinovia *f.* ANAT. synovia.

sinovial *adj.* synovial.

sinovitis *f.* MED. synovitis.

sinrazón *f.* wrong, injustice. 2 unreason, unreasonable act.

sinsabor *m.* insipidity, insipidness, tastelessness. 2 displeasure, worry, trouble, sorrow.

sinsonte *m.* ORN. mockingbird.

sinsubstancia *f.* coll. frivolous person.

sintáctico, ca *adj.* syntactic.

sintaxis *f.* GRAM. syntax.

síntesis, *pl.* **-sis** *f.* synthesis.

sintéticamente *adv.* synthetically.

sinteticé, sintetice, etc., *pret., subj. & imper.* of SINTETIZAR.

sintético, ca *adj.* synthetic, synthetical.

sintetizar *tr.* to synthesize, synthetize. 2 to sum up.

sintoísmo *m.* Shinto, Shintoism.

sintoísta *adj.* Shintoistic. — 2 *m.* & *n.* Shintoist.

síntoma *m.* symptom.

sintomáticamente *adv.* symptomatically.

sintomático, ca *adj.* symptomatic.

sintomatología *f.* MED. symptomatology.

sintonía *f.* ELECT., RADIO. syntony, tune, tuning.

sintonicé, sintonice, etc., *pret., subj., & imper.* of SINTONIZAR.

sintónico, ca *adj.* ELECT. syntonic, syntonical.

sintonismo *m.* SINTONÍA.

sintonización *f.* ELECT., RADIO. sintonization, tuning.

sintonizador, ra *adj.* ELECT., RADIO. syntonizing, tuning. — 2 *m.* syntonizer, tuner.

sintonizar *tr. & intr.* ELECT., RADIO. to syntonize, tune : *~ con,* to tune in.

sinuosidad *f.* sinuosity.
sinuoso, sa *adj.* sinuous.
sinusitis *f.* MED. sinusitis.
sinusoide *adj.* sinusoidal. — *2 f.* GEOM. sinusoid.
sinvergüencería *f.* brazenness, shamelessness.
sinvergüenza *adj.* brazen, barefaced. — *2 m. & f.* shameless person, rascal, scoundrel.
sinvergüenzada *f.* (Col.) base action, dirty trick.
sionismo *m.* Zionism.
sionista *adj. & n.* Zionist.
sipedón *m.* ESLIZÓN.
siquiatría *f.* PSIQUIATRÍA.
siquiatriátrico, ca *adj.* PSIQUIÁTRICO.
síquico, ca *adj.* PSÍQUICO.
siquier, siquiera *conj. & adv.* although, though, even if : *hágame este favor, ~ sea el último,* do me this favour, although it be the last. *2* even, so much as : *ni ~,* not even, not so much as. *3* at least : *déle dos pesetas ~,* at least give him two pesetas. *4* ever : *un poquito ~,* ever so little. *5* whether... or : *~ venga, ~ no venga,* whether he comes or not.
Siracusa *f. pr. n.* GEOG. Syracuse.
siracusano, na *adj.* Syracusan.
sirena *f.* MYTH. siren. *2* MYTH. mermaid. *3* siren [instrument] ; foghorn.
sirenio, nia *adj. & n.* ZOOL. sirenian. — *2 m. pl.* ZOOL. Sirenia.
sirga *f.* towrope, towline [for tracking a boat from the bank] : *a la ~,* tracking from the bank. *2* line for hauling nets.
sirgadura *f.* trackage [of boats].
sirgar *tr.* to track [a boat from the bank].
sirgo *m.* twisted silk. *2* stuff made with twisted silk.
sirguero *m.* JILGUERO.
Siria *f. pr. n.* GEOG. Syria.
siríaco, ca *adj. & n.* Syrian.
siringa *f.* MUS. syrinx. *2* BOT. seringa, rubber tree.
siringe *f.* syrinx [vocal organ of birds].
Sirio *m. pr. n.* ASTR. Sirius.
sirio, ria *adj. & n.* SIRÍACO.
sirle *f.* sheep's dung.
siroco *m.* sirocco [wind].
sirria *f.* SIRLE.
sirte *f.* NAUT. shoal, submerged sand bank.
sirventés *m.* sirvente [Provençal moral lay].
sirviendo *ger.* of SERVIR.
sirvienta *f.* female servant, servant girl, maid.
sirviente *adj.* serving. *2* LAW servient. — *3 m.* domestic, manservant.
sirvo, sirvió, sirva, sirviera, sirviese, etc., *irr.* V. SERVIR.
sisa *f.* SEW. dart ; armscye. *2* petty theft. *3* formerly, a kind of excise tax. *4* size [used by gilders].
sisador, ra *adj.* thieving, pilfering. — *2 m. & f.* pilfering servant.
sisallo *m.* BOT. saltwort.
sisar *tr.* to pilfer, filch. *2* to cut darts or armscyes in a garment. *3* to size [for gilding].
sisear *intr.* to hiss [to express disapproval]. — *2 tr.* to hiss [an actor, speaker, etc.].
siseo *m.* hiss, hissing [expression of disapproval].
sisimbrio *m.* JARAMAGO.
sísmico, ca *adj.* seismic.
sismo *m.* TERREMOTO.
sismografía *f.* seismography.
sismógrafo *m.* seismograph.
sismología *f.* seismology.
sismológico, ca *adj.* seismological.
sismómetro *m.* seismometer.
sisón, na *adj.* pilfering, filchering. — *2 m. & f.* pilferer, filcher. — *3 m.* ORN. little bustard.
sistema *m.* system : *~ cegesimal,* C. G. S. system [of units]. *2* coll. method, way.
sistemáticamente *adv.* systematically.
sistematice, sistematice, etc., *pret., subj. & imper.* of SISTEMATIZAR.
sistemático, ca *adj.* systematic ; methodical.
sistematización *f.* systematization.
sistematizar *tr.* to systematize.
sistilo *m.* ARCH. systyle.
sístole *f.* PROS., PHYSIOL. systole.
sistro *m.* MUS. sistrum.
sitacismo *m.* PSITACISMO.
sitacosis *f.* PSITACOSIS.
sitiador, ra *adj.* besieging, beleaguering, investing. — *2 m. & f.* besieger, beleaguerer.
sitial *m.* chair [seat of honour, authority, etc.].

sitiar *tr.* to besiege, beleaguer, invest, lay siege to. *2* to surround, hem in.
sitibundo, da *adj.* poet. thirsty.
sitiero *m.* (Cu.) farmer.
sitio *m.* place, spot : *dejar en el ~,* fig. to kill one outright ; *quedar en el ~,* to die on the spot. *2* place, seat, room [space] : *hacer ~,* to make room. *3* location, site. *4* stand, station. *5* country house, country seat, villa. *6* (Cu.) farm. *7* MIL. siege : *levantar el ~,* to raise the siege ; *poner ~ a,* to lay siege to.
sito, ta *adj.* situated, lying, located.
situación *f.* placing. *2* situation, location, position. *3* situation [set of circumstances, position in which one finds oneself]. *4* position [to do, state, etc.] : *no estoy en ~ de hacerlo,* I am not in a position to do it. *5* ~ activa, active service position or office ; *~ pasiva,* status of a military man, civil servant, etc., when he is retired, pensioned, etc.
situado, da *p. p.* of SITUAR. — *2 adj.* situate, situated ; located, placed.
situar *tr.* to situate, locate, place, put. *2* COM. to place [funds]. — *3 ref.* to take one's stand ; to place or station oneself.
sixtino, na *adj.* Sistine.
smoking *m.* dinner jacket, *tuxedo.
so *prep.* under : *~ capa de, ~ color de,* under colour of, under pretence of ; *~ pena de,* under penalty of. — *2 m.* emphatic word used with depreciatory adjectives : *so marrano,* you, dirty fellow.
¡so! *interj.* whoa ! [to horses].
soasar *tr.* COOK. to half roast, roast lightly.
soata *f.* (Ven.) a kind of squash.
soba *f.* kneading. *2* pawing [a person]. *3* beating, drubbing. *4* annoying.
sobacal *adj.* axillary.
sobaco *m.* armpit, axilla. *2* BOT. axil. *3* ARCH. spandrel.
sobadero *m.* place for beating leather.
sobado, da *p. p.* of SOBAR. — *2 m.* SOBA.
sobajadura *f.,* sobajamiento *m.* crumpling, rumpling.
sobajar *tr.* to paw, crumple, rumple.
sobanda *f.* lower curve of a cask or barrel.
sobaquera *f.* shield [for the armpit in a garment].
sobaquina *f.* sweat from the armpit.
sobar *tr.* to knead, rub, soften. *2* to paw [a person]. *3* to beat, drub. *4* to vex, annoy.
sobarba *f.* noseband. *2* double chin.
sobarbada *f.* SOFRENADA. *2* scolding.
sobarcar *tr.* to take or carry under the arm. *2* to draw [clothing] up to the armpits.
sobarqué, sobarque, etc., *pret., subj. & imper.* of SOBARCAR.
sobeo *m.* thong for tying the yoke to the pole.
soberanamente *adv.* sovereignly, with authority. *2* highly, exceedingly, most.
soberanear *intr.* to lord it, domineer.
soberanía *f.* sovereignty. *2* rule, sway. *3* supremacy. *4* haughtiness.
soberano, na *adj.* sovereign. *2* high, supreme, superior, pre-eminent. *3* coll. very good, great. — *4 m. & f.* sovereign [supreme ruler]. — *5* sovereign [English coin].
soberbia *f.* arrogance, haughtiness, excessive pride. *2* magnificence, sumptuousness.
soberbiamente *adv.* arrogantly, haughtily. *2* superbly.
soberbio, bia *adj.* arrogant, haughty, overproud. *2* superb. *3* grand, lofty, magnificent. *4* fiery [horse].
soberbiosamente *adv.* SOBERBIAMENTE.
soberbioso, sa *adj.* SOBERBIO.
sobina *f.* wooden pin, peg.
sobón, na *adj.* given to excessive fondling and caressing. *2* malingering, workdodging.
sobordo *m.* NAUT. checking of the freight list.
sobornación *f.* SOBORNO.
sobornador, ra *adj.* suborning, bribing. — *2 m. & f.* suborner, briber.
sobornal *m.* overload.
sobornar *tr.* to suborn, bribe.
soborno *m.* subornation, bribery. *2* bribe. (Arg., Bol., Chi.) SOBORNAL.
sobra *f.* excess surplus : *de ~,* more than enough, in excess, ample ; superfluous, unnecessary ; too well : *estar de ~,* to be one too many ; to be

superfluous or unnecessary. 2 injury, outrage. 3 *pl.* leavings, leftovers.

sobradamente *adv.* more than enough, in excess, too, too well.

sobradar *tr.* to build a garret to.

sobradillo *m.* ARCH. penthouse [sloping roof over a door or window].

1) **sobrado** *m.* attic, garret. — 2 *adv.* SOBRADAMENTE.

2) **sobrado, da** *p. p.* of SOBRAR. — 2 *adj.* excessive, more than enough. 3 bold and licentious. 4 rich, wealthy.

sobrancero, ra *adj.* disengaged, unemployed.

sobrante *adj.* remaining, leftover, surplus. — 2 *m.* leftover, surplus.

sobrar *intr.* to be in excess, be more than enough or more than is necessary, be over and above : *sobrarle a uno [una cosa],* to have in excess, have more than enough, have to spare. 2 to be superfluous or unnecessary ; to be intrusive, be in the way. 3 to remain, be left over.

sobrasada *f.* a kind of sausage from the island of Majorca.

sobrasar *tr.* to add fire under [a pot].

sobre *prep.* on, upon : ~ *la mesa,* on the table ; *basado* ~ *un hecho,* based on a fact ; *un impuesto* ~ *la gasolina,* a tax on the petrol ; *saltó* ~ *su caballo,* he leaped upon his horse. 2 over, above : ~ *nuestras cabezas,* over our heads ; ~ *todo,* above all. 3 about, concerning : *escribir* ~ *un tema,* to write about a subject. 4 about [approximately] : ~ *mil pesetas,* about one thousand pesetas. 5 to, toward. 6 in addition to. 7 on, near : *una población situada* ~ *el río,* a town situated on the river. 8 after : ~ *comida,* after dinner. 9 COM. on : *girar* ~, to draw on. 10 COM. above : ~ *la par,* above par. 11 ~ *manera,* beyond measure, exceedingly. 12 ~ *poco más o menos,* just about, more or less. 13 ~ *sí,* attentive, on guard, self-possessed; haughty, haughtily.

14 *m.* envelope [for letters] : ~ *monedero,* coin container [for mailing coins]. 2 address, superscription.

sobreabundancia *f.* superabundance.

sobreabundante *adj.* superabundant.

sobreabundantemente *adv.* superabundantly.

sobreabundar *intr.* to superabound.

sobreaguar *intr.* to float on water.

sobreagudo, da *adj.* MUS. superacute, treble, high-pitched.

sobrealiento *m.* hard breathing.

sobrealimentación *f.* overfeeding, superalimentation.

sobrealimentar *tr.* to overfeed.

sobrealzar *tr.* to raise, to raise excessively.

sobreañadir *tr.* to superadd, superinduce.

sobreañal *adj.* over a year old [animal].

sobrearco *m.* ARCH. discharging arch, relieving arch.

sobreasada *f.* SOBRASADA.

sobreasar *tr.* COOK. to roast again.

sobrebarato, ta *adj.* very cheap, extra-cheap.

sobrebarrer *tr.* to sweep lightly.

sobrebota *f.* (C. Am.) legging.

sobrecaja *f.* outer case.

sobrecalza *f.* legging.

sobrecama *f.* coverlet, bedspread.

sobrecaña *f.* VET. bony tumour on a horse's leg.

sobrecarga *f.* overload, extra load, overburden. 2 additional trouble or vexation. 3 packing rope or strap. 4 surcharge [on a postage stamp].

sobrecargado, da *adj.* overloaded. 2 surcharged [postage stamp].

sobrecargar *tr.* to overload, overburden, overcharge. 2 to surcharge [a postage stamp]. 3 SEW. to fell.

sobrecargo *m.* NAUT. purser, supercargo.

sobrecargué, sobrecargue, etc., *pret., subj. & imper.* of SOBRECARGAR.

sobrecarta *f.* envelope [for a letter].

sobreceja *f.* part of the forehead over the eyebrows.

sobrecejo *m.* frown 2 threatening or forbidding aspect.

sobrecenar *intr.* to have a second supper. — 2 *tr.* to have as a second supper.

sobreceño *m.* frown.

sobrecerco *m.* reinforcing hoop, ring or frame.

sobrecerrado, da *adj.* well closed.

sobrecielo *m.* canopy.

sobrecincha *f.,* **sobrecincho** *m.* surcingle.

sobreclaustra *f.,* **sobreclaustro** *m.* apartment or room over a cloister.

sobrecoger *tr.* to surprise, take unawares. — 2 *ref.* to be surprised, to be struck with awe, dread, terror, etc.

sobrecogimiento *m.* surprise, awe, fear, apprehension.

sobrecojo, sobrecoja, etc., *pres., subj. & imper.* of SOBRECOGER.

sobrecomida *f.* dessert.

sobrecopa *f.* cover or lid of a goblet or cup.

sobrecoser *tr.* SEW. to whip, to fell.

sobrecostura *f.* SEW. whipstitch, fell.

sobrecrecer *intr.* to grow too much. ¶ CONJUG. like *agradecer.*

sobrecrezco, sobrecrezco, etc., *irr.* V. SOBRECRECER.

sobrecubierta *f.* double cover or wrapping. 2 jacket [of a book].

sobrecuello *m.* top collar. 2 stock [kind of cravat].

sobredicho, cha *adj.* above-mentioned, aforesaid.

sobrediente *m.* snaggletooth.

sobredorar *tr.* to gold-plate [a metal]. 2 fig. to gloss over.

sobreedificar *tr.* to build on or over [an existing building].

sobreempeine *m.* part of a legging covering the instep.

sobreentender *tr.* SOBRENTENDER.

sobreesdrújulo, la *adj.* SOBRESDRÚJULO.

sobreexcitación *f.* overexcitement, overexcitation.

sobreexcitar *tr.* to overexcite.

sobrefalda *f.* overskirt.

sobrefaz, *pl.* **-faces** *f.* surface, outside.

sobreflor *f.* flower growing within another.

sobrefrenada *f.* SOFRENADA.

sobrefusión *f.* PHYS., CHEM. superfusion, super-cooling.

sobreguarda *m.* head guard. 2 second guard.

sobrehaz, *pl.* **-haces** *f.* surface, outside. 2 cover. 3 superficial appearance.

sobrehilado *m.* SEW. overcast, overcasting.

sobrehilar *tr.* SEW. to overcast.

sobrehueso *m.* hard tumour on a bone. 2 VET. splint. 3 fig. annoyance, encumbrance, trouble.

sobrehumano, na *adj.* superhuman.

sobrejalma *f.* blanket put over a packsaddle.

sobrejuanete *m.* NAUT. royal [sail].

sobrelecho *m.* MAS. under bed [of a stone in position].

sobrellave *f.* double key [of a door].

sobrellenar *tr.* to fill up, fill full.

sobrelleno, na *adj.* well filled, filled full.

sobrellevar *tr.* to ease [another's burden], to aid another to bear [his burden]. 2 to bear, endure, or suffer with patience. 3 to overlook, be lenient about [another's shortcomings].

sobremanera *adv.* beyond measure, exceedingly, most.

sobremano *f.* VET. splint on a forehoof.

sobremesa *f.* table cover. 2 sitting at table after eating : *de* ~, at table after eating, immediately after eating. 3 *de* ~, desk, table : *reloj de* ~, desk clock.

sobremesana *f.* NAUT. mizzen topsail.

sobrenadar *intr.* to float [on a liquid].

sobrenatural *adj.* supernatural.

sobrenaturalismo *m.* supernaturalism.

sobrenaturalmente *adv.* supernaturally.

sobrenjalma *f.* SOBREJALMA.

sobrenombre *m.* surname [additional name], agnomen, epithet.

sobrentender *tr.* to understand [something implied, not expressed]. — 2 *ref.* to be understood, go without saying. ¶ CONJUG. like *entender.*

sobrentendiendo, sobrentienda, etc., *irr.* V. SOBRENTENDER.

sobrepaga *f.* extra pay.

sobrepaño *m.* upper cloth.

sobreparto *m.* after childbirth, confinement after childbirth.

sobrepeine *adv.* coll. slightly, superficially.

sobrepelliz, *pl.* **-llices** *f.* ECCL. surplice.

sobrepelo *m.* (Arg.) saddlecloth.

sobrepié *m.* VET. splint in a rear hoof.

sobreplán *m.* NAUT. rider.

sobrepondré, sobrepondría, etc., *irr.* V. SOBREPONER.

sobreponer *tr.* to put over or upon ; to superpose, superimpose. — 2 *ref. sobreponerse a,* to be superposed ; to master, overcome, overpower, be or make oneself superior to. ¶ CONJUG. like *poner.*

sobrepongo, sobreponga, etc., *irr.* V. SOBREPONER.

sobreposición *f.* superposition.

sobreproducción *f.* superproduction, overproduction.
sobrepuerta *f.* overdoor, lambrequin, door curtain. 2 cornice over a door.
sobrepuesto, ta *p. p.* of SOBREPONER. — *2 adj.* superposed, superimposed. — *3 m.* appliqué. *4* honeycomb formed after the hive is full. *5* (Am.) patch, mend.
sobrepujamiento *m.* surpassing, excelling.
sobrepujante *adj.* surpassing, excelling.
sobrepujanza *f.* great power, strength or vigor.
sobrepujar *tr.* to surpass, excel.
sobrepuse, sobrepusiera, sobrepusiese, etc., *irr.* V. SOBREPONER.
sobrequilla *f.* NAUT. keelson.
sobrero *adj.* BULLF. extra, held ready in case a substitute should be needed [bull]. — *2 m.* maker of envelopes [for letters].
sobrerrienda *f.* (Arg., Chi.) checkrein.
sobrerropa *f.* SOBRETODO.
sobresaldré, sobresaldría, sobresalgo, sobresalga, etc., *irr.* V. SOBRESALIR.
sobresaliente *adj.* projecting. *2* excelling, surpassing, excellent. *3* outstanding, conspicuous, remarkable. — *4 m.* the highest examination mark. *5* THEAT. understudy. *6* BULLF. substitute.
sobresalgo, sobresalga, etc., *irr.* V. sobresalir.
sobresalir *intr.* to project, jut out. *2* to excel, be prominent, distinguish oneself. *3* to stand out, be conspicuous. ¶ CONJUG. like *salir*.
sobresaltar *tr.* to alarm, startle. *2* to assail suddenly. — *3 intr.* [of figures in a painting] to be striking. — *4 ref.* to be startled, to start.
sobresalto *m.* startle, shock, sudden alarm, apprehension or anxiety. *2 de ~,* suddenly, unexpectedly, unawares.
sobresanar *intr.* [of a wound] to heal superficially.
sobresanar *adv.* SURG. healing superficially, on the outside. *2* fig. affectedly, feignedly
sobresaturación *f.* CHEM. supersaturation.
sobresaturar *tr.* CHEM. to supersaturate.
sobrescribir *tr.* to superscribe. ¶ IRREG. PAST. P.: *sobrescrito, sobrescripto.*
sobrescripto *irr. p. p.* of SOBRESCRIBIR.
sobrescrito *p. p.* of SOBRESCRIBIR.— *2 m.* superscription, address.
sobresdrújulo, la *adj.* accented on any syllable preceding the antepenult.
sobreseer *intr.* LAW to stay a judgement. *2* to desist, yield.
sobreseimiento *m.* LAW stay of proceedings.
sobresello *m.* double seal.
sobresembrar *tr.* to sow over again. ¶ CONJUG. like *acertar.*
sobresiembro, sobresiembre, etc., *irr.* V. SOBRESEMBRAR.
sobresolar *tr.* to resole [a shoe]. *2* to repave, put a double floor on. ¶ CONJUG. like *contar.*
sobrestadías *f. pl.* NAUT. extra lay days.
sobrestante *m.* foreman, overseer.
sobrestantía *f.* position or office of a SOBRESTANTE.
sobresueldo *m.* extra pay, extra wages.
1) **sobresuelo** *m.* floor or pavement laid over another.
2) **sobresuelo, sobresuele,** etc., *irr.* V. SOBRESOLAR.
sobretarde *f.* late afternoon.
sobretodo *m.* overcoat.
sobrevendré, sobrevendría, sobrevengo, sobrevenga, etc., *irr.* V. SOBREVENIR.
sobrevenida *f.* supervention.
sobrevenir *intr.* to come, happen. *2* to come unexpectedly. *3* to follow, supervene. ¶ CONJUG. like *venir.*
sobreverterse *ref.* to run over, overflow. ¶ CONJUG. like *entender.*
sobrevesta, sobreveste *f.* surcoat [over the armour].
sobrevestir *tr.* to put [a garment] over other clothes. ¶ CONJUG. like *servir.*
sobrevidriera *f.* window guard, window grill. *2* storm window.
sobrevienta *f.* gust of wind. *2* fig. impetuosity. *3* startle, surprise. *4 de ~,* suddenly, unexpectedly.
sobreviento *m.* gust of wind.
sobrevierte, sobrevierta, etc., *irr.* V. SOBREVERTER.
sobrevine, sobreviniera, sobreviniese, etc., *irr.* V. SOBREVENIR.
sobrevista *f.* beaver [of a helmet].
sobrevisto, sobrevista, sobrevistiera, sobrevistiese, etc., *irr.* V. SOBREVESTIR.
sobreviviente *adj.* surviving. — *2 m. & f.* survivor.
sobrevivir *intr.* to survive. *2 ~ a,* to outlive.

sobrexcedente *adj.* exceeding, surpassing.
sobrexceder *tr.* to exceed, surpass.
sobrexcitación *f.* overexcitement, overexcitation.
sobrexcitar *tr.* to overexcite. — *2 ref.* to become overexcited.
sobriamente *adv.* soberly, temperately, frugally.
sobriedad *f.* sobriety, frugality, moderation.
sobrina *f.* niece.
sobrinazgo *m.* relationship of nephew or niece. *2* nepotism.
sobrino *m.* nephew.
sobrio, bria *adj.* sober, temperate, moderate, frugal.
soca *f.* (Am.) ratoon [of the sugar cane].
socaire *m.* lee [protection from the wind by some object] : *al ~ de,* under the lee of; *estar o ponerse al ~,* coll. to skulk, shirk work.
socairero *m.* NAUT. skulker, shirker.
socaliña *f.* trick, cunning [to get something from someone].
socaliñar *tr.* to get [something from someone] by trickery or cunning.
socaliñero, ra *m. & f.* trickster, artful person.
socalzar *tr.* MASON. to underpin, underset.
socapa *f.* pretext, pretence : *a ~,* on the sly.
socapiscol *m.* SOCHANTRE.
socarra *f.* singe, scorching. *2* slyness
socarrar *tr.* to singe, scorch.
socarrén *m.* ARCH. eaves.
socarrena *f.* hollow, cavity. *2* ARCH. space between two rafters.
socarrina *f.* singeing, scorching.
socarrón, na *adj.* sly, cunning.
socarronamente *adv.* slyly, cunningly.
socarronería *f.* slyness, cunning, artfulness.
socava *f.* digging under, undermining. *2* hollow for water around a tree.
socavación *f.* digging under, undermining.
socavar *tr.* to dig under, undermine. *2* fig. to undermine.
socavón *m.* cave, cavern. *2* MIN. adit.
socaz, pl. -caces *m.* tailrace.
sociabilidad *f.* sociableness, sociability, sociality.
sociable *adj.* sociable, companionable.
sociablemente *adv.* sociably, companionably.
social *adj.* social [pertaining to the society; concerned with the mutual relations of men or classes of men] : *problemas sociales,* social problems; *ciencias sociales,* social sciences; *trato ~,* social intercourse. *2* social [pertaining to allies or confederates; pertaining to a society or partnership] : *guerra ~,* ROM. HIST. Social war; *razón ~,* COM. firm, firm name. *3* ZOOL. social.
socialicé, socialice, etc., *pret., subj. & imper.* of SOCIALIZAR.
socialismo *m.* socialism.
socialista *adj.* socialist, socialistic. — *2 m. & f.* socialist.
socialización *f.* socialization.
socializar *tr.* to socialize.
sociedad *f.* society [social mode of life, social order, community]. *2 sociedad* or *buena ~,* society [distinguished, fashionable people]. *3* society, association, league, union, club : *Sociedad de las Naciones,* League of Nations; *~ de socorros mutuos,* mutual-help society. *4* COM. partnership, copartnership : *hacer ~ con,* to be in partnership with. *5* COM. society, company, corporation : *~ anónima,* or *por acciones,* joint-stock company, stock company; *~ comanditaria,* or *en comandita,* commandite, partnership in commendam; *~ cooperativa,* cooperative society; *~ limitada,* limited company.
societario, ria *adj.* pertaining to the associations or to the trade unions.
socinianismo *m.* Socinianism.
sociniano, na *adj. & n.* Socinian.
socio, cia *m. & f.* COM. partner, copartner : *~ capitalista,* financial partner; *~ comanditario,* silent partner, sleeping partner; *~ industrial,* working partner. *2* member, fellow [of a society, association, club, etc.]. *3* coll. fellow, guy.
sociología *f.* sociology.
sociológico, ca *adj.* sociological.
sociólogo, ga *m. & f.* sociologist.
socolor *m.* pretext, pretence. — *2 adv. ~ de,* under colour of, under pretence of.
socollada *f.* NAUT. flapping, jerk [of a sail]. *2* NAUT. pitching.

Soconusco m. *polvos de* ~, pinole [aromatic powder used in making chocolate].

socoro m. place under the choir.

socorredor, ra adj. helping, aiding, succouring. — 2 m.-f. helper, aider, succourer.

socorrer tr. to assist, help, aid. succour. 2 to pay [one] on account.

socorrido, da p. p. of SOCORRER. — 2 adj. ready to help. 3 handy, useful. 4 worn, trite, hackneyed.

socorro m. m. assistance, help, aid, succour : *puesto de* ~, first-aid station. 2 payment on account. 3 MIL. succours, relief.

Socotera, Socotora f. pr. n. GEOG. Socotra.

Sócrates m. pr. n. Socrates.

socrático, ca adj. Socratic.

socrocio m. PHARM. saffron poultice.

socucho m. (Am.) small room, hovel.

sochantre m. ECCL. subchanter, succentor.

soda f. SOSA.

sódico, ca adj. CHEM. sodic; sodium : *carbonato* ~, sodium carbonate.

sodio m. CHEM. sodium.

sodomía f. sodomy.

sodomita adj. & n. Sodomite. 2 sodomite.

sodomítico, ca adj. sodomitic.

soez, pl. **soeces** adj. coarse, base, vile.

soezmente adv. coarsely, basely, vilely.

sofá m. sofa.

sofaldar tr. to truss up, tuck up, raise [a skirt or a hanging covering].

sofaldo m. trussing or tucking up a skirt.

sofí, pl. **-fíes** m. sufi.

Sofía f. pr. n. Sophia. 2 GEOG. Sofia.

sofión m. snort [of anger]; harsh refusal. 2 blunderbuss.

sofisma m. sophism, fallacy.

sofismo m. SUFISMO.

sofista m. Sophist. 2 sophist.

sofistería m. sophistry.

sofisticación f. sophistication, falsification, adulteration.

sofisticamente adv. sophistically.

sofisticar tr. to sophisticate, falsify, adulterate.

sofístico, ca adj. sophistic, sophistical.

sofistiqué, sofistique, etc., pret., subj. & imper. of SOFISTICAR.

sofito m. ARCH. soffit.

soflama f. faint glow or flame. 2 blush. 3 fig. flimflam, deceitful talk. 4 coll. harangue.

soflamar tr. to deceive, humbug. 2 to make [a person] blush. — 3 ref. COOK. to burn, scorch [become burnt or scorched].

soflamero, ra adj. deceiving, flimflamming, hypocritical. — 2 m. & f. deceiver, flimflammer, hypocrite.

sofocación f. choking, suffocation, smothering, stifling.

sofocante adj. suffocating, stifling, close, oppresive.

sofocar tr. to choke, suffocate, smother, stifle [stop the breath of]. 2 to stifle, smother, quench, extinguish : ~ *una rebelión*, to smother a rebellion. 3 to harass, vex, importune. 4 to make [a person] blush, put to blush. — 5 ref. to blush.

sofócleo, a adj. Sophoclean.

Sófocles m. pr. n. Sophocles.

sofoco m. suffocation. 2 blush, embarrassment. 3 annoyance, vexation, mortification.

sofocón m. coll. great vexation or mortification.

sofoqué, sofoque, etc., pret., subj. & imper. of SOFOCAR.

sofoquina f. coll. great annoyance, vexation or embarrassment.

sófora f. BOT. Japanese pagoda tree.

sofreír tr. COOK. to fry slightly. ¶ CONJUG. like reír. | PAST. P.: *sofreído* & *sofrito*.

sofrenada f. saccade [sudden checking of a horse]. 2 harsh reprimand.

sofrenar tr. to check [a horse] suddenly. 2 to reprimand severely. 3 to check [a passion].

sofrío, sofrió, sofría, etc., irr. V. SOFREÍR.

sofrito, ta irreg. p. p. of SOFREÍR. — 2 adj. slightly fried. — 3 m. anything slightly fried.

soga f. rope, esparto rope, halter : *echar la* ~ *tras el caldero*, fig. to throw the helve after the hatchet; *con la* ~ *a la garganta*, in imminent danger. 2 a variable land measure. 3 MAS. face [of a brick or stone] : *a* ~, as stretchers, in a stretcher bond. 4 coll. *dar* ~ *a*, to make fun of [a person]. 5 *hacer* ~, to lag behind. — 6 m. coll. sly fellow.

soguería f. ropes [collect.]. 2 ropemaking. 3 ropewalk. 4 rope shop.

soguero m. ropemaker; ropedealer. 2 street porter.

soguilla f. small esparto braid. 2 small braid of hair.

soja f. BOT. soy, soy bean.

sojuzgador adj. subjugating. — 2 m. & f. conqueror, subjugator, subduer.

sojuzgar tr. to conquer, subject, subjugate, subdue.

sojuzgué, sojuzgue, etc., pret., subj. & imper. of SOJUZGAR.

sol m. sun [heavenly body; warmth from the sun, sunlight; day] : ~ *de media noche*, midnight sun; ~ *medio*, ASTR. mean sun; *baño de* ~, sun bath; *rayo de* ~, sunbeam; *arrimarse al* ~ *que más calienta*, to serve, or fawn on, the most powerful person; *hace* ~, it is sunny; *no dejar a* ~ *ni a sombra*, to importune, not to leave in pace; *tomar el* ~, to bask or walk in the sun, to sun oneself; NAUT. to take the sun; *al* ~, in the sun; *al salir el* ~, at sunrise; *al ponerse el* ~, *a puesta del* ~, at sunset; *a* ~ *puesto*, at nightfall; *de* ~ *a* ~, from sunrise to sunset. 2 MUS. sol, G. 3 sol [Peruvian silver coin].

solacé, solace, etc., pret., subj. & imper. of SOLAZAR.

solacear tr. SOLAZAR.

solada f. sediment, lees.

solado, da p. p. of SOLAR. — 2 m. paving, flooring [act]. 3 pavement, tile floor.

solador m. paver, tiler.

soladura f. paving, flooring [act]. 2 paving or flooring materials.

solamente adv. only, solely. 2 ~ *que*, provided that, if only.

solana f. sunny place. 2 sun gallery.

solanáceo, a adj. BOT. solanaceous. — 2 f. pl. BOT. Solanaceæ.

solanera f. sunstroke. 2 hot sunny place, hot sunshine.

solanina f. CHEM. solanine.

solano m. easterly wind. 2 hot wind. 3 BOT. nightshade.

solapa f. lapel. 2 pretence, dissembling : *de* ~, underhand, secretly, sneakingly. 3 *junta de* ~, lap joint.

solapadamente adv. underhand, underhandedly, secretly, slyly, sneakingly.

solapado, da p. p. of SOLAPAR. — 2 adj. underhand, sneaky. 3 sly, hypocritical.

solapar tr. to put lapels on [a coat]. 2 to overlap. 3 to cloak, conceal. — 4 intr. [of a part of a garment] to overlap.

solape m. SOLAPA.

solapo m. SOLAPA. 2 overlapped part or piece. 3 coll. chuck under the chin. 4 *a* ~, underhand, secretly, sneakingly.

1) **solar** adj. solar : *sistema* ~, ASTR. solar system; *plexo* ~, ANAT. solar plexus. — 2 m. groundplot, site, space of ground occupied, or to be occupied, by a building. 3 the oldest mansion or manor house [of a family], ancestral mansion. 4 noble house or lineage.

2) **solar** tr. to floor, pave. 2 to sole [shoes]. ¶ CONJUG. like *contar*.

solariego, ga adj. old, noble, of noble ancestry. 2 pertaining to a noble house or lineage. 3 *casa solariega*, the oldest mansion or manor house [of a family], ancestral mansion.

solas (a) adv. alone, in private. 2 *a mis, tus, sus, solas*, all alone, in solitude, by myself, thyself, himself, herself or themselves.

solaz m. solace, comfort, relief, recreation, relaxation. 2 *a* ~, pleasantly, with pleasure.

solazar tr. to solace, comfort. 2 to solace, amuse, divert. — 3 ref. to solace oneself, amuse oneself, recreate [indulge in recreation].

solazo m. aug. coll. scorching sun.

solazoso, sa adj. recreating, amusing, diverting, pleasing, delectable.

soldada f. wages, pay, salary.

soldadesca f. soldiership. 2 soldiery. 3 undisciplinated troops.

soldadesco, ca adj. soldierly, soldierlike : *a la soldadesca*, in a soldierly manner, soldierlike.

soldado m. soldier : ~ *de a caballo* or *de caballería*, trooper, cavalryman; ~ *de a pie* or *de infantería*, infantryman, foot soldier; ~ *raso*, private; ~ *voluntario*, volunteer.

soldador m. solderer, welder. 2 soldering iron. 3 blowtorch.

soldadura *f.* soldering, welding, brazing : ~ *al arco* or *por arco,* arc welding; ~ *autógena,* welding; ~ *eléctrica,* electric welding. 2 solder : ~ *blanda,* soft solder; ~ *dura,* hard solder. 3 soldered joint, welded joint. 4 fig. mending, correction.

soldán *m.* sultan.

soldar *tr.* to solder, weld, braze. 2 to solder, unite, cement. 3 fig. to mend [a blunder]. ¶ CONJUG. like *contar.*

solear *tr.* to sun [expose to the sun]. — 2 *ref.* to sun oneself or itself.

solecismo *m.* GRAM. solecism.

soledad *f.* solitude, loneliness, loneness. 2 sorrow, bereavement. 3 solitude [lonely place]. 4 *pl.* Andalusian tune, song and dance.

soledoso, sa *adj.* solitary. 2 lonely, lonesome.

solejar *m.* sunny place.

solemne *adj.* solemn. 2 coll. great, downright.

solemnemente *adv.* solemnly.

solemnicé, solemnice, etc., *pret., subj. & imper.* of SOLEMNIZAR.

solemnidad *f.* solemnness. 2 solemnity. 3 festivity. 4 *pl.* formalities.

solemnizador, ra *adj.* solemnizing. — 2 *m. & f.* solemnizer.

solemnizar *tr.* to solemnize.

solenoide *m.* ELECT. solenoid.

sóleo *m.* ANAT. soleus.

1) **soler** *m.* NAUT. underflooring.

2) **soler** *intr.* to be in the habit of, be accustomed to, be wont to, use to; usually, generally : *suele comer a la una,* he is accustomed to have dinner at one o'clock ; *yo solía tomar el autobús,* I used to take the bus: *durmió más de lo que solía,* he slept longer than he was wont; *suele nevar en este tiempo,* it generally snows at this time of the year. ¶ It is irreg. and def., used only in the INDIC. Pres.: *suelo, sueles, suele; solemos, soléis, suelen;* in the imperf.: *solía, solías,* etc., and in the compound preterit : *he solido, has solido,* etc.

solera *f.* ARCH. bed timber, girder, stringpiece. 2 stone base [for uprights]. 3 nether millstone. 4 bottom [of a channel or irrigation ditch]. 5 floor [of a furnace]. 6 lees or mother [of vine]. 7 *vino de* ~, old wine used to strengthen new one.

solercia *f.* address, shrewdness.

solería *f.* leather for soles. 2 paving [material for pavement]. 3 pavement.

solero *m.* SOLERA 3.

solerte *adj.* shrewd, cunning, sagacious.

soleta *f.* patch for the sole of a stocking. 2 coll. brazen woman. 3 *apretar,* or *picar, de* ~, *tomar,* ~, to hasten, run; to flee, run off.

soletar, soletear *tr.* to patch the sole of [a stocking].

solevación *f.,* **solevamiento** *m.* raising up, pushing up, upheaval [lifting up from beneath]. 2 uprising, insurrection.

solevantado, da *p. p.* of SOLEVANTAR. — 2 *adj.* SO-LIVIANTADO.

solevantamiento *m.* SOLEVAMIENTO.

solevantar *tr.* to raise up, upheave. 2 to revolt, make hostile or rebellious. — 3 *ref.* to rise up, upheave. 4 to revolt, become hostile or rebellious.

solevar *tr.* to incite to revolt. 2 to raise up, upheave. — 3 *ref.* to revolt, rise in rebellion. 4 to rise up, upheave.

solfa *f.* art of reading music, sol-fa, solmization. 2 musical annotation, notes. 3 fig. music. 4 coll. beating, sound beating. 5 coll. *estar en* ~, to be rightly done or arranged ; to be clearly writen or explained; *poner en* ~, to put right, arrange rightly; to put or present in a ridiculous light.

solfatara *f.* GEOL. solfatara.

solfeador, ra *m. & f.* sol-faer.

solfear *intr. & tr.* MUS. to sol-fa, solmizate. — 2 *tr.* coll. to beat, drub. 3 coll. to criticize severely; to dress down.

solfeo *m.* MUS. sol-fa; sol-faing, solmization. 2 coll. beating, drubbing.

solferino, na *adj.* reddish-purple.

solfista *m. & f.* sol-faer.

solicitación *f.* solicitation.

solicitado, da *p. p.* of SOLICITAR. — 2 *adj.* in good demand. 3 sought after, popular.

solicitador, ra *m. & f.* soliciting. — 2 *m. & f.* solicitor, asker, petitioner.

solicitamente *adv.* solicitously. 2 diligently.

solicitante *adj.* soliciting. — 2 *m. & f.* petitioner, applicant.

solicitar *tr.* to solicit, ask for, beg, petition. 2 to solicit, invite, attract. 3 to woo. 4 PHYS. to attract.

solícito, ta *adj.* solicitous, diligent, careful.

solicitud *f.* solicitude, diligence, care. 2 petition, demand, request, application : *a* ~ *de,* on request, or at request, of.

sólidamente *adv.* solidly. 2 firmly.

solidar *tr.* to consolidate, harden, strengthen. 2 to render firm or stable.

solidariamente *adv.* with solidarity. 2 LAW in solidum.

solidaridad *f.* solidarity. 2 common cause.

solidario, ria *adj.* solidary. 2 jointly liable;· jointly binding. 3 making common cause.

solidarizar *tr.* to make solidary. — 2 *ref.* to become solidary, to make common cause.

solideo *m.* ECCL. calotte.

solidez *f.* solidity. 2 firmness, strength. 3 fastness [of colour].

solidificación *f.* solidification.

solidificar *tr.* to solidify. — 2 *ref.* to solidify [become solid].

solidifiqué, solidifique, etc., *pret., subj. & imper.* of SOLIDIFICAR.

sólido, da *adj.* solid [not liquid or fluid; not hollow, dense; firm, strong; well grounded, sound, reliable]. 2 COM. substantial [firm]. 3 fast [colour]. 4 GEOM., MATH. solid. — 5 *m.* GEOM. solid. 6 solidus [ancient Roman coin].

soliloquiar *intr.* coll. to soliloquize.

soliloquio *m.* soliloquy.

solimán *m.* coll. corrosive sublimate.

solio *m.* throne [royal seat].

solípedo, da *adj. & m.* ZOOL. soliped, solidungulate. — 2 *m. pl.* ZOOL. Solidungula.

solista *m. & f.* MUS. soloist.

solitaria *f.* post chaise for one person. 2 coll. tapeworm.

solitariamente *adv.* solitarily.

solitario, ria *adj.* solitary, lone, lonely. 2 secluded [spot, life]. 3 BOT. solitary [flower]. — 4 *m.* solitary, recluse, hermit. 5 solitaire [diamond]. 6 solitaire, patience [game].

sólito, ta *adj.* usual, wont, accustomed.

soliviadura *f.* lifting up from beneath. 2 getting up partly.

soliviantar *tr.* to revolt, make hostile or rebellious. —2 *ref.* to revolt, become hostile or rebellious.

soliviar *tr.* to lift up [from beneath]. — 2 *ref.* to rise partly, get up partly.

solivio *m.* SOLIVIADURA.

solo, la *adj.* alone; by himself, itself, etc. 2 lone, lonely, solitary. 3 only, sole. — 4 *m.* MUS. solo. 5 lone hand [in certain card games]. 6 a card game. 7 *a mis solas, a sus solas,* etc., by myself, himself, etc., all alone, in solitude. 8 *a solas,* alone [unaccompanied, unaided] ; in private.

sólo *adv.* SOLAMENTE.

solomillo, solomo *m.* sirloin. 2 loin [of pork].

solsticial *adj.* solsticial.

solsticio *m.* ASTR. soltice : ~ *hiemal* or *de invierno,* winter solstice; ~ *vernal* or *de verano,* summer solstice.

soltadizo, za *adj.* easily untied or loosened.

soltar *tr.* to untie, unfasten, loosen. 2 to turn loose. 3 to let out, set free, release, discharge [a prisoner]. 4 to let go, let go of, drop. 5 to cast, shed [the skin, etc.]. 6 coll. to give, pay [money]. 7 to turn out [water]. 8 to loosen, relax [the bowels]. 9 coll. to give [a blow, kick, etc.]; to fire [a shot]. 10 to utter, let out [a curse, imprecation, etc.]. 11 to burst out into [laughter, tears, etc.] : ~ *la risa,* to burst out laughing. — 12 *ref.* to come off, come untied, get loose. 13 to get free. 14 to acquire ease, to lose constraint or awkwardness. 15 to begin to [walk, talk, etc.]. 16 [of the bowels] to be relaxed. ¶ CONJUG. like *contar.*

soltería *f.* celibacy, singleness; bachelorhood.

soltero, ra *adj.* single, unmarried. — 2 *m.* bachelor, single man, unmarried man. — 3 *f.* single woman, unmarried woman.

solterón *m.* old bachelor.

solterona *f.* old maid, spinster.

soltura *f.* freeing, release, setting at liberty. *2* ease, facility, freedom, grace, agility, nimbleness. *3* fluency. *4* brazenness, licentiousness.
solubilidad *f.* solubility.
soluble *adj.* soluble. *2* solvable.
solución *f.* solution [breaking] : ~ *de continuidad*, solution of continuity, break. *2* solution [of a problem, puzzle, question, doubt, difficulty, etc.]. *3* issue, termination. *4* dénouement [in a play, etc.]. *5* CHEM. solution.
solucionar *tr.* to solve. *2* to bring to a favorable issue.
solutivo, va *adj.* MED. solutive.
solvencia *f.* COM. solvency. *2* ability, reliability.
solventar *tr.* to solve [a difficulty] ; to bring to a favorable issue. *2* to settle, pay.
solvente *adj.* COM. solvent. *2* able, reliable.
sollado *m.* NAUT. orlop.
sollamar *tr.* to singe [burn superficially].
sollastre *m.* scullion, kitchen boy. *2* fig. sly rogue.
sollastría *f.* occupation of a scullion.
sollo *m.* ESTURIÓN.
sollozante *adj.* sobbing.
sollozar *intr.* to sob.
sollozo *m.* sob.
soma *f.* coarse flour.
somanta *f.* coll. beating, drubbing.
somatén *m.* [in Catalonia] body of armed people, gathering at the call of the alarm bell, for defence against robbers, the keeping of the public peace, etc. ; one serving in it. *2* alarm bell.
somatenista *f.* one serving in a SOMATÉN.
somático, ca *adj.* somatic.
somatología *f.* somatology.
sombra *f.* shade [comparative darkness or obscurity; space sheltered from light or heat; retirement; evanescent or unreal appearance, lingering image] : *sentarse a la* ~, to seat in the shade; *las sombras del pasado*, the shades of the past. *2* shadow [shade within definite limits; dark figure projected by a body that intercepts light rays; adumbration, premonition]. *3* fig. shadow [inseparable companion or follower]. *4* shade [soul after death] ; shadow, spirit, phantom, ghost. *5* shade, shadow [small degree or quantity, slightest trace] ; *sin* ~ *de duda*, without a shadow of doubt. *6* shadow, protection. *7* ASTR. umbra. *8* F. ARTS shade, shading. *9* shadow, resemblance : *no ser uno ni* ~ *de lo que era*, to be but a shadow of one's former self. *10* pl. shades, shadows, darkness. *11 sombras chinescas*, shadow play, shadow pantomime. *12 hacer* ~, to shade; to protect; to outshine; to be in the way. *13 tener buena* ~, to be pleasing, agreeable; to be witty or funny; to bring good luck. *14 tener mala* ~, to be disagreeable, ungraceful; to bring bad luck. *15 a la* ~, in the shade; coll. in jail. *16 ni por* ~, by no means.
sombraje *m.* screen or roof made with branches, mats, etc., to afford shade.
sombrajo *m.* SOMBRAJE. *2* coll. shadow cast by a person before another who needs light.
sombrar *tr.* to shadow, get in the light of.
sombreado, da *adj.* F. ARTS shaded. — *2 m.* F. ARTS shading.
sombrear *tr.* to shade, shadow [throw a shadow upon]. *2* F. ARTS to shade.
sombrerazo *m.* aug. large hat. *2* blow with a hat. *3* coll. doffing of the hat [as a greeting].
sombrerera *f.* hatbox, hat case. *2* hatter's wife.
sombrerería *f.* hattery, hat factory. *2* hat shop. *3* hat business.
sombrerero *m.* hatter.
sombrerete *m.* dim. little hat. *2* BOT. cap, pileus [of a mushroom]. *3* hood, bonnet [of a chimney]. *4* spark catcher [of locomotive].
sombrerillo *m.* dim. little hat or bonnet. *2* Venus's-navelwort.
sombrero *m.* hat [for men or women], bonnet [for women] : ~ *calañés*, Andalusian hat with turned-up brim and low cone-shaped crown; ~ *castoreño*, beaver hat; ~ *cordobés*, beaver hat with a flat brim an a cylindrical low crown; ~ *chambergo*, a soft broad-brimmed hat with the brim turned up on one side; ~ *de canal* or *de teja*, shovel hat; ~ *de candil, de tres candiles*, or *de tres picos*, cocked hat; three-cornered hat; ~ *de copa* or *de copa alta*, high

hat, silk hat ; ~ *de jipijapa*, Panama hat ; ~ *de muelles*, opera hat ; ~ *de paja*, straw hat ; ~ *de pelo*, (Am.) high hat ; ~ *flexible*, soft hat ; ~ *gacho*, slouch hat ; ~ *hongo*, derby hat ; ~ *jarano*, Mexican sombrero ; *quitarse el* ~, to take off one's hat, to doff one's hat. *2* privilege of a Spanish grandee of keeping his hat on in the presence of the king. *3* soundboard, canopy [of pulpit]. *4* BOT. cap, pileus [of a mushroom]. *5* drumhead [of the capstan].
sombría *f.* UMBRÍA.
sombrilla *f.* parasol, sunshade.
sombrillazo *m.* blow with a parasol or a sunshade.
sombrío, bría *adj.* sombre, gloomy, dark, dismal, murky, shady, overcast. *2* F. ARTS shaded, dark.
sombrita *f.* dim. slight shade. *2* little shadow.
sombroso, sa *adj.* shady [causing shade]. *2* shady, shadowy [abounding in shade].
someramente *adv.* slightly, superficially.
somero, ra *adj.* slight, superficial. *2* shallow; on the surface, about the surface.
someter *tr.* to subject, subjugate, subdue, force to yield. *2* to subject [to the action or effect of something], to put [to a test, etc.]. *3* to submit, commit [for consideration or decision]. — *4 ref.* to submit, surrender, make submission, yield. *5* to submit [yield resignedly]. *6* to go [through an operation, examination, etc.].
sometimiento *m.* submission, subjection, subjugation, subduing. *2* subjection [to the action or effect of something]. *3* submission [for consideration or decision]. *4* submission, yielding, surrender.
somier, *pl.* **-mieres** *m.* bedspring, spring mattres.
somnambulismo *m.* somnambulism, sleepwalking.
somnámbulo, la *adj.* somnambulistic. — *2 m. & f.* somnambulist, sleepwalker.
somnífero, ra *adj.* somniferous, somnific.
somnilocuo, cua *adj.* somniloquous. — *2 m. & f* somniloquist.
somnolencia *f.* somnolence, drowsiness.
somonte (de) *adj.* coarse, rough; unpolished.
somorgujador *m.* diver.
somorgujar *tr.* to plunge, submerge. — *2 intr.* BUCEAR. — *3 ref.* to dive, duck, plunge.
somorgujo, somorgujón *m.* ORN. dabchick, grebe : *a lo somorgujo, a somorgujo*, under the w···· coll. secretly, stealthily.
somormujar *tr.* SOMORGUJAR.
somormujo *m.* SOMORGUJO.
sompesar *tr.* SOPESAR.
son *m.* sound [of an instrument] : *a* ~, *or al* ~, *de*, at or to the sound of; *bailar uno a cualquier* ~, coll. to be fickle; to transfer easily one's love or liking; *bailar sin* ~, coll. to be so eager as to need no urging; to act unwisely or untimely; *bailar uno al* ~ *que le tocan*, coll. to adapt oneself to circumstances. *2* news, report, rumour. *3* pretext. motive: *¿a qué* ~?, *¿a* ~ *de qué?*, why?, for what reason?; *sin* ~, without reason; *sin ton ni* ~, without rhyme or reason. *4* manner, guise : *a este* ~, in this manner; *en* ~ *de guerra*, in warlike or hostile manner. *5* (Am.) popular song and dance.
sonable *adj.* sounding, noisy. *2* noted, famous.
sonadera *f.* blowing the nose.
sonadero *m.* handkerchief.
sonado, da *p. p.* of SONAR. — *2 adj.* noted, famous. *3* coll. talked-about, sensational : *hacer una que sea sonada*, to do something sensational, that causes a lot of talk.
sonador, ra *adj.* sounding, noisemaking. — *2 m. & f.* player [on certain instruments]. — *3 m.* SONADERO.
sonaja *f.* jingle [each pair of disks on the tambourine]. *2 pl.* jingle hoop.
sonajero *m.* baby's rattle.
sonambulismo *m.* SOMNAMBULISMO.
sonámbulo, la *adj. & n.* SOMNÁMBULO.
sonante *adj.* sonant, sounding, sonorous, jingling.
sonar *m.* NAUT. sonar [apparatus].
sonar *tr.* to sound, play, ring [an instrument]. *2* to blow [someone's nose]. — *3 intr.* to sound, ring [give forth sound]. *4* [of a clock]. to strike. *5* PHONET. [of a letter] to be sounded. *6* to be mentioned. *7* to sound familiar, be vaguely remembered : *este nombre me suena*, this name sounds familiar to me. *8* ~ *a*, to look [like], seem, have the appearance of being. *9* ~ *bien* or *mal* [of a word, expression or remark], to be

pleasing or offensive. — *10 ref.* to blow one's nose. — *11 impers.* to be reported or rumoured : *por ahi suena,* or *se suena, que,* it is rumoured that. ¶ CONJUG. like *contar.*

sonata *f.* MUS. sonata.

sonatina *f.* MUS. sonatina.

sonda *f.* sounding, fathoming, probing. *2* NAUT. sound, sounder, sounding line, sounding lead, lead : *echar la* ~, to cast, or heave, the lead. *3* auger, drill [for boring soils]. *4* SURG. sound, probe. *5* SURG. catheter.

sondable *tr.* soundable.

sondaleza *f.* NAUT. lead line, sounding line.

sondar, sondear *tr.* NAUT. to sound, fathom. *2* to sound, explore [the soil] by means of an auger. *3* fig. to sound out, try, probe [a person"s intentions, etc.]. *4* SURG. to sound, to catheterize.

sondeo *m.* sounding, fathoming, probing.

sonecillo *m. dim.* slight sound. *2* merry tune.

sonetear *intr.* to sonnet, sonneteer.

soneticé, sonetice, etc., *pret., subj.* & *imper.* of SONETIZAR.

sonetico *m. dim.* slight sound. *2* slight sound produced by tapping with the fingers. *3* little sonnet.

sonetista *m.* & *f.* sonneteer, sonnet writer.

sonetizar *tr.* to sonnet, sonneteer.

soneto *m.* sonnet.

sonido *m.* sound [sensation produced through the ear; vibrations causing this sensation]. *2* PHONET. sound. *3* meaning, literal meaning. *4* news, report.

soniquete *m.* coll. sound, music. *2* merry tune. *3* SONSONETE.

sonochada *f.* evening [early part of the night]. *2* wakefulness in the evening, evening watch.

sonochar *intr.* to watch, be awake, during the first hours of the night.

sonómetro *m.* sonometer.

sonoramente *adv.* sonorously. *2* harmoniously.

sonoridad *f.* sonority.

sonoro, ra; sonoroso, sa *adj.* sonorous. *2* harmonious. *3* clear, loud.

sonreír *intr.* to smile. ¶ CONJUG. like *reir.*

sonriente *adj.* smiling.

sonrío, sonría, etc., *irr.* V. SONREÍR.

sonrisa *f.* smile.

sonrisueño, ña *adj.* smiling.

sonrodarse *ref.* [of wheels] to stick or get stuck in the mud.

sonrojar, sonrojear *tr.* to make [one] blush. — *2 ref.* to blush.

sonrojo *m.* blush, blushing. *2* word or remark that causes a blush.

sonrosar *tr.* to rose-colour, to flush, make rosy. — *2 ref.* to become rose-coloured.

sonrosear *tr.* SONROSAR. — *2 ref.* to blush.

sonroseo *m.* blush, flush, rose-colour.

sonsaca *f.* stealthily taking something out of its place. *2* drawing out [of a person or a secret]. *3* act of one who coaxes [a servant or employee] away from another's service.

sonsacador, ra *m.* & *f.* one who draws out [a person or a secret]. *2* one who coaxes a servant or employee away from another's service.

sonsacamiento *m.* SONSACA.

sonsacar *f.* to stealthily take [something] out of its place. *2* to draw out [a person or a secret]. *3* to coax [a servant or employee] away from another's service.

sonsaque *m.* SONSACA.

sonsonete *m.* sound produced by rhythmical light taps. *2* fig. dull monotonous noise; singsong. *3* ironic or scornful tone.

soñación *f. ni por* ~, by no means.

soñador, ra *adj.* dreaming. — *2 m.* & *f.* dreamer.

soñante *adj.* dreaming.

soñar *tr.* to dream, dream of : *ni soñarlo,* not even in dreams. — *2 intr.* to dream; to daydream : ~ *con* or *en,* to dream of ; ~ *despierto,* to dream, daydream, indulge in daydreams. ¶ CONJUG. like *contar.*

soñarrera *f.* coll. dreaminess. *2* sleepiness. *3* deep sleep.

soñera *f.* sleepiness.

soñolencia *f.* SOMNOLENCIA.

soñolentamente *adv.* somnolently, drowsily.

soñoliento, ta *adj.* somnolent, sleepy, drowsy, heavy. *2* lazy. *3* sleepy, soporiferous.

sopa *f.* sop [piece of bread dipped in a liquid] : *estar hecho una* ~, coll. to be drenched, soaked to the skin. *2* COOK. soup : ~ *de ajo,* meager soup; ~ *de pastas,* noodle soup; ~ *juliana,* julienne. *3* sopa or ~ boba, food or soup distributed to the destitute in the monasteries : *andar a la* ~, to beg from door to door; *andar a la* ~ *boba, comer la* ~ *boba,* fig. to live at other people's expense.

sopaiba *f.* thin fritter steeped in honey.

sopalancar *tr.* to lift with a lever.

sopalanda *f.* hopalanda.

sopanda *f.* brace [of a carriage]. *2* CAP. joist.

sopapear *tr.* coll. to chuck under de chin. *2* to box, to slap in the face.

sopapina *f.* repeated slapping in the face, beating.

sopapo *m.* chuck or blow under the chin. *2* box, slap in the face.

sopar *tr.* ENSOPAR.

sopear *tr.* ENSOPAR. *2* to trample, tread. *3* to domineer, to maltreat.

sopeña *f.* space or cavity under a rock.

sopera *f.* tureen, soup tureen.

sopero *adj.* soup [plate]. — *2 m.* soup plate.

sopesar *tr.* to heft, test the weight of by lifting.

sopetear *tr.* to sop [bread], *to dunk. *2* to maltreat.

sopeteo *m.* sopping bread, *dunking.

sopetón *m.* toast soaked in olive oil. *2* box, slap. *3 de* ~, suddenly.

sopicaldo *m.* very thin soup.

sopista *m.* formerly, a student living on charity.

sopita *f. dim.* light soup.

sopitipando *m.* coll. fit, swoon.

¡sopla! *interj.* gracious!, what a thing!

sopladero *m.* vent, blowhole [of a subterranean cavity].

soplado, da *p. p.* of SOPLAR. — *2 adj.* coll. overnice, spruce. *3* coll. conceited, stuck up. — *4 m.* MIN. deep fissure.

soplador, ra *adj.* blowing. — *2 m.* & *f.* blower [one who blows something]. *3* stirrer, inciter. — *4 m.* blowing fan. *5* SOPLADERO.

sopladura *f.* blowing. *2* FOUND. air hole.

soplamocos *m.* box or slap on the nose.

soplar *intr.* to blow [send forth strong air current from mouth, from a pair of bellows, etc.]. *2* [of the wind] to blow. — *3 tr.* to blow, blow upon. *4* to blow out [a flame]. *5* to blow [glass]. *6* to fan [coals, a fire]. *7* to blow up, inflate. *8* to steal, take away secretly. *9* to huff [a man] in the game of draughts. *10* fig. to prompt, inspire, whisper [tell one what to say]. *11* fig. to report, tattle, tell [tales] of. — *12 ref.* to inflate [become inflated]. *13* to be puffed up, be conceited. *14* to stuff oneself [eat or drink to excess].

soplete *m.* blowpipe, blowtorch, torch : ~ *oxhidrico,* oxyhydrogen torch.

soplido *m.* blow, blowing [forcing air from the mouth, etc.].

soplillo *m. dim.* of SOPLO. *2* blowing fan. *3* anything extremely thin and light. *4* a kind of silk gauze. *5* very light sponge cake.

soplo *m.* blow, blowing [forcing the air from the mouth, etc.]. *2* breath, puff, gust [of wind]. *3* instant, moment. *4* secret advice or warning. *5* report, secret accusation, piece of talebearing.

soplón, na *m.* & *f.* informer, talebearer.

soplonear *tr.* & *intr.* to inform, tell tales, indulge in talebearing.

sopón *m. aug.* coll. SOPISTA.

soponcio *m.* coll. fainting fit, swoon.

sopor *m.* MED. sopor, lethargy. *2* somnolence.

soporífero, ra *adj.* soporiferous, soporific.

soporoso, sa *adj.* soporose.

soportable *adj.* supportable, bearable, sufferable, tolerable.

soportador, ra *adj.* supporting, sustaining. — *2 m.* & *f.* supporter, sustainer.

soportal *m.* ARCH. porch, portico, arcade.

soportar *tr.* to support [bear the weight or stress of]. *2* to support, endure, suffer, tolerate.

soporte *m.* support, bearing, rest, base [thing that supports].

soprano *m.* MUS. soprano [voice]. — *2 m.* & *f.* soprano [singer].

sopuntar *tr.* to underscore with dots.

sor *f.* sister [before the name of a nun] : ~ *Maria,* Sister Mary.

sorbedor, ra *adj.* sucking, absorbing. — *2 m. & f.* sucker; absorber.
sorber *tr.* to suck [drink by sucking]. *2* to sip. *3* to absorb, imbibe, soak up. *4* to absorb, swallow. *5* fig. ~ *los vientos por*, to be crazy about.
sorbete *m.* sherbet, water ice.
sorbetera *f.* ice-cream freezer.
sorbetón *m. aug.* large gulp [of a liquid].
sorbible *adj.* absorbable, that can be imbibed.
sorbito *m. dim.* little sip.
sorbo *m.* absortion, imbibing. *2* sip, draught, gulp, swallow [of a liquid] : *beber a sorbos*, to sip.
sorche *m.* coll. recruit [soldier].
sorda *f.* AGACHADIZA. *2* NAUT. hawser used for launching a ship.
sordamente *adv.* secretly, noiselessly.
sordedad, sordera, sordez *f.* deafness.
sórdidamente *adv.* dirtily, squalidly. *2* sordidly.
sordidez *f.* dirtiness, squalidity, squalidness. *2* sordidness.
sórdido, da *adj.* dirty, squalid. *2* sordid.
sordina *f.* MUS. mute, sordine, sourdine, damper : *a la ~*, fig. secretly, on the quiet.
sordo, da *adj.* deaf : ~ *como una tapia*, stone-deaf, deaf as a post. *2* silent, still : *a la sorda, a lo sordo, a sordas*, silently, noisely, without noticing. *3* muffled, dull, low [sound]. *4* dull [pain]. *5* MATH., PHONET. surd. — *6 m. & f.* deaf person : *hacerse el ~*, to pretend to be deaf, to turn a deaf ear ; *no hay peor ~ que el que no quiere oír*, none so deaf as those that won't hear.
sordomudez *f.* deaf-mutism.
sordomudo, da *adj. & n.* deaf and dumb, deaf-mute.
sordón *m.* MUS. old kind of bassoon.
sorgo *m.* BOT. sorghum.
soriano, na *adj.* of Soria. — *2 m. & f.* native or inhabitant of Soria.
soriasis *f.* MED. psoriasis.
sorites *m.* LOG. sorites.
sorna *f.* slowness, sluggishness. *2* sly slowness in doing or saying something.
soro *m.* BOT. **sorus.**
sorocharse *ref.* (S. Am.) to become mountain-sick.
soroche *m.* (S. Am.) soroche, mountain sickness. *2* (Am.) blush, flush. *3* (Bol., Chi.) GALENA.
sorosis *f.* BOT. sorosis.
sorprendente *adj.* surprising.
sorprender *tr.* to surprise, astonish. *2* to surprise [take unawares, catch in the act]. *3* to surprise [a secret, etc.].
sorpresa *f.* surprise : *coger de ~*, to surprise, astonish, to surprise [take unawares] ; *tomar por ~*, to take by surprise. *2* surprise packet.
sorra *f.* side of tunny fish. *2* NAUT. ballast of coarse gravel.
sorrostrada *f.* insolence, taunt, blunt remark : *dar ~* to insult, to taunt.
sorteable *adj.* drawable [that can be selected by the drawing of lots] ; that can be raffled. *2* that can be evaded or got around.
sorteador, ra *m. & f.* one who draws lots. *2* one who evades or gets around.
sorteamiento *m.* SORTEO.
sortear *tr.* to draw [select by the drawing of lots] ; to draw lots for; to raffle. *2* to elude, evade, get around [a difficulty, etc.]. *3* BULLF. to fight [the bull].
sorteo *m.* drawing [of numbers in a lottery] ; drawing [selection by the drawing of lots] ; drawing of lots ; raffle. *2* act of evading or getting around [a difficulty, etc.]. *2* BULLF. fighting the bull.
sortero, ra *m. & f.* soothsayer, diviner.
sortiaria *f.* divination or fortune telling by cards.
sortija *f.* small metal ring ; finger ring. *2* curl [of hair].
sortijero *m.* small jewel casket or tray for finger rings.
sortijilla *f. dim.* small finger ring. *2* curl [of hair].
sortijón *m. aug.* large finger ring.
sortilegio *m.* sortilege.
sortílego, ga *adj.* sortilegic, sortilegious. — *2 m. & f.* sortileger.
sosa *f.* CHEM. soda : ~ *cáustica*, caustic soda. *2* BOT. barilla, glasswort, soda plant. *3* soda ash.
sosaina *m. & f.* dull, colourless, insipid person.

sosal *m.* barilla field.
sosamente *adv.* insipidly. *2* dully, uninterestingly, vapidly.
sosegadamente *adv.* calmly, quietly, peacefully. *2* unhurriedly.
sosegado, da *p. p.* of SOSEGAR. — *2 adj.* calm, quiet, peaceful ; pacified.
sosegador, ra *adj.* calming, quieting, appeasing, soothing, pacifying. — *2 m. & f.* quieter, appeaser, soother, pacifier.
sosegar *tr.* to calm, quiet, appease, soothe, pacify. — *2 intr.* to rest, repose, sleep. — *3 intr. & ref.* to become calm, quiet, composed, to quiet down ; to lull. *4* to be pacified. ¶ CONJUG. like *acertar*.
sosegué *pret.* of SOSEGAR.
sosera, sosería *f.* dullness, insipidity, vapidness, lack of vivacity. *2* insipidity [insipid speech].
sosero, ra *adj.* soda yielding.
sosia *m.* sosia [person closely resembling another].
sosiega *f.* rest after work. *2* drink taken by peasants while resting after dinner or before going to bed.
1) **sosiego** *m.* calm, quiet, peace, tranquility.
2) **sosiego, sosiegue,** etc., *irr.* V. SOSEGAR.
soslayar *tr.* to place obliquely. *2* to elude, evade, pass over [a question, a difficulty].
soslayo, ya *adj.* oblique. *2 al ~*, obliquely, askance ; *de ~*, obliquely, askance ; sideways ; in passing [as to elude a difficulty].
soso, sa *adj.* insipid, tasteless [esp. from being unsalted or deficiently salted]. *2* insipid, dull, flat, uninteresting, vapid. *3* dull, colourless, insipid [person].
sosobrejuanete *m.* NAUT. skysail.
sospecha *f.* suspicion.
sospechable *adj.* that can be suspected or surmised.
sospechar *tr.* to suspect [have an impression of the existence or presence of ; to be inclined to think that]. — *2 intr.* to suspect, be suspicious about : ~ *de una persona*, to suspect a person.
sospechosamente *adv.* suspiciously [as to arouse suspicion].
sospechoso, sa *adj.* suspicious [arousing suspicion], suspect. *2* suspicious [feeling suspicion]. — *3 m. & f.* suspect [person].
sospesar *tr.* SOPESAR.
sosquín *m.* side blow, blow given obliquely.
sostén *m.* support. *2* sustenance. *3* brassière. *4* NAUT. steadiness of a ship.
sostendré, sostendría, etc., *irr.* V. SOSTENER.
sostenedor, ra *m. & f.* supporter. *2* defender, upholder.
sostener *tr.* to support, sustain, hold up, prop. *2* to support [by aid or countenance ; to aid, promote the cause of ; give strength to, encourage] ; to back. *3* to support, endure, tolerate. *4* to support, maintain [a family, etc.]. *6* to hold [a conference]. *7* to defend, maintain [by argument]. *8* to maintain, affirm, contend. *9* to sustain [keep from sinking or giving way]. *10* to maintain, keep up [prices, credit, etc.]. *11* to sustain, keep up [cause to continue, prolong]. — *12 ref.* to support or maintain oneself. ¶ CONJUG. like *tener*.
sostengo, sostenga, etc., *irr.* V. SOSTENER.
sostenido, da *p. p.* of SOSTENER. — *2 adj.* supported. *3* sustained : *esfuerzos sostenidos*, sustained efforts. *4* MUS. sharp. — *5 m.* MUS. sharp [the tone and the sign] : *doble ~*, double sharp.
sosteniente *adj.* supporting, sustaining.
sostenimiento *m.* support. *2* maintenance, sustenance. *3 muro de ~*, retaining wall.
sostiene, etc., *irr.* V. SOSTENER.
sostuve, sostuviera, sostuviese, etc., *irr.* V. SOSTENER.
sota *f.* CARDS jack, knave. *2* coll. hussy, jade. — *3 m.* (Chi.) foreman, overseer.
sotabanco *m.* attic, garret. *2* ARCH. course over a cornice for raising an arch.
sotabarba *f.* Newgate frill or fringe [beard under the chin].
sotacola *f.* ATAHARRE.
sotacoro *m.* SOCORO.
sotalugo *m.* second hoop [of a cask or barrel].
sotacura *m.* (Am.) COADJUTOR 2.
sotana *f.* cassock, soutane. *2* coll. beating, drubbing.
sotanear *tr.* to scold. *2* to beat, drub.
sótano *m.* cellar, basement.
sotaventarse, sotaventearse *ref.* NAUT. to fall to leeward.

sotavento *m.* NAUT. lee, leeward : *a* ~, to leeward, under the lee.
sotechado *m.* shed.
soteño, ña *adj.* growing in groves.
soterramiento *m.* burying underground.
soterraño, ña *adj.* & *m.* SUBTERRÁNEO.
soterrar *tr.* to bury underground. 2 fig. to bury, hide away. ¶ CONJUG. like *acertar.*
sotierro, sotierre, etc., *irr.* V. SOTERRAR.
sotileza *f.* leader [of a fishline].
sotillo *m. dim.* little grove.
sotreta *f.* (Arg., Bol.) sorry nag.
soto *m.* grove. 2 thicket.
sotrozo ARTIL. linchpin. 2 NAUT. foothook staff.
sotuer *m.* HER. saltier.
soturno, na *adj.* saturnine.
soviet *m.* soviet.
soviético, ca *adj.* soviet, sovietic.
sovoz (a) *adv.* in a low tone, in an undertone.
soy *irr.* V. SER.
stato quo *m.* stato quo.
su, *pl.* **sus** *poss. adj.* [for the 3rd person in every gender and number] : his, your, her, its, their : ~ *libro,* his or her book; ~ *libro de usted,* your book; *sus libros,* his, her or their books.
Suabia *pr. n.* GEOG. Swabia.
suabo, ba *adj.* & *n.* Swabian.
suarda *f.* JUARDA.
suasorio, ria *adj.* suasory, suasive, persuasive.
suave *adj.* soft [not rough or coarse, not crude or dazzling, not strident or loud], smooth, delicate, mellow. 2 sweet [odour]. 3 soft, gentle, quiet. 4 gentle, mild [not drastic, not severe, not violent; moderate, gradual]. 5 suave, gentle, mild, tractable, docile.
suavemente *adv.* gently, softly, sweetly, mildly, delicately. 2 suavely.
suavicé, suavice, etc., *pret., subj.* & *imper.* of SUAVIZAR.
suavidad *f.* softness, smoothness. 2 delicateness, mellowness, sweetness. 3 gentleness, mildness. 4 suavity, tractability.
suavizador, ra *adj.* softening, smoothing, mollifying. — 2 *m.* razor strop.
suavizar *tr.* to soften, smoothe. 2 to mollify, mitigate, ease, temper. 3 to strop [a razor].
subacetato *m.* CHEM. subacetate.
subácido, da *adj.* CHEM. subacid.
subacuático, ca *adj.* subaqueous.
subaéreo, a *adj.* BOT. subaerial.
subalpino, na *adj.* subalpine.
subalternante *adj.* holding in subordination.
subalternar *tr.* to hold in subordination.
subalterno, na *adj.* subaltern, subordinate. — 2 *m.* & *f.* subaltern.
subálveo, a *adj.* located under the bed of a stream.
subarrendador, ra *m.* & *f.* subletter, subleaser.
subarrendamiento *m.* subletting, sublease.
subarrendar *tr.* to sublet, sublease. ¶ CONJUG. like *acertar.*
subarrendatario, ria *m.* & *f.* sublessee, subtenant.
1) **subarriendo** *m.* sublease.
2) **subarriendo, subarriende,** etc., *irr.* V. SUBARREN-DAR.
subártico, ca *adj.* subarctic.
subasta *f.* auction, auction sale : *sacar a pública* ~, to put up to auction.
subastador *m.* auctioneer.
subastar *tr.* to auction, auction off, sell at auction.
subcarbonato *m.* CHEM. subcarbonate.
subcinericio, cia *adj.* baked under ashes [bread].
subclase *f.* BIOL. subclass.
subclavio, via *adj.* ANAT. subclavian.
subcomendador *m.* deputy commander of a military order.
subcomisión *f.* subcommission, subcommittee.
subconsciencia *f.* subconsciousness; [the] subconscious.
subconsciente *adj.* subconscious.
subcostal *adj.* ANAT. subcostal.
subcutáneo, a *adj.* subcutaneous.
subdelegación *f.* subdelegation.
subdelegado, da *m.* & *f.* subdelegate.
subdelegante *adj.* subdelegating. — 2 *m.* & *f.* one who subdelegates.
subdelegar *tr.* to subdelegate.
subdelirio *m.* MED. subdelirium.
subdiaconado, subdiaconato *m.* subdeaconship.
subdiácono *m.* subdeacon.
subdirección *f.* office of an assistant director.

subdirector, ra *m.* & *f.* assistant director.
subdistinción *f.* subdistinction.
subdistingo, subdistinga, etc., *pres., subj.* & *imper.* of SUBDISTINGUIR.
subdistinguir *tr.* to subdistinguish.
súbdito, ta *m.* & *f.* subject [of a state, etc.].
subdividir *tr.* to subdivide.
subdivisible *adj.* subdivisible.
subdivisión *f.* subdivision.
subdominante *f.* MUS. subdominant.
subduplo, pla *adj.* MATH. subdouble.
subejecutor *m.* subagent.
subentender *tr.* & *ref.* SOBRENTENDER. ¶ CONJUG. like *entender.*
subentiendo, subentienda, etc., *irr.* V. SUBENTENDER.
subérico, ca *adj.* suberic.
suberina *f.* BIOCHEM. suberin.
suberoso, sa *adj.* subereous, suberose.
subestimar *tr.* to underrate, undervalue.
subfamilia *f.* BIOL. subfamily.
subgénero *m.* BIOL. subgenus.
subgobernador *m.* deputy governor.
subida *f.* ascent, ascension, going up, climb, climbing. 2 accession [to the throne, etc.]. 3 elevation, hoisting, carrying up. 4 rise [of prices, tide, etc.]. 5 acclivity, rise, upward slope.
subidero, ra *adj.* used for ascending or climbing. — 2 *m.* way up, way to go up.
subido, da *p. p.* of SUBIR. — 2 *adj.* raised, mounted [on]. 3 high, great, fine. 4 high [price]. 5 bright, deep, intense [colour]. 6 strong [scent]. 7 ~ *de color,* of a bright or deep colour; fig. off-colour, risqué.
subidor *m.* porter, raiser, hoister.
subiente *adj.* ascending. — 2 *m.* ARCH. ascending ornament.
subilla *f.* LEZNA.
subimiento *m.* ascent, ascension, going up. 2 elevation, hoisting, carrying up.
subinquilino *m.* subtenant.
subinspección *f.* subinspectorship. 2 subinspector's office.
subinspector *m.* subinspector.
subintendencia *f.* office or post of an assistant intendant.
subintendente *m.* assistant intendant.
subintración *f.* MED. [of fever] being subintrant. 2 SURG. underlapping [of a fractured bone].
subintrante *adj.* MED. subintrant [fever]. 2 SURG. underlapping [fractured bone].
subintrar *intr.* MED. [of fever] to be subintrant. 2 SURG. [of a fractured bone] to underlap.
subir *intr.* to go up, come up, ascend, rise, climb, mount, soar. 2 to accede [to the throne, etc.]. 3 [of a river, the tide, prices, the temperature, etc.] to rise. 4 to rise [grow upwards, become higher; increase in amount; come to the surface]. 5 to rise [be promoted, prosper, attain a better position]. 6 to rise [slope upward]. 7 MUS. to rise. 8 [of a bill, etc.] to amount [to]. 9 ~ *a caballo,* to mount, mount an horse. 10 ~ *de punto,* to rise, grow, increase. 11 ~ *de tono,* fig. to become more arrogant; to raise one's voice. — 12 *tr.* to raise, place higher, bring up, take up, hoist. 13 to ascend, climb, go up [a slope, the stairs, etc.]. 14 to raise [the voice, price, rents, wages]. 15 to raise [cause to increase in height]. — 16 *ref.* to climb, mount [on], get [on]: ~ *a un árbol,* to climb a tree; ~ *a la mesa,* to get on the table. 17 ~ *a las barbas de uno,* to become disrespectful, insubordinate. 18 ~ *a la cabeza* [of wine, liquor, popularity, etc.], to go to one's head.
súbitamente, subitáneamente *adv.* suddenly, all of sudden.
subitáneo, a *adj.* sudden [occurring or come upon suddenly].
súbito, ta *adj.* sudden. 2 hasty, precipitate, impulsive. — 3 *adv. súbito* or *de* ~, suddenly.
subjefe *m.* assistant chief; second in command.
subjetivamente *adv.* subjectively.
subjetividad *f.* subjectivity.
subjetivismo *m.* subjectivism.
subjetivo, va *adj.* subjective.
subjuntivo *adj.* & *m.* GRAM. subjunctive.
sublevación, sublevamiento *f.* insurrection, revolt.
sublevar *tr.* to incite to rebellion, to raise in rebellion. 2 to stir up the indignation of. — 3 *intr.* to revolt, rise in insurrection.
sublimación *f.* sublimation.

sublimado, da *adj.* sublimated. — *2 m.* CHEM. sublimate : ~ *corrosivo,* corrosive sublimate.
sublimar *tr.* to sublimate [refine, purify, idealize]. 2 to elevate, exalt. 3 CHEM. to sublimate.
sublimatorio, ria *adj.* CHEM. sublimatory.
sublime *adj.* sublime : *la Sublime Puerta,* the Sublime Porte ; *lo* ~, the sublime.
sublimemente *adj.* sublimely.
sublimidad *f.* sublimity.
subliminar *adj.* PSYCOL. subliminal.
sublingual *adj.* ANAT. sublingual.
sublunar *adj.* sublunar, sublunary.
submarino, na *adj.* submarine, underwater. — *2 m.* NAUT. submarine.
submaxilar *adj.* ANAT. submaxillary.
subministración *f.* SUMINISTRACIÓN.
subministrador, ra *adj. & n.* SUMINISTRADOR.
subministrar *tr.* SUMINISTRAR.
submúltiplo, pla *adj. & n.* MATH. submultiple.
suboficial *m.* MIL. noncommissioned officer next above a sergeant.
suborden *m.* BIOL. suborder.
subordinación *f.* subordination.
subordinadamente *adv.* subordinately ; subserviently.
subordinado. da *adj.* subordinate ; subservient. 2 GRAM. subordinate. — *3 m. & f.* subordinate [person].
subordinar *tr.* to subordinate.
subpolar *adj.* subpolar.
subprefecto *m.* subprefect.
subprefectura *f.* subprefecture.
subproducto *m.* by-product.
subrayar *tr.* to underline, undescore [draw a line under ; emphasize].
subrepción *f.* underhand proceeding. 2 LAW subreption.
subrepticiamente *adv.* surreptitiously.
subrepticio, cia *adj.* surreptitious.
subrogación *f.* LAW subrogation, surrogation, substitution.
subrogar *tr.* LAW to subrogate, surrogate, substitute.
subsanable *adj.* mendable, remediable, that can be obviated. 2 excusable.
subsanación *f.* mending, remedying, obviating. 2 excusal, exculpation.
subsanar *tr.* to mend, correct, remedy, repair, obviate. 2 to excuse, exculpate.
subscapular *adj.* ANAT. subscapular.
subscribir *tr.* to sign, subscribe. 2 to subscribe [to another's opinion]. 3 to enter someone for a subscription to or for. — *4 ref.* to subscribe to or for. ¶ CONJUG. Past. p.: *subscripto & subscrito.*
suscripción *f.* subscription.
subscripto, ta ; subscrito, ta *irr. p. p.* of SUBSCRIBIR.
subscriptor, ra *m. & f.* subscriber.
subsecretaria *f.* undersecretaryship. 2 office of an undersecretary.
subsecretario, ria *m. & f.* undersecretary.
subsecuente *adj.* SUBSIGUIENTE.
subseguir, intr., subseguirse *ref.* to follow next. ¶ CONJUG. like *servir.*
subsidiariamente *adj.* subsidiarily [as a subsidy]. 2 LAW subsidiarily.
subsidiario, ria *adj.* subsidiary [furnishing aid]. 2 LAW subsidiary.
subsidio *m.* subsidy. 2 tax on the goods. 3 ~ *familiar,* family allowance.
subsigo, subsiga, etc., *irr.* V. SUBSEGUIR.
subsiguiente *adj.* subsequent.
subsiguió, subsiguiera, subsiguise, etc., *irr.* V. SUBSEGUIR.
subsistencia *f.* subsistence, subsisting. 2 livelihood, living. 3 *pl.* provisions.
subsistente *adj.* subsistent.
subsistir *intr.* to subsist. 2 to last. 3 to live, find sustenance.
subsolano *m.* east ; east wind.
substancia *f.* METAPHY. substance. 2 substance, matter [particular kind of matter] : ~ *blanca,* ANAT. white matter ; ~ *gris,* ANAT. gray matter. 3 substance [essence, most important part ; pith] : *en* ~, in substance, in brief. 4 substance [property, actual possessions]. 5 nutritious part of food. 6 extract, juice : ~ *de carne,* beef extract. 7 value, importance. 8 coll. judgement, sense : *hombre sin* ~, senseless man.
substanciación *f.* abstraction. abridgment, epitomizing. 2 LAW proceedings [of a case].

substancial *adj.* substantial [pertaining to the substance]. 2 substancial, essential. 3 nourishing, nutritious.
substancialismo *m.* PHIL. substantialism.
substantividad *f.* substantivity.
substancialmente *adv.* substantially.
substanciar *tr.* to abstract, abridge, epitomize. 2 LAW to try [a case], to conduct the proceedings of [a case].
substancioso, sa *adj.* juicy, nourishing, nutritious. 2 substantial, pithy. 3 important.
substantivamente *adv.* substantively. 2 substantivally.
substantivar *tr.* GRAM. to substantivize.
substantivo, va *adj.* substantive. 2 substantival. — *3 m.* GRAM. substantive noun.
substitución *f.* substitution.
substituible *adj.* replaceable.
substituidor. ra *adj.* substituting. — *2 m. & f.* one that substitutes.
substituir *tr.* to substitute, replace ; to be a substitute for ; to perform some function in place of another person or thing. ¶ CONJUG. like *huir.*
substitutivo *adj.* substitutive. — *2 m.* substitute [thing].
substituto *m. & f.* substitute [person].
substituyente *adj.* substituting.
substituyo, substituyó, substituya, etc., *irr.* V. SUBSTITUIR.
substracción *f.* subtraction, deduction. 2 MATH. subtraction. 3 abstraction, purloining, stealing.
substraendo *m.* MATH. subtrahend.
substraer *tr.* to subtract. deduct. 2 MATH. to subtract. 3 to abstract, purloin, steal. *4 ~ a,* to put away or out of reach from. — *5 ref.* to elude, evade [observation, duty, the action of something]. ¶ CONJUG. like *traer.*
substraigo, substraje. substraiga, substrajera, substrajeses, etc., *irr.* V. SUBSTRAER.
substrato *m.* PHILOS. substratum.
substrayendo *ger.* of SUBSTRAER.
subsuelo *m.* subsoil.
subtender *tr.* GEOM. to subtend. ¶ CONJUG. like *entender.*
subtenencia *f.* MIL. second lieutenancy.
subteniente *m.* MIL. second lieutenant.
subtensa *f.* GEOM. subtense, chord.
subtenso, sa *adj.* subtended.
subterfugio *m.* subterfuge.
subterráneamente *adv.* subterraneously.
subterráneo, a *adj.* subterranean, underground. — *2 m.* subterranean [underground place, cavern or room]. 3 (Am.) subway.
subtiendo, subtienda, etc., *irr.* V. SUBTENDER.
subtitular *tr.* to subtitle.
subtítulo *m.* subtitle, subhead.
suburbano, na *adj.* suburban. — *2 m. & f.* suburbanite.
suburbicario, ria *adj.* suburbicarian.
suburbio *m.* suburb.
subvención *f.* subvention, subsidy. 2 the act of SUBVENIR.
subvencionar *tr.* to subsidize, to grant a subvention to.
subvendrá, subvendría, etc., *irr.* V. SUBVENIR.
subvengo, subvenga, etc., *irr.* V. SUBVENIR.
subvenir *tr.* to provide for [the needs of a person, community, etc.] ; to meet, defray [expenses[. ¶ CONJUG. like *venir.*
subversión *f.* subversion.
subversivo, va *adj.* subversive.
subversor, ra *adj.* subverting. — *2 m. & f.* subverter.
subvertir *tr.* to subvert. ¶ CONJUG. like *hervir.*
subvierto, subvierta, etc., *irr.* V. SUBVERTIR.
subviene, subvine, subviniera, subviniese, etc., *irr.* V. SUBVENIR.
subyacente *adj.* subjacent, underlying.
subyugación *f.* subjugation.
subyugador, ra *adj.* subjugating. — *2 m. & f.* subjugator.
subyugué, subyugue, etc., *pret., subj. & imper.* of SUBYUGAR.
subyugar *tr.* to subjugate, subdue.
succinato *m.* CHEM. succinate.
succínico, ca *adj.* CHEM. succinic.
succino *m.* succin, amber.
succión *f.* suction.
sucedáneo, a *adj.* succedaneous. — *2 m.* succedaneum, substitute [thing].

suceder *intr.* ~ *a*, to succeed [follow in order, be subsequent to; be the successor of]. — *2 ref.* to follow one another, follow one after the other. — *3 impers.* to happen, occur, come to pass: *suceda lo que suceda*, come what may.

sucedido, da *p. p.* of SUCEDER. — *2 m.* coll. event, happening.

sucediente *adj.* suceeding, following.

sucesible *adj.* capable of sucession.

sucesión *f.* succession [following in order; succeeding to the throne, etc.]. *2* LAW succession: ~ *intestada*, succession ab intestato; ~ *testada*, testamentary succession. *3* issue, offspring, progeny.

sucesivamente *adv.* successively: *y asi* ~, and so on.

sucesivo, va *adj.* successive, consecutive. *2 en lo* ~, in the future, thereafter.

suceso *m.* event, happening. *2* issue, outcome. *3* course [of time].

sucesor, ra *m. & f.* successor.

suciamente *adv.* dirtily, filthily, foully, nastily, uncleanly.

suciedad *f.* dirt, filth. *2* dirtiness, filthiness, foulness, nastiness.

sucintamente *adv.* succintly, briefly.

sucintarse *ref.* to be precise, brief.

sucinto, ta *adj.* succinct, concise, brief.

sucio, cia *adj.* dirty, filthy, foul, nasty, unclean. *2* soiled, stained, dingy, smirched. *3* untidy, slovenly. *4* tainted with guilt or sin. *5* obscene. *6* easily soiled. *7* blurred [colour]. *8* foul [play]. *9* NAUT. foul [bottom]. — *10 adv.* foully, in a foul manner: *jugar* ~, to play foully, contrary to the rules.

suco *m.* JUGO. *2* (Bol., Chi., Ven.) muddy ground.

sucoso, sa *adj.* JUGOSO.

sucotrino, na *adj.* Socotrine [aloès].

sucre *m.* sucre [Ecuadorean silver coin]

súcubo *adj.* succubine. — *2 m.* succuba, succubus.

sucucho *m.* corner [internal angle formed by two walls]. *2* (Am.) SOCUCHO.

suculentamente *adv.* succulently, nourishingly.

suculento, ta *adj.* succulent, juicy, nourishing.

sucumbiente *adj.* succumbing.

sucumbir *intr.* to succumb. *2* LAW to lose a suit.

sucursal *adj.* COM. branch. — *2 f.* branch [of a commercial house]. branch office.

suche *adj.* (Ve.) sour, unripe. — *2 m.* (Ec., Pe.) SÚCHIL. *3* (Arg.) pimple. *4* (Chi.) office boy, insignificant employee.

súchel *m.* (Cu.) SÚCHIL.

súchil *m.* BOT. (Mex.) a tree yielding valuable timber.

sud *m.* south. *2* south wind.

sudadero *m.* handkerchief. *2* saddlecloth, saddleblanket. *3* sudatorium, sweating room. *4* place where moisture is oozing out. *5* sweating place for sheep.

sudado, da *p. p.* of SUDAR. — *2 adj.* sweating, sweaty, wet with sweat.

sudafricano, na *adj. & n.* South African.

sudamericano, na *adj. & n.* South American.

Sudán *m. pr. n.* GEOG. Sudan.

sudanés, sa *adj. & n.* Sudanese.

sudante *adj.* sweating.

sudar *intr.* to sweat, perspire. *2* [of a plant, wall, etc.] to sweat. *3* fig. to sweat, toil, drudge. — *4 tr.* to sweat [emit from pores; exude]: ~ *sangre*, to sweat blood. *5* to sweat [wet with perspiration]. *6* coll. to give reluctantly.

sudario *m.* shroud, winding sheet.

sudatorio, ria *adj.* sudorific.

sudestada *f.* (Arg.) southeaster, rainy southeast wind.

sudeste *m.* southeast. *2* southeast wind.

sudoeste *m.* southwest. *2* southwest wind.

sudor *m.* sweat, perspiration: ~ *frío*, cold sweat. *2* sweat [moisture exuding from plants or a surface]. *3* fig. sweat, toil.

sudoriento, ta *adj.* wet with sweat.

sudorífero, ra; sudorífico, ca *adj. & n.* sudorific.

sudoríparo, ra *adj.* ANAT. sudoriferous [gland].

sudoroso, sa *adj.* sweating, perspiring freely. *2* easily sweating.

sudoso, sa *adj.* sweaty.

sudsudeste *m.* south-southeast. *2* south-southeast wind.

sudsudoeste *m.* south-southwest. *2* south-southwest wind.

sudueste *m.* SUDOESTE.

Suecia *f. pr. n.* GEOG. Sweden.

sueco, ca *adj.* Swedish. — *2 m. & f.* Swede: *hacerse el* ~, coll. to pretend not to hear or not to understand. — *3 m.* Swedish [language].

suegra *f.* mother-in-law.

suegro *m.* father-in-law.

suela *f.* sole [of a shoe]: *media* ~, half sole, tap; *no llegarle a uno a la* ~ *del zapato*, not to be able to hold a candle to someone; *de siete suelas*, arrant, confirmed, out-and-out; *picaro de siete suelas*. arrant rogue. *2* sole leather. *3* leather tip [of billiard cue]. *4* ICHTH. sole.

suelda *f.* CONSUELDA.

sueldacostilla *f.* BOT. grape hyacinth.

1) **sueldo** *m.* salary, pay: *a* ~ *de*, in the pay of. *2* sol [ancient coin].

2) **sueldo, suelde,** etc., *irr.* V. SOLDAR.

1) **suelo** *m.* ground, earth [surface of the earth], floor, flooring, pavement: *arrastrarse por el* ~, to crawl, creep; fig. to creep, cringe, humble oneself, behave abjectly; *besar el* ~, coll. to fall flat on the ground; *dar consigo en el* ~, to fall down; *dar en el* ~ *con*, to throw down; *echarse por los suelos*, to be excessively humble or obsequious; *medir el* ~, to fall flat on the ground, measure one's length on the ground; *venir* or *venirse al* ~, to fall to the ground, collapse, topple; to fail: *por el* ~, *por los suelos*, in state of great depreciation. *2* soil, land: ~ *natal*, native soil, home country. *3* storey, story. *4* bottom, underside. *5* hoof [of a horse]. *6* dregs, lees, sediment.

2) **suelo, suela** *irr.* V. SOLAR & SOLER.

suelta *f.* release, setting free or loose: *dar* ~ *a*, to let out, set free; to grant a recess for amusement to. *2* hobble [for horses].

sueltamente *adv.* loosely. *2* easily, nimbly. *3* flowingly, fluently. *4* licentiously. *5* spontaneously.

1) **suelto, ta** *adj.* light, swift, *2* easy, agile, nimble, ready. *3* easy, flowing, fluent. *4* bold, free. *5* loose [hanging partly free]'. *6* loose [composed of free particles]. *7* loose, slack: *rienda suelta*, loose rein. *8* odd, loose, separate, disconnected, detached. *9* single [copy]. *10* blank [verse]. *11* *dinero* ~, small change. *12* ~ *de lengua*, outspoken. — *13 m.* small change. *14* newspaper item or paragraph.

2) **suelto, suelte** *irr.* V. SOLTAR.

suelvo, suelva, etc., *irr.* V. SOLVER.

sueno, suene, etc., *irr.* V. SONAR.

1) **sueño** *m.* sleep: ~ *eterno*, eternal sleep, death; ~ *pesado*, deep sleep; *caerse de* ~, to be overcome with sleep; *conciliar el* ~, to manage to go to sleep; to get a sleep; *descabezar el* ~, *echar un* ~, to take a nap; *espantar el* ~, to scare away sleep; *tener* ~, to be sleepy; *entre sueños*, half asleep, while half asleep. *2* sleepiness, drowsiness. *3* dream: ~ *hecho realidad*, dream come true; ~ *dorado*, one's most cherished dream or wish; *en sueños*, dreaming; *ni por sueños*, by no means.

2) **sueño, sueñe,** etc., *irr.* V. SOÑAR.

suero *m.* BIOL., MED. serum. *2* whey.

sueroso, sa *adj.* SEROSO.

sueroterapia *f.* serotherapy, serum therapy.

suerte *f.* chance, hazard; fortune, lot, doom, fate, destiny: *caerle a uno en* ~, to fall to one's lot; *compartir la* ~ *de*, to cast, or throw, one's lot with. *2* luck: *buena* ~, good luck; *mala* ~, bad luck; ~ *negra*, very bad luck. *3* good luck: *tener* ~, to be lucky; *por* ~, luckily. *4* lot [in deciding or selecting by lot]: *echar suertes*, to draw, or cast, lots; *elegir por* ~, to choose by lot; *le cayó*, or *le tocó, la* ~, the lot fell on him; he won the prize [in a lottery]. *5* state, condition: *mejorar de* ~, to better oneself. *6* sort, kind, class. *7* manner, way: *de* ~ *que*, in such a manner as; so that; and so. *8* piece of tillable ground separated by landmarks. *9* BULLF. any of the parts in which a bullfight is divided; manoeuvre of a bullfighter. *10* (Pe.) lottery ticket.

suertero, ra *adj.* (Am.) lucky, fortunate. — *2 m.* (Pe.) seller of lottery tickets.

sueste *m.* southeast. *2* NAUT. southwester [waterproof hat].

suéter *m.* (Angl.) sweater [thick woollen jersey].

Suevia *f. pr. n.* GEOG. Swabia.

suevo, va adj. & n. Swabian.
sufete m. Suffete [Carthaginian magistrate]
sufi, pl. **-fíes** adj. Sufistic. — 2 m. & f. Sufi.
suficiencia f. ability, efficiency : aire de ~, sufficiency, conceit. 2 a ~, sufficiently, enough.
suficiente adj. sufficient, sufficing, enough : ser ~, to suffice. 2 able, capable.
suficientemente adv. sufficiently.
sufijo, ja adj. suffixed. — 2 m. suffix.
sufismo m. Sufism.
sufocación f. SOFOCACIÓN.
sufocador, ra adj. & n. SOFOCADOR.
sufocante adj. SOFOCANTE.
sufocar tr. & ref. SOFOCAR.
sufra f. ridgeband [of a harness].
sufragáneo, a adj. suffragan. — 2 m. suffragan, suffragan bishop.
sufragar tr. to defray, pay [the expenses]. 2 to aid, assist. — 3 intr. (Arg., Chi., Ec.) to vote : ~ por, to vote for.
sufragio m. suffrage [vote; right of voting in political elections] : ~ universal, universal suffrage. 2 aid, help, assistance. 3 ECCL. prayer, etc., for the dead.
sufragismo m. suffragism.
sufragista adj. suffragistic. — 2 adj. & n. suffragist. — 3 f. suffragette.
sufragué, sufrague, etc., pret. subj. & imper. of SUFRAGAR.
sufrible adj. sufferable, bearable.
sufridera f. perforated iron block which is placed on the anvil under a piece to be punched.
sufridero, ra adj. SUFRIBLE.
sufrido, da p. p. of SUFRIR. — 2 adj. enduring, patient, long-suffering. 3 that does not show dirt [colour]. 4 complacent [husband].
sufridor, ra adj. suffering. — 2 m. & f. sufferer.
sufriente adj. suffering.
sufrimiento m. suffering. 2 bearing, endurance, tolerance.
sufrir tr. suffer [pain, loss, grief, wrong, punishment, etc.]. 2 to suffer, endure, bear up, put up with, support, tolerate. 3 to undergo [a change, operation, etc.]. 4 to take [an examination]. 5 to suffer [permit]. — 6 intr. to suffer. 7 to worry, be anxious.
sufumigación f. MED. suffumigation.
sufusión m. MED. suffusion.
sugerencia f. (Am.) suggestion, hint.
sugerente adj. suggesting.
sugeridor, ra adj. suggesting. — 2 m. & f. suggester.
sugerir tr. to suggest, hint, insinuate. ¶ CONJUG. like hervir.
sugestión f. suggestion [suggesting; idea, etc., suggested]. 2 [hypnotic] suggestion.
sugestionable adj. suggestible, easily influenced.
sugestionar tr. to hypnotize. 2 to influence [a person].
sugestivo, va adj. suggestive.
sugiero, sugirió, sugiera, etc., irr. V. SUGERIR.
suicida adj. suicidal. — 2 m. & f. suicide [person].
suicidarse ref. to commit suicide, destroy oneself.
suicidio m. suicide, self-murder, self-destruction.
suido, da adj. & m. ZOOL. suid, suidian. — 2 m. pl. ZOOL. Suidæ.
sui géneris (Lat.) sui generis, unique, peculiar.
suindá m. ORN. (Arg.) a light-brown owl.
Suiza pr. n. GEOG. Switzerland.
suiza f. ancient military sport. 2 fight, row.
suizo, za adj. & n. Swiss.
sujeción f. subjection. 2 subduing. 3 submission, obedience. 4 attachment [of a thing to another]. 5 RHET. prolepsis. 6 accordance [with law, etc.] : con ~ a, in accordance with.
sujetador, ra adj. holding, fastening. — 2 m. holder, fastener, clamp, clip, etc.
sujetapapeles, pl. **-les** m. paper clip.
sujetar tr. to subject, subdue. 2 to control, check, hold, restrain. 3 to hold fast, fasten, catch, grasp; attach, tie. — 4 ref. to submit, be subjected. 5 to conform to, abide by. ¶ CONJUG. Past. p.: sujetado & sujeto.
sujeto, ta irr. p. p. of sujetar. — 2 adj. held, grasped, attached. 3 subject [in subjection]. 4 subject [liable, prone]. — 5 m. GRAM., LOG., PHILOS. subject. 6 subject, matter. 7 coll. person, individual, fellow.
sulfácido m. CHEM. sulphacid.
sulfatación f. sulphation.

sulfatado, da adj. sulphated. — 2 m. sulphating, sulphation.
sulfatador, ra adj. sulphating. — 2 m. & f. sulphating machine.
sulfatar tr. to sulphate.
sulfato m. CHEM. sulphate.
sulfhidrato m. CHEM. hydrosulphide.
sulfhídrico, ca adj. CHEM. hydrosulphuric : ácido ~, hydrogen sulphide.
sulfito m. CHEM. sulphite.
sulfonal m. PHARM. sulphonal.
sulfonamida f. CHEM. sulphonamide.
sulfurar tr. CHEM. to sulphur, sulphurate. 2 fig. to anger, enrage, incense. — 3 ref. to get angry, get furious.
sulfúreo, a adj. sulphureous, sulphury.
sulfúrico, ca adj. CHEM. sulphuric.
sulfuro m. CHEM. sulphide.
sulfuroso, sa adj. CHEM. sulphurous.
sultán m. sultan.
sultana f. sultana. sultaness.
sultanato m., **sultanía** f. sultanate.
sultánico, ca adj. sultanic.
suma f. sum, aggregate. 2 sum [of money]. 3 MATH. sum, total, footing : ~ y sigue, carried forward. 4 MATH. sum, addition. 5 sum, substance, summary : en ~, in sum. 6 summa.
sumaca f. (Am.) small coasting schooner.
sumador, ra adj. adding. — 2 m. & f. adder. — 3 f. adding machine.
sumamente adv. exceedingly, extremely, highly.
sumando m. MATH. addend.
sumar tr. MATH. to add : máquina de ~, adding machine. 2 to amount to. 3 to add, join. 4 to sum up, make a summa or synthesis of. — 5 ref. sumarse a, to be added to ; to adhere to [an opinion, party, etc.] ; to join [a group, etc.].
sumaria f. LAW written proceedings. 2 MIL. indictment.
sumariamente adv. summarily.
sumario, ria adj. summary, brief, succinct. 2 LAW summary. — 3 m. summary, abstract. 4 LAW indictment.
sumarísimo, ma adj. LAW swift, expeditious.
sumergible adj. submersible. — 2 m. submersible boat.
sumergimiento m. SUMERSIÓN.
sumergir tr. to submerge, submerse, sink. — 2 ref. to submerge, submerse, plunge, dive; be submerged.
sumerjo, sumerja, etc., pres., subj. & imper. of SUMERGIR.
sumersión f. submersion, immersion.
sumidad f. apex, top, tip.
sumidero m. sewer, drain, sink, sump.
sumiller m. formerly, chief of each of several offices in the king's household.
sumillería f. office or dignity of a SUMILLER.
suministración f. SUMINISTRO.
suministrador, ra adj. furnishing, providing, supplying. — 2 m.-f. furnisher, provider, supplier.
suministrar tr. to furnish with, provide with, afford, purvey, supply.
suministro m. providing, supplying. 2 provision, supply.
sumir tr. to submerge, sink, plunge, engulf. 2 to take [the Eucharist] in the mass. — 3 ref. to sink, plunge, be engulfed. 4 [of cheeks, etc.] to be sunken.
sumisamente adv. submissively.
sumisión f. submission ; submissiveness.
sumiso, sa adj. submissive, humble, obedient.
sumista m. & f. summist. 2 calculator.
summum m. the limit, the highest degree.
sumo, ma adj. very great or much, greatest, highest, extreme, utmost : con ~ gusto, with very much pleasure ; en ~ grado, highly, to a very great extent ; a lo ~, at most, at the utmost. 2 high, supreme : Sumo Pontífice, Pontifex Maximus [in ancient Rome] ; Sovereign Pontiff [the Pope].
sumoscapo m. ARCH. the highest part of a scape.
súmulas f. pl. compendium of logic.
sumulista m. teacher or student of the essentials of logic.
sunción f. taking [of the Eucharist] in the mass.
suncho m. ZUNCHO.
Sund m. pr. n. GEOG. Sound.
sunsún m. ORN. (Cu.) humming bird.
suntuario, ria adj. sumptuary.

suntuosamente *adv.* sumptuously, gorgeously, magnificently.
suntuosidad *f.* sumptuousness, gorgeousness, magnificence.
suntuoso, sa *adj.* sumptuous, gorgeous, magnificent.
supe, supiste, etc., *irr.* V. SABER.
supedáneo *m.* pedestal of a crucifix.
supeditación *f.* subjection, subordination.
supeditar *tr.* to reduce to subjection, to oppress. 2 to subordinate.
superable *adj.* superable, surmountable.
superabundancia *f.* superabundance.
superabundante *adj.* superabundant.
superabundantemente *adv.* superabundantly.
superabundar *intr.* to superabound.
superádito, ta *adj.* superadded.
superar *tr.* surpass, exceed, excel. 2 to overcome, surmount.
superávit *m.* surplus [excess of revenue over expenditure].
superciliar *adj.* ANAT. superciliary.
supercarburante *m.* high-test fuel.
superchería *f.* fraud, deceit, humbug, trick.
superchero, ra *adj.* deceitful, tricky. — 2 *m. & f.* deceiver, trickster.
superdominante *f.* MUS. superdominant.
supereminencia *f.* supereminence.
supereminente *adj.* supereminent.
superentender *tr.* to superintend, inspect, supervise. ¶ CONJUG. like *entender*.
superentiendo, superentienda, etc., *irr.* V. SUPERENTENDER.
supererogación *f.* supererogation.
supererogatorio, ria *adj.* supererogatory.
superfetación *f.* BIOL. superfetation.
superficial *adj.* superficial; shallow.
superficialidad *f.* superficiality; shallowness.
superficialmente *adv.* superficially.
superficiario, ria *adj.* LAW superficiary.
superficie *f.* surface, superficies : ~ *alabeada, cilíndrica, cónica, desarrollable, reglada,* GEOM. warped, cylindrical, conical, developable, ruled surface. 2 area [superficial extent].
superfino, na *adj.* superfine, extra fine.
superfluamente *adv.* superfluously.
superfluidad *f.* superfluity, superfluousness.
superfluo, fla *adj.* superfluous.
superfosfato *m.* CHEM. superphosphate.
superheterodino, na *adj. & m.* RADIO. superheterodyne.
superhombre *m.* superman.
superhumeral *m.* ephod. 2 ECCL. superhumeral.
superintendencia *f.* superintendence, superintendency, supervision.
superintendente *m. & f.* superintendent, supervisor.
superior *adj.* superior. 2 upper : *labio* ~, upper lip. 3 better, finer. 4 excellent. 5 higher [algebra, mathematics, education, etc.]. — 6 *m.* superior.
superiora *f.* mother superior.
superioridad *f.* superiority, superiorness.
superiormente *adv.* superiorly, masterly, extremely well.
superlativamente *adv.* superlatively.
superlativo, va *adj.* superlative, surpassing; highest : *en grado* ~, in the highest degree. — 2 *adj. & m.* GRAM. superlative.
supiera, supiese, etc., *irr.* V. SABER.
superno, na *adj.* supreme, highest.
súpero *adj.* BOT. superior [ovary].
supernumerario, ria *adj.* supernumerary.
superpondré, superpondría, etc., *irr.* V. SUPERPONER.
superponer *tr.* to superpose, superimpose. ¶ CONJUG. like PONER.
superpongo, superponga, etc., *irr.* V. SUPERPONER.
superposición *f.* superposition, superimposition.
superpuesto, ta *irreg. p. p.* of SUPERPONER.
superpuse, superpusiera, superpusiese, etc., *irr.* V. SUPERPONER.
supersaturado, da *adv.* oversaturated.
supersensible *adj.* supersensitive.
supersónico, ca *adj.* supersonic. — 2 *f.* supersonics.
superstición *f.* superstition.
supersticiosamente *adv* superstitiously.
supersticioso, sa *adj.* superstitious.
supérstite *adj.* LAW surviving.
supersubstancial (pan) *m.* THEOL. the Host.
supervención *f.* supervenience 2 LAW supervention.
supervendré, supervendría, supervengo, supervenga, etc., *irr.* V. SUPERVENIR.
supervenir *intr.* SOBREVENIR. ¶ CONJUG. like *venir*

superviene, supervine, superviniera, superviniese, etc., *irr.* V. SUPERVENIR.
supervivencia *f.* survival. 2 LAW survivorship.
superviviente *adj.* surviving. — 2 *m. & f.* survivor.
supiera, supiese, etc., *irr.* V. SABER.
supinación *f.* supineness. 2 supination.
supinador *adj.* ANAT. supinating. — 2 *m.* ANAT. supinator.
supino, na *adj.* supine [lying face upward; marked by supination]. 2 MED. dorsal [decubitus]. 3 stupid, crass, supine. — 4 *m.* GRAM. supine.
suplantación *f.* supplantation, supplanting. 2 fraudulent alteration [in a writing].
suplantador, ra *m. & f.* supplanter.
suplantar *tr.* to supplant. 2 to alter [a writing] fraudulently.
suplefaltas, *pl.* -tas *m. & f.* coll. substitute, fill-in.
suplemental; suplementario, ria *adj.* supplemental, supplementary.
suplemento *m.* supplement. 2 complement [that which completes]. 3 MATH. supplement.
suplente *adj.* substituting. — 2 *m. & f.* substitute.
supletorio, ria *adj.* suppletory, supplemental.
súplica *f.* supplication, entreaty, petition, request : *a* ~, by request.
suplicación *f.* supplication. 2 rolled waffle. 3 LAW obs. petition to a high court for a reversal of its own decision.
suplicante *adj.* suppliant, entreating. — 2 & *f.* suppliant, supplicant.
suplicar *tr.* to supplicate, entreat, implore, pray, beg.
suplicatoria *f.* LAW communication from a court to a superior court.
suplicatorio ria *adj.* supplicatory. — 2 *m.* communication from a court to the Congress or Senate requesting permission to iniciate legal proceedings against a member of the legislative body.
suplicio *m.* torture. 2 LAW corporal punishment; execution; place of execution : *último* ~, execution, capital punishment. 3 fig. anguish, grief, suffering.
suplidor, ra *adj.* supplying. — 2 *m. & f.* supplier, substitute.
supliqué, suplique, etc., *pret., subj. & imper.* of SUPLICAR.
suplir *tr.* to supply [make up for deficiency, loss, need, etc.]. 2 to replace, serve as a substitute for.
supondré, supondría, etc., *irr.* V. SUPONER.
suponedor, ra *m. & f.* supposer.
1) **suponer** *m.* supposition.
2) **suponer** *tr.* to suppose, assume. 2 to imply, presuppose. 3 to feign. 4 to entail [expense, etc.]. — 5 *intr.* [of a person] to have weight or authority, to be consequential. ¶ CONJUG. like *poner.*
supongo, suponga, etc., *irr.* V. SUPONER.
suportación *f.* supporting, enduring, endurance, bearing.
suportar *tr.* SOPORTAR.
suposición *f.* supposition, assumption. 2 imposition, falsehood. 3 consequence, distinction, high position.
supositicio, cia *adj.* supposititious, assumed, pretended.
supositivo, va *adj.* suppositive.
supositorio *m.* MED. suppository.
supradicho, cha *adj.* aforesaid, above-mentioned.
supraorbital *adj.* ANAT. supraorbital.
suprarrenal *adj.* ANAT. suprarenal.
suprasensible *adj.* supersensible.
supraspina *f.* ANAT. supraspinous fossa.
suprema *f.* Supreme Council of the Inquisition.
supremacía *f.* supremacy.
supremamente *adv.* supremely.
supremo, ma *adj.* supreme : *el Ser Supremo,* the Supreme Being, the Supreme [God] ; *la hora suprema,* the supreme hour.
supresión *f.* suppression abolition, elimination, omission.
supresivo, va *adj.* abolishing, eliminating, omiting.
supreso, sa *adj.* suppressed, abolished, eliminated, omitted.
suprimir *tr.* to suppress, abolish, eliminate, cut out, strike out, do away with, make disappear. 2 to omit.
supriora *f.* subprioress.
suprior *m.* subprior.

supriorato *m.* office of subprior or subprioress.
supuestamente *adv.* pretendedly, assumedly.
supuesto, ta *irreg. p. p.* of SUPONER. — *2 adj* supposed, assumed, pretended : *nombre* ∼, assumed name. *3* understood, taken for granted : *dar por* ∼, to take for granted ; *esto* ∼, this being understood ; *por* ∼, of course, naturally ; ∼ *que*, since, allowing that, granting that. — *4 m.* supposition, assumption, hypothesis.
supuración *f.* suppuration.
supurante *adj.* suppurating. *2* suppurative [promoting suppuration].
supurar *intr.* MED. to suppurate.
supurativo, va *adj. & m.* suppurant, suppurative [promoting suppuration].
supuratorio, ria *adj.* supurative [of suppuration, attended with suppuration].
supuse, supusiera, supusiese, etc., *irr.* V. SUPONER.
suputación *f.* computation, calculation.
suputar *tr.* computate, calculate, reckon.
sur *m.* south. *2* south wind.
sura *f.* sura [chapter of the Koran].
surá *f.* a light silk fabric.
surcado, da *adj.* furrowed, sulcate, sulcated.
surcar *tr.* AGR. to furrow, plough. *2* to furrow, groove. *3* to cut through, cleave through [the water, the air].
surco *m.* furrow, groove, rut : *echarse en el* ∼, coll. to lie down on the job. *2* groove [of a phonographic record]. *3* wrinkle, line [in the face].
surculado, da *adj.* bot. single-stemmed.
súrculo *m.* BOT. single stem.
surculoso, sa *adj.* SURCULADO.
sureste *m.* SUDESTE.
surgente *adj.* springing, spurting, arising. *2* NAUT. anchoring.
surgidero *m.* NAUT. roads, anchorage, anchoring place.
surgidor *m.* one who anchors.
surgir *intr.* [of water] to spirt, spurt, spout, spring. *2* to come forth, issue, appear, arise, present itself. *3* NAUT. to anchor. ¶ CONJUG. p. p. : *surgido & surto.*
suri *m.* ORN. (Arg.) ostrich.
suripanta *f.* formerly, a chorus girl. *2* coll. despicable woman.
surjo, surja, etc., *pres., subj. & imper.* of SURGIR.
suroeste *m.* SUDOESTE.
surqué, surque, etc., *pret., subj. & imper.* of SURCAR.
surrealismo *m.* surrealism.
surrealista *adj.* surrealist, surrealistic. — *2 m. & f.* surrealist.
surtida *f.* MIL. sally, sortie. *2* FORT. sally port. *3* NAUT. slipway.
surtidero *m.* outlet [of a pond]. *2* SURTIDOR 3.
surtido *p. p.* of SURTIR. — *2 adj.* COM. assorted. — *3 m.* COM. assortment, stock. *4* COM. supply.
surtidor, ra *adj.* supplying, furnishing. — *2 m. & f.* supplier, furnisher. — *3 m.* jet, spout, springing up fountain.
surtimiento *m.* supplying, furnishing.
surtir *tr.* to supply, furnish, provide, stock. *2* ∼ *efecto,* to work, to have the desired effect. — *3 intr.* [of water] to spout, spirt, spurt, spring.
surto, ta *irreg. p. p.* cf SURGIR. — *2 adj.* NAUT. anchored. *3* quiet, still, at rest.
súrtuba *f.* (C. Ri.) BOT. a gigantic fern.
surumpe *m.* (Pe.) inflammation of the eyes from the reflection of the snow.
sus *posses. adj. pl.* of SU.
¡sus! *interj.* up !, forward !, get going !
Susana *f. pr. n.* Susan.
suscepción *f.* susception, reception.
susceptibilidad *f.* susceptibility. *2* touchiness.
susceptible *adj.* susceptible [admitting of]. *2* touchy, ready to take offence.
susceptivo, va *adj.* susceptible [admitting of].
suscitación *f.* raising, stirring up, provoking.
suscitar *tr.* to raise, stir up, provoke, originate. — *2 ref.* to rise, start, originate.
suscribir *tr. & ref.* SUBSCRIBIR.
suscripción *f.* SUBSCRIPCIÓN.
suscritor, ra *m. & f.* SUBSCRIPTOR.
susidio *m.* anxiety, uneasiness.
susodicho, cha *adj.* above-mentioned, above-named, afore-mentioned, aforenamed, aforesaid.
suspendedor, ra *adj.* suspending. — *2 m. & f.* suspender.

suspender *tr.* to suspend, hang up. *2* to suspend [stop, delay, interrupt, discontinue] : ∼ *pagos,* COM. to stop payments. *3* to adjourn [a meeting]. *4* to suspend [from office]. *5* to astonish, charm, entrance, ravish. *6* to fail [a student in an examination]. — *7 ref.* to be suspended, stopped or adjourned. *8* [of a horse] to rear.
suspensión *f.* suspension, hanging up : *en* ∼ *en un líquido,* in suspension in a liquid. *2* MACH. suspension : ∼ *cardan,* cardan's suspension. *3* suspension [stopping, delaying, discontinuing] : ∼ *de hostilidades,* suspension of hostilities. *4* adjournment [of a meeting]. *5* suspension [from office]. *6* astonishment, ravishment. *7* LAW suspense. *8* MUS., RHET. suspension.
suspensivo, va *adj.* suspending. *2* *puntos suspensivos,* suspension points.
suspenso, sa *adj.* suspended : *en* ∼, suspended, not decided ; in suspense. *2* astonished, perplexed. — *3 m.* EDUC. failing mark [in an examination].
suspensorio, ria *adj.* suspensory. — *2 m.* MED. suspensory.
suspicacia *f.* suspicion, distrust. *2* suspiciousness.
suspicaz *adj.* suspicious, distrustful, given to suspicion.
suspicazmente *adv.* suspiciously, distrustfully.
suspirado, da *adj.* sighed for, desired, longed for, yearned after.
suspirar *intr.* to sigh. *2* fig. ∼ *por,* to sigh for, desire, long for, yearn after ; to love madly.
suspiro *m.* sigh : *exhalar el último* ∼, to breathe one's last. *2* a kind of cake. *3* glass whistle. *4* BOT. heartsease. *5* (Arg., Chi.) BOT. a kind of morning-glory. *6* MUS. short rest.
suspiroso, sa *adj.* sighing with difficulty.
sustancia, sustancial, sustanciar, sustancioso, etc. = SUBSTANCIA, SUBSTANCIAL, SUBSTANCIAR, SUBSTANCIOSO, etc.
sustantivar *tr.* SUBSTANTIVAR.
sustantivo *adj. & m.* SUBSTANTIVO.
sustentable *adj.* defensible [by argument].
sustentación *f.* support, supporting, sustentation. *2* AER. lift. *3* RHET. suspension.
sustentáculo *m.* support [thing that supports], prop, rest, stay.
sustentador, ra *adj.* sustaining. — *2 m. & f.* sustainer.
sustentamiento *m.* support, supporting, sustentation.
sustentante *adj.* supporting, holding up. *2* sustaining. — *3 m.* defender [of a thesis, etc.].
sustentar *tr.* to maintain, support, sustain [furnish with means of subsistence] feed, nourish. *2* to maintain [carry on, keep up]. *3* to support, sustain, bear, hold up. *4* to sustain, defend [an opinion, a thesis, etc.].
sustento *m.* sustenance, maintenance. *2* support.
sustitución, sustituible, sustituir, etc. = SUBSTITUCIÓN, SUBSTITUIBLE, SUBSTITUIR, etc.
susto *m.* fright [sudden fear], scare, shock : *dar un* ∼, to frighten, scare, startle. *2* fear, apprehension.
sustracción, sustraendo, sustraer = SUBSTRACCIÓN, SUBSTRAENDO, SUBSTRAER.
susurración *f.* whispering, whispering gossip.
susurrador, ra *adj.* whispering ; murmuring, murmurous, purling, rustling. — *2 m. & f.* whisperer.
susurrante *adj.* whispering ; murmuring, murmurous, purling, rustling.
susurrar *intr.* to whisper. *2* [of a wind, etc.] to murmur ; [of a brook] to purl ; [of leaves, etc.] to rustle. — *3 tr. & ref.* to whisper, rumour : *se susurra que,* it is whispered or rumoured that.
susurrido *m.* murmur, purling, rustle.
susurro *m.* whisper. *2* murmur, purling, rustle.
susurrón, na *adj.* whispering. — *2 m. & f.* whisperer.
sutás *m.* soutache.
sutil *adj.* subtle, subtile. *2* thin, slender. *3* deft, slick.
sutileza *f.* subtlety, subtility. *2* thinness, slenderness. *3* instinct [of animals]. *4* dexterity, deftness [of a thief, etc.].
sutilicé, sutilice, etc., *pret., subj. & imper.* of SUTILIZAR.
sutilidad *f.* subtlety.
sutilización *f.* subtilization.
sutilizador, ra *adj.* subtilizing. — *2 m. & f.* subtilizer.
sutilizar *tr.* to subtilize [render subtle, treat with

subtlety]. *2* to render thin or slender. *3* to refine, polish. — *4 intr.* to subtilize, split hairs.

sutilmente *adv.* subtly. *2* nicely, finely.

sutorio, ria *adj.* sutorial, sutorious [pertaining to shoemaking].

sutura *f.* seam. *2* ANAT., BOT., ZOOL., SURG. suture.

suyo, suya, suyos, suyas *poss. adj.* (never used before the noun) his, her, its, their, of him, of her, of it, of them; of his, of hers, of its, of theirs: *me dio un libro* ~, he gave me one of his books; *estos libros son suyos,* these books are his (or hers, or theirs); *un amigo* ~, a friend of his (or hers, or theirs); *lo* ~, what is his (or hers, or theirs). *2 de* ~, naturally, by nature; on his (her, their) own accord. *3 esto es muy* ~, this is like him. — *4 poss. pron.* his, hers, its, theirs; *mi casa es pequeña y la suya es grande,* my house is small and his (hers, etc.) is large. *5 hacer de las suyas,* to be up to one's old tricks. *6 salirse con la suya,* to come out ahead, carry one's point, have one's way. — *7 m. pl. los suyos,* his (her, their) family, people, company, etc.; yours [when using *usted*].

svástica *f.* swastica.

T

T, t *f*. T, t, twenty-third letter of the Spanish alphabet.

¡ta! *interj*. easy! 2 look! 3 ¡ta, ta!, rat-a-tat!, tut, tut!

taba *f*. ANAT. astragalus, anklebone : *menear las tabas*, to hustle about, to make haste. 2 knucklebone [of sheep]. 3 knucklebones [game].

tabacal *m*. tobacco field.

tabacalero, ra *adj*. [pertaining to] tobacco. — 2 *m. & f*. tobacco grower or dealer.

tabaco *m*. tobacco [plant; its prepared leaves] : ~ *de hoja*, leaf tobacco, wrappers; ~ *de pipa*, pipe tobacco; ~ *en polvo*, snuff; ~ *rapé*, rappee; *tomar* ~, to take snuff; *se me acabó el* ~, coll. (Arg.) I am broken, my funds have given out. 2 snuff [powdered tobacco]. 3 cigar. 4 black rot [in trees]. 5 (Am.) blow with the fist. 6 BOT. ~ *de montaña*, arnica.

tabacoso, sa *adj*. snuffy, taking much snuff. 2 tobacco-stained. 3 attacked by black rot [tree].

tabalada *f*. coll. slap, spank [blow with the hand]. 2 coll. heavy fall on the behind.

tabalario *m*. coll. behind, buttocks, posteriors.

tabalear *tr*. to rock, to shake. — 2 *intr*. to drum with the fingers.

tabaleo *m*. rocking, shaking. 2 drumming with the fingers.

tabanazo *m*. slap, spank [blow with the hand]. 2 slap in the face.

tabanco *m*. stall for selling eatables. 2 (C. Am.) garret.

tabanera *f*. place full of horseflies.

tábano *m*. ENTOM. gadfly, horsefly.

tabanque *m*, treadle of a potter's wheel.

tabaola *f*. BATAOLA.

tabaque *m*. large tack [nail]. 2 small wicker basket for fruit, ladies' work, etc.

tabaquera *f*. snuff box. 2 bowl [of a tobacco pipe]. 3 (Arg., Chi.) tobacco pouch or case.

tabaquería *f*. tobacco shop, *tobacco store, *cigar store.

tabaquero, ra *m. & f*. tobacconist. 2 cigar maker.

tabaquismo *m*. MED. tobaccoism.

tabaquista *m. & f*. tobacco expert. 2 inveterate user of tobacco.

tabardete, tabardillo *m*. coll. sunstroke. 2 MED. typhus : ~ *pintado*, spotted fever, typhus exanthematicus. 3 fig. wild, annoying person.

tabardo *m*. tabard.

tabarra *f*. LATA 4.

tabarrera *f*. a very boring or tedious speech, performance, etc.

tabarro *m*. TÁBANO.

tabellar *tr*. to fold [cloth] in pieces leaving the selvage visible. 2 to mark [cloth] with a trademark.

taberna *f*. tavern, public house, wine shop, *saloon.

tabernáculo *m*. tabernacle.

tabernario, ria *adj*. pertaining to a [tavern or wine shop]; coarse, low, vulgar.

tabernera *f*. mistress of a public house or wine shop. 2 wife of the keeper of a public house or wine shop.

tabernero *m*. keeper of a tavern, public house or wine shop; *saloon keeper.

tabes *f*. MED. consumption, tabes.

tabica *f*. ARCH. covering board.

tabicar *tr*. to wall up, close up.

tabicón *m*. thick partition wall.

tábido, da *adj*. MED. tabetic, tabid.

tabífico, ca *adj*. MED. tabific.

tabinete *m*. tabinet, tabinnet [fabric].

tabique *m*. thin wall, partition wall, partition : ~ *de panderete*, brick-on-edge partition; ~ *sordo*, double partition wall. 2 BIOL. septum.

tabiquería *f*. partition walls [collect.].

tabiquero *m*. partition-wall builder.

tabla *f*. board [thin piece of timber; wooden slab] : ~ *de armonía*, MUS. soundboard, sounding board; ~ *de chilla*, thin board of slit deal, clapboard; ~ *de lavar*, washboard; ~ *de planchar*, ironing board; ~ *de salvación*, last recourse; ~ *de sastre*, tailor's shopboard; *salvarse en una* ~, to have a narrow escape; *a raja* ~, at any cost, regardless of anything else. 2 plank, slab, tablet. 3 board [for posting notices]. 4 PAINT. panel : ~ *rasa*, unpainted panel or board; untrained mind; *hacer* ~ *rasa de*, to disregard, ignore, to clear away [all obstacles] in the way of something. 5 broadest face of a piece of timber. 6 table diamond. 7 unplaited part [of a garment]. 8 box plait or pleat. 9 wide part [of a member of the body]. 10 AGR. strip of land between rows of trees; patch, bed [in a garden]. 11 meat stall. 12 butcher-shop counter. 13 PERSP. table. 14 (Am.) cake [of chocolate]. 15 ~ *de agua* or *de río*, calm stretch of a river. 16 ~ *de juego*, gambling den. 17 *Tabla Redonda*, Round Table [knights of King Arthur]. 18 BILL. *por* ~, cushion [carom]; fig. indirectly. 19 *sing. & pl*. table [of contents, of logarithms, etc.] : ~ *de multiplicar*, ~ *pitagórica*, multiplication table; *tablas de la ley*, tables of the law. 20 *pl*. draw [at chess & draughts]; *hacer tablas*, to draw, to come out even. 21 THEAT. boards, stage : *pisar bien las tablas* [of an actor or actress], to act with ease and naturalness. 22 *tablas reales*, an ancient game resembling backgammon.

tablachina *f*. wooden shield or buckler.

tablacho *m*. sluice gate.

tablado *m*. stage, scaffold, platform [of timber]. 2 flooring [made of boards]. 3 THEAT. stage boards. 4 bottom boards of a bedstead. 5 platform of a cart.

tablaje *m*. boards, planking. 2 gambling den.

tablajería *f.* meat stall, butcher's shop. 2 habit of gambling in gambling dens.

tablajero *m.* scaffold, stage or platform builder. 2 butcher [dealer in meat]. 3 keeper of a gambling den.

tablar *m.* set of garden plots. 2 calm stretch of a river. 3 side board [of a cart].

tablazo *m.* blow with a board. 2 sheet of water.

tablazón *f.* boarding, planking. 2 NAUT. planking and deck flooring [of a ship].

tablear *tr.* to saw [timber] into boards. 2 to divide [a garden or piece of land] into plots or patches. 3 to level [ploughed or dug ground] with a thick board. 4 to hammer [iron bars] into plates. 6 to make box plaits in.

tableo *m.* sawing [timber] into boards. 2 dividing [a garden, etc.] into plots or patches. 3 leveling [ground] with a thick board. 4 hammering [iron bars] into plates. 5 making box plaits in.

tablero *m.* board [square or oblong piece of thin wood used for some special purposes] : ~ *de anuncios*, board [for posting notices] ; ~ *de distribución*, ELECT. switchboard. 2 slab. 3 panel [of a door]. 4 ARCH. panel. 5 table top. 6 drawing board [board on which paper to be drawn on is secured]. 7 board [for certain games] : ~ *de ajedrez*, chessboard ; ~ *de chaquete*, backgammon board ; ~ *de damas*, draughtboard, checkerboard. 8 stock [of a crossbow]. 9 shop counter. 10 gambling den. 11 tailor's cutting table. 12 TABLAR. 13 floor [of a bridge]. 14 wooden blackboard. 15 NAUT. bulkhead. 16 ~ *contador*, abacus.

tableta *f. dim.* small board, tablet. 2 floor board. 3 tablet. lozenge, pastil, pastille. 4 *pl.* TABLILLAS DE SAN LÁZARO. 5 *estar en tabletas*, fig. [of the success of a thing] to be uncertain.

tableteado, da *m.* sound made by rattling clappers.

tabletear *intr.* to rattle clappers. 2 to sound like clappers.

tableteo *m.* rattling sound of clappers. 2 rattle [of machine-gun shots].

tablilla *f. dim.* small board, tablet. 2 small board for posting notices, bulletin board. 3 section of the cushion of billiard table between two pockets : *por* ~, fig. indirectly. 4 SURG. splint. 5 *tablillas de San Lázaro*, clappers formerly used in begging for leper's hospitals. 6 *tablillas neperianas*, Napierian logarithms.

tablón *m.* thick plank. 2 NAUT. plank, strake : ~ *de aparadura*, garboard, garboard strake.

tablonaje *m.* thick planks [collect.].

tabloncillo *m. dim.* small thick plank. 2 seat in the last row [in a bull ring].

tabo *m.* (P. I.) cup made from a coconut shell.

tabor *m.* MIL. in Morocco a unit of the Spanish army formed by Moroccan troops.

tabú, *pl.* **tabúes** *m.* taboo.

tabuco *m.* hovel, narrow room.

tabulación *f.* tabulation.

tabulador *m.* tabulator [of a typewriter].

tabular *adj.* tabular.

taburete *m.* tabouret, stool.

tac *m.* tick [of clock, heart, etc.].

taca *f.* small closet. 2 (Chi.) an edible shellfish.

tacada *f.* BILL. stroke. 2 BILL. break.

tacamaca, tacamacha, tacamahaca *f.* BOT. tacamahac, balsam poplar. 2 tacamahac [resin].

tacana *f.* gray silver ore.

tacañamente *adv.* niggardly, stingily.

tacañear *intr.* to be niggarly, stingy.

tacañería *f.* niggarliness, stinginess, closefistedness.

tacaño, ña *adj.* niggardly, stingy, closefisted. — 2 *m.* & *f.* niggard, miser.

tacazo *m.* BILL. stroke.

taceta *f.* copper bowl used in oilmills.

tacita *f. dim.* small cup.

tácitamente *adv.* tacitly.

Tácito *m. pr. n.* Tacitus.

tácito, ta *adj.* tacit. 2 silent.

taciturnidad *f.* taciturnity.

taciturno, na *adj.* taciturn.

taclobo *m.* (P. I.) a gigantic clam.

1) **taco** *m.* plug. 2 short and thick piece of wood. 3 ARTIL. wad. 4 ramrod. 5 BILL. cue. 6 popgun. 7 almanac pad. 8 WEAV. picker [in a loom]. 9 coll. snack, small lunch. 10 coll. drink of wine. 11 mess, muddle, confusion : *hacerse un* ~, to get muddled, confused. 12 profane oath : *echar,*

or *soltar, tacos*, to swear. 13 (S. Am.) heel [of a shoe]. 14 (Chi.) short, fat person.

2) **taco, ca** *adj.* (Cu., P. Ri.) spruce, dandified.

tacómetro *m.* tachometer.

tacón *m.* heel [part of shoe or boot that supports the heel].

taconazo *m.* blow with the shoe heel.

taconear *tr.* to walk hard on one's heels, to strut on one's heels.

taconeo *m.* walking hard on one's heels. 2 noise made with the heels in walking.

táctico, ca *adj.* tactical. — 2 *m.* tactician. — 3 *f.* tactics.

táctil *adj.* tactile.

tacto *m.* touch, sense of touch. 2 touching, feeling. 3 touch, feel [of a fabric, etc.] 4 tact.

tacuacín *m.* (C. Am., Mex.) ZARIGÜEYA.

tacuara *f.* BOT. (Arg., Chi., Ur.) a kind of bamboo.

tacurú *m.* (Arg., Par.) a kind of small ant. 2 (Arg., Par.) each one of the little mounds or ant-hills abounding in the Chaco's swamps.

tacha *f.* fault, defect, blemish : *poner* ~ *a*, to find fault with. 2 TACHO.

tachar *tr.* to find a fault or defect in or with. 2 to accuse, blame, censure. 3 LAW to challenge [a witness]. 4 to cancel, cross out, score out, delete.

tacho *m.* (Arg., Chi.) boiler with a round bottom. 2 (Am.) sugar evaporator, sugar pan.

tachón *m.* cancelling line or mark [in written material]. 2 short piece of ribbon or braid trimming [on clothes]. 3 stud, gilt-headed tack, silver-headed tack, ornamental tack.

tachonar *tr.* to trim [clothes] with short pieces of ribbon or braid. 2 to adorn with ornamental tacks. 3 to stud, to spangle.

tachonería *f.* ornamental work with tacks or studs.

tachoso, sa *adj.* faulty, defective.

tachuela *f.* tack, hobnail.

Tadeo *m. pr. n.* Thaddeus.

tael *m.* tael [weight and coin].

tafanario *m.* coll. behind, buttocks, posteriors.

tafetán, *pl.* **-nes** *m.* taffeta [silk fabric]. 2 ~ *inglés*, court plaster. 3 *pl.* fig. flags, colour. 4 coll. finery.

tafia *f.* tafia.

tafilete *m.* morocco leather.

tafiletear *tr.* to adorn with morocco leather.

tafiletería *f.* art of dressing morocco leather. 2 morocco-leather shop.

tagalo, la *adj.* pertaining to the Tagalog. — 2 *m.* & *f.* Tagal, Tagalog.

tagarino, na *m.* & *f.* Moor that lived among the Christians.

tagarnina *f.* BOT. golden thistle, Spanish oyster plant. 2 coll. poor cigar.

tagarote *m.* ORN. sparrow hawk. 2 coll. quill driver, scrivener. 3 coll. decayed gentleman who lives as a parasite. 4 coll. lanky fellow.

tagarotear *intr.* to write a bold and running hand.

tagua *f.* BOT. (Ec.) ivory palm. 2 ORN. (Chi.) a kind of mud hen.

taguán *m.* ZOOL. (P. I.) flying squirrel.

tahalí, *pl.* **-líes** *m.* baldric.

taharal *m.* TARAYAL.

taheño *adj.* red [hair]. 2 red-bearded.

tahitiano, na *adj.* & *n.* taitiano.

tahona *f.* bakery, baker's shop. 2 horse-driven flour mill.

tahonera *f.* baker's wife.

tahonero *m.* baker [breadmaker]. 2 keeper of a horse-driven flour mill.

tahur, ra *adj.* gambling, given to gambling. — 2 *m.* & *f.* gambler, gamester. 3 cardsharp.

tahurería *f.* gambling. 2 gambling house or den. 3 cheating at cards.

taifa *f.* faction, party. 2 coll. lot [of disreputable people].

Tailandia *f. pr. n.* GEOG. Thailand.

taima *f.* taimería. 2 (Chi.) sullenness, stubbornness.

taimado, da *adj.* sly, cunning, crafty. 2 (Chi.) sullen, stubborn.

taimería *f.* slyness, craftiness, rascality.

taita *f.* coll. dad, daddy. 2 (W. I.) uncle [familiar title for a worthy old negro]. 3 (Ve.) father, master [of the house]. 4 (Arg., Chi.) child's name for father ; also a term of respectful address.

taja *f.* cutting, distribution. 2 TARJA.

tajada *f.* cut, slice. 2 hoarseness [from a cold]. 3 coll. drunk, drunken fit.

tajadera *f.* curved chopping knife. 2 cold chisel.
tajadero *m.* COOK. chopping block.
tajadilla *f. dim.* small slice. 2 dish of lights [in low chophouses].
tajado, da *p. p.* of TAJAR. — 2 *adj.* steep, sheer, wall-like [cliff, etc.]. 3 HER. divided.
tajador, ra *adj.* cutting. — 2 *m.* chopping block.
tajadura *f.* cut, cutting, dividing, slicing.
tajamar *m.* cutwater [of a bridge or ship] 2 (Chi.) dike, mole. 3 (Arg.) dam, pond.
tajamiento *m.* TAJADURA.
tajante *adj.* cutting, sharp. 2 peremptory [tone].
tajaplumas *m.* CORTAPLUMAS.
tajar *tr.* to cut, divide, slice. 2 to cut and trim [a quill pen].
tajea *f.* ATARJEA. 2 culvert.
Tajo *m. pr. n.* GEOG. Tagus.
tajo *m.* cut, incision. 2 steep cliff. 3 cutting edge. 4 chopping block; butcher's block. 5 three-legged rustic stool. 6 block [on which a condemned person was beheaded]. 7 cut or opening in a mountain. 8 FENC. cut. 9 line of progress of a gang of reapers, miners, etc.
tajón *m.* chopping block. 2 butcher's block.
tajuela *f.* three-legged rustic stool.
tajuelo *m. dim.* small chopping block. 2 TAJUELA. 3 MACH. pillow block.
tal *adj.* such, such a, the same as, like : ~ *cosa,* such a thing; ~ *era mi intención,* such was my intention; ~ *y* ~ *cosa,* such and such a thing; *su fin será* ~ *cual ha sido su principio,* its end will be like its beginning. 2 *el* ~, *la* ~ [followed by a common noun] that; [followed by a proper noun] that man, that fellow, that woman : *el* ~ *drama,* that play; *el* ~ *Pedro,* that man Peter. 3 *un* ~, *una* ~ [followed by a proper noun] one, a certain : *conocí a un* ~ *Giménez,* I met one Giménez. 4 ~ *cual viajero,* a few travellers, a traveller from time to time. — 5 *indef. pron.* someone : ~ *habrá que lo piense,* there will be someone that thinks so. 6 such a thing : *no haría yo* ~, I would not do such a thing. 7 ~ *para cual,* two of a kind. 8 *otro que* ~, another of the same kind. — 9 *adv.* in such state or condition; in such a manner; so, thus. 10 *con* ~ *que, con* ~ *de que,* provided that, on condition that. 11 *no* ~, no, no; *sí* ~, yes, indeed. 12 ¿*qué* ~?, how do you do?; how is that?, how goes it?; how do you like it? 13 ~ *cual és, está, estaba,* etc., as it is, was, etc.; such as it is, was, etc. 14 ~ *cual,* such as it is; middling, so-and-so.
tala *f.* felling of trees. 2 destruction, havoc. 3 tipcat [boys' game]. 4 cat [used in tipcat]. 5 MIL. abatis. 6 BOT. tala [Argentine timber tree].
talabarte *m.* sword belt.
talabartería *f.* saddlery, harness shop.
talabartero *m.* saddler, harness maker.
talador, ra *m. & f.* feller of tress. 2 one who makes havoc.
taladrador, ra *adj.* boring, drilling, piercing, perforating. — 2 *m. & f.* borer, driller, perforator. — 3 *f.* drilling or perforating machine.
taladrante *adj.* piercing, penetrating.
taladrar *tr.* to bore, drill, perforate. 2 to punch [a ticket]. 3 to pierce, penetrate : ~ *los oídos,* [of a sound] to pierce the ear.
taladrilla *f.* a boring insect that attacks olive trees.
taladro *m.* drill, auger, boring instrument : ~ *de mano,* hand drill; ~ *de pecho,* breast drill. 2 bore, drill hole, auger hole. 3 (Am.) mine tunnel.
talamera *f.* in pigeon hunting, tree in which a decoy is placed.
talamete *m.* NAUT. forward deck [in small vessels].
talamiflora *adj.* thalamifloral. — 2 *f. pl.* BOT. Thalamifloræ.
talámico, ca *adj.* ANAT. thalamic.
tálamo *m.* bridal chamber; bridal bed. 2 BOT. thalamus, receptacle. 3 ANAT. thalamus.
talán *m.* ding-dong.
talanquera *f.* barrier, fence : *desde la* ~, in safety, without taking any chances oneself. 2 fig. defence, cóver, place of refuge. 3 fig. safety.
talante *m.* mode or manner of doing anything. 2 mood, mien, countenance. 3 will, wish, pleasure. 4 *de buen* ~, in a good mood, in a pleasant frame of mind; with good grace; *de mal* ~, in a bad mood, in an ugly frame cf mind; unwillingly, with bad grace.

1) **talar** *pl.* **-lares** *adj.* long, reaching to the ankles.
2) **talar** *tr.* to fell [trees]; to fell or cut the trees of. 2 to destroy, lay waste. 3 to prune [olive trees or evergreen oaks].
talares *m. pl.* MYTH. talaria [of Mercury].
talasoterapia *f.* MED. thalassotherapy.
talayote *m.* ARCHEOL. talayot [Balearic tower-shaped structure].
talco *m.* MINER. talc, talcum : *polvos de* ~, talcum powder. 2 tinsel [material].
talcoso, sa *adj.* talcose.
talcualillo, lla *adj.* coll. middling, fairly good, so-so. 2 coll. somewhat improved [in health].
tálea *f.* HIST. stockade or palisade in Roman camps.
taled *m.* tallith.
talega *f.* bag, sack; money bag. 2 bagful. 3 bag for the hair. 4 baby's diaper. 5 formerly, 1.000 Spanish pesos in silver. 6 *pl.* coll. money, wealth.
talegada *f.* bagful.
talegazo *m.* blow with a bag.
talego *m.* bag, sack : *tener* ~, fig. to have money. 2 coll. awkward thickset person.
taleguilla *f. dim.* small bag. 2 bullfighter's breeches.
talento *m.* talent [high mental ability], cleverness. 2 talent [special aptitude]. 3 talent [ancient money of account].
talentoso, sa; talentudo, da *adj.* talented, able, clever.
tálero *m.* thaler [old German coin].
talero *m.* (Arg., Chi.) a kind of whip.
Tales *m. pr. n.* Thales.
Talía *f. pr. n.* MYTH. Thalia.
talio *m.* CHEM. thallium.
talión *m.* talion, retaliation.
talionar *tr.* to punish by retaliation.
talismán *m.* talisman.
talma *f.* talma [kind of cape].
talmente *adv.* the same as; in such a manner.
Talmud *m.* Talmud.
talmúdico, ca *adj.* Talmudic.
talmudista *m.* Talmudist.
talo *m.* BOT. thallus.
talofita *adj.* BOT. thallophytic. — 2 *f.* BOT. thallophyte. 3 *f. pl.* BOT. Thallophyta.
talofítico, ca *adj.* BOT. thallophytic.
talón *m.* ANAT. heel : ~ *de Aquiles,* Achilles' heel [vulnerable spot]; *apretar los talones,* to hurry; to run, fly; *pisar lcs talones a uno,* to be at one's heels. 2 heel [part of a shoe or stocking that covers the heel of the foot]. 3 heel [of a horse's hoof]. 4 MUS. heel [of a bow]. 5 NAUT. heel [of the keel]. 6 ARCH. heel, talon [molding]. 7 a check, voucher, coupon, etc., detached from a stub book. 8 standard [in a monetary system].
talonada *f.* kick with the heels.
talonario, ria *adj.* stub [detached from a stub book]. — 2 *m.* stub bcok : ~ *de cheques,* cheque book, checkbook.
talonazo *m.* kick or blow with the heel.
talonear *intr.* coll. to walk fast, to dash along. 2 (Arg.) [of a rider] to kick the horse with the heels.
talonesco, ca *adj.* coll. pertaining to the heels.
talpa, talparia *f.* MED. talpa, wen.
talque *m.* tasco [refractory clay].
talquita *f.* MINER. talc schist.
talud *m.* talus, slope. 2 ARCH. batter.
talvina *f.* porridge of almond meal.
talla *f.* F. ARTS carving, wood carving. *media* ~, half relief; *obra de* ~, carved work. 2 ancient tax in Aragon. 3 ransom [for a captive]; reward [for the taking of a criminal]. 4 round [of certain card games]. 5 height, stature [cf a person]. 6 size [of a garment; of a person]. 7 instrument for measuring the height of a person. 8 NAUT. purchase block. 9 (Arg.) chat. 10 SURG. operation of extracting stcnes from the bladder.
tallado, da *p. p.* of TALLAR. — 2 *adj.* cut, carved. 3 *bien* or *mal* ~, having a good or bad figure.
tallador, ra *m. & f.* engraver, diesinker. 2 one who measures the height of perscns.
talladura *f.* entalladura.
1) **tallar** *adj.* ready for cutting [tree, forest]. — 2 *m.* forest or coppice ready for the first cut. 3 young growth of trees.
2) **tallar** *tr.* to carve, engrave. 2 to cut [a precious stone]. 3 to appraise. 4 to tax, impose tax on. — 5 *intr.* to be the banker [in certain card games]. 6 (Arg.) to chat. 7 (Chi.) to make love.

tallarín *m.* noodle [alimentary paste].
tallarola *f.* knife for cutting velvet pile.
talle *m.* form, figure, appearance [of a person]. 2 waist [of a person, of a garment]. 3 fit, adjustment [of a garment to the body].
tallecer *intr.* [of a seed, bulb, etc.] to sprout.
taller *m.* shop, workshop, factory : ~ *de reparaciones*, repair shop, service station; *talleres gráficos*, printing establishment. 2 atelier, studio. 3 casters [for vinegar and oil].
tallista *m. & f.* sculptor, wood carver.
tallo *m.* BOT. stem, stalk. 2 BOT. shoot, sprout.
talludo, da *adj.* BOT. grown, having a long stem or stalk. 2 tall, overgrown [boy, girl]. 3 habit-ridden. 4 no longer young.
talluelo *m. dim.* small stalk or sprout.
tamagás *m.* ZOOL. (C. Am.) a very poisonous viper.
tamal *m.* tamale [a Mexican dish]. 2 coll. (Am.) imbroglio, intrigue. 3 (Am.) clumsy bundle.
tamalero, ra *m. & f.* tamale maker or seller.
tamanduá *f.* ZOOL. tamandua, anteater.
tamango *m.* (Arg., Chi.) a kind of coarse shoe.
tamañamente *adv.* as greatly.
tamañito, ta *adj. dim.* so small. 2 very small. 3 humbled, confused.
tamaño, ña *adj.* as great, as big, or as small, as little. 2 very great, very large or very small : *abrir tamaños ojos*, to open one's eyes wide. 3 so great, such a great. — 4 *m.* size [dimensions, magnitude] : ~ *natural*, full size.
tamañuelo, la *adj. dim.* very small.
támara *f.* BOT. a date palm of the Canary Islands. 2 date palm field. 3 *pl.* cluster of dates. 4 brushwood.
tamarindo *m.* BOT. tamarind [tree and fruit].
tamariscáceo, a; tamariscíneo, a *adj.* BOT. tamariscaceous. — 2 *f. pl.* BOT. Tamariscaceæ.
tamarisco, tamariz *m.* BOT. tamarisk.
tamarrisquito, ta; tamarrusquito, ta *adj.* coll. very small.
tamarugo *m.* BOT. a kind of Chilean carob.
tambaleante *adj.* staggering, tottering, reeling.
tambalear *intr.*, **tambalearse** *ref.* to stagger, totter, reel.
tambaleo *m.* staggering, tottering, reeling.
tambanillo ARCH. tympanum.
tambarillo *m.* small chest with an arched lid.
tambarria *f.* (Col., Ec., Hond. Pe.) spree.
tambero, ra *adj.* (Arg.) tame [beast]. 2 (S. Am.) [pertaining to an] inn. — 3 *m. & f.* (S. Am.) innkeeper.
también *adv.* also, too, as well, likewise.
tambo *m.* (S. Am.) inn. 2 (Arg.) dairy.
tambor *m.* MUS. drum, tambour : *a* ~ *batiente*, with drums beating; at the beating of the drum. 2 MUS. drummer : ~ *mayor*, drum major. 3 sieve [used by confectioners]. 4 coffee roaster. 5 MACH. drum, barrel. 6 MACH. band pulley. 7 doffer [of a carding machine]. 8 tambour [for embroidering]. 9 ARCH. drum, tambour. 10 ARCH. body of a capital. 11 FORT. drum. 12 NAUT. the cover of a ship's paddle wheel. 13 ANAT. tympanum, eardrum, drum [of the ear].
tambora *f.* MUS. bass drum.
tamborear *intr.* to drum with the fingers.
tamboreo *m.* drumming with the fingers.
tamborete *m. dim.* small drum. 2 NAUT. cap [of the masthead].
tamboril *m.* tabor, tabour, timbrel [small drum].
tamborilada *f.*, **tamborilazo** *m.* coll. heavy fall upon the behind. 2 coll. slap on the head or shoulders.
tamborilear *intr.* to drum. — 2 *tr.* coll. to praise, extol. 3 PRINT. to level with the planer.
tamborilero *m.* taborer, drummer.
tamborilete *m. dim.* MUS. small tabor. 2 PRINT. planer.
tamborín *m.* TAMBORIL.
tamborino *m.* TAMBORIL. 2 TAMBORILERO.
tamboritear *intr.* TAMBORILEAR.
tamboritero *m.* TAMBORILERO.
tamborón *m. aug.* MUS. large bass drum.
tambucho *m.* NAUT. hood.
Tamerlán *m. pr. n.* Tamerlane.
Támesis *m. pr. n.* GEOG. Thames.
tamiz *m.* -**mices** *m.* sieve, bolter.
tamizar *tr.* to sift, sieve.
tamo *m.* fuzz, fluff. 2 chaff, graindust. 3 dust gathered under beds, etc.
tamojal *m.* place covered with TAMOJOS.

tamojo *m.* BOT. a kind of saltwort.
tampoco *adv.* neither, not either, either : *si usted no va, yo* ~ *iré*, if you don't go, neither shall I; *no vino* ~, he did not come either; *ni yo* ~, nor I either.
tamtam *m.* tom-tom.
tamujal *m.* place covered with TAMUJOS.
tamujo *m.* BOT. a shrub of which brooms are made.
tan *adv. contr.* of TANTO so, as : *vine* ~ *pronto como pude*, I came as soon as I could; *usted es* ~ *bueno como él*, you are as good as he; *no soy* ~ *alto como usted*, I am not so tall as you. 2 ~ *siquiera*, ever so, at least. 3 ~ *sólo*, only. 4 *qué* ... ~, what a : *¡qué casa* ~ *hermosa!*, what a beautiful house !
tanaceto *m.* BOT. tansy.
tanagra *f.* Tanagra [figurine].
tanate *m.* (C. Ri., Hon., Mex.) bag or knapsack made of leather or palm-leaves. 2 (C. Am.) bundle : *cargar con los tanates*, to move away.
tanato *m.* CHEM. tannate.
tanda *f.* turn [to do something]. 2 shift, relay [of workmen]. 3 task. 4 layer, bed. 5 game, match [esp. of billiards]. 6 series, number : *una* ~ *de azotes*, a flogging. 7 (Arg.) bad habit. 8 THEAT. (Chi.) each of a continuous series of performances.
tándem *m.* tandem bicycle.
tandeo *m.* distribution of irrigating water by turns.
tanganillas (en) *adv.* tottering, in danger of falling.
tanganillo *m. dim.* stone, stick, etc., used as a temporary prop or support.
tángano *m.* CHITO.
tangencia *adj.* tangency.
tangencial *adj.* tangential.
tangencialmente *adv.* tangentially.
tangente *adj. & f.* GEOM. tangent : *escapar, irse* or *salir, por la* ~, fig. to resort to subterfuges or evasions.
Tánger *m. pr. pr.* Tangier.
tangerino, na *adj. & n.* Tangerine. — 2 *adj.* tangerine [orange].
tangible *adj.* tangible.
tango *m.* tango [dance]. 2 CHITO.
tangón *m.* NAUT. swinging boom.
tánico, ca *adj.* CHEM. tannic. 2 containing tannin.
tanino *m.* CHEM. tannin.
tano, na *adj. & n.* (Am.) Neapolitan; Italian.
tanque *m.* tank, water tank. 2 MIL. tank. 3 (Am.) reservoir. 4 bee glue.
tanta *f.* (Pe.) Indian corn bread.
tantalato *m.* CHEM. tantalate.
tantalio *m.* CHEM. tantalum.
Tántalo *m. pr. n.* MYTH. Tantalus.
tantán *m.* gong. 2 tom-tom, sound of a drum.
tantarán, tantarantán *m.* rub-a-dub. 2 coll. hard smack.
tanteador, ra *m. & f.* marker, scorer, scorekeeper. — 2 *m.* score board.
tantear *tr.* to try, compare, measure [a thing with another in order to test its fittingness or exactitude]. 2 to feel, explore, sound. 3 to consider carefully. 4 PAINT. to sketch, outline. 5 LAW to make use of the right of taking [a thing] for the same price that it has got at a sale or auction. 6 (Chi., Hon.) to stimate by sight or guess. — 7 *tr. & intr.* GAMES to mark or keep the score [of].
tanteo *m.* trial, testing, trial and error. 2 rough calculation : *al* ~, by guess, as an estimate, without taking any measurements. 3 points, score [in a game]. 4 LAW right of taking a thing for the same price that it has got at a sale or auction.
tantico, tantillo (un) *adv.* a little, somewhat. 2 (Am.) a little while. — 3 *m.* a little, a little bit.
1) tanto *adv.* so, so much, as much, thus, so far, so hard, so long, so often, in such a manner, to such degree or extent : ~ *como*, as much, or so much, as; as well as; ~ *el uno como el otro*, the one as well as the other, both of them ; ~ *cuanto*, *un* ~ *cuanto*, *algún* ~, *un* ~, a little, somewhat; ~ *más* (or *menos*) *que*, all the more (or the less) that, especially as; ~ *mejor*, so much the better; ~ *peor*, so much the worse. 2 *con* ~ *que*, provided that. — 3 *pron.* so much, as much, that : *no ser para* ~, not to be so bad, so serious, etc., as that; *por lo* ~, *por* ~, for that reason, therefore, then;

¡~ *bueno!*, ¡~ *bueno por aquí!*, coll. so good to see you! — *4 m.* amount, sum; rate : ~ *alzado*, lump sum; *por un ~ alzado*, for a lump sum; ~ *por ciento*, percentage, per cent; ~ *por cuanto*, rate [referred to any number]; *en su* ~, proportionally; *otro* ~, as much, as much more; the same [the same action, etc., as another or others]. *5* point [in games]: *apuntarse un* ~, to score a point, a success. *6* counter [for keeping account in games]. *7* copy [of a writing]. *8 al* ~ *de*, informed about: *estar al* ~ *de*, to be informed about; *poner al* ~ *de*, to inform about. *9 en* ~, *entre* ~, in the meantime.

2) **tanto, ta** *adj.* as much, so much : *tengo* ~ *dinero como usted*, I have as much money as you have. *2* such a big: *tanta nariz*, such a big nose.

tantos, tas *adj. pl.* as many, so many. *2 y tantos, y tantas*, odd, and more: *veinte y tantos*, twenty odd, twenty and more.

tanza *f.* SEDAL 1.

tañedor, ra *m. & f.* player [of a musical instrument].

tañente *adj.* playing on an instrument.

tañer *tr.* to play [a musical instrument], to ring, toll [bells]: ~ *a muerto*, to knell, sound a knell. — *2 intr.* to drum with the fingers.

tañido *m.* sound, sounding [of a musical instrument]; tune. *2* ringing [of a bell].

tañimiento *m.* playing on an instrument.

tao *m.* tau cross [badge of some orders].

taoísmo *m.* Taoism.

taoísta *adj.* Taoistic. — *2 m. & f.* Taoist.

tapa *f.* lid, cover, cap. *2* head [of a cylinder, a barrel, a cask]. *3* board cover [of a book]. *4* lift, layer [of a shoe heel]. *5* hoof crust [of horses, mules, etc.]. *6* sluice gate. *7* ~ *de los sesos*, coll. top of the skull : *levantarse la* ~ *de los sesos*, to blow out one's brains.

tapabalazo *m.* NAUT. shot plug.

tapaboca *m.* slap on the mouth. *2* muffler [worn for warmth]. *3* fig. squelch, squelcher, anything that silences one. *4* ARTIL. ~ or *tapabocas*, tampion.

tapacubo *m.* AUTO. hubcap.

tapaculo *m.* BOT. hip, hep [fruit of the dog rose].

tapada *f.* woman who hides her face with a mantle or veil.

tapadera *f.* loose lid, cover [of a pot, etc.]. *2* blind [person who shields another's actions].

tapadero *m.* cover, stopper.

tapadillo *m.* concealment of a woman's face with her veil, etc.: *de* ~, secretly, covertly. *2* MUS. one of the flute stops of an organ.

tapadizo *m.* COBERTIZO.

tapado, da *p. p.* of TAPAR. — *2 adj.* (Arg., Chi.) having an unspotted coat [horse]. — *3 m.* (Arg., Chi., C. Am.) woman's or child's overcoat or cape. *4* (Arg.) buried treasure.

tapador, ra *adj.* covering, stopping; hiding, concealing. — *2 m. & f.* coverer, stopper. — *3 m.* stopper, bung.

tapadura *f.* covering, stopping. *2* hiding.

tapafunda *f.* flap of a holster.

tapagujeros, *pl.* **-ros** *m.* coll. clumsy mason. *2* substitute, makeshift [person].

tapajuntas, *pl.* **-tas** *m.* wooden strip or moulding covering the crack betwen door frame or window frame and wall.

tápalo *m.* (Mex.) woman's shawl.

tapamiento *m.* TAPADURA.

tapanca *f.* (Chi., Ec.) GUALDRAPA.

tapanco *m.* (P. I.) a bamboo tilt or awning.

tapaojo *m.* (Col., Ve.) QUITAPÓN.

tapar *tr.* to cover [with a lid, cover, wrap, etc.]. *2* to stop, plug; to cap, cork [a bottle, etc.]; to bung [a cask]: ~ *la boca*, to stop one's mouth. *3* to close up, obstruct. *4* to hide, conceal, screen, veil. *5* to wrap up. *6* (Am.) to fill [a tooth]. *7* (Am.) to crush, crumple. *8* (Am.) to cover with insults. — *9 ref.* to cover or veil oneself, to wrap oneself up. *10* [of a horse] to cover the track of one forefeet with the track of the other.

tápara *f.* BOT. caper.

tapara *f.* (Ve.) fruit of a kind of calabash tree.

taparo *m.* BOT. (Ve.) a kind of calabash tree.

taparrabo *m.* loincloth. *2* trunks, bathing trunks.

tapera *f.* (S. Am.) ruins of a village. *2* (S. Am.) abandoned room or house.

taperujarse *ref.* to wrap oneself up or veil one's face in an awkward manner.

taperujo *m.* coll. badly fitting cover or stopper. *2* awkward manner of wrapping oneself up or veiling one's face.

tapetado, da *adj.* dark, dark-brown.

tapete *m.* small carpet, rug. *2* cover [for a table, chest, etc.], table cover, table runner : ~ *verde*, green table, gambling table; *estar sobre el* ~, to be on the carpet [under discussion].

tapia *f.* mud wall, adobe wall. *2* wall fence, enclosing wall.

tapiador *m.* builder of mud walls or of wall fences.

tapial *m.* form or mould for mud walls. *2* TAPIA.

tapiar *tr.* to wall, wall in [enclose with a wall]. *2* to wall [block up with a wall].

tapicería *f.* tapestries, set of tapestry hangings. *2* art of making tapestry. *3* tapestry shop. *4* upholstery. *5* upholstery shop.

tapicero *m.* tapestry maker. *2* upholsterer. *3* ~ *mayor*, tapestry keeper in a royal palace.

tapido, da *adj.* closely woven.

tapiería *f.* mud walls [of a house, enclosure, etc.].

tapioca *f.* tapioca.

tapir *m.* ZOOL. tapir.

tapirujarse *ref.* TAPERUJARSE.

tapirujo *m.* TAPERUJO.

tapiz, *pl.* **-pices** *m.* tapestry.

tapizar *tr.* to tapestry [hang with tapestry]. *2* to upholster [chairs, etc.]. *3* fig. to carpet, cover.

tapón *m.* stopper, cork, bung, plug, cap, bottle cap : ~ *de cuba*, coll. squatty person; ~ *de desagüe*, drain plug; ~ *de radiador*, AUT. radiator cap; *al primer* ~ *zurrapas*, coll. unsuccessful from the start. *2* ELEC. plug fuse. *3* SURG. tampon.

taponamiento *m.* SURG. tamponage, tamponment.

taponar *tr.* to plug, stop up. *2* SURG. to tampon.

taponazo *m.* pop [of a cork].

taponería *f.* corks [collect.]. *2* cork factory or industry. *3* cork shop.

taponero, ra *adj.* cork [pertaining to the making or selling of corks]. — *2 m. & f.* cork maker, cork cutter. *3* cork seller.

tapsia *f.* BOT. deadly carrot.

tapujarse *ref.* to cover or muffle one's face.

tapujo *m.* covering one's face; cover held over the face. *2* fig concealment, subterfuge.

taque *m.* click or noise made by locking a door. *2* rap, knock [at a door].

taquera *f.* rack or stand for billiard cues.

taquicardia *f.* MED. tachycardia.

taquigrafía *f.* shorthand, stenography.

taquigrafiar *tr.* to stenograph, to write in shorthand.

taquigráficamente *adv.* in shorthand.

taquigráfico, ca *adj.* shorthand, stenographic.

taquígrafo, fa *m. & f.* stenographer.

taquilla *f.* ticket rack. *2* ticket window, ticket booth, ticket office. *3* take, receipts [money received for tickets], gate money. *4* closet or case with pigeonholes for papers.

taquillero, ra *m. & f.* ticket seller, clerk in a ticked office.

taquimeca *f.* COLL. TAQUIMECANÓGRAFA.

taquimecanógrafo, fa *m. & f.* a stenographer and typewriter.

taquimetría *f.* tachymetry.

taquimétrico, ca *adj.* tachymetric.

taquímetro *m.* SURV. tachymeter.

taquín *m.* TABA 1 & 3.

tara *f.* COM. tare [allowance made for weight of box, etc.] : *menos la* ~, fig. making due allowance for exaggeration. *2* tally [stick for keeping accounts]. *3* ENTOM. (Ve.) green grasshopper. *4* ZOOL. (Col.) a poisonous snake. *5* BOT. (Chi., Pe.) a tinctorial shrub.

tarabilla *f.* clack, clapper [of a mill], millclapper. *2* turning piece of wood used as a catch for fastening a door or window. *3* pin or peg for tightening the cord of a bucksaw frame. *4* (Arg.) bull-roarer [toy]. *5* coll. chatterbox. *6* coll. jabber, fast and senseless talk : *soltar la* ~, to jabber.

tarabita *f.* stick at the end of a cinch. *2* (S. Am.) ferry cable.

taracea *f.* marquetry, inlaid work, buhlwork.

taracear *tr.* to inlay, to adorn with marquetry.

taragallo *m.* TRANGALLO.

taraje *m.* TARAY.

tarambana *adj.* scatterbrained. — 2 *m.* & *f.* scatterbrains.
tarando *m.* RENO.
tarangallo *m.* TRANGALLO.
taranta *f.* popular song of Almería and Murcia. 2 (Arg., C. Ri., Chi.) whim.
tarantela *f.* tarantella, tarantelle.
tarántula *f.* ZOOL. tarantula.
tarantulado, da *adj.* ATARANTADO.
tarara, tarará *f.* sound of a trumpet.
tararear *tr.* to hum [a tune].
tarareo *m.* humming [a tune].
tararira *f.* coll. noisy mirth. 2 ICHTH. a fresh water fish. — 3 *m.* & *f.* noisy, scatterbrained person.
tarasca *f.* figure of dragon borne in the procession of Corpus Christi day. 2 coll. glutton. 3 coll. ugly, bad-tempered woman. 4 (C. Ri., Chi.) large mouth.
tarascada *f.* bite, wound with the teeth. 3 rude answer or rebuff.
tarascar *tr.* [of dogs] to bite.
tarascón *m.* aug. of TARASCA. 2 (Arg., Bol., Chi., Ec.) bite, wound with the teeth.
taratántara *f.* TARARA.
taray *m.* BOT. tamarisk, salt cedar. 2 BOT. fruit of the tamarisk or salt cedar.
tarayal *m.* grove of tamarisks or salt cedars.
tarazana, tarazanal *f.* ATARAZANA.
tarazar *tr.* to bite, to tear with the teeth. 2 fig. to vex, worry, harass.
tarazón *m.* slice, chunk.
tardador, ra *adj.* slow, tarrying.
tardanaos *m.* ICHTH. remora.
tardanza *f.* delay, slowness, tardiness.
tardar *intr.* & *ref.* to take a long time or a specified time [in doing something], to be slow, long or late [in coming, etc.] : *tardó una hora en escribir la carta*, he was an hour in writing the letter, he took an hour to write the letter; *no tardes*, don't be long, don't be late, come soon; *a más* ~, at the latest.
tarde *adv.* late; too late: *hacerse* ~, to grow late; *de* ~ *en* ~, now and then, once in a while; *para luego es* ~, by and by will be too late; ~, *mal y nunca*, late and badly done; ~ *o temprano*, sooner or later; ~ *piache*, coll. too late. — 2 *f.* afternoon; evening: *buenas tardes*, good afternoon; *de* ~, *por la* ~, in the afternoon. 3 fig. evening [of life].
tardecer *intr.* to draw towards the evening, to grow dark. ¶ CONJUG. like *agradecer*.
tardecica *f.* dim. late hours of the afternoon.
tardecillo *adv.* a little late.
tardezca, etc., *irr.* V. TARDECER.
tardíamente *adv.* too late; late, tardily [after the proper time].
tardígrado, da *adj.* & *m.* ZOOL. tardigrade. — 2 *m. pl.* ZOOL. Tardigrada.
tardío, día *adj.* late, tardy [coming or done after the proper time] : *frutos tardíos*, late fruits; *arrepentimiento* ~, tardy repentance. 2 tardy, slow. — 3 *m. pl.* late crops.
tardo, da *adj.* tardy, slow, sluggish. 2 tardy [coming or happening late]. 3 dull, dense, slow.: ~ *de comprensión*, dull-witted.
tardón, na *adj.* sluggish, phlegmatic. 2 slow, dull-witted.
tarea *f.* task, job. 2 work, toil.
tareco *m.* (Cu., Ec., Ve.) implement, utensil.
Tarento *m. pr. n.* GEOG. Taranto.
tarida *f.* NAUT. an ancient military transport.
tarifa *f.* tariff. 2 price list, rate, fare, schedule of charges.
tarifar *tr.* to tariff. — 2 *intr.* to quarrel, cease to be friends.
tarima *f.* wooden platform, dais.
tarín barín *adv.* barely; just about.
tarja *f.* tally [stick for keeping accounts]. 2 large shield. 3 tilting target. 4 an ancient copper and silver coin. 5 (Am.) card, visiting card.
tarjador, ra *m.* & *f.* tally keeper.
tarjar *tr.* to tally [record on a tally].
tarjero *m.* TARJADOR.
tarjeta *f.* card [piece of cardboard bearing person's name, etc.] : ~ *comercial*, business card; ~ *de identidad*, identification card; ~ *de visita*, visiting card; ~ *postal*, post card. 2 ARCH. tablet [flat ornament with inscription]. 3 title and imprint [on a map or chart].
tarjeteo *m.* coll. social exchange of cards.

tarjetero *m.* card case.
tarjetón *m.* aug. large card; show card.
tarlatana *f.* tarlatan [fabric].
tarpeyo, ya *adj.* Tarpeian.
tarquín *m.* slime, ooze, mire.
tarquinada *f.* coll. rape, violation.
tarraconense *adj.* [pertaining to] Taragona. — 2 *m.* & *f.* native or inhabitant of Tarragona.
tárraga *f.* an ancient Spanish dance.
tarraja *f.* TERRAJA.
tarrasense *adj.* [pertaining to] Tarrasa. — 2 *m.* & *f.* native or inhabitant of Tarrasa.
tarraya *f.* ATARRAYA.
tarreñas *f.* a kind of earthen castanets.
tarrico *m.* BOT. saltwort.
tarro *m.* jar. 2 (Cu.) horn [of an animal]. 3 (Col.) can, pot.
tarsiano, na *adj.* tarsal.
Tarso *m. pr. n.* GEOG. Tarsus.
tarso *m.* ANAT., ZOOL., ORNITH., ENTOM. tarsus.
tarta *f.* tart [piece of pastry]. 2 pan for baking tarts.
tártago *m.* BOT. caper spurge. 2 coll. misfortune. 3 coll. poor joke, mean trick. 4 BOT. ~ *de Venezuela*, castor-oil plant.
tartajear *intr.* to stutter.
tartajeo *m.* stutter, stuttering.
tartajoso, sa *adj.* stuttering. — 2 *m.* & *f.* stutterer.
tartalear *intr.* coll. to move in a trembling or irregular way. 2 coll. to stammer, be embarrased, be speechless.
tartamudear *intr.* to stammer, stutter.
tartamudeo *m.* stammer, stammering, stutter, stuttering.
tartamudez *f.* defect of stammering or stuttering.
tartamudo, da *adj.* stammering, stuttering [pers.]. — 2 *m.* & *f.* stammerer, stutterer.
tartán *m.* tartan [fabric].
tartana *f.* NAUT. tartan [vessel]. 2 two-wheeled round-top carriage.
tartanero *m.* driver of a TARTANA.
tartáreo, a *adj.* poet. Tartarean.
Tartaria *f. pr. n.* GEOG. Tartary.
tartárico, ca *adj.* CHEM. tartaric.
tartarizar *tr.* PHARM. to tartarize.
Tártaro *m. pr. n.* MYTH. Tartarus.
tártaro, ra *adj.* & *n.* Tartar. — 2 *m.* tartar [of wine]. 3 CHEM. tartar; cream of tartar : *cremor* ~, cream of tartar. 4 tartar [on teeth].
tartera *f.* baking pan for tarts or pastry. 2 dinner pail.
tartrato *m.* CHEM. tartrate.
tártrico, ca *adj.* CHEM. tartaric.
tartufo *m.* hypocrite.
taruga *f.* ZOOL. a kind of South American deer.
tarugo *m.* wooden pin or plug. 2 wooden paving block.
tarumba *m.* coll. *volver* ~ *a uno*, to confuse, perplex, rattle; *volverse* ~, to become confused, perplexed, rattled.
tas *m.* small anvil used by silversmiths.
tasa *f.* measure, due limitation, moderation : *sin* ~, without measure. 2 valuation, appraisement. 3 the price of a commodity as established by the Government.
tasación *f.* valuation, appraisement.
tasadamente *adv.* scantily.
tasador *m.* appraiser.
tasajear *tr.* (Am.) ATASAJAR.
tasajo *m.* jerked beef.
tasar *tr.* to fix the price of. 2 to limit, moderate, keep within bounds. 3 to appraise, estimate. 4 to stint.
tasca *f.* tavern, wine shop. 2 gambling den.
tascador *m.* scutch, scutcher, swingle.
tascar *tr.* to scutch, dress [flax or hemp]. 2 to crunch [grass]. 3 ~ *el freno* [of a horse], to champ the bit; fig. to bear something with impatience.
tasco *m.* refuse of flax or hemp.
tasconio *m.* TALQUE.
tasqué, tasque, etc., *pret., subj.* & *imper.* of TASCAR.
tasquera *f.* coll. row, quarrel.
tasquil *m.* chip [from a stone].
tastana *f.* AGR. hard crust on the soil left after a long drought. 2 membrane inside a fruit [as in walnuts, oranges, pomegranates, etc.].
tastaz *m.* brass-polishing powder.
tasto *m.* spoiled taste [of food].

tasugo *m.* TEJÓN 1.
tata *f.* nursemaid or little sister [in child's language]. 2 (Am.) coll. dad, daddy.
tatabro *m.* ZOOL. (Col.) a kind of peccary.
tatarabuela *f.* great-great-grandmother.
tatarabuelo *f.* gret-great-grandfather.
tataranieta *f.* great-great-granddaughter.
tataranieto *m.* great-great-grandson.
tataré *m.* BOT. (Arg., Par.) a tall timber tree.
tatas (a) *adv. andar a tatas,* coll. to toddle; coll. to go on all fours.
¡tate! *interj.* easy there!, beware! 2 behold!
tatetí *m.* (Arg.) a children's game.
tato, ta *adj.* lisping and stammering. — 2 *m.* (Chi.) little brother.
tatú, *pl.* **-túes** *m.* ZOOL. (Arg., Chi.) giant armadillo.
tatuaje *m.* tattoo [mark on the skin]. 2 tattooing [marking the skin].
tatuar *tr.* to tattoo [mark the skin of].
tau *m.* tau [Greek letter]. 2 tau cross [badge of some orders].
taujel *m.* strip of wood.
taujía *f.* ATAUJÍA.
taumaturgia *f.* thaumaturgy.
taumatúrgico, ca *adj.* thaumaturgic, thaumaturgical.
taumaturgo, ga *m. & f.* thaumaturge.
taurino, na *adj.* taurine. 2 [pertaining to] bullfighting.
taurios *adj. pl.* Taurian [games].
Tauro *m. pr. n.* ASTR. Taurus.
taurómaco, ca *adj.* tauromachian, bullfighting. — 2 *m. & f.* one versed in tauromachy.
tauromaquia *f.* tauromachy.
tauromáquico, ca *adj.* tauromachian, bullfighting.
tautología *f.* RHET. tautology.
tautológico, ca *adj.* tautologic, tautological.
taxativamente *adv.* definitely, precisely.
taxativo, va *adj.* definite, precise.
taxi *m.* taxi, taxicab.
taxia *f.* BIOL. taxis.
taxidermia *f.* taxidermy.
taxidermista *m. & f.* taxidermist.
taxímetro *m.* taximeter. 2 taxi, taxicab.
taxonomía *f.* taxonomy.
taxonómico, ca *adj.* taxonomic, taxonomical.
taylorismo *m.* Taylorism [management by the Taylor system].
taz a taz *adv.* on even basis.
taza *f.* cup [drinking vessel with a handle]. 2 cup, cupful : *una ~ de té,* a cup of tea. 3 basin, bowl [of a fountain]. 4 cup guard [of a sword].
tazar *tr.* to fray [clothes].
tazón *m.* large cup, bowl. 2 washbowl.
1) **te** *f.* name of the letter *t.*
2) **te** *pers. pron. 2nd pers. sing.* [object of the verb and ref.] thee; to thee, for thee: thyself, or [when on familiar terms] you; to you, for you; yourself : *yo ~ amo,* I love thee (or you); *~ daré un libro,* I'll give thee (or you) a book; *~ lo leeré,* I'll read it for thee (or you); *lávate,* **wash** thyself (or yourself).
té *m.* tea [plant; leaves; infusion or decoction; meal with tea] : *~ negro,* black tea; *~ verde,* green tea. 2 *~ borde, de España, de Europa* or *de Méjico,* Mexican tea. 3 *~ de los Jesuítas* or *del Paraguay,* maté, Paraguay tea.
tea *f.* candlewood, torch, firebrand.
teatino, na *m.* Theatin, Theatine.
teatral *adj.* theatrical.
teatralidad *f.* theatricality.
teatralmente *adv.* theatrically.
teatro *m.* theatre, theater, playhouse. 2 stage [scene; actor's profession]. 3 theatre, theater, drama [dramatic literature]. 4 fig. theatre, theater, stage [scene of action, field of operation] : *el ~ de la guerra,* the theatre of war.
tebaico, ca *adj.* Thebaic.
Tebaida *f. pr. n.* HIST., GEOG. Thebaid.
tebaína *f.* CHEM. thebaine.
tebano, na *adj. & n.* Theban
Tebas *f. pr. n.* HIST., GEOG. Thebes [of Egypt; of Greece].
tebeo, bea *adj. & n.* Theban.
teca *f.* BOT. teak. 2 teakwood. 3 BOT. theca. 4 reliquary.
tecalí *m.* MINER. tecali, Mexican onyx.
tecla *f.* key [of a piano, organ, typewriter, etc] : *~ de escape,* margin release; *~ de retroceso,* **backspacer**; *~ del tabulador,* tabulator key;

dar en la ~, fig. to strike it right, to find the way [of doing something]; *dar en la ~ de,* to fall into the habit of; *tocar una ~,* to resort to some expedient. 2 fig. delicate point.
teclado *m.* keyboard [of a piano, organ, typewriter, etc.] ; *~ de mano,* manual [of an organ] ; *~ universal,* standard keyboard [of a typewriter].
tecle NAUT. single purchase.
teclear *intr.* to finger a keyboard. 2 to drum with the fingers. — 3 *tr.* to try several ways or expedients.
tecleo *m.* fingering a keyboard. 2 click [of typewriter]. 3 drumming with the fingers. 4 trying.
técnica *f.* technics. 2 technic, technique, methode. 3 technical ability.
técnicamente *adv.* technically.
tecnicismo *m.* technic, technicality, technicism [technical term or expression].
técnico, ca *adj.* technical. — 2 *m.* technician, technical expert.
tecnología *f.* technology.
tecnológico, ca *adj.* technological.
tecol *m.* ENTOM. (Mex.) maguey caterpillar.
tecolote *m.* ORN. (Hond., Mex.) owl.
tecomate *m.* (C. Am.) gourd. 2 (Mex.) earthen bowl.
techado, da *p. p.* of TECHAR. — 2 *adj.* roofed, covered. — 3 *m.* roof; *bajo ~,* under cover, indoors.
techador *m.* roofer, thatcher.
techar *tr.* to roof, to thatch.
techo *m.* roof, covering [of a building]. 2 ceiling [of room]. 4 AER. ceiling : *~ de servicio, ~ utilizable,* service ceiling. 5 fig. roof [house, home].
techumbre *f.* roof, roofing [of a building].
tedero *m.* torch holder, cresset.
tedéum *m.* ECCL. Te Deum.
tediar *tr.* to loathe, abominate, abhor.
tedio *m.* tedium, tediousness. 2 loathing.
tedioso, sa *adj.* tedious, boresome. 2 disgusting.
tefe *m.* (Col., Ec.) strip of skin or leather.
tegue *m.* BOT. (Ve.) a milky tuberous plant.
teguillo *m.* strip of wood.
tegumentario, ria *adj.* tegumentary.
tegumento *m.* ANAT., ZOOL., BOT. tegument.
teína *f.* CHEM. thein, theine.
teinada *f.* TINADA 2.
teísmo *m.* theism.
teísta *adj.* theistic. — 2 *m. & f.* theist.
teja *f.* roof tile, pantile, gutter tile : *~ plana,* flat roof tile ; *a ~ vana,* with a plain tile roof, without a ceiling ; *a toca ~,* coll. cash down ; *de tejas abajo,* coll. in the order of nature; here below, in this world; *de tejas arriba,* coll. in the supernatural order, in heaven. 2 shovel hat. 3 NAUT. hollow cut for scarfing. 4 BOT. linden tree.
tejadillo *m. dim.* small roof. 2 roof [of carriage]. 3 card sharp's method of holding the talon.
tejado *m.* roof, tiled roof.
tejamaní, *pl.* **-níes** *m.* (Cu., P. Ri.) TEJAMANIL.
tejamanil, *pl.* **-niles** *m.* (Mex.) shingle [for roofing]
1) **tejar** *tr.* brickyard, brick works.
2) **tejar** *tr.* to tile [a roof].
tejaroz *m.* eaves.
tejavana *f.* shed, tiled shed.
tejazo *m.* blow with a roof tile.
tejedera *f.* TEJEDORA. 2 ENTOM. whirligig beetle.
tejedor, ra *adj.* weaving. 2 (Chi., Pe.) scheming, intriguing. — 3 *m. & f.* weaver. 4 (Chi., Pe.) schemer, intriguer. — 5 *m.* ENTOM. water skipper, water strider.
tejedura *f.* weaving. 2 texture [of a fabric].
tejeduría *f.* art of weaving. 2 weaving mill or factory.
tejemaneje *m.* coll. dexterity, address, skilful management. 2 (Am.) intriguing.
tejer *tr.* to weave. 2 to knit [stockings, etc.]. 3 to braid, plaid, interweave, wreathe.
tejera, tejería *f.* brickyard, brick works, tile works.
tejero *m.* brickmaker, tile maker.
tejido, da *p. p.* of TEJER. — 2 *adj.* woven, knit, braided. — 3 *m.* weave, texture [of a fabric]. 4 fabric, textile : *~ de encaje,* lace fabric; *~ de malla,* netted fabric; *~ de punto,* knitted fabric. 5 tissue, web, meshwork: *un ~ de mentiras,* a tissue of lies. 6 BIOL. tissue: *~ adiposo,* adipose tissue; *~ conjuntivo,* connective tissue
tejo *m.* round piece of tile; thick disk of metal 2 game of throwing disks or stones at an upright piece of wood, etc., with coins on top. 3 blank

[coin-disk before stamping]. *4* MACH. pillow block, socket [for a vertical shaft]. *5* BOT. yew, yew tree.

tejocote *m.* BOT. a Mexican hawthorn.

tejoleta *f.* broken tile, brickbat. *2 pl.* TARREÑAS.

tejolote *m.* (Mex.) stone pestle.

tejón *m.* ZOOL. badger. *2* gold ingot.

tejonera *f.* burrow of a badger.

tejuela *f. dim.* small roof tile. *2* TEJOLETA. *3* one of the parts of a saddletree.

tejuelo *m. dim.* small round piece of tile. *2* BOOKB. label; lettering. *3* MACH. pillow block, socket [for a vertical shaft], pivot block or bearing.

tela *f.* cloth, fabric, stuff : ~ *de algodón*, cotton fabric ; ~ *de esmeril*, emery cloth ; ~ *metálica*, wire cloth, wire netting, wire screen, chicken wire. *2* web : ~ *de araña*, cobweb, spider web. *3* skin, pellicle : ~ *de cebolla*, onionskin ; fig. thin cloth. *4* ZOOL., BOOT. membrane. *5* film [on a liquid ; in the eye]. *6* subject, something to talk about. *7* BOOKB. cloth : *encuadernado en* ~, clothbound. *8* PAINT. canvas. *9* PAINT. painting, picture. *10 estar en* ~ *de juicio*, to be doubtful ; *poner en* ~ *de juicio*, to doubt, question.

telamón *m.* ARCH. telamon.

telar *m.* WEAV. loom : ~ *de mano*, hand loom ; ~ *mecánico*, power loom ; *en el* ~, fig. upon the anvil, in the making. *2* THEAT. gridiron. *3* BOOKB. sewing press.

telaraña *f.* cobweb, spider web : *mirar a las telarañas*, coll. to be abstracted, stargazing ; *tener telarañas en los ojos*, coll. to be blind to what is going on. *2* fig. cobweb, flimsy or trifling thing.

telarañoso, sa *adj.* cobwebbed.

telarejo *m. dim.* small loom.

telecomunicación *f.* telecommunication.

telefio *m.* BOT. orpin, orpine.

telefonear *intr. & tr.* to telephone.

telefonema *m.* telephone message.

telefonía *f.* telephony : ~ *sin hilos*, wireless telephony, radiotelephony.

telefónicamente *adv.* telephonically.

telefónico, ca *adj.* telephonic.

telefonista *m. & f.* telephonist, telephone operator.

teléfono *m.* telephone : ~ *automático*, dial telephone ; ~ *inalámbrico* or *sin hilos*, wireless telephone.

telefoto *m.* ELECT. telephote.

telefotografía *f.* telephotography. *2* telephotograph.

telefotografiar *intr. & tr.* to telephotograph.

telefotográfico, ca *adj.* telephotographic.

telegrafía · f. telegraphy : ~ *sin hilos*, wireless telegraphy.

telegrafiar *intr. & tr.* to telegraph.

telegráficamente *adv.* telegraphically.

telegráfico, ca *adj.* telegraphic.

telegrafista *m. & f.* telegrapher, telegraphist.

telégrafo *m.* telegraph : ~ *óptico*, semaphore telegraph, visual signalling ; ~ *inalámbrico* or *sin hilos*, wireless telegraph ; *hacer telégrafos*, coll. to talk by signs [said esp. of lovers].

telegrama *m.* telegram.

telele *m.* (C. Am., Mex.) swoon, fainting fit.

Telémaco *m. pr. n.* MYTH. Telemachus.

telemecánico, ca *adj.* telemechanic. — *2 f.* telemechanics.

telemetría *f.* telemetry.

telemétrico, ca *adj.* telemetric.

telémetro *m.* telemeter. *2* MIL. range finder.

telendo, da *adj.* sprightly, lively, jaunty.

teleobjetivo *m.* telephotographic object glass.

teleología *f.* teleology.

teleológico, ca *adj.* teleological.

teleósteo, a *adj.* ICHTH. teleosteous. — *2 m. pl.* ICHTH. Teleostei.

telepatía *f.* telepathy.

telepático, ca *adj.* telepathic.

telera *f.* plow bolt. *2* sheepfold [enclosed in a board fence]. *3* cheek [of a vice or press]. *4* cross frame, tiebeam [of a cart]. *5* transom [of a gun-carriage]. *6* NAUT. rack block. *7* (Cu.) a thin rectangular biscuit.

telero *m.* stake [of a cart].

telescópico, ca *adj.* telescopic.

telescopio *m.* telescope.

teleta *f.* blotting paper, blotter. *2* sieve in a paper mill.

teletipo *m.* teletype.

televisar *tr.* to televise.

televisión *f.* television.

televisor, ra *adj.* televising, [pertaining to] television. — *2 m.* television set.

telilla *f. dim.* light woollen stuff. *2* film, pellicle.

telina *f.* ZOOL. clam.

telón *m.* THEAT. curtain, drop curtain, drop : ~ *de boca*, drop curtain ; ~ *de fondo*, backdrop ; *bajar el* ~, to drop the curtain ; *levantar* or *subir el* ~, to raise the curtain. *2* fig. ~ *de acero*, iron curtain.

telúrico, ca *adj.* tellurian.

telurio *m.* CHEM. tellurium.

tellina *f.* TELINA.

telliz, *pl.* -llices *m.* caparison [horse's trappings].

telliza *f.* bedspread, coverlet.

tema *m.* theme, subject, text. *2* GRAM. theme, stem. *3* MUS. theme. *4* ASTROL. horoscope [scheme showing the disposition of the heavens]. — *5 f.* fixed idea [of a madman]. *6* persistence, insistence, obstinacy : *tomar* ~, to become obstinate [about]. *7* unreasonable animosity or grudge : *tener* ~ *a*, to dislike, to have a grudge against.

temario *m.* program of subjects or items to be treated or brought into discussion ; agenda.

temático, ca *adj.* thematic, thematical. *2* TEMOSO.

tembladal *m.* TREMEDAL.

tembladera *f.* a kind of bowl or cup of very thin metal or glass. *2* jewel mounted on a spiral wire. *3* ICHTH. torpedo. *4* BOT. quaking grass. *5* (Am.) TREMEDAL.

tembladero, ra *adj.* shaking, trembling. — *2 m.* TREMEDAL.

temblador, ra *adj.* quaking, quavering, shaking, shivering, trembling. — *2 m. & f.* trembler. *3* Quaker.

temblante *adj.* quavering, trembling.

temblar *intr.* to tremble, quake, shake, quaver, quiver, shiver. *2* fig. to tremble [be afraid or alarmed]. ¶ CONJUG. like *acertar.*

tembleque *adj.* shaking, trembling. — *2 m. & f.* trembler [person]. — *3 m.* jewel mounted on a spiral wire.

temblequear, tembletear *intr.* coll. to shake or tremble all the time. *2* coll. to fake a tremor.

temblón, na *adj.* trembling, tremulous, shaking. *2* BOT. *álamo* ~, aspen. — *3 f. hacer la temblona*, [of beggards] to fake a tremor.

temblor *m.* tremble, trembing, tremor, shaking, quaver, quavering, quiver, quivering, shiver, shivering : ~ *de tierra*, earthquake.

temblorcillo *m. dim.* slight tremor.

tembloroso, sa ; tembloso, sa *adj.* trembling, tremulous, quavering, shaking.

temedero, ra *adj.* dread, redoubtable.

temedor, ra *adj.* dreading, fearing.

temer *tr.* to dread, fear, apprehend. *2* to be in awe of. *3* fig. to think, be afraid. — *4 intr.* to fear : ~ *por*, to fear for.

temerariamente *adv.* rashly, recklessly, imprudently.

temerario, ria *adj.* rash, reckless, hasty, imprudent, foolhardy.

temeridad *f.* temerity, rashness, recklessness, imprudence, foolhardiness. *2* rash or hasty action.

temerón, na *adj.* affecting courage, blustering. — *2 m. & f.* blusterer.

temerosamente *adv.* timorously, with fear.

temeroso, sa *adj.* dread, fearful. *2* timorous, timid, cowardly. *3* afraid, fearing : ~ *de Dios*, God-fearing.

temible *adj.* to be dreaded, redoubtable.

temor *m.* dread, fear, apprehension : ~ *de Dios*, reverential awe of God.

temoso, sa *adj.* persistent, obstinate.

tempanador *m.* cutter for beehives.

tempanar *tr.* to put the head on [a cask or barrel]. *2* to put a cork cover on [a beehive].

témpano *m.* MUS. kettledrum. *2* MUS. small drum. *3* drumhead, drumskin. *4* head [of a cask or barrel]. *5* ARCH. tympan, tympanum. *6* flat piece of something hard. *7* flitch [of bacon]. *8* cork dome [of a beehive]. *9* ~ *de hielo*, floe, iceberg.

temperación *f.* tempering.

temperadamente *adv.* temperately.

temperamento *m.* PHYSIOL., MUS. temperament. *2* TEMPERIE. *3* measure, step, action taken for settling differences or overcome difficulties.

temperancia *f.* TEMPLANZA.

temperante *adj.* tempering, moderating. 2 MED. tempering. 3 (Am.) abstemious. — *4 m.* & *f.* (Am.) teetotaler.

temperar *tr.* to temper, moderate, soften. 2 MED. to temper. — *3 intr.* (Am.) to go to a warmer climate. — *4 ref.* to become temperate or moderate.

temperatura *f.* temperature. 2 TEMPERIE.

temperie *f.* atmospheric conditions.

tempero *m.* AGR. suitable state of the soil for tillage, sowing, etc.

tempestad *f.* tempest, storm.

tempestear *intr.* to storm, be stormy. 2 fig. to storm, rage.

tempestivamente *adv.* opportunely, seasonably.

tempestividad *f.* opportuneness, seasonableness, timeliness.

tempestivo, va *adj.* opportune, seasonable, timely.

tempestuosamente *adv.* stormily, tempestuously.

tempestuoso, sa *adj.* stormy, tempestuous.

templa *f.* PAINT. distemper. 2 *pl.* ANAT. temples.

templadamente *adv.* temperately.

templado, da *p. p.* of TEMPLAR. — 2 *adj.* temperate [moderate, self-restrained, abstemious]. 3 temperate [having a moderate climate or temperature] : *zona* ~, temperate zone. 4 temperate, tepid, lukewarm [neither cold nor hot]. 5 LIT. moderate [style]. 6 tempered [steel, glass, etc.]. 7 MUS. tuned. 8 brave, firm, calmly courageous. 9 (Am.) hard, severe. 10 (Am.) in love. 11 (Am.) tipsy, half-drunk. 12 *estar bien*, or *mal*, ~, to be in a good, or bad, humour.

templador, ra *adj.* tempering. 2 MUS. tuning. — *3 m.* & *f.* temperer. 4 MUS. tuner. — *5 m.* MUS. tuning key.

templadura *f.* tempering. 2 MUS. tuning.

templanza *f.* temperance. 2 moderation, sobriety. 3 mildness, moderateness [of climate]. 4 PAINT. good disposition [of colours].

templar *tr.* to temper, moderate, mitigate, soften, appease. 2 to warm [a liquid] slightly. 3 to temper, anneal [metals, glass]. 4 to tighten [a rope, nut, etc.] moderately. 5 MUS. to tune [an instrument]. 6 NAUT. to trim [the sails] to the wind. 7 PAINT. to blend, harmonize [colours]. — *8 intr.* [of the weather] to moderate, cease to be cold. — *9 ref.* to become temperate, moderate. 10 (Am.) to fall in love. 11 (Am.) to stuff oneself.

templazo *m.* WEAV. temple.

templario *m.* Templar, Knight Templar.

temple *m.* TEMPERIE. 2 TEMPERATURA. 3 temper [of metal, glass, etc.]. 4 fig. temper, humour : *estar de buen* ~, to be in a good humour ; *estar de mal* ~, to be in a bad humour. 5 fig. courage, energy, decision. 6 fig. compromise. 7 MUS. tune [of instrumens]. 8 Order of the Templars ; one of their temples. 9 PAINT. *al* ~, in distemper.

templén *m.* WEAV. temple.

templete *m. dim.* templet, small temple. 2 tabernacle [ornate canopied receptacle]. 3 pavilion, kiosk.

templista *m.* painter in distemper.

templo *m.* temple [place of worship], church.

temporada *f.* spell, period [of time], some time : *estar de* ~, to reside or dwell temporarily, for a time, to be vacationing. 2 season : ~ *de ópera*, opera season ; ~ *de verano*, summer season.

temporal *adj.* temporary. 2 temporal, secular, worldly : *poder* ~, temporal power. 3 GRAM., ANAT. temporal. — *4 m.* tempest, storm ; spell or rainy weather. 5 ANAT. temporal bone.

temporalicé, temporalice, etc., *pret., subj.* & *imper.* of TEMPORALIZAR.

temporalidad *f.* temporalness. 2 temporariness. 3 *pl.* ECCL. temporalities.

temporalizar *tr.* to make temporal or temporary.

temporalmente *adv.* temporarily, for a time, 2 temporally.

temporáneo, a; temporario, ria *adj.* temporary.

témporas *f. pl.* ECCL. Ember days.

temporejar *intr.* NAUT. to lie to.

temporero, ra *adj.* temporary [clerk, employee]. — *2 m.* temporary clerk or employee.

temporicé, temporice, etc., *pret., subj.* & *of* TEMPORIZAR.

temporizar *intr.* CONTEMPORIZAR. 2 to pass the time.

tempranal *adj.* producing early fruits.

tempranamente *adv.* early. 2 too early, prematurely.

tempranero, ra *adj.* early [coming or occurring in advance of the usual time].

tempranilla *adj.* early [grape]. — 2 *f.* early grape.

tempranito *adv.* coll. very early.

temprano, na *adj.* early [comming or ocurring in advance of the usual time] : *fruto* ~, early fruit. 2 young [age]. — *3 m.* land or field yielding early crops. — *4 adv.* early. 5 too early.

temulento, ta *adj.* drunk, intoxicated.

ten con ten *m.* tact, adroitness, moderation.

tena *f.* cattle shed.

tenacear *tr.* ATENACEAR. — 2 *intr.* to persist stubbornly.

tenacero *m.* tongs maker.

tenacidad *f.* tenacity, tenaciousness, pertinacity, firmness, persistence. 2 PHYS. tenacity.

tenacillas *f. pl.* small tongs. 2 sugar tongs. 3 cigarette tongs. 4 curling irons or tongs. 5 tweezers [for plucking out hairs]. 6 snuffers.

tenáculo *m.* SURG. tenaculum.

tenada *f.* TINADA 2.

tenallón *m.* FORT. tenail, tenaille.

tenante *m.* HER. supporter.

tenaz, *pl.* **-naces** *adj.* tenacious, pertinacious, stubborn, firm, persistent. 2 tenacious [adhesive, strongly cohesive], tough.

tenaza *f.* FORT. tenail, tenaille. 2 claw, pincers [of lobsters, crabs, etc.]. 3 CARDS tenace. 4 *pl.* tongs, pair of tongs. 5 pincers, pair of pincers.

tenazada *f.* act of grasping or holding with a pair of tongs or pincers. 2 noise or click of tongs or pincers. 3 hard bitting.

tenazmente *adv.* tenaciously, pertinaciously, firmly.

tenazón (a) *adv.* without taking aim. 2 suddenly.

tenazuelas *f. pl.* small tongs or pincers. 2 tweezers [for plucking out hairs].

tenca *f.* ICHTH. tench.

tención *f.* holding, possessing.

tendajo *m.* TENDEJÓN.

tendal *m.* awning. 2 piece of canvas placed under olive trees when picking the fruit. 3 TENDEDERO. 4 things spread out, or clothes hung up, to dry.

tendalera *f.* coll. litter, things scattered in disorder on the floor or ground.

tendalero, tendedero *m.* place where clothes, etc., are spread or hung up to dry. 2 (Am.) clothesline.

tendedor, ra *m.* & *f.* one who spreads, lays, etc. V. TENDER.

tendedura *f.* the act of TENDER.

tendejón *m.* small rickety shop or stall.

tendel *m.* MAS. levelling line. 3 MAS. layer of mortar on a course.

tendencia *f.* tendency, drift, trend.

tendencioso, sa *adj.* tendentious.

tendente *adj.* [something] that tends to, goes to, refers to. 2 apt to, inclinate to.

ténder *m.* RLY. tender.

tender *tr.* to spread, spread out. 2 to stretch out. 3 to hold out [one's hand, etc.]; to extend, stretch forth. 4 to hang up [washing, etc., to dry]. 5 to spread on the ground. 6 to lay [a cable, a track, etc.]. 7 to throw [a bridge across a river]. 8 MAS. to coat [a wall] with a thin layer of plaster. — *9 intr.* to tend, have a tendency. — *10 ref.* to stretch, lie down at full length. 11 to show down, put one's cards on the table. 12 [of a horse] to run at full gallop. 13 coll. to neglect a business. ¶ CONJUG. like *entender*.

tenderete *m.* stand, stall, booth. 2 a card game. 3 coll. TENDALERA.

tendero, ra *m.* & *f.* shopkeeper, *storekeeper — 2 m.* tent maker.

tendezuela *f. dim.* small shop.

tendidamente *adv.* diffusely, diffusively.

tendido, da *p. p.* of TENDER. — 2 *adj.* full [gallop]. — *3 m.* spreading or hanging up [of washing, etc., to dry]. 4 wash [clothes hung up to dry]. 5 laying [of a cable, a track, etc.]. 6 throwing [of a bridge across a river]. 7 MAS. thin coat of plaster. 8 batch of bread to be baked. 9 uncovered tiers of seats [in a bull ring]. 10 MAS. side [of a roof]. 11 lace made without lifting from over the pattern. 12 (Am.) bedclothes.

tendiente *adj.* tending, having a tendency.

tendinoso, sa *adj.* tendinous.

tendón *m.* ANAT. tendon : ~ *de Aquiles*, Achilles' tendon.

tendré, tendría, etc., *irr.* V. TENER.

tenducha *f.,* **tenducho** *m.* small, mean shop.

tenebrario *m.* ECCL. Tenebrae hearse.
tenebrosamente *adv.* gloomily, darkly.
tenebrosidad *f.* gloominess, darkness.
tenebroso, sa *adj.* gloomy, dark, tenebrous.
tenedero *m.* NAUT. anchoring ground.
tenedor *m.* holder, possessor. 2 fork, table fork. 3 COM. holder [of a bill, etc.]. 4 ~ *de libros*, bookkeeper.
tenedorcillo *m.* *dim.* small table fork.
teneduría *f.* position of bookkeeper. 2 ~ *de libros*, bookkeeping.
tenencia *f.* holding, possession. 2 MIL. lieutenancy, lieutenantship. 3 office of an alderman or mayor's deputy 4 ECCL. succursal or dependent church.
tener *tr.* to have [in many senses], to hold, keep, own, possess. 2 to keep [one's word or promise]. 3 to hold [keep fast, grasp]. 4 to hold, detain, stop. 5 to hold, keep [in a specified place, condition, etc.] : ~ *a uno en la cárcel*, to keep someone in prison. 6 to have, hold [conversation] ; to hold [a meeting, etc.]. 7 to have to attend or be present at [a meeting, party, etc.] : *esta noche tengo una junta*, this evening I must attend a meeting. 8 to keep [a shop, inn, etc.]. 9 to have, bear, give birth to : ~ *un niño*, to have a baby. 10 to be the matter with, to ail : *¿qué tiene usted?*, what is the matter with you?, what ails you? 11 to be worth [have wealth to the value of] : *tiene un millón de pesetas*, he is worth a million pesetas. 12 [appl. to dimensions] to be : *este árbol tiene seis metros de alto*, this tree is six metres high. 13 [with nouns of time] to be... old : *mi padre tiene sesenta años*, my father is sixty years old. 14 [with some nouns] to do, feel, experience what the noun implies : ~ *cuidado*, to take care ; *no tenga usted cuidado*, don't fear, don't worry. | It is often rendered by «to be» followed by the correspondent adjective, etc. : ~ *calor*, ~ *frío* [of a person], to be hot, to be cold ; ~ *miedo*, to fear, to be afraid ; ~ *prisa*, to be in a hurry ; ~ *sueño*, to be sleepy. 15 ~ *a*, to regard it as : ~ *a honra*, to regard it as an honour, to be proud of. 16 ~ *a bien*, to be pleased, choose, think it proper, find it convenient. 17 ~ *a menos*, to deem it beneath one [to do something]. 18 ~ *algo que perder*, to have possessions, wealth, fame, credit. 19 ~ [*algo, mucho, poco, nada, etc.*] *de*, to possess a specified quality to a specified extent : *tiene algo de poeta*, he is somewhat of a poet ; *ello no tiene nada de extraordinario*, there is nothing extraordinary about it. 20 ~ *años*, ~ *días*, to be old. 21 ~ *en*, to hold [in esteem, etc.], to value : ~ *en mucho*, to value highly ; ~ *en poco*, to hold cheap, think little of. 22 ~ *en cuenta*, to take into account or consideration, to take account of. 23 ~ *en menos*, to despise. 24 ~ *para sí*, to think, be of the opinion. 25 ~ *por*, to consider or regard as, to judge to be, take to be, hold. 26 ~ *presente*, to bear in mind. 27 ~ *que hacer*, to have something to do, to be busy. 28 ~ *que ver con*, to have to do with. 29 ~ *razón*, to be right ; *no tener* ~, to be wrong. 30 coll. *no tenerlas todas consigo*, to be uneasy, frightened, full of apprehension. 31 coll. *no* ~ *nada suyo*, to be very generous, liberal. 32 coll. *no* ~ *sobre que coerse muerto*, to be penniless, be as poor as a rat.
33 *intr.* to have possessions, to be wealthy or well-to-do.
34 *aux.* to have [with the following participle used as an adjective and agreeing with the object in gender and number] : *tengo leída la primera parte*, I have read the first part ; *tengo escritos dos libros*, I have written two books, or I have two books written. | In some cases the combination is equivalent to a simple form of the verb : *tengo entendido que*, I understand that. 35 ~ *de* or ~ *que*, to have to, be obliged to, must : *tengo que trabajar*, I must work. | The first form *tener de* has the meaning of a threat and it is used only in the 1st. pres. ind.
36 *ref.* to hold fast or steady, to keep from falling. 37 to stand, rest [on something]. 38 to stop [cease from motion or action]. 39 *tenerse a*, to abide by, to stick to. 40 *tenerse en pie*, to stand, keep on one's feet, remain standing. 41 *tenérselas tiesas a uno* or *con uno*, to hold

one's own, to oppose [someone] firmly. 42 *tenerse por*, to consider oneself as.
¶ CONJUG.: INDIC. Pres.: *tengo, tienes, tiene; tenemos, tenéis, tienen.* | Pret.: *tuve, tuviste, tuvo; tuvimos, tuvisteis, tuvieron.* | Fut.: *tendré, tendrás*, etc. | COND.: *tendría, tendrías*, etc. | SUBJ. Pres.: *tenga, tengas, tenga; tengamos, tengáis, tengan.* | Imperf.: *tuviera, tuvieras*, etc., or *tuviese, tuvieses*, etc. Fut.: *tuviere, tuvieres*, etc. | IMPER.: *ten tenga; tengamos, tened, tengan.*
tenería *f.* tannery.
Tenerife *f. pr. n.* Teneriffe.
tenesmo *m.* MED. tenesmus.
tengo, tenga, etc., *irr.* V. TENER.
tenia *f.* ZOOL. taenia, tapeworm. 2 ARCH. taenia, fillet.
tenida *f.* (Am.) meeting, session.
tenienta *f.* lieutenant's wife.
tenientazgo *m.* lieutenancy.
teniente *adj.* unripe [fruit]. 2 coll. dull or hard of hearing. 3 coll. niggardly, close-fisted. — 4 *m.* deputy, substitute. 5 MIL. lieutenant, first lieutenant : *primer* ~, first lieutenant ; *segundo* ~, second lieutenant ; ~ *coronel*, lieutenant colonel ; ~ *general*, lieutenant general. 6 ~ *de alcalde*, alderman, mayor's deputy.
tenífugo, ga *adj.* MED. tænifuge.
tenis *m.* lawn tennis.
tenista *m. & f.* tennis player.
tenor *m.* MUS. tenor. 2 tenor, nature, general purport, import, literal meaning : *a este* ~, like this ; *a* ~ *de*, in accordance with, in compliance with.
tenorio *m.* Don Juan, lady-killer.
tensión *f.* tension [stretching, being stretched, tenseness ; strain, strained state], stress, tautness, tightness. 2 PHYS., ELECT., PHYSIOL., MED. tension : *alta* ~, *baja* ~, ELECT. high tension, low tension ; ~ *arterial*, MED. arterial tension.
tenso, sa *adj.* tense, tight, taut ; strained.
tensón *f.* tenson, tenzon.
tensor, ra *adj.* tensile. — 2 *m.* tension [device]. 3 tightener, turnbuckle. 4 ANAT. tensor.
tentación *f.* temptation.
tentaculado, da *adj.* ZOOL. tentacled.
tentacular *adj.* tentacular.
tentáculo *m.* ZOOL. tentacle, feeler.
tentadero *m.* corral in which young bulls are tried out for bullfighting purposes.
tentador, ra *adj.* tempting. 2 alluring. — 3 *m. & f.* tempter.
tentadura *f.* mercury test of silver ore. 2 thrashing, drubbing.
tentalear *tr.* to feel all over; to examine by touch.
tentar *tr.* to feel, touch, examine by touch. 2 to feel [one's way] ; to grope for. 3 to try, test [someone's constancy or strength]. 4 to try, attempt. 5 SURG. to probe. 6 to tempt. ¶ CONJUG. like *acertar*.
tentativa *f.* attempt, trial, endeavour. 2 LAW ~ *de delito*, attempt to commit a crime.
tentativo, va *adj.* tentative.
tentemozo *m.* prop, support. 2 DOMINGUILLO.
tentempié *m.* coll. light meal, snack, bite. 2 DOMINGUILLO.
tentenelaire *m. & f.* offspring of mulatto and quadroon. — 2 *m.* (Arg.) humming bird.
tentón *m.* hasty touching or feeling.
tenue *adj.* tenuous, thin, slender, delicate, faint. 2 trifling.
tenuemente *adv.* tenuously.
tenuidad *f.* tenuity, tenuousness. 2 trifle.
tenuirrostro, tra *adj.* ORN. tenuirostral. — 2 *m.* ORN. tenuiroster. 3 *pl.* ORN. Tenuirostres.
tenzón *f.* tenson, tenzon.
teñible *adj.* that can be dyed.
teñido, da *p. p.* of TEÑIR. — 2 *adj.* dyed. — 3 *m.* dyeing, staining.
teñidura *f.* dyeing, staining.
teñir *tr.* to dye, colour, stain, tinge. 2 PAINT. to dark, sadden [a colour]. ¶ CONJUG. like *reír*.
Teobaldo *m. pr. n.* Theobald.
teobroma *m.* BOT. cacao.
teobromina *f.* CHEM. theobromine.
teocalí *m.* ARCHEOL. teocalli [Aztec temple].
teocracia *f.* theocracy.
teocrático, ca *adj.* theocratic.
Teócrito *m. pr. n.* Theocritus.

teodicea *f.* theodicy.
teodolito *m.* theodolite.
Teodora *f. pr. n.* Theodora.
Teodorico *m. pr. n.* Theodoric.
Teodoro *m. pr. n.* Theodore.
teodosiano, na *adj.* Theodosian.
Teodosio *m. pr. n.* Theodosius.
Teófilo *m. pr. n.* Theophilus.
Teofrasto *m. pr. n.* Theophrastus.
teogonia *f.* theogony.
teogónico, ca *adj.* theogonic.
teologal, *pl.* **-les** *adj.* theologic, theological : *virtudes teologales,* theological virtues.
teología *f.* theology, divinity.
teológicamente *adv.* theologically.
teologicé, teologice, etc., *pret., subj. & imper.* of TEOLOGIZAR.
teológico, ca *adj.* theologic, theological.
teologizar *intr.* theologize.
teólogo, ga *m. & f.* theologian.
teomanía *f.* MED. theomania.
teorema *m.* theorem.
teor.a *f.* theory. 2 theoretics.
teórica *f.* theoretics.
teóricamente *f.* theoretically.
teórico, ca *adj.* theoretic, theoretical. — *2 m. & f.* theorist.
teorizante *adj.* theorizing. — *2 m. & f.* theorizer.
teorizar *intr.* to theorize.
teoso, sa *adj.* resinous [wood].
teosofía *f.* theosophy.
teosófico, ca *adj.* theosophic, theosophical.
teósofo *m.* theosophist.
tepache *m.* (Mex.) drink made of pulque, water, pineapple and cloves.
tepe *m.* sod, turf [used for making walls].
tepeizcuinte *m.* (C. Ri., Mex.) paca, spotted cavy.
tepemechín *m.* ICHTH. (C. Ri., Hond.) a fresh water fish.
tepexilote *m.* a palm nut used for beads.
tepú *m.* BOT. (Chi.) a small tree of the Myrtaceous family.
tequiche *m.* (Ve.) dish made with roasted corn meal, coconut milk and butter.
tequila *f.* (Mex.) tequila [distilled liquor].
tequio *m.* (C. Am.) inconvenience, damage.
terapeuta *m. & f.* therapeutist.
terapéutica *f.* therapeutics.
terapéutico, ca *adj.* therapeutic, therapeutical.
teratología *f.* teratology.
teratológico, ca *adj.* teratologic, teratological.
terbio *m.* CHEM. terbium.
tercamente *adv.* obstinately, stubbornly.
tercena *f.* government warehouse [esp. for tobacco].
tercer *adj.* apocopated form of TERCERO used only before masculine singular nouns.
tercera *adj. f.* third. — *2 f.* go-between, procuress. 3 third class : *viajar en ~,* to travel third class. 4 tierce [in piquet]. 5 MUS. third, tierce. 6 FENC. tierce. 7 AUTO. third [third speed].
terceramente *adv.* thirdly.
tercería *f.* mediation, intermediation. 2 pandering. 3 temporary occupation [of a fort, castle, etc.]. 4 LAW right of a third party.
tercerilla *f.* PROS. short-line triplet.
tercero, ra *adj. & n.* third. — *2 m.* third party or person. 3 mediator, intermediator : *~ en discordia,* mediator, arbiter, umpire. 4 go-between, pander, procurer. 5 GEOM. sixtieth of a second. 6 third storey [of a building].
tercerol *m.* NAUT. what is third in order.
tercerola *f.* short carbine. 2 tierce [cask].
terceto *m.* PROS. tercet, tiercet, triplet; terza rima. 2 MUS. trio.
tercia *f.* one third. 2 third of a VARA [measure]. 3 ECCL. tierce, terce. 4 tierce [in piquet]. 5 AGR. third digging.
terciado, da *p. p.* of TERCIAR. — *2 m.* a short sword.
terciana *f.* MED. tertian, tertian fever.
tercianario, ria *adj.* tertian [fever]. 2 suffering from, or infested with, tertian fever. — *3 m. & f.* person suffering from tertian fever.
tercianela *f.* double-thread silk cloth.
terciar *tr.* to place diagonally. 2 to divide into three parts. 3 to put [the load] on a pack animal so that the two sides are equal. 4 AGR. to plough or dig the third time. 5 MIL. obs. to carry [arms]. — *6 intr.* to mediate, intervene. 7 to take part; to join [in conversation]. 8 [of the moon] to reach the third day. 9 to make up

a number. — *10 ref. si se tercia,* if an occasion comes to hand.
terciario, ria *adj.* third [in order or degree]. *2* CHEM., MED. tertiary. — *3 adj. & m.* GEOL. Tertiary. — *4 m. & f.* ECCL. tertiary [member of a third order].
terciazón *m.* AGR. third ploughing or digging.
tercio, cia *adj.* third [in order]. — *2 m.* one third. 3 the half of a pack animal load. 4 each of the three sections in the height of a horse [from hoof to knee; from knee to shoulder; from shoulder to withers]. 5 each of the three parts in a horse's run [start, run and stop]. 6 third part of the Rosary. 7 calf section of a stocking. 8 SP. HIST. regiment of infantry. 9 MIL. Foreign Legion. *10* MIL. division of the GUARDIA CIVIL. *11* fishermen guild. *12* (Cu.) bundle or bale of tobacco. *13* turn [service, disservice] : *hacer buen ~,* to do a good turn; *hacer mal ~,* to do a bad turn, to serve ill. *14 hacer ~,* to join and complete a number of people. *15 mejorado en ~ y quinto,* greatly advantaged. — *16 pl.* robust or strong limbs [of a man].
terciopelado, da *adj.* ATERCIOPELADO. — *2 m.* a velvety stuff.
terciopelero *m.* velvet weaver, velvet worker.
terciopelo *m.* velvet.
terco, ca *adj.* obstinate, stubborn, pigheaded. *2* hard, intractable [metal, wood, etc.].
terebeno CHEM. terebene.
terebintáceo, a *adj.* BOT. terebinthaceous, anacardiaceous. — *2 f. pl.* BOT. Terebinthaceæ, Anacardiaceæ.
terebinto *m.* BOT. terebinth.
terebrante *adj.* boring, piercing [pain].
terenciano, na *adj.* Terentian.
Terencio *m. pr. n.* Terence.
tereques *m. pl.* coll. (P. Ri., Ve.) traps, belongings.
Teresa *f. pr. n.* Theresa.
teresiana *f.* a kind of kepi.
teresiano, na *adj.* Theresian.
tergiversación *f.* twisting, distortion, perversion, misrepresentation [of facts, statements, etc.].
tergiversador, ra *adj.* twisting, distorting, perverting, misrepresenting [facts, statements, etc.]. — *2 m. & f.* twister, distorter perverter, misrepresenter.
tergiversar *tr.* to twist, distort, pervert, misrepresent [facts, statements, etc.].
teriaca *f.* TRIACA.
teriacal *adj.* TRIACAL.
teridofito, ta *adj.* PTERIDOFITO.
terliz *m.* ticking [fabric].
termal *adj.* thermal [pertaining to thermæ or to hot springs].
termas *f. pl.* thermæ. 2 hot baths, hot springs, thermal springs.
termes *m.* TERMITE.
térmico, ca *adj.* thermal, thermic, thermical.
terminación *f.* termination, conclusion, end, completion 2 GRAM. termination, ending.
terminacho *m.* coll. vulgar term. 2 coll. barbarism [term or expression].
terminador, ra *adj.* terminating, finishing. — *2 m. & f.* finisher.
terminajo *m.* TERMINACHO.
terminal *adj.* terminal, final, last. 2 BOT., ZOOL. terminal. — *3 m.* ELEC. terminal.
terminante *adj.* final, conclusive, positive, peremptory.
terminantemente *adv.* positively, peremptorily.
terminar *tr.* to terminate, close, end, finish [bring to an end], complete. — *2 intr. & ref.* to terminate, close, end, finish [come to an end]. — *3 ref.* [of a thing] to have as its end or destination.
terminativo, va *adj.* terminative.
término *m.* end [extreme or last point]. 2 end, conclusion, completion, term : *llevar a ~,* to carry out; *poner ~ a,* to put an end to, to stop. 3 boundary, bounding line. 4 boundary mark, boundary stone. 5 district [of a town or city] : *~ municipal,* township, municipal district. 6 aim, end, object, goal. 7 term, word. 8 term [limited period]. 9 appointed time. *10* ARCH. term, terminus. *11* LOG., MATH. term. *12 medio ~,* compromise. *13 ~ medio,* average; compromise : *por ~ medio,* on an average. *14* F. ARTS *primer ~,* foreground; *último ~,* background. *15 pl.* terms [language employed, mode of expression] : *en los términos más halagadores,*

in the most flattering terms; *en buenos tér-minos*, in a polite or euphemistic manner : *esto, en buenos términos, es llamarme ignorante*, this is a polite manner of calling me an ignorant. *16* manner [of conducting oneself]. *17* state, condition. *18* terms [relation, footing] : *estar en buenos términos*, to be on good terms. *19 términos hábiles*, possibility of doing or attaining something.

terminología *f.* terminology.

terminológico, ca *adj.* terminologic, terminological.

terminote *m.* affected term or word, big word.

termio *m.* PHYS. therm.

termión *m.* PHYS. thermion.

termiónico, ca *adj.* thermionic. — 2 *f.* thermionics.

termita *f.* thermite.

termite *m.* ENTOM. termite, white ant.

termitero *m.* nest of white ants.

termobarómetro *m.* thermobarometer.

termocauterio *m.* thermocautery.

termodinámico, ca *adj.* thermodynamic. — 2 *f.* thermodynamics.

termoelectricidad *f.* thermoelectricity.

termoeléctrico, ca *aaj.* thermoelectric, thermoelectrical.

termogénesis *f.* thermogenesis.

termógeno *adj.* thermogenic, thermogenous.

termógrafo *m.* thermograph.

termología *f.* thermology.

termomagnetismo *m.* thermomagnetism.

termometría *f.* thermometry.

termométrico, ca *adj.* thermometric, thermometrical.

termómetro *m.* thermometer.

termonuclear *adj.* thermonuclear.

Termópilas *f. pl. pr. n.* HIST. Thermopylæ.

termoplástico, ca *adj.* thermoplastic.

termoquímico, ca *adj.* thermochemical. — 2 *f* thermochemistry.

termos, *pl.* **-mos** *m.* thermos bottle.

termoscopio *m.* thermoscope.

termosifón *m.* thermosiphon. 2 hot-water boiler [for heating running water in a building].

termostático, ca *adj.* thermostatic.

termostato *m.* thermostat.

termotropismo *m.* BIOL. thermotropism.

terna *f.* list of three candidates presented for selection. 2 pair of threes [at dice]. 3 set of dice.

ternario, ria *adj.* ternary. 2 MUS. triple, three-part [time or measure]. — *3 m.* three days' devotion.

terne *adj.* strong, husky. 2 persistent, stubborn. *3* affecting courage, bullying. — *4 m.* bully.

ternecico, ca; ternecito, ta *adj.* dim. of TIERNO.

ternejal *adj.* TERNE.

ternejón, na *adj.* TERNERÓN.

ternera *f.* female calf. 2 veal.

ternero *m.* male calf.

ternerón, na *adj.* coll. easily moved, sentimental. — *2 m. & f.* coll. easily moved person.

terneza *f.* TERNURA. *2 pl.* endearing words, sweet words.

ternilla *f.* gristle, cartilage.

ternilloso, sa *adj.* gristly, cartilaginous.

ternísimo, ma *adj. superl.* of TIERNO.

terno *m.* triad, triplet, group of three. 2 tern [in lottery]. 3 suit of clothes. 4 ECCL. in high mass, group of the officiating priest, the deacon and the subdeacon. 5 vestments for high mass. 6 profane oath, curse : *echar ternos*, to swear, curse. 7 (Cu., P. Ri.) jewelry set. 8 PRINT. three printed sheets folded together.

ternura *f.* tenderness, softness. 2 fondness, affectionateness, kindliness. *3 pl.* endearing words, sweet words.

terpeno *m.* CHEM. terpene.

terpina *f.* CHEM. terpin.

terpinol *m.* CHEM. terpineol.

Terpsícore *f. pr. n.* MYTH. Terpsichore.

terquear *intr.* to be stubborn.

terquedad *f.* obstinacy, stubbornness, pigheadedness.

terracota *f.* terra cotta.

terrado *m.* terrace, flat roof [of a house].

terraja *f.* diestock. 2 modelling board, kind of template for making plaster mouldings.

terraje *m.* rent paid for arable land.

terrajero *m.* lessee of arable land.

terral *adj.* land [breeze]. — *2 m.* land breeze.

terramicina *f.* PHARM. terramycin.

Terranova *f. pr. n.* GEOG. Newfoundland [island and province].

terraplén *m.* fill, embankment, terrace. 2 FORT. terreplein.

terraplenar *tr.* to fill [with earth], embank, terrace.

terráqueo, a *adj.* terraqueous, terrestrial : *globo* ~, terrestrial globe; the earth.

terrateniente *m. & f.* landowner, landholder [proprietor of land].

terraza *f.* terrace. 2 border [in a garden]. 3 flat roof [of a house]. 4 sidewalk café. 5 glazed jar with two handles.

terrazgo *m.* piece of land for planting. 2 rent paid for arable land.

terrazguero *m.* lessee of arable land.

terrazo *m.* PAINT. ground, earth [in a landscape].

terrazuela *f.* dim. of TERRAZA.

terrear *intr.* [of thin crops] to show the ground.

terrecer *tr.* to throw down. ¶ CONJUG. like *agradecer*.

terregoso, sa *adj.* cloddy [full of clods or lumps of earth].

terremoto *m.* earthquake.

terrenal *adj.* earthly, mundane, worldly, terrene, terrestrial.

terrenidad *f.* earthliness, terreneness.

terreno, na *adj.* terrestrial. 2 earthly, mundane, terrain, terrene, worldly. — *3 m.* ground, land, soil, piece of ground, plot. 4 ground [position, area, distance, etc., on earth's surface] : *ceder* ~, to give ground; *ganar* ~, to gain ground, to gain upon; *minarle el* ~ *a uno*, to undermine one's work; *perder* ~, to lose ground; *preparar el* ~, fig. to pave the way; *sobre el* ~, on the spot; with data in hand. 5 fig. terrain, ground, field, sphere [of action, etc.]. 6 GEOL. terrane, terrain. 7 MIL. terrain. 8 *sing. & pl.* grounds [gardens, lawns, etc.].

térreo, a *adj.* earthen, earthy, terreous.

terrera *f.* steep, naked piece of ground. 2 ALONDRA.

terrero, ra *adj.* earthy, low, humble. 2 low [fly of certain birds]. 3 used for carrying earth [basket, etc.]. — *4 m.* terrace, flat roof. 5 mound of earth. 6 alluvium. 7 MIN. dump. 8 mark, target [for shooting].

terrestre *adj.* terrestrial. 2 BOT. terraneous.

terrezco, terrezca, etc., *irr.* V. TERRECER.

terrezuela *f. dim.* small or worthless piece of land.

terribilidad *f.* terribleness.

terrible *adj.* terrible, awful, dreadful, formidable. 2 fig. terrible, excessive, immense, huge. 3 illtempered.

terriblemente *adv.* terribly, frightfully.

terriblez, terribleza *f.* TERRIBILIDAD.

terrícola *m. & f.* terrestrial, inhabitant of the earth.

terrífico, ca *adj.* terrific.

terrígeno, na *adj.* terrigenous.

terrino, na *adj.* earthen, of earth.

territorial *adj.* territorial [of a territory].

territorialidad *f.* territoriality.

territorio *m.* territory. *2* (Arg.) division of the country under a governor.

terrizo, za *adj.* earthen [made of earth]. — *2 m. & f.* earthen pan or tub.

terromontero *m.* mound, hillock.

terrón, pl. -nes *m.* clod [of earth]. 2 lump [of sugar, salt, etc.]. *3 pl.* coll. land, landed property.

terronazo *m.* blow with a clod of earth.

terroncillo *m.* small lump [of sugar, etc.].

terror *m.* terror.

terrorífico, ca *adj.* terrific, frightful.

terrorismo *m.* terrorism.

terrorista *adj.* terroristic. — *2 m. & f.* terrorist.

terrosidad *f.* earthiness, cloddiness.

terroso, sa *adj.* earthy, earthlike.

terruño *m.* clod of earth. 2 country, native country or soil. 3 AGR. soil.

tersar *tr.* to make limpid; to polish, burnish, smooth. 2 to make terse.

tersidad *f.* TERSURA.

terso, sa *adj.* limpid, clear, smooth; shining. 2 terse, flowing, pure [style].

tersura *f.* limpidness, smoothness, polish. 2 terseness.

tertulia *f.* social gathering for conversation or entertainment : *hacer* ~, to gather for conversation, to talk. 2 billiard or card room [in a café]. 3 THEAT. (Am.) gallery

Tertuliano *m. pr. n.* Tertullian.
tertuliano, na; tertuliante *m. & f.* one who attends a TERTULIA.
tertuliar *intr.* (Am.) to gather for conversation, to talk.
tertulio, lia *m. & f.* TERTULIANO.
teruncio *m.* teruncius [Roman coin].
teruteru *m.* ORN. (S. Am.) a kind of lapwing.
terzuelo *m.* one third. 2 ORN. tercel, male falcon.
Tesalia *f. pr. n.* GEOG. Thessaly.
tesaliano, na; tesálico, ca *adj.* TESALIENSE.
tesaliense; tesalio, lia; tesalo, la *adj. & n.* Thessalian.
tesalonicense *adj. & n.* Thessalonian.
Tesalónica *f. pr. n.* GEOG. Thessalonica.
tesalónico, ca *adj. & n.* TESALONICENSE.
tesar *tr.* NAUT. to haul taut, to make taut. — 2 *intr.* [of yoked oxen] to back, pull back.
tesauro *m.* thesaurus.
tesela *f.* tessera [in mosaic work].
teselado, da *adj.* tessellated.
Teseo *m. pr. n.* MYTH. Theseus.
tésera *f.* HIST. tessera [used by the Romans as token, ticket, etc.].
Tesino *m. pr. n.* GEOG. Ticino.
tesis *f.* thesis [proposition to be maintained; dissertation].
tesitura *f.* MUS. tessiture. 2 attitude [settled behaviour].
teso, sa *adj.* taut, drawn tight. — 2 *m.* top, brow of a hill. 3 small bulge [on a smooth surface].
tesón *m.* constancy, firmness, inflexibility, pertinacity.
tesonería *f.* obstinacy, stubbornness.
tesonero, ra *adj.* firm, persistent, stubborn.
tesorería *f.* treasury, treasurer's office. 2 treasurership.
tesorero, ra *m. & f.* treasurer. — 2 *m.* ECCL. canon who keeps the relics and jewels of a cathedral.
tesoro *m.* treasure. 2 treasury, exchequer, state treasury. 3 thesaurus.
Tespis *m. pr. n.* Thespis.
tespíades *f. pl.* poet. the Muses.
testa *f.* head [of man or animal] : ~ *coronada*, crowned head [sovereign] ; ~ *de ferro*, TESTAFERRO. 2 head, face or front part [of certain things]. 3 coll. brains, cleverness, wisdom.
testáceo, a *adj.* ZOOL. testaceous, having a shell. — 2 *m.* ZOOL. testacean.
testación *f.* obliteration, cancellation.
testada *f.* TESTARADA.
testado, da *p. p.* of TESTAR. — 2 *adj.* testate.
testador *m.* testator.
testadora *f.* testatrix.
testadura *f.* TESTACIÓN.
testaferro *m.* figurehead, dummy, man of straw.
testamentaría *f.* testamentary execution. 2 estate, inheritance [during execution of the will]. 3 meeting of executors.
testamentario, ria *adj.* testamentary. — 2 *m.* executor [of a will]. — 3 *f.* executrix [of a will]
testamento *m.* testament, will : ~ *abierto* or *nuncupativo*, nuncupative will ; ~ *cerrado* or *escrito*, sealed will ; ~ *ológrafo*, holographic will. 2 BIB. Testament : *Antiguo* or *Viejo Testamento*, Old Testament ; *Nuevo Testamento*, New Testament
testar *intr.* to make a will or testament. — 2 *tr.* to cancel, obliterate.
testarada *f.* blow with the head. 2 piece of obstinacy or stubbornness.
testarazo *m.* blow with the head.
testarrón, na *adj.* TESTARUDO.
testarronería *f.* TESTARUDEZ.
testarudez *f.* obstinacy, stubbornness, pigheadedness.
testarudo, da *adj.* obstinate, stubborn, pigheaded.
teste *m.* TESTÍCULO.
testera *f.* front, fore part. 2 forehead [of an animal]. 3 crownpiece [of harness]. 4 back seat [of a carriage]. 5 FOUND. wall [of a furnace].
testerada *f.* TESTARADA.
testerillo, lla *adj.* (Arg.) having a blaze on the forehead [horse].
testero *m.* TESTERA. 2 back plate [of a fireplace] ; big log [in the fireplace]. 3 MIN. ore rock showing two faces, one horizontal and the other vertical.
testicular *adj.* testicular.
testículo *m.* ANAT. ZOOL. testicle.

testificación *f.* attestation, testification.
testifical *adj.* LAW of witness.
testificante *adj.* attesting, testifying, witnessing.
testificar *tr.* to attest, testify, witness, bear witness to.
testificativo, va *adj.* attesting, testificatory.
testigo *m. & f.* witness [person] : ~ *de cargo*, witness for the prosecution ; ~ *de descargo*, witness for the defence ; ~ *de oídas*, auricular witness ; ~ *ocular*, eyewitness. — 2 *m.* witness [anything that serves as testimony or proof]. 3 mound of earth left in an excavation to show amount of earth removed. 4 TESTÍCULO.
testimonial *pl.* -les *adj.* attesting, testificatory. — 2 *f. pl.* certificate, testificatory document. 3 ECCL. certificate of good character.
testimoniar *tr.* to attest, testify to, bear witness to.
testimoniero, ra *adj.* calumniating. 2 hypocritical. — 3 *m. & f.* calumniator. 4 hypocrite.
testimonio *m.* testimony, attestation, witness, proof. 2 affidavit. 3 *testimonio* or *falso* ~, calumny, false charge ; false witness.
testimoñero, ra *adj. & s.* TESTIMONIERO.
testón *m.* ancient silver coin.
testudíneo, a *adj.* testudineous. 2 of turtle.
testudo *m.* HIST. testudo.
testuz, testuzo *m.* nape [of certain animals] ; forehead [of others].
tesura *f.* TIESURA.
teta *f.* breast [mamary gland], udder : *dar la* ~, to nurse, suckle, give suck ; *niño de* ~, suckling, sucking babe, child in arms. 2 teat, nipple, dug, pap. 3 fig. hummock, knoll.
tetania *f.* MED. tetany.
tetánico, ca *adj.* MED. tetanic.
tétano, tétanos *m.* MED. tetanus.
tetar *tr.* ATETAR.
tetartoédrico, sa *adj.* CRYST. tetartohedral.
tetartoedro *m.* CYST. tetartohedron.
tetera *f.* teapot, teakettle. 2 (Cu., Mex., P. Ri.) nipple [of nursing bottle] ; breast pump.
tetero *m.* (Col.) nursing bottle.
tetilla *f.* dim. of TETA. 2 breast [gland in man or male animal]. 3 nipple [of nursing bottle].
Tetis *f. pr. n.* MYTH. Thetis.
tetón *m.* stub [of a pruned limb of tree].
tetracordio *m.* MUS. tetrachord.
tetradínamo, ma *adj.* BOT. tetradynamous. 2 CHEM. tetravalent.
tetraédrico, ca *adj.* tetrahedral.
tetraedro *m.* GEOM. tetrahedron.
tetragonal *adj.* tetragonal.
tetrágono *m.* GEOM. tetragon.
tetragrama *m.* MUS. four-line staff.
tetragrámaton *m.* tetragrammaton.
tetralogía *f.* tetralogy.
tetrámero *adj.* BOT. & ZOOL. tetramerous.
tetramotor *m.* AER. four-motor plane.
tetrarca *m.* tetrarch.
tetrarquía *f.* tetrarchy.
tetrasílabo, ba *adj.* four-syllable [word].
tetrástico, ca *adj.* tetrastichal. — 2 *m.* tetrastich.
tetrástilo *m.* ARCH. tetrastyle.
tetravalente *adj.* CHEM. tetravalent.
tétrico, ca *adj.* dark, gloomy, sullen, dismal.
tetuaní *adj.* [pertaining to] Tetuán. 2 native ·or inhabitant of Tetuán.
tetuda *adj.* having large breasts or udders.
teucalí *m.* TEOCALI.
teucrio *m.* BOT. germander.
teucro, cra *adj. & n.* Trojan.
teurgia *f.* theurgy.
teúrgico, ca *adj* theurgical.
teurgo *m.* theurgist.
teutón, na *adj.* teutonic. — 2 *m. & f.* teuton.
teutónico, ca *adj.* teutonic. — 2 *m.* teutonic [language].
textil *adj. & m.* textile.
texto *m.* text : *Sagrado Texto*, Scripture ; *fuera de* ~, full-page [illustration]. 2 textbook. 3 PRINT great primer.
textorio, ria *adj.* textorial, pertaining to weaving.
textual *adj.* textual, literal.
textualista *m.* textualist.
textualmente *adv.* textually, literally.
textura *f.* texture [in textile fabrics]. 2 texture, structure. 4 BIOL. texture. 5 weaving.
tez *f.* complexion [of the face].
tezado, da *adj.* ATEZADO.

ti *pers. pron.* [used as object of prepositions] thee, thyself; (when on familiar terms) you, yourself: *lo trae para* ~, he brings it for thee (or for you); *lo trajiste para* ~, thou (or you) brought it for thyself (or for yourself).

tía *f.* aunt: ~ *abuela*, grandaunt, great-aunt; *cuéntaselo a tu* ~, coll. tell that to the marines; *no hay tu* ~, coll. there's no use, nothing doing. 2 mother [term of address for an elderly woman of the lower class]. 3 coll. coarse woman. 4 coll. prostitute.

tialina *f.* CHEM. ptyalin.

tialismo *m.* MED. ptyalism.

tiánguez, tianguis *m.* (Mex.) market, market day.

tiara *f.* tiara [Pope's diadem; papal dignity; ancient Persian headdress].

tiberino, na *adj.* Tiberine.

Tiberio *m. pr. n.* Tiberius.

tiberio *m.* coll. noise, hubbub, uproar.

tibetano, na *adj. & n.* Tibetan.

tibia *f.* ANAT. tibia, shinbone. 2 MUS. flute.

tibiamente *adv.* lukewarmly, coolly, indiferently.

tibieza *f.* tepidity, lukewarmness. 2 coolness, indifference.

tibio, bia *adj.* tepid, lukewarm [moderately warm]. 2 fig. tepid, lukewarm, not zealous, cool, indifferent.

tibor *m.* large Chinese or Japanese decorative jar. 2 (Cu.) chamberpot. 3 (Mex.) chocolate cup.

tiburón *m.* ICHTH. shark.

tio *m.* tic.

tictac *m.* ticking [of a clock].

1) **tiemblo** *m.* BOT. aspen, aspen tree.

2) **tiemblo, tiemble,** etc., *irr.* V. TEMBLAR.

tiempo *m.* time [duration, measurable duration; portion of time, epoch, moment; allotted or available portion of time at one's disposal]: ~ *inmemorial*, time immemorial, time out of mind; ~ *medio*, ASTR. mean time; ~ *pascual*, Easter time, Eastertide; ~ *sidéreo*, ASTR. sidereal time; ~ *solar verdadero*, ~ *verdadero*, ASTR. solar time; *los buenos tiempos*, the good, old days; *cuánto* ~, how long; *mucho* ~, long, for long, a long time; *poco* ~, a short time; *correr el* ~ [of the time], to lapse; *darse buen* ~, to have a good time; *dar* ~ *al* ~, to wait patiently, to bide one's time; *engañar el* ~, *entretener el* ~, *matar el* ~, to beguile the time, kill time, pass or while the time away; *ganar* ~, to save time; to temporize: *hace* ~ *que*, it is a long time since; *hacer* ~, to wait, to kill time, to while the time away; *pasar el* ~, to be idle, to pass the time away; *perder el* ~, to waste time; *tomarse* ~, to take time, to bide one's time; *al poco* ~, within a short time; *andando el* ~, in time, in the course of time; *a su* ~, at the proper time, in due time; *a* ~, in time, on time, opportunely, seasonably; *a tiempos*, at times, occasionally; *al mismo* ~, at the same time, also; *a un mismo* ~, *a un* ~, at the same time, simultaneously; *con el* ~, in time, in the course of time; *con* ~, beforehand, not late; opportunely; *ae* ~ *en* ~, from time to time, now and then; *de un* ~ *a esta parte*, for some time now; *en otro* ~, *en otros tiempos*, formerly, in former times, in other times; *en* ~, opportunely; *en* ~ *de*, at the time of; *fuera de* ~, untimely, at the wrong time; *hace* ~, ~ *ha*, some time ago, a long time ago; *por* ~, for some time; *un* ~, formerly, in other times. 2 weather: ~ *cargado*, NAUT. thick, hazy weather; ~ *contrario*, NAUT. foul weather; *abrir o alzarse el* ~, to begin to clear up, to clear up; *hacer buen* ~, to be clear. to be good weather; *hacer mal* ~, to be bad weather. 3 MUS. tempo. 4 MUS. beat [in a measure]. 5 GRAM. tense: ~ *simple*, simple tense; ~ *compuesto*, compound tense; ~ *presente*, present tense. 6 MACH. *de dos tiempos*, two-cycle; *de cuatro tiempos*, four-cycle.

tienda *f.* shop, *store: ~ *de modas*, ladies' dress shop; ~ *de ultramarinos*, grocer's shop or *store; *ir de tiendas*, to go shopping. 2 tent [portable shelter of canvas, cloth, etc.]: ~ *de campaña*, tent. 3 awning. 4 tilt [for a cart].

tiendo, tienda, etc., *irr.* V. TENDER.

tiene, tienes, etc., *irr.* V. TENER.

tienta *f.* trial of young bulls for bullfighting purposes. 2 shrewdness in trying to find out something. 3 sounding rod. 4 *a tientas*, in a groping manner: *andar a tientas*. to grope. to grope in the dark; to feel one's way.

tientaguja *f.* sounding rod.

tientaparedes *m. & f.* fig. groper.

1) **tiento** *m.* touch, feeling: *tomar el* ~ *a*, fig. to examine, sound; *a* ~, *por el* ~, by the touch; gropingly, without a clear understanding. 2 blindman's stick. 3 ropewalker's balancing pole. 4 PAINT. maulstick. 5 steady hand. 6 care, caution, circumspection: *con* ~, with care; cautiously; *andarse con* ~, to watch one's step. 7 blow: *dar un* ~ *a*, to give a blow to; fig. to try, examine; fig. to take a draught from [a bottle, a jug]. 8 MUS. preliminary flourish [before beginning to play]. 9 ZOOL. tentacle. 10 *perder el* ~, to loose one's dexterity. 11 (Am.) *tener a uno a los tientos*, to keep someone within sight, keep an eye on someone. 12 (Am.) *tener la vida en un* ~, to be in great danger.

2) **tiento, tiente,** etc., *irr.* V. TENTAR.

tiernamente *adv.* tenderly, lovingly.

tiernecico, ca; tiernecillo, lla; tiernecito, ta *adj.* dim. very tender or young.

tierno, na *adj.* tender, soft [not tough or hard]; delicate. 2 fresh, recent: *pan* ~, fresh bread. 3 tender, young: *tierna edad*, tender age. 4 tender, loving, affectionate, fond. 5 easily crying or weeping. 6 blear [eyes]. 7 (Chi., Ec.) unripe [fruit].

tierra *f.* earth [this planet, this world]: *la redondez de la* ~, all the surface of the earth, all the world. 2 land [solid part of the earth's surface]: ~ *de nadie*, MIL. no man's land; ~ *firme*, terra firma, mainland; solid ground; *fuerzas de* ~, MIL. land forces; *echar en* ~, NAUT. to land, set ashore [goods, etc.]; *poner* ~ *por medio*, to go away; *saltar en* ~, NAUT. to land, disembark, go ashore; *tomar* ~, NAUT. [of a ship] to land; *en* ~, NAUT. on land, ashore; *por* ~, by land overland; ~ *adentro*, inland; ~ *a* ~, NAUT. coasting; fig. too cautiously [in business]. 3 ground [surface of earth]: *besar la* ~, coll. to fall flat on one's face; *caer a* ~, to fall on the ground; *dar en* ~ *con*, to fell, bring [a person] to the ground; to upset, ruin; *echar por* ~, to overthrow; to upset, ruin; *echarse a* ~, *en* ~ or *por* ~, to humble oneself; *irse a* ~, *venir* or *venirse a* ~, to fall down, topple over, collapse; to be ruined; *perder* ~, to lose one's footing, to be swept off one's feet; *poner por* ~, to demolish, pull down. 4 country [one's country], fatherland, homeland. 5 country, land, soil, region, district: ~ *natal*, native land, native soil; *Tierra de Promisión, Tierra prometida*, Land of Promise, Promised Land; *Tierra Santa*, Holy Land; *por estas tierras*, in these parts. 6 land, landed property, tillable land; plot, piece of land: ~ *campa*, fields, land without trees; ~ *de labor*, cultivated land; ~ *de pan llevar*, wheat land, cereal-growing land. 7 AGR. soil, mould: ~ *negra*, humus; ~ *vegetal*, vegetable mould. 8 earth [matter], dust: ~ *de batán*, fuller's earth; ~ *de Venecia*, ochre; ~ *japónica*, PHARM. terra japonica; ~ *verde*, green earth; *echarse* ~ *a los ojos*, fig. to act or talk in such manner as to place oneself in a disadvantageous position. 9 CHEM. earth: ~ *rara*, rare earth. 10 RADIO. ground.

tiesamente *adv.* stiffly. 2 firmly, strongly.

1) **tieso** *adv.* hard, firmly, strongly.

2) **tieso, sa** *adj.* stiff, rigid [not flexible]. 2 strong, robust [esp. after recovering from an illness]. 3 tight, taut. 4 fig. valiant. 5 fig. stiff [too grave or circumspect], stuck-up. 6 fig. stiff, uncompromising, firm, obstinate: *tenerse* ~, to be firm in one's opinion or resolution. 7 coll. *tenérselas tiesas con*, to hold one's ground with, to stand up to.

tiesta *f.* edge of headings [of a cask or barrel].

tiesto *m.* broken piece of earthenware; potsherd. 2 flowerpot.

tiesura *f.* stiffness, rigidity. 2 stiffness [excessive gravity].

tifáceo, a *adj.* BOT. typhaceous. — 2 *f. pl.* BOT. Typhaceæ.

tífico, ca *adj.* MED. typhous.

tiflitis *f.* MED. typhlitis.

1) **tifo** *m.* MED. typhus. 2 MED. ~ *asiático*, Asiatic cholera; ~ *de América*, yellow fever; ~ *de Oriente*, bubonic plague.

2) **tifo, fa** *adj.* coll. satiate.
tifoideo, a *adj.* typhoid.— *2 f.* MED. typhoid fever.
tifón *m.* typhoon. 2 METEOR. waterspout.
tifus *m.* MED. typhus : ~ *exantemático,* typhus exanthematicus; ~ *abdominal,* typhus abdominalis, typhoid fever; ~ *icteroides,* yellow fever.
tigmotaxia *f.* BIOL. thigmotaxis.
tigmotropismo *m.* BIOL. thigmotropism.
tigra *f.* ZOOL. (Am.) female jaguar.
tigre *m.* ZOOL. tiger. *2* fig. tiger [bloodthirsty person]. 3 ZOOL. (Am.) jaguar.
tigridia *f.* BOT. tigridia, tiger flower.
tigrillo *m.* ZOOL. (Am.) a kind of gray fox.
tija *f.* stem [of a key].
tijera *f. sing.* & *pl.* scissors, shears : *tijeras de podar,* pruning shears. *2 sing.* anything having parts crossed and pivoted like scissors' blades : *catre de* ~, folding cot; *silla de* ~, folding chair. 3 sawbuck, sawhorse. 4 a kind of trench for draining land. 5 sheepshearer. 6 backbiter, gossip. 7 *buena* ~, good cutter; great eater; backbiter, gossip. 8 *hacer* ~ [of horses], to twist the mouth. *9 pl.* beams across a river to stop floating timber.
tijerada *f.* TIJERETADA.
tijereta *f. dim.* small scissors. 2 BOT. tendril [of wine]. 3 ENTOM. earwig. 4 ORN. (S. Am.) a webfooted bird.
tijeretada *f.,* **tijeretazo** *m.* cut with scissors, clip, snip.
tijeretear *tr.* to cut clumsily with scissors. 2 coll. to deal arbitrarily with [another person's affairs].
tijereteo *m.* clumsy cutting with scissors. 2 clicking of scissors or shears.
tijerilla, tijeruela *f. dim.* small scissors. 2 BOT. tendril [of vine].
tila *f.* BOT. linden tree. 2 flower of the linden tree. 3 linden-blossom tea.
tilburí *m.* tilbury, kind of gig.
tildar *tr.* to put a tilde or dash over. 2 to cancel, cross out. 3 to criticize, find fault with : ~ *de,* to accuse of, or charge with, being [negligent, niggardly, etc.].
tilde *f.* tilde, dash [on the letter ñ, etc.]. 2 fault, blemish, defect. — *3 f.* jot, tittle.
tildón *m.* cancelling line or mark [in written material].
tilia *f.* TILO.
tiliáceo, a *adj.* BOT. tiliaceous. — *2 f. pl.* BOT. Tiliaceæ.
tilichero *m.* (C. Am., Mex.) peddler, hawker.
tiliches *m. pl.* (C. Am., Mex.) small wares, notions, trinkets.
tilín *m.* ting-a-ling. 2 coll. *hacer* ~, to please, to win one's affection. 3 *tener* ~, to be attractive, winsome. 4 (Col., Chi., Ve.) *en un* ~, in a jiffy.
tilingo, ga *adj.* (Arg., Mex.) silly, half-witted.
tilma *f.* (Mex.) blanket used by peasants as a cloak.
tilo *m.* BOT. linden tree.
tilla *f.* NAUT. part deck on a small boat.
tillado *m.* board floor.
tillar *tr.* to floor with boards.
timador, ra *m.* & *f.* swindler.
timalo *m.* ICHTH. grayling.
timar *tr.* to swindle. — *2 ref.* coll. to make eyes to each other.
timba *f.* gambling party. 2 gambling den, gambling house. 3 (C. Am., Mex.) belly.
timbal *m.* MUS. kettledrum. 2 MUS. tambourin, small drum. 3 COOK. timbale.
timbalero *m.* MUS. kettledrummer.
timbiriche *m.* BOT. (Mex.) a rubiaceous tree with edible fruit.
timbirimba *f.* gambling party. 2 gambling den, gambling house.
timbó *m.* BOT. (Arg., Par.) a leguminous timber tree.
timbrado, da *p. p.* of TIMBRAR. — *2 adj.* MUS. *bien timbrada,* having a good timbre [voice]. 3 *papel* ~, stamped paper.
timbrador *m.* stamper [one who puts a stamp or seal on a paper]. 2 stamp [instrument for stamping papers].
timbrar *tr.* to stamp [put a stamp or seal on a paper]. 2 HER. to put a timbre on [a coat of arms].
timbrazo *m.* loud ring [of a call or door bell].
timbre *m.* HER. timbre, crest. 2 stamp, seal [on a paper]. 3 revenue stamp. 4 bell [of a door],

call bell : ~ *eléctrico,* electric bell. 5 MUS., PHYS. timbre. 6 deed of glory; merit.
timeleáceo, a *adj.* BOT. thymelæaceous. — *2 f. pl.* BOT. Thymelæaceæ.
timidamente *adj.* timidly, timorously, shyly.
timidez *f.* timidness, timorousness, shyness.
tímido, da *adj.* timid, timorous, shy. *2* fainthearted.
timo *m.* swindle, cheat : *dar un* ~ *a,* to swindle. 2 ANAT. thymus. 3 TÍMALO.
timocracia *f.* POL. timocracy.
timocrático, ca *adj.* POL. timocratic.
timol *m.* CHEM. thymol.
timón *m.* NAUT. rudder; helm. 2 AER. rudder : ~ *de dirección,* vertical rudder; ~ *de profundidad,* elevator, horizontal rudder. 3 fig. helm [direction, guidance]. 4 beam [of plough]. 5 pole, tongue [of a cart or wagon].
timonear *intr.* NAUT. to helm, steer.
timonel *m.* NAUT. helmsman, steersman.
timonera *adj.* ORN. rectricial [feather]. — *2 f.* ORN. rectrix. 3 NAUT. obs. pilothouse.
timonero *m.* TIMONEL.
timorato, ta *adj.* God-fearing. 2 timorous, pusilanimous.
Timoteo *m. pr. n.* Timothy.
timpa *f.* tymp [of a blast furnace].
timpanice, timpanicen *subj.* of TIMPANIZARSE.
timpánico, ca *adj.* ANAT., MED. tympanic.
timpanillo *m.* PRINT. inner tympan.
timpanítico, ca *adj.* MED. tympanitic.
timpanitis *f.* MED. tympanites.
timpanización *f.* MED. meteorization.
timpanizarse *ref.* MED. to become distended with tympanites.
tímpano *m.* MUS. tambourin. 2 MUS. glass harmonica. 3 head [of a cask or barrel]. 4 ANAT. tympan, tympanum, eardrum. 5 ARCH. tympan, tympanum. 6 PRINT. tympan.
tina *f.* large earthen jar. 2 vat, tub.
tinaco *m.* wooden vat or tub.
tinada *f.* woodpile. 2 cattle shed.
tinado, tinador *m.* cattle shed.
tinaja *f.* large earthen jar.
tinajero *m.* maker or seller of TINAJAS. 2 stand for TINAJAS.
tinajón *m. aug.* of TINAJA. 2 earthen tub.
tincazo *m.* (Arg., Ec.) CAPIROTAZO.
tinción *f.* dyeing.
tindalo *m.* BOT. (P. I.) a hardwood tree.
tindio *m.* ORN. (Pe.) a kind of sea gull.
tinelero, ra *m.* & *f.* keeper of the TINELO.
tinelo *m.* obs. servants' dining room in a noble or royal house.
tinerfeño, ña *adj.* [pertaining to] Tenerife. — *2 m.* & *f.* native or inhabitant of Tenerife.
tineta *f. dim.* kit, small tub.
tinge *m.* ORN. a kind of black owl.
tingladillo *m.* NAUT. clinker work.
tinglado *m.* shed. 2 temporary board platform. 3 fig. intrigue, machination.
tingle *f.* glaziers' lead opener.
tinicla *f.* ARM. kind of hauberk.
tiniebla *f. sing.* & *pl.* darkness [absence of light; state of ignorance or error] : *ángel de las tinieblas,* Prince of Darkness [the Devil]. *2 pl.* ECCL. Tenebrae.
tinillo *m.* tank for collecting must.
1) **tino** *m.* skill or facility for finding things in the dark. 2 good aim, skill for hitting the mark. 3 judgement, wisdom, tact. 4 *sacar de* ~, to astound; to bewilder; to exasperate. 5 *a buen* ~, by guess, at guess work. 6 *a* ~, gropingly. 7 *sin* ~, without moderation.
2) **tino** *m.* dye vat. 2 stone receptacle for washing wool.
tinta *f.* ink; ~ *china,* India ink; ~ *de imprenta,* printing ink; ~ *simpática,* invisible ink, sympathetic ink; *saber una cosa de buena* ~, to have a thing on the best authority, or from a reliable source. 2 [applied] colour or pigment. 3 process of dyeing. 4 colour, tint, hue. 5 PAINT. tint. 6 *pl.* colours mixed for painting. 7 fig. *medias tintas,* half measures; too vague or cautious statements, etc.
tintar *tr.* to dye, colour, tint.
tinte *m.* dyeing, process of dyeing. 2 dye [colour]. 3 dyer's shop, dyeing establishment. 4 fig. colouring, false appearance.
tinterazo *m.* blow with an inkstand.

tinterillada *f.* (Am.) pettifoggery, chicane, trickery.
tinterillo *m.* coll. clerk, office worker. 2 (Am.) pettifogger.
tintero *m.* inkstand, inkpot, inkwell : *dejar, dejarse,* or *quedársele a uno, una cosa en el* ~, coll. to forget, to omit. 2 PRINT. ink fountain.
tintillo *adj.* light-coloured [wine]. — 2 *m.* light-coloured wine.
tintín *m.* clink, chink. 2 jingle.
tintinar, tintinear *intr.* to clink; to jingle.
tintíneo *m.* clink, clinking. 2 jingle, jingling.
tintirintín *m.* shrill sound of a bugle, clarion, etc.
tinto, ta *adj.* dyed, coloured, stained. 2 dark-red [grape or wine]. 3 (C. Ri., Hond.) dark-red. — 4 *m.* dark-red wine.
tintóreo, a *adj.* tinctorial.
tintorería *f.* dyeing, dyer's trade. 2 dyer's shop, dyeing establishment. 3 clothes cleaner's shop.
tintorero, ra *m. & f.* dyer. 2 clothes cleaner. — 3 *f.* dyer's wife. 4 clothes cleaner's wife. 5 ICHTH. (Am.) female shark.
tintura *f.* dyeing, process of dyeing. 2 dye [colour]. 3 fig. paint [in the face]. 4 tincture [solution]. 5 fig. smattering.
tinturar *tr.* to dye, colour, tincture. 2 fig. to give a smattering of. — 3 *ref.* fig. to get a smattering of.
tiña *f.* MED. scald-head, tinea, scalp ringworm. 2 coll. meanness, stinginess; poverty. 3 small spider that injures beehives.
tiñería *f.* coll. meanness, stinginess, 2 coll. poverty.
tiño, tiñó, tiña, etc., *irr.* V. TEÑIR.
tiñoso, sa *adj.* affected with scald-head or ringworm, scabby. 2 coll. mean, stingy, sordid. 3 coll. poor, indigent.
tiñuelo *f.* BOT. dodder. 2 NAUT. shipworm.
tío *m.* uncle ; ~ *abuelo,* granduncle, great-uncle. 2 term of address for an eldery man of the lower class. 3 coll. fellow, guy.
tiocol *m.* CHEM. thiocol.
tiorba *f.* MUS. theorbo.
tiovivo *m.* carrousel, merry-go-round.
tipa *f.* BOT. (S. Am.) a hardwood tree. 2 (Arg.) leather bag.
tipejo *m. dim.* ridiculous fellow.
típico, ca *adj.* typical. 2 characteristic.
tiple *m.* MUS. treble or soprano voice. 2 MUS. treble guitar. 3 NAUT. mast of a single piece. — 4 *m. & f.* MUS. soprano singer. 5 MUS. player of a treble guitar.
tiplisonante *adj.* coll. treble-toned.
tipo *m.* type [pattern, standard, model symbol, class, etc.]. 2 BIOL., PRINT., NUMIS. type. 3 BOT., ZOOL. phylum. 4 COM. rate : ~ *de descuento,* discount rate. 5 build, figure [of a person] : *tener buen* ~, to have a good figure. 6 coll. fellow, specimen, guy.
tipografía *f.* typography. 2 printing shop.
tipográfico, ca *adj.* typographic, typographical, printing.
tipógrafo *m.* typographer, typesetter.
tipolitografía *f.* typolithography.
tipometría *f.* typometry.
tipómetro *m.* PRINT. type gauge, type measure.
tipoy *m.* (Arg., Par.) loose, sleeveless outer garment worn by peasant women.
típula *f.* ENTOM. crane fly, daddy-longlegs.
tiquet, tiquete *m.* (Am.) [theatre, railway, etc.] ticket.
tiquín *m.* (P. I.) bamboo pole used in punting.
tiquis miquis, tiquismiquis *m. pl.* ridiculous or affected scruples or difficulties. 2 ridiculously polite or affected words.
tiquizque *m.* BOT. (C. Ri.) a plant with an edible rhizome.
tira *f.* narrow strip [of paper, cloth, etc.] ; strap, thong. 2 shred : *estar hecho tiras,* (Am.) to be in rags.
tirabala *m.* popgun.
tirabeque *m.* BOT. string pea, sugar pea.
tirabotas *f.* boot hook.
tirabuzón *m.* corkscrew. 2 corkscrew curl, hanging curl.
tiracol, tiracuello *m.* baldric.
tiracuero *m.* coll. shoemaker.
tirada *f.* throw, cast. 2 shooting [at a mark]. 3 distance, stretch. 4 series [of things said or written without stopping], tirade. 5 PRINT. printing [of a book, journal, etc.] : ~ *aparte,* reprint [of an article in pamphlet form]. 6

number of the copies forming one issue [of a book, newspaper, etc.], edition, impression. 7 *de,* or *en una,* ~, at one stretch, without stopping.
tiradera *f.* (Am.) long Indian arrow.
tiradero *m.* HUNT. shooting post.
tirado, da *p. p.* of TIRAR. — 2 *adj.* dirt-cheap, given away. 3 NAUT. long and low [ship]. 4 cursive, flowing, running [handwriting]. — 5 *m.* wiredrawing. 6 PRINT. printing, presswork.
tirador, ra *m. & f.* thrower. 2 drawer [of metals, etc.] : ~ *de oro,* gold-wire drawer. 3 marksman, shot, good shot : *mal* ~, bad shot. 4 FENC. fencer. 5 instrument for drawing or stretching. 6 bell pull, pull chain. 7 handle, knob [of a door, window, drawer, etc.] doorknob. 8 ruling pen. 9 slingshot. 10 (Arg.) leather belt [worn by gauchos]. 11 PRINT. pressman.
tirafondo *m.* SURG. bullet extractor. 2 wood screw, lag screw.
tirajo *m.* coll. strip ; shred, tatter.
tiralíneas, *pl.* -neas *m.* ruling pen.
tiramiento *m.* shooting, firing.
tiramira *f.* long, narrow range [of mountains]. 2 line, string, series. 3 distance, stretch.
tiramollar *tr.* NAUT. to ease off.
tirana *f.* a Spanish song.
tiranamente *adv.* TIRÁNICAMENTE.
tiranía *f.* tyranny.
tiránicamente *adv.* tyrannically.
tiranicé, tiranice, etc., *pret., subj. & imper.* of TIRANIZAR.
tyranicida *adj.* tyrannicidal. — 2 *m. & f.* tyrannicide [person].
tiranicidio *m.* tyrannicide [killing of a tyrant].
tiránico, ca *adj.* tyrannic, tyrannical.
tiranización *f.* tyrannizing.
tiranizadamente *adv.* TIRÁNICAMENTE.
tiranizar *tr.* to tyrannize.
tirano, na *adj.* tyrannical. — 2 *m. & f.* tyrant.
tirante *adj.* tight, taut, tense, strained, stretched tight. 2 strained [relations]. — 3 *m.* trace [of harness] : *a tirantes largos,* with four horses and two coachmen. 4 ARCH., ENG. tie, tie beam, tie rod, truss rod. 5 *pl.* braces, suspenders [for trousers].
tirantez *f.* tenseness, tautness, tightness. 2 strain, tension, strained condition [of relations]. 3 distance in a straight line between the ends of a thing.
tiranuelo, la *adj. dim.* little tyrant.
tirapié *m.* shoemaker's stirrup.
tirar *tr.* to throw, cast, fling, pitch. 2 to throw away, cast off. 3 to fire [a shot] : ~ *un cañonazo,* to fire a gun. 4 to give [a kick] : ~ *coces,* to kick. 5 to draw, stretch. 6 to wiredraw. 7 to knock down, overthrow, pull down. 8 to waste, squander. 9 to draw [a line]. 10 PRINT. to print. 11 *tirarla de,* to set up as, to boast of being.
   12 *intr.* to attract, excite love or interest. 13 [of a chimney, etc.] to draw. 14 to last, endure. 15 ~ *a:* a) to fence with [a sword, etc.] ; to shoot with [a pistol, etc.] ; b) to shoot at : ~ *al blanco,* to shoot at a target ; c) to direct one's course, turn [in some direction] : ~ *a la derecha,* to turn to the right hand ; d) to tend, incline ; e) to seek to, aim at ; f) [of colours] to shade into, have a tinge of : ~ *a rojo,* to be reddish. 16 ~ *de:* a) to draw, attract ; b) to pull, pull at, pull on, to draw : ~ *de una cuerda,* to pull a rope, or at a rope ; ~ *de un carro,* to draw a cart ; c) to draw, take, take out [a weapon, instrument, etc.] for the purpose of using it : *tiró de espada,* he drew his sword. 17 coll. ~ *de largo,* or *por largo,* to spend lavishly ; to estimate rather high than low, to make a liberal estimate. 18 coll. *ir tirando,* to get along. 19 coll. *tira y afloja,* blowing hot and cold. 20 *a todo* ~, at the most.
   21 *ref.* to rush, to throw oneself. 22 [of a parachutist, etc.] to jump. 23 to lie down. 24 to give oneself over [to vice, etc.].
tiratacos, *pl.* -cos *m.* popgun.
tirela *f.* striped cloth.
tirilla *f.* neckband [of a shirt].
tirio, ria *adj. & m.* Tyrian : *tirios y troyanos,* fig. opposing factions.
tiritaña *f.* a thin silk fabric. 2 coll. trifle.
tiritar *intr.* to shiver.

tiritón, pl. **-nes** m. shiver : dar tiritones, to shiver.

tiritona f. coll. fake shivering or trembling.

Tiro f. pr. n. HIST., GEOG. Tyre.

tiro m. throw [act of throwing]. 2 mark made by a throw 3 shot [discharge of a firearm ; charge for a firearm] ; dar, or pegarle, cuatro tiros a uno, to shot someone ; disparar un ~, to fire a shot ; errar el ~, to miss the mark ; me quedan dos tiros, I have two shots left ; salir el ~ por la culata, [of one's exertions, scheming, etc.] to work the wrong way ; a tiros, with shots, by shooting : derribar a tiros, to shoot down ; ni a tiros, coll. by no means. 4 throw, shot, range [distance] ; a ~, within range ; fig. within reach ; a ~ de bala, within gunshot ; a ~ de ballesta, coll. from a distance, at a glance ; a un ~ de piedra, within a stone's throw. 5 report [of a gun]. 6 shooting practice or sport : ~ al blanco, target practice, target shooting ; ~ de pichón ; ~ al plato, trapshooting. 7 shooting grounds ; shooting gallery. 8 fig. physical or moral injury. 9 fig. attack, innuendo, allusive remark. 10 ARTIL. gun, piece of ordnance. 11 ARTIL. direction of fire : ~ directo, direct fire, fire by direct laying ; ~ indirecto, indirect fire, indirect laying ; ~ rasante, horizontal fire. 12 team [of draught animals] : ~ par, team of four horses or mules ; caballo de ~, draught horse. 13 harness trace : a tiros largos, A TIRANTES LARGOS. 14 hoisting rope. 15 length [of a piece of cloth, etc.]. 16 flight [of stairs]. 17 draft, draught [of a chimney, etc.]. 18 MIN. shaft ; depth of a shaft. 19 pl. sword's straps. 20 coll. de tiros largos, all dressed-up.

tirocinio m. apprenticeship.

tiroideo, a adj. ANAT. thyroid.

tiroides m. ANAT. thyroid [gland].

Tirol (el) m. pr. n. GEOG. the Tyrol.

tirolés, sa adj. & n. Tyrolese. — 2 f. Tyrolienne [dance and song].

tirón m. pull, jerk, haul, tug : de un ~, with a pull ; fig. at one stroke ; at a stretch ; ni a dos, or tres, tirones, not easily obtained. — 2 ESTIRÓN. 3 tiro, tyro, novice.

tiroriro m. coll. sound of a reed instrument. 2 pl. coll. reed instruments.

tirotear tr. to snipe at, blaze away at. — 2 ref. to exchange shots, fire at each other.

tiroteo m. firing, shooting, exchange of shoots.

tirreno, na adj. & n. Tyrrhenian. 2 Etruscan.

tirria f. coll. aversion, dislike, grudge.

tirso m. BOT., GREEK. ANT. Thyrsus.

tisana f. ptisan, medicinal tea.

tisanuro, ra adj. & n. ENTOM. thysanuran. — 2 m. pl. ENTOM. Thysanura.

tísico, ca adj. MED. phthisical, consumptive, tuberculosed. — 2 m. & f. consumptive [person].

tisis f. MED. phthisis, consumption, tuberculosis : ~ galopante, galloping consumption.

tisú m. tissue, silk cloth interwoven with gold or silver threads.

Titán m. pr. n. MYTH. Titan. 2 fig. Titan. 3 titan crane.

titanato m. CHEM. titanate.

titánico, ca adj. Titanic. 2 titanic, gigantic. 3 CHEM. titanic.

titanio, nia adj. Titanic. — 2 m. CHEM. titanium.

títere m. puppet, marionette : no dejar, or no quedar, ~ con cabeza, to upset, destroy, or to be upset or destroyed, entirely. 2 fig. whipster, whipper-snapper. 3 fig. mania, fixed idea. 4 fig. hacer ~, to please, captivate. 5 pl. puppet show ; Punch-and-Judy show. 6 jugglers show, tumblers show, etc.

titerero, ra m. & f. TITIRITERO.

titeretada f. hare-brained act.

titerista m. & f. TITIRITERO.

tití, pl. **-ties** m. ZOOL. titi [small monkey].

titiaro adj. BOT. cambur ~, a small, fine kind of banana.

titilación f. slight tremor [of a part of the body]. 2 twinkling [of a luminous body].

titilador, ra, titilante adj. trembling. 2 twinkling.

titilar intr. [of a part of the body] to tremble slightly. 2 [of a luminous body] to twinkle.

titímalo m. LECHETREZNA.

titirimundi m. MUNDONUEVO.

titiritaina f. coll. confuse noise of flutes cr other instruments. 2 coll. merry noise.

titiritar intr. to shiver, shake [with cold or fear].

titiritero m. puppet player, puppet showman. 2 juggler, tumbler, ropewalker.

Tito m. pr. n. Titus.

tito m. BOT. blue vetch. 2 chamberpot.

titubeante adj. wavering, hesitating. 2 stammering. 3 staggering, tottering, reeling.

titubear intr. to waver, hesitate. 2 to stammer. 3 to stagger, totter, reel.

titubeo m. wavering, hesitation. 2 stammering. 3 staggering, tottering, reeling.

titulado, da adj. diplomaed, having a professional degree. 2 titled. 3 so-called. 4 CHEM. titrated.

titular adj. having a specified title or appellation. 2 ECCL. titular [bishop, saint]. 3 appointed to practise his profession, with especial duties, in a place. 4 PRINT. capital letter [used in newspaper headlines].

titular tr. to title, provide a title for [a book, etc.] ; to entitle [give the title of], to call, name. 2 CHEM. to titrate. — 3 intr. to receive a title of nobility. — 4 ref. to be called ; to call or style oneself.

titulillo m. PRINT. running title, running head.

título m. title [of a book, chapter, etc. ; division of a statute, etc.], heading, headline, caption. 2 title [personal appellation denoting office, nobility, etc.] ; titled person : ~ del reino, title of nobility ; titled person. 3 diploma, patent, professional degree, licence. 4 SPORT. title, championship. 5 ECCL. title [church in Rome]. 6 LAW foundation of a right, claim or obligation. 7 title [to property] ; title deed. 8 cause, reason, motive. 9 qualification, desert. 10 COM. certificate, bond : ~ al portador, bond payable to the bearer ; ~ de la deuda, government bond ; ~ nominativo, nominative bond, registered bond. 11 CHEM. titre, titer. 12 a ~ de, as a ; by way of ; a ~ de información, unofficially.

tiza f. chalk. 2 whiting [for polishing metals]. 3 calcined stag's horn.

tizna f. smudging substance.

tiznadura f. smudging, smutting ; smudge, stain.

tiznajo m. TIZNÓN.

tiznar tr. to soil with soot. 2 to smudge, smut, stain, soil. 3 fig. to smudge, smirch, sully [a person's fame, etc.]. — 4 ref. to get soiled or smudged. 5 (Am.) to get drunk.

tizne m. soot, smut. 2 half-burned stick.

tiznón m. smut, smear, stain.

tizo m. half-burnt charcoal.

tizón m. partly burned stick, firebrand. 2 AGR. smut [disease of cereal grasses]. 3 fig. stain [on reputation]. 4 MAS. header.

tizona f. coll. sword.

tizonada f. TIZONAZO 1.

tizonazo m. blow with a firebrand. 2 pl. coll. hell fire.

tizoncillo m. small firebrand. 2 AGR. smut [disease of cereal grasses].

tizonear intr. to stir up a fire.

tizonera f. heap of half-burnt charcoal.

tlacuache m. (Mex.) ZARIGÜEYA.

tlascalteca adj. & n. of Tlascala [a Mexican city].

tlazol m. (Mex.) fodder of maize tops.

toa f. (Am.) rope, towing rope.

toalla f. towel : ~ de baño, bath towel ; ~ rusa, Turkish towel.

toallero m. towel rack.

toalleta f. dim. small towel. 2 napkin.

toar tr. ATOAR.

toba f. tufa, travertin, travertine, calcareous tufa. 2 DENT. tartar. 3 fig. crust, cover. 4 BOT. cotton thistle.

toballa f. TOALLA.

toballeta f. TOALLETA.

tobar m. tufa quarry.

tobera f. tuyère, tewel [of a furnace].

Tobías m. pr. n. Tobias.

tobillera f. flapper [young girl] 2 SPORT ankle support.

tobillo m. ankle.

tobogán m. toboggan.

toboso, sa adj. tufaceous.

toca f. wimple. 2 cornet [headdress of the Sisters of Charity]. 3 coif, bonnet. 4 toque [hat].

tocadiscos, pl. **-cos** m. record player.

tocado, da p. p. of TOCAR. 2 estar ~ de, to have the symptoms or the beginning of. 3 estar ~, estar ~ de la cabeza, to be touched, cracked.

of unsound mind. — *4 m.* headdress [esp. for women]. *5* hairdo, coiffure.

tocador, ra *m. & f.* player, performer [on a musical instrument] : ~ *de guitarra*, guitar player. — *2 m.* cloth formerly used as a headdress. *3* dressing table; dressing case, toilet case : *artículos* or *productos de* ~, toilet articles; *jabón de* ~, toilet soap. *4* dressing room, toilet room.

tocadura *f.* cloth used as a headdress.

tocamiento *m.* touching, feeling. *2* playing [on an instrument]. *3* call, inspiration.

tocante *adj.* touching. *2* ~ *a*, concerning, as regards, touching, with reference to.

tocar *tr.* to touch [bring a part of the body in contact with], to feel. *2* to touch [with a stick, etc.; lay hands upon]. *3* to hit, knock, strike [lightly] : ~ *fondo*, NAUT. to strike ground. *4* to touch, try [metals with a touchstone]. *5* to find, come to know [by experience]; to suffer [the consequences of]. *6* to touch, touch upon [a point, a matter, a topic]. *7* PAINT. to touch. *8* to touch, strike [keys or strings of a musical instrument], to play, sound, blow [a musical instrument]; to ring [a bell]; to beat [a drum]. *9* AUTO. to blow [a horn]. *10* to play [a phonograph record]. *11* to play, sound, ring, beat [an air, a call, etc.] : ~ *una sinfonía*, to play a symphony; ~ *diana*, to beat the reveille; ~ *a muerto*, to toll, sound a knell [at a death or funeral]. *12* to move, inspire. *13* to do, dress [the hair].

14 intr. ~ *a* or *en*, to touch, touch at [be in contact with, be contiguous to]; to kiss [in billiards]. *15* ~ *a:* a) to appertain, belong to [be the proper concern, function, etc., of]; to behove, devolve on, be incumbent to, fall to, be up to, rest with [one]; b) to be one's turn; c) to fall to one's lot; d) to be got by one [as a share], be the share of one [in a distribution, etc.], to be one's due; e) [of a lottery prize], to be drawn by one : *me tocó la primera*, I drew, or got, the first prize; f) to touch, relate, concern, regard : *en*, or *por, lo que toca a*, as regards, with regard to; g) to be related or allied to, be a relation of. *16* ~ *de cerca*, to be closely related; to concern, affect closely; to know well [from actual experience]. *17* NAUT. ~ *en un puerto*, to touch at a port.

18 impers. tocan a, it is time for or to.

19 ref. to touch, be in contact, touch each other. *20* to do or dress one's hair. *21* to cover one's head, have one's head covered [with a hat, bonnet, kerchief, etc.].

tocasalva *f.* SALVILLA.

tocata *f.* MUS. toccata. *2* coll. drubbing.

tocayo, ya *m. & f.* namesake.

tocía *f.* ATUTÍA.

tocinera *f.* [woman] pork seller. *2* wife of a pork seller. *3* table for salting pork.

tocinería *f.* bacon and pork shop or stand.

tocinero *m.* pork seller.

tocino *m.* bacon; salt pork. *2* rapid jumping [in the game of skipping rope]. *3* ~ *del cielo*, confection of egg yolks and syrup.

tocio, cia *adj.* dwarf [oak tree].

toco *m.* (Pe.) a kind of rectangular niche in the Inca architecture.

tocología *f.* tocology, obstetrics.

tocólogo *f.* tocologist, obstetrician.

tocón *m.* stump [of tree]. *2* stump [of arm or leg].

toconal *m.* ground full of stumps. *2* olive grove of new shoots growing from stumps.

tocororo *m.* ORN. tocororo [Cuban trogon].

tocotoco *m.* (Ve.) pelican.

tocuyo *m.* (S. Am.) coarse cotton cloth.

tochedad *f.* rusticity, crudeness, uncouthness, stupidity.

tochimbo *m.* (Pe.) foundry furnace.

tocho, cha *adj.* rustic, uncouth, clumsy, crude, stupid. — *2 m.* FOUND. bloom, billet.

tochura *f.* TOCHEDAD.

todabuena, todasana *f.* BOT. parkleaves, tutsan.

todavía *adv.* still, even, yet : ~ *ha de dar fruto*, it is still to bear fruit; ~ *más*, even more; *mejor*, still better; ~ *no*, not yet.

todito, ta *adj.* the whole [used emphatically]: *todita la noche*, the whole night long.

todo, da; todos, das *adj.* all, every, each, the whole of : ~ *aquél que*, ~ *el que*, whoever, everybody

who, all that, all who; ~ *aquello que*, whatever; ~ *el mundo*, everybody; all the world; *todos los, todas las*, every; *toda persona que*, everyone who. *2 a toda prisa*, with all speed, hurriedly; *a* ~ *correr, a toda velocidad*, at full speed. — *3 m.* all, whole, everything : *jugar el* ~ *por el* ~, to stake or risk all, or everything; *me es* ~ *uno*, it is all one, or all the same, to me; *ser el* ~, to be the chief or the most essential thing; *ante* ~, first of all, in the first place; *así y* ~, yet, notwithstanding; *con* ~, notwithstanding, nevertheless, however; *del* ~, entirely, wholly; *de* ~ *en* ~, thoroughly, entirely, absolutely; *en* ~ *y por* ~, wholly, absolutely; *en un* ~, as a whole; *sobre* ~, above all, especially. — *4 m. & f. pl.* everybody, everyone, all of them. — *5 adv.* entirely.

todopoderoso, sa *adj.* all-powerful, almighty : *el Todopoderoso*, the Almighty [God].

toesa *f.* toise [ancient French measure of length].

tofana (agua) *f.* aqua tofana [poison].

tofo *m.* MED. tophus.

toga *f.* toga [ancient Roman garment]. *2* gown, robe [of professor, judge or lawyer].

togado, da *adj.* togaed. *2* wearing a gown or robe [judge, magistrate, etc.].

toisón, toisón de oro *m.* Golden Fleece.

tojal *m.* ground covered with furze.

tojino *m.* NAUT. cleat.

tojo *m.* BOT. gorse, furze, whin. *2* ORN. (Bol.) lark.

tolanos *m.* VET. tumour on horse's gums. *2* coll. short hairs on the back of the neck.

toldadura *f.* awning.

toldar *tr.* ENTOLDAR.

toldería *f.* (Arg.) Indian camp.

toldilla *f.* NAUT. poop, poop deck.

toldillo *m. dim.* small awning.

toldo *m.* awning. *2* tilt [cloth covering of a cart, etc.]. *3* coll. pride, pomp. *4* (Arg.) Indian hut.

tole *m.* hubbub, uproar. *2* popular clamour [against something]. *3 tomar el tole*, to run away, leave in a hurry.

toledano, na *adj. & n.* Toledan : *noche toledana*, sleepless night.

tolerable *adj.* tolerable, bearable, sufferable.

tolerablemente *adv.* tolerably.

tolerancia *f.* tolerance [tolerating, being tolerant]; toleration. *2* MACH., MED. tolerance.

tolerante *adj.* tolerant.

talerantismo *m.* tolerationism.

tolerar *tr.* to tolerate. *2* to bear, suffer.

tolete *m.* NAUT. thole, tholepin. *2* (C. Am., Col., Cu., Ve.) club, bludgeon.

tolilo *m.* CHEM. tolyl.

tolmera *f.* place full of pilarlike rocks.

tolmo *m.* pilarlike rock, tor.

tolo *m.* TOLODRO *3*.

Tolomeo *m. pr. n.* Ptolemy.

Tolón *f. pr. n.* GEOG. Toulon.

tolondro, dra *adj.* scatterbrained, reckless, rash. — *2 m. & f.* scatterbrain : *a topa* ~, headlong, recklessly. — *3 m.* bump, swelling [from a blow].

tolondrón, drona *adj.* scatterbrained, reckless, rash. — *2 m.* (pl. -nes) bump, swelling [from a blow] : *a tolondrones*, with bumps or swellings; by fits and starts.

Tolosa *f. pr. n.* GEOG. Toulouse [French city]. *2* Tolosa [Spanish town].

tolosano, na *adj.* [pertaining to] Toulouse or Tolosa. — *2 m. & f.* native or inhabitant of Toulouse, or of Tolosa.

tolteca *adj. & n.* Toltec.

Tolú (bálsamo de) *m.* tolu, tolu balsam, balsam of Tolu.

tolueno *m.* CHEM. toluene.

toluico, ca *adj.* CHEM. toluic.

toluidina *f.* CHEM. toluidine.

tolva *f.* hopper, chute [in mills, etc.].

tolvanera *f.* cloud of dust, dust whirl.

tolla *f.* quagmire. *2* (Cu.) canoe-shaped drinking trough.

tolladar *m.* quagmire.

tollina *f.* coll. beating, drubbing.

tollo *m.* ICHTH. spotted dogfish. *2* loin of a stag. *3* HUNT. blind. *4* quagmire.

tollón *m.* narrow passage or way.

toma *f.* take, taking, receiving : ~ *de posesión*, taking possession; inauguration, induction into office. *2* take, taking, capture [of a fort, a city; of a piece in chess]. 3 dose [of a medicine]. 4 HYDR. intake, inlet, tap. 5 ELEC. tap, oulet, plug : ~ de corriente, current collector, tap; plug. 6 RADIO. terminal : ~ de antena, antenna terminal; ~ de tierra, ground terminal or connection. 7 AER. ~ de tierra, landing.

¡toma! interj. well!, why!; of course!

tomacorriente m. ELEC. (Arg., Chi.) socket, plug. 2 (Chi.) trolley [of an electric car].

tomada f. taking, capture [of fort, city, etc.].

tomadero m. handle. 2 water intake or inlet.

tomador, ra adj. taking. 2 retrieving [dog]. 3 (Arg., Chi.) drinking [given to drink]. — 4 m. & f. taker. — 5 m. COM. the person to whose order a bill of exchange is to be paid. 4 pl. NAUT. gaskets.

tomadura f. taking. 2 ~ de pelo, fun made of one, hoax, pulling one's leg.

tomaina f. BIOCHEM. ptomaine.

tomajón, na m. & f. one who takes frequently, who accepts easily.

tomar tr. to take [lay hold of, assume possession of], seize, catch. 2 to take, receive, accept. 3 MIL. to take, capture [a fort, a town]. 4 CHESS to take, capture [a piece]. 5 CARDS to take [a trick]. 6 to take, have [eat, drink, etc.] : ~ el desayuno, to breakfast, have breakfast; ~ el té, to have tea; ~ tabaco, to snuff, take snuff; tome un cigarro, have a cigar. 7 to take [advice, measures, precautions, a resolution, the liberty, a train, etc.]. 8 to take [measurements, the temperature, the height of the sun]. 9 to contract, acquire [an habit]. 10 to take, hire [as a servant or employee]. 11 to take [a spouse, a partner] : ~ mujer, to take a wife, to marry; ~ a uno como socio, to take someone into partnership. 12 to take [obtain by leasing, renting, subscribing, etc.]; to take, hire [a cab, a taxi]. 13 to take [interpret, consider, regard in a specified manner]. 14 to take, occupy. 15 to steal. 16 to take, choose. 17 to take, buy. 18 to take, assume [an appearance, a property; a responsibility, etc.]. 19 to follow, imitate [the manners, customs, etc., of another or others]. 20 to take, borrow [for quoting or adapting] : un verso tomado de Shakespeare, a line taken from Shakespeare. 21 to gather [strength]. 22 to take [someone] with oneself. 23 to take [the government direction, etc.] : ~ las riendas de, to take the reins of. 24 ~ aborrecimiento, to take a dislike. 25 ~ a mal, to resent, to take it ill [of], take offence at. 26 ~ a broma, to take or treat as a joke, to make light of. 27 ~ a cuestas, to take on one's back; to take upon oneself, to take charge of. 28 ~ a pechos, to take to heart; to take seriously. 29 ~ asiento, to take a seat, sit down. 30 ~ calor, to get warm. 31 ~ cuentas, to take and examine accounts. 32 ~ el fresco, to take the air. 33 ~ el pelo a, coll. to banter, make fun of, hoax, pull the leg of. 34 ~ el sol, to bask or walk in the sun, to sun oneself. 35 ~ en cuenta, to take account of, to take into account, to take into consideration. 36 ~ estado, to change condition [marry, become a clergyman or monk, take the veil]. 37 ~ frío, to catch cold. 38 tomarla con, to pick at or on; to have a grudge against; ~ la delantera, to take the lead; ~ la delantera a, to get ahead of; to outstrip; to get a start on. 39 ~ la mañana, to get up early; to take a morning drink. 40 ~ la puerta, to be off, to go out of the house. 41 ~ las de Villadiego, to get away. 42 tomarle a uno la risa, el sueño, to be overcome with laughter, with sleep. 43 tomarle a uno un desmayo, to swoon, have a fainting fit. 44 ~ lenguas, to take tidings. 45 ~ para sí, to take to oneself. 46 ~ por, to take for : lo tomé a usted por otro, I took you for someone else. 47 ~ por su cuenta, to take charge of, to attend to personally. 48 ~ prestado, to borrow. 49 ~ sobre sí, to take upon oneself. 50 ~ razón, to note down, to make an entry of.

51 intr. to go or turn in a specified direction : ~ por la derecha, to take or turn to the right; ~ por un camino, to take or follow a road.

52 ref. to take oneself, to take, have : tomarse libertades, to take liberties, make free; tomarse una copa, to have a drink; tomarse un descanso, unas vacaciones, to take a rest, a holiday. 53 tomarse con, to quarrel with. 54 to-

marse de moho or de orín, to get rusty. 55 tomarse del vino, to become intoxicated, to get drunk.

Tomás m. pr. n. Thomas : Santo ~, Saint Thomas; Santo ~ de Aquino, Saint Thomas Aquinas.

tomatada f. dish of fried tomatoes.

tomatal m. tomato patch or field.

tomatazo m. blow with a tomato.

tomate m. BOT. tomato [plant or fruit]. 2 coll. hole in a stocking.

tomatera f. BOT. tomato, tomato plant.

tomatero. ra m. & f. tomato seller.

tomaticán m. (Chi.) dish or seasoning of tomatoes.

tomatillo m. dim. small tomato. 2 BOT. a variety of cherry. 3 BOT. (Chi.) a shrub of the Solanaceæ.

tomavistas adj. picture-taking. — 2 m. motion-picture camera.

tómbola f. tombolo. 2 charity raffle.

tome m. BOT. (Chi.) a kind of reed mace.

tomeguín m. ORN. (Cu.) a small passerine bird.

tomento m. BOT. tomentum. 2 coarse tow.

tomentoso, sa adj. BOT. tomentose, tomentous.

tomillar m. ground covered with thyme.

tomillo m. BOT. thyme : ~ salsero, Spanish thyme. 2 BOT. ~ blanco, santonica.

tomín m. tomin [weight and coin].

tomineja f., **tominejo** m. ORN. humming bird.

tomismo m. Thomism.

tomista adj. Thomistic. — 2 m. & f. Thomist.

tomiza f. esparto rope.

tomo m. volume, tome : en tres tomos, in three volumes. 2 coll. importance, bulk : de ~ y lomo, great, important.

tomón, na adj. & n. TOMAJÓN.

ton m. sin ~ ni son, without motive or cause, without rhyme or reason.

tonada f. tune, song.

tonadilla f. light song.

tonadillera f. woman singer of light songs.

tonadillero m. composer of light songs.

tonalidad f. MUS., PAINT. tonality.

tonante adj. Tonans : Júpiter ~, Jupiter Tonans.

tonar intr. poet. to thunder, to emit thunderbolts.

tonca adj. BOT. tonka : haba ~, tonka bean.

tondino m. ARCH. astragal.

tondiz f. TUNDIZNO.

tondo ARCH. circular ornament sunk in a surface.

tonel m. barrel, cask, tun.

tonelada f. ton : ~ de arqueo, register ton; ~ métrica. metric ton. 2 TONELERÍA 3.

tonelaje m. tonnage.

tonelería f. barrelmaking, cooperage, coopery. 2 cooperage, coopery [cooper's workshop]. 3 barrels, casks [collec.].

tonelero m. barrelmaker, cooper, hooper.

tonelete m. dim. small cask, keg. 2 short skirt. 3 ARM. skirt of tasses.

tonga f. TONGADA. 2 (Cu.) pile [of things]. 3 (Arg.) task, work.

tongada f. coat, couch, bed, layer.

tongo m. SPORTS coll. trick of a player, boxer, etc., who engages to lose for a bribe.

tonicidad f. tonicity.

tónico, ca adj. tonic, invigorating. 2 MUS. key [note]. 3 GRAM. tonic [accent]; accented [vowel or syllable]. — 4 m. MED. tonic : ~ nervioso, nerve tonic. — 5 f. MUS. tonic, keynote.

tonificador, ra; tonificante adj. tonic, invigorating, strengthening.

tonificar tr. MED. to invigorate, tone up.

tonifiqué, tonifique, etc., pret., subj. & imper. of TONIFICAR.

tonillo m. singsong, monotonous tone. 2 accent [of a region].

tonina f. ATÚN. 2 DELFÍN 2.

tono m. tone [in writing or speaking] : decir una cosa en todos los tonos, to say something in every possible way. 2 MUS., ACOUST. pitch. 3 MUS. mode, key : ~ mayor, major mode or key; ~ menor, minor mode or key. 4 MUS. tone, step. 5 MUS. diapason normal. 6 tone, shade [of colour]. 7 vigour, energy. 8 MED., PHYSIOL. tone. 9 tune, song. 10 tune, harmony : a ~ con, in tune with, in harmony with. 11 fig. bajar el ~, mudar de ~, to change one's tune; subir, or subirse de ~, fig. to become arrogant; to begin to live in a grand style. 12 dar el ~, fig. to set the standard. 13 darse ~, to put on airs. 14 de buen ~, fashionable, smart; gente de buen ~, smart set; de mal ~, vulgar. 15 a este ~, like this.

tonsila *f.* ANAT. tonsil.
tonsilar *adj.* tonsillar.
tonsura *f.* hair cutting; shearing, fleecing. 2 ECCL. tonsure.
tonsurado *m.* ECCL. tonsured man.
tonsurar *tr.* to cut the hair of; to shear, fleece. 2 ECCL. to tonsure.
tontada *f.* silliness, foolishness, nonsense [act or remark].
tontaina *m. & f.* silly person, fool.
tontamente *adv.* sillily, foolishly. 2 uselessly.
tontear *intr.* to act foolishly, to talk nonsense. 2 coll. to flirt.
tontedad, tontera *f.* TONTERÍA.
tontería *f.* silliness, foolishness [being silly or fool]. 2 silliness, foolishness, nonsense [act or remark]. 3 triviality, trifle.
tontiloco, ca *adj.* harebrained.
tontillo *m.* hoop skirt, farthingale.
tontina *f.* tontine.
tontivano, na *adj.* foolishly conceited.
tonto, ta *adj.* silly, foolish, dull, stupid. 2 nonsensical. — 3 *m. & f.* fool, dolt, dullard, silly person : ~ *de capirote*, blockhead, idiot; *hacerse el* ~, to play the fool. 4 *a tontas y a locas,* recklessly, haphazard.
tontuelo, la *m. & f. dim.* little fool.
tontuna *f.* TONTERÍA.
toña *f.* TALA 3 & 4.
toñina *f.* ATÚN.
Toño, Toñico *m. pr. n.* [pet name for ANTONIO] Tony.
topacio *m.* MINER. topaz.
topada *f.* TOPETADA.
topadizo, za *adj.* ENCONTRADIZO.
topador *adj.* butting [animal].
topar *tr.* to strike, collide with, knock against, run into. 2 NAUT. to butt [join end to end]. 3 (Am.) to try [two fighting cocks]. — 4 tr., intr. & ref. *topar*, ~ *con* or *toparse con*, to run across, run against, meet, meet with, fall in with. — 5 *intr.* to butt [with the head or horns]. 6 to take a bet [at cards]. 7 to lie, reside : *la dificultad topa en esto,* there's where the trouble lies. 8 coll. [of a thing] to come out right. 9 coll. *tope donde tope,* strike where it may.
toparca *m.* toparch.
toparquía *f.* toparchy.
tope *m.* butt, end : *al* ~, *a* ~, end to end; *unir a* ~, to join end to end. 2 RLY. buffer, bumper. 3 MACH. stop [for arresting or limiting motion]. 4 fig. rub, impediment, trouble, difficulty. 5 NAUT. masthead, topmasthead, top of a mast : *hasta el* ~, fig. up to the top, to the brim, to the limit; *estar hasta los topes,* NAUT. to be overloaded; fig. to be full; to be sated [with]. 6 NAUT. topman. 7 NAUT. edge or butt end of a plank. 8 TOPETÓN. 9 fig. row, quarrel, scuffle.
topera *f.* molehole, molehill
topetada *f.* butt [by a horned animal]. 2 fig. butt, bump [with the head].
topetar *tr. & intr.* to butt [with head or horns]. — 2 *tr.* to strike, collide with, knock against.
topetazo *m.* TOPETADA.
topetón *m.* knock, bump, collision. 2 TOPETADA.
topetudo, da *adj.* butting [animal].
tópico, ca *adj.* topical, local. — 2 *m.* MED. external local application. 3 RHET. vulgar or trite expression. 4 *pl.* commonplaces, platitudes.
topinada *f.* coll. awkward or stupid act; blunder.
topinambur *m.* BOT. (Arg., Bol.) Jerusalem artichoke.
topinaria *f.* TALPARIA.
topinera *f.* TOPERA.
topo *m.* ZOOL. mole. 2 coll. awkward person; dolt. 2 (S. Am.) unit of lineal measure [one league and a half] used by the Indians. 3 (Arg., Chi., Pe.) large scarfpin. 4 polka dot.
topocho, cha *adj.* (Ve.) RECHONCHO.
topografía *f.* topography. 2 surveying.
topográficamente *adv.* topographically.
topográfico, ca *adj.* topographical.
topógrafo *m.* topographer; surveyor.
toponimia *f.* toponymy.
toque *m.* touch [act of touching]. 2 touch [of metals on a touchstone]. 3 touchstone. 4 fig. trial, proof. 5 sounding [of a bugle, etc.], ringing [of bells], beat [of a drum] for announcing or signalling; call : ~ *de ánimas,* ringing of bells at night for prayers for the souls in purgatory;

~ *de corneta,* bugle call; ~ *de diana,* reveille; ~ *de queda,* curfew. 6 coll. blow, tap. 7 warning, admonition, advice. 9 PAINT. touch. 10 fig. *dar un* ~ *a uno,* to put someone to the test; to sound, or throw out a feeler to, someone.
toqué, toque, etc., *pret., subj. & imper.* of TOCAR.
toqueado *m.* rhythmical noise of clapping hands, stamping feet, rapping with sticks, etc.
toquilla *f dim.* small toque. 2 triangular kerchief used by women on the head or neck. 3 knitted shawl. 4 formerly, a kind of hatband.
tora *f.* Torah. 2 fireworks in the form of a bull. 3 BOT. *hierba* ~, broomrape.
torácico, ca *adj.* ANAT., ZOOL. thoracic.
torada *f.* drove of bulls.
toral, *pl.* **-les** *adj.* chief, main, strongest : *arco* ~, ARCH. each one of the arches supporting a cupola. 2 unbleached [wax]. — 3 *m.* MIN. mould for copper bars. 4 copper bar.
tórax, *pl.* **-rax** *m.* ANAT., ZOOL. thorax.
torbellino *m.* whirlwind. 2 coll. lively, hustling person. harum-scarum.
torca *f.* GEOL. circular depression.
torcaz *adj.* wild [pigeon].
torcazo, za *adj.* wild [pigeon]. — 2 *f.* wild pigeon.
torce *f.* coil or turn of a chain necklace around the neck.
torcecuello *m.* ORN. wryneck.
torcedero, ra *adj.* twisted, bent. — 2 *m.* twister [twisting instrument].
torcedor, ra *adj.* twisting. — 2 *m. & f.* twister [person]. — 3 *m.* an implement for twisting thread. 4 fig. anything causing constant grief or worry.
torcedura *f.* twisting. 2 SURG. sprain. 3 small wine.
torcer *tr.* to twist, wrench, bend, crook : *no dar uno su brazo a* ~, fig. not to yield, to be obstinate. 2 to twist, twine [a thread, rope, etc.]. 3 to deflect, turn. 4 to turn aside. 5 to twist, distort, pervert, misconstrue. 6 to pervert [the justice]. 7 to make [one] change his mind. 8 ~ *el gesto,* to make a wry face. — 9 *intr.* to turn [take a specified direction] : ~ *a la derecha,* to turn to the right. — 10 *ref.* to become twisted, bent or crooked. 11 to go crooked or astray. 12 to yield [to persuasion, etc.]. 12 to turn bad, to fail; *torcérsele a uno la suerte,* (Am.) to be out of luck. 13 [of milk] to curdle. 14 [of wine] to turn sour. 15 to be sprained, to sprain : *torcerse un tobillo,* to sprain one's ankle. ¶ CONJUG. like *mover.*
torcida *f.* wick [of a lamp or candle].
torcidamente *adv.* twistedly, pervertedly. 2 crookedly. 3 obliquely.
torcidillo *m.* twisted silk.
torcido, da *p. p.* of TORCER. — 2 *adj.* twisted, twined. 3 twisted, bent, crooked. 4 oblique. 5 fig. twisted, perverted. 6 fig. crooked, dishonest. — 7 *m.* twist of candied fruit. 8 twisted silk.
torcijón *m.* twist, wrench. 2 bellyache, cramps, gripes.
torcimiento *m.* twist, twisting. 2 bend, bending. 3 perversion, misconstruction, warping. 4 circumlocution.
torculado, da *adj.* screw-shaped.
tórculo *m.* screw press.
torda *f.* ORN. female thrush.
tordella *f.* ORN. a kind of large thrush.
tórdiga *f.* TÚRDIGA.
tordillejo, ja, tordillo, lla *adj.* dapple-gray. — 2 *m. & f.* dapple-gray horse or mare.
tordo, da *adj.* dapple-gray [horse, mare or mule]. — 2 *m.* ORN. thrush : ~ *alirrojo,* wing-red, song thrush; ~ *de agua,* water ouzel; ~ *mayor,* missel thrush. 3 ORN. (C. Am., Arg., Chi.) starling. 4 dapple-gray horse or mare.
toreador *m.* bullfighter.
torear *intr. & tr.* to fight bulls in the ring. — 2 *intr.* to let the bulls to the cows. — 3 *tr.* fig. to fool or deceive with false hopes. 4 to banter, make fun of.
toreo *m.* bullfighting. 2 banter, covert mockery.
torera *f.* a short, tight, unbuttoned jacket. 3 *saltarse [una cosa] a la* ~, to disregard, fail to keep or observe [a rule, engagement, duty, etc.].
torería *f.* bullfighter [collect.]. 2 (Am.) prank, escapade.
torero, ra *adj.* [pertaining to] bullfighting. — 2 *m. & f.* bullfighter.
torés *m.* ARC. torus [in the base of a column].

torete m. dim. little bull. 2 coll. difficult matter. 3 coll. absorbing topic of conversation.

torga f. yoke [frame on neck of pigs and dogs].

toril m. BULLF. pen for bulls before the fight.

torillo m. dim. little bull. 2 coll. absorbing topic of conversation. 3 ARCH. small torus.

torio m. CHEM. thorium.

toriondez f. rut [of cattle].

toriondo, da adj. rutting [cattle].

torito m. dim. little bull. 2 (Chi.) FIOFÍO. 3 ENTOM. (Arg., Pe.) horn bug. 4 BOT. (Ec.) a variety of orchid. 5 ICHTH. (Cu.) horned trunkfish.

tormagal m., **tormellera** f. TOLMERA.

tormenta f. storm, tempest. 2 turmoil. 3 misfortune, adversity.

tormentario, ria adj. pertaining to war engines.

tormentila f. BOT. tormentil, bloodroot.

tormentín m. NAUT. jib boom.

tormento m. torment [severe bodily or mental suffering; source of this]. 2 torture [for extorting confession, etc.]: *cuestión de* ~, torture; *dar* ~, to torture, put to torture. 3 HIST. tormentum [war engine for throwing projectiles].

tormentoso, sa adj. stormy, tempestuous.

tormera f. TOLMERA.

tormo m. TOLMO.

torna f. giving back, return. 2 *volver las tornas*, to give tit for tat; to turn the tables.

tornaboda f. day after a weeding.

tornachile m. (Mex.) thick pepper.

tornada f. coming back, return. 2 coming a second time. 3 POET. envoy. 4 VET. gid, water brain.

tornadera f. two-pronged winnowing fork.

tornadizo, za adj. changeable, fickle. 2 renegade. — 3 m. & f. turncoat, deserter, renegade.

tornado m. tornado.

tornadura f. TORNA 1. 2 TORNADA 1 & 2. 3 PÉRTICA.

tornaguía f. COM. receipt [for goods sent and arrived].

tornamiento m. change, turn.

tornapunta f. brace, prop.

tornar tr. to give back, return. — 2 tr. & ref. to turn [change, alter; change into]. — 3 intr. to return, come back. 4 ~ a, to do again : ~ a leer, to read again. 5 ~ en sí, to come to [recover from a swoon, etc.].

tornasol m. BOT. sunflower. 2 irisdiscence, changeable or shot colour. 3 CHEM. litmus.

tornasolado, da adj. iridescent, changeable, shot [fabric, colour].

tornasolar tr. to make iridescent, to give a changeable colour to. — 2 ref. to become iridescent.

tornátil adj. turned [in a lathe]. 2 POET. turning, whirling. 3 changeable, fickle.

tornatrás m. & f. throwback, reversion [person].

tornaviaje m. return trip. 2 things brought back from a trip.

tornavirón m. slap with the back of the hand.

tornavoz pl. **-voces** m. any device to direct sound to an audience; sounding board. 2 echo.

torneado, da adj. turned [in a lathe].

torneador m. turner [lathe operator]. 2 tourneyer.

torneaduras f. pl. lathe shavings, turnings.

torneante adj. tourneying. — 2 m. tourneyer.

tornear tr. to turn [in a lathe]. — 2 intr. to turn [move around in circles]. 3 to tourney. 4 to muse.

torneo m. tournament. 2 VET. gid, staggers.

tornera f. doorkeeper of a nunnery.

tornería f. turnery. 2 turner's shop or workshop.

tornero m. turner [lathe operator]. 2 maker of lathes. 3 messenger of a nunnery.

tornillero m. coll. deserter [from the army].

tornillo m. screw, male screw : ~ de orejas, or de mano, thumbscrew; ~ de presión, setscrew; ~ micrométrico, micrometric screw; ~ sin fin, worm gear, endless screw; apretar los tornillos a uno, coll. to put the screw upon one; faltarle a uno un ~, or tener flojos los tornillos, coll. to have a screw loose, to be hare-brained. 2 ~ de banco, screw vice. 3 coll. desertion [of a soldier].

torniquete m. bell crank. 2 turnstile. 3 SURG. tourniquet.

torniscón m. slap with the back of the hand. 2 (Am.) hard pinch or nip.

torno m. windlass, winch. 2 lathe : a ~, turned on a lathe. 3 dumbwaiter, revolving server [for passing dishes, etc., through a wall]. 4 a revolving machine or implement for certain uses : ~ de alfarero, potter's wheel; ~ de hilar, spinning wheel. 5 brake [for certain carriages]. 6 turn [of a river]. 7 turn around : en ~, around, round about; en ~ a or de, about, regarding, in connection with; en ~ de, around [something].

toro m. bull [uncastrated male of bovine animal] : ~ corrido, fig. man made wise by experience; ~ de lidia, bull reared for bullfighting; ~ mejicano, American bison, buffalo. 2 fig. bull [strong, husky man]. 3 ASTR. Taurus. 4 ARCH. moulding of convex profile; torus. 5 pl. bullfighting; bullfight : ciertos son los toros, coll. indeed, it is true [said of something feared or suspected]; ver los toros desde la barrera, to be a spectator of something without being exposed to its dangers.

toronja f. grapefruit.

toronjil m. **toronjina** f. BOT. lemon balm, garden balm.

toronjo m. BOT. grapefruit tree.

toroso, sa adj. strong, robust.

torozón m. displeasure, annoyance. 2 VET. gripes.

torpe adj. awkward, clumsy. 2 slow, heavy, torpid. 3 dull, dull-witted, slow [of understanding]. 4 lewd, bawdly, lascivious. 5 infamous. 6 plain, crude, ugly.

torpedeamiento m. TORPEDEO.

torpedear tr. to torpedo.

torpedeo m. torpedoing.

torpedero, ra adj. torpedo [boat]. — 2 m. torpedo boat.

torpedista m. torpedoist.

torpedo m. NAV. torpedo : ~ automóvil, self-propelling torpedo. 2 IOHTH. torpedo, electric ray. 3 AUTO. torpedo.

torpemente adv. awkwardly, clumsily. 2 slowly, heavily. 3 stupidly. 4 lewdly, lasciviously. 5 basely, infamously.

torpeza f. awkwardness, clumsiness. 2 slowness, heaviness, torpidness. 3 dullness, stupidity. 4 lewdness, bawdliness, lasciviousness. 5 infamy, turpitude.

tórpido, da adj. MED. torpid.

torpor m. MED. torpor.

torques pl. **-ques** f. torque [ancient necklace].

torrado m. roasted chick-pea.

torrar tr. to toast.

torre f. tower [building or structure] : ~ albarrana, FORT. projecting tower [in a wall]; watch tower; ~ de Babel, Tower of Babel; ~ del homenaje, FORT. donjon. 2 belfry, bell tower. 3 turret, belvedere. 4 ARTIL., NAV. turret. 5 CHESS. castle, rook. 6 country house.

torrear tr. to fortify with towers or turrets.

torrefacción f. torrefaction, toasting.

torrefacto, ta adj. torrefied, toasted.

torreja f. (Am.) TORRIJA.

torrejón m. small tower, ill-shaped tower.

torrencial adj. torrential.

torrente m. torrent [rushing stream]. 2 fig. torrent [rush, downpour]; rush of people. 3 ~ de voz, powerful voice.

torrentera f. bed of a torrent, ravine made by a torrent.

torreón m. large fortified tower.

torrero m. lighthouseman, lighthouse keeper. 2 tenant of a farm.

torreznada f. dish of fried bacon.

torreznero, ra adj. coll. lazy, self-indulgent. — 2 m. & f. lazy, self-indulgent person.

torrezno m. rasher of bacon, fried rasher of bacon.

tórrido, da adj. torrid : zona tórrida, torrid zone.

torrija f. slice of bread soaked in milk, wine, etc., then fried and sweetened with sugar or honey.

torrontera f., **torrontero** m. heap of earth left by a freshet.

torsión f. torsion, twisting.

torso m. F. ARTS torso. 2 trunk of the body.

torta f. cake : costar la ~ un pan, coll. to cost a lot more than expected; to cost dearly; ser tortas y pan pintado, to be a mere trifle; to be a child's play. 2 coll. blow, slap, box. 3 PRINT. font, fount. 4 PRINT. solid matter for distribution.

tortada f. a cake containing meat, eggs, fruit, etc. 2 MAS. layer of mortar on a course.

tortazo m. coll. blow, slap, box.

tortedad f. crooked state.

tortera f. flat earthenware baking pan. 2 whorl [of spindle].

tortero, ra m. & f. cake maker; cake dealer. — 2 m. cake box or basket. 3 whorl [of a spindle].

torticeramente adv. wrongly, unjustly.

torticero, ra adj. wrong, unjust.

tortícolis, torticolis m. MED. torticollis wry neck, stiff neck

tortilla f. omelet : hacer ~ a, to crush, break to pieces; volverse la ~, of matters, to take a course contrary to the usual or expected one; there be a complete reversal of the state of affairs. 2 (Mex.) tortilla, pancake.

tortillo m. HER. bezant.

tortita f. dim. small cake.

tórtola f. ORN. turtledove.

tortolito, ta adj. green, inexperienced. — 2 m. & f. dim. small or young turtledove.

tórtolo m. ORN. male turtledove. — 2 m. & f. fig. turtledove [demonstrative lover].

tortor m. NAUT. heaver.

tortuga f. ZOOL. tortoise, turtle : a paso de ~, fig. very slowly. 2 TESTUDO.

tortuosamente adv. tortuously.

tortuosidad f. tortuosity, tortuousness.

tortuoso, sa adj. tortuous, sinuous, winding. 2 fig. tortuous [devious, circuitous, crooked].

tortura f. torture [severe physical or mental pain]. 2 torture [for extorting confession, etc]. 3 crooked or twisted state.

torturador, ra adj. torturing, torturous. — 2 m. & f. torturer.

torturar tr. to torture, torment. — 2 ref. to torture oneself, to worry.

torva f. whirl of rain or snow.

torvisca f. TORVISCO.

torviscal m. ground covered with spurge flax.

torvisco m. BOT. spurge flax.

torvo, va adj. fierce, stern, severe, grim, frowning.

torzadillo m. thin silk twist.

torzal m. silk twist, cord, twist. 3 (Am.) lasso made of plaited thongs.

torzón m. VET. gripes.

torzonado, da adj. VET. suffering from gripes.

torzuelo m. TERZUELO 2.

tos f. cough; coughing : ~ ferina or convulsiva, MED. whooping cough; ~ perruna, barking cough.

tosca f. tufa, calcareous tufa. 2 DENT. tartar.

toscamente adv. roughly, crudely, uncouthly.

Toscana (la) f. pr. n. GEOG. Tuscany.

toscano, na adj. & n. Tuscan.

tosco, ca adj. coarse, rough, crude. 2 rude, uncouth, unpolished.

tosecilla f. dim. slight cough.

tosegoso, sa adj. coughing much.

toser intr. to cough. 2 coll. toserle a uno, to beat, or oppose successfully to, one.

tosidura f. coughing.

tosigar tr. ATOSIGAR.

tósigo m. poison. 2 fig. grief, anguish.

tosigoso, sa adj. coughing. 2 poisonous, poisoned.

tosquedad f. coarseness, roughness, crudeness, rudeness, uncouthness.

tostada f. toast, piece of toast [slice of toasted bread]. 2 coll. dar, or pegar, la ~ a uno, to cheat, dupe, take in.

tostado, da p. p. of TOSTAR. — 2 adj. brown [colour]. 3 tanned [by exposure to sun]. — 4 m. toasting. 5 roasting [of coffee beans].

tostador, ra adj. toasting. — 2 m. & f. toaster [person]; roaster [of coffee beans]. — 3 m. toaster [utensil].

tostadura f. toasting.

tostar tr. to toast. 2 to roast [coffee beans]. 3 to brown, sunburn, tan. — 4 ref. to be or become toasted, roasted, sunburnt or tanned. ¶ CONJUG. like contar.

tostón m. roasted chick-pea. 2 toast dipped in new olive oil. 3 scorched piece of something overbaked or overtoasted. 4 roast pig. 5 Portuguese silver coin. 6 (Mex.) 50 centavos. 7 coll. tedious, wearisome speech, play, cinema film, etc.

total adj. total [complete, absolute]. — 2 m. total [total number or amount], sum total, whole, totality. — 3 adv. brief, in short, to sum up.

totalidad f. totality, aggregate, whole.

totalitario, ria adj. POL. totalitarian.

totalitarismo m. POL. totalitarianism.

totalizar tr. to totalize, add up, find the total of.

totalmente adv. totally, wholly, fully.

tótem m. totem.

totemismo m. totemism.

totilimundi m. MUNDONUEVO

totolate m. ENTOM. (C. Ri.) chicken louse.

totoposte m. (C. Am., Mex.) toasted maize cake.

totora f. BOT. (S. Am.) a kind of cattail or reed mace.

totoral m. (S. Am.) place abounding in TOTORA.

totovía f. COGUJADA.

totuma f. (Am.) calabash [fruit and vessel].

totumo f. BOT. (Am.) calabash tree.

toxemia f. MED. toxemia.

toxémico, ca adj. toxemic.

toxicidad f. toxicity.

tóxico, ca adj. toxic, poisonous. — 2 m. toxic, poison.

toxicología f. toxicology.

toxicológico, ca adj. toxicological.

toxicólogo m. toxicologist.

toxicomanía f. toxicomania.

toxicómano, na adj. addicted to drugs.

toxina f. MED. toxin.

toza f. squared piece of timber. 2 piece of bark.

tozal m. top of a hill.

tozo, za adj. short, dwarfish, stumpy.

tozolada f., **tozolón** m. blow on the neck of an animal.

tozudo, da adj. stubborn, obstinate, pigheaded.

tozudez f. stubbornness, obstinacy, pigheadedness.

tozuelo m. thick, fleshy neck [of an animal].

traba f. binding, clasping. 2 bond, clasp, locking device. 3 fetter, hobble, shackle, trammel [for horses]. 4 fig. clog, hindrance, impediment, restraint ; sin trabas, unrestrained ; unrestrainedly. 5 wedge, stone, etc., put under a carriage wheel to impede its motion.

trabacuenta f. error or mistake in accounts. 2 difference, dispute, argument.

trabadero m. pastern [of a horse].

trabado, da p. p. of TRABAR. — 2 adj. having white forefeet [horse]. 3 having a white right forefoot and a white left hind foot or vice versa [horse]. 4 robust, sinewy. 5 closed [syllable].

trabadura f. binding, locking, uniting, union. 2 thickening, inspissation.

trabajadamente adv. TRABAJOSAMENTE.

trabajado, da p. p. of TRABAJAR. — 2 adj. worked, wrought. 3 over-worked, worn out. 4 full of hardships. 5 elaborate [literary work].

trabajador, ra adj. industrious, laborious, hard-working. 2 working : la clase trabajadora, the working classes. — 3 m. & f. worker ; working-man, workingwoman, labourer, hand.

trabajante adj. working.

trabajar intr. to work, labour [engage or be engaged in bodily or mental work ; exert oneself]. 2 to labour, strive, endeavour. 3 [of soil, a machine, etc.], to work. 4 MACH. to undergo a strain. 5 NAUT. [of a ship] to labour. — 6 tr. to work [fashion, shape, form]. 7 to till [the ground]. 8 to labour [work in detail], elaborate. 9 to train [a horse]. 10 to harass, worry, trouble. 11 to wear out [by toil or hardship].

trabajillo m. dim. slight work, labour or task. 2 slight trouble or hardship.

trabajo m. work, labour, toil : ~ a destajo, piecework ; ~ a jornal, timework ; ~ de taller, shopwork ; ~ de zapa, underhand work ; ~ manual, handwork, manual work ; trabajos forzados, hard labour [penal] ; trabajos de Hércules, MYTH. labours of Hercules. 2 work [thing done] ; piece of work. 3 labour [as distinguished from capital]. 4 task, job. 5 employment : bolsa del ~, employment bureau or exchange ; sin ~, unemployed [worker]. 6 exertion, effort, trouble : costar ~, to be hard, difficult ; tomarse el ~ de, to take the trouble to. 7 PHYS. work. 8 trouble, hardship. 9 pl. hardships, privations, difficulties : pasar trabajos, to have trouble, experience hardships, suffer privations, meet with difficulties.

trabajosamente adv. laboriously, painfully.

trabajoso, sa adj. hard, arduous, laborious, toilsome. 2 laboured [not easy or natural]. 3 full of hardships ; needy, suffering.

trabal adj. clavo ~, large nail used in joining beams or joists together.

trabalenguas pl. -guas m. tongue twister, jaw-breaker.

trabamiento m. joining, interlocking. 2 thickening, inspissation.

trabanca f. paper-hanger's table.

trabanco m. TRANGALLO.

trabar *tr.* to bind, clasp, join, lock, unite. 2 to thicken, inspissate. 3 to catch, seize. 4 to shackle, fetter, hobble, trammel. 5 to impede the motion of [a carriage wheel]. 6 to set [a saw]. 7 LAW to attach, distraint. 8 to begin, engage in : ~ *amistad*, to become friends, to strike up a friendship; ~ *batalla*, to join battle; ~ *conversación*, to begin a conversation. — 9 *ref.* to become united or interlocked. 10 *trabarse de palabras*, to have words, to exchange angry words. 11 *trabársele a uno la lengua*, to stammer, to become tongue-tied.

trabazón *f.* union, solid union [of parts, etc.]. 2 connexion, relation [between things]. 3 thickness, consistence [of a liquid or mixture]. 4 CARP. bond.

trabe *f.* ARCH. beam.

trábea *f.* ROM. ANT. trabea.

trabécula *f.* ANAT. trabecula.

trabilla *f.* gaiter or trouser strap. 2 dropped stitch [in knitting].

trabuca *f.* firecracker.

trabucación *f.* upset, upsetting. 2 mix-up, confusion. 3 mistake, blunder.

trabucador, ra *adj.* upsetter. 2 confuser. 3 blunderer.

trabucaire *m.* HIST. Catalonian guerrilla armed with a blunderbuss. — 2 *adj.* arrogant, blustering.

trabucante *adj.* upsetting, confusing.

trabucar *tr.* to upset, overturn, invert the order of. 2 to confuse, disturb [the mind]. 3 to mix up, jumble. 4 to mix up, to pronounce or write [words, syllables or letters] the ones for the others. — 5 *ref.* to become confused or mixed up.

trabucazo *m.* shot with a blunderbuss. 2 report of a blunderbuss. 3 coll. anything causing a sudden fright or distress.

trabuco *m.* blunderbuss: ~ *naranjero*, widemouthed blunderbuss. 2 HIST. ancient military engine for throwing stones.

trabuqué, trabuque, etc., *pret., subj. & imper.* of TRABUCAR.

trabuquete *m.* catapult. 2 a small seine.

traca *f.* a firework formed by a string of petards. 2 NAUT. strake.

trácala *f.* (Mex., P. Ri.) trick, fraud, deception.

tracalada *f.* (Am.) crowd, multitude, lots.

tracalero, ra *adj.* tricky, crafty.

tracamundana *f.* coll. barter of trifles. 2 coll. noise, uproar, confusion.

tracción *f.* traction [act of drawing or pulling, state of being drawn; drawing of a carriage, etc.; motive power employed in such drawing] : ~ *de sangre*, horse traction; ~ *eléctrica*, electric traction.

tracé, trace, etc., *pret., subj. & imper.* of TRAZAR.

tracería *f.* ARCH. tracery.

Tracia (la) *f. pr. n.* GEOG. Thrace.

tracias *m.* north-northwest wind.

tracio, cia *adj. & n.* Thracian.

tracista *m.* designer. 2 fig. schemer, trickster.

tracoma *m.* MED. trachoma.

tracto *m.* stretch, space, tract. 2 lapse, interval [of time]. 3 ECCL. tract, tractus [in the mass].

tractor *m.* tractor, traction engine : ~ *de oruga*, caterpillar tactor.

tradición *f.* tradition. 2 LAW tradition.

tradicional *adj.* traditional.

tradicionalismo *m.* traditionalism.

tradicionalista *adj.* traditionalistic, traditionalist. — 2 *m. & f.* traditionalist.

tradicionalmente *adv.* traditionally.

tradicionista *m. & f.* compiler of traditions.

traducción *f.* translation.

traducible *f.* translatable.

traducir *tr.* to translate. 2 to express, interpret. 3 to change, convert. — 4 *ref.* to be translated. 5 to result [in]. ¶ CONJUG. like *conducir*.

traductor, ra *m. & f.* translating. — 2 *m. & f.* translator.

traduzco, traduzca, etc. *irr.* V. TRADUCIR.

traedizo, za *adj.* portable.

traedor, ra *m. & f.* bringer.

traer *tr.* to bring [cause to come, come with or conveying] 2 to draw, atract. 3 to bring, bring about, cause, occasion, result in. 4 to make, keep [in a specified state or condition] : *esto le trae inquieto*, this makes him anxious. 5 to wear, have on [an article of dress]. 6 to

bring, adduce. 7 to bring, force, persuade ; to bring over, 8 [of a newspaper, magazine, etc.] to carry [an article or piece of news] : *lo trae el periódico*, it is in the newspaper. — 9 *tr. & ref.* to be engaged in, carry on, be about, have [in hand], be up to. 10 ~ *a colación*, to adduce [as a proof] ; to lug into a conversation. 11 ~ *a cuento*, to mention, to bring into the conversation or discourse. 12 ~ *a mal* ~, to treat roughly, to harass, vex. 13 *traer a uno entre ojos*, to watch with suspicion, be suspicious of one. 14 ~ *consigo*, to carry or have with oneself; to bring with it, cause, imply. 15 coll. ~ *en bocas* or *en lenguas*, to gossip about one, to speak ill of one. 16 ~ *entre manos*, to have in hand. 17 coll. ~ *y llevar*, to gossip. — 18 *ref. traerse* [*bien o mal*], to be dressed [well or poorly], to have a [graceful or ungainly] carriage. 19 coll. *traérselas*, to be more important, difficult, cunning, etc., than it seems. ¶ CONJUG.: INDIC. Pres.: *traigo*, traes, trae; traemos, traéis, traen. | Imperf.: *traía, traías*, etc. | Pret.: *traje, trajiste, trajo; trajimos, trajisteis, trajeron.* | Fut.: traeré, traerás, etc. | COND.: traería, traerías, etc. | SUBJ. Pres.: *traiga, traigas, traiga; traigamos, traigáis, traigan.* | Imperf.: *trajera, trajeras, trajera; trajéramos, trajerais, trajera* or *trajese, trajeses, trajese; trajésemos, trajeseis, trajesen.* | Fut.: *trajere, trajeres, trajere; trajéremos, trajereis, trajeren.* | IMPER.: trae, *traiga; traigamos,* traed, *traigan.* | PAST. P.: traído. | GER.: *trayendo.*

traeres *m. pl.* dress, finery.

trafagador *m.* trafficker.

trafagante *adj.* trafficking. 2 busy, bustling. — 3 *m. & f.* trafficker. 4 bustler, hustler.

trafagar *intr.* to traffic, trade. 2 to travel, roam. 3 to bustle, hustle.

tráfago *m.* traffic, trade. 2 bustle, hustle.

trafagón, na *adj.* bustling, hustling. — 2 *m. & f.* bustler, hustler.

trafagué, trafague, etc., *pret., subj. & imper.* of TRAFAGAR.

trafalmejas *m. & f.* coll. rattlebrain.

traficación *f.* traffic, trade.

traficante *adj.* trafficking, trading. — 2 *m. & f.* trafficker, trader.

traficar *intr.* to traffic, deal, trade. 2 to travel, roam.

tráfico *m.* traffic, trade, commerce. 2 traffic [going and coming of vehicles].

trafiqué, trafique, etc., *pret., subj. & imper.* of TRAFICAR.

tragacanta *f.*, **tragacanto** *m.* BOT. tragacanth, milk vetch. 2 tragacanth [a gum].

tragacete *m.* dart, javelin.

tragaderas *f. pl.* gullet : *tener buenas tragaderas*, coll. to be gullible ; to be excessively tolerant.

tragadero *m.* gullet. 2 fig. hole, gulf, etc., that swallows up anything. 3 *tener buen* ~, TENER BUENAS TRAGADERAS.

tragador, ra *m. & f.* swallower. 2 glutton, gobbler. 3 ~ *de leguas,* TRAGALEGUAS.

tragahombres *m.* PERDONAVIDAS.

trágala *m.* an ancient political song against absolutism : *cantarle a uno el* ~, coll. to force one to accept or support something opposed to his opinions, feelings, etc.

tragaldabas, *pl.* -bas *m. & f.* glutton.

tragaleguas, *pl.* -guas *m. & f.* great walker.

tragaluz, *pl.* -luces *m.* skylight [window in the roof, ceiling, etc.].

tragallón, na *adj. & n.* (Chi., Salv.) TRAGÓN.

tragamallas *m. & f.* TRAGALDABAS.

tragantada *f.* large draught [of liquor] ; big swig.

tragante *adj.* swallowing. — 2 *m.* top opening or passage of a furnace.

tragantón, na *adj.* gluttonous. — 2 *m. & f.* glutton, gobbler. — 3 *f.* coll. big meal, big spread. 4 coll. gulp, swallowing. 5 coll. act of bringing oneself to believe anything unlikely or improbable.

tragaperras, *pl.* -rras *f.* slot machine.

tragar *tr.* to swallow [allow to pass down one's throat] : ~ *el anzuelo*, fig. to swallow the bait. 2 to gobble, devour. 3 fig. *no poder* ~ *a*, to dislike, not to be able to bear : *no lo puedo* ~, I cannot bear him. — 4 *tr. & ref.* to swallow up, to engulf. 5 to gulp down. 6 to swallow [a lie]. 7 to swallow, put up with, pocket, stomach [an affront, etc.]. 8 to swallow [one's

words]. 9 fig. *tenerse tragada una cosa*, to suspect or be sure that a thing is to happen.
tragasantos *m. & f.* coll. overdevout person.
tragavenado *f.* ZOOL. (Ve.) anaconda [snake].
tragavirotes, *pl.* -**tes** *m.* coll. stiff man.
tragazón *f.* coll. gluttony, voracity.
tragedia *f.* tragedy.
trágicamente *adv.* tragically.
trágico, ca *adj.* tragic, tragical. — 2 *m.* tragedian. — 3 *f.* tragedienne.
tragicomedia *f.* tragi-comedy.
tragicómico, ca *adj.* tragi-comical.
trago *m.* draught [of liquor], drink; swallow, gulp : *echar un* ~, coll. to take a drink; *a tragos*, coll. slowly, by degrees. 2 coll. misfortune, mishap. 3 ANAT. tragus.
tragón, na *adj.* gluttonous. — 2 *m. & f.* glutton, gobbler.
tragonear *tr.* coll. to be eating all the time.
tragonería, tragonía *f.* gluttony.
tragontina *f.* BOT. arum lily.
tragué, trague, etc., *pret., subj. & imper.* of TRAGAR.
traguillo, guito *m. dim.* short drink, small drink.
traición *f.* treason; treachery : *alta* ~, high treason; *a* ~, treacherously.
traicionar *tr.* to betray, to do treason to.
traicionero, ra *adj.* treacherous, treasonable, traitorous. — 2 *m. & f.* traitor, traitress.
traída *f.* carrying, bringing, conduction : ~ *de aguas*, conduction of water from a source to a town.
traído, da *p. p.* of TRAER. — 2 *adj.* used, worn out [garment]. 3 *traído y llevado*, beaten about, knocked about.
traidor, ra *adj.* treacherous, treasonable, traitorous. — 2 *m.* traitor. 3 villain [of a novel or play]. — 4 *f.* traitress.
traidoramente *adv.* treacherously, treasonably, traitorously.
traigo, traiga, etc., *irr.* V. TRAER.
traílla *f.* leash [for dogs]. 2 couple or pack of hounds leashed together. 3 AGR. a kind of levelling harrow. 4 TRALLA.
traillar *tr.* AGR. to level [ground].
traína *f.* deep-sea fishing net. 2 net for sardine fishing.
trainera *f.* sardine-fishing boat.
traiña *f.* TRAÍNA.
traite *m.* napping [of cloth].
1) **traje** *m.* costume, dress, suit [of clothes], garb, gown : ~ *académico*, academic costume; ~ *a la medida*, suit made to order; ~ *de baño*, bathing suit; ~ *de calle*, street clothes; ~ *de ceremonia* or *de etiqueta*, full dress, dress suit, evening dress; ~ *de luces*, bullfighter's costume; ~ *de malla*, tights; ~ *de montar*, riding dress, riding habit; ~ *de paisano*, civilian clothes; ~ *hecho*, ready-made suit or dress; ~ *largo*, lady's evening dress; ~ *sastre*, lady's tailor-made suit; ~ *talar*, robe, gown, soutane; *cortar un* ~ *a*, coll. to gossip about [someone].
2) **traje, trajera, trajese**, etc., *irr.* V. TRAER.
trajear *tr.* to clothe, costume, dress.
trajín *m.* carrying from place to place. 2 going and coming, moving about, bustle, hustle.
trajinante *m.* carrier, carter.
trajinar *tr.* to carry or cart from place to place. 2 to go back and forth, bustle, hustle.
trajinería *f.* carrying, carting, carrier's trade.
trajinero *m.* TRAJINANTE.
trajiste, etc., *irr.* V. TRAER.
tralla *f.* cord, whipcord. 2 lash, snapper [of whip], whiplash.
trallazo *m.* lash [with a whip]. 2 crash [of a whip].
trama *f.* WEAV. weft, woof. 2 tram [twisted silk]. 3 texture, structure. 4 plot [of a novel or play]. 5 plot, scheme. 6 blossoming, blossom [esp. of olive trees].
tramador, ra *adj.* weaving, inserting the weft. 2 plotting, scheming. — 3 *m. & f.* weaver, one who inserts the weft. 4 plotter, schemer.
tramar *tr.* WEAV. to insert the weft, in. 2 to contrive. 3 to plot, hatch, scheme. — 4 *intr.* [of trees, esp. olive trees] to blossom.
tramilla *f.* (Am.) twine.
tramitación *f.* transaction, negociation, carrying through, steps, procedure.
tramitar *tr.* to transact, negotiate, carry through, conduct [an affair].

trámite *m.* step [in the transaction or carrying through of an affair].
tramo *m.* stretch, section [of a canal, road, etc.]. 2 flight [of stairs]. 3 ARCH., ENG. panel, span [of a bridge, etc.].
tramojo *m.* AGR. band, cord [for tying the sheaf]. 2 (Am.) TRANGALLO. 3 *pl.* coll. trouble, difficulties.
tramontana *f.* north wind, tramontana. 2 fig. vanity, pride, haughtiness; pomp.
tramontano, na *adj.* situated, living on the other side of the mountains, tramontane.
tramontar *intr.* to pass over the mountains. 2 [of the sun] to sink behind the mountains. — 3 *tr.* to help escape or get away. — 4 *ref.* to escape, get away.
tramoya *f.* THEAT. stage machinery. 2 fig. scheme, trick, fake.
tramoyista *m.* THEAT. stage machinist. 2 THEAT. scene shifter; stage hand. 3 fig. trickster, humbug.
trampa *f.* trap. [for catching animals]. 2 fig. trap, snare, pitfall : *armar* ~ *a*, to lay a trap for; *caer en la* ~, to fall into the trap. 3 trapdoor. 4 falling board or hinged section of a counter. 5 fly [of trousers]. 6 bad debt. 7 fraud, trick, deceit; cheat [in games] : *hacer trampas*, to cheat. 8 coll. *llevárselo la* ~, [of an affair] to fall through, to come to naught.
trampal *m.* bog, quagmire.
trampantojo *m.* coll. trick, deception.
trampeador, ra *m. & f.* humbug, swindler. 2 one who shifts or uses expedients; one who gets along.
trampear *intr.* coll. to borrow o get money on false pretences. 2 coll. to shift, use expedients, manage to get along. 3 [of a sickly person] to get along. — 4 *tr.* coll. to trick, deceive.
trampería *f.* trickery.
trampilla *f.* small trapdoor used as a peephole. 2 door of a coalbin. 3 fly [of trousers].
trampista *m. & f.* liar, cheat; bad pay.
trampolín *m.* springboard. 2 ski jump.
tramposo, sa *adj.* lying, deceiving, cheating, trickly. — 2 *m. & f.* liar, trickster, cheat. 3 bad pay. 4 cheat [at games], card sharp.
tranca *f.* thick stick, club. 2 crossbar or wooden prop to fasten a door on the inside. 3 coll. (Am.) drunk, drunken spell. 4 coll. *a trancas y barrancas*, without regard to difficulties or obstacles.
trancada *f.* long stride : *en dos trancadas*, fig. in a trice.
trancahilo *m.* stop knot [in threads or ropes].
trancanil *m.* NAUT. waterway.
trancar *tr.* to bar [a door]. — 2 *intr.* coll. to stride along.
trancazo *m.* blow with a stick or club. — 2 MED. influenza, grippe.
trance *m.* critical moment : *último* ~, ~ *postrero*, *mortal* ~, last moments of life; *a todo* ~, at all cost, at any price, at any risk; *en* ~ *de muerte*, at the point of death. 2 ~ *de armas*, fight, combat, battle.
trancelín *m.* TRENCELLÍN.
tranco *m.* long stride : *a trancos*, coll. hurriedly, bunglingly; *en dos trancos*, coll. in a trice. 2 threshold.
tranchete *m.* cobbler's heel knife.
trancho *m.* ICHTH. a kind of shad.
trangallo *m.* stick hung from a dog's collar to prevent him from nosing the ground.
tranquera *f.* palisade [fence]. 2 (Am.) gate [in a fence].
tranquero *m.* angular stone of a jamb or lintel.
tranquil *m.* ARCH. plumb line. 2 ARCH. *arco por* ~, rampant arch.
tranquilamente *adv.* tranquilly, quietly, peacefully, calmly, composedly.
tranquilar *tr.* COM. to check off [an account].
tranquilidad *f.* tranquillity, quiet, peace. 2 composure, ease of mind, reassurance.
tranquilizador, ra *adj.* tranquillizing, quieting. 2 soothing, reassuring.
tranquilizar *tr.* to tranquillize, calm, quiet down. 2 to compose, soothe, reassure.
tranquilo, la *adj.* tranquil, quiet, calm, peaceful. 2 composed, easy in mind, unconcerned, reassured.
tranquilla *f. dim.* anything said to draw a person or to surprise a person into doing something. 2 stop pin or lug. 3 small fastening or propping bar or stick.

tranquillo *m.* knack.
tranquillón *m.* maslin [mixture of wheat and rye].
transacción *f.* transaction [piece of commercial business]. 2 compromise, accommodation.
transalpino, na *adj.* transalpine.
transandino, na *adj.* transandean, transandine
transar *tr. & ref.* (Am.) to compromise; to transact, adjust, settle.
transatlántico, ca *adj.* transatlantic. — *2 m.* transatlantic ship, transatlantic liner.
transbordador, ra *adj.* transfer, transshipping. — *2 m.* ferry, transfer boat or car : ~ *funicular,* transfer ropeway.
transbordar *tr.* to transfer, transship. — *2 intr. & ref.* to transfer, change trains.
transbordo *m.* transfer, transshipment, changing trains.
transcendencia *f.* TRASCENDENCIA.
transcendental *adj.* TRASCENDENTAL. 2 PHILOS. transcendental.
transcendentalismo *m.* PHILOS. transcendentalism.
transcendente *adj.* TRASCENDENTE.
transcender *intr.* TRASCENDER.
transcontinental *adj.* transcontinental.
transcribir *tr.* to transcribe. ¶ CONJUG. past. p. : *transcrito* or *transcripto.*
transcripción *f.* transcription.
transcripto, ta; transcrito, ta *irreg. p. p.* of TRANSCRIBIR.
transcurrir *intr.* to pass, elapse.
transcurso *m.* lapse, course [of time].
tránseat (Lat.) let it pass.
transepto *m.* ARCH. transept.
transeúnte *adj.* transient [stopping for a short time]. 2 transient, transitory. — *3 m. & f* passer-by.
transferencia *f.* transference. 2 LAW transfer.
transferible *adj.* transferable.
transferidor, ra *adj.* transferring. — *2 m. & f.* transferrer.
transferir *tr.* to transfer [from a place to another]. 2 to transfer [a right, property, etc.]. 3 to postpone. ¶ CONJUG. like *hervir.*
transfiera, transfiera, etc.. *irr.* V. TRANSFERIR.
transfigurable *adj.* transfigurable.
transfiguración *f.* transfiguration. 2 BIB., ECCL. la *Transfiguración del Señor,* the Transfiguration.
transfigurar *tr.* to transfigure. — *2 ref.* to be transfigured.
transfijo, ja *adj.* transfixed [pierced].
transfirió, transfiriera, etc., *irr.* V. TRANSFERIR.
transfixión *f.* transfixion.
transflor PAIN. painting on metal [generally green on gold].
transflorar *tr.* to copy or trace against the light. 2 TRANSFLOREAR. — *3 intr.* to show through.
transflorear *tr.* to adorn [metal] with painting.
transformable *adj.* transformable; convertible.
transformación *f.* transformation.
transformador, ra *adj.* transforming. — *2 m. & f.* transformer [person]. — *3 m.* ELECT. transformer : ~ *de corriente,* current transformer; ~ *de entrada,* input transformer; ~ *de fuerza,* power transformer; ~ *de salida,* output transformer; ~ *de tensión,* voltage transformer; ~ *elevador,* step-up transformer; ~ *reductor,* step-down transformer.
transformamiento *m.* TRANSFORMACIÓN.
transformar *tr.* to transform. — *2 ref.* to transform, be transformed.
transformativo, va *adj.* transformative.
transformismo *m.* transformism.
transformista *adj.* transformistic. — *2 m. & f.* transformist. 3 THEAT. quick-change artist.
transfregar *tr.* to rub, rumple. ¶ CONJUG. like *acertar.*
transfregué *pret.* of TRANSFREGAR.
transfretano, na *adj.* situated on the other side of a strait.
transfretar *tr.* to cross [the sea]. — *2 intr.* to extend, spread.
transfriego, transfriegue, *irr.* V. TRANSFREGAR.
tránsfuga *m. & f.* fugitive. 2 deserter, turncoat.
tránsfugo *m.* TRANSFUGA.
transfundición *f.* TRANSFUSIÓN.
transfundir *tr.* to transfuse [a liquid]. 2 to transfuse transmit, spread. 3 MED. to transfuse [blood]. — *4 ref.* to be transfused.
transfusible *adj.* transfusible.

transfusión *f.* transfusion [of a liquid]. 2 transfusion, transmission. 3 MED. transfusion.
transfusor, ra *adj.* transfusing. — *2 m. & f.* transfuser.
transgredir *tr.* to transgress, break, violate. ¶ It is a defect. verb. Only those forms are used having *i* in their ending.
transgresión *f.* transgression, violation.
transgresivo, va *adj.* transgressive.
transgresor, ra *adj.* transgressing. — *2 m. & f.* transgressor.
transiberiano, na *adj.* trans-Siberian.
transición *f.* transition.
transido, da *adj.* overcome, overwhelmed, exhausted : ~ *de dolor,* overwhelmed with grief. 2 fig. mean, stingy.
transigencia *f.* compromising. 2 tolerance.
transigente *adj.* compromising, accommodating. 2 broad-minded, tolerant.
transigir *intr.* to compromise, make concessions : ~ *en,* to compromise on. 2 ~ *con,* to accept, tolerate. — *3 tr.* to compromise, settle by compromise.
transijo, transija, *pres.. subj. & imper.* of TRANSIGIR.
Transilvania *f. pr. n.* Transylvania.
transilvano, na *adj. & n.* Transylvanian.
transistor *m.* ELEC. transistor.
transitable *adj.* passable, practicable [road, etc.].
transitar *intr.* to pass, go, walk, along streets, roads, etc.
transitivo, va *adj. & n.* GRAM. transitive.
tránsito *m.* transit, passage : *de* ~, in transit, passing through, temporarily; *prohibido el* ~, no thoroughfare. 2 traffic [going of persons, etc., along streets, roads, etc.]. 3 ASTR. transit. 4 transition [passage from one state to another]. 5 transit, passage, death [of a saint]. 6 stop; stopping place [in a journey].
transitoriamente *adv.* transitorily.
transitorio, ria *adj.* transitory.
translación *f.* TRASLACIÓN.
translaticiamente *adv.* TRASLATICIAMENTE.
translaticio, cia *adj.* TRASLATICIO.
translativo, va *adj.* TRASLATIVO.
translimitación *f.* going beyond any limit [moral or material]. 2 MIL. armed intervention in a bordering state.
translimitar *tr.* to go beyond [any moral or material limit]. 2 MIL. to cross [a border or frontier] unintentionally or by permission.
translinear *intr.* LAW [of an entail] to pass from a line of heirs to another.
translucidez *f.* translucence, translucency.
translúcido, da *adj.* translucent.
transmarino, na *adj.* transmarine.
transmigración *f.* transmigration.
transmigrante *adj. & n.* transmigrant.
transmigrar *intr.* to transmigrate.
transmisibilidad *f.* transmissibility.
transmisible *adj.* transmissible.
transmisión *tr.* transmission. 2 LAW transfer, conveyance. 3 AUTO. transmission, gearbox. 4 ~ *del pensamiento,* thought transference, telepathy.
transmisor, ra *adj.* transmitting. — *2 m. & f.* transmitter [person]. — *3 m.* TELEG., TELEPH., RADIO. transmitter.
transmitir *tr.* to transmit. 2 RADIO to broadcast.
transmontano, na *adj.* TRAMONTANO.
transmontar *tr., intr. & ref.* TRAMONTAR.
transmudación *f., transmudamiento m.* TRANSMUTACIÓN.
transmudar *tr.* to transfer, move [carry to another place]. 2 to change [feelings, etc.] by argument or persuasion. 3 TRANSMUTAR.
transmutable *adj.* transmutable.
transmutación *f.* transmutation.
transmutar *tr.* to transmute, change.
transmutativo, va; transmutatorio, ria *adj.* transmutative.
transoceánico, ca *adj.* transoceanic.
transpacífico, ca *adj.* transpacific.
transpadano, na *adj.* transpadane.
transparencia *f.* transparence, transparency [being transparent].
transparentarse *ref.* to be transparent. 2 to show through.
transparente *adj.* transparent. 2 translucent. — *3 m.* window shade, roller blind. 4 stained-glass window at the back of an altar.

transpirable *adj.* transpirable.
transpiración *f.* transpiration. 2 perspiration.
transpirar *intr.* to transpire. 2 to perspire.
transpirenaico, ca *adj.* trans-Pyrenean.
transpondré, transpondría, etc., *irr.* V. TRANSPONER.
transponedor, ra *adj.* transposing. — 2 *m.* & *f.* transposer.
transponer *tr.* to transpose. 2 to transplant. 3 to disappear behind. 4 to turn, or go around [a corner]. 5 [of the sun, etc.]. to set below [the horizon]. — 6 *ref.* to doze off, fall lightly asleep. ¶ CONJUG. like *poner*.
transpongo, transponga, etc., *irr.* V. TRANSPONER.
transportable *adj.* transportable.
transportación *f.* transportation, transport.
transportador, ra *adj.* carrying, transporting. — 2 *m.* & *f.* carrier, transporter. — 3 *m.* protractor [for laying down and measuring angles].
transportamiento *m.* transportation, transport. 2 transport [vehement emotion]; ecstasy, rapture.
transportar *tr.* to transport, carry, convey. 2 to transfer [a drawing, design, or pattern]. 3 MUS. to transpose. — 4 *ref.* fig. to be in transports, be enraptured, be carried away.
transporte *m.* transportation, transport, carriage, conveyance. 2 NAUT. transport, transport ship. 3 transfer [of a drawing, design or pattern]. 4 MUS. transposition. 5 transport [vehement emotion], ecstasy, rapture.
transposición *f.* transposition [changing the place or relative order of].
transpositivo, va *adj.* transpositive.
transpuesto, ta *irreg.* p. p. of TRASPONER.
transpuse, transpusiera, transpusiese, etc., *irr* V. TRANSPONER.
transtiberino, na *adj.* & *n.* Trasteverine.
transubstanciación *f.* transubstantiation.
transubstancial *adj.* transubstantial.
transubstanciar *tr.* to transubstantiate. — 2 *ref.* to transubstantiate [undergo transubstantiation].
transvasar *tr.* to decant, transvase.
transverberación *f.* transfixion.
transversal, *pl.* -les *adj.* transversal. 2 cross [street]. 3 collateral [kinsman, kinship].
transversalmente *adv.* tranversally, transversely.
transverso, sa *adj.* transverse.
tranvía *m.* tram, tramway, tramcar, *streetcar, *trolley car.
tranviario, ria *adj.* [pertaining to] tramway, streetcar or trolley car. — 2 *m.* tramwayman, tramway or streetcar employee.
tranviero *m.* TRANVIARIO.
tranzadera *f.* TRENZADERA.
tranzar *tr.* to cut, break. 2 to braid, plait.
tranzón *m.* lot [of land].
trapa *f.* tramp, tramping [of feet]. 2 shouting, noise, uproar. 3 NAUT. spilling line. 4 (cap.) la *Trapa,* la Trappe [reformed branch of the Cistercian Order].
trapacear *intr.* to cheat, practice trickery.
trapacería *f.* TRAPAZA.
trapacero, ra; trapacista *adj.* tricky, crafty. — 2 *m.* & *f.* trickster, cheat.
trapajo *m.* rag, scrap of cloth.
trapajoso, sa *adj.* ragged. 2 ESTROPAJOSO.
trápala *f.* coll. trick, deceit. 2 noise, uproar, confusion. 3 clatter [of a running horse]. — 4 *m.* garrulity. — 5 *m.* & *f.* prattler, chatterbox. 6 liar, cheat, humbug.
trapalear *intr.* to chatter, jabber. 2 to lie, cheat, deceive. 3 to walk noisily.
trapalón, na *m.* & *f.* liar, cheat, humbug.
trapatiesta *f.* coll. brawl, row, shindy.
trapaza *f.* trick, fraud, deceit.
trapazar *intr.* TRAPACEAR.
trapecial *adj* trapezoidal.
trapecio *m.* GEOM. trapezoid, trapezium. 2 trapeze [for gymnastic exercises]. 3 ANAT. trapezium [bone]. 4 ANAT. trapezius [muscle].
trapense *adj.* & *n.* Trappist.
trapería *f.* rags. 2 rag shop.
trapero, ra *m.* & *f.* ragpicker. 2 rag dealer.
trapezoedro *m.* CRYST. trapezohedron.
trapezoidal *adj.* trapezial.
trapezoide *m.* GEOM. trapezium.
trapiche *m.* sugar mill. 2 olive press. 3 ore crusher.
trapichear *intr.* coll. to scheme, contrive, shift. 2 to deal at retail.
trapicheo *m.* coll. scheming, contriving, shifting.

trapichero *m.* sugar-mill worker.
trapiento, ta *adj.* ragged [wearing ragged clothes].
trapillo *m.* dim. of TRAPO. 2 coll. *de* ~, in house clothes, in négligé.
trapío *m.* coll. easy and graceful carriage of certain women. 2 BULLF. fine appearance and mettlesomeness [of a bull].
trapisonda *f.* coll. row, shindy. 2 coll. trick, deception, scheme, intrigue.
trapisondear *intr.* coll. to lie, deceive, scheme, intrigue.
trapisondista *m.* & *f.* coll. liar, deceiver, trickster, schemer.
trapito *m.* dim. of TRAPO. 2 coll. *trapitos de cristianar,* Sunday best.
trapo *m.* rag [piece of cloth]; cleaning rag : *poner a uno como un* ~, coll. to rake over the coals; *con un* ~ *atrás y otro adelante,* or *delante,* coll. penniless, in state of extreme poverty. 2 NAUT. canvas, sails : *a todo* ~, full sail, all sails set; fig. full sail. 3 BULLF. bullfighter's cape, cloth of the *muleta* [when used to excite the bull]. 4 coll. *soltar el* ~, to burst out crying or laughing. — 5 *pl.* coll. clothes : *trapos de cristianar,* Sunday best.
traque *m.* crack [report of a rocket]. 2 coll. *a* ~ *barraque,* at any time; whatever the motive.
tráquea *f.* ANAT., ZOOL., BOT. trachea.
traqueado, da *p. p.* of TRAQUEAR. — 2 *adj.* (Arg.) much traversed or walked over [place, road, etc.].
traqueal *adj.* tracheal. 2 ZOOL. tracheate.
traquear *intr.* TRAQUETEAR. — 2 *tr.* (Arg.) to traverse or walk frequently over [a place, road, etc.].
traquearteria *f.* ANAT. trachea.
traqueida *f.* BOT. tracheid.
traqueo *m.* TRAQUETEO.
traqueotomía *f.* SURG. tracheotomy.
traquetear *intr.* to crack, make a loud noise. — 2 *tr.* to shake, jolt, jerk. 3 coll. to handle [a thing] often, to be familiar with [a thing].
traqueteo *m.* crack, cracking [noise]. 2 shaking, jolting, jerking.
traquido *m.* crack, report [of a firearm]. 2 snap [of something that breaks].
traquita *f.* GEOL. trachyte.
trarigüe *m.* (Chi.) Indian ornamental belt or sash.
trarilongo *m.* Indian headband.
tras *prep.* after, behind [in place or order]. 2 after [in pursuit of]. 3 behind, beyond [in the other side of, hidden by]. 4 besides, in addition to. 5 ~ *de,* after, behind; in addition to. — 6 *m.* sound of a blow or rap.
trasalcoba *f.* room back of a bedroom.
trasalpino, na *adj.* TRANSALPINO.
trasaltar *m.* space behind the altar.
trasandino, na *adj.* TRANSANDINO.
trasanteanoche *adv.* three nights ago.
trasanteayer *adv.* three days agro.
trasantier *adv.* coll. TRASANTEAYER.
trasañejo, ja *adj.* three years old.
trasatlántico, ca *adj.* & *n.* TRASATLÁNTICO.
trasbocar *tr.* (Am.) to vomit.
trasbordar *tr.* TRANSBORDAR.
trasbordo *m.* TRANSBORDO.
trasca *f.* leather thong.
trascabo *m.* trip, tripping up [causing to stumble].
trascantón *m.* corner spur stone, protective stone at a corner of a building. 2 coll. *dar* ~, to shake off, give the slip.
trascantonada *f.* trascantón.
trascendencia *f.* penetration, perspicacity. 2 result, consequence. 3 importance, moment. 4 PHILOS. transcendence.
trascendental *adj.* far-reaching. 2 highly important, momentous.
trascendentalismo *m.* TRANSCENDENTALISMO.
trascendente *adj.* trascendent.
trascender *intr.* to emit a pleasant and pervasive odour. 2 to transpire, leak out [come to be known]. 3 to have effects, results or consequences [in other things or places], to spread to. 4 PHILOS. to transcend. — 5 *tr.* to penetrate, understand, find out. ¶ CONJUG. like *entender.*
trascendido, da *adj.* keen, perspicacious.
trasciendo, trascienda, etc., *irr.* V. TRASCENDER.
trasocina *f.* back kitchen.

trascoda *f.* in violins, string uniting the tail-piece to the button.

trascolar *tr.* to strain, percolate. 2 fig. to pass over [a mountain, etc.]. — *3 ref.* to percolate, ooze through. ¶ CONJUG. like *contar*.

trasconejarse *ref.* [of game] to pass behind the hounds. 2 fig. [of a thing] to be mislaid.

trascordarse *ref.* to forget. ¶ CONJUG. like *contar*.

trascoro *m.* back choir.

trascorral *m.* fenced space back of a barnyard. 2 coll. behind, buttocks.

trascorvo, va *adj.* crookkneed [horse].

trascribir *tr.* TRANSCRIBIR.

trascripción *f.* TRANSCRIPCIÓN.

trascripto, ta *p. p.* TRANSCRIPTO.

trascrito, ta *p. p.* TRANSCRITO.

trascuarto *m.* back room. 2 rear apartment.

trascuelo, trascuele, *irr.* V. TRASCOLAR.

trascuenta *f.* TRABACUENTA.

trascuerdo, trascuerde, etc., *irr.* V. TRASCORDARSE.

trascurrir *intr.* TRANSCURRIR.

trascurso *m.* TRANSCURSO.

trasdoblar *tr.* TRESDOBLAR.

trasdoblo *m.* treble number.

trasdós *m.* ARCH. extrados.

trasdosear *tr.* ARCH. to strengthen the back of.

trasechar *tr.* ASECHAR.

trasegar *tr.* to upset, disarrange, turn topsy-turvy. 2 to move, change the place of. 3 to transvase, decant; to rack off [wine]. 4 coll. to tipple, drink [liquor]. ¶ CONJUG. like *acertar*.

trasegué *pret.* of TRASEGAR.

traseñalar *tr.* to put a new mark on.

trasera *f.* back, rear [of a house, carriage, etc.].

trasero, ra *adj.* back, hind, rear : *puerta trasera,* back door — 2 *m.* coll. behind, buttocks. 3 *pl.* coll. ancestors.

trasferencia *f.* TRANSFERENCIA.

trasferible *adj.* TRANSFERIBLE.

trasferidor, ra *adj.* & *n.* TRANSFERIDOR.

trasferir *tr.* TRANSFERIR.

trasfigurable *adj.* TRANSFIGURABLE.

trasfiguración *f.* TRANSFIGURACIÓN.

trasfigurar *tr.* TRANSFIGURAR.

trasfijo *adj.* TRANSFIJO.

trasfixión *f.* TRANSFIXIÓN.

trasflor *m.* TRANSFLOR.

trasflorar *tr.* TRANSFLORAR.

trasflorear *tr.* TRANSFLOREAR.

trasfollo *m.* VET. swollen gambrel.

trasformación *f.* TRANSFORMACIÓN.

trasformador *adj.* & *n.* TRANSFORMADOR.

trasformamiento *m.* TRANSFORMAMIENTO.

trasformar *tr.* & *ref.* TRANSFORMAR.

trasformativo, va *adj.* TRANSFORMATIVO.

trasfregar *tr.* TRANSFREGAR.

trasfretano *adj.* TRANSFRETANO.

trasfretar *tr.* & *intr.* TRANSFRETAR.

trásfuga *m.* &*f.* TRÁNSFUGA.

trásfugo *m.* TRÁNSFUGO.

trasfundición *f.* TRANSFUNDICIÓN.

trasfundir *tr.* TRANSFUNDIR.

trasfusión *f.* TRANSFUSIÓN.

trasfusor, ra *adj.* & *n.* TRANSFUSOR.

trasgo *m.* goblin, hobgoblin, sprite. 2 coll. imp [mischievous child].

trasgredir *tr.* TRANSGREDIR.

trasgresión *f.* TRANSGRESIÓN.

trasgresor, ra *adj.* & *n.* TRANSGRESOR.

trasguear *intr.* to play the hobgoblin.

trashoguero, ra *adj.* lazy, given to idling, stay-at-home. — 2 *m.* fireback. back plate [of a fire-place]. 3 big log [in a fireplace].

trashojar *tr.* to leaf through [a book, etc.].

trashumación *f.* moving from winter to summer pasture or vice-versa.

trashumante *adj.* moving from winter to summer pasture or vice-versa.

trashumar *intr.* [of flocks or herds and their shepherds] to move from winter to summer pasture or vice-versa.

1) **trasiego** *m.* upset, disorder. 2 transvasing. decanting. 3 racking [of wine].

2) **trasiego, trasiegue,** etc., *irr.* V. TRASEGAR.

trasijado, da *adj.* thin-flanked. 2 lank, lean, meagre.

Trasimeno *m. pr. n.* GEOG. Thrasimene.

traslación, trasladación *f.* moving, transfer, translation [changing the place or location of]. 2

MECH. translation. 3 translation [into another language]. 4 RHET. metaphor, tralatition.

trasladable *adj.* movable.

trasladador, ra *m.* & *f.* mover, transferrer. 2 translator.

trasladante *adj.* moving, removing, transferring. 2 translating.

trasladar *tr.* to move, remove, transfer [from a place, station, post, office, etc., into another]. 2 MECH. to translate. 3 to postpone, adjourn [to another day]. 4 to translate [into another language]. 5 to copy [a writing]. — 6 *ref.* to move [pass from place to place]. 7 to move [change residence].

traslado *m.* moving, removal, transfer. 2 move [change of residence]. 3 copy, transcript. 4 imitation, resemblance, likeness. 5 LAW notification, communication.

traslapar *tr.* to overlap.

traslapo *m.* overlapped part or piece.

traslaticiamente *adv.* tralatitiously, figuratively, metaphorically.

traslaticio, cia *adj.* tralatitious, figurative, metaphorical.

traslativo, va *adj.* LAW transferring, conveying.

traslato, ta *adj.* TRASLATICIO.

traslúcido, da; trasluciente *adj.* TRANSLÚCIDO.

traslucirse *ref.* to be translucent. 2 fig. to be inferable, be inferred, become clear. 3 fig. to transpire [come to be known]. ¶ CONJUG. like *lucir.*

traslumbramiento *m.* dazzlement.

traslumbrar *tr.* [of light] to dazzle. — 2 *ref.* to be dazzled [by light]. 3 to pass or vanish swiftly.

trasluz *m.* light seen through a translucent body : *al ~,* against the light. 2 slantingly reflected light.

trasluzca, trasluzcan, etc., *irr.* V. TRASLUCIR.

trasmallo *m.* trammel net. 2 iron collar around the head of a mallet.

trasmano *m.* second player [at cards]. 2 *a ~,* out of reach; out of the way, remote.

trasmañana *f.* day after tomorrow.

trasmañanar *tr.* to put off from day to day.

trasmarino, na *adj.* TRANSMARINO.

trasmigración *f.* TRANSMIGRACIÓN.

trasmigrar *intr.* TRANSMIGRAR.

trasminar *tr.* to undermine. 2 to permeate, percolate.

trasmisible *adj.* TRANSMISIBLE.

trasmisión *f.* TRANSMISIÓN.

trasmitir *tr.* TRANSMITIR.

trasmontano, na *adj.* TRANSMONTANO.

trasmontar *tr.* & *intr.* TRANSMONTAR.

trasmudación *f.* TRANSMUDACIÓN.

trasmudamiento *m.* TRANSMUDAMIENTO.

trasmudar *tr.* & *ref.* TRANSMUDAR.

trasmutable *adj.* TRANSMUTABLE.

trasmutación *f.* TRANSMUTACIÓN.

trasmutar *tr.* & *ref.* TRANSMUTAR.

trasmutativo, va *adj.* TRANSMUTATIVO.

trasmutatorio, ria *adj.* TRANSMUTATORIO.

trasnochada *f.* last night. 2 wakefulness at night, being up all night. 3 MIL. night attack.

trasnochado, da *adj.* stale, spoiled [from standing overnight]. 2 fig. haggard, wan. 3 fig. stale, trite, hackneyed.

trasnochador, ra *m.* & *f.* night hawk, one who keeps late hours.

trasnochar *intr.* to keep late hours; to be up or abroad all night. 2 to spend the night. — 3 *tr.* to sleep over, leave for the next day.

trasnoche, trasnocho *m.* being up or abroad at night.

trasnombrar *tr.* to change or confuse the names of.

trasnominación *f.* RHET. metonymy.

trasoigo, trasoiga, etc., *irr.* V. TRASOÍR.

trasoír *tr.* to hear wrong, mis-hear. ¶ CONJUG. like *oír.*

trasojado, da *adj.* haggard, wan, having sunken eyes.

trasoñar *tr.* to imagine wrongly, to dream [imagine as in a dream].

trasovado, da *adj.* BOT. obovate.

trasoyó, trasoyera, trasoyese, etc., *irr.* V. TRASOÍR.

traspadano, na *adj.* & *n.* TRANSPADANO.

traspalar, traspalear *tr.* to shovel [move with a shovel from a place to another].

traspaleo *m.* shoveling [moving with a shovel from a place to another].

traspapelarse *ref.* [of a paper] to be mislaid among other papers.
trasparencia *f.* TRANSPARENCIA.
trasparentarse *ref.* TRANSPARENTARSE.
trasparente *adj.* TRANSPARENTE.
traspasador, ra *m.* & *f.* TRANSGRESOR.
traspasamiento *m.* TRASPASO.
traspasar *tr.* to pass, transfer, move [from a place to another]. 2 to pass, cross, go over, go beyond, go through. 3 to exceed [bounds]. 4 to pierce, transfix. 5 *fig.* to pierce [with pain or grief]. 6 to transgress. 7 to repass [pass through or cross again]. 8 LAW to transfer, convey, make over [esp. a lease or tenancy].
traspaso *m.* passing, transfer, moving [from a place to another]. 2 crossing, going over or beyond, going through. 3 piercing, transfixion. 4 transgression. 5 LAW transfer, conveyance. 6 money paid for the transfer of a lease. 7 goods transferred. 8 grief, anguish.
traspatio *m.* (Pe.) back yard, back court.
traspeinar *tr.* to touch up [the hair] with a comb.
traspellar *tr.* to shut, close [a door, a book].
traspié *m.* slip, stumble, trip : *dar traspiés,* to slip, stumble, trip; *fig.* to slip, err. 2 trip, tripping up [causing to stumble].
traspilastra *f.* ARCH. counterpilaster.
traspillar *tr.* TRASPELLAR. — 2 *ref.* to faint, languish.
traspintar *tr.* in some games, to let see [one card] and play another. — 2 *ref.* [of writing, painting, etc.] to show through the paper, cloth, etc. 3 *coll.* to turn out differently, to come out wrong.
traspirable *adj.* TRANSPIRABLE.
traspiración *f.* TRANSPIRACIÓN.
traspirar *intr.* TRANSPIRAR.
traspirenaico, ca *adj.* TRANSPIRENAICO.
trasplantable *adj.* transplantable.
trasplantar *tr.* to transplant. — 2 *ref.* to migrate.
trasplante *m.* transplant, transplantation.
traspondré, traspondría, etc., *irr.* V. TRASPONER.
trasponedor *adj.* & *n.* TRANSPONEDOR.
trasponer *tr.*, *intr.* & *ref.* TRANSPONER. ¶ CONJUG. like *poner.*
traspongo, trasponga, etc., *irr.* V. TRASPONER.
traspontín *m.* TRASPUNTÍN. 2 *coll.* behind, buttocks.
trasportación *f.* TRANSPORTACIÓN.
trasportador, ra *adj. n.* & *m.* TRANSPORTADOR.
trasportamiento *m.* TRANSPORTAMIENTO.
trasportar *tr.* & *ref.* TRANSPORTAR.
trasporte *m.* TRANSPORTE. 2 MUS. (P. Ri.) a large guitar.
trasportín *m.* TRASPUNTÍN.
trasposición *f.* TRANSPOSICIÓN.
traspositivo, va *adj.* TRANSPOSITIVO.
traspuesta *f.* transposition. 2 rise, elevation [of ground]. 3 back [of a house]; back door; rear outbuilding; back court. 4 flight, hiding [of a person].
traspuesto, ta *p. p.* of TRASPONER.
traspunte *m.* THEAT. prompter in the wings.
traspuntín *m.* under-mattress. 2 folding seat [in a car].
traspuse, traspusiera, traspusiese, etc., *irr.* V. TRASPONER.
trasquila *f.* TRASQUILADURA.
trasquilador *m.* shearer [of animals].
trasquiladura *f.* shearing, clipping [of animals]. 2 clumsy cutting of the hair. 3 clipping, curtailing.
trasquilar *tr.* to shear, clip [animals]. 2 to cut the hair of [a person] clumsily. 3 *fig.* to clip, curtail.
trasquilimocho, cha *adj. coll.* close-cropped.
trasquilón *m. coll.* TRASQUILADURA : *a trasquilones,* irregularly; clumsily, without order or method. 2 *coll.* money cheated or wheedled out of a person.
trasroscarse *ref.* [of a screw] not to screw in.
trastabillar *intr.* TRASTRABILLAR.
trastabillón *m.* (Am.) trip, stumble.
trastada *f.* bad turn, mean trick, dirty trick.
trastazo *m. coll.* blow, bump, knock, whack.
traste *m.* MUS. fret [of guitar, etc.]. 2 small glass for sampling wine. 3 *dar al ~ con,* to spoil, ruin, destroy.
trasteado, da *p. p.* of TRASTEAR. — 2 *m.* MUS. set of frets [on an instrument].
trasteador, ra *adj.* moving things around. — 2 *m.* & *f.* person who moves things around.

trastear *tr.* to fret [a guitar, etc.]. 2 to play [a guitar, etc.]. 4 BULLF. to play [the bull] with the MULETA. 5 *coll.* to manage with tact. — 6 *intr.* to move things around. 7 to talk about something in a sparkling manner.
trastejador *m.* roof retiler.
trastejadura *f.* TRASTEJO.
trastejar *tr.* to retile [a roof]. 2 to repair, overhaul.
trastejo *m.* retiling [a roof]. 2 bustle, agitation.
trasteo *m.* BULLF. playing the bull with the MULETA. 2 tactful management [of a person or affair].
trastera *f.* lumber room.
trastería *f.* lumber [disused articles of furniture, etc.]. 2 TRASTADA.
trastero, ra *adj.* lumber [room].
trastesado, da *adj.* stiff with milk [udder].
trastesón *m.* fullness of milk [of an udder].
trastienda *f.* back room [behind a shop]. 2 *coll.* tact, address, skilful management, cunning.
trasto *m.* piece of furniture; utensil. 2 disused article of furniture, etc.: *trastos viejos,* lumber. 3 THEAT. set piece, trick piece. 4 *coll.* good-for-nothing. 5 *coll.* worthless person, tricky person. 6 *pl.* tools of trade, implements, utensils : *trastos de pescar,* fishing tackle; *tirarse los trastos a la cabeza,* coll. to quarrel. 7 steel weapons.
trastocarse *ref.* to become crazy, to go off one's head. ¶ CONJUG. like *contar.*
trastoqué, trastoque, etc., *pret.*, *subj.* & *imper.* of TRASTOCARSE.
trastornable *adj.* easily disturbed or upset.
trastornado, da *p. p.* of TRASTORNAR. — 2 *adj.* upset, disarranged. 3 troubled, disturbed [in mind].
trastornador, ra *adj.* upsetting, disarranging, disturbing, troubling. — 2 *m.* & *f.* upsetter, disturber, agitator.
trastornadura *f.,* **trastornamiento** *m.* TRASTORNO.
trastornar *tr.* to upset, turn upside down. 2 to change the order of, to disarrange, disturb. 3 to disturb, cause disturbances in. 4 to trouble, disturb [in mind], derange the mind of; to muddle [with drink]. 5 to win over, persuade.
trastorno *m.* upset, disarrangement, derangement. 2 disturbance, trouble. 3 riot, disorder, tumult, upheaval. 4 MED. disorder, trouble.
trastrabado, da *adj.* with a white right forefoot and a white right hind foot [horse].
trastrabarse *ref. trastrabársele a uno la lengua,* coll. to stammer, to become tongue-tied.
trastrabillar *intr.* to trip, stumble. 2 to reel, sway, stagger. 3 to stammer, stutter.
trastrás *m.* last but one [in certain boys' games].
trastrocamiento *m.* change, transmutation, reversal, transposition.
trastrocar *tr.* to change, transmute, reverse, transpose. ¶ CONJUG. like *contar.*
trastroqué *pret.* of TRASTROCAR.
1) **trastrueco** *m.* TRASTROCAMIENTO.
2) **trastrueco, trastrueque,** etc., *irr.* V. TRASTROCAR.
trastuelo *m. dim.* of TRASTO.
trastumbar *tr.* to drop, let fall. 2 to upset.
trasudadamente *adv.* with worry and anguish.
trasudar *tr.* to sweat or perspire lightly [with fear, pain, etc.].
trasudor *m.* slight perspiration.
trasuntar *tr.* to copy, transcribe. 2 to abridge, abstract.
trasuntivamente *adv.* as per copy. 2 compendiously.
trasunto *m.* copy, transcript. 2 likeness, faithful image.
trasvasar *tr.* TRANSVASAR.
trasvenarse *ref.* [of blood] to extravasate. 2 *fig.* to spill [be spilled].
trasveo, trasvea, etc., *irr.* V. TRASVER.
trasver *tr.* to see through. 2 to see wrong. ¶ CONJUG. like *ver.*
trasverberación *f.* TRANSVERBERACIÓN.
trasversal *adj.* TRANSVERSAL.
trasverso, sa *adj.* TRANSVERSO.
trasverter *intr.* [of liquid in a vessel] to overflow, run over. ¶ CONJUG. like *entender.*
trasví, trasviera, etc., *irr.* V. TRASVER.
trasvierte, trasvierta, etc., *irr.* V. TRASVERTER.
trasvinarse *ref.* [of wine] to ooze or leak out. 2 *fig.* to leak out, transpire [become known].
trasvolar *tr.* to fly over or across. ¶ CONJUG. like *contar.*

trasvuelo, trasvuele, etc. *irr.* V. TRASVOLAR.
trata *f.* trade, slave trade : ~ *de negros,* slave trade. 2 ~ *de blancas,* white-slave traffic, white slavery.
tratable *adj.* courteous, affable, sociable, considerate, reasonable. 2 tractable [easily handled or managed].
tratadista *m. & f.* writer of a treatise or treatises; author, writer [on special subjects].
tratado *m.* treaty [esp. agreement between nations]. 2 treatise.
tratador, ra *m. & f.* negociator [one who treats with others].
tratamiento *m.* treatment, usage [mode of dealing with or behaving towards]. 2 MED., CHEM., INDUS. treatment. 4 title, form of address : *apear ei ~,* to leave off the title [in speaking to a person]; *dar ~ a una persona,* to give a person his title [in speaking to him].
tratante *m. & f.* trader, dealer.
tratar *tr.* to treat, use [act towards, behave]. 2 to handle, manage, conduct. 3 to treat, deal with [a subject]. 4 MED., CHEM., INDUS. to treat : ~ *con* or *por,* to treat with or by. 5 to have intercourse, acquaintance or friendship with. 6 ~ *a uno de,* to address as, to give one the title of; to call, charge with being : ~ *de tú,* to thou, address as *tú* ; ~ *de excelencia,* to give one the title of excellency ; ~ *a uno de embustero,* to call someone a liar. — 7 *intr.* ~ *de, sobre* or *acerca de,* to treat of, deal with, speak about [a subject]. 8 ~ *de* [foll. by an inf.], to try to, to endeavour to. 9 ~ *con,* to have intercourse with. COM. to deal [do business] with. 10 COM. ~ *en,* to trade with, deal in. — 11 *ref.* to live [well or poorly]. 12 to have intercourse, deal, be in speaking or friendly terms. 13 ~ *de,* to be a question of, to be the matter or subject discussed or talked about : *¿de qué se trata?,* what is the matter?, what is it about?, what are you talking about?
trato *m.* treatment, usage, dealing [mode of dealing with or behaving towards] : ~ *doble,* double dealing ; *mal ~,* ill usage. 2 compact, pact, agreement, deal, bargain : ~ *hecho,* it is a deal. 3 negotiation : *estar en tratos,* to be negotiating. 4 title, form of address. 5 trade, traffic, commerce. 6 intercourse, social intercourse, acquaintanceship, friendly relations; social behaviour : ~ *de gentes,* savoir-vivre ; *tener buen ~,* to be pleasant, nice, affable. 7 ~ *ae cuerda,* strappado.
trauma *m.* MED. trauma.
traumático, ca *adj.* traumatic.
traumatismo *m.* traumatism.
traversa *f.* bolster [of a cart or wagon]. 2 NAUT. stay.
través *m.* inclination, bias : *mirar de ~,* to squint. 2 fig. misfortune, reverse. 3 ARCH. cross-beam. 4 FORT. traverse. 5 NAUT. direction at right angles with the keel : *dar al ~,* [of a ship] to be stranded; fig. to fall into a dangerous position ; *dar al ~ con,* fig. to squander, misspend ; to ruin, destroy ; *por el ~,* NAUT. on the beam. 6 *al ~, de ~,* across, athwart, in a transverse direction. 7 *al ~ de, a ~ de,* through, across.
travesaño *m.* crosspiece, crossbar, traverse; transom [of a cross or window] ; rung [of a chair, etc.]. 2 bolster [of a bed].
travesar *tr. & ref.* ATRAVESAR. ¶ CONJUG. like *acertar.*
travesear *intr.* to prank, frolic, be mischievous. 2 fig. to talk wittily and sparklingly. 3 fig. to lead a debauched life.
travesero, ra *adj.* cross, transverse : *flauta travesera,* MUS. transverse flute. — 2 *m.* bolster [of a bed].
travesía *f.* crossroad, cross street. 2 distance [over land or sea]. 3 passage, sea voyage, crossing [the sea]. 4 crosswise or transverse position. 5 money won or lost at gambling. 6 (Arg.) large desert region. 7 FORT. traverse works. 8 NAUT. cross wind, side wind. 9 NAUT. sailor's pay per voyage.
travesío, a *adj.* cross, side [wind]. — 2 *m.* crossing, crossover [place].
travestido, da *adj.* masked, disguised.
travesura *f.* prank, frolic, antic, escapade, mischief. 2 mischievousness, roguishness, archness. 3 lively fancy, sparkling wit.

traviesa *f.* distance [over land or sea]. 2 side bet. 3 wager laid on a card player or on a pelota game. 4 RLY. tie, crosstie, sleeper. 5 ARCH. the triangle formed by two rafters and a tie beam [in a roof]. 6 ARCH. transverse wall. 7 MIN. cross gallery.
1) **travieso, sa** *adj.* cross, transverse. 2 keen, sagacious, subtle. 3 naughty, mischievous [child]. 4 frolicsome, prankish, roguish. 5 dissipated, dissolute.
2) **travieso, traviese,** etc., *irr.* V. TRAVESAR.
trayecto *m.* distance, stretch, section [in a way]; course [distance travelled].
trayectoria *f.* trajectory.
traza *f.* plan, design, project. 2 device, scheme, contrivance; way, means : *darse trazas,* to find a way, to manage. 3 appearance, aspect, look, looks : *hombre de mala ~,* bad-looking man; *tener trazas de,* [of a thing] to look like, show signs of. 4 GEOM. trace.
trazado, da *p. p.* of TRAZAR. — 2 *adj. bien ~,* or *mal ~,* good-looking or bad-looking, of a good or bad figure. — 3 *m.* drawing, designing, planning, tracing. 4 layout, location [of a railway line, a road, etc.].
trazador, ra *m.* designing, planning, tracing. — 2 *m. & f.* designer, planner, tracer.
trazar *tr.* to draw, trace [lines, etc.]. 2 to design, plan, devise, lay out, mark out, trace out. 3 trace, sketch, describe [the characteristics of a person or thing]. 4 RLY. to locate.
trazo *m.* delineation, outline : *dibujar al ~,* to outline, draw in outline. 2 line, stroke [of a pen or pencil] : ~ *magistral,* down stroke of a letter. 3 PAINT. fold in drapery.
trazumarse *ref.* REZUMARSE.
trébedes *f.* trivet.
trebejar *intr.* to play, frolic, gambol.
trebejo *m.* toy, plaything. 2 chess piece. 3 *pl.* tools of a trade, implements, utensils.
Trebisonda *f. pr. n.* GEOG. Trebizonda.
trébol, *pl.* **-les** *m.* BOT. clover, trefoil : ~ *oloroso,* sweet clover. 2 club [playing card].
trebolar *m.* (Am.) field of clover.
trece *adj. & m.* thirteen : *las ~,* one P. M.; *estarse, mantenerse* or *seguir uno en sus ~,* to stick to it, to persist in one's opinion. — 2 *adj.* thirteenth. — 3 *m.* thirteenth [of the month].
trecemesino, na *adj.* of thirteen months.
trecenario *m.* space of thirteen days.
treceno, na *adj.* thirteenth.
trecentista *adj.* [pertaining to the] trecento.
trecésimo, ma *adj.* TRIGÉSIMO.
trecientos, tas *adj. & s.* TRESCIENTOS.
trechel *adj.* spring [wheat]. — 2 *m.* spring wheat.
trecho *m.* stretch, space, distance : *a trechos,* by intervals ; *de ~ en ~,* from place to place, from time to time ; *muy de ~ en ~,* once in a long while.
tredécimo, ma *adj.* thirteenth.
trefe *adj.* thin, limp, lax. 2 spurious [coin].
trefilería *f.* wiredrawing.
tregua *f.* truce. 2 respite, rest, letup, intermission : *dar treguas,* to ease up ; not to be urgent ; *sin ~,* without letup, without intermission.
treilla *f.* TRAÍLLA.
treinta *adj. & m.* thirty. — 2 *adj. & n.* thirtieth. — 3 *m.* thirtieth [of the month]. 4 ~ *y cuarenta,* a game of chance. — 5 *f.* ~ *y una,* a card game; a billiards game.
treintaidosavo, va *adj. & m.* thirty-second [part]. 2 *en treintaidosavo,* thirty-twomo.
treintaidoseno, na *adj. & n.* thirty-second.
treintanario *m.* space of thirty days.
treintañal *adj.* of thirty years duration or age.
treintavo, va *adj. & n.* thirtieth.
teintena *f.* thirtieth [part]. 2 group of thirty units.
treinteno, na *adj.* TRIGÉSIMO.
tremadal *m.* TREMEDAL.
tremebundo, da *adj.* dreadful, frightful, fearful.
tremedal *m.* quagmire, quacking bog.
tremátodo, da *adj. & m.* ZOOL. trematode. — 2 *m. pl.* ZOOL. Trematoda.
tremendo, da *adj.* tremendous, fearful, terrible. 2 awful, imposing. 3 coll. tremendous [very great or considerable].
tremente *adj.* trembling.
trementina *f.* turpentine.
tremer *intr.* to tremble.

tremés, tremesino, na adj. three-month. 2 trigo ~, spring wheat, summer wheat.
tremielga f. ICHTH. torpedo, electric ray.
tremó, tremol m. pier glass.
tremolante adj. waving in the air.
tremolar tr. to wave [a flag]. 2 fig. to display.
tremolina f. noisy blowing of the air. 2 coll. row, shindy, uproar.
trémolo m. MUS. tremolo.
tremor m. tremor, trembling.
trémulamente adv. tremulously.
tremulante; tremulento, ta adj. TRÉMULO.
trémulo, la adj. tremulous, trembling, quivering, flickering.
tren m. RLY. train : ~ ascendente, up train ; ~ botijo, excursion train ; ~ correo, mail train ; ~ de carga, ~ de mercancías, goods train ; *freight train ; ~ descendente, down train ; ~ expreso, express train ; ~ mixto, mixed train, passenger and goods train ; ~ ómnibus, ~ tranvía, accommodation train. 2 MIL. train. 3 train, set, gear, outfit [series of machines, connected parts, etc.] : ~ de aterrizaje, AER. landing gear ; ~ de laminar, train of rolls, rolling mill. 4 PHYS. train : ~ de ondas, wave train. 5 show, ostentation [as regards one's way of life or household]. 6 SPORT speed, fury.
trena f. MIL. a plaited sash. 2 burnt silver. 3 (Arg.) twist bread.
trenado, da adj. reticulated. 2 latticed. 3 braided.
trenca f. crosstree [in a beehive]. 2 main root.
trencé, trence, etc., pret., subj. & imper. of TRENZAR.
trencellín m. bejeweled gold or silver cord formerly used as a hatband.
trencilla f. braid [for trimming].
trencillar tr. to braid [trim or ornament with braid].
trencillo m. TRENCILLA. 2 TRENCELLÍN.
treno m. dirge, threnody. 2 lamentation of Jeremiah.
Trento f. pr. n. GEOG. Trent.
trenza f. braid, plait. 2 tress [braided hair]. 3 (Am.) string [of garlic, onions, etc.]
trenzadera f. knot of braided cord or ribbon.
trenzado p. p. of TRENZAR. — 2 m. braid, plait. 3 braiding, plaiting. 4 entrechat [in dancing]. 5 prancing [of a horse].
trenzar tr. to braid, plait, tress. — 2 intr. to perform entrechats [in dancing]. 3 [of a horse] to prance.
treo m. NAUT. a square sail used sometimes in lateen-rigged vessels.
trepa f. climbing. 2 tumble. 3 boring, perforating. 4 ornamental perforation. 5 SEW. wavy edging or trimming. 6 grain [of polished wood]. 7 coll. trick, deceit, fraud. 8 coll. beating, drubbing, thrashing.
trepado, da p. p. of TREPAR. — 2 adj. RETREPADO. 3 strong, robust [animal]. — 4 m. SEW. wavy edging or trimming. 5 perforation [series of small holes].
trepador, ra adj. climbing. 2 BOT. climbing, creeping. — 3 m. climbing place. — 4 f. ORN. climber. 5 f. pl. ORN. climbers.
trepajuncos, pl. -cos m. ORN. marsh warbler.
trepanación f. SURG. trepanation, trepanning, trephining.
trepanar tr. SURG. to trepan, trephine.
trépano m. trepan, trephine.
trepante adj. climbing. 2 artful, deceitful.
trepar intr. & ref. to climb, mount, clamber. 2 BOT. to climb, creep. — 3 tr. to bore, perforate. 4 SEW. to put a waving edging or trimming on. — 5 ref. RETREPARSE.
trepatroncos m. ORN. blue titmouse.
trepe m. coll. scolding, reprimand : echar un ~ a, to give a scolding to.
trepidación f. trembling, vibration. 2 ASTR. trepidation.
trepidante adj. trembling, vibrating. 2 mad [rhythm].
trepidar intr. to tremble, vibrate.
trépido, da adj. tremulous.
treponema f. BACTERIOL. treponema.
tres adj. & m. three : las ~, three o'clock ; como ~ y dos son cinco, as sure as twice two are four. — 2 adj. third. — 3 m. third [of the month]. 4 trey.
tresalbo, ba adj. having three white feet [horse].
tresañal ; tresañejo, ja adj. of three years.

tresbolillo (a or **al)** adv. HORT. arranged in quincunxes.
trescientos, tas adj. & m. three hundred. — 2 adj. three-hundredth.
tresdoblar tr. to treble. 2 to fold three times.
tresdoble adj. & m. triple.
tresillista m. & f. ombre player. 2 expert in ombre.
tresillo m. ombre [card game]. 2 MUS. triplet. 3 set of a sofa and two armchairs. 4 JEWEL. ring set with three stones.
tresmesino, na adj. TREMESINO.
tresnal m. AGR. shock, stook [of sheaves].
trestanto adv. three times as much. — 2 m. treble, triple.
treta f. trick, wile. 2 FENC. feint. 3 dar en la ~ de, to fall into the habit of.
Tréveris f. pr. n. GEOG. Treves, Trier.
trezavo, va adj. & n. thirteenth.
tría f. selecting, sorting. 2 thin spot [in fabrics].
triaca f. theriac. 2 fig. antidote.
triacal adj. theriacal.
triache m. triage [refuse of coffee beans].
tríada, tríade adj. triad.
triangulación f. triangulation.
triangulado, da adj. triangulate.
1) **triangular** adj. triangular.
2) **triangular** tr. to triangulate.
triangularmente adv. triangularly.
triángulo, la adj. triangular. — 2 m. GEOM., TRIGON. triangle : ~ acutángulo, acute-angled triangle ; ~ obtusángulo, obtuse-angled triangle ; ~ rectángulo, right triangle, right-angled triangle ; ~ esférico, spherical triangle. 3 MUS. triangle. 4 (cap.) ASTR. Triangulum.
triar tr. to select, sort. — 2 intr. [of bees] to swarm in and out of a beehive. — 3 ref. [of a fabric] to show a thin spot, to open.
triario m. triarian soldier [in ancient Rome].
triásico, ca adj. GEOL. Triassic. — 2 m. GEOL. Triassic, Trias.
triatómico, ca adj. CHEM. triatomic.
tribal adj. tribal.
tribásico, ca adj. CHEM. tribasic.
tribraquio m. PROS. tribrach.
tribu f. tribe.
tribual adj. TRIBAL.
tribuir tr. ATRIBUIR.
tribulación f. tribulation, affliction.
tríbulo m. BOT. caltrop.
tribuna f. tribune, rostrum [raised platform, pulpit, etc., used by speakers]. 2 gallery .[in a church or legislative chamber] : ~ de la prensa, press box. 2 parliamentary eloquence, political orators. 4 grandstand.
tribunado m. tribunate. 2 tribuneship.
tribunal m. tribunal, court [of justice] : ~ internacional de La Haya, Hague Court ; ~ Supremo, Supreme Court ; ~ tutelar de menores, juvenile court. 2 fig. tribunal [of public opinion, of one's own conscience, etc.] : ~ de la penitencia, the confession, the confessional. 3 EDUC. examining board.
tribunicio, cia adj. TRIBÚNICO. 2 pertaining to the tribune or political orator.
tribúnico, ca adj. pertaining to the Roman tribune.
tribuno m. tribune [Roman officer]. 2 tribune, political orator.
tributación f. act of paying taxes. 2 tax, duty. 3 system of taxes.
tributante adj. paying taxes. — 2 m. & f taxpayer.
tributar tr. to pays taxes or tribute ; to pay as tax or tribute. 2 to pay, render [homage, respect].
tributario, ria adj. & n. tributary [paying or subject to tribute]. — 2 adj. tributary [river]. 3 [pertaining to] tax or duty : sistema ~, system of taxes.
tributo m. tribute [paid by a prince or State]. 2 tax, duty, imposition. 3 tribute [thing done, said, given, etc., as mark of respect, etc.]. 4 fig. pecuniary burden.
tricahue m. ORN. (Chi.) a kind of parrot.
tricenal adj. thirty-year.
tricentésimo, ma adj. three-hundredth.
triceps m. ANAT. triceps.
tricésimo, ma adj. & n. TRIGÉSIMO.
triciclo m. tricycle.
tricípite adj. tricipital, three-headed.
triclinio m. HIST. triclinium.
tricolor adj. tricolour.
tricorne adj. poet. tricorn, three-horned.

tricornio *adj.* tricorn; three-cornered. — *2 m.* tricorn, tricorne, three-cornered hat.
tricotomía *f.* trichotomy.
tricotómico, ca *adj.* trichotomic.
tricótomo, ma *adj.* trichotomous.
tricotosa *f.* knitting machine.
tricromía *f.* three-coloured printing.
tricúspide *adj.* ANAT. tricuspid. — *2 f.* ANAT. tricuspid valve.
tridacio *m.* PHARM. thridacium.
tridente *adj.* trident, tridental. — *2 m.* trident.
tridentino, na *adj. & n.* Tridentine.
triduano, na *adj.* of three days.
triduo *m.* ECCL. triduum.
triedro *adj.* GEOM. trihedral. — *2 m.* GEOM. trihedron, trihedral angle.
trienal *adj.* triennial.
trienio *m.* triennium.
trieñal *adj.* TRIENAL.
trifásico, ca *adj.* ELEC. three-phase.
trífido, da *adj.* BOT. trifid.
trifilar *adj.* ELEC. three-wire.
trifinio *m.* point where the boundaries of three districts meet.
trifloro, ra *adj.* trifloral, triflorate, triflorous.
trifoliado, da *adj.* BOT. trifoliate.
trifolio *m.* TRÉBOL.
triforio *m.* ARCH. triforium.
triforme *adj.* triform.
trifulca *f.* FOUND. system of three levers for moving the bellows. 2 coll. squabble, row.
trifurcado, da *adj.* trifurcate.
trigal *adj.* wheat field.
trigaza *adj.* of wheat [straw].
trigémino, na *adj.* trigeminal, trigeminous. — *2 m.* ANAT. trigeminal nerve.
trigésimo, ma *adj.* thirtieth.
trigla *f.* ICHTH. red mullet.
triglifo *m.* ARCH. triglyph.
trigo *m.* BOT. wheat [plant and grain] : ~ *candeal* or *común,* bread wheat; ~ *chamorro,* beardless wheat; ~ *marzal, trechel, tremés* or *tremesino,* spring wheat, summer wheat. 2 coll. dough, money. 3 BOT. ~ *sarraceno,* buckwheat. *4 pl.* wheat fields : *echar por estos trigos* or *por los trigos de Dios,* coll. to be wrong, go astray.
trigón *m.* MUS. trigon, trigonon [ancient lyre].
trígono *m.* ASTROL., GEOM. trigon.
trigonometría *f.* trigonometry : ~ *esférica,* spherical trigonometry; ~ *plana,* plane trigonometry.
trigonométrico, ca *adj.* trigonometrical.
trigueño, ña *adj.* of the wheat colour, of a light brown complexion.
triguero, ra *adj.* [pertaining to] wheat. 2 growing with wheat; living in the wheat fields. — *3 m.* grain sieve. — *4 m. & f.* wheat dealer, wheat merchant.
trilátero, ra *adj.* trilateral.
trilingüe *adj.* trilingual.
trilítero, ra *adj.* triliteral.
trilito *m.* ARCHEOL. trilithon.
trilobites *m.* PALEONT. trilobite.
trilobulado, da *adj.* trilobate.
trilocular *adj.* trilocular.
trilogía *f.* trilogy.
trilla *f.* ICHTH. red mullet. 2 AGR. thrashing. 3 AGR. thrashing time. 4 TRILLO 1.
trilladera *f.* TRILLO 1.
trillado, da *p. p.* of TRILLAR. — *2 adj.* beaten [path]. 3 trite, commonplace, hackneyed.
trillador, ra *adj.* AGR. thrashing. — *2 m. & f.* AGR. thrasher. — *3 f.* AGR. thrashing machine.
trilladura *f.* AGR. thrashing.
trillar *tr.* AGR. to thrash, thresh. 3 to beat, frequent [a path, etc.]. 3 to beat, crush, maltreat.
trillo *m.* AGR. a kind of harrow for thrashing. 2 (C. Ri., Cu., P. Ri.) path.
trillón *m.* trillion [British trillion : a million billions].
trimembre *adj.* trimembral.
trimestral *adj.* trimestral, trimestrial, quarterly.
trimestralmente *adv.* quarterly.
trimestre *m.* trimester, quarter, space of three months. 2 quarterly payment.
trimielga *f.* TREMIELGA.
trinado *m.* MUS. trill, shake. 2 trill, quaver, warble [in singing]. 3 twittering, warble [of birds].
trinar *intr.* MUS. to trill, quaver, warble. 2 [of birds] to twitter, warble. 3 coll. to be very angry or impatient.

trinca *f.* triad, triplet, group of three. 2 coll. gang. 3 NAUT. lashing [rope, chain, etc., for lashing]. *4* NAUT. *estar a la* ~, to lie to.
trincadura *f.* NAUT. a kind of two-masted barge.
trincafía *f.* NAUT. woolding.
trincapiñones *m.* coll. harebrained. youth.
trincar *tr.* to break, divide in small pieces. 2 to tie, fasten, lash. 3 to hold [someone] fast with one's arms or hands. 4 coll. to steal. 5 coll. to drink [liquor]. — *6 intr.* NAUT. to lie to.
trincha *f.* cloth strap for tightening garments.
trinchador, ra *adj.* carving [food]. — *2 m. & f.* carver [of food].
trinchante *adj.* carving [food]. — *2 m.* carver [at table]. 3 carving fork. 4 stonecutter's hammer. 5 TRINCHERO.
trinchar *tr.* to carve [food].
trinche *m.* (Col., Chi., Ec., Mex.) fork, table fork. 2 (Chi., Ec., Mex.) side table, carving table.
trinchera *f.* MIL. trench, entrenchment. 2 trench, ditch, narrow excavation [for a road, railway, etc.]. 3 trench coat.
trinchero *m.* side table, carving table. — 2 *adj. plato* ~, a platter used for carving at table.
trincheron *m. aug.* large trench.
trinchete *m.* CHAIRA 2.
trineo *m.* sledge, sleigh, sled.
Trinidad *f. pr. n.* THEOL. Trinity. — *2 f.* (not cap.) coll. trinity [three persons connected together].
trinitaria *f.* BOT. pansy, heartsease.
trinitario, ria *adj. & n.* ECCL. Trinitarian.
trinitrotolueno *m.* CHEM. trinitrotoluene.
trino, na *adj.* trinitarian [involving three]. 2 ternary. 3 ASTROL. trine. — *4 m.* MUS. trill, shake.
trinomio *m.* ALG. trinomial.
trinqué, trinque, etc., *pret., subj. & imper.* of TRINCAR.
trinquetada *f.* NAUT. sailing under the foresail.
trinquete *m.* NAUT. foremast; foresail; foreyard. 2 MACH. pawl, ratchet. 3 hall for playing *pelota.* 4 coll. *a cada* ~, at every turn.
trinquetilla *f.* NAUT. small jib.
trinquis, *pl.* **-quis** *m.* coll. drink [of liquor].
trío *m.* MUS. trio. 2 trio [set of three persons]. 3 TRÍA.
trional *m.* CHEM. trional.
Triones *m. pl.* ASTR. Triones.
trióxido *m.* CHEM. trioxide.
tripa *f.* gut, bowel, intestine : *hacer de tripas corazón,* coll. to pluck up courage, to put on a bold front; *tener malas tripas,* coll. to be cruel, bloodthirsty. 2 coll. paunch, belly. 3 filling, filler [of a cigar]. *4 pl.* fig. inside, interior [of certain things].
tripada *f.* coll. bellyful.
tripanosoma *m.* ZOOL. trypanosome.
tripartición *f.* tripartition.
tripartir *tr.* to divide into three parts.
tripartito, ta *adj.* tripartite.
tripastos *m.* trispast, trispaston, tackle with three pulleys.
tripe *m.* shag [fabric].
tripería *f.* tripery, tripe shop.
tripero, ra *m. & f.* gut seller. — *2 m.* bellyband.
tripicallero, ra *m. & f.* seller of tripe.
tripicallos *m.* tripe [as food].
tripinado, da *adj.* BOT. tripinnate.
triplano *m.* AER. triplane.
triple *adj. & m.* triple, treble.
triplica *f.* LAW rejoinder.
triplicación *f.* triplication, trebling.
triplicado, da *adj.* threefold, triplicate. — *2 m.* triplicate : *por* ~, in triplicate.
triplicar *tr.* to treble, triple, triplicate. 2 LAW to rejoin.
tríplice *adj.* triple.
triplicidad *f.* triplicity.
tripliqué, triplique, etc., *pret., subj. & imper.* of TRIPLICAR.
triplo, pla *adj. & m.* triple, treble.
trípode *m. & f.* tripod [stool, table, utensil]. 2 tripod [at Delphi].
trípol, trípoli *m.* tripoli, rottenstone.
tripolino, na; tripolitano, na *adj. & n.* Tripoline, Tripolitan.
tripón, na *adj. & n.* TRIPUDO.
tríptico *m.* triptych.
triptongar *tr.* to pronounce [three vowels] as a triphthong.
triptongo *m.* FONET. triphthong.

tripudiar *tr.* to dance, tripudiate.
tripudio *m.* dance.
tripudo, da *adj.* big-bellied, pot-bellied. — *2 m.* & *f.* big-bellied person.
tripulación *f.* crew [of a ship, plane or airship].
tripulante *m.* crew member. *2 pl.* crew.
tripular *tr.* to man [a ship, plane, etc.]. 2 to be a member of the crew of [a ship, plane, etc.].
trique *m.* crack [noise] : *a cada* ~, coll. at every turn. 2 BOT. (Chi.) a medicinal plant.
triquete *m.* dim. of TRIQUE : *a cada* ~, coll. at every turn.
triquiasis *f.* MED. trichiasis.
triquina *f.* ZOOL. trichine.
triquinosis *f.* MED. trichinosis.
triquiñuela *f.* coll. chicanery, wile, subterfuge.
triquitraque *m.* cracking, clacking, clatter, disordered striking and its noise. 2 firecracker. *3 coll.* *a cada* ~, at every turn.
trirrectángulo *adj.* GEOM. trirectangular.
trirreme *m.* NAUT. trireme.
tris *m.* clink [of breaking glass]. 2 coll. trice, ace, hairbreadth : *en un* ~, almost, coming pretty near, within an ace. *3 tris tras*, tedious repetition.
trisa *f.* SÁBALO.
Trisagio *m.* ECCL. Trisagion.
trisca *f.* noise made by crushing nuts, etc., under the feet. 2 noise, noisy fun, uproar.
triscador, ra *adj.* noisy, frisky. — *2 m.* saw set.
triscar *intr.* to make a noise with the feet, to stamp the feet. 2 to frisk about, frolic, gambol. — *3 tr.* to mix, mingle. 4 to set [the teeth of a saw].
trisecar *tr.* GEOM. to trisect.
trisección *f.* trisection.
trisemanal *adj.* three-weekly [occuring every three weeks or three times a week].
trisílabo, ba *adj.* trisyllabic. — *2 m.* trisyllable.
trismo *m.* MED. trismus, lockjaw.
trisqué, trisque, etc., *pret., subj. & imper.* of TRISCAR.
triste *adj.* sad. 2 sorrowful, mournful. 3 gloomy, dismal. 4 deplorable. 5 hard, painful. 6 paltry, sorry. — *7 m.* a popular song of Argentina and Perú.
tristemente *adv.* sadly. 2 sorrowfully, mournfully.
tristeza *f.* sadness. 2 mournfulness. 3 gloom. 4 grief, sorrow.
tristón, na *adj.* saddish, melancholy.
trisulco, ca *adj.* trisulcate, trisulcated.
triticeo, a *adj.* wheaten.
tritio *m.* CHEM. tritium.
tritón *m.* MYTH. Triton. 2 ZOOL. triton, eft, newt.
trítono *m.* MUS. tritone.
triturable *adj.* triturable, crushable.
trituración *f.* trituration, crushing.
triturador, ra *adj.* triturating, crushing. — *2 m.* & *f.* triturator, crusher. — *3 f.* crushing machine.
triturar *tr.* to triturate, crush. 2 to triturate, masticate. 3 fig. to tear to pieces [an argument, etc.].
triunfador, ra *adj.* triumphing, winning. — *2 m.* & *f.* triumphator, triumpher; victor; successful person.
triunfal *adj.* triumphal.
triunfalmente *adv.* triumphally.
triunfante *adj.* triumphant, victorious.
triunfantemente *adv.* triumphantly, victoriously.
triunfar *intr.* to triumph [receive the honour of a triumph]. 2 to triumph, be successful, be the victor : ~ *de*, to triumph over, gain victory over, overcome, conquer. 3 coll. to make a great show. 4 to trump [at cards].
triunfo *m.* triumph : *en* ~, in triumph. 2 victory, success : *costar un* ~, coll. to be very difficult to achieve. 3 spoils [of war, etc.]. 4 trump [at cards]. 5 a card game. 6 (Arg., Pe.) a popular dance.
triunviral *adj.* triumviral.
triunvirato *m.* triumvirate.
triunviro *m.* triumvir.
trivial *adj.* trivial, commonplace, trite. 2 [pertaining to the] trivium.
trivialidad *f.* triviality. 2 triteness.
trivialmente *adv.* trivially.
trivio *m.* trivium. 2 junction of three roads.
triza *f.* bit, small piece, shred, fragment : *hacer trizas*, to smash to pieces, to tear to bits; fig. to wound or injure seriously. 2 DRIZA.
trocable *adj.* exchangeable.

trocada (a la) *adv.* the other way; in exchange.
trocadamente *adv.* changing things or words, distortedly.
trocadilla (a la) *adv.* A LA TROCADA.
trocador, ra *m.* & *f.* exchanger, barterer. 2 changer, alterer.
trocaico, ca *adj.* & *m.* trochaic.
trocamiento *m.* TRUEQUE.
trocante *adj.* exchanging, bartering. 2 changing, altering.
trocánter *m.* ANAT. trochanter.
1) **trocar** *m.* SURG. trocar.
2) **trocar** *tr.* to exchange, barter. 2 to change, alter, convert : ~ *en*, to change into. 3 to confuse, pervert, take or say [a thing] for another. 4 to vomit. — *5 ref.* to change [undergo a change or reversal]; be reformed]. 6 to exchange seats [with another]. ¶ CONJUG. like *contar*.
trocatinta *f.* coll. mistaken exchange.
trocatinte *m.* shot colour, changing colour.
trocear *tr.* to divide into pieces.
troceo *m.* NAUT. parrel.
trociscar *tr.* PHARM. to make into troches.
trocisco *m.* PHARM. troche.
trocla *f.* POLEA.
tróclea *f.* ANAT. trochlea.
troco *m.* ICHTH. a kind of sunfish.
trocoide *f.* GEOM. trochoid.
trocha *f.* cross path, narrow path.
trochemoche (a) *adv.* in a disordered way, recklessly.
trochuela *f.* dim. small cross path, narrow path.
trofeo *m.* trophy. 2 spoil of war. 3 fig. victory, triumph.
trófico, ca *adj.* trophic.
trofología *f.* trophology.
troglodita *adj.* troglodytic, cave-dwelling. 2 fig. troglodytic, coarse, brutal. 3 fig. gluttonous. — *4 m.* & *f.* troglodyte, cave-dweller. 5 fig. troglodyte [coarse, brutal person]. 6 fig. glutton.
troglodítico, ca *adj.* troglodytic, troglodytical [pertaining to the troglodytes].
troj, troje *m.* granary, barn.
trojero *m.* granary keeper.
trojezado, da *adj.* chopped, minced.
trola *f.* coll. lie, fib, deception.
trole *m.* ELECT. trolley [pulley].
trolebús *m.* trolley bus.
trolero *ra* *adj.* coll. lying. — *2 m.* & *f.* liar.
tromba *f.* METEOR. waterspout. 2 fig. avalanche, rush.
trombo *m.* MED. thrombus.
trombocito *m.* PHYSIOL. thrombocyte.
trombón *m.* MUS. trombone [instrument and player].
trombosis *f.* MED. thrombosis.
trompa *f.* MUS. horn [brass instrument] : *a* ~ *tañida*, at the sound of the horn; *a* ~ *y talega*, coll. harum-scarum, in a disorderly way. 2 poet. trump [instrument]. 3 boy's whistle made of an onion scape. 4 humming top. 5 trunk [of an elephant]. 6 proboscis [of an insect, of a tapir]. 7 METEOR. waterspout. 8 trompe [in a Catalan forge]. 9 ARCH. arch or vault projecting from a wall. 10 ANAT. ~ *de Eustaquio*, Eustachian tube; ~ *de Falopio*, Fallopian tube. 11 MUS. ~ *gallega*, Jew's harp. 12 MUS. ~ *marina*, trumpet marine. — *13 m.* MUS. horn player.
trompada *f.* blow with a top. 2 collision, bump. 3 punch, fisticuff.
trompar *tr.* to spin a top, to play with a top.
trompazo *m.* blow with a top. 2 blow with the trunk [of an elephant]. 3 hard blow or knock, bump.
trompear *intr.* to spin a top. — *2 tr.* (Am.) to box, punch, beat with the fist.
trompero, ra *adj.* deceitful. — *2 m.* top maker, top seller.
trompeta *f.* MUS. trumpet. 2 MUS. bugle. 3 BOT. ~ *de amor*, sunflower. — *4 m.* trumpeter, bugler. 5 coll. good-for-nothing, ninny.
trompetada *f.* coll. silly remark.
trompetazo *m.* trumpet blast; bugle blast. 2 blow with a trumpet. 3 TROMPETADA.
trompetear *intr.* coll. to sound the trumpet.
trompeteo *m.* sounding the trumpet.
trompetería *f.* trumpetry. 2 MUS. trumpets [on an organ].
trompetero *m.* trumpet maker. 2 trumpeter [one who sounds a trumpet].

trompetilla *f. dim.* small trumpet, toy trumpet. *2* cheroot made of Philippine tobacco. *3 trompetilla* o ~ *acústica*, ear trumpet. *4 de* ~, buzzing [mosquito].

trompicar *tr.* to make [one] stumble or knock repeatedly. *2* coll. to promote [a person] over another. — *3 intr.* to stumble or trip repeatedly.

trompicón *m.*, **trompilladura** *f.* stumble.

trompillar *tr. & intr.* TROMPICAR.

trompillo *m.* BOT. purple nightshade.

trompillón *m.* ARCH. keystone of a circular vault.

trompis *m.* coll. punch, blow with the fist.

trompo *m.* top, whipping top, spinning top [toy]. *2* ZOOL. trochid, top shell [mollusk]. *3* coll. dolt. *4* coll. *ponerse como un* ~, or *hecho un* ~, to eat or drink to excess.

trompón *m. aug.* large top [toy]. *2* NAUT. collision. *3* BOT. narcissus. *4* coll. *a* ~, *de* ~, harum-scarum, in a disorderly way.

trona *f.* MINER. trona.

tronada *f.* thunderstorm.

tronado, da *p. p.* of TRONAR. — *2 adj.* used, worn-out. *3* decayed, ruined, impoverished.

tronador, ra *adj.* thundering, detoning : *cohete* ~, detoning rocket.

tronante *adj.* thundering.

tronar *impers.* to thunder. — *2 intr.* to thunder [give forth a loud sound]. *3* to thunder [to utter or write violent denunciation] : ~ *contra*, to thunder at. *4* coll. to lose one's fortune, become broken, ruined [financially]. *5* coll. ~ *con uno*, to quarrel or break with one. *6 por lo que pueda* ~, as a precaution, just in case, in case something happens. ¶ CONJUG. like *contar*.

tronca *f.* TRUNCAMIENTO.

troncal *adj.* pertaining to the stock [of a family].

troncar *tr.* TRUNCAR.

tronco *m.* trunk [of the body, of a tree, of an artery, etc.]. *2* stock, origin [of a family]. *3* truncated object. *4* GEOM. frustum. *5* log [piece of timber], billet : *estar como un* ~, *estar hecho un* ~, to lie like a log, be unconscious; to be fast asleep. *6* team [of two horses].

troncón *m.* trunk [of the body]. *2* stump.

tronchar *tr.* to break [a plant, a stem or branch of a plant, a stick, etc.].

tronchazo *m.* blow with the stem of a cabbage, cauliflower, etc.

troncho *m.* stem of a cabbage, cauliflower, etc.

tronchudo, da *adj.* having a long or thick stem [cabbage, cauliflower, etc.].

tronera *f.* FORT., NAUT. embrasure, port, porthole [for a gun]. *2* loophole, narrow window. *3* pocket [of a billiard table]. — *4 m. & f.* coll. harum-scarum [person].

tronerar *tr.* to make embrasures in.

trónica *f.* coll. rumour, gossip.

tronido *m.* crash of thunder; loud report. *2* show, ostentation.

tronitoso, sa *adj.* thunderous, thundering.

trono *m.* throne. *2* ECCL. place where the Sacrament or a saint's image are exposed for worship. *3 pl.* thrones [order of angels].

tronquista *m.* driver of a team of horses.

tronzador *m.* lumberman's two-handed saw.

tronzar *tr.* to break or divide into pieces. *2* fig. to wear out, exhaust. *3* SEW. to make fine plaits in [a garment].

tronzo, za *adj.* with cropped ears [horse].

tropa *f.* troop, crowd, multitude : *en* ~, straggling, in groups, without formation. *2* coll. people of no account. *3* troops, soldiers : ~ *de línea*, line, regular troops; ~ *ligera*, skirmishers. *4* (S. Am.) drove, herd [of cattle]. *5* (Arg.) fleet [of wagons]. *6* MIL. assembly [call]. *7 pl.* forces, army.

tropecé *pret.* of TROPEZAR.

tropeína *f.* CHEM. tropeine.

tropel *m.* throng, rush, hurry, bustle, confusion; moving or coming in a throng : *en* ~, in a throng, without order, in confusion. *2* crowd, disorderly heap [of things].

tropelía *f.* injustice, outrage. *2* hurry, confusion.

tropeoleo, a *adj.* BOT. of the Tropæolaceæ. — *2 f. pl.* BOT. Tropæolaceæ.

tropero *m.* (Arg.) cowboy, cattle driver.

tropezadero *m.* stumbling place.

tropezador, ra *adj.* stumbling. — *2 m. & f.* stumbler.

tropezadura *f.* stumbling.

tropezar *intr.* to trip, stumble; to knock, strike [unintentionally] : ~ *con*, *contra* or *en*, to trip or stumble over; to knock or strike against. *2* fig. to trip, slip, err. *3* happen to find or meet, come across or upon, find, meet : ~ *con una persona*, to meet, come across a person; ~ *con una dificultad*, to meet with a difficulty. *3* to quarrel : ~ *con uno*, to quarrel with one. — *4 ref.* [of a horse] to interfere. ¶ CONJUG. like *acertar*.

tropezón, na *adj.* stumbling. *2* interfering [horse]. — *3 m.* trip, stumble; fig. trip, slip, fault: *dar un* ~, to trip, stumble; fig. to trip, slip : *a tropezones*, coll. by fits and starts; falteringly. *4* hitch, obstacle, mishap.

tropezoso, sa *adj.* faltering.

tropical *adj.* tropical, tropic [of the tropics].

trópico, ca *adj.* tropical, figurative. *2* tropical [year]. — *3 m.* ASTR., GEOG. tropic.

1) **tropiezo** *m.* trip, stumble. *2* fig. trip, slip, fault, error. *3* hitch, obstacle, difficulty, mishap : *sin* ~, without difficulty, without a mishap. *4* stumbling block. *5* quarrel, dissension.

2) **tropiezo, tropiece**, etc., *irr.* V. TROPEZAR.

tropina *f.* CHEM. tropine.

tropismo *m.* BIOL. tropism.

tropo *m.* RHET. trope.

tropología *f.* tropology.

tropológico, ca *adj.* tropological.

troposfera *f.* METEOR. troposphere.

troqué *pret.* of TROCAR.

troquel *m.* die [for stamping coins and medals].

troquelar *tr.* to coin, to stamp in a die.

troqueo *m.* PROS. trochee.

troquilo *m.* ARCH. trochilus.

trataconventos, *pl.* **-tos** *f.* coll. go-between, procuress.

trotador, -ra *adj.* trotting. — *2 m.* trotter.

trotamundos, *pl.* **-dos** *m. & f.* rover, wanderer, globe-trotter.

trotar *intr.* [of a horse or rider] to trot. *2* coll. to trot, hustle, hurry.

trote *m.* trot [of a horse] : ~ *cochinero*, jog trot; *tomar el* ~, coll. to dash off, to depart in haste; *a* ~, *al* ~, trotting, at a trot; coll. hurriedly, quickly. *2* fig. bustle, hurried and fatiguing work or occupation.

trotón, na *adj.* trotting [horse]. — *2 m.* horse [animal].

trotona *f.* coll. chaperon, companion.

trotonería *f.* continual trot.

trova *f.* LIT. metrical composition, verse, song. *2* troubadour's love song.

trovador, ra *adj.* versifying. — *2 m. & f.* poet, versifier. — *3 m.* troubadour.

trovadoresco, ca *adj.* [pertaining to] troubadour.

trovar *tr.* to versify, write poetry. *2* to imitate [a metrical composition] applying it to another subject. *3* to misconstrue.

trovero *m.* trouvère.

trovista *m. & f.* TROVADOR.

trovo *m.* popular love ballad.

trox *f.* TROJ.

Troya *f. pr. n.* HIST., GEOG. Troy : *allí*, *ahí* or *aquí fue* ~, coll. here was Troy, all that's left is ruins; *and then the row started*; *arda* ~, let happen what will.

troyano, na *adj. & n.* Trojan.

troza *f.* log [of wood]. *2* NAUT. truss [of a yard].

trozar *tr.* to break into pieces. *2* to cut into logs.

trozo *m.* piece, chunk, part, fragment. *2* passage, selection [from a literary work or musical composition].

trucar *intr.* to make the first bet at the game of TRUQUE. *2* to pocket a ball at pool or trucks.

truco *m.* pocketing a ball at pool or trucks. *2* trick, artifice, stratagem. *3 pl.* trucks [game].

truculencia *f.* truculence, truculency.

truculento, ta *adj.* truculent.

trucha *f.* ICHTH. trout : ~ *de mar*, hog-fish : sea trout : ~ *salmonada*, salmon trout. *2* MACH. three-legged derrick, crab.

truchero *m.* fisher or seller of trout.

truchimán, na *m. & f.* dragoman [interpreter]. *2* coll. shrewd, artful person.

truchuela *f. dim.* small trout. *2* a kind of dry codfish.

1) **trueco** *m.* TRUEQUE; *a ~ de*, provided; *a* or *en ~*, in exchange.

2) **trueco, trueque**, etc., *irr.* V. TROCAR.

truena, truene, etc., *irr.* V. TRONAR.

trueno *m.* thunder, thunderclap. 2 fig. loud report, detonation : *~ gordo*, finale [of fireworks]; coll. big scandal, sensational action. 3 coll. harum-scarum, wild youth.

trueque *m.* exchange, barter : *a ~, en ~*, in exchange.

trufa *f.* BOT. truffle. 2 lie, story, falsehood.

trufador, ra *adj.* lying, telling lies. — *2 m. & f.* liar, story teller.

trufar *tr.* COOK. to stuff with truffles. — *2 intr.* to lie, tell lies, practice deception.

truhán, na *adj.* knavish, rascally, cheating, tricky. 2 clownish. — *3 m. & f.* knave, rascal, cheat, trickster. 4 buffoon, jester.

truhanada *f.* TRUHANERÍA.

truhanamente *adv.* knavishly, deceitfully.

truhanear *intr.* to deceive, cheat, live a rascally life. 2 to play the buffoon.

truhanería *f.* rascality. 2 rascals [collect.]. 3 buffoonery.

truhanesco, ca *adj.* knavish, rascally. 2 clownish, buffoon.

truja *f.* olive bin [in oil mills].

trujal *m.* wine press. 2 oil press. 3 oil mill. 4 soda vat [in soapmaking].

trujamán, na *m. & f.* dragoman [interpreter]. — *2 m.* expert adviser [esp. in buying or selling].

trujamanear *intr.* to act as an interpreter. 2 to act as a broker or adviser [in buying or selling]. 3 to exchange, barter.

trujamanía *f.* occupation of a TRUJAMÁN.

trujimán, na *m. & f.* TRUJAMÁN.

trulla *f.* noise, hurly-burly, frolic. 2 troop, crowd [of people]. 3 MAS. trowel.

trullo *m.* ORN. teal.

truncadamente *adv.* in a truncated manner.

truncado, da *adj.* truncate, truncated.

truncamiento *m.* truncation.

truncar *tr.* to truncate. 2 fig. to cut, mutilate [a speech, writing, quotation, etc.]. 3 fig. to cut off, leave unfinished.

trunqué, trunque, etc., *pret., subj. & imper.* of TRUNCAR.

trunco, ca *adj.* truncated, mutilated, incomplete.

trupial *m.* ORN. troupial.

truque *m.* a card game.

truqué, truque, etc., *pret., subj. & imper.* of TRUCAR.

truquero *f.* keeper of a trucks table.

truquiflor *m.* a card game.

trusas *f. pl.* trunk hose.

trust *m.* COM. trust.

tsetsé, tsé-tsé *adj.* ENTOM. tsetse [fly].

tú *pers. pron.* thou; you [when on intimate terms] : *a ~ por ~*, coll. angrily, disrespectfully; *de ~ a ~*, intimately; *tratar de ~*, to thou, to be on intimate terms with.

tu, *pl.* **tus** *poss. adj.* thy; your [when on intimate terms].

tuatúa *f.* BOT. an American spurge.

tuáutem, *pl.* **-temes** *m.* coll. indispensable person or thing.

tuba *f.* MUS. tuba.

tuberculina *f.* BACT. tuberculine.

tuberculización *f.* MED. tuberculization.

tubérculo *m.* BOT. tuber. 2 MED., ZOOL. tubercle.

tuberculosis *f.* MED. tuberculosis.

tuberculoso, sa *adj.* tuberculous, tubercular, tuberculated. 2 MED. tuberculous. — *3 m. & f.* MED. tubercular [person affected with tuberculosis].

tubería *f.* tubing, piping; pipe line or system.

tuberosa *f.* NARDO 2.

tuberosidad *f.* tuberosity.

tuberoso, sa *adj.* tuberose, tuberous. — *2 f.* BOT. tuberose.

tubícola *adj.* ZOOL. tubicolous.

Tubinga *f. pr. n.* GEOG. Tubingen.

tubo *m.* tube [long hollow cylinder], pipe : *~ acústico*, speaking tube; *~ capilar*, capillary tube; *~ de ensayo*, test tube; *~ de subida*, AER. riser; *~ lanzatorpedos*, torpedo tube. 2 ELEC. tube : *~ de Géissler*, Geissler tube. 3 chimney [of a lamp]. 4 ANAT. canal : *~ digestivo*, alimentary canal; *~ intestinal*, intestinal canal, intestines.

tubular *adj.* tubular : *caldera ~*, tubular boiler.

tubuloso, sa *adj.* BOT. tubulose, tubulous.

tuoan *m.* ORN. toucan. 2 (cap.) ASTR. Toucan.

tucia *f.* ATUTÍA.

Tucídides *m. pr. ~* Thucydides.

tuco, ca *adj.* (Bol., Ec., P. Ri.) one-handed, armless, maimed — *2 m.* (C. Am., Ec., P. Ri) stump. 3 (Arg.) glowworm. 4 (Pe.) a kind of owl.

tucúquere *m.* ORN. (Chi.) a large owl.

tucuso *m.* ORN. (Ve.) humming bird.

tudel *m.* MUS. crook [of a bassoon].

tudesco, ca *adj. & n.* German.

tueca *f.* stump [of tree].

tueco *m.* TUECA. 2 hole made by borers in wood.

tuera *f.* COLOQUÍNTIDA.

tuerca *f.* nut, female screw.

tuerce *m.* twist, twisting.

tuero *m.* big log [in a fireplace]. 2 firewood.

tuerto, ta *adj.* one-eyed, blind in one eye. 2 twisted, bent. — *3 m.* wrong, injury, injustice. 4 *pl.* afterpains. 5 *a tuertas*, wrongly, in a wrong way. 6 *a ~*, unjustly. 7 *a tuertas o a derechas*, *a ~ o a derecho*, inconsiderately; rightly or wrongly.

tuerzo, tuerza, etc., *irr.* V. TORCER.

tueste *m.* TOSTADURA.

tuesto, tueste, etc., *irr.* V. TOSTAR.

tuétano *m.* marrow [of bone]; pith [of plants] : *hasta los tuétanos*, to the marrow; head over heels.

tufarada *f.* strong smell or odour [suddenly perceived].

tufo *m.* offensive or noxious vapour or exhalation, fume, reek; offensive smell. 2 coll. haughtiness, pride, airs, conceit. 3 GEOL. tufa. 4 *pl.* locks of hair over the temples.

tugurio *m.* shepherds' cabin. 2 fig. hovel, hole, mean dwelling, small room.

tuición *f.* LAW defence, protection.

tuina *f.* long loose jacket.

tuitivo, va *adj.* LAW defensive, protective.

tul *m.* tulle.

Tule *f. pr. n.* Thule : *última ~*, ultima Thule.

tule *m.* (Mex.) cattail; bulrush.

tulipa *f.* BOT. small tulip. 2 tulip-shaped lampshade.

tulipán *m.* BOT. tulip.

tulipero *m.* BOT. tulip tree.

tullecer *tr.* to disable, cripple, make [one] a paralytic.

tullidez *f.* TULLIMIENTO.

tullido, da *p. p.* of TULLIR. — 2 disabled, crippled, paralytic.

tullidura *f.* dung of birds of prey.

tullimiento *m.* disableness, crippleness.

tullir *tr.* to disable, cripple, make [one] a paralytic. — *2 ref.* to become disabled, crippled or paralytic. — *3 intr.* [of birds of prey] to drop dung.

tumba *f.* tomb, grave. 2 a representation of a coffin placed in a church during the mass for a dead person. 3 arched top of a coach. 4 ornamental box seat in state coaches. 5 tumble, jolt, violent roll or sway. 6 tumble, turning heels overhead, somersault. 7 (W. I., Col., Mex.) felling of trees.

tumbacuartillos, *pl.* **-llos** *m. & f.* coll. sot, toper.

tumbadillo *m.* NAUT. cuddy.

tumbado, da *adj.* vaulted, arched.

tumbaga *f.* gold and copper alloy; tombac. 2 finger ring.

tumbaollas, *pl.* **-llas** *m. & f.* coll. glutton.

tumbar *tr.* to fell, throw down, knock down. 2 [of wine, a powerful odour, etc.] to stun, overpower. — *3 intr.* to fall down, roll down. 4 NAUT. [of a ship] to heel. — *5 ref.* to lie down. 6 to ease up, give up working.

tumbilla *f.* wooden frame for holding a bed warmer.

tumbo *m.* tumble, jolt, violent roll or sway. 2 rise and fall [of a wave]. 3 undulation [in the ground]. 4 thunder, loud noise. 5 in ancient monasteries, book containing title-deeds, etc. 6 fig. *~ de dado*, imminent danger. 7 coll. *~ de olla*, each of the components of the olla; broth, meat and vegetables.

tumbón, na *adj.* coll. sly. 2 coll. lazy. — *3 m. & f.* coll. sly person. 4 lazy person. — *5 m.* coach with an arched roof. 6 trunk with an arched lid.

tumefacción *f.* tumefaction.

tumefacto, ta *adj.* tumefied.

túmido, da *adj.* tumid, swollen.

tumor *m.* MED. tumour: ~ *maligno,* malignant tumour.
tumoral *adj.* tumoral.
tumorcito *m. dim.* small tumour
tumoroso, sa *adj.* having tumours.
tumulario, ria *adj.* tumular, tumulary.
túmulo *m.* tumulus. 2 raised sepulchre. 3 catafalque.
tumulto *m.* tumult. 2 riot.
tumultuante *adj.* fomenting a tumult or riot.
tumultuar *tr.* to raise a tumult or riot. — 2 *ref.* to riot, make a disturbance.
tumultuariamente *adv.* tumultuarily.
tumultuario, ria *adj.* tumultuary.
tumultuosamente *adv.* tumultuously.
tumultuoso, sa *adj.* tumultuous.
tuna *f.* BOT. prickly pear, Indian fig [plant and fruit]. 2 idle and vagrant life: *correr la* ~, to loaf, *to bum. 3 ESTUDIANTINA.
tunal *m.* BOT. prickly pear, Indian fig [plant]. 2 place where prickly pears abound.
tunanta *adj.* rascally, roguish, artful [woman]. — 2 *f.* rascally, roguish, artful woman; hussy.
tunantada *f.* mean trick.
tunante *adj.* leading an idle and vagrant life. 2 rascally, roguish, artful [man]. — 3 *m.* loafer, vagrant. 4 rascal, rogue, scamp.
tunantear *intr.* to lead an idle and vagrant life, to loaf, *bum. 2 to act the rascal.
tunantuela *f. dim.* roguish girl.
tunar *intr.* to lead an idle and vagrant life.
tunda *f.* shearing of cloth. 2 coll. beating, drubbing, thrashing.
tundente *adj.* beating, whipping. 2 CONTUNDENTE 1.
tundición *f.* shearing of cloth.
tundidor *m.* cloth shearer.
tundidora *f.* cloth shearer [woman]. 2 cloth-shearing machine.
tundidura *f.* shearing of cloth.
tundir *tr.* to shear [cloth]. 2 coll. to beat, drub, thrash.
tundizno *m.* shearings from cloth.
tundra *f.* tundra.
tunear *intr.* to lead a vagrant life. 2 to act the rascal.
tunecí; tunecino, na *alj. & n.* Tunisian.
túnel *m* tunnel.
tunería *f.* rascality, roguishness.
Túnez *pr. n.* GEOG. Tunis [city]; Tunisia [state].
tungstato *m.* CHEM. tungstate.
tungsteno *m.* CHEM. tungsten.
túngstico, ca *adj.* CHEM. tungstic.
tungstita *f.* MINER. tungstite.
túnica *f.* tunic [ancient garment], robe, gown, long loose garment. 2 ANAT., ZOOL., BOT. tunic. 3 BOT. ~ *de Cristo,* stramonium.
tunicado, da *adj.* ANAT., ZOOL., BOT. tunicate. — 2 *adj. & m.* ZOOL. tunicate [one of the Tunicata]. — 3 *m. pl.* ZOOL. Tunicata.
tunicela *f.* ECCL. tunicle.
túnico *m.* THEAT. tunic [ancient garment]. 2 (Am.) long loose garment worn by women.
tuno, na *adj. & n.* TUNANTE. — 2 *m.* prickly pear [fruit].
tuntún (al buen) *adv.* thoughtlessly, carelessly, at haphazard; without knowing what it is about.
tupa *f.* closing, act of making close or compact in texture. 2 coll. stuffing, fill, bellyfull.
tupé *m.* toupet, tuft, pompadour [hair dressed high over the forehead]. 2 coll. cheek, nerve, brass.
tupi *adj.* Tupian. — 2 *m. & f.* Tupi.
tupido, da *p. p.* of TUPIR. — 2 *adj.* close, compact [in texture], dense, thick, close woven. 3 coll. dense, dull, obtuse.
tupinambo *m.* BOT. Jerusalem artichoke.
tupir *tr.* to make dense or thick, to make close or compact [in texture]. — 2 *ref.* to become dense, thick, close, compact. 3 coll. to stuff oneself, to eat or drink to excess.
turanio, nia *adj. & n.* Turanian.
turba *f.* crowd, mob. 2 peat, turf.
turbación *f.* disturbance. 2 confusion, embarrassment.
turbadamente *adv.* disturbedly. 2 confusedly.
turbador, ra *adj.* disturbing. 2 troubling. 3 confusing, embarrassing. — 4 *m. & f.* disturber, perturber.
turbal *m.* TURBERA.
turbamiento *m.* TURBBACIÓN.
turbamulta *f.* rabble, mob, disorderly crowd.

turbante *adj.* disturbing. — 2 *m.* turban.
turbar *tr.* to disturb, upset. 2 to trouble, make turbid. 3 to disquiet, alarm, confuse, embarrass. — 4 *ref.* to become disturbed. 5 to get confused or embarrassed.
turbativo, va *adj.* disturbing, disquieting.
turbera *f.* peat bog.
turbia *f.* muddiness [of flowing water].
turbiamente *adv.* muddily, confusedly, turbidly.
túrbido, da *adj.* TURBIO.
turbiedad *f.* turbidness, muddiness, obscurity.
turbieza *f.* turbidness. 2 muddled state, confusion.
turbina *f.* turbine: ~ *axial,* axial-flow turbine; ~ *de vapor,* steam turbine; ~ *hidráulica,* hydraulic turbine; ~ *radial,* radial-flow turbine.
turbino *m.* PHARM. pulverized turpeth.
turbinto BOT. pepper tree or shrub.
turbio, bia *adj.* turbid, muddy, cloudy. 2 troubled, turbulent. 3 indistinct, confused, obscure [language, explanation, etc.]. — 4 *m. pl.* dregs, oil dregs.
turbión *m.* squall, heavy shower. 2 fig. avalanche, rush [of things].
turbit *m.* BOT. turpeth. 2 PHARM. ~ *mineral,* turpeth mineral.
turbocompresor *m.* turbocompressor.
turbodinamo *f.* turbodynamo.
turbogenerador *m.* turbogenerator.
turbomotor *m.* turbomotor.
turbonada *f.* a heavy shower attended with wind, lightning and thunder; thunderstorm.
turbulencia *f.* turbidness. 2 turbulence, turbulency.
turbulentamente *adv.* turbulently.
turbulento, ta *adj.* turbid. 2 turbulent.
turca *f.* coll. drunk, fit of drunkenness: *coger una* ~, to get drunk.
turco, ca *adj.* Turkish. — 2 *m. & f.* Turk: *el gran* ~, the Grand Turk [the Sultan]. — 3 *m.* Turkish [language].
turcomano, na *adj.* Turkomanic. — 2 *m. & f.* Turkoman.
turcople *adj. & n.* Turko-Greek [born of Turkish father and Greek mother].
túrdiga *f.* strip of hide, leather thong.
turdión *m.* ancient Spanish dance.
Turena (la) *f. pr. n.* GEOG. Touraine.
turgencia *f.* turgidness, turgescence.
turgente *adj.* protuberant, prominent. 2 turgid, turgescent, swollen.
túrgido, da *adj.* poet. protuberant, prominent.
turibular *tr.* ECCL. to cense.
turibulario *m.* ECCL. censer [one who censes].
turíbulo *m.* ECCL. thurible, censer.
turiferario *m.* ECCL. thurifer, censer bearer.
turífero, ra *adj.* thuriferous, incense-bearing
turificación *f.* thurification.
turificar *tr.* to thurify, cense.
turifiqué, turifique, etc., *pret., subj. & imper.* of TURIFICAR.
Turingia *f. pr. n.* GEOG. Thuringia.
turingio, gia *adj. & n.* Thuringian.
turión *m.* BOT. turion.
turismo *m.* tourism, touring: *de* ~, touring. 2 touring car.
turista *m. & f.* tourist.
turístico, ca *adj.* touristic, touristical.
turma *f.* testicle; lamb fry. 2 BOT. ~ *de tierra,* truffle.
turmalina *f.* MINER. tourmaline.
turnar *intr.* to alternate, take turns, go or work by turns.
turnio, nia *adj.* squinting [eye]. 2 squint-eyed. 3 fig. cross-looking, stern. — 2 *m. & f.* squint-eye [person].
turno *m.* turn [to do something]: turn, shift [alternation]: ~ *de dia,* ~ *de noche,* day shift, night shift [of workmen]: *de* ~, [of a chemist shop, etc.] open for service: [of a person] on duty, taking his turn on duty; *por* ~, in turn, taking turns.
turón *m.* ZOOL. fitch, fitchew, polecat.
turpial *m.* TRUPIAL.
turquesa *f.* MINER. turquoise. 2 mould, bullet mould.
turquesado, da *adj.* TURQUI.
turquesco, ca *adj.* Turkish.
Turquestán (el) *m. pr. n.* GEOG. Turkestan.
turquí *adj.* deep [blue].
Turquía *f. pr. n.* GEOG. Turkey: ~ *Asiática,* Turkey in Asia; ~ *Europea,* Turkey in Europe.

turquino, na *adj.* TURQUÍ.
turrar *r.* to roast, broil.
turrón *m.* a kind of sweetmeat made with almond paste. 2 coll. public office, sinecure; *comer del* ∼, to fill a public office.
turroneria *f.* TURRÓN shop.
turronero, ra *m. & f.* maker or seller of TURRÓN.
turulato, ta *adj.* coll. dumbfounded, stupefied.
turullo *m.* shepherd's call horn.
turumbón *m.* bump, swelling [from a blow].
turupial *m.* (Ve.) TRUPIAL.
¡tus!, ¡tusa! *interj.* used in calling dogs. 2 coll. *sin decir tus ni mus,* without saying a word.
tusa *f.* (Bol., Col., Ve.) corncob. 2 (C. Am., Cu.) husk of a maize ear. 3 (Chi.) tassel of a maize ear. 4 (Chi.) mane [of a horse]. 5 (Col.) pockmark. 6 (C. Am., Cu.) trollop.
tusilago *m.* BOT. coltsfoot.
¡tuso! *interj.* used in calling dogs.
tuso, sa *adj.* (Col.) pock-marked. 2 (P. Ri.) short-tailed, bobtailed.
tusón *m.* fleece [wool]. 2 unsheared sheepskin. 3 (Andalusia) colt under two years old.
tusona *f.* coll. trollop. 2 (Andalusia) filly under two years old.
tute *m.* a card game.

tutear *tr.* to thou, to use the familiar *tú* in addressing a person. — 2 *rec.* to thou each other, to use the familiar *tú,* in addressing each other.
tutela *f.* LAW tutela, tutelage, tutorage, guardianship. 2 tutelage, protection.
tutelar *adj.* tutelar, tutelary.
tuteo *m.* thouing, use of the familiar *tú* in addressing a person.
tutía *f.* ATUTÍA.
tutilimundi *m.* MUNDONUEVO.
tutiplén (a) *adv.* abundantly.
tutor *m.* LAW tutor, guardian. 2 guardian, protector 3 AGR. prop [for plants].
tutora *f.* LAW tutoress, [woman] guardian.
tutoría *f.* LAW tutelage, tutorage, guardianship.
tutriz *f.* TUTORA.
tutú *m.* ORN. (Arg.) a bird of prey.
tuturuto, ta *adj.* (Col., Ec., Ve.) dumbfounded, stupefied.
tuturutú *m.* sound of a trumpet.
tuve, tuviera, tuviese, etc. *irr.* V. TENER.
tuya *f.* BOT. thuja. 2 BOT. ∼ *articulada,* sandarac tree.
tuyo, ya, *pl.* **tuyos, yas** *poss. adj.* [never used before the noun] your, your own, of yours; thy [formal]. — 2 *poss. pron.* yours; thine [formal]. 3 *los tuyos,* yours [your family or people].

U

U, u *f.* U, u, twenty-fourth letter of the Spanish alphabet. 2 *u valona*, w [the letter]. 3 *en U*, U-shaped, channel-shaped : *tubo en U*, U-tube; *hierro en U*, channel iron.
u *conj.* [used instead of *o* before a word beginning with the vowel sound o] or.
uapití *m.* ZOOL. wapiti.
ubérrimo, ma *adj.* very or most abundant or fertile.
ubicación *f.* location, position, situation.
ubicar *intr. & ref.* to lie, be located, be situated. — 2 *tr.* (Am.) to place, locate.
ubicuidad *f.* ubiquity.
ubicuo, cua *adj.* ubiquitous.
ubiquidad *f.* UBICUIDAD.
ubiquitario, ria *adj. & n.* Ubiquitarian.
ubre *f.* dug, udder, teat [of female mammals].
ubrera *f.* MED. thrush.
ucase *m.* ukase.
Ucrania *f. pr. n.* GEOG. Ukraine.
ucranio, nia *adj. & n.* Ukranian.
udómetro *m.* udometer.
uesnorueste *m.* OESNORUESTE.
uessudueste *m.* OESSUDUESTE.
ueste *m.* OESTE.
¡uf! *interj.* denoting weariness, annoyance or disgust.
ufanamente *adv.* proudly, boastfully. 2 gladly.
ufanarse *ref.* to boast, to pride oneself.
ufanía *f.* pride, conceit, vainglory, 2 gladness, joy, pleasure.
ufano, na *adj.* haughty, proud, conceited, vainglorious. 2 glad, pleased. 3 bold, resolute.
ufo (a) *adv.* at other people's expenses; without being asked or invited.
ujier *m.* usher [of a court, etc.].
ulano *m.* MIL. uhlan.
úlcera *f.* MED. sore, ulcer : ～ *de decúbito*, bedsore. 2 BOT. rot.
ulceración *f.* MED. ulceration.
ulcerado, da *adj.* MED. ulcerated.
ulcerante *adj.* MED. ulcerating.
ulcerar *tr.* MED. to ulcerate. — 2 *ref.* MED. to ulcerate [undergo ulceration].
ulcerativo, va *adj.* MED. ulcerative.
ulceroso, sa *adj.* MED. ulcerous.
ulema *m.* Ulema.
uliginoso, sa *adj.* uliginose, uliginous.
Ulises *m. pr. n.* MYTH. Ulysses.
ulitis *f.* MED. ulitis.
ulmáceo, a *adj.* BOT. ulmaceous. — 2 *f. pl.* BOT. Ulmaceæ.
ulmaria *f.* BOT. meadowsweet.
ulmina *f.* CHEM. ulmin.
ulmo *m.* BOT. a Chilean timber tree.
ulpo *m.* (Am.) maize gruel.
ulterior *adj.* ulterior. 2 subsequent.
ulteriormente *adv.* ulteriorly. 2 later, subsequently.
ultimación *f.* finish, completion.

últimamente *adv.* lastly, finally. 2 of late, recently.
ultimar *tr.* to end, finish, complete. 2 fig. (Am.) to dispatch, to kill.
ultimátum *m.* ultimatum. 2 coll. definitive decision.
ultimidad *f.* ultimacy.
último, ma *adj.* last : *última sílaba*, ultima; ～ *suspiro*, last breath; *exhalar el* ～ *suspiro*, to breathe one's last. 2 latest: *a la última moda*, after the latest fashion. 3 latter: *la última parte de*, the latter part of. 4 ultimate, final. 5 farthest, remotest. 6 best, highest, utmost. 7 *última pena*, ～ *suplicio*, capital punishment. 8 *el* ～ *precio* or *lo* ～, the lowest price asked or the highest price offered [for a thing]. 9 *estar uno a lo* ～ *de*, to be well-informed about. 10 *estar uno a lo* ～, *a los últimos*, *en las últimas* or *en los últimos*, to be on one's last legs, be near one's end. 11 *a la última hora*, at the eleventh hour, at the last minute. 12 *a últimos de*, in the latter part of [the month, etc.]. 13 *por* ～, lastly; finally.
ultra *adv.* besides. — 2 *pref.* ultra-.
ultrajador, ra *adj.* injuring, insulting, outraging. — 2 *m. & f.* injurer, insulter.
ultrajante *adj.* injuring, insulting, outraging.
ultrajar *tr.* to injure, insult, offend, outrage.
ultraje *m.* injure, insult, offence, outrage.
ultrajoso, sa *adj.* injuring, insulting, outraging.
ultramar *m.* place or country across or beyond the sea : *de* ～, overseas. 3 *azul de* ～, ultramarine blue.
ultramarino, na *adj.* overseas. 2 ultramarine [blue]. — 3 *m. pl.* COM. overseas articles of fodds.
ultramaro *m.* ultramarine [blue].
ultramicroscópico, ca *adj.* ultramicroscopic.
ultramicroscopio *m.* ultramicroscope.
ultramoderno, na *adj.* ultramodern.
ultramontanismo *m.* ultramontanism.
ultramontano, na *adj. & n.* ultramontane.
ultramundano, na *adj.* ultramundane.
ultranza (a) *adv.* to death. 2 at all costs, resolutely.
ultrapuertos *m.* place or country beyond mountain passes.
ultrarrojo *adj.* PHYS. ultrared, infrared.
ultratumba *adv.* beyond the grave.
ultraviolado, ultravioleta *adj.* PHYS. ultraviolet.
ultravirus *m.* BACT. ultravirus.
úlula *f.* AUTILLO 1.
ulular *intr.* to ululate.
ululato *m.* ululation.
ulva *f.* BOT. (Arg.) a variety of cactus.
umbela *f.* BOT. umbel.
umbelífero, ra *adj.* BOT. umbelliferous. — 2 *f.* BOT. umbelifer. 3 *pl.* BOT. Umbelliferæ.
umbilicado, da *adj.* navel-shaped, umbilicate.
umbilical *adj.* ANAT., ZOOL. umbilical.
umbráculo *m.* shaded place for plants.
umbral *m.* threshold. 2 ARCH. lintel [beam]

umbralado, da *adj. p. p.* of UMBRALAR. — *2 m.*
lintelled opening. *3* (S. Am.) threshold.
umbralar *tr.* ARCH. to lintel.
umbrático, ca *adj.* umbrageous, shading. *2* [pertaining to] shade.
umbrátil *adj.* umbrageous, shading.
Umbría (la) *f. pr. n.* GEOG. Umbria.
umbría *f.* shady place, shady side.
umbrío, bría *adj.* shady [place].
umbroso, sa *adj.* umbrageous, shady.
un, una *indef. art.* a, an. — *2 adj.* one [numeral].
3 ~, or *una, si y otro no,* every other, every
second : ~ *día si y otro no,* every other day. ¶
The form *un* is used before masculine singular
nouns and adjectives, and before feminine singular nouns and adjectives beginning with an
accented *a: un alma,* a soul.
unánime *adj.* unanimous.
unánimemente *adv.* unanimously.
unanimidad *f.* unanimity : *por* ~, unanimously.
uncia *f.* uncia [Roman coin]. *2* ROMAN LAW twelfth
part of a state.
uncial *adj.* uncial.
unciforme *adj. & m.* ANAT. unciform.
uncinado, da *adj.* uncinate.
unción *f.* unction, anointing. *2* extreme unction.
3 unction [fervent quality; religious fervour].
unoir *tr.* to yoke [oxen, etc.].
undante *adj.* poet. UNDOSO.
undecágono *m.* undecagon.
undécimo, ma *adj. & m.* eleventh.
undécuplo, pla *adj.* eleven times as much.
undisono, na *adj.* poet. sounding [sea, etc.].
undívago, ga *adj.* poet. billowy, surging.
undoso, sa *adj.* waving, undulating.
undulación *f.* undulation. *2* PHYS. wave.
undular *intr.* to undulate, wave, wriggle.
undulatorio, ria *adj.* undulatory.
ungido *adj.* anointed. — *2 m.* anointed priest or
king.
ungimiento *m.* unction, anointment.
ungir *tr.* to anoint [apply ointment to]. *2* ECCL.
to anoint.
ungüentario, ria *adj.* unguentary. — *2 m.* maker
of unguents. *3* unguentarium.
ungüento *m.* unguent, ointment, salve.
unguiculado, da *adj. & m.* ZOOL. unguiculate. —
2 m. pl. ZOOL. Unguiculata.
unguis, *pl.* **-guis** *m.* ANAT. unguis, os unguis.
ungulado, da *adj. & m.* ZOOL. ungulate. — *2 m. pl.*
ZOOL. Ungulata.
uniata *adj. & n.* Uniat, Uniate.
uniáxico, ca *adj.* CRYST. uniaxial.
unible *adj.* that can be joined or united.
únicamente *adv.* only, solely.
unicameral *adj.* unicameral.
unicaule *adj.* BOT. one-stem [plant].
unicelular *adj.* unicellular.
unicidad *f.* unicity, uniqueness.
único, ca *adj.* only, sole. *2* unique, unmatched,
unequalled.
unicolor *adj.* one-colour, unicolour.
unicornio *m.* MYTH. unicorn. *2* ZOOL. rhinoceros.
3 (cap.) ASTR. Unicorn. *4* ZOOL. ~ *de mar* or
marino, unicorn whale, sea unicorn, narwhal.
unidad *f.* unity [oneness, due interconnexion or
coherence of parts]. *2* union, concord. *3* unit.
4 RHET., MATH., F. ARTS unity : *las tres unidades: de acción, lugar y tiempo,* the dramatic
unities : unities of action, place and time.
unidamente *adv.* unitedly. *2* in union or concord.
unido, da *adj.* united. *2* being in union or concord.
unificación *f.* unification.
unificador, ra *adj.* unifying. — *2 m. & f.* unifier.
unificar *tr.* to unify. — *2 ref.* to be or become
unified.
unifiqué, unifique, etc., *pret., subj. & imper.* of
UNIFICAR.
unifoliado, da *adj.* BOT. unifoliate.
uniformador, ra *adj.* uniforming. — *2 m. & f.*
uniformer.
uniformar *tr.* to uniform [make uniform], to
standardize. *2* to uniform [clothe in uniform].
uniforme *adj.* uniform. — *2 m.* uniform; regimentals.
uniformemente *adv.* uniformly.
uniformidad *f.* uniformity.
unigénito, ta *adj.* unigenital, only-begotten.
unilateral *adj.* unilateral.

unión *f.* union [uniting, being united; coalition,
junction; whole resulting from combination of
parts or members]. *2* union, marriage, wedding.
3 union, concord, agreement. *4* union, association.
5 contiguity. *6* two finger rings linked together.
7 SURG. closing of the lips of [a wound]. *8*
MACH. coupling, connecting, connexion, fastening,
jointing, joint. *9* COM. amalgamation, consolidation, merger.
unionista *adj.* unionistic. — *2 m. & f.* unionist.
unípara *adj.* uniparous.
unípede *adj.* one-footed.
unipersonal *adj.* unipersonal.
unipolar *adj.* ELEC. single-pole.
unir *tr.* to unite, join, adjoin, connect, attach,
combine, consolidate, amalgamate. *2* to unite
[in interest, affection, fellowship, etc.]. *3* to
unite, marry [two persons, a person to another].
— *4 ref.* to unite [be or become united, attached,
etc.], to coalesce. *5* to unite, join [in an act,
act in concert]. *6* to unite [enter into an
association or group], to join, adhere. *7* to be
contiguous. *8* to unite, marry [get married]. *9*
COM. to amalgamate, merge.
unisexual *adj.* BOT. unisexual.
unísono *adj.* UNÍSONO. — *2* MUS. unison.
unisonancia *f.* MUS. unisonance. *2* monotony.
unisonar *intr.* MUS. to sound or be in unison.
unísono, na *adj.* unison, unisonant, unisonous. *2*
al ~, in unison, unanimously.
unitario, ria *adj.* unitary. — *2 m. & f.* POL.
unitarian. *3* THEOL. Unitarian.
unitarismo *m.* POL. unitarianism. *2* THEOL. Unitarianism.
unitivo, va *adj.* unitive.
univalvo, va *adj.* ZOOL. univalve.
u. versal *adj.* universal. — *2 m.* LOG. universal.
universalicé, universalice, etc,. *pret., subj. &
imper.* of UNIVERSALIZAR.
universalidad *f.* universality.
universalización *f.* universalization.
universalizar *tr.* to universalize.
universalmente *adj.* universally.
universidad EDUC., HIST. university. *2* universe,
world. *3* universality.
universitario, ria *adj.* universitarian, university :
extensión universitaria, university extension. —
2 m. university professor.
universo, sa *adj.* universal. — *2 m.* universe,
world.
univocación *adj.* univocity.
unívocamente *adv.* univocally.
unívoco, ca *adj.* univocal.
unjo, unja. etc., *pres., subj. & imper.* of UNGIR.
uno, na *adj.* one [undivided, united, constituting
a whole]. *2* one, identical, the same : *todo es* ~,
all is the same. *3* ~ *que otro, una que otra,* a
few, occasionally : ~ *que otro día* (or *un día
que otro*), once in a while, occasionally. *4 pl.*
a few; some [approximately so many of] : *unas
pesetas,* a few pesetas; *unos veinte minutos,*
some twenty minutes. *5 unos cuantos, unas
cuantas,* a few. — *6 adj. & m.* one [numeral] :
el número ~, the number one ; — *7 pron.* one
[one person or thing; someone] ; one of them :
cada ~, each; everyone; *de* ~, one's; *en* ~, in
one; *los unos a los otros,* one another; ~ *a
otro,* each other, mutually; ~ *a, de* ~ *en*
~, one by one; in single file; ~ *con otro,* on
an average; ~ *por* ~, one by one, separately;
~ *y otro,* both; *unos y otros,* all of them. *8 pl.*
some, some people. — *9 la una,* one o'clock.
10 una y no más, never again. *11 a una,* unanimous, of one accord; jointly. *12 de una,* at
one time, at one stroke; once for all.
untada *f.* slice of bread buttered, oiled or spread
with honey, etc.
untador, ra *adj.* oiling, greasing, smearing. — *2
m. & f.* oiler, greaser, smearer.
untadura *f.* anointing, oiling, greasing. *2* ointment,
unguent.
untamiento *m.* anointing, oiling, greasing.
untar *tr.* to anoint, grease, oil, smear. *2* fig. to
grease, bribe : ~ *las manos,* to grease the palm.
— *3 ref.* to be greased, grease oneself, get smeared.
4 fig. to practice embezzlement.
untaza *f.* grease, fat [of animals].
unto *m.* ointment, unguent. *2* grease, fat [of
animals]. *3* fig. ~ *de Méjico* or *de rana,* bribe
money.

untuosidad *f.* unctuosity, greasiness.
untuoso, sa *adj.* unctuous, greasy.
untura *f.* anointing, oiling, greasing. 2 MED. unction.
3 ointment.
unzo, unza, etc., *pres., subj. & imper.* of UNCIR.
uña *f.* ANAT., ZOOL. nail, fingernail, toenail; claw,
talon : *afilar,* or *afilarse, las uñas,* fig. to sharpen
one's wits; *caer en las uñas de,* fig. to fall
into the clutches of; *enseñar las uñas,* fig. to
show one's teeth; *estar de uñas,* fig. to be on
bad terms, to be at loggerheads; *hincar la* ~,
to extort an immoderate price; to pilfer; *sacar
las uñas,* fig. to put forth all one's cleverness,
courage, etc., in a difficulty; *ser largo de uñas,*
fig. to be of a thievish disposition; *ser* ~ *y
carne,* fig. to be hand and glove; *tener las uñas
afiladas,* to be a slick thief; to be of a thievish
disposition. 2 ZOOL. hoof : *a* ~ *de caballo,* at
full gallop; at full speed. 3 sting [of scorpion].
4 BOT. thorn. 5 stub [of limb of tree]. 6 ANAT.
excrescence on the lachrymal caruncle. 7 curved
point [of some metal instruments]. 8 nail hole
[of a penknife, etc.]. 9 NAUT. fluke, bill [of
anchor]. 10 BOT. ~ *de caballo,* coltsfoot. 11 BOT.
~ *gata,* restharrow.
uñada *f.* nail scratch. 2 mark impressed with the
edge of the nail. 3 push with the nail.
uñarada *f.* nail scratch.
uñate *m.* coll. pinch with the nail. 2 chuckfarthing
[game].
uñero *m.* ingrowing nail.
uñeta *m.* dim. of UÑA. 2 small curved point [of
some metal instruments]. 3 stonecutter's chisel.
4 chuckfarthing [game]. 5 (Chi.) a thimble-
shaped plectrum made of tortoise shell.
uñetazo *m.* UÑADA. 2 UÑARADA.
uñi *m.* BOT. (Chi.) a myrtaceous shrub with edible
berries.
uñoso, sa *adj.* having long nails or claws.
¡upa! *interj.* up, up!, hoop-la!
upar *tr.* AUPAR.
upas *m.* BOT. upas [tree and sap].
upupa *f.* ABUBILLA.
Urales (los) *m. pl.* GEOG. the Urals.
uralita *f.* MINER. uralite.
Urania *f. pr. n.* MYTH. Urania.
uranio, nia *adj.* uranic, celestial, astronomical. 2
CHEM. uranic. — *3 m.* CHEM. uranium.
uranita *f.* MINER. uranite.
Urano *m. pr. n.* ASTR. Uranus.
uranografía *f.* uranography.
uranógrafo, fa *m. & f.* uranographist.
uranometría *f.* uranometry.
urao *m.* TRONA.
urato *m.* CHEM. urate.
urbanamente *adv.* courteously, politely.
urbanicé, urbanice, etc., *pret., subj. & imper.* of
URBANIZAR.
urbanidad *f.* urbanity, civility, manners.
urbanismo *m.* city planning.
urbanista *m. & f.* city planner, town planner.
urbanización *f.* urbanization. 2 city planning,
town planning; laying out of land for building.
urbanizar *tr.* to urbanize, render urbane. 2 to
urbanize [render urban], to lay out [land] for
building, for a town.
Urbano *m. pr. n.* Urban.
urbano, na *adj.* urban. 2 urbane, courteous, polite.
— *3 m.* town policeman.
urbe *f.* large city, metropolis.
urca *f.* ORCA. 3 NAUT. an ancient craft for carrying
grain, etc.
urce *m.* BOT. heath.
urceolado, da *adj.* urceolate.
urchilla *f.* archil, orchil [plant and dye].
urdidera *f.* WEAV. woman warper. 2 WEAV. warper
[machine].
urdidor, ra *adj.* WEAV. warping. 2 fig. plotting,
contriving. — *3 m. & f.* WEAV. warper [worker].
4 fig. plotter, contriver. — *5 m.* WEAV. warper
[machine].
urdidura *f.* WEAV. warping.
urdiembre, urdimbre *f.* WEAV. warp. 2 fig. warping.
urdir *tr.* WEAV. to warp. 2 fig. to plot, contrive.
urea *f.* BIOCHEM. urea.
ureido *m.* CHEM. ureide.
uremia *f.* MED. uræmia.
urémico, ca *adj.* uræmic.
urente *adj.* hot, burning, smarting.
ureter *m.* ANAT. ureter.

urétera *f.* URETRA.
urético, ca *adj.* URETRAL.
uretra *f.* ANAT. urethra.
uretral *adj.* urethral.
uretritis *f.* MED. urethritis.
uretroscopia *f.* urethroscopy.
uretroscopio *m.* urethroscope.
uretrotomia *f.* SURG. urethrotomy.
uretrótomo *m.* urethrotome.
urgencia *f.* urgency. 2 MED emergency : *cura de*
~, emergency treatment.
urgente *adj.* urgent, pressing.
urgentemente *adv.* urgently, pressingly.
urgir *intr.* to press, be urgent [demand immediate
action].
Urías *m. pr. n.* BIB. Uriah.
úrico, ca *adj.* uric.
urinal *adj.* urinary.
urinario, ria *adj.* urinary. — *2 m.* urinal [place].
urjo, urja, etc., *pres., subj. & imper.* of URGIR.
urna *f.* urn, casket. 2 glass case. 3 ballot box.
uro *m.* ZOOL. aurochs.
urobilina *f.* BIOCHEM. urobilin.
urodelo, la *adj.* ZOOL. urodelan, urodelous. — *2 m.*
ZOOL. urodelan. *3 m. pl.* ZOOL. Urodela, Caudata.
urogallo *m.* ORN. capercailye, capercailzie.
urogenital *adj.* urogenital.
urología *f.* urology.
urólogo *m.* urologist.
uromancia *f.* uromancy.
uropigio *m.* ORN. uropygium.
urópodo *m.* ZOOL. uropod.
uroscopia *f.* uroscopy.
urraca *f.* ORN. magpie. 2 coll. magpie [chatterer].
Ursa *f.* ASTR. Ursa, Bear.
úrsido, da *adj.* ZOOL. ursine. — *2 m. pl.* ZOOL.
Ursidæ.
ursina *adj.* V. BRANCA URSINA.
ursulina *adj. & f.* Ursuline.
urticáceo, a *adj.* BOT. urticaceous. — *2 f. pl.* BOT.
Urticaceæ.
urticante *adj.* urticant.
urticaria *f.* MED. urticaria, nettle rash, hives.
urubú *pl.* -**búes** *m.* ORN. urubu, black vulture.
uruguayo, ya *adj. & n.* Uruguayan.
urunday, urundey *m.* BOT. (Arg.) a timber tree.
urutaú *m.* ORN. (Arg.) a kind of barn owl.
usadamente *adv.* according to custom.
usado, da *p. p.* of USAR. — *2 adj.* used, employed.
3 worn-out, old [impaired by use]. 4 second-
hand [clothes]. 5 inured, accustomed, skilled.
usagre *m.* MED. infantile eczema. 2 VET. mange on
the neck of dogs, horses, etc.
usanza *f.* usage, custom, fashion.
usar *tr.* to use [make use of, enjoy the use of].
2 to wear [an article of dress, etc.]. — *3 tr. &
intr.* to use to, be wont or accustomed to. —
4 ref. to be used, be in use or fashion.
usarcé, usarced *m. & f.* (*contr.* of VUESA MERCED)
your honour.
usencia *m. & f.* (*contr.* of VUESTRA REVERENCIA)
your reverence.
useñoría *m. & f.* (*contr.* of VUESTRA SEÑORÍA) your
grace, your lordship, your ladyship.
usgo *m.* ASCO.
usía *m. & f.* USEÑORÍA.
usier *m.* UJIER.
uso *m.* use [using, employment, right or power
of using]; wear, wearing, wear and tear : *en
buen* ~, in good condition; *para todo* ~, for
all, or hard, wear. 2 usage, custom, fashion :
al ~, *a* ~, according to usage or custom. 3 habit,
practice. 4 LAW usage. 5 ~ *de razón,* discretion,
discernment, power of judging by oneself; time
or age when a child begins to be able to judge
by himself.
ustaga *f.* OSTAGA.
usted, *pl.* **ustedes** *pron.* (used with the third person
of verb) you : *de* ~, *de ustedes,* your, yours. ¶
Usually abbreviated *V., Vd., U., Ud.* [sing.] and
VV., Vds., UU., Uds. [plur.].
ustible *adj.* easily burnt.
ustión *f.* burning.
ustorio *adj.* burning [glass].
usual *adj.* usual, customary, habitual. 2 affable,
sociable.
usualmente *adv.* usually, generally.
usuario, ria *adj.* usuary; user.
usucapión *f.* LAW usucapion, usucaption.
usucapir *tr.* LAW to usucapt.

usufructo *m.* LAW usufruct. 2 fruits, profits
usufructuar *tr.* to usufruct, enjoy the usufruct of.
— 2 *intr.* to yield profit.
usufructuario -ria *adj. & n.* usufructuary.
usura *f.* usury.
usurar *intr.* USUREAR.
usurariamente *adv.* usuriously.
usurario, ria *adj.* usurious.
usurear *intr.* to practice usury. 2 to make inordinate profits.
usurero, ra *m. & f.* usurer.
usurpación *f.* usurpation.
usurpador, ra *adj.* usurping. — 2 *m. & f.* usurper.
usurpar *tr.* to usurp. 2 to encroach upon.
ut *m.* MUS. ut.
utensilio *m.* utensil. 2 tool [mechanical implement].
uterino, na *adj.* uterine.
útero *m.* ANAT. uterus, womb.
útil, *pl.* -tiles *adj.* useful, profitable. 2 LAW lawful, legal [time]. 3 MECH. effective, available. — 4 *m.* utensil, tool, implement. 5 UTILIDAD.
utilicé, utilice, etc., *pret., subj. & imper.* of UTILIZAR.
utilidad *f.* utility, usefulness, profitableness 2 fruit, profit.
utilitario, ria *adj.* utilitarian.
utilitarismo *m.* utilitarianism.
utilizable *adj.* utilizable, available.
utilizar *tr.* to utilize, use. — 2 *ref. utilizarse de.* to profit by, turn to account.
útilmente *adv.* usefully, profitably.
utopía *f.* Utopia.

utópico, ca *adj.* Utopian.
utopista *adj. & n.* Utopian.
utrero, ra *m. & f.* bull or heifer from two to three years old.
ut supra *Lat. adv.* ut supra, as above.
uva *f.* BOT. grape : ~ *pasa,* raisin; *estar hecho una* ~, coll. to be soaked, very drunk; *no entrar por uvas,* coll. not to risk taking part in an affair. 2 BOT. berry of the barberry bush. 3 MED. uvular tumor. 4 wart on the eyelid. 5 BOT. ~ *cana,* ~ *de gato,* sedum, white stonecrop. 6 BOT. ~ *crespa,* ~ *spina,* gooseberry. 7 BOT. ~ *de playa,* sea-grape berry. 8 BOT. ~ *de raposa,* nightshade. 9 BOT. ~ *lupina,* wolfsbane. 10 ~ *marina,* BOT. joint fir; ZOOL. sea grape. 11 BOT. ~ *taminea,* ~ *taminia,* stavesacre.
uvada *f.* abundance of grapes.
uvaduz *f.* GAYUBA.
uval *adj.* grape-like.
uvate *m.* conserve of grapes.
uvayema *f.* BOT. a kind of wild grapevine.
uve *f.* name of the letter *v.*
úvea *f.* ANAT. uvea.
uveral *m.* (Am.) grove of sea grapes.
uvero, ra *adj.* grape [pertaining to the grapes]. — 2 *m. & f.* grape seller. — 3 *m.* BOT. sea grape.
uvilla *f.* BOT. (Chi.) a kind of red currant.
úvula *f.* ANAT. uvula.
uvular *adj.* uvular.
uxoricida *m.* uxoricide [man].
uxoricidio *m.* uxoricide [act].
uyama *f.* (Ve.) a kind of gourd.
uzas *f.* ZOOL. a Brazilian crab.

V

V, v _f._ V, v, twenty-fifth letter of the Spanish alphabet.

va _3d. sing. pres. ind._ of IR.

vaca _f._ ZOOL. cow [female of bovine animal] : ~ _de leche,_ ~ _lechera,_ milch cow. 2 beef [meat]. 3 cow leather, cowskin. 4 joint stock of two gamblers. 5 ENTOM. ~ _de san Antón,_ ladybird, ladybug. 6 ZOOL. ~ _marina,_ sea cow, manatee. 7 ICHTH. ~ _tembladera,_ torpedo, electric ray.

vacación, _pl._ **-nes** _f._ vacancy [of a post; unoccupied post]. 2 _sing. & pl._ vacation, holiday, holidays : _vacaciones pagadas,_ vacation on pay.

vacada _f._ herd of bovine cattle.

vacancia _f._ vacancy [unoccupied post].

vacante _adj._ vacant, unoccupied [post, place, etc.]. — 2 _f._ vacancy [unoccupied post]. 3 vacation [period]. 4 ECCL. rent falling due during the vacancy of a benefice.

vacar _intr._ to give up work or occupation temporally, to take a vacation. 2 [of a post, office, etc.] to be vacant. 3 ~ _a,_ to attend to, devote oneself to 4 ~ _de,_ to lack, be devoid of.

vacarí, _pl._ **-ríes** _adj._ covered with cowskin [shield].

vacatura _f._ vacancy [time].

vaccinieo, a _adj._ BOT. vacciniaceous. — 2 _f. pl._ BOT. Vacciniaceae.

vaciadero _m_ drain, drain pipe. 2 dumping place; sink.

vaciadizo, za _adj._ cast, moulded.

vaciado, da _p. p._ of VACIAR. — 2 _m._ cast; casting [in a mould]. 3 ARCH. hollow, excavation. 4 ARCH. sunken part in the dado of a pedestal. 5 sharpening of razors on a grindstone.

vaciador _m._ emptier. 2 F. ARTS moulder, caster. 3 sharpener, grinder [of razors].

vaciamiento _m._ emptying. 2 casting, moulding.

vaciar _tr._ to empty. 2 to cast [form in a mould]. 3 ARCH. to excavate, hollow out. 4 to sharpen [razors] on the grindstone. 5 to expound [a doctrine] in extenso. 6 to transfer, translate [ideas, etc.] from a writing into another. — 7 _intr._ [of a river] to empty, flow, discharge itself. 8 [of a river, etc.] to fall, decrease. — 9 _ref._ to empty [become empty]. 10 fig. to blab, spill, speak indiscreetly.

vaciedad _f._ inanity, silliness. 2 inanity, silly or foolish remark.

vacilación _f._ vacillation. 2 unsteadiness. 3 flickering. 4 hesitation.

vacilante _adj._ vacillating, wavering. 2 staggering, unsteady. 3 flickering. 4 hesitating, irresolute.

vacilar _intr._ to vacillate, waver. 2 to reel, stagger, totter. 3 to flicker. 4 to fluctuate, hesitate.

vacío, a _adj._ empty, void, vacuous. 2 vacant, unoccupied. 3 having no young [female in a flock or herd]. 4 empty, hollow, vain, inane. 5 vain, fruitless, useless. 6 idle [unoccupied]. 7 concave,

hollow. 8 vain, presumptuous and giddy. — 9 _m._ emptiness, void [empty space]. 10 PHYS. vacuum: _tubo de_ ~, ELEC. vacuum tube. 11 gap, blank. 12 fig. void [made by death, loss or want]. 13 vacancy. 14 concavity, hollow. 15 flank [of animals]. 16 side, part of the human body between the ribs and the hip. 17 _hacer el_ ~ _a,_ to isolate, ignore, make people ignore [one]. 18 _de_ ~, [of carts, mules, etc.] unloaded; fig. idle, idling; fig. emptyhanded, unsuccessfully.

vaco, ca _adj._ vacant [post, place].

vacuidad _f._ vacuity, emptiness. 2 inaneness.

vacuna _f._ cowpox. 2 vaccine.

vacunación _f._ vaccination.

vacunador _m._ vaccinator.

vacunar _tr._ to vaccinate.

vacuno, na _adj._ bovine, pertaining to bovine cattle. 2 of cowskin

vacuo, a _adj._ empty. 2 vacant, unoccupied. — 3 _m._ void; concavity, hollow.

vacuola _f._ BIOL. vacuole.

vade _m._ school portfolio, satchel.

vadeable _adj._ fordable. 2 fig. conquerable, superable.

vadeador _m._ guide in fording streams.

vadear _tr._ to ford, wade [a stream]. 2 to conquer, overcome [a difficulty]. 3 to sound [a person]. 4 to penetrate, understand. — 5 _ref._ to conduct oneself; to manage.

vademécum _m._ vade mecum. 2 VADE.

vadera _f._ wide ford.

vade retro _Lat._ avaunt!

vado _m._ ford : _al_ ~ _o a la puente,_ choose one way or the other; _tentar el_ ~, fig. to feel one's way, to proceed cautiously. 2 fig. expedient, resource : _no hallar_ ~, to see no way out, to have no solution.

vadoso, sa _adj._ fordy, shallow, shoaly.

vagabundear _intr._ to wander, amble, roam, rove. 2 to idle, loaf, loiter about.

vagabundeo _m._ wandering, rambling, roaming. 2 vagabondage, vagrancy.

vagabundo, da _adj._ vagabond, wandering. — 2 _m. & f._ vagabond, wanderer, vagrant, tramp.

vagamente _adv._ vaguely.

vagamundear _tr._ VAGABUNDEAR.

vagamundo, da _adj. & n._ VAGABUNDO.

vagancia _f._ idleness, loafing. 2 vagrancy.

vagante _adj._ idle; at leisure. 2 wandering, vagabond.

1) **vagar** _m._ leisure, time. 2 idleness : _andar de_ ~, _estar de_ ~, to be idle. 3 slowness, deliberateness.

2) **vagar** _intr._ to wander, roam. 2 to be idle, without occupation. 3 to be at leisure. 4 [of a thing] to lie around.

vagarosamente _adv._ wanderingly.

vagaroso, sa _adj._ poet. errant, wandering, fluttering.

vagido _m._ cry of the newborn child.

vagina _f._ ANAT. vagina.

vaginal *adj.* vaginal.
vaginitis *f.* MED. vaginitis.
vagneriano, na *adj.* & *n.* Wagnerian.
vagnerismo *m.* Wagnerism.
vago, ga *adj.* wandering, roaming. 2 idle, loafing. 3 vague, indistinct, lax, loose. 4 vacant, blank [stare]. 5 PAINT. hazy, vaporous. 6 ANAT. vagus. 7 unimproved [plot of ground]. — 8 *m.* idler, loafer. 9 vagrant. 10 ANAT. vagus, vagus nerve. 11 *en* ~, unsteadily; in vain; in the air, at nothing [blow].
vagón *m.* RLY. carriage, car, coach, wagon, van : ~ *cisterna*, tank car; ~ *de carga* or *de mercancías*, goods wagon, freight car; ~ *de cola*, caboose; ~ *de pasajeros*, coach, passenger car. 2 RLY. van for transporting furniture.
vagoneta *f.* small wagon, open railway truck.
vaguada *f.* thalweg, line following the lowest part of a valley.
vagueación *f.* vagary, flight of fancy.
vagueante *adj.* wandering, roaming.
vaguear *intr.* to wander, roam.
vaguedad *f.* vagueness. 2 vague remark or statement.
vaguemaestre *m.* MIL. wagon master.
vaguido, da *adj.* dizzy, giddy. — 2 *m.* VAHÍDO.
vahaje *m.* gentle breeze.
vahar *intr.* VAHEAR.
vaharada *f.* breath, breathing, exhalation.
vaharera *f.* MED. thrush.
vaharina *f.* coll. vapour, mist.
vahear *intr.* to exhale or emit fumes or vapour.
vahido *m.* vertigo, dizziness, swoon.
vaho *m.* fume, vapour, exhalation, breath.
vaída *adj.* ARCH. Byzantine [vault].
vaina *f.* sheath, case [for the blade of a weapon or tool], scabbard. 2 BOT. sheath, vagina. 3 BOT. pod, shell. 4 NAUT. tabling [of a flag or sail]. 5 (Col., C. Ri.) bother, nuisance. — 6 *m.* coll. despicable person.
vainazas, *pl.* -**zas** *m.* coll. sloven [careless and lazy person].
vainero *m.* sheath or scabbard maker.
vainica *f.* SEW. hemstitch.
vainilla *f.* BOT. vanilla [plant and fruit]. 2 BOT. American heliotrope. 3 VAINICA.
vainillina *f.* CHEM. vanillin.
vainita *f.* BOT. (Am.) string bean.
vais *irr.* 2nd. pers. pl. pres. ind. of IR.
vaivén *m.* to-and-fro motion, reciprocating movement, seesaw, swing, fluctuation. 2 fig. up and down, inconstancy [of fortune or things]. 3 NAUT. ratline.
vajilla *f.* table service, dinner set, tableware set, plate : ~ *de oro*, gold plate; ~ *de plata*, silver plate, silverware.
val *m.* contr. of VALLE [mostly used in composition] valley.
valaco, ca *adj.* & *n.* Walachian. — 2 *m.* Walachian [language].
Valaquia *f. pr. n.* GEOG. Walachia.
valar *adj.* [pertaining to the] wall, fence or palisade. 2 HIST. vallar [crown].
valdense *adj.* & *n.* Waldensian.
valdré, valdría, etc., *irr.* V. VALER.
1) **vale** *m.* promissory note. 2 receipt, voucher. 3 bonus given to schoolboys.
2) **vale** *Lat.* vale, farewell.
valedero, ra *adj.* valid, efficacious.
valedor, ra *m.* & *f.* protector, defender, helper.
valedura *f.* (Am.) VALIMIENTO.
valencia *f.* CHEM. valence, valency.
valencianismo *m.* Valencianism.
valenciano, na *adj.* & *n.* Valencian.
valentía *f.* valour, courage, bravery. 2 feat, heroic exploit. 3 extraordinary effort. 4 LIT., F. ARTS dash, boldness. 5 brag, braggadocio [bragging of one's courage] : *pisar de* ~, to strut, to swagger.
Valentín *m. pr. n.* Valentine.
valentiniano, na *adj.* Valentinian.
valentino, na *adj.* Valencian.
valentísimo, ma *adj. superl.* very or most valiant or courageous. 2 pre-eminent, excelling [in an art or science].
valentón, na *adj.* blustering, arrogant. — 2 *m.* & *f.* blusterer, braggard, hector, bully. — 3 *f.* VALENTONADA.
valentonada *f.* bluster, brag, braggadocio.
1) **valer** *m.* worth, merit, value.
2) **valer** *tr.* to protect, defend, help. 2 to produce,

give, yield [a specified profit, income, etc.]. 3 to bring, bring upon, procure, cause to obtain or get. 4 to amount to. 5 to cost, be of the value of. 6 to be worth, have the value of, be valued at, be equal or equivalent to : *el reloj vale dos mil pesetas*, the watch is worth two thousand pesetas; *esto no vale nada*, this is worth nothing; *una blanca vale dos negras*, MUS. a half note has the value of two quarter notes; ~ *lo que pesa* or *tanto como pesa*, to be worth his (her, its) weight in gold. 7 to be worth [be deserving, be bringing compensation for] : ~ *la pena*, to be worth the trouble, be worth while; to be important. 8 *valga lo que valiere*, come what may. 9 *¡válgame Dios!*, good Heavens!, bless me!, bless my soul! — 10 *intr.* to be of worth, be valuable, possess merit or value; to be useful, able, proficient, skilled. 11 to have power, authority or influence. 12 to avail, be of use or advantage, have force or efficacy to accomplish the object. 13 to be, or serve as, a protection. 14 to be valid, good, available, to hold, count. 15 [of a coin] to be good, legal, current. 16 to prevail [over or against]. 17 *hacer* ~, to make feel, bring to bear; to turn to account; to assert [one's rights, etc.]. 18 ~ *más*, to be better : *más vale, más valiera* it is better, it would be better; *más vale tarde que nunca*, better late than never. 19 ~ *para* to be useful for. 20 ~ *por*, to be worth, to be as good as. 21 ~ *tanto como*, to be as much as : *vale tanto como decir*, it is as much as to say. — 22 *ref.* to help oneself, defend oneself, take care of oneself : *no poder valerse* or *no poderse valer*, to be helpless; *valerse por sí mismo*, to help oneself. 23 *valerse de*, to make use of, avail oneself of, take advantage of, have recourse to.
¶ CONJUG.: INDIC. Pres.: *valgo, vales, vale; valemos, valéis, valen.* | Fut.: *valdré, valdrás, valdrá; valdremos, valdréis, valdrán.* | COND.: *valdría, valdrías, valdría; valdríamos, valdríais, valdrían.* | SUBJ. Pres.: *valga, valgas valga; valgamos, valgáis, valgan.* | IMPER.: *val* or *vale, valga; valgamos, valed, valgan.*
valeriana *f.* BOT. valerian, setwall.
valerianáceo, a *adj.* BOT. valerianaceous. — 2 *f. pl.* BOT. Valerianaceæ.
valerianato *m.* CHEM. valerianate.
valeriánico, ca *adj.* CHEM. valeric.
valerosamente *adv.* valiantly, valorously, bravely, courageously.
valerosidad *f.* valour, bravery, courage.
valeroso, sa *adj.* valiant, valorous, brave, courageous. 2 strong, active, powerful.
valetudinario, ria *adj.* & *n.* valetudinarian [of infirm health].
valgo, valga, etc., *irr.* V. VALER.
valí *m.* vali, wali.
valía *f.* value, worth. 2 favour, influence, favour at court. 3 ECON. *mayor* ~, *plus* ~, unearned increment.
valiato *m.* vilayet; Mussulmanic province.
validación *f.* validation.
válidamente *adv.* validly.
validar *tr.* to validate.
validez *f.* validity.
válido, da *adj.* valid. 2 strong, robust, powerful.
valido, da *adj.* generally accepted or esteemed. — 2 *m.* favorite [of a prince]. 3 prime minister [of a king or ruler].
valiente *adj.* valiant, brave, courageous. 2 strong, robust, vigorous, powerful. 3 fig. fine, excellent. 4 fig. great, excessive. 5 LIT., F. ART. bold, dashing. — 6 *m.* & *f.* valiant, brave person. — 7 *m.* braggard, bully.
valientemente *adv.* bravely, courageously, intrepidly. 2 vigorously, powerfully. 3 LIT., F. ARTS boldly.
valija *f.* valise, suitcase. 2 mailbag. 3 mail, post : ~ *diplomática*, diplomatic mail.
valijero *m.* mail carrier.
valijón *m.* augm. of VALIJA.
valimiento *m.* favour, good graces, influence; favour at court. 2 protection, defense, help, support.
valioso, sa *adj.* valuable [of great value, price or worth]; powerful. 2 rich, wealthy.
valisoletano, na *adj.* [pertaining to] Valladolid. — 2 *m.* & *f.* native or inhabitant of Valladolid.
valón, na *adj.* & *n.* Walloon. 2 *u valona*, w [letter]. — 3 *f.* Vandyke collar.

valor, pl. **-res** m. value [worth, utility, desirability; equivalent; import; valuation]; ~ *recibido,* value received; *dar mucho ~ a,* to set a high value on. 2 COM., ECON., MATH., MUS., PAINT. value; ~ *nominal,* par value, face value. 3 amount. 4 importance. 5 validity, force. 6 valour, courage. 7 fig. audacity, impudence; cheek, nerve. 8 pl. COM. securities, bonds, stocks.

valoración f. valuation, appraisal. 2 CHEM. standardization [of a solution]. 3 increasing the value [of a thing].

valorar, valorear tr. to value, appraise. 2 CHEM. to standardize [a solution]. 3 to increase the value of, to valorize.

valoría f. value, worth.

valoricé, valorice, etc., pret., subj. & imper. of VALORIZAR.

valorización f. valuation, appraisal. 2 valorization, increasing the value [of a thing].

valorizar tr. to value, appraise. 2 to valorize, to increase the value of.

valquiria f. MYTH. Valkyrie.

vals m. waltz.

valsar intr. to waltz.

Valtelina f. pr. n. GEOG. Valtelline.

valuación f. valuation, appraisal.

valuar tr. to value, appraise, rate.

valva f. BOT. valve. 2 ZOOL. valve [piece of a shell; shell in one piece].

valvasor m. vavasor, valvasor.

válvula f. MACH., RADIO., ANAT. valve: ~ *de admisión,* steam valve, intake valve; ~ *de corredera,* slide valve; ~ *de derivación,* by-pass valve; ~ *de descarga,* blow-off valve; ~ *de escape,* exhaust valve; ~ *de estrangulación,* throttle valve; ~ *de seguridad,* safety valve; ~ *mitral,* mitral valve; ~ *tricúspide,* tricuspid valve.

valvular adj. valvular.

valla f. paling, fence, stockade, barrier. 2 fig. barrier, obstacle, impediment. 3 SPORT hurdle.

valladar m. barrier, rampart, defence; protective obstacle.

valladear tr. VALLAR.

vallado m. fence, stockade, inclosure.

1) **vallar** adj. VALAR.

2) **vallar** tr. to fence, palisade [enclose with pales, stakes, a wall, etc.].

valle m. valley, vale; *este ~ de lágrimas,* fig. this vale of tears. 2 river basin.

vallecito, vallejo, vallejuelo m. dim. small walley, dale, glen, dell.

vallico m. BALLICO.

vallisoletano na adj. [pertaining to] Valladolid. — 2 m. & f. native or inhabitant of Valladolid.

vamos 1st pers. pl. pres. ind. & imper. of IR. — 2 interj. well!, come now!; let's go!; stop!

vampiresa f. vampire. vamp [woman].

vampiro m. vampire, ghoul. 2 fig. vampire, usurer. 3 ZOOL. vampire, vampire bat.

van 3rd pers. pl. pres. ind. of IR.

vanadato, vanadiato m. CHEM. vanadate.

vanádico, ca adj. CHEM. vanadic.

vanadio m. CHEM. vanadium.

vanagloria f. vainglory, boastfulness, pride, conceit.

vanagloriarse ref. to boast [of], to be vainglorious.

vanagloriosamente adv. vaingloriously.

vanaglorioso, sa adj. vainglorious, boastful; conceited.

vanamente adv. vainly, in vain.

vandálico, ca adj Vandal, Vandalic. 2 vandalic, vandalish.

vandalismo m. vandalism.

vándalo, la adj. & n. HIST. Vandal. — 2 m. fig vandal.

vandeano ,na adj. & n. Vendean.

Vandoma f. pr. n. GEOG. Vendome.

vanear intr. to talk idly, to talk nonsense.

vanguardia f. MIL. van, vanguard; a ~, in the van.

vanidad f. vanity [futility, emptiness, unreality; unsubstantial or unreal thing]. 2 empty word, inanity. 3 vanity [empty pride, conceit; ostentatious display]: *hacer ~ de,* to boast of.

vanidoso, sa adj. vain, conceited. — 2 m. & f. vain person.

vanilocuencia f. verbosity, empty talk.

vanílocuente; vanílocuo, cua adj. empty [talker].

vaniloquio m. empty talk.

vanistorio m. coll. ridiculous vanity. 2 coll. vain person.

vano, na adj. vain [unsubstancial, empty, idle; useless, ineffectual] : *en ~,* in vain. 2 hollow, empty : *nuez vana,* hollow walnut. 3 empty [word]. 4 vain, conceited. — 5 m. ARCH. opening [for a door or window].

vapor, pl. **-res** m. PHYS. vapour. 2 steam : *buque de ~,* steamboat; *al ~,* fig. swiftly, with all speed. 3 mist, exhalation. 4 NAUT. steamboat, steamship, steamer. 5 pl. vapours, hysterics.

vapora f. coll. steam launch.

vaporable adj. evaporable, volatile.

vaporación f. EVAPORACIÓN.

vaporar tr. & ref. EVAPORAR.

vaporear tr. & ref. EVAPORAR. — 2 intr. to exhale vapours.

vaporicé, vaporice, etc., pret., subj. & imper. of VAPORIZAR.

vaporización f. vaporization.

vaporizador m. vaporizer.

vaporizar tr. to vaporize.

vaporoso, sa adj. vaporous, emitting vapours. 2 vaporous, vapoury, airy, ethereal.

vapulación f.; **vapulamiento** m. flogging, vapulation.

vapular tr. to flog, whip.

vapuleador, ra adj. flogging, whipping. — 2 m. & f. flogger, whipper.

vapuleamiento m. VAPULACIÓN.

vapulear tr. VAPULAR.

vapuleo m. VAPULACIÓN.

vaqué, vaque, etc., pret., subj. & imper. of VACAR.

vaquear tr. [of bulls] to cover [cows] frequently.

vaquería f. VACADA. 2 byre, cow-house, dairy.

vaquerizo, za adj. pertaining to bovine cattle. — 2 m. cowherd, cowboy. — 3 f. cowherdess. 4 winter stable for cattle.

vaquero, ra adj. pertaining to cowherds. — 2 m. cowherd, cowboy. — 3 f. cowherdess.

vaqueta f. calf leather.

vaquilla f. dim. small cow. 2 (Chi.) heifer under two years.

vara f. stick, rod, switch, wand. 2 rod, wand, verge, staff, cane [symbol of office or emblem of authority] : *tener ~ alta,* to have authority or influence. 3 shaft, thill [of a carriage]. 4 scape [of a tuberose, white lily, etc.] with its flowers. 5 BULLF. thrust with the pike at the bull. 6 vara [unit of length, about 2,8 ft.]; measuring stick of this length. 7 BOT. ~ *de Jesé,* tuberose.

varada f. NAUT. beaching of a boat. 2 NAUT. running aground.

varadera f. NAUT. skid, skeed.

varadero m. NAUT. place where boats are taken ashore for safety. 2 repair dock. 3 NAUT. ~ *del ancla,* anchor-fluke chock.

varadura f. VARADA.

varal m. long pole or perch. 2 horizontal pole with sockets for the upright stakes forming the side of a cart. 3 THEAT. side lights. 4 coll. tall, ungainly person.

varapalo m. long pole. 2 blow with a stick or pole. 3 fig. blow, loss, damage, reverse.

varar tr. NAUT. to beach or take ashore [a boat]. 2 NAUT. obs. to launch, set afloat [a boat]. — 3 intr. NAUT. to run aground, be stranded. 4 fig. [of an affair] to come to a standstill.

varaseto m. lattice-work fence, trellis.

varazo m. blow with a rod or stick.

varbasco m. VERBASCO.

vardasca f. VERDASCA.

vardascazo m. VERDASCAZO.

vareador m. one who knocks off fruit with a pole.

vareaje m. knocking of fruit off trees with poles. 2 measuring or selling by the VARA.

varear tr. to knock off [fruit] with a pole. 2 to strike with a rod or stick. 3 to prick [bulls, etc.] with a goad or pike. 4 to measure or sell by the vara.

varejón m. long pole. 2 switch [shoot or twig cut from a tree].

Varenas f. pr. n. GEOG. Varennes.

varenga f. NAUT. floor-timber. 2 NAUT. headrail.

vareo m. VAREAJE.

vareta f. dim. small twig or stick. 2 lime twig [for catching birds]. 3 stripe [in a fabric]. 4 coll. cutting remark, hint, innuendo.

varetazo m. BULLF. side blow with the horn [by a bull].

varetear tr. to make stripes in [a fabric].

varetón m. young stag having antlers with one tine.

varga f. steepest part of a slope

varganal *m.* stake fence.
várgano *m.* stake [of fence].
vargueño *m.* BARGUEÑO.
variabilidad *f.* variability.
variable *adj.* variable, changeable. — *2 f.* MATH. variable.
variablemente *adj.* variably.
variación *f.* variation, varying, change : ∼ *de la aguja*, ∼ *magnética*, MAGN. variation of the magnetic needle, declination. *2* MUS. variation.
variado, da *p. p.* of VARIAR. — *2 adj.* varied, varying, diverse. *3* variegated.
variamente *adv.* variedly, variously.
variante *adj.* variant, varying. — *2 f.* variant.
variar *tr.* to vary, change, alter. *2* to vary [give variety to], diversify. — *3 intr.* to vary, change [become different]. *4* NAUT. [of the compass] to vary, deviate. *5* to vary, differ [be different]. *6* ∼ *de*, to change in, to change one's : ∼ *de actitud*, to change one's attitude.
varice, várice *f.* MED. varix.
varicela *f.* MED. varicella, chicken pox.
varicocele *m.* MED. varicocele.
varicoso, sa *adj.* varicose.
variedad *f.* variety [diversity; collection of different things]. *2* changeableness. *3* variation, change. *4* BIOL. variety. *5 pl.* variety show : *teatro de variedades*, variety theatre.
varilarguero *m.* PICADOR [in bullfighting].
varilla *f. dim.* slender stick, twig ; rod, slender rod : ∼ *de cortina*, curtain rod. *2* rib [of an umbrella]. *3* stick [of fan]. *4* wire spoke. *5* jawbone *6* ∼ *de virtudes*, magician's or conjurer's wand.
varillaje *m.* ribs [of an umbrella] ; sticks [of a fan].
vario, ria *adj.* various [different, diverse], varied. *2* inconstant, changeable. *3* variegated. *4 pl.* various, several some.
varioloide *f.* MED. varioloid.
varioloso, sa *adj.* MED. variolar, variolic, variolous. — *2 m. & f.* MED. one suffering from smallpox.
variómetro *m.* ELEC. variometer.
varita *f. dim.* switch, twig, small stick or rod. *2* ∼ *de virtudes*, VARILLA DE VIRTUDES. *3* BOT. (Hond.) ∼ *de San José*, rose mallow, hollyhock.
variz *m.* VARICE.
varón *m.* male [person] : *un niño* ∼, a male child. *2* man : man of respectability : *de Dios*, most virtuous man, saintly man ; *buen* ∼, wise, learned man ; *santo* ∼, coll, good, artless fellow. *3* NAUT. ∼ *del timón*, rudder pendant.
varona *f.* woman. *2* mannish woman.
varoncito *m. dim.* boy, male child.
varonesa *f.* woman.
varonía *f.* male descent.
varonil *adj.* manful, manly, virile, courageous.
varonilmente *adv.* manfully, courageously.
varraco *m.* VERRACO.
varraquear *intr.* VERRAQUEAR.
varraquera *f.* VERRAQUERA.
Varsovia *f. pr. n.* GEOG. Warsaw.
varsoviana *f.* varsovienne [dance and music].
varsoviano, na *adj.* [pertaining to] Warsaw. — *2 m. & f.* native or inhabitant of Warsaw.
vasallaje *m.* HIST. vassalage. *2* HIST. liege money. *3* vassalage, servitude, subjection, dependence.
vasallo, lla *adj.* subject, dependent, feudatory. — *2 m. & f.* vassal, subject.
vasar *m.* kitchen shelf, kitchen shelving.
vasco, ca *adj. & n.* Basque.
vascófilo, la *m. & f.* Basque scholar.
vascongado, da *adj. & n.* Basque. — *2 m.* Basque [language].
vascuence *m.* Basque [language]. *2* coll. jargon, gibberish.
vascular *adj.* vascular.
vascularidad *f.* vascularity.
vasculoso, sa *adj.* vasculose.
vase *3rd person. sing. pres.* of IRSE. *2* THEAT. exit.
vaselina *f.* vaseline.
vasera *f.* kitchen shelf. *2* rack for glasses.
vasija *f.* vessel [hollow receptacle for liquids or eatables]. *2* collection of wine vessels in a cellar.
vasillo *m.* cell [in beehives].
vasito *m. dim.* little glass or tumbler.
vaso *m.* glass, tumbler, stemless drinking vessel. *2* glassful, tumblerful. *3* vessel [receptacle, container]. *4* NAUT. vessel, boat [esp. hull of a

boat]. *5* ARCH. vase. *6* reservoir. *7* hoof [of horse, mule, etc.]. *8* ASTR. Crater [constellation]. *9* ANAT., BOT. vessel : ∼ *sanguineo*, blood vessel. *10* BIB. vessel : ∼ *de elección*, chosen vessel. *11* ∼ *de noche*, chamber pot. *12* ∼ *lacrimatorio*, lachrymal vase.
vasomotor *adj.* PHYSIOL. vasomotor.
vástago *m.* shoot, sucker. *2* fig. descendant, scion, offspring. *3* MACH. tiller : ∼ *de émbolo*, piston rod ; ∼ *de válvula*, valve stem.
vastedad *f.* vastness.
vástiga *f.* VÁSTAGO 1.
vasto, ta *adj.* vast, immense, huge, of great extent.
vate *m.* bard, poet. *2* seer, diviner.
Vaticano *m. pr. n.* Vatican.
vaticano, na *adj.* [pertaining to the] Vatican.
vaticinador, ra *adj.* vaticinating. — *2 m. & f.* vaticinator.
vaticinante *adj.* vaticinating.
vaticinar *tr.* to vaticinate.
vaticinio *m.* vaticination, prediction, prophecy.
vatídico, ca *adj. & n.* VATICINADOR. — *2 adj.* prophetical, pertaining to vaticination.
vatímetro *m.* ELEC. wattmeter.
vatio *m.* ELEC. watt.
vatio-hora, *pl.* **vatios-hora** *m.* ELEC. watt-hour.
1) **vaya** *f.* banter, raillery, mockery, fun : *dar* ∼ *a*, to banter, rally, make fun of.
2) **vaya,** etc., *irr. V.* ir : ∼ *usted con Dios*, farewell. — *2 interj.* go!, go to! ; come!, indeed!, well! : *¡vaya, vaya!*, well, well! *3* what a, here's a pretty : *¡*∼ *una idea!*, what a notion! ; *¡*∼ *enredo!*, here's a pretty mess. *4 ¡*∼ *por Dios!*, God's will be done!
1) **ve** *2d sing. imper.* of IR.
2) **ve** *f.* name of the letter v : *v doble*, name of the letter w.
véase *imper.* of VERSE. *2* see, vide [in references].
vecera, vecería *f.* drove [esp. of hogs] belonging to the inhabitants of a village.
vecero, ra *adj.* yielding in alternate years [plant]. — *2 m. & f.* customer. *3* one who waits his turn.
veces *f. pl.* of VEZ.
vecinal *adj.* pertaining to a town or village, or to its inhabitants ; local, vicinal : *camino* ∼, vicinal road.
vecinamente *adv.* near, contiguously.
vecindad *f.* status of being an inhabitant of a town. *2* tenants of a house, neighbours. *3* vicinity, neighbourhood. *4* VECINDARIO.
vecindario *m.* neighbourhood [people living near one another] ; inhabitants of a town or quarter.
vecino, na *adj.* near by, next, neighbouring. *2* fig. neighbouring, bordering upon, resembling. — *3 m. & f.* neighbour. *4* tenant [in a tenement house]. *5* resident, citizen [of a town], townsman, townswoman.
vectación *f.* vectitation.
vector *adj.* MATH. vectorial. — *2 m.* MATH. vector : *radio* ∼, radius vector.
veda *f.* authoritative prohibition, interdiction. *2* close season, closed season. — *3 m.* Veda [Hindu sacred book].
vedado, da *adj.* prohibited, interdicted. — *2 m.* enclosure, game preserve, warren.
vedamiento *m.* prohibition.
vedar *tr.* to prohibit, forbid. *2* to impede.
vedegambre *m.* BOT. white hellebore.
vedeja *f.* GUEDEJA.
védico, ca *adj.* Vedic.
vedija *f.* tuft of wool. *2* entangled lock of wool or hair. *4* matted hair.
vedijoso, sa: vedijudo, da *adj.* having entangled wool or hair.
vedijuela *f. dim.* small lock of entangled wool or hair.
vedismo *m.* Vedism.
veduño *m.* VIDUÑO.
veedor, ra *adj.* curious, prying. — *2 m. & f.* prier, busybody. *3* [formerly] overseer, supervisor.
veeduría *f.* [formerly] overseer's office.
vega *f.* fertile lowland. *2* (Cu.) tobacco plantation. *3* (Chi.) damp ground.
vegetabilidad *f.* vegetability.
vegetación *f.* vegetation, vegetating. *2* vegetation [plants collect.]. *3* MED. vegetation.
vegetal *adj.* vegetable, vegetal : *marfil* ∼, vegetable ivory ; *reino* ∼, vegetable kingdom. — *2 m.* vegetal, plant.
vegetalista *adj.* VEGETARIANO.

vegetante *adj.* vegetating.
vegetar *intr.* to vegetate.
vegetarianismo *m.* vegetarianism.
vegetariano, na *adj. & n.* vegetarian.
vegetativo, va *adj.* vegetative.
veguer *m.* an ancient magistrate in Aragon, Catalonia and Majorca.
veguería *f.* jurisdiction of the VEGUER.
veguero, ra *adj.* pertaining to a VEGA. — 2 *m.* tobacco planter; one who works in a tobacco plantation. 3 cigar made of a single leaf.
vehemencia *f.* vehemence.
vehemente *adj.* vehement.
vehementemente *adv.* vehemently.
vehículo *m.* vehicle.
veintavo, va *adj. & n.* twentieth.
veinte *adj. & m.* twenty : *las* ~, eight P. M.; *a las* ~, inopportunely; very late. — 2 *adj. & n.* twentieth. — 3 *m.* twentieth [of the month].
veintén *m.* a gold dollar piece.
veintena *f.,* **veintenar** *m.* score, set of twenty.
veintenario, ria *adj.* twenty years old.
veinteno, na *adj. & n.* twentieth.
veinteñal *adj.* lasting twenty years.
veintésimo, ma *adj. & n.* twentieth.
veinticinco *adj. & m.* twenty-five. — 2 *adj.* twenty-fifth. — 3 *m.* twenty-fifth [of the month].
veinticuatreno, na *adj.* twenty-fourth.
veinticuatro *adj. & m.* twenty four : *las* ~, twelve o'clock, midnight. — 2 *adj. & n.* twenty fourth. — 3 *m.* twenty-fourth [of the month].
veintidós *adj. & m.* twenty-two : *las* ~, ten P. M. — 2 *adj. & n.* twenty-second. — 3 *m.* twenty-second [of the month].
veintidoseno, na *adj.* twenty-second.
veintinueve *adj. & m.* twenty-nine. — 2 *adj. & n.* twenty-ninth. — 3 *m.* twenty-ninth [of the month].
veintiocheno, na *adj. & n.* twenty-eighth.
veintiocho *adj. & m.* twenty-eight. — 2 *adj. & n.* twenty-eighth. — 3 *m.* twenty-eight [of the month].
veintiséis *adj. & m.* twenty-six. — 2 *adj. & n.* twenty-sixth. — 3 *m.* twenty-sixth [of the month].
veintiseiseno, na *adj. & n.* twenty sixth.
veintisiete *adj. & m.* twenty-seven. — 2 *adj. & n.* twenty-seventh. — 3 *m.* twenty-seventh [of the month].
veintitrés *adj. & m.* twenty-three : *las* ~, eleven P. M. — 2 *adj. & n.* twenty-third. — 3 *m.* twenty third [of the month].
veintiún *adj.* twenty-one [used only before the noun].
veintiuno, na *adj. & m.* twenty-one : *las veintiuna,* nine P. M. — 2 *adj. & n.* twenty-first. — 3 *m.* twenty-first [of the month]. — 4 *f.* twenty-one [card game].
vejación *f.* molestation, humiliation, ill-treatment, persecution, oppression.
vejador, ra *adj.* molesting, ill-treating, persecuting, oppressing. — 2 *m. & f.* molester, ill-treater, persecutor, oppressor.
vejamen *m.* VEJACIÓN. 2 bantering, humorous reprehension or satire.
vejancón, na *adj.* coll. old. — 2 *m. & f.* coll. old person.
vejar *tr.* to molest, humiliate, ill-treat, persecute, oppress. 2 to criticize humorously.
vejarrón, na *adj.* coll. old. — 2 *m. & f.* coll. old person.
vejatorio, ria *adj.* molesting, humiliating, ill-treating, oppressive.
vejazo, za *adj.* coll. old. — 2 *m. & f.* coll. old person.
vejecito, ta *adj. dim.* oldish. — 2 *m. & f.* little old man, little old woman.
vejestorio *m.* coll. very old person.
vejeta *f.* COGUJADA.
vejete *m.* ridiculous old man.
vejez *f.* oldness. 2 old age : *a la* ~ *viruelas,* there's no fool like an old fool. 3 peevishness of old age. 4 coll. platitude, old history.
vejezuelo, la *adj. dim.* oldish. — 2 *m. & f.* little old man, little old woman.
vejiga *f.* bladder : ~ *de la bilis,* ANAT. gall bladder; ~ *de la orina,* ANAT. bladder, urinary bladder; ~ *natatoria,* air bladder, swim or swimming bladder [of a fish]. 2 blister. 3 pustule of smallpox. 4 BOT. ~ *de perro,* common winter cherry.
vejigatorio, ria *adj. & m.* vesicant, vesicatory.

vejigazo *m.* blow with a bladder full of air.
vejigón *m. aug.* large bladder. 2 large blister.
vejigoso, sa *adj.* full of blisters.
vejigüela *f. dim.* small bladder. 2 small blister.
vejiguilla *f. dim.* small blister. 2 small pustule of smallpox. 3 vesicle. 5 BOT. common winter cherry.
1) **vela** *f.* vigil, watch [keeping awake for a purpose] : *en* ~, awake, sleepless, taking no sleep; *pasar la noche en* ~, to stay up all the night. 2 nightwork, night guard or watch. 3 watching the sick or the dead. 4 ECCL. vigil or attendance before the Holy Sacrament. 5 time in the night devoted to some pursuit.
2) **vela** *f.* candle [for giving light] : ~ *de cera,* wax candle; ~ *de sebo,* tallow candle; *estar entre dos velas,* coll. to have a sheet in the wind, be tipsy; *¿quién le ha dado a usted* ~ *en este entierro?,* coll. you have no voice in this matter, you are not called here.
3) **vela** *f.* awning. 2 NAUT. sail; fig. sailboat; ~ *al tercio,* lugsail; ~ *bastarda,* mainsail [in a lateen-rigged vessel]; ~ *cangreja,* gaff-sail; ~ *de abanico,* spritsail; ~ *de cruz,* square sail; ~ *de cuchillo,* fore-and-aft sail; ~ *latina,* lateen sail; ~ *mayor,* mainsail; *velas mayores,* courses; *alzar velas,* to hoist sails, make ready to sail; fig. to decamp, go away suddenly; *dar la* ~, *dar* ~, *hacer a la* ~, *hacerse a la* ~, *largar velas,* to set sail; *levantar velas,* fig. to decamp, go away suddenly; *recoger velas,* fig. to restrain oneself, become less arrogant; *tender las velas,* to take advantage of wind and weather; fig. to seize an opportunity; *a la* ~, *a* ~, under sail; fig. prepared, ready; *a toda* ~, *a todas velas, a velas desplegadas, a velas llenas, a velas tendidas,* full sail; *a* ~ *y remo,* with sails and oars; fig. quickly, with all speed.
velación, *pl.* **-ciones** *f.* vigil, watch [keeping awake for some purpose]. 2 *sing. & pl.* ECCL. ceremony of veiling the bride and bridegroom at the nuptial mass; time of the year in which the Church permits this ceremony.
velacho *m.* NAUT. fore-topsail.
velada *f.* VELACIÓN 1. 2 social evening; soirée.
velado, da *p. p.* of VELAR. — 2 *m. & f.* husband; wife.
velador, ra *m. & f.* watcher, watchman, watchwoman, guard, guardian. 2 wooden candlestick. 3 small table with one foot. 4 (Am.) night table.
veladura *f.* PAINT. glaze, velatura.
velaje, velamen *m.* NAUT. canvas, sails [of a ship].
1) **velar** *adj.* PHONET. velar.
2) **velar** *intr.* to watch [remain awake for a purpose], keep vigil, stay up. 2 to work at night. 3 [with *por*] to take attentive care of, watch over, protect, see to. 4 NAUT. [of rocks, etc.] to stick out of the water. 5 NAUT. [of the wind] to keep up all the night. — 6 *intr. & tr.* ECCL. to assist by turns before the Holy Sacrament. — 7 *tr.* to watch [the sick or the dead], wake for. 8 to watch, observe. 9 MIL. to keep [guard] at night. 10 to veil [cover with a veil]. 11 ECCL. to veil [the bride and bridegroom] at the nuptial mass. 12 fig. to veil, cover, hide. 13 PAINT. to glaze, soften with a velatura. 14 PHOT. to fog. — 15 *ref.* to veil oneself, become veiled. 16 PHOT. to fog [become fogged].
velarte *m.* broadcloth.
velatorio *m.* wake [besides a dead body].
veleidad *f.* caprice, whim. 2 inconstancy, fickleness, flightiness.
veleidoso, sa *adj.* capricious, inconstant, fickle, flighty, volatile.
velejar *intr.* NAUT. to make use of sails.
velería *f.* candle shop.
velero *ra* *adj.* NAUT. swift-sailing. — 2 *m. & f.* candlemaker, candle seller, chandler. — 3 *m.* sailmaker. 4 NAUT. sailboat, sailer.
veleta *f.* weathercock, weather vane. 2 a feather on the float of a fishing line. 3 streamer [of a lance]. — 4 *m. & f.* fig. weathercock, fickle person.
velete *m.* thin veil.
velicación *f.* MED. lancing, opening.
velicar *tr.* to lance, open.
velilla *f.* small candle, match, wax match.
velillo *m. dim.* small veil. 2 a kind of embroidered gauze.
velis nolis *Lat.* willy-nilly.
vélite *m.* velite [Roman soldier].

velito *m. dim.* small veil.
velmez *m.* tunic worn under the armour.
velo *m.* veil [piece of fabric, gauze, etc.; curtain; anything that hides, disguishes or obscures] : *correr el* ~, to disclose something before unknown, to dispel the mistery; *correr*, or *echar, un* ~ *sobre*, fig. to draw a veil over; *tomar el* ~, to take the veil. 2 fig. cloud [in the mind]. 3 white veil thrown over bride and bridegroom at the nuptial mass. 4 celebration of taking the veil by a nun. 5 ECCL. humeral veil. 6 ANAT. ~ *del paladar*, velum, soft palate.
velocidad *f.* velocity; speed : ~ *uniforme*, uniform velocity; ~ *con respecto al suelo*, AER. ground velocity; ~ *de ascensión*, AER. climbing velocity, rate of climb; *primera* ~, AUTO. low gear; *segunda* ~, AUTO. second; *tercera* ~, AUTO. high gear; *en gran* ~, RLY. by express; *en pequeña* ~, RLY. by freight.
velocipédico, ca *adj.* velocipedic.
velocipedismo *m.* velocipedism.
velocipedista *m. & f.* velocipedist.
velocipedo *m.* velocipede.
velódromo *m.* velodrome.
velomotor *m.* light motorcycle.
velón *m.* -**lones** *m.* metal olive-oil lamp.
velonera *f.* stand or bracket for a VELÓN.
velonero *m.* maker or seller of VELONES.
velorio *m.* evening gathering or party [in a peasant house]. 2 wake, watch [over a dead person].
veloz, *pl.* -**loces** *adj.* fast, fleet, quick, rapid, swift.
velozmente *adv.* fast, fleetly, quickly, rapidly, swiftly.
veludillo *m.* VELLUDILLO.
veludo *m.* velvet.
vellido, da *adj.* VELLOSO.
vello *m.* down, soft hair [on the human body]. 2 down, fuzz, pubescence [on plants and fruits].
vellocino *m.* fleece : ~ *de oro*, MYTH. Golden Fleece.
vellón *m.* fleece [of a sheep]. 2 unsheared sheepskin. 3 lock of wool. 4 copper and silver alloy [formerly used in Spanish money]. 5 [formerly] copper coin.
vellonero *m.* gatherer of fleece at shearing.
vellori, *pl.* -**ries**; **vellorin**, *pl.* -**rines** *m.* a gray or undyed broadcloth of medium quality.
vellorita *f.* BOT. daisy, *English daisy. 2 BOT. primrose, cowslip.
vellosidad *f.* downiness, hairiness.
vellosilla *f.* BOT. mouse-ear.
velloso, sa *adj.* downy, hairy. 2 BOT. villous, fuzzy.
velludillo *m.* velveteen.
velludo, da *adj.* downy, hairy, shaggy. — 2 *m.* velvet; plush.
vellutero *m.* velvet worker.
vena *f.* ANAT. vein : ~ *ácigos*, azygous vein; ~ *basílica*, basilic vein; ~ *cardíaca*, cardiac vein; ~ *cava*, vena cava; ~ *cefálica*, cephalic vein; ~ *coronaria*, coronary vein; ~ *leónica* or *ranina*, ranine vein; ~ *porta*, vena portae, portal vein; ~ *safena*, saphenous vein; ~ *subclavia*, subclavian vein; ~ *yugular*, jugular vein. 2 BOT. vein. 3 vein [in wood, marble, etc.]. 4 GEOL., MIN. vein, seam, lode. 5 *vena* or ~ *de agua*, flow of water underground. 6 poetical inspiration : *estar en* ~, to be inspired. 7 strain, streak : *tener una* ~ *de loco*, to have a strain of madness. 8 *coger a uno de* ~, *hallar a uno de* ~, to find someone in a favorable frame of mind. 9 *dar en la* ~, *hallar la* ~, to hit upon the right means. 10 *darle a uno la* ~ *de*, to take it into one's head. 11 *estar de* ~, to be in the mood [for something].
venablo *m.* javelin, dart : *echar venablos*, fig. to burst forth in angry words.
venación *f.* venery, hunting.
venadero *m.* place frequented by deer. — 2 *adj.* deer-hunting [hound].
venado *m.* deer, stag. 2 deer meat, venison.
venaje *m.* fountains and underground streams forming a river.
venal *adj.* venous, pertaining to the veins. 2 marketable, salable. 3 venal.
venalidad *f.* venality.
venático, ca *adj.* cranky, crotchety.
venatorio, ria *adj.* [pertaining to] hunting, venatic.
vencedor, ra *adj.* vanquishing, conquering. — 2 *m. & f.* vanquisher, conquerer; victor, winner : *salir* ~, to win, gain the victory, be the victor.

vencejo *m.* ORN. black martin, European swift. 2 withe, band, etc., for tying sheaves.
vencer *tr.* to vanquish, conquer, overcome, beat, defeat. 2 [of passions, pain, sleepiness, etc.] to overcome, overpower [one]. 3 to conquer, subdue [passions]. 4 to overcome, surmount [difficulties, obstacles]. 6 to surpass, outdo, excel. 7 to prevail upon, persuade. 8 to turn, incline [a thing]. — 9 *intr.* COM. to fall due, mature; to expire. 10 to succeed, gain the victory, win, be the victor. — 11 *ref.* to control oneself, to conquer one's passions. 12 [of a thing] to incline to a side.
vencetósigo *m.* BOT. swallowwort.
vencible *adj.* conquerable. 2 surmountable.
vencida *f.* VENCIMIENTO 1. 2 *ir de* ~, to be nearly beaten, conquered or finished.
vencido, da *p. p.* of VENCER. — 2 *adj.* vanquished, defeated. 3 COM. mature, due.
vencimiento *m.* vanquishment, defeat. 2 COM. maturity, coming due; expiration.
venda *f.* SURG. bandage, roller. 2 bandage [used for blindfolding] : *poner una* ~ *en los ojos*, fig. to blindfold. 3 diadem [regal fillet].
vendaje *m.* SURG. bandage, dressing. 2 SURG. bandaging.
vendar *tr.* SURG. to bandage. 2 fig. to blind, obfuscate. 3 ~ *los ojos*, to blindfold, to hoodwink.
vendaval *m.* strong south wind. 2 strong wind, gale.
vendedor, ra *adj.* selling. — 2 *m. & f.* seller. — 3 *m.* salesman. — 4 *f.* saleswoman, salesgirl.
vendehúmos, *pl.* -**mos** *m.* one who trades on his supposed influence.
vender *tr.* to sell [make over in exchange for money; be a dealer in] : ~ *al contado*, to sell for cash; ~ *al fiado*, ~ *a crédito*, to sell on credit; ~ *al por mayor*, ~ *por mayor*, to sell at wholesale; ~ *al por menor*, ~ *por menor*, to sell at retail; ~ *al quitar*, to sell with the privilege of buying back; ~ *salud*, fig. to be or look in very good health; ~ *uno cara su vida*, fig. to sell one's life dearly. 2 to sell, sell out [betray]; to sell [prostitute]. — 3 *ref.* to sell [be sold, find buyers]; to be sold [at a place, at a price]; to be for sale : *venderse como pan bendito*, to sell like hot cakes; *se vende*, for sale. 4 to sell oneself. 5 to accept a bribe. 6 to give oneself away, betray one's feelings, etc. 7 *venderse caro*, fig. to be hard to see, be seldom seen, be quite a stranger : *se vende usted caro*, you are quite a stranger. 8 ~ *por*, to pretend to be.
vendí, *pl.* -**díes** *m.* COM. certificate of sale.
vendible *adj.* salable, vendible, marketable.
vendido, da *p. p.* of VENDER. — 2 *adj.* sold. 3 betrayed.
vendiente *adj.* selling.
vendimia *f.* vintage, grape-gathering. 2 fig. rich profit.
vendimiador, ra *m. & f.* vintager, grape-gatherer.
vendimiar *tr.* to gather [grapes]. 2 fig. to reap [an unjust profit]. 3 coll. to kill, murder.
vendo *m.* selvage [of cloth].
vendré, vendría, etc., *irr.* V. VENIR.
venduta *f.* (Cu.) greengrocery. 2 (Am.) auction, public sale.
vendutero *m.* (Cu.) greengrocer. 2 (Am.) auctioneer.
Venecia *f. pr. n.* GEOG. Venice [city].
veneciano, na *adj.* Venetian.
venencia *f.* tube for sampling sherry.
veneno *m.* poison, venom. 2 fig. venom [malignity, virulence].
venenosamente *adv.* poisonously, venomously, banefully.
venenosidad *f.* poisonousness, venomousness, banefulness.
venenoso, sa *adj.* poisonous, venomous, baneful.
venera *f.* pilgrim's scallop shell. 2 badge of a military order. 3 spring [of water].
venerabilisimo, ma *adj. superl.* most venerable.
venerable *adj.* venerable.
venerablemente *adv.* venerably.
veneración *f.* veneration. 2 worship.
venerador, ra *adj.* venerating; worshipping. — 2 *m. & f.* venerator; worshipper.
venerando, da *adj.* venerable.
venerante *adj.* venerating.

venerar *tr.* to venerate. 2 ECCL. to worship.
venéreo, a *adj.* venereal. — *2 m.* venereal disease.
venero *m.* spring [of water]. 2 fig. source, origin. *3* MIN. bed, lode. *4* hour mark [on sundial].
veneruela *f.* dim. of VENERA.
véneto, ta *adj.* & *n.* VENECIANO.
venezolano, na *adj.* & *n.* Venezuelan.
vengable *adj.* deserving revenge; that can be avenged.
vengador, ra *adj.* avenging, revenging. — *2 m.* & *f.* avenger, revenger.
venganza *f.* vengeance, revenge.
vengar *tr.* to avenge. — *2 ref.* to avenge oneself, to take revenge : *vengarse de,* to avenge oneself on, to take revenge on.
vengativamente *adv.* revengefully.
vengativo, va *adj.* revengeful, vindictive.
vengo, venga, etc., V. VENIR.
vengué, vengue, etc., *pret., subj.* & *imper.* of VENGAR.
venia *f.* permission, leave. 2 bow [with the head]. *3* pardon, forgiveness. *4* (Am.) military salute. *5* LAW license to a minor to manage his own estate.
venial *adj.* venial.
venialidad *f.* veniality.
venialmente *adv.* venially.
venida *f.* coming, arrival. 2 return. 3 flood, freshet. *4* FENC. attack. *5* fig. impetuosity, rashness, rash act.
venidero, ra *adj.* coming, future; *en lo* ~, hereafter, for the future, in future. — *2 m. pl.* successors, posterity.
venido, da *p. p.* of VENIR. — *2 adj.* come : *bien* ~, welcome.
venir *intr.* to come [move hitherward; move toward, or arrive to, the place where the talker is]. 2 to come, go, appear [before someone]. 3 to come [in order or succession] : *tras la alegria viene la tristeza,* after joy comes sadness. 4 [of a time] to come, approach, be the next : *vendrá un tiempo en que,* the time will come when ; *la semana que viene,* next week. 5 to come, arise, spring, result, follow, issue, proceed. 6 to come [to the mind], occur. 7 to fit, suit, become : ~ *bien,* to fit, suit, become ; ~ *mal,* or *no* ~ *bien,* not to fit, not to suit, not to become. 8 to come, happen. 9 [of a desire, pain, etc.] to begin to be felt, to be felt : *me vino el deseo de,* I began to feel, or I felt, the desire to. 10 [with IR] to concern, affect : *eso no me va ni me viene,* that does not concern, or affect, me. 11 ~ a [with an inf.], to end by..., to finally... : *tras muchos esfuerzos, vino a conseguir lo que se proponia,* after much struggling, he ended by attaining his ends ; *y vino a suceder lo que se esperaba,* and finally, what was expected happened. | It is used also for denoting approximation or a rough estimate : *esto viene a pesar cuarenta libras,* this must weigh about forty pounds. 12 ~ *a las manos,* to come to blows. 13 ~ *al caso,* to be relevant, be to the purpose. 14 ~ *a menos,* to decay, decline. 15 ~ *al pelo,* ~ *a pelo,* to come timely, be opportune ; to answer perfectly ; to fit the case. 16 ~ *como pedrada en ojo de boticario,* to be to the point, to fit the case. 17 ~ *de perilla,* or *de perillas,* VENIR AL PELO. 18 ~ *en* [of a king or high placed person], to decide, resolve upon. 19 ~ *en conocimiento de,* to learn, come to know ; ~ *en deseo de,* to feel the desire to. 20 ~ *rodado,* to happen in a favourable way. 21 ~ *sobre,* to fall upon. 22 *¿a qué viene eso?,* what is the purpose of that? ; to what purpose is that?, what has that to do with te case? 23 *el que venga detrás que arree,* the Devil take the hindmost. 24 *en lo por* ~, hereafter, for the future, in future. 25 *venga lo que viniere,* come what will, happen what may.
25 intr. & *ref.* to yield, submit, agree.
26 ref. to come, return. 27 [of bread or wine] to ferment, to attain perfection by fermentation. *28 venirse abajo, venirse a tierra,* to fall, collapse, tumble. *29 venirse al suelo,* to fall to the ground; to fall through.
¶ CONJUG.: INDIC. Pres. : *vengo, vienes, viene; venimos, venís, vienen.* | Imperf. : *venia, venías,* etc. | Pret. : *vine, viniste, vino; vinimos, vinisteis, vinieron.* | Fut. : *vendré, vendrás, vendrá; vendremos, vendréis, vendrán.* | COND.: *vendría, vendrias, vendria; vendríamos, vendríais,*

vendrían. | SUBJ. Pres. : *venga, vengas, venga; vengamos, vengáis, vengan.* | Imperf. : *viniera, vinieras, viniera; viniéramos, vinierais, vinieran,* or *viniese, vinieses, viniese; viniésemos, vinieseis, viniesen.* | Fut. : *viniere, vinieres, viniere; viniéremos, viniereis, vinieren.* | IMPER. : *ven, venga; vengamos,* venid, *vengan.* | PAST. P. : *venido.* | GER. : *viniendo.*
venoso, sa *adj.* venous. 2 veiny, veined.
venta *f.* sale, selling : ~ *al por mayor,* ~ *por mayor,* wholesale ; ~ *al por menor,* ~ *por menor,* retail sale, retailing ; ~ *pública,* public auction sale ; *de* ~, *en* ~, for sale. 2 roadside inn. 3 fig. exposed, unsheltered place.
ventada *f.* blast, gust of wind.
ventaja *f.* advantage : *llevar* ~ *a,* to be ahead of ; to have advantage over. 2 odds [given at play]. *3* gain, profit. *4* extra pay.
ventajosamente *adv.* advantageously.
ventajoso, sa *adj.* advantageous. 2 profitable.
ventalla *f.* MACH. valve. 2 BOT. valve [of a pod].
ventana *f.* window [in a building, carriage, etc.]; casement; sash : ~ *de guillotina,* sash window ; *arrojar,* or *echar, por la* ~, fig. to waste, squander ; *echar la casa por la* ~, fig. to go to a lot of expense. 2 ANAT. fenestra : ~ *oval,* fenestra ovalis ; ~ *redonda,* fenestra rotunda. *3* ~ *de la nariz,* nostril.
ventanaje *m.* ARCH. windows [of a building], fenestration.
ventanal *m.* large window, church window.
ventanazo *m.* slamming of a window.
ventanear *intr.* coll. to be often at the window.
ventaneo *m.* coll. being often at the window.
ventanero, ra *adj.* fond of being at the window [woman]. 2 fond of gazing at windows where there are women [man]. — *3 m.* window maker. *4* man fond of gazing at windows where there are women. — *5 f.* woman fond of being at the window.
ventanico *m.* VENTANILLO.
ventanilla *f.* dim. small window. 2 window [of a carriage, ticket office, bank teller, etc.], wicket. *3* ~ *de la nariz,* nostril.
ventanillo *m.* dim. small window. *2* peephole, wicket [in a door].
ventano *m.* small window.
ventar *impers.* [of the wind] to blow. — *2 tr.* [of animals] to sniff, scent, wind. ¶ CONJUG. as *acertar.*
ventarrón *m.* stiff wind, gale.
venteadura *f.* spoiling [of tobacco, etc.] by the air. 2 blister [in baked bricks]. 3 crack, split.
ventear *impers.* [of the wind] to blow. — *2 tr.* [of animals] to sniff, scent, wind. 3 fig. to investigate, inquire. 4 to air [expose to the air or wind]. — *5 ref.* [of tobacco, etc.] to become spoiled in the air. 6 [of baking bricks] to blister. 7 to crack [become cracked]. 8 coll. to break wind.
ventecico, ventecillo, ventecito *m.* dim. gentle wind.
venteril *adj.* of, or suited to, a roadside inn or to the keeper of a roadside inn.
ventero, ra *adj.* scenting, hunting by scent [dog]. — *2 m.* & *f.* keeper, landlord or landlady, of a roadside inn.
ventilación *f.* ventilation. 2 discussion, elucidation.
ventilador *m.* ventilator [contrivance]. *2* ventilating fan.
ventilar *tr.* to air, ventilate. 2 to discuss, clear up, elucidate. — *3 ref.* [of a room, etc.] to be ventilated.
ventisca *f.* snowstorm, blizzard, snowdrift, storm of snow and wind.
ventiscar *impers.* to snow with strong wind. 2 it is said when the snow is raised in clouds by the wind.
ventisco *m.* VENTISCA.
ventiscoso, sa *adj.* snowy and stormy.
ventisque, etc., *subj.* & *imper.* of VENTISCAR.
ventisquear *impers.* VENTISCAR.
ventisquero *m.* VENTISCA. 2 height in a mountain most exposed to snowstorms. 3 snowdrift, glacier.
ventola *f.* NAUT. action of the wind against an obstacle.
ventolera *f.* gust of wind. 2 pinwheel [toy]. 3 coll. vanity, haughtiness. 4 coll. whim, sudden fancy.
ventolina *f.* NAUT. light variable wind, cat's-paw.
ventor, ra *adj.* scenting; hunting by scent [animal]. — *2 m.* scenting dog, pointer.

ventorrero *m.* high, windy place.
ventorrillo *m.* small, wretched roadside inn. 2 lunchhouse in the country.
ventorro *m.* VENTORRILLO 1.
ventosa *f.* vent, air hole. 2 ZOOL. sucker, sucking disk. 3 SURG. cupping; cupping glass : ~ *escarificada* or *sajada*, wet cupping; ~ *seca*, dry cupping. 4 coll. *pegar una ~ a*, to swindle.
ventosear *intr.* & *ref.* to break wind.
ventosidad *f.* flatulence, windiness. 2 wind [in intestines or being expelled].
ventoso, sa *adj.* windy, wind-swept. 2 windy [day, weather]. 3 flatulent. 4 scenting, hunting by scent [animal].
ventral *adj.* ventral.
ventrecillo *m.* dim. of VIENTRE.
ventrecha *f.* belly [of fishes].
ventregada *f.* litter [young brought forth at a birth]. 2 crowd, rush [of things].
ventrera *f.* bellyband.
ventrezuelo *m.* dim. VENTRECILLO.
ventricular *adj.* ventricular.
ventrículo *m.* ANAT., ZOOL. ventricle.
ventrílocuo, cua *adj.* ventriloquous. — 2 *m.* & *f.* ventriloquist : *de* ~, ventriloquial, ventriloquistic.
ventriloquia *f.* ventriloquism.
ventrón *m.* aug. large belly. 2 tripe [of ruminant].
ventroso, sa; ventrudo, da *adj.* big-bellied.
Ventura *m. pr. n.* Bonaventura.
ventura *f.* happiness. 2 luck, fortune : *probar* ~, to try one's fortune or luck. 3 chance, hazard ; risk : *a la buena* ~, *a la* ~, at a venture, at hazard ; at a risk ; *por* ~, perhaps. 4 *buena* ~, BUENAVENTURA.
venturado, da *adj.* VENTUROSO.
venturanza *f.* happiness.
venturero, ra *adj.* taking occasional jobs. 2 happy, fortunate. — 3 *adj.* & *n.* AVENTURERO.
venturina *f.* MINER. aventurin, aventurine.
venturo, ra *adj.* future, coming.
venturosamente *adv.* happily, luckily, fortunately.
venturoso, sa *adj.* happy, lucky, fortunate.
Venus *m.* ASTR. Venus. — 2 *f.* MYTH. Venus. 3 fig. Venus [beautiful woman]. 4 (not cap.) sexual indulgence.
venustez, venustidad *f.* beauty, gracefulness.
venusto, ta *adj.* beautiful, graceful.
venzo, venza, etc., *pres., subj.* & *imper.* of VENCER.
veo, vea, etc., *irr.* V. VER.
1) **ver** *m.* sight, sense of sight. 2 aspect, appearance, look, looks : *tener buen* ~, to be good-looking, to have a good appearance. 3 opinion, way of thinking : *a mi* ~, in my opinion.
2) **ver** *tr.* to see [in practically every sense, except to accompany or escort and to regard as, deem] : ~ *el cielo abierto*, fig. to see the light, see one's way out [of a difficulty] ; ~ *las estrellas*, fig. to see stars, to feel acute pain ; ~ *mundo*, to see the world, to travel ; ~ *visiones*, fig. to see things, to dream ; ~ *y creer*, seeing is believing ; *estar por* ~, to remain to be seen, be doubtful ; *hacer* ~, to show, demonstrate ; *ser de* ~, to be worth seeing ; *allá veremos*, or *veremos*, we shall see, time will tell ; *a más* ~, *hasta más* ~, coll. good-bye, so long ; *a* ~, *veamos*, let's see ; *si te vi, no me acuerdo*, or *ya no me acuerdo*, said of ungrateful persons that forget favours or benefits readily. 2 to examine, consider. 3 to look, look at : *vea usted esto*, look at this. 4 LAW to try [a case]. 5 *verlas venir*, ~ *venir* [*una cosa*], fig. to wait and see, to await results. 6 ~ *venir a uno*, fig. to see what [someone] is up to. 7 *no poder* ~ *a*, not to be able to bear, to abhor, detest. 8 *no tener que* ~ *con*, to have nothing to do with. — 9 *intr.* ~ *de*, to try to. — 10 *ref.* to be seen. 11 to be obvious, evident. 12 to see oneself. 13 to see each other. 14 to find oneself [in a situation], to be : *me veo obligado a aceptar*, I am obliged to accept. 15 *verse con*, to see, meet, have a talk with. 16 *verse negro para*, to find it very difficult to. 17 *véase*, see [in references]. 18 *ya se ve*, of course, naturally, it is evident. ¶ CONJUG.: INDIC. Pres.: *veo, ves, ve; vemos, veis, ven.* | Imperf.: *veía, veías, etc.* | Pret.: *vi, viste, vio; vimos, visteis, vieron.* | Fut.: *veré, verás,* etc. | COND.: *vería, verías,* etc. | SUBJ. Pres.: *vea, veas, vea; veamos, veáis, vean.* | Imperf.: *viera, vieras, viera; viéramos, vierais,*

vieran, or *viese, vieses, viese;' viésemos, vieseis, viesen.* | Fut.: *viere, vieres, viere; viéremos, viereis, vieren.* | IMPER.: *ve, vea; veamos, ved, vean.* | PAST. P.: *visto.* | GER.: *viendo.*
vera *f.* border, side : *a la* ~ *de*, at the border or side of, near, beside.
veracidad *f.* veracity, truthfulness.
vera efigies *Lat.* very likeness, faithful portrait.
veranada *f.* summer season [for pasturing].
veranadero *m.* summer pasture
veranar *intr.* VERANEAR.
veranda *f.* veranda.
veraneante *m.* & *f.* summer resident, summer vacationist.
veranear *intr.* to summer.
veraneo *m.* summering, summer vacation. 2 VERANERO.
veranero *m.* place where certain animals spend the summer.
veraniego, ga *adj.* [pertaining to] summer. 2 sickly in summer. 3 fig. light, unimportant.
veranillo *m.* ~ *de San Martín*, Indian summer.
verano *m.* summer [season].
veras *f.* truth, reality ; earnestness : *de* ~, real. genuine ; in truth, really ; in earnest ; *hablar de* ~, to speak in earnest ; fig. to begin to get angry.
veratrina *f.* CHEM. veratrine.
veratro *m.* BOT. white hellebore.
veraz *adj.* veracious, truthful.
verba *f.* loquacity, talkativeness.
verbal *adj.* verbal [concerned with words ; oral, not written]. 2 GRAM. verbal.
verbalismo *m.* verbalism, adherence to words rather than to concepts. 2 system of teaching emphasizing word memory.
verbalista *adj.* adhering to words rather than to concepts. 2 emphasizing word memory. — 3 *m.* & *f.* verbalist, one who adheres to words rather than to concepts. 4 advocate of VERBALISMO.
verbalmente *adv.* verbally [only by words ; orally], by word of mouth.
verbasco *m.* BOT. mullein, great mullein.
verbena *f.* BOT. verbena, vervain. 2 night festival on the eve of a saint's day.
verbenáceo, a *adj.* BOT. verbenaceous. — 2 *f. pl.* BOT. Verbenaceæ.
verbenear *intr.* to swarm, move about. 2 to abound.
verberación *f.* flogging, lashing. 2 lashing [of wind or water].
verberar *tr.* to beat, flog, lash. 2 [of wind or water] to lash.
verbigracia *adv.* for example, for instance.
Verbo *m. pr. n.* THEOL. Word [second person of the Trinity].
verbo *m.* word : *en un* ~, fig. at once ; in a jiff. 2 GRAM. verb : ~ *activo* or *transitivo*, active verb, transitive verb ; ~ *adjetivo*, any verb, except *ser*; ~ *auxiliar*, auxiliary verb ; ~ *deponente*, deponent verb ; ~ *frecuentativo*, frequentative verb ; ~ *impersonal*, impersonal verb ; ~ *incoativo*, inchoative verb ; ~ *intransitivo* or *neutro*, intransitive verb, neuter verb ; ~ *irregular*, irregular verb ; ~ *recíproco*, reciprocal verb ; ~ *reflejo* or *reflexivo*, reflexive verb ; ~ *regular*, regular verb ; ~ *substantivo*, the verb *ser* [to be].
verborrea *f.* excessive verbosity.
verbosidad *f.* verbosity, wordiness.
verboso, sa *adj.* verbose, wordy.
verdacho *m.* green earth, terre-verte.
verdad *f.* truth. ~ *de Perogrullo*, truism ; *decir a uno cuatro verdades* or *las verdades del barquero*, to give someone a piece of one's mind ; *faltar a la* ~, to lie ; *ser* ~, to be true ; *a decir* ~, *a la* ~, to tell the truth, in truth, truly, really ; *bien es* ~ *que*, ~ *es que*, it is true that ; *de* ~, real, genuine ; in truth, really ; in earnest ; *en* ~, truly, really ; *¿no es* ~?, *¿verdad?*, isn't it?, isn't that so?
verdaderamente *adv.* truly, really ; indeed.
verdadero, ra *adj.* true. 2 real, genuine ; actual. 3 veracious, truthful.
verdal *adj.* green-coloured even when ripe [fruit].
verdasca *f.* switch, twig [cut from tree].
verdascazo *m.* blow with a switch.
verde *adj.* green, green-coloured : ~ *botella*, bottle-green ; ~ *mar*, sea-green ; *poner* ~, coll. to abuse, rake over the coals. 2 green, verdant ; in leaf.

3 green, unripe, sour [fruit] : *están verdes,* fig. sour grapes. *4* undeveloped, immature. *5* young [years]. *6* gay, merry [old man; widow]. *7* risky, risqué, off-colour, smutty. — *8 m.* green [colour]. *9* green barley or grass [given to horses or cattle as food]. *10* verdure, foliage. *11* ~ *de montaña* or *de tierra,* mineral green. *12 darse un* ~, coll. to have one's fill [of].

verdea *f.* greenish wine.

verdear *intr.* to show green. *2* to be greenish. *3* [of fields, trees, etc.] to green [become or grow green].

verdeceledón *m.* celadon, celadon green.

verdecer *intr.* VERDEAR 3.

verdecillo *m.* VERDERÓN.

verdegal *m.* green field.

verdegay *adj.* light-green. — *2 m.* light green.

verdeguear *intr.* VERDEAR.

verdejo, ja *adj.* VERDAL.

verdemar *adj.* sea-green. — *2 m.* sea green.

verdemontaña *m.* mineral green.

verderol *m.* VERDERÓN.

verderón, na *adj.* VERDINO. — *2 m.* ORN. green-finch. *3* ZOOL. cockle [mollusk].

verdete *m.* verdigris. *2* green verditer, verditer green.

verdevejiga *f.* green pigment made of cow's gall and iron sulphate.

verdezuelo *adj. dim.* greenish. — *2 m.* VERDERÓN.

verdín *m.* verdure, fresh greenness [of plants]. *2* pond scum. *3* green growth of minute fungi, etc., on damp walls or places; green mould on lemons or oranges. *4* verdigris.

verdina *f.* verdure, fresh greenness [of plants].

verdinegro, gra *adj.* dark green.

verdino, na *adj.* greenish. *2* green.

verdiseco, ca *adj.* half dry [plant].

verdolaga *f.* BOT. purslane.

verdón *m.* VERDERÓN.

verdor, *pl.* **-dores** *m.* greenness, green colour. *2* verdure, verdancy [of vegetation]. *3* freshness, vigour. — *4 pl.* youth, young days.

verdoso, sa *adj.* greenish.

verdoyo *m.* pond scum; green mould.

verdugada *f.* ARCH. brick course [in a stone wall].

verdugado *m.* hoopskirt, farthingale.

verdugal *m.* thicket covered with young shoots, after being cleared or burned.

verdugazo *m.* lash, blow with a lash or scourge.

verdugo *m.* executioner, hangman. *2* fig. cruel punisher or tormenter. *3* fig. torment [that which gives pain]. *4* shoot, sucker [of a tree]. *5* slender estoc or rapier. *6* scourge, lash, switch. *7* wale, weal, welt. *8* ARCH. brick course [in a stone wall]. *9* JEWEL. hoop [of a ring]. *10* VERDUGADO. *11* ALCAUDÓN.

verdugón *m.* shoot, sucker [of a tree]. *2* wale, weal, welt.

verduguillo *m. dim.* of VERDUGO. *2* ridge or swelling in the leaves of some plants. *3* narrow razor. *4* slender estoc or rapier. *5* earring [without a pendant]. *6* half-round strip or fillet.

verdulera *f.* market grocer, greengrocer [woman]. *2* fig. coarse woman, fishwife.

verdulería *f.* greengrocery, greengrocer's shop.

verdulero *m.* greengrocer.

verdura *f.* greenness, green colour. *2* verdure, verdancy, greenness [of vegetation]. *3* PAINT. foliage. *4* sing. & *pl.* greens, vegetables [as food].

verdusco, ca *adj.* dark greenish.

verecundia *f.* shame, modesty, bashfulness.

verecundo, da *adj.* bashful, modest.

vereda *f.* path, footpath, trail; sheep trail : *hacer entrar por* ~, fig. to force one to do his duty. *2* (Cu., S. Am.) sidewalk.

veredicto *m.* verdict.

verga *f.* NAUT. yard : *vergas en alto,* ready to sail. *2* penis [of a mammal]. *3* steel bow [of a cross-bow].

vergajazo *m.* slash or blow with a pizzle.

vergajo *m.* pizzle [used as a flogging instrument].

vergé *adj.* laid [paper].

vergel *f.* flower and fruit garden.

vergeta *f.* slender rod or twig. *2* HER. narrow pale.

vergeteado, da *adj.* HER. paley.

vergonzante *adj.* bashful, shamefaced : *pobre* ~, shamefaced beggar, shy beggar.

vergonzosamente *adv.* shamefully, disgracefully. *2* bashfully, shamefacedly, coyly, shyly.

vergonzoso, sa *adj.* shameful, disgraceful, scandalous. *2* private [parts]. *3* bashful, shamefaced, coy, shy. — *4 m.* & *f.* bashful person. — *5 m.* ZOOL. armadillo [species that can curl up into a ball].

verguear *tr.* to beat with a rod, to flog.

vergüenza *f.* shame [feeling]; bashfulness, shyness, confusion; modesty : *darse* ~, *darle a uno* ~, to be ashamed; to be shy; *¿no te da* ~*?,* for shame!, shame on you! *2* shame, disgrace; scandal : *ser una* ~, *ser una mala* ~, to be a shame, to be a scandal. *3* honour, self-respect, honesty, dignity : ~ *torera,* professional honour [in bullfighters]. *4 perder la* ~, to throw off self-respect, to become shameless; to get rid of bashfulness, shynes or timidity. *5 sacar a la* ~, to put in the pillory; to put [someone] in a predicament by asking him to do before others something he is not sure to do well. *6 tener* ~, to be a self-respecting, courageous, honest person; *no tener* ~, to be lost to shame, be shameless, be a rascal. *7 pl.* privy parts.

vergueta *f.* slender rod or twig.

vergueteado *adj.* laid [paper].

verguío, a *adj.* flexible, leathery [wood].

vericueto *m.* rough, pathless place.

verídico, ca *adj.* truthful, veridical.

verificación *f.* verification [establishment of the truth of]. *2* test, adjustment [of gas meter, electric meter, etc.]. *3* fulfilment, coming true.

verificar *tr.* to verify [establish the truth of]. *2* to check; to test, adjust [a gas meter, etc.]. *3* to accomplish, fulfil, effectuate, carry out. — *4 ref.* to be accomplished, or fulfilled; to take place. *5* to come true, prove true.

verificativo, va *adj.* verificative, verificatory, verifying.

verifiqué, verifique, etc., *pret., subj. & imper.* of VERIFICAR.

verija *f.* pubes, region of the genitals.

veril NAUT. edge of a sandbank or shoal.

verilear *intr.* NAUT. to sail near a sandbank or shoal.

verisímil *adj.* VEROSÍMIL.

verisimilitud *f.* VEROSIMILITUD.

verisímilmente *adv.* VEROSÍMILMENTE.

verismo *m.* verism.

verja *f.* gate [made of a grating]; window grate or grating. *2* iron railing [enclosure].

vermes *m.* intestinal worms.

vermicida *adj.* MED. vermicidal. — *2 m.* MED. vermicide.

vermicular *adj.* vermicular : *apéndice* ~, ANAT. vermicular appendix.

vermiculita *f.* MINER. vermiculite.

vermiforme *adj.* vermiform : *apéndice* ~, ANAT. vermiform appendix.

vermífugo, ga *adj.* MED. vermifugal. — *2 m.* vermifuge.

verminoso, sa *adj.* verminous.

vermut *m.* vermouth.

vernación *f.* BOT. vernation.

vernáculo, la *adj.* vernacular.

vernal *adj.* vernal : *equinoccio* ~, vernal equinox.

vernier *m.* vernier.

vero *m.* marten [fur]. — *2 pl.* HER. vair.

veronal *m.* veronal.

veronense; veronés, sa *adj. & n.* Veronese.

verónica *f.* BOT. veronica. *2* BULLF. the feat of waiting for the bull's attack with the cape extended in both hands.

verosímil *adj.* likely, probable, credible, verisimilar.

verosimilitud *f.* verisimilitude, probability.

verosímilmente *adv.* likely, probably, verisimilarly.

verraco *m.* boar [male uncastrated pig].

verraquear *intr.* to grunt, grumble, be angry. *2* [of a child] to cry long and loud, to keep on crying hard.

verraquera *f.* violent crying [of a child]. *2* (Am.) drunkenness.

verriondez *f.* rut, heat [of swine and other animals].

verriondo, da *adj.* rutting, in heat [animal]. *2* badly cooked, tough [herb, vegetable].

verruga *f.* wart. *2* coll. nuisance.

verrugo *m.* coll. miser, stingy fellow.

verrugoso, sa *adj.* warty.

versado, da *adj.* versed, conversant, skilled, proficient : ~ *en,* versed in, conversant with.

versal *adj.* & *f.* PRINT. capital [letter].
versalilla, versalita *adj.* & *f.* PRINT. small capital [letter].
Versalles *m. pr. n.* GEOG. Versailles.
versar *intr.* to turn, go around. *2 ~ acerca de* or *sobre* [of a book, speech, etc.], to deal with, treat of or on. — *3 ref.* to become versed or skilled.
versátil *adj.* versatile, changeable, fickle, inconstant. *2* BOT., ZOOL. versatile.
versatilidad *f.* versatility, fickleness. *2* BOT., ZOOL. versatileness.
versear *intr.* coll. to versify, make verses.
versecillo *m. dim.* little verse, verselet.
versícula *f.* stand for the choir books.
versiculario *m.* ECCL. chanter of versicles. *2* ECCL. keeper of the choir books.
versículo *m.* ECCL. verse, versicle.
versificación *f.* versification.
versificador, ra *m.* & *f.* versifier, verse maker.
versificante *adj.* versifying.
versificar *intr.* to versify, make verses. — *2 tr.* to versify [turn into verse].
versifiqué, versifique, etc., *pret., subj.* & *imper.* of VERSIFICAR.
versión *f.* version [translation; book translated]. *2* version [account or description from a particular point of view]. *3* OBST. version.
versista *m.* & *f.* versifier; poetaster.
verso *adj.* TRIG. versed : *coseno ~*, versed cosine ; *seno ~*, versed sine. — *2 m.* verse [metrical composition] ; poem ; verse, line : *~ alejandrino,* Alexandrine ; *~ blanco, libre* or *suelto,* blank verse ; *~ de arte mayor,* verse of twelve syllables divided in two hemistiches ; verse of more than nine syllables ; *~ de arte menor,* verse of less than nine syllables ; *~ esdrújulo,* verse ending with a word accented on the antepenult ; *~ llano,* verse ending with a word accented on the penult ; *versos pareados,* verse in couplets. *3* ECCL. verse, versicle.
versta *f.* verst, versta, verste [Russian measure of length].
vértebra *f.* ANAT. vertebra.
vertebrado, da *adj.* vertebrate, vertebrated. — *2 m.* ZOOL. vertebrate. *3 m. pl.* ZOOL. Vertebrata, vertebrates.
vertebral *adj.* vertebral.
vertedera *f.* AGR. mouldboard [of a plough].
vertedero *m.* sink ; dumping place. *2* spillway.
vertedor, ra *adj.* pouring, emptying, dumping. — *3 m.* spillway, drain. *4* grocer's scoop. *5* NAUT. boat scoop.
vertellos *m. pl.* NAUT. balls of the parrel truck.
verter *tr.* to pour. *2* to spill, shed. *3* to cast, shed [light, etc.]. *4* to empty, dump. *5* to translate [to another language]. *6* to emit, utter [opinions, statements, etc.]. — *7 intr.* [of water, a stream] to run, flow. — *8 ref.* to spill, flow, empty. ¶ CONJUG. like *entender.*
vertibilidad *f.* changeableness.
vertible *adj.* changeable.
vertical *adj.* vertical [perpendicular to the plane of the horizon]. — *2 f.* vertical line. — *3 m.* ASTR. vertical circle : *~ primario, primer ~,* prime vertical.
verticalidad *f.* verticality.
verticalmente *adv.* vertically.
vértice *m.* vertex, apex. *2* GEOM., ANAT. vertex.
verticidad *f.* mobility.
verticilado, da *adj.* BOT. verticillate.
verticilo *m.* BOT. verticil, whorl.
vertiente *adj.* pouring, flowing. — *2 f.* GEOG. slope [of a continent, etc.]. *3* ARCH. slope [of a roof].
vertiginosamente *adv.* vertiginously ; rapidly.
vertiginoso, sa *adj.* vertiginous, dizzy, giddy. *2* rapid.
vértigo *m.* vertigo, dizziness, giddiness. *2* fig. abnormally hurried activity. *3* fit of insanity.
vertimiento *m.* pouring ; effusion, shedding. *2* emptying, dumping.
vesania *f.* vesania, insanity.
vesánico, ca *adj.* vesanic, insane, demented. — *2 m.* & *f.* insane person.
vesical *adj.* vesical.
vesicante *adj.* & *m.* vesicant, vesicatory.
vesícula *f.* MED. vesicle, small blister. *2* ANAT., BOT., ZOOL. vesicle : *~ aérea,* air vesicle ; *~ biliar,* gall bladder ; *~ seminal,* seminal vesicle.
vesicular *adj.* vesicular.

vesiculoso, sa *adj.* vesiculate.
Vespasiano *m. pr. n.* Vespasian.
Véspero *m.* Vesper, evening star.
vespertino, na *adj.* vespertine, evening. *2* ASTR. vespertine.
Vesta *f. pr. n.* MYTH. Vesta. — *2 m. pr. n.* ASTR. Vesta.
vestal *adj.* & *f.* vestal.
veste *f.* poet. dress, clothing.
Vestfalia *f. pr. n.* GEOG. Westphalia.
vestfaliano, na *adj.* & *n.* Westphalian.
vestibular *adj.* ANAT. vestibular.
vestíbulo *m.* vestibule, hall, lobby. *2* ANAT. vestibule.
vestido *m.* dress, clothes, clothing, garb, costume, suit ; *~ de ceremonia,* full dress ; *~ de corte,* court dress ; *~ de etiqueta,* full dress, evening dress ; *~ de noche,* evening gown. *2* fig. dress, vesture, covering.
vestidura *f.* dress, clothing, vesture. *2 pl.* ECCL. vestments.
vestigio *m.* vestige, trace, sign. *2 pl.* ruins, remains. *3* CHEM. traces.
vestiglo *m.* horrible monster.
vestimenta *f.* VESTIDO. *2 pl.* VESTIDURAS.
vestir *tr.* to clothe, dress, garb, attire [put clothes on]. *2* to clothe [provide with clothes]. *3* to make clothes for. *4* to cover, deck, adorn ; to clothe [cover as with a garment]. *5* to clothe [one's face in smiles, etc. ; ideas in words]. *6* to cloak, disguise, give an appearance to. *7* to don, put on ; to wear, have on [a dress or garment]. — *8 intr.* to dress, be dressed [in a specified way] : *~ bien,* to dress well, in good taste ; *~ de negro,* to dress in black, be dressed in black. *9* [of a garment, material, colour] to be fit for dressing, give a well-dressed apearance to the person wearing it. — *10 ref.* to dress [clothe oneself ; put on evening or formal dress]. *11* fig. to be or become clothed or covered. *12* to assume an air [of authority, etc.]. ¶ CONJUG. like *servir.*
vestuario *m.* apparel, wardrobe, clothes, dress. *2* MIL. clothing, uniform [of soldiers and non-commissioned officers]. *3* THEAT. wardrobe, dresses [for a play]. *4* THEAT. place where the dressing rooms are. *5* vestry, place in some churches where ecclesiastics put on vestments. *6* money given to ecclesiastics for dress.
vestugo *m.* sprout [of an olive tree].
Vesubio *m. pr. n.* GEOG. Vesuvius.
veta *m.* GEOL. vein. *2* MIN. vein, lode. *3* vein [in wood or stone]. *4* streak, stripe. *5 descubrir la ~ de uno,* coll. to discover someone's inclinations, purposes or designs.
vetado, da *adj.* vetoed. *2* VETEADO.
vetar *tr.* to veto, to exercise veto against ; put one's veto on.
veteado, da *adj.* veined, streaked, streaky, variegated with stripes.
vetear *tr.* to vein, streak, variegate with stripes.
veterano, na *adj.* & *n.* veteran.
veterinaria *f.* veterinary medicine.
veterinario *m.* veterinarian, veterinary, veterinary surgeon.
vetisesgado, da *adj.* diagonal-streaked or -striped.
veto *m.* veto.
vetustez *f.* antiquity, great age.
vetusto, ta *adj.* very ancient or old.
vez, *pl.* **veces** *f.* turn [in order or alternation] : *esperar ~,* to await one's turn ; *le llegó la ~,* it was his turn ; *a su ~,* in turn, in his, her, etc., turn ; on his, her, etc., part. *2* time [instance, occasion] : *a la ~,* at one time, at once, at the same time, simultaneously ; *a la ~ que,* while, at the same time that ; *alguna ~,* sometimes ; [in questions] ever ; *alguna que otra ~,* TAL CUAL VEZ ; *a veces,* sometimes, occasionally ; *cada ~,* each time, every time ; *cada ~ más,* more and more ; *cada ~ que,* every time that, whenever ; *de una ~,* at once ; at one time ; with a single act, blow, etc. ; *de una ~ para siempre,* once for all, once and for all, definitively ; *de ~ en cuando,* from time to time, now and then, occasionally ; *dos veces,* twice ; *dos, tres, cuatro, etc., veces* twice, three times, four times, etc., as large as ; *dos, tres, etc., veces menor que,* equivalent to a half, a third, etc. of ; *más de una ~,* more than once, many a time ; *muchas veces,* many times, many a time, often ; *otra ~,* again, once

more; on another occasion; some other time; *pocas veces, raras veces,* seldom, rarely, only a few times; *tal cual* ~, once in a while; *tal* ~, perhaps, maybe, perchance; *todas las veces que,* as often as, whenever; *una que otra* ~, *una* ~ *que otra,* TAL CUAL VEZ; *una* ~, once; *una* ~ *hecho esto,* after doing this, this being done; *una* ~ *que,* since, inasmuch as. 3 stead, place: *en* ~ *de,* instead of; in place of. 4 pl. *hacer las veces de,* to serve as, take the place of, be a substitute for.

veza *f.* BOT. vetch.
vezar *tr. & ref.* AVEZAR.
vi *pret.* of VER.
vía *f.* path, road, way, street, thoroughfare: ~ *aérea,* airway; ~ *Apia,* Appian Way; ~ *férrea,* railway, railroad; ~ *fluvial,* waterway; ~ *pública,* public way or road, street; ~ *terrestre,* route, road; *vías de comunicación,* communications. 2 RLY. track: *ancho de* ~, gauge; *de* ~ *ancha,* wide-gauge; *de* ~ *estrecha,* narrow-gauge; *de* ~ *normal,* standard-gauge; ~ *doble,* double track; ~ *muerta,* sidetrack. 3 carriage track or rut. 4 ANAT. duct. 5 CHEM. process: ~ *húmeda,* wet process; ~ *seca,* dry process. 6 way or place passed in going from a place to another: *por la* ~ *de Francia,* through France, via France. 7 spiritual mode of life. 8 way, manner: *por* ~ *de,* by way of, as. 9 *cuaderna* ~, stanza consisting of four single-rhymed Alexandrines [thirteenth and fourteenth centuries]. 10 NAUT. ~ *de agua,* leak [in a ship]. 11 LAW ~ *ejecutiva,* seizure, attachment. 12 ASTR. *Vía láctea,* Milky Way. 13 MED. *por* ~ *bucal,* orally; ~ *hipodérmica,* hypodermically. 14 pl. ANAT. tract: *vías digestivas,* digestive tract; *vías respiratorias,* respiratory tract; *vías urinarias,* urinary tract. 15 *estar en vías de,* to be in the process of, to be on the way to.
viabilidad *f.* viability. 2 feasibility, practicability.
viable *adj.* viable. 2 feasible, practicable.
Vía Crucis *m.* Via Crucis, way of the Cross. 2 fig. continual affliction or trouble.
viadera *f.* harness shaft [of a loom].
viador *m.* THEOL. traveller [to the other world].
viaducto *m.* viaduct.
viajador, ra *adj.* travelling. — 2 *m. & f.* traveller.
viajante *adj.* travelling. — 2 *m.* traveller, commercial traveller.
viajar *intr.* to travel, journey, voyage.
viajata *f.* coll. long walk, excursion.
viaje *m.* travel, journey, voyage, trip: ~ *de ida y vuelta,* ~ *redondo,* round trip; *de* ~, travelling: *compañero de* ~, travelling companion; *estar de* ~, *ir de* ~, to be on a journey; to be about to start on a journey; *¡buen* ~*!,* God-speed, bon voyage! 2 journey, passage [from a place to another, esp. when carrying a load]; load carried at one time. 3 travel account or book. 4 water supply. 5 ARCH. obliquity.
viajero, ra *adj.* travelling [that travels]. — 2 *m. & f.* traveller; passenger.
vial *adj.* pertaining to roads or streets. — 2 *m.* avenue, lane [way among trees or shrubs].
vialidad *f.* road service, street service [services connected with the tending, making, etc., of roads, streets, etc.].
vianda *f. s. & pl.* food, viands. 2 food served at table.
viandante *m. & f.* traveller, itinerant, foot-passenger. 2 tramp.
viaticar *tr.* ECCL. to administer the viaticum to. — 2 *ref.* to receive the viaticum.
viático *m.* viaticum [provisions for a journey; travel allowance]. 2 ECCL. viaticum.
víbora *f.* ZOOL. viper. 2 fig. viper [malignant person].
viborezno, na *adj.* viperine. — 2 *m.* ZOOL. young viper.
vibración *f.* vibration, quivering. 2 PHYS. vibration.
vibrante *adj.* vibrant. 2 PHONET. thrilled [consonant].
vibrar *tr.* to vibrate, give a vibratory motion to [a sword, etc.]. 2 to vibrate [throw with a vibratory motion]: ~ *rayos,* to vibrate thunderbolts. 3 to roll [utter with a thrill]. — 4 *intr.* to vibrate, quiver. 5 PHYS. to vibrate.
vibrátil *adj.* vibratile.
vibratorio, ria *adj.* vibratory.
vibrión *m.* BACT. vibrión.

viburno *m.* BOT. viburnum.
vicaria *f.* assistant mother superior.
vicaría *f.* vicarship. 2 vicarage.
vicariato *m.* vicarship. 2 vicariate.
vicario, ria *m. & f.* vicar [deputy, substitute]: ~ *de Jesucristo,* Vicar of Christ [the Pope]. — 2 *m.* ECCL. vicar: ~ *apostólico,* vicar apostolic; ~ *general,* vicar general.
vicealmiranta *f.* galley next in order to the admiral's.
vicealmirantazgo *m.* vice-admiralty.
vicealmirante *m.* vice-admiral.
vicecanciller *m.* vice-chancellor.
viceconsiliario *m.* vice-counsellor.
vicecónsul *m.* vice-consul.
viceconsulado *m.* vice-consulate.
vicecristo, vicediós *m.* vice-Christ [the Pope].
vicegerencia *f.* position of assistant manager.
vicegerente *m.* assistant manager.
vicegobernador *m.* vice-governor, lieutenant governor.
vicenal *adj.* vicennial.
Vicente *m. pr. n.* Vincent.
vicepresidencia *f.* vice-presidency. 2 position of vice-chairman.
vicepresidente, ta *m. & f.* vice-president. — 2 *m.* vice-chairman. — 3 *f.* vice-chairwoman. 4 wife of a vice-president.
viceprovincia *f.* ECCL. religious houses enjoying the rank of a province.
viceprovincial *adj.* ECCL. pertaining to a VICEPROVINCIA. — 2 *m.* ECCL. the superior of a VICEPROVINCIA.
vicerrector *m.* vice-rector.
vicesecretaría *f.* vice-secretaryship.
vicesecretario, ria *m. & f.* vice-secretary.
vicésimo, ma *adj. & m.* twentieth.
vicetesorero. ra *m. & f.* assistant treasurer.
viceversa *adv.* vice versa. — 2 *m.* illogical thing.
vicia *f.* BOT. vetch.
viciado, da *p p.* of VICIAR. 2 vitiated; foul.
viciar *tr.* to vitiate, debase, spoil, corrupt, pervert, deprave. 2 to adulterate, falsify. 3 to vitiate, make invalid, nullify. 4 to pervert, misconstrue. — 5 *ref.* to become vitiated 6 to give oneself up to vice. 7 to contract a habit or a bad habit; to become too much addicted [to something].
vicio *m.* vice [evil conduct, particular form of depravity, serious fault; wickedness, corruption], habit, bad habit: *tener el* ~ *de,* to have the vice of; to have the habit or be in the habit of. 2 vice, defect, blemish. 3 vice [in horses, etc.]. 4 overindulgence, pampering, spoiling. 5 AGR. excessive luxuriance [of plants]. 6 warping [in boards, etc.]. 7 *de* ~, from being spoiled, out of habit, without reason: *quejarse de* ~, to complain without reason, out of habit.
viciosamente *adv.* viciously [in an immoral, corrupt or faulty manner].
vicioso, sa *adj.* vicious [of the nature of vice; addicted to vice], licentious. 2 vicious [incorrect, faulty, unsound]. 3 pampered, spoiled [child]. 4 abundant, luxuriant; vigorous. — 5 *m. & f.* vicious person.
vicisitud *f.* vicissitude.
vicisitudinario, ria *adj.* vicissitudinary.
víctima *f.* victim.
victimario *m.* HIST. servant attending a sacrificing priest.
victo *m.* daily sustenance.
¡victor! *interj. & m.* ¡VITOR!
victorear *tr.* VITOREAR.
Victoria *f. pr. n.* Victoria.
victoria *f.* victory: *cantar la* ~, to celebrate or proclaim a victory; *cantar* ~, to proclaim one's victory, to have gained one's ends. 2 victoria [carriage]. 3 BOT. ~ *regia,* victoria, victoria regia.
victoriano, na *adj.* Victorian.
victoriosamente *adv.* victoriously.
victorioso, sa *adj.* victorious.
vicuña *f.* ZOOL. vicugna, vicuña. 2 vicugna wool. 3 vicugna-wool fabric.
vid *f.* BOT. vine, grapevine.
vida *f.* life [in practically every sense]: ~ *airada,* loose life, prostitution; ~ *animal,* animal life; ~ *canonical* or *de canónigo,* fig. life of ease; ~ *de perros,* fig. dog's life; ~ *espiritual,* spiritual life; ~ *media,* ~ *probable* expectation of life; ~ *y milagros de una persona,* life and deeds

of o person, history of a person [implying that the deeds or history are bad]; *buena* ~, *gran* ~, good living; comfortole liaving; *esta* ~, this life; *la otra* ~, *la* ~ *futura*, the other life; ~ *mia*, *mi* ~, my life, dearest; *dar la* ~ [of a thing] to heal, fortify, relieve, refresh; *dar [uno] la* ~ *por*, to die for, to sacrifice one's life in the cause of; *dar mala* ~ *a*, to treat ill; *darse buena* ~, to live comfortably; *dar* ~, to give life, to enliven; *enterrarse en* ~, to become a recluse; *hacer* ~, [of man and wife], to live together; *jugarse la* ~, to take one's life into one's hand; *mudar de* ~, to mend one's ways; *pasar a mejor* ~, to die; *pasar la* ~, to get along, to live with the least possible expense; *partir* or *partirse de esta* ~, to depart this life; *tener siete vidas como los gatos*, to bear a charmed life, be hard to kill, have the nine lives of a cat; *con* ~, on life, alive, living; *de mala* ~, loose, licentious, disreputable; *de por* ~, for life, during life; *en la* ~, *en mi (tu, su)* ~, never; *entre la* ~ *y la muerte*, in imminent danger of dying; *en* ~, while living, during life; *¡por* ~!, by Jove!; *¡por* ~ *mia!*, by my soul!, upon my soul! *2* activity, animation, liveliness. *3* living, livelihood, sustenance: *buscarse la* ~, to try to get a livelihood; *hacer por la* ~, coll. to eat; *ganar* or *ganarse la* ~, to earn one's living.

vidalita *f.* melancholy song of Argentina and Chile.
vide *Lat.* vide, see [in references].
vidente *adj.* seeing, sighted [not blind]. — *2 m. & f.* sighted person. *3* seer; prophet.
vidita *f.* coll. dearest, darling.
vidriado, da *p. p.* of VIDRIAR. — *2 adj.* glazed [pottery]. — *3 m.* glazing [of pottery]. *4* glazed pottery.
vidriar *tr.* to glaze [pottery]. — *2 ref.* to become glassy or brittle.
vidriera *f.* glass window, glass door, French window, glass partition : ~ *de colores*, stained-glass window. *2* (Am.) shopwindow, show window.
vidriería *f.* glass factory, glassworks. *2* glass shop. *3* glassware.
vidriero *m.* glassworker, glassblower. *2* glazier. *3* glass dealer.
vidrio *m.* glass [substance] : ~ *cilindrado*, plate glass; ~ *de color*, stained glass; ~ *deslustrado*, ground glass; ~ *hilado*, spun glass; ~ *plano*, sheet glass; ~ *tallado*, cut glass. *2* glass [any article made of glass]. *3* pane, glass pane [of window or door]. *4* [in a landau, berlin, etc.] the front seat, where one rides backward. *5 pagar los vidrios rotos*, to be made the goat or the scapegoat, to suffer undeserved punishment.
vidriosidad *f.* vitreousness; glassiness; brittleness. *2* touchiness.
vidrioso, sa *adj.* brittle [as glass]. *2* slippery [from frost]. *3* glassy [eye]. *4* peevish, touchy [person, temper]. *5* delicate, touchy [subject]
vidual *adj.* pertaining to widowhood.
vidueño, viduño *m.* variety or kind of grapevine.
viejarrón, na *m. & f.* VEJARRÓN.
viejecillo, lla; viejecito, ta; viejezuelo, la *adj.* old, oldish. — *2 m. & f.* old man, old woman.
viejo, ja *adj.* old. *2* aged. *3* ancient, antique. *4* old-fashioned. — *5 m.* old man : ~ *verde*, gay old man, old rake. — *6 f.* old woman.
Viena *f. pr. n.* GEOG. Vienna. *2* GEOG. Vienne [French city].
viene, vienes, vienen *irr.* V. VENIR.
vienense *adj. & n.* VIENÉS. *2* of Vienne [French city].
vienés, sa *adj. & n.* Viennese.
vienta, viente, etc., *irr.* V. VENTAR.
vientecillo *m. dim.* breeze, light wind.
viento *m.* wind [air in motion; air; something influencing or carrying along; vanity, conceit] : ~ *calmoso*, light unsteady wind; ~ *de cola*, AER. tail wind; ~ *de la hélice*, AER. slip stream; ~ *de proa*, NAUT. head wind, dead wind; ~ *en popa*, NAUT. wind right aft; ~ *etesio*, etesian wind; ~ *frescachón*, NAUT. moderate gale; ~ *fresco*, NAUT. strong breeze; ~ *fresquito*, NAUT. fresh breeze; ~ *marero*, NAUT. sea land; ~ *terral*, NAUT. land breeze; *vientos alisios*, trade winds; *beber los vientos por*, coll. to sigh or long for or after, to be madly in love with; *ir* ~ *en popa*, NAUT. to fly or sail before the wind; fig. to go very well, to be flourishing; *moverse a todos*

los *vientos*, fig. to be fickle as the wind; *corren malos vientos*, fig. things are not favourable; *como el* ~, swiftly, fleetly, rapidly; *contra* ~ *y marea*, fig. against all odds, regardless of difficulties. *2* wind, direction, point of the compass : *a los cuatro vientos*, to the four winds. *3* HUNT. wind [air filled with odour of the game]. *4* smell, sense of smell [of some animals]. *5* wind [of the bowels]. *6* ARTIL. windage. *7* guy [rope or chain].
vientre *m.* abdomen, belly, paunch, venter. *2* bowels. *3* womb. *4* belly [of a vessel]; venter [of a muscle, etc.]. *5 de* ~, breeding [female animal].
vientrecico, cillo, cito *m. dim.* of VIENTRE.
viernes. *pl.* **-nes** *m.* Friday : *Viernes Santo*, Good Friday; *cara de* ~. coll. wan, thin face; *comer de* ~, to fast, abstain from meat.
vierteaguas, *pl.* **-guas** *m.* ARCH. dashboard.
vierto, vierta, etc., *irr.* V. VERTER.
viga *f.* beam, girder, joist, baulk, rafter: ~ *maestra*, summer [beam or girder supporting other members] ; *estar contando las vigas*, coll. to gaze blankly at the ceiling, to be absent-minded. *2* an ancient press for pressing olives, grapes, etc.
vigencia *f.* force, effect, operation [of a law, etc.], state of being in force. *2* [of a custom, style, etc.] state of being established, in use. *3* (Col.) fiscal year.
vigente *adj.* in force [law, etc.]. *2* established, in use, standing [custom, style, etc.].
vigesimal *adj.* vigesimal.
vigésimo, ma *adj. & m.* twentieth.
vigía *m. & f.* watch, lookout [man]. — *2 f.* watchtower, lookout. *3* watch, watching [from an elevated place]. *4* NAUT. rock, shoal.
vigiar *intr.* to watch, keep a lookout [from an elevated place].
vigilancia *f.* vigilance, watchfulness. *2* watch watching, surveillance.
vigilante *adj.* vigilant, watchful, careful. — *2 m.* watch, watchman, guard. *3* (Arg.) policeman.
vigilantemente *adv.* vigilantly.
vigilar *intr.* to watch, keep guard, take or have care. — *2 tr.* to watch over, keep guard on; look out for, take or have care of.
vigilativo, va *adj.* causing sleeplessness or wakefulness.
vigilia *f.* vigil, wakefulness. *2* nocturnal intellectual work. *3* eve [of any day or event]. *4* ECCL. eve, vigil [of a feast]. *5* ECCL. abstinence from meat : *día de* ~, abstinence day; *comer de* ~, to fast, abstain from meat. *6* MIL. watch [in the night].
vigor *m.* vigour, vigor. *2* force, effect [of a law] : *en* ~, in force, in effect; *entrar en* ~, to go into effect; *poner en* ~, to put into effect.
vigorar *tr. & ref.* VIGORIZAR.
vigoricé, vigorice, etc., *pret., subj. & imper* of VIGORIZAR.
vigorizador, ra *adj.* invigorating, invigorative. — *2 m.* invigorant, tonic : ~ *del cabello*, hair tonic.
vigorizar *tr.* to invigorate; to strengthen. — *2 ref.* to invigorate [gain vigour].
vigorosamente *adv.* vigorously; lustily.
vigoroso, sa *adj.* vigorous; lusty.
vigota *f.* NAUT. deadeye.
viguería *f.* beams or girders [of a building].
vigués, sa *adj.* [pertaining to] Vigo. — *2 m. & f.* native or inhabitant of Vigo.
vigueta *f. dim.* small beam or joist.
vihuela *f.* MUS. guitar.
vihuelista *m. & f.* guitar player.
vil *adj.* vile, worthless, mean. *2* vile, base, low, despicable, infamous. — *3 m. & f.* false, treacherous person.
vilano *m.* BOT. pappus. *2* BOT. thistle flower.
vileza *f.* vileness, baseness; infamy. *2* vile or infamous act.
vilipendiador, ra *adj.* vilipending, reviling, denigrating. — *2 m. & f.* vilipender, reviler, denigrator.
vilipendiar *tr.* to vilipend, revile, denigrate.
vilipendio *m.* contempt, revilement, denigration. *2* opprobium.
vilipendioso, sa *adj.* vilipenditory, reviling, contemptuous. *2* opprobious.
vilmente *aaj.* vilely, basely, infamously.
vilo (en) *adv.* suspended, in the air. *2* in suspense.

vilordo, da *adj.* slow, lazy, slothful.
vilorta *f.* hoop made of a twisted twig. 2 clasp ring of a plough. 3 MACH. washer. 4 game resembling lacrosse. 5 BOT. a kind of clematis.
vilorto *m.* hoop made of a twisted twig. 2 a kind of racket for playing VILORTA. 3 BOT. a kind of clematis.
vilote *adj.* (Arg., Chi.) cowardly.
viltrotear *intr.* coll. to gad about.
viltrotera *f.* coll. gadabout [woman].
villa *f.* villa [country residence]. 2 town, market town. 3 town enjoying certain privileges. 4 town council.
Villadiego *m. pr. n.* town in the province of Burgos [Spain]. 2 *coger* or *tomar las de* ~, to decamp, bolt, go away suddenly.
villaje *m.* village.
villanada *f.* infamy, despicable act.
villanaje *m.* villeinage, villenage. 2 peasantry.
villanamente *adv.* despicably, infamously, villainously.
villancejo, villancete, villanolco *m.* Christmas carol.
villanciquero *m.* caroller. 2 writer of Christmas carols.
villanería *f.* VILLANÍA. 2 VILLANAJE.
villanesco, ca *adj.* rustic, pertaining to the villeins or to the peasants.
villanía *f.* status of a villain; humble birth. 2 villainy, infamy, despicable act. 3 fig. vile remark.
villano, na *adj.* of humble birth, not noble. 2 rustic, impolite. 3 villainous, base, despicable. — *4 m. & f.* villain, villein; rustic, peasant. 5 despicable person, knave, scoundrel. — *6 m.* an ancient Spanish tune and dance.
villanote *m.* aug. of VILLANO.
villar *m.* village.
villazgo *m.* charter or privileges of a VILLA. 2 tax payed by a VILLA.
villeta *f.* dim. village. 2 small villa.
villoría *f.* farm house.
villorín *m.* VELLORÍ.
villorrio *m.* small village, mean village.
vimbre *m.* MIMBRE.
vimbrera *f.* MIMBRERA.
vinagrada *f.* water with vinegar and sugar.
vinagre *m.* vinegar : *cara de* ~, fig. stern, forbidding countenance. 2 fig. grouchy person.
vinagrera *f.* vinegar cruet or caster. 2 BOT. sorrel. 3 (S. Am.) heartburn. 4 *pl.* casters, cruet stand.
vinagrero, ra *m. & f.* vinegarer.
vinagreta *f.* COOK. vinaigrette sauce.
vinagrillo *m.* dim. weak vinegar. 2 toilet vinegar.
vinagroso, sa *adj.* vinegarish, vinegary. 2 fig. vinegary, sour, crabbed.
vinajera *f.* ECCL. cruet [for wine or water in the mass]. 2 *pl.* ECCL. set of two cruets and a tray.
vinariego *m.* owner of vineyards, viticulturist.
vinario, ria *adj.* [pertaining to] wine.
vinatería *f.* wine trade. 2 wine shop.
vinatero, ra *adj.* [pertaining to] wine. — *2 m.* vintner, wine merchant.
vinaza *f.* wine drawn from lees.
vinazo *m.* strong heavy wine.
vincapervinca *f.* BOT. periwinkle.
Vincenas *m. pr. n.* GEOG. Vincennes.
vinculable *adj.* that can be tied, attached. 2 LAW entailable.
vinculación *f.* tying, attaching, attachment [esp. with immaterial bonds]. 2 LAW entailment.
vincular *tr.* to tie, attach [esp. with immaterial bonds]. 2 to ground, found [hopes, etc.]. 3 LAW to entail.
vínculo *m.* vinculum, tie, bond of union : *vínculos de afecto,* bonds of affection. 2 LAW. entail.
vincha *f.* (Arg., Bol., Chi., Pe.) ribbon or kerchief for the head.
vinchuca *f.* ENTOM. (Arg., Chi., Pe.) a kind of winged bedbug.
vindicación *f.* vindication. 2 revenge.
vindicar *tr.* to vindicate [defend, justify]. 2 to avenge. 3 LAW to vindicate.
vindicativo, va *adj.* vindicative. 2 vindictive.
vindicatorio, ria *adj.* vindicatory.
vindicta *f.* revenge. 2 ~ *pública,* public punishment, censure of public opinion.
vindiqué, vindique, etc., *pret., subj. & imper.* of VINDICAR.
vine, etc., *irr.* V. VENIR.
vínico, ca *adj.* vinic.

vinícola *adj.* wine, wine-making, vinicultural, vinegrowing. — *2 m.* vinegrower.
vinicultor, ra *m. & f.* viniculturist.
vinicultura *f.* viniculture, wine-making.
viniebla *f.* CINOGLOSA.
viniera, viniese, etc., *irr.* V. VENIR.
vinífero, ra *adj.* viniferous, wine-producing.
vinificación *f.* vinification.
vinilo *m.* CHEM. vinyl.
vinillo *m.* dim. weak wine, light wine.
vino *m.* wine : ~ *amontillado,* pale sherry wine; ~ *clarete,* light-red wine, claret; ~ *cubierto,* dark wine; ~ *de Burdeos,* Bordeaux wine; ~ *de Jerez,* sherry wine; ~ *de lágrima,* wine made from juice exuded by unpressed grapes; ~ *de mesa,* ~ *de pasto,* table wine; ~ *de postre,* after-dinner wine, strong old wine; ~ *de Oporto,* port vine; ~ *dulce,* sweet wine; ~ *generoso,* VINO DE POSTRE; ~ *moscatel,* muscatel wine; ~ *mulso,* mulse; ~ *peleón,* very common wine; ~ *seco,* dry wine; ~ *rancio,* fine old wine; ~ *tinto,* red wine; *bautizar* or *cristianar* el ~, to water the wine; *dormir uno el* ~, to sleep off a drunk; *tener mal* ~, to be a quarrelsome drunk; *tomarse del* ~, to get drunk.
vinolencia *f.* excessive use of wine.
vinolento, ta *adj.* too fond of wine.
vinosidad *f.* vinousness.
vinoso, sa *adj.* vinous.
vinote *m.* residue in boiler after distillation of wine.
viña *f.* vineyard : *ser una* ~, fig. to be a mine; *tener una* ~, fig. to have a sinecure.
viñadero *m.* guard of a vineyard.
viñador *m.* vineyardist, viticulturist. 2 guard of a vineyard.
viñedo *m.* vineyard.
viñero, ra *m. & f.* owner of vineyards.
viñeta *f.* PRINT. vignette.
viñetero *m.* PRINT. case for vignettes.
viñetista *m. & f.* vignettist.
viñuela *f.* dim. small vineyard.
viola *f.* MUS. viola. 2 BOT. violet. — *3 m. & f.* MUS. viola player.
violáceo, a *adj.* violaceous [of violet colour]. 2 BOT. violaceous. — *3 f. pl.* BOT. Violaceæ.
violación *f.* violation.
violado, da *adj.* violaceous [of violet colour]. — *2 m.* violet [colour].
violador, ra *adj.* violating. — *2 m. & f.* violator.
1) violar *m.* patch or bed of violets.
2) violar *tr.* to violate, break, infringe. 2 to violate, profane, desecrate. 3 to spoil, tarnish. 4 to violate, rape, ravish [a woman].
violencia *f.* violence. 2 compulsion. 3 constraint. 4 rape.
violentamente *adv.* violently.
violentar *tr.* to do violence to. 2 to break into [a house, etc.]; to break [a door, etc.]. 2 to strain, distort, miscontrue. — *3 ref.* to force oneself, to overcome one's reluctance or unwillingness [to do something].
violento, ta *adj.* violent. 2 forced, unnatural, strained. 3 constrained, embarrassed, ill at ease : *estar* ~, *sentirse* ~, to be embarrassed, ill at ease.
violeta *f.* BOT. violet. 2 violet [colour]. — *3 adj.* violet, violet coloured.
violetera *f.* violet seller [woman or girl].
violetero *m.* small vase for violets.
violeto *m.* PELADILLO 1.
violín *m.* MUS. violin, fiddle. 2 violin, violin player [in orchestra] : *primer* ~, first violin. 3 BILLIARDS bridge, rest, cue rest.
violinista *m.-f.* violinist.
violón *m.* MUS. bass viol : *tocar el* ~, coll. to do something nonsensical; to talk nonsense. 2 bass-viol player.
violoncelista *m. & f.* VIOLONCHELISTA.
violoncelo *m.* VIOLONCHELO.
violonchelista *m. & f.* violoncellist.
violonchelo *m.* MUS. violoncello.
vipéreo, a; viperino, na *adj.* viperine. 2 viperish, viperous.
vira *f.* vire [arrow]. 2 welt [of a shoe].
virada *f.* NAUT. tack, tacking. 2 AUTO. turn [change of direction].
virador *m.* PHOT. toning bath. 2 NAUT. viol.
virago *f.* mannish woman.

viraje *m.* PHOT. toning. 2 AUTO. turn [change of direction]
virar *tr.* PHOT. to tone. 2 NAUT. to turn [the capstan]. — *3 tr. & intr.* NAUT. to tack, veer, put about. — *4 intr.* AUTO. to turn [take another direction].
viratón *m.* bolt [arrow].
virazón *f.* sea breeze.
vireo *m.* VIRIO.
virgen *adj. & n.* virgin. — *2 f.* upright guide in an ancient wine or olive press. — *3 f. pr. n.* Virgin [Mary] : *la Santisima Virgen*, the Blessed Virgin ; *la Virgen Maria*, the Virgin Mary. 4 ASTR. Virgin, Virgo.
virgiliano, na *adj.* Virgilian.
Virgilio *m. pr. n.* Virgil.
virginal *adj.* virginal, virgin. — *2 m.* MUS. virginal.
virgineo, a *adj.* virginal.
virginia *f.* Virginia tobacco.
virginiano, na *adj. & n.* Virginian.
virginidad *f.* virginity.
virginio *m.* CHEM. virginium.
virgo *m.* virginity. 2 (cap.) ASTR. Virgo.
vírgula *f.* virgula [short rod]. 2 light, short dash or line. 3 BACT. cholera bacillus.
virgulilla *f. dim.* small dash [as a tilde, comma, accent or apostrophe].
viril *adj.* virile. — *3 m.* clear and transparent glass [for protecting something]. 4 ECCL. small monstrance within a larger one.
virilidad *f* virility. 2 manhood.
virilmente *adv.* virilely, in a manly manner.
virio *m.* ORN. golden oriole.
viripotente *adj.* viripotent, nubile. 2 strong, vigorous.
virol *m.* HER. virole.
virola *f.* ferrule [ring]. 2 check ring on a goad.
virolento, ta *adj.* having smallpox. 2 pock-marked. — *3 m. & f.* person with smallpox. 4 pock-marked person.
virotazo *m.* hit or wound with a bolt [arrow].
virote *m.* bolt [arrow]. 2 coll. young blood, idle young bachelor. 3 coll. solemn, straight-backed fellow. 4 wine three years old.
virotillo *m.* ARCH. short upright brace.
virotismo *m.* airs, conceit.
virreina *f.* vice-queen, vicereine.
virreinal *adj.* viceregal.
virreinato, virreino *m.* viceroyship ; viceroyalty.
virrey *m.* viceroy.
virtual *adj.* virtual. 2 tacit, implicit.
virtualidad *f.* virtuality.
virtualmente *adv.* virtually. 2 tacitly, implicitly.
virtud, *pl.* **-tudes** *f.* virtue : *virtudes cardinales*, cardinal virtues ; *virtudes teologales*, theological virtues ; *en ~ de*, by, or in, virtue of. 2 virtuousness. 3 *pl.* THEOL. virtues [seventh order of angels].
virtuosamente *adv.* virtuously.
virtuoso, sa *adj.* virtuous. — *2 m. & f.* virtuous person. 3 virtuoso.
viruela *f. sing.* or *pl.* MED. smallpox, variola : *viruelas locas*, chicken pox. — *2 f. sing.* pock, pock-mark : *picado de viruelas*, pockmarked.
virulencia *f.* virulence.
virulento, ta *adj.* virulent [poisonous ; containing virus]. 2 purulent. 3 fig. virulent, malignant, bitter.
virus *m.* MED. virus. 2 poison, contagion.
viruta *f.* shaving [of wood or metal].
visado *m.* visa, visé.
visaje *m.* face, grimace : *hacer visajes*, to make faces, to make wry faces.
visajero, ra *adj.* grimacing, making faces.
visar *tr.* to visa, visé, give a visa to. 2 ARTIL., SURV. to sight.
víscera *f.* ANAT. internal organ [in any of the great cavities of the body]. 2 *pl.* viscera.
visceral *adj.* visceral.
visco *m.* lime, birdlime.
vis cómica *f.* vis comica, ability to evoke mirth.
viscosa *f.* viscose.
viscosidad *f.* viscosity, stickiness. 2 viscous matter. 3 PHYS. viscosity.
viscosímetro *m.* viscosimeter.
viscoso, sa *adj.* viscous, sticky. 2 PHYS. viscous.
visera *f.* peak [of a cap]. 2 visor, vizor [of a cap or a helmet. 3 eye-shade.
visibilidad *f.* visibility.

visible *adj.* visible. 2 evident. 3 conspicuous, notable.
visiblemente *adv.* visibly. 2 evidently.
visigodo, da *adj.* Visigothic. — *2 m. & f.* Visigoth.
visigótico, ca *adj.* Visigothic.
visillo *m.* window curtain, window shade.
visión *f.* vision, sight [act or faculty of seeing]. 2 vision [thing seen in the imagination, in dream or trance ; apparition, phantom] : *quedarse como quien ve visiones*, to be astonished, amazed ; *ver visiones*, to dream, be seeing things. 3 sight [thing seen, esp. when it is ridiculous or horrible]. 4 coll. sight, scarecrow [person].
visionario, ria *adj. & n.* visionary [person].
visir *m.* vizier, vizir : *gran ~*, grand vizier.
visita *f.* visit, call ; social call : *~ de cumplido* or *de cumplimiento*, formal call ; *~ de médico*, coll. short or hurried call ; *~ domiciliaria*, domiciliary visit ; social-work call ; *hacer una ~*, to make or pay a call ; *pagar la ~*, to return a call. 2 MED. visit. 3 visitor, caller, guest : *tener una ~*, to have a visitor, a caller ; *tener visitas*, to have visitors, callers, guests, company. 4 visitation, inspection : *~ de cárceles*, inspection of prisons by a tribunal ; *~ de sanidad*, NAUT. health inspection ; *~ pastoral*, visitation [of a diocese by a bishop]. 5 tribunal for the inspection of prisons. 6 ECCL. tribunal or court of visitators.
visitación *f.* visit. 2 ECCL. (cap.) Visitation : *Visitación de la Virgen*, Visitation of Our Lady.
visitador, ra *adj.* calling frequently, given to frequent calling. — *2 m. & f.* frequent caller. — *3 m.* visitor, inspector. 4 ECCL. visitator. — *5 f.* (Hond., Ven.) injection, enema.
visitante *adj.* visiting, calling. — *2 m. & f.* visitor, caller, visitant.
visitar *tr.* to visit [go, come, to see a person or place], to call at or on. 2 to visit [frequent, dwell temporarily with]. 3 to visit [for purpose of official inspection or supervision]. 4 [of a physician] to visit, attend, examine [a patient]. 6 to search, examine [goods at a customhouse]. 7 NAUT. to search [a ship]. 8 [of God] to visit [a person with comfort, trial, etc.]. — *9 ref.* to visit one another, to call on one another. 10 [of a patient] to go to the doctor, to the physician.
visiteo *m.* frequent visiting, frequent exchange of visits.
visitero, ra *adj.* coll. fond of making calls or visits.
visitón *m.* coll. long and tedious call or visit.
visivo, va *adj.* visive [serving for vision].
vislumbrar *tr.* to glimpse, catch a glimpse of, see faintly, see indistinctly at a distance. 2 to know imperfectly, surmise, conjecture. — *3 ref.* to appear or be seen faintly or indistinctly. 4 to be conjectured.
vislumbre *f.* glimmer [feeble light, faint gleam]. 2 glimpse, glimmer, inkling, conjecture. 3 semblance, vague resemblance.
viso *m.* changeable luster or colour of a surface stricken by light : *hacer visos* [of a fabric, etc.], to be changeable. 2 slip [undergarment worn under a thin dress] ; coloured lining for a transparent cloth. 3 fig. appearance [of things]. 4 height, elevated spot, outlook. 5 *a dos visos* with a double view or design. 6 *al ~*, viewing a thing sideways to examine its colour or texture. 7 *de ~*, of importance, notable, prominent [person].
visón *m.* ZOOL. mink, American mink.
visor *m.* PHOT. finder. 2 AER. bomb sight.
visorio, ria *adj.* of sight, visual. — *2 m.* inspection by an expert.
víspera *f.* eve [day before]. 2 *sing. & pl.* eve [time just before] : *en vísperas de*, on the eve of. 3 ECCL. vespers. 4 HIST. *Vísperas Sicilianas*, Sicilian vespers.
vista *f.* sight, vision, view [act or faculty of seeing ; being seen ; range of things seen], eye, eyes : *~ cansada*, farsightedness ; *~ corta*, nearsightedness ; *~ de águila*, far-reaching sight ; *~ de lince*, sharpsightedness ; perspicacity ; *doble ~*, second sight ; *aguzar la ~*, to look sharp ; *bajar la ~*, to look down ; *conocer de ~*, to know by sight ; *dar ~ a*, to sight [get sight of] ; *echar la ~ a*. fig. to choose ; *echar la ~*, or *la ~ encima a uno*, to set one's eye on someone ; *estar a la ~*, to be on the look out ;

[of a thing] to be evident; *hacer la ~ gorda*, to wink at, overlook, pretend not to see; *perder de ~*, to lose sight of; *pérderse de ~*, to go out of sight; coll. to excel; to be very smart; *tener a la ~*, to have in sight, have before one or before one's eyes; to bear in mind; *torcer la ~*, to squint; *a la ~*, in sight; at sight, on sight; COM. at sight; *a primera ~*, at first sight; *a simple vista*, at a glance; with the naked eye; *a ~ de*, before, in the sight of, in view of, within view of; *a ~ de ojos*, with one's own eyes; *a ~ de pájaro*, from a bird's-eye view; *hasta la ~*, good-bye, so long. 2 view [scene, prospect; picture, etc., representing this]. 3 glance, brief look : *dar una ~*, to give a passing glance, to take a look; *echar una ~ a*, to take care of, watch. 4 view [intention, design] : *con vistas a*, with a view to. 5 view [consideration] : *en ~ de*, in view of, considering. 6 looks, aspect. 7 comparison: *a ~ de*, compared with. 8 LAW trial. — 9 m. *~ de aduana*, customs officer, customhouse inspector. — *10 f. pl.* facings [of a garment]; collar, cuffs and bosom [of a shirt]. *11* openings, windows, balconies [affording an outlook] : *tener vistas a*, to look out on. *12* meeting, conference, interview.

vistazo *m.* glance, look : *dar un ~*, to give a glance, take a look, examine superficially.

vistió, vistiera, vistiese, etc., irr. V. VESTIR.

vistillas *f. pl.* elevated spot commanding a good view.

1) **visto, ta** *p. p.* of VER. — 2 *adj.* seen, looked, considered, etc.: *bien ~*, looked on with approval; *mal ~*, looked on with disapproval, improper, bad form; *no ~, nunca ~*, extraordinary, unheard of; *por lo ~*, apparently, as it seems, judging from the facts; *~ está, está ~*, it is evident. — 3 *conj. ~ que*, seeing, since, inasmuch, whereas, considering that. — 4 *adv. & m. ~ bueno (V.° B.°)*, correct, approved, signature of formal approval [in official documents]. — 5 *m.* LAW whereas, introductory consideration.

2) **visto, vista,** etc., irr. V. VESTIR.

vistosamente *adv.* gaily, brightly, showily.

vistosidad *f.* brightness, showiness.

vistoso, sa *adj.* gay, bright, showy.

visual *adj.* visual : *campo ~*, visual field; *rayo ~*, visual ray. — 2 *f.* line of sight.

visualidad *f.* pleasant appearance of a set of gay objects.

visura *f.* ocular inspection. 2 inspection by an expert.

vitáceo, a *adj.* BOT. vitaceous. — 2 *f. pl.* BOT. Vitaceæ.

vital *adj.* vital [of life, essential to life; essential, very important].

vitalicio, cia *adj.* [of pensions, grants, etc.] life, for life; [of an office] held for life. — 2 *m.* life-insurance policy. 3 life annuity.

vitalicista *m. & f.* life annuitant.

vitalidad *f.* vitality.

vitalismo *m.* vitalism.

vitalista *adj.* vitalistic. — 2 *m. & f.* vitalist.

vitamina *f.* vitamin, vitamine.

vitaminar *tr.* to vitaminize.

vitaminico, ca *adj.* vitaminic.

vitando, da *adj.* to be shunned or avoided; odious, execrable.

vitela *f.* vellum.

vitelina *adj.* vitelline. — 2 *f.* BIOCHEM. vitellin.

vitelo *m.* BIOL. vitellus.

viticola *adj.* viticultural, grape-growing. — 2 *m. & f.* VITICULTOR.

viticultor, ra *m. & f.* viticultirist, grape grower.

viticultura *f.* viticulture, grape growing.

vito *m.* lively Andalusian dance and tune.

vitola *f.* size of cigars. 2 NAUT. standard gauge. 3 MIL. instrument for calibrating balls or bullets. 4 fig. mien, appearance [of a person].

vítor, *pl.* -**tores** *m.* vivat, acclamation. — 2 *interj.* long live!, hurrah!

vitorear *tr.* to cheer, acclaim.

vitre *m.* NAUT. thin canvas.

vitreo, a *adj.* vitreous, glassy : *humor ~*, ANAT. vitreous humour.

vitrificable *adj.* vitrifiable.

vitrificación *f.* vitrification.

vitrificar *tr.* to vitrify.

vitrifiqué, vitrifique, etc., *pret., subj. & imper.* of VITRIFICAR.

vitrina *f.* showcase, glass case. 2 (Am.) shopwindow.

vitriólico, ca *adj.* CHEM. vitriolic.

vitriolo *m.* CHEM. vitriol; sulphate : *~ amoniacal*, ammonium sulfate; *~ azul*, blue vitriol; *~ blanco*, white vitriol; *~ de plomo*, lead vitriol, anglesite; *~ verde*, green vitriol; *aceite de ~*, oil of vitriol.

vitualla *f.* abundance of food [mainly of vegetables]. 2 *pl.* victuals, provisions.

vituallar *tr.* AVITUALLAR.

vítulo marino *m.* BECERRO MARINO.

vituperable *adj.* vituperable, blameworthy.

vituperación *f.* vituperation.

vituperador, ra *adj.* vituperating, vituperative. — 2 *m. & f.* vituperator.

vituperante *adj.* vituperating, vituperative.

vituperar *tr.* to vituperate.

vituperio *m.* vituperation. 2 affront.

vituperiosamente *adv.* vituperatively

vituperioso, sa *adj.* vituperative, vituperatory.

vituperosamente *adv.* VITUPERIOSAMENTE.

vituperoso, sa *adj.* VITUPERIOSO.

viuda *f.* widow. 2 dowager. 3 BOT. mourning bride, mourning widow, sweet scabious.

viudal *adj.* [pertaining to a] widower or widow.

viudedad *f.* widow's pension.

viudez *f.* widowhood.

viudita *f. dim.* young widow. 2 ORN. (Arg., Chi.) a kind of parrot.

viudo, da *adj.* widowed. — 2 *m.* widower.

viva *m.* viva, vivat, cheer, acclamation. — 2 *interj.* long live!, hurrah!

vivac, *pl.* -**vaques** *m.* VIVAQUE.

vivacidad *f.* vivacity, liveliness. 2 animal spirits. 3 quick-wittedness. 4 brightness, vividness [of colour].

vivamente *adv.* lively, quickly. 2 vividly. 3 brightly. 4 acutely, deeply.

vivandero, ra *m.* sutler.

vivaque *m.* MIL. bivouac.

vivaquear *intr.* MIL. to bivouac.

vivar *m.* warren. 2 fishpond, hatchery.

vivaracho, cha *adj.* vivacious, lively, dapper.

vivaz, *pl.* -**vaces** *adj.* vivacious, lively, active, vigorous. 2 keen, quick-witted. 3 long-lived. 4 BOT. vivacious.

vivera *f.* VIVAR.

viveral *m.* tree nursery.

víveres *m. pl.* food, provisions, victuals.

vivero *m.* tree nursery. 2 seedbed. 3 fishpond, hatchery; vivarium.

vivérrido, da *adj. & n.* ZOOL. viverrine. — 2 *m. pl.* ZOOL. Viverridæ.

viveza *f.* liveliness, sprightliness, briskness, quickness. 2 warmth, vehemence [in words]. 3 keenness, quick-wittedness. 4 brightness, gaiety, vividness. 5 brightness, sparkle [in the eyes]. 6 liveliness [of a description, etc.]. 7 witticism, lively remark. 8 thoughtless word or act.

vividero, ra *adj.* habitable, livable.

vivido, da *p. p.* of VIVIR. — 2 *adj.* lived, based on life or experience [literary work].

vívido, da *adj.* vivid.

vividor, ra *adj.* living, alive, live. 2 long-lived. 3 thrifty. — 4 *m. & f.* living person. 5 thrifty person. — 6 *m.* chevalier of industry.

vivienda *f.* dwelling, house; housing. 2 way of life.

viviente *adj.* living, alive, live : *todo bicho ~*, coll. everybody, every man jack. — 2 *m.* liver, living person : *los vivientes*, the living.

vivificación *f.* vivification.

vivificador, ra *adj.* vivifying. — 2 *m. & f.* vivifier.

vivificante *adj.* vivifying, life-giving.

vivificar *tr.* to vivify [give life to, animate]. 2 to comfort, refresh.

vivificativo, va *adj.* vivificative.

vivifico, ca *adj.* of life, springing from life.

vivifiqué, vivifique, etc., *pret., subj. & imper.* of VIVIFICAR.

viviparo, ra *adj.* ZOOL. viviparous.

1) **vivir** *m.* life, living : *de mal ~*, loose, licentious, disreputable [person]. 2 livelihood, means of living.

2) **vivir** *intr.* to live [be alive; continue in life or in existence; continue in human memory] : *viva usted muchos años*, may you live many years, I wish you a long life [as a form of

courtesy, esp. in official letters] ; *¿quién vive?*,
MIL. who goes there?; *dar el quién vive*, MIL.
to challenge; ~ *para ver*, live and learn! 2 to
live [depend on for subsistence, subsist, get a
livelihood; be nourished, feed] : ~ *de*, to live
on or upon, to live by. 3 to live [conduct
oneself, arrange one's habits, etc.; pass life in
a certain manner] : ~ *bien*, to live honestly;
to live comfortably; ~ *mal*, to live viciously;
to live uncomfortably. 4 to live, dwell. — 5 *tr.*
to live [an experience or adventure].
vivisección *f.* vivisection.
viviseccionista *m. & f.* vivisectionist.
vivismo *m.* Vivism [philosophical system of Luis
Vives].
vivo, va *adj.* alive, living, live [with life]. 2 alive
[existing, unextinguished]. 3 live [not obsolete
or exhausted]. 4 live [blaze, fire, etc.]. 5 vivid
[imagination, recollection, etc]. 6 lively, brisk,
quick, smart. 7 keen, acute, sharp, smart, intense. 8 vigorous, energetic. 9 deep [feeling,
interest, etc.]. 10 smart, ingenious. 11 hasty,
quick-tempered. 12 expressive. 13 vehement,
persuasive. 14 vivid, bright [colour]. 15 ARCH.
sharp [edge, angle]. 16 running [water]. 17
unslaked [lime]. 18 raw [flesh, sore]. 19 living
[language]. 20 live [rock]. 21 MECH., MACH. live.
22 *lo* ~, the quick : *herir en lo* ~, to cut or hurt
to the quick. 23 *en* ~, when living or alive
[said of the weight of an animal to be killed
for food] . — 24 *m.* edge, edging, border. 25
SEW. piping, edge trimming. 26 VET. mange, scab
[in dogs]. 27 pl. *los vivos*, the living : *los vivos
y los muertos*, the quick and the dead.
vizcacha *f.* ZOOL. viscacha, vizcacha [S. American
rodent].
vizcachera *f.* viscacha hole.
vizcaino, na *adj. & n.* Biscayan.
vizcaitarra *m. & f.* Biscayan autonomist.
Vizcaya *f. pr. n.* GEOG. Biscay.
vizcondado *m.* viscountcy, viscountship, viscounty.
vizconde *m.* viscount.
vizcondesa *f.* viscountess.
vocablo *m.* word, term : *jugar del* ~, to pun, play
on words.
vocabulario *m.* vocabulary.
vocabulista *m. & f.* lexicographer, vocabulist.
vocación *f.* THEOL. vocation. 2 vocation [calling
to a particular state, business or profession]. 3
ADVOCACIÓN.
vocal, *pl.* **-cales** *adj.* vocal. — 2 *adj. & f.* GRAM.,
PHONET. vowel : ~ *abierta*, open vowel; ~ *breve*,
short vowel; ~ *cerrada*, close vowel; ~ *débil*,
weak vowel; ~ *fuerte*, strong vowel; ~ *larga*,
long vowel. — 3 *m. & f.* member [of a council,
a board of directors, etc.].
vocalicé, vocalice, etc., *pret., subj. & imper.* of
VOCALIZAR.
vocálico, ca *adj.* vocalic.
vocalismo *m.* PHONET. vocalism.
vocalización *f.* MUS. vocalization; vocalise.
vocalizar *intr.* MUS. to vocalize.
vocalmente *adv.* vocally, orally.
vocativo *adj. & m.* GRAM. vocative.
voceador, ra *adj.* vociferating. — 2 *m. & f.* vociferator. — 3 *m.* town crier.
vocear *intr.* to vociferate, shout, cry out. — 2 *tr.*
to cry, publish, proclaim. 3 to call, hail. 4 to
cheer, acclaim. 5 coll. to boast of publicly.
vocejón *m.* loud, harsh voice.
vocería *f.* shouting, clamour, outcry, uproar. 2
spokesmanship.
vocerío *m.* shouting, clamour, outcry, uproar.
vocero *m.* spokesman.
voces *f. pl.* of VOZ.
vociferación *f.* vociferation.
vociferador, ra *adj.* vociferating, vociferant,
shouting. — 2 *m. & f.* vociferator, vociferant,
shouter.
vociferante *adj.* vociferating, vociferant.
vociferar *intr.* to vociferate, cry out, bawl. — 2 *tr.*
to vociferate, shout out.
vocinglería *f.* shouting, uproar. 2 vociferousness.
3 prate, rant.
vocinglero, ra *adj.* shouting, loud-mouthed,
vociferous. 2 prating, chattering. — 3 *m. & f.*
shouter, loudmouthed person. 4 prater, chatterer,
loud chatterer.
vodka *f.* vodka.
volada *f.* short flight. 2 (Am.) trick, bad turn.

voladera *f.* float [of a water wheel].
voladero, ra *adj.* able to fly. 2 flying, fleeting. —
3 *m.* precipice.
voladizo, za *adj.* ARCH. projecting, jutting out. —
3 *m.* ARCH. projection, projecting member, corbel.
volado, da *p. p.* of VOLAR. — 2 *adj.* PRINT. superior
[figure, letter]. 3 *estar* ~, to be uneasy, on
tenterhooks. 4 (Am.) ~ *de genio*, quick-tempered.
— 5 *m.* BOLADO.
volador, ra *adj.* flying. 2 fleeting, running fast.
3 waving [to the wind]. — 4 *m.* skyrocket. 5
ICHTH. flying gurnard. 6 BOT. an American
tropical tree of the laurel family.
voladura *f.* blasting, blowing up. 2 flying through
the air.
volandas (en) *adv.* [carried] in the air, as if
flying. 2 rapidly, quickly.
volandera *f.* MACH. washer. 2 millstone. 3 coll. lie,
fib. 4 PRINT. galley slice.
volandero, ra *adj.* newfledged, that begins to fly
[young bird]. 2 floating in the air. 3 accidental,
casual, unforeseen. 4 wandering. 5 flying
[report. etc.].
volandillas (en) *adv.* EN VOLANDAS.
volanta *f.* volante [two-wheeled carriage formely
used in Cuba].
volante *adj.* flying [that flies], volant. 2 moving;
going or being carried from place to place. 3
MIL. flying [column]. — 4 *m.* SEW. flounce. 5
MACH. flywheel. 6 HOROL. balance, balance wheel.
7 coining press. 8 shuttlecock. 9 battledore and
shuttlecock [game]. 10 AUTO. steering wheel :
al ~, at the wheel. 11 VOLANTA. 12 note, order,
etc., written on a narrow sheet of paper. 13 light,
movable screen.
volantín, na *adj.* moving; going or being carried
from place to place. — 2 *m.* line or cord with
several hooks for fishing. 3 (Am.) kite [toy].
volantón *adj.* newfledged, that begins to fly
[young bird]. — 2 *m.* fledgling, fledgling [bird].
volapié *m.* BULLF. stroke in which the matador
runs toward the bull and stabs him with his
sword. — 2 *adv. a* ~, half running, half flying;
half walking, half swimming.
volar *intr.* to fly [move in or through the air;
float, flutter, soar in the air]. 2 AER. to fly. 3
to fly [be sent through the air, as an arrow].
4 to fly, fleet, pass swiftly, run fast, rush along,
make great haste, act quickly. 5 to fly, disappear :
el pájaro ha volado, fig. the bird is flown. 6 [of a
report, news, etc.] to fly, spread rapidly. 7 ARCH.
to project, jut out, hang over. — 8 *tr.* to blast,
blow up. 9 to fly [a hawk]. 10 to rouse [game
birds]. 12 fig. to irritate, exasperate. 13 PRINT
to raise [a letter, number, etc.]. — 14 *ref.* (Am.)
to lose one's temper. ¶ CONJUG. like *contar*.
volateo (al) *adv.* HUNT. shooting birds on the wing.
volatería *f.* hawking, falconry. 2 poultry, fowls. 3
fig. crowd of random thoughts or ideas [in one's
mind]. 4 *de* ~, at random, in the air.
volatero *m.* falconer [one who fowls with hawks].
volátil *adj.* flying [that flies or can fly]. 2 volatile
[evaporating rapidly]. 3 volatile, fickle, inconstant.
volatilicé, volatilice, etc., *pret.. subj. & imper.* of
VOLATILIZAR.
volatilidad *f.* CHEM. volatility.
volatilización *f.* volatilization.
volatilizar *tr.* volatilize. — 2 *ref.* to volatilize [be
volatilized]. 3 coll. [of money, etc.] to disappear.
volatín *m.* acrobatic feat. 2 VOLATINERO.
volatinero, ra *m. & f.* ropewalker, acrobat.
volatizar *tr.* VOLATILIZAR.
volavérunt *Lat.* coll. it is gone!
volcán *m.* GEOL. volcano. 2 fig. volcano [something
suggestive of a volcano]: *estar sobre un* ~, fig.
to be on the edge of a volcano. 3 excessive ardour,
violent passion.
volcánico, ca *adj.* volcanic. 2 violent [passion,
love, etc.].
volcar *tr.* to upset, overturn, capsize; to tilt [a
vessel]. 2 to dump, empty. 3 to make dizzy
[with a strong odour]. 4 to make [one] change
his mind. 5 fig. to irritate, make angry. — 6
intr. [of a vehicle] to upset, overturn. ¶ CONJUG.
like *contar*.
volea *f.* whippletree. 2 volley, hitting the ball on
the volley.
volear *tr.* to volley [a ball]. 2 AGR. to broadcast,
sow broadcast.

voleo *m.* volley, hitting the ball on the volley. 2 high step [in the Spanish dance]. *3* violent slap or blow [that makes one reel] : *del primer* ~, *de un* ~, fig. at one blow, quickly. *4* AGR. *al* ~, broadcast : *sembrar al* ~, to sow broadcast.

volframio *m.* CHEM. wolfram.

volframita *f.* MINER. wolframite, wolfram.

volición *f.* volition.

volitar *intr.* to flutter or fly hither and thither, to volitate.

volitivo, va *adj.* volitive, volitional.

volqué *pret.* of VOLCAR.

volquearse *ref.* to roll about, wallow.

volquete *m.* tilt cart, tipcart, dumpcart, dump truck.

volquetero *m.* driver of a dumpcart.

voisco, oa *adj.* & *n.* Volscian.

volt *m.* ELECT. volt.

voltaico, ca *adj.* ELECT. voltaic : *arco* ~, voltaic arc.

voltaje *m.* ELECT. voltage.

voltámetro *m.* ELECT. voltameter.

voltamperímetro *m.* ELECT. voltammeter.

voltamperio *m.* ELECT. volt-ampere.

voltariedad *f.* fickleness, inconstancy.

voltario, ria *adj.* fickle, inconstant.

volteador, ra *m.* & *f.* tumbler, acrobat.

voltear *tr.* to turn, revolve. 2 to turn [something] the other way round; to overturn. *3* ARCH. to build [an arch or vault]. — *4 intr.* to turn in the air; to roll over. *5* to tumble [as an acrobat].

voltejear *tr.* to turn [something] the other way round. 2 NAUT. to tack.

volteleta *ref.* VOLTERETA.

volteo *m.* turning, revolving. 2 overturning. *3* ARCH. building an arch or vault. *4* turning in the air; tumbling.

voltereta *f.* tumble, handspring, somersault. *2* turning up a card to determine the triumph.

volterianismo *m.* Voltairism, Voltairianism.

volteriano, na *adj.* & *n.* Voltairian.

volteta *f.* VOLTERETA.

voltímetro *m.* ELECT. voltmeter.

voltio *m.* ELECT. volt.

voltizo, za *adj.* curled, crisped. 2 versatile, fickle, inconstant.

volubilidad *f.* volubility. 2 fickleness, inconstancy.

voluble *adj.* voluble [turning easily]. 2 versatile, fickle, inconstant. *3* BOT. voluble.

volublemente *adv.* fickly.

volumen *m.* volume [book]. 2 volume, bulk, mass. *3* GEOM., MUS. volume.

volumétrico, ca *adj.* volumetric.

voluminoso, sa *adj.* voluminous, bulky.

voluntad *f.* will [power of willing or choicing; fixed intention; what is desired or ordained by a person; disposition toward others; energy of intention, self-control]; wish, pleasure : ~ *de hierro*, iron will; *mala* ~, ill will; *última* ~, last wish; LAW *will*; last will and testament; *hágase tu* ~, thy will be done; *a* ~, at will; *contra mi* ~, against my will; *de buena* ~, *de* ~, willingly. 2 affection, love, inclination, favour, goodwill : *ganarse la* ~ *de*, to win the affection or the favour of; *tener* ~ *a*, to love, feel affection for.

voluntariado *m.* MIL. volunteering.

voluntariamente *adv.* voluntarily.

voluntariedad *f.* voluntariness. 2 wilfulness, self-will.

voluntario, ria *adj.* voluntary; wilful. 2 wilful, self-willed. *3* being a volunteer : *soldado* ~, MIL. volunteer. — *4 m.* & *f.* volunteer.

voluntariosamente *adv.* wilfully, self-willedly.

voluntarioso, sa *adj.* wilful, self-willed.

voluptuosamente *adv.* voluptuously.

voluptuosidad *f.* voluptuousness.

voluptuoso, sa *adj.* voluptuous. — *2 m.* & *f.* voluptuary.

voluta *f.* ARCH. volute.

volvedor, ra *adj.* (Arg., Col.) that runs away back to its home [horse, mule].

volver *tr.* to turn [cause to revolve; cause to change position, posture or part exposed; invert, reverse; turn inside out] : ~ *boca abajo*, to turn face downwards; to overturn; ~ *del revés*, to reverse, turn the other way round, turn inside out; to turn [a dress, coat, etc.]; ~ *la cara*, to turn one's head, turn around; ~ *la hoja*, to

turn the page; fig. to change the subject [of conversation]; to change one's mind; ~ *lo de abajo arriba*, or *lo de arriba abajo*, to turn things topsy-turvy. 2 to turn, direct, aim. *3* to turn [present by a change of position] : ~ *la espalda a*, to turn one's back on. *4* to return, give back, send back, carry back. *5* to put back, bring back, restore. *6* to give [the change], to return as change [of a coin or note tendered for payment]. *7* SPORT to return [the ball]. *8* to vomit [eject from the stomach]. *9* to translate [from a language into another]. *10* to make, drive, turn, cause to become, convert : ~ *loco*, to drive crazy, distract. *11* to make [one] change his mind. *12* to push or pull [a door or shutter] to. *13* to reflect, throw back [sound, etc.]. *14* AGR. to plough [the earth] after sowing.

15 intr. to return, come back, go back. *16* to come again. *17* to return, revert. *18* to turn [take new direction] : ~ *a la derecha*, to turn to the right. *19* ~ *a* (foll. by an inf. verb), to... again, anew or over : *volvió a leer la carta*, he read the letter again; *tienes que volverlo a hacer*, you must do it over. *20* ~ *atrás*, to go back. *21* ~ *en sí*, to come to, recover consciousness. *22* ~ *por*, to defend, stand up for. *23* ~ *por sí*, to defend or vindicate oneself, to redeem one's credit. *24* ~ *sobre sí*, to reflect or meditate on one's own acts or conduct; to recover one's calm; to make up one's losses.

25 ref. to go back. *26* to turn [change position, turn one's face, head or body], to turn around, face about, look back. *27* to turn, become, go : *volverse loco*, to go mad; to become distracted. *28* [of wine, etc.] to turn, turn sour. *29 volverse atrás*, to back out, withdraw from promise, engagement, etc. *30 volverse contra*, to turn on. *31 se ha vuelto la tortilla*, the tables are turned. ¶ CONJUG. like *mover*. | PAST. P. : *vuelto*.

volvible *adj.* capable of being turned, turned over or inverted; turnable, reversible.

volvo, vólvulo *m.* MED. volvulus, ileus.

vómer *m.* ANAT. vomer.

vomicina *f.* CHEM. vomicine.

vómico, ca *adj.* vomitive. 2 BOT. *nuez vómica*, nux vomica.

vomitado, da *adj.* coll. meager, pale [person].

vomitador, ra *adj.* vomiting. — *2 m.* & *f.* person who vomits.

vomitar *tr.* to vomit [eject from the stomach]. *2* vomit, eject, belch forth. *3* to break out into [insults, curses, etc.]. *4* coll. to reveal [what one would keep secret]. *5* coll. to disgorge, give up, restitute. — *6 intr.* to vomit.

vomitivo, va *adj.* & *n.* vomitive, emetic.

vómito *m.* vomit · [vomiting; matter vomited] : *provocar a* ~, to nauseate. 2 MED. ~ *negro*, ~ *prieto*, black vomit, yellow fever.

vomitón, na *adj.* often vomiting [suckling child].

vomitona *f.* coll. violent vomiting [after heavy eating or drinking].

vomitorio, ria *adj.* & *n.* vomitory. — *2 m.* vomitory [in Roman theatres].

voracidad *f.* voracity, voraciousness.

vorágine *f.* vortex, whirlpool.

voraginoso, sa *adj.* full of whirlpools.

voraz, *pl.* -**races** *adj.* voracious; greedy, ravenous. 2 destructive, fierce [fire, etc.].

vorazmente *adv.* voraciously; ravenously.

vórtice *m.* vortex, whirlpool, whirlwind. 2 centre of a cyclone.

vorticela *f.* ZOOL. vorticella.

vortiginoso, sa *adj.* vortical, vortiginous.

vos *pers. pron. sing.* & *pl.* you. | It is used in addressing God, the saints and high-placed or venerable persons. Even if it is singular in meaning it takes plural form of verb. 2 In much of Spanish America, it is colloquially used instead of *tú* (you, in familiar address).

vosear *tr.* to use *vos* in addressing [a person].

vosotros, tras *pers. pron. pl.* (plural form of *tú*) you, ye.

votación *f.* votation, voting, casting of votes : ~ *secreta*, secret voting, ballot. 2 vote, ballot [votes collectively].

votador, ra *adj.* voting. 2 swearing, cursing. — *3 m.* & *f.* voter. *4* swearer, curser.

votante *m.* & *f.* voter.

votar *intr.* & *tr.* to vow [make promise to God or the saints]. — 2 *intr.* to vote [for, against, on]. 3 to swear, curse. 4 *¡voto al chápiro!, ¡voto a tal!*, goodness me!, upon my soul!; confound it!, by Jove! — 5 *tr.* to vote for, give one's vote for; to vote [enact, grant, confer, etc., by a vote] : *~ una partida, una consignación*, to vote or pass an appropriation.

votivo, va *adj.* votive.

voto *m.* vow : *~ simple*, simple vow; *~ solemne*, solemn vow. 2 wish, hope, supplication to God : *hacer votos por*, to pray for, to wish. 4 curse, oath, execration : *echar votos*, to swear, curse. 5 vote : *~ activo*, right to vote [in a corporation or assembly]; *~ de amén*, coll. vote of a yes man; yes man; *~ de calidad*, casting vote; *~ de confianza*, vote of confidence; *~ particular*, minority report, dissenting opinion of the minority, or of a member, of a reporting committee; *~ pasivo*, qualification to be elected by an assembly, etc.; *~ secreto*, secret vote, ballot; *ser* or *tener ~*, to have a vote; fig. to have voice, be qualified for speaking [on a matter]. 6 advice, opinion : *~ consultivo*, advice given by certain persons or bodies upon matters to be decided by others.

voy *1st. pers. sing. pres.* of IR.

voz *f.* voice [sound uttered by the mouth; faculty or power of utterance; anything likened to human speech] : *~ argentada* or *argentina*, clear, silvery voice; *~ de la conciencia*, voice of conscience; *~ de trueno*, thundering voice; *~ empañada, opaca* or *tomada*, veiled voice, husky voice; *~ del pueblo, ~ del cielo*, vox populi, vox Dei; *alzar la ~*, to raise one's voice, lift up one's voice; to speak disrespectfully to; *a media ~*, in a low tone, in an undertone; with a slight hint; *a una ~*, with one voice, unanimously; *a ~ en cuello, a ~ en grito*, at the top of one's voice; *de viva ~*, viva voice, by word of mouth; *en ~ alta*, aloud; *en ~ baja*, in a low tone, in whispers, sotto voce. 2 MUS. voice : *~ cantante*, the principal voice part in a composition; *llevar la ~ cantante*, fig. to have the say, be the boss; *estar en ~*, to be in voice. 3 call or sound [of a bell, trumpet, etc.]. 4 shout : *dar voces*, to shout, yell; *estar pidiendo a voces*, fig. to want or need pressingly; *ser un secreto a voces*, to be an open secret. 5 voice [right to express a wish or opinion, right to speak in an assembly]. 6 vote : *~ activa*, VOTO ACTIVO; *~ pasiva*, VOTO PASIVO. 7 GRAM. voice [of verb] : *~ activa*, active voice; *~ pasiva*, passive voice. 8 word, term : *~ de mando*, MIL. word of command. 9 command, order. 10 rumour public opinion : *~ común*, common opinion, common rumour; *corre la ~*, it is said, it is rumoured.

vozarrón *m.* strong, heavy voice.

vuecelencia, vuecencia *m.* & *f.* (contr. of VUESTRA EXCELENCIA) your excellency.

vuelapié (a) *adv.* A VOLAPIÉ.

1) **vuelco** *m.* overturn, turnover, upset; tilting [of a vessel]. 2 *darle a uno un ~, el corazón*, coll. to have a presentiment or misgiving; to feel a sudden alarm, joy, etc.

2) **vuelco, vuelque**, etc., *irr.* V. VOLCAR.

vuelillo *m.* lace cuff trimming.

1) **vuelo** *m.* flight [going or passing through the air; distance covered at a flight; soaring, excursion of fancy, thought, etc.] : *~ planeado*, AER. volplane; *~ sin motor*, AER. glide, gliding; *alzar el ~*, to take flight; fig. to decamp, go away suddenly; *levantar el ~*, to take flight; to raise one's mind. to become haughty; *al ~*, swiftly, quickly; on the wing; on the fly; in passing : *coger al ~*, to catch on the fly; *cogerlas al ~*, to be quick in catching the meaning of what is said or done; *echar las campanas al ~*, to ring a full peal; *tirar al ~*, HUNT. to shoot on the wing; *de un ~, en un ~*, in a jiffy. 2 SEW. spread, wideness, flaring [of a skirt, etc.]. 3 VUELILLO. 4 ARCH. jut, projection; jutting. 5 importance : *tomar ~*, [of a thing] to grow, progress. 6 trees [of a forest, collect.]. 7 *pl.* quills; wing [of a bird] : *cortar los vuelos a*, fig. to cut someone's wings.

2) **vuelo, vuele**, etc., *irr.* V. VOLAR.

vuelta *f.* turn [revolution, turning motion; reversal of position or posture] : *media ~*, about-face; rightabout-face; *~ de carnero*. turn on the head; fig. heavy fall; *dar media ~*, to face about; *dar ~ a una llave, dar vueltas a un manubrio*, to turn a key, a crank; *dar vueltas*, [abs.] to turn, revolve, roll, spin, whirl; turn end over end; walk to and fro. 2 round, circuit, course around, motion around : *dar la ~ a*, to make the round of; to walk or go around [something]. 3 turning or revolving in the mind : *dar vueltas a una cosa*, to revolve a thing in the mind; to keep going over the same subject; *no hay que darle vueltas*, no use talking; no two ways about it. 4 turn [short walk, drive, etc.], stroll, tour, trip, excursion: *dar una ~*, to take a stroll; *dar una ~ por el parque*, to take a turn in the park. 5 turn, bend, curve. 6 turn, round, wind [of a rope, cord, etc., about something], circumvolution. 7 reverse, other side, part which is not in sight : *a la ~*, on the other side of the leaf; (turn) over the page; *no tener ~ de hoja*, fig. to be incontrovertible; *a la ~ de la esquina*, round the corner; fig. very near. 8 return [coming back, going back; coming again] : *viaje de ~*, return journey; *estar de ~*, to be back, have returned; *estar de ~ de una cosa*, fig. to be cognizant of something one is supposed to be ignorant of; *a la ~*, on returning; *a ~ de correo*, by return mail. 9 return [giving back, paying back], restitution : *tiene ~*, coll. admonition to return a thing lent. 10 change [of coin or note tendered for payment]. 11 repetition, iteration : *y ~ a empezar*, and over again. 12 turn, shift. 13 change, alteration [in things or state of things]. 14 CARDS turning up a card for trump. 16 ARCH. vault, ceiling. 17 sleeve cuff; revers, facing [in a garment]. 18 ruffle or frill [on a wristband], wristfall. 19 round of stitches [in knitting a stocking, etc.]. 20 AGR. instance of ploughing or digging : *una ~ de arado*, a ploughing. 21 burden [of song], ritornello. 22 coll. beating, drubbing. 23 *andar a las vueltas a uno*, to dog someone. 24 *andar a vueltas*, to fight, quarrel. 25 *andar a vueltas con*, to struggle for, to endeavour to. 26 *buscarle las vueltas a uno*, coll. to seek the opportunity for deceiving or harming someone. 27 *dar cien vueltas a uno*, to surpass, get far ahead of, show a marked superiority over, someone. 28 *poner de ~ y media*, to abuse, revile, cover with insults. 29 *a la ~ de*, within [a specified time]. 30 *a ~ de ojo or de ojos*, quickly, in a jiffy. 31 *a vueltas de*, in addition to.

vuelto, ta *p. p. irreg.* of VOLVER. — 2 *adj.* PRINT. *folio ~*, verso. — 3 *m.* (Am.) change [money].

vuelvo, vuelva, etc., *irr.* V. VOLVER.

vueludo, da *adj.* wide, full [skirt, etc.].

vuesamerced, vuesarced *m.* & *f.* (contr. of VUESTRA MERCED) you, sir; you, madam [courteous appellation formerly given to untitled persons].

vueseñoría *m.* & *f.* (contr. of VUESTRA SEÑORÍA) your lordship, your ladyship.

vuestro, tra; vuestros, tras *poss. adj.* your. — 2 *poss. pron.* yours. ¶ It is used in correspondence with *vos* and *vosotros*.

vulcanicé, vulcanice, etc., *pret., subj.* & *imper.* of VULCANIZAR.

vulcanio, nia *adj.* Vulcanian.

vulcanismo *m.* GEOL. vulcanism.

vulcanista *m.* & *f.* vulcanist.

vulcanita *f.* vulcanite.

vulcanización *f.* vulcanization.

vulcanizar *tr.* to vulcanize.

Vulcano *m. pr. n.* MYTH., ASTR. Vulcan.

vulgar *adj.* vulgar.

vulgaridad *f.* vulgarity. 2 commonplace, platitude.

vulgaricé, vulgarice, etc., *pret., subj.* & *imper.* of VULGARIZAR.

vulgarismo *m.* vulgarism [vulgar phrase or expression].

vulgarización *f.* vulgarization. 2 popularization.

vulgarizar *tr.* to vulgarize. 2 to translate into the vernacular. 3 to popularize [technical subjects].

vulgarmente *adv.* vulgarly. 2 commonly.

vulgata *f.* Vulgate.

vulgo *m.* vulgar, common people.

vulnerabilidad *f.* vulnerability, vulnerableness.

vulnerable *adj* vulnerable.

vulneración *f.* act of harming or injuring.
vulnerar *tr.* to wound. 2 to harm, injure, damage.
vulnerario, ria *adj. & m.* MED. vulnerary. — *2 m.*
  ECCL. a clergyman guilty of killing or wounding.
vulpécula, vulpeja *f.* ZORRA 1.

vulpino, na *adj.* vulpine.
vultuoso, sa *adj.* MED. bloated [face].
vultúridos *m. pl.* ORN. Vulturidæ.
vulva *f.* ANAT. vulva.
vulvario, ria *adj.* ANAT. vulvar.

W

W, w *f.* W, w. This letter does not belong to the
  Spanish alphabet and it is mainly used in
  words taken from other languages.
wat *m.* ELEC. watt.

water closet *m.* water-closet.
whisky, wiski *m.* whisky.
whist *m.* whist [card game].

X

X, x *f.* X, x, twenty-sixth letter of the Spanish
  alphabet.
xantato *m.* CHEM. xanthate.
xántico *adj.* CHEM. xanthic.
xantina *f.* CHEM. xanthin. 2 BIOCHEM. xanthine.
xantofila *f.* BIOCHEM. xanthophyll.
xantoxilina *f.* CHEM. xanthoxylin.
xara *f.* Moslem law derived from the Koran.
xenofobia *f.* xenophobia.
xenófobo, ba *adj.* xenophobian. — *2 m & f.*
  xenophobe.
xenon *m.* CHEM. xenon

xerófilo, la *adj.* BOT. xerophilous.
xeroftalmia *f.* MED. xerophthalmia.
xi *f.* xi [Greek letter].
xifoideo, a *adj.* ANAT. xiphoid.
xifoides *adj.* ANAT. xiphoid. — *2 m.* ANAT. xiphoid,
  xiphisternum.
xilófago, ga *adj.* ENTOM. xylophagous.
xilófono *m.* MUS. xylophone.
xilografía *f.* xylography. 2 xylograph.
xilográfico, ca *adj.* xylographic.
xilórgano *m.* MUS. an ancient kind of xylophone.

Y

Y, y f. Y, y, twenty-seventh letter of the Spanish alphabet.
y *conj.* and. 2 Sometimes it is used at the beginning of a sentence for emphasis: *¿y usted lo cree?*, do you really believe it?. 3 ~ *bien*, well, now then. 4 ~ *eso que*, although, though, notwithstanding the fact that. 5 *¿~ si...?*, what if...? 6 *¡~ qué!*, what then!
ya *adv.* already. 2 now: *siendo ~ bastante tarde*, it being now pretty late; *ha sido rico, pero ~ es pobre*, he has been a wealthy man, but now he is penniless. 3 at once, presently: *~ voy*, I am coming, I shall be there presently. 4 later on, at another time, on another occasion: *~ lo haré*, I will do it [a another time]; *~ veremos*, we shall see. 5 Sometimes it is used as an emphatic expletive: *~ entiendo*, I understand; *~ veo*, I see. 6 *~ lo creo*, naturally, of course; certainly. 7 *~ no*, no longer. 8 *~ que*, since, inasmuch as. 9 *~ se ve*, it is clear; yes, indeed. 10 *si ~*, if. — 11 conj. *ya... ya*, now... now; whether... or. — 12 *interj.* oh, yes!, I see; of course!
yaacabó *m.* ORN. a South American insectivorous bird.
yaba f. BOT. cabbage tree.
yac *m.* YAK.
yaca f. BOT. yacca tree.
yacal *m.* BOT. yacal [a Philippine tree].
yacaré *m.* ZOOL. (Arg.) cayman, alligator.
yacedor *m.* farmhand who takes horses out for night grazing
yacente *adj.* lying, jacent. 2 LAW abeyant. — 3 *m.* MIN. floor [of a vein].
yacer *intr.* to lie, be lying down. 2 to lie [in the grave], to rest. 3 to lie [have sexual intercourse]. 4 to lie, be [in a place]. 5 [of horses] to graze by night. ¶ IRREG. CONJUG.: INDIC. Pres.: *yazco, yazgo* or *yago, yaces, yace; yacemos, yacéis, yacen.* | Imperf.: *yacia, yacias,* etc. | SUBJ. Pres.: *yazca, yazga* or *yaga; yazcas, yazgas* or *yagas; yazca, yazga* or *yaga; yazcamos, yazgamos* or *yagamos; yazcáis, yazgáis* or *yagáis; yazcan, yazgan* or *yagan.* | IMPER.: *yace* or *yaz; yazca, yazga* or *yaga; yazcamos, yazgamos* or *yagamos; yaced; yazcan, yazgan* or *yagan.*
yacija f. bed, couch [thing to sleep on]. 2 tomb, grave. 3 *ser de mala ~*, to be restless at night; to be a vagrant.
yaciente *adj.* YACENTE.
yacimiento *m.* GEOL. bed, deposit, field.
yacio *m.* BOT. an American India-rubber tree.
yago, yaga, etc., V. YACER.
yagua f. BOT. (Ve., W. I.) yagua [a kind of royal palm]. 2 (Cu., P. Ri.) yagua [thick sheathing leaf base of the YAGUA).
yagual *m.* (C. Ri., Hond., Mex.) RODETE 2.

yaguar *m.* ZOOL. jaguar.
yaguasa f. ORN. (Cu., Hond.) a kind of wild duck.
yaguré *m.* ZOOL. (Am.) skunk.
yaití *m.* BOT. (Cu.) a hard-wood tree.
yak *m.* ZOOL. yak.
yámbico, ca *adj.* PROS. iambic. — 2 *m.* iambic [verse].
yambo *m.* PROS. iamb, iambus.
yanacona *m. & f.* (S. Am.) obs. an Indian bound to personal service. — 2 *m.* (Bol., Pe.) an Indian who is a share tenant.
yanqui *adj. & n.* Yankee, American [of U. S.].
1) **yantar** *m.* obs. food, viands. 2 obs. a kind of tax.
2) **yantar** *tr.* obs. to eat, to take a meal.
yapa f. (S. Am.) bonus, extra: *de ~*, for good measure, extra, into the bargain.
yapú *m.* ORN. (Arg.) a kind of thrush.
yarará f. ZOOL. (Arg., Bol., Par.) a large, very poisonous viper.
yarda f. yard [English measure].
yare *m.* poisonous juice from bitter yuca. 2 (Ve.) cassava dough.
yarey *m.* BOT. (Cu.) a palm tree.
yaro *m.* BOT. arum.
yatagán *m.* yataghan.
yate *m.* NAUT. yacht.
yaya f. BOT. (Cu.) lancewood.
yazco, yago, etc., *irr.* V. YACER.
ye name of the letter *y*.
yeco *m.* ORN. (Chi.) a kind of cormorant.
yedra f. HIEDRA.
yegua f. ZOOL. mare. 2 (C. Am.) cigar butt.
yeguada f. stud, herd of horses and mares.
yeguar *adj.* mare [pertaining to the mares].
yeguería f. YEGUADA.
yegüerizo, za *adj.* YEGUAR. — 2 *m.* YEGÜERO.
yegüero *m.* keeper of a herd of horses and mares.
yegüezuela f. *dim.* little mare.
yeísmo *m.* pronunciation of Spanish *ll* like *y*.
yelmo *m.* ARM. armet, helmet.
yema f. BOT. bud [undeveloped shoot, etc.]. 2 BIOL., ZOOL. bud, gemma. 3 yolk [of an egg]: *~ mejida*, eggnog. 4 candied egg yolk. 5 fig. middle, dead: *en la ~ del invierno*, in the dead of winter. 6 fig. cream [best part of anything]. 7 *~ del dedo*, fleshy part of the finger tip. 8 coll. *dar en la ~*, to find where the difficulty lies.
yendo *ger.* of IR.
yente *adj.* going: *yentes y vinientes*, people going and coming
yerba f. HIERBA.
yerbajo *m.* weed, wild herb.
yerbatear *intr.* (Am.) to take maté.
yergo, yerga, etc., *irr.* V. ERGUIR.
yermar *tr.* to lay waste; to leave uncultivated.
yermo, ma *adj.* waste, desert, uninhabited, uncultivated, barren. — 2 *m.* waste, barren, desert, wilderness.

yerno *m.* son-in-law.
yero *m.* BOT. a kind of lentil good for fodder.
1) **yerro** *m.* error, fault, sin. 2 error, fault, mistake: ~ *de imprenta*, typographical error, erratum.
2) **yerro, yerra**, etc., *irr.* V. ERRAR.
yerto, ta *adj.* stiff, rigid, motionless [esp. in death or with cold, fear, etc.].
yervo *m.* YERO.
yesal, yesar *m.* gypsum pit or quarry.
yesca *f.* tinder, touchwood, *punk. 2 fig. fuel, incentive. 3 *pl.* tinderbox.
yesera *f.* woman who sells gypsum or plaster. 2 YESAL.
yesería *f.* gypsum kiln 2 plasterer's shop. 3 plaster objects; plasterwork.
yesero, ra *adj.* [pertaining to] gypsum. — 2 *m.* maker of plaster. 3 seller of gypsum or plaster.
yeso *m.* gypsum. 2 plaster: ~ *blanco*, finishing plaster; ~ *mate*, plaster of Paris. 3 plaster cast. 4 chalk [for writing or drawing].
yesón *m.* rubbish of plaster.
yesoso, sa *adj.* gypseous.
yesquero *adj.* of tinder or touchwood. — 2 *m.* tinder maker or seller.
yeyuno *m.* ANAT. jejunum.
yezgo *m.* BOT. danewort, dwarf elder.
yo *pers. pron.* I: ~ *mismo*, I myself; *soy* ~, it is I. — 2 *m.* PHIL. I, ego.
yodado, da *adj.* iodized.
yodato *m.* CHEM. iodate.
yodhídrico *adj.* CHEM. hydriodic.
yódico, ca *adj.* CHEM. iodic.
yodismo *m.* MED. iodism.
yodo *m.* CHEM. iodine.
yodoformo *m.* CHEM. iodoform.
yodurar *tr.* CHEM. to iodize.
yoduro *m.* CHEM. iodide.
yogurt *m.* yogurt.
yola *f.* NAUT. yawl.
ýpsilon *f.* upsilon [Greek letter].
yubarta *f.* ZOOL. finback.
yuca *f.* BOT. yucca. 2 BOT. cassava.
yucal *m.* yucca or cassava field.
Yucatán (el) *m. pr. n.* GEOG. Yucatan.

yucateco, ca *adj.* [pertaining to] Yucatan. — 2 *m.* & *f.* native or inhabitant of Yucatan.
yugada *f.* AGR. yoke of land. 2 yoke of oxen.
yugo *m.* yoke [for oxen, mules, etc.]. 2 ROMAN HIST. yoke. 3 fig. yoke [oppressive agency, dominion, servitude]: *sacudir el* ~, to throw off the yoke. 4 veil thrown over bride and bridegroom at the nuptial mass. 5 yoke [of a bell]. 6 NAUT. transom.
Yugoeslavia *f. pr. n.* GEOG. Yugoslavia.
yugoeslavo, va *adj.* Yugoslav, Yugoslavic. — 2 *m.* & *f.* Yugoslav
yuguero *m.* ploughman driving a yoke of oxen, mules, etc.
yugular *adj.* & *f.* ANAT. jugular.
Yugurta *m. pr. n.* Jugurtha.
yunque *m.* anvil. 2 ANAT. anvil, incus. 3 fig. steady, long-suffering person. 4 fig. assiduous, hardworking person. 5 *estar al* ~, to bear up under trying circumstances.
yunta *f.* couple, yoke [of oxen, mules, etc.]. 2 YUGADA.
yuntero *m.* YUGUERO.
yunto *adv.* close : *arar* ~, to plough close.
yuraguano *m.* (Cu.) MIRAGUANO.
yuré *m.* ORN. (C. Ri.) a kind of pigeon.
yusera *f.* horizontal stone in olive-oil mills.
yuso *adv.* ABAJO.
yuta *f.* ZOOL. (Chi.) slug.
yute *m.* jute [plant, fibre, fabric].
yuxtalineal *adj.* in parallel columns [said of translation and its original].
yuxtapondré, yuxtapondría, etc., *irr.* V. YUXTAPONER.
yuxtaponer *tr.* to juxtapose. — 2 *ref.* to become juxtaposed. ¶ CONJUG. like *poner*.
yuxtapongo, yuxtaponga, etc., *irr.* V. YUXTAPONER.
yuxtaposición *f.* juxtaposition.
yuxtapuesto, ta *adj.* *irreg. p. p.* of YUXTAPONER.
yuxtapuse, yurtapusiera, yuxtapusiese, etc., *irr.* V. YUXTAPONER.
yuyo *m.* (Arg., Chi.) weed. 2 (Chi.) JARAMAGO. 3 *pl.* (Pe.) edible herbs. 4 (Col., Ec.) seasoning herbs.
yuyuba *f.* BOT. jujube.

Z

Z, z *f.* Z, z, twenty-eighth letter of the Spanish alphabet.
¡za! *interj.* used to drive away dogs.
zabarcera *f.* woman greengrocer.
zabida, zabila *f.* BOT. aloe.
zaborda *f.*, **zabordamiento** *m.* NAUT. running aground, stranding.
zabordar *intr.* NAUT. to run aground, become stranded.
zabordo *m.* ZABORDA.
zaborro *m.* fatty, fat child, fat man.
zabucar *tr.* BAZUCAR.
zabullida *f.* ZAMBULLIDA.
zabullidura *f.* ZAMBULLIDURA.
zabullimiento *m.* ZAMBULLIMIEMTO.
zabullir *tr. & ref.* ZAMBULLIR.
zabuqueo *m.* BAZUQUEO.
zacapela, zacapella *f.* shindy, row, noisy quarrel.
Zacarías *m. pr. n.* Zechariah.
zacate *m.* (C. Am., Mex., P. I.) grass, fodder, pasture.
zacateca *m.* (Cu.) undertaker [who manages funerals].
zacatín *m.* clothes market.
zacatón *m.* (Mex.) tall pasture grass.
zacear *tr.* to chase away [dogs] by crying *¡za!* 2 CECEAR.
zadorija *f.* BOT. a kind of yellow poppy.
zafa *f.* JOFAINA.
zafacoca *f.* (Am.) squabble, row.
zafada *f.* NAUT. freeing, disengaging, disentangling.
zafado, da *adj.* forward, impudent.
zafar *tr.* NAUT. to free, clear, disengage, disentangle, untie. 2 to adorn, bedeck. — *3 ref.* to escape, slip away, hide away. *4* MACH. [of a belt] to slip off, come off. *5 zafarse de,* to avoid, elude, get out of; to get rid of.
zafarí *adj.* appl. to a variety of fig and a variety of pomegranate.
zafarrancho *m.* NAUT. clearing of a part of a ship for a specified purpose; ~ *de combate,* clearing for action, clearing the decks; ~ *de limpieza,* general cleaning. 2 coll. breaking, destruction. 3 coll. shindy, row.
zafiamente *adv.* clumsily, rusticly, clownishly, uncouthly.
zafiedad *f.* clumsiness, rusticity, clownishness, uncouthness.
zafio, fia *adj.* clumsy, rustic, clownish, ignorant, uncouth.
zafío *m.* NEGRILLA 1.
zafir *m.,* **zafira** *f.* ZAFIRO.
zafireo, a *adj.* sapphire, sapphirine.
zafiro *m.* MINER. sapphire.
zafirina *f.* MINER. sapphirine.
zafo, fa *adj.* NAUT. free, clear, disencumbered disentangled. 2 safe, unharmed.
zafones *m. pl.* ZAHONES.

zafra *f.* olive-oil can or jar. 2 drip pan, dripping pan [for olive-oil measures]. 3 cutting or reaping the sugar cane. *4* sugar making. *5* sugar-making season. *6* MIN. rubbish.
zafre *m.* MINER. zaffre, zaffer.
zaga *f.* rear, back part: *a la* ~, *en* ~, behind; *no irle en* ~, or *no quedarle en* ~, *a uno,* not to be behind, less than, or inferior to, one. 2 load in the rear of a carriage. — *3 m.* the last player in a game.
zagal *m.* lad, youth. 2 strapping young fellow, swain. 3 shepherd's helper. *4* assistant of the driver in a stagecoach. *5* underskirt [worn by peasant women].
zagala *f.* lass, girl, maiden. 2 young shepherdess.
zagaleja *f. dim.* young lass.
zagalejo *m. dim.* young lad, boy. 2 underskirt [worn by peasant women].
zagalón, na *m. & f.* overgrown boy or girl.
zagua *f.* BOT. a kind of saltwort.
zagual *m.* paddle [oar].
zaguán *m.* entry, entrance-hall, vestibule.
zaguanete *m. dim.* small vestibule. 2 royal-escort's room. 3 royal escort
zaguero, ra *adj.* rear, hind; lagging behind. — *2 m.* backstop [at the game of PELOTA].
zahareño, ña *adj.* disdainful, unsociable. 2 wild, intractable, refractory. 3 haggard [falcon].
zaharí *adj.* ZAFARÍ.
zaharrón *m.* MOHARRACHE.
zahena *f.* an ancient Moorish gold coin.
zaheridor, ra *adj.* taunting, upbraiding. — *2 m. & f.* taunter, upbraider.
zaherimiento *m.* taunt, upbraiding, bitter reproach or censure.
zaherir *tr.* to taunt, to upbraid by casting something in one's teeth; to make the subject of bitter or scornful reproach or censure. ¶ CONJUG. like *hervir.*
zahiero, zahiera, etc., *irr.* V. ZAHERIR.
zahína *f.* BOT. sorghum.
zahinar *m.* sorghum field.
zahínas *f. pl.* thin porridge or pap.
zahirió, zahiriera, zahiriese, etc., *irr.* V. ZAHERIR.
zahonado, da *adj.* of a different colour in the front [feet or legs of an animal].
zahondar *tr.* to dig [the ground]. — *2 intr.* to sink one's feet into soft ground.
zahones *m. pl.* chaps, chaparajos.
zahorí, *pl.* **-ríes** *m.* person credited by the popular belief with the power to see hidden things. 2 rhabdomancer. 3 fig. perspicacious and curious person.
zahorra *f.* NAUT. ballast.
zahurda *f.* POCILGA.
zaida *f.* ORN. demoiselle.
zaino, na *adj.* false, treacherous: *mirar a lo* ~, to look sidewise, covertly. 2 dark-chestnut [horse] 3 black [cattle]. *4* vicious [horse, mule].

zalá *f.* Mohammedan prayer. 2 *hacer la ~ a,* coll. to flatter, fawn on.

zalagarda *f.* ambush. 2 trap, snare. 3 deceitful obsequiousness. 4 skirmish. 5 coll. row, shindy, noise. 6 coll. noisy mock fight.

zalama, zalamería *f.* insincere or cloying display of affection; blandishment, caress, cajolery, flattery.

zalamero, ra *adj.* affectedly endearing, honeyed, caressing, flattering, cajoling. — 2 *m. & f.* caresser, flatterer, cajoler.

zalea *f.* unsheared skeepskin.

zalear *tr.* to drag and shake around. 2 to chase away [dogs].

zalema *f.* salaam. 2 coll. bow, courtsy.

zaleo *m.* dragging and shaking around. 2 skin of a sheep killed by a wolf and brought in by the shepherd to account for loss of the sheep. 3 ZALEA.

zaloma *f.* SALOMA.

zallar *tr.* NAUT. to rig out, run out.

zamacuco *m.* dolt, blockhead. 2 sly fellow. 3 coll. drunk, drunken fit.

zamacueca *f.* a South American dance and tune.

zamanca *f.* coll. beating, drubbing.

zamarra *f.* shepherd's jacket of unsheared sheepskin. 2 unsheared sheepskin.

zamarrear *tr.* [of dogs, etc.] to worry, shake and tear [an animal] with the teeth. 2 coll. to treat roughly, to push, shake or knock around [a person]. 3 coll. to corner [in argument].

zamarreo *f.* worrying and tearing with the teeth. 2 rough treatment; pushing, shaking or knocking around.

zamarrico *m. dim.* wallet or bag of unsheared sheepskin.

zamarrilla *f.* BOT. poly.

zamarro *m.* shepherd's jacket of unsheared skeepskin. 2 sheepskin. 3 coll. boor, rustic, dolt. 4 coll. sly, artful fellow. 5 *pl.* (Col., Ve.) chaps, chaparajos.

zamarrón *m.* aug. of ZAMARRA. 2 AGR. apron worn by reapers.

zambaigo, ga *adj.* (Am.) born of an Indian and a Negro. 2 born of an Indian and an Indian and Negro half-breed.

zambapalo *m.* ancient dance.

zambarco *m.* broad breast strap [of harness]. 2 FRANCALETE.

zámbigo, ga *adj.* knock-kneed.

zambo, ba *adj.* knock-kneed. 2 (Am.) born of an Indian and a Negro. — 3 *m. & f.* knock-kneed person. 4 Indian and Negro half-breed. — 5 *m.* ZOOL. an American monkey.

zambomba *f.* rustic instrument made by inserting a stick through a parchment stretched over an earthen jar and sounded by rubbing the stick with a moistened hand. — 2 *interj.* whew!

zambombazo *m.* hard blow, bump or knock.

zambombo *m.* boor, dolt, stupid and coarse fellow.

zamborondón, na; zamborotudo, da *adj.* thick, clumsy, ill-shaped. 2 clumsy, awkward [person].

zambra *f.* a Morisco festival or merrymaking. 2 fig. merrymaking; noise, hullabaloo.

zambucar *tr.* coll. to hide [a thing] by mixing it quickly among others.

zambuco *m.* coll. quick hiding of a thing among others.

zambullida *f.* dive, plunge, ducking.

zambullidor, ra *adj.* diving, plunging, ducking.

zambullidura *f.,* **zambullimiento** *m.* ZAMBULLIDA.

zambullir *tr.* to dive, plunge, duck [a person or thing] into water. — 2 *ref.* [of a person or animal] to dive, plunge, duck. 3 [of a submarine] to dive. 4 to duck, go quickly under something [to conceal or protect oneself].

zambullo *m.* big chamber pot.

Zamora *f. pr. n.* GEOG. Zamora [Spanish city and province] : *no se ganó ~ en una hora,* fig. Rome was not built in a day.

zamorano, na *adj.* [pertaining to] Zamora. — 2 *m. & f.* native or inhabitant of Zamora.

zampa *m.* ENG. pile, bearing pile.

zampabodigos, *pl.* **-gos; zampabollos,** *pl.* **-llos** *m. & f.* ZAMPATORTAS.

zampalimosnas. *pl.* **-nas** *m. & f.* barefaced beggar.

zampapalo *m. & f.* ZAMPATORTAS.

zampar *tr.* to thrust or put hurriedly [in order to conceal]. 2 to eat hurriedly and gluttonously. — 3 *ref.* to enter, go in suddenly.

zampatortas, *pl.* **-tas** *m. & f.* coll. glutton. 2 coll. boor, rustic.

zampeado *m.* ENG., ARCH. framework or subfoundation of piles and masonry for building on a marshy or treacherous ground.

zampear *tr.* ENG., ARCH. to strengthen [a marshy or treacherous ground] with a framework of piles and masonry.

zampón, na *adj.* gluttonous. — 2 *m. & f.* glutton.

zampoña *f.* MUS. rustic flute, reed pipe; panpipe. 2 PIPIRITAÑA. 3 coll. triviality, nonsense.

zampucé, zampuce, etc., *pret., subj. & imper.* of ZAMPUZAR.

zampuzar *tr.,* ZAMBULLIR. 2 ZAMPAR.

zampuzo *m.* ZAMBULLIDA.

zamuro *m.* ORN. (Col., Ve.) turkey buzzard.

zanahoria *f.* BOT. carrot.

zanahoriate *m.* preserved carrot.

zanca *f.* shank [of bird]. 2 coll. long leg or shank. 3 ARCH. string, stringboard [of a stair]. 4 coll. *por zancas o por barrancas,* by hook or by crook.

zancada *f.* long stride : *en dos zancadas,* coll. in a jiffy.

zancadilla *f.* trip [act of tripping someone] : *echar la ~ a uno,* to trip someone, to stick out one's foot and trip someone. 2 trick, deceit, snare [to harm someone] : *armar ~,* to lay a snare.

zancajear *intr.* to hurry about, rush around.

zancajiento, ta *adj.* ZANCAJOSO.

zancajo *m.* heel bone; heel : *no llegarle a uno a los zancajos* or *al ~,* coll. not to come up to, not to be the equal of [one] ; *roer los zancajos a,* to backbite, to talk behind the back of. 2 coll. leg bone without flesh. 3 fig. heel or torn heel [of a shoe or stocking]. 4 coll. short, ill-shaped person.

zancajoso, sa *adj.* duck-toed. 2 big-heeled [person]. 3 wearing dirty-heeled stockings, or stockings with holes at the heels.

zancarrón *m.* coll. leg bone without flesh. 2 coll. skinny, dirty, ugly old fellow. 3 coll. ignorant teacher.

zanco *m.* stilt : *en zancos,* fig. in a high position.

zancón, na *adj.* ZANCUDO 1. 2 (Col., Guat., Ve.) too snort [dress].

zancudo, da *adj.* long-legged, long-shanked. 2 ORN. wading. — 3 *f.* ORN. wader, wading bird. — 4 *m.* (Am.) mosquito.

zandía *f.* SANDÍA.

zanfonía *f.* MUS. hurdy-gurdy.

zanga *f.* a card game.

zangala *f.* buckram.

zangamanga *f.* coll. trick, ruse, wile.

zanganada *f.* coll. impertinence, stupidity [impertinent or stupid act or remark].

zangandongo, ga; zangandullo, lla; zangandungo, ga *m. & f.* awkward, lazy person; good-for-nothing.

zanganear *intr.* to drone, idle, loaf.

zanganería *f.* idleness, laziness.

zángano *m.* ENTOM. drone. 2 fig. drone, idler, loafer, sluggard.

zangarilleja *f.* slatternly, gadabout girl.

zangarrear *intr.* coll. to scrape a guitar.

zangarriana *f.* COMALÍA. 2 coll. any slight and recurring ailment. 3 coll. sadness, blues.

zangarrullón *m.* ZANGÓN.

zangolotear *tr.* to jiggle, to move violently to and fro. — 2 *intr.* to fidget or fuss about. 3 to move loosely in its socket, on its hinges, etc.. to shake, rattle [from being not firmly secured].

zangoloteo *m.* jiggle, jiggling. 2 fussing about. 3 loose motion, shaking, rattling [of anything not firmly secured].

zangolotino, na *adj.* fond of acting like a child ; being made to pass as a child [grown boy or girl]. — 2 *m. & f.* grown boy or girl fond of acting like a child, or being made to pass as a child.

zangón *m.* coll. lanky, lazy boy.

zangotear *tr. & intr.* ZANGOLOTEAR.

zangoteo *m.* ZANGOLOTEO.

zanguanga *f.* malingering, feigned illness to avoid work. 2 coll. LAGOTERÍA.

zanguango, ga *adj.* slothful. — 3 *m. & f.* slothful person, sluggard.

zanguayo *m.* coll. lanky, idle fellow who acts the simpleton.

Zanguébar *f. pr. n.* GEOG. Zanzibar.
zanja *f.* ditch, trench : ~ *de desagüe,* drain ; *abrir las zanjas,* fig. to lay the foundations ; to begin anything. 2 (Am.) gully, water-worn ravine.
zanjar *tr.* to dig ditches or trenches in. 2 to settle [a matter, question or dispute] ; to conclude, finish. 3 to obviate, surmount.
zanjón *m. aug.* large deep ditch. 2 (Chi.) precipice.
zanqueador, ra *m. & f.* one who waddles in walking. 2 great walker.
zanqueamiento *m.* waddling in walking. 2 running about.
zanquear *intr.* to waddle in walking. 2 to run about, to walk much and fast.
zanquilargo, ga *adj.* long-shanked, long-legged.
zanquillas, zanquitas *m. & f.* coll. a person having short, thin legs. 3 coll. short or dwarfish person.
zanquituerto, ta *adj.* bandy-legged.
zanquivano, na *adj.* coll. spindle-shanked, spindle-legged.
Zanzíbar *f. pr. n.* GEOG. Zanzibar.
zapa *f.* spade [used by sappers]. 2 FORT. sap, trenching : *caminar a la* ~, MIL. to advance for sap or mine ; *trabajo de* ~, fig. secret work, intrigue. 3 shagreen, sharkskin, dogfish skin. 4 shagreen [leather]. 5 sharkskin finish [on metals].
zapador *m.* MIL. sapper.
zapallo *m.* BOT. (S. Am.) a variety of squash. 2 (Arg., Chi.) fig. fluke, stroke of luck.
zapapico *m.* mattock, pickax, pickaxe.
zapar *intr.* MIL. to sap, mine, excavate.
zaparrada *f.* ZARPAZO.
zaparrastrar *intr.* coll. to trail one's clothes.
zaparrastroso, sa *adj. & n.* ZARRAPASTROSO.
zaparrazo *m.* ZARPAZO.
zapata *f.* buskin, half-boot. 2 BUILD. bolster [short timber set horizontally upon a post]. 3 NAUT. shoe [of an anchor]. 4 NAUT. false keel. 5 MEC. shoe [of a brake, etc.]. 6 (Cu.) socle [of a wooden wall]. 7 piece of leather put on the hinge of a door to prevent its creaking.
zapatazo *m.* large shoe. 2 blow with a shoe : *tratar a zapatazos,* fig. to ill-treat, treat roughly or rudely. 3 heavy fall or blow. 4 thud, thump, whack. 5 NAUT. flap [of a sail].
zapateado *m.* a Spanish tap dance.
zapatear *tr.* to strike with the shoe. 2 to tap [the ground or floor] with the feet. 3 FENC. to touch repeatedly with the button of the foil. 4 coll. to ill-treat, to treat roughly or rudely. — 5 *intr.* NAUT. [of sails] to flap. — 6 *ref. zapatearse con uno,* to fight or oppose someone with spirit.
zapateo *m.* tapping with the feet. 2 FENC. touching repeatedly with the button of the foil. 3 rough treatment. 4 NAUT. flapping [of sails].
zapatera *f.* woman who makes or sells shoes. 2 shoemaker's wife
zapatería *f.* shoemaker's shop. 2 shoe shop. 3 shoemaker's trade. 4 ~ *de viejo,* cobbler's shop ; cobbler's trade.
zapateril *adj.* shoemaker's ; [pertaining to a] shoemaker
zapatero, ra *adj.* hard, poorly cooked [beans]. 2 stale [olive]. — 3 *m.* shoemaker : ~ *de viejo,* ~ *remendón,* cobbler, mender of shoes. 4 ENTOM. water skipper, water strider. 5 ICHTH. a tropical fish. 6 CARDS *quedarse* ~, to take no tricks.
zapateta *f.* slap on the foot or shoe while jumping. 2 caper, leap, jump. — 3 *interj.* oh !, gracious goodness !
zapatilla *f.* slipper, light shoe : *zapatillas de orillo,* list slippers. 2 leather washer [for keys of a wind instrument]. 3 FENC. leather button [of a foil]. 4 hoof [of a cloven-footed animal]. 5 BOT. ~ *de la reina,* a kind of yellow poppy.
zapatillazo *m.* blow with a slipper.
zapatillero, ra *m. & f.* maker or seller of slippers.
zapato *m.* shoe, low shoe : *andar con zapatos de fieltro,* coll. to act with great care and secrecy ; *meter a uno en un* ~, coll. to intimidate, subdue, confound someone ; *saber uno donde le aprieta el* ~, to know on which side one's bread is buttered ; *ser más necio que un* ~, to be a dolt ; *ser más ruin que un* ~, to be a knave ; *como tres en un* ~, coll. packed like sardines : hard up, in poverty.
zapatón *pl.* **-tones** *m. aug.* large, clumsy shoe. 2 (Col.) rubber, overshoe.

¡zape! *interj.* used to frighten cats away or to denote surprise or fear.
zapear *tr.* to frighten [a cat] away. 2 to scare away, drive away.
zapotal *m.* grove of sapotes.
zapote *m.* BOT. sapote, marmalade tree. 2 marmalade fruit, marmalade plum. 3 BOT. *chico* ~, sapodilla, sapota [tree] ; sapodilla [fruit].
zapotero *m.* BOT. sapote, marmalade tree.
zapotillo *m.* BOT. sapodilla, sapota.
zapuzar *tr.* CHAPUZAR.
zaque *m.* wineskin, leather bottle. 2 coll. drunk person.
zaquear *tr.* to transfer [wine, etc.] from a wineskin to another. 2 to transport in wineskins or leather bottles.
Zaqueo *m. pr. n.* Zaccheus.
zaquizamí *pl.* **-míes** *m.* garret, attic, cockloft. 2 fig. hovel, hole, mean room, dirty room.
zar *m.* czar, tzar.
zara *f.* BOT. maize, Indian corn.
zarabanda *f.* saraband [dance and tune]. 2 fig. noise, bustle.
zarabandista *m. & f.* saraband dancer. 2 composer of sarabands. 3 fig. noisy, merry person.
zarabutear *tr.* ZARAGUTEAR.
zarabutero, ra *adj. & n.* ZARAGUTERO.
zaragalla *f.* fine charcoal.
zaragata *f.* row, noise, tumult ; noisy merrimaking.
zaragatero, ra *adj.* fond of engaging in rows and tumults ; noisy, merry, fond of fun.
zaragatona *f.* BOT. fleawort. 2 fleawort seeds [used as a laxative].
Zaragoza *f. pr. n.* GEOG. Saragossa.
zaragozano, na *adj.* [pertaining to] Saragossa. — 2 *m. & f.* native or inhabitant of Saragossa.
zaragüelles *m. pl.* a kind of short, wide and plaited breeches worn by peasants of Valencia and Murcia. 2 BOT. a kind of reed grass.
zaragutear *tr.* coll. to bungle.
zaragutero, ra *adj.* bungling. — 2 *m. & f.* bungler.
zaramagullón *m.* SOMORMUJO.
zarambeque *m.* a merry dance and tune of Negroes.
zaramullo *m.* (Pe., Ve.) ZASCANDIL.
zaranda *f.* sieve, screen. 2 colander.
zarandador, ra *m. & f.* sifter [one who sifts grain, etc.].
zarandajas *f. pl.* coll. trifles, unimportant things.
zarandar *tr.* to sift, winnow [grain, etc.]. 2 to strain [jelly]. 3 fig. to pick out, select, separate [the best part of]. 4 fig. to stir, move [things] about, or to and fro, easily and swiftly. — 5 *ref.* to move briskly about or to and fro.
zarandear *tr. & ref.* ZARANDAR. — 2 *tr.* to harass, overwork. — 3 *ref.* to walk swinging affectedly hips and shoulders.
zarandeo *m.* sifting, screening. 2 swift or brisk moving about or to and fro.
zarandero, ra *m. & f.* ZARANDADOR.
zarandillo *m. dim.* small sieve or screen. 2 fig. live wire, active person. 3 fig. restless, never still, mischievous boy. 4 *traerle a uno como un* ~, coll. to keep someone on the go, going and coming.
zarapatel *m.* ALBORONÍA.
zarapito *m.* ORN. curlew.
zaraza *f.* chintz. 2 *pl.* paste made of pounded glass and poison for killing dogs, cats, rats, etc.
zarazo, za *adj.* half-ripe [fruit].
zarcear *tr.* to clean out [pipes] with brambles. — 2 *intr.* [of dogs] to go into the brambles pursuing game. 3 fig. to move to and fro, to rush back and forth.
zarceño, ña *adj.* [pertaining to] bramble.
zarcero, ra *adj.* hunting in brambles [dog].
zarceta *f.* CERCETA 1.
zarcillitos *m. pl.* BOT. quaking grass.
zarcillo *m.* eardrop, earring. 2 BOT. tendril. 3 weeding hoe.
zarco, ca *adj.* light-blue [eyes or waters].
zarevitz *m.* czarevitch, tzarevitch.
zargatona *f.* ZARAGATONA.
zariano, na *adj.* czarish.
zarigüeya *f.* ZOOL. opossum.
zarina *f.* czarina, tzarina.
zarismo *m.* czarism, tzarism.
zarpa *f.* paw [of a lion, tiger, etc.] : *echar la* ~ *a,* fig. to grasp, clutch, grip ; to take hold of. 2 CAZCARRIA. 3 NAUT. weighing anchor. 4 ARCH. footing.

zarpada *f.* blow with a paw, scratch from a paw or claws.
zarpanel *adj.* ARCH. CARPANEL.
zarpar *intr.* NAUT. to weigh anchor, set sail, set out, put forth.
zarpazo *m.* ZARPADA. 2 BATACAZO.
zarposo, sa *adj.* CAZCARRIENTO.
zarracateria *f.* cajolery.
zarracatín *m.* coll. greedy merchant.
zarramplín *m.* bungler, botcher. 2 insignificant fellow, worthless fellow.
zarramplinada *f.* bungle, stupidity.
zarrapastra *f.* CAZCARRIA.
zarrapastrón, na *adj.* tattered, shabby, slovenly, dirty. — 2 *m.* ragamuffin. — 3 *f.* slut [tattered, slovenly woman].
zarrapastrosamente *adv.* shabbily, slovenly, dirtily.
zarrapastroso, sa *adj.* ZARRAPASTRÓN.
zarria *f.* CAZCARRIA. 2 tatter, rag.
zarriento, ta *adj.* CAZCARRIENTO. 2 tattered, ragged.
zarrioso, sa *adj.* CAZCARRIENTO.
zarza *f.* BOT. bramble, blackberry, blackberry bush.
zarzagán *m.* cold northeast wind.
zarzaganete *m.* light northeast wind.
zarzaganillo *m.* stormy northeast wind.
zarzahán *m.* a kind of striped coloured silk.
zarzal *m.* blackberry patch, brambles.
zarzaleño, ña *adj.* brambly.
zarzamora *f.* BOT. brambleberry, blackberry [fruit]. 2 bramble, blackberry bush.
zarzaparrilla *f.* sarsaparilla [plant, extract and drink].
zarzaparrillar *m.* sarsaparilla field.
zarzaperruna *f.* ESCARAMUJO 1 & 2.
zarzarrosa *f.* BOT. dog rose [flower].
zarzo *m.* hurdle, wattle.
zarzoso, sa *adj.* brambly.
zarzuela *f.* zarzuela [Spanish musical comedy]. 2 small bramble.
zarzuelero, ra *adj.* [pertaining to the] zarzuela.
zarzuelista *m. & f.* writer or composer of zarzuelas.
¡zas! *interj.* imitating the sound of a blow or slap.
zascandil *m.* coll. despicable busybody, good-for-nothing.
zascandilear *intr.* to meddle.
zata, zatara *f.* raft [for transportation in rivers].
zato *m.* piece of bread.
zazo, za; zazoso, sa *adj.* TARTAJOSO.
Zebedeo *m. pr. n.* BIB. Zebedee.
zebra *f.* CEBRA.
zeda *f.* zed [letter Z].
zedilla *f.* CEDILLA.
Zelanda *f. pr. n.* GEOG. Zealand : *Nueva Zelanda,* New Zealand.
zelandés, sa *adj. & n.* Zealandian.
Zelandia *f. pr. n.* ZELANDA.
Zendavesta *m.* Zend-Avesta.
zendo, ra *adj. & n.* Zend.
zenit *m.* CENIT.
Zenón *m. pr. n.* Zeno.
zepelin *m.* Zeppelin [dirigible].
zeta *f.* zed [letra Z]. 2 zeta [Greek letter].
zeugma, zeuma *f.* GRAM. zeugma.
zigomorfo, fa *adj.* BIOL. zygomorphic, zygomorphous.
zigospora *f.* BOT. zygospore.
zigzag *m.* zigzag.
zigzaguear *intr.* to zigzag.
zigzagueo *m.* zigzagging.
zinc *m.* CINC.
zingiberáceo, a *adj.* CINGIBERÁCEO.
zipizape *m.* coll. row, shindy, scuffle.
¡zis, zas! *interj.* imitating the sound of repeated blows.
zoantropía *f.* MED. zoanthropy.
zoca *f.* square, public square.
zócalo *m.* ARCH. socle. 2 ARCH. dado [of a wall].
zocato, ta *adj.* overripe [fruit]. 2 left-handed. — 3 *m. & f.* left-handed person.
zoclo *m.* zoco 3.
zoco, ca *adj.* left-handed. — 2 *m. & f.* left-handed person. — 3 *m.* clog, wooden shoe. 4 Moroccan market or market place. 5 ARCH. socle [of a pedestal].
zodiacal *adj.* zodiacal.
zodiaco *m.* ASTR. zodiac.
zoea *f.* ZOOL. zoea.
zofra *f.* Moorish carpet.
zoilo *m.* fig. malevolent critic, detracter.

zolocho, cha *adj.* coll. silly, simple. — 2 *m. & f.* simpleton.
zollipar *intr.* coll. to sob.
zollipo *m.* coll. sob.
zoma *f.* coarse flour.
zompo, pa *adj. & n.* ZOPO.
zona *f.* band, stripe. 2 zone, belt, area, region : ~ *de influencia,* zone of influence. 3 ANAT., GEOG., GEOM. zone : ~ *esférica,* spherical zone; ~ *glacial,* frigid zone; ~ *templada,* temperate zone; ~ *tórrida,* torrid zone. 4 MED. zona, zoster, shingles.
zonal *adj.* zonal.
zoncería *f.* (Am.) SOSERÍA.
zonchiche *m.* (C. Am.) a red-headed vulture.
zonote *m.* (Am.) deep deposit of water.
zonzamente *adv.* dully, insipidly.
zonzo, za *adj.* dull, colourless, insipid, silly. — 2 *m. & f.* dull, colourless person. 4 simpleton. — 5 *m.* ORN. a Spanish bird.
zonzorrión, na *adj.* very dull or silly. — 2 *m. & f.* very dull or silly person.
zoófago, ga *adj.* zoophagus.
zoófito *m.* ZOOL. zoophyte.
zoografía *f.* zoography.
zoográfico, ca *adj.* zoographic, zoographical.
zooide *adj.* zooidal. — 2 BIOL., ZOOL. zooid.
zoolatra *adj.* zoolatrous. — 2 *m. & f.* zoolater.
zoolatria *f.* zoolatry.
zoología *f.* zoology.
zoológico, ca *adj.* zoologic, zoological.
zoólogo *m.* zoologist.
zoomorfismo *m.* zoomorphism.
zoospermo *m.* BIOL. zoosperm.
zoospora *m.* BOT. zoospora.
zootecnia *f.* zootechnics.
zootécnico, ca *adj.* zootechnical.
zootomía *f.* zootomy.
zootropo *m.* zoetrope [optical toy].
zopas *m.* nickname given to a lisper.
zope *m.* (C. Ri.) turkey buzzard.
zopenco, ca *adj.* doltish, stupid, block-headed clodpated. — 2 *m. & f.* dolt, blockhead, clodpate.
zopetero *m.* RIBAZO.
zopilote *m.* ORN. (C. Ri., Hond., Mex.) turkey buzzard.
zopisa *f.* tar, wood tar. 2 NAUT. pitch. 3 pine resin.
zopitas *m. & f.* ZOPAS.
zopo, pa *adj.* crooked, deformed [foot or hand]. — 2 *m. & f.* person having crooked or deformed feet or hands.
zoqueta *f.* wooden cover or guard to protect the left hand from the sickle.
zoquete *m.* block, chunk, chump [of wood]. 2 chunk [of bread]. 3 coll. short, fat, ugly fellow. 4 coll. blockhead, dunce, dullard.
zoquetero, ra *adj.* living on crumbs. — 2 *m. & f.* idle beggar.
zoquetudo, da *adj.* rough, clumsy, ill-shaped.
zorcico *m.* Basque song and dance.
zorito, ta *adj.* ZURITO.
zoroástrico, ca *adj.* Zoroastrian.
zoroastrismo *m.* Zoroastrianism.
Zoroastro *m. pr. n.* Zoroaster.
zorollo *adj.* reaped while unripe [wheat].
zorongo *m.* kerchief folded like a bandage around the head, worn by Aragonese. 2 broad flattened chignon. 3 Andalusian dance and tune.
zorra *f.* ZOOL. fox. 2 ZOOL. female fox. 3 fig. fox [crafty person]. 4 coll. harlot, prostitute. 5 coll. drunk, drunkenness : *pillar una ~,* to get drunk. 6 truck, dray [flat cart for heavy hauling]. 7 ASTR. (cap.) Fox, Vulpecula. 8 ICHTH. ~ *de mar,* fox shark, thresher shark.
zorrastrón, na *adj.* foxy, crafty, wily [person]. — 2 *m. & f.* crafty, wily, sly person; fox.
zorrera *f.* fox hole. 2 fig. room full of smoke. 3 coll. drowsiness, heaviness.
zorrería *f.* foxiness, craft, craftiness; cunning, wile.
zorrero, ra *adj.* fox-hunting [dog]. 2 crafty, cunning. 3 NAUT. heavy-sailing. 4 fig. lagging behind. — 5 *m.* man whose duty was to kill foxes, wolves and other harmful animals in the royal forests.
zorrillo *m.* ZOOL. (Arg., Guat., Hond.) skunk.
zorro, rra *adj.* crafty, cunning. — 2 *m.* ZOOL. fox, male fox : ~ *azul,* blue fox; ~ *plateado,* silver fox. 3 fox [fur]. 4 fig. fox [crafty person]. 5 coll. one who plays the fool or the simpleton

[esp. to avoid work]. *6* coll. *estar hecho un ~,* to be overwhelmed with sleep; to be dull and silent. *7* coll. *hacerse el ~,* to feign ignorance or absent-mindedness. *8 pl.* duster made of strips of list, cloth, etc., tied to a handle.
zorrocloco *m.* coll. sly man who plays the booby. *2* coll. ARRUMACO.
zorronglón, na *adj.* lazy and grumbling. — *2 m. & f.* grumbling sluggard.
zorruela *f. dim.* little fox [female].
zorruelo *m. dim.* little fox [male].
zorrullo *m.* ZURULLO.
zorruno, na *adj.* vulpine, foxy, foxlike.
zorzal *m.* ORN. fieldfare. *2* fig. shrewd, cunning man. *3* (Arg., Bol., Chi.) simpleton. *4* ICHTH. *~ marino,* a Mediterranean fish.
zoster *f.* MED. zoster, zona, shingles.
zote *adj.* dull, ignorant. — *2 m.* dolt, blockhead.
zozobra *f.* uneasiness, anxiety. *2* NAUT. danger of sinking or capsizing from the violence of the wind. *3* NAUT. foundering, sinking, capsizing.
zozobrar *intr.* NAUT. to be in danger of sinking or capsizing from the violence of the wind. *2* NAUT. to founder, sink, capsize. *3* to be in danger of failing, coming to nought or be ruined. *4* to be wrecked or ruined. *5* to be anxious, uneasy, in a painful indecision.
zozobroso, sa *adj.* uneasy, anxious.
zúa *f.* ZUDA.
zuavo *m.* MIL. Zouave.
zubia *f.* flume, stream.
zucarino, na *adj.* SACARINO.
zúchil *m.* (Mex.) bouquet.
zuda *f.* AZUD.
zueco *m.* sabot, clog [wooden shoe, wooden-soled shoe].
zuela *f.* AZUELA.
zuindá *m.* SUINDÁ.
zuingliano, na *adj. & n.* Zwinglian.
Zuinglio *m. pr. n.* Zwingli.
zuiza *f.* SUIZA.
zulacar *tr.* to anoint with ZULAQUE.
zulaque *m.* a kind of waterproof mastic for packing pipe joints, etc.
zulú, *pl.* **-lús** or **-lúes** *adj. & n.* Zulu.
Zululandia *f. pr. n.* GEOG. Zululand.
zulla *f.* BOT. sulla clover, French honeysuckle. *2* coll. human excrements.
zullarse *ref.* coll. to go to stool. *2* coll. to break wind.
zullenco, ca *adj.* coll. breaking wind often. ,
zullón, na *adj.* coll. ZULLENCO. — *2 m.* wind [from the bowels].
zumacal, zumacar *m.* sumach plantation.
zumacar *tr.* to dress or tan with sumach.
zumacaya *f.* ORN. a night wading bird.
zumaque *m.* BOT. sumac or sumach shrub. *2* sumac, sumach [used in tanning]. *3* coll. wine, grape wine. *4* BOT. *~ del Japón,* tree of heaven. *5* BOT. *~ falso,* ailanthus.
zumaya *f.* ORN. tawny owl. *2* ORN. goatsucker. *3* ZUMACAYA.
zumba *f.* bell worn by a leading mule or ox. *2* bull-roarer [toy]. *3* banter, chaff, mockery, raillery. *4* (Col., Chi., P. Ri.) beating, drubbing.
zumbador, ra *adj.* humming, buzzing, whizzing. — *2 m.* ELEC. buzzer. *3* (P. Ri.) humming bird.
zumbar *intr.* to hum, buzz, drone, whiz, whizz. *2* [of the ears] to ring. *3* coll. to be near, close to : *no tiene aún sesenta años, pero le zumban,* he is close to sixty years of age. — *4 tr.* coll. to deal, deliver [a blow]. — *5 ref. zumbarse de,* to make fun of.
zumbel *m.* string for spinning a top. *2* coll. frown, angry aspect.
zumbido *m.* hum, humming, buzz, buzzing, drone, droning, whiz, whizz, whizzing. *2* ringing [in the ears]. *3* ping [of a bullet]. *4* coll. blow, box, smack.
zumbo *m.* ZUMBIDO.
zumbón, na *adj.* bantering, rallying, mocking. *2* waggish. — *3 m. & f.* mocker, jester, wag. — *4 m.* a variety of pigeon.
zumiento, ta *adj.* exuding juice.
zumillo *m. dim.* little juice. *2* DRAGONTEA. *3* TAPSIA.
zumo *m.* juice [of plants, flowers, fruit, etc.], expressed juice : *~ de cepas* or *de parras,* coll. wine. *2* fig. profit, advantage.
zumoso, sa *adj.* juicy [full of juice].

zuna *f.* Sunna, Sunnah [Mohammedan law].
zunchar *tr.* to strengthen [with a hoop or band].
zuncho *m.* strengthening hoop or band; ferrule.
zunteco *m.* ENTOM. (Hond.) a kind of a black wasp.
zunzún *m.* ORN. (Cu.) a humming bird.
zupia *f.* dregs [of wine]. *2* wine full of dregs. *3* coll. slops, distasteful drink or liquid food. *4* coll. scum, thrash.
zurano, na *adj.* wild, stock [pigeon or dove].
zurcidera *f.* ZURCIDORA.
zurcido, da *p. p.* of ZURCIR. — *2 m.* darn, darning; fine-drawing.
zurcidor, ra *m. & f.* SEW. darner. *2* SEW. fine-drawer.
zurcidura *f.* darn, darning; fine-drawing.
zurcir *tr.* SEW. to darn, mend; to fine-draw. *2* fig. to join, unite. *3* coll. to make a tissue of [lies].
zurdería *f.* left-handedness.
zurdo, da *adj.* left-handed [using the left hand by preference] : *no ser ~,* fig. to be clever, •skilful. *2* left [hand]. *3* of the left hand. — *4 m. & f.* left-handed person. — *5 f.* left hand. *6 a zurdas,* with the left hand, the wrong way.
zurear *intr.* [of doves] to coo.
zureo *m.* cooing.
zurito, ta *adj.* wild, stock [pigeon, dove].
zuro, ra *adj.* wild, stock [pigeon, dove]. — *2 m.* corncob.
zuriza *f.* row, scuffle.
zurra *f.* TAN. currying, dressing. *2* beating, drubbing. *3* grind [long, hard work or studying].
zurrado, da *p. p.* of ZURRAR. — *2 m.* coll. glove.
zurrador, ra *m. & f.* beater, drubber. — *2 m.* leather currier or dresser.
zurrapa *f. sing. & pl.* lees, dregs, grounds, grouts, settlings : *con zurrapas,* coll. unclean; in an uncleanly way. *2 f. sing.* coll. thrash, rubbish. *3* coll. ugly skinny boy.
zurrapelo *m.* coll. dressing down, sharp reprimand.
zurrapiento, ta; zurraposo, sa *adj.* dreggy, turbid, roily.
zurrar *tr.* TAN. to curry, dress [leather]. *2* to spank, flog, drub, thrash, wallop : *~ la badana a uno,* to tan someone. *3* fig. to beat, drub, thrash [in fight, contest, etc.]. — *4 ref.* coll. to dirty oneself [have an involuntary evacuation of the bowels]. *5* coll. to be seized with great fear.
zurriaga *f.* ZURRIAGO.
zurriagar *tr.* to lash, whip, horsewhip. *2* to whip [a top].
zurriagazo *m.* lash, whip [stroke]. *2* fig. blow, unexpected mishap. *3* fig. unexpected ill-treatment or slight.
zurriago *m.* lash, whip. *2* whip [for spinning a top].
zurriagué, zurriague, etc., *pret., subj. & imper.* of ZURRIAGAR.
zurriar *intr.* ZURRIR.
zurribanda *f.* rain of blows, sound drubbing or thrashing. *2* noisy row or scuffle.
zurriburri *m.* coll. low, despicable fellow. *2* coll rabble. *3* confusion, uproar.
zurrido *m.* buzz, buzzing, whir, whirr, whirring. *2* coll. blow with a stick.
zurrir *intr.* to buzz, whir, whirr.
zurrón *m.* shepherd's pouch. *2* game bag. *3* leather bag. *4* BOT. husk. *5* ANAT. membranes enveloping the fetus.
zurrona *f.* coll. loose, cheating woman.
zurroncillo *m. dim.* small shepherd's pouch. *2* small game bag or leather bag.
zurronada *f.* bagful.
zurronero *m.* maker or seller of game bags or leather bags.
zurruscarse *ref.* ZURRARSE.
zurrusco *m.* CHURRUSCO.
zurullo *m.* soft roll [of anything]. *2* coll. turd.
zurumbático, ca *adj.* half-witted. *2* stunned, dumbfounded.
zurupeto *m.* unregistered stockbroker.
zurzo, zurza, etc., *pres., subj. & imper.* of ZURCIR.
zutano, na *m. & f.* So-and-so [undetermined or imaginary person]. | It is used after «fulano» : *fulano, ~ y mengano,* Tom, Dick and Harry.
¡zuzo! *interj.* used to restrain or drive away a dog.
zuzón *m.* BOT. groundsel.

APPENDICES
APÉNDICES

ABREVIATURAS MÁS USADAS EN INGLÉS*

A., a.	absent; acceleration; acre; adult; alto; ampere; anode; answer; ante; anterior; area	bg.	background; bag
		biog.	biographer; biography
		bk.	bank; book; break; brook
AAR, a.a.r.	against all risks	bkg.	banking; bookkeeping
abbr.	abbreviated; abbreviation	bkt., bskt.	basket
abr.	abridged; abridgment.	BL	bill of lading
AC, ac	alternating current; area code; before Christ; before meals	bl.	bale; barrel; black; blue.
		bldg.	building
ac.	account	blvd.	boulevard
acad.	academy	BO	box office; branch office
AD, A.D.	after date; anno Domini	bor.	borough
ad	advertisement	bot.	bottle; bottom
adm.	administration; administrative	BP	blood pressure; blueprint
adv.	advertisement; advisory	bp	baptized; birthplace
ad val.	ad valorem (to the value of)	b.p.	below par; boiling point
aff.	affirmative	BR	bills receivable
afft.	affidavit	br.	branch; brass; brown
aft.	afternoon	bro(s).	brother(s)
agcy.	agency	BS	balance sheet; bill of sale
agt.	agent	Btu.	British thermal unit
alt.	altitude.	bu.	bureau; bushel
AM, A.M.	airmail; amplitude modulation; anno mundi; ante meridiem	bx.	box
amt.	amount	C	calorie; carat; circa
anal.	analogous; analogy	c	cent; center; copyright
anc.	ancient	CA	chronological age; current account
ann.	annals; annual	can., canc.	canceled; cancellation
anon.	anonymous	cap.	capacity; capital
ans.	answer	cath.	cathedral; cathode
app.	apparatus; appendix	CB	citizens' band (radio)
Apr.	April	CBD	cash before delivery
approx.	approximately	cc	cubic centimeter; carbon copy
apt.	apartment	CD	certificate of deposit; civil defense
ar., arr.	arrival; arrive	cen., cent.	central
arch.	archaic; archery	cent.	centigrade; centum; century
art.	artificial; artillery	cert.	certificate; certification; certified
assoc.	associate(s); association	CF	centrifugal force; cost and freight
asst.	assistant.	cf.	compare
AT	air temperature	CFI	cost, freight, and insurance.
at.	atomic	ch.	chain; chaplain; chapter; chief; child(ren); church
atm.	atmosphere; atmospheric		
att.	attached; attention	CI	cast iron; certificate of insurance
att., atty.	attorney	cit.	citation; cited; citizen
at. wt.	atomic weight	civ.	civil; civilian
Aug.	August	ck.	check
aux., auxil.	auxiliary	CL	carload; civil law; common law
AV	ad valorem; audiovisual	cl.	class; clause; close
av., avdp.	avoirdupois	cml.	commercial
av., ave.	avenue	CN	credit note.
av., avg.	average	CO	cash order; conscientious objector
		co.	company; county
B	Bible.	c/o	care of
b	bass; bat; before; born	COD	cash on delivery; collect on delivery
bal.	balance.	COL	cost of living
bar.	barometer; barometric	coll.	collateral; collect; college.
BC, B.C.	before Christ	com.	comedy; comic; comma
bd.	board; bound; boundry; bundle	com., comm.	command; commentary; commerce; commission; committee; common; communication
bdrm.	bedroom		
BE	bill of exchange		
bet.	between		
BF	board foot; brought forward		
bf.	boldface		

*V. Apéndices: Pesas y medidas; Abreviaturas de los estados de los Estados Unidos de América.

comp.	compare; compensation; compiled; compiler; composed; composer; composition; compound; comprehensive	dis., dist.	distance; district
		div.	divided; dividend; division; divorced
con.	conclusion; consolidated; consul; continued	do.	ditto
		DOB	date of birth
conc.	concentrate; concentration; concrete	doc.	document
		dom.	domestic; dominant; dominion
cong.	congregation; congress; congressional	doz., dz.	dozen(s)
		DP, D.P.	data processing; dew point
cons.	conservative; constitution; construction; consulting	DR, dr	dining room
		Dr.	doctor
cont.	containing; contents; continent; continental; continued; control	dr.	debtor; dram; drive; drum
		DS	days after sight; document signed
cop.	copper; copy; copyright	DST	daylight saving time
cor.	corner; coroner	DT	daylight time; delirium tremens; double time
cor., corr.	correct; correction; correspondence; corrupt	DW	deadweight; delayed weather; dust wrapper
corp.	corporation	dy.	delivery; deputy; duty
cos.	cosine		
cosec., csc.	cosecant	E., e.	earth; east; eastern; error
cp.	compare; coupon	ea.	each
cpd.	compound	E and OE	errors and omissions excepted
CR	cathode ray; class rate; current rate	ed., edit.	edited; edition; editor
cr.	center; circular; cream; credit; crescendo	e.g.	for example
		elem.	elementary
CS	capital stock; civil service; county seat	encyc.	encyclopedia
		eng.	engine; engineer
C/S	cycles per second	eq.	equal; equation
cs.	cases; census	eq., equiv.	equivalent
ct.	carat; cent; count; court	equip.	equipment
ctn.	carton; cotangent	ESP	extrasensory perception
cur.	currency; current	esp.	especially
cw.	clockwise	EST	eastern standard time
CWO	cash with order	est.	established; estimate(d)
cwt.	hundredweight	ETA	estimated time of arrival
cyl.	cylinder	et al.	et alia (and others)
		etc.	et cetera (and so forth)
D., d.	date; daughter; day; dead; deceased; depart; diameter; dimensional; distance; drive	ETD	estimated time of departure
		et seq.	et sequens, et sequentia [and the following one(s)]
DA	days after acceptance; deposit account	ex.	example; exchange; executive; express; extra
DB	daybook	exc.	excellent; except
db.	debenture; decibel	exec.	executive
dbl.	double	exp.	expense; experiment; export; express
DC	da capo (from the beginning); direct current; double crochet	ext.	extension; exterior; external; extra; extract
DD	days after date; due date		
dd.	dated; delivered		
Dec.	December	F., f.	failure; false; family; finish; folio; force; forte; from; full
def.	defendant; defense; deferred; defined; definition	fac.	facsimile; faculty
deg.	degree	fam.	familiar; family
del.	delegate; delegation; delete	FB	freight bill
dep.	depart; departure; deposed; deposit; depot; deputy	F.D.	fire department; free dock
		Feb.	February
dept.	department	fed.	federal; federation
der., deriv.	derivation; derivative	fem.	female; feminine
dft.	defendant; draft	ff.	folios; following; fortissimo
DG	dei gratia (by the grace of God)	fig.	figure
dia., diam.	diameter	fin.	finance; financial; finish
diag.	diagonal; diagram	fl.	floor; fluid
dict.	dictionary	FM	frequency modulation
dif., diff.	difference; different	fn.	footnote
dim.	dimension; diminished	fo., fol.	folio
dir.	director	FOB	free on board
dis., disc.	discount	FOR	free on rail

f.p.	freezing point		ICU	intensive care unit
fr.	father; from		id.	idem (something previously mentioned)
freq.	frequency; frequent; frequently			
Fri.	Friday		i.e.	id est (that is)
frt.	freight		ill., illus.	illustrated; illustration; illustrator
frwy.	freeway		imp.	import(ed)
ft.	feet; foot; fort		inc.	including; incomplete; incorporated; increase
fwd.	forward			
FYI, fyi	for your information		incl.	including; inclusive
			incr.	increase; increased
g.	gauge; gender; genitive; gravity; guide; gulf		ind.	independent; index
			inorg.	inorganic
GA	general agent; general average		inq.	inquire
GCD	greatest common divisor		insp.	inspector
GCF	greatest common factor		inst.	instant; institute; institution
GCT	Greenwich civil time		int.	intelligence; interest; interim; interior; internal; international
gd.	good			
gen.	general; genitive; genus		intl., intnl.	international
GI	galvanized iron; gastrointestinal; general issue; government issue		in trans.	in transit
			inv.	inventor; invoice
GMT	Greenwich mean time		I/O	input/output
GNI	gross national income		isl.	island
GNP	gross national product		isth.	isthmus
gov.	government; governor		ital.	italic; italicized
GP	general practice; general practitioner; geometric progression		itin.	itinerary
gp.	group		J., j.	jack; journal; judge; justice
GPA	grade-point average		JA	joint account
GPO	general post office		Jan.	January
gr.	grade; grain; gravity; gross		jct., junc.	junction
gr. wt.	gross weight		JHS	junior high school
gt.	great		jr., jun.	junior
GTC	good till canceled		jt., jnt.	joint
gtd.	guaranteed		Jul.	July
			Jun.	June
			juv.	juvenile
h.	half; harbor; hard(ness); height; high; humidity; hundred; husband			
			K., k.	karat; Kelvin; kindergarten; kitchen; knit
hcap.	handicap			
HD	heavy duty		kn.	knot
hd.	head			
hdbk.	handbook		L., l.	lady; lake; land; late; left; liquid; little; low
hdqtrs., HQ	headquarters			
hex.	hexagon; hexagonal		lang.	language
HF	high frequency		lat.	latitude
hf.	half		LC	landing craft; left center; letter of credit
hgt., ht.	height			
hgwy., hwy.	highway		lc.	lowercase
hld.	hold		LCD	least (or lowest) common denominator
hon.	honor; honorable; honorary			
hosp.	hospital		LCM	least (or lowest) common multiple
hor.	horizontal		ld.	load; lord
hort.	horticultural; horticulture		ldg.	landing; loading
HP	half pay; high pressure; horsepower		ldr.	leader
			leg.	legal
hr.	here; hour		leg., legis.	legislative; legislature
HS	high school		LF	ledger folio; low frequency
HT	half time; halftone; high-tension; high tide		lf.	lightface
			lg.	large; long
ht.	heat; height		LH	left hand; lower half
HV	high velocity; high voltage		lib.	liberal; librarian; library
hvy.	heavy		lin.	lineal; linear
HW	high water; highway		liq.	liquid; liquor
Hz	hertz		lit.	literal; literary; literature
			lith., litho.	lithographic; lithography
I., i.	initial; intelligence; island; isle		LL	lending library; lower left
ib., ibid.	ibidem (in the same place)		ll.	lines
ICE	internal combustion engine		LMT	local mean time

log.	logarithm; logic
LP, lp	low pressure; long-playing (record)
LR	living room; lower right
LS	left side
LT	long ton; low-tension
lt.	light
ltd.	limited
ltr.	letter; lighter
lub.	lubricant; lubricating
M., m.	mach; manual; medium; middle; mile; month; moon; morning
mag.	magazine; magnitude
maj.	major
man.	manual
manuf.	manufacture; manufacturing
Mar.	March
mar.	maritime
marg.	margin; marginal
masc.	masculine
max.	maximum
MD	medical doctor; months after date
mdnt.	midnight
mdse.	merchandise
meas.	measure
med.	median; medieval; medium
mem.	member; memoir; memorial
mer.	meridian
met.	metropolitan
MF	medium frequency; microfiche
mfd.	manufactured
mfg.	manufacturing
mfr.	manufacture; manufacturer
mgr.	manager
mgt.	management
mi.	mile; mileage; mill
MIA	missing in action
mid.	middle
min.	minimum; minor; minute
misc.	miscellaneous
mixt.	mixture
mktg.	marketing
MO	mail order; modus operandi; money order
mo(s).	month(s)
mod.	moderate; modern
mod., modif.	modification
mol.	molecular; molecule
MOM	middle of month
Mon.	Monday
mon.	monastery; monetary
morph.	morphology
MP, m.p.	melting point; metropolitan police; military police
MPG, mpg	miles per gallon
MPH, mph	miles per hour
MS(S)., ms(s).	manuscript(s)
msg.	message
MST	mountain standard time
mt.	mount; mountain
mtg.	meeting
mtg., mtge.	mortgage
mus.	museum; music
MV	motor vehicle (or vessel)
mxd.	mixed
m.y.	million years
N., n.	name; net; noon; north; note; number
NA	no account; not applicable; not available
nat.	native; natural
nat., natl.	national
nav.	navigable; navigation
NB	northbound; nota bene (mark well)
NC	no charge; no credit
NCV	no commercial value
ND; n.d.	no date
NE	no effects; northeast
neg.	negative
NF	no funds
NFS	not for sale
NNE	north-northeast
NNW	north-northwest
no.	north
no(s).	number(s)
norm.	normal
Nov.	November
NP	no protest; notary public
n.p.	no pagination; no place (of publication)
NS, n.s.	new series; new style; not specified; not sufficient
NTP	normal temperature and pressure
nt. wt., n. wt.	net weight
NU	name unknown
num.	numeral
NV	nonvoting
NW	northwest
O., o.	ocean; ohm; old; order; over
o/a	on or about
ob.	obit (died); observation
obj.	object; objective
obl.	oblique; oblong
OC	off center; on center; on course
Oc., oc.	ocean
occas.	occasionally
Oct.	October
oct.	octavo
OD	on demand; overdraft; overdrawn
off.	office; officer
off., offic.	official
OJT	on-the-job training
OM	order of merit
OP	observation post; out of print
op.	opus
op. cit.	opere citato (in the work cited)
opp.	opposite
opt.	optional.
OR	operating room; owner's risk
orch.	orchestra
org.	organic; organization; organized
orig.	origin; original; originator
OS	old series; old style; out of stock
OT	occupational therapy; overtime
P., p.	page; part; past; per; port; power; pressure; purl
PA	particular average; per annum; power of attorney; press agent; private account; public address; purchasing agent
pam.	pamphlet
P and L	profit and loss

par.	paragraph; parallel; parish
pass.	passenger
pat.	patent
path., pathol.	pathological; pathology
payt., pmt.	payment
PC	personal computer; post card
PC, pct.	percent; percentage
PD	per diem; police department
pd.	paid
PDD	past due date
PDT	Pacific daylight time
PE	physical education; printer's error; probable error
pen.	peninsula
peo.	people
per.	period; person
perf.	perfect; perforated; performance
perh.	perhaps
perm.	permanent
perp.	perpendicular
pers.	person; personal; personnel
pert.	pertaining
pf.	preferred
pg.	page
ph.	phase
phr.	phrase
phys.	physical; physician
pk.	park; peak; peck; pike
pkg(s).	package(s)
pkt.	packet; pocket
pkwy.	parkway
PL	partial loss; private line; public law
pl.	place; plate
plat.	plateau; platoon
plf.	plaintiff
PM, P.M.	postmeridiem; postmortem
pmk.	postmark
PN	promissory note
PNR	point of no return
PO	postal order; post office; purchase order
POD	pay on delivery
pop.	population
por.	portrait
pos.	position; positive
pot.	potential
POW, PW	prisoner of war
PP.	parcel post; postpaid; prepaid
pp.	pages; per procurationem (by proxy)
ppd.	postpaid; prepaid
ppt.	precipitate
PR	payroll; public relations
pr.	pair; price; printed
prec.	preceding
pref.	preface; preference; preferred; prefix
prem.	premium
prep.	preparation; preparatory
pres.	president
press.	pressure
prev.	previous; previously
prf.	proof
prim.	primary; primitive
prin.	principal; principle
priv., pvt.	private
prob.	probable; probably; problem
proc.	proceedings

prod.	production
prof.	professional; professor
prom.	promontory
pron.	pronounced; pronunciation
prop.	property; proposition; proprietor
prov.	province; provisional
prox.	proximo (in the next month)
PS	postscript; public school
pseud.	pseudonym; pseudonymous
psi.	pounds per square inch
PST	Pacific standard time
psych.	psychology
pt.	part; payment; point; port
ptg.	printing
pty.	proprietary
PU	pickup
pub.	public
pub., publ.	publication; published; publisher
PUD	pickup and delivery
PVT	pressure, volume, and temperature
pwr.	power
PX	please exchange; post exchange
Q., q.	quarto; queen; query; question
qt., qty.	quantity
qu., ques.	question
quad.	quadrant
quot.	quotation
qy.	query
R., r.	radius; rain; range; rare; real; red; resistance; right; river; roentgen; rook; rough; run
rad.	radical; radius; radix
R & B	rhythm and blues
R and D	research and development
R and R	rest and recreation; rest and recuperation
rcpt., rec.	receipt
rct.	recruit
RD	refer to drawer; rural delivery
rd.	road; round
rec.	record; recording; recreation
rec'd., recd.	received
rect.	rectangle; rectangular; rectified
red.	reduce; reduction
ref.	reference; referred; refining; reformed; refunding
refr.	refraction
reg.	region; register; regular; regulation
reg., regd.	registered
rel.	relating; relative; released
rep.	repair; report; reporter; representative; republic
repl.	replace; replacement
rept.	report
res.	research; reserve; residence; resistance; resolution
resp.	respective; respectively
ret(d).	retain(ed); retired; return(ed)
rev.	revenue; reverse; review; reviewed; revised; revision
RFD	rural free delivery
RH	right hand
rh	relative humidity
RIP	requiescat in pace (rest in peace)
riv.	river
rm(s).	ream(s); room(s)

rnd.	round	soph.	sophomore
ROG	receipt of goods	SP	self-propelled; sine prole (without issue); specialist
ROM	read-only memory		
rot.	rotating; rotation	sp.	species; specimen; spelling; spirit
RP	reply paid; reprint; reprinting	sp., spec.	special; specific; specifically
RPM, rpm	revolutions per minute	spp.	species
RPS, rps	revolutions per second	SPQR	small profits, quick returns
rpt.	repeat; report	sps	sine prole superstite (without surviving issue)
RR	railroad; rural route		
RS	recording secretary; revised statutes; right side	SR	shipping receipt
		sr.	senior; sister
RSVP	répondez s'il vous plaît (please reply)	SRO	single-room occupancy; standing room only
RT	radiotelephone; room temperature	SS	saints; same size; steamship; Sunday school; sworn statement
rt.	right		
rte.	route	ss.	semis (one-half)
rwy., ry.	railway	SSE	south-southeast
		ssp.	subspecies
		SST	supersonic transport
S., s.	sabbath; saint; second; section; semi; series; sine; small; smooth; snow; society; son; south; southern; subject	SSW	south-southwest
		St.	saint; stratus
		st.	stanza; state; stitch; stone; street
		sta.	station; stationary
Sat.	Saturday	stat.	statim (immediately); statute
SB	simultaneous broadcast; southbound	stbd.	starboard
		std.	standard
sc.	scale; scene; science; small capital (letter)	Ste.	saint (female)
		ster., stg.	sterling
sch.	school	stge.	storage
sched.	schedule	stk.	stock
sci.	science; scientific; scientist	STP	standard temperature and pressure
script.	scripture	str.	steamer; strophe
SD	sight draft; sine die (without day); special delivery; stage direction; standard deviation	stud.	student
		sub.	subaltern; subtract; suburb
		suff.	sufficient; suffix
sd.	said; sewed	Sun.	Sunday
SE	southeast; stock exchange; straight edge	sup.	superior; supply; supra
		sup., supp., suppl.	supplement; supplementary
sec.	second; secondary; secundum (according to)		
		supr.	supreme
sec., sect.	section; sectional	supt.	superintendent
sec., secy.	secretary	supvr.	supervisor
sel.	select; selection	sur.	surface
sem.	seminar; seminary	surv.	survey; surveying; surveyor
sen.	senate; senator	svgs.	savings
sen., sr.	senior	SW	shipper's weight; shortwave; southwest
sep.	separate; separated		
Sept., Sep.	September	sym.	symbol; symmetrical
seq., seqq.	the following	sys., syst.	system
ser.	serial; series		
ser., serv.	service		
SF	science fiction; sinking fund	T., t.	tablespoon; target; teaspoon; technical; temperature; time; ton; true
SG, s.g., sp. gr.	specific gravity		
sgd.	signed		
sh.	share	taxon.	taxonomic; taxonomy
SIG	special interest group	TB	trial balance
Sig.	signa (label)	tb., tbs., tbsp.	tablespoon; tablespoonful
sig.	signal; signature	TBA, tba	to be announced
sing.	singular	tchr.	teacher
SL	salvage loss; sea level; south latitude	tec., tech.	technical; technician
		tech., technol.	technological; technology
sl.	slightly; slow	tel.	telegram; telegraph; telephone
sld.	sailed; sealed; sold	temp.	temperance; temperature; template; temporal; temporary; tempore (in the time of)
sm.	small		
SO	seller's option		
so.	south; southern	ter., terr.	territory
soc.	social; society	tgt.	target
sol.	solicitor; soluble; solution	Th., Thurs.	Thursday
SOP	standard operating procedure	therm.	thermometer

tinc.	tincture	VI	viscosity index; volume indicator
tk.	tank; truck	vi	vide infra (see below)
tkt.	ticket	vic.	vicinity
TL	total loss; truckload	vil.	village
tlr.	tailor; trailer	vis.	visibility; visual
TM	technical manual; trademark	viz.	videlicet (namely)
TMO	telegraph money order	VLF	very low frequency
tn.	ton; town; train	vocab.	vocabulary
tng.	training	vol.	volcano; volume; volunteer
tnpk.	turnpike	vou.	voucher
TOT	time on target	VP	variable pitch; vice president
tot.	total	VS	verse; versus; vide supra (see above)
tp.	title page; township	vss.	verses; versions
TR	tons registered; transmit-receive	VT	vacuum tube; variable time
tr.	transpose; troop; trustee	VTR	video tape recorder
tr., trans., transl.	translated; translation; translator	VU	volume unit
trag.	tragedy; tragic	vv.	verses; vice versa
trans.	transactions; transportation; transverse	W., w.	warden; water; watt; week; weight; west; western; white; wide; width; wife; with; work
transf., tfr.	transfer; transferred		
trav.	travel; traveler		
treas.	treasurer; treasury	war., wrnt.	warrant
trib.	tributary	WB	water ballast; weather bureau; westbound
trop.	tropic; tropical		
tsp.	teaspoon; teaspoonful	WC	without charge
TU	trade union; transmission unit	wd.	wood; word; would
Tu., Tues.	Tuesday	Wed.	Wednesday
TV	terminal velocity	WH, whr.	watt-hour
twp.	township	wh.	which; white
typog.	typographer; typographical; typography	whf.	wharf
		whs., whse.	warehouse
		whsle.	wholesale
U.	university	wid.	widow; widower
u.	uncle; unit; upper	wk.	week; work
UC	undercharge; uppercase	WL	waterline; wavelength
UDC	universal decimal classification	wmk.	watermark
ugt.	urgent	WNW	west-northwest
UH	upper half	w/o	without
UHF	ultrahigh frequency	WP	weather permitting; without prejudice
ult.	ultimate; ultimo (in the last month)		
univ.	universal; university	WPM, wpm	words per minute
unp.	unpaged	wpn.	weapon
uns.	unsymmetrical	WR	warehouse receipt; without rights
UV	ultraviolet	WSW	west-southwest
UW	underwriter	wt.	weight
ux.	uxor (wife)	WW	warehouse warrant; with warrants; world war
V., v.	vector; velocity; verse; versus; very; vice; victory; voice; volt; volume		
		X, x	ex; experimental; extra
		XC, xcp.	ex coupon
VA	visual aid; volt-ampere	XD, x. div.	ex dividend
vac.	vacuum	XI, x. in., x. int.	ex interest
val.	value; valued	XL	extra large
var.	variable; variant; variation; variety; various	XR	ex rights
		XW	ex warrants
VAT	value-added tax		
VD	vapor density; various dates; venereal disease	y., yd.	yard
		y., yr.	year
vel.	vellum; velocity	YOB	year of birth
Ven.	venerable	yr.	younger; your
ver.	verse		
vert.	vertebrate; vertical	z	zero; zone
VF	very fair (or fine); video frequency; visual field	ZPG	zero population growth
VHF	very high frequency		

ABBREVIATIONS MOST COMMONLY USED IN SPANISH*

A	Aprobado (*in examinations*)	dra., dro.,	derecha, derecho, derechas,
a	área	dras., dros.	derechos
(a)	alias	dupdo.	duplicado
AA.	autores	d/v.	días vista
ab.	abad		
abr.	abril	E	este (*east*)
A.C., A. de C.	Año de Cristo	E.M.	Estado Mayor
admón.	administración	E.M.G.	Estado Mayor General
adm.or	administrador	ENE	estenordeste
afmo., affmo.	afectísimo	ene.	enero
afto.	afecto	E.P.D.	en paz descanse
ago.	agosto	E.P.M.	en propia mano
a la v/	a la vista	ESE	estesudeste
a.m.	ante meridiem, antes del mediodía	etc.	etcétera
anac.	anacoreta		
ap.	aparte; apóstol	f.a, fact.a	factura
apdo.	apartado	f/	fardo(s)
art., art.o	artículo	f.a.b.	franco a bordo
att.o, atto.	atento	F.C., f.c.	ferrocarril
		fcos.	francos
B	beato; Bueno (*in examinations*)	feb., febr.	febrero
Barna.	Barcelona	F.E.M., f.e.m.	fuerza electromotriz
B.L.M., b.l.m.	besa la mano; besa las manos	fha., fho.	fecha, fecho
B.L.P., b.l.p.	besa los pies	f.o, fol.	folio
bto.	bulto; bruto	fra.	factura
		fund.	fundador
c.	capítulo		
c/	caja; cargo; contra	g/	giro
C.A.	corriente alterna	gde.	guarde
c.a	compañía	gobno.	gobierno
c/a.	cuenta abierta	gob.r	gobernador
cap.	capítulo	gral.	general
C.C.	corriente continua	gte.	gerente
cénts.	céntimos		
cf.	compárese	Hno., Hnos.	Hermano, Hermanos
C.G.S.	cegesimal	HP., H. P.	caballo (*or* caballos) de vapor
Cía., cía.	compañía		
C.M.B., c.m.b.	cuya mano beso	ib., ibíd.	ibídem (en el mismo lugar)
comis.o	comisario	íd.	ídem
comp.a	compañía	i. e.	id est (*that is*)
comps.	compañeros	ít.	ítem.
Const.	Constitución	izq.a, izq.o	izquierda, izquierdo
corrte.	corriente		
C.P.B., c.p.b.	cuyos pies beso	J.C.	Jesucristo
cps.	compañeros	jul.	julio
cs.	cuartos; céntimos	jun.	junio
cta.	cuenta		
cte.	corriente	L/	letra
c/u	cada uno	L.	ley; libro
C.V.	caballo (*or* caballos) de vapor	Ldo., ldo.	licenciado
		lín.	línea
D.	Don	liq.	liquidación
D.a	Doña	líq.o	líquido
descto.	descuento		
d/f., d/fha.	días fecha	M.	Maestro; Majestad; Merced
dha., dho.,	dicha, dicho, dichas, dichos	m.	minuto, minutos; mañana
dhas., dhos.		m/	mes; mi, mis; mío, míos
dic.	diciembre	mar.	marzo
dls.	dólares	m/cta.	mi cuenta
dna., dnas.	docena, docenas	merc.	mercaderías
d/p.	días plazo	m/f.	mi favor
Dr., dr.	Doctor	milés.	milésimas

*See Appendix: Weights and Measures.

m/L.	mi letra	q.e.p.d.	que en paz descanse
m/o.	mi orden	q.e.s.m.	que estrecha su mano
m/p.	mi pagaré	qq.	quintales
m/r.	mi remesa	q.s.g.h.	que santa gloria haya
Mtro.	Maestro		
m.a.	muchos años	R.	respuesta; Reprobado *(in*
M.S.	manuscrito		*examinations)*
		Rbi.	Recibí
N	norte; Notable *(in examinations)*	R.D.	Real Decreto.
n.	noche	R.I.P.	Requiescat in pace (descanse en
n/	nuestro, nuestra		paz)
N. B.	nota bene	Rl., Rls.	real, reales *(royal)*
n/cta.	nuestra cuenta	rl., rls.	real, reales *(coin)*
NE	nordeste	r.p.m.	revoluciones por minuto
NNE	nornoreste		
NNO	nornoroeste	S.	San, Santo; sur; Sobresaliente *(in*
NO	noroeste		*examinations)*
nov., novbre.	noviembre	s/	su, sus; sobre
núm., núms.	número, números	S.ª	Señora
nto.	neto	s/c.	su cuenta
ntra., ntro.,	nuestra, nuestro, nuestras,	S.C., s.c.	su casa
ntras., ntros.	nuestros	s/cta.	su cuenta
		S.D.	Se despide
O	oeste	SE	sudeste
o/	orden	sep., sept.,	septiembre
oct.	octubre	sebre.	
ONO	oesnoroeste	serv.º	servicio
OSO	oessudoeste	serv.ºr	servidor
		s. e. u o.	salvo error u omisión
P.	Papa; padre; pregunta	sigte.	siguiente
P.A., p.a.	por ausencia; por autorización	Sn.	San
pág., págs.	página, páginas	SO	sudoeste
paq.	paquete	S.ʳ, Sr.	Señor
Part.	Partida	Sra., Sras.	Señora, Señoras
Patr.	Patriarca	Sres.	Señores
pbro.	presbítero	Sría.	Secretaría
p/cta.	por cuenta	sria., srio.	secretaria, secretario
P.D.	posdata	Srta.	Señorita
p. ej.	por ejemplo	S. S.ª	Su Señoría
P.O., p.o.	por orden	SSE	sudsudeste
PP.	Padres	SSO	sudsudoeste
P.P., p.p.	porte pagado; por poder	S.S.S.,	su seguro servidor
p. pd.º, ppdo.	próximo pasado	s.s.s.	
pral.	principal	SS. SS.	seguros servidores
pralte.	principalmente	Sta.	Santa; Señorita
prof.	profesor	Sto.	Santo
pról.	prólogo	suplte.	suplente
prov.ª	provincia		
próx.º	próximo	tít., tít.º	título
P.S.	Post Scriptum	tpo.	tiempo
ps.	pesos	trib.	tribunal
P.S.M.	por su mandato		
pta., ptas.	peseta, pesetas	U., Ud.	usted
pte.	parte; presente	Uds.	ustedes
pza.	pieza		
		V.	usted; Venerable; Véase
Q.B.S.M.,	que besa su mano	y	versículo
q.b.s.m.		vencimto.	vencimiento
Q.B.S.P.,	que besa sus pies	vers.º	versículo
q.b.s.p.		vg., v.g.,	verbigracia
Q.D.G.,	que Dios guarde	v. gr.	
q.D.g.		Vmd., V.	vuestra merced; usted
q.e.g.e.	que en gloria esté	V.º B.º	Visto bueno
		vol.	volumen; voluntad
		vols.	volúmenes
		VV.	ustedes

FALSE COGNATES AND "PART-TIME" COGNATES

Some of the following Spanish words appear to be cognates of English words, but they are not: e.g., **"sopa"** in Spanish does *not* mean "soap" in English, and **"parientes"** does *not* mean "parents" in English. Other words sometimes suggest an English equivalent, but can also have a very different meaning: e.g., **"real"** in Spanish can be interpreted at times to mean "real" in English but more often should be translated as "royal," and **"equipo"** in Spanish can mean "equipment" in English but is more often translated as "team."

In the Spanish-to-English column, certain English words are in brackets to indicate that *only sometimes* the Spanish word has the meaning of the bracketed English word. In the English-to-Spanish column the abbreviations—(a.) = adjective, (n.) = noun, and (v.) = verb—are used in a few cases for clarity.

Spanish-English

acre: sharp, sour, rude, harsh, [acre]

actual: current, present (re time)

admirar: to astonish, surprise, [admire]

apuntar: to point, aim; write down, make a note of

asignación: allowance, assignment, [assignation]

asistir: to attend, be present, to help, [to assist]

atender: to pay attention, take care of, [attend to]

carpeta: portfolio; file folder

carta: letter (re mail), charter, [playing card]

cigarro: cigarette

colegio: school (private or high school)

conferencia: lecture, interview, meeting, [conference]

constipado: suffering from a cold

contar: to tell, relate, [count]

contento: happy, glad, satisfied, [contented]

costumbre: custom

decepción: disillusionment, disappointment, [deception]

desgracia: misfortune, mishap, disfavor

desgraciado: unfortunate, wretched, unlucky

deshonesto: immodest, indecent

dirección: address (re mail), [direction]

disgusto: quarrel, annoyance, sorrow, [disgust]

distinto: different; clear; several; [distinct]

embarazada: pregnant

equipo: team; fittings; squad; [equipment]

equivocación: error, mistake

éxito: success

expedir: to issue (a decree); send, ship; dispatch, [expedite]

explanar: to level, grade (ground); [explain]

fábrica: factory, mill, structure, [fabric]

falta: shortage, lack; blemish; defect, [fault]

formal: reliable, trustworthy; grave; definite; [formal]

frase: sentence, [phrase]

fray: priest, friar

golpe: blow

gracioso: amusing, witty; graceful, charming

grande: large, big, great, [grand]

English-Spanish

acre: acre, unidad de medida

actual: verdadero, real

admire: considerar con placer, admirar

appoint: nombrar, señalar

assignation: asignación, destinación

assist: ayudar, asistir

attend: asistir a, cuidar, atender

carpet: alfombra

cart: carro, carreta
card: tarjeta, naipe, carta

cigar: puro

college: universidad

conference: junta, sesión, entrevista, conferencia

constipated: estreñido

count: (v.) contar

contented: satisfecho, tranquilo, contento

costume: vestuario, traje

deception: engaño, fraude, decepción

disgrace: (n.) deshonra, vergüenza, ignominia

disgraced: deshonrado, avergonzado

dishonest: engañoso, falso, poco honrado

direction: dirección

disgust: hastío, asco, repugnancia, disgusto

distinct: claro, visible; inequívoco; diferente, distinto

embarrassed: turbado, desconcertado

equipment: aparatos, equipo

equivocation: equívoco; subterfugio, engaño

exit: salida

expedite: acelerar, facilitar; apresurar, despachar

explain: explicar, aclarar

fabric: tela, textura; fábrica; construcción

fault: (n.) culpa; defecto, falta

formal: convencional, ceremonioso, formal

phrase: expresión, frase

fray: (v.) raerse, deshilacharse; (n.) alboroto, riña

gulp: (n.) trago

gracious: afable, cortés; atractivo; bondadoso

grand: magnífico; grandioso, majestuoso; grande

honesto: decent, pure, virtuous; reasonable; [honest]

idioma: language, [idiom]

ignorar: to be unaware or ignorant of

largo: long

lectura: reading

leer: to read

liar: to tie, bind, roll up

media: stocking

ordinario: coarse, vulgar; usual, [ordinary]

parientes: relatives

probar: to test, taste, try out

quitar: to take away, deprive of, subtract

real: royal, [real]

realizar: to fulfill, achieve, carry out; [realize]

recordar: to remember, recall, remind, awaken

regular: ordinary; so-so, fairly well; systematic, [regular]

renta: interest, revenue, [rent]

repente: start, sudden movement

replicar: to reply, answer, retort, [replicate]

ropa: clothes, clothing

ruin: vile, mean; petty, stingy; little

salvo: safe; easily; omitted

sano: healthy; sound; whole; [sane]

sauce: willow

sensible: sentient; sensitive; perceptible; [sensible]

simpático: agreeable, pleasant, cogenial

sopa: soup

suceder: to happen, come about, [succeed]

suceso: event, incident

taller: workshop; laboratory; studio

tuna: prickly pear; idle and vagrant life

tutor: guardian, [tutor]

vagón: railway car or coach

vale: note, sales slip, coupon

honest: honrado, íntegro, recto; sincero

idiom: modismo; lenguaje

ignore: no hacer caso de; desconocer

large: grande

lecture: (n.) conferencia; lección; plática

leer: (v.) mirar de soslayo, mirar con injuria; (n.) mirada de soslayo

liar: (n.) mentiroso, embustero

media: (pl. of medium) medios; medios de comunicación (radio, televisión, etc.)

ordinary: corriente, común, ordinario; mediocre

parents: padres

probe: (v.) tentar; examinar a fondo; sondear; penetrar

quit: abandonar, cesar, parar, dejar (de hacer algo)

real: (a.) verdadero, real

realize: darse cuenta de; comprender; efectuar, llevar a cabo; realizar

record: (v.) registrar, apuntar, asentar, inscribir; grabar en disco

regular: metódico, ordenado, regular

rent: (v.) alquilar; (n.) arrendamiento, renta; rasgadura

repent: arrepentirse

replicate: (v.) duplicar, repetir, replicar

rope: (n.) soga, cuerda

ruin: (v.) arruinar, estropear; (n.) ruina, destrucción

salvo: salva; pretexto

sane: cuerdo; razonable; sano

sauce: salsa, condimento

sensible: sensato, razonable, juicioso

sympathetic: compasivo; simpatizante

soap: jabón

succeed: lograr(se); medrar, salir bien; suceder

success: éxito

taller: más alto

tuna: atún

tutor: (n.) maestro particular, tutor

wagon: carro, carreta, carretón

vale: valle, cañada

BUSINESS CORRESPONDENCE IN SPANISH / LA CARTA COMERCIAL EN ESPAÑOL

The following selected phrases are indicative of the style and tone of business letters in the Spanish-speaking world.

Para acusar recibo

1. Tenemos el gusto de acusar recibo de su estimada carta del 17 del actual...
2. Tengo el gusto de acusar recibo de su atta. de fecha 5 del corriente...
3. Hemos recibido su estimada carta del...
4. Le(s) agradezco (agradecemos) su carta del 15 de agosto...
5. En respuesta a su amable carta de fecha 11 del actual...
6. En contestación a su estimada carta del...
7. Le(s) doy (damos) las gracias por su carta del...
8. Quedo (quedamos) muy agradecido(s) por su estimada carta del...
9. Con referencia a su estimada carta del...
10. Acusamos recibo de su carta del 8 de septiembre...
11. Le(s) rogamos tenga(n) la bondad de excusar el retraso en corresponder a su carta del 2 de enero...

To acknowledge receipt

1. We have the pleasure of acknowledging receipt of your esteemed letter of the 17th of this month...
2. I have the pleasure of acknowledging receipt of your esteemed letter of the 5th of this month...
3. We have received your esteemed letter of the...
4. I am (we are) grateful for your letter of August 15... (or thank you for your letter of...)
5. In answer to your kind letter of the 11th of this month...
6. In answer to your esteemed letter of...
7. I (we) thank you for your letter of...
8. I (we) remain grateful for your esteemed letter of...
9. In reference to your esteemed letter of...
10. We acknowledge receipt of your letter of September 8...
11. Please forgive (or please have the kindness to excuse) the delay in responding to your letter of January 2...

Para empezar el texto de una carta

1. Tenemos el gusto de participar (informar, avisar) a Vd. que...
2. Tengo el gusto de remitir a Vd....
3. Sírvase tomar buena nota de que a partir de...
4. Aprovechamos (aprovecho) la ocasión para...
5. Con gusto incluimos...
6. Adjunto le(s) remito...
7. Sentimos mucho tener que informar a Vd. que...
8. Sentimos que por circunstancias imprevistas...

To begin the body of a letter

1. We have the pleasure of informing you that...
2. I have the pleasure of sending you...
3. Please note that beginning on...
4. We take (I take) this opportunity to...
5. With pleasure we enclose...
6. Enclosed, I am sending you...
7. We regret (are very sorry) to inform you that...
8. We regret that because of unforeseen circumstances...

Para pedir respuesta

1. Sírvanse contestarnos tan pronto como sea posible...
2. Rogamos (ruego) a Vds. una contestación inmediata...
3. Espero su contestación...
4. En espera de su grata contestación me suscribo de Vds. muy cordialmente,
5. Confiamos en que su respuesta será afirmativa.
6. Le(s) quedaría muy agradecido si me pudiera(n) contestar lo antes posible...

To request an answer

1. Please respond (answer us) at your earliest convenience (as soon as may be possible)
2. We (I) ask you for an immediate answer...
3. I await your answer...
4. Awaiting your favorable answer, I remain yours very cordially,
5. We trust that your answer will be favorable.
6. I would be very grateful (would appreciate it) if you would answer as soon as possible...

Para terminar una carta comercial

1. En espera de sus gratas órdenes, quedamos muy atentamente,...
2. En espera de sus noticias al respecto, quedo muy atentamente,...

To close a business letter

1. Awaiting your (pleasing) orders, we remain yours truly,
2. Awaiting your news of the matter, I remain very truly...

3. Muy cordialmente a sus órdenes...

4. Con este motivo, reciba nuestros afectuosos saludos.

5. Agradeciéndoles de antemano sus atenciones...

6. Aprovechamos la oportunidad para saludarles muy cordialmente,

7. Esperando su respuesta, quedamos muy cordialmente,

8. Muy atentamente lo saludamos y quedamos suyos affmos. y Ss. Ss.

9. Sin otro particular, lo saluda respetuosamente su affmo. atto. y S.S.

10. Reiterándole mis disculpas, reciba mis saludos muy cordiales.

3. Very cordially at your service...

4. With this in mind, please receive our kind regards.

5. Thanking you in advance for your attention...

6. We take this opportunity of greeting you very cordially,

7. Awaiting your answer, we remain very cordially...

8. With best regards, we remain yours faithfully (or truly)

9. With no other particular, your faithful servant greets you respectfully...

10. Repeating my apologies, please receive my very cordial greetings.

Useful Expressions / Expresiones útiles

Spanish
The greeting / El saludo

From one company to another company / De una compañía a otra compañía:

Muy señores nuestros:

Estimados señores:

From one person to a company / De una persona a una compañía:

Muy señores míos:

Estimados señores:

From a person or company to another person / De una persona o compañía a otra persona:

Muy señor mío:	Sr. Secretario:
Distinguido señor:	Sr. Administrador:
Muy distinguido señor:	Sr. Ingeniero García:
Estimado señor:	Distinguida Srta. López:
Muy estimado señor:	Distinguida señorita:
Muy apreciable señor:	Muy estimada Srta. López:
Sr. Director:	Muy estimada señora:

English
El saludo / The greeting

Dear Sir:	Dear Ms. Johnson:
Dear Sirs:	Dear Mr. Kelly:
Dear Madam:	Dear Student (Customer, Client, etc.):

La despedida / The closing

Yours truly,	Cordially yours,
Very truly yours,	Respectfully yours,
Sincerely,	

Styles of Correspondence / Los estilos de la correspondencia

The personal letter / La carta personal

	122 Smith Street — **Heading / Membrete**
	Thomas, Ohio 45704
	November 18, 19 — **Date / Fecha**
Salutation / Saludo —	*Estimada Ana,*
Body / Cuerpo o texto —	
Closing / Despedida —	*Te abraza mucho,*
	Sue — **Signature / Firma**

The business letter / La carta comercial

	`122 Smith Street` — **Heading / Membrete**
	`Thomas, Ohio 45706`
	`November 18, 19__` — **Date / Fecha**
Inside address / Dirección —	`Sr. Administrador`
	`Hotel Colón`
	`Avda. Justo Sierra, 18`
	`México, D.F.`
Salutation / Saludo —	`Muy estimado señor:`
Body / Cuerpo o texto —	
Closing / Despedida —	`Muy atentamente,`
	Susan Wright — **Signature / Firma**
	`Susan Wright (Sra.)`

MONETARY UNITS / UNIDADES MONETARIAS

Country / País	Name / Nombre	Subdivision / Subdivisión	Symbol / Símbolo
THE AMERICAS / LAS AMÉRICAS			
Argentina	peso	100 centavos	$
Bahamas	dollar / dólar bahameño	100 cents / centavos	B$
Barbados	dollar / dólar de Barbados	100 cents / centavos	$
Belize / Belice	dollar / dólar	100 cents / centavos	$
Bolivia	peso	100 centavos	$B
Brazil / Brasil	cruzeiro / nuevo cruzeiro	100 centavos	$; Cr$
Canada / Canadá	dollar / dólar canadiense	100 cents / centavos	$
Chile	peso* / peso chileno*	1000 escudos	$
Colombia	peso	100 centavos	$; P
Costa Rica	colon / colón	100 centimos / céntimos	₡; ¢
Cuba	peso	100 centavos	$
Dominican Republic / República Dominicana	peso	100 centavos	RD$
Ecuador	sucre	100 centavos	S/
El Salvador	colon / colón	100 centavos	₡; ¢
Guatemala	quetzal	100 centavos	Q; Q
Guyana	dollar / dólar guayanés	100 cents / centavos	G$
Haiti / Haití	gourde	100 centimes / céntimos	Ø; G; Gde
Honduras	lempira	100 centavos	L
Jamaica	dollar / dólar jamaicano	100 cents / centavos	$
Mexico / México	peso	100 centavos	$
Nicaragua	cordoba / córdoba	100 centavos	C$
Panama / Panamá	balboa	100 centesimos / centésimos	B/
Paraguay	guarani / guaraní	100 centimos / céntimos	Ø; G
Peru / Perú	sol	100 centavos	S/; $
Puerto Rico	dollar / dólar	100 cents / centavos	$
Suriname / Surinam	guilder / gulder de Surinam	100 cents / centavos	g
Trinidad and Tobago / Trinidad y Tabago	dollar / dólar trinitario	100 cents / centavos	TT$
United States / Estados Unidos	dollar / dólar	100 cents / centavos	$
Uruguay	peso	100 centesimos / centésimos	$
Venezuela	bolivar / bolívar	100 centimos / céntimos	B
OTHER COUNTRIES / OTROS PAÍSES			
Australia	dollar / dólar australiano	100 cents / centavos	$A
Austria	shilling / chelín	100 groschen	S; Sch
Belgium / Bélgica	franc / franco belga	100 centimes / céntimos	Fr; F
China	yuan / yüan	100 fen	$

* The Chilean monetary unit, the escudo, was replaced by the peso in 1975.

* El escudo, la unidad monetaria chilena, fue reemplazado por el peso en 1975.

Country / País	Name / Nombre	Subdivision / Subdivisión	Symbol / Símbolo
East Germany / Alemania, R.D.	mark or ostmark / marco DDR	100 pfennigs	M; OM
Egypt / Egipto	pound / libra egipcia	100 piasters / piastras	£E
France / Francia	franc / franco	100 centimes / céntimos	Fr; F
Greece / Grecia	drachma / dracma	100 lepta	Dr
India	rupee / rupia	100 paise / paisas	Re; Rs
Ireland / Irlanda	pound / libra irlandesa	100 pence / peniques	£
Israel	pound / libra israelí	100 argorot	I£
Italy / Italia	lira	100 centesimi / centésimos	L; Lit
Japan / Japón	yen	100 sen	¥ ; Y
Portugal	escudo	100 centavos	$; Esc
Soviet Union / Unión Soviética	ruble / rublo	100 kopecks / kopeks	R; Rub
Spain / España	peseta	100 centimos / céntimos	Pta; P
United Kingdom / Reino Unido	pound / libra esterlina	100 pence / peniques	£
West Germany / Alemania, R.F.	deutsche mark	100 pfennigs	DM

WEIGHTS AND MEASURES

Metric System

Unit	Abbreviation	Approximate U.S. Equivalent	
LENGTH			
1 millimeter	mm	0.04	inch
1 centimeter	cm	0.39	inch
1 meter	m	39.37	inches
		1.094	yards
1 kilometer	km	3,281.5	feet
		0.62	mile
AREA			
1 square centimeter	sq cm (cm²)	0.155	square inch
1 square meter	m²	10.764	square feet
		1.196	square yards
1 hectare	ha	2.471	acres
1 square kilometer	sq km (km²)	247.105	acres
		0.386	square mile
VOLUME			
1 cubic centimeter	cu cm (cm³)	0.061	cubic inch
1 stere	s	1.308	cubic yards
1 cubic meter	m³	1.308	cubic yards
CAPACITY (Liquid Measure)			
1 deciliter	dl	0.21	pint
1 liter	l	1.057	quarts
1 dekaliter	dal	2.64	gallons
CAPACITY (Dry Measure)			
1 deciliter	dl	0.18	pint
1 liter	l	0.908	quart
1 dekaliter	dal	1.14	pecks
1 hectoliter	hl	2.84	bushels
CAPACITY (Cubic Measure)			
1 deciliter	dl	6.1	cubic inches
1 liter	l	61.02	cubic inches
1 dekaliter	dal	0.35	cubic foot
1 hectoliter	hl	3.53	cubic feet
1 kiloliter	kl	1.31	cubic yards
MASS AND WEIGHT			
1 gram	g, gm	0.035	ounce
1 dekagram	dag	0.353	ounce
1 hectogram	hg	3.527	ounces
1 kilogram	kg	2.2046	pounds
1 quintal	q	220.46	pounds
1 metric ton	MT, t	1.1	tons

PESAS Y MEDIDAS

Sistema métrico

Unidad	Abreviatura	Equivalente aproximado del sistema estadounidense	
LONGITUD			
1 milímetro	mm	0,04	pulgada
1 centímetro	cm	0,39	pulgada
1 metro	m	39,37	pulgadas
		1,094	yardas
1 kilómetro	Km	3.281,5	pies
		0,62	milla
ÁREA			
1 centímetro cuadrado	cm²	0,155	pulgada cuadrada
1 metro cuadrado	m²	10,764	pies cuadrados
		1,196	yardas cuadradas
1 hectárea	ha	2,471	acres
1 kilómetro cuadrado	Km²	247,105	acres
		0,386	milla cuadrada
VOLUMEN			
1 centímetro cúbico	cm³	0,061	pulgadas cúbicas
1 metro cúbico	m³	1,308	yardas cúbicas
CAPACIDAD (Medida líquida)			
1 decilitro	dl	0,21	pinta
1 litro	l	1,057	quarts
1 decalitro	Dl	2,64	galones
CAPACIDAD (Medida árida)			
1 decilitro	dl	0,18	pinta
1 litro	l	0,908	quart
1 decalitro	Dl	1,14	pecks
1 hectolitro	Hl	2,84	bushels
CAPACIDAD (Medida cúbica)			
1 decilitro	dl	6,1	pulgadas cúbicas
1 litro	l	61,02	pulgadas cúbicas
1 decalitro	Dl	0,35	pie cúbico
1 hectolitro	Hl	3,53	pies cúbicos
1 kilolitro	Kl	1,31	yardas cúbicas
MASA Y PESO			
1 gramo	g	0,035	onza
1 decagramo	Dg	0,353	onza
1 hectogramo	Hg	3,527	onzas
1 kilogramo	Kg	2,2046	libras
1 quintal métrico	q	220,46	libras
1 tonelada métrica	t	1,1	toneladas

U.S. Customary Weights and Measures / Unidades de pesas y medidas estadounidenses

Linear measure / Medida de longitud

1 foot / pie	=	12 inches / pulgadas
1 yard / yarda	=	36 inches / pulgadas
	=	3 feet / pies
1 rod	=	5½ yards / yardas
1 mile / milla	=	5,280 feet / 5.280 pies
	=	1,760 yards / 1.760 yardas

Liquid measure / Medida líquida

1 pint / pinta	=	4 gills
1 quart / quart líquido	=	2 pints / pintas
1 gallon / galón	=	4 quarts / quarts líquidos

Area measure / Medida de superficie

1 square foot / pie cuadrado	=	144 square inches / pulgadas cuadradas
1 square yard / yarda cuadrada	=	9 square feet / pies cuadrados
1 square rod / rod cuadrado	=	30¼ square yards / yardas cuadradas
1 acre	=	160 square rods / rods cuadrados
1 square mile / milla cuadrada	=	640 acres

Dry measure / Medida árida

1 quart	=	2 pints / pintas áridas
1 peck	=	8 quarts
1 bushel	=	4 pecks

Some useful measures / Unas medidas útiles

Quantity / Cantidad

1 dozen / docena	=	12 units / unidades
1 gross / gruesa	=	12 dozen / docenas

Quantity of paper / Cantidad de papel

1 quire / mano	=	24 or 25 sheets / hojas
1 ream / resma	=	500 sheets / hojas
	=	20 quires / manos

Electricity / Electricidad

charge / carga	coulomb / culombio
power / potencia	watt / vatio
	kilowatt / kilovatio
resistance / resistencia	ohm / ohmio
strength / fuerza	ampere / amperio
voltage / voltaje	volt / voltio

NUMBERS / NUMERALES

Cardinal Numbers		Números cardinales	Cardinal Numbers		Números cardinales
zero	0	cero	twenty	20	veinte
one	1	uno	twenty-one	21	veintiuno
two	2	dos	twenty-two	22	veintidós
three	3	tres	twenty-three	23	veintitrés
four	4	cuatro	twenty-four	24	veinticuatro
five	5	cinco	twenty-five	25	veinticinco
six	6	seis	twenty-six	26	veintiséis
seven	7	siete	twenty-seven	27	veintisiete
eight	8	ocho	twenty-eight	28	veintiocho
nine	9	nueve	twenty-nine	29	veintinueve
ten	10	diez	thirty	30	treinta
eleven	11	once	forty	40	cuarenta
twelve	12	doce	fifty	50	cincuenta
thirteen	13	trece	sixty	60	sesenta
fourteen	14	catorce	seventy	70	setenta
fifteen	15	quince	eighty	80	ochenta
sixteen	16	dieciséis	ninety	90	noventa
seventeen	17	diecisiete	one hundred	100	cien, ciento
eighteen	18	dieciocho	five hundred	500	quinientos
nineteen	19	diecinueve	one thousand	1000	mil

Ordinal Numbers		Números ordinales		
1st	first	$1.^o$, $1.^a$	primero, -a
2nd	second	$2.^o$, $2.^a$	segundo, -a
3rd	third	$3.^o$, $3.^a$	tercero, -a
4th	fourth	$4.^o$, $4.^a$	cuarto, -a
5th	fifth	$5.^o$, $5.^a$	quinto, -a
6th	sixth	$6.^o$, $6.^a$	sexto, -a
7th	seventh	$7.^o$, $7.^a$	séptimo, -a
8th	eighth	$8.^o$, $8.^a$	octavo, -a
9th	ninth	$9.^o$, $9.^a$	noveno, -a
10th	tenth	$10.^o$, $10.^a$	décimo, -a
11th	eleventh	$11.^o$, $11.^a$	undécimo, -a
12th	twelfth	$12.^o$, $12.^a$	duodécimo, -a
13th	thirteenth	$13.^o$, $13.^a$	decimotercero, -a decimotercio, -a
14th	fourteenth	$14.^o$, $14.^a$	decimocuarto, -a
15th	fifteenth	$15.^o$, $15.^a$	decimoquinto, -a
16th	sixteenth	$16.^o$, $16.^a$	decimosexto, -a
17th	seventeenth	$17.^o$, $17.^a$	decimoséptimo, -a
18th	eighteenth	$18.^o$, $18.^a$	decimoctavo, -a
19th	nineteenth	$19.^o$, $19.^a$	decimonoveno, -a decimonono, -a
20th	twentieth	$20.^o$, $20.^a$	vigésimo, -a
21st	twenty-first	$21.^o$, $21.^a$	vigésimo (-a) primero (-a)
22nd	twenty-second	$22.^o$, $22.^a$	vigésimo (-a) segundo (-a)
30th	thirtieth	$30.^o$, $30.^a$	trigésimo, -a
40th	fortieth	$40.^o$, $40.^a$	cuadragésimo, -a
50th	fiftieth	$50.^o$, $50.^a$	quincuagésimo, -a
60th	sixtieth	$60.^o$, $60.^a$	sexagésimo, -a
70th	seventieth	$70.^o$, $70.^a$	septuagésimo, -a
80th	eightieth	$80.^o$, $80.^a$	octogésimo, -a
90th	ninetieth	$90.^o$, $90.^a$	nonagésimo, -a
100th	hundredth	$100.^o$, $100.^a$	centésimo, -a

TEMPERATURE / LA TEMPERATURA

Fahrenheit and Celsius / Grados Fahrenheit y grados Celsius

To convert Fahrenheit to Celsius, subtract 32 degrees, multiply by 5, and divide by 9.

Para convertir grados Fahrenheit a grados Celsius (centígrados), réstese 32 grados, multiplíquese por 5 y divídase por 9.

$$104°F - 32 = 72 \times 5 = 360 \div 9 = 40°C$$

To convert Celsius to Fahrenheit, multiply by 9, divide by 5, and add 32 degrees.

Para convertir grados Celsius (centígrados) a grados Fahrenheit, multiplíquese por 9, divídase por 5 y agréguese 32 grados.

$$40°C \times 9 = 360 \div 5 = 72 + 32 = 104°F$$

At sea level, water boils at } Al nivel del mar, se hierve el agua a }	212°F / 100°C
Water freezes at } Se congela el agua en }	32°F / 0°C
Average human temperature } Temperatura promedia del ser humano }	98.6°F / 37°C

Some normal temperatures in the Americas / Algunas temperaturas normales en las Américas

	Winter / Invierno	Summer / Verano
North of the equator / Al norte del ecuador		
Churchill, Manitoba	-11°F / -23.9°C	63°F / 17.2°C
Montreal, Quebec	22°F / -5.6°C	79°F / 26.1°C
Anchorage, Alaska	12°F / -11.1°C	58°F / 14.4°C
Chicago, Illinois	24°F / -4.4°C	75°F / 23.9°C
New York, New York	32°F / 0°C	77°F / 25°C
Dallas, Texas	45°F / 7.2°C	86°F / 30°C
Los Angeles, California	57°F / 13.9°C	73°F / 22.8°C
Phoenix, Arizona	51°F / 10.6°C	94°F / 34.4°C
Tegucigalpa, Honduras	50°F / 10°C	90°F / 32°C
South of the equator / Al sur del ecuador		
Tierra del Fuego, Argentina	32°F / 0°C	50°F / 10°C
Sao Paulo, Brazil	57.2°F / 14°C	69.8°F / 21°C
Montevideo, Uruguay	55.4°F / 13°C	71.6°F / 22°C
Buenos Aires, Argentina	52.3°F / 11.3°C	73.8°F / 23.2°C
Lima, Peru	59°F / 15°C	77°F / 25°C

ABBREVIATIONS OF THE STATES OF THE UNITED STATES OF AMERICA / ABREVIATURAS DE LOS ESTADOS DE LOS ESTADOS UNIDOS DE AMÉRICA

State / Estado	Abbreviations / Abreviaturas		Capital
Alabama	Ala.	AL	Montgomery
Alaska	Alaska	AK	Juneau
Arizona	Ariz.	AZ	Phoenix
Arkansas	Ark.	AK	Little Rock
California	Calif.	CA	Sacramento
Colorado	Colo.	CO	Denver
Connecticut	Conn.	CT	Hartford
Delaware	Del.	DE	Dover
District of Columbia	D.C.	DC	Washington
Florida	Fla.	FL	Tallahassee
Georgia	Ga.	GA	Atlanta
Hawaii	Hawaii	HI	Honolulu
Idaho	Idaho	ID	Boise
Illinois	Ill.	IL	Springfield
Indiana	Ind.	IN	Indianapolis
Iowa	Iowa	IA	Des Moines
Kansas	Kans.	KS	Topeka
Kentucky	Ky.	KY	Frankfort
Louisiana	La.	LA	Baton Rouge
Maine	Maine	ME	Augusta
Maryland	Md.	MD	Annapolis
Massachusetts	Mass.	MA	Boston
Michigan	Mich.	MI	Lansing
Minnesota	Minn.	MN	St. Paul
Mississippi	Miss.	MS	Jackson
Missouri	Mo.	MO	Jefferson City
Montana	Mont.	MT	Helena
Nebraska	Nebr.	NB	Lincoln
Nevada	Nev.	NV	Carson City
New Hampshire	N.H.	NH	Concord
New Jersey	N.J.	NJ	Trenton
New Mexico	N.Mex.	NM	Santa Fe
New York	N.Y.	NY	Albany
North Carolina	N.C.	NC	Raleigh
North Dakota	N.Dak.	ND	Bismarck
Ohio	Ohio	OH	Columbus
Oklahoma	Okla.	OK	Oklahoma City
Oregon	Oreg., Ore.	OR	Salem
Pennsylvania	Penn., Pa.	PA	Harrisburg
Rhode Island	R.I.	RI	Providence
South Carolina	S.C.	SC	Columbia
South Dakota	S.Dak.	SD	Pierre
Tennessee	Tenn.	TN	Nashville
Texas	Tex.	TX	Austin
Utah	Utah	UT	Salt Lake City
Vermont	Vt.	VT	Montpelier
Virginia	Va.	VA	Richmond
Washington	Wash.	WA	Olympia
West Virginia	W.Va.	WV	Charleston
Wisconsin	Wis.	WI	Madison
Wyoming	Wyo.	WY	Cheyenne

GEOGRAPHICAL NAMES: ENGLISH-SPANISH /
NOMBRES GEOGRÁFICOS: INGLÉS-ESPAÑOL*

1. Continents and other general designations / Los continentes y otras denominaciones generales

Balkan States or The Balkans; Balcanes

Central America; Centroamérica o Centro América o
América Central

East Indies; Indias Orientales

Great Britain; Gran Bretaña (see United Kingdom)

Iberian Peninsula; Península Ibérica

Jutland Peninsula; Jutlandia

Latin America; América Latina

Low Countries; Países Bajos

Malay Peninsula; Península de Malaca

Near East; Cercano Oriente

Netherlands; Países Bajos

North America; América del Norte o Norteamérica o
Norte América

Scandinavia; Escandinavia

South America; América del Sur o Sudamérica o Sud
América

Thrace; Tracia

Union of Soviet Socialist Republics; Unión de Repúblicas
Socialistas Soviéticas

United Kingdom of Great Britain and Northern Ireland;
Reino Unido de la Gran Bretaña y el Norte de Irlanda

United States of America; Estados Unidos de América

West Indies; Indias Occidentales

2. Countries / Países

Algeria, Africa; Argelia, África

Belgium, Europe; Bélgica, Europa

Belize, Central America; Belice, Centroamérica

Brazil, South America; Brasil, Sud América

Burma, Asia; Birmania, Asia

Cambodia or Kampuchea, Asia; Camboya o Camboja,
Asia

Central African Republic, Africa; Imperio
Centroafricano, Africa

Ceylon or Sri Lanka, Asia; Ceilán o Sri Lanka, Asia

Czechoslovakia, Europe; Checoslovaquia, Europa

Denmark, Europe; Dinamarca, Europa

Egypt, Africa; Egipto, África

England, United Kingdom; Inglaterra, Reino Unido

Ethiopia, Africa; Etiopía, África

Finland, Europe; Finlandia, Europa

France, Europe; Francia, Europa

French Guiana, South America; Guayana Francesa, Sud
América

Germany, Europe; Alemania, Europa

Great Britain; Gran Bretaña

Greece, Europe; Grecia, Europa

Haiti, Hispaniola; Haití, Isla Española

Hungary, Europe; Hungría, Europa

Iceland; Islandia

Iraq, Asia; Irak, Asia

Ireland, United Kingdom; Irlanda, Reino Unido

Italy, Europe; Italia, Europa

Ivory Coast, Africa; Costa de Marfil, África

Japan, Asia; Japón, Asia

Jordan, Asia; Jordania, Asia

Kenya, Africa; Kenia, África

Kuwait, Asia; Koweit, Asia

Lebanon, Asia; Líbano, Asia

Libya, Africa; Libia, África

Lithuania, Soviet Union; Lituania, Unión Soviética

Malaysia, Asia; Malasia, Asia

Mexico, North America; México o Méjico, Norte
América

Morocco, Africa; Marruecos, África

New Zealand; Nueva Zelanda o Nueva Zelandia

Nippon; Nipón (see Japan)

North Korea, Asia; Corea del Norte, Asia

Norway, Europe; Noruega, Europa

Poland, Europe; Polonia, Europa

Russia; Rusia (see Union of Soviet Socialist Republics)

Saudi Arabia, Asia; Arabia Saudita, Asia

Scotland, United Kingdom; Escocia, Reino Unido

Spain, Europe; España, Europa

South Africa, Africa; Sudáfrica, África

South Korea, Asia; Corea del Sur, Asia

Surinam or Suriname, South America; Surinam o
Guayana Holandesa, Sud América

Sweden, Europe; Suecia, Europa

Switzerland, Europe; Suiza, Europa

Thailand, Asia; Thailandia, Asia

Turkey, Asia; Turquía, Asia

Union of Soviet Socialist Republics, Asia; Unión de
Repúblicas Socialistas Soviéticas, Asia

United Arab Emirates, Asia; Emiratos Árabes Unidos,
Asia

United States of America, North America; Estados
Unidos de América, Norte América

Upper Volta, Africa; Alto Volta, África

Wales, United Kingdom; Gales, Reino Unido

*This list includes only those names whose spelling differs in English and Spanish.

3. Islands / Islas

Admiralty Islands; Islas del Almirantazgo
Aegean Islands; El Archipiélago Griego o del Mar Egeo
Aleutian Islands; Islas Aleutianas
Antilles (see Greater Antilles; Lesser Antilles)
Balearic Islands; Islas Baleares
British Isles; Islas Británicas
Canary Islands; Islas Canarias
Cape Breton Island; Isla Cabo Bretón
Cayman Islands; Islas Caimanes
Corsica; Córcega
Crete; Creta
Cyprus; Chipre
Falkland Islands; Islas Malvinas
Frisian Islands; Islas Frisias
Galapagos Islands; Archipiélago de Colón o Islas Galápagos
Greater Antilles; las Antillas Mayores
Greenland; Groenlandia
Grenada; Granada
Hawaiian Islands; Islas Hawaii
Hebrides, The; Islas Hébridas
Hispaniola; Isla Española
Iceland; Islandia

Leeward Islands or Isles; Islas de Sotavento
Lesser Antilles; las Antillas Menores
Mallorca or Majorca; Mallorca
Maldive Islands; Islas Maldivas
Martinique; Martinica
Mauritius; Mauricio
Minorca or Menorca; Menorca
Moluccas or Spice Islands; Islas Molucas o de las Especias
Newfoundland; Terranova
Philippines; Filipinas
Queen Charlotte Island; Isla de la Reina Carlota
Rhodes; Rodas
Sardinia; Cerdeña
Sicily; Sicilia
Singapore; Singapur
Society Islands; Islas de la Sociedad
Tonga or Friendly Islands; Tonga o Islas de los Amigos o de la Amistad
Trinidad and Tobago; Trinidad y Tabago
Virgin Islands; Islas Vírgenes
Windward Islands; Islas de Barlovento

4. Regions / Regiones

Alsace-Lorraine, France; Alsacia-Lorena, Francia
Attica, Greece; Ática, Grecia
Barbary Coast, Africa; Berbería, África
Bengal, India; Bengala, India
Black Forest, Germany; Selva Negra, Alemania
Cape of Good Hope, South Africa; Cabo de Buena Esperanza, Sudáfrica
Cape Horn, South America; Cabo de Hornos, Sud América

Dalmatia, Yugoslavia; Dalmacia, Yugoslavia
Epirus, Greece; Epiro, Grecia
Flanders, Belgium, France; Flandes, Bélgica, Francia
Galilee, Israel; Galilea, Israel
Gold Coast, Ghana; Costa de Oro, Ghana
Lapland, Europe, Soviet Union; Laponia, Europa, Unión Soviética
Thessaly, Greece; Tesalia, Grecia

5. States, provinces, etc. / Estados, provincias, etc.

Andalusia, Spain; Andalucía, España
Bavaria, Germany; Baviera, Alemania
Biscay or Vizcaya, Spain; Vizcaya, España
British Columbia, Canada; Colombia Británica, Canadá
Burgundy, France; Borgoña, Francia
Catalonia, Spain; Cataluña, España
Champagne, France; Champaña, Francia
Gascony, France; Gascuña, Francia
Groningen, Netherlands; Groninga, Países Bajos
Holland, Netherlands; Holanda, Países Bajos
Liège, Belgium; Lieja, Bélgica
Louisiana, United States; Luisiana, Estados Unidos
Mississippi, United States; Misisipi o Misisipí, Estados Unidos

Missouri, United States; Misuri o Misurí, Estados Unidos
New Castile, Spain; Castilla la Nueva, España
New South Wales, Australia; Nueva Gales del Sur, Australia
New York, United States; Nueva York, Estados Unidos
Normandy, France; Normandía, Francia
Nova Scotia, Canada; Nueva Escocia, Canadá
Old Castile, Spain; Castilla la Vieja, España
Pennsylvania, United States; Pensilvania, Estados Unidos
Texas, United States; Tejas o Texas, Estados Unidos
Tuscany, Italy; Toscana, Italia
Ukraine, Soviet Union; Ucrania, Unión Soviética

6. Cities, towns, etc. / Ciudades, pueblos, etc.

Aachen or **Aix-la-Chapelle**, Germany; Aquisgrán, Alemania

Addis Ababa, Ethiopia; Addis Abeba, Etiopía

Alexandria, Egypt; Alejandría, Egipto

Algiers, Algeria; Argel, Argelia

Antwerp, Belgium; Amberes, Bélgica

Assisi, Italy; Asís, Italia

Athens, Greece; Atenas, Grecia

Avignon, France; Aviñón, Francia

Bayonne, France; Bayona, Francia

Belgrade or **Beograd**, Yugoslavia; Belgrado, Yugoslavia

Bern or **Berne**, Switzerland; Berna, Suiza

Bethlehem, Jordan; Belén, Jordania

Bologna, Italy; Bolonia, Italia

Bordeaux, France; Burdeos, Francia

Bruges, Belgium; Brujas, Bélgica

Brussels, Belgium; Bruselas, Bélgica

Bucharest, Rumania; Bucarest, Rumania

Calcutta, India; Calcuta, India

Cape Town or **Capetown**, South Africa; Ciudad del Cabo, Sudáfrica

Cap Haitien, Haiti; Cabo Haitiano, Haití

Cayenne, French Guiana; Cayena, Guayana Francesa

Cologne, Germany; Colonia, Alemania

Copenhagen, Denmark; Copenhague, Dinamarca

Corinth, Greece; Corinto, Grecia

Cracow or **Krakow**, Poland; Cracovia, Polonia

Damascus, Syria; Damasco, Siria

Dresden, Germany; Dresde, Alemania

Dunkirk or **Dunkerque**, France; Dunquerque, Francia

Edinburgh, Scotland; Edimburgo, Escocia

Edirne, Turkey; Adrianópolis o Andrinópolis, Turquía

Florence, Italy; Florencia, Italia

Geneva, Switzerland; Ginebra, Suiza

Genoa, Italy; Génova, Italia

Ghent, Belgium; Gante, Bélgica

The Hague, Netherlands; La Haya, Holanda

Hangchow or **Hangzhou**, China; Hangcheú, China

Hankow or **Wuhan**, China; Hankeú o Wuhan, China

Havana, Cuba; La Habana, Cuba

Istanbul, Turkey; Istambul, Turquía

Jerusalem, Israel; Jerusalén, Israel

Key West, Florida; Cayo Hueso, Florida

Kyoto, Japan; Kioto, Japón

Lausanne, Switzerland; Lausana, Suiza

Leningrad, Soviet Union; Leningrado, Unión Soviética

Lille, France; Lila, Francia

Lisbon, Portugal; Lisboa, Portugal

London, England; Londres, Inglaterra

Louvain, Belgium; Lovaina, Bélgica

Lucerne, Switzerland; Lucerna, Suiza

Mainz, Germany; Maguncia, Alemania

Marseilles or **Marseille**, France; Marsella, Francia

Moscow, Soviet Union; Moscú, Unión Soviética

Naples, Italy; Nápoles, Italia

New Orleans, Louisiana; Nueva Orleáns, Luisiana

New York, New York; Nueva York, Nueva York

Nice, France; Niza, Francia

Odessa, Soviet Union; Odesa, Unión Soviética

Ostend, Belgium; Ostende, Bélgica

Perugia, Italy; Perusa, Italia

Philadelphia, Pennsylvania; Filadelfia, Pensilvania

Port-au-Prince, Haiti; Puerto Príncipe, Haití

Port of Spain, Trinidad and Tobago; Puerto España, Trinidad y Tabago

Port Said, Egypt; Puerto Said, Egipto

Prague, Czechoslovakia; Praga, Checoslovaquia

Rangoon, Burma; Rangún, Birmania

Rouen, France; Ruán, Francia

Salonika or **Thessalonica**, Greece; Salónica, Grecia

Smyrna or **Izmir**, Turkey; Esmirna, Turquía

Stockholm, Sweden; Estocolmo, Suecia

Syracuse, Italy; Siracusa, Italia

Tangier or **Tangiers**, Morocco; Tánger, Marruecos

Tehran or **Teheran**, Iran; Teherán, Irán

Tokyo, Japan; Tokio, Japón

Toulon, France; Tolón, Francia

Toulouse, France; Tolosa, Francia

Tunis, Tunisia; Túnez, Tunisia

Venice, Italy; Venecia, Italia

Versailles, France; Versalles, Francia

Vienna, Austria; Viena, Austria

Warsaw, Poland; Varsovia, Polonia

7. Oceans / Océanos

Antarctic Ocean; Océano Antártico

Arctic Ocean; Océano Ártico

Atlantic Ocean; Océano Atlántico

Indian Ocean; Océano Índico

Pacific Ocean; Océano Pacífico

8. Seas / Mares

Adriatic Sea; Mar Adriático

Aegean Sea; Mar Egeo

Arabian Sea; Mar Arábigo

Baltic Sea; Mar Báltico

Black Sea; Mar Negro

Caribbean Sea; Mar Caribe o Mar de las Antillas

Caspian Sea; Mar Caspio

Dead Sea; Mar Muerto

Ionian Sea; Mar Jónico

Mediterranean Sea; Mar Mediterráneo

Red Sea; Mar Rojo

Sea of Marmara or Marmora; Mar de Mármara

Tyrrhenian Sea; Mar Tirreno

Yellow Sea; Mar Amarillo

9. Straits and channels / Estrechos y canales

Bosporus; Estrecho del Bósforo

Dardanelles; Dardanelos

English Channel; Canal de la Mancha

Strait of Magellan; Estrecho de Magallanes

10. Rivers / Ríos

Amazon River (South America); Río Amazonas (Sud América)

Danube (Europe); Danubio (Europa)

Dordogne (France); Dordoña (Francia)

Douro (Spain, Portugal); Duero (España, Portugal)

Elbe River (Czechoslovakia); Río Elba (Checoslovaquia)

Euphrates (Asia); Eufrates (Asia)

Garonne (France); Garona (Francia)

Indus (India, Pakistan); Indo (India, Pakistán)

Meuse (France, Belgium); Mosa (Francia, Bélgica)

Mississippi River (United States); Río Misisipi o Misisipí (Estados Unidos)

Missouri River (United States); Río Misuri o Misurí (Estados Unidos)

Moselle (France, Germany); Mosela (Francia, Alemania)

Nile (Africa); Nilo (África)

Rangoon (Burma); Rangún (Birmania)

Rhine (Europe); Rhin o Rin (Europa)

Rhone (Switzerland, France); Ródano (Suiza, Francia)

Rio Grande (United States, Mexico); Río Bravo del Norte (Estados Unidos, México)

Scheldt (Europe); Escalda (Europa)

Seine (France); Sena (Francia)

St. Lawrence (Canada, United States); San Lorenzo (Canadá, Estados Unidos)

Tagus (Spain, Portugal); Tajo (España, Portugal)

Thames (England); Támesis (Inglaterra)

Yellow River or Hwang Ho (China); Río Amarillo o Hoang Ho (China)

11. Lakes / Lagos

Great Bear Lake (Canada); Lago del Oso (Canadá)

Great Lakes (United States, Canada); Grandes Lagos (Estados Unidos, Canadá)

Great Slave Lake (Canada); Lago de los Esclavos (Canadá)

Lake Geneva (Switzerland); Lago de Ginebra (Suiza)

12. Mountains / Montañas

Alps (Europe); Alpes (Europa)

Apennines (Italy); Apeninos (Italia)

Appalachian Mountains (North America); Montes Apalaches (Norte América)

Balkans (Europe); Balcanes (Europa)

Cantabrian Mountains (Spain); Cordillera Cantábrica (España)

Carpathian Mountains (Europe); Montes Cárpatos (Europa)

Caucasus Mountains (Soviet Union); Cáucaso (Unión Soviética)

Mount Olympus (Greece); Monte Olimpo (Grecia)

Mount Parnassus (Greece); Parnaso (Grecia)

Pyrenees (Spain, France); Pirineos (España, Francia)

Rocky Mountains (North America); Montañas Rocosas (Norte América)

Taurus Mountains (Turkey); Montañas Tauro (Turquía)

Ural Mountains (Soviet Union); Montes Urales (Unión Soviética)

NOMBRES GEOGRÁFICOS: ESPAÑOL-INGLÉS /
GEOGRAPHICAL NAMES: SPANISH-ENGLISH*

1. Los continentes y otras denominaciones generales / Continents and other general designations

América del Norte o Norteamérica o Norte América; North America

América del Sur o Sudamérica o Sud América; South America

América Latina; Latin America

Balcanes; Balkan States, The Balkans

Centroamérica o América Central; Central America

Cercano Oriente; Near East

Escandinavia; Scandinavia

Estados Unidos de América; United States of America

Gran Bretaña; Great Britain (V. Reino Unido)

Indias Occidentales; West Indies

Indias Orientales; East Indies

Jutlandia; Jutland Peninsula

Países Bajos; The Low Countries or Netherlands

Península de Malaca; Malay Peninsula

Península Ibérica; Iberian Peninsula

Reino Unido de la Gran Bretaña y el Norte de Irlanda; United Kingdom of Great Britain and North Ireland

Tracia; Thrace

Unión de Repúblicas Socialistas Soviéticas; Union of Soviet Socialist Republics

2. Países / Countries

Alemania, Europa; Germany, Europe

Alto Volta, África; Upper Volta, Africa

Arabia Saudita, Asia; Saudi Arabia, Asia

Argelia, África; Algeria, Africa

Bélgica, Europa; Belgium, Europe

Belice, Centroamérica; Belize, Central America

Birmania, Asia; Burma, Asia

Brasil, Sud América; Brazil, South America

Camboya o Camboja, Asia; Cambodia or Kampuchea, Asia

Camerún, África; Cameroon, Africa

Ceilán o Sri Lanka, Asia; Ceylon or Sri Lanka, Asia

Corea del Norte, Asia; North Korea, Asia

Corea del Sur, Asia; South Korea, Asia

Costa de Marfil, África; Ivory Coast, Africa

Checoslovaquia, Europa; Czechoslovakia, Europe

Dinamarca, Europa; Denmark, Europe

Egipto, África; Egypt, Africa

Emiratos Árabes Unidos, Asia; United Arab Emirates, Asia

Escocia, Reino Unido; Scotland, United Kingdom

España, Europa; Spain, Europe

Estados Unidos de América, Norte América; United States of America, North America

Etiopía, África; Ethiopia, Africa

Finlandia, Europa; Finland, Europe

Francia, Europa; France, Europe

Gales, Reino Unido; Wales, United Kingdom

Gran Bretaña; Great Britain

Grecia, Europa; Greece, Europe

Guayana Francesa, Sud América; French Guiana, South America

Haití, Isla Española; Haiti, Hispaniola

Hungría, Europa; Hungary, Europe

Imperio Centroafricano, África; Central African Republic, Africa

Inglaterra, Reino Unido; England, United Kingdom

Irak, Asia; Iraq, Asia

Irlanda, Reino Unido; Ireland, United Kingdom

Islandia; Iceland

Italia, Europa; Italy, Europe

Japón, Asia; Japan, Asia

Jordania, Asia; Jordan, Asia

Kenia, África; Kenya, Africa

Koweit, Asia; Kuwait, Asia

Líbano, Asia; Lebanon, Asia

Libia, África; Libya, Africa

Lituania, Unión Soviética; Lithuania, Soviet Union

Malasia, Asia; Malaysia, Asia

Marruecos, África; Morocco, Africa

México o Méjico, Norte América; Mexico, North America

Nipón; Nippon (V. Japón)

Noruega, Europa; Norway, Europe

Nueva Zelanda o Nueva Zelandia; New Zealand

Polonia, Europa; Poland, Europe

Rusia; Russia (V. Unión de Repúblicas Socialistas Soviéticas)

Siria, Asia; Syria, Asia

Sudáfrica, África; South Africa, Africa

Suecia, Europa; Sweden, Europe

Suiza, Europa; Switzerland, Europe

Surinam o Guayana Holandesa, Sud América; Surinam or Suriname, South America

Thailandia, Asia; Thailand, Asia

Turquía, Asia; Turkey, Asia

Unión de Repúblicas Socialistas Soviéticas, Asia; Union of Soviet Socialist Republics, Asia

*Se incluyen sólo los nombres cuya ortografía es diferente en español que en inglés.

3. Islas / Islands

Antillas Mayores; Greater Antilles

Antillas Menores; Lesser Antilles

Archipiélago Griego o del Mar Egeo; Aegean Islands

Cerdeña; Sardinia

Córcega; Corsica

Creta; Crete

Chipre; Cyprus

Filipinas; Philippines

Granada; Grenada

Groenlandia; Greenland

Isla Cabo Bretón; Cape Breton Island

Isla de la Reina Carlota; Queen Charlotte Island

Isla Española; Hispaniola

Islandia; Iceland

Islas Aleutianas; Aleutian Islands

Islas Baleares; Balearic Islands

Islas Británicas; British Isles

Islas Caimanes; Cayman Islands

Islas Canarias; Canary Islands

Islas de Barlovento; Windward Islands

Islas del Almirantazgo; Admiralty Islands

Islas de la Sociedad; Society Islands

Islas de los Amigos o de la Amistad o Tonga; Tonga or Friendly Islands

Islas de Sotavento; Leeward Islands or Isles

Islas Hawaii; Hawaiian Islands

Islas Hébridas; The Hebrides

Islas Maldivas; Maldive Islands

Islas Malvinas; Falkland Islands

Islas Molucas o de las Especias; Moluccas or Spice Islands

Islas Vírgenes; Virgin Islands

Mallorca; Mallorca or Majorca

Martinica; Martinique

Mauricio; Mauritius

Menorca; Minorca or Menorca

Rodas; Rhodes

Sicilia; Sicily

Singapur; Singapore

Terranova; Newfoundland

Trinidad y Tabago; Trinidad and Tobago

4. Regiones / Regions

Alsacia-Lorena, Francia; Alsace-Lorraine, France

Ática, Grecia; Attica, Greece

Bengala, India; Bengal, India

Berbería, África; Barbary Coast, Africa

Cabo de Buena Esperanza, Sudáfrica; Cape of Good Hope, South Africa

Cabo de Hornos, Sud América; Cape Horn, South America

Costa de Oro, Ghana; Gold Coast, Ghana

Dalmacia, Yugoslavia; Dalmatia, Yugoslavia

Epiro, Grecia; Epirus, Greece

Flandes, Bélgica, Francia; Flanders, Belgium, France

Galilea, Israel; Galilee, Israel

Laponia, Europa, Unión Soviética; Lapland, Europe, Soviet Union

Selva Negra, Alemania; Black Forest, Germany

Tesalia, Grecia; Thessaly, Greece

5. Estados, provincias, etc. / States, provinces, etc.

Andalucía, España; Andalusia, Spain

Baviera, Alemania; Bavaria, Germany

Borgoña, Francia; Burgundy, France

Castilla la Nueva, España; New Castile, Spain

Castilla la Vieja, España; Old Castile, Spain

Cataluña, España; Catalonia, Spain

Colombia Británica, Canadá; British Columbia, Canada

Champaña, Francia; Champagne, France

Gascuña, Francia; Gascony, France

Groninga, Países Bajos; Groningen, Netherlands

Holanda, Países Bajos; Holland, Netherlands

Lieja, Bélgica; Liège, Belgium

Luisiana, Estados Unidos; Louisiana, United States

Misisipi o Misisipí, Estados Unidos; Mississippi, United States

Misuri o Misurí, Estados Unidos; Missouri, United States

Normandía, Francia; Normandy, France

Nueva Escocia, Canadá; Nova Scotia, Canada

Nueva Gales del Sur, Australia; New South Wales, Australia

Nueva York, Estados Unidos; New York, United States

Pensilvania, Estados Unidos; Pennsylvania, United States

Tejas o Texas, Estados Unidos; Texas, United States

Toscana, Italia; Tuscany, Italy

Ucrania, Unión Soviética; Ukraine, Soviet Union

Vizcaya, España; Biscay or Vizcaya, Spain

6. Ciudades, pueblos, etc. / Cities, towns, etc.

Adrianópolis o Andrinópolis, Turquía; Edirne, Turkey

Addis Abeba, Etiopía; Addis Ababa, Ethiopia

Alejandría, Egipto; Alexandria, Egypt

Amberes, Bélgica; Antwerp, Belgium

Aquisgrán, Alemania; Aachen or Aix-la-Chapelle, Germany

Argel, Argelia; Algiers, Algeria

Asís, Italia; Assisi, Italy

Atenas, Grecia; Athens, Greece

Aviñón, Francia; Avignon, France

Bayona, Francia; Bayonne, France

Belén, Jordania; Bethlehem, Jordan

Belgrado, Yugoslavia; Belgrade or Beograd, Yugoslavia

Berna, Suiza; Bern or Berne, Switzerland

Bolonia, Italia; Bologna, Italy

Brujas, Bélgica; Bruges, Belgium

Bruselas, Bélgica; Brussels, Belgium

Bucarest, Rumania; Bucharest, Rumania

Burdeos, Francia; Bordeaux, France

Cabo Haitiano, Haití; Cap Haitien, Haiti

Calcuta, India; Calcutta, India

Cayena, Guayana Francesa; Cayenne, French Guiana

Cayo Hueso, Florida; Key West, Florida

Ciudad del Cabo, Sudáfrica; Cape Town or Capetown, South Africa

Colonia, Alemania; Cologne, Germany

Copenhague, Dinamarca; Copenhagen, Denmark

Corinto, Grecia; Corinth, Greece

Cracovia, Polonia; Cracow or Krakow, Poland

Damasco, Siria; Damascus, Syria

Dresde, Alemania; Dresden, Germany

Dunquerque, Francia; Dunkirk or Dunkerque, France

Edimburgo, Escocia; Edinburgh, Scotland

Esmirna, Turquía; Smyrna or Izmir, Turkey

Estocolmo, Suecia; Stockholm, Sweden

Filadelfia, Pensilvania; Philadelphia, Pennsylvania

Florencia, Italia; Florence, Italy

Gante, Bélgica; Ghent, Belgium

Génova, Italia; Genoa, Italy

Ginebra, Suiza; Geneva, Switzerland

La Habana, Cuba; Havana, Cuba

Hangcheú, China; Hangchow or Hangzhou, China

Hankeú o Wuhan, China; Hankow or Wuhan, China

La Haya, Holanda; The Hague, Netherlands

Istambul, Turquía; Istanbul, Turkey

Jerusalén, Israel; Jerusalem, Israel

Kioto, Japón; Kyoto, Japan

Lausana, Suiza; Lausanne, Switzerland

Leningrado, Unión Soviética; Leningrad, Soviet Union

Lila, Francia; Lille, France

Lisboa, Portugal; Lisbon, Portugal

Londres, Inglaterra; London, England

Lovaina, Bélgica; Louvain, Belgium

Lucerna, Suiza; Lucerne, Switzerland

Maguncia, Alemania; Mainz, Germany

Marsella, Francia; Marseilles or Marseille, France

Moscú, Unión Soviética; Moscow, Soviet Union

Nápoles, Italia; Naples, Italy

Niza, Francia; Nice, France

Nueva Orleáns, Luisiana; New Orleans, Louisiana

Nueva York, Nueva York; New York, New York

Odesa, Unión Soviética; Odessa, Soviet Union

Ostende, Bélgica; Ostend, Belgium

Perusa, Italia; Perugia, Italy

Praga, Checoslovaquia; Prague, Czechoslovakia

Puerto España, Trinidad y Tabago; Port of Spain, Trinidad and Tobago

Puerto Príncipe, Haití; Port-au-Prince, Haiti

Puerto Said, Egipto; Port Said, Egypt

Rangún, Birmania; Rangoon, Burma

Ruán, Francia; Rouen, France

Salónica, Grecia; Salonika or Thessalonica, Greece

Siracusa, Turquía; Syracuse, Turkey

Tánger, Marruecos; Tangier or Tangiers, Morocco

Teherán, Irán; Tehran or Teheran, Iran

Tokio, Japón; Tokyo, Japan

Tolón, Francia; Toulon, France

Tolosa, Francia; Toulouse, France

Túnez, Tunisia; Tunis, Tunisia

Varsovia, Polonia; Warsaw, Poland

Venecia, Italia; Venice, Italy

Versalles, Francia; Versailles, France

Viena, Austria; Vienna, Austria

7. Océanos / Oceans

Océano Antártico; Antarctic Ocean

Océano Ártico; Arctic Ocean

Océano Atlántico; Atlantic Ocean

Océano Índico; Indian Ocean

Océano Pacífico; Pacific Ocean

8. Mares / Seas

Mar Adriático; Adriatic Sea

Mar Amarillo; Yellow Sea

Mar Arábigo; Arabian Sea

Mar Báltico; Baltic Sea

Mar Caribe o Mar de las Antillas; Caribbean Sea

Mar Caspio; Caspian Sea

Mar Egeo; Aegean Sea

Mar de Mármara; Sea of Marmara or Marmora

Mar Jónico; Ionian Sea

Mar Mediterráneo; Mediterranean Sea

Mar Muerto; Dead Sea

Mar Negro; Black Sea

Mar Rojo; Red Sea

Mar Tirreno; Tyrrehenian Sea

9. Estrechos y canales / Straits and channels

Canal de la Mancha; English Channel

Dardanelos; Dardanelles

Estrecho del Bósforo; Bosporus

Estrecho de Magallanes; Strait of Magellan

10. Ríos / Rivers

Danubio (Europa); Danube (Europe)

Dordoña (Francia); Dordogne (France)

Duero (España, Portugal); Douro (Spain, Portugal)

Escalda (Europa); Scheldt (Europe)

Eufrates (Asia); Euphrates (Asia)

Garona (Francia); Garonne (France)

Indo (India, Pakistán); Indus (India, Pakistan)

Mosa (Francia, Bélgica); Meuse (France, Belgium)

Mosela (Francia, Alemania); Moselle (France, Germany)

Nilo (África); Nile (Africa)

Rangún (Birmania); Rangoon (Burma)

Rhin o Rin (Europa); Rhine (Europe)

Río Amarillo o Hoang Ho (China); Yellow River or Hwang Ho (China)

Río Amazonas (Sud América); Amazon River (South America)

Río Bravo del Norte (Estados Unidos, México); Rio Grande (United States, Mexico)

Río Elba (Checoslovaquia); Elbe River (Czechoslovakia)

Río Misisipi o Misisipí (Estados Unidos); Mississippi River (United States)

Río Misuri o Misurí (Estados Unidos); Missouri River (United States)

Ródano (Suiza, Francia); Rhone (Switzerland, France)

San Lorenzo (Canadá, Estados Unidos); St. Lawrence (Canada, United States)

Sena (Francia); Seine (France)

Tajo (España, Portugal); Tagus (Spain, Portugal)

Támesis (Inglaterra); Thames (England)

11. Lagos / Lakes

Grandes Lagos (Estados Unidos, Canadá); Great Lakes (United States, Canada)

Lago de Ginebra (Suiza); Lake Geneva (Switzerland)

Lago de los Esclavos (Canadá); Great Slave Lake (Canada)

Lago del Oso (Canadá); Great Bear Lake (Canada)

12. Montañas / Mountains

Alpes (Europa); Alps (Europe)

Apeninos (Italia); Apennines (Italy)

Balcanes (Europa); Balkans (Europe)

Cáucaso (Unión Soviética); Caucasus Mountains (Soviet Union)

Cordillera Cantábrica (España); Cantabrian Mountains (Spain)

Montañas Rocosas (Norte América); Rocky Mountains (North America)

Montañas Tauro (Turquía); Taurus Mountains (Turkey)

Monte Olimpo (Grecia); Mount Olympus (Greece)

Montes Apalaches (Norte América); Appalachian Mountains (North America)

Montes Cárpatos (Europa); Carpathian Mountains (Europe)

Montes Urales (Unión Soviética); Ural Mountains (Soviet Union)

Parnaso (Grecia); Mount Parnassus (Greece)

Pirineos (España, Francia); Pyrenees (Spain, France)

NORTH AMERICA / AMÉRICA DEL NORTE

CENTRAL AMERICA / CENTRO AMÉRICA

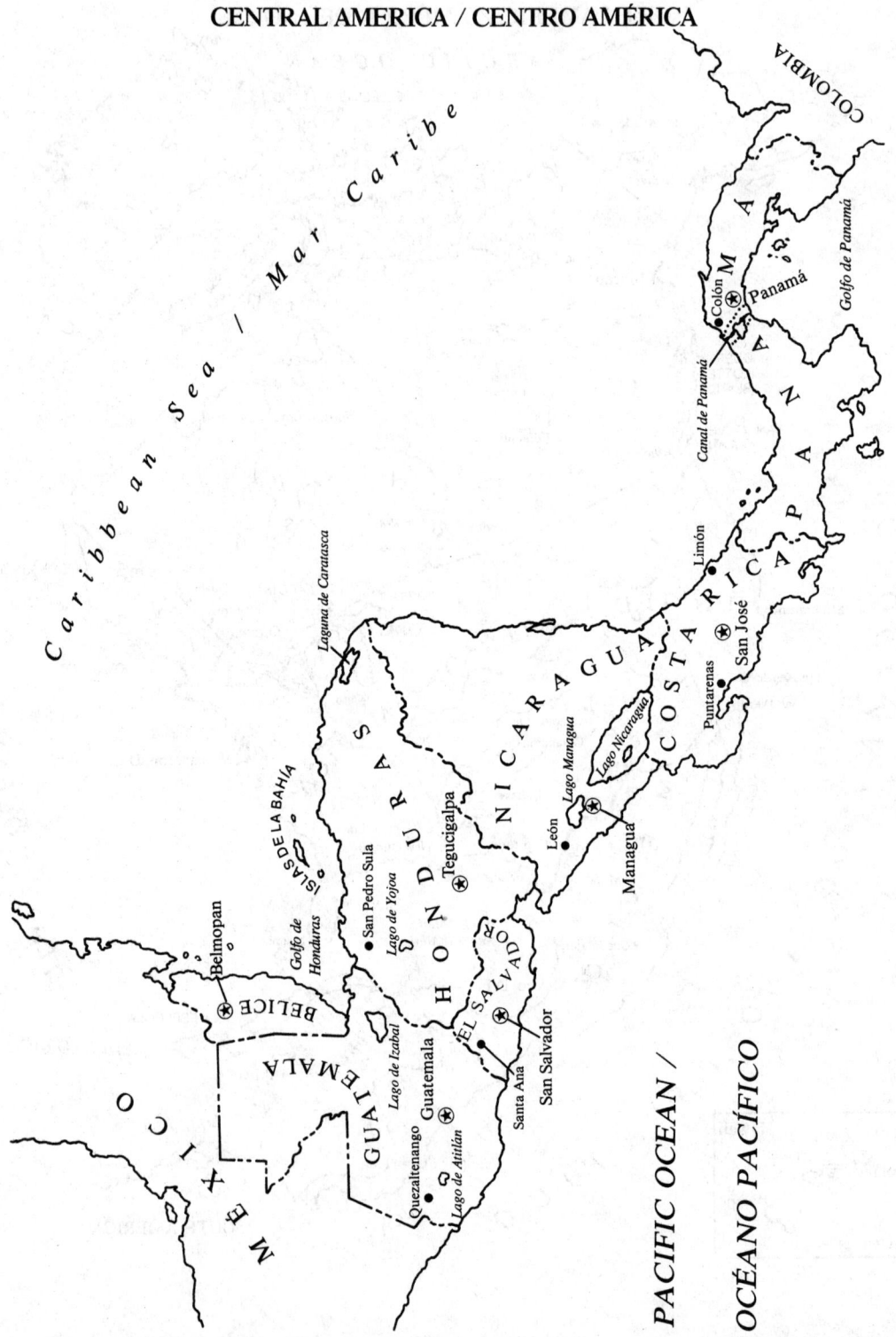

COLOMBIA

PANAMA

Golfo de Panamá

Colón
Panamá

Canal de Panamá

Caribbean Sea / Mar Caribe

Limón

COSTA RICA

San José

Puntarenas

Laguna de Caratasca

NICARAGUA

Lago Nicaragua

Lago Managua

León

Managua

HONDURAS

ISLAS DE LA BAHÍA

San Pedro Sula

Lago de Yojoa

Tegucigalpa

Belmopan

Golfo de Honduras

BELICE

Lago de Izabal

GUATEMALA

EL SALVADOR

San Salvador

Santa Ana

Guatemala

Quezaltenango

Lago de Atitlán

MÉXICO

PACIFIC OCEAN /

OCÉANO PACÍFICO

MEXICO / MÉXICO

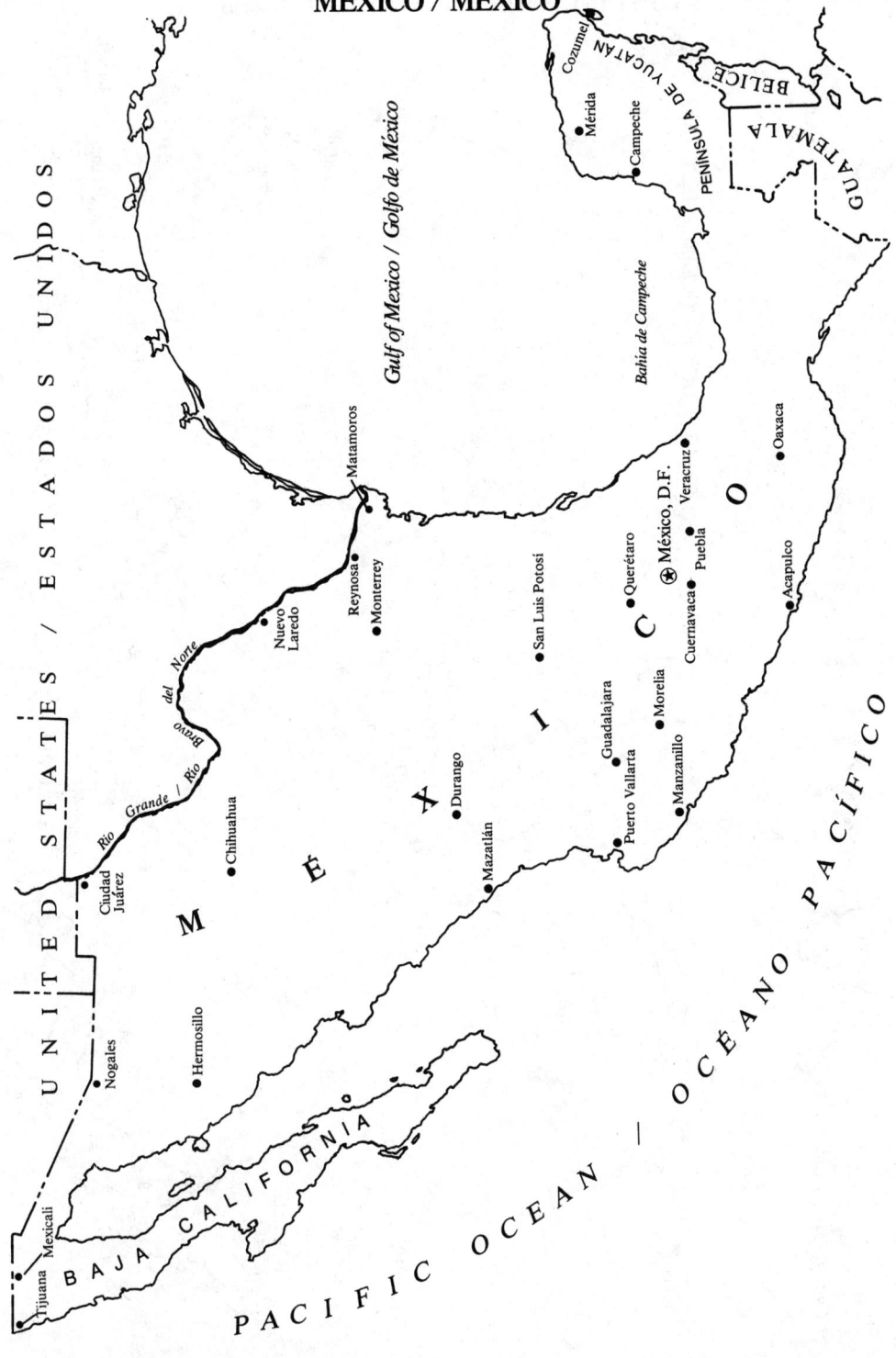

WEST INDIES / INDIAS OCCIDENTALES

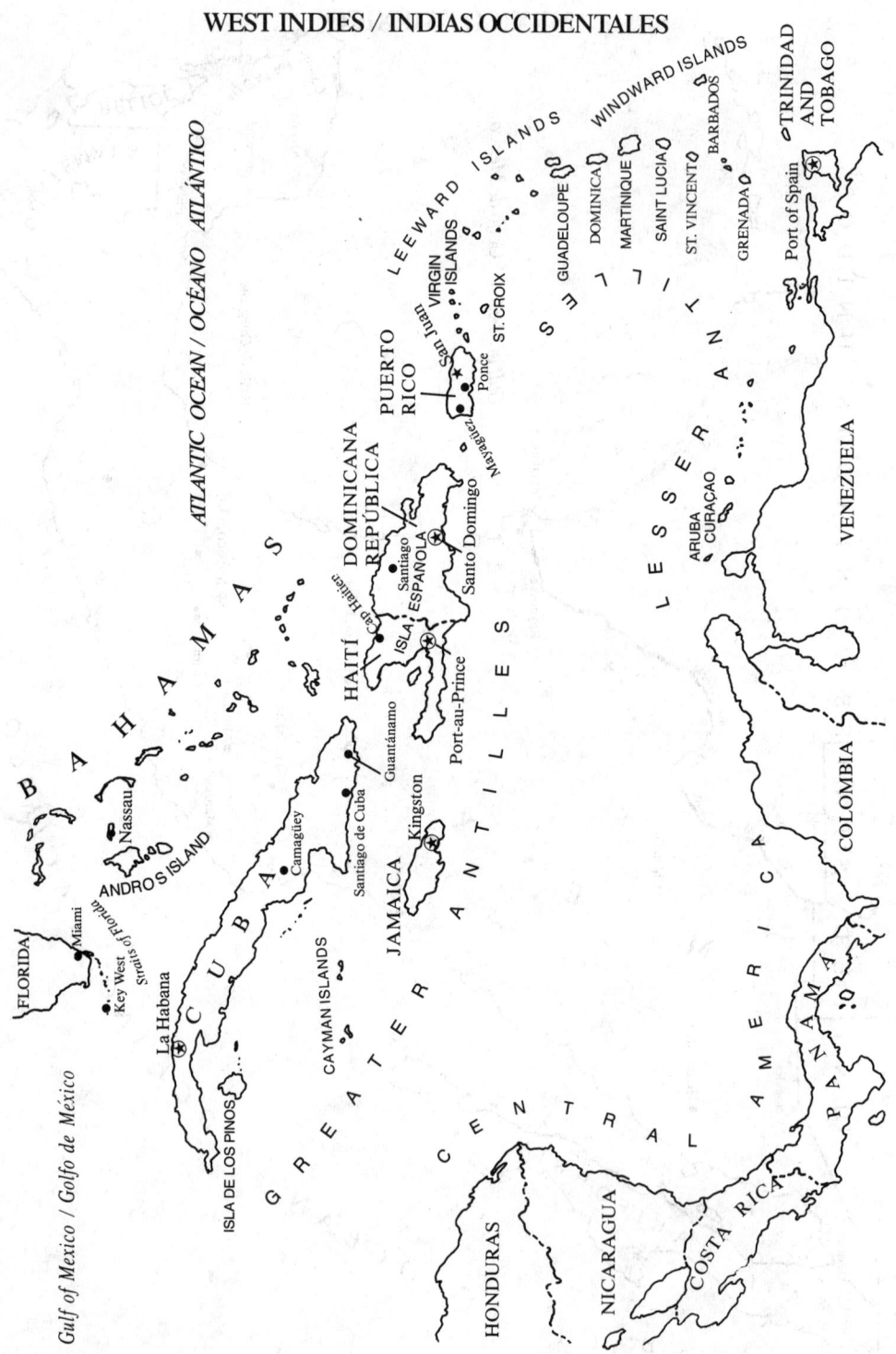

SOUTH AMERICA / AMÉRICA DEL SUR

Caribbean Sea / Mar Caribe

ATLANTIC OCEAN / OCÉANO ATLÁNTICO

CENTROAMÉRICA

Barranquilla

Maracaibo
Valencia Caracas
Barquisimeto
Río Orinoco

TRINIDAD AND TOBAGO
Port of Spain

VENEZUELA

GUYANA

Georgetown
Paramaribo

SURINAM

Cayenne
FRENCH GUIANA

Medellín
Cali
Bogotá

COLOMBIA

Río Magdalena
Río Cauca

ARCHIPIÉLAGO DE COLÓN

ECUADOR
Quito
Guayaquil
Cuenca
Iquitos

Río Negro

Río Amazonas

B R A S I L

Fortaleza

Recife

PERÚ

Lima
Callao
Cuzco

Lago Titicaca
La Paz
Cochabamba
Santa Cruz

Brasilia

B O L I V I A

Lago de Poopó
Sucre
Potosí

PARAGUAY

Paraná

Belo Horizonte

Antofagasta

Concepción

São Paulo
Rio de Janeiro

San Miguel de Tucumán

Asunción

C H I L E

A R G E N T I N A

Córdoba
Santa Fe
Valparaíso
Mendoza
Santiago
Rosario

Paraná

Porto Alegre

URUGUAY

Buenos Aires
Montevideo

La Plata

PACIFIC OCEAN / OCÉANO PACÍFICO

ATLANTIC OCEAN / OCÉANO ATLÁNTICO

FALKLAND ISLANDS / ISLAS MALVINAS

Estrecho de Magallanes

TIERRA DEL FUEGO

Cabo de Hornos

SPAIN AND PORTUGAL / ESPAÑA Y PORTUGAL

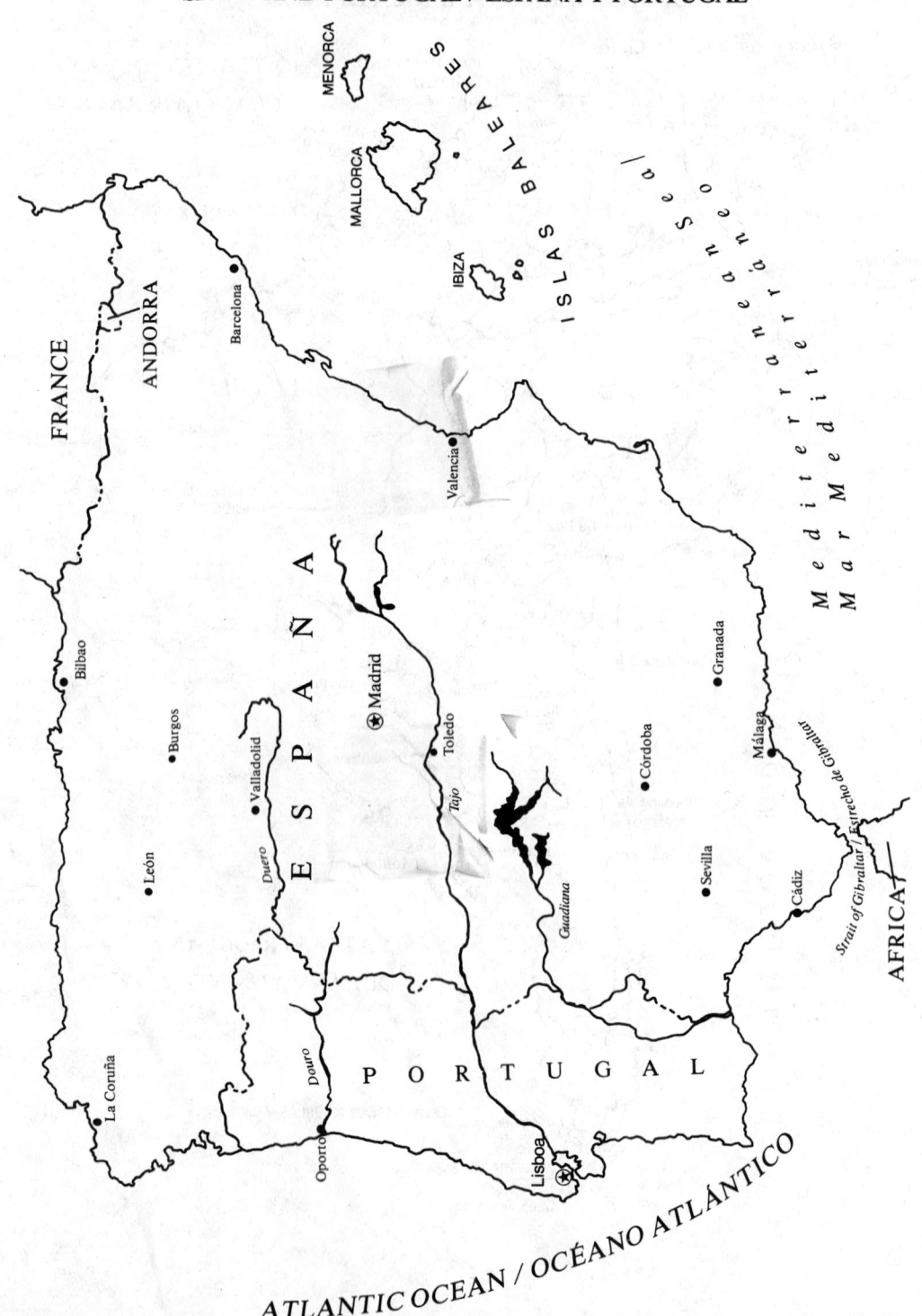

MENORCA

MALLORCA

IBIZA

ISLAS BALEARES

Mediterráneo / Mediterranean

Mar

FRANCE

ANDORRA

Barcelona

E S P A Ñ A

Bilbao

Burgos

León

Valladolid

Madrid

Valencia

Toledo

Tajo

Duero

Granada

Córdoba

Sevilla

Málaga

Cádiz

Strait of Gibraltar / Estrecho de Gibraltar

AFRICA

Guadiana

La Coruña

P O R T U G A L

Douro

Oporto

Lisboa

ATLANTIC OCEAN / OCÉANO ATLÁNTICO